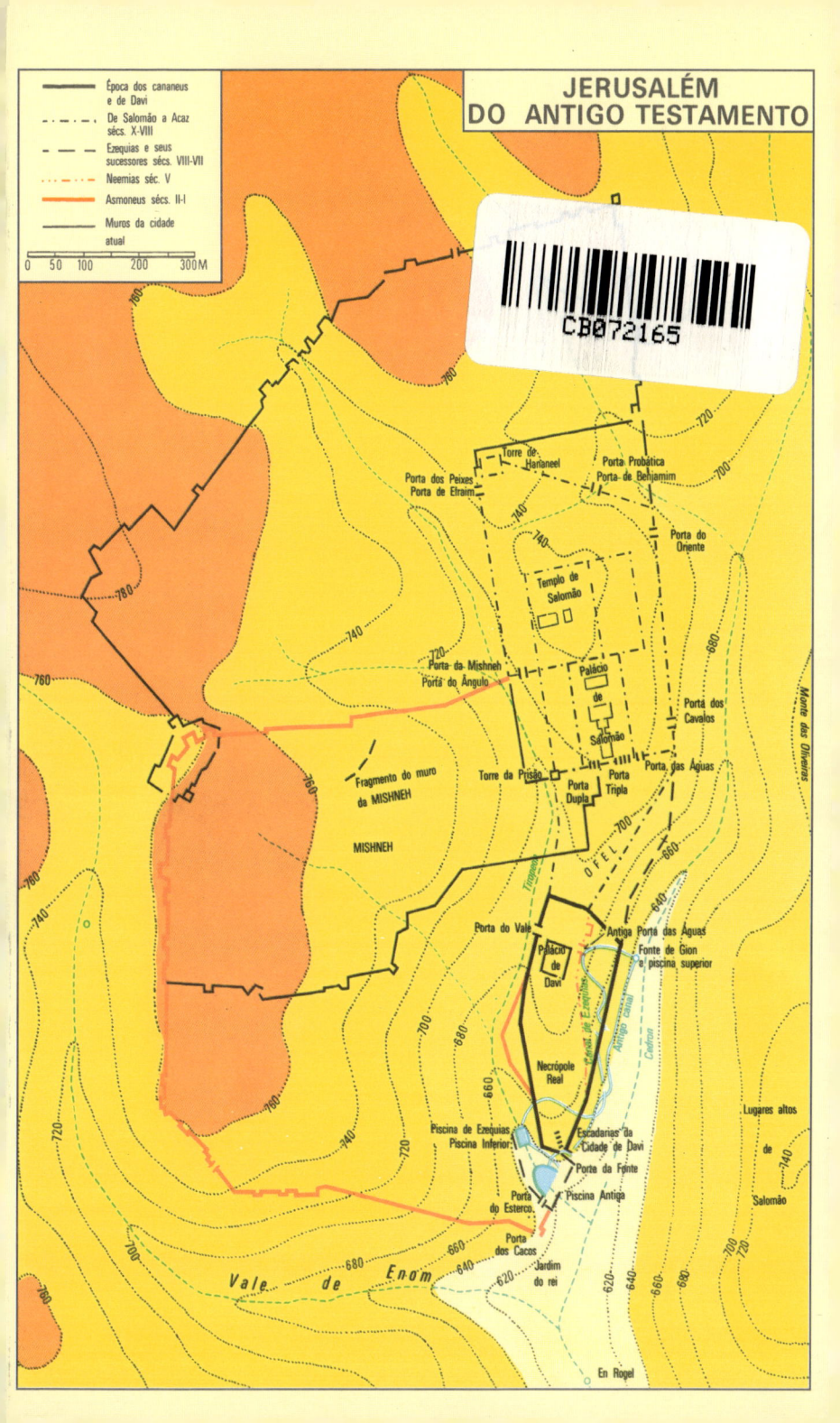

JERUSALÉM DO ANTIGO TESTAMENTO

Legenda:
- Época dos cananeus e de Davi
- De Salomão a Acaz sécs. X-VIII
- Ezequias e seus sucessores sécs. VIII-VII
- Neemias séc. V
- Asmoneus sécs. II-I
- Muros da cidade atual

0 50 100 200 300 M

Localidades identificadas:
- Torre de Hananeel
- Porta dos Peixes
- Porta de Efraim
- Porta Probática
- Porta de Benjamim
- Porta do Oriente
- Templo de Salomão
- Porta da Mishneh
- Porta do Ângulo
- Palácio de Salomão
- Porta dos Cavalos
- Fragmento do muro da MISHNEH
- MISHNEH
- Torre da Prisão
- Porta Dupla
- Porta Tripla
- Porta das Águas
- OFEL
- Porta do Vale
- Palácio de Davi
- Antiga Porta das Águas
- Fonte de Gion e piscina superior
- Túnel de Ezequias
- Antigo canal
- Cedron
- Necrópole Real
- Monte das Oliveiras
- Piscina de Ezequias
- Piscina Inferior
- Escadarias da Cidade de Davi
- Porta da Fonte
- Porta do Esterco
- Piscina Antiga
- Porta dos Cacos
- Jardim do rei
- Lugares altos de Salomão
- Vale de Enom
- En Rogel

BÍBLIA
DE
JERUSALÉM

1ª impressão: maio de 2002
2ª impressão: junho de 2003
3ª impressão: abril de 2005
4ª impressão: setembro de 2008
5ª impressão: dezembro de 2008
6ª impressão: fevereiro de 2010
7ª impressão: março de 2011
8ª impressão: abril de 2012
9ª impressão: maio de 2013
10ª impressão: abril de 2015
11ª impressão: setembro de 2015
12ª impressão: março de 2016
13ª impressão: junho de 2017
14ª impressão: dezembro de 2017
15ª impressão: junho de 2020
16ª impressão: junho de 2021
17ª impressão: fevereiro de 2022
18ª impressão: abril de 2023

BÍBLIA DE JERUSALÉM

Nova edição, revista e ampliada

BÍBLIA DE JERUSALÉM

Tradução do texto em língua portuguesa diretamente dos originais.
Tradução das introduções e notas de *La Bible de Jérusalem*,
edição de 1998, publicada sob a direção da "École biblique de Jérusalem".
Edição em língua francesa
© Les Éditions Du Cerf, Paris, 1998, ed. revista e ampliada

Direção editorial
Paulo Bazaglia

Coordenação editorial
José Bortolini

Diagramação
Vittorio Saraceno

Coordenação gráfica
Arno Brustolin

Impressão e acabamento
PAULUS

Direitos cedidos com exclusividade para a língua portuguesa em todo o mundo a
© PAULUS – 2002
Rua Francisco Cruz, 229 • 04117-091 São Paulo (Brasil)
Tel. (11) 5087-3700
paulus.com.br • editorial@paulus.com.br

ISBN 978-85-349-1977-7 (Encadernada)
ISBN 978-85-349-2000-1 (Zíper)
ISBN 978-85-349-4282-9 (Cristal)

Com aprovação eclesiástica.
Imprimatur: Carta protocolar CNBB SG – nº 0051/03

Reservam-se todos os direitos de reprodução.

APRESENTAÇÃO

Em 1973, Paulus Editora (então Edições Paulinas) empreendeu a honrosa tarefa de oferecer ao público brasileiro a Bíblia de Jerusalém, considerada em diversos países a melhor edição da Sagrada Escritura, quer pelas opções críticas que orientaram a tradução, quer pelas introduções, notas, referências marginais e apêndices.

Após três anos de árduo e intenso trabalho, realizado por uma equipe de exegetas católicos e protestantes e por um grupo de revisores literários, pudemos entregar ao público a tradução do Novo Testamento. Cinco anos mais tarde, as mesmas equipes tinham ultimado a tradução do Antigo Testamento. Assim os leitores puderam ter acesso à Bíblia de Jerusalém em sua edição integral.

O trabalho, porém, continuou. A nosso pedido, diversos especialistas em Sagrada Escritura e muitos leitores nos enviaram observações particulares e gerais para a melhoria técnica e pastoral do texto. Tais observações foram valiosas para uma revisão do trabalho feito. Em 1985, a partir da análise minuciosa das observações recebidas, a equipe responsável pela revisão exegética realizou um exame completo de toda a tradução, e procedeu-se também a uma nova revisão literária, produzindo a nova edição, revista.

Os trabalhos da École Biblique, porém, continuaram, produzindo revisões na tradução do texto, nas opções críticas e nas notas exegético-teológicas. Desse trabalho originou-se na França, em 1998, a edição ampliada e corrigida, dando uma nova expressão para a edição revista e aumentada em 1973.

Em 2002, Paulus Editora, servindo-se da edição revista e ampliada, publica este novo texto revendo o texto anterior, de 1985. O resultado é esta nova edição, que apresentamos a todos os que, ao longo desses anos, souberam apreciar o inestimável valor desse texto.

São Paulo, 20 de agosto de 2002

Os Editores

BÍBLIA DE JERUSALÉM
Edição em língua portuguesa

Coordenadores

GILBERTO DA SILVA GORGULHO (†)   IVO STORNIOLO (†)   ANA FLORA ANDERSON

Tradutores

EUCLIDES MARTINS BALANCIN *(Eclesiastes).*
SAMUEL MARTINS BARBOSA (†) *(Levítico, Números, Josué).*
ESTÊVÃO BETTENCOURT (†) *(1ª e 2ª Coríntios).*
EMANUEL BOUZON (†) *(Jeremias, Profetas menores).*
GILBERTO DA SILVA GORGULHO (†) *(Êxodo, Provérbios, 1ª e 2ª Tessalonicenses, Hebreus).*
THEODOR HENRIQUE MAURER JR. (†) *(Isaías, Ezequiel, Mateus, Tiago, Judas, 1ª e 2ª Pedro).*
JORGE CESAR MOTA (†) *(Juízes, 1º e 2º Samuel, Marcos, Tito).*
BENJAMIM CARREIRA DE OLIVEIRA (†) *(Judite, Eclesiástico).*
NEY BRASIL PEREIRA *(1º e 2º Macabeus, Daniel, Baruc, Atos dos Apóstolos).*

ISAAC NICOLAU SALUM (†) *(Efésios, Filipenses, Colossenses).*
LUIZ INÁCIO STADELMANN *(Jó).*
IVO STORNIOLO (†) *(Deuteronômio, Salmos, Cântico dos Cânticos, Provérbios, Lucas, Apocalipse).*
CALISTO VENDRAME (†) *(Romanos, Gálatas, Filêmon).*
JOSÉ RAIMUNDO VIDIGAL *(1º e 2º Reis, 1º e 2º Crônicas, Esdras, Neemias, Rute, Tobias, Introduções e Apêndices).*
DOMINGOS ZAMAGNA *(Gênesis, Sabedoria, Ester, Lamentações, 1ª e 2ª Timóteo).*
JOAQUIM DE ARRUDA ZAMITH *(João, 1ª, 2ª e 3ª João).*

Para a presente edição
Revisão exegética

GILBERTO DA SILVA GORGULHO (†)
IVO STORNIOLO (†)
JOSÉ BORTOLINI

ANA FLORA ANDERSON
EUCLIDES MARTINS BALANCIN

Revisores literários

JOSÉ DIAS GOULART
HONÓRIO DALBOSCO

MANOEL QUINTA
IRANILDO BEZERRA LOPES

A transcrição dos nomes próprios ficou a cargo de
EUCLIDES MARTINS BALANCIN   OTTO SKRZYPCZAK (†)   LUDOVICO GARMUS

BÍBLIA DE JERUSALÉM
Edição em língua francesa

R. de Vaux (†)	E. Osty (†)	P. Auvray (†)	G. Marcel (†)
P. Benoît (†)	A. Robert (†)	E. Gilson (†)	A. Beguin (†)
L. Cerfaux (†)	J. Huby (†)	H. I. Marrou (†)	M. Carrouges (†)

Principais colaboradores

Os livros indicados entre parênteses são os que na primeira edição foram traduzidos pelos seguintes autores:

F.-M. Abel (†) *(Josué, Macabeus).*
P. Auvray (†) *(Provérbios, Eclesiástico, Isaías, Ezequiel).*
A. Barucq *(Judite, Ester).*
P. Benoît (†) *(Mateus, Filipenses, Filêmon, Colossenses, Efésios).*
M.-E. Boismard *(Apocalipse).*
F.-M. Braun *(Epístolas de S. João).*
H. Cazelles *(Levítico, Números, Deuteronômio, Crônicas).*
B. Couroyer (†) *(Êxodo).*
L.-M. Dewailly (†) *(Tessalonicenses).*
P. Dornier (†) *(Epístolas Pastorais).*
H. Duesberg (†) *(Provérbios, Eclesiástico).*
J. Dumont (†) *(Atos dos Apóstolos).*
A. Feuillet (†) *(Jonas).*
A. Gelin (†) *(Esdras-Neemias, Jeremias, Lamentações, Baruc, Ageu, Zacarias, Malaquias).*
J. Gelineau *(Salmos).*
A. George (†) *(Miqueias, Sofonias, Naum).*
J. Huby (†) *(Marcos).*
C. Larcher (†) *(Jó).*
R. Leconte (†) *(Epístolas de são Tiago, são Judas e são Pedro).*
S. Lyonnet (†) *(Romanos, Gálatas).*
P. de Menasce (†) *(Daniel)*
D. Mollat (†) *(João).*
É. Osty (†) *(Amós, Oseias, Sabedoria, Lucas, Coríntios).*
R. Pautrel (†) *(Tobias, Eclesiastes).*
B. Rigaux *(Tessalonicenses).*
A. Robert (†) *(Cântico dos Cânticos).*
R. Schwab (†) *(Salmos).*
C. Spicq (†) *(Hebreus).*
J. Steinmann (†) *(Isaías).*
R. Tournay (†) *(Salmos).*
J. Trinquet *(Habacuc, Abdias, Joel).*
R. de Vaux (†) *(Gênesis, Samuel, Reis).*
A. Vincent (†) *(Juízes, Rute).*

Iniciativa e realização desta obra: Th.-G. Chifflot (†).
A nova edição francesa, publicada em 1973, sofreu revisão nas traduções e as notas foram completadas e revistas. O trabalho foi realizado, com a colaboração de diversos tradutores, por um comitê de revisão com a participação de:

R. de Vaux (†)	D. Barrios-Auscher	R. Tournay
P. Benoît (†)	L.-M. Dewailly (†)	M.-E. Boismard

Colaboraram também:

P. Auvray (†)	F. Dreyfus	J. Starcky (†)
P.-E. Bonnard (†)	R. Feuillet (†)	

Para a presente edição, 1998:

J.-M. de Tarragon, O.P.	J. Taylor, S.M.	D. Barrios-Auscher

Com a colaboração de:

J.-N. Aletti, S.J.	P. Garutti, O.P.	J. Murphy-O'Connor, O.P.
M.-É. Boismard, O.P.	M. Gilbert, S.J.	R. Tournay, O.P. (†)
J. Briend	J. Loza, O.P.	B. Viviano, O.P.
L. Devillers, O.P.		

ÍNDICE GERAL

Lista dos livros da Bíblia hebraica 10
Lista dos livros da Bíblia grega 11
Observações 13
Abreviaturas e siglas 16

ANTIGO TESTAMENTO

PENTATEUCO

Introdução ao Pentateuco 21
GÊNESIS 33
ÊXODO 103
LEVÍTICO 162
NÚMEROS 202
DEUTERONÔMIO 257

LIVROS HISTÓRICOS

Introdução a Josué, Juízes,
Rute, Samuel e Reis 306
JOSUÉ 314
JUÍZES 348
RUTE 385
PRIMEIRO SAMUEL 390
SEGUNDO SAMUEL 432
PRIMEIRO REIS 468
SEGUNDO REIS 507

Introdução às Crônicas,
Esdras e Neemias 546
PRIMEIRO CRÔNICAS 550
SEGUNDO CRÔNICAS 586
ESDRAS 628
NEEMIAS 641

Introdução a Tobias, Judite
e Ester 661
TOBIAS 664
JUDITE 682
ESTER 701

Introdução aos Macabeus 716
PRIMEIRO MACABEUS 719
SEGUNDO MACABEUS 764

LIVROS POÉTICOS E SAPIENCIAIS

Introdução aos sapienciais 797

Introdução a Jó 800
JÓ 803

Introdução aos Salmos 858
SALMOS 864

Introdução aos Provérbios 1020
PROVÉRBIOS 1022

Introdução ao Eclesiastes 1070
ECLESIASTES 1072

Introdução ao Cântico dos Cânticos 1086
CÂNTICO DOS CÂNTICOS 1089

Introdução à Sabedoria de Salomão 1103
SABEDORIA DE SALOMÃO 1105

Introdução ao Eclesiástico 1141
ECLESIÁSTICO 1144

LIVROS PROFÉTICOS

Introdução aos profetas 1230

Introduções especiais:
Isaías 1237
Jeremias 1239
Lamentações 1241
Baruc 1241
Ezequiel 1242
Daniel 1244
Os doze Profetas 1246
Amós 1246
Oseias 1247
Miqueias 1248
Sofonias 1248
Naum 1249
Habacuc 1249
Ageu 1250
Zacarias 1250
Malaquias 1251
Abdias 1251
Joel 1252
Jonas 1252

ÍNDICE

ISAÍAS 1254	ABDIAS 1628
JEREMIAS 1362	JONAS 1631
LAMENTAÇÕES 1460	MIQUEIAS 1634
BARUC 1473	NAUM 1646
EZEQUIEL 1483	HABACUC 1651
DANIEL 1552	SOFONIAS 1658
OSEIAS 1584	AGEU 1665
JOEL 1604	ZACARIAS 1668
AMÓS 1612	MALAQUIAS 1682

NOVO TESTAMENTO

Introdução aos Evangelhos Sinóticos 1689
EVANGELHO SEGUNDO SÃO MATEUS 1703
EVANGELHO SEGUNDO SÃO MARCOS 1759
EVANGELHO SEGUNDO SÃO LUCAS 1786

Introdução ao Evangelho e às Epístolas de são João 1835
EVANGELHO SEGUNDO SÃO JOÃO 1842

Introdução aos Atos dos Apóstolos 1896
ATOS DOS APÓSTOLOS 1900

Introdução às Epístolas de são Paulo 1954
ROMANOS 1965
PRIMEIRA AOS CORÍNTIOS 1993
SEGUNDA AOS CORÍNTIOS 2017
GÁLATAS 2031
EFÉSIOS 2039
FILIPENSES 2048
COLOSSENSES 2054

PRIMEIRA AOS TESSALONICENSES 2060
SEGUNDA AOS TESSALONICENSES 2066
PRIMEIRA A TIMÓTEO 2069
SEGUNDA A TIMÓTEO 2075
TITO 2079
FILÊMON 2082

Introdução à Epístola aos Hebreus 2083
HEBREUS 2085

Introdução às Epístolas Católicas 2102
EPÍSTOLA DE SÃO TIAGO 2107
PRIMEIRA EPÍSTOLA DE SÃO PEDRO 2113
SEGUNDA EPÍSTOLA DE SÃO PEDRO 2120
PRIMEIRA EPÍSTOLA DE SÃO JOÃO 2124
SEGUNDA EPÍSTOLA DE SÃO JOÃO 2135
TERCEIRA EPÍSTOLA DE SÃO JOÃO 2136
EPÍSTOLA DE SÃO JUDAS 2137

Introdução ao Apocalipse 2139
APOCALIPSE 2142

Quadro cronológico 2170
As dinastias asmoneia e herodiana 2189
Calendário 2190
Lista de medidas e moedas 2192
Lista alfabética das notas mais importantes 2195

Mapas
O Antigo Oriente 12
Egito, Península sinaítica e Palestina na época do Êxodo 18
A divisão das tribos sob Josué 1702
Parte Sul da 5ª Satrapia 1702
As viagens de são Paulo 2169

LISTA DOS LIVROS DA BÍBLIA HEBRAICA

O cânon da Bíblia hebraica, fixado pelos judeus da Palestina por volta da era cristã, é conservado pelos judeus modernos e, para o Antigo Testamento, pelos evangélicos. Eles aceitam só os livros hebraicos, excluindo os livros escritos em grego e os suplementos gregos de Ester e Daniel.

A Bíblia hebraica está dividida em três partes, na seguinte ordem:

I. LEI (Pentateuco)

1. Gênesis *(designado pelas primeiras palavras do texto:* "No princípio")
2. Êxodo ("Estes são os nomes")
3. Levítico ("E [Iahweh] chamou Moisés")
4. Números ("No deserto")
5. Deuteronômio ("Estas são as palavras")

II. PROFETAS

A. *"Profetas anteriores":*

6. Josué
7. Juízes
8. Samuel (1º e 2º reunidos)
9. Reis (1º e 2º reunidos)

B. *"Profetas posteriores":*

10. Isaías
11. Jeremias
12. Ezequiel

13. "Os Doze" Profetas, *na ordem retomada pela Vulgata:* Oseias, Joel, Amós, Abdias, Jonas, Miqueias, Naum, Habacuc, Sofonias, Ageu, Zacarias, Malaquias.

III. ESCRITOS (*ou* Hagiógrafos)

14. Salmos
15. Jó
16. Provérbios
17. Rute
18. Cântico dos Cânticos
19. Eclesiastes ("Coélet")
20. Lamentações
21. Ester

    (Os cinco últimos livros são designados pelo nome de "Cinco Rolos"; eram lidos durante as festas judaicas.)

22. Daniel
23. Esdras-Neemias
24. Crônicas.

A Bíblia hebraica contém, portanto, "vinte e quatro livros".

LISTA DOS LIVROS DA BÍBLIA GREGA

A Bíblia grega dos Setenta (LXX), destinada aos judeus da Dispersão, engloba, numa ordem que varia segundo os manuscritos e as edições:
1. os livros da Bíblia hebraica, traduzidos para o grego com variantes, omissões e adições (importantes nos livros de Ester e Daniel);
2. alguns livros que não pertencem à Bíblia hebraica (vários dos quais, porém, refletem um original hebraico ou aramaico) e que entraram no Cânon cristão ("deuterocanônicos"); a Igreja os tem como inspirados do mesmo modo que os livros da Bíblia hebraica; eles são mencionados em itálico na lista abaixo;
3. alguns livros que, utilizados esporadicamente pelos Padres da Igreja ou pelos antigos escritores eclesiásticos, não foram aceitos pela Igreja cristã ("apócrifos"). Eles são mencionados entre colchetes na lista abaixo.
Com exceção dos livros apócrifos, a lista dos livros da Bíblia grega é igual (numa ordem diferente) à do Antigo Testamento aceita pela Igreja. Tais livros aparecem nas pp. 10-11 segundo a ordem habitual.
Damos abaixo a lista dos livros da Bíblia grega dos Setenta, conforme a edição de Rahlfs.

I. LEGISLAÇÃO E HISTÓRIA

Gênesis
Êxodo
Levítico
Números
Deuteronômio

Josué
Juízes
Rute
Quatro "livros dos Reinos":
I e II = Samuel; III e IV = Reis

Paralipômenos, I e II (= Crônicas)
[Esdras I] (apócrifo)
Esdras II (= Esdras-Neemias)

Ester, *com os fragmentos próprios do grego*
Judite
Tobias
Macabeus I e II
[mais III e IV apócrifos].

II. POETAS E PROFETAS

Salmos
[Odes]
Provérbios de Salomão
Eclesiastes
Cântico dos Cânticos
Jó
Livro da Sabedoria
("Sabedoria de Salomão")
Eclesiástico ("Sabedoria de Sirá")
[Salmos de Salomão]
Doze profetas menores ("Dódeka profeton"), na seguinte ordem: Oseias, Amós, Miqueias, Joel, Abdias, Jonas, Naum, Habacuc, Sofonias, Ageu, Zacarias, Malaquias
Isaías
Jeremias
Baruc (= Baruc 1-5)
Lamentações
Carta de Jeremias (= Baruc 6)
Ezequiel
Susana (= Daniel 13)
Daniel 1-12 (3,24-90 *é próprio do grego*)
Bel e o Dragão (= Daniel 14).

O ANTIGO ORIENTE

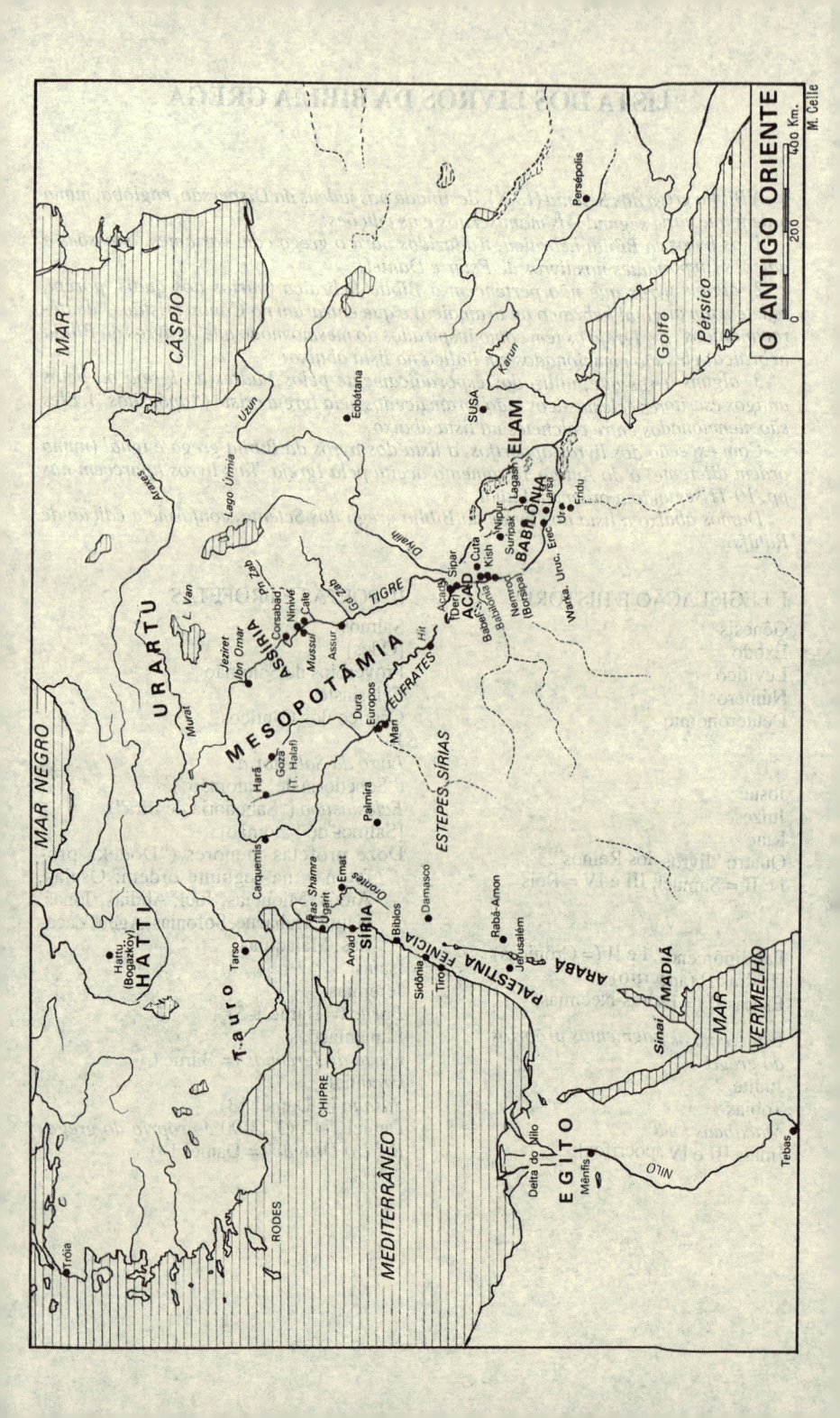

OBSERVAÇÕES

Tradução

As traduções foram feitas a partir dos textos originais hebraicos, aramaicos e gregos. Para o Antigo Testamento, seguimos o texto massorético, isto é, o texto hebraico estabelecido nos séculos VIII-IX d.C. por sábios judeus, que fixaram sua grafia e vocalização. É o texto reproduzido pela maioria dos manuscritos. Quando esse texto apresenta dificuldades insuperáveis, recorremos a outros manuscritos hebraicos ou de versões antigas, principalmente grega, siríaca e latina. Neste caso as correções são sempre assinaladas em nota. Para os livros gregos do Antigo Testamento ("deuterocanônicos") e para o Novo Testamento, utilizamos o texto estabelecido na época moderna por um trabalho crítico sobre os principais testemunhos manuscritos da tradição, igualmente com o auxílio das versões antigas. Quando a tradição oferece diversas formas do texto, escolhemos a leitura mais segura, indicando em nota a ou as variantes que têm importância ou conservam alguma probabilidade.

As passagens consideradas como glosas figuram entre parênteses no texto.

Nesta edição, esforçamo-nos para reduzir a diversidade de traduções que certos termos ou expressões idênticas do original recebiam por vezes nas edições precedentes. Todavia, levamos em conta a amplitude de sentido de certos termos hebraicos ou gregos, para os quais nem sempre é possível encontrar um equivalente único em português. Também levamos em conta as exigências do contexto, sem esquecer que uma tradução servil e demasiadamente literal frequentemente pode ser imperfeita na reprodução do sentido real de uma frase ou de uma expressão. Entretanto, os termos técnicos cujo sentido é unívoco são sempre traduzidos pelo mesmo equivalente em português. Quando necessário, preferimos a fidelidade ao texto a uma qualidade literária que não refletiria a do original.

Fizemos a transcrição dos nomes próprios com a mediação do latim (Vulgata e Neovulgata), procurando assim nos ater a uma "lei" da língua portuguesa, segundo a qual "palavras aramaicas, hebraicas e de outras línguas que entraram na Bíblia sejam aportuguesadas como se, antes, tivessem sido helenizadas e latinizadas, ou ao menos latinizadas" (A. Houaiss). A critério da coordenação fizemos algumas exceções, tais como Negueb, Meguido, Guilgal. Tanto para o grego como para o hebraico, conservamos em sua forma aportuguesada tradicional os nomes próprios que entraram para o uso corrente: Salomão, Nabucodonosor, João etc.

Para a transcrição do hebraico, seguimos as seguintes regras:
he e het são transcritos com h;
samek e sin são transcritos com s (shin é transcrito com sh);
tet e tav são transcritos com t;
çade é transcrito com ç;
yod é transcrito com y;
alef e áin são transcritos respectivamente por 'e'.

A estas regras correspondem princípios de pronúncia, que indicamos ao leitor, principalmente para o uso desta Bíblia em vista da leitura pública. Nos nomes próprios:
s e ç têm sempre a pronúncia do s sibilante (como em sal);
g é sempre duro (como em gado);
h é sempre aspirado (como o j espanhol em Guadalajara ou o rr de algumas regiões no Brasil, como em carro).

Para o grego seguiram-se as normas geralmente aceitas.

No fim do volume encontra-se uma lista de nomes de medidas (pesos, capacidade etc.) com os respectivos equivalentes brasileiros (tomados de antigas medidas brasileiras da mesma ordem de grandeza).

No Antigo Testamento, a numeração dos capítulos e versículos segue sempre a do hebraico. Contudo, onde a numeração da Vulgata é diferente da do hebraico, esta é assinalada à margem, em tipos menores. (Essa numeração marginal às vezes é interrompida para dar lugar às referências marginais). Para os casos específicos dos suplementos gregos de Ester ou de Daniel, ver as notas desses respectivos livros.

Na presente tradução encontra-se o nome de Deus sob a forma Iahweh (ver Gn 2,4+). Essa forma, usada há certo tempo em numerosas traduções, apresenta alguns problemas.

Sabemos que no hebraico original, apenas as consoantes eram escritas. As vogais tardiamente colocadas pelos Massoretas são as do termo adonai ("senhor") que devia ser pronunciado, pois o Nome de Deus era considerado demasiadamente santo para ser proferido.

A vocalização "Iahweh" é uma reconstrução hipotética de um nome cuja pronúncia real não era mais conhecida. O mesmo acontece com a vocalização "Jehovah", mais próxima da de adonai, mas que não corresponde melhor à forma primitiva.

Diversas soluções foram propostas para marcar o caráter impronunciável do nome divino.

Algumas traduções substituíram este nome pela fórmula "o Senhor" (como a Setenta, que traduzia Kyrios, e a Vulgata, que traduzia Dominus) ou ainda "o Eterno".

Outras se contentam em suprimir as vogais, mantendo simplesmente o tetragrama YHWH.

Conservamos aqui a forma corrente Iahweh, mas, na leitura pública, e mais ainda em ambiente litúrgico, é recomendável dizer "o Senhor".

Notas

As notas das edições anteriores da Bíblia de Jerusalém foram completadas e atualizadas, levando em conta estudos recentes. Por outro lado, particularizamos as indicações de crítica textual, indicando todas as correções feitas ao "texto recebido", excetuando todavia algumas correções puramente gramaticais referentes apenas à vocalização do texto massorético. Quando uma correção é feita, não por uma ou diversas versões antigas, mas por simples conjectura, damos a transcrição do hebraico ou do grego tal como se apresenta no texto e tal como o supomos na tradução. Essa transcrição é feita de modo simplificado, não indicando as diferenças vocálicas do hebraico (çerê/segol, patah/qameç); todavia, as vogais com mater lectionis são indicadas com acento circunflexo (^). Quando a tradução dada é a do "texto recebido", as variantes que podemos encontrar nas versões ou em outros manuscritos não são indicadas, salvo quando apresentam importância particular.

As notas muitas vezes se completam mutuamente; o sinal + (na própria nota ou na margem) remete a outras passagens em que o leitor encontrará as explicações necessárias para a passagem que ele tem diante de si, ou a uma série de referências marginais.

Esse sinal remete principalmente às notas sintéticas (ou "notas-chave"), que fornecem tanto a explicação de um termo técnico que aparece muitas vezes na Bíblia, quanto um resumo do conteúdo e do desenvolvimento de uma noção ou de um termo importante na história da Revelação. Por exemplo, "Resto" (veja a nota em Is 4,3). "Filho do Homem" (veja a nota em Mt 8,20, que remete, pela referência seguida pelo sinal +, à nota de Dn 7,13). No final do volume é fornecida uma lista alfabética dessas notas importantes.

As explicações gerais referentes a um livro ou a um grupo de livros são dadas nas introduções, cuja leitura é pressuposta à leitura das notas.

Um quadro cronológico, no final do volume, apresenta as datas e as sequências históricas, assim como as correspondências com a história geral, importantes para a compreensão de certos textos. Mapas esquemáticos situam os lugares mais importantes e apresentam o quadro geográfico geral da História Sagrada.

As notas, enfim, são completadas pelas referências marginais.

Referências marginais

As referências marginais esclarecem o texto de diversos modos, indicados por alguns sinais:

1º Quando uma passagem de um livro bíblico cita outro texto bíblico, as palavras citadas encontram-se em itálico e a referência que se acha na margem indica o lugar de onde tais palavras são tiradas.

2º Quando duas passagens bíblicas têm entre si uma relação literária, seja porque uma é a "fonte" da outra, seja porque ambas têm uma fonte comum, remete-se uma à outra por uma referência marginal, precedida do sinal = quando as duas passagens ("duplicatas") pertencem ao mesmo livro, ou pelo sinal ‖ quando as duas passagens ("paralelos") pertencem a dois livros diferentes.

3º Quando uma passagem bíblica for citada ou usada em um livro mais recente (principalmente quando um texto do Antigo Testamento for citado pelo Novo Testamento), dá-se na margem a referência a este último, precedida do sinal ↗.

4º A simples referência, na margem de uma passagem em caracteres romanos e sem nenhum sinal que a preceda, indica um texto cuja aproximação com a passagem em questão é útil. Se o sinal + segue tal referência, isso indica que lá se encontrarão quer outras referências sobre o mesmo tema, quer uma nota útil para a passagem que se lê. É assim que se remete particularmente às "notas-chave": por exemplo, na margem de uma passagem profética que menciona o "resto de Israel", encontraremos a referência Is 4,3+, que remete à nota sobre Is 4,3, onde tal noção é explicada.

Uma referência seguida pela letra s remete, ao mesmo tempo, ao versículo indicado e os versículos que o seguem.

Uma referência seguida pela letra p remete, ao mesmo tempo que ao texto indicado, às passagens paralelas (cujas referências serão precedidas pelo sinal = ou ‖, na margem desse texto).

Nos escritos paralelos, principalmente nos Evangelhos Sinóticos, frequentemente nos contentamos em dar as referências úteis na margem do primeiro desses escritos conforme a ordem canônica, ao qual o leitor deverá, portanto, recorrer: assim, muitas observações que interessam Mc ou Lc são apresentadas de uma vez por todas na margem de Mt.

As referências marginais encontram-se frequentemente deslocadas em relação à linha que interessam, quando acima delas figuram referências muito abundantes a outra linha. Um espaço em branco normalmente separa as referências que interessam linhas diferentes.

ABREVIATURAS E SIGLAS

Os títulos dos livros bíblicos são abreviados da seguinte maneira:

Gênesis .... Gn	Joel .... Jl
Êxodo .... Ex	Amós .... Am
Levítico Lv	Abdias .... Ab
Números .... Nm	Jonas .... Jn
Deuteronômio .... Dt	Miqueias .... Mq
	Naum .... Na
Josué .... Js	Habacuc .... Hab
Juízes .... Jz	Sofonias .... Sf
Rute .... Rt	Ageu .... Ag
Samuel 1Sm, 2Sm	Zacarias .... Zc
Reis 1Rs, 2Rs	Malaquias .... Ml
Crônicas 1Cr, 2Cr	
Esdras .... Esd	
Neemias .... Ne	Mateus .... Mt
Tobias .... Tb	Marcos .... Mc
Judite .... Jt	Lucas Lc
Ester .... Est	João .... Jo
Macabeus 1Mc, 2Mc	Atos dos apóstolos .... At
	Romanos .... Rm
Jó .... Jó	Coríntios 1Cor, 2Cor
Salmos .... Sl	Gálatas .... Gl
Provérbios .... Pr	Efésios .... Ef
Eclesiastes (Coélet) .... Ecl	Filipenses .... Fl
Cântico dos cânticos .... Ct	Colossenses Cl
Sabedoria .... Sb	Tessalonicenses 1Ts, 2Ts
Eclesiástico (Sirácida) .... Eclo	Timóteo 1Tm, 2Tm
	Tito .... Tt
Isaías .... Is	Filêmon .... Fm
Jeremias .... Jr	Hebreus .... Hb
Lamentações .... Lm	Tiago .... Tg
Baruc .... Br	Pedro 1Pd, 2Pd
Ezequiel .... Ez	João 1Jo, 2Jo, 3Jo
Daniel .... Dn	Judas .... Jd
Oseias .... Os	Apocalipse .... Ap

Em ordem alfabética

Ab	Abdias	2Cr	2º Crônicas	Ex	Êxodo
Ag	Ageu	Ct	Cântico dos Cânticos	Ez	Ezequiel
Am	Amós				
Ap	Apocalipse	Dn	Daniel	Fl	Filipenses
At	Atos	Dt	Deuteronômio	Fm	Filêmon
Br	Baruc			Gl	Gálatas
		Ecl	Eclesiastes	Gn	Gênesis
Cl	Colossenses	Eclo	Eclesiástico		
1Cor	1ª Coríntios	Ef	Efésios	Hab	Habacuc
2Cor	2ª Coríntios	Esd	Esdras	Hb	Hebreus
1Cr	1º Crônicas	Est	Ester	Is	Isaías

ABREVIATURAS

Jd	Judas	Mc	Evangelho segundo Marcos	Rm	Romanos
Jl	Joel			1Rs	1º Reis
Jn	Jonas	1Mc	1º Macabeus	2Rs	2º Reis
Jó	Jó	2Mc	2º Macabeus	Rt	Rute
Jo	Evangelho segundo João	Ml	Malaquias	Sb	Sabedoria
		Mq	Miqueias	Sf	Sofonias
1Jo	1ª João	Mt	Evangelho segundo Mateus	Sl	Salmos
2Jo	2ª João			1Sm	1º Samuel
3Jo	3ª João			2Sm	2º Samuel
Jr	Jeremias	Na	Naum	Tb	Tobias
Js	Josué	Ne	Neemias	Tg	Tiago
Jt	Judite	Nm	Números	1Tm	1ª Timóteo
Jz	Juízes			2Tm	2ª Timóteo
		Os	Oseias	1Ts	1ª Tessalonicenses
Lc	Evangelho segundo Lucas			2Ts	2ª Tessalonicenses
		1Pd	1ª Pedro	Tt	Tito
Lm	Lamentações	2Pd	2ª Pedro		
Lv	Levítico	Pr	Provérbios	Zc	Zacarias

As citações são feitas do seguinte modo:

a *vírgula* separa capítulo de versículo. Ex.: Gn 3,1 (Livro do Gênesis, cap. 3, v. 1);

o *ponto e vírgula* separa capítulos e livros Ex.: Gn 5,1-7; 6,8; Ex 2,3 (Livro do Gênesis, cap. 5, vv. de 1 a 7; cap. 6, v. 8; Livro do Êxodo, cap. 2, v. 3);

o *ponto* separa versículo de versículo, quando não seguidos. Ex.: 2Mc 3,2.5.7-9 (2º Livro dos Macabeus, cap. 3, vv. 2,5 e de 7 a 9);

o *hífen* indica sequência de capítulos ou de versículos, Ex.: Jo 3-5; 2Tm 2,1-6; Mt 1,5-12,9 (Evangelho segundo s. João, capítulos de 3 a 5; 2ª Epístola a Timóteo, cap. 2, vv. de 1 a 6; Evangelho segundo s. Mateus, do cap. 1, v. 5 ao cap. 12, v. 9).

Outras abreviaturas

AT	Antigo Testamento	p	paralelos
NT	Novo Testamento	sir. hex.	siro-hexaplar
TM	texto massorético	Aq.	Áquila
LXX	Setenta	Sim.	Símaco
hebr.	hebraico	Teod.	Teodocião
sir.	siríaco	texto oc.	texto ocidental
sam.	samaritano	ms	manuscrito
Vet. Lat.	antiga versão latina	mss	manuscritos
gr. luc.	Grego, conforme a recensão de Luciano	trad.	tradução
		corr.	correção
s	seguintes	conj.	conjectura

var.	variante	Esses três sinais precedem a indicação de palavras substituídas, acrescentadas ou omitidas por leituras que não foram adotadas na tradução.	O ketib é o texto escrito, fixado pelas consoantes.
ad.	adição		
om.	omissão		O qerê é o texto lido, conforme a vocalização dos Massoretas.

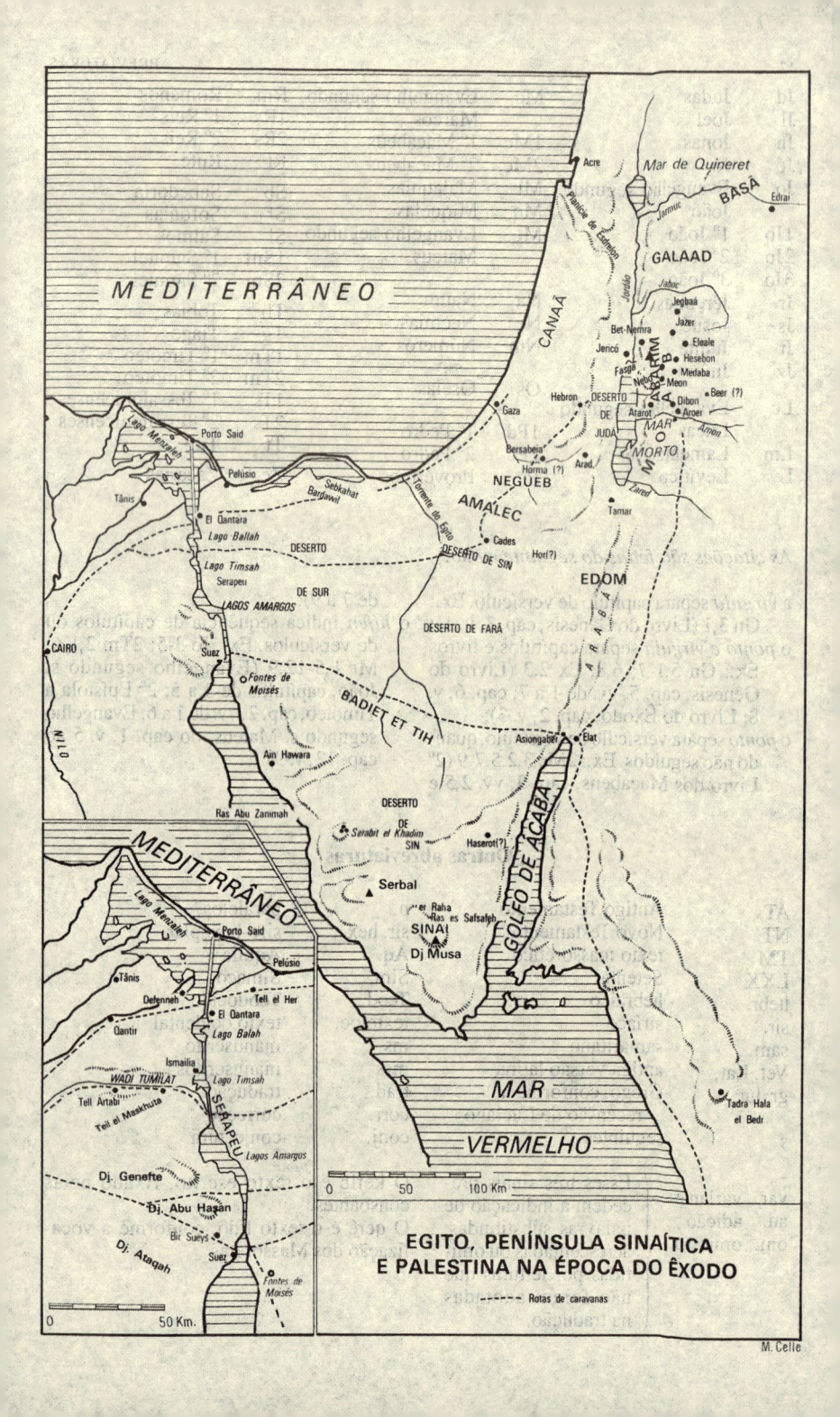

EGITO, PENÍNSULA SINAÍTICA E PALESTINA NA ÉPOCA DO ÊXODO

------ Rotas de caravanas

M. Celle

ANTIGO TESTAMENTO

PENTATEUCO

Introdução

Nomes, divisões e conteúdo

Os cinco primeiros livros da Bíblia formam um conjunto que os judeus denominam "Lei", ou Torá. O primeiro testemunho certo dessa denominação encontra-se no prefácio do Eclesiástico, e ela já era de uso corrente no começo da nossa era, por exemplo, no Novo Testamento (Mt 5,17; Lc 10,26; cf. Lc 24,44). Bem entendido, o termo "Lei" não se aplica somente à parte legislativa, como o mostra tal citação do NT (cf. Mc 12,26; Lc 20,37).

O desejo de obter cópias manejáveis desse grande conjunto fez com que se dividisse seu texto em cinco rolos de tamanho quase igual. Daí provém o nome que lhe foi dado nos círculos de língua grega: he pentateuchos (subentendido biblos), "O livro em cinco volumes", que foi transcrito em latim como Pentateuchus (subentendido liber), donde a palavra portuguesa Pentateuco. Por sua vez, os judeus de língua hebraica deram-lhe também o nome de "os cinco quintos da Lei".

Essa divisão em cinco livros é atestada antes de nossa era pela versão grega dos Setenta. Esta — e seu uso se impôs à Igreja — intitulava os volumes segundo o seu conteúdo: Gênesis (porque começa pelas origens do mundo), Êxodo (porque começa com a saída do Egito), Levítico (porque contém a lei dos sacerdotes da tribo de Levi), Números (por causa dos recenseamentos dos caps. 1-4) e Deuteronômio (ou a "segunda lei", de acordo com uma interpretação grega de Dt 17,18). Mas em hebraico os judeus designavam, e designam ainda, cada livro pela primeira palavra, ou pela primeira palavra importante, de seu texto: Bereshit, "no princípio"; Shemôt, "eis os nomes"; Wayyiqra', "Iahweh chamou"; Bemidbar, "Iahweh falou a Moisés no deserto"; Debarîm, "eis as palavras".

O Gênesis divide-se em duas partes desiguais: a história primitiva (1-11), sendo assim como que o pórtico da história da salvação, da qual a Bíblia inteira vai falar; ela remonta às origens do mundo e estende sua perspectiva à humanidade inteira. Relata a criação do universo e do homem, a queda original e suas consequências, e a perversidade crescente, castigada pelo dilúvio. A partir de Noé, a terra se repovoa, mas listas genealógicas cada vez mais restritas concentram finalmente o interesse em Abraão, pai do povo eleito. A história patriarcal (12-50) evoca a figura dos grandes antepassados: Abraão, o homem da fé, cuja obediência é recompensada por Deus, que promete, a ele, uma posteridade e, a seus descendentes, a Terra Santa (12,1-25,18); Jacó, o homem da astúcia, que suplanta seu irmão Esaú, rouba a bênção de seu pai Isaac e vence em esperteza seu tio Labão. Mas de nada lhe serviriam todas essas habilidades, se Deus não o tivesse preferido a Esaú desde antes de seu nascimento e não lhe tivesse renovado as promessas da aliança concedidas a Abraão (25,19-36,43). Entre Abraão e Jacó, Isaac é uma figura bastante apagada, cuja vida é narrada sobretudo em vista da de seu pai ou de seu filho. Os doze filhos de Jacó são os antepassados das Doze Tribos de Israel. A um deles é consagrado todo o final do Gênesis: os caps. 37-50 (menos 38 e 49) são uma biografia de José, o homem da sabedoria. Esta narração, que difere das precedentes, se desenvolve sem intervenção direta de Deus e sem nova revelação, mas toda ela é uma lição: a virtude do sábio é recompensada e a Providência divina converte em bem as faltas dos homens.

O Gênesis forma um todo completo: é a história dos antepassados. Os três livros seguintes formam outro bloco, no qual, dentro do contexto da vida de Moisés, narram-se a formação do povo eleito e o estabelecimento de sua lei social e religiosa.

O Êxodo desenvolve dois temas principais: a libertação do Egito (1,1-15,21) e a Aliança no Sinai (19,1-40,38); esses temas são interligados pelo tema da caminhada no deserto (15,22-18,27). Moisés, que recebeu a revelação do nome de Iahweh na montanha de Deus, é o condutor dos israelitas libertados da escravidão. Numa teofania impressionante, Deus faz aliança com o povo e lhe dita suas leis. Mal fora concluído, o pacto é violado pela adoração do bezerro de ouro, mas Deus perdoa e renova a Aliança. O grande conjunto dos caps. 25-31 e 35-40 relata a construção da tenda, lugar de culto na época do deserto.

O Levítico, de caráter quase exclusivamente legislativo, interrompe a narração dos acontecimentos. Contém: um ritual dos sacrifícios (1-7); o cerimonial de investidura dos sacerdotes, aplicado a Aarão e a seus filhos (8-10); as normas referentes ao puro e ao impuro (11-15), que terminam com o ritual do grande dia das Expiações (16); e a "lei de santidade" (17-26), que inclui um calendário litúrgico (23) e se encerra com bênçãos e maldições (26). Em forma de apêndice, o cap. 27 determina as condições do resgate das pessoas, dos animais e dos bens consagrados a Iahweh.

Números retoma o tema da caminhada pelo deserto. A partida do Sinai é preparada por um recenseamento do povo (1-4) e pelas grandes ofertas feitas para a dedicação do Tabernáculo (7). Após a celebração da segunda Páscoa, os israelitas deixam a montanha santa (9-10) e chegam, depois de várias etapas, a Cades, de onde fazem uma tentativa frustrada de penetrar em Canaã pelo sul (11-14). Depois da estada em Cades põem-se de novo a caminho e chegam às estepes de Moab, em frente de Jericó (20-25). Vencidos os madianitas, as tribos de Gad e Rúben se estabelecem na Transjordânia (31-32). Uma lista resume as etapas do Êxodo (33). Em torno dessas narrações são agrupadas prescrições que completam a legislação do Sinai ou que preparam o estabelecimento em Canaã (5-6; 8; 15-19; 26-30; 34-36).

O Deuteronômio tem estrutura particular: é código de leis civis e religiosas (12,1-26,15), enquadrado num grande discurso de Moisés (5-11 e 26,16-28,68). Este conjunto, por sua vez, é precedido do primeiro discurso de Moisés (1-4) e seguido do terceiro discurso (29-30) e também de trechos referentes ao fim de Moisés: missão de Josué, cântico e bênçãos de Moisés e sua morte (31-34). O código deuteronômico retoma, em parte, as leis promulgadas no deserto. Os discursos recordam os grandes acontecimentos do Êxodo, do Sinai e da conquista que começava; salientam seu sentido religioso, sublinham o alcance da lei e exortam à fidelidade.

Composição literária

A composição desta vasta coletânea era atribuída a Moisés pelo menos desde o começo de nossa era, e Cristo e os apóstolos conformaram-se com essa opinião (Jo 1,45; 5,45-47; Rm 10,5). Mas as tradições mais antigas jamais haviam afirmado explicitamente que Moisés fosse o redator de todo o Pentateuco. Quando o próprio Pentateuco diz, o que é muito raro, que "Moisés escreveu", aplica essa fórmula a alguma passagem particular. Efetivamente, o estudo moderno desses livros apontou diferenças de estilo, repetições numerosas, sobretudo nas leis, e desordens nos relatos, que impedem de ver no Pentateuco uma obra que tenha saído toda da mão de um só autor. Depois de longas hesitações, no fim do século XIX uma teoria conseguiu impor-se aos críticos, sobretudo por influência dos trabalhos de Graf e de Wellhausen: o Pentateuco seria a compilação de quatro documentos, diferentes quanto à idade e ao ambiente de origem, mas todos eles muito posteriores a Moisés. Teria havido primeiramente duas obras narrativas: o Javista (J), que desde o relato da criação usa o nome Iahweh, com o qual Deus se revelou a Moisés, e o Eloísta (E), que designa Deus pelo nome comum de Elohim; o Javista teria sido escrito no século IX em Judá, o Eloísta um pouco mais tarde em Israel; depois da ruína do reino do Norte, os dois documentos teriam sido reunidos num só (JE); depois de Josias, o Deuteronômio (D) lhe teria sido acrescentado (JED); e, depois do Exílio, o código Sacerdotal (P), que continha sobretudo leis, com algumas narrações, teria sido somado a essa compilação, à qual serviu de arcabouço e de moldura (JEDP).

Essa teoria documentária clássica, que aliás estava ligada a uma concepção evolucionista das ideias religiosas em Israel, foi frequentemente questionada, e outros autores só a aceitam com modificações mais ou menos consideráveis; ela podia ser até rejeitada em bloco por diferentes razões, a ligação com a tradição antiga, judaica ou cristã, desempenhando talvez um papel particularmente importante. Não se deve esquecer que a teoria documentária é apenas uma hipótese elaborada para tentar explicar certo número de fatos literários. Seria fácil (é o que se faz habitualmente hoje), argumentar a partir do fato que jamais houve verdadeiro consenso quanto à repartição precisa dos textos entre os diferentes documentos propostos. Ora, se as conclusões da hipótese documentária podiam ser consideradas frágeis há 20 anos, elas parecem ter sido depois expulsas, embora o panorama das certezas sobre a composição literária do Pentateuco pareça aflitivo: A "nova crítica" é questionamento sistemático das conclusões às quais conduzia o lento trabalho de gerações de biblistas há vários séculos. Há 20 anos as diferenças de um autor para outro podiam ser significativas, até mesmo consideráveis, mas a hipótese de conjunto era a mesma: hoje não existe mais uma hipótese geral comumente admitida; propõem-se antes diferentes modelos para tentar explicar a gênese do Pentateuco. Assiste-se mesmo à rejeição pura e simples de todo o trabalho da crítica julgado inadequado ou inoperante para a compreensão dos textos, até mesmo contrário a uma aproximação que os considere como Escritura.

Todavia, mesmo que não tenhamos certezas na questão, ainda que ignoremos o que se mantém finalmente de tantas pesquisas indo um pouco em todos os sentidos e de posições que se excluem mutuamente, certo número de indicações de base pode ajudar o leitor a melhor compreender o que ele lê; é por isso que as propomos aqui, mesmo que estejamos conscientes dos limites daquilo que propomos.

É preciso começar, não por uma declaração de impotência, mas pelo reconhecimento do caráter limitado de nossos conhecimentos em relação com os textos e com o meio de origem que os explica. Hoje em dia muitos dirão que toda questão relativa às origens é um desvio ou até uma perda de tempo inútil. Pode-se ler um texto sem se colocar a questão de saber quem o escreveu ou quais eram as circunstâncias ou as razões que deram nascimento a esta obra literária, grande ou pequena. Mas, são questões legítimas: elas surgem espontaneamente no leitor. O que fazer quando questões bem colocadas permanecem sem resposta ou quando as respostas são contraditórias? Uma boa dose de humildade é requerida para reconhecer que nossas questões não têm uma resposta simples.

Os textos do Pentateuco têm sua origem num passado que só conhecemos de maneira limitada. Certamente, a contribuição de ciências como a história, a arqueologia ou a linguística comparada é considerada; tal contribuição nos ajuda a considerar os textos sob nova luz, mas dir-se-ia que, frequentemente, o pouco de luz que nossas pesquisas trazem aos textos dá lugar a novas questões. Numerosas são as que surgem no próprio momento em que se desejaria responder às que tinham sido propostas no ponto de partida. Mas não nos encontramos em total obscuridade.

O conhecimento de literaturas de outros povos do Oriente próximo antigo nos ajuda a reconhecer ao mesmo tempo a amplitude das tradições literárias e o caráter relativamente recente do meio cultural que deu nascimento aos textos bíblicos. Por outro lado, uma boa proporção desses textos não tem origem simples: frequentemente a formulação que chega até nós é o resultado de longo processo, que só podemos descobrir imperfeitamente e em grandes traços. Daí não se poderia afirmar que esses textos sejam obra de autor determinado (ainda que anônimo) e que sua composição se situaria num momento determinado da história, momento que poderíamos determinar sem ambiguidade. Deve-se mesmo reconhecer que, o mais frequentemente, duas grandes etapas se abrem, explicando as origens e o desenvolvimento dos textos até a fixação definitiva, aquela que conhecemos mediante nossa Bíblia: nas origens, e durante um período por vezes bastante longo, a fixação é oral; é apenas pouco a pouco que se passa para a fixação por escrito. Isso é ao menos o que se julga segundo o que conhecemos da história literária dos povos do Oriente próximo antigo, embora se conheçam igualmente casos de criação literária pura e simples, que não se devem minimizar.

Há, portanto, uma história literária. Mas é aí talvez que se encontra o problema mais considerável: conhecemos o final, a forma definitiva dos textos; mas, para as etapas anteriores, complexas, que são passos para a fixação definitiva, não temos quase nunca dados seguros ou são claramente insuficientes para pormenorizar o percurso completo. É por isso que, na ausência de dados exteriores para responder às nossas questões legítimas, devemos apelar para a análise direta e *precisa* dos textos. Ora, a observação escrupulosa das características literárias dos textos, principalmente narrativos, do Pentateuco (o que quer dizer que se considera o vocabulário, o estilo, a sintaxe, as repetições e as tensões) conduziu progressivamente à teoria documentária como hipótese de explicação da formação do conjunto tradicional do Pentateuco. Era uma hipótese, mas tentava responder a dados objetivos. Por que hoje a hipótese documentária clássica é corrigida de maneira notável, ou pura e simplesmente abandonada?

Pode-se pensar que, talvez entre outras razões, dois fatos tiveram um papel no nascimento da crise atual: a simplificação pertinaz à hipótese e o esquecimento de seu estatuto de hipótese. A simplificação, que se manifesta principalmente em obras destinadas a um público não especializado, é inegável quando se tenta fazer das fontes (ou de certas dentre elas) a obra de um só autor de época determinada, de preferência muito antiga, e quando se desconhece ou se esquece a parte das redações sucessivas e uma contribuição por vezes considerável de acréscimos diversos. No momento em que a hipótese documentária se constituiu, falava-se preferentemente de obras de escolas que tinham conhecido diversas edições sucessivas, em que cada uma, excetuando-se a primeira, era a revisão e a amplificação daquela que a havia precedido. Por outro lado, a unificação redacional dos diferentes "documentos" teria contribuído muito para a formulação definitiva do texto. Isso nos diz o quanto o fenômeno é complexo, sobretudo se se leva em conta o fato de que, falando normalmente, uma tradição oral teria precedido a composição escrita dos textos, conforme já foi dito.

A crise atual de um lado ajuda a perceber melhor que a hipótese documentária é precisamente uma hipótese: não se pode sempre explicar tudo de maneira adequada, seja porque os dados que devem ser levados em conta são complexos, seja porque os mesmos fenômenos podem ser explicados de maneiras diferentes. Daí a possibilidade de diferentes modelos explicativos.

Por outro lado, a situação cultural que vivemos tem, também ela, consequências ou incidências sobre nossos métodos, sobretudo pelo fato de que certas questões, por exemplo, a da origem dos textos, julgadas essenciais para nossos predecessores, perdem sua importância ou são até consideradas como não pertinentes. É assim que, em nosso tempo, se dirá frequentemente que é preciso compreender o texto tal qual se apresenta, sem tentar descascá-lo segundo características literárias que deveriam ser explicadas pela origem diferente dos textos.

Pode-se prescindir de descobertas de uma hipótese documentária e, de início, da questão da origem dos textos? Dissemos acima que a questão é legítima; se é assim que se deve julgar a questão, a resposta, mesmo se for fragmentária e repousar sobre dados em parte hipotéticos, vale mais que a ausência de qualquer resposta.

Que haja um problema literário é fato inegável para quem se inclina atentamente sobre os textos. Desde as primeiras páginas do Gênesis encontram-se duplicatas, repetições e discordâncias: dois relatos das origens, que, apesar de suas diferenças, contam de maneira dupla a criação do homem e da mulher (1,1-2,4a e 2,4b-3,24); duas genealogias de Caim-Cainã (4,17s e 5,12-17); dois relatos combinados do dilúvio (6-8). Na história patriarcal, há duas apresentações da aliança com Abraão (Gn 15 e 17); duas expulsões de Agar (16 e 21); três relatos da desventura da mulher de um patriarca em país estrangeiro (12,10-20; 20; 26,1-11); provavelmente duas histórias combinadas de José e de seus irmãos nos últimos capítulos do Gênesis. Em seguida, há dois relatos da vocação de Moisés (Ex 3,1-4,17 e 6,2-7,7), dois milagres da água em Meriba (Ex 17,1-7 e Nm 20,1-13); dois textos do Decálogo (Ex 20,1-17 e Dt 5,6-21); quatro calendários litúrgicos (Ex 23,14-19; 34,18-23; Lv 23; Dt 16,1-16). Poderiam ser citados vários outros exemplos, sobretudo a repetição das leis nos livros do Êxodo, Levítico e Deuteronômio. Os textos se agrupam por afinidades de linguagem, de modo, de conceitos, que determinam linhas de força paralelas que se podem seguir através do Pentateuco. Elas correspondem a quatro correntes de tradição.

Como proceder para fazer uma ideia das origens complexas do Pentateuco? Vale mais começar pelos conjuntos mais recentes, para os quais temos pontos de referência mais fáceis, tanto para as características literárias como para as relações com a história de Israel.

O livro do Deuteronômio é um conjunto que se destaca claramente do resto do Pentateuco. Este livro se caracteriza por um estilo muito particular, amplo e oratório, no qual voltam frequentemente as mesmas fórmulas batidas e por uma doutrina constantemente afirmada: entre todos os povos, Deus, por pura complacência, escolheu Israel como seu povo; mas esta eleição e o pacto que a sanciona têm como condição a fidelidade de Israel à lei de seu Deus e ao culto legítimo que lhe deve prestar num santuário único. O Deuteronômio é o ponto de chegada de uma tradição parecida com certas tradições do Reino do Norte (Israel) e com a corrente profética, principalmente com o profeta Oseias. A comparação com as medidas de Josias por ocasião de sua reforma religiosa, inspirada pela descoberta de "um livro da Lei" (2Rs 22-23), que parece ser o Deuteronômio, provaria que este livro existia já por volta de 622-621 a.C., mas provavelmente numa forma mais breve que aquela que conhecemos. O núcleo do Deuteronômio pode representar costumes do Norte, trazidos a Judá pelos Levitas após as ruínas de Samaria. Esta lei, talvez já emoldurada por um discurso de Moisés, pode ter sido depositada no templo de Jerusalém. Mas não se exclui que a obra tenha sido composta sob Josias e para servir a seu projeto de reforma. Que ela tenha sido encontrada no templo lhe conferiria uma autoridade que certamente não teria tido, se fosse apresentada como obra que acabara de ser redigida.

O Deuteronômio é, portanto, uma obra de escola: certamente o conjunto não é absolutamente homogêneo, tanto no plano da teologia como no da expressão literária, mas os acréscimos — principalmente o primeiro (1,1-4,44), e o terceiro discurso de Moisés (29-30), (mas também o segundo discurso de Moisés [4,45-28,68], como também uma parte dos apêndices [29-31]) — são feitos no mesmo espírito. Certos acréscimos devem ser relacionados com a redação ou a revisão do conjunto que vai de Josué até o fim de Reis e que se chama frequentemente "História Deuteronomista"; eles podem ter sido feitos durante o exílio babilônico ou até depois dele. Atualmente fala-se também com frequência de influências deuteronômicas ou de redações deuteronomistas nos livros do Gênesis, do Êxodo e dos Números. Se o fato não é novo, o que espanta é a amplitude do fenômeno. Todavia, não é o caso de valorizá-lo demais; porque, mesmo sendo a orientação teológica ou a expressão literária parcialmente comparáveis, as relações entre os textos podem ser bastante complexas. Certas passagens do resto do Pentateuco podem ser anteriores ao Deuteronômio, apresentando já algumas das características literárias que florescerão com o Deuteronômio, ou exprimindo ideias próximas à deste livro.

A contribuição da "tradição sacerdotal" à configuração do Pentateuco é considerável. É, portanto, ainda aqui, uma obra de escola. As leis constituem a parte principal desta tradição, que tem um interesse especial na organização do santuário, nos sacrifícios e nas festas, na pessoa e nas funções de Aarão e de seus descendentes. Além dos textos legislativos ou institucionais, ela contém também partes narrativas, que são especialmente desenvolvidas quando servem para exprimir o espírito legalista ou litúrgico que a anima. Ela gosta de cômputos e genealogias; seu vocabulário particular e seu estilo geralmente abstrato e redundante a tornam facilmente reconhecível. Esta tradição é a dos sacerdotes do templo de Jerusalém; ela preservou elementos antigos mas só se constituiu durante o exílio e se impôs depois da repatriação; nela se distinguem diversas camadas redacionais, principalmente a "Lei de santidade" (Lv 17-26), um "escrito de base", e revisões que acrescentam muito aos dois conjuntos primitivos. Por outro lado é difícil decidir se esta tradição sacerdotal teve num tempo existência independente como obra literária ou se, e mais provavelmente, um ou diversos redatores representantes desta tradição não inseriram seus elementos nas tradições já existentes e, por um trabalho de edição, não deram ao Pentateuco sua forma definitiva.

Se se eliminarem o Deuteronômio e os textos atribuíveis à corrente sacerdotal, resta ainda uma parte considerável do livro do Gênesis e seções importantes dos livros do Êxodo e dos Números, principalmente na parte narrativa. A questão que se propõe é a de saber como julgar estes materiais. Havia algo escrito, documentos precisos, antes da contribuição dos deuteronomistas e dos sacerdotes de Jerusalém? Se a crítica clássica afirmava a existência de ao menos dois documentos (ou fontes), o "Javista" e o "Eloísta", hoje em dia a resposta é menos fácil. A despeito da tendência cada vez mais afirmada da exegese recente deve-se afirmar que a fixação por escrito das tradições do Pentateuco começou antes do Deuteronômio, mesmo se, muito provavelmente, ela não for tão antiga quanto se desejava e se for difícil determinar a configuração precisa de documentos autônomos. Aqui, porém, os pontos de referência são difíceis de estabelecer. Se tradições orais puderam existir desde as origens do povo de Israel (mas hoje tende-se mesmo a minimizar o papel da tradição oral), o assentamento por escrito só começa provavelmente pelo séc. VIII a.C. A pregação de Oseias manifesta já que, no mínimo, havia pela metade deste século tradições muito bem estabelecidas a respeito de Jacó, da saída do Egito sob a guia de Moisés, do estabelecimento de uma aliança entre Deus e Israel e do dom da Lei, até mesmo de certos episódios da caminhada no deserto. A questão é saber se tais tradições tinham já uma forma escrita. Não é fácil responder a esta questão, mas pode-se dizer que diversos fatores — cuja crise, provocada pela ameaça e depois pela conquista assíria, sem falar do desenvolvimento cultural que leva à utilização, ainda limitada, da escritura para outra coisa além de fins utilitários — contribuíram para as primeiras fixações escritas de certas tradições narrativas e de um pequeno número de leis. Todavia, qualquer informação exterior aos textos está ausente. Pode-se contudo notar que as tradições bíblicas testemunham uma atividade literária dos "escribas" de Ezequias (Pr 25,1), assim como uma transmissão, que pode ter começado oralmente, na escola de seu contemporâneo, o profeta Isaías (Is 8,16). Pode-se pensar que o fim do séc. VIII a.C. não é um início absoluto, mas não temos dados seguros para remontar mais alto. De maneira hipotética pode-se sugerir que o período de paz e de prosperidade dos reinos de Jeroboão II em Israel (c. 783-743) e de Ozias em Judá (c. 781-740) pode ter sido já o momento das primeiras fixações literárias das tradições de Israel e de Judá sobre seu passado. Isto quereria dizer que houve no início tradições próprias a cada um dos dois reinos. As tradições do Norte são "eloístas" e as do Sul "javistas": elas utilizam respectivamente os nomes divinos Elohim e Iahweh. Mas estes dois conjuntos de tradições, dos quais uma fixação escrita antes da queda de Samaria em 722-721 a.C.

é provável, confluíram para Jerusalém e é lá que o processo de sua fixação prosseguiu. Tem-se eventualmente unificado pouco os dois conjuntos de tradições, mas respeitando suas características próprias. É por isso que temos relatos, e até certas prescrições legais, em duplicata; é por isso também que as perspectivas são diferentes.

Se a crítica clássica aí distinguia normalmente duas fontes, Javista e Eloísta, hoje deve-se falar preferentemente de tradições. Se existem aí documentos (fontes) no sentido preciso do termo, o conjunto parece ser formado de maneira progressiva, embora nas tradições javistas, para dar este exemplo, possam-se encontrar passagens muito tardias, compreendendo passagens importantes, como o monólogo divino e a intercessão de Abraão por Sodoma e Gomorra (Gn 18,17-19 e 22b-33a). Uma parte desse crescimento progressivo está, sem dúvida, ligada ao esforço realizado para reunir as tradições do reino do Norte (Israel), desaparecido com as conquistas assírias, às tradições próprias do reino do Sul (Judá). O trabalho pôde ao menos começar sob Ezequias. É o que a crítica clássica, de modo mais ou menos claro, atribui ao redator "Jeovista". Atualmente tende-se a situá-lo pelo período do exílio babilônico (ou pouco antes), mas uma parte ao menos desse trabalho de compilação, que acrescenta muito aos textos já fixados por escrito (ou por uma tradição oral firme), é anterior aos deuteronomistas. É claro que se tem aí um trabalho de muitas gerações, e não o de um só escritor (ou escriba) que se situaria num momento preciso do fim do período monárquico em Judá, ou até depois.

Nos materiais javistas e eloístas a legislação ocupa pouco lugar, pois há apenas três documentos muitos breves: o Decálogo (Ex 20,2-17), o Código da Aliança (Ex 20,22-23,19), e Ex 34,10-26 (cf. Ex 12,21-23 sobre a Páscoa). A parte narrativa, ao contrário, é considerável no Gênesis (relatos das origens; tradições sobre os antepassados, Abraão, Isaac e Jacó; história de José); ela é ainda importante na primeira parte do Êxodo, mas torna-se rara depois de Ex 15: episódios da caminhada no deserto e acontecimentos do Sinai.

As tradições javistas têm uma origem judaíta. A composição pode ser tardia no caso de certos relatos, mas um fundo, talvez até um verdadeiro documento de certa consideração, pode ter aparecido pelo meio do séc. VIII. O estilo dessas tradições é vivo e colorido; sob forma imagística e com real talento da narração, elas dão resposta profunda às graves questões que se propõem a todo homem, e as expressões humanas de que elas se servem testemunham sentido muito elevado do divino. Como prólogo da história dos antepassados de Israel encontra-se aí a história das origens da humanidade a partir de um primeiro casal. O pecado da humanidade é de alguma forma a tela de fundo sobre a qual são traçadas as origens do povo através da história dos grandes antepassados (patriarcas) e da geração de Moisés e da saída do Egito. Esta "história nacional" salienta a intervenção de Deus: chama Abraão (e sua descendência), abençoa-o e lhe faz promessas; ele salva também os israelitas do Egito e os conduz para lhes dar a Terra prometida.

As tradições eloístas são menos consideráveis e menos unificadas. Já antes da crise recente dos estudos sobre o Pentateuco pode-se falar de conservação fragmentária do documento ou dizer que os textos eloístas seriam apenas suplementos aos da tradição javista. Mas pode-se manter a relativa independência de certas tradições que utilizam o nome divino Elohim. Seriam tradições do reino do Norte que teriam chegado a Judá por ocasião do desaparecimento de Israel; elas puderam ser fixadas por escrito, ao menos em parte, antes de 721 a.C. Em todo o caso, as tradições eloístas só começam com a história dos antepassados, entre os quais Jacó, como em Oseias, tem papel central. O relato continua com a narração das origens do povo sob Moisés. Nas tradições eloístas a moral é mais exigente e pode-se nelas notar também a preocupação de melhor salientar a distância que separa Deus e o homem.

Para facilitar o esforço do leitor do Pentateuco podem-se fazer aqui algumas notações gerais quanto à disposição dos textos. Deixando de lado o Deuteronômio, salvo talvez os apêndices (31-34), os textos de tradição sacerdotal são os mais fáceis de perceber por causa de suas características, principalmente quando se encontram em grandes blocos. É o caso de Ex 25-31 e 35-40, do conjunto do Levítico, de Nm 1,1-10,10 e de outros conjuntos mais modestos. Para o resto, Gênesis, Ex 1-24 e 32-34; Nm 10,11-36,13, a repartição entre as tradições javistas e eloístas e o que provém da escola sacerdotal, compreendendo os últimos redatores, é muito desigual. Nos relatos há frequentemente uma predominância das tradições javistas, mas não é uma regra geral. E a maneira como os textos foram reunidos é igualmente diferente conforme os casos: às vezes podemos ter relatos completos de uma só tradição, como Gn 1,1-2,4a (sacerdotal) ou 2,4b-3,24 (javista), outras vezes os dados de origem diversa são misturados, por exemplo, no relato do dilúvio em Gn 6,5-9,17 (tradições javista e sacerdotal com elementos redacionais). Procurar-se-á indicar o essencial ao leitor pelas notas colocadas no início dos capítulos ou das seções. Mas o que propomos é limitado (e até suscetível de outras explicações). O leitor tentará sempre ler o texto tal como se apresenta e compreender seu alcance. Mesmo no caso de elementos de origem diversa pode-se pensar que os textos têm uma significação sob a forma que nós os conhecemos. Mas um leitor atento talvez notará elementos que não se podem explicar caso se suponha perfeita unidade de composição. É então que o recurso a uma explicação diacrônica, que leva em conta a diversidade de origem e de perspectiva, tem seu lugar.

Os relatos e a história

O leitor dos relatos do Pentateuco estabelece normalmente uma relação estreita entre uma mensagem religiosa, seja qual for, e a exatidão quase material dos acontecimentos de que fala o relato. Esta exatidão fundamental, esta historicidade, se se quiser, seria a condição de possibilidade de um sentido religioso. É uma atitude que devemos a nossa cultura, mas devemos tentar nos situar na perspectiva própria dos textos em vez de lhes impor nossa perspectiva historicizante. As tradições eram o patrimônio vivo de um povo de um passado distante; davam-lhe o sentimento de sua unidade, uma vez que todas se ligavam a antepassados comuns, e, sobretudo, eram o sustentáculo de sua fé; eram como um espelho em que o povo se contemplava nas situações mais diversas. Pode-se pensar que essas mesmas situações, a partir das quais se refletia sobre o passado, tinham condicionado de um lado a maneira de contar as coisas. Não se poderia pedir a tais textos o rigor que o historiador moderno usaria. Mas, se a historicidade parece problemática do ponto de vista do historiador, pois os relatos e as leis do Pentateuco não são em primeiro lugar um livro de história, devemos, em contrapartida, salientar seu caráter religioso: eles são o testemunho da fé de um povo ao longo de numerosas gerações, sobretudo durante o período movimentado que vai das conquistas assírias à perda da independência nacional sob a égide do império persa. É este testemunho religioso que é importante para nós, como crentes, independentemente do valor que os textos podem ter para escrever uma história do povo da Bíblia, em termos de história moderna. É verdade que existe uma relação entre o acontecimento e o testemunho religioso, mas frequentemente o acontecimento importante é aquele a partir do qual se reflete sobre o passado e não aquele do qual se fala. Por outro lado, parece evidente que se fala do passado tal qual é conhecido frequentemente há séculos de distância, e para dele tirar uma lição para o presente. Atribuir aos autores bíblicos perspectivas de bibliografias ou de historiadores modernos não é a melhor perspectiva para chegar àquilo que eles têm a nos dizer.

Os onze primeiros capítulos do Gênesis devem ser considerados à parte. Atualmente fala-se frequentemente de "mito". É preciso compreender o termo como a designação do caráter literário, e não no sentido de história fabulosa, ou legendária. Um "mito" é simplesmente uma antiga tradição popular que conta as origens do mundo e do homem ou de certos acontecimentos, por exemplo, do dilúvio universal, que teriam acontecido nas origens da humanidade. Um "mito" é relato feito de modo imagístico e simbólico; o autor do relato bíblico tomou tal ou tal tradição de seu próprio ambiente porque ela servia ao seu desígnio didático. Por outro lado, os "mitos" ou relatos de origens, têm normalmente caráter etiológico: tais relatos fornecem uma resposta às grandes questões da existência humana no mundo; por meio dessas narrativas, dá-se uma resposta a questões como a da origem do pecado ou do sofrimento humano. O que se diz sobre este passado distante oferece uma explicação à nossa situação atual. De certa maneira procede-se por eliminação: tudo aquilo que, hoje, é percebido como limitação explica-se por um acontecimento nas origens. Em poucas palavras, o "mito" explica como vieram à existência o mundo e todas as suas criaturas e por que nós, humanos, somos tais como somos.

O resto dos acontecimentos de que fala o Pentateuco, desde Abraão até a morte de Moisés, tem caráter diferente. Pode-se falar de história a propósito destes relatos? É muito fácil perceber que não se trata de história no sentido moderno do termo. O fim buscado pelos diferentes autores não é o que o historiador de hoje buscaria. Isso, porém, não quer dizer que aí não possa haver ensinamentos dos quais o historiador poderia se servir para escrever tal história, por mais difícil que seja a tarefa em vista do caráter dos textos bíblicos.

A história patriarcal é história de família: as lembranças que se guardavam séculos mais tarde, a respeito dos antepassados, Abraão, Isaac, Jacó e José. É história popular: detém-se nos episódios pessoais e nos traços pitorescos, sem nenhuma preocupação de relacionar essas narrações com a história geral. É, enfim, história religiosa: todos os momentos decisivos são marcados por uma intervenção divina e neles tudo aparece como providencial, concepção teológica verdadeira de ponto de vista superior, mas que deixa na sombra a ação das causas segundas; além disso, os fatos são introduzidos, explicados e agrupados a fim de demonstrar uma tese religiosa: há um Deus que formou um povo e lhe deu um país; este Deus é Iahweh, este povo é Israel, este país é a Terra Santa. Contudo, tais relatos podem dar uma imagem fiel, embora simplificada, da origem e das migrações dos antepassados de Israel, de seus vínculos geográficos e étnicos, de seu comportamento moral e religioso. Porém, apesar da contribuição sempre crescente das descobertas da história e da arqueologia orientais, não estamos em posição de verificar a fundamentação de cada pormenor ou de situar com precisão os patriarcas na história geral.

Depois de uma lacuna, o Êxodo e os Números, que têm seu eco no Deuteronômio, e um complemento no fim do mesmo livro, referem os acontecimentos que vão do nascimento à morte de Moisés: a saída do Egito, a permanência no Sinai, a subida até Cades, a caminhada através da Transjordânia e a instalação nas estepes de Moab. Negar a realidade histórica desses fatos e da pessoa de Moisés é tornar inexplicáveis a história subsequente de Israel, sua fidelidade ao javismo, apesar da inclinação, que durou séculos, de se voltar para os deuses estrangeiros, sobretudo cananeus, e sua devoção à Lei. É preciso reconhecer, contudo, que a importância dessas recordações para a vida do povo e o eco que elas tinham nos ritos deram aos relatos a cor de uma gesta heroica (por exemplo, a passagem do mar) e por vezes de uma liturgia (como a Páscoa). Israel, que se tornou povo, faz então sua entrada na história geral e, embora nenhum documento antigo o mencione ainda — salvo uma alusão obscura na estela do Faraó Merneptah — o que a Bíblia diz dele concorda, em linhas gerais, com o que os textos e a arqueologia nos informam sobre a descida dos grupos semíticos para o Egito, sobre a administração egípcia do Delta e a situação política da Transjordânia. A tarefa do historiador atual é confrontar esses dados da Bíblia com os fatos conhecidos da história geral. Ela não é fácil e impõe reservas que provêm tanto da insuficiência dos dados bíblicos quanto da incerteza da cronologia extrabíblica. É por isso que há diversas hipóteses sobre a época dos patriarcas ou sobre a data provável do Êxodo dos israelitas para fora do Egito, sob a guia de Moisés. Infelizmente não podemos confiar nas indicações cronológicas de 1Rs 6,1 e Jz 11,26. Para alguns, a indicação decisiva encontrar-se-ia em Ex 1,11: os hebreus no Egito teriam trabalhado na construção das cidades-armazéns de Pitom e de Ramsés. O Êxodo seria posterior à ascensão de Ramsés II, que fundou a cidade de Ramsés. Os grandes trabalhos começaram aí desde o início de seu reino e é provável que a saída do grupo de Moisés tenha ocorrido na primeira metade ou pelo meio deste longo reino (1290-1224), digamos por volta de 1250 a.C. ou pouco antes. Se levarmos em conta a tradição bíblica sobre uma estada no deserto durante uma geração, a instalação na Transjordânia colocar-se-ia nas cercanias de 1225 a.C. Estas datas estão conformes aos ensinamentos da história geral sobre a residência dos faraós da XIX dinastia no Delta do Nilo, sobre o enfraquecimento do controle egípcio na Síria-Palestina pelo fim do reinado de Ramsés II, e sobre as perturbações que abalaram todo o Oriente próximo no fim do séc. XIII. Elas concordam com as indicações da arqueologia sobre o início da Idade do ferro, que coincide com o estabelecimento dos israelitas em Canaã.

A legislação

Na Bíblia judaica, o Pentateuco é chamado a Lei, a Torá: de fato, recolhe o conjunto das prescrições que regulavam a vida moral, social e religiosa do povo. Para nossos olhos modernos, o traço mais notável dessa legislação é seu caráter religioso. Esse aspecto encontra-se também em certos Códigos do Oriente antigo, mas nunca acompanhado de tanta compenetração do sagrado e do profano; em Israel, a lei é ditada por Deus, regula seus deveres para com Deus e motiva suas prescrições com considerações religiosas. Isso parece óbvio no caso das normas morais do Decálogo ou das leis cultuais do Levítico; mas é muito mais significativo que, numa mesma coleção, se misturem leis civis e penais com preceitos religiosos, e que o conjunto seja apresentado como a carta da aliança com Iahweh. Por uma consequência natural, o enunciado dessas leis é vinculado às narrações dos acontecimentos do deserto, onde essa aliança foi concluída.

Já que as leis são feitas para serem aplicadas, era preciso adaptá-las às condições variáveis de cada ambiente e época. Isso explica que se encontrem, nos conjuntos que vamos examinar, junto com elementos antigos, fórmulas ou disposições que testemunham preocupações novas. Por outro lado, nesta matéria, Israel foi necessariamente tributário de seus vizinhos. Certas disposições do Código da Aliança ou do Deuteronômio se reencontram, com estranha semelhança, nos Códigos da Mesopotâmia, na coleção das Leis assírias ou no código hitita. Não houve dependência alguma direta; esses contatos se explicam pela irradiação das legislações estrangeiras ou por um direito consuetudinário que se tornou em parte o bem comum do antigo Oriente próximo. Além disso, logo após o Êxodo, a influência cananeia se fez sentir fortemente na expressão das leis e nas formas do culto.

O Decálogo, "as palavras" (Ex 20,1; 24,3-8 etc.) ou "Dez palavras" (Dt 4,13; 10,4; cf. Ex 34,28), é por excelência "o livro da aliança" (Ex 24,7), o que põe em relevo a tradição das "tábuas de pedra" (Ex 31,18+). Ele é a lei fundamental, moral e religiosa, da Aliança de Iahweh com Israel. Ele é dado duas vezes (Ex 20,2-17 e Dt 5,6-21), com variantes por vezes notáveis que traem retoques mais recentes. Estas duas versões poderiam remontar a uma forma mais curta que era apenas uma série de proibições. Se em princípio, nada se opõe à origem mosaica do Decálogo, não podemos na verdade prová-la.

O Código da Aliança (Ex 20,22-23,33 [mais estritamente Ex 20,22-23,19]), faz parte das tradições eloístas e foi inserido entre o fim do Decálogo e a conclusão da aliança. Este conjunto de leis responde a uma situação posterior à época de Moisés.

É o direito de uma sociedade de pastores e de camponeses; e o interesse que demonstra pelos animais de carga, pelos trabalhos nos campos e na vinha, pelas casas, leva a crer que a sedentarização já é fato consumado. É somente nessa época que Israel pôde conhecer e praticar o direito consuetudinário no qual este Código se inspira e que explica seus paralelos precisos com os Códigos da Mesopotâmia, mas o Código da Aliança é penetrado pelo espírito do javismo, muitas vezes em reação contra a civilização de Canaã. Reúne, sem plano sistemático, coleções de preceitos que se distinguem por seu objeto e por sua formulação, ora "casuística" ou condicional, ora "apodítica" ou imperativa. A coleção teve de início existência independente e poderia nesse caso refletir um período relativamente antigo na história de Israel. Sua inserção nos relatos do Sinai é anterior à composição do Deuteronômio.

O Código deuteronômico (Dt 12,1-26,15) forma a parte central do livro do Deuteronômio, cujas características e história literária descrevemos acima. Retoma uma parte das leis do Código da Aliança, mas adapta-as às mudanças da vida econômica e social; assim, com referência ao perdão das dívidas e ao estatuto dos escravos, compare-se Dt 15,1-11 com Ex 23,10-11; Dt 15,12-18 com Ex 21,2-11. Mas, desde seu primeiro preceito, ele se opõe ao Código da Aliança num ponto importante: este havia legitimado a multiplicidade dos santuários (Ex 20,24), ao passo que o Deuteronômio impõe a lei da unidade do lugar de culto (Dt 12,2-12) e essa centralização acarreta modificações nas regras antigas sobre os sacrifícios, o dízimo e as festas. O Código deuteronômico contém também prescrições alheias ao Código da Aliança e por vezes arcaicas, que provêm de fontes desconhecidas. O que permanece como sua característica e que marca a mudança dos tempos é a preocupação de proteger os pobres, a lembrança constante dos direitos de Deus sobre sua terra e sobre seu povo e o tom exortativo que penetra essas prescrições legais.

O Levítico, embora só tenha recebido sua forma definitiva depois do Exílio, contém elementos bem antigos, como as proibições alimentares (11) as regras de pureza (13-15); o cerimonial tardio do grande dia da Expiação (16), sobrepõe uma concepção muito elaborada do pecado a um antigo rito de purificação. Os caps. 17-26 formam um conjunto chamado Lei de santidade, que inicialmente era separado do Pentateuco. Essa Lei reúne elementos diversos, alguns dos quais podem remontar até à época nômade, como o cap. 18, outros são ainda pré-exílicos e outros mais recentes. Uma primeira coleção se formou em Jerusalém pouco antes do Exílio, coleção esta que Ezequiel pode ter conhecido, com muitos contatos de linguagem e de conteúdo com a Lei de Santidade. Mas esta só foi editada no decurso do Exílio, antes de ser inserida no Pentateuco pelos redatores sacerdotais que a adaptaram ao resto do material que reuniram.

Sentido religioso

A religião do Antigo Testamento, como a do Novo, é religião histórica: funda-se na revelação que Deus fez a determinados homens, em determinados lugares e circunstâncias, e nas intervenções de Deus em determinados momentos da evolução humana. O Pentateuco, que reproduz a história dessas relações de Deus com o mundo, é o fundamento da religião judaica e tornou-se seu livro canônico por excelência, sua lei.

Nele encontrava o israelita a explicação do seu destino. Não apenas tem, no começo do Gênesis, a resposta às interrogações que todo homem se faz sobre o mundo e a vida, sobre o sofrimento e a morte, mas encontra também resposta para seu problema particular: Por que Iahweh, o Único, é o Deus de Israel? Por que Israel é seu povo entre todas as nações da terra? É porque Israel recebeu a promessa. O Pentateuco é o livro das promessas: a Adão e Eva após a queda, o anúncio da salvação longínqua, o Proto-evangelho; a Noé depois do dilúvio, a certeza de uma nova ordem do mundo; e a Abraão principalmente. A promessa que lhe é feita é renovada a Isaac e a Jacó e se estende a todo o povo deles nascido. Essa promessa se refere imediatamente à posse do país em que viveram os Patriarcas, a Terra prometida, mas implica outras coisas mais: significa que existem entre Israel e o Deus dos Pais relações especiais, únicas.

Pois Iahweh chamou Abraão, e nessa vocação já se prefigurava a eleição de Israel. Foi Iahweh que fez dele um povo e deste povo, seu povo, por uma eleição gratuita, por um desígnio amoroso concebido desde a criação e continuado através de todas as infidelidades dos homens.

Essa promessa e essa eleição são garantidas por uma aliança. O Pentateuco é também o livro das alianças. Uma já é feita, embora tácita, com Adão; ela é explícita com Noé, com Abraão, com todo o povo, enfim, pelo ministério de Moisés. Não se trata de um pacto entre iguais, pois Deus não necessita dele e é ele quem toma a iniciativa. No entanto, ele se compromete, se obriga, de certa maneira, pelas promessas que faz. Mas exige, em contrapartida, a fidelidade de seu povo: a recusa de Israel, seu pecado, pode romper o vínculo que o amor de Deus formou.

As condições dessa fidelidade estão reguladas pelo próprio Deus. Deus dá sua lei ao povo que escolheu para si. A lei ensina-lhe seus deveres, regula sua conduta conforme a vontade de Deus, e, mantendo a aliança, prepara o cumprimento das promessas.

Esses temas da Promessa, da Eleição, da Aliança e da Lei são os fios de ouro que se entrecruzam na trama do Pentateuco e continuam seu curso por todo o Antigo Testamento. Pois o Pentateuco não é completo em si mesmo: menciona a promessa, mas não a realização, já que termina antes da entrada na Terra Santa. Devia permanecer aberto como uma esperança e uma exigência: esperança nas promessas, que a conquista de Canaã parecerá cumprir (Js 23), mas que os pecados do povo comprometerão e que os exilados recordarão na Babilônia; exigência de uma lei sempre premente, que permanecia como que uma testemunha contra Israel (Dt 31,26).

Essa situação continuou até Cristo, que é o termo para o qual tendia obscuramente a história da salvação e que lhe dá todo o seu sentido. São Paulo salienta o significado deste fato, sobretudo em Gl 3,15-29. Cristo concluiu a Nova Aliança, prefigurada pelos pactos antigos, e nela faz entrar os cristãos, herdeiros de Abraão pela fé. Quanto à Lei, ela foi dada para guardar as promessas, como um pedagogo que conduz a Cristo, em quem essas promessas se realizam.

O cristão não está mais sob o pedagogo, é libertado das observâncias da Lei, mas não de seu ensinamento moral e religioso. Pois Cristo não veio ab-rogar a Lei, e sim levá-la à perfeição (Mt 5,17); o Novo Testamento não se opõe ao Antigo, prolonga-o. Não só a Igreja reconheceu nos grandes eventos da época patriarcal e mosaica, nas festas e ritos do deserto (sacrifício de Isaac, passagem do mar Vermelho, Páscoa etc.), as realidades da Nova Lei (sacrifício de Cristo, batismo, Páscoa cristã), como também a fé cristã exige a mesma atitude fundamental que os relatos e os preceitos do Pentateuco prescreviam aos israelitas. Mais ainda: em seu itinerário para Deus, toda alma atravessa as mesmas etapas de desapego, provação e purificação pelas quais passou o povo eleito, e encontra sua instrução nas lições que foram dadas a este.

Uma leitura cristã do Pentateuco deve seguir antes de tudo a ordem dos relatos: o Gênesis, depois de haver oposto às bondades de Deus Criador as infidelidades do homem pecador, mostra, nos Patriarcas, a recompensa concedida à fé; o Êxodo é o esboço de nossa redenção; Números representa o tempo de provação em que Deus instrui e castiga seus filhos, preparando a congregação dos eleitos. O Levítico poderá ser lido com mais proveito em conexão com os últimos capítulos de Ezequiel ou depois dos livros de Esdras e Neemias; o sacrifício único de Cristo tornou caduco o cerimonial do antigo Templo, mas suas exigências de pureza e de santidade no serviço de Deus continuam sendo uma lição sempre válida. A leitura do Deuteronômio acompanhará bem a de Jeremias, o profeta de quem ele está mais próximo pelo tempo e pelo espírito.

GÊNESIS

I. As origens do mundo e da humanidade

1. DA CRIAÇÃO AO DILÚVIO

1 ***A obra dos seis dias***[a] — ¹No princípio, Deus criou o céu e a terra.[b] ²Ora, a terra estava vazia e vaga,[c] as trevas cobriam o abismo, e um sopro de Deus agitava[d] a superfície das águas.
³Deus disse: "Haja luz", e houve luz. ⁴Deus viu que a luz era boa, e Deus separou a luz e as trevas.[e] ⁵Deus chamou à luz "dia" e às trevas "noite". Houve uma tarde e uma manhã: primeiro dia.
⁶Deus disse: "Haja um firmamento[f] no meio das águas e que ele separe as águas das águas", e assim se fez. ⁷Deus fez[g] o firmamento, que separou as águas que estão sob o firmamento das águas que estão acima do firmamento, ⁸e Deus chamou ao firmamento "céu". Houve uma tarde e uma manhã: segundo dia.

2,4-25
Jó 38-39
Sl 8; 104
Pr 8,22-31
Jo 1,1-3
Cl 1,15-17
Hb 1,2-3
2Cor 4,6
Jo 8,12 +

7,11 +
Pr 8,28

---

a) Este relato, que procura contar as "origens do céu e da terra" é uma verdadeira "cosmogonia", diferente de 2,4b-25, que se pode qualificar de "antropogonia": enquanto o segundo relato fala essencialmente da formação do homem e da mulher, este pretende oferecer uma visão completa da origem dos seres segundo um plano refletido. Tudo vem à existência sob ordem de Deus e tudo é criado segundo uma ordem crescente de dignidade. Deus é anterior à criação e todos os seres dele receberam o dom da existência ou da vida. O homem e a mulher, criados à imagem de Deus, encontram-se no centro das obras criadas; pela vontade de Deus receberam o poder de dominar sobre os outros viventes. Este ensinamento é teológico, mas o aspecto mais imediatamente evidente, a origem de tudo em Deus, é duplicado por um segundo, o repouso do sétimo dia, do sábado. É para melhor transmitir este segundo ensinamento que o esquema da semana foi utilizado. Como há oito obras, elas são repartidas de maneira simétrica: há duas delas no terceiro e no sexto dia. Assim, o "repouso" de Deus no sétimo dia torna-se o modelo que o homem deve imitar. Por trás do texto atual, da escola sacerdotal, há sem dúvida uma longa tradição; há também os conhecimentos da época em matéria científica. Se o ensinamento teológico faz parte da revelação divina, o mesmo não acontece com os dados ligados ao estado embrionário dos conhecimentos da época sobre o mundo.
b) Traduz-se também: "No princípio, quando Deus criou (ou quando Deus começou a criar) o céu e a terra, a terra estava..." As duas traduções são gramaticalmente possíveis: a que adotamos, seguindo todas as antigas versões, respeita melhor a coerência do texto. A narrativa começa no v. 2; o v. 1 é título (uma "subscrição"), à maneira de 22,1a ou 2Rs 2,1a, à qual corresponde a conclusão de 2,4a. Na linguagem bíblica, "o céu e a terra" designam a totalidade do universo ordenado, o resultado da criação. Esta é expressa pelo verbo *bara'*, que é reservado à ação criadora de Deus, ou às suas intervenções brilhantes na história. Não é preciso ler aí a noção metafísica de criação sem que nada a preceda e possa ser considerada como matéria a partir da qual os seres pudessem ter sido formados, afirmação que ocorrerá apenas com 2Mc 7,28, mas o texto afirma que houve um início: a criação não é um mito atemporal, ela é integrada à história da qual ela é o início absoluto.
c) Em hebraico: *tohû* e *bohû*, "o deserto e o vazio", expressão que se tornou proverbial para toda falta de ordem, sobretudo quando é considerável. Esses termos, assim como o de "águas", formam um quadro negativo em relação ao qual aparecerá a novidade da intervenção do Deus pessoal criando tudo por sua palavra. Este versículo descreve a situação de caos que precede a criação (2,5).
d) Poder-se-ia traduzir por "grande vento" (ver também 8, que emprega o mesmo termo *ruah*). Não é preciso ver aí uma afirmação do papel criador do espírito de Deus. A ideia não aparece muito no Antigo Testamento. Aqui ela quebraria a descrição do caos e tiraria toda a novidade da intervenção de Deus. A intervenção em atos é provavelmente mais tradicional como ideia cosmogônica que a intervenção da palavra; aqui elas estão coordenadas.
e) A luz é uma criação de Deus, as trevas não o são: elas são negação. A criação da luz é relatada em primeiro lugar porque a sucessão dos dias e das noites será o quadro em que se desenvolverá a obra criadora.
f) A "abóbada" aparente do céu era para os antigos semitas uma cúpula sólida, mas também uma tenda armada, retendo as águas superiores por suas aberturas; por elas Deus faz vir sobre a terra a chuva e a neve e faz também jorrar o dilúvio, 7,11.
g) À criação pela palavra, "Deus disse", acrescenta-se a criação pelo ato, "Deus fez" o firmamento, os astros (v. 16), os animais terrestres (v. 25), o homem (v. 26). O autor sacerdotal integra assim à sua concepção mais espiritual da criação uma tradição antiga, paralela à segunda narração (2,4b-25), em que Deus "fez" o céu e a terra, o homem e os animais.

⁹Deus disse: "Que as águas que estão sob o céu se reúnam num só lugar*ᵃ* e que apareça o continente", e assim se fez. ¹⁰Deus chamou ao continente "terra" e à massa das águas "mares", e Deus viu que isso era bom.

¹¹Deus disse: "Que a terra verdeje de verdura: ervas que deem semente e árvores frutíferas que deem sobre a terra, segundo sua espécie, frutos contendo sua semente", e assim se fez. ¹²A terra produziu verdura: ervas que dão semente segundo sua espécie, árvores que dão, segundo sua espécie, frutos contendo sua semente, e Deus viu que isso era bom. ¹³Houve uma tarde e uma manhã: terceiro dia.

<small>Br 3,33-35
Jr 31,35
Is 40,26
Eclo 43,6.7</small>

<small>Sl 136,7s</small>

¹⁴Deus disse: "Que haja luzeiros no firmamento do céu para separar o dia e a noite; que eles sirvam de sinais, tanto para as festas quanto para os dias e os anos; ¹⁵que sejam luzeiros no firmamento do céu para iluminar a terra", e assim se fez. ¹⁶Deus fez os dois luzeiros maiores:*ᵇ* o grande luzeiro como poder do dia e o pequeno luzeiro como poder da noite, e as estrelas. ¹⁷Deus os colocou no firmamento do céu para iluminar a terra, ¹⁸para comandar o dia e a noite, para separar a luz e as trevas, e Deus viu que isso era bom. ¹⁹Houve uma tarde e uma manhã: quarto dia.

<small>Jó 12,7-12</small>

²⁰Deus disse: "Fervilhem as águas um fervilhar de seres vivos e que as aves voem acima da terra, sob o firmamento do céu", e assim se fez. ²¹Deus criou as grandes serpentes do mar e todos os seres vivos que rastejam e que fervilham nas águas segundo sua espécie, e as aves aladas segundo sua espécie, e Deus viu que isso era bom. ²²Deus os abençoou e disse: "Sede fecundos, multiplicai-vos, enchei a água dos mares, e que as aves se multipliquem sobre a terra." ²³Houve uma tarde e uma manhã: quinto dia.

²⁴Deus disse: "Que a terra produza seres vivos segundo sua espécie: animais domésticos, répteis*ᶜ* e feras segundo sua espécie", e assim se fez. ²⁵Deus fez as feras segundo sua espécie, os animais domésticos segundo sua espécie e todos os répteis do solo segundo sua espécie, e Deus viu que isso era bom.

<small>5,1.3; 9,6
Sl 8,5.6
Eclo 17,3-4
Sb 2,23</small>

²⁶Deus disse: "Façamos*ᵈ* o homem*ᵉ* à nossa imagem, como nossa semelhança,*ᶠ* e que eles dominem sobre os peixes do mar, as aves do céu, os animais domésticos, todas as feras*ᵍ* e todos os répteis que rastejam sobre a terra".

<small>1Cor 11,7
Cl 3,10
Ef 4,24
Mt 19,4p</small>

²⁷Deus criou o homem à sua imagem,
   à imagem de Deus ele o criou,
   homem e mulher ele os criou.

---

a) Em vez de "lugar", o grego leu "massa". O texto hebraico tem um sentido: as águas não ocuparão mais toda a superfície, elas terão seu lugar próprio e delimitado. Que a terra tenha já estado lá e não tenha de ser libertada faz parte da descrição do caos e, pois, da tradição recebida.

b) Os nomes são omitidos propositalmente: o Sol e a Lua, divinizados por todos os povos vizinhos, aqui são simples luzeiros que iluminam a terra e fixam o calendário. A divinização dos astros era tão tentadora que o autor deve ainda lhes reconhecer um papel de "poderes" (v. 16), podendo "comandar" (v. 18) o que faz parte também das representações tradicionais.

c) Lit.: "o que se arrasta" ("desliza", v. 21): serpentes, lagartos, mas também insetos e animais pequenos.

d) Não parece ser um plural majestático e não se explica também pelo simples fato que o nome Elohim é um plural quanto à forma, pois ele é usado quase sempre como nome próprio do verdadeiro Deus e acompanhado normalmente de um verbo no singular. Embora seja raro em hebraico, parece que temos aqui um plural deliberativo: quando Deus, como em 11,7, ou não importa qual outra pessoa, fala consigo mesmo, a gramática hebraica parece aconselhar o emprego do plural. O grego (seguido pela Vulg.) do Sl 8,6, retomado em Hb 2,7, compreendeu este texto como uma deliberação de Deus com sua corte celeste (cf. Is 6), com os anjos. E este plural era uma porta aberta para a interpretação dos Padres da Igreja, que viram já sugerido aqui o mistério da Trindade.

e) Nome coletivo, daí o plural "que eles dominem".

f) "Semelhança" parece atenuar o sentido de "imagem", excluindo a paridade. O termo concreto "imagem" implica uma similitude física, como entre Adão e seu filho (5,3). Essa relação com Deus separa o homem dos animais. Além disso, supõe uma similitude geral de natureza, mas o texto não diz em que precisamente consistem esta "imagem" e esta "semelhança". Ser à imagem e à semelhança salienta o fato de que, dotado de inteligência e de vontade, o homem pode entrar ativamente em relação com Deus. Mas para outros o homem seria à imagem de Deus porque recebe dele um poder sobre os outros seres vivos: inteligência, vontade, poder; o homem é pessoa. Prepara assim uma revelação mais alta: participação da natureza pela graça.

g) "todas as feras", sir.; "toda a terra", hebr.

²⁸Deus os abençoou e lhes disse: "Sede fecundos, multiplicai-vos, enchei a terra e submetei-a; dominai sobre os peixes do mar, as aves do céu e todos os animais que rastejam sobre a terra." ²⁹Deus disse: "Eu vos dou todas as ervas que dão semente, que estão sobre toda a superfície da terra, e todas as árvores que dão frutos que dão semente: isso será vosso alimento. ³⁰A todas as feras, a todas as aves do céu, a tudo o que rasteja sobre a terra e que é animado de vida, eu dou como alimento toda a verdura das plantas",ᵃ e assim se fez. ³¹Deus viu tudo o que tinha feito: e era muito bom. Houve uma tarde e uma manhã: sexto dia.

Gn 8,17; 9,1
Sl 8,6-9
Eclo 17,2-4
Sb 9,2; 10,2
Tg 3,7

Sl 104,14s

Sl 104,24
Ecl 3,11; 7,29
Eclo 39,21.33
1Tm 4,4

2 ¹Assim foram concluídos o céu e a terra, com todo o seu exército. ²Deus concluiu no sétimo dia a obra que fizera e no sétimo dia descansou, depois de toda a obra que fizera. ³Deus abençoou o sétimo dia e o santificou,ᵇ pois nele descansou depois de toda a sua obra de criação.
⁴ᵃEssa é a históriaᶜ do céu e da terra, quando foram criados.

Ex 20,8 +
↗ Ex 20,11;
31,12s
↗ Hb 4,4

Jr 10,11s

***A formação do homem e da mulher*ᵈ** — ⁴ᵇNo tempo em que Iahweh Deus fez a terra e o céu, ⁵não havia ainda nenhum arbusto dos campos sobre a terra e nenhuma erva dos campos tinha ainda crescido, porque Iahweh Deus não tinha feito chover sobre a terra e não havia homem para cultivar o solo. ⁶Entretanto, um mananciaIᵉ subia da terra e regava toda a superfície do solo. ⁷Então Iahweh Deus modelou o homem com a argila do solo,ᶠ

1,1-2,4

Ecl 3,20s;
12,7
↗ Sb 15,8.11
Sl 104,29s
Jó 34,14s; 33,4
↗ 1Cor 15,45

a) Imagem de uma idade de ouro, na qual o homem e os animais viveriam em paz, alimentando-se de plantas. 9,3 marca o início de uma nova época.
b) O sábado (*shabbat*) é uma instituição divina: o próprio Deus descansou (*shabbat*) nesse dia. Entretanto, o vocábulo *shabbat* é evitado aqui porque, segundo o autor sacerdotal, o sábado só será imposto no Sinai, onde se tornará o sinal da aliança (Ex 31,12-17). Mas, desde a criação, Deus deu um exemplo que o homem deverá imitar (Ex 20,11; 31,17).
c) Em hebraico *tôledôt*, propriamente "descendência", depois história de um antepassado e de sua linhagem (cf. 6,9; 25,19; 37,2). Pelo emprego dessa palavra aqui, a criação é demitizada: é o começo da história e não é mais, como na Suméria e no Egito, sequência de gerações divinas.
d) A sessão 2,4b-3,24 faz parte das tradições javistas. Ela utiliza sistematicamente o nome divino composto "Iahweh Deus" (*Iahweh Elohim*) que é muito raro. Este duplo título poderia ser o fato de uma revisão tardia (cf. grego). Mais que um "segundo relato de criação" (pois o paralelismo com 1,1-2,4a é apenas parcial), o que temos aqui é a narração da formação do homem e da mulher (os animais são formados apenas como uma tentativa para encontrar para o homem uma "auxiliar correspondente") unida a uma outra sobre o paraíso e a queda. Há, portanto, ao menos duas grandes tradições, a da criação do homem e da mulher, a "antropogonia" (vv. 4b-8 e 18-24), e a do paraíso e da queda (2,9.15-16; 3). Provavelmente o que ajudou o autor a reuni-las é o fato de que as duas falam de um jardim, ainda que as descrições pareçam um pouco diferentes: solo que o homem deve cultivar (relação entre 2,8 e a descrição do "antes", v. 6), jardim de delícias que o homem não precisa cultivar (trabalhar o solo com fadiga faz parte da punição infligida, 3,17). Mas há uma parte do texto atual que serve para unificar os elementos dos dois relatos (e até motivos isolados, como o dos quatro rios, 2,10-14). O autor que unificou tudo isso conheceu até variantes; elas aparecem por locais, assim quando ficamos sabendo que Deus quer guardar a entrada do jardim para que o homem não possa aí aceder (3,22.24), passagem curta sem dúvida preparada pela menção conjunta das duas árvores em 2,9. Aqui aparentemente não se trata de um castigo para o homem por causa de uma falta já cometida, mas de uma medida preventiva. O conjunto forma um relato colorido e popular. Se o homem e a mulher (e até sem dúvida o resto da criação, ao menos por implicação, e não somente os animais de que fala 2,18-20) têm sua origem em Deus, o conjunto do relato quer sobretudo explicar as limitações do homem e da mulher (3,16-19). Se há limitação, e se ela não se identifica com o fato de ser criatura, ela não pode vir de Deus, a menos que seja castigo infligido por causa de falta grave da parte do homem e da mulher. Ora, a falta, sendo coextensiva ao conjunto da humanidade deve se situar na origem, no casal que não é somente o primeiro do ponto de vista cronológico, mas ainda o princípio de toda a humanidade. Se esse texto guarda uma relação com o dogma do pecado original, sua expressão é simbólica. Esta própria expressão simbólica está na fonte das afirmações ulteriores da Escritura em relação com o dogma do pecado das origens: não é preciso procurar aqui tudo o que se leu na sequência que se trate das "releituras bíblicas", por exemplo da de Paulo (Rm 5,12s; 1Cor 15,21-22), quer de formulações dogmáticas da Igreja.
e) Termo hebraico (*'ed*) cuja significação permanece incerta e que se traduz segundo o contexto, levando em conta Jó 36,27, pelo fato que "subir" se diz em Nm 21,17 de uma fonte de água e paralelo semíticos.
f) O homem, *'adam*, vem do solo, *'adamah* (cf. 3,19). Este nome coletivo tornar-se-á o nome próprio do primeiro ser humano, Adão (cf. 4,25; 5,1.3).

insuflou em suas narinas um hálito de vida e o homem se tornou um ser vivente.*a*

⁸Iahweh Deus plantou um jardim em Éden,*b* no oriente, e aí colocou o homem que modelara. ⁹Iahweh Deus fez crescer do solo toda espécie de árvores formosas de ver e boas de comer, e a árvore da vida*c* no meio do jardim, e a árvore do conhecimento do bem e do mal. ¹⁰Um rio saía de Éden para regar o jardim e de lá se dividia formando quatro braços.*d* ¹¹O primeiro chama-se Fison; rodeia toda a terra de Hévila, onde há ouro; ¹²é puro o ouro dessa terra na qual se encontram o bdélio*e* e a pedra de ônix. ¹³O segundo rio chama-se Geon: rodeia toda a terra de Cuch. ¹⁴O terceiro rio se chama Tigre: corre pelo oriente da Assíria. O quarto rio é o Eufrates. ¹⁵Iahweh Deus tomou o homem e o colocou no jardim de Éden para o cultivar e o guardar. ¹⁶E Iahweh Deus deu ao homem este mandamento: "Podes comer de todas as árvores do jardim. ¹⁷Mas da árvore do conhecimento do bem e do mal*f* não comerás, porque no dia em que dela comeres terás que morrer."*g*

¹⁸Iahweh Deus disse: "Não é bom que o homem esteja só. Vou fazer uma auxiliar que lhe corresponda."*h* ¹⁹Iahweh Deus modelou então, do solo, todas as feras selvagens e todas as aves do céu e as conduziu ao homem para ver como ele as chamaria: cada qual devia levar o nome que o homem lhe desse. ²⁰O homem deu nomes a todos os animais, às aves do céu e a todas as feras selvagens, mas, para o homem, não encontrou a auxiliar que lhe correspondesse. ²¹Então Iahweh Deus fez cair um torpor sobre o homem, e ele dormiu. Tomou uma de suas costelas e fez crescer carne em seu lugar.*i* ²²Depois, da

---

a) É o termo *nefesh*, que designa o ser animado por um sopro vital (manifestado também pelo "espírito", *ruah*: 6,17+; Is 11,2+; cf. Sl 6,5+).

b) "Jardim" é traduzido por "paraíso" na versão grega, e depois em toda a tradição. "Éden" é nome geográfico que foge a qualquer localização, e inicialmente pode ter tido o significado de "estepe": poderia ser comparado ao *bit adini* assírio-babilônico, região à margem do Eufrates de que falam também alguns textos bíblicos (Am 1,5; 2Rs 19,12; Is 37,12; Ez 27,23). Mas os israelitas interpretaram a palavra segundo o hebraico, "delícias", raiz '*dn*. A distinção entre Éden e o jardim, expressa aqui e no v. 10, se esfuma em seguida: fala-se do "jardim de Éden" (v. 15; 3,23.24). Em Ez 28,13 e 31,9, "Éden é o jardim de Deus", e em Is 51,3, Éden, o "jardim de Iahweh", é o oposto ao deserto e à estepe.

c) Símbolo da imortalidade (cf. 3,22+). Sobre a árvore do conhecimento do bem e do mal, cf. v. 17+.

d) Os vv. 10-14 são um parêntesis, provavelmente introduzido pelo próprio autor, que utilizava velhas noções sobre a configuração da terra. Sua intenção não é localizar o jardim do Éden, e sim mostrar que os grandes rios, que são as artérias vitais das quatro regiões do mundo, têm sua fonte no paraíso. O Tigre e o Eufrates são muito conhecidos e têm sua fonte nos montes da Armênia, mas o Fison e o Geon são desconhecidos. Hévila é, segundo Gn 10,29, uma região da Arábia, e Cuch em outro lugar designa a Etiópia, mas não é seguro que esses dois nomes devam ser tomados aqui em sentido habitual.

e) Goma-resina aromática.

f) Este conhecimento é um privilégio que Deus se reserva e que o homem usurpará pelo pecado (3,5.22). Não se trata, pois, nem da onisciência, que o homem decaído não possui, nem do discernimento moral, que o homem inocente já tinha e que Deus não pode recusar à sua criatura racional. É a faculdade de decidir por si mesmo o que é bem e o que é mal, e de agir consequentemente: reivindicação de autonomia moral pela qual o homem nega seu estado de criatura (cf. Is 5,20). O primeiro pecado foi um atentado à soberania de Deus, um pecado de orgulho. Esta revolta exprimiu-se concretamente pela transgressão de um preceito estabelecido por Deus e representado sob a imagem do fruto proibido.

g) Ou "deverás morrer".

h) O relato da criação da mulher (vv. 18-24) [25 é apenas uma transição para 3], é apenas a sequência lógica de 15-17, pois aí "homem" (v. 16; cf. 3,22) é tomado coletivamente e inclui o homem e a mulher. Tem todavia sua função num relato de criação do homem. Do ponto de vista da tradição, 18-24 são a sequência lógica do v. 7 (e 8), também se a passagem agora está um pouco distante por causa do arranjo do autor, que escolheu contar a formação da mulher antes do momento em que ela terá papel ativo na transgressão.

i) A carne (*basar*) é primeiramente, no animal ou no homem, a "vianda", os músculos (41,2-4; Ex 4,7; Jó 2,5). É também o corpo inteiro (Nm 8,7; 1Rs 21,27; 2Rs 6,30) e por isso o vínculo familiar (2,23; 29,14; 37,27), ou seja, a humanidade ou conjunto dos seres vivos ("toda a carne", 6,17.19; Sl 136,25; Is 40,5-6). A alma (2,7+; Sl 6,5+) ou espírito (6,17+) animam a carne sem se adicionar a ela, tornando-a viva. Não obstante, frequentemente "carne" sublinha o que há de frágil e perecível no homem (6,3; Sl 56,5; Is 40,6; Jr 17,5); e pouco a pouco percebe-se certa oposição entre os dois aspectos do homem vivo (Ecl 12,7; Is 31,3; cf. também Sb 8,19; 9,15+). O hebraico não tem um vocábulo para dizer "corpo": o NT suprirá essa lacuna usando *soma* ao lado de *sarx* (cf. Rm 7,5+; 7,24+).

costela que tirara do homem, Iahweh Deus modelou uma mulher*a* e a trouxe ao homem.

²³ Então o homem exclamou:
"Esta, sim, é osso de meus ossos
e carne de minha carne!
Ela será chamada 'mulher',*b*
porque foi tirada do homem!"

²⁴ Por isso um homem deixa seu pai e sua mãe, se une à sua mulher, e eles se tornam uma só carne.

²⁵ Ora, os dois estavam nus, o homem e sua mulher, e não se envergonhavam.

3 *O relato do paraíso* — ¹A serpente*c* era o mais astuto de todos os animais dos campos, que Iahweh Deus tinha feito. Ela disse à mulher: "Então Deus disse: Vós não podeis comer de todas as árvores do jardim?" ²A mulher respondeu à serpente: "Nós podemos comer do fruto das árvores do jardim. ³Mas do fruto da árvore que está no meio do jardim, Deus disse: Dele não comereis, nele não tocareis, sob pena de morte." ⁴A serpente disse então à mulher: "Não, não morrereis! ⁵Mas Deus sabe que, no dia em que dele comerdes, vossos olhos se abrirão e vós sereis como deuses,*d* versados no bem e no mal." ⁶A mulher viu que a árvore era boa ao apetite e formosa à vista, e que essa árvore era desejável para adquirir discernimento. Tomou-lhe do fruto e comeu. Deu-o também a seu marido, que com ela estava, e ele comeu. ⁷Então abriram-se os olhos dos dois e perceberam que estavam nus;*e* entrelaçaram folhas de figueira e se cingiram.

⁸Eles ouviram o passo de Iahweh Deus que passeava no jardim à brisa do dia e o homem e sua mulher se esconderam da presença de Iahweh Deus, entre as árvores do jardim. ⁹Iahweh Deus chamou o homem: "Onde estás?" disse ele. ¹⁰"Ouvi teu passo no jardim," respondeu o homem; "tive medo porque estou nu, e me escondi." ¹¹Ele retomou: "E quem te fez saber que estavas nu? Comeste, então, da árvore que te proibi de comer!" ¹²O homem respondeu: "A mulher que puseste junto de mim me deu da árvore, e eu comi!" ¹³Iahweh Deus disse à mulher: "Que fizeste?" E a mulher respondeu: "A serpente me seduziu e eu comi."

¹⁴ Então Iahweh Deus disse à serpente:
"Porque fizeste isso
és maldita entre todos os animais domésticos
e todas as feras selvagens.

---

a) Expressão que usa a imagem da relação que liga o homem e a mulher (v. 23) e que os une no casamento (v. 24).
b) O hebraico joga com as palavras *'isha*, "mulher", e *'ish*, "homem".
c) A serpente serve aqui de máscara para um ser hostil a Deus e inimigo do homem. Nela a Sabedoria, e depois o NT e toda a tradição cristã, reconheceram o Adversário, o Diabo (cf. Jó 1,6+). Em favor desta identificação nota-se o fato de que a serpente toma a contrapartida da proibição divina, como se Deus quisesse esconder do homem e da mulher o que aconteceria se eles comessem o fruto proibido; ela está todavia em tensão com a descrição que apresenta como um simples animal, mas astuto, e com a condenação de caminhar sobre o seu ventre e comer o pó (v. 14). Talvez a intervenção de um animal astuto como tentador seja apenas uma maneira de sugerir que o homem e a mulher só possam censurar a si mesmos por sua transgressão. O autor apresentaria como um diálogo entre a serpente e a mulher o que é o resultado de um processo humano: a atração do fruto proibido leva à transgressão; 3,6 descreve esse processo humano.
d) Deve-se notar a diferença de perspectiva em relação a 1,26-27: lá o próprio Deus cria o homem e a mulher a sua imagem, aqui "ser como deuses" (ou "como Deus") seria uma empresa humana.
e) O que o homem e a mulher percebem aparece como algo de inconveniente. Na consciência da sua nudez há já uma manifestação da desordem que o pecado introduz na harmonia da criação.

Caminharás sobre teu ventre
e comerás poeira
todos os dias de tua vida.

Ap 12,17 ¹⁵ Porei hostilidade entre ti e a mulher,
entre tua linhagem e a linhagem dela.
Ela te esmagará a cabeça
e tu lhe ferirás o calcanhar."[a]

Ap 12,2
2,22 +
¹⁶ À mulher ele disse:[b]
"Multiplicarei as dores de tuas gravidezes,
na dor darás à luz filhos.
Teu desejo te impelirá ao teu marido
e ele te dominará."

Rm 8,20
Os 4,3 +
Is 11,6 +
¹⁷ Ao homem, ele disse:
"Porque escutaste a voz de tua mulher
e comeste da árvore que eu te proibira comer,
maldito é o solo por causa de ti!
Com sofrimentos dele te nutrirás
todos os dias de tua vida.
¹⁸ Ele produzirá para ti espinhos e cardos,
e comerás a erva dos campos.

2,7
Jó 34,15
Sl 90,3;
104,29
Ecl 3,20
12,7
¹⁹ Com o suor de teu rosto
comerás teu pão
até que retornes ao solo,
pois dele foste tirado.
Pois tu és pó
e ao pó tornarás."

Rm 5,12 ²⁰ O homem chamou sua mulher "Eva", por ser a mãe de todos os viventes.[c]
²¹ Iahweh Deus fez para o homem e sua mulher túnicas de pele, e os vestiu.
2,17 + ²² Depois disse Iahweh Deus: "Se o homem já é como um de nós, versado no bem e no mal,[d] que agora ele não estenda a mão e colha também da árvore da vida, e coma e viva para sempre!"[e] ²³ E Iahweh Deus o expulsou do jardim de
Ap 22,1s.14 Éden para cultivar o solo de onde fora tirado. ²⁴ Ele baniu o homem e colocou,

---

a) Este versículo constata a hostilidade fundamental entre a serpente e a humanidade, mas deixa entrever a vitória final da humanidade: é um primeiro clarão de salvação, ou "Protevangelho". A tradução grega, começando a última frase com um pronome masculino, atribui essa vitória não à linhagem da mulher em geral, mas a um dos filhos da mulher; dessa forma é estimulada a interpretação messiânica já presente na tradição judaica antiga, depois retomada e explicitada por muitos Padres da Igreja. Com o messias, sua mãe é implicada, e a interpretação mariológica da tradução latina *ipsa conteret* tornou-se tradicional na Igreja.
b) A condenação divina atinge os culpados, e a vida do homem e da mulher é profundamente afetada por isso: a mulher enquanto mãe e esposa e o homem como trabalhador sofrem as consequências de sua transgressão. Não se pode apressadamente concluir que sem o pecado a situação do homem e da mulher teria sido diferente, mas há uma percepção profunda das consequências da transgressão: o pecado do homem abala a ordem querida por Deus. A mulher, sedutora para o homem, não é mais a associada e a igual deste (2,18-24), pois o homem age como senhor e submete a mulher. Por sua vez, o homem deve se afadigar para extrair sua subsistência de um solo hostil que está longe de assemelhar-se ao jardim de Éden. Estas situações penosas são a sorte do ser humano, mas para que seja claramente deduzido o ensinamento de uma falta hereditária, será preciso esperar que são Paulo ponha em paralelo a solidariedade de todos em Cristo salvador e em Adão, o pecador (Rm 5).
c) Etimologia popular: o nome de Eva, *Havvah*, é explicado pela raiz *hayah*, "viver".
d) O homem pecador se constituiu juiz do bem e do mal (2,17+), o que é privilégio de Deus.
e) A árvore da vida fora mencionada em 2,9 ao lado da árvore do conhecimento do bem e do mal. Aqui se trataria de impedir que o homem se aposse dessa árvore e dela coma; de onde a vigilância do v. 24. É uma tradição paralela a da árvore do conhecimento do bem e do mal, mas serve ao desígnio do autor: a busca da imortalidade está ao mesmo tempo inscrita no coração do homem e fora de suas possibilidades. É uma graça de que a palavra de Deus fará eco quando chegar o momento. O Paraíso perdido pela falta do homem é a imagem do Paraíso reencontrado pela graça de Deus.

diante do jardim de Éden, os querubins e a chama da espada fulgurante*a* para guardar o caminho da árvore da vida.

4 Caim e Abel*b*

¹O homem conheceu Eva, sua mulher; ela concebeu e deu à luz Caim, e disse: "Adquiri um homem com a ajuda de Iahweh."*c* ²Depois ela deu também à luz Abel, irmão de Caim. Abel tornou-se pastor de ovelhas e Caim cultivava o solo. ³Passado o tempo, Caim apresentou produtos do solo em oferenda a Iahweh; ⁴Abel, por sua vez, também ofereceu as primícias e a gordura de seu rebanho. Ora, Iahweh agradou-se de Abel e de sua oferenda. ⁵Mas não se agradou de Caim e de sua oferenda,*d* e Caim ficou muito irritado e com o rosto abatido. ⁶Iahweh disse a Caim: "Por que estás irritado e por que teu rosto está abatido? ⁷Se estivesses bem disposto, não levantarias a cabeça? Mas se não estás bem disposto, não jaz o pecado à porta, como animal acuado que te espreita; podes acaso dominá-lo?"*e* ⁸Entretanto Caim disse a seu irmão Abel:*f* "Saiamos". E, como estavam no campo, Caim se lançou sobre seu irmão Abel e o matou.

⁹Iahweh disse a Caim: "Onde está teu irmão Abel?" Ele respondeu: "Não sei. Acaso sou guarda de meu irmão?" ¹⁰Iahweh disse: "Que fizeste! Ouço o sangue de teu irmão, do solo, clamar para mim! ¹¹Agora, és maldito e expulso do solo fértil que abriu a boca para receber de tua mão o sangue de teu irmão. ¹²Ainda que cultives o solo, ele não te dará mais seu produto: serás um fugitivo errante sobre a terra." ¹³Então Caim disse a Iahweh: "Minha culpa é muito pesada para suportá-la. ¹⁴Vê! Hoje tu me banes do solo fértil, terei de ocultar-me longe de tua face e serei um errante fugitivo sobre a terra: mas o primeiro que me encontrar me matará!" ¹⁵Iahweh lhe respondeu: "Quem matar Caim será vingado sete vezes." E Iahweh colocou um sinal sobre Caim,*g* a fim de que não fosse morto por quem o encontrasse. ¹⁶Caim se retirou da presença de Iahweh e foi morar na terra de Nod,*h* a leste de Éden.

A descendência de Caim*i*

¹⁷Caim conheceu sua mulher, que concebeu e deu à luz Henoc. Tornou-se um construtor de cidade e deu à cidade o nome de seu

---

a) Os guardiões do Paraíso não são querubins com uma espada (empréstimo do imaginário babilônico e assírio, cf. Ex 25,18+), mas antes os querubins e a "chama da espada fulgurante". O afastamento do Paraíso traduz em termos de espaço o afastamento de Deus: no jardim em que o homem tinha sido colocado (2,15), o próprio Deus vinha tomar a brisa da tarde! (3,8).

b) Neste capítulo, o relato (vv. 1-16), assim como as genealogias (vv. 17-26), pertencem às tradições javistas. O relato supõe uma civilização um pouco evoluída: no domínio religioso, um culto com as ofertas de produtos (talvez as primícias) do solo e dos primogênitos do rebanho (vv. 3-4). Supõe-se também a existência de homens que poderiam matar Caim e outros que poderiam vingá-lo (vv. 14-15). Este relato pôde se relacionar de início não aos filhos do primeiro homem, mas ao antepassado epônimo dos quenitas (cainitas: cf. Nm 24,21+). Reportado às origens da humanidade, ele recebe um aspecto geral: de um lado, Caim e Abel estão na origem de dois modos de vida, o agricultor sedentário e o pastor nômade; de outro lado, esses dois irmãos personificam a luta do Homem contra o Homem. Ao lado da revolta do homem contra Deus, há também a violência do "irmão" contra seu "irmão". O duplo mandamento do amor (Mt 22,40), mostrará as exigências fundamentais com a vontade de Deus.

c) Júbilo da primeira mulher que, de serva de um marido, torna-se mãe de um homem. Um jogo de palavras aproxima o nome de Caim (*Qayn*) do verbo *qanah*, "adquirir".

d) Primeira aparição do tema do mais novo preferido ao mais velho, pelo qual se manifesta a livre escolha de Deus, seu desprezo pelas grandezas terrenas e sua predileção pelos humildes; esse tema volta frequentemente ao longo do Gênesis (Isaac preferido a Ismael, 21; Jacó a Esaú, 25,23;27; Raquel a Lia, 29,15-30; igualmente os filhos destas...) e em toda a Bíblia (1Sm 16,12; 1Rs 2,15 etc.).

e) Tradução aproximada de um texto corrompido. Lit.: "Não é que, se ages bem, elevação, e se não ages bem, à tua porta ao pecado (fem.) dormindo (masc.) e para ti sua (masc.) cobiça e tu o dominarás". O texto parece descrever a tentação que ameaça uma alma mal disposta.

f) "Dizer" introduz normalmente um discurso direto, que não se encontra no texto hebraico. As versões, provavelmente suprindo o que parecia faltar mais do que traduzindo duas palavras desaparecidas a seguir, leem: "saiamos fora".

g) O "sinal de Caim" não é um estigma infamante, mas uma marca que o protege, designando-o como membro de um clã onde se exerce duramente a vingança do sangue.

h) Essa terra é desconhecida e seu nome recorda o epíteto dado a Caim "errante" (*nad*), na terra de *Nod*.

i) Resquício de uma genealogia de caráter anedótico. Os mesmos nomes aparecerão, com variantes, na genealogia sacerdotal de Set, entre Cainã e Lamec (5,12-28). Esta

filho, Henoc. ¹⁸A Henoc nasceu Irad, e Irad gerou Maviael, e Maviael gerou Matusael, e Matusael gerou Lamec. ¹⁹Lamec tomou para si duas mulheres: o nome da primeira era Ada e o nome da segunda, Sela. ²⁰Ada deu à luz Jabel: ele foi o pai dos que vivem sob tenda e têm rebanhos. ²¹O nome de seu irmão era Jubal: ele foi o pai de todos os que tocam lira e charamela. ²²Sela, por sua vez, deu à luz Tubalcaim: ele foi o pai de todos os laminadores em cobre e ferro; a irmã de Tubalcaim era Noema.ᵃ

²³Lamec disse às suas mulheres:
"Ada e Sela, ouvi minha voz,
mulheres de Lamec, escutai minha palavra:
Eu matei um homem por uma ferida,
uma criança por uma contusão.
²⁴É que Caim é vingado sete vezes,
mas Lamec, setenta e sete vezes!"ᵇ

Set e seus descendentesᶜ — ²⁵Adão conheceu sua mulher. Ela deu à luz um filho e lhe pôs o nome de Set "porque," disse ela, "Deus me concedeuᵈ outra descendência no lugar de Abel, que Caim matou." ²⁶Também a Set nasceu um filho, e ele lhe deu o nome de Enós, que foi o primeiro a invocar o nome de Iahweh.ᵉ

5 Os Patriarcas anteriores ao dilúvioᶠ — ¹Eis o livro da descendência de Adão: No dia em que Deus criou Adão, ele o fez à semelhança de Deus. ²Homem e mulher ele os criou, abençoou-os e lhes deu o nome de "Homem", no dia em que foram criados.

³Quando Adão completou cento e trinta anos, gerou um filho a sua semelhança, como sua imagem,ᵍ e lhe deu o nome de Set. ⁴O tempo que viveu Adão depois do nascimento de Set foi de oitocentos anos, e gerou filhos e filhas. ⁵Toda a duração da vida de Adão foi de novecentos e trinta anos, depois morreu.

---

lista está ligada apenas artificialmente a Caim, filho de Adão, condenado à vida errante; aqui Caim é o construtor da primeira cidade, o pai dos pastores, dos músicos, dos ferreiros e das meretrizes (cf. v. 22), que proveem às comodidades e aos prazeres da vida urbana. Esses progressos são atribuídos à linhagem de Caim, o amaldiçoado; a mesma condenação da vida urbana será encontrada na narrativa da torre de Babel (11,1-9).
a) "o pai de todos os laminadores", Targ. (cf. vv. 20 e 21); "o laminador de todos os operários", hebr. — As três castas, dos criadores de gado, dos músicos e dos laminadores ambulantes, são ligadas a três antepassados, cujos nomes fazem assonância e recordam os ofícios de seus descendentes: Jabel (ybl, "conduzir"); Jubal (yôbel, "trombeta"); Tubal (nome de um povo do Norte, Gn 10,2, na região dos metais); Caim significa "laminador" em outras línguas semitas. Noema, "a alegria", "a amada", poderia ser epônimo de outra "profissão", sobre a qual o texto se cala.
b) Este cântico selvagem, composto em honra de Lamec, herói do deserto, é recolhido aqui como testemunho da crescente violência dos descendentes de Caim.
c) Resquício de outra genealogia primitiva.
d) O nome de Set (hebr. *Shet*) é explicado por *shat*, "ele concedeu".
e) Grego e Vulg. precisam: "este foi o primeiro a invocar o nome de Iahweh". Outras passagens, de tradição eloísta ou sacerdotal, retardam até Moisés a revelação do nome de Iahweh (Ex 3,14 [cf. 3,13+]; 6,2s).
f) Genealogia de tradição sacerdotal que vai da criação ao dilúvio, como a genealogia de Sem (11,10-32), cobrirá o tempo que separa o dilúvio de Abraão. Não é preciso buscar aí uma história nem uma cronologia; os nomes pertencem à tradição: são em parte os mesmos em 4,17-32. A expressão segue um esquema que se repete: a idade do patriarca no momento de gerar seu primogênito, os anos vividos a seguir, a indicação geral que ele ainda gerou filhos e filhas e a duração total de sua vida. É apenas no início (vv. 1-2, introdução), no fim (o v. 32 só contém o primeiro elemento a respeito de Noé) e quando uma notícia importante deve ser introduzida (vv. 22.24.29) que o esquema é rompido. Os números são diferentes no Pentateuco samaritano e no grego. Estimava-se que a vida humana tinha diminuído segundo as grandes idades do mundo: ela será apenas de 200 a 600 anos depois do dilúvio e inferior a 200 anos para os Patriarcas. A diminuição dessa longevidade extraordinária, que permanece todavia bem aquém da idade atribuída aos reis sumérios de antes e de depois do dilúvio, está em relação com o progresso do mal no mundo (6,3), pois uma longa vida é uma bênção de Deus (Pr 10,27), e será um dos privilégios da era messiânica.
g) A semelhança divina, expressa pelos termos "imagem" e "semelhança", não é, portanto, uma característica exclusiva do primeiro homem e da primeira mulher (1,26s), uma vez que ela é transmitida pelo primeiro casal à sua descendência.

⁶Quando Set completou cento e cinco anos, gerou Enós. ⁷Depois do nascimento de Enós, Set viveu oitocentos e sete anos, e gerou filhos e filhas. ⁸Toda a duração da vida de Set foi de novecentos e doze anos, depois morreu.

⁹Quando Enós completou noventa anos, gerou Cainã. ¹⁰Depois do nascimento de Cainã, Enós viveu oitocentos e quinze anos, e gerou filhos e filhas. ¹¹Toda a duração da vida de Enós foi de novecentos e cinco anos, depois morreu.

¹²Quando Cainã completou setenta anos, gerou Malaleel. ¹³Depois do nascimento de Malaleel, Cainã viveu oitocentos e quarenta anos, e gerou filhos e filhas. ¹⁴Toda a duração da vida de Cainã foi de novecentos e dez anos, depois morreu.

¹⁵Quando Malaleel completou sessenta e cinco anos, gerou Jared. ¹⁶Depois do nascimento de Jared, Malaleel viveu oitocentos e trinta anos, e gerou filhos e filhas. ¹⁷Toda a duração da vida de Malaleel foi de oitocentos e noventa e cinco anos, depois morreu.

¹⁸Quando Jared completou cento e sessenta e dois anos, gerou Henoc. ¹⁹Depois do nascimento de Henoc, Jared viveu oitocentos anos e gerou filhos e filhas. ²⁰Toda a duração da vida de Jared foi de novecentos e sessenta e dois anos, depois morreu.

²¹Quando Henoc completou sessenta e cinco anos, gerou Matusalém. ²²Henoc andou com Deus. Depois do nascimento de Matusalém, Henoc viveu*a* trezentos anos, e gerou filhos e filhas. ²³Toda a duração da vida de Henoc foi de trezentos e sessenta e cinco anos. ²⁴Henoc andou com Deus, depois desapareceu, pois Deus o arrebatou.*b*

²⁵Quando Matusalém completou cento e oitenta e sete anos, gerou Lamec. ²⁶Depois do nascimento de Lamec, Matusalém viveu setecentos e oitenta e dois anos, e gerou filhos e filhas. ²⁷Toda a duração da vida de Matusalém foi de novecentos e sessenta e nove anos, depois morreu.

²⁸Quando Lamec completou cento e oitenta e dois anos, gerou um filho. ²⁹Deu-lhe o nome de Noé, porque, disse ele, "este nos trará, em nossas tarefas e no trabalho de nossas mãos, uma consolação tirada do solo que Iahweh amaldiçoou."*c* ³⁰Depois do nascimento de Noé, Lamec viveu quinhentos e noventa e cinco anos, e gerou filhos e filhas. ³¹Toda a duração da vida de Lamec foi de setecentos e setenta e sete anos, depois morreu.

³²Quando Noé completou quinhentos anos,*d* gerou Sem, Cam e Jafé.

6

Filhos de Deus e filhas dos homens*e* — ¹Quando os homens começaram a ser numerosos sobre a face da terra, e lhes nasceram filhas, ²os filhos de Deus viram que as filhas dos homens eram belas e tomaram como mulheres

---

a) "Henoc viveu", gr. luc., Vulg.; omit. pelo hebr.

b) Henoc distingue-se dos outros Patriarcas por muitos traços: sua vida é mais breve, mas atinge um número perfeito, o número dos dias de um ano solar; ele "anda com Deus", como Noé (6,9); desaparece misteriosamente, arrebatado por Deus, como Elias (2Rs 2,11s). Tornou-se uma grande figura da tradição judaica, que apontou sua piedade como exemplo (Eclo 44,16; 49,14) e lhe atribuiu livros da tradição apocalíptica. Esta lhe atribuiu obras apócrifas (cf. Jd 14-15).

c) A utilização do nome de Iahweh, ao contrário do uso das tradições sacerdotais antes de Ex 6,2-3 (mas ver 17,1), sugere a ideia de que a explicação do nome é um resquício de tradição javista inserida em contexto sacerdotal, sobretudo por causa da referência evidente a 3,17. Por outro lado, o nome de Noé (*Noah*) explica-se mal pela raiz *nhm*, "consolar"; a passagem pode se referir a outro nome, como Manaém ou Naum, também se as duas primeiras consoantes aí se encontram.

d) A idade de Noé causa espanto, pois em todos os casos anteriores a idade do patriarca encontrava-se entre 65 (vv. 15.21), e 187 anos (v. 25). A razão provável desta diferença é que todos os patriarcas anteriores teriam morrido antes do dilúvio!

e) Nem tudo está claro para nós neste breve episódio de tradição javista, mas o autor retoma sem dúvida elementos de uma tradição popular de caráter mitológico. A dificuldade inicialmente provém da identidade dos "filhos de Deus" (cf. Dt 32,8+), depois da relação que pode haver aí entre sua união com as filhas dos homens e os *nephilîm* do v. 4. Poder-se-ia pensar que estes (pensa-se aqui em Ez 32,17-32, onde se fala precisamente daqueles que "caíram", significação de

todas as que lhes agradaram. ³Iahweh disse: "Meu espírito não permanecerá[a] no homem, pois ele é carne; não viverá mais que cento e vinte anos."[b] ⁴Ora, naquele tempo (e também depois), quando os filhos de Deus se uniam às filhas dos homens e estas lhes davam filhos, os Nefilim habitavam sobre a terra; estes homens famosos foram os heróis dos tempos antigos.

2. O DILÚVIO[c]

A corrupção da humanidade — ⁵Iahweh viu que a maldade do homem era grande sobre a terra, e que era continuamente mau todo desígnio de seu coração. ⁶Iahweh arrependeu-se de ter feito o homem sobre a terra, e afligiu-se o seu coração.[d] ⁷E disse Iahweh: "Farei desaparecer da superfície do solo os homens que criei — e com os homens os animais, os répteis e as aves do céu — porque me arrependo de os ter feito." ⁸Mas Noé encontrou graça aos olhos de Iahweh.

⁹Eis a história de Noé:

Noé era um homem justo, íntegro entre seus contemporâneos, e andava com Deus. ¹⁰Noé gerou três filhos: Sem, Cam e Jafé. ¹¹A terra se perverteu diante de Deus e encheu-se de violência. ¹²Deus viu a terra: estava pervertida, porque toda carne tinha uma conduta perversa sobre a terra.

---

nephilîm, e que foram colocados ou estão curvados, apesar de seu valor, entre as vítimas da espada, assim como num mito grego dos Titãs) são o resultado da união dos "filhos de Deus" com as filhas dos homens, mas o texto diz apenas que os *nephilîm* habitavam sobre a terra nesse tempo. Eles poderiam ser os Gigantes (ou Titãs) semíticos, mas em outro lugar são chamados "filhos de Anaq" ou *Anaqîm* (cf. Nm 13,28.33; Dt 1,28+). Sem se pronunciar sobre o valor desta crença e velando o seu aspecto mitológico, ele lembra apenas essa recordação de uma raça insolente de super-homens, como um exemplo da perversidade crescente que irá motivar o dilúvio. O judaísmo posterior e quase todos os escritores eclesiásticos viram anjos culpados nesses "filhos de Deus". Mas, a partir do séc. IV, em função de uma noção desses anjos, os Padres comumente interpretaram os "filhos de Deus" como a linhagem de Set e as "filhas dos homens" como a descendência de Caim.

a) "...Não seja indefinidamente responsável" (texto). A significação do verbo é desconhecida: é apenas segundo o contexto (cf. grego e Vulg.), que lhe é dado o sentido de "permanecer".

b) Duração máxima a que Deus reduziu a vida humana, segundo o autor sacro. É preciso ver aí um castigo por sua falta: a união das filhas dos homens com os "filhos de Deus" teria sido para os homens o meio de conseguir a imortalidade.

c) Há neste conjunto muitas repetições a começar pela motivação do dilúvio (6,5-8.9-13), e diferenças notáveis (comparar 6,19-20 e 7,15-17 com 7,2.3b), compreendendo da cronologia: diante de 7,12 e 8,13a.14 (com alguns dados intermediários, principalmente os dois períodos de 150 dias), outras passagens (7,4. 10.12 e 8,6-12) supõem uma duração mais curta. Com efeito, há aqui dois relatos praticamente completos, o mais antigo de tradição javista, o mais recente de tradição sacerdotal. O relato javista é cheio de cor e de vida; o tradição sacerdotal é mais detalhado, principalmente para a cronologia, e mais refletido. Os elementos das duas tradições foram reunidos sem procurar fazer desaparecer as diferenças que existem entre eles. Aqui ou ali, sobretudo em 7,3, os redatores tentaram entretanto fazer desaparecer uma diferença demasiadamente acentuada. Os redatores são também os responsáveis pelo grande desmembramento da narração javista, talvez também da ausência de dados que se referem aos preparativos e à saída da arca. A narrativa sacerdotal parece completa; ela até foi conservada em grandes blocos homogêneos no início (6,9-22), e no fim (9,1-17). A título de indicação de leitura, pode-se marcar as passagens de tradição javista (6,5-8; 7,1.2-3b-5.7.10.12.16b.17b.22-23; 8,2b-3a.6-12.20-22) e sacerdotal (6,9-22; 7,6.11.13-16a. 17a.18-21.24; 8,1-2a.3b-5.13a.14-19; 9,1-17), assim como aquelas que traem mais claramente a presença dos redatores (7,3a.8-9 e, em parte, 6,7; 7,7.23; 8,20). O tema de um dilúvio está presente em todas as culturas, mas os relatos da antiga Mesopotâmia têm um interesse particular por causa das semelhanças com o relato bíblico. Este não depende delas diretamente (mas tal passagem pode trair esse tipo de influência; assim, 8,6-12 e a tabuinha XI da *Epopeia de Gilgamesh*). O autor sagrado carregou essas tradições com um ensinamento eterno sobre a justiça e a misericórdia de Deus, sobre a malícia do homem e a salvação concedida ao justo (Cf. Hb 11,7). É um julgamento de Deus, que prefigura o dos últimos tempos (Lc 17,26s; Mt 24,37s), assim como a salvação concedida a Noé figura a salvação pelas águas do batismo (1Pd 3,20-21).

d) Este arrependimento de Deus exprime, à maneira humana, a exigência de sua santidade, que não pode suportar o pecado. 1Sm 15,29 afastará uma interpretação muito literal. Bem mais frequentemente, o "arrependimento" de Deus significa o aplacamento de sua cólera e a retirada de sua ameaça (ver Ex 32,11-14 e Jr 26,3+).

Preparativos do dilúvio — ¹³Deus disse a Noé: "Chegou o fim de toda carne, eu o decidi, pois a terra está cheia de violência por causa dos homens, e eu os farei desaparecer da terra. ¹⁴Faze uma arca[a] de madeira resinosa; tu a farás de caniços e a calafetarás com betume por dentro e por fora. ¹⁵Eis como a farás: para o comprimento da arca, trezentos côvados; para sua largura, cinquenta côvados; para sua altura, trinta côvados. ¹⁶Farás um teto para a arca e o rematarás um côvado mais alto;[b] farás a entrada da arca pelo lado, e farás um primeiro, um segundo e um terceiro andares.

¹⁷"Quanto a mim, vou enviar o dilúvio, as águas, sobre a terra, para exterminar de debaixo do céu toda carne que tiver sopro de vida;[c] tudo o que há na terra deve perecer. ¹⁸Mas estabelecerei minha aliança[d] contigo e entrarás na arca, tu e teus filhos, tua mulher e as mulheres de teus filhos contigo. ¹⁹De tudo o que vive, de tudo o que é carne, farás entrar na arca dois de cada espécie, um macho e uma fêmea, para os conservares em vida contigo. ²⁰De cada espécie de aves, de cada espécie de animais, de cada espécie de todos os répteis do solo, virá contigo um casal, para os conservares em vida.[e] ²¹Quanto a ti, reúne todo tipo de alimento e armazena-o; isso servirá de alimento para ti e para eles." ²²Noé assim fez; tudo o que Deus lhe ordenara, ele o fez.

7 ¹Iahweh disse a Noé: "Entra na arca, tu e toda a tua família, porque és o único justo que vejo diante de mim no meio desta geração. ²De todos os animais puros, tomarás sete pares, o macho e sua fêmea; dos animais que não são puros, tomarás um casal, o macho e sua fêmea ³(e também das aves do céu, sete pares, o macho e sua fêmea), para perpetuarem a raça sobre toda a terra. ⁴Porque, daqui a sete dias, farei chover sobre a terra durante quarenta dias e quarenta noites, e farei desaparecer da superfície do solo todos os seres que eu fiz." ⁵Noé fez tudo o que Iahweh lhe ordenara.

⁶Noé tinha seiscentos anos quando veio o dilúvio, as águas, sobre a terra.

⁷Noé — com seus filhos, sua mulher e as mulheres de seus filhos — entrou na arca para escapar das águas do dilúvio. ⁸(Dos animais puros e dos animais que não são puros, das aves e de tudo o que rasteja sobre o solo, ⁹um casal entrou na arca de Noé, um macho e uma fêmea, como Deus ordenara a Noé.)[f] ¹⁰Passados sete dias chegaram as águas do dilúvio sobre a terra.

¹¹No ano seiscentos da vida de Noé, no segundo mês, no décimo sétimo dia do segundo mês, nesse dia jorraram todas as fontes do grande abismo e abriram-se as comportas do céu.[g] ¹²A chuva caiu sobre a terra durante quarenta dias e quarenta noites.

¹³Nesse mesmo dia, Noé e seus filhos, Sem, Cam e Jafé, com a mulher de Noé, e as três mulheres de seus filhos, entraram na arca, ¹⁴e com eles as

---

a) A tradução latina traz *arca* ("cofre"), donde o português "arca". — "madeira resinosa", tradução aproximada. — "caniços" (como a "cesta" de Ex 2,3), conj.; "ninhos" (cabinas?), hebr.

b) Sentido incerto. Segundo a tradução adotada, o teto teria o declive de um côvado, para o escoamento das águas do céu (7,11).

c) A palavra *ruah* designa o ar em movimento, seja o sopro do vento (Ex 10,13; Jó 21,18), seja o que sai das narinas (7,15.22 etc.). Ela designa, portanto, a força vital, os pensamentos e as paixões, nos quais ela se exprime (41,8; 45,27; 1Sm 1,15; 1Rs 21,5 etc.). No homem, ela é um dom de Deus (6,3; Nm 16,22; Jó 27,3; Sl 104,29; Ecl 12,7). Ela é também o poder pelo qual Deus age, tanto na criação (1,2; Jó 33,4; Sl 104,29-30), quanto na história dos homens (Ex 31,3) particularmente pelo órgão dos profetas (Jz 3,10+; Ez 36,27+) e do Messias (Is 11,2+. Cf. Rm 1,9+).

d) Não um pacto bilateral, mas um compromisso gratuito que Deus assume com os que escolheu. Outras alianças seguirão a esta: com Abraão (Gn 15;17) e com o povo (Ex 19,1+), na esperança da "nova aliança" concluída na plenitude dos tempos (Mt 26,28+; Hb 9,15+).

e) Os seres não racionais são associados, no castigo e na salvação, ao destino do homem, cuja maldade corrompeu toda a criação (6,13); já estamos próximos de são Paulo (Rm 8,19-22).

f) Adição que combina as duas narrativas: distinguindo animais puros e impuros, com a tradição javista; contando um casal de cada um, com a tradição sacerdotal.

g) As águas de baixo e as águas de cima rompem os diques que Deus lhes pusera (1,7): é o retorno ao caos. Segundo a narrativa javista, o dilúvio é causado por uma chuva torrencial (7,4.12).

feras de toda espécie, os animais domésticos de toda espécie, os répteis de toda espécie que rastejam sobre a terra, os pássaros de toda espécie, todas as aves, tudo o que tem asas. [15]Com Noé, entrou na arca um casal de tudo o que é carne, que tem sopro de vida, [16]e os que entraram eram um macho e uma fêmea de tudo o que é carne, conforme Deus lhe ordenara.

E Iahweh fechou a porta por fora.

A inundação — [17]Durante quarenta dias houve o dilúvio sobre a terra; cresceram as águas e ergueram a arca, que ficou elevada acima da terra. [18]As águas subiram e cresceram muito sobre a terra e a arca flutuava sobre as águas. [19]As águas subiram cada vez mais sobre a terra e as mais altas montanhas que estão sob todo o céu foram cobertas. [20]As águas subiram quinze côvados mais alto, cobrindo as montanhas. [21]Pereceu então toda carne que se move sobre a terra: aves, animais domésticos, feras, tudo o que fervilha sobre a terra, e todos os homens. [22]Morreu tudo o que tinha um sopro de vida nas narinas. Isto é, tudo o que estava em terra firme. [23]Assim desapareceram todos os seres que estavam na superfície do solo, desde o homem até os animais, os répteis e as aves do céu: eles foram extintos da terra; ficou somente Noé e os que estavam com ele na arca. [24]A enchente sobre a terra durou cento e cinquenta dias.

8 *Vazão das águas* — [1]Deus lembrou-se então de Noé e de todas as feras e de todos os animais domésticos que estavam com ele na arca; Deus fez passar um vento sobre a terra, e as águas baixaram. [2]Fecharam-se as fontes do abismo e as comportas do céu: — deteve-se a chuva do céu [3]e as águas pouco a pouco se retiraram da terra; — as águas baixaram ao cabo de cento e cinquenta dias [4]e, no sétimo mês, no décimo sétimo dia do mês, a arca encalhou sobre os montes de Ararat. [5]As águas continuaram escoando até o décimo mês e, no primeiro dia do décimo mês, apareceram os picos das montanhas.

[6]No fim de quarenta dias, Noé abriu a janela que fizera na arca [7]e soltou o corvo, que foi e voltou, esperando que as águas secassem sobre a terra. [8]Soltou então a pomba que estava com ele, para ver se tinham diminuído as águas na superfície do solo. [9]A pomba, não encontrando um lugar onde pousar as patas, voltou para ele na arca, porque havia água sobre toda a superfície da terra; ele estendeu a mão, pegou-a e a fez entrar para junto dele na arca. [10]Ele esperou ainda outros sete dias e soltou de novo a pomba fora da arca. [11]A pomba voltou para ele ao entardecer, e eis que ela trazia, no bico, um ramo novo de oliveira! Assim Noé ficou sabendo que as águas tinham escoado da superfície da terra. [12]Ele esperou ainda outros sete dias e soltou a pomba, que não mais voltou para ele.

[13]Foi no ano seiscentos e um,[a] no primeiro mês, no primeiro dia do mês, que as águas secaram sobre a terra.

Noé retirou a cobertura da arca; olhou, e eis que a superfície do solo estava seca!

[14]No segundo mês, no vigésimo sétimo dia do mês, a terra estava seca.

A saída da arca — [15]Então assim falou Deus a Noé: [16]"Sai da arca, tu e tua mulher, teus filhos e as mulheres de teus filhos contigo. [17]Todos os animais que estão contigo, tudo o que é carne, aves, animais e tudo o que rasteja sobre a terra, faze-os sair contigo: que pululem sobre a terra, sejam fecundos e multipliquem-se sobre a terra." [18]Noé saiu com seus filhos, sua mulher e as mulheres de seus filhos; [19]e todas as feras, todos os animais, todas as aves, todos os répteis que rastejam sobre a terra saíram da arca, uma espécie após a outra.

---

a) Grego "da vida de Noé", adição provavelmente feita em função de 7,6-13.

²⁰Noé construiu um altar a Iahweh e, tomando de animais puros e de todas as aves puras, ofereceu holocaustos sobre o altar. ²¹Iahweh respirou o agradável odor[a] e disse consigo: "Eu não amaldiçoarei nunca mais a terra por causa do homem, porque os desígnios do coração do homem são maus desde a sua infância;[b] nunca mais destruirei todos os viventes, como fiz.

²²Enquanto durar a terra,
semeadura e colheita,
frio e calor,
verão e inverno,
dia e noite
não hão de faltar."[c]

9 A nova ordem do mundo —

¹Deus abençoou Noé e seus filhos, e lhes disse: "Sede fecundos, multiplicai-vos, enchei a terra. ²Sede o medo e o pavor de todos os animais da terra e de todas as aves do céu, como de tudo o que se move na terra e de todos os peixes do mar: eles são entregues nas vossas mãos.[d] ³Tudo o que se move e possui vida vos servirá de alimento, tudo isso eu vos dou, como vos dei a verdura das plantas. ⁴Mas não comereis a carne com sua alma, isto é, o sangue. ⁵Pedirei contas, porém, do sangue de cada um de vós. Pedirei contas a todos os animais e ao homem, aos homens entre si, eu pedirei contas da alma do homem.

⁶Quem derrama o sangue do homem,
pelo homem terá seu sangue derramado.
Pois à imagem de Deus
o homem foi feito.[e]

⁷Quanto a vós, sede fecundos, multiplicai-vos, povoai a terra e dominai-a."[f]

⁸Deus falou assim a Noé e a seus filhos: ⁹"Eis que estabeleço minha aliança[g] convosco e com os vossos descendentes depois de vós, ¹⁰e com todos os seres animados que estão convosco: aves, animais, todas as feras, tudo o que saiu da arca convosco, todos os animais da terra. ¹¹Estabeleço minha aliança

1,28

1,29
Dt 12,15s
1Tm 4,3

Lv 1,5 +
Ex 20,13 +

1,26 +

6,18 +

Eclo 44,18
Is 54,9-10

---

a) Lit.: "o odor pacífico". Esse antropomorfismo passará para a linguagem técnica do ritual (cf. Ex 29,18.25; Lv 1,9.13; Nm 28,2 etc.).
b) O coração é o interior do homem, distinto do que se vê e sobretudo da "carne" (2,21+). É a sede das faculdades e da personalidade, de onde nascem pensamentos e sentimentos, palavras, decisões, ação. Deus o conhece profundamente, quaisquer que sejam as aparências (1Sm 16,7; Sl 17,3; 44,22; Jr 11,20+). O coração é o centro da consciência religiosa e da vida moral (Sl 51,12.19; Jr 4,4+; 31,31-33+; Ez 36,26). É em seu coração que o homem procura a Deus (Dt 4,29; Sl 105,3; 119,2.10), que o ouve (1Rs 3,9; Eclo 3,29; Os 2,16; cf. Dt 30,14), que o serve (1Sm 12,20.24), o louva (Sl 111,1), o ama (Dt 6,5). O coração simples, reto, puro, é aquele que não está dividido por nenhuma reserva ou segunda intenção e por nenhuma falsa aparência em relação a Deus ou aos homens (cf. Ef 1,18+). Esta passagem marca uma mudança decisiva na conduta de Deus em relação ao homem: Iahweh, que havia amaldiçoado a terra por causa da desobediência do homem e da mulher (3,17), se compromete agora a não mais destruir a terra pelo dilúvio. E, se o pecado do homem era a razão do castigo exemplar (6,5), agora ele explica por que Iahweh se compromete a não mais maldizer a terra. Há aí uma transição para que a maldição do solo se transforme em bênção para Abraão e nele, para sua descendência e para todos os clãs da terra (12,1-3).
c) As leis do mundo são restabelecidas para sempre. Deus sabe que o coração do homem permanece mau, mas ele salva sua criação e, apesar do homem, a conduzirá para onde quiser.
d) O homem é de novo abençoado e consagrado rei da criação, como nas origens, mas não é mais um reinado pacífico. A nova época conhecerá a luta dos animais com o homem e dos homens entre si. A paz paradisíaca só reflorescerá nos últimos tempos (Is 11,6+).
e) Todo sangue pertence a Deus (cf. Lv 1,5+), mas sobretudo o sangue do homem, feito à sua imagem. Deus o vingará (ver já 4,10), e delega, para tanto, o próprio homem: a justiça de Estado, e também os "vingadores do sangue" (Nm 35,19+).
f) "dominai-a": *redû*, conj. (cf. 1,28); "multiplicai": *rebû*, hebr.
g) A aliança com Noé, cujo sinal é o arco-íris, estende-se a toda a criação; a aliança com Abraão, cujo sinal será a circuncisão, interessará somente aos descendentes do Patriarca (Gn 17); sob Moisés, ela se limitará a Israel, exigindo, em contrapartida, a obediência à Lei (Ex 19,5; 34,27-28; 24,7-8+) e sobretudo a observância do sábado (Ex 31,16-17).

convosco: tudo o que existe não será mais destruído pelas águas do dilúvio; não haverá mais dilúvio para devastar a terra."

^{Ez 1,28}
^{Ap 4,3}
¹²Disse Deus: "Eis o sinal da aliança que instituo entre mim e vós e todos os seres vivos que estão convosco, para todas as gerações futuras: ¹³porei meu arco na nuvem e ele se tornará um sinal da aliança entre mim e a terra. ¹⁴Quando eu reunir as nuvens sobre a terra e o arco aparecer na nuvem, ¹⁵eu me lembrarei da aliança que há entre mim e vós e todos os seres vivos, em suma toda carne, e as águas não mais se tornarão um dilúvio para destruir toda carne. ¹⁶Quando o arco estiver na nuvem, eu o verei e me lembrarei da aliança eterna que há entre Deus e os seres vivos com toda carne que existe sobre a terra."

¹⁷Deus disse a Noé: "Este é o sinal da aliança que estabeleço entre mim e toda carne que existe sobre a terra."

3. DO DILÚVIO A ABRAÃO

Noé e seus filhos^a — ¹⁸Os filhos de Noé, que saíram da arca, foram Sem, Cam e Jafé; Cam é o pai de Canaã. ¹⁹Esses três foram os filhos de Noé e a partir deles se fez o povoamento de toda a terra.

10,6

²⁰Noé, o cultivador, começou a plantar a vinha. ²¹Bebendo vinho, embriagou-se e ficou nu dentro de sua tenda. ²²Cam, pai de Canaã,^b viu a nudez de seu pai e advertiu, fora, a seus dois irmãos. ²³Mas Sem e Jafé tomaram o manto, puseram-no sobre os seus próprios ombros e, andando de costas, cobriram a nudez de seu pai; seus rostos estavam voltados para trás e eles não viram a nudez de seu pai. ²⁴Quando Noé acordou de sua embriaguez, soube o que lhe fizera seu filho mais jovem. ²⁵E disse:^c

"Maldito seja Canaã!
Que ele seja, para seus irmãos,
o último dos escravos!"
²⁶E disse também:
"Bendito seja Iahweh, o Deus de Sem,
e que Canaã seja seu escravo!
²⁷Que Deus dilate Jafé,^d
que ele habite nas tendas de Sem,
e que Canaã seja seu escravo!"

²⁸Depois do dilúvio, Noé viveu trezentos e cinquenta anos. ²⁹Toda a duração da vida de Noé foi de novecentos e cinquenta anos, depois morreu.

a) Conjunto formado por uma notícia genealógica (vv. 18-19), um relato mais desenvolvido (vv. 20-27), e indicações cronológicas sobre a duração da vida de Noé depois do dilúvio (vv. 28-29), que poderiam ser o início da tábua das nações (10). Estes dois últimos versículos são de tradição sacerdotal, o resto de tradição javista. Os nomes dos três filhos de Noé, Sem, Cam e Jafé, e a própria ordem parece um dado fixo da tradição (cf. 5,32; 6,10; 7,13; 10,1). O inciso "Cam, pai de Canaã" (v. 18, cf. 22), da notícia inicial prepara o relato de 20-27 e por fim sua maldição (v. 25).
b) Cam não será mais mencionado e Canaã será o objeto da maldição dos vv. 25-27. Provavelmente seu nome figurava apenas no relato tradicional. Conforme o relato (v. 24), Canaã era o mais jovem dos três filhos de Noé, e a ordem portanto deveria ser Sem, Jafé e Canaã.

c) As bênçãos e as maldições dos Patriarcas (cf. caps. 27 e 49) são palavras eficazes que atingem um chefe de linhagem e se realizam em seus descendentes: a raça de Canaã será submetida a Sem, antepassado de Abraão e dos israelitas, postos sob a proteção especial de Iahweh, e a Jafé, cujos descendentes prosperarão à custa de Sem. A situação histórica seria a do reinado de Saul e do começo do reinado de Davi, ocasião em que israelitas e filisteus dominavam sobre Canaã, e os filisteus tinham invadido uma parte do território de Israel. Muitos dos Padres viram aqui o anúncio da entrada dos gentios (Jafé) para a comunidade cristã saída dos hebreus (Sem).
d) O hebraico faz um jogo de palavras entre *Yafet* e *Yaft*. "que ele dilate".

10 A tábua das nações[a]

¹Eis a descendência dos filhos de Noé, Sem, Cam e Jafé, aos quais nasceram filhos depois do dilúvio: ²Filhos de Jafé: Gomer, Magog, Madai, Javã, Tubal, Mosoc, Tiras. ³Filhos de Gomer: Asquenez, Rifat, Togorma. ⁴Filhos de Javã: Elisa, Társis, os Cetim, os Dodanim. ⁵A partir deles fez-se a dispersão nas ilhas das nações.[b]

Esses foram os filhos de Jafé,[c] segundo suas terras e cada qual segundo sua língua, segundo seus clãs e segundo suas nações.

⁶Filhos de Cam: Cuch, Mesraim, Fut, Canaã. ⁷Filhos de Cuch: Sabá, Hévila, Sabata, Regma, Sabataca. Filhos de Regma: Sabá, Dadã.

⁸Cuch gerou Nemrod,[d] que foi o primeiro potentado sobre a terra. ⁹Foi um valente caçador diante de Iahweh, e é por isso que se diz: "Como Nemrod, valente caçador diante de Iahweh." ¹⁰Os sustentáculos de seu império foram Babel, Arac, Acad e Calane,[e] cidades que estão todas na terra de Senaar. ¹¹Dessa terra saiu Assur, que construiu Nínive, Reobot-Ir, Cale, ¹²e Resen entre Nínive e Cale (é a grande cidade).[f]

¹³Mesraim gerou os de Lud, de Anam, de Laab, de Naftu, ¹⁴de Patros, de Caslu e de Cáftor, de onde saíram os filisteus.[g]

¹⁵Canaã gerou Sidon, seu primogênito, depois Het, ¹⁶e o jebuseu, o amorreu, o gergeseu, ¹⁷o heveu, o araceu, o sineu, ¹⁸o arádio, o samareu, o emateu; em seguida dispersaram-se os clãs cananeus. ¹⁹A fronteira dos cananeus ia de Sidônia em direção de Gerara, até Gaza, depois em direção de Sodoma, Gomorra, Adama e Seboim, até Lesa.

²⁰Esses foram os filhos de Cam, segundo seus clãs e suas línguas, segundo suas terras e suas nações.

²¹Uma descendência nasceu também a Sem, o pai de todos os filhos de Héber e irmão mais velho de Jafé.

²²Filhos de Sem: Elam, Assur, Arfaxad, Lud, Aram. ²³Filhos de Aram: Hus, Hul, Geter e Mes.

²⁴Arfaxad gerou Salé e Salé gerou Héber. ²⁵A Héber nasceram dois filhos: o primeiro chamava-se Faleg, porque em seus dias a terra foi dividida, e seu irmão chamava-se Jectã. ²⁶Jectã gerou Elmodad, Salef, Asarmot, Jaré, ²⁷Aduram, Uzal, Decla, ²⁸Ebal, Abimael, Sabá, ²⁹Ofir, Hévila, Jobab; todos esses são filhos de Jectã. ³⁰Eles habitavam a partir de Mesa, em direção de Sefar, a montanha do Oriente.

---

a) Sob a forma de um quadro genealógico este capítulo fornece uma tábua dos povos, agrupados menos segundo suas afinidades étnicas do que segundo suas relações históricas e geográficas: os filhos de Jafé povoam a Ásia Menor e as ilhas do Mediterrâneo; os filhos de Cam, os países do Sul: Egito, Etiópia, Arábia, e Canaã lhes é ligado em lembrança da dominação egípcia sobre esta região; entre esses dois grupos estão os filhos de Sem: elamitas, assírios, arameus e os antepassados dos hebreus. O quadro é de tradição sacerdotal, com elementos de tradição javista (vv. 18-19.21.24-30), cuja perspectiva é um pouco diferente: mais que uma exposição sistemática, encontramos aí, como no c. 4 (vv. 17-26), algumas notícias em relação aos nomes tradicionais. Para o que é do conjunto sacerdotal encontra-se aí o resumo dos conhecimentos sobre o mundo habitado que se podia ter entre os judeus exilados na Babilônia. Por outro lado, temos aqui uma afirmação importante, a da unidade da espécie humana, dividida em grupos a partir de um tronco comum. Essa dispersão aparece (10,32) como realização da bênção de 9,1. A narrativa javista da Torre de Babel (11,1-9) contém uma visão menos favorável; trata-se, porém, de aspectos complementares de uma história do mundo para a qual concorrem o poder de Deus e a malícia dos homens.

b) As ilhas e as costas do Mediterrâneo.

c) Estas palavras, omitidas pelo hebr., são restituídas segundo os vv. 20 e 31.

d) Figura popular (o v. 9 enuncia um provérbio), atrás da qual se esconde um herói da Mesopotâmia, cuja identificação é incerta.

e) Acad, cidade situada perto do local da Babilônia: seu nome serve para designar a parte norte da Baixa Mesopotâmia em oposição à Suméria, mais ao sul e, de modo mais geral, sempre em oposição aos sumérios, a língua e os povos semíticos desse período.

f) Explicação que pode se referir a Cale ou a Nínive. Cale, a atual Nemrod, tornou-se a capital da Assíria no séc. IX a.C.; Nínive será a capital com Senaquerib, cerca de dois séculos mais tarde.

g) O texto transpõe "e de Cáftor" para depois de "filisteus", mas é de Cáftor que os filisteus eram originários (cf. Js 13,2+).

³¹Esses foram os filhos de Sem, segundo seus clãs e suas línguas, segundo suas terras e suas nações. ³²Esses foram os clãs dos descendentes de Noé, segundo suas linhagens e segundo suas nações. Foi a partir deles que os povos se dispersaram sobre a terra depois do dilúvio.

11 *A torre de Babel*[a] — ¹Todo o mundo se servia de uma mesma língua e das mesmas palavras. ²Como os homens emigrassem para o Oriente, encontraram um vale na terra de Senaar[b] e aí se estabeleceram. ³Disseram um ao outro: "Vinde! Façamos tijolos e cozamo-los ao fogo!" O tijolo lhes serviu de pedra e o betume de argamassa. ⁴Disseram: "Vinde! Construamos uma cidade e uma torre cujo ápice penetre os céus![c] Façamo-nos um nome e não sejamos dispersos sobre toda a terra!"

⁵Ora, Iahweh desceu para ver a cidade e a torre que os homens tinham construído. ⁶E Iahweh disse: "Eis que todos constituem um só povo e falam uma só língua. Isso é o começo de suas iniciativas! Agora, nenhum desígnio será irrealizável para eles. ⁷Vinde! Desçamos! Confundamos a sua linguagem para que não mais se entendam uns aos outros." ⁸Iahweh os dispersou daí por toda a face da terra, e eles cessaram de construir a cidade. ⁹Deu-se-lhe por isso o nome de Babel, pois foi aí que Iahweh confundiu[d] a linguagem de todos os habitantes da terra e foi aí que ele os dispersou sobre toda a face da terra.

Os Patriarcas depois do dilúvio[e] — ¹⁰Eis a descendência de Sem: Quando Sem completou cem anos, gerou Arfaxad, dois anos depois do dilúvio. ¹¹Depois do nascimento de Arfaxad, Sem viveu quinhentos anos, e gerou filhos e filhas.

¹²Quando Arfaxad completou trinta e cinco anos, gerou Salé. ¹³Depois do nascimento de Salé, Arfaxad viveu quatrocentos e três anos, e gerou filhos e filhas.

¹⁴Quando Salé completou trinta anos, gerou Héber. ¹⁵Depois do nascimento de Héber, Salé viveu quatrocentos e três anos, e gerou filhos e filhas.

¹⁶Quando Héber completou trinta e quatro anos, gerou Faleg. ¹⁷Depois do nascimento de Faleg, Héber viveu quatrocentos e trinta anos, e gerou filhos e filhas.

¹⁸Quando Faleg completou trinta anos, gerou Reu. ¹⁹Depois do nascimento de Reu, Faleg viveu duzentos e nove anos, e gerou filhos e filhas.

²⁰Quando Reu completou trinta e dois anos, gerou Sarug. ²¹Depois do nascimento de Sarug, Reu viveu duzentos e sete anos, e gerou filhos e filhas.

²²Quando Sarug completou trinta anos, gerou Nacor. ²³Depois do nascimento de Nacor, Sarug viveu duzentos anos, e gerou filhos e filhas.

²⁴Quando Nacor completou vinte e nove anos, gerou Taré. ²⁵Depois do nascimento de Taré, Nacor viveu cento e dezenove anos, e gerou filhos e filhas.

²⁶Quando Taré completou setenta anos, gerou Abrão, Nacor e Arã.

---

a) Este relato de tradição javista parece ser o resultado do amálgama de diferentes tradições: construção de uma torre e de uma cidade, dispersão dos homens depois do dilúvio (cf. 9,19; 10,32). A ironia não falta: eis os homens que querem construir uma torre cujo topo penetre os céus (v. 4), mas que são incapazes de se servir da pedra e da argamassa! A narração dá outra explicação para a diversidade dos povos e das línguas. Esta é o castigo de uma falta coletiva que, como a dos primeiros pais (3), é ainda uma falta de limites (cf. v. 4). A união só será restaurada em Cristo salvador: milagre das línguas no Pentecostes (At 2,5-12), assembleia das nações no céu (Ap 7,9-10).
b) A Babilônia (cf. 10,10; Is 11,11; Dn 1,2).
c) A tradição se interessou pelas ruínas de uma dessas altas torres em andares, de um zigurate que se construía na Mesopotâmia como símbolo da montanha sagrada e repositório da divindade. Os construtores teriam desse modo procurado um meio de encontrar seu deus. Mas o autor do relato bíblico vê nisso iniciativa de orgulho insensato. Este tema da torre combina com o da cidade: é condenação da civilização urbana (cf. 4,17+).
d) "Babel" é explicado pela raiz *bll*, "confundir". O nome de Babilônia significa, na realidade, "porta do deus".
e) Os vv. 10-27.31-32 retomam a tradição sacerdotal abandonada desde 10,32. É a sequência da genealogia do capítulo 5. O horizonte se restringe aos ascendentes diretos de Abraão.

A descendência de Taré[a] — ²⁷Eis a descendência de Taré:

Taré gerou Abrão, Nacor e Arã. Arã gerou Ló. ²⁸Arã morreu na presença de seu pai Taré, em sua terra natal, Ur dos caldeus. ²⁹Abrão e Nacor se casaram: a mulher de Abrão chamava-se Sarai; a mulher de Nacor chamava-se Melca, filha de Arã, que era o pai de Melca e de Jesca. ³⁰Ora, Sarai era estéril, não tinha filhos.

³¹Taré tomou seu filho Abrão, seu neto Ló, filho de Arã, e sua nora Sarai, mulher de Abrão. Ele os fez sair[b] de Ur dos caldeus para ir à terra de Canaã, mas, chegados a Harã, aí se estabeleceram.[c]

³²A duração da vida de Taré foi de duzentos e cinco anos,[d] depois ele morreu em Harã.

22,20-23

16,1;
17,19-21

II. História dos Patriarcas[e]

1. CICLO DE ABRAÃO[f]

12 *Vocação de Abraão*[g] — ¹Iahweh disse a Abrão: "Sai da tua terra, da tua parentela e da casa de teu pai, para a terra que te mostrarei. ²Eu farei de ti um grande povo, eu te abençoarei, engrandecerei teu nome; sê uma bênção!

³Abençoarei os que te abençoarem,
amaldiçoarei os que te amaldiçoarem.
Por ti serão benditos
todos os clãs da terra."[h]

Sb 10,5
At 7,2-3
Hb 11,8s

Jr 4,2
Eclo 44,21
At 3,25
Gl 3,8

---

a) A história da raça eleita vai começar e o quadro genealógico se detalha para apresentar os pais de toda a raça: Abrão e Sarai, cujos nomes serão mudados em Abraão e Sara (17,5.15), e também Nacor, o avô de Rebeca (24,24), e Ló, o pai dos moabitas e dos amonitas (19,30-38). Os vv. 28-30 são de tradição javista.
b) "Ele os fez sair", versões; "Eles saíram com eles", hebr.
c) Primeira migração a caminho da Terra Prometida. Ur está na Baixa Mesopotâmia; Harã a noroeste da Mesopotâmia. A historicidade desta primeira migração é contestada. Ela é, entretanto, atestada por tradições provavelmente antigas em 11,28 e 15,7, redigidas numa época em que Ur tinha caído no esquecimento. Essa cidade, ao contrário, era importante centro no começo do II milênio e já tinha ligações religiosas e comerciais com Harã. É preciso ao menos reconhecer a possibilidade dessa primeira migração; somente a menção dos caldeus seria uma precisão acrescentada na época neo-babilônica.
d) Apenas 145, segundo o Pentateuco samaritano, o que faz com que Abrão deixasse Harã somente por ocasião da morte de seu pai (segundo 11,26 e 12,4; cf. At 7,4).
e) Título que deve ser compreendido de modo neutro: relatos a respeito dos patriarcas.
f) Os relatos sobre Abraão, tais como se apresentam no Gênesis, são uma "teologia da promessa": a dupla promessa divina de descendência e do dom da terra são os dois eixos centrais em torno dos quais se organiza de uma ou de outra forma tudo o que os escritores sacros têm a dizer sobre o patriarca.
g) Os caps. 12-13 pertencem no essencial às tradições javistas, mas nem tudo se situa no mesmo nível da tradição ou de sua fixação descrita. Muito provavelmente, uma curta notícia de partida de Harã e de chegada em Canaã, uma espécie de itinerário, com a ordem divina de deixar Harã (12,1.4a), e um primeiro ponto de ligação ao redor de Betel (12,8; 13,3), são o núcleo da tradição. O itinerário é continuado pelo relato da separação de Abraão e de Ló (13,5s). Promessas de descendência e de bênção (12,2-3), depois a do dom da terra (12,7), podem ter sido acrescentadas a um estágio relativamente antigo da tradição assim como o relato da descida para o Egito (12,10-20), relato que não fala de Ló (com 13,1-4). Um desenvolvimento mais recente talvez seja a promessa solene de 13,14-17. Os autores sacerdotais são responsáveis por alguns complementos onde se insiste sobre a riqueza de Abraão e de Ló, razão de sua separação (12,4b-5; 13,2.4-5). Se tal pode ter sido o desenvolvimento dos dois capítulos, a dupla promessa de descendência e do dom da terra vêm ocupar um lugar cada vez mais preponderante. Rompendo todas as suas ligações terrestres, Abraão parte para uma terra desconhecida, com sua mulher estéril (11,30), por que Deus o chamou e lhe prometeu uma posteridade. Primeiro ato da fé de Abraão que se encontrará de novo por ocasião da renovação da promessa (15,5-6+), e que Deus submeterá à prova pedindo Isaac, fruto dessa promessa (22+). A existência e o futuro do povo eleito dependem desse ato absoluto de fé (Hb 11,8-9). Não se trata somente de sua descendência carnal, mas de todos aqueles que a mesma fé tornará filhos de Abraão, como o mostra são Paulo (Rm 4; Gl 3,7).
h) A fórmula volta (com a palavra "clã" ou "nação") em 18,18; 22,18; 26,4; 28,14. Em sentido estrito, ela

⁴Abrão partiu, como lhe disse Iahweh, e Ló partiu com ele. Abrão tinha setenta e cinco anos quando deixou Harã. ⁵Abrão tomou sua mulher Sarai, seu sobrinho Ló, todos os bens que tinham reunido e o pessoal que tinham adquirido em Harã; partiram para a terra de Canaã, e aí chegaram. ⁶Abrão atravessou a terra até o lugar santo de Siquém, no Carvalho de Moré. Nesse tempo os cananeus habitavam nesta terra. ⁷Iahweh apareceu a Abrão e disse: "É à tua posteridade que eu darei esta terra."[a] Abrão construiu aí um altar a Iahweh, que lhe aparecera. ⁸Daí passou à montanha, a oriente de Betel, e armou sua tenda, tendo Betel a oeste e Hai a leste. Construiu aí um altar a Iahweh e invocou seu nome. ⁹Depois, de acampamento em acampamento, foi para o Negueb.

Abraão no Egito[b] — ¹⁰Houve uma fome[c] na terra e Abrão desceu ao Egito, para aí ficar, pois a fome assolava a terra. ¹¹Quando estava chegando ao Egito, disse à sua mulher Sarai: "Vê, eu sei que és uma mulher muito bela. ¹²Quando os egípcios te virem, dirão: 'É sua mulher,' e me matarão, deixando-te com vida. ¹³Dize, eu te peço, que és minha irmã,[d] para que me tratem bem por causa de ti e, por tua causa, me conservem a vida." ¹⁴De fato, quando Abrão chegou ao Egito, os egípcios viram que a mulher era muito bela. ¹⁵Viram-na os oficiais do Faraó e gabaram-na junto dele; e a mulher foi levada para o palácio do Faraó. ¹⁶Este, por causa dela, tratou bem Abrão: ele veio a ter ovelhas, bois, jumentos, escravos, servas, jumentas e camelos. ¹⁷Mas Iahweh feriu Faraó com grandes pragas, e também sua casa, por causa de Sarai, a mulher de Abrão. ¹⁸Faraó chamou Abrão e disse: "Que me fizeste? Por que não me declaraste que ela era tua mulher? ¹⁹Por que disseste: 'Ela é minha irmã!', de modo que eu a tomasse como mulher? Agora eis a tua mulher: toma-a e vai-te!" ²⁰Faraó o confiou a homens que os conduziram à fronteira, ele, sua mulher e tudo o que possuía.

13

Separação de Abraão e de Ló — ¹Do Egito, Abrão, com sua mulher e tudo o que possuía, e Ló com ele, subiu ao Negueb. ²Abrão era muito rico de rebanhos, de prata e de ouro. ³Seus acampamentos conduziram-no do Negueb até Betel, no lugar onde primeiro armara sua tenda, entre Betel e Hai, ⁴no lugar em que outrora construíra o altar, e lá Abrão invocou o nome de Iahweh. ⁵Ló, que acompanhava Abrão, tinha igualmente ovelhas, bois e tendas. ⁶A terra não era suficiente para sua instalação comum: tinham posses imensas para poderem habitar juntos. ⁷Houve uma disputa entre os pastores dos rebanhos de Abrão e os dos rebanhos de Ló (nesse tempo os cananeus e os ferezeus habitavam essa terra). ⁸Abrão disse a Ló: "Que não haja discórdia entre mim e ti, entre meus pastores e os teus, pois somos irmãos! ⁹Toda a terra não está diante de ti? Peço-te que te apartes de mim. Se tomares a esquerda, irei para a direita; se tomares a direita, irei para a esquerda."

---

significa (cf. v. 2 e 48,20; Jr 29,22): "Os clãs dirão entre si: Bendito sejas tu como Abraão". Mas Eclo 44,21, a tradução dos LXX e o NT entenderam: "Em ti serão benditas todas as nações".
a) Dom da Terra Santa.
b) Esta história, cujo tema também se encontra no cap. 20 (ainda Sara), e em 26,1-11, celebra a beleza do antepassado da raça, a habilidade do Patriarca e a proteção que Deus concede aos dois. Ela traz a marca de uma idade moral em que a consciência não reprovava sempre a mentira e na qual a vida do marido valia mais que a honra da mulher. A humanidade, guiada por Deus, tomou consciência progressivamente da lei moral.

c) É também por causa de uma fome que os irmãos de José irão ao Egito (42,1-5). Ela leva à descida ao Egito de Jacó e todos os seus filhos (46).
d) Aproximação com um costume da Alta Mesopotâmia: na aristocracia hurrita, o marido podia ficticiamente adotar sua mulher como "irmã", e esta passava a gozar então de maior consideração e de privilégios especiais. Esta teria sido a condição de Sarai, e Abrão ter-se-ia prevalecido disso diante dos egípcios, que, por sua vez, ter-se-iam equivocado (v. 19), como também o autor bíblico, que não mais conhecia o costume. A explicação é incerta.

¹⁰Ló ergueu os olhos e viu toda a Planície do Jordão,ᵃ que era toda irrigada — antes que Iahweh destruísse Sodoma e Gomorra — como o jardim de Iahweh, como a terra do Egito, até Segor.ᵇ ¹¹Ló escolheu para si toda a Planície do Jordão e emigrou para o Oriente. Assim eles se separaram um do outro. ¹²Abrão estabeleceu-se na terra de Canaã e Ló estabeleceu-se nas cidades da Planície; ele armou suas tendas até Sodoma. ¹³Ora, os habitantes de Sodoma eram grandes criminosos e pecavam contra Iahweh.ᶜ

¹⁴Iahweh disse a Abrão, depois que Ló se separou dele: "Ergue os olhos e olha, do lugar em que estás, para o norte e para o sul, para o Oriente e para o Ocidente. ¹⁵Toda a terra que vês, eu a darei, a ti e à tua posteridade para sempre. ¹⁶Tornarei a tua posteridade como poeira da terra: quem puder contar os grãos de poeira da terra poderá contar teus descendentes! ¹⁷Levanta-te! Percorre essa terra no seu comprimento e na sua largura, porque eu a darei a ti." ¹⁸Com suas tendas, Abrão foi estabelecer-se no Carvalhoᵈ de Mambré, que está em Hebron, e lá construiu um altar a Iahweh.

14 A campanha dos quatro grandes reisᵉ

— ¹No tempo de Amrafel, rei de Senaar, de Arioc, rei de Elasar, de Codorlaomor, rei de Elam, e de Tadal, rei dos goim, ²estes fizeram guerra contra Bara, rei de Sodoma, Bersa, rei de Gomorra, Senaab, rei de Adama, Semeber, rei de Seboim e o rei de Bela (este é Segor).ᶠ

³Estes últimos se juntaram no vale de Sidim (que é o mar do Sal).ᵍ ⁴Por doze anos ficaram sujeitos a Codorlaomor, mas no décimo terceiro anoʰ se revoltaram. ⁵No décimo quarto ano vieram Codorlaomor e os reis que estavam com ele. Derrotaram os rafaim em Astarot-Carnaim, os zuzim em Ham, os emim na planície de Cariataim, ⁶os horitas nas montanhas de Seir até El-Farã, na margem do deserto.ⁱ ⁷Eles voltaram e vieram à Fonte do Julgamento (que é Cades); derrotaram todo o território dos amalecitas e também os amorreus, que habitavam Asasontamar. ⁸Então o rei de Sodoma, o rei de Gomorra, o rei de Adama, o rei de Seboim e o rei de Bela (este é Segor) fizeram uma expedição e se colocaram em ordem de batalha contra eles no vale de Sidim, ⁹contra Codorlaomor, rei de Elam, Tadal, rei dos goim, Amrafel, rei de Senaar, e Arioc, rei de Elasar: quatro reis contra cinco! ¹⁰Ora, o vale de Sidim estava cheio de poços de betume; na sua fuga o rei de

Dt 1,28 +

Ex 17,8 +
Dt 7,1 +

---

a) Lit.: o "círculo", empregado aqui como nome geográfico designando o baixo vale do Jordão até ao sul do mar Morto, que se julga ainda não existir (cf. 14,3; 19,24s).

b) Ao sul do mar Morto (cf. 19,22).

c) Preparação de 18,20-21; 19,4-11. É a introdução de uma tradição sobre Ló, originária da Transjordânia e centralizada sobre a história de Sodoma e Gomorra (caps. 18-19). Ela pode ter origens muito longínquas, mas faz parte da história de Abraão e de Ló, núcleo da tradição sobre Abraão — Ló preferiu a vida fácil e um clima de pecado: será cruelmente punido por isso (cap. 19). Mas a generosidade de Abraão, que deixou a escolha a seu sobrinho, será recompensada pela renovação da Promessa (12,7).

d) grego, sir., no singular (cf. 18,4). O plural se encontra também em 14,13 e 18,1.

e) Este capítulo não pertence a nenhuma das três grandes tradições do Gênesis. Seu valor é apreciado muito diversamente. Parece ser composição tardia decalcada sobre outra mais antiga: os nomes dos quatro reis do Oriente têm formas antigas, mas não são identificáveis com nenhuma personagem conhecida, e historicamente é impossível que Elam tenha dominado sobre as cidades do sul do mar Morto e tenha tomado a frente de uma coalizão que teria reunido um rei amorreu (Amrafel), um rei hurrita (Arioc) e um rei heteu (Tadal). A característica artificial do relato é perceptível dos nomes dos reis de Sodoma e Gomorra: Bara e Bersa são os reis "maliciosos" e "maus", nova alusão do pecado das duas cidades. O relato quis ligar Abraão à grande história e acrescentar à sua figura uma auréola de glória militar.

f) Sobre Sodoma e Gomorra, ver cap. 19; sobre Adama e Seboim, Dt 29,22; Os 11,8.

g) O autor se representa o mar Morto como ainda não existindo (cf. 13,10); ou então o vale de Sidim (esse nome só aparece aqui) ocupava apenas a parte meridional do mar Morto, que é um abaixamento recente.

h) "no décimo terceiro ano", versões; "treze anos", hebr.

i) Rafaim, zuzim (ou zamzumim), emim e horitas: antigas populações lendárias da Transjordânia (cf. Dt 2,10+ e 2,12+); suas cidades se sucedem ao longo da grande estrada que desce para o mar Vermelho.

Sodoma e o rei de Gomorra caíram neles, e o resto se refugiou na montanha. ¹¹Os vencedores tomaram todos os bens de Sodoma e de Gomorra, e todos os seus alimentos, e se foram.

¹²Eles tomaram também Ló (o sobrinho de Abrão) e seus bens, e se foram; ele morava em Sodoma. ¹³Um sobrevivente veio informar Abrão, o hebreu, que habitava no Carvalho do amorreu Mambré, irmão de Escol e de Aner; eles eram os aliados de Abrão. ¹⁴Quando Abrão soube que seu parente fora levado prisioneiro, fez sair seus aliados, seus familiares, em número de trezentos e dezoito, e deu perseguição até Dã. ¹⁵Ele os atacou de noite, em ordem dispersa, ele e seus homens, derrotou-os e perseguiu-os até Hoba, ao norte de Damasco. ¹⁶Recuperou todos os bens, e também seu parente Ló e seus bens, assim como as mulheres e a tropa.

Melquisedec — ¹⁷Quando Abrão voltou, depois de ter derrotado Codorlaomor e os reis que estavam com ele, o rei de Sodoma foi ao seu encontro no vale de Save (que é o vale do Rei).[a] ¹⁸Melquisedec, rei de Salém,[b] trouxe pão e vinho; ele era sacerdote do Deus Altíssimo. ¹⁹Ele pronunciou esta bênção:[c]

"Bendito seja Abrão pelo Deus Altíssimo
  que criou o céu e a terra,
²⁰ e bendito seja o Deus Altíssimo
  que entregou teus inimigos entre tuas mãos."

E Abrão lhe deu o dízimo de tudo.

²¹O rei de Sodoma disse a Abrão: "Dá-me as pessoas e toma os bens para ti." ²²Mas Abrão respondeu ao rei de Sodoma: "Levanto a mão diante do Deus Altíssimo[d] que criou o céu e a terra: ²³nem um fio, nem uma correia de sandália, nada tomarei do que te pertence, para que não digas: 'Eu enriqueci Abrão.' ²⁴Nada para mim. Somente o que meus servos comeram, e a parte dos homens que vieram comigo, Aner, Escol e Mambré; eles tomarão sua parte."

15 As promessas e a aliança divinas[e]

¹Depois desses acontecimentos, a palavra de Iahweh foi dirigida a Abrão, numa visão: "Não temas, Abrão! Eu sou o teu escudo, tua recompensa será muito grande."

---

a) Mencionado em 2Sm 18,18, esse vale se encontrava, segundo Josefo, a menos de 400 metros de Jerusalém.

b) Segundo o Sl 76,3, a tradição judaica e muitos Padres identificaram Salém com Jerusalém. Seu rei sacerdote, Melquisedec (nome cananeu, cf. Adonisedec, rei de Jerusalém, Js 10,1), adorava o Deus Altíssimo, *El'Elyon*, nome composto, cujos elementos são atestados como duas divindades distintas do panteão fenício. *'Elyon* é empregado na Bíblia (principalmente nos Sl) como título divino. Aqui (v. 22) *El'Elyon* é identificado com o verdadeiro Deus de Abraão. Melquisedec, que aparece breve e misteriosamente na narração sagrada como rei de Jerusalém — lugar que Iahweh escolheu mais tarde para nele morar — e como sacerdote do Altíssimo antes da instituição levítica, é apresentado pelo Sl 110,4 como figura de Davi, que é por sua vez figura do Messias, rei e sacerdote. A aplicação ao sacerdócio de Cristo é desenvolvida em Hb 7. A tradição patrística explorou e enriqueceu esta exegese alegórica, vendo no pão e no vinho trazidos a Abraão uma figura da Eucaristia, e até um verdadeiro sacrifício, figura do sacrifício eucarístico, interpretação esta acolhida no cânon da missa. Muitos Padres admitiram até que em Melquisedec aparecera o Filho de Deus em pessoa. Aqui os vv. 18-20 poderiam ser posteriores ao resto do capítulo. Melquisedec é a imagem do sumo sacerdote de depois do Exílio, herdeiro das prerrogativas reais e chefe do sacerdócio, a quem os descendentes de Abraão pagam o dízimo.

c) A bênção é palavra eficaz (9,25+) e irrevogável (27,33+; 48,18+) que, mesmo pronunciada por um homem, transmite o efeito que nela se exprime, pois é Deus quem abençoa (1,27.28; 12,1; 28,3-4; Sl 67,2; 85,2 etc.). Mas também o homem, por sua vez, bendiz a Deus, louva sua grandeza e sua bondade, ao mesmo tempo que deseja que elas se firmem e se estendam (24,48; Ex 18,10; Dt 8,10; 1Sm 25,32.39 etc.). Aqui as duas bênçãos são associadas. O culto israelita comportava umas e outras (Nm 6,22; Dt 27,14-26; Sl 103,1-2; 144,1; Dn 2,19-23 etc. Cf. Lc 1,68; 2Cor 1,3; Ef 1,3; 1Pd 1,3).

d) Omitido pelo grego e pelo sir.

e) Relato de tradição javista, mas com indícios de origem recente e de acréscimos muito tardios. A fé de Abraão é submetida à prova, as promessas tardam a se realizar. Elas são então renovadas e seladas por uma aliança. A promessa da terra vem em primeiro lugar. — É a essas promessas feitas aos Pais, nas quais Deus

²Abrão respondeu: "Meu Senhor Iahweh, que me darás? Continuo sem filho..."ª ³Abrão disse: "Eis que não me deste descendência e um dos servos de minha casa será meu herdeiro." ⁴Então foi-lhe dirigida esta palavra de Iahweh: "Não será esse o teu herdeiro, mas alguém saído de teu sangue." ⁵Ele o conduziu para fora e disse: "Ergue os olhos para o céu e conta as estrelas, se as podes contar", e acrescentou: "Assim será a tua posteridade." ⁶Abrão creu em Iahweh, e lhe foi tido em conta de justiça.*b*

⁷Ele lhe disse: "Eu sou Iahweh que te fez sair de Ur dos caldeus, para te dar esta terra como propriedade." ⁸Abrão respondeu: "Meu Senhor Iahweh, como saberei que hei de possuí-la?" ⁹Ele lhe disse: "Procura-me uma novilha de três anos, uma cabra de três anos, um cordeiro de três anos, uma rola e um pombinho." ¹⁰Ele lhe trouxe todos esses animais, partiu-os pelo meio e colocou cada metade em face da outra; entretanto, não partiu as aves. ¹¹As aves de rapina desceram sobre os cadáveres, mas Abrão as expulsou.

¹²Quando o sol ia se pôr, um torpor caiu sobre Abrão e eis que foi tomado de grande pavor.*c* ¹³Iahweh disse a Abrão: "Sabe, com certeza, que teus descendentes serão estrangeiros numa terra que não será a deles. Lá eles serão escravos, serão oprimidos durante quatrocentos anos. ¹⁴Mas eu julgarei a nação à qual serão sujeitos, e em seguida sairão com grandes bens. ¹⁵Quanto a ti, em paz, irás para os teus pais, serás sepultado numa velhice feliz. ¹⁶É na quarta geração que eles voltarão para cá, porque até lá a iniquidade dos amorreus não terá atingido o seu cúmulo."*d*

¹⁷Quando o sol se pôs e estenderam-se as trevas, eis que uma fogueira fumegante e uma tocha de fogo passaram entre os animais divididos.*e* ¹⁸Naquele dia Iahweh estabeleceu uma aliança com Abrão nestes termos:

"À tua posteridade darei esta terra,
   do Rio do Egito até o Grande Rio,

o rio Eufrates, ¹⁹os quenitas, os cenezeus, os cadmoneus, ²⁰os heteus, os ferezeus, os rafaim, ²¹os amorreus, os cananeus, os gergeseus e os jebuseus."*f*

16 Nascimento de Ismael*g* —
¹A mulher de Abrão, Sarai, não lhe dera filho. Mas tinha uma serva egípcia, chamada Agar, ²e Sarai disse a Abrão: "Vê, eu te peço: Iahweh não permitiu que eu desse à luz. Toma, pois, a minha serva. Talvez, por ela, eu venha a ter filhos."*h* E Abrão ouviu a voz de Sarai.

³Assim, depois de dez anos que Abrão residia na terra de Canaã, sua mulher Sarai tomou Agar, a egípcia, sua serva, e deu-a como mulher a seu marido,

---

comprometeu a sua misericórdia e a sua fidelidade, que o NT ligará à pessoa e a obra de Jesus Cristo (cf. At 2,39+; Rm 4,13+).

a) Texto corrompido: "e o filho de... (uma palavra incompreensível) de minha casa, é Damasco Eliezer". O v. 4 parece indicar que aí havia a menção de alguém. Pela primeira vez, Abraão responde a Deus para exprimir uma inquietação. O v. 3 parece ser um acréscimo: ele diz novamente a mesma lamentação.

b) A fé de Abraão é a confiança numa promessa humanamente irrealizável. Deus lhe reconhece o mérito deste ato (cf. Dt 24,13; Sl 106,31), põe-no na conta de sua justiça, sendo "justo" o homem cuja atitude e submissão o tornam agradável a Deus. São Paulo usa o texto para provar que a justificação depende da fé e não das obras da Lei: mas a fé de Abraão guia a sua conduta, é princípio de ação, e são Tiago pode invocar o mesmo texto para condenar a fé "morta", sem as obras da fé.

c) O texto acrescenta aqui: "uma obscuridade", glosa talvez destinada ao vocabulário raro "trevas" (v. 17).

d) Os vv. 13-16 são um acréscimo ao relato de base, mas nem tudo é homogêneo: v. 13 fala de quatrocentos anos e o v. 16 de quatro gerações.

e) Velho rito de aliança (Jr 34,18): os contraentes passavam entre as carnes sangrentas e chamavam sobre si a sorte que coube a estas vítimas, se transgredissem seu compromisso. Sob o símbolo do fogo (cf. a sarça ardente, Ex 3,2; a coluna de fogo, Ex 13,21; o Sinai fumegante, Ex 19,18) é Iahweh que passa, e passa sozinho, porque sua aliança é um pacto unilateral (ver 9,9+). É compromisso solene, selado por juramento imprecatório (a passagem entre os animais divididos).

f) A expressão idealizada da terra da promessa (com "de Dã a Bersabeia") e a lista dos povos são um acréscimo do relato de base. Não há homogeneidade entre os dois elementos acrescentados: os povos são somente os de Canaã.

g) Relato de tradição javista, com elementos de tradição sacerdotal (vv. 1a.3.15-16).

h) Segundo o direito mesopotâmico, uma esposa estéril podia dar a seu marido uma serva como mulher e reco-

Abrão. ⁴Este possuiu Agar, que ficou grávida. Quando ela se viu grávida, começou a olhar sua senhora com desprezo. ⁵Então Sarai disse a Abrão: "Tu és responsável pela injúria que me está sendo feita! Coloquei minha serva entre teus braços e, desde que ela se viu grávida, começou a olhar-me com desprezo. Que Iahweh julgue entre mim e ti!" ⁶Abrão disse a Sarai: "Pois bem, tua serva está em tuas mãos; faze-lhe como melhor te parecer." Sarai a maltratou de tal modo que ela fugiu de sua presença.

⁷O anjo de Iahweh[a] a encontrou perto de certa fonte no deserto, a fonte que está no caminho de Sur. ⁸E ele disse: "Agar, serva de Sarai, de onde vens e para onde vais?" Ela respondeu: "Fujo da presença de minha senhora Sarai." ⁹O Anjo de Iahweh lhe disse: "Volta para a tua senhora e sê-lhe submissa." ¹⁰O Anjo de Iahweh lhe disse: "Eu multiplicarei grandemente a tua descendência, de tal modo que não se poderá contá-la." ¹¹O Anjo de Iahweh lhe disse:

"Estás grávida e darás à luz um filho,
 e tu lhe darás o nome de Ismael,
 pois Iahweh ouviu[b] tua aflição.
¹²Ele será um potro de homem,
 sua mão contra todos,
 a mão de todos contra ele;
 ele se estabelecerá diante de todos os seus irmãos."[c]

¹³A Iahweh, que lhe falou, Agar deu este nome: "Tu és El-Roí", pois, disse ela, "vejo eu ainda aqui, depois daquele que me vê?"[d] ¹⁴Foi por isso que se chamou a este poço de poço de Laai-Roí; ele se encontra entre Cades e Barad.

¹⁵Agar deu à luz um filho a Abrão, e Abrão deu ao filho que lhe dera Agar, o nome de Ismael. ¹⁶Abrão tinha oitenta e seis anos quando Agar o fez pai de Ismael.

17 *A aliança e a circuncisão*[e] — ¹Quando Abrão completou noventa e nove anos, Iahweh lhe apareceu e lhe disse: "Eu sou El Shaddai,[f] anda na minha presença e sê perfeito. ²Eu instituo minha aliança entre mim e ti, e te multiplicarei extremamente." ³E Abrão caiu com a face por terra.

Deus lhe falou assim:
⁴"Quanto a mim, eis a minha aliança contigo: serás pai de uma multidão de nações. ⁵E não mais te chamarás Abrão, mas teu nome será Abraão,[g] pois eu

---

a) Nos textos antigos, o Anjo de Iahweh (22,11; Ex 3,2; Jz 2,1 etc.), ou o Anjo de Deus (21,17; 31,11; Ex 14,19 etc.), não é ainda claramente um anjo criado distinto de Deus (Ex 23,20), mas também não é, parece, um modo de falar de Deus enquanto ele se manifesta. Se a identificação parece derivar do texto (aqui no v. 13), o próprio de um "enviado", como entre os homens, é de falar em nome daquele que o envia. Em outros textos, o anjo de Iahweh é o executor de suas vinganças (Ex 12,23+; cf. igualmente Tb 5,4+; Mt 1,20+; At 7,38+).

b) O nome de *Ishma'el* significa: "Que Deus ouça", ou: "Deus ouve".

c) Os descendentes de Ismael são os árabes do deserto, independentes e errantes como o asno (Jó 39,5-8).

d) *El-Roì* significa "Deus de visão"; o texto das palavras de Agar deve estar corrompido. *Laai-Roí* pode ser interpretado: o poço "do vivente que me vê"; Isaac habitará aí (24,62; 25,11).

e) Nova narrativa da aliança, de tradição sacerdotal. A aliança sela as mesmas promessas que na tradição javista do cap. 15, mas desta vez impõe ao homem obrigações de perfeição moral (v. 1), um vínculo religioso com Deus (vv. 7.19) e uma prescrição positiva, a circuncisão. Comparar, na mesma tradição, a aliança com Noé (9,9+).

f) Antigo nome divino da época patriarcal (28,3; 35,11; 43,14; 48,3; 49,25), mantido especialmente pela tradição sacerdotal (cf. Ex 6,3), raro fora do Pentateuco, salvo em Jó. A tradução comum "Deus Todo-poderoso" é inexata. O sentido é incerto; propõe-se "Deus da montanha", segundo o acádico *shadû*; seria preferível entender "Deus da Estepe", segundo o hebraico *sadeh* e outro sentido do termo acádico. É uma designação divina que corresponde ao modo de vida dos nômades.

g) Segundo a concepção antiga, o nome de um ser não apenas o designa, mas determina a sua natureza. Mudança de nome marca, pois, mudança de destino (cf. v. 15 e 35,10). De fato, *Abrão* e *Abraão* parecem ser duas formas dialetais do mesmo nome e significar igualmente: "Ele é grande quanto ao seu pai, ele é de nobre linhagem." Mas Abraão é explicado aqui pela assonância com *'ab hamôn*, "pai de multidão".

te faço pai de uma multidão de nações. ⁶Eu te tornarei extremamente fecundo, de ti farei nações, e reis sairão de ti. ⁷Estabelecerei minha aliança entre mim e ti, e tua raça depois de ti, de geração em geração, uma aliança perpétua, para ser o teu Deus e o de tua raça depois de ti. ⁸A ti, e à tua raça depois de ti, darei a terra em que habitas, toda a terra de Canaã, como possessão perpétua, e serei o vosso Deus".

⁹Deus disse a Abraão: "Quanto a ti, observarás a minha aliança, tu e tua raça depois de ti, de geração em geração. ¹⁰E eis a minha aliança, que será observada entre mim e vós, isto é, tua raça depois de ti: todos os vossos machos sejam circuncidados.ᵃ ¹¹Fareis circuncidar a carne de vosso prepúcio, e este será o sinal da aliança entre mim e vós. ¹²Quando completarem oito dias, todos os vossos machos serão circuncidados, de geração em geração. Tanto o nascido em casa quanto o comprado por dinheiro a algum estrangeiro que não é de tua raça, ¹³deverá ser circuncidado o nascido em casa e o que for comprado por dinheiro. Minha aliança estará marcada na vossa carne como uma aliança perpétua. ¹⁴O incircunciso, o macho cuja carne do prepúcio não tiver sido cortada, esta vida será eliminada de sua parentela: ele violou minha aliança."

¹⁵Deus disse a Abraão: "A tua mulher Sarai, não mais a chamarás de Sarai, mas seu nome é Sara.ᵇ ¹⁶Eu a abençoarei, e dela te darei um filho; eu a abençoarei, ela se tornará nações, e dela sairão reis de povos." ¹⁷Abraão caiu com o rosto por terra e se pôs a rir,ᶜ pois dizia a si mesmo: "Acaso nascerá um filho a um homem de cem anos, e Sara que tem noventa anos dará ainda à luz?" ¹⁸Abraão disse a Deus: "Oh! Que Ismael viva diante de ti!" ¹⁹Mas Deus respondeu: "Não, mas tua mulher Sara te dará um filho: tu o chamarás Isaac;ᵈ estabelecerei minha aliança com ele, como uma aliança perpétua, com sua descendência depois dele.ᵉ ²⁰Em favor de Ismael também, eu te ouvi: eu o abençoo, o tornarei fecundo, o farei crescer extremamente; gerará doze príncipes e dele farei uma grande nação. ²¹Mas minha aliança eu a estabelecerei com Isaac, que Sara dará à luz no próximo ano, nesta estação." ²²Quando terminou de falar, Deus retirou-se de junto de Abraão.

²³Então Abraão tomou seu filho Ismael, todos os que nasceram em sua casa, todos os que comprara com seu dinheiro, todos os machos dentre os de sua casa, e circuncidou a carne de seu prepúcio, nesse mesmo dia, como Deus lhe dissera. ²⁴Abraão tinha noventa e nove anos de idade quando foi circuncidada a carne de seu prepúcio, ²⁵e Ismael, seu filho, tinha treze anos de idade quando foi circuncidada a carne de seu prepúcio. ²⁶Nesse mesmo dia foram circuncidados Abraão e seu filho Ismael, ²⁷e todos os homens de sua casa, filhos da casa ou comprados por dinheiro a um estrangeiro, foram circuncidados com ele.

---

a) A circuncisão era primitivamente um rito de iniciação ao casamento e à vida do clã (Gn 34,14s; Ex 4,24-26; Lv 19,23). Torna-se aqui "sinal" que relembrará a Deus (como o arco-íris, 9,16-17) sua aliança, e ao homem sua pertença ao povo escolhido e as obrigações que daí decorrem. Entretanto, as leis fazem apenas duas alusões a essa prescrição (Ex 12,44; Lv 12,3; cf. Js 5,2-8). Ela só tomou toda a sua importância a partir do Exílio (cf. 1Mc 1,60s; 2Mc 6,10). São Paulo a interpreta como o "selo da justiça da fé" (Rm 4,11). Sobre a "circuncisão do coração", ver Jr 4,4+.
b) Sara e Sarai são duas formas do mesmo nome, que significa "princesa"; Sara será, com efeito, mãe de reis (v. 16).
c) Ao riso de Abraão corresponde o riso de Sara (18,12) e o de Ismael (21,9; ver ainda 21,6), outras tantas alusões ao nome de Isaac, forma abreviada de *Yçhq-El*, que significa: "Que Deus sorria, seja favorável" ou "sorriu, mostrou-se favorável". O riso de Abraão exprime menos a incredulidade do que seu espanto diante da enormidade da promessa. Ele quer ao menos uma confirmação, solicitada pela recordação da existência de Ismael, que poderia ser o herdeiro prometido.
d) A indicação do nome que o menino deverá ter faz parte dos anúncios de nascimento (cf. 16,11).
e) Texto difícil no qual o último "e" é acrescentado na tradução. Uma parte do grego lê: "estabelecerei minha aliança com ele, como aliança perpétua, para ser seu Deus e o de sua descendência depois dele".

18 *A aparição de Mambré*[a] — ¹Iahweh lhe apareceu no Carvalho de Mambré, quando ele estava sentado na entrada da tenda, no maior calor do dia. ²Tendo levantado os olhos, eis que viu três homens de pé, perto dele; logo que os viu, correu da entrada da tenda ao seu encontro e se prostrou por terra.[b] ³E disse: "Meu senhor, eu te peço, se encontrei graça a teus olhos, não passes junto de teu servo sem te deteres. ⁴Traga-se um pouco de água, e vos lavareis os pés, e vos estendereis sob a árvore. ⁵Trarei um pedaço de pão, e vos reconfortareis o coração antes de irdes mais longe; foi para isso que passastes junto de vosso servo!" Eles responderam: "Faze, pois, como disseste".

⁶Abraão apressou-se para a tenda, junto a Sara, e disse: "Toma depressa três medidas de farinha, de flor de farinha, amassa-as e faze pães cozidos." ⁷Depois correu Abraão ao rebanho e tomou um vitelo tenro e bom; deu-o ao servo que se apressou em prepará-lo. ⁸Tomou também coalhada, leite e o vitelo que preparara e colocou tudo diante deles; permaneceu de pé, junto deles, sob a árvore, e eles comeram.

⁹Eles lhe perguntaram: "Onde está Sara, tua mulher?" Ele respondeu: "Está na tenda." ¹⁰O hóspede disse: "Voltarei a ti no próximo ano; então tua mulher Sara terá um filho". Sara escutava, na entrada da tenda, atrás dele. ¹¹Ora Abraão e Sara eram velhos, de idade avançada, e Sara deixara de ter o que têm as mulheres. ¹²Riu-se, pois, Sara no seu íntimo,[c] dizendo: "Agora que estou velha e velho também está o meu senhor, terei ainda prazer?" ¹³Mas Iahweh disse a Abraão: "Por que se ri Sara, dizendo: 'Será verdade que vou dar à luz, agora que sou velha?' ¹⁴Acaso existe algo de tão maravilhoso para Iahweh? Na mesma estação, no próximo ano, voltarei a ti, e Sara terá um filho." ¹⁵Sara desmentiu: "Eu não ri", disse ela, porque tinha medo; mas ele replicou: "Sim, tu riste." ¹⁶Tendo se levantado, os homens partiram de lá e chegaram a Sodoma. Abraão caminhava com eles, para os encaminhar.

A intercessão de Abraão — ¹⁷Iahweh disse consigo: "Ocultarei a Abraão o que vou fazer, ¹⁸já que Abraão se tornará uma nação grande e poderosa e por ele serão benditas todas as nações da terra? ¹⁹Pois eu o escolhi para que ele ordene a seus filhos e à sua casa depois dele que guardem o caminho de Iahweh, realizando a justiça e o direito; desse modo Iahweh realizará para Abraão o que lhe prometeu." ²⁰Disse então Iahweh: "O grito contra Sodoma e Gomorra é muito grande! Seu pecado é muito grave! ²¹Vou descer e ver se eles fizeram ou não tudo[d] o que indica o grito que, contra eles, subiu até mim; então ficarei sabendo."

²²Os homens[e] partiram de lá e foram a Sodoma. Abraão se mantinha ainda diante de Iahweh. ²³Abraão aproximou-se e disse: "Destruirás o justo com o

---

a) Na sua forma final, os capítulos 18-19 são uma narrativa de tradição javista que narra uma aparição de Iahweh (vv. 1.10-11.13.22) acompanhado de dois "homens" que, segundo 19,1.15, são dois Anjos. Mas a forma primitiva do relato pode ter falado simplesmente de "3 homens", mesmo de "3 anjos" que representam Deus, do qual seriam os enviados (19,14), para falar e agir em seu nome, o que explicaria o "Iahweh disse" nos momentos-chaves do relato. Apesar dessa pluralidade, haveria aqui na base uma concepção semelhante à do cap. 16 (cf. 13+) e isso explicaria a mudança entre plural e singular. Se atualmente Iahweh é um dos três, isso se deve a um acréscimo (18,17-19; 19,1 — notar os "dois" — 27b. E sobretudo 18,22b-33a), a intercessão de Abraão. Nesses três homens, aos quais Abraão se dirige no singular, muitos Padres viram o anúncio do mistério da Trindade, cuja revelação é reservada ao NT. Esta narrativa prepara a do cap. 19. O Javista recolheu e transformou uma velha lenda sobre a destruição de Sodoma, na qual intervêm três personagens divinas. Esta história formava o núcleo de um ciclo de Ló que foi ligado ao ciclo de Abraão.

b) Não é "adoração", ato de culto, mas simples sinal de homenagem. Abraão inicialmente só reconhece nos visitantes hóspedes humanos, e lhes testemunha magnífica hospitalidade. Seu caráter divino só se manifestará progressivamente (vv. 2.9.13.14).

c) Alusão ao nome de Isaac (ver 17,17+). Esse riso não é falta de fé: Sara não conhece ainda a identidade do hóspede, que descobre no v. 15, donde então o seu medo.

d) "tudo": *kullah,* conj.; "aniquilamento": *kalah,* hebr.

e) Os dois "homens", distintos de Iahweh, que ficam com Abraão. Mais adiante (19,1) será dito que eles são Anjos.

pecador? ²⁴Talvez haja cinquenta justos na cidade. Destruirás e não perdoarás à cidade pelos cinquenta justos que estão em seu seio?ᵃ ²⁵Longe de ti fazeres tal coisa: fazer morrer o justo com o pecador, de modo que o justo seja tratado como o pecador! Longe de ti! Não fará justiça o juiz de toda a terra?"ᵇ ²⁶Iahweh respondeu: "Se eu encontrar em Sodoma cinquenta justos na cidade, perdoarei toda a cidade por causa deles."
²⁷Disse mais Abraão: "Eu me atrevo a falar ao meu Senhor, eu que sou poeira e cinza. ²⁸Mas talvez faltem cinco aos cinquenta justos: por causa de cinco destruirás toda a cidade?" Ele respondeu: "Não, se eu encontrar quarenta e cinco justos." ²⁹Abraão retomou ainda a palavra e disse: "Talvez só existam quarenta." E ele respondeu: "Eu não o farei por causa dos quarenta."
³⁰Disse Abraão: "Que meu Senhor não se irrite e que eu possa falar: talvez ali se encontrem trinta." E ele respondeu: "Eu não o farei se ali encontrar trinta." ³¹Ele disse: "Eu me atrevo a falar a meu Senhor: talvez se encontrem vinte." E ele respondeu: "Não destruirei por causa dos vinte." ³²Ele disse: "Que meu Senhor não se irrite e falarei uma última vez: talvez se encontrem dez." E ele respondeu: "Não destruirei, por causa dos dez." Jr 5,1 Ez 22,30
³³Iahweh, tendo acabado de falar com Abraão, foi-se, e Abraão voltou para o seu lugar.ᶜ

19 A destruição de Sodomaᵈ —

¹Ao anoitecer, quando os dois Anjos chegaram a Sodoma, Ló estava sentado à porta da cidade. Logo que os viu, Ló se levantou ao seu encontro e prostrou-se com a face por terra. ²E disse: "Eu vos peço, meus senhores! Descei à casa de vosso servo para aí passardes a noite e lavar-vos os pés; de manhã retomareis vosso caminho." Mas eles responderam: "Não, nós passaremos a noite na praça." ³Tanto os instou que foram para sua casa e entraram. Preparou-lhes uma refeição, fez cozer pães ázimos, e eles comeram.

⁴Eles não tinham ainda deitado quando a casa foi cercada pelos homens da cidade, os homens de Sodoma, desde os jovens até os velhos, todo o povo sem exceção. ⁵Chamaram Ló e lhe disseram: "Onde estão os homens que vieram para tua casa esta noite? Traze-os para que deles abusemos."ᵉ Jz 19,22-24 Lv 20,13

⁶Ló saiu à porta e, fechando-a atrás de si, ⁷disse-lhes: "Suplico-vos, meus irmãos, não façais o mal! ⁸Ouvi: tenho duas filhas que ainda são virgens; eu vo-las trarei: fazei-lhes o que bem vos parecer;ᶠ mas a estes homens nada façais,

a) Problema de todos os tempos: devem os bons sofrer com os maus e por causa deles? Sendo forte, no antigo Israel, o sentimento da responsabilidade coletiva, não cabe aqui a pergunta se os justos poderiam ser individualmente poupados. De fato, Deus salvará Ló e sua família (19,15-16); o princípio da responsabilidade individual, entretanto, só será esclarecido em Dt 7,10; 24,16; Jr 31,29-30; Ez 14,12s e 18 (ver as notas). Abraão pediu somente, já que todos deviam sofrer a mesma pena, se alguns justos não poderiam obter o perdão para muitos culpados. As respostas de Iahweh sancionam o papel salvador dos santos no mundo. Mas, na sua negociação de misericórdia, Abraão não ousa descer abaixo de dez justos. Segundo Jr 5,1 e Ez 22,30, Deus perdoaria a Jerusalém se aí encontrasse um só justo. Enfim, em Is 53, é o sofrimento único do Servo que deve salvar todo o povo, mas este anúncio não será compreendido senão quando for realizado por Cristo.
b) Cf. Rm 3,6. Há mais injustiça em condenar alguns inocentes do que em poupar uma multidão de culpados.
c) Ele voltará no dia seguinte, para ver (19,27).

d) Esta narração se une ao cap. 18, no qual é preparada (18,16-32). O mesmo mistério envolve os protagonistas: os "dois Anjos" de 19,1 são os "homens" que tinham partido de junto de Abraão (18,22a e 23b). O acréscimo da intercessão de Abraão reduz seu número a dois (v. 1), pois Iahweh permaneceu com Abraão (18,22b-33a). O resto do capítulo fala ainda de "homens" (salvo no v. 15). Eles falam, ou se lhes fala, ora no plural, ora no singular, como representantes de Iahweh, que só intervém pessoalmente. A partir deste antigo texto se afirmam no caráter moral da religião de Israel e o poder universal de Iahweh. A terrível lição será frequentemente evocada (ver particularmente Dt 29,22; Is 1,9; 13,19; Jr 49,18; 50,40; Am 4,11; Sb 10,6-7; Mt 10,15; 11,23-24; Lc 17,28s; 2Pd 2,6; Jd 7).
e) O vício contra a natureza, que recebe seu nome a partir deste relato, era abominável aos israelitas (Lv 18,22) e punido com a morte (Lv 20,13); mas era difundido em volta deles (Lv 20,23; cf. Jz 19,22s).
f) A honra de uma mulher tinha, então, menor consideração (12,13; cf. 12,10+) do que o dever sagrado da hospitalidade.

porque entraram sob a sombra de meu teto." ⁹Mas eles responderam: "Retira-te daí! Um que veio como estrangeiro agora quer ser juiz! Pois bem, nós te faremos mais mal que a eles!" Arremessaram-se contra ele, Ló, e chegaram para arrombar a porta. ¹⁰Os homens, porém, estendendo o braço, fizeram Ló entrar para junto deles, na casa, e fecharam a porta. ¹¹Quanto aos homens que estavam na entrada da casa, eles os feriram de cegueira, do menor até o maior, de modo que não conseguiam encontrar a entrada.

¹²Os homens disseram a Ló: "Ainda tens alguém aqui? Teus filhos, tuas filhas, todos os teus que estão na cidade, faze-os sair deste lugar. ¹³Porque vamos destruir este lugar, pois é grande o grito que se ergueu contra eles diante de Iahweh, e Iahweh nos enviou para exterminá-los." ¹⁴Ló foi falar com seus futuros genros, que estavam para casar com suas filhas: "Levantai-vos," disse ele, "deixai este lugar, porque Iahweh vai destruir a cidade." Mas seus futuros genros acharam que ele gracejava.

¹⁵Raiando a aurora, os Anjos insistiram com Ló, dizendo: "Levanta-te! Toma tua mulher e tuas duas filhas que aqui se encontram, para que não pereças no castigo da cidade." ¹⁶E como ele hesitasse, os homens o tomaram pela mão, bem como sua mulher e suas duas filhas, pela piedade que Iahweh tinha dele. Eles o fizeram sair e o deixaram fora da cidade.

¹⁷Enquanto o levavam para fora, ele disse: "Salva-te, pela tua vida! Não olhes para trás de ti nem te detenhas em nenhum lugar da Planície; foge para a montanha, para não pereceres!" ¹⁸Ló lhe respondeu: "Não, meu Senhor, eu te peço! ¹⁹Teu servo encontrou graça a teus olhos e mostraste uma grande misericórdia a meu respeito, salvando-me a vida. Mas eu não posso me salvar na montanha, sem que me atinja a desgraça e eu venha a morrer. ²⁰Lá está aquela cidade, bastante próxima, para a qual posso fugir; ela é pouca coisa. Permite que eu fuja para lá (porventura ela não é pouca coisa?), e nela viverei!" ²¹Ele lhe respondeu: "Faço-te ainda esta graça: não destruirei a cidade de que falas. ²²Depressa, refugia-te lá, porque nada posso fazer enquanto não tiveres chegado lá." É por isso que se deu a essa cidade o nome de Segor.ᵃ

²³Quando o sol se erguia sobre a terra e Ló entrou em Segor, ²⁴Iahweh fez chover, sobre Sodoma e Gomorra, enxofre e fogo vindos de Iahweh, ²⁵e destruiu essas cidades e toda a Planície, com todos os habitantes da cidade e a vegetação do solo.ᵇ ²⁶Ora, a mulher de Ló olhou para trás e converteu-se numa estátua de sal.ᶜ

²⁷Levantando de madrugada, Abraão foi ao lugar onde estivera na presença de Iahweh ²⁸e olhou para Sodoma, para Gomorra e para toda a Planície, e eis que viu a fumaça subir da terra, como a fumaça de uma fornalha!

²⁹Assim, quando Deus destruiu as cidades da Planície, ele se lembrou de Abraão e retirou Ló do meio da catástrofe, na destruição das cidades em que Ló habitava.ᵈ

Origem dos moabitas e dos amonitasᵉ — ³⁰Ló subiu de Segor e se estabeleceu na montanha com suas duas filhas, porque não ousava continuar em Segor. Ele se instalou numa caverna, ele e suas duas filhas.

---

a) Liga-se aqui Segor a *miçe'ar*, "pouca coisa, um nada". A cidade ficava a sudeste do mar Morto (13,10; Dt 34,3; Is 15,5; Jr 48,34). Na época romana um novo sismo entregará a cidade às águas, mas foi reconstruída mais acima e habitada até à Idade Média.
b) O texto permite situar o cataclismo na região meridional do mar Morto. De fato, o abaixamento da parte sul do mar Morto é geologicamente recente, e a região permaneceu instável até a época moderna. Além de Sodoma e Gomorra (Am 4,11; Is 1,9.10),
as cidades malditas são Adama e Seboim (Gn 14; Dt 29,22; Os 11,8).
c) Explicação popular de uma rocha de forma caprichosa ou de um bloco salino.
d) Este v. é de tradição sacerdotal (ver 8,1: Deus se lembra) ou redacional.
e) Este apêndice reproduz uma tradição dos moabitas e dos amonitas (cf. Nm 20,23+), que podiam colher glória de semelhante origem. Como Tamar (Gn 38), as filhas de Ló não são apresentadas como impudicas; elas

³¹A mais velha disse à mais nova: "Nosso pai é idoso e não há homem na terra que venha unir-se a nós, segundo o costume de todo o mundo. ³²Vem, façamos nosso pai beber vinho e deitemo-nos com ele; assim suscitaremos uma descendência de nosso pai." ³³Elas fizeram seu pai beber vinho, naquela noite, e a mais velha veio deitar-se junto de seu pai, que não percebeu nem quando ela se deitou, nem quando se levantou. ³⁴No dia seguinte, a mais velha disse à mais nova: "Na noite passada eu dormi com meu pai; façamo-lo beber vinho também nesta noite e vai deitar-te com ele; assim suscitaremos uma descendência de nosso pai." ³⁵Elas fizeram seu pai beber vinho também naquela noite, e a menor deitou-se junto dele, que não percebeu nem quando ela se deitou, nem quando se levantou. ³⁶As duas filhas de Ló ficaram grávidas de seu pai. ³⁷A mais velha deu à luz um filho e o chamou Moab; é o antepassado dos moabitas de hoje. ³⁸A mais nova deu também à luz um filho e o chamou Ben-Ami; é o antepassado dos Benê-Amon de hoje.*ᵃ*

20 *Abraão em Gerara*ᵇ — ¹Abraão partiu dali para a terra do Negueb e habitou entre Cades e Sur. Ele foi morar em Gerara.

= 12,10-20
= 26,1-11

²Abraão disse de sua mulher Sara: "É minha irmã," e Abimelec, rei de Gerara, mandou buscar Sara. ³Mas Deus visitou Abimelec em sonho durante a noite, e lhe disse: "Vais morrer por causa da mulher que tomaste, pois ela é uma mulher casada." ⁴Abimelec, que ainda não tinha se aproximado dela, disse: "Meu Senhor, vais matar alguém inocente?ᶜ ⁵Acaso não foi ele que me disse: 'É minha irmã,' e ela, ela mesma, não disse: 'É meu irmão'? Foi com boa consciência e mãos puras que fiz isso!" ⁶Deus lhe respondeu no sonho: "Também eu sei que fizeste isso em boa consciência, e fui eu quem te impediu de pecar contra mim, não permitindo que a tocasses. ⁷Agora, devolve a mulher desse homem: ele é profetaᵈ e intercederá por ti, para que vivas. Mas se não a devolveres, saibas que certamente morrerás, com todos os teus."ᵉ

⁸Abimelec levantou-se cedo e chamou todos os seus servos. Narrou-lhes tudo isso e os homens tiveram grande temor. ⁹Em seguida Abimelec chamou Abraão e lhe disse: "Que nos fizeste? Que ofensa cometi contra ti para que atraias tão grande culpa sobre mim e sobre meu reino? Tu me fizeste como não se deve fazer." ¹⁰E Abimelec disse a Abraão: "Quem te pediu para agir assim?" ¹¹Abraão respondeu: "Eu disse para comigo: Certamente não haverá nenhum temor de Deus neste lugar, e me matarão por causa de minha mulher. ¹²Além disso, ela é realmente minha irmã, filha de meu pai, mas não filha de minha mãe, e tornou-se minha mulher. ¹³Então, quando Deus me fez andar errante longe de minha família, eu disse a ela: Eis o favor que me farás: em todo lugar em que estivermos, dirás a meu respeito que eu sou teu irmão."

¹⁴Abimelec tomou ovelhas e bois, servos e servas e os deu a Abraão, e lhe devolveu sua mulher Sara. ¹⁵Disse ainda Abimelec: "Eis que a minha terra está aberta diante de ti. Estabelece-te onde bem quiseres." ¹⁶A Sara, ele disse: "Eis aqui mil siclos de prata que dou a teu irmão. Isto será para ti um como véu lançado sobre os olhos de todos os que estão contigo."ᶠ ¹⁷Abraão intercedeu

---

querem acima de tudo perpetuar a raça. O v. 31 supõe que Ló e suas filhas sejam os únicos sobreviventes da catástrofe. A história de Sodoma, destruída pelos pecados de seus habitantes, pode ter sido primitivamente um paralelo transjordânico da narrativa do dilúvio.
a) Etimologias populares: *Moab* explica-se por *me'ab*, "saído do pai"; *ben'ammi*, "filho de meu parente", é aproximado de *Benê 'Ammon*, "os filhos de Amon".
b) Duplicata de tradição eloísta de 12,10-20 (ver também 26,1-11), abrandada por muitos traços de moral mais evoluída.

c) Texto corrigido: antes de "alguém inocente", suprime-se "nação", introduzido por ditografia.
d) No sentido amplo de homem que tem relações privilegiadas com Deus, o que faz dele uma pessoa inviolável (Sl 105,15) e intercessor poderoso (cf. Dt 34,10; Nm 11,2; 21,7).
e) Lit.: "com tudo o que te pertence".
f) O texto do fim do v. está corrompido; mudando o texto propõe-se frequentemente traduzir "e em tudo isso és justificada". A soma em dinheiro é uma reparação.

junto de Deus, e Deus curou Abimelec, sua mulher e seus servos, a fim de que pudessem ter filhos.*ª* ¹⁸Pois Iahweh tornara estéril o seio de todas as mulheres na casa de Abimelec, por causa de Sara, a mulher de Abraão.

21

Nascimento de Isaac[b] — ¹Iahweh visitou Sara, como dissera, e fez por ela como prometera. ²Sara concebeu e deu à luz um filho a Abraão já velho, no tempo que Deus tinha marcado. ³Ao filho que lhe nasceu, gerado por Sara, Abraão deu o nome de Isaac. ⁴Abraão circuncidou seu filho Isaac, quando ele completou oito dias, como Deus lhe ordenara. ⁵Abraão tinha cem anos quando lhe nasceu seu filho Isaac. ⁶E disse Sara: "Deus me deu motivo de riso, todos os que o souberem rirão comigo."[c] ⁷Ela disse também:

"Quem teria dito a Abraão
que Sara amamentaria filhos!
Pois lhe dei um filho na sua velhice."

Expulsão de Agar e Ismael[d] — ⁸A criança cresceu e foi desmamada, e Abraão deu uma grande festa no dia em que Isaac foi desmamado. ⁹Ora, Sara percebeu que o filho nascido a Abraão da egípcia Agar, brincava[e] com seu filho Isaac, ¹⁰e disse a Abraão: "Expulsa esta serva e seu filho, para que o filho desta serva não seja herdeiro com meu filho Isaac." ¹¹Esta palavra, acerca de seu filho, desagradou muito a Abraão, ¹²mas Deus lhe disse: "Não te lastimes por causa da criança e de tua serva: tudo o que Sara te pedir, concede-o, porque é por Isaac que uma descendência perpetuará o teu nome, ¹³mas do filho da serva eu farei uma nação,[f] pois ele é de tua raça." ¹⁴Abraão levantou-se cedo, tomou pão e um odre de água que deu a Agar; colocou-lhe a criança sobre os ombros e depois a mandou embora.

Ela saiu andando errante no deserto de Bersabeia. ¹⁵Quando acabou a água do odre, ela colocou a criança debaixo de um arbusto ¹⁶e foi sentar-se defronte, à distância de um tiro de arco. Dizia consigo mesma: "Não quero ver morrer a criança!" Sentou-se defronte e se pôs a gritar e chorar.

¹⁷Deus ouviu os gritos da criança e o Anjo de Deus, do céu, chamou Agar, dizendo: "Que tens, Agar? Não temas, pois Deus ouviu[g] os gritos do menino, do lugar onde ele está. ¹⁸Ergue-te! Levanta a criança, segura-a firmemente, porque eu farei dela uma grande nação." ¹⁹Deus abriu os olhos de Agar e ela enxergou um poço. Foi encher o odre e deu de beber ao menino.

²⁰Deus esteve com ele; ele cresceu e residiu no deserto, e tornou-se flecheiro. ²¹Ele morou no deserto de Farã e sua mãe lhe escolheu uma mulher da terra do Egito.

Abraão e Abimelec em Bersabeia[h] — ²²Naquele tempo, Abimelec veio, com Ficol, o chefe de seu exército, dizer a Abraão: "Deus está contigo em tudo

---

a) Abimelec e seu harém foram atingidos pela impotência e esterilidade. — O v. 18 é glosa.
b) Passagem complexa onde são provavelmente unificados elementos de tradição javista (vv. 1a .2a.7, sequência de 18,15), eloísta (1b.6) e sacerdotal (vv. 2b.3-5, continuação de 17,21).
c) Sempre o jogo de palavras sobre o nome de Isaac (cf. 17,17+), agora é um riso de alegria.
d) Se esta narrativa continuasse a do cap. 16, deveríamos concluir, a partir de 16,16 e 21,5, que Ismael tinha mais de quinze anos, ao passo que aqui ele aparece como uma criança um pouco mais velha que Isaac. Esta narrativa é paralelo eloísta da narrativa javista do cap. 16. As duas se referem a um poço do deserto de Bersabeia e explicam as relações de parentesco entre os ismaelitas e os israelitas descendentes de Isaac. Mas as circunstâncias da expulsão de Agar e a atitude de todas as personagens são diferentes.
e) Ainda uma alusão ao nome de Isaac (cf. 17,17+), pois o mesmo verbo significa "rir" e "brincar". Grego e Vulg. acrescentam "com seu filho Isaac".
f) Sam. e as versões antigas leem "uma grande nação" (cf. v. 18).
g) Alusão ao nome de Ismael (ver 16,11+).
h) Relato de tradição eloísta, salvo talvez o v. 33, que combina duas explicações do nome de Bersabeia: *Be'er Sheba'*, "o Poço do Juramento" ou "o Poço das sete [ovelhas]"; conferir ainda 26,33. A menção dos filisteus (vv. 32.34), reflete uma época em que estes habitavam o sul da planície costeira (cf. Js 13,2+).

o que fazes. ²³Agora pois, jura-me aqui, por Deus, que não me enganarás, nem a minha linhagem e parentela, e que terás para comigo e para com esta terra a que vieste como hóspede a mesma amizade que tive por ti." ²⁴Abraão respondeu: "Sim, eu o juro!"

²⁵Abraão repreendeu Abimelec a respeito do poço que os servos de Abimelec tinham usurpado. ²⁶E Abimelec respondeu: "Eu não sei quem pôde fazer isso: tu jamais me informaste a respeito, e somente hoje ouço falar disso." ²⁷Abraão tomou ovelhas e bois e os deu a Abimelec, e ambos concluíram uma aliança. ²⁸Abraão pôs à parte sete ovelhas do rebanho, ²⁹e Abimelec lhe perguntou: "A que servem essas sete ovelhas que puseste à parte?" ³⁰Ele respondeu: "É para que aceites de minha mão essas sete ovelhas, a fim de que sejam um testemunho de que eu cavei este poço." ³¹Por isso se chamou este lugar Bersabéia, porque ali ambos fizeram juramento.

³²Depois que concluíram aliança em Bersabéia, Abimelec levantou-se, com Ficol, o chefe de seu exército, e retornaram à terra dos filisteus. ³³Abraão plantou uma tamargueira em Bersabéia, e aí invocou o nome de Iahweh, Deus de Eternidade. ³⁴Abraão residiu por muito tempo na terra dos filisteus.

22 O sacrifício de Abraão[a] — ¹Depois desses acontecimentos, sucedeu que Deus pôs Abraão à prova e lhe disse: "Abraão!"[b] Ele respondeu: "Eis-me aqui!" ²Deus disse: "Toma teu filho, teu único, que amas, Isaac, e vai à terra de Moriá,[c] e lá o oferecerás em holocausto sobre uma montanha que eu te indicarei."

³Abraão se levantou cedo, selou seu jumento e tomou consigo dois de seus servos e seu filho Isaac. Ele rachou a lenha do holocausto e se pôs a caminho para o lugar que Deus lhe havia indicado. ⁴No terceiro dia, Abraão, levantando os olhos, viu de longe o lugar. ⁵Abraão disse a seus servos: "Permanecei aqui com o jumento. Eu e o menino iremos até lá, adoraremos e voltaremos a vós."

⁶Abraão tomou a lenha do holocausto e a colocou sobre seu filho Isaac, tendo ele mesmo tomado nas mãos o fogo e o cutelo, e foram-se os dois juntos. ⁷Isaac dirigiu-se a seu pai Abraão e disse: "Meu pai!" Ele respondeu: "Sim, meu filho!" — "Eis o fogo e a lenha," retomou ele, "mas onde está o cordeiro para o holocausto?" ⁸Abraão respondeu: "É Deus quem proverá o cordeiro para o holocausto, meu filho". E foram-se os dois juntos.

⁹Quando chegaram ao lugar que Deus lhe indicara, Abraão construiu o altar, dispôs a lenha, depois amarrou seu filho Isaac e o colocou sobre o altar, em cima da lenha. ¹⁰Abraão estendeu a mão e apanhou o cutelo para imolar seu filho.

¹¹Mas o anjo de Iahweh o chamou do céu e disse: "Abraão! Abraão!" Ele respondeu: "Eis-me aqui!" ¹²O Anjo disse: "Não estendas a mão contra o menino! Não lhe faças nenhum mal! Agora sei que temes a Deus: tu não me recusaste teu filho, teu único." ¹³Abraão ergueu os olhos e viu um cordeiro, preso pelos chifres num arbusto; Abraão foi pegar o cordeiro e o ofereceu em

---

a) Relato provavelmente de tradição eloísta (vv. 1-14.19), em que, por respeito à tradição, conserva-se o nome de Iahweh (vv. 11.14). Os vv. 15-18 são um acréscimo. Na origem pode-se encontrar aqui um relato de fundação de santuário israelita, em que, diferentemente dos santuários cananeus, ofereciam-se vítimas humanas. O relato atual justifica a prescrição ritual do resgate dos primogênitos de Israel: estes, como todas as primícias, pertencem a Deus, embora não devam ser sacrificados, mas resgatados (Ex 13,11). O relato implica, portanto, a condenação muitas vezes pronunciada pelos profetas dos sacrifí-

cios de crianças (ver Lv 18,21+). A isso acrescenta uma lição espiritual mais elevada: o exemplo da fé de Abraão, que encontra aqui seu ponto culminante. Os Padres viram no sacrifício de Isaac a figura da Paixão de Jesus, o Filho único.

b) Sam. e as versões antigas trazem dupla chamada, bastante habitual (cf. v. 11; Ex 3,4 etc.).

c) 2Cr 3,1 identifica Moriá com a colina em que se edificou o Templo de Jerusalém. A tradição posterior adotou essa localização, mas o texto fala de um país de Moriá, nome que não aparece em nenhum outro lugar; o local do sacrifício ficou desconhecido.

holocausto no lugar de seu filho. ¹⁴A este lugar Abraão deu o nome de "Iahweh proverá", de sorte que se diz hoje: "Sobre a montanha, Iahweh proverá."ᵃ

¹⁵O Anjo de Iahweh chamou uma segunda vez a Abraão, do céu, ¹⁶dizendo: "Juro por mim mesmo, palavra de Iahweh: porque me fizeste isso, porque não me recusaste teu filho, teu único, ¹⁷eu te cumularei de bênçãos, eu te darei uma posteridade tão numerosa quanto as estrelas do céu e quanto a areia que está na praia do mar, e tua posteridade conquistará a portaᵇ de seus inimigos. ¹⁸Por tua posteridade serão abençoadas todas as nações da terra, porque tu me obedeceste."

¹⁹Abraão voltou aos seus servos e juntos puseram-se a caminho para Bersabeia. Abraão residiu em Bersabeia.

*A descendência de Nacor*ᶜ — ²⁰Depois desses acontecimentos anunciou-se a Abraão que Melca também dera filhos a seu irmão Nacor: ²¹seu primogênito Hus, Buz, seu irmão, Camuel, pai de Aram, ²²Cased, Azau, Feldas, Jedlad, Batuel ²³(e Batuel gerou Rebeca). São os oito filhos que Melca deu a Nacor, o irmão de Abraão. ²⁴Ele tinha uma concubina, chamada Roma, que também teve filhos: Tabé, Gaam, Taás e Maaca.

23 *O túmulo dos Patriarcas*ᵈ — ¹A duração da vida de Sara foi de cento e vinte e sete anos — duração da vida de Saraᵉ ²e ela morreu em Cariat Arbe (que é Hebron), na terra de Canaã. Abraão veio cumprir o luto por Sara e chorá-la.

³Depois Abraão levantou-se diante de seu morto e falou assim aos filhos de Het: ⁴"No meio de vós sou estrangeiro e um residente. Concedei-me uma posse funerária, entre vós, para que leve meu morto e o enterre." ⁵Os filhos de Het deram esta resposta a Abraão: ⁶"Meu senhor, ouve-nos! Tu és príncipe de Deus entre nós; enterra teu morto na melhor de nossas sepulturas; ninguém te recusará sua sepultura a fim de que possas enterrar teu morto."

⁷Abraão levantou-se e se inclinou diante dos homens da terra, os filhos de Het, ⁸e assim lhes falou: "Se consentis que eu leve meu morto e o enterre, ouvi-me e intercedei por mim junto a Efron, filho de Seor, ⁹a fim de que ele me ceda a gruta de Macpela, que lhe pertence e que está na extremidade de seu campo. Que ele ma dê por seu pleno valor, na vossa presença, como posse funerária." ¹⁰Ora, Efron estava sentado entre os filhos de Het, e Efron, o heteu, respondeu a Abraão, ouvindo-o os filhos de Het e todos os que entravam pela porta de sua cidade: ¹¹"Não, meu senhor, ouve-me! Eu te dou o campo e te dou também a gruta que nele está; faço-te este dom na presença dos filhos de meu povo. Enterra teu morto."

¹²Abraão se inclinou diante dos homens da terra ¹³e assim falou a Efron, diante dos homens da terra: "Se concordas, ouve-me, eu te peço! Darei o preço do campo, aceita-o de mim, e lá enterrarei meu morto." ¹⁴Efron respondeu a

---

a) Esperar-se-ia "Iahweh provê", leitura do grego para a qual há correspondência com o nome dado pouco antes, ele mesmo em relação com o que, anteriormente, Abraão tinha dito (v. 8).
b) Isto é, suas cidades, como interpreta o grego (cf. 24,60).
c) Lista, provavelmente de tradição javista, dos filhos de Nacor (11,29; cf. os doze filhos de Ismael, 25,13 e Jacó, 29,32-30,24; 35,22s). São talvez os antepassados dos Arameus, mas o v. 21 diz somente que Camuel, um dos doze, é o pai de Aram. Outra tradição, apresentada em 10,23, fala de quatro filhos de Aram, filhos de Cam, mas Hus é o único nome comum às duas listas.

d) Relato de tradição sacerdotal. Se Abraão obtém um título de propriedade e um direito de cidadania em Canaã, a promessa da terra (17,8; Ex 6,4, mas também Gn 12,7; 13,15; 15,7s) começa a se realizar. Salvo por qualificar Efron, o texto fala sistematicamente dos "filhos de Het". Pergunta-se sobre a relação deles com os heteus, povo que habitava a Ásia Menor no segundo milênio; os "reinos neo-heteus", no início do primeiro milênio, estendiam-se à Síria do Norte. Todavia, em outros lugares, o Antigo Testamento menciona os heteus com outros povos de Canaã (cf. 15,20; Dt 7,1+) que Deus desapossou para dar sua terra à descendência de Abraão.
e) A precisão "duração da vida de Sara" é sobrecarga ausente do grego e da Vulgata.

Abraão: ¹⁵"Meu senhor, ouve-me; uma terra de quatrocentos siclos de prata, o que é isso entre mim e ti? Enterra teu morto." ¹⁶Abraão deu seu consentimento a Efron. Abraão pesou para Efron o dinheiro de que falara, diante dos filhos de Het: quatrocentos siclos de prata corrente entre os mercadores.

¹⁷Assim o campo de Efron, que está em Macpela, defronte de Mambré, o campo e a gruta que ali está, e todas as árvores que estão no campo, em seu limite, ¹⁸passaram a ser propriedade de Abraão, diante dos filhos de Het, de todos os que entravam pela porta de sua cidade. ¹⁹Em seguida Abraão enterrou Sara, sua mulher, na gruta do campo de Macpela, defronte de Mambré (que é Hebron), na terra de Canaã. ²⁰Foi assim que o campo e a gruta que ali está foram adquiridos por Abraão dos filhos de Het, como posse funerária.

24 Casamento de Isaac[a] —

¹Abraão era então um velho avançado em dias, e Iahweh em tudo havia abençoado a Abraão. ²Abraão disse ao servo mais velho de sua casa, que governava todos os seus bens: "Põe tua mão debaixo de minha coxa.[b] ³Eu te faço jurar por Iahweh, o Deus do céu e o Deus da terra, que não tomarás para meu filho uma mulher entre as filhas dos cananeus, no meio dos quais eu habito. ⁴Mas irás à minha terra, à minha parentela, e escolherás uma mulher para meu filho Isaac." ⁵Perguntou-lhe o servo: "Talvez a mulher não queira me seguir aqui nesta terra; será preciso que eu conduza teu filho para a terra de onde saíste?" ⁶Abraão lhe respondeu: "Em nenhum caso leves meu filho para lá. ⁷Iahweh, o Deus do céu, que me tomou de minha terra paterna e da terra de minha parentela, que me disse e que jurou que daria esta terra à minha descendência, Iahweh enviará seu anjo diante de ti, para que tomes lá uma mulher para meu filho. ⁸Se a mulher não quiser te seguir, ficarás desobrigado do juramento que te imponho. Em todo caso, não conduzas meu filho para lá." ⁹O servo pôs a mão sob a coxa de seu senhor Abraão e jurou assim proceder.

¹⁰O servo tomou dez camelos de seu senhor e, levando consigo de tudo o que seu senhor tinha de bom, pôs-se a caminho para Aram Naaraim,[c] para a cidade de Nacor. ¹¹Ele fez ajoelhar os camelos fora da cidade, perto do poço, à tarde, na hora em que as mulheres saem para tirar água. ¹²E disse: "Iahweh, Deus de meu senhor Abraão, sê-me hoje propício e mostra tua benevolência para com meu senhor Abraão! ¹³Eis que estou junto à fonte e as filhas dos homens da cidade saem para tirar água.

¹⁴A jovem a quem eu disser: 'Inclina o teu cântaro para que eu beba' e que responder: 'Bebe, e também a teus camelos darei de beber,' esta será a que designaste para teu servo Isaac, e assim saberei que mostraste tua benevolência para com meu senhor."

¹⁵Não havia ele acabado de falar, eis que saiu Rebeca, filha de Batuel, filho de Melca, a mulher de Nacor, irmão de Abraão, trazendo seu cântaro sobre o ombro. ¹⁶A jovem era muito bela; era virgem, nenhum homem dela se aproximara. Ela desceu à fonte, encheu seu cântaro e subiu. ¹⁷O servo correu para diante dela e disse: "Por favor, deixa-me beber um pouco da água de teu cântaro." ¹⁸Ela respondeu: "Bebe, meu senhor", e abaixou depressa seu cântaro sobre o braço e o fez beber. ¹⁹Quando acabou de lhe

---

a) Última narrativa sobre Abraão, de tradição javista, mas algumas incoerências manifestam que o texto foi retrabalhado. Os vv. 1-9 permitem supor que o patriarca está em seu leito de morte (cf. 47,29-21), e o servo, ao voltar (vv. 62-67), encontra apenas Isaac; ele habita em outro lugar. Rebeca, segundo o v. 48 (cf. 29,5), é a filha de Nacor, mas outra tradição faz dela a filha de Batuel (25,20; 28,2.5), filho de Nacor (22,22-23). É por isso que Batuel foi introduzido na narrativa (vv. 15.24.47.50).

Mas é Labão, irmão de Rebeca (v. 29) é filho de Nacor (29,5), que age como chefe de família.

b) Mesmo gesto em 47,29, para tornar o juramento inquebrantável por contato com as partes vitais. O servo anônimo é identificado pela tradição com Eliezer (15,2), mas este texto está corrompido.

c) Isto é, "o Aram dos Rios": a Alta Mesopotâmia, onde se encontrava Harã, residência dos pais de Abraão (11,31).

dar de beber, ela disse: "Vou dar de beber também a teus camelos, até que fiquem saciados." ²⁰Apressou-se em esvaziar seu cântaro no bebedouro, correu ao poço para tirar água e tirou-a para todos os camelos. ²¹O homem a observava em silêncio, perguntando a si mesmo se Iahweh tinha ou não levado a bom termo sua missão.

²²Quando os camelos acabaram de beber, o homem tomou um anel de ouro pesando meio siclo,[a] e, em seus braços, dois braceletes pesando dez siclos de ouro, ²³e disse: "De quem és filha? Peço-te que mo digas: Haverá lugar na casa de teu pai para que passemos a noite?" ²⁴Ela respondeu: "Eu sou filha de Batuel, o filho que Melca gerou a Nacor, ²⁵e prosseguiu: "Em nossa casa há palha e forragem em quantidade, e lugar para pernoitar." ²⁶Então o homem se prostrou e adorou a Iahweh, ²⁷e disse: "Bendito seja Iahweh, Deus de meu senhor Abraão, que não retirou sua benevolência e sua bondade[b] a meu senhor. Iahweh guiou meus passos à casa do irmão de meu senhor!"

²⁸A jovem correu para anunciar aos da casa de sua mãe o que acontecera. ²⁹Ora, Rebeca tinha um irmão que se chamava Labão, e Labão correu para o homem, na fonte. ³⁰Pois quando viu o anel e os braceletes que trazia sua irmã, e quando ouviu sua irmã Rebeca dizer: "Eis como este homem me falou", ele foi ao encontro do homem e o achou ainda de pé junto aos camelos, na fonte. ³¹Ele lhe disse: "Vem, bendito de Iahweh! Por que permaneces fora, quando já preparei a casa e lugar para os camelos?" ³²O homem veio à casa e Labão descarregou os camelos, deu palha e forragem aos camelos e, a ele e aos homens que o acompanhavam, água para lavarem os pés.

³³Quando lhe ofereceram comida, ele disse: "Não comerei antes de ter dito o que tenho a dizer." E Labão respondeu: "Fala." ³⁴Ele disse: "Eu sou servo de Abraão. ³⁵Iahweh cumulou meu senhor de bênçãos e ele tornou-se muito rico: deu-lhe ovelhas e bois, prata e ouro, servos, servas, camelos e jumentos. ³⁶Sara, a mulher de meu senhor, quando ele já era velho, gerou-lhe um filho, ao qual ele transmitiu todos os seus bens. ³⁷Meu senhor me fez prestar este juramento: 'Não tomarás para meu filho uma mulher entre as filhas dos cananeus, em cuja terra habito. ³⁸Infeliz de ti se não fores à minha casa paterna, à minha família, escolher uma mulher para meu filho!' ³⁹Eu disse a meu senhor: 'Talvez essa mulher não queira me seguir,' ⁴⁰e ele me respondeu: 'Iahweh, na presença de quem eu ando, enviará seu Anjo contigo, ele te dará êxito, e tomarás para meu filho uma mulher de minha família, de minha casa paterna. ⁴¹Então ficarás desobrigado da minha maldição: irás à minha família e, se eles te recusarem, estarás livre de minha maldição.' ⁴²Hoje cheguei à fonte e disse: 'Iahweh, Deus de meu senhor Abraão, mostra, eu te peço, se estás disposto a levar a bom termo o caminho que percorri; ⁴³eis-me aqui junto à fonte; a jovem que sair para tirar água, a quem eu disser: Por favor, dá-me de beber um pouco da água de teu cântaro, ⁴⁴e que me responder: Bebe, e tirarei água também para teus camelos, será a mulher que Iahweh destinou ao filho de meu senhor.' ⁴⁵Eu não acabara de falar comigo mesmo e eis que saiu Rebeca com seu cântaro sobre o ombro. Ela desceu à fonte e tirou água. Eu lhe disse: 'Dá-me de beber, por favor!' ⁴⁶Ela logo abaixou seu cântaro e disse: 'Bebe; darei de beber também a teus camelos.' Eu bebi e ela deu de beber também a meus camelos. ⁴⁷Eu lhe perguntei: 'De quem és filha?,' e ela respondeu: 'Eu sou a filha de Batuel, o filho que Melca deu a Nacor.' Então eu coloquei este anel em suas narinas e estes braceletes em seus braços, ⁴⁸prostrei-me, adorei a Iahweh, bendisse a Iahweh, Deus de meu senhor Abraão, que me conduziu

a) O sam. acrescenta "que ele colocou em suas narinas", talvez segundo o v. 47.

b) É a expressão *hesed we'emet* (cf. v. 49; 32,11; 47,29; Ex 34,6; Js 2,14; 2Sm 2,6; 15,20, etc.), lit.: "graça (ou misericórdia) e fidelidade (ou lealdade)", que exprime o amor fiel, a benevolência absoluta de Deus pelos homens, a piedade perseverante do homem para com Deus, ou a lealdade no amor do homem a seu próximo (cf. Os 2,21+).

por um caminho de bondade, a fim de tomar para seu filho a filha do irmão de meu senhor. ⁴⁹Agora, se estais dispostos a mostrar benevolência e bondade a meu senhor, declarai-mo; se não, declarai-mo, para que eu vá para a direita ou para a esquerda."

⁵⁰Labão e Batuel tomaram a palavra e disseram: "Isso procede de Iahweh, não te podemos dizer nem sim e nem não. ⁵¹Eis Rebeca na tua presença; toma-a e parte, que ela seja a mulher do filho de teu senhor, como disse Iahweh." ⁵²Quando o servo de Abraão ouviu essas palavras, prostrou-se por terra diante de Iahweh. ⁵³Tirou joias de prata e de ouro, e vestidos, e os deu a Rebeca; fez também ricos presentes a seu irmão e sua mãe.

⁵⁴Comeram e beberam, ele e os homens que o acompanhavam, e passaram a noite. De manhã, quando se levantaram, ele disse: "Deixai-me ir para o meu senhor." ⁵⁵Então o irmão e a mãe de Rebeca disseram: "Que a jovem fique ainda dez dias conosco, em seguida ela partirá." ⁵⁶Mas ele lhes respondeu: "Não me detenhais, pois foi Iahweh quem me deu êxito; deixai-me partir, a fim de que eu vá para o meu senhor." ⁵⁷Eles disseram: "Chamemos a jovem e peçamos-lhe seu parecer."

⁵⁸Eles chamaram Rebeca e lhe disseram: "Queres partir com este homem?" E ela respondeu: "Quero." ⁵⁹Então eles deixaram partir sua irmã Rebeca, com sua ama, o servo de Abraão e seus homens. ⁶⁰Eles abençoaram Rebeca e lhe disseram:

"Tu és nossa irmã:
sê tu milhares de miríades!
Que tua posteridade conquiste
a porta de seus inimigos!"

⁶¹Rebeca e suas servas se levantaram, montaram sobre os camelos e seguiram o homem. O servo tomou Rebeca e partiu.

⁶²Isaac voltara do poço de Laai-Roí, e habitava na terra do Negueb. ⁶³Ora, Isaac saiu para passear*ª* no campo, ao pôr do sol, e, erguendo os olhos, viu que chegavam camelos. ⁶⁴E Rebeca, erguendo os olhos, viu Isaac. Ela apeou do camelo ⁶⁵e disse ao servo: "Quem é aquele homem, no campo, que vem ao nosso encontro?" O servo respondeu: "É meu senhor." Então ela tomou seu véu e se cobriu.

⁶⁶O servo contou a Isaac todas as coisas que havia feito. ⁶⁷E Isaac introduziu Rebeca na tenda de sua mãe Sara; ele a tomou e ela se tornou sua mulher e ele a amou. E Isaac se consolou da morte de sua mãe.

25 *A descendência de Cetura*[b] — ¹Abraão tomou ainda uma mulher, que se chamava Cetura. ²Ela lhe gerou Zamrã, Jecsã, Madã, Madiã, Jesboc e Sué. — ³Jecsã gerou Sabá e Dadã, e os filhos de Dadã foram os assurim, os latusim e os loomim. — ⁴Filhos de Madiã, Efa, Ofer, Henoc, Abida, Eldaá. Todos esses são filhos de Cetura.

⁵Abraão deu todos os seus bens a Isaac. ⁶Quanto aos filhos de suas concubinas, Abraão lhes deu presentes e os enviou, ainda em vida, para longe de seu filho Isaac, para o leste, para a terra do Oriente.

Morte de Abraão — ⁷Eis a duração da vida de Abraão: cento e setenta e cinco anos. ⁸Depois Abraão expirou; morreu numa velhice feliz, idoso e saciado de dias, e foi reunido à sua parentela. ⁹Isaac e Ismael, seus filhos, enterraram-no na gruta de Macpela, no campo de Efron, filho de Seor, o heteu, que está defronte

---

a) Termo único de sentido incerto.
b) Este parágrafo e os dois seguintes, no essencial, pertencem às tradições sacerdotais, são adições ao ciclo de Abraão. De Cetura descendem povos da Arábia, entre eles os madianitas (Madiã, cf. Ex 2,15), os sabeus (Sabá, cf. 1Rs 10,1-10), os dadanitas (Dadã, cf. Is 21,13).

de Mambré. ¹⁰É o campo que Abraão comprara dos filhos de Het; nele foram enterrados Abraão e sua mulher Sara. ¹¹Depois da morte de Abraão, Deus abençoou seu filho Isaac, e Isaac habitou junto ao poço de Laai-Roí.

A descendência de Ismael[a] — ¹²Eis a descendência de Ismael, o filho de Abraão, que lhe gerou Agar, a serva egípcia de Sara. ¹³Eis os nomes dos filhos de Ismael, segundo seus nomes e sua linhagem: o primogênito de Ismael, Nabaiot, depois Cedar, Adbeel, Mabsam, ¹⁴Masma, Duma, Massa, ¹⁵Hadad, Tema, Jetur, Nafis e Cedma. ¹⁶Esses são os filhos de Ismael e esses são os seus nomes por aduares e acampamentos: doze chefes de clãs.

¹⁷Eis a duração da vida de Ismael: cento e trinta e sete anos. Depois ele expirou; morreu e foi reunido à sua parentela. ¹⁸Ele habitou desde Hévila até Sur, que está a leste do Egito, na direção da Assíria. Ele se estabeleceu defronte de todos os seus irmãos.

2. CICLO DE ISAAC E DE JACÓ

Nascimento de Esaú e Jacó[b] — ¹⁹Eis a história de Isaac, filho de Abraão. Abraão gerou Isaac. ²⁰Isaac tinha quarenta anos quando se casou com Rebeca, filha de Batuel, o arameu de Padã-Aram, e irmã de Labão, o arameu. ²¹Isaac implorou a Iahweh por sua mulher, porque ela era estéril: Iahweh o ouviu e sua mulher Rebeca ficou grávida. ²²Ora, as crianças lutavam dentro dela e ela disse: "Se é assim, para que viver?"[c] Foi então consultar a Iahweh,[d] ²³e Iahweh lhe disse:

"Há duas nações em teu seio,
dois povos saídos de ti se separarão,
um povo dominará um povo,
o mais velho servirá ao mais novo."[e]

²⁴Quando chegou o tempo de dar à luz, eis que ela trazia gêmeos. ²⁵Saiu o primeiro: era ruivo e peludo como um manto de pelos; foi chamado Esaú. ²⁶Em seguida saiu seu irmão, e sua mão segurava o calcanhar de Esaú; foi chamado Jacó.[f] Isaac tinha sessenta anos quando eles nasceram.

²⁷Os meninos cresceram: Esaú tornou-se hábil caçador, correndo a estepe; Jacó era homem tranquilo, morando sob tendas. ²⁸Isaac preferia Esaú, porque apreciava a caça, mas Rebeca preferia Jacó.

Esaú cede seu direito de primogenitura — ²⁹Certa vez, Jacó preparou um cozido e Esaú voltou do campo, esgotado. ³⁰Esaú disse a Jacó: "Deixa-me comer dessa coisa ruiva, pois estou esgotado." — É por isso que ele foi chamado Edom.[g] — ³¹Jacó disse: "Vende-me primeiro teu direito de primogenitura." ³²Esaú respondeu: "Eis que eu vou morrer, de que me servirá o direito de

---

a) Os descendentes de Ismael (17,20) constituem as tribos da Arábia do norte.
b) Relato de tradição javista, exceto o quadro genealógico e cronológico, de tradição sacerdotal (vv. 19-20.26b).
c) É preciso talvez suprir "viver" com o sir. (cf. 27,46).
d) Sobre os modos de *consultar a Iahweh*, ver Ex 33,7+ e 1Sm 14,41+. Aqui só se pode tratar de visita a lugar sagrado onde Iahweh se manifesta.
e) Cf. nota sobre 4,5. A luta dos filhos no seio materno é presságio da hostilidade entre dois povos irmãos: os edomitas, descendentes de Esaú, e os israelitas, descendentes de Jacó. Os edomitas (Nm 20,23+) foram subjugados por Davi (2Sm 8,13-14) e não se libertaram definitivamente senão sob Jorão de Judá, na metade do século IX (2Rs 8,20-22).
f) Etimologias populares: Esaú é ruivo (*admôni*) e será também chamado Edom (v. 30; 36,1.8); ele é como um manto de pelo (*se'ar*) e habitará na terra de *Se'ir* (Nm 24,18). Jacó (*Ya'aqob*) é chamado assim aqui porque segurava o calcanhar (*aqeb*) de seu irmão-gêmeo, mas, segundo 27,36 e Os 12,4, porque enganou, suplantou (*aqab*) seu irmão. Na realidade, o nome abreviado de *Ya'aqob-El*, significa provavelmente: "Que Deus proteja!"
g) Porque comeu um prato de cor ruiva (*adom*), novo jogo de palavras.

primogenitura? ³³Jacó retomou: "Jura-me primeiro." Ele lhe jurou e vendeu seu direito de primogenitura a Jacó. ³⁴Então Jacó lhe deu pão e o cozido de lentilhas; ele comeu e bebeu, levantou-se e partiu. Assim desprezou Esaú seu direito de primogenitura.

Hb 12,16

26 *Isaac em Gerara*[a] — ¹Houve uma fome na terra — além da primeira fome que teve lugar no tempo de Abraão — e Isaac foi a Gerara, junto a Abimelec, rei dos filisteus. ²Iahweh lhe apareceu e disse: "Não desças ao Egito; fica na terra que eu te disser. ³Habita nesta terra, eu estarei contigo e te abençoarei. Porque é a ti e à tua raça que eu darei todas estas terras e manterei o juramento que fiz a teu pai Abraão. ⁴Eu farei a tua posteridade numerosa como as estrelas do céu, eu lhe darei todas estas terras, e por tua posteridade serão abençoadas todas as nações da terra, ⁵porque Abraão me obedeceu, guardou meus preceitos, meus mandamentos, minhas regras e minhas leis." ⁶Isaac, pois, ficou em Gerara.

= 12,10-20
= 20

12,1

22,17-18
12,7 +
12,3 +

⁷Os homens do lugar interrogaram-no sobre sua mulher e ele respondeu: "É minha irmã." Ele teve medo de dizer: "Minha mulher," pensando: "Os homens do lugar me matarão por causa de Rebeca, pois ela é bonita". ⁸Ele estava lá há muito tempo quando Abimelec, rei dos filisteus, olhando uma vez pela janela, viu que Isaac acariciava[b] Rebeca, sua mulher. ⁹Abimelec chamou Isaac e disse: "É evidente que é tua mulher! Como pudeste dizer: 'É minha irmã'?" Isaac lhe respondeu: "Pensei comigo: corro o risco de morrer por causa dela." ¹⁰Retomou Abimelec: "Que nos fizeste? Por pouco alguém do povo dormia com tua mulher e tu nos atrairias uma falta!" ¹¹Então Abimelec deu esta ordem a todo o povo: "Quem tocar neste homem e na sua mulher, morrerá."

¹²Isaac semeou naquela terra e, naquele ano, colheu o cêntuplo. Iahweh o abençoou ¹³e o homem se enriqueceu, enriqueceu-se cada vez mais, até tornar-se extremamente rico. ¹⁴Ele tinha rebanhos de bois e ovelhas e numerosos servos. Por causa disso os filisteus ficaram invejosos.

Os poços entre Gerara e Bersabeia — ¹⁵Todos os poços que os servos de seu pai haviam cavado, — do tempo de seu pai Abraão, — os filisteus os haviam entulhado e coberto de terra. ¹⁶Abimelec disse a Isaac: "Vai-te daqui, pois te tornaste muito mais poderoso do que nós." ¹⁷Isaac partiu, pois, de lá e acampou no vale de Gerara, onde se estabeleceu. ¹⁸Isaac cavou de novo os poços que tinham cavado nos dias de seu pai Abraão e que os filisteus tinham entulhado depois da morte de Abraão, e lhes deu os mesmos nomes que seu pai lhes dera.

= 21,25-31'

¹⁹Os servos de Isaac cavaram no vale e encontraram lá um poço de águas vivas.[c] ²⁰Mas os pastores de Gerara entraram em disputa com os pastores de Isaac, dizendo: "A água é nossa!" Isaac chamou a este poço de Esec, pois querelaram por causa dele. ²¹Cavaram outro poço e houve ainda uma disputa a seu respeito; ele o chamou de Sitna. ²²Então partiu de lá e cavou outro poço; e como por esse não disputaram, chamou-o de Reobot e disse: "Agora Iahweh nos deu o campo livre para que prosperemos na terra."[d]

a) Isaac aparece apenas na história de seu pai. Somente este capítulo 26 diz respeito diretamente a ele, mas os três episódios têm seus paralelos na história de Abraão. Estão unidos pela figura de Abimelec, rei de Gerara (cf. 20,2), e dos "filisteus". O primeiro episódio é paralelo a 12,10-20 e cap. 20 (ver as notas). Esta terceira apresentação é a mais discreta. Para o essencial, o capítulo é de tradição javista, exceto uma notícia de tradição sacerdotal (vv. 34-35) e acréscimos redacionais, sobretudo no discurso divino (bênção e promessa) dos vv. 3-5.

b) Isaac (*Yçhaq*) acaricia (*meçaheq*) Rebeca: aqui também há um jogo de palavras, como em 21,9 (cf. 17,17; 18,12s; 21,6).

c) O Gênesis atribui aos Patriarcas, pastores de rebanhos, a abertura de numerosos poços. Foi junto ao "poço de Jacó", em Siquém (nome mencionado pelo Gn), que Cristo revelou à samaritana a verdadeira água viva (Jo 4,1+).

d) Eseq significa "querela"; *Sitna,* "acusação"; e *Rehobôt,* "espaços livres".

²³De lá ele subiu a Bersabeia. ²⁴Iahweh lhe apareceu naquela noite e disse:

"Eu sou o Deus de teu pai Abraão.ᵃ
Nada temas, pois estou contigo.
Eu te abençoarei, multiplicarei tua posteridade
em consideração a meu servo Abraão."

²⁵Ali ele construiu um altar e invocou o nome de Iahweh. Ali ele armou sua tenda. Os servos de Isaac cavaram um poço.

Aliança com Abimelec — ²⁶Veio vê-lo Abimelec de Gerara, com Ocozat, seu conselheiro, e Ficol, o chefe de seu exército. ²⁷Isaac lhes disse: "Por que vindes a mim, já que me odiais e me expulsastes do vosso meio?" ²⁸Eles responderam: "Vimos com clareza que Iahweh estava contigo e dissemos: Que haja um juramento entre nós e ti e concluamos uma aliança contigo: ²⁹jura que não nos farás nenhum mal, como também nós não te molestamos e te deixamos partir em paz. Agora, és um abençoado de Iahweh." ³⁰Ele lhes preparou uma festa, e comeram e beberam.

³¹Levantando-se de madrugada, fizeram um juramento mútuo. Depois Isaac os despediu e eles o deixaram em paz. ³²Ora, foi naquele dia que os servos de Isaac lhe trouxeram notícias do poço que cavaram, dizendo: "Encontramos água!" ³³Chamou ao poço Seba,ᵇ donde o nome da cidade Bersabeia, até hoje.

As mulheres heteias de Esaú — ³⁴Quando Esaú completou quarenta anos, tomou como mulheres Judite, filha de Beeri, o heteu, e Basemat, filha de Elon, o heteu.ᶜ ³⁵Elas se tornaram uma amargura para Isaac e Rebeca.

27

Jacó intercepta a bênção de Isaacᵈ — ¹Isaac tornou-se velho e seus olhos se enfraqueceram a ponto de não mais enxergar. Ele chamou seu filho mais velho, Esaú: "Meu filho!", disse-lhe, e este respondeu: "Sim!" ²Ele retomou: "Vês, estou velho e não conheço o dia de minha morte. ³Agora, toma tuas armas, tua aljava e teu arco, sai ao campo e apanha-me uma caça. ⁴Faze-me um bom prato, como eu gosto e traze-mo, a fim de que eu coma e minha alma te abençoe antes que eu morra." — ⁵ Ora, Rebeca ouvia enquanto Isaac falava com seu filho Esaú. — Esaú foi, pois, ao campo apanhar uma caça para seu pai.

⁶Rebeca disse a seu filho Jacó: "Ouvi teu pai dizer a teu irmão Esaú: ⁷'Traze-me uma caça e faze-me um bom prato, eu comerei e te abençoarei diante de Iahweh antes de morrer.' ⁸Agora, ouve-me e faze como te ordeno. ⁹Vai ao rebanho e traze-me de lá dois belos cabritos, e prepararei para teu pai um bom prato, como ele gosta. ¹⁰Tu o apresentarás a teu pai e ele comerá, a fim de que te abençoe antes de morrer."

¹¹Jacó disse à sua mãe Rebeca: "Vê: meu irmão Esaú é peludo, e eu tenho a pele muito lisa. ¹²Talvez meu pai me apalpe: verá que zombei dele e atrairei sobre mim a maldição em lugar da bênção." ¹³Mas sua mãe lhe respondeu: "Caia sobre mim tua maldição, meu filho! Obedece-me, vai e traze-me os cabritos." ¹⁴Ele foi buscá-los e os trouxe para a sua mãe que preparou um bom prato, a gosto de seu pai. ¹⁵Rebeca tomou as mais belas roupas de Esaú,

---

a) A religião patriarcal é essencialmente a do "Deus do pai" (28,13; 31,5; 32,10 etc.), até à revelação do nome de Iahweh (Ex 3,13-15). É uma religião de nômades: este Deus não é o senhor de um território; ele se revela ao pai de um grupo que protege e guia (cf. já 12,1 e até 46,3-4) e ao qual concede as promessas de uma descendência e de uma terra (cap. 15).
b) No texto *shibe'a*, "sete", mas o contexto pediria *sheba'* (ou *shebu'a*), "juramento"; cf. grego. Ver 21,28-30+.
c) Cf. nota no início do cap. 23.
d) Narração javista exaltando a astúcia de Jacó, porém matizada, na sua redação definitiva, de discreta reprovação pela espertaza de Rebeca e de piedade por Esaú. A mentira aqui referida, no quadro de uma moral ainda imperfeita, serve misteriosamente à ação de Deus, cuja livre escolha preferiu Jacó a Esaú (25,23; cf. Ml 1,2s; Rm 9,13).

seu filho mais velho, que tinha em casa, e com elas revestiu Jacó, seu filho mais novo. ¹⁶Com a pele dos cabritos ela lhe cobriu os braços e a parte lisa do pescoço. ¹⁷Depois colocou o prato e o pão que preparara nas mãos de seu filho Jacó.

¹⁸Jacó foi a seu pai e disse: "Meu pai!" Este respondeu: "Sim! Quem és tu, meu filho?" ¹⁹Jacó disse a seu pai: "Sou Esaú, teu primogênito; fiz o que me ordenaste. Levanta-te, por favor, assenta-te e come de minha caça, a fim de que tua alma me abençoe." ²⁰Isaac disse a Jacó: "Como a encontraste depressa, meu filho!" E ele respondeu: "É que Iahweh teu Deus me foi propício."ᵃ ²¹Isaac disse a Jacó: "Aproxima-te, pois, para que te apalpe, meu filho, para saber se és ou não o meu filho Esaú."

²²Jacó aproximou-se de seu pai Isaac, que o apalpou e disse: "A voz é a de Jacó, mas os braços são os de Esaú!" ²³Ele não o reconheceu porque seus braços estavam peludos como os de Esaú, seu irmão, e ele o abençoou. ²⁴Disse: "Tu és meu filho Esaú?" E o outro respondeu: "Sim." ²⁵Isaac retomou: "Serve-me e que eu coma da caça de meu filho, a fim de que minha alma te abençoe." Ele o serviu e Isaac comeu, apresentou-lhe vinho e ele bebeu. ²⁶Seu pai Isaac lhe disse: "Aproxima-te e beija-me, meu filho!" ²⁷Ele se aproximou e beijou o pai, que respirou o odor de suas roupas. Ele o abençoou assim:ᵇ

22,17-18
↗ Hb 11,20

"Sim, o odor de meu filho
é como o odor de um campo fértil
que Iahweh abençoou.
²⁸Que Deus te dê
o orvalho do céu
e as gorduras da terra,
trigo e vinho em abundância!
²⁹Que os povos te sirvam,
que nações se prostrem diante de ti!
Sê um senhor para teus irmãos,
que se prostrem diante de ti os filhos de tua mãe!
Maldito seja quem te amaldiçoar!
Bendito seja quem te abençoar!"

25,23 +

³⁰Isaac tinha acabado de abençoar Jacó e Jacó acabava de sair de junto de seu pai Isaac, quando seu irmão Esaú voltou da caça. ³¹Também ele preparou um bom prato e o trouxe a seu pai. Ele lhe disse: "Que meu pai se levante e coma da caça de seu filho, a fim de que tua alma me abençoe!" ³²Seu pai Isaac lhe perguntou: "Quem és tu?" — "Sou teu filho primogênito, Esaú," respondeu ele. ³³Então Isaac estremeceu com grande emoção e disse: "Quem é, pois, aquele que apanhou a caça e ma trouxe? Comi antes que tu viesses e o abençoei, e ele ficará abençoado!"ᶜ ³⁴Quando Esaú ouviu as palavras de seu pai, gritou com muita força e amargor e disse ao pai: "Abençoa-me também, meu pai!" ³⁵Mas este respondeu: "Teu irmão veio com astúcia e tomou tua bênção." ³⁶Esaú retomou: "Com razão se chama Jacó: é a segunda vez que me enganou. Ele tomou meu direito de primogenitura e eis que agora tomou minha bênção!"ᵈ Mas, acrescentou, "não reservaste nenhuma bênção para mim?" ³⁷Isaac, tomando a palavra, respondeu a Esaú: "Eu o estabeleci teu senhor, dei-lhe todos os seus irmãos como servos e o provi de trigo e de vinho. Que

25,26
29,34
Jr 9,3
Os 12,4
Is 43,27

---

a) Essa referência a Deus na mentira nos parece blasfematória, mas a mentalidade oriental não via nisso nenhum mal, relacionando tudo com Deus e negligenciando as "causas segundas".
b) Esta bênção que promete a Jacó, o pastor, uma felicidade camponesa, bem como a de Esaú (vv. 39-

40), não se aplicam a esses patriarcas, mas aos povos deles saídos.
c) As bênçãos (como as maldições), uma vez pronunciadas, são eficazes e irrevogáveis.
d) Jogo de palavras entre "direito de primogenitura" (*bekorah*) e "bênção" (*berakah*).

poderia eu fazer por ti, meu filho?" ³⁸Esaú disse a seu pai: "É, pois, tua única bênção, meu pai? Abençoa-me também, meu pai!" E Esaú se pôs a chorar.ᵃ
³⁹Então seu pai Isaac tomou a palavra e disse:

"Longe das gorduras da terra
será tua morada,
longe do orvalho que cai do céu.
⁴⁰Tu viverás de tua espada,
servirás a teu irmão.ᵇ
Mas, quando te libertares, sacudirás seu jugo de tua cerviz."ᶜ

⁴¹Esaú passou a odiar a Jacó por causa da bênção que seu pai lhe dera, e disse consigo mesmo: "Estão próximos os dias de luto de meu pai. Então matarei meu irmão Jacó." ⁴²Quando foram relatadas a Rebeca as palavras de Esaú, seu filho mais velho, ela chamou Jacó, seu filho mais novo, e lhe disse: "Teu irmão Esaú quer vingar-se de ti, matando-te. ⁴³Agora, meu filho, ouve-me: parte, foge para junto de meu irmão Labão, em Harã. ⁴⁴Habitarás com ele algum tempo, até que se passe o furor de teu irmão, ⁴⁵até que a cólera de teu irmão se desvie de ti e esqueça o que lhe fizeste; então te mandarei buscar. Por que vos perderia os dois num só dia?"ᵈ

Isaac envia Jacó a Labãoᵉ — ⁴⁶Rebeca disse a Isaac: "Estou aborrecida com a vida por causa das filhas de Het. Se Jacó se casar com uma das filhas de Het, como estas, uma das jovens da terra, que me importa a vida?"

28 ¹Isaac chamou Jacó, abençoou-o e lhe deu esta ordem: "Não tomes uma mulher entre as filhas de Canaã. ²Levanta-te, vai a Padã-Aram, à casa de Batuel, o pai de tua mãe, e escolhe uma mulher de lá, entre as filhas de Labão, o irmão de tua mãe. ³Que El Shaddai te abençoe, que ele te faça frutificar e multiplicar, a fim de que te tornes uma assembleia de povos. ⁴Que ele te conceda, bem como à tua descendência, a bênção de Abraão, a fim de que possuas a terra em que vives e que Deus deu a Abraão." ⁵Isaac despediu Jacó e este partiu para Padã-Aram, para a casa de Labão, filho de Batuel, o arameu, e irmão de Rebeca, a mãe de Jacó e Esaú.

Outro casamento de Esaú — ⁶Esaú viu que Isaac tinha abençoado Jacó e o tinha enviado a Padã-Aram para lá tomar mulher, e abençoando-o lhe dera esta ordem: "Não tomes uma mulher entre as filhas de Canaã." ⁷E Jacó obedecera a seu pai e sua mãe e partira para Padã-Aram. ⁸Esaú soube que as filhas de Canaã eram malvistas por seu pai Isaac; ⁹foi à casa de Ismael e tomou como mulher — além das que possuía — Maelet, filha de Ismael, filho de Abraão, e irmã de Nabaiot.

O sonho de Jacóᵍ — ¹⁰Jacó deixou Bersabeia e partiu para Harã. ¹¹Coincidiu de ele chegar a certo lugar e nele passar a noite, pois o sol havia-se posto. Tomou

---

a) Em vez de "Isaac ficou silencioso", o grego acrescenta "e Esaú se pôs a chorar".
b) Esaú (isto é, sua descendência) habitará fora da Palestina fértil (a Vulg. contém aqui um contrassenso) e será submetido a Jacó (à sua descendência, 2Sm 8,13-14). Tudo foi dado a seu irmão (v. 37) e a única bênção que lhe resta é a de "viver de sua espada", de rapina e de pilhagem.
c) Esta última frase, não ritmada, talvez tenha sido acrescentada depois da libertação dos edomitas sob Salomão (2Rs 8,20-22). A tradução "te libertares" é incerta.
d) Esaú incorreria, como homicida, na vingança do sangue (Nm 35,19+).
e) Equivalente de 27,41-45, segundo a tradição sacerdotal. Esta, que afastava a história chocante do capítulo 27, dava outra razão à partida de Jacó para a Mesopotâmia. Notar a equivalência estabelecida entre as "filhas de Het" (v. 46) e as filhas de Canaã (28,1).
f) A fonte sacerdotal continua aqui.
g) Neste relato parece haver elementos de tradição eloísta e javista, mas sua separação nem sempre é fácil. A primeira pertence ao sonho da escada (mais que uma escadaria) que conduz ao céu, uma ideia mesopotâmica simbolizada pelas torres em estágios, os zigurates (vv. 12.17); o voto de Jacó e a fundação do santuário de Betel (vv. 18.20.21a.22);

uma das pedras do lugar, colocou-a sob a cabeça e dormiu nesse lugar. ¹²Teve um sonho: Eis que uma escada se erguia sobre a terra e o seu topo atingia o céu, e anjos de Deus subiam e desciam por ela! ¹³Eis que Iahweh estava de pé diante dele e lhe disse: "Eu sou Iahweh, o Deus de Abraão, teu pai, e o Deus de Isaac. A terra sobre a qual dormiste, eu a dou a ti e à tua descendência. ¹⁴Tua descendência se tornará numerosa como a poeira do solo; estender-te-ás para o ocidente e o oriente, para o norte e o sul, e todos os clãs da terra serão abençoados por ti e por tua descendência. ¹⁵Eu estou contigo e te guardarei em todo lugar aonde fores, e te reconduzirei a esta terra, porque não te abandonarei enquanto não tiver realizado o que te prometi." ¹⁶Jacó acordou de seu sonho e disse: "Na verdade Iahweh está neste lugar e eu não o sabia!" ¹⁷Teve medo e disse: "Este lugar é terrível! Não é nada menos que uma casa de Deus e a porta do céu!" ¹⁸Levantando-se de madrugada, tomou a pedra que lhe servira de travesseiro, ergueu-a como uma estela e derramou óleo sobre o seu topo.ᵃ ¹⁹A este lugar deu o nome de Betel, mas anteriormente a cidade se chamava Luza.

²⁰Jacó fez este voto: "Se Deus estiver comigo e me guardar no caminho por onde eu for, se me der pão para comer e roupas para me vestir, ²¹se eu voltar são e salvo para a casa de meu pai, então Iahweh será meu Deus ²²e esta pedra que ergui como uma estela será uma casa de Deus, e de tudo o que me deres eu te pagarei fielmente o dízimo."

29 Jacó chega à casa de Labãoᵇ

— ¹Jacó se pôs a caminho e foi para a terra dos filhos do Oriente. ²E eis que viu um poço no campo, junto ao qual estavam deitados três rebanhos de ovelhas: era neste poço que se dava de beber aos rebanhos, mas a pedra que tapava a sua boca era grande. ³Quando todos os rebanhos estavam lá reunidos, removia-se a pedra da boca do poço, dava-se de beber aos rebanhos, depois recolocava-se a pedra no mesmo lugar, na boca do poço. ⁴Jacó perguntou aos pastores: "Meus irmãos, de onde sois vós?" E eles responderam: "Nós somos de Harã." ⁵Ele lhes disse: "Conheceis Labão, filho de Nacor?" — "Nós o conhecemos," responderam eles. ⁶Ele lhes perguntou: "Ele vai bem?" Responderam: "Ele vai bem, e eis justamente sua filha Raquel que vem com o rebanho." ⁷Jacó disse: "É ainda pleno dia, não é o momento de recolher o rebanho. Dai de beber aos animais e retornai à pastagem." ⁸Mas eles responderam: "Não podemos fazê-lo antes que se reúnam todos os rebanhos e que se retire a pedra da boca do poço; então nós daremos de beber aos animais".

⁹Conversava ainda com eles quando chegou Raquel com o rebanho do seu pai, pois era pastora. ¹⁰Logo que Jacó viu Raquel, a filha de seu tio Labão, e o rebanho de seu tio Labão, aproximou-se, retirou a pedra da boca do poço e deu de beber ao rebanho de seu tio. ¹¹Jacó deu um beijo em Raquel e depois caiu em soluços. ¹²Contou a Raquel que ele era parente de seu pai e filho de Rebeca, e ela correu para informar ao pai. ¹³Ouvindo que se tratava de Jacó, filho de sua irmã, Labão correu ao seu encontro, apertou-o em seus braços, cobriu-o de beijos e o conduziu para sua casa. E Jacó lhe contou toda essa

---

conforme a segunda, Iahweh aparece e renova a Jacó as promessas feitas a Abraão e a Isaac, e Jacó o reconhece como seu Deus (vv. 13-16.19.21b). Ambas realçam o prestígio do santuário de Betel (1Rs 12,29-30+). Diversos Padres, seguindo Fílon, viram na escada de Jacó a imagem da Providência que Deus exerce sobre a terra por meio do ministério dos anjos. Para outros ela prefigurava a encarnação do Verbo, ponte lançada entre céu e terra. O v. 17 é usado pela liturgia no ofício e na missa da dedicação das igrejas.

a) A pedra localiza a presença divina. Ela se torna uma *bêt El*, uma "casa de Deus", o que explica o nome Betel, e recebe unção de óleo, como ato cultual. Mas tais práticas, difundidas na religião cananeia e em todo o meio semítico, mais tarde foram condenadas pela Lei e pelos Profetas (ver Ex 23,24). Aqui mesmo, à ideia de morada divina sobre a terra se justapõe a noção mais espiritual: Betel é a "porta do céu", onde Deus reside (cf. 1Rs 8,27).

b) Narrativa de tradição javista que continua o cap. 28 e se liga a 27,41-45.

história.*ᵃ* ¹⁴Então Labão lhe disse: "Sim, tu és de meus ossos e de minha carne!" E Jacó ficou com ele um mês inteiro.

*Os dois casamentos de Jacó*ᵇ — ¹⁵Então Labão disse a Jacó: "Por seres meu parente, irás servir-me de graça? Indica-me qual deve ser teu salário." ¹⁶Ora, Labão tinha duas filhas: a mais velha se chamava Lia e a mais nova, Raquel. ¹⁷Os olhos de Lia eram ternos, mas Raquel tinha um belo porte e belo rosto ¹⁸e Jacó amou Raquel. Ele respondeu: "Eu te servirei sete anos por Raquel, tua filha mais nova." ¹⁹Labão disse: "Melhor dá-la a ti do que a um estrangeiro; fica comigo."
²⁰Jacó serviu então, por Raquel, durante sete anos, que lhe pareceram alguns dias, de tal modo ele a amava. ²¹Depois Jacó disse a Labão: "Dá-me minha mulher, pois venceu o prazo, e que eu viva com ela!" ²²Labão reuniu todos os homens do lugar e deu um banquete. ²³Mas eis que de noite ele tomou sua filha Lia e a conduziu a Jacó; e este uniu-se a ela! — ²⁴Labão deu sua serva Zelfa como serva à sua filha Lia. — ²⁵Chegou a manhã, e eis que era Lia!*ᶜ* Jacó disse a Labão: "Que me fizeste? Não foi por Raquel que eu servi em tua casa? Por que me enganaste?" ²⁶Labão respondeu: "Não é uso em nossa região casar-se a mais nova antes da mais velha. ²⁷Mas acaba esta semana de núpcias*ᵈ* e te darei também a outra como prêmio pelo serviço que farás em minha casa durante outros sete anos."*ᵉ* ²⁸Jacó fez assim: acabou essa semana de núpcias e Labão lhe deu sua filha Raquel como mulher. — ²⁹Labão deu sua serva Bala como serva à sua filha Raquel. — ³⁰Jacó uniu-se também a Raquel e amou Raquel mais do que a Lia; ele serviu na casa de seu tio ainda outros sete anos.

*Os filhos de Jacó*ᶠ — ³¹Iahweh viu que Lia não era amada*ᵍ* e ele a tornou fecunda, enquanto Raquel permanecia estéril. ³²Lia concebeu e deu à luz um filho, que chamou Rúben, pois, disse ela, "Iahweh viu minha aflição;*ʰ* agora meu marido me amará." ³³Concebeu ainda e deu à luz um filho; disse: "Iahweh ouviu que eu não era amada e me deu também este;" e ela o chamou Simeão. ³⁴Concebeu ainda e deu à luz um filho; disse: "Desta vez meu marido se unirá a mim, porque lhe dei três filhos," e ela o chamou Levi. ³⁵Concebeu ainda e deu à luz um filho; disse: "Desta vez, darei glória a Iahweh"; é por isso que ela o chamou Judá. Depois deixou de gerar filhos.

30 ¹Raquel, vendo que não dava filhos a Jacó, tornou-se invejosa de sua irmã e disse a Jacó: "Faze-me ter filhos também, ou eu morro." ²Jacó se irou contra Raquel e disse: "Acaso estou eu no lugar de Deus que te recusou

---

a) Suas altercações com Esaú (cap. 27).
b) Narrativa de tradição javista, como a precedente, da qual é continuação.
c) A astúcia de Labão e o erro de Jacó se explicam pelo costume — ainda vivo — de guardar a noiva velada até à noite de núpcias (cf. 24,65).
d) A festa das núpcias durava sete dias (Jz 14,12.17; cf. Tb 8,20; 10,7).
e) O casamento com duas irmãs só foi proibido pela lei de Lv 18,18.
f) Esta seção, (29,31-30,43), de tradição javista com inserções eloístas, liga as tribos de Israel à linhagem patriarcal pelos doze filhos de Jacó. É a mais antiga forma do "sistema das doze tribos" que passará por muitos estágios. A cifra doze é atingida aqui pela inclusão de Dina, que mais tarde será substituída por Benjamim, nascido em Canaã (35,16s). Levi, que se tornou tribo sacerdotal, será substituído graças ao desdobramento de José (Efraim e Manassés). Este sistema, também sob sua forma mais antiga, só pôde ser estabelecido depois da instalação em Canaã, mas não sabemos exatamente quando; Jz 5,14-18 não menciona Judá e Simeão, e ainda é difícil dizer em que medida o cântico de Débora representa fielmente o período anterior à monarquia. Mas aqui fala-se de "doze filhos de Jacó", ainda que, para a maioria, eles não terão nenhum papel nos relatos do Gênesis e se alguns nem sequer serão nomeados; eles são somente os antepassados epônimos das tribos constituídas (cf. Gn 49).
g) O texto diz "odiada", mas o termo designa aqui a situação menos favorável da esposa não preferida numa família polígama.
h) A rivalidade entre Lia e Raquel serve para explicar os nomes próprios por etimologias populares às vezes obscuras: *ra'a be'-onyî*: "ele viu minha aflição", Rúben; *shama'*: "ele ouviu", Simeão; *yillave'*: "ele se unirá", Levi; *'odê*: "eu darei glória", Judá; *danannî*: "fez-me justiça", Dã; *niftalî*: "eu lutei", Neftali; *gad*: "Boa sorte", Gad; *'osherî*: "minha felicidade" e *'ishsherunî*: "felicitar-me-ão", Aser; *sakar*: "tomado em penhor" e *sakâr*: "salário", Issacar; *yizbeleni*: "ele me honrará", Zabulon; *'asaf*: "retirado" e *yosef*: "acrescenta", José.

a maternidade?" ³Ela retomou: "Eis minha serva Bala. Aproxima-te dela e que ela dê à luz sobre meus joelhos: por ela também eu terei filhos!" ⁴Ela lhe deu, pois, como mulher sua serva Bala e Jacó uniu-se a ela. ⁵Bala concebeu e deu à luz um filho para Jacó. ⁶Raquel disse: "Deus me fez justiça, ele me ouviu e me deu um filho;" por isso ela o chamou Dã. ⁷Bala, a serva de Raquel, concebeu ainda e gerou para Jacó segundo filho. ⁸Raquel disse: "Eu lutei contra minha irmã as lutas de Deus e prevaleci;" e ela o chamou Neftali.

⁹Lia, vendo que tinha deixado de ter filhos, tomou sua serva Zelfa e a deu por mulher a Jacó. ¹⁰Zelfa, a serva de Lia, gerou um filho para Jacó. ¹¹Lia disse: "Que sorte!"; e ela o chamou Gad. ¹²Zelfa, a serva de Lia, gerou segundo filho para Jacó. ¹³Lia disse: "Que felicidade! pois as mulheres me felicitarão;" e o chamou Aser.

¹⁴Tendo chegado o tempo da ceifa do trigo, Rúben encontrou nos campos mandrágoras,ᵃ que trouxe para sua mãe Lia. Raquel disse a Lia: "Dá-me, por favor, as mandrágoras de teu filho". ¹⁵Mas Lia lhe respondeu: "Não é bastante que me tenhas tomado o marido e queres tomar também as mandrágoras de meu filho?" Raquel retomou: "Pois bem, que ele se durma contigo esta noite em troca das mandrágoras de teu filho". ¹⁶Quando Jacó voltou dos campos, de tarde, Lia foi ao seu encontro e lhe disse: "É preciso que durmas comigo, pois paguei por ti com as mandrágoras de meu filho." E ele dormiu com ela naquela noite. ¹⁷Deus ouviu Lia; ela concebeu e gerou quinto filho para Jacó; ¹⁸Lia disse: "Deus me deu meu salário, por ter dado minha serva a meu marido;" e ela o chamou Issacar. ¹⁹Lia concebeu ainda e gerou sexto filho para Jacó. ²⁰Disse Lia: "Deus me fez um belo presente; desta vez meu marido me honrará, pois lhe dei seis filhos;" e o chamou Zabulon. ²¹Em seguida ela deu à luz uma filha e pôs-lhe o nome de Dina.

²²Então Deus se lembrou de Raquel: ele a ouviu e a tornou fecunda. ²³Ela concebeu e deu à luz um filho; e disse: "Deus retirou minha vergonha;" ²⁴e ela o chamou José, dizendo: "Que Iahweh me dê outro!"

Como Jacó se enriqueceu — ²⁵Quando Raquel gerou José, Jacó disse a Labão: "Deixa-me partir, que eu volte para minha casa, em minha terra. ²⁶Dá-me minhas mulheres, pelas quais te servi, e meus filhos, e que eu parta. Tu bem sabes o quanto te servi." ²⁷Labão lhe disse: "Se encontrei graça a teus olhos...ᵇ Fiquei sabendo por presságios que Iahweh me abençoou por causa de ti. ²⁸Assim," acrescentou ele, "fixa-me teu salário e eu te pagarei." ²⁹Ele lhe respondeu: "Tu sabes de que maneira te servi e o que teus bens se tornaram comigo. ³⁰O pouco que tinhas antes de mim cresceu enormemente e Iahweh te abençoou com a minha chegada. Agora, quando trabalharei eu para minha casa?". ³¹Labão retomou: "Que te devo pagar?" Jacó respondeu: "Nada terás a me pagar: se fizeres por mim o que te vou dizer, voltarei a apascentar teu rebanho.

³²Passarei hoje por todo o teu rebanho.ᶜ Separa dele todo animalᵈ preto entre os cordeiros e o que é malhado ou salpicado entre as cabras. Esse será

---

a) Lit. frutos de "mandrágoras", planta cujo nome hebraico é formado pela mesma raiz de "amor", e à qual os antigos atribuíam uma propriedade afrodisíaca. A tradição devia colocar este fruto em relação com o nascimento de José.

b) A frase é interrompida e se subentende, "ouve-me".

c) O texto dos vv. 32-43 é de difícil interpretação. A história, que só se pôde formar em ambiente de seminômades, deve ser antiga. Nos rebanhos orientais os carneiros são geralmente brancos e as cabras pretas. São animais de exceção (carneiros pretos e cabras manchadas de branco) que Jacó reivindica como seu salário, e Labão crê concluir um bom negócio. O artifício de Jacó consiste no seguinte: 1º quanto às cabras (vv. 37-39), ele as faz se acasalarem diante de varas listradas de branco, cuja visão influencia a formação do embrião; 2º quanto aos carneiros (v. 40), ele os faz olharem, quando se acasalam, para as cabras pretas do rebanho; 3º para tais operações escolhe reprodutores robustos, deixando a Labão os animais fracos e sua descendência. Assim Jacó se desforra "honestamente" de Labão.

d) O hebraico acrescenta aqui: "salpicado e malhado e todo animal"; omitido pelo grego.

meu salário, ³³e minha honestidade testemunhará por mim no futuro: quando vieres verificar meu salário, tudo o que não for salpicado ou malhado entre as cabras, ou preto entre os cordeiros, será em minha casa um roubo." ³⁴Labão disse: "Está bem, seja como disseste." ³⁵Naquele dia, ele separou os bodes listrados e malhados, todas as cabras salpicadas e malhadas, tudo o que tivesse brancura, e tudo o que fosse preto entre os cordeiros. Ele os confiou a seus filhos ³⁶e pôs a distância de três dias de caminho entre ele e Jacó. E Jacó apascentava o resto do rebanho de Labão.

³⁷Jacó tomou varas verdes de álamo, de amendoeira e de plátano, descascou-as em tiras brancas, deixando aparecer a brancura das varas. ³⁸Colocou as varas que descascara diante dos animais nos tanques e bebedouros onde os animais vinham beber, e os animais se acasalavam quando vinham beber. ³⁹Eles se acasalavam, portanto, diante das varas e pariam crias listradas, salpicadas e malhadas. ⁴⁰Quanto aos cordeiros, Jacó os separou e virou o rebanho para o lado dos listrados e de tudo o que era preto no rebanho de Labão. Assim ele manteve separados os seus rebanhos, e não os pôs junto com o rebanho de Labão. ⁴¹Além disso, cada vez que se acasalavam animais robustos, Jacó colocava as varas diante dos olhos dos animais nos tanques, para que se acasalassem diante das varas. ⁴²Quando os animais eram fracos, ele não as colocava, e assim o que era fraco ficava para Labão e o que era robusto ficava para Jacó. ⁴³O homem se enriqueceu enormemente e teve rebanhos em quantidade, servas e servos, camelos e jumentos.

31

Fuga de Jacóᵃ — ¹Jacó soube que os filhos de Labão diziam: "Jacó tomou tudo o que era de nosso pai, e foi às custas de nosso pai que ele constituiu toda essa riqueza." ²Jacó percebeu que Labão não o tratava mais como antes. ³Iahweh disse a Jacó: "Volta à terra de teus pais, em tua pátria, e eu estarei contigo." ⁴Jacó chamou Raquel e Lia nos campos onde estavam seus rebanhos, ⁵e lhes disse: "Vejo que o rosto de vosso pai não me trata como antes, mas o Deus de meu pai está comigo. ⁶Vós sabeis que eu servi o vosso pai com todas as minhas forças. ⁷Vosso pai me enganou e mudou dez vezes o meu salário, mas Deus não lhe permitiu que me fizesse mal. ⁸Cada vez que ele dizia: 'O que for salpicado será teu salário,' todos os animais pariam crias salpicadas; cada vez que me dizia: 'O que for listrado será teu salário,' todos os animais pariam crias listradas, ⁹e Deus tomou seu rebanho e o deu a mim. ¹⁰Aconteceu que, chegado o tempo em que os animais entram em cio, ergui os olhos e vi em sonho que os bodes que cobriam as fêmeas eram listrados, malhados ou mosqueados. ¹¹O Anjo de Deus me disse em sonho: 'Jacó.' E eu respondi: 'Sim.' ¹²Ele disse: 'Ergue os olhos e vê: todos os bodes que cobrem as fêmeas são listrados, malhados ou mosqueados, pois eu vi tudo o que te fez Labão. ¹³Eu sou o Deus que te apareceu em Betel,ᵇ onde ungiste uma estela e me fizeste um voto. Agora levanta-te, sai desta terra e retorna à tua pátria.' "

¹⁴Raquel e Lia responderam-lhe: "Temos nós ainda uma parte e uma herança na casa de nosso pai? ¹⁵Não nos considera ele como estrangeiras, pois nos vendeu e em seguida consumiu nosso dinheiro?ᶜ ¹⁶Sim, toda a riqueza que Deus retirou de nosso pai é nossa e de nossos filhos. Faze, pois, agora tudo o que Deus te disse."

¹⁷Então Jacó se levantou, fez montar seus filhos e suas mulheres sobre os camelos, ¹⁸e conduziu diante de si todo o seu rebanho, — com todos os bens que adquirira, o rebanho que lhe pertencia e que ele adquirira em Padã-Aram,

---

a) Narrativa fundamentalmente de tradição eloísta com uma adição de tradição sacerdotal no v. 18, de tradição eloísta talvez, com alguns resquícios javistas (vv. 1.3.21). Realça a retidão de Jacó e a proteção divina, que não resultavam da narração profana do cap. 30.

b) "que te apareceu": completado segundo o grego.

c) Na Alta Mesopotâmia, era costume que a soma depositada pelo noivo junto ao sogro, por ocasião do casamento, fosse parcialmente entregue à esposa; mas Labão se beneficiou sozinho dos serviços de Jacó.

— para ir a Isaac, seu pai, na terra de Canaã. ¹⁹Labão fora tosquiar seu rebanho e Raquel roubou os ídolos domésticos*ᵃ* que pertenciam a seu pai. ²⁰Jacó dissimulou com Labão, o arameu, não lhe deixando suspeitar que fugia. ²¹Ele fugiu com tudo o que tinha; partiu, atravessou o Rio*ᵇ* e dirigiu-se para o monte Galaad.

Labão persegue Jacó*ᶜ* — ²²No terceiro dia, avisou-se a Labão que Jacó tinha fugido. ²³Ele tomou consigo a seus irmãos, perseguiu-o durante sete dias de caminho, e o alcançou no monte Galaad. ²⁴Deus visitou Labão, o arameu, numa visão noturna e lhe disse: "Guarda-te de dizer a Jacó o que quer que seja."*ᵈ* ²⁵Labão alcançou Jacó, que tinha plantado sua tenda*ᵉ* na montanha, e Labão plantou sua tenda no monte Galaad.

²⁶Labão disse a Jacó: "Que fizeste, enganando meu espírito e levando minhas filhas como prisioneiras de guerra? ²⁷Por que fugiste secretamente e me enganaste em vez de me advertir, para que eu te despedisse na alegria e com cânticos, com tamborins e liras? ²⁸Não me deixaste beijar meus filhos e minhas filhas. Verdadeiramente, agiste como um insensato! ²⁹Poderia causar-te danos, mas o Deus de teu pai,*f* na noite passada, me disse isto: 'Guarda-te de dizer a Jacó o que quer que seja.' ³⁰Agora que já partiste, uma vez que tinhas tanta saudade da casa de teu pai, por que roubaste meus deuses?"

³¹Jacó respondeu assim a Labão: "Eu tive medo, pensei que irias me roubar tuas filhas. ³²Mas aquele junto ao qual encontrares teus deuses não ficará vivo: diante de nossos irmãos, verifica o que te pertence e que está comigo, e leva-o." Com efeito, Jacó ignorava que Raquel os tivesse roubado. ³³Labão foi procurar na tenda de Jacó, depois na tenda de Lia, depois na tenda das duas servas, e nada encontrou. Ele saiu da tenda de Lia e entrou na de Raquel. ³⁴Ora, Raquel tomara os ídolos domésticos, pusera-os na sela do camelo e sentara-se por cima; Labão procurou em toda a tenda e nada encontrou. ³⁵Raquel disse a seu pai: "Que meu senhor não veja com cólera que eu não me levante na tua presença, pois tenho o que é costumeiro às mulheres." Labão procurou e não encontrou os ídolos.

³⁶Enfureceu-se Jacó e discutiu com Labão. E Jacó dirigiu assim a palavra a Labão: "Qual é meu crime, qual é minha falta, para que me persigas? ³⁷Procuraste em todos os meus utensílios: encontraste acaso algum utensílio de tua casa? Põe-no aqui, diante de meus irmãos e teus irmãos, e que eles julguem entre nós dois! ³⁸Eis que há vinte anos estou contigo: tuas ovelhas e tuas cabras não abortaram e eu não comi os cordeiros do teu rebanho. ³⁹Não te apresentei os animais despedaçados pelas feras, mas eu mesmo compensava sua perda: de mim reclamavas o que fora roubado de dia e o que fora roubado de noite.*ᵍ* ⁴⁰Durante o dia devorava-me o calor, durante a noite o frio, e o sono fugia de meus olhos. ⁴¹Eis que já estou há vinte anos em tua casa: eu te servi catorze anos por tuas duas filhas e seis anos por teu rebanho, e dez vezes tu mudaste meu salário. ⁴²Se o Deus de meu pai, o Deus de Abraão, o Parente de Isaac,*ʰ* não estivesse comigo, tu me terias despedido de mãos vazias. Mas Deus viu minhas canseiras e o trabalho de meus braços e, na noite passada, fez-me justiça."

---

a) Em hebraico *terafim*, pequenos ídolos domésticos. Diz-se que sua posse constituía título de herança, mas isto não é seguro.
b) O Eufrates.
c) Relato de tradição eloísta como os precedentes, provavelmente com acréscimos redacionais que estabelecem uma ligação com 30,25-43.
d) Lit.: "nem bem nem mal", absolutamente nada.
e) "sua tenda" *'ohalô* conj.; "com seus irmãos" *'ehayw* hebr.
f) Esperar-se-ia a fórmula habitual "o Deus de vossos pais" (cf. Ex 3,13); grego e sam. leram o singular ("te fazer mal", "teus pais").
g) Segundo Ex 22,12, o pastor era isentado de culpa se mostrasse os restos do animal destroçado (cf. Am 3,12).
h) Título divino que só reaparece no v. 53 e cujo sentido é justificado pelo árabe e pelo palmireno. Traduz-se também por "o Terror de Isaac".

Tratado entre Jacó e Labão[a] — ⁴³Assim respondeu Labão a Jacó: "Minhas são as filhas, minhas estas crianças, meu é o rebanho, tudo o que vês é meu. Mas que posso fazer hoje por minhas filhas e pelas crianças que elas deram ao mundo? ⁴⁴Vamos, concluamos um tratado, eu e tu...,[b] e que isso sirva de testemunho entre mim e ti."

⁴⁵Então Jacó tomou uma pedra e a erigiu como estela. ⁴⁶E Jacó disse a seus irmãos: "Ajuntai pedras." Eles pegaram pedras e com elas fizeram um monte, sobre o qual comeram. ⁴⁷Labão o chamou de Jegar-Saaduta e Jacó o chamou Galed.[c] ⁴⁸Disse Labão: "Que este monte seja hoje testemunho entre mim e ti." Por isso o chamou Galed, ⁴⁹e Masfa, pois disse: "Que Iahweh seja vigia entre mim e ti quando nos separarmos um do outro. ⁵⁰Se maltratares minhas filhas ou se tomares outras mulheres além de minhas filhas, e ninguém estiver conosco, vê: Deus é testemunha entre mim e ti." ⁵¹E Labão disse a Jacó: "Eis este monte que reuni entre mim e ti, e eis a estela. ⁵²Este monte é testemunha, a estela é testemunha, de que não devo ultrapassar este monte para o teu lado, e de que não deves ultrapassar este monte e esta estela para o meu lado, com más intenções. ⁵³Que o Deus de Abraão e o Deus de Nacor julguem entre nós."[d] E Jacó jurou pelo Parente de Isaac, seu pai. ⁵⁴Jacó ofereceu um sacrifício sobre a montanha e convidou seus irmãos para a refeição. Eles comeram e passaram a noite sobre a montanha.

32 ¹Labão levantou-se de madrugada, beijou seus netos e suas filhas e os abençoou. Depois Labão partiu e voltou para sua casa. ²Como Jacó seguisse seu caminho, anjos de Deus o afrontaram. ³Vendo-os, disse Jacó: "É o campo de Deus!" E deu a esse lugar o nome de Maanaim.[e]

Jacó prepara seu reencontro com Esaú — ⁴Jacó enviou adiante dele mensageiros a seu irmão Esaú, na terra de Seir, a estepe de Edom. ⁵Deu-lhes esta ordem: "Assim falareis a Esaú, meu senhor: Eis a mensagem de teu servo Jacó: Habitei junto a Labão e ali fiquei até agora. ⁶Adquiri bois e jumentos, ovelhas, servos e servas. Quero dar a notícia a meu senhor, para encontrar graça a seus olhos."

⁷Os mensageiros voltaram a Jacó, dizendo: "Fomos a teu irmão Esaú. Ele mesmo vem agora ao teu encontro e há quatrocentos homens com ele." ⁸Jacó teve grande medo e sentiu-se angustiado. Então dividiu em dois grupos os homens que estavam com ele, as ovelhas e os bois. ⁹Disse para consigo: "Se Esaú se dirigir para um dos bandos e o atacar, o outro bando poderá se salvar." ¹⁰Disse Jacó: "Deus de meu pai Abraão e Deus de meu pai Isaac, Iahweh, que me ordenaste: 'Retorna à tua terra e à tua pátria e te farei bem,' ¹¹eu sou indigno de todos os favores e de toda a bondade que tiveste para com teu servo. Eu não tinha senão meu cajado para atravessar este Jordão, e agora

---

a) Duas tradições (javista e eloísta) aparecem aqui amalgamadas: 1º um pacto político fixa a fronteira entre Labão e Jacó (v. 52), isto é, entre Aram e Israel, com explicação do nome de Galaad = Galed, "monte do testemunho"; 2º um acordo privado concernente às filhas de Labão dadas a Jacó (v. 50), com explicação do nome de Masfa = "o vigia" (cf. v. 49), onde é erigida uma estela, *maççebah*. Mas é possível que, em lugar de duas fontes, se tenham duas explicações e aparentemente dois nomes, porque a tradição se liga a um nome composto, *Miçpe Galaad*, "o vigia de Galaad", localidade conhecida por Jz 11,29, na Transjordânia, ao sul do Jaboc. O texto foi ainda permeado de glosas.
b) Provavelmente algumas palavras caíram do texto.
c) Yegar Sahadûta é a tradução aramaica exata de *Gal'ed*, "monte do testemunho".
d) O texto acrescenta aqui "o Deus de seus pais", glosa ausente do grego e de alguns mss hebr. — Os deuses de uma e de outra parte contraente são invocados como testemunhas, segundo o uso dos tratados antigos.
e) Mahaneh, "campo", explica o nome de Maanaim. Este nome significa propriamente "os dois campos", a que aludem os vv. 8 e 11.
f) Jacó, chegando perto da terra onde se estabeleceu Esaú, toma suas precauções, como toda caravana que se aproxima de um território hostil. Esta providência é apresentada de duas maneiras, segundo a tradição javista (vv. 4-14a) e segundo a tradição eloísta (vv.14b-22). As duas tradições concordam sobre a atitude humilde de Jacó para com Esaú: retomamos assim 27,41-45 e o que 25,27 e 27,40 disseram do caráter dos dois irmãos.

posso formar dois bandos. ¹²Livra-me da mão de meu irmão Esaú, pois tenho medo dele, para que não venha matar-nos, a mãe com os filhos. ¹³Foste tu, com efeito, que disseste: 'Eu te cumularei de favores e tornarei a tua descendência como a areia do mar, que não se pode contar, de tão numerosa.' " ¹⁴E Jacó passou a noite naquele lugar.

De tudo o que tinha, separou um presente para seu irmão Esaú: ¹⁵duzentas cabras e vinte bodes, duzentas ovelhas e vinte cordeiros, ¹⁶trinta camelas de leite, com seus filhotes, quarenta vacas e dez touros, vinte jumentas e dez jumentinhos. ¹⁷Ele os confiou a seus servos, cada rebanho à parte, e disse a seus servos: "Ide adiante de mim e deixai espaço entre os rebanhos." ¹⁸Ao primeiro deu esta ordem: "Quando meu irmão Esaú te encontrar e te disser: 'De quem és? Para onde vais? A quem pertence o que está adiante de ti?,' ¹⁹responderás: 'É de teu servo Jacó, é um presente enviado a Esaú, meu senhor, e ele mesmo chegará atrás de nós.' " ²⁰Ele deu a mesma ordem ao segundo e ao terceiro e a todos os que caminhavam atrás dos rebanhos: "Eis," disse ele, "como falareis a Esaú quando o encontrardes, ²¹e direis: 'Teu servo Jacó, ele mesmo, chegará atrás de nós.' " Com efeito, dizia ele para si mesmo: "Eu o aplacarei com o presente que me antecede, em seguida me apresentarei a ele, e talvez me conceda graça." ²²O presente seguiu adiante e ele ficou aquela noite no campo.

*A luta com Deus*ᵃ — ²³Naquela mesma noite, ele se levantou, tomou suas duas mulheres, suas duas servas, seus onze filhos e passou o vau do Jaboc. ²⁴Ele os tomou e os fez passar a torrente e fez passar também tudo o que possuía. ²⁵E Jacó ficou só.

E alguémᵇ lutou com ele até surgir a aurora. ²⁶Vendo que não o dominava, tocou-lhe na articulação da coxa, e a coxa de Jacó se deslocou enquanto lutava com ele. ²⁷Ele disse: "Deixa-me ir, pois já rompeu o dia." Mas Jacó respondeu: "Eu não te deixarei se não me abençoares." ²⁸Ele lhe perguntou: "Qual é o teu nome?" — "Jacó", respondeu ele. ²⁹Ele retomou: "Não te chamarás mais Jacó, mas Israel, porque foste forteᶜ contra Deus e contra os homens, e tu prevaleceste." ³⁰Jacó fez esta pergunta: "Revela-me teu nome, por favor." Mas ele respondeu: "Por que perguntas pelo meu nome?" E ali mesmo o abençoou.

³¹Jacó deu a este lugar o nome de Fanuel, "porque," disse ele, "eu vi Deus face a face e a minha vida foi salva."ᵈ ³²Nascendo o sol, ele tinha passado Fanuel e manquejava de uma coxa. ³³Por isso os israelitas, até hoje, não comem o nervo ciático que está na articulação da coxa,ᵉ porque ele feriu Jacó na articulação da coxa, no nervo ciático.

33 *O encontro com Esaú*ᶠ — ¹Erguendo os olhos, Jacó viu que chegava Esaú com quatrocentos homens. Dividiu então as crianças entre Lia, Raquel e as duas servas, ²colocou à frente as servas e seus filhos, mais atrás

a) Nesta narrativa misteriosa, sem dúvida de tradição javista, fala-se de luta física, um corpo a corpo com Deus, na qual Jacó parece primeiramente vencer. Quando reconhece o caráter sobrenatural de seu adversário, Jacó força-o a abençoá-lo. Mas o texto evita o nome de Iahweh e o agressor desconhecido recusa-se a dizer seu nome. O autor utiliza uma velha história para explicar o nome de Fanuel por *peni'el*, "face de Deus", e dar uma origem ao nome de Israel. Ao mesmo tempo lhe confere um sentido religioso: o Patriarca se agarra a Deus, força-o a abençoá-lo, criando uma obrigação de Deus para com os que usarão o nome de Israel. Assim a cena tornou-se a imagem do combate espiritual e da eficácia da oração perseverante (S. Jerônimo, Orígenes).

b) Lit.: "um homem".

c) Sentido que as versões dão ao verbo *sara'*, empregado somente aqui e em Os 12,5. "Israel", que significava provavelmente "que Deus se mostre forte", é explicado por "ele foi forte contra Deus", etimologia popular. Esta mudança de nome será indicada também em 35,10, onde parece ser mais primitiva. É possível que ela exprima a fusão de dois grupos diferentes, o de "Jacó" e o de "Israel" (cf. 33,20: "El, Deus de Israel").

d) A visão direta de Deus comporta, para o homem, um perigo mortal. Continuar vivo depois dela é sinal de favor especial (cf. Ex 33,20+).

e) Antiga prescrição alimentar que não é atestada em nenhum outro lugar da Bíblia.

f) Relato de atribuição difícil: se ele continua 32,4-14a, de tradição javista, aqui o nome divino é Deus (*Elohim*; vv. 5 e 10-11).

Lia e seus filhos e por último Raquel e José. ³E ele mesmo, passando adiante de todos, por sete vezes prostrou-se por terra antes de abordar seu irmão. ⁴Mas Esaú, correndo ao seu encontro, tomou-o em seus braços, arrojou-se-lhe ao pescoço e, chorando, o beijou. ⁵Quando ergueu os olhos e viu as mulheres e as crianças, perguntou: "Quem são estes contigo?" Jacó respondeu: "São os filhos com que Deus gratificou teu servo." ⁶Aproximaram-se as servas, elas e seus filhos, e prostraram-se. ⁷Aproximou-se também Lia, com seus filhos, e se prostraram; enfim aproximaram-se Raquel e José.

⁸Esaú perguntou: "Que queres fazer de todo esse grupo que encontrei?"[a] — "É para encontrar graça aos olhos de meu senhor," respondeu ele. ⁹Esaú retomou: "Eu tenho o suficiente, meu irmão, guarda o que é teu." ¹⁰Mas Jacó disse: "Não, eu te peço! Se encontrei graça a teus olhos, recebe o presente de minha mão. Pois afrontei tua presença como se afronta a presença de Deus,[b] e tu me recebeste bem. ¹¹Aceita, pois, o presente que te ofereço, porque Deus me favoreceu, e eu tenho tudo de que necessito." Instado, Esaú aceitou.

Jacó separa-se de Esaú[c] — ¹²Disse este: "Tomemos o bando e partamos; eu caminharei na frente." ¹³Mas Jacó lhe respondeu: "Meu senhor sabe que as crianças são delicadas e que devo pensar nas ovelhas e vacas de leite; se os forçar um só dia, todo o rebanho vai morrer. ¹⁴Que meu senhor parta, pois, adiante de seu servo; quanto a mim, caminharei calmamente ao passo do rebanho que tenho diante de mim e ao passo das crianças, até chegar à casa de meu senhor, em Seir." ¹⁵Então disse Esaú: "Deixarei contigo ao menos uma parte dos homens que me acompanham!" Mas Jacó respondeu: "Por que isso? Basta-me encontrar graça aos olhos de meu senhor!" ¹⁶Naquele dia Esaú retomou o caminho para Seir, ¹⁷mas Jacó partiu para Sucot, construiu uma casa e fez palhoças para seu rebanho; é por isso que se deu ao lugar o nome de Sucot.[d]

Chegada a Siquém[e] — ¹⁸Jacó chegou são e salvo à cidade de Siquém, na terra de Canaã, quando voltou de Padã-Aram, e acampou diante da cidade. ¹⁹Aos filhos de Hemor, pai de Siquém, comprou, por cem moedas de prata, a parcela do campo em que erguera sua tenda ²⁰e lá erigiu um altar, que chamou "El, Deus de Israel."

34

Violência feita a Dina[f] — ¹Dina, a filha que Lia havia dado a Jacó, saiu para ir ver as filhas da terra. ²Siquém, o filho de Hemor, o heveu,[g] príncipe da terra, tendo-a visto, tomou-a, dormiu com ela e lhe fez violência. ³Mas seu coração inclinou-se por Dina, filha de Jacó, amou a jovem e falou-lhe ao coração. ⁴Assim falou Siquém a seu pai Hemor: "Toma-me esta jovem como mulher." ⁵Jacó soube que ele tinha desonrado sua filha Dina, mas como seus filhos estavam nos campos com seu rebanho, Jacó guardou silêncio até que voltassem.

---

a) Não os grupos de 32,14b-22 (tradição eloísta), mas o primeiro grupo de 32,8. Jacó, que o sacrificara (32,9), está feliz por fazer-lhe este presente.
b) Nova alusão ao nome de Fanuel, "face de Deus" (32,31).
c) Jacó, desconfiando de Esaú, deixa-o tomar a dianteira e, em vez de segui-lo, volta-lhe as costas. Tradição javista.
d) Localizada provavelmente em Tel Akhsas, no vale do Jordão. O nome significa "palhoça de ramagens".
e) O v. 18 é de tradição sacerdotal, os vv. 19-20 são de tradição eloísta.
f) Este capítulo combina uma história de família (Siquém, depois de ter violentado Dina, pede-a em casamento, e para isso aceita a circuncisão, mas é traiçoeiramente assassinado por Simeão e Levi) e uma história de clãs (aliança matrimonial geral proposta por Hemor, pai de Siquém, aos filhos de Jacó, aceita sob a condição da circuncisão e rompida pelos filhos de Jacó que pilham a cidade e massacram seus habitantes). Ver nisso a presença respectiva das tradições eloísta e javista parece abusivo, pois os critérios de atribuição são insuficientes. Na fonte deste relato complexo, há provavelmente lembrança histórica de uma tentativa infeliz de certos grupos hebreus de se fixar na região de Siquém, na época patriarcal (cf. 49,5-7).
g) Um dos antigos povos de Canaã (10,17).

Pacto matrimonial com os siquemitas — ⁶Hemor, o pai de Siquém, foi a Jacó para lhe falar. ⁷Quando os filhos de Jacó voltaram dos campos e souberam disso, esses homens ficaram indignados e furiosos pelo fato de se ter cometido uma infâmia em Israel, dormindo com a filha de Jacó: isso não se faz! ⁸Hemor lhes falou assim: "Meu filho Siquém enamorou-se de vossa filha, peço-vos que lha deis como mulher. ⁹Aliai-vos a nós: vós nos dareis vossas filhas e tomareis as nossas para vós. ¹⁰Ficareis conosco e a terra estará a vosso dispor: podereis nela habitar, circular e vos estabelecer." ¹¹Siquém disse ao pai e aos irmãos da jovem: "Que eu encontre graça aos vossos olhos, e darei o que me pedirdes! ¹²Podeis impor uma elevada soma, como preço e como presente: eu pagarei tanto quanto pedirdes, mas dai-me a jovem como mulher!"

¹³Os filhos de Jacó responderam com falsidade a Siquém e a seu pai Hemor, e falaram com falsidade, porque ele tinha desonrado sua irmã Dina. ¹⁴Eles lhes disseram: "Não podemos fazer semelhante coisa: dar nossa irmã a um homem incircunciso, porque entre nós é uma desonra. ¹⁵Não vos daremos nosso consentimento senão com uma condição: deveis tornar-vos como nós e circuncidar todos os vossos machos. ¹⁶Então vos daremos nossas filhas e tomaremos as vossas para nós, permaneceremos convosco e formaremos um só povo. ¹⁷Mas se não nos ouvirdes, acerca da circuncisão, tomaremos nossa filha e partiremos." ¹⁸Suas palavras agradaram a Hemor e a Siquém, filho de Hemor. ¹⁹O jovem não tardou em fazer isso, porque estava enamorado da filha de Jacó; ora, ele era o mais considerado de toda a família.

²⁰Hemor e seu filho Siquém foram à porta de sua cidade e falaram assim aos homens de sua cidade: ²¹"Estes homens estão bem-intencionados: que permaneçam conosco na terra, nela circulem, a terra estará aberta para eles em toda a sua extensão, tomaremos suas filhas como mulheres e lhes daremos nossas filhas. ²²Mas estes homens não consentirão em ficar conosco para formar um só povo, senão com uma condição: é que todos os machos devem ser circuncidados como eles próprios o são. ²³Seus rebanhos, seus bens, todo o seu gado não será nosso? Consintamos, pois, a fim de que permaneçam conosco." ²⁴Hemor e seu filho Siquém foram ouvidos por todos os que passavam pela porta de sua cidade, e todos os machos se fizeram circuncidar.ᵃ

Vingança traidora de Simeão e Levi — ²⁵Ora, no terceiro dia, quando eles convalesciam, dois filhos de Jacó, Simeão e Levi, irmãos de Dina, tomaram cada qual sua espada e caminharam sem oposição contra a cidade e mataram todos os machos. ²⁶Passaram ao fio da espada Hemor e seu filho Siquém, tomaram Dina da casa de Siquém e partiram. ²⁷Os filhos de Jacó investiram sobre os feridos e pilharam a cidade, porque tinham desonrado sua irmã. ²⁸Tomaram suas ovelhas, seus bois e seus jumentos, o que estava na cidade e o que estava nos campos. ²⁹Roubaram todos os seus bens, todas as suas crianças e suas mulheres pilharam tudo o que havia nas casas.

³⁰Jacó disse a Simeão e Levi: "Vós me arruinastes, tornando-me odioso aos habitantes da terra, os cananeus e os ferezeus: tenho poucos homens, eles se reunirão contra mim, vencer-me-ão e serei aniquilado com minha casa." ³¹Mas eles replicaram: "Acaso se trata a nossa irmã como uma prostituta?"

35 *Jacó em Betel*ᵇ — ¹Deus disse a Jacó: "Levanta-te! Sobe a Betel e fixa-te ali. Ali erguerás um altar ao Deus que te apareceu quando fugias da presença de teu irmão Esaú."

---

a) " — todos aqueles que..." sobrecarga, omitida pelo grego.

b) Este capítulo agrupa, no caminho de Jacó entre Siquém e Hebron, tradições de várias origens, fazendo

²Jacó disse à sua família e a todos os que estavam com ele: "Lançai fora os deuses estrangeiros que estão no meio de vós,ᵃ purificai-vos e mudai vossas roupas.ᵇ ³Partamos e subamos a Betel! Aí farei um altar ao Deus que me ouviu quando eu estava na angústia e me assistiu na viagem que fiz." ⁴Eles deram a Jacó todos os deuses estrangeiros que possuíam e os anéis que traziam nas orelhas, e Jacó os enterrou sob o carvalho que está junto a Siquém. ⁵Eles levantaram acampamento e um terror divino se abateu sobre as cidades circunvizinhas, e os filhos de Jacó não foram perseguidos.

⁶Jacó chegou a Luza, na terra de Canaã, — que é Betel, — ele e todos os homens que tinha. ⁷Lá ele construiu um altar e chamou o lugar de El-Betel,ᶜ porque Deus aí se revelaraᵈ a ele quando fugia da presença de seu irmão. ⁸Então morreu Débora, a ama de Rebeca, e foi enterrada abaixo de Betel, sob o carvalho que se chama Carvalho-dos-Prantos.

⁹Deus apareceu ainda a Jacó, vindo de Padã-Aram, e o abençoou. ¹⁰Deus lhe disse: "Teu nome é Jacó, mas não te chamarás mais Jacó: teu nome será Israel." Tanto que é chamado Israel. ¹¹Deus lhe disse: "Eu sou El Shaddai. Sê fecundo e multiplica-te. Uma nação, uma assembleia de nações nascerá de ti e reis sairão de teus rins. ¹²Eu te dou a terra que dei a Abraão e a Isaac; darei esta terra a ti e à tua posteridade depois de ti." ¹³E Deus se retirou de junto dele.ᵉ

¹⁴Jacó erigiu uma estela no lugar onde ele lhe falara, uma estela de pedra, sobre a qual fez uma libação e derramou óleo. ¹⁵E Jacó deu o nome de Betel ao lugar onde Deus lhe falou.

Nascimento de Benjamim e morte de Raquel — ¹⁶Eles partiram de Betel. Faltava uma pequena distância para chegar a Éfrata, quando Raquel deu à luz. Seu parto foi doloroso ¹⁷e, como desse à luz com dificuldade, disse-lhe a parteira: "Não temas, é ainda um filho que terás!" ¹⁸No momento de entregar a alma, porque estava morrendo, ela o chamou Benôni, mas seu pai o chamou Benjamim.ᶠ ¹⁹Raquel morreu e foi enterrada no caminho de Éfrata — que é Belém. ²⁰Jacó erigiu uma estela sobre seu túmulo; é a estela do túmulo de Raquel, que existe até hoje.

Incesto de Rúben — ²¹Israel partiu e plantou sua tenda além de Magdol-Eder. ²²Enquanto Israel habitava naquela região, Rúben foi dormir com Bala, a concubina de seu pai, e Israel o soube.

Os doze filhos de Jacó — Os filhos de Jacó foram em número de doze. ²³Os filhos de Lia: o primogênito de Jacó, Rúben, depois Simeão, Levi, Judá, Issacar e Zabulon. ²⁴Os filhos de Raquel: José e Benjamim. ²⁵Os filhos de Bala, a serva de Raquel: Dã e Neftali. ²⁶Os filhos de Zelfa, a serva de Lia: Gad e Aser. Esses são os filhos gerados a Jacó em Padã-Aram.

Morte de Isaacᵍ — ²⁷Veio Jacó a seu pai Isaac, em Mambré, em Cariat-Arbe, — que é Hebron, — onde habitaram Abraão e Isaac. ²⁸A duração da vida de

---

frequentemente duplo emprego (comparar vv. 7 e 15). As passagens de tradição sacerdotal (vv. 9-13.15.22-29) são as mais fáceis de reconhecer. As alusões à aparição de Betel (28,10s) são numerosas.

a) Isto significa mais do que uma recusa dos ídolos domésticos trazidos por Raquel (31,19.34); é, como em Js 24 (ainda em Siquém), um ato de fé no Deus único de Israel.

b) Purificação preparatória à peregrinação de Betel (cf. Ex 19,10).

c) "El-Betel": Deus Betel ou Deus de Betel (cf. 28,18+). As versões trazem: "Betel".

d) Em hebraico este verbo está no plural, referindo-se talvez aos seres celestes de 28,12.

e) O texto acrescenta: "no lugar onde ele lhe falara", ditografia do v. seguinte.

f) Benôni: "filho da minha dor". O pai muda este nome de mau presságio em Benjamim: "filho da direita" = "filho de bom augúrio".

g) Este texto faz Isaac viver até este momento (cf. 27,1-2), identifica Mambré com Hebron (cf. 13,18 +) e se cala sobre a desavença com Esaú (cf. 36,6s e já 27,46-28,2).

Isaac foi de cento e oitenta anos, ²⁹e Isaac expirou. Ele morreu e reuniu-se à sua parentela, velho e saciado de dias; seus filhos Esaú e Jacó o enterraram.

36 Mulheres e filhos de Esaú em Canaã[a] — ¹Eis a descendência de Esaú, que é Edom. ²Esaú tomou suas mulheres entre as filhas de Canaã: Ada, filha de Elon, o heteu, Oolibama, filha de Ana, filho de Sebeon, o horreu,[b] ³Basemat, filha de Ismael e irmã de Nabaiot. ⁴Ada gerou para Esaú Elifaz, Basemat gerou Rauel, ⁵Oolibama gerou Jeús, Jalam e Coré. Esses são os filhos de Esaú que lhe nasceram na terra de Canaã.

26,34; 28,9

Migração de Esaú[c] — ⁶Esaú tomou suas mulheres, seus filhos e suas filhas, todas as pessoas de sua casa, seu rebanho e todo o seu gado, toda a propriedade que tinha adquirido na terra de Canaã, e partiu para a terra de Seir,[d] longe de seu irmão Jacó. ⁷Eles tinham muitos bens para habitarem juntos e a terra em que residiam não podia lhes bastar, por causa de seus haveres. ⁸Assim Esaú estabeleceu-se na montanha de Seir. Esaú é Edom.

32,4
13,5-9

Descendência de Esaú em Seir — ⁹Eis a descendência de Esaú, pai de Edom, na montanha de Seir.

= 36,15-19
1Cr 1,35s

¹⁰Eis os nomes dos filhos de Esaú: Elifaz, filho de Ada, mulher de Esaú, e Rauel, filho de Basemat, mulher de Esaú.

¹¹Os filhos de Elifaz foram: Temã, Omar, Sefo, Gatam, Cenez. ¹²Elifaz, filho de Esaú, teve por concubina Tamna, e ela lhe gerou Amalec. Esses são os filhos de Ada, mulher de Esaú.

¹³Eis os filhos de Rauel: Naat, Zara, Sama, Meza. Esses foram os filhos de Basemat, mulher de Esaú.

¹⁴Eis os filhos de Oolibama, filha de Ana, filho de Sebeon, mulher de Esaú: ela lhe gerou Jeús, Jalam e Coré.

Os chefes de Edom — ¹⁵Eis os chefes dos filhos de Esaú.

= 36,9-14

Filhos de Elifaz, primogênito de Esaú: o chefe Temã, o chefe Omar, o chefe Sefo, o chefe Cenez, o chefe Coré,[e] ¹⁶o chefe Gatam, o chefe Amalec. Esses são os chefes de Elifaz na terra de Edom, esses são os filhos de Ada.

¹⁷E eis os filhos de Rauel, filho de Esaú: o chefe Naat, o chefe Zara, o chefe Sama, o chefe Meza. Esses são os chefes de Rauel na terra de Edom, esses são os filhos de Basemat, mulher de Esaú.

¹⁸E eis os filhos de Oolibama, mulher de Esaú: o chefe Jeús, o chefe Jalam, o chefe Coré. Esses são os filhos de Oolibama, filha de Ana, mulher de Esaú.

¹⁹Esses são os filhos de Esaú, e esses são seus chefes. Ele é Edom.

Descendência de Seir, o horreu[f] — ²⁰Eis os filhos de Seir, o horreu, habitantes da terra: Lotã, Sobal, Sebeon, Ana, ²¹Dison, Eser e Disã, esses são os chefes dos horreus, os filhos de Seir na terra de Edom. ²²Os filhos de Lotã foram Hori e Emam, e a irmã de Lotã era Tamna. ²³Eis os filhos de Sobal: Alvã, Manaat, Ebal, Sefo, Onam. ²⁴Eis os filhos de Sebeon: Aía, Ana — foi este Ana que encontrou as águas quentes no deserto, quando apascentava os

---

a) Não se tratará mais de Esaú. O capítulo 36 reúne tradições, de origem israelita ou edomita, que dizem respeito à sua descendência, sem se preocupar com fazê-las concordar entre si ou com o que foi dito (ver referências marginais).

b) "filho de Sebeon, o horreu", segundo versões e v. 20; "filha de Sebeon, o heveu", hebr. — Corrige-se igualmente "filha" por "filho" no v. 14.

c) A tradição sacerdotal, que passa em silêncio a discórdia entre Jacó e Esaú (35,27-28+), explica aqui sua separação como a de Abraão e Ló, e quase nos mesmos termos.

d) "de Seir" falta em hebr., mas encontra-se em sir. e completa bem uma informação que de outra forma permaneceria vaga.

e) Segue-se o TM, que menciona aqui "o chefe Coré", que estaria melhor em seu lugar no v. 18 (cf. v. 14) omitido pelo sam.

f) Os horreus (cf. Dt 2,12+) são os antigos habitantes do país de Seir, cujo nome torna-se o de seu

jumentos de seu pai Sebeon. ²⁵Eis os filhos de Ana: Dison, Oolibama, filha de Ana. ²⁶Eis os filhos de Dison: Hamdã, Esebã, Jetrã, Carã. ²⁷Eis os filhos de Eser: Balaã, Zavã, Acã. ²⁸Eis os filhos de Disã: Hus e Arã.

²⁹Eis os chefes dos horreus: o chefe Lotã, o chefe Sobal, o chefe Sebeon, o chefe Ana, ³⁰o chefe Dison, o chefe Eser, o chefe Disã. Esses são os chefes dos horreus, segundo seus clãs,*a* na terra de Seir.

|| 1Cr 1,43-50
Nm 20,14

Os reis de Edom — ³¹Eis os reis que reinaram na terra de Edom antes que reinasse um rei dos israelitas.*b* ³²Em Edom reinou Bela, filho de Beor, e sua cidade se chamava Danaba. ³³Bela morreu e em seu lugar reinou Jobab, filho de Zara, de Bosra. ³⁴Jobab morreu e em seu lugar reinou Husam, da terra dos temanitas. ³⁵Husam morreu e em seu lugar reinou Adad, filho de Badad, que derrotou os madianitas no campo de Moab, e sua cidade chamava-se Avit. ³⁶Adad morreu e em seu lugar reinou Semla, de Masreca. ³⁷Semla morreu e em seu lugar reinou Saul, de Reobot Naar. ³⁸Saul morreu e em seu lugar reinou Baalanã, filho de Acobor. ³⁹Baalanã, filho de Acobor, morreu e em seu lugar reinou Adad;*c* sua cidade chamava-se Fau; sua mulher se chamava Meetabel, filha de Matred, de Mezaab.

|| 1Cr 1,51-54

Ainda os chefes de Edom — ⁴⁰Eis os nomes dos chefes de Esaú, segundo seus clãs e seus lugares, segundo seus nomes: o chefe Tamna, o chefe Alva, o chefe Jetet, ⁴¹o chefe Oolibama, o chefe Ela, o chefe Finon, ⁴²o chefe Cenez, o chefe Temã, o chefe Mabsar, ⁴³o chefe Magdiel e o chefe Iram. Esses são os chefes de Edom, segundo suas residências na terra que possuíam. Esaú é o pai de Edom.

37

¹Mas Jacó permaneceu na terra em que seu pai tinha morado, na terra de Canaã.

III. História de José*d*

José e seus irmãos — ²Eis a história de Jacó.*e*

José tinha dezessete anos. Ele apascentava o rebanho com seus irmãos, — era jovem, — com os filhos de Bala e os filhos de Zelfa, mulheres de seu pai, e José contou a seu pai o mal que deles se dizia.

37,23.31-33

³Israel amava mais a José do que a todos os seus outros filhos, porque ele era o filho de sua velhice, e mandou fazer-lhe uma túnica adornada. ⁴Seus

antepassado. Eles foram expulsos pelos edomitas (Dt 2,12.22).
a) "seus clãs", grego; "seus chefes", hebr.
b) Isto é: "antes que um rei israelita reinasse sobre Edom", preferível a "antes que reinasse um rei em Israel" (como o entendeu o grego).
c) "Adad", 1Cr 1,50 e versões; "Adar", hebr.
d) Ao contrário das precedentes, esta história se desenrola sem intervenção visível de Deus, sem revelação nova, mas é toda um ensinamento expresso claramente no fim (50,20 e já 45,5-8): a Providência brinca com os cálculos dos homens e sabe transformar em bem sua má vontade. Não somente José é salvo, mas o crime de seus irmãos torna-se o instrumento do desígnio de Deus: a vinda dos filhos de Jacó para o Egito prepara o nascimento do povo eleito. Sempre a mesma perspectiva de salvação ("salvar a vida de um povo numeroso", 50,20) que atravessa todo o AT para desembocar, alargando--se, no Novo Testamento. É um esboço da Redenção, como mais tarde o Êxodo. — Numerosos traços do relato testemunham certo conhecimento das coisas e dos costumes do antigo Egito, tais como os documentos egípcios no-los revelam; mas os paralelos que podem ser datados se referem à época em que essas tradições foram redigidas, e não à época da descida da família de Jacó para o Egito, que se pode aproximadamente situar pelo séc. XVII a.C., na época dos hicsos.
e) Versículo de tradição sacerdotal, paralela à tradição, talvez de origem javista, dos vv. 3-11, mas limitando o ódio dos irmãos somente aos filhos das concubinas. Aqui José também é pastor, enquanto em tudo o que segue é o preferido e permanece em casa; é apenas ocasionalmente que Jacó o envia para trazer notícias de seus irmãos (vv. 13-14).

irmãos viram que seu pai o amava mais do que a todos os seus outros filhos[a] e odiaram-no e se tornaram incapazes de lhe falar amigavelmente.

⁵Ora, José teve um sonho[b] e o contou a seus irmãos, que o odiaram mais ainda. ⁶Ele lhes disse: "Ouvi o sonho que eu tive: ⁷pareceu-me que estávamos atando feixes nos campos, e eis que o meu feixe se levantou e ficou de pé, e vossos feixes o rodearam e se prostraram diante de meu feixe." ⁸Seus irmãos lhe responderam: "Queres acaso governar-nos como rei ou dominar-nos como senhor?" E eles o odiaram ainda mais, por causa de seus sonhos e de suas intenções. ⁹Ele teve ainda outro sonho, que contou a seus irmãos. Ele disse: "Tive ainda outro sonho: pareceu-me que o sol, a lua e onze estrelas se prostravam diante de mim." ¹⁰Ele narrou isso a seu pai e seus irmãos, mas seu pai o repreendeu, dizendo: "Que sonho é esse que tiveste? Iríamos nós então, eu, tua mãe[c] e teus irmãos, prostrar-nos por terra diante de ti?" ¹¹Seus irmãos ficaram com ciúmes dele, mas seu pai conservou o fato na memória.

Dn 7,28
Lc 2,19.51

José vendido por seus irmãos[d] — ¹²Seus irmãos foram apascentar o rebanho de seu pai em Siquém. ¹³Israel disse a José: "Não apascentam teus irmãos o rebanho em Siquém? Vem, vou enviar-te a eles." E ele respondeu: "Eis-me aqui." ¹⁴Ele lhe disse: "Vai então ver como estão teus irmãos e o rebanho e traze-me notícias." Ele o enviou do vale de Hebron e José chegou a Siquém.
¹⁵Um homem o encontrou andando errante pelos campos e este homem lhe perguntou: "Que procuras?" ¹⁶Ele respondeu: "Procuro meus irmãos. Indica-me, por favor, onde apascentam seus rebanhos." ¹⁷O homem disse: "Eles levantaram acampamento daqui; eu os ouvi dizer: Vamos a Dotain." José partiu à procura de seus irmãos e os encontrou em Dotain.
¹⁸Eles o viram de longe e, antes que chegasse perto, tramaram sua morte. ¹⁹Disseram entre si: "Eis que chega o tal sonhador! ²⁰Vinde, matemo-lo, joguemo-lo numa cisterna qualquer; diremos que um animal feroz o devorou. Veremos o que acontecerá com seus sonhos!"
²¹Mas Rúben, ouvindo isso, salvou-o de suas mãos. Ele disse: "Não lhe tiremos a vida!" ²²Disse-lhes Rúben: "Não derrameis o sangue! Lançai-o nesta cisterna do deserto, mas não ponhais a mão sobre ele!" Era para salvá-lo das mãos deles e restituí-lo a seu pai. ²³Assim, quando José chegou junto deles, despojaram-no de sua túnica, a túnica adornada que ele vestia. ²⁴Arremessaram-se contra ele e o lançaram na cisterna; era uma cisterna vazia, onde não havia água. ²⁵Depois sentaram-se para comer.

Sb 10,13
At 7,9

Erguendo os olhos, eis que viram uma caravana de ismaelitas que vinha de Galaad. Seus camelos estavam carregados de alcatira, de bálsamo e ládano que levavam para o Egito. ²⁶Então disse Judá a seus irmãos: "De que nos aproveita matar nosso irmão e cobrir seu sangue?[e] ²⁷Vinde, vendamo-lo aos ismaelitas, mas não ponhamos a mão sobre ele: é nosso irmão, da mesma carne que nós." E seus irmãos o ouviram.

4,10
Jó 16,18
Is 26,21
Ez 24,7

---

a) "seus outros filhos", grego, sam.; "seus irmãos", hebr.
b) Os sonhos que ocupam grande espaço na história de José (cf. caps. 40 e 41), são premonições e não mais aparições divinas como em 20,3; 28,12s; 31,11.24; 1Rs 3,5; cf. Nm 12,6; Eclo 34+.
c) Raquel já está morta, segundo 35,19. A narrativa deve seguir outra tradição, que colocava mais tarde a morte de Raquel e o nascimento de Benjamim (v. 3 e 43,29).
d) Pode-se distinguir aqui os elementos de duas tradições, eloísta e javista; eles foram combinados e sua dualidade aparece sobretudo na parte final (vv. 18s). Conforme a primeira, os filhos de "Jacó" querem matar José, e Rúben consegue que apenas o atirem numa cisterna, de onde ele espera retirá-lo; contudo, mercadores madianitas passam sem que os irmãos saibam, retiram José e o levam para o Egito. Conforme a segunda, os filhos de "Israel" querem matar José, mas Judá lhes propõe vendê-lo a uma caravana de ismaelitas a caminho do Egito. O resultado é o mesmo nos dois casos: José é vendido a Putifar, eunuco do Faraó (v. 36 e 39,1). Sobre "Jacó-Israel" cf. 32,29.
e) Para evitar que o sangue da vítima gritasse aos céus (4,10), o homicida o cobria de terra (Ez 24,7; Jó 16,18+).

⁲⁸Quando passaram os mercadores madianitas, eles retiraram José da cisterna. Venderam José aos ismaelitas por vinte siclos de prata e estes o conduziram ao Egito. ²⁹Quando Rúben voltou à cisterna, eis que José não estava mais ali! Ele rasgou suas vestes ³⁰e, voltando a seus irmãos, disse: "O rapaz não está mais lá! E eu, aonde irei?"

³¹Eles tomaram a túnica de José e, degolando um bode, molharam a túnica no sangue. ³²Enviaram a túnica adornada, fizeram-na levar a seu pai com estas palavras: "Eis o que encontramos! Vê se é ou não a túnica de teu filho." ³³Ele olhou e disse: "É a túnica de meu filho! Um animal feroz o devorou. José foi despedaçado!" ³⁴Jacó rasgou suas vestes, cingiu os seus rins com um pano de saco e fez luto por seu filho durante muito tempo. ³⁵Todos os seus filhos e filhas vieram para consolá-lo, mas ele recusou toda consolação e disse: "Não, é em luto que descerei ao Xeol para junto do meu filho." E seu pai o chorou.

³⁶Entretanto os madianitas venderam-no, no Egito, a Putifar, eunuco do Faraó e comandante dos guardas.

Jr 31,15 (margin at v.34)

38 História de Judá e de Tamar[a]

— ¹Aconteceu que, neste tempo, Judá se separou de seus irmãos e foi viver na casa de um homem de Odolam que se chamava Hira. ²Ali Judá viu a filha de um cananeu que se chamava Sué; ele a tomou por mulher e se uniu a ela. ³Esta concebeu e gerou um filho, que chamou Her. ⁴Outra vez ela concebeu e gerou um filho, que chamou[b] Onã. ⁵Ainda outra vez concebeu e gerou um filho, que chamou Sela; ela se achava em Casib quando o teve.

⁶Judá tomou uma mulher para seu primogênito Her; ela se chamava Tamar. ⁷Mas Her, o primogênito de Judá, desagradou a Iahweh, que o fez morrer. ⁸Então Judá disse a Onã: "Vai à mulher de teu irmão, cumpre com ela o teu dever de cunhado[c] e suscita uma posteridade a teu irmão." ⁹Entretanto Onã sabia que a posteridade não seria sua e, cada vez que se unia à mulher de seu irmão, derramava por terra para não dar uma posteridade a seu irmão. ¹⁰O que ele fazia desagradou a Iahweh,[d] que o fez morrer também. ¹¹Então Judá disse à sua nora Tamar: "Volta[e] à casa de teu pai, como viúva, e espera que cresça meu filho Sela." Ele dizia consigo: "Não convém que ele morra como seus irmãos." Tamar voltou, pois, à casa de seu pai.

¹²Passaram-se muitos dias e a filha de Sué, a mulher de Judá, morreu. Quando Judá ficou consolado,[f] subiu a Tamna, ele e Hira, seu amigo de Odolam, para a tosquia de suas ovelhas. ¹³Comunicaram a Tamar: "Eis que," foi-lhe dito, "teu sogro sobe a Tamna para a tosquia de suas ovelhas." ¹⁴Então ela deixou suas roupas de viúva, cobriu-se com um véu e sentou-se na entrada de Enaim, que está no caminho de Tamna. Ela via que Sela já era grande e ela não lhe fora dada como mulher.[g]

¹⁵Vendo-a, Judá tomou-a por uma prostituta, pois ela cobrira o rosto. ¹⁶Dirigiu-se a ela no caminho e disse: "Deixa-me ir contigo!" Ele não sabia que era sua nora. Mas ela perguntou: "Que me darás para ires comigo?" ¹⁷Ele

Dt 25,5
Rt 1,11.13
Mt 22,24

---

a) Tradição javista relativa às origens da tribo de Judá. Vivendo afastado de seus irmãos, Judá aliou-se aos cananeus. De sua união com sua nora Tamar saíram os clãs de Farés e de Zara (Nm 26,21; 1Cr 2,3s); Farés é antepassado de Davi (Rt 4,18s) e, por ele, do Messias (Mt 1,3; Lc 3,33). Assim se afirma a mistura de sangues em Judá e seu destino diferente do das outras tribos (Jz 1,3; Dt 33,7; e toda a sequência da história).
b) Texto corrigido conforme os dois versículos seguintes e sam.; em hebr. "ele o chamou".
c) Segundo a lei do "levirato" (cf. Dt 25,5+).
d) Deus condena ao mesmo tempo o egoísmo de Onã e sua falta contra a lei natural e portanto divina do casamento.
e) "Volta", "voltou", conj. O hebr. "fica", "ficou" tem as mesmas consoantes.
f) Quer dizer simplesmente: quando terminou todos os ritos do luto (cf. Jr 16,7).
g) Tamar, postando-se como prostituta, espera Judá no caminho. Ela é impelida não pela impudicícia, mas pelo desejo de ter um filho do sangue de seu defunto marido. Sua ação será reconhecida "justa" por Judá (v. 26) e louvada por seus descendentes (Rt 4,12).

respondeu: "Eu te enviarei um cabrito do rebanho." Mas ela replicou: "Sim, se me deres um penhor até que o mandes!" ¹⁸Ele perguntou: "Que penhor te darei?" E ela respondeu: "O teu selo, com teu cordão e o cajado que seguras."*ᵃ* Ele lhos deu e foi com ela, que dele concebeu. ¹⁹Ela se levantou, partiu, retirou seu véu e retomou as roupas de viúva.

²⁰Judá enviou o cabrito por intermédio de seu amigo de Odolam, para recuperar os penhores das mãos da mulher, mas este não a encontrou. ²¹Ele perguntou aos homens do lugar: "Onde está aquela prostituta*ᵇ* que fica em Enaim, no caminho?" Mas eles responderam: "Jamais houve prostituta aqui!" ²²Ele voltou, pois, junto a Judá e lhe disse: "Eu não a encontrei. Também os homens do lugar me disseram que jamais houve prostituta ali." ²³Judá retomou: "Que ela fique com tudo: que não zombe de nós, pois eu enviei o cabrito, mas tu não a achaste."

²⁴Cerca de três meses depois, foi dito a Judá: "Tua nora Tamar prostituiu-se e está grávida por causa de sua má conduta." Então Judá ordenou: "Tirai-a fora e seja queimada viva!"*ᶜ* ²⁵Quando a agarraram, ela mandou dizer a seu sogro: "Estou grávida do homem a quem pertence isto. Reconhece a quem pertencem este selo, este cordão e este cajado." ²⁶Judá os reconheceu e disse: "Ela é mais justa do que eu, porquanto não lhe dei meu filho Sela." E não teve mais relações com ela.

²⁷Quando chegou o tempo do parto, parecia que tivesse gêmeos em seu seio. ²⁸Durante o parto, um deles estendeu a mão e a parteira, tomando-a, atou-lhe um fio escarlate, dizendo: "Foi este que saiu primeiro." ²⁹Mas aconteceu que ele retirou a mão e foi seu irmão quem saiu. Então ela disse: "Que brecha te abriste!" E o chamaram de Farés. ³⁰Em seguida saiu seu irmão, que tinha o fio escarlate na mão, e o chamaram de Zara.*ᵈ*

Rt 4,12
Mt 1,3
Lc 3,33

39 Inícios de José no Egito*ᵉ* —

¹José fora portanto levado ao Egito. Putifar, eunuco do Faraó e comandante dos guardas, um egípcio, comprou-o dos ismaelitas que o levaram para lá. ²Ora, Iahweh assistiu a José, que em tudo teve êxito, e ficou na casa de seu senhor, o egípcio. ³Como seu senhor via que Iahweh o assistia e fazia prosperar, em suas mãos, tudo o que empreendia, ⁴José encontrou graça a seus olhos: foi posto a serviço do senhor, que o instituiu seu mordomo e lhe confiou tudo o que lhe pertencia. ⁵E a partir do momento em que ele foi preposto à sua casa e ao que lhe pertencia, Iahweh abençoou a casa do egípcio, em consideração a José: a bênção de Iahweh atingiu tudo o que ele possuía em casa e nos campos. ⁶Então entregou nas mãos de José tudo o que tinha e, com ele, não se preocupou com mais nada, a não ser com a comida que tomava. José era belo de porte e tinha um rosto belo.

At 7,9

José e a sedutora*ᶠ* — ⁷Aconteceu que, depois desses fatos, a mulher de seu senhor lançou os olhos sobre José e disse: "Dorme comigo!" ⁸Mas ele se recusou e disse à mulher de seu senhor: "Estando eu aqui, meu senhor não se

---

a) O selo enfiado num cordão e o cajado são objetos pessoais, verdadeiras provas de identidade.
b) Propriamente "prostituta sagrada", hieródula de um culto pagão. Estamos em ambiente cananeu.
c) Tamar é mulher de Her e, pela lei do levirato (cf. Dt 25,5+), prometida a Sela. Ainda que morando em casa de seu pai, ela fica sob a autoridade de Judá, que a condena como adúltera (Lv 20,10; Dt 22,22; cf. Jo 8,5). A pena do fogo foi reservada mais tarde às filhas de sacerdotes (Lv 21,9).
d) Pereç (Farés) significa "brecha". O nome de Zara deve aludir ao fio escarlate atado em sua mão.

e) Esta narrativa continua o cap. 37, na linha da tradição javista, mas os vv. 2-6 parecem muito repetitivos. O capítulo 40, eloísta, contará a história de maneira diferente. Essas duas tradições foram unificadas por retoques redacionais, como aqui a menção de Putifar, comandante dos guardas (no v. 1; cf. 37,36; 40,3).
f) A narrativa dos vv. 7-20 assemelha-se a um relato egípcio, o "Conto dos dois irmãos", mas este é mais desenvolvido; no conto egípcio, o irmão sobre o qual recai a acusação da mulher deve fugir, enquanto José é posto na prisão, e a mulher é morta por seu marido por causa de sua esperteza.

preocupa com o que se passa na casa e me confiou tudo o que lhe pertence. ⁹Ele mesmo não é, nesta casa, mais poderoso do que eu: nada me interditou senão a ti, porque és sua mulher. Como poderia eu realizar um tão grande mal e pecar contra Deus?" ¹⁰Ainda que ela lhe falasse a cada dia, José não consentiu em dormir a seu lado e se entregar a ela.

¹¹Ora, certo dia José veio à casa para fazer seu serviço e não havia na casa nenhum dos domésticos. ¹²A mulher o agarrou pela roupa, dizendo: "Dorme comigo!" Mas ele deixou a roupa nas suas mãos, saiu e fugiu. ¹³Vendo que ele deixara a roupa nas suas mãos e que fugira, ¹⁴ela chamou seus domésticos e lhes disse: "Vede! Ele nos trouxe um hebreu para nos insultar. Ele se aproximou para dormir comigo, mas lancei um grande grito, ¹⁵e vendo que eu levantava a voz e gritava, deixou sua roupa a meu lado, saiu e fugiu."

¹⁶Colocou a roupa a seu lado esperando que o senhor viesse para casa. ¹⁷Então ela lhe disse as mesmas palavras: "O escravo hebreu que nos trouxeste aproximou-se para me insultar ¹⁸e, quando levantei a voz e gritei, ele deixou sua roupa a meu lado e fugiu." ¹⁹Quando o marido ouviu o que lhe dizia sua mulher: "Eis de que maneira teu escravo agiu para comigo," sua cólera se inflamou. ²⁰O senhor de José mandou apanhá-lo e pô-lo na prisão, onde estavam os prisioneiros do rei.

José na prisão — Assim, ele ficou na prisão. ²¹Mas Iahweh assistiu José, estendeu sobre ele sua bondade e lhe fez encontrar graça aos olhos do carcereiro-chefe. ²²O carcereiro-chefe confiou a José todos os detidos que estavam na prisão; tudo o que se fazia passava por ele. ²³O carcereiro-chefe não se ocupava de nada do que lhe fora confiado, porque Iahweh o assistia e fazia prosperar o que ele empreendia.

40 *José interpreta os sonhos dos oficiais do Faraó*[a] — ¹Sucedeu, depois desses acontecimentos, que o copeiro do rei do Egito e seu padeiro ofenderam seu senhor, o rei do Egito. ²Faraó irou-se contra seus dois eunucos, o copeiro-mor e o padeiro-mor, ³e mandou detê-los na casa do comandante dos guardas, na prisão onde José estava detido. ⁴O comandante dos guardas agregou-lhes José para que os servisse, e ficaram certo tempo detidos.

⁵Ora, numa mesma noite, os dois, o copeiro e o padeiro do rei do Egito, que estavam detidos na prisão, tiveram um sonho, cada qual com a sua significação. ⁶De manhã, vindo encontrá-los, José percebeu que estavam acabrunhados ⁷e perguntou aos eunucos do Faraó que estavam com ele detidos na casa de seu senhor: "Por que tendes hoje o rosto triste?" ⁸Eles lhe responderam: "Tivemos um sonho e não há ninguém para interpretá-lo."[b] José lhes disse: "É Deus quem dá a interpretação; mas contai-mo!"

⁹O copeiro-mor narrou a José o sonho que tivera: "Sonhei," disse ele, "que havia diante de mim uma videira, ¹⁰e na videira três ramos: deram brotos, floresceram e as uvas amadureceram em cachos. ¹¹Eu tinha na mão a taça do Faraó: peguei os cachos de uva, espremi-os na taça do Faraó e coloquei a taça na mão do Faraó." ¹²José lhe disse: "Eis o que isto significa: os três ramos representam três dias. ¹³Mais três dias e o Faraó te erguerá a cabeça e te restituirá o emprego: colocarás a taça do Faraó em sua mão, como outrora tinhas o costume de fazer, quando eras seu copeiro. ¹⁴Lembra-te de mim, quando te suceder o bem, e sê bondoso para falares de mim ao Faraó, a fim de que me

---

a) Relato de tradição eloísta, salvo alguns retoques. José, que interpreta os sonhos do copeiro e do padeiro, depois do Faraó (cf. 41), é o protótipo do sábio (cf. 41,33.38-39).

b) Os egípcios, como tantos outros povos, davam aos sonhos o valor de presságios.

faça sair desta prisão. ¹⁵Com efeito, fui arrebatado da terra dos hebreus e aqui mesmo nada fiz para que me pudessem prender."

¹⁶O padeiro-mor viu que era uma interpretação favorável e disse a José: "Eu também tive um sonho: havia três cestas de bolos sobre a minha cabeça. ¹⁷Na cesta mais alta havia todos os tipos de doces que o Faraó come, mas as aves os comiam na cesta, sobre a minha cabeça." ¹⁸José respondeu assim: "Eis o que isto significa: as três cestas representam três dias. ¹⁹Mais três dias ainda e o Faraó te erguerá a cabeça,*a* enforcar-te-á e as aves comerão a carne acima de ti."

²⁰Efetivamente, no terceiro dia, que era o aniversário do Faraó, este deu um banquete a todos os seus oficiais e soltou o copeiro-mor e o padeiro-mor no meio de seus oficiais. ²¹Ele reabilitou o copeiro-mor na copa real e este colocou a taça na mão do Faraó; ²²quanto ao padeiro-mor, enforcou-o, como José lhe havia explicado. ²³Mas o copeiro-mor não se lembrou de José; ele o esqueceu.

41 *Os sonhos do Faraó*[b] — ¹Dois anos depois sucedeu que o Faraó teve um sonho: ele estava de pé junto ao Nilo ²e viu subir do Nilo sete vacas de bela aparência e bem cevadas, que pastavam nos juncos. ³E eis que atrás delas subiram do Nilo outras sete vacas, de aparência feia e mal alimentadas, e se alinharam ao lado das primeiras, na margem do Nilo. ⁴E as vacas de aparência feia e mal alimentadas devoraram as sete vacas bem cevadas e belas de aparência. Então o Faraó acordou.

⁵Ele tornou a dormir e teve um segundo sonho: sete espigas subiam de uma mesma haste, granuladas e belas. ⁶Mas eis que sete espigas mirradas e queimadas pelo vento oriental nasciam atrás delas. ⁷E as espigas mirradas devoraram as sete espigas granuladas e cheias. Então o Faraó acordou: era um sonho!

⁸De manhã, com o espírito conturbado, o Faraó chamou todos os magos e todos os sábios do Egito e lhes contou o sonho que tivera, mas ninguém pôde explicá-lo ao Faraó.[c] ⁹Então o copeiro-mor dirigiu a palavra ao Faraó e disse: "Devo confessar hoje minhas faltas! ¹⁰O Faraó se irritara contra seus servos e os mandara prender na casa do comandante dos guardas, a mim e ao padeiro-mor. ¹¹Tivemos um sonho, ele e eu, na mesma noite, mas a significação do sonho era diferente para cada um. ¹²Havia ali conosco um jovem hebreu, um escravo do comandante dos guardas. Nós lhe contamos nossos sonhos e ele no-los interpretou: ele interpretou o sonho de cada um. ¹³E exatamente como ele nos explicara, assim aconteceu: eu fui restituído em meu emprego e o outro foi enforcado."

¹⁴Então o Faraó mandou chamar José, e depressa ele foi trazido da prisão. Ele se barbeou, mudou de roupa e se apresentou diante do Faraó. ¹⁵O Faraó disse a José: "Eu tive um sonho e ninguém pode interpretá-lo. Mas ouvi dizer de ti que quando ouves um sonho podes interpretá-lo." ¹⁶José respondeu ao Faraó: "Quem sou eu! É Deus quem dará ao Faraó uma resposta favorável."

¹⁷Então o Faraó falou assim a José: "Em meu sonho, parecia-me que estava de pé na margem do Nilo. ¹⁸Eis que subiram do Nilo sete vacas bem cevadas e de bela aparência, que pastavam nos juncos. ¹⁹Mas eis que outras sete subiram

---

a) A expressão tem geralmente um sentido favorável (cf. v. 13 e 2Rs 25,27; Jr 52,31). Mas aqui há um trágico jogo de palavras: a cabeça do copeiro será "erguida", ele será agraciado (v. 13); a cabeça do padeiro também será "erguida", mas ele será enforcado. Uma glosa acrescenta "acima de ti".

b) Esta narrativa continua a precedente e procede da mesma tradição eloísta, mas mistura com ela, sobretudo a partir do v. 33, os restos de uma tradição paralela, a javista.

c) O Egito era a terra dos magos e dos sábios (Ex 7,11.22; 8,1; 1Rs 5,10; Is 19,11-13), mas sua ciência é eclipsada pela que Deus dispensa aos seus. O tema se reencontra na história de Moisés (Ex 7-8). Cf., num outro ambiente, Dn 2.

depois delas, extenuadas, de aparência feia e mal alimentadas, jamais vi tão feias em toda a terra do Egito. ²⁰As vacas magras e feias devoraram as sete primeiras, as vacas gordas. ²¹E depois que as devoraram, não demonstravam tê-las devorado, porque sua aparência permanecia tão feia quanto no início. Então acordei. ²²Depois vi em sonho sete espigas subindo de uma mesma haste, cheias e belas. ²³Mas eis que vêm sete espigas secas, mirradas e queimadas pelo vento oriental, nasceram depois delas. ²⁴E as espigas mirradas devoraram as sete espigas belas. Eu narrei isso aos magos, mas não há ninguém que me dê a resposta."

²⁵José disse ao Faraó: "O Faraó teve apenas um sonho: Deus anunciou ao Faraó o que ele vai realizar. ²⁶As sete vacas belas representam sete anos e as sete espigas belas representam sete anos, é um só e mesmo sonho. ²⁷As sete vacas magras e feias que sobem em seguida representam sete anos e também as sete espigas mirradas*ᵃ* e queimadas pelo vento oriental: é que haverá sete anos de fome. ²⁸É como eu disse ao Faraó; Deus mostrou ao Faraó o que vai realizar: ²⁹eis que vêm sete anos em que haverá grande abundância em toda a terra do Egito; ³⁰depois lhes sucederão sete anos de fome, e se esquecerá toda a abundância na terra do Egito; a fome esgotará a terra, ³¹e não mais se saberá o quê era a abundância na terra, em face dessa fome que se seguirá, pois ela será duríssima. ³²E se o sonho do Faraó se repetiu duas vezes, é porque o fato está bem decidido da parte de Deus e Deus tem pressa em realizá-lo.

³³Agora, que o Faraó escolha um homem inteligente e sábio e o estabeleça sobre a terra do Egito. ³⁴Que o Faraó aja e institua funcionários na terra, tome a quinta parte dos produtos da terra do Egito durante os sete anos de abundância, ³⁵e eles reúnam todos os víveres desses bons anos que vêm, armazenem o trigo sob a autoridade do Faraó, coloquem os víveres nas cidades e os guardem. ³⁶Esses víveres servirão de reserva à terra para os sete anos de fome que se abaterão sobre a terra do Egito, e a terra não será exterminada pela fome."

Exaltação de José — ³⁷O conselho agradou ao Faraó e a todos os seus oficiais ³⁸e o Faraó disse a seus oficiais: "Encontraremos um homem como este, em quem esteja o espírito de Deus?" ³⁹Então o Faraó disse a José: "Visto que Deus te fez saber tudo isso, não há ninguém tão inteligente e sábio como tu. ⁴⁰Tu serás o administrador do meu palácio e todo o meu povo se conformará às tuas ordens, só no trono te precederei." ⁴¹O Faraó disse a José: "Vê: eu te estabeleço sobre toda a terra do Egito," ⁴²e o Faraó tirou o anel de sua mão e o colocou na mão de José, e o revestiu com vestes de linho fino e lhe pôs no pescoço o colar de ouro. ⁴³Ele o fez subir sobre o melhor carro que havia depois do seu, e gritava-se diante dele "Abrec."*ᵇ* Assim foi ele preposto a toda a terra do Egito.

⁴⁴O Faraó disse a José: "Eu sou o Faraó, mas sem tua permissão ninguém erguerá a mão ou o pé em toda a terra do Egito." ⁴⁵E o Faraó impôs a José o nome de Safanet-Fanec, e lhe deu como mulher Asenet, filha de Putifar, sacerdote de On.*ᶜ* E José saiu a percorrer o Egito.

---

a) "mirradas", versões; "vazias", hebr.
b) O autor imagina essa investidura de acordo com o que ouviu dizer da corte do Egito: José torna-se o vizir do Egito; sem outro superior a não ser o Faraó, ele governa sua casa, que é a sede da administração, e possui o selo real. Os batedores que precedem seu carro de honra gritam "Abrec", termo que pode ser explicado pelo egípcio *ib-r-k*, "a ti teu coração", "atenção".

c) Nomes egípcios: *Çofnat Paneah* = "Deus disse: ele está vivo"; *Asnat* = "Pertencente à deusa Neith"; *Potifera*, o nome igual ao de Putifar, de 37,36 = "Dom de Rá" (o deus solar). O sogro de José é sacerdote de On = Heliópolis, centro do culto solar, cujos sacerdotes tinham um papel político importante. José aliou-se à mais alta nobreza do Egito. Mas esses tipos de nomes não são documentados antes das dinastias XX-XXI. Eles são o produto da erudição do autor.

⁴⁶José tinha trinta anos quando se apresentou diante do Faraó, rei do Egito, e José deixou a presença do Faraó e percorreu toda a terra do Egito. ⁴⁷Durante os sete anos de abundância a terra produziu copiosamente ⁴⁸e ele reuniu todos os víveres dos sete anos em que houve abundância[a] na terra do Egito e depositou os víveres nas cidades, colocando em cada cidade os víveres dos campos vizinhos. ⁴⁹José armazenou o trigo como a areia do mar, em tal quantidade que se renunciou a medi-lo, pois isso ultrapassava toda a medida.

Os filhos de José — ⁵⁰Antes que viesse o ano da fome, nasceram a José dois filhos que lhe deu Asenet, filha de Putifar, sacerdote de On. ⁵¹José deu ao mais velho o nome de Manassés, "pois", disse ele, "Deus me fez esquecer meus trabalhos e toda a família de meu pai." ⁵²Quanto ao segundo ele o chamou de Efraim, "porque," disse ele, "Deus me tornou fecundo na terra de minha infelicidade."[b]

A fome — ⁵³Chegaram ao fim os sete anos de abundância que houve na terra do Egito ⁵⁴e começaram a vir os sete anos de fome, como predissera José. Havia fome em todas as terras, mas havia pão em todas as regiões do Egito. ⁵⁵Depois, toda a terra do Egito sofreu fome e o povo, com grandes gritos, pediu pão ao Faraó, mas o Faraó disse a todos os egípcios: "Ide a José e fazei o que ele vos disser." ⁵⁶A fome assolava toda a terra. — Então José abriu todos os armazéns de trigo e vendeu[c] mantimento aos egípcios. Agravou-se ainda mais a fome na terra do Egito. ⁵⁷De toda a terra se veio ao Egito para comprar mantimento com José, pois a fome se agravou por toda a terra.

At 7,11
Sl 105,16

Jo 2,5

42 *Primeiro encontro de José com seus irmãos*[d]

¹Jacó, vendo que havia mantimento à venda no Egito, disse a seus filhos: "Por que estais aí a olhar uns para os outros? ²Eu soube," disse-lhes, "que há mantimento para vender no Egito. Descei e comprai mantimento para nós, a fim de que vivamos e não morramos." ³Os dez dos irmãos de José desceram, pois, ao Egito para comprar trigo. ⁴Quanto a Benjamim, o irmão de José, Jacó não o enviou com os outros: "Não convém," disse para consigo, "que lhe suceda alguma desgraça."

⁵Foram, pois, os filhos de Israel comprar mantimento, misturados com outros forasteiros, porque a fome assolava a terra de Canaã. ⁶José — ele tinha autoridade na terra — era quem vendia o mantimento a todo o povo da terra. Os irmãos de José chegaram e se prostraram diante dele, com a face por terra. ⁷Logo que José viu seus irmãos ele os reconheceu, mas fingiu ser estrangeiro para eles e lhes falou duramente. Perguntou-lhes: "De onde vindes?" E eles responderam: "Da terra de Canaã, para comprar víveres."

⁸Assim José reconheceu seus irmãos, mas eles não o reconheceram. ⁹José se lembrou dos sonhos que tivera a seu respeito e lhes disse: "Vós sois espiões! É para reconhecer os pontos fracos da terra que viestes." ¹⁰Eles protestaram: "Não, meu senhor! Teus servos vieram para comprar víveres. ¹¹Somos todos filhos de um mesmo homem, somos sinceros, teus servos não são espiões." ¹²Mas ele lhes disse: "Não! Foi para ver os pontos fracos da terra que viestes." ¹³Eles responderam: "Teus servos eram doze irmãos, nós somos filhos de um mesmo pai, na terra de Canaã: o mais novo está agora com nosso pai e há um que não mais existe." ¹⁴José retomou: "É como eu vos disse:

At 7,12

37,5-11

---

a) "em que houve abundância", sam., grego; "que houve", hebr.
b) O nome de Manassés, em hebraico *Menashsheh* é explicado por *nashshanî*, "ele me fez esquecer"; o de Efraim por *hifranî*, "ele me tornou fecundo".
c) "todos os armazéns de trigo", grego, sir.; "tudo o que havia neles", hebr. — "e vendeu", conj.; "e comprou", hebr.
d) Narrativa quase inteiramente de tradição eloísta. Mas a tradição javista do capítulo 43 conhecia também um primeiro encontro de José com seus irmãos, da qual se tem provavelmente passagens, em geral bastante breves, sobretudo no início e no fim do capítulo (cf. vv. 27,28+; 43,12.21).

vós sois espiões! ¹⁵Eis como sereis provados: pela vida do Faraó, não partireis daqui sem que primeiro venha o vosso irmão mais novo! ¹⁶Enviai um de vós para buscar vosso irmão; os demais ficam prisioneiros. Provareis vossas palavras e se verá se a verdade está convosco ou não. Se não, pela vida do Faraó, sois espiões." ¹⁷E pôs a todos na prisão por três dias.

¹⁸No terceiro dia, José lhes disse: "Eis o que fareis para terdes salva a vida, pois eu temo a Deus: ¹⁹se sois sinceros, que um de vossos irmãos fique detido na vossa prisão; quanto aos demais, parti levando o mantimento de que vossas famílias necessitam. ²⁰Trazei-me vosso irmão mais novo: assim vossas palavras serão verificadas e não morrereis." — Assim fizeram eles. — ²¹Eles disseram uns aos outros: "Em verdade, expiamos o que fizemos a nosso irmão: vimos a aflição de sua alma, quando ele nos pedia graça, e não o ouvimos. Por isso nos veio esta aflição." ²²Rúben lhes respondeu: "Não vos disse para não cometerdes falta contra o menino? Mas vós não me ouvistes e eis que se nos pede conta de seu sangue." ²³Eles não sabiam que José os compreendia, porque, entre José e eles estava o intérprete. ²⁴Então se afastou deles e chorou.ᵃ Depois voltou para eles e lhes falou; tomou dentre eles a Simeão e o algemou sob seus olhos.

Retorno dos filhos de Jacó a Canaã — ²⁵José deu ordem de encher de trigo suas sacas, de restituir o dinheiro de cada um em sua bolsa e lhes dar provisões para o caminho. E assim lhes foi feito. ²⁶Eles carregaram o mantimento sobre seus jumentos e se foram. ²⁷Mas quando um deles, de noite, no acampamento, abriu a saca de trigo para dar forragem a seu jumento, viu que seu dinheiro estava na boca da saca de trigo. ²⁸Ele disse a seus irmãos: "Devolveram o meu dinheiro, eis que está na minha saca de trigo!" Então desfaleceu-lhes o coração e se entreolharam tremendo e disseram: "Que é isto que Deus nos fez?"ᵇ

²⁹Voltando para a casa de Jacó, na terra de Canaã, contaram-lhe tudo o que lhes sucedera. ³⁰"O homem que é senhor da terra," disseram eles, "nos falou duramente e nos tomou por espiões da terra. ³¹Nós lhe dissemos: 'Somos sinceros, não somos espiões: ³²nós éramos doze irmãos, filhos de um mesmo pai; um de nós não existe mais e o mais novo está agora com nosso pai, na terra de Canaã'. ³³Mas o homem que é senhor do país nos respondeu: 'Eis como saberei se sois sinceros: deixai comigo um de vossos irmãos, tomai o mantimento de que necessitam vossas famílias e parti; ³⁴mas trazei-me vosso irmão mais jovem e saberei que não sois espiões, mas que sois sinceros. Então eu vos devolverei vosso irmão e podereis circular na terra.' "

³⁵Quando eles esvaziavam suas sacas, eis que cada qual tinha em sua saca a bolsa de dinheiro, e quando eles viram suas bolsas de dinheiro tiveram medo, eles e seu pai. ³⁶Então seu pai Jacó lhes disse: "Vós me privais de meus filhos: José não existe mais, Simeão não existe mais e quereis tomar Benjamim: é sobre mim que tudo isso recai!"

³⁷Mas Rúben disse a seu pai: "Mata os meus dois filhos se eu não to restituir. Entrega-mo e eu to trarei de volta!"ᶜ ³⁸Mas ele retrucou: "Meu filho não descerá convosco: seu irmão morreu e ele ficou só.ᵈ Se lhe suceder desgraça na viagem que ireis fazer, na aflição faríeis descer minhas cãs ao Xeol."

---

a) A acentuação dos sentimentos humanos das personagens é uma das características das últimas narrativas do Gn.

b) Os vv. 27-28 provêm da tradição javista, segundo a qual os irmãos encontraram o dinheiro na boca de suas sacas desde a primeira pousada (cf. 43,21). Segundo a tradição eloísta, mais adiante, eles o encontraram no fundo de suas sacas, chegando à casa de Jacó. Em ambos os casos, a descoberta provoca temor religioso, como diante de fato misterioso em que se intui a mão de Deus.

c) Na tradição javista (ver 43,8-9), Judá, e não Rúben, se torna responsável pela volta de Benjamim. Da mesma forma Judá, segundo a tradição javista, e Rúben, segundo a eloísta, intervieram em favor de José (37, 22.26).

d) Só ele, dos dois filhos de Raquel, a bem-amada.

43 Os filhos de Jacó retornam com Benjamim[a]

¹Mas a fome assolava a terra ²e quando eles acabaram de comer o mantimento que trouxeram do Egito, disse-lhes seu pai: "Retornai e comprai um pouco de víveres para nós." ³Judá lhe respondeu: "Aquele homem nos advertiu expressamente: 'Não sereis admitidos em minha presença, a menos que vosso irmão esteja convosco.' ⁴Se estás preparado para deixar nosso irmão partir conosco, desceremos e compraremos víveres para ti; ⁵mas se não o deixas partir, não desceremos, pois o homem nos disse: 'Não sereis admitidos em minha presença, a menos que vosso irmão esteja convosco.' " ⁶Israel disse: "Por que me fizestes esse mal dizendo àquele homem que tínheis ainda um irmão?" — ⁷"O homem," responderam eles, "perguntou sobre nós e sobre nossa família, indagando: 'Vosso pai ainda vive? Tendes um irmão?,' e nós respondemos às suas perguntas. Podíamos nós saber que ele diria: 'Trazei vosso irmão'?" ⁸Então Judá disse a seu pai Israel: "Deixa ir comigo o menino. Vamos, ponhamo-nos a caminho, para conservarmos a vida e não morrermos, nós, tu conosco e os nossos filhos. ⁹Eu me torno responsável por ele, a mim pedirás conta dele; se me suceder de não to restituir e não trazê-lo diante de teus olhos, serei culpado durante toda a minha vida. ¹⁰Se não nos tivéssemos demorado tanto, já estaríamos de volta pela segunda vez!"

¹¹Então seu pai Israel lhes disse: "Se é necessário, fazei assim: tomai em vossas bagagens os melhores produtos da terra para levardes como presente a esse homem, um pouco de bálsamo e um pouco de mel, alcatira e ládano, pistácias e amêndoas. ¹²Tomai convosco uma segunda quantia de dinheiro e levai de volta o dinheiro que foi posto na boca de vossas sacas de trigo: talvez tenha sido um descuido. ¹³Tomai vosso irmão e parti, retornai para junto desse homem. ¹⁴Que El Shaddai vos faça encontrar misericórdia junto desse homem e que ele vos deixe trazer vosso outro irmão e Benjamim. Quanto a mim, que eu perca meus filhos, se os devo perder!"

O encontro com José

¹⁵Os homens tomaram, pois, esse presente, o dinheiro em dobro com eles, e Benjamim; partiram e desceram ao Egito e se apresentaram diante de José. ¹⁶Quando José os viu com Benjamim, disse a seu intendente: "Conduze esses homens à casa, abate um animal e prepara-o, porque esses homens comerão comigo ao meio-dia." ¹⁷O homem fez como José ordenara e conduziu os homens à casa de José.

¹⁸Os homens se amedrontaram porque eram conduzidos à casa de José, e disseram: "É por causa do dinheiro que voltou em nossas sacas de trigo, na primeira vez, que nos conduzem: vão nos agarrar, cair sobre nós e nos tomar como escravos, com nossos jumentos." ¹⁹Eles se aproximaram do intendente de José e lhe falaram na entrada da casa: ²⁰"Perdão, meu senhor!", disseram eles, "nós descemos uma primeira vez para comprar víveres ²¹e, quando chegamos ao acampamento para a noite e abrimos nossas sacas de trigo, eis que o dinheiro de cada um de nós se achava na boca de sua saca, nosso dinheiro intato, e o levamos conosco. ²²Nós trouxemos outra quantia para comprar víveres. Nós não sabemos quem colocou nosso dinheiro nas sacas de trigo." ²³Mas ele respondeu: "Ficai em paz e não tenhais medo! Foi o vosso Deus e o Deus de vosso pai que vos colocou um tesouro nas sacas de trigo; vosso dinheiro chegou até mim."[b] E trouxe-lhes Simeão.

²⁴O homem introduziu os homens na casa de José, trouxe-lhes água para que lavassem os pés e deu forragem a seus jumentos. ²⁵Eles prepararam o presente, esperando que José viesse ao meio-dia, porque souberam que ali fariam refeição.

---

a) À parte algumas breves glosas, os caps. 43 e 44 são inteiramente de tradição javista.

b) O intendente recebeu a ordem de José (42,25) e conhece suas intenções.

²⁶Quando José entrou na casa, ofereceram-lhe o presente que tinham consigo e se prostraram por terra. ²⁷Mas ele os saudou amigavelmente e perguntou: "Como está vosso velho pai, de quem me falastes: ele ainda vive?" ²⁸Responderam: "Teu servo, nosso pai, está bem, ele ainda vive," e se ajoelharam e se prostraram. ²⁹Erguendo os olhos, José viu seu irmão Benjamim, o filho de sua mãe, e perguntou: "É este o vosso irmão mais novo, de que me falastes?" E dirigindo-se a ele: "Que Deus te conceda graça, meu filho".ᵃ ³⁰E José apressou-se em sair, porque suas entranhas se comoveram por seu irmão e as lágrimas lhe vinham aos olhos: entrou em seu quarto e ali chorou. ³¹Tendo lavado o rosto, voltou e, contendo-se, ordenou: "Servi a refeição." ³²Serviram-no à parte, eles à parte e à parte também os egípcios que comiam com ele, porque os egípcios não podem tomar suas refeições com os hebreus: têm horror disso. ³³Estavam colocados diante dele, cada qual em seu lugar, do mais velho ao mais novo, e os homens se olhavam com assombro. ³⁴Mas ele lhes mandou, de seu prato, porções de honra, e a porção de Benjamim ultrapassava cinco vezes a de todos os outros. Com ele beberam e se embriagaram.

44 A taça de José na saca de Benjamim —

¹Depois José disse a seu intendente: "Enche de mantimento as sacas desses homens, quanto puderem levar, e põe o dinheiro de cada um na boca de sua saca. ²Minha taça, a de prata, tu a porás na boca da saca do mais novo, junto com o dinheiro de seu mantimento." E assim ele fez.

³Quando amanheceu, foram despedidos os homens com seus jumentos. ⁴Eles tinham apenas saído da cidade e não iam longe, quando José disse a seu intendente: "Levanta! Corre atrás desses homens, alcança-os e dize-lhes: 'Por que pagastes o bem com o mal? ⁵Não é o que serve a meu senhor para beber e também para ler os presságios?ᵇ Procedestes mal no que fizestes!'"

⁶Ele os alcançou, pois, e lhes disse essas palavras. ⁷Mas eles responderam: "Por que, meu senhor, falas assim? Longe de teus servos fazerem semelhante coisa! ⁸Vê: o dinheiro que tínhamos encontrado na boca de nossas sacas de trigo, tornamos a trazê-lo da terra de Canaã. Como teríamos nós roubado, da casa de teu senhor, prata ou ouro? ⁹Aquele de teus servos com quem se encontrar o objeto será morto e nós mesmos nos tornaremos escravos de meu senhor." ¹⁰Ele retomou: "Que seja como dissestes: aquele com quem se encontrar o objeto será meu escravo, e os demais estareis livres." ¹¹Depressa, cada qual pôs no chão sua saca de trigo e a abriu. ¹²Ele os examinou, começando pelo mais velho e terminando pelo mais novo, e a taça foi encontrada na saca de Benjamim! ¹³Então eles rasgaram suas roupas, carregou cada qual o seu jumento e voltaram à cidade.

¹⁴Quando Judá e seus irmãos entraram na casa de José, este ainda estava ali, e eles prostraram-se por terra diante dele. ¹⁵José lhes perguntou: "Que é isso que fizestes? Não sabíeis que um homem como eu sabe adivinhar?" ¹⁶E Judá respondeu: "Que diremos a meu senhor, como falar e como justificar-nos? Foi Deus quem mostrou a falta de teus servos.ᶜ Eis-nos, pois, escravos de meu senhor, tanto nós quanto aquele nas mãos de quem se encontrou a taça." ¹⁷Mas ele retrucou: "Longe de mim agir assim! O homem nas mãos de quem se encontrou a taça será meu escravo; mas vós, retornai em paz à casa de vosso pai."

a) Há uma grande diferença de idade entre José e Benjamim (ver 30,22s e 35,16). Talvez até uma tradição fizesse Benjamim nascer depois da venda de José (ver 37,10+).
b) O movimento ou o som da água caindo na taça, ou o desenho que nela formavam certas gotas de óleo, eram interpretados como sinais. Este modo de adivinhação era conhecido no antigo Oriente.
c) Isto não quer dizer que eles confessem o roubo que não cometeram, nem mesmo que estejam pensando em seu antigo crime contra José; mas o golpe que os atinge parece vir da cólera de Deus e manifesta que eles estão em estado de pecado.

Intervenção de Judá — ¹⁸Então Judá, aproximando-se dele, disse: "Rogo-te, meu senhor, permite que teu servo faça ouvir uma palavra aos ouvidos de meu senhor, sem que tua cólera se inflame contra teu servo, pois tu és como o próprio Faraó! ¹⁹Meu senhor havia feito esta pergunta a seus servos: 'Tendes ainda pai ou um irmão?' ²⁰E respondemos a meu senhor: 'Nós temos o velho pai e um irmão mais novo, que lhe nasceu na velhice; morreu o irmão deste, ele ficou sendo o único filho de sua mãe e nosso pai o ama!' ²¹Então disseste a teus servos: 'Trazei-mo, para que ponha meus olhos sobre ele.'ᵃ ²²Nós respondemos a meu senhor: 'O menino não pode deixar seu pai; se ele deixar seu pai, este morrerá.' ²³Mas insististe junto a teus servos: 'Se vosso irmão mais novo não descer convosco, não sereis mais admitidos em minha presença.' ²⁴Quando, pois, retornamos à casa de teu servo, meu pai, nós lhe relatamos as palavras de meu senhor. ²⁵E quando nosso pai disse: 'Voltai para comprar um pouco de víveres para nós,' ²⁶respondemos: 'Não podemos descer. Não desceremos, a não ser que venha conosco nosso irmão mais novo, porque não será possível sermos admitidos à presença daquele homem sem que nosso irmão mais novo esteja conosco.' ²⁷Então teu servo, meu pai, nos disse: 'Vós bem sabeis que minha mulher só me deu dois filhos; ²⁸um me deixou e eu disse: foi despedaçado! E não o vi mais até hoje. ²⁹Se tirardes ainda este de junto de mim, e lhe suceder alguma desgraça, na aflição faríeis descer minhas cãs ao Xeol.' ³⁰Agora, se eu chego à casa de teu servo, meu pai, sem que esteja comigo o rapaz cuja alma está ligada à alma dele, ³¹logo que vir que o rapaz não está conoscoᵇ ele morrerá, e teus servos na aflição terão feito descer ao Xeol as cãs de teu servo, nosso pai. ³²E teu servo se tornou responsável pelo rapaz junto de meu pai, nestes termos: 'Se eu não to restituir, serei culpado para com meu pai durante toda a minha vida.' ³³Agora, que teu servo fique como escravo de meu senhor no lugar do rapaz, e que este volte com seus irmãos. ³⁴Como poderia eu retornar à casa de meu pai sem ter comigo o rapaz? Não quero ver a infelicidade que se abaterá sobre meu pai."

45 *José se dá a conhecer*ᶜ — ¹Então José não pôde se conter diante de todos os homens de seu séquito e gritou: "Fazei sair a todos de minha presença." E ninguém ficou junto dele quando José se deu a conhecer a seus irmãos; ²mas ele chorou tão alto que todos os egípcios o ouviram, e a notícia chegou ao palácio do Faraó.ᵈ

³José disse a seus irmãos: "Eu sou José! Vive ainda meu pai?" E seus irmãos não puderam lhe responder, pois estavam conturbados ao vê-lo.ᵉ ⁴Então disse José a seus irmãos: "Aproximai-vos de mim!" E eles se aproximaram. Ele disse: "Eu sou José, vosso irmão, que vendestes para o Egito. ⁵Mas agora não vos entristeçais nem vos aflijais por me terdes vendido para cá, porque foi para preservar vossas vidas que Deus me enviou adiante de vós.ᶠ ⁶Há dois anos, com efeito, que a fome se instalou na terra e ainda haverá cinco anos sem semeadura e sem colheita. ⁷Deus me enviou adiante de vós para assegurar a permanência de vossa raça na terra e salvar vossas vidas para a grande libertação. ⁸Assim, não fostes vós que me enviastes para cá, mas Deus, e ele me estabeleceu como paiᵍ para o Faraó, como senhor de toda a sua casa, como governador de todas as regiões do Egito.

---

a) Da parte de um poderoso, ou de Deus, é sinal de benevolência (Jr 39,12; 40,4; Sl 33,18; 34,17).

b) "não está conosco", grego; "não está", hebr.

c) As tradições eloísta e javista estão misturadas neste desfecho.

d) Segundo o grego; hebr. corrompido.

e) Susto dos irmãos, que temem uma vingança (cf. 50,15s).

f) Estes vv. 5-8 dão, com 50,20, a chave da história de José (cf. 37,2+).

g) "Pai" é um título do vizir (cf. Is 9,5; 22,21; Est 3,13f [= Vulg. 13,6]; 8,12ˡ [=16,11]).

⁹Subi depressa à casa de meu pai e dizei-lhe: 'Assim fala teu filho José: Deus me estabeleceu senhor de todo o Egito. Desce sem tardar para junto de mim. ¹⁰Tu habitarás na terra de Gessen,ᵃ e estarás junto de mim, tu, teus filhos, teus netos, tuas ovelhas e teus bois, e tudo o que te pertence. ¹¹Ali eu te manterei, pois a fome durará ainda cinco anos, a fim de que não fiqueis na indigência, tu, tua família e tudo o que tens.' ¹²Vedes com vossos próprios olhos e meu irmão Benjamim vê que é minha boca que vos fala. ¹³Narrai a meu pai toda a glória que tenho no Egito e tudo o que vistes, e apressai-vos em fazer meu pai descer para cá."

¹⁴Então ele se lançou ao pescoço de seu irmão Benjamim e chorou. Benjamim também chorou em seu pescoço. ¹⁵Em seguida ele cobriu de beijos todos os seus irmãos e, abraçando-os, chorou. Depois disso seus irmãos se entretiveram com ele.

O convite do Faraó — ¹⁶A notícia de que os irmãos de José tinham vindo chegou ao palácio do Faraó, e tanto o Faraó quanto seus oficiais viram isso com bons olhos. ¹⁷Assim falou o Faraó a José: "Dize a teus irmãos: 'Fazei assim: carregai vossos animais e ide à terra de Canaã. ¹⁸Tomai vosso pai e vossas famílias e voltai para mim; eu vos darei a melhor terra do Egito e comereis da fartura da terra.' ¹⁹Quanto a ti, dá-lhesᵇ esta ordem: 'Fazei assim: levai da terra do Egito carros para vossos filhos pequenos e vossas mulheres, tomai vosso pai e vinde. ²⁰Não tenhais nenhum pesar pelo que deixardes, porque será vosso o que houver de melhor na terra do Egito.'"

O retorno a Canaã — ²¹Assim fizeram os filhos de Israel. José lhes providenciou carros conforme a ordem do Faraó, e lhes deu provisões para a viagem. ²²A cada um deles deu uma roupa de festa, mas a Benjamim deu trezentos siclos de prata e cinco roupas de festa. ²³A seu pai enviou dez jumentos carregados com os melhores produtos do Egito e dez jumentas carregadas de trigo, pão e víveres para a viagem de seu pai. ²⁴Depois despediu seus irmãos, que partiram, não antes que lhes dissesse: "Não vos exciteisᶜ no caminho!"

²⁵Eles subiram, pois, do Egito, e chegaram à terra de Canaã, à casa de seu pai Jacó. ²⁶Eles lhe anunciaram: "José ainda vive, é ele quem governa toda a terra do Egito!" Mas seu coração não palpitava, pois ele não acreditava. ²⁷Entretanto, quando repetiram todas as palavras que José lhes dissera, quando viu os carros que José enviara para levá-lo, então reanimou-se o espírito de seu pai Jacó. ²⁸E Israel disse: "Basta! José, meu filho, ainda está vivo! Que eu vá vê-lo antes de morrer!"

46

*Saída de Jacó para o Egito*ᵈ — ¹Israel partiu com tudo o que possuía. Chegando a Bersabeia, ofereceu sacrifícios ao Deus de seu pai Isaac, ²e Deus disse a Israel, numa visão noturna:ᵉ "Jacó! Jacó!" E ele respondeu: "Eis-me aqui." ³Deus retomou: "Eu sou El, o Deus de teu pai. Não tenhas medo de descer ao Egito, porque lá eu farei de ti uma grande nação. ⁴Eu descerei contigo ao Egito, eu te farei voltar a subir, e José te fechará os olhos." ⁵Jacó partiu de Bersabeia, e os filhos de Israel fizeram seu pai Jacó, seus netos e suas mulheres subir nos carros que o Faraó enviara para levá-los.

---

a) Região oriental do Delta.
b) "dá-lhes esta ordem", grego, Vulg.; "recebeste esta ordem", hebr.
c) O texto não diz nada mais e o sentido fica incerto: inquietudes? disputas? precipitação?
d) Esta passagem harmoniza dados de diferentes tradições. A tradição javista (v. 1) faz provavelmente Jacó-Israel partir de Hebron, onde o havia deixado (37,14); a tradição eloísta faz Jacó partir de Bersabeia (v. 5). Os vv. 6-7 e talvez 26-27 são de tradição sacerdotal.
e) É a última teofania da época patriarcal. Deus ordena a Jacó que desça ao Egito (já na perspectiva do Êxodo, v. 4), como ordenara a Abraão que partisse para Canaã (12,1).

⁶Eles tomaram seus rebanhos e tudo o que tinham adquirido na terra de Canaã e vieram para o Egito, Jacó e todos os seus descendentes com ele: ⁷seus filhos e os filhos de seus filhos, suas filhas e as filhas de seus filhos; todos os seus descendentes ele os levou consigo para o Egito.

A família de Jacó[a] — ⁸Eis os nomes dos filhos de Israel que vieram para o Egito, Jacó e seus filhos. Rúben, o mais velho de Jacó, ⁹e os filhos de Rúben: Henoc, Falu, Hesron, Carmi. ¹⁰Os filhos de Simeão: Jamuel, Jamin, Aod, Jaquin, Soar e Saul, o filho da cananeia. ¹¹Os filhos de Levi: Gérson, Caat, Merari. ¹²Os filhos de Judá: Her, Onã, Sela, Farés e Zara (mas Her e Onã morreram na terra de Canaã), e os filhos de Farés, Hesron e Hamul. ¹³Os filhos de Issacar: Tola, Fua, Jasub e Semron. ¹⁴Os filhos de Zabulon: Sared, Elon, Jaelel. ¹⁵Esses são os filhos que Lia gerou a Jacó em Padã-Aram, além de sua filha Dina; ao todo, filhos e filhas, trinta e três pessoas.

¹⁶Os filhos de Gad: Safon, Hagi, Suni, Esebon, Eri, Arodi e Areli. ¹⁷Os filhos de Aser: Jamne, Jesua, Jessui, Beria e sua irmã Sara; os filhos de Beria: Héber e Melquiel. ¹⁸Esses são os filhos de Zelfa, que Labão deu à sua filha Lia; ela gerou esses para Jacó, dezesseis pessoas.

¹⁹Os filhos de Raquel, mulher de Jacó: José e Benjamim. ²⁰José teve como filhos no Egito Manassés e Efraim, nascidos de Asenet, filha de Putifar, sacerdote de On. ²¹Os filhos de Benjamim: Bela, Bocor, Asbel, Gera, Naamã, Equi, Ros, Mofim, Ofim e Ared. ²²Esses são os filhos que Raquel gerou para Jacó, ao todo catorze pessoas.

²³Os filhos de Dã: Husim. ²⁴Os filhos de Neftali: Jasiel, Guni, Jeser e Selém. ²⁵Esses são os filhos de Bala, que Labão deu à sua filha Raquel; esses ela gerou para Jacó, ao todo sete pessoas.

²⁶Os que vieram com Jacó para o Egito, seus descendentes, sem contar as mulheres dos filhos de Jacó, eram ao todo sessenta e seis. ²⁷Os filhos de José que lhe nasceram no Egito eram em número de dois. Total das pessoas da família de Jacó que vieram para o Egito: setenta.[b]

A acolhida de José[c] — ²⁸Israel enviou Judá na frente a José, para que este comparecesse[d] diante dele em Gessen, e eles chegaram à terra de Gessen. ²⁹José preparou seu carro e subiu ao encontro de seu pai Israel em Gessen. Ao vê-lo, lançou-se ao seu pescoço e, beijando-o, chorou longamente. ³⁰Israel disse a José: "Agora posso morrer, depois que vi teu rosto e que ainda estás vivo!"

³¹Então José disse a seus irmãos e à família de seu pai: "Vou subir para comunicar ao Faraó e lhe dizer: 'Meus irmãos e a família de meu pai, que estavam na terra de Canaã, vieram para junto de mim. ³²Estes homens são pastores — eles se ocupam com rebanhos — e trouxeram suas ovelhas e seus bois e tudo o que lhes pertence.' ³³Assim, quando o Faraó vos chamar e vos perguntar: 'Qual é a vossa profissão?,' ³⁴vós respondereis: 'Teus servos se ocuparam de rebanhos desde sua mais tenra idade até agora, tanto nós como nossos pais.' Deste modo podereis permanecer na terra de Gessen." Com efeito, os egípcios têm horror aos pastores.[e]

---

a) O quadro da família de Jacó, que não se referia originariamente à descida ao Egito, foi inserido aqui tardiamente por um redator sacerdotal.
b) A versão grega acrescenta cinco descendentes de Efraim e de Manassés, donde o total de setenta e cinco, conservado por At 7,14.
c) A seção formada por 46,28-47,5a.6b.12 vem das tradições javistas.
d) "comparecesse", sam., sir. Texto incerto.

e) Esta última frase não corresponde ao conselho que precede (vv. 32-34a), nem à resposta efetivamente dada ao Faraó (47,3-4), nem, finalmente, à missão eventualmente confiada de guardar o rebanho do próprio Faraó (47,6b); ela é provavelmente um acréscimo. Desejou-se explicá-la pelo ódio dos egípcios pelos hicsos, os reis "Pastores". Mas esta explicação do termo "hicsos" não é anterior à época grega.

47 **A audiência do Faraó** — ¹Foi, pois, José comunicar ao Faraó: "Meu pai e meus irmãos," disse ele, "chegaram da terra de Canaã com suas ovelhas e seus bois e tudo o que lhes pertence; eis que estão na terra de Gessen." ²Ele tomara cinco de seus irmãos e os apresentou ao Faraó. ³Este perguntou a seus irmãos: "Qual é a vossa profissão?" E eles responderam: "Teus servos são pastores, tanto nós como nossos pais." ⁴Eles disseram também ao Faraó: "Viemos habitar nesta terra porque não há mais pastagem para os rebanhos de teus servos: a fome, com efeito, assola a terra de Canaã. Permite agora que teus servos fiquem na terra de Gessen." ⁵ᵃEntão[a] o Faraó disse a José: ⁶ᵇ"Que eles habitem a terra de Gessen e, se sabes haver entre eles homens capazes, põe-nos administradores de meus próprios rebanhos."

Outra narrativa — ⁵ᵇJacó e seus filhos vieram ao Egito junto a José. O Faraó, rei do Egito, sabendo disso, disse a José: "Teu pai e teus irmãos vieram para junto de ti. ⁶ᵃA terra do Egito está à tua disposição: estabelece teu pai e teus irmãos na melhor região.[b] ⁷Então José introduziu seu pai Jacó e o apresentou ao Faraó, e Jacó saudou o Faraó. ⁸O Faraó perguntou a Jacó: "Quantos são teus anos de vida?" ⁹E Jacó respondeu ao Faraó: "Os anos de minha peregrinação sobre a terra são cento e trinta; meus anos foram breves e infelizes, e não atingiram a idade de meus pais, os anos da peregrinação deles." ¹⁰Jacó saudou o Faraó e despediu-se dele. ¹¹José estabeleceu seu pai e seus irmãos e lhes deu uma propriedade na terra do Egito, na melhor região, a terra de Ramsés,[c] como ordenara o Faraó.

¹²E José providenciou pão para seu pai, para seus irmãos e para toda a família de seu pai, segundo o número de seus filhos.

Política agrária de José[d] — ¹³Não havia pão em toda a terra, pois a fome tornara-se muito dura e a terra do Egito e a terra de Canaã desfaleciam de fome. ¹⁴José reuniu todo o dinheiro que se encontrava na terra do Egito e na terra de Canaã em troca do mantimento que se comprava e entregou esse dinheiro ao palácio do Faraó.

¹⁵Quando se esgotou o dinheiro da terra do Egito e da terra de Canaã, todos os egípcios vieram a José, dizendo: "Dá-nos pão! Por que deveríamos morrer sob tua vista? Pois não há mais dinheiro." ¹⁶Então disse José: "Trazei vossos rebanhos e vos darei pão[e] em troca de vossos rebanhos, se não há mais dinheiro." ¹⁷Eles trouxeram seus rebanhos a José e este lhes deu pão em troca de cavalos, de ovelhas, de bois e de jumentos; naquele ano ele os sustentou de pão em troca de seus rebanhos.

¹⁸Quando terminou aquele ano, no ano seguinte voltaram a ele e lhe disseram: "Não podemos ocultá-lo a meu senhor: esgotou-se, na verdade, o dinheiro e os animais já pertencem a meu senhor, nada mais resta à disposição de meu senhor senão nossos corpos e nosso terreno. ¹⁹Por que deveríamos morrer sob tua vista, nós e nosso terreno? Compra-nos, pois, a nós e a nosso terreno em troca de pão, e nós seremos, com nosso terreno, os servos do Faraó. Mas dá-nos semente a fim de que vivamos e não morramos, e o nosso terreno não fique desolado."

---

a) Segue-se a ordem do grego (5a-6b-5b-6a).
b) Tradição sacerdotal do estabelecimento no Egito.
c) Aqui, o nome é anacrônico. "Ramsés" (identificado com Tânis ou Qantir) só recebeu mais tarde esse nome, de Ramsés II.
d) Este parágrafo de tradição javista se liga ao cap. 41. Os israelitas, para os quais a propriedade privada era a regra, espantaram-se com o sistema fundiário do Egito, onde quase todas as terras eram bens da coroa. É possível que na época de Salomão, quando se expandiram os domínios da coroa, quando foram estabelecidos impostos em natureza, quando se instituiu a corveia, os sábios da corte tenham considerado o regime egípcio como um ideal e tenham dado a José a glória de tê-lo inaugurado.
e) "pão", versões; omitido pelo hebr.

⁲⁰Comprou assim José, para o Faraó, todos os terrenos do Egito, pois os egípcios venderam, cada qual, o seu campo, tanto os impelia a fome, e o país passou às mãos do Faraó. ²¹Quanto aos homens, ele os reduziu à servidão,ᵃ de uma extremidade a outra do território egípcio. ²²Somente o terreno dos sacerdotes ele não comprou, pois os sacerdotes recebiam uma renda do Faraó e viviam da renda que recebiam do Faraó. Por isso não tiveram que vender seu terreno.

²³Depois José disse ao povo: "Agora, portanto, eu vos comprei para o Faraó, com vosso terreno. Eis aqui as sementes para semear vosso terreno. ²⁴Mas, das colheitas, deveis dar um quinto ao Faraó, e as outras quatro partes serão vossas, para a semeadura do campo, para vosso sustento e o de vossa família, para que comam vossos filhos." ²⁵Eles responderam: "Tu nos salvaste a vida! Achemos graça aos olhos de meu senhor e seremos os servos do Faraó." ²⁶José fez disso uma regra, que vale ainda hoje para todos os terrenos do Egito: a quinta parte é depositada para o Faraó. Só o terreno dos sacerdotes não ficou sendo do Faraó.

*Últimas vontades de Jacó*ᵇ — ²⁷Assim Israel estabeleceu-se na terra do Egito, na região de Gessen. Aí eles adquiriram propriedades, foram fecundos e se tornaram muito numerosos. ²⁸Jacó viveu dezessete anos na terra do Egito e a duração da vida de Jacó foi de cento e quarenta e sete anos. ²⁹Aproximando-se para Israel o tempo de sua morte, chamou seu filho José e lhe disse: "Se tenho o teu afeto, põe tua mão sob minha coxa, mostra-me benevolência e bondade: peço-te que não me enterres no Egito! ³⁰Quando eu tiver dormido com meus pais, tu me levarás do Egito e me enterrarás no túmulo deles." Ele respondeu: "Eu farei como disseste." ³¹Mas seu pai insistiu: "Jura-me." E ele jurou, enquanto Israel se inclinava sobre a cabeceira de seu leito.ᶜ

48 *Jacó adota e abençoa os dois filhos de José*ᵈ — ¹Aconteceu que, depois desses fatos, foi dito a José: "Eis que teu pai está doente!" E ele levou consigo seus dois filhos, Manassés e Efraim. ²Quando se anunciou a Jacó: "Eis aqui teu filho José, que veio para junto de ti," Israel reuniu suas forças e sentou-se no leito. ³Depois Jacó disse a José: "El Shaddai me apareceu em Luza, na terra de Canaã, e me abençoou ⁴e disse: 'Eu te tornarei fecundo e te multiplicarei, eu te farei tornar uma assembleia de povos e darei esta terra como posse perpétua a teus descendentes.' ⁵Agora, os dois filhos que te nasceram na terra do Egito, antes que eu viesse para junto de ti no Egito, serão meus! Efraim e Manassés serão meus, como Rúben e Simeão. ⁶Quanto aos filhos que geraste depois deles, serão teus; em nome de seus irmãos receberão a herança.

⁷Quando eu voltava de Padã, tua mãe Raquel morreu, para minha infelicidade, na terra de Canaã, em viagem, a pouca distância de Éfrata, e eu a enterrei lá no caminho de Éfrata, que é Belém."

⁸Israel viu os dois filhos de José e perguntou: "Quem são estes?" — ⁹"São os filhos que Deus me deu aqui," respondeu José a seu pai; e este retomou: "Traze-os perto de mim, para que eu os abençoe." ¹⁰Ora, os olhos

---

a) "ele os reduziu à servidão", sam., grego; "ele os deportou nas cidades", hebr.
b) Tradição javista com uma nota sacerdotal (vv. 27b-28).
c) Por causa de uma confusão entre *mitah*, "leito", e *matteh*, "cajado", a versão grega representa Jacó prostrando-se sobre seu cajado.
d) Este capítulo combina várias tradições: javista — eloísta (vv. 1-2.8-22); sacerdotal (vv. 3-7). Elas querem explicar, pelas últimas disposições de Jacó, por que Manassés e Efraim, filhos de José, se tornaram pais de tribos da mesma forma que os filhos de Jacó, porque estas duas tribos prosperaram, por que a tribo de Efraim ultrapassou a tribo de Manassés.

de Israel estavam enfraquecidos pela velhice; ele não via mais, e José os fez aproximar-se dele, que os beijou e os apertou entre os braços. ¹¹E Israel disse a José: "Eu não pensava rever teu rosto e eis que Deus me fez ver até teus descendentes!" ¹²Então José os retirou de seu colo e se prostrou com o rosto por terra.*ª*

¹³José tomou a ambos, Efraim com sua mão direita para que ficasse à esquerda de Israel, Manassés com sua mão esquerda para que ficasse à direita de Israel, e os aproximou dele. ¹⁴Mas Israel estendeu a mão direita e a colocou sobre a cabeça de Efraim, que era o mais novo, e a mão esquerda sobre a cabeça de Manassés, cruzando as mãos — embora o mais velho fosse Manassés. ¹⁵Ele abençoou a José, dizendo:

"Que o Deus diante de quem caminharam meus pais Abraão e Isaac,
    que o Deus que foi meu pastor desde que eu vivo até hoje,
¹⁶que o Anjo que me salvou de todo mal abençoe estas crianças,
    que nelas sobrevivam o meu nome e o nome de meus pais, Abraão e Isaac,
    que elas cresçam e se multipliquem sobre a terra!"

¹⁷Entretanto José viu que seu pai punha a mão direita sobre a cabeça de Efraim e isso lhe desagradou. Ele tomou a mão de seu pai a fim de desviá-la da cabeça de Efraim para a cabeça de Manassés, ¹⁸e José disse a seu pai: "Não assim, pai, pois é este o mais velho: põe tua mão direita sobre sua cabeça."*ᵇ* ¹⁹Mas seu pai recusou-se e disse: "Eu sei, meu filho, eu sei: também ele se tornará um povo, também ele será grande. Entretanto, seu filho mais moço será maior que ele, sua descendência se tornará uma multidão de nações."*ᶜ* ²⁰Naquele dia, ele os abençoou assim:

"Sede uma bênção em Israel e que se diga:
Que Deus te torne semelhante a Efraim e a Manassés!"
colocando assim Efraim antes de Manassés.

²¹Depois Israel disse a José: "Eis que vou morrer, mas Deus estará convosco e vos reconduzirá à terra de vossos pais. ²²Quanto a mim, eu te dou um Siquém*ᵈ* a mais que a teus irmãos, o que conquistei dos amorreus com minha espada e com meu arco."

49 Bênçãos de Jacó*ᵉ*

— ¹Jacó chamou seus filhos e disse: "Reuni-vos, eu vos anunciarei o que vos acontecerá nos tempos vindouros. ²Reuni-vos, escutai, filhos de Jacó,
escutai Israel, vosso pai:

---

a) As crianças foram postas no colo (lit.: "entre os joelhos") de Jacó, o que deve fazer parte do rito de adoção (cf. 16,2 e 30,3). José se retira de lá e se prostra para receber com elas a bênção de seu pai.

b) Os gestos de bênção são eficazes em si mesmos e a mão direita proporciona mais que a esquerda.

c) Efraim, com efeito, se tornará a tribo mais importante do grupo do Norte, o núcleo do futuro reino de Israel.

d) O hebraico joga com a palavra *shekem*, que significa "ombro" e designa também a cidade e o distrito de Siquém, que serão devolvidos aos filhos de José e onde o próprio José será enterrado (Js 24,32). Jacó divide a Terra Santa como o pai de família ou o oficiante distribui as partes da refeição sacrifical (1Sm 1,4s), sendo o ombro um pedaço escolhido (1Sm 9,23-24). É uma tradição isolada sobre a partilha de Canaã por Jacó e sobre uma conquista, pelas armas, da terra de Siquém, onde, segundo 33,19, Jacó tinha somente comprado um campo.

e) Título tradicional, mas trata-se mais de oráculos (cf. v. 1): o Patriarca manifesta — e determina por suas palavras — o destino de seus filhos, isto é, das tribos que levam seus nomes. Os oráculos fazem certamente alusão a acontecimentos da época patriarcal (Rúben, Simeão, Levi), mas descrevem uma situação posterior. A preeminência dada a Judá e a honra feita à casa de José (Efraim e Manassés) indica uma época em que essas tribos desempenhavam juntas um papel preponderante na vida nacional: o poema, em sua última forma, não pode ser mais tardio que o reino de Davi, mas muitos dos seus elementos são anteriores à monarquia. Seguramente não se pode atribuí-lo a nenhuma das três grandes "fontes" do Gênesis, onde ele foi inserido tardiamente. — Cf. o quadro das tribos no cântico de Débora (Jz 5), mais antigo, e nas Bênçãos de Moisés (Dt 33), mais recentes como conjunto. — O texto está frequentemente num estado muito corrompido.

³ Rúben, tu és meu primogênito, 29,32
meu vigor, as primícias de minha virilidade,
cúmulo de altivez e cúmulo de força,
⁴ impetuoso como as águas: não serás colmado, 35,22
porque subiste ao leito de teu pai
e profanaste minha cama, contra mim!ᵃ

⁵ Simeão e Leviᵇ são irmãos,
seus tratados são instrumentos de violência.ᶜ
⁶ Que minha alma não entre em seu conselho, 34,25-31
que meu coração não se una ao seu grupo,
porque na sua cólera mataram homens,
em seu capricho mutilaram touros.
⁷ Maldita sua cólera por seu rigor,
maldito seu furor por sua dureza.
Eu os dividirei em Jacó,
eu os dispersarei em Israel.

⁸ Judá,ᵈ teus irmãos te louvarãoᵉ, 27,29
tua mão está sobre a cerviz de teus inimigos 37,7.9
e os filhos de teu pai se inclinarão diante de ti.
⁹ Judá é um leãozinho: Ap 5,5
da presa, meu filho, tu subiste;
agacha-se, deita-se como um leão,
como leoa: quem o despertará?
¹⁰ O cetro não se afastará de Judá, Nm 24,17
nem o bastão de chefe de entre seus pés, Mq 5,1-3
até que o tributo lhe seja trazidoᶠ Is 9,5s;
e que lhe obedeçam os povos.ᵍ 11,1s
Zc 9,9
2Sm 7,1 +
Ez 21,32
¹¹ Liga à vinha seu jumentinho, Ap 7,14;
à cepa o filhote de sua jumenta, 19,13
lava sua roupa no vinho,
seu manto no sangue das uvas,
¹² seus olhos estão turvos de vinho,
seus dentes brancos de leite.

¹³ Zabulon reside à beira-mar,
é marinheiroʰ sobre os navios,
tem Sidônia a seu lado.

¹⁴ Issacar é um jumento robusto,
deitado entre uma dupla mureta.ⁱ

a) O hebr. acrescenta *'alah* ("ele subiu"), talvez corrupção de *'awlah*, "iniquidade". Rúben, o primogênito, perde sua preeminência, como castigo de seu incesto. A tribo é ainda importante, segundo o cântico de Débora; mas, nas Bênçãos de Moisés, ela tem um número reduzido de guerreiros (Dt 33,6).
b) Amaldiçoados juntos por causa de seu ataque traiçoeiro contra Siquém. Essas tribos serão dispersas em Israel: a de Simeão se extinguiu bem depressa, absorvida sobretudo por Judá; a de Levi desapareceu como tribo profana, mas seu ofício religioso, aqui passado em silêncio, é exaltado (Dt 33,8-11).
c) "tratados", sentido incerto; costuma-se aproximar o termo hebraico (*makerotêhem*) da raiz *karat*, no sentido de "concluir" (uma aliança, um tratado).
d) Ao anúncio da primazia e da força de Judá (vv. 8-9) acrescenta-se um oráculo messiânico (vv. 10-12). — Em Dt 33,7, Judá vivia separado de seu povo: o cisma já estava consumado.
e) Em hebraico *yôdû*, fazendo um jogo de palavras com o nome de Judá (cf. 29,35).
f) Texto e sentido muito discutidos. "Até o que o tributo lhe seja trazido" (*shaïlô*) conj. o hebr. "até que venha *Shiloh*" é ininteligível. Pode-se ver aí uma referência a Davi, fundador de um império, mas a Davi como tipo do Messias.
g) Lit.: "A ele a obediência dos povos" As versões leram "a esperança", que explicita o sentido messiânico da passagem.
h) "marinheiro", conj.; hebr. repete "à beira". Poder-se-ia compreender: "Ele tem navios na costa" — Zabulon se fixará na costa, perto da Fenícia (Sidônia).
i) As muretas convergem para a entrada do curral do rebanho (cf. Jz 5,16; Sl 68,14). — Issacar, instalado na rica planície de Esdrelon, se enfraqueceu e aceitou o jugo dos cananeus.

> ¹⁵Ele viu que o repouso era bom,
> que a terra era agradável,
> baixou seu ombro à carga,
> e sujeitou-se ao trabalho escravo.

2Sm 20,18
> ¹⁶Dã[a] julga seu povo,
> como cada tribo de Israel.
> ¹⁷Dã é uma serpente sobre o caminho,
> uma cerasta[b] sobre a vereda,
> que morde nos talões do cavalo
> e o cavaleiro cai para trás!

Is 25,9
> ¹⁸Em tua salvação eu espero, ó Iahweh![c]

> ¹⁹Gad, guerrilheiros o guerrilharão
> e ele guerreia e os fustiga.[d]

Dt 33,24
> ²⁰Aser, seu pão é abundante,
> ele oferece manjares de rei.

> ²¹Neftali é uma gazela veloz
> que tem formosas crias.[e]

|| Dt 33,13-17
> ²²José é um rebento fecundo perto da fonte,
> cujas canas ultrapassam o muro.[f]
> ²³Os arqueiros o exasperaram,
> atiraram e o aborreceram.
> ²⁴Mas seu arco permaneceu firme,
> e os músculos de seus braços, ágeis,
> pelas mãos do Poderoso de Jacó,
> pelo nome do Pastor, a Pedra de Israel,[g]

17,1 +
> ²⁵pelo Deus de teu pai, que te socorre,
> por El Shaddai[h] que te abençoa:
> Bênçãos dos céus no alto,
> bênçãos do abismo deitado embaixo,[i]
> bênçãos das mamas e do seio,
> ²⁶bênçãos de teu pai te elevaram
> sobre bênçãos das montanhas antigas,[j]
> sobre as aspirações das colinas eternas,
> que elas venham sobre a cabeça de José,
> sobre a fronte do consagrado[k] entre seus irmãos!

> ²⁷Benjamim[l] é um lobo voraz,
> de manhã devora uma presa,
> até à tarde reparte o despojo."

---

a) "Dã julga": *dan yadîn*, jogo de palavras como em 30,6.
b) A perigosa víbora de chifres.
c) Exclamação sálmica, que marca aproximadamente a metade do poema.
d) O v. 19 é uma sequência de aliterações: *gad gedûd yegûdennû... yagud*. Instalado na Transjordânia, Gad devia se defender das razias dos nômades.
e) "crias": *'immerê*, conj.; "palavras": *'imrê*, hebr. O texto é incerto.
f) Texto corrompido. Outra tradução: "um búfalo, José, um búfalo (cf. Os 10,11) junto de uma fonte; nos prados (corr.), seu rastro está perto de um touro (*shôr* em lugar de *shûr*, cf. v. 6)". O texto teria sido amenizado para eliminar qualquer aproximação possível com o culto do touro (cf. Os 8,3).

g) A tradução do v. 24 é incerta; "os músculos de seus braços", lit. "os braços de suas mãos". — O verbo *pzz* ("ser ágil") encontra-se apenas aqui e em 2Sm 6,16 ("saltar"). A "Pedra de Israel": equivalente do "Rochedo" que designa frequentemente Iahweh (Dt 32,4; Sl 18,3).
h) "El Shaddai", versões; "com Shaddai", hebr.
i) A massa das águas inferiores, fonte de fertilidade (Dt 8,7).
j) "montanhas antigas" (*harerê 'od*), segundo o grego e Dt 33,15; hebraico (*hôrai 'ad*) ininteligível.
k) "consagrado", hebr. *nazîr* (ver Nm 6).
l) Este aspecto guerreiro e feroz de Benjamim corresponde à história posterior da tribo (cf. Jz 3,15s; 5,14; cap. 19,20) e à carreira de Saul (1Sm).

²⁸Todos estes formam as tribos de Israel, em número de doze, e eis o que lhes disse seu pai. Ele os abençoou: a cada um segundo a bênção que lhe convinha.

Últimos momentos e morte de Jacó[a] — ²⁹Depois lhes deu esta ordem: "Eu vou me reunir aos meus. Enterrai-me junto de meus pais, na gruta que está no campo de Efron, o heteu, ³⁰na gruta do campo de Macpela, diante de Mambré, na terra de Canaã, — o campo que Abraão comprara de Efron, o heteu, como posse funerária. ³¹Lá foram enterrados Abraão e sua mulher Sara, lá foram enterrados Isaac e sua mulher Rebeca, lá eu enterrei Lia: ³²o campo e a gruta que nele está, que foram comprados dos filhos de Het."

³³Quando Jacó acabou de dar suas instruções a seus filhos, recolheu os pés sobre o leito; ele expirou e foi reunido aos seus.

50 Funerais de Jacó[b] —

¹Então José se lançou sobre o rosto de seu pai, cobriu-o de lágrimas e de beijos. ²Em seguida José deu ordem aos médicos que estavam a seu serviço de embalsamar seu pai, e os médicos embalsamaram Israel. ³Isso durou quarenta dias, pois é essa a duração do embalsamamento.

Os egípcios o choraram setenta dias. ⁴Quando terminaram os tempos de luto, José falou assim no palácio do Faraó: "Se tendes amizade por mim, dizei isto aos ouvidos do Faraó: ⁵meu pai me fez prestar juramento: 'eu vou morrer,' disse-me ele; 'tenho um túmulo que mandei cavar na terra de Canaã, é lá que me enterrarás.' Que me seja permitido, pois, subir para enterrar meu pai, depois voltarei." ⁶O Faraó respondeu: "Sobe e enterra teu pai como ele te fez jurar."

⁷José subiu para enterrar seu pai, e com ele subiram todos os oficiais do Faraó, os dignitários de seu palácio e todos os dignitários da terra do Egito, ⁸bem como toda a família de José, seus irmãos e a família de seu pai. Na terra de Gessen, só deixaram os inválidos,[c] as ovelhas e os bois. ⁹Com ele subiram também carros e cocheiros: era um cortejo muito imponente.

¹⁰Chegando a Goren-Atad — está além do Jordão —, aí fizeram uma grande e solene lamentação, e José celebrou por seu pai um luto de sete dias. ¹¹Os habitantes da terra, os cananeus, viram o luto em Goren-Atad: "Eis um grande luto para os egípcios;" e foi por isso que se chamou este lugar de Abel-Mesraim[d] — região que está além do Jordão.

¹²Seus filhos fizeram o que ele lhes tinha ordenado ¹³e o transportaram para a terra de Canaã e o enterraram na gruta do campo de Macpela, que Abraão comprara de Efron, o heteu, como posse funerária, diante de Mambré.

¹⁴José voltou então ao Egito, bem como seus irmãos e todos os que tinham subido com ele para enterrar seu pai.

Da morte de Jacó à morte de José — ¹⁵Vendo que seu pai estava morto, disseram entre si os irmãos de José: "E se José for nos tratar como inimigos e nos retribuir todo o mal que lhe fizemos?" ¹⁶Por isso, mandaram dizer a José: "Antes de morrer, teu pai expressou esta vontade: ¹⁷'Assim falareis a José: Perdoa a teus irmãos seu crime e seu pecado, todo o mal que te fizeram!' Agora, pois, queiras perdoar o crime dos servos do Deus de teu pai!" E José chorou ouvindo as palavras que lhe dirigiam.

---

a) Conclusão da vida de Jacó segundo a tradição sacerdotal.
b) O capítulo mistura as tradições javista (vv. 1-11.14) e eloísta (vv. 15-26), com um toque sacerdotal nos vv. 12-13.
c) Traduz-se também "os netos", mas o termo hebraico tem certamente, aqui e em outras passagens (43,8; 47,12; 50,8.21), um sentido mais amplo: os dependentes, filhos pequenos, velhos.
d) Goren-haAtad "eira do espinho", e *Abel-Miçraim*: "prado dos egípcios", com um jogo de palavras entre *'abel*, "prado", e *'ebel*, "luto". Lugares desconhecidos. Têm-se aqui vestígios de uma tradição diferente da de Macpela: Jacó teria sido enterrado na Transjordânia.

¹⁸Vieram os seus próprios irmãos e, lançando-se a seus pés, disseram: "Eis-nos aqui como teus escravos!" ¹⁹Mas José lhes disse: "Não tenhais medo algum! Acaso estou no lugar de Deus? ²⁰O mal que tínheis intenção de fazer-me, o desígnio de Deus o mudou em bem, a fim de cumprir o que se realiza hoje: salvar a vida a um povo numeroso. ²¹Agora, não temais: eu vos sustentarei, bem como a vossos filhos." Ele os consolou e lhes falou afetuosamente.

²²Assim, José e a família de seu pai permaneceram no Egito, e José viveu cento e dez anos. ²³José viu os filhos de Efraim até à terceira geração, e também os filhos de Maquir, filho de Manassés, nascidos sobre os joelhos de José. ²⁴Enfim José disse a seus irmãos: "Eu vou morrer, mas Deus vos visitará e vos fará subir deste país para a terra que ele prometeu, com juramento, a Abraão, Isaac e Jacó." ²⁵E José fez os filhos de Israel jurarem: "Quando Deus vos visitar, levareis os meus ossos daqui."

²⁶José morreu com a idade de cento e dez anos; embalsamaram-no e foi posto num sarcófago, no Egito.

ÊXODO

I. A libertação do Egito

1. ISRAEL NO EGITO[a]

1 *A descendência de Jacó* — ¹Eis os nomes dos israelitas que entraram no Egito com Jacó; cada qual entrou com sua família: ²Rúben, Simeão, Levi e Judá, ³Issacar, Zabulon e Benjamim, ⁴Dã e Neftali, Gad e Aser. ⁵Os descendentes de Jacó eram, ao todo, setenta pessoas. José, porém, já estava no Egito.[b] ⁶Depois José morreu, bem como todos os seus irmãos e toda aquela geração. ⁷Os israelitas foram fecundos e se multiplicaram; tornaram-se cada vez mais numerosos e poderosos, a tal ponto que o país ficou repleto deles.

At 7,14-17
Gn 46,1-27
|| Gn 46,27
Dt 10,22
Gn 50,26
Sl 105,24
At 13,17

Opressão dos israelitas — ⁸Chegou ao poder sobre o Egito um novo rei, que não conhecia José. ⁹Ele disse à sua gente: "Eis que o povo dos israelitas tornou-se mais numeroso e mais poderoso do que nós. ¹⁰Vinde, tomemos sábias medidas para impedir que ele cresça; pois do contrário, em caso de guerra, aumentará o número dos nossos adversários e combaterá contra nós, para depois sair do país." ¹¹Portanto impuseram a Israel inspetores de obras para tornar-lhe dura a vida com os trabalhos que lhe exigiam.[c] Foi assim que ele construiu para Faraó[d] as cidades-armazéns de Pitom e de Ramsés.[e] ¹²Mas, quanto mais os oprimiam, tanto mais se multiplicavam e cresciam, o que fez temer os israelitas. ¹³Os egípcios obrigavam os israelitas ao trabalho, ¹⁴e tornavam-lhes amarga a vida com duros trabalhos: a preparação da argila, a fabricação de tijolos, vários trabalhos nos campos, e toda espécie de trabalhos aos quais os obrigavam.[f]

At 7,18-19
Sl 105,24
Gn 47,11
Dt 11,10

¹⁵O rei do Egito disse às parteiras dos hebreus,[g] das quais uma se chamava Sefra e a outra Fua: ¹⁶"Quando ajudardes as hebreias a darem à luz, observai

---

a) A lista inicial (vv. 1-5.7) pertence provavelmente à redação sacerdotal do Pentateuco. No resto do capítulo estão presentes as tradições javista (vv. 6.8-12), eloísta (vv. 15-22) e sacerdotal (vv. 13-14). Da vida dos grupos israelitas durante sua estada no Egito, o autor sagrado só conserva o que interessa à história religiosa que ele quer escrever: o desenvolvimento numérico das famílias saídas de Jacó e a opressão egípcia, cujo relato prepara o do Êxodo e da Aliança no Sinai. Sobre o lugar desses fatos na história geral ver a introdução, p. 24.
b) O grego traz: "setenta e cinco pessoas"(cf. Gn 46,27b+) e coloca "José estava no Egito" no princípio do v.
c) Não parece que o Egito tenha conhecido uma organização regular da corveia. Mas parte da mão-de-obra para os grandes trabalhos públicos era obtida entre os prisioneiros de guerra e os servos ligados aos domínios reais (cf. para Israel 2Sm 12,31). Os israelitas sentiram como opressão insuportável o fato de serem comparados às categorias inferiores: é compreensível que tenham querido retomar a vida livre do deserto; é compreensível também que os egípcios tenham considerado a proposta deles como uma revolta de escravos.
d) Transcrição do egípcio *Per-âa*, "a Casa grande", fórmula protocolar que designa o Palácio, a Corte, e, depois da XVIII dinastia, a própria pessoa do rei. "Faraó" é usado aqui como nome próprio.
e) Nome da residência do Faraó Ramsés II no Delta, identificada como Tânis ou Qantir. Essa menção aponta Ramsés II (1290-1224) como o Faraó opressor e fornece aproximadamente a data do Êxodo.
f) A história da opressão continuará em 5,6-23. Nos vv. seguintes, as medidas tomadas para o aniquilamento dos meninos não concordam com as necessidades da corveia. Preparam, no entanto, a história do nascimento de Moisés.
g) Os descendentes de Jacó são aqui, nos textos sobre a opressão, chamados "hebreus". Na perspectiva do Pentateuco, este nome vem sem dúvida do antepassado de Abraão (cf. Gn 10,24-30; 11,27). O nome é dado aos israelitas por outros, como no v. 16 ou em 2,6-7, ou eles o dão a si mesmos diante de outros, como no v. 19, mas é também usado na narração (v. 15; 2,11.13 etc.). Desejou-se explicá-lo pelos textos não bíblicos do segundo milênio a.C. falando de *Habiru/'apiru*. Fora da possível correspondência de *'ibrî*, "hebreus"; com *'apiru*, é possível que no Egito os israelitas tenham sido assimilados aos *'apiru*, prisioneiros de guerra.

as duas pedras.*ª* Se for menino, matai-o. Se for menina, deixai-a viver." ¹⁷As parteiras, porém, temeram a Deus e não fizeram o que o rei do Egito lhes havia ordenado, e deixaram os meninos viverem. ¹⁸Assim, pois, o rei do Egito chamou as parteiras e lhes disse: "Por que agistes desse modo, e deixastes os meninos viverem?" ¹⁹Elas responderam a Faraó: "As mulheres dos hebreus não são como as egípcias. São cheias de vida e, antes que as parteiras cheguem, já deram à luz." ²⁰Por isso Deus favoreceu essas parteiras; e o povo tornou-se muito numeroso e muito poderoso. ²¹E porque as parteiras temeram a Deus, ele lhes deu uma posteridade. ²²Então Faraó ordenou a todo o seu povo: "Jogai no Rio*ᵇ* todo menino que nascer. Mas deixai viver as meninas."

2. JUVENTUDE E VOCAÇÃO DE MOISÉS

Ex 6,20 **2** *Nascimento de Moisés*ᶜ — ¹Certo homem da casa de Levi foi tomar por esposa uma descendente de Levi, ²a qual concebeu e deu à luz um filho. At 7,20s Vendo que era belo, escondeu-o por três meses. ³E como não pudesse mais Hb 11,23 escondê-lo, tomou um cesto de papiro, calafetou-o com betume e pez, colocou dentro a criança e a depôs nos juncos, à beira do Rio. ⁴De longe, uma irmã do menino observava o que lhe iria acontecer.

⁵Eis que a filha de Faraó desceu para se lavar no Rio, enquanto as suas criadas andavam à beira do Rio. Ela viu o cesto entre os juncos e mandou uma de suas servas apanhá-lo. ⁶Abrindo-o, viu a criança: era um menino que chorava. Compadecida, disse: "É uma criança dos hebreus!" ⁷Então a sua irmã disse à filha de Faraó: "Queres que eu vá e te chame uma mulher dos hebreus que possa criar esta criança?" ⁸A filha de Faraó respondeu: "Vai!" Partiu, pois, a moça e chamou a mãe da criança. ⁹A filha de Faraó lhe disse: "Leva esta criança e cria-a e eu te darei a tua paga." A mulher recebeu a criança e a criou. At 7,21 ¹⁰Quando o menino cresceu, ela o entregou à filha de Faraó, a qual o adotou e lhe pôs o nome de Moisés, dizendo: "Eu o tirei das águas."*ᵈ*

Hb 11,24-27 *Fuga de Moisés para Madiã*ᵉ — ¹¹Naqueles dias, Moisés, já crescido,*ᶠ* saiu para ver os seus irmãos, e viu as tarefas que pesavam sobre eles; viu também um egípcio que feria um dos seus irmãos hebreus. ¹²E como olhasse para uma e outra parte e visse que ninguém estava ali, matou o egípcio e o escondeu na areia. ¹³No dia seguinte, voltou no momento em que dois hebreus estavam bri- At 7,35 gando, e disse ao agressor: "Por que feres o teu próximo?" ¹⁴E ele respondeu:

---

a) O banco sobre o qual se colocava a parturiente (ou então o sexo do recém-nascido?); sir.: "os dois joelhos"; o grego interpreta livremente: "quando elas estão a ponto de dar à luz".

b) O termo designa o rio do Egito por excelência, o Nilo. Todavia aplica-se também a um ou outro de seus braços principais.

c) Atribuído às tradições javista-eloísta, ou somente à tradição eloísta.

d) Etimologia popular do nome de Moisés (hebr. *moshê*) a partir do verbo *masha*, "tirar". Mas a filha do Faraó não falava hebraico. De fato, esse nome é egípcio. É conhecido na forma abreviada, *mosés*, ou na forma completa, p. ex., *Thutmosés* "o deus Tot nasceu". — A história de Moisés tirado das águas foi comparada com as lendas sobre a infância de algumas personagens célebres, de modo especial Sargon de Agadê, rei da Mesopotâmia no III milênio: sua mãe o havia depositado no rio em um cesto de junco.

e) Vv. 11-22 (ou segundo alguns, somente 15-22) de tradição javista. — Geralmente se situa Madiã na Arábia, ao sul de Edom, a leste do golfo de Ácaba, e o folclore árabe guardou a lembrança de uma estada de Moisés nessa região. Entretanto, essa localização é tardia. Alguns textos nos mostram os madianitas como grandes nômades que usavam os caminhos da Palestina (Gn 37,28.36), ou da península sinaítica (Nm 10,29-32) e faziam incursões em Moab (Gn 36,35; cf. também Nm 22,4.7; 25,6.18; 31,1-9; Js 13,21). É na Palestina central que eles serão derrotados por Gedeão (Jz 6-8; cf. Is 9,3; 10,26). Uma indicação mais precisa sobre o território deles é apresentada em 1Rs 11,18: um príncipe de Edom, fugindo para o Egito, atravessa Madiã e depois Farã (o sul do Negueb, entre Cades e o Egito). Portanto, é na península do Sinai, a leste do deserto de Farã, e não na Arábia, que seria necessário situar Madiã, onde Deus se revelou a Moisés.

f) O texto nada diz sobre a educação recebida por Moisés; 11,3 dirá simplesmente que ele se havia tornado "grande homem", e At 7,22 que ele "foi instruído em toda a sabedoria dos egípcios". Josefo e Fílon acrescentam pormenores lendários.

"Quem te constituiu nosso chefe e nosso juiz? Acaso queres matar-me como mataste ontem o egípcio?" Moisés teve medo e disse: "O fato já é conhecido!" ¹⁵Faraó, tendo notícia do caso, procurava matar Moisés. Mas este, fugindo da sua vista, retirou-se*ᵃ* para a terra de Madiã e assentou-se junto a um poço. ¹⁶Ora, um sacerdote de Madiã*ᵇ* tinha sete filhas. Elas, tendo vindo tirar água, depois de terem enchido os bebedouros, queriam dar de beber ao rebanho de seu pai. ¹⁷Sobrevieram uns pastores e as expulsaram dali. Então Moisés se levantou e, defendendo as moças, deu de beber ao rebanho. ¹⁸Elas voltaram para Ragüel,*ᶜ* seu pai, e este lhes disse: "Por que voltastes mais cedo hoje?" ¹⁹Responderam: "Um egípcio nos livrou da mão dos pastores e, além disso, tirou água para nós e deu de beber ao rebanho." — ²⁰"Onde está ele?", perguntou o pai. "Por que deixastes ir esse homem? Chamai-o para comer." ²¹Moisés decidiu ficar com ele, que deu a Moisés sua filha Séfora. ²²E ela deu à luz um filho, a quem ele chamou de Gersam,*ᵈ* pois disse: "Sou um imigrante em terra estrangeira."*ᵉ*

▸ At 7,29

Gn 24,11s
29,2s

18,3

VOCAÇÃO DE MOISÉS

Deus lembra-se de Israelᶠ — ²³Muito tempo depois morreu o rei do Egito, e os israelitas, gemendo sob o peso da servidão, gritaram; e do fundo da servidão o seu clamor subiu até Deus. ²⁴E Deus ouviu os seus gemidos; Deus lembrou-se da sua Aliança com Abraão, Isaac e Jacó. ²⁵Deus viu os israelitas, e Deus se fez conhecer...*ᵍ*

3 **A sarça ardente**ʰ — ¹Apascentava Moisés o rebanho de Jetro, seu sogro, sacerdote de Madiã. Conduziu as ovelhas para além do deserto e chegou ao Horeb,*ⁱ* a montanha de Deus. ²O Anjo de Iahweh lhe apareceu numa chama

6,2-13;
6,28-7,7
At 7,30-35
At 13,17
19,1 +
Gn 16,7 +
Dt 33,16

---

a) Hebr. repete duas vezes o mesmo verbo, "ele se instalou", depois "ele se estabeleceu"; com o grego e o sir. lemos na primeira vez outro dado que parece mais lógico.
b) Cf. 18,1+.
c) Os textos não concordam quanto ao nome e à pessoa do sogro de Moisés. Aqui temos Ragüel, sacerdote de Madiã; em 3,1; 4,18; 18,1 ele se chama Jetro. Nm 10,29 fala de Hobab, filho de Ragüel, o madianita; em Jz 1,16; 4,11, de Hobab, o quenita. Pode-se afastar como secundária, aqui, a menção de Ragüel, e ver em Nm 10,29 a tentativa de harmonizar as duas tradições: matrimônio quenita e matrimônio madianita. Pode ser, por outro lado, que o texto, ao menos aqui e em 3,1, falasse simplesmente do "sogro, sacerdote de madiã" e que tenham sido apenas redatores tardios que tenham introduzido os nomes de Ragüel e de Jetro. Essas duas tradições, de fato, fazem concorrência entre si, e não se deve procurar conciliá-las. A primeira originária da Palestina do sul, reflete a existência de laços de amizade entre Judá e os quenitas, conservando a lembrança do casamento de Moisés com uma estrangeira. A segunda é mais estreitamente ligada à saída do Egito.
d) Etimologia popular que só leva em conta a primeira sílaba: *ger*, "estrangeiro residente".
e) Vulg. acrescenta (segundo 18,4) "Ela gerou para ele outro, ao qual chamou de Eliezer, porque, disse ele, o Deus de meu pai é meu socorro, ele me libertou da mão de Faraó".
f) Tradição sacerdotal.
g) Considera-se muitas vezes que o fim do v. esteja truncado ("e Deus conheceu..."). Mas é possível ler aí um verbo passivo. Talvez a forma atual é devida ao fato de que não se devia falar da ação de Deus a não ser quando ele se manifestasse a Moisés (cap. 3). Na tradição sacerdotal, esta curta passagem preparava de fato esta manifestação (6,2s).
h) Este primeiro relato (3,1-4,17) da vocação de Moisés é de grande complexidade. Se uma parte do texto contém elementos de tradição javista e eloísta, seriam menos consideráveis que se podia pensar. À tradição javista pertence o essencial dos vv. 1-6, depois os vv. 7-8.16-17, mas a descrição da Terra Prometida como terra onde correm o leite e o mel, e a lista dos povos (vv. 8.17), são devidas provavelmente a uma redação deuteronomista. Da tradição eloísta, fora alguns fragmentos em 1-6, vem o essencial dos vv. 9-15, mas os vv. 12b.15 poderiam ser acréscimos; 3,18-20 e 4,1-17 seriam desenvolvimentos posteriores, e em 3,21-22 temos uma notícia isolada. Assim, na tradição javista, temos a teofania da sarça ardente seguida da missão de Moisés para anunciar que Javé está a ponto de intervir; na tradição eloísta, tudo está centrado sobre a vocação de Moisés, cujo relato é semelhante ao de Jr 1+, e uma de suas objeções dá lugar à revelação do nome de Iahweh. Uma redação mais recente, mas provavelmente anterior à tradição sacerdotal do relato de 6,2-13 e 7,1-7, desenvolve em 4,1-17 o que se refere aos sinais de credibilidade e apresenta Aarão como companheiro e intérprete de Moisés.
i) Horeb é o nome da montanha do Sinai no quadro histórico do Deuteronômio e na redação deuteronomista do livro dos Reis. Aqui é glosa, como em 17,6.

de fogo, do meio de uma sarça. Moisés olhou, e eis que a sarça ardia no fogo, e a sarça não se consumia. ³Então disse Moisés: "Darei uma volta e verei este fenômeno estranho; verei por que a sarça não se consome." ⁴Viu Iahweh que ele deu uma volta para ver. E Deus o chamou do meio da sarça. Disse: "Moisés, Moisés!" Este respondeu: "Eis-me aqui." ⁵Ele disse: "Não te aproximes daqui; tira as sandálias dos pés porque o lugar em que estás é uma terra santa." ⁶Disse mais: "Eu sou o Deus de teus pais, o Deus de Abraão, o Deus de Isaac e o Deus de Jacó." Então Moisés cobriu o rosto, porque temia olhar para Deus.ᵃ

Missão de Moisés — ⁷Iahweh disse: "Eu vi, eu vi a miséria do meu povo que está no Egito. Ouvi seu grito por causa dos seus opressores; pois eu conheço as suas angústias. ⁸Por isso desci a fim de libertá-lo da mão dos egípcios, e para fazê-lo subir desta terra para uma terra boa e vasta, terra que mana leite e mel,ᵇ o lugar dos cananeus, dos heteus, dos amorreus, dos ferezeus, dos heveus e dos jebuseus. ⁹Agora, o grito dos israelitas chegou até mim, e também vejo a opressão com que os egípcios os estão oprimindo. ¹⁰Vai, pois, e eu te enviarei a Faraó, para fazer sair do Egito o meu povo, os israelitas."

¹¹Então disse Moisés a Deus: "Quem sou eu para ir a Faraó e fazer sair do Egito os israelitas?" ¹²Deus disse: "Eu estarei contigo; e este será o sinal de que eu te enviei:ᶜ quando fizeres o povo sair do Egito, vós servireis a Deus nesta montanha."

Revelação do Nome divinoᵈ — ¹³Moisés disse a Deus: "Quando eu for aos israelitas e disser: 'O Deus de vossos pais me enviou até vós'; e me perguntarem: 'Qual é o seu nome?', que direi?" ¹⁴Disse Deus a Moisés: "Eu sou aquele que é." Disse mais: "Assim dirás aos israelitas: 'EU SOU me enviou até vós.'" ¹⁵Disse Deus ainda a Moisés: "Assim dirás aos israelitas: 'Iahweh, o Deus de vossos pais, o Deus de Abraão, o Deus de Isaac e o Deus de Jacó me enviou até vós. É o meu nome para sempre, e é assim que me invocarão de geração em geração.'"

Instruções para a missão de Moisés — ¹⁶"Vai, reúne os anciãos de Israel e dize-lhes: 'Iahweh, o Deus de vossos pais, o Deus de Abraão, o Deus de Isaac

---

a) Deus é de tal modo transcendente que uma criatura não pode vê-lo e continuar viva.
b) Designação, frequente no Pentateuco, da Terra Prometida, mas ela vem provavelmente de uma redação deuteronomista. Pode ser até que Nm 16,13, que diz a mesma coisa do Egito, seja o texto mais antigo.
c) Se a segunda parte do versículo é um acréscimo, o sinal dado é a própria assistência de Deus e não um ato de culto sobre a "montanha de Deus" (v. 1b).
d) A tradição javista faz o culto de Iahweh remontar às origens da humanidade (Gn 4,26) e utiliza este nome divino em toda a história patriarcal. Segundo a tradição eloísta, à qual este texto pertence, o nome de Iahweh, como o nome do Deus dos Pais, foi revelado só a Moisés. A tradição sacerdotal (Ex 6,2-3) concorda com ela, especificando apenas que o nome do Deus dos Pais era El Shaddai (cf. Gn 17,1+). Esta narrativa, um dos pontos altos do AT, propõe dois problemas: o primeiro, filológico, diz respeito à etimologia do nome "Iahweh"; o segundo, exegético e teológico, ao sentido geral da narrativa e ao alcance da revelação que transmite. 1°) Procurou-se explicar o nome Iahweh por meio de outras línguas que não fosse o hebraico, ou então, por meio de diversas raízes hebraicas. É preciso, provavelmente, ver aí o verbo "ser" numa forma arcaica. Alguns reconhecem aqui uma forma causativa deste verbo: "Ele faz ser", "Ele traz à existência". Muito mais provavelmente trata-se da forma verbal simples, e o termo significa: "Ele é". 2°) Quanto à interpretação, o termo é explicado no v. 14, que é antigo acréscimo da mesma tradição. Discute-se sobre o significado desta explicação: *'ehyeh 'asher 'ehyeh*. Deus, falando de si mesmo, só pode empregar a primeira pessoa: "Eu sou". O hebraico pode-se traduzir literalmente: "Eu sou o que eu sou" (ou "Eu serei quem eu serei"), o que significaria que Deus não quer revelar o seu nome; mais precisamente, Deus dá aqui o seu nome que, segundo a concepção semita, deve defini-lo de certa maneira. Contudo, o hebraico pode ser também traduzido literalmente: "Eu sou aquele que sou"; e segundo as regras da sintaxe hebraica, isso corresponde a "Eu sou aquele que é", "Eu sou o existente"; foi assim que compreenderam os tradutores da Setenta: *Ego eimi ho ôn*. Deus é o único verdadeiramente existente. Isto significa que ele é transcendente e permanece um mistério para o homem. E também, que ele age na história do seu povo e na história humana, a qual ele dirige para um fim. Esta passagem contém em potência os desenvolvimentos que a sequência da Revelação lhe dará (cf. Ap 1,8: "Ele era, Ele é e Ele vem, o Senhor de tudo").

e o Deus de Jacó me apareceu, dizendo: De fato vos tenho visitado*a* e visto o que vos é feito no Egito. ¹⁷Então eu disse: 'Far-vos-ei subir da aflição do Egito para a terra dos cananeus, dos heteus, dos amorreus, dos ferezeus, dos heveus e dos jebuseus, para uma terra que mana leite e mel.' ¹⁸E ouvirão a tua voz; e irás com os anciãos de Israel ao rei do Egito, e lhe dirás: 'Iahweh, o Deus dos hebreus, veio ao nosso encontro. Agora, pois, deixa-nos ir pelo caminho de três dias de marcha no deserto para sacrificar a Iahweh nosso Deus.' ¹⁹Eu sei, no entanto, que o rei do Egito não vos deixará ir, se não for obrigado por mão forte. ²⁰Portanto, estenderei a mão e ferirei o Egito com todas as maravilhas que farei no meio dele; depois disso é que ele vos deixará partir".

Espoliação dos egípcios — ²¹"Darei a este povo a boa graça dos egípcios; e quando sairdes, não será de mãos vazias. ²²Cada mulher pedirá à sua vizinha e à sua hóspede joias de prata, joias de ouro e vestimentas, que poreis sobre os vossos filhos e sobre as vossas filhas; e despojareis os egípcios."

4 *Poder dos sinais dado a Moisés* — ¹Respondeu Moisés: "Mas eis que não acreditarão em mim, nem ouvirão a minha voz, pois dirão: 'Iahweh não te apareceu.' " ²Iahweh perguntou-lhe: "Que é isso que tens na mão?" Respondeu-lhe: "Uma vara." ³Então lhe disse: "Lança-a na terra." Ele a lançou na terra, e ela se transformou em serpente, e Moisés fugiu dela. ⁴Disse Iahweh a Moisés: "Estende a mão e pega-a pela cauda." Ele estendeu a mão, pegou-a pela cauda, e ela se converteu em vara.*b* ⁵"É para que acreditem que te apareceu Iahweh, o Deus de seus pais, o Deus de Abraão, o Deus de Isaac e o Deus de Jacó."

⁶Iahweh disse-lhe ainda: "Põe a mão no peito." Ele pôs a mão no peito e, tirando-a, eis que a mão estava leprosa, branca como a neve. ⁷Iahweh lhe disse: "Torna a pôr a mão no peito." Ele colocou novamente a mão no peito e retirou, e eis que se tornara como o restante de seu corpo. ⁸"Assim, se não acreditarem em ti e não ouvirem a voz do primeiro sinal, acreditarão por causa do segundo sinal. ⁹Se não acreditarem nesses dois sinais, nem ouvirem a tua voz, tomarás da água do Rio e a derramarás na terra seca; e a água que tomares do Rio se transformará em sangue sobre a terra seca."

Aarão intérprete de Moisés — ¹⁰Disse Moisés a Iahweh: "Perdão, meu Senhor, eu não sou um homem de falar, nem de ontem nem de anteontem, nem depois que falaste a teu servo; pois tenho a boca pesada, e pesada a língua." ¹¹Respondeu-lhe Iahweh: "Quem dotou o homem de uma boca? Ou quem faz o mudo ou o surdo, o que vê ou o cego? Não sou eu, Iahweh? ¹²Vai, pois, agora, e eu estarei em tua boca, e te indicarei o que hás de falar."

¹³Moisés, porém, respondeu: "Perdão, meu Senhor, envia o intermediário que quiseres." ¹⁴Então se acendeu a ira de Iahweh contra Moisés, e ele disse: "Não existe Aarão, o levita, teu irmão? Eu sei que ele fala bem. E eis que sairá ao teu encontro e, vendo-te, alegrar-se-á em seu coração. ¹⁵Tu, pois, lhe falarás e lhe porás as palavras na boca. Eu estarei na tua boca e na dele, e vos indicarei o que devereis fazer. ¹⁶Ele falará por ti ao povo; ele será a tua boca, e tu serás para ele um deus. ¹⁷Toma, pois, esta vara na mão:*c* é com ela que irás fazer os sinais."

---

a) Quando se trata de Deus, a "visita" implica direito absoluto de inspeção, de julgamento e de sanção. As suas intervenções no destino dos indivíduos ou dos povos podem trazer o benefício (4,31; Gn 21,1; 50,24-25; Sl 65,10; 80,15; Sb 3,7-13; Jr 29,10; cf. Lc 1,68+) ou o castigo (1Sm 15,2; Sb 14,11; 19,15; Jr 6,15; 23,34; Am 3,2).

b) O v. 5, que interrompe o relato, mas retoma a ideia central do desenvolvimento (vv. 1.8-9), poderia ser um acréscimo.

c) Deus entrega a Moisés a vara (donde o seu nome "vara de Deus", cf. v. 20) que será o instrumento dos prodígios (7,20b; 9,22s; 10,13s etc. Cf. a vara de Eliseu, 2Rs 4,29).

Partida de Moisés de Madiã e volta do Egito[a] — ¹⁸Saindo, Moisés voltou para Jetro, seu sogro, e lhe disse: "Deixa-me ir e voltar a meus irmãos que estão no Egito, para ver se ainda vivem." Respondeu Jetro: "Vai em paz." ¹⁹Iahweh disse a Moisés, em Madiã: "Vai, volta para o Egito, porque estão mortos todos os que atentavam contra a tua vida!" ²⁰Tomou, pois, Moisés a sua mulher e seus filhos; fê-los montar num jumento e voltou para a terra do Egito. Moisés levou em sua mão a vara de Deus. ²¹E Iahweh disse a Moisés: "Quando voltares ao Egito, saibas que todos os prodígios que coloquei em tua mão, hás de realizá-los na presença de Faraó. Mas eu lhe endurecerei o coração para que não deixe o povo partir. ²²Dirás a Faraó: Assim falou Iahweh: o meu filho primogênito é Israel. ²³E eu te disse: 'Deixa partir o meu filho, para que me sirva!' Mas, uma vez que recusas deixá-lo partir, eis que farei perecer o teu filho primogênito."[b]

Circuncisão do filho de Moisés[c] — ²⁴Aconteceu que no caminho, numa hospedaria, Iahweh veio ao seu encontro, e procurou fazê-lo morrer. ²⁵Séfora tomou uma pedra aguda, cortou o prepúcio do seu filho, feriu-lhe os pés, e disse: "Tu és para mim um esposo de sangue." ²⁶Então, ele o deixou. Pois ela havia dito "esposo de sangue", o que se aplica às circuncisões.

Encontro com Aarão — ²⁷Disse Iahweh a Aarão: "Vai ao encontro de Moisés na direção do deserto." Ele partiu e, encontrando-o na montanha de Deus, o beijou. ²⁸Moisés informou a Aarão todas as palavras de Iahweh, que o enviara, e todos os sinais que lhe havia ordenado realizar. ²⁹Então Moisés e Aarão foram reunir todos os anciãos dos israelitas. ³⁰Aarão repetiu todas as palavras que Iahweh tinha dito a Moisés. Ele realizou os sinais à vista do povo. ³¹O povo creu e ouviu[d] que Iahweh tinha visitado os israelitas e visto sua miséria. Ajoelharam-se e se prostraram.

5

Primeira entrevista com Faraó[e] — ¹Depois Moisés e Aarão foram e disseram a Faraó: "Assim falou Iahweh, o Deus de Israel: Deixa o meu povo partir, para que me façam uma festa[f] no deserto." ²Respondeu Faraó: "Quem é Iahweh para que ouça a sua voz e deixe Israel partir? Não conheço Iahweh, e tampouco deixarei Israel partir." ³Eles disseram: "O Deus dos hebreus veio ao nosso encontro. Deixa-nos ir pelo caminho de três dias de marcha no deserto para sacrificar a Iahweh, nosso Deus, para que não nos ataque com a peste ou com a espada!" ⁴Então lhes disse o rei do Egito: "Por que, Moisés e Aarão, quereis dispersar o povo dos seus trabalhos? Voltai às vossas tarefas!" ⁵Disse Faraó: "Eis que agora a população da terra é numerosa, e vós a fazeis interromper as suas tarefas!"

---

a) O essencial de 4,18-31 pertence à tradição javista, mas há provavelmente elementos de tradição eloísta e outros mais tardios, redacionais, sobretudo nos vv. 21-23.27-28.30-31, alguns em relação com os vv. 1-17, pois encontram-se aí as mesmas ideias, principalmente a associação de Aarão a Moisés e os sinais de credibilidade.
b) Estes vv. anunciam as pragas do Egito: v. 21, as nove primeiras pragas e o endurecimento do coração de Faraó (cf. 7,3+); vv. 22-23, a décima praga (cf. 11,1+).
c) Narrativa enigmática por causa de sua concisão e falta de contexto: Moisés não é mencionado, e não se sabe a quem se referem os pronomes pessoais. Pode-se pensar que a incircuncisão de Moisés lhe atrai a ira divina; esta é apaziguada quando Séfora circuncida realmente o seu filho e simula uma circuncisão de Moisés tocando o sexo dele ("seus pés", cf. Is 6,2; 7,20) com o prepúcio da criança. Sobre a circuncisão cf. Gn 17,10+.
d) O grego entendeu "ele se alegrou".
e) Em seu conjunto, este cap., nele compreendendo 6,1 é de tradição javista, mas há algumas harmonizações redacionais, por exemplo na menção a Aarão com Moisés.
f) A menção do culto no deserto (cf. já 3,12b.18) voltará como um estribilho na narração de cada uma das nove primeiras pragas, exceto na terceira e na sexta (cf. 7,16.26; 8,4.16.23; 9,1.13; 10,3.24). Esta festa, certamente, já é a Páscoa (cf. 12,1+).

Instruções aos chefes de corveias — ⁶Naquele mesmo dia, Faraó deu ordem aos inspetores do povo e aos escribas, dizendo: ⁷ "Não deis mais palha*ᵃ* ao povo, para fazer tijolos, como ontem e anteontem. Eles mesmos que vão e ajuntem para si a palha. ⁸Exigireis deles a mesma quantia de tijolos que faziam ontem e anteontem. Não abatereis nada, porque são preguiçosos. É por isso que clamam: 'Vamos sacrificar ao nosso Deus!' ⁹Torne-se pesado o serviço desses homens, para que se apliquem a ele e não prestem atenção a palavras mentirosas."

¹⁰Os inspetores do povo e os seus escribas saíram e falaram ao povo: "Assim disse Faraó: eu não vos darei mais palha. ¹¹Ide vós mesmos, e procurai palha onde a puderdes achar. Porque não se diminuirá nada do vosso trabalho." ¹²Então o povo se espalhou por toda a terra do Egito para ajuntar restolho, a fim de transformá-lo em palha. ¹³Os inspetores os oprimiam, dizendo: "Acabai o vosso trabalho, a tarefa de um dia, como quando havia palha." ¹⁴E foram açoitados os escribas dos israelitas, que os inspetores de Faraó haviam posto sobre eles. E lhes diziam: "Por que, ontem e hoje, não acabastes de fazer os tijolos conforme o vosso rendimento de ontem e anteontem?"

Queixa dos escribas hebreus — ¹⁵Os escribas dos israelitas foram então reclamar com Faraó, dizendo: "Por que tratar assim os teus servos? ¹⁶Não dão mais palha a teus servos, e nos dizem: 'Fazei tijolos.' Eis que os teus servos são açoitados: teu povo está sendo prejudicado!" ¹⁷Ele, porém, respondeu: "Vós sois muito preguiçosos; e é por isso que dizeis: 'Vamos sacrificar a Iahweh.' ¹⁸Ide, pois, agora, e trabalhai. Palha, porém, não vos será dada. Contudo, fareis a mesma quantidade de tijolos."

Recriminações do povo. Orações de Moisés — ¹⁹Então, os escribas dos israelitas viram-se em má situação, porquanto se lhes dizia: "Não diminuireis em nada a produção de tijolos de cada dia." ²⁰Quando saíram da presença de Faraó, encontraram Moisés e Aarão, que estavam à espera deles, ²¹e lhes disseram: "Que Iahweh vos observe e julgue! Pois nos tornastes odiosos aos olhos de Faraó e aos olhos de seus servos, pondo-lhes a espada na mão para nos matar!"

²²Então Moisés, voltando-se para Iahweh, disse: "Senhor, por que maltratas este povo? Por que me enviaste? ²³Pois desde que me apresentei a Faraó, para lhe falar em teu nome, ele tem maltratado este povo, e nada fizeste para libertar o teu povo!"

6 ¹Disse Iahweh a Moisés: "Agora verás o que hei de fazer a Faraó, pois é pela intervenção de mão poderosa que os fará partir, e por mão poderosa os expulsará do seu país!"

***Nova narração da vocação de Moisés*ᵇ** — ²Deus falou a Moisés e lhe disse: = 3,1-4,23
"Eu sou Iahweh. ³Apareci a Abraão, a Isaac e a Jacó como El Shaddai; mas Gn 17,1 +
meu nome, Iahweh, não lhes fiz conhecer. ⁴Também estabeleci a minha aliança Gn 17,7-8
com eles, para dar-lhes a terra de Canaã, a terra em que residiam como estrangeiros. ⁵E ouvi o gemido dos israelitas, aos quais os egípcios escravizavam, e me lembrei da minha aliança. ⁶Portanto, dirás aos israelitas: Eu sou Iahweh, e vos farei sair de debaixo das corveias dos egípcios, vos libertarei da sua escravidão e vos resgatarei com o braço estendido*ᶜ* e com grandes julgamentos. ⁷Tomar-vos-ei por meu povo, e serei o vosso Deus.*ᵈ* E vós sabereis que eu sou

---

a) Misturava-se palha com a argila para dar mais consistência aos tijolos crus.

b) 6,2 a 7,7 é o relato sacerdotal, paralelo a 3-4, da vocação de Moisés, mas a genealogia (vv. 14-25), com a retomada do relato nos vv. 26-30, foi acrescentada por redação tardia.

c) Expressão equivalente a "mão poderosa" de 6,1. O Dt unirá essas duas expressões (cf. Dt 4,34; 5,15; 7,19; 26,8 etc.).

d) Estes dois termos correlativos, que exprimem as novas relações de Deus com o seu povo, são a expressão consagrada da eleição e da aliança divinas,

Iahweh vosso Deus, que vos faz sair de sob as corveias dos egípcios. ⁸Depois eu vos farei entrar na terra que jurei com a mão estendida dar a Abraão, a Isaac e a Jacó; e vo-la darei como possessão: eu sou Iahweh!" ⁹Moisés falou assim aos israelitas, mas eles não ouviram Moisés por causa da ânsia do espírito e da dura escravidão.

¹⁰Iahweh falou a Moisés, dizendo: ¹¹"Vai dizer a Faraó, rei do Egito, que deixe sair de seu país os israelitas." ¹²Moisés, porém, falou na presença de Iahweh, dizendo: "Eis que os israelitas não têm ouvido. Como, então, me ouvirá Faraó? Eu não sei falar com facilidade."*a* ¹³Iahweh falou a Moisés e a Aarão e lhes deu suas ordens a respeito dos israelitas e de Faraó, rei do Egito, para fazer sair os israelitas do país do Egito.

Genealogia de Moisés e Aarão — ¹⁴Eis os chefes das suas famílias:

Os filhos de Rúben, o primogênito de Israel: Henoc, Falu, Hesron e Carmi; são esses os clãs de Rúben.

¹⁵Os filhos de Simeão: Jamuel, Jamin, Aod, Jaquin, Soar e Saul, o filho da cananeia; são esses os clãs de Simeão.

¹⁶Eis os nomes dos filhos de Levi com as suas descendências: Gérson, Caat e Merari. Levi viveu cento e trinta e sete anos. ¹⁷Os filhos de Gérson: Lobni e Semei com os seus clãs.

¹⁸Os filhos de Caat: Amram, Isaar, Hebron e Oziel. Caat viveu cento e trinta e três anos.

¹⁹Os filhos de Merari: Mooli e Musi; são esses os clãs de Levi com as suas descendências.

²⁰Amram desposou Jocabed, sua tia, a qual lhe deu Aarão e Moisés. Amram viveu cento e trinta e sete anos.

²¹Os filhos de Isaar foram: Coré, Nefeg e Zecri,

²²e os filhos de Oziel: Misael, Elisafã e Setri.

²³Aarão desposou Isabel, filha de Aminadab, irmã de Naasson, e ela lhe deu Nadab, Abiú, Eleazar e Itamar.

²⁴Os filhos de Coré: Asir, Elcana e Abiasaf; são esses os clãs dos coreítas.

²⁵Eleazar, filho de Aarão, desposou uma das filhas de Futiel, a qual lhe gerou Fineias.

São esses os chefes das famílias dos levitas, segundo os seus clãs.

²⁶São estes, Aarão e Moisés, aos quais Iahweh disse: "Fazei sair os israelitas do país do Egito, segundo os seus exércitos." ²⁷São estes os que falaram a Faraó, rei do Egito, para fazer sair os israelitas do Egito: são estes Moisés e Aarão.

Retoma-se a narração da vocação de Moisés — ²⁸No dia em que Iahweh falou a Moisés na terra do Egito, ²⁹Iahweh disse a Moisés: "Eu sou Iahweh; dize a Faraó, rei do Egito, tudo o que eu te digo." ³⁰Respondeu Moisés na presença de Iahweh: "Eu não sei falar com facilidade; como, pois, me ouvirá Faraó?"

7 ¹Iahweh disse a Moisés: "Eis que te fiz como um deus, para Faraó, e Aarão, teu irmão, será o teu profeta. ²Falarás tudo o que eu ordenar; e Aarão, teu irmão, falará a Faraó, para que deixe partir da sua terra os israelitas. ³Eu, porém, endurecerei o coração de Faraó, e multiplicarei no país do Egito os meus sinais e os meus prodígios. ⁴Faraó não vos ouvirá; e eu porei a minha mão sobre o Egito, e farei sair do país do Egito os meus exércitos, o meu povo, os israelitas, com grandes julgamentos. ⁵Saberão os egípcios que eu sou Iahweh, quando estender minha mão sobre o Egito e fizer sair do meio deles os israelitas."

---

especialmente em Lv 26,12; Dt 26,17-19; 29,12, e frequentemente em Jr e Ez.   *a)* Lit.: "Eu (que sou) incircunciso de lábios".

⁶Moisés e Aarão fizeram como Iahweh ordenara. ⁷Moisés tinha oitenta anos, e Aarão oitenta e três, quando falaram a Faraó.

3. AS PRAGAS DO EGITO.ᵃ A PÁSCOA

Sl 78; 105
Sb 11,14-20
16-18

A vara transformada em serpente — ⁸Disse Iahweh a Moisés e a Aarão: ⁹"Se Faraó vos disser: 'Apresentai um prodígio em vosso favor', então dirás a Aarão: 'Toma a tua vara e lança-a diante de Faraó; e ela se transformará em serpente.' " ¹⁰Moisés e Aarão foram a Faraó, e fizeram como Iahweh ordenara. Lançou Aarão a sua vara diante de Faraó e diante dos seus servos,ᵇ e ela se transformou em serpente. ¹¹Faraó, porém, convocou os sábios e os encantadores, e, com seus sortilégios, os magos do Egito fizeram o mesmo. ¹²Cada um lançou sua vara, e elas se tornaram serpentes. Mas a vara de Aarão devorou as varas deles. ¹³Contudo, o coração de Faraó se endureceu e não os ouviu, como Iahweh havia predito.

4,2s

2Tm 3,8

I. A água transformada em sangueᶜ — ¹⁴Disse Iahweh a Moisés: "O coração de Faraó está obstinado: ele se recusou a deixar o povo partir. ¹⁵Vai a Faraó, pela manhã: eis que ele sairá às águas; e estarás à espera dele na margem do Rio. Tomarás na mão a vara que se transformou em serpente. ¹⁶Tu lhe dirás: 'Iahweh, o Deus dos hebreus, me enviou a ti para te dizer: Deixa o meu povo partir, para que me sirva no deserto'. E eis que até agora não tens ouvido. ¹⁷Assim disse Iahweh: 'Nisto saberás que eu sou Iahweh: — com esta vara que tenho na mãoᵈ ferirei as águas do Rio, e elas se converterão em sangue; ¹⁸os peixes do Rio morrerão, o Rio cheirará mal, e os egípcios não poderão mais beber das águas do Rio.' "

Sb 11,6-8

¹⁹Disse Iahweh a Moisés: "Dize a Aarão: 'Toma a tua vara e estende a tua mão sobre as águas do Egito, sobre os seus rios, sobre os seus canais, sobre as suas lagoas e sobre todos os seus reservatórios, para que se convertam em

a) Expressão consagrada, mas que o texto não aplica verdadeiramente senão à décima praga; as nove primeiras pragas são "prodígios" ou "sinais", como os "sinais" e "prodígios" de Ex 4,1-9.30; 7,9. Do mesmo modo que esses prodígios eram destinados a dar crédito a Moisés diante dos israelitas e de Faraó, as "pragas" são destinadas a dar crédito a Iahweh, isto é, a fazerem Faraó reconhecer o seu poder. As nove primeiras pragas distinguem-se da décima por seu esquema e também por seu vocabulário, mas as diferenças estruturais relevam apenas a extensão desigual da respectiva narração. A narrativa termina com a recusa definitiva de Faraó, que Moisés não verá mais (10,28-29). Resta apenas fugir. A história continua com a perseguição aos fugitivos e o milagre do mar (Ex 14). Esta tradição do Êxodo-fuga era originariamente independente da tradição da décima praga, ocasião em que os israelitas são expulsos do Egito (Ex 12,31-33; cf. 4,21; 6,1; 11,1). Havia outras tradições sobre esses "sinais" (cf. Sl 78,43-51; 105,27-36, na expectativa dos desenvolvimentos de Sb 11,14-20; 16-18). Como essas outras apresentações, a narração de Ex 7,14-10,29 é uma composição literária cujo processo de crescimento é complexo; boa parte do texto pertence a redações tardias, sendo que a parte que se pode atribuir às tradições javista e sacerdotal é reduzida (a tradição eloísta provavelmente não intervém). A tradição sacerdotal teve como próprio o sinal da vara transformada em serpente (7,8-13), e as pragas III e IV; elementos desta tradição encontram-se em duas outras narrativas. Provavelmente a tradição javista intervém nas quatro pragas (I, II, IV, V), mas boa parte do relato atual foi acrescentada, como são acrescentadas também as pragas em que as tradições javista e sacerdotal não intervém. Há, portanto, boa parte de elementos redacionais, mas uma redação parece ser pré-sacerdotal. — Não é preciso procurar justificar esses prodígios, pela astronomia ou pelas ciências naturais, mas o relato que deles é feito utiliza fenômenos naturais que são conhecidos no Egito e desconhecidos na Palestina (o Nilo vermelho, as rãs, o siroco negro), ou que são conhecidos no Egito e na Palestina (os gafanhotos), ou ainda conhecidos na Palestina, mas excepcionais no Egito (chuva de pedras). Deve-se reter apenas a intenção da narrativa que faz brilhar aos olhos dos israelitas e de Faraó a onipotência de Iahweh. Podem-se notar ainda intenções particulares. Assim, nos prodígios de tradição sacerdotal, os magos egípcios são vencidos em seu próprio terreno: no início são capazes de fazer o mesmo que Moisés e Aarão (7,11-12.22; 8,3), mas depois não conseguem realizar o prodígio e se confessam vencidos pelo "dedo de Deus" (8,14-15), ou são até incapazes de se apresentar diante de Faraó (9,11).
b) Isto é, o seu séquito, cortesãos e dignitários.
c) Os vv. 14-15a.16a.18.23-25 provêm da tradição javista; o resto vem de redatores.
d) A mão de Moisés, executor das vontades divinas.

sangue. Haja sangue em toda a terra do Egito, até nas árvores e nas pedras.' " ²⁰Moisés e Aarão fizeram como Iahweh lhes havia ordenado. Ele levantou a vara, feriu as águas que estavam no Rio, aos olhos de Faraó e dos seus servos; e toda a água do Rio se converteu em sangue. ²¹Os peixes do Rio morreram. O Rio poluiu-se, e os egípcios não podiam beber a água do Rio. E houve sangue por todo o país do Egito. ²²Os magos do Egito, porém, com suas ciências ocultas, fizeram o mesmo; o coração de Faraó se endureceu e não os ouviu, como Iahweh havia dito. ²³Virou-se Faraó e foi para casa; e nem isso considerou o seu coração. ²⁴Todos os egípcios cavaram nos arredores do Rio para encontrar água potável; pois não podiam beber a água do Rio. ²⁵Passaram-se sete dias, depois que Iahweh feriu o Rio.

II. As rãs[a] — ²⁶Disse Iahweh a Moisés: "Vai ter com Faraó e dize-lhe: 'Assim fala Iahweh: Deixa o meu povo partir, para que me sirva. ²⁷Se te recusares a deixá-lo partir, eis que infestarei de rãs todo o teu território. ²⁸O Rio ferverá de rãs, e elas subirão e entrarão na tua casa, no teu quarto de dormir, sobre o teu leito, e nas casas dos teus servos e do teu povo, e nos teus fornos e amassadeiras. ²⁹As rãs virão sobre ti, sobre o teu povo e sobre todos os teus servos.' "

8 ¹Disse Iahweh a Moisés: "Dize a Aarão: 'Estende a tua mão com a tua vara sobre os rios, sobre os canais e lagoas, e faze subir rãs sobre a terra do Egito.' " ²Aarão estendeu a mão sobre as águas do Egito, e subiram rãs e cobriram a terra do Egito. ³Os magos do Egito, porém, com suas ciências ocultas, fizeram o mesmo, e fizeram subir rãs sobre a terra do Egito.

⁴Faraó chamou Moisés e Aarão, e disse-lhes: "Rogai a Iahweh que afaste as rãs de mim e do meu povo, e deixarei o povo partir, para que ofereça sacrifício a Iahweh." ⁵E Moisés disse a Faraó: "Digna-te dizer-me[b] quando deverei rogar por ti, por teus servos e pelo teu povo, para que as rãs sejam arrancadas de ti e de vossas casas, e fiquem somente no Rio." ⁶Ele respondeu: "Amanhã." E Moisés disse: "Seja conforme a tua palavra, para que saibas que não há ninguém como Iahweh nosso Deus. ⁷As rãs afastar-se-ão de ti, das tuas casas, de teus servos, de teu povo; e ficarão somente no Rio." ⁸Moisés e Aarão saíram da presença de Faraó; e Moisés gritou a Iahweh por causa das rãs que havia enviado a Faraó. ⁹E Iahweh fez conforme a palavra de Moisés; e morreram as rãs das casas, dos pátios e dos campos. ¹⁰E juntaram-nas em montes imensos, e a terra ficou poluída. ¹¹Mas Faraó viu que havia alívio, e o seu coração ficou obstinado. E não os ouviu, como Iahweh havia dito.

III. Os mosquitos — ¹²Disse Iahweh a Moisés: "Dize a Aarão: 'Estende a tua vara e fere o pó da terra, e haverá mosquitos em toda a terra do Egito.' " ¹³[c]E assim fizeram. Aarão estendeu a mão com a sua vara e feriu o pó da terra, e houve mosquitos sobre os homens e sobre os animais. E todo o pó da terra transformou-se em mosquitos por todo o país do Egito. ¹⁴Os magos do Egito, porém, com suas ciências ocultas, fizeram o mesmo para produzirem mosquitos, e não conseguiram. E houve mosquitos sobre os homens e sobre os animais. ¹⁵Então os magos disseram a Faraó: "Isto é o dedo de Deus!"[d] Endureceu-se, porém, o coração de Faraó, e não os ouviu, como Iahweh havia dito.

IV. As moscas[e] — ¹⁶Disse Iahweh a Moisés: "Levanta-te de madrugada e apresenta-te a Faraó; eis que ele sairá às águas, e dize-lhe: 'Assim fala

---

a) A parte da tradição javista encontra-se nos vv. 26-27.29 (em parte); 8,4.5a (em parte). 6 (em parte) 7a (em parte) e 8-10.11a (início); a da tradição sacerdotal em 8,1-3.11a (fim). 11b.
b) Lit.: "Glorifica-te a meu respeito" Outra tradução, segundo o grego: "Faze-me conhecer claramente".
c) No começo omite-se "E eles fizeram assim", com o grego.
d) Ou: "o dedo de um deus", fórmula que se encontra nos textos mágico-religiosos egípcios.
e) Relato javista com alguns complementos, principalmente os vv. 18-19.

Iahweh: Deixa o meu povo partir, para que me sirva. ¹⁷Se não deixares partir o meu povo, eis que enviarei moscas contra ti, contra os teus servos e contra o teu povo, e contra as tuas casas. As casas dos egípcios e a terra em que estiverem ficarão repletas de moscas. ¹⁸Naquele dia separarei a terra de Gessen, em que reside o meu povo, para que nela não haja moscas e saibas que eu sou Iahweh, no meio desta terra. ¹⁹Eu colocarei um gesto libertador*ᵃ* entre o meu povo e o teu povo! Amanhã se dará este sinal.' " ²⁰Assim fez Iahweh, e moscas em grande número entraram na casa de Faraó, nas casas dos seus servos e em toda a terra do Egito; e a terra ficou arruinada por causa das moscas.

²¹Faraó chamou Moisés e Aarão, e disse-lhes: "Ide, oferecei sacrifícios ao vosso Deus nesta terra." ²²Moisés respondeu: "Não convém agir assim, porque os nossos sacrifícios a Iahweh nosso Deus são uma abominação para os egípcios. Se oferecermos, aos olhos dos egípcios, sacrifícios que eles abominam, não haveriam de nos apedrejar?*ᵇ* ²³E a três dias de marcha no deserto que iremos sacrificar a Iahweh, nosso Deus, conforme ele nos disse." ²⁴E Faraó disse: "Eu vos deixarei ir sacrificar a vosso Deus no deserto, mas não deveis ir muito longe. Rogai por mim." ²⁵Disse Moisés: "Logo que eu tiver saído da tua presença rogarei a Iahweh. Amanhã as moscas se afastarão de Faraó, dos seus servos e do seu povo; somente que Faraó não mais me engane, não deixando o povo ir sacrificar a Iahweh." ²⁶Tendo Moisés saído da presença de Faraó, orou a Iahweh. ²⁷E Iahweh fez o que Moisés lhe tinha pedido, e as moscas se afastaram de Faraó, dos seus servos e do seu povo; não ficou uma só. ²⁸Mas, ainda desta vez, Faraó obstinou o seu coração e não deixou o povo partir.

9 V. A peste dos animais*ᶜ* — ¹Disse Iahweh a Moisés: "Vai ter com Faraó e dize-lhe: 'Assim fala Iahweh, o Deus dos hebreus: Deixa o meu povo partir, para que me sirva. ²Se te recusares a deixá-lo partir, e o retiveres por mais tempo, ³eis que a mão de Iahweh ferirá os rebanhos que estão nos campos, os cavalos, os jumentos, os camelos, os bois e as ovelhas, com uma peste muito grave. ⁴Iahweh separará os rebanhos de Israel dos rebanhos dos egípcios, e nada perecerá do que pertence aos israelitas. ⁵E Iahweh fixou o tempo, dizendo: "Amanhã Iahweh fará isso no país." ⁶No dia seguinte, fez Iahweh o que tinha dito; e todos os animais dos egípcios morreram; mas não morreu nenhum dos animais dos israelitas. ⁷E Faraó mandou ver, e eis que do rebanho de Israel não morrera nem um animal sequer. O coração de Faraó, porém, obstinou-se, e não deixou o povo partir.

***VI. As úlceras*ᵈ** — ⁸Disse Iahweh a Moisés e Aarão: "Apanhai mãos cheias de cinza de forno, e Moisés a lance para o ar, diante dos olhos de Faraó. ⁹Ela se converterá em pó fino sobre toda a terra do Egito e provocará, nos homens e nos animais, tumores que se arrebentarão em úlceras, por toda a terra do Egito." ¹⁰Eles apanharam cinza de forno e apresentaram-se a Faraó, e Moisés lançou-a para o ar, e os homens e os animais ficaram cobertos de tumores que se arrebentavam em úlceras. ¹¹Os magos não podiam manter-se de pé diante de Moisés, por causa dos tumores; porque havia tumores nos magos e em todos os egípcios. ¹²Todavia, Iahweh endureceu o coração de Faraó, e este não os ouviu, como Iahweh havia dito a Moisés.

---

a) Lit. "uma redenção" ou "um resgate". As versões banalizam o que a passagem tem de diferente em relação a outras, traduzindo "eu colocarei uma separação".
b) Os israelitas pastores ofereciam animais dos seus rebanhos; o ritual egípcio era muito diferente: oferendas vegetais, aves, partes de animais. Além disso, o carneiro e o bode eram para eles animais sagrados.
c) Relato posterior à tradição javista.
d) Relato de tradição sacerdotal.

VII. A chuva de pedras[a] — ¹³Disse Iahweh a Moisés: "Levanta-te de manhã cedo, e apresenta-te a Faraó. E lhe dirás: 'Assim fala Iahweh, o Deus dos hebreus: Deixa o meu povo partir, para que me sirva. ¹⁴Pois desta vez enviarei todas as minhas pragas contra ti,[b] contra os teus servos e contra o teu povo, para que saibas que não há ninguém semelhante a mim em toda a terra. ¹⁵De fato, se eu já tivesse estendido a mão para ferir a ti e o teu povo com peste, terias desaparecido da terra. ¹⁶Entretanto, foi precisamente por isso que te conservei de pé, para fazer-te ver o meu poder e para que o meu nome seja proclamado em toda a terra. ¹⁷Ainda retens o meu povo e não queres deixá-lo partir? ¹⁸Eis que amanhã, a esta mesma hora, farei cair pesada chuva de pedras como nunca se viu no Egito, desde o dia em que foi fundado até hoje. ¹⁹Agora, pois, manda recolher os teus animais e tudo o que tens no campo, porque os homens e os animais que se acharem no campo e não se recolherem à casa, ao cair sobre eles a chuva de pedras, morrerão." ²⁰Aqueles dentre os servos de Faraó que temeram a palavra de Iahweh apressaram-se em fazer entrar para as casas seus servos e seus rebanhos. ²¹Aqueles, porém, que não puseram no coração a palavra de Iahweh deixaram ficar nos campos seus servos e seus rebanhos.

²²Disse Iahweh a Moisés: "Estende a mão para o céu, e cairá chuva de pedras em toda a terra do Egito, sobre os homens e sobre os animais e sobre toda a erva do campo, na terra do Egito." ²³E Moisés estendeu a sua vara para o céu. Iahweh enviou trovões[c] e chuva de pedras, e desceu fogo sobre a terra. E Iahweh fez cair chuva de pedras sobre a terra do Egito. ²⁴Havia chuva de pedras e fogo misturado[d] com chuva de pedras. Era tão forte que nunca houve igual em toda a terra do Egito, desde que veio a ser uma nação. ²⁵A chuva de pedras feriu, em toda a terra do Egito, tudo o que estava nos campos, desde os homens até os animais. Feriu toda a erva do campo e quebrou todas as árvores do campo. ²⁶Somente na terra de Gessen, onde estavam os israelitas, não houve chuva de pedras.

²⁷Faraó mandou chamar Moisés e Aarão e disse-lhes: "Desta vez eu pequei: Iahweh é justo; eu e o meu povo, porém, somos ímpios. ²⁸Rogai a Iahweh, pois já bastam esses grandes trovões e a chuva de pedras. Eu vos deixarei ir e não ficareis mais aqui." ²⁹Respondeu-lhe Moisés: "Depois que eu tiver saído da cidade, estenderei as mãos para Iahweh: os trovões cessarão e já não haverá chuva de pedras para que saibas que a terra é de Iahweh. ³⁰Quanto a ti, porém, e aos teus servos, eu sei que ainda não temeis a Iahweh Deus." ³¹O linho e a cevada foram feridos, pois a cevada já estava na espiga e o linho estava em flor. ³²O trigo e o centeio, porém, não sofreram dano, porque eram serôdios.

³³Saiu, pois, Moisés da presença de Faraó e da cidade, e estendeu as mãos para Iahweh. Cessaram os trovões e a chuva de pedras, e não caiu mais chuva de pedras, e não caiu mais chuva sobre a terra. ³⁴Faraó, porém, vendo que tinham cessado a chuva, as pedras e os trovões, continuou a pecar, e endureceu o seu coração, ele e os seus servos. ³⁵O coração de Faraó se endureceu e ele não deixou partir os israelitas, como Iahweh havia dito a Moisés.

10

VIII. Os gafanhotos[e] — ¹Disse Iahweh a Moisés: "Vai ter com Faraó. Pois lhe obstinei o coração e o coração dos seus servos, para que eu faça estes meus sinais no meio deles ²e para que narres ao teu filho e ao filho

---

a) Relato posterior à tradição javista.
b) Lit.: "contra o teu coração".
c) Lit.: "deu vozes". A "voz de Iahweh" é o trovão (cf. v. 29; 19,19; Sl 18,14; 29,3-9; Jó 37,2).
d) Tradução incerta; lit.: "chuva de pedra e fogo no meio da chuva de pedra" (cf. Ez 1,4).
e) Relato de tradição javista (vv. 1a.3-5a.6b-11.13.15.16-19), com acréscimos redacionais, com-

de teu filho como zombei dos egípcios e quantos sinais fiz no meio deles; para que saibais que eu sou Iahweh." ³Moisés e Aarão apresentaram-se, pois, a Faraó, e disseram-lhe: "Assim diz Iahweh, o Deus dos hebreus: 'Até quando recusarás humilhar-te perante mim? Deixa o meu povo partir, para que me sirva. ⁴Se recusares deixar partir o meu povo, eis que amanhã farei vir gafanhotos ao teu território. ⁵Eles cobrirão a face da terra e não se poderá mais ver o solo. Comerão o que sobrou, o que a chuva de pedras vos deixou; comerão todas as vossas árvores que crescem nos campos. ⁶Encherão as tuas casas, as dos teus servos e as de todos os egípcios, como nunca viram os teus pais e os pais dos teus pais, desde o dia em que vieram à terra até hoje.'" Com isto virou-se, e saiu da presença de Faraó. ⁷Então os servos de Faraó lhe disseram: "Até quando este homem será uma cilada para nós? Deixa partir os homens, para que sirvam a Iahweh, seu Deus. Acaso não sabes que o Egito está arruinado?"

⁸Moisés e Aarão foram reconduzidos à presença de Faraó, que lhes disse: "Ide, servi a Iahweh vosso Deus; quais são, porém, os que hão de ir?" ⁹Moisés respondeu: "Havemos de ir com os nossos jovens e com os nossos velhos, com os nossos filhos e com as nossas filhas, com os nossos rebanhos e com o nosso gado havemos de ir; porque para nós é uma festa de Iahweh." ¹⁰E Faraó disse: "Iahweh esteja convosco quando eu vos deixar partir com vossas mulheres e crianças; vede como tendes más intenções! ¹¹Não há de ser assim, mas ide somente vós, os homens,ᵃ e servi a Iahweh; porque isto é o que vós mesmos pedistes." E os expulsaram da presença de Faraó.

¹²E Iahweh disse a Moisés: "Estende tua mão sobre a terra do Egito, para que venham os gafanhotos sobre a terra do Egito, e comam toda a erva da terra, tudo o que a chuva de pedras deixou." ¹³Estendeu, pois, Moisés a sua vara sobre a terra do Egito. E Iahweh mandou sobre a terra um vento oriental todo aquele dia e toda aquela noite. Quando amanheceu, o vento oriental tinha trazido os gafanhotos.

¹⁴E subiram os gafanhotos por toda a terra do Egito. Pousaram sobre todo o seu território, e eram muito numerosos; antes destes nunca houve tais gafanhotos, nem depois deles virão outros assim. ¹⁵Cobriram toda a superfície da terra, e a terra ficou devastada.ᵇ Devoraram toda a erva da terra e todo o fruto das árvores que a chuva de pedras deixara. E não ficou nada de verde nas árvores, nem na erva do campo, em toda a terra do Egito.

¹⁶Pelo que Faraó chamou à toda a pressa Moisés e Aarão e disse-lhes: "Pequei contra Iahweh vosso Deus e contra vós. ¹⁷Mas agora perdoai-me ainda esta vez o meu pecado, e rogai a Iahweh vosso Deus que tire de mim esta morte." ¹⁸E Moisés, tendo saído da presença de Faraó, orou a Iahweh. ¹⁹Então Iahweh fez soprar um forte vento do ocidenteᶜ que arrebatou os gafanhotos e lançou-os no mar dos Juncos; e não ficou um só gafanhoto em todo o território do Egito. ²⁰Iahweh, porém, endureceu o coração de Faraó, e este não deixou os israelitas partirem.

IX. As trevasᵈ — ²¹Disse Iahweh a Moisés: "Estende a mão para o céu, e haja trevas sobre a terra do Egito, trevas que se possam apalpar." ²²Estendeu,

---

preendendo alguns nos versículos indicados como javistas.
a) Em vez de uma partida geral (v. 9), Faraó, desconfiado, queria que as mulheres e as crianças ficassem como reféns.
b) "ficou devastada", grego; "foi escurecida", hebr.; "devastando tudo", Vulg.
c) Lit.: "o vento do mar", ponto de vista de um habitante da Palestina, para o qual o mar se encontra a oeste.
d) Os vv. 24-26 são de tradição javista, mas eram a sequência do relato precedente; o resto da seção provém dos redatores.

pois, Moisés a mão para o céu, e houve trevas espessas sobre toda a terra do Egito por três dias. ²³Um não via o outro, e ninguém se levantou do seu lugar por três dias; porém, em toda a parte onde habitavam os israelitas havia luz.

²⁴Faraó chamou Moisés e Aarão e disse-lhes: "Ide, servi a Iahweh. Fiquem somente os vossos rebanhos e o vosso gado; as vossas mulheres e crianças também irão convosco." ²⁵Respondeu Moisés: "Terás de colocar em nossas mãos sacrifícios e holocaustos, para que os ofereçamos a Iahweh nosso Deus. ²⁶Também os nossos rebanhos irão conosco; não ficará nem uma unha, porque deles haveremos de tomar para servir a Iahweh nosso Deus; e nós mesmos não saberemos como servir a Iahweh senão quando chegarmos lá."

²⁷Mas Iahweh endureceu o coração de Faraó, e este não quis deixá-los partir. ²⁸E Faraó disse a Moisés: "Aparta-te de mim, e guarda-te de veres a minha face, pois no dia em que vires a minha face, morrerás." ²⁹Respondeu-lhe Moisés: "Tu o disseste: Nunca mais tornarei a ver a tua face!"

11 Anúncio da morte dos primogênitos[a]

13,11+

¹Iahweh disse a Moisés: "Farei vir mais uma praga ainda contra Faraó e contra o Egito. Então, ele vos deixará partir daqui. Quando ele vos enviar, estará acabado, e ele até mesmo vos expulsará daqui.[b] ²Dize, pois, ao povo, que todo homem peça ao seu vizinho, e toda mulher à sua vizinha, objetos de prata e ouro."[c] ³E Iahweh fez com que o seu povo encontrasse graça aos olhos dos egípcios. Moisés era também um grande homem na terra do Egito, aos olhos dos servos de Faraó e aos olhos do povo.

3,21
At 7,22

⁴Moisés disse: "Assim diz Iahweh: à meia-noite passarei pelo meio do Egito. ⁵E todo o primogênito morrerá na terra do Egito, desde o primogênito de Faraó, que deveria sentar-se em seu trono, até o primogênito da escrava que está à mó, e até mesmo os primogênitos do gado.[d] ⁶Haverá então na terra do Egito um grande clamor como nunca houve antes, nem haverá jamais. ⁷Mas, entre todos os israelitas, desde os homens até os animais, não se ouvirá ganir um cão, para que saibais que Iahweh fez uma distinção entre o Egito e Israel. ⁸Então, todos estes teus servos descerão a mim, e se inclinarão diante de mim, dizendo: 'Sai, tu e todo o povo que te segue.' Depois disso sairei." E, ardendo em ira, saiu da presença de Faraó.

⁹Iahweh disse a Moisés: "Faraó não vos ouvirá, para que se multipliquem os meus prodígios na terra do Egito." ¹⁰Moisés e Aarão fizeram todos esses prodígios[e] diante de Faraó. Mas Iahweh endureceu o coração de Faraó, e ele não deixou os israelitas partirem da sua terra.

---

a) Os vv. 9-10 provêm da tradição sacerdotal e 8b poderia ser a sequência de 10,24-26 na tradição javista; todo o resto do capítulo seria devido aos redatores.
b) Os últimos vv. do cap. 10 concluem a história das nove pragas, que pertencem à tradição do Êxodo-fuga (cf. 7,8+). A história da décima praga, que começa aqui, apresenta o Êxodo como expulsão (cf. 12,31-33 e já 4,21; 6,1). As duas concepções são inconciliáveis se se trata do mesmo grupo, mas uma e outra podem se justificar caso se trate de dois grupos diferentes ou se as tradições anteriores aos textos representavam as coisas de modo diferente... É mais difícil afirmar que a tradição do Êxodo-fuga se referia ao grupo de Moisés e a do Êxodo-expulsão a outro grupo semelhante, e que a dupla tradição se manifesta ainda nos dados sobre o itinerário da saída do Egito (13,17+). É claro que a dupla tradição foi harmonizada em torno do único grupo conduzido por Moisés.
c) A espoliação dos egípcios é motivo secundário, que já aparece em 3,21 e reaparecerá em 12,35-36. A sua lembrança aqui exclui que os egípcios tenham sofrido as nove primeiras pragas.
d) Os primogênitos do gado foram acrescentados segundo 12,12, porque eles pertencem, como os primogênitos humanos, às primícias reservadas à divindade.
e) Isto é, as nove primeiras pragas na perspectiva atual do texto. Mas a linguagem indicaria que se tratava inicialmente da conclusão da tradição sacerdotal.

12 A Páscoa[a]

¹Disse Iahweh a Moisés e a Aarão na terra do Egito: ²"Este mês[b] será para vós o princípio dos meses; será o primeiro mês do ano. ³Falai a toda a comunidade de Israel, dizendo: Aos dez deste mês, cada um tomará para si um cordeiro por família, um cordeiro para cada casa. ⁴Mas se a família for pequena para um cordeiro, então se juntará com o vizinho mais próximo da sua casa, conforme o número de pessoas. O cordeiro será escolhido na proporção do que cada um puder comer. ⁵O cordeiro será macho, sem defeito e de um ano. Vós o escolhereis entre os cordeiros ou entre os cabritos, ⁶e o guardareis até o décimo quarto dia desse mês; e toda a assembleia da comunidade de Israel o imolará ao crepúsculo.[c] ⁷Tomarão do seu sangue e pô-lo-ão sobre os dois marcos e a travessa da porta, nas casas em que o comerem. ⁸Naquela noite, comerão a carne assada no fogo; com pães ázimos[d] e ervas amargas a comerão. ⁹Não comereis dele nada cru, nem cozido na água, mas assado ao fogo: a cabeça, as pernas e a fressura. ¹⁰Nada ficará dele até pela manhã; o que, porém, ficar até pela manhã, queimá-lo-eis no fogo.[e] ¹¹É assim que devereis comê-lo: com os rins cingidos, sandálias nos pés e vara na mão;[f] comê-lo-eis às pressas: é uma páscoa[g] para Iahweh. ¹²E naquela noite eu passarei pela terra do Egito e ferirei na terra do Egito todos os primogênitos, desde os homens até os animais; e eu, Iahweh, farei justiça sobre todos os deuses do Egito. ¹³O sangue, porém, será para vós um sinal nas casas em que estiverdes: quando eu vir o sangue, passarei adiante e não haverá entre vós o flagelo destruidor,[h] quando eu ferir a terra do Egito. ¹⁴Este

---

a) Esta longa passagem (12,1-13,16), reúne pela primeira vez narrativa (12,28-42.50-51) e legislação-instrução. O relato, núcleo do desenvolvimento, contém sobretudo elementos de tradição javista (12,29-30.32-34.37-39), mas também alguns de tradição eloísta (12,31), sacerdotal (12,28.40-42.50-51), ou particular (12,35-36). Em seu conjunto, as leis rituais são mais recentes: se 12,21-23 poderia pertencer à tradição javista, 12,1-10.43-49 e, talvez 13,1-2, fazem parte da tradição sacerdotal ou de seus complementos e os vv. 28.50-51 são uma moldura para a legislação sobre a Páscoa e os Ázimos. É a menção da massa não levedada (12,34.39), e da morte dos primogênitos dos egípcios (12,29), assim como a ligação ulterior da Páscoa com a saída do Egito que deram o ponto de ligação às leis e instruções sobre a Páscoa (12,1-14.21-27a.43-49), sobre os Ázimos (12,13-20; 13,3-10), e sobre os primogênitos (13,1-2.11-16); 12,24-27a e 13,3-16 têm uma linguagem que lembra a tradição deuteronômica ou deuteronomista. Estas leis rituais devem ser comparadas com Lv 23,5-8; Nm 28,16-25 e Dt 16,1-8. Se o texto parece dizer que as celebrações da Páscoa e dos Ázimos nasceram com a saída do Egito, na realidade trata-se de duas festas originariamente distintas: os Ázimos seria uma festa agrícola que só começou a ser celebrada em Canaã, e que não foi unida à Páscoa a não ser depois da reforma de Josias. A Páscoa, de origem pré-israelita, é uma festa anual de pastores nômades, para o bem dos rebanhos. O início do relato antigo (v. 21), que a menciona sem explicação, supõe que ela já era conhecida, e é verdadeiramente a "festa de Iahweh" que Moisés pedia ao Faraó a permissão de celebrar (cf. 5,1+). Dessa forma a ligação entre a Páscoa, a décima praga e a saída do Egito seria apenas ocasional: essa saída pôde ter lugar no próprio momento da festa. Mas esta coincidência temporal justifica que os acréscimos deuteronomizantes de Ex 12,24-27; 13,3-10 expliquem a festa da Páscoa (e dos Ázimos) como o memorial da saída do Egito (cf. o próprio Dt 16,1-3). A tradição sacerdotal relaciona todo o ritual da Páscoa à décima praga e à saída do Egito (12,11b-14.42). A ligação além disso é mais antiga, pois o relato javista (12,34+.39) apresenta o velho rito pascal dos pães sem fermento em relação com a saída do Egito. Postos em relação histórica com este acontecimento decisivo da vocação de Israel, tais ritos adquirem significação religiosa inteiramente nova: eles exprimem a salvação trazida ao povo por Deus, conforme explicava a introdução que acompanhava a festa (12,26-27; 13,8). A Páscoa judaica preparava assim a Páscoa cristã: Cristo, cordeiro de Deus, é imolado (a Cruz) e comido (a Ceia), no quadro da Páscoa judaica (a Semana Santa). Ele traz assim a salvação ao mundo, e a renovação mística deste ato de redenção torna-se o centro da liturgia cristã que se organiza ao redor da Missa, sacrifício e refeição.

b) O primeiro mês da primavera, correspondendo a março-abril, que se chamava *Abib* no antigo calendário (Dt 16,1) e chamar-se-á *Nisān* no calendário pós-exílico de origem babilônica.

c) Lit.: "entre as duas tardes", seja entre o pôr-do-sol e a noite completa (samaritanos), seja entre o cair e o pôr-do-sol (fariseus e Talmude).

d) Isto é, pães sem fermento (cf. v. 1+).

e) Para evitar a profanação. O grego acrescenta: "Não se quebrará nenhum osso" (cf. v. 46).

f) É a roupa de viagem.

g) A etimologia do termo *pesaḥ* é desconhecida. A Vulg. a explica: "Isto é, passagem", mas isso não encontra apoio no hebraico. Ex 12,13.23.27 explica que Iahweh "saltou", ou "omitiu", ou "protegeu" as casas dos israelitas, mas trata-se de explicação secundária.

h) Ou, corrigindo: "não haverá contra vós golpe do Exterminador" (cf. v. 23).

dia será para vós um memorial, e o celebrareis como uma festa para Iahweh; nas vossas gerações a festejareis; é um decreto perpétuo.

A Festa dos Ázimos — ¹⁵Durante sete dias comereis pães ázimos. Desde o primeiro dia tirareis o fermento das vossas casas, pois todo o que comer algo fermentado, desde o primeiro dia até o sétimo, essa pessoa será eliminada de Israel. ¹⁶No primeiro dia tereis uma santa assembleia e, no sétimo dia, uma santa assembleia; nenhuma obra se fará neles, e vós prepareis somente o que cada um deve comer. ¹⁷Observareis, pois, a festa dos Ázimos, porque nesse dia é que fiz o vosso exército sair da terra do Egito. Vós observareis este dia em vossas gerações, é um decreto perpétuo. ¹⁸No primeiro mês, no dia catorze do mês, à tarde, comereis os ázimos até a tarde do dia vinte e um do mesmo mês. ¹⁹Durante sete dias não se achará fermento em vossas casas; todo aquele que comer pão fermentado será eliminado da comunidade de Israel, seja ele estrangeiro ou natural do país. ²⁰Não comereis pão fermentado; em todo lugar em que habitardes comereis ázimos."

Prescrições sobre a Páscoa — ²¹Moisés convocou, pois, todos os anciãos de Israel, e disse-lhes: "Ide, tomai um animal do rebanho segundo as vossas famílias e imolai a Páscoa. ²²Tomai alguns ramos de hissopo,ᵃ molhai-o no sangue que estiver na bacia, e marcai a travessa da porta e os seus marcos com o sangue que estiver na bacia; nenhum de vós saia da porta de casa até pela manhã. ²³Porque Iahweh passará para ferir os egípcios; e, quando vir o sangue sobre a travessa e sobre os dois marcos, ele passará adiante dessa porta e não permitirá que o Exterminadorᵇ entre em vossas casas, para vos ferir. ²⁴Observareis esta determinação como um decreto para ti e teus filhos, para sempre. ²⁵Quando tiverdes entrado na terra que Iahweh vos dará, como ele disse, observareis este rito. ²⁶Quando vossos filhos vos perguntarem:ᶜ 'Que rito é este?', ²⁷respondereis: 'É o sacrifício da Páscoa para Iahweh, que passou adiante das casas dos israelitas no Egito, quando feriu os egípcios, mas livrou as nossas casas.'" Então o povo se ajoelhou e se prostrou. ²⁸Foram-se os israelitas e fizeram isso; como Iahweh ordenara a Moisés e a Aarão, assim fizeram.

A décima praga: morte dos primogênitos — ²⁹No meio da noite, Iahweh feriu todos os primogênitos na terra do Egito, desde o primogênito de Faraó, que deveria sentar-se em seu trono, até o primogênito do cativo, que estava na prisão, e todo o primogênito dos animais. ³⁰Faraó levantou-se de noite, com todos os seus servos e todo o Egito; e houve um grande clamor no Egito, pois não havia casa onde não houvesse um morto. ³¹Faraó, chamando Moisés e Aarão, naquela mesma noite, disse: "Levantai-vos e saí do meio de meu povo, vós e os israelitas; ide, servi a Iahweh, como tendes dito. ³²Levai também vossos rebanhos e vosso gado, como pedistes, parti e abençoai a mim também." ³³Os egípcios pressionavam o povo a que saísse depressa do país, dizendo: "Morreremos todos." ³⁴O povo levou, pois, a farinha amassada, antes que se levedasse, e as suas amassadeiras atadas em trouxas com seus mantos, sobre os ombros.

---

a) Planta aromática usada em diversos ritos de purificação (Nm 19,6; Sl 51,9; Hb 9,19).
b) No ritual pré-israelita da Páscoa, o Exterminador era o demônio que personificava os perigos ameaçadores do rebanho e da família; é para se proteger contra os seus ataques que se colocava o sangue sobre as portas das casas, primitivamente das tendas.
c) Esta passagem (cf. também 13,8-9.14-16; Dt 6,21- 25; Js 4,7-8.21-24), nos informa sobre uma prática de época tardia: o pai de família explica o sentido dos ritos, como em outros lugares sobre o sentido da lei ou do monumento de doze pedras, a partir da pergunta do menino. Pode-se falar de "catequeses etiológicas" porque o pai de família dá uma explicação que sempre faz intervir a origem, real ou suposta — aqui, da Páscoa.

Espoliação dos egípcios — ³⁵Os israelitas fizeram como Moisés havia dito, e pediram aos egípcios objetos de prata, objetos de ouro e roupas. ³⁶Iahweh fez com que o seu povo encontrasse graça aos olhos dos egípcios, de maneira que estes lhes davam o que pediam; e despojaram os egípcios.

A partida de Israel — ³⁷Os israelitas partiram de Ramsés em direção a Sucot, cerca de seiscentos mil homens a pé[a] — somente os homens, sem contar suas famílias. ³⁸Subiu também com eles uma multidão misturada com ovelhas, gado e muitíssimos animais. ³⁹Cozeram pães ázimos com a farinha que haviam levado do Egito, pois a massa não estava levedada: expulsos do Egito, não puderam deter-se nem preparar provisões para o caminho.[b] ⁴⁰A estada dos israelitas no Egito durou quatrocentos e trinta anos.[c] ⁴¹No mesmo dia em que findavam os quatrocentos e trinta anos, os exércitos de Iahweh saíram do país do Egito. ⁴²Esta noite, durante a qual Iahweh velou para os fazer sair do Egito, deve ser para todos os israelitas uma vigília para Iahweh, em todas as suas gerações.

Prescrições a respeito da Páscoa — ⁴³Iahweh disse a Moisés e a Aarão: "Eis o ritual da páscoa:[d] nenhum estrangeiro dela comerá. ⁴⁴Todo escravo, porém, comprado por dinheiro, depois de circuncidado, dela comerá. ⁴⁵O advetício e o assalariado não comerão dela. ⁴⁶Há de comer-se numa só casa, e não levareis dessa casa nenhum pedaço de carne. Não quebrareis osso algum. ⁴⁷Toda a comunidade de Israel a fará. ⁴⁸Se algum imigrante habita contigo,[e] e quiser celebrar a Páscoa para Iahweh, todos os varões da sua casa deverão ser circuncidados; e então ele poderá celebrá-la, e será como o cidadão do país; nenhum incircunciso, porém, poderá comer dela. ⁴⁹Haverá uma única lei para o cidadão e para o imigrante que reside entre vós." ⁵⁰Todos os israelitas fizeram como Iahweh havia ordenado a Moisés e a Aarão. ⁵¹Naquele dia Iahweh tirou os israelitas do Egito, segundo os seus exércitos.

13

Os primogênitos[f] — ¹Iahweh falou a Moisés, dizendo: ² "Consagra-me todo primogênito, todo o que abre o útero materno, entre os israelitas. Homem ou animal, será meu."

Os Ázimos — ³Moisés disse ao povo: "Lembrai-vos deste dia, em que saístes do Egito, da casa da escravidão; pois com mão forte Iahweh vos tirou de lá; e, por isso, não comereis pão fermentado. ⁴Hoje é o mês de Abib, e estais saindo.

---

a) Este número, muito exagerado, pode representar um recenseamento de todo o povo de Israel na época do documento javista.
b) Estes pães não fermentados não são os ázimos do ritual posterior, mas um elemento do antigo ritual da Páscoa, festa de nômades que habitualmente comem pão não fermentado (cf. ainda Js 5,11). A tradição javista viu nisso um sinal da pressa com a qual saíram do Egito.
c) Sam. e grego incluem neste número toda a estada dos Patriarcas em Canaã.
d) A vítima, não a festa. Os vv. 43-50 precisam em que condições os que não pertencem a Israel poderão participar da manducação da Páscoa, e como esta deverá ser preparada. Essas disposições completam o ritual sacerdotal dos vv. 3-11. O israelita aí é considerado como "o cidadão do país" (v. 48), o verdadeiro autóctone em Canaã.
e) O estrangeiro fixado em Israel, o *ger*, tem estatuto especial, como o meteco em Atenas, o *incola* em Roma. Os Patriarcas foram estrangeiros residindo em Canaã (Gn 23,4); os israelitas o foram no Egito (Gn 15,13; Ex 2,22). Depois da conquista da Terra Santa, as funções se invertem: os israelitas são os cidadãos do país e acolhem os estrangeiros que aí residem (Dt 10,19). Estes estrangeiros domiciliados são submetidos às leis (Lv 17,15; 24,16-22) e obrigados ao sábado (Ex 20,10; Dt 5,14). São admitidos a fazerem oferendas a Iahweh (Nm 15,15-16) e a celebrarem a Páscoa (Nm 9,14), mas então devem ser circuncidados (aqui 12,48). Assim se prepara o estatuto dos prosélitos da época grega (cf. já Is 14,1). São os "economicamente fracos" que a lei protege (Lv 23,22; 25,35; Dt 24 *passim*; 26,12). Este último texto e Dt 12,12 os assimilam com os levitas que, também, não têm parte em Israel; já Jz 17,7 chama o levita de Belém "um residente estrangeiro" em Judá (comp. com Jz 19,1). Na versão grega, o *ger* tornar-se-á o "prosélito" (Mt 23,15).
f) A lei dos primogênitos (vv. 1-2.11-16) é acréscimo ao relato antigo; ela não está ligada à Páscoa, mas à morte dos primogênitos dos egípcios e, no Código da Aliança (Ex 22,28-29), ela é independente da Páscoa.

⁵Quando Iahweh te houver introduzido na terra dos cananeus, dos heteus, dos amorreus, dos heveus e dos jebuseus, que jurou a teus pais te dar, terra que mana leite e mel, guardarás este rito neste mês. ⁶Comerás pães ázimos durante sete dias, e no sétimo dia haverá uma festa para Iahweh. ⁷Durante sete dias comer-se-ão pães ázimos; não haverá em tua casa nada de fermentado, nem em todo o teu território. ⁸Naquele dia, assim falarás a teu filho: 'Eis o que Iahweh fez por mim, quando saí do Egito.' ⁹E será como sinal na tua mão, um memorial entre os teus olhos, para que a lei de Iahweh esteja na tua boca; pois Iahweh te tirou do Egito com mão forte. ¹⁰Observarás esta lei no tempo determinado, de ano em ano.

*Os primogênitos*ᵃ — ¹¹"Quando Iahweh te houver introduzido na terra dos cananeus, como jurou a ti e a teus pais, quando a tiver dado a ti, ¹²apartarás para Iahweh todo ser que sair por primeiro do útero materno, e todo primogênito dos animais que tiveres: os machos serão para Iahweh. ¹³Todo primogênito da jumenta, porém, tu o resgatarás com um cordeiro; se não o resgatares, tu lhe quebrarás a nuca;ᵇ mas todo primogênito do homem, entre teus filhos, tu o resgatarás. ¹⁴E quando amanhã o teu filho te perguntar: 'Que significa isso?', responder-lhe-ás: 'Iahweh tirou-nos do Egito, da casa da escravidão, com mão forte. ¹⁵Pois tendo-se obstinado Faraó e não querendo deixar-nos partir, Iahweh matou todos os primogênitos na terra do Egito, desde o primogênito do homem até o primogênito dos animais. É por isso que sacrifico a Iahweh todo macho que sai por primeiro do útero materno e resgato todo primogênito de meus filhos.' ¹⁶Isto será, pois, como um sinal na tua mão e como um frontal entre os teus olhos, porque Iahweh nos tirou do Egito com mão forte."

4. A SAÍDA DO EGITOᶜ

*A saída dos israelitas*ᵈ — ¹⁷Ora, quando Faraó deixou o povo partir, Deus não o fez ir pelo caminho do país dos filisteus, apesar de ser mais perto,ᵉ porque Deus disse que diante dos combates o povo poderia se arrepender e voltar

---

a) Cf. v. 1+. De acordo com os mais antigos códigos de Israel (Ex 22,28-29; 34,19-20), os primogênitos humanos e dos animais pertencem a Deus. Os primogênitos dos animais são oferecidos em sacrifício (Dt 15,19-20) e uma parte deles é devida aos sacerdotes (Nm 18,15-18), exceto o primogênito do jumento, que é resgatado ou tem a nuca quebrada (aqui v. 13; 34,20; Nm 18,15), como, em geral, os animais impuros (Lv 27,26-27). Os primogênitos humanos sempre são resgatados (aqui v. 13; 34,19-20; Nm 3,46-47; cf. Gn 22). Os textos de Ex 13,14s; Nm 3,13; 8,17 ligam esta consagração à saída do Egito e à décima praga. Os levitas são consagrados a Deus em substituição aos primogênitos de Israel, então poupados (Nm 3,12.40-51; 8,16-18).
b) O jumento, animal impuro, não podia ser oferecido em sacrifício.
c) Aqui começa, propriamente, o *Êxodo*, a marcha do povo de Deus pelo deserto rumo à Terra Prometida, período da vida de Israel ao qual os profetas se referirão como o tempo das núpcias do povo com Deus (Jr 2,2; Os 2,16+; 11,1s; Ez 16,8). Iahweh é sempre, em toda a Bíblia, "Aquele que fez o povo subir do Egito" (Js 24,17; Am 2,10; 3,1; Mq 6,4; Sl 81,11). Era já a primeira declaração que Deus fazia ao se manifestar a Moisés (3,8-10). A segunda parte de Isaías anuncia a volta de Babilônia como uma repetição do Êxodo (Is 40,3+). A tradição cristã, por sua vez, verá na marcha pelo deserto a figura do progresso da Igreja (ou da pessoa fiel) para a eternidade.
d) O conjunto do relato (13,17-14,31) é complexo. A tradição eloísta, sendo provavelmente muito semelhante à tradição javista, só deixou poucos traços (13,17-19; 14,5a.19a.25a). No resto, a trama de duas tradições conservadas de maneira mais substancial, javista (13,21-22; 14,5b-6.9.14.19b-20.21b.24.25b.27b.30.31) e sacerdotal (13,20; 14,1-4.8-9.15-18.21a.22-23.27a,28-29), mas alguns elementos podem ter sido acrescentados pelos redatores, por exemplo, em 14,31 (ou somente 31b); comparar com 4,1+.5.8-9.31. A determinação do itinerário do Êxodo e a localização precisa das etapas é extremamente difícil. Apesar do v. 17, certo número de nomes tendem a indicar um itinerário pelo norte, isto é, pelo "país dos filisteus" (termo que, por outro lado, é um anacronismo). Haveria aí o traço de duas tradições diferentes seja qual for a sua base histórica.
e) Era o caminho normal, paralelo à costa, passando por Silé (El-Kantara atual), pontilhado de poços e policiado. O grupo que fugiu certamente não o tomou. O grupo expulso do Egito podia tomá-lo. De fato, é neste caminho que mais verossimilmente se podem situar os três nomes geográficos mencionados em 14,2; mas o Êxodo-fuga, o mais importante, atraiu a si as lembranças da outra tradição.

para o Egito. ¹⁸Deus, então, fez o povo dar a volta pelo caminho do deserto do mar dos Juncos;*ª* e os israelitas saíram bem armados do Egito. ¹⁹Moisés levou consigo os ossos de José, pois havia este feito os israelitas jurar solenemente, dizendo: "Deus haverá de vos visitar, e então levai daqui convosco os meus ossos."

²⁰E, tendo saído de Sucot, acamparam em Etam, à beira do deserto. ²¹E Iahweh ia adiante deles, de dia numa coluna de nuvem, para lhes mostrar o caminho, e de noite numa coluna de fogo para os alumiar, a fim de que pudessem caminhar de dia e de noite. ²²Nunca se retirou de diante do povo a coluna de nuvem durante o dia, nem a coluna de fogo durante a noite.*ᵇ*

14 De Etam ao mar dos Juncos —
¹Iahweh falou a Moisés, dizendo: ²"Dize aos israelitas que retrocedam e acampem diante de Piairot, entre Magdol e o mar, diante de Baal Sefon; vós acampareis diante deste lugar, junto ao mar. ³Pois Faraó há de dizer acerca dos israelitas: 'Eis que erram pelo país; o deserto os encerrou.' ⁴E eu endurecerei o coração de Faraó, e ele os perseguirá, e serei glorificado em Faraó e em todo o seu exército; e os egípcios saberão que eu sou Iahweh." E eles assim fizeram.

Os egípcios perseguem Israel — ⁵Sendo, pois, anunciado ao rei do Egito que o povo tinha fugido, mudou-se o coração de Faraó e dos seus servos contra o povo. Eles disseram: "Que é isto que fizemos, deixando Israel sair de nosso serviço?" ⁶Faraó mandou aprontar o seu carro e tomou consigo o seu povo; ⁷tomou seiscentos carros escolhidos e todos os carros do Egito, com oficiais sobre todos eles. ⁸E Iahweh endureceu o coração de Faraó, rei do Egito, e este perseguiu os israelitas, enquanto saíam de braço erguido. ⁹Os egípcios perseguiram-nos, com todos os cavalos e carros de Faraó, e os cavaleiros e o seu exército, e os alcançaram acampados junto ao mar, perto de Piairot, diante de Baal Sefon. ¹⁰Quando Faraó se aproximou, os israelitas levantaram os olhos e eis que os egípcios vinham atrás deles. Tiveram grande medo. E então os israelitas clamaram a Iahweh. ¹¹Disseram a Moisés: "Não havia talvez sepulturas no Egito, e por isso nos tiraste de lá para morrermos no deserto? Por que nos trataste assim, fazendo-nos sair do Egito? ¹²Não é isto que te dizíamos no Egito: Deixa-nos, para que sirvamos aos egípcios? Pois, melhor nos fora servir aos egípcios do que morrermos no deserto." ¹³Moisés disse ao povo: "Não temais; permanecei firmes e vereis o que Iahweh fará hoje para vos salvar; porque os egípcios, que hoje vedes, nunca mais os tornareis a ver. ¹⁴Iahweh combaterá por vós e vós ficareis tranquilos."

*O milagre do mar*ᶜ — ¹⁵Iahweh disse a Moisés: "Por que clamas a mim? Dize aos israelitas que marchem. ¹⁶E tu, levanta a tua vara, estende a mão sobre o

---

a) A designação "o mar dos Juncos", em hebraico *yam sûf*, é acréscimo. O texto primitivo dava apenas uma indicação geral: os israelitas tomaram o caminho do deserto para o leste ou o sudeste. — O sentido desta designação e a localização do "mar de Suf" são incertos. Ele não é mencionado na narrativa de Ex 14, que fala apenas do "mar". O único texto que menciona o "mar de Suf" ou "mar dos Juncos" (segundo o egípcio) como cenário do milagre é Ex 15,4, que é poético.

b) Encontram-se no Pentateuco diversas manifestações da presença divina: a coluna de nuvem e a coluna de fogo (tradição javista); a "nuvem escura" e a nuvem (tradição eloísta); finalmente, associada com a nuvem, a "glória" de Iahweh (24,16+), fogo devorador que se move como o próprio Iahweh (tradição sacerdotal; comp. 19,16s+). Noções, ou imagens, das quais a teologia mística fez grande uso.

c) Esta narrativa apresenta-nos o milagre de duas maneiras: 1º) Moisés levanta a sua vara sobre o mar, que se fende, formando duas muralhas de água entre as quais os israelitas passam a pé enxuto. Depois, quando os egípcios vão atrás deles, as águas se fecham e os engolem. Esta narrativa é atribuída à tradição sacerdotal ou eloísta. 2º) Moisés encoraja os israelitas fugitivos, assegurando-lhes que nada têm que fazer. Então, Iahweh faz soprar um vento que seca o "mar", os egípcios ali penetram e são engolidos pelo seu refluxo. Nesta narrativa, atribuída

mar e divide-o, para que os israelitas caminhem em seco pelo meio do mar. ¹⁷Eu endureci o coração dos egípcios para que vos sigam e serei glorificado à custa de Faraó, de todo o seu exército, de seus carros e de seus cavaleiros. ¹⁸E os egípcios saberão que eu sou Iahweh, quando for glorificado à custa de Faraó, de seus carros e de seus cavaleiros".

_{Gn 16,7+} ¹⁹Então o anjo de Deus, que ia adiante do exército de Israel, se retirou e passou para trás deles. Também a coluna de nuvem se retirou de diante deles e se pôs atrás, ²⁰ficando entre o acampamento dos egípcios e o acampamento de Israel. A nuvem era tenebrosa, e a noite passou sem que um pudesse se aproximar do outro durante toda a noite.[a] ²¹Então Moisés estendeu a mão sobre o mar. E Iahweh, por um forte vento oriental que soprou toda aquela noite, fez o mar se retirar. Este se tornou terra seca, e as águas foram divididas. ²²Os israelitas entraram pelo meio do mar em seco; e as águas formaram como um muro à sua direita e à sua esquerda. ²³Os egípcios que os perseguiam entraram atrás deles, todos os cavalos de Faraó, os seus carros e os seus cavaleiros, até o meio do mar. ²⁴Na vigília da manhã,[b] Iahweh, da coluna de fogo e da nuvem, viu o acampamento dos egípcios, e lançou a confusão no acampamento dos egípcios. ²⁵Ele emperrou[c] as rodas dos seus carros, e fê-los andar com dificuldade. Então, os egípcios disseram: "Fujamos da presença de Israel, porque Iahweh combate a favor deles contra os egípcios." ²⁶Iahweh disse a Moisés: "Estende a mão sobre o mar, para que as águas se voltem contra os egípcios, sobre os seus carros e sobre os seus cavaleiros." ²⁷Moisés estendeu a mão sobre o mar e este, ao romper da manhã, voltou para o seu leito. Os egípcios, ao fugir, foram de encontro a ele. E Iahweh derribou os egípcios no meio do mar. ²⁸As águas voltaram e cobriram os carros e cavaleiros de todo o exército de Faraó, que os haviam seguido no mar; e não escapou um só deles. ²⁹Os israelitas, porém, passaram pelo meio do mar em seco; e as águas eram para eles como um muro à direita e à esquerda. ³⁰Naquele dia, Iahweh salvou Israel das mãos dos egípcios, e Israel viu os egípcios mortos à beira-mar. ³¹Israel viu a proeza realizada por Iahweh contra os egípcios. E o povo temeu a Iahweh, e creram em Iahweh e em Moisés, seu servo.

15 *Canto de vitória*[d] — ¹Então Moisés e os israelitas entoaram este canto a Iahweh:

"Cantarei a Iahweh, porque se vestiu de glória;
ele lançou ao mar o cavalo e o cavaleiro.

‖ Is 12,2 ²Iah[e] é minha força e meu canto,[f] a ele devo a salvação.

à tradição javista, somente Iahweh é que intervém; não se fala de uma passagem do mar pelos israelitas, mas apenas da miraculosa destruição dos egípcios. Esta narrativa representa a tradição mais antiga. É somente a destruição dos egípcios que afirma o canto muito antigo de Ex 15,21, desenvolvido no poema de 15,1-18. Não é possível determinar o lugar e o modo deste acontecimento; mas aos olhos das testemunhas apareceu como uma intervenção espetacular de "Iahweh guerreiro" (Ex 15,3) e tornou-se um artigo fundamental da fé javista (Dt 11,4; Js 24,7 e cf. Dt 1,30; 6,21-22; 26,7-8). Este milagre do mar foi posto em paralelo com outro milagre da água, a passagem do Jordão (Js 3-4); a saída do Egito foi concebida de maneira secundária à imagem da entrada em Canaã, e as duas apresentações misturam-se no cap. 14. A tradição cristã considerou este milagre como uma figura da salvação, e mais especialmente do batismo (1Cor 10,1).
a) Tradução conjectural da parte central do versículo, mal conservada; grego: "A nuvem era tenebrosa e a noite escoou sem que se pudesse..."; Símaco: "A noite era tenebrosa de um lado e luminosa do outro e a noite...". Em Js 24,7 lemos que Iahweh estendeu uma névoa espessa entre os israelitas e os egípcios. A tradução apresentada aqui é conjectural.
b) "Última vigília da noite, das 2 às 6h da manhã.
c) "Ele emperrou", versões; "ele tirou", hebr.
d) Na ocasião da destruição do exército de Faraó, este salmo de ação de graças (o primeiro e o mais célebre dos "cânticos" que a liturgia cristã toma do AT) trata em toda a sua amplidão do tema da salvação miraculosa que o poder e a solicitude de Iahweh asseguram ao seu povo; o canto de vitória do v. 21 é ampliado até englobar o conjunto das maravilhas do Êxodo e da conquista de Canaã, e até a construção do Templo de Jerusalém.
e) Outra forma do nome de Iahweh.
f) "meu canto", mss.; "o canto", hebr.; "me protege" (minha proteção), grego.

Ele é meu Deus, e o glorifico, o Deus do meu pai, e o exalto.
³ Iahweh é um guerreiro, Iahweh é o seu nome!

⁴ Os carros de Faraó e suas tropas, ao mar ele lançou;
a elite dos seus cavaleiros, o mar dos Juncos devorou:
⁵ o abismo os recobriu, e caíram fundo, como pedra.

⁶ Tua direita, Iahweh, pela força se assinala;
tua direita, Iahweh, o inimigo estraçalha.
⁷ Pela grandeza da tua glória destróis os teus adversários,
desencadeias tua ira, que os devora como palha.
⁸ Ao sopro das tuas narinas as águas se amontoam,
as ondas se levantam qual represa,
e os abismos se retesam no coração do mar.
⁹ O inimigo dissera: 'Perseguirei, hei de alcançar,
despojos eu terei e minha alma irá se alegrar,
tirarei a minha espada e minha mão o prenderá!'
¹⁰ O teu vento soprou e o mar os recobriu;
caíram como chumbo nas águas profundas.

¹¹ Quem é igual a ti, ó Iahweh, entre os deuses?
Quem é igual a ti, ilustre em santidade?
Terrível nas façanhas, hábil em maravilhas?

¹² Estendeste a tua direita, e a terra os engoliu.
¹³ Levaste em teu amor este povo que redimiste,
e o guiaste com poder para a morada que consagraste!

¹⁴ Os povos ouviram falar e começaram a tremer;
dores*ᵃ* se espalharam no meio dos filisteus,
¹⁵ e ficaram com medo os habitantes de Edom.
Os chefes de Moab, o terror os dominou;
todos cambaleiam, os moradores de Canaã,
¹⁶ e a eles sobrevêm o terror e o tremor.
O poder de teu braço os petrifica,
até que passe o teu povo, ó Senhor,
até que passe este povo que compraste.

¹⁷ Tu os conduzirás e plantarás sobre a montanha,*ᵇ* a tua herança,
lugar onde fizeste, ó Iahweh, a tua residência,
santuário, Senhor, que as tuas mãos prepararam.

¹⁸ Iahweh reinará para sempre e eternamente."

¹⁹*ᶜ* Pois, quando a cavalaria de Faraó com os seus carros e os seus cavaleiros entraram no mar, Iahweh fez voltar sobre eles as águas do mar; os israelitas, porém, caminharam a pé enxuto pelo meio do mar. ²⁰ Maria, a profetisa, irmã de Aarão, tomou na mão um tamborim e todas as mulheres a seguiram com tamborins, formando coros de dança. ²¹ E Maria lhes entoava:

"Cantai a Iahweh, pois de glória se vestiu;
ele jogou ao mar cavalo e cavaleiro!"

---

a) Como as dores de parto da mulher. Imagem corrente na Bíblia.
b) A montanha de Jerusalém, onde se erguerá o Templo ou, talvez, mais geralmente a Terra Prometida como terra montanhosa em que habitavam os israelitas.
c) Acréscimo redacional em relação com 14,26-28.

II. A caminhada no deserto

Mara[a] — ²²Moisés fez Israel partir do mar dos Juncos. Eles se dirigiram para o deserto de Sur, e caminharam três dias no deserto sem encontrar água. ²³Mas quando chegaram a Mara não puderam beber da água de Mara, porque era amarga; por isso chamou-se Mara.[b] ²⁴O povo murmurou contra Moisés, dizendo: "Que havemos de beber?"[c] ²⁵Moisés clamou a Iahweh, e Iahweh lhe mostrou um pedaço de madeira. Moisés o lançou na água, e a água se tornou doce.

Foi lá que lhes fixou[d] um estatuto e um direito;
foi lá que ele os pôs à prova.[e]

²⁶Depois ele disse: "Se ouvires atento a voz de Iahweh teu Deus e fizeres o que é reto diante dos seus olhos, se deres ouvido aos seus mandamentos e guardares todas as suas leis, nenhuma enfermidade virá sobre ti, das que enviei sobre os egípcios. Pois eu sou Iahweh, aquele que te restaura."

²⁷Então chegaram a Elim, onde havia doze fontes de água e setenta palmeiras; e acamparam junto às águas.

16 *O maná e as codornizes*[f] — ¹Partiram de Elim, e toda a comunidade dos israelitas chegou ao deserto de Sin, situado entre Elim e o Sinai, no décimo quinto dia do segundo mês, depois que tinham saído do Egito. ²Toda a comunidade dos israelitas murmurou contra Moisés e Aarão no deserto. ³Os israelitas disseram-lhes: "Antes fôssemos mortos pela mão de Iahweh na terra do Egito, quando estávamos sentados junto à panela de carne e comíamos pão com fartura! Certamente nos trouxestes a este deserto para fazer toda esta multidão morrer de fome."

⁴Iahweh disse a Moisés: "Eis que vos farei chover pão do céu; sairá o povo e colherá a porção de cada dia, a fim de que eu o ponha à prova para ver se anda ou não na minha lei. ⁵Mas, no sexto dia, prepararão o que colherem, e será dois tantos do que colhem a cada dia."

⁶Então Moisés e Aarão disseram a todos os israelitas:[g] "À tarde sabereis que foi Iahweh que vos fez sair da terra do Egito, ⁷e, pela manhã, vereis a glória de Iahweh, porque Iahweh ouviu as vossas murmurações contra ele.

---

a) Passagem provavelmente de tradição javista, mas com traços de estilo deuteronômico (v. 26). As notícias de partida (vv. 22.27), provêm da tradição sacerdotal.
b) *Mara*: amargo, amargura; em hebraico: *mar*.
c) Nos relatos do Êxodo e de Números, contrariamente à apresentação de alguns profetas (13,17+) a marcha pelo deserto está pontilhada de murmurações de Israel: contra a sede (aqui e 17,3; Nm 20,2s), contra a fome (Ex 16,2; Nm 11,4s), contra os perigos de guerra (Nm 14,2s). Israel já é povo arredio, que rejeita até os benefícios do seu Deus (comp. com Sl 78; 106), imagem da pessoa que resiste às solicitações da graça.
d) Iahweh.
e) Mesmos termos em Js 24,25. Este fragmento ritmado, que não se harmoniza com o contexto, parece referir-se à fonte de *Massa* ("prova"), nome que se explica de outro modo em 17,7. Mas ele foi ligado ao contexto atual graças à palavra-chave *hoq* ("estatuto, mandamento"), no plural, no versículo seguinte.
f) Passagem compósita e de análise difícil. Alguns elementos de um relato sobre o maná, talvez deslocados de Nm 11, poderiam provir da tradição javista, mas a parte mais considerável, um relato sobre o maná e as codornizes, pertence à tradição sacerdotal (cf. a estrita regulamentação da colheita do maná, submetida às exigências do sábado); os redatores tardios puderam acrescentar muito de sua produção. O maná e as codornizes, reunidos no mesmo relato, apresentam um problema. O maná é devido à secreção de insetos que vivem sobre certas tamargueiras, mas somente na região central do Sinai; ele é colhido em maio-junho. As codornizes, esgotadas pela travessia do Mediterrâneo ao voltar de sua migração na europa, por setembro, são abatidas em grande quantidade sobre a costa, ao norte da península, impelidas pelo vento do oeste (cf. Nm 11,31). Este relato pode combinar as lembranças de dois grupos que deixaram o Egito separadamente (cf. 7,8+; 11,1+), e cujos itinerários foram diferentes (cf. 13,17+). Essas curiosidades naturais servem para ilustrar a providência especial de Deus para com o seu povo. Celebrado nos Salmos (sobretudo 78.20.23-27) e na Sabedoria, o alimento do maná se tornará para a tradição cristã (cf. Jo 6,26-58) a figura da Eucaristia, alimento espiritual da Igreja durante seu êxodo terrestre.
g) O grego lê: "a toda a comunidade dos israelitas".

Nós, porém, o que somos para que murmureis contra nós?" ⁸E Moisés disse: "Iahweh vos dará esta tarde carne para comer, e pela manhã pão com fartura, pois ouviu a vossa murmuração contra ele. Porque nós, o que somos? Não são contra nós as vossas murmurações, e sim contra Iahweh."

⁹Disse Moisés a Aarão: "Dize a toda a comunidade dos israelitas: Aproximai-vos da presença de Iahweh, pois ouviu as vossas murmurações." ¹⁰Ora, quando Aarão falava a toda a comunidade dos israelitas, olharam para o deserto, e eis que a glória de Iahweh apareceu na nuvem. ¹¹Iahweh falou a Moisés, dizendo: ¹² "Eu ouvi as murmurações dos israelitas; dize-lhes: Ao crepúsculo comereis carne, e pela manhã vos fartareis de pão; e sabereis que eu sou Iahweh vosso Deus." ¹³À tarde subiram codornizes e cobriram o acampamento; e pela manhã havia uma camada de orvalho ao redor do acampamento. ¹⁴Quando se evaporou a camada de orvalho que caíra, apareceu na superfície do deserto uma coisa miúda, granulosa,ᵃ fina como a geada sobre a terra. ¹⁵Tendo visto isso, os israelitas disseram entre si: "Que é isso?"ᵇ Pois não sabiam o que era. Disse-lhes Moisés: "Isto é o pão que Iahweh vos deu para vosso alimento. ¹⁶Eis que Iahweh vos ordena: Cada um colha dele quanto baste para comer, um gomor por pessoa. Cada um tomará segundo o número de pessoas que se acham na sua tenda."

¹⁷E os israelitas assim fizeram; e apanharam, uns mais outros menos. ¹⁸Quando mediram um gomor, nem aquele que tinha juntado mais tinha maior quantidade, nem aquele que tinha colhido menos encontrou menos: cada um tinha recolhido o quanto podia comer.

¹⁹Moisés disse-lhes: "Ninguém guarde para a manhã seguinte." ²⁰Mas eles não deram ouvidos a Moisés, e alguns guardaram para o dia seguinte; porém deu vermes e cheirava mal. E Moisés indignou-se contra eles. ²¹Colhiam-no, pois, manhã após manhã, cada um o quanto podia comer, e quando o sol fazia sentir o seu ardor, se derretia.

²²Ora, no sexto dia colheram pão em dobro, dois gomores por pessoa; e todos os chefes da comunidade foram comunicá-lo a Moisés. ²³Ele lhes disse: "Eis o que disse Iahweh: Amanhã é repouso completo, um santo sábado para Iahweh. Cozei o que quiserdes cozer, e fervei o que quiserdes ferver, e o que sobrar, guardai-o de reserva para a manhã seguinte." ²⁴Fizeram a reserva até a manhã seguinte, como Moisés ordenara; e não cheirou mal nem deu vermes. ²⁵Então disse Moisés: "Comei-o hoje, porque este dia é um sábado para Iahweh; hoje não o encontrareis nos campos. ²⁶Durante seis dias o recolhereis, mas no sétimo dia, no sábado, não o haverá." ²⁷No sétimo dia saíram alguns do povo para colhê-lo, porém não o acharam. ²⁸Iahweh disse a Moisés: "Até quando recusareis guardar meus mandamentos e minhas leis? ²⁹Considerai que Iahweh vos deu o sábado, e que por isso vos dará ao sexto dia pão por dois dias. Cada um fique onde está, ninguém saia do seu lugar no sétimo dia." ³⁰E o povo descansou no sétimo dia.ᶜ

³¹A casa de Israel deu-lhe o nome de maná. Era como a semente de coentro, branco, e o seu sabor como bolo de mel.

³²Disse Moisés: "Eis o que Iahweh ordenou: Dele enchereisᵈ um gomor e o guardareis para as vossas gerações, para que vejam o pão com que vos alimentei no deserto, quando vos fiz sair do país do Egito." ³³Moisés disse a Aarão: "Toma um vaso, põe nele um gomor cheio de maná e coloca-o diante de Iahweh, a fim de conservá-lo para as vossas gerações." ³⁴Como Iahweh

---

a) Ou então: "arredondada" ou "coagulada". — A geada era considerada orvalho congelado que caía do céu (cf. Sl 147,16; Eclo 43,19).

b) Em hebraico, *man hû*: etimologia popular do termo "maná", cuja significação exata é desconhecida.

c) Ou: "guardou o sábado".

d) "enchereis" com o grego, sam.; hebr. "o conteúdo".

havia ordenado a Moisés, Aarão o colocou diante do Testemunho^a para ser conservado. ^35Os israelitas comeram maná durante quarenta anos, até chegarem à terra habitada; comeram maná até chegarem aos confins do país de Canaã. ^36O gomor é um décimo de medida.

17 *A água da rocha*^b — ^1Toda a comunidade dos israelitas partiu do deserto de Sin para as etapas seguintes, segundo a ordem de Iahweh, e acamparam em Rafidim, onde não havia água para o povo beber. ^2O povo discutiu, pois, com Moisés, e disse: "Dá-nos água para beber." Respondeu-lhes Moisés: "Por que discutis comigo? Por que pondes Iahweh à prova?" ^3Ali o povo teve sede e o povo murmurou contra Moisés, dizendo: "Por que nos fizeste subir do Egito, para nos matar de sede a nós, a nossos filhos e a nossos animais?" ^4Então Moisés clamou a Iahweh, dizendo: "Que farei a este povo? Pouco falta para que me apedrejem." ^5Iahweh disse a Moisés: "Passa adiante do povo e toma contigo alguns dos anciãos de Israel; leva contigo, na mão, a vara com que feriste o Rio, e vai. ^6Eis que estarei diante de ti, sobre a rocha (em Horeb);^c ferirás a rocha, dela sairá água e o povo beberá." Moisés assim fez na presença dos anciãos de Israel. ^7E deu àquele lugar o nome de Massá e Meriba,^d por causa da discussão dos israelitas e porque colocaram Iahweh à prova, dizendo: "Está Iahweh no meio de nós, ou não?"

Combate contra Amalec^e — ^8Ora, veio Amalec e combateu contra Israel em Rafidim. ^9Então Moisés disse a Josué: "Escolhe homens, e amanhã sai para combater contra Amalec; eu ficarei no cimo da colina com a vara de Deus na mão." ^10Josué fez o que Moisés lhe dissera, para combater Amalec, e Moisés, Aarão e Hur subiram ao topo da colina. ^11E enquanto Moisés ficava com as mãos levantadas, Israel prevalecia; quando, porém, abaixava as mãos, prevalecia Amalec. ^12Ora, as mãos de Moisés estavam pesadas; tomando então uma pedra, puseram-na debaixo dele e ele se sentou; Aarão e Hur sustentavam-lhe as mãos, um de um lado e o outro do outro.

Assim as suas mãos ficaram firmes até o pôr-do-sol. ^13E Josué pôs em fuga Amalec e seu povo ao fio da espada. ^14Então Iahweh disse a Moisés: "Escreve isso para memorial num livro, e declara a Josué que hei de extinguir a memória de Amalec de debaixo do céu." ^15Depois Moisés construiu um altar, e pôs-lhe este nome: "Iahweh-Nissi,"^f ^16porque ele disse: "A bandeira de Iahweh em mãos! Iahweh está em guerra contra Amalec de geração em geração".

---

a) São as tábuas da Lei (cf. 31,18 etc.) colocadas na arca frequentemente chamada "arca do Testemunho" (cf. 25,22+). Aqui se trata de antecipação do redator sacerdotal.

b) Um milagre análogo é referido em Nm 20,1-13 (cf. 1+), que o situa na região de Cades. Aqui é localizado em Rafidim, a última etapa antes do Sinai. Fora da notícia da partida e do acampamento (v. 1a), de tradição sacerdotal, o relato parece combinar elementos de tradições javista e eloísta. E ainda o tema das murmurações no deserto (cf. 15,24+).

c) "em Horeb" deve ser uma glosa de leitor. Alguns rabinos supuseram que a rocha seguiu os israelitas em suas peregrinações (cf. 1Cor 10,4). Sobre a designação do próprio Deus como "Rochedo", ver Sl 18,3+.

d) Massá: provação. *Meriba*: contestação.

e) Esta antiga narrativa, provavelmente de tradição javista, representa uma tradição das tribos do sul. É ligada redacionalmente a Rafidim, onde se situava o episódio precedente. De fato, os amalecitas tinham o seu habitat mais ao norte, no Neguebe e na montanha de Seir (Gn 14,7; Nm 13,29; 1Cr 4,42s), e é nesta região que se deve procurar Horma (Nm 14,39-45, cf. Dt 25,17-19; 1Sm 15). Apresentado por Gn 36,12.16 como neto de Esaú, Amalec é de fato um povo muito antigo (Nm 24,20). No tempo dos juízes, ele se associa aos invasores de Madiã. Davi ainda o combateu. Depois só é mencionado em 1Cr 4,43 e Sl 83,8.

f) O nome significa "Iahweh é minha bandeira": é preciso restituir este termo ao v. seguinte, em lugar do hebr. "trono".

18 Encontro de Jetro com Moisés[a] — ¹Jetro, sacerdote de Madiã, sogro de Moisés, ouviu tudo o que Deus havia feito a Moisés e a Israel seu povo: como Iahweh havia feito Israel sair do Egito. ²Jetro, o sogro de Moisés, tomou Séfora, mulher de Moisés, depois que este a enviara,[b] ³com os dois filhos dela, um dos quais se chamava Gersam, porque Moisés dissera: "Sou um imigrante em terra estrangeira", ⁴e o outro Eliezer,[c] porque "o Deus de meu pai é minha ajuda e me libertou da espada de Faraó." ⁵Jetro, o sogro de Moisés, foi junto com os filhos e a esposa de Moisés encontrar-se com ele no deserto onde estava acampado, junto à montanha de Deus. ⁶Disse a Moisés: "Eu sou[d] teu sogro Jetro que venho a ti, acompanhado de tua esposa com os teus dois filhos." ⁷Moisés saiu ao encontro do sogro, inclinou-se diante dele, abraçou-o, e indagando pela saúde um do outro, entraram na tenda. ⁸Moisés contou ao sogro tudo o que Iahweh havia feito a Faraó e aos egípcios por causa de Israel, assim como todas as tribulações que encontraram pelo caminho, das quais Iahweh os livrara. ⁹Jetro alegrou-se por todo o bem que Iahweh tinha feito a Israel, livrando-o da mão dos egípcios. ¹⁰Então Jetro disse: "Bendito seja Iahweh que vos libertou da mão dos egípcios e da mão de Faraó, e libertou o povo da submissão aos egípcios. ¹¹Agora sei que Iahweh é maior que todos os deuses..."[e]

¹²Jetro, o sogro de Moisés, ofereceu a Deus um holocausto e sacrifícios. Vieram Aarão e todos os anciãos de Israel, para comer com o sogro de Moisés diante de Deus.[f]

Instituição dos Juízes[g] — ¹³No dia seguinte, assentou-se Moisés para julgar o povo; e o povo estava em pé diante de Moisés desde a manhã até o pôr-do-sol. ¹⁴E o seu sogro, vendo tudo o que ele fazia com o povo, disse: "Que é isso que fazes com o povo? Por que te assentas sozinho, e todo o povo está em pé diante de ti, desde a manhã até o pôr-do-sol?" ¹⁵Respondeu Moisés ao sogro: "É porque o povo vem a mim para consultar a Deus. ¹⁶Quando têm uma questão, vêm a mim. Julgo entre um e outro e lhes faço conhecer os decretos de Deus e as suas leis." ¹⁷O sogro de Moisés lhe disse: "Não é bom o que fazes! ¹⁸Certamente desfalecerás, tu e o povo que está contigo, porque a tarefa é muito pesada para ti; não poderás realizá-la sozinho. ¹⁹Agora, pois, escuta o conselho que te darei para que Deus esteja contigo, representa o povo diante de Deus, e introduze as suas causas junto de Deus. ²⁰Ensina-lhes os estatutos e as leis, faze-lhes conhecer o caminho a seguir e as obras que devem fazer.

a) Narrativa provavelmente de tradição eloísta que se liga à da estada de Moisés em Madiã (2,11-4,31). — Pretendeu-se dar ao javismo uma origem madianita: foi em Madiã que Moisés recebeu a revelação do nome de Iahweh (3,1); Jetro é "sacerdote de Madiã" (18,1), invoca o nome de Iahweh (v. 10), oferece-lhe sacrifícios e preside à refeição que se segue (v. 12). De fato, Jetro reconhece a grandeza e o poder de Iahweh, o que não significa que Iahweh era o seu Deus, nem mesmo que ele se convertera a Iahweh (cf., por exemplo, as profissões de fé do Faraó ,9,27; e de Raab, Js 2,9-10), se bem que a tradição assim o tenha podido interpretar (v. 12). A "montanha de Deus" (v. 5) não é santuário madianita servido por Jetro: ele vem até aí para se encontrar com Moisés e daí parte para o seu país (v. 27). A origem madianita do nome Iahweh permanece mera hipótese (cf. 3,13+). De qualquer modo, tomado de outro lugar ou não, o nome de Iahweh exprimirá uma realidade religiosa inteiramente nova.
b) A única alusão ao envio da mulher de Moisés. Tradição independente da de Ex 4,19-20.24-26.
c) Gersam: cf. 2,22, Eliezer: '*Eli* - meu Deus (é) '*ezer* - socorro.
d) Traduz-se o hebr., que não parece lógico: no v. seguinte Moisés sai ao encontro de seu sogro; o grego e o sir. leem "Dizem a Moisés: 'Eis que teu sogro vem a ti...' " Pode-se supor no hebr. "fez dizer" em lugar de "disse".
e) O fim do v.: "porque na ocasião em que agindo orgulhosamente contra eles" é provavelmente incompleto ou corrompido.
f) "ofereceu", versões; "tomou", hebr. — Este v. parece interpretar a declaração de Jetro como uma conversão (ele oferece sacrifícios); poderia ser um acréscimo.
g) Medida que supõe um povo já numeroso e sedentarizado (cf. v. 23) e atribui a Moisés uma descentralização do poder judiciário que seguramente é bem posterior. Entretanto, o fato de tal medida ser atribuída à intervenção de Jetro pode testemunhar uma influência madianita sobre a primeira organização do povo.

Nm 11,16-17 ²¹Mas escolhe do meio do povo homens capazes, tementes a Deus, seguros, incorruptíveis, e estabelece-os como chefes de mil, chefes de cem, chefes de cinquenta e chefes de dez. ²²Eles julgarão o povo em todo tempo. Toda causa importante a trarão a ti, mas toda causa menor eles mesmos julgarão. Assim será mais leve para ti, e eles levarão a carga contigo. ²³Se assim fizeres, e Deus to ordenar, poderás então suportar este povo, que por sua vez tornará em paz ao seu lugar."

²⁴Moisés seguiu o conselho de seu sogro, fez tudo o que ele havia dito. ²⁵Moisés escolheu em todo Israel homens capazes, e estabeleceu-os como chefes do povo: chefes de mil, chefes de cem, chefes de cinquenta e chefes de dez. ²⁶Eles julgavam o povo em todo tempo. Toda causa importante, eles Nm 10,30 a levavam a Moisés, e toda causa menor eles mesmos a julgavam. ²⁷Depois Moisés deixou o seu sogro voltar, e ele retomou o caminho para o seu país.

III. A Aliança no Sinai[a]

1. A ALIANÇA E O DECÁLOGO

19 *Chegada ao Sinai* — ¹No terceiro mês depois da saída do país do Nm 33,15 Egito, naquele dia, os israelitas chegaram ao deserto do Sinai. ²Partiram de Rafidim e chegaram ao deserto do Sinai, e acamparam no deserto. Israel acampou lá, diante da montanha.[b]

Promessa da Aliança[c] — ³Então Moisés subiu a Deus. E da montanha Iahweh o chamou, e lhe disse: "Assim dirás à casa de Jacó e declararás aos israelitas:

a) Esta longa seção contém sobretudo materiais de tradição ou redação sacerdotal (19,1-2a; 24,15b-31,18; 34,29-40,38). É preciso colocar em seguida à parte o Código da Aliança (20,22-23,19), com seu apêndice parenético (23,20-33). O resto parece pertencer às tradições javista e eloísta, mas com muitos acréscimos de redações recentes; a distinção dos elementos diferentes é difícil. Em sua composição final, a aliança mosaica sela a eleição do povo e as promessas que lhe foram feitas (6,6-8), assim como a aliança com Abraão, lembrada em 6,5, tinha confirmado as primeiras promessas (Gn 17). Mas a aliança com Abraão fora concluída com um só indivíduo (embora atingisse sua descendência) e comportava apenas uma prescrição, a da circuncisão. A aliança no Sinai engaja todo o povo, que recebe uma Lei: o Decálogo e o Código da Aliança. Com seus desenvolvimentos posteriores, esta lei se tornará a carta do judaísmo e Eclo 24,9-27 a identificará à Sabedoria. Mas ela é ao mesmo tempo "um testemunho contra o povo" (Dt 31,26), pois sua transgressão torna vãs as promessas e acarreta a maldição de Deus. Ela permanecerá como uma instrução e uma exigência, preparando as pessoas para a vinda de Cristo, que selará a Nova Aliança. São Paulo explicará, contra os judaizantes, este papel temporário da Lei (Gl 3; Rm 7).
b) A localização do Sinai é difícil. Desde o século IV de nossa era, a tradição cristã o coloca ao sul da península da qual leva o nome, no *djebel Musa* (2.245m). Mas uma opinião atualmente difundida evoca os traços característicos de um vulcão na descrição da teofania (19,6+) e o itinerário de Nm 33 (cf. 33,1+), para situar o Sinai na Arábia, onde os vulcões estavam ainda em atividade naquela época histórica. Estes argumentos não são decisivos (cf. as notas indicadas), e outros textos supõem uma localização mais próxima do Egito e do Sul da Palestina. Por isso, outra teoria situa o Sinai perto de Cades, apoiando-se nos textos que põem Seir, Edom e o monte Farã em relação com a manifestação divina (Jz 5,4; Dt 33,2; Hab 3,3). Todavia, Cades nunca está associado com o deserto do Sinai, e alguns textos localizam claramente este último longe de Cades (Nm 11-13; 33; Dt 1,2.19). A localização ao sul da península permanece a mais verossímil. Apesar da importância constante dos acontecimentos e da legislação ligada ao Sinai (Ex 3,1-4,17; 18; 19-40; Nm 1-10), os israelitas parecem ter-se logo esquecido de sua localização exata. O episódio de Elias (1Rs 19, cf. Eclo 48,7) é exceção. Para são Paulo (Gl 4,24s), o Sinai representa a Antiga Aliança.
c) A Aliança fará de Israel o bem pessoal e sagrado de Iahweh (Jr 2,3), um povo consagrado (Dt 7,6; 26,19) ou santo (o termo hebraico significa ambas as coisas), como o que Deus é santo (Lv 19,2, cf. 11,44s; 20,7.26), também um povo de sacerdotes (cf. Is 61,6), porque o sagrado tem relação imediata com o culto. A promessa encontrará a sua plena realização no Israel espiritual, a Igreja, na qual os fiéis serão chamados "santos" (At 9,13+) e, unidos a Cristo Sacerdote, oferecerão a Deus um sacrifício de louvor (1Pd 2,5.9; Ap 1,6; 5,10; 20,6). — Os vv. 3-6 têm estilo e fraseologia deuteronômica.

⁴"Vós mesmos vistes o que eu fiz aos egípcios, e como vos carreguei sobre asas de águia e vos trouxe a mim. ⁵Agora, se ouvirdes a minha voz e guardardes a minha aliança, sereis para mim uma propriedade peculiar entre todos os povos, porque toda a terra é minha. ⁶Vós sereis para mim um reino de sacerdotes, uma nação santa.' Estas são as palavras que dirás aos israelitas." ⁷Veio Moisés, chamou os anciãos do povo e expôs diante deles todas essas palavras que Iahweh lhe havia ordenado. ⁸Então todo o povo respondeu: "Tudo o que Iahweh disse, nós o faremos." E Moisés relatou a Iahweh as palavras do povo.

Preparação da Aliança — ⁹Iahweh disse a Moisés: "Eis que virei a ti na escuridão de uma nuvem, para que o povo ouça quando eu falar contigo, e para que também creiam sempre em ti." E Moisés relatou a Iahweh as palavras do povo.ᵃ

¹⁰Iahweh disse a Moisés: "Vai ao povo e faze-o santificar-se hoje e amanhã; lavem as suas vestes, ¹¹estejam prontos depois de amanhã, porque depois de amanhã Iahweh descerá aos olhos de todo o povo sobre a montanha do Sinai. ¹²E tu fixarás os limites da montanha, e lhes dirás: 'Guardai-vos de subir à montanha, e não toqueis nos seus limites.ᵇ Todo aquele que tocar na montanha será morto. ¹³Ninguém porá a mão sobre ela; será apedrejado ou flechado: quer seja homem, quer seja animal, não viverá.' Quando soar o chifre de carneiro, então subirão à montanha."ᶜ

¹⁴Moisés desceu da montanha e foi encontrar-se com o povo; ele o fez santificar-se, e lavaram as suas vestes. ¹⁵Depois disse ao povo: "Estai preparados para depois de amanhã e não vos chegueis à mulher."ᵈ

*A teofania*ᵉ — ¹⁶Ao amanhecer, desde cedo, houve trovões, relâmpagos e uma espessa nuvem sobre a montanha, e um clangor muito forte de trombeta; e o povo que estava no acampamento pôs-se a tremer. ¹⁷Moisés fez o povo sair do acampamento ao encontro de Deus, e puseram-se ao pé da montanha. ¹⁸Toda a montanha do Sinai fumegava, porque Iahweh descera sobre ela no fogo; a sua fumaça subiu como a fumaça de uma fornalha, e toda a montanha tremia violentamente. ¹⁹O som da trombeta ia aumentando pouco a pouco; Moisés falava e Deus lhe respondia no trovão.ᶠ ²⁰Iahweh desceu sobre a montanha do Sinai, no cimo da montanha. Iahweh chamou Moisés para o cimo da montanha, e Moisés subiu. ²¹Iahweh disse a Moisés:ᵍ "Desce e adverte o povo que não

a) O fim dos vv. 8.9 é idêntico, mas a repetição é índice da origem diferente das passagens (7s e 9s respectivamente).
b) Transcendência e santidade são inseparáveis e a santidade implica separação do profano. Os lugares em que Deus se torna presente são interditos (Gn 28,16-17; Ex 3,5; 40,35; Lv 16,2; Nm 1,51; 18,22). Da mesma forma, a arca será intocável (2Sm 6,7). Esta concepção primitiva do sagrado comporta ensinamento permanente sobre a grandeza inacessível e a majestade temível de Deus.
c) A segunda parte do versículo contém uma indicação que permanece enigmática no contexto imediato, mas ela poderia estar fora de contexto e se referir a 24[1-2].9-11: é a única passagem que fala de muitos que sobem ao Sinai.
d) As relações sexuais deixam inapto para qualquer ato sagrado (cf. 1Sm 21,5).
e) Mesmo que nossas afirmações permaneçam conjecturais, as tradições javista (19,18), sacerdotal (24,15b-17) e deuteronomista (Dt 4,11b-12a; 5,23-24; 9,15) descrevem a teofania do Sinai no quadro de uma erupção vulcânica. A tradição eloísta a descreve como uma tempestade (Ex 19,16, cf. v. 19). São duas apresentações inspiradas nos mais impressionantes espetáculos da natureza: uma erupção vulcânica como os israelitas ouviram os visitantes da Arábia do Norte contar, ou como puderam observar do sul, desde o tempo de Salomão (expedição de Ofir); uma tempestade na montanha, como podiam ver na Galileia ou no Hermon. Compreende-se que a primeira tradição seja a do Javista, originária do sul, e que a segunda seja a do Eloísta, originária do norte. Essas imagens exprimem a majestade e a glória de Iahweh (cf. 24,16+), sua transcendência e o temor religioso que ele inspira (cf. Jz 5,4s; Sl 29; 68,8; 77,18-19; 97,3-5; Hab 3, 3-15).
f) Lit.: "em (ou por) uma voz". Este termo designa sempre o trovão, quando usado no plural (cf. v. 16). No singular, pode também significar o "trovão", mas pode exprimir aqui a voz inteligível de Deus que "responde" a Moisés.
g) Os vv. 21-24 são acréscimo que se refere aos vv. 12-13, e faz alusão aos sacerdotes que, segundo a

ultrapasse os limites para vir ver Iahweh, para muitos deles não perecerem. ²²Mesmo os sacerdotes que se aproximarem de Iahweh devem se santificar, para que Iahweh não os fira." ²³Moisés disse a Iahweh: "O povo não poderá subir à montanha do Sinai, porque tu nos advertiste, dizendo: Delimita a montanha e declara-a sagrada." ²⁴Iahweh respondeu: "Vai, e desce; depois subirás tu e Aarão contigo. Os sacerdotes, porém, e o povo não ultrapassem os limites para subir a Iahweh, para que não os fira." ²⁵Desceu, pois, Moisés até o povo, e lhe disse...*a*

20 O Decálogo*b* — ¹Deus pronunciou todas estas palavras, dizendo: ² "Eu sou Iahweh teu Deus que te fez sair da terra do Egito, da casa da escravidão.

|| Dt 5,6-22
Ex 34,10-27
⟶ Mt 19,16-22 +
Mt 5
Dt 6,4
Os 13,4
Lv 19,4
Dt 4,15-20

³Não terás outros deuses diante de mim.*c*

⁴Não farás para ti imagem esculpida de nada que se assemelhe ao que existe lá em cima nos céus, ou embaixo na terra, ou nas águas que estão debaixo da terra.*d*

Dt 4,24 +
Ex 34,7 +

⁵Não te prostrarás diante desses deuses*e* e não os servirás, porque eu, Iahweh teu Deus, sou um Deus ciumento, que puno a iniquidade dos pais sobre os filhos até a terceira e a quarta geração dos que me odeiam, ⁶mas que também ajo com amor até a milésima geração para com aqueles que me amam e guardam os meus mandamentos.

Lv 19,12

⁷Não pronunciarás em falso*f* o nome de Iahweh teu Deus, porque Iahweh não deixará impune aquele que pronunciar em falso o seu nome.

tradição sacerdotal, a única que fala disso e longamente (28,1-29,35; 39,1-32; Lv 8-10), não foram ainda instituídos.
a) A frase está inacabada; o relato foi interrompido pela inserção do Decálogo em seu lugar atual. Em 20,18-21 encontramos o tema da teofania, mas estes versículos não são a sequência lógica do relato deste capítulo: eles nos informam do temor do povo, enquanto Moisés está no acampamento.
b) No estado atual do livro, o Decálogo não se encadeia com o relato que o enquadra (19,24-25 e 20,18-21), mas parece que ele foi ligado à ordem de falar ao povo (19,25). O Decálogo, as "dez Palavras" de Dt 4,13; 10,4 (cf. Ex 34,28), nos foi conservado em dois lugares do Pentateuco (aqui e em Dt 5,6-21). As indicações da introdução aqui (v. 1), do contexto imediato em Dt 5, sobretudo vv. 4.22, e da conclusão da aliança em Ex 24,3-8 permitem dizer que esta lista de mandamentos, feita sobretudo de proibições, contém as "Palavras" de Iahweh. O Decálogo indica para o povo as exigências da aliança e este se compromete a pôr em prática suas exigências (24,3.7; cf. 19,8). É por esse motivo que se falará até de um "livro da aliança" (24,4.7; cf. Dt 5,2-3: "livro" porque Moisés pusera por escrito as "Palavras"; "da aliança" porque seus mandamentos são as cláusulas da aliança entre Iahweh e Israel (24,8). — A origem do Decálogo é questão discutida. O texto atual tem por trás de si longa história. Dt 5,6-21, com o contexto imediato, pertence a uma das últimas redações do Deuteronômio e algumas de suas formulações passaram para Ex 20,2-17. Aqui algumas formulações, sobretudo a motivação do sábado (v. 11), parecem pertencer a uma redação sacerdotal, ainda mais recente. Mas isto concerne aos desenvolvimentos: explicações e motivações. Pode-se pensar que uma lista de proibições ("honra teu pai e tua mãe" poderia ter tido uma formulação negativa, cf. Ex 21,15.17; Dt 27,16, e o sábado é tardio no Decálogo) com uma introdução mais breve, "eu sou Iahweh teu Deus desde a terra do Egito" (cf. Os 12,10; 13,4), é mais antiga, talvez de tradição eloísta. Os 4,2 seria provavelmente a primeira citação explícita de uma parte das interdições do Decálogo; uma citação posterior é a de Jr 7, sobretudo v. 9. No estado atual de nossos conhecimentos podemos remontar um pouco até o séc. VIII e não até Moisés. O Decálogo cobre todo o campo da vida religiosa e moral. Duas divisões dos mandamentos foram propostas: *a)* vv. 2-3.4-6.7.8-11.12.13.14.15.16.17; *b)* 3-6.7.8-11.12.13.14.15.16. 17a.17b. A primeira, que é a dos Padres gregos, foi conservada nas Igrejas ortodoxas e reformadas. As Igrejas católica e luterana adotaram a segunda, estabelecida por santo Agostinho segundo o Deuteronômio. O Decálogo é o coração da Lei mosaica e conserva seu valor na nova Lei: Cristo relembra seus mandamentos aos quais se acrescentam, como o selo da perfeição, os conselhos evangélicos (Mc 10,7-21). A polêmica de são Paulo contra a Lei (Rm e Gl) não toca estes deveres essenciais para com Deus e para com o próximo.
c) Iahweh exige de Israel culto exclusivo, é a condição da Aliança. A negação da existência de outros deuses virá somente mais tarde (cf. Dt 4,35+).
d) Proibição de fazer imagens cultuais de Iahweh (cf. a justificativa apresentada em Dt 4,15). Esta proibição põe Israel à parte de todos os povos que o cercam. Notar-se-á a passagem quase imperceptível da proibição de qualquer imagem cultual para a polêmica contra os ídolos (v. 5s).
e) Lit.: "diante deles": os deuses do v. 3 ao qual se liga o v. 5.
f) O que poderia incluir, além do perjúrio (Mt 5,33) e o falso testemunho (v. 16; Dt 5,20), o uso mágico do nome divino; o grego e a Vulg. traduzem "em vão".

⁸Lembra-te do dia do sábado*ᵃ* para santificá-lo. ⁹Trabalharás durante seis dias, e farás toda a tua obra. ¹⁰O sétimo dia, porém, é o sábado de Iahweh teu Deus. Não farás nenhum trabalho, nem tu, nem teu filho, nem tua filha, nem teu escravo, nem tua escrava, nem teu animal, nem o estrangeiro que está em tuas portas. ¹¹Porque em seis dias Iahweh fez o céu, a terra, o mar e tudo o que eles contêm, mas repousou no sétimo dia; por isso Iahweh abençoou o dia do sábado e o consagrou.

¹²Honra teu pai e tua mãe, para que se prolonguem os teus dias na terra que Iahweh teu Deus te dá.

¹³Não matarás.

¹⁴Não cometerás adultério.

¹⁵Não roubarás.

¹⁶Não apresentarás um testemunho mentiroso contra o teu próximo.

¹⁷Não cobiçarás a casa do teu próximo. Não cobiçarás a mulher do teu próximo, nem o seu escravo, nem a sua escrava, nem o seu boi, nem o seu jumento, nem coisa alguma que pertença a teu próximo."

¹⁸ᵇTodo o povo, vendo os trovões e os relâmpagos, o som da trombeta e a montanha fumegante, teve medo*ᶜ* e ficou longe. ¹⁹Disseram a Moisés: "Fala-nos tu, e nós ouviremos; não nos fale Deus, para que não morramos." ²⁰Moisés disse ao povo: "Não temais. Deus veio para vos provar e para que o seu temor esteja diante de vós, e não pequeis."*ᵈ* ²¹O povo ficou longe; e Moisés aproximou-se da nuvem escura, onde Deus estava.

2. O CÓDIGO DA ALIANÇA*ᵉ*

Lei do altar — ²²Iahweh disse a Moisés: "Assim dirás aos israelitas: Vistes como vos falei do céu. ²³Não fareis deuses de prata ao lado de mim, nem fareis deuses de ouro para vós.

²⁴Far-me-ás um altar de terra, e sobre ele sacrificarás os teus holocaustos e os teus sacrifícios de comunhão, as tuas ovelhas e os teus bois. Em todo lugar onde eu fizer celebrar a memória do meu nome,*ᶠ* virei a ti e te abençoarei. ²⁵Se

---

a) O nome do sábado é explicitamente relacionado pela Bíblia (Ex 16,29-30; 23,12; 34,21) com uma raiz que significa "cessar, descansar". É um dia de repouso semanal, consagrado a Iahweh, que repousou no sétimo dia da Criação (v. 11; cf. Gn 2,2-3). A este motivo religioso acrescentou-se uma preocupação humanitária (Ex 23,12; Dt 5,14). A instituição do sábado é muito antiga, mas a sua observância tornou-se especialmente importante a partir do Exílio e veio a ser um sinal do judaísmo (Ne 13,15-22; 1Mc 2,32-41).

b) Os vv. 18-21, sem ser a continuação imediata do relato da teofania no cap. 19, ligam-se sobretudo à descrição, talvez de tradição eloísta, da teofania como tempestade (19,16+.19).

c) "teve medo", sam., grego; "percebeu", hebr. (simples mudança de vocalização).

d) O terror diante das manifestações sensíveis da grandeza divina, de modo especial os fenômenos da natureza que acompanhavam as teofanias, distingue-se aqui do temor que é submissão incondicional à vontade de Deus (cf. Gn 22,12; Dt 6,2+).

e) O "Código da Aliança" (20,22-23,19, de que 23,20-33 é apêndice de estilo aparentado à parênese deuteronômica), é assim chamado pelos modernos conforme 24,7, mas este texto se refere ao Decálogo. Esta coletânea de leis e costumes supõe uma coletividade já sedentarizada e agrícola. Pensou-se que ela remonta, por seu fundo primitivo, aos primeiros séculos da instalação em Canaã, talvez antes da monarquia, pois o rei nunca é mencionado, mas a época de origem é difícil de determinar. — Aplicando o espírito dos mandamentos do Decálogo, ela finalmente foi considerada como parte da carta da Aliança no Sinai. É por esta razão que ela foi inserida aqui depois do Decálogo e a ele remete em 24,3: se as "Palavras" devem ser identificadas com o Decálogo, as "leis" são de fato nosso conjunto (cf. 21,1). Seus contatos com o Código de Hamurábi, o Código hitita e o Decreto de Horemheb não testemunham um empréstimo direto e sim uma fonte comum: um antigo direito consuetudinário que se diferenciou conforme os ambientes e os povos. — Pode-se ordenar as prescrições do Código, conforme o conteúdo, sob três partes: direito civil e penal (21,1-22,20); regras para o culto (20,22-26; 22,28-31; 23,10-19); moral social (22,21-27; 23,1-9). Segundo sua forma literária, estas prescrições se dividem em duas categorias: "casuística" ou condicional, no gênero dos códigos mesopotâmicos; "apodítica" ou imperativa, no estilo no Decálogo e dos textos da sabedoria egípcia.

f) Contrariamente a Dt 12,5 etc., o Código da Aliança admite a pluralidade dos lugares de culto. O culto é

me edificares um altar de pedra não o farás de pedras lavradas, porque, se levantares sobre ele o cinzel, profaná-lo-ás. ²⁶Nem subirás o degrau do meu altar, para que não se descubra a tua nudez.ᵃ

21 *Leis acerca dos escravos* — ¹Eis as leis que lhes proporás: ²Quando comprares um escravo hebreu, seis anos ele servirá; mas no sétimo sairá livre, sem nada pagar. ³Se veio só, sozinho sairá; se era casado, com ele sairá a esposa. ⁴Se o seu senhor lhe der mulher, e esta der à luz filhos e filhas, a mulher e seus filhos serão do senhor, e ele sairá sozinho. ⁵Mas se o escravo disser: 'Eu amo meu senhor, minha mulher e meus filhos, não quero ficar livre', ⁶o seu senhor fá-lo-á aproximar-se de Deus, e o fará encostar-se à porta e às ombreiras e lhe furará a orelha com uma sovela: e ele ficará seu escravo para sempre. ⁷Se alguém vender sua filha como serva,ᵇ esta não sairá como saem os escravos. ⁸Se ela desagradar ao seu senhor, a ponto de ele não a reservar para si, ele a fará resgatar; não poderá vendê-la a um povo estrangeiro, usando de fraude para com ela. ⁹Se a destinar a seu filho, este a tratará segundo o costume em vigor para as filhas.ᶜ ¹⁰Se tomar para si outra mulher, não diminuirá o alimento, nem a vestimenta, nem os direitos conjugais da primeira. ¹¹Se a frustrar nessas três coisas, ela sairá sem pagar nada, sem dar dinheiro algum.

Homicídio — ¹²Quem ferir a outro e causar a sua morte, será morto. ¹³Se não lhe armou cilada, mas Deus lhe permitiu que caísse em suas mãos,ᵈ eu te designarei um lugar no qual possa se refugiar.ᵉ ¹⁴Se alguém matar outro por astúcia, tu o arrancarás até mesmo do meu altar, para que morra.

¹⁵Quem ferir seu pai ou sua mãe será morto. ¹⁶Quem raptar alguém e o vender, ou for achado na sua mão, será morto. ¹⁷Quem amaldiçoar seu pai ou sua mãe será morto.

Golpes e ferimentos — ¹⁸Se alguns discutirem entre si e um ferir o outro com uma pedra ou com o punho, e ele não morrer, mas for para o leito, ¹⁹se ele se levantar e andar, ainda que apoiado no seu bordão, então será absolvido aquele que o feriu; somente lhe pagará o tempo que perdeu e o fará curar-se totalmente.

²⁰Se alguém ferir o seu escravo ou a sua serva com uma vara, e o ferido morrer debaixo de sua mão, será punido. ²¹Mas se sobreviver um dia ou dois, não será punido, porque é dinheiro seu.

²²Se homens brigarem, e ferirem mulher grávida, e forem causa de aborto, sem maior dano, o culpado será obrigado a indenizar o que lhe exigir o marido da mulher; e pagará o que os árbitros determinarem. ²³Mas se houver dano grave, então darás vida por vida, ²⁴olho por olho, dente por dente, pé por pé, ²⁵queimadura por queimadura, ferida por ferida, golpe por golpe.ᶠ

---

legítimo em todo lugar onde Iahweh manifestou a sua presença, onde se revelou e do qual tomou posse.
a) O sacrificador devia vestir uma simples tanga, à maneira egípcia, donde o perigo de indecência quando subia os degraus do altar.
b) Serva que será também concubina (vv. seguintes).
c) As filhas do dono da casa.
d) Atribuem-se a Deus os encontros fortuitos. Estas palavras se aplicam ao homicídio não premeditado.
e) Nesta sociedade em que a justiça de Estado ainda não havia tomado o lugar da vingança particular, o homicida involuntário deve ser protegido do vingador do sangue (cf. Nm 35,19+); o lugar de asilo, primitivamente, é o santuário (1Rs 1,50; 2,28-34; mas o direito

de asilo não se aplica ao homicídio premeditado, v. 14). Essa disposição está na origem da instituição das cidades de refúgio (cf. Js 20,1+).
f) Esta lei do talião (cf. Lv 24,17-20; Dt 19,21), que se encontra no código de Hamurábi e nas leis assírias, é de natureza social, não individual. Prevendo um castigo igual ao dano causado, visa a limitar os excessos da vingança (cf. Gn 4,23-24). O caso mais claro é a execução de um assassino (vv. 31-34; cf. 21,12-17+; Lv 24,17). De fato, a aplicação dessa regra parece ter perdido desde muito cedo a sua brutalidade primitiva. As obrigações do "vingador do sangue" (*go'el*, Nm 35,19+) foram se purificando até se limitarem ao resgate (Rt 2,20+) e à proteção (Sl 19,15+; Is 41,14+).

²⁶Se alguém ferir o olho do seu escravo ou o olho da sua serva, e o inutilizar, deixá-lo-á livre pelo seu olho. ²⁷Se fizer cair um dente do seu escravo ou um dente da sua serva, dar-lhe-á liberdade pelo seu dente.

²⁸Se algum boi chifrar homem ou mulher e causar sua morte, o boi será apedrejado e não comerão a sua carne; mas o dono do boi será absolvido. ²⁹Se o boi, porém, já antes marrava e o dono foi avisado, e não o guardou, o boi será apedrejado e o seu dono será morto. ³⁰Se lhe for exigido resgate, dará então como resgate da sua vida tudo o que lhe for exigido. ³¹Que tenha chifrado um filho, que tenha chifrado uma filha, esse julgamento lhe será aplicado. ³²Se o boi ferir um escravo ou uma serva, dar-se-ão trinta siclos de prata ao senhor destes, e o boi será apedrejado.

³³Se alguém deixar aberto um buraco, ou se alguém cavar um buraco e não o tapar, e nele cair um boi ou um jumento, ³⁴o dono do buraco o pagará, pagará em dinheiro ao seu dono, mas o animal morto será seu. ³⁵Se o boi de alguém ferir o boi de outro, e o boi ferido morrer, venderão o boi vivo e repartirão o seu valor; e dividirão entre si o boi morto. ³⁶Se, porém, o dono sabia que o boi marrava já há algum tempo e não o guardou, pagará boi por boi; mas o boi morto será seu.

Roubos de animais — ³⁷Se alguém roubar um boi ou uma ovelha e o abater ou vender, restituirá cinco bois por um boi e quatro ovelhas por uma ovelha.

22 ¹Se um ladrão for surpreendido arrombando um muro, e sendo ferido morrer, quem o feriu não será culpado do sangue. ²Se, porém, fizer isso depois de ter nascido o sol, quem o ferir será culpado de sangue; neste caso o ladrão fará restituição total. Se não tiver com que pagar, será vendido por seu furto. ³Se o animal roubado, boi, jumento ou ovelha, for encontrado vivo em seu poder, restituirá o dobro.

Delitos que implicam indenização — ⁴Se alguém fizer o seu animal pastar num campo ou numa vinha, e o deixar pastar em campo de outrem, restituirá a parte comida desse campo, conforme o que ajustar. Se ele deixar pastar o campo inteiro, pagará com o melhor do seu próprio campo e o melhor de sua própria vinha.

⁵Se um fogo, alastrando-se, encontrar espinheiros e atingir as medas, ou a messe, ou o campo, aquele que ateou o fogo pagará totalmente o que tiver queimado.

⁶Se alguém der ao seu próximo dinheiro ou objetos para guardar, e isso for furtado daquele que o recebeu, se for achado o ladrão, este pagará em dobro. ⁷Se o ladrão não for achado, então o dono da casa será levado diante de Deus para testemunhar que não se apossou do bem alheio.

⁸Em toda causa litigiosa relativa a um boi, a um jumento, a uma ovelha, a uma vestimenta ou a qualquer objeto perdido do qual se diz: 'Esta é a coisa', a causa será levada diante de Deus. O que Deus declarar culpado*ª* restituirá o dobro ao outro.

⁹Se alguém confiar à guarda de outro um jumento, um touro, uma ovelha ou qualquer outro animal, e este morrer, ficar aleijado ou for roubado, sem que ninguém o veja, ¹⁰então haverá juramento de Iahweh entre ambos, de que não se apossou dos bens do próximo; o dono aceitará o restante*ᵇ* e o outro não fará

O enunciado do princípio continua em uso, mas sob formas mais brandas (Eclo 27,25-29; Sb 11,16+; cf. 12,22). O perdão era prescrito no interior do povo israelita (Lv 19,17-18; Eclo 10,6; 27,30-28,7) e Cristo acentuará ainda mais o mandamento do perdão (Mt 5,38-39+; 18,21-22+).

a) Por decisão judiciária, ordálio, oráculo ou juramento.
b) Outra tradução: "o proprietário aceitará (o juramento)".

¹² restituição. ¹¹Mas se o animal furtado se encontrava com ele, deverá restituí-lo ao seu proprietário. ¹²Se o animal for dilacerado por uma fera, trará o animal dilacerado, em testemunho disso, e não terá de restituí-lo.

¹³Se alguém pedir emprestado a seu próximo um animal, e este ficar aleijado ou morrer, não estando presente o dono, deverá pagá-lo. ¹⁴Mas se o dono estiver presente, não o pagará; se foi alugado, o valor do aluguel será o pagamento.

Violação de uma virgem — ¹⁵Se alguém seduzir uma virgem que ainda não estava prometida em casamento, e se deitar com ela, pagará o seu dote*ª* e a tomará por mulher. ¹⁶Se o pai dela recusar dar-lha, pagará em dinheiro conforme o dote das virgens.

Leis morais e religiosas — ¹⁷Não deixarás viver a feiticeira. ¹⁸Quem tiver coito com um animal será morto. ¹⁹Quem sacrificar a outros deuses, fora Iahweh, será entregue ao anátema. ²⁰Não afligirás o estrangeiro nem o oprimido, pois vós mesmos fostes estrangeiros no país do Egito. ²¹Não afligireis nenhuma viúva ou órfão. ²²Se o afligires e ele gritar a mim, escutarei seu grito; ²³minha ira se acenderá e vos farei perecer pela espada: vossas mulheres ficarão viúvas e vossos filhos, órfãos.

²⁴Se emprestares dinheiro a um compatriota, ao indigente que está em teu meio, não agirás com ele como credor que impõe juros.

²⁵Se tomares o manto do teu próximo em penhor, tu lho restituirás antes do pôr-do-sol. ²⁶Porque é com ele que se cobre, é a veste do seu corpo: em que se deitaria? Se clamar a mim, eu o ouvirei, porque sou compassivo.

²⁷Não blasfemarás contra Deus, nem amaldiçoarás um chefe do teu povo.

Primícias e primogênitos — ²⁸Não tardarás em oferecer de tua abundância e do teu supérfluo.*ᵇ* O primogênito de teus filhos, tu mo darás. ²⁹Farás o mesmo com os teus bois e com as tuas ovelhas; durante sete dias ficará com a mãe, e no oitavo dia mo darás.

³⁰Sereis para mim homens santos. Não comereis a carne de um animal dilacerado por uma fera no campo; deitá-la-eis aos cães.

23

A justiça.*ᶜ* Os deveres para com os inimigos — ¹Não espalharás notícias falsas, nem darás a mão ao ímpio para seres testemunha de injustiça. ²Não tomarás o partido da maioria para fazeres o mal, nem deporás num processo, inclinando-te para a maioria, para torcer o direito, ³nem serás parcial com o desvalido no seu processo.

⁴Se encontrares o boi do teu inimigo, ou o seu jumento, desgarrado, lho reconduzirás. ⁵Se vires cair debaixo da carga o jumento daquele que te odeia, não o abandonarás, mas o ajudarás a erguê-lo.

⁶Não desviarás o direito do teu pobre*ᵈ* em seu processo. ⁷Da falsa acusação te afastarás; não matarás o inocente e o justo, e não justificarás*ᵉ* o culpado. ⁸Não aceitarás presentes, porque os presentes cegam até os perspicazes*ᶠ* e pervertem as palavras dos justos.

---

a) Em hebraico *mohar*, soma entregue pelo noivo à família de sua futura esposa.
b) Trata-se de obrigações cultuais devidas pelos produtos da terra. O grego precisou: "as primícias da tua eira e do teu lagar".
c) Os vv. 1-3.6-9 tentam deter as faltas que podem existir na administração da justiça. A formulação proibitiva torna esta lista semelhante à que está na base do Decálogo.
d) Isto é, o pobre que se dirige a ti.
e) "e não justificarás", grego; "porque não justificarei", hebr.
f) Ou: "as testemunhas oculares".

⁹Não oprimirás o estrangeiro: conheceis a vida de estrangeiro, porque fostes estrangeiros no Egito.

Ano sabático e sábado — ¹⁰Durante seis anos semearás a tua terra e recolherás os seus frutos. ¹¹No sétimo ano, porém, a deixarás descansar e não a cultivarás, para que os pobres do teu povo achem o que comer, e os animais do campo comam o que restar. Assim farás com a tua vinha e com o teu olival.

¹²Durante seis dias farás os teus trabalhos e no sétimo descansarás, para que descanse o teu boi e o teu jumento, e tome alento o filho da tua serva e o estrangeiro.

¹³Prestai atenção a tudo o que vos tenho dito, e não fareis menção do nome de outros deuses: nem se ouça da vossa boca.

Festas de Israel[a] — ¹⁴Três vezes no ano me celebrarás festa. ¹⁵Guardarás a festa dos Ázimos. Durante sete dias comerás ázimos, como te ordenei, no tempo marcado do mês de Abib, porque foi nesse mês que saíste do Egito.[b] Ninguém compareça de mãos vazias perante mim. ¹⁶Guardarás a festa da Messe, das primícias dos teus trabalhos de semeadura nos campos, e a festa da Colheita, no fim do ano, quando recolheres dos campos o fruto dos teus trabalhos. ¹⁷Três vezes no ano, toda a população masculina comparecerá perante o Senhor Iahweh.

¹⁸Não oferecerás o sangue da minha vítima com o pão levedado, nem ficará gordura da minha festa[c] durante a noite até o dia seguinte.

¹⁹Trarás as primícias dos frutos da tua terra à casa de Iahweh teu Deus. Não cozerás o cabrito no leite de sua mãe.[d]

Promessas e instruções em vista da entrada em Canaã[e] — ²⁰Eis que vou enviar um anjo[f] diante de ti para que te guarde pelo caminho e te conduza ao lugar que tenho preparado para ti. ²¹Respeita a sua presença e observa a sua voz, e não lhe sejas rebelde, porque não perdoará a vossa transgressão, pois nele está o meu Nome.[g] ²²Mas se escutares fielmente a sua voz e fizeres o que te disser, então serei inimigo dos teus inimigos e adversário dos teus adversários. ²³O

---

a) Diferentes textos do Pentateuco (Ex 23,14-17 [de tradição eloísta?], Ex 34,18-23 [de tradição javista?], Dt 16,1-16 e Lv 23 com as regras de Nm 28-29 [os dois últimos são de tradição sacerdotal]), contêm um calendário das grandes festas religiosas. De um a outro texto o ritual se torna mais preciso, mas as três festas principais continuam sendo as que prescreve Ex 23: 1º) Na primavera, a festa dos Ázimos. 2º) A festa da colheita, chamada festa das Semanas em Ex 34,22, que se celebrava durante sete semanas (Dt 16,9), ou cinquenta dias (Lv 23,16), depois da Páscoa (de onde seu nome grego de Pentecostes, Tb 2,1), e marcava o fim da colheita do trigo; a ela se ligava tardiamente a lembrança da promulgação da Lei no Sinai. 3º) A festa da Colheita no outono, no fim da estação dos frutos, chamada festa das Tendas (Dt 16,13; Lv 23,34), porque nela se utilizavam cabanas de folhagem como as que se levantavam nas plantações no momento da colheita; evocavam a lembrança dos acampamentos de Israel no deserto (Lv 23,43). Nessas três festas, a mais popular parece ter sido a da Colheita ou Tendas, que é chamada simplesmente "a festa" em 1Rs 8,2.65; Ez 45,25. Essas três festas agrícolas só foram celebradas depois da entrada em Canaã. Nenhuma data precisa é dada no calendário de Ex 23 nem de Ex 34, porque são anteriores à centralização do culto, e as festas podiam ser celebradas no santuário local, em datas que levavam em conta o estado de trabalhos agrícolas na região. Outras festas se acrescentaram em seguida: o Ano Novo Religioso (Lv 23,24); o Dia das Expiações (Lv 16 e 23,27-32) e, depois do exílio, os Purim (Est 9,24); a Dedicação (1Mc 4,59); o dia de Nicanor (1Mc 7,49).

b) Esta relação já estabelecida há muito entre os Ázimos e a saída do Egito, na primavera, facilitou a ligação dessa festa com a da Páscoa (cf. 12,1+).

c) Ex 34,25 diz explicitamente que se trata da Páscoa, mas em ambos os casos a prescrição é dada separadamente do calendário religioso (vv. 14-17 e 34,18-23), que não contém a Páscoa. Esta foi celebrada em família até a reforma deuteronomista (cf. Dt 16,5-6).

d) Costume cananeu, mencionado em Ugarit.

e) Este parágrafo compósito apresenta claros sinais de redação deuteronomista. Serve de conclusão ao Código da Aliança, apresentado então como lei dada no Sinai em preparação à instalação em Canaã.

f) Este anjo parece distinto de Deus (cf. Gn 16,7+), se bem que a sua ação seja a de Iahweh. É anjo guardião (Gn 24,7; Nm 20,16), que já anuncia o do livro de Tobias (ver Tb 5,4+).

g) O nome exprime e representa a pessoa.

meu anjo irá adiante de ti, e te levará aos amorreus, aos heteus, aos ferezeus, aos cananeus, aos heveus e aos jebuseus, e eu os exterminarei. ²⁴Não adorarás os seus deuses, nem os servirás; não farás o que eles fazem, mas destruirás os seus deuses e quebrarás as suas colunas.ᵃ ²⁵Servireis a Iahweh vosso Deus e então abençoarei o teu pão e a tua água e afastarei a doença do teu meio. ²⁶Na tua terra não haverá mulher que aborte ou que seja estéril, e completarei o número dos teus dias.

²⁷Enviarei diante de ti o meu terror, confundindo todo povo onde entrares, e farei com que todos os teus inimigos te voltem as costas. ²⁸Enviarei também vespas diante de ti para que expulsem os heveus, os cananeus e os heteus de diante de ti. ²⁹Não os expulsarei de diante de ti num só ano, para que a terra não fique deserta e se multipliquem contra ti as feras do campo. ³⁰Pouco a pouco os expulsarei de diante de ti, até que te multipliques e possuas a terra por herança.ᵇ ³¹Fixarei as tuas fronteiras desde o mar dos Juncos até o mar dos filisteus, e desde o deserto até o Rio.ᶜ Entregarei nas tuas mãos os habitantes da terra, para que os expulses de diante de ti. ³²Não farás aliança nenhuma com eles, nem com os seus deuses. ³³Eles não habitarão na tua terra, para que não te façam pecar contra mim, pois se servires aos seus deuses, isto te será uma cilada."

3. CONCLUSÃO DA ALIANÇAᵈ

24 ¹Ele disse a Moisés: "Sobe a Iahweh, tu, Aarão, Nadab, Abiú e setenta anciãos de Israel, e adorareis de longe. ²Só Moisés se aproximará de Iahweh; os outros não se aproximarão, nem o povo subirá com ele."

³Veio, pois, Moisés e referiu ao povo todas as palavras de Iahweh e todas as leis,ᵉ e todo o povo respondeu a uma só voz: "Nós observaremos todas as palavras ditas por Iahweh." ⁴Moisés escreveu todas as palavras de Iahweh; e levantando-se de manhã, construiu um altar ao pé da montanha, e doze estelas para as doze tribos de Israel. ⁵Depois enviou alguns jovens dos israelitas, e ofereceram holocaustos e imolaram a Iahweh novilhos como sacrifícios de comunhão. ⁶Moisés tomou a metade do sangue e colocou-a em bacias, e espargiu a outra metade do sangue sobre o altar. ⁷Tomou o livro da Aliança e

a) Estelas ou pedras erguidas (em hebraico *maççebôt*) eram, na religião cananeia, os símbolos da divindade masculina. O seu culto é condenado pela lei (aqui e em 34,13; Dt 7,5; 12,3; 16,22; Lv 26,1) e pelos profetas (Os 3,4; 10,1; Mq 5,12). A religião patriarcal aceitava-as (cf. Gn 28,18.22).

b) A lentidão da conquista é explicada aqui como em Dt 7,22; eram dadas também outras explicações (cf. Jz 2,6+).

c) Isto é: o golfo de Ácaba, o Mediterrâneo, o Sinai e o Eufrates. São os limites ideais do império de Davi e de Salomão (1Rs 5,1). Sobre as outras descrições da Terra Prometida (cf. Nm 34,1+; Jz 20,1+).

d) O relato dos vv. 1-11 é composto de trechos claramente distintos. 1°) vv. 1-2.9-11, de origem difícil de determinar, talvez preparados por 19,13b+. Considerou-se a passagem como um paralelo de 3-8 e portanto como um relato de conclusão da aliança, o que não se justifica. De fato, este texto salienta que Moisés e seus companheiros puderam ver Deus sem que ele dirigisse sua mão contra eles (vv. 10-11). Apenas a frase "eles comeram e beberam" em 11b e paralelos de alianças humanas (cf. Gn 31,43-54), permitiram dizer que havia aí uma conclusão de aliança, mas provavelmente o fim do v. 11 deve ser lido com 3-8. Estes versículos não são sequer homogêneos: contrariamente a 9-11, 1-2 dizem que apenas Moisés se aproximou de Iahweh. 2°) vv. 3-8, talvez de tradição eloísta. Aqui, é claramente questão de conclusão de aliança entre Deus e Israel. O sangue espalhado sobre o altar e sobre o povo e a leitura solene do "livro da Aliança" são elementos essenciais do rito. A significação para todo o Israel é expressa pelas doze estelas (v. 4). Esperar-se-ia algo diferente, uma refeição festiva (cf. 32,1-6), ainda mais porque houve sacrifícios pacíficos ou de comunhão (v. 5). É provável que a frase "eles comeram e beberam" (fim do v. 11), seja o fim do relato de conclusão da aliança; ela pode ter-se deslocado para desfazer o paralelismo com 32,1-6, uma vez que este paralelismo entre a conclusão da aliança e sua ruptura tinha dimensão altamente significativa.

e) As "palavras", mencionadas somente depois, referem-se ao Decálogo (cf. 20,1), chamado "livro da Aliança" no v. 7. A expressão "e todas as leis" foi introduzida mais tarde para justificar a inserção do Código da Aliança no contexto (cf. 21,1), e para fazer dele também uma parte das cláusulas da aliança.

o leu para o povo; e eles disseram: "Tudo o que Iahweh falou, nós o faremos e obedeceremos." ⁸Moisés tomou do sangue*a* e o aspergiu sobre o povo, e disse: "Este é o sangue da Aliança que Iahweh fez convosco, através de todas essas cláusulas."

⁹E Moisés, Aarão, Nadab, Abiú e os setenta anciãos de Israel subiram. ¹⁰Eles viram o Deus de Israel. Debaixo de seus pés havia como um pavimento de safira, tão pura como o próprio céu. ¹¹Ele não estendeu a mão sobre os notáveis dos israelitas. Eles contemplaram a Deus e depois comeram e beberam.

*Moisés sobre a montanha*b — ¹²Iahweh disse a Moisés: "Sobe a mim na montanha, e fica lá; dar-te-ei tábuas de pedra — a lei e o mandamento — que escrevi para ensinares a eles." ¹³Levantou-se Moisés com Josué, seu servidor; e subiram*c* à montanha de Deus. ¹⁴Ele disse aos anciãos: "Esperai aqui até a nossa volta; tendes convosco Aarão e Hur; quem tiver alguma questão, dirija-se a eles." ¹⁵Depois, Moisés subiu à montanha.

A nuvem cobriu a montanha. ¹⁶A glória de Iahweh*d* pousou sobre o monte Sinai, e a nuvem o cobriu durante seis dias. No sétimo dia, Iahweh chamou Moisés do meio da nuvem. ¹⁷O aspecto da glória de Iahweh era, aos olhos dos israelitas, como um fogo consumidor no cimo da montanha. ¹⁸Moisés, entrando pelo meio da nuvem, subiu à montanha. E Moisés permaneceu na montanha quarenta dias e quarenta noites.*e*

4. PRESCRIÇÕES REFERENTES À CONSTRUÇÃO DO SANTUÁRIO E AOS SEUS MINISTROS*f*

25 *A contribuição para o santuário* — ¹Iahweh falou a Moisés, dizendo: ²"Dize aos israelitas que me tragam uma contribuição. Tomareis a contribuição de todo homem cujo coração o mover a isso. ³Eis a contribuição que recebereis deles: ouro, prata e bronze; ⁴púrpura violeta e escarlate, carmesim, linho fino e pelos de cabra; ⁵peles de carneiro tingidas de vermelho, couro fino,*g* e madeira de acácia; ⁶azeite para a lâmpada, aromas para o óleo de unção e para o incenso aromático; ⁷pedras de cornalina e pedras de engaste, para o efod e para o peitoral. ⁸Faze-me um santuário, para que eu possa habitar no

---

a) Moisés, intermediário entre Iahweh e o povo, une-os simbolicamente espalhando sobre o altar, que representa Iahweh, e depois sobre o povo, o sangue de uma única vítima. O pacto é então ratificado pelo sangue (cf. Lv 1,5+), como a Nova Aliança o será pelo sangue de Cristo (Mt 26,28+; Hb 9,12-26+).
b) Os vv. 12-15a.18b são provavelmente de tradição eloísta e asseguram a transição com o cap. 32 (ausência de Moisés do acampamento); os vv. 15b-18a provêm da tradição sacerdotal. Aqui o essencial é introduzir o tema da glória de Iahweh.
c) "eles subiram", grego; "e Moisés subiu", hebr.
d) A "glória de Iahweh" é, na tradição sacerdotal (13,22+), a manifestação da presença divina. É um fogo bem distinguido (aqui e 40,34-35) da nuvem que o acompanha e o envolve. Esses traços são tomados das grandes teofanias que se desenvolvem no quadro de uma tempestade (19,16+), mas assumem sentido superior: esta luz brilhante, cujo reflexo irradiará sobre a face de Moisés (34,29), exprime a majestade inacessível e temível de Deus, e pode aparecer fora de tempestade (33,22). Ela enche a Tenda recentemente armada (40,34-35), como tomará posse do Templo de Salomão (1Rs 8,10-11). Ezequiel a vê deixar Jerusalém, na véspera de sua destruição (Ez 9,3; 10,4.18-19; 11,22-23), e voltar ao novo santuário (Ez 43,1s), mas esta "glória" é para ele uma aparência humana luminosa (Ez 1,26-28). Em outros textos, especialmente nos Salmos, a glória de Iahweh exprime somente a majestade de Deus ou a honra que se lhe deve, muitas vezes com matiz escatológico; ou ainda (Ex 15,7), o seu poder miraculoso (cf. a "glória" de Jesus: Jo 2,11; 11,40).
e) Comparar com os quarenta dias da viagem de Elias ao Sinai (1Rs 19,8) e os quarenta dias de Cristo no deserto (Mt 4,2p).
f) Os caps. 25-31, de tradição sacerdotal, compõem elementos antigos, como a arca e a sua tenda, que remontam seguramente a Moisés, com outros que provêm dos desenvolvimentos do culto no decorrer da história de Israel. Referindo o conjunto às ordens formais de Iahweh a Moisés, o texto afirma o caráter divino das instituições religiosas de Israel.
g) Lit.: "pele de *tahash*": sentido incerto.

ÊXODO 25

25,40 +
26,30; 27,8
Nm 8,4

meio deles.*a* ⁹Farás tudo conforme o modelo da Habitação e o modelo da sua mobília que irei te mostrar.

37,1-9

A Tenda e sua mobília. A Arca^b — ¹⁰Farás uma arca de madeira de acácia com dois côvados e meio^c de comprimento, um côvado e meio de largura e um côvado e meio de altura. ¹¹Tu a cobrirás de ouro puro por dentro e por fora, e farás sobre ela uma moldura de ouro ao redor. ¹²Fundirás para ela quatro argolas de ouro, que porás nos quatro cantos inferiores da arca: duas argolas de um lado e duas argolas do outro. ¹³Farás também varais de madeira de acácia e os cobrirás de ouro. ¹⁴E enfiarás os varais nas argolas aos lados da arca, para ser carregada por meio deles. ¹⁵Os varais ficarão nas argolas da arca, não serão tirados dela. ¹⁶E colocarás na arca o Testemunho^d que te darei.

2Sm 6,7 +

24,12 +
Dt 10,1-2

Lv 16,12-15
Rm 3,25 +

¹⁷Farás também um propiciatório^e de ouro puro, com dois côvados e meio de comprimento e um côvado e meio de largura. ¹⁸Farás dois querubins^f de ouro, de ouro batido os farás, nas duas extremidades do propiciatório; ¹⁹faze-me um dos querubins numa extremidade e o outro na outra: farás os querubins formando um só corpo com o propiciatório, nas duas extremidades. ²⁰Os querubins terão as asas estendidas para cima e protegerão o propiciatório com suas asas, um voltado para o outro. As faces dos querubins estarão voltadas para o propiciatório. ²¹Porás o propiciatório em cima da arca; e dentro dela porás o Testemunho que te darei. ²²Ali virei a ti e, de cima do propiciatório, do meio dos dois querubins que estão sobre a arca do Testemunho, falarei contigo acerca de tudo o que eu te ordenar para os israelitas.

26,34

37,10-16

A mesa dos pães da oblação^g — ²³Farás uma mesa de madeira de acácia com dois côvados de comprimento, um côvado de largura e um côvado e meio de altura. ²⁴De ouro puro a cobrirás, e lhe farás uma moldura de ouro ao redor.

a) Deus é honrado nos lugares em que se tornou especialmente presente por uma teofania (Gn 12,7; 28,12-19 etc.). O Sinai, onde ele se manifestou com maior esplendor, é a "Montanha de Deus" (3,1; 1Rs 19,8), a sua residência (Dt 33,1; Jz 5,4-5; Hab 3,3; Sl 68,9). A Arca é o sinal dessa presença (25,22; cf. 1Sm 4,4; 2Sm 6,2), e a Tenda, que contém a Arca, é Habitação de Iahweh (v. 9 e 40,34) e segue as peregrinações do seu povo (2Sm 7,6), até que o Templo de Jerusalém se torne a sua Casa (1Rs 8,10). Os plurais dos vv. 8-10,19, compreendidos como se referindo aos construtores, são singulares nas versões antigas.
b) A Arca era um cofre retangular transportado com a ajuda de varais de madeira. A respeito da sua história, ver principalmente Js 3,3; 6,4s; 1Sm 4-6; 2Sm 6; 1Rs 8,3-9. Ela desapareceu por ocasião da ruína de Jerusalém (ou talvez desde o reino de Manassés), e não foi reconstruída (cf. Jr 3,16).
c) Um côvado mede aproximadamente 44 cm.
d) "Testemunho": tradução recebida do termo *edût*, que designa propriamente, segundo os paralelos orientais, as cláusulas de tratado imposto pelo um suserano ao seu vassalo. O "Testemunho" é aqui o Decálogo escrito em tábuas de pedra chamadas algumas vezes "tábuas do Testemunho" (31,18; 32,15; 34,29). Assim, a Arca é chamada "arca do Testemunho" (25,22; 26,33; 40,21).
e) Tradução recebida do termo *kappôret*, da raiz *kapar* = "cobrir", mas também "fazer a expiação",

"limpar". O *kappôret* é apresentado aqui e em 35,12 como distinto da Arca. Ele intervém, sem a Arca, no ritual pós-exílico do Dia da Expiação (Yom kippur; Lv 16,15). 1Cr 28,11 chama o Santo dos Santos de a "sala do propiciatório". Parece que o propiciatório e os querubins que a ele estão ligados eram, no Templo pós-exílico, o substituto da Arca e dos querubins do Templo de Salomão. A descrição sacerdotal os reuniu (cf. v. 21). Iahweh aparece sobre o propiciatório e é de lá que fala a Moisés (v. 22; Lv 16,2; Nm 7,89).
f) O nome corresponde ao dos *karibu* babilônios; gênios, metade homens, metade animais, que vigiavam a porta dos templos e dos palácios. Segundo as descrições bíblicas e a iconografia oriental, os querubins são esfinges aladas. No Templo de Jerusalém, rodeiam a Arca (1Rs 6,23-28). Aparecem de maneira segura no culto a Iahweh somente a partir da estada da Arca em Silo, onde se dirá que Iahweh "assenta-se sobre os querubins" (1Sm 4,4; 2Sm 6,2; cf. 2Rs 19,15; Sl 80,2; 99,1) ou "cavalga os querubins" (2Sm 22,11; cf. Sl 18,11). Em Ez 1 e 10, eles puxam o carro de Deus. Os querubins não existiam no culto do deserto. Os do Templo de Salomão desapareceram com a Arca. No Templo pós-exílico, duas figurinhas de querubins foram afixadas ao propiciatório (cf. nota anterior).
g) Lit.: "pães da face", isto é, os pães pessoais de Iahweh, a respeito dos quais vejam-se Lv 24,5-9 e 1Sm 21,5.

²⁵Far-lhe-ás ao redor um enquadramento com um palmo de largura, e ao redor do enquadramento uma moldura de ouro. ²⁶Far-lhe-ás também quatro argolas de ouro e as porás nos quatro cantos formados pelos quatro pés. ²⁷Perto das molduras estarão as argolas, por onde passarão os varais para se carregar a mesa. ²⁸Farás, pois, os varais de madeira de acácia, e os cobrirás de ouro; por meio deles se carregará a mesa. ²⁹Farás os seus pratos, as suas taças, as suas galhetas e os seus recipientes para as libações; de ouro puro os farás. ³⁰E colocarás para sempre sobre a mesa, diante de mim, os pães da oblação.

Nm 4,7

Lv 24,5-9
1Sm 21,4-7

O candelabro — ³¹Farás um candelabro de ouro puro; o candelabro, o seu pedestal e a sua haste serão em relevo; os seus cálices, os seus botões e flores formarão com ele uma só peça. ³²Seis braços sairão dos seus lados: três braços do candelabro de um lado e três braços do candelabro do outro lado. ³³Num braço haverá três cálices com formato de flor de amêndoa, com botão e flor; e três cálices com formato de flor de amêndoa no outro braço, com botão e flor; assim serão os seis braços saindo do candelabro. ³⁴Mas o candelabro mesmo terá quatro cálices com formato de flor de amêndoa, com botão e flor: ³⁵um botão sob os dois primeiros braços que saem do candelabro, um botão sob os dois braços seguintes e um botão sob os dois últimos braços — assim se fará com estes seis braços que saem do candelabro. ³⁶Os botões e os braços formarão uma só peça com o candelabro e tudo se fará com um bloco de ouro batido. ³⁷Far-lhe-ás também sete lâmpadas. As lâmpadas serão elevadas de tal modo que alumiem defronte dele. ³⁸As suas espevitadeiras e os seus aparadores serão de ouro puro. ³⁹Com um talento de ouro puro tu o farás e todos os seus acessórios. ⁴⁰Vê, pois, e faze tudo conforme o modelo que te foi mostrado sobre a montanha.

37,17-24
Lv 24,2-4

25,9 +
↗ Hb 8,5

26

*A Habitação.*ᵃ *As cortinas e os estofos* — ¹Farás a Habitação com dez cortinas de linho fino retorcido, púrpura violeta, púrpura escarlate e carmesim; tu as farás com querubins bordados. ²O comprimento de cada cortina será de vinte e oito côvados e a largura de quatro côvados, e todas as cortinas terão o mesmo tamanho. ³Cinco das cortinas estarão unidas uma com a outra; e as outras cinco cortinas também estarão unidas uma com a outra. ⁴Farás laços de púrpura violeta na franja da primeira cortina que está na extremidade do conjunto; e farás o mesmo na franja da cortina que está na extremidade do segundo conjunto. ⁵Farás cinquenta laçadas na primeira cortina, e cinquenta laçadas na extremidade da cortina que está no segundo conjunto. As laçadas se corresponderão mutuamente. ⁶Farás também cinquenta colchetes de ouro e unirás as cortinas uma com a outra por meio de colchetes,ᵇ de modo que a Habitação venha a ser um todo.

33,7-11;
36,8-19
Hb 9,11-24

⁷Farás cortinas de pelo de cabra como tenda que esteja sobre a Habitação; farás onze delas. ⁸O comprimento de cada cortina será de trinta côvados, e sua largura de quatro côvados; as onze cortinas terão a mesma medida. ⁹Unirás cinco cortinas em uma peça e seis cortinas em outra, e dobrarás a sexta cortina

---

a) "Habitação": *mishkan*, é o termo próprio da tradição sacerdotal para o santuário do deserto. Este termo é geralmente empregado sem precisão, mas às vezes temos "Habitação do Testemunho" (cf. 25,16+) ou "Habitação da Tenda da Reunião". A tradição sacerdotal acolhe assim o nome dado a este santuário nas tradições antigas, "Tenda de Reunião" (*'ohel mô'ed*), e o emprega com mais frequência. — A descrição, dificilmente inteligível nos pormenores, é a de santuário desmontável, adaptado aos deslocamentos do período nômade. Ela projeta no deserto o plano do Templo de Salomão; mas os painéis que cobrem a Habitação conservam a lembrança do santuário mosaico. Era uma tenda que as antigas tradições não descrevem, embora falem dela (cf. Ex 37,7-11; 38,8; Nm 11,16s; 12,4-10; Dt 31,14-15).

b) Temos assim dois grandes painéis formando teto para a Habitação, teto que será recoberto pelo tecido mais espesso dos vv. 7-13 e as coberturas do v. 14.

sobre a parte anterior da tenda. ¹⁰Farás cinquenta laçadas na franja da primeira cortina, na extremidade do primeiro conjunto, e outras cinquenta laçadas na franja da cortina do segundo conjunto. ¹¹Farás cinquenta colchetes de bronze e introduzirás os colchetes nas laçadas, para unir a tenda, que assim formará um todo.

¹²A parte que restar das cortinas da tenda, a metade da cortina que sobrar, penderá na parte posterior da Habitação. ¹³O côvado que sobrar de um lado e o côvado que sobrar do outro lado, ao longo das cortinas da tenda, penderá dos dois lados da Habitação, de cá e de lá, para cobri-la.

¹⁴Farás para a tenda uma cobertura de peles de carneiro tingidas de vermelho, e uma cobertura de couro fino por cima.

A armação — ¹⁵Farás também para a Habitação tábuas de madeira de acácia, que serão colocadas verticalmente. ¹⁶Cada tábua terá dez côvados de comprimento e um côvado e meio de largura. ¹⁷Cada tábua terá dois encaixes,ᵃ travados um com o outro; assim farás com todas as tábuas da Habitação. ¹⁸Disporás as tábuas para a Habitação: vinte tábuas para o lado do Negueb, para o sul. ¹⁹Farás quarenta bases de prata debaixo das vinte tábuas: duas bases debaixo de uma tábua, para os seus dois encaixes, e duas bases debaixo de outra tábua, para os seus dois encaixes. ²⁰No outro lado da Habitação, do lado do norte, haverá vinte tábuas ²¹e as suas quarenta bases de prata, duas bases debaixo de uma tábua e duas bases debaixo de outra tábua. ²²Para o fundo da Habitação, do lado do mar, farás seis tábuas, ²³e farás outras duas tábuas para os cantos do fundo da Habitação. ²⁴Estarão unidas pela parte de baixo, e ficarãoᵇ unidas até a parte de cima, na altura da primeira argola: assim se fará com as duas tábuas, serão duas para cada um dos dois cantos. ²⁵Serão, pois, oito tábuas com suas bases de prata, dezesseis bases: duas bases debaixo de uma tábua e duas debaixo de outra tábua.

²⁶Farás travessas de madeira de acácia: cinco para as tábuas de um lado da Habitação, ²⁷cinco para as tábuas do outro lado da Habitação, e igualmente cinco travessas para as tábuas do lado posterior da Habitação, do lado do mar. ²⁸A travessa central esteja na metade das tábuas, atravessando-as de um extremo ao outro. ²⁹Cobrirás de ouro as tábuas, e de ouro farás as suas argolas, pelas quais hão de passar as travessas; e cobrirás também de ouro as travessas. ³⁰Levantarás a Habitação segundo o modelo que te foi mostrado na montanha.

O véu — ³¹Farás também um véu de púrpura violeta e escarlate, carmesim e linho fino retorcido; farás nele um bordado com figuras de querubins. ³²Tu o colocarás sobre quatro colunas de acácia recobertas de ouro, munidas de ganchos de ouro, assentadas sobre quatro bases de prata. ³³Pendurarás o véu debaixo dos colchetes e trarás para lá, para dentro do véu, a arca do Testemunho. O véu vos servirá de separação entre o Santo e o Santo dos Santos.ᶜ

³⁴Porás o propiciatório sobre a arca do Testemunho, no Santo dos Santos. ³⁵A mesa, porém, a porás fora do véu, e o candelabro diante dela, no lado sul da Habitação; a mesa, ao contrário, a porás no lado norte. ³⁶Farás também, para a entrada da tenda, uma cortina de púrpura violeta, púrpura escarlate, carmesim e linho fino retorcido, obra de bordador. ³⁷Para esta cortina farás cinco colunas

---

a) Cada base devia ter dois suportes nos quais se encaixavam hastes colocadas na parte inferior de cada tábua.
b) "ficarão", grego, sir.; "completos", hebr.
c) O véu fecha ao fiel o Santo dos Santos, habitação de Iahweh. Somente o sumo sacerdote entra ali, no grande Dia da Expiação (Lv 16; cf. Hb 9,6-14). A mesma separação entre o Santo e o Santo dos Santos existe no Templo de Salomão (1Rs 6,16) e o véu se encontra também no Templo de Herodes (Mt 27,51p).

de acácia, que recobrirás de ouro, com os seus ganchos também de ouro, e fundirás para elas cinco bases de bronze.

27 O altar dos holocaustos — ¹Farás o altar[a] de madeira de acácia; com cinco côvados de comprimento e cinco côvados de largura, o altar será quadrado; a sua altura será de três côvados. ²Dos quatro lados farás levantar chifres,[b] que formarão uma só peça com o altar; e o cobrirás de bronze. ³Far--lhe-ás também recipientes para recolher a gordura incinerada; e pás, bacias para a aspersão, garfos e braseiros; farás todos esses acessórios de bronze. ⁴Far-lhe-ás também uma grelha de bronze, em forma de rede, e farás quatro argolas de bronze nos quatro cantos da grelha, ⁵e as porás sob o rebordo do altar, embaixo, de maneira que ela chegue até o meio do altar. ⁶Farás também varais para o altar, varais de madeira de acácia, e os cobrirás de bronze. ⁷Os varais se enfiarão nas argolas, de modo que os varais estejam dos dois lados do altar, quando for transportado. ⁸Oco e de tábuas o farás; como te foi mostrado na montanha, assim o farás.

38,1-7
1Rs 8,64 +
Ez 43,13-17

O átrio[c] — ⁹Farás também o átrio da Habitação. Para o lado do Negueb, do lado do sul, o átrio terá cortinas de linho fino retorcido; o comprimento delas será de cem côvados (para o primeiro lado). ¹⁰As suas vinte colunas e as suas vinte bases serão de bronze; os ganchos das colunas e suas vergas serão de prata. ¹¹Do mesmo modo para o lado norte, as cortinas terão cem côvados de comprimento; as suas vinte colunas e as suas vinte bases serão de bronze. Os ganchos das colunas e as suas vergas serão de prata. ¹²A largura do átrio, do lado do mar, será de cinquenta côvados de cortinas, com as suas dez colunas e com as suas dez bases. ¹³A largura do átrio, do seu lado leste, a oriente, será de cinquenta côvados, ¹⁴quinze côvados de cortinas para um lado da entrada, com as suas três colunas e as suas três bases, ¹⁵e quinze côvados de cortinas para o outro lado da entrada, com as suas três colunas e as suas três bases. ¹⁶Na entrada do átrio haverá um véu adamascado de vinte côvados, de púrpura violeta, púrpura escarlate, carmesim e linho fino retorcido; as suas colunas serão quatro e as suas bases, quatro. ¹⁷Todas as colunas em torno do átrio estarão unidas com vergas de prata, os seus ganchos serão de prata, e as suas bases de bronze. ¹⁸O comprimento do átrio será de cem côvados, sua largura de cinquenta côvados[d] e a sua altura de cinco côvados. Todas as cortinas serão de linho fino retorcido, e as suas bases, de bronze. ¹⁹Todos os acessórios para o serviço geral da Habitação, todas as suas estacas e todas as estacas do átrio serão de bronze.

38,9-29
Ez 40,17-49

O azeite para o candelabro — ²⁰Ordenarás aos israelitas que te tragam azeite puro de olivas amassadas, para o candelabro, para que haja uma lâmpada continuamente acesa. ²¹Aarão e os seus filhos colocarão esta lâmpada na Tenda da Reunião, fora do véu que está diante do Testemunho, para que ela queime desde a tarde até a manhã perante Iahweh. É um decreto perpétuo para as gerações dos israelitas.

Lv 24,2-4

30,7-8
1Sm 3,3

---

a) O altar por excelência, o dos holocaustos (1Rs 8,64+).
b) Os "chifres" são protuberâncias nos quatro cantos do altar. Esses chifres possuíam santidade particular. O sangue do sacrifício era aí aplicado (29,12), assim como sobre os chifres do altar dos perfumes (30,10). O criminoso podia agarrar-se a eles para se proteger do castigo (1Rs 1,50; 2,28).
c) Espaço consagrado, ao redor do santuário. Aqui é fechado por uma cerca de madeira e tecidos. É o equivalente dos átrios do Templo de Jerusalém (1Rs 6,36; Ez 40; Mt 21,12p; At 21,27-30).
d) "cinquenta côvados", sam.; "cinquenta", hebr. Acrescenta-se "Todas as cortinas", de acordo com 38,16.

ÊXODO 28

28 As vestimentas dos sacerdotes — ¹Farás aproximar de ti, dentre os israelitas, Aarão teu irmão e os seus filhos com ele, para que sejam meus sacerdotes: Aarão, Nadab, Abiú, Eleazar e Itamar, filhos de Aarão. ²Farás para Aarão, teu irmão, vestimentas sagradas para esplendor e ornamento. ³Dirás a todas as pessoas hábeis, a quem enchi de espírito de sabedoria, que façam vestimentas para Aarão, para consagrá-lo ao exercício do meu sacerdócio. ⁴Eis as vestimentas que farão: um peitoral, um efod, um manto, uma túnica bordada, um turbante e um cinto. Farão vestimentas sagradas para o teu irmão Aarão e para os seus filhos, a fim de que exerçam o meu sacerdócio. ⁵Empregarão ouro, púrpura violeta, púrpura escarlate, carmesim e linho fino.

O efod[a] — ⁶Farão o efod bordado de ouro, púrpura violeta, púrpura escarlate, carmesim e linho fino retorcido. ⁷Duas ombreiras nele serão fixadas; ele aí será fixado por suas duas extremidades. ⁸O cinto que está por cima dele para sustentá-lo, formando uma só peça com ele, será do mesmo trabalho: ouro, púrpura violeta, púrpura escarlate, carmesim e linho fino retorcido. ⁹Tomarás duas pedras de ônix e gravarás nelas os nomes dos israelitas. ¹⁰Seis nomes em uma e os outros seis na outra, por ordem de nascimento. ¹¹Como faz quem trabalha a pedra para a incisão de um selo, gravarás nas duas pedras os nomes dos israelitas, engastadas com ouro ao redor as farás. ¹²Porás as duas pedras nas ombreiras do efod, como memorial para os israelitas; e Aarão levará os seus nomes sobre os ombros à presença de Iahweh, para memória. ¹³Farás também engastes de ouro ¹⁴e duas correntes de ouro puro, trançadas como um cordão, e fixarás as correntes assim trançadas nos engastes.

O peitoral — ¹⁵Farás o peitoral do julgamento; tu o farás bordado como o efod, de ouro, púrpura violeta, púrpura escarlate, carmesim e linho fino retorcido. ¹⁶Será quadrado e duplo, com um palmo[b] de comprimento e um palmo de largura. ¹⁷Colocarás nele engastes de pedras dispostas em quatro filas:[c] uma sardônica, um topázio e uma esmeralda na primeira fileira; ¹⁸na segunda: um carbúnculo, uma safira e um diamante; ¹⁹a terceira fileira será de jacinto, ágata e ametista; ²⁰na quarta fileira: berilo, ônix e jaspe; elas serão guarnecidas de ouro nos seus engastes. ²¹As pedras corresponderão aos nomes dos israelitas: doze, como os seus nomes; estarão gravadas como os selos, cada uma com o seu nome segundo as doze tribos. ²²Farás para o peitoral correntes trançadas como um cordão, de ouro puro, ²³[d]e farás para o peitoral duas argolas de ouro, e as porás nas extremidades do peitoral. ²⁴Passarás as duas correntes de ouro pelas duas argolas, nas extremidades do peitoral. ²⁵Fixarás as duas pontas das correntes nos dois engastes, e as porás nas ombreiras do efod, na sua parte dianteira. ²⁶Farás dois anéis de ouro e os porás nas duas pontas do peitoral, na sua orla interior, junto ao efod. ²⁷Farás igualmente dois anéis de ouro, e os porás nas duas ombreiras do efod, na sua parte inferior dianteira,

---

a) O hebraico bíblico aplica o termo efod (etimologia incerta) a três realidades distintas: 1° o efod instrumento de adivinhação, que servia para consultar Iahweh (cf. 1Sm 2,28+); 2°) o *efod-bad*, "tanga de linho" usada pelos ministros do culto (cf. 1Sm 2,18+); 3°) o efod do sumo sacerdote, espécie de colete preso por cinto e suspensórios. A esse colete está preso o "peitoral do julgamento" (vv. 15s), o qual contém as sortes sagradas, o *Urim* e o *Tummim* (v. 30; Lv 8,7-8; 1Sm 14,41+). O efod do sumo sacerdote é assim posto em relação com o efod da adivinhação, do mesmo modo que o seu nome lembra a antiga vestimenta dos sacerdotes. Mas essas aproximações são artificiais: essa descrição da vestimenta do sumo sacerdote vale apenas para a época pós-exílica, e o uso do efod divinatório não sortes sagradas não é mais documentado depois de Davi (cf. ainda Jz 8,27+).

b) Cerca de 22 cm.

c) O hebr. acrescenta duas palavras que não têm sentido, lit.: "de pedra, uma fileira".

d) Os vv. 23-28 do hebr. foram abreviados no grego e colocados depois do v. 29.

perto de sua juntura sobre o cinto do efod. ²⁸Prender-se-á o peitoral, através de suas argolas, às argolas do efod, com um cordão de púrpura violeta, para que ele fique por cima do cinto do efod e não possa desprender-se do efod. ²⁹Assim Aarão levará os nomes dos israelitas no peitoral do julgamento, sobre o coração, quando entrar no santuário, para memória diante de Iahweh, continuamente. ³⁰Porás também no peitoral do julgamento o *Urim* e o *Tummim*, para que estejam sobre o coração de Aarão quando entrar na presença de Iahweh, e Aarão levará sobre seu coração o julgamento*ᵃ* dos israelitas diante de Iahweh, continuamente.

O manto — ³¹Farás o manto do efod todo de púrpura violeta. ³²No meio dele haverá uma abertura para a cabeça; essa abertura será debruada como a abertura de um colete, para que não se rompa. ³³Ao redor da sua orla inferior porás romãs de púrpura violeta, púrpura escarlate e carmesim e, entre elas, em todo o redor, campainhas de ouro. ³⁴Haverá em toda a orla do manto uma campainha de ouro e uma romã, outra campainha de ouro e outra romã. ³⁵Aarão o vestirá para oficiar, para que se ouça o seu ruído quando entrar no santuário diante de Iahweh, ou quando sair, e assim não morra.*ᵇ*

O sinal da consagração — ³⁶Farás uma flor de ouro puro, na qual gravarás, como se gravam os selos: 'Consagrado a Iahweh.' ³⁷Atá-la-ás com um cordão de púrpura violeta, de maneira que esteja sobre o turbante: deverá estar na sua parte dianteira. ³⁸Ela estará sobre a fronte de Aarão, e Aarão carregará a iniquidade concernente às coisas santas, que os israelitas consagrarem em todas as suas santas oferendas.*ᶜ* Estará continuamente sobre a sua fronte, para obter para eles favor diante de Iahweh. ³⁹Tecerás uma túnica de linho fino, farás um turbante de linho fino e um cinto com trabalho de bordador.

Vestimentas dos sacerdotes — ⁴⁰Para os filhos de Aarão farás túnicas e cintos. Far-lhes-ás também barretes para esplendor e ornamento. ⁴¹*ᵈ*E com isso vestirás a Aarão, teu irmão, bem como a seus filhos. Depois os ungirás, dar-lhes-ás a investidura*ᵉ* e os consagrarás para que exerçam o meu sacerdócio. ⁴²Faze-lhes também calções*ᶠ* de linho para cobrir a sua nudez: irão da cintura às coxas. ⁴³Aarão e seus filhos os vestirão quando entrarem na Tenda da Reunião, ou quando se aproximarem do altar para ministrar no santuário, a fim de não incorrerem em pecado e não morrerem. Isto será um decreto perpétuo para Aarão e para a sua posteridade depois dele.

29

Consagração de Aarão e de seus filhos. Preparação — ¹Eis o que farás com eles para consagrá-los ao meu sacerdócio. Tomarás um bezerro e dois carneiros sem mancha, ²pães ázimos, bolos ázimos, amassados com azeite, obreias ázimas untadas com azeite. Com flor de farinha de trigo os farás, ³e os porás num cesto e nos cestos os trarás; trarás também o bezerro e os dois carneiros.

---

a) Isto é, o meio de julgar, pelo oráculo, os israelitas (cf. 28,6+).
b) Vestígio de concepção primitiva amplamente espalhada, segundo a qual o tilintar das campainhas afastava os demônios.
c) O sumo sacerdote, sendo consagrado a Iahweh, reparava em sua pessoa as faltas rituais involuntárias.
d) Este v., que antecipa 29,1 e estende aos simples sacerdotes a unção que 29,7 e Lv 8,12 reserva ao sumo sacerdote, é acréscimo posterior.

e) Lit.: "tu encherás suas mãos". É o gesto simbólico de colocar pela primeira vez entre as mãos do sacerdote as porções da vítima que ele deve oferecer em sacrifício (29,9; 32,29; Lv 8,27-28; Jz 17,5.12; 1Rs 13,33). É o equivalente do rito da "entrega das oferendas" na ordenação romana.
f) Para evitar qualquer indecência. O Código da Aliança (20,26) proibia, por isso, os altares com degraus; mas o Templo possuía um.

Purificação, investidura e unção — ⁴Farás Aarão e os seus filhos se aproximarem da entrada da Tenda da Reunião e os lavarás*a* com água. ⁵Tomarás as vestimentas e porás em Aarão a túnica, o manto, o efod e o peitoral, e o cingirás com o cinto do efod. ⁶Pôr-lhe-ás o turbante na cabeça, e sobre o turbante o sinal da santa consagração. ⁷Tomarás do óleo da unção e, derramando-o sobre a cabeça dele, o ungirás.

⁸Do mesmo modo, farás se aproximarem os seus filhos e os revestirás com túnicas, ⁹e os cingirás com o cinto e lhes porás os barretes. O sacerdócio lhes pertencerá então por um decreto perpétuo. Assim farás a investidura de Aarão e de seus filhos.

Oferendas — ¹⁰Farás o bezerro chegar diante da Tenda da Reunião, e Aarão e seus filhos porão a mão sobre a cabeça do bezerro.*b* ¹¹Imolarás o bezerro diante de Iahweh, na entrada da Tenda da Reunião. ¹²Tomarás parte do sangue do bezerro e com o dedo o porás sobre os chifres do altar, derramando o resto do sangue ao pé do altar. ¹³Tomarás toda a gordura que cobre as entranhas, o redenho do fígado, os dois rins com a gordura que os envolve e farás subir o seu suave odor sobre o altar. ¹⁴Mas queimarás fora do acampamento a carne do bezerro, juntamente com o pelo e o excremento. É um sacrifício pelo pecado.

¹⁵Tomarás depois um dos carneiros, e Aarão com seus filhos porão as mãos sobre a cabeça dele. ¹⁶Imolarás o carneiro, tomarás o seu sangue e o jogarás sobre o altar, todo ao redor. ¹⁷Partirás o carneiro em pedaços e, lavadas as entranhas e as pernas, tu as porás sobre os pedaços e sobre a cabeça. ¹⁸Assim, queimarás todo o carneiro, fazendo subir a sua fumaça sobre o altar. É um holocausto para Iahweh. É um perfume de suave odor,*c* uma oferta queimada para Iahweh.

¹⁹Tomarás depois o segundo carneiro, e Aarão com seus filhos porão as mãos sobre a cabeça dele. ²⁰Imolarás o carneiro, tomarás um pouco de seu sangue e o porás sobre a ponta da orelha direita*d* de Aarão e sobre a ponta da orelha direita dos seus filhos, sobre o polegar das suas mãos direitas, como também sobre o polegar dos seus pés direitos; o restante do sangue, tu o jogarás sobre o altar, todo ao redor. ²¹*e*Tomarás então do sangue que está sobre o altar, e do óleo da unção, e os espargirás sobre Aarão e suas vestimentas, e sobre seus filhos e as vestimentas dos seus filhos; assim eles serão consagrados; ele e as suas vestimentas, assim como os seus filhos e as suas vestimentas.

A investidura dos sacerdotes — ²²Depois tomarás, do carneiro, a gordura, a cauda, a gordura que cobre as entranhas, o redenho do fígado, os dois rins e a gordura que está nele, e a coxa direita, porque é o carneiro da investidura. ²³Tomarás também um pão, um bolo untado no azeite e uma obreia do cesto dos pães ázimos que está diante de Iahweh. ²⁴Porás tudo isso nas palmas das mãos de Aarão e dos seus filhos, e farás o gesto de apresentação*f* diante de Iahweh. ²⁵Em seguida, os tomarás de suas mãos e os farás subir em fumaça sobre o altar, sobre o holocausto, em suave odor diante de Iahweh. É uma oferta queimada para Iahweh.

---

a) Banho completo, diferente das abluções de 30,19-21 e destinado a conferir a pureza ritual exigida.
b) Para fazer dele o seu próprio sacrifício.
c) Este antropomorfismo exprime a satisfação que Deus encontra na oferenda que lhe é feita (cf. abaixo *passim*; Gn 8,21; Lv 1,9; Nm 28,2).
d) "orelha direita", versões; "a orelha", hebr.
e) Acréscimo posterior, cujo lugar é variável. Grego: antes de 20b; sam.: depois de 28. Em Lv, depois de 8,29, que corresponde a 29,26 de Ex.
f) Este rito de apresentação consistia em balançar de frente para trás o objeto que era assim oferecido à divindade antes de voltar ao sacerdote.

²⁶Tomarás o peito do carneiro da investidura de Aarão e farás com ele o gesto de apresentação diante de Iahweh. E essa será a tua porção. ²⁷Consagrarás o peito que foi apresentado e a coxa da porção que foi tirada, o que se tirou do carneiro da investidura de Aarão e de seus filhos. ²⁸Isto será, segundo um decreto perpétuo, o que Aarão e seus filhos receberão dos israelitas, porque é uma apresentação: a apresentação a Iahweh, feita pelos israelitas sobre os seus sacrifícios de comunhão. É uma apresentação para Iahweh.

²⁹As vestimentas sagradas de Aarão passarão depois dele para os seus filhos, que as vestirão quando da sua unção e da sua investidura. ³⁰Durante sete dias ele as vestirá, aquele dentre os filhos de Aarão que for sacerdote depois dele e que entrar na Tenda da Reunião para servir no santuário.

Refeição sagrada — ³¹Tomarás depois o carneiro da investidura e farás cozinhar a sua carne num lugar sagrado. ³²Aarão e os seus filhos comerão da carne do carneiro e do pão que está no cesto, à entrada da Tenda da Reunião. ³³Comerão do que serviu para fazer a expiação por eles, quando da sua investidura e consagração. Nenhum profano comerá disso, porque são coisas sagradas. ³⁴Se ficar para o dia seguinte o resto da carne do sacrifício de investidura ou dos pães, queimarás o resto no fogo; não se comerá, porque é coisa sagrada. ³⁵Assim, pois, farás a Aarão e a seus filhos, conforme tudo o que te ordenei. Sete dias durará o rito da investidura deles.

A consagração do altar dos holocaustos — ³⁶Cada dia oferecerás também um bezerro em sacrifício pelo pecado, em expiação. Oferecerás pelo altar um sacrifício pelo pecado, quando fizeres por ele a expiação, e o ungirás para consagrá-lo. ³⁷Durante sete dias farás a expiação pelo altar, e o consagrarás; assim, o altar será santíssimo, e tudo o que o tocar será santificado.

Holocausto cotidiano — ³⁸Eis o que oferecerás sobre o altar: dois cordeiros machos de um ano, cada dia, e de modo perpétuo. ³⁹Oferecerás um desses cordeiros pela manhã e o outro ao crepúsculo. ⁴⁰Com o primeiro cordeiro oferecerás a décima parte de um efá*ª* de flor de farinha amassada com a quarta parte de um hin*ᵇ* de azeite de olivas amassadas, e para libação a quarta parte de um hin de vinho. ⁴¹Oferecerás o segundo cordeiro ao crepúsculo; tu o oferecerás com uma oblação e uma libação semelhantes às da manhã: em suave odor, em oferenda queimada para Iahweh. ⁴²Este será o holocausto perpétuo por todas as vossas gerações, à entrada da Tenda da Reunião, diante de Iahweh, onde me comunicarei convosco, para falar contigo.

⁴³Ali virei me encontrar com os israelitas, e o lugar ficará consagrado por minha glória. ⁴⁴Consagrarei a Tenda da Reunião e o altar. Consagrarei também Aarão e os seus filhos para que exerçam o meu sacerdócio. ⁴⁵Habitarei no meio dos israelitas e serei o seu Deus. ⁴⁶E eles saberão que eu sou Iahweh o seu Deus que os fez sair do país do Egito para habitar no meio deles, eu, Iahweh seu Deus.

30

O altar dos perfumes — ¹Farás também um altar para queimares nele o incenso,*ᶜ* de madeira de acácia o farás. ²Terá um côvado de comprimento e um de largura, será quadrado, e terá a altura de dois côvados;

---

a) Aproximadamente 4,5 litros.
b) Aproximadamente 1,87 litro.

c) No Templo de Salomão, ele é colocado diante do Santo dos Santos (1Rs 6,20-21). Altares semelhantes eram usados em todo o Oriente Antigo.

ÊXODO 30

os chifres formarão uma só peça com ele. ³Cobrirás de ouro puro a sua parte superior, as paredes ao redor e os chifres; e lhe farás uma moldura de ouro ao redor. ⁴Far-lhe-ás duas argolas de ouro debaixo da moldura, de ambos os lados as farás; nelas se enfiarão os varais para se levar o altar. ⁵Farás os varais de madeira de acácia e os cobrirás de ouro. ⁶Porás o altar defronte do véu que está diante da arca do Testemunho — diante do propiciatório que está sobre o Testemunho — onde me encontrarei contigo. ⁷Aarão fará fumegar sobre ele o incenso aromático; cada manhã, quando preparar as lâmpadas, ele o fará fumegar. ⁸Quando Aarão acender as lâmpadas, ao crepúsculo, o fará fumegar. Será um incenso perpétuo diante de Iahweh, para vossas gerações. ⁹Não oferecereis sobre ele incenso profano, nem holocausto, nem oblação, nem derramareis sobre ele nenhuma libação. ¹⁰Uma vez no ano Aarão realizará sobre os chifres do altar o rito da expiação: com o sangue do sacrifício pelo pecado, no Dia da Expiação, uma vez por ano, ele fará a expiação por si, pelas vossas gerações. Está consagrado de modo especial a Iahweh."

O tributo para o culto — ¹¹Iahweh falou a Moisés, dizendo: ¹²"Quando contares os israelitas pelo recenseamento, cada um pagará a Iahweh um resgate por sua pessoa, para que não haja entre eles nenhuma praga, quando os recenseares. ¹³Todo o que estiver submetido ao recenseamento dará meio siclo, na base do siclo do santuário: vinte geras por siclo. Esse meio siclo é seu tributo a Iahweh. ¹⁴Todo o que estiver sujeito ao recenseamento, de vinte anos para cima, dará o tributo a Iahweh. ¹⁵O rico não dará mais e o pobre não dará menos do que meio siclo, ao pagar o tributo a Iahweh em resgate por vossas pessoas.ᵃ ¹⁶Tomarás o dinheiro do resgate dos israelitas e o entregarás para o serviço da Tenda da Reunião; ele será para os israelitas um memorial diante de Iahweh, para o resgate de vossas pessoas."

A bacia — ¹⁷Iahweh falou a Moisés, dizendo: ¹⁸"Farás uma bacia de bronze, com a base também de bronze, para as abluções. Colocá-la-ás entre a Tenda da Reunião e o altar, e a encherás de água, ¹⁹com a qual Aarão e os seus filhos lavarão as mãos e os pés. ²⁰Quando entrarem na Tenda da Reunião, lavar-se-ão com água, para que não morram; e também quando se aproximarem do altar para oficiar, para fazer fumegar uma oferenda queimada para Iahweh. ²¹Lavarão as mãos e os pés, e não morrerão. Isto será um decreto perpétuo para ele e para a sua descendência, de geração em geração."

*O óleo da unção*ᵇ — ²²Iahweh falou a Moisés, dizendo: ²³"Quanto a ti, procura bálsamo de primeira qualidade: quinhentos siclos de mirra virgem; a metade, ou seja, duzentos e cinquenta, de cinamomo balsâmico, e outros duzentos e cinquenta de cálamo balsâmico; ²⁴quinhentos siclos de cássia,

---

a) Ricos e pobres são iguais diante de Deus. — O "siclo do santuário" aparece somente nos textos tardios (aqui e em 38,24-26; Lv 5,15; 27,25; Nm 3,47; 18,16). Talvez seja o siclo antigo, valendo 1/50 da mina e pesando cerca de 11,4g, enquanto o siclo comum caíra para 1/60 da mina (cf. Ez 45,12).
b) Estas prescrições a respeito do uso do azeite (como as seguintes, sobre o perfume) são tardias: todos os sacerdotes são ungidos, nenhum leigo deve sê-lo. Nos textos históricos antigos, a unção é reservada ao rei (1Sm 10,1s; 16,1s; 1Rs 1,39; 2Rs 9,6; 11,12). Esta unção confere ao rei um caráter sagrado: ele é o Ungido de Iahweh (1Sm 24,7; 26,9.11.23; 2Sm 1,14.16; 19,22), em hebraico "o Messias", em grego "o Cristo". Aplicado muitas vezes pelos Salmos a Davi e à sua dinastia, este título tornou-se o título por excelência do Rei do futuro, o Messias, do qual Davi era o protótipo, e o Novo Testamento o atribui a Cristo Jesus. Quanto aos membros do sacerdócio, não parece que a unção lhes tenha sido conferida antes da época persa. Os textos sacerdotais antigos a reservavam ao sumo sacerdote (Ex 29,7.29; Lv 4,3.5.16; 8,12). Depois foi estendida a todos os sacerdotes (aqui v. 30 e 28,41; 40,15; Lv 7,36; 10,8; Nm 3,3).

segundo o peso do siclo do santuário, e um hin de azeite de oliveira. ²⁵Com tudo isso farás um óleo para a unção sagrada, um perfume aromático, trabalho de perfumista. Será o óleo para a unção sagrada. ²⁶Com ele ungirás a Tenda da Reunião e a arca do Testemunho, ²⁷a mesa com todos os seus acessórios, o candelabro com todos os seus acessórios, o altar dos perfumes, ²⁸o altar dos holocaustos com todos os seus acessórios, e a bacia com a sua base. ²⁹Consagrarás essas coisas e serão muito santas; quem as tocar ficará santificado. ³⁰Ungirás também a Aarão e a seus filhos e os consagrarás para que exerçam o sacerdócio em minha honra. ³¹E falarás aos israelitas, dizendo: Isto será para vós*a* e para as vossas gerações um óleo de unção sagrada. ³²Não será derramado sobre o corpo de nenhum homem e, quanto à sua composição, não fareis outro semelhante a ele. Isto é coisa sagrada, coisa sagrada para vós. ³³Quem fizer um outro parecido e colocá-lo sobre um profano, será retirado do seu povo."

O perfume — ³⁴Iahweh disse a Moisés: "Procura aromas: estoraque, craveiro e gálbano, aromas e incenso puro: cada um em quantidade igual. ³⁵Com eles farás um perfume, uma composição aromática, obra de perfumista, misturando com sal puro e santo. ³⁶Pulverizarás uma parte dele e a colocarás diante do Testemunho, na Tenda da Reunião, onde me encontro contigo, e será para vós uma coisa muito santa. ³⁷Não fareis para vós nenhum perfume de composição semelhante à que deves fazer; ele será santo para ti, reservado a Iahweh. ³⁸Quem fizer um como este, para o cheirar, será retirado do seu povo."

31

Os operários do santuário — ¹Iahweh falou a Moisés, dizendo: ² "Eis que chamei pelo nome a Beseleel, filho de Uri, filho de Hur, da tribo de Judá. ³Eu o enchi com o espírito de Deus*b* em sabedoria, entendimento e conhecimento para toda espécie de trabalho, ⁴para elaborar desenhos, para trabalhar em ouro, prata e bronze, ⁵para lapidação de pedras de engaste, para entalho de madeira, e para realizar toda espécie de trabalhos. ⁶Eis que lhe dou por companheiro Ooliab, filho de Aquisamec, da tribo de Dã; coloquei a sabedoria no coração de todos os homens de coração sábio, para que façam tudo o que te ordenei: ⁷a Tenda da Reunião, a arca do Testemunho, o propiciatório que está sobre ela e toda a mobília da Tenda; ⁸a mesa com todos os seus acessórios, o candelabro de ouro puro com todos os seus acessórios, o altar do incenso, ⁹o altar dos holocaustos com todos os seus acessórios, a bacia com a sua base; ¹⁰as vestimentas litúrgicas, as vestimentas sagradas para o sacerdote Aarão e as vestimentas dos seus filhos para o exercício do sacerdócio; ¹¹o óleo da unção e o incenso para o santuário. Farão tudo de acordo com o que te ordenei."

*Repouso sabático*c — ¹²Iahweh disse a Moisés: ¹³ "Fala aos israelitas e dize--lhes: Observareis de verdade os meus sábados, porque são um sinal entre mim e vós em vossas gerações, a fim de que saibais que eu sou Iahweh, o que vos santifica. ¹⁴Observareis, pois, o sábado, porque é uma coisa santa para vós. Quem o profanar será castigado com a morte. Todo o que realizar nele algum trabalho será retirado do meio do povo. ¹⁵Durante seis dias poder-se-á trabalhar; no sétimo dia, porém, se fará repouso absoluto, em honra de

---

a) "será para vós", grego; "será para mim", hebr.: cf. v. 37: "ele será santo para ti".

b) O espírito de Deus é considerado o dispensador das qualidades extraordinárias: aqui a habilidade técnica, concebida como certa participação da Sabedoria divina.

c) A lei do repouso sabático, sem ligação com o que precede, pode ter sido inserida aqui para evidenciar sua significação cultual.

ÊXODO 31-32

_{Gn 9,9+} Iahweh. Todo aquele que trabalhar no dia do sábado deverá ser morto. ¹⁶Os israelitas observarão o sábado, celebrando-o de geração em geração, como uma aliança eterna. ¹⁷Será um sinal perpétuo entre mim e os israelitas, porque em seis dias Iahweh fez os céus e a terra; no sétimo dia, porém, descansou e tomou alento."

_{= 20,11}
_{Gn 2,2-3}

_{24,12+} **Entrega das tábuas da lei a Moisés**ᵃ — ¹⁸Quando ele terminou de falar com Moisés no monte Sinai, entregou-lhe as duas tábuas do Testemunho, tábuas de pedra escritas pelo dedo de Deus.
_{26,16+}

_{|| Dt 9,7}
_{10,5}

5. O BEZERRO DE OURO E A RENOVAÇÃO DA ALIANÇAᵇ

_{Jr 31,32}
_{Ex 24,18}
_{⇒ At 7,40-41}

32 **O bezerro de ouro**ᶜ — ¹Quando o povo viu que Moisés tardava em descer da montanha, congregou-se em torno de Aarão e lhe disse: "Vamos, faze-nos um deus que vá à nossa frente, porque a esse Moisés, a esse homem que nos fez subir da terra do Egito, não sabemos o que lhe aconteceu." ²Aarão respondeu-lhes: "Tirai os brincos de ouro das orelhas de vossas mulheres, de vossos filhos e filhas, e trazei-mos." ³Então todo o povo tirou das orelhas os brincos e os trouxeram a Aarão. ⁴Este recebeu o ouro das suas mãos, o fez fundir em um molde e fabricou com ele uma estátua de bezerro. Então exclamaram: "Este é o teu Deus, ó Israel, o que te fez subir da terra do Egito."ᵈ ⁵Quando Aarão viu isso, edificou um altar diante da estátua e fez esta proclamação: "Amanhã será festa para Iahweh."

_{Ne 9,18}
_{Sl 106,19s}
_{1Rs 12,28}

_{⇒ 1Cor 10,7}
⁶No dia seguinte, levantaram-se cedo, ofereceram holocaustos e trouxeram sacrifícios de comunhão. O povo assentou-se para comer e para beber, depois se levantou para se divertir.

_{Jr 31,12} **Iahweh adverte Moisés** — ⁷Iahweh disse a Moisés: "Vai, desce, porque o teu povo, que fizeste subir da terra do Egito, perverteu-se. ⁸Depressa se desviaram do caminho que eu lhes havia ordenado. Fizeram para si um bezerro

---

a) Este v. liga-se a 24,12-15 e retoma as antigas narrativas anteriores à grande inserção sacerdotal. Nas tábuas estava gravado o Decálogo, chamado Testemunho (cf. 25,16+), o qual continha as cláusulas da Aliança. Do mesmo modo, os tratados orientais eram escritos em tabuinhas ou sobre estelas, e guardados em santuário.
b) Do ponto de vista da crítica literária, os caps. 32-34 são complexos, embora seja praticamente impossível distinguir pormenores. Se uma parte do texto parece vir das tradições javista e eloísta, outra — e ela é considerável — só foi acrescentada por redatores tardios, aqui e ali com traços de estilo ou de fraseologia deuteronômicos. O texto atual apresenta a conclusão da aliança da tradição javista (Ex 34), como renovação do cap. 24, rompida por uma rebelião de Israel: a adoração do bezerro de ouro. Pode-se supor que este arranjo seja artificial e que o episódio do bezerro de ouro tenha sido inserido neste lugar para separar as duas narrativas da aliança e permitir que fossem conservadas. Mas a parte mais antiga do cap. 32 tinha uma significação como segunda parte de um quadro de conjunto, a primeira formada pelo relato da conclusão da aliança no cap. 24,2-8+.11b.
c) O "bezerro" de ouro, assim chamado por ironia, é de fato imagem de novilho, um dos símbolos divinos do antigo Oriente. Um grupo concorrente com o grupo de Moisés, ou fração dissidente desse grupo, quis ou pretendeu ter como símbolo da presença do seu Deus uma figura de touro em vez da Arca da Aliança. Mas trata-se sempre de Iahweh (v. 5), que fez Israel sair do Egito (vv. 4 e 8). Afirmou-se que esta narrativa transportou para o deserto os bezerros de ouro de Jeroboão. Mas, ao que parece, este último é que quis retomar uma tradição antiga (cf. 1Rs 12,28+). O relato contém uma parte antiga, provavelmente de tradição eloísta nos vv. 1-6.15-16, mas talvez com acréscimos de tradição ou redação sacerdotal (vv. 19-20.35). Os vv. 17-18 e o episódio de 25-29 parecem pertencer a outro contexto, mas foi-lhe dado aqui um sentido, sobretudo ao episódio dos levitas. Os vv. 7-14 (Deus desvela a Moisés o pecado do povo; este intercede e obtém o perdão incondicional), 20-24 (Aarão não é culpado porque agiu a pedido do povo) e 30-34 (nova intercessão de Moisés, desta vez o castigo é postergado para um futuro indeterminado) provêm apenas dos redatores; a terceira destas sessões prepara os desenvolvimentos, igualmente tardios, de 33,1-6.12-23 e 34,6-9.
d) O bezerro de ouro não era uma imagem de Iahweh, mas, segundo os paralelos orientais, um pedestal da divindade invisível, como o era a Arca, cuja função de guia ele devia assumir (cf. v. 1).

de metal fundido, o adoraram, lhe ofereceram sacrifícios e disseram: Este é o teu Deus, ó Israel, que te fez subir do país do Egito." ⁹ᵃIahweh disse a Moisés: "Tenho visto a este povo: é um povo de cerviz dura. ¹⁰Agora, pois, deixa-me, para que se acenda contra eles a minha ira e eu os consuma; e farei de ti uma grande nação."

*Oração de Moisés*ᵇ — ¹¹Moisés, porém, suplicou a Iahweh, seu Deus, e disse: "Por que, ó Iahweh, se acende a tua ira contra o teu povo, que fizeste sair do Egito com grande poder e mão forte? ¹²Por que os egípcios haveriam de dizer: 'Ele os fez sair com engano, para matá-los nas montanhas e exterminá-los da face da terra'? Abranda o furor da tua ira e renuncia ao castigo que pretendias impor ao teu povo. ¹³Lembra-te dos teus servos Abraão, Isaac e Israel, aos quais juraste por ti mesmo, dizendo: Multiplicarei a vossa descendência como as estrelas do céu, e toda a terra que vos prometi, dá-la-ei a vossos filhos para que a possuam para sempre." ¹⁴Iahweh, então, desistiu do castigo com o qual havia ameaçado o povo.

Moisés quebra as tábuas da Lei — ¹⁵Moisés voltou-se e desceu da montanha com as duas tábuas do Testemunho nas mãos, tábuas escritas nos dois lados: estavam escritas em uma e outra superfície. ¹⁶As tábuas eram obra de Deus, e a escritura era obra de Deus, gravada nas tábuas.

¹⁷Josué ouviu o barulho do povo, que dava gritos, e disse a Moisés: "Há um grito de guerra no acampamento." ¹⁸Respondeu ele:

"Não são gritos de vitória,
nem gritos de derrota:
o que ouço são cantos alternados."

¹⁹Quando se aproximou do acampamento e viu o bezerro e as danças, Moisés acendeu-se em ira; lançou das mãos as tábuas e quebrou-as no sopé da montanha. ²⁰Pegou o bezerro que haviam feito, queimou-o e triturou-o até reduzi-lo a pó miúdo, que espalhou na água e fez os israelitas beberem.ᶜ

O papel de Aarão na falta do povo — ²¹Moisés disse a Aarão: "Que fez este povo para atrair sobre si um pecado tão grave?" ²²Aarão respondeu: "Que não se acenda a cólera do meu senhor; tu sabes quanto este povo é inclinado para o mal. ²³Eles me disseram: 'Faze-nos um deus que marche à nossa frente, porque a esse Moisés, o homem que nos fez subir do país do Egito, não sabemos o que lhe aconteceu.' ²⁴Eu disse: 'Quem tiver ouro, tire-o.' Eles mo deram; eu o lancei no fogo e saiu esse bezerro."

*O zelo dos levitas*ᵈ — ²⁵Moisés viu que o povo estava desenfreado, porque Aarão os havia abandonado à vergonhaᵉ no meio dos seus inimigos. ²⁶Moisés ficou de pé no meio do acampamento e exclamou: "Quem for de Iahweh venha até mim!" Todos os filhos de Levi reuniram-se em torno dele. ²⁷Ele lhes disse: "Assim fala Iahweh, o Deus de Israel: Cingi, cada um de vós, a espada

---

a) Este v., que falta no grego, poderia vir de Dt 9,13.
b) Moisés aparece como o grande intercessor: já por ocasião das pragas do Egito (Ex 5,22-23; 8,4; 9,28; 10,17), em favor de sua irmã Maria (Nm 12,13), mas, sobretudo, por todo o povo no deserto (Ex 5,22-23; 32,11-14.30-32; Nm 11,2; 14,13-19; 16,22; 21,7; Dt 9,25-29). Estes textos pertencem no essencial aos estágios recentes, redacionais, da formação do Pentateuco. Esta função é lembrada por Jr 15,1; Sl 99,6; 106,23; Eclo 45,3 (cf. 2Mc 15,14+). A intercessão de Moisés prefigura a de Cristo.
c) A água torna-se desta forma uma "água de maldição" (cf. Nm 5,11-31). É um ordálio, o que significa que o próprio Iahweh ferirá os culpados: todos não o serão ou não o serão no mesmo grau, pois o castigo pelas mãos dos levitas (vv. 25-29) não está compreendido neste contexto. É o v. 35 que traria o desenlace da questão. Dt 9,21 elimina o ordálio.
d) O episódio, provavelmente fora do contexto, apresenta as pretensões dos levitas ao sacerdócio (v. 29), em razão de seu zelo por Iahweh.
e) O termo hebraico tem sentido incerto.

sobre o lado, passai e tornai a passar pelo acampamento, de porta em porta, e matai, cada qual, a seu irmão, a seu amigo, a seu parente." ²⁸Os filhos de Levi fizeram segundo a palavra de Moisés, e naquele dia morreram do povo uns três mil[a] homens. ²⁹Moisés então disse: "Hoje recebestes a investidura[b] para Iahweh, cada qual contra o seu filho e o seu irmão, para que ele vos conceda hoje a bênção."

Nova oração de Moisés — ³⁰No dia seguinte, Moisés disse ao povo: "Vós cometestes um pecado grave. Todavia, vou subir a Iahweh para tratar de expiar o vosso pecado." ³¹Voltou, pois, Moisés a Iahweh e disse: "Este povo cometeu um grave pecado ao fabricar um deus de ouro. ³²Agora, pois, se perdoasses o seu pecado... Se não, risca-me, peço-te, do livro que escreveste."[c] ³³Iahweh respondeu a Moisés: "Riscarei do meu livro todo aquele que pecou contra mim. ³⁴Vai, pois, agora, e conduze o povo para onde eu te disse. Eis que o meu Anjo irá adiante de ti. Mas, no dia da minha visita, eu punirei o pecado deles." ³⁵E Iahweh castigou o povo pelo que havia feito com o bezerro fabricado por Aarão.

33 *A ordem para a partida*[d] — ¹Iahweh disse a Moisés: "Vai, sobe daqui, tu e o povo que fizeste subir do Egito, para a terra que prometi com juramento a Abraão, Isaac e Jacó, dizendo: Eu a darei à sua descendência. ²Enviarei adiante de ti um anjo e expulsarei os cananeus, os amorreus, os heteus, os ferezeus, os heveus e os jebuseus. ³Sobe para uma terra que mana leite e mel. Eu não subirei no meio de ti, porque és um povo de cerviz dura, para não te exterminar no meio do caminho." ⁴Quando o povo ouviu essas duras palavras, pôs-se a prantear, e nenhum deles pôs os seus enfeites.[e] ⁵Iahweh disse a Moisés: "Dize aos israelitas: sois um povo de cerviz dura; se por um momento subisse em vosso meio, eu vos exterminaria. Agora, pois, retirai os vossos enfeites, para saber o que devo fazer-vos." ⁶Então, desde o monte Horeb[e] os israelitas deixaram os seus enfeites.

A Tenda[f] — ⁷Moisés tomou a Tenda e a armou para ele,[g] fora do acampamento, longe do acampamento. Haviam-lhe dado o nome de Tenda da Reunião. Quem quisesse interrogar a Iahweh[h] ia até a Tenda da Reunião, que estava fora do acampamento. ⁸Quando Moisés se dirigia para a Tenda, todo o povo se levantava, cada um permanecia de pé, na entrada da sua tenda, e seguia Moisés com o olhar, até que ele entrasse na Tenda. ⁹E acontecia que, quando Moisés entrava na Tenda, baixava a coluna de nuvem, parava à entrada da Tenda, e Ele falava com Moisés. ¹⁰Quando o povo via a coluna

---

a) A Vulg. traz "23.000", talvez segundo 1Cor 10,8, que pode ter-se inspirado em Nm 25,1-9.

b) "recebestes a investidura" (lit.: "Vós enchestes as mãos", cf. 28,41+), grego; "conferi-vos a investidura", hebr.

c) O livro que contém as ações dos homens e descreve o seu destino (cf. Sl 69,29; 139,16 etc.).

d) O cap. 33 reúne elementos cuja ligação é o tema da presença de Iahweh no meio do seu povo. A parte mais considerável do capítulo (vv. 1-6.12-23), parece ser o prolongamento de 32,7-14.30-34; seu desenlace encontra-se apenas em 34,6-9. O estilo é deuteronomizante.

e) Os vv. 1-6, de estilo deuteronomizante, não estão unificados: Iahweh ordena o que o povo já havia feito por si mesmo (vv. 2-3).

f) Este é um dos raros textos antigos que falam da Tenda: ela é o lugar da "Reunião" de Iahweh com Moisés e o povo (Nm 11,16s; 12,4-10; cf. Ex 29,42-43; Lv 1,1).

g) Este pronome pode representar Moisés, ou Iahweh, ou a Arca (substantivo masculino em hebraico), que fora mencionada antes na narrativa da qual provém esta passagem. É possível, com efeito, que a Tenda do deserto fosse o santuário da Arca, e que Josué fosse ligado a ele, de acordo com o v. 11.

h) Isto é, pedir um oráculo por intermédio de Moisés, que na Tenda se entretém a sós com Deus; sobre esta função de Moisés, cf. já 18,15. Mais tarde, se "consultará" Iahweh por meio de um homem de Deus ou de um profeta (1Rs 14,5; 22,5.8; 2Rs 3,11; 8,8 etc.), ou então por meio das sortes sagradas (cf. 1Sm 2,28+; 14,41+).

de nuvem parada à entrada da Tenda, todo o povo se levantava e cada um se prosternava à porta da própria tenda. ¹¹Iahweh, então, falava com Moisés face a face, como um homem fala com seu amigo. Depois ele voltava para o acampamento. Mas seu servidor Josué, filho de Nun, moço ainda, não se afastava do interior da Tenda.

Oração de Moisés — ¹²Moisés disse a Iahweh: "Tu me disseste: 'Faze subir este povo', mas não me revelaste quem mandarás comigo. Contudo disseste: 'Conheço-te pelo nome, e encontraste graça aos meus olhos.' ¹³Agora, pois, se encontrei graça aos teus olhos, mostra-me o teu caminho, e que eu te conheça e encontre graça aos teus olhos; e considera que esta nação é teu povo." ¹⁴Iahweh disse: "Eu mesmo irei e te darei descanso."[a] ¹⁵Disse Moisés: "Se não vieres tu mesmo, não nos faças sair daqui. ¹⁶Como se poderá saber que encontramos graça aos teus olhos, eu e o teu povo? Não será pelo fato de ires conosco? Assim seremos distintos, eu e o teu povo, de todos os povos da face da terra." ¹⁷Iahweh disse a Moisés: "Farei ainda o que disseste, porque encontraste graça aos meus olhos e conheço-te pelo nome."

Moisés sobre a montanha — ¹⁸Moisés respondeu a Iahweh: "Rogo-te que me mostres a tua glória."[b] ¹⁹Ele replicou: "Farei passar diante de ti toda a minha beleza, e diante de ti pronunciarei o nome de Iahweh.[c] Terei piedade de quem eu quiser ter piedade e terei compaixão de quem eu quiser ter compaixão." ²⁰E acrescentou: "Não poderás ver a minha face, porque o homem não pode ver-me e continuar vivendo."[d] ²¹E Iahweh disse ainda: "Eis aqui um lugar junto a mim; põe-te sobre a rocha. ²²Quando passar a minha glória, colocar-te-ei na fenda da rocha e cobrir-te-ei com a palma da mão até que eu tenha passado. ²³Depois tirarei a palma da mão e me verás pelas costas. Minha face, porém, não se pode ver."

34

Renovação da Aliança. As tábuas da Lei[e] — ¹Iahweh disse a Moisés: "Lavra duas tábuas de pedra, semelhantes às primeiras,[f] e eu escreverei sobre as tábuas as mesmas palavras que estavam nas primeiras tábuas, que quebraste. ²Fica preparado de manhã; de madrugada subirás à montanha do Sinai e lá me esperarás, no cimo da montanha. ³Ninguém subirá contigo, e não se verá ninguém em toda a montanha. Nem as ovelhas ou bois pastarão diante da montanha." ⁴Moisés lavrou duas tábuas de pedra como as primeiras,

---

a) Tema deuteronomista (cf. Dt 3,10; 12,10; 25,19; Js 1,13; 22,4; 23,1; cf. ainda Sl 95,11). É a realização das promessas.

b) Ver nota sobre 24,16.

c) Pronunciando o seu nome, Deus se revela de certo modo a Moisés (ver 3,13-15+).

d) É tão grande a distância que há entre a santidade de Deus e a indignidade do homem (ver Lv 17,1+) que o homem deveria morrer se visse a Deus (Ex 19,21; Lv 16,2; Nm 4,20; cf. 6,25+), ou se somente o ouvisse (Ex 20,19; Dt 5,24-26; cf. 18,16). É por isso que Moisés (Ex 3,6), Elias (1Rs 19,13) e até os serafins (Is 6,2) cobrem o rosto diante de Iahweh. O fato de permanecer vivo depois de ter visto a Deus leva a experimentar admiração reconhecida (Gn 32,1; Dt 5,24), ou temor religioso (Jz 6,22-23; 13,22; Is 6,5). É raro favor que Deus faz (Ex 24,10-11; Dt 5,4), particularmente a Moisés, como a seu "amigo" (Ex 33,11; Nm 12,7-8; Dt 34,10), e a Elias (1Rs 19,11s), que serão testemunhas da Transfiguração de Cristo, teofania do Novo Testamento (Mt 17,3p), e serão, na tradição cristã, os representantes eminentes da grande mística (juntamente com são Paulo, 2Cor 12,1s). No Novo Testamento, a "glória" de Deus (cf. aqui v. 18 e Ex 24,16+) manifesta-se em Jesus (Jo 1,14+; 11,40; cf. 2Cor 4,4.6), mas somente Jesus contemplou a Deus, seu Pai (Jo 1,18; 6,46; 1Jo 4,12). Para os homens, a visão face a face está reservada à felicidade do céu (Mt 5,8; 1Jo 3,2; 1Cor 13,12).

e) O cap. 34,1-28 é o relato de tradição javista da conclusão da Aliança, mas glosas nos vv. 1.4 (cf. nota no início do cap. 32), partem dele apenas a renovação. Fora dessas glosas dos vv. 6-9, há acréscimos dos redatores.

f) O texto grego acrescenta: "e sobe até mim sobre a montanha" (talvez por preocupação de coerência com a sequência).

levantou-se de madrugada e subiu à montanha do Sinai, como Iahweh lhe havia ordenado, e levou nas mãos as duas tábuas de pedra. ⁵Iahweh desceu em uma nuvem e ali esteve junto dele.

A aparição de Deus — Ele invocou o nome de Iahweh. ⁶Iahweh passou diante dele, e ele proclamou:*a*

"Iahweh! Iahweh...
Deus de ternura e de piedade,
lento para a cólera,
rico em graça e em fidelidade;
⁷que guarda sua graça a milhares,
tolera a falta, a transgressão e o pecado,
mas a ninguém deixa impune
e castiga a falta dos pais nos filhos
e nos filhos dos seus filhos,
até a terceira e a quarta geração."

⁸Imediatamente Moisés caiu de joelhos por terra e adorou; ⁹depois ele disse: "Iahweh, se agora encontrei graça aos teus olhos, continua mesmo que este povo seja de cerviz dura. Perdoa as nossas faltas e os nossos pecados, e toma-nos por tua herança."

*A Aliança*ᵇ — ¹⁰Então ele disse: "Eis que faço uma aliança. Farei diante de todo o teu povo maravilhas como não se fizeram em toda a terra, nem em nação alguma. Todo este povo, no meio do qual estás, verá a obra de Iahweh, porque coisa temível é o que vou fazer contigo. ¹¹Fica atento para observar o que hoje te ordeno: expulsarei de diante de ti os amorreus, os cananeus, os heteus, os ferezeus, os heveus e os jebuseus. ¹²Abstém-te de fazer aliança com os moradores da terra para onde vais, para que não te sejam uma cilada. ¹³Ao contrário, derrubareis os seus altares, quebrareis as suas colunas e os seus postes sagrados.ᶜ ¹⁴Não adorarás outro deus. Pois Iahweh tem por nome Zeloso: é um Deus zeloso. ¹⁵Não façais aliança com os moradores da terra. Não suceda que, em se prostituindoᵈ com os deuses deles e lhes sacrificando, alguém te convide e comas dos seus sacrifícios, ¹⁶e tomes mulheres das suas filhas para os teus filhos, e suas filhas, prostituindo-se com seus deuses, façam com que também os teus filhos se prostituam com os seus deuses.

¹⁷Não farás para ti deuses de metal fundido.

¹⁸Guardarás a festa dos Ázimos. Durante sete dias comerás ázimo, como te ordenei, no tempo fixado no mês de Abib, porque foi no mês de Abib que saíste do Egito.

¹⁹Todo o que sair por primeiro do seio materno é meu:ᵉ todo macho, todo primogênito das tuas ovelhas e do teu gado. ²⁰O jumento, porém, que sair por primeiro do seio materno, tu o resgatarás com um cordeiro; se não o resgatares,

a) Não se sabe se o sujeito do verbo é Iahweh ou Moisés, porém, se o que se segue parece ser uma confissão de fé, Iahweh tinha prometido proclamar o seu nome. O melhor é ver aqui a realização da promessa de 33,19-23. A citação de Nm 14,17-18 o confirma.
b) A Aliança inclui ao mesmo tempo promessas e mandamentos: não há oposição entre "graça" e "lei". Muitas vezes os vv. 14-26 são chamados "Decálogo cultual" (se bem que não se chegue a um acordo quanto à distinção dos dez mandamentos), ou Código javista da Aliança, da qual ele determina as condições: além da proibição da idolatria e além do *sabbat*, que se encontram no Decálogo de Ex 20, estas são prescrições cultuais: festas, primícias, sacrifícios.
c) Sobre as colunas, ver 23,24+. O poste sagrado (*ashera*) era o emblema da deusa do amor e da fecundidade. *Ashera* (grego: Astarte), da qual deriva o seu nome.
d) Em oposição ao culto de Iahweh, comparado a um casamento legal, o culto aos falsos deuses é comparado a uma prostituição (cf. Ez 16.23; Os 1-3; Ap 17).
e) Texto obscuro, frequentemente corrigido segundo o grego.

quebrar-lhe-ás a nuca. Resgatarás todos os primogênitos dos teus filhos. Não comparecerás diante de mim de mãos vazias.
²¹Seis dias trabalharás; mas no sétimo descansarás, quer na aradura, quer na colheita. 20,8+
²²Guardarás a festa das Semanas: as primícias da colheita do trigo e a festa da colheita na passagem de ano. 23,14-17
²³Três vezes por ano todo o homem do teu meio aparecerá perante o Senhor Iahweh Deus de Israel.
²⁴Porque expulsarei as nações de diante de ti, e alargarei o teu território; ninguém cobiçará a tua terra, quando subires para comparecer na presença de Iahweh teu Deus, três vezes por ano.
²⁵Não oferecerás o sangue do meu sacrifício com pão levedado. Não ficará a vítima da festa da Páscoa da noite para a manhã. 12,15-20 12,10
²⁶Trarás o melhor das primícias para a Casa de Iahweh teu Deus. Não cozerás o cabrito no leite da sua própria mãe." Dt 26,1+ 23,19
²⁷Disse ainda Iahweh a Moisés: "Escreve estas palavras; porque segundo o teor destas palavras fiz aliança contigo e com Israel." 34,10
²⁸Moisés esteve ali com Iahweh quarenta dias e quarenta noites, sem comer pão nem beber água. Ele*a* escreveu nas tábuas as palavras da aliança, as dez palavras. 24,18+ Mt 4,2 20,1+

Moisés desce da montanha^b — ²⁹Quando Moisés desceu da montanha do Sinai, trazendo nas mãos as duas tábuas do Testemunho, sim, quando desceu da montanha, não sabia que a pele de seu rosto resplandecia porque havia falado com ele. ³⁰Olhando Aarão e todos os israelitas para Moisés, eis que a pele de seu rosto resplandecia; e tinham medo de aproximar-se dele. ³¹Moisés, porém, os chamou; Aarão e os chefes da comunidade foram até ele, e Moisés lhes falou. ³²Depois aproximaram-se todos os israelitas, e ordenou-lhes tudo o que Iahweh havia dito sobre a montanha do Sinai. ³³Quando Moisés terminou de lhes falar, colocou um véu sobre a face. ³⁴Quando Moisés entrava diante de Iahweh para falar com ele, retirava o véu, até o momento de sair. Ao sair, dizia aos israelitas o que lhe havia sido ordenado, ³⁵e os israelitas viam resplandecer o rosto de Moisés. Depois Moisés colocava o véu sobre a face, até que entrasse para falar com ele. 2Cor 3,7-4,6

Jo 1,17

6. CONSTRUÇÃO E EREÇÃO DO SANTUÁRIO^c 25-31

35 *A lei do repouso sabático* — ¹Moisés reuniu toda a comunidade dos israelitas e lhes disse: "Eis o que Iahweh ordenou que se cumprisse: ²Durante seis dias far-se-á o trabalho, mas o sétimo dia será para vós um dia santo, um dia de repouso completo consagrado a Iahweh. Todo aquele que trabalhar nesse dia será punido com a morte. ³No dia de sábado não acendereis fogo em nenhuma de vossas casas." 20,8+ Nm 15,32s

Coleta dos materiais — ⁴Moisés disse a toda a comunidade dos israelitas: "Eis que Iahweh ordenou: ⁵Fazei entre vós uma coleta para Iahweh. Todo 25,1-7

---

a) Moisés (cf. v. 27) ou Iahweh (cf. 34,1; Dt 10,4). — "as dez palavras" é, provavelmente, glosa (cf. Dt 4,13; 10,4).
b) Os vv. 29-35 são de origem incerta. Narram uma tradição a respeito do resplendor do rosto de Moisés, expresso pelo verbo *qaran*, derivado de *qeren*, "chifre", donde a tradução literal da Vulg.: "o seu rosto tinha chifres". Os vv. 29-33 usam essa tradição para descrever Moisés em sua descida da montanha; os vv. 34-35 a relacionam com a Tenda da Reunião, na tradição de 33,7-11.
c) Esta seção (35-39) menciona a execução das ordens dadas nos caps. 25-31, dos quais é repetição quase literal.

aquele que tiver um coração generoso leve a Iahweh como oferta: ouro, prata, bronze, ⁶púrpura violeta e escarlate, carmesim, linho fino, pelo de cabra, ⁷peles de carneiro tingidas de vermelho e couro fino, madeira de acácia, ⁸azeite para a lâmpada, aromas para o óleo de unção e o perfume aromático, ⁹pedras de ônix e pedras de engaste para o efod e o peitoral. ¹⁰Todos os que forem habilidosos entre vós venham executar o que Iahweh ordenou: ¹¹a Habitação, a sua tenda e a sua cobertura, os seus ganchos, as suas tábuas, as suas vergas, as suas colunas e as suas bases; ¹²a arca e os seus varais, o propiciatório e a cortina do véu; ¹³a mesa, os seus varais e todos os seus acessórios e os pães da proposição; ¹⁴o candelabro da iluminação, os seus acessórios, as suas lâmpadas e o azeite para a iluminação; ¹⁵o altar dos perfumes e os seus varais, o óleo da unção, o perfume aromático e a cortina de ingresso, para a entrada da Habitação; ¹⁶o altar dos holocaustos e a sua grelha de bronze, os seus varais e todos os seus acessórios, a bacia e a sua base; ¹⁷as cortinas do átrio, as suas colunas e as suas bases, a cortina da porta do átrio; ¹⁸as estacas da Habitação e as estacas do átrio, com as suas cordas; ¹⁹as vestimentas litúrgicas para oficiar no santuário: as vestimentas sagradas para o sacerdote Aarão e as vestimentas dos seus filhos, para o exercício do sacerdócio.

²⁰Então toda a comunidade dos israelitas retirou-se da presença de Moisés. ²¹Depois vieram todos aqueles aos quais movia o coração e todos aqueles cujo espírito os fazia sentirem-se generosos, e trouxeram a sua oferenda para Iahweh, para a obra da Tenda da Reunião, para todo o seu serviço e para as vestimentas sagradas. ²²Vieram os homens junto com as mulheres. Todos os generosos de coração trouxeram fivelas, pingentes, anéis, braceletes, todos os objetos de ouro; — todos os que haviam oferecido ouro a Iahweh. ²³Todos aqueles em cujo poder havia púrpura violeta, púrpura escarlate, carmesim, linho fino, pelo de cabra, peles de carneiro tingidas de vermelho e ouro fino, os traziam. ²⁴Todo aquele que fazia oferta de prata e de bronze a Iahweh a trazia, e todo aquele em cujo poder havia madeira de acácia para toda a obra do serviço, a trazia. ²⁵As mulheres habilidosas traziam o que por suas próprias mãos tinham fiado: púrpura violeta e escarlate, carmesim e linho fino. ²⁶As mulheres às quais o coração movia a trabalhar com habilidade fiavam os pelos de cabra. ²⁷Os chefes trouxeram pedras de ônix e pedras de engaste para o efod e o peitoral, ²⁸os aromas e o azeite para a iluminação, para o óleo da unção e para o perfume aromático. ²⁹Os israelitas trouxeram oferta voluntária a Iahweh, a saber, todo homem e mulher, cujo coração os movia a trazerem uma oferta para toda a obra que Iahweh, por intermédio de Moisés, tinha ordenado que se fizesse.

Os operários do santuário — ³⁰Moisés disse aos israelitas: "Vede, Iahweh chamou a Beseleel por seu nome, filho de Uri, filho de Hur, da tribo de Judá, ³¹e o encheu com o espírito de Deus, de sabedoria, entendimento e conhecimento para toda espécie de trabalhos; ³²para elaborar desenhos, para trabalhar o ouro, a prata e o bronze, ³³para lapidar pedras de engaste, para trabalhar a madeira e para realizar toda espécie de trabalho artístico. ³⁴Também lhe dispôs o coração, a ele e a Ooliab, filho de Aquisamec, da tribo de Dã, para ensinar aos outros. ³⁵Encheu-lhes o coração de sabedoria para executar toda espécie de trabalho, para entalhar, para desenhar, para recamar a púrpura violeta e escarlate, o carmesim e o linho fino, e para tecer; hábeis em toda espécie de trabalhos e desenhistas de projetos.

36 ¹Beseleel, Ooliab e todos os homens de coração sábio, nos quais Iahweh havia depositado sabedoria e entendimento para executar com perícia toda espécie de trabalhos para o culto do santuário, farão tudo de acordo com o que Iahweh ordenou."

A entrega da coleta — ²Moisés chamou, pois, a Beseleel e Ooliab e todos os homens hábeis aos quais Iahweh havia dado sabedoria, a todos cujo coração os impelia a entregar-se à realização de algum trabalho. ³Eles receberam, na presença de Moisés, todas as oferendas que os israelitas haviam trazido para a realização das obras da construção do santuário. Contudo, os israelitas continuavam trazendo espontaneamente suas ofertas todas as manhãs. ⁴Todos os peritos que realizavam os trabalhos do santuário, interrompendo cada um a tarefa que estava fazendo, vieram ⁵e disseram a Moisés: "O povo traz muito mais que o necessário para realizar a obra que Iahweh ordenou que se fizesse." ⁶Então ordenou Moisés, e a sua ordem foi proclamada no acampamento, dizendo: "Nenhum homem ou mulher faça mais obra alguma para a oferta do santuário." Assim o povo foi proibido de trazer mais. ⁷Pois já havia material suficiente para realizar todas as obras e ainda sobrava.

*A Habitação*ᵃ — ⁸Os artistas mais habilidosos, dentre todos os que trabalhavam na obra, fizeram a Habitação. Eleᵇ fez uma obra de arte com dez cortinas de linho fino retorcido, púrpura violeta, púrpura escarlate e carmesim, com figuras de querubins. ⁹O comprimento de cada cortina era de vinte e oito côvados, e a largura de quatro côvados; uma única medida para todas. ¹⁰Cinco cortinas eram ligadas uma à outra; e as outras cinco eram também ligadas uma à outra. ¹¹Fez laçadas de púrpura violeta na franja da primeira cortina, que estava na extremidade do conjunto. Fez o mesmo na franja da cortina que terminava o segundo conjunto. ¹²Fez cinquenta laçadas na primeira cortina e cinquenta laçadas na extremidade da cortina do segundo conjunto, correspondendo as laçadas entre si. ¹³Fez também cinquenta colchetes de ouro, com os quais prendeu as cortinas uma à outra, de modo que a Habitação formava um todo. ¹⁴Fez cortinas de pelo de cabra, à maneira de tenda sobre a Habitação, em número de onze. ¹⁵O comprimento de cada cortina era de trinta côvados, e a largura de quatro côvados; as onze cortinas eram de igual medida. ¹⁶Ajuntou à parte cinco cortinas entre si, e de igual modo as seis restantes. ¹⁷E fez cinquenta laçadas na franja da cortina que terminava o primeiro conjunto, e cinquenta na franja do segundo conjunto. ¹⁸Fez também cinquenta colchetes de bronze para ajuntar a tenda, para que formasse um todo. ¹⁹Fez também, para a tenda, uma cobertura de peles de carneiro tingidas de vermelho, e outra de couro fino.

A armação — ²⁰Fez para a Habitação tábuas de madeira de acácia, para colocá-las em posição vertical. ²¹Cada tábua tinha dez côvados de comprimento e um côvado e meio de largura. ²²Cada tábua tinha dois encaixes travados um com o outro. Assim fez com as tábuas da Habitação. ²³Ele fez as tábuas para a Habitação: vinte tábuas para o lado do Negueb, para o sul. ²⁴Fez também quarenta bases de prata para as vinte tábuas: duas bases debaixo de uma tábua, para os seus dois encaixes, e duas bases debaixo da outra tábua, para os seus dois encaixes. ²⁵Fez, para o segundo lado da Habitação, para o norte, vinte tábuas e quarenta bases de prata: ²⁶duas bases debaixo de uma tábua e duas bases debaixo da outra tábua. ²⁷Para o fundo da

---

a) Em 36,8b-39,43, o grego, que traduziu um texto hebraico bem diferente do nosso, o distribuiu em outra ordem, a saber: 36,8; 39,1-3; 36,8-9.35-38; 38,9-20.21-23; 37,1-23; 36,34.36.38; 38,20; 38,1-7; 37,5; 38,8 e 40,30-32; 38,24-31; 39,32; 39,1; 39,33-43 (com intervenções no texto); 40,1-38.

b) O plural dá lugar ao singular: o autor retomou textualmente, com as mudanças gramaticais exigidas, as ordens dadas a Moisés pessoalmente.

Habitação, para o oeste, fez seis tábuas. ²⁸Fez também duas tábuas para os cantos do fundo da Habitação. ²⁹Eram geminadas na parte inferior e assim permaneciam até o cimo, à altura da primeira argola. Assim se fez com as duas tábuas nos dois cantos. ³⁰Havia oito tábuas com as suas dezesseis bases de prata, duas bases para cada tábua. ³¹Fez também travessas de madeira de acácia, ³²cinco para as tábuas do primeiro lado da Habitação, cinco para as tábuas do segundo lado da Habitação e cinco para as tábuas do fundo da Habitação, do lado do mar. ³³Fez a travessa do meio para ajuntar as tábuas à meia altura, de uma extremidade à outra. ³⁴Cobriu de ouro as tábuas, e de ouro fez as suas argolas, pelas quais passavam as travessas; e cobriu de ouro também as travessas.

26,31-32.36-37 *A cortina* — ³⁵Fez a cortina de púrpura violeta, púrpura escarlate, carmesim e linho fino retorcido. Fê-la bordada com figuras de querubins. ³⁶Fez para ela quatro colunas de acácia, que cobriu de ouro; os seus colchetes eram de ouro, e fundiu para elas quatro bases de prata. ³⁷Fez também para a entrada da Tenda um véu bordado de púrpura violeta, púrpura escarlate, carmesim e linho fino retorcido, ³⁸com as suas cinco colunas e respectivos colchetes; e cobriu de ouro os seus capitéis e as suas molduras. As suas cinco bases eram de bronze.

37

25,10-20 *A arca* — ¹Beseleel fez a arca de madeira de acácia. De dois côvados e meio era o seu comprimento, de um côvado e meio a largura, e de um côvado e meio a altura. ²Cobriu-a de ouro puro por dentro e por fora; e fez ao redor uma moldura de ouro. ³Fundiu para ela quatro argolas de ouro sobre os seus quatro pés; duas argolas de um lado e duas do outro. ⁴Fez varais de madeira de acácia, e os cobriu de ouro; ⁵e os enfiou nas argolas dos lados da arca, para poder transportá-la. ⁶Fez o propiciatório de ouro puro: dois côvados e meio de comprimento, e um e meio de largura. ⁷Fez também dois querubins de ouro. De ouro batido os fez nas duas extremidades do propiciatório; ⁸um querubim numa extremidade e o outro na extremidade oposta. Ele os fez formando um só conjunto com o propiciatório em ambos os lados dele. ⁹Os querubins tinham as asas estendidas para cima e cobriam com suas asas o propiciatório. Estavam com as faces voltadas uma para a outra, olhando para o propiciatório.

25,23-29 *A mesa dos pães da oblação* — ¹⁰Fez também a mesa de madeira de acácia. Tinha o comprimento de dois côvados, a largura de um côvado e a altura de um côvado e meio. ¹¹De ouro puro a cobriu, e lhe fez uma moldura de ouro ao redor. ¹²Também lhe fez um enquadramento ao redor, com um palmo de largura, e fez uma moldura de ouro ao redor do enquadramento. ¹³Fundiu para ela quatro argolas de ouro, e colocou-as nos quatro cantos formados pelos quatro pés. ¹⁴As argolas estavam colocadas perto do enquadramento, como lugares para os varais, para se levar a mesa. ¹⁵Fez os varais de madeira de acácia e os cobriu de ouro, para se levar a mesa. ¹⁶Fez também os acessórios que deviam estar sobre a mesa: os seus pratos, os seus recipientes para o incenso, as suas galhetas e as suas taças para as libações: todos de ouro puro.

25,31-40 *O candelabro* — ¹⁷De ouro puro fez o candelabro. De ouro batido o fabricou. O seu pedestal, a sua haste, os seus cálices, as suas maçanetas e flores formavam uma só peça com ele. ¹⁸Seis braços saíam dos seus lados: três de um lado e três de outro. ¹⁹Três cálices em forma de flor de amêndoas em um braço, um botão e uma flor; e três cálices em forma de flor de amêndoas no outro braço, com o botão e a flor. Assim para os seis braços que saíam do candelabro. ²⁰No candelabro havia quatro cálices em forma de flor de amêndoas, com os seus botões e flores: ²¹um botão debaixo dos dois primeiros braços que saíam do candelabro, outro debaixo dos outros dois e outro debaixo dos dois últimos que também saíam do candelabro. Assim para os seis braços que saíam do candelabro. ²²Os botões e os braços formavam uma só peça com ele: um único bloco de ouro puro batido. ²³Fez também as suas lâmpadas, em número de sete. As suas espevitadeiras e os seus aparadores eram de ouro puro. ²⁴Com um talento de ouro puro fez o candelabro e todos os seus acessórios.

O altar dos perfumes. O óleo da unção e o perfume — ²⁵Fez o altar dos perfumes de madeira de acácia: um côvado de comprimento, um côvado de largura — era quadrado — e dois côvados de altura. Os seus chifres formavam uma só peça com ele. ²⁶De ouro puro o cobriu: a sua mesa, os seus lados em todo o redor e os seus chifres. E lhe fez uma moldura de ouro ao redor. ²⁷Debaixo dessa moldura lhe fez duas argolas de ouro em cada um dos lados, em ambos os lados, para receber os varais destinados a transportá-lo. ²⁸Fez os varais de madeira de acácia, e os cobriu de ouro. ²⁹Preparou o óleo santo da unção e o perfume aromático — como um perfumista. 30,1-5

30,22-25.34-35

38 ***O altar dos holocaustos*** — ¹Fez o altar dos holocaustos de madeira de acácia: cinco côvados de comprimento, cinco côvados de largura — era quadrado — e três côvados de altura. ²Nos quatro ângulos fez levantar chifres, formando uma só peça com ele, e o cobriu de bronze. ³Fez também todos os acessórios do altar: recipientes para recolher suas cinzas, pás, bacias, garfos e braseiros. Fez todos os seus acessórios de bronze. ⁴Fez para o altar uma grelha de bronze, em forma de rede, sob o rebordo do altar, embaixo, desde a parte inferior até a metade do altar. ⁵Fundiu quatro argolas nas quatro pontas da grelha de bronze, para que servissem de receptáculo aos varais. ⁶De madeira de acácia fez os varais e os cobriu de bronze. ⁷Enfiou os varais nas argolas, de um e do outro lado do altar, para transportá-lo com eles. Ele o fez oco e de tábuas. 27,1-8

A bacia — ⁸Fez uma bacia de bronze e a sua base de bronze com os espelhos das mulheres que serviam à entrada da Tenda da Reunião.*ᵃ* 30,18
1Sm 2,22 +

Construção do átrio — ⁹Construiu também o átrio. Para o lado do Neguebe, que olha para o sul, as cortinas do átrio eram de linho fino retorcido, com cem côvados. ¹⁰As suas vinte colunas e as suas bases eram de bronze. Os ganchos das colunas e as suas vergas eram de prata. ¹¹Para o lado do norte, cem côvados. As suas vinte colunas e as suas bases eram de bronze. Os ganchos das colunas e as suas vergas eram de prata. ¹²Para o lado do mar, cortinas numa extensão de cinquenta côvados, com suas dez colunas e suas dez bases. Os ganchos das colunas e as suas vergas eram de prata. ¹³Para a parte oriental, que olha para o nascente, cinquenta côvados: ¹⁴cortinas numa extensão de quinze côvados em um dos lados, com as suas três colunas e as suas três bases; ¹⁵e do outro lado, em ambos os lados da porta do átrio, cortinas numa extensão de quinze côvados, com as suas três colunas e as suas três bases. ¹⁶Todas as cortinas ao redor do átrio eram de linho fino retorcido. ¹⁷As bases das colunas eram de bronze, e os ganchos das colunas e os seus varais, de prata. O revestimento dos seus capitéis era de prata, e 27,9-12

---

a) Os espelhos antigos eram de bronze polido. — Não se sabe qual era a função dessas mulheres. Talvez haja aí um eco purificado de 2Rs 23,7. Este texto serviu para glosar 1Sm 2,22.

todas as colunas do átrio tinham vergas de prata. ¹⁸A cortina da porta do átrio era bordada, de púrpura violeta, púrpura escarlate, carmesim e linho fino retorcido: vinte côvados de comprimento e cinco de altura e de largura, como as cortinas do átrio. ¹⁹As suas quatro colunas e as suas quatro bases eram de bronze, e os seus ganchos, de prata; e o revestimento dos seus capitéis e vergas, de prata. ²⁰Todas as estacas da Habitação e do recinto do átrio eram de bronze.

Enumeração dos metais[a] — ²¹Eis as contas da Habitação — a Habitação do Testemunho — estabelecidas por ordem de Moisés, trabalho dos levitas, por intermédio de Itamar, filho de Aarão, o sacerdote.

35,30-35 ²²Beseleel, filho de Uri, filho de Hur, da tribo de Judá, fez tudo o que Iahweh havia ordenado a Moisés. ²³Com ele estava Ooliab, filho de Aquisamec, da tribo de Dã, hábil nos entalhes, desenhista, bordador em púrpura violeta e escarlate, carmesim e linho fino.

²⁴O total do ouro empregado na obra, entre todos os trabalhos do santuário, ouro que provinha das ofertas, foi de vinte e nove talentos e setecentos e trinta siclos, segundo o valor do siclo do santuário. ²⁵A prata do recenseamento da comunidade: cem talentos e mil e setecentos e setenta e cinco siclos, segundo o valor do siclo do santuário: ²⁶um beqa por pessoa, meio siclo, segundo o valor do siclo do santuário, por todos os que foram recenseados, de vinte anos para cima, que foram seiscentos e três mil, quinhentos e cinquenta. ²⁷Empregaram-se cem talentos de prata para fundir as bases do santuário e as bases do véu; para as cem bases cem talentos: um talento para cada base. ²⁸Com os mil, setecentos e setenta e cinco siclos fabricou os ganchos para as colunas, recobriu os seus capitéis e lhes pôs as vergas. ²⁹O bronze das ofertas: setenta talentos e dois mil e quatrocentos siclos. ³⁰Com ele fez as bases da entrada da Tenda da Reunião, o altar de bronze e a sua grelha de bronze e todos os acessórios do altar, ³¹as bases do átrio ao redor, as bases da porta do átrio e todas as estacas do recinto do átrio.

Nm 1
Nm 1,45-46

39

A vestimenta do sumo sacerdote — ¹Com a púrpura violeta e escarlate e o carmesim fizeram as vestimentas rituais para oficiar no santuário. Fizeram também as vestimentas sagradas para o sacerdote Aarão, como Iahweh havia ordenado a Moisés.

28,6-8 ***O efod*** — ²Ele fez o efod[b] com ouro, púrpura violeta e escarlate, carmesim e linho fino retorcido. ³Bateram o ouro em lâminas delgadas e cortaram-nas em tiras para trançá-las, num artístico trabalho de trançado. ⁴Tinha duas ombreiras que se juntavam às suas duas extremidades, e assim se uniam. ⁵O cinto que estava em cima, para apertá-lo, formava uma só peça com ele e era da mesma feitura: ouro, púrpura violeta, púrpura escarlate, carmesim e linho fino retorcido. Tal como Iahweh havia ordenado a Moisés. ⁶Prepararam as pedras de ônix, engastadas em ouro, gravadas à semelhança da incisão de um selo, com os nomes dos israelitas. ⁷Colocaram-nas sobre as ombreiras do efod, à maneira de pedras como memorial dos israelitas, como Iahweh havia ordenado a Moisés.

28,9-12

28,15-30 ***O peitoral*** — ⁸Fez o peitoral, trabalho artístico trançado, da mesma feitura do efod: de ouro, púrpura violeta, púrpura escarlate, carmesim e linho fino

---

a) Este trecho é acréscimo redacional: supõe a instituição dos levitas (Nm 3) e o recenseamento do povo (Nm 1).

b) Aqui e nos vv. 7.8.22, sam. e sir. têm os verbos no plural.

retorcido. ⁹Era quadrado, e o fizeram dobrado em dois, com um palmo de comprimento e um de largura. ¹⁰Colocaram nele engastes de pedras dispostas em quatro filas: uma sardônica, um topázio e uma esmeralda para a primeira. ¹¹A segunda fileira era de carbúnculo, safira e diamante. ¹²A terceira, uma ágata, um jacinto e uma ametista. ¹³A quarta era um berilo, um ônix e um jaspe. Estavam engastadas com engastes de ouro em suas guarnições. ¹⁴As pedras correspondiam aos nomes dos israelitas: doze, como os seus nomes. Estavam gravadas como um selo, cada qual com o seu nome, segundo as doze tribos. ¹⁵Fizeram sobre o peitoral correntes trançadas como um cordão de ouro puro. ¹⁶Fizeram também dois engastes de ouro e duas argolas de ouro, e fixaram ambas as argolas nas duas extremidades do peitoral.ᵃ ¹⁷Passaram os dois cordões de ouro pelas argolas dos extremos do peitoral. ¹⁸Fixaram as duas pontas dos cordões nos engastes, e os prenderam nas duas ombreiras do efod em sua parte dianteira. ¹⁹Fizeram duas argolas de ouro que puseram nas duas pontas do peitoral, na sua orla, que atravessava o efod por sua parte interior. ²⁰Fizeram também outras duas argolas de ouro, que fixaram nas duas ombreiras do efod em sua parte inferior dianteira, perto da juntura, por cima do cinto do efod. ²¹Juntaram o peitoral por suas argolas às argolas do efod com um cordão de púrpura violeta, para que ficasse fixo por cima do cinto do efod e não pudesse o peitoral desprender-se do efod. Tudo como Iahweh havia ordenado a Moisés.

O manto — ²²Depois ele fez o manto do efod. Todo ele era tecido com púrpura violeta. ²³A abertura no meio do manto era como a abertura de um colete de malhas. A abertura trazia em toda a sua volta uma dobra que não se rasgava. ²⁴Fizeram, na parte inferior do manto, romãs de púrpura violeta e escarlate, de carmesim e de linho fino retorcido.ᵇ ²⁵Também fizeram campainhas de ouro puro e colocaram as campainhas entre as romãs. ²⁶Era uma campainha e uma romã, uma campainha e uma romã em toda a volta da parte inferior do manto que se usava para o serviço religioso, como Iahweh havia ordenado a Moisés. 28,31-35

Vestimentas sacerdotais — ²⁷Fizeram também, para Aarão e seus filhos, as túnicas tecidas de linho fino; ²⁸o turbante de linho fino, os barretes de linho fino, os calções de linho fino retorcido, ²⁹e o cinto de linho fino retorcido de púrpura violeta e escarlate e de carmesim, como Iahweh havia ordenado a Moisés. 28,39-42

O sinal de consagração — ³⁰Depois fizeram a flor — o sinal da santa consagração, de ouro puro — e nela gravaram como num selo: "Consagrado a Iahweh". ³¹Colocaram por cima um cordão de púrpura violeta, para pô-lo sobre o turbante, em cima, como Iahweh havia ordenado a Moisés. 28,36-37

³²Assim se concluiu todo o trabalho da Habitação, da Tenda da Reunião. E os israelitas fizeram tudo o que Iahweh havia ordenado a Moisés.

Entrega das obras realizadas a Moisés — ³³Levaram a Moisés a Habitação, a Tenda e todos os seus acessórios, suas argolas, suas tábuas, suas travessas, suas colunas e suas bases; ³⁴a cobertura de peles de carneiro tingidas de vermelho, a cobertura de couro fino e o véu protetor; ³⁵a arca do Testemunho com os seus varais e o propiciatório; ³⁶a mesa, todos os seus acessórios e

---

a) A Vulg. omite em 39,17-21 alguns pormenores e tem dois vv. a menos do que o hebraico. A concordância das duas numerações só é restabelecida no final do capítulo.

b) "e de linho fino retorcido", sam.; "retorcido", hebr.

os pães da oblação; ³⁷o candelabro de ouro puro, as suas lâmpadas — uma fileira de lâmpadas — e todos os seus acessórios, e o óleo para o candelabro; ³⁸o altar de ouro, o óleo da unção, o incenso aromático e o véu para a entrada da Tenda; ³⁹o altar de bronze e a sua grelha de bronze, os seus varais e todos os seus acessórios; a bacia e a sua base; ⁴⁰as cortinas do átrio, as suas colunas, as suas bases e o véu para a porta do átrio, as suas cordas, as suas estacas e todos os acessórios para o serviço da Habitação, para a Tenda da Reunião; ⁴¹as vestimentas litúrgicas para oficiar no santuário — as vestimentas sagradas para Aarão, o sacerdote, e as vestimentas dos seus filhos para exercer o sacerdócio. ⁴²Os israelitas fizeram todos os trabalhos como Iahweh havia ordenado a Moisés.

⁴³Moisés viu toda a obra. Tinham feito como Iahweh havia ordenado. E Moisés os abençoou.

40 *Ereção e consagração do santuário* —

¹Iahweh falou a Moisés, dizendo: ²"No primeiro dia do primeiro mês, levantarás a Habitação, a Tenda da Reunião. ³Colocarás nela a arca do Testemunho e cobrirás a arca com o véu. ⁴Trarás a mesa e arrumarás tudo. Trarás o candelabro e montarás as lâmpadas. ⁵Colocarás o altar de ouro diante da arca do Testemunho e colocarás o véu na entrada da Habitação. ⁶Colocarás o altar dos holocaustos diante da entrada da Habitação, da Tenda da Reunião. ⁷Porás a bacia entre a Tenda da Reunião e o altar, e nela colocarás água. ⁸Colocarás o átrio ao redor e porás o véu na porta do átrio. ⁹Tomarás do óleo da unção e ungirás a Habitação e tudo o que está dentro dela; tu a consagrarás com todos os seus acessórios, e ela será muito santa. ¹⁰Ungirás o altar dos holocaustos com os seus acessórios, consagrarás o altar, e o altar será eminentemente santo. ¹¹Ungirás a bacia e a sua base e a consagrarás. ¹²Depois farás Aarão e seus filhos se aproximarem da entrada da Tenda da Reunião; tu os lavarás com água ¹³ᵃe revestirás Aarão com as vestimentas sagradas; tu o ungirás e o consagrarás para que exerça o meu sacerdócio. ¹⁴Os seus filhos, tu os farás se aproximar e os revestirás com as túnicas. ¹⁵Tu os ungirás como ungiste o pai deles, para que exerçam o meu sacerdócio. Isto se fará para que a unção deles lhes confira um sacerdócio perpétuo, em suas gerações."

Realização das ordens divinas — ¹⁶Moisés o fez. Fez tudo como Iahweh havia ordenado. ¹⁷No primeiro dia do primeiro mês do segundo ano, levantaram a Habitação. ¹⁸Moisés levantou a Habitação. Colocou as travessas e ergueu as colunas. ¹⁹Estendeu a tenda para a Habitação e colocou por cima a cobertura da Tenda, como Iahweh havia ordenado a Moisés. ²⁰Tomou o Testemunho, colocou-o na arca, colocou os varais na arca e pôs o propiciatório sobre a arca. ²¹Introduziu a arca na Habitação e colocou a cortina do véu. Velou assim a arca do Testemunho, como Iahweh havia ordenado a Moisés. ²²Colocou a mesa na Tenda da Reunião, ao lado da Habitação, ao norte, na extremidade do véu, ²³e dispôs em ordem o pão diante de Iahweh, como Iahweh havia ordenado a Moisés. ²⁴Colocou o candelabro na Tenda da Reunião, diante da mesa, ao lado da Habitação, ao sul, ²⁵e dispôs as lâmpadas diante de Iahweh, como Iahweh havia ordenado a Moisés. ²⁶Colocou o altar de ouro na Tenda da Reunião, diante do véu, ²⁷e em cima dele queimou o incenso aromático, como Iahweh havia ordenado a Moisés. ²⁸Depois colocou o véu na entrada da Habitação. ²⁹Colocou o altar dos holocaustos na entrada da Habitação, da Tenda da Reunião, e nele ofereceu o holocausto e a oblação, como Iahweh havia ordenado a Moisés. ³⁰Colocou a bacia entre a Tenda da Reunião e o

---

a) Aqui, também a Vulg. abrevia um pouco e está atrasada de dois versículos na numeração da sequência do capítulo.

altar, e pôs nela água para as abluções, ³¹com a qual Moisés, Aarão e os seus filhos lavavam as mãos e os pés. ³²Quando entravam na Tenda da Reunião ou se aproximavam do altar, lavavam-se, como Iahweh havia ordenado a Moisés. ³³Levantou o átrio ao redor da Habitação e do altar, e colocou o véu na porta do átrio. Assim Moisés terminou os trabalhos.

Iahweh toma posse do santuário — ³⁴A nuvem cobriu a Tenda da Reunião, e a glória de Iahweh encheu a Habitação. ³⁵Moisés não pôde entrar na Tenda da Reunião porque a nuvem permanecia sobre ela, e a glória de Iahweh enchia a Habitação.

25,8 +
1Rs 8,10-11
Ez 43,1-5
24,16 +
↗ Ap 15,8

A nuvem guia os israelitas — ³⁶Em todas as etapas, quando a nuvem se levantava por cima da Habitação, os israelitas punham-se em marcha. ³⁷Mas se a nuvem não se levantava, também eles não marchavam, até que ela se levantasse. ³⁸Pois, de dia a nuvem de Iahweh ficava sobre a Habitação, e de noite havia dentro dela um fogo, aos olhos de toda a casa de Israel, durante todas as suas etapas.

|| Nm 9,15-23
Ex 13,21s +
Sl 78,14;
105,39

LEVÍTICO

I. Ritual dos sacrifícios[a]

1 ***Os holocaustos***[b] — ¹Iahweh chamou Moisés e da Tenda da Reunião falou-lhe, dizendo: ²"Fala aos israelitas; tu lhes dirás:

Quando um de vós apresentar uma oferenda a Iahweh, podereis fazer essa oferenda com animal grande ou pequeno. ³Se a sua oferenda consistir em holocausto de animal grande, oferecerá um macho sem defeito; oferecê-lo-á à entrada da Tenda da Reunião, para que seja aceito perante Iahweh. ⁴Porá a mão sobre a cabeça da vítima e esta será aceita para que se faça por ele o rito de expiação.[c] ⁵Em seguida imolará[d] o novilho diante de Iahweh, e os filhos de Aarão, os sacerdotes, oferecerão o sangue.[e] Eles o derramarão por todos os lados, sobre o altar, que se encontra à entrada da Tenda da Reunião. ⁶Em seguida esfolará a vítima e a dividirá em quartos, ⁷e os filhos de Aarão, os sacerdotes,[f] porão fogo sobre o altar e colocarão a lenha em ordem sobre o fogo. ⁸Depois os filhos de Aarão, os sacerdotes, colocarão os quartos, a cabeça e a gordura em cima da lenha que está sobre o fogo do altar. ⁹O homem lavará com água as entranhas e as patas, e o sacerdote queimará tudo sobre o altar. Este holocausto será uma oferenda queimada[g] de agradável odor a Iahweh.

---

a) O conjunto do ritual dos sacrifícios (Lv 1-7) liga-se à estada no deserto e é colocado sob a autoridade de Moisés. De fato, ao lado de regulamentações antigas, contém certo número de disposições tardias, e recebeu a sua forma definitiva somente após a volta do Exílio. Na sua forma atual, Lv 1-7 representa o código sacrifical do segundo Templo. Sabe-se pouca coisa a respeito do ritual israelita da época nômade, e os textos antigos fornecem indicações apenas sobre o sacrifício pascal (cf. notas a Ex 12,1.23.39). — No minucioso ritual da Lei antiga, a tradição cristã viu um conjunto de preparações e de prefigurações do Sacrifício único e redentor de Cristo (cf. agora Hb 8s) e dos sacramentos da Igreja.

b) Sacrifícios nos quais a vítima é inteiramente consumida. A imposição das mãos pelo ofertante (v. 4) é testemunho solene de que esta vítima, apresentada em seguida pelo sacerdote, é realmente seu próprio sacrifício. As narrativas, como os textos rituais do Pentateuco, fazem este tipo de sacrifício remontar à época do deserto (Ex 18,12; Nm 7,12) e até mesmo aos Patriarcas (Gn 8,20; 22,9-10). Na realidade, os testemunhos históricos mais antigos datam da época dos Juízes (cf. Jz 6,26; 11,31; 13,15-20). Parece que esta forma de sacrifício foi influenciada pelo ritual cananeu (cf. 1Rs 18: o holocausto dos profetas de Baal é semelhante ao de Elias) e que não é anterior à instalação das tribos. Em Lv 1, dá-se valor expiatório ao holocausto; na época antiga, é mais sacrifício de ação de graças (cf. 1Sm 6,14; 10,8; 2Sm 6,17) ou sacrifício para obter um favor de Iahweh (1Sm 7,9; 13,9; 1Rs 3,4).

c) A expiação é o sacrifício pelo qual o homem que ofendeu a Deus, transgredindo a aliança, pode voltar à graça. O animal oferecido em sacrifício (*kipper*) foi interpretado como resgate (*koper*; cf. Ex 30,12). Nos sacrifícios de expiação, os ritos do sangue desempenham papel primordial (17,11; cf. 4,1+; 4,12+). Conhecida pelos assírio-babilônios e pelos cananeus, a expiação ligou-se aos fundamentos da Lei israelita. No NT, aparecerá, não como pagamento ou substituição, mas como o dom da vida de Deus para vivificar os homens (Rm 3,25-26).

d) Ez 44,11 confia esta imolação aos levitas. O papel do sacerdote começa quando o sangue da vítima se põe em contato com o altar. É lei geral de toda forma de sacrifício: somente o sacerdote sobe ao altar (cf. 1Sm 2,28).

e) O sangue era considerado a sede do princípio vital (Gn 9,4; cf. Dt 12,16.23; Sl 30,10), daí o seu valor expiatório (cf. Lv 17,11) e o seu papel de primeiro plano no ritual dos sacrifícios e nas alianças (Ex 24,8). Este é traço original do culto israelita com relação ao culto cananeu. Segundo o costume antigo, todo abate de animais é ato cultual que deve realizar-se sobre um altar (1Sm 14,32-35), e, segundo Lv 17,3s, no santuário (cf. 17,4+).

f) Com as versões cf. v. 8; "os filhos do sacerdote Aarão", hebr.

g) A expressão designa não somente, como aqui, holocausto, mas a parte de todo sacrifício que se queimava para Iahweh. A oferenda não era considerada alimento material que o homem oferecia a Deus e dividia com ele (cf. Dt 18,1+), mas era assimilada à fumaça do

¹⁰Se a sua oferenda consistir em animal pequeno, cordeiro ou cabrito oferecido em holocausto, então oferecerá um macho sem defeito. ¹¹Imolá-lo-á sobre o lado norte do altar, diante de Iahweh, e os filhos de Aarão, os sacerdotes, derramarão o sangue por cima e ao redor do altar. ¹²Depois ele a dividirá em quartos e o sacerdote colocará essas partes, assim como a cabeça e a gordura, sobre a lenha colocada sobre o fogo do altar. ¹³O homem lavará as entranhas com água, bem como as patas, e o sacerdote oferecerá tudo e o queimará sobre o altar. Este holocausto será uma oferenda queimada em agradável odor a Iahweh. Ex 29,18 +

¹⁴Se a sua oferenda a Iahweh consistir em holocausto de ave, oferecerá uma rola ou um pombinho. ¹⁵O sacerdote a oferecerá sobre o altar e, apertando-lhe o pescoço, deslocará a cabeça e a queimará sobre o altar; e fará o seu sangue correr sobre a parede do altar. ¹⁶Tirar-lhe-á, então, o papo e as penas; lançá-los-á ao lado oriental do altar, no lugar das cinzas gordurosas. ¹⁷Dividirá o animal em duas metades, uma asa de cada lado, mas sem as separar. O sacerdote queimará o animal no altar, em cima da lenha posta sobre o fogo. Este holocausto será uma oferenda queimada de agradável odor a Iahweh. Gn 15,9

4,12
1Rs 13,5

2 A oblação[a] —
¹Se alguém oferecer a Iahweh uma oblação, a sua oferenda consistirá em flor de farinha, sobre a qual derramará azeite e colocará incenso. ²E a trará aos filhos de Aarão, os sacerdotes; tomará dela um punhado de flor de farinha e de azeite e todo o incenso, e o sacerdote os queimará sobre o altar como memorial, oferenda queimada de agradável odor a Iahweh. ³A parte restante da oblação pertencerá a Aarão e a seus filhos, parte santíssima[b] dos manjares de Iahweh. 6,7-11; 7,9-10
Nm 15,1-16

⁴Quando ofereceres uma oblação de massa cozida no forno, a flor de farinha será preparada em bolos ázimos amassados com azeite, ou em fogaças ázimas untadas com azeite.

⁵Se a tua oferenda for uma oblação cozida na assadeira, a flor de farinha amassada com azeite será ázima. ⁶Tu a partirás em pedaços e derramarás azeite em cima. É uma oblação.

⁷Se a tua oferenda for uma oblação cozida na panela, a flor de farinha será preparada com azeite.

⁸Levarás a Iahweh a oblação que assim for preparada. Será apresentada ao sacerdote, que a aproximará do altar. ⁹Da oblação o sacerdote separará o memorial, que queimará no altar como oferenda queimada de agradável odor a Iahweh. ¹⁰A parte restante da oblação pertencerá a Aarão e a seus filhos, parte santíssima dos manjares de Iahweh.

¹¹Nenhuma das oblações que oferecerdes a Iahweh será preparada com fermento,[c] pois jamais queimareis fermento ou mel como oferta queimada a Iahweh. ¹²Podereis oferecê-los a Iahweh como oferenda das primícias, mas não os colocareis sobre o altar como perfume de agradável odor. ¹³Salgarás toda a oblação que ofereceres e não deixarás de pôr na tua oblação o sal da aliança de teu Deus;[d] a toda oferenda juntarás uma oferenda de sal a teu Deus. 6,9

Nm 18,19
Mc 9,49

---

holocausto ou do incenso, que subia em "odor agradável" (cf. 29,18+).
a) A oblação, com as primícias, que aqui são semelhantes a ela (vv. 14-15), é oferenda de produtos do solo; é, portanto, desde a origem, rito de sedentários, que deve remontar aos primórdios da instalação em Canaã. A oferenda de incenso que acompanha, conhecida entre os povos vizinhos, especialmente no Egito, pode ter origem mais antiga. A oblação assemelha-se a holocausto em que se queima um punhado de farinha umedecida com azeite, como "odor agradável" a Iahweh (cf. Ex 29,18; Lv 1,9+). Este sacrifício é oferecido, em geral,

como complemento de sacrifício sangrento, e é então acompanhado de libação de vinho (cf. 23,13; Ex 29,40; Nm 15,5.7).
b) Distinguia-se, entre as oferendas, as coisas santas e as coisas santíssimas, que consagram tudo aquilo que as toca (Ex 29,37).
c) A adição de fermento muda o caráter natural da dádiva oferecida a Deus, e de certa maneira a torna profana. Pode haver nisso uma reação contra os usos cultuais cananeus (cf. Am 4,5).
d) Atribuía-se ao sal valor purificador (Ez 16,4; 2Rs 2,20; cf. Mt 5,13). Entre os assírios, era utilizado no

LEVÍTICO 2-4

Dt 26,1+ ¹⁴Se ofereceres a Iahweh uma oblação de primícias,ᵃ será sob a forma de espigas tostadas ao fogo ou de pão cozido com grãos moídos que farás esta oblação de primícias. ¹⁵Sobre ela acrescentarás azeite e lhe porás incenso, pois é uma oblação; ¹⁶e o sacerdote queimará o memorial com uma parte do pão e do azeite (com todo o incenso) como oferenda queimada a Iahweh.

19,5-8
22,21-25
1Cor 10,16
Lv 7,11-16

3 *O sacrifício de comunhão*ᵇ — ¹Se o seu sacrifício for um sacrifício de comunhão e se oferecer animal grande, macho ou fêmea, será animal sem defeito que oferecerá perante Iahweh. ²Colocará a mão sobre a cabeça da vítima e a imolará à entrada da Tenda da Reunião. Em seguida os filhos de

9,18-21 Aarão, os sacerdotes, derramarão o sangue sobre o altar, em redor. ³Oferecerá uma parte deste sacrifício de comunhão como oferenda queimada a Iahweh: a gordura que cobre as entranhas, toda a gordura que está sobre as entranhas, ⁴os dois rins, a gordura aderente a eles e junto aos lombos, e a massa gordurosa que tirará do fígado e dos rins. ⁵Os filhos de Aarão queimarão esta parte no altar, em cima do holocausto, em cima da lenha colocada sobre o fogo. Será oferenda queimada em perfume de agradável odor a Iahweh.

⁶Se for animal pequeno que alguém oferecer como sacrifício de comunhão a Iahweh, deverá oferecer um macho ou uma fêmea sem defeito.

⁷Se oferecer um carneiro, oferecê-lo-á perante Iahweh, ⁸e porá a mão sobre a cabeça da vítima e a imolará diante da Tenda da Reunião, e em seguida os filhos de Aarão derramarão o sangue sobre o altar em redor. ⁹Deste sacrifício de comunhão oferecerá a gordura como oferenda queimada a Iahweh: a cauda inteira, que será cortada rente à espinha dorsal, a gordura que cobre as entranhas, toda a gordura que está sobre as entranhas, ¹⁰os dois rins, a gordura aderente a eles e aos lombos, e a massa gordurosa que destacará do fígado e dos rins. ¹¹O sacerdote queimará esta parte sobre o altar como alimento,ᶜ como oferenda queimada a Iahweh.

¹²Se a sua oferenda consistir em uma cabra, a oferecerá perante Iahweh, ¹³porá a mão sobre a sua cabeça e a imolará diante da Tenda da Reunião, e os filhos de Aarão derramarão o sangue sobre o altar, em redor. ¹⁴E isto é o que oferecerá em seguida como oferenda queimada para Iahweh: a gordura que cobre as entranhas, toda a gordura que está sobre as entranhas, ¹⁵os dois rins, a gordura aderente a eles e aos lombos, e a massa gordurosa que destacará do fígado e dos rins. ¹⁶O sacerdote queimará estes pedaços sobre o altar como alimento, como oferenda queimada de agradável odor.

Toda gordura pertence a Iahweh. ¹⁷É para todos os vossos descendentes uma lei perpétua, em qualquer lugar onde habitardes: não comereis gordura nem sangue".

6,17-23 **4** *O sacrifício pelo pecado:*ᵈ *a) do sumo sacerdote* — ¹Iahweh falou a Moisés e disse: ²"Fala aos israelitas e dize-lhes:

Se alguém pecar por inadvertência contra qualquer um dos mandamentos de
Ex 30,22+ Iahweh e cometer uma destas ações que não são permitidas, ³se for o sacerdote

culto, e entre os nômades, na refeição de amizade ou de aliança, de onde a expressão "aliança de sal" (Nm 18,19) para exprimir a estabilidade da aliança entre Deus e o seu povo.
a) A antiga oferenda de primícias (cf. Dt 26,1+) é classificada aqui na categoria das oblações.
b) O sacrifício chamado "de comunhão", no qual a vítima é repartida entre Deus e o ofertante, encontra-se em Canaã, mas o sacrifício israelita distingue-se pelo antigo ritual do sangue (cf. 1,5+). É banquete sagrado; as partes mais vitais da vítima são oferecidas a Deus; a melhor parte é atribuída aos sacerdotes (cf. 7,28s)

e a parte restante é consumida pelos fiéis. Na época antiga, este tipo de sacrifício era o mais frequente e formava o rito central das festas, exprimindo de modo eminente a comunidade de vida e a relação de aliança e de amizade entre o fiel e o seu Deus.
c) A palavra "alimento" foi supressa pelo tradutor grego e substituída por "agradável odor" (cf. 1,9+), tanto aqui como no v. 16, sem dúvida para evitar toda ofensa à espiritualidade e à transcendência de Deus (cf. Sl 50,13; Dn 14 etc.).
d) A maior parte do ritual sacrifical é consagrada aos sacrifícios de expiação. Distinguem-se

consagrado pela unção que pecar e tornar assim o povo culpado,[a] oferecerá a Iahweh, pelo pecado que cometeu, um novilho, animal grande, sem defeito, como sacrifício pelo pecado. [4]Levará o novilho diante de Iahweh, à entrada da Tenda da Reunião, porá a mão sobre a cabeça dele e o imolará diante de Iahweh. [5]Depois o sacerdote consagrado pela unção tomará um pouco do sangue deste novilho e o levará à Tenda da Reunião. [6]E molhará o dedo no sangue e fará sete aspersões diante do véu do santuário, diante de Iahweh. [7]O sacerdote colocará então um pouco deste sangue sobre os chifres do altar do incenso que é queimado diante de Iahweh na Tenda da Reunião, e derramará todo o sangue do novilho na base do altar dos holocaustos que se encontra na entrada da Tenda da Reunião.

Ex 26,33 +
Ex 27,2 +;
30,1-10 +

[8]De toda a gordura deste novilho oferecido em sacrifício pelo pecado, eis o que ele reservará: a gordura que cobre as entranhas, toda a gordura que está sobre as entranhas, [9]os dois rins, a gordura aderente a eles e aos lombos, e a massa gordurosa que destacará do fígado e dos rins — [10]tudo conforme a parte reservada no sacrifício de comunhão, — e o sacerdote queimará esses pedaços sobre o altar dos holocaustos.

[11]O couro do novilho e toda a sua carne, sua cabeça, suas patas, suas entranhas e o seu excremento, [12]isto é, o touro todo será levado para fora do acampamento, para um lugar puro, lugar do resíduo das cinzas gordurosas. Ali o queimará sobre um fogo de lenha; é no lugar do resíduo das cinzas gordurosas que o novilho será queimado.[b]

b) da Assembleia de Israel — [13]Se for toda a comunidade de Israel que pecar por inadvertência e cometer uma das coisas não permitidas pelos mandamentos de Iahweh, sem que a comunidade esteja apercebida do fato, [14]a comunidade oferecerá em sacrifício pelo pecado um novilho, animal grande, sem defeito, logo que for conhecido o pecado do qual é responsável. Será levado diante da Tenda da Reunião; [15]diante de Iahweh os anciãos da comunidade colocarão as mãos sobre a cabeça do novilho, e será imolado diante de Iahweh.[c]

[16]Em seguida o sacerdote consagrado pela unção levará à Tenda da Reunião um pouco do sangue do novilho. [17]Molhará o dedo no sangue e fará sete aspersões diante do véu, perante Iahweh. [18]Depositará então um pouco do sangue sobre os chifres do altar que se encontra diante de Iahweh na Tenda da Reunião, e depois derramará todo o sangue na base do altar dos holocaustos que está na entrada da Tenda da Reunião.

[19]Tirará então do animal toda a gordura e a queimará no altar. [20]Fará com este novilho como fez com o novilho do sacrifício pelo pecado. Assim se fará com ele, e, tendo o sacerdote feito o rito de expiação pelos membros da comunidade, serão eles perdoados.

[21]Mandará levar o novilho para fora do acampamento e o queimará como queimou o novilho anterior. Este é o sacrifício pelo pecado da comunidade.

---

dois tipos: sacrifício pelo pecado e sacrifício de reparação; mas é difícil dizer em que consiste a sua diferença. O sacrifício pelo pecado parece ter alcance mais amplo que o sacrifício de reparação, que visa sobretudo a faltas pelas quais se lesa a Deus, aos seus sacerdotes ou ao próximo. De fato, os dois sacrifícios previstos aqui se referem a casos muito semelhantes (cap. 5), e a confusão aumenta quando os comparamos com leis particulares (Lv 14,10-32; Nm 6,9-12; 15,22-31). Este minucioso ritual será substituído pelo único sacrifício expiatório de Cristo (cf. Hb 9).

a) O sumo sacerdote representava a divindade diante do povo e o povo diante de Deus; uma falta dele envolvia, portanto, uma culpa coletiva da nação.
b) Sendo o sacrifício oferecido para restaurar a aliança, aquele por quem ele é oferecido (no caso o sumo sacerdote; no v. 21, toda a assembleia) não pode ter parte na carne da vítima, visto que ele não está em paz com Deus. Aquilo que não é oferecido no altar é totalmente queimado fora do santuário. A menção do "acampamento" vem da projeção deste ritual tardio ao deserto.
c) O mesmo ritual para o sumo sacerdote e para a assembleia, visto que um representa o outro.

c) de um chefe — ²²Supondo-se que um chefe peque e faça por inadvertência alguma coisa proibida pelos mandamentos de Iahweh seu Deus e se torne assim culpado, ²³(ou se for advertido a respeito do pecado cometido), trará como oferenda um bode, sem defeito. ²⁴Colocará a mão sobre a cabeça do bode e o imolará no lugar onde se imolam os holocaustos diante de Iahweh. É um sacrifício pelo pecado: ²⁵o sacerdote tomará com o dedo um pouco do sangue da vítima e o depositará nos chifres do altar dos holocaustos.*ᵃ* Depois derramará o sangue na base do altar dos holocaustos ²⁶e fará queimar toda a gordura no altar, como a gordura do sacrifício de comunhão. O sacerdote fará assim o rito de expiação pelo chefe, para livrá-lo do seu pecado, e ser-lhe-á perdoado.

d) de um homem do povo — ²⁷Se for um homem do povo da terra que pecar por inadvertência e se tornar culpado ao praticar algumas das coisas proibidas pelos mandamentos de Iahweh, ²⁸(ou se alguém o advertir do pecado cometido), levará, como oferenda pelo pecado que cometeu, uma cabra, fêmea, sem defeito. ²⁹Porá a mão sobre a cabeça da vítima e a imolará no lugar onde se imolam os holocaustos. ³⁰O sacerdote tomará com o dedo um pouco do sangue dela e o depositará nos chifres do altar dos holocaustos. Depois derramará todo o sangue na base do altar. ³¹Em seguida tirará toda a gordura, como se tira a gordura de um sacrifício de comunhão, e o sacerdote a queimará no altar em odor agradável a Iahweh. O sacerdote fará assim o rito de expiação para esse homem, e ele será perdoado.

³²Se for uma ovelha que desejar trazer como oferenda para o sacrifício, trará uma fêmea sem defeito. ³³Porá a mão sobre a cabeça da vítima e a imolará em sacrifício pelo pecado, no lugar onde se imolam os holocaustos. ³⁴O sacerdote tomará com o dedo um pouco do sangue do sacrifício e o depositará nos chifres do altar dos holocaustos. Depois derramará todo o sangue na base do altar. ³⁵Tirará toda a gordura, como se tira a do carneiro de um sacrifício de comunhão, e o sacerdote queimará esses pedaços no altar, em cima das oferendas queimadas para Iahweh. O sacerdote fará, assim, o rito de expiação pelo homem, pelo pecado que cometeu, e lhe será perdoado.

5

Casos diversos de sacrifício pelo pecado — ¹Se alguém pecar em um dos casos seguintes:*ᵇ*

Após ter ouvido a fórmula de imprecação*ᶜ* tinha o dever de dar testemunho, pois que viu ou soube, mas nada declarou e leva o peso da sua falta;

²ou ainda se alguém tocar uma coisa impura, qualquer que seja, cadáver de animal selvagem impuro, de animal doméstico impuro, de réptil impuro, e sem o seu conhecimento se tornar impuro e responsável;*ᵈ*

³ou se tocar a impureza humana, qualquer que seja, cujo contato torna impuro; e se não tomar conhecimento dela, vindo depois a saber, torna-se responsável;

⁴ou se um indivíduo faz um juramento desfavorável ou favorável, em qualquer assunto a respeito do qual o homem pode jurar inadvertidamente; e se dele não se aperceber, vindo depois a tomar conhecimento, tornar-se-á responsável;

---

a) Diferentemente do sumo sacerdote e da comunidade, o chefe (e o homem do povo) permanece na ordem profana (Ez 44,3; 45,7-12) e o sangue da vítima que ocupa o seu lugar não entra na Tenda santa.
b) As palavras "em um dos casos seguintes", inseridas aqui para clareza, estão no texto no fim do v. 4.
c) Após a convocação da testemunha, o juiz pronunciava sobre ela uma maldição condicional para o caso de mentira ou de ocultamento.
d) Muitos corrigem o texto em função dos parágrafos seguintes: "após havê-lo ignorado, veio a sabê-lo, torna-se culpado".

⁵se for responsável em um desses casos, confessará*ᵃ* o pecado cometido, ⁶levará a Iahweh, como sacrifício de reparação pelo pecado cometido, uma fêmea de gado miúdo (cordeira ou cabrita) em sacrifício pelo pecado; e o sacerdote fará por ele o rito de expiação, que o livrará do seu pecado.

Sacrifício pelo pecado do homem do povo (continuação) — ⁷Se ele não tiver recursos para oferecer uma rês de gado miúdo, trará a Iahweh, em sacrifício de reparação pelo pecado que cometeu, duas rolas ou dois pombinhos, um deles para sacrifício pelo pecado e o outro para holocausto. ⁸Ele os trará ao sacerdote, que oferecerá em primeiro lugar o que for destinado ao sacrifício pelo pecado. E o sacerdote, apertando-lhe o pescoço, lhe deslocará a nuca, sem separar a cabeça. ⁹Com o sangue da vítima aspergirá a parede do altar, e em seguida fará correr o resto do sangue na base do altar. É um sacrifício pelo pecado. ¹⁰Quanto à outra ave, fará um holocausto segundo a regra. O sacerdote assim fará pelo homem o rito de expiação pelo pecado que cometeu, e lhe será perdoado.

¹¹Se ele não tiver recursos para oferecer duas rolas ou dois pombinhos, trará como oferenda pelo pecado cometido um décimo de medida de flor de farinha; não porá nela azeite nem incenso, pois é um sacrifício pelo pecado. ¹²Levá-la-á ao sacerdote, que tomará um punhado em memorial, para ser queimado no altar em cima das oferendas queimadas a Iahweh. É um sacrifício pelo pecado. ¹³O sacerdote fará assim, pelo homem, o rito de expiação pelo pecado que cometeu em um desses casos,*ᵇ* e lhe será perdoado. O sacerdote tem neste caso os mesmos direitos que na oblação".

Sacrifício de reparaçãoᶜ — ¹⁴Iahweh falou a Moisés e disse: ¹⁵"Se alguém cometer uma ofensa e pecar por inadvertência, reduzindo os direitos sagrados*ᵈ* de Iahweh, trará a Iahweh, em sacrifício de reparação, um carneiro sem defeito, do seu rebanho, avaliando-o em siclos de prata, segundo o valor do siclo do santuário.*ᵉ* ¹⁶Assim restituirá aquilo que o seu pecado reduziu no direito sagrado, acrescentando-lhe o valor de um quinto, e o remeterá ao sacerdote. Este fará por ele o rito de expiação com o carneiro do sacrifício de reparação, e ser-lhe-á perdoado.

7,1-6
Nm 5,5-8

2Rs 12,17

¹⁷Se alguém pecar e fizer, sem o saber, alguma das coisas interditas pelos mandamentos de Iahweh, será responsável e levará o peso da sua falta. ¹⁸Levará ao sacerdote, como sacrifício de reparação, um carneiro sem defeito, do seu rebanho, e sujeito a avaliação. O sacerdote fará por ele o rito de expiação, pela inadvertência cometida sem saber, e ele será perdoado. ¹⁹É um sacrifício de reparação e esse homem é, sem dúvida, responsável perante Iahweh".*ᶠ*

²⁰Iahweh falou a Moisés e disse:
²¹"Se alguém pecar e cometer uma ofensa contra Iahweh, negando a seu compatriota o depósito que lhe foi dado em guarda, ou um penhor, ou que defraude seu compatriota, ²²ou se encontrar um objeto perdido e o negar, ou se fizer um falso juramento a respeito de qualquer pecado que um homem possa cometer, ²³se pecar e se tornar assim responsável, deverá restituir aquilo que extorquiu ou que exigiu em demasia: o depósito que lhe foi confiado, o objeto perdido que achou, ²⁴ou todo o objeto ou assunto a respeito do qual

6¹
Ex 22,6-14²

3
Ex 23,1-2

4

5
5,16

---

a) É confissão solene e pública.
b) Todos os casos previstos em 4,22.27.
c) Quando os direitos de Deus ou do próximo (cf. 4,1+) foram lesados por um prejuízo que se pode avaliar pecuniariamente, ajunta-se ao sacrifício uma multa (cf. vv. 16.24). "O dinheiro da reparação" e "o dinheiro do pecado" mencionados em 2Rs 12,17, devem se referir a taxas que acompanhavam os sacrifícios, o que leva a supor que já existissem antes do Exílio (cf. provavelmente também Os 4,8).
d) Lit.: coisas sagradas, isto é, as oferendas regulares ou voluntárias.
e) Siclo mais pesado que o siclo corrente (cf. Ex 30,15+).
f) Outra tradução possível: sacrifício de reparação que se deve oferecer, como tal, a Iahweh.

prestou um falso juramento. Fará um acréscimo de um quinto e devolverá o valor ao proprietário do objeto, no dia em que se tornou responsável. ²⁵Depois trará a Iahweh, como sacrifício de reparação, um carneiro sem defeito, do seu rebanho; será avaliado segundo o valor estabelecido pelo sacerdote para um sacrifício de reparação. ²⁶O sacerdote fará por ele o rito de expiação diante de Iahweh, e ele será perdoado, qualquer que seja a ação que ocasionou a sua culpa".

6 O sacerdócio e os sacrifícios[a] — A. O holocausto — ¹Iahweh falou a Moisés e disse:

²"Ordena a Aarão e a seus filhos o seguinte:

Este é o ritual do holocausto. (É o holocausto que se encontra sobre o braseiro do altar, durante a noite até a manhã e que o fogo do altar deve consumir.)[b]

³O sacerdote vestirá sua túnica de linho e com um calção de linho cobrirá o seu corpo. Depois retirará a cinza gordurosa do holocausto queimado pelo fogo sobre o altar e a depositará ao lado do altar. ⁴Retirará, então, as suas vestes; vestirá outras e transportará esta cinza gordurosa para um lugar puro, fora do acampamento.

⁵O fogo que consome o holocausto sobre o altar não se apagará jamais. Cada manhã o sacerdote lhe acrescentará mais lenha. Sobre ele disporá o holocausto e nele queimará as gorduras dos sacrifícios de comunhão. ⁶Um fogo perpétuo arderá sobre o altar, sem jamais apagar-se.

B. A oblação — ⁷Este é o ritual da oblação:

Após haver um dos filhos de Aarão trazido a oblação diante do altar, na presença de Iahweh, ⁸e separado um punhado de flor de farinha (com azeite e todo o incenso que a ela se acrescentou), e após ter queimado no altar o memorial de perfume de agradável odor a Iahweh, ⁹Aarão e seus filhos comerão a parte restante, em forma de pães sem levedura. Comê-la-ão em um lugar puro, no átrio da Tenda da Reunião. ¹⁰Não se cozerá com levedo a porção das minhas oferendas queimadas que lhes dou. É uma porção santíssima, como o sacrifício pelo pecado e o sacrifício de reparação. ¹¹Todo varão dentre os filhos de Aarão poderá comer dessa porção das oferendas queimadas de Iahweh (é uma lei perpétua para todos os vossos descendentes), e todo o que nela tocar será sagrado".

¹²Iahweh falou a Moisés e disse-lhe:[c]

¹³"Esta é a oferenda que Aarão e seus filhos farão a Iahweh, no dia da sua unção: um décimo de medida de flor de farinha como oblação perpétua, metade de manhã e metade de tarde. ¹⁴Será preparada na assadeira, com azeite, bem mexida; trarás a massa na forma de oblação, em diversos pedaços que oferecerás em perfume de agradável odor a Iahweh. ¹⁵O sacerdote que entre seus filhos receber a unção procederá do mesmo modo. É uma lei perpétua.

Esta oblação será queimada inteiramente para Iahweh. ¹⁶Toda oblação feita por um sacerdote deve ser um sacrifício completo; dela não se comerá".[d]

---

a) Os caps. 1-5 tratam dos sacrifícios do ponto de vista da matéria do sacrifício. Os caps. 6-7 o fazem do ponto de vista da função e dos direitos do sacerdote.

b) Segundo Ez 46,13-15, o holocausto perpétuo não comporta senão um sacrifício diário, o da manhã, o que está de acordo com o uso da época monárquica (cf. 2Rs 16,15), que distingue o holocausto da manhã da simples oblação da tarde (cf. 1Rs 18,29). Segundo Ex 29,38-42 e Nm 28,3-8, deve haver um holocausto de manhã e outro de tarde. Aqui o holocausto da manhã é prescrito no v. 5; o da tarde está implícito no v. 2b, mas esta frase desajeitada parece ser acréscimo. O fogo perpétuo do altar significa a continuidade do culto; comparar com a luminária perpétua (Lv 24,2-4).

c) Os vv. 12-16, ausentes no ms grego A, referem-se aos ritos de investidura (cf. 8,26; 9,4) e interrompem o ritual comum.

d) O sacerdote não pode fazer uma oferenda e recebê-la: a ideia é mais de uma dívida para com Deus do que de uma participação na vida divina, como no sacrifício de comunhão (3,1s; 7,10s; cf. 7,28-34).

C. O sacrifício pelo pecado — ¹⁷Iahweh falou a Moisés e disse: ¹⁸"Fala a Aarão e a seus filhos e dize-lhes:

O ritual do sacrifício pelo pecado é o seguinte:

A vítima será imolada diante de Iahweh, no mesmo lugar onde se imola o holocausto. É coisa santíssima. ¹⁹O sacerdote que oferecer este sacrifício a comerá. Comê-la-á em um lugar sagrado, no átrio da Tenda da Reunião. ²⁰Todo aquele que tocar a carne da vítima será sagrado e, se o sangue salpicar as vestes, a mancha será lavada em um lugar sagrado. ²¹O vaso de argila em que a carne for cozida será quebrado e, se for cozida em um vaso de bron-ze, este será esfregado e bem lavado na água. ²²Todo varão entre os sacerdotes poderá comer dela; é coisa santíssima;*ᵃ* ²³mas não se comerá nenhuma das vítimas oferecidas pelo pecado, cujo sangue tenha sido levado à Tenda da Reunião para fazer expiação no santuário: serão queimadas no fogo.

7
D. O sacrifício de reparação — ¹O ritual do sacrifício de reparação é o seguinte:

É coisa santíssima. ²Imolar-se-á a vítima onde se imolam os holocaustos, e o sacerdote derramará o sangue dela sobre o altar, em redor. ³Oferecer-se-á dela toda a gordura: a cauda, a gordura que cobre as entranhas, ⁴os dois rins, a gordura aderente a eles e aos lombos, e a massa gordurosa que será retirada do fígado e dos rins. ⁵O sacerdote queimará esses pedaços no altar, como oferenda queimada para Iahweh. É um sacrifício de reparação: ⁶todo varão entre os sacerdotes poderá comer dele. Comer-se-á em um lugar sagrado; é coisa santíssima.

Direitos dos sacerdotes — ⁷Como o sacrifício pelo pecado, assim será o sacrifício de reparação: haverá para ambos o mesmo ritual. Ao sacerdote pertencerá a oferenda a qual tiver feito o rito de expiação. ⁸O couro da vítima que alguém apresentar a um sacerdote para ser oferecida em holocausto pertencerá a esse sacerdote. ⁹Toda oblação cozida no forno, toda oblação preparada em uma panela ou em assadeira pertencerá ao sacerdote que a tiver oferecido. ¹⁰Toda oblação amassada com azeite, ou seca, pertencerá a todos os filhos de Aarão, indistintamente.

E. O sacrifício de comunhão: a) sacrifício com louvorᵇ — ¹¹Este é o ritual do sacrifício de comunhão que se oferecerá a Iahweh:

¹²Se se acrescentar algo a um sacrifício com louvor, ajuntar-se-á a este uma oferenda de bolos sem levedo amassados com azeite, de fogaças sem levedo untadas com azeite e de flor de farinha bem amassada na forma de bolos amassados com azeite. ¹³Ajuntar-se-á, portanto, esta oferenda aos bolos de pão fermentado e ao sacrifício de comunhão com louvor. ¹⁴Apresentar-se-á um dos bolos desta oferenda como tributo a Iahweh; ele pertencerá ao sacerdote que espargir o sangue do sacrifício de comunhão. ¹⁵A carne da vítima será comida no mesmo dia em que se fizer a oferenda, sem nada deixar dela para o dia seguinte.

b) sacrifícios votivos ou voluntários — ¹⁶Se a vítima for oferecida como sacrifício votivo ou voluntário, será comida no dia em que for oferecida, bem como no dia seguinte, ¹⁷mas queimar-se-á no fogo, no terceiro dia, o que restar da carne da vítima.

Regras gerais — ¹⁸Se ao terceiro dia se comer da carne oferecida em sacrifício de comunhão, aquele que a ofereceu não será aceito. Não lhe será atribuído

---

a) O sacrifício pelo pecado de um homem do povo não pode ser consumido por aquele que o oferece, pois sua culpa não está ainda expiada (cf. 4,12+), mas os sacerdotes podem comer dele. A regra é a mesma para o sacrifício de reparação (7,6.8-10).

b) O sacrifício de comunhão pode ser oferecido "em louvor" (vv. 12-15), ou em cumprimento de voto, ou como oferenda espontânea (vv. 16-17). As relações exatas entre estas três formas são, contudo, de difícil precisão (Ver Dt 12,6.17; Am 4,5; Jr 17,26; 33,11).

o sacrifício, pois é carne estragada, e a pessoa que dela comer levará o peso da sua falta.

⁹ ¹⁹A carne que tocar qualquer coisa impura não poderá ser comida; será jogada ao fogo.

¹⁰ ¹¹⁻¹⁶ Todo aquele que estiver puro poderá comer da carne; ²⁰mas se alguém se encontrar em estado de impureza e comer da carne de um sacrifício de comunhão oferecido a Iahweh, será exterminado do meio do seu povo.ᵃ ²¹Se alguém tocar uma impureza qualquer, de homem, de animal, ou qualquer coisa imunda, e comer em seguida a carne de um sacrifício de comunhão oferecido a Iahweh, será exterminado do meio do seu povo".

¹² ¹³ ²²Iahweh falou a Moisés e disse: ²³"Fala aos israelitas e dize-lhes:
¹⁴ Não comereis gordura de boi, de carneiro ou de cabra. ²⁴A gordura do animal morto ou dilacerado poderá servir para qualquer uso, mas de maneira ¹⁵ alguma a comereis. ²⁵Todo aquele que comer a gordura do animal do qual se faz uma oferenda queimada a Iahweh, tal pessoa será eliminada do meio do seu povo.

¹,⁵ + ²⁶Onde quer que habiteis, não comereis sangue, quer se trate de ave ou ¹⁷ de gado. ²⁷Todo aquele que comer qualquer sangue será eliminado do seu povo".

Dt 18,3 **Parte dos sacerdotes** — ²⁸Iahweh falou a Moisés e disse: ²⁹"Fala aos israelitas e dize-lhes:
Quem oferecer um sacrifício de comunhão a Iahweh trará como oferenda a ²⁰ Iahweh uma parte do seu sacrifício. ³⁰Com suas próprias mãos trará a Iahweh as oferendas queimadas, isto é, a gordura que adere ao peito. Trará também o Ex 29,24 + peito, com o qual fará o gesto de apresentação perante Iahweh. ³¹O sacerdote ²¹ ²² queimará a gordura no altar, e o peito pertencerá a Aarão e seus filhos. ³²Como tributo dos vossos sacrifícios de comunhão, dareis ao sacerdote a coxa direita. ²³ ³³Essa coxa direita será a parte do filho de Aarão que tiver oferecido o sangue ²⁴ e a gordura do sacrifício de comunhão. ³⁴Porque, na verdade, eu tomo dos israelitas, dos seus sacrifícios de comunhão, o peito a ser oferecido e a coxa do tributo; dou-os a Aarão, o sacerdote, e a seus filhos: é uma lei perpétua para os israelitas.

²⁵ **Conclusão** — ³⁵Esta foi a parteᵇ de Aarão nas oferendas queimadas a Iahweh, e também de seus filhos, no dia em que os apresentou a Iahweh, para que fossem ²⁶ seus sacerdotes. ³⁶Foi isso que Iahweh ordenou aos israelitas que lhes dessem, Ex 30,22 + no dia da sua unção: lei perpétua para todos os seus descendentes.

²⁷ ³⁷Este é o ritual referente ao holocausto, à oblação, ao sacrifício pelo pecado, ²⁸ aos sacrifícios de reparação, de investidura e de comunhão. ³⁸Isso foi o que Iahweh ordenou a Moisés no monte Sinai, no dia em que ordenou aos israelitas que apresentassem as suas oferendas a Iahweh no deserto do Sinai".

|| Ex 28,1-29,35
|| Ex 39,1-32
|| Ex 40,12-15

II. A investidura dos sacerdotes

8 **Ritos de consagração**ᶜ — ¹Iahweh falou a Moisés e disse: ²"Toma a Aarão e seus filhos, as vestes, o óleo da unção, o novilho do sacrifício pelo pecado, os dois carneiros e o cesto dos ázimos. ³Em seguida convoca toda a comunidade à entrada da Tenda da Reunião".

---

a) Ser separado dos seus, para um nômade, no deserto, equivale a uma condenação à morte. Esta condenação, além do mais, toma aqui um sentido religioso: é estar privado das promessas divinas prometidas à raça de Abraão.

b) A alusão ao primeiro sacrifício de investidura inicia aqui a sua descrição que se segue nos caps. 8-10.

c) Este capítulo, na forma de narrativa da investidura de Aarão e de seus filhos, apresenta o ritual de in-

⁴Fez Moisés como Iahweh lhe ordenou, e toda a comunidade se reuniu à entrada da Tenda da Reunião. ⁵Disse-lhes Moisés: "Eis o que Iahweh ordenou que se faça."

⁶E mandou Aarão e seus filhos se aproximarem e os lavou com água. ⁷Colocou-lhe a túnica, cingiu-o com o cinto, revestiu-o com o manto e pôs sobre este o efod. Depois cingiu-o com a faixa do efod e a fixou em Aarão. ⁸Colocou-lhe o peitoral, no qual pôs o *Urim* e o *Tummim*. ⁹Colocou-lhe sobre a cabeça o turbante e, na parte dianteira do turbante, a flor de ouro: este é o sinal da santa consagração, como Iahweh ordenou a Moisés.

Ex 28,6 +
Dt 33,8
1Sm 14,41 +
Ez 21,31

¹⁰Moisés tomou então o óleo da unção e ungiu, a fim de os consagrar, a Habitação e tudo o que nela havia. ¹¹Fez sete aspersões sobre o altar e ungiu, a fim de os consagrar, o altar e os seus acessórios, a bacia e a sua base. ¹²Depois derramou o óleo da unção sobre a cabeça de Aarão e o ungiu, a fim de o consagrar.

Ex 30,22+

¹³Em seguida mandou os filhos de Aarão se aproximarem, revestiu-os com túnicas, cingiu-os com os cintos e atou-lhes os barretes, conforme Iahweh ordenou a Moisés.

¹⁴Depois mandou trazer o novilho do sacrifício pelo pecado. Aarão e seus filhos colocaram as mãos sobre a cabeça da vítima, ¹⁵e Moisés a imolou. Tomou então do sangue e, com o dedo, o colocou nos chifres do altar em redor, para purificá-lo. Em seguida derramou o sangue na base do altar e o consagrou, fazendo por ele o rito de expiação. ¹⁶Tomou ainda toda a gordura que envolve as entranhas, a massa de gordura que sai do fígado, os dois rins e a gordura deles e os queimou sobre o altar. ¹⁷Quanto à pele do novilho, à sua carne e seus excrementos, queimou-os fora do acampamento, conforme Iahweh ordenou a Moisés.

¹⁸Mandou então trazer o carneiro do holocausto. Aarão e seus filhos puseram as mãos sobre a cabeça do carneiro, ¹⁹e Moisés o imolou. E fez correr o sangue sobre o altar, em redor. ²⁰Em seguida esquartejou o carneiro e queimou a cabeça, os quartos e a gordura. ²¹Lavou com água as entranhas e as patas e queimou, no altar, todo o carneiro. Foi um holocausto de perfume de agradável odor, uma oferenda queimada a Iahweh, conforme havia Iahweh ordenado a Moisés.

²²Mandou então trazer o segundo carneiro, o carneiro do sacrifício de investidura. Aarão e seus filhos puseram as mãos sobre a cabeça do carneiro, ²³e Moisés o imolou. E tomou do sangue e o colocou no lóbulo da orelha direita de Aarão, no polegar da sua mão direita e no polegar do seu pé direito. ²⁴Depois mandou os filhos de Aarão se aproximarem e pôs do mesmo sangue no lóbulo das suas orelhas direitas, nos polegares das suas mãos direitas e nos polegares dos seus pés direitos. Em seguida Moisés derramou o sangue sobre o altar, em redor; ²⁵tomou as partes gordas: a cauda, toda a gordura que adere às entranhas, a massa gordurosa que sai do fígado, os dois rins e a gordura deles, e a coxa direita. ²⁶Do cesto dos ázimos que estava diante de Iahweh, tomou um bolo ázimo, um bolo de pão azeitado, e uma fogaça que juntou às gorduras e à coxa direita. ²⁷Colocou tudo nas mãos de Aarão e dos seus filhos e fez o gesto de apresentação diante de Iahweh. ²⁸Moisés tomou tudo das mãos deles e o queimou no altar, em cima do holocausto. Foi o sacrifício de investidura*ᵃ* em perfume de agradável odor, uma

Ex 28,41 +

---

vestidura do sumo sacerdote. O ritual compreende a paramentação e a unção (vv. 7-13), depois um sacrifício pelo pecado, necessário para consagrar o altar (vv. 14-17), em seguida o holocausto (vv. 18-21), e por fim o sacrifício de investidura (vv. 22-35). A entrada do sacerdote em função continua no cap. 9. O rito da unção que transmite ao sacerdote uma prerrogativa real, não aparece senão na época do segundo Templo (cf. Ex 30,22+). Na época antiga não havia ordenação propriamente dita. Era a própria função que fazia o sacerdote entrar no domínio do sagrado.

a) "investidura" lit.: "enchimento (das mãos)" (cf. v. 33; ver Ex 28,41+).

oferenda queimada a Iahweh. ²⁹Moisés tomou também o peito e fez o gesto de apresentação diante de Iahweh. Esta foi a parte do carneiro da investidura que pertencia a Moisés, conforme Iahweh ordenou a Moisés.

³⁰Em seguida tomou Moisés do óleo da unção e do sangue que estava sobre o altar e os aspergiu sobre Aarão e suas vestes, assim como sobre seus filhos e as vestes deles. Com isso consagrou a Aarão e suas vestes, assim como aos seus filhos e as vestes deles.

³¹Disse então Moisés a Aarão e a seus filhos: "Cozei a carne na entrada da Tenda da Reunião; ali a comereis, com o pão que está no cesto do sacrifício da investidura, conforme ordenei, dizendo: 'Aarão e seus filhos o comerão.' ³²O que restar da carne e do pão queimá-lo-eis. ³³Durante sete dias, não deixareis a entrada da Tenda da Reunião, até que se cumpra o tempo da vossa investidura, pois são necessários sete dias para a vossa investidura. ³⁴Iahweh ordenou proceder como se fez hoje, a fim de realizar por vós o rito de expiação, ³⁵e durante sete dias, dia e noite, permanecereis à entrada da Tenda da Reunião, observando o ritual de Iahweh para que não morrais.ᵃ Pois esta é a ordem que recebi." ³⁶Aarão e seus filhos fizeram tudo o que Iahweh ordenara por intermédio de Moisés.

9 Entrada dos sacerdotes em função ᵇ

¹Ao oitavo dia, Moisés chamou Aarão e seus filhos e os anciãos de Israel; ²disse a Aarão: "Toma um bezerro para sacrifício pelo pecado e um carneiro para holocausto, ambos sem defeito, e traze-os perante Iahweh. ³Em seguida dirás aos israelitas: 'Tomai um bode para sacrifício pelo pecado, um bezerro e um cordeiro de um ano (ambos sem defeito), para holocausto, ⁴um novilho e um carneiro para sacrifício de comunhão, para serem imolados diante de Iahweh, e também uma oblação amassada com azeite. Hoje, na verdade, Iahweh vos aparecerá.'"

⁵Trouxeram diante da Tenda da Reunião tudo o que Moisés ordenara, e toda a comunidade aproximou-se e permaneceu de pé diante de Iahweh. ⁶Disse Moisés: "Isto é o que Iahweh vos ordenou que fizésseis, para que a sua glória vos apareça." ⁷Disse então Moisés a Aarão: "Aproxima-te do altar, oferece teu sacrifício pelo pecado e teu holocausto, e faze assim o rito de expiação por ti e pela tua família.ᶜ Apresenta então a oferenda do povo e faze por ele o rito de expiação conforme Iahweh ordenou."

⁸Aarão aproximou-se do altar, imolou o bezerro do sacrifício pelo seu próprio pecado. ⁹Em seguida os filhos de Aarão apresentaram-lhe o sangue; molhou nele o dedo e o aplicou nos chifres do altar e derramou o sangue na base do altar. ¹⁰A gordura do sacrifício pelo pecado, os rins e a massa de gordura que sai do fígado, queimou-os no altar, conforme Iahweh ordenou a Moisés; ¹¹a carne e a pele, queimou-as fora do acampamento.

¹²Depoisᵈ imolou o holocausto, cujo sangue os filhos de Aarão lhe apresentaram; ele derramou-o sobre o altar, em redor. ¹³Também lhe entregaram a vítima dividida em quartos, e a cabeça, e ele os queimou no altar. ¹⁴Lavou as entranhas e as patas, e as queimou no altar, em cima do holocausto.

¹⁵Apresentou então a oferenda do povo: tomou o bode do sacrifício pelo pecado do povo, imolou-o e ofereceu-o em sacrifício pelo pecado, da mesma maneira como fez com o primeiro. ¹⁶Mandou trazer também o holocausto e

---

a) Qualquer falha nos ritos prescritos é muito grave (cf. 10,1s).
b) Os sacerdotes iniciam o seu sacerdócio oferecendo sacrifícios no altar, o que é a sua função essencial (cf. 1,5+), com a participação de toda a comunidade. Ainda que o assunto deste cap. seja, em parte, o mesmo que o dos caps. 1-7 (ritual dos sacrifícios), o vocabulário é diferente e menos evoluído, e as vítimas não são exatamente as prescritas no cap. 4. Este cap. parece pertencer à camada mais antiga do escrito sacerdotal e podia ser a continuação de Ex 40. Assim como a glória de Iahweh toma posse do santuário (Ex 40,34), da mesma forma a sua aparição (9,23) marca a aceitação dos primeiros sacrifícios.
c) "pela tua família", grego; "pelo povo", hebr.
d) Aarão.

procedeu de acordo com o rito. ¹⁷Em seguida, tendo feito aproximar a oblação, tomou dela um punhado que queimou no altar, além do holocausto da manhã.

¹⁸Por fim imolou o novilho e o carneiro em sacrifício de comunhão pelo povo. Os filhos de Aarão entregaram-lhe o sangue, e ele o derramou sobre o altar, em redor. ¹⁹As gorduras deste novilho e deste carneiro, a cauda, a gordura que envolve as entranhas, os rins e a massa de gordura que sai do fígado, ²⁰ele os colocou*ᵃ* sobre os peitos e queimou tudo no altar. ²¹Aarão fez o gesto de apresentação diante de Iahweh, com os peitos e a coxa direita, conforme Iahweh ordenou a Moisés.

²²Aarão levantou as suas mãos em direção ao povo e o abençoou. Havendo assim realizado o sacrifício pelo pecado, o holocausto e o sacrifício de comunhão, desceu ²³e, com Moisés, entrou na Tenda da Reunião. Em seguida saíram ambos para abençoar o povo. A glória de Iahweh apareceu a todo o povo; ²⁴uma chama fulgurou de diante de Iahweh e devorou o holocausto e as gorduras que estavam sobre o altar. Diante do que via, todo o povo soltou brados de júbilo e todos prostraram-se com a face por terra.

1Rs 18,20-40
2Mc 2,10

10 Regulamentação complementar.*ᵇ* A. Gravidade das irregularidades. Nadab e Abiú

¹Os filhos de Aarão, Nadab e Abiú, tomaram cada um o seu incensório. Puseram neles fogo sobre o qual colocaram incenso, e apresentaram perante Iahweh um fogo irregular, o que não lhes havia sido determinado.*ᶜ* ²Saiu então, de diante de Iahweh, uma chama que os devorou, e pereceram na presença de Iahweh. ³Disse então Moisés a Aarão: "Foi isso que Iahweh declarou, quando disse:

Àqueles que se aproximam de mim, mostro a minha santidade,
e diante de todo o povo mostro a minha glória."*ᵈ*

Aarão permaneceu calado.

Nm 16,1-17,5

Nm 16,35
2Rs 1,10s

B. Retirada dos corpos

⁴Moisés chamou Misael e Elisafã, filhos de Oziel, tio de Aarão, e disse-lhes: "Aproximai-vos e levai vossos irmãos para longe do santuário, para fora do acampamento." ⁵Eles aproximaram-se e os levaram nas suas próprias túnicas, para fora do acampamento, conforme Moisés havia dito.

C. Regras especiais de luto para os sacerdotes

⁶Disse Moisés a Aarão e a seus filhos, Eleazar e Itamar: "Não desgrenheis os vossos cabelos e não rasgueis as vossas vestes,*ᵉ* para que não morrais. É contra toda a comunidade que ele está irritado, e portanto toda a casa de Israel deverá chorar vossos irmãos, vítimas do fogo de Iahweh. ⁷Não deixeis a entrada da Tenda da Reunião, para que não morrais, visto que tendes em vós o óleo da unção de Iahweh." E eles obedeceram às palavras de Moisés.

D. Proibição do uso de vinho

⁸Iahweh falou a Aarão e disse: ⁹"Quando vierdes à Tenda da Reunião, tu e os teus filhos contigo, não bebais vinho nem bebida fermentada: isto para que não morrais. É uma lei perpétua para todos os vossos descendentes. ¹⁰E isto sempre que tiverdes de separar o sagrado e o profano, o impuro e o puro, ¹¹e quando ensinardes aos

Ez 44,21

---

a) "ele os colocou", conj.; "eles os colocaram", hebr.
b) As histórias que seguem têm por finalidade introduzir certas regras rituais.
c) Talvez porque Nadab e Abiú não fossem sacerdotes ou talvez porque o fogo foi apresentado fora do tempo prescrito.
d) Este dístico não se encontra em nenhum outro lugar na Bíblia. Os "que se aproximam" de Iahweh (os sacerdotes) participam da sua "santidade" (cf. Lv 19,2); sua "glória" (cf. Ex 24,16+) se manifesta (pelo fogo do castigo) a todo o povo.
e) Ritos de luto. — O sacerdote deve permanecer separado do mundo profano, e está, portanto, sujeito a regras particulares (cf. ainda cap. 21).

israelitas todos os preceitos que Iahweh estabeleceu para vós, por intermédio de Moisés."

E. A parte dos sacerdotes nas oferendas — ¹²Moisés disse a Aarão e a seus filhos sobreviventes, Eleazar e Itamar: "Tomai a oblação que resta das oferendas queimadas a Iahweh. Comei-a sem fermento junto do altar, pois é coisa santíssima. ¹³Comê-la-eis no lugar sagrado: é a parte estabelecida para ti e para teus filhos das oferendas queimadas a Iahweh; assim, pois, me foi ordenado. ¹⁴O peito de apresentação e a coxa de tributo, comê-los-eis em um lugar puro, tu, teus filhos e tuas filhas contigo; é a parte estabelecida, para ti e teus filhos, aquela que te é dada dos sacrifícios de comunhão dos israelitas. ¹⁵A coxa de tributo e o peito de apresentação que acompanham as gorduras queimadas te pertencem, a ti e a teus filhos contigo, depois de terem sido oferecidos em gesto de apresentação diante de Iahweh; isto em vista da lei perpétua, conforme Iahweh ordenou."

F. Regra especial referente ao sacrifício pelo pecado[a] — ¹⁶Moisés inquiriu diligentemente a respeito do bode oferecido em sacrifício pelo pecado, e eis que tinha sido queimado! Irritou-se contra Eleazar e Itamar, os filhos sobreviventes de Aarão: ¹⁷"Por que, disse ele, não comestes a vítima no lugar sagrado? Pois é coisa santíssima que vos foi dada para remover a culpa da comunidade, fazendo sobre ela o rito de expiação diante de Iahweh. ¹⁸Visto que o sangue dela não foi levado para o interior do santuário, ali devíeis comer a carne conforme ordenei." ¹⁹Aarão disse a Moisés: "Eis que eles ofereceram hoje o seu sacrifício pelo pecado e o seu holocausto diante de Iahweh! Com o que me aconteceu, se eu tivesse comido hoje da vítima pelo pecado, seria isso agradável a Iahweh?" ²⁰Moisés ouviu isso e lhe pareceu razoável.

III. Regras referentes ao puro e ao impuro[b]

11 *Animais puros e impuros.*[c] **A. Animais terrestres** — ¹Iahweh falou a Moisés e a Aarão, e disse-lhes: ²"Falai aos israelitas e dizei-lhes: Estes são os quadrúpedes que podereis comer, dentre todos os animais terrestres:
³Todo animal que tem o casco fendido, partido em duas unhas, e que rumina, podereis comê-lo. ⁴São as seguintes as espécies que não podereis comer, dentre aqueles que ruminam ou que têm o casco fendido: Tereis como

---

a) Esta história não leva em conta as regras estabelecidas em 4,13s e 6,17-23; a desculpa apresentada por Aarão e a aprovação dada por Moisés são pouco compreensíveis. Este parágrafo e os outros do mesmo cap. são elementos isolados, reunidos artificialmente.
b) A "lei de pureza" (caps. 11-16) está unida à "lei de santidade" (caps. 17-26) como dois aspectos, negativo e positivo, de uma mesma exigência divina. As regras dadas aqui repousam sobre interditos religiosos muito antigos: é puro aquilo que pode aproximar-se de Deus, e é impuro aquilo que se torna impróprio para o seu culto ou do qual é excluído. Os animais puros são os que podem ser oferecidos a Deus (Gn 7,2), os animais impuros são os que os pagãos consideram como sagrados ou que, parecendo repugnantes ou maus para o homem, são considerados desagradáveis a Deus (cap. 11). Outras regras dizem respeito ao nascimento (cap. 12), à vida sexual (cap. 15), à morte (21,1.11; cf. Nm 19,11-16), domínios misteriosos onde age Deus, o senhor da vida. Indício de corrupção como a "lepra" (13,1+) torna igualmente impuro. Mas, além dessa pureza ritual, os profetas insistirão na purificação do coração (Is 1,16; Jr 33,8; cf. Sl 51,12), preparando o ensinamento de Jesus (Mt 15,10-20p), que libera os seus discípulos de prescrições que ainda retinham apenas o aspecto material (Mt 23,24-26p). Dessa antiga legislação guardar-se-á a lição de ideal de pureza moral, protegido por regras positivas.
c) As classificações aqui dadas são feitas a posteriori, segundo o protótipo do animal puro, que é o carneiro ou os bovídeos; são empíricas: assim, a lebre é chamada de "ruminante" em razão do movimento da sua boca. A identificação de determinados animais é incerta.

impuro o camelo porque, embora sendo ruminante, não tem o casco fendido; ⁵tereis como impuro o coelho porque, embora sendo ruminante, não tem o casco fendido; ⁶tereis como impura a lebre porque, embora sendo ruminante, não tem o casco fendido; ⁷tereis como impuro o porco porque, apesar de ter o casco fendido, partido em duas unhas, não rumina. ⁸Não comereis da carne deles nem tocareis o seu cadáver, e vós os tereis como impuros.

B. Animais aquáticos — ⁹Dentre tudo aquilo que vive na água, podereis comer o seguinte:

Tudo o que tem barbatanas e escamas e vive na água dos mares e dos rios, podereis comer. ¹⁰Mas tudo o que não tem barbatanas e escamas, nos mares ou nos rios, todos os animaizinhos que infestam as águas e todos os seres viventes que nela se encontram, tê-los-eis como imundos. ¹¹Serão para vós imundos, não comereis a sua carne de modo algum e abominareis os seus cadáveres. ¹²Tudo o que vive na água sem ter barbatanas e escamas será para vós imundo.

C. Aves — ¹³Dentre as aves, tereis por imundas, e não se comerão, pois que são imundas, as seguintes:

o abutre, o gipaeto, o xofrango, ¹⁴o milhafre negro, as diferentes espécies de milhafre vermelho, ¹⁵todas as espécies de corvo, ¹⁶o avestruz, a coruja, a gaivota e as diferentes espécies de gavião, ¹⁷o mocho, o alcatraz, o íbis, ¹⁸o grão-duque, o pelicano, o abutre branco, ¹⁹a cegonha e as diferentes espécies de garça, a poupa e o morcego.

D. Insetos alados — ²⁰Todos os insetos alados que caminham sobre quatro pés[a] serão para vós imundos. ²¹De todos os insetos alados que caminham sobre quatro pés, não podereis comer a não ser os seguintes: aqueles que têm patas[b] além dos pés, para saltarem sobre a terra. ²²Dentre eles podereis comer os seguintes: as diferentes espécies de locustídeos, de gafanhotos, de acrídios e de grilos. ²³Contudo, todos os insetos alados de quatro pés, tê-los-eis como imundos.

O contato com animais impuros — ²⁴Contraireis impureza deles: todo aquele que tocar o seu cadáver ficará impuro até à tarde. ²⁵Todo aquele que transportar o seu cadáver deverá lavar as suas vestes e ficará impuro até à tarde. ²⁶Quanto aos animais que têm casco, porém não dividido, e que não ruminam, considerá-los-eis impuros; todo aquele que os tocar ficará impuro. ²⁷Todos os animais de quatro patas que caminham sobre a planta dos pés[c] serão para vós impuros; todo aquele que tocar o seu cadáver ficará impuro até à tarde, ²⁸e todo aquele que transportar o seu cadáver deverá lavar as suas vestes e ficará impuro até à tarde. Eles serão impuros para vós.

E. Animais que vivem na terra — ²⁹Dentre os animais que rastejam pela terra, são os seguintes os que considerareis impuros: a toupeira, o rato e as diferentes espécies de lagartos; ³⁰geco, crocodilo da terra, lagarto, lagarto da areia e camaleão.

Outras regras sobre os contatos impuros — ³¹Dentre todos os répteis, estes são aqueles que considerareis impuros. Todo aquele que os tocar quando estiverem mortos ficará impuro até à tarde.

---

a) Os insetos alados são designados como "quadrúpedes" para serem distinguidos dos pássaros. O v. 21 excetua o gafanhoto.

b) "aqueles que têm patas", versões; "aqueles que não têm patas", hebr.

c) Trata-se não somente de "plantígrados", mas de todos os animais desprovidos de casco.

³²Todo objeto sobre o qual cair um deles, estando morto, se torna impuro: todo utensílio de madeira, veste, couro, saco, enfim, qualquer utensílio. Será lavado em água e ficará impuro até à tarde; depois ficará puro. ³³Todo vaso de argila no qual cair um deles será quebrado; o seu conteúdo é impuro. ³⁴Todo alimento que se come será impuro, ainda que seja só umedecido com água; e toda bebida que se bebe será impura, qualquer que seja o recipiente. ³⁵Tudo aquilo sobre o que cair um dos seus cadáveres será impuro; forno e estufa serão destruídos, pois se tornam impuros e serão impuros para vós ³⁶(contudo, fontes, cisternas e lagos permanecerão puros^a); todo aquele que tocar nos seus cadáveres ficará impuro. ³⁷Se algum dos seus cadáveres cair sobre uma semente qualquer, permanecerá pura; ³⁸porém, se o grão foi umedecido com água e um dos seus cadáveres cair sobre ele, tê-lo-eis por impuro. ³⁹Se morrer um dos animais que vos servem de alimento, quem tocar o seu cadáver ficará impuro até à tarde; ⁴⁰quem comer da sua carne deverá lavar as suas vestes e ficará impuro até à tarde; quem transportar o seu cadáver deverá lavar as suas vestes e ficará impuro até à tarde.

Considerações doutrinais — ⁴¹Todo réptil que anda de rasto sobre a terra é imundo; não se comerá. ⁴²Tudo o que se arrasta sobre o ventre, tudo o que caminha sobre quatro ou mais patas, enfim, todos os répteis que se arrastam sobre a terra, não comereis deles, pois são imundos. ⁴³Não vos torneis, vós mesmos, imundos, com todos estes répteis que andam de rasto, não vos contamineis com eles e não sejais contaminados por eles. ⁴⁴Pois sou eu, Iahweh, o vosso Deus. Fostes santificados e vos tornastes santos, pois que eu sou santo; não vos torneis, portanto, impuros com todos esses répteis que rastejam sobre a terra. ⁴⁵Sou eu, Iahweh, que vos fiz subir da terra do Egito para ser o vosso Deus: sereis santos, porque eu sou santo.

Conclusão — ⁴⁶Essa é a lei referente aos animais, às aves, a todo ser vivente que se move na água e a todo ser que rasteja sobre a terra. ⁴⁷Tem por finalidade separar o puro e o impuro, os animais que se podem comer e aqueles que não se devem comer".

12 Purificação da mulher depois do parto^b — ¹Iahweh falou a Moisés e disse: ²"Fala aos israelitas e dize-lhes:

Se uma mulher conceber e der à luz um menino, ficará impura durante sete dias, como por ocasião da impureza das suas regras. ³No oitavo dia, circuncidar-se-á o prepúcio do menino ⁴e, durante trinta e três dias, ela ficará ainda purificando-se do seu sangue. Não tocará coisa alguma consagrada e não irá ao santuário, até que se cumpra o tempo da sua purificação.

⁵Se der à luz uma menina, ficará impura durante duas semanas, como durante suas regras, e ficará mais sessenta e seis dias purificando-se do seu sangue.

⁶Quando tiver cumprido o período da sua purificação, quer seja por um menino, quer seja por uma menina, levará ao sacerdote, à entrada da Tenda da Reunião, um cordeiro de um ano para holocausto e um pombinho ou uma rola em sacrifício pelo pecado. ⁷O sacerdote os oferecerá diante de Iahweh, realizará por ela o rito de expiação e ela ficará purificada do seu fluxo de sangue.

Essa é a lei referente à mulher que dá à luz um menino ou uma menina. ⁸Se ela não tiver possibilidade de conseguir a soma necessária para um cordeiro, tomará duas rolas ou dois pombinhos, um para o holocausto e o outro

---

a) As águas são, por si mesmas, vivificadoras e purificadoras.

b) O parto, bem como a menstruação ou a ejaculação seminal masculina (cap. 15), é considerado perda de vitalidade pelo indivíduo, que deve, através de certos ritos, restabelecer sua integridade e, assim, sua união com Deus, a fonte da vida.

em sacrifício pelo pecado. O sacerdote fará por ela o rito de expiação e ela ficará purificada".

13 A lepra[a] humana: A. Tumor, dartro e mancha — ¹Iahweh falou a Moisés e a Aarão e disse:

Dt 24,8-9
Nm 12,10-15

²"Se se formar sobre a pele de um homem um tumor, um dartro ou uma mancha, pode tratar-se de um caso de lepra da pele. Será conduzido a Aarão, o sacerdote, ou a um dos sacerdotes seus filhos. ³O sacerdote examinará a enfermidade sobre a pele. Se no lugar enfermo o pelo se tornou branco e a enfermidade se tornou mais profunda na epiderme, é caso de lepra; depois da observação o sacerdote o declarará impuro. ⁴Mas se sobre a pele há uma mancha branca, sem depressão visível da pele, e o pelo não se tornou branco, o sacerdote isolará o enfermo durante sete dias. ⁵No sétimo dia o examinará. Se verificar com seus próprios olhos que a enfermidade permanece, sem se alastrar sobre a pele, o isolará durante mais sete dias ⁶e o examinará novamente no sétimo dia. Se verificar que a enfermidade se tornou baça e não se desenvolveu sobre a pele, o sacerdote declarará o homem puro, pois trata-se de dartro. Depois de haver lavado as suas vestes, ficará puro.

⁷Contudo, se o dartro se alastrou sobre a pele, depois que o enfermo foi examinado pelo sacerdote e declarado puro, apresentar-se-á de novo ao sacerdote. ⁸Depois de o ter examinado e ter constatado o desenvolvimento do dartro sobre a pele, o sacerdote o declarará impuro: trata-se de lepra.

B. Lepra inveterada[b] — ⁹Quando aparecer em um homem uma enfermidade do gênero da lepra, será levado ao sacerdote. ¹⁰O sacerdote o examinará e se constatar sobre a pele um tumor esbranquiçado, pelos que se tornaram brancos e o aparecimento de uma úlcera, ¹¹é lepra inveterada sobre a pele. O sacerdote o declarará impuro. Não o isolará, pois que, sem dúvida alguma, está impuro.[c]

¹²Mas se a lepra se alastrar sobre a pele, se a enfermidade a recobrir totalmente e se estender da cabeça aos pés, até onde pode observar o sacerdote, ¹³este examinará o enfermo e, verificando que a lepra recobre todo o seu corpo, declarará puro o enfermo.[d] Visto que tudo se tornou branco, está puro. ¹⁴Contudo, no dia em que aparecer nele uma úlcera, ficará impuro. ¹⁵Após o exame da úlcera, o sacerdote o declarará impuro: a úlcera é coisa impura, é proveniente da lepra. ¹⁶Mas se a úlcera se tornar branca, o homem procurará o sacerdote, ¹⁷este o examinará e, se verificar que a enfermidade se tornou branca, declarará puro o enfermo: está puro.

C. Úlcera — ¹⁸Quando alguém tiver na pele uma úlcera[e] de que já foi curado, ¹⁹se se formar no lugar da úlcera um tumor esbranquiçado ou uma mancha branco-avermelhada, esse homem se apresentará ao sacerdote. ²⁰Este o examinará; se verificar um aprofundamento visível da pele e embranquecimento do pelo, o sacerdote o declarará impuro: é caso de lepra que se manifesta na úlcera. ²¹Se, ao examiná-lo, o sacerdote não constatar pelos brancos nem

---

a) A noção que os antigos hebreus tinham da "lepra" reunia diversas infecções cutâneas ou superficiais (13,1-44), e a estas se ligavam também os bolores que podiam aparecer nas roupas (13,47-59), ou nas paredes (14,33-53). O diagnóstico e as preocupações coletivas contra o contágio são codificadas e confiados à decisão do sacerdote. Essas medidas práticas, nas quais se encontram concepções e usos primitivos, tomam valor religioso no javismo, como um discernimento do "impuro". A reintegração na comunidade dá lugar a ritos semelhantes ao sacrifício pelo pecado (14,1-31.49-53), "pecado" designando aqui um atentado à virtude vivificante do Deus de Israel.
b) Não se trata mais aqui de distinguir a lepra verdadeira da falsa, mas a lepra contagiosa da que não o é. O Lv parece considerar contagiosa apenas a úlcera.
c) Uma segunda observação não é necessária. O grego traz o contrário: "ele o isolará".
d) Lit.: "o mal". Esta generalização do mal é sinal de cura: todas estas crostas brancas vão cair.
e) Outras traduções possíveis: "furúnculo" ou "abscesso".

aprofundamento da pele, mas um embranquecimento da enfermidade, então isolará o enfermo durante sete dias. ²²Declará-lo-á impuro se a enfermidade se desenvolver sobre a pele: é um caso de lepra. ²³Mas se a mancha permanecer estacionária, sem estender-se, é a cicatriz da úlcera; o sacerdote declarará o homem puro.

D. Queimadura — ²⁴Quando se der na pele de alguém uma queimadura, se se formar na queimadura um abscesso, uma mancha branco-avermelhada ou esbranquiçada, ²⁵o sacerdote a examinará. Se constatar que o pelo se tornou branco ou que houve um aprofundamento visível da mancha na pele, é a lepra que se desenvolve na queimadura. O sacerdote declarará o homem impuro: é caso de lepra. ²⁶Se, ao contrário, o sacerdote não constatar, em seu exame, pelos brancos na mancha nem aprofundamento da pele, mas que a mancha se tornou esbranquiçada, o sacerdote o isolará por sete dias. ²⁷No sétimo dia o examinará e, se a enfermidade se tiver propagado na pele, declará-lo-á impuro: é caso de lepra. ²⁸Se a mancha permaneceu estacionária, sem se propagar na pele, mas pelo contrário tornou-se pálida, nada mais é do que um tumor da queimadura. O sacerdote declarará o homem puro, pois é cicatriz da queimadura.

E. Afecções do couro cabeludo — ²⁹Se um homem ou uma mulher apresentar uma chaga na cabeça ou no queixo, ³⁰o sacerdote examinará a chaga e, se constatar uma depressão visível da pele, com pelo amarelado e fino, declarará o enfermo impuro. É tinha,ᵃ isto é, lepra da cabeça ou do queixo. ³¹Se, ao examinar este caso de tinha, o sacerdote constatar que não há depressão visível da pele, nem pelo amarelado,ᵇ isolará por sete dias o tinhoso. ³²No sétimo dia examinará a enfermidade e, se constatar que a tinha não se desenvolveu, que o pelo nela não é amarelado, que não há depressão visível da pele, ³³o enfermo rapará os pelos, exceto na parte tinhosa, e o sacerdote o isolará pela segunda vez durante sete dias. ³⁴No sétimo dia examinará a enfermidade e, se constatar que não se desenvolveu sobre a pele, que não há depressão visível da pele, o sacerdote declarará puro o enfermo. Depois de ter lavado as suas vestes, ficará puro. ³⁵Contudo, se após a purificação a tinha se desenvolver sobre a pele, ³⁶o sacerdote o examinará: se constatar um desenvolvimento da tinha sobre a pele, é porque o enfermo está impuro, e não se verificará se o pelo está amarelado. ³⁷Mas se a tinha parece estacionária e o pelo preto cresceu nela, é porque a enfermidade está curada. O enfermo está puro e o sacerdote o declarará puro.

F. Exantema — ³⁸Se surgirem manchas sobre a pele de um homem ou de uma mulher e se estas manchas forem brancas, ³⁹o sacerdote as examinará. Se verificar que estas manchas sobre a pele são de um branco-embaciado, trata-se de exantema que se desenvolveu sobre a pele: o enfermo está puro.

G. Calvície — ⁴⁰Se um homem perde os cabelos da cabeça, trata-se de calvície da cabeça e está puro. ⁴¹Se é na parte da frente da cabeça que perde os cabelos, trata-se de calvície da frente e está puro. ⁴²Mas se houver na cabeça ou na parte da frente uma enfermidade branco-avermelhada, é uma lepra que se desenvolveu na cabeça ou na fronte de tal homem. ⁴³O sacerdote o examinará e, se constatar na cabeça ou na fronte um tumor branco-avermelhado, com o mesmo aspecto da lepra da pele, ⁴⁴então o homem está leproso; é impuro. O sacerdote deverá declará-lo impuro, pois está enfermo de lepra na cabeça.

a) Ou talvez dartro.   *b)* Hebr. "pelo preto"; ver, porém, o v. 32.

Lei sobre o leproso — ⁴⁵O leproso portador desta enfermidade trará suas vestes rasgadas e seus cabelos desgrenhados; cobrirá o bigode e clamará: 'Impuro! Impuro!' ⁴⁶Enquanto durar a sua enfermidade, ficará impuro e, estando impuro, morará à parte: sua habitação será fora do acampamento.

Lepra das vestes — ⁴⁷Quando em uma veste houver lepra, seja ela uma veste de lã ou de linho, ⁴⁸um tecido ou uma coberta de lã ou de linho, de couro ou uma peça qualquer de couro, ⁴⁹e se a mancha da veste, ou do couro, ou do tecido, ou da coberta, ou do objeto de couro for esverdeada ou avermelhada, é caso de lepra e deve-se mostrar ao sacerdote. ⁵⁰O sacerdote examinará a enfermidade e isolará o objeto durante sete dias. ⁵¹No sétimo dia, se observar que a enfermidade se desenvolveu sobre a veste, o tecido, a coberta, o couro ou o objeto feito de couro, qualquer que seja, é caso de lepra contagiosa: o objeto atacado está impuro. ⁵²Queimar-se-á a veste, o tecido, a coberta de lã ou de linho, o objeto de couro, qualquer que seja, sobre o qual se apresentou a enfermidade, pois que é lepra contagiosa que deve ser destruída pelo fogo.

⁵³Contudo se, ao examinar, o sacerdote verificar que a enfermidade não se desenvolveu sobre a veste, o tecido, a coberta, ou sobre o objeto de couro, qualquer que seja, ⁵⁴então determinará que se lave o objeto atingido e o isolará pela segunda vez, durante sete dias. ⁵⁵Após a lavagem, examinará a enfermidade e, se verificar que não mudou de aspecto, nem se desenvolveu, o objeto está impuro. Queimá-lo-ás no fogo: há corrosão no direito e no avesso.

⁵⁶Mas se, ao examinar, o sacerdote verificar que após a lavagem a enfermidade ficou embaçada, então a rasgará da veste, do couro, do tecido ou da coberta. ⁵⁷Contudo, se a enfermidade se propagar sobre a veste, o tecido, a coberta ou o objeto de couro, qualquer que seja, é porque a enfermidade está ativa, e então queimarás no fogo aquilo que foi por ela atacado. ⁵⁸A veste, o tecido, a coberta e qualquer objeto de couro do qual desapareceu a enfermidade após a lavagem ficará puro depois de lavado uma segunda vez.

⁵⁹Essa é a lei para o caso de lepra na veste de lã ou de linho, no tecido, na coberta ou no objeto de couro, qualquer que seja, quando se trata de declará-los puros ou impuros".

14 ***Purificação do leproso***ᵃ — ¹Iahweh falou a Moisés e disse: ²"Esta é a lei a ser aplicada ao leproso no dia da sua purificação. Será conduzido ao sacerdote, ³e o sacerdote sairá fora do acampamento. Se verificar, após exame, que o leproso está curado da sua lepra, ⁴determinará que se tomem para o homem a ser purificado, duas aves vivas e puras, madeira de cedro, lã escarlate e hissopo. ⁵E ordenará, em seguida, que se imole uma ave em um vaso de argila, sobre águas correntes. ⁶Tomará a ave viva, a madeira de cedro, a lã escarlate, o hissopo e mergulhará tudo (inclusive a ave viva) no sangue da ave imolada sobre a água corrente. ⁷Fará então sete aspersões sobre o homem a ser purificado da lepra e, tendo-o declarado puro, deixará que voe para o campo a ave viva. ⁸Aquele que se purifica lavará suas vestes, rapará todos os pelos, lavar-se-á com água e ficará puro. Depois disso entrará no acampamento, mas permanecerá sete dias fora da sua tenda. ⁹No sétimo dia rapará todos os pelos: cabelos, barba, sobrancelhas; deverá rapar todos os pelos. Depois de ter lavado as suas vestes e de se ter banhado com água, ficará puro.

Mt 8,4p
Lc 17,14

Nm 19,6.18
Sl 51,9

Nm 6,9

---

a) O cap. 14 reúne dois rituais de purificação: vv. 2-9, um ritual arcaico que se pode comparar com o da novilha vermelha (cf. Nm 19,1+); ele supõe que o mal seja causado por demônio que se poderia assim expulsar (comparar com o bode para Azazel, Lv 16,10); vv. 10-32, um ritual mais relacionado com o conjunto do Lv, salvo as unções com azeite (vv. 15-18), que não têm equivalente.

¹⁰No oitavo dia tomará dois cordeiros sem defeito, uma cordeira sem defeito, e três décimos*a* de flor de farinha amassada com azeite, para oblação, e um quartilho de azeite. ¹¹O sacerdote que realiza a purificação colocará o homem a ser purificado, juntamente com as suas oferendas, à entrada da Tenda da Reunião, diante de Iahweh. ¹²Em seguida tomará um dos cordeiros e o oferecerá em sacrifício de reparação, juntamente com o quartilho de azeite. Fará com eles o gesto de apresentação diante de Iahweh. ¹³Imolará o cordeiro no lugar santo, onde se imolam as vítimas do sacrifício pelo pecado e do holocausto. Esta vítima de reparação pertencerá ao sacerdote como um sacrifício pelo pecado, pois é coisa santíssima. ¹⁴Tomará o sacerdote do sangue do sacrifício e o porá sobre o lóbulo da orelha direita daquele que se purifica, sobre o polegar da sua mão direita e sobre o polegar do seu pé direito. ¹⁵Tomará em seguida o quartilho de azeite e derramará um pouco na palma da sua mão esquerda. ¹⁶Molhará o dedo da mão direita no azeite que está na palma da mão esquerda, e com este azeite fará com o dedo sete aspersões diante de Iahweh. ¹⁷Em seguida, porá um pouco do azeite que lhe resta na palma da mão sobre o lóbulo da orelha direita daquele que se purifica, sobre o polegar da mão direita e sobre o polegar do pé direito, em cima do sangue do sacrifício de reparação. ¹⁸A parte restante do azeite que tem na palma da mão, pô-la-á na cabeça daquele que se purifica. Assim terá feito sobre ele o rito de expiação diante de Iahweh.

¹⁹O sacerdote fará então o sacrifício pelo pecado, e realizará sobre aquele que se purifica o rito de expiação de sua impureza. Depois disso, imola-rá o holocausto ²⁰e oferecerá no altar o holocausto e a oblação. Tendo o sacerdote assim realizado sobre este homem o rito de expiação, ele ficará puro.

²¹Se for pobre e desprovido de recursos suficientes, tomará um só cordeiro, o do sacrifício de reparação, e o oferecerá conforme o gesto de apresentação, a fim de realizar pelo homem o rito de expiação. Tomará apenas um décimo de flor de farinha amassada com azeite, para a oblação, e o quartilho de azeite, ²²duas rolas ou dois pombinhos — segundo as suas possibilidades — dos quais um será destinado ao sacrifício pelo pecado e o outro ao holocausto. ²³No oitavo dia, para sua purificação, ele os trará ao sacerdote, à entrada da Tenda da Reunião, diante de Iahweh. ²⁴O sacerdote tomará o cordeiro do sacrifício de reparação e o quartilho de azeite. Oferecê-los-á com o gesto de apresentação diante de Iahweh. ²⁵Depois, tendo imolado o cordeiro do sacrifício de reparação, tomará do seu sangue e o colocará sobre o lóbulo da orelha direita daquele que se purifica, sobre o polegar da sua mão direita e sobre o polegar do seu pé direito. ²⁶Derramará do azeite na palma da sua mão esquerda ²⁷e, com este azeite que está na palma da mão esquerda, fará com seu dedo sete aspersões diante de Iahweh. ²⁸Pô-lo-á sobre o lóbulo da orelha direita daquele que se purifica, sobre o polegar da sua mão direita, sobre o polegar do seu pé direito, no lugar onde foi posto o sangue do sacrifício de reparação. ²⁹A parte restante do azeite que está na palma da sua mão, colocá-la-á na cabeça daquele que se purifica, fazendo por ele o rito da expiação diante de Iahweh. ³⁰Com uma das rolas ou um dos pombinhos — com aquilo que está nas suas possibilidades — fará ³¹um sacrifício pelo pecado e, com o outro, um holocausto acompanhado de oblação — com aquilo que teve possibilidade de oferecer. O sacerdote terá feito assim o rito de expiação diante de Iahweh, sobre aquele que se purifica.

³²Essa é a lei referente ao leproso que não tem o recurso devido à sua purificação".

---

a) Três décimos de medida (*efá*), cerca de 13,5 litros.

Lepra das casas — ³³Iahweh falou a Moisés e a Aarão e disse: ³⁴"Quando tiverdes entrado na terra de Canaã, que vos dou por possessão, e eu ferir de lepra uma casa da terra que possuireis, ³⁵o seu proprietário avisará o sacerdote e dirá: 'Parece-me que há algo como lepra na casa.' ³⁶O sacerdote ordenará que desocupem a casa, antes de vir examinar a enfermidade; assim ninguém se tornará impuro com aquilo que lá se encontra. Depois disso o sacerdote virá observar a casa. ³⁷e se, depois do exame, constatar nas paredes da casa cavidades esverdeadas ou avermelhadas*ᵃ* encravadas na parede, ³⁸sairá o sacerdote da casa e, à porta, a fará fechar por sete dias. ³⁹Voltará ao sétimo dia e se, após exame, constatar que a enfermidade se desenvolveu nas paredes da casa, ⁴⁰ordenará que se retirem as pedras atacadas pela enfermidade e que sejam atiradas fora da cidade, em um lugar impuro. ⁴¹Depois fará raspar todas as paredes internas da casa e se jogará o pó raspado em um lugar impuro, fora da cidade. ⁴²Tomar-se-ão outras pedras para substituir as primeiras e outra argamassa para rebocar a casa.

⁴³Se a enfermidade se propagar de novo após a mudança das pedras, a raspagem e a rebocadura da casa, ⁴⁴o sacerdote virá examiná-la; se constatar que a enfermidade se desenvolveu, há lepra contagiosa na casa; está impura. ⁴⁵A casa será demolida e serão transportados para um lugar impuro, fora da cidade, as suas pedras, suas madeiras e todo o seu reboco.

⁴⁶Todo aquele que entrar na casa, durante o tempo em que permanecer fechada, ficará impuro até à tarde. ⁴⁷Todo aquele que dormir nela deverá lavar suas vestes. E quem nela comer deverá lavar suas vestes. ⁴⁸Mas se o sacerdote, quando vier examinar a enfermidade, constatar que ela não progrediu na casa, depois que foi rebocada, declarará a casa pura, visto que a enfermidade está curada.

⁴⁹Para o sacrifício pelo pecado*ᵇ* da casa, tomará duas aves, madeira de cedro, lã escarlate e hissopo. ⁵⁰Imolará uma das aves em um vaso de argila sobre água corrente. ⁵¹Em seguida tomará a madeira de cedro, o hissopo, a lã escarlate e a ave ainda viva, e os mergulhará no sangue da ave imolada e na água corrente. Fará sete aspersões sobre a casa ⁵²e, depois de ter feito o sacrifício pelo pecado da casa com o sangue da ave, a água corrente, a ave viva, a madeira de cedro, o hissopo e a lã escarlate, ⁵³soltará a ave viva fora da cidade, no campo. Feito assim o rito de expiação pela casa, ela ficará pura.

⁵⁴Essa é a lei referente a todos os casos de lepra e de tinha, ⁵⁵lepra das vestes e das casas, ⁵⁶tumores, dartros e manchas. ⁵⁷Ela estabelece o tempo da impureza e da pureza.

Essa é, pois, a lei da lepra".

15 **Impurezas sexuais:*ᶜ* A. do homem** — ¹Iahweh falou a Moisés e a Aarão e disse:

²"Falai aos israelitas e lhes direis: Quando um homem tem um fluxo que sai do seu corpo, tal fluxo é impuro. ³Enquanto tiver o fluxo, a sua impureza consistirá no seguinte:

Quer a sua carne deixe sair o fluxo, quer o retenha, ele é impuro.

⁴Todo leito em que tal homem se deitar ficará impuro, e todo móvel onde se assentar ficará impuro.

---

a) Causadas pelo bolor que desfaz e colore as paredes.
b) "Pecado" não tem aqui nenhum conteúdo moral: a impureza da casa é semelhante à do homem, que dela se livra por um sacrifício pelo pecado. O ritual é o mesmo que o ritual arcaico pelo leproso (vv. 4-7).

c) Os casos de impureza aqui tratados são não apenas a enfermidade contagiosa, que é a blenorragia, mas a simples ejaculação seminal do homem e a menstruação da mulher. Porque tudo o que se refere à fecundidade e à reprodução tem caráter misterioso e sagrado (cf. 12,1+).

⁵Aquele que tocar o seu leito deverá lavar as próprias vestes, banhar-se em água, e ficará impuro até à tarde.

⁶Aquele que se assentar em um móvel onde tal homem se assentou deverá lavar as suas vestes, banhar-se em água, e ficará impuro até à tarde.

⁷E quem tocar o corpo deste homem deverá lavar suas vestes, banhar-se em água, e ficará impuro até à tarde.

⁸E se este homem cuspir sobre uma pessoa pura, esta deverá lavar suas vestes, banhar-se em água, e ficará impura até à tarde.

⁹Toda sela sobre a qual viajar este homem ficará impura.

¹⁰E todos aqueles que tocarem em um objeto qualquer, que tenha estado debaixo dele, ficarão impuros até à tarde.

Aquele que transportar tal objeto deverá lavar suas vestes, banhar-se em água, e ficará impuro até à tarde.

¹¹Todos aqueles que forem tocados por este homem, sem que ele tenha lavado as mãos, deverão lavar suas vestes, banhar-se em água, e ficarão impuros até à tarde.

¹²O vaso de argila tocado por este homem será quebrado, e todo utensílio de madeira deverá ser lavado.

¹³Quando o homem estiver são, contará sete dias para a sua purificação. Deverá lavar suas vestes, banhar o corpo em água corrente e então ficará puro. ¹⁴No oitavo dia tomará duas rolas ou dois pombinhos e virá diante de Iahweh, à entrada da Tenda da Reunião, e os entregará ao sacerdote. ¹⁵Com um deles fará um sacrifício pelo pecado, e com o outro um holocausto. Assim o sacerdote fará sobre ele, diante de Iahweh, o rito de expiação do seu fluxo.

¹⁶Quando um homem tiver emissão seminal, deverá banhar em água todo o corpo, e ficará impuro até à tarde. ¹⁷Toda veste e todo couro atingidos pela emissão seminal deverão ser lavados em água e ficarão impuros até à tarde.

¹⁸Quando uma mulher tiver coabitado com um homem, deverão ambos lavar-se com água, e ficarão impuros até à tarde.

B. da mulher — ¹⁹Quando uma mulher tiver um fluxo de sangue e que seja fluxo de sangue do seu corpo, permanecerá durante sete dias na impureza das suas regras.

Quem a tocar ficará impuro até à tarde.

²⁰Toda cama sobre a qual se deitar com o seu fluxo ficará impura; todo móvel sobre o qual se assentar ficará impuro.

²¹Todo aquele que tocar o leito dela deverá lavar suas vestes, banhar-se em água, e ficará impuro até à tarde.

²²Todo aquele que tocar um móvel, qualquer que seja, onde ela se tiver assentado, deverá lavar suas vestes, banhar-se em água, e ficará impuro até à tarde.

²³Se algum objeto se encontrar sobre o leito ou sobre o móvel no qual ela está assentada, aquele que o tocar ficará impuro até à tarde.

²⁴Se um homem coabitar com ela, a impureza das suas regras o atingirá. Ficará impuro durante sete dias. Todo leito sobre o qual ele se deitar ficará impuro.

²⁵Quando uma mulher tiver um fluxo de sangue de diversos dias, fora do tempo das suas regras, ou se as suas regras se prolongarem, estará, durante toda a duração do fluxo, no mesmo estado de impureza em que esteve durante o tempo das suas regras. ²⁶Assim será para todo leito sobre o qual ela se deitar, durante todo o tempo de seu fluxo, como o foi para o leito em que se deitou quando das suas regras. Todo móvel sobre o qual se assentar ficará impuro, como quando das suas regras. ²⁷Quem os tocar

ficará impuro, deverá lavar suas vestes, banhar-se em água, e ficará impuro até à tarde. ²⁸Quando estiver curada do seu fluxo, contará sete dias, e então estará pura. ²⁹No oitavo dia tomará duas rolas ou dois pombinhos e os trará ao sacerdote, à entrada da Tenda da Reunião. ³⁰O sacerdote oferecerá um deles em sacrifício pelo pecado, e o outro como holocausto. Assim fará o sacerdote sobre ela, diante de Iahweh, o rito de expiação do seu fluxo, que a tornou impura.

Conclusão — ³¹Advertireis[a] os israelitas a respeito de suas impurezas, para que não morram por causa delas, contaminando a minha Habitação que se encontra no meio deles.

³²Essa é a lei a respeito do homem que tem um fluxo, daquele que se torna impuro devido à emissão seminal, ³³da mulher quando da impureza das suas regras, a respeito do homem ou da mulher que tem um fluxo e a respeito do homem que coabita com a mulher impura".

16 O grande Dia das Expiações[b] — ¹Iahweh falou a Moisés depois da morte dos dois filhos de Aarão, que pereceram ao apresentarem diante de Iahweh um fogo irregular. ²Iahweh disse a Moisés:

23,26-32
Nm 29,7-11
↗ Hb 9,6-14
10,1s
Ex 19,12 +
Ex 25,17 +

"Fala a Aarão teu irmão: que ele não entre em momento algum no santuário, além do véu, diante do propiciatório que está sobre a arca. Poderá morrer, pois apareço sobre o propiciatório, em uma nuvem.

³Entrará no santuário da seguinte maneira: com um novilho destinado ao sacrifício pelo pecado e um carneiro para o holocausto. ⁴Vestirá uma túnica de linho, sagrada, e trará também calções de linho sobre o corpo, cingir-se-á com um cinto de linho e envolverá a cabeça com um turbante de linho. São estas as vestes sagradas que vestirá, depois de se ter banhado em água.

⁵Receberá da comunidade dos israelitas dois bodes destinados ao sacrifício pelo pecado, e um carneiro para o holocausto. ⁶Depois de haver oferecido o novilho do sacrifício pelo seu próprio pecado e de ter feito o rito de expiação por si mesmo e pela sua casa, ⁷Aarão tomará os dois bodes e os colocará diante de Iahweh na entrada da Tenda da Reunião. ⁸Lançará a sorte sobre os dois bodes, atribuindo uma sorte a Iahweh e outra a Azazel.[c] ⁹Aarão oferecerá o bode sobre o qual caiu a sorte 'De Iahweh' e fará com ele um sacrifício pelo pecado. ¹⁰Quanto ao bode sobre o qual caiu a sorte 'De Azazel', será colocado vivo diante de Iahweh, para se fazer com ele o rito de expiação, a fim de ser enviado a Azazel, no deserto.

16,22

¹¹Aarão oferecerá o novilho do sacrifício pelo seu próprio pecado, e em seguida fará o rito de expiação por si mesmo e pela sua casa e imolará o novilho. ¹²Encherá então um incensório com brasas ardentes tiradas do altar, de diante de Iahweh, e tomará dois punhados de incenso aromático pulverizado. Levará tudo para detrás do véu, ¹³e colocará o incenso sobre o fogo, diante de Iahweh; uma nuvem de incenso recobrirá o propiciatório que está sobre o Testemunho, a fim de que não morra. ¹⁴Depois tomará do sangue do novilho e aspergirá com o dedo o lado oriental do propiciatório; diante do propiciatório fará, com o dedo, sete aspersões com esse sangue.

Ex 25,17 +
Ex 33,20 +

---

a) "Advertireis": *hizhartem*, conj.; "Afastareis": *hizzartem*, hebr.
b) Este cap. encerra a enumeração das impurezas com o rito anual de expiação de todas. A redação combina dois rituais de espírito e épocas diferentes: um sacrifício de expiação (vv. 6.11-19; cf. cap. 4) e o rito do envio do bode a Azazel (vv. 8-10.20-22.26; cf. notas seguintes). Este rito é de caráter arcaico, mas, como no duplo ritual do cap. 14, foi integrado em prescrições propriamente levíticas. Esta integração, longe de ser sinal de antiguidade, foi feita numa época em que um desejo crescente de pureza ritual fez multiplicar os casos de impureza e fez legitimar toda sorte de ritos de purificação. Realmente, a grande festa do Dia das Expiações não parece ser anterior ao Exílio, pois nenhum texto antigo faz alusão a ela.
c) Azazel, como bem parece ter compreendido a versão siríaca, é o nome de um demônio que os antigos hebreus

¹⁵Imolará então o bode destinado ao sacrifício pelo pecado do povo e levará o seu sangue para detrás do véu. Fará com esse sangue o mesmo que fez com o sangue do novilho, aspergindo-o sobre o propiciatório e diante deste. ¹⁶Fará assim o rito de expiação pelo santuário, pelas impurezas dos israelitas, pelas suas transgressões e por todos os seus pecados.

Assim procederá para com a Tenda da Reunião que permanece com eles, no meio das suas impurezas. ¹⁷Ninguém deverá estar na Tenda da Reunião desde o momento em que ele entrar para fazer expiação no santuário até quando sair.

Depois que tiver feito expiação por si mesmo, pela sua casa e por toda a comunidade de Israel, ¹⁸sairá e irá ao altar que está diante de Iahweh e fará no altar o rito de expiação. Tomará do sangue do novilho e do sangue do bode e o porá nos chifres do altar, ao redor. ¹⁹Com o mesmo sangue fará sete aspersões sobre o altar, com o dedo. Assim o purificará e o separará*ᵃ* das impurezas dos israelitas.

²⁰Feita a expiação do santuário, da Tenda da Reunião e do altar, fará aproximar o bode ainda vivo. ²¹Aarão porá ambas as mãos sobre a cabeça do bode e confessará sobre ele todas as faltas dos israelitas, todas as suas transgressões e todos os seus pecados. E depois de tê-los assim posto sobre a cabeça do bode, enviá-lo-á ao deserto, conduzido por um homem preparado para isso, ²²e o bode levará sobre si todas as faltas deles para uma região desolada.*ᵇ*

Quando ele tiver soltado o bode no deserto, ²³Aarão entrará na Tenda da Reunião e retirará as vestes de linho que havia posto para entrar no santuário. Deixá-las-á ali, ²⁴e banhará o seu corpo com água no lugar sagrado. Em seguida tornará a pôr as suas vestes e sairá para oferecer seu holocausto e o do povo; e fará o rito de expiação para si e pelo povo; ²⁵a gordura do sacrifício pelo pecado, queimá-la-á sobre o altar.

²⁶E aquele que tiver levado o bode a Azazel deverá lavar suas vestes e banhar o corpo com água, e depois disso poderá entrar no acampamento. ²⁷O novilho e o bode oferecidos em sacrifício pelo pecado, e cujo sangue foi levado ao santuário para fazer o rito de expiação, serão levados para fora do acampamento e serão queimados com fogo a sua pele, a sua carne e os seus excrementos. ²⁸Aquele que os queimar deverá lavar as vestes, banhar seu corpo com água, e depois disso poderá entrar no acampamento.

²⁹Isto será para vós lei perpétua.

No sétimo mês, no décimo dia do mês, jejuareis e não fareis trabalho algum, tanto o cidadão como o estrangeiro que habita no meio de vós. ³⁰Porque nesse dia se fará o rito de expiação por vós, para vos purificar. Ficareis puros de todos os vossos pecados, diante de Iahweh. ³¹Será para vós um repouso sabático e jejuareis. É uma lei perpétua.

³²O sacerdote que tiver recebido a unção e a investidura, para oficiar em lugar de seu pai, fará o rito de expiação. Porá as vestes de linho, vestes sagradas; ³³fará expiação do santuário sagrado, da Tenda da Reunião e do altar. Fará em seguida o rito da expiação pelos sacerdotes e por todo o povo da comunidade. ³⁴Isto será para vós uma lei perpétua; uma vez por ano se fará o rito de expiação pelos israelitas, por todos os seus pecados".

E fez-se como Iahweh havia ordenado a Moisés.

---

e cananeus acreditavam que habitasse o deserto, terra *árida onde Deus não exerceria a sua ação fecundante* (cf. v. 22 e ref. e 17,7+).

a) Lit.: "santificá-lo-á" (cf. 17,1+).

b) Deve-se notar que o "bode expiatório" não é sacrificado a Azazel, mas leva para o deserto, morada deste demônio, as faltas do povo. A transferência e a expiação se fazem "diante de Iahweh" (v. 10), por intermédio do sacerdote (v. 21): assim o culto javista assume, exorcizando-o, esse velho costume popular.

IV. Lei de santidade[a]

17 **Imolações e sacrifícios** — ¹Iahweh falou a Moisés e disse: ²"Fala a Aarão, a seus filhos e a todos os israelitas. Tu lhes dirás: Isto é o que ordena Iahweh: ³Todo homem da casa de Israel que, no acampamento ou fora dele, imolar novilho, cordeiro ou cabra, ⁴sem o trazer à entrada da Tenda da Reunião, para fazer dele uma oferenda a Iahweh, diante do seu tabernáculo, tal homem responderá pelo sangue derramado[b] e será eliminado do meio do seu povo. ⁵Deste modo os israelitas trarão ao sacerdote, para Iahweh, à entrada da Tenda da Reunião, os sacrifícios que desejarem fazer no campo, e os farão para Iahweh, como sacrifícios de comunhão. ⁶O sacerdote derramará o sangue sobre o altar de Iahweh que se encontra à entrada da Tenda da Reunião, e queimará a gordura em perfume de agradável odor a Iahweh. ⁷Não mais oferecerão os seus sacrifícios aos sátiros,[c] com os quais se prostituem.[d] Isto é uma lei perpétua para eles e para os seus descendentes.

⁸E dir-lhes-ás ainda: Todo homem da casa de Israel, ou todo estrangeiro residente no meio de vós, que oferecer um holocausto ou um sacrifício ⁹sem o trazer à entrada da Tenda da Reunião, para o oferecer a Iahweh, esse homem será exterminado do seu povo.

¹⁰Todo homem da casa de Israel ou todo estrangeiro residente entre vós que comer sangue, qualquer que seja a espécie de sangue, voltar-me-ei contra esse que comeu sangue e o exterminarei do meio do seu povo. ¹¹Porque a vida da carne está no sangue. E este sangue eu vo-lo tenho dado para fazer o rito de expiação sobre o altar, pelas vossas vidas;[e] pois é o sangue que faz expiação pela vida. ¹²Esta é a razão pela qual eu disse aos israelitas: 'Nenhum dentre vós comerá sangue, e o estrangeiro que habita no meio de vós também não comerá sangue.'

¹³Qualquer pessoa, filho de Israel ou estrangeiro residente entre vós, que caçar um animal ou ave que é permitido comer, deverá derramar o seu sangue e recobri-lo com terra. ¹⁴Pois a vida de toda carne é o sangue, e eu disse aos israelitas: 'Não comereis o sangue de carne alguma, pois a vida de toda carne é o sangue, e todo aquele que o comer será exterminado.'

¹⁵Toda pessoa, cidadão ou estrangeiro, que comer um animal morto ou dilacerado, deverá lavar suas vestes e banhar-se com água; ficará impuro até à tarde, e depois ficará puro. ¹⁶Mas se ele não as lavar e não banhar o seu corpo, levará o peso da sua falta".

---

a) Em uma redação sacerdotal, a base da "Lei de santidade" (caps. 17-26) parece remontar ao fim da época monárquica e representar os usos do Templo de Jerusalém. Encontram-se nela contatos evidentes com o pensamento de Ezequiel, que aparece assim como o desenvolvimento de um movimento pré-exílico. A santidade é um dos atributos essenciais do Deus de Israel (cf. Lv 11,44.45; 19,2; 20,26; 21,8; 22,32s). A ideia primeira é a de separação, de inacessibilidade, de transcendência que inspira temor religioso (Ex 33,20+). Esta santidade se comunica àquele que se aproxima de Deus ou lhe é consagrado: os lugares (Ex 19,12+); as épocas (Ex 16,23; Lv 23,4) a arca (2Sm 6,7+), as pessoas (Ex 19,6+); especialmente os sacerdotes (Lv 21,6), os objetos (Ex 30,29; Nm 18,9) etc. Devido à sua relação com o culto, a noção de santidade se liga à de pureza ritual: a "lei de santidade" é igualmente "lei de pureza". Contudo, o caráter moral do Deus de Israel espiritualizou essa concepção primitiva: a separação do profano se torna abstenção do pecado, e à pureza ritual se une a pureza da consciência (cf. a visão inaugural de Isaías, 6,3+). Ver as notas de 1,1 e 11,1.

b) Cf. 1,5 +. Este texto projeta no deserto a lei de unicidade do santuário, promulgada em Dt 12,1-12: não se pode imolar a não ser na Tenda da Reunião. Mas não se considera o abate profano, assim como faz Dt 12,15-16. É a lembrança do velho costume (cf. 1Sm 14,32s; At 15,29).

c) A palavra hebraica significa "bode" e designa gênios em forma animal, que se julgava habitarem lugares desertos e em minas (Is 13,21; 34,14). Azazel lhes é assemelhado (Lv 16,8+). Aqui e em 2Cr 11,15, a palavra designa com desprezo os falsos deuses.

d) Imagem clássica da infidelidade religiosa (ver Os 1-3+).

e) Outra explicação: "pela vida que está nele". Mas cf. Dt 19,21.

18 *Proibições sexuais*[a] — ¹Iahweh falou a Moisés e disse: ²"Fala aos israelitas; tu lhes dirás:

Eu sou Iahweh vosso Deus.[b] ³Não procedereis como se faz na terra do Egito, onde habitastes; não procedereis como se faz na terra de Canaã, para onde vos conduzo. Não seguireis os seus estatutos, ⁴mas praticareis as minhas normas e guardareis os meus estatutos e por eles vos conduzireis.

Eu sou Iahweh vosso Deus. ⁵Guardareis os meus estatutos e as minhas normas: quem os cumprir encontrará neles a vida.

Eu sou Iahweh.

⁶Nenhum de vós se aproximará de sua parenta próxima[c] para descobrir a sua nudez.[d] Eu sou Iahweh.

⁷Não descobrirás a nudez do teu pai, nem a nudez da tua mãe. É tua mãe, e tu não descobrirás a sua nudez.

⁸Não descobrirás a nudez da mulher do teu pai, pois é a própria nudez de teu pai.

⁹Não descobrirás a nudez da tua irmã, quer seja filha de teu pai ou filha de tua mãe. Quer seja ela nascida em casa ou fora dela, não descobrirás sua nudez.

¹⁰Não descobrirás a nudez da filha do teu filho; nem a nudez da filha da tua filha. Pois a nudez delas é a tua própria nudez.

¹¹Não descobrirás[e] a nudez da filha da mulher de teu pai, nascida de teu pai. É tua irmã, e não deves descobrir a nudez dela.

¹²Não descobrirás a nudez da irmã de teu pai, pois que é a carne de teu pai.

¹³Não descobrirás a nudez da irmã de tua mãe, pois é a própria carne de tua mãe.

¹⁴Não descobrirás a nudez do irmão de teu pai; não te aproximarás, pois, de sua esposa, visto que é a mulher de teu tio.

¹⁵Não descobrirás a nudez de tua nora. É a mulher de teu filho e não descobrirás a nudez dela.

¹⁶Não descobrirás a nudez da mulher de teu irmão, pois é a própria nudez de teu irmão.

¹⁷Não descobrirás a nudez de uma mulher e a da sua filha; não tomarás a filha de seu filho, nem a filha de sua filha, para lhes descobrir a nudez. Elas são a tua própria carne;[f] isto seria um incesto.

¹⁸Não tomarás para o teu harém uma mulher e, ao mesmo tempo, a irmã dela, descobrindo a nudez desta, durante a vida da sua irmã.

Não te ¹⁹aproximarás de uma mulher, para descobrir a sua nudez, durante a sua impureza das regras.

²⁰Não darás o teu leito conjugal à mulher do teu compatriota, para que não te tornes impuro com ela.[g]

²¹Não entregarás os teus filhos para consagrá-los a Molec,[h] para não profanares o nome de teu Deus. Eu sou Iahweh.

---

a) Após uma introdução (vv. 1-5), o cerne deste cap. (vv. 6-18) proíbe as uniões entre consanguíneos, e estabelece assim os limites da família. Os vv. 19-23 acrescentam interdições várias; os vv. 24-30 formam uma exortação final. O cap. apresenta, portanto, certa unidade. Está mais perto do Dt do que a parte restante da lei de santidade.
b) Esta afirmação, na forma completa ou na forma abreviada, "eu sou Iahweh", aparece como um refrão neste cap. e nos seguintes. Dá o seu sentido a toda a lei de santidade: Iahweh é o Deus de Israel, que o tirou do Egito (19,36; 22,33), é o Deus santo (19,1; 20,26; 21,8), que santifica o seu povo (20,8; 21.8.15; 22,9.32; cf. 20,7).
c) Identidade de sangue, de carne, e até dos ossos (Jz 9,2), identidade que se encontra realizada especialmente na união do homem e da mulher. Assim, as proibições que seguem, quer resultem do parentesco natural, quer do parentesco por aliança (vv. 8.14.16), são todas canalizadas para a proibição do incesto: a carne não se fecunda a si mesma.
d) Designação das relações sexuais.
e) "Não descobrirás", grego; omitido no hebr.
f) "tua própria carne", grego; "seu resto" (?), hebr.
g) O adultério é aqui condenado sob o aspecto da impureza ritual.
h) Estes sacrifícios de crianças que se "fazia passar" pelo fogo, isto é, que eram queimadas, são um rito cananeu condenado pela Lei (Lv 20,2-5; Dt 12,31; 18,10). Este rito se introduziu em Israel, especial-

²²Não te deitarás com um homem como se deita com uma mulher. É uma abominação. ²³Não te deitarás com animal algum; tornar-te-ias impuro. A mulher não se entregará a um animal para se ajuntar com ele. Isto é uma impureza. ²⁴Não vos torneis impuros com nenhuma dessas práticas: foi por elas que se tornaram impuras as nações que expulso de diante de vós. ²⁵A terra se tornou impura, eu puni a sua falta e ela vomitou os seus habitantes. ²⁶Vós, porém, guardareis meus estatutos e minhas normas e não cometereis nenhuma dessas abominações, nem o cidadão e nem o estrangeiro que habita entre vós. ²⁷Porque todas essas abominações foram cometidas pelos homens que habitaram esta terra antes de vós, e a terra se tornou impura. ²⁸Se vós a tornais impura, não vos vomitará ela como vomitou a nação que vos precedeu? ²⁹Porque todo aquele que cometer uma dessas abominações, qualquer que seja, sim, todos aqueles que as cometerem serão extirpados do seu povo. ³⁰Guardai as minhas observâncias sem praticar essas leis abomináveis que se praticaram antes de vós; assim elas não vos tornarão impuros. Eu sou Iahweh, vosso Deus".

19 *Prescrições morais e cultuais*ᵃ — ¹Iahweh falou a Moisés e disse: ²"Fala a toda a comunidade dos israelitas. Tu lhes dirás:
Sede santos, porque eu, Iahweh vosso Deus, sou santo.
³Cada um de vós respeitará sua mãe e seu pai.
Guardai os meus sábados. Eu sou Iahweh vosso Deus.
⁴Não vos volteis para os ídolosᵇ e não mandeis fundir deuses de metal. Eu sou Iahweh vosso Deus.
⁵Quando oferecerdes um sacrifício de comunhão a Iahweh, oferecei-o de tal modo que sejais aceitos. ⁶Comer-se-á dele no dia do sacrifício ou no dia seguinte; o que restar no terceiro dia será queimado ao fogo. ⁷Se se comer dele no terceiro dia, será um manjar estragado e não será aceito. ⁸Aquele que o comer levará o peso da sua falta, pois que profanou a santidade de Iahweh: tal pessoa será eliminada dentre os seus.
⁹Quando segardes a messe da vossa terra, não segareis até o limite extremo do campo. Não respigarás a tua messe, ¹⁰não rebuscarás a tua vinha nem recolherás os frutos caídos no teu pomar. Tu os deixarás para o pobre e para o estrangeiro. Eu sou Iahweh vosso Deus.
¹¹ᶜNinguém dentre vós cometerá roubo, nem usará de falsidade ou de mentira para com o seu compatriota. ¹²Não jurareis falsamente pelo meu nome, pois profanarias o nome do teu Deus. Eu sou Iahweh. ¹³Não oprimirás o teu próximo, nem o roubarás: o salário do operário não ficará contigo até a manhã seguinte. ¹⁴Não amaldiçoarás um mudoᵈ e não porás obstáculo diante de um cego, mas temerás o teu Deus. Eu sou Iahweh.
¹⁵Não cometereis injustiça no julgamento. Não farás acepção de pessoas com relação ao pobre, nem te deixarás levar pela preferência ao grande: segundo a justiça julgarás o teu compatriota.ᵉ ¹⁶Não serás um divulgador de

---

mente em Jerusalém, no incinerador do vale de Ben-Enom (a "Geena": 2Rs 16,3; 21,6; 23,10; Is 30,33; Jr 7,31; 19,5s; 32,35; Ez 16,21). — A origem da palavra Molec é fenícia: designa um tipo de sacrifício; ela foi, além disso, divinizada em Ugarit, onde o nome aparece na lista dos deuses. Em Israel foi aceito como um vocábulo divino e certo número de textos falam de sacrifícios oferecidos ao deus Molec (isto é, *Melek*, "o rei", vocalizado como *boshet*, "a vergonha").
a) Este capítulo reúne, sem ordem aparente, prescrições concernentes à vida cotidiana, que não são unificadas senão pela referência repetida a Iahweh e à sua santidade. Os vínculos com o Decálogo são visíveis.
b) Lit.: "os nadas" (cf. 26,1; Is 2,8 etc.).
c) Os vv. 11-18 regulam o comportamento social, dominado pelo mandamento do amor ao próximo (v. 18). Estas disposições se encontram em todas as legislações do Pentateuco.
d) Ele não pode responder, amaldiçoando também. A palavra hebr. significa também "surdo".
e) Como a justiça de Deus (Sl 7,10+), da qual deriva, a justiça do homem vai muito além das exigências da nossa justiça cívica ou social. Implica inteira conformidade com o querer de Deus (Gn 6,9; 7,1; 2Sm 4,11;

maledicências a respeito dos teus e não sujeitarás a julgamento o sangue do teu próximo.ᵃ Eu sou Iahweh. ¹⁷Não terás no teu coração ódio pelo teu irmão. Deves repreender o teu compatriota e, assim, não terás a culpa do pecado. ¹⁸Não te vingarás e não guardarás rancor contra os filhos do teu povo. Amarás o teu próximo como a ti mesmo. Eu sou Iahweh.

¹⁹Guardareis os meus estatutos.

Não jungirás dois animais de espécie diferente, no teu rebanho; não semearás no teu campo duas espécies diferentes de sementes e não usarás veste de duas espécies de tecido.ᵇ

²⁰Se um homem coabitar com uma mulher que é a serva concubina de outro homem e que não foi resgatada e nem se lhe deu a liberdade, o primeiro está sujeito a uma indenizaçãoᶜ, mas não serão mortos, pois ela não era livre. ²¹Trará a Iahweh um sacrifício de reparação, à entrada da Tenda da Reunião. Será um carneiro de reparação. ²²Com esse carneiro de reparação o sacerdote fará sobre o homem o rito de expiação diante de Iahweh, pelo pecado cometido; e o pecado que cometeu ser-lhe-á perdoado.

²³Quando tiverdes entrado na terra e tiverdes plantado alguma árvore frutífera, considerareis os seus frutos como se fossem o seu prepúcio.ᵈ Durante três anos serão para vós como coisa incircuncisa e não se comerá deles. ²⁴No quarto ano, todos os frutos serão sagrados numa festa de louvor a Iahweh. ²⁵No quinto ano, podereis comer os seus frutos e recolher para vós mesmos o seu produto. Eu sou Iahweh vosso Deus.

²⁶Não comereis coisa alguma com sangue; não praticareis adivinhações nem encantamentos. ²⁷ᵉNão cortareis a extremidade da vossa cabeleira em redondo e não danificarás a extremidade da tua barba. ²⁸Não fareis incisões no corpo por algum morto e não fareis nenhuma tatuagem. Eu sou Iahweh.

²⁹Não profanes a tua filha, fazendo-a prostituir-se; para que a terra não se prostitua e não se torne incestuosa.

³⁰Guardareis os meus sábados, reverenciareis meu santuário. Eu sou Iahweh. ³¹Não vos voltareis para os necromantes nem consultareis os adivinhos, pois eles vos contaminariam. Eu sou Iahweh vosso Deus.

³²Levantar-te-ás diante de uma cabeça encanecida, honrarás a pessoa do ancião e temerás o teu Deus. Eu sou Iahweh.

³³Se um estrangeiro habita convosco na vossa terra, não o molestareis. ³⁴O estrangeiro que habita convosco será para vós como um compatriota, e tu o amarás como a ti mesmo, pois fostes estrangeiros na terra do Egito. Eu sou Iahweh vosso Deus.

³⁵Não cometereis injustiça no julgamento, quer se trate de medidas de comprimento, quer de peso ou de capacidade. ³⁶Tereis balanças justas, pesos justos, medida justa e quartilho justo. Eu sou Iahweh vosso Deus que vos fez sair da terra do Egito.

³⁷Guardai, pois, todos os meus estatutos e as minhas normas e praticai-os. Eu sou Iahweh".

Jó 12,4; Is 1,26; 3,10; 56,1; Dn 4,24; Os 14,10). Após o Exílio, ela se definirá como fidelidade à Lei (Sl 1,6; 119,7; Pr 11,5; 15,9; Sb 1,1; Mt 3,15+ etc.). As suas exigências de perfeição na vida cotidiana, nas relações com Deus e com os homens, serão cada vez mais precisas e interiores (Ez 36,25-27+), e Jesus insistirá nesse aspecto mais ainda (Mt 5,17 +.20; cf. Rm 1,17+).
a) Por uma acusação capital injustificada.
b) Esta proibição se dirige contra a magia que se compraz em misturas bizarras.
c) Sentido provável que só aparece aqui na Bíblia (mas é conhecido dos textos ulteriores). A LXX compreendeu "eles sofrerão um castigo" (mas a sequência do texto fala apenas de pecado do homem).
d) A circuncisão indicava, na sua origem, a entrada na maturidade (Gn 17,10+), e o homem incircunciso era impuro. Por comparação, os frutos de uma árvore muito nova são "incircuncisos", impuros, antes da sua consagração a Deus.
e) Os vv. 27-28 proíbem os ritos de luto, considerados como marcados pelo paganismo (cf. ainda 21,5; Dt 14,1). Contudo, a sua prática é largamente confirmada (Is 3,24; Jr 16,6; 41,5; 47,5; 48,37; Am 8,10; Jó 1,20), e a referência a estes mesmos ritos em Ez 7,18 mostra

20 Castigos[a] — A. Faltas cultuais —

¹Iahweh falou a Moisés e disse: ²"Dirás aos israelitas:

Todo filho de Israel, ou estrangeiro que habita em Israel, que der um de seus filhos a Molec, será morto. O povo da terra o apedrejará, ³e eu me voltarei contra esse homem e o exterminarei do meio do seu povo, pois, havendo entregue um dos seus filhos a Molec, contaminou o meu santuário e profanou meu santo nome. ⁴Se o povo da terra fechar os olhos a respeito do homem que entregar um dos seus filhos a Molec e não o matar, ⁵eu mesmo me voltarei contra esse homem e contra o seu clã. Eu os exterminarei do meio do seu povo, tanto a ele como a todos aqueles que depois dele se prostituírem, seguindo a Molec.

⁶Aquele que recorrer aos necromantes e aos adivinhos para se prostituir com eles, voltar-me-ei contra esse homem e o exterminarei do meio do seu povo.

⁷Vós, porém, vos santificareis e sereis santos, pois eu sou Iahweh vosso Deus.

B. Faltas contra a família —

⁸Guardareis os meus estatutos e os praticareis, pois sou eu, Iahweh, que vos santifico. ⁹Portanto:

Quem amaldiçoar a seu pai ou a sua mãe deverá morrer. Visto que ele amaldiçoou a seu pai ou a sua mãe, o seu sangue cairá sobre ele mesmo.

¹⁰O homem que cometer adultério com a mulher[b] do seu próximo deverá morrer, tanto ele como a sua cúmplice.

¹¹O homem que se deitar com a mulher de seu pai descobriu a nudez de seu pai. Ambos deverão morrer, o seu sangue cairá sobre eles.

¹²O homem que se deitar com a sua nora será morto juntamente com ela. Estão contaminados, e o seu sangue cairá sobre eles.

¹³O homem que se deitar com outro homem como se fosse uma mulher, ambos cometeram uma abominação; deverão morrer, e o seu sangue cairá sobre eles.

¹⁴O homem que tomar por esposa uma mulher e a mãe dela, comete incesto. Serão queimados, ele e elas, para que não haja incesto no meio de vós.

¹⁵O homem que se deitar com um animal deverá morrer, e matareis o animal.

¹⁶A mulher que se aproximar de um animal qualquer, para se unir a ele, será morta, assim como o animal. Deverão morrer, e o seu sangue cairá sobre eles.

¹⁷O homem que tomar por esposa sua irmã, a filha de seu pai ou a filha de sua mãe, e vir a nudez dela e ela vir a dele, comete uma ignomínia. Serão exterminados na presença dos membros do seu povo,[c] pois descobriu a nudez de sua irmã, e levará[d] o peso da sua falta.

¹⁸O homem que se deitar com uma mulher durante as regras dela e descobrir a sua nudez, põe a descoberto a fonte do seu sangue, e ela mesma descobriu a fonte do seu sangue; serão ambos eliminados do meio do seu povo.

¹⁹Não descobrirás a nudez da irmã da tua mãe e nem a nudez da irmã de teu pai. Assim, pôs a descoberto a sua própria carne, e levarão o peso da sua falta.

²⁰O homem que se deitar com a mulher de seu tio paterno descobriu a nudez deste, e levarão o peso da sua falta e morrerão sem filhos.

²¹O homem que toma por esposa a mulher de seu irmão comete uma torpeza, pois descobriu a nudez de seu irmão, e morrerão sem filhos.

---

a) Esta nova seção trata das sanções e retoma, deste ponto de vista, as prescrições já feitas, que, apesar desta condenação, continuaram a ser praticados, talvez porque se lhes atribuía uma significação religiosa de caráter penitencial (cf. Is 22,12).

b) Estas palavras são repetidas no hebr. por ditografia.

c) É o único caso em que a sanção prevista é um castigo público.

d) Grego e sam. têm o plural.

Exortação final[a] — ²²Guardareis todos os meus estatutos, todas as minhas normas e os poreis em prática; assim não vos vomitará a terra à qual vos conduzo para nela habitardes. ²³Não seguireis os estatutos das nações que eu expulso de diante de vós, pois elas praticaram todas estas coisas e, por isso, me aborreci delas. ²⁴Também vos tenho dito: Tomareis posse do seu solo, que eu mesmo vos dou por possessão, uma terra que mana leite e mel.

Eu, Iahweh vosso Deus, separei-vos desses povos. ²⁵Fareis distinção entre o animal puro e o impuro, entre a ave pura e a impura. Não vos torneis vós mesmos imundos com animais, aves e com tudo o que rasteja sobre a terra, pois eu vos fiz pô-los à parte, como impuros. ²⁶Sereis consagrados a mim, pois eu, Iahweh, sou santo e vos separei de todos os povos para serdes meus.

²⁷O homem ou a mulher que, entre vós, forem necromantes ou adivinhos serão mortos, serão apedrejados, e o seu sangue cairá sobre eles".

21 ***Santidade do sacerdócio*** — **A. Os sacerdotes** — ¹Iahweh disse a Moisés: "Fala aos sacerdotes, filhos de Aarão; tu lhes dirás:

Nenhum deles se tornará impuro aproximando-se do cadáver[b] de alguém do seu povo, ²a não ser que se trate de parente seu muito chegado: mãe, pai, filho, filha, irmão. ³Também por sua irmã virgem, que permanece sua parenta próxima[c] visto que não pertenceu a nenhum homem, poderá tornar-se impuro; ⁴por uma mulher casada dentre o seu povo, não se tornará impuro, pois se profanaria.[d]

⁵Não farão tonsura na cabeça, não raparão a extremidade da barba e nem farão incisões no corpo. ⁶Serão consagrados a seu Deus e não profanarão o nome do seu Deus, porque são eles que apresentam as oferendas queimadas a Iahweh, o pão do seu Deus, e devem estar em estado de santidade.

⁷Não tomarão por esposa uma mulher prostituta ou desonrada, nem uma mulher repudiada por seu marido, pois o sacerdote é consagrado a seu Deus.[e]

⁸Tu o tratarás como santo, pois oferece o pão do teu Deus. Será santo para ti, pois eu sou santo, eu, Iahweh, que vos santifico.

⁹Se a filha de um homem que é sacerdote se desonra, prostituindo-se, profana também a seu pai e deve ser queimada no fogo.

B. O sumo sacerdote — ¹⁰O sumo sacerdote, que tem a preeminência entre seus irmãos, sobre cuja cabeça foi derramado o óleo da unção e que recebeu a investidura ao se revestir das vestimentas sagradas, não desgrenhará os cabelos, não rasgará as suas vestes, ¹¹não se aproximará do cadáver de nenhum morto e não ficará impuro nem por seu pai nem por sua mãe. ¹²Não sairá do santuário, a fim de não profanar o santuário de seu Deus, pois leva sobre si mesmo a consagração do óleo da unção de seu Deus. Eu sou Iahweh.

¹³Tomará por esposa uma mulher ainda virgem. ¹⁴A viúva, a mulher repudiada ou desonrada pela prostituição, não as tomará por esposas; somente a uma virgem dentre o seu povo tomará por esposa, ¹⁵pois assim não profanará sua descendência, pois sou eu, Iahweh, que a santifico".[f]

---

a) Reencontra-se aqui o vocabulário de 18,24-30. O v. 27 é acréscimo.
b) O contato com os mortos é contato impuro (Nm 6,9; 19,11-13; 31,19; cf. Ag 2,13). A mesma regra é dada para os sacerdotes em Ez 44,25-27; ela é mais severa para o sumo sacerdote (aqui, v. 11).
c) O casamento, que faz da mulher a "carne" do marido (Gn 2,23), corta seus laços com seus parentes de sangue.
d) Sentido discutido. O texto provavelmente está corrompido. No começo, em lugar de *baal*, "marido", lê-se *libe'ulat ba'al*, "por uma mulher casada". É a contrapartida do v. precedente.
e) A viúva não é excluída, como o é por Ez 44,22, que não faz exceção a não ser para a viúva de sacerdote, e como ela o é para o sumo sacerdote (v. 14).
f) Em se tornando "uma só carne" com mulher que não seja da tribo escolhida, o sumo sacerdote profa-

C. Impedimentos ao sacerdócio — ¹⁶Iahweh falou a Moisés e disse: ¹⁷"Fala a Aarão e dize-lhe:

Nenhum dos teus descendentes, em qualquer geração, se aproximará para oferecer o pão de seu Deus, se tiver algum defeito.*ᵃ* ¹⁸Pois nenhum homem deve se aproximar, caso tenha algum defeito, quer seja cego, coxo, desfigurado ou deformado, ¹⁹homem que tenha o pé ou o braço fraturado, ²⁰ou seja corcunda, anão, ou tenha belida no olho, ou dartro, ou pragas purulentas, ou seja eunuco. ²¹Nenhum dos descendentes de Aarão, o sacerdote, poderá se aproximar para apresentar oferendas queimadas a Iahweh, se tiver algum defeito; tem defeito, e por isso não se aproximará para oferecer o pão de seu Deus.

²²Poderá comer dos alimentos de seu Deus, coisas santíssimas e coisas santas, ²³porém não virá até junto do véu e não se aproximará do altar; ele tem um defeito e não deve profanar as minhas coisas sagradas, pois fui eu, Iahweh, que as santifiquei."

²⁴E Moisés disse isso a Aarão, a seus filhos e a todos os israelitas.

22 Santidade na participação das ofertas sagradas — A. Os sacerdotes

¹Iahweh falou a Moisés e disse:

²"Dize a Aarão e a seus filhos que se consagrem*ᵇ* pelas santas oferendas dos israelitas, para que não profanem meu santo nome, que deve ser santificado por minha causa. Eu sou Iahweh. ³Dize-lhes:

Todo homem de vossa descendência, em qualquer geração, que se aproximar em estado de impureza das santas oferendas consagradas a Iahweh pelos israelitas, tal homem será eliminado da minha presença. Eu sou Iahweh.

⁴Todo homem da descendência de Aarão que for atacado de lepra ou de fluxo não comerá das coisas santas antes de estar purificado. Todo aquele que tocar alguma coisa que um cadáver tornou impura, como aquele que teve emissão do líquido seminal, ⁵como também aquele que tocar qualquer tipo de réptil e assim se tornar impuro, ou ainda um homem que o contamine com a sua própria impureza, de qualquer tipo, ⁶enfim, quem quer que tenha tido tais contatos ficará impuro até à tarde e não poderá comer das coisas santas, senão depois de banhar o seu corpo com água. ⁷Depois de posto o sol, estará puro e poderá comer das coisas santas, porque são o seu alimento.

⁸Não comerá animal morto ou dilacerado, pois se contaminaria com ele. Eu sou Iahweh.

⁹Guardarão as minhas prescrições, para não incorrerem em pecado; morreriam, se as profanassem, pois fui eu, Iahweh, que os santifiquei.

13,15

17,15
Ez 4,14

B. Os leigos*ᶜ* — ¹⁰Nenhum leigo comerá das coisas santas: nem o hóspede do sacerdote e nem o servo assalariado comerão das coisas santas. ¹¹Contudo, se um sacerdote adquire uma pessoa, a dinheiro, esta poderá comer da mesma forma que aquele que nasceu na sua casa; comem, realmente, do seu próprio alimento. ¹²Se a filha de um sacerdote se casar com um leigo, não poderá comer dos tributos sagrados; ¹³mas se ela enviuvar, for repudiada, e não tiver filhos e voltar à casa de seu pai, como no tempo da sua juventude, comerá então do alimento de seu pai. Nenhum leigo dele comerá: ¹⁴se um homem comer, por inadvertência, alguma coisa santa, restituí-la-á ao sacerdote com o acréscimo de um quinto.

naria o santuário e introduziria sangue profano na sua descendência.
a) Deus é o criador do mundo físico na sua integridade. O defeito do sacerdote, chamado a se aproximar de Deus e a participar mais estreitamente da sua santidade, seria uma contradição.

b) As oferendas do povo, aceitas por Deus, tornam-se santas e consagram os que as consomem. Por isso eles devem estar em estado de pureza.
c) Os "leigos" são definidos aqui por oposição à família do sacerdote, que, segundo a concepção antiga, abrange também os escravos.

ⁱ⁵"Não profanarão as santas oferendas destinadas pelos israelitas a Iahweh. ¹⁶Se as comerem, trariam sobre os israelitas uma falta que exigiria reparação, pois fui eu, Iahweh, que santifiquei estas oferendas".

C. Os animais sacrificados — ¹⁷Iahweh falou a Moisés e disse: ¹⁸"Fala a Aarão, a seus filhos, a todos os israelitas, e lhes dirás:
Qualquer homem da casa de Israel, ou qualquer estrangeiro residente em Israel, que trouxer sua oferenda a título de voto ou de dom voluntário e fizer um holocausto a Iahweh,ᵃ ¹⁹para ser aceito deverá oferecer um macho sem defeito, novilho, carneiro ou cabrito. ²⁰Não oferecereis coisa alguma que tenha defeito, porque não seria aceita em vosso favor.
²¹Se alguém oferecer a Iahweh um sacrifício de comunhão, para cumprir um voto ou como dom voluntário, de gado graúdo ou miúdo, para ser aceito, o animal não deverá ter defeito; não deverá haver nele defeito algum. ²²Não oferecereis a Iahweh animal cego, estropiado, mutilado, ulceroso, com dartros ou purulento. Nenhuma parte de tais animais será colocada sobre o altar como oferenda queimada a Iahweh. ²³Poderás oferecer, como dom voluntário, um animal anão ou disforme, de gado graúdo ou miúdo, mas para o cumprimento de um voto não será aceito. ²⁴Não oferecereis a Iahweh animal que tenha os testículos feridos, moídos, arrancados ou cortados. Não fareis isto na vossa terra ²⁵e coisa alguma semelhante a estas aceitareis da mão do estrangeiro para oferecer como alimento ao vosso Deus. A deformidade deles é, na verdade, um defeito, e estas vítimas não seriam aceitas em vosso favor".

²⁶Iahweh falou a Moisés e disse:
²⁷"Após o nascimento, o bezerro, o cordeiro ou o cabrito ficará sete dias junto da sua mãe. Do oitavo dia em diante poderá ser apresentado como oferenda queimada a Iahweh. ²⁸Quer seja bezerro ou cordeiro, não imolareis no mesmo dia o animal e a sua cria.
²⁹Se oferecerdes a Iahweh um sacrifício de louvor, fazei-o de maneira que sejais aceitos; ³⁰será comido no mesmo dia, sem deixar nada para o dia seguinte. Eu sou Iahweh.

D. Exortação final — ³¹Guardareis os meus mandamentos e os praticareis. Eu sou Iahweh. ³²Não profanareis o meu santo nome, a fim de que eu seja santificado no meio dos israelitas, eu, Iahweh, que vos santifico. ³³Eu que vos fiz sair da terra do Egito, a fim de ser o vosso Deus, eu sou Iahweh".

23 Ritual das festas do ano:ᵇ — ¹Iahweh falou a Moisés e disse: ²"Fala aos israelitas; dize-lhes:
(As solenidades de Iahweh, às quais os convocareis, são as minhas santas assembleias.)
Estas são as minhas solenidades:

A. O sábado — ³Durante seis dias se trabalhará, mas o sétimo dia será dia de repouso completo, dia de santa assembleia, no qual não fareis trabalho algum. Onde quer que habiteis, é sábado para Iahweh.
⁴Estas são as solenidades de Iahweh, as santas assembleias às quais convocareis os israelitas, no tempo determinado:

---

a) Segundo a Lei de santidade, os holocaustos, assim como os sacrifícios de comunhão, podem ser o cumprimento de um voto ou uma oferenda espontânea (cf. 7,11+).

b) Após as condições morais (18-20) e rituais (21-22) dos sacrifícios, o cap. 23 define o ciclo litúrgico. Sobre as diversas festas, ver Ex 12,1+ e Ex 23,14+.

B. A Páscoa e os Ázimos[a] — ⁵No primeiro mês, no décimo quarto dia do mês, ao crepúsculo, é Páscoa para Iahweh, ⁶e, no décimo quinto dia desse mês, é a festa dos Ázimos para Iahweh. Durante sete dias comereis pães sem fermento. ⁷No primeiro dia, tereis santa assembleia; não fareis nenhuma obra servil. ⁸Durante sete dias apresentareis uma oferenda queimada a Iahweh. No sétimo dia, dia de santa assembleia, não fareis nenhuma obra servil".

C. O primeiro feixe[b] — ⁹Iahweh falou a Moisés e disse:
¹⁰"Fala aos israelitas; tu lhes dirás:
Quando tiverdes entrado na terra que vos dou e fizerdes nela a ceifa, trareis ao sacerdote o primeiro feixe de vossa ceifa. ¹¹Ele o oferecerá diante de Iahweh, com gesto de apresentação, para que sejais aceitos. No dia seguinte ao sábado, o sacerdote fará esta apresentação ¹²e, no dia em que fizerdes esta apresentação, oferecereis a Iahweh o holocausto de um cordeiro de um ano, sem defeito. ¹³A sua oblação, neste dia, será de dois décimos de flor de farinha amassada com azeite, oferenda queimada para Iahweh, em perfume de agradável odor; a sua libação de vinho será de um quarto de hin. ¹⁴Não comereis pão, nem espigas tostadas ou pão cozido antes deste dia, isto é, antes de terdes trazido a oferenda de vosso Deus. É uma lei perpétua para os vossos descendentes, onde quer que habiteis.

D. A festa das Semanas — ¹⁵A partir do dia seguinte ao sábado, desde o dia em que tiverdes trazido o feixe de apresentação, contareis sete semanas completas. ¹⁶Contareis cinquenta dias até o dia seguinte ao sétimo sábado e oferecereis então a Iahweh uma nova oblação. ¹⁷Trareis das vossas habitações o pão para ser oferecido em gesto de apresentação, feito em duas partes, de dois décimos de flor de farinha cozida com fermento, como primícias a Iahweh. ¹⁸Oferecereis, além do pão, sete cordeiros de um ano, sem defeito, um novilho e dois carneiros como holocausto a Iahweh, acompanhados de uma oblação e de uma libação, oferendas queimadas em perfume de agradável odor a Iahweh. ¹⁹Fareis também com um bode um sacrifício pelo pecado, e com dois cordeiros de um ano um sacrifício de comunhão. ²⁰O sacerdote os oferecerá com gesto de apresentação diante de Iahweh, além do pão das primícias. De igual modo os dois cordeiros, pois são coisas santas a Iahweh e que pertencerão ao sacerdote.
²¹Nesse mesmo dia, fareis uma convocação; esta será para vós uma assembleia santa e não fareis nenhuma obra servil. É lei perpétua para vossos descendentes, onde quer que habiteis.
²²Quando segardes a messe na vossa terra, não segarás até o limite extremo do teu campo e não respigarás a tua messe. Deixarás isso para o pobre e para o estrangeiro. Eu sou Iahweh vosso Deus".

E. O primeiro dia do sétimo mês — ²³Iahweh falou a Moisés e disse:
²⁴"Fala aos israelitas e dize-lhes:
No sétimo mês, o primeiro dia do mês[c] será para vós dia de repouso, comemoração com som de trombeta, santa assembleia. ²⁵Não fareis nenhuma obra servil e apresentareis oferenda queimada a Iahweh".

---

a) As duas festas estão unidas e se seguem em datas marcadas, como em Nm 28,16-25. Parecem, à primeira vista, ainda mais estreitamente unidas em Dt 16,1-8, porém o texto é compósito.
b) Entre os Ázimos e a festa das Semanas, a Lei de santidade introduz, em seu lugar na sequência do ano agrícola, uma oferenda do primeiro feixe (da ceifa da cevada); e uma nova formulação da antiga oferenda das primícias (Ex 23,19; 34,26).
c) O primeiro dia do mês (lunar), a "lua nova" ou "neomênia", era uma festa celebrada tanto entre os israelitas como entre os cananeus (1Sm 20,5.24; Is 1,13; Am 8,5), e o foi até a época do NT (cf. Nm 28,11-15; Ez 46,6-7; Ne 10,34; Cl 2,16). Os rituais de Lv 23 e Nm 29,1-6 contêm só a neomênia do sétimo mês (do ano que começa na primavera), que foi durante muito tempo o primeiro mês (do ano que começa no outono).

F. O dia das Expiações — ²⁶Iahweh falou a Moisés e disse:

16+
Nm 29,7-11

²⁷"Mas o décimo dia do sétimo mês é o dia das Expiações. Tereis santa assembleia. Jejuareis e apresentareis oferenda queimada a Iahweh. ²⁸Nesse dia não fareis trabalho algum, pois é o dia das Expiações, quando se fará por vós o rito de expiação diante de Iahweh vosso Deus. ²⁹E toda pessoa que não jejuar nesse dia será eliminada do seu povo; ³⁰e toda pessoa que fizer algum trabalho nesse dia, eu a exterminarei do meio do seu povo. ³¹Nenhum trabalho fareis; é uma lei perpétua para vossos descendentes, onde quer que habiteis. ³²Será para vós um dia de repouso completo. Jejuareis e, à tarde do nono dia do mês, desde essa tarde até a tarde seguinte, cessareis completamente o trabalho".

Ex 23,14+

G. A festa das Tendas — ³³Iahweh falou a Moisés e disse:

³⁴"Fala aos israelitas e dize-lhes:

No décimo quinto dia deste sétimo mês haverá, durante sete dias, a festa das Tendas para Iahweh. ³⁵No primeiro dia, dia de santa assembleia, não fareis nenhuma obra servil. ³⁶Durante sete dias apresentareis oferenda queimada a Iahweh. No oitavo dia haverá santa assembleia e apresentareis oferenda queimada a Iahweh. É dia de reunião solene, e não fareis nenhuma obra servil.

Conclusão — ³⁷Estas são as solenidades de Iahweh, para as quais convocareis os israelitas, assembleias santas destinadas a apresentar oferendas queimadas a Iahweh, holocaustos, oblações, sacrifícios, libações, segundo o ritual próprio de cada dia, ³⁸além dos sábados de Iahweh, das dádivas, dos votos e das oferendas voluntárias que fareis a Iahweh.

Continuação sobre a festa das Tendas*ᵃ* — ³⁹Mas no décimo quinto dia do sétimo mês, quando tiverdes colhido os produtos da terra, celebrareis a festa de Iahweh durante sete dias. O primeiro e o oitavo dias serão dias de repouso. ⁴⁰No primeiro dia tomareis frutos formosos, ramos de palmeiras, ramos de árvores frondosas e de salgueiros das ribeiras, e vos regozijareis durante sete dias na presença de Iahweh vosso Deus. ⁴¹Celebrareis assim uma festa para Iahweh, sete dias por ano. É lei perpétua para vossos descendentes.

No sétimo mês fareis esta festa. ⁴²Habitareis durante sete dias em cabanas. Todos os naturais de Israel habitarão em cabanas, ⁴³para que os vossos descendentes saibam que eu fiz os israelitas habitarem cabanas, quando os fiz sair da terra do Egito. Eu sou Iahweh vosso Deus".

⁴⁴E Moisés proclamou aos israelitas as solenidades de Iahweh.

24

Ex 25,31-40
Lv 6,5-6
Ex 27,20s

Prescrições rituais complementares.ᵇ **A. A chama permanente** — ¹Iahweh falou a Moisés e disse:

²"Ordena aos israelitas que te tragam azeite puro de olivas esmagadas, para o candelabro, para que nele haja uma chama permanente. ³Diante do véu do Testemunho, na Tenda da Reunião, Aarão colocará em ordem a chama. Estará neste lugar diante de Iahweh, desde a tarde até a manhã, continuamente. É uma lei perpétua para os vossos descendentes; ⁴Aarão preparará as lâmpadas sobre o candelabro puro,ᶜ diante de Iahweh, continuamente.

---

a) Este texto é acréscimo pós-exílico que insiste no caráter jubiloso da festa, no espírito de Dt 16,13-16, e a relaciona com as recordações do deserto (v. 43).

b) Salvo os vv. 15-22, que pertencem à Lei de santidade, o cap. 24 provém de uma redação sacerdotal posterior, que fixa usos cotidianos (vv. 2-4) ou semanais (vv. 5-22)

do Templo de Jerusalém, referindo-se aos textos da mesma redação em Ex 25. Uma história (vv. 10-14.23), do gênero de 10,1-5; 16,20; Nm 15,22-36, emoldura aquilo que a Lei de santidade dizia do blasfemo e do talião.

c) "puro", ritualmente; ou ainda "de ouro puro"; o mesmo para a "mesa" no v. 6.

B. Os pães sobre a mesa de ouro — ⁵Tomarás flor de farinha e cozerás doze pães, tendo cada um dois décimos. ⁶Em seguida os porás em duas fileiras de seis, sobre a mesa pura que está diante de Iahweh. ⁷Sobre cada fileira porás incenso puro. Isto será alimento oferecido em memorial, uma oferenda queimada a Iahweh. ⁸Cada dia de sábado serão colocados, permanentemente, diante de Iahweh. Os israelitas os fornecerão como aliança perpétua; ⁹pertencerão a Aarão e a seus filhos, que os comerão no lugar santo, pois é coisa santíssima para ele, das ofertas queimadas a Iahweh. É lei perpétua".

Blasfêmia e lei do talião — ¹⁰O filho de uma israelita, cujo pai era egípcio, saiu da sua casa e, ao se encontrar no meio dos israelitas, no acampamento, contendeu com um homem que era israelita. ¹¹Ora, o filho da israelita blasfemou o Nome e o amaldiçoou. Levaram-no então a Moisés (o nome da mãe era Salomit, filha de Dabri, da tribo de Dã). ¹²Puseram-no sob custódia, para que se decidisse somente pela ordem de Iahweh.

¹³Iahweh falou a Moisés e disse:

¹⁴"Tira fora do acampamento aquele que pronunciou a maldição. Todos aqueles que o ouviram porão suas mãos sobre a cabeça dele, e toda a comunidade o apedrejará.ᵃ ¹⁵Em seguida falarás aos israelitas o seguinte:

Todo homem que amaldiçoar o seu Deus levará o peso do seu pecado. ¹⁶Aquele que blasfemar o nome de Iahweh deverá morrer, e toda a comunidade o apedrejará. Quer seja estrangeiro ou natural, morrerá, caso blasfeme o Nome.ᵇ

¹⁷Se um homem golpearᶜ um ser humano, quem quer que seja, deverá morrer.

¹⁸Quem ferir mortalmente um animal deve dar a compensação por ele: vida por vida.

¹⁹Se um homem ferir um compatriota, desfigurando-o, como ele fez, assim se lhe fará: ²⁰fratura por fratura, olho por olho, dente por dente. O dano que se causa a alguém, assim também se sofrerá: ²¹quem matar um animal deverá dar compensação por ele, e quem matar um homem deve morrer. ²²A sentença será entre vós a mesma, quer se trate de um natural ou de estrangeiro, pois eu sou Iahweh vosso Deus".

²³Havendo Moisés assim falado aos israelitas, tiraram fora do acampamento aquele que havia pronunciado a maldição e o apedrejaram. Cumpriram assim o que Iahweh havia ordenado a Moisés.

25 Os anos santos.ᵈ A. O ano sabático — ¹Iahweh falou a Moisés no monte Sinai; disse-lhe:

²"Fala aos israelitas e dize-lhes:

Quando entrardes na terra que eu vos dou, a terra guardará um sábado para Iahweh. ³Durante seis anos semearás o teu campo; durante seis anos podarás a tua vinha e recolherás os produtos dela. ⁴Mas no sétimo ano a terra terá seu repouso sabático, um sábado para Iahweh: não semearás o teu campo e não podarás a tua vinha, ⁵não ceifarás as tuas espigas, que não serão reunidas em feixes, e não vindimarás as tuas uvas das vinhas, que não serão podadas. Será para a terra um ano de repouso. ⁶O próprio sábado da terra vos nutrirá, a ti,

---

a) A comunidade maculada pela maldição purifica-se pela lapidação do culpado, sobre o qual se impõe a mão como sobre o animal que substitui a comunidade em um sacrifício (16,21).

b) "o Nome", sam.; "um nome", hebr.; "o nome de Iahweh", grego.

c) Trata-se de golpes mortais (cf. Ex 21,12). Estes vv. retomam as antigas prescrições do Código da Aliança, assemelhando o residente comum ao israelita (vv. 16b.20b-22).

d) Estas leis afirmam um domínio absoluto de Deus sobre a Terra Santa: o próprio solo observará o sábado (ver Ex 20,8+). O ano sabático aparece desde o Código da Aliança (Ex 23,10-11); a legislação é precisada em Lv 25,1-7. Após o Exílio, a sua observância é atestada em Ne 10,32 e 1Mc 6,49-53. Dt 15,1-11 acrescenta

ao teu servo, à tua serva, ao teu empregado, ao teu hóspede, enfim a todos aqueles que residem contigo. ⁷Também ao teu gado e aos animais da tua terra, todos os seus produtos servirão de alimento.

B. O ano do jubileu — ⁸Contarás sete semanas de anos, sete vezes sete anos, isto é, o tempo de sete semanas de anos, quarenta e nove anos. ⁹No sétimo mês, no décimo dia do mês, farás ressoar o toque da trombeta; no dia das Expiações, fareis soar a trombeta em todo o país. ¹⁰Declarareis santo o quinquagésimo ano e proclamareis a libertação de todos os moradores da terra. Será para vós um jubileu: cada um de vós retornará a seu patrimônio, e cada um de vós voltará ao seu clã. ¹¹O quinquagésimo ano será para vós um ano jubilar: não semeareis, nem ceifareis as espigas que nasceram após a ceifa, e não vindimareis as cepas que tiverem brotado livremente. ¹²O jubileu será para vós coisa santa e comereis o produto dos campos.

¹³Neste ano do jubileu, tornará cada um à sua possessão. ¹⁴Se venderes ao teu compatriota ou dele comprares, que ninguém prejudique a seu irmão!ᵃ ¹⁵Segundo o número dos anos decorridos depois do jubileu, comprarás de teu compatriota e segundo o número dos anos das colheitas, ele te estabelecerá o preço da venda. ¹⁶Quanto maior o número de anos, mais aumentarás o preço, e quanto menor o número de anos, mais o reduzirás, pois ele te vende um determinado número de colheitas. ¹⁷Ninguém dentre vós oprima seu compatriota, mas tenha o temor de teu Deus, pois eu sou Iahweh vosso Deus.

Garantia divina para o ano sabático — ¹⁸Guardareis os meus estatutos e as minhas normas; guardá-los-eis, pondo-os em prática, e desse modo habitareis na terra em segurança. ¹⁹A terra dará o seu fruto: comê-lo-eis com fartura e habitareis em segurança.

²⁰Se disserdes: 'que comeremos neste sétimo ano, se não semearmos e não colhermos os nossos produtos?' — ²¹eu estabeleço a minha bênção no que colherdes no sexto ano, de modo que vos garanta produtos por três anos.ᵇ ²²Quando semeardes, no oitavo ano poderei ainda comer dos produtos antigos, até o nono ano; até que venham os produtos desse ano, comereis dos antigos.

Resgate das propriedadesᶜ — ²³A terra não será vendida perpetuamente, pois a terra me pertence e vós sois para mim estrangeiros e hóspedes. ²⁴Para toda propriedade que possuirdes, estabelecereis o direito de resgate para a terra. ²⁵Se o teu irmão cair na pobreza e tiver de vender algo do seu patrimônio, o seu parente mais próximo virá a ele, a fim de exercer seus direitos de família sobre aquilo que o seu irmão vende. ²⁶Aquele que não tem ninguém para exercer esse direito, e desde que haja encontrado recursos para fazer o resgate, ²⁷poderá calcular os anos que deverá durar a venda, e assim restituirá ao comprador o

a remissão das dívidas. Os escravos hebreus devem igualmente ser libertados no sétimo ano da sua servidão, mas sem relação necessária com o ano sabático (Ex 21,2; Dt 15,12-18). Esta prescrição era pouco observada (cf. Jr 34,8-16). A fim de se tornar menos onerosa, ela foi ligada a um ciclo de 50 anos: o ano de jubileu (Lv 25,8-17), assim chamado porque era anunciado ao som de trombeta, *yôbel* (alusão em Is 61,1-2). Ela compreendia, além do repouso dos campos, uma franquia geral das pessoas e dos bens, voltando cada um para o seu clã e retomando o seu patrimônio (v. 10). Estas medidas tinham por fim assegurar a estabilidade da sociedade fundada sobre a família e o bem familiar. Mas na verdade isto não era senão um esforço tardio para tornar a lei sabática mais eficaz, e parece que esta lei jamais foi observada. Transposto para o plano espiritual, o ano santo ou do jubileu da Igreja dá aos cristãos, periodicamente, a ocasião de uma remissão das suas dívidas para com Deus.

a) Esta lei assegura a equidade das transações e ao mesmo tempo luta contra o açambarcamento das terras denunciado por Is 5,8 e Mq 2,2.

b) Três anos incompletos: o ano da colheita, o ano sabático e aquele que o segue, enquanto não se dispõe ainda da colheita semeada no outono.

c) Este texto pretende combinar com a lei do jubileu a antiga instituição do *go'el*, o "parente próximo" do v. 25 (cf. Nm 35,19+).

montante referente ao tempo que ainda resta e retomará a sua propriedade. ²⁸Se não tiver meios para realizar essa restituição, a propriedade vendida permanecerá com aquele que a comprou, até o ano do jubileu. No jubileu, o comprador a liberará, para que volte ao seu próprio possuidor.

²⁹Quando alguém vender uma casa de moradia em uma cidade com muralhas, terá o direito de resgate, até o final do ano que se segue à venda; o seu direito de resgate durará um ano ³⁰e, se não for feito o resgate no final do ano, a casa na cidade com muralhas será propriedade daquele que a adquiriu e dos seus descendentes, para sempre: não será liberada no jubileu.ᵃ ³¹Contudo, as casas das aldeias sem muralhas serão consideradas como situadas no campo e haverá para elas direito de resgate e o comprador deverá liberá-las no jubileu.

³²Quanto às cidades dos levitas, às casas das cidades de sua possessão, têm eles um direito perpétuo de resgate.ᵇ ³³Se é um levita que sofre o efeito do direito de resgate, no jubileu ele deixará a propriedade vendida para voltar à sua casa na cidade em que ele tem um título de propriedade.ᶜ As casas das cidades dos levitas são realmente propriedade deles no meio dos israelitas, ³⁴e os campos de cultura ao redor dessas cidades não poderão ser vendidos, pois são propriedades deles para sempre.

Nm 35,1-8
Js 21,1-8
Ez 48,13-14

Resgate de pessoas — ³⁵Se o teu irmão que vive contigo achar-se em dificuldade e não tiver com que te pagar, tu o sustentarás como a um estrangeiro ou hóspede, e ele viverá contigo. ³⁶Não tomarás dele nem juros nem usuras, mas terás o temor do teu Deus, e que o teu irmão viva contigo. ³⁷Não lhe emprestarás dinheiro a juros, nem lhe darás alimento para receber usura: ³⁸eu sou Iahweh vosso Deus, que vos tirei da terra do Egito para vos dar a terra de Canaã para ser o vosso Deus.

Ex 12,48 +

22,33 +

³⁹Se o teu irmão se tornar pobre, estando contigo, e vender-se a ti, não lhe imporás trabalho de escravo; ⁴⁰será para ti como um assalariado ou hóspede e trabalhará contigo até o ano do jubileu. ⁴¹Então sairá da tua casa, ele e seus filhos, e voltará ao seu clã e à propriedade de seus pais.ᵈ ⁴²Na verdade, eles são meus servos, pois os fiz sair da terra do Egito, e não devem ser vendidos como se vende um escravo. ⁴³Não o dominarás com tirania, mas terás o temor de teu Deus.

Ex 21,2-11
Dt 15,12-18
Jr 34,8-22

⁴⁴Os servos e as servas que tiveres deverão vir das nações que vos circundam; delas podereis adquirir servos e servas. ⁴⁵Também podereis adquiri-los dentre os filhos dos hóspedes que habitam entre vós, bem como das suas famílias que vivem convosco e que nasceram na vossa terra: serão vossa propriedade ⁴⁶e deixá-los-eis como herança a vossos filhos depois de vós, para que os possuam como propriedade perpétua. Tê-los-eis como escravos; mas sobre os vossos irmãos, os israelitas, pessoa alguma exercerá poder de domínio.ᵉ

⁴⁷E se o estrangeiro ou o hóspede que vive contigo se enriquecer e teu irmão que vive junto dele se empobrecer e se vender ao estrangeiro ou ao hóspede ou

---

a) A lei do jubileu não se aplica aos bens urbanos senão de maneira limitada.
b) O caráter sagrado das cidades levíticas é assim assegurado, e somente os levitas poderão nelas adquirir direitos estáveis.
c) Texto corrigido, hebr. ininteligível. O caso previsto parece ser o de um levita comprando de outro levita. Neste caso, a venda é considerada válida. Outros entendem que se trata do caso em que o levita não exerce o direito de resgate.
d) Pretende-se aqui harmonizar com a lei do jubileu a antiga lei do Código da Aliança sobre a alforria dos escravos no final de seis anos (Ex 21,2-6). Esta nova lei é utópica: um escravo comprado no começo de um período do jubileu corria o grande risco de morrer antes da sua alforria, e de qualquer maneira estaria muito velho para trabalhar como homem livre. Contudo, era para ele uma situação mais suave do que a de um escravo (cf. vv. 45-46).
e) Nas relações entre os israelitas e os não-israelitas, esta legislação admite o estatuto ordinário do escravo na antiguidade. Mas no interior de Israel, em nome da aliança divina, impõe-se outro estatuto. O NT faz entrar os outros povos nesta aliança.

ao descendente da família de alguém que reside entre vós, ⁴⁸gozará do direito de resgate, mesmo depois de vendido, e um dos seus irmãos poderá resgatá-lo. ⁴⁹O seu tio paterno poderá resgatá-lo, ou o seu primo, ou um dos membros da sua família; ou, se conseguir recursos, poderá resgatar-se a si mesmo. ⁵⁰Ajustará com aquele que o comprou e fará a conta dos anos compreendidos entre o ano da venda e o ano do jubileu; o total do preço da venda será calculado segundo o número dos anos, contando-se-lhe os dias como os de um assalariado. ⁵¹Se faltarem ainda muitos anos, pagará o valor do seu resgate de acordo com o número dos anos, isto é, uma parte do seu preço de venda. ⁵²Se restarem poucos anos até ao jubileu, será de acordo com a proporção dos anos que calculará o que deve pagar pelo seu resgate, ⁵³como se fosse assalariado contratado por ano. Não o tratarás com dureza, diante de ti.

⁵⁴Se não for resgatado por nenhuma destas formas, será no ano do jubileu que sairá livre, tanto ele como os seus filhos com ele. ⁵⁵Pois é de mim que os israelitas são servos; são servos meus que fiz sair da terra do Egito. Eu sou Iahweh vosso Deus.

26

Resumo. Conclusão — ¹Não fareis ídolos, não levantareis imagem ou estela, e não colocareis em vossa terra pedras trabalhadas para vos inclinardes diante delas, pois eu sou Iahweh vosso Deus. ²Guardareis os meus sábados e reverenciareis meu santuário. Eu sou Iahweh.

Bênçãosᵃ — ³Se vos conduzirdes segundo os meus estatutos, se guardardes meus mandamentos e os praticardes, ⁴então vos darei as chuvas no seu devido tempo, e a terra dará os seus produtos, a árvore do campo os seus frutos, ⁵e a debulha se estenderá até à vindima e esta até à semeadura. Então comereis o vosso pão até vos fartardes e habitareis em segurança na vossa terra.

⁶Estabelecerei a paz na terra e dormireis sem que ninguém vos perturbe. Farei desaparecer da terra os animais nocivos. A espada não passará pela vossa terra. ⁷Perseguireis os vossos inimigos, que cairão à espada diante de vós. ⁸Cinco de vós perseguirão cem, e cem dos vossos perseguirão dez mil, e os vossos inimigos cairão à espada diante de vós.

⁹Voltar-me-ei para vós e vos farei crescer e multiplicar, e confirmarei a minha aliança convosco.

¹⁰Depois de vos terdes alimentado da colheita anterior, tereis ainda de jogar fora a antiga, para dar lugar à nova.

¹¹Estabelecerei a minha habitação no meio de vós e não vos rejeitarei jamais. ¹²Estarei no meio de vós, serei o vosso Deus e vós sereis o meu povo. ¹³Pois sou eu, Iahweh vosso Deus, que vos fiz sair da terra do Egito para que não fôsseis mais os servos deles; quebrei as cangas do vosso jugo e vos fiz andar de cabeça erguida.

Maldições — ¹⁴Mas se não ouvirdes e não praticardes todos estes mandamentos, ¹⁵e rejeitardes os meus estatutos, desprezardes as minhas normas e quebrardes a minha aliança, deixando de praticar todos os meus mandamentos, ¹⁶então eu farei o mesmo contra vós.

Porei sobre vós o terror, o definhamento e a febre, que consomem os olhos e esgotam a vida. Debalde semeareis a vossa semente, porque os vossos inimigos a comerão. ¹⁷Voltar-me-ei contra vós e sereis derrotados pelos vossos inimigos. Vossos adversários vos dominarão e vós fugireis sem que haja alguém a vos perseguir.

---

a) Como o Código deuteronômico (Dt 28), a Lei de santidade se encerra com bênçãos e maldições. Contudo, as diferenças de vocabulário e de conteúdo indicam que os dois textos não têm contatos literários. Os tratados de aliança do Oriente antigo se encerravam também com bênçãos e maldições.

¹⁸E se, apesar disso, não me ouvirdes, continuarei a castigar-vos sete vezes mais, por causa dos vossos pecados. ¹⁹Quebrarei o vosso poder orgulhoso e vos farei o céu como de ferro e a terra como de bronze: ²⁰vossa força se consumirá inutilmente, vossa terra não dará mais os seus produtos, e as árvores do campo não darão mais os seus frutos.

²¹Se vos opuserdes a mim e não me quiserdes ouvir, agravarei estas pragas sobre vós sete vezes mais, por causa dos vossos pecados. ²²Soltarei contra vós as feras do campo, que matarão os vossos filhos, reduzirão o vosso gado e vos dizimarão, a ponto de se tornarem desertos os vossos caminhos.

²³E se, apesar disso, ainda não vos corrigirdes e vos obstinardes em resistir-me, ²⁴também eu vos serei contrário, e ainda vos ferirei sete vezes mais por causa dos vossos pecados. ²⁵Farei vir contra vós a espada que vingará a minha Aliança. E quando vos refugiardes nas vossas cidades, enviarei a peste no meio de vós e sereis entregues em poder do inimigo. ²⁶E quando eu vos tiver retirado o sustento do pão,ᵃ dez mulheres poderão cozer o vosso pão num só forno, e vos entregarão este pão medido, e comereis e não vos fartareis.

²⁷E se, apesar disso, ainda não me ouvirdes e continuardes a vos opor a mim, ²⁸eu me oporei a vós com furor, e eu mesmo vos castigarei sete vezes mais pelos vossos pecados. ²⁹Comereis a carne dos vossos filhos e comereis a carne das vossas filhas. ³⁰Destruirei os vossos lugares altos, desfarei os vossos altares de incenso, lançarei os vossos cadáveres sobre os cadáveres dos vossos ídolos e vos rejeitarei. ³¹Reduzirei as vossas cidades a ruínas, devastarei os vossos santuáriosᵇ e não aspirarei mais os vossos perfumes de agradável odor. ³²Eu mesmo devastarei a terra, e se espantarão os vossos inimigos que a vierem habitar! ³³Quanto a vós, eu vos dispersarei entre as nações. Desembainharei a espada contra vós e farei da vossa terra um deserto e das vossas cidades, ruínas. ³⁴Então a terra cumprirá os seus sábados, durante todos os dias da sua desolação, enquanto estiverdes na terra dos vossos inimigos. Então a terra repousará e poderá cumprir os seus sábados. ³⁵Repousará durante todos os dias de sua desolação, o que não aconteceu nos vossos dias de sábado, quando nela habitáveis. ³⁶E no meio daqueles que dentre vós sobreviverem, farei vir o terror ao seu coração; quando se encontrarem na terra dos seus inimigos, perseguidos pelo ruído de uma folha seca, fugirão como se foge diante da espada e cairão, ainda que ninguém os persiga. ³⁷Tropeçarão uns nos outros, como se estivessem diante da espada, sem que ninguém os persiga! E não podereis permanecer diante dos vossos inimigos, ³⁸perecereis entre as nações, e a terra dos vossos inimigos vos devorará. ³⁹Aqueles dentre vós que sobreviverem serão consumidos na terra dos seus inimigos, por causa das suas iniquidades; é também por causa das iniquidades dos seus pais, acrescidas às deles, que virão a perecer. ⁴⁰E confessarão então as suas iniquidades, bem como as iniquidades dos seus pais, faltas cometidas por infidelidade para comigo e, ainda mais, por oposição a mim.

⁴¹E eu também serei contrário a eles e os conduzirei à terra dos seus inimigos. Então o seu coração incircunciso se humilhará e farão expiação pelas suas faltas. ⁴²Lembrar-me-ei da minha aliança com Jacó, da minha aliança com Isaac e da minha aliança com Abraão, e igualmente me lembrarei da terra.

⁴³E a terra, abandonada por eles, cumprirá os seus sábados, enquanto permanecer desolada com a partida deles.ᶜ Eles, contudo, deverão expiar a sua iniquidade, visto que rejeitaram as minhas normas e desprezaram os meus estatutos.

---

a) Lit.: "eu vos tiver quebrado o bastão do pão". Talvez um bastão sobre o qual se enfiavam os pães para conservá-los, ou antes, metaforicamente, o pão como sustento do homem. Sobre esta imagem de fome cf. Sl 105,16.
b) Numerosos mss trazem "santuário", no singular.
c) Ou: "por causa deles".

⁴⁴Contudo, não será apenas isto, pois ainda que estejam na terra dos seus inimigos, eu não os rejeitarei e não os aborrecerei a ponto de romper com eles e de invalidar a minha aliança com eles, pois eu sou Iahweh seu Deus. ⁴⁵Lembrar-me-ei, em favor deles, da aliança feita com os seus antepassados, que fiz sair da terra do Egito, à vista das nações, a fim de ser o seu Deus, eu mesmo Iahweh".

⁴⁶São estes os estatutos, as normas e as leis que Iahweh estabeleceu entre si e os israelitas, no monte Sinai, por intermédio de Moisés.

Apêndice

*TARIFAS E AVALIAÇÕES*ᵃ

27 **A. Pessoas** — ¹Iahweh falou a Moisés e disse: ²"Fala aos israelitas e dize-lhes:

Se alguém quiser cumprir um voto a Iahweh, relativo ao valor de uma pessoa,ᵇ

³um homem entre vinte e sessenta anos será avaliado em cinquenta siclos de prata — siclo do santuário; — ⁴se for uma mulher, a avaliação será de trinta siclos;

⁵entre cinco e vinte anos, o homem será avaliado em vinte siclos e a mulher em dez siclos;

⁶entre um mês e cinco anos, o homem será avaliado em cinco siclos de prata e a mulher em três siclos de prata;

⁷de sessenta anos para cima, o homem será avaliado em quinze siclos e a mulher em dez siclos.

⁸Se aquele que fez o voto não tiver condições para atender a esta avaliação, então apresentará a pessoa ao sacerdote. Este fará a avaliação, que será de acordo com os recursos daquele que fez o voto.

B. Animais — ⁹Em se tratando de animais, daqueles que se ofereçam a Iahweh, todo animal que se oferece a Iahweh será coisa sagrada. ¹⁰Não poderá ser trocado nem substituído, quer seja o bom pelo mau, quer o mau pelo bom. Se se substituir um animal por outro, tanto o primeiro como o segundo serão coisas sagradas. ¹¹Em se tratando de animal impuro que não se pode oferecer a Iahweh, qualquer que seja, será levado ao sacerdote ¹²e este fará a avaliação do animal, declarando-o bom ou mau; e de acordo com a avaliação, tal será o seu preço. ¹³Porém, se se desejar resgatá-lo, acrescentar-se-á à avaliação mais um quinto do seu valor.

C. Casas — ¹⁴Se alguém consagrar sua casa a Iahweh, o sacerdote fará a avaliação dela, se é de alto ou de baixo preço. Segundo a avaliação do sacerdote, tal será o seu preço; ¹⁵contudo, se o homem que fez voto da casa desejar resgatá-la, acrescentará à avaliação um quinto do seu preço e ela será dele.

D. Campos — ¹⁶Se um homem consagrar a Iahweh um campo do seu patrimônio, a avaliação dele será feita de acordo com o seu produtoᵈ na proporção de cinquenta siclos de prata por meio almude de cevada.

---

a) Este cap. é acréscimo. Ele enumera as regras para o cumprimento dos votos (7,16; 22,21; Nm 30,3-16; Dt 12,6-12; 23,19.22-24). É um regulamento do Templo pós-exílico, que existiu à parte e foi ligado à legislação dada no Sinai (vv. 1-2a e 34). O voto impunha originariamente uma obrigação grave, mas foi abrandada, e finalmente admitia-se que ele podia ser comutado em um pagamento em dinheiro, salvo no caso de anátema (vv. 28-29).
b) Podia-se fazer voto de uma pessoa (cf. Jz 11,30-40; 13,3s; 1Sm 1,11).
c) Pode-se entender também: "em função da semente que pode receber".

¹⁷Se consagrar o campo desde o ano do jubileu, permanecerá esta avaliação; ¹⁸porém, se o consagrar depois do jubileu, o sacerdote calculará o preço dele de acordo com os anos que ainda restam para chegar ao jubileu, e será feita uma dedução no preço da avaliação.

¹⁹Se desejar resgatar o campo, acrescentará à avaliação um quinto do seu preço, e o campo será seu. ²⁰Se não resgatar o campo, mas vendê-lo a outrem, cessará o direito de resgate; ²¹no ano do jubileu,*ᵃ* aquele que adquiriu o campo deverá deixá-lo, e o campo será coisa consagrada a Iahweh, como se fosse votado ao anátema: a posse passará do homem para o sacerdote.

²²Se alguém consagrar a Iahweh um campo que adquiriu, mas que não faz parte do seu patrimônio, ²³o sacerdote calculará o preço do campo de acordo com o tempo que ainda resta até o ano do jubileu, e aquele que o consagrou pagará a importância no mesmo dia, como coisa consagrada a Iahweh. ²⁴No ano do jubileu, o campo voltará ao que o vendeu, àquele que tem a posse da propriedade na terra. ²⁵Toda avaliação será feita em siclos do santuário, sendo que vinte geras valem um siclo.

Regras particulares para resgate: a) dos primogênitos — ²⁶Ninguém poderá consagrar o primogênito de um animal, visto que ele já pertence a Iahweh; quer seja de gado miúdo ou graúdo, já pertence a Iahweh. ²⁷Mas se for de um animal impuro, poder-se-á resgatá-lo pelo preço da avaliação, acrescido de um quinto do seu valor; se não for resgatado, será vendido pelo preço da avaliação.

b) do anátema*ᵇ* — ²⁸Contudo, nada do que alguém consagra a Iahweh, por anátema, pode ser vendido ou resgatado, quer seja homens, animais ou campos do seu patrimônio. Todo anátema é coisa santíssima que pertence a Iahweh. ²⁹Nenhum ser humano votado ao anátema poderá ser resgatado; será morto.

c) dos dízimos — ³⁰Todos os dízimos da terra, tanto dos produtos da terra como dos frutos das árvores, pertencem a Iahweh; é coisa consagrada a Iahweh. ³¹Se alguém quiser resgatar uma parte do seu dízimo, acrescentará um quinto do seu valor.

³²Em todo dízimo de gado graúdo ou miúdo, a décima parte de tudo o que passa sob o cajado do pastor é coisa consagrada a Iahweh. ³³Não se deve observar se é bom ou mau e não se fará substituição: se isto se der, tanto o animal consagrado como aquele que o substitui serão coisas consagradas, sem possibilidade de resgate".

³⁴Estas são as ordens que Iahweh deu a Moisés, no monte Sinai, para os israelitas.

---

a) Esta referência e a do v. 23 dependem do cap. 25.
b) Por extensão de um termo da guerra santa (Js 6,17+), declara-se "anátema" aquilo que se consagra irrestritamente a Deus; o uso pertence aos sacerdotes segundo Lv 27,21; Nm 18,14; Ez 44,29. Igualmente, é "anátema" aquilo que Deus interdita (Dt 7,26).

NÚMEROS

I. O recenseamento[a]

1 ¹Iahweh falou a Moisés, no deserto do Sinai, na Tenda da Reunião, no primeiro dia do segundo mês,[b] no segundo ano após a saída da terra do Egito. Disse:
²"Fazei o recenseamento de toda a comunidade dos israelitas, segundo os clãs e segundo as casas patriarcais, alistando os nomes de todos os homens, cabeça por cabeça. ³Todos aqueles em Israel, de vinte anos para cima, hábeis para ir à guerra, tu e Aarão os registrareis segundo os seus esquadrões. ⁴Estará convosco um homem de cada tribo, os chefes das casas patriarcais.

Os encarregados do recenseamento — ⁵Estes são os nomes daqueles que vos auxiliarão:
De Rúben, Elisur, filho de Sedeur.
⁶De Simeão, Salamiel, filho de Surisadai.
⁷De Judá, Naasson, filho de Aminadab.
⁸De Issacar, Natanael, filho de Suar.
⁹De Zabulon, Eliab, filho de Helon.
¹⁰Dos filhos de José: de Efraim, Elisama, filho de Amiud; de Manassés, Gamaliel, filho de Fadassur.
¹¹De Benjamim, Abidã, filho de Gedeão.
¹²De Dã, Aiezer, filho de Amisadai.
¹³De Aser, Fegiel, filho de Ocrã.
¹⁴De Gad, Eliasaf, filho de Reuel.
¹⁵De Neftali, Aíra, filho de Enã."
¹⁶Esses foram os homens escolhidos na comunidade; eram chefes da tribo de seu antepassado e esses eram os cabeças dos milhares[c] de Israel.
¹⁷Então Moisés e Aarão tomaram esses homens que haviam sido designados nominalmente ¹⁸e convocaram toda a comunidade no primeiro dia do segundo mês. Os israelitas determinaram a sua descendência,[d] segundo os seus clãs e segundo as casas patriarcais, e registraram-se os nomes dos homens de vinte anos para cima, cabeça por cabeça. ¹⁹Como Iahweh lhe havia ordenado, Moisés os enumerou no deserto do Sinai.

O recenseamento — ²⁰Quando se determinou a descendência dos filhos de Rúben, primogênito de Israel, segundo os seus clãs e segundo as casas patriarcais, foram registrados, cabeça por cabeça, os nomes de todos os homens de vinte anos para cima, aptos para a guerra. ²¹Foram recenseados quarenta e seis mil e quinhentos na tribo de Rúben.
²²Quando se determinou a descendência dos filhos de Simeão, segundo os seus clãs e segundo as casas patriarcais, foram registrados, cabeça por cabeça,

---

a) A seção 1-4, de redação sacerdotal, mostra Israel como comunidade santa, definida e ordenada. Pela sua localização *no acampamento, pelas suas funções*, e mesmo pelo seu número (interpretado em função do resgate dos primogênitos), os levitas são o seu fundamento. O recenseamento é, em si mesmo, ato religioso (cf. 2Sm 24). — Às vezes os números diferem, segundo os mss e as versões.

b) Portanto, um mês depois da ereção da Habitação (Ex 40,17).

c) "Milhar" é designação antiga que equivale ao "clã" (1Sm 10,19.21), mas destaca o seu caráter militar.

d) Ponto essencial na antiga Aliança, na qual a eleição tinha por condição o fato de pertencer à raça de Abraão. Donde as genealogias de 1Cr 1-9 (cf. também Ne 7,4.5.61).

os nomes de todos os homens de vinte anos para cima, aptos para a guerra. ²³Foram recenseados cinquenta e nove mil e trezentos na tribo de Simeão.

²⁴Quando se determinou a descendência dos filhos de Gad, segundo os seus clãs e segundo as casas patriarcais foram registrados, cabeça por cabeça, os nomes de todos os homens de vinte anos para cima, aptos para a guerra. ²⁵Foram recenseados quarenta e cinco mil e seiscentos e cinquenta na tribo de Gad.

²⁶Quando se determinou a descendência dos filhos de Judá, segundo os seus clãs e segundo as casas patriarcais, foram registrados, cabeça por cabeça, os nomes de todos os homens de vinte anos para cima, aptos para a guerra. ²⁷Foram recenseados setenta e quatro mil e seiscentos na tribo de Judá.

²⁸Quando se determinou a descendência dos filhos de Issacar, segundo os seus clãs e segundo as casas patriarcais, foram registrados, cabeça por cabeça, os nomes de todos os homens de vinte anos para cima, aptos para a guerra. ²⁹Foram recenseados cinquenta e quatro mil e quatrocentos na tribo de Issacar.

³⁰Quando se determinou a descendência dos filhos de Zabulon, segundo os seus clãs e segundo as casas patriarcais, foram registrados, cabeça por cabeça, os nomes de todos os homens de vinte anos para cima, aptos para a guerra. ³¹Foram recenseados cinquenta e sete mil e quatrocentos na tribo de Zabulon.

³²Filhos de José: Quando se determinou a descendência dos filhos de Efraim, segundo os seus clãs e segundo as casas patriarcais, foram registrados, cabeça por cabeça, os nomes de todos os homens de vinte anos para cima, aptos para a guerra. ³³Foram recenseados quarenta mil e quinhentos na tribo de Efraim.

³⁴Quando se determinou a descendência dos filhos de Manassés, segundo os seus clãs e segundo as casas patriarcais, foram registrados, cabeça por cabeça, os nomes de todos os homens de vinte anos para cima, aptos para a guerra. ³⁵Foram recenseados trinta e dois mil e duzentos na tribo de Manassés.

³⁶Quando se determinou a descendência dos filhos de Benjamim, segundo os seus clãs e segundo as casas patriarcais, foram registrados, cabeça por cabeça, os nomes de todos os homens de vinte anos para cima, aptos para a guerra. ³⁷Foram recenseados trinta e cinco mil e quatrocentos na tribo de Benjamim.

³⁸Quando se determinou a descendência dos filhos de Dã, segundo os seus clãs e segundo as casas patriarcais, foram registrados, cabeça por cabeça, os nomes de todos os homens de vinte anos para cima, aptos para a guerra. ³⁹Foram recenseados sessenta e dois mil e setecentos na tribo de Dã.

⁴⁰Quando se determinou a descendência dos filhos de Aser, segundo os seus clãs e segundo as casas patriarcais, foram registrados, cabeça por cabeça, os nomes de todos os homens de vinte anos para cima, aptos para a guerra. ⁴¹Foram recenseados quarenta e um mil e quinhentos na tribo de Aser.

⁴²Quando se determinou a descendência dos filhos de Neftali, segundo os seus clãs e segundo as casas patriarcais, foram registrados, cabeça por cabeça, os nomes de todos os homens de vinte anos para cima, aptos para a guerra. ⁴³Foram recenseados cinquenta e três mil e quatrocentos na tribo de Neftali.

⁴⁴Esses são os que Moisés, Aarão e os doze príncipes de Israel recensearam, um de cada uma de suas casas patriarcais. ⁴⁵Todos os israelitas de vinte anos para cima, todos aqueles que em Israel eram aptos para a guerra, foram recenseados segundo as casas patriarcais. ⁴⁶O total dos recenseados foi de seiscentos e três mil e quinhentos e cinquenta.ᵃ

⁴⁷Os levitas, porém, não foram recenseados com eles, nem a sua tribo patriarcal.

---

a) Saíram seiscentos mil do Egito. Os dois números devem ser interpretados do mesmo modo (cf. Ex 12,37+).

2,33 ***Estatuto dos levitas*** — ⁴⁸Falou, pois, Iahweh a Moisés e disse: ⁴⁹"Não registrareis, contudo, a tribo de Levi e não a recenseareis no meio dos israelitas. ⁵⁰Mas estabelece, tu mesmo, os levitas para o serviço da Habitação do Testemunho, de todos os seus utensílios e de tudo o que lhe pertence. Eles transportarão a Habitação e todos os seus utensílios, exercerão nela o seu ministério e acamparão ao redor da Habitação. ⁵¹Quando a Habitação se mudar, os levitas a desarmarão; quando a Habitação tiver de parar, os levitas a armarão. Qualquer profano que se aproximar dela será condenado à morte. ⁵²Os israelitas acamparão cada um no seu próprio acampamento junto de sua insígnia, segundo os seus exércitos. ⁵³Os levitas, porém, acamparão ao redor da Habitação do Testemunho. Deste modo a Ira*ᵃ* não se manifestará contra a comunidade dos israelitas. E os levitas assegurarão o serviço da Habitação do Testemunho."

Ex 2,6
3,6-8
Ex 48,8-14

Ex 40,36-38
Ex 48,8-13
Nm 9,15-23
Ex 19,12
Nm 3,10.38

⁵⁴Os israelitas fizeram tudo de acordo com o que Iahweh ordenara a Moisés. Realmente assim o fizeram.

10,11-28 **2** ***Ordem das tribos*** — ¹Falou Iahweh a Moisés e a Aarão e disse: ²"Os israelitas acamparão cada um junto à sua insígnia, sob os emblemas de suas casas patriarcais. Acamparão ao redor da Tenda da Reunião, a uma distância determinada.
³Estes são os que acamparão ao oriente: Ao oriente, a insígnia do acampamento de Judá, segundo os seus esquadrões. Príncipe dos filhos de Judá: Naasson, filho de Aminadab. ⁴Seu exército: setenta e quatro mil e seiscentos recenseados.
⁵Junto dele acampam:
A tribo de Issacar. Príncipe dos filhos de Issacar: Natanael, filho de Suar. ⁶Seu exército: cinquenta e quatro mil e quatrocentos recenseados.
⁷A tribo de Zabulon. Príncipe dos filhos de Zabulon: Eliab, filho de Elon. ⁸Seu exército: cinquenta e sete mil e quatrocentos recenseados.
⁹Os recenseados do acampamento de Judá, segundo seus esquadrões, são ao todo cento e oitenta e seis mil e quatrocentos. Esses serão os primeiros a levantarem o acampamento.
¹⁰Ao sul, a insígnia do acampamento de Rúben, segundo seus esquadrões. Príncipe dos filhos de Rúben: Elisur, filho de Sedeur. ¹¹Seu exército: quarenta e seis mil e quinhentos recenseados.
¹²Junto dele acampam:
A tribo de Simeão. Príncipe dos filhos de Simeão: Salamiel, filho de Surisadai. ¹³Seu exército: cinquenta e nove mil e trezentos recenseados.
¹⁴Tribo de Gad. Príncipe dos filhos de Gad: Eliasaf, filho de Reuel. ¹⁵Seu exército: quarenta e cinco mil e seiscentos e cinquenta recenseados.
¹⁶Os recenseados do acampamento de Rúben, segundo seus esquadrões, são ao todo cento e cinquenta e um mil e quatrocentos e cinquenta. Esses levantarão o acampamento em segundo lugar.
¹⁷E assim que a Tenda da Reunião partir, o acampamento dos levitas estará no meio dos outros acampamentos. A ordem de marcha será a mesma do acampamento, cada um sob sua insígnia.
¹⁸A insígnia do acampamento de Efraim estará ao ocidente, segundo os seus esquadrões. Príncipe dos filhos de Efraim: Elisama, filho de Amiud. ¹⁹Seu exército: quarenta mil e quinhentos recenseados.
²⁰Junto dele:
A tribo de Manassés. Príncipe dos filhos de Manassés: Gamaliel, filho de Fadassur. ²¹Seu exército: trinta e dois mil e duzentos recenseados.

---

a) Trata-se de castigos divinos (cf. Lv 10,1-3; Dt 29,23-27), aqui imediatamente relacionados com a presença de Deus na Habitação, a quem a irreverência do povo ofenderia.

²²Tribo de Benjamim. Príncipe dos filhos de Benjamim: Abidã, filho de Gedeão. ²³Seu exército: trinta e cinco mil e quatrocentos recenseados.
²⁴Os recenseados do acampamento de Efraim, segundo seus esquadrões, são ao todo cento e oito mil e cem. Esses levantarão o acampamento em terceiro lugar.
²⁵A insígnia do acampamento de Dã estará ao norte, segundo os seus esquadrões. Príncipe dos filhos de Dã: Aiezer, filho de Amisadai. ²⁶Seu exército: sessenta e dois mil e setecentos recenseados.
²⁷Junto dele acampam:
Tribo de Aser. Príncipe dos filhos de Aser: Fegiel, filho de Ocrã. ²⁸Seu exército: quarenta e um mil e quinhentos recenseados.
²⁹Tribo de Neftali. Príncipe dos filhos de Neftali: Aíra, filho de Enã. ³⁰Seu exército: cinquenta e três mil e quatrocentos recenseados.
³¹Os recenseados do acampamento de Dã são ao todo cento e cinquenta e sete mil e seiscentos. Esses levantarão o acampamento em último lugar.
Todos de acordo com as suas insígnias."
³²Esses são os israelitas cujo recenseamento foi feito pelas casas patriarcais. Os que foram recenseados desses acampamentos, segundo os seus esquadrões, são ao todo seiscentos e três mil e quinhentos e cinquenta. ³³Contudo, conforme Iahweh havia ordenado a Moisés, os levitas não foram recenseados com os israelitas.
³⁴Os israelitas fizeram tudo de acordo com o que Iahweh havia ordenado a Moisés. Assim pois acamparam, segundo as suas insígnias. E assim também levantaram o acampamento, cada um no seu clã e cada um com a sua casa patriarcal.

1,46 +

3 **A tribo de Levi: A. Os sacerdotes** — ¹Eis a descendência de Aarão e de Moisés quando Iahweh falou a Moisés no monte Sinai. ²Estes são os nomes dos filhos de Aarão: Nadab, o primogênito, depois Abiú, Eleazar, Itamar.[a]
³Esses são os nomes dos filhos de Aarão, sacerdotes que receberam a unção e que foram consagrados para exercer o sacerdócio. ⁴Nadab e Abiú morreram diante de Iahweh, no deserto do Sinai, quando apresentaram diante de Iahweh um fogo irregular. Não tinham filhos, e assim Eleazar e Itamar exerceram o sacerdócio na presença de Aarão, seu pai.

25,59-61

Ex 6,23

Ex 29
Lv 8-9
Ex 30,22 +
Lv 10,1-3

B. Os levitas. Suas funções — ⁵Iahweh falou a Moisés e disse:
⁶"Faze chegar a tribo de Levi e põe-na à disposição de Aarão, o sacerdote: eles estarão a seu serviço. ⁷Encarregar-se-ão dos deveres que lhes pertencem, bem como dos deveres de toda a comunidade, na Tenda da Reunião, ao ministrarem na Habitação. ⁸Cuidarão de todos os utensílios da Tenda da Reunião e encarregar-se-ão daquilo que compete aos israelitas, ao ministrarem na Habitação. ⁹Darás, pois, a Aarão e a seus filhos os levitas, como 'doados';[b] eles lhe serão doados[c] pelos israelitas.
¹⁰Registrarás Aarão e seus filhos, que desempenharão o seu ofício sacerdotal. Porém, todo profano que se aproximar será punido de morte."

8,14-19
Esd 2,43 +
1,51

C. A eleição dos levitas[d] — ¹¹Iahweh falou a Moisés e disse:
¹²"Vede que eu mesmo escolhi os levitas do meio dos israelitas, em lugar de todos os primogênitos, daqueles que entre os israelitas abrem o seio materno;

Ex 13,11 +

---

a) A Eleazar se ligam Sadoc e os sacerdotes do Templo de Jerusalém (1Cr 5,30s; 18,16; cf. 2Sm 8,17). De Itamar descendia, através de Abimelec, Abiatar, o outro sacerdote do tempo de Davi (1Cr 24,3s; cf. 2Sm 20,25).
b) Os "doados" serão servidores de categoria inferior,

do Templo pós-exílico (Esd 2,43+).
c) Grego, sam. e 12 mss hebr. têm: "ser-me-ão dedicados".
d) Os levitas pertencem a Iahweh, como os primogênitos aos quais substituem (Ex 13,11+). O seu estatuto exprime, numa primeira forma, o ideal de

portanto, os levitas são meus. ¹³Assim, todo primogênito me pertence. No dia em que feri de morte todos os primogênitos na terra do Egito, consagrei a mim todos os primogênitos em Israel, tanto os dos homens como os dos animais. Eles me pertencem; eu sou Iahweh."

D. O recenseamento dos levitas

¹⁴Iahweh falou a Moisés no deserto do Sinai e disse: ¹⁵"Recensearás os filhos de Levi segundo as suas casas patriarcais e segundo os seus clãs; recensearás todos os homens da idade de um mês para cima." ¹⁶E Moisés os recenseou segundo a ordem de Iahweh, de acordo com o que Iahweh lhe havia ordenado. ¹⁷Estes são os nomes dos filhos de Levi: Gérson, Caat e Merari.

¹⁸Estes são os nomes dos filhos de Gérson, segundo os seus clãs: Lobni e Semei; ¹⁹os filhos de Caat, segundo os seus clãs: Amram, Isaar, Hebron e Oziel; ²⁰os filhos de Merari, segundo os seus clãs: Mooli e Musi. Esses são os clãs de Levi, reunidos em casas patriarcais.

²¹De Gérson originaram-se o clã lobnita e o clã semeíta. Esses são os clãs dos gersonitas; ²²o número total dos homens recenseados, da idade de um mês para cima, foi de sete mil e quinhentos. ²³Os clãs dos gersonitas acampavam atrás da Habitação, ao ocidente. ²⁴O príncipe da casa patriarcal de Gérson era Eliasaf, filho de Lael. ²⁵Os filhos de Gérson tinham, na Tenda da Reunião, o encargo da Habitação, da Tenda e da sua cobertura, do véu de entrada da Tenda da Reunião, ²⁶das cortinas do átrio, do véu de entrada do átrio que está ao redor da Habitação e do altar, como também das cordas necessárias a todo o seu serviço.

²⁷De Caat originaram-se os clãs amramita, isaarita, hebronita e ozielita. Esses são os clãs caatitas; ²⁸o número total dos homens recenseados, da idade de um mês para cima, foi de oito mil e seiscentos. Eles estavam encarregados do serviço do santuário. ²⁹Os clãs dos caatitas acampavam do lado meridional da Habitação. ³⁰O príncipe da casa patriarcal dos clãs caatitas era Elisafã, filho de Oziel. ³¹Tinham o encargo da Arca, da mesa, do candelabro, dos altares, dos objetos sagrados do culto e do véu com todos os seus pertences.

³²O príncipe dos príncipes de Levi era Eleazar, filho de Aarão, o sacerdote. Ele exercia a superintendência de todos aqueles que cuidavam do santuário.

³³De Merari originaram-se o clã moolita e o clã musita. Esses são os clãs meraritas; ³⁴o número total dos homens recenseados, da idade de um mês para cima, foi de seis mil e duzentos. ³⁵O príncipe da casa patriarcal dos clãs meraritas era Suriel, filho de Abiail. Eles acampavam do lado setentrional da Habitação. ³⁶Os filhos de Merari estavam encarregados das tábuas da Habitação, das suas vigas, das suas colunas e bases de todos os seus acessórios e de todos os seus utensílios, ³⁷assim como das colunas que rodeiam o átrio, das suas bases, das suas estacas e das suas cordas.

³⁸Finalmente, acampavam ao oriente, diante da Habitação, diante da Tenda da Reunião, ao oriente, Moisés, Aarão e seus filhos, que tinham o encargo do santuário em nome dos israelitas. Todo estranho que se aproximasse devia ser punido com a morte.

³⁹O total dos levitas recenseados, que Moisés enumerou segundo os clãs, conforme a ordem de Iahweh, o número dos homens da idade de um mês para cima, foi de vinte e dois mil.

---

consagração que desabrochará no cristianismo pelo sacerdócio e pela instituição monástica. Como em Ex 13,14, essa instituição está ligada à décima praga do Egito (Ex 11,4s; 12,29s), e a escolha dos levitas é entendida como uma substituição dos primogênitos dos filhos de Israel, que foram poupados (cf. 8,12).

E. Os levitas e o resgate dos primogênitos — ⁴⁰Iahweh disse a Moisés: "Faze o recenseamento de todos os primogênitos homens dos israelitas, da idade de um mês para cima; faze a soma dos seus nomes. ⁴¹Em seguida, em lugar dos primogênitos de Israel, tomarás para mim, Iahweh, os levitas; e de igual modo o seu gado em lugar dos primogênitos do gado dos israelitas."   Ex 13,11 +

⁴²Conforme Iahweh lhe havia ordenado, Moisés recenseou todos os primogênitos dos israelitas. ⁴³O recenseamento dos nomes dos primogênitos, da idade de um mês para cima, deu o número total de vinte e dois mil e duzentos e setenta e três.ᵃ

⁴⁴Então falou Iahweh a Moisés e disse: ⁴⁵"Toma os levitas em lugar de todos os primogênitos dos israelitas, e o gado dos levitas em lugar do gado deles; os levitas serão meus, para mim mesmo, Iahweh. ⁴⁶Para o resgate dos duzentos e setenta e três primogênitos dos israelitas que excedem o número dos levitas, ⁴⁷tomarás cinco siclos por cabeça; tu os tomarás segundo o siclo do santuário, a vinte geras o siclo. ⁴⁸E darás esse dinheiro a Aarão e a seus filhos para resgate daqueles que são excedentes."   Ex 13,11 +   Lv 5,15 +

⁴⁹Moisés recebeu esse dinheiro em resgate daqueles que não foram resgatados devido ao número insuficiente de levitas. ⁵⁰Recebeu o dinheiro dos primogênitos dos israelitas, mil e trezentos e sessenta e cinco siclos, segundo o siclo do santuário. ⁵¹Moisés deu o dinheiro desse resgate a Aarão e a seus filhos, segundo a ordem de Iahweh, de acordo com o que Iahweh havia ordenado a Moisés.

4 **Os clãs dos levitas: A. Os caatitas** — ¹Iahweh falou a Moisés e a Aarão e disse: ²"Fazei o recenseamento dos levitas que são filhos de Caat, segundo os seus clãs e segundo as casas patriarcais: ³todos os homens de trinta a cinquenta anos, que devem fazer o serviço militar e que realizarão as suas funções na Tenda da Reunião. ⁴Este será o serviço dos filhos de Caat na Tenda da Reunião: as coisas santíssimas.

⁵Quando se levantar o acampamento, Aarão e seus filhos virão tirar a cortina do véu. Cobrirão com ele a Arca do Testemunho. ⁶E porão por cima uma cobertura de couro fino, sobre a qual estenderão um pano todo de púrpura violeta. Em seguida colocarão os varais da Arca.   Ex 26,31-37; 35,12; 39,34   2Sm 6,7 +

⁷E estenderão sobre a mesa da oblação um pano de púrpura, sobre o qual colocarão os pratos, os copos, as taças e os jarros para libação; também o pão da oblação perpétua estará sobre ele. ⁸E por cima deles estenderão um pano escarlate, que será recoberto com uma cobertura de couro fino. Em seguida colocarão os varais da mesa.   Ex 25,23 +

⁹Tomarão então um pano de púrpura com o qual cobrirão o candelabro de luz, suas lâmpadas, seus espevitadores e seus apagadores e todos os vasos de óleo empregados no seu serviço. ¹⁰E o colocarão com todos os seus acessórios sobre uma cobertura de couro fino e o porão sobre os varais.

¹¹Sobre o altar de ouroᵇ estenderão um pano de púrpura e o recobrirão com uma cobertura de couro fino. Em seguida ajustarão nele os varais.   Ex 30,1-6

¹²Em seguida tomarão todos os objetos usados no serviço do santuário. Depositá-los-ão sobre um pano de púrpura e os recobrirão com uma cobertura de couro fino, e porão tudo sobre os varais.

¹³Depois de haver retirado do altarᶜ suas cinzas gordurosas, estenderão sobre ele um pano escarlate, ¹⁴sobre o qual depositarão todos os utensílios

---

a) Esta cifra representa o número dos levitas (v. 39), mais um resto que será resgatado a preço de dinheiro (cf. Lv 27,3-7), o que se tornará regra comum.
b) O altar dos perfumes.
c) O altar dos holocaustos.

que se empregam no ofício, os incensórios, os garfos, as pás, as bacias, todos os acessórios do altar. Estenderão por cima uma cobertura de couro fino; em seguida colocarão os varais. ¹⁵Assim que Aarão e seus filhos tiverem terminado de acondicionar as coisas sagradas e todos os seus acessórios, no momento de levantar o acampamento, virão os filhos de Caat para transportá-los, sem contudo tocar naquilo que é consagrado; morrerão, se o fizerem. Este é o encargo dos filhos de Caat na Tenda da Reunião. ¹⁶Quanto a Eleazar, filho de Aarão, o sacerdote, ficará encarregado de cuidar do óleo da luminária, dos perfumes de ervas aromáticas, da oblação perpétua, do óleo da unção; terá a superintendência de toda a Habitação e de tudo o que nela se encontra: das coisas sagradas e dos seus acessórios."

¹⁷Iahweh falou a Moisés e a Aarão. Disse:

¹⁸"Não elimineis do número dos levitas a tribo dos clãs caatitas. ¹⁹Fazei, pois, assim com eles, a fim de que vivam e não morram ao se aproximarem das coisas santíssimas: Aarão e seus filhos virão e designarão cada um deles para o seu serviço e junto do seu encargo. ²⁰Serão assim impedidos de entrar e de contemplar, ainda que por um momento, as coisas sagradas, pois morreriam!"

B. Os gersonitas — ²¹Iahweh falou a Moisés e disse:

²²"Faze também o recenseamento dos filhos de Gérson, segundo as casas patriarcais e segundo os clãs. ²³Farás o recenseamento de todos os homens de trinta a cinquenta anos, em condições de fazer o serviço militar, e que farão o serviço na Tenda da Reunião.

²⁴Este será o serviço dos clãs dos gersonitas, suas funções e seus encargos. ²⁵Transportarão as cortinas da Habitação, a Tenda da Reunião com a sua cobertura e a cobertura de couro fino que a recobre, a cortina da entrada da Tenda da Reunião, ²⁶as cortinas do átrio, o véu da entrada da porta do átrio que rodeia a Habitação e o altar, as cordas e todos os utensílios do culto, todo o material necessário.

Farão, pois, o seu serviço. ²⁷Todo este serviço dos filhos de Gérson — funções e transportes — se fará sob as ordens de Aarão e dos seus filhos: e vós determinareis, expressamente, o que devem transportar. ²⁸Esse será o serviço dos clãs dos gersonitas na Tenda da Reunião. O seu serviço estará sob as ordens de Itamar, filho de Aarão, o sacerdote.

C. Os meraritas — ²⁹Farás o recenseamento dos filhos de Merari, por clãs e segundo as casas patriarcais. ³⁰Farás o recenseamento de todos os homens de trinta a cinquenta anos, em condições de fazer o serviço militar, e que farão o serviço na Tenda da Reunião.

³¹Este é o serviço que assumirão e toda a função que será de sua competência na Tenda da Reunião: as tábuas da Habitação, suas vigas, suas colunas e suas bases. ³²As colunas que rodeiam o átrio, suas bases, suas estacas, suas cordas e todo o seu acessório. E destacareis o nome dos objetos de cujo transporte estarão encarregados.

³³Esse será o serviço dos clãs dos meraritas. E para todo o seu serviço na Tenda da Reunião, terão a direção de Itamar, filho de Aarão, o sacerdote."

Recenseamento dos levitas — ³⁴Moisés, Aarão e os chefes da comunidade fizeram o recenseamento dos filhos de Caat, segundo os seus clãs e casas patriarcais; ³⁵todos os homens de trinta a cinquenta anos, aptos para o serviço militar e encarregados do serviço na Tenda da Reunião. ³⁶Contaram-se segundo os seus clãs, dois mil e setecentos e cinquenta recenseados. ³⁷Este foi o número dos recenseados dos clãs caatitas, todos aqueles que deviam servir na Tenda da Reunião, e que foram recenseados por Moisés e Aarão, segundo a ordem de Iahweh transmitida por Moisés.

³⁸Fez-se o recenseamento dos filhos de Gérson, segundo os seus clãs e casas patriarcais: ³⁹todos os homens de trinta a cinquenta anos, aptos para o serviço militar e encarregados do serviço na Tenda da Reunião. ⁴⁰Contaram-se dois mil e seiscentos e trinta recenseados, segundo os clãs e as casas patriarcais. ⁴¹Esse foi o número dos recenseados, dos clãs dos gersonitas, todos aqueles que deviam servir na Tenda da Reunião e que foram recenseados por Moisés e Aarão, segundo a ordem de Iahweh.

⁴²Fez-se o recenseamento dos clãs dos filhos de Merari, segundo os seus clãs e casas patriarcais: ⁴³todos os homens de trinta a cinquenta anos, aptos para o serviço militar e encarregados do serviço na Tenda da Reunião. ⁴⁴Contaram-se, segundo os seus clãs, três mil e duzentos recenseados. ⁴⁵Esse foi o número dos recenseados dos clãs dos meraritas, que foram recenseados por Moisés e Aarão, segundo a ordem de Iahweh transmitida por Moisés.

⁴⁶O número total dos levitas que Moisés, Aarão e os chefes de Israel recensearam, segundo os clãs e as casas patriarcais — ⁴⁷todos os homens de trinta a cinquenta anos, aptos para ministrar no culto e para trabalhar no serviço de transporte da Tenda da Reunião — ⁴⁸elevou-se a oito mil e quinhentos e oitenta recenseados. ⁴⁹Fez-se o recenseamento deles segundo a ordem de Iahweh transmitida por Moisés, atribuindo-se a cada um o seu serviço e o seu transporte; foram recenseados conforme Iahweh havia ordenado a Moisés.

II. Leis diversas[a]

5 *Expulsão dos impuros* — ¹Iahweh falou a Moisés e disse: ²"Ordena aos israelitas que excluam do acampamento todo leproso, todas as pessoas enfermas de corrimento ou todo aquele que se tornou impuro devido ao contato com um morto. ³Homem ou mulher, os afastareis e os colocareis fora do acampamento. Assim os israelitas não contaminarão o seu acampamento, no qual eu habito no meio deles."[b]

⁴E assim fizeram os israelitas: puseram-nos fora do acampamento. Os israelitas fizeram conforme Iahweh havia dito a Moisés.

A restituição — ⁵Iahweh falou a Moisés e disse: ⁶"Fala aos israelitas: Se um homem ou mulher cometer algum dos pecados pelos quais se ofende a Iahweh, essa pessoa é culpada.

⁷Confessará o pecado cometido e restituirá o valor de que é devedor, acrescido de um quinto. Restituirá àquele a quem prejudicou.

⁸Mas se tal homem não tem nenhum parente ao qual se possa fazer a restituição, a indenização devida a Iahweh é entregue ao sacerdote, além do carneiro de expiação por meio do qual o sacerdote fará o rito de expiação pelo culpado. ⁹Tudo aquilo que os israelitas consagrarem e trouxerem ao sacerdote pertencerá a este. ¹⁰As coisas consagradas de cada um lhe pertencem; aquilo que alguém oferece ao sacerdote será deste."

---

a) Estas leis, de redação sacerdotal, são acréscimos redigidos no espírito da lei de pureza (Lv 11-16). Relembram as leis complementares inseridas na Lei da santidade, como em Lv 20,22-25.

b) A redação sacerdotal supõe que a Tenda esteja no meio do acampamento, ao passo que as tradições antigas a colocam fora dele (cf. Ex 33,7).

A oferta pelo ciúme[a] — ¹¹Iahweh falou então a Moisés e disse: ¹²Fala aos israelitas; tu lhes dirás:

Se há alguém cuja mulher se desviou e se tornou infiel, ¹³visto que, às escondidas do seu marido, esta mulher dormiu maritalmente com um homem, e tornou-se impura secretamente, sem que haja testemunhas contra ela e sem que tenha sido surpreendida no ato; ¹⁴contudo, se um espírito de ciúme vier sobre o marido e o tornar ciumento da sua mulher que está contaminada, ou ainda se este espírito de ciúme, vindo sobre ele, torná-lo ciumento de sua mulher que está inocente: ¹⁵tal homem conduzirá sua mulher diante do sacerdote e fará por ela uma oferenda de um décimo de medida de farinha de cevada. Sobre ela não derramará azeite e nem porá incenso, pois é uma 'oblação de ciúme', uma oblação comemorativa que deve trazer à memória um pecado.

¹⁶O sacerdote fará aproximar a mulher e a colocará diante de Iahweh. ¹⁷Em seguida tomará água santa em um vaso de barro e, tendo tomado do pó do chão da Habitação, o espargirá sobre a água. ¹⁸E apresentará a mulher diante de Iahweh, soltará a sua cabeleira e colocará nas suas mãos a oblação comemorativa (isto é, a oblação de ciúme). E nas mãos do sacerdote estarão as águas amargas e de maldição.

¹⁹A seguir o sacerdote fará a mulher jurar e lhe dirá: 'Se não é verdade que algum homem se deitou contigo e que te desviaste e que te tornaste impura, enquanto sob o domínio de teu marido, que estas águas amargas e de maldição te sejam inofensivas! ²⁰Porém, se é verdade que te desviaste enquanto sob o poder de teu marido e que te tornaste impura e que outro homem, que não o teu marido, participou do teu leito...' ²¹O sacerdote fará, aqui, a mulher prestar um juramento imprecatório e lhe dirá: '...Que Iahweh te faça, no teu povo, objeto de imprecação e maldição, fazendo murchar o teu sexo e inchar o teu ventre! ²²Que estas águas de maldição penetrem nas tuas entranhas, a fim de que o teu ventre se inche e o teu sexo murche!' A mulher responderá: 'Amém! Amém!'

²³Em seguida o sacerdote escreverá essas imprecações e as apagará com as águas amargas. ²⁴E fará a mulher beber essas águas amargas e de maldição, e serão para ela amargas.

²⁵O sacerdote, então, tomará das mãos da mulher a oblação de ciúme e a erguerá, apresentando-a diante de Iahweh, e a colocará sobre o altar. ²⁶E tomará um punhado da oblação de ciúme e o queimará sobre o altar, para memorial.

O sacerdote fará a mulher beber dessas águas. ²⁷E ao fazê-la beber as águas, se realmente ela se tornou impura enganando a seu marido, então as águas de maldição, penetrando nela, ser-lhe-ão amargas: seu ventre inchará, seu sexo murchará e ela servirá para o seu povo de exemplo nas maldições. ²⁸Se, ao contrário, ela não se tornou impura, mas está pura, sairá ilesa e será fecunda.

²⁹Este é o ritual para o caso de ciúme, quando uma mulher se desvia e se torna impura, enquanto sob o poder do seu marido, ³⁰ou quando um espírito de ciúme vem sobre um homem e o torna ciumento de sua mulher. Quando o marido tiver conduzido tal mulher perante Iahweh, o sacerdote aplicará integralmente a ela este ritual. ³¹O marido estará isento de culpa; a mulher, contudo, levará a sua iniquidade."

---

a/ *O julgamento de Deus*, ou ordálio, foi praticado em toda a Antiguidade e até a Idade Média, a fim de se obter uma decisão da justiça, quando as provas se mostravam deficientes. Conhecia-se em todo o antigo Oriente o ordálio judiciário pelas águas do rio, no qual se jogava o acusado, mas esta prova das águas amargas não tem analogia. É, sem dúvida, uma velha prática à qual se superpõe um ritual israelita: intervenção do sacerdote, oferenda, juramento etc.

6 O nazireato[a]

¹Iahweh falou a Moisés e disse: ²"Fala aos israelitas; tu lhes dirás:

Quando um homem ou uma mulher fizer um voto especial, o voto do nazireato, pelo qual se consagra a Iahweh, ³abster-se-á de vinho e de bebidas fermentadas, não beberá vinagre de vinho ou de bebidas fermentadas, nem tomará suco algum de uvas, e não comerá uvas frescas ou secas. ⁴Durante todo o tempo da sua consagração não tomará produto algum da videira, desde as sementes até às cascas. ⁵Durante o tempo do seu nazireato não raparáa cabeça com navalha; até que se cumpra o tempo pelo qual se consagrou a Iahweh será consagrado e deixará crescer livremente a sua cabeleira. ⁶Durante todo o tempo da sua consagração a Iahweh não se aproximará de um morto; ⁷nem por seu pai ou por sua mãe e nem por seu irmão ou por sua irmã se tornará impuro, caso venham eles a morrer, visto que traz sobre sua cabeça a consagração de seu Deus. ⁸Durante todo o tempo do seu nazireato estará consagrado a Iahweh.

⁹Se alguém morrer de morte súbita perto dele, tornando impura a sua cabeleira consagrada, raparáa cabeça no dia da sua purificação; no sétimo dia rapará a cabeça. ¹⁰No oitavo dia levará ao sacerdote duas rolas ou dois pombinhos, à entrada da Tenda da Reunião. ¹¹O sacerdote oferecerá um em sacrifício pelo pecado e o outro em holocausto, e realizará em seguida sobre esse homem o rito de expiação, devido à contaminação relativa ao morto. O homem consagrará a sua cabeça naquele mesmo dia; ¹²ele se consagrará a Iahweh durante todo o tempo do seu nazireato e levará um cordeiro de um ano como sacrifício de reparação. O tempo já decorrido não se contará, visto que a sua cabeleira se tornou impura.

¹³Este é o ritual do nazireu, no dia em que se findar o seu nazireato. Conduzido à entrada da Tenda da Reunião, ¹⁴oferecerá a Iahweh a sua oferenda: um cordeiro perfeito, de um ano, em holocausto; uma ovelha perfeita, de um ano, em sacrifício pelo pecado; um carneiro perfeito, como oferta de comunhão; ¹⁵um cesto de bolos de flor de farinha, sem fermento, amassada com azeite, e tortas sem fermento, untadas com azeite, acompanhadas das suas oblações e libações. ¹⁶E o sacerdote, havendo trazido tudo diante de Iahweh, apresentará o sacrifício pelo pecado e o holocausto do nazireu. ¹⁷Oferecerá um sacrifício de comunhão com o carneiro e com os ázimos do cesto; o sacerdote oferecerá também a oblação e a libação que acompanham o sacrifício. ¹⁸Em seguida o nazireu rapará a cabeleira consagrada, à entrada da Tenda da Reunião e, tomando os cabelos da sua cabeça consagrada, colocá-los-á no fogo do sacrifício de comunhão. ¹⁹O sacerdote tomará a espádua do carneiro, já cozida, um bolo sem fermento do cesto e uma torta sem fermento e colocará tudo na mão do nazireu quando este já houver rapado a sua cabeleira. ²⁰E o sacerdote os erguerá em apresentação diante de Iahweh; é a parte santa que pertence ao sacerdote, além do peito que é apresentado e da coxa que é reservada. Depois disso o nazireu poderá beber vinho.

²¹Este é o ritual referente ao nazireu. Se, além da sua cabeleira, fez um voto de oferenda pessoal a Iahweh (sem contar aquilo que as suas posses lhe permitem), pagará o voto que fez, além do previsto no ritual para a sua cabeleira."

---

a) O *nazîr*, o "consagrado" a Deus, se compromete, durante o tempo do seu voto, a não cortar a cabeleira, não beber bebidas fermentadas, não se aproximar de cadáver. A primeira regra exprime sua consagração a Deus, cuja força ele permite agir em si mesmo (cf. Gn 49,26; Dt 33,16, onde o mesmo título é dado a José); a segunda significa sua rejeição da vida fácil (comp. com os recabitas, Jr 35,5-8); a terceira assinala o fato de pertencer de modo especial a Deus (comp., para os sacerdotes, com Lv 21,1-2.10-11. Cf. Am 2,11-12 e exemplos desse voto temporário em At 18,18; 21,23-26). Um menino podia ser consagrado por sua mãe (sem limite de tempo?): Sansão (Jz 13,5-7.14; 16,17), Samuel (1Sm 1,11; falta a abstenção de vinho), João Batista (Lc 1,15; falta a cabeleira longa).

A fórmula da bênção — ²²Iahweh falou a Moisés e disse: ²³"Fala a Aarão e a seus filhos e dize-lhes:

Assim abençoareis os israelitas. Dir-lhes-eis:
²⁴'Iahweh te abençoe e te guarde!
²⁵Iahweh faça resplandecer o seu rosto sobre ti e te seja benigno!
²⁶Iahweh mostre para ti a sua face e te conceda a paz!'
²⁷Porão assim o meu nome sobre os israelitas e eu os abençoarei."ᵃ

Sl 121,7-8
Ex 23,20
Jo 17,11-12
Sl 4,7; 31,17
Sl 122,6
Jo 14,27
Dt 28,10
Eclo 50,20-21

III. Ofertas dos chefes
e consagração dos levitasᵇ

Ex 40,17-33
Ex 40,9-15

7 *Oferenda de carros* — ¹No dia em que Moisés terminou de erigir a Habitação, ele a ungiu e a consagrou com todos os seus pertences, bem como o altar com todos os seus utensílios. Quando havia acabado de ungir e de consagrar todas as coisas, ²os chefes de Israel fizeram uma oferenda; eram os chefes das casas patriarcais, aqueles que foram os chefes das tribos e que presidiam o recenseamento. ³E levaram a sua oferenda diante de Iahweh: seis carros cobertos e doze bois; cada dois príncipes ofereceram um carro, e cada um deles um boi e os apresentaram diante da Habitação. ⁴Iahweh falou a Moisés e disse: ⁵"Recebe-os deles e sejam destinados ao serviço da Tenda da Reunião. Tu os darás aos levitas, a cada um conforme a sua função." ⁶Recebeu Moisés os carros e os bois, e os deu aos levitas. ⁷Aos filhos de Gérson deu dois carros e quatro bois, conforme a função deles. ⁸Aos filhos de Merari deu quatro carros e oito bois, conforme a função que tinham de exercer sob a direção de Itamar, filho de Aarão, o sacerdote. ⁹Aos filhos de Caat, porém, não deu nada, pois deviam transportar sobre seus ombros a carga sagrada que lhes incumbia.

1,4

4,24-28
4,29-33

4,2-15

Ez 43,18-26

Oferenda da Dedicação — ¹⁰Os príncipes fizeram então uma oferenda para a dedicação do altar, no dia da sua unção. Trouxeram a sua oferenda diante do altar, ¹¹e Iahweh disse a Moisés: "Cada dia um dos príncipes trará a sua oferenda para a dedicação do altar."

¹²No primeiro dia, o que apresentou a sua oferenda foi Naasson, filho de Aminadab, da tribo de Judá. ¹³A sua oferenda foi: uma bandeja de prata pesando cento e trinta siclos, uma bacia de aspersão, de prata, de setenta siclos (conforme os siclos do santuário), ambas cheias de flor de farinha amassada com azeite, para a oblação, ¹⁴um vaso de ouro de dez siclos, cheio de incenso, ¹⁵um novilho, um carneiro, um cordeiro de um ano para o holocausto, ¹⁶um bode para o sacrifício pelo pecado ¹⁷e, para o sacrifício de comunhão, dois bois, cinco carneiros, cinco bodes e cinco cordeiros de um ano. Essa foi a oferenda de Naasson, filho de Aminadab.

2,3

2,5

¹⁸No segundo dia, apresentou a sua oferenda Natanael, filho de Suar, príncipe de Issacar. ¹⁹A sua oferenda foi: uma bandeja de prata pesando cento e trinta siclos, uma bacia de aspersão, de prata, de setenta siclos (conforme os siclos do santuário), ambas cheias de flor de farinha amassada com azeite, para a oblação, ²⁰um vaso de ouro de dez siclos, cheio de incenso, ²¹um novilho, um carneiro e um cordeiro de um ano para o holocausto, ²²um bode para o sacrifício pelo pecado ²³e, para o sacrifício de comunhão, dois bois, cinco

---

a) Expressão semítica do favor divino. O nome divino invocado três vezes garante a Israel a presença do Deus que protege.

b) Após as leis adicionais dos caps. 5-6, a narrativa sacerdotal prossegue até 10,28.

carneiros, cinco bodes e cinco cordeiros de um ano. Essa foi a oferenda de Natanael, filho de Suar.

²⁴No terceiro dia, trouxe a sua oferenda Eliab, filho de Helon, príncipe dos filhos de Zabulon. ²⁵Sua oferenda foi: uma bandeja de prata pesando cento e trinta siclos, uma bacia de aspersão, de prata, de setenta siclos (conforme os siclos do santuário), ambas cheias de flor de farinha amassada com azeite, para a oblação, ²⁶um vaso de ouro de dez siclos, cheio de incenso, ²⁷um novilho, um carneiro e um cordeiro de um ano para o holocausto, ²⁸um bode para o sacrifício pelo pecado ²⁹e, para o sacrifício de comunhão, dois bois, cinco carneiros, cinco bodes e cinco cordeiros de um ano. Essa foi a oferenda de Eliab, filho de Helon.

³⁰Trouxe a sua oferenda, no quarto dia, Elisur, filho de Sedeur, príncipe dos filhos de Rúben. ³¹Sua oferenda foi: uma bandeja de prata pesando cento e trinta siclos, uma bacia de aspersão, de prata, de setenta siclos (conforme os siclos do santuário), ambas cheias de flor de farinha amassada com azeite, para a oblação, ³²um vaso de ouro de dez siclos, cheio de incenso, ³³um novilho, um carneiro e um cordeiro de um ano para o holocausto, ³⁴um bode para o sacrifício pelo pecado ³⁵e, para o sacrifício de comunhão, dois bois, cinco carneiros, cinco bodes e cinco cordeiros de um ano. Essa foi a oferenda de Elisur, filho de Sedeur.

³⁶No quinto dia, trouxe a sua oferenda Salamiel, filho de Surisadai, príncipe dos filhos de Simeão. ³⁷Sua oferenda foi: uma bandeja de prata pesando cento e trinta siclos, uma bacia de aspersão, de prata, de setenta siclos (conforme os siclos do santuário), ambas cheias de flor de farinha amassada com azeite, para a oblação, ³⁸um vaso de ouro de dez siclos, cheio de incenso, ³⁹um novilho, um carneiro e um cordeiro de um ano para o holocausto, ⁴⁰um bode para o sacrifício pelo pecado ⁴¹e, para o sacrifício de comunhão, dois bois, cinco carneiros, cinco bodes e cinco cordeiros de um ano. Essa foi a oferenda de Salamiel, filho de Surisadai.

⁴²No sexto dia, trouxe a sua oferenda Eliasaf, filho de Reuel, príncipe dos filhos de Gad. ⁴³Sua oferenda foi: uma bandeja de prata pesando cento e trinta siclos, uma bacia de aspersão, de prata, de setenta siclos (conforme os siclos do santuário), ambas cheias de flor de farinha amassada com azeite, para a oblação, ⁴⁴um vaso de ouro de dez siclos, cheio de incenso, ⁴⁵um novilho, um carneiro e um cordeiro de um ano para o holocausto, ⁴⁶um bode para o sacrifício pelo pecado ⁴⁷e, para o sacrifício de comunhão, dois bois, cinco carneiros, cinco bodes e cinco cordeiros de um ano. Essa foi a oferenda de Eliasaf, filho de Reuel.

⁴⁸No sétimo dia, trouxe a sua oferenda Elisama, filho de Amiud, príncipe dos filhos de Efraim. ⁴⁹Sua oferenda foi: uma bandeja de prata pesando cento e trinta siclos, uma bacia de aspersão, de prata, de setenta siclos (conforme os siclos do santuário), ambas cheias de flor de farinha amassada com azeite, para a oblação, ⁵⁰um vaso de ouro de dez siclos, cheio de incenso, ⁵¹um novilho, um carneiro e um cordeiro de um ano para o holocausto, ⁵²um bode para o sacrifício pelo pecado ⁵³e, para o sacrifício de comunhão, dois bois, cinco carneiros, cinco bodes e cinco cordeiros de um ano. Essa foi a oferenda de Elisama, filho de Amiud.

⁵⁴No oitavo dia, trouxe a sua oferenda Gamaliel, filho de Fadassur, príncipe dos filhos de Manassés. ⁵⁵Sua oferenda foi: uma bandeja de prata pesando cento e trinta siclos, uma bacia de aspersão, de prata, de setenta siclos (conforme os siclos do santuário), ambas cheias de flor de farinha amassada com azeite, para a oblação, ⁵⁶um vaso de ouro de dez siclos, cheio de incenso, ⁵⁷um novilho, um carneiro e um cordeiro de um ano para o holocausto, ⁵⁸um bode para o sacrifício pelo pecado ⁵⁹e, para o sacrifício de comunhão, dois bois, cinco carneiros, cinco bodes e cinco cordeiros de um ano. Essa foi a oferenda de Gamaliel, filho de Fadassur.

NÚMEROS 7

2,22 ⁶⁰No nono dia, apresentou a sua oferenda Abidã, filho de Gedeão, príncipe dos filhos de Benjamim. ⁶¹Sua oferenda foi: uma bandeja de prata pesando cento e trinta siclos, uma bacia de aspersão, de prata, de setenta siclos (conforme os siclos do santuário), ambas cheias de flor de farinha amassada com azeite, para a oblação, ⁶²um vaso de ouro de dez siclos, cheio de incenso, ⁶³um novilho, um carneiro e um cordeiro de um ano para o holocausto, ⁶⁴um bode para o sacrifício pelo pecado ⁶⁵e, para o sacrifício de comunhão, dois bois, cinco carneiros, cinco bodes e cinco cordeiros de um ano. Essa foi a oferenda de Abidã, filho de Gedeão.

2,25 ⁶⁶No décimo dia, trouxe a sua oferenda Aiezer, filho de Amisadai, príncipe dos filhos de Dã. ⁶⁷Sua oferenda foi: uma bandeja de prata pesando cento e trinta siclos, uma bacia de aspersão, de prata, de setenta siclos (conforme os siclos do santuário), ambas cheias de flor de farinha amassada com azeite, para a oblação, ⁶⁸um vaso de ouro de dez siclos, cheio de incenso, ⁶⁹um novilho, um carneiro e um cordeiro de um ano para o holocausto, ⁷⁰um bode para o sacrifício pelo pecado ⁷¹e, para o sacrifício de comunhão, dois bois, cinco carneiros, cinco bodes e cinco cordeiros de um ano. Essa foi a oferenda de Aiezer, filho de Amisadai.

2,27 ⁷²No décimo primeiro dia, trouxe a sua oferenda Fegiel, filho de Ocrã, príncipe dos filhos de Aser. ⁷³Sua oferenda foi: uma bandeja de prata pesando cento e trinta siclos, uma bacia de aspersão, de prata, de setenta siclos (conforme os siclos do santuário), ambas cheias de flor de farinha amassada com azeite, para a oblação, ⁷⁴um vaso de ouro de dez siclos, cheio de incenso, ⁷⁵um novilho, um carneiro e um cordeiro de um ano para o holocausto, ⁷⁶um bode para o sacrifício pelo pecado ⁷⁷e, para o sacrifício de comunhão, dois bois, cinco carneiros, cinco bodes e cinco cordeiros de um ano. Essa foi a oferenda de Fegiel, filho de Ocrã.

2,29 ⁷⁸No décimo segundo dia, trouxe a sua oferenda Aíra, filho de Enã, príncipe dos filhos de Neftali. ⁷⁹Sua oferenda foi: uma bandeja de prata pesando cento e trinta siclos, uma bacia de aspersão, de prata, de setenta siclos (conforme os siclos do santuário), ambas cheias de flor de farinha amassada com azeite, para a oblação, ⁸⁰um vaso de ouro de dez siclos, cheio de incenso, ⁸¹um novilho, um carneiro e um cordeiro de um ano para o holocausto, ⁸²um bode para o sacrifício pelo pecado ⁸³e, para o sacrifício de comunhão, dois bois, cinco carneiros, cinco bodes e cinco cordeiros de um ano. Essa foi a oferenda de Aíra, filho de Enã.

⁸⁴Essas foram as oferendas dos príncipes de Israel para a dedicação do altar, no dia da sua unção: doze bandejas de prata, doze bacias de aspersão, de prata, doze vasos de ouro. ⁸⁵Cada bandeja de prata pesava cento e trinta siclos e cada bacia de aspersão setenta, sendo que o total da prata desses objetos pesava dois mil e quatrocentos siclos do santuário. ⁸⁶Cada um dos doze vasos de ouro cheios de incenso pesava dez siclos, em siclos do santuário, sendo que o ouro desses vasos pesava um total de cento e vinte siclos.

⁸⁷O total dos animais para o holocausto foi: doze novilhos, doze carneiros, doze cordeiros de um ano, com as oblações que os acompanhavam. Para o sacrifício pelo pecado, doze bodes. ⁸⁸O total dos animais para o sacrifício de comunhão foi: vinte e quatro novilhos, sessenta carneiros, sessenta bodes e sessenta cordeiros de um ano.

Essas foram as oferendas para a dedicação do altar, após a sua unção.

Ex 33,9-11
Ex 25,17 + ⁸⁹Quando Moisés entrava na Tenda da Reunião para se dirigir a Ele, ouvia a voz que lhe falava*a* do alto do propiciatório que estava sobre a Arca do Testemunho, entre os dois querubins. Assim, pois, falava com Ele.*b*

---

a) "que lhe falava": *medabber*, conj.; *middabber*, corrompido.

b) Este v. não se relaciona com o que precede nem com o que segue e o seu sentido é incerto; pode-se

8

As lâmpadas do candelabro — ¹Iahweh falou a Moisés e disse: ²"Fala a Aarão; tu lhe dirás: 'Quando colocares as lâmpadas, será de modo tal que as sete lâmpadas iluminem a parte dianteira do candelabro.'"[a]

³Assim fez Aarão. Colocou as lâmpadas na parte dianteira do candelabro, conforme Iahweh havia ordenado a Moisés. ⁴O candelabro era trabalho de ouro batido; tanto o pedestal como as hastes eram também de ouro batido. De acordo com o que Iahweh havia mostrado a Moisés, assim foi feito o candelabro.

Os levitas são oferecidos a Iahweh — ⁵Iahweh falou a Moisés e disse: ⁶"Toma os levitas do meio dos israelitas e purifica-os. ⁷A fim de os purificar, procederás da seguinte maneira: farás sobre eles uma aspersão de água lustral,[b] raparão eles todo o seu corpo e lavarão as suas vestes e estarão, então, puros. ⁸Em seguida tomarão um novilho, juntamente com a oblação de flor de farinha amassada com azeite, e tu tomarás um segundo novilho para o sacrifício pelo pecado.

⁹Farás os levitas se aproximarem diante da Tenda da Reunião e reunirás toda a comunidade dos israelitas. ¹⁰Quando, pois, tiveres feito os levitas se aproximarem diante de Iahweh, os israelitas imporão as mãos sobre eles. ¹¹Em seguida Aarão, fazendo o gesto de apresentação diante de Iahweh, oferecerá os levitas da parte dos israelitas. Serão assim pertencentes ao serviço de Iahweh.

¹²Os levitas, em seguida, porão a mão sobre a cabeça dos novilhos; com um dos animais tu farás um sacrifício pelo pecado, e com o outro, um holocausto a Iahweh, a fim de realizar com os levitas o rito de expiação.[c] ¹³Havendo colocado os levitas diante de Aarão e seus filhos, tu os oferecerás a Iahweh com o gesto de apresentação. ¹⁴Assim, pois, separarás os levitas do meio dos israelitas, a fim de que me pertençam. ¹⁵Os levitas começarão, pois, a fazer o serviço da Tenda da Reunião.

Tu os purificarás e os oferecerás com o gesto de apresentação, ¹⁶porque me foram dados, como 'doados', entre os israelitas. Eles substituem aqueles que abrem o seio materno, todos os primogênitos; dentre os israelitas, eu os atribuí a mim. ¹⁷Na verdade, a mim pertencem todos os primogênitos dos israelitas, homem ou animal: eu os consagrei a mim desde o dia em que feri todos os primogênitos na terra do Egito, ¹⁸e, em lugar de todos os primogênitos dos israelitas, tomei os levitas. ¹⁹Dou os levitas a Aarão e a seus filhos, do meio dos israelitas, como 'doados'; farão para os israelitas o serviço do culto na Tenda da Reunião e farão por eles o rito de expiação, de modo que nenhum dos israelitas seja ferido por se haver aproximado do santuário."

²⁰Moisés, Aarão e toda a comunidade dos israelitas fizeram com os levitas segundo tudo o que Iahweh havia ordenado a Moisés; assim fizeram os israelitas com respeito aos levitas. ²¹Os levitas se purificaram, lavaram as suas vestes e Aarão os ofereceu com o gesto de apresentação diante de Iahweh. Em seguida realizou com eles o rito de expiação para purificá-los. ²²Os levitas foram então admitidos para fazer o seu serviço na Tenda da Reunião, na presença de Aarão e dos seus filhos. Conforme o que Iahweh havia ordenado a Moisés a respeito dos levitas, assim se fez com eles.

---

compreender o fim: "e ela (a voz) lhe falava", ou ainda: "e ela lhe disse", supondo-se que a continuação se tenha perdido.

a) A Vulg. tem aqui: "ordena pois que as lâmpadas estejam voltadas para o norte, em frente da mesa dos pães da oblação; é em direção a esta parte voltada para o candelabro que deverão iluminar".

b) Lit. "água de pecado" (cf. 19,1+).

c) Os levitas, comparados a uma oferenda (v. 10; cf. Lv 1,4), devem ser purificados de toda mancha do mundo profano. Nota-se aqui, depois da substituição dos primogênitos de Israel pelos levitas (cf. 3,12-13), segunda substituição: a dos levitas pelos animais sacrificados.

O tempo de serviço dos levitas — ²³Iahweh falou a Moisés e disse: ²⁴"Eis o que compete aos levitas. A partir da idade de vinte e cinco anos, o levita deverá prestar serviço, ocupando-se de uma função na Tenda da Reunião. ²⁵A partir de cinquenta anos não estará mais obrigado ao serviço; não terá mais função alguma. ²⁶Contudo, poderá ajudar os seus irmãos a garantir a ordem na Tenda da Reunião, mas não se ocupará de nenhum serviço. Assim, pois, farás aquilo que se refere ao ministério dos levitas."

IV. A Páscoa e a partida

9 *Data da Páscoa*ᵃ — ¹Iahweh falou a Moisés, no deserto do Sinai, no segundo ano da saída do Egito, no primeiro mês, e disse: ²"Celebrem os israelitas a Páscoa no tempo determinado. ³No dia catorze deste mês, no crepúsculo, a celebrareis, no tempo determinado. Celebrá-la-eis segundo todos os estatutos e normas a ela referentes."

⁴Moisés, pois, ordenou aos israelitas que celebrassem a Páscoa. ⁵Celebraram-na no deserto do Sinai, no primeiro mês, no dia catorze do mês, no crepúsculo. Fizeram os israelitas de acordo com tudo o que Iahweh havia ordenado a Moisés.

Caso particular — ⁶Ora, havia alguns homens que estavam impuros por causa de um morto; não puderam celebrar a Páscoa naquele dia. No mesmo dia vieram procurar Moisés e Aarão ⁷e disseram-lhes: "Estamos impuros devido a um morto. Por que seremos excluídos e privados de trazer a oferenda de Iahweh no tempo determinado, no meio dos israelitas?" ⁸Respondeu-lhes Moisés: "Aguardai, para que eu saiba o que Iahweh ordena a vosso respeito."

⁹Iahweh falou a Moisés e disse: ¹⁰"Fala aos israelitas e dize-lhes: Se alguém do meio de vós ou dos vossos descendentes se achar impuro devido a um morto, ou estiver numa longa viagem, celebrará, contudo, a Páscoa a Iahweh. ¹¹No segundo mês, no dia catorze, no crepúsculo, celebrá-la-ão. Com ázimos e ervas amargas a comerão; ¹²não deverá restar dela nada para o dia seguinte e nem se lhe quebrará osso algum. Segundo todo o ritual da Páscoa, celebrá-la-ão. ¹³Aquele, porém, que se encontrar puro ou não estiver em viagem e deixar de celebrar a Páscoa, será exterminado do seu povo. Não trouxe a oferenda de Iahweh no tempo determinado e, portanto, levará a responsabilidade do seu pecado.

¹⁴Se algum estrangeiro reside entre vós e celebra a Páscoa a Iahweh, deverá celebrá-la segundo o ritual e os costumes da Páscoa. Haverá entre vós apenas um estatuto, tanto para o estrangeiro como para o natural da terra".

A Nuvem — ¹⁵No dia em que foi levantada a Habitação, a Nuvem cobriu a Habitação, ou seja, a Tenda da Reunião. Desde o entardecer até à manhã, repousava sobre a Habitação com o aspecto de fogo. ¹⁶Assim, pois, a Nuvem a cobria permanentemente, tomando o aspecto de fogo até o amanhecer.

¹⁷Quando a Nuvem se elevava sobre a Tenda, então os israelitas se punham em marcha; no lugar onde a Nuvem parava aí acampavam os is-

---

a) 9,1-14, sempre de tradição sacerdotal, não pertence ao mesmo esquema cronológico do cap. 1 (onde a narrativa parte do segundo mês, 1,1). Esta seção acrescenta à grande regulamentação sacerdotal da Páscoa (Ex 12) uma disposição complementar, de grande interesse prático para os judeus da Diáspora, que deviam vir celebrar a Páscoa em Jerusalém (Dt 16,2): as necessidades da viagem os colocavam em estado de impureza; corriam o risco de perder a Páscoa, devido ao tempo prescrito para as purificações.

raelitas. ¹⁸Segundo a ordem de Iahweh, os israelitas partiam, e segundo a ordem de Iahweh, acampavam. Permaneciam acampados durante todo o tempo em que a Nuvem repousava sobre a Habitação. ¹⁹Se a nuvem permanecia muitos dias sobre a Habitação, os israelitas prestavam seu culto a Iahweh^a e não partiam. ²⁰Às vezes a Nuvem se detinha poucos dias sobre a Habitação, então acampavam segundo a ordem de Iahweh e também partiam segundo a ordem de Iahweh. ²¹Se acontecia que a Nuvem, depois de ter permanecido desde a tarde até à manhã, elevava-se ao amanhecer, então partiam. Ora a Nuvem se elevava depois de haver permanecido um dia e uma noite, e então partiam, ²²ora a Nuvem permanecia dois dias, um mês ou um ano; enquanto a Nuvem permanecia sobre a Habitação, os israelitas ficavam acampados; mas quando ela se levantava, então partiam. ²³Conforme a ordem de Iahweh acampavam e conforme a ordem de Iahweh partiam. Prestavam culto a Iahweh, seguindo as ordens de Iahweh transmitidas por Moisés.

10 **As trombetas** — ¹Iahweh falou a Moisés e disse: ²"Faze para ti duas trombetas; tu as farás de prata batida. Servir-te-ão para convocar a comunidade e para dar o sinal de partida aos acampamentos. ³Quando ambas soarem, toda a comunidade se reunirá junto de ti, à entrada da Tenda da Reunião. ⁴Mas se soar apenas uma das trombetas, serão os príncipes, os chefes dos milhares dos israelitas que se reunirão junto de ti.

⁵Quando o soar da trombeta for acompanhado de aclamações,^b partirão os acampamentos estabelecidos ao oriente. ⁶Ao soarem, pela segunda vez, acompanhadas de aclamações, partirão os acampamentos estabelecidos ao sul.^c Para a partida, o soar será acompanhado de aclamações, ⁷mas, para reunir a assembleia, o soar será sem aclamações. ⁸Os filhos de Aarão, os sacerdotes, tocarão as trombetas; isso será para vós e para os vossos descendentes um estatuto perpétuo.

⁹Quando, no vosso país, tiverdes de partir para a guerra contra um inimigo que vos oprime, tocareis as trombetas com fragor e aclamações: a vossa lembrança será evocada diante de Iahweh, vosso Deus, e sereis salvos dos vossos inimigos. ¹⁰Nos vossos dias de festas, solenidades ou neomênias, tocareis as trombetas nos vossos holocaustos e sacrifícios de comunhão, e elas vos serão como memória diante do vosso Deus. Eu sou Iahweh vosso Deus."

A ordem de partida — ¹¹^dNo segundo ano, no segundo mês, no dia vinte do mês, a Nuvem se elevou sobre a Habitação da Reunião. ¹²Os israelitas partiram, em ordem de marcha, do deserto do Sinai. A Nuvem se deteve no deserto de Farã.

¹³São estes os que partiram em primeiro lugar, segundo a ordem de Iahweh, transmitida por Moisés: ¹⁴Partiu, primeiramente, o estandarte do acampamento dos filhos de Judá, segundo os seus esquadrões. À frente do contingente de Judá estava Naasson, filho de Aminadab; ¹⁵à frente do contingente da tribo dos filhos de Issacar, segundo os seus esquadrões, estava Natanael, filho de Suar; ¹⁶à frente do contingente da tribo dos filhos de Zabulon, segundo os seus esquadrões, estava Eliab, filho de Helon.

---

a) Outra tradução: "dóceis às instruções de Iahweh".
b) O vocábulo hebraico *teru'ah* designa, primeiramente, um grito religioso e guerreiro (v. 9; 31,6, e cf. Js 6,5.20; Am 1,14;Nm 2,2; Sf 1,16 etc.) e pertence ao ritual da Arca (1Sm 4,5; cf. 2Sm 6,15). As etapas do deserto são semelhantes a uma marcha guerreira. O uso destas aclamações se estende às festas reais (Nm 23,21; cf. 1Rs 1,34.40) e religiosas (Lv 25,9; Nm 29,1; Sl 33,3+).

c) O grego e a Vet. Lat. acrescentam aqui: "Ao terceiro soar acompanhado de aclamações, os acampamentos estabelecidos ao ocidente partirão. Ao quarto soar acompanhado de aclamações, os acampamentos estabelecidos ao norte partirão".
d) O v. é precedido na sir. hex. e no sam. por: "Iahweh disse a Moisés: Já demorastes bastante neste monte. Ide, pois, parti e dirigi-vos à montanha dos amorreus

¹⁷Em seguida, a Habitação foi desmontada; partiram então os filhos de Gérson e os filhos de Merari, que transportavam a Habitação.

¹⁸Partiu depois o estandarte do acampamento dos filhos de Rúben, segundo os seus esquadrões. À frente do seu contingente estava Elisur, filho de Sedeur; ¹⁹à frente do contingente da tribo dos filhos de Simeão, segundo os seus esquadrões, estava Salamiel, filho de Surisadai; ²⁰à frente do contingente da tribo dos filhos de Gad, segundo os seus esquadrões, estava Eliasaf, filho de Reuel.

²¹Partiram então os filhos de Caat que levavam o santuário (a Habitação foi levantada antes da chegada deles).

²²Partiu depois o estandarte do acampamento dos filhos de Efraim, segundo os seus esquadrões. À frente do seu contingente estava Elisama, filho de Amiud; ²³à frente do contingente da tribo dos filhos de Manassés, segundo os seus esquadrões, estava Gamaliel, filho de Fadassur; ²⁴à frente do contingente da tribo dos filhos de Benjamim, segundo os seus esquadrões, estava Abidã, filho de Gedeão.

²⁵Finalmente partiu, na retaguarda de todos os acampamentos, o estandarte do acampamento dos filhos de Dã, segundo os seus esquadrões. À frente do seu contingente estava Aiezer, filho de Amisadai; ²⁶à frente do contingente da tribo dos filhos de Aser, segundo os seus esquadrões, estava Fegiel, filho de Ocrã; ²⁷à frente do contingente dos filhos de Neftali, segundo os seus esquadrões, estava Aíra, filho de Enã.

²⁸Essa foi a ordem de marcha dos israelitas, segundo os seus esquadrões. E puseram-se em marcha.

Ex 2,15-22 **Proposta de Moisés a Hobab**ᵃ — ²⁹Moisés disse a Hobab, filho de Ragüel, o madianita, seu sogro: "Partimos para o lugar do qual disse Iahweh: Eu vo-lo darei. Vem conosco e te faremos bem, pois Iahweh prometeu boas coisas a Gn 12,2 Israel." — ³⁰"Não irei", respondeu-lhe, "mas irei para a minha terra e para a minha parentela." — ³¹"Não nos abandones", disse Moisés, "pois tu conheces os lugares onde devemos acampar no deserto e tu serás os nossos olhos."ᵇ ³²Se vieres conosco, faremos a ti o mesmo bem que Iahweh nos fizer."

Dt 1,33 **A partida** — ³³Partiram, pois, do monte de Iahweh, a fim de fazer três dias de marcha. A Arca da aliança de Iahweh devia ir na frente deles, durante esses três dias de marcha, procurando-lhes um lugar de repouso.

9,15-23
Ex 40,34-38 ³⁴ᶜDurante o dia a Nuvem de Iahweh pairava acima deles, quando partiam do acampamento.

|| Sl 68,2
Is 33,3 ³⁵Quando a Arca partia, dizia Moisés:

"Levanta-te, Iahweh, e sejam dispersos os teus inimigos,
e fujam diante de ti os que te aborrecem!"

³⁶E no lugar do repouso dizia:

"Volta, Iahweh,
para as multidões de milhares de Israel."ᵈ

em direção a todos os seus habitantes na Planície, à Montanha, nas Terras-Baixas, no Negueb e no litoral, no país de Canaã e no Líbano, até o grande rio, o rio Eufrates. Vede, eu ponho diante de vós este país: ide, pois, e tomai posse deste país que jurei a vossos pais, Abraão, Isaac e Jacó, dar à sua descendência depois deles".
a) Começam aqui as narrativas procedentes não mais do ciclo sacerdotal, mas do ciclo javista (com inserções eloístas). Hobab (cf. Ex 2,17+) é um destes quenitas (Nm 24,21+) que voltaremos a encontrar ligados aos judeus e que dominaram na região de Hebron (Jz 1,16; Js 14,14).
b) Ainda hoje o guia é chamado pelos beduínos de "o olho da caravana".
c) No grego, este v. é colocado depois do v. 36.
d) Estas aclamações de caráter guerreiro fazem parte do ritual da Arca (cf. também 10,5+), que tinha o seu papel nos combates (1Sm 4,3s; 2Sm 11,11). Por outro lado, a saída do Egito e as marchas no deserto são representadas como campanhas militares e, em parte, de fato o foram.

V. Etapas no deserto

11 **Tabera** — ¹Ora, o povo elevou uma queixa aos ouvidos de Iahweh e Iahweh a ouviu. A sua ira se inflamou e o fogo de Iahweh ardeu entre eles*ᵃ* e devorou uma extremidade do acampamento. ²O povo clamou a Moisés, que intercedeu junto de Iahweh, e o fogo se extinguiu. ³Chamou-se este lugar de Tabera, porque o fogo de Iahweh ardeu entre eles.*ᵇ*

Cibrot-ataava*ᶜ*. Queixas do povo — ⁴A turba que estava no meio deles foi tomada de cobiça. Os próprios israelitas se puseram a chorar e a dizer: "Quem nos dará carne para comer? ⁵Lembramo-nos do peixe que comíamos por um nada no Egito, dos pepinos, dos melões, das verduras, das cebolas e dos alhos! ⁶Agora estamos definhando, privados de tudo; nossos olhos nada veem senão este maná!"
⁷O maná era parecido com a semente de coentro e tinha a aparência do bdélio. ⁸O povo espalhava-se para recolhê-lo; e o moía em moinho ou o pisava num pilão; cozia-o em panelas e fazia bolos. O seu sabor era de bolo amassado com azeite. ⁹Quando, à noite, o orvalho caía sobre o acampamento, caía também o maná.

Intercessão de Moisés — ¹⁰Moisés ouviu o povo chorar, cada família à entrada da sua tenda. A ira de Iahweh se inflamou com grande ardor. Moisés sentiu-se grandemente desgostoso ¹¹e disse a Iahweh:
"Por que fazes mal a teu servo? Por que não achei graça a teus olhos, visto que me impuseste o encargo de todo este povo? ¹²Fui eu, porventura, que concebi todo este povo? Fui eu que o dei à luz, para que me digas: 'Leva-o em teu regaço, como a ama leva a criança no colo, à terra que prometi sob juramento a seus pais'? ¹³Onde acharei carne para dar a todo este povo, visto que me importuna com as suas lágrimas, dizendo: 'Dá-nos carne para comer'? ¹⁴Não posso, eu sozinho, levar todo este povo; é muito pesado para mim. ¹⁵Se queres tratar-me assim, dá-me antes a morte! Ah! se eu tivesse encontrado graça a teus olhos, para não ver a minha desventura!"

A resposta de Iahweh — ¹⁶Iahweh disse a Moisés: "Reúne setenta anciãos de Israel, que tu sabes serem anciãos e escribas do povo. Tu os levarás à Tenda da Reunião, onde permanecerão contigo. ¹⁷Eu descerei para falar contigo; tomarei do Espírito que está em ti e o porei neles. Assim levarão contigo a carga deste povo e tu não a levarás mais sozinho.
¹⁸E dirás ao povo: Santificai-vos para amanhã e comereis carne, pois que chorastes aos ouvidos de Iahweh, dizendo: 'Quem nos dará carne para comer? Éramos felizes no Egito!' Pois bem, Iahweh vos dará carne para comer. ¹⁹Não comereis um dia apenas, ou dois ou cinco ou dez ou vinte, ²⁰mas, pelo contrário, um mês inteiro, até que saia pelas vossas narinas e vos provoque náuseas, visto que rejeitastes Iahweh que está no meio de vós e que chorastes diante dele, dizendo: 'Por que, pois, saímos do Egito?'"

---

a) A ira de Deus, que toma frequentemente a forma de castigo, é aspecto de sua santidade absoluta (Lv 17,1+), de seu "ciúme" (Dt 4,24+), que não tolera nenhuma resistência ao seu desígnio, em particular nenhuma infidelidade à aliança (11,33; 12,9; Dt 1,34; 6,15; 9,8; 2Cr 19,2; Is 5,25; Na 1,2 etc.). Supõe, portanto, a misericórdia (Ex 34,6+). Sua manifestação total e definitiva está reservada para o "Dia" (Am 5,18+; Sf 1,15; cf. Dn 8,19; Mt 3,7; Ap 19,15+).

b) Este nome parece significar "lugar de pastagem", mas o autor o relaciona com uma raiz análoga que significa "queimar".

c) A narrativa 11,4-34 combina duas tradições: uma a respeito do maná e as codornizes (vv. 4-13; 18-24a; 31-34) e outra concernente ao dom do Espírito aos anciãos (vv. 14-17; 24b-30). O episódio do maná e das codornizes é situado pelo Êxodo entre a saída do Egito e a chegada ao Sinai (cf. Ex 16,1+), e inserido

²¹Disse-lhe Moisés: "O povo no meio do qual estou conta seiscentos mil homens a pé e tu dizes: Eu lhe darei carne para comer durante um mês inteiro! ²²Se se matassem para eles rebanhos de pequenos e grandes animais, ser-lhes-iam suficientes? Se se ajuntassem para eles todos os peixes do mar, ser-lhes-iam suficientes?" ²³Respondeu Iahweh a Moisés: "Ter-se-ia, porventura, encurtado o braço de Iahweh? Tu verás se a palavra que eu te disse se cumpre ou não."

Efusão do Espírito — ²⁴Moisés saiu e disse ao povo as palavras de Iahweh. Em seguida reuniu setenta anciãos dentre o povo e os colocou ao redor da Tenda. ²⁵Iahweh desceu na Nuvem. Falou-lhe e tomou do Espírito que repousava sobre ele e o colocou nos setenta anciãos. Quando o Espírito repousou sobre eles, profetizaram; porém, nunca mais o fizeram.ᵃ

²⁶Dois homens haviam permanecido no acampamento: um deles se chamava Eldad e o outro Medad. O Espírito repousou sobre eles; ainda que não tivessem vindo à Tenda, estavam entre os inscritos. Puseram-se a profetizar no acampamento. ²⁷Um jovem correu e foi anunciar a Moisés: "Eis que Eldad e Medad", disse ele, "estão profetizando no acampamento." ²⁸Josué, filho de Nun, que desde a sua juventude servia a Moisés, tomou a palavra e disse: "Moisés, meu senhor, proíbe-os!" ²⁹Respondeu-lhe Moisés: "Estás ciumento por minha causa? Oxalá todo o povo de Iahweh fosse profeta, dando-lhe Iahweh o seu Espírito!" ³⁰A seguir Moisés voltou ao acampamento e com ele os anciãos de Israel.

As codornizes — ³¹Levantou-se então um vento, enviado por Iahweh e vindo do mar, que trouxe codornizes e as arremessou no acampamento. Delas havia numa extensão de um dia de marcha, de um lado e do outro do acampamento, e numa espessura de dois côvados acima do solo. ³²E levantou-se o povo todo aquele dia, toda aquela noite e o dia seguinte para recolher codornizes: aquele que recolheu menos recolheu dez almudes; depois as estenderam ao redor do acampamento. ³³A carne estava ainda no seus dentes, sem ter sido mastigada, quando a ira de Iahweh se inflamou contra o povo. Iahweh o feriu com uma praga muito grande.

³⁴Deu-se a este lugar o nome de Cibrot-ataava,ᵇ pois ali foram sepultados aqueles que se entregaram à sua concupiscência. ³⁵De Cibrot-ataava o povo partiu para Haserot e acampou em Haserot.

12 **Maria e Aarão contra Moisés**ᶜ — ¹Maria e Aarão murmuraram contra Moisés por causa da mulher cuchita que ele havia tomado. Pois ele havia desposado uma mulher cuchita.ᵈ ²Disseram-lhe: "Falou, porventura, Iahweh, somente a Moisés? Não falou também a nós?" Iahweh os ouviu. ³Ora, Moisés era um homem muito humilde, o mais humilde dos homens que havia na terra.

Resposta divina — ⁴Subitamente disse Iahweh a Moisés, a Aarão e a Maria: "Vinde, os três, à Tenda da Reunião." Todos os três foram ⁵e Iahweh desceu numa coluna de nuvem e se deteve à entrada da Tenda. Chamou a Aarão e a Maria; ambos se apresentaram. ⁶Disse Iahweh:

aqui no caminho de Cades (cf. 13,26). Nos dois casos, elementos de tradições diferentes foram agrupados em quadro geográfico artificial.
a) Eles recebem o dom profético apenas de modo temporário. Mas pode-se também traduzir (Vulg.): "sem poder parar".
b) Pode ser nome geográfico autêntico, significando "os sepulcros dos taava" (nome de tribo?), impossível, contudo, de ser localizado. O que é certo é que a tradição o compreendeu como "os sepulcros da concupiscência" segundo o conteúdo da narrativa.
c) A narrativa parece ser de tradição eloísta; foi mais ou menos retocada com sentido sacerdotal.
d) Segundo o sentido comum de Cuch, ela seria etíope; mas em Hab 3,7 Cusã é nomeado com Madiã. O casamento cuchita de Moisés deve ser variante da

"Ouvi, pois, as minhas palavras:
Se há entre vós um profeta,[a]
é em visão que me revelo a ele,
é em sonho que lhe falo.
[7] Assim não se dá com o meu servo Moisés,[b]
a quem toda a minha casa está confiada.
[8] Falo-lhe face a face,
claramente e não em enigmas,
e ele vê a forma de Iahweh.[c]
Por que ousastes falar contra meu servo Moisés?"

Hb 3,2-5

Ex 33,11 +
1Cor 13,12
Ex 33,20 +

[9] A ira de Iahweh se inflamou contra eles. E retirou-se [10]e a Nuvem deixou a Tenda. E Maria tornou-se leprosa, branca como a neve. Aarão voltou-se para ela, e estava leprosa.[d]

Dt 24,9
2Cr 26,19-20

Intercessão de Aarão e de Moisés — [11]Disse Aarão a Moisés: "Ai, meu senhor! Não queiras nos infligir a culpa do pecado que tivemos a loucura de cometer e do qual somos culpados. [12]Peço-te, não seja ela como um aborto cuja carne já está meio consumida ao sair do seio de sua mãe!"

Ex 32,11 +

[13]Moisés clamou a Iahweh: "Ó Deus", disse ele, "digna-te dar-lhe a cura, eu te suplico!"
[14]Disse então Iahweh a Moisés: "E se seu pai lhe cuspisse no rosto, não ficaria ela envergonhada por sete dias? Seja, portanto, segregada sete dias fora do acampamento e depois seja nele admitida novamente."[e]

Lv 13,4-6

[15]Maria foi segregada durante sete dias fora do acampamento. O povo não partiu antes do seu retorno. [16]Depois o povo partiu de Haserot e foi acampar no deserto de Farã.

13

Exploração de Canaã[f] — [1]Iahweh falou a Moisés e disse: [2]"Envia homens, um de cada tribo, para explorar a terra de Canaã, que vou dar aos israelitas. Enviareis todos aqueles que sejam seus príncipes."

Dt 1,20-29

[3]Conforme a ordem de Iahweh, Moisés os enviou do deserto de Farã. Estes homens eram, todos eles, chefes dos israelitas. [4]São estes os seus nomes:[g]
   Da tribo de Rúben, Samua, filho de Zacur;
   [5]da tribo de Simeão, Safat, filho de Huri;
   [6]da tribo de Judá, Caleb, filho de Jefoné;
   [7]da tribo de Issacar, Igal, filho de José;
   [8]da tribo de Efraim, Oseias, filho de Nun;
   [9]da tribo de Benjamim, Falti, filho de Rafu;

---

tradição do casamento madianita (cf. Ex 2,18+), e esta mulher seria Séfora.
a) "Disse Iahweh... se há entre vós um profeta", conj. cf. Vulg.; "Disse... se (há) vosso profeta, Iahweh", hebr.
b) Isto responde à queixa de Aarão e de Maria (v. 2): ao modo comum do profetismo (v. 6: Maria é profetisa, Ex 15,20) Deus opõe a intimidade que tem com Moisés (cf. Ex 33,11+ e 33,20+). Outros receberam, por exceção, uma parte do seu Espírito (11,25). Sem dúvida, depois da morte de Moisés, Deus suscitará uma linhagem de profetas (Dt 18,15.18+), porém Moisés permanecerá o maior (Dt 34,10), até João Batista, o Precursor da Nova Aliança (Mt 11,9-11p).
c) Em lugar de "forma", o grego e sir. têm "glória".
d) Somente Maria é punida, embora Aarão se reconheça também culpado tanto quanto ela (v. 11). Pode ser que também Aarão tenha sido punido, na forma primitiva

da narrativa, que teria sido modificada pela tradição sacerdotal.
e) Em lugar de "admitida novamente", o grego tem "purificada".
f) Os caps. 13-14 são compósitos. A tradição sacerdotal pode ser facilmente delimitada: contém a lista dos enviados (vv. 1-6); o v. 21 (exploração de toda a terra, em contradição com os vv. 18.22); os vv. 25-26; 32-33; 14,1-3.5-10 (acréscimo de Josué e Caleb, cf. v. 30) e 26-38. A parte restante pertence à tradição antiga, javista e eloísta. Os outros textos referentes a essa exploração de Canaã por Caleb (32,6-15; Dt 1,19-46; Js 14,6-14; cf. 6,1+) dependem deste, que guarda a memória histórica da penetração do grupo calebita na Palestina sem a volta pela Transjordânia. Sobre os vv. 39-45, cf. 39 +.
g) Esta lista, começando por Rúben, deve ser relacionada com a do cap.1; os nomes, porém, são diferentes; vários deles são usados por contemporâneos de Davi.

¹⁰da tribo de Zabulon, Gediel, filho de Sodi;
¹¹da tribo de José, da tribo de Manassés, Gadi, filho de Susi;
¹²da tribo de Dã, Amiel, filho de Gemali;
¹³da tribo de Aser, Setur, filho de Miguel;
¹⁴da tribo de Neftali, Naabi, filho de Vapsi;
¹⁵da tribo de Gad, Guel, filho de Maqui.

Js 1,1 +
¹⁶Estes são os nomes dos homens que Moisés enviou para explorar a terra. E Moisés deu a Oseias, filho de Nun, o nome de Josué.*ᵃ*

¹⁷Moisés os enviou para explorar a terra de Canaã:*ᵇ* "Subi ao Negueb, e em seguida escalai a montanha. ¹⁸Vede como é a terra; como é o povo que a habita, forte ou fraco, escasso ou numeroso; ¹⁹como é a terra por ele habitada, boa ou má; como são as cidades por ele habitadas, campos ou fortalezas; ²⁰como é a terra, fértil ou estéril, se tem matas ou não. Sede corajosos. Trazei produtos da terra."

Era a época das primeiras uvas. ²¹Subiram eles para explorar a terra, desde o deserto de Sin até Roob, a Entrada de Emat.*ᶜ* ²²Subiram pelo Negueb e chegaram a Hebron, onde se achavam Aimã, Sesai e Tolmai, os enacim.
Dt 1,25
(Hebron havia sido fundada sete anos antes de Tânis do Egito.) ²³E chegaram ao vale de Escol; lá cortaram um ramo de videira com um cacho de uvas que levaram sobre uma vara, transportada por dois homens; levaram também romãs e figos. ²⁴Chamou-se a este lugar de vale de Escol por causa do cacho que lá cortaram os israelitas.*ᵈ*

Dt 1,25s
O relatório dos enviados — ²⁵Ao cabo de quarenta dias, voltaram da exploração da terra. ²⁶Vieram a Moisés, Aarão e a toda a comunidade de Israel, no deserto de Farã, em Cades.*ᵉ* Fizeram-lhes o seu relato, bem como a toda a comunidade, e mostraram-lhes os produtos da terra.

Ex 3,8
²⁷Relataram-lhes o seguinte: "Fomos à terra à qual nos enviastes. Na verdade é terra onde mana leite e mel; eis os seus produtos. ²⁸Contudo, o povo que a habita é poderoso; as cidades são fortificadas, muito grandes; também vimos ali os filhos de Enac. ²⁹Os amalecitas ocupam a região do Negueb; os heteus, os amorreus e os jebuseus, a montanha; os cananeus, a orla marítima e ao longo do Jordão."

³⁰Então Caleb fez calar o povo reunido diante de Moisés: "Devemos marchar", disse ele, "e conquistar essa terra: realmente podemos fazer isso." ³¹Os homens que o haviam acompanhado disseram: "Não podemos marchar contra esse povo, visto que é mais forte do que nós." ³²E puseram-se a difamar diante dos israelitas a terra que haviam explorado: "A terra que fomos explorar é terra que devora os seus habitantes. Todos aqueles que lá vimos são homens
Dt 1,28 +
de grande estatura. ³³Lá também vimos gigantes (os filhos de Enac, descendência de gigantes). Tínhamos a impressão de sermos gafanhotos diante deles, e assim também lhes parecíamos."

Dt 1,26-32
Ex 14,11 +
14 ***Revolta de Israel*** — ¹Então toda a comunidade elevou a voz; puseram-se a clamar, e o povo chorou aquela noite. ²Todos os filhos de Israel murmuraram contra Moisés e Aarão, e toda a comunidade lhes disse: "Antes tivéssemos morrido na terra do Egito! Estamos morrendo neste deserto! ³E por que Iahweh nos traz a esta terra para nos fazer perecer à espada, para

---

a) Isto é, "Iahweh salva".
b) Comparar os exploradores enviados por Josué (Js 2,1) com os enviados pelos danitas (Jz 18; cf. também Nm 21,32; Js 7,2; Jz 1,23).
c) O extremo norte da Terra Prometida, ver nota sobre o cap. 34 e Jz 20,1. No v. 22, a expedição para nas proximidades de Hebron.
d) Eshkol significa "uva". Este vale fica perto de Hebron.
e) Não uma cidade ou um lugar preciso, mas uma região; trata-se do principal oásis do norte do Sinai, 75 km a sudeste de Bersabeia. O nome é conservado pela fonte de Ayn Qedeis. Este oásis sempre foi uma etapa das caravanas.

entregar como presa as nossas mulheres e as nossas crianças? Não nos seria melhor voltar para o Egito?" ⁴E diziam uns aos outros: "Escolhamos um chefe e voltemos para o Egito."

⁵Diante de toda a comunidade reunida dos israelitas, Moisés e Aarão prostraram-se com a face em terra. ⁶Dentre aqueles que exploraram a terra, Josué, filho de Nun, e Caleb, filho de Jefoné, rasgaram as suas vestes. ⁷Disseram a toda a comunidade dos israelitas: "A terra que fomos explorar é boa, é uma terra excelente. ⁸Se Iahweh nos é propício, ele nos fará entrar nesta terra e no-la dará. É uma terra que mana leite e mel. ⁹Tão-somente não vos rebeleis contra Iahweh. Não tenhais medo do povo daquela terra, pois os devoraremos como um bocado de pão. A sua sombra protetora[a] lhes foi tirada, ao passo que Iahweh está conosco. Portanto, não tenhais medo deles."

Ira de Iahweh e intercessão de Moisés — ¹⁰Toda a comunidade falava em apedrejá-los, quando a glória de Iahweh apareceu na Tenda da Reunião a todos os israelitas. ¹¹E Iahweh disse a Moisés: ∥ Ex 32,7-14

"Até quando este povo me desprezará? Até quando recusará crer em mim, apesar dos sinais que fiz no meio dele? ¹²Vou feri-lo com pestilência e o deserdarei. De ti, contudo, farei uma nação maior e mais poderosa do que este povo." ∥ Ex 32,10; Gn 12,2

¹³Moisés respondeu a Iahweh:

"Os egípcios ouviram que pela tua própria força fizeste sair este povo do meio deles. ¹⁴Disseram-no também aos habitantes desta terra. Souberam que tu, Iahweh, estás no meio deste povo, a quem te fazes ver face a face; que és tu, Iahweh, cuja nuvem paira sobre eles; que tu marchas diante deles, de dia numa coluna de nuvem e de noite numa coluna de fogo. ¹⁵Se fazes perecer este povo como um só homem, as nações que ouviram falar de ti vão dizer: ¹⁶'Iahweh não conseguiu fazer este povo entrar na terra que lhe havia prometido com juramento e, por isso, o destruiu no deserto.' ¹⁷Não! Mas que agora a tua força, meu Senhor, se engrandeça! Segundo a tua palavra: ¹⁸'Iahweh é lento para a cólera e cheio de amor, tolera a falta e a transgressão, mas não deixa ninguém impune, ele que castiga a falta dos pais nos filhos até à terceira e quarta geração.' ¹⁹Perdoa, pois, a falta deste povo segundo a grandeza da tua bondade, tudo conforme o tens tratado desde o Egito até aqui." ∥ Ex 33,14s; 34,9-10; 9,15-23; Ex 13,21-22 ∥ Ex 34,6-7 +

Perdão e castigo — ²⁰Disse Iahweh: "Eu o perdoo, conforme a tua súplica. ²¹Mas — eis que eu vivo! e a glória de Iahweh enche toda a terra! — ²²todos estes homens que viram minha glória e os sinais que fiz no Egito e no deserto, estes homens que já me puseram à prova dez vezes, sem obedecer à minha voz, ²³não verão a terra que prometi com juramento a seus pais. Nenhum daqueles que me desprezam a verá. ²⁴Mas o meu servo Caleb, visto que um espírito diferente o animou e que me obedeceu inteiramente, eu o farei entrar na terra onde já esteve, e a sua descendência a possuirá. ²⁵(Os amalecitas e os cananeus habitam na planície.) Amanhã, pois, fazei meia volta e retornai ao deserto, na direção do mar de Suf." ∥ Dt 1,34-40 Is 6,3; 11,9 Hab 3,3 Sl 57,6; 72,19 Ex 24,16 + ➤ Hb 3,16-19

²⁶Iahweh falou a Moisés e a Aarão.[b] Disse-lhes:

²⁷"Até quando esta comunidade perversa há de murmurar contra mim? Ouvi as queixas que os israelitas murmuram contra mim. ²⁸Dize-lhes: Por minha vida — oráculo de Iahweh — eu vos tratarei segundo as próprias palavras que pronunciastes aos meus ouvidos. ²⁹Os vossos cadáveres cairão neste deserto, todos vós os recenseados, todos vós os enumerados desde a idade de 1,18s

---

a) Designação das divindades às quais é contraposto o ardor temível do sol. Em lugar de "sombra protetora" o grego tem "época (favorável)".

b) Os vv. 26-38 são paralelos aos vv. 11-25, porém redigidos no espírito da narrativa sacerdotal para a qual o povo eleito é comunidade enumerada.

vinte anos para cima, vós que tendes murmurado contra mim. ³⁰Juro que não entrareis neste país, a respeito do qual eu, levantando a mão, fiz juramento de nele vos estabelecer. Apenas Caleb, filho de Jefoné, e Josué, filho de Nun, ³¹e os vossos filhos, dos quais dizíeis que seriam levados como presa, serão eles que farei entrar e que conhecerão a terra que desprezastes. ³²Quanto a vós, os vossos cadáveres cairão neste deserto, ³³e vossos filhos andarão errantes neste deserto durante quarenta anos, carregando o peso da vossa infidelidade, até que os vossos cadáveres se consumam no deserto. ³⁴Explorastes a terra durante quarenta dias. A cada dia corresponde um ano: por quarenta anos levareis o peso de vossas faltas e sabereis o que é o fato de me abandonar.ᵃ ³⁵Eu falei, eu mesmo, Iahweh; é assim que tratarei toda esta comunidade perversa amotinada contra mim. Neste mesmo deserto não restará um deles e é ali que morrerão."

³⁶Os homens que Moisés havia mandado para explorarem a terra e que, ao voltar, haviam excitado toda a comunidade de Israel a murmurar contra ele, desacreditando a terra, ³⁷tais homens que infamaram perversamente a terra, foram feridos de morte perante Iahweh. ³⁸Dos homens que foram explorar a terra somente Josué, filho de Nun, e Caleb, filho de Jefoné, permaneceram vivos.

Dt 1,41-44 **Tentativa fracassada dos israelitas**ᵇ — ³⁹Moisés transmitiu estas palavras a todos os israelitas e o povo fez grandes lamentações. ⁴⁰Depois, levantando-se de madrugada, subiram ao cume da montanha, dizendo: "Eis-nos aqui, subimos a este lugar, a respeito do qual Iahweh disse que havíamos pecado." ⁴¹Respondeu Moisés: "Por que transgredis a ordem de Iahweh? Isso não será bem-sucedido. ⁴²Não subais, pois Iahweh não está no meio de vós: não prepareis a vossa derrota por meio dos vossos inimigos. ⁴³Na verdade, os amalecitas e os cananeus estão lá diante de vós, e caireis à espada, porque vós vos desviastes de Iahweh e Iahweh não está convosco." ⁴⁴Contudo, eles subiram, na sua presunção, ao cume da montanha. A Arca da aliança de Iahweh e Moisés não se apartaram do acampamento. ⁴⁵Os amalecitas e os cananeus que habitavam esta montanha desceram, derrotaram-nos e os fizeram em pedaços até Horma.ᶜ

10,35
Ex 17,8 +

Jz 1,17

VI. Disposições sobre os sacrifícios. Poderes dos sacerdotes e dos levitasᵈ

Ex 29,40s
Lv 23,18
Lv 2,1-10

15 **A oblação que acompanha os sacrifícios** — ¹Iahweh falou a Moisés e disse: ²"Fala aos israelitas; tu lhes dirás: Quando tiverdes entrado na terra onde habitareis e que vos dou, ³se apresentardes manjares queimados ao Senhor, em holocausto ou em sacrifício, seja

---

a) Ou melhor: "aquilo que é minha desgraça".
b) Conclusão teológica desta longa narrativa: Israel, prestes a chegar à Terra Prometida, dá mostras de falta de fé e quer voltar ao Egito; em seguida, contra a vontade divina, ataca sem que a Arca de Iahweh esteja no seu meio. É a inversão dos temas do êxodo e da guerra santa; Israel é derrotado e empurrado de volta ao deserto; isso explica por que têm de fazer a longa volta pela Transjordânia. Esta narrativa quer integrar uma tradição particular a respeito de Caleb (penetração em Canaã pelo sul) na tradição que se tornou comum a todo Israel (penetração pelo leste). Utiliza um episódio diferente, relativo a Horma (cf. v. 45).

c) Provavelmente Tell el-Meshash, a leste de Bersabéia, 85 km ao norte de Cades e no limite da região montanhosa. Como os filhos de Israel haviam chegado ao "cume da montanha" (v. 44), haviam ultrapassado Horma, até o lugar de onde tiveram de recuar. Já haviam, portanto, conquistado esta cidade (cf. 21,1+).
d) Retorno à tradição sacerdotal. A parte essencial desta seção consiste na narrativa das rebeliões de Coré, Datã, e Abiram, que destaca a origem divina da autoridade na comunidade e a preeminência de Aarão. Outras leis e episódios conexos foram-lhe acrescentados.

para cumprir um voto seja a título de oferenda espontânea, seja por ocasião das vossas solenidades — fazendo assim do vosso gado miúdo ou graúdo um perfume agradável a Iahweh, — ⁴o ofertante trará, para sua oferenda pessoal a Iahweh, uma oblação de um décimo de flor de farinha, amassada com um quarto de hin de azeite. ⁵Farás uma libação de vinho de um quarto de hin por cordeiro, além do holocausto ou do sacrifício. ⁶Para um carneiro farás uma oblação de dois décimos de flor de farinha, amassada com um terço de hin de azeite, ⁷e uma libação de vinho de um terço de hin, que oferecerás em perfume agradável a Iahweh. ⁸Se for um novilho que vieres oferecer em holocausto ou em sacrifício, a fim de cumprir um voto, ou como sacrifício de comunhão a Iahweh, ⁹será oferecida, além do animal, uma oblação de três décimos de flor de farinha, amassada com meio hin de azeite, ¹⁰e oferecerás uma libação de vinho de meio hin, como oferenda queimada, de perfume agradável a Iahweh. ¹¹Assim se fará para cada novilho, cada carneiro ou cada cabeça de animal pequeno, ovelha ou cabrito. ¹²Segundo o número das vítimas que fordes imolar, fareis o mesmo para cada uma delas, conforme o seu número.

¹³Assim fará todo o natural dentre o vosso povo, quando oferecer uma oferenda queimada em perfume agradável a Iahweh. ¹⁴E se algum estrangeiro residir convosco, ou com os vossos descendentes, oferecerá uma oferenda queimada em perfume agradável a Iahweh: como fizerdes, assim fará ¹⁵a assembleia. Haverá somente um estatuto, tanto para vós como para o estrangeiro. É um estatuto perpétuo para os vossos descendentes: diante de Iahweh, será tanto para vós como para o estrangeiro. ¹⁶Haverá somente uma lei e um direito, tanto para vós como para o estrangeiro que habita no meio de vós."

Ex 12,48 +

Lv 17,13; 24,22
Nm 9,14; 15,29s

As primícias do pão — ¹⁷Iahweh falou a Moisés e disse: ¹⁸"Fala aos israelitas; tu lhes dirás:

Quando tiverdes entrado na terra para a qual eu vos conduzo, ¹⁹devereis oferecer um tributo a Iahweh, tão logo comais do pão dessa terra. ²⁰Como primícias da vossa massa separareis um pão; fareis esta separação como aquela que se faz com a eira. ²¹Dareis a Iahweh um tributo do melhor das vossas massas. Isso é válido para os vossos descendentes.

Expiação das faltas cometidas por inadvertência — ²²"Se deixardes de cumprir, por inadvertência, qualquer um destes mandamentos que Iahweh transmitiu a Moisés ²³(tudo aquilo que Iahweh vos ordenou por intermédio de Moisés, desde o dia em que ordenou todas estas coisas, e às vossas gerações), ²⁴proceder-se-á assim:

Lv 4

Se foi a comunidade que cometeu a inadvertência, a comunidade inteira fará holocausto de um novilho em perfume agradável a Iahweh, juntamente com a oblação e a libação, segundo a norma, e oferecerá um bode em sacrifício pelo pecado. ²⁵O sacerdote fará o rito de expiação por toda a comunidade dos israelitas e o pecado lhes será perdoado, pois foi uma inadvertência. Quando trouxerem a sua oferenda para ser queimada perante Iahweh e apresentarem diante de Iahweh o seu sacrifício pelo pecado, a fim de reparar a sua inadvertência, ²⁶ele será perdoado a toda a comunidade dos israelitas e de igual modo ao estrangeiro que reside no meio deles, pois todo o povo agiu por inadvertência.

²⁷Se for apenas uma pessoa que pecou por inadvertência, oferecerá, em sacrifício pelo pecado, uma cabra de um ano. ²⁸O sacerdote fará perante Iahweh o rito de expiação pela pessoa que se desviou pelo pecado de inadvertência, cumprindo sobre a pessoa o rito de expiação, e ela será perdoada, ²⁹quer se trate de um nativo dentre os israelitas, quer de um estrangeiro que habita no meio deles. Haverá uma só lei entre vós, para aquele que procede por inadvertência.

⁳⁰Aquele, porém, que procede deliberadamente, quer seja nativo, quer estrangeiro, comete ultraje contra Iahweh. Tal indivíduo será exterminado do meio do seu povo: ³¹desprezou a palavra de Iahweh e violou o seu mandamento. Este indivíduo deverá ser eliminado, pois a sua culpa está nele mesmo."ᵃ

Violação do sábado — ³²Enquanto os israelitas estavam no deserto, um homem foi surpreendido apanhando lenha no dia de sábado. ³³Aqueles que o surpreenderam recolhendo lenha trouxeram-no a Moisés, a Aarão e a toda a comunidade. ³⁴Puseram-no sob guarda, pois não estava ainda determinado o que se devia fazer com ele. ³⁵Iahweh disse a Moisés: "Tal homem deve ser morto. Toda a comunidade o apedrejará fora do acampamento." ³⁶Toda a comunidade o levou para fora do acampamento e o apedrejou até que morreu, como Iahweh ordenara a Moisés.

As borlas das vestes — ³⁷Iahweh falou a Moisés e disse: ³⁸"Fala aos israelitas: tu lhes dirás, para as suas gerações, que façam borlas nas pontas das suas vestes e ponham um fio de púrpura violeta na borla da ponta.ᵇ ³⁹Trareis, portanto, uma borla, e vendo-a vos lembrareis de todos os mandamentos de Iahweh. E os poreis em prática, sem jamais seguir os desejos dos vossos corações e dos vossos olhos, que vos têm levado a vos prostituir.

⁴⁰Assim vós vos lembrareis de todos os meus mandamentos e os poreis em prática e sereis consagrados ao vosso Deus. ⁴¹Eu sou Iahweh vosso Deus, que vos tirei da terra do Egito, a fim de ser vosso Deus, eu, Iahweh vosso Deus."

16 **Rebelião de Coré, Datã e Abiram**ᶜ — ¹Coré, filho de Isaar, filho de Caat, filho de Levi, Datã e Abiram, filhos de Eliab, e On, filho de Felet (Eliab e Felet eram filhos de Rúben), encheram-se de orgulho;ᵈ ²levantaram-se contra Moisés, juntamente com duzentos e cinquenta israelitas, príncipes da comunidade, respeitados nas solenidades, homens de renome. ³Ajuntaram-se, pois, contra Moisés e Aarão, dizendo-lhes: "Basta! Toda a comunidade e todos os seus membros são consagrados, e Iahweh está no meio deles. Por que, então, vos exaltais acima da assembleia de Iahweh?"

⁴Moisés, ouvindo isso, prostrou-se com a face em terra. ⁵Depois disse a Coré e a todo o seu grupo: "Amanhã cedo Iahweh fará conhecer quem é dele e qual é o homem consagrado que ele permitirá aproximar-se dele. Aquele que ele fizer aproximar-se dele, esse é aquele que ele escolheu. ⁶Fazei, pois, isto: tomai os incensórios de Coré e de todo o seu grupo, ⁷ponde neles fogo e, amanhã, deitai sobre o fogo o incenso, diante de Iahweh. Aquele que Iahweh escolher, esse é o homem que lhe é consagrado. Isto vos é suficiente, filhos de Levi!"

⁸Moisés disse a Coré: "Ouvi, agora, filhos de Levi! ⁹Acaso é muito pouco para vós que o Deus de Israel vos haja separado da comunidade de Israel, trazendo-vos para perto dele, a fim de fazerdes o serviço da Habitação de Iahweh, colocando-vos diante desta comunidade para ministrardes em seu favor? ¹⁰Ele te chamou para perto dele, tu e contigo

---

a) Lei muito importante, que parece excluir toda remissão em caso de falta deliberada (lit.: "à mão erguida"). Mas a análise do ato voluntário não é ainda muito elevada.
b) A borla com um fio de púrpura (a qual desempenha papel importante nas vestes cultuais; cf. Ex 25,4; 26,11; 28,1) deve chamar a atenção para o *caráter sagrado* da comunidade. Nas reproduções antigas do costume palestinense, e segundo Dt 22,12, essas borlas revestem inteiramente as extremidades. Na época judaica (isto é, depois da volta do exílio) eram colocadas somente nas pontas. Cristo conformou-se com o uso (Mt 9,20), mas reprovou a sua prática com fingimento (Mt 23,5). – Os vv. 37-41 formam a última parte da oração do *Shemá* (Dt 6,4+).
c) A maioria dos críticos admite que há nestes caps. duas narrativas paralelas imbricadas uma na outra. Uma (javista ou eloísta, vv. 1b-2.12-15.25-34) se refere à revolta política dos rubenitas Datã e Abiram, a outra (sacerdotal, vv. 1a,2b-11.16-24.27a.35), às pretensões religiosas dos caatitas em face dos aaronitas.
d) Corrigido segundo as Héxaplas (e segundo o sentido da raiz *yaqah* em árabe); hebr.: "tomaram".

todos os teus irmãos, os levitas, e além disso ambicionais o sacerdócio! ¹¹Vós conspirastes contra Iahweh, tu e teu grupo: quem é Aarão, para que murmureis contra ele?"
¹²Moisés mandou chamar a Datã e Abiram, filhos de Eliab. Responderam eles: "Não iremos. ¹³Não é por acaso bastante que nos fizeste deixar uma terra que mana leite e mel,*ᵃ* para nos fazer morrer neste deserto, e queres ainda fazer-te príncipe sobre nós? ¹⁴Na verdade não é uma terra que mana leite e mel a terra para a qual nos conduziste e não nos deste por herança campos e vergéis! Pensas em tornar cego a este povo? De modo algum iremos." ¹⁵Moisés ficou extremamente irado e disse a Iahweh: "Não atendas para a sua oblação. Não tomei deles sequer um asno e não fiz mal a nenhum deles."

Ex 3,8 +

1Sm 12,3-5

O castigo — ¹⁶Moisés disse a Coré: "Tu e toda a tua comunidade vinde amanhã, a fim de vos colocardes diante de Iahweh, tu e eles e também Aarão. ¹⁷Cada um tome o seu incensório, ponha nele o incenso e traga cada um o seu incensório perante Iahweh — duzentos e cinquenta incensórios. Tu e Aarão, igualmente, tome cada um o seu incensório." ¹⁸Cada um tomou o seu incensório, pôs fogo nele e depositou o incenso em cima. Em seguida puseram-se à porta da Tenda da Reunião, com Moisés e Aarão. ¹⁹Coré reuniu diante desses últimos toda a comunidade, na entrada da Tenda da Reunião, e a glória de Iahweh mostrou-se a toda a comunidade.
²⁰Iahweh falou a Moisés e a Aarão. Disse-lhes: ²¹"Apartai-vos desta comunidade, pois vou destruí-la em um momento." ²²Eles, porém, prostraram-se com a face em terra e clamaram: "Ó Deus, Deus dos espíritos que vivificam toda carne, irritar-te-ias contra toda a comunidade quando um só pecou?" ²³Iahweh falou a Moisés e disse: ²⁴"Fala a esta comunidade e dize-lhe: Afastai-vos da habitação de Coré."*ᵇ*

27,16
Jó 12,10
Ap 22,6
Gn 18,16-33

²⁵Moisés levantou-se e dirigiu-se a Datã e Abiram; seguiram-no os anciãos de Israel. ²⁶Ele falou à comunidade e disse: "Suplico-vos, separai-vos das tendas destes homens ímpios e não toqueis em nada daquilo que lhes pertence, para que não sejais apanhados em todos os pecados deles." ²⁷Afastaram-se, pois, dos arredores da habitação de Coré.
Datã e Abiram saíram e se puseram à entrada das suas tendas, com suas mulheres, seus filhos e suas crianças. ²⁸Disse Moisés: "Nisto conhecereis que foi Iahweh que me enviou para realizar todos estes feitos e que não os fiz por mim mesmo: ²⁹se estas pessoas morrerem de morte natural, atingidas pela sentença comum a todos os homens, então não foi Iahweh que me enviou. ³⁰Mas se Iahweh fizer alguma coisa estranha, se a terra abrir a sua boca e os engolir, a eles e tudo aquilo que lhes pertence, e se descerem vivos ao Xeol, sabereis que estas pessoas desprezaram a Iahweh."

Ex 3,12;
4,30-31
Jo 2,11 +

³¹E aconteceu que, acabando de pronunciar todas essas palavras, o solo se fendeu sob os seus pés, ³²a terra abriu a sua boca e os engoliu, a eles e suas famílias, bem como todos os homens de Coré e todos os seus bens.*ᶜ*
³³Desceram vivos ao Xeol,*ᵈ* eles e tudo aquilo que lhes pertencia. A terra os *recobriu* e desapareceram do meio da assembleia. ³⁴A seus gritos, fugiram

---

a) Esta expressão que designa em outros lugares a Terra Prometida é aqui, excepcionalmente, aplicada ao Egito.
b) O hebr. acrescenta "Datã e Abiram", omitido pelo grego.
c) A narrativa da revolta de Datã e Abiram, mais antiga que a outra (cf. 16,1+), ignora ainda a responsabilidade individual. O final deste v. foi acrescentado por ocasião da fusão das duas narrativas.

d) Palavra de origem desconhecida, que designa as profundezas da terra (Dt 32,22; Is 14,9 etc.), onde os mortos "descem" (Gn 37,35; 1Sm 2,6 etc.) e onde bons e maus se confundem (1Sm 28,19; Sl 89,49; Ez 32,17-32) e têm sobrevivência apagada (Ecl 9,10), e onde Deus não é louvado (Sl 6,6; 88,6.12-13; 115,19; Is 38,18). Contudo, o poder do Deus vivo (cf. Dt 5,26+) se exerce mesmo nesta habitação desolada (1Sm 2,6; Sb 16,13; Am 9,2). A doutrina

todos os israelitas que se encontravam ao redor deles. E diziam: "Que a terra não engula a nós também!"

Lv 10,1-3 ³⁵Saiu fogo da parte de Iahweh e consumiu os duzentos e cinquenta homens que ofereciam o incenso.

Lv 10,1-3 **17** *Os incensórios* — ¹Iahweh falou a Moisés e disse: ²"Dize a Eleazar, filho de Aarão, o sacerdote, que retire os incensórios do meio das brasas e espalhe o fogo longe, ³porque esses incensórios de pecado estão santificados pelo preço da vida desses homens.*ª* Visto que foram trazidos para diante de Iahweh e estão consagrados, que o metal deles seja reduzido a lâminas para recobrir o altar. Servirão de sinal para os israelitas."
⁴Eleazar, o sacerdote, tomou os incensórios de bronze trazidos pelos homens que o fogo havia destruído. Foram reduzidos a lâminas para recobrir o altar.

1,51 + ⁵Elas lembram aos israelitas que nenhum profano, estranho à descendência de Aarão, deverá aproximar-se para queimar incenso perante Iahweh, sob pena de sofrer a sorte de Coré e de seu grupo, segundo o que Iahweh havia dito por intermédio de Moisés.

Sb 18,20-25 *A intercessão de Aarão*ᵇ — ⁶No dia seguinte, toda a comunidade dos israelitas murmurou contra Moisés e Aarão, dizendo: "Fizestes perecer o povo de Iahweh." ⁷Ora, como a comunidade se reunia contra Moisés e Aarão, ambos se dirigiram para a Tenda da Reunião. Eis que a Nuvem a cobriu e a glória de Iahweh apareceu. ⁸Moisés e Aarão foram diante da Tenda da Reunião.
⁹Iahweh falou a Moisés e disse: ¹⁰"Saí do meio desta comunidade; vou
16,21 destruí-la em um instante." Eles prostraram-se com a face em terra. ¹¹Em seguida Moisés disse a Aarão: "Toma o incensório, põe nele fogo do altar e em cima o incenso, e vai depressa à comunidade, a fim de fazer o rito da expiação por ela. Eis que a ira já saiu de diante de Iahweh: já começou a Praga." ¹²Aarão o tomou, conforme ordenou Moisés, e correu para o meio da assembleia; mas a Praga já havia começado entre o povo. Colocou o incenso e fez o rito de expiação pelo povo. ¹³E permaneceu entre os mortos e os vivos; e cessou a Praga. ¹⁴Foram catorze mil e setecentas as vítimas da Praga, sem contar aqueles que foram mortos por causa de Coré. ¹⁵E Aarão voltou para junto de Moisés, à entrada da Tenda da Reunião: a Praga havia cessado.

17,1-2 *O ramo de Aarão* — ¹⁶Iahweh falou a Moisés e disse: ¹⁷"Fala aos israelitas. Recebe deles, para cada casa patriarcal, um ramo; que todos os seus chefes, pelas suas casas patriarcais, te entreguem doze ramos. Escreverás o nome de cada um deles no seu próprio ramo;ᶜ ¹⁸e no ramo de Levi escreverás o nome de Aarão, visto que haverá um ramo para o chefe das casas patriarcais de Levi.
Ex 25,21-22 ¹⁹Tu os colocarás em seguida na Tenda da Reunião, diante do Testemunho,
5 onde eu me encontro contigo. ²⁰O homem cujo ramo florescer será o que escolhi; assim não deixarei chegar até mim as murmurações que os israelitas proferem contra vós."

6 ²¹Moisés falou aos israelitas, e todos os seus príncipes lhe entregaram um ramo cada um, doze ramos para o conjunto das casas patriarcais; entre eles
7 estava o ramo de Aarão. ²²Moisés os depositou diante de Iahweh, na Tenda

---

das recompensas e das penas de além-túmulo e a da ressurreição, preparadas pela esperança dos salmistas (Sl 16,10-11; 49,16), só aparecem claramente no fim do Antigo Testamento (Sb 3,5 em ligação com a crença na imortalidade, ver Sb 3,4+; 2Mc 12,38+).
a) Vv. 2-3 corrigidos com uma parte das versões; o hebr. divide de maneira diferente. O fogo divino foi espalhado a fim de não ser usado para fins profanos,

e os incensórios que o tocaram ficaram, por sua vez, consagrados.
b) Este parágrafo adicional destaca os poderes de Aarão nos ritos expiatórios (cf. Lv 16). No v. 9, grego e sir. têm: "a Moisés e a Aarão".
c) A palavra hebr. *matteh* significa ao mesmo tempo "ramo" e "tribo". O termo português "ramo" exprime o mesmo simbolismo: o ramo representa uma estirpe, uma família (cf. o "rebento" de Is 11,1).

do Testemunho. ²³No dia seguinte, quando Moisés veio à Tenda do Testemunho, o ramo de Aarão, pela casa de Levi, havia florescido: os botões haviam surgido, as flores haviam desabrochado e as amêndoas amadurecido. ²⁴Moisés tomou todos os ramos de diante de Iahweh e os levou a todos os israelitas; eles verificaram o fato e cada um retomou o seu ramo.

²⁵Iahweh disse a Moisés: "Torna a levar o ramo de Aarão para diante do Testemunho, onde terá ele o seu lugar ritual, como um sinal para os rebeldes. Assim ele reduzirá a nada as suas murmurações, para que não subam até mim e não venham a morrer." ²⁶Moisés fez conforme Iahweh lhe determinara. Assim, de fato, o fez.

O papel expiatório do sacerdócio — ²⁷Os israelitas disseram a Moisés: "Vede! Eis que estamos perdidos! Eis que perecemos! Todos pereceremos! ²⁸Todo aquele que se aproxima da Habitação de Iahweh, para fazer oferenda, morre. Seremos levados à destruição, até o último?"ᵃ

18 ¹Então Iahweh disse a Aarão: "Tu, teus filhos e a casa de teu pai*ᵇ* contigo levareis o peso das faltas cometidas com relação ao santuário. Tu e teus filhos contigo levareis o peso das faltas do vosso sacerdócio. ²Faze igualmente juntarem-se a ti os irmãos do ramo de Levi, a tribo de teu pai. Sejam eles teus auxiliares e sirvam, a ti e aos teus filhos, perante a Tenda do Testemunho. ³Farão o teu serviço e o de toda a Tenda. Não devem se aproximar dos objetos sagrados, nem do altar, para que tanto eles como vós não venhais a morrer. ⁴Serão teus auxiliares e responderão pelos encargos da Tenda da Reunião, por todo o serviço da Tenda, e nenhum profano se aproximará de vós. ⁵Respondereis pelos encargos do santuário e pelos serviços do altar, para que não haja mais ira contra os israelitas. ⁶Eis que escolhi vossos irmãos, os levitas, dentre os israelitas, para fazer deles uma doação para vós. A título de 'doados', pertencem a Iahweh, para fazerem o serviço da Tenda da Reunião. ⁷Tu e os teus filhos assumireis as funções sacerdotais em tudo o que se refere ao altar e em tudo o que está atrás do véu.*ᶜ* Vós realizareis o serviço do culto, cujo ofício concedo ao vosso sacerdócio. Contudo, o profano que se aproximar morrerá."

A parte dos sacerdotes — ⁸Iahweh disse a Aarão: "Eis que te dei o encargo daquilo que é separado para mim. Tudo aquilo que os israelitas consagrarem eu te dou, como a parte que te é atribuída, bem como a teus filhos, e isto como um estatuto perpétuo. ⁹Eis o que te pertencerá das coisas santíssimas, das oferendas apresentadas: todas as oferendas que me restituírem*ᵈ* os israelitas, a título de oblação, de sacrifício pelo pecado e de sacrifício de reparação; são coisas santíssimas, que te pertencerão, bem como a teus filhos. ¹⁰Vós vos alimentareis de coisas santíssimas. Toda pessoa do sexo masculino poderá comer delas. Tu as considerarás sagradas.

¹¹Isto também te pertencerá: aquilo que é reservado das oferendas dos israelitas, de tudo aquilo que é erguido em gesto de apresentação; dou-o a ti, a teus filhos e a tuas filhas, como estatuto perpétuo. Todo o que estiver puro, na tua casa, poderá dele comer. ¹²Todo o melhor do azeite, todo o melhor do vinho novo e do trigo, estas primícias que oferecem a Iahweh, dou-as a ti. ¹³Todos os primeiros produtos do seu país, que trazem a Iahweh, te pertencerão;

---

a) Continuação de 16,34, que serve de ligação com a passagem seguinte. Trata-se da distinção não entre aaronitas e levitas, e sim entre levitas e leigos.

b) Isto é, Levi. Este parágrafo associa os levitas (cf. 3,5-10), mas somente na condição de servidores, ao ministério expiatório dos aaronitas diante do povo (cf. Lv 16,16).

c) O altar, no qual são oferecidos os sacrifícios, e o Santo dos Santos, no qual o sumo sacerdote entra sozinho. Os sacerdotes do Antigo Testamento são primeiramente ministros do altar, como os da Nova Aliança.

d) As oferendas são tomadas de dons de Deus (cf. 1Cr 29,14) ou reparam uma falta que se lhe fez (Lv 5,15s).

todo aquele que estiver puro, na tua casa, poderá comer dele. ¹⁴Tudo aquilo que estiver atingido por anátema, em Israel, será para ti. ¹⁵Todo primogênito que se traz a Iahweh te pertencerá, tudo aquilo que procede de um ser de carne, homem ou animal; tu, porém, farás resgatar o primogênito do homem e, igualmente, farás resgatar o primogênito de um animal impuro. ¹⁶Tu o resgatarás com um mês de idade, dando-lhe o valor de cinco siclos de prata, segundo o siclo do santuário, que é de vinte geras. ¹⁷Os primogênitos da vaca, da ovelha e da cabra não serão resgatados. São santos: derramarás o seu sangue sobre o altar, e queimarás a sua gordura como oferenda queimada de perfume agradável a Iahweh, ¹⁸e a sua carne te pertencerá, assim como o peito que será apresentado e a coxa direita. ¹⁹Todas as oferendas que os israelitas trazem a Iahweh, das coisas santas, dou-as a ti, bem como a teus filhos e a tuas filhas, como um estatuto perpétuo. É uma aliança eterna de sal diante de Iahweh, para ti e para a tua descendência contigo."

*A parte dos levitas*ᵃ — ²⁰Iahweh disse a Aarão: "Não terás herança alguma na terra deles e nenhuma parte haverá para ti no meio deles. Eu sou a tua parte e a tua herança no meio dos israelitas.

²¹Eis que aos filhos de Levi dou por herança todos os dízimos arrecadados em Israel, em compensação pelos seus serviços, isto é, o serviço que fazem na Tenda da Reunião. ²²Os israelitas não se aproximarão jamais da Tenda da Reunião: carregariam um pecado e morreriam. ²³Levi fará o serviço da Tenda da Reunião e os levitas levarão o peso das suas faltas. É estatuto perpétuo para as vossas gerações: os levitas não possuirão herança alguma no meio dos israelitas, ²⁴visto que são os dízimos que os israelitas separam para Iahweh, que eu dou por herança aos levitas. Eis por que lhes disse que não possuirão herança alguma no meio dos israelitas."

*Os dízimos*ᵇ — ²⁵Iahweh falou a Moisés e disse: ²⁶"Falarás aos levitas e lhes dirás:

Quando tiverdes dos israelitas os dízimos que vos dou como herança da parte deles, separareis a parte de Iahweh, o dízimo dos dízimos. ²⁷Essa parte tomará o lugar daquilo que é separado, a ser tomado de vós, como se fosse o trigo tomado da eira e o vinho novo tomado do lagar. ²⁸Assim, pois, vós também retirareis a parte de Iahweh de todos os dízimos que receberdes dos israelitas: dareis aquilo que houverdes separado para Iahweh ao sacerdote Aarão. ²⁹De todas as oferendas que receberdes retirareis a parte de Iahweh; do melhor de todas as coisas retirareis a parte sagrada.

³⁰Tu lhesᶜ dirás: Quando houverdes separado o melhor, todas essas dádivas serão para os levitas, como se fossem produto da eira e produto do lagar. ³¹Podereis comê-las em qualquer lugar, vós e a vossa família: é o vosso salário pelo vosso serviço na Tenda da Reunião. ³²Não sereis culpados de pecado algum por isso, desde que separeis o melhor; não profanareis as coisas consagradas pelos israelitas, para que não morrais."

19 *As cinzas da novilha vermelha*ᵈ — ¹Iahweh falou a Moisés e a Aarão. Disse-lhes: ²"Eis um estatuto da Lei que Iahweh prescreve. Fala aos israelitas.

---

a) Esta legislação sacerdotal é etapa intermediária entre Dt 14,28-29; 26,12, em que os levitas apenas *participam* do dízimo trienal, e Nm 35,1-8, que lhes atribui uma dotação em bens de raiz.
b) Como os leigos vivem dos produtos do solo, os levitas vivem do dízimo, uma vez separado o "tributo de Iahweh", dado aos sacerdotes.

c) Isto é, aos levitas, aos quais se dirige diretamente o v. 31.
d) O cap. 19 forma unidade: água lustral (vv. 17-22), preparada com as cinzas de uma novilha vermelha imolada e queimada fora do acampamento (vv. 1-10), serve para apagar a impureza contraída no contato com um morto (vv. 11-16). Este ritual, ao qual so-

a estrada real, sem nos desviarmos para a direita ou para a esquerda, até que atravessemos o teu território." ¹⁸Respondeu-lhe Edom: "Não passarás por mim, pois do contrário marcharei armado ao teu encontro." ¹⁹Disseram-lhe os israelitas: "Seguiremos a estrada batida; se bebermos da tua água, eu e os meus animais, pagar-te-ei o preço. Basta que me deixes passar a pé." ²⁰Respondeu Edom: "Não passarás", e Edom marchou ao seu encontro, com muita gente e grande força. ²¹Tendo assim Edom recusado a Israel a passagem pelo seu território, desviou-se dele Israel.

*Morte de Aarão*ᵃ — ²²Partiram de Cades, e os israelitas, toda a comunidade, chegaram à montanha de Hor. ²³Iahweh falou a Moisés e a Aarão, na montanha de Hor, na fronteira da terra de Edom. Disse-lhes: ²⁴"Aarão reunir-se-á aos seus: não entrará na terra que darei aos israelitas, visto que fostes rebeldes à minha voz, nas águas de Meriba. ²⁵Toma Aarão e Eleazar, seu filho, e faze-os subir à montanha de Hor. ²⁶Então despirás a Aarão das suas vestes e as porás em Eleazar, seu filho, e Aarão se reunirá aos seus: é ali que ele deve morrer."

33,38-39
Dt 10,6 +

²⁷Moisés fez o que Iahweh havia ordenado. Diante dos olhos de toda a comunidade, subiram à montanha de Hor. ²⁸Moisés despiu a Aarão das suas vestes e as vestiu em Eleazar, seu filho; e lá morreu Aarão, no cume do monte. E Moisés e Eleazar desceram da montanha. ²⁹Toda a comunidade viu que Aarão havia expirado e toda a casa de Israel chorou Aarão durante trinta dias.

Dt 34,8

21

*Tomada de Horma*ᵇ — ¹O rei de Arad,ᶜ o cananeu, que habitava o Neguebe, soube que Israel vinha pelo caminho de Atarim. Atacou a Israel e fez prisioneiros dentre eles. ²Israel fez então o seguinte voto a Iahweh: "Se entregares este povo em meu poder, consagrarei suas cidades ao anátema." ³Iahweh ouviu a voz de Israel e entregou os cananeus em seu poder. Consagraram-nos ao anátema, eles e suas cidades. Deu-se a este lugar o nome de Horma.ᵈ

Jz 1,16

Js 6,17 +

*A serpente de bronze*ᵉ — ⁴Então, partiram da montanha de Hor pelo caminho do mar de Suf,ᶠ para contornarem a terra de Edom. No caminho o povo perdeu a paciência. ⁵Falou contra Deus e contra Moisés: "Por que nos fizestes subir do Egito para morrer neste deserto? Pois não há nem pão, nem água; estamos enfastiados deste alimento de penúria."

Ex 22,27
Ex 14,11 +

⁶Então Iahweh enviou contra o povo serpentes abrasadoras,ᵍ cuja mordedura fez perecer muita gente em Israel. ⁷Veio o povo dizer a Moisés: "Pecamos ao falarmos contra Iahweh e contra ti. Intercede junto de Iahweh para que afaste de nós estas serpentes." Moisés intercedeu pelo povo ⁸e Iahweh respondeu-lhe:

Dt 8,15
1Cor 10,9
Ex 32,11 +

---

a) Narrativa sacerdotal. A montanha de Hor não é localizada. O pormenor "na fronteira de Edom" se refere à época exílica, quando os edomitas, originalmente estabelecidos a leste da Arabá, haviam-se estendido para o oeste, em prejuízo de Judá (cf. Dt 2,1+).
b) Narrativa de tradição antiga, mas que se encontra, aqui, fora do seu contexto. Horma (cf. 14,45+) foi tomada pelos simeonitas, que subiram diretamente do sul (Jz 1,16-17+). A derrota de Horma, de Nm 14,39 +, é posterior.
c) Glosa legitimada pela proximidade entre Arad e Horma (v. 3).
d) O vocábulo é relacionado a uma raiz que significa "votar como anátema". O autor insinua desde já o caráter religioso da conquista.
e) Esta história deve ser relacionada com as minas de cobre da Arabá, onde o metal já era explorado no século XIII a.C. Acharam-se em Meneiyeh (hoje, Timna) diversas pequenas serpentes de cobre que, sem dúvida, eram utilizadas, como a de Moisés, para se proteger contra as serpentes venenosas. Esta região mineira da Arabá se encontra no caminho de Cades a Ácaba (cf. v. 4+).
f) Em direção ao golfo de Ácaba (cf. Dt 2,1; 1Rs 9,26), que não se deve confundir com Suf do Êxodo. A ocupação sedentária de Edom não atingira ainda o golfo de Ácaba, e os israelitas tomaram o caminho normal que lhes permitia contornar o território edomita. Este registro é a única indicação antiga sobre o caminho que eles tomaram.
g) "Serpente abrasadora" traduz *saraf* = abrasador, que Is 30,6 representa como serpente alada ou dragão. O nome dos serafins de Is 6,2-6 vem da mesma raiz.

"Faze uma serpente abrasadora e coloca-a em uma haste. Todo aquele que for mordido e a contemplar viverá." ⁹Moisés, portanto, fez uma serpente de bronze e a colocou em uma haste; se alguém era mordido por uma serpente, contemplava a serpente de bronze e vivia.

Etapas em direção à Transjordânia[a] —
¹⁰Partiram os israelitas e acamparam em Obot. ¹¹Depois partiram de Obot e acamparam em Jeabarim, no deserto que faz limite com Moab, do lado do sol levante. ¹²Partiram dali e acamparam na torrente de Zared. ¹³E dali partiram e acamparam no outro lado do Arnon.

Esta torrente saía da terra dos amorreus, no deserto. Porque o Arnon estava na fronteira de Moab, entre os moabitas e os amorreus. ¹⁴Por isso se diz no livro das Guerras de Iahweh:[b]

...Vaeb, junto de Sufa, e a torrente de Arnon
¹⁵e o declive da ravina que se inclina em direção à sede de Ar e se encosta na fronteira de Moab.

¹⁶Dali partiram para Beer.[c] —

Foi a respeito deste poço que Iahweh disse a Moisés: "Reúne o povo e dar-lhe-ei água."

¹⁷Então Israel cantou este cântico:
A respeito do Poço.
Entoai-lhe cânticos,
¹⁸o Poço cavado pelos príncipes,
que foi perfurado pelos chefes do povo,
com o cetro, com seus bastões,
— e do deserto para Matana,[d] ¹⁹de Matana para Naaliel, de Naaliel para Bamot, ²⁰e de Bamot para o vale que se abre para os campos de Moab, em direção às alturas do Fasga, que fica diante do deserto e o domina.[e]

Conquista da Transjordânia[f] —
²¹Israel enviou mensageiros a Seon, rei dos amorreus,[g] a fim de dizer-lhe:
²²"Desejo atravessar a tua terra. Não nos desviaremos pelos campos nem pelas vinhas; não beberemos a água dos poços; seguiremos a estrada real, até que tenhamos atravessado o teu território."
²³Seon, contudo, não deixou Israel atravessar a sua terra. Reuniu todo o seu povo, marchou pelo deserto ao encontro de Israel, e chegou a Jasa, onde pelejou contra Israel. ²⁴Israel, porém, o feriu a golpes de espada e conquistou a sua terra, desde o Arnon até o Jaboc, até aos filhos de Amon, pois Jazer[h] se encontrava na fronteira amonita.
²⁵Israel tomou todas essas cidades. Ocupou todas as cidades dos amorreus, Hesebon e todos os seus arredores. ²⁶Hesebon era, com efeito, a capital de Seon, rei dos amorreus. Foi Seon que fez guerra ao primeiro rei[i] de Moab e lhe tomou toda a sua terra até o Arnon. ²⁷Por isso dizem os poetas:[j]

---

a) Este trecho tardio pretende preencher as lacunas da fonte antiga, utilizando indicações de Nm 33 (cf. nota) e Dt 2 para descrever o itinerário. Neste, foram inseridos dois fragmentos da antiga poesia hebraica (vv. 14-15.17-18).
b) Antiga coleção de cantos épicos, atualmente desaparecida e citada somente aqui.
c) Beer, mencionado somente aqui como nome geográfico, possivelmente tirado do cântico do v. 17: *be'er* significa "poço".
d) O redator não entendeu as últimas palavras do poema: "e do deserto, é um dom *(mattanah)*", e fez deste nome comum um nome geográfico.

e) O v. 20 está sobrecarregado e confuso. No hebr. "as alturas do Fasga" se encontra em aposição a "campos de Moab".
f) Continuação da fonte antiga, interrompida desde 20,22a.
g) Pequeno reino cananeu estabelecido ao norte do Arnon, tendo Hesebon por capital. Invadido pelos moabitas, Seon conseguiu uma vitória sobre eles (que será referida nos vv. 28-29; cf. 27+), mas será derrotado pelos filhos de Israel.
h) "Jazer", grego: "Az", hebr.
i) Outra tradução: "ao rei anterior".
j) Este poema, cujo v. 30, que é importante e difícil, é crucial e está irremediavelmente corrompido. Pode

Vinde a Hesebon,
seja ela reconstruída, seja restabelecida
a cidade de Seon!
²⁸Um fogo saiu de Hesebon, ↗ Jr 48,45-46
uma chama da cidade de Seon,
e devorou Ar Moab,
consumiu^a as alturas do Arnon.
²⁹Ai de ti, Moab!
Estás perdido, povo de Camos!
Fez^b dos seus filhos fugitivos
e das suas filhas cativas
de Seon, rei dos amorreus.
³⁰A sua posteridade foi destruída
desde Hesebon até Dibon,
e destruímos pelo fogo
desde Nofe até Medaba.^{c}

³¹Estabeleceu-se Israel na terra dos amorreus. ³²E Moisés enviou exploradores a Jazer, e Israel a tomou, bem como os seus arredores; e desalojou os amorreus que ali habitavam. ³³Depois tomaram a direção de Basã e nele subiram. O rei de Basã, Og, ‖ Dt 3,1-7 marchou ao encontro deles com todo o seu povo, a fim de dar-lhes combate em Edrai.^{d} ³⁴Iahweh disse a Moisés: "Não o temas, pois o entreguei em teu poder, ele, o seu povo e a sua terra. Tratá-lo-ás como trataste Seon, rei dos amorreus, que habitava em Hesebon." ³⁵Derrotaram-no, a ele, a seus filhos e a seu povo, sem que ninguém escapasse. E tomaram posse da sua terra.

22 ¹Depois os israelitas partiram e acamparam nas estepes de Moab, além do Jordão, a caminho de Jericó.^{e}

O rei de Moab recorre a Balaão^f — ²Balac, filho de Sefor, viu tudo que Dt 23,5-6
Israel fizera aos amorreus; ³Moab tomou-se de pânico diante deste povo, pois Js 24,9-10
era muito numeroso. Ne 13.2
Mq 6,5
Moab teve pavor dos israelitas; ⁴ele disse aos anciãos de Madiã: "Eis esta 2Pd 2,15s
multidão, que devora tudo ao redor de nós, como um boi devora a erva do Jd 11
campo." Ap 2,14
Balac, filho de Sefor, era rei de Moab naquele tempo. ⁵Mandou mensageiros Ex 2,15 +
para chamar Balaão, filho de Beor, em Petor, que está junto ao Rio, na terra dos 31,8.16

ter duas interpretações. 1ª É canto de vitória dos amorreus, celebrando a derrota de Moab por Seon, e inserido como comentário do v. 26b; mas isto supõe uma correção mais radical do v. 30, que significaria que Hesebon destruiu Moab. 2ª É canto israelita, anunciado pelos vv. 25-26, que celebra a vitória de Israel sobre Seon (vv. 27b e 30, corrigido), mas que lembra, para este fim, a vitória de Seon sobre Moab (vv. 28-29): Hesebon devorou as cidades de Moab, mas nós, os filhos de Israel, destruímos Hesebon. Quanto ao v. 27, é convite irônico para vir reconstruí-la.
a) "consumiu": *bâlecah*, grego; "os senhores de": *bacalê*, hebr.
b) Camos.
c) "sua posteridade", grego; "sua lâmpada", hebr.; "e destruímos pelo fogo desde Nofe até Medaba", conj.; hebr. ininteligível.
d) A narrativa da guerra contra Og serve para completar a conquista da Transjordânia e para justificar as pretensões da meia tribo de Manassés sobre Basã, que os filhos de Israel jamais possuíram totalmente. A personagem Og é lendária (cf. Dt 3,11).
e) Lit.: "além do Jordão de Jericó", isto é, à altura de Jericó, mas do outro lado do Jordão, do ponto de vista de um habitante da Palestina.
f) As narrativas que emolduram os oráculos de Balaão combinam as duas tradições javista e eloísta, com predominância da eloísta; os próprios oráculos devem ser mais antigos. Este longo episódio apresenta um caso singular de profetismo. Balaão é adivinho das margens do Eufrates, que reconhece Iahweh como seu Deus (22,18 etc.) e abençoa Israel (23,11-12.25-26; 24,10; cf. Mq 6,5). As tradições mais recentes, porém, consideram Balaão como inimigo, constrangido pela onipotência de Deus a abençoar Israel contra sua vontade (Dt 23,5-6; Js 24,9-10, cf. Ne 13,2) e que o arrastou para a idolatria de Fegor (Nm 31,8.16). Esta tradição será retomada pelo Novo Testamento.

filhos de Amaú.*ᵃ* Disse-lhes: "Eis que o povo que saiu do Egito cobriu toda a terra; estabeleceu-se diante de mim. ⁶Vem, pois, eu te suplico, e amaldiçoa por mim este povo, pois é mais poderoso do que eu. Assim poderemos derrotá-lo e expulsá-lo da terra. Pois eu o sei: aquele que tu abençoas é abençoado, aquele a quem tu amaldiçoas é maldito."

15m 9,7 + ⁷Os anciãos de Moab e os anciãos de Madiã partiram, levando nas mãos o preço do augúrio. Chegaram a Balaão e lhe transmitiram as palavras de Balac. ⁸E ele lhes disse: "Ficai aqui esta noite e eu vos responderei segundo o que Iahweh me disser." E os príncipes de Moab permaneceram com Balaão. ⁹Veio Deus a Balaão e lhe disse: "Quem são esses homens que estão contigo?" ¹⁰Balaão respondeu a Deus: "Balac, filho de Sefor, rei de Moab, mandou-me dizer isto: ¹¹Eis que o povo que saiu do Egito cobriu toda a terra. Vem, pois, amaldiçoá-lo por mim; assim poderei combatê-lo e expulsá-lo." ¹²Deus disse a Balaão: "Não irás com eles. Não amaldiçoarás este povo, pois ele é abençoado." ¹³Levantou-se Balaão, de manhã, e disse aos príncipes enviados por Balac: "Tornai à vossa terra, pois Iahweh recusa deixar-me ir convosco." ¹⁴Levantaram-se os príncipes de Moab e voltaram para Balac e lhe disseram: "Balaão recusou-se a vir conosco."

¹⁵Balac enviou de novo outros príncipes, em maior número e mais importantes do que os primeiros. ¹⁶Foram ter com Balaão e lhe disseram: "Assim falou Balac, filho de Sefor: Eu te suplico, não recuses vir ter comigo. ¹⁷Pois te concederei grandes honrarias, e tudo o que me disseres eu farei. Portanto, vem e amaldiçoa por mim este povo." ¹⁸Balaão deu aos enviados de Balac esta resposta: "Ainda que Balac me desse a sua casa cheia de prata e de ouro, eu não poderia transgredir a ordem de Iahweh, meu Deus, em coisa alguma, pequena ou grande. ¹⁹Agora, ficai aqui esta noite, vós também, e ficarei sabendo o que Iahweh poderá me dizer ainda." ²⁰Veio Deus a Balaão durante a noite e lhe disse: "Não vieram essas pessoas para te chamar? Levanta-te e vai com eles. Contudo, não farás senão aquilo que eu te disser." ²¹Levantou-se Balaão, de manhã, selou a sua jumenta*ᵇ* e partiu com os príncipes de Moab.

A jumenta de Balaão — ²²A sua partida excitou a ira de Iahweh e o Anjo de Iahweh se colocou na estrada, para barrar-lhe a passagem.*ᶜ* Ele montava a sua jumenta, e os seus dois servos o acompanhavam. ²³A jumenta viu o Anjo de Iahweh parado na estrada, com a sua espada desembainhada na mão; desviou-se da estrada, em direção ao campo. Balaão, contudo, espancou a jumenta para fazê-la voltar à estrada.

²⁴O Anjo de Iahweh se pôs então em um caminho estreito, no meio das vinhas, com um muro à direita e outro muro à esquerda. ²⁵A jumenta viu o Anjo de Iahweh e encostou-se ao muro, apertando neste o pé de Balaão. Ele tornou a espancá-la outra vez.

²⁶O Anjo de Iahweh mudou de lugar e se colocou em uma passagem apertada, onde não havia espaço para passar nem à direita nem à esquerda. ²⁷Quando a jumenta viu o Anjo de Iahweh, caiu debaixo de Balaão. Balaão ficou enfurecido e espancou a jumenta a golpes de bordão.

➚ 2Pd 2,15-16 ²⁸Então Iahweh abriu a boca da jumenta e ela disse a Balaão: "Que te fiz eu, para me teres espancado já por três vezes?" ²⁹Balaão respondeu à jumenta: "É porque zombaste de mim! Se eu tivesse uma espada na mão já te haveria matado." ³⁰Disse a jumenta a Balaão: "Não sou eu a tua jumenta, que te serve

---

a) Petor (junto ao "Rio", isto é, o Eufrates) e a terra de Amaú (com o hebr., contra "Amon" do sam., sir., Vulg.) são conhecidos pelos textos cuneiformes.
b) Cavalgadura de honra no segundo milênio a.C. (cf. Jz 5,10; 10,4; 12,14).
c) A contradição com o v. 20 parece indicar mudança de tradição (cf. 22,2+); esta narrativa, mais colorida e mais popular que a precedente, é atribuída à tradição javista. Nela os animais falam como em Gn 3,1s.

de montaria toda a vida e até o dia de hoje? Tenho o costume de agir assim contigo?" Respondeu ele: "Não." ³¹Então Iahweh abriu os olhos de Balaão. E ele viu o Anjo de Iahweh parado na estrada, tendo a sua espada desembainhada na mão. Inclinou-se e se prostrou com a face em terra. ³²Disse-lhe o Anjo de Iahweh: "Por que espancaste assim a tua jumenta, já por três vezes? Sou eu que vim barrar-te a passagem; pois com a minha presença o caminho não pode prosseguir.[a] ³³A jumenta me viu e, devido à minha presença, ela se desviou por três vezes. Foi bom para ti que ela se desviasse, pois senão já te haveria matado. A ela, contudo, teria deixado com vida." ³⁴Balaão respondeu ao Anjo de Iahweh: "Pequei.[b] Não sabia que tu estavas parado diante de mim, no caminho. Agora, se isto não te agrada, voltarei." ³⁵O Anjo de Iahweh respondeu a Balaão: "Vai com esses homens. Somente não digas coisa alguma além daquilo que eu te mandar dizer." Balaão foi com os príncipes enviados por Balac.

Balaão e Balac — ³⁶Balac soube que Balaão vinha e saiu ao seu encontro, na direção de Ar Moab,[c] na fronteira do Arnon, na extremidade do território. ³⁷Balac disse a Balaão: "Porventura não enviei mensageiros para chamar-te? Por que não vieste a mim? Na verdade, não estou eu em condições de honrar-te?" ³⁸Balaão respondeu a Balac: "Eis-me aqui, junto de ti. Poderei eu agora dizer alguma coisa? A palavra que Deus puser na minha boca, eu a direi." ³⁹Balaão partiu com Balac. E chegaram a Cariat-Husot. ⁴⁰Balac imolou animais grandes e pequenos e ofereceu parte deles a Balaão e aos príncipes que o acompanhavam.[d] ⁴¹Depois, ao amanhecer, Balac tomou Balaão e o fez subir a Bamot-Baal, de onde pôde ver a extremidade do acampamento.[e]

Jr 1,9

23 ¹Balaão disse a Balac: "Edifica-me aqui sete altares e prepara-me sete novilhos e sete carneiros." ²Balac fez conforme lhe havia dito Balaão e ofereceu em holocausto[f] um novilho e um carneiro sobre cada altar. ³Então Balaão disse a Balac: "Permanece de pé junto dos teus holocaustos, enquanto eu me retiro. Talvez Iahweh me permita encontrá-lo. Aquilo que me fizer ver, revelar-te-ei." E foi-se para uma colina desnuda.

Oráculos de Balaão — ⁴Ora, Deus veio ao encontro de Balaão, que disse a Deus: "Preparei sete altares e ofereci em holocausto um novilho e um carneiro sobre cada altar." ⁵Iahweh então pôs em sua boca uma palavra e disse: "Volta para junto de Balac e assim lhe falarás." ⁶Balaão voltou, portanto, para junto dele; e o encontrou ainda de pé junto do seu holocausto, com todos os príncipes de Moab. ⁷E pronunciou o seu poema:[g]

"Balac me fez vir de Aram,
o rei de Moab, dos montes de Quedem:

---

a) Lit. "o caminho contrário". Outra tradução: "pois esta viagem me desagrada".
b) Todo ato do homem, consciente ou não, em oposição à vontade divina, é aqui considerado como pecado.
c) O texto traz *'ir mo'ab*, "uma cidade de Moab", mas trata-se de Ar, cidadela que domina o Desfiladeiro do Arnon (cf. 21,15). Balaão, porém, vai pronunciar seus oráculos deslocando-se em direção ao norte, até o monte Nebo, costeando a extremidade do planalto que domina a estepe ocupada pelos filhos de Israel. Estamos longe, ao norte do Arnon, fronteira de Moab, e no antigo território de Seon, conquistado pelos filhos de Israel. Estas narrativas refletem uma situação posterior à conquista, porém anterior à época de Davi, quando Moab se havia estendido em direção ao norte. Irá, por algum tempo, até Jericó (cf. Jz 3,13).
d) É sacrifício de comunhão (Lv 3,1+), seguido (23,2) do holocausto, que prepara a manifestação divina (cf. Jz 6,25s).
e) Lit.: "a extremidade do povo".
f) "ofereceu", no sing. com o grego.
g) Os poemas que seguem deviam, primitivamente, pertencer a uma mesma coleção dirigida contra Moab.

'Vem, amaldiçoa por mim Jacó,
vem, fulmina contra Israel.'
⁸ Como amaldiçoaria eu, quando Deus não amaldiçoa?
Como fulminaria eu, quando Deus não fulmina?
⁹ Sim, do cume do rochedo eu o vejo,
do alto das colinas eu o contemplo.
Eis um povo que habita à parte,
e não é classificado entre as nações.ᵃ
¹⁰ Quem poderia contar o pó de Jacó?
Quem poderia enumerar a nuvem de Israel?
Que morra eu a morte dos justos!
Que seja o meu fim como o deles!"ᵇ

¹¹Balac disse a Balaão: "Que me fizeste! eu te chamei para amaldiçoar os meus inimigos e tu pronuncias bênçãos sobre eles!" ¹²Balaão respondeu: "Não devo eu tomar cuidado de dizer apenas aquilo que Iahweh me põe na boca?" ¹³Balac lhe disse: "Vem, pois, comigo a outro lugar. Este povo que vês daqui, não vês dele senão uma parte, não o vês de modo completo. Amaldiçoa-o por mim lá adiante." ¹⁴Levou-o ao Campo das Sentinelas, em direção do cume do Fasga. Construiu ali sete altares e ofereceu em holocausto um novilho e um carneiro sobre cada altar. ¹⁵Balaão disse a Balac: "Permanece de pé junto dos teus holocaustos, enquanto irei aguardar."ᶜ ¹⁶Deus veio ao encontro de Balaão e pôs em sua boca uma palavra e disse: "Volta para junto de Balac e assim lhe falarás." ¹⁷Voltou então para junto de Balac; encontrou-o ainda de pé junto dos seus holocaustos, com todos os príncipes de Moab. "Que disse Iahweh?" perguntou-lhe Balac. ¹⁸E Balaão pronunciou o seu poema:

"Levanta-te, Balac, e escuta,
inclina o teu ouvido, filho de Sefor.
¹⁹ Deus não é homem, para que minta,
nem filho de Adão, para que se retrate.
Por acaso ele diz e não o faz,
fala e não realiza?
²⁰ Recebi a ordem de abençoar,ᵈ
abençoarei e não o revogarei.
²¹ Euᵉ não encontrei iniquidade em Jacó,
nem vi tribulação em Israel.
Iahweh, seu Deus, está com ele;
no meio dele ressoa a aclamação real.
²² Deusᶠ o fez sair do Egito,
e é para ele como os chifres do búfalo.ᵍ
²³ Pois não há presságio contra Jacó
nem augúrio contra Israel.ʰ
Então, agora que se diz a Jacó
e a Israel: 'Que faz, pois, Deus?'

Os dois primeiros são transmitidos pela tradição eloísta.
a) É a eleição de Israel (Dt 7,6+), sancionada pela bênção de posteridade numerosa.
b) "o deles", grego. O hebr. tem o singular.
c) Lit.: "irei ao encontro".
d) Lit.: "Eis que ele abençoou, eu apreendi", porém as versões têm o passivo: "eu fui apreendido".
e) "Eu", sam. e sir.; "Ele", hebr. e grego.

f) Em lugar de Elohim, o hebr. tem "El", que significa "Deus", mas que é também o nome próprio do grande deus cananeu El. Este já fora identificado com o Deus dos pais, e o foi com Iahweh. Dá-se o mesmo em 24,4.8.16.
g) Texto difícil. Outras traduções: "Ele (Jacó) tem como que o vigor do búfalo", ou: "Ele (El) tem como chifres de búfalo".
h) Outra tradução: "em Jacó" e "em Israel".

²⁴eis que um povo se levanta como uma leoa,
e se levanta como um leão:
não se deita até que tenha devorado sua presa
e bebido o sangue daqueles que matou."

²⁵Balac disse a Balaão: "Não o amaldiçoas, que assim seja! Pelo menos não o abençoes!" ²⁶Balaão respondeu a Balac: "Não te havia eu dito: Tudo o que Iahweh disser, eu o farei?"
²⁷Balac disse a Balaão: "Vem, pois, e eu te levarei a outro lugar. E de lá talvez Deus se agrade que o amaldiçoes." ²⁸Balac conduziu Balaão ao cume do Fegor, que se volta para o deserto. ²⁹Balaão disse então a Balac: "Edifica-me aqui sete altares e prepara-me sete novilhos e sete carneiros." ³⁰Balac fez conforme Balaão lhe disse e ofereceu em holocausto um novilho e um carneiro sobre cada altar.

24 ¹Balaão percebeu então que Iahweh se comprazia em abençoar Israel. Não foi, como as outras vezes, em busca de presságios, mas voltou a face para o deserto. ²Levantando os olhos, Balaão viu Israel acampado segundo suas tribos; o espírito de Deus veio sobre ele ³e ele pronunciou seu poema. Disse:*a*

"Oráculo de Balaão, filho de Beor,
oráculo do homem de olhar penetrante,*b*
⁴oráculo daquele que ouve as palavras de Deus.
Ele vê aquilo que Shaddai faz ver,
obtém a resposta divina
e os seus olhos se abrem.*c*
⁵Como são formosas as tuas tendas, ó Jacó!
e as tuas moradas, ó Israel!
⁶Como vales que se estendem,
como jardins ao lado de um rio,
como aloés que Iahweh plantou,
como cedros junto às águas!
⁷Um herói surge na sua descendência,
e domina sobre muitos povos.*d*
Seu rei é maior que Agag,
seu reinado se exalta.
⁸Deus o tirou do Egito,
e é para ele como os chifres do búfalo.
Devora*e* o cadáver dos seus adversários
e quebra os seus ossos.
⁹Agacha-se e deita-se,
como um leão, como uma leoa:
quem o fará levantar-se?
Bendito seja aquele que te abençoar,
e maldito aquele que te amaldiçoar!"

¹⁰Balac se encolerizou contra Balaão. Bateu palmas e disse a Balaão: "Chamei-te para amaldiçoares os meus inimigos e eis que tu os abençoas e já

---

a) Aqui começa nova série de oráculos pertencentes ao ciclo javista.
b) Lit.: "cujo olho é perfeito" (*shettam*), seguindo o grego; "cujo olho é fechado" (*shetûm*), hebr.
c) Sentido incerto. Outra tradução: "ele cai e os seus olhos se abrem".
d) Segue-se o grego: este oráculo parece referir-se ao "messianismo real" e visar diretamente tanto a Saul, vencedor de Agag, rei amalecita (1Sm 15,8), quanto a Davi, que também combateu os amalecitas (1Sm 30). O hebr. é completamente diferente e pode-se traduzir: "A água transborda do seu cântaro e a sua semente está em uma água abundante".
e) Israel. A continuação do v. é incerta e o texto está corrompido. Em lugar de "cadáver" os massoretas compreenderam "nações".

por três vezes! ¹¹E agora foge e vai para o teu lugar. Disse que te cobriria de honras. Contudo, Iahweh te privou delas."

¹²Balaão respondeu a Balac: "Não disse eu aos teus mensageiros: ¹³'Ainda que Balac me desse a sua casa cheia de prata e de ouro, eu não poderia transgredir a ordem de Iahweh e fazer por mim mesmo bem ou mal; aquilo que Iahweh disser, isso eu direi'? ¹⁴Agora que eu parto para os meus, vem e eu te comunicarei o que este povo fará a teu povo, no futuro." ¹⁵Então pronunciou o seu poema. Disse:

"Oráculo de Balaão, filho de Beor,
oráculo do homem de visão penetrante,
¹⁶oráculo daquele que ouve as palavras de Deus,
daquele que conhece a ciência do Altíssimo.
Ele vê aquilo que Shaddai faz ver,
alcança a resposta divina
e os seus olhos se abrem.

24,7 +
Ap 2,28; 22,16
Gn 49,10 +

¹⁷Eu o vejo — mas não agora,
eu o contemplo — mas não de perto:
Um astro^a procedente de Jacó se torna chefe,
um cetro^b se levanta, procedente de Israel.
E esmaga as têmporas de Moab
e o crânio de todos os filhos de Set.^c

Dt 2,1 +
Gn 25,23;
27,40 +

¹⁸Edom se torna uma possessão;
e possessão, também, Seir.
Israel manifesta o seu poder,
¹⁹Jacó domina sobre seus inimigos
e faz perecer os restantes de Ar."^d

Ex 17,8 +
Ex 17,14
1Sm 15,3

²⁰Balaão viu Amalec e pronunciou o seu poema. Disse:

"Amalec: primícias das nações!
Contudo a sua posteridade
perecerá para sempre."^e

1Sm 15,6

²¹Depois viu os quenitas e pronunciou o seu poema. Disse:
"A tua morada está segura, Caim,
e o teu ninho^f firme sobre o rochedo.
²²Contudo, o ninho pertence a Beor;
até quando serás cativo de Assur?"^g

---

a) A estrela é, no antigo Oriente, sinal de um Deus e, por consequência, de um rei divinizado. (Ver igualmente Is 14,12). Este vocábulo parece evocar aqui a monarquia davídica e, para o futuro, o Messias.
b) Em lugar de "cetro", o grego tem "um homem", e em lugar de "têmporas" tem "príncipes". O mesmo vocábulo hebraico significa as "têmporas" e os "confins".
c) Aqui, tribos beduínas. O poeta passa revista os adversários de Israel nas fronteiras de Canaã.
d) "inimigos", transposto do v. 18, no qual o hebr. o coloca após "Seir". — "Ar" (cf. 22,36), em lugar de hebr. "cidade" ('îr).
e) "perecerá para sempre", sam.; "será até a ruína (?)", hebr. O mesmo no v. 24.
f) Jogo de palavras entre *qen*, "ninho", e *qyn*, "Caim", restabelecido para o ritmo. Os quenitas são nômades (cf. 1Cr 2,55 em que são irmãos dos recabitas) que têm relações estreitas com Madiã (cf. Nm 10,29 e Jz 1,16). Pressionados pelos edomitas (Beor do v. 22 parece ser o de Gn 36,32), dominam a terra dos amalecitas (Jz 1,16; 1Sm 15,4-6; cf. 27,10 e 30,29) e são encontrados até na planície de Esdrelon (Jz 4,11.17; 5,24). Caim deve ser aparentado com Cenez, nome do pai de Otoniel, ele próprio irmão (ou sobrinho?) de "Caleb, o cenezeu", noutros lugares assimilados à tribo de Judá (Nm 32,12; Js 14,6.14; 15,17; Jz 1,13; 3,9-11; 1Cr 4,13). Em Gn 15,19 os cenezeus são mencionados entre os quenitas e os cadmoneus (os "filhos do Oriente" de Gn 29,1; Jz 6,3 etc.), e em Gn 36,11.42, Cenez é neto de Esaú e meio-irmão de Amalec, o que exprime uma relação mais geográfica do que etnográfica.
g) O texto, muito incerto, foi corrigido segundo o grego. A menção de Assur, aqui no v. 24, é surpreendente: não se pode tratar da Assíria, pois isso situaria o oráculo muito tardiamente (século VIII a.C.); pode-se tratar, talvez, da tribo de Assur mencionada em Gn 25,3 e 2Sm 2,9.

²³Em seguida pronunciou o seu poema. Disse:

"Os povos do Mar[a] se reúnem ao norte,
²⁴navios do lado de Cetim.
Oprimem Assur e oprimem Héber,[b]
e ele mesmo perecerá para sempre."

²⁵Depois Balaão se levantou, partiu e voltou para os seus. Balac também seguiu o seu caminho.

25 Israel em Fegor[c]

¹Israel estabeleceu-se em Setim.[d] O povo se entregou à prostituição com as filhas de Moab. ²Estas convidaram o povo para o sacrifício dos seus deuses; o povo comeu[e] e prostrou-se diante dos seus deuses. ³Estando Israel assim ligado com o Baal de Fegor, a ira de Iahweh se inflamou contra Israel. ⁴Iahweh disse a Moisés: "Toma todos os chefes do povo. Empala-os em face do sol, para Iahweh: então a ira ardente de Iahweh se afastará de Israel." ⁵Moisés disse aos juízes de Israel: "Mate cada um aquele dos seus homens que se ligaram ao Baal de Fegor."

⁶Eis que chegou um homem dos israelitas, trazendo para junto de seus irmãos esta madianita,[f] sob os próprios olhos de Moisés e de toda a comunidade dos israelitas, que choravam à entrada da Tenda da Reunião. ⁷Vendo isso, Fineias, filho de Eleazar, filho de Aarão, o sacerdote, levantou-se do meio da comunidade, tomou uma lança, ⁸seguiu o israelita até à alcova[g] e lá transpassou-o, pelo ventre, juntamente com a mulher. E a praga que feria os israelitas cessou. ⁹E morreram dentre eles vinte e quatro mil, devido à praga.

¹⁰Iahweh falou a Moisés e disse: ¹¹"Fineias, filho de Eleazar, filho de Aarão, o sacerdote, fez cessar a minha ira contra os israelitas, porque, entre eles, foi possuído do mesmo zelo que eu, por isso, no meu zelo não destruí os israelitas. ¹²Por essa razão eu afirmo: Dou-lhe a minha aliança de paz. ¹³Será para ele e para sua descendência depois dele uma aliança que lhe garantirá o sacerdócio perpétuo. Em recompensa do seu zelo pelo seu Deus, poderá realizar o rito de expiação pelos israelitas."[h]

¹⁴O israelita morto (foi morto com a madianita) se chamava Zambri, filho de Salu, príncipe de uma casa patriarcal de Simeão. ¹⁵A mulher, a madianita que foi morta, se chamava Cozbi, filha de Sur, que era chefe de um clã, de uma casa patriarcal, em Madiã.

¹⁶Iahweh falou a Moisés e disse: ¹⁷"Assaltai os madianitas e feri-os. ¹⁸Pois foram eles que vos assaltaram, por seus artifícios contra vós, no caso de Fegor, e no problema de Cozbi, irmã deles, filha de um príncipe de Madiã, aquela que foi morta no dia da praga surgida devido ao problema de Fegor."

---

a) Lit.: "das ilhas", mediante corr. Esses "povos do Mar", dos quais os filisteus faziam parte, navegaram para o Egito e para a Palestina no fim do século XIII a.C.
b) Cetim: Chipre, mas também as costas do Mediterrâneo oriental. — Héber (cf. Gn 10,21; 11,14): população à qual se liga Abraão (Gn 11,26); deve relacionar-se com o nome dos "hebreus" (cf. "Abrão, o hebreu"; Gn 14,13), qualquer que seja a origem real deste nome.
c) A narrativa antiga (vv. 1-5) supõe a mesma situação histórica que as narrativas sobre Balaão (cf. 22,36+). O santuário de Baal Fegor (cf. 23,28), na fronteira entre Israel e Moab, é frequentado pelos dois povos, e mulheres moabitas arrastam os israelitas ao culto dos seus deuses (ou do seu deus; cf. 31,16). Os vv. 6-18, relacionados ao mesmo santuário pelo v. 18, são de redação sacerdotal, mas usam uma tradição antiga, que põe em cena uma mulher madianita. É possível que madianitas, que eram nômades em toda esta região (cf. 22,4.7), longe do seu território (cf. Ex 2,11+), tenham frequentado este santuário. Esta narrativa deu ocasião à história da guerra contra Madiã (Nm 31,1+). Os madianitas, que as tradições sobre Moisés consideraram com benevolência (cf. Ex 2,18+), tornam-se inimigos de Israel (cf. Jz 7-9).
d) Junto de Setim ou Abel Setim (cf. Js 2,1+).
e) É a refeição sagrada que acompanha os sacrifícios.
f) Aquela da qual se vai falar.
g) Lit.: "o nicho abobadado", talvez destinado à prostituição sagrada.
h) Outra tradução: "É a recompensa do seu zelo ciumento por seus Deus e do que fez a expiação".

VIII. Novas disposições[a]

O recenseamento — ¹⁹Depois dessa praga, ¹Iahweh falou a Moisés e a Eleazar, filho de Aarão, o sacerdote. Disse: ²"Fazei o recenseamento de toda a comunidade dos israelitas, segundo suas casas patriarcais: todos aqueles que têm de vinte anos para cima, aptos para o serviço militar em Israel."

³Portanto, Moisés e Eleazar, o sacerdote, os recensearam, nas estepes de Moab, junto do Jordão, em direção a Jericó.[b]

⁴(Conforme Iahweh ordenou a Moisés e aos israelitas, quando saíram da terra do Egito.) Homens de vinte anos para cima:

Gn 46,8-9

⁵Rúben, primogênito de Israel. Os filhos de Rúben: de Henoc, o clã henoquita; de Falu, o clã faluíta; ⁶de Hesron, o clã hesronita; de Carmi, o clã carmita. ⁷Esses eram os clãs rubenitas. Formavam o total de quarenta e três mil e setecentos e trinta recenseados.

16,1-17.15

⁸Os filhos de Falu: Eliab. ⁹Os filhos de Eliab: Namuel, Datã e Abiram. Estes são Datã e Abiram, homens de destaque na comunidade, que se sublevaram contra Moisés e Aarão; estavam na companhia de Coré quando este se sublevou contra Iahweh. ¹⁰A terra abriu a boca e os devorou (assim como Coré, pereceu igualmente este grupo), quando o fogo consumiu os duzentos e cinquenta homens. Foram eles um sinal. ¹¹Os filhos de Coré, contudo, não pereceram.

Gn 46,10

¹²Os filhos de Simeão, segundo os seus clãs: de Namuel, o clã namuelita; de Jamin, o clã jaminita; de Jaquin, o clã jaquinita; ¹³de Zara, o clã zaraíta; de Saul, o clã saulita. ¹⁴Esses eram os clãs simeonitas. Formavam o total de vinte e dois mil e duzentos recenseados.

Gn 46,16

¹⁵Os filhos de Gad, segundo os seus clãs: de Sefon, o clã sefonita; de Agi, o clã agita; de Suni, o clã sunita; ¹⁶de Ozni, o clã oznita; de Heri, o clã herita; ¹⁷de Arod, o clã arodita; de Areli, o clã arelita. ¹⁸Esses eram os clãs dos filhos de Gad. Formavam o total de quarenta mil e quinhentos recenseados.

Gn 46,12

¹⁹Os filhos de Judá: Her e Onã. Her e Onã morreram na terra de Canaã. ²⁰Dos filhos de Judá, saíram os clãs: de Sela, o clã selaíta; de Farés, o clã faresita; de Zaré, o clã zareíta. ²¹Os filhos de Farés foram: de Hesron, o clã hesronita; de Hamul, o clã hamulita. ²²Esses foram os clãs de Judá. Formavam o total de setenta e seis mil e quinhentos recenseados.

Gn 46,13
Jz 10,1-2

²³Os filhos de Issacar, segundo os seus clãs: de Tola, o clã tolaíta; de Fua, o clã fuaíta; ²⁴de Jasub, o clã jasubita; de Semron, o clã semronita. ²⁵Esses eram os clãs de Issacar. Formavam o total de sessenta e quatro mil e trezentos recenseados.

Gn 46,14
Jz 12,11-12

²⁶Os filhos de Zabulon, segundo os seus clãs: de Sared, o clã saredita; de Elon, o clã elonita; de Jalel, o clã jalelita. ²⁷Esses eram os clãs de Zabulon. Formavam o total de sessenta mil e quinhentos recenseados.

Gn 46,20

²⁸Os filhos de José, segundo os seus clãs: Manassés e Efraim. ²⁹Os filhos de Manassés: de Maquir, o clã maquirita; e Maquir gerou a Galaad; de Galaad, o clã galaadita. ³⁰Estes são os filhos de Galaad: de Jezer, o clã jezerita; de Helec, o clã helequita; ³¹de Asriel, o clã asrielita; Siquém, o clã siquemita; ³²Semida, o clã semidaíta; Héfer, o clã hefrita. ³³Salfaad, filho de Héfer, não teve filhos, mas apenas filhas; estes são os

Is 17,1
Jz 5,14
1Cr 7,14-19

---

a) Estas novas disposições, um tanto heterogêneas, são todas de tradição sacerdotal.
b) "os recensearam", Targ., sir.; "falaram-lhes... disseram", hebr. Esse recenseamento nas estepes de Moab corresponde ao feito ao partir do Sinai (Nm 1); é mais minucioso e serviu para estabelecer a árvore genealógica da família de Jacó em Gn 46 (sacerdotal). A ordem das tribos é diferente no grego, e se ajusta à de Gn 46.
c) Aqui o grego trocou a ordem das tribos, dando origem a um deslocamento na numeração.

nomes das filhas de Salfaad: Maala, Noa, Hegla, Melca e Tersa. ³⁴Esses eram os clãs de Manassés. Formavam o total de cinquenta e dois mil e setecentos recenseados.

³⁵Estes são os filhos de Efraim, segundo os seus clãs: de Sutala, o clã sutalaíta; de Bequer, o clã bequerita; de Teen, o clã teenita. ³⁶Estes são os filhos de Sutala: de Herã, o clã heranita. ³⁷Esses eram os clãs de Efraim. Formavam o total de trinta e dois mil e quinhentos recenseados.

Esses eram os filhos de José, segundo os seus clãs.

³⁸Os filhos de Benjamim, segundo os seus clãs: de Bela, o clã belaíta; de Asbel, o clã asbelita; de Airam, o clã airamita; ³⁹de Sufam, o clã sufamita; de Hufam, o clã hufamita. ⁴⁰Bela teve os filhos Ared e Naamã: de Ared, o clã aredita; de Naamã, o clã naamanita. ⁴¹Esses eram os filhos de Benjamim, segundo os seus clãs. Formavam o total de quarenta e cinco mil e seiscentos recenseados. [Gn 46,21]

⁴²Estes são os filhos de Dã, segundo os seus clãs: de Suam, o clã suamita. Esses eram os filhos de Dã, segundo os seus clãs. ⁴³Todos os clãs suamitas formavam o total de sessenta e quatro mil e quatrocentos recenseados. [Gn 46,23]

⁴⁴Os filhos de Aser, segundo os seus clãs: de Jemna, o clã jemnaíta; de Jessui, o clã jessuíta; de Beria, o clã beriaíta. ⁴⁵Dos filhos de Beria: de Héber, o clã heberita; de Melquiel, o clã melquielita. ⁴⁶O nome da filha de Aser era Sara. ⁴⁷Esses eram os clãs dos filhos de Aser. Formavam o total de cinquenta e três mil e quatrocentos recenseados. [Gn 46,17]

⁴⁸Os filhos de Neftali, segundo os seus clãs: de Jasiel, o clã jasielita; de Guni, o clã gunita; ⁴⁹de Jeser, o clã jeserita; de Selém, o clã selemita. ⁵⁰Esses eram os clãs de Neftali, repartidos segundo seus clãs. Os filhos de Neftali formavam o total de quarenta e cinco mil e quatrocentos recenseados. [Gn 46,24]

⁵¹Os israelitas eram, portanto, seiscentos e um mil e setecentos e trinta recenseados. [2,32;11,21 1,46 +]

⁵²Iahweh falou a Moisés e disse: ⁵³"A estes a terra será distribuída em herança, segundo o número dos inscritos. ⁵⁴Àquele que tem um número maior tu darás uma propriedade maior e àquele que tem um número menor tu darás uma propriedade menor; a cada um a sua herança, em proporção ao número dos seus recenseados. ⁵⁵Todavia, a divisão da terra se fará por meio de sortes. Segundo o número dos nomes das tribos patriarcais, se receberá a herança; ⁵⁶a herança de cada tribo será repartida por sortes, tendo em conta o maior ou menor número." [Js 13s] [= 33,54]

Recenseamento dos levitas — ⁵⁷Estes são os levitas recenseados, segundo seus clãs: de Gérson, o clã gersonita; de Caat, o clã caatita; de Merari, o clã merarita. [Gn 46,11 Ex 6,16-23 1Cr 6,1-15]

⁵⁸Estes são os clãs levitas: o clã lobnita, o clã hebronita, o clã moolita, o clã musita, o clã coreíta.[a]

Caat gerou Amram. ⁵⁹A mulher de Amram se chamava Jocabed, filha de Levi, que lhe nasceu no Egito. Ela gerou para Amram: Aarão, Moisés e Maria, irmã deles. ⁶⁰Aarão gerou Nadab e Abiú, Eleazar e Itamar. ⁶¹Nadab e Abiú morreram quando levaram um fogo irregular perante Iahweh. [Ex 6,20 Lv 10,13 Nm 3,4]

⁶²Ao todo foram recenseados vinte e três mil homens, da idade de um mês para cima. Pois não haviam sido recenseados com os israelitas, não tendo recebido herança no meio deles. [3,15.39 18,20-24]

⁶³Esses foram os homens que Moisés e Eleazar, o sacerdote, recensearam, sendo que ambos fizeram o recenseamento dos israelitas nas estepes de Moab,

---

a) Estas duas divisões dos levitas em clãs não coincidem; a segunda é, sem dúvida, mais antiga e conserva a lembrança da concentração primitiva dos levitas no sul (Hebron, Lebna). 1Cr 6,1-15 procura conciliá-las.

junto do Jordão, na direção de Jericó. ⁶⁴Nenhum deles estava entre aqueles que Moisés e Aarão, o sacerdote, haviam recenseado, ao numerarem os israelitas no deserto do Sinai; ⁶⁵pois Iahweh dissera a respeito deles: todos estes morrerão no deserto e não ficará nenhum, à exceção de Caleb, filho de Jefoné, e de Josué, filho de Nun.

27 A herança das filhas

¹Vieram então as filhas de Salfaad. Este era filho de Héfer, filho de Galaad, filho de Maquir, filho de Manassés; era dos clãs de Manassés, filho de José. Estes são os nomes das suas filhas: Maala, Noa, Hegla, Melca e Tersa. ²Apresentaram-se diante de Moisés, diante de Eleazar, o sacerdote, diante dos príncipes e de toda a comunidade, à entrada da Tenda da Reunião, e disseram: ³"Nosso pai morreu no deserto. Não era do grupo que se formou contra Iahweh, do grupo de Coré; morreu pelo seu próprio pecado e sem ter filhos.ᵃ ⁴Por que haveria de desaparecer o nome do nosso pai do seu clã? Visto que ele não teve filhos, dai-nos uma propriedade no meio dos irmãos do nosso pai."

⁵Moisés levou o caso delas diante de Iahweh ⁶e Iahweh falou a Moisés. Disse: ⁷"As filhas de Salfaad falaram corretamente. Dar-lhes-ás, portanto, uma propriedade que será a herança delas no meio dos irmãos de seu pai; transmitirás a elas a herança do pai. ⁸Falarás, então, aos israelitas: Se um homem morrer sem deixar filhos, transmitireis a sua herança à sua filha. ⁹Se não tiver filha, dareis a sua herança aos seus irmãos. ¹⁰Se não tiver irmãos, dareis a sua herança aos irmãos de seu pai. ¹¹Se o seu pai não tiver irmãos, dareis a sua herança àquele do seu clã que é o seu parente mais próximo: este tomará posse." Isso será para os israelitas um estatuto de direito, conforme Iahweh ordenou a Moisés.

Josué, chefe da comunidade

¹²Iahweh disse a Moisés: "Sobe a esta montanha da cadeia dos Abarim e contempla a terra que dei aos israelitas. ¹³E tendo-a contemplado, serás reunido aos teus, como Aarão, teu irmão. ¹⁴Pois fostes rebeldes no deserto de Sin, quando a comunidade contendeu contra mim e eu vos ordenei que manifestásseis diante dela a minha santidade, pela água." (Estas são as águas de Meriba de Cades, no deserto de Sin.)

¹⁵Moisés falou a Iahweh e disse: ¹⁶"Que Iahweh, Deus dos espíritos que animam toda carne, estabeleça sobre esta comunidade um homem ¹⁷que saia e entre à frente dela e que a faça sair e entrar,ᵇ para que a comunidade de Iahweh não seja como um rebanho sem pastor." ¹⁸Iahweh respondeu a Moisés: "Toma a Josué, filho de Nun, homem em quem está o espírito. Tu lhe imporás a mão. ¹⁹Depois traze-o para diante de Eleazar, o sacerdote, e de toda a comunidade, e dá-lhe, diante deles, as tuas ordens ²⁰e comunica-lhe uma parte da tua autoridade, a fim de que toda a comunidade dos israelitas lhe obedeça. ²¹Ele se apresentará diante do sacerdote Eleazar, que consultará por ele segundo o rito do *Urim*, diante de Iahweh. Sob a sua ordem sairão e entrarão com ele todos os israelitas, toda a comunidade."

²²Moisés fez conforme Iahweh lhe ordenara. Tomou Josué e o trouxe para diante de Eleazar, o sacerdote, e de toda a comunidade; ²³impôs-lhe as mãos e transmitiu-lhe as suas ordens, conforme Iahweh dissera por intermédio de Moisés.

---

a) O castigo do pecado da incredulidade (cap. 14) não aboliu os direitos da geração seguinte; o castigo do pecado de Coré (caps. 16-17) atinge a descendência dos rebeldes.

b) Estas expressões designam toda atividade do chefe (Dt 28,6; 1Sm 29,6; 2Rs 19,27), que se regerá pelas respostas do oráculo divino, transmitidas pelo sacerdote (v. 21, cf. 1Sm 14,18.37; 23,2s).

28

Especificações sobre os sacrifícios[a] — ¹Iahweh falou a Moisés e disse: ²"Ordena aos israelitas o seguinte:
Tereis o cuidado de me trazer no tempo determinado a minha oferenda, o meu manjar, na forma de oferenda queimada de perfume agradável.
³Tu lhes dirás: Estas são as oferendas queimadas que oferecereis a Iahweh:

A. Sacrifícios cotidianos — Cada dia, dois cordeiros de um ano, perfeitos, como holocausto perpétuo. ⁴Oferecerás o primeiro cordeiro em holocausto de manhã e oferecerás o segundo em holocausto ao crepúsculo, ⁵com a oblação de um décimo de medida de flor de farinha amassada em um quarto de medida de azeite virgem. ⁶É o holocausto perpétuo realizado outrora no monte Sinai, em perfume agradável, uma oferenda queimada a Iahweh. ⁷A sua libação será de um quarto de medida para cada cordeiro; no santuário será oferecida a libação de bebida fermentada a Iahweh. ⁸Com o segundo cordeiro farás o holocausto do crepúsculo; farás com a mesma oblação e a mesma libação da manhã, como oferenda queimada em perfume agradável a Iahweh.

B. O sábado — ⁹No dia do sábado, oferecereis dois cordeiros de um ano, perfeitos, e dois décimos de flor de farinha, em oblação, amassada com azeite, e igualmente a sua libação. ¹⁰O holocausto do sábado se unirá cada sábado ao holocausto perpétuo, e de igual modo a sua libação.

C. A neomênia — ¹¹No começo dos vossos meses oferecereis um holocausto a Iahweh: dois novilhos, um carneiro e sete cordeiros de um ano, perfeitos. ¹²Para cada novilho, três décimos de flor de farinha, em oblação, amassada com azeite; para cada carneiro, dois décimos de flor de farinha, em oblação, amassada com azeite; ¹³para cada cordeiro, um décimo de flor de farinha, em oblação, amassada com azeite. É o holocausto oferecido em perfume agradável, oferenda queimada a Iahweh. ¹⁴As libações que o acompanham serão de meia medida de vinho para cada novilho, de um terço de medida para cada carneiro e de um quarto de medida para cada cordeiro. Este será, mês após mês, o holocausto do mês, para todos os meses do ano. ¹⁵Além do holocausto perpétuo, será oferecido a Iahweh um bode, em sacrifício pelo pecado, com a sua libação.

D. Os Ázimos — ¹⁶No primeiro mês, no décimo quarto dia do mês, é a Páscoa de Iahweh, ¹⁷e o décimo quinto dia do mesmo mês é dia de festa. Durante sete dias se comerão ázimos. ¹⁸No primeiro dia haverá uma assembleia santa. Não fareis nenhuma obra servil. ¹⁹Oferecereis a Iahweh oferendas queimadas em holocausto: dois novilhos, um carneiro e sete cordeiros de um ano, perfeitos. ²⁰A sua oblação, em flor de farinha amassada com azeite, será de três décimos por novilho, de dois décimos por carneiro, ²¹e de um décimo para cada um dos sete cordeiros. ²²E um bode em sacrifício pelo pecado, para fazer o rito de expiação por vós. ²³Fareis isso, além do holocausto da manhã, oferecido como holocausto perpétuo. ²⁴Assim fareis cada dia, durante sete dias. É um manjar, uma oferenda queimada em perfume agradável a Iahweh; é oferecido além do holocausto perpétuo e da sua libação correspondente. ²⁵No sétimo dia tereis uma assembleia santa; não fareis nenhuma obra servil.

E. A festa das Semanas — ²⁶No dia das primícias, quando oferecerdes a Iahweh uma oblação de frutos novos, na vossa festa das Semanas, tereis assembleia santa; não fareis nenhuma obra servil. ²⁷Oferecereis um holocausto,

---

a) Os caps. 28 e 29 retomam o ciclo litúrgico de Lv 23, mas de um ponto de vista muito particular. É, em vista da regulamentação do Templo, uma sistematização das disposições de Lv 23,13.17-18 (cf. Ez 45,21-25; 46,11.13-15).

em perfume agradável a Iahweh: dois novilhos, um carneiro e sete cordeiros de um ano, perfeitos. ²⁸A sua oblação, em flor de farinha amassada com azeite, será de três décimos para cada novilho, de dois décimos para cada carneiro ²⁹e de um décimo para cada um dos sete cordeiros. ³⁰E um bode em sacrifício pelo pecado,ᵃ para fazer por vós o rito de expiação. ³¹Fareis isso, além do holocausto perpétuo, da sua oblaçãoᵇ e das libações correspondentes.

29 F. A festa das Aclamaçõesᶜ

Lv 23,24
Nm 10,5 +

— ¹No sétimo mês, no primeiro dia do mês, tereis uma assembleia santa; não fareis nenhuma obra servil. Será para vós o dia das Aclamações. ²Oferecereis em holocausto, em perfume agradável a Iahweh: um novilho, um carneiro, sete cordeiros de um ano, perfeitos. ³A sua oblação, de flor de farinha amassada com azeite, será de três décimos para o novilho, de dois décimos para o carneiro, ⁴de um décimo para cada um dos sete cordeiros. ⁵E um bode em sacrifício pelo pecado, para se fazer por vós o rito de expiação. ⁶Isso além do holocausto mensal e da sua oblação, do holocausto perpétuo e da sua oblação, e das suas libações correspondentes, segundo o estatuto, em perfume agradável, como oferenda queimada a Iahweh.

Lv 16 +
Ez 45,18-20

G. O dia das Expiações

— ⁷No décimo dia do sétimo mês, tereis uma assembleia santa. Jejuareis e não fareis trabalho algum. ⁸Oferecereis um holocausto a Iahweh, em perfume agradável: um novilho, um carneiro e sete cordeiros de um ano, que escolhereis dentre aqueles que são perfeitos. ⁹A sua oblação, em flor de farinha amassada com azeite, será de três décimos para o novilho, de dois décimos para o carneiro ¹⁰e de um décimo para cada um dos sete cordeiros. ¹¹Será oferecido um bode em sacrifício pelo pecado. Isso além da vítima pelo pecado da festa das Expiações, do holocausto perpétuo e da sua oblação, e das suas libações correspondentes.

Ex 23,14 +
Lv 23,33-43
Dt 16,13-15
Ez 45,25
Jo 7,2

H. A festa das Tendas

— ¹²No décimo quinto dia do sétimo mês, tereis uma assembleia santa: não fareis nenhuma obra servil e durante sete dias celebrareis festa a Iahweh. ¹³Oferecereis um holocausto, oferenda queimada em perfume agradável a Iahweh: treze novilhos, dois carneiros e catorze cordeiros de um ano, perfeitos. ¹⁴As suas oblações, em flor de farinha amassada com azeite, serão de três décimos para cada um dos treze novilhos, de dois décimos para cada um dos dois carneiros ¹⁵e de um décimo para cada um dos catorze cordeiros. ¹⁶Acrescentar-se-á um bode em sacrifício pelo pecado. Isso além do holocausto perpétuo, da sua oblação e da sua libação.

¹⁷No segundo dia: doze novilhos, dois carneiros e catorze cordeiros de um ano, perfeitos; ¹⁸a oblação e as libações correspondentes, feitas de acordo com o estatuto, segundo o número dos novilhos, dos carneiros e dos cordeiros; ¹⁹e um bode para o sacrifício pelo pecado; isso além do holocausto perpétuo, da sua oblação e das suas libações.

²⁰No terceiro dia: onze novilhos, dois carneiros e catorze cordeiros de um ano, perfeitos; ²¹a oblação e as libações correspondentes, feitas de acordo com o estatuto, segundo o número dos novilhos, dos carneiros e dos cordeiros; ²²e um bode para o sacrifício pelo pecado; isso além do holocausto perpétuo, da sua oblação e da sua libação.

²³No quarto dia: dez novilhos, dois carneiros e catorze cordeiros de um ano, perfeitos; ²⁴a oblação e as libações correspondentes, feitas de acordo com o estatuto, segundo o número dos novilhos, dos carneiros e dos cordeiros; ²⁵e um bode para o sacrifício pelo pecado; isso além do holocausto perpétuo, da sua oblação e da sua libação.

---

a) "em sacrifício pelo pecado", grego; falta no hebr.
b) O texto omite: "eles serão para vós sem defeito", que provém talvez do v. 27.

c) Talvez seja o vestígio de antiga festa guerreira de Iahweh dos Exércitos, situada no começo do ano.

²⁶No quinto dia: nove novilhos, dois carneiros e catorze cordeiros de um ano, perfeitos; ²⁷as oblações e libações correspondentes, feitas de acordo com o estatuto, segundo o número dos novilhos, dos carneiros e dos cordeiros; ²⁸e um bode para o sacrifício pelo pecado; isso além do holocausto perpétuo, da sua oblação e da sua libação.

²⁹No sexto dia: oito novilhos, dois carneiros e catorze cordeiros de um ano, perfeitos; ³⁰a oblação e as libações correspondentes, feitas de acordo com o estatuto, segundo o número dos novilhos, dos carneiros e dos cordeiros; ³¹e um bode para o sacrifício pelo pecado; isso além do holocausto perpétuo, da sua oblação e das suas libações.

³²No sétimo dia: sete novilhos, dois carneiros e catorze cordeiros de um ano, perfeitos; ³³as oblações e libações correspondentes, feitas de acordo com o estatuto, segundo o número dos novilhos, dos carneiros e dos cordeiros; ³⁴e um bode para o sacrifício pelo pecado; isso além do holocausto perpétuo, da sua oblação e da sua libação.

³⁵No oitavo dia, tereis assembleia. Não fareis nenhuma obra servil. ³⁶Oferecereis um holocausto de oferenda queimada, em perfume agradável a Iahweh: um novilho, um carneiro e sete cordeiros de um ano, perfeitos; ³⁷a oblação e as libações correspondentes, feitas de acordo com o estatuto, segundo o número dos novilhos, dos carneiros e dos cordeiros; ³⁸e um bode para o sacrifício pelo pecado; isso além do holocausto perpétuo, da sua oblação e da sua libação.

³⁹Isso é o que oferecereis a Iahweh, nas vossas solenidades, além das vossas oferendas votivas e das vossas oferendas voluntárias, dos vossos holocaustos, oblações e libações, e dos vossos sacrifícios de comunhão."

30 ¹Moisés falou aos israelitas, de acordo com tudo o que Iahweh lhe ordenara.

Leis sobre os votos — ²Falou então Moisés aos chefes de tribo dos israelitas. Disse: "Eis aqui o que Iahweh ordenou.

³Se um homem fizer um voto a Iahweh ou se obrigar por juramento a uma promessa formal, não violará a sua palavra: tudo aquilo que sair da sua boca, executará.

⁴Se uma mulher fizer um voto a Iahweh ou se obrigar a uma promessa formal, ainda que jovem e morando na casa de seu pai, ⁵e se este, conhecendo o seu voto ou a promessa que fez, nada lhe disser, o seu voto, qualquer que seja, será válido. ⁶Porém, se o seu pai, no dia em que tomou conhecimento, fez oposição à promessa, nenhum dos votos e das promessas que ela fez serão válidos. Iahweh não a tratará com rigor, porque o seu pai fez oposição.

⁷Se está comprometida por votos ou por uma promessa que saiu irrefletidamente da sua boca e se casa, ⁸e se o seu marido, ao tomar conhecimento, nada lhe disser no dia em que é informado, os seus votos serão válidos e as promessas que fez serão válidas. ⁹Contudo, se no dia em que tomar conhecimento, o seu marido lhe fizer oposição, é nulo o voto que ela fez ou a promessa que a obriga, saída irrefletidamente de sua boca. Iahweh não a tratará com rigor.

¹⁰O voto de uma mulher viúva ou repudiada e todas as promessas que fizer serão válidos para ela.

¹¹Se foi na casa de seu marido que fez um voto ou se obrigou a uma promessa por juramento, ¹²e se o seu marido, sabendo do fato, nada lhe disser e não lhe fizer oposição, o seu voto, qualquer que seja, será válido e a promessa que fez, qualquer que seja, será válida. ¹³Porém, se o seu marido, sabendo dos votos, os anula no dia em que é informado a respeito deles, nada é válido de tudo quanto saiu da sua boca, votos ou promessas. Visto que o seu marido os tornou nulos, Iahweh não a tratará com rigor.

¹⁴Todo voto e todo juramento que obriga a mulher*ᵃ* pode ser confirmado ou anulado pelo seu marido. ¹⁵Contudo, se o seu marido nada lhe diz até o dia seguinte, torna válido o seu voto, qualquer seja, ou a sua promessa, qualquer seja. Ele os torna válidos, no dia em que é informado e nada lhe diz a respeito deles. ¹⁶Mas se ele, informado, os anular mais tarde, levará o peso da falta que era da responsabilidade da sua mulher."

¹⁷Esses são os estatutos que Iahweh prescreveu a Moisés, naquilo que se refere à relação entre um homem e sua mulher e um pai e sua filha que, ainda jovem, mora na casa de seu pai.

IX. Despojos de guerra e partilha

31 *Guerra santa contra Madiã*ᵇ — ¹Iahweh falou a Moisés e disse: ²"Vinga os israelitas nos madianitas. Em seguida reunir-te-ás aos teus."
³Falou, pois, Moisés ao povo: "Armem-se alguns dentre vós para a guerra de Iahweh contra Madiã, a fim de pagar a Madiã o preço da vingança de Iahweh. ⁴Enviareis à guerra mil homens de cada uma das tribos de Israel."
⁵Os milhares de Israel forneceram, à razão de mil por tribo, doze mil homens armados para a guerra. ⁶Moisés enviou-os à guerra, mil de cada tribo, e juntou-se a eles Finéias, filho de Eleazar, o sacerdote, que levava os objetos sagrados e as trombetas para a aclamação.
⁷Fizeram a guerra contra Madiã, conforme Iahweh ordenara a Moisés, e mataram todos os varões. ⁸Mataram ainda os reis de Madiã, Evi, Recém, Sur, Hur e Rebe, cinco reis madianitas; também passaram ao fio da espada Balaão, filho de Beor. ⁹Os israelitas levaram cativas as mulheres dos madianitas com as suas crianças, e tomaram todo o seu gado, todos os seus rebanhos e todos os seus bens. ¹⁰Queimaram as cidades em que habitavam, bem como todos os seus acampamentos. ¹¹Em seguida tomaram todos os despojos, tudo que haviam capturado, animais e homens, ¹²trouxeram cativos, presa e despojos a Moisés, a Eleazar, o sacerdote, e a toda a comunidade dos israelitas, no acampamento, nas estepes de Moab, que se encontram junto do Jordão, em direção a Jericó.

Massacre das mulheres e purificação dos despojos de guerra — ¹³Moisés, Eleazar, o sacerdote, e todos os príncipes da comunidade saíram do acampamento ao encontro deles. ¹⁴Moisés indignou-se contra os comandantes das forças, chefes de milhares e chefes de centenas, que voltavam desta expedição guerreira. ¹⁵Disse-lhes: "Por que deixastes com vida todas essas mulheres? ¹⁶Foram elas que, por conselho de Balaão, se tornaram para os israelitas a causa de infidelidade a Iahweh, no caso de Fegor: daí a praga que veio sobre toda a comunidade de Iahweh. ¹⁷Matai, portanto, todas as crianças do sexo masculino. Matai também todas as mulheres que conheceram varão, coabitando com ele. ¹⁸Não conserveis com vida senão as meninas que ainda não coabitaram com homem e elas serão vossas. ¹⁹Quanto a vós, acampai durante sete dias fora do acampamento, todos vós que tendes matado alguém ou tocado um cadáver. Purificai-vos, vós e vossos prisioneiros, no terceiro e no sétimo dias; ²⁰purificai também todas as roupas, todos os objetos de couro, todos os tecidos de pelo de cabra, todos os objetos de madeira."

---

a) Lit.: "que a leva a oprimir a sua alma", e que comumente significa jejuar. Mas a totalidade dos comentadores admitem que é necessário aqui ampliar o sentido.

b) Texto de composição tardia (sacerdotal), que é continuação lógica do problema de Fegor e oferece ocasião para introduzir as regras referentes à guerra santa, à repartição dos despojos e à partilha da Terra Santa.

²¹Eleazar, o sacerdote, disse aos combatentes que voltavam da guerra: "Este é um artigo da Lei que Iahweh ordenou a Moisés. ²²Contudo, o ouro, a prata, o bronze, o ferro, o estanho, o chumbo, ²³tudo aquilo que resiste ao fogo, o fareis passar pelo fogo e será puro; todavia, será pelas águas lustrais que será purificado. E tudo aquilo que não resiste ao fogo fareis passar pela água.ᵃ
²⁴Lavareis as vossas vestes no sétimo dia e ficareis puros. Depois, podereis entrar no acampamento.

Divisão dos despojos de guerra — ²⁵Iahweh falou a Moisés e disse: ²⁶"Com Eleazar, o sacerdote, e os chefes das casas patriarcais da comunidade, faze a contagem dos despojos e dos cativos, tanto dos homens como dos animais. ²⁷Dividirás, pois, os despojos pela metade, entre os combatentes que foram à guerra e o conjunto da comunidade. ²⁸Como tributo para Iahweh cobrarás, sobre a parte dos combatentes que fizeram a guerra, um para cada quinhentos, tanto de pessoas, como de bois, de jumentos e de ovelhas. ²⁹Tomarás isso da metade que lhes pertence, e darás a Eleazar, o sacerdote, como tributo a Iahweh. ³⁰Da metade que pertence aos israelitas tomarás um de cada cinquenta, tanto de pessoas, como de bois, de jumentos e de ovelhas, de todos os animais, e os darás aos levitas que têm o encargo da Habitação de Iahweh.

³¹Moisés e Eleazar, o sacerdote, fizeram conforme Iahweh ordenara a Moisés. ³²Ora, os despojos, a parte restante das presas que a tropa combatente havia capturado, se elevavam a seiscentas e setenta e cinco mil cabeças de ovelhas, ³³setenta e duas mil cabeças de bois, ³⁴sessenta e um mil jumentos, ³⁵e de pessoas, mulheres que não haviam coabitado com homem, trinta e duas mil pessoas ao todo. ³⁶A metade foi atribuída àqueles que fizeram a guerra, isto é, trezentas e trinta e sete mil e quinhentas cabeças de ovelhas, ³⁷das quais o tributo para Iahweh foi de seiscentas e setenta e cinco, ³⁸trinta e seis mil cabeças de bois, das quais setenta e duas foram tributo para Iahweh, ³⁹trinta mil e quinhentos jumentos, dos quais sessenta e um foram tributo para Iahweh, ⁴⁰e dezesseis mil pessoas, das quais trinta e duas em tributo para Iahweh. ⁴¹Moisés deu a Eleazar, o sacerdote, o tributo separado para Iahweh, conforme Iahweh ordenara a Moisés.

⁴²Quanto à outra metade, que pertencia aos israelitas e que Moisés havia separado daquela pertencente aos combatentes, ⁴³esta metade, pertencente à comunidade, se elevava a trezentas e trinta e sete mil e quinhentas cabeças de ovelhas, ⁴⁴trinta e seis mil cabeças de bois, ⁴⁵trinta mil e quinhentos jumentos ⁴⁶e dezesseis mil pessoas. ⁴⁷Dessa metade, pertencente aos israelitas, tomou Moisés, um de cada cinquenta, das pessoas e dos animais e os deu aos levitas que tinham o encargo da Habitação de Iahweh, conforme Iahweh ordenara a Moisés.

*As oferendas*ᵇ — ⁴⁸Os comandantes dos milhares, que haviam feito a guerra, chefes de milhares e chefes de centenas, aproximaram-se de Moisés ⁴⁹e lhe disseram: "Teus servos fizeram a conta dos homens de guerra que estavam sob as nossas ordens: não falta nenhum deles. ⁵⁰Portanto, trazemos cada um, em oferenda a Iahweh, aquilo que achamos em objetos de ouro, braceletes, pulseiras, anéis, brincos, colares, para fazer expiação por nós, diante de Iahweh." ⁵¹Moisés e Eleazar, o sacerdote, receberam deles aquele ouro e todos os objetos trabalhados. ⁵²E essa oferenda de ouro que fizeram a Iahweh

---

a) A passagem pelo fogo é rito antigo, mais ou menos colorido de paganismo, ao qual o texto sobrepõe aqui o rito da purificação pelas águas lustrais (cf. 19,1+).

b) Esta passagem, como 31,21-25, parece ser acréscimo, testemunhando a respeito de teologia mais elevada: a guerra santa em si mesma admite contatos impuros que exigem expiação por parte dos combatentes. A

deu um total de dezesseis mil e setecentos e cinquenta siclos, oferecida pelos chefes de milhares e chefes de centenas.

⁵³Os homens de guerra tomaram, cada um para si, a sua presa. ⁵⁴Contudo, Moisés e Eleazar, o sacerdote, receberam o ouro dos chefes de milhares e de centenas e o trouxeram à Tenda da Reunião, para ser um memorial dos israelitas diante de Iahweh.

32 Divisão da Transjordânia[a]

¹Os filhos de Rúben e os filhos de Gad tinham grandes rebanhos e em grande quantidade. Viram eles que a terra de Jazer e a terra de Galaad eram regiões favoráveis aos rebanhos. ²Os filhos de Gad e os filhos de Rúben aproximaram-se de Moisés, de Eleazar, o sacerdote, e dos príncipes da comunidade e disseram-lhes: ³"Atarot, Dibon, Jazer, Nemra, Hesebon, Eleale, Sabam, Nebo e Meon, ⁴esta terra que Iahweh conquistou diante da comunidade de Israel é terra boa para os rebanhos, e os teus servos são criadores de gado." ⁵Disseram: "Se achamos graça aos teus olhos, que seja esta terra dada em possessão aos teus servos; não nos faças passar o Jordão."

⁶Moisés respondeu aos filhos de Gad e aos filhos de Rúben: "Irão os vossos irmãos à guerra e vós permanecereis aqui? ⁷Por que desencorajais os israelitas para que não passem à terra que Iahweh lhes deu? ⁸Assim fizeram vossos pais quando os enviei, de Cades Barne, para ver a terra. ⁹Subiram até o vale de Escol, observaram a terra, e por fim desencorajaram os israelitas, para que não viessem à terra que Iahweh lhes havia dado. ¹⁰Então a ira de Iahweh se inflamou naquele dia, e Iahweh fez este juramento: ¹¹'Estes homens que saíram do Egito, da idade de vinte anos para cima, jamais verão a terra que prometi, com juramento, a Abraão, a Isaac e a Jacó... pois não me seguiram de modo íntegro, ¹²a não ser Caleb, filho de Jefoné, o cenezeu, e Josué, filho de Nun: estes, sim, seguiram a Iahweh de modo íntegro!' ¹³A ira de Iahweh se inflamou contra Israel e os fez andar errantes pelo deserto durante quarenta anos, até que desapareceu por completo aquela geração que fez o que desagradou a Iahweh. ¹⁴Eis que vós vos levantais em lugar dos vossos pais, como rebento de um tronco de pecadores, para aumentardes ainda mais o ardor da ira de Iahweh contra Israel! ¹⁵Se vós vos apartardes de Iahweh, ele aumentará ainda mais a vossa permanência no deserto e causareis a ruína de todo este povo."

¹⁶Então aproximaram-se de Moisés e lhe disseram: "Desejamos construir aqui apriscos para os nossos rebanhos e cidades para as nossas crianças. ¹⁷Nós, porém, tomaremos as armas,[b] à frente dos israelitas, até que os conduzamos ao lugar que lhes é destinado; as nossas crianças permanecerão nas cidades fortificadas, ao abrigo dos moradores da terra. ¹⁸Não regressaremos às nossas casas enquanto cada um dos israelitas não tiver tomado posse da sua herança. ¹⁹Pois não possuiremos herança com eles do outro lado do Jordão e nem mais além, visto que a nossa herança nos será concedida aquém do Jordão, ao oriente."

---

oferenda é compreendida nesse sentido (v. 50). Os vv. 53-54 podem ser de outra redação.

a) Este capítulo, de estilo deuteronomizante, com marcas de redação sacerdotal, usa fonte antiga (vv. 1-4.16-19). A terra de Jazer (v. 1) fica ao norte do reino de Seon. O Galaad primitivo, de que se trata aqui, está situado entre a terra de Jazer e o Jaboc; mas com a penetração dos israelitas em direção ao norte, o nome de Galaad estendeu-se até o Jarmuc (Js 13,10-12) e fala-se das duas metades de Galaad (Dt 3,12-13; Js 12,2.5; Js 13,31). A metade norte será o território da meia tribo de Manassés (vv. 39-40). Estes vv., que falam de conquista, são acréscimo que se refere aos acontecimentos posteriores à primeira instalação: grupos manassitas emigraram do oeste e cortaram para si um território no norte da Transjordânia (Js 13,8s); formaram a meia tribo de Manassés mencionada no acréscimo do v. 33. Em compensação, a instalação de Rúben e de Gad se deu de maneira pacífica.

b) "tomaremos as armas", grego e Vulg.; "armar--nos-emos às pressas", hebr.

²⁰Disse-lhes Moisés: "Se realmente fizerdes assim, se saírdes para a guerra diante de Iahweh, ²¹e se todos aqueles dentre vós que estão armados passarem o Jordão diante de Iahweh, até que tenha expulsado todos os seus inimigos diante dele, ²²quando a terra estiver submetida a Iahweh, então podereis voltar; assim estareis desobrigados para com Iahweh e para com Israel, e esta terra será vossa propriedade diante de Iahweh. ²³Porém, se não procederdes assim, pecareis contra Iahweh, e sabei que o vosso pecado vos achará. ²⁴Construí, pois, cidades para as vossas crianças e apriscos para as vossas ovelhas; contudo, aquilo que prometestes, cumpri-o." Dt 28,45

²⁵Os filhos de Gad e os filhos de Rúben disseram a Moisés: "Teus servos farão aquilo que o meu senhor ordenou. ²⁶As nossas crianças, as nossas mulheres, os nossos rebanhos e todo o nosso gado permanecerá ali nas cidades de Galaad, ²⁷mas os teus servos, aqueles que estão armados para a guerra, passarão, diante de Iahweh, para combater, como disse o meu senhor."

²⁸Então Moisés deu ordens a este respeito a Eleazar, o sacerdote, a Josué, filho de Nun, e aos chefes das casas patriarcais das tribos de Israel. ²⁹Disse-lhes Moisés: "Se os filhos de Gad e os filhos de Rúben, todos aqueles que estão armados, passarem convosco o Jordão, para combater, diante de Iahweh, quando a terra estiver subjugada, dar-lhes-eis em possessão a terra de Galaad. ³⁰Contudo, se não passarem armados convosco, receberão entre vós a sua propriedade, na terra de Canaã."

³¹Os filhos de Gad e os filhos de Rúben responderam: "O que Iahweh disse a teus servos, nós o faremos. ³²Passaremos armados diante de Iahweh à terra de Canaã; e tu, dá-nos a posse da nossa herança deste lado do Jordão."

³³Moisés deu-lhes — aos filhos de Gad, aos filhos de Rúben e à meia tribo de Manassés, filho de José — o reino de Seon, rei dos amorreus, o reino de Og, rei de Basã, a terra com as cidades incluídas no seu território, e as cidades limítrofes do país.

³⁴Os filhos de Gad construíram Dibon, Atarot e Aroer, ³⁵Atrot-Sofã, Jazer, Jegbaá, ³⁶Bet-Nemra, Bet-Arã, cidades fortificadas, e apriscos para os rebanhos.

³⁷Os filhos de Rúben construíram Hesebon, Eleale, Cariataim, ³⁸Nebo, Baal-Meon (cujos nomes foram mudados), Sabama. Deram outros nomes às cidades que construíram.ᵃ

³⁹Os filhos de Maquir, filho de Manassés, marcharam para Galaad. Conquistaram-no e expulsaram os amorreus que lá se encontravam. ⁴⁰Moisés deu Galaad a Maquir, filho de Manassés, que se estabeleceu nele. ⁴¹Jair, filho de Manassés, foi e tomou as suas aldeias e as chamou Aldeias de Jair. ⁴²Nobe foi e tomou Canat e as cidades de sua vizinhança, e a chamou com o seu próprio nome, Nobe. Dt 3,14-15 Jz 10,4

33 As etapas do Êxodoᵇ

¹Estas são as etapas que os israelitas percorreram, desde que saíram da terra do Egito, segundo os seus esquadrões, sob a direção de Moisés e Aarão. ²Moisés registrou os seus pontos de partida, quando saíram sob a ordem de Iahweh. Estas são as suas etapas, segundo os seus pontos de partida.

---

a) As cidades atribuídas a Gad e a Rúben estendem-se além do território de Jazer e do Galaad primitivo (cf. v. 1) até o Arnon, fronteira de Moab; isto é, cobrem o antigo reino de Seon. A sua divisão geográfica não delimita dois territórios e estas listas documentam a respeito de uma época em que Gad e Rúben eram considerados como uma unidade (cf. Js 13,8).

b) Este cap. pertence a uma camada secundária da redação sacerdotal. Usa indicações geográficas contidas em Ex, Nm e Dt, porém mais da metade dos nomes são novos e provém de outros documentos. O trajeto do Sinai a Asiongaber (vv. 16-35) usa lista de etapas do noroeste da Arábia, o que deu ocasião à localização do Sinai nessa região (cf. Ex 19,2+). Os vv. 41-49 usam outro "roteiro", que descreve o caminho mais direto entre Cades e o norte do Arnon. Mas esse trajeto é inconciliável com as indicações das fontes antigas (contorno por Asiongaber, por fora de Moab e de Edom etc.; cf. Nm 14,25; 20,14-22; Dt 2,1-25).

³Partiram de Ramsés no primeiro mês. No décimo quinto dia do primeiro mês, no dia seguinte à Páscoa, partiram de mão erguida, aos olhos de todo o Egito. ⁴Os egípcios sepultavam aqueles que dentre eles foram feridos por Iahweh, todos os primogênitos; Iahweh fez justiça contra os seus deuses. ⁵Os israelitas partiram de Ramsés e acamparam em Sucot. ⁶Em seguida partiram de Sucot e acamparam em Etam, que está nos limites do deserto. ⁷Partiram de Etam e voltaram em direção de Piairot, que está diante de Baal-Sefon, e acamparam diante de Magdol. ⁸Partiram de Piairot e alcançaram o deserto, depois de terem atravessado o mar, e depois de três dias de marcha no deserto de Etam acamparam em Mara. ⁹Partiram de Mara e chegaram a Elim. Em Elim havia doze fontes de água e setenta palmeiras; ali acamparam. ¹⁰Partiram de Elim e acamparam junto ao mar dos Juncos. ¹¹Em seguida partiram do mar dos Juncos e acamparam no deserto de Sin. ¹²Partiram do deserto de Sin e acamparam em Dafca. ¹³Partiram de Dafca e acamparam em Alus. ¹⁴Partiram de Alus e acamparam em Rafidim; o povo não encontrou ali água para beber. ¹⁵Partiram de Rafidim e acamparam no deserto do Sinai. ¹⁶Partiram do deserto do Sinai e acamparam em Cibrot-ataava. ¹⁷Partiram de Cibrot-ataava e acamparam em Haserot. ¹⁸Partiram de Haserot e acamparam em Retmá. ¹⁹Partiram de Retma e acamparam em Remon-Farés. ²⁰Partiram de Remon-Farés e acamparam em Lebna. ²¹Partiram de Lebna e acamparam em Ressa. ²²Partiram de Ressa e acamparam em Ceelata. ²³Partiram de Ceelata e acamparam no monte Séfer. ²⁴Partiram do Monte Séfer e acamparam em Harada. ²⁵Partiram de Harada e acamparam em Macelot. ²⁶Partiram de Macelot e acamparam em Taat. ²⁷Partiram de Taat e acamparam em Taré. ²⁸Partiram de Taré e acamparam em Matca. ²⁹Partiram de Matca e acamparam em Hesmona. ³⁰Partiram de Hesmona e acamparam em Moserot. ³¹Partiram de Moserot e acamparam em Benê-Jacã. ³²Partiram de Benê-Jacã e acamparam em Hor-Gadgad. ³³Partiram de Hor-Gadgad e acamparam em Jetebata. ³⁴Partiram de Jetebata e acamparam em Ebrona. ³⁵Partiram de Ebrona e acamparam em Asiongaber. ³⁶Partiram de Asiongaber e acamparam no deserto de Sin, que é Cades. ³⁷Partiram de Cades e acamparam na montanha de Hor, nos confins da terra de Edom. ³⁸Aarão, o sacerdote, subiu à montanha de Hor, segundo a ordem de Iahweh, e lá morreu, no quadragésimo ano da saída dos israelitas da terra do Egito, no quinto mês, no primeiro dia do mês. ³⁹Aarão tinha cento e vinte e três anos quando morreu na montanha de Hor. ⁴⁰O rei de Arad, cananeu que habitava no Negueb, na terra de Canaã, foi informado da chegada dos israelitas. ⁴¹Partiram da montanha de Hor e acamparam em Salmona. ⁴²Partiram de Salmona e acamparam em Finon. ⁴³Partiram de Finon e acamparam em Obot. ⁴⁴Partiram de Obot e acamparam no território de Moab, em Jeabarim. ⁴⁵Partiram de Jeabarim e acamparam em Dibon-Gad. ⁴⁶Partiram de Dibon-Gad e acamparam em Elmon-Deblataim. ⁴⁷Partiram de Elmon-Deblataim e acamparam nos montes de Abarim, defronte do Nebo. ⁴⁸Partiram dos montes de Abarim e acamparam nas estepes de Moab, junto do Jordão, em direção a Jericó. ⁴⁹Acamparam junto do Jordão, entre Bet-Jesimot e Abel-Setim, nas estepes de Moab.

Partilha de Canaã. A ordem de Deus — ⁵⁰Iahweh falou a Moisés, nas estepes de Moab, junto do Jordão, em direção a Jericó. Disse:
⁵¹"Fala aos israelitas; tu lhes dirás:
Quando tiverdes atravessado o Jordão, em direção à terra de Canaã, ⁵²expulsareis de diante de vós todos os habitantes da terra. Destruireis as suas imagens esculpidas, todas as suas estátuas de metal fundido, e demolireis todos os seus lugares altos. ⁵³Tomareis posse da terra e nela habitareis, pois vos dei esta terra para a possuirdes. ⁵⁴Dividireis a terra, por sorte, entre os vossos clãs. Àquele que é mais numeroso dareis uma parte maior na herança

e àquele que é menos numeroso dareis uma parte menor na herança. Onde a sorte cair para cada um, aí será a sua herança. Fareis a divisão entre as vossas tribos. [55]Contudo, se não expulsardes de diante de vós os habitantes da terra, aqueles que deixardes dentre eles se tornarão espinhos nos vossos olhos e aguilhões nas vossas ilhargas, vos hostilizarão na terra em que habitardes, [56]e farei convosco aquilo que pensei fazer com eles."

34 Fronteiras de Canaã[a]

[1]Iahweh falou a Moisés e disse: [2]"Dá ordens aos israelitas e dize-lhes: Quando entrardes na terra (de Canaã), esta será a terra que vos caberá em herança: a terra de Canaã segundo as suas fronteiras.

Jz 20,1 +
Js 14-19
Ez 47,13-21

[3]A região meridional do vosso domínio se estenderá a partir do deserto de Sin, que faz limite com Edom. A vossa fronteira meridional começará do lado do oriente, desde a extremidade do mar Salgado. [4]Depois se voltará ao sul, em direção à subida dos Escorpiões, passará por Sin e chegará ao sul, a Cades-Barne. Em seguida irá em direção a Hasar-Adar e passará por Asemona. [5]De Asemona a fronteira se voltará em direção à Torrente do Egito e terminará no Mar.

Ez 47,15-20

[6]Tereis por fronteira marítima o Grande Mar; este limite vos servirá de fronteira ao ocidente.

[7]Esta será a vossa fronteira setentrional: traçareis uma linha desde o Grande Mar até a montanha de Hor,[b] [8]e da montanha de Hor traçareis uma linha até à Entrada de Emat, e a fronteira terminará em Sedada. [9]Prosseguirá em direção a Zefrona e terminará em Hasar-Enon. Esta será a vossa fronteira setentrional.

[10]Em seguida traçareis vossa fronteira oriental de Hasar-Enon a Sefama. [11]A fronteira descerá de Sefama em direção a Harbel, ao oriente de Ain. Descendo ainda, tocará a margem oriental do mar de Quinéret.[c] [12]A fronteira seguirá então o Jordão e irá terminar no mar Salgado.

Esta será a vossa terra, com as fronteiras que fazem o seu contorno."

[13]Moisés deu, então, esta ordem aos israelitas:

"Esta é a terra que repartireis como herança, para vós, por meio de sorte, e que Iahweh ordenou que se desse às nove tribos e à meia tribo. [14]Porque a tribo dos filhos de Rúben, com as suas famílias, e a tribo dos filhos de Gad, com as suas famílias, já receberam a sua herança; a meia tribo de Manassés já recebeu também a sua herança. [15]Estas duas tribos e a meia tribo já receberam a sua herança além do Jordão de Jericó, ao oriente, no levante."

Os príncipes indicados para a partilha

— [16]Iahweh falou a Moisés e disse: [17]"Estes são os nomes dos homens que repartirão a terra por herança entre vós: Eleazar, o sacerdote, e Josué, filho de Nun, [18]e para cada tribo tomareis um príncipe para repartir a terra por herança. [19]Estes são os nomes desses príncipes:[d]

---

a) Este texto é, com Ez 47,13-21, a mais minuciosa descrição das fronteiras de Canaã. Elas coincidem com as da província egípcia de Canaã do fim do séc. XIII a.C., e é desse uso administrativo que os israelitas tomaram o nome e o conceito. Canaã não se estende a leste do Jordão (vv. 13-15). O território aqui descrito é a Terra Prometida (cf. v. 1), definida em outros lugares com outros termos (cf. Ex 23,31+; Dt 1,7; Jz 20,1+ etc.). Depois do estabelecimento dos reinos arameus, Canaã não se estendeu mais a leste da Fenícia (Sidônia), mas continuou ainda ao sul desta, até Gaza (Gn 10,19); depois o nome restringiu-se apenas à Fenícia: Tiro e Sidônia são as "fortalezas de Canaã" (Is 23,1-14) e "sidônio" é o sinônimo de "cananeu" (Dt 3,9; Jz 18,7 etc. e cf. Mt 15,22 comparado com Mc 7,26).
b) Lugar não identificado. A montanha de Hor deve ser aqui o maciço setentrional do Líbano; é lugar diferente do da morte de Aarão (33,38).
c) O lago de Genesaré. O "mar Salgado" é o mar Morto.
d) Todas as personagens desta lista são novas, com exceção de Josué e Caleb, pois toda a geração das listas precedentes teve de morrer fora de Canaã (cf. 14, 23; 26,64-65). O redator ligou à autoridade de Moisés a divisão que se deu somente após a conquista (Js caps.14 -19).

Para a tribo de Judá, Caleb, filho de Jefoné; ²⁰para a tribo dos filhos de Simeão, Samuel, filho de Amiud; ²¹para a tribo de Benjamim, Elidad, filho de Caselon; ²²para a tribo dos filhos de Dã, o príncipe Boci, filho de Jogli; ²³para os filhos de José, para a tribo dos filhos de Manassés, o príncipe Haniel, filho de Efod; ²⁴para a tribo dos filhos de Efraim, o príncipe Camuel, filho de Seftã; ²⁵para a tribo dos filhos de Zabulon, o príncipe Elisafã, filho de Farnac; ²⁶para a tribo dos filhos de Issacar, o príncipe Faltiel, filho de Ozã; ²⁷para a tribo dos filhos de Aser, o príncipe Aiud, filho de Salomi; ²⁸para a tribo dos filhos de Neftali, o príncipe Fedael, filho de Amiud."
²⁹São esses aos quais Iahweh ordenou que atribuíssem aos israelitas a sua parte de herança na terra de Canaã.

35 A parte dos levitas[a]

¹Iahweh falou a Moisés, nas estepes de Moab, junto do Jordão, em direção a Jericó. Disse: ²"Ordena aos filhos de Israel que, da herança que possuem, deem aos levitas cidades, para que nelas habitem, e pastagens ao redor das cidades. Dareis tais cidades aos levitas. ³As cidades serão sua habitação e as pastagens nos seus arredores serão para os seus rebanhos, seus bens e todos os seus animais. ⁴As pastagens nos arredores das cidades que dareis aos levitas se estenderão, a partir da muralha da cidade, até mil côvados ao seu redor.

⁵Medireis, fora da cidade, dois mil côvados para o lado oriental, dois mil côvados para o lado meridional, dois mil côvados para o lado ocidental, dois mil côvados para o lado setentrional, ficando a cidade no centro; essas serão as pastagens dessas cidades. ⁶As cidades que dareis aos levitas serão as seis cidades de refúgio, cedidas por vós para que o homicida possa nelas se refugiar; além dessas, dareis mais quarenta e duas cidades. ⁷Ao todo, dareis aos levitas quarenta e oito cidades, as cidades com as suas pastagens. ⁸As cidades que dareis da possessão dos israelitas, vós as tomareis em maior número dos que têm muito e em pequeno número dos que têm pouco. Cada um dará das suas cidades aos levitas, em proporção com a herança que tiver recebido."

As cidades de refúgio

⁹Iahweh falou a Moisés e disse: ¹⁰"Fala assim aos israelitas.

Quando tiverdes passado o Jordão para a terra de Canaã, ¹¹escolhereis[b] cidades das quais fareis cidades de refúgio, onde possa refugiar-se o homicida que tenha morto alguém inadvertidamente. ¹²Essas cidades vos servirão de refúgio contra o vingador do sangue, e o homicida não deverá morrer antes de ter comparecido para julgamento, diante da comunidade. ¹³As cidades que dareis serão para vós seis cidades de refúgio: ¹⁴dareis três delas aquém do Jordão e outras três dareis na terra de Canaã, e serão cidades de refúgio. ¹⁵Tanto para os israelitas como para o estrangeiro e para aquele que mora no meio de vós, essas seis cidades servirão de refúgio, onde possa se refugiar aquele que matar alguém involuntariamente.

¹⁶Contudo, se feriu com um objeto de ferro e disso resultou a morte, é um homicida. O homicida será morto. ¹⁷Se feriu com uma pedra apropriada para matar e a pessoa morrer, é um homicida. O homicida será morto. ¹⁸Ou ainda,

---

a) Apesar da prescrição contrária de Nm 18,20s, os levitas obtiveram cidades, entre as quais as seis cidades de refúgio (cf. Js 21,1+).

b) Parece que os israelitas nada mais fizeram que consagrar ao javismo antigas cidades cananeias. — O direito de asilo nos santuários é costume muito difundido.

se feriu com um instrumento de madeira, apropriado para matar, e a pessoa morrer, é um homicida. Será morto o homicida. ¹⁹O vingador do sangue[a] matará o homicida. Quando o encontrar, matá-lo-á.

²⁰Se o homicida empurrou a vítima com ódio ou, a fim de atingi-la, lançou-lhe um projétil mortal, ²¹ou ainda se, por inimizade, a esmurrou de modo mortal, aquele que a feriu deve morrer; é um homicida que o vingador do sangue matará quando o encontrar. ²²Contudo, se empurrou a vítima fortuitamente, sem inimizade, ou se lançou contra ela algum projétil sem procurar atingi-la, ²³ou se, sem a ver, deixou cair sobre ela uma pedra própria para matar e disto resultou a sua morte, embora não tivesse contra ela nenhum ódio e não lhe desejasse mal algum, ²⁴a comunidade julgará, segundo estas regras, entre o que feriu e o vingador do sangue, ²⁵e salvará o homicida da mão do vingador do sangue. E o fará voltar à cidade de refúgio onde se refugiará e ali permanecerá até à morte do sumo sacerdote que foi ungido com óleo santo. ²⁶Se o homicida vier a sair do território da cidade de refúgio onde se havia refugiado, ²⁷e o vingador do sangue o encontrar fora do território da sua cidade de refúgio, o vingador do sangue poderá matá-lo sem medo de represálias, ²⁸visto que o homicida deve permanecer na sua cidade de refúgio até à morte do sumo sacerdote; somente após a morte do sumo sacerdote poderá voltar à terra de sua possessão. ²⁹Essas serão regras de direito para vós e para vossas gerações, em qualquer lugar onde habitardes.

³⁰Em todo caso de homicídio, o homicida será morto mediante o depoimento de testemunhas; mas uma única testemunha não levará alguém à pena de morte. ³¹Não aceitareis resgate pela vida de um homicida condenado à morte, pois ele deverá morrer; ³²também não aceitareis resgate por alguém que, tendo-se refugiado na sua cidade de refúgio, quer voltar a habitar a sua terra antes da morte do sumo sacerdote. ³³Não profanareis a terra onde estais. Gn 9,5-6 O sangue profana a terra, e não há para a terra outra expiação do sangue derramado senão a do sangue daquele que o derramou. ³⁴Não tornarás impura a Ex 25,8 + terra onde habitas e no meio da qual eu habito. Pois eu, Iahweh, habito no meio dos israelitas."

36 *A herança da mulher casada*[b]

¹Apresentaram-se, então, os chefes das casas patriarcais do clã dos filhos de Galaad, filho de Maquir, filho de Manassés, um dos clãs dos filhos de José. Tomaram a palavra, na presença de Moisés e dos príncipes, chefes das casas patriarcais dos israelitas, ²disseram: 27,1-11

"Iahweh ordenou a meu senhor que se desse a terra aos israelitas, repartindo-a por meio de sorte; e o meu senhor recebeu de Iahweh ordem de dar a parte da herança de Salfaad, nosso irmão, às suas filhas. ³Ora, se elas se casarem com um membro de outra tribo dos israelitas, a parte que lhes pertence será subtraída da parte dos nossos pais. A parte da tribo à qual vão pertencer será acrescida, e a parte que nos foi dada por sorte será reduzida. Lv 25,1 + ⁴E quando chegar o jubileu para os israelitas, a parte dessas mulheres será acrescentada à parte da tribo à qual vão pertencer, e será subtraída da parte da nossa tribo."

---

a) É o regime da "vingança privada", que subsiste até entre os árabes de nossos dias; o "vingador do sangue", o *go'el*, é o parente mais próximo da vítima (Gn 4,15; 9,6; Dt 19,12; cf. 2Sm 14,11). O *go'el* é também o protetor de direito de seus parentes: ele tem, em particular, o dever de impedir a alienação das terras deles (Lv 25,23-25; Rt 4,3s). Por extensão, Deus será chamado de *go'el* de Israel (Is 41,14; Jr 50,34; Sl 19,15). A ideia fundamental é a de proteção.

b) Acréscimo à lei de 27,1-11, a partir do mesmo caso concreto. Mas o direito de herança das filhas é limitado pela obrigação de se casarem dentro da tribo, a fim de que o território tribal não seja diminuído. O v. 4 é acréscimo: refere-se à lei do Jubileu, que não é questão de terras herdadas, mas de terras vendidas.

⁵Moisés, segundo a ordem de Iahweh, ordenou aos israelitas. Disse-lhes: "A tribo dos filhos de José falou o que é justo. ⁶Eis o que Iahweh ordena para as filhas de Salfaad: Casar-se-ão com quem lhes agradar, conquanto que se casem com alguém de um clã da tribo do seu pai. ⁷A herança dos israelitas não passará de tribo a tribo; os israelitas permanecerão vinculados, cada um, à herança da sua tribo. ⁸Qualquer filha que possuir uma herança em uma das tribos dos israelitas deverá casar-se com alguém de um clã da sua tribo paterna, de modo que os israelitas conservem, cada um, a herança de seu pai. ⁹Uma herança não poderá ser transferida de uma tribo para outra: cada uma das tribos dos israelitas permanecerá vinculada à sua herança."
¹⁰As filhas de Salfaad procederam conforme Iahweh ordenara a Moisés. ¹¹Maala, Tersa, Hegla, Melca e Noa, filhas de Salfaad, casaram-se com os filhos dos seus tios paternos. ¹²Visto que elas se casaram dentro dos clãs dos filhos de Manassés, filho de José, a herança delas permaneceu na tribo do clã de seu pai.

Conclusão — ¹³Esses são os mandamentos e as normas que Iahweh ordenou aos israelitas, por intermédio de Moisés, nas estepes de Moab, junto do Jordão, a caminho de Jericó.

DEUTERONÔMIO

I. Discurso introdutório

PRIMEIRO DISCURSO DE MOISÉS

1 **Tempo e lugar**[a] — ¹São estas as palavras que Moisés dirigiu a todo Israel, no outro lado do Jordão. (No deserto, na Arabá, diante de Suf, entre Farã e Tofel, Labã, Haserot e Dizaab. ²Há onze dias de marcha, pelo caminho da montanha de Seir, desde o Horeb até Cades Barne). ³No quadragésimo ano, no primeiro dia do décimo primeiro mês, Moisés falou aos israelitas conforme tudo o que Iahweh lhe ordenara a respeito deles. ⁴Após ter vencido Seon, rei dos amorreus, que habitava em Hesebon, e Og, rei de Basã, que habitava em Astarot e Edrai, ⁵no outro lado do Jordão, na terra de Moab, Moisés começou a inculcar esta Lei, dizendo:[b]

Nm 21,21-35

Últimas instruções no Horeb — ⁶Iahweh nosso Deus falou-nos no Horeb: "Já permanecestes bastante nesta montanha. ⁷Voltai-vos e parti! Ide à montanha dos amorreus, e a todos os que habitam na Arabá, na montanha, na planície, no Negueb, no litoral; à terra dos cananeus e ao Líbano, até o grande rio, o Eufrates. ⁸Eis a terra que eu vos dei! Entrai para possuir a terra que Iahweh, sob juramento, prometera dar a vossos pais, Abraão, Isaac e Jacó, e depois deles à sua descendência."

Ex 3,1 +
Nm 34,1 +

Gn 12,7 +;
15; 26,2-5;
28,13-15 +

⁹Naquele tempo eu vos disse: "Sozinho, eu não posso levar-vos. ¹⁰Iahweh vosso Deus vos multiplicou e eis que hoje sois numerosos como as estrelas do céu! ¹¹Que Iahweh, Deus de vossos pais, vos multiplique mil vezes mais, e vos abençoe, conforme vos prometeu![c] ¹²Como poderia eu, sozinho, carregar vosso peso, vossa carga e vossos processos? ¹³Elegei homens sábios, inteligentes e competentes para cada uma das vossas tribos, e eu os constituirei vossos chefes." ¹⁴Vós me respondestes: "O que propões é bom!" ¹⁵Tomei então os chefes das vossas tribos, homens sábios e competentes, e os constituí vossos chefes: chefes de milhares, de cem, de cinquenta e de dez; e também escribas para as vossas tribos. ¹⁶Ao mesmo tempo, ordenei aos vossos juízes: "Ouvireis vossos irmãos para fazerdes justiça entre um homem e seu irmão, ou o estrangeiro que mora com ele. ¹⁷Não façais acepção de pessoas no julgamento: ouvireis de igual modo o pequeno e o grande.[d] A

‖ Ex 18,13-26
Nm 11,14
Gn 15,5
22,17

Nm 11,16-17

Dt 17,8-13

Lv 19,15

---

a) Depois do título (v. 1a), este parágrafo acrescenta indicações de lugar e de tempo, que provêm de mãos diferentes e se destinam a ligar o Deuteronômio ao livro dos Números.
b) O primeiro discurso de Moisés (1,6-4,40) é um *resumo* da história de Israel entre sua estada no Sinai e sua chegada ao Fasga, frente ao Jordão, seguido de uma lembrança da Aliança e de suas exigências; ele anuncia o Exílio como castigo da infidelidade, mas ao mesmo tempo abre a perspectiva da conversão e do retorno. Este conjunto pertence à segunda edição do Deuteronômio, durante o Exílio. O discurso retoma em parte as narrativas javistas e sobretudo eloístas de Ex e Nm, mas fazendo uma seleção e redigindo-as com um ponto de vista diferente: insiste de modo particular sobre a providência divina e a eleição de Israel, tomando como tema central o dom da Terra Prometida por

Iahweh. Os caps. 1-3, que formam uma espécie de prólogo de caráter mais nitidamente histórico (sobretudo 1,19ss), e onde este tema é particularmente salientado, podem ser considerados como introdução ao conjunto da história deuteronomista que continua até os livros dos Reis e termina com a narração da perda da terra dada a Israel.
c) Correção teológica de Nm 11,11-15, em que Moisés lamenta que os israelitas são muito numerosos. Aqui é o sinal de uma bênção divina.
d) Fazer acepção de pessoas, lit.: "erguer a face", é mostrar benevolência e, de modo mais geral, dar prova de parcialidade em matéria de justiça (16,19; Lv 19,15 etc.). Os juízes devem imitar a soberana imparcialidade de Deus (10,17+; Pr 24,23). Com termos diferentes, os profetas insistirão nessa obrigação (Is 10,2; Jr 5,28; Ez 22,12; Am 2,6; 5,7.10; Mq 3,9.11).

ninguém temais, porque a sentença é de Deus. Se a causa for muito difícil para vós, dirigi-la-eis a mim, para que eu a ouça." ¹⁸Naquela ocasião eu vos ordenei tudo o que deveríeis fazer.

|| Nm 13,1-14,9

Incredulidade em Cades — ¹⁹Partimos do Horeb e caminhamos através de todo aquele grande e terrível deserto — vós o vistes! — em direção à montanha dos amorreus, segundo nos ordenara Iahweh nosso Deus; e chegamos a Cades Barne. ²⁰Eu, então, vos disse: "Chegastes à montanha dos amorreus

Js 1,6.9

que Iahweh nosso Deus nos dará. ²¹Eis que Iahweh teu Deus te entregou esta terra: sobe para possuí-la, conforme te falou Iahweh, Deus de teus pais. Não tenhas medo, nem te apavores!"ᵃ ²²Vós todos, então, vos achegastes a mim para dizer: "Enviemos homens à nossa frente para que explorem a região por nós e nos informem por qual caminho deveremos subir e a respeito das cidades em que poderemos entrar."ᵇ ²³A ideia pareceu-me boa, de modo que tomei dentre vós doze homens, um de cada tribo. ²⁴Eles partiram, subindo em direção à montanha, e foram até o vale de Escol, explorando-o. ²⁵Tomaram consigo dos frutos da região e no-los trouxeram, relatando-nos o seguinte: "A terra que Iahweh nosso Deus nos dará é boa." ²⁶Vós, porém, não quisestes subir, rebelando-vos contra a ordem de Iahweh vosso Deus. ²⁷E murmurastes nas vossas tendas: "Iahweh nos odeia! Fez-nos sair da terra do Egito para nos entregar nas mãos dos amorreus e nos exterminar! ²⁸Para onde subiremos? Nossos irmãos nos desencorajaram, dizendo: É um povo mais numeroso e de estatura mais alta do que nós, as cidades são grandes e fortificadas até o céu. Também vimos ali descendentes dos enacim."ᶜ

²⁹Eu vos disse, então: "Não fiqueis aterrorizados, nem tenhais medo deles! ³⁰Iahweh vosso Deus é quem vai à vossa frente. Ele combaterá a vosso favor,

➤ At 13,18
7,6 +
14,1; 32,6
Ex 4,22
Os 11,1
Is 63,16
Jr 31,9
Ml 2,10-11
Sl 18,13
Nm 10,33
Ex 13,21s

do mesmo modo como já fez convosco no Egito, aos vossos olhos. ³¹Também no deserto viste que Iahweh teu Deus te levou, como um homem leva seu filho, por todo o caminho que percorrestes até que chegásseis a este lugar." ³²Apesar disso, ninguém dentre vós confiava em Iahweh vosso Deus, ³³que vos precedia no caminho, procurando um lugar para o vosso acampamento: de noite por meio do fogo, para que pudésseis enxergar o caminho que percorríeis, e de dia na nuvem.

|| Nm 14,21-35

Instruções de Iahweh em Cades — ³⁴Ao ouvir o tom das vossas palavras, Iahweh enfureceu-se e jurou: ³⁵"Nenhum dos homens desta geração perversa

Nm 13,30;
14,6-9

verá a boa terra que eu jurei dar a vossos pais, ³⁶exceto Caleb, filho de Jefoné. Ele a verá. Dar-lhe-ei a terra por onde passou, e também aos seus filhos, pois

Nm 20,12 +
Dt 3,26;
4,21; 34,4

ele seguiu a Iahweh sem reservas." ³⁷Por vossa causa Iahweh enfureceu-se até mesmo contra mim, e disse: "Também tu não entrarás lá! ³⁸É teu servo Josué, filho de Nun, quem lá entrará. Encoraja-o, pois é ele quem fará Israel possuí-la! ³⁹Vossos meninos, contudo, dos quais dizíeis que seriam tomados

---

a) Esta certeza da vitória é um traço da guerra santa frequentemente sublinhado no Dt (cf. v. 29; 7,21; 20,1; 30,8 etc.).

b) Aqui é o povo, e não Iahweh como em Nm 13,2, que propõe enviar exploradores. Este gesto aparece já como falta de fé e prepara a sequência da narrativa: a recusa de entrar em Canaã e o castigo do povo. É a este pecado que o Dt liga a exclusão de Moisés (v. 37; 3,26; 4,21), enquanto Nm 20,12 a liga ao episódio de Meriba: trata-se ainda do tema da Terra Prometida que aqui é posto em relevo.

c) Os enacim, assim como os emim, os rafaim e os zomzomim (ou zuzim: 2,10-11.20-21; cf. Gn 14,5), são os nomes lendários dos primeiros habitantes da Palestina e da Transjordânia. Eram relacionados com os fabulosos nefilim (Nm 13,33; Gn 6,4), e a eles eram atribuídos os monumentos megalíticos (cf. Dt 3,11). Os enacim constituíam ainda, no tempo de Josué, uma aristocracia na montanha de Hebron e na região marítima (Js 11,21s; 14,12-15; 15,13-15; 21,11). Os rafaim tinham-se mantido na terra de Basã (Dt 3,13; Js 12,4s; 13,12), mas até mesmo na Judeia sua lembrança é guardada pelo vale dos Rafaim a sudoeste de Jerusalém (Js 15,8; 18,16; 2Sm 5,18), e os homens de Davi procedem dos últimos remanescentes de Rafa, o antepassado epônimo (2Sm 21,16-22; cf. 1Cr 20,4-8). O termo *refa'im* designava também as sombras do Xeol (cf. Jó 25,5s; Sl 88,11; Is 14,9; 26,14.19).

como presa, vossos filhos que ainda não sabem discernir entre o bem e o mal, são eles que lá entrarão; eu a darei a eles para que a possuam. ⁴⁰Quanto a vós, voltai-vos! Parti em direção ao deserto, a caminho do mar de Suf!"

⁴¹Vós, porém, me respondestes: "Pecamos contra Iahweh nosso Deus! Vamos subir para lutar, conforme nos ordenou Iahweh nosso Deus." Cada um dentre vós cingiu suas armas de guerra, achando fácil subir em direção à montanha. ⁴²Iahweh, então, me disse: "Dize-lhes: Não subais nem luteis, para não serdes vencidos por vossos inimigos, pois eu não estarei no vosso meio." ⁴³Assim vos falei. Todavia, não me ouvistes, rebelando-vos contra a ordem de Iahweh: subistes presunçosamente em direção à montanha. ⁴⁴O povo amorreu, que habita essa montanha, saiu então ao vosso encontro, perseguindo-vos como abelhas, e vos derrotou desde Seir até Horma. ⁴⁵Voltastes e chorastes diante de Iahweh; mas Iahweh não ouviu os vossos clamores e nem vos deu atenção. ⁴⁶E por isso tivestes de morar em Cades por todos aqueles muitos dias que lá permanecestes.

2 *De Cades ao Arnon*ª

¹Viramo-nos, então, partindo para o deserto, a caminho do mar de Suf, conforme Iahweh me ordenara. E durante muitos dias contornamos a montanha de Seir.ᵇ ²E Iahweh me disse: ³"Já rodeastes bastante esta montanha. Dirigi-vos para o norte! ⁴Ordena ao povo: Vós estais passando pelas fronteiras dos vossos irmãos, os filhos de Esaú, que habitam em Seir. Eles vos temem, de modo que deveis ter muito cuidado; ⁵não os ataqueis, pois nada vos darei da terra deles, nem sequer um pé do seu território: foi a Esaú que eu dei a montanha de Seir como propriedade.ᶜ ⁶Comprareis deles o alimento para comer, a preço de dinheiro; e também comprareis deles, a preço de dinheiro, a água para beber. ⁷Pois Iahweh teu Deus te abençoou em todo trabalho da tua mão; ele acompanhou a tua caminhada por este grande deserto. Eis que durante quarenta anos Iahweh teu Deus esteve contigo e coisa alguma te faltou!"

⁸Cruzamos o território dos nossos irmãos, os filhos de Esaú que habitam em Seir, e passamos pelo caminho da Arabá, de Elat e de Asiongaber. Depois viramo-nos, tomando o caminho do deserto de Moab. ⁹Disse-me então Iahweh: "Não ataques Moab e não o provoques à luta, pois nada te darei da sua região. Eu dei Ar como propriedade aos filhos de Ló. ¹⁰(Outrora os emim aí habitavam; eram um povo grande, numeroso e de alta estatura como os enacim. ¹¹Eram considerados como rafaim, assim como os enacim; os moabitas, porém, chamam-nos de emim. ¹²Em Seir habitavam outrora os horreus;ᵈ

---

a) Como na fonte antiga (Nm 14,25), o mar de Suf é apresentado como primeira direção; depois o Dt continua indicando a rota pelo deserto, rumo a Moab e Amon. Na época, Edom estava a oeste de Arabá e sobre o golfo de Ácaba (mar de Suf); não se trata, portanto, de recusa de passagem por parte de Edom (cf. Nm 20,14-21): Israel poderá atravessar seu território, mas nada tomará dele. Além disso, nada receberá dos territórios de Moab e de Amon, o que não era dito na fonte antiga. Os israelitas, de fato, contornaram Moab pelo deserto, mas não alcançaram o território dos amonitas (cf. 2,19+). O tema teológico do dom da Terra Prometida (1,6-8, cf. 1,5+) é combinado aqui com tema mais amplo: é Deus quem distribui os territórios aos povos. Edom, Moab e Amon, parentes de Israel, ficarão com seu território (cf. 2,5+), mas Seon é amorreu e Deus dará sua terra a Israel (v. 24).

b) O nome de Seir, frequentemente posto em paralelo com o de Edom (cf. Gn 32,4; Nm 24,18, Jz 5,4), designa o território de Esaú/Edom (Gn 33,14; 36,8), que primitivamente se encontrava a este de Arabá. Aqui, porém, como em Js 11,17; 12,7, a "montanha de Seir" está localizada na região de Cades, não muito longe de Horma (cf. 1,44). Isto representa a situação da época em que o texto foi escrito: os edomitas tinham então atravessado a Arabá (cf. Nm 20,23+). Com a ruína de Judá, eles avançarão até Hebron e toda essa região tomará o nome de Idumeia (cf. 1Mc 5,3+; Mc 3,8).

c) Os edomitas, descendentes de Abraão (Gn 36), os moabitas e os amonitas (vv. 9.19), descendentes de Ló (Gn 19,30s), como Israel, foram estabelecidos por Iahweh num território que primitivamente pertencia a outras nações, cujos nomes são lembrados no acréscimo dos vv. 10-12.20s.

d) Não há motivo para identificar estes horreus com os hurritas dos documentos cuneiformes. Estes últimos só chegaram à Palestina por volta de 1500 a.C., em pequeno número, e foram depressa assimilados. Os nomes próprios atestam sua presença em certas cidades a oeste do Jordão, mas nunca na Transjordânia. O termo

os filhos de Esaú, porém, os desalojaram e exterminaram, habitando no seu lugar, assim como Israel fez para se apossar da terra que Iahweh lhe dera.) ¹³E agora, levantai acampamento e atravessai o ribeiro de Zared!"

Dt 1,35 Atravessamos então o ribeiro de Zared. ¹⁴De Cades Barne até à travessia do ribeiro de Zared nossa caminhada durou trinta e oito anos, até que se extinguisse do acampamento toda a geração de homens aptos para a guerra,
Nm 14,34 conforme Iahweh lhes tinha jurado. ¹⁵A mão de Iahweh estava contra eles, eliminando-os do acampamento até sua completa extinção.

¹⁶Quando todos os homens capacitados para a guerra se extinguiram do meio do povo, pela morte, ¹⁷Iahweh me falou: ¹⁸"Hoje estás atravessando
Gn 19,30-38 Ar, nas fronteiras de Moab, ¹⁹e te aproximas dos filhos de Amon:ᵃ não os ataques e não os provoques, pois nada te darei da terra dos filhos de Amon para possuir; foi aos filhos de Ló que eu a dei como propriedade. ²⁰(Era também considerada como terra dos rafaim; outrora os rafaim a habitavam, sendo que os amonitas chamavam-nos de zomzomim; ²¹era um povo grande e numeroso, de estatura alta como os enacim; Iahweh, porém, exterminou-os da frente dos amonitas, que os desalojaram para habitar em seu lugar, ²²como fizera para os filhos de Esaú que habitam em Seir, exterminando os horreus da
Js 13,2 + frente deles; eles desalojaram-nos e habitam no seu lugar até hoje. ²³Quanto aos aveus que habitavam nos campos até Gaza, os caftorim saíram de Cáftorᵇ e os exterminaram, habitando depois em seu lugar.) ²⁴Vamos! Levantai acampamento e atravessai o ribeiro Arnon. Eis que entrego em tua mão Seon, rei de Hesebon, o amorreu, com sua terra. Começa a conquista! Provoca-o à luta! ²⁵A partir de hoje começo a espalhar o terror e o medo de ti em meio aos povos que existem sob o céu. Eles ouvirão a tua fama, tremerão de medo diante de ti e desfalecerão."

|| Nm 21,21-25
Jz 11,19-22 **Conquista do reino de Seon**ᶜ — ²⁶Do deserto de Cademotᵈ enviei mensageiros a Seon, rei de Hesebon, com esta mensagem de paz: ²⁷"Deixa-me passar por tua terra; seguirei sempre pelo caminho, sem me desviar para a direita ou para
2,6 a esquerda. ²⁸Quanto ao alimento, tu o venderás a mim por dinheiro, e assim eu comerei; e também vender-me-ás por dinheiro a água para eu beber. Permite-
Nm 20,18.21 -me apenas atravessar a pé — ²⁹como no-lo permitiram os filhos de Esaú que habitam em Seir e os moabitas que habitam em Ar, — até que eu atravesse o Jordão, em direção à terra que Iahweh nosso Deus nos dará.
Ex 4,21 ³⁰Seon, rei de Hesebon, todavia, não permitiu que passássemos pelo seu território, porque Iahweh teu Deus tornou o seu espírito obstinado e endureceu o seu coração, a fim de entregá-lo em tua mão, como hoje se vê. ³¹Disse-me então Iahweh: "Eis que já comecei a entregar-te Seon, juntamente com sua terra. Começa a conquista para tomar posse da sua terra!" ³²Seon saiu ao nosso encontro com todo o seu povo, para batalhar em Jasa. ³³Iahweh nosso Deus no-lo entregou e nós o vencemos, bem como seus filhos e todo o seu
Js 6,17 + povo. ³⁴Apossamo-nos então de todas as suas cidades e sacrificamos cada uma delas como anátema: homens, mulheres e crianças, sem deixar nenhum sobrevivente, ³⁵exceto o gado, que tomamos para nós como despojo, como também o saque das cidades que conquistamos. ³⁶Desde Aroer, que está à

---

horreu parece ser apenas uma designação pseudoétnica, aplicando à região de Edom-Seir (cf. Gn 36,20) o termo *Huru*, um dos nomes egípcios da Palestina na época da instalação dos israelitas.

a) O território dos amonitas estava situado ao norte do território de Seon, sobre a margem superior do Jaboc (cf. 3,16; Nm 21,24). Apesar dos laços entre Israel e Amom sobre os quais o texto insiste (cf. v. 37), esses dois povos guerrearão entre si desde o tempo dos Juízes (Jz 10,7s),

e sobretudo sob Davi (2Sm 10,6s; 11). Mais tarde, os amonitas se estenderão à custa de Gad (cf. Jr 49,1), e a tradição primitiva do Dt lhes é hostil (cf. 23,4).

b) Os filisteus, vindos de Creta ou da Ásia Menor (cf. Js 13,2+).

c) O Dt junta-se aqui à fonte antiga, tanto no relato da conquista histórica do reino de Seon, como na narrativa lendária sobre Og.

d) Ou: "Do deserto do Oriente".

margem do vale do Arnon, com a cidade que está dentro do vale, até Galaad, não houve cidade inexpugnável para nós: Iahweh nosso Deus no-las entregou todas. ³⁷Somente da terra dos amonitas não te aproximaste, isto é, de toda a região do vale do Jaboc e das cidades da montanha, e de tudo o que Iahweh nosso Deus nos tinha proibido.

3 Conquista do reino de Og

¹Voltamo-nos então e subimos em direção a Basã. Og, rei de Basã, juntamente com o seu povo, saiu ao nosso encontro para guerrear em Edrai. ²Disse-me Iahweh: "Não o temas, pois entreguei em tua mão tanto a ele como todo o seu povo e a sua terra. Tratá-lo-ás como trataste a Seon, o rei dos amorreus que habitava em Hesebon." ³Iahweh nosso Deus entregou em nossa mão também Og, rei de Basã, juntamente com todo o seu povo. Nós o combatemos até que nenhum sobrevivente lhe restasse. ⁴Apossamo-nos então de todas as suas cidades; não houve povoado que não tomássemos: sessenta cidades, toda a região de Argob, o reino de Og em Basã. ⁵Todas essas cidades eram fortificadas com altas muralhas, providas de portas e ferrolhos; sem contar as cidades dos ferezeus,ᵃ em grande quantidade. ⁶Sacrificamo-las como anátema, como havíamos feito a Seon, rei de Hesebon, destruindo cada cidade, homens, mulheres e crianças. ⁷Contudo, tomamos todo o gado e o despojo das cidades como presa.

⁸Foi assim que, naquele tempo, tomamos a terra dos dois reis amorreus, no outro lado do Jordão, desde o ribeiro Arnon até ao monte Hermon, ⁹(os sidônios chamam o Hermon de Sarion; os amorreus, porém, chamam-no de Sanir), ¹⁰todas as cidades do planalto, todo Galaad e todo Basã, até Selca e Edrai, cidades do reino de Og em Basã. ¹¹(Pois somente Og, rei de Basã, sobrevivera dos remanescentes dos rafaim; seu leito é o leito de ferro que está em Rabá dos filhos de Amon: tem nove côvados de comprimento e quatro côvados de largura, em côvado comum.)ᵇ

Partilha da Transjordânia

¹²Ocupamos então aquela terra, desde Aroer, que está à margem do ribeiro Arnon. Dei aos rubenitas e aos gaditas a metade da montanha de Galaad, com suas cidades. ¹³À meia tribo de Manassés dei o resto de Galaad e todo Basã, o reino de Og. (Toda aquela região de Argob, todo Basã, se chamava terra dos rafaim. ¹⁴Jair, filho de Manassés, tomou a região de Argob, até as fronteiras dos gessuritas e dos maacatitas. Em vez de Basã, foi dado a esses lugares o nome de Havot-Jair, que permanece até o dia de hoje.) ¹⁵A Maquir dei Galaad. ¹⁶Aos rubenitas e aos gaditas dei o território que vai de Galaad até o ribeiro Arnon — o meio do ribeiro serve de fronteira — e até ao ribeiro Jaboc, que é fronteira dos filhos de Amon. ¹⁷A Arabá e o Jordão servem de fronteira, desde Quinéret até o mar da Arabá (o mar salgado), aos pés do declive oriental do Fasga.

Últimas ordens de Moisés

¹⁸Foi então que eu vos dei esta ordem: "Iahweh vosso Deus entregou-vos esta terra como propriedade. Vós, combatentes, homens fortes, marchareis à frente dos vossos irmãos, os israelitas; ¹⁹somente vossas mulheres, vossas crianças e vosso gado (sei que tendes muito gado) permanecerão nas cidades que vos dei, ²⁰até que Iahweh tenha dado repouso aos vossos irmãos como a vós, e que também eles tenham conquistado a terra que Iahweh vosso Deus lhes dará, no outro lado do Jordão. Voltareis então, cada um para a propriedade que vos dei." ²¹Nessa mesma ocasião ordenei a Josué: "Teus olhos foram testemunhas de tudo o que Iahweh nosso Deus fez a esses dois reis. Pois assim fará Iahweh a todos os reinos por onde

---

a) Os ferezeus são pessoas do campo, cujas cidades não são fortificadas.

b) Este "leito de ferro" (ou de basalto ferruginoso) era talvez um dos dólmens que se podem ver na

passares. ²²Não tenhais medo deles, pois quem combate por vós é Iahweh vosso Deus!"

²³Implorei então Iahweh: ²⁴"Iahweh, meu Senhor! Começaste a mostrar ao teu servo tua grandeza e a força da tua mão. Qual é o deus no céu e na terra que pode realizar obras e feitos poderosos como os teus? ²⁵Deixa-me passar! Deixa-me ver a boa terra que está do outro lado do Jordão, esta boa montanha e o Líbano!" ²⁶Por vossa causa, porém, Iahweh irritou-se contra mim e não me atendeu; Iahweh disse-me apenas: "Basta! Não me fales mais nada a este respeito! ²⁷Sobe ao topo do Fasga, levanta teus olhos para o ocidente, para o norte, para o sul e para o oriente, e contempla com os teus olhos, pois não vais atravessar este Jordão! ²⁸Passa tuas ordens a Josué. Encoraja-o e fortifica-o, pois é ele quem vai atravessar à frente deste povo, fazendo-o tomar posse da terra que estás contemplando!"

²⁹Permanecemos então no vale, diante de Bet-Fegor.

4 *A infidelidade de Fegor e a verdadeira sabedoria* — ¹Agora, pois, ó Israel, ouve os estatutos e as normas que eu hoje vos ensino a praticar, a fim de que vivais e entreis para possuir a terra que vos dará Iahweh, o Deus de vossos pais. ²Nada acrescentareis ao que eu vos ordeno, e nada tirareis também: observareis os mandamentos de Iahweh vosso Deus tais como vo-los prescrevo. ³Vossos olhos foram testemunhas do que Iahweh fez em Baal-Fegor: Iahweh teu Deus exterminou do teu meio todos os que seguiram o Baal de Fegor; ⁴quanto a vós, porém, permanecestes apegados a Iahweh vosso Deus, e hoje estais todos vivos. ⁵Eis que vos ensinei estatutos e normas, conforme Iahweh meu Deus me ordenara, para que os ponhais em prática na terra em que estais entrando, a fim de tomardes posse dela.ᵃ ⁶Portanto, cuidai de pô-los em prática, pois isto vos tornará sábios e inteligentes aos olhos dos povos. Ao ouvir todos esses estatutos, eles dirão: "Só existe um povo sábio e inteligente: é esta grande nação!" ⁷De fato! Qual a grande nação cujos deuses lhe estejam tão próximos como Iahweh nosso Deus, todas as vezes que o invocamos?ᵇ ⁸E qual a grande nação que tenha estatutos e normas tão justas como toda esta Lei que eu vos proponho hoje?

A revelação do Horeb e suas exigências — ⁹Apenas fica atento a ti mesmo! Presta muita atenção em tua vida, para não te esqueceres das coisas que teus olhos viram, e para que elas nunca se apartem do teu coração, em nenhum dia da tua vida. Ensina-as aos teus filhos e aos teus netos. ¹⁰No dia em que estavas diante de Iahweh teu Deus no Horeb — quando Iahweh me disse: "Reúne-me o povo, para que eu os faça ouvir minhas palavras e aprendam a temer-me por todo o tempo em que viverem sobre a terra, e as ensinem aos seus filhos", — ¹¹vós vos aproximastes, postando-vos ao pé da montanha. A montanha ardia em fogo até o céu, em meio a trevas, nuvens e escuridão retumbante.ᶜ ¹²Então Iahweh vos falou do meio do fogo. Ouvíeis o som das palavras, mas nenhuma

---

região de Amã. Nove côvados equivalem a cerca de 4 m.

a) A lenta elaboração dos "estatutos e normas" (v. 5) leva a visão global da Lei que vai dominar toda a religião de Israel. O sentido primeiro da palavra *tôrah* é "instrução", "direção dada": nela deve-se incluir todo o culto e toda a conduta humana, inspirada por consciência crescente da Aliança e do Deus que a propôs e selou (Gn 15,1+). Cada vez mais a revelação de Deus e o ensinamento transmitido pelos textos antigos e pelos profetas animarão a "vida" inteira do povo (v. 1; 8,3+; 30,14+; Sl 19,8-15; 77,1; 94,12; 119,1+; Eclo 1,26; 24,23 etc.; cf. At 7,38+). Jesus declarará ter vindo para "cumprir" a Lei e os profetas (Mt 5,17+; cf. Mt 22,34-40p), e Paulo explicará de que modo "a Lei" foi substituída pela fé em Cristo (Rm 3,27+; 10,4).

b) Enquanto as outras tradições do Pentateuco salientam a distância que separa Deus do homem (cf. Ex 33,20+), o Dt insiste na condescendência que aproxima Deus de seu povo: ele habita no meio deste (12,5). O mesmo espírito deuteronomista exprime-se no relato da dedicação do Templo (1Rs 8,10-29). Este pensamento encontra-se em Ez 48,35, e mais claramente expresso ainda no NT (Jo 1,14+).

c) "retumbante", grego; omitido pelo hebraico.

forma distinguistes: *nada, além de uma voz!* ¹³Ele vos revelou então a Aliança que vos ordenara cumprir: as Dez Palavras, escrevendo-as em duas tábuas de pedra. ¹⁴Nessa mesma ocasião Iahweh ordenou-me ensinar-vos estatutos e normas, para que os cumprais na terra para a qual passais, a fim de tomardes posse dela.*ª*

¹⁵Ficai muito atentos a vós mesmos! Uma vez que nenhuma forma vistes no dia em que Iahweh vos falou no Horeb, do meio do fogo,*ᵇ* ¹⁶não vos pervertais, fazendo para vós uma imagem esculpida em forma de ídolo: uma figura de homem ou de mulher, ¹⁷figura de algum animal terrestre, de algum pássaro que voa no céu, ¹⁸de algum réptil que rasteja sobre o solo, ou figura de algum peixe que há nas águas que estão sob a terra. ¹⁹Levantando teus olhos ao céu e vendo o sol, a lua, as estrelas e todo o exército do céu, não te deixes seduzir para adorá-los e servi-los! São coisas que Iahweh teu Deus repartiu entre todos os povos que vivem sob o céu. ²⁰Quanto a vós, porém, Iahweh vos tomou e vos fez sair do Egito, daquela fornalha de ferro, para que fôsseis o povo da sua herança, como hoje se vê.

Perspectivas de castigo e conversão — ²¹Por vossa causa Iahweh enfureceu-se contra mim, jurando que eu não atravessaria o Jordão e não entraria na boa terra que Iahweh teu Deus te dará como herança! ²²Eis que eu vou morrer nesta terra, sem atravessar o Jordão. Vós, porém, atravessareis e tomareis posse daquela boa terra. ²³Ficai atentos a vós mesmos, para não vos esquecerdes da Aliança que Iahweh vosso Deus concluiu convosco, e não fazerdes uma imagem esculpida de qualquer coisa que Iahweh teu Deus te proibiu, ²⁴pois teu Deus Iahweh é fogo devorador. Ele é um Deus ciumento.*ᶜ*

²⁵Quando tiverdes gerado filhos e netos, e fordes velhos na terra, e vos corromperdes, fazendo uma imagem esculpida qualquer, praticando o que é mau aos olhos de Iahweh teu Deus, de modo a irritá-lo, ²⁶eu tomo hoje o céu e a terra como testemunhas contra vós: sereis depressa e completamente exterminados da face da terra da qual ides tomar posse ao atravessardes o Jordão. Não prolongareis vossos dias sobre ela, pois sereis completamente aniquilados. ²⁷Iahweh vos dispersará entre os povos e restará de vós apenas um pequeno número,*ᵈ* no meio das nações para onde Iahweh vos tiver conduzido. ²⁸Lá servireis a deuses feitos por mãos humanas, de madeira e de pedra, que não podem ver ou ouvir, comer ou cheirar.

²⁹De lá, então, irás procurar Iahweh teu Deus, e o encontrarás, se o procurares com todo o teu coração e com toda a tua alma. ³⁰Na tua angústia todas estas coisas te atingirão; no fim dos tempos,*ᵉ* porém, tu te voltarás para Iahweh teu Deus e obedecerás à sua voz; ³¹pois Iahweh teu Deus é um Deus misericordioso: não te abandonará e não te destruirá, pois nunca vai se esquecer da Aliança que concluiu com teus pais por meio de um juramento.

Grandeza da escolha divina — ³²Interroga, pois, os tempos passados, que te precederam, desde o dia em que Deus criou o homem sobre a terra: de uma ponta do céu até a outra, existiu já uma coisa tão grande como esta? Ouviu-se algo de semelhante? ³³Existe um povo que tenha ouvido a voz do Deus

---

a) O autor distingue as "Dez Palavras" (cf. 5,4s), escritas pelo próprio Deus sobre as tábuas de pedra (Ex 34,28; Dt 5,22), e os "estatutos e normas", isto é, o Código Deuteronômico (cf. 12,1; 26,16).

b) Este desenvolvimento homilético justifica a proibição de imagens pela teofania do Horeb, onde Iahweh se fez ouvir, mas não se mostrou. Entretanto, Iahweh mostra-se a alguns privilegiados: Moisés (Ex 34,18-23) e os anciãos (Ex 24,10-11).

c) Este "ciúme" de Deus é o próprio excesso do amor (cf. 5,9; 6,15; 32,16.21 etc.; Ex 20,5; 34,14; Nm 25,11; Ez 8,3-5; 39,25; Zc 1,14; 2Cor 11,2. A respeito do "fogo", cf. Ex 13,22+; 24,17 etc.).

d) O "resto" de Isaías e dos profetas, o único que supera a prova.

e) Nos profetas esta expressão visa ao estabelecimento definitivo do Reino de Deus (cf. Mq 4,1).

vivo[a] falando do meio do fogo, como tu a ouviste, e que tenha permanecido vivo? ³⁴Ou um deus que tenha vindo para tomar para si uma nação do meio de outra nação, com provas, sinais, prodígios e combates, com mão forte e braço estendido, por meio de grandes terrores — como tudo o que Iahweh vosso Deus realizou no Egito, em vosso favor, aos vossos olhos?

³⁵Foi a ti que ele mostrou tudo isso, para que soubesses que Iahweh é o único Deus. Além dele não existe outro![b] ³⁶Do céu ele fez com que ouvisses a sua voz, para te instruir; ele te fez ver o seu grande fogo sobre a terra e ouviste suas palavras do meio do fogo. ³⁷E porque ele amava teus pais, e depois deles escolheu a sua descendência, ele próprio te fez sair do Egito por meio de sua presença e de sua grande força; ³⁸desalojou nações maiores e mais poderosas do que tu, para te introduzir na sua terra e dá-la a ti em herança, como hoje se vê.

³⁹Portanto, reconhece hoje e medita em teu coração: Iahweh é o único Deus, tanto no alto do céu, como cá embaixo, na terra. Não existe outro! ⁴⁰Observa seus estatutos e seus mandamentos que eu hoje te ordeno, para que tudo corra bem a ti e aos teus filhos depois de ti, e para que prolongues teus dias sobre a terra que Iahweh teu Deus te dará, para todo o sempre.

As cidades de refúgio[c] — ⁴¹E Moisés reservou três cidades no outro lado do Jordão, na parte leste, ⁴²para que ali se refugiasse o homicida que tivesse assassinado seu irmão sem premeditação, sem o ter odiado antes; ele poderia então salvar a própria vida fugindo para uma daquelas cidades. ⁴³Para os rubenitas era Bosor, no deserto, no planalto; para os gaditas, Ramot em Galaad, e para os manassitas, Golã, em Basã.

SEGUNDO DISCURSO DE MOISÉS[d]

⁴⁴Esta é a Lei que Moisés promulgou para os israelitas. ⁴⁵São estes os testemunhos, os estatutos e as normas que Moisés comunicou aos israelitas, quando saíram do Egito, ⁴⁶no outro lado do Jordão, no vale próximo a Bet-Fegor, na terra de Seon, o rei dos amorreus que habitava em Hesebon. Moisés e os israelitas o venceram ao saírem do Egito, ⁴⁷tomando posse da sua terra, como também da terra de Og, rei de Basã, — ambos reis dos amorreus, no lado oriental do Jordão, — ⁴⁸desde Aroer, que está nas encostas do vale do Arnon, até ao monte Sion (isto é, o Hermon), ⁴⁹e de toda a Arabá no lado oriental do Jordão, até o mar da Arabá, ao pé das encostas do Fasga.

5 **O Decálogo** — ¹Moisés convocou todo Israel e disse:
Ouve, ó Israel, os estatutos e as normas[e] que hoje proclamo aos vossos ouvidos. Vós os aprendereis e cuidareis de pô-los em prática.

²Iahweh nosso Deus concluiu conosco uma Aliança no Horeb. ³Iahweh não concluiu esta Aliança com nossos pais, mas conosco, conosco que estamos

---

a) "vivo", grego (cf. 5,26); omitido pelo hebraico.
b) Afirmação explícita da inexistência de outros deuses (cf. Is 43,10-11; 44,6; 45,5 etc.). O Decálogo proibia simplesmente o culto a deuses estrangeiros. Durante muito tempo foram considerados como inferiores a Iahweh, ineficazes, desprezíveis. Abre-se agora nova etapa: esses deuses não existem.
c) Esta pequena notícia sobre as *cidades de refúgio* (cf. Js 20,1+) é acréscimo que foi inserido entre os dois discursos de Moisés.
d) Após breve indicação de tempo e de lugar (4, 44-49, cf. 1,4-5), começa o segundo discurso de Moisés (5,1-11,32), que introduz o grande Código Deuteronômico (12,1-26,15) e prolonga-se em 26,16- 28,68. Como o primeiro discurso, ele retoma inicialmente a história passada de Israel, indo desta vez até à teofania do Horeb e ao Decálogo. Este discurso parece ter existido à parte, sob diversas formas, combinadas aqui, e ter sido utilizado para fins catequéticos e cultuais antes de servir de introdução ao Código Deuteronômico.
e) É o anúncio geral da lei deuteronômica e não somente da "Palavra" (v. 5), do Decálogo (cf. ainda 6,1).

hoje aqui, todos vivos. ⁴Iahweh falou convosco face a face, do meio do fogo, sobre a montanha. ⁵Eu estava então entre Iahweh e vós, para vos anunciar a palavra de Iahweh, pois ficastes com medo do fogo e não subistes à montanha. Ele disse:

⁶"Eu sou Iahweh teu Deus, aquele que te fez sair da terra do Egito, da casa da escravidão.

⁷Não terás outros deuses diante de mim.

⁸Não farás para ti imagem esculpida de nada que assemelhe ao que existe lá em cima, no céu, ou cá embaixo na terra, ou nas águas que estão debaixo da terra. ⁹Não te prostrarás diante desses deuses nem os servirás,ᵃ porque eu, Iahweh teu Deus, sou um Deus ciumento, que puno a iniquidade dos pais sobre os filhos, até a terceira e a quarta geração dos que me odeiam, ¹⁰mas que também ajo com amor até a milésima geração para com aqueles que me amam e guardam os meus mandamentos.

¹¹Não pronunciarás em falso o nome de Iahweh teu Deus, pois Iahweh não deixará impune aquele que pronunciar em falso o seu nome.

¹²Guardarás o dia de sábado para santificá-lo, conforme ordenou Iahweh teu Deus. ¹³Trabalharás durante seis dias e farás toda a tua obra; ¹⁴o sétimo dia, porém, é o sábado de Iahweh teu Deus. Não farás nenhum trabalho, nem tu, nem teu filho, nem tua filha, nem teu escravo, nem tua escrava, nem teu boi, nem teu jumento, nem qualquer dos teus animais, nem o estrangeiro que está em tuas portas. Deste modo o teu escravo e a tua escrava poderão repousar como tu. ¹⁵Recorda que foste escravo na terra do Egito, e que Iahweh teu Deus te fez sair de lá com mão forte e braço estendido. É por isso que Iahweh teu Deus te ordenou guardar o dia de sábado.ᵇ

¹⁶Honra teu pai e tua mãe, conforme te ordenou Iahweh teu Deus, para que os teus dias se prolonguem e tudo corra bem na terra que Iahweh teu Deus te dá.

¹⁷Não matarás.

¹⁸Não cometerás adultério.

¹⁹Não roubarás.

²⁰Não apresentarás falso testemunho contra o teu próximo.

²¹Não cobiçarás a mulher do teu próximo; nem desejarás para ti a casa do teu próximo, nem o seu campo, nem o seu escravo, nem a sua escrava, nem o seu boi, nem o seu jumento, nem coisa alguma que pertença a teu próximo."

²²Tais foram as palavras que, em alta voz, Iahweh dirigiu a toda a vossa assembleia no monte, do meio do fogo, em meio a trevas, nuvens e escuridão. Sem nada acrescentar, escreveu-as sobre duas tábuas de pedra e as entregou a mim.

Mediação de Moisés — ²³Contudo, quando ouvistes a voz que vinha do meio das trevas, enquanto a montanha ardia em fogo, vós todos, chefes de vossas tribos e anciãos, vos aproximastes de mim ²⁴para dizer: "Eis que Iahweh nosso Deus nos mostrou sua glória e sua grandeza, e nós ouvimos a sua voz do meio do fogo. Hoje vimos que Deus pode falar ao homem, sem que este deixe de viver. ²⁵E agora, por que iríamos morrer? Este grande fogo vai nos devorar! Se continuarmos a ouvir a voz de Iahweh nosso Deus nós vamos morrer! ²⁶Com efeito, quem dentre todos os seres carnais pôde, como nós, ouvir a voz do Deus vivo,ᶜ falando do meio do fogo, e permanecer vivo? ²⁷Aproxima-te para

---

a) cf. Ex 20,5+.
b) A justificativa do sábado não é a mesma de Ex 20,11. Aqui ele é ligado à libertação da escravidão no Egito, o que lhe dá dupla característica: é um dia de alegria (cf. também para a festa das Semanas, 16,11-12) e é um dia em que os servos e os escravos estrangeiros são libertados de seu trabalho penoso (cf. ainda a mesma justificativa na legislação em favor dos pobres 24,18.22). Estes desenvolvimentos foram acrescentados em época em que o preceito sabático adquirira maior importância.
c) Afirmar que Deus é vivo é uma das formas principais da fé no verdadeiro Deus (6,4+), implicando a rejeição de todos os deuses falsos, que não têm vida, como suas

ouvir tudo o que Iahweh nosso Deus vai dizer. Tu nos dirás tudo o que Iahweh nosso Deus te falar. Nós ouviremos e poremos em prática."

²⁸Iahweh ouviu o tom das vossas palavras quando falastes comigo, e me disse: "Ouvi o tom das palavras que este povo te dirigiu. Tudo o que falaram é muito bom! ²⁹Oxalá o seu coração fosse sempre assim, para temer-me e observar continuamente todos os meus mandamentos, de modo que tudo corresse bem para eles e seus filhos, para sempre! ³⁰Vai e dize-lhes: 'Voltai às vossas tendas!' ³¹Tu, porém, permanece aqui comigo, para que eu te diga todos os mandamentos, os estatutos e as normas que lhes ensinarás, a fim de que os pratiquem na terra cuja posse eu lhes darei."

O amor de Iahweh, essência da Lei[a] — ³²Observai, portanto, para agirdes conforme vos ordenou Iahweh vosso Deus. Não vos desvieis, nem para a direita, nem para a esquerda. ³³Andareis em todo o caminho que Iahweh vosso Deus vos ordenou, para que vivais, sendo felizes e prolongando os vossos dias na terra que ides conquistar.

6 ¹São estes os mandamentos, os estatutos e as normas que Iahweh vosso Deus ordenou ensinar-vos, para que os coloqueis em prática na terra para a qual passais, a fim de tomardes posse dela, ²e, assim, temas a Iahweh teu Deus[b] e observes todos os seus estatutos e mandamentos que eu hoje te ordeno — tu, teu filho e teu neto, — todos os dias da tua vida, para que os teus dias se prolonguem. ³Portanto, ó Israel, ouve e cuida de pôr em prática o que será bom para ti e te multiplicará muito, conforme te disse Iahweh Deus de teus pais, ao entregar-te uma terra onde mana leite e mel.

⁴Ouve, ó Israel: Iahweh nosso Deus é o único Iahweh!*[c]* ⁵Portanto, amarás a Iahweh teu Deus com todo o teu coração, com toda a tua alma e com toda a tua força.*[d]* ⁶Que estas palavras que hoje te ordeno estejam em teu coração! ⁷Tu as inculcarás aos teus filhos, e delas falarás sentado em tua casa e andando em teu caminho, deitado e de pé. ⁸Tu as atarás também à tua mão como um sinal, e serão como um frontal entre os teus olhos; ⁹tu as escreverás nos umbrais da tua casa, e nas tuas portas.

¹⁰Quando Iahweh teu Deus te introduzir na terra que ele, sob juramento, prometeu a teus pais — Abraão, Isaac e Jacó — que te daria, nas cidades grandes e boas que não edificaste, ¹¹nas casas cheias de tudo o que é bom, casas que não encheste; poços abertos que não cavaste; vinhas e olivais que

---

imagens (Js 3,10; 1Sm 17,26.36; Is 37,4; Jr 10,8-10; Os 2,1; Sl 84,3 etc.; cf. Mt 16,16; 26,23; Rm 9,26; 1Ts 1,9; 1Tm 3,15 etc.).
a) Depois da retrospetiva histórica vem a parte catequética: é sequência de pequenos desenvolvimentos homiléticos que resumem o espírito da religião deuteronômica.
b) "Temer a Iahweh" torna-se expressão típica da fidelidade à Aliança. Doravante, o temor (Ex 20,20+) comporta por sua vez amor que responde ao amor de Deus (4,37) e obediência absoluta a tudo o que Deus ordena (6,2-5; 10,12-15; cf. Gn 22,12). O conteúdo religioso e moral desse temor vai se purificando sem cessar (Js 24,14; 1Rs 18,3.12; 2Rs 4,1; Pr 1,7+; Is 11,2; Jr 32,39 etc.).
c) Outra tradução às vezes proposta: "Ouve, Israel, Iahweh é nosso Deus, Iahweh somente". A expressão, contudo, parece ser afirmação de monoteísmo. Ela se tornará o início da oração chamada *Shemá* ("Ouve"), que continua a ser uma das mais caras à religião judaica. Ao longo da história de Israel esta fé num Deus único não deixou de se destacar, com precisão crescente, da

fé na eleição e na Aliança (Gn 6,18; 12,1+; 15,1 etc.). A existência de outros deuses nunca foi expressamente afirmada nos tempos antigos, mas cada vez mais a afirmação do Deus vivo (5,26+), único senhor do mundo e do seu povo (Ex 3,14+; 1Rs 8.56-60; 18,21; 2Rs 19,15-19; Eclo 1,8-9; Am 4,13; 5,8; Is 42, 8+; Zc 14,9; Mq 1,11), desdobrou-se em negação sistemática dos falsos deuses (Sb 13,10+; 14,13; Is 40,20+; 41,21+).
d) O amor de Deus não é proposto à escolha, é mandamento. Este amor, que corresponde ao amor de Deus por seu povo (4,37; 7,8; 10,15), inclui o temor de Deus, a obrigação de servi-lo e observar seus preceitos (cf. v. 13; 10,12-13; 11,1; cf. 30,2). Este mandamento de amar não se encontra explicitamente fora do Dt, mas o equivalente é fornecido por 2Rs 23,25 e por Os 6,6. Embora sem preceito, o sentimento do amor para com Deus perpassa os livros proféticos, sobretudo Oseias e Jeremias, e os Salmos. Jesus, citando Dt 6,5, apresenta como o maior mandamento o amor de Deus (Mt 22,37p) um amor que é ligado ao temor filial, mas que exclui o temor servil (1Jo 4,18).

não plantaste; quando, pois, comeres e estiveres saciado, ¹²fica atento a ti mesmo! Não te esqueças de Iahweh, que te fez sair da terra do Egito, da casa da escravidão! ¹³É a Iahweh teu Deus que temerás. A ele servirás e pelo seu nome jurarás.

Apelo à fidelidade — ¹⁴Não seguireis outros deuses, qualquer um dos deuses dos povos que estão ao vosso redor, ¹⁵pois Iahweh teu Deus é um Deus ciumento, que habita em teu meio. A cólera de Iahweh teu Deus se inflamaria contra ti, e ele te exterminaria da face da terra. ¹⁶Não tentareis a Iahweh vosso Deus como o tentastes em Massa. ¹⁷Observareis cuidadosamente os mandamentos de Iahweh vosso Deus, bem como os testemunhos e estatutos que ele te ordenou. ¹⁸Farás o que é reto e bom aos olhos de Iahweh, para que tudo te corra bem e venhas a possuir a boa terra que Iahweh prometeu aos teus pais, ¹⁹expulsando da tua frente todos os teus inimigos. Assim falou Iahweh!

²⁰Amanhã, quando o teu filho te perguntar: "Que são estes testemunhos e estatutos e normas que Iahweh nosso Deus vos ordenou?", ²¹dirás ao teu filho: "Nós éramos escravos do Faraó no Egito, mas Iahweh nos fez sair do Egito com mão forte. ²²Aos nossos olhos Iahweh realizou sinais e prodígios grandes e terríveis contra o Egito, contra o Faraó e toda a sua casa. ²³Quanto a nós, porém, fez-nos sair de lá para nos introduzir e nos dar a terra que, sob juramento, havia prometido aos nossos pais. ²⁴Iahweh ordenou-nos então cumprirmos todos estes estatutos, temendo Iahweh nosso Deus, para que tudo nos corra bem, todos os dias; para dar-nos a vida, como hoje se vê. ²⁵Esta será a nossa justiça: cuidarmos de pôr em prática todos estes mandamentos diante de Iahweh nosso Deus, conforme nos ordenou."

7

Israel é um povo separado — ¹Quando Iahweh teu Deus te houver introduzido na terra em que estás entrando para possuí-la, e expulsado nações mais numerosas do que tu — os heteus, os gergeseus, os amorreus, os cananeus, os ferezeus, os heveus e os jebuseus*ᵃ*, — sete nações mais numerosas e poderosas do que tu; ²quando Iahweh teu Deus entregá-las a ti, tu as derrotarás e as sacrificarás como anátema. Não farás aliança com elas e não as tratarás com piedade. ³Não contrairás matrimônio com elas, não darás tua filha a um de seus filhos, nem tomarás uma de suas filhas para teu filho; ⁴pois deste modo o teu filho se afastaria de mim para servir a outros deuses, e a cólera de Iahweh se inflamaria contra vós, exterminando-te rapidamente. ⁵Eis como deveis tratá-los: demolir seus altares, despedaçar suas estelas, cortar seus postes sagrados e queimar seus ídolos. ⁶Pois tu és um povo consagrado a Iahweh teu Deus; foi a ti que Iahweh teu Deus escolheu para que pertenças a ele como seu povo próprio, dentre todos os povos que existem sobre a face da terra.*ᵇ*

a) Esta lista estereotipada de seis ou sete populações pré-israelitas da Palestina se encontra com algumas variantes em 20,17 e Gn 15,20; Ex 3,8.17; 13,5; 23,23; 33,2; 34,11; Js 3,10; 9,1; 11,3; 12,8; 24,11; Jz 3,5; 1Rs 9,20; Esd 9,1; Ne 9,8; 2Cr 8,7. Os cananeus representam a base da população semítica da Palestina. Os amorreus são uma vaga semítica posterior, chegada no fim do III milênio. A tradição "javista" prefere o primeiro nome, a tradição "eloísta" emprega sobretudo o segundo; Js 11,3, distingue-os geograficamente (cf. Js 9,10). Os heteus são um povo da Ásia Menor, cujo nome é aplicado impropriamente a um grupo não semítico da Palestina (Gn 23). Os gergeseus, ferezeus e heveus têm pouca importância. Os jebuseus são antigos habitantes de Jerusalém (2Sm 5,6+).

b) Temos aqui a afirmação da eleição de Israel, como em 14,2. Deus foi "procurar um povo para si" com meios miraculosos (4,34; cf. 4,20; 26,7-8). Os motivos desta escolha são dados aqui (vv. 7-8): o amor e a fidelidade às promessas feitas gratuitamente aos pais (cf. 4,37; 8,18; 9,5; 10,15). Esta escolha foi selada pela Aliança (cf. v. 9; 5,2-3), e faz de Israel povo consagrado (cf. v. 6 e 26,19). Esta teologia da eleição, que é tão fortemente expressa no Dt, forma o substrato de todo o Antigo Testamento, no qual Israel é povo à parte (Nm 23,9), o povo de Deus (Jz 5,13), a ele consagrado (Ex 19,6+), que entrou na sua Aliança (Ex 19,1+), seu filho (Dt 1,31+), a nação do Emanuel, "Deus conosco" (Is 8,8.10). Esta eleição faz de Israel um povo separado, mas os profetas anunciam o reconhecimento de Iahweh por todas as nações, e o universalismo da salvação (Is 49,6; 45,14+; Zc 14,16). É a era messiânica, aberta pela vinda de Jesus.

A eleição e o favor divino — ⁷Se Iahweh se afeiçoou a vós e vos escolheu, não é por serdes o mais numeroso de todos os povos — pelo contrário: sois o menor dentre os povos! — ⁸e sim por amor a vós e para manter a promessa que ele jurou aos vossos pais; por isso Iahweh vos fez sair com mão forte e te resgatou da casa da escravidão, da mão do Faraó, rei do Egito. ⁹Saberás, portanto, que Iahweh teu Deus é o único Deus, o Deus fiel, que mantém a Aliança e o amor por mil gerações, em favor daqueles que o amam e observam os seus mandamentos; ¹⁰mas é também o que retribui pessoalmente aos que o odeiam: faz com que pereça sem demora*ᵃ* aquele que o odeia, retribuindo-lhe pessoalmente. ¹¹Observa, pois, os mandamentos, os estatutos e as normas que eu hoje te ordeno cumprir.

¹²Se ouvirdes estas normas e as puserdes em prática, Iahweh teu Deus também te manterá a Aliança e o amor que ele jurou aos teus pais; ¹³ele te amará, te abençoará e te multiplicará; abençoará também o fruto do teu ventre e o fruto do teu solo, teu trigo, teu vinho novo, teu óleo, a cria das tuas vacas e a prole das tuas ovelhas, na terra que prometeu aos teus pais que te daria. ¹⁴Serás mais abençoado do que todos os povos. Ninguém do teu meio será estéril, seja o homem, a mulher, ou o teu gado. ¹⁵Iahweh afastará de ti toda doença e todas as graves enfermidades do Egito que bem conheces. Ele não as infligirá a ti, mas a todos os que te odeiam.

¹⁶Portanto, devorarás todos os povos que Iahweh teu Deus te entregar. Que teu olho não tenha piedade deles e nem sirvas seus deuses; isto seria uma armadilha para ti.

A força divina — ¹⁷Talvez digas em teu coração: "Estas nações são mais numerosas do que eu, como poderia conquistá-las?" ¹⁸Não deves ter medo delas! Lembra-te bem do que Iahweh teu Deus fez ao Faraó e a todo o Egito: ¹⁹as grandes provas que teus olhos viram, os sinais e os prodígios, a mão forte e o braço estendido com que Iahweh teu Deus te fez sair! Iahweh teu Deus tratará do mesmo modo todos os povos de que tens medo! ²⁰Além disso, Iahweh teu Deus enviará vespas contra eles, perecendo até os que tiverem restado e se tiverem escondido de ti.

²¹Não fiques aterrorizado diante deles, pois Iahweh teu Deus, que habita em teu meio, é Deus grande e terrível. ²²Iahweh teu Deus pouco a pouco irá expulsando essas nações da tua frente; não poderás exterminá-las rapidamente: as feras do campo se multiplicariam contra ti.*ᵇ* ²³É Iahweh teu Deus quem vai entregá-las a ti: elas ficarão profundamente perturbadas até que sejam exterminadas. ²⁴Ele vai entregar seus reis em tua mão, e tu apagarás o seu nome de sob o céu: ninguém resistirá em tua presença, até que os tenhas exterminado.

²⁵Queimareis os ídolos dos seus deuses. Não cobiçarás a prata e o ouro que os recobrem, nem os tomarás para ti, para que não caias numa armadilha, pois são uma coisa abominável a Iahweh teu Deus. ²⁶Portanto, não introduzirás uma coisa abominável em tua casa: tornar-te-ias anátema como ela. Considera-as como coisas imundas e abomináveis, pois elas são anátemas.

8 *A prova do deserto*ᶜ — ¹Observareis todos os mandamentos que hoje vos ordeno cumprir, para que vivais e vos multipliqueis, entreis e possuais a terra que Iahweh, sob juramento, prometeu aos vossos pais. ²Lembra-te, porém,

---

a) Outra tradução possível: "sem procurar outro". Este v. insiste na responsabilidade individual (cf. Dt 24,16), progresso sobre Ex 34,7, à espera de Ezequiel (cf. Ez 14,12+; 18).
b) Este verso é paralelo de Ex 23,29, assim como o v. 20 era paralelo de Ex 23,28. É a interpretação deuteronomista da lentidão da conquista (cf. Ex 23,30+ e Jz 2,6+). Dt 9,3 insiste, pelo contrário, na terrificante intervenção de Iahweh guerreiro.
c) Em contraste com os profetas que consideravam a estada no deserto como época ideal (cf. Os 2,16+), o Dt apresenta aqui os quarenta anos como uma prova

de todo o caminho que Iahweh teu Deus te fez percorrer durante quarenta anos no deserto, a fim de humilhar-te, tentar-te e conhecer o que tinhas no coração: irias observar seus mandamentos ou não? ³Ele te humilhou, fez com que sentisses fome e te alimentou com o maná que nem tu nem teus pais conheciam, para te mostrar que o homem não vive apenas de pão, mas que o homem vive de tudo aquilo que procede da boca de Iahweh.*ᵃ* ⁴As vestes que usavas não se envelheceram, nem teu pé inchou durante esses quarenta anos.

⁵Portanto, reconhece no teu coração que Iahweh teu Deus te educava, como um homem educa seu filho, ⁶e observa os mandamentos de Iahweh teu Deus, para que andes em seus caminhos e o temas.

As tentações da Terra Prometida — ⁷Eis que Iahweh teu Deus vai te introduzir numa terra boa: terra cheia de ribeiros de água e de fontes profundas que jorram no vale e na montanha; ⁸terra de trigo e cevada, de vinhas, figueiras e romãzeiras, terra de oliveiras, de azeite e de mel; ⁹terra onde vais comer pão sem escassez — nela nada te faltará!, — terra cujas pedras são de ferro e de cujas montanhas extrairás o cobre. ¹⁰Comerás e ficarás saciado, e bendirás a Iahweh teu Deus na terra que ele te dará.

¹¹Contudo, fica atento a ti mesmo, para que não esqueças a Iahweh teu Deus, e não deixes de cumprir seus mandamentos, normas e estatutos que hoje te ordeno! ¹²Não aconteça que, havendo comido e estando saciado, havendo construído casas boas e habitando nelas, ¹³havendo-se multiplicado teus bois, e tuas ovelhas tendo aumentado, e multiplicando-se também tua prata e teu ouro, e tudo o que tiveres, — ¹⁴que o teu coração se eleve e te esqueças de Iahweh teu Deus, que te fez sair da terra do Egito, da casa da escravidão; ¹⁵que te conduziu através daquele grande e terrível deserto, cheio de serpentes abrasadoras, escorpiões e sede; e que, onde não havia água, para ti fez jorrar água da mais dura pedra; ¹⁶que te sustentava no deserto com o maná que teus pais não conheceram, para te humilhar e te experimentar, a fim de te fazer bem no futuro!

¹⁷Portanto, não vás dizer no teu coração: "Foi a minha força e o poder das minhas mãos que me proporcionaram estas riquezas." ¹⁸Lembra-te de Iahweh teu Deus, pois é ele quem te concede força para te enriqueceres, mantendo a Aliança que jurou aos teus pais, como hoje se vê. ¹⁹Contudo, se te esqueceres completamente de Iahweh teu Deus, seguindo outros deuses, servindo-os e adorando-os, eu hoje testemunho contra vós: é certo que perecereis! ²⁰Perecereis do mesmo modo que as nações que Iahweh vai exterminar à vossa frente, por não terdes obedecido à voz de Iahweh vosso Deus.

9

A vitória veio graças a Iahweh e não pelas virtudes de Israel — ¹Ouve, ó Israel: hoje estás atravessando o Jordão para ires conquistar nações mais numerosas e poderosas do que tu, cidades grandes e fortificadas até o céu. ²Os enacim são um povo grande e de alta estatura. Tu os conheces, pois ouviste dizer: "Quem poderia resistir aos filhos de Enac?" ³Portanto, saberás hoje que Iahweh teu Deus vai atravessar à tua frente, como um fogo devorador; é ele quem os exterminará e é ele quem os submeterá a ti. Tu, então, os desalojarás e, rapidamente, os farás perecer, conforme te falou Iahweh. ⁴Quando Iahweh teu Deus os tiver removido da tua presença, não vás dizer no teu coração: "É por causa da minha justiça que Iahweh me fez entrar e tomar posse desta terra", pois é por causa da perversidade dessas nações que Iahweh irá expulsá-las

---

(cf. agora 4,35). O redator sacerdotal de Nm 14,26-35 os apresentou como castigo.

a) Iahweh, que pode criar tudo pela sua palavra, faz o israelitas viver pelos mandamentos (*miçwah*) que saem (*moça'*) de sua boca. — Sobre este texto, retomado por Mt 4,4p, ver Am 8,11; Ne 9,29; Pr 9,1-5; Sb 16,26; Eclo 24,19-21; Jo 6,30-36.68+.

da tua frente. ⁵Não! Não é por causa da tua justiça, nem pela retidão do teu coração que entrarás para tomar posse da sua terra. É por causa da perversidade dessas nações que Iahweh as expulsará da tua frente, e também para cumprir a palavra que ele jurou a teus pais, Abraão, Isaac e Jacó. ⁶Saibas, portanto: não é por causa da tua justiça que Iahweh teu Deus te concede possuir esta boa terra, pois tu és um povo de cerviz dura!

8,17 +
Ef 2,7-9
Tt 3,5

|| Ex 32

*O pecado de Israel no Horeb e a intercessão de Moisés*ᵃ — ⁷Lembra-te! Não esqueças que irritaste Iahweh teu Deus no deserto. Desde o dia em que saíste da terra do Egito, até a vossa chegada a este lugar, estais sendo rebeldes a Iahweh! ⁸Até mesmo no Horeb irritastes a Iahweh! Iahweh se enfureceu contra vós, querendo vos exterminar. ⁹Quando eu subi à montanha para tomar as tábuas de pedra, as tábuas da Aliança que Iahweh tinha concluído convosco, permaneci na montanha durante quarenta dias e quarenta noites, sem comer pão e sem beber água. ¹⁰Iahweh deu-me então as duas tábuas de pedra, escritas pelo dedo de Deus. Sobre elas estavam todas as palavras que Iahweh falara convosco na montanha, do meio do fogo, no dia da assembleia.ᵇ ¹¹Após quarenta dias e quarenta noites Iahweh entregou-me as duas tábuas de pedra, as tábuas da Aliança. ¹²Iahweh disse-me então: "Levanta-te! Desce daqui depressa, pois o teu povo, que fizeste sair do Egito, já se corrompeu. Já se desviaram do caminho que eu lhes ordenara: fizeram para si um ídolo de metal fundido!" ¹³E Iahweh acrescentou: "Vejo bem este povo: é um povo de cerviz dura! ¹⁴Deixa-me! Vou exterminá-los, apagar o seu nome de sob o céu! Vou fazer de ti uma nação mais poderosa e numerosa do que esta!" ¹⁵Voltei-me e desci da montanha. A montanha ardia em fogo. As duas tábuas da Aliança estavam nas minhas duas mãos. ¹⁶E então olhei. Sim! Eis que tínheis pecado contra Iahweh vosso Deus. Havíeis feito um bezerro de metal fundido, afastando-vos bem depressa do caminho que Iahweh vos ordenara. ¹⁷Peguei, então, as duas tábuas e atirei-as com minhas duas mãos, quebrando-as aos vossos olhos. ¹⁸Prostrei-me, depois, diante de Iahweh como na primeira vez, durante quarenta dias e quarenta noites. Não comi pão nem bebi água, por causa do pecado que tínheis cometido, fazendo o que era mau aos olhos de Iahweh, a ponto de provocardes a sua cólera. ¹⁹Pois eu tinha medo da cólera e do furor que Iahweh dirigia contra vós, querendo até vos exterminar. Iahweh, contudo, ouviu-me ainda esta vez. ²⁰Iahweh também ficou muito enfurecido contra Aarão, querendo exterminá-lo. E naquele dia supliquei também por Aarão. ²¹Quanto ao pecado que havíeis cometido, o bezerro, tomei-o e queimei-o. Esmaguei-o, moendo-o completamente até reduzi-lo a pó, e o atirei, depois, no ribeiro que desce da montanha.

5,2-22

9,6; 31,27
Ex 32,9 +
2Rs 17,14
Jr 7,26;
17,23; 19,15
Br 2,30

↗ Hb 12,21

Ex 32,20

Nm 11,1-3
Ex 17,1-7
Nm 20,1-13;
11,4-34
13,25-14,38
Dt 1,25-40

Outros pecados. Oração de Moisés — ²²Também irritastes continuamente a Iahweh em Tabera, em Massá e em Cibrot-ataava. ²³E quando Iahweh vos enviou de Cades Barne, dizendo: "Subi e tomai posse da terra que eu vos dei", vós vos revoltastes contra a ordem de Iahweh vosso Deus, não lhe destes crédito e não obedecestes à sua voz. ²⁴Estais sendo rebeldes a Iahweh desde o dia em que ele vos conheceu!ᶜ

---

a) Inicia-se aqui novo conjunto que vai até 10,11. Moisés, em primeira pessoa, recorda a história do bezerro de ouro, das tábuas da Aliança quebradas e depois refeitas, e de sua intercessão. O gênero literário desta seção relembra o dos caps. 1-3. A narrativa é paralela à de Ex 32, com algumas diferenças. Não é fruto de uma só mão, mas sobrecarregada por uma série de adições, tais como 9, 20.22-24; 10,6-7.8-9; as repetições aqui são frequentes.

b) Várias vezes no Dt a palavra *qahal* designa a assembleia religiosa do povo de Deus, especialmente no dia da promulgação da Lei (18,16; cf. 4,10; 23,2-9). Esta concepção progredirá (2Cr 31,18+) e chegará à "igreja" do NT (Mt 16,18+; At 7,38).

c) "ele vos conheceu", grego, sam.; "eu vos conheci", hebr.

²⁵Prostrei-me, pois, diante de Iahweh. E fiquei prostrado durante quarenta dias e quarenta noites, porque Iahweh falara em vos exterminar. ²⁶Supliquei então a Iahweh: "Iahweh, meu Senhor! Não destruas o teu povo, a tua herança! Tu o resgataste com a tua grandeza; tu o fizeste sair do Egito com mão forte! ²⁷Lembra-te dos teus servos, de Abraão, Isaac e Jacó! Não atentes para a obstinação deste povo, para sua perversidade e seu pecado, ²⁸para que, na terra de onde nos fizeste sair, não venham a dizer: 'Iahweh não foi capaz de conduzi-los para a terra de que lhes falara! Foi por ódio que ele os fez sair, para fazê-los morrer no deserto!' ²⁹Apesar de tudo, eles são o teu povo e a tua herança! Tu os fizeste sair com a tua grande força e o teu braço estendido!"

|| Ex 32, 11-14 +

10 A Arca da Aliança e a escolha de Levi —
¹Iahweh disse-me então: "Corta duas tábuas de pedra como as primeiras e sobe até mim, na montanha. Faze também uma arca de madeira. ²Escreverei sobre as tábuas as palavras que estavam sobre as primeiras tábuas que quebraste, e tu as colocarás na arca." ³Fiz uma arca de madeira de acácia, cortei duas tábuas de pedra como as primeiras e subi à montanha, com as duas tábuas na mão. ⁴Ele, então, escreveu sobre as tábuas o mesmo texto que havia escrito antes, as Dez Palavras que Iahweh vos tinha falado na montanha, do meio do fogo, no dia da assembleia. A seguir Iahweh entregou-as a mim. ⁵Depois voltei-me, desci da montanha e coloquei as duas tábuas na arca que eu havia feito. E elas permanecem lá, conforme Iahweh me ordenara.

|| Ex 34,1s.27

31,26

Ex 25,10 +

⁶Os israelitas partiram então dos poços dos Benê-Jacã para Mosera.ᵃ Neste lugar faleceu e foi sepultado Aarão. Seu filho, Eleazar, sucedeu-lhe no sacerdócio. ⁷Dali partiram para Gadgad, e de Gadgad para Jetebata, uma terra cheia de ribeiros de água. ⁸Foi por este tempo que Iahweh destacou a tribo de Leviᵇ para levar a Arca da Aliança de Iahweh e ficar à disposição de Iahweh, para servi-lo e abençoar em seu nome, até o dia de hoje. ⁹É por isso que Levi não teve parte nem herança com seus irmãos. Iahweh é a sua herança, conforme Iahweh teu Deus lhe falara.

Nm 33,31-38

Nm 18,20 +

¹⁰Quanto a mim, permaneci na montanha durante quarenta dias e quarenta noites, como na primeira vez. E Iahweh me ouviu ainda esta vez, e Iahweh não quis te destruir. ¹¹Iahweh disse-me então: "Levanta-te, caminha à frente deste povo, para que tomem posse da terra que eu jurei aos seus pais que lhes daria."

*A circuncisão do coração*ᶜ — ¹²E agora, Israel, o que é que Iahweh teu Deus te pede? Apenas que temas a Iahweh teu Deus, andando em seus caminhos, e o ames, servindo a Iahweh teu Deus com todo o teu coração e com toda a tua alma, ¹³e que observes os mandamentos de Iahweh e os estatutos que eu te ordeno hoje, para o teu bem.

6,5 +

¹⁴Vê: é a Iahweh teu Deus que pertencem os céus e os céus dos céus,ᵈ a terra e tudo o que nela existe. ¹⁵Contudo, foi somente com teus pais que Iahweh se ligou, para amá-los! E depois deles escolheu dentre todos os povos

Sl 24,1-2
Is 66,1-2
Ex 19,5
7,6 +

---

a) Nm 33,31 apresenta o monte Hor como lugar da morte de Aarão; o nome de Mosera pode designar o mesmo lugar, que não é identificado.
b) O acréscimo dos vv. 8-9 é independente do dos vv. 6-7, e a escolha da tribo de Levi não tem relação com a morte de Aarão. Segundo Ex 32,25-29, eles foram estabelecidos em recompensa pelo massacre dos seus irmãos depois do sacrifício ao bezerro de ouro, e esta ligação justificaria a inserção nesta narrativa. Mas segundo Nm 1,50; 3,6-8, foram postos à parte pelo próprio Deus, sendo postos como substituição dos primogênitos de Israel (Nm 3,12; 8,16).
c) Esta última seção do discurso retoma o estilo direto e enuncia as exigências da aliança com Deus, fazendo empréstimos dos formulários dos tratados da aliança, assim: a declaração inicial (10,12s), a recordação histórica (11,2-7), a descrição da terra (11,10-12.24) e as bênçãos e maldições (11,16-17.22-23.26-29).
d) Esta circunlocução expressa o superlativo em hebraico. Os "céus dos céus" são os céus mais elevados.

DEUTERONÔMIO 10-11

30,6
Jr 4,4 +
Dt 9,13 +
1Tm 6,15
Ap 17,14;
19.16
Rm 2,11
At 10,34
2Cr 19,7
Jó 34,19
Sb 6,7
Eclo 35,11-16

a sua descendência — vós próprios! — como hoje se vê. ¹⁶Circuncidai, pois, o vosso coração*ᵃ* e nunca mais reteseis a vossa nuca! ¹⁷Pois Iahweh vosso Deus é o Deus dos deuses e o Senhor dos senhores, o Deus grande, o valente, o terrível, que não faz acepção de pessoas e não aceita suborno;*ᵇ* ¹⁸o que faz justiça ao órfão e à viúva, e ama o estrangeiro, dando-lhe pão e roupa. ¹⁹(Portanto, amareis o estrangeiro, porque fostes estrangeiros na terra do Egito.) ²⁰A Iahweh teu Deus temerás e servirás, a ele te apegarás e por seu nome jurarás. ²¹A ele deves louvar: ele é o teu Deus. Ele realizou em teu favor essas coisas grandes e terríveis que os teus olhos viram. ²²Ao descerem para o Egito, teus pais eram apenas setenta pessoas. Agora, contudo, Iahweh teu Deus tornou-te numeroso como as estrelas do céu!

Gn 46,27 +

11 *A experiência de Israel*ᶜ — ¹Amarás a Iahweh teu Deus e observarás continuamente o que deve ser observado: seus estatutos, suas normas e mandamentos. ²Fostes vós que fizestes a experiência, e não vossos filhos. Eles não conheceram nem viram a pedagogia de Iahweh vosso Deus, sua grandeza, sua mão forte e seu braço estendido, ³os sinais e as obras que ele realizou no meio do Egito, contra Faraó, rei do Egito, e contra toda a sua terra; ⁴o que ele fez contra o exército do Egito, seus cavalos e carros, fazendo as águas do mar Vermelho refluir sobre eles, quando vos perseguiam: Iahweh os aniquilou até o dia de hoje; ⁵e o que fez por vós no deserto, até que chegásseis a este lugar; ⁶e ainda o que fez a Datã e a Abiram, filhos de Eliab, o rubenita: a terra abriu sua boca e engoliu-os, juntamente com suas famílias, tendas e tudo o que os seguia, no meio de todo Israel. ⁷Vossos olhos foram testemunhas de toda a grande obra que Iahweh realizou.

Ex 7,15

Nm 16

Promessas e advertências — ⁸Observareis, portanto, todos os mandamentos que eu vos ordeno hoje, para vos fortalecerdes, entrardes e tomardes posse da terra para a qual passais, a fim de possuí-la, ⁹e para que prolongueis os vossos dias sobre a terra que Iahweh, sob juramento, prometeu dar a vossos pais e à sua descendência: uma terra onde mana leite e mel!

28,3-5

¹⁰Pois a terra em que estás entrando a fim de tomares posse dela não é como a de onde saístes, a terra do Egito: lá semeavas tua semente e irrigavas com o pé,*ᵈ* como uma horta! ¹¹A terra para a qual vós ides, a fim de tomardes posse dela, é uma terra de montes e vales, que bebe água da chuva do céu! ¹²É uma terra de que Iahweh teu Deus cuida. Os olhos de Iahweh teu Deus estão sempre fixos nela, do início ao fim do ano. ¹³Portanto, se de fato obedecerdes aos mandamentos que hoje vos ordeno, amando a Iahweh vosso Deus e servindo-o com todo o vosso coração e com toda a vossa alma, ¹⁴darei*ᵉ* chuva para a vossa terra no tempo certo: chuvas de outono e de primavera. Poderás assim recolher teu trigo, teu vinho novo e teu óleo; ¹⁵darei erva no campo para o teu rebanho, de modo que poderás comer e ficar saciado. ¹⁶Contudo, ficai atentos a vós mesmos, para que o vosso coração não se deixe seduzir e vos desvieis para outros deuses, para servir a outros deuses, prostrando-vos diante deles. ¹⁷A cólera de Iahweh se inflamaria contra vós e ele bloquearia o céu: não haveria mais chuva e a terra não daria o seu produto; deste modo desapareceríeis rapidamente da boa terra que Iahweh vos dá!

8,7-10
Ne 9,25

Lv 26,3-13

Jr 5,24
Jl 2,19.23s

---

a) A circuncisão era o sinal de pertença ao povo de Iahweh (Gn 17,10+). Esta pertença, porém, deve atingir as faculdades espirituais, o "coração" (Gn 8,21+; Jr 4,4+).
b) Deus concede sua graça com toda liberdade e imparcialidade (1,17; cf. 2Cr 19,7; Jó 34,19; Sb 6,7-8). O NT retomará a fórmula (At 10,34; Rm 2,11; Gl 2,6; Ef 6,9; Cl 3,25; Tg 2,1; 1Pd 1,17).

c) Parece que o discurso de Moisés terminava inicialmente com 11,1-17, a que se acrescentou nova conclusão (vv. 18-25). Os vv. 26-32 ligam este discurso ao Código Deuteronômico (cf. 4,44+).
d) Provável alusão a uma roda hidráulica movida com o pé.
e) Nos vv. 14-15 o texto passa bruscamente para discurso direto de Deus (cf. 7,4; 17,3; 28,20).

Conclusão — ¹⁸Ponde estas minhas palavras no vosso coração e na vossa alma, atai-as como um sinal em vossa mão, e sejam como um frontal entre os vossos olhos. ¹⁹Ensinai-as aos vossos filhos, falando delas sentado em tua casa e andando em teu caminho, deitado e de pé; ²⁰tu as escreverás nos umbrais da tua casa e nas tuas portas, ²¹para que vossos dias e os dias de vossos filhos se multipliquem sobre a terra que Iahweh jurou dar aos vossos pais, e sejam tão numerosos como os dias em que o céu permanecer sobre a terra.

²²Com efeito, se observardes de fato todos estes mandamentos que hoje vos ordeno cumprir — amando a Iahweh vosso Deus, andando em todos os seus caminhos e aderindo a ele,— ²³Iahweh desalojará para vós todas essas nações para que tomeis posse de nações maiores e mais poderosas do que vós. ²⁴Todo lugar em que a sola dos vossos pés pisar será vosso: o vosso território irá desde o deserto até o Líbano, desde o rio, o Eufrates, até o mar ocidental. ²⁵Ninguém resistirá a vós: Iahweh vosso Deus espalhará o medo e o terror de vós por toda a terra em que pisardes, conforme vos falou.

²⁶Vede: hoje proponho a bênção e a maldição diante de vós: ²⁷A bênção, se obedecerdes aos mandamentos de Iahweh vosso Deus que hoje vos ordeno; ²⁸a maldição, se não obedecerdes aos mandamentos de Iahweh vosso Deus, desviando-vos do caminho que hoje vos ordeno, para seguirdes outros deuses, que não conhecestes. ²⁹Quando Iahweh teu Deus te houver introduzido na terra em que estás entrando a fim de tomares posse dela, colocarás a bênção sobre o monte Garizim e a maldição sobre o monte Ebal. ³⁰(Estes montes, como se sabe, estão no outro lado do Jordão, a caminho do poente, na terra dos cananeus que habitam na Arabá, diante de Guilgal, perto do carvalho de Moré.)ᵃ ³¹Pois estais atravessando o Jordão para entrardes e tomardes posse da terra que Iahweh vosso Deus vos dará: tomareis posse dela e nela habitareis. ³²Portanto, cuidai de pôr em prática todos os estatutos e as normas que hoje coloco à vossa frente.

II. O Código Deuteronômicoᵇ

12 ¹São estes os estatutos e as normas que cuidareis de pôr em prática na terra cuja posse Iahweh, Deus de teus pais, te dará, durante todos os dias em que viverdes sobre a terra.

O lugar do cultoᶜ — ²Devereis destruir todos os lugares em que as nações que ireis conquistar tinham servido aos seus deuses, sobre os altos montes, sobre as colinas e sob toda árvore verdejante. ³Demolireis seus altares, despedaçareis

---

a) O v. 30 é glosa em que as palavras "na terra dos cananeus, que habitam na Arabá, diante de Guilgal" transferem a Guilgal junto de Jericó (Js 4,19+) um texto que se refere à região de Siquém, onde se encontra o *carvalho de Moré* (Gn 12,6).
b) Este código (cap. 12-26) reúne sem ordem clara diversas coleções de leis de diferentes origens, algumas das quais devem provir do reino do norte, de onde teriam sido introduzidas em Judá depois da queda da Samaria. Este conjunto que leva em conta a evolução social e religiosa do povo devia substituir o antigo código da Aliança. Ele representa, ao menos em seu fundo, a Lei encontrada no Templo sob Josias (2Rs 22,8s).
c) Esta lei, que se tornará fundamental para a religião de Israel, pretende, no mesmo espírito que os profetas, defender o culto javista de qualquer contaminação dos cultos cananeus, pela destruição dos lugares altos destes cultos e pela escolha de um só lugar para o culto a Iahweh. A fórmula "lugar que Deus houver escolhido para aí colocar o seu nome" (vv. 5.21), ou "para aí fazer habitar o seu nome" (v. 11; cf. 14,23; 16,11 etc.), ou "para aí lembrar seu nome" (Ex 20,24), podia, em si, designar todo lugar em que Deus tinha-se manifestado e onde o culto estava assim legitimado pelo próprio Deus (cf. Jr 7,12 para Silo); durante muito tempo ela foi compreendida assim, e o culto a Iahweh era praticado em numerosos santuários (cf. Jz 6,24.28; 13,16; 1Rs 3,4 etc.). No Dt esta fórmula designa exclusivamente Jerusalém. Esta lei da unicidade do santuário será um dos pontos principais da reforma de Josias (2Rs 23).

suas estelas, queimareis seus postes sagrados e esmagareis os ídolos dos seus deuses, fazendo com que o nome deles desapareça de tal lugar. ⁴Em relação a Iahweh vosso Deus não agireis desse modo. ⁵Pelo contrário: buscá-lo-eis somente no lugar que Iahweh vosso Deus houver escolhido, dentre todas as vossas tribos, para aí colocar o seu nome e aí fazê-lo habitar. ⁶Levareis para lá vossos holocaustos e vossos sacrifícios, vossos dízimos e os dons das vossas mãos, vossos sacrifícios votivos e vossos sacrifícios espontâneos, os primogênitos das vossas vacas e das vossas ovelhas. ⁷E comereis lá, diante de Iahweh vosso Deus, alegrando-vos com todo o empreendimento da vossa mão, vós e vossas famílias, com o que Iahweh teu Deus te houver abençoado.*ᵃ*

⁸Não procedereis conforme procedemos aqui hoje: cada um fazendo o que lhe parece bom, ⁹pois até agora ainda não entrastes no lugar de repouso e na herança que Iahweh teu Deus te dará. ¹⁰Atravessareis o Jordão e habitareis na terra que Iahweh vosso Deus vos dará como herança: ele vos protegerá de todos os vossos inimigos ao redor, para que habiteis em segurança. ¹¹É no lugar que Iahweh vosso Deus houver escolhido para aí fazer habitar o seu nome que trareis tudo o que eu vos ordenei: vossos holocaustos, vossos sacrifícios, vossos dízimos, os dons das vossas mãos e todas as ofertas escolhidas que tiverdes prometido como voto a Iahweh. ¹²Alegrar-vos-eis diante de Iahweh vosso Deus, vós, vossos filhos e vossas filhas, vossos servos e vossas servas, e o levita que mora em vossas cidades, pois ele não tem parte nem herança convosco.

Precisões sobre os sacrifíciosᵇ — ¹³Fica atento a ti mesmo! Não oferecerás teus holocaustos em qualquer lugar que vejas, ¹⁴pois é só no lugar que Iahweh houver escolhido, numa das tuas tribos, que deverás oferecer teus holocaustos; é lá que deverás pôr em prática tudo o que eu te ordeno.

¹⁵Entretanto, quando quiseres, poderás imolar e comer da carne em cada uma das tuas cidades, conforme a bênção que Iahweh teu Deus te houver concedido. Poderás comer tanto o puro como o impuro, assim como se come a gazela e o cervo;*ᶜ* ¹⁶o sangue, porém, não o comereis: tu o derramarás por terra como água.

¹⁷Não poderás comer em tuas cidades o dízimo do teu trigo, do teu vinho novo e do teu óleo, nem os primogênitos das tuas vacas e ovelhas, nem algo dos sacrifícios votivos que hajas prometido, ou dos teus sacrifícios espontâneos, ou ainda dos dons da tua mão. ¹⁸Tu os comerás diante de Iahweh teu Deus, somente no lugar que Iahweh teu Deus houver escolhido, tu, teu filho e tua filha, teu servo e tua serva, e o levita que habita contigo. E te alegrarás diante de Iahweh teu Deus de todo o empreendimento da tua mão. ¹⁹Fica atento a ti mesmo! Nunca abandones o levita em tua terra, todos os teus dias.

²⁰Quando Iahweh teu Deus tiver alargado teu território, conforme te falara, e disseres: "Eu queria comer carne!", caso desejes comer carne, podes comer carne o quanto queiras. ²¹Se o lugar escolhido por Iahweh teu Deus para aí colocar o seu nome estiver muito longe de ti, poderás então imolar das vacas e ovelhas que Iahweh teu Deus te houver dado, conforme te ordenei. Poderás comer nas tuas cidades o quanto desejares. ²²Do mesmo modo como se come a gazela e o cervo, assim as comerás: o puro junto com o impuro. ²³Sê firme, contudo, para não comeres o sangue, porque o sangue é a vida. Portanto, não comas a vida com a carne. ²⁴Jamais o comerás! Derrama-o

---

a) O Código Deuteronômico insiste muitas vezes no caráter alegre das refeições cultuais e das festas (cf. vv. 12.18; 16,11.14 etc.).
b) A lei da unicidade do lugar de culto acarreta a distinção entre a matança profana do gado, que pode ser feita em qualquer lugar, e o sacrifício religioso, que só pode ser realizado no santuário escolhido. Em Lv 17,3s não há distinção (cf. Lv 17,4+; cf. também 1Sm 14,32s).
c) Caça que não incorria em nenhum interdito.

por terra como água. ²⁵Não o comas, para que tudo corra bem a ti e a teus filhos depois de ti, pois deste modo estarás fazendo o que é reto aos olhos de Iahweh. ²⁶Todavia, das coisas que te pertencem, tomarás o que tiveres consagrado, bem como teus sacrifícios votivos, e irás ao lugar que Iahweh houver escolhido. ²⁷Oferecerás teus holocaustos — a carne e o sangue — sobre o altar de Iahweh teu Deus: o sangue dos teus sacrifícios será derramado sobre o altar de Iahweh teu Deus, e comerás a carne. ²⁸Ouve com atenção, para pores em prática todas as coisas que te ordeno, para que tudo corra bem a ti e a teus filhos depois de ti, para sempre, pois estarás fazendo o que é bom e reto aos olhos de Iahweh teu Deus.

Contra os cultos cananeus — ²⁹Quando Iahweh teu Deus houver destruído as nações para onde te diriges, para te apoderares delas, e as tiveres conquistado e habitares em suas terras, ³⁰fica atento a ti mesmo! Não te deixes seduzir, não vás seguir o que ele havia exterminado da tua frente; não procures pelos seus deuses, dizendo: "Como estas nações serviam os seus deuses? Vou fazer o mesmo!" ³¹Não procederás deste modo para com Iahweh teu Deus! Pois elas faziam a seus deuses tudo o que é abominação para Iahweh, tudo o que ele detesta: por seus deuses chegaram até a queimar os próprios filhos e filhas!

13 ¹Cuidareis de pôr em prática tudo o que eu vos ordeno. Nada acrescentarás e nada tirarás!

Contra as seduções da idolatria — ²Quando surgir em teu meio um profeta ou um intérprete de sonhos, e te apresentar um sinal ou um prodígio, — ³se este sinal ou prodígio que ele anunciou se realiza e ele te diz: "Vamos seguir outros deuses (que não conheceste) e servi-los", — ⁴não ouças as palavras desse profeta ou desse intérprete de sonhos. Porque é Iahweh vosso Deus que vos experimenta, para saber se de fato amais a Iahweh vosso Deus com todo o vosso coração e com todo o vosso ser. ⁵Seguireis a Iahweh vosso Deus e a ele temereis, observareis seus mandamentos e obedecereis à sua voz, a ele servireis e a ele vos apegareis. ⁶Quanto ao profeta ou intérprete de sonhos, deverá ser morto, pois pregou a rebeldia contra Iahweh vosso Deus, que vos fez sair da terra do Egito e vos resgatou da casa da escravidão, para te afastar do caminho em que Iahweh teu Deus te ordenou caminhar. Deste modo extirparás o mal do teu meio.

⁷Se teu irmão — filho do teu pai*ᵃ* ou da tua mãe,— teu filho, tua filha, ou a mulher que repousa em teu seio, ou o amigo que é como tu mesmo, quiser te seduzir secretamente, dizendo: "Vamos servir a outros deuses", deuses que nem tu nem teus pais conheceram, ⁸— deuses de povos vizinhos, próximos ou distantes de ti, de uma extremidade da terra à outra, — ⁹não lhe darás consentimento, não o ouvirás, e que teu olho não tenha piedade dele; não uses de misericórdia e não escondas o seu erro. ¹⁰Pelo contrário: deverás matá-lo! Tua mão será a primeira a matá-lo e, a seguir, a mão de todo o povo. ¹¹Apedreja-o até que morra, pois tentou afastar-te de Iahweh teu Deus, *que te fez sair da terra do Egito, da casa da escravidão*. ¹²E todo Israel ouvirá, ficará com medo e nunca mais se fará uma ação má como esta em teu meio.

¹³Caso ouças dizer que, numa das cidades que Iahweh teu Deus te dará para aí morar, ¹⁴homens vagabundos,*ᵇ* procedentes do teu meio, seduziram os habitantes da sua cidade, dizendo: "Vamos servir a outros deuses", que

---

a) "filho do teu pai", grego, sam.; omitido pelo hebr.
b) Lit.: "filhos de Belial". Sentido prov.: "sem utilidade", de onde "vagabundos", "maus". Pouco a pouco

"Belial" foi tomado como nome próprio, em relação com o poder do mal (cf. Sl 18,5; "Beliar" no NT, 2Cor 6,15, e nos apócrifos).

¹⁴ não conhecestes, ¹⁵deverás investigar, fazendo uma pesquisa e interrogando cuidadosamente. Caso seja verdade, se o fato for constatado, se esta abominação foi praticada em teu meio, ¹⁶deverás então passar a fio de espada os habitantes daquela cidade. Tu a sacrificarás como anátema, juntamente com tudo o que nela existe.ᵃ ¹⁷Reunirás todos os seus despojos no meio da praça pública, e queimarás completamente a cidade e todos os seus despojos para Iahweh teu Deus. Ela ficará em ruínas para sempre e nunca mais será reconstruída. ¹⁸Nada do que for sacrificado como anátema ficará em tua mão, para que Iahweh abandone o furor da sua cólera e te conceda o perdão, tenha piedade de ti e te multiplique, conforme jurou aos teus pais, ¹⁹no caso de teres obedecido à voz de Iahweh teu Deus, observando todos os seus mandamentos, que hoje te ordeno, e praticando o que é reto aos olhos de Iahweh teu Deus.

14 *Proibição de uma prática idolátrica* — ¹Sois filhos de Iahweh vosso Deus. Nunca vos marcareis com uma incisão ou tonsura entre os vossos olhos por causa de um morto.ᵇ ²Sim! Tu és um povo consagrado a Iahweh teu Deus: foi a ti que Iahweh escolheu para que pertenças a ele como seu povo próprio, dentre todos os povos que existem sobre a face da terra.

Animais puros e impuros — ³Não comerás nada que seja abominável. ⁴Eis os animais de que podereis comer: boi, carneiro, cabra, ⁵cervo, gazela, gamo, cabrito montês, antílope, órix e cabra selvagem. ⁶Podereis comer também de qualquer animal que tenha o casco fendido, a unha fendida nos dois cascos, e que rumine. ⁷Contudo, há ruminantes e animais com casco fendido de que não comereis: o camelo, a lebre e o texugo, que ruminam mas não têm o casco fendido; esses serão impuros para vós. ⁸Quanto ao porco, que tem o casco fendido mas não rumina, vós o considerareis impuro. Não comereis de sua carne e nem tocareis em seus cadáveres.

⁹De tudo quanto vive na água podereis comer o seguinte: de todos os que têm barbatanas e escamas podereis comer. ¹⁰Não comereis, porém, de todo o que não tiver barbatanas e escamas: vós o considerareis impuro.

¹¹Podereis comer de toda ave pura. ¹²Dentre elas, eis o que não podereis comer: o abutre, o gipaeto, o xofrango; ¹³o milhafre negro, as diversas espécies de milhafre vermelho,ᶜ ¹⁴todas as espécies de corvo, ¹⁵o avestruz, a coruja, a gaivota e as diversas espécies de gavião, ¹⁶o mocho, o íbis, o grão-duque, ¹⁷o pelicano, o abutre branco, o alcatraz, ¹⁸a cegonha, as diversas espécies de garça, a poupa, o morcego. ¹⁹Considerareis impuros todos os bichos que voam. Deles não comereis. ²⁰Podereis comer todas as aves puras.

²¹Não podereis comer de nenhum animal que tenha morrido por si. Tu o darás ao forasteiro que vive em tua cidade para que ele o coma, ou vendê-lo-ás a um estrangeiro. Porque tu és um povo consagrado a Iahweh teu Deus.ᵈ

Não cozerás um cabritinho no leite de sua mãe.

---

a) Segue-se o texto curto do grego; o hebr. acrescenta: "como também seu rebanho, a fio de espada".

b) Costuma-se ver aqui a proibição do culto aos mortos (cf. Lv 19,27+). Contudo, poder-se-ia perguntar se o "morto" de que se fala aqui não é o deus Baal, cuja morte era celebrada no início do verão (cf. 26,14; 1Rs 18,28), quando a vegetação desaparecia (cf. ainda Ez 8,14).

c) O hebr. está corrompido e as identificações permanecem incertas.

d) As prescrições morais, jurídicas ou cultuais de Lv 17,15; 18,26; 19,33-34; 24,22, ou ainda 5,14; Ex 12,49; 20,10 (sobre o sábado) insistem todas sobre o fato de que o estrangeiro deve ser tratado como "cidadão". O Dt faz uma distinção fundada sobre a eleição e a santidade de Israel (cf. também 15,3; 23,21). Os textos de Dt 24,14.17s, que não fazem esta distinção, reproduzem leis anteriores. Isto, porém, não impede que o Deuteronômio afirme o amor de Deus para com o estrangeiro (10,18).

O dízimo anual[a] — ²²Todos os anos separarás o dízimo de todo o produto da tua semeadura que o campo produzir, ²³e diante de Iahweh teu Deus, no lugar que ele houver escolhido para aí fazer habitar o seu nome, comerás o dízimo do teu trigo, do teu vinho novo e do teu óleo, como também os primogênitos das tuas vacas e das tuas ovelhas, para que aprendas continuamente a temer a Iahweh teu Deus.

²⁴Caso o caminho seja longo demais para ti, e não possas levar o dízimo — porque o lugar que Iahweh teu Deus escolheu para aí colocar o seu nome fica muito longe de ti, quando Iahweh teu Deus te houver abençoado, — ²⁵vende-o então por dinheiro, toma o dinheiro em tua mão e vai para o lugar que Iahweh teu Deus houver escolhido. ²⁶Lá trocarás o dinheiro por tudo o que desejares: vacas, ovelhas, vinho, bebida embriagante, tudo enfim que te apetecer. Comerás lá, diante de Iahweh teu Deus, e te alegrarás, tu e a tua família. ²⁷Quanto ao levita que mora nas tuas cidades, não o abandonarás, pois ele não tem parte nem herança contigo.

O dízimo trienal — ²⁸A cada três anos tomarás o dízimo da tua colheita no terceiro ano e o colocarás em tuas portas. ²⁹Virá então o levita (pois ele não tem parte nem herança contigo), o estrangeiro, o órfão e a viúva que vivem nas tuas cidades, e eles comerão e se saciarão. Deste modo Iahweh teu Deus te abençoará em todo trabalho que a tua mão realizar.

26,12

Nm 18,20 +

15 ***O ano sabático*** — ¹A cada sete anos farás remissão. ²Eis o que significa esta remissão: todo credor que tinha emprestado alguma coisa a seu próximo remitirá o que havia emprestado; não explorará seu próximo, nem seu irmão,[b] porque terá sido proclamada a remissão em honra de Iahweh. ³Poderás explorar o estrangeiro, mas deixarás quite o que havias emprestado ao teu irmão. ⁴É verdade que em teu meio não haverá nenhum pobre, porque Iahweh vai abençoar-te na terra que Iahweh teu Deus te dará, para que a possuas como herança, ⁵com a condição de que obedeças de fato à voz de Iahweh teu Deus, cuidando de pôr em prática todos estes mandamentos que hoje te ordeno. ⁶Quando Iahweh teu Deus te houver abençoado, conforme disse, tu emprestarás a muitas nações, mas nada pedirás emprestado, dominarás muitas nações, mas nunca serás dominado.

Lv 25,1-7 +

23,20-21

⁷Quando houver um pobre em teu meio, que seja um só dos teus irmãos numa só das tuas cidades, na terra que Iahweh teu Deus te dará, não endurecerás teu coração, nem fecharás a mão para com este teu irmão pobre; ⁸pelo contrário: abre-lhe a mão, emprestando o que lhe falta, na medida da sua necessidade. ⁹Fica atento a ti mesmo, para que não surja em teu coração um pensamento vil, como o dizer: "Eis que se aproxima o sétimo ano, o ano da remissão", e o teu olho se torne mau para com o teu irmão pobre, nada lhe dando; ele clamaria a Iahweh contra ti, e em ti haveria um pecado. ¹⁰Quando lhe deres algo, não dês com má vontade, pois, em resposta a este gesto, Iahweh teu Deus te abençoará em todo teu trabalho, em todo empreendimento da tua mão. ¹¹Nunca deixará de haver pobres na terra; é por isso que eu te ordeno: abre a mão em favor do teu irmão, do teu humilde e do teu pobre em tua terra.

1Jo 3,17

Mt 26,11p

---

a) O dízimo é renda recebida pelo dono do solo: ele é devido a Iahweh, que é o dono da terra de Israel. Segundo o Dt, o dízimo é tomado dos produtos dos campos e trazido ao Templo (cf. vv. 22-27 e 12,6-7.17-19). A cada três anos (vv. 28-29) é deixado para os pobres. Segundo Nm 18,21-32, ele aparece como imposto devido aos levitas, que dele tiram a décima parte para os sacerdotes, como antecipação para Iahweh. Lv 27,30-32 o estende ao rebanho. Dt 14,25 e Lv 27,31 preveem pagamento em dinheiro.

b) O devedor às vezes se comprometia, mediante contrato, a entregar um de seus filhos como escravo ou a trabalhar pessoalmente para seu credor, caso não pagasse.

O escravo — ¹²Quando um dos teus irmãos, hebreu ou hebreia, for vendido a ti, ele te servirá por seis anos. No sétimo ano tu o deixarás ir em liberdade. ¹³Mas, quando o deixares ir em liberdade, não o despeças de mãos vazias: ¹⁴carrega-lhe o ombro com presentes do produto do teu rebanho, da tua eira e do teu lagar. Dar-lhe-ás conforme a bênção que Iahweh teu Deus te houver concedido. ¹⁵Recorda que foste escravo na terra do Egito, e que Iahweh teu Deus te resgatou. É por isso que eu te dou hoje esta ordem.

¹⁶Mas se ele te diz: "Não quero deixar-te", se ele te ama, a ti e à tua casa, e está bem contigo, ¹⁷tomarás então uma sovela e lhe furarás a orelha contra a porta, e ele ficará sendo teu servo para sempre. O mesmo farás com a tua serva.

¹⁸Que não te pareça difícil deixá-lo ir em liberdade: ele te serviu durante seis anos pela metade do salário de um diarista. E Iahweh teu Deus te abençoará em tudo o que fizeres.

Os primogênitos — ¹⁹Todo primogênito macho que nascer das tuas vacas ou ovelhas, tu o consagrarás a Iahweh teu Deus. Não trabalharás com o primogênito das tuas vacas, nem tosquiarás o primogênito das tuas ovelhas. ²⁰Tu o comerás cada ano diante de Iahweh teu Deus, tu e a tua casa, no lugar que Iahweh houver escolhido. ²¹Se ele tiver algum defeito — se for manco ou cego, ou tiver algum outro defeito grave, — não o sacrificarás a Iahweh teu Deus; ²²poderás comê-lo em tua cidade, o puro junto com o impuro,*ª* como a gazela ou o cervo. ²³Não comerás, porém, o seu sangue: derrama-o por terra como água.

16

*As festas: Páscoa e Ázimos*ᵇ — ¹Observa o mês de Abib, celebrando uma Páscoa para Iahweh teu Deus, porque foi numa noite do mês de Abib que Iahweh teu Deus te fez sair do Egito. ²Sacrificarás para Iahweh teu Deus uma Páscoa, ovelhas e bois, no lugar que Iahweh teu Deus houver escolhido para aí fazer habitar o seu nome. ³Não comerás pão fermentado com ela. Durante sete dias comerás com ela Ázimos — um pão de miséria — pois saíste da terra do Egito às pressas, para que te lembres do dia em que saíste da terra do Egito, todos os dias da tua vida. ⁴Durante sete dias não se encontrará fermento em todo o teu território, e da carne que tiveres sacrificado na tarde do primeiro dia nada deverá restar para a manhã seguinte. ⁵Não poderás sacrificar a Páscoa numa das cidades que Iahweh teu Deus te dará, ⁶mas somente no lugar que Iahweh teu Deus houver escolhido para aí fazer habitar o seu nome. Sacrificarás a Páscoa à tarde, ao pôr-do-sol, hora em que saíste do Egito. ⁷Tu a cozerás e comerás no lugar que Iahweh teu Deus houver escolhido. Pela manhã voltarás e irás para as tuas tendas. ⁸Durante seis dias comerás ázimos e no sétimo dia haverá uma solene reunião em honra de Iahweh teu Deus. Nenhum trabalho realizarás.

Outras festas — ⁹Contarás sete semanas. A partir do momento em que lançares a foice nas espigas, começarás a contar sete semanas. ¹⁰Celebrarás então a festa das Semanas em honra de Iahweh teu Deus. A oferta espontânea que a tua mão fizer deverá ser proporcional ao modo como

---

a) Para mostrar claramente que esta refeição não tem caráter cultual.
b) Texto compósito. Os vv. 1.2.4b-7 se referem à Páscoa (contrariamente ao ritual antigo, a vítima pode ser tomada dentre o gado, v. 2, e pode ser "cozida" – isto é, fervida — em vez de assada, v. 7); os vv. 3.4a.8 se referem aos Ázimos (a qualificação dos ázimos como "pães de miséria" é única). A aproximação das duas festas é aqui artifício literário. Foi somente depois de Josias que as duas festas, que eram celebradas na mesma época, foram finalmente reunidas. A inovação do Dt é ter feito da Páscoa, até aí festa familiar, peregrinação a Jerusalém. É segundo este ritual que foi celebrada a Páscoa de Josias (2Rs 23, 21-23; cf. 2Cr 35,7s que menciona bois entre as vítimas).

Iahweh teu Deus te houver abençoado. ¹¹E te alegrarás diante de Iahweh teu Deus, — tu, teu filho e tua filha, teu servo e tua serva, o levita que vive em tua cidade, e o estrangeiro, o órfão e a viúva que vivem no meio de ti, — no lugar que Iahweh teu Deus houver escolhido para aí fazer habitar o seu nome. ¹²Recorda que foste escravo no Egito e cuida de pôr esses estatutos em prática.

¹³Celebrarás a festa das Tendas durante sete dias, após ter recolhido o produto da tua eira e do teu lagar. ¹⁴E ficarás alegre com a tua festa, tu, teu filho e tua filha, teu servo e tua serva, o levita e o estrangeiro, o órfão e a viúva que vivem nas tuas cidades. ¹⁵Durante sete dias festejarás em honra de Iahweh teu Deus, no lugar que Iahweh houver escolhido; pois Iahweh teu Deus vai te abençoar em todas as tuas colheitas e em todo trabalho da tua mão, para que fiques cheio de alegria.   Lv 23,33-43 / Nm 29,12-39

¹⁶Três vezes por ano todo varão deverá comparecer diante de Iahweh teu Deus, no lugar que ele houver escolhido: na festa dos Ázimos, na festa das Semanas e na festa das Tendas. E ninguém se apresente de mãos vazias diante de Iahweh; ¹⁷cada um traga seu dom conforme a bênção que Iahweh teu Deus te houver proporcionado.

Os juízes[a] — ¹⁸Estabelecerás juízes e escribas em cada uma das cidades que Iahweh teu Deus vai dar para as tuas tribos. Eles julgarão o povo com sentenças justas. ¹⁹Não perverterás o direito, não farás acepção de pessoas e nem aceitarás suborno, pois o suborno cega os olhos do sábio e falseia a causa dos justos. ²⁰Busca somente a justiça, para que vivas e possuas a terra que Iahweh teu Deus te dará.   Ex 23,1-3.6-8 / 2Cr 19,5 / 1,16-17

Desvios do culto — ²¹Não plantarás um poste sagrado ou qualquer árvore ao lado de um altar de Iahweh teu Deus que hajas feito para ti, ²²nem levantarás uma estela, porque Iahweh teu Deus a odeia.   Ex 34,13 + / Ex 23,24 +

17 ¹Nunca sacrificarás para Iahweh teu Deus um boi ou uma ovelha com defeito ou qualquer coisa grave: seria uma abominação para Iahweh teu Deus.   Lv 22,20-25

²Se em teu meio, numa das cidades que Iahweh teu Deus te dará, houver algum homem ou mulher que faça o que é mau aos olhos de Iahweh teu Deus, transgredindo sua Aliança ³para servir a outros deuses e prostrar-se diante deles — diante do sol, da lua ou de todo o exército do céu, — o que eu não ordenei; ⁴se isto for denunciado a ti, ou se tu o ouvires, primeiro farás uma acurada investigação. Se for verdade, se for constatado que tal abominação foi cometida em Israel, ⁵então farás sair para as portas da cidade o homem ou a mulher que cometeu esta má ação, e apedrejarás o homem ou a mulher até que morra. ⁶Somente pela deposição de duas ou três testemunhas poder-se-á condenar alguém à morte; ninguém será morto pela deposição de uma só testemunha. ⁷A mão das testemunhas será a primeira a fazê-lo morrer, e, depois a mão de todo o povo. Deste modo extirparás o mal do teu meio.   13 / 19,15-21 / 4,19 / 19,15 + / ↗ 1Cor 5,13

Os juízes levitas — ⁸Quando tiveres que julgar uma causa que te pareça demasiado difícil — causas duvidosas de homicídio, de pleito, de lesões mortais, ou causas controvertidas em tua cidade, — levantar-te-ás e subirás ao lugar que Iahweh teu Deus houver escolhido. ⁹Irás então até aos sacerdotes levitas e ao juiz que estiver em função naqueles dias. Eles investigarão[a] e te   21,5

---

a) Devem-se instituir tribunais em todas as cidades (vv. 18-20); eles remetem as causas que os ultrapassam a um tribunal supremo, o de Jerusalém, cujas sentenças não têm apelação (17,8-13). Isto reflete a reforma judiciária de Josafá (2Cr 19,5-11).

anunciarão a sentença. ¹⁰Agirás em conformidade com a palavra que eles te anunciarem deste lugar que Iahweh houver escolhido. Cuidarás de agir conforme todas as suas instruções. ¹¹Agirás segundo a instrução que te derem, e de acordo com a sentença que te anunciarem, sem te desviares para a direita ou para a esquerda da palavra que eles te houverem anunciado. ¹²O homem que agir com presunção, não obedecendo ao sacerdote, que está ali para servir a Iahweh teu Deus, nem ao juiz, tal homem deverá ser morto. Deste modo extirparás o mal de Israel, ¹³e, ouvindo, todo o povo temerá e nunca mais agirá com presunção.

Os reis[b] — ¹⁴Quando tiveres entrado na terra que Iahweh teu Deus te dará, tomado posse dela e nela habitares, e disseres: "Quero estabelecer sobre mim um rei, como todas as nações que me rodeiam", ¹⁵deverás estabelecer sobre ti um rei que tenha sido escolhido por Iahweh teu Deus; é um dos teus irmãos que estabelecerás como rei sobre ti. Não poderás nomear um estrangeiro que não seja teu irmão.

¹⁶Ele, porém, não multiplicará cavalos para si, nem fará com que o povo volte ao Egito para aumentar a sua cavalaria, pois Iahweh vos disse: "Nunca mais voltareis por este caminho!"[c] ¹⁷Que ele não multiplique o número de suas mulheres, para que o seu coração não se desvie. E que não multiplique excessivamente sua prata e seu ouro.[d] ¹⁸Quando subir ao trono real, ele deverá escrever num livro, para seu uso, uma cópia desta Lei, ditada pelos sacerdotes levitas.[e] ¹⁹Ela ficará com ele, e ele a lerá todos os dias da sua vida, para que aprenda a temer a Iahweh seu Deus, observando todas as palavras dessa Lei e colocando esses estatutos em prática. ²⁰Deste modo ele não se levantará orgulhosamente sobre seus irmãos, nem se desviará desse mandamento para a direita ou para a esquerda, de modo a prolongar os dias do seu reinado, ele e seus filhos, no meio de Israel.

18 *O sacerdócio levítico*[f] — ¹Os sacerdotes levitas, a tribo inteira de Levi, não terão parte nem herança em Israel: eles viverão dos manjares oferecidos[g] a Iahweh e do seu patrimônio. ²Esta tribo não terá uma herança no meio dos seus irmãos: Iahweh é a sua herança, conforme lhe falou.

³Eis que os direitos que os sacerdotes têm sobre o povo, sobre os que oferecem um sacrifício: do gado ou do rebanho serão dados ao sacerdote a espádua, as queixadas e o estômago.[h] ⁴Dar-lhe-ás as primícias do teu trigo, do teu vinho novo e do teu óleo, como também as primícias da tosquia do teu rebanho. ⁵Pois foi ele que Iahweh teu Deus escolheu dentre todas as tuas tribos, ele e

---

a) "Eles investigarão...", grego, sam.; "Tu investigarás...", hebr.

b) O rei não é mencionado em nenhum outro lugar do Código Deuteronômico. Esta "lei do rei" é paralela a de 1Sm 8,11-18 e pouco favorável à realeza. Os dois textos pertencem à mesma corrente hostil à monarquia, que se encontra igualmente em Os 7,3-7; 13,9-11 etc., e em Ez 34,1-10.

c) Isto existe na Bíblia apenas em substância: Nm 14,3s; cf. Ex 13,17 e 14,11s.

d) Estes versículos parecem aludir a Salomão (cf. 1Rs 10,26s; 11).

e) Outra tradução: "ele fará escrever pelos sacerdotes...".

f) Segundo o Dt, todos os membros da tribo de Levi são habilitados para o sacerdócio — de onde a expressão "sacerdotes levitas" (cf. 21,5; 24,8; 31,9; cf. já 17,9.18) —, contudo eles podem exercer suas funções sacerdotais somente em Jerusalém (vv. 6-7), onde vivem do altar (vv. 1-5). Sendo na realidade muito numerosos para serem todos empregados no santuário, muitos vivem na província e, juntamente com o estrangeiro, a viúva e o órfão, são recomendados à caridade dos israelitas (Dt 12,18-19 etc.). A distinção entre os sacerdotes e os levitas, seus servidores, não existe ainda, mas já é preparada pela distinção que existe de fato entre os que servem no santuário central e os membros da tribo dispersos pelo país.

g) "manjares oferecidos", em hebr. *'ishshê*; aqui e em 1Sm 2,28 esta palavra designa simplesmente os manjares oferecidos à divindade (dos quais os sacerdotes recebem uma parte). No Lv e na tradição sacerdotal é dado a ela um sentido menos material, ligando-a à palavra *'esh*, "fogo" de onde "sacrifício pelo fogo" pode-se então traduzir "manjares queimados" (cf. Lv 1,9+).

h) Precisões que permitirão evitar abuso, como o dos filhos de Eli em Silo (1Sm 2,13).

seus filhos, para estar diante de Iahweh teu Deus, realizando o serviço divino e dando a bênção em nome de Iahweh, todos os dias.

⁶Quando vier um levita de alguma das tuas cidades, onde quer que ele more em todo Israel, e com todo o desejo do coração vier para o lugar que Iahweh houver escolhido, ⁷e oficiar em nome de Iahweh seu Deus, como todos os seus irmãos levitas que permanecem lá na presença de Iahweh; ⁸ele comerá uma parte igual à deles, além do que ganhar pelas vendas do seu patrimônio.ᵃ

Os profetas — ⁹Quando entrares na terra que Iahweh teu Deus te dará, não aprendas a imitar as abominações daquelas nações. ¹⁰Que em teu meio não se encontre alguém que queime seu filho ou sua filha, nem que faça presságio, oráculo, adivinhação ou magia, ¹¹ou que pratique encantamentos, que interrogue espíritos ou adivinhos, ou ainda que invoque os mortos; ¹²pois quem pratica essas coisas é abominável a Iahweh, e é por causa dessas abominações que Iahweh teu Deus as desalojará em teu favor.

¹³Tu serás íntegro para com Iahweh teu Deus. ¹⁴Eis que as nações que vais conquistar ouvem oráculos e adivinhos. Quanto a ti, isso não te é permitido por Iahweh teu Deus. ¹⁵Iahweh teu Deus suscitará um profeta como eu no meio de ti, dentre os teus irmãos, e vós o ouvireis. ¹⁶É o que tinhas pedido a Iahweh teu Deus no Horeb, no dia da Assembleia: "Não vou continuar ouvindo a voz de Iahweh meu Deus, nem vendo este grande fogo, para não morrer", ¹⁷e Iahweh me disse: "Eles falaram bem. ¹⁸Vou suscitar para eles um profeta como tu,ᵇ do meio dos seus irmãos. Colocarei as minhas palavras em sua boca e ele lhes comunicará tudo o que eu lhe ordenar. ¹⁹Caso haja alguém que não ouça as minhas palavras, que este profeta pronunciar em meu nome, eu próprio irei acertar contas com ele. ²⁰Todavia, se o profeta tiver a ousadia de falar em meu nome uma palavra que eu não lhe tiver ordenado, ou se ele falar em nome de outros deuses, tal profeta deverá ser morto."

²¹Talvez perguntes em teu coração: "Como vamos saber se tal palavra não é uma palavra de Iahweh?"ᶜ ²²Se o profeta fala em nome de Iahweh, mas a palavra não se cumpre, não se realiza, trata-se então de uma palavra que Iahweh não disse. Tal profeta falou com presunção. Não o temas!

19 *O homicida e as cidades de refúgio* —

¹Quando Iahweh teu Deus houver eliminado as nações cuja terra Iahweh teu Deus te dará, e as conquistares e estiveres morando em suas cidades e casas, ²separarás três cidades no meio da terra cuja posse Iahweh teu Deus te dará. ³Estabelecerás o caminho, medirás as distâncias e dividirás em três partes o território da terra que Iahweh teu Deus te dará como herança; isto para que nela se refugie todo homicida.

⁴Este é o caso do homicida que poderá se refugiar lá para se manter vivo: aquele que matar seu próximo involuntariamente, sem tê-lo odiado antes ⁵(por exemplo: alguém vai com seu próximo ao bosque para cortar lenha; impelindo com força o machado para cortar a árvore, o ferro escapa do cabo, atinge o

---

a) O fim deste verso é obscuro. Era necessário, talvez, impedir que fossem avaliados os bens pessoais dos levitas para diminuir sua parte no santuário. – Contudo, a disposição que concede os mesmos direitos a todos os levitas nunca foi aplicada de fato (cf. 2Rs 23,9+).

b) Paralelamente à instituição da realeza (17,14-20), Moisés atribui a instituição do profetismo a Iahweh por ocasião da teofania no Horeb (cf. Ex 20,19-21 e Dt 5,23-28), instituição a que fazem alusão, no NT, são Pedro (At 3,22-26) e santo Estêvão (At 7,37).

Fundamentados neste texto, os judeus esperaram um Messias que fosse como novo Moisés (cf. Jo 1,21+). O evangelho de são João salientará o paralelismo entre Jesus e Moisés (cf. Jo 1,17+; ver também Mt 17,3s).

c) Como distinguir os verdadeiros dos falsos profetas? Para resolver essa questão perturbadora (cf. 1Rs 22; Jr 28) são apresentados dois critérios: fidelidade à doutrina javista (cf. Dt 13) e realização dos acontecimentos anunciados (cf. 18,22).

companheiro e o mata): ele poderá então refugiar-se numa daquelas cidades, ficando com a vida salva; ⁶para que o vingador do sangue, enfurecido, não persiga o homicida e o alcance, porque o caminho é longo, — tirando-lhe a vida sem motivo suficiente, pois antes ele não era inimigo do outro.

⁷É por isso que eu te ordeno: "Separa três cidades." ⁸E quando Iahweh teu Deus fizer com que as tuas fronteiras se alarguem, como jurou a teus pais, e te der toda a terra que prometera dar a teus pais, — ⁹com a condição de que cuides de pôr em prática todos estes mandamentos que hoje te ordeno, amando a Iahweh teu Deus e andando continuamente em seus caminhos, — acrescentarás ainda mais três cidades às três primeiras, ¹⁰para que não se derrame sangue inocente na terra que Iahweh teu Deus te dará como herança, e não haja sangue sobre ti.

¹¹Contudo, se alguém é inimigo do seu próximo e lhe arma uma cilada, levantando-se e ferindo-o mortalmente, e a seguir refugia-se numa daquelas cidades, ¹²os anciãos da sua cidade enviarão pessoas para tirá-lo de lá e entregá-lo ao vingador do sangue, para que seja morto.ᵃ ¹³Que teu olho não tenha piedade dele. Deste modo extirparás de Israel o derramamento de sangue inocente, e serás feliz.

Os limites — ¹⁴Não deslocarás as fronteiras do teu vizinho, colocadas pelos antepassados no patrimônio que irás herdar, na terra cuja posse Iahweh teu Deus te dará.

As testemunhas — ¹⁵Uma única testemunha não é suficiente contra alguém, em qualquer caso de iniquidade ou de pecado que haja cometido. A causa será estabelecida pelo depoimento pessoal de duas ou três testemunhas.

¹⁶Quando uma falsa testemunha se levantar contra alguém, acusando-o de alguma rebelião, ¹⁷as duas partes em litígio se apresentarão diante de Iahweh, diante dos sacerdotes e dos juízes que estiverem em função naqueles dias. ¹⁸Os juízes investigarão cuidadosamente. Se a testemunha for uma testemunha falsa, e tiver caluniado seu irmão, ¹⁹então vós a tratareis conforme ela própria maquinava tratar o seu próximo. Deste modo extirparás o mal do teu meio, ²⁰para que os outros ouçam, fiquem com medo, e nunca mais tornem a praticar semelhante mal no meio de ti. ²¹Que teu olho não tenha piedade.

O talião — Vida por vida, olho por olho, dente por dente, mão por mão, pé por pé.ᵇ

20

A guerra e os soldados — ¹Quando saíres para guerrear contra teus inimigos, se vires cavalos e carros e um povo mais numeroso do que tu, não fiques com medo, pois contigo está Iahweh teu Deus, que te fez subir da terra do Egito. ²Quando estiverdes para começar o combate, o sacerdote se aproximará para falar ao povo, ³e lhe dirá: "Ouve, ó Israel! Estais hoje prestes a guerrear contra os vossos inimigos. Não vos acovardeis, nem fiqueis com medo, nem tremais ou vos aterrorizeis diante deles, ⁴porque Iahweh vosso Deus marcha convosco, lutando a vosso favor contra os vossos inimigos, para salvar-vos!"

⁵Os escribas também falarão ao povo, dizendo: "Quem construiu uma casa nova e ainda não a consagrou? Que se retire e volte para casa, para que não morra na batalha e um outro a consagre.

⁶Quem plantou uma vinha e ainda não colheu seus primeiros frutos? Que se retire e volte para casa, para que não morra na batalha e um outro colha os primeiros frutos.

---

a) A doutrina javista introduz assim a consideração da intenção na legislação penal (cf. também Nm 35,20-23).

b) A lembrança da lei do talião é motivada pelo v. 19.

⁷Quem desposou uma mulher e ainda não a tomou? Que se retire e volte para casa, para que não morra na batalha e um outro a tome." 24,5

⁸E os escribas continuarão a falar ao povo: "Quem está com medo e se sente covarde? Que se retire e volte para casa, para que sua covardia não contagie seus irmãos!" Jz 7,3

⁹Quando acabarem de falar ao povo, os escribas designarão os chefes das tropas para o comando do povo.

*A conquista das cidades*ᵃ — ¹⁰Quando estiveres para combater uma cidade, primeiro propõe-lhe a paz. ¹¹Se ela aceitar a paz e abrir-te as portas, todo o povo que nela se encontra ficará sujeito ao trabalho forçado e te servirá. ¹²Todavia, se ela não aceitar a paz e declarar guerra contra ti, tu a sitiarás. ¹³Iahweh teu Deus a entregará em tua mão, e passarás todos os seus homens ao fio da espada. ¹⁴Quanto às mulheres, crianças, animais e tudo o que houver na cidade, todos os seus despojos, tu os tomarás como presa. E comerás o despojo dos inimigos que Iahweh teu Deus te entregou. 7,1-5

¹⁵Farás o mesmo com todas as cidades que estiverem muito distantes de ti, as cidades que não pertencem a estas nações. ¹⁶Todavia, quanto às cidades dessas nações que Iahweh teu Deus te dará como herança, não deixarás sobreviver nenhum ser vivo. ¹⁷Sim, sacrificarás como anátema os heteus, os amorreus, os cananeus, os ferezeus, os heveus, os jebuseus, conforme Iahweh teu Deus te ordenou, ¹⁸para que não vos ensinem a praticar todas as abominações que elas praticavam para seus deuses: estaríeis pecando contra Iahweh vosso Deus.

¹⁹Quando tiveres que sitiar uma cidade durante muito tempo antes de atacá-la e tomá-la, não deves abater suas árvores a golpes de machado; alimentar-te-ás delas, sem cortá-las: uma árvore do campo é por acaso um homem, para que a trates como um sitiado? ²⁰Contudo, se sabes que tal árvore não é frutífera, podes então cortá-la e talhá-la para fazer instrumentos de assédio contra a cidade que está guerreando contigo, até que a tenhas conquistado.

21

Caso de homicida desconhecido — ¹Quando for encontrado um homem morto estendido no campo, na terra cuja posse Iahweh teu Deus te dará, e ninguém souber quem o matou, ²teus anciãos e teus escribasᵇ sairão e medirão as distâncias até às cidades que estiverem ao redor do morto, ³determinando a cidade mais próxima do morto. A seguir, os anciãos daquela cidade tomarão uma novilha do gado, com a qual não se tenha trabalhado e ainda não tenha sido atrelada ao jugo. ⁴Os anciãos daquela cidade farão com que a novilha desça até uma torrente de água permanente, onde ninguém trabalha nem semeia. E ali, sobre a torrente, desnucarão a novilha. ⁵Depois aproximar-se-ão os sacerdotes levitas, pois foram eles que Iahweh teu Deus escolheu para o seu serviço e para que abençoem em nome de Iahweh, cabendo-lhes também resolver qualquer litígio ou crime. ⁶E todos os anciãos da cidade mais próxima ao morto lavarão as mãos sobre a novilha desnucada na torrente,ᶜ ⁷fazendo a seguinte declaração: Nm 19,2

17,8-12

"Nossas mãos não derramaram este sangue, e nossos olhos nada viram. ⁸Perdoaᵈ ao teu povo Israel, Sl 26,6; 73,13
Mt 27,24

---

a) Estas regras não tinham mais ocasião de serem aplicadas quando o Deuteronômio foi promulgado sob Josias: não havia mais cananeus para serem sacrificados como anátema (cf. Js 6,17+), e os israelitas não sitiavam mais as cidades estrangeiras. A volta do interesse pela guerra santa talvez deva ser colocada em relação com a renovação nacional e militar da época de Josias.

b) "escribas", sam.; "juízes", hebr.
c) O animal é desnucado num lugar deserto, e não se faz menção do sangue: não se trata de um sacrifício, mas sim de um velho rito mágico como os de Lv 14,2-9; 16,5-10.21-22; Nm 19,2-10, que foi assimilado pelo javismo (cf. v. 8).
d) Lit.: "cobre". Originariamente, "cobrir a face" significa "tornar-se propício" (cf. Gn 32,21). A palavra

que resgataste, ó Iahweh;
não permitas que um sangue inocente recaia sobre o teu povo Israel,
e este sangue lhe será perdoado."

⁹Tu, porém, farás com que desapareça do teu meio o derramamento de sangue inocente, porque farás o que é reto aos olhos de Iahweh.

As prisioneiras de guerra — ¹⁰Quando saíres para guerrear contra os teus inimigos, e Iahweh teu Deus os entregar em tua mão, e tiveres feito prisioneiros, ¹¹caso vejas entre eles uma mulher formosa e te enamores dela, tu a poderás tomar como mulher ¹²e trazê-la para tua casa. Ela então raspará a cabeça, cortará as unhas, ¹³despirá a veste de prisioneira e permanecerá em tua casa. Durante um mês ela chorará seu pai e sua mãe. Depois disso irás a ela, desposá-la-ás, e ela será tua mulher. ¹⁴Mais tarde, caso não gostes mais dela, tu a deixarás ir em liberdade, mas de modo algum a venderás por dinheiro: não tirarás lucro à sua custa, após ter abusado dela.

Direito de primogenitura — ¹⁵Se alguém tiver duas mulheres, amando a uma e não gostando da outra, e ambas lhe tiverem dado filhos, se o primogênito for da mulher da qual ele não gosta, ¹⁶este homem, quando for repartir a herança entre seus filhos, não poderá tratar o filho da mulher que ama como se fosse o mais velho, em detrimento do filho da mulher da qual ele não gosta, mas que é o verdadeiro primogênito. ¹⁷Reconhecerá como primogênito o filho da mulher da qual ele não gosta, dando-lhe porção dupla[a] de tudo quanto possuir, pois ele é a primícia da sua virilidade e o direito de primogenitura lhe pertence.

O filho indócil — ¹⁸Se alguém tiver um filho rebelde e indócil, que não obedece ao pai e à mãe e não os ouve mesmo quando o corrigem, ¹⁹o pai e a mãe o pegarão e levarão aos anciãos da cidade, à porta do lugar, ²⁰e dirão aos anciãos da cidade: "Este nosso filho é rebelde e indócil, não nos obedece, é devasso e beberrão." ²¹E todos os homens da cidade o apedrejarão até que morra. Deste modo extirparás o mal do teu meio, e todo Israel ouvirá e ficará com medo.

Prescrições diversas — ²²Se um homem, culpado de um crime que merece a pena de morte, é morto e suspenso a uma árvore, ²³seu cadáver não poderá permanecer na árvore à noite; tu o sepultarás no mesmo dia, pois o que for suspenso é um maldito de Deus. Deste modo não tornarás impuro o solo que Iahweh teu Deus te dará como herança.

22 ¹Se vês o boi ou a ovelha do teu irmão extraviados, não fiques indiferente a eles. Deves fazê-los voltar ao teu irmão. ²Se teu irmão não for teu vizinho, ou caso não o conheças, recolhe-os em tua propriedade e guardá-los-ás até que o teu irmão os procure; então os devolverás.

³O mesmo farás com seu asno, o mesmo farás com seu manto e o mesmo farás com qualquer objeto que o teu irmão tenha perdido e que encontres. Não fiques indiferente a eles.

⁴Se vês o asno ou o boi do teu irmão caídos no caminho, não fiques indiferente: ajuda-o a pô-los em pé.[b]

⁵A mulher não deverá usar um artigo masculino, e nem o homem se vestirá com roupas de mulher,[c] pois quem assim age é abominável a Iahweh teu Deus.

---

tomou sentido técnico para designar a expiação e o seu rito (Ex 25,17+; Lv 1,4+; 16 etc.).
a) Esta disposição em favor do primogênito encontra-se também em outras legislações orientais. Cf. 2Rs 2,9, onde a expressão é empregada metaforicamente.
b) O Dt estende a todos os israelitas (os "irmãos") as prescrições que Ex 23,4-5 promulgara para os "inimigos" (segundo o contexto, os adversários num processo).
c) Provável alusão a certos hábitos dos cultos impuros de Canaã.

⁶Se pelo caminho encontras um ninho de pássaros — numa árvore ou no chão — com filhotes ou ovos e a mãe sobre os filhotes ou sobre os ovos, não tomarás a mãe que está sobre os filhotes; ⁷deves primeiro deixar a mãe partir em liberdade, depois pegarás os filhotes, para que tudo corra bem a ti e prolongues os teus dias.

⁸Quando constróis uma casa nova, deves fazer um parapeito no terraço; deste modo evitarás que a tua casa seja responsável pela vingança do sangue, caso alguém dele caia.

⁹Não semearás em tua vinha duas espécies de semente, para evitar que a vinha inteira se torne consagrada, tanto a semente que semeaste como o fruto da vinha. ¹⁰Não lavrarás com um boi e um asno na mesma junta. ¹¹Não vestirás uma roupa mesclada de lã e linho.ᵃ ¹²Farás borlas nas quatro pontas do manto com que te cobrires.

Atentados à reputação de uma jovem — ¹³Se um homem se casa com uma mulher e, após coabitar com ela, começa a detestá-la, ¹⁴imputando-lhe atos vergonhosos e difamando-a publicamente, dizendo: "Casei-me com esta mulher, mas, quando me aproximei dela, não encontrei os sinais da sua virgindade", ¹⁵o pai e a mãe da jovem tomarão as provas da sua virgindade e as levarão aos anciãos da cidade, na porta. ¹⁶Então o pai da jovem dirá aos anciãos: "Dei a minha filha como esposa a este homem, mas ele a detesta, ¹⁷e eis que está lhe imputando atos vergonhosos, dizendo: 'Não encontrei os sinais da virgindade em tua filha!' Mas eis aqui as provas da virgindade da minha filha!", e estenderão o lençol diante dos anciãos da cidade. ¹⁸Os anciãos da cidade tomarão o homem, castigá-lo-ão ¹⁹e lhe infligirão a multa de cem siclos de prata, que serão dados ao pai da jovem, por uma virgem de Israel ter sido difamada publicamente. Além disso, ela continuará sendo sua mulher e ele não poderá mandá-la embora durante toda a sua vida.

²⁰Contudo, se a denúncia for verdadeira, se não acharem as provas da virgindade da jovem, ²¹levarão a jovem até à porta da casa do seu pai e os homens da cidade a apedrejarão até que morra, pois ela cometeu uma infâmia em Israel, desonrando a casa do seu pai. Deste modo extirparás o mal do teu meio.

Adultério e fornicação — ²²Se um homem for pego em flagrante deitado com uma mulher casada, ambos serão mortos, o homem que se deitou com a mulher e a mulher. Deste modo extirparás o mal de Israel.

²³Se houver uma jovem virgem prometida a um homem, e um homem a encontra na cidade e se deita com ela, ²⁴trareis ambos à porta da cidade e os apedrejareis até que morram: a jovem por não ter gritado por socorro na cidade, e o homem por ter abusado da mulher do seu próximo. Deste modo extirparás o mal do teu meio. ²⁵Contudo, se o homem encontrou a jovem prometida no campo, violentou-a e deitou-se com ela, morrerá somente o homem que se deitou com ela; ²⁶nada farás à jovem, porque ela não tem um pecado que mereça a morte. Com efeito, este caso é semelhante ao do homem que ataca seu próximo e lhe tira a vida: ²⁷ele a encontrou no campo, e a jovem prometida pode ter gritado, sem que houvesse quem a salvasse.

²⁸Se um homem encontra uma jovem virgem que não está prometida, e a agarra e se deita com ela e é pego em flagrante, ²⁹o homem que se deitou com ela dará ao pai da jovem cinquenta siclos de prata, e ela ficará sendo a sua mulher, uma vez que abusou dela. Ele não poderá mandá-la embora durante toda a sua vida.

---

a) Estas três últimas proibições são vestígios de primitivos interditos.

DEUTERONÔMIO 23

23 ¹Um homem não tomará a mulher do seu pai, para não retirar dela o pano do manto do seu pai.ª

*Participação nas assembleias cultuais*ᵇ — ²O homem com testículos esmagados ou com o membro viril cortado não poderá entrar na assembleia de Iahweh. ³Nenhum bastardoᶜ entrará na assembleia de Iahweh; e seus descendentes também não poderão entrar na assembleia de Iahweh até a décima geração. ⁴O amonita e o moabitaᵈ não poderão entrar na assembleia de Iahweh; e mesmo seus descendentes também não poderão entrar na assembleia de Iahweh até a décima geração, para sempre; ⁵isso porque não foram ao vosso encontro com pão e água quando caminháveis após a saída do Egito, e porque assalariaram Balaão, filho de Beor, de Petor em Aram Naaraim, para que te amaldiçoasse. ⁶Mas Iahweh teu Deus não quis ouvir Balaão, e Iahweh teu Deus transformou a maldição em bênção a teu favor, pois Iahweh teu Deus te ama. ⁷Portanto, enquanto viveres, jamais favoreças a prosperidade e a felicidade deles.

⁸Não abomines o edomita, pois ele é teu irmão. Não abomines o egípcio, porque foste um estrangeiro em sua terra. ⁹Na terceira geração seus descendentes terão acesso à assembleia de Iahweh.ᵉ

Pureza no acampamento — ¹⁰Quando tiveres saído para acampar contra os teus inimigos, procura guardar-te de todo mal. ¹¹Se em teu meio houver algum homem que ficou impuro por causa de uma polução noturna, ele deverá sair para fora do acampamento e não voltará. ¹²Ao cair da tarde ele se lavará e, ao pôr-do-sol, poderá voltar ao acampamento.

¹³Deverás prover um lugar fora do acampamento para as tuas necessidades. ¹⁴Junto com teu equipamento tenhas também uma pá. Quando saíres para fazer as tuas necessidades, cava com ela, e ao terminar cobre as fezes. ¹⁵Pois Iahweh teu Deus anda pelo acampamento para te proteger e para entregar-te os inimigos. Portanto, teu acampamento deve ser santo, para que Iahweh não veja em ti algo de inconveniente e te volte as costas.

Leis sociais e cultuais — ¹⁶Quando um escravo fugir do seu amo e se refugiar em tua casa, não o entregues ao seu amo; ¹⁷ele permanecerá contigo, entre os teus, no lugar que escolher, numa das tuas cidades, onde lhe pareça melhor. Não o maltrates!

¹⁸Não haverá prostituta sagrada entre as israelitas, nem prostituto sagrado entre os israelitas. ¹⁹Não trarás à casa de Iahweh teu Deus o salário de uma prostituta, nem o pagamento de um "cão"ᶠ por algum voto, porque ambos são abomináveis a Iahweh teu Deus.

²⁰Não emprestes ao teu irmão com juros, quer se trate de empréstimo de dinheiro, quer de víveres ou de qualquer outra coisa sobre a qual é costume

---

a) "Estender o pano (do manto)" sobre uma mulher significava desposá-la (Rt 3,9; Ez 16,8). "Retirar o pano" exprime o ato contrário, um atentado aos direitos do marido sobre sua mulher.
b) O Dt conservou, através de comentários, antigas regras que resolviam casos duvidosos de participação nas assembleias da comunidade de Israel.
c) A palavra *mamzer* volta a aparecer apenas em Zc 9,6 e seu sentido exato é desconhecido. Seguindo-se a exegese judaica, costuma-se ver nele os descendentes de matrimônios entre israelitas e estrangeiros, e remete-se a Ne 13,23 (onde a palavra, entretanto, não é usada).

d) Contrariamente a 2,9.19, que é exceção, a hostilidade tradicional a Moab e Amom reaparece aqui. As justificativas do v. 5 se referem ambas a Moab (cf. 2,1+; Nm 22,2+) e são mais tardias.
e) Este tratamento favorável aos edomitas e egípcios é espantoso; talvez possa ser explicado pelas relações políticas do reino do norte no século VIII a.C. A menção dos edomitas como "irmãos" concorda com outros textos em que Edom e Israel são chamados deste modo (Nm 20,14; Am 1,11; Ab 10.12), ainda que Edom seja censurado por ter agido mal.
f) A prostituição sagrada era uma tara dos cultos cananeus (cf. o Baal de Fegor, Nm 25). Ela havia con-

exigir um juro. ²¹Poderás fazer um empréstimo com juros ao estrangeiro; contudo, emprestarás sem juros ao teu irmão, para que Iahweh teu Deus abençoe todo empreendimento da tua mão na terra em que estás entrando, a fim de tomares posse dela.

²²Quando ofereces um voto a Iahweh teu Deus, não tardes em cumpri-lo, pois Iahweh teu Deus certamente irá reclamá-lo de ti, e, em ti, haveria um pecado. ²³Se te absténs de fazer o voto, não haverá pecado em ti. ²⁴Contudo, cuidarás de cumprir o voto que os teus lábios proferiram, uma vez que com tua própria boca ofereceste espontaneamente um voto a Iahweh teu Deus.

²⁵Quando entrares na vinha do teu próximo poderás comer à vontade, até ficar saciado, mas nada carregues em teu cesto. ²⁶Quando entrares na plantação do teu próximo poderás colher as espigas com a mão, mas não passes a foice na plantação do teu próximo.

24 O divórcio —

¹Quando um homem tiver tomado uma mulher e consumado o matrimônio, mas esta, logo depois, não encontra mais graça a seus olhos, porque viu nela algo de inconveniente, ele lhe escreverá então uma ata de divórcio e a entregará, deixando-a sair de sua casa em liberdade. ²Tendo saído de sua casa, se ela começa a pertencer a um outro, ³e se também este a repudia, e lhe escreve e entrega em mãos uma ata de divórcio, e a deixa ir de sua casa em liberdade (ou se este outro homem que a tinha esposado vem a morrer), ⁴o primeiro marido que a tinha repudiado não poderá retomá-la como esposa, após ela ter-se tornado impura: isso seria um ato abominável diante de Iahweh. E tu não deverias fazer pecar a terra que Iahweh teu Deus te dará como herança.

Medidas de proteção — ⁵Quando um homem for recém-casado, não deverá ir para a guerra, nem será requisitado para qualquer coisa. Ele ficará em casa, de licença por um ano, alegrando a esposa que tomou.

⁶Não tomarás como penhor as duas mós, nem mesmo a mó de cima, pois assim estarias penhorando uma vida.

⁷Se alguém for pego em flagrante sequestrando um dos irmãos, dentre os israelitas — para explorá-lo ou vendê-lo — tal sequestrador será morto. Deste modo extirparás o mal do teu meio.

⁸Quando houver lepra, cuida de pôr diligentemente em prática tudo o que os sacerdotes levitas vos ensinarem; cuidareis de pôr em prática o que eu lhes tiver ordenado. ⁹Lembra-te do que Iahweh teu Deus fez a Maria no caminho, quando saístes do Egito.

¹⁰Quando fizeres algum empréstimo ao teu próximo, não entrarás em sua casa para lhe tirar o penhor. ¹¹Ficarás do lado de fora, e o homem a quem fizeste o empréstimo virá para fora trazer-te o penhor. ¹²Se for um pobre, porém, não irás dormir conservando o seu penhor;ᵃ ¹³ao pôr-do-sol deverás devolver sem falta o penhor, para que ele durma com o seu manto e te abençoe. E, quanto a ti, isso será um ato de justiça diante de Iahweh teu Deus.

¹⁴Não oprimirás um assalariado pobre, necessitado, seja ele um dos teus irmãos ou um estrangeiro que mora em tua terra, em tua cidade. ¹⁵Pagar-lhe--ás o salário a cada dia, antes que o sol se ponha, porque ele é pobre e disso depende a sua vida. Deste modo, ele não clamará a Iahweh contra ti, e em ti não haverá pecado.

---

taminado Israel (1Rs 14,24; 22,47; 2Rs 23,7; Os 4,14). "Cão" designa com desprezo o prostituto.

a) Lit.: "não irás deitar *em* seu penhor", pois originariamente tratava-se apenas do manto (Ex 22,25s).

¹⁶Os pais não serão mortos em lugar dos filhos, nem os filhos em lugar dos pais. Cada um será executado por seu próprio crime.ᵃ

¹⁷Não perverterás o direito do estrangeiro e do órfão,ᵇ nem tomarás como penhor a roupa da viúva. ¹⁸Recorda que foste escravo na terra do Egito, e que Iahweh teu Deus de lá te resgatou. É por isso que eu te ordeno agir deste modo.

¹⁹Quando estiveres ceifando a colheita em teu campo e esqueceres um feixe, não voltes para pegá-lo: ele é do estrangeiro, do órfão e da viúva, para que Iahweh teu Deus te abençoe em todo trabalho das tuas mãos. ²⁰Quando sacudires os frutos da tua oliveira, não repasses os ramos: o resto será do estrangeiro, do órfão e da viúva. ²¹Quando vindimares a tua vinha, não voltes a rebuscá-la: o resto será do estrangeiro, do órfão e da viúva. ²²Recorda que foste escravo na terra do Egito. É por isso que eu te ordeno agir deste modo.

25 ¹Quando houver querela entre dois homens e vierem à justiça, eles serão julgados, absolvendo-se o inocente e condenando-se o culpado. ²Se o culpado merecer açoites, o juiz o fará deitar-se e mandará açoitá-lo em sua presença, com um número de açoites proporcional à sua culpa. ³Fá-lo-á açoitar quarenta vezes, não mais; não aconteça que, caso seja açoitado mais vezes, a ferida se torne grave e o teu irmão fique aviltado a teus olhos.

⁴Não amordaçarás o boi que debulha o grão.

A lei do leviratoᶜ — ⁵Quando dois irmãos moram juntos e um deles morre, sem deixar filhos, a mulher do morto não sairá para casar-se com um estranho à família; seu cunhado virá até ela e a tomará, cumprindo seu dever de cunhado. ⁶O primogênito que ela der à luz tomará o nome do irmão morto, para que o nome deste não se apague em Israel. ⁷Contudo, se o cunhado recusa desposar a cunhada, esta irá aos anciãos, na porta, e dirá: "Meu cunhado está recusando suscitar um nome para seu irmão em Israel! Não quer cumprir seu dever de cunhado para comigo!" ⁸Os anciãos da cidade o convocarão e conversarão com ele. Se ele persiste, dizendo: "Não quero desposá-la!", ⁹então a cunhada se aproximará dele na presença dos anciãos, tirar-lhe-á a sandália do pé, cuspirá em seu rosto e fará esta declaração: "É isto que se deve fazer a um homem que não edifica a casa do seu irmão"; ¹⁰e em Israel o chamarão com o apelido de "casa do descalçado."ᵈ

O pudor nas brigas — ¹¹Quando homens estiverem brigando — um homem contra seu irmão — e a mulher de um deles se aproxima para livrar o marido dos socos do outro, e estende a mão, agarrando-o pelas suas vergonhas, ¹²tu cortarás a mão dela. Que teu olho não tenha piedade!

---

a) Texto muito importante sobre a responsabilidade individual. Este princípio da responsabilidade individual é novidade (cf. 5,9; Ex 34,7; Js 7,24, etc.). Ele é aplicado em 2Rs 14,6, afirmado em Jr 31,29-30 e desenvolvido em Ez 14,12-20; 18,10-20.

b) "do estrangeiro e do órfão", versões, Targ.; "do estrangeiro órfão", hebr.

c) Do latim *levir*, "cunhado", que traduz o hebraico *yabam*: a viúva sem filho do sexo masculino é desposada pelo seu cunhado; o primeiro filho é considerado do defunto e recebe sua parte na herança. A instituição, que existia também entre os assírios e os hititas, tinha por finalidade perpetuar a descendência e assegurar a estabilidade do bem de família. O primeiro aspecto é salientado na história de Tamar (Gn 38); o segundo aspecto está em primeiro plano na história de Rute (Rt 4), em que os direitos e deveres de *levir* são estendidos ao "vingador" (cf. Nm 35,19+). A lei do Dt limita esta obrigação ao caso em que os irmãos vivem juntos e tolera que o cunhado se furte ao dever. A instituição foi mantida no judaísmo posterior, malgrado a oposição de alguns grupos. Os saduceus argumentaram a partir desta lei contra a doutrina da ressurreição (cf. Mt 22,23s).

d) O rito da privação de posse, tirar a sandália, é acompanhado de um gesto de desprezo e de designação infamante. Não se percebe claramente quais seriam as consequências jurídicas; neste caso é provável, entretanto, que a mulher permanecesse com a posse dos bens do seu marido. O rito não tem exatamente o mesmo sentido em Rt 4,8.

Apêndice — ¹³Não terás em tua bolsa dois tipos de peso: um pesado e outro leve. ¹⁴Não terás em tua casa dois tipos de medida: uma grande e outra pequena. ¹⁵Terás um peso íntegro e justo, medida íntegra e justa, para que os teus dias se prolonguem sobre o solo que Iahweh teu Deus te dará. ¹⁶Porque Iahweh teu Deus abomina a todos os que praticam estas coisas, todos os que cometem injustiça.

¹⁷Lembra-te do que Amalec te fez no caminho, quando saístes do Egito: ¹⁸ele veio ao teu encontro no caminho, quando estavas cansado e extenuado e, pela tua retaguarda, sem temer a Deus, atacou a todos os desfalecidos que iam atrás. ¹⁹Quando Iahweh teu Deus te der sossego de todos os inimigos que te cercam, na terra que Iahweh teu Deus te dará para que a possuas como herança, deverás apagar a memória de Amalec de sob o céu. Não te esqueças!

26 ***As primícias***ᵃ — ¹Quando entrares na terra que Iahweh teu Deus te dará como herança, e a possuíres e nela habitares, ²tomarás as primícias de todos os frutos que recolheres do solo que Iahweh teu Deus te dará e, colocando-as num cesto, irás ao lugar que Iahweh teu Deus houver escolhido para aí fazer habitar o seu nome. ³Virás ao sacerdote em função naqueles dias e lhe dirás:

"Declaro hoje a Iahweh meu Deus que entrei na terra que Iahweh, sob juramento, prometera aos nossos pais que nos daria!"

⁴O sacerdote receberá o cesto de tua mão, colocá-lo-á diante do altar de Iahweh teu Deus, ⁵e, tomando a palavra, tu dirás diante de Iahweh teu Deus:ᵇ

"Meu pai era um arameu errante: ele desceu ao Egito e ali residiu com poucas pessoas; depois tornou-se uma nação grande, forte e numerosa. ⁶Os egípcios, porém, nos maltrataram e nos humilharam, impondo-nos uma dura escravidão. ⁷Gritamos então a Iahweh, Deus dos nossos pais, e Iahweh ouviu a nossa voz: viu nossa miséria, nosso sofrimento e nossa opressão. ⁸E Iahweh nos fez sair do Egito com mão forte e braço estendido, em meio a grande terror, com sinais e prodígios, ⁹e nos trouxe a este lugar, dando-nos esta terra, uma terra onde mana leite e mel. ¹⁰E agora, eis que trago as primícias dos frutos do solo que tu me deste, Iahweh."

E as depositarás diante de Iahweh teu Deus, e te prostrarás diante de Iahweh teu Deus. ¹¹Alegrar-te-ás, então, por todas as coisas boas que Iahweh teu Deus deu a ti e à tua casa e, juntamente contigo, o levita e o estrangeiro que reside em teu meio.

O dízimo trienal — ¹²No terceiro ano, o ano dos dízimos, quando tiveres acabado de separar todo o dízimo da tua colheita e o tiveres dado ao levita, ao estrangeiro, ao órfão e à viúva para que comam e fiquem saciados em tuas cidades, ¹³tu dirás diante de Iahweh teu Deus:

"Tirei de minha casa o que estava consagrado e o dei ao levita, ao estrangeiro, ao órfão e à viúva, conforme todos os mandamentos que me ordenaste. Não transgredi nem me esqueci dos teus mandamentos. ¹⁴Dele nada comi durante o meu luto, e, estando eu impuro, dele nada tirei, e dele nada ofereci

---

a) Assim como os primogênitos do homem e dos animais pertencem a Deus (Ex 13,11+), as primícias dos produtos do solo também são consagradas a ele (Ex 22,28; 23,19; 34,26; Lv 2,12.14; 23,10-17; Dt 18,4). Segundo Nm 18,12, elas voltam aos sacerdotes (cf. Ez 44,30). A oferta dos produtos da terra, que no antigo calendário religioso (cf. Ex 23,16.19) está ligada às festas, de origem cananeia, da ceifa e da colheita, aqui está ligada a um acontecimento da história da salvação: a entrada na Terra Prometida (vv. 1.3.9-10). É ainda o tema do dom da Terra, que é central no Dt (cf. 1,5+).

b) A confissão de fé dos vv. 5-9 resume a história da salvação, centrada na libertação do Egito. Os mesmos elementos se encontram nas "confissões" de Dt 6,20-23 e, com desenvolvimentos, de Js 24,1-13 e Ne 9,7-25. A insistência no dom da terra onde mana leite e mel (v. 9) combina com esta declaração que está ligada à oferta das primícias. O silêncio sobre os acontecimentos do Sinai não significa que esta confissão remonte a uma tradição que os ignorasse. O texto não é muito antigo e a lembrança da promulgação da Lei não entrava em sua perspectiva.

por um morto.ª Obedeci à voz de Iahweh meu Deus e agi conforme tudo o que me ordenaste. ¹⁵Inclina-te da tua morada santa, do céu, e abençoa o teu povo Israel, como também o solo que nos deste, conforme juraste aos nossos pais, uma terra onde mana leite e mel."

1Rs 8,43
Sl 11,4
Br 2,16

III. Discurso conclusivo

FIM DO SEGUNDO DISCURSO[b]

Israel, povo de Iahweh[c] — ¹⁶Hoje Iahweh teu Deus te ordena cumprir esses estatutos e normas. Cuidarás de pô-los em prática com todo o teu coração e com toda a tua alma.
¹⁷Hoje fizeste Iahweh declarar que ele seria teu Deus, e que tu andarias em seus caminhos, observando seus estatutos, seus mandamentos e suas normas, e obedecendo à sua voz. ¹⁸E hoje Iahweh te fez declarar que tu serias o seu povo próprio, conforme te falou, e que observarias todos os seus mandamentos; ¹⁹que ele te faria superior em honra, fama e glória a todas as nações que ele fez, e tu serias um povo consagrado a Iahweh teu Deus, conforme ele te falou.

27 **Inscrição da Lei e cerimônias cultuais**[d] — ¹Moisés e os anciãos de Israel ordenaram então ao povo: "Observai todos os mandamentos que hoje vos ordeno. ²No dia em que atravessardes o Jordão para entrardes na terra que Iahweh teu Deus te dará, erigirás grandes pedras e as caiarás. ³E sobre elas escreverás todas as palavras desta Lei, quando atravessares para entrar na terra que Iahweh teu Deus te dará, terra onde mana leite e mel, conforme te falou Iahweh, Deus de teus pais.
⁴Após ter atravessado o Jordão erigireis estas pedras, conforme hoje vos ordeno, sobre o monte Ebal,[e] e as caiarás. ⁵E lá edificarás um altar para Iahweh teu Deus, um altar de pedras não trabalhadas por ferro; ⁶é com pedras brutas que irás edificar o altar de Iahweh teu Deus, e sobre ele oferecerás holocaustos a Iahweh teu Deus. ⁷Oferecerás ali sacrifícios de comunhão e comerás, alegrando-te diante de Iahweh teu Deus. ⁸Sobre essas pedras escreverás todas as palavras desta Lei, gravando-as bem."
⁹A seguir, Moisés e os sacerdotes levitas falaram a todo Israel:
"Fica em silêncio e ouve, ó Israel: hoje te tornaste o povo de Iahweh teu Deus. ¹⁰Portanto, obedecerás à voz de Iahweh teu Deus e porás em prática os mandamentos e os estatutos que hoje te ordeno."

Js 8,32

Js 8,30-31

Ex 20,25

12,11

---

a) O produto do dízimo, consagrado a Iahweh, deve ser subtraído de qualquer profanação: rito de luto (cf. Os 9,4) ou impureza (cf. Ag 2,13). A oferta ao morto pode se referir ainda a ritos de luto, ou ao culto idolátrico de um deus que morre e renasce (Baal-Adônis, cf. 14,1+).
b) O segundo discurso de Moisés (cf. 4,44+) continua daqui até 28,68. Ele é interrompido pelo capítulo 27, que é inserção. O capítulo 28 é compósito.
c) O Código Deuteronômico, que precede, é o documento da Aliança apresentada como contrato: Iahweh será o Deus de Israel e Israel será seu povo, com a condição de guardar os mandamentos. As bênçãos e maldições do capítulo 28 serão a sanção da observância deste contrato.
d) Este capítulo compreende três elementos heterogêneos: vv. 1-8; 9-10; 11-26. Os vv. 9-10 poderiam ter sido a sequência de 26,19. As duas outras seções são inserções. Elas não apresentam leis gerais, mas prescrevem atos cultuais que se relacionam com o santuário de Siquém: aqui foram utilizadas, com retoques, antigas tradições siquemitas; o Dt não poderia ordenar a construção de altar e a oferenda de sacrifícios sobre o Ebal (ou o Garizim, v. 4s), e a Lei escrita sobre pedras (v. 8) deve ser texto mais curto que o Dt, o qual está escrito num livro (cf. 32,24-26). As cerimônias dos vv. 11-26 têm o mesmo ambiente exterior no santuário único (cf. nota sobre o v. 11).
e) O sam. diz: "sobre o monte Garizim"; talvez seja o texto primitivo, modificado pela polêmica com os samaritanos, cujo lugar de culto, o Garizim, conservasse talvez a velha tradição. Por outro lado, nos vv. 12-13 e em 11,29, as bênçãos são pronunciadas sobre o Garizim.

¹¹E naquele dia Moisés deu a seguinte ordem ao povo:*ᵃ*
¹²"Eis os que se postarão sobre o monte Garizim para abençoar o povo, quando tiverdes atravessado o Jordão: Simeão, Levi, Judá, Issacar, José e Benjamim. ¹³E eis os que se postarão sobre o monte Ebal para a maldição: Rúben, Gad, Aser, Zabulon, Dã e Neftali. ¹⁴Os levitas tomarão a palavra e, em alta voz, dirão a todos os homens de Israel:
¹⁵Maldito seja o homem que faz ídolo esculpido ou fundido, abominação para Iahweh, obra de artesão, e o põe em lugar secreto! E todo o povo dirá: Amém!
¹⁶Maldito seja aquele que desonra seu pai e sua mãe! E todo o povo dirá: Amém!
¹⁷Maldito seja aquele que desloca a fronteira do seu vizinho! E todo o povo dirá: Amém!
¹⁸Maldito seja aquele que extravia um cego no caminho! E todo o povo dirá: Amém!
¹⁹Maldito seja aquele que perverte o direito do estrangeiro, do órfão e da viúva! E todo o povo dirá: Amém!
²⁰Maldito seja aquele que se deita com a mulher do seu pai, pois retira dela o pano do manto do seu pai! E todo o povo dirá: Amém!
²¹Maldito seja aquele que se deita com um animal! E todo o povo dirá: Amém!
²²Maldito seja aquele que se deita com sua irmã, filha de seu pai ou filha de sua mãe! E todo o povo dirá: Amém!
²³Maldito seja aquele que se deita com sua sogra! E todo o povo dirá: Amém!
²⁴Maldito seja aquele que fere o seu próximo às escondidas! E todo o povo dirá: Amém!
²⁵Maldito seja aquele que aceita suborno para matar uma pessoa inocente! E todo o povo dirá: Amém!
²⁶Maldito seja aquele que não mantém as palavras desta Lei, não as pondo em prática! E todo o povo dirá: Amém!"

28 As bênçãos prometidas*ᵇ* —

¹Portanto, se obedeceres de fato à voz de Iahweh teu Deus, cuidando de pôr em prática todos os seus mandamentos que eu hoje te ordeno, Iahweh teu Deus te fará superior a todas as nações da terra. ²Estas são as bênçãos que virão sobre ti e te atingirão, se obedeceres à voz de Iahweh teu Deus:
³Bendito serás tu na cidade, e bendito serás tu no campo! ⁴Bendito será o fruto do teu ventre, o fruto do teu solo, o fruto dos teus animais, a cria das tuas vacas e a prole das tuas ovelhas! ⁵Bendito será o teu cesto e a tua amassadeira! ⁶Bendito serás tu ao entrares, e bendito serás tu ao saíres! ⁷Iahweh te entregará, já vencidos em tua frente, os inimigos que se levantarem contra ti; sairão contra ti por um caminho, e por sete caminhos fugirão de ti. ⁸Iahweh ordenará que a bênção permaneça contigo, em teus celeiros e em todo empreendimento da tua mão; e te abençoará na terra que Iahweh teu Deus te dará.

---

a) A seção 11-26 combina duas cerimônias. 1º vv. 12-13: as tribos, repartidas em dois grupos, trocam entre si bênçãos e maldições. O texto primitivo foi amputado aqui em proveito de cerimônia diferente. 2º vv. 14-26: os levitas proclamam doze maldições às quais todo o povo responde amém. A primeira e a última evidentemente são deuteronomistas; as outras dez exprimem antigos interditos que encontram seus paralelos no código da Aliança e na camada antiga de Lv 18.

b) Este capítulo é a sequência de 26,16-19; 27,9-10, em que o Código Deuteronômico fora apresentado como o documento do tratado entre Iahweh e Israel. Este documento termina com bênçãos e maldições, como os tratados orientais. Encontram-se paralelos surpreendentes nos tratados de vassalagem assírios do século VII a.C.; contudo, aqui o estilo é deuteronômico e retoma muitos temas da pregação profética.

DEUTERONÔMIO 28   292

Jo 13,34-35   ⁹Iahweh te constituirá para si como povo que lhe é consagrado, conforme te jurou, se observares os mandamentos de Iahweh teu Deus e andares em
Jr 14,9   seus caminhos. ¹⁰Todos os povos da terra verão que levas o nome de Iahweh,ᵃ e ficarão com medo de ti. ¹¹Iahweh te concederá abundância de bens no fruto do teu ventre, no fruto dos teus animais e no fruto do teu solo, este solo que
11,14   Iahweh jurou aos teus pais que te daria. ¹²Iahweh abrirá o seu bom tesouro para ti, o céu, para dar no tempo oportuno a chuva para a tua terra, abençoando todo trabalho da tua mão; e emprestarás a muitas nações, porém nada tomarás emprestado. ¹³Iahweh te colocará como cabeça, e não como cauda; estarás sempre por cima, e não por baixo, se ouvires os mandamentos de Iahweh teu Deus, que hoje te ordeno observar e pôr em prática, ¹⁴sem te desviares para a direita ou para a esquerda de qualquer uma das palavras que hoje vos ordeno, indo seguir outros deuses e servi-los.

Lv 26,14-39   **As maldições** — ¹⁵Todavia, se não obedeceres à voz de Iahweh teu Deus,
Jr 26,4-6   cuidando de pôr em prática todos os seus mandamentos e estatutos que hoje te ordeno, todas estas maldições virão sobre ti e te atingirão:
              ¹⁶Maldito serás tu na cidade, e maldito serás tu no campo! ¹⁷Maldito será o teu cesto e a tua amassadeira! ¹⁸Maldito será o fruto do teu ventre, o fruto do teu solo, a cria das tuas vacas e a prole das tuas ovelhas! ¹⁹Maldito serás tu ao entrares, e maldito serás tu ao saíres!
              ²⁰Iahweh enviará contra ti a maldição, o pânico e a ameaça em todo empreendimento da tua mão, até que sejas exterminado, até que pereças rapidamente por causa da maldade das tuas ações, pelas quais me abandonaste. ²¹Iahweh fará com que a peste se apegue a ti até que te elimine do solo em que estás entrando, a fim de tomares posse dele. ²²Iahweh te ferirá com tísica e febre, com inflamação, delírio, secura, ferrugem e mofo, que te perseguirão até que pereças. ²³O céu sobre a tua cabeça ficará como bronze, e a terra debaixo de ti como ferro. ²⁴Iahweh transformará a chuva da tua terra em cinza e pó, que
Jr 24,9   descerá do céu sobre ti até que fiques em ruínas. ²⁵Iahweh te entregará, já vencido, aos teus inimigos: sairás ao encontro deles por um caminho, e por sete caminhos deles fugirás! Transformar-te-ás em objeto de espanto para todos os reinos da terra. ²⁶Teu cadáver será o alimento de todas as aves do céu e dos animais da terra, e ninguém os espantará.
7,15; 28,60   ²⁷Iahweh te ferirá com úlceras do Egito, com tumores, crostas e sarnas
Is 59,10   que não poderás curar. ²⁸Iahweh te ferirá com loucura, cegueira e demência; ²⁹ficarás tateando ao meio-dia como o cego que tateia na escuridão, e nada será bem-sucedido em teus caminhos.
              Serás oprimido e explorado todos os dias, sem que ninguém te socorra.
Is 62,8-9   ³⁰Desposarás uma mulher e um outro homem a possuirá; construirás uma
Am 5,11   casa e não a habitarás; plantarás uma vinha e não a vindimarás; ³¹teu boi será
Mq 6,15   morto sob teus olhos e dele não comerás; teu jumento será roubado na tua
20,5-7   frente e a ti não voltará; tuas ovelhas serão dadas aos teus inimigos, sem que ninguém te ajude. ³²Teus filhos e tuas filhas serão entregues a um outro povo: teus olhos verão isso e ficarão consumidos de saudade todo o dia, e tua mão nada poderá fazer. ³³O produto do teu solo e de todo o teu trabalho será comido por um povo que não conheces, e tu serás tão-somente oprimido e maltratado todos os dias. ³⁴Enlouquecerás com o espetáculo que os teus olhos irão ver. ³⁵Iahweh te ferirá com uma úlcera maligna nos joelhos e nas pernas, de que não poderás sarar, desde a sola dos pés até o alto da cabeça.
2Rs 17,4-6;   ³⁶*Iahweh te levará* — juntamente com o rei que constituíste sobre ti — *para*
25,7.11   *uma nação que nem tu nem teus pais conheceram*, e lá servirás a outros deuses,
Os 9,3; 11,5

---

a) Lit.: "que o nome de Iahweh foi pronunciado sobre ti", expressão de linguagem jurídica que significa a pertença (cf. 2Sm 12,28; Is 4,1 etc.).

feitos de madeira e de pedra. ³⁷Serás motivo de assombro, de provérbio e de caçoada em meio a todos os povos onde Iahweh te houver conduzido.

³⁸Lançarás muitas sementes no campo e pouco colherás, porque o gafanhoto as comerá. ³⁹Plantarás vinhas e as cultivarás, porém não beberás vinho e nada vindimarás, pois o verme as devorará. ⁴⁰Terás oliveiras em todo o teu território, porém não te ungirás com óleo, porque tuas azeitonas cairão. ⁴¹Gerarás filhos e filhas que não serão teus, pois irão para o cativeiro. ⁴²Os insetos se apoderarão de todas as tuas árvores e dos frutos do teu solo.

⁴³O estrangeiro que vive em teu meio se elevará à tua custa cada vez mais alto, e tu cada vez mais baixo descerás. ⁴⁴Ele poderá emprestar a ti, e tu nada lhe poderás emprestar: é ele que ficará como cabeça, e tu ficarás como cauda.

⁴⁵Essas maldições todas virão sobre ti e te perseguirão e te atingirão, até que sejas exterminado, porque não obedeceste à voz de Iahweh teu Deus, observando seus mandamentos e estatutos que ele te ordenou. ⁴⁶Elas serão um sinal e um prodígio contra ti e a tua descendência, para sempre.

Perspectivas de guerra e de exílio — ⁴⁷Uma vez que não serviste a Iahweh teu Deus com alegria e generosidade quando estavas na abundância, ⁴⁸servirás então o inimigo que Iahweh enviará contra ti, na fome e na sede, com nudez e privação total. Ele porá em teu pescoço um jugo de ferro até que sejas exterminado.

⁴⁹Iahweh erguerá contra ti uma nação longínqua, dos confins da terra, como águia veloz, uma nação cuja língua não compreendes, ⁵⁰nação de rosto duro, que não respeita o ancião e não tem piedade do jovem. ⁵¹Ela comerá o fruto dos teus animais e o fruto do teu solo, até que sejas exterminado; não te deixará trigo, nem vinho novo, nem óleo, nem a cria das tuas vacas ou a prole das tuas ovelhas, até que te faça perecer. ⁵²Ela te sitiará em todas as tuas cidades, até que venham abaixo por toda a terra os muros altos e fortificados em que punhas a tua segurança; ele te sitiará em todas as tuas cidades, por toda a terra que Iahweh teu Deus te houver dado. ⁵³Então, na angústia do assédio com que o teu inimigo te apertar, irás comer o fruto do teu ventre: a carne dos filhos e filhas que Iahweh teu Deus te houver dado. ⁵⁴O mais delicado e refinado homem do teu meio olhará com maldade para o seu irmão, para a mulher que ele estreitava em seu peito e para os filhos que lhe restarem, ⁵⁵por ter de repartir com algum deles a carne dos filhos que está para comer, pois nada mais lhe restará na angústia do assédio com que o teu inimigo vai te apertar, em todas as tuas cidades. ⁵⁶A mais delicada e refinada das mulheres do teu meio — tão delicada e refinada que nunca pôs a sola dos pés no chão — olhará com maldade para o homem que ela estreitava em seu seio, e também para seu filho e sua filha, ⁵⁷e para a placenta que lhe sai dentre as pernas, e para o filho que acaba de dar à luz, pois faltando tudo, ela os comerá às escondidas, por causa da angústia do assédio com que o teu inimigo vai te apertar, em todas as tuas cidades.

⁵⁸Se não cuidares de pôr em prática todas as palavras desta Lei escritas neste livro, temendo este nome glorioso e terrível — "Iahweh teu Deus" —, ⁵⁹Iahweh ferirá a ti e à tua descendência com pragas espantosas, pragas tremendas e persistentes, doenças graves e incuráveis. ⁶⁰Voltará contra ti as pragas do Egito que te horrorizavam, e elas se apegarão a ti. ⁶¹E ainda mais: Iahweh lançará contra ti todas as doenças e pragas que não estão escritas neste livro da Lei, até que sejas exterminado. ⁶²Restarão de vós poucos homens, vós que éreis tão numerosos quanto as estrelas do céu.

Uma vez que não obedeceste à voz de Iahweh teu Deus, ⁶³do mesmo modo que Iahweh se comprazia em vos fazer o bem e vos multiplicar, assim também ele terá prazer em vos destruir e vos exterminar: sereis arrancados do solo em que estás entrando a fim de tomares posse dele. ⁶⁴E Iahweh te dispersará por todos os povos, de um extremo da terra ao outro, e aí servirás a outros deuses que nem tu nem teus pais conheceram, feitos de madeira e de pedra. ⁶⁵Em meio a essas nações jamais terás tranquilidade, e a sola do teu pé não encontrará um lugar para descansar. Lá Iahweh te dará um coração inquieto, olhos mortiços e respiração fugidia. ⁶⁶Tua vida penderá à tua frente por um fio; ficarás apavorado noite e dia, e não acreditarás mais na vida. ⁶⁷Pela manhã dirás: "Quem dera fosse tarde...", e pela tarde dirás: "Quem dera fosse manhã...", por causa do pavor que se apoderará do teu coração e pelo espetáculo que os teus olhos irão ver. ⁶⁸Iahweh vos fará voltar ao Egito, de barco ou pelo caminho do qual eu te dissera: "Nunca mais o vereis!" Lá vos poreis à venda aos teus inimigos como escravos e escravas, e não haverá comprador!ᵃ

TERCEIRO DISCURSO

⁶⁹São estas as palavras da Aliança que Iahweh mandara Moisés concluir com os israelitas na terra de Moab, além da Aliança que havia concluído com eles no Horeb.ᵇ

29 *Recordação histórica* — ¹Moisés convocou todo Israel e disse: Vós mesmos vistes tudo o que Iahweh realizou na terra do Egito, contra Faraó, seus servidores todos e contra a sua terra: ²as grandes provas que vossos olhos viram, aqueles sinais e prodígios grandiosos. ³Contudo, até o dia de hoje Iahweh não vos tinha dado um coração para compreender, olhos para ver e ouvidos para ouvir.

⁴Eu vos fiz caminhar quarenta anos pelo deserto, sem que vossas vestes envelhecessem, nem a sandália dos teus pés. ⁵Não tivestes pão para comer, nem vinho ou bebida embriagante para beber, para que compreendêsseis que eu sou Iahweh, o vosso Deus. ⁶Viestes depois até este lugar. Seon, rei de Hesebon, e Og, rei de Basã, saíram ao nosso encontro para a guerra, mas nós os vencemos. ⁷Conquistamos sua terra e a demos como herança a Rúben, a Gad e à meia tribo de Manassés.

⁸Observai as palavras desta Aliança e ponde-as em prática para serdes bem-sucedidos em tudo quanto fizerdes.

A Aliança em Moab — ⁹Vós vos colocastes hoje diante de Iahweh vosso Deus — os chefes das vossas tribos, os anciãos, os escribas e todos os homens de Israel, ¹⁰com vossas crianças e mulheres (inclusive o estrangeiro que está no teu acampamento, desde o que corta a tua madeira até o que tira água para ti),ᵈ — ¹¹a fim de entrar na Aliança de Iahweh teu Deus, no pacto com imprecação que Iahweh teu Deus assume hoje contigo, ¹²para que hoje ele te constitua como seu povo, e que ele próprio se torne teu Deus, conforme te falou e segundo havia jurado a teus pais, Abraão, Isaac e Jacó. ¹³Não é somente

---

a) Evocando os reveses e a volta à escravidão, o autor torna essas ameaças para o futuro simétricas das graças passadas que o discurso introdutório recordara. Iahweh causará a perdição do mesmo modo que salvara, pelo mesmo poder sobrenatural.

b) Este v. serve de título para o terceiro discurso de Moisés que termina no fim do cp. 30, e não em 32, 47, como querem alguns. O Dt é único a falar dessa aliança em Moab, completando a do Horeb, onde foi dado o Decálogo (5,2-22). Esta ficção histórica dá ao novo código de 12,1-26,15 o valor de um documento de aliança com Deus, promulgado por Moisés.

c) Em Dt 29-30 encontram-se os elementos de formulário da aliança (cf. 10,12+; 28,1+). O discurso começa pela recordação histórica dos acontecimentos do Êxodo (vv. 1-7; cf. 1,4; 4,46-47; 8,2-4). A seguir vem o protocolo da aliança apresentado em forma parenética (vv. 9-14) e seguido de pregação (vv. 15-20), que parece continuar em 30,11-14. As bênçãos e as maldições normalmente associadas a estes tratados encontram-se em 30,15-20. A seção 29,21-30,10, agrupando elementos diversos, parece ser inserção da escola deuteronomista.

d) Categorias sociais inferiores, muitas vezes de origem não israelita (Js 9,27).

convosco que eu estou concluindo esta Aliança e este pacto com imprecação, ¹⁴mas também com aquele que está aqui conosco hoje, diante de Iahweh nosso Deus, bem como com aquele que não está hoje aqui conosco.ᵃ

¹⁵Sim, vós conheceis de que modo habitávamos na terra do Egito, e como passamos em meio às nações que atravessastes; ¹⁶vistes suas abominações e seus ídolos, madeira, pedra, prata e ouro que elas possuem.

¹⁷Que não exista entre vós homem ou mulher, clã ou tribo cujo coração se desvie hoje de Iahweh nosso Deus, indo servir aos deuses daquelas nações! Que entre vós não exista uma raiz que produza planta venenosa ou amarga! ¹⁸Portanto, ouvindo as palavras deste pacto com imprecação, se alguém abençoar a si próprio no coração, dizendo: "Vou ter paz, mesmo que ande conforme a obstinação do meu coração, pois a abundância da água fará a sede desaparecer",ᵇ ¹⁹Iahweh jamais consentirá em perdoá-lo. Pelo contrário, sua ira e ciúme se inflamarão contra tal homem, sobrevindo-lhe toda a imprecação escrita neste livro, e Iahweh lhe apagará o nome de sob o céu. ²⁰E, para seu infortúnio, Iahweh o separará de todas as tribos de Israel, conforme as imprecações da Aliança escrita neste livro da Lei.

Perspectivas de exílio — ²¹A geração futura — vossos filhos que irão se levantar depois de vós — e o estrangeiro vindo de uma terra longínqua, vendo as pragas desta terra e as enfermidades que Iahweh lhe tiver infligido, dirão: ²²"Enxofre e sal, toda a sua terra está queimada; ela não será mais semeada, nada mais fará germinar e nenhuma erva nela crescerá! Foi como a destruição de Sodoma e Gomorra, Adama e Seboim, que Iahweh destruiu em sua ira e furor!" ²³E todas as nações dirão: "Por que Iahweh agiu desse modo com esta terra? Que significa o ardor de tão grande ira?" ²⁴E responderão: "É porque abandonaram a Aliança que Iahweh, Deus dos seus pais, havia concluído com eles, quando os tirou da terra do Egito. ²⁵Eles foram servir outros deuses e os adoraram, deuses que não conheciam e que ele não lhes havia designado. ²⁶Então a ira de Iahweh se inflamou contra esta terra, fazendo-lhe sobrevir toda a maldição escrita neste livro. ²⁷Iahweh os arrancou do próprio solo com ira, furor e grande indignação, e os atirou numa outra terra, como hoje se vê."

²⁸As coisas escondidas pertencem a Iahweh nosso Deus; as coisas reveladas, porém, pertencem a nós e aos nossos filhos para sempre, para que ponhamos em prática todas as palavras desta Lei.

30

Volta do exílio e conversão — ¹Quando se cumprirem em ti todas estas palavras — a bênção e a maldição que eu te propus, — se as meditares em teu coração, em meio a todas as nações para onde Iahweh teu Deus te houver expulsado, ²e quando te converteres a Iahweh teu Deus, obedecendo à sua voz, conforme tudo o que hoje te ordeno, tu e teus filhos, com todo o teu coração e com toda a tua alma, ³então Iahweh teu Deus mudará a tua sorte para melhor e se compadecerá de ti; Iahweh teu Deus voltará atrás e te reunirá de todos os povos entre os quais te havia dispersado. ⁴Ainda que tivesses sido expulso para os confins do céu, de lá te reuniria Iahweh teu Deus, e de lá te tomaria ⁵para te reintroduzir na terra que os teus pais possuíram, para que a possuas; ele te fará feliz e te multiplicará mais ainda que os teus pais.

⁶Iahweh teu Deus circuncidará o teu coração e o coração da tua descendência, para que ames a Iahweh teu Deus com todo o teu coração e com toda

---

a) Moisés aparece aqui, mais do que em qualquer outro lugar, como o mediador da Aliança, cuja fórmula central é dada no v. 12 (cf. 26,16+). Os vv. 13-14 estendem os compromissos aos ausentes, o que confere à Aliança valor permanente.

b) Outra tradução: "de modo que seja arrancado o terreno irrigado com o terreno seco": um provérbio que significaria destruição total. O grego traduziu: "de modo que o pecador não seja destruído com o que não tem pecado".

a tua alma, e vivas. ⁷Iahweh teu Deus fará recair todas essas imprecações sobre os teus inimigos, sobre os que te odiaram e perseguiram. ⁸Quanto a ti, voltarás a obedecer à voz de Iahweh teu Deus, pondo em prática todos os seus mandamentos que hoje te ordeno. ⁹Iahweh teu Deus tornar-te-á próspero em todo trabalho da tua mão, no fruto do teu ventre, no fruto dos teus animais e no fruto do teu solo. Porque Iahweh voltará a se comprazer com a tua felicidade, assim como se comprazia com a felicidade dos teus pais, ¹⁰caso obedeças à voz de Iahweh teu Deus, observando seus mandamentos e seus estatutos escritos neste livro da Lei, caso te convertas com todo o teu coração e com toda a tua alma a Iahweh teu Deus.

¹¹Porque este mandamento que hoje te ordeno não é excessivo para ti, nem está fora do teu alcance.ᵃ ¹²Ele não está no céu, para que fiques dizendo: "Quem subiria por nós até o céu, para trazê-lo a nós, para que possamos ouvi-lo e pô-lo em prática?" ¹³E não está no além-mar, para que fiques dizendo: "Quem atravessaria o mar por nós, para trazê-lo a nós, para que possamos ouvi-lo e pô-lo em prática?" ¹⁴Sim, porque a palavra está muito perto de ti: está na tua boca e no teu coração, para que a ponhas em prática.

Os dois caminhos — ¹⁵Eis que hoje estou colocando diante de ti a vida e a felicidade, a morte e a infelicidade.

¹⁶Se ouves os mandamentos de Iahweh teu Deusᵇ que hoje te ordeno — amando a Iahweh teu Deus, andando em seus caminhos e observando seus mandamentos, seus estatutos e suas normas —, viverás e te multiplicarás. Iahweh teu Deus te abençoará na terra em que estás entrando a fim de tomares posse dela. ¹⁷Contudo, se o teu coração se desviar e não ouvires, e te deixares seduzir e te prostrares diante de outros deuses, e os servires, ¹⁸eu hoje vos declaro: é certo que perecereis! Não prolongareis vossos dias sobre o solo em que, ao atravessar o Jordão, estás entrando para dele tomar posse.

¹⁹Hoje tomo o céu e a terra como testemunhas contra vós: eu te propus a vida ou a morte, a bênção ou a maldição. Escolhe, pois, a vida, para que vivas tu e a tua descendência, ²⁰amando a Iahweh teu Deus, obedecendo à sua voz e apegando-te a ele. Porque disto depende a tua vida e o prolongamento dos teus dias. E assim poderás habitar sobre este solo que Iahweh jurara dar a teus pais, Abraão, Isaac e Jacó.

IV. Últimos atos e morte de Moisésᶜ

31

A missão de Josué — ¹ᵈMoisés falou estas palavras a todo Israel. ²E acrescentou: "Tenho hoje cento e vinte anos. Não posso mais ser chefe,ᵉ e Iahweh me disse: 'Não atravessarás este Jordão.' ³Quem vai atravessar à tua frente é o próprio Iahweh teu Deus. Ele mesmo exterminará estas nações

---

a) A inacessibilidade da sabedoria, fonte de felicidade, é tema frequente na literatura sapiencial: Jó 28; Ecl 7,24; Eclo 1,6; Br 3,15 (em sentido contrário, Pr 8,1s). Deus, porém, revela a Sabedoria na Lei (Eclo 24,23-24; Sl 119).
b) "Se ouves os mandamentos de Iahweh teu Deus", grego; omitido pelo hebr.
c) Os caps. 31-34 formam uma espécie de conclusão geral ao conjunto do Pentateuco; eles reúnem elementos de origens e épocas diversas, que foram ligados ao corpo do Dt por ocasião de sua última redação.
d) O capítulo é compósito. Os vv. 1-8, de estilo tipicamente deuteronomista, remetem a 3,23-29. Os vv.

9-13.24-27 (duplicata?) pertencem à primeira edição do Dt. Aqui é a Lei (o Código Deuteronômico) que servirá de testemunho contra Israel (v. 26), caso ele se revolte contra Iahweh. Este parágrafo prosseguе em 32,45-47. Os vv. 14-15.23, investidura de Josué por Iahweh (comparar com o v. 7), são de origem diferente, sem dúvida eloísta. Os vv. 16-22, deuteronômicos, retomados pelos vv. 28-30, introduzem o cântico do cap. 32 e apresentam como testemunho contra Israel (vv. 19.21). Esta insistência nas "testemunhas" da Aliança, a Lei, o cântico e o céu e a terra (v. 28), recorda as testemunhas invocadas nos antigos tratados de aliança.
e) Lit.: "sair e entrar" (cf. Nm 27,17+).

da tua frente e as conquistará. E Josué atravessará à tua frente, conforme Iahweh te falou. ⁴Iahweh as tratará do mesmo modo que tratou Seon e Og, os reis amorreus, e a terra deles, que ele reduziu a ruínas. ⁵Iahweh as entregará a vós e as tratareis conforme os mandamentos que vos ordenei. ⁶Sede fortes e corajosos! Não tenhais medo e nem fiqueis aterrorizados diante delas, porque Iahweh teu Deus é quem vai contigo! Ele nunca te deixará, jamais te abandonará!"

⁷Moisés chamou, então, a Josué e, em presença de todo Israel, disse-lhe: "Sê forte e corajoso, pois tu entrarás com todo este povo na terra que Iahweh jurara dar aos seus pais, e tu os farás herdá-la. ⁸O próprio Iahweh irá à tua frente. Ele estará contigo! Nunca te deixará, jamais te abandonará! Não tenhas medo, nem te apavores!"

*A leitura ritual da Lei*ᵃ — ⁹Moisés escreveu então esta Lei e deu-a aos sacerdotes, os filhos de Levi, que carregavam a Arca da Aliança de Iahweh, como também a todos os anciãos de Israel. ¹⁰E Moisés ordenou-lhes: "No fim de cada sete anos, precisamente no ano da Remissão, durante a festa das Tendas, ¹¹quando todo Israel vier apresentar-se diante de Iahweh teu Deus no lugar que ele tiver escolhido, tu proclamarás esta Lei aos ouvidos de todo Israel. ¹²Reúne o povo, os homens e as mulheres, as crianças e o estrangeiro que está em tuas cidades, para que ouçam e aprendam a temer a Iahweh vosso Deus, e cuidem de pôr em prática todas as palavras desta Lei. ¹³E seus filhos que ainda não sabem ouvirão e aprenderão a temer a Iahweh vosso Deus, todos os dias em que viverdes sobre o solo do qual ides tomar posse ao atravessardes o Jordão.

Instruções de Iahweh — ¹⁴Iahweh disse então a Moisés: "Eis que os dias da tua morte se aproximam. Chama Josué, e apresentai-vos na Tenda da Reunião,ᵇ para que eu lhe dê minhas ordens." Moisés e Josué foram à Tenda da Reunião. ¹⁵Iahweh apareceu na Tenda, numa coluna de nuvem; e a coluna de nuvem se deteve à entrada da Tenda.

¹⁶Iahweh disse então a Moisés: "Eis que vais descansar com os teus pais, e este povo se levantará para se prostituir com os deuses da terra estrangeira em que está para entrar. Ele vai me abandonar, rompendo a Aliança que eu com ele concluí. ¹⁷Naquele dia minha cólera se inflamará contra ele, e eu os abandonarei e lhes ocultarei a minha face. Então ele será devorado e muitos males e adversidades o atingirão. E naquele dia ele dirá: 'Se tais males me atingiram, não será porque meu Deus não está mais em meu meio?' ¹⁸Sim, naquele dia eu lhes ocultarei completamente a minha face, por causa de todo o mal que ele tiver feito, voltando-se para outros deuses.

O cântico testemunha — ¹⁹E agora, escrevei este cântico para vós. Ensina-o aos israelitas, coloca-o em sua boca, para que ele seja um testemunho a meu favor contra os israelitas. ²⁰Quando eu o tiver introduzido no solo onde mana leite e mel que, sob juramento, prometi dar aos seus pais, ele comerá e ficará saciado, engordará e se voltará para outros deuses e os servirá, desprezando-me e rompendo a minha Aliança. ²¹Portanto, quando muitos males e adversidades o tiverem atingido, este cântico deporá contra ele como testemunha, porque não será esquecido nos lábios da sua descendência. Com efeito, sei o desígnio que ele está formando hoje, antes mesmo que eu o introduza na

---

a) Os tratados de aliança do Oriente Antigo previam sua leitura pública. O Dt fixa esta leitura em cada ano sabático, por ocasião da festa das Tendas. Contudo, a tradição posterior, suposta já em 2Cr 15,10 e explícita no Livro dos Jubileus e na seita de Qumrã, liga as recordações da aliança à festa das Semanas.

b) Estes dois vv., com a menção da Tenda e da teofania, uma e outra únicas no Deuteronômio, são, com o v. 23, resquício de tradição antiga.

terra que prometi." ²²E naquele mesmo dia Moisés escreveu este cântico e o ensinou aos israelitas.

²³Ordenou, então, a Josué, filho de Nun: "Sê forte e corajoso, pois tu introduzirás os israelitas na terra que eu lhes havia prometido; quanto a mim, eu estarei contigo!"

*A Lei é colocada ao lado da Arca*ª — ²⁴Quando acabou de escrever num livro esta Lei até o fim, ²⁵Moisés ordenou aos levitas que carregavam a Arca da Aliança de Iahweh: ²⁶"Tomai este livro da Lei e colocai-o ao lado da Arca da Aliança de Iahweh vosso Deus. Ele estará ali como um testemunho contra ti. ²⁷Porque eu conheço o teu espírito rebelde e a tua dura cerviz. Se hoje, enquanto ainda estou vivo convosco, sois rebeldes a Iahweh, quanto mais após a minha morte!

Israel reunido para ouvir o cântico — ²⁸"Reuni junto a mim todos os anciãos das vossas tribos e os vossos escribas, para que eu fale estas palavras aos seus ouvidos, e tome o céu e a terra como testemunhas contra eles. ²⁹Pois eu sei que após a minha morte ireis vos corromper completamente, desviando-vos do caminho que vos ordenei; então o mal vos sobrevirá no futuro, por terdes praticado o que é mau aos olhos de Iahweh, irritando-o com as obras das vossas mãos."

³⁰A seguir, aos ouvidos de toda a assembleia de Israel, Moisés proclamou integralmente as palavras deste cântico:

*CÂNTICO DE MOISÉS*ᵇ

32 ¹Dá ouvidos, ó céu, que eu vou falar; ouve, ó terra, as palavras da minha boca!
² Desça como chuva minha doutrina,
 minha palavra se espalhe como orvalho,
 como chuvisco sobre a relva que viceja
 e aguaceiro sobre a grama verdejante.
³ Eu vou proclamar o nome de Iahweh;
 quanto a vós, engrandecei o nosso Deus!ᶜ
⁴ Ele é a Rocha, e sua obra é perfeita,
 pois toda a sua conduta é o Direito.
 É Deus verdadeiro e sem injustiça,
 ele é a Justiça e a Retidão.
⁵ Corromperam-se os que sem tara ele gerou,ᵈ
 geração depravada e pervertida.

---

a) A Lei, transmitida por intermédio de Moisés (4,14+), é colocada ao lado da Arca que continha o Decálogo promulgado pelo próprio Deus.
b) Este cântico é um trecho de alto valor poético que exalta o poder do Deus de Israel, o único Deus verdadeiro. Após uma introdução de estilo sapiencial (vv. 1-2), proclama a perfeição das obras de Deus (vv. 3-7), *sua providência em favor de Israel (vv. 8-14),* a ela opondo a rebelião do povo (vv. 15-19), seguida de julgamento (vv. 19-25); Deus, contudo, não abandona Israel aos seus inimigos (vv. 26-35) e intervirá em favor de seu povo (vv. 36-42); o v. 43 é doxologia. Este cântico existiu de modo independente, antes de ser integrado no Dt. Sua datação é dificílima: alguns traços de estilo arcaico frequentemente levaram a atribuir-lhe data antiga; os opressores de Israel a que alude seriam então os filisteus (séc. XI). Contudo, as relações com os salmos e os profetas, especialmente com o Dêutero-Isaías e Jeremias, sugerem antes uma data mais baixa: os opressores, neste caso, seriam os babilônios (séc. VI a.C.).
c) O convite é dirigido à natureza toda.
d) Lit.: "não filhos de tara". Nascido de Iahweh, Israel era de raça boa, e foi por seu pecado que degenerou. — Aqui seguimos o grego e sam.; o hebr. está corrompido.

⁶É isto que devolveis a Iahweh?
 Povo idiota e sem sabedoria...
 Não é ele teu pai, teu criador?*ᵃ*
 Ele próprio te fez e te firmou!
⁷Recorda os dias que se foram,
 repassa gerações e gerações...
 Pergunta ao teu pai e ele contará,
 interroga os anciãos e eles te dirão.
⁸Quando o Altíssimo repartia as nações,
 quando espalhava os filhos de Adão
 ele fixou fronteiras para os povos,
 conforme o número dos filhos de Deus;*ᵇ*
⁹mas a parte de Iahweh foi o seu povo,
 o lote da sua herança foi Jacó.

¹⁰Ele o achou numa terra do deserto,
 num vazio solitário e ululante.
 Cercou-o, cuidou dele e guardou-o com carinho,
 como se fosse a menina dos seus olhos.
¹¹Como a águia que vela por seu ninho
 e revoa por cima dos filhotes,
 ele o tomou, estendendo as suas asas,
 e o carregou em cima de suas penas.

¹²O único a conduzi-lo foi Iahweh,
 nenhum deus estrangeiro o acompanhou.
¹³Fê-lo cavalgar sobre as alturas da terra
 e alimentou-o com produtos do campo;
 fê-lo sugar mel de um rochedo
 e óleo de uma dura pedreira,
¹⁴coalhada de vaca e leite de ovelha,
 com gordura de carneiros e cordeiros;
 e manadas de Basã, e cabritos,
 com a gordura da polpa do trigo
 e o sangue da uva, que bebes fermentado.

¹⁵Jacó comeu e saciou-se,*ᶜ*
 Jesurun engordou e deu coices,*ᵈ*
 (ficaste gordo, robusto, corpulento)
 rejeitou o Deus que o fizera,
 desprezou sua Rocha salvadora;
¹⁶provocaram seu ciúme com estranhos
 e com abominações o deixaram enfurecido;
¹⁷sacrificaram a demônios, falsos deuses,
 a deuses que não haviam conhecido,
 (deuses) novos, recentemente chegados,
 e que vossos pais nunca haviam temido.
¹⁸(Desprezas a Rocha que te deu à luz,
 esqueces o Deus que te gerou.)

---

a) Começa aqui um resumo de história sagrada. Comparar além dos discursos de introdução, os Sl 78; 105 etc.
b) Os "filhos de Deus" (ou "de deuses") são os anjos (Jó 1,6+), membros da corte celeste (v. 43 e Sl 29,1; 82,1; 89,7; cf. Tb 5,4+); aqui são os anjos que guardam as nações (cf. Dn 10,13+). Porém Iahweh reservou pessoalmente para si Israel, seu povo eleito (cf. Dt 7,6+). — Aqui seguimos o grego; o hebr. traz "os filhos de Israel".
c) Grego, sam.; estíquio omitido pelo hebr.
d) Como um touro *(shôr)*, ao qual faz alusão o nome de Jesurun *(Ieshurûn)*, de etimologia incerta, dado a Israel aqui e em 33,5.26.

DEUTERONÔMIO 32

¹⁹ Iahweh viu isso e ficou enfurecido,
  rejeitando seus filhos e suas filhas.
²⁰ E disse: Vou ocultar-lhes o meu rosto
  e ver qual será o seu futuro!
  Pois são uma geração pervertida,
  são filhos que não têm fidelidade!
²¹ Provocaram meu ciúme com um deus falso,
  e me irritaram com seus ídolos vazios;
  pois vou provocar seu ciúme com um povo falso,
  vou irritá-los com uma nação idiota!*ª*
²² Sim! O fogo da minha ira está ardendo
  e vai queimar até o mais fundo do Xeol;
  vai devorar a terra e seus produtos,
  e abrasar o alicerce das montanhas.
²³ Vou lançar males sobre eles,
  e contra eles esgotar as minhas flechas!
²⁴ Vão ficar enfraquecidos pela fome,
  corroídos por febres e pestes violentas;
  porei o dente das feras contra eles,
  com veneno de serpentes do deserto.
²⁵ Fora, a espada lhes tirará os filhos
  e dentro o terror se instalará;
  perecerão todos: o jovem e a donzela,
  a criança de peito e o velho encanecido.
²⁶ Pensei: "Vou reduzi-los a pó,
  apagar sua memória dentre os homens!"
²⁷ Mas temi a jactância do inimigo,
  a interpretação dos seus adversários,
  pois diriam: "Nossa mão prevaleceu,
  não foi Iahweh quem o fez!"
²⁸ Pois é uma nação sem juízo,
  neles não há discernimento.
²⁹ Se fossem sábios o entenderiam,
  saberiam discernir o seu futuro.*ᵇ*
³⁰ Como pode um homem só perseguir mil,
  e dois porem em fuga a dez mil,
  senão porque sua Rocha os vendera
  e porque Iahweh os entregara?
³¹ Sim, sua rocha não é como a nossa Rocha,
  e nossos inimigos o podem atestar.
³² Pois sua vinha é vinha de Sodoma
  e vem das plantações de Gomorra;
  suas uvas são uvas venenosas,
  e seus cachos são amargos;
³³ seu vinho é um veneno de serpente,
  uma violenta peçonha de cobras.
³⁴ E ele,*ᶜ* não se abriga ele junto a mim,
  sigilado em meus tesouros?

---

a) Iahweh não escolhe outro povo, mas utiliza uma nação que não recebeu sua sabedoria para castigar Israel. Pode-se ver aqui uma alusão tanto aos filisteus quanto aos babilônios.
b) O grego traz: "eles receberão isso no futuro".
c) "ele", Israel, que Deus guarda como propriedade. O poema canta agora a libertação e a punição dos adversários; cf. Is 14; 47; 51 e as profecias de Jr e Ez contra as nações.

DEUTERONÔMIO 32

³⁵ É minha a vingança e a represália,ᵃ
no dia em que seu pé escorregar.
Sim, o dia da sua ruína vem chegando,
seu destinoᵇ futuro se aproxima.

↗ Rm 12,19
↗ Hb 10,30

³⁶ (Pois Iahweh fará justiça ao seu povo,
e terá piedade dos seus servos.)
Ao ver que sua mão vai fraquejando
e que não há mais nem livre nem escravo,

|| Sl 135,14

³⁷ ele dirá: "Onde estarão os seus deuses,
a rocha onde buscavam seu refúgio?

Jr 2,28

³⁸ Não comiam a gordura dos seus sacrifícios?
Não bebiam o vinho das suas libações?
Que se ponham em pé e vos socorram,
e sejam eles a vossa proteção!"

Is 41,4;
34,10.13;
44,6-8

³⁹ E agora, vede bem: eu, sou eu,
e fora de mim não há outro Deus!
Sou eu que mato e faço viver,
sou eu que firo e torno a curar
(e da minha mão ninguém se livra).

Is 42,8 +
1Sm 2,6 +
Is 19,22

⁴⁰ Sim, eu levanto a mão ao céu, e juro:
"Tão verdade como eu vivo eternamente,

⁴¹ quando eu afiar minha espada fulgurante
e minha mão agarrar o Direito,
tomarei vingança do meu adversário,
e retribuirei àqueles que me odeiam.

Ez 21,14-22
Is 49,2

⁴² Embriagarei minhas flechas com sangue
e minha espada devorará a carne,
sangue dos mortos e cativos,
das cabeças cabeludas do inimigo."

Sl 68,22.24
Jr 46,10

⁴³ᶜ Exultai com ele, ó céus,
e adorem-no todos os filhos de Deus!
Nações, exultai com seu povo,
e afirmem sua força todos os anjos de Deus!
Porque ele vinga o sangue dos seus servos,
e toma vingança dos seus adversários.
Ele retribui àqueles que o odeiam,
e purificaᵈ a terra do seu povo!

↗ Rm 15,10
↗ Hb 1,6

⁴⁴ᵉMoisés veio com Josué, filho de Nun, e proclamou todas as palavras deste cântico aos ouvidos do povo.

A Lei, fonte de vidaᶠ — ⁴⁵Moisés terminou de falar essas palavras a todo Israel, ⁴⁶e acrescentou: "Ficai atentos a todas as palavras que hoje tomo como testemunho contra vós; vós as ordenareis aos vossos filhos, para que *as observem*, pondo em prática todas as palavras desta Lei. ⁴⁷Não é uma palavra inútil para vós, porque ela é a vossa vida, e é por esta palavra que

8,3
Ne 9,29

---

a) Nestes vv. encontram-se apóstrofes que os profetas dirigiam a Israel e que são aqui dirigidas contra seus inimigos (cf. Jr 18,17; Is 10,3 etc.).
b) Lit.: "o que está preparado para eles".
c) Segue-se o grego; hebr.: "Nações, aclamai seu povo, pois ele vinga o sangue dos seus servos; ele faz a vingança recair sobre seus inimigos, e seu povo purificará a sua terra". Sobre os "filhos de Deus", cf. v. 8+.

d) Lit.: "faz o rito de expiação sobre", expressão frequente nos textos rituais (Ex 25,17+).
e) O grego insere aqui 31,22, e em lugar de "cântico" traz "Lei".
f) Sequência de 31,27. Trata-se aqui das palavras da Lei (v. 46 *in fine*), e não do cântico. O v. 48 é a sequência do v. 44.

Anúncio da morte de Moisés[a]

^{3,23-28}
^{Nm 27,12}

prolongareis vossos dias sobre o solo do qual ides tomar posse, ao atravessardes o Jordão."

Anúncio da morte de Moisés[a] — ⁴⁸Nesse mesmo dia, Iahweh falou a Moisés: ⁴⁹"Sobe a esta montanha dos Abarim, sobre o monte Nebo, na terra de Moab, diante de Jericó, e contempla a terra de Canaã que eu dou como propriedade aos israelitas. ⁵⁰Morrerás no monte em que tiveres subido e irás reunir-te aos teus, assim como o teu irmão Aarão, que foi reunido ao seu povo no monte Hor, ⁵¹pois fostes infiéis a mim no meio dos israelitas, junto às águas de Meriba-Cades, no deserto de Sin, não reconhecendo a minha santidade no meio dos israelitas. ⁵²Por isso contemplarás a terra à tua frente, mas não poderás entrar nela, na terra que estou dando aos israelitas."

(Nm 20,12+; Ez 20,41)

33 As bênçãos de Moisés[b]

^{Gn 49}

As bênçãos de Moisés[b] — ¹Esta é a bênção com que Moisés, homem de Deus, abençoou os israelitas, antes de morrer:

^{Ex 19,1+}
^{Jz 5,4}
^{Hab 3,3}

²Iahweh veio do Sinai,[c]
alvoreceu para eles de Seir,
resplandeceu do monte Farã.
Dos grupos[d] de Cades veio a eles,
desde o sul até às encostas.

^{4,37}
^{Jo 10,29}

³Tu, que amas os antepassados,
todos os santos estão em tua mão.[e]
Eles se prostraram aos teus pés
e correram sob a tua direção.

^{Jo 1,17}

⁴(Moisés prescreveu-nos uma lei.)[f]
A assembleia de Jacó entra em sua herança!

^{32,15+}

⁵Houve um rei em Jesurun,
quando os chefes do povo se reuniram
juntamente com as tribos de Israel.

⁶Que Rúben viva e não morra,
e subsista o número pequeno dos seus homens![g]

⁷Eis o que ele diz a Judá:
Ouve, Iahweh, a voz de Judá
e introduze-o em seu povo.
Que suas mãos defendam seu direito,
e o auxiliarás contra os inimigos.

---

a) Este parágrafo que, depois da inserção das bênçãos de Moisés, continua em 34,1, é obra do redator sacerdotal que deu ao Pentateuco sua forma final, ligando-a ele o Deuteronômio. Ele repete aqui o que a mesma fonte sacerdotal dissera em Nm 27,12-14.
b) Este poema, atribuído a Moisés, foi acrescentado no fim do Dt, entre o anúncio da morte de Moisés e a narrativa da sua morte. Representa o seu testamento, do mesmo modo que as "bênçãos" de Jacó (Gn 49). Enfeixado por um hino (vv. 2-5; 26-29), apresenta sobre as tribos uma coleção de ditos que devem ter tido uma existência individual. O poema reflete condições históricas difíceis de se imaginar, e que podem não se relacionar todas com a mesma época. Esses ditos supõem que as tribos estivessem instaladas em seu território definitivo e que algumas delas já tivessem tido uma história bem longa (Rúben, Dã; a de Simeão foi omitida, talvez por já ter sido absorvida por Judá). A coleção como tal dá impressão de ser mais recente que a de Gn 49. Por outro lado, o v. 7 indicaria data anterior ao reino de Davi, a menos que não faça alusão ao cisma. Em todo caso, o contraste entre o curto dito sobre Judá e a longa bênção de José mostra que o autor pertence às tribos do centro (ou, no caso de uma redação tardia, ao reino de Israel). O aspecto de "bênção" é bem mais acentuado que em Gn 49 e Moisés aparece aqui como profeta (cf. 34,10).
c) Versículo difícil, com vocabulário arcaico. O Deus do Sinai levantou-se como um astro e acompanhou seu povo.
d) Lit.: "miríades", isto é, os clãs reunidos.
e) Os "antepassados" são os patriarcas (mesmo termo arcaico que na expressão "foi reunido aos seus parentes", Gn 25,8 etc.). Os "santos" representam Israel. O final do v. é incerto.
f) Sem dúvida trata-se de glosa.
g) O título da bênção de Rúben desapareceu. Esta tribo entrou depressa em decadência. — "e subsista

⁸ A Levi ele diz:
   Dá a Levi*ª* teus Urim
   e teus Tummim ao homem que amas,
   que puseste à prova em Massa
   e querelaste junto às águas de Meriba.
⁹ Ele diz de seu pai e mãe:
   "Nunca os vi."
   Ele não reconhece mais seus irmãos
   e ignora seus filhos.
   Sim, eles observaram a tua palavra
   e mantêm a tua Aliança.
¹⁰ Eles ensinam tuas normas a Jacó
   e tua Lei a Israel.
   Eles oferecem incenso às tuas narinas
   e holocaustos sobre o teu altar.
¹¹ Abençoa a sua força, ó Iahweh,
   e aprecia a obra de suas mãos.
   Fere os rins dos seus adversários
   e dos que o odeiam, para que não se levantem!

¹² A Benjamim ele diz:
   O amado de Iahweh repousa tranquilo junto a ele;
   o Altíssimo o protege todo o dia
   e habita entre as suas encostas.*ᵇ*

¹³ A José ele diz:
   Sua terra é bendita de Iahweh:
   dele é o melhor orvalho do céu
   e do abismo subterrâneo;
¹⁴ o melhor dos produtos do sol
   e o melhor do que cresce nas luas;
¹⁵ as primícias dos montes antigos
   e o melhor das colinas de outrora;
¹⁶ o melhor da terra e do seu produto,
   e o favor do que habita na Sarça.
   Que a cabeleira abunde sobre a cabeça de José,
   sobre a fronte do consagrado entre os irmãos!*ᶜ*
¹⁷ Ele é seu touro primogênito,*ᵈ* a glória lhe pertence.
   Seus chifres são chifres de búfalo:
   com eles investe contra os povos
   até as extremidades da terra.
   São estas as miríades de Efraim,
   e estes, os milhares de Manassés.
¹⁸ A Zabulon ele diz:*ᵉ*

é correção. O hebr. diz: "e que seja pequeno o número de seus homens", que deve ser compreendido: "malgrado o pequeno número..."; grego: "que seja grande o número...".
a) "Dá a Levi", grego; omitido pelo hebr. Em contraste com as "bênçãos" de Jacó (Gn 49,5-7), que se referem à sorte da tribo profana de Levi, dispersa ao mesmo tempo que a de Simeão, as bênçãos de Moisés falam da tribo sacerdotal de Levi, sua origem como grupo separado e sua tríplice função: o oráculo divino, o ensino e o serviço do altar.
b) "o Altíssimo", conj.; hebr. repete "junto a ele". — "encostas", lit.: "flancos" (como se diz o "flanco" de uma montanha); a descrição do território de Benjamim em Js 18 assinala cinco delas.
c) Cf. Gn 49,26; "consagrado" traduz *nazîr* (cf. Nm 6,1+).
d) Outros textos também parecem dar a José a posição de primogênito (1Cr 5,1-2; comparar com Gn 46,4; 47,29-31). A prioridade que esta bênção dá a José era atribuída a Judá por Gn 49. A menção de Efraim e de Manassés talvez seja acréscimo.
e) Um mesmo dito é consagrado às tribos de Issacar e de Zabulon, que eram vizinhas e tinham origem comum. Elas frequentavam o mesmo santuário (o Tabor) e ambas estavam empenhadas em empreendimentos comerciais (v. 19).

Sê feliz em tuas expedições, Zabulon,
e tu, Issacar, em tuas tendas!
¹⁹ Sobre a montanha em que os povos invocam,
ali oferecem sacrifícios de justiça,
pois exploram as riquezas marinhas
e os tesouros escondidos na areia.

²⁰ A Gad ele diz:ᵃ
Bendito aquele que dá espaço a Gad!
Ele repousa como leoa,
após destroçar braço, face e crânio.
²¹ Ele reserva as primícias para si,
pois lá coube-lhe a parte do chefe.
Ele veio a ser chefe do povo,
executando a justiça de Iahweh
e suas normas sobre Israel.

²² A Dã ele diz:
Dã é um filhote de leão
que se arroja de Basã.ᵇ

²³ A Neftali ele diz:
Neftali é saciado de favores
e repleto das bênçãos de Iahweh:
ele toma posse do mar e do sul.ᶜ

²⁴ A Aser ele diz:
Bendito seja Aser entre os filhos,
seja o favorito entre os irmãos,
e que no óleo banhe o seu pé!
²⁵ Sejam de ferro e bronze teus ferrolhos
e tua segurança perdure por teus dias!ᵈ

Ex 15,11
Dt 32,15 +
Sl 18,11;
68,5 +
Hab 3,8

²⁶ Ninguém é como o Deus de Jesurun:
ele cavalga pelo céu em teu auxílio,
e pelas nuvens, com a sua majestade!

Sl 90,1-2

²⁷ O Deus de outrora é o teu refúgio.
Cá embaixo, ele é o braço antigo
que expulsa o inimigo da tua frente,
e diz: "Extermina!"

Jr 23,6
Nm 23,9

²⁸ Israel habita em segurança.
A fonte de Jacó fica à parte,
numa terra de trigo e vinho,
sob um céu que destila orvalho.

Sl 33,12;
144,15
Sl 115,9-11

²⁹ Feliz és tu, ó Israel!
Quem é como tu, povo vencedor?
Em Iahweh está o escudo que te socorre
e a espada que te leva ao triunfo.ᵉ
Teus inimigos vão querer bajular-te,
mas tu pisarás suas costas.

---

a) Gad, instalado em primeiro lugar, com Rúben, na Transjordânia (cf. Nm 32), estendeu-se às custas deste; cf. o dito sobre Rúben.
b) Dã, após ter emigrado de seu território situado a oeste de Benjamim (cf. Js 18,40+), tinha-se instalado no norte de Israel em Lais (que significa "leão"), ao pé do Hermon e nos limites de Basã (cf. 34,1).
c) Este v. parece aludir a uma extensão do território de Neftali que não se pode precisar historicamente.
d) Aser habitava junto ao mar, numa região favorável à oliveira. A tradução é incerta.
e) Lit.: "a espada da tua grandeza", grego; "cuja espada (?) é tua grandeza", hebr.

34 A morte de Moisés*a* —

¹Moisés subiu, então, das estepes de Moab*b* para o monte Nebo, ao cume do Fasga, que está diante de Jericó. E Iahweh mostrou-lhe toda a terra: de Galaad até Dã, ²todo o Neftali, a terra de Efraim e Manassés, toda a terra de Judá até o mar ocidental,*c* ³o Negueb, o distrito da planície de Jericó, cidade das palmeiras, até Segor.*d* ⁴E Iahweh lhe disse: "Esta é a terra que, sob juramento, prometi a Abraão, Isaac e Jacó, dizendo: 'Eu a darei à tua descendência.' Eu a mostrei aos teus olhos; tu, porém, não atravessarás para lá."

⁵E Moisés, servo de Iahweh, morreu ali, na terra de Moab, conforme a palavra de Iahweh. ⁶E ele*e* o sepultou no vale, na terra de Moab, defronte a Bet-Fegor; e até hoje ninguém sabe onde é a sua sepultura. ⁷Moisés tinha cento e vinte anos quando morreu; sua vista não havia enfraquecido e seu vigor não se esgotara. ⁸Os israelitas choraram Moisés nas estepes de Moab durante trinta dias, até o término do pranto em luto por Moisés. ⁹Josué, filho de Nun, estava cheio de espírito de sabedoria, porquanto Moisés lhe impusera as mãos. E os israelitas lhe obedeceram, agindo conforme Iahweh tinha ordenado a Moisés.

¹⁰E em Israel nunca mais surgiu um profeta como Moisés — a quem Iahweh conhecia face a face, — ¹¹seja por todos os sinais e prodígios que Iahweh o mandou realizar na terra do Egito, contra Faraó, contra todos os seus servidores e toda a sua terra, ¹²seja pela mão forte e por todos os feitos grandiosos e terríveis que Moisés realizou aos olhos de todo Israel!

---

a) Esta narrativa constitui a sequência de 32,48-52. Combina elementos sacerdotais, principalmente os vv. 7-9, com texto deuteronomista. A visão de Moisés engloba toda a Terra Prometida, na qual ele não entrará (cf. 4,21), mas de que ele, assim, toma posse para o povo (comparar com Gn 13,14-15).

b) A expressão, própria do escrito sacerdotal, designa a planície que fica entre o sopé dos montes de Moab e o Jordão.
c) O Mediterrâneo.
d) Ao sul do mar Morto (cf. Gn 19,20s), como Jericó, que está ao norte do mesmo mar.
e) Isto é, "Iahweh", mas o sam. e uma parte do grego têm: "eles o sepultaram".

JOSUÉ, JUÍZES, RUTE, SAMUEL E REIS

Introdução

Na Bíblia hebraica, os livros de Josué, dos Juízes, de Samuel e dos Reis são chamados "Profetas anteriores", em contraposição aos "Profetas posteriores": Isaías, Jeremias, Ezequiel e os Doze Profetas Menores. Essa designação se explica por uma tradição, segundo a qual esses livros foram compostos por "profetas": Josué seria o autor do livro que leva o seu nome; Samuel teria escrito Juízes e Samuel, e Jeremias seria o autor de Reis. Ela se justifica pelo caráter religioso que lhes é comum: esses livros, que chamamos "históricos", têm por tema principal as relações de Israel com Iahweh, sua fidelidade ou infidelidade, sobretudo infidelidade, à palavra de Deus, cujos porta-vozes são os profetas. De fato, os profetas intervêm com frequência: Samuel, Gad, Natã, Elias, Eliseu, Isaías, Jeremias, sem contar outras figuras de menor destaque. Os livros dos Reis apresentam o quadro em que se exerceu o ministério dos profetas escritores antes do Exílio.

Esses livros, vinculados assim ao que os segue na Bíblia, vinculam-se também ao que os precede. Por seu conteúdo, constituem a sequência imediata do Pentateuco: no fim do Deuteronômio, Josué é designado como o sucessor de Moisés, e o livro de Josué começa no dia seguinte ao da morte de Moisés. Chegou-se a supor que houvesse uma unidade literária entre os dois conjuntos e procurou-se a sequência dos "documentos" ou das "fontes" do Pentateuco no livro de Josué, formando-se assim um Hexateuco; ou foi-se mais longe ainda, incluindo-se até os livros dos Reis. Mas esses esforços para se reencontrarem os documentos do Pentateuco em Juízes, Samuel e Reis não deram nenhum resultado satisfatório. Até mesmo o livro de Josué só permite dificilmente reencontrar a sequência dos documentos do Pentateuco. Por outro lado, a influência do Deuteronômio e de sua doutrina aí é clara e os partidários de um Hexateuco devem admitir uma redação deuteronomista de Josué. Tais relações com o Deuteronômio continuam nos livros seguintes, embora de maneira variável: são extensos em Juízes, muito limitados em Samuel, dominantes em Reis, mas sempre são reconhecíveis. Levantou-se, portanto, a hipótese de que o Deuteronômio era o início de uma grande história religiosa que se prolongava até o fim de Reis.

Depois que o Deuteronômio justificou historicamente a doutrina da eleição de Israel e definiu a constituição teocrática que dela resulta, o livro de Josué mostra a instalação do povo eleito na terra a ele prometida, e o dos Juízes traça a sucessão de suas apostasias e de seus retornos à graça; os livros de Samuel, depois da crise que conduziu à instituição da realeza e pôs em perigo o ideal teocrático, expõem como se realizou esse ideal no tempo de Davi; os dos Reis descrevem a decadência que começou desde o reinado de Salomão e que, por uma série de infidelidades, e apesar de alguns reis piedosos, levou à condenação do povo por seu Deus. O Deuteronômio teria sido desligado desse conjunto quando se quis reunir tudo o que se referia à pessoa e à obra de Moisés (cf. Introdução ao Pentateuco).

Esta hipótese parece justificada, mas deve ser completada, ou corrigida, por dois corolários. Por um lado, a redação deuteronomista se exerceu sobre tradições orais ou documentos escritos, que diferem pela idade e pelo caráter e que, geralmente, já estavam agrupados em coleções; e a redação retocou de modo desigual os materiais que usava. Isso explica por que os livros, ou grandes seções deles, conservam sua individualidade. Por outro lado, esta mesma redação deuteronomista não foi feita de uma só vez, e cada livro ostenta indícios de várias edições. A julgar pelo livro dos Reis, cujo testemunho é o mais claro, houve pelo menos duas redações, uma logo depois da reforma de Josias e outra durante o Exílio. Sobre esses diversos pontos serão dados esclarecimentos quando abordarmos cada livro em particular.

Em sua forma definitiva, pois, estes livros são obra de uma escola de homens piedosos, imbuídos das ideias do Deuteronômio, que meditam sobre o passado de seu povo e dele tiram uma lição religiosa. Mas eles nos conservaram também tradições ou textos que remontam até à época heroica da conquista, com a narração dos episódios notáveis da história de Israel. O fato de esta ser apresentada como uma "história santa" não diminui seu interesse para o historiador e realça seu valor para aquele que tem fé, o qual não só aprenderá nela a encontrar a mão de Deus em todos os acontecimentos do mundo, mas também reconhecerá, na solicitude exigente de Iahweh para com seu povo eleito, a lenta preparação do novo Israel, a comunidade dos fiéis.

O livro de Josué divide-se em três partes: a) a conquista da Terra Prometida (1-12); b) a partilha do território entre as tribos (13-21); c) o fim da carreira de Josué, e especialmente seu último discurso e a assembleia de Siquém (22-24). É certo que este livro não foi escrito pelo próprio Josué — como o admitiu a tradição judaica — e que lança mão de diferentes fontes. Na primeira parte, reconhece-se, nos caps. 2-9, um grupo de tradições, que se prendem ao santuário benjaminita de Guilgal. A história de uma mulher, Raab, e a de um grupo de estrangeiros, os gabaonitas, enquadra este primeiro conjunto literário e nos caps. 10-11 duas histórias de batalhas, a de Gabaon e a de Merom, das quais se faz depender a conquista de todo o sul e, depois, a de todo o norte do país. A história dos gabaonitas (cap. 9, estendendo-se até 10,1-6) serve de ligação entre estes dois grupos de capítulos, que provavelmente estavam reunidos desde o começo da época monárquica.

As tradições recolhidas nos caps. 3-8 foram conservadas em Guilgal, um santuário de Benjamim; a figura de Josué, que é um efraimita, poderia ser aqui secundária; sua presença nos relatos quer salientar que desde antes da realeza, a entrada em Canaã se fez sob um chefe único. O aspecto etiológico destes relatos, isto é, seu cuidado de explicar fatos ou situações que permanecem observáveis, é inegável e obedece a uma motivação histórica. Nos relatos relativos a Jericó (cap. 6), e Hai (cap. 8), a historicidade dos acontecimentos relatados é difícil de provar e não recebe apoio das descobertas arqueológicas.

A segunda parte é uma explanação geográfica de tipo totalmente diverso. O cap. 13 localiza as tribos de Rúben e de Gad e a meia tribo de Manassés, já instaladas por Moisés na Transjordânia, conforme Nm 32 (cf. Dt 3,12-17). Os caps. 14-19 referem-se às tribos a oeste do Jordão e combinam duas espécies de documentos: uma descrição dos limites das tribos, que é de uma precisão muito desigual e que remonta, em substância, à época pré-monárquica, e listas de cidades que foram incorporadas. A mais detalhada é a das cidades de Judá (15), que, completada por uma parte das cidades de Benjamim (18,25-28), divide as cidades em doze distritos; ela reflete uma divisão administrativa do reino de Judá, provavelmente do tempo de Josafá. À maneira de complementos, o cap. 20 enumera as cidades de refúgio, cuja lista não é anterior ao reinado de Salomão; e o cap. 21, que fala das cidades levíticas, é adição posterior ao Exílio, que utiliza, no entanto, recordações da época monárquica.

Na terceira parte, o cap. 22, sobre o retorno das tribos da Transjordânia e a ereção de um altar à beira do rio, conserva traços das redações deuteronomista e sacerdotal; tem como origem uma tradição particular, cuja idade e sentido são incertos. O cap. 24 preserva a antiga e autêntica lembrança de uma assembleia em Siquém e do pacto religioso aí concluído.

À redação deuteronomista pode-se atribuir, além dos retoques de detalhe, as seguintes passagens: 1 (em grande parte); 8,30-35; 10,28-43; 11,11-24; 12 (exceto a lista); 22,1-8; 23; a revisão de 24. O modo pelo qual o cap. 24, retocado no espírito do Deuteronômio, foi mantido ao lado do cap. 23 que nele se inspira, mas provém de outra mão, constitui um sinal de duas edições sucessivas do livro.

Este apresenta a conquista de toda a Terra Prometida como o resultado de uma ação conjunta das tribos sob a chefia de Josué. O relato de Jz 1 apresenta um quadro diferente: aí se vê cada tribo lutando por seu território e muitas vezes sendo derrotada: trata-se de uma tradição de origem judaíta, cujos elementos penetraram na parte geográfica de Josué (13,1-6; 14,6-15; 15,13-19; 17,12-18). Esta imagem de uma conquista dispersa e incompleta está mais próxima da realidade histórica, a qual só se pode reconstituir de modo conjectural. A instalação no sul da Palestina foi feita a partir de Cades e do Negueb, sobretudo por grupos que só progressivamente foram integrados a Judá: os calebitas, os cenezeus etc., e os simeonitas. A instalação na Palestina central foi levada a efeito por grupos que atravessaram o Jordão sob a guia de Josué e que eram formados pelos membros das tribos de Efraim-Manassés e de Benjamim. A instalação no norte é uma história à parte: as tribos de Zabulon, Issacar, Aser e Neftali estavam estabelecidas já desde uma certa época e não desceram ao Egito. Em Siquém, elas aderiram à fé javista, que o grupo de Josué trouxera, e conquistaram seus territórios definitivos lutando contra os cananeus, que os tinham subjugado ou que os ameaçavam. Nestas diferentes regiões, a instalação se processou em parte mediante operações bélicas, em parte por uma infiltração pacífica e por alianças com os que anteriormente ocupavam o país. É preciso considerar como autêntico o papel de Josué na instalação na Palestina central, desde a passagem do Jordão até a assembleia de Siquém. Tendo em vista a data que foi indicada para o Êxodo (Introdução ao Pentateuco, p. 27), pode-se propor a seguinte cronologia: cerca de 1250, entrada dos grupos do sul; a partir de 1225, ocupação da Palestina central pelos grupos vindos da Transjordânia; cerca de 1200 a.C., expansão dos grupos do norte.

Dessa história complexa, que só de modo hipotético reconstituímos, o livro de Josué oferece um quadro idealizado e simplificado. É idealizado: a epopeia da saída do Egito tem sua sequência nesta conquista em que Deus intervém milagrosamente em favor de seu povo. É simplificado: todos os episódios se polarizam em torno da grande figura de Josué, que dirige os combates da casa de José (1-12) e a quem é atribuída uma divisão do território que não foi efetuada por ele, nem de uma só vez (13-21). O livro termina com a despedida e a morte de Josué (23; 24,29-31); assim, do começo ao fim, é ele sua personagem principal. Nele os Padres da Igreja reconheceram uma prefiguração de Jesus: não apenas tem ele o mesmo nome, salvador, mas também a passagem do Jordão, que, com ele à frente, dá entrada na Terra Prometida, é tipo do batismo de Jesus, que nos dá acesso a Deus; a conquista e a divisão do território tornaram-se imagem das vitórias e da expansão da Igreja.

A terra de Canaã é realmente, no horizonte do Antigo Testamento, o verdadeiro tema do livro: o povo, que havia encontrado seu Deus no deserto, recebe agora sua terra, e a recebe de seu Deus. Pois foi Iahweh quem combateu em favor dos israelitas (23,3-10; 24,11-12) e lhes deu em herança o país que prometera aos Pais (23,5.14).

O livro dos Juízes compreende três partes desiguais: a) uma introdução (1,1-2,5); b) o corpo do livro (2,6-16,31); c) duas adições, que narram a migração dos danitas, com a fundação do santuário de Dã (17-18), e a guerra contra Benjamim em punição do crime de Gabaá (19-21).

A atual introdução ao livro (1,1-2,5) de fato não lhe pertence: dissemos, a propósito do livro de Josué, que ela apresenta um quadro diferente da conquista e de seus resultados, considerado do ponto de vista judaíta. Sua inserção ocasionou a repetição em 2,6-10 das notícias sobre a morte e sepultura de Josué, que já tinham sido dadas em Js 24,29-31.

A história dos Juízes é narrada na parte central (2,6-16,31). Os modernos distinguem seis juízes "maiores" — Otoniel, Aod, Barac (e Débora), Gedeão, Jefté e Sansão — cujos atos são contados de um modo mais ou menos detalhado, e seis juízes "menores" — Samgar (3,31), Tola e Jair (10,1-5), Abesã, Elon e Abdon (12,8-15) — que são recordados apenas brevemente. Mas esta distinção não é feita no texto: há uma diferença muito mais profunda entre os dois grupos, e o título comum de "juízes", que lhes é dado, é o resultado da composição do livro, que reuniu elementos a princípio estranhos entre si. Os "juízes maiores" são heróis libertadores; sua origem, seu caráter, suas ações variam muito, mas têm um traço comum: receberam uma graça especial, um carisma, foram especialmente escolhidos por Deus para uma missão salvífica. Suas histórias foram contadas primeiro oralmente, sob diferentes formas, e foram acrescidas de vários elementos. Finalmente foram reunidas num "livro dos libertadores", composto no reino do norte na primeira parte da época monárquica. Ele compreendia a história de Aod, a de Barac e de Débora, talvez já influenciada pela narrativa de Js 11, referente a Jabin de Hasor, a história de Gedeão/Jerobaal, a que se ligou o episódio da realeza de Abimelec e a história de Jefté com a de sua filha. Recolheram-se duas antigas composições poéticas, o Cântico de Débora (5), que faz duplicata com a narração em prosa (4), e o apólogo de Joatão (9,7-15), dirigido contra a realeza de Abimelec. Neste livro, os heróis de certas tribos tornavam-se figuras nacionais que haviam travado as guerras de Iahweh em favor de todo Israel. Os "juízes menores", Tola, Jair, Abesã, Elon e Abdon, pertencem a uma tradição diferente. Não é atribuído a eles nenhum ato salvífico, apenas são dadas informações sobre sua origem, sua família e o lugar de sua sepultura e se diz que "julgaram" Israel durante um número exato e variável de anos. Conforme os usos do verbo shâfat, "julgar", nas línguas semíticas do Oeste que têm parentesco com o hebraico, em Mari no século XVIII a.C. e em Ugarit no século XIII, até mesmo nos textos fenícios e púnicos da época greco-romana (os "sufetes" de Cartago), esses "juízes" não apenas administravam a justiça, mas também governavam. Sua autoridade não ia além de sua cidade ou de seu distrito. Foi uma instituição política intermediária entre o regime tribal e o regime monárquico. Os primeiros redatores deuteronomistas possuíam informações autênticas sobre esses juízes, mas estenderam seu poder a todo Israel e colocaram-nos em sucessão cronológica. Transferiram seu título aos heróis do "livro dos libertadores", que assim se tornaram "juízes de Israel". Jefté serviu de elo para unir os dois grupos: fora libertador, mas fora também juiz; eram conhecidas e são dadas a seu respeito as mesmas informações (11,1-2; 12,7) que para os "juízes menores" em cujo meio sua história é inserida. Foi incluída também uma figura que a princípio nada tinha em comum com nenhum dos dois grupos: o singular herói danita Sansão, que não fora nem libertador nem juiz, mas cujas façanhas contra os filisteus eram contadas em Judá (13-16). Ajuntou-se à lista Otoniel (3,7-11), que pertence à época da conquista (cf. Js 14,16-19; Jz 1,12-15) e, mais tarde, Samgar (3,31), que sequer é israelita (cf. Jz 5,6); obtinha-se assim o número de doze, simbólico de todo Israel. Foi igualmente a redação deuteronomista que deu ao livro seu quadro cronológico: conservando as informações autênticas sobre os "juízes menores", ela salpicou as narrativas de indicações convencionais, repetindo os números 40, duração de uma geração, 80, seu múltiplo, ou 20, sua metade, num esforço para obter um total que, combinado com outros dados da Bíblia, corresponde aos 480 anos que a história deuteronomista coloca entre a saída do Egito e a construção do Templo (1Rs 6,1). Neste quadro, as histórias dos Juízes preenchem sem deixar lacunas o período decorrido entre a morte de Josué e o começo do ministério de Samuel. Mas os redatores deuteronomistas deram ao livro sobretudo seu sentido religioso. Este se exprime na introdução geral de 2,6-3,6 e na introdução particular à história de Jefté (10,6-16), bem como nas fórmulas redacionais que constituem quase toda a história de Otoniel — que é composição deuteronomista — e que servem de moldura para as grandes histórias seguintes: os israelitas foram infiéis a Iahweh e ele os entregou a opressores; os israelitas invocaram Iahweh o qual lhes enviou um salvador, o juiz. Mas as infidelidades se repetem e o ciclo recomeça. Este livro deuteronomista dos Juízes teve pelo menos duas edições. Os indícios mais claros são: os dois elementos que se somam na introdução (2,11-19 e 2,6-10 + 2,20-3,6) e as duas conclusões da história de Sansão (15,20 e 16,30), que significam que o cap. 16 é adição.

Este livro não continha ainda os apêndices (17-21). Estes não narram a história de algum juiz, mas relatam acontecimentos que se deram antes da instituição da monarquia, razão por que foram acrescentados no fim do livro, após o retorno do Exílio. Reproduzem antigas tradições e tiveram longa história literária ou pré-literária antes de serem inseridos aqui. Os caps. 17-18 têm como origem uma tradição danita sobre a migração da tribo e a fundação do santuário de Dã, que foi modificada em sentido pejorativo. Os caps. 19-21 combinam duas tradições dos santuários de Masfa e de Betel, que foram estendidas a todo Israel; talvez de origem benjaminita, essas tradições foram revisadas em Judá num sentido hostil à realeza de Saul em Gabaá.

O livro dos Juízes é quase a nossa única fonte para o conhecimento da época. Ele não nos permite escrever uma história contínua. A cronologia que apresenta é artificial como já vimos. Ela justapõe períodos que podem ter sido simultâneos;

as opressões, como as libertações, nunca concerniam mais do que uma parte do território; e a época dos Juízes não se prolongou por mais de um século e meio.

Os principais acontecimentos cuja lembrança nos foi conservada podem ser datados apenas aproximadamente no interior desse período. A vitória de Tanac, no tempo de Débora e Barac (4-5), pode ter sido obtida em meados do século XII; é anterior à invasão madianita (Gedeão) e à expansão dos filisteus fora de seu próprio território (Sansão). Percebe-se sobretudo que, durante esse período turbulento, os israelitas tiveram de lutar não somente contra os cananeus, primeiros proprietários do país, por exemplo, os da planície de Jezrael vencidos por Débora e Barac, mas também contra os povos vizinhos, moabitas (Aod), amonitas (Jefté), madianitas (Gedeão) e contra os filisteus recém-chegados (Sansão). Nestes momentos de perigo, cada grupo defende seu território. Acontece às vezes que um grupo se junta aos vizinhos (7,23) ou, ao contrário, que uma tribo poderosa proteste por não ter sido convidada a partilhar dos despojos (8,1-3; 12,1-6). O Cântico de Débora (5) estigmatiza as tribos que não atenderam ao chamado e, coisa notável, Judá e Simeão nem sequer são mencionados.

Essas duas tribos viviam no sul, separadas pela barreira formada pelas cidades não-israelitas de Gazer e de Jerusalém, e seu isolamento prepara sua ruptura com as tribos do norte, ruptura que acontecerá após a morte de Salomão. Por outro lado, a vitória de Tanac, dando aos israelitas a planície de Jezrael, permite a união da Casa de José e das tribos do norte. No entanto, a unidade entre as diferentes frações estava assegurada pela participação na mesma fé religiosa: todos os Juízes foram javistas convictos e o santuário da Arca em Silo se tornou um centro em que todos os grupos se encontravam. Além disso, estas lutas forjaram a alma nacional e prepararam o momento em que, diante de um perigo generalizado, todos se unirão contra o inimigo comum, sob Samuel.

O livro ensinava aos israelitas que a opressão é castigo da impiedade e que a vitória é consequência do retorno a Deus. O Eclesiástico louva os Juízes por sua fidelidade (Eclo 46,11-12), e a Carta aos hebreus apresenta seus êxitos como a recompensa de sua fé; eles fazem parte daquela "nuvem de testemunhas" que encorajam o cristão a rejeitar o pecado e a suportar com valentia a provação a que é submetido (Hb 11,32-34; 12,1).

O livro de Rute vem depois de Juízes nos Setenta, na Vulgata e nas traduções modernas. Na Bíblia hebraica está colocado com os hagiógrafos como um dos cinco rolos, os megillôt, que se liam nas festas principais, destinando-se Rute à festa de Pentecostes. Embora o tema o relacione com o período dos Juízes (cf. 1,1), este livro não fazia parte da redação deuteronomista que se estendeu de Josué ao fim de Reis.

Trata-se da história de Rute, a moabita que, depois da morte do marido, nascido em Belém e emigrado para Moab, retorna a Judá com a sogra Noemi e casa-se com Booz, parente de seu marido, em cumprimento da lei do levirato; deste matrimônio nasce Obed que será o avô de Davi.

Uma adição (4,18-22) apresenta a genealogia de Davi, paralela à de 1Cr 2, 5-15.

É muito discutida a data da composição desse livro e têm sido propostos todos os períodos, desde Davi e Salomão até Neemias. Os argumentos alegados em favor de uma data tardia — posição no cânon hebraico, língua, costumes familiares, doutrina — não são decisivos e o livro, com exceção dos últimos versículos, poderia ter sido composto na época da monarquia. É uma história edificante, que tem por objetivo principal mostrar como é recompensada a confiança que se põe em Deus, cuja misericórdia se estende até sobre uma estrangeira (2,12). Esta fé na Providência e este espírito universalista são o ensinamento perene da narrativa. O fato de Rute ter sido reconhecida como a bisavó de Davi deu a esta pequena obra um valor particular, e são Mateus incluiu o nome de Rute na genealogia de Cristo (Mt 1,5).

Os livros de Samuel constituíam uma só obra na Bíblia hebraica. A divisão em dois livros remonta à tradução grega, que também uniu Samuel e Reis sob um mesmo título: os quatro livros dos Reinos; a Vulgata denomina-os os quatro livros dos Reis. O Samuel hebraico corresponde aos dois primeiros. Este título provém da tradição que atribuía ao profeta Samuel a composição deste escrito.

O texto é um dos mais mal conservados do Antigo Testamento. A tradução grega dos Setenta muitas vezes apresenta um texto diferente, que remonta a um protótipo do qual as grutas de Qumrã forneceram importantes fragmentos. Existiam, pois, diversas recensões hebraicas dos livros de Samuel.

Nesta obra distinguem-se cinco partes: a) Samuel (1Sm 1-7); b) Samuel e Saul (1Sm 8-15); c) Saul e Davi (1Sm 16 até 2Sm 1); d) Davi (2Sm 2-20); e) suplementos (2Sm 21-24).

A obra combina ou justapõe fontes e tradições diversas sobre os inícios do período monárquico. Temos uma história da Arca e de seu cativeiro entre os filisteus (1Sm 4-6), em que Samuel não aparece e que terá sua continuação em 2Sm 6. Essa história está inserida entre um relato da infância de Samuel (1Sm 1-3) e um trecho que apresenta Samuel como o último dos Juízes e antecipa a libertação do jugo filisteu (7). Samuel tem uma função decisiva na história da instituição da realeza (1Sm 8-12), na qual já de há muito se têm distinguido dois grupos de tradições: 9; 10,1-16; 11 por um lado, e 8; 10,17-24; 12 por outro. Ao primeiro grupo deu-se o nome de versão "monarquista" do episódio e ao segundo, "versão antimonarquista"; esta última seria posterior. De fato, as duas tradições são antigas e representam somente tendências diferentes; além disso, a segunda corrente não é tão "antimonarquista" como se pretende, sendo oposta somente a uma realeza que não respeitasse os direitos de Deus. As guerras de Saul contra os filisteus são narradas nos caps. 13-14, com uma primeira versão da rejeição de Saul (13,7b-15a); uma segunda versão dessa rejeição é dada no cap. 15, em ligação com uma guerra contra os amalecitas. Esta rejeição prepara a unção de Davi por Samuel (16,1-13). A respeito dos inícios de Davi e suas desavenças com Saul, foram recolhidas tradições paralelas e, ao que parece, igualmente antigas em 1Sm 16,14-2Sm 1, onde as duplicatas são frequentes. O final dessa história encontra-se em 2Sm 2-5; a realeza de Davi em Hebron, a guerra filisteia e a conquista de Jerusalém garantem a confirmação de Davi como rei de todo Israel (2Sm 5,12). O cap. 6 retoma a história da Arca; a profecia de Natã (7) é antiga, mas foi retocada; o cap. 8 é um sumário redacional. A partir de 2Sm 9 começa um longo relato que só terminará no começo de Reis (1Rs 1-2). É a história da família de Davi e das lutas em torno da sucessão ao trono, escrita por uma testemunha ocular, na primeira metade do reinado de Salomão. É interrompida por 2Sm 21-24, que reúne peças de origem diversa sobre o reinado de Davi.

Além da grande história de 2Sm 9-20, é possível que outros conjuntos tenham-se formado desde os primeiros séculos da monarquia: um primeiro ciclo de Samuel e duas histórias de Saul e de Davi. Pode ser também que estes conjuntos já estivessem reunidos por volta de 700, mas os livros só receberam sua forma definitiva na grande história deuteronomista. Contudo, a influência do Deuteronômio é muito menos visível aqui do que em Juízes e Reis. Descobrimo-la em particular nos primeiros capítulos da obra, sobretudo 1Sm 2,22-36; 7 e 12, talvez num remanejamento da profecia de Natã (2Sm 7), mas o relato de 2Sm 9-20 foi conservado quase inalterado.

Os livros de Samuel cobrem o período que vai das origens da monarquia israelita ao fim do reinado de Davi. A expansão dos filisteus — a batalha de Afec (1Sm 4) situa-se no ano 1050 aproximadamente — punha em perigo a própria existência de Israel e impôs a monarquia. Saul, cerca do ano 1030, começa como um continuador dos Juízes, mas seu reconhecimento por todas as tribos lhe confere uma autoridade geral e permanente: nasceu a realeza. Começa a guerra de libertação e os filisteus são rechaçados para o seu território (1Sm 14); as batalhas seguintes têm lugar nos confins do território israelita; 1Sm 17: Vale do Terebinto; 28 e 31: Gelboé. Esse último combate termina em derrota e aí morre Saul, em 1010 mais ou menos. A unidade nacional acha-se de novo comprometida. Davi é sagrado rei em Hebron pela tribo de Judá, e as tribos do norte lhe opõem Isbaal, descendente de Saul, refugiado na Transjordânia. Entretanto, o assassínio de Isbaal possibilita a união e Davi é reconhecido como rei por Israel.

O segundo livro de Samuel apresenta apenas suscintamente os resultados políticos do reinado de Davi; contudo, estes foram consideráveis. Os filisteus foram definitivamente expulsos, a unificação do território chegou ao termo com a absorção dos enclaves cananeus, e, em primeiro lugar, de Jerusalém, que se tornou a capital políti-

ca e religiosa do reino. Toda a Transjordânia foi subjugada, e Davi estendeu seu controle sobre os arameus da Síria meridional. Todavia, quando Davi, morreu pelo ano 970, a unidade nacional não estava realizada de fato; Davi era rei de Israel e de Judá mas estas duas frações se opunham muitas vezes: a revolta de Absalão foi apoiada por gente do norte, o benjaminita Seba quis sublevar o povo com o grito de "Às tuas tendas, Israel". Já se pressente o cisma.

Estes livros contêm uma mensagem religiosa; enunciam as condições e as dificuldades de um reino de Deus sobre a terra. O ideal só se conseguiu no tempo de Davi; este êxito foi precedido pelo fracasso de Saul e será seguido por todas as infidelidades da monarquia, que atrairão a condenação de Deus e causarão a ruína da nação. A partir da profecia de Natã, a esperança messiânica se alimentou das promessas feitas à Casa de Davi. O Novo Testamento se refere a elas três vezes: At 2,30; 2Cor 6,18; Hb 1,5. Jesus é descendente de Davi e o nome de "filho de Davi" que o povo lhe dá é reconhecimento de seus títulos messiânicos. Os Padres da Igreja estabeleceram um paralelo entre a vida de Davi e a de Jesus, o Cristo, eleito para a salvação de todos, rei do povo espiritual de Deus e, no entanto, perseguido pelos seus.

Os livros dos Reis, como os de Samuel, formavam uma só obra na Bíblia hebraica. Correspondem aos dois últimos livros dos Reinos na tradução grega e aos dois últimos dos Reis na Vulgata.

São a continuação imediata dos livros de Samuel, e 1Rs 1-2 contém o fim do grande documento de 2Sm 9-20. A longa descrição do reinado de Salomão (1Rs 3-11) relata com pormenores a excelência de sua sabedoria, o esplendor de suas construções, sobretudo do Templo de Jerusalém e a abundância de suas riquezas. É certamente uma época gloriosa, mas o espírito conquistador do tempo de Davi desapareceu: a preocupação agora é conservar, organizar e sobretudo explorar. Mantém-se a oposição entre as duas frações do povo, e, ao morrer Salomão, em 931, o reino se divide: as dez tribos do Norte provocam uma secessão, agravada por um cisma religioso (1Rs 12-13). A história paralela dos dois Reinos, de Israel e de Judá, se estende de 1Rs 14 a 2Rs 17: é amiúde a história das lutas entre esses reinos irmãos, é também a dos assaltos do exterior por parte do Egito contra Judá e dos arameus no norte. O perigo se agrava quando os exércitos assírios intervêm na região, primeiro no século IX, depois, com mais força, no século VIII, quando Samaria cai sob seus golpes em 721, enquanto Judá já se declara vassalo. A história, agora restrita a Judá, prossegue até a destruição de Jerusalém, no ano 587, em 2Rs 18,1-25,21. O relato se detém sobretudo em dois reinados, o de Ezequias (2Rs 18-20) e o de Josias (2Rs 22-23), marcados pelo ressurgimento nacional e pela reforma religiosa. Os grandes acontecimentos políticos da época são a invasão de Senaquerib, no tempo de Ezequias, em 701, em represália contra a recusa do tributo assírio e, no tempo de Josias, a ruína da Assíria e a formação do império caldeu. Judá teve de submeter-se aos novos senhores do Oriente, mas logo se revoltou. O castigo não tardou: em 597, os exércitos de Nabucodonosor tomaram Jerusalém e deportaram uma parte dos seus habitantes; dez anos depois, um levante de independência motivou nova intervenção de Nabucodonosor, que terminou em 587 com a ruína de Jerusalém e uma segunda deportação. Os livros dos Reis encerram-se com dois breves apêndices: 2Rs 25,22-30.

A obra cita nominalmente três de suas fontes: uma História de Salomão, os Anais dos reis de Israel e os Anais dos reis de Judá, mas houve outras fontes: além do final do grande documento davídico (1Rs 1-2), uma descrição do Templo, de origem sacerdotal (1Rs 6-7), e sobretudo uma história de Elias, composta pelo fim do século IX, e uma história de Eliseu, um pouco posterior; essas duas histórias estão na origem dos ciclos de Elias (1Rs 17-2Rs 1) e de Eliseu (2Rs 2-13). Os relatos do reinado de Ezequias, que colocam em cena Isaías (2Rs 18,17-20,19), provêm dos discípulos deste profeta.

Quando a utilização das fontes não o impede, os acontecimentos ficam encerrados num quadro uniforme: cada reinado é tratado em si mesmo e de maneira completa, e o início e o fim dos reinados são marcados por fórmulas quase constantes, em que jamais falta um julgamento sobre a conduta religiosa do rei. Todos os reis de Israel são condenados por causa do "pecado original" deste reino, a saber, a fundação do santuário de Betel; dentre os reis de Judá, somente oito são louvados por sua fidelidade geral às prescrições de Iahweh. Mas este louvor em seis casos sofre a restrição de que "os lugares altos não desapareceram"; apenas Ezequias e Josias recebem uma aprovação sem reservas.

Evidentemente estes vereditos inspiram-se na lei do Deuteronômio sobre a unidade do santuário. Mais ainda: a descoberta do Deuteronômio no tempo de Josias e a reforma religiosa que ela inspirou marcam o ponto culminante de toda essa história, e toda a obra é uma demonstração da tese fundamental do Deuteronômio, retomada em 1Rs 8 e 2Rs 17: se o povo observar a aliança concluída com Deus, será abençoado; se a transgredir, será castigado. Essa influência deuteronomista encontra-se também no estilo, cada vez que o redator explana ou comenta suas fontes.

É provável que uma primeira redação deuteronomista tenha sido feita antes do Exílio, antes da morte de Josias em Meguido, no ano 609, e o elogio feito a este rei (2Rs 23,25), com exceção das últimas palavras, seria a conclusão da obra primitiva. Uma segunda edição, também deuteronomista, foi elaborada durante o Exílio, depois de 562, se se lhe atribui o final atual do livro (2Rs 25,22-30), ou um pouco antes, se colocamos seu ponto final depois do relato da segunda deportação (2Rs 25,21), que parece ser uma conclusão. Houve finalmente algumas adições, durante o Exílio e depois.

Os livros dos Reis devem ser lidos no espírito em que foram escritos, como uma história da salvação. A ingratidão do povo eleito, a ruína sucessiva das duas partes da nação parecem levar ao fracasso o plano de Deus, mas resta sempre, para salvaguardar o futuro, um grupo de fiéis que não dobrou o joelho diante de Baal, um resto de Sião que guarda a Aliança. A estabilidade das disposições divinas manifesta-se na admirável permanência da linhagem davídica, depositária das promessas messiânicas, e o livro, em sua forma definitiva, encerra-se com o favor concedido a Joaquin, como se fora a aurora de uma redenção.

JOSUÉ

I. Conquista da Terra Prometida

1. PREPARATIVOS

1 ***Convite a passar à Terra Prometida*** — ¹Depois da morte de Moisés,[a] servo de Iahweh, Iahweh falou a Josué, filho de Nun, o auxiliar de Moisés,[b] e lhe disse: ²"Moisés, meu servo, morreu; agora, levanta-te! Atravessa este Jordão, tu e todo este povo, para a terra que dou aos israelitas. ³Todo lugar que a planta dos vossos pés pisar eu vo-lo dou, como disse a Moisés. ⁴Desde o deserto e o Líbano até o grande rio, o Eufrates, toda a terra dos heteus, e até o Grande Mar, no poente do sol, será o vosso território.[c] ⁵Ninguém te poderá resistir durante toda a tua vida; assim como estive com Moisés, estarei contigo: jamais te abandonarei, nem te desampararei.

Fidelidade à Lei, condição da ajuda divina — ⁶Sê firme e corajoso, porque farás este povo herdar a terra que a seus pais jurei dar-lhes. ⁷Tão-somente sê de fato firme e corajoso, para teres o cuidado de agir segundo toda a Lei que te ordenou Moisés, meu servo. Não te apartes dela, nem para a direita nem para a esquerda, para que triunfes em todas as tuas realizações. ⁸Que o livro desta Lei esteja sempre nos teus lábios: medita nele dia e noite, para que tenhas o cuidado de agir de acordo com tudo que está escrito nele. Assim serás bem-sucedido nas tuas realizações e alcançarás êxito. ⁹Não te ordenei: Sê firme e corajoso? Não temas e não te apavores, porque Iahweh teu Deus está contigo por onde quer que andes."

Reunião das tribos do além-Jordão — ¹⁰Então Josué ordenou aos escribas[d] do povo: ¹¹"Passai pelo meio do acampamento e dai esta ordem ao povo: Tomai provisões porque, dentro de três dias, atravessareis este Jordão, para ocupardes a terra cuja posse Iahweh vosso Deus vos dá."

¹²Aos rubenitas, aos gaditas e à meia tribo de Manassés, Josué disse: ¹³"Lembrai-vos da palavra que vos ordenou Moisés, servo de Iahweh, dizendo: Iahweh vosso Deus concede repouso e vos dá esta terra. ¹⁴As vossas mulheres, as vossas crianças e os vossos rebanhos permanecerão na terra que Moisés vos deu aquém do Jordão; vós, porém, todos os homens de guerra, passareis armados adiante dos vossos irmãos e os auxiliares,[e] ¹⁵até que Iahweh conceda descanso aos vossos irmãos, como a vós, e também eles tomem posse

---

a) O livro se apresenta assim como a continuação do Dt. De fato, é com o estilo e segundo as ideias do Dt que contará a entrada e a instalação na Terra Prometida, usando tradições antigas, especialmente as que se referem às tribos da Palestina central.

b) "auxiliar": *mesharet*, é o título comumente dado a Josué (cf. Ex 24,13; 33,11; Nm 11,28); este termo é também empregado para os funcionários reais (1Cr 27,1), ou para designar funções litúrgicas. — Sobre o nome de Josué, seu papel na exploração da Terra Prometida, sua fidelidade e sua designação como sucessor de Moisés, cf. Ex 17,9; 24,13; 33,11; Nm 11,28; 13,8.16; 14,5s.30.38; 27,15-23; Dt 3,21.28; 31,7-8.14.23; 34,9. — No grego e na Vulgata, ele é chamado "filho de Navé", por causa de uma falha nos primeiros mss da Setenta, que têm NAYH em vez de NAYN.

c) Os limites atribuídos ao território a ser conquistado (cf. Gn 15,18; Dt 1,7; 1,24; ver Jz 20,1+) são os limites ideais da Terra Prometida; eles ultrapassam em muito os do território que será repartido nos caps. 13-19. — "toda a terra dos heteus", omitido pelo grego, é glosa tardia.

d) São os oficiais recrutadores ou os oficiais da administração (cf. Dt 20,5.8). Esta palavra designa igualmente os oficiais de justiça, o escrivão de um tribunal ou o comissário adjunto ao juiz (cf. Dt 16,18; 1Cr 23,4).

e) Segundo o livro de Josué, diferentemente do livro dos Juízes, a conquista deve ser obra de todo o povo, e não o resultado dos esforços isolados das tribos.

da terra que Iahweh vosso Deus lhes dá. Então podereis voltar para a terra que vos pertence e tomareis posse dela, terra que vos deu Moisés, servo de Iahweh, aquém do Jordão, do lado do oriente." ¹⁶Eles responderam a Josué, dizendo: "Tudo o que nos ordenaste, nós o faremos e, para onde quer que nos enviares, iremos. ¹⁷Assim como em tudo obedecemos a Moisés, da mesma forma obedeceremos a ti; basta que Iahweh teu Deus esteja contigo, assim como esteve com Moisés. ¹⁸Todo aquele que se rebelar contra a tua ordem e não obedecer às tuas palavras, em tudo quanto lhe ordenares, será morto. Somente, sê firme e corajoso."

Dt 34,9
1,5

Dt 17,12

2 *Os espiões de Josué em Jericó*[a] — ¹Josué, filho de Nun, enviou de Setim,[b] secretamente, dois homens como espiões, dizendo: "Ide, examinai a terra de Jericó." Foram, pois, e entraram na casa de uma prostituta chamada Raab e hospedaram-se ali. ²E anunciou-se ao rei de Jericó: "Eis que alguns dos israelitas vieram aqui esta noite, para espionar a terra." ³Então o rei de Jericó mandou dizer a Raab: "Faze sair os homens que vieram a ti e que entraram na tua casa, porque vieram para espionar toda a terra." ⁴Mas a mulher tinha tomado os dois homens e os escondera. Disse então: "De fato, esses homens vieram a mim e eu não sabia de onde eram. ⁵E, havendo de fechar-se a porta da cidade, à noite, esses homens saíram e não sei para onde foram. Persegui-os rapidamente e os alcançareis."

7,2
Nm 13
Jz 18,2
Mt 1,5

Nm 13

⁶Ela, porém, os fizera subir ao terraço e os escondera entre as canas de linho que havia disposto em ordem no terraço. ⁷E os homens saíram em perseguição deles pelo caminho dos vaus do Jordão; e fechou-se a porta após a saída dos que os perseguiam.

O pacto entre Raab e os espiões — ⁸E antes que os espiões se deitassem, Raab subiu ao terraço ⁹e disse-lhes: "Sei que Iahweh vos deu esta terra e caiu sobre nós o vosso terror, e todos os habitantes da terra estão tomados de pânico diante de vós. ¹⁰Porque temos ouvido como Iahweh secou as águas do mar dos Juncos diante de vós, quando saístes do Egito, e o que fizestes aos dois reis dos amorreus, do outro lado do Jordão, a Seon e a Og, que destruístes totalmente. ¹¹Ao ouvirmos isso o nosso coração desfaleceu e não restou mais ânimo em ninguém, por causa da vossa presença; porque Iahweh o vosso Deus é Deus tanto em cima nos céus como embaixo na terra.[c] ¹²Agora, pois, jurai-me por Iahweh que, assim como eu tive misericórdia de vós, de igual modo tratareis com misericórdia a casa de meu pai e me dareis um sinal verdadeiro ¹³de que preservareis a vida de meu pai e de minha mãe, de meus irmãos e irmãs e de todos os que lhes pertencem, e de que nos livrareis da morte."

↗ Hb 11,31
↗ Tg 2,25

9,9-10
Ex 14

Dt 2,26s
Nm 21,23s.
33s
5,1
Dt 4,39 +

¹⁴E os homens disseram-lhe: "A nossa vida responderá pela vossa, se não denunciardes a nossa missão; e quando Iahweh nos der a terra, usaremos de misericórdia e de fidelidade para contigo." ¹⁵Então ela os fez descer por uma corda pela janela, pois a sua casa estava construída na muralha, visto que morava ali. ¹⁶E disse-lhes: "Ide à montanha para que os vossos perseguidores não vos encontrem. Escondei-vos lá durante três dias, até que voltem aqueles

6,22-25
1Sm 19,12
At 9,25
2Cor 11,33

---

a) Os caps. 2-8 reúnem tradições originais do santuário benjaminita de Guilgal (4,19 +). — Na história da conquista de Jericó, confundem-se duas tradições: 1º o envio dos espiões e a história de Raab (cap. 2), com a sua conclusão (6,22-25); 2º a história compósita, da passagem do Jordão e da tomada de Jericó (caps. 3-4 e 6). É possível harmonizar estes dois relatos independentes.
b) Setim ("as Acácias") designava a parte da estepe que unia o mar Morto ao nordeste (Nm 25,1; 33,49).
c) O livro atribui a Raab uma profissão de fé no estilo do Dt (cf. Dt 4,39). Raab foi salva pela sua fé (Hb 11,31), justificada pelas suas obras (Tg 2,25). Essa estrangeira, que procura pela sua fé e caridade a salvação de toda a sua casa, tornou-se entre os Padres imagem da própria Igreja. — Em hebraico, o nome se escreve de modo diferente do de Rahab, monstro mítico (Jó 9,13; 7,12+) e designação simbólica do Egito (Sl 87,4).

que vos perseguem, e depois segui o vosso caminho." ¹⁷Disseram-lhe os homens: "Estaremos livres do juramento que nos fizeste prestar ¹⁸se, à nossa chegada à terra, não atares este cordão de fio escarlate à janela pela qual nos fizeste descer e não reunires contigo, na tua casa, teu pai, tua mãe, teus irmãos e toda a família de teu pai. ¹⁹Qualquer pessoa que sair para fora das portas da tua casa, o seu sangue cairá sobre sua cabeça, e nós seremos inocentes; mas o sangue daquele que estiver contigo na casa cairá sobre nossas cabeças, se alguém puser a mão sobre ele. ²⁰Mas se denunciares esta nossa missão, estaremos livres do juramento que nos fizeste prestar." ²¹Ela respondeu: "Que assim seja, de acordo com as vossas palavras." Ela os despediu e eles partiram; e ela atou o cordão escarlate à janela.ᵃ

Volta dos espiões — ²²Partiram, pois, e foram à montanha e lá permaneceram três dias, até o regresso dos perseguidores, que os procuraram por todo o caminho e não os encontraram. ²³Então os dois homens desceram da montanha, passaram o Jordão e vieram a Josué, filho de Nun, a quem contaram tudo o que lhes havia acontecido. ²⁴Disseram a Josué: "Realmente Iahweh nos dá toda esta terra em nossas mãos; e os seus habitantes estão apavorados diante de nós."

2. A PASSAGEM DO JORDÃOᵇ

3 *Preliminares da passagem* — ¹Josué levantou-se de madrugada e partiu de Setim com todos os israelitas; vieram até o Jordão e ali pousaram, antes de atravessar. ²Ao fim de três dias, os escribas percorreram o acampamento ³e ordenaram ao povo: "Quando virdes a Arca da Aliança de Iahweh vosso Deus sendo carregada pelos sacerdotes levitas, vós também partireis do vosso lugar e a seguireis, — ⁴ᶜtodavia, haja entre vós e a Arca um espaço de cerca de dois mil côvados: não vos aproximeis dela. — Assim sabereis qual caminho tomar, pois jamais passastes por este caminho". ⁵Josué disse ao povo: "Santificai-vos, porque amanhã Iahweh fará maravilhas no meio de vós." ⁶Depois Josué disse aos sacerdotes: "Levantai a Arca da Aliança e passai adiante do povo." Eles levantaram a Arca da Aliança e foram adiante do povo.

Últimas instruções — ⁷Iahweh disse a Josué: "Hoje começarei a engrandecer-te aos olhos de todo o Israel, para que saibam que assim como estive com Moisés estarei contigo. ⁸E tu ordenarás aos sacerdotes que levam a Arca da

---

a) Logicamente, os vv. 17-21 se colocariam melhor antes do v. 15. Não se tratará mais do fio escarlate. Neste, certos Padres da Igreja viram o símbolo do sangue de Cristo, segundo a linha da sua exegese alegórica sobre Raab (cf. nota ao v. 11).

b) A narrativa da passagem do Jordão e da entrada em Canaã (3,1-5,12) apresenta paralelismo com a narrativa da saída do Egito, que um redator sublinha (3,7; 4,14.23): Iahweh para o curso do Jordão (3,7-4,18), como havia feito secar o mar dos Juncos (Ex 14,5-31); a Arca de Iahweh guia a passagem (Js 3,6-17; 4,10-11), como a coluna de nuvem ou de *fogo* (Ex 13,21-22; 14,19-20); Josué (Js 3,7; 4,14) desempenha o mesmo papel que Moisés no Êxodo; a circuncisão, que o redator de Js atribui ao povo do Êxodo, é renovada para os seus descendentes nascidos no deserto (Js 5,2-9); o maná, que havia sido a alimentação do deserto (Ex 16), deixa de cair desde a entrada em Canaã (Js 5,12), e a Páscoa é celebrada em Guilgal, após a segunda "passagem" (Js 5,10), como havia sido no Egito, antes da primeira (Ex 12,1-28; 13,3-10). Este paralelismo entre os acontecimentos do começo e do fim do Êxodo faz reportar à saída do Egito um milagre da água, análogo à travessia do Jordão (cf. Ex 14+). — Como a paixão e a ressurreição de Cristo renovarão espiritualmente os acontecimentos do Êxodo (cf. 1Cor 10,1), Josué, que dá a tais acontecimentos o seu primeiro cumprimento, foi considerado pelos Padres da Igreja como figura de Jesus, do qual é homônimo.

c) A distância de um caminho sabático. Esta indicação, mal inserida entre o final do v. 3 e sua sequência lógica no v. 4b, exprime escrúpulo que se inspira na transcendência terrível de Iahweh presente sobre a Arca, 2Sm 6,7+.

Aliança, dizendo: 'Quando chegardes à borda das águas do Jordão, parareis no próprio Jordão.' " ⁹Disse então Josué aos israelitas: "Aproximai-vos e ouvi as palavras de Iahweh vosso Deus." ¹⁰Acrescentou Josué: "Nisto reconhecereis que o Deus vivo está no meio de vós e que certamente expulsará da vossa presença os cananeus, os heteus, os heveus, os ferezeus, os gergeseus, os amorreus e os jebuseus. ¹¹Eis que a Arca da Aliança do Senhor de toda a terra vai passar o Jordão diante de vós. ¹²Agora, pois, tomai doze homens das tribos de Israel, um homem de cada tribo. ¹³E quando as plantas dos pés dos sacerdotes que transportam a Arca de Iahweh, Senhor de toda a terra, pousarem nas águas do Jordão, as águas do Jordão serão cortadas; as águas que descem de cima pararão numa só massa."

A passagem do rio — ¹⁴Ora, quando o povo deixou suas tendas para passar o Jordão, os sacerdotes que levavam a Arca da Aliança estavam à frente do povo. ¹⁵Assim que os transportadores da Arca chegaram ao Jordão e que os pés dos sacerdotes que transportavam a Arca se molharam nas bordas das águas — pois o Jordão transborda pelas suas margens durante toda a ceifa*ᵃ* —, ¹⁶as águas que vinham de cima pararam e formaram uma só massa a uma grande distância, em Adam, cidade que fica ao lado de Sartã; ao passo que as águas que desciam em direção ao mar da Arabá, o mar Salgado, ficaram inteiramente separadas.*ᵇ* O povo atravessou defronte de Jericó. ¹⁷Os sacerdotes que transportavam a Arca da Aliança de Iahweh detiveram-se no seco, no meio do Jordão, enquanto todo o Israel passava pelo seco, até que toda a nação acabou de atravessar o Jordão.

4

As doze pedras comemorativas — ¹Quando todo o povo acabou de atravessar o Jordão, Iahweh falou a Josué e lhe disse: ²"Escolhei doze homens dentre o povo, um homem de cada tribo, ³e ordenai-lhes: 'Tomai daqui do meio do Jordão, do lugar onde os sacerdotes, parados, pousaram os seus pés, doze pedras e atravessai-as convosco e depositai-as no lugar onde acampareis esta noite.' " ⁴Então Josué chamou doze homens que escolheu dentre os israelitas, um homem de cada tribo, ⁵e lhes disse Josué: "Passai adiante da Arca de Iahweh, vosso Deus, até o meio do Jordão; e cada um levante sobre o seu ombro uma pedra, de acordo com o número das tribos dos israelitas, ⁶para que seja um sinal no meio de vós. Quando amanhã vossos filhos vos perguntarem: 'Que significam para vós estas pedras?', ⁷então lhes direis: 'É que as águas do Jordão foram cortadas diante da Arca da Aliança de Iahweh; à sua passagem cindiram-se as águas do Jordão. Estas pedras serão, para sempre, um memorial para os israelitas.' " ⁸E os israelitas fizeram como Josué ordenara: tomaram doze pedras do meio do rio Jordão, segundo o número das tribos dos israelitas, como Iahweh havia determinado a Josué, e as transportaram ao acampamento e ali as depositaram. ⁹E Josué erigiu doze pedras no meio do Jordão, no lugar onde os sacerdotes que transportavam a Arca da Aliança pousaram os pés; e elas estão ali até o dia de hoje.*ᶜ*

Final da passagem — ¹⁰Os sacerdotes que transportavam a Arca da Aliança permaneceram em pé no meio do Jordão, até que se cumpriu tudo o que Iahweh havia ordenado a Josué dizer ao povo, conforme tudo o que Moisés

---

a) Esta enchente se produz com o descongelamento das neves do Hermon, em março-abril, no tempo da ceifa no vale baixo do Jordão.

b) Relaciona-se esse fato com o ocorrido em 1267, segundo cronista árabe: o Jordão cessou de correr durante dez horas, porque desmoronamentos do terreno haviam obstruído o vale, precisamente na região de Adamá-Damieh.

c) A narrativa combina dois elementos diferentes: 1º uma explicação do círculo de pedras que se via em Guilgal (4,19+), relacionado com a passagem das doze tribos; 2º uma explicação das pedras que se viam no

havia ordenado a Josué; e o povo apressou-se a atravessar. ¹¹Quando todo o povo terminou a travessia, a Arca de Iahweh e os sacerdotes passaram à frente do povo. ¹²Os filhos de Rúben, os filhos de Gad e a meia tribo de Manassés passaram armados à frente dos israelitas, conforme Moisés lhes havia dito. ¹³Cerca de quarenta mil guerreiros em armas, prontos para a batalha, passaram diante de Iahweh, rumo à planície de Jericó. ¹⁴Naquele dia, Iahweh enalteceu Josué à vista de todo o Israel; e respeitaram-no como haviam respeitado Moisés, todos os dias da sua vida.

¹⁵Iahweh disse a Josué: ¹⁶"Ordena aos sacerdotes que carregam a Arca do Testemunho que subam do Jordão." ¹⁷Então Josué ordenou aos sacerdotes: "Subi do Jordão!" ¹⁸E, ao subirem os sacerdotes que transportavam a Arca da Aliança de Iahweh do meio do Jordão, assim que as plantas dos pés dos sacerdotes tocaram a terra seca, as águas do Jordão voltaram ao seu leito e corriam como antes, em todas as suas margens.

Chegada a Guilgal[a] — ¹⁹O povo subiu do Jordão no décimo dia do primeiro mês e acampou em Guilgal, no confim oriental de Jericó. ²⁰E aquelas doze pedras que tiraram do Jordão, Josué as erigiu em Guilgal. ²¹Disse depois aos israelitas: "Quando, no futuro, vossos filhos perguntarem a seus pais: 'Que significam estas pedras?', ²²então fareis saber a vossos filhos: 'Israel atravessou este Jordão em terra seca, ²³pois Iahweh vosso Deus fez secar as águas do Jordão diante de vós, até que passásseis, assim como Iahweh vosso Deus havia feito com o mar dos Juncos, que secou diante de nós, até que o atravessássemos, ²⁴para que saibam todos os povos da terra quão poderosa é a mão de Iahweh, a fim de que temam a Iahweh vosso Deus para sempre.'"

= 4,6-7
Ex 14,21
Ex 14,31

2,11

5 **Terror das populações a oeste do Jordão** — ¹Sucedeu que, ao ouvirem todos os reis dos amorreus que habitavam além do Jordão, ao ocidente, e todos os reis dos cananeus que habitavam junto ao mar, que Iahweh havia secado as águas do Jordão diante dos israelitas até que tivessem[b] passado, desfaleceu-se-lhes o coração e não houve mais alento neles diante dos israelitas.

Gn 17,10 +

A circuncisão em Guilgal — ²Nesse tempo Iahweh disse a Josué: "Faze facas de pedra e circuncida de novo os israelitas (uma segunda vez)."[c] ³Josué fez então facas de pedra e circuncidou os israelitas na colina dos Prepúcios.

⁴Esta é a razão por que Josué os circuncidou: todo o povo que saiu do Egito, os homens, todos os homens de guerra, morreram no deserto, no caminho, depois da sua saída do Egito. ⁵Ora, todo o povo que saíra havia sido circuncidado; mas todo o povo que nascera no deserto, no caminho depois da sua saída do Egito, não havia sido circuncidado; ⁶porque os israelitas andaram durante quarenta anos no deserto, até que pereceu toda a nação, os homens de guerra que saíram do Egito; visto que não obedeceram à voz de Iahweh, jurou-lhes Iahweh que não veriam a terra que aos seus pais havia jurado dar-nos, terra que mana leite e mel. ⁷Quanto a seus filhos, estabeleceu-os em seu

Nm 14,20-38
Ex 3,8

---

leito do Jordão, postas em relação com a travessia da Arca (4,9).

a) O termo *gilgal* significa "círculo de pedras" e se tornou nome próprio de diversas localidades (cf. Dt 11,30; 2Rs 2,1). O Guilgal de Josué acha-se entre o Jordão e Jericó, "no confim oriental (do território) de Jericó", mas a sua localização exata é desconhecida. Este antigo lugar de culto tornou-se o santuário principal de Benjamim; a ele se liga a memória da circuncisão e da primeira Páscoa em Canaã (5,9-10) e do juramento feito aos gabaonitas (9,6). Este primeiro acampamento depois do Jordão tornou-se a base de partida para a conquista (10,6; 14,6). Guilgal tornou-se grande centro político e religioso no tempo de Saul (cf. 1Sm 11,15+). Seu culto é reprovado pelos profetas (Os 4,15; 9,15; 12,12; Am 4,4; 5,5).

b) "tivessem", qerê, mss. versões; "tivéssemos", ketib.
c) "uma segunda vez", glosa explicando "de novo".

lugar; a estes Josué circuncidou, visto que não haviam sido circuncidados no caminho. ⁸E quando toda a nação foi circuncidada, repousaram no seu lugar, no acampamento, até que sararam. ⁹Iahweh disse a Josué: "Hoje tirei de vós a desonra do Egito." Aquele lugar foi chamado Guilgal, até hoje.ᵃ

Celebração da Páscoa — ¹⁰Enquanto os israelitas estavam acampados em Guilgal, celebraram a Páscoa, no décimo quarto dia do mês, à tarde, nas planícies de Jericó. ¹¹No dia seguinte à Páscoa, comeram do produto do país, pão sem fermento e trigo tostado, naquele mesmo dia. ¹²Ao comerem o fruto da terra, no dia seguinte, cessou o maná. E os israelitas não tiveram mais o maná, mas comeram do fruto da terra de Canaã, naquele ano.ᵇ

Ex 16,1 +

3. A CONQUISTA DE JERICÓ

Prelúdio: teofaniaᶜ — ¹³Encontrando-se Josué em Jericó, levantou os olhos e viu um homem que se achava diante dele, com uma espada desembainhada na mão. Josué aproximou-se dele e disse-lhe: "És tu dos nossos ou dos nossos inimigos?" ¹⁴Ele respondeu: "Não! Mas sou chefe do exército de Iahweh e acabo de chegar." Josué prostrou-se com o rosto em terra, adorou-o e disse-lhe: "Que tem a dizer o meu Senhor a seu servo?" ¹⁵O chefe do exército de Iahweh respondeu a Josué: "Descalça as sandálias dos teus pés, porque o lugar em que pisas é santo." E assim fez Josué.

Nm 22,23
1Cr 21,16

Ex 23,20
Dn 12,1
Ap 19,11-16
Ex 3,5
Ex 19,12 +

6 ***Tomada de Jericó***ᵈ — ¹Ora, Jericó estava fechada e trancada com ferrolhos (contra os israelitas): ninguém podia sair nem entrar. ²Iahweh disse então a Josué: "Vê! Entrego nas tuas mãos Jericó, o seu rei e os seus homens de guerra. ³Vós, todos os combatentes, dai volta ao redor da cidade (cercando-a uma vez; e assim fareis durante seis dias. ⁴Sete sacerdotes levarão diante da Arca sete trombetas de chifre de carneiro. No sétimo dia rodeareis a cidade sete vezes, e os sacerdotes tocarão as trombetas). ⁵E quando tocarem com fragor o chifre de carneiro (assim que ouvirdes o som da trombeta), todo o povo lançará um grande grito de guerra,ᵉ e as muralhas da cidade cairão e o povo subirá, cada um no lugar à sua frente."

⁶Josué, filho de Nun, chamou os sacerdotes e disse-lhes: "Tomai a Arca da Aliança, e sete sacerdotes tomem sete trombetas de chifre de carneiro e precedam a Arca de Iahweh." ⁷Depois disse ao povo: "Passai e dai volta à cidade, e os guerreiros marchem diante da Arca de Iahweh." ⁸(Foi feito como Josué havia dito ao povo.) Sete sacerdotes, levando as sete trombetas de chifre de carneiro diante de Iahweh, passaram e tocaram as trombetas; e a

---

a) Jogo de palavras entre *Guilgal*, "roda" e *gallôti*, "rolei". Essa desonra consiste em ser incircunciso, como pensava o autor a respeito dos egípcios.
b) O comer ázimos e grãos tostados, indicando a entrada de Israel em país de cultura, tomava caráter religioso, *por causa da Páscoa, e exigia a circuncisão*. A cessação do maná significava o fim do período do deserto.
c) Os vv. 13-14 são os esboços de uma tradição perdida. A teofania de Josué é beneficiada acontecendo em Jericó e Deus aí manifesta sua presença como chefe do exército, sinal de que somente ele age na tomada da cidade. O v. 15 é uma citação de Ex 3,5: Josué é assim aproximado de Moisés como em 1,5; 3,7; 4,14.
d) Na origem deste relato há uma tradição do santuário de Guilgal que testemunhava uma liturgia ao redor de Jericó ao som de trombetas, clamores, circum-ambulação durante sete dias. Esta liturgia celebrava a providência de Deus que tinha feito desmoronar a muralha, sinal da invencibilidade das cidades. O relato antigo foi transformado tanto para acentuar seu aspecto litúrgico (Arca, sacerdotes), como para dele fazer um relato de guerra sacral (anátema); não é um relato guerreiro. O texto hebraico é notavelmente mais longo que o da LXX, omite numerosas expressões (entre parêntesis no texto). Mesmo sob sua forma primitiva, o relato não é histórico como relato de conquista, mas testemunha a seu modo a entrada das tribos em Canaã. A primeira cidade encontrada já estava destruída. A arqueologia não fornece nenhuma indicação de uma destruição de Jericó pelo fim do séc. XIII a.C.
e) Clamor guerreiro mas também aclamação religiosa, ligada ao ritual da Arca (cf. Nm 10,5+).

Arca da Aliança de Iahweh vinha atrás deles. ⁹Os guerreiros iam na frente dos sacerdotes que tocavam as trombetas, e a retaguarda seguia atrás da Arca; e, marchando, tocavam as trombetas.

¹⁰Josué, porém, havia dado ao povo a seguinte ordem: "Não griteis, nem façais ouvir a vossa voz (e não saia da vossa boca palavra alguma), até o dia em que eu vos disser: 'Lançai o grito de guerra!' Então lançareis o grito de guerra."

¹¹Assim, a Arca de Iahweh rodeou a cidade (contornando-a uma vez), e depois voltaram ao acampamento onde passaram a noite. ¹²Josué levantou-se muito cedo, e os sacerdotes tomaram a Arca de Iahweh. ¹³Os sete sacerdotes, munidos de sete trombetas de chifre de carneiro e marchando na frente da Arca de Iahweh, tocavam a trombeta durante a marcha; os homens de guerra iam adiante deles e a retaguarda seguia a Arca de Iahweh; enquanto marchavam, as trombetas soavam continuamente.

¹⁴(No segundo dia) rodearam uma vez a cidade e voltaram ao acampamento. E assim fizeram durante seis dias. ¹⁵No sétimo dia, levantaram-se ao romper da aurora, e (de igual maneira) rodearam a cidade sete vezes; (somente naquele dia rodearam a cidade sete vezes). ¹⁶Na sétima vez, os sacerdotes soaram as trombetas e Josué disse ao povo: "Lançai o grito de guerra, pois Iahweh vos entregou a cidade!"

Lv 27,28-29
2,1-21
Jericó entregue ao anátema[a] — ¹⁷"A cidade será consagrada como anátema a Iahweh, com tudo o que nela existe. Somente Raab, a prostituta, viverá e todos aqueles que estiverem com ela na sua casa, porque ocultou os mensageiros que enviamos. ¹⁸Mas vós, guardai-vos do anátema, para que não tomeis alguma coisa do que é anátema, movidos pela cobiça, pois isso tornaria anátema o
7,1-26
acampamento de Israel e traria sobre ele desgraça.[b] ¹⁹Toda prata e todo ouro, todos os objetos de bronze e de ferro serão consagrados a Iahweh; entrarão no tesouro de Iahweh."

Hb 11,30
²⁰O povo lançou o grito de guerra e tocaram as trombetas. Quando o povo ouviu o som da trombeta, lançou um grande grito de guerra e a muralha ruiu por terra, e o povo subiu à cidade, cada qual no lugar à sua frente, e se apossaram da cidade. ²¹Então consagraram como anátema tudo que havia na cidade: homens e mulheres, crianças e velhos, assim como os bois, ovelhas e jumentos, passando-os ao fio da espada.

2,1-21
A casa de Raab é preservada[c] — ²²Josué disse aos dois homens que haviam espionado a terra: "Entrai na casa da meretriz e fazei essa mulher sair de lá com tudo o que lhe pertence, conforme lhe jurastes." ²³Foram os jovens, os espiões, e fizeram sair Raab, seu pai, sua mãe, seus irmãos e tudo o que lhe pertencia. Fizeram sair também toda a sua parentela e os colocaram em lugar seguro, fora do acampamento de Israel.

Nm 31,22
²⁴Queimaram a cidade e tudo o que nela havia, exceto a prata, o ouro e os objetos de bronze e de ferro, que foram entregues ao tesouro da casa de Iahweh. ²⁵Mas Raab, a meretriz, bem como a casa de seu pai e todos os que lhe pertenciam, Josué os salvou com vida. E ela habitou no meio de

---

a) O anátema, em hebraico *herem*, comporta a renúncia a toda presa de guerra e sua atribuição a Deus: os homens e os animais são mortos, os objetos preciosos são dados ao santuário. É ato religioso, regra da guerra santa, que cumpre uma ordem divina (Dt 7,1-2; 20,13s; 1Sm 15,3) ou um voto para garantir a vitória (Nm 21,2). Toda omissão se torna sacrilégio que é severamente punido (Js 7; cf. 1Sm 15,16-23). A regra absoluta admite, contudo, flexibilidades (Nm 31,15-23; Dt 2,34-35; 3,6-7; 20,13-14;

Js 8,26-27). Esta noção primitiva do poder absoluto de Deus será corrigida pela noção da sua paternidade misericordiosa (cf. Sb 1,13 e especialmente o NT: Mt 5,44-45).
b) "movidos pela cobiça", grego (cf. 7,21 e Dt 7,25); "vós não sejais anátemas", hebr.
c) Fim da história de Raab e dos espiões (cap. 2), da qual a sobrevivência de um clã de Raab (v. 25) conservou a memória.

Israel até hoje, porque escondera os mensageiros que Josué enviara para espionar Jericó.

Maldição sobre quem reconstruir Jericó — ²⁶Naquela ocasião, Josué fez pronunciar este juramento:

    "Maldito seja, diante de Iahweh,
    o homem que se levantar
    para reconstruir esta cidade de Jericó!
    Lançará seus fundamentos
    sobre o seu primogênito,
    e colocará as suas portas
    sobre o seu filho mais novo!"

²⁷E Iahweh esteve com Josué, cuja fama se divulgou por toda a terra.

7 ***Violação do anátema***[a] — ¹Mas os israelitas tornaram-se culpados de violação do anátema: Acã, filho de Carmi, filho de Zabdi, filho de Zaré, da tribo de Judá, apoderou-se de coisas que estavam sob anátema; e a cólera de Iahweh inflamou-se contra os israelitas.

Derrota diante de Hai, sanção do sacrilégio — ²Ora, Josué enviou de Jericó alguns homens em direção a Hai,[b] que fica perto de Bet-Áven, ao oriente de Betel, e disse-lhes: "Subi e explorai o país." Eles subiram para explorar Hai. ³Retornando a Josué, disseram-lhe: "Não é necessário que suba todo o povo, mas apenas dois ou três mil homens subam para atacar Hai. Nem se fatigue todo o povo, pois os seus habitantes não são numerosos."

⁴Subiram para lá, do povo, cerca de três mil homens, que se puseram em fuga diante dos homens de Hai. ⁵Os homens de Hai mataram cerca de trinta e seis dos homens deles e os perseguiram desde a porta até Sabarim, e na descida os derrotaram. Então o coração do povo desmaiou e a sua coragem se derreteu.

Súplica de Josué[c] — ⁶Josué então rasgou suas vestes, prostrou-se com a face em terra diante da Arca de Iahweh até a tarde, tanto ele como os anciãos de Israel, e lançaram pó sobre suas cabeças. ⁷Disse Josué: "Ah! Senhor Iahweh, por que fizeste este povo passar o Jordão se era para nos entregar nas mãos dos amorreus e destruir-nos? Ah! se tivéssemos podido nos estabelecer do outro lado do Jordão! ⁸Perdoa-me, Senhor! Que direi, agora que Israel voltou as costas diante dos seus inimigos? ⁹Os cananeus ficarão sabendo, bem como todos os moradores da terra, e se reunirão contra nós para fazer desaparecer nosso nome da terra. Que farás, então, pelo teu grande nome?"

Resposta de Iahweh — ¹⁰Iahweh disse a Josué: "Levanta-te! Por que permaneces assim prostrado sobre teu rosto? ¹¹Israel pecou, violou a Aliança que eu lhe ordenara: Sim! tomou do que era anátema, e até o furtou, e também o

---

a) O episódio de Acã originalmente era independente da tomada de Jericó e da tomada de Hai: Acã é judaíta, e a planície de Acor fica normalmente em Judá (Js 15,7, mas cf. Os 2,17), a sudoeste de Jericó. É tradição particular, provavelmente de origem benjaminita, pois é hostil a Judá.

b) Hai (nome que significa "a ruína") é atualmente et-Tell (que em árabe tem o mesmo sentido). O lugar estava em ruínas há muito tempo, na época de Josué, e é difícil atribuir a esta narrativa valor histórico. Ela é paralela à narrativa da tomada de Gabaá (Jz 20) e pode ter sido relatada em Betel, para contrabalançar a lembrança da derrota de Benjamim em Gabaá pela narrativa de um feito glorioso que se atribuía à época da conquista, — "que fica perto de Bet-Áven", glosa que introduziu a alcunha "casa da vaidade", aplicada mais tarde a Betel (Os 4,15 etc.; cf. Am 5,5).

c) Esta prece de lamentação mostra um Josué que reconhece a gravidade da falta de povo, mas que espera de Deus que ele intervenha, pois, se Israel desaparece da terra, o nome de Deus será atingido. Deus deve agir para a glória de seu nome (cf. Sl 115,1).

dissimulou e ainda o colocou entre as suas bagagens. ¹²Por isso os israelitas não poderão resistir aos seus inimigos, e voltarão as costas diante dos seus inimigos porque se tornaram anátemas. Se não fizerdes desaparecer do meio de vós o objeto do anátema, não estarei mais convosco.*ᵃ* ¹³Levanta-te, santifica o povo e dirás: Santificai-vos para amanhã, pois assim diz Iahweh, o Deus de Israel: O anátema está no meio de ti, Israel; não poderás enfrentar teus inimigos até que não tenhais eliminado o anátema do vosso meio. ¹⁴Portanto, vós vos apresentareis amanhã cedo, por tribos, e a tribo que Iahweh houver designado pela sorte se apresentará por clãs, e o clã que Iahweh houver designado pela sorte se apresentará por famílias, e a família que Iahweh houver designado pela sorte se apresentará homem por homem.*ᵇ* ¹⁵Enfim, aquele que for designado pela sorte naquilo a que se refere o anátema será queimado, ele e tudo o que lhe pertence, por haver transgredido a Aliança com Iahweh e haver cometido uma infâmia em Israel."

1Sm 14,40-42

Descoberta e castigo do culpado — ¹⁶Josué levantou-se bem cedo; e mandou Israel se aproximar por tribos, e a tribo de Judá foi designada pela sorte. ¹⁷Mandou então aproximarem-se os clãs de Judá, e o clã de Zaré foi designado pela sorte. Fez achegar-se o clã de Zaré por famílias, e Zabdi foi designado pela sorte.*ᶜ* ¹⁸Josué fez aproximar-se a família de Zabdi, homem por homem, e Acã, filho de Carmi, filho de Zabdi, filho de Zaré, da tribo de Judá, foi designado pela sorte. ¹⁹Josué então disse a Acã: "Meu filho, dá glória a Iahweh, Deus de Israel, e a ele rende louvores; declara-me o que fizeste; nada me ocultes." ²⁰Acã respondeu a Josué: "Verdadeiramente, fui eu que pequei contra Iahweh, Deus de Israel, e eis o que fiz: ²¹Vi entre os despojos um belo manto de Senaar*ᵈ* e duzentos siclos de prata e uma barra de ouro pesando cinquenta siclos; cobicei-os e os tomei. Estão escondidos na terra, no meio da minha tenda, e a prata está embaixo."

²²Josué enviou mensageiros que correram à tenda, e realmente o manto estava escondido na tenda e a prata embaixo. ²³Tomaram tudo do meio da tenda e o trouxeram a Josué e a todos os israelitas e o depositaram diante de Iahweh.

²⁴Então Josué tomou Acã, filho de Zaré, e o fez subir ao vale de Acor, com a prata, o manto e a barra de ouro, com seus filhos, suas filhas, seu boi, seu jumento, suas ovelhas, sua tenda e tudo o que lhe pertencia. Todo Israel o acompanhava.

²⁵Disse Josué: "Por que trouxeste desgraça sobre nós? Que Iahweh, neste dia, traga desgraça sobre ti!" E todo Israel o apedrejou e os queimou e os cobriu de pedras.*ᵉ*

²⁶E levantaram sobre ele um grande monte de pedras,*ᶠ* que existe ainda hoje. Aplacou-se então Iahweh da sua ardente ira. Por esse motivo se deu àquele lugar o nome de vale de Acor,*ᵍ* até hoje.

a) A violação do anátema é sacrilégio (6,17+), e toda a comunidade é contaminada, torna-se "anátema", pela presença dos objetos roubados. Para que seja libertada é preciso que o anátema seja executado no próprio culpado.

b) Comparar com Saul designado como rei pela sorte (1Sm 10,20-21) e Jônatas designado como culpado (1Sm 14,40-42). Explicitamente neste último caso, e provavelmente nos outros, essa designação se faz pelas *sortes sagradas*, com as quais se consulta a Deus (cf. 1Sm 2,28+; cf. ainda Jn 1,7).

c) "os clãs", grego; "o clã", hebr. — "por famílias", mss hebr., sir., Vulg.; "homem por homem", hebr.

d) Região da Alta Mesopotâmia (atualmente Djebel Sindjar); mas, na Bíblia, esse termo designa comumente a Babilônia (Gn 10,10; 11,2; Dn 1,2). É esse o seu sentido aqui, pois Babilônia era famosa pelo seu luxo.

e) "Todo Israel o apedrejou" focaliza a responsabilidade e o castigo de Acã; o fim do v. evoca uma responsabilidade coletiva, e daí o plural. O castigo pelo fogo fora previsto por Deus no v. 15 e é um dado antigo.

f) Sepultura de criminoso: cf. o rei de Hai (8,29), Absalão (2Sm 18,17); tratamento análogo para os cinco reis cananeus (Js 10,27).

g) Cf. Is 65,10; Os 2,17; o nome é explicado aqui por *'akar*, "trazer desgraça" (v. 25). O vale de Acor é a planície que se estende acima da falésia de Qumrã; pertencia a Judá mas estava no limite de Benjamim (cf. v. 1+). Este nome geográfico influenciou a leitura

4. A TOMADA DE HAI

8 ***Ordem dada a Josué*** — ¹Iahweh disse então a Josué: "Não temas e não desanimes! Toma contigo todos os combatentes. Levanta-te! Sobe contra Hai. Vê: eu entrego em tuas mãos o rei de Hai, seu povo, sua cidade e sua terra. ²Tratarás Hai e seu rei como trataste Jericó e seu rei. Nada tomareis como presa senão os despojos e o gado. Arma uma emboscada contra a cidade, por detrás dela."

Manobra de Josué — ³Levantou-se Josué, com todos os combatentes, para subir contra Hai. Josué escolheu trinta mil homens valentes e os fez partir de noite, ⁴dando-lhes esta ordem: "Atenção! Armareis uma emboscada contra a cidade, por detrás dela, sem vos distanciardes muito da cidade, e ficai de prontidão. ⁵Eu, porém, e toda a gente que me acompanha nos aproximaremos da cidade e, quando o povo de Hai*ᵃ* sair contra nós, como da primeira vez, fugiremos diante deles. ⁶Então eles nos seguirão e nós os atrairemos para longe da cidade, pois dirão: 'Fogem diante de nós como da primeira vez.'*ᵇ* ⁷Saireis então da emboscada para tomar posse da cidade: Iahweh vosso Deus a entregará nas vossas mãos. ⁸Tomada a cidade a incendiareis, agindo de acordo com a palavra de Iahweh. Vede que eu vos dei uma ordem."

⁹Josué os enviou. Eles foram ao lugar da emboscada e se colocaram entre Betel e Hai, ao ocidente de Hai. Josué, contudo, passou aquela noite no meio do povo ¹⁰e, no dia seguinte, tendo-se levantado de madrugada, Josué passou em revista o povo e, com os anciãos de Israel, subiu contra Hai, à frente do povo. ¹¹Todos os guerreiros que estavam com ele subiram também, aproximaram-se da frente da cidade e acamparam ao norte de Hai, ficando o vale entre eles e a cidade. ¹²Josué tomou cerca de cinco mil homens*ᶜ* e os colocou em emboscada entre Betel e Hai, ao ocidente da cidade. ¹³O povo dispôs-se no acampamento maior, que estava ao norte da cidade, e sua emboscada ao ocidente dela. Josué avançou, aquela noite, até ao meio da planície.

Tomada de Hai — ¹⁴Ao ver isto, o rei de Hai e o povo da cidade apressaram-se em se levantar e sair, para que ele e todo o seu povo fossem ao encontro de Israel a fim de combatê-lo na descida*ᵈ* que está diante da Arabá; mas não sabia que havia uma emboscada armada contra ele, atrás da cidade. ¹⁵Josué e todo Israel fingiram-se derrotados por eles e fugiram pelo caminho do deserto. ¹⁶Todo o povo que se achava na cidade saiu em perseguição deles, com grandes brados. Assim, ao perseguirem Josué, afastaram-se da cidade. ¹⁷Não ficou nem um só homem em Hai nem em Betel*ᵉ* que não saísse em perseguição de Israel: deixaram a cidade aberta e perseguiram Israel.

¹⁸Iahweh disse então a Josué: "Estende contra Hai a lança que tens na mão*ᶠ*, pois vou entregá-la em tuas mãos". Então Josué estendeu contra a cidade a lança que tinha na mão. ¹⁹E ao estender ele a mão, os homens da emboscada saíram às pressas do seu lugar, correram, entraram na cidade, tomaram-na e apressaram-se em incendiá-la.

²⁰Os homens de Hai voltaram-se para trás e viram: eis que a fumaça da cidade subia ao céu. Nenhum dentre eles sentiu-se com coragem de fugir para um lado ou para outro, porque o próprio povo que fugia para o deserto

---

do nome de Acã: Acar no grego deste capítulo e no hebraico de 1Cr 2,7.

a) "o povo de Hai", grego; "eles", hebr.

b) No fim do v., o hebr. acrescenta: "e nós fugiremos diante deles", ditografia do v. 5.

c) Cifra mais verossímil que a de 30.000, no v. 3.

d) "descida": *môrad*, conj. (cf. 7,5); "lugar de encontro": *môced*.

e) "nem em Betel", glosa omitida pelo grego.

f) Não simples sinal, mas gesto eficaz em si mesmo, como o de Moisés (Ex 17,9.11).

se voltou contra os que o perseguiam. ²¹Vendo que os homens da emboscada haviam tomado a cidade e que a fumaça subia da cidade, Josué e todo Israel voltaram-se e atacaram os homens de Hai. ²²Contra estes saíram os outros da cidade, de sorte que os homens de Hai ficaram no meio dos israelitas, estando uns de um lado e outros de outro lado. E estes os desbarataram de modo tal que não restou nenhum sobrevivente nem fugitivo. ²³Porém, ao rei de Hai, prenderam-no vivo e o trouxeram a Josué. ²⁴Depois que Israel acabou de matar todos os habitantes de Hai, no campo e no deserto, onde os haviam perseguido, e que todos, até ao último, caíram ao fio da espada, todo Israel voltou a Hai e passou a população ao fio da espada. ²⁵A totalidade dos que morreram naquele dia, tanto homens como mulheres, foi de doze mil, todos habitantes de Hai.

O anátema e a ruína — ²⁶Josué não retirou a mão que estendera com a lança até que tivesse dedicado ao anátema todos os habitantes de Hai. ²⁷E Israel não tomou por presa senão o gado e os despojos daquela cidade, segundo a ordem que Iahweh havia dado a Josué.

Dt 21,22-23
Jz 10,27
7,26 +

²⁸Josué queimou Hai e a reduziu a ruína para sempre, um lugar desolado até hoje. ²⁹Quanto ao rei de Hai, enforcou-o numa árvore,ᵃ e ali ficou até à tarde; ao pôr do sol, Josué ordenou que tirassem da árvore o seu cadáver. Lançaram-no, em seguida, à entrada da porta da cidade e levantaram sobre ele um grande monte de pedras que permanece até hoje.

5. SACRIFÍCIO E LEITURA DA LEI SOBRE O MONTE EBALᵇ

O altar de pedras brutas — ³⁰Josué então edificou um altar a Iahweh, Deus de Israel, sobre o monte Ebal, ³¹como Moisés, servo de Iahweh, havia ordenado aos israelitas, segundo o que está escrito no livro da Lei de Moisés: um altar de pedras brutas não trabalhadas pelo ferro. E nele ofereceram holocaustos a Iahweh e imolaram sacrifícios de comunhão.

Ex 20,25
Dt 27,5-7

Dt 27,2-4.8
Dt 27,9-26
3,3
Dt 11,29

Leitura da Lei — ³²Ali Josué escreveu sobre as pedras uma cópia da Lei de Moisés, que este havia escrito diante dos israelitas. ³³Todo Israel, com seus anciãos, seus escribas e seus juízes, estava de pé, de um e do outro lado da Arca, diante dos sacerdotes levitas que transportavam a Arca da Aliança de Iahweh, tanto os estrangeiros como os nativos, metade deles diante do monte Garizim e outra metade diante do monte Ebal,ᶜ como havia ordenado Moisés, servo de Iahweh, para dar em primeiro lugar a bênção ao povo de Israel.

Dt 31,10-12

³⁴Depois Josué leu todas as palavras da Lei — a bênção e a maldição — segundo tudo o que está escrito no livro da Lei. ³⁵Palavra alguma de tudo o que Moisés havia ordenado deixou de ser lida por Josué, na presença de toda a assembleia de Israel, inclusive as mulheres, as crianças e os estrangeiros que viviam no meio deles.

---

a) Este tratamento ignominioso que se seguia, às vezes, à morte de um inimigo (cf. 10,26-27), era marca de infâmia que outros povos igualmente praticavam (cf. 1Sm 31,10). Mas, segundo a lei de Dt 21,22-23, os *supliciados* deviam ser retirados antes da noite, daí Jo 19,31.
b) Os vv. 30-35, que interrompem a narrativa da conquista (em 9,6 Josué está ainda no campo de Guilgal), são de redator que se inspira nos caps. 11; 27 e 31 de Dt. Eles talvez tenham como finalidade lembrar a aliança e a bênção concedidas a Israel antes que este conclua uma aliança com um grupo estrangeiro (cap. 9).
c) Esta cena se desenrola a oeste de Siquém, dominada ao norte pelo Ebal e ao sul pelo Garizim. É sobre o Garizim que se levantará o templo cismático dos samaritanos. Será profanado por Antíoco Epífanes (2Mc 6,2; cf. 5,23). Jesus faz alusão a este culto em Jo 4,21.

6. TRATADO ENTRE ISRAEL E OS GABAONITAS

9 ***Coalizão contra Israel*** — ¹Ao ouvirem tais coisas, todos os reis que estavam aquém do Jordão, na montanha, nas baixadas e em toda a costa do Grande Mar diante do Líbano, heteus, amorreus, cananeus, ferezeus, heveus e jebuseus, ²coligaram-se para combater, de comum acordo, contra Josué e contra Israel.

Jz 1,9
Dt 7,1 +

Astúcia dos gabaonitas[a] — ³Os habitantes de Gabaon ouviram falar da maneira pela qual Josué havia tratado Jericó e Hai, ⁴e por isso recorreram à astúcia. Mudaram de aparência e carregaram os seus jumentos com sacos velhos e velhos odres de vinho, rotos e recosidos. ⁵Usavam nos pés velhas sandálias remendadas, e sobre si roupas velhas. Todo o pão que traziam para sua alimentação estava endurecido e reduzido a migalhas.

⁶Foram ter com Josué, no acampamento de Guilgal, e disseram-lhe, bem como aos homens de Israel: "Viemos de um país muito distante; fazei, pois, uma aliança conosco." ⁷Os homens de Israel responderam aos heveus: "Porventura não habitais entre nós? Como, então, podemos fazer uma aliança convosco?" ⁸Responderam a Josué: "Somos teus servos." — "Mas quem sois," perguntou-lhes Josué, "e donde vindes?" ⁹Responderam: "Teus servos vêm de um país muito distante, devido à fama de Iahweh teu Deus, pois que ouvimos falar dele, de tudo o que fez no Egito ¹⁰e de tudo o que fez aos dois reis dos amorreus que estavam além do Jordão, Seon, rei de Hesebon, e Og, rei de Basã, que habitava em Astarot. ¹¹Então os nossos anciãos e todos os habitantes do nosso país nos disseram: 'Tomai provisões para a viagem, ide ao encontro deles e dizei-lhes: Somos teus servos, fazei, pois, uma aliança conosco!' ¹²Eis o nosso pão: estava quente quando o tomamos como provisão nas nossas casas, no dia em que partimos para vos encontrar, e agora eis que está endurecido e reduzido a migalhas. ¹³Estes odres de vinho eram inteiramente novos quando os enchemos, e eis que estão rotos. As nossas sandálias e as nossas roupas, eis que estão desgastadas devido a uma longa jornada." ¹⁴Os homens[b] tomaram então das provisões deles e não consultaram o oráculo de Iahweh. ¹⁵Josué fez com eles a paz e selou com eles uma aliança, para que tivessem a vida salva, e os notáveis da comunidade[c] prestaram-lhes juramento.

2,10

¹⁶Aconteceu que, três dias depois de fazerem aliança com eles, descobriram que eram seus vizinhos, e que habitavam no meio deles. ¹⁷Os israelitas partiram do acampamento e chegaram às suas cidades ao terceiro dia. As suas cidades eram: Gabaon, Cafira, Berot e Cariat-Iarim. ¹⁸Os israelitas não os feriram, visto que os notáveis da comunidade prestaram-lhes juramento por Iahweh, Deus de Israel; porém, toda a comunidade murmurou contra os notáveis.

Estatuto dos gabaonitas — ¹⁹Então, todos os notáveis disseram a toda a comunidade: "Nós lhes juramos por Iahweh, Deus de Israel, e, portanto, não

---

a) O relato da astúcia dos gabaonitas utiliza texto antigo em que intervém "os homens de Israel" antes que Josué aí figurasse. Redator deuteronomista interveio (vv. 9b-10.17-26.27b), depois, mais tarde, redator sacerdotal (vv. 15b.18-21). A origem do relato é provavelmente benjaminita. — Os "gabaonitas" são heveus (v. 7; 11,19) e habitam Gabaon (el-Djib, a noroeste de Jerusalém). Não são cananeus e instalaram-se há pouco no país, o que explica que tenham procurado um pacto com os israelitas. A existência desse pacto é certa; quando foi rompido, Davi teve de fazer uma reparação aos habitantes de Gabaon, 2Sm 21. Pouco depois de sua conclusão, tal pacto apareceu como contrário ao interdito: "Tu não concluirás pacto com o habitante do país" (Ex 34,12; Dt 7,2; Jz 2,3). A história da astúcia procura justificar um tratado que não deveria ter sido concluído.

b) Comendo o alimento dos gabaonitas, os chefes de Israel aceitam a aliança, pois a partilha do pão ou de uma refeição é rito de aliança, Gn 26,30; 46, 54.

c) A "comunidade" é um termo técnico que pertence ao vocabulário sacerdotal para designar o povo de Israel.

podemos tocar neles. ²⁰Isto é o que lhes faremos: Deixa-lhes*ᵃ* a vida salva para que não venha sobre nós a Ira devido ao juramento que lhes prestamos." ²¹Os notáveis disseram: "Que vivam, mas que sejam rachadores de lenha e carregadores de água para toda a comunidade." Falaram-lhes, pois, assim os notáveis.

Dt 29,10

²²Josué convocou os gabaonitas e disse-lhes: "Por que nos enganastes dizendo: 'Estamos muito distantes de vós', quando habitais em nosso meio? ²³Agora, pois, sois malditos e jamais cessareis de ser servos como rachadores de lenha e carregadores de água na casa do meu Deus."*ᵇ* ²⁴Responderam a Josué: "É que se anunciou com certeza aos teus servos a ordem dada por Iahweh teu Deus a Moisés, seu servo, de vos entregar toda esta terra e de exterminar diante de vós todos os seus habitantes. Por isso com a vossa aproximação fomos tomados de grande medo pelas nossas vidas. Eis por que agimos assim. ²⁵Agora pois, estamos nas tuas mãos: faze-nos aquilo que te parece bom e justo." ²⁶E assim os tratou: livrou-os da mão dos israelitas que não os mataram.*ᶜ*

²⁷Naquele dia, Josué os colocou como rachadores de lenha e carregadores de água para o serviço da comunidade e do altar de Iahweh, até o dia de hoje, no lugar que ele escolheu.

7. A CONQUISTA DO SUL*ᵈ*

Jz 1,1-8

10 Cinco reis fazem guerra a Gabaon — ¹Ora, aconteceu que Adonisedec, rei de Jerusalém, soube que Josué havia tomado Hai e a havia consagrado ao anátema, tratando Hai e o seu rei como havia tratado Jericó e o seu rei, e que os habitantes de Gabaon haviam feito a paz com Israel e permaneciam no meio deles. ²Ele ficou apavorado, pois Gabaon era uma cidade tão grande como as cidades reais — era maior do que Hai —, e todos os seus homens eram guerreiros. ³Então Adonisedec, rei de Jerusalém, mandou dizer a Hoam, rei de Hebron, a Faram, rei de Jarmut, a Jáfia, rei de Laquis, e a Dabir, rei de Eglon: ⁴"Subi a mim e ajudai-me a destruir Gabaon, porque ela fez a paz com Josué e os israelitas." ⁵Os cinco reis dos amorreus, tendo-se reunido, subiram, eles e todos os seus exércitos, a saber: o rei de Jerusalém, o rei de Hebron, o rei de Jarmut, o rei de Laquis e o rei de Eglon; sitiaram Gabaon e a atacaram.

Jz 1,5

9,3-14

Josué socorre Gabaon — ⁶Os homens de Gabaon mandaram dizer a Josué, no acampamento de Guilgal: "Não retires tua ajuda de teus servos; apressa-te em subir até nós para nos salvar e nos socorrer, pois todos os reis amorreus que habitam as montanhas coligaram-se contra nós." ⁷Josué subiu de Guilgal, ele, todos os guerreiros e toda a elite do exército. ⁸Iahweh disse a Josué: "Não os temas: eu os entreguei nas tuas mãos e nenhum dentre eles te resistirá." ⁹Josué os atacou de repente, depois de haver marchado toda a noite, desde Guilgal.

a) Este singular cria dificuldade. Pode-se supor que o discurso a "toda a comunidade" se dirige de fato a Josué, que fixa o estatuto dos gabaonitas no v. 23.
b) Os gabaonitas ligados a um santuário, talvez o lugar alto de Gabaon (1Rs 3,4), poderiam ser identificados com os servos de Salomão dos quais falam no retorno do exílio Ne 7,57-60 e Esd 2,55-58. Salomão seria então aquele que os reduziu a um estatuto inferior (cf. Dt 29,10), que na origem não era uma punição.
c) Esta aliança foi rompida por Saul, o que acarretou uma expiação sob o reinado de Davi (2Sm 21,1-14).

d) Os caps. 10 e 11, pelo seu gênero literário, diferem dos precedentes: às duas expedições contra os reis cananeus coligados eles ligam a conquista de todo o Sul, depois a de todo o Norte da Terra Prometida, feita sob a direção de Josué pelo conjunto das tribos. Isso não concorda nem com outras passagens do mesmo livro (por exemplo, 13,1-6; 14,6-13; 15, 13-19; 17,12.16), nem com a lista que abre o livro dos Juízes (Jz 1), onde se dá a entender que a conquista foi lenta e incompleta, e que cada tribo agiu de modo independente. Este ponto de vista está mais de acordo

O socorro do alto — ¹⁰Iahweh os desbaratou na presença de Israel e infligiu-lhes, em Gabaon, grande derrota; perseguiu-os até o caminho da subida de Bet-Horon e os derrotou até Azeca e até Maceda. ¹¹Ora, enquanto fugiam diante de Israel, na descida de Bet-Horon,ᵃ Iahweh lançou sobre eles, do céu, enormes pedras, até Azeca, e morreram. Foram mais os que morreram pelo granizo do que pela espada dos israelitas. ¹²Foi então que Josué falou a Iahweh, no dia em que Iahweh entregou os amorreus aos israelitas. Disse Josué na presença de Israel:

"Sol, detém-te em Gabaon,
e tu, lua, no vale de Aialon!"

¹³E o sol se deteve e a lua ficou imóvel até que o povo se vingou dos seus inimigos.
Não está isso escrito no livro do Justo?ᵇ O sol ficou imóvel no meio do céu e atrasou o seu ocaso de quase um dia inteiro. ¹⁴Nunca houve dia semelhante, nem antes, nem depois, quando Iahweh obedeceu à voz de um homem. É que Iahweh combatia por Israel. ¹⁵Voltou Josué, e com ele todo Israel, ao acampamento de Guilgal.

Os cinco reis na caverna de Macedaᶜ — ¹⁶Aqueles cinco reis fugiram e se esconderam na caverna de Maceda. ¹⁷Anunciou-se então a Josué: "Os cinco reis," disseram-lhe, "foram descobertos escondidos na caverna de Maceda." ¹⁸Disse Josué: "Rolai grandes pedras à entrada da caverna e colocai junto a ela homens para guardá-las. ¹⁹Vós, porém, não vos detenhais: persegui vossos inimigos, cortai-lhes a retaguarda e não os deixeis entrar nas suas cidades, pois Iahweh vosso Deus os entregou nas vossas mãos."
²⁰Quando Josué e os israelitas acabaram de lhes infligir uma grande derrota a ponto de exterminá-los, todos os remanescentes vivos entraram nas cidades fortificadas. ²¹Todo o povo voltou ao acampamento são e salvo, junto a Josué, em Maceda, e ninguém ousou fazer coisa algumaᵈ contra os israelitas.
²²Disse então Josué: "Abri a entrada da caverna e fazei sair dela os cinco reis e trazei-mos." ²³Fizeram, pois, assim e trouxeram-lhe da caverna os cinco reis: o rei de Jerusalém, o rei de Hebron, o rei de Jarmut, o rei de Laquis e o rei de Eglon. ²⁴Quando fizeram sair esses reis, Josué chamou todos os homens de Israel e disse aos comandantes do exército que o haviam acompanhado: "Aproximai-vos e ponde o pé sobre o pescoço destes reis." Eles, aproximando-se, puseram o pé sobre a nuca deles. ²⁵"Não temais e nem vos acovardeis," disse-lhes Josué, "mas sede fortes e corajosos, pois assim tratará Iahweh todos os inimigos contra os quais tendes de combater." ²⁶Depois disso, Josué os feriu e os matou, e os fez suspender em cinco árvores, nas quais ficaram suspensos até à tarde.
²⁷Ao pôr do sol, por ordem de Josué, tiraram-nos das árvores e lançaram-nos na caverna onde se haviam escondido. Foram colocadas grandes pedras à entrada da caverna, as quais lá permanecem até o dia de hoje.

---

com a história, mas o livro de Josué ligou à pessoa de Josué fatos que lhe eram estranhos ou que eram posteriores a ele, para dar um quadro do conjunto da conquista.

a) A respeito do caminho comum das invasões, comparar com a perseguição dos filisteus por Saul (1Sm 14,23 [grego].31). Cf. também a invasão síria (1Mc 3,16.24).

b) Antiga coleção poética, atualmente perdida, citada também em 2Sm 1,18. Este verso ritmado, cuja justificação é inútil procurar na astronomia ou nos cultos astrais, é expressão poética, do auxílio trazido por Iahweh a Israel, cf. v. 11. Foi tomado literalmente por um redator que quer salientar a grandeza de Josué (cf. v. 14). Comparar com Jz 5,20.

c) Esta história representa uma tradição particular, distinta da batalha de Gabaon (a menção de Maceda no v. 10 é adição redacional). O lugar é desconhecido. Segundo Js 15,41, Maceda estava situada na região de Eglon e de Laquis, muito distante de Gabaon.

d) Lit.: "nenhum homem (*'ish* em lugar de *le'ish*, hebr.) afiou a sua língua".

Conquista das cidades meridionais de Canaã[a] — ²⁸No mesmo dia, Josué tomou Maceda e passou-a ao fio da espada, bem como o seu rei: votou-os ao anátema, com tudo que lá se encontrava de ser vivo, sem deixar sobrevivente, e tratou o rei de Maceda como havia tratado o rei de Jericó.

²⁹Josué, com todo Israel, passou então de Maceda a Lebna e a atacou. ³⁰Iahweh a entregou, com o seu rei, nas mãos de Israel, que a passou ao fio da espada, bem como a todo ser vivo que lá se encontrava; não deixou um sobrevivente sequer. Tratou o seu rei como havia tratado o rei de Jericó.

³¹Então Josué, e todo Israel com ele, passou de Lebna a Laquis, que sitiou e atacou. ³²Iahweh entregou Laquis nas mãos de Israel, que a tomou no segundo dia e a passou ao fio da espada, com tudo o que nela havia de ser vivo, como havia feito com Lebna. ³³Nesse tempo o rei de Gazer, Horam, subiu para socorrer Laquis; Josué, porém, o derrotou, bem como ao seu povo, sem deixar sobrevivente.

³⁴Josué, com todo Israel, passou de Laquis a Eglon. Sitiaram-na e atacaram-na. ³⁵E no mesmo dia a tomaram e passaram-na ao fio da espada. Ainda no mesmo dia consagrou ao anátema tudo o que nela havia de ser vivo, assim como havia feito com Laquis.

³⁶De Eglon Josué subiu, com todo Israel, a Hebron, e atacaram-na. ³⁷Tomaram-na e passaram ao fio da espada, bem como o seu rei, todas as cidades dela dependentes e tudo o que nelas se achou de ser vivo. Não deixou nenhum sobrevivente, do mesmo modo como fizera com Eglon. Consagrou-a ao anátema, bem como tudo o que nela se encontrava de ser vivo.

³⁸Então Josué, com todo Israel, dirigiu-se a Dabir e a atacou. ³⁹Tomou-a, com o seu rei e com todas as cidades dela dependentes; passaram-nas ao fio da espada e votaram ao anátema tudo o que nelas se achou de ser vivo; não deixou nenhum sobrevivente. Como havia feito a Hebron, assim fez Josué a Dabir e ao seu rei, tudo como havia feito a Lebna e ao seu rei.

Recapitulação das conquistas do Sul — ⁴⁰Assim Josué conquistou toda a terra, a saber: a montanha, o Negueb, a planície e as encostas, com todos os seus reis. Não deixou nenhum sobrevivente e votou todo ser vivo ao anátema, conforme havia ordenado Iahweh, o Deus de Israel; ⁴¹Josué os destruiu desde Cades Barne até Gaza, e toda a terra de Gósen até Gabaon. ⁴²Todos esses reis, com suas terras, Josué os tomou de uma só vez, porquanto Iahweh, Deus de Israel, combatia por Israel. ⁴³Finalmente Josué, com todo Israel, voltou ao acampamento de Guilgal.

8. A CONQUISTA DO NORTE[b]

11 ***Coalizão dos reis do Norte*** — ¹Quando Jabin, rei de Hasor,[c] ouviu isso, enviou mensageiros a Jobab, rei de Merom,[d] ao rei de Semeron, ao rei de Acsaf ²e aos reis que habitavam ao norte, a montanha, a planície ao sul de Quinéret, as terras da planície e os cumes[e] de Dor a oeste. ³Os cananeus achavam-se ao oriente e ao ocidente, os amorreus, os heteus, os ferezeus e os

---

a) Notar o esquematismo deste quadro (cf. 10,1+). A conquista de Hebron e Dabir não pode ser atribuída a Josué (cf. 15,13-17; Jz 1,10-15). Quanto a Lebna, Laquis e Eglon, não se tornaram israelitas senão muito mais tarde.
b) O cap. 11, conquista do Norte, é construído segundo um plano estritamente paralelo ao do cap. 10, ao redor de um núcleo histórico que é aqui a vitória das águas de Merom.
c) A sudoeste do lago Hulê (cf. 1Rs 9,15; 2Rs 15,29;

Jr 49,28s). As escavações do Tell de Hasor, o maior de toda a Palestina (cf. v. 10), confirmam que esta grande cidade foi completamente destruída e incendiada no fim do "Bronze Recente", época em que se concorda colocar a invasão israelita. — O Jabin de Hasor entrou indevidamente na narrativa de Jz 4.
d) "Merom", grego; "Madon", hebr.
e) "Cumes", em hebr. *naphot*, termo que só é empregado em relação com Dor (três vezes); cf. 17,11+.

jebuseus na montanha, e os heveus ao pé do Hermon, na terra de Masfa. ⁴Partiram, tendo com eles todos os seus exércitos, um povo numeroso como a areia na praia do mar, com uma enorme quantidade de cavalos e de carros.

Vitória de Merom — ⁵Todos esses reis, havendo-se ajuntado, vieram e acamparam junto às águas de Merom, para combater Israel. ⁶Iahweh disse então a Josué: "Não temas diante deles, pois amanhã, a esta mesma hora, eu os entregarei todos, traspassados, a Israel; cortarás os jarretes de seus cavalos e queimarás os seus carros." ⁷Josué, com todos os seus guerreiros, os atacou de surpresa perto das águas de Merom*ᵃ* e caiu sobre eles. ⁸Iahweh os entregou nas mãos de Israel que os derrotou e os perseguiu até Sidônia-a-grande e até Maserefot-Maim ao ocidente e até o vale de Masfa ao oriente. Ele os feriu a ponto de não deixar deles nenhum sobrevivente. ⁹Josué os tratou como Iahweh lhe havia dito: cortou os jarretes dos seus cavalos e queimou os seus carros.

Tomada de Hasor e de outras cidades do Norte *ᵇ* — ¹⁰Nesse mesmo tempo, Josué voltou e tomou Hasor, cujo rei feriu à espada. Hasor era outrora a capital de todos esses reinos. ¹¹Passou também ao fio da espada todo ser animado que nela se achou, devido ao anátema. Não deixou nela nenhum ser animado, e Hasor foi queimada.

¹²Todas as cidades desses reis, bem como todos os seus reis, Josué os tomou e os passou ao fio da espada em virtude do anátema, como havia ordenado Moisés, servo de Iahweh.

¹³Todavia, todas as cidades que estavam erigidas sobre suas colinas de ruínas, Israel não as incendiou, salvo Hasor que Josué incendiou. ¹⁴E todos os despojos dessas cidades, inclusive o gado, os israelitas os tomaram como presa de guerra. Todos os seres humanos, porém, passaram-nos ao fio da espada, até exterminá-los. Não deixaram nelas nenhum ser animado.

A ordem de Moisés executada por Josué — ¹⁵Como Iahweh ordenara a seu servo Moisés, assim ordenou Moisés a Josué, e Josué o executou sem omitir uma só palavra daquilo que Iahweh ordenara a Moisés. ¹⁶Assim Josué tomou toda esta terra: a montanha, todo o Negueb e toda a terra de Gósen, as terras da planície, a Arabá, a montanha de Israel e sua planície.

¹⁷Desde o monte Escarpado que sobe em direção de Seir, até Baal-Gad, no vale do Líbano, ao pé do monte Hermon, capturou todos os seus reis e os matou. ¹⁸Durante longo tempo, Josué fez guerra contra todos esses reis; ¹⁹nenhuma cidade fez a paz com os israelitas, salvo os heveus que habitavam em Gabaon: foi por meio da guerra que tomaram todas as outras. ²⁰Iahweh havia, pois, decidido endurecer o coração desses povos para que combatessem Israel, para que fossem anátemas, e para que não houvesse para eles remissão, mas fossem exterminados, como Iahweh ordenara a Moisés.*ᶜ*

---

a) Isto é, a fonte de que dependia Merom, que talvez se deva localizar no Tell el-Khureibeh, 15 km a oeste de Hasor, sobre um planalto, permitindo a evolução dos carros. — A explicação da vitória israelita, a despeito da superioridade militar dos cananeus (cf. 17,16; o exército não tinha carros antes de Salomão, 1Rs 9,19; 10,26s), é talvez dada nos vv. 6-7.9, onde se deve ver a causa e não a consequência da vitória.
b) É episódio da instalação das tribos do Norte que tiveram história diferente da história da Casa de José.

c) Cf. Dt 7,2s e 20,16-18, onde são dadas as razões desse extermínio: a conquista é guerra santa, a terra de Iahweh deve ser purificada de toda presença pagã. Israel é povo santo, portanto, separado (Dt 7,6+), que deve ser preservado de todo comprometimento que possa torná-lo infiel. Isso não se realizou (cf. notas a Js 10 e Jz 1). O motivo deste fracasso (faltas de Israel) e a razão pela qual Deus o permitiu (prova imposta ao povo) são dados em Jz 2,20 - 3,4 (ver Jz 2,6+).

Extermínio dos enacim[a] — ²¹Naquele tempo, veio Josué e exterminou os enacim da montanha, de Hebron, de Dabir, de Anab, de todas as montanhas de Judá e de todas as montanhas de Israel: votou-os, com as suas cidades, ao anátema. ²²Assim, pois, não restou nenhum dos enacim na terra dos israelitas, salvo em Gaza, em Gat e em Azoto. ²³Josué tomou toda a terra, exatamente como Iahweh havia dito a Moisés, e a deu por herança a Israel, segundo a sua divisão em tribos.

E a terra descansou da guerra.

9. RECAPITULAÇÃO

12 **Reis vencidos a leste do Jordão**[b] — ¹Estes são os reis da terra, aos quais os israelitas feriram e cujo território tomaram, além do Jordão, ao oriente, desde o ribeiro Arnon até ao monte Hermon, com toda a Arabá ao oriente: ²Seon, rei dos amorreus, que habitava em Hesebon, dominava desde Aroer, na margem do vale do Arnon, compreendendo o fundo do vale, a metade de Galaad e até o Jaboc, o ribeiro que é a fronteira dos filhos de Amon; ³a Arabá até ao mar de Quinéret ao oriente, e até ao mar da Arabá, o mar Salgado, ao oriente, em direção de Bet-Jesimot, e ao sul, ao pé das encostas do Fasga.

⁴Og,[c] rei de Basã, um dos últimos rafaim, que habitava em Astarot e em Edrai, ⁵dominava o monte Hermon e Saleca, todo o Basã até à fronteira dos gessuritas e dos maacatitas, e a metade de Galaad, até às fronteiras de Seon, rei de Hesebon. ⁶Moisés, servo de Iahweh, e os israelitas derrotaram-nos, e Moisés, servo de Iahweh, deu a posse de sua terra aos rubenitas, aos gaditas e à meia tribo de Manassés.

Reis vencidos a oeste do Jordão[d] — ⁷Estes são os reis da terra que Josué e os israelitas venceram, aquém do Jordão, ao ocidente, desde Baal-Gad, no vale do Líbano, até o monte Escarpado, que se eleva em direção a Seir, e cujas terras Josué distribuiu por herança às tribos de Israel, segundo as suas divisões: ⁸na montanha e nas planícies, na Arabá e nas Encostas, no Deserto e no Negueb, entre os heteus, os amorreus, os cananeus, os ferezeus, os heveus e os jebuseus: ⁹O rei de Jericó, um; o rei de Hai, perto de Betel, um; ¹⁰o rei de Jerusalém, um; o rei de Hebron, um; ¹¹o rei de Jarmut, um; o rei de Laquis, um; ¹²o rei de Eglon, um; o rei de Gazer, um; ¹³o rei de Dabir, um; o rei de Gader, um; ¹⁴o rei de Horma, um; o rei de Arad, um; ¹⁵o rei de Lebna, um; o rei de Odolam, um; ¹⁶o rei de Maceda, um; o rei de Betel, um; ¹⁷o rei de Tafua, um; o rei de Ofer, um; ¹⁸o rei de Afec, um; o rei de Saron, um; ¹⁹o rei de Merom,[e] um; o rei de Hasor, um; ²⁰o rei de Semeron Meron, um; o rei de Acsaf, um; ²¹o rei de Tanac, um; o rei de Meguido, um; ²²o rei de Cedes, um; o rei de Jecnaam no Carmelo, um; ²³o rei de Dor, no cimo de Dor, um; o rei das nações na Galileia,[f] um; ²⁴o rei de Tersa, um; ao todo trinta e um reis.

---

a) Sobre os enacim, ver Dt 1,28+. Esta notícia redacional não concorda com a conquista de Hebron por Caleb (Js 15,13-14: cf. 10,28+).

b) 12,1-8 é do redator deuteronomista. Nos vv. 1-6, ele utiliza indicações tiradas de Dt 1-4; nos vv. 9-24, ele estabelece uma lista de reis vencidos segundo os relatos de Js 6-10, mas sobretudo a partir de uma antiga lista de cidades, datando talvez da época de Salomão.

c) "Og", grego; "O território de Og", hebr.

d) As diferenças apresentadas pelo grego nos vv. 18.19.20 e 23 parecem ser uma incompreensão do texto hebraico, que seguimos aqui com um mínimo de correções.

e) "Merom", conj. (cf. 11,1); "Madon", hebr.; falta no grego.

f) "Galileia", grego; "Guilgal", hebr.

II. Partilha da terra entre as tribos

13 *Terras ainda não conquistadas*[a] — ¹Ora, Josué se tornou idoso e de idade avançada. Iahweh lhe disse: "Eis que estás velho, em idade avançada, e ainda resta muita terra para conquistar. ²Esta é a terra que ainda resta: Todas as províncias dos filisteus[b] e toda a terra dos gessuritas; ³desde o Sior que está defronte do Egito até à fronteira de Acaron ao norte, é considerada como cananeia. Os cinco príncipes dos filisteus são: o de Gaza, o de Azoto, o de Ascalon, o de Gat e o de Acaron; os aveus ⁴estão ao sul. Toda a terra dos cananeus e Maara,[c] que é dos sidônios, até Afeca e até à fronteira dos amorreus; ⁵a terra do jiblita com todo o Líbano ao oriente, desde Baal-Gad, ao pé do monte Hermon, até à Entrada de Emat.

⁶Todos os habitantes da montanha desde o Líbano até Maserefot-Maim, todos os sidônios, eu mesmo expulsarei diante dos israelitas. Tu somente tens que distribuir a terra como herança aos israelitas, conforme te ordenei. ⁷Agora, pois, divide a terra como herança entre as nove tribos e a meia tribo de Manassés: desde o Jordão até ao Grande Mar ao ocidente, tu lhes darás; o Grande Mar será o seu limite."[d]

1. DESCRIÇÃO DAS TRIBOS TRANSJORDÂNICAS[e]

Esboço de conjunto — ⁸Quanto à outra meia tribo de Manassés,[f] juntamente com os rubenitas e os gaditas, havia já recebido sua herança, aquilo que Moisés lhes havia dado, além do Jordão, ao oriente, conforme Moisés, servo de Iahweh, lhes havia então dado: ⁹a partir de Aroer que está na margem do vale do Arnon, com a cidade que está no fundo do vale e todo o planalto desde Medaba até Dibon; ¹⁰todas as cidades de Seon, rei dos amorreus, que havia reinado em Hesebon, até a fronteira dos filhos de Amon. ¹¹E Galaad e o território dos gessuritas e dos maacatitas, com toda a montanha do Hermon e todo o Basã, até Saleca; ¹²e no Basã, todo o reino de Og que havia reinado em Astarot e em Edrai, e foi o último sobrevivente dos rafaim. Moisés derrotou e expulsou esses dois reis. ¹³Os israelitas, porém, não expulsaram os gessuritas nem os maacatitas, e Gessur e Maaca habitam ainda hoje no meio de Israel. ¹⁴A tribo de Levi foi a única a que não se deu herança: os dons feitos a Iahweh, Deus de Israel, foram a sua herança,[g] conforme ele mesmo lhe havia dito.

---

a) Trata-se de territórios que nunca se tornaram israelitas, apesar de estarem no plano da Terra Santa ideal de Js 1,4 e no traçado de Nm 34,1-12 ao sul, a terra dos filisteus, com os gessuritas (cf. 1Sm 27,8) e os aveus (cf. Dt 2,23); ao norte, a terra dos sidônios, isto é, a Fenícia. O texto de 13,1-7 é do redator, que introduz o documento geográfico.
b) Segundo Dt 2,23; Am 9,7; Jr 47,4s, os filisteus são originários de Cáftor, que é mais provavelmente, Creta e não a Ásia Menor. De qualquer modo esta não foi senão uma etapa na sua migração, e sua origem permanece obscura. Formavam parte do grande movimento dos "Povos do Mar" que velejou até às portas do Egito, onde foi detido por Ramsés III, no começo do século XII. Depois da sua derrota, os filisteus instalaram-se na planície costeira da Palestina (dando-lhe assim o seu nome). A menção deles em Gn 21,32-34; 26,1-8 e Ex 13,7 é uma antecipação. O v. 4 enumera os seus cinco distritos (cf. Jz 3,3; Jl 4,4). Não eram semitas e não praticavam a circuncisão. Inimigos obstinados dos israelitas do tempo dos Juízes e de Saul, foram derrotados por Davi, mas mantiveram-se na orla marítima.
c) Texto corrompido. Supõe-se: "depois (tal lugar)". Todas as correções propostas são incertas.
d) "desde o Jordão... seu limite", grego; omitido pelo hebr.
e) Esta seção toma seus elementos de Nm 32 e Dt 3,12-17, acrescentando nomes de lugares, mas não dá descrição do território das tribos, como será feito pelo grupo da Cisjordânia. A geografia dessas tribos é incerta para os próprios israelitas, e Rúben e Gad são geralmente tratados como uma unidade (Nm 32,1s; Dt 3,12; Js 1,12 etc.). As duas tribos foram reduzidas em pouco tempo, devido ao desenvolvimento dos reinos amonita e moabita (cf. para Rúben Gn 49,4; Dt 33,6, e para Gad Gn 49,19). As origens da meia tribo de Manassés são obscuras; parece que o seu estabelecimento em Galaad do norte não data deste primeiro período (cf. Nm 32,1+).
f) "Quanto à outra meia tribo de Manassés", reconstruído segundo o grego.
g) "Iahweh, Deus de Israel, foi", grego.

A tribo de Rúben — ¹⁵Moisés deu à tribo dos filhos de Rúben uma parte segundo seus clãs. ¹⁶Portanto tiveram por território desde Aroer que está na margem do vale do Arnon, com a cidade que está no fundo do vale, todo o planalto: até Medaba, ¹⁷Hesebon com todas as cidades que estão no planalto: Dibon, Bamot-Baal, Bet-Baal-Meon, ¹⁸Jasa, Cedimot, Mefaat, ¹⁹Cariataim, Sábama e, na montanha da Arabá, Sarat-Asaar; ²⁰Bet-Fegor, as encostas do Fasga, Bet-Jesimot, ²¹todas as cidades do planalto e todo o reino de Seon, rei dos amorreus, que reinou em Hesebon; foi derrotado por Moisés, bem como os príncipes de Madiã, Evi, Recém, Sur, Hur e Rebe, vassalos de Seon, que habitavam a terra. ²²Quanto a Balaão, filho de Beor, o adivinho, os israelitas o mataram pela espada juntamente com aqueles que haviam matado. ²³Assim, a fronteira dos filhos de Rúben foi o Jordão e seu território. Essa foi a herança dos filhos de Rúben segundo seus clãs, com as cidades e suas aldeias.

A tribo de Gad — ²⁴Moisés deu à tribo de Gad, aos filhos de Gad, uma parte segundo suas famílias. ²⁵Tiveram por território Jazer, todas as cidades de Galaad, a metade do país dos amonitas até Aroer que está em frente de Rabá, ²⁶e desde Hesebon até Ramot-Masfa e Betonim; a partir de Maanaim até o território de Lo-Dabar, ²⁷e no vale: Bet-Aram, Bet-Nemra, Sucot, Safon — a parte restante do reino de Seon, rei de Hesebon —, o Jordão e o território que vai até à extremidade do mar de Quinéret, além do Jordão, ao oriente. ²⁸Essa foi a herança dos filhos de Gad, segundo seus clãs, com suas cidades e suas aldeias.

A meia tribo de Manassés — ²⁹Moisés tinha dado à meia tribo de Manassés (e isto foi para a meia tribo dos filhos de Manassés)ᵃ uma parte segundo seus clãs. ³⁰Tiveram por território, a partir de Maanaim, todo o Basã, todo o reino de Og, rei de Basã, todas as aldeias de Jair em Basã, sessenta cidades. ³¹A metade de Galaad, assim como Astarot e Edrai, cidades reais de Og em Basã, foram dadas aos filhos de Maquir, filho de Manassés, a saber, à metade dos filhos de Maquir segundo suas famílias.

³²Essas são as heranças que Moisés deu nas planícies de Moab, além do Jordão, de Jericó, ao oriente. ³³À tribo de Levi, contudo, Moisés não deu herança: Iahweh, o Deus de Israel, é a sua herança, como lhes havia dito.

2. DESCRIÇÃO DAS TRÊS GRANDES TRIBOS A OESTE DO JORDÃOᵇ

14 *Introdução* — ¹Estas são as heranças que os israelitas receberam na terra de Canaã, que lhes deram como herança o sacerdote Eleazar e Josué, filho de Nun, com os chefes de família das tribos de Israel. ²Foi por sorte que receberam sua herança, conforme Iahweh havia ordenado por intermédio de Moisés, para as nove tribos e meia. ³Moisés já lhes havia dado herança, às duas tribos e meia, do outro lado do Jordão; mas aos levitas não havia dado herança entre eles. ⁴Os filhos de José, porém, formavam duas tribos, Manassés e Efraim, e não se deu na terra parte alguma aos levitas,

---

a) Esta glosa é omitida em grego.
b) A grande seção 14,1-19,49 combina diversos documentos: uma descrição dos limites das tribos, anterior à época monárquica, e listas de cidades, que estão pormenorizadas especialmente no tocante a Judá (Simeão) e Benjamim e representam uma situação da época real. Esses documentos, reunidos e comentados (ver em particular Js 15,13-19; 16,10; 17,11-13, textos paralelos a Jz 1), serviram para fornecer um quadro da ocupação sob Josué. Na verdade, os diferentes grupos se instalaram, por infiltração pacífica ou por conquista, cada um no seu território, cuja posse foram assegurando pouco a pouco.

a não ser cidades para nelas habitarem, com as pastagens para seu gado e a sua manutenção. ⁵Os israelitas fizeram conforme Iahweh havia ordenado a Moisés, e partilharam a terra.

A parte de Caleb[a] — ⁶Os filhos de Judá vieram ter com Josué em Guilgal, e Caleb, filho de Jefoné, o cenezeu, lhe disse: "Bem sabes o que Iahweh disse a Moisés, homem de Deus, a meu e a teu respeito, em Cades Barne. ⁷Eu tinha quarenta anos quando Moisés, servo de Iahweh, me enviou de Cades Barne para espionar esta terra, e eu lhe fiz um relato sincero. ⁸Mas os irmãos que haviam subido comigo desencorajaram o povo, ao passo que eu segui perfeitamente Iahweh meu Deus. ⁹Naquele dia, Moisés fez este juramento: 'Certamente, a terra em que pisou o teu pé te pertencerá por herança, a ti e aos teus filhos para sempre, porque seguiste perfeitamente Iahweh meu Deus.' ¹⁰Desde então, Iahweh me guardou com vida segundo sua promessa. Faz quarenta e cinco anos que Iahweh fez essa declaração a Moisés, quando Israel andava pelo deserto, e eis que agora estou com oitenta e cinco anos. ¹¹Estou tão robusto hoje como no dia em que Moisés me confiou essa missão, minha força de hoje é como a minha força de então, para combater e para ir e vir. ¹²Agora, pois, que se me dê esta montanha de que me falou Iahweh naquele dia. Ouviste, naquele dia, que lá estavam os enacim e grandes cidades fortificadas; porém se Iahweh está comigo eu os expulsarei como disse Iahweh."

¹³Josué abençoou Caleb, filho de Jefoné, e lhe deu Hebron como herança. ¹⁴Assim Hebron permaneceu até hoje como herança de Caleb, filho de Jefoné, o cenezeu, porque seguiu perfeitamente Iahweh Deus de Israel.

¹⁵Outrora, o nome de Hebron era Cariat-Arbe.[b] Arbe era o maior homem entre os enacim.

E a terra descansou da guerra.

15

A tribo de Judá[c] — ¹O lote da tribo dos filhos de Judá, segundo seus clãs, se estendia para a fronteira de Edom, desde o deserto de Sin, ao meio-dia, até Cades ao sul. ²Sua fronteira meridional partia da extremidade do mar Salgado, desde a Língua que olha para o Negueb,[d] ³e se dirigia para o sul da subida dos Escorpiões, atravessava Sin e subia ao sul de Cades Barne; passando por Hesron, subia a Adar e voltava em direção a Carca, ⁴depois a fronteira passava por Asemona e desembocava na torrente do Egito, para terminar no mar. Essa será vossa fronteira meridional. ⁵Ao oriente, a fronteira era o mar Salgado até a foz do Jordão. A fronteira do lado norte partia da baía, à foz do Jordão. ⁶A fronteira subia a Bet-Hogla, passava ao norte de Bet-Arabá e subia à Pedra de Boen, filho de Rúben. ⁷Depois a fronteira subia a Dabir, desde o vale de Acor, e voltava ao norte, em direção a Guilgal que está diante da subida de Adomim, que está ao sul da Torrente. A fronteira passava pelas águas de En-Sames e ia terminar em En-Roguel. ⁸Daqui ela

---

a) Caleb é cenezeu (vv. 6 e 14), portanto, não israelita (cf. Nm 24,21+). Seu clã, originário do sul da Palestina, é aparentado com os edomitas (cf. Gn 36,11): relacionou-se com Israel, e especialmente com Judá, desde a estada em Cades (Nm 13-14). Ocupou a região de Hebron (aqui e 15,13-19; Jz 1,12-15), perto da qual se encontra "o Negueb de Caleb" (1Sm 30,14). Os calebitas foram finalmente assimilados a Judá (cf. as genealogias das Crônicas: 1Cr 2,18s.42s; 4,11s, e Js 15,13+).

b) Cariat-Arbe (cf. Gn 23,2; 35,27; Jz 1,10 etc.) significa "cidade dos quatro": os quatro bairros da cidade ou os quatro clãs que a habitavam. Enac antepassado epônimo dos "enacim", e seus três filhos (cf. 15,14; Dt 2,10+). Aqui, Arbe se tornou nome de pessoa.

c) Os limites sul, leste e oeste de Judá são na realidade os da terra de Canaã; o limite norte, que é o mais pormenorizado, representa a fronteira de Judá na época de Davi. Leva em conta a situação particular de Jerusalém e a permanência dos enclaves cananeus. Seu prolongamento até o mar é teórico.

d) A Língua é a faixa de terra que avança no mar Morto ao sudeste (em árabe, a *Lishân*). Não se deve confundi-la com "a língua de mar" que se encontra ao norte (v. 5).

subia o vale de Ben-Enom que vem do sul, em direção ao flanco do jebuseu ao sul[a] — que é Jerusalém —; subia ao cume da montanha que fecha o vale de Enom do lado oeste, na extremidade setentrional da planície dos rafaim. [9]Do cume da montanha, a fronteira se dobrava em direção à fonte das águas da Neftoa e se dirigia às cidades do monte Efron, para voltar-se em direção a Baala — que é Cariat-Iarim. [10]De Baala, a fronteira dava volta ao ocidente, em direção à montanha de Seir, e passando a encosta do monte Jearim em direção ao norte — que é Queslon — descia a Bet-Sames, atravessava Tamna, [11]chegava à encosta de Acaron em direção ao norte, voltava em direção de Secron e passava pela montanha de Baala, para chegar a Jebneel. O mar era a extremidade da fronteira. [12]A fronteira ocidental era formada pelo Grande Mar. Essa fronteira era, nos seus limites, a dos filhos de Judá segundo seus clãs.

|| Jz 1,10-15
Js 14,6 +

Os calebitas ocupam o território de Hebron[b] — [13]A Caleb, filho de Jefoné, foi dada uma parte no meio dos filhos de Judá, segundo a ordem de Iahweh a Josué: Cariat-Arbe, a cidade do pai de Enac — que é Hebron. [14]Caleb expulsou dela os três filhos de Enac: Sesai, Aimã e Tolmai, descendentes de Enac. [15]De lá marchou contra os habitantes de Dabir; Dabir se chamava então Cariat-Séfer. [16]Disse então Caleb: "Àquele que derrotar Cariat-Séfer e a tomar, dar-lhe-ei como esposa minha filha Acsa." [17]Tomou-a Otoniel, filho de Cenez, irmão de Caleb, e este lhe deu sua filha Acsa por esposa. [18]Quando ela chegou perto de seu marido, este lhe sugeriu que pedisse um campo a seu pai. Então ela saltou do jumento e Caleb lhe perguntou: "Que queres?" [19]Ela respondeu: "Dá-me um presente. Visto que me deste a terra do Negueb, dá-me, pois, fontes de água." E ele lhe deu as fontes superiores e as fontes inferiores.

[20]Essa foi a herança da tribo dos filhos de Judá, segundo seus clãs.

Nomenclatura das localidades de Judá — [21]Cidades na extremidade da tribo dos filhos de Judá, em direção à fronteira de Edom, no Negueb:

Cabseel, Eder, Jagur, [22]Cina, Dimona, Adeada, [23]Cades, Hasor-Jetnã, [24]Zif, Telém, Balot, [25]Hasor-Adata, Cariot-Hesron — que é Hasor —, [26]Amam, Sama, Molada, [27]Haser-Gada, Hasemon, Bet-Félet, [28]Hasor-Sual, Bersabeia e seus arredores,[c] [29]Baala, Jim, Esem, [30]Eltolad, Cesil, Horma, [31]Siceleg, Madmana, Sensena, [32]Lebaot, Selim, Ain e Remon: ao todo vinte e nove cidades com suas aldeias.[d]

[33]Nas planícies:

Estaol, Saraá, Asena, [34]Zanoe, Aen-Ganim, Tafua, Enaim, [35]Jarmut, Odolam, Soco, Azeca, [36]Saraim, Aditaim, Gedera e Gederotaim:[e] catorze cidades com suas aldeias.

[37]Sanã, Hadasa, Magdol-Gad, [38]Deleã, Masfa, Jecetel, [39]Laquis, Bascat, Eglon, [40]Quebon, Leemas, Cetlis, [41]Gederot, Bet-Dagon, Naama e Maceda: dezesseis cidades com suas aldeias.

a) O "flanco" ou a "espádua" do jebuseu (cf. 18,16) é a saliência da colina em que se encontrava a antiga Jerusalém (cf. 2Sm 5,9+).

b) Os vv. 13-19 encontram-se de novo quase literalmente em Jz 1,10-15 onde, contudo, a tomada de Hebron e de Dabir é atribuída a Judá; Otoniel (v. 17) reaparecerá como um dos "Juízes" de Israel (Jz 3,7-11).

c) "e seus arredores": *benôtêha*, lido pelo grego e cf. Ne 11,27, *bizyotyah* hebr. ininteligível.

d) Na realidade, o texto enumera trinta e cinco cidades. Segue-se o TM sem corrigi-lo, embora ele pareça mal conservado. Em seu conjunto, a lista dada pela versão grega é por demais diferente para que se possa utilizá-la para corrigir o TM. Todavia, seria preciso talvez ler Arad em vez de Eder e Aroer em lugar de Adeada (confusão frequente do *dalet* e do *resh*, quase idênticos); os nomes de Ain e Remon devem provavelmente ser reunidos num só (En-Remon, cf. Ne 11,29).

e) Para o total de catorze cidades, temos quinze nomes. Foram propostas diversas correções. O hebr. poder-se-ia explicar se os dois últimos nomes fossem considerados como representando uma só cidade.

⁴²Lebna, Eter, Asã, ⁴³Jefta, Esna, Nesib, ⁴⁴Ceila, Aczib e Maresa: nove cidades com suas aldeias.

⁴⁵Acaron*ᵃ* com suas cidades dependentes e suas aldeias. ⁴⁶De Acaron até ao mar, tudo o que se encontra ao lado de Azoto com suas aldeias. ⁴⁷Azoto com suas cidades dependentes e suas aldeias, Gaza com suas cidades dependentes e suas aldeias até à Torrente do Egito, sendo o Grande Mar a sua fronteira.

⁴⁸Na montanha:
Saamir, Jeter, Soco, ⁴⁹Dana, Cariat-Sana, hoje Dabir, ⁵⁰Anab, Estemo, Anim, ⁵¹Gósen, Holon e Gilo: onze cidades com suas aldeias.

⁵²Arab, Duma, Esaã, ⁵³Janum, Bet-Tafua, Afeca, ⁵⁴Hamata, Cariat-Arbe, hoje Hebron, e Sior; nove cidades com suas aldeias.

⁵⁵Maon, Carmel, Zif, Jota, ⁵⁶Jezrael, Jucadam, Zanoe, ⁵⁷Acain, Gabaá e Tamna: dez cidades com suas aldeias.

⁵⁸Halul, Bet-Sur, Gedor, ⁵⁹Maret, Bet-Anot e Eltecon: seis cidades com suas aldeias.

Técua, Éfrata, hoje Belém, Fegor, Etam, Culon, Tatam, Sores, Carem, Galim, Beter e Manaat: onze cidades com suas aldeias.*ᵇ*

⁶⁰Cariat-Baal — que é Cariat-Iarim — e Areba: duas cidades com suas aldeias.

⁶¹No deserto:
Bet-Arabá, Medin, Sacaca, ⁶²Nebsã, a Cidade do Sal e Engadi: seis cidades com suas aldeias.

⁶³Mas os jebuseus que habitavam em Jerusalém, os filhos de Judá não puderam expulsá-los; assim os jebuseus ainda hoje habitam em Jerusalém, ao lado dos filhos de Judá.

16

A tribo de Efraim — ¹A parte dos filhos de José começava ao oriente do Jordão de Jericó — as águas de Jericó —, que é o deserto que sobe de Jericó para a montanha de Betel; ²em seguida, partia de Betel em direção a Luza e passava em direção da fronteira dos arquitas em Atarot; ³depois descia a oeste em direção à fronteira dos jeflatitas até à fronteira de Bet-Horon Inferior e até Gazer, de onde se dirigia para o mar. ⁴Essa foi a herança dos filhos de José, Manassés e Efraim.

⁵Quanto ao território dos filhos de Efraim segundo seus clãs a fronteira de sua herança era Atarot-Adar*ᶜ* até Bet-Horon Superior, ⁶depois a fronteira se dirigia para o mar... o Macmetat*ᵈ* ao norte, e a fronteira voltava ao oriente em direção a Tanat-Silo, que atravessava ao oriente em direção de Janoe; ⁷descia de Janoe a Atarot e a Naarata, tocava Jericó e atingia o Jordão. ⁸De Tafua, a fronteira ia em direção ao ocidente, à torrente de Caná, e se dirigia para o mar. Essa foi a herança da tribo dos filhos de Efraim, segundo seus clãs, ⁹além das cidades reservadas aos filhos de Efraim no meio da herança dos filhos de Manassés, todas aquelas cidades com as suas aldeias. ¹⁰Os cananeus que habitavam Gazer não foram expulsos e permaneceram no meio de Efraim até o dia de hoje, sujeitos a trabalhos forçados.

17

*A tribo de Manassés*ᵉ — ¹A parte da tribo de Manassés — ele foi o *primogênito de José* — foi primeiramente para Maquir, primogênito de Manassés, pai de Galaad, porque era um guerreiro: teve o Galaad e o Basã.

---

a) Acaron ficou sendo, de fato, cidade filisteia, provavelmente até Davi, e desde Acaz (736-716) até à época persa (cf. Am 1,8; Zc 9,5-7).
b) De "Técua" até o fim do v.: reconstruído segundo o grego; omitido pelo hebr.
c) Atrot-Adar é talvez a corrupção de Atrot-Arac (grego: Atarot), isto é, Atrot dos Arquitas, idêntica à Atarot, do v. 2.
d) "O Macmetat" deve ser um acidente do terreno, talvez um desfiladeiro muito apertado, ou a falésia do wadi Beidan, não longe de Nablus-Siquém (cf. 17,7).
e) A meia tribo de Manassés (sobre a outra meia tribo, cf. 13,29s), estabelecida a oeste do Jordão, sofreu a expansão de Efraim, em seu prejuízo (cf. 16,9; 17,8-9). Essa mudança se reflete na história de Efraim, que recebe o lugar do primogênito Manassés (Gn 48,14s).

²Depois dele, foi para os outros filhos de Manassés segundo seus clãs: aos filhos de Abiezer, aos filhos de Helec, aos filhos de Esriel, aos filhos de Séquem, aos filhos de Héfer e aos filhos de Semida: esses eram os filhos varões de Manassés, filho de José, conforme seus clãs. ³Salfaad, filho de Héfer, filho de Galaad, filho de Maquir, filho de Manassés, não tinha filhos, mas somente filhas, cujos nomes eram: Maala, Noa, Hegla, Melca e Tersa.[a] ⁴Elas apresentaram-se perante o sacerdote Eleazar, perante Josué, filho de Nun, e perante os notáveis e disseram: "Iahweh ordenou a Moisés que nos desse uma herança no meio dos nossos irmãos." Foi-lhes dada então, segundo a ordem de Iahweh, uma herança entre os irmãos de seu pai. ⁵Assim, pois, couberam a Manassés dez partes além da terra de Galaad e do Basã situado além do Jordão, ⁶porque as filhas de Manassés obtiveram uma herança entre os filhos dele. Quanto à terra de Galaad, ficou pertencendo aos outros filhos de Manassés.

⁷A fronteira de Manassés foi, do lado de Aser, o Macmetat que está diante de Siquém, e de lá, a fronteira se inclinava, à direita, em direção a Jasib[b] En-Tafua. ⁸Manassés possuía a região de Tafua, porém Tafua, na fronteira de Manassés, era dos filhos de Efraim. ⁹A fronteira descia para a torrente de Caná; ao sul da torrente Efraim tinha cidade no meio das cidades de Manassés; a fronteira de Manassés estava ao norte da torrente e os seus confins eram o mar. ¹⁰O sul pertencia a Efraim e o norte a Manassés, com o mar por limite; confinavam ao norte com Aser, e com Issacar a leste. ¹¹Manassés possuía, com Issacar e com Aser, Betsã e as cidades que dela dependiam, Jeblaam e as cidades que dela dependiam, os habitantes de Dor e das cidades que dela dependiam, os habitantes de En-Dor e das cidades que dela dependiam,[c] os habitantes de Tanac e de Meguido e das cidades que delas dependiam (a terceira é a do Outeiro). ¹²Mas como os filhos de Manassés não puderam tomar posse destas cidades, os cananeus continuaram a habitar na terra. ¹³Contudo, quando os israelitas se tornaram mais fortes, submeteram os cananeus a trabalho forçado, mas não os expulsaram de todo.

Reclamação dos filhos de José[d] — ¹⁴Os filhos de José se dirigiram a Josué nestes termos: "Por que me deste por herança apenas uma parte, uma só porção, embora seja eu um povo numeroso, tanto me tem abençoado Iahweh?" ¹⁵Disse-lhes Josué: "Se tu és um povo numeroso, sobe à floresta e desmata à vontade a floresta da região dos ferezeus e dos rafaim, visto que a montanha de Efraim é muito estreita para ti." ¹⁶Os filhos de José disseram: "A montanha não nos é suficiente e, além disso, todos os cananeus que habitam a terra da planície têm carros de ferro, bem como os de Betsã e das cidades que dela dependem, como os da planície de Jezrael." ¹⁷Josué disse então à casa de José, de Efraim e de Manassés: "Tu és um povo numeroso e grande é a tua força; tu não terás uma parte apenas, ¹⁸mas terás uma montanha; é verdade que é uma floresta, porém tu a desmatarás e os seus limites te pertencerão. Além disso, expulsarás os cananeus, não obstante possuam carros de ferro e sejam fortes."

---

a) Os nomes das "filhas" de Salfaad, bisneto de Maquir, filho de Manassés, são os de localidades situadas ao norte de Siquém. Esta situação geográfica de uma parte do clã de Maquir justifica-se por uma história que Nm 27 e 36 referem ao tempo de Moisés e que se tornou *jurisprudência* para a herança das filhas.
b) "Jasib", segundo o grego; "os habitantes de" (*yoshebê*) En-Tafua (ou da fonte de Tafua), hebr.
c) "A terceira é a do Outeiro", glosa precisando que se trata de Dor. O termo hebraico *naphet* (ou *naphah*), traduzido por "outeiro", só é empregado para qualificar Dor, cf. 11,2; 12,23; 1Rs 4,11. Seria tentador traduzir esse termo por "planície", dada a situação geográfica de Dor, porém em 11,2 o texto faz clara distinção entre a planície, o país-baixo, e os "outeiros" (ou encostas) de Dor.
d) Esta passagem justapõe duas versões de uma mesma tradição; a mais antiga é a dos vv. 16-18 que se refere ao desmatamento, pela Casa de José, da montanha arborizada de Efraim; a segunda (vv. 14-15) talvez aluda à instalação de parte da tribo de Manassés em Galaad (cf. Nm 32,1+).

3. DESCRIÇÃO DAS OUTRAS SETE TRIBOS

18 *Operação cadastral para as sete tribos* — ¹Toda a comunidade dos israelitas se reuniu em Silo,*ᵃ* onde se armou a Tenda da Reunião; a terra toda estava submissa diante deles. ²Contudo, restavam entre os israelitas sete tribos que ainda não haviam recebido a sua herança. ³Disse então Josué aos israelitas: "Até quando negligenciareis tomar posse da terra que vos deu Iahweh, Deus de vossos pais? ⁴Escolhei três homens por tribo, para que eu os envie; irão percorrer a terra e farão uma descrição dela com vistas à sua herança, após o quê voltarão a mim. ⁵Repartirão a terra em sete partes. Judá permanecerá no seu território ao sul, e os da casa de José permanecerão no seu território ao norte. ⁶Fareis, portanto, uma descrição da terra em sete partes e ma trareis aqui, para que eu possa lançar sortes por vós, aqui, diante de Iahweh nosso Deus. ⁷Os levitas, porém, não terão parte alguma no meio de vós: o sacerdócio de Iahweh será sua herança. Quanto a Gad, a Rúben e à meia tribo de Manassés, já receberam a sua herança além do Jordão, ao oriente, aquilo que lhes deu Moisés, servo de Iahweh."

⁸Assim esses homens se dispuseram e se foram. Àqueles que iam fazer a descrição da terra Josué deu esta ordem: "Ide, percorrei a terra e descrevei-a, depois voltai a mim e lançarei a sorte por vós, aqui, diante de Iahweh, em Silo." ⁹Partiram, pois, esses homens, percorreram a terra e a descreveram pelas cidades, em sete partes, em um livro, e depois voltaram a Josué, no acampamento em Silo. ¹⁰Josué lançou sorte por eles, em Silo, diante de Iahweh, e foi ali que Josué repartiu a terra entre os israelitas, segundo as suas partes.

A tribo de Benjamim — ¹¹Saiu a sorte em primeiro lugar para a tribo dos filhos de Benjamim, segundo seus clãs: o território da sua sorte estava situado entre os filhos de Judá e os filhos de José. ¹²A sua fronteira do lado norte partia do Jordão, subia pela encosta de Jericó, ao norte, subia a montanha em direção ao ocidente e ia terminar no deserto de Bet-Áven. ¹³Dali, a fronteira passava em Luza, na encosta de Luza ao sul, hoje Betel; descia a Atarot-Adar*ᵇ* na montanha que está ao sul de Bet-Horon-Inferior. ¹⁴A fronteira se desviava e voltava, frente ao oeste, em direção ao sul, desde a montanha que está na frente de Bet-Horon ao sul, para terminar em direção a Cariat-Baal, hoje Cariat-Iarim, cidade dos filhos de Judá. Esse era o lado ocidental. ¹⁵Eis agora o lado sul: desde a extremidade de Cariat-Iarim, a fronteira ia em direção de Jim*ᶜ* e chegava perto da fonte das águas de Neftoa, ¹⁶depois descia a extremidade da montanha que está defronte do vale de Ben-Enom, na planície dos rafaim, ao norte descia ao vale de Enom, em direção à encosta do jebuseu ao sul, e descia a En-Roguel. ¹⁷Em seguida, dobrava-se ao norte para chegar a En-Sames, e terminava em Gelilot, que está diante da subida de Adomim, então descia à Pedra de Boen, filho de Rúben. ¹⁸Passava a seguir sobre o flanco norte diante da Arabá*ᵈ* em direção ao norte, e descia em direção à Arabá; ¹⁹depois a fronteira passava na encosta de Bet-Hegla ao norte, e o ponto terminal da fronteira era a baía do mar do Sal, ao norte, na extremidade meridional do Jordão. Essa era a fronteira sul. ²⁰O Jordão formava a fronteira do lado do oriente. Essa foi a herança dos filhos de Benjamim segundo o contorno de sua fronteira, e de acordo com seus clãs.

---

a) A distribuição das terras às sete tribos restantes é inserida em plano redacional (18,1-10 e 19,51), que coloca essa partilha em Silo, onde se julga ter sido erigida a Tenda da Reunião; Silo se tornará um dos principais santuários de Israel (cf. 21,2; 27,9.12), e virá a ser o santuário da Arca na época dos Juízes (1Sm 1,3+).

b) Atarot-Adar, como em 16,5 (cf. nota), deve talvez ser corrigido por Atarot-Arac (cf. 16,2).
c) "Jim", corr.; trata-se do mesmo topônimo de Js 15,29, onde se tem uma descrição da mesma fronteira, mas em sentido inverso "em direção ao mar", hebr.
d) Trata-se de designação abreviada de Bet-ha-Arabá, nome que está em Js 15,6; 18,22.

Cidades de Benjamim — ²¹As cidades da tribo dos filhos de Benjamim, segundo seus clãs, eram Jericó, Bet-Hegla, Amec-Casis, ²²Bet-Arabá, Samaraim, Betel, ²³Avim Fara, Efra, ²⁴Cafar-Emona, Ofni, Gaba: doze cidades e suas aldeias. ²⁵Gabaon, Ramá, Berot, ²⁶Masfa, Cafira, Mosa, ²⁷Recém, Jarafel, Tarala, ²⁸Sela, Elef, o jebuseu — que é Jerusalém — Gabaá e Cariat:ᵃ catorze cidades com suas aldeias. Essa foi a herança dos filhos de Benjamim segundo seus clãs.

^{Gn 49,5-7}
^{1Cr 4,28-33}

19

A tribo de Simeãoᵇ — ¹A segunda sorte saiu para Simeão, para a tribo dos filhos de Simeão, segundo seus clãs: a sua herança foi no meio da herança dos filhos de Judá. ²Receberam como herança Bersabeia, Saba,ᶜ Molada, ³Haser-Sual, Bela, Asem, ⁴Eltolad, Betul, Horma, ⁵Siceleg, Bet-Marcabot, Haser-Susa, ⁶Bet-Lebaot e Saroen: treze cidades e suas aldeias;ᵈ ⁷Ain, Remon,ᵉ Atar, Asã: quatro cidades e suas aldeias, ⁸com todas as aldeias situadas ao redor dessas cidades até Baalat-Beer e Ramá do Negueb. Essa foi a herança da tribo dos filhos de Simeão segundo seus clãs. ⁹A herança dos filhos de Simeão foi tomada da sorte dos filhos de Judá, porque a parte dos filhos de Judá era muito grande para eles; os filhos de Simeão receberam, portanto, sua herança no meio da herança dos filhos de Judá.

^{Jz 1,30}
^{Gn 49,13}
^{Dt 33,18-19}

A tribo de Zabulon — ¹⁰A terceira sorte coube aos filhos de Zabulon, segundo seus clãs: o território de sua herança se estendia até Sarid; ¹¹sua fronteira subia ao ocidente em direção a Merala, tocava Debaset e chegava à torrente que está diante de Jecnaam. ¹²A fronteira voltava de Sarid em direção ao oriente, onde nasce o sol, até à fronteira de Ceselet-Tabor, avançava em direção a Daberet e subia a Jáfia. ¹³Dali passava em direção ao oriente, no levante, em direção a Gat-Héfer e Etacasim, chegava a Remon e voltava em direção a Noa.ᶠ ¹⁴A fronteira norte se voltava em direção de Hanaton, e seu ponto terminal era no vale de Jectael; ¹⁵com Catet, Naalol, Semeron, Jerala e Belém:ᵍ doze cidades com suas aldeias. ¹⁶Essa foi a herança dos filhos de Zabulon, segundo seus clãs: essas cidades com suas aldeias.

^{Gn 49,14-15}
^{Dt 33,18-19}

A tribo de Issacar — ¹⁷A quarta sorte saiu para Issacar, para os filhos de Issacar, segundo seus clãs. ¹⁸O seu território estendia-se em direção de Jezrael e compreendia Casalot, Suném, ¹⁹Hafaraim, Seon, Anaarat, ²⁰Rabit Cesion, Abes, ²¹Ramet, En-Ganim, En-Hada e Bet-Fases. ²²A fronteira tocava o Tabor, Seesima e Bet-Sames, e o ponto terminal da fronteira era o Jordão: dezesseis cidades com suas aldeias. ²³Essa foi a herança dos filhos de Issacar, segundo seus clãs: as cidades e suas aldeias.

^{Jz 1,31-32}
^{Gn 49,20}
^{Dt 33,24-25}

A tribo de Aser — ²⁴A quinta sorte saiu para a tribo dos filhos de Aser, segundo seus clãs. ²⁵O seu território compreendia: Halcat, Cali, Beten, Acsaf, ²⁶Elmelec, Amaad e Messal; tocava o Carmelo a oeste e Sior-Labanat. ²⁷Do lado do nascer do sol, ia até Bet-Dagon, tocava Zabulon, o vale de Jeftael ao

---

a) "Cariat" é quase certamente Cariat-Iarim, Js 15,60. A segunda parte do nome desapareceu no decorrer da transmissão manuscrita.

b) A tribo de Simeão, outrora poderosa (Gn 34,25s; 49,5), não é mais mencionada nas bênçãos de Dt 33. Foi absorvida pela tribo de Judá, o que explica o fato de não se descrever o seu território. Além disso, a lista das cidades simeonitas (aqui e em 1Cr 4,28-32) é paralela à segunda parte da lista das cidades de Judá no Negueb (Js 15,26b-32). Segundo 1Cr 4,31, essa integração se fez sob o reinado de Davi.

c) Talvez seja necessário ler aqui Sama, com o grego (cf. 15,26).

d) O total das cidades é, na realidade 14 e não 13.

e) Propôs-se ler En-Remon, aqui (segundo uma parte do grego) e em 15,32; 1Cr 4,32 (cf. Ne 11,29). Mas aqui e no texto de 1Cr essa correção contradiz o total das cidades.

f) "a Remon e voltava"; *rimmônah weta'ar*, conj.; *rimmôn hammeto'ar*, hebr. ininteligível.

g) Evidentemente distinta de Belém de Judá, esta cidade se achava na baixa Galileia. — "Jerala", mss, versões; "Jedala", hebr.

norte, Bet-Emec e Neiel, chegando a Cabul à esquerda, ²⁸com Abdon,ᵃ Roob, Hamon e Caná até Sidônia-a-Grande. Depois a fronteira ia em direção a Ramá e até à cidade da fortaleza de Tiro; ²⁹a fronteira ia em seguida a Hosa e seu ponto terminal era, no mar, Maaleb e Aczib,ᵇ ³⁰com Aco,ᶜ Afec e Roob: vinte e duas cidades com suas aldeias. ³¹Essa foi a herança da tribo dos filhos de Aser, segundo seus clãs: essas cidades e suas aldeias.

A tribo de Neftali — ³²Para os filhos de Neftali saiu a sexta sorte, para os filhos de Neftali segundo seus clãs. ³³A sua fronteira ia de Helef e do Carvalho de Saananim, com Adami-Neceb e Jebnael, até Lecum, e o seu ponto terminal era o Jordão. ³⁴Ao ocidente a fronteira passava em Aznot-Tabor, chegava a Hucoca e tocava Zabulon ao sul, Aser a oeste e Judá do Jordão a leste.ᵈ ³⁵As cidades fortificadas eram: Assedim, Ser, Emat, Recat, Quinéret, ³⁶Edema, Rama, Hasor, ³⁷Cedes, Edrai, En-Hasor, ³⁸Jeron, Magdalel, Horém, Bet-Anat, e Bet-Sames: dezenove cidades e suas aldeias. ³⁹Essa foi a herança dos filhos de Neftali segundo seus clãs: as cidades e suas aldeias.

Jz 1,33
Gn 49,21
Dt 33,23

*A tribo de Dã*ᵉ — ⁴⁰A sétima sorte saiu para a tribo dos filhos de Dã, segundo seus clãs. ⁴¹O território de sua herança compreendia: Saraá, Estaol, Ir-Sames, ⁴²Salebim, Aialon Itla, ⁴³Elon, Tamna, Acaron, ⁴⁴Eltece, Gebeton, Baalat, ⁴⁵Jeud, Benê-Barac e Gat-Remon; ⁴⁶e, em direção às águas do Jarcon, Racon com o território que está diante de Jope. ⁴⁷Perdeu-se, contudo, o território dos filhos de Dã, e assim os filhos de Dã subiram para combater Lesem, que capturaram e passaram ao fio da espada. Tomando posse dela, aí se estabeleceram e deram a Lesem o nome de Dã, do nome de seu antepassado Dã.

Gn 49,16-17
Dt 33,22

Jz 1,34-35
Jz 18

⁴⁸Essa foi a herança da tribo dos filhos de Dã, segundo seus clãs: essas cidades e suas aldeias.

⁴⁹Havendo terminado a repartição da terra segundo as suas fronteiras, os israelitas deram a Josué, filho de Nun, uma herança no meio deles; ⁵⁰segundo a ordem de Iahweh, deram-lhe a cidade que ele pedira, Tamnat-Saraá, na montanha de Efraim; ele reconstruiu a cidade e nela se estabeleceu.ᶠ

24,30
Jz 2,9

⁵¹Essas são as partes da herança que o sacerdote Eleazar, Josué, filho de Nun, e os chefes de família repartiram por sorte entre as tribos de Israel em Silo, na presença de Iahweh, à entrada da Tenda da Reunião. Assim concluiu-se a partilha da terra.

4. CIDADES PRIVILEGIADAS

20 *As cidades de refúgio*ᵍ — ¹Iahweh disse a Josué: ²"Fala aos israelitas e dize-lhes: Designai as cidades de refúgio de que vos falei por intermédio de Moisés, ³onde poderá refugiar-se o homicida que matar alguém por inadvertência (involuntariamente), e que vos servirão de refúgio contra

Ex 21,13 +
Nm 35,9-34
Dt 19,1-13

---

a) "Abdon", mss (cf. *21,30; 1Cr 6,59*); "Ebron", hebr.
b) "Maaleb", segundo um texto assírio e o nome moderno; "Meebel", hebr. — "e Aczib", grego; "em direção a Aczib" (ou "Acziba"), hebr.
c) "Aco", segundo Jz 1,31; "Umá", hebr.
d) "E em Judá o Jordão", hebr. O texto é interpretado como nome de lugar, pois, do ponto de vista geográfico, o território de Judá nada tem a ver aqui.
e) As cidades atribuídas à tribo de Dã situam-se a oeste do território de Benjamim, entre Efraim e Judá, e em grande parte em território cananeu. Na realidade, os danitas não puderam se instalar nesse território; foram expulsos dele pela pressão dos amorreus, segundo Jz 1,34-35, e em seguida pelos filisteus (cf. Jz 13-16). A migração deles para o norte, referida aqui (v. 47), é narrada em Jz 18.
f) A divisão do território entre as tribos se completa com nota redacional sobre a parte pessoal de Josué, nota que se inspira na notícia sobre o seu túmulo (Js 24,30 = Jz 2,9).
g) Os caps. 20-21 são complementos da partilha. O cap. 20 apresenta-se como aplicação da lei de asilo de Ex 21,13+. O número de seis cidades de refúgio, sem os seus nomes, foi dado por Nm 35,9s. Dt 4,41-43

JOSUÉ 20-21

Nm 35,19+ o vingador do sangue. ⁴(É, portanto, para uma destas cidades que o homicida deverá fugir. Ele se deterá à entrada da porta da cidade e exporá o seu caso aos anciãos dessa cidade. Estes o receberão na sua cidade e lhe designarão um lugar onde habitará entre eles. ⁵Se o vingador do sangue o perseguir, não entregarão o homicida nas suas mãos, pois feriu o seu próximo involuntariamente, e não tinha antes ódio contra ele. ⁶Deverá permanecer nessa cidade) até que compareça em juízo diante da comunidade (até à morte do sumo sacerdote em exercício nesse tempo. Somente então poderá o homicida voltar à sua cidade e à sua casa, na cidade de onde fugiu.)"

⁷Consagraram, pois, Cedes na Galileia, na montanha de Neftali, Siquém na montanha de Efraim e Cariat-Arbe — que é Hebron — na montanha de Dt 4,43 Judá. ⁸Do outro lado do Jordão de Jericó, ao oriente, designaram no deserto, no planalto, Bosor da tribo de Rúben, Ramot em Galaad, da tribo de Gad, e Golã em Basã, da tribo de Manassés. ⁹Essas foram as cidades designadas para todos os israelitas e para os estrangeiros que habitam entre eles, para que nelas possa refugiar-se todo aquele que haja matado alguém por inadvertência, e assim não morra nas mãos do vingador do sangue, até que compareça diante da comunidade.

Nm 35,1-8
|| 1Cr 6,39-66

21 *As cidades levíticas*ᵃ — ¹Então os chefes de família dos levitas vieram ter com o sacerdote Eleazar, com Josué, filho de Nun, e com os chefes de família das tribos de Israel, ²quando ainda se achavam em Silo, na terra de Canaã, e disseram-lhes: "Iahweh, por intermédio de Moisés, ordenou que se nos dessem cidades para nelas habitarmos e as suas pastagens para os nossos rebanhos." ³Os israelitas deram, então, aos levitas, de sua herança, segundo a ordem de Iahweh, as seguintes cidades com suas pastagens.

⁴Saiu a sorte para os clãs dos caatitas: os filhos do sacerdote Aarão, dentre os levitas, tiveram por sorte treze cidades das tribos de Judá, de Simeão e de Benjamim; ⁵os outros filhos de Caat, segundo seus clãs,ᵇ tiveram por sorte dez cidades das tribos de Efraim, de Dã e da meia tribo de Manassés. ⁶Aos filhos de Gérson, segundo seus clãs, couberam por sorte treze cidades das tribos de Issacar, de Aser, de Neftali e da meia tribo de Manassés em Basã. ⁷Os filhos de Merari, segundo seus clãs, tiveram por sorte doze cidades das tribos de Rúben, de Gad e de Zabulon.

⁸Os israelitas deram, por sorteio, essas cidades com suas pastagens aos levitas, conforme Iahweh havia ordenado por intermédio de Moisés.

Parte dos caatitas — ⁹Deram da tribo dos filhos de Judá e da tribo dos filhos de Simeão as cidades que foram nominalmente designadas.ᶜ ¹⁰Esta foi, em primeiro lugar, a parte dos filhos de Aarão, que pertenciam ao clã dos caatitas, dos filhos de Levi, pois a primeira sorte foi para eles. ¹¹Deram-lhes Cariat--Arbe, a cidade do pai de Enac — que é Hebron —, na montanha de Judá, com as pastagens ao redor. ¹²As campinas dessa cidade, porém, deram-nas em 14,13-14 propriedade a Caleb, filho de Jefoné. ¹³Aos filhos do sacerdote Aarão deram

---

designa pelos seus nomes três cidades de refúgio da Transjordânia. Dt 19,1s determina a escolha de três outras cidades depois da conquista de Canaã. É isto que é feito aqui, onde as seis cidades são mencionadas. Na realidade, a instituição das cidades de refúgio não deve ser anterior ao reinado de Salomão. — *As passagens entre parênteses*, ausentes no grego, são tiradas, às vezes, palavra por palavra de Dt 19 e Nm 35.
a) A tribo de Levi, que não tinha autonomia política, não recebeu território (13,14.33; 14,3-4; 18,7); foram--lhes concedidos, por isso, a residência em certas cidades e direitos sobre as pastagens vizinhas (cf. Nm 35,1-8). Este capítulo, um dos mais recentes do livro, é a sistematização utópica de um estado de fato que pode remontar à época de Salomão, quando todas as cidades mencionadas estavam efetivamente em poder de Israel. A lista pode apoiar-se na distribuição dos levitas depois da fundação do Templo de Jerusalém; ela inclui as seis cidades de refúgio, que correspondem a uma intenção diferente.
b) "segundo seus clãs", conj. (cf. v. 7); "dos clãs da tribo", hebr. O mesmo no v. 6.
c) Fim do v. incerto.

Hebron, cidade de refúgio para o homicida, com suas pastagens, bem como Lebna e suas pastagens, ¹⁴Jeter e suas pastagens, Estemo e suas pastagens, ¹⁵Holon e suas pastagens, Dabir e suas pastagens, ¹⁶Asã*ᵃ* e suas pastagens, Jeta e suas pastagens, e Bet-Sames e suas pastagens; nove cidades tomadas dessas duas tribos. ¹⁷Da tribo de Benjamim, Gabaon e suas pastagens; Gaba e suas pastagens, ¹⁸Anatot e suas pastagens, e Almon e suas pastagens: quatro cidades. ¹⁹Total das cidades dos sacerdotes filhos de Aarão: treze cidades e suas pastagens.

²⁰Quanto aos clãs dos filhos de Caat, os levitas remanescentes entre os filhos de Caat, as cidades que lhes couberam por sorte foram tomadas da tribo de Efraim. ²¹Deram-lhes Siquém, cidade de refúgio para o homicida, com suas pastagens, na montanha de Efraim, bem como Gazer e suas pastagens, ²²Cibsaim e suas pastagens, e Bet-Horon e suas pastagens: quatro cidades. ²³Da tribo de Dã, Eltece e suas pastagens, Gebeton e suas pastagens, ²⁴Aialon e suas pastagens, e Gat-Remon e suas pastagens: quatro cidades. ²⁵Da meia tribo de Manassés, Tanac e suas pastagens, e Jibleam*ᵇ* e suas pastagens: duas cidades. ²⁶Total: dez cidades com suas pastagens para os clãs remanescentes dos filhos de Caat.

Parte dos filhos de Gérson — ²⁷Aos filhos de Gérson, dos clãs dos levitas, deu-se, da meia tribo de Manassés, Golã, em Basã, cidade de refúgio para o homicida, e Astarot,*ᶜ* com suas pastagens: duas cidades. ²⁸Da tribo de Issacar, Cesion e suas pastagens, Daberat e suas pastagens, ²⁹Jarmut e suas pastagens, e En-Ganim e suas pastagens: quatro cidades. ³⁰Da tribo de Aser, Masal e suas pastagens, Abdon e suas pastagens, ³¹Helcat e suas pastagens, e Roob e suas pastagens: quatro cidades. ³²Da tribo de Neftali, Cedes na Galileia, cidade de refúgio para o homicida, com suas pastagens, Hamot-Dor e suas pastagens, e Cartã e suas pastagens: três cidades. ³³Total das cidades dos gersonitas, segundo seus clãs: treze cidades e suas pastagens.

Parte dos filhos de Merari — ³⁴O clã dos filhos de Merari, os levitas restantes, receberam por sorte, da tribo de Zabulon, Jecnaam e suas pastagens, Carta e suas pastagens, ³⁵Remon*ᵈ* e suas pastagens, e Naalol e suas pastagens: quatro cidades. ³⁶Do outro lado do Jordão de Jericó, da tribo de Rúben, Bosor no deserto, no planalto, cidade de refúgio para o homicida, com suas pastagens, Jasa e suas pastagens, ³⁷Cedimot e suas pastagens, e Mefaat e suas pastagens: quatro cidades.*ᵉ* ³⁸Da tribo de Gad, Ramot em Galaad, cidade de refúgio para o homicida, com suas pastagens, Maanaim e suas pastagens, ³⁹Hesebon e suas pastagens, e Jazer e suas pastagens. Total das cidades: quatro. ⁴⁰Total das cidades atribuídas por sorte aos filhos de Merari segundo seus clãs da parte restante dos clãs levíticos: doze cidades.

⁴¹O número total das cidades dos levitas no meio da possessão dos israelitas era de quarenta e oito cidades com suas pastagens. ⁴²Essas cidades compreendiam a cidade e suas pastagens ao redor. Assim era para todas as cidades.

Conclusão da partilha — ⁴³Assim, pois, deu Iahweh aos israelitas toda a terra que havia jurado dar a seus pais. Tomaram posse dela e nela se estabeleceram. ⁴⁴Iahweh deu-lhes tranquilidade em todas as suas fronteiras, de acordo com tudo o que jurara a seus pais e, de todos os seus inimigos, nenhum resistiu

---

a) "Asã", mss gregos (cf. 1Cr 6,44); "Ain" ("a fonte"), hebr.
b) "Jibleam", conj. (cf. 17,1); hebr. repete "Gat--Remon".
c) "Astarot", sir. (cf. 1Cr 6,56); "Bei 'esterá", hebr.

d) "Remon", conj. segundo 19,13; 1Cr 6,62; "Dimna", hebr.
e) Os vv. 36-37, omitidos pelo TM, encontram-se em numerosos mss hebr. e foram, aqui, corrigidos conforme o grego e 1Cr 6,62-63.

diante deles. Todos os seus inimigos, Iahweh os entregou nas suas mãos. ⁴⁵De todas as promessas que Iahweh fizera à casa de Israel, nenhuma falhou: tudo se cumpriu.

23,14
Is 55,11

III. Fim da carreira de Josué

1. VOLTA DAS TRIBOS ORIENTAIS. A QUESTÃO DO SEU ALTAR[a]

22 ***Retorno do contingente transjordânico*** — ¹Josué convocou os rubenitas, os gaditas e a meia tribo de Manassés ²e lhes disse: "Tendes observado tudo o que Moisés, servo de Iahweh, vos ordenou, e tendes me obedecido em tudo o que vos ordenei. ³Não abandonastes os vossos irmãos, durante este longo tempo, até o dia de hoje, cumprindo a observância do mandamento de Iahweh vosso Deus. ⁴Agora, pois, Iahweh vosso Deus concedeu aos vossos irmãos o repouso que lhes havia prometido. Voltai, pois, às vossas tendas, à terra em que tendes vossos domínios e que Moisés, servo de Iahweh, vos deu, além do Jordão. ⁵Tende cuidado, somente, de pôr em prática com diligência o mandamento e a Lei que Moisés, servo de Iahweh, vos estabeleceu: amar Iahweh vosso Deus, seguir sempre os seus caminhos, observar os seus mandamentos, apegando-vos a ele e servindo-o de todo vosso coração e de toda vossa alma." ⁶Josué os abençoou e os despediu; e eles voltaram às suas tendas.

⁷Moisés havia dado a uma metade da tribo de Manassés um território em Basã; à segunda metade, Josué deu outra possessão no meio dos seus irmãos, na margem ocidental do Jordão. Quando os despediu de volta às suas tendas, Josué os abençoou ⁸e lhes disse: "Voltais às vossas tendas com grandes riquezas, muitos rebanhos, prata, ouro, bronze, ferro e grande quantidade de roupa; reparti, pois, com os vossos irmãos os despojos dos vossos inimigos."

Ereção de um altar junto ao Jordão — ⁹Os filhos de Rúben e os filhos de Gad voltaram com a meia tribo de Manassés e deixaram os israelitas em Silo, na terra de Canaã, para irem à terra de Galaad onde estavam estabelecidos, segundo a ordem de Iahweh, transmitida por Moisés. ¹⁰Assim que chegaram a Gelilot do Jordão, que está na terra de Canaã, os filhos de Rúben, os filhos de Gad e a meia tribo de Manassés construíram ali um altar nas margens do Jordão, um altar de grande proporção.

¹¹Isso chegou ao conhecimento dos israelitas. Dizia-se: Eis que os filhos de Rúben, os filhos de Gad e a meia tribo de Manassés construíram esse altar, do lado da terra de Canaã, junto a Gelilot do Jordão, no lado dos israelitas. ¹²Diante desta notícia, toda a comunidade dos israelitas se reuniu em Silo, para marchar contra eles, a fim de atacá-los.

Censuras dirigidas às tribos orientais — ¹³Enviaram, pois, os israelitas aos filhos de Rúben, aos filhos de Gad e à meia tribo de Manassés, na terra de Galaad, o sacerdote Fineias, filho de Eleazar, ¹⁴e com ele dez notáveis, um notável por tribo para cada tribo de Israel, cada um deles sendo cabeça da sua família entre os clãs de Israel. ¹⁵Quando chegaram aos filhos de

---

a) O cap. 22 é compósito: os vv. 1-6 são deuteronomistas e correspondem a Js 1,12-18; os vv. 7-9 acrescentam a meia tribo de Manassés, que não constava antes na narrativa; os vv. 10-34 trazem marcas de redação sacerdotal. Contudo, esta narrativa utiliza uma tradição antiga. Talvez conserve a lembrança de uma oposição cultual entre o santuário de Silo (cf. vv. 9 e 12), com seu sacerdócio (cf. vv. 13s.30s), e as tribos da Transjordânia, que eram consideradas como vivendo fora da Terra Prometida, que terminava no Jordão.

Rúben, aos filhos de Gad e à meia tribo de Manassés, na terra de Galaad, disseram-lhes:

¹⁶"Assim fala toda a comunidade de Iahweh: Que significa essa infidelidade*a* que cometestes contra o Deus de Israel, voltando as costas hoje a Iahweh e erigindo-vos um altar, o que é hoje uma rebelião contra Iahweh? ¹⁷Por acaso não nos basta o crime de Fegor, do qual ainda não nos purificamos até o presente, a despeito da calamidade que caiu sobre toda a comunidade de Iahweh? ¹⁸Hoje voltais as costas a Iahweh e, visto que hoje vos revoltais contra Iahweh, amanhã ele se irritará contra toda a comunidade de Israel.

¹⁹A terra onde estais estabelecidos é impura? Passai para a terra de Iahweh, onde está a sua Habitação, e estabelecei-vos entre nós. Mas não vos revolteis contra Iahweh e não nos façais participantes da vossa rebelião, construindo um altar diferente do altar de Iahweh nosso Deus. ²⁰Quando Acã, filho de Zaré, foi infiel no caso do anátema, não atingiu a Ira toda a comunidade de Israel, embora fosse ele um só indivíduo? Não devia ele morrer por seu crime?"

Justificação das tribos do além-Jordão — ²¹Os filhos de Rúben, os filhos de Gad e a meia tribo de Manassés, tomando a palavra, responderam aos chefes dos milhares de Israel:

²²"O Deus dos deuses, Iahweh, o Deus dos deuses,*b* Iahweh, bem o sabe, e Israel deve sabê-lo: se houve de nossa parte rebelião ou infidelidade para com Iahweh, que ele deixe de nos salvar neste dia, ²³e se erigimos um altar para nos apartarmos de Iahweh e para nele oferecer holocausto e oblação, ou para nele fazer sacrifícios de comunhão, que Iahweh disso nos peça contas! ²⁴Na verdade, foi por inquietação que agimos dessa maneira, dizendo: amanhã, os vossos filhos poderiam dizer aos nossos: 'Que relação há entre vós e Iahweh, o Deus de Israel? ²⁵Não pôs Iahweh entre nós e vós, filhos de Rúben e filhos de Gad, uma fronteira que é o rio Jordão? Vós não tendes parte alguma com Iahweh.' Assim os vossos filhos seriam a causa de os nossos filhos deixarem de temer a Iahweh.

²⁶Por isso dissemos: Erijamos este altar, que não se destina a holocaustos nem a outros sacrifícios, ²⁷mas para servir de testemunho entre nós e vós e entre os nossos descendentes depois de nós, como um testemunho de que prestamos culto a Iahweh com os nossos holocaustos, nossas vítimas e nossos sacrifícios de comunhão, na sua presença. Portanto, os vossos filhos não poderão dizer amanhã aos nossos: 'Vós não tendes parte alguma com Iahweh.' ²⁸Então pensamos: Se acontecer, contudo, que venham dizer isso a nós mesmos ou aos nossos filhos, amanhã, responderemos: 'Vede a forma do altar de Iahweh que os nossos pais fizeram, não para holocaustos ou quaisquer outros sacrifícios, mas como testemunho entre nós e vós.' ²⁹Longe de nós rebelarmo-nos contra Iahweh e deixarmos de segui-lo, erigindo um altar para holocaustos, oblações ou sacrifícios diferente do altar de Iahweh nosso Deus, levantado perante a sua Habitação."

Restabelecimento do acordo — ³⁰Quando o sacerdote Finéias, os notáveis da comunidade e os chefes dos milhares de Israel que o acompanhavam ouviram as palavras pronunciadas pelos filhos de Gad, de Rúben e de Manassés, ficaram satisfeitos. ³¹Disse então o sacerdote Finéias, filho de Eleazar, aos filhos de Rúben, de Gad e de Manassés: "Sabemos hoje que Iahweh está em nosso meio, pois que não cometestes tal infidelidade contra Iahweh; assim, pois, preservastes os israelitas do castigo de Iahweh."

---

a) A iniciativa de Rúben e de Gad é condenada, aqui e no v. 19, do ponto de vista da lei da unicidade do santuário (Dt 12,5), posterior a este episódio.

b) Esta fórmula, que não supõe nenhum politeísmo, é arcaísmo literário, que vem de Gn 33,20; 46,3; Nm 16,22 (cf. também Dt 10,17; Sl 50,1; Dn 11,36).

³²O sacerdote Finéias, filho de Eleazar, e os chefes, tendo deixado os filhos de Rúben e os filhos de Gad, voltaram da terra de Galaad para a terra de Canaã, para junto dos israelitas, aos quais relataram a resposta. ³³O relato agradou aos israelitas; os israelitas renderam graças a Deus e não mais falaram em atacá-los e devastar a terra habitada pelos filhos de Rúben e pelos filhos de Gad. ³⁴Os filhos de Rúben e os filhos de Gad denominaram o altar...,ᵃ "pois," disseram, "será um testemunho entre nós de que Iahweh é Deus."

Gn 31,48-52

2. ÚLTIMO DISCURSO DE JOSUÉᵇ

13,1; 14,10; 24,29

23 *Josué recapitula a sua obra* — ¹Decorrido longo tempo depois que Iahweh havia dado repouso a Israel, no meio de todos os inimigos que o rodeavam — Josué se tornara velho e avançado em idade —, ²Josué convocou todo Israel, seus anciãos, seus chefes, seus juízes e seus escribas, e lhes disse: "Estou velho e avançado em idade; ³e vós vistes tudo o que Iahweh vosso Deus fez, por vossa causa, a todas estas nações; foi Iahweh vosso Deus que combateu por vós. ⁴Vede, eu distribuí por sorte para vós, como possessão para as vossas tribos, estas nações que ainda restam e todas as populações que extirpeiᶜ desde o Jordão até ao Grande Mar ao ocidente. ⁵Iahweh vosso Deus, ele mesmo, as expulsará de diante de vós, ele as desalojará diante de vós, e vós tomareis posse da sua terra, como vos disse Iahweh vosso Deus.

13,6

Como se comportar no meio das populações estrangeiras — ⁶Esforçai-vos, pois, muitíssimo, para guardar e cumprir tudo o que está escrito no livro da Lei de Moisés, sem vos desviardes nem à direita nem à esquerda, ⁷sem vos misturardes com estas nações que ainda restam no meio de vós. Não fareis memória do nome dos seus deuses, não os invocareis nos vossos juramentos, não os servireis e não vos prosternareis diante deles. ⁸Ao contrário, vós vos apegareis a Iahweh vosso Deus, como o fizestes até o dia de hoje. ⁹Iahweh expulsou de diante de vós essas nações grandes e poderosas, e ninguém pôde resistir diante de vós até o presente. ¹⁰Um só dentre vós podia perseguir mil, pois Iahweh vosso Deus combatia, ele mesmo, por vós, como vos dissera. ¹¹Tomai bastante cuidado com a vossa vida, para amardes Iahweh vosso Deus.

Dt 7,1
Ex 23,13

Lv 26,8
Dt 32,30

Dt 6,5 +

Ex 34,16
Dt 7,1-6
Js 2,2-3

¹²Porém, se acontecer vos desviardes e vos apegardes ao restante destas nações que ficaram ainda no meio de vós, se contrairdes casamento com elas, e com elas vos misturardes e elas convosco, ¹³sabei, então, com certeza, que Iahweh vosso Deus deixará de expulsar de diante de vós estas nações: serão para vós rede e laço, espinho nas vossas ilhargas e cardo nos vossos olhos, até que desapareçais desta boa terra que vos deu Iahweh vosso Deus.

21,45

¹⁴Eis que hoje eu vou pelo caminho de toda a terra. Reconhecei de todo o vosso coração e de toda a vossa alma que, de todas as promessas que Iahweh vosso Deus fez em vosso favor, nenhuma ficou sem cumprimento: tudo se realizou em vosso favor e nenhuma delas falhou.

---

a) O nome desapareceu do texto; devia conter a palavra *"testemunho"*. Comparar com a explicação do nome de Galaad (Gn 31,47-48).
b) Discurso de despedida, cuja continuação normal se encontra em Jz 2,6-9. Comparar com o último discurso de Moisés (Dt 31), mas também com as despedidas de Samuel (1Sm 12), com o testamento de Davi (1Rs 2,1-9) e com as últimas palavras de Matatias (1Mc 2,49-68). Este capítulo devia, na primeira redação deuteronomista, servir de conclusão ao livro, antes da adição do cap. 24.
c) "todas as populações que extirpei" está acidentalmente deslocado no hebr. para depois de "o Jordão." — "até o Grande Mar", grego; "e o Grande Mar", hebr.

¹⁵Assim como toda promessa feita por Iahweh vosso Deus em vosso favor se realizou para vós, de igual modo Iahweh realizará contra vós todas as suas ameaças, até vos eliminar desta boa terra que Iahweh vosso Deus vos deu. Dt 28

¹⁶Se transgredirdes a Aliança que Iahweh vosso Deus vos impôs, e se servirdes a outros deuses e vos prostrardes diante deles, então a ira de Iahweh se inflamará contra vós e bem depressa desaparecereis da boa terra que ele vos deu." Dt 4,26

3. A GRANDE ASSEMBLEIA DE SIQUÉM[a]

24 ¹Josué reuniu todas as tribos de Israel em Siquém;[b] convocou todos os anciãos de Israel, seus chefes, seus juízes e seus escribas, que se colocaram ordenadamente na presença de Deus. ²Disse então Josué a todo o povo: "Assim diz Iahweh, o Deus de Israel: Além do Rio habitavam outrora os vossos pais, Taré, pai de Abraão e de Nacor, e serviam a outros deuses. ³Eu, porém, tomei vosso pai Abraão do outro lado do Rio e o fiz percorrer toda a terra de Canaã, multipliquei a sua descendência e lhe dei Isaac. ⁴A Isaac dei Jacó e Esaú. A Esaú dei em herança a montanha de Seir. Jacó e seus filhos desceram ao Egito. ⁵Em seguida enviei Moisés e Aarão e feri o Egito com os prodígios que operei no meio dele;[c] depois vos fiz sair de lá. ⁶Eu fiz, portanto, os vossos pais saírem do Egito e chegastes ao mar; os egípcios perseguiram vossos pais com carros e cavaleiros, até o mar dos Juncos. ⁷Clamaram então a Iahweh, que interpôs uma nuvem espessa entre vós e os egípcios, e fez o mar voltar-se sobre eles e cobri-los. Vós vistes com os vossos próprios olhos o que eu fiz no Egito, e depois habitastes no deserto por longos dias. ⁸Daí eu vos fiz entrar na terra dos amorreus que habitavam além do Jordão. Eles vos fizeram guerra e eu os entreguei nas vossas mãos e assim tomastes posse da sua terra, pois os destruí diante de vós. ⁹Levantou-se então Balac, filho de Sefor, rei de Moab, que fez guerra a Israel, e mandou chamar Balaão, filho de Beor, para vos amaldiçoar. ¹⁰Eu, porém, não quis ouvir Balaão; ele teve de vos abençoar e eu vos salvei de sua mão.

Gn 11,27-32
Gn 12-24; 35,2-4
Gn 25,19-26
Gn 27
Gn 36,1-8
Gn 46,1-7
Ex 3-15

Nm 21,21-35
Dt 2,26-3,11

Nm 22-24

¹¹Em seguida, passastes o Jordão para chegar a Jericó, mas os chefes de Jericó vos fizeram guerra — amorreus, ferezeus, cananeus, heteus, gergeseus, heveus e jebuseus — e eu os entreguei nas vossas mãos. ¹²Enviei vespas diante de vós, que expulsaram da vossa presença os dois reis amorreus, o que não deves nem à tua espada, nem ao teu arco. ¹³Dei-vos uma terra que não exigiu de vós nenhum trabalho, cidades que não construístes e nas quais habitais, vinhas e olivais que não plantastes e dos quais comeis.

Dt 7,1 +
Dt 7,20
Dt 6,10-13

Israel escolhe Iahweh — ¹⁴Agora, pois, temei a Iahweh e servi-o na perfeição e na fidelidade; lançai fora os deuses aos quais serviram os vossos pais do outro lado do Rio e no Egito, e servi a Iahweh. ¹⁵Porém, se não vos parece bem servir a Iahweh, escolhei hoje a quem quereis servir: se

Gn 35,2
Ez 20,7

---

a) Três partes: 1º Josué apresenta à fé dos assistentes as intervenções de Iahweh em favor de Israel (vv. 2-13; cf. as confissões de fé de Dt 6,21-24 e 26,5-9); 2º a assembleia se pronuncia por Iahweh contra os deuses estrangeiros (vv. 14-24); 3º conclui-se a aliança e a sua lei é escrita (vv. 25-28). — Este cap. foi acrescentado durante ou depois do Exílio, mas a tradição que ele representa é antiga. A fé em Iahweh, trazida pelo grupo que Josué conduziu, é proposta por ele a outros grupos que ainda não tinham ouvido falar dela. Estes não estiveram no Egito e não se beneficiaram com as maravilhas do Êxodo e da revelação do Sinai; contudo, não são cananeus e têm origem comum com o grupo de Josué: trata-se de tribos do Norte que, por este pacto, aceitam a fé em Iahweh e se tornam assim parte do povo de Deus.

b) Cf. 8,30-35. Siquém era, pela sua posição central, lugar favorável à reunião das tribos (cf. ainda 1Rs 12), e pelo seu passado, tinha posição predestinada para a conclusão deste pacto religioso: nela Abraão ergueu um altar (Gn 12,6-7) e Jacó adquiriu seus direitos (Gn 33,18-20) e lançou fora os ídolos trazidos da Mesopotâmia (Gn 35,2-4).

c) Expressão lacônica que deve ser suficiente para evocar todas as ações de Deus realizadas no Egito.

aos deuses aos quais serviram vossos pais do outro lado do Rio, ou aos deuses dos amorreus em cuja terra agora habitais. Quanto a mim e à minha casa, serviremos a Iahweh."

¹⁶Então o povo respondeu: "Longe de nós abandonar Iahweh para servir a outros deuses! ¹⁷Iahweh nosso Deus é aquele que nos fez subir, a nós e a nossos pais, da terra do Egito, da casa da escravidão, que fez estes grandes sinais diante dos nossos olhos e nos guardou por todo o caminho que percorremos e por entre todos os povos através dos quais passamos. ¹⁸E Iahweh expulsou de diante de nós todos os povos, bem como os amorreus que habitavam a terra. Portanto, nós também serviremos a Iahweh, pois ele é nosso Deus."

¹⁹Disse então Josué ao povo: "Não podeis servir a Iahweh, pois ele é um Deus santo, um Deus ciumento, que não suportará as vossas transgressões, nem os vossos pecados. ²⁰Se abandonardes Iahweh para servir os deuses do estrangeiro, ele novamente vos fará mal e vos consumirá depois de vos haver feito o bem."

²¹O povo, porém, respondeu a Josué: "Não! É a Iahweh que serviremos." ²²Disse então Josué ao povo: "Sois testemunhas contra vós mesmos de que escolhestes a Iahweh, para o servir." Responderam então: "Somos testemunhas." ²³"Lançai fora, pois, os deuses estrangeiros que estão no meio de vós e inclinai o vosso coração para Iahweh, Deus de Israel." ²⁴O povo disse a Josué: "A Iahweh nosso Deus serviremos e à sua voz obedeceremos."

A aliança de Siquém — ²⁵Naquele dia, Josué fez uma aliança pelo povo; fixou-lhe um estatuto e um direito em Siquém. ²⁶Josué escreveu essas palavras no livro da Lei de Deus. Tomou em seguida uma grande pedra e a erigiu ali, ao pé do carvalho que está no santuário de Iahweh. ²⁷Josué disse, então, a todo o povo: "Eis que esta pedra será um testemunho contra nós, porque ela ouviu todas as palavras que Iahweh nos dirigiu; será um testemunho*^a* contra vós, para vos impedir de renegar vosso Deus." ²⁸Em seguida Josué despediu o povo, e cada um voltou à sua herança.

4. APÊNDICES

Morte de Josué^b — ²⁹Depois desses acontecimentos, morreu Josué, filho de Nun, servo de Iahweh,*^c* com a idade de cento e dez anos. ³⁰Sepultaram-no no território que recebeu por herança, em Tamnat-Saré, que está situado na montanha de Efraim, ao norte do monte Gaás.*^d* ³¹Israel serviu a Iahweh durante toda a vida de Josué e durante toda a vida dos anciãos que sobreviveram a Josué e que haviam conhecido todos os feitos que Iahweh havia realizado em favor de Israel.

Os ossos de José. Morte de Eleazar^e — ³²Os ossos de José, que os israelitas trouxeram do Egito, foram sepultados em Siquém, na parte do campo que Jacó

---

a) Comparar com o monte de pedras testemunho (Gn 31,48.52); o altar testemunho (Js 22,26s); a estela testemunho (Is 19,19-20).

b) Os vv. 28-31 são repetidos quase textualmente no começo da segunda introdução ao livro dos Juízes (2,6-10). Isso sublinha a unidade redacional dos dois livros.

c) O mesmo título foi dado a Moisés (Ex 14,31; Js 1,1; cf. Dt 34,5) e o será a Davi (Sl 18,1; 89,4.21), prefiguração do "Servo de Iahweh" (Is 42,1+).

d) A Setenta acrescenta: "Lá (em Tamnat-Sare) depositaram com ele, no túmulo onde o sepultaram, os pedaços de sílex com os quais circuncidara os israelitas em Guilgal, quando os havia feito sair do Egito, como o Senhor lhe havia ordenado; estão ainda lá, até hoje". Com efeito, encontra-se ainda hoje um grande número de sílices talhados, pré-históricos, nos arredores da aldeia erguida no lugar de Tamnat-Sare.

e) Josué e Eleazar morrem na Terra Prometida; foram substitutos de Moisés e Aarão, mortos antes da travessia do Jordão. Os ossos de José são também levados para a Terra já dada aos patriarcas. Assim, com o livro de Josué se completa o retorno do Egito.

havia comprado dos filhos de Hemor, pai de Siquém, por cem peças de prata; e eles estavam*a* na herança dos filhos de José. ³³Morreu depois Eleazar, filho de Aarão, e sepultaram-no em Gabaá, cidade de seu filho Fineias, que lhe foi dada na montanha de Efraim.*b*

---

a) Trata-se dos ossos de José. A observação salienta que eles pertencem ao patrimônio das tribos de Manassés e de Efraim, os filhos de José, de maneira indivisa.
b) A Setenta acrescenta: "Então os israelitas se foram cada um para a sua habitação e cada um para sua cidade. Os israelitas prestaram culto a Astarte, a Astarot e aos deuses das nações que os rodeavam. Por isso, o Senhor os entregou ao poder de Eglon, rei de Moab, que os oprimiu durante dezoito anos" (cf. Jz 3,14).

JUÍZES

Primeira introdução[a]

NARRATIVA SUMÁRIA DA INSTALAÇÃO EM CANAÃ

1 *Instalação de Judá, de Simeão, de Caleb e dos quenitas* — ¹Ora, aconteceu que, depois da morte de Josué, os israelitas consultaram Iahweh, dizendo: "Quem de nós subirá primeiro contra os cananeus para combatê-los?" ²Respondeu Iahweh: "Judá subirá primeiro; entregarei a terra nas suas mãos." ³Então Judá disse a Simeão, seu irmão:[b] "Sobe comigo ao lote que me tocou por sorte, lutaremos contra os cananeus, e eu também subirei contigo ao teu território." E Simeão foi com ele. ⁴Judá subiu, pois, e Iahweh entregou-lhe nas mãos os cananeus e os ferezeus, e feriram, em Bezec, a dez mil homens. ⁵Tendo encontrado Adonibezec[c] em Bezec, lutaram contra ele e feriram os cananeus e os ferezeus. ⁶Adonibezec fugiu, mas eles o perseguiram e o prenderam, e lhe cortaram os polegares das mãos e dos pés. ⁷Adonibezec disse então: "Setenta reis, com os polegares das mãos e dos pés cortados, apanhavam as migalhas debaixo da minha mesa. Como eu fiz, Deus me paga." Levaram-no a Jerusalém e aí morreu. ⁸Os filhos de Judá atacaram Jerusalém e a tomaram, passaram-na ao fio da espada e incendiaram a cidade.

⁹Depois, os filhos de Judá desceram para combater os cananeus que habitavam a Montanha, o Negueb e a Planície.[d] ¹⁰A seguir Judá marchou contra os cananeus que habitavam em Hebron — o nome de Hebron era antes Cariat-Arbe — e feriu Sesai, Aimã e Tolmai. ¹¹De lá, marchou contra os habitantes de Dabir — o nome de Dabir era antes Cariat-Séfer. ¹²E Caleb disse: "A quem vencer Cariat-Séfer e a tomar, dar-lhe-ei minha filha Acsa por mulher." ¹³Quem a tomou foi Otoniel, filho de Cenez, irmão caçula de Caleb, e este lhe deu sua filha Acsa por mulher. ¹⁴Assim que ela chegou, ele lhe sugeriu que pedisse a seu pai um campo. Então ela desceu do jumento, e Caleb lhe perguntou: "Que queres?" ¹⁵Ela lhe respondeu: "Concede-me um favor. Visto que me destinaste ao Negueb, dá-me fontes de água." E Caleb

---

a) Jz 1 reúne informações que dão um quadro da conquista muito diferente do que nos oferece Js 1-12, a saber: a conquista resulta de atos individuais das tribos e continua muito incompleta. As informações que a narrativa de Jz dá sobre a instalação do povo no Sul estão muito mais próximas da história do que a exposição esquemática de Js 10. São tradições que põem em relevo o papel de Judá, cf. vv. 9.17. Essas tradições tinham sido deixadas de lado pela primeira redação do livro de Josué porque não correspondiam a seu plano nem a suas intenções teológicas. Algumas dessas tradições foram introduzidas tardiamente em Js 13-21, como Js 14,6-15; 15,13-19. O redator de Jz 1 recuperou essas tradições, mas aqui, elas são colocadas depois da morte de Josué, v. 1.
b) Estas são as duas tribos do Sul (cf. v. 17s), que provavelmente entraram em Canaã sem terem dado a volta pela Transjordânia, e cuja história há muito tempo era independente da das outras tribos (cf. cap. 5; Nm 14,39; 21,1).
c) Parece que se fez confusão entre este Adonibezec, rei de Bezec, e Adonisedec, rei de Jerusalém (cf. Js 10,1-3), donde a referência a esta cidade (v. 7) e a glosa posterior do v. 8 que está em contradição com o v. 21 (e cf. 2Sm 5,6s). A vitória de Bezec apresenta, por outro lado, um problema: a única cidade que se conhece com este nome está situada entre Siquém e Betsã, na região em que efetivamente se achavam os ferezeus, mas longe do território de Judá e de Simeão.
d) Este versículo introduz uma série de conquistas atribuídas a Judá, mas de fato realizadas por grupos que só mais tarde lhe foram assimilados: conquistas de Hebron (vv. 10.20; cf. Js 14,16s), de Dabir (vv. 11-13; cf. Js 15,15-17) e da terra do Negueb (vv. 14-15), do deserto de Judá (v. 16) e de Horma (v. 17). O texto trai a supremacia da tribo de Judá.

lhe deu as fontes do alto e as fontes de baixo. ¹⁶Os filhos de Queni, sogro de Moisés,ᵃ subiram da cidade das Palmeiras com os filhos de Judá até o deserto de Judá que está no Negueb de Arad, e vieram habitar com o povo.ᵇ ¹⁷Depois, Judá marchou com seu irmão Simeão e feriram os cananeus que habitavam Sefat e a anatematizaram. Por isso deram à cidade o nome de Horma. ¹⁸Então Judá se apossou de Gaza e do seu território, de Ascalon e do seu território, de Acaron e do seu território.ᶜ ¹⁹E Iahweh esteve com Judá, o qual tomou posse da Montanha, mas não expulsou os habitantes da planície porque tinham carros de ferro.

²⁰Como Moisés havia prometido, deram Hebron a Caleb, que expulsou os três filhos de Enac. ²¹Quanto aos jebuseus que habitavam em Jerusalém, os filhos de Benjamim não os desalojaram, e até o dia de hoje os jebuseus têm vivido em Jerusalém com os filhos de Benjamim.ᵈ

Tomada de Betelᵉ — ²²A casa de José subiu também a Betel e Iahweh esteve com ela. ²³A casa de José mandou fazer o reconhecimento de Betel. — O nome da cidade antes era Luza —. ²⁴Os que espiavam viram um homem que saía da cidade e lhe disseram: "Mostra-nos por onde se pode entrar na cidade e seremos clementes contigo." ²⁵Ele lhes indicou por onde entrar na cidade. Passaram a cidade ao fio da espada, mas deixaram ir o homem e todo o seu clã. ²⁶Então aquele homem foi para a terra dos heteus e edificou uma cidade que chamou Luza. É esse o seu nome até hoje.

As tribos setentrionaisᶠ — ²⁷Manassés não desalojou Betsã e seus arredores, nem Tanac e seus arredores, nem os habitantes de Dor e dos seus arredores, nem os habitantes de Jebláa e dos seus arredores, nem os habitantes de Meguido e dos seus arredores; os cananeus permaneceram nessa terra. ²⁸Mais tarde, quando Israel se tornou mais forte, submeteu os cananeus à corveia, mas não os desapossou.ᵍ ²⁹Efraim também não expulsou os cananeus que habitavam Gazer,ʰ e os cananeus permaneceram em Gazer, no meio de Efraim. ³⁰Zabulon não expulsou os habitantes de Cetron, nem os habitantes de Naalol. Os cananeus permaneceram no meio de Zabulon, mas foram submetidos à corveia. ³¹Aser não expulsou os habitantes de Aco, nem os de Sidônia, de Maaleb,ⁱ de Aczib, de Helba, de Afec e Roob. ³²Os aseritas continuaram, pois, no meio dos cananeus que habitavam a terra, porque não os expulsaram. ³³Neftali não expulsou os habitantes de Bet-Sames, nem os de Bet-Anat, e permaneceu no meio dos cananeus que habitavam na terra, mas os habitantes de Bet-Sames e de Bet-Anat foram submetidos por ele à corveia. ³⁴Os amorreus empurraram para a montanha os filhos de Dã e não os deixaram descer para a planície. ³⁵Os amorreus continuaram habitando em Ar-Hares, em Aialon e em Salebim,

---

a) Queni é nome de clã tratado como nome de pessoa, e esse clã é aparentado com Moisés por causa de seu matrimônio, cf. 4,11. As versões leram "os filhos de Hobab, o quenita".
b) O grego lê aqui "com Amalec", leitura antiga que dá o nome do pior inimigo de Israel (cf. 1Sm 15,6), "com o povo", é uma correção para evitar este nome como aplicação de Dt 25,19 ("tu apagarás a lembrança de Amalec").
c) Judá não conquistou estas cidades da Filisteia nem no tempo da ocupação, nem mais tarde. Aliás, este v. está em contradição com 19b. A Setenta contorna o problema com uma negação: "Judá não conquistou..." É possível que o texto hebraico reflita, exagerando-as, as vitórias de Davi sobre os filisteus (2Sm 5,17-25; 8,1).
d) Jerusalém será de fato contada entre as cidades de Benjamim (Js 18,28), mas só será conquistada por Davi (2Sm 5,6-9). Esta informação foi interpolada em Js 15,63, substituindo Benjamim por Judá.
e) Esta tomada de Betel, graças à traição de um dos seus habitantes, não é mencionada no relato da conquista apresentado pelo livro de Josué.
f) Em contraste com as vitórias atribuídas a Judá na primeira parte do cap., a segunda parte só se refere aos reveses das tribos setentrionais.
g) Estas cidades não foram de fato conquistadas senão no tempo dos primeiros reis (1Rs 9,15-22).
h) A cidade, que ficava na rota de Jerusalém a Jafa, dominava a planície filisteia. Desse modo, as relações entre as tribos do Norte e as do Sul ficavam praticamente interrompidas.
i) "Maaleb", segundo Js 19,20; "Alab", hebr.; "Helba" é sem dúvida duplicata.

mas logo que a mão da casa de José se tornou mais pesada, foram submetidos à corveia. ³⁶(A fronteira dos amorreus*ᵃ* se estende da encosta dos Escorpiões até a Rocha e daí para cima.)

2 ***O anjo de Iahweh anuncia desgraças a Israel**ᵇ* — ¹O Anjo de Iahweh*ᶜ* subiu de Guilgal a Boquim e disse: "Eu vos fiz subir do Egito e vos trouxe a esta terra que eu tinha prometido por juramento a vossos pais. Eu dissera: 'Jamais quebrarei a minha aliança convosco. ²Quanto a vós, não fareis aliança com os habitantes desta terra; ao contrário, destruireis os seus altares.' No entanto, não escutastes a minha voz. Por que fizestes isso? ³Por isso eu digo: não expulsarei estes povos de diante de vós. Serão para vós adversários e os seus deuses serão uma cilada para vós." ⁴Assim que o Anjo de Iahweh pronunciou essas palavras a todos os israelitas, o povo começou a clamar e a chorar. ⁵Chamaram a este lugar de Boquim,*ᵈ* e ali ofereceram sacrifícios a Iahweh.

Segunda introdução

CONSIDERAÇÕES GERAIS SOBRE O PERÍODO DOS JUÍZES*ᵉ*

Termo da vida de Josué — ⁶Então Josué despediu o povo, e os israelitas partiram cada qual para a sua herança, a fim de tomar posse da terra. ⁷O povo serviu a Iahweh durante toda a vida de Josué e toda a vida dos anciãos que sobreviveram a Josué e que conheceram toda a grande obra que Iahweh fizera em favor de Israel. ⁸Josué, filho de Nun, servo de Iahweh, morreu com a idade de cento e dez anos. ⁹Foi sepultado no terreno da sua herança, em Tamnat-Hares, na montanha de Efraim, ao norte do monte Gaás. ¹⁰E quando toda aquela geração, por seu turno, se reuniu a seus pais, sucedeu-lhe uma outra geração que não conhecia a Iahweh nem a obra que ele tinha feito por Israel.*ᶠ*

***Interpretação religiosa do período dos Juízes**ᵍ* — ¹¹Então os israelitas fizeram o que era mau aos olhos de Iahweh, e serviram aos baais. ¹²Deixaram

---

a) Este v. difícil, sem dúvida corrompido, é provavelmente uma glosa. Em lugar de "amorreus" talvez deva-se ler "edomitas" (cf. grego).
b) O redator deuteronomista, que acrescentou o cap. 1 ao livro, oferece aqui uma razão teológica do insucesso parcial da conquista, e retoma Js 23,12-13. Relaciona este ensino com a explicação de um topônimo da região de Betel (vv 4-5).
c) Expressão que designa o próprio Iahweh como o mostra o conteúdo do discurso, mas que respeita a transcendência de Deus (cf. Gn 16,7+). Comparar com a aparição a Josué perto de Guilgal (Js 5,13-15). Sobre Guilgal, cf. Js 4,19+.
d) "Boquim" ("os pranteadores"), de localização desconhecida; cf. talvez o "Carvalho-dos-Prantos", perto de Betel (Gn 35,8).
e) A introdução às narrativas a respeito dos Juízes (2,6-3,6) está construída em torno de 2,11-19, o qual, numa primeira redação, precedia imediatamente 3,7s. Os vv. 6-10 fazem a ligação com o livro de Josué, do qual repetem os últimos versículos (como Esd 1,1-3 repete 2Cr 36,22-23). Os vv. 2,20-3,6 explicam a permanência das nações estrangeiras no meio de Israel.
f) Este v. não consta no paralelo de Js 24. A morte de Josué e da geração da conquista abriu a porta às infidelidades de Israel.
g) O primeiro redator deuteronomista do livro expõe aqui o tema que retomará para a história de cada "Juiz maior" (cf. 3,7+; 3,7-9.12-15; 4,1s; 6,10; 10,6s etc.): Israel abandona Iahweh por Baal; Iahweh os abandona nas mãos dos opressores; Israel clama a Iahweh; Iahweh lhe envia um libertador. Depois a história recomeça. Esta visão teológica da história, que supõe que os Juízes se sucederam segundo a ordem cronológica do livro e que cada um deles agiu para todo o Israel, não corresponde senão de modo imperfeito à realidade histórica: existem, na base do livro, narrativas a princípio independentes sobre heróis locais, cuja relação cronológica é estabelecida arbitrariamente.

a Iahweh, o Deus de seus pais, que os tinha feito sair da terra do Egito, e seguiram a outros deuses dentre os dos povos ao seu redor. Prostraram-se ante eles e irritaram a Iahweh, ¹³e deixaram a Iahweh para servir a Baal e às Astartes.*ᵃ* ¹⁴Então a ira de Iahweh se acendeu contra Israel. E os abandonou aos saqueadores que os espoliaram, e os entregou aos inimigos que os cercavam, e não puderam mais oferecer-lhes resistência. ¹⁵Em tudo o que empreendiam, a mão de Iahweh era contra eles para lhes fazer mal, como Iahweh lhes tinha dito e como Iahweh lhes tinha jurado. E a sua aflição era extrema.

¹⁶Então Iahweh lhes suscitou juízes*ᵇ* que os livrassem das mãos dos que os pilhavam. ¹⁷Mas não escutavam nem mesmo aos seus juízes, e se prostituíram*ᶜ* a outros deuses, e se prostraram diante deles. Depressa se afastaram do caminho que seus pais haviam seguido, obedientes aos mandamentos de Iahweh, e não agiram assim. ¹⁸Quando Iahweh lhes suscitava juízes, Iahweh estava com o juiz e os salvava das mãos dos seus inimigos enquanto vivia o juiz, porquanto Iahweh se comovia por causa dos seus gemidos perante os seus perseguidores e opressores. ¹⁹Mas logo que morria o juiz, reincidiam e se tornavam piores do que os seus pais. Seguiam a outros deuses, serviam-nos e se prostravam diante deles, e em nada renunciavam às obras e à conduta endurecida de seus pais.

Razão da permanência das nações estrangeirasᵈ — ²⁰A ira de Iahweh se inflamou então contra Israel e ele disse: "Porque esta nação transgrediu a aliança que eu havia prescrito a seus pais e não escutou a minha voz, ²¹também eu não expulsarei mais de diante dela nenhuma das nações que Josué deixou ficar quando morreu", ²²a fim de, por meio delas, submeter Israel à prova, para saber se ele guardaria ou não o caminho de Iahweh, nele andando como haviam feito seus pais. ²³Essa é a razão por que Iahweh deixou essas nações ficar e não teve pressa de as expulsar e nem as entregou nas mãos de Josué.

3 ¹Eis as nações que Iahweh deixou ficar, a fim de por elas submeter Israel à prova, todos os que não tinham conhecido nenhuma das guerras de Canaã ² — (isto foi unicamente para ensinamento dos descendentes dos israelitas, para lhes ensinar a arte da guerra; ao menos àqueles que não a tinham conhecido antes —: ³os cinco príncipes dos filisteus e todos os cananeus, os sidônios e os heveus*ᵉ* que habitavam as montanhas do Líbano, desde a montanha de Baal-Hermon até à entrada de Emat. ⁴Eles serviram para pôr Israel à prova, para saber se escutariam os mandamentos que Iahweh tinha prescrito a seus pais por intermédio de Moisés. ⁵E os israelitas habitaram no meio dos cananeus, dos heteus, dos amorreus, dos ferezeus, dos heveus e dos jebuseus; ⁶desposaram as filhas deles, deram os seus filhos às filhas deles e serviram aos seus deuses.

---

a) A dupla "Baal e Astarte", ou, no plural, "os baais e astartes", é, *na Bíblia*, designação corrente das divindades cananeias. Baal, "o senhor", é o princípio divino masculino, comumente considerado como o proprietário do solo. Astarte, que corresponde à Ishtar assíria, é a deusa do amor e da fecundidade. O seu nome é por vezes (3,7; 2Rs 23,4 etc.) substituído pelo de Aserá, outra divindade feminina do mesmo caráter (cf. Ex 34,13+).
b) Cf. 3,7, nota sobre o título geral.
c) Metáfora usual para designar o culto aos ídolos (cf. Lv 17,7; Dt 31,16; Os 1,2; Is 1,21; Ez 16,16 etc.).

d) Conforme 2,11-15 (cf. também 2,3), as nações estrangeiras foram deixadas como castigo da infidelidade de Israel. Vieram a ser um meio de pôr à prova a sua fidelidade (vv. 22-23; 3,1.4). A glosa de 3,2 dá outra explicação: manter o espírito belicoso. Outras razões são dadas por Ex 23,29 e Dt 7,22: não tornar o território deserto abandonado aos animais selvagens e, conforme Sb 12,3-22, conceder aos antigos habitantes oportunidades para se arrependerem.
e) O grego leu "heteus". Essa menção poderia provir de Js 11,3 (que menciona os dois povos), mas o resto do v. 3 parece resumo de Js 13,6.

História dos Juízes[a]

1. OTONIEL[b]

2,13+ ⁷Os israelitas fizeram o que é mau aos olhos de Iahweh. Esqueceram Iahweh seu Deus para servir aos baais e às aserás. ⁸Então a ira de Iahweh se acendeu contra Israel, e os entregou nas mãos de Cusã-Rasataim, rei de Aram Naaraim,[c] e os israelitas serviram a Cusã-Rasataim durante oito anos.

1,13
Js 15,17 ⁹Os israelitas clamaram a Iahweh, e Iahweh lhes suscitou um salvador que os libertou, Otoniel, filho de Cenez, irmão caçula de Caleb. ¹⁰O espírito de Iahweh esteve sobre ele, e ele julgou Israel e saiu à guerra. Iahweh entregou nas suas mãos Cusã-Rasataim, rei de Aram, e ele triunfou sobre
3,30; 5,31;
8,28
Js 11,23;
14,15 Cusã-Rasataim. ¹¹A terra descansou por quarenta anos. Depois Otoniel, filho de Cenez, morreu.

2. AOD[d]

¹²Os israelitas recomeçaram a fazer o que era mau aos olhos de Iahweh, e Iahweh fortaleceu Eglon, rei de Moab, contra Israel, porque faziam o que era mau aos olhos de Iahweh. ¹³Eglon uniu a si os filhos de Amon e Amalec, marchou contra Israel, venceu-o e tomou posse da cidade das Palmeiras. ¹⁴Os israelitas serviram Eglon, rei de Moab, dezoito anos.

¹⁵Então os israelitas clamaram a Iahweh, e Iahweh lhes suscitou um salvador, Aod, filho de Gera, benjaminita, homem canhoto. Por seu intermédio os israelitas enviaram o tributo a Eglon, rei de Moab. ¹⁶Aod fez para si um punhal de dois gumes, com o comprimento de um côvado, cingiu-o debaixo

---

a) É costume chamar de "maiores" os Juízes cuja história é narrada mais ou menos pormenorizadamente: Otoniel, Aod, Débora (e Barac), Gedeão, Jefté, Sansão, e de "menores" os que são apenas brevemente mencionados: Samgar, Tola, Jair, Abesã, Elon e Abdon. Tal distinção não é feita no texto, mas corresponde mais ou menos a dois tipos diferentes de personagens que apresenta. Os primeiros são chamados por Deus para livrar o povo da opressão. São chefes carismáticos e salvadores. Os outros cumprem, certamente, uma tarefa, mas não é fácil precisar as suas atribuições. Eles "julgam", o que inclui a administração da justiça, contudo o seu papel vai além disso. O mesmo verbo, raramente em hebraico, mais frequentemente noutras línguas semíticas do oeste da Ásia, tem o sentido de "governar", e "juiz" vem a ser sinônimo de "rei". "Juiz" (*shofet*) pode ser comparado com os "sufetes" de Tiro e de Cartago. Os números exatos para estabelecer a duração do exercício dos Juízes indicam uma boa fonte histórica, mas a extensão da sua autoridade sobre todo o Israel, como também a sua sequência cronológica, parecem provir de construção secundária. O autor do livro dos Juízes estende o nome dessa função aos heróis libertadores cuja história relata. Apresenta-os como tendo, eles também, "julgado" Israel, e a sua série, completada pelos Juízes "menores" a fim de atingir o número das doze tribos, presta-se a preencher o tempo decorrido entre a morte de Josué e a entronização de Saul. De fato, o regime dos Juízes foi, no nível da cidade e do distrito, um estágio entre o governo tribal e a monarquia.

b) Este pequeno relato é enigmático. Otoniel só pode ser o conquistador de Dabir (1,13), cidade do Sul judaico. O opressor é Cusã-Rasataim, rei de Aram-Naaraim segundo o hebr., e o nome geográfico designa a região dos dois rios, a Mesopotâmia do Norte (cf. Gn 24,10). Estes dados não parecem conciliáveis, uma solução possível é ler Edom em lugar de Aram, pois a escrita dos dois nomes é muito próxima em hebr.; Naaraim, precisão que não existe no v. 10, teria sido acrescentada a seguir. O que é certo é que um redator tardio utilizou uma antiga tradição do Sul para dar a um homem da tribo de Judá um lugar na galeria dos juízes. Com efeito, a partir de Davi, os calebitas foram integrados nessa tribo.

c) O nome do rei significa: "Cusã duplamente mau"; trata-se provavelmente de nome antigo modificado por escárnio.

d) A história supõe que os moabitas tivessem ultrapassado o Arnon, ocupado as "estepes de Moab" e atravessado o Jordão: o seu rei tinha uma residência em Jericó (a "cidade das Palmeiras"). Estavam, assim, no território de Benjamim. Essa expansão deve ser colocada em relação com o enfraquecimento da tribo de Rúben, no começo do período dos Juízes. A intervenção do redator deuteronomista reduz-se ao mínimo: vv. 12.15a e 30. Ele utiliza uma narrativa que se relatava provavelmente em Guilgal (v. 19) e referia com complacência e sem cuidar de julgamento moral o ardil do benjaminita Aod. A extensão do ato a todo o Israel (vv. 27-29) é secundária, mas talvez anterior à utilização do relato pelo deuteronomista.

da roupa, do lado direito. ¹⁷Foi, depois, levar o tributo a Eglon, rei de Moab. Eglon era muito gordo. ¹⁸Uma vez entregue o tributo, Aod despediu as pessoas que o trouxeram. ¹⁹Mas ele, ao chegar aos Ídolos que estão perto de Guilgal,ª voltou e disse: "Tenho uma mensagem secreta para ti, ó rei!" O rei disse: "Silêncio!", e todos os que se achavam perto dele saíram. ²⁰Aod aproximou-se. O rei estava assentado na sala de cima, que era mais arejada, reservada só para ele. Aod lhe disse: "É uma palavra de Deus que trago para ti, ó rei!" O rei se levantou imediatamente de sua cadeira. ²¹Então Aod estendeu a mão esquerda, apanhou o punhal acima da coxa direita e o cravou no ventre do rei. ²²Até mesmo o punho entrou com a lâmina, e a gordura se fechou sobre ela, porque Aod não tinha retirado o punhal do seu ventre; então os excrementosᵇ saíram. ²³Aod saiu pelo vestíbulo, tendo fechado atrás de si as portas da sala de cima e trancado o ferrolho.

²⁴Quando ele saiu, os servidores voltaram e observaram que as portas da sala em cima estavam trancadas com o ferrolho. Disseram: "Sem dúvida ele cobre os pésᶜ no retiro da sala arejada." ²⁵Esperaram até ficar inquietos, porquanto nem sempre ele abria as portas da sala de cima. Por fim, tomaram a chave e abriram: o seu senhor jazia por terra, morto.

²⁶Enquanto eles ficaram esperando, Aod escapara. Alcançou os Ídolos e chegou com segurança a Seira. ²⁷Assim que chegou, tocou a trombeta na montanha de Efraim, e os israelitas desceram com ele da montanha, ele à frente. ²⁸E ele disse-lhes: "Segui-me, porque Iahweh entregou o vosso inimigo, Moab, nas vossas mãos." Eles o seguiram, pois, e cortaram para Moab a passagem dos vaus do Jordão e não deixaram passar ninguém. ²⁹Nessa ocasião, feriram cerca de dez mil homens de Moab, todos robustos e valentes, e nenhum escapou. ³⁰Nesse dia, foi assim subjugado Moab pela mão de Israel, e a terra viveu em paz oitenta anos.

3. SAMGARᵈ

³¹Depois dele, veio Samgar, filho de Anat, que feriu seiscentos filisteus com uma aguilhada de bois. Ele também salvou Israel.

4. DÉBORA E BARACᵉ

4 **Israel oprimido pelos cananeus** — ¹Depois da morte de Aod, os israelitas recomeçaram a fazer o que era mau aos olhos de Iahweh, ²e Iahweh os entregou a Jabin, rei de Canaã, que reinava em Hasor. O chefe de seu exército era Sísara, que habitava em Haroset-Goim.

a) Estes ídolos de pedra (*pesîlîm*) eram bem conhecidos da tradição local e servem de referência geográfica, aqui e no v. 26. Não sabemos o que eram, mas não se *trata das pedras que Josué erigiu* (Js 4,19-20), que não teriam sido chamadas de "ídolos" — O termo traduzido por "silêncio" deve sem dúvida ser compreendido como sinal para que o pessoal do rei se afaste.
b) O hebr. tem aqui termo único ("hapax"), *parshedonah*, cuja tradução é difícil. As últimas palavras do v. 22 procuram estabelecer um paralelo cheio de ironia, pois Aod sai pelo vestíbulo (?), *misderônah*, outro termo único na Bíblia.
c) Eufemismo por: satisfazer a uma necessidade natural.
d) Este v. é um acréscimo (cf. 4,1). Samgar parece não ser israelita: o seu nome é estrangeiro, e é prova-velmente originário de Bet-Anat, na Galileia, que permanecera cananeia (Jz 1,33). Sua inclusão no número dos Juízes vem possivelmente de 5,6 mal compreendido.
e) A história de Débora e de Barac é apresentada numa narrativa em prosa (cap. 4) e em cântico (cap. 5). Segundo a narrativa original em prosa, as tribos de Zabulon e Neftali alcançam vitória decisiva sobre Sísara de Haroset-Goim, a noroeste da planície de Jezrael. Ele tem sido associado secundariamente a Jabin rei de Hasor, vencido por Josué (Js 11,10-15); é citado na narrativa em prosa, mas não no cântico. Essa vitória, cujo caráter histórico é certo, fez cair a barreira que separava as tribos do Norte das do centro da Palestina. Ela se situa provavelmente em meados do século XII a.C.

³Então os israelitas clamaram a Iahweh, porque Jabin tinha novecentos carros de ferro e tinha oprimido duramente os israelitas durante vinte anos.

Débora — ⁴Nesse tempo, Débora, uma profetisa,ᵃ mulher de Lapidot, julgava em Israel. ⁵Ela tinha a sua sede à sombra da palmeiraᵇ de Débora, entre Ramá e Betel, na montanha de Efraim, e os israelitas vinham a ela para obter justiça. ⁶Ela mandou chamar Barac, filho de Abinoem de Cedes em Neftali, e lhe disse: "Iahweh, Deus de Israel, não te ordenou: 'Vai, reúneᶜ o monte Tabor e toma contigo dez mil homens dentre os filhos de Neftali e os filhos de Zabulon? ⁷Não atrairei a ti, na torrente do Quison, a Sísara, chefe do exército de Jabin, com os seus carros e as suas tropas e não o entregarei nas tuas mãos?'" ⁸Barac respondeu-lhe: "Se tu vieres comigo, eu irei, mas se não vieres comigo, não irei."ᵈ ⁹Débora lhe disse: "Irei, pois, contigo, porém, no caminho que seguires, a honra da vitória não será tua, porque é nas mãos de uma mulher que Iahweh entregará Sísara." Então Débora se levantou e, com Barac, foi para Cedes. ¹⁰Barac convocou Zabulon e Neftali em Cedes. Dez mil homens subiram, e Débora subiu com ele.

Héber, o quenitaᵉ — ¹¹Héber, o quenita, se separara de Cain e do clã dos filhos de Hobab, sogro de Moisés, e tinha armado a sua tenda perto do carvalho de Saananim, não longe de Cedes.

Derrota de Sísara — ¹²Anunciaram a Sísara que Barac, filho de Abinoem, tinha subido ao monte Tabor. ¹³Sísara convocou todos os seus carros, novecentos carros de ferro, e todas as suas tropas, de Haroset-Goim à torrente do Quison. ¹⁴Débora disse a Barac: "Prepara-te, porque este é o dia em que Iahweh entregou Sísara nas tuas mãos. Porventura não marchou Iahweh à tua frente?" Então Barac desceu do monte Tabor à frente de dez mil homens. ¹⁵Iahweh encheu de pânico Sísara, com todos os seus carros e todo o seu exército, diante de Barac.ᶠ Sísara desceu do seu carro e fugiu a pé. ¹⁶Barac perseguiu os carros e o exército até Haroset-Goim. Todo o exército de Sísara caiu ao fio da espada, e nenhum homem escapou.

Morte de Sísara — ¹⁷Sísara, entretanto, fugiu a pé em direção à tenda de Jael, mulher de Héber, o quenita, porque havia paz entre Jabin, rei de Hasor, e a casa de Héber, o quenita. ¹⁸Jael, saindo ao encontro de Sísara, disse-lhe: "Fica, meu senhor, fica comigo. Não temas!" Ele entrou na tenda com ela, e ela o cobriu com um tapete. ¹⁹Disse-lhe ele: "Dá-me um pouco d'água, peço-te: tenho sede." Ela abriu o odre onde estava o leite,ᵍ deu-lho a beber e o cobriu de novo. ²⁰Disse-lhe ele: "Põe-te à entrada da tenda e, se vier alguém e te perguntar: 'Há algum homem aqui?', responderás: 'Não.'" ²¹Mas Jael, mulher de Héber, pegou uma estaca da tenda, apanhou um martelo e, aproximando-se dele mansamente, cravou-lhe na têmpora a estaca até que penetrou na terra. Ele dormia profundamente, vencido pelo cansaço, e assim morreu. ²²E eis que surge Barac perseguindo Sísara. Jael saiu ao seu encontro e disse-lhe: "Vem e

---

a) Profetisa, como Maria (Ex 15,20) e Hulda (2Rs 22,14), Débora administrou a justiça em nome de Iahweh.
b) "palmeira": *tamar*, conj.: *tomer* hebr.
c) Lit. "atrai". Este verbo se reencontra no v. 7 para traduzir a ação de Deus, mas aqui qualifica a ação de Barac.
d) O grego acrescenta: "porque não sei em que dia o Anjo de Iahweh me dará o sucesso". Trata-se de uma glosa que se apoia sobre o v. 14.
e) Este v., que interrompe a narrativa, prepara a história de Jael (v. 17), que provavelmente teve existência independente.
f) Depois de "seu exército", o hebr. acrescenta: "sob o fio da espada" (cf. o v. seguinte).
g) Trata-se do *leben*, a coalhada dos nômades.

te mostrarei o homem que procuras." Ele entrou com ela: Sísara jazia morto, com a estaca na têmpora.

A libertação de Israel — ²³Assim Deus humilhou naquele dia Jabin, rei de Canaã, diante dos israelitas. ²⁴A mão dos israelitas pesava cada vez mais duramente sobre Jabin, rei de Canaã, até que exterminaram Jabin, rei de Canaã.

CÂNTICO DE DÉBORA E DE BARAC[a]

5 ¹Naquele dia, Débora e Barac, filho de Abinoem, entoaram um cântico:

²Já que, em Israel, os guerreiros soltaram a cabeleira[b]
e o povo espontaneamente se apresentou,
bendizei a Iahweh!

³Ó reis, ouvi! Ó príncipes, escutai!
A Iahweh, eu, sim, eu cantarei,
celebrarei a Iahweh, Deus de Israel.

⁴Iahweh! Quando saíste de Seir,
quando avançaste nas planícies de Edom,
a terra tremeu,
troaram os céus, as nuvens desfizeram-se em água.

⁵Os montes deslizaram na presença de Iahweh, o do Sinai,
diante de Iahweh, o Deus de Israel.

⁶Nos dias de Samgar, filho de Anat, nos dias de Jael,
não existiam mais caravanas;
aqueles que andavam pelos caminhos
seguiam tortuosos atalhos.

⁷Renunciava-se nos campos,[c]
renunciava-se em Israel,
até que te levantaste, ó Débora,
até que te levantaste, mãe em Israel!

⁸Escolhiam deuses novos,
então para cinco cidades,[d]
não se viam escudos nem lanças,
e eram quarenta mil em Israel!

⁹O meu coração volta-se para os chefes de Israel,
com os voluntários do povo!
Bendizei a Iahweh!

¹⁰Vós que cavalgais brancas jumentas
e vos assentais em tapetes,
e vós que ides pelos caminhos, estai atentos,

---

a) O cântico de Débora é um canto de vitória, inserido numa composição hínica. Celebra um ato de guerra santa, na qual Iahweh luta contra os inimigos do seu povo (vv. 20-21.23), que são também seus inimigos (v. 31). O cântico exalta as tribos que responderam ao apelo de Débora e repreende as que não compareceram ao combate. A enumeração levanta muitos problemas: Maquir é nomeado em lugar de Manassés (v. 14); em lugar de Galaad, esperar-se-ia Gad (v. 17); Meroz (v. 23) não aparece em nenhuma outra relação das tribos. Judá e Simeão não são citados, seja em razão do seu isolamento no Sul, seja porque não haviam ainda aderido à confederação israelita.
b) Rito de guerra (comparar com Dt 32,42). Os combatentes da guerra santa são consagrados a Deus como os nazireus (cf. Jz 13,5; 16,17).
c) "Campos" *pirzôn* (v. 11c), lit.: "país aberto"; hebr. *perazôn*.
d) "para cinco cidades" *lehamesh'arim*, conjectura; "a guerra (?) estava às portas (cf. v. 11d)" hebr. (*lahem she'arim*) mal dividido e harmonizado.

¹¹ às aclamações dos pastores,ᵃ
à beira dos bebedouros.
Aí se celebram os benefícios de Iahweh,
seus benefícios para seus campos em Israel!
(Então o povo de Iahweh desceu às portas.)ᵇ

¹² Desperta, Débora, desperta!
Desperta, desperta, entoa um cântico!
Coragem, Barac! Levanta-te
e reconduze teus prisioneiros, filho de Abinoem!

¹³ Então ele desce aos príncipes, o fugitivo,ᶜ
o povo de Iahweh desce para mim entre os bravos.

_{Nm 32,39}
_{Js 17,1}
¹⁴ Os príncipes de Efraim, os oficiais estão na planície.ᵈ
À tua retaguarda, Benjamim está entre os teus.

Os chefes desceram de Maquir,
de Zabulon, aqueles que levam o bastão de escriba.ᵉ
¹⁵ Os príncipes de Issacar estão com Déboraᶠ e Neftali.
Barac também se lança nas suas pegadas na planície.

Nos clãs de Rúben
demoradamente se deliberava.
¹⁶ Por que permaneceste entre as duas muretasᵍ
a escutar os assobios, junto aos rebanhos?
(Nos clãs de Rúben
demoradamente se deliberava.)

_{Jz 17,1 +}
_{Js 19,40 +}
¹⁷ Galaadʰ ficou do outro lado do Jordão,
e Dã, por que vive nos navios?ⁱ
Aser permaneceu na orla do mar,
e tranquilo habita em seus portos.

¹⁸ Zabulon é um povo que enfrentou a morte,
como Neftali, nos planaltos do território.ʲ

_{Sl 48,5}
_{4,14}
¹⁹ Os reis vieram e combateram,
os reis de Canaã combateram
em Tanac, à beira das águas de Meguido,
mas não levaram dinheiro como espólio.

_{Js 10,10-14}
_{2Sm 5,24}
_{Sl 18,14-15}
²⁰ Do alto dos céus as estrelas lutaram,
de seus caminhos, lutaram contra Sísara.

---

a) lit.: "Aqueles que dividem" (a água, a forragem ou os rebanhos).
b) Este estíquio, que restaura o texto correto do começo do v. 13, corrompido, foi posto em lugar inadequado.
c) "*fugitivo* sarid TM, mss gregos têm "Israel". Há uma cidade chamada Sarid em Zabulon (Js 19, 10.12).
d) "Os oficiais na planície", *sarisim ba'emeq*, conj. segundo o gr.; TM "suas raízes em Amalec", *shorsham ba'amaleq*, releitura antissamaritana (contra Efraim).
e) Os escribas eram raros e tinham grande autoridade.
f) Depois de "Débora", o hebr. acrescenta "e Issacar", omitido pelo gr. que igualmente omite "Barac também"; propõe-se ler "e Neftali".
g) Os rubenitas, pastores, ficaram para proteger seus rebanhos contra as incursões dos nômades: os assobios são o sinal do perigo e a chamada para reunir os animais; comparar Is 5,26; 7,18; Zc 10,8.
h) Mais do que uma tribo com este nome, a tribo de Gad é que deveria ser citada aqui, ao lado da de Rúben, e chamada pelo nome do território que ocupava (cf. Nm 32,1s).
i) Dã devia ter emigrado para o Norte nesse tempo (cf. Jz 1,34-35; 17-18; Js 19,40+), e com certeza os danitas se gabavam de seus serviços aos marinheiros da costa.
j) Este v., em que aparece pela segunda vez Zabulon, e talvez Neftali (cf. v. 15), tem métrica diferente do resto do poema. Trata-se de refrão sobre as duas tribos, no estilo de Gn 49, referindo-se talvez à batalha das águas de Merom (Js 11).

²¹ A torrente do Quison os arrastou,
  os recobriu*ª* a torrente do Quison:
  Marcha, minh'alma, ousadamente!
²² Então os cascos dos cavalos martelaram o chão:
  galopam, galopam os seus corcéis.*ᵇ*
²³ Maldito seja Meroz,*ᶜ* diz o Anjo de Iahweh,
  amaldiçoai, amaldiçoai os seus habitantes:
  pois não vieram em auxílio de Iahweh,
  entre os heróis, em auxílio de Iahweh.
²⁴ Bendita entre as mulheres Jael seja
  (a mulher de Héber, o quenita),
  entre as mulheres que habitam em tendas, bendita seja ela!
²⁵ Ele pediu-lhe água: leite lhe trouxe,
  na taça dos nobres serviu-lhe creme.
²⁶ Estendeu a mão para apanhar a estaca,
  a direita para alcançar o martelo dos trabalhadores.

  Então matou Sísara, rachou-lhe a cabeça,
  com um golpe perfurou-lhe a têmpora.
²⁷ Entre seus pés ele desabou, tombou, deitado.
  A seus pés ele desabou, tombou.
  Onde ele desabou, aí tombou, aniquilado.
²⁸ À janela ela se debruça, espia*ᵈ*
  a mãe de Sísara através da grade:
  "Por que o seu carro tarda a vir?
  Por que são lentos os seus cavalos?"
²⁹ A mais sábia das suas donzelas lhe responde,
  e a si própria ela repete:
³⁰ "É que sem dúvida demoram em repartir os despojos:
  uma jovem, duas jovens para cada guerreiro!
  Finos tecidos bordados e coloridos para Sísara,
  um enfeite, dois enfeites para meu pescoço!"*ᵉ*
³¹ Assim pereçam todos os teus adversários, Iahweh!
  Aqueles que te amam*ᶠ* sejam como o sol
  quando se levanta na sua força!

  E a terra descansou quarenta anos.

5. GEDEÃO E ABIMELEC*ᵍ*

A. VOCAÇÃO DE GEDEÃO

6 **Israel oprimido pelos madianitas** — ¹Os israelitas fizeram o que era mau aos olhos de Iahweh, e Iahweh os entregou por sete anos às mãos dos madianitas, ²e a mão de Madiã se tornou pesada sobre Israel. Para

---

a) "Os recobriu", *qeramam*, sir.; "a torrente antiga" *qedumîn*, hebr. (confusão entre *resh* e *dalet*). Os cananeus são engolidos: pode-se passar sobre eles.
b) O hebr. oferece aqui um ritmo anapéstico, imitado pelo Sl 68,13.
c) Localizado no Qhirbet Marous, ao sul de Cedes de Neftali.
d) "espia", grego; "clama", hebr.

e) O final do v. provavelmente está corrompido e foi sobrecarregado. Em vez de "um enfeite, dois enfeites para meu pescoço", o hebr. tem: "lenço colorido, dois enfeites para o pescoço do despojo".
f) "que te amam", grego e lat.; "que o amam", hebr.
g) A longa história de Gedeão reúne muitas tradições da tribo de Manassés, que o redator deuteronomista do livro já encontrou juntas e retocou. Algumas se referem a cam-

escapar a Madiã, os israelitas se utilizaram das covas das montanhas, das cavernas e dos esconderijos. ³Cada vez que Israel semeava, subiam os de Madiã, e os de Amalec, e com eles os filhos do oriente,ª subiam contra Israel ⁴e, acampando junto aos israelitas, devastavam os produtos do solo até às vizinhanças de Gaza. Não deixavam a Israel nenhum meio de sobrevivência, nem um cordeiro, nem um boi, nem um jumento, ⁵pois chegavam com suas cáfilas e suas tendas, tão numerosos como gafanhotos, em tal multidão que não se podiam contar, nem eles nem seus camelos, e invadiam a terra para a arrasar. ⁶Assim Israel ficou enfraquecido por causa de Madiã, e os israelitas clamaram a Iahweh.

Intervenção de um profetaᵇ — ⁷Tendo os israelitas clamado a Iahweh por causa dos madianitas, ⁸Iahweh enviou-lhes um profeta que lhes disse: "Assim diz Iahweh, Deus de Israel. Eu vos fiz subir do Egito e vos fiz sair da casa da escravidão. ⁹Eu vos livrei da mão dos egípcios e da mão de todos os que vos oprimiam. Eu os expulsei de diante de vós, e vos dei a terra deles, ¹⁰e vos disse: 'Eu sou Iahweh vosso Deus. Não temais os deuses dos amorreus, em cuja terra habitais.' Mas vós não me destes ouvidos."

Aparição do Anjo de Iahweh a Gedeãoᶜ — ¹¹O Anjo de Iahweh veio e assentou-se debaixo do terebinto de Efra,ᵈ que pertencia a Joás de Abiezer. Gedeão, seu filho, estava malhando o trigo no lagar, para salvá-lo dos madianitas, ¹²e o Anjo de Iahweh lhe apareceu e lhe disse: "Iahweh esteja contigo, valente guerreiro!" ¹³Gedeão lhe respondeu: "Eu te peço, meu Senhor! Se Iahweh está conosco, donde vem tudo quanto nos acontece? Onde estão todos os prodígios que os nossos pais nos contavam dizendo: 'Não nos fez Iahweh subir do Egito?' E agora Iahweh nos abandonou e nos deixou cair sob o poder de Madiã..."

¹⁴Então Iahweh se voltou para ele e lhe disse: "Vai com a força que te anima, e salvarás Israel das mãos de Madiã. Não sou eu quem te envia?" — ¹⁵"Eu te peço, meu Senhor!" respondeu Gedeão, "como posso salvar Israel? Meu clã é o mais fraco em Manassés, e eu sou o último na casa de meu pai." ¹⁶Iahweh lhe respondeu: "Eu estarei contigo e tu vencerás Madiã como se ele fosse um só homem." ¹⁷E Gedeão lhe disse: "Se encontrei graça aos teus olhos, dá-me um sinal de que és tu quem me fala. ¹⁸Não te afastes daqui, rogo-te, até que eu volte e traga a minha oferenda e a deposite diante de ti." Ele respondeu: "Esperarei até que voltes."

¹⁹Gedeão saiu, preparou um cabrito e, com um almude de farinha, fez pães sem fermento. Pôs a carne num cesto e o caldo numa vasilha, e trouxe-os para debaixo do terebinto. Quando se aproximava, ²⁰o Anjo de Iahweh lhe disse: "Toma a carne e os pães sem fermento e coloca-os sobre esta pedra e derrama

---

panhas militares de Gedeão contra os madianitas, quer em território israelita, quer do outro lado do Jordão. Somam-se a elas narrativas cultuais: a legitimação de um altar em Efra, a destruição de um altar de Baal, o sinal do velo. Essas narrativas são importantes para compreender a crise religiosa provocada pela sedentarização e a influência do culto a Baal, e a crise política que se manifesta pelo oferecimento da coroa real a Gedeão e pela infeliz experiência de Abimelec.

a) Os madianitas vivem na Arábia, mas os textos bíblicos os mostram muito ativos no sul e no sudeste da terra de Canaã; na época dos Juízes, eles são um inimigo temível para os camponeses israelitas, cf. Ex 2,15+. Os amalecitas localizam-se sobretudo na Palestina meridional, mas o seu nome pode também ser uma designação vaga de hordas nômades. Os filhos do oriente são as tribos do deserto, a leste do Jordão. — Esta narrativa fornece o primeiro testemunho histórico de criação do camelo e da sua utilização nas incursões guerreiras.

b) Esta intervenção de um profeta é devida a um redator deuteronomista como o mostra o discurso que recorda as ações de Deus em favor de Israel.

c) Este parágrafo acrescenta uma narrativa da vocação de Gedeão, que continua nos vv. 36-40, e uma narrativa de fundação de santuário, do tipo das que aparecem no Gênesis, com uma teofania, uma mensagem de salvação e a inauguração do culto. O Anjo de Iahweh (v. 11) é designado apenas por Iahweh nos vv. 14.16 e 23. No v. 22, Gedeão identifica Iahweh com o seu Anjo (cf. Gn 16,7+).

d) Uma árvore sagrada (cf. 4,11; 9,37 etc.; Js 24,26). A localização desta Efra é desconhecida.

o caldo sobre eles." E Gedeão assim fez. ²¹Então o Anjo de Iahweh estendeu a ponta do cajado que tinha na mão e tocou a carne e os pães sem fermento. O fogo se ergueu da pedra e devorou a carne e os pães sem fermento, e o Anjo de Iahweh desapareceu a seus olhos.ᵃ ²²Então viu Gedeão que era o Anjo de Iahweh, e exclamou: "Ah! meu Senhor Iahweh! Eu vi o Anjo de Iahweh face a face!" ²³Iahweh lhe disse: "A paz esteja contigo! Não temas, não morrerás." ²⁴Gedeão ergueu ali um altar a Iahweh e o chamou: Iahweh é Paz. Esse altar está ainda hoje em Efra de Abiezer.

*Gedeão contra Baal*ᵇ — ²⁵Aconteceu que, naquela mesma noite, Iahweh disse a Gedeão: "Toma o touro de teu pai, o touro de sete anos, de uma segunda criaᶜ e destrói o altar de Baal que pertence a teu pai e quebra o poste sagrado que está ao lado. ²⁶Em seguida construirás a Iahweh teu Deus, no cume desse lugar forte, um altar feito segundo a regra. Tomarás então o touro da segunda cria e o oferecerás em holocausto sobre a lenha do poste sagrado que terás destruído." ²⁷Gedeão convocou então dez homens entre os seus servos e fez como Iahweh lhe tinha ordenado. Mas, como ele temia a sua família e o povo da cidade para o fazer em pleno dia, ele o fez durante a noite. ²⁸No dia seguinte, bem cedo, o povo da cidade se levantou, e eis que o altar de Baal tinha sido destruído, o poste sagrado que estava ao lado tinha sido cortado, e o touro da segunda cria fora oferecido em holocausto sobre o altar recém-construído. ²⁹Disseram então uns aos outros: "Quem fez isto?" Eles perguntaram, se informaram, e depois disseram: "Foi Gedeão, filho de Joás, quem fez isso." ³⁰Os habitantes da cidade disseram então a Joás: "Traze para fora o teu filho, para que morra, porquanto destruiu o altar de Baal e cortou o poste sagrado que estava ao lado." ³¹Joás respondeu a todos os que estavam ao seu redor: "Defendeis a Baal? É a vós que cabe vir em seu auxílio? (Quem quer que defenda Baal morrerá antes que clareie o dia).ᵉ Se ele é deus, que se defenda a si mesmo, pois Gedeão destruiu o seu altar." ³²Nesse dia se deu a Gedeão o nome de Jerobaal,ᵈ porque se dizia: "Que Baal contenda contra ele, pois destruiu o seu altar!"

A convocação às armas — ³³Todo Madiã, Amalec e os filhos do oriente se reuniram e, atravessando o Jordão, vieram acampar na planície de Jezrael. ³⁴O espírito de Iahweh revestiu Gedeão; ele soou a trombeta e Abiezer se agrupou à sua retaguarda. ³⁵Gedeão enviou mensageiros a todo o Manassés, que também se agrupou à sua retaguarda, e enviou mensageiros a Aser, a Zabulon e a Neftali; e eles subiram ao seu encontro.

*A prova do velo*ᶠ — ³⁶Gedeão disse a Deus: "Se verdadeiramente queres livrar a Israel por meu intermédio, como disseste, ³⁷eis que colocarei um velo de lã na eira; se o orvalho cair somente sobre o velo, e todo o terreno estiver seco, então saberei que livrarás a Israel por minha mão, como disseste." ³⁸E assim fez. Quando Gedeão se levantou no dia seguinte, de madrugada, torceu o velo de lã e do orvalho dele tirou uma taça d'água.

---

a) A refeição que Gedeão havia preparado para o Anjo de Iahweh — tivesse ela ou não caráter sacrifical — é transformada em holocausto pelo fogo divino (compare-se com o sacrifício de Manué, 13,15-20). O rochedo foi assim consagrado e Gedeão erigiu nele um altar (v. 24).
b) Esta segunda narrativa cultual, que parece referir-se ao mesmo santuário que o anterior, tem outro caráter: aqui o culto a Baal é substituído, e com violência, pelo culto a Iahweh.
c) Falando do touro da segunda cria, o relato pressupõe que a lei segundo a qual todo macho saído de uma primeira cria era oferecido a Deus (Ex 13,15) foi respeitada.
d) Esta precisão, inserida no discurso de Joás, é uma glosa que remete a uma época em que os seguidores de Baal eram mortos (cf. 2Rs 10,18-27).
e) O segundo nome de Gedeão (cf. 7,1 etc.) é explicado aqui mediante etimologia popular. Originalmente, o nome tem o sentido contrário: "Que Baal tome o partido de, que ele defenda (o portador do nome)". — Um santuário de Iahweh toma o lugar do santuário cananeu.
f) É o sinal pedido por Gedeão no v. 17. Comparar com Ex 4,1-7, onde dois sinais autenticam a missão de Moisés.

³⁹Gedeão disse ainda a Deus: "Que tua cólera não se inflame contra mim, se falo ainda uma vez. Permite que eu faça uma última vez a prova do velo: que nada fique seco senão apenas o velo, e toda a terra ao redor se cubra de orvalho!" ⁴⁰E Deus fez assim essa noite. Só o velo de lã estava seco e havia orvalho em toda a terra ao redor.

B. CAMPANHA DE GEDEÃO A OESTE DO JORDÃO

7 *Iahweh reduz o exército de Gedeão*[a] — ¹Jerobaal (isto é, Gedeão) se levantou de madrugada, bem como todo o povo que estava com ele, e veio acampar em En-Harod;[b] o acampamento de Madiã se achava ao norte do seu, ao pé da colina de Moré, no vale. ²Então Iahweh disse a Gedeão: "O povo que está contigo é numeroso demais para que eu entregue Madiã nas suas mãos; Israel poderia gloriar-se disso às minhas custas, e dizer: 'Foi a minha própria mão que me livrou!' ³Agora, pois, proclama aos ouvidos de todo o povo: 'Quem estiver tremendo de medo volte e escape pelo monte Galaad.'"[c] Vinte e dois mil homens voltaram e restaram ainda dez mil.

⁴Iahweh disse a Gedeão: "Este povo ainda é muito numeroso. Faze-os descer à beira da água e lá os provarei para ti. Aquele de quem eu disser: 'Este irá contigo', esse contigo irá. E todo aquele de quem eu disser: 'Este não irá contigo', esse não irá." ⁵Gedeão fez, pois, todo o povo descer à beira da água, e Iahweh lhe disse: "Todos aqueles que lamberem a água com a língua como faz o cão, tu os porás a um lado, assim com todos os que se ajoelham para beber." ⁶O número daqueles que lamberam a água levando as mãos à boca[d] foi de trezentos. Todos os outros se ajoelharam para beber. ⁷Então Iahweh disse a Gedeão: "É com os trezentos que lamberam a água que vos salvarei e entregarei Madiã nas tuas mãos. Que todo o resto volte para suas casas." ⁸Tomaram as provisões do povo e as suas trombetas, e depois Gedeão despediu todos os israelitas cada um para a sua tenda, retendo consigo somente os trezentos. O acampamento de Madiã estava abaixo dele, no vale.

Presságio da vitória — ⁹Ora, aconteceu que, nessa noite, Iahweh lhe disse: "Levanta-te e desce ao acampamento, porque o entrego nas tuas mãos. ¹⁰Se, porém, tens medo de descer, desce ao acampamento com o teu servo Fara; ¹¹escuta o que dizem; tu então ficarás animado e descerás contra o acampamento." Desceu, pois, com o seu servo Fara até às vanguardas do acampamento.

¹²Madiã, Amalec e todos os filhos do oriente estavam deitados no vale, numerosos como gafanhotos; os seus camelos eram inumeráveis, como a areia na praia do mar. ¹³Gedeão veio e ouviu que um homem contava um sonho ao seu companheiro. Dizia: "Foi assim o sonho que sonhei: um pão de cevada rolava no acampamento de Madiã, atingiu a tenda, chocou-se com ela[e] e a fez cair de cima a baixo." ¹⁴Seu companheiro respondeu: "Isso não pode ser outra coisa senão a espada de Gedeão, filho de Joás, o israelita. Deus entregou nas mãos dele Madiã e todo este acampamento; a tenda tinha caído". ¹⁵Acabando de ouvir a narrativa do sonho e a sua interpretação, Gedeão se prostrou, e depois retornou ao acampamento de Israel e disse: "De pé! porque Iahweh entregou em vossas mãos o acampamento de Madiã!"

---

a) Não se deve atribuir a vitória contra os madianitas ao poder militar de Israel: trata-se de guerra santa, na qual é Deus quem dá a vitória.
b) Harod significa "tremor" (cf. v. 3).
c) Gedeão deve convidar todos os que não querem participar do combate com os madianitas a fugir para o leste, onde se encontra Galaad, para contornar o campo de Madiã.

d) Estas poucas palavras, que viriam melhor no final do v., foram provavelmente deslocadas.
e) A tenda simboliza o habitat dos madianitas; o pão de cevada, os israelitas agricultores. Daí, a resposta do v. 14. O sonho é reconhecido como revelação divina, o que explica o gesto de Gedeão no v. 15 (cf. Gn 20,3+).

A surpresa — ¹⁶Gedeão dividiu, pois, os seus trezentos homens em três grupos. A todos distribuiu trombetas e cântaros vazios, com tochas neles. ¹⁷"Olhai para mim", disse ele, "e fazei como eu! Quando eu tiver chegado à extremidade do acampamento, o que eu fizer, fazei-o vós também. ¹⁸Tocarei a trombeta, eu e todos os que estão comigo; então, vós também fareis soar as trombetas ao redor do acampamento, e gritareis: Por Iahweh e por Gedeão!"

¹⁹Gedeão e os cem homens que o acompanhavam chegaram à extremidade do acampamento no começo da vigília da meia-noite, quando já se tinham colocado as sentinelas; tocaram as trombetas e quebraram os cântaros que tinham nas mãos. ²⁰Então os três grupos tocaram as trombetas e quebraram os cântaros; na mão esquerda levavam as tochas acesas, e na direita as trombetas, e gritavam: "Espada por Iahweh e por Gedeão!" ²¹E todos se mantiveram imóveis, cada um no seu lugar, ao redor do acampamento. Todo o acampamento então se agitou e, gritando, os madianitas se puseram em fuga. ²²Enquanto os trezentos soavam as trombetas, Iahweh fez que em todo o acampamento cada um voltasse a espada contra o seu companheiro.*ᵃ* Todos fugiram até Bet-Seta, perto de Serera,*ᵇ* até a margem de Abel-Meúla, defronte de Tebat.

1Sm 14,20

A perseguição — ²³Os homens de Israel se reuniram, de Neftali, de Aser e de todo o Manassés, e perseguiram Madiã. ²⁴Gedeão enviou por todas as montanhas de Efraim mensageiros dizendo: "Descei ao encontro de Madiã e ocupai antes deles as fontes de água até Bet-Bera e o Jordão." Todos os de Efraim se reuniram e ocuparam as fontes de água até Bet-Bera e o Jordão. ²⁵Tomaram prisioneiros os dois chefes de Madiã, Oreb e Zeb. Mataram Oreb no rochedo de Oreb, e Zeb no lagar de Zeb. Perseguiram Madiã e levaram a Gedeão, além do Jordão, as cabeças de Oreb e Zeb.*ᶜ*

Jo 1,28 +

Sl 83,12
Is 10,26

8 ***Reclamações dos efraimitas****ᵈ* — ¹Ora, os homens de Efraim disseram a Gedeão: "Que maneira é essa de agir para conosco: tu não nos convocaste quando saíste a combater Madiã?" E discutiram violentamente com ele. ²Ele lhes respondeu: "Que mais fiz eu em comparação com o que fizestes vós? O restolho de Efraim não é mais do que a vindima de Abiezer? ³Foi em vossas mãos que Deus entregou os chefes de Madiã, Oreb e Zeb. Que pude eu fazer em comparação com o que fizestes?" Ao ouvirem essas palavras, sua exaltação contra ele se acalmou.

12,1-6
6,35; 7,24

C. A CAMPANHA DE GEDEÃO NA TRANSJORDÂNIA E O FIM DE GEDEÃO

Gedeão persegue o inimigo no além-Jordão*ᵉ* — ⁴Gedeão chegou ao Jordão e o atravessou, mas tanto ele como os trezentos homens que o acompanhavam estavam cansados por causa da perseguição. ⁵Disse, pois, Gedeão ao povo de Sucot: "Dai, rogo-vos, pedaços de pão aos homens que me seguem, porque estão cansados, e estou perseguindo Zebá e Sálmana, reis de Madiã." ⁶Os

---

a) O relato narra uma guerra de Iahweh: os israelitas não tiveram de combater; por outro lado não têm armas; apenas Deus semeia o pânico entre os madianitas (cf. Ex 14,14.24-25).
b) Os madianitas fugiram para os vaus do Jordão.
c) Oreb: "corvo"; Zeb: "lobo". Este episódio, relembrado em 8,3, utiliza uma tradição independente, provavelmente efraimita, ligada a dois lugares que têm nomes particulares.
d) Efraim é aqui mencionado como subordinado a Manassés (cf. 7,24.25b), mas os efraimitas recebem mal a ideia de ficarem em segundo plano. Efraim acabará firmando sua superioridade sobre Manassés, fato que explica a preferência que lhe foi dada por Jacó em Gn 48,17.
e) Esta campanha é apresentada como consequência daquela a que se refere 7,1-22 (cf. 8,4), mas é originalmente uma tradição independente, relativa talvez a outra incursão dos madianitas. De qualquer forma, é diferente da do episódio de 7,25, no qual os "chefes" de Madiã e os "reis" de Madiã têm nomes diferentes (v. 5). As precisões geográficas relativas a Sucot, Fanuel e à Transjordânia indicam uma tradição local.

príncipes de Sucot responderam: "Já estão nas tuas mãos as mãos de Zebá[a] e Sálmana, para que demos pão ao teu exército?" — [7]"Muito bem!", respondeu Gedeão: "Assim que Iahweh tiver entregue nas minhas mãos Zebá e Sálmana, rasgarei a vossa carne com os espinhos do deserto e com os abrolhos." [8]Dali, subiu a Fanuel e falou da mesma maneira aos homens de Fanuel, que responderam como os de Sucot. [9]Replicou Gedeão ao povo de Fanuel: "Quando eu voltar são e salvo, destruirei esta torre."

Derrota de Zebá e de Sálmana — [10]Estavam, pois, Zebá e Sálmana em Carcar com o seu exército, cerca de quinze mil homens, todos os que haviam restado do exército dos filhos do oriente. Os mortos dentre os que levavam a mão à espada somavam cento e vinte mil homens. [11]Gedeão subiu pelo caminho dos que habitam em tendas, a leste de Nobe e Jegbaá, e destruiu o exército, embora este se julgasse em segurança. [12]Zebá e Sálmana escaparam. Mas Gedeão os perseguiu e fez prisioneiros os dois reis de Madiã, Zebá e Sálmana e desbaratou o seu exército.

As vinganças de Gedeão — [13]Depois da batalha, Gedeão, filho de Joás voltou pela encosta de Hares.[b] [14]Tendo detido um jovem de Sucot, pediu-lhe os nomes dos príncipes e dos anciãos de Sucot, e ele os deu por escrito, setenta e sete homens. [15]Gedeão, filho de Joás, dirigiu-se então aos homens de Sucot e lhes disse: "Aqui estão Zebá e Sálmana, a propósito dos quais zombastes de mim dizendo: Já estão nas tuas mãos as mãos de Zebá e Sálmana, para que demos pão aos teus homens cansados?" [16]Tomou então os anciãos da cidade e, apanhando espinhos do deserto e sarças, rasgou[c] o povo de Sucot. [17]Destruiu a torre de Fanuel e massacrou os habitantes da cidade. [18]Depois disse a Zebá e a Sálmana: "Como eram mesmo os homens que matastes no Tabor?"[d] — "Pareciam-se contigo," responderam. "Todos eles tinham o aspecto de filhos de rei." — [19]"Eram meus irmãos, filhos de minha mãe," respondeu-lhes Gedeão. "Pela vida de Iahweh! se os tivésseis deixado vivos, eu não vos mataria." [20]Então deu ordens a seu filho mais novo, Jeter, dizendo: "Levanta-te! Mata-os!" Mas o moço não tirava a sua espada: não ousava porque era ainda muito jovem. [21]Zebá e Sálmana então disseram: "Levanta-te e fere-nos, porque como é o homem, tal é a sua força." Então Gedeão se levantou e matou a Zebá e Sálmana, e tirou os crescentes que adornavam o pescoço de seus camelos.

9,54
Sl 83,12

O fim da vida de Gedeão — [22]O povo de Israel disse a Gedeão: "Sê nosso soberano, tu, o teu filho e o teu neto, porque nos salvaste das mãos de Madiã." [23]Gedeão, porém, lhes respondeu: "Não serei eu vosso soberano, nem tampouco meu filho, porque é Iahweh quem será vosso soberano."[e] [24]Disse mais Gedeão: "Permiti que vos faça um pedido. Que cada um de vós me dê um anel de ouro do seu despojo." Os vencidos, de fato usavam anéis de ouro, porque eram ismaelitas. [25]"Dá-lo-emos de boa vontade," responderam. Ele estendeu, pois, a sua capa, e cada um deles lançou nela um anel do seu despojo.[f] [26]O peso dos anéis de ouro que ele pedira chegou a mil e setecentos siclos de ouro, sem contar os crescentes, os brincos e as vestes de púrpura que os reis de Madiã traziam, e sem contar ainda

Ex 32

Nm 31,28s.50s
2Sm 8,11-12

---

a) Zebá, "vítima", e Sálmana, "sombra errante", parecem ser nomes inventados para as necessidades do relato.
b) "pela encosta", grego; "acima" (?), hebr.
c) "rasgou", versões e v. 7; "ensinou", hebr.
d) Nada se sabe desta batalha no Tabor. Gedeão informa os dois reis que foram mortos seus irmãos e justifica dessa forma seu papel de vingador do sangue (cf. Nm 35,19+).
e) Os vv. 22-23 interrompem a narrativa. Gedeão recusa a realeza hereditária que lhe é proposta; ele exprime assim a posição de relator que recusa a instituição real, cf. 1Sm 8,7; 12,12.
f) "Ele estendeu", grego; plural, hebr.

os pendentes do pescoço dos seus camelos. ²⁷Gedeão fez com isso um efod*ª* e o colocou na sua cidade, Efra. Todo Israel ali se prostituiu depois dele, e isso veio a ser um laço para Gedeão e sua casa.

²⁸Assim foi Madiã abatido diante dos israelitas, e nunca mais levantou a cabeça, e a terra descansou quarenta anos, todo o tempo que viveu Gedeão. ²⁹E partiu Jerobaal, filho de Joás, e ficou em sua casa. ³⁰Gedeão teve setenta filhos, gerados por ele, porque tinha muitas mulheres. ³¹A sua concubina, que residia em Siquém, lhe gerou também um filho, ao qual deu o nome de Abimelec. ³²Gedeão, filho de Joás, terminou os seus dias numa velhice feliz e foi sepultado no túmulo de Joás, seu pai, em Efra de Abiezer.*ᵇ*

Nova queda de Israel — ³³Depois da morte de Gedeão, os israelitas voltaram a se prostituir aos baais e tomaram por deus a Baal-Berit.*ᶜ* ³⁴Os israelitas não mais se lembraram de Iahweh, seu Deus que os tinha livrado da mão de todos os inimigos dos arredores. ³⁵E não demonstraram a gratidão que deviam à casa de Jerobaal-Gedeão por todo o bem que tinha feito a Israel.

D. A REALEZA DE ABIMELEC*ᵈ*

9 ¹Abimelec, filho de Jerobaal, veio a Siquém, para junto dos irmãos de sua mãe, e lhes dirigiu estas palavras, como também a todo o clã da casa paterna de sua mãe: ²"Dizei, peço-vos, aos senhores de Siquém: Que será melhor para vós: que setenta homens, todos os filhos de Jerobaal, dominem sobre vós, ou que um só homem domine? E lembrai-vos de que eu sou osso vosso e carne vossa." ³Então os irmãos de sua mãe falaram a todos os senhores de Siquém nos mesmos termos, e o coração deles se inclinou para Abimelec, porque diziam: "É nosso irmão!" ⁴E lhe deram setenta siclos de prata do templo de Baal-Berit, e Abimelec se serviu desse dinheiro para contratar uns vadios, aventureiros, que o seguiram. ⁵Veio à casa de seu pai, em Efra, e matou os seus irmãos, filhos de Jerobaal, setenta homens, sobre uma mesma pedra. Entretanto Joatão, o filho mais novo de Jerobaal, escapou porque tinha-se escondido. ⁶Depois, todos os senhores de Siquém e toda Bet-Melo se reuniram e proclamaram rei a Abimelec perto do carvalho da estela que está em Siquém.*ᵉ*

Apólogo de Joatão *ᶠ* — ⁷Levaram a notícia a Joatão, e ele subiu ao cume do monte Garizim e lhes disse em alta voz:

"Senhores de Siquém, ouvi-me,
para que Deus vos ouça!

---

a) Não se trata do efod-tanga (1Sm 2,18), mas de um objeto cultual utilizado para a adivinhação (cf. 1Sm 2, 28+). Gedeão o destinava com certeza ao culto a Iahweh, mas o redator deuteronomista o condena, exatamente como julgará suspeito o efod de Micas (17,3s).
b) Os vv. 30-32 assemelham-se às informações sobre os *juízes* "menores" (cf. 10,1-5; 12,8-15). O v. 29, que utiliza outra vez o nome Jerobaal, viria melhor depois de 6,25-32.
c) Baal-Berit ou El-Berit é o deus da aliança venerado pelos cananeus de Siquém (9,46). Siquém é também o lugar onde havia sido concluída uma aliança com Iahweh (Js 24): o sincretismo era quase inevitável.
d) Esta história foi conservada aqui porque Abimelec era filho de Gedeão-Jerobaal; na realidade, não é a história de um juiz, nem mesmo a história de uma tribo de Israel: Abimelec é filho de uma siquemita, é escolhido como rei por um grupo de Siquém, aqueles que dispunham da autoridade na cidade. Abimelec cerca-se de aventureiros e seus únicos feitos são a matança de seus irmãos, sua luta contra os revoltados de Siquém e o assalto à cidade israelita de Tebes, onde é morto ignominiosamente. A narrativa é certamente histórica e nos esclarece sobre as condições da época: Israel e Canaã vivem em boa vizinhança, e o regime político que essa realeza representa continua a situação que as cartas de Amarna nos dão a conhecer para essa região no século XIV a.C. A realeza de Abimelec é um fracasso e o relato serve ao propósito do redator desfavorável à realeza. Para ele a realeza humana não passou na prova; ela é até inútil, como o mostra a fábula de Joatão (vv. 7-15).
e) Bet-Melo é provavelmente idêntica à Magdol-Siquém dos vv. 46 e 49. — "da estela": *hammaççebah*, conj.; "levantado": *muççab*, hebr.
f) Este apólogo é, na Bíblia, o primeiro exemplo de fábula que põe em cena plantas ou animais (cf. 2Rs 9; Ez 17,3-10 e muitas vezes nos Provérbios). Mas esse gênero literário é

⁸ Um dia as árvores se puseram a caminho
para ungir um rei que reinasse sobre elas.
Disseram à oliveira: 'Reina sobre nós!'

⁹ A oliveira lhes respondeu:
'Renunciaria eu ao meu azeite,
que tanto honra aos deuses como aos homens,
a fim de balançar-me por sobre as árvores?'

¹⁰ Então as árvores disseram à figueira:
'Vem tu, e reina sobre nós!'

¹¹ A figueira lhes respondeu:
'Iria eu abandonar minha doçura
e o meu saboroso fruto,
a fim de balançar-me por sobre as árvores?'

¹² As árvores disseram então à videira:
'Vem tu, e reina sobre nós!'

¹³ A videira lhes respondeu:
'Iria eu abandonar meu vinho novo,
que alegra os deuses e os homens,
a fim de balançar-me por sobre as árvores?'

¹⁴ Então todas as árvores disseram ao espinheiro:
'Vem tu, e reina sobre nós!'

¹⁵ E o espinheiro respondeu às árvores:
'Se é de boa-fé que me ungis como rei sobre vós,
vinde e abrigai-vos à minha sombra.
Se não, sairá fogo dos espinheiros
e devorará os cedros do Líbano!'

¹⁶ᵃAssim, pois, se foi de boa-fé e com lealdade que agistes quando fizestes rei a Abimelec, se procedestes bem com Jerobaal e sua casa, se o tratastes segundo mereciam os seus atos,ᵇ ¹⁷visto que meu pai lutou por vós e por vós arriscou a vida, e vos livrou das mãos de Madiã, ¹⁸no entanto, hoje vos levantastes contra a casa de meu pai, assassinastes os seus filhos, setenta homens, sobre uma mesma pedra, e fizestes rei sobre os senhores de Siquém a Abimelec, o filho de sua serva, porque é vosso irmão! ¹⁹— se, pois, foi de boa-fé e com lealdade que agistes hoje para com Jerobaal e a sua casa, então que Abimelec faça a vossa alegria e vós a sua! ²⁰Se não, que saia fogo de Abimelec e devore os senhores de Siquém e de Bet-Melo, e que saia fogo dos senhores de Siquém e de Bet-Melo para devorar Abimelec!"

²¹Depois, Joatão tornou a fugir e foi para Bera, onde se estabeleceu para escapar de seu irmão Abimelec.

Revolta dos siquemitas contra Abimelec — ²²Abimelec exerceu o poder sobre Israel durante três anos.ᶜ ²³Depois, Deus enviou um espírito de discórdia entre Abimelec e os senhores de Siquém, e os senhores de Siquém traíram Abimelec. ²⁴Foi assim para que o crime cometido contra os setenta filhos de Jerobaal fosse vingadoᵈ e o seu sangue caísse sobre Abimelec, seu irmão que os assassinara, bem como sobre os senhores de Siquém que o tinham ajudado

---

universal (Mesopotânia, Egito, Grécia, etc.). Esta fábula pode ter tido existência independente antes de ser utilizada para ilustrar a história de Jerobaal e Abimelec.
a) Os vv. 16-20 aplicam a fábula, que se concluía com um apelo à "boa-fé", à situação criada pela realeza de Abimelec.

b) A frase, interrompida por uma oração intercalada, continua no v. 19.
c) Nota redacional. Abimelec não reinou sobre "Israel".
d) "para que (o crime...) fosse vingado", lit.; "para fazer recair (o crime sobre...)", grego; "para que venha", hebr.

a massacrar os seus irmãos. ²⁵Os senhores de Siquém armaram, pois, emboscadas contra eles nos altos dos montes, e assaltavam a todos os que passavam por eles no caminho, e fizeram Abimelec saber disso. ²⁶Gaal, filho de Obed,ᵃ acompanhado de seus irmãos, passou por Siquém e ganhou a confiança dos senhores da cidade. ²⁷Estes saíram ao campo para vindimar as suas vinhas, pisaram as suas uvas, promoveram festas e entraram no templo do seu deus. Aí comeram e beberamᵇ e caçoaram de Abimelec. ²⁸Então Gaal, filho de Obed, disse: "Quem é Abimelec e que é Siquém, para que fiquemos ao seu serviço? Não será ao filho de Jerobaal e a Zebul, seu oficial, que cabe servir ao povo de Hemor, pai de Siquém? Por que haveríamos de ser nós a servi-lo? ²⁹Quem me confiará este povo para que eu afaste Abimelec?" E dizia a Abimelec:ᶜ "Reforça o teu exército e ataca!" ³⁰Então Zebul, governador da cidade, ouvindo as palavras de Gaal, filho de Obed, se encheu de ira. ³¹Mandou secretamente mensageiros a Abimelec para dizer: "Eis que Gaal, filho de Obed, veio com seus irmãos a Siquém e excitam a cidade contra ti. ³²Levanta-te, pois, de noite, tu e as pessoas que estão contigo, e arma emboscada no campo; ³³de manhã, ao sair do sol, aparece e investe contra a cidade. Quando Gaal e os que estão com ele saírem ao teu encontro, trata-los-ás como puderes." ³⁴Abimelec pôs-se, então, a caminho de noite, com todas as pessoas que estavam com ele, e se emboscaram em quatro grupos perto de Siquém. ³⁵Gaal, filho de Obed, saiu e parou à entrada da porta da cidade, e Abimelec e os que com ele estavam surgiram da sua emboscada. ³⁶Vendo aquela gente, Gaal disse a Zebul: "Eis que desce gente do cume dos montes." — "O que vês é a sombra dos montes," respondeu-lhe Zebul, "e a tomas por homens." ³⁷Gaal falou outra vez, e disse: "Eis que descem homens do lado do Umbigo da terra, e outro grupo se aproxima vindo pelo caminho do Carvalho dos Adivinhos."ᵈ ³⁸Disse-lhe então Zebul: "Que fizeste da tua língua, com a qual dizias: 'Quem é Abimelec para que fiquemos ao seu serviço?' Não é essa a gente que desprezaste! Sai, pois, agora e peleja contra ela." ³⁹Então Gaal saiu à frente dos senhores de Siquém e deu combate a Abimelec. ⁴⁰Mas Abimelec perseguiu Gaal, pois fugira, e muitos tombaram mortos antes que alcançassem a porta. ⁴¹Abimelec ficou em Aruma, e Zebul, perseguindo a Gaal e seus irmãos, impediu-lhes que habitassem em Siquém.

Gn 34

Destruição de Siquém e tomada de Magdol-Siquémᵉ — ⁴²No dia seguinte, o povo saiu para fora das muralhas, e Abimelec foi informado disso. ⁴³Tomou a sua gente, dividiu-a em três grupos e se pôs em emboscada pelos campos. Assim que viu o povo saindo da cidade, levantou-se contra eles e os derrotou. ⁴⁴Enquanto Abimelec e o grupo que estava com ele se atiraram e tomaram posição à entrada da porta da cidade, os outros dois grupos fizeram o mesmo contra os que estavam no campo, e os derrotaram. ⁴⁵Abimelec atacou a cidade o dia inteiro. Depois de tomá-la, massacrou seus habitantes, destruiu a cidade e espalhou sal sobre ela.ᶠ ⁴⁶Ouvindo isso, todos os senhores de Magdol-Siquém

8,33; 9,4

---

a) "filho de Obed", Vulg., "filho de um escravo" (*'ëbed*), hebr.; *assim também nos vv. seguintes*. É um cananeu, aliado dos siquemitas, ou talvez ele próprio siquemita (v. 28). Subleva os habitantes de Siquém contra Abimelec, que não reside na cidade e é nela representado por Zebul.

b) Essa refeição tem lugar por ocasião da festa de outono, que era festa alegre, quando se terminavam as últimas colheitas.

c) Abimelec é aqui apostrofado por Gaal, sem que ele esteja presente. As intenções de Gaal são mantidas por ocasião da refeição da festa.

d) "Umbigo da Terra", talvez a montanha sagrada do Garizim; a mesma designação parece aplicada a Jerusalém por Ez 38,12. O "Carvalho dos Adivinhos" deve ser identificado com o "Carvalho de Moré" (isto é, "carvalho do instrutor" ou do "adivinho", Gn 12,6; Dt 11,30).

e) É possível que Magdol-Siquém ("Torre de Siquém") seja localidade diferente de Siquém (a não ser que se trate de identificá-la com o templo fortificado encontrado nas escavações da antiga Siquém). Ou então temos aqui duas tradições justapostas (vv. 42-45;46-49), concernentes à destruição da cidade; ou então, ainda, o v. 45 é antecipação, e os vv. 46-49 retomam pormenor do cerco.

f) As escavações de Siquém testemunham uma destruição da cidade no decorrer do século XII a.C.

entraram na cripta do templo de El-Berit.[a] ⁴⁷Logo que Abimelec teve conhecimento de que todos os senhores de Magdol-Siquém se haviam congregado, ⁴⁸subiu ao monte Selmon, ele e todo o seu bando. Tomou nas mãos um machado, cortou um galho de árvore que ele levantou e colocou sobre o ombro, dizendo aos que o acompanhavam: "Como me vistes fazer, fazei-o depressa vós também." ⁴⁹Todos os seus homens cortaram cada qual o seu galho, e seguiram Abimelec. Amontoaram os galhos sobre a cripta e os queimaram sobre os que ali se haviam escondido. Todos os habitantes de Magdol-Siquém pereceram, cerca de mil, entre homens e mulheres.

Cerco de Tebes e morte de Abimelec — ⁵⁰Depois Abimelec avançou sobre Tebes,[b] cercou-a e tomou-a. ⁵¹Havia no centro da cidade uma torre fortificada, onde se refugiaram todos os homens e mulheres e todos os senhores da cidade. Tendo fechado a porta atrás de si, subiram ao terraço da torre. ⁵²Abimelec aproximou-se da torre e a atacou. Ao chegar perto da porta da torre para lhe atear fogo, ⁵³uma mulher atirou-lhe uma mó de moinho sobre a cabeça e lhe quebrou o crânio. ⁵⁴Então ele chamou logo o moço que lhe carregava as armas e lhe disse: "Toma a tua espada e mata-me, para que não se diga de mim: Foi uma mulher que o matou." O seu escudeiro traspassou-o, e ele morreu. ⁵⁵Quando os homens de Israel viram que Abimelec estava morto, foram-se cada um para sua casa.

⁵⁶Assim Deus fez recair sobre Abimelec o mal que ele tinha feito a seu pai massacrando os seus setenta irmãos. ⁵⁷E assim Deus fez também recair sobre a cabeça dos habitantes de Siquém toda a maldade deles. Desse modo, cumpriu-se sobre eles a maldição de Joatão, filho de Jerobaal.

JEFTÉ E OS "JUÍZES MENORES"[c]

6. TOLA

10 ¹Depois de Abimelec, levantou-se para livrar Israel Tola, filho de Fua, filho de Dodo. Era ele de Issacar e habitava em Samir, na montanha de Efraim. ²Ele julgou em Israel durante vinte e três anos. Depois morreu e foi sepultado em Samir.

7. JAIR[d]

³Depois dele, levantou-se Jair, de Galaad, que julgou Israel vinte e dois anos. ⁴Tinha ele trinta filhos, que montavam trinta jumentos e possuíam trinta cidades, chamadas ainda hoje de Aduares de Jair,[e] na terra de Galaad.

⁵Depois Jair morreu e foi sepultado em Camon.

8. JEFTÉ[f]

Opressão dos amonitas — ⁶Recomeçaram os israelitas a fazer o que era mau aos olhos de Iahweh. Serviram aos baais e às astartes, e também aos deuses de Aram e de Sidônia, aos deuses de Moab e aos dos amonitas e

---

a) Esta cripta não se pode encontrar na cidade da qual se conta a destruição, mas deve situar-se sobre *o flanco do monte Ebal*, que aqui traz o nome de Selmon (v. 48).
b) Hoje Tubas, cerca de quinze km ao norte de Siquém.
c) A respeito dos "Juízes menores", cf. 3,7+.
d) Pensou-se que esse juiz menor tivesse sido inventado a partir do clã de Jair instalado em Galaad do norte (Nm 32,41), mas nada impede que tenha existido um indivíduo com esse nome e que tenha realmente exercido as funções de "juiz". Só a menção dos "Aduares de Jair" seria uma adição proveniente de Nm 32,41.
e) "(trinta) cidades", versões; o hebr. repete "jumentos". — aliteração entre *'air*, "jumento", *'ir*, "cidade", e *Jair*.
f) Jefté é "juiz menor" como os que o precedem e os que o seguem, e a seu respeito se apresentam as

dos filisteus. Abandonaram a Iahweh e não mais o serviram. ⁷Então a ira de Iahweh se acendeu contra Israel, e ele o entregou às mãos dos filisteus e às dos amonitas. ⁸Estes humilharam e oprimiram os israelitas desde esse ano, durante dezoito anos, todos os israelitas que habitavam além do Jordão, na terra dos amorreus em Galaad. ⁹Os amonitas passaram o Jordão para combater também contra Judá, Benjamim e a casa de Efraim, e a aflição de Israel tornou-se extrema. ¹⁰Então os israelitas clamaram a Iahweh dizendo: "Temos pecado contra ti, porque abandonamos nosso Deus a fim de servir aos baais." ¹¹E Iahweh disse aos israelitas: "Quando os egípcios e os amorreus, os amonitas e os filisteus, ¹²quando os sidônios, Amalec e Maon vos oprimiam, e vós clamastes por mim, não os salvei das suas mãos? ¹³Mas vós me abandonastes e servistes a outros deuses. Por isso não vos salvarei mais. ¹⁴Ide! Clamai aos deuses que escolhestes! Eles que vos salvem, no tempo da vossa angústia!" ¹⁵Então os israelitas responderam a Iahweh: "Nós pecamos! Trata-nos como te parecer bem, mas somente te rogamos que nos libertes hoje!" ¹⁶Eles fizeram desaparecer os deuses estrangeiros que tinham consigo, e serviram a Iahweh. Então Iahweh não pôde mais suportar a angústia de Israel.

¹⁷Os amonitas reuniram-se e acamparam em Galaad. Os israelitas se congregaram e acamparam em Masfa. ¹⁸Então o povo e os chefes de Galaad disseram uns aos outros: "Quem será o homem que tentará atacar os amonitas? Esse tal será o chefe de todos os habitantes de Galaad."

11 Jefté impõe suas condições —
¹Jefté, o galaadita, era um guerreiro valente. Era filho de uma prostituta. Galaad*ᵃ* era o pai de Jefté. ²A mulher de Galaad, porém, também lhe deu filhos, e estes, quando cresceram, expulsaram Jefté dizendo: "Não terás parte na herança do nosso pai, porque és filho de uma mulher estrangeira." ³Jefté fugiu para longe de seus irmãos e se estabeleceu na terra de Tob. Reuniu em torno de si uma turma de bandidos, que andavam com ele.*ᵇ*

⁴Ora, passado algum tempo, os amonitas fizeram guerra contra Israel. ⁵Logo que os amonitas atacaram a Israel, os anciãos de Galaad partiram à procura de Jefté na terra de Tob. ⁶"Vem," disseram-lhe, "sê o nosso comandante, para que façamos guerra contra os amonitas." ⁷Mas Jefté respondeu aos anciãos de Galaad: "Não fostes vós que me odiastes e me expulsastes da casa de meu pai? Por que vindes a mim agora que vos achais em aflição?" ⁸Responderam os anciãos de Galaad a Jefté: "É por isso que agora viemos te procurar. Vem conosco; combaterás os amonitas e serás o nosso chefe, e também de todos os habitantes de Galaad." ⁹Jefté respondeu aos anciãos de Galaad: "Se me viestes buscar para combater os amonitas e para que Iahweh os entregue na minha mão, então serei o vosso chefe."*ᶜ* — ¹⁰"Que Iahweh seja testemunha

---

mesmas indicações: sobre sua família (11,1-2), sobre o tempo de sua judicatura e sobre seu túmulo (12,7). Mas havia para contar, a respeito de Jefté, uma história de libertação que o assimila aos "juízes maiores". — A introdução a essa história (10,6-18) foi muito desenvolvida pelo redator deuteronomista, na mesma linha de 2,6-19. A narrativa da guerra de libertação contra os amonitas (11,1-11.29.32-33) foi sobrecarregada pela adição pseudo-histórica da mensagem de Jefté ao rei dos amonitas (11,12-28) e pela história do voto de Jefté (11,19-31,34-40). Acrescentou-se a isso o conflito entre Efraim e Galaad (12,1-6).
a) Galaad é claramente nome geográfico em 10,18 e 11,8; é o território ocupado pelos gaditas (cf. Nm 32,1+). Esse nome é empregado aqui como nome de pessoa, segundo o uso das genealogias (cf. Nm 26, 29).
b) Cf. Abimelec (9,4) e Davi (1Sm 22,1-2; 25,13 etc.).
c) É possível que este exemplo concreto nos mostre uma das maneiras como era escolhido um "juiz" de Israel: ele tinha salvado o povo; a isso se acrescenta um aspecto carismático (11,29). As duas características reaparecem numa das tradições sobre a eleição de Saul para rei (1Sm 11). Não aparece aqui o título de rei. Jefté recebe primeiro os poderes de chefe militar, depois de sua vitória, os poderes de cargo permanente. Nada sugere que se trate de cargo hereditário. A história de Jefté mostra que se pode estabelecer oposição entre juiz "maior" e "menor", e que a instituição dos juízes prepara a da realeza.

entre nós, se não fizermos como disseste!", responderam a Jefté os habitantes de Galaad. ¹¹Jefté partiu, pois, com os anciãos de Galaad. O povo o pôs como chefe e comandante; e Jefté repetiu todas as suas palavras em Masfa, na presença de Iahweh.ª

Dt 2,19-27 **Conferências entre Jefté e os amonitas**ᵇ — ¹²Jefté enviou mensageiros ao rei dos amonitas para lhe dizer: "Que há entre mim e ti para que venhas atacar a minha terra?" ¹³O rei dos amonitas respondeu aos mensageiros de Jefté: "É porque Israel, quando subiu do Egito, se apossou da minha terra, desde o Arnon até o Jaboc e o Jordão. Devolve-me agora em paz o que tomaste!" ¹⁴Jefté enviou novamente mensageiros ao rei dos amonitas, ¹⁵dizendo-lhe: "Assim diz Jefté: Israel não se apossou da terra de Moab, nem da dos amonitas. ¹⁶Quando subiu do Egito, Israel marchou pelo deserto até o mar dos Juncos, e chegou a Cades.
Nm 20,14-21 ¹⁷Então Israel enviou mensageiros ao rei de Edom para lhe dizer: 'Permite, peço-te, que eu passe pela tua terra!' Mas o rei de Edom não quis ouvir nada. Enviou também mensageiros ao rei de Moab, que igualmente recusou. E Israel permaneceu em Cades, ¹⁸e depois seguiu pelo deserto, contornou a terra de Edom e a de Moab, e chegou ao oriente da terra de Moab. Israel acampou além do Arnon e não entrou no território de Moab porque o Arnon marca a fronteira de Moab.
Nm 21,21-31
Dt 2,26-37 ¹⁹Em seguida, Israel mandou mensageiros a Seon, rei dos amorreus, que reinava em Hesebon, e Israel lhe mandou dizer: 'Deixa-me, peço-te, passar pela tua terra para atingir o meu destino.' ²⁰Mas Seon não teve confiança em Israel para que este atravessasse seu território, reuniu todo o seu exército, que acampou em Jasa, e atacou Israel. ²¹Iahweh, Deus de Israel, entregou Seon e todo o seu exército nas mãos de Israel, que os venceu, e Israel tomou posse de toda a terra dos amorreus, que habitavam essa região. ²²Ele ficou assim de posse de toda a terra dos amorreus, desde o Arnon até o Jaboc e desde o deserto até o Jordão. ²³E agora que Iahweh, Deus de Israel, expulsou os amorreus da sua terra ante o seu povo, Israel, serás tu que nos expulsarás? ²⁴Não possuis tudo o que teu deus Camos te deu? Do mesmo modo, tudo o que
Nm 22-24
Js 24,9-10 Iahweh, o nosso Deus, tomou dos seus possuidores, nós o possuímos! ²⁵És tu, porventura, melhor do que Balac, filho de Sefor, rei de Moab? Contendeu ele alguma vez com Israel? Fez a guerra contra ele? ²⁶Quando Israel se estabeleceu em Hesebon e nos seus arredores, em Aroer e nos seus arredores, e em todas as cidades que estão ao longo do Arnon — trezentos anos —, por que não as
Gn 18,25 tomastes durante todo esse tempo? ²⁷Portanto, não fui eu que pequei contra ti, mas tu, sim, agiste mal para comigo ao me fazeres a guerra. Que Iahweh, o Juiz, julgue hoje entre os israelitas e os amonitas." ²⁸Mas o rei dos amonitas não deu ouvidos às palavras que Jefté lhe mandara dizer.

3,10 + **O voto de Jefté e a sua vitória**ᶜ — ²⁹Então o espírito de Iahweh veio sobre Jefté, que atravessou Galaad e Manassés, passou por Masfa de Galaad e, de Masfa de Galaad, passou aos amonitas. ³⁰E Jefté fez um voto a Iahweh: "Se
2Rs 3,27
Gn 22,1-19
Mq 6,7 entregares os amonitas nas minhas mãos, ³¹aquele que sair primeiro da porta da minha casa para vir ao meu encontro quando eu voltar são e salvo do combate contra os amonitas, esse pertencerá a Iahweh, e eu o oferecerei em holocausto." ³²Jefté passou aos amonitas para os atacar, e Iahweh os entregou

---

a) Havia, pois, em Masfa, um santuário, onde Iahweh é tomado como testemunha.
b) Este resumo de história é composição secundária que utiliza Nm 20-21 e Dt 2, e que confunde amonitas e moabitas: o território tomado por Israel (vv. 13 e 26) pertencera a Moab; Camos (v. 24) é o deus principal dos moabitas; o dos amonitas era Melcom.

c) A história do voto de Jefté (vv. 30-31.34-40) tem por finalidade explicar uma festa anual que se celebrava em Galaad (v. 40) e cuja verdadeira significação é desconhecida. Não se deve atenuar o sentido: Jefté imola a própria filha (v. 39) para não faltar ao voto que fizera (v. 31). Os sacrifícios humanos sempre foram reprovados em Israel (cf. já

nas suas mãos. ³³Ele os derrotou desde Aroer até Menit — vinte cidades — e até Abel-Carmim. Foi uma grande derrota; e os amonitas foram assim subjugados pelos israelitas.

³⁴Quando Jefté voltou a Masfa, à sua casa, eis que a sua filha saiu ao seu encontro dançando ao som de tamborins. Era a sua única filha. Além dela, não tinha filho nem filha. ³⁵Logo que a viu, rasgou as suas vestes e bradou: "Ai! Ai! filha minha! Tu me prostraste em angústia! Tu estás entre os que fazem a minha desgraça! Fiz um voto a Iahweh e não posso recuar!" ³⁶Então ela lhe respondeu: "Meu pai, tu assumiste esse compromisso com Iahweh. Trata-me, pois, segundo o que prometeste, porque Iahweh concordou em te vingar de teus inimigos, os amonitas." ³⁷Depois ela disse a seu pai: "Concede-me apenas isto: deixa-me sozinha durante dois meses. Irei errando pelos montes e, com as minhas amigas, lamentarei a minha virgindade."ᵃ ³⁸"Vai," disse-lhe ele. E deixou-a ir por dois meses. Ela se foi, portanto, com suas amigas, e lamentou a sua virgindade pelos montes. ³⁹Decorridos os dois meses, retornou a seu pai e ele cumpriu o voto que fizera. Ela não conhecera varão. Procede daí este costume em Israel: ⁴⁰de ano em ano, as filhas de Israel saem quatro dias a celebrarᵇ sobre a filha de Jefté, o galaadita.

12 Guerra entre Efraim e Galaad.ᶜ Morte de Jefté

— ¹Então os homens de Efraim se reuniram, atravessaram o Jordão em direção a Safon e disseram a Jefté: "Por que foste combater os amonitas sem nos convidares a ir contigo? Queimaremos a tua casa e a ti com ela!" ²Jefté lhes respondeu: "Tivemos um grande conflito, eu e o meu povo, com os amonitas. Chamei-vos em nosso auxílio e não me livrastes da sua mão. ³Quando vi que tu não vinhas em meu auxílio, arrisquei a minha vida, marchei contra os amonitas e Iahweh os entregou nas minhas mãos. Por que razão, pois, vos levantais hoje contra mim para me atacardes?" ⁴Então Jefté reuniu todos os homens de Galaad, ofereceu batalha a Efraim, e os homens de Galaad feriram Efraim porque estes haviam dito: "Sois fugitivos de Efraim, vós, galaaditas, que viveis no meio de Efraim e no meio de Manassés!" ⁵Depois os homens de Galaad tomaram a Efraim os vaus do Jordão, de maneira que, quando um fugitivo de Efraim dizia: "Deixai-me passar," os galaaditas lhe perguntavam: "És efraimita?" ⁶Se dizia: "Não", lhe respondiam: "Então dize: Chibolet". Ele dizia: "Sibolet", porque não conseguia pronunciar de outro modo.ᵈ Então o agarravam e o matavam nos vaus do Jordão. Caíram naquele tempo quarenta e dois mil homens de Efraim.

⁷Jefté julgou Israel durante seis anos, e depois Jefté, o galaadita, morreu e foi sepultado na sua cidade, Masfa, em Galaad.ᵉ

9. ABESÃ

⁸Depois dele, Abesã de Belémᶠ julgou Israel. ⁹Ele tinha trinta filhos e trinta filhas. Casou as filhas fora, e fez vir de fora trinta mulheres para seus filhos. Ele julgou em Israel durante sete anos. ¹⁰Depois Abesã morreu e foi sepultado em Belém.

Gn 22), mas o narrador relata a história sem nenhuma censura, e a ênfase parece mesmo estar posta na fidelidade ao voto pronunciado.

a) Ficar sem descendência era considerado como desgraça e desonra para a mulher.

b) Lit.: "cantar", (cf. Ex 32,18); o verbo hebraico deixa supor que se trata de cantos fúnebres.

c) O episódio é paralelo ao de 8,1-3, mas independente dele. Efraim, que luta pela supremacia, inquieta-se com os amplos poderes concedidos a Jefté.

d) Essa diferença de pronúncia revela as variedades dialetais do hebraico, que a redação final da Bíblia apagou em grande parte. — A palavra *shibbolet* significa "espiga de trigo".

e) O nome da cidade é restituído a partir do grego; hebr.: "nas cidades de Galaad".

f) Trata-se muito provavelmente de Belém de Zabulon (Js 19,15), perto de Nazaré. Belém de Judá não convém aqui nesta lista de personagens pertencentes todas às tribos do norte.

10. ELON

^{Gn 46,14}
^{Nm 26,26} ¹¹Depois dele, Elon, de Zabulon, julgou Israel. Julgou Israel durante dez anos. ¹²Depois Elon de Zabulon morreu e foi sepultado em Aialon, na terra de Zabulon.

11. ABDON

^{10,4} ¹³Depois dele, Abdon, filho de Ilel de Faraton, julgou Israel. ¹⁴Ele tinha quarenta filhos e trinta netos, os quais montavam setenta jumentos. Julgou Israel durante oito anos. ¹⁵Depois Abdon, filho de Ilel de Faraton, morreu e foi sepultado em Faraton, na terra de Efraim, na montanha dos amalecitas.ᵃ

12. SANSÃO*b*

^{Js 13,2 +} **13** **Anúncio do nascimento de Sansão** — ¹Os israelitas recomeçaram a praticar o que era mau aos olhos de Iahweh, e Iahweh os entregou nas mãos dos filisteus durante quarenta anos.

^{Js 15,33}
^{Gn 11,30;}
^{18,1-15}
^{1Sm 1}
^{Lc 1,5-25} ²Havia um homem de Saraá, do clã de Dã,*c* cujo nome era Manué. Sua mulher era estéril e não tinha filhos. ³O Anjo de Iahweh*d* apareceu a essa mulher e lhe disse: "Tu és estéril e não tiveste filhos, ⁴mas conceberás e darás à luz um filho. De agora em diante toma cuidado: não bebas vinho nem qualquer bebida fermentada, e não comas nenhuma coisa impura. ^{Nm 6,1 +} ⁵Porque conceberás e terás um filho. Sobre a sua cabeça não passará navalha, porque o menino será nazireu de Deus desde o ventre de sua mãe. Ele começará a salvar a Israel das mão dos filisteus."*e* ^{Mt 1,14} ⁶A mulher entrou e disse ao seu marido: "Um homem de Deus me falou, um homem que tinha a aparência do anjo de Deus, a tal ponto era temível. Não lhe perguntei donde vinha, e nem ele me disse o seu nome. ⁷Mas ele me disse: 'Conceberás e darás à luz um filho. De hoje em diante não bebas vinho nem qualquer bebida fermentada, e não comas nenhuma coisa impura, porque o menino será nazireu de Deus desde o ventre de sua mãe até à morte!'"

Segunda aparição do Anjo — ⁸Então Manué implorou a Iahweh, dizendo: "Rogo-te, Senhor, que o homem de Deus que tu enviaste venha outra vez visitar-nos, para que nos diga o que devemos fazer ao menino assim que

---

a) Faraton achava-se a sudoeste de Siquém, na montanha de Efraim, chamada aqui, não se sabe por quê, "montanha dos amalecitas".

b) A história de Sansão é diferente de todas as outras narrativas do livro. Ela conta, do nascimento à morte, a vida de herói local, que é forte como gigante e fraco como criança, fascina as mulheres e é enganado por elas, põe em apuros os filisteus, mas não liberta deles a região. A história tem o humor vigoroso dos contos populares nos quais as pessoas que têm de suportar um opressor, se vingam dele, pondo-o em ridículo. Em contraste com esse aspecto popular e profano, Sansão é consagrado a Deus desde o seio de sua mãe, e seu "nazireato" é a fonte de sua força. Foi esse aspecto carismático que lhe valeu um lugar entre os Juízes. — A narrativa é coleção de fatos interessantes: nascimento de Sansão (13,2-25), casamento e enigma (14,1-20), Sansão e os filisteus (15,1-8.9-19), com primeira conclusão (v. 20), Sansão em Gaza (16,1-3), Sansão e Dalila (16,4-21), prisão e morte de Sansão (16,22-30), com segunda conclusão (v. 31).

c) A tribo de Dã recebera um território onde se encontram as localidades aqui citadas: Saraá, Estaol e Tamna (cf. Js 19,40+); ela emigrou para o norte (Jz 17-18). As histórias de Sansão parecem supor uma situação posterior a essa migração na qual os filisteus não intervêm. Mas clãs que permaneceram no local viviam misturados com os cananeus e submetidos aos filisteus.

d) Cf. 2,1; 6,11 e Gn 16,7+. No v. 22, o Anjo se identifica com Iahweh, como em 6,22-23.

e) Essa informação justifica a ligação de Sansão com os Juízes, mas reconhece que a vitória decisiva sobre os filisteus não será obra de Sansão: será necessário esperar Saul e Davi.

tiver nascido!" ⁹Deus ouviu Manué e o Anjo de Deus veio outra vez ao encontro da mulher, estando ela assentada no campo, e quando Manué, seu marido, não estava presente. ¹⁰Imediatamente a mulher correu a informar o marido e lhe disse: "O homem que veio ter comigo outro dia veio outra vez." ¹¹Manué levantou-se, seguiu sua mulher e foi ter com o homem e lhe disse: "És tu o homem que falou a esta mulher?" Ele respondeu: "Eu mesmo." ¹²Disse-lhe Manué: "Quando se cumprir a tua palavra, como deverá ser a vida do menino, que trabalho fará?" ¹³O Anjo de Iahweh respondeu a Manué: "De tudo o que proibi a esta mulher deverá ela abster-se. ¹⁴De tudo o que procede da videira não provará: nem vinho, nem bebida fermentada, nem comerá coisa alguma impura. Tudo o que lhe prescrevi deve ela observar."*a* ¹⁵Disse então Manué ao Anjo de Iahweh: "Permite que te detenhamos e te ofereçamos um cabrito." ¹⁶E o Anjo de Iahweh disse a Manué: "Ainda que me detivesses, não comeria da tua comida; mas, se quiseres preparar um holocausto, oferece-o a Iahweh." Porque Manué ignorava que era o Anjo de Iahweh. ¹⁷Manué disse então ao anjo de Iahweh: "Qual é o teu nome para que, assim que se cumprir a tua palavra, possamos prestar-te homenagem?" ¹⁸O Anjo de Iahweh lhe respondeu: "Por que perguntas meu nome? Ele é maravilhoso."*b* ¹⁹Então Manué tomou o cabrito, com a oblação, e, no rochedo, o ofereceu em holocausto a Iahweh, que realiza coisas maravilhosas. Manué e sua mulher observavam. ²⁰Ora, subindo a chama do altar para o céu, o Anjo de Iahweh subiu na chama do altar, sob os olhos de Manué e de sua mulher, e eles caíram com o rosto por terra. ²¹O Anjo de Iahweh não mais apareceu a Manué nem à sua mulher, e Manué compreendeu então que era o Anjo de Iahweh.*c* ²²"Certamente morreremos," disse Manué à sua mulher, "porque vimos a Deus." — ²³"Se Iahweh tivesse pretendido matar-nos," respondeu-lhe a mulher, "não teria aceitado nem o holocausto nem a oblação, e não nos teria feito ver tudo o que acabamos de ver, nem nos teria revelado, ao mesmo tempo, o que nos disse." ²⁴A mulher deu à luz um filho, ao qual deu o nome de Sansão. O menino cresceu, Iahweh o abençoou, ²⁵e o espírito de Iahweh começou a impeli-lo para o Acampamento de Dã, entre Saraá e Estaol.

14 O casamento de Sansão

¹Sansão desceu a Tamna e teve a atenção atraída, ali, para uma mulher dentre as filhas dos filisteus. ²Subiu e contou isso a seu pai e a sua mãe: "Eu reparei numa mulher dentre as filhas dos filisteus," disse ele. "Tomai-a por esposa para mim." ³Responderam-lhe seu pai e sua mãe: "Não há mulheres entre as filhas dos teus irmãos e no seio de todo o teu povo, para que vás procurar mulher entre os incircuncisos filisteus?" Mas Sansão replicou a seu pai: "Toma-a para mim, aquela que te disse, porque é aquela que me agrada." ⁴Seu pai e sua mãe ignoravam que isso provinha de Iahweh, que buscava um motivo de desentendimento com os filisteus, porque, nesse tempo, os filisteus dominavam Israel.*d*

⁵Sansão desceu a Tamna*e* com seu pai e sua mãe, e, ao chegar perto dos vinhedos de Tamna, viu um pequeno leão que se aproximava rugindo. ⁶O

---

a) Como Jeremias (Jr 1,5) e o Servo (Is 49,1), Sansão é consagrado a Deus desde o seio de sua mãe. Esta deve observar as prescrições do nazireato, que se imporão ao filho que ela concebeu.

b) O anjo dá a entender que seu nome é indizível. Não é exatamente uma recusa, pois este nome será reconhecido pela ação realizada (cf. v. 19).

c) Manué quis, como Abraão para com seus três visitantes (Gn 18), cumprir seus deveres de hospitalidade. Por ordem do Anjo, a refeição é transformada em holocausto, no qual Iahweh se revela. Comparar com o sacrifício de Gedeão (6,19-22).

d) O redator do texto quer conciliar o casamento de Sansão com seu papel de adversário dos filisteus. — Os filisteus haviam-se estendido para fora de seu território até a montanha; logo ameaçariam dominar inteiramente Israel.

e) "com seu pai e sua mãe", hebr.; é talvez um acréscimo, pois esse pormenor não concorda com o v. 6.

espírito de Iahweh veio sobre ele e, sem nada ter nas mãos, despedaçou-o como se fosse um cabrito; mas não contou a seu pai nem a sua mãe o que tinha feito. ⁷Ele desceu, encontrou-se com a mulher, e ela lhe agradou. ⁸Algum tempo depois, Sansão voltou para desposá-la. Afastou-se do caminho para ver o cadáver do leão, e observou na sua carcaça um enxame de abelhas e mel. ⁹Recolheu-o na mão e, enquanto seguia o seu caminho, o comia. Chegando a seu pai e a sua mãe, deu-lhes, e eles comeram; mas não lhes contou que o tinha colhido na carcaça do leão. ¹⁰Seu pai desceu até à casa da mulher, e Sansão ofereceu lá um banquete, conforme o costume entre os jovens. ¹¹Ao vê-lo, escolheram trinta companheiros para ficarem com ele.ᵃ

O enigma de Sansão — ¹²Então lhes disse Sansão: "Deixai-me propor-vos um enigma. Se me apresentardes a solução dele no decurso dos sete dias de banquete,ᵇ e se a encontrardes, eu vos darei trinta peças de linho e trinta roupas de festa. ¹³Mas se não puderdes apresentar-me a solução do enigma, vós tereis de dar-me as trinta peças de linho e as trinta roupas de festa." Eles lhe responderam: "Propõe o teu enigma, estamos prontos para ouvi-lo." ¹⁴Ele lhes disse:

"Do que come saiu comida,
e do forte saiu doçura."

Depois de três dias ainda não tinham achado a solução do enigma. ¹⁵No sétimo dia,ᶜ disseram à mulher de Sansão: "Seduze o teu marido para que ele nos revele o enigma, do contrário poremos fogo a ti e à casa de teu pai. Foi para nos espoliardes que nos convidastes a vir aqui?" ¹⁶Então a mulher de Sansão chorou no seu ombro, e dizia: "Tu não sentes por mim senão ódio, tu não me amas. Propuseste aos filhos do meu povo um enigma, mas a mim não me disseste como se resolve." Ele respondeu: "Nem a meu pai nem a minha mãe fiz isso, por que o faria a ti?" ¹⁷Ela chorou no ombro dele durante os sete dias que o banquete durou. No sétimo dia, contou-lhe a solução do enigma, porque o atormentava muito. Então ela o revelou aos filhos do seu povo.

¹⁸No sétimo dia, antes que o sol se pusesse,ᵈ vieram os homens da cidade e disseram a Sansão:

"O que é mais doce do que o mel,
e o que é mais forte do que o leão?"

E ele lhes replicou:

"Se não tivésseis trabalhado com a minha novilha,
não teríeis adivinhado o meu enigma."

¹⁹Então o espírito de Iahweh caiu sobre ele e se apossou dele, e ele desceu a Ascalon, matou trinta homens, tirou-lhes as roupas de festa e entregou-as aos que lhe tinham apresentado a solução do enigma, e depois, enfurecido, voltou para a casa de seu pai. ²⁰A mulher de Sansão

---

a) Sansão contrata um casamento no qual o marido não coabita com a mulher, mas vem fazer-lhe visita trazendo presentes (cf. 15,1). É um tipo de casamento conhecido nos antigos direitos orientais e entre os árabes. Sansão não trouxe os rapazes de honra, exigidos para a festa; eles são fornecidos pelo clã da mulher. Trinta é número muito grande: talvez tivessem a intenção de honrá-lo, talvez suspeitassem dele.
b) Comparar com Gn 29,27, mas o casamento estava consumado desde a primeira noite (Gn 29,23). O hebr. acrescenta aqui "e se a encontrardes", omitido por uma parte das versões.
c) Esta indicação temporal concorda mal com a sequência do texto, cf. v. 17, mas ela se liga ao v. 18. Os vv. 16-17 só concernem à mulher de Sansão. Em qualquer hipótese, o dia decisivo é o sétimo.
d) Sentido incerto; com ligeira correção (*hahadrah* em lugar de *haharsah*) poder-se-ia compreender: "antes que ele entrasse no quarto para dormir", cf. 15,1.

foi então dada ao companheiro que lhe tinha servido de acompanhante de honra.

15 Sansão incendeia as searas dos filisteus —

¹Por esse tempo, quando se estava colhendo o trigo, veio Sansão rever a sua mulher, trazendo-lhe um cabrito, e disse: "Quero entrar no quarto onde está minha mulher." Mas o sogro não lho consentiu. ²"Eu entendi que tu a aborrecias, e então a dei ao teu companheiro. Entretanto, a sua irmã mais nova não é porventura melhor do que ela? Fica com ela em lugar da outra!" ³Sansão, porém, lhes replicou: "Desta vez, ficarei quite com os filisteus fazendo-lhes mal." ⁴Sansão se foi, capturou trezentas raposas, preparou tochas e, amarrando cauda com cauda de cada duas raposas, prendeu nelas as tochas. ⁵Então acendeu as tochas e soltou as raposas nas searas dos filisteus, e assim pôs fogo não só nos feixes de trigo como no que estava ainda plantado, e até nas vinhas e oliveiras.

⁶Os filisteus indagaram: "Quem fez isso?" E lhes disseram: "Sansão o fez, o genro do taminita, porque este lhe tirou a mulher e a deu ao seu companheiro." Então os filisteus subiram e fizeram perecer nas chamas aquela mulher e seu pai. ⁷"Pois se é assim que procedeis", disse-lhes Sansão, "muito bem! eu também não pararei enquanto não me tiver vingado de vós." ⁸E ele os derrotou completamente.*a* Depois ele desceu à gruta do rochedo de Etam e ali se recolheu.

A queixada do jumento — ⁹Os filisteus subiram e foram acampar em Judá, e fizeram uma incursão em Lequi. 2Sm 23,11

¹⁰"Por que subistes contra nós?," indagaram os habitantes de Judá. "É para prender Sansão que subimos," responderam, "para fazer com ele o que ele fez conosco." ¹¹Três mil homens de Judá desceram à gruta do rochedo de Etam e disseram a Sansão: "Não sabes que os filisteus dominam-nos? Que nos fizeste?" Ele lhes respondeu: "Assim como me fizeram, eu lhes fiz também." ¹²Então eles lhe disseram: "Descemos para te prender e te entregar nas mãos dos filisteus." — "Jurai-me," disse-lhes, "que vós mesmos não me matareis." ¹³Eles responderam: "Não! Queremos apenas te amarrar e te entregar a eles, mas de maneira nenhuma te mataremos." Então o amarraram com duas cordas novas e o levaram para fora do rochedo.

¹⁴Quando chegava a Lequi e os filisteus corriam em sua direção gritando de júbilo, o espírito de Iahweh veio sobre Sansão: as cordas que amarravam seus braços se tornaram como fios de linho queimados ao fogo, e os laços que o prendiam se soltaram das suas mãos. ¹⁵Ao ver uma queixada de jumento ainda fresca, apanhou-a e com ela matou mil homens. ¹⁶Sansão disse:

"Com uma queixada de jumento eu os esfolei.*b*
Com uma queixada de jumento abati mil homens."

¹⁷Quando acabou de falar, atirou para longe a queixada. Por isso é que se deu a esse lugar o nome de Ramat-Lequi.*c* ¹⁸Sentindo uma grande sede, clamou a Iahweh dizendo: "Foste tu que alcançaste esta grande vitória pela mão do teu servo, e agora terei de morrer de sede e cair nas mãos dos incircuncisos?" ¹⁹Então Deus fendeu a cova que estava em Lequi e correu dela água. Sansão bebeu, seus sentidos retornaram e ele se reanimou. Foi por isso que se deu o

---

a) Lit.: "da coxa ao quadril".
b) O hebr. oferece aqui pouco sentido, e a tradução segue o grego.
c) Lit.: "a altura da queixada".

16,31 nome de En-Coré[a] àquela fonte, que ainda existe em Lequi. ²⁰Sansão julgou Israel na época dos filisteus, durante vinte anos.

16 *O episódio das portas de Gaza* —
¹Depois Sansão foi a Gaza. Viu ali uma prostituta e esteve com ela. ²Fizeram saber ao povo de Gaza: "Sansão veio pra cá". Fizeram rondas e vigiaram a noite toda à porta da cidade. Passaram tranquilamente toda a noite, dizendo: "Esperemos até ao romper do dia, e então o mataremos." ³Sansão, porém, ficou deitado até o meio da noite, e então se levantou, no meio da noite, pegou os batentes da porta da cidade, bem como os dois montantes, e arrancou-os juntamente com a tranca, colocou-os nos ombros e os carregou até o alto da montanha que está diante de Hebron.[b]

Sansão é traído por Dalila[c] —
14,15-18 ⁴Depois disso, ele amou uma mulher do vale de Sorec, cujo nome era Dalila. ⁵Os príncipes dos filisteus foram procurá-la e disseram-lhe: "Seduze-o e descobre de onde vem a sua grande força, e com que meio poderíamos dominá-lo e amarrá-lo para então o prendermos. Cada um de nós te dará mil e cem siclos de prata."

⁶Dalila disse a Sansão: "Conta-me, eu te rogo, de onde vem a tua grande força e com que seria preciso amarrar-te para que fosses dominado." ⁷Sansão lhe disse: "Se me amarrassem com sete cordas de arco frescas, que ainda não tivessem sido postas a secar, eu perderia a minha força e seria como um homem qualquer." ⁸Os príncipes dos filisteus trouxeram a Dalila sete cordas de arco frescas, que não tinham ainda sido secadas, e ela usou-as para amarrá-lo. ⁹Ela havia emboscado alguns homens no seu quarto, e então lhe gritou: "Os filisteus vêm sobre ti, Sansão!" Ele arrebentou as cordas de arco como se rebenta um cordão de estopa mal lhe toca o fogo. E não se soube de onde vinha sua força.

¹⁰Então Dalila disse a Sansão: "Zombaste de mim e me disseste mentiras. Mas agora, eu te rogo, dá-me a conhecer com que seria preciso amarrar-te." ¹¹Ele lhe respondeu: "Se me amarrassem com cordas novas que não tivessem ainda sido utilizadas, eu perderia a minha força e me tornaria como um homem qualquer." ¹²Então Dalila tomou cordas novas, amarrou-o com elas e gritou: "Os filisteus vêm sobre ti, Sansão!", e ela havia escondido alguns homens no seu quarto. Mas ele rompeu como se fossem uma linha as cordas que tinha nos braços.

¹³Então disse Dalila a Sansão: "Até agora zombaste de mim e me disseste mentiras. Conta-me com que devo amarrar-te." Ele lhe respondeu: "Se teceres as sete tranças da minha cabeleira com a urdidura de um tecido e as apertares com um pino, eu ficarei fraco e me tornarei como qualquer homem." ¹⁴Enquanto ele dormia, Dalila teceu as sete tranças da sua cabeleira com a urdidura, apertou-as com o pino e gritou: "Os filisteus vêm sobre ti, Sansão!" Ele despertou do sono e arrancou o pino com o tecido.[d]

¹⁵Disse-lhe Dalila: "Como podes dizer que me amas se o teu coração não está comigo? Três vezes zombaste de mim e não me fizeste saber onde

---

a) Isto é, "a fonte da perdiz". O nome hebraico da "perdiz" significa "o suplicante". Esse nome geográfico explica-se pela súplica de Sansão a Deus (v. 18). A narrativa precedente queria, do mesmo modo, explicar o nome de Ramat-Lequi.
b) Hebron está a 60 km de Gaza. Essa proeza do Hércules danita explicava talvez o nome de um lugar perto de Hebron, no início do trilho que descia para Gaza.
c) Houve sempre mulheres seduzindo Sansão em todas as suas aventuras; ele se livrou delas graças à força que Deus dá ao homem que a ele se consagra. Uma última mulher iria arruiná-lo porque iria fazê-lo faltar ao voto de nazireu.
d) Os vv. 13-14 são completados conforme o grego, pois o texto hebraico entre o primeiro emprego da palavra "urdidura" e a segunda desapareceu. — Para compreender a ação de Dalila é preciso imaginar um tear horizontal em que a urdidura da peça que se teça está estendida entre estacas enfiadas no chão. Depois de cada passagem da lançadeira, a trama é

com esse homem, e o jovem foi para ele como um dos seus filhos.ᵃ ¹²Micas deu a investidura ao levita, e o jovem se tornou seu sacerdote e ficou morando na casa de Micas. ¹³"E agora," disse Micas, "eu sei que Iahweh me fará bem, porque tenho este levita como sacerdote."

18 Os danitas à procura de território[b]

¹Nesse tempo não havia rei em Israel. Ora, a tribo de Dã procurava então um território onde habitar, porquanto, até aquele dia, ainda não lhe tinha sido designado território entre as tribos de Israel. ²Os danitas enviaram cinco homens de seu clã, valentes, de Saraá e de Estaol, para conhecer a terra e explorá-la. Eles lhes disseram: "Ide explorar a terra." Os cinco homens chegaram à montanha de Efraim, até onde estava a casa de Micas, e ali passaram a noite. ³Como estivessem junto à casa de Micas, reconheceram a voz do jovem levita e, aproximando-se, lhe disseram: "Quem te trouxe para cá? Que fazes aqui? E o que é que tens aqui?" ⁴Respondeu-lhes: "Micas fez por mim tal e tal coisa. Ele me empregou aqui, e eu lhe sirvo de sacerdote." ⁵Então lhe disseram: "Nesse caso, consulta a Deus para sabermos se a viagem que empreendemos terá êxito." — ⁶"Ide em paz," respondeu-lhes o sacerdote, "a viagem que empreendeis está sob o olhar de Iahweh." ⁷Os cinco homens partiram então e chegaram a Lais. Viram que seus habitantes viviam em segurança, à maneira dos sidônios, tranquilos e confiantes; não havia aí alguém que falasse com autoridade na terra, e aí não havia pessoa que detivesse poder. Estavam afastados dos sidônios e não mantinham acordo com quem quer que fosse.[c] ⁸Então voltaram a seus irmãos, em Saraá e Estaol, e estes lhes perguntaram: "Que relatais?" ⁹Eles disseram: "Levantai-vos! Subamos contra eles, pois vimos a terra, que é excelente. Mas continuais aí sem dizer nada? Não hesiteis em partir para tomar posse da terra. ¹⁰Chegando lá, achareis um povo confiante. A terra é extensa, e Deus a entregou nas vossas mãos; é um lugar no qual ninguém tem falta de coisa alguma que há na terra."

A migração dos danitas

— ¹¹Então partiram dali, do clã dos danitas, de Saraá e Estaol, seiscentos homens armados para a guerra. ¹²Subiram para acampar em Cariat-Iarim, em Judá. É por isso que, ainda hoje, se chama a essa região de Acampamento de Dã. Ele se encontra a oeste de Cariat-Iarim. ¹³Dali passaram à montanha de Efraim e foram até à casa de Micas.

¹⁴Ora, os cinco homens que tinham estado ali para reconhecimento da terra[d] tomaram a palavra e disseram aos seus irmãos: "Sabeis que há aqui, nestas casas, um efod e terafim, uma imagem de escultura e um ídolo de metal fundido? Então, pensai no que deveis fazer." ¹⁵Dando uma volta por ali, chegaram à casa do jovem levita, à casa de Micas, e o saudaram. ¹⁶Enquanto os seiscentos homens dos danitas,[e] armados para a guerra, permaneciam à soleira da porta, ¹⁷os cinco homens

---

a) O levita não aceita imediatamente a proposta, mas, depois de refletir, responde favoravelmente ao pedido de Micas.
b) Os danitas, que residiram certo tempo na região de Saraá e de Estaol (cf. 13,2+), não puderam manter-se lá (cf. Js 19,40+) e foram expulsos pelos amorreus, segundo Jz 1,34-35. Sua migração para o Norte é precedida por uma exploração que lembra a de Caleb a partir de Cades (Nm 13). A data é incerta. A ausência de menção dos filisteus, aqui e em 1,34-35, indicaria a parte inicial do período dos Juízes; ademais, o lugar que Dã mantém ao lado de Aser no cântico de Débora (5,17) parece indicar que ele já está instalado no Norte. Mas esse argumento não é seguro e a facilidade da migração explicar-se-ia melhor depois da vitória de Débora e Barac. — Temos aqui novo exemplo de ação individual de uma tribo (cf. Jz 1) e prova de que os movimentos de tribos continuaram depois da morte de Josué; comparar com a meia tribo de Manassés (Nm 32,1+).
c) O v., difícil de traduzir, constata a incapacidade dos habitantes de Lais a reagir a um ataque por falta de uma autoridade central e de uma aliança com seus vizinhos (cf. v. 28).
d) Hebr. acrescenta "Lais", glosa ausente do grego.
e) "danitas", acidentalmente deslocado para o fim do v. no hebr. — A passagem que segue, com suas repetições, parece indicar duas fontes: uma conta a visita dos cinco emissários ao jovem levita, enquanto os seiscentos danitas arrebatam a imagem esculpida (v. 18a); segundo a outra, são os emissários que se apoderam da imagem, e o sacerdote, tendo permanecido à porta com o grosso da tropa, interpela-os (vv. 16-17.18b).

que tinham estado antes ali para reconhecimento da terra vieram e entraram na casa, apanharam a imagem de escultura, o efod, os terafim e o ídolo de metal fundido, estando o sacerdote em pé, à entrada da porta, com os seiscentos homens armados para a guerra. ¹⁸Eles, pois, tendo entrado na casa de Micas, apanharam a imagem de escultura, o efod, os terafim, e o ídolo de metal fundido. Mas o sacerdote lhes disse: "Que estais fazendo?" — ¹⁹"Cala-te!", responderam-lhe. "Põe a mão na tua boca e segue-nos. Serás para nós um pai e sacerdote. Vale mais para ti seres sacerdote da casa de um só homem do que sacerdote de uma tribo e de um clã de Israel?" ²⁰Então o sacerdote se encheu de alegria, tomou o efod, os terafim, bem como a imagem de escultura, e se encaminhou para o meio da tropa.

²¹Retomando então o seu caminho, partiram, tendo colocado à frente as mulheres e as crianças, os animais e a bagagem. ²²Estavam já longe da casa de Micas, quando os que moravam nas proximidades da casa de Micas deram o alarme e se puseram em perseguição aos danitas. ²³Como eles gritassem atrás dos danitas, estes voltaram-se e disseram a Micas: "Que tens tu, que gritas desse modo?" ²⁴Ele respondeu: "Tirastes o meu deus que eu fabricara, e levastes também o sacerdote. Partis, e que é que me resta? E ainda me perguntais: Que tens tu?" ²⁵Disseram-lhe os danitas: "Não nos obrigues mais a ouvir a tua voz! Alguns, de ânimo exasperado, poderiam cair sobre vós. Arriscas a causar a tua perda e a da tua casa!" ²⁶Os danitas seguiram o seu caminho, e Micas, vendo que eles eram mais fortes, recuou e voltou para sua casa.

Gn 31,22s

Conquista de Lais. Fundação de Dã e de seu santuário — ²⁷Assim, depois de terem tomado o deus que Micas fabricara e o sacerdote que tinha consigo, os danitas avançaram contra Lais, contra um povo tranquilo e confiante. Passaram todos ao fio da espada e deixaram a cidade em chamas. ²⁸Não houve ninguém que a socorresse, porque ela estava longe de Sidônia e não mantinha acordo com quem quer que seja. Ela se situava no vale que se estende em direção a Bet-Roob. Reconstruíram a cidade e nela se estabeleceram, ²⁹e lhe chamaram Dã, do nome de Dã, seu pai, que nascera de Israel. No princípio, entretanto, a cidade se chamava Lais. ³⁰Os danitas levantaram para si aquela imagem de escultura. Jônatas, filho de Gersam, filho de Moisés, e depois os seus filhos, foram sacerdotes da tribo de Dã até o dia em que a população da terra foi levada para o exílio.*ᵃ* ³¹Eles instalaram para seu uso a imagem que Micas havia esculpido, e ela permaneceu lá todo o tempo em que subsistiu a casa de Deus em Silo.*ᵇ*

Js 19,47

Ex 2,22; 18,3
2Rs 15,29

2. O CRIME DE GABAÁ E A GUERRA CONTRA BENJAMIM*ᶜ*

17,6 +

19 *O levita de Efraim e a sua concubina* — ¹Naquele tempo — não havia ainda rei em Israel — havia um homem, levita, que residia no fundo da montanha de Efraim. Tomou ele por concubina uma mulher de Belém de Judá. ²Sua concubina cansou-se dele e o deixou para voltar à casa de seu pai em Belém de Judá, e ali permaneceu certo tempo: quatro meses. ³O seu marido foi procurá-la para falar-lhe ao coração e trazê-la para casa; levava consigo o seu servo e dois jumentos. Ao chegar à casa do pai da moça, este

---

a) Este v. é adição: a uma duplicata de 31a, acrescenta uma nota sobre o sacerdócio desse primeiro santuário danita. A descendência levítica de seu primeiro ministrante é muito verossímil; ela chocou os copistas que acrescentaram um n acima da linha para transformar o nome de Moisés (*mosheh*) no de Manassés (*manasheh*). — O exílio mencionado aqui é a deportação que se seguiu à campanha de Teglat-Falasar, em 734.
b) O final do v., em desacordo com o v. 30, é outra adição que toma como referência o fechamento do santuário de Silo, depois da tomada da Arca na época de Samuel (1Sm 4).
c) Um redator, sem dúvida tardio, combinou aqui dois relatos cuja dualidade aparece claramente nos caps. 20-21 (cf. 20,22+). Isso explica os dois relatos da derrota de Benjamim e da queda de Gabaá (comparar, por exemplo, 20,30-32 e 36b-44), e os dois meios de assegurar a sobrevivência da tribo de Benjamim (21,1-12.15-23).

vendo-o, veio alegremente ao seu encontro. ⁴O seu sogro, o pai da moça, o deteve, e ele ficou ali três dias; comeram e beberam e ali passaram a noite. ⁵No quarto dia, levantaram-se bem cedo, e o levita se preparava para partir, quando o pai da moça disse ao seu genro: "Restaura as tuas forças comendo um pedaço de pão, e em seguida partireis." ⁶Estando assentados à mesa, eles comeram e beberam juntos, e então o pai da moça disse ao homem: "Consente, rogo-te, em ficar mais esta noite, e que se alegre o teu coração." ⁷Como o homem se levantasse para partir, o sogro insistiu novamente, e ele passou ainda aquela noite ali. ⁸No quinto dia, o levita se levantou de madrugada para partir, mas o pai da moça novamente lhe disse: "Restaura primeiro as tuas forças, peço-te! Permanece até o fim do dia." Eles comeram, então, os dois juntos. ⁹O marido levantou-se para partir com a sua concubina e o seu servo, quando o sogro, o pai da moça, lhe disse: "Eis que o dia termina e a tarde vem chegando, portanto passa conosco a noite. O dia declina, passai a noite aqui e que o teu coração se regozije. Amanhã bem cedo partireis, e tu irás para a tua tenda." ¹⁰Mas o homem, recusando passar a noite, levantou-se, partiu e chegou até à vista de Jebus, isto é, Jerusalém. Levava consigo dois jumentos carregados e sua concubina.*ᵃ*

Js 15,8; 18,16.28
2Sm 5,6 +
1Cr 11,4-5

O crime do povo de Gabaá*ᵇ* — ¹¹Ao chegarem perto de Jebus, o dia tinha caído muito. O servo disse ao seu senhor: "Vem, rogo-te, façamos um desvio e vamos passar a noite nesta cidade dos jebuseus." ¹²Seu senhor lhe replicou: "Não nos desviaremos do nosso caminho para ir a uma cidade de estrangeiros, aqui onde não há nenhum israelita, mas prosseguiremos até Gabaá." ¹³E acrescentou, falando ao seu servo: "Vamos, tratemos de alcançar um desses lugares, Gabaá ou Ramá, para ali passarmos a noite." ¹⁴Foram então mais longe e continuaram a sua caminhada. Ao chegarem defronte de Gabaá de Benjamim, o sol se escondia. ¹⁵Então eles se encaminharam para Gabaá, a fim de passarem a noite ali. O levita entrou e se assentou na praça da cidade, mas ninguém lhe ofereceu hospitalidade em sua casa para passar a noite.

Gn 19,1-11
Os 9,9; 10,9

¹⁶Veio um velho que, ao cair da tarde, retornava do trabalho no campo. Era um homem da montanha de Efraim, que residia em Gabaá, enquanto os do lugar eram benjaminitas. ¹⁷Levantando os olhos, viu o viajante na praça da cidade: "Para onde vais," perguntou-lhe o velho, "e de onde vens?" ¹⁸O outro lhe respondeu: "Fazemos o caminho de Belém de Judá para o vale da montanha de Efraim. É de lá que eu sou. Fui a Belém de Judá. Frequento a casa de Iahweh, mas ninguém me acolhe em sua casa.*ᶜ* ¹⁹Entretanto, temos palha e forragem para os nossos animais, e eu tenho também pão e vinho para mim, para a tua serva e para o jovem que acompanha o teu servo. Não precisamos de nada." — ²⁰"Sê bem-vindo," disse-lhe o velho, "deixa-me ajudar-te no que necessitares, mas não passes a noite na praça." ²¹Então ele o fez entrar na sua casa e deu forragem aos jumentos. Os viajantes lavaram os pés e depois comeram e beberam.

²²Enquanto assim se reanimavam, eis que surgiram alguns vagabundos da cidade, fazendo tumulto ao redor da casa e, batendo na porta com golpes seguidos, diziam ao velho, dono da casa: "Faze sair o homem que está contigo, para que o conheçamos." ²³Então o dono da casa saiu e lhes disse: "Não, irmãos meus, rogo-vos, não pratiqueis um crime. Uma vez que este homem

Gn 19,4s

---

a) O hebr. repete "consigo"; as versões acrescentam "e seu servo".
b) Em Gabaá de Benjamim o levita só encontra asilo na casa de um homem de Efraim (v. 16), que está pronto a cumprir os seus deveres de hospedeiro até o heroísmo (v. 24). Os benjaminitas da cidade faltam gravemente à lei da hospitalidade (v. 15) e têm em seguida um comportamento abominável. Há na recordação dessa história uma polêmica (judaíta?) contra Saul, cuja capital era Gabaá. — Toda essa narrativa comporta, em sua redação, reminiscências da história de Ló (Gn 19,1-11).
c) O levita salienta a ironia de sua situação: ele, que tem acesso à casa de Iahweh, não encontra ninguém para acolhê-lo na própria casa.

entrou em minha casa, não pratiqueis tal infâmia.*ᵃ* ²⁴Aqui está minha filha, que é virgem.*ᵇ* Eu a entrego a vós. Abusai dela e fazei o que vos aprouver, mas não pratiqueis para com este homem uma tal infâmia." ²⁵Não quiseram ouvi-lo. Então o homem tomou a sua concubina e a levou para fora. Eles a conheceram e abusaram dela toda a noite até de manhã, e, ao raiar a aurora, deixaram-na.

²⁶Pela manhã, a mulher veio cair à porta da casa do homem com quem estava o seu marido, e ali ficou até vir o dia. ²⁷De manhã, seu marido se levantou e, abrindo a porta da casa, saiu para continuar o seu caminho, quando viu que a mulher, sua concubina, jazia à entrada da casa, com as mãos na soleira da porta. ²⁸"Levanta-te," disse-lhe, "e partamos!" Não houve resposta. Então ele a colocou sobre o seu jumento e se pôs a caminho de casa. ²⁹Ao chegar, apanhou um cutelo e, pegando a concubina, a retalhou, membro por membro, em doze pedaços, e os remeteu a todo o território de Israel.*ᶜ* ³⁰Ora, todo aquele que via isso, dizia: "Jamais aconteceu ou se viu coisa semelhante desde o dia em que os israelitas subiram da terra do Egito até hoje!" O levita deu esta ordem aos homens que enviou: "Assim falareis a todos os israelitas: Aconteceu semelhante coisa desde o dia em que os israelitas subiram da terra do Egito até hoje?*ᵈ* Refleti, consultai entre vós e pronunciai-vos!"

20 *Os israelitas se comprometem a vingar o crime de Gabaá* — ¹Todos os israelitas saíram então e, como um só homem, toda a comunidade se reuniu desde Dã até Bersabeia*ᵉ* e a terra de Galaad, diante de Iahweh, em Masfa. ²Os chefes de todo o povo, todas as tribos de Israel assistiram à assembleia do povo de Deus, quatrocentos mil homens a pé, que sabiam usar a espada.*ᶠ* ³Os benjaminitas tiveram notícia de que os israelitas haviam chegado a Masfa... Então os israelitas disseram: "Explicai-nos como se cometeu esse crime!" ⁴O levita, marido da mulher que tinha sido morta, tomou a palavra e disse: "Eu chegara com minha concubina a Gabaá de Benjamim, para aí pernoitar. ⁵Os senhores de Gabaá se amotinaram contra mim e, durante a noite, cercaram a casa onde eu estava. Eles queriam tirar-me a vida, e violentaram a minha concubina causando a sua morte. ⁶Então tomei a minha concubina e a retalhei em pedaços e os mandei a toda a extensão da herança de Israel, porque cometeram tal ato ignominioso, uma infâmia em Israel. ⁷Todos vós estais aqui, israelitas! Consultai-vos uns aos outros e aqui mesmo tomai uma decisão." ⁸Todo o povo se levantou como se fosse um só homem, e disse: "Nenhum de nós voltará à sua tenda, nenhum de nós retornará à sua casa! ⁹Isto é o que faremos agora em Gabaá. Tiraremos a sorte,*ᵍ* ¹⁰e tomaremos de todas as tribos de Israel dez homens em cada cem, cem em mil, e mil em dez

---

a) O termo hebraico designa faltas graves contra a lei divina, principalmente faltas contra os costumes, particularmente reprovadas por reação contra a licenciosidade dos cultos cananeus. A falta acompanha-se aqui de atentado ao direito sagrado da hospitalidade.
b) O hebr. acrescenta "e sua concubina (do levita)".
c) Esta sinistra mensagem de vingança é dirigida a todo o Israel (cf. 20,1.2.10 etc.). Isso poderia sublinhar a solidariedade das tribos diante de infração da lei religiosa, mas tal ação comum seria única, e há mais provavelmente alargamento da tradição primitiva que, ante Benjamim, devia pôr principalmente Efraim. Tratar-se-ia de novo episódio da luta de Efraim pela supremacia (cf. 8,1+; 12,1).
d) O v. está truncado no hebr. e é reconstituído a partir do grego desde "o levita deu esta ordem" até "hoje".
— Da reação imediata das pessoas da vizinhança diante do drama do levita, tem-se uma mensagem para todo Israel, de onde a repetição entre as duas partes do v.
e) Locução estereotipada, utilizada fora do Pentateuco para designar os limites norte e sul da região efetivamente ocupada por Israel (cf. 1Sm 3,20; 2Sm 3,10; 1Rs 5,5 etc.). Excepcionalmente, acrescenta-se aqui a região de Galaad, por causa da história contada em 21,8-12. Outras expressões definem o território do norte ao sul: "da Entrada de Emat à Torrente do Egito" (1Rs 8,65; 2Rs 14,25 ou do sul ao norte: "da Torrente do Egito ao Grande Rio" (o Eufrates; Gn 15,18; 2Rs 24,7; cf. Nm 34,1+).
f) Esse número, como os da narrativa dos combates (cf. vv. 15.21 etc.), é evidentemente exagerado.
g) O texto hebraico deixa entender que após ter sido atacada, a cidade de Gabaá será destinada por sorte, como se ela não fosse mais israelita.

mil, os quais providenciarão mantimento para o povo, para aqueles que irão tratar Gabaá de Benjamim conforme a infâmia que ela cometeu em Israel."
[11]Assim se reuniram contra aquela cidade todos os homens de Israel, unidos como um só homem.

Obstinação dos benjaminitas — [12]As tribos de Israel enviaram emissários a toda a tribo de Benjamim com a mensagem: "Que crime é esse que se cometeu entre vós? [13]Agora, pois, entregai-nos esses homens, esses bandidos que estão em Gabaá, para que os executemos e extirpemos o mal do meio de Israel." Mas os benjaminitas não quiseram ouvir os seus irmãos, os israelitas. Dt 17,12

Primeiros choques[a] — [14]Os benjaminitas, deixando as suas cidades, se concentraram em Gabaá para combater contra os israelitas. [15]Contaram-se naquele dia os benjaminitas vindos das diversas cidades: eram vinte e seis mil homens hábeis no manejo da espada; os habitantes de Gabaá foram contados à parte, setecentos homens de elite. [16]Em todo esse exército havia setecentos homens de escol, canhotos. Todos eles, com a pedra da sua funda, eram capazes de acertar um fio de cabelo sem errar. [17]Os homens de Israel foram também contados, sem incluir Benjamim; eram quatrocentos mil que sabiam brandir a espada, todos homens de guerra. [18]Puseram-se em marcha para ir a Betel, a fim de consultar a Deus. "Quem de nós subirá primeiro para o combate contra os benjaminitas?", indagaram os israelitas. E Iahweh respondeu: "Judá subirá primeiro." [19]Pela manhã, os israelitas saíram e acamparam defronte de Gabaá. [20]Os homens de Israel avançaram para o combate contra Benjamim, e se dispuseram em ordem de batalha diante de Gabaá. [21]Mas os benjaminitas saíram de Gabaá e, naquele dia, massacraram vinte e dois mil homens de Israel. [22b]Então o exército dos homens de Israel se encheu de coragem e outra vez se dispôs em ordem de batalha, no mesmo lugar que no primeiro dia. [23]Os israelitas vieram chorar na presença de Iahweh até à tarde, e depois consultaram a Iahweh, dizendo: "Devo ainda voltar a lutar contra os filhos de Benjamim, meu irmão?" E Iahweh respondeu: "Marchai contra ele!" [24]No segundo dia, os israelitas chegaram perto dos benjaminitas, [25]porém, nesse segundo dia, Benjamim saiu de Gabaá ao seu encontro e massacrou ainda dezoito mil homens dos israelitas, todos eles guerreiros hábeis no manejo da espada. [26]Então todos os israelitas e todo o povo vieram a Betel, choraram, ficaram ali diante de Iahweh, jejuaram todo o dia até à tarde, e ofereceram holocaustos e sacrifícios de comunhão perante Iahweh; [27]e depois os israelitas consultaram Iahweh. — A Arca da Aliança de Deus estava, naqueles dias, naquela região, [28]e Finéias, filho de Eleazar, filho de Aarão, nesse tempo, prestava serviço junto a ela. — Eles disseram: "Devo sair ainda para combater contra os filhos de Benjamim, meu irmão, ou devo desistir?" E Iahweh respondeu: "Marchai, porque amanhã o entregarei nas vossas mãos."[c] 20,27 Ex 33,7+ 1,2

Js 7,4-5

Js 7,6-9; 8,1

Nm 25,7-13

Derrota de Benjamim[d] — [29]Então Israel dispôs as tropas em emboscadas, ao redor de Gabaá. [30]No terceiro dia, os israelitas marcharam contra os Js 8,4.9

---

a) Toda a narrativa da batalha de Gabaá se parece, no desenvolvimento e no estilo, com a narrativa da tomada de Hai (Js 7-8). Em vez de influência redacional de Js sobre Jz, é preferível admitir que a narrativa da tomada de Hai tenha sido inventada a partir da narrativa histórica da vitória de Gabaá (cf. Js 7,2+).
b) Pode-se ser tentado, por razões de coerência, a pôr o v. 22 depois do v. 23. É mais importante reconhecer aqui a fusão de duplo relato: um fala dos "homens de Israel" e de "Benjamim", o outro de israelitas e benjaminitas.
c) As duas primeiras tentativas haviam igualmente sido feitas por ordem de Iahweh (vv. 18.23) mas é somente na terceira consulta que Deus promete a vitória. Na passagem paralela de Js 7, a derrota é explicada por violação do anátema. Aqui não se apresenta nenhuma razão.
d) Em todo o final do cap., os dois relatos são canhestramente combinados, como o indicam as incoerências do texto.

benjaminitas e, como das outras vezes, se organizaram em ordem de batalha defronte de Gabaá. ³¹Os benjaminitas saíram ao encontro do povo e foram atraídos para longe da cidade. Começaram, como das outras vezes, a ferir alguns do povo, pelos caminhos que sobem um para Betel, outro para Gabaá*ª* pelo campo: uns trinta homens de Israel. ³²Os benjaminitas pensaram: "Vencemos como da primeira vez," mas os israelitas disseram: "Vamos fugir para atraí-los para longe da cidade, nos caminhos." ³³Então todos os homens de Israel abandonaram sua posição e se organizaram em Baal-Tamar, enquanto a emboscada de Israel surgiu de sua posição sobre o ponto fraco de Gaba. ³⁴Dez mil homens de elite, escolhidos de todo o Israel, vieram contra Gabaá; recrudesceu o combate, mas os outros não sabiam da desgraça que os aguardava. ³⁵Iahweh feriu Benjamim na presença de Israel e, naquele dia, os israelitas mataram vinte e cinco mil homens, todos hábeis no manejo da espada.

³⁶Os benjaminitas perceberam que tinham sido vencidos.*ᵇ* — Os homens de Israel cederam terreno a Benjamim porque confiavam na emboscada que tinham preparado contra Gabaá. ³⁷Os da emboscada se lançaram rápidos contra Gabaá; apareceram subitamente e passaram toda a cidade ao fio da espada. ³⁸Ora, havia sido combinado um sinal entre os homens de Israel e os da emboscada: estes deviam fazer subir da cidade uma nuvem de fumaça, como sinal; ³⁹então os homens de Israel que combatiam na batalha recuariam, dando meia-volta.*ᶜ* Benjamim começava já a matar alguns da multidão dos homens de Israel, uns trinta homens. "Certamente nós os vencemos," pensaram eles, "como na primeira batalha." ⁴⁰Mas o sinal, a coluna de fumaça, começou a elevar-se da cidade, e Benjamim, ao voltar-se, julgou que a cidade inteira estava subindo em chamas para o céu. ⁴¹Os homens de Israel, então, deram meia-volta e os benjaminitas se assombraram, vendo que a desgraça lhes acontecera.

⁴²Eles fugiram diante dos homens de Israel na direção do deserto, mas a batalha os acossava, e os que vinham da cidade os massacraram atacando-os pela retaguarda.*ᵈ* ⁴³Eles cercaram Benjamim, perseguiram-no sem trégua e o esmagaram até perto de Gabaá, do lado do nascente.*ᵉ* ⁴⁴Dezoito mil homens caíram de Benjamim, todos homens valentes. — ⁴⁵Então eles viraram-lhes as costas e fugiram para o deserto, para os lados do Rochedo de Remon. Pelos caminhos ainda caíram cerca de cinco mil homens, depois perseguiram Benjamim até cortá-lo,*ᶠ* e lhe mataram dois mil homens deles. ⁴⁶O número total dos benjaminitas que tombaram naquele dia foi de vinte e cinco mil homens que sabiam usar a espada, todos homens valentes. ⁴⁷Seiscentos retrocederam e fugiram para o deserto na direção do Rochedo de Remon. Ali permaneceram quatro meses. ⁴⁸Os homens de Israel voltaram aos benjaminitas e passaram ao fio da espada a população masculina da cidade,*ᵍ* e até o gado e tudo o que encontravam. E atearam fogo também a todas as cidades que encontraram.

21 *Remorso dos israelitas*ʰ

¹Ora, os homens de Israel haviam jurado em Masfa dizendo: "Ninguém dentre nós dará sua filha em casamento a Benjamim." ²O povo voltou a Betel e ali ficou até a tarde na presença de

---

a) O embate se dá entre Betel, de onde vêm os israelitas, e Gabaá, de onde saem os benjaminitas.

b) A sequência do v. 36a deve ser procurada no v. 47, mas os vv. 36-46 não oferecem todavia um relato completo.

c) Essa meia-volta, ligada ao sinal, antecipa a narrativa que virá (cf. v. 41). Trata-se, portanto, da meia-volta dos israelitas que cessam de fugir e se voltam contra os benjaminitas.

d) Os que vêm das cidades parecem ser os benjaminitas mencionados em 20,14-15.

e) O hebr. leu "Gabaá", mas é preciso, sem dúvida, ler "Gaba".

f) O hebr. leu aqui um nome de lugar, Gideom, mas pode-se ver aqui o verbo empregado em 21,6.

g) Lit.: "da cidade habitada".

h) Este cap. justapõe duas tradições, unidas pelas últimas palavras do v. 14. É verossímil que a primeira provenha do santuário de Masfa, e a segunda do de Betel, mas a parte do redator é tão grande que é difícil ter certeza. O

Deus, gemendo e chorando em aflição: ³"Iahweh, Deus de Israel," diziam eles "por que nos aconteceu isto hoje, que falte uma tribo a Israel?"ᵃ ⁴No dia seguinte, o povo se levantou de manhã bem cedo e construiu um altar e ofereceu holocaustos e sacrifícios de comunhão. ⁵Depois, disseram os israelitas: "Qual dentre todas as tribos de Israel não compareceu à assembleia perante Iahweh?", porque num juramento solene se tinha declarado que todo aquele que não subisse a Masfa perante Iahweh certamente morreria.

⁶Então os israelitas se encheram de piedade por Benjamim seu irmão: "Hoje," diziam, "uma tribo foi cortada de Israel. ⁷Que faremos para encontrar mulheres para os que se salvaram, pois juramos a Iahweh que não lhes daríamos as nossas filhas em casamento?"

As virgens de Jabes dadas aos bejaminitas — ⁸Então eles se informaram indagando: "Quem, dentre as tribos de Israel, não subiu a Masfa perante Iahweh?" E verificou-se que ninguém de Jabes de Galaad tinha vindo ao acampamento, à assembleia. ⁹Contaram-se todos os que tinham comparecido e, efetivamente, ninguém viera de Jabes de Galaad. ¹⁰Então a comunidade enviou para lá doze mil homens dos mais valentes, com esta ordem: "Ide e passai ao fio da espada os habitantes de Jabes de Galaad, inclusive as mulheres e os não combatentes. ¹¹Assim procedereis: consagrareis ao anátema todos os homens de todas as mulheres que conheceram o leito de um homem".ᵇ ¹²Entre os habitantes de Jabes de Galaad acharam quatrocentas virgens, que não tinham partilhado o leito de um homem, e as trouxeram ao acampamento em Silo, que está na terra de Canaã. Nm 31,5-6 Js 6,17 + Nm 31,17-18

¹³Toda a comunidade enviou então emissários aos benjaminitas que estavam no Rochedo de Remon para lhes propor a paz. ¹⁴Benjamim então voltou. Foram-lhes dadas as mulheres de Jabes de Galaad que tinham sido deixadas com vida, mas não eram suficientes para todos eles.

O rapto das filhas de Silo — ¹⁵O povo se encheu de piedade por Benjamim, porque Iahweh tinha feito uma brecha entre as tribos de Israel. ¹⁶"Que faremos para providenciar mulheres para os que restam," diziam os anciãos da comunidade, "pois as mulheres de Benjamim foram mortas?" ¹⁷E acrescentavam: "Como Benjamim possuirá uma posteridade,ᶜ para que uma tribo não seja apagada de Israel? ¹⁸Porque, quanto a nós, não mais poderemos dar-lhes nossas filhas em casamento." De fato, os israelitas haviam pronunciado um juramento nestes termos: "Maldito aquele que der mulher a Benjamim!"

¹⁹"Mas," disseram eles, "há a festa de Iahweh que se celebra anualmente em Silo."ᵈ — A cidade está ao norte de Betel, a leste do caminho que sobe de Betel a Siquém e ao sul de Lebona — . ²⁰Recomendaram, então, aos benjaminitas: "Ide emboscar-vos nas vinhas. ²¹Espiareis e, logo que as filhas de Silo saírem para dançar em coros, saireis das vinhas e levareis cada qual uma mulher dentre as filhas de Silo, e partireis com elas para a terra de Benjamim. ²²Se os seus pais ou irmãos vierem litigar conosco, nós lhes diremos: Conformai- 1Sm 1,3 +

---

caso de Jabes de Galaad serve para se explicar as relações entre essa cidade e Benjamim na época de Saul (cf. 1Sm 11,1; 30,11-13). A história do rapto das moças de Silo utiliza recordação cultual: antiga festa da vindima, da qual participavam as moças que procuravam marido.
a) Os conflitos entre as tribos não suprimem o sentimento de solidariedade que consolida o povo de Israel, e que o redator pós-exílico sublinha falando diversas vezes da "comunidade".

b) O grego acrescenta: "mas deixareis viver as virgens. E eles agiram assim". A sequência do texto mostra que isso estava implicado na missão recebida.
c) O final do v. "em Silo, que está na terra de Canaã", é precisão tardia introduzida para preparar os vv. 19-23.
d) Essa festa anual em Silo é, sem dúvida, a mesma que a indicada em 1Sm 1,3. Deve tratar-se da festa da Colheita (cf. Ex 23,16; 34,22), chamada festa das Tendas em Dt 16,13.

-vos, porque não pudemos conseguir mulher para cada um na guerra; e vós não podíeis dá-las a eles, porque, nesse caso, teríeis sido culpados."*ª*

²³Assim fizeram os benjaminitas: segundo o seu número, cada um tomou, dentre as jovens que dançavam, uma para si, e depois partiram retornando à sua herança, reconstruíram as cidades e nelas se estabeleceram.

²⁴Os israelitas então se dispersaram para voltar cada qual à sua tribo e ao seu clã; saíram dali para a sua herança.

²⁵Naqueles dias não havia rei em Israel, e cada um fazia o que lhe parecia correto.*ᵇ*

Jz 17,6 +

---

a) A argumentação é dupla. Os anciãos declaram primeiro que as virgens de Jabes teriam podido ser a parte de despojo dos israelitas por ocasião da guerra; de outro lado, as jovens de Silo foram arrebatadas e não dadas, o que respeita o juramento pronunciado no v. 18.

b) A narrativa de 19,1-21,25 está enquadrada pela mesma observação de 17,6 e 18,1. Talvez ela pertença, aqui, à mão do redator; talvez seja uma reflexão dos sacerdotes do santuário oficial de Betel, que fazem o mesmo julgamento que os sacerdotes do santuário real de Dã na história precedente (cf. 17,1+).

RUTE

RUTE E NOEMI

1 ¹No tempo em que os Juízes governavam houve uma fome no país e um homem de Belém de Judá foi morar nos Campos de Moab, com sua mulher e seus dois filhos. ²Esse homem chamava-se Elimelec, sua mulher, Noemi, e seus dois filhos, Maalon e Quelion;[a] eram efrateus, de Belém de Judá. Chegando aos Campos de Moab, ali se estabeleceram. ³Morreu Elimelec, marido de Noemi, e esta ficou só com seus dois filhos. ⁴Eles tomaram por esposas mulheres moabitas, uma chamada Orfa, e a outra, Rute. Permaneceram lá uns dez anos. ⁵Depois morreram também os dois, Maalon e Quelion, e Noemi ficou sozinha, sem filhos nem marido. ⁶Então, com suas noras, preparou-se para voltar dos Campos de Moab, pois ficara sabendo nos Campos de Moab que Deus tinha visitado[b] seu povo dando-lhe pão. ⁷Saiu, pois, com suas noras, do lugar onde tinha morado e puseram-se a caminho para voltar à terra de Judá.

⁸Noemi disse a suas duas noras: "Ide e voltai cada qual para a casa de sua mãe. Que Iahweh vos trate com a mesma bondade com que tratastes os que morreram e a mim mesma! ⁹Que Iahweh conceda a cada uma de vós encontrar descanso na casa de um marido!" Abraçou-as, mas elas choravam em alta voz, ¹⁰dizendo: "Não! Vamos voltar contigo para junto de teu povo." ¹¹Noemi respondeu-lhes: "Voltai, minhas filhas; por que haveríeis de vir comigo? Porventura trago ainda em meu seio filhos que possam vir a ser vossos maridos?[c] ¹²Voltai, minhas filhas, parti, pois estou velha demais para tornar a casar-me! E mesmo que eu dissesse: 'Ainda existe para mim esperança: esta noite mesmo estarei com meu marido e terei filhos', ¹³esperaríeis por eles até que crescessem? Renunciaríeis ao matrimônio? Não, minhas filhas! É grande a minha amargura por vossa causa, pois a mão de Iahweh pesa sobre mim." ¹⁴Elas choraram novamente em alta voz; depois Orfa abraçou sua sogra e voltou para junto de seu povo,[d] mas Rute ficou em sua companhia.

¹⁵Disse-lhe então Noemi: "Olha, tua cunhada voltou para junto do seu povo e para seu deus; volta também com ela." ¹⁶Respondeu Rute: "Não insistas comigo para que te deixe, pois

para onde fores, irei também,
onde for tua moradia, será também minha;
teu povo será o meu povo
e teu Deus será o meu Deus.[e]

¹⁷Onde morreres, quero morrer
e ser sepultada.
*Que Iahweh me mande este castigo
e acrescente mais este*[f]

---

a) Os nomes talvez sejam fictícios e escolhidos por causa do seu significado: os dois filhos que morrem jovens, Maalon: "enfermidade", e Quelion: "desfalecimento"; Orfa: "a que volta as costas" (1,14); Rute: "a amiga"; Noemi: "minha doçura"; Elimelec: "meu Deus é rei".
b) Ver Ex 3,16+. A "visita" no caso é favorável.
c) Conforme a lei do levirato (Dt 25,5-10+).
d) "e voltou para junto de seu povo", grego; omitido pelo hebraico.
e) Ao contrário de Orfa, que volta para Moab e para seu deus Camos, Rute, ingressando no domínio e no povo de Iahweh, não terá outro deus senão ele. Dt 23,4, ao contrário, exclui os moabitas do culto.
f) É esta a fórmula do juramento imprecatório (cf. Nm 5,21s; 1Sm 3,17; 14,44; 20,13; 25,22; 2Sm 3,9.35; 19,14;

se outra coisa, a não ser a morte,
me separar de ti!"

¹⁸Noemi vendo que Rute estava firmemente decidida a acompanhá-la, não insistiu mais com ela.

¹⁹Partiram, pois, as duas e chegaram a Belém. À sua chegada, Belém inteira se alvoroçou e as mulheres diziam: "Esta é Noemi?" ²⁰Mas ela respondeu-lhes: "Não me chameis de Noemi; chamai-me de Mara,ᵃ pois Shaddai me encheu de amargura. ²¹Parti com as mãos cheias, e Iahweh me reconduz de mãos vazias! Por que haveríeis de me chamar de Noemi quando Iahweh se pronunciou contra mim e Shaddai me afligiu?"

²²Foi assim que regressou Noemi, tendo consigo sua nora Rute, a moabita, que veio dos Campos de Moab. Chegaram a Belém no começo da colheita da cevada.

RUTE NOS CAMPOS DE BOOZ

2 ¹Noemi tinha um parente por parte de seu marido, pessoa importante, do clã de Elimelec, cujo nome era Booz.

²Rute, a moabita, disse a Noemi: "Permite que eu vá ao campo respigar atrás daquele que me acolher favoravelmente."ᵇ Ela lhe respondeu: "Vai, minha filha." ³Ela partiu, pois, e foi respigar no campo atrás dos segadores. Por felicidade, entrou ela na parte do campo pertencente a Booz, do clã de Elimelec. ⁴Naquele momento, Booz estava chegando de Belém e disse aos segadores: "Que Iahweh esteja convosco!", e eles responderam-lhe: "Que Iahweh te abençoe!" ⁵Booz perguntou depois ao seu servo, o feitor dos segadores: "De quem é esta jovem?"ᶜ ⁶E o servo, feitor dos segadores, respondeu: "Esta jovem é a moabita, que voltou com Noemi dos Campos de Moab. ⁷Ela pediu: 'Permita-me que eu respigue e recolha entre os feixes de trigo atrás dos segadores.' Veio, pois, e ficou; desde a manhã até agora ela mal descansou."ᵈ

⁸Booz disse a Rute: "Estás ouvindo, minha filha? Não vás respigar noutro campo, não te afastes daqui, mas fica na companhia das minhas criadas. ⁹Observa o terreno que os homens estiverem ceifando e vai atrás deles. Acaso não ordenei aos servos para não te molestarem? Quando tiveres sede, vai procurar os cântaros e bebe da água que os servos tiverem buscado." ¹⁰Então Rute, caindo com o rosto em terra, prostrou-se e disse-lhe: "Por que encontrei favor a teus olhos, de modo que te interesses por mim, que não passo de uma estrangeira?" ¹¹Em resposta, Booz lhe disse: "Foi-me contado tudo o que fizeste por tua sogra após a morte do teu marido, e como deixaste pai e mãe e tua terra natal para vires morar no meio de um povo que antes não conhecias, nem ontem nem anteontem. ¹²Que Iahweh te retribua o que fizeste e que recebas uma farta recompensa da parte de Iahweh, Deus de Israel, sob cujas asas vieste buscar refúgio!" ¹³Ela respondeu: "Possa eu ser bem acolhida por ti, meu senhor! Pois me confortaste e falaste benignamente à tua serva, embora eu não seja sequer como uma de tuas servas."

¹⁴Na hora da refeição, Booz disse a Rute: "Vem cá, come deste pão e molha teu bocado no vinagre."ᵉ Ela sentou-se junto aos segadores e Booz também

---

1Rs 2,23; 2Rs 6,31). Ao pronunciá-lo, especificavam-se os males que se invocavam sobre a pessoa visada, mas *sendo terrível a eficácia das maldições*, o narrador usa essa fórmula indeterminada para referi-las.
a) Mara, "a amarga", ou corrigindo Mari "minha amargura", correspondendo a Noemi, "minha doçura".
b) É o direito dos pobres, segundo a Lei. Mas seu exercício depende da boa vontade do proprietário.

c) No Oriente, toda mulher pertence a alguém: pai, marido, irmão ou senhor.
d) O fim do v. corrompido, corr. segundo o grego.
e) Trata-se, de fato, de mistura de água, vinagre de vinho e alguma bebida fermentada qualquer, o que a torna uma bebida proibida aos nazireus (cf. Nm 6,3).

lhe fez uma polenta^a de grão torrado. Depois de ter comido à vontade, ainda sobrou. ¹⁵E quando ela se levantou para respigar, Booz ordenou a seus servos: "Deixai-a respigar também entre os feixes^b e não a molesteis. ¹⁶E cuidai também que caiam algumas espigas de vossos feixes, e deixai-as para que ela as ajunte e não a censureis."^{c} ¹⁷Rute respigou no campo até à tarde, e depois bateu as espigas que tinha colhido; deu quase um almude de cevada.

¹⁸Ela carregou-o e voltou para a cidade, e sua sogra viu o que ela tinha recolhido; Rute tirou e deu-lhe o que guardara depois de ter comido à vontade. ¹⁹Perguntou-lhe a sogra: "Onde respigaste hoje, onde trabalhaste? Bendito aquele que por ti se interessou!"^{d} Rute contou à sua sogra com quem tinha trabalhado; ela disse: "O homem com quem trabalhei hoje chama-se Booz." ²⁰Noemi disse à sua nora: "Que ele seja abençoado por Iahweh, que não cessa de usar de misericórdia para com os vivos e os mortos!" E acrescentou: "Esse homem é nosso parente próximo, é um dos que têm sobre nós direito de resgate."^{e} ²¹Rute, a moabita, disse: "Ele me falou também: Fica com meus servos até que terminem toda a colheita." ²²E Noemi respondeu a Rute, sua nora: "É bom, minha filha, que estejas na companhia de suas servas, pois assim não te maltratarão num outro campo." ²³^{f}Assim ficou ela no meio das servas de Booz, respigando até o fim da colheita da cevada e do trigo. E morava com sua sogra.

2,1

BOOZ ADORMECIDO

3 ¹Noemi, sua sogra, disse-lhe: "Minha filha, não devo eu buscar-te repouso, para que sejas feliz? ²Ora, esse Booz, com cujas servas estavas, não é nosso parente? Esta noite, ele vai joeirar a cevada na eira. ³Lava-te, pois, e perfuma-te, põe teu manto e desce à eira, mas não te deixes reconhecer por ele, até que ele tenha acabado de comer e de beber. ⁴Quando ele for dormir, observa o lugar em que está deitado; então entra, descobre seus pés e deita-te; e ele te dirá o que deves fazer." ⁵Rute retrucou-lhe: "Farei tudo o que disseste."

⁶Ela desceu à eira e fez tudo o que sua sogra lhe havia mandado. ⁷Booz comeu, bebeu, seu coração se alegrou, e ele foi deitar-se junto de um monte de cevada; então ela veio de mansinho, descobriu seus pés e deitou-se. ⁸Alta noite, o homem estremeceu; voltou-se e viu uma mulher deitada a seus pés. ⁹Disse ele: "Quem és tu?" Ela respondeu: "Eu sou Rute, tua serva. Estende teu manto sobre tua serva,^{g} pois tens o direito de resgate." ¹⁰E disse ele: "Bendita sejas por Deus, minha filha; este teu novo ato de piedade^h excede o primeiro, pois não procuraste jovens, pobres ou ricos. ¹¹E agora, minha filha, não tenhas medo: far-te-ei tudo quanto disseres, pois toda a população desta cidade sabe que és uma mulher virtuosa. ¹²Ora, realmente tenho o direito de resgate, mas há um outro parente mais próximo que eu. ¹³Passa a noite aqui

2,11

2,20

a) "lhe fez uma polenta", grego; "ofereceu-lhe", hebraico.
b) A lei permitia respigar o que caía dos feixes atrás *dos segadores* (Lv 19,19; 23,22; Dt 24,19), mas essa autorização é favor contrário ao costume.
c) Essas repetidas recomendações (v. 9 e 15) mostram que, embora a lei permitisse respigar, frequentemente os segadores se mostravam duros para com os que se davam a esse trabalho.
d) Noemi se admira da quantidade de cevada trazida por Rute: um "almude" (um efá) equivale a aproximadamente 45 litros, quantidade essa que não se explica senão por um favor de que Rute foi objeto.
e) Lit.: "é um dos nossos *go'el*" (cf. Nm 35,19+). Aqui, o dever do parente mais próximo, o *go'el*, de Elimelec ou de Maalon, reúne dois costumes diferentes: 1º o dever que cabia ao *go'el* (Lv 25,23-25.47-49) era o de evitar a alienação do patrimônio; ele deve, portanto, resgatar o campo de Rute (4,4); 2º o costume do levirato (Dt 25,5-10+), que prescreve que a viúva seja desposada pelo irmão ou parente próximo do marido, e lhe suscite assim uma posteridade. Mas Booz não é o parente mais próximo (cf. 3,12).
f) Nas versões, esta frase começa o cap. 3.
g) Com esse gesto, Rute pede a Booz, seu *go'el*, para desposá-la (cf. Dt 23,1; 27,20; Ez 16,8).
h) Rute não apenas acompanhou sua sogra (2,11), mas também assegurou a perpetuidade da família aceitando casar-se com Booz.

e amanhã cedo, se ele quiser exercer seu direito de resgate sobre ti, está bem, que ele te resgate: se, pelo contrário, não quiser te resgatar, eu te resgatarei; juro pela vida de Iahweh! Fica deitada até de manhã." ¹⁴Ela ficou deitada a seus pés até de manhã e levantou-se antes que uma pessoa pudesse reconhecer a outra; ele*ᵃ* pensou consigo: "Não convém que se saiba que esta mulher veio à eira." ¹⁵Disse então Booz: "Estende o manto que te cobre e segura-o." Ela segurou-o e ele mediu seis medidas de cevada, que lhe pôs às costas. E ela voltou para a cidade.

¹⁶Quando Rute chegou à casa de sua sogra esta lhe perguntou: "Como estás, minha filha?" Rute contou-lhe então tudo o que aquele homem tinha feito por ela. ¹⁷E acrescentou: "Estas seis medidas de cevada, foi ele que me deu, dizendo-me: Não voltarás de mãos vazias para junto de tua sogra." ¹⁸Noemi lhe disse: "Fica tranquila, minha filha, até saberes como terminará tudo isso; com certeza este homem não descansará enquanto não resolver hoje mesmo esta questão."

BOOZ CASA-SE COM RUTE

4 ¹Booz subiu à porta da cidade e sentou-se ali; e eis que passou o parente do qual tinha falado. Disse-lhe Booz: "Olá, Fulano, chega aqui e assenta-te." O homem se aproximou e sentou-se. ²Booz convidou dez homens dentre os anciãos da cidade e disse-lhes: "Sentai-vos aqui." E eles se sentaram. ³Então disse ao homem que tinha o direito de resgate: "Noemi, aquela que voltou dos Campos de Moab, quer vender a parte do terreno que pertencia a nosso irmão Elimelec. ⁴Resolvi informar-te disso, dizendo-te: 'Adquire-a diante dos que aqui estão sentados e diante dos anciãos do meu povo.' Se queres exercer teu direito de resgate, exerce-o; mas se não o queres, declara-mo, para eu tomar conhecimento. Pois ninguém mais tem o direito de resgate a não ser tu, e depois de ti, eu." O outro respondeu: "Sim, eu quero exercer meu direito." ⁵Mas Booz disse: "No dia em que adquirires esse campo da mão de Noemi, estarás adquirindo também Rute, a moabita, a mulher daquele que morreu, para perpetuar o nome do morto sobre seu patrimônio." ⁶Então respondeu o que tinha direito de resgate: "Assim não posso exercer meu direito, pois não quero prejudicar meu patrimônio. Podes exercer meu direito de resgate, pois eu não posso fazê-lo."*ᵇ*

⁷Ora, antigamente era costume em Israel, em caso de resgate ou de herança, para validar o negócio, um tirar a sandália e entregá-la ao outro; era esse o modo de testemunhar em Israel. ⁸Disse então a Booz aquele que tinha o direito de resgate: "Adquire-a para ti", e tirou a sandália.*ᶜ*

⁹Booz disse aos anciãos e a todo o povo: "Sois testemunhas hoje de que comprei da mão de Noemi tudo o que pertencia a Elimelec e tudo o que pertencia a Maalon e a Quelion; ¹⁰ao mesmo tempo adquiro por mulher Rute, a moabita, viúva de Maalon, para perpetuar o nome do falecido sobre sua herança e para que o nome do falecido não desapareça do meio de seus irmãos nem da porta de sua cidade. Disso sois testemunhas hoje." ¹¹E todo o povo que se achava junto à porta, bem como os anciãos, responderam: "Nós somos testemunhas!

---

a) "ele", conj.; "ela", hebraico.
b) À compra da terra, dever do *go'el* na qual o homem consentia, Booz liga o casamento com Rute segundo a lei do levirato. O menino que nascer será o herdeiro legal de Maalon e de Elimelec e é a ele que pertencerá o terreno. O primeiro *go'el* receia levar prejuízo com isso e renuncia a suas prerrogativas em favor de Booz.
c) O costume referido em Dt 25,9-10 tem sentido diferente: nesse caso é a própria mulher que manifesta seu desprezo pelo homem que não quer desposá-la em nome de seu cunhado falecido. Aqui, o gesto simplesmente sela um contrato de permuta. Pôr o pé sobre um campo ou lançar nele a sua sandália significa tomar posse dele (Sl 60,10; 108,10). O calçado torna-se desta forma símbolo do direito de propriedade. Retirando-o

Que Iahweh torne essa mulher que entra em tua casa semelhante a Raquel e a Lia, que formaram a casa de Israel.

> Torna-te poderoso em Éfrata
> adquire um nome em Belém.

[12] E que graças à posteridade que Iahweh te vai dar desta jovem, tua casa seja semelhante à de Farés,[a] que Tamar deu à luz para Judá." [13] Assim Booz desposou Rute, que se tornou sua esposa. Uniu-se a ela, e Iahweh deu a Rute a graça de conceber e ela deu à luz um filho. [14] As mulheres disseram então a Noemi: "Bendito seja Iahweh, que não te deixou sem alguém para te resgatar; que o seu nome seja célebre em Israel! [15] Ele[b] será para ti um consolador e um apoio na tua velhice, pois quem o gerou é tua nora, que te ama, que para ti vale mais do que sete filhos." [16] E Noemi, tomando o menino, colocou-o no colo[c] e serviu-lhe de ama.

[17] As vizinhas deram-lhe um nome, dizendo: "Nasceu um filho a Noemi" e chamaram-no de Obed.[d] Foi ele o pai de Jessé, pai de Davi.

Genealogia de Davi[e]

[18] Esta é a posteridade de Farés:

Farés gerou Hesron. [19] Hesron gerou Ram e Ram gerou Aminadab. [20] Aminadab gerou Naasson e Naasson gerou Salmon. [21] Salmon gerou Booz e Booz gerou Obed. [22] E Obed gerou Jessé e Jessé gerou Davi.

---

e entregando-o ao comprador, o proprietário lhe transmite esse direito.

a) Antepassado de Booz e de Éfrata.
b) O "filho" do v. 13.
c) Trata-se do ritual de adoção (cf. Gn 48,5), entre outros povos do antigo Oriente Médio.
d) Obed: "Servo" (subentendido: de Iahweh). A generosidade de Rute e de Booz faz assim de Noemi a antepassada do rei Davi.

e) Essa segunda genealogia não pode ser do autor de Rute: contra a intenção de toda a narrativa, Booz é apresentado como o pai de Obed, o nome de Elimelec não aparece, e a dedicação de Rute não tem mais o mesmo sentido; a lei do levirato e a piedade filial que ela implica desaparecem de vista. Mas outro ensinamento, universalista, se deduz: é Rute, a estrangeira, como o sublinhará o Evangelho, que é a antepassada de Davi, e por ele, de Cristo.

SAMUEL
PRIMEIRO LIVRO DE SAMUEL

I. Samuel

1. A INFÂNCIA DE SAMUEL[a]

1 *A peregrinação a Silo* — ¹Houve um homem de Ramataim-Sofim,[b] da montanha de Efraim, que se chamava Elcana, filho de Jeroam, filho de Eliú, filho de Tou, filho de Suf, um efraimita. ²Elcana tinha duas mulheres: Ana era o nome de uma, e a outra chamava-se Fenena. Fenena tinha filhos; Ana, porém, não tinha nenhum. ³Anualmente, aquele homem subia da sua cidade para adorar e oferecer sacrifícios a Iahweh dos Exércitos,[c] em Silo.[d] — Os dois filhos de Eli, Hofni e Fineias, sacerdotes de Iahweh, estavam ali.

⁴No dia em que oferecia sacrifícios, Elcana tinha o costume de dar porções à sua mulher Fenena e a todos os seus filhos e filhas, ⁵porém a Ana, embora a amasse mais, dava apenas uma porção escolhida, pois Iahweh tinha fechado seu seio. ⁶A sua rival também a irritava humilhando-a, porque Iahweh tinha fechado seu seio. ⁷E assim fazia Elcana todos os anos, sempre que eles subiam ao templo de Iahweh;[e] Fenena a ofendia. E Ana chorava e não se alimentava.

Rt 4,15 ⁸Então Elcana, o seu marido, lhe dizia: "Ana, por que choras e não te alimentas? Por que teu coração está triste? Será que eu não valho para ti mais do que dez filhos?"

A oração de Ana — ⁹Depois que comeram e beberam, Ana se levantou. O sacerdote Eli estava sentado em sua cadeira, no limiar da porta do santuário de Iahweh. ¹⁰Na amargura de sua alma, ela orou a Iahweh e chorou muito.

Lc 1,48
Nm 6,1+
Jz 13,5;
16,17

¹¹E fez um voto, dizendo: "Iahweh dos Exércitos, se quiseres dar atenção à humilhação da tua serva e te lembrares de mim, e não te esqueceres da tua serva e lhe deres um filho homem, então eu o consagrarei a Iahweh por todos os dias da sua vida, e a navalha não passará sobre a sua cabeça."[f]

---

a) Os caps. 1-3 constituem uma composição literária unificada; pode-se descobrir aí uma tradição silonita que gravita em torno de três elementos: 1º o nascimento de Samuel e sua entrada no santuário de Silo; 2º os filhos de Eli; 3º a revelação de Iahweh a Samuel. Apenas o 1º e o 3º se referem à pessoa de Samuel. A falta dos filhos de Eli domina o segundo elemento, contrasta com a fidelidade de Samuel e invoca o castigo divino. Este relato é antigo e conserva boas lembranças históricas.

b) Mais adiante chamada Ramá (1,19; 2,11), esta cidade era habitada por um grupo que reivindicava um antepassado Suf. Não se deve confundi-la com Ramá de Benjamim (Js 18,25; 1Rs 15,17.21-22).

c) A interpretação "Iahweh dos Exércitos" (quer se trate dos exércitos de Israel, quer dos exércitos celestes, astros, anjos, quer de todas as forças cósmicas) não é segura. O título aparece pela primeira vez aqui e está ligado ao culto de Silo; a expressão "Iahweh dos Exércitos entronizado entre os querubins" se encontrará pela primeira vez em 4,4, a propósito da Arca trazida de Silo. Esse título permaneceu ligado ao ritual da Arca e entrou com ela em Jerusalém (2Sm 6,2.18; 7,8.27). Foi retomado pelos grandes profetas (salvo Ezequiel), pelos profetas pós-exílicos (principalmente Zacarias) e nos Salmos.

d) Hoje Seilum, a cerca de 20 km ao sul de Naplusa. A Arca foi ali instalada no tempo dos Juízes, talvez já sob Josué (cf. Js 18,1+), num santuário que foi destruído (cf. Jr 7,12; 26,6.9; Sl 78,60), provavelmente pelos filisteus, depois da derrota contada em 1Sm 4. A peregrinação anual é a da festa das Tendas.

e) O santuário de Silo é considerado como construção feita sobre o modelo do de Jerusalém (cf. 1,9; 3,3).

f) Samuel será o filho concedido por Deus a uma mãe estéril, como Isaac, Sansão, João Batista. O menino que vai nascer é consagrado pela mãe a Iahweh, para o serviço do seu santuário. Os cabelos longos serão sinal dessa consagração, como o foram para Sansão. Mas não é dito expressamente a respeito de Samuel que ele será *nazîr* (cf. Nm 6,1+), como foi dito de Sansão (Jz 13,5).

¹²Como prolongasse sua oração a Iahweh, Eli observava a sua boca. ¹³Ana apenas murmurava: seus lábios se moviam, mas não se podia ouvir o que ela dizia, e por isso Eli julgou que ela estivesse embriagada.*ᵃ* ¹⁴Então lhe disse Eli: "Até quando estarás embriagada? Livra-te do teu vinho!" ¹⁵Ana, porém, lhe respondeu assim: "Não, meu senhor, eu sou uma mulher atribulada;*ᵇ* não bebi vinho nem bebida forte: derramo a minha alma perante Iahweh. ¹⁶Não julgues a tua serva como uma vadia. É por excesso de sofrimento e de afrontas que tenho falado até agora." ¹⁷Eli então lhe disse: "Vai em paz, e que o Deus de Israel te conceda o que lhe pediste." ¹⁸Respondeu-lhe ela: "Ache a tua serva graça aos teus olhos." E a mulher seguiu o seu caminho; comeu e o seu aspecto não era mais o mesmo.

Nascimento e consagração de Samuel — ¹⁹Levantaram-se bem cedo e, depois de se terem prostrado diante de Iahweh, voltaram à sua casa, em Ramá. Elcana conheceu sua mulher Ana, e Iahweh se lembrou dela. ²⁰Ana concebeu e, no devido tempo, deu à luz um filho a quem chamou Samuel, porque, disse ela, "eu o pedi a Iahweh."*ᶜ* ²¹Elcana, seu marido, subiu com toda a sua casa para oferecer a Iahweh o sacrifício anual e cumprir o seu voto. ²²Ana, porém, não subiu, porque ela disse a seu marido: "Não antes que o menino seja desmamado!*ᵈ* Então, eu o levarei, e será apresentado perante Iahweh e lá ficará para sempre." ²³Respondeu-lhe Elcana, seu marido: "Faze o que melhor te aprouver, e espera até que ele seja desmamado. Que somente Iahweh realize a sua palavra."*ᵉ* Assim, ficou e criou o menino até que o desmamou.

²⁴Tão logo o desmamou, ela o fez subir consigo, com um novilho de três anos,*ᶠ* uma medida de farinha e outra de vinho, e o conduziu ao templo de Iahweh, em Silo. O menino era ainda muito pequeno. ²⁵Eles imolaram o novilho e levaram o menino a Eli. ²⁶Ela disse: "Perdão, meu senhor! Tão certo como tu vives, eu sou aquela mulher que aqui esteve contigo, orando a Iahweh. ²⁷Eu orava por este menino, e Iahweh atendeu à minha súplica. ²⁸Da minha parte eu o dedico a Iahweh por todos os dias que viver, assim o dedico a Iahweh." E lá ele se prostrou diante de Iahweh.*ᵍ*

2
Cântico de Ana*ʰ* — ¹Então Ana proferiu esta oração:
"O meu coração exulta em Iahweh,
meu chifre se eleva a Iahweh,
a minha boca se escancara contra os meus inimigos,
porque me alegro em tua salvação.

Sl 2; 18
Lc 1,45-55
Lc 1,47
Is 61,10

²Não há Santo como Iahweh
(porque outro não há além de ti),
e Rocha alguma existe como o nosso Deus.

Lv 17,1 +
Sl 18,3 +

³Não multipliqueis palavras altivas,
nem brote dos vossos lábios a arrogância,

---

a) Orava-se normalmente em voz alta; e as festas às vezes davam ocasião a excessos de bebida (Is 22,13; Am 2,8). De onde o engano de Eli.

b) Lit.: "dura de espírito". A expressão pode traduzir a obstinação, mas também a aflição.

c) Essa explicação pela raiz *sha'al*, "pedir", deveria levar ao nome de *sha'ul*, "Saul". A etimologia bíblica contenta-se aqui com uma vaga assonância. "Samuel" explica-se antes por *Shem-El,* "o Nome de Deus" ou "o Nome (de Deus) é El".

d) As crianças eram desmamadas tarde.

e) As versões e Qumrã trazem "tua palavra", mas o desejo de Elcana só prolonga o de Eli (v. 17).

f) "um novilho de três anos", grego, sir.; "três novilhos", hebr.; mas cf. v. 25.

g) O verbo está no masculino singular sem sujeito claro. Este pode ser Eli, a quem Ana se dirige (vv. 26-28a), ou Samuel.

h) Esse cântico foi chamado "o protótipo do Magnificat", mas o tom do Magnificat é muito mais pessoal. Aqui se trata de um salmo da época monárquica que traduz a esperança dos "pobres" (cf. Sf 2,3+), e termina pela evocação do Rei-Messias. Foi posto na boca de Ana por causa da alusão do v. 5b à "mulher estéril". — Texto corrigido nos vv. 1.3. 5.10.

pois Iahweh é um Deus cheio de saber
e por ele as ações são pesadas.

Is 40,29
⁴O arco dos poderosos é quebrado,
os debilitados se cingem de força.

Sl 113,9
Is 54,1
⁵Os que viviam na fartura se empregam por comida,
e os que tinham fome não precisam trabalhar.ᵃ
A mulher estéril dá à luz sete vezes,
e a mãe de muitos filhos se exaure.

Dt 32,39
2Rs 5,7
Sb 16,13
⁶É Iahweh quem faz morrer e viver,
faz descer ao Xeol e dele subir.

Sl 30,4
Tb 13,2
Tg 4,12
Lc 1,52-53
⁷É Iahweh quem empobrece e enriquece,
quem humilha e quem exalta.

Sl 113,7-8
Sl 75,4;
104,5
Jó 9,6; 38,6
⁸Levanta do pó o fraco
e do monturo o indigente,
para os fazer assentar-se com os nobres
e colocá-los num lugar de honra,
porque a Iahweh pertencem os fundamentos da terra,
e sobre eles colocou o mundo.

⁹Ele guarda o passo dos que lhe são fiéis,
mas os ímpios desaparecem nas trevas
(porque não é pela força que o homem triunfa).

Sl 98,9
Sl 89,25
¹⁰Iahweh, os seus inimigos são destruídos,
o Altíssimoᵇ troveja contra eles.

Iahweh julga os confins da terra,
dá a força ao seu Rei
e eleva o chifre do seu Ungido."

¹¹Elcana partiu para sua casa em Ramá; o menino, porém, ficou servindo a Iahweh, na presença do sacerdote Eli.

Dt 18,3
Os filhos de Eli — ¹²Ora, os filhos de Eli eram homens vagabundos; não conheciam Iahweh. ¹³Tal era o direito dos sacerdotes em relação ao povo.ᶜ
Lv 7,29-36
Toda vez que alguém oferecia um sacrifício, enquanto se cozinhava a carne, o servo do sacerdote vinha com um garfo de três dentes, ¹⁴metia-o no caldeirão, ou na panela, ou no tacho, ou na travessa, e tudo quanto o garfo trazia preso, o sacerdote retinha como seu; assim se fazia com todos os israelitas que iam a Silo. ¹⁵E também, antes de se queimar a gordura, vinha o servo do sacerdote e dizia ao que realizava o sacrifício: "Dá essa carne que deve ser assada ao
Lv 3,3-5
sacerdote, porque ele não aceitará de ti a carne cozida, mas sim a crua." ¹⁶E se aquele homem dissesse: "Primeiro queime-se a gordura, e depois tira o que quiseres", ele dizia: "Não, ou me dás agora mesmo como disse, ou tomarei à força." ¹⁷O pecado daqueles moços foi grande perante Iahweh, pois os homensᵈ desprezavam a oferenda feita a Iahweh.

Samuel em Silo — ¹⁸Samuel estava a serviço da face de Deus,ᵉ servindo revestido do efod de linho. ¹⁹Sua mãe fazia uma pequena túnica, que lhe trazia a cada ano, quando vinha com seu marido oferecer o sacrifício anual. ²⁰Eli abençoava Elcana e sua esposa e dizia: "Que Iahweh te dê descendência por

---

a) "trabalhar" ('*abod*) conj.; "até" ('*ad*) hebr.
b) "o Altíssimo" ('*elyon*) conj.; "contra ele" ('*alaw*) hebr.
c) Os filhos de Eli não faziam caso das regras que fixavam a parte dos sacerdotes (cf. Lv 7,28s; Nm 18,8s; Dt 18,35).
d) A censura estende-se ao conjunto dos israelitas que aceitam a situação criada pelos filhos de Eli.
e) A fórmula é próxima da de 2,11, mas já salienta o laço entre Iahweh e Samuel. O efod de linho é normalmente uma veste sacerdotal, cf. 22,18; 2Sm 6,14. O texto pretenderia dar a entender que Samuel era sacerdote? A seqüência do texto não o diz. É, sem dúvida, outra maneira de dizer que Samuel é mais importante que Eli e seus filhos.

meio desta mulher, por causa do pedido que ela fez a Iahweh",[a] e eles voltavam para sua casa. [21]Iahweh visitou Ana, e ela concebeu e deu à luz três filhos e duas filhas. E o jovem Samuel crescia com Iahweh.

Ainda os filhos de Eli — [22]Eli era muito velho, mas era informado de tudo o que os seus filhos faziam a todo Israel.[b] [23]E que eles se deitavam com as mulheres que permaneciam à entrada da Tenda da Reunião. E ele lhes dizia: "Por que fazeis tais coisas, coisas más,[c] de que ouço falar por todo o povo? [24]Não, meus filhos, não é boa a fama que ouço o povo de Iahweh espalhar. [25]Se um homem comete uma falta contra outro homem, Deus o julgará; mas se pecar contra Iahweh, quem intercederá por ele?" Mas não escutaram a voz de seu pai. É que aprouvera a Iahweh tirar-lhes a vida.[d]

[26]Entretanto, o jovem Samuel ia crescendo em estatura e em beleza, diante de Iahweh e diante dos homens.

Eclo 46,13
↗ Lc 2,52

Anúncio do castigo[e] — [27]Um homem de Deus veio a Eli e lhe disse: "Assim diz Iahweh: Eis que me revelei à casa de teu pai quando eles estavam no Egito, escravos da casa do Faraó. [28]Eu o escolhi dentre todas as tribos de Israel, para tornar-se meu sacerdote, para subir ao meu altar, para fazer queimar o incenso, para trazer o efod[f] perante mim, e concedi à casa de teu pai todas as refeições consumidas pelos israelitas. [29]Por que pisais meu sacrifício e minha oferenda que ordenei para a Habitação,[g] honras os teus filhos mais do que a mim, engordando-vos com todas as oferendas de Israel, meu povo? [30]Por isso é que — oráculo de Iahweh, Deus de Israel — eu disse que a tua casa e a casa de teu pai andariam na minha presença para sempre,[h] mas agora — oráculo de Iahweh — longe de mim tal coisa! Porque eu honro aqueles que me honram, e os que me desprezam serão desconsiderados. [31]Dias virão em que cortarei o teu braço e o braço da casa de teu pai, para que não haja mais velho algum na tua casa. [32]Tu verás um rival na Habitação, assim como todo o bem que ele fará a Israel, e nunca mais haverá velho na tua casa. [33]Conservarei perto do meu altar algum dentre os teus, para que os seus olhos se consumam e tu sejas afligido,[i] mas todo o conjunto de tua casa morrerá em idade adulta.

3,11-14

2Sm 22,26
Sl 18,26

22,18-19

[34]O que acontecerá aos teus dois filhos Hofni e Finéias será para ti o sinal destas coisas: morrerão ambos no mesmo dia. [35]Farei surgir um sacerdote fiel, que procederá conforme o meu coração e o meu desejo, e lhe construirei uma casa estável, e ele andará sempre na presença do meu ungido. [36]E todo aquele que sobreviver da tua casa virá se prostrar diante dele para conseguir uma moedinha de prata ou um naco de pão, e dirá: 'Rogo-te que me dês uma função sacerdotal, para que eu possa ter um pouco de pão para comer.' "

14,10 +
4,11
9,26 +

---

a) Lit.: "em lugar do pedido". O velho sacerdote ratifica em nome de Deus o pedido de Ana.
b) A segunda reprovação abate um pouco mais o sacerdócio de Silo, retomando uma expressão de Ex 38,8, mas está ausente no grego.
c) A precisão "coisas más" é própria do hebr., que traz assim um julgamento sobre a conduta dos filhos de Eli e se apresenta como uma glosa.
d) Como em outras passagens da Bíblia (Ex 4,21; Js 11,20; Is 6,9-10 etc.), a obstinação do pecador é atribuída a Iahweh como à causa primeira. Mas essa maneira de falar não pretende absolutamente negar a liberdade humana.
e) Esse episódio é uma inserção tardia; repete 3,11-14. A morte de Hofni e Finéias (4,11) será apenas o "presságio" (v. 34) das desgraças futuras anunciadas no v. 33: matança dos sacerdotes de Nob, descendentes de Eli (22,18-19), exceto Abiatar (22,22-23) que será destituído por Salomão (1Rs 2,27); no v. 35, substituição da família de Sadoc que, a partir de Salomão, conservará o favor do rei, "o ungido do Senhor"; mas o v. 36 não corresponde à situação descrita em 2Rs 23,9 e a composição poderia ser anterior ao reinado de Josias.
f) Não é uma peça de roupa que se cinge, como o efod do v. 18, mas um objeto que se "carrega" ou se "leva" (14,3; 23,6; 30,7) e que contém as sortes sagradas pelas quais se consulta a Iahweh (14,18s; 23,9s; 30,8; ver 14,41+). Aparece na época dos Juízes (Jz 17,5; 18,14s; o efod de Gedeão, Jz 8,26s, será condenado como um símbolo idolátrico) e já não é mencionado nas narrativas posteriores a Davi (uma alusão em Os 3,4).
g) Termo desprovido de preposição, que parece ser uma designação poética do santuário de Jerusalém, cf. Sl 26,8; 68,6.
h) A promessa de Deus é aqui posta em questão pelo pecado dos sacerdotes de Silo.
i) Lit.: "tua vida te consumirá".

3. Deus chama Samuel[a]

¹O jovem Samuel servia, pois, a Iahweh na presença de Eli; a palavra de Iahweh era rara naqueles dias, e não havia visão que se manifestasse. ²Ora, um dia, Eli já estava deitado em seu lugar — seus olhos começaram a enfraquecer e não podia mais ver —, ³a lâmpada de Deus não se tinha ainda apagado e Samuel estava deitado no santuário de Iahweh, no lugar onde se encontrava a Arca de Deus.[b] ⁴Iahweh chamou: "Samuel! Samuel!" Ele respondeu: "Eis-me aqui!", ⁵e correu para onde estava Eli, e disse: "Eis-me aqui, porque me chamaste". — "Não te chamei", disse Eli; "volta a deitar-te". Ele foi deitar-se, ⁶Iahweh chamou novamente: "Samuel! Samuel!" Ele se levantou e foi ter com Eli, dizendo: "Tu me chamaste: aqui estou". — "Eu não te chamei, filho meu", disse Eli; "vai deitar-te". ⁷Samuel não conhecia ainda Iahweh, e a palavra de Iahweh não lhe tinha sido ainda revelada. ⁸Iahweh voltou a chamar Samuel pela terceira vez. Ele se levantou, aproximou-se de Eli e disse: "Aqui estou, porque me chamaste". Então Eli compreendeu que era Iahweh que chamava o menino ⁹e disse a Samuel: "Vai deitar-te e, se te chamar de novo, dirás: 'Fala, Iahweh, pois o teu servo ouve' ", e Samuel foi se deitar no seu lugar.

¹⁰Veio Iahweh e ficou ali presente. Chamou, como das outras vezes: "Samuel! Samuel!", e Samuel respondeu: "Fala, pois teu servo ouve". ¹¹Iahweh disse a Samuel: "Vou fazer uma coisa em Israel que fará tinir ambos os ouvidos de todos os que a ouvirem. ¹²Naquele dia, farei cumprir-se contra Eli tudo o que disse acerca da sua casa, do começo até o fim.[c] ¹³Eu lhe anunciei que julgaria sua casa para sempre, porque ele sabia que os seus filhos ofendiam a Deus[d] e não os repreendeu. ¹⁴É por isso — eu o juro à casa de Eli — que nem sacrifício nem oferenda jamais expiarão a iniquidade da casa de Eli."

¹⁵Samuel repousou até de manhã, e então abriu as portas da casa de Iahweh. Samuel temia contar a visão a Eli, ¹⁶mas Eli o chamou e disse: "Samuel, meu filho!" E ele respondeu: "Eis-me aqui!" ¹⁷Ele perguntou: "Qual foi a palavra que ele te disse? Não me ocultes nada! Que Deus te faça tal coisa e lhe some mais outro tanto, se me esconderes uma só palavra de tudo o que ele te disse". ¹⁸Então Samuel lhe contou tudo, sem lhe ocultar coisa alguma. Eli disse: "Ele é Iahweh. Faça ele o que lhe parecer bom!"

¹⁹Samuel cresceu. Iahweh estava com ele, e nenhuma das palavras[e] que lhe dissera deixou cair em terra. ²⁰Todo o Israel soube, desde Dã até Bersabeia, que Samuel estava confirmado como profeta de Iahweh. ²¹Iahweh continuou a manifestar-se em Silo, porque em Silo ele se revelava a Samuel pela palavra de Iahweh.

2. A ARCA NAS MÃOS DOS FILISTEUS[f]

4. Derrota dos israelitas e captura da Arca

¹A palavra de Samuel dirigia-se para todo o Israel.

Ora, Israel saiu ao encontro dos filisteus para o combate. Acamparam perto de Ebenezer, enquanto os filisteus estavam acampados em Afec.[g] ²Os

---

a) Primeira revelação que consagra Samuel como profeta (v. 20). Não é sonho: a voz desperta Samuel. É visão apenas em sentido amplo, pois Samuel não vê Iahweh, apenas o ouve.

b) É acima da Arca que Iahweh se torna presente e comunica suas ordens (cf. Ex 25,22; Is 6).

c) Provavelmente acrescentado depois da inserção de 2,27-36.

d) Em vez do termo "Deus" (*elohim*), o hebr. leu "a eles" (*lahem*), correção proposital para evitar que Deus seja complemento do verbo "ofender".

e) Fórmula que traduz o fiel cumprimento da palavra de Deus (cf. 2Rs 10,10).

f) Esta história (4-7) só tem com a anterior liames acessórios, as menções de Silo, de Eli e de seus filhos. Samuel aparece no início (4,1a) e no fim deste conjunto (7,2-17) como dominando todo o período. A Arca (cf. Ex 25,10+ e 2Sm 6,7+) é agora o assunto principal. Pelo seu conteúdo, seu quadro geográfico e seu humor em relação aos filisteus, a narrativa se assemelha à história de Sansão (Jz 13-16). Primeiro independente, ela serviu de prefácio à história monarquista da instituição da realeza (9-11), que prossegue com a continuação das guerras filisteias (13-14). Para se ter a sequência da história da Arca, é preciso passar a 2Sm 6, e depois a 1Rs 8,1-11.

g) Hoje Ros el-Ain, a 25 km a oeste de Jerusalém.

filisteus colocaram-se em linha de batalha contra Israel e, no terrível combate, Israel foi vencido pelos filisteus que mataram por ocasião dessa batalha em campo aberto cerca de quatro mil homens. ³O povo*ᵃ* voltou ao acampamento e os anciãos de Israel disseram: "Por que Iahweh hoje permitiu que fôssemos vencidos pelos filisteus? Vamos a Silo buscar a Arca da Aliança de Iahweh: que venha para o meio de nós e nos salve da mão dos nossos inimigos."*ᵇ* ⁴O povo mandou homens a Silo, e de lá trouxeram a Arca da Aliança de Iahweh dos Exércitos, entronizado entre os querubins;*ᶜ* lá se encontravam os dois filhos de Eli, Hofni e Fineias, com a Arca da Aliança de Deus. ⁵Quando a Arca da aliança de Iahweh chegou ao acampamento, todo o Israel lançou um forte brado*ᵈ* a ponto de tremer a terra. ⁶Os filisteus ouviram o barulho do brado e disseram: "Que significa esse forte brado no acampamento dos hebreus?", e souberam que a Arca de Iahweh tinha chegado ao acampamento. ⁷Então os filisteus se encheram de medo, porque diziam: "Deus veio ao acampamento!" E diziam: "Ai de nós, porque tal coisa nunca aconteceu antes! ⁸Ai de nós! Quem nos livrará das mãos desse Deus poderoso? Foi ele que afligiu o Egito com toda espécie de pragas no deserto.*ᵉ* ⁹Sede fortes, filisteus, e agi como homens, para que não vos torneis seus escravos, como eles foram vossos escravos: agi como homens e lutai!" ¹⁰Os filisteus lutaram, Israel foi vencido, e cada um fugiu para a sua tenda. Foi grande a derrota, pois foram mortos trinta mil homens a pé, do lado de Israel. ¹¹A Arca de Deus foi tomada e foram mortos os dois filhos de Eli, Hofni e Fineias.

Nm 10,35s
2Sm 11,11

Morte de Eli — ¹²Então correu um homem de Benjamim, vindo das fileiras, e chegou a Silo no mesmo dia, as vestes rasgadas e a cabeça coberta de terra. ¹³Quando chegou, Eli estava assentado na sua cadeira, à beira do caminho que ele vigiava, porque o seu coração tremia pela Arca de Deus. O homem veio trazer a notícia à cidade, e toda a cidade encheu-se de clamor. ¹⁴Eli ouviu o clamor e perguntou: "Que significa esse grande ruído?" O homem se apressou e veio dar a notícia a Eli. — ¹⁵Estava Eli com noventa e oito anos, tinha os olhos parados e não podia mais ver. — ¹⁶O homem disse a Eli: "Estou chegando das linhas; fugi das fileiras hoje mesmo". Perguntou-lhe Eli: "Que aconteceu, meu filho?" ¹⁷O mensageiro respondeu: "Israel fugiu diante dos filisteus e foi grande a derrota para o povo; os teus dois filhos, Hofni e Fineias, foram mortos, e a Arca de Deus foi tomada". ¹⁸À menção da Arca de Deus, Eli caiu da cadeira para trás, contra uma parte da porta, quebrou o pescoço e morreu, porque o homem era já velho e pesado. Ele tinha julgado Israel durante quarenta anos.*ᶠ*

Morte da mulher de Fineias — ¹⁹Ora, sua nora, a mulher de Fineias, estava grávida e se aproximava o momento do parto. Ao ouvir a notícia de que a Arca de Deus fora tomada e de que o seu sogro e o seu marido tinham morrido, encurvou-se e deu à luz, porque lhe sobrevieram as dores. ²⁰Como estivesse morrendo, as que estavam com ela disseram-lhe: "Não temas, porque tiveste

Gn 35,16s

---

a) O termo "povo" designa aqui o conjunto dos homens armados que fazem a guerra; é frequentemente o caso nas narrativas guerreiras.

b) A Arca é o sinal da presença de Iahweh (v. 7), mas esse mesmo v. indica que ela só acompanhava o exército excepcionalmente (cf. Js 6,6; 2Sm 11,11).

c) Primeira menção desse título que está relacionado com o santuário de Silo (cf. 1,3+). Os querubins são esfinges aladas que flanqueavam os tronos divinos ou reais da antiga Síria. Em Silo, como no Templo de Jerusalém (1Rs 8,6), os querubins e a Arca são o trono de Iahweh, a "sede" da presença invisível.

d) Esse brado religioso e guerreiro pertencia ao ritual da Arca (cf. Nm 10,5+).

e) O hebr. permitiria traduzir: "Quem nos livrará da mão desses deuses poderosos? São esses deuses que feriram com todos os tipos de pragas no deserto". O redator considera então os filisteus como politeístas, o que permite compreender um plural não habitual.

f) Eli é impropriamente assimilado aos Juízes de Israel (cf. Jz 3,7+). "Quarenta anos" é número redondo que exprime a duração de uma geração.

um filho". Ela, porém, nem respondeu nem fez caso disso. ²¹Ela deu ao filho o nome de Icabod, dizendo: "Foi exilada a glória de Israel",*a* aludindo ao fato de a Arca de Deus ter sido tomada, e por causa de seu sogro e de seu marido. ²²E disse ainda: "Foi exilada a glória de Israel, porque a Arca de Deus foi tomada".

5 ***Aborrecimentos dos filisteus com a Arca**b* — ¹Assim que os filisteus se apossaram da Arca de Deus, levaram-na de Ebenezer a Azoto.*c* ²Os filisteus tomaram a Arca de Deus e a introduziram no templo de Dagon e a depositaram ao lado de Dagon.*d* ³Quando os azotitas se levantaram na manhã do dia seguinte, eis que Dagon estava caído para a frente, por terra, diante da Arca de Iahweh. Tomaram Dagon e o puseram novamente no seu lugar. ⁴Mas quando se levantaram muito cedo na manhã seguinte, eis que Dagon estava caído para a frente, por terra, diante da Arca de Iahweh; a cabeça de Dagon e as duas mãos, cortadas, jaziam à entrada. Somente Dagon permanecia no seu lugar. ⁵Por isso os sacerdotes de Dagon e todos os que entram no seu templo não pisam no limiar de Dagon em Azoto até o dia de hoje.*e*

⁶A mão de Iahweh pesou sobre os azotitas e os afligiu com tumores, em Azoto e seu território.*f* ⁷Quando os habitantes de Azoto viram o que lhes acontecia, disseram: "Não fique conosco a Arca do Deus de Israel, porque a sua mão se endureceu contra nós e contra o nosso deus Dagon". ⁸Mandaram então procurar e reunir junto deles todos os príncipes dos filisteus, e disseram: "Que devemos fazer com a Arca do Deus de Israel?" Os príncipes disseram: "A Arca do Deus de Israel seja levada*g* a Gat", e levaram a Arca do Deus de Israel. ⁹Mas logo que a levaram, a mão de Iahweh caiu sobre a cidade e houve um grande pânico: os homens da cidade foram afligidos, do maior até o menor, e lhes saíram tumores. ¹⁰Enviaram então a Arca de Deus a Acaron, e assim que a Arca de Deus ali chegou, os acaronitas gritaram, dizendo: "Trouxeram a Arca do Deus de Israel para me fazer perecer, a mim e a meu povo!" ¹¹Então mandaram procurar e reunir todos os príncipes dos filisteus, e disseram: "Devolvei a Arca do Deus de Israel: que retorne ao seu lugar e não mais me destrua a mim e ao meu povo." De fato, um grande medo da morte se sentia em toda a cidade, tanto pesara a mão de Deus ali. ¹²Aqueles que não morriam eram afligidos com tumores, e o grito de aflição da cidade subia até o céu.

6 ***Devolução da Arca*** — ¹A Arca de Iahweh esteve sete meses na terra dos filisteus. ²Os filisteus chamaram os sacerdotes e os adivinhos e lhes perguntaram: "Que devemos fazer com a Arca de Iahweh? Dizei-nos como havemos de devolvê-la ao seu lugar". ³Eles responderam: "Se quereis devolver a Arca do Deus de Israel, não a envieis vazia, porém mandai com ela uma reparação. Então sereis curados e sabereis por que a sua mão não se retira de vós". ⁴Então perguntaram: "Qual deve ser a reparação que lhe pagaremos?" Responderam-lhes: "De acordo com o número dos príncipes dos filisteus, cinco tumores de ouro e cinco ratos de ouro,*h* porque foi a mesma praga para

---

a) Ey-kabôd: "onde está a glória?" Essa glória é a de Iahweh que tem seu trono sobre a Arca.
b) Os filisteus e seu deus Dagon (cf. Jz 16,23+), que vão sofrer os efeitos temíveis da santidade da Arca, onde Iahweh está presente (1Sm 6,7+).
c) Uma das cinco cidades filisteias; do mesmo modo Gat (v. 8) e Acaron (v. 10; cf. 6,17 e Js 13,2+, e ver o mapa).
d) Como troféu do deus vencido.
e) Na realidade, era bastante difundido na antiguidade o costume de saltar por cima da soleira, considerada habitação dos espíritos. Mas aqui a explicação é muito irônica.

f) Os "tumores" podem ser compreendidos seja como hemorróidas, seja como abcessos provocados pela disenteria, cf. Dt 28,27. A narrativa é bem irônica em relação aos filisteus.
g) O verbo sugere a ideia de procissão.
h) A menção de "ratos" é espantosa, pois não é preparada por nada. Não se podem ver aí animais propagadores da peste, pois essa transmissão da praga não era conhecida na antiguidade. Em 6,5 é evocada uma invasão de ratos dos campos. Pode ser que o cap. 6 mencione duas pragas: uma que atinge os homens, outra que assola o país, combinando duas tradições.

vós e vossos príncipes. ⁵Fazei imagens dos vossos tumores e imagens dos vossos ratos, que devastam a terra, e dai glória ao Deus de Israel.ᵃ Talvez ele alivie a sua mão de cima de vós, de vossos deuses e da vossa terra. ⁶Por que endureceríeis o vosso coração como o fizeram os egípcios e Faraó? Porventura, depois de Deus ter caçoado deles, não os deixaram partir? ⁷Agora, pois, tomai e preparai um carro novo e duas vacas com cria, sobre as quais não tenha ainda sido posta canga;ᵇ atrelai as vacas ao carro e mandai os bezerros de volta ao curral.ᶜ ⁸Tomai, então, a Arca de Iahweh e colocai-a no carro. Quanto aos objetos de ouro que lhes trouxestes como reparação, colocá-los-eis num cofre, ao lado da Arca. Vós a enviareis e ela partirá. ⁹Depois observareis se ela sobe para Bet-Sames, tomando o caminho de seu território, então foi ele quem nos causou este grande mal; se não, saberemos que não foi a sua mão que nos atingiu, e o que nos aconteceu foi acidental".ᵈ

Js 7,19
Jo 9,24

Nm 19,2
Dt 21,3
2Rs 2,20

¹⁰Assim fizeram: tomaram duas vacas com cria e as atrelaram ao carro, mas deixaram os bezerros no curral. ¹¹Puseram a Arca de Iahweh no carro, e também o cofre com os ratos de ouro e as imagens dos seus tumores.

¹²As vacas tomaram diretamente o caminho de Bet-Sames e mantiveram-no, mugindo, sem se desviar nem para a direita nem para a esquerda. Os príncipes dos filisteus as seguiram até o território de Bet-Sames.

A Arca em Bet-Sames — ¹³Estavam os de Bet-Sames fazendo a sega do trigo no vale. Quando olharam, viram a Arca e se alegraram ao vê-la. ¹⁴O carro chegou ao campo de Josué de Bet-Sames, e parou no lugar onde havia uma grande pedra.ᵉ Racharam a madeira do carro e ofereceram as vacas em holocausto a Iahweh. ¹⁵Os levitas tinham descidoᶠ a Arca de Iahweh e o cofre que estava ao lado dela e que continha os objetos de ouro, e tinham depositado tudo sobre a grande pedra. Naquele dia, o povo de Bet-Sames ofereceu holocaustos e sacrifícios a Iahweh. ¹⁶Os cinco príncipes dos filisteus viram isso e voltaram a Acaron no mesmo dia.

¹⁷Os tumores de ouro que os filisteus levaram em reparação a Iahweh foram: um por Azoto, um por Gaza, um por Ascalon, um por Gat e um por Acaron. ¹⁸E ratos de ouro, em número igual a todas as cidades dos filisteus, as dos cinco príncipes, desde as cidades fortificadas até as cidades abertas, e até a grande pedra onde se depositou a Arca de Iahweh; ainda hoje ela está no campo de Josué de Bet-Sames.ᵍ ¹⁹Deus feriu alguns dentre os homens de Bet-Sames, pois eles tinham olhado o interior da Arca de Iahweh. Ele feriu entre o povo setenta homens (cinquenta mil homens).ʰ O povo ficou de luto, porque Iahweh lhe tinha dado tão duro castigo.ⁱ

A Arca em Cariat-Iarim — ²⁰Então, os habitantes de Bet-Sames disseram: "Quem poderá estar em pé na presença de Iahweh, esse Deus santo? Para quem irá ele agora, saindo daqui?" ²¹Enviaram mensageiros aos habitantes de

Sl 76,8
Mt 3,2

---

a) Expressão que convida os filisteus a reconhecerem o poder do Deus de Israel, bem como a própria falta (cf. *Js 7,19*).
b) Um carro novo (cf. 2Sm 6,3), vacas que não levaram o jugo (cf. Nm 19,2; Dt 21,3) são escolhidos para realizar uma ação sagrada conforme procedimento que está próximo do de adivinhação. Se Deus o desejar, as vacas tomarão o rumo de Israel, apesar de seu instinto materno.
c) Lit.: "à casa". A intervenção de Deus é mais brilhante pelo fato de os obstáculos serem mais numerosos, cf. 1Rs 18.
d) Na narrativa, os pronomes se referem à Arca (masculino em hebr.) e não ao carro (feminino em hebr.). Passa-se facilmente de Deus à Arca, sinal de sua presença.

e) Toda pedra grande pode servir de altar (14,33).
f) O v. 15a interrompe a narrativa e esclarece que a Arca pode ser tocada e transportada.
g) "e até a grande pedra", corrig. segundo o grego "até a grande planície", hebr.
h) V. de tradução difícil. O verbo "ferir" tem Deus como sujeito, o que está implícito no texto. A falta cometida não é clara; interpretaram-na como a vontade de descobrir o conteúdo da Arca. "Cinquenta mil homens" pode ser glosa, a não ser que se compreenda "setenta homens sobre cinquenta mil".
i) Depois dos filisteus, os israelitas experimentam quão temível é a Arca para quem não a respeita (cf. 2Sm 6,7+).

Cariat-Iarim,*a* com estas palavras: "Os filisteus restituíram a Arca de Iahweh. Descei, e fazei-a subir até vós".

7 ¹Os habitantes de Cariat-Iarim vieram e fizeram subir a Arca de Iahweh. Conduziram-na à casa de Abinadab, no outeiro, e consagraram*b* Eleazar, seu filho, para guardar a Arca de Iahweh.

Jz 6,6-10; 10,10-16

Samuel, juiz e libertador.*c* — ²Desde o dia em que a Arca foi instalada em Cariat-Iarim, um longo tempo correu, cerca de vinte anos, toda a casa de Israel suspirou por Iahweh. ³Então, Samuel falou a toda a casa de Israel, dizendo: "Se é de todo o vosso coração que voltais a Iahweh, tirai do meio de vós os deuses estrangeiros e as astartes, fixai o vosso coração em Iahweh, e a ninguém mais sirvais a não ser a ele; então ele vos livrará da mão dos filisteus". ⁴Os israelitas lançaram fora, pois, os baais e as astartes, e não serviram senão a Iahweh.

Jz 2,13 +

⁵Disse Samuel: "Reuni todo o Israel em Masfa,*d* e intercederei por vós junto de Iahweh". ⁶Reuniram-se em Masfa, tiraram água e a derramaram diante de Iahweh, jejuaram naquele dia e disseram: "Pecamos contra Iahweh!" E Samuel julgou os israelitas em Masfa.

Jz 20,1
1Sm 10,17

⁷Logo que os filisteus souberam que os israelitas se haviam reunido em assembleia em Masfa, os príncipes dos filisteus subiram contra Israel. Sabendo disso, os israelitas tiveram medo dos filisteus. ⁸Os israelitas disseram a Samuel: "Não fiques mudo, abandonando-nos! Clama a Iahweh nosso Deus, para que ele nos livre das mãos dos filisteus". ⁹Samuel tomou um cordeirinho de mama e o ofereceu em holocausto a Iahweh por Israel, e Iahweh lhe respondeu. ¹⁰Enquanto Samuel estava oferecendo o holocausto, os filisteus atacaram Israel, mas, nesse dia, Iahweh trovejou contra os filisteus com grande fragor e os encheu de pânico, e foram vencidos por Israel. ¹¹Os homens de Israel saíram de Masfa e perseguiram os filisteus até Bet-Car,*e* e os destroçaram. ¹²Então Samuel tomou uma pedra e a colocou entre Masfa e Sen, e lhe deu o nome de Ebenezer, dizendo: "Até aqui Iahweh nos socorreu".*f*

Ex 14,10; 17,4; 22,26
Eclo 46,16-18

¹³Assim foram os filisteus dominados, e nunca mais voltaram ao território de Israel, porque a mão de Iahweh pesou sobre os filisteus enquanto viveu Samuel. ¹⁴As cidades que os filisteus haviam tomado a Israel foram-lhe restituídas, de Acaron a Gat, e o território destas Israel o libertou da mão dos filisteus. E houve paz entre Israel e os amorreus.

Jz 3,30; 8,28; 11,33

¹⁵Samuel julgou Israel todos os dias de sua vida. ¹⁶Cada ano ele visitava Betel, Guilgal e Masfa e julgava Israel em cada um desses lugares. ¹⁷Depois voltava a Ramá, porque ali estava a sua casa, onde julgava Israel. Ali ele edificou um altar a Iahweh.

Jz 12,7.9.11. 14; 16,31

---

a) Cidade, também chamada Baala (Js 15,9), em que a Arca permanecerá até que Davi a leve a Jerusalém (2Sm 6,1-8).

b) Apesar de não ser levita (cf. Jz 17,5).

c) Este cap. não é a continuação do anterior, no qual Samuel não aparece; aqui ele desempenha o papel principal. A narrativa é geralmente considerada como prefácio de versão "antimonarquista" da instituição da realeza, que se encontraria em 8; 10,17-24; 12. É antes tradição particular do santuário de Masfa. Ela explicava o nome de Ebenezer por um socorro trazido por Deus em resposta a uma liturgia de penitência. Samuel *representa o intercessor, como Moisés* (Ex 32,11+; cf. Jr 15,1), e juiz como Moisés ainda (Ex 18,13s). Segundo os vv. 15-17, Samuel, e seus filhos depois dele (8,1-13), foram os últimos "juízes menores" (Jz 10,1-5; 12,8-15). Os vv. 13-14 o transformam num "juiz maior", num libertador, mas isso não está de acordo com 9,16; 10,5; 13-14. A libertação do território foi tentada por Saul e realizada por Davi.

d) Masfa era santuário onde se reunia o antigo Israel (v. 6; 10,17-24; cf. Jz 20,1.3; 21,1.5.8). É preciso distinguir esta Masfa da de 1Rs 15,22 e Jr 40-41, que se localizava em Tell en-Nasbeh, onde a ocupação israelita só foi importante depois de Salomão. Masfa é nome comum que significa "vigia", e somos tentados a identificar a Masfa da época dos Juízes e de Samuel com a elevação de Cebi-Samwil, posto de observação excepcional, ao norte de Jerusalém, que seria o lugar alto de Gabaon. "O maior lugar alto" da época de Salomão (1Rs 3,4).

e) Local desconhecido. Propôs-se corrigir para Bet-Horon.

f) O nome significa "pedra do socorro". O local é diferente do Ebenezer de 4,1, que era lugar de uma derrota. É com uma vitória que termina a judicatura de Samuel.

II. Samuel e Saul

1. INSTITUIÇÃO DA REALEZA[a]

8 *O povo pede um rei*[b] — ¹Samuel, quando envelheceu, constituiu seus filhos juízes para Israel. ²O primogênito chamava-se Joel, e o segundo Abias; eles foram juízes em Bersabeia. ³Mas seus filhos não seguiram o seu exemplo. Ao contrário, orientaram-se pela ganância, deixaram-se subornar e fizeram desviar o direito. ⁴Então todos os anciãos de Israel se reuniram e foram ao encontro de Samuel em Ramá. ⁵E disseram-lhe: "Tu envelheceste, e os teus filhos não seguem o teu exemplo. Agora, portanto, constitui sobre nós um rei, que exerça a justiça entre nós, como acontece em todas as nações".[c] ⁶Mas esta expressão: "Constitui sobre nós um rei, que exerça a justiça entre nós", desagradou a Samuel, e então ele invocou a Iahweh. ⁷Iahweh, porém disse a Samuel: "Atende a tudo o que te diz o povo, porque não é a ti que eles rejeitam, mas é a mim que eles rejeitam, porque não querem mais que eu reine sobre eles. ⁸Tudo o que têm feito comigo desde o dia em que os fiz subir do Egito até agora — abandonaram-me e serviram outros deuses — assim fizeram contigo. ⁹Agora, escuta a voz deles. Mas, solenemente, lembra-lhes e explica-lhes o direito do rei que reinará sobre eles".

Os inconvenientes da realeza — ¹⁰Samuel expôs todas as palavras de Iahweh ao povo que lhe pedia um rei. ¹¹Ele disse: "Este será o direito do rei que reinará sobre vós:[d] Ele convocará os vossos filhos e os encarregará dos seus carros de guerra e de sua cavalaria e os fará correr à frente do seu carro; ¹²e os nomeará chefes de mil e chefes de cinquenta, e os fará lavrar a terra dele e ceifar a sua seara, fabricar as suas armas de guerra e as peças de seus carros. ¹³Ele tomará as vossas filhas para perfumistas, cozinheiras e padeiras. ¹⁴Tomará os vossos campos, as vossas vinhas, os vossos melhores olivais, e os dará aos seus servos.[e] ¹⁵Das vossas sementes e das vossas vinhas ele cobrará o dízimo, que destinará aos seus eunucos e aos seus servos. ¹⁶Os melhores dentre vossos servos e vossas servas, e de vossos adolescentes, bem como vossos jumentos, ele os tomará para o seu serviço. ¹⁷Exigirá o dízimo dos

---

a) É virada importante na história política e religiosa de Israel. O santuário da Aca em Silo foi destruído e a unidade está ameaçada ante o crescente perigo filisteu. Renovando o oferecimento feito a Gedeão (Jz 8,22s) e a tentativa de Abimelec (Jz 9,1s), uma parte do povo pede um rei, "como as outras nações", mas opõe-se a isso outra corrente de opinião, deixando a Iahweh, único senhor de Israel, o cuidado de suscitar os chefes que as circunstâncias exigem, como ele fazia no tempo dos Juízes. Ambas as correntes encontram sua expressão nas narrativas justapostas da instituição *da monarquia*. Mas é abusivo falar de uma "versão antimonarquista" (8; 10,17-24; 12) e de uma "versão monarquista" (9,1-10,16; 11). Essas tradições diferentes, provenientes de diferentes santuários, estão de acordo a respeito do papel histórico e religioso de Samuel. Sua importância vem de ter feito prevalecer uma realeza que respeitava os direitos de Deus sobre o povo. Depois da derrota do reino de Saul, isso realizar-se-ia sob Davi. Sua extraordinária personalidade conciliou o aspecto religioso com o aspecto profano da monarquia em Israel, e nele o chefe político não faltou aos deveres do ungido de Iahweh. Mas esse ideal não foi mais atingido por seus sucessores, e Davi permaneceu como a figura do rei do futuro, por meio da qual Deus operou a salvação de seu povo, o Ungido do Senhor, o Messias.

b) Esta narração é originária do santuário de Ramá. Samuel opõe-se ao movimento do povo que quer um rei "como as outras nações" (cf. v. 5+), mas não é contrário à monarquia que reconhecesse as prerrogativas a Iahweh.

c) Israel se esquece de que não é povo como os outros, de que se profana seguindo o exemplo deles e rejeitando seu verdadeiro rei, Iahweh (cf. v. 7 e 12,12).

d) Esse "direito do rei" foi por muito tempo considerado como reflexo dos abusos do poder real sob Salomão e seus sucessores. Mas os textos recentemente descobertos indicam que ele representa a prática dos reinos cananeus anteriores a Israel.

e) Em hebr. o termo "servo" designa alguém que está submetido a outro. Aqui o termo designa, como no v. 15, os funcionários reais, mas sugere outro estatuto no v. 16 por causa do paralelismo com o termo "servas"; no v. 17 ele designa os súditos de um rei.

vossos rebanhos, e vós mesmos vos tornareis seus servos. ¹⁸Então, naquele dia, clamareis contra o rei que vós mesmos tiverdes escolhido, mas Iahweh não vos responderá, naquele dia!"

¹⁹O povo, no entanto, recusou-se a atender a palavra de Samuel, e disse: "Não! Nós teremos um rei ²⁰e seremos nós também como as outras nações: o nosso rei nos julgará, irá à nossa frente e fará as nossas guerras." ²¹Samuel ouviu tudo o que o povo disse e o contou ao ouvido de Iahweh. ²²Mas Iahweh lhe respondeu: "Escuta a voz deles e faze reinar sobre eles um rei." Então Samuel disse aos homens de Israel: "Volte cada um à sua cidade."ᵃ

9 *Saul e as jumentas de seu pai*ᵇ — ¹Havia um homem de Benjamim que se chamava Cis, filho de Abiel, filho de Seror, filho de Becorat, filho de Afia, filho de um benjaminita, um homem valente. ²Tinha ele um filho chamado Saul,ᶜ um belo jovem. Nenhum outro havia entre os israelitas mais belo do que ele. Dos ombros para cima ele ultrapassava todo o povo.

³As jumentas de Cis, pai de Saul, tinham-se desgarrado. Cis disse a Saul, seu filho: "Toma contigo um dos adolescentes. Levanta-te e vai à procura das jumentas". ⁴Ultrapassou a montanha de Efraim, atravessou o território de Salisa sem nada achar. Seguiu pelas terras de Salim, e lá não estavam; cruzou o país de Benjamim sem nada encontrar. ⁵Quando iam chegando à terra de Suf, Saul disse ao servo que o acompanhava: "Vamos voltar! Pior será para meu pai que deixe de preocupar-se com as jumentas e se aflija por nossa causa". ⁶Mas ele lhe respondeu: "Há um homem de Deus na cidade próxima.ᵈ É um homem honrado. Tudo o que ele diz acontece com certeza. Vamos até lá: talvez nos aconselhe sobre a viagem que empreendemos". ⁷Saul disse ao jovem: "Se formos, que levaremos ao homem de Deus? O pão já acabou no alforje, e nada temos para levar ao homem de Deus. Que temos mais?"ᵉ ⁸O jovem tomou a palavra e disse a Saul: "Ocorre que tenho comigo um quarto de siclo de prata. Eu o darei ao homem de Deus,ᶠ e ele nos aconselhará sobre nossa viagem". ⁹Antigamente, em Israel, quando alguém ia consultar a Deus, dizia: "Vamos ao vidente", porque, em vez de "profeta", como hoje se diz, dizia-se "vidente". ¹⁰Saul disse ao jovem: "Falaste bem. Vamos, então." E chegaram à cidade onde se encontrava o homem de Deus.

Saul encontra Samuel — ¹¹Subindo a ladeira da cidade, cruzaram com duas jovens que saíam para buscar água, e lhes perguntaram: "O vidente está aqui?" ¹²Elas lhes responderam com estas palavras: "Está sim. Acaba de chegar, um pouco antes de ti. Apressa-te: ele veio hoje à cidade porque hoje será oferecido um sacrifício pelo povo no lugar alto.ᵍ ¹³Entrando na cidade, vós o achareis, antes que suba ao lugar alto para comer. O povo não comerá antes que ele chegue, porque é ele que tem de abençoar o sacrifício; só depois os convidados comem.ʰ Subi, pois, já. Logo o achareis".

---

a) O fim do v., redacional, permite inserir 9,1-10,16, a narrativa da unção de Saul.
b) A narrativa 9,1-10,16 não tem ligação com o que precede. Provém de Ramá e supõe que Saul tenha sido ungido ainda jovem e que essa unção tenha permanecido secreta, como a de Davi (cap. 16). Mas a unção está associada à tomada do poder. É certo que Saul foi ungido (24,7.11; 26,9.11.16.23; 2Sm 1,14-15), é provável que o tenha sido por Samuel, mas não sabemos em que circunstância. A história está centralizada em Saul, e Samuel é apresentado não como juiz, mas como profeta que Saul encontra por acaso. A realeza é desejada por Iahweh, o primeiro rei é seu eleito.
c) Nome que significa "pedido" (a Deus). O pormenor sobre a alta estatura de Saul no fim do v. vem de 10,23.
d) Sem dúvida Ramá, a cidade de Samuel (7,17).
e) Não se consultava um profeta sem se lhe dar um presente (Nm 22,7; 1Rs 14,3; 2Rs 4,42; 5,15; 8,8; cf. Am 7,12; Mq 3,11; Ez 13,19).
f) Termo raro para designar um profeta. O v. 9, glosa mal inserida no texto, explica a equivalência entre "vidente" e "profeta" a fim de preparar o v. 11.
g) Os lugares altos eram santuários estabelecidos sobre uma colina nas vizinhanças das cidades. Existiam na tradição cananéia; neles Iahweh substituiu Baal (Jz 6,25s) e o culto legítimo os tolerou por muito tempo (1Rs 3,4s), até que foram proibidos pela lei da unidade do santuário (Dt 12,2+).
h) A refeição sagrada é um elemento essencial no sacrifício de comunhão (cf. Lv 3,1+).

¹⁴Subiram, então, à cidade. Quando iam atravessando a porta, Samuel saía em sua direção para subir ao lugar alto. ¹⁵Ora, um dia antes da vinda de Saul, Iahweh tinha advertido*ᵃ* a Samuel: ¹⁶"Amanhã, a esta hora, enviar-te-ei um homem da terra de Benjamim. Unge-o como chefe do meu povo Israel, e ele salvará meu povo da mão dos filisteus, porque vi meu povo,*ᵇ* e o seu grito chegou até mim." ¹⁷E quando Samuel olhou para Saul, Iahweh lhe confirmou: "É este o homem de quem te falei. É ele quem comandará o meu povo". ¹⁸Saul se aproximou de Samuel, na soleira da porta, e lhe disse: "Peço-te que me mostres onde é a casa do vidente". ¹⁹Samuel respondeu a Saul: "Sou eu o vidente. Sobe adiante de mim ao lugar alto. Comereis hoje comigo. Eu te deixarei partir pela manhã e te indicarei tudo o que te preocupa. ²⁰Quanto às tuas jumentas que perdeste há três dias, não te inquietes, porque já foram encontradas. Aliás, para quem é toda a riqueza de Israel? Não é para ti e para toda a casa de teu pai?"*ᶜ* ²¹Saul respondeu deste modo: "Não sou por acaso um benjaminita, uma das menores tribos de Israel, e o meu clã não é porventura o mais modesto de todos os da tribo de Benjamim? Por que me dizes tais coisas?"

At 9,10-16

Ex 3,7-10

Jo 1,33
1Sm 16,12

²²Samuel tomou consigo Saul e o jovem, introduziu-os na sala e os fez sentar em lugar preeminente sobre os convidados, que eram uns trinta homens. ²³Depois Samuel disse ao cozinheiro: "Dá a parte que eu te dei, da qual eu te disse: 'Põe-na à parte' ". ²⁴Então o cozinheiro separou o pernil e o que está embaixo, colocou-os diante de Saul e lhe disse: "Eis o resto colocado diante de ti. Come, pois é para esta reunião que isso foi reservado para ti, dizendo: 'Eu convidei o povo.' " Nesse dia Saul comeu com Samuel.*ᵈ* ²⁵Desceram do lugar alto para a cidade. Ele falou com Saul sobre o terraço.*ᵉ* ²⁶Eles se levantaram cedo.

*A sagração de Saul*ᶠ — Ao raiar da aurora, Samuel chamou Saul, no terraço, e disse: "Levanta-te, vou deixar-te partir." Saul se levantou, e Samuel e eles saíram juntos para fora. ²⁷E tendo eles descido até os limites da cidade, Samuel disse a Saul: "Manda ao jovem que passe adiante de nós." Este passou adiante. "Tu porém, espera, para que eu te faça ouvir a palavra de Deus".

10 ¹Então Samuel pegou o frasco de azeite e o derramou sobre a cabeça de Saul, abraçou-o e disse-lhe: "Não foi Iahweh que te ungiu como chefe de sua herança? És tu que julgarás o povo de Iahweh e o livrarás das mãos dos seus inimigos ao redor. E este é o sinal de que Iahweh te ungiu como chefe da sua herança. ²Hoje, quando me deixares, encontrarás dois homens perto do túmulo de Raquel, na fronteira de Benjamim, em Selça,*ᵍ* e eles te dirão 'Já encontraram as jumentas que foste procurar. O teu pai esqueceu o caso das jumentas, e está aflito por tua causa e diz: Que terá acontecido ao meu filho?' ³De lá, indo além, chegarás ao Carvalho do Tabor, encontrarás três homens que vão a Deus em Betel, um levando três cabritos, o outro três pães, o último um odre de vinho. ⁴Eles te saudarão e te darão duas oferendas*ʰ*

1Sm 9,16-17
1Sm 14,10 +

Dt 7,6 +
Dt 32,9

---

a) Lit.: "tinha descoberto a orelha". Imagem muito frequente que traduz a ideia de mensagem ou advertência de uma pessoa à outra, cf. 20,2.12-13; 22,8.17.
b) O fim do v. se inspira em Ex 3,7.9, que o grego viu bem, falando de "a miséria de meu povo".
c) Primeiro anúncio da elevação de Saul.
d) Texto difícil. Parece que uma parte escolhida foi preparada para fazer de Saul o presidente da refeição, atribuindo-lhe assim o direito de se dizer o convocador dos convidados. A ação e a palavra põem em relevo o futuro papel de Saul e antecipam o que Samuel fará e dirá no dia seguinte.

e) O terraço é ao mesmo tempo o lugar da conversa de Samuel e Saul e onde Saul dormiu e foi interpelado por Samuel. A narração é aqui muito hábil.
f) Os reis de Israel eram ungidos por um homem de Deus (sacerdote ou profeta; cf. 16,13; 1Rs 1,39; 2Rs 9,6; 11,12). Esse rito dava ao rei caráter sagrado e fazia dele vassalo de Iahweh: ele era "o ungido de Iahweh" (cf. 2,35; 24,7.11; 26,9.16 e ver Ex 30,22+).
g) Nome de lugar de localização incerta.
h) "dois pães", hebr.; o grego precisa "duas oferendas de pão". O termo "oferendas" foi supresso porque numa época tardia designava o que era destinado

de pão, que aceitarás. ⁵Chegarás, então, a Gabaá de Deus*ª* onde estão os prefeitos*ᵇ* dos filisteus e acontecerá que, entrando na cidade, defrontarás com um bando de profetas que vêm descendo do lugar alto, precedidos de harpas, tamborins, flautas, cítaras, e estarão em estado de transe profético.*ᶜ* ⁶Então o espírito de Iahweh virá sobre ti, e entrarás em transe com eles e te transformarás em outro homem. ⁷Quando esses sinais te sucederem, age de acordo com as circunstâncias, porque Deus está contigo. ⁸Descerás antes de mim a Guilgal,*ᵈ* e logo irei ter contigo para oferecer holocaustos e imolar sacrifícios de comunhão. Esperarás sete dias até que eu vá ter contigo e te mostre o que deves fazer".

Volta de Saul — ⁹Assim que voltou as costas para deixar Samuel, Deus lhe mudou o coração, e todos esses sinais se verificaram naquele mesmo dia. ¹⁰Partindo dali,*ᵉ* chegaram a Gabaá, e logo um grupo de profetas veio ao seu encontro; o espírito de Deus veio sobre ele, e ele entrou em transe com eles. ¹¹Quando os que o conheciam de longa data o viram profetizando com os profetas, diziam uns aos outros: "Que terá acontecido ao filho de Cis? Está também Saul entre os profetas?" ¹²Um do grupo perguntou: "E quem é seu pai?"*ᶠ* É por isso que se tornou um provérbio a frase: "Está também Saul entre os profetas?"

¹³Assim que voltou do transe, Saul chegou ao lugar alto. ¹⁴O tio de Saul perguntou a ele e ao jovem: "Aonde fostes?" — "Buscar as jumentas", replicou ele, "Não as achando, fomos ter com Samuel". ¹⁵O tio de Saul disse-lhe então: "Conta-me o que foi que Samuel vos disse". ¹⁶Saul respondeu ao seu tio: "Ele nos deu somente a notícia de que as jumentas já haviam sido encontradas", e não tocou em nada do que Samuel lhe havia dito sobre a questão da realeza.

Saul é designado rei por sorteioᵍ — ¹⁷Samuel convocou o povo a Iahweh em Masfa, ¹⁸e disse aos israelitas: "Assim diz Iahweh, o Deus de Israel: Eu fiz Israel subir do Egito e vos libertei da mão do Egito e de todos os reinos que vos oprimiam. ¹⁹Vós hoje, no entanto, rejeitastes o vosso Deus, aquele que vos salvava de todos os vossos males e de todas as angústias que vos afligiam, e lhe dissestes: 'Constitui sobre nós um rei!' Agora, pois, comparecei diante de Iahweh por tribos e por clãs".

²⁰Samuel mandou que se apresentassem todas as tribos de Israel e, tirada a sorte, foi escolhida a de Benjamim. ²¹Mandou que a tribo de Benjamim se aproximasse, dividida por clãs, e o clã de Metri foi sorteado. Mandou então que se aproximasse o clã de Metri, homem por homem. Depois Saul, filho de Cis, foi apontado no sorteio.*ʰ* Procuraram-no, mas não o encontraram. ²²Consultaram então a Iahweh: "Algum outro veio para cá?" E Iahweh respondeu: "Está ali, escondido no meio das bagagens." ²³Correram a buscá-

aos sacerdotes, ao passo que Saul era leigo (cf. Lv 23, 17-20).
a) Outro nome de Gabaá, a terra natal de Saul (vv. 10s; 11,4; 15,34).
b) Este plural é curioso, e as versões leram o singular. Essa precisão prepara 13,3.
c) Esses "profetas", que viviam em grupos, buscavam na música e na gesticulação um êxtase que se tornava contagiante (19,20-24; 1Rs 22,10s). Comparam-se com eles as confrarias de dervixes modernos. Os vizinhos de Israel conheciam (como os profetas de Baal, 1Rs 18,25-29) essa forma inferior de vida religiosa, que o culto de Iahweh tolerou por muito tempo (1Rs 18,4). Reencontramo-los, calmos, no grupo que seguia Eliseu (2Rs 2,3+). Os grandes profetas de Israel serão de outro tipo (ver a Introdução aos Profetas).
d) Perto de Jericó (cf. Js 4,19+). O v. 8 é inserção que prepara 13,8-15, que vem de fonte diferente.
e) A narrativa não tarda a respeito do cumprimento dos dois primeiros sinais. O terceiro é de natureza diferente e se apoia em provérbio que se encontra em 19,18-24.
f) A pergunta dá a entender que esse grupo não pode reclamar fundador ou antepassado de prestígio. Esse julgamento negativo recai sobre Saul, cuja presença causa espanto.
g) Tradição do santuário de Masfa (cf. 7,5+), paralela à unção (9,26-10,16). Para esse sorteio, cf. Js 7,14-18.
h) O processo de tirar as sortes é aqui muito simplificado.

-lo, e ele se apresentou no meio do povo: dos ombros para cima sobressaía a todo o povo. ²⁴Samuel disse a todo o povo: "Vedes agora a quem Iahweh escolheu? Não há quem se lhe compare entre todo o povo".

Então todo o povo gritou: "Viva o rei!"

²⁵Samuel expôs ao povo o direito da realeza*ᵃ* e o escreveu no livro, que depôs diante de Iahweh. Em seguida, despediu todo o povo, cada um para sua casa. ²⁶Saul também retornou com ele a Gabaá, e foram com ele os valentes cujo coração Deus tocara. ²⁷Os vadios, porém, disseram: "Como poderá esse salvar-nos?", e o desprezaram e não lhe levaram presentes, mas ele guardou silêncio.*ᵇ*

1Rs 1,39
2Rs 11,12

8,11-18
Dt 17,18-20
Js 24,26-28

11,12-14

11 *Vitória contra os amonitas*ᶜ —

¹Naás, o amonita, subiu para assediar Jabes de Galaad. Todos os habitantes de Jabes disseram a Naás: "Faze conosco um tratado, e te serviremos". ²Mas Naás, o amonita, lhes respondeu: "Eu o farei convosco desta maneira: todos vós tereis vazado o olho direito, e infligirei esta vergonha a todo o Israel". ³Então os anciãos de Jabes lhe responderam: "Dá-nos uma trégua de sete dias. Mandaremos mensageiros a todo o território de Israel e, se ninguém vier nos salvar, nós nos renderemos a ti". ⁴Os mensageiros chegaram a Gabaá de Saul e expuseram os fatos a todo o povo, e todo o povo se pôs a gritar e a chorar.

⁵Ora, aconteceu que Saul, ao vir de cuidar dos bois no campo, perguntou: "Que há com o povo, que chora tanto?" Contaram-lhe o que lhes haviam dito os homens de Jabes ⁶e, quando Saul ouviu tais palavras, o espírito de Deus caiu sobre ele, e ele se encheu de cólera. ⁷Tomou uma junta de bois e os fez em pedaços, e os mandou por mensageiros a todo o território de Israel, com este recado: "A todo aquele que não sair para o combate atrás de Saul e Samuel,*ᵈ* assim se fará a todos os seus bois". Um terror de Iahweh se abateu sobre o povo e eles marcharam como se fossem um só homem. ⁸Saul os passou em revista em Besec: contou trezentos mil israelitas e trinta mil homens de Judá.*ᵉ* ⁹Então ele disse àqueles mensageiros: "Dizei aos homens de Jabes de Galaad: Amanhã, quando o sol aquecer, vos chegará uma salvação." Quando voltaram, os mensageiros deram a notícia aos homens de Jabes, os quais rejubilaram. ¹⁰Os homens de Jabes disseram:*ᶠ* "Amanhã iremos a vós*ᵍ* e então fareis conosco o que vos aprouver".

10,10
Jz 3,10 +
Jz 19,29
14,15
Gn 35,5

¹¹No dia seguinte, Saul dispôs o povo em três corpos, que invadiram o acampamento ao raiar da manhã e atacaram os amonitas até à hora mais quente do dia. Os sobreviventes se dispersaram, de modo que não ficaram dois juntos.

Ex 14,24

*Saul é proclamado rei*ʰ —

¹²Então o povo disse a Samuel: "Quem eram os que diziam: 'Saul reinará sobre nós?' Dize-nos os seus nomes e os condenaremos à morte!" ¹³Mas Saul disse: "Ninguém será condenado à morte hoje, porque neste dia Iahweh realizou uma salvação em Israel". ¹⁴Depois, Samuel disse ao povo: "Vinde e vamos a Guilgal e renovemos ali a realeza".

10,27

2Sm 19,23

---

a) Esse "direito da realeza" (cf. 8,11-13) é aqui um texto escrito, uma "constituição", um tratado que liga o rei e o povo (cf. 2Rs 11,17).

b) Lit.: "ele foi como silencioso".

c) Tradição de Guilgal, independente das precedentes: nada indica que Saul já fora ungido, nem aclamado rei pelo povo. A narrativa lembra as dos "juízes maiores". A diferença é que depois da vitória, Saul não é reconhecido como juiz, mas proclamado rei; e a diferença é considerável.

d) A ação de Saul é aqui posta sob a autoridade de Samuel, o juiz, cf. 7,2+.

e) O exagero dos números e a distinção entre Israel e Judá traem mão tardia.

f) Não se sabe a quem se dirige a resposta. A Naás? É o que se pode compreender na sequência do v. 3. Pode também se dirigir aos enviados de Saul.

g) Os moradores de Jabes fazem trocadilho com a palavra que pode significar "atacar" ou "render-se" (como no v. 3).

h) A continuação original do v. 11 está no v. 15; no dia seguinte ao da vitória, o povo aclama Saul como rei. Mas, segundo a narrativa paralela, Saul já foi proclamado rei em Masfa (10,24). Os vv. 12-14

¹⁵Todo o povo se reuniu em Guilgal e lá Saul foi proclamado rei perante Iahweh. Ali ofereceram sacrifícios de comunhão diante de Iahweh, e Saul e todos os homens de Israel se entregaram a grandes manifestações de alegria.

12 Samuel se retira perante Saul[a]

¹Então disse Samuel a todo o Israel: "Eis que vos atendi em tudo o que me pedistes, e pus um rei a reinar sobre vós. ²De agora em diante, será o rei quem marchará à vossa frente. Já estou velho, meus cabelos brancos e meus filhos estão no meio de vós. Vivi entre vós desde a minha mocidade até hoje. ³Aqui estou. Deponde contra mim diante de Iahweh e do seu ungido: de quem tomei o boi e de quem tomei o jumento? A quem explorei e a quem oprimi? Da mão de quem recebi compensação para que fechasse os olhos diante do seu caso? Eu vos restituirei". ⁴Eles, porém, disseram: "Tu não nos exploraste nem nos oprimiste e de ninguém tiraste coisa alguma". ⁵Ele lhes disse: "Iahweh é testemunha contra vós, e o seu ungido é hoje testemunha de que nada achastes em meu poder". E o povo disse: "Ele é testemunha". ⁶Então Samuel disse ao povo:[b] "Foi Iahweh quem suscitou Moisés e Aarão e fez os vossos pais subir do Egito. ⁷Agora, pois, apresentai-vos; vou discutir convosco diante de Iahweh todos os benefícios que Iahweh realizou por vós e por vossos pais: ⁸quando Jacó chegou ao Egito, vossos pais gritaram a Iahweh e ele vos enviou Moisés e Aarão, que fizeram vossos pais sair do Egito, e ele os instalou neste lugar.[c] ⁹Eles, contudo, esqueceram-se de Iahweh seu Deus; e ele os vendeu às mãos de Sísara, chefe do exército de Hasor, às mãos dos filisteus e às mãos do rei de Moab, que lhes fizeram guerra. ¹⁰Eles gritaram a Iahweh: 'Pecamos', disseram eles, 'porque abandonamos a Iahweh e servimos os baais e as astartes. Agora, livra-nos da mão dos nossos inimigos, e nós te serviremos!' ¹¹Então Iahweh enviou Jerobaal, Badã,[d] Jefté e Samuel, que vos livraram dos vossos inimigos ao redor, e habitastes em segurança.

¹²Apesar de tudo, quando vistes Naás, rei dos amonitas, marchar contra vós, vós me dissestes: 'Não! É preciso que um rei reine sobre nós.' No entanto, Iahweh vosso Deus é o vosso rei! ¹³Eis agora o rei que escolhestes, que pedistes; eis que Iahweh vos deu um rei. ¹⁴Se temerdes a Iahweh e o servirdes, se lhe obedecerdes e não vos revoltardes contra as ordens de Iahweh, vós e vosso rei que reina sobre vós, vós seguireis Iahweh vosso Deus, e tudo irá bem! ¹⁵Mas se não obedecerdes a Iahweh, se vos revoltardes contra as ordens de Iahweh, então a mão de Iahweh pesará sobre vós e sobre vossos pais.[e]

¹⁶Ainda uma vez apresentai-vos e vede esta grande coisa que Iahweh realiza diante de vós. ¹⁷Não é agora a sega do trigo?[f] Pois bem, invocarei a Iahweh, e ele fará trovejar e chover. Reconhecei claramente como foi grave o mal que cometestes contra Iahweh pedindo um rei para vós". ¹⁸Então Samuel invocou Iahweh e ele fez que viessem trovoadas e chovesse naquele mesmo dia, e todo o povo se encheu de medo de Iahweh e de Samuel. ¹⁹Todo o povo disse a Samuel: "Intercede por nós, teus servos, a Iahweh teu Deus, para que

---

põem de acordo as duas narrativas: Saul não foi reconhecido por todos (cf. 10,27), é preciso "renovar" sua entronização.

a) Comparar com esse "discurso de despedida" de Samuel os de Moisés (Dt 29,30) e de Josué (Js 23). No início de cada nova etapa da história — a conquista, os juízes, a monarquia — a grande personagem da época que termina relembra as grandes ações de Deus no passado e promete sua assistência para o futuro, contanto que o povo permaneça fiel. Para Moisés e para Josué, essas "despedidas" estão ligadas à renovação da Aliança (Dt 31; Js 24), implícita aqui (vv. 7-15). O lugar é provavelmente Guilgal, como em 11,15.

b) Essa lembrança histórica não retoma todas as etapas da história de Israel com Deus, mas oferece resumo dela. Note-se a brevidade do texto e sua ironia. O texto brinca com o verbo "tomar"; à tomada da Arca pelos filisteus corresponde a tomada de Dagon, o deus dos filisteus, o que revela o poder de Iahweh.

c) O início desse discurso (vv. 6-15) está no estilo deuteronômico.

d) Nome de juiz desconhecido em outras passagens.

e) O castigo em relação aos pais, à primeira vista espantoso, pode se exercer, segundo a mentalidade antiga, pela violação de sua sepultura.

f) Uma época em que nunca chove na Palestina.

não morramos, pois a todos os nossos pecados acrescentamos a desgraça de pedir um rei para nós." ²⁰Mas Samuel disse ao povo: "Não temais! Cometestes todo esse mal. Somente não vos afasteis de Iahweh, mas servi-o com todo o vosso coração. ²¹Não vos afasteis dele, pois isso seria seguir o vazio, que não serve para nada e não pode libertar, pois os ídolos são vazio.ᵃ ²²Com efeito, Iahweh não abandona seu povo, por causa do seu grande nome, porque Iahweh decidiu fazer de vós o seu povo. ²³Quanto a mim, infeliz de mim se eu pecar contra Iahweh deixando de orar por vós e de vos mostrar o bom e reto caminho. ²⁴Temei somente a Iahweh e servi-o na sinceridade do vosso coração, pois vede o que ele fez de grandioso convosco. ²⁵Mas se fizerdes o mal, vós e o vosso rei perecereis".

Dt 32,37-39

Jr 14,21
Ez 20,9
Dn 3,34
Dt 7,6 +
Ex 32,11 +

2. COMEÇO DO REINADO DE SAUL[b]

13 *Revolta contra os filisteus* — ¹Saul tinha... anos quando subiu ao trono, e reinou dois anos sobre Israel.[c] ²Saul escolheu para si três mil homens de Israel: dois mil estavam com Saul em Macmas e na montanha de Betel, e mil com Jônatas em Gabaá[d] de Benjamim, e Saul despediu o resto do povo, cada um para sua tenda.[e]
³Jônatas matou o prefeito dos filisteus que estava em Gaba, e os filisteus ficaram sabendo. Então Saul mandou soar a trombeta por todo o território, dizendo: "Que os hebreus[f] o saibam!" ⁴Todo o Israel recebeu a notícia: "Saul matou o prefeito dos filisteus, Israel se tornou odioso aos filisteus!", e logo o povo se ajuntou na retaguarda de Saul, em Guilgal. ⁵Os filisteus se concentraram para combater Israel: trinta mil carros, seis mil cavaleiros e uma tropa tão numerosa como a areia da praia do mar, e vieram acampar em Macmas, a oriente de Bet-Áven.[g] ⁶Logo os homens de Israel se sentiram em aperto, porque estavam próximos uns dos outros, e então o povo se escondeu nas cavernas, nos buracos, nos penhascos, nas grutas e nos poços. ⁷Alguns hebreus passaram o Jordão, para o território de Gad e de Galaad.

14,1-15;
10,5

Js 7,2 +

14,11

Ruptura entre Samuel e Saul[h] — Saul estava ainda em Guilgal, e o povo veio à sua procura tremendo. ⁸Sete dias ele esperou o encontro fixado por Samuel,

15
10,8

---

a) O termo "ídolos" não é pronunciado, mas o pronome plural (*hemmah* em hebr.) basta para evocá-los a fim de os condenar.
b) Os caps. 13-14 apresentam de maneira rápida o reinado de Saul, com introdução (13,1) e conclusão (14,47-52). Mas só contam o assassínio do prefeito filisteu, a reação dos filisteus e a batalha de Macmas, que dura apenas um dia. O cap. 13 é compósito. Os vv. 16-18 e 23 pertencem à narrativa antiga, que continua no cap. 14. Os vv. 7b-15 são composição mais recente. Não se fará nenhuma alusão, depois, a essa primeira rejeição de Saul, que parece ser antecipação do cap. 15, em que essa rejeição torna-se o tema principal. Depois do cap. 15 o rei Saul continua presente nas narrativas agrupadas nos caps. 16-31, mas seu herói principal é Davi.
c) A idade de Saul na sua elevação não é conhecida, ou desapareceu acidentalmente do texto. A duração de seu reinado foi, talvez, reduzida a dois anos por uma consideração teológica, passando a ser esta duração a de um mau rei (cf. Isbaal, 2Sm 2,10).
d) O hebr. alterna os nomes de Gabaá e de Gaba, mas a transmissão exata desses nomes é dificuldade dos

caps. 13-14. — Jônatas é o filho mais velho de Saul; quando se faz menção dele, já é guerreiro, apto a bem sucedidos golpes de mão.
e) Restos de tradição independente.
f) O termo "hebreus" parece designar população mais vasta do que apenas os israelitas, população que hesita em se colocar do lado de Saul, ora fugindo do país (13,7), ora colocando-se do lado dos filisteus (14,21). São frequentemente estrangeiros que chamam os israelitas de hebreus (14,11; cf. 4,6.9).
g) Interpretado como "casa de vaidade" e que veio a ser um apelido de Betel (cf. Am 5,5). Mas aqui e em outras passagens esse nome deve designar cidade diferente, não localizada.
h) É o drama do reinado de Saul: escolhido por Iahweh, ele salvou o seu povo (caps. 11 e 14); todavia é rejeitado por Iahweh (caps. 13 e 15). Desde a preferência dada a Jacó em detrimento de Esaú (Gn 25,23; cf. Rm 9,13) e a eleição de Israel (Dt 7,6; Am 3,2), até a vocação dos apóstolos, de são Paulo e de cada cristão, toda a História Sagrada proclama a gratuidade das escolhas divinas. Mas proclama também que a manutenção da graça depende da fidelidade do eleito: Saul foi infiel à sua vocação.

mas Samuel não veio a Guilgal, e o povo, abandonando Saul, debandou. ⁹Então Saul disse: "Trazei-me o holocausto e os sacrifícios de comunhão", e ofereceu o holocausto.

¹⁰Ora, acabava ele de oferecer o holocausto, quando Samuel chegou e Saul saiu ao seu encontro para saudá-lo. ¹¹Samuel disse: "Que fizeste?" E Saul respondeu: "Eu vi que o povo me abandonava e debandava, e doutra parte que tu não chegavas para o encontro fixado e que os filisteus estavam concentrados em Macmas. ¹²E refleti: Agora os filisteus vão cair sobre mim em Guilgal, e eu não terei ainda aplacado a face de Iahweh. Assim, forçado, ofereci o holocausto". ¹³Samuel disse a Saul: "Agiste como insensato! Tu não guardaste o mandamento que Iahweh teu Deus te prescrevera. Se lhe tivesses obedecido, Iahweh teria firmado o teu reino para sempre sobre Israel,ᵃ ¹⁴mas agora, o teu reino não subsistirá: Iahweh já achou um homem conforme ao seu coração, e o instituiu para chefe do seu povo,ᵇ porque tu não observaste o que Iahweh te havia ordenado". ¹⁵Samuel levantou-se e subiu de Guilgal, para seguir o seu caminho. O que restava do povo subiu atrás de Saul ao encontro dos guerreiros e foi de Guilgal a Gaba de Benjamim. Saul passou em revista o povo que se achava com ele: havia cerca de seiscentos homens.ᶜ

Preparativos para o combateᵈ — ¹⁶Saul, seu filho Jônatas e o povo que estava com eles permaneceram em Gaba de Benjamim; os filisteus estavam acampados em Macmas.ᵉ ¹⁷O comando de ataque saiu do campo filisteu em três grupos: um tomou a direção de Efra, na terra de Sual, ¹⁸outro grupo tomou a direção de Bet-Horon e o terceiro se dirigiu para a elevação que domina o vale das Hienas, no caminho do deserto.ᶠ

¹⁹Não havia mais ferreiro em parte alguma da terra de Israel, porque os filisteus haviam dito: "Importa impedir que os hebreus fabriquem espadas ou lanças." ²⁰Por isso, todo o Israel tinha que descer aos filisteus para amolar cada um a sua relha, o seu machado, a sua enxó e a sua foice. ²¹O custo era de dois terços de siclo pelas relhas e machados, e de um terço de siclo para amolar as enxós e endireitar os aguilhões.ᵍ ²²Também aconteceu que, no dia da batalha, no povo que estava com Saul e Jônatas, ninguém tinha nas mãos nem espada nem lança. Somente as tinham Saul e seu filho Jônatas.

²³Uma tropa de filisteus partiu para o passo de Macmas.

14 ***Jônatas ataca o posto avançado*** — ¹Um dia, Jônatas, filho de Saul, disse ao seu escudeiro:ʰ "Vamos, atravessemos até o posto avançado dos filisteus que está do outro lado", mas nada comunicou a seu pai. ²Saul estava sentado no limite de Gabaá debaixo da romãzeira que está em Magron,ⁱ e o povo que estava com ele era de aproximadamente seiscentos homens. ³Aías, filho de Aquitob, irmão de Icabod, filho de Fineias, filho de Eli, o sacerdote de Iahweh em Silo, levava o efod. O povo não sabia que Jônatas havia partido.

⁴No desfiladeiro que Jônatas procurava atravessar para atacar o posto avançado filisteu, há um pico do rochedo de um lado, e outro pico do outro lado. Um chama-se Boses e outro Sene. ⁵O primeiro pico acha-se ao norte e o

---

a) Não conseguimos ver bem qual foi a falta de Saul: ele esperou sete dias, segundo a ordem dada. Ele mesmo ofereceu um sacrifício, mas isso não chocava a concepção antiga (cf. 14,32-35). A razão da rejeição *será dada mais claramente no cap. 15*.
b) Trata-se de Davi.
c) Seguimos o grego; o hebr. saltou do primeiro ao segundo "Guilgal".
d) No v. 16 começa a antiga narrativa da batalha de Macmas. Os vv. 19-22 são um parêntese.

e) Separados pelo profundo Wadi Suweinit, que Jônatas atravessou (14,4s).
f) Esses três grupos vão devastar todo o país ocupado pela tribo de Benjamim.
g) A abundância de termos técnicos para designar instrumentos torna a tradução incerta.
h) Lit.: "o jovem que levava suas armas", cf. 14,6. 7.12+.
i) Localidade benjaminita, cf. Is 10,28.

outro ao sul, o primeiro olhando para Macmas, o segundo para Gaba. ⁶Jônatas disse ao seu escudeiro: "Vamos, atravessemos até o posto onde estão esses incircuncisos. Talvez Iahweh faça alguma coisa por nós, porque nada impede que Iahweh nos dê a vitória, quer sejamos muitos ou poucos". ⁷Respondeu-lhe o escudeiro: "Faze tudo o que quiseres. Segue tua inclinação. Eu te acompanho. Como tu quiseres!" ⁸Jônatas então disse: "Eis o que faremos: iremos na direção desses homens, deixando que nos descubram. ⁹Se nos disserem: 'Não vos movais até que cheguemos perto', ficaremos parados e não avançaremos sobre eles. ¹⁰Mas se nos disserem: 'Subi até nós', então subiremos, porque Iahweh os entregará em nossas mãos. Este será o sinal".ᵃ

¹¹Eles se deixaram, portanto, descobrir, ambos, pelo posto dos filisteus. Os filisteus disseram: "Eis que os hebreus saíram das cavernas em que se haviam escondido". ¹²Os que estavam no posto avançado dirigiram-se a Jônatas e a seu escudeiro, dizendo: "Subi até aqui, que vos ensinaremos uma coisa". Então Jônatas disse ao seu escudeiro: "Conserva-te atrás de mim, porque Iahweh os entregou nas mãos de Israel". ¹³Jônatas subiu arrastando-se com os pés e as mãos no chão, e o seu escudeiro o seguiu. Eles caíam diante de Jônatas, e o seu escudeiro os matava. ¹⁴Esta primeira matança que Jônatas e seu escudeiro realizaram foi de cerca de vinte homens, sobre cerca da metade de um campo de trabalho, uma medida de terra.ᵇ

Batalha geral — ¹⁵O terror se espalhou no acampamento, nos campos e entre todo o povo. O posto avançado e os próprios comandos de ataque se encheram de grande medo, a terra tremeu, e houve um terror de Deus. ¹⁶As sentinelas de Saul, que estavam em Gabaá de Benjamim, observaram a agitação do acampamento em todos os sentidos. ¹⁷Então Saul disse ao povo que estava com ele: "Fazei a chamada e verificai quem dos nossos está ausente". Feita a chamada, eis que Jônatas e seu escudeiro estavam ausentes!

¹⁸Então Saul disse a Aías: "Traze a Arca de Deus." Com efeito, nesse dia a Arca de Deus estava com os israelitas.ᶜ ¹⁹Mas, enquanto Saul falava com o sacerdote, crescia cada vez mais o tumulto no acampamento dos filisteus. Então Saul disse ao sacerdote: "Retira a tua mão!"ᵈ ²⁰Saul e todo o povo que estava com ele se reuniram e foram ao local do combate, e eis que eles brandiam a espada, uns contra os outros, numa imensa confusão! ²¹Entre os filisteus havia hebreus que estavam ao seu serviço e que tinham subido com eles ao acampamento ao redor; eles se puseram eles também do lado de Israel que estava com Saul e Jônatas. ²²Todos os homens de Israel que se haviam emboscado nas montanhas de Efraim, tendo notícia de que os filisteus fugiam, também se puseram a persegui-los, combatendo-os. ²³Nesse dia, Iahweh deu a vitória a Israel.

Uma proibição de Saul violada por Jônatasᵉ — O combate se estendeu até além de Bet-Áven.ᶠ ²⁴Como os homens de Israel se achassem naquele dia já exaustos, Saul proferiu sobre o povo esta imprecação: "Maldito seja o homem que comer alguma coisa antes de terminar o dia, antes que eu

---

a) Jônatas faz uma espécie de consulta divina, pois pede um presságio para conhecer a vontade de Deus que é o único a dar a vitória (cf. Jz 7,9-15). Por outro lado o relato mostra a desproporção entre a ação humana e seu resultado.

b) O final do v. é de tradução difícil.

c) A Arca de Deus que está nas mãos do sacerdote Aías é aqui uma caixa que contém os objetos divinatórios. Um redator tardio confundiu-a com a Arca tomada pelos filisteus (1Sm 5-6), de onde o inciso que segue a ordem de Saul.

d) O sacerdote tirará a sorte; Saul o interrompe e, sem mais consultas, marcha para o combate.

e) Estão misturadas duas tradições. 1º Saul ordenou um jejum até à noite (v. 24), o povo o observa e depois atira-se aos despojos sem observar as prescrições rituais (vv. 31-35). 2º Saul ordenou um jejum (v. 24); Jônatas, ignorando a proibição, a transgride (vv. 25-30) e é apontado culpado pela sorte (vv. 36-46).

f) Hebr. cf. 13,5; versões "bet-Horon".

me tenha vingado dos meus inimigos". E ninguém de todo o povo provou qualquer alimento.*ᵃ*

²⁵Todo o povo tinha entrado na floresta. Na superfície do solo havia mel.*ᵇ* ²⁶O povo tinha entrado na floresta, e eis que aí corria mel, mas ninguém levou a mão à boca, porque o povo temia o juramento que fora feito. ²⁷Entretanto, Jônatas não tinha tido conhecimento do juramento a que seu pai havia obrigado todo o povo. Levantou a vara que tinha consigo, espetou-a no favo e, com a mão, saboreou o mel, e logo a sua visão clareou.*ᶜ* ²⁸Mas alguém do povo tomou a palavra e disse: "Teu pai impôs este juramento ao povo: 'Maldito seja o homem que comer alguma coisa hoje!' E o povo está exausto". ²⁹Jônatas respondeu: "Meu pai cometeu o maior erro da terra! Vede como eu tenho os olhos mais claros por ter provado um pouco deste mel. ³⁰Quanto mais se todo o povo tivesse comido livremente dos despojos que tomou dos seus inimigos! Não teria sido muito maior a derrota dos filisteus?"

10,10-12
Lv 1,5+
Falta ritual do povo — ³¹Naquele dia, os filisteus foram perseguidos desde Macmas até Aialon*ᵈ* e o povo estava exausto. ³²Então se atirou sobre os despojos e lançou mão das ovelhas, das vacas, dos bezerros, e os degolou mesmo no chão e pôs-se a comer com sangue.*ᵉ* ³³A notícia chegou a Saul nestes termos: "O povo está cometendo pecado contra Iahweh, porque está comendo com sangue!" Então ele disse: "Fostes infiéis! Rolai sobre o campo uma grande pedra!"*ᶠ* ³⁴Acrescentou Saul: "Espalhai-vos no meio do povo e dizei: 'Traga cada um o seu boi ou a sua ovelha'; vós os imolareis aqui e comereis sem pecar contra Iahweh comendo com sangue". Naquela noite, em todo o povo, cada um trouxe o boi que possuía, e o imolou nesse lugar. ³⁵Então Saul edificou um altar a Iahweh, e foi este o primeiro altar que ele construiu.

Jz 6,24

Jônatas, reconhecido como culpado, é salvo pelo povo — ³⁶Disse Saul: "Desçamos durante a noite para perseguir os filisteus, e saqueemo-los até ao romper do dia; não deixemos um único homem deles sobreviver". E disseram: "Faze tudo o que te parecer bem". O sacerdote, porém, disse: "Aproximemo-nos aqui de Deus".*ᵍ* ³⁷Saul consultou a Deus: "Descerei para perseguir os filisteus? Ou entregá-los-ás tu nas mãos de Israel?" Mas, nesse dia, não houve resposta. ³⁸Então Saul disse: "Aproximai-vos, todos vós, chefes do povo! Examinai bem em que consistiu a falta cometida hoje. ³⁹Tão certo como vive Iahweh, o salvador de Israel, assim, ainda que seja o meu filho Jônatas o culpado, certamente morrerá!" Ninguém em todo o povo disse palavra. ⁴⁰Disse ele a todo o Israel: "Ponde-vos todos vós de um lado, e eu e meu filho Jônatas do outro lado", e o povo respondeu a Saul: "Faze o que te parece bem!"

28,6

⁴¹Saul disse a Iahweh: "Iahweh, Deus de Israel, por que não respondeste hoje ao teu servo? Se o pecado recai sobre mim ou sobre o meu filho Jônatas, ó Iahweh, Deus de Israel, dá Urim; se a falta foi cometida pelo teu povo de Israel, dá Tummim".*ʰ* Saul e Jônatas foram apontados, e o povo ficou livre.

---

a) Esse jejum de circunstância é meio de obter a vitória, que é dada por Deus.
b) O v. forma duplicata com o v. seguinte, sinal provável da dualidade de tradições.
c) Faminto, Jônatas não enxerga bem; comendo o mel, sua visão volta a ser normal.
d) Os filisteus são rechaçados por sua rota comum de invasão. É verdadeiramente uma grande vitória: a montanha, coração do reino, é libertada.
e) A prática de comer com sangue é proibição antiga, cf. Lv 19,26; estava ligada à adivinhação e à comunicação com o mundo infernal.

f) Essa pedra vai servir de altar (cf. 6,14; Jz 6,20; 13,19) para fazer da matança imolação ritual (cf. Lv 17,1+).
g) O sacerdote convida a consultar Deus segundo a técnica sugerida em 14,18. A resposta parece ter sido negativa.
h) A palavra de Saul a Deus é quase totalmente reconstituída a partir do grego, pois o hebr. fez um salto como se consultava Deus a partir de dois dados contidos numa caixa ou efod; chamavam-nos *Urim* e *Tummim* (o valor das palavras é incerto) e davam-lhes uma significação convencional. Era, pois, uma resposta por *sim* ou *não*

⁴²Saul disse: "Lançai a sorte entre mim e o meu filho Jônatas", e Jônatas foi apontado.
⁴³Então Saul disse a Jônatas: "Conta-me o que fizeste". Jônatas contou. Ele disse: "Eu somente provei um pouco de mel com a ponta da vara que tinha na mão. Estou pronto para morrer". ⁴⁴Saul replicou: "Que Deus me faça este mal e me ajunte ainda este outro, se tu não morreres, Jônatas!" ⁴⁵Porém o povo disse a Saul: "Jônatas, aquele que alcançou esta grande vitória em Israel, vai morrer? De maneira alguma! Tão certo como vive Iahweh, não cairá um só cabelo da sua cabeça, porque foi com Deus que ele fez hoje o que fez!" Assim o povo libertou Jônatas, e ele não morreu.
⁴⁶Saul deixou de perseguir os filisteus, que voltaram à sua terra.

Resumo do reinado de Saul[a] — ⁴⁷Saul assumiu a realeza sobre Israel e fez a guerra em todas as fronteiras contra todos os seus inimigos, contra Moab, amonitas, Edom, o rei de Soba e os filisteus. Para onde quer que se voltasse, agia como salvador.[b] ⁴⁸Mostrou sua valentia abatendo Amalec, e libertou Israel das mãos dos que o pilhavam.
⁴⁹Saul teve os filhos Jônatas, Jesui[c] e Melquisua. Os nomes de suas duas filhas eram: Merob, a mais velha, e Micol, a caçula. ⁵⁰A mulher de Saul chamava-se Aquinoam, filha de Aquimaás. O chefe do seu exército era Abner, filho de Ner, tio de Saul. ⁵¹Cis, pai de Saul, e Ner, pai de Abner, eram filhos de Abiel.
⁵²Enquanto viveu Saul, houve encarniçada guerra contra os filisteus. Todos os bravos e valentes que Saul conhecia, ele os requisitava para si.[d]

15 Guerra contra os amalecitas[e] —
¹Samuel disse a Saul: "Foi a mim que Iahweh enviou para te ungir rei sobre o seu povo Israel. Portanto, escuta agora, as palavras de Iahweh. ²Assim diz Iahweh dos Exércitos: Resolvi punir Amalec pelo que fez a Israel cortando-lhe o caminho quando subia do Egito. ³Vai, pois, agora, e investe contra Amalec, condena-o ao anátema com tudo o que lhe pertence, não tenhas piedade dele, mata homens e mulheres, crianças e recém-nascidos, bois e ovelhas, camelos e jumentos".
⁴Saul convocou o povo, passou-o em revista em Telém: infantes e dez mil homens de Judá. ⁵Saul avançou até à cidade de Amalec e se organizou em emboscada na torrente. ⁶Saul fez saber aos quenitas: "Fugi, afastai-vos dos amalecitas, para que não vos faça sofrer o mesmo tratamento que ele, uma vez que agiste com fidelidade para com todos os israelitas quando subiam do Egito". Então os quenitas se afastaram dos amalecitas.
⁷Saul feriu os amalecitas desde Hévila até a entrada de Sur, que está à vista do Egito. ⁸Aprisionou vivo Agag, rei dos amalecitas, e passou todo o povo ao fio da espada, para cumprir o anátema. ⁹Mas Saul e o povo pouparam Agag e tudo o que havia de melhor do gado miúdo e graúdo, os animais gordos e as

---

(cf. 23,10-12), e a consulta era às vezes longa. O manejo das sortes estava reservado aos sacerdotes levitas (Nm 27,21; Dt 33,8). O costume caiu em desuso depois do reinado de Davi e não foi restabelecido (cf. Esd 2,63 = Ne 7,65). Mas o nome permaneceu vinculado a um pormenor do vestuário do sumo sacerdote (cf. Ex 28,30; Lv 8,8 e Ex 28,6+).
a) Sumário análogo a 7,13-15 (Samuel) e 2Sm 8 (Davi). Cf. também 2Sm 3,2-5; 5,13-16; 20,23-26.
b) "agia como salvador", supondo o hebr. (yoshîa'). O TM 'yarshîa' "fazia o mal" e, em medida menor, as versões ("era vitorioso") querem atenuar o fato de que Saul era designado como "salvador", o que era desmentido pelo cap. 15.

c) Isto é, "o homem de Iahweh". É a mesma personagem que é chamada Isbaal, "o homem do Senhor", em 1Cr 8,33, e Isboset, "o homem de vergonha", no hebr. de 2Sm 2,8 etc., onde "vergonha" substitui "Baal", nome do deus cananeu. Comparar os filhos de Saul em 31,2.
d) Início de exército profissional diferente da convocação ou recrutamento em massa do povo.
e) O cap. 15 ignora a primeira rejeição de Saul (13,8-15) e condena somente Saul, não a instituição real. Mas sublinha a oposição, inerente à monarquia israelita, entre a política profana e as exigências de Iahweh, oposição que se traduz pela luta entre o Rei e o Profeta, aqui Saul e Samuel, mais tarde Acab e Elias, Ezequias e Isaías, Sedecias e Jeremias.

ovelhas, enfim, tudo o que havia de bom não quiseram incluí-lo no anátema; mas tudo o que era vil e desprezível o votaram ao anátema.*ᵃ*

Saul é rejeitado por Iahweh — ¹⁰A palavra de Iahweh veio a Samuel nestes termos: ¹¹"Arrependo-me de haver dado a realeza a Saul, porque ele se afastou de mim e não executou as minhas ordens". Então Samuel se contristou e clamou a Iahweh a noite toda.

Gn 6,7

¹²De manhã, Samuel partiu ao encontro de Saul. Deram-lhe esta informação: "Saul foi a Carmel*ᵇ* para erguer ali um monumento para si, em seguida partiu para mais longe e desceu Guilgal". ¹³Samuel chegou perto de Saul, e Saul lhe disse: "Bendito sejas tu de Iahweh! Executei a ordem de Iahweh". ¹⁴Mas Samuel lhe perguntou: "E que são esses balidos que ouço e esses mugidos que escuto?" — ¹⁵"Nós os trouxemos de Amalec", respondeu Saul, "porque o povo poupou o melhor do gado miúdo e graúdo para oferecê-lo em sacrifício a Iahweh, teu Deus. Quanto ao resto, o votamos ao anátema".

¹⁶Samuel, porém, disse a Saul: "Fica quieto. Eu vou te anunciar o que Iahweh me declarou esta noite". Ele disse: "Fala!" ¹⁷Então Samuel disse: "Por menor que sejas aos teus próprios olhos, não és o chefe das tribos de Israel? Iahweh ungiu-te rei sobre Israel. ¹⁸Ele te enviou em expedição e te disse: 'Parte! Vota ao anátema esses pecadores, os amalecitas, faze-lhes guerra até que sejam exterminados'. ¹⁹Por que não obedeceste a Iahweh? Por que te precipitaste sobre os despojos e fizeste o que é mau aos olhos de Iahweh?" ²⁰Saul respondeu a Samuel: "Obedeci a Iahweh! Realizei a expedição a que ele me enviou; poupei Agag, rei de Amalec, e cumpri o anátema contra Amalec. ²¹Quanto aos despojos, o povo reteve, do gado miúdo e graúdo, primícias do anátema, para sacrificá-lo a Iahweh teu Deus em Guilgal". ²²Mas Samuel replicou:*ᶜ*

Am 5,21-25 +
Os 6,6

"Iahweh se compraz com holocaustos e sacrifícios
como com a obediência à palavra de Iahweh?
Sim, a obediência é melhor do que o sacrifício,
a docilidade mais do que a gordura dos carneiros.
²³Pecado de adivinhação, eis o que é a rebelião,
um crime dos terafim,*ᵈ* eis o que é a presunção!
Porque rejeitaste a palavra de Iahweh,
ele te rejeitou: não és mais rei!"

Saul implora inutilmente o seu perdão — ²⁴Saul disse a Samuel: "Pequei e transgredi a ordem de Iahweh e os teus mandamentos, porque temi o povo e lhe obedeci. ²⁵Agora, peço-te, perdoa a minha falta, vem comigo, para que eu adore a Iahweh". ²⁶Mas Samuel respondeu a Saul: "Não voltarei contigo: porque rejeitaste a palavra de Iahweh, Iahweh te rejeitou; tu não és mais rei sobre Israel". ²⁷Quando Samuel se virou para partir, Saul agarrou a orla do seu manto, rasgando-o, ²⁸e Samuel lhe disse: "Iahweh arrancou hoje de ti o reinado sobre Israel e o deu a um teu próximo, que é melhor do que tu."

1Rs 11,11

1Rs 11,30s
Jt 18,1 +

---

a) O anátema é a oferta feita a Deus de todo o despojo adquirido com a vitória. Ora, Saul e o povo faltaram ao anátema que deve atingir todos os seres vivos. Oferecer o melhor do despojo como sacrifício (v. 15) não corresponde à prescrição. Saul agiu sem levar a ordem de Deus a sério, e aí está o drama: sua falta é ter escolhido, para comprazer ao povo, outra maneira de honrar a Deus. Entre Iahweh que o elegeu e o povo que o aclamou e reconheceu, Saul procurou um compromisso, e não se decidiu exclusivamente por Iahweh.

b) Cidade ao sul de Hebron (cf. 25,2s). O local se acha na estrada de Saul, do Neguebe em direção a Guilgal.

c) Samuel não condena o culto sacrifical em geral. Mas é a obediência interior que agrada a Deus, não o rito exterior sozinho. Praticar o rito contra os desejos de Deus, é prestar homenagem a alguém diferente de Deus, é cair na idolatria, aqui expressa pela feiticeira e pelos terafim, ídolos aos quais se confiava a guarda das casas e bens (Gn 31,19.30s; 1Sm 19,13).

d) A condenação dos terafim como meio de feitiçaria só aparece em época tardia.

[29]Entretanto, a Glória de Israel não mente nem se arrepende, porque não é homem para se arrepender.[a] [30]Saul disse: "Eu pequei, contudo, eu te suplico, honra-me diante dos anciãos do meu povo e diante de Israel e volta comigo para que eu adore a Iahweh teu Deus."[b] [31]Samuel voltou em companhia de Saul, e este adorou a Iahweh.

Morte de Agag e partida de Samuel — [32]Depois Samuel disse: "Trazei-me Agag, o rei dos amalecitas". Agag veio em sua direção, com ar satisfeito, e disse: "Na verdade, a amargura da morte se afastou!"[c] [33]Respondeu Samuel:

"Assim como a tua espada arrancou das mulheres os seus filhos,
entre as mulheres, a tua mãe perderá o seu filho!"

E Samuel executou[d] Agag diante de Iahweh, em Guilgal.
[34]Então Samuel partiu para Ramá, e Saul foi para sua casa, em Gabaá de Saul. [35]Samuel não viu mais Saul até o dia da sua morte.[e] De fato, Samuel chorou Saul, mas Iahweh se tinha arrependido de tê-lo feito rei de Israel.

III. Saul e Davi

1. DAVI NA CORTE

16 *Unção de Davi*[f] — [1]Iahweh disse a Samuel: "Até quando continuarás lamentando Saul, quando eu próprio o rejeitei, para que não reine mais sobre Israel? Enche de azeite o teu chifre e vai! Eu te envio à casa de Jessé, o belemita, porque vi entre os seus filhos o rei que eu quero." [2]Samuel disse: "Como poderei eu ir lá? Saul o saberá e me matará!" Mas Iahweh replicou: "Levarás contigo uma ovelha e dirás: 'Vim para sacrificar a Iahweh!' [3]Convidarás Jessé para o sacrifício, e eu mesmo te mostrarei o que deverás fazer: tu ungirás para mim aquele que eu te disser."

[4]Samuel fez o que Iahweh ordenou. Quando chegou a Belém, os anciãos da cidade vieram tremendo ao seu encontro e disseram: "Que tua vinda seja de paz!". [5]Samuel disse: "Paz sobre vós. É para sacrificar a Iahweh que eu vim. Purificai-vos e vinde comigo ao sacrifício." Ele purificou Jessé e seus filhos e os convidou para o sacrifício.

[6]Logo que chegaram, quando Samuel viu Eliab, disse consigo: "Certamente Iahweh tem o seu ungido perante ele!" [7]Mas Iahweh disse a Samuel: "Não te impressione a sua aparência nem a sua elevada estatura: eu o rejeitei. Não se trata daquilo que veem os homens, pois eles veem apenas com os olhos, mas Iahweh olha o coração". [8]Jessé chamou Abinadab e o fez passar diante de Samuel, que disse: "Também não foi este que Iahweh escolheu". [9]Jessé fez passar Sama, mas Samuel disse: "Também este não foi o que Iahweh escolheu". [10]Jessé fez assim passar os seus sete filhos diante de Samuel, mas Samuel declarou: "A nenhum destes Iahweh escolheu". [11]Ele perguntou a Jessé: "Acabaram os teus filhos?" Ele *respondeu*: *"Falta ainda o menor*, que está tomando conta

---

a) Inciso teológico retomando Nm 23,19.
b) A rejeição de Saul por Deus não será feita logo, e Saul continua a exercer o cargo real. Samuel aceita confirmar a autoridade de Saul, aparecendo com ele no santuário.
c) Uma vez que o anátema não lhe foi aplicado, Agag crê ter escapado da morte.
d) Samuel realizou o que devia ter sido feito por Saul.
e) Cf. todavia 19,22-24, de outra tradição.
f) Este episódio liga a unção de Davi a Samuel e parece provir da tradição profética, e está desligado da continuação da história; Davi foi ungido em Hebron pelos homens de Judá (2Sm 2,4), depois pelos anciãos de Israel (2Sm 5,3), e a unção aqui relatada não será mais mencionada: segundo 17,28 e apesar de 16,13, Eliab a ignora. Como o cap. 9 para Saul, a narrativa serve de prefácio à história da "ascensão" de Davi.

do rebanho." Então Samuel disse a Jessé: "Manda procurá-lo, porque não nos sentaremos à mesa enquanto ele não estiver presente". ¹²Jessé mandou chamá-lo: era ruivo, de belo semblante e admirável presença. E Iahweh disse: "Levanta-te e unge-o: é ele!" ¹³Samuel apanhou o vaso de azeite e ungiu-o na presença dos seus irmãos. O espírito de Iahweh precipitou-se sobre Davi[a] a partir desse dia e também depois. Quanto a Samuel, ele se pôs a caminho e partiu para Ramá.

Gn 39,6; 2Sm 14,25s
10,6; Jz 3,10+

Davi entra a serviço de Saul[b] — ¹⁴O espírito de Iahweh tinha se retirado de Saul, e um mau espírito, procedente de Iahweh,[c] o atormentava. ¹⁵Então os servos de Saul lhe disseram: "Eis que um mau espírito vindo de Deus te atormenta. ¹⁶Mande nosso senhor, e os servos que te assistem irão buscar um homem que saiba dedilhar a lira e, quando o mau espírito da parte de Deus te atormentar, ele tocará e tu te sentirás melhor".[d] ¹⁷Então Saul disse a seus servos: "Procurai, pois, um homem que toque bem e trazei-mo". ¹⁸Um dos seus servos pediu para falar e disse: "Tenho visto um filho de Jessé, o belemita, que sabe tocar e é um valente guerreiro, fala com discernimento, é de bela aparência e Iahweh está com ele". ¹⁹Saul despachou logo mensageiros a Jessé com esta ordem: "Manda-me o teu filho Davi (que está com o rebanho)". ²⁰Jessé tomou um jumento: pão, um odre de vinho, um cabrito, e mandou seu filho Davi levar tudo a Saul. ²¹Davi chegou à presença de Saul e se pôs ao seu serviço. Saul sentiu grande afeição por ele, e Davi se tornou seu escudeiro. ²²Saul mandou dizer a Jessé: "Que Davi fique a meu serviço, porque conquistou a minha admiração". ²³Todas as vezes que o espírito de Deus o acometia, Davi tomava a lira e tocava; então Saul se acalmava, sentia-se melhor e o mau espírito o deixava.

17 *Golias desafia o exército israelita* — ¹Os filisteus reuniram suas tropas para a guerra e concentraram-se em Soco de Judá, e acamparam entre Soco e Azeca, em Efes-Domim. ²Saul e os homens de Israel reuniram-se e acamparam no vale do Terebinto, e se puseram em ordem de batalha diante dos filisteus. ³Os filisteus ocuparam um lado de uma montanha, e Israel ocupou um lado de outra montanha, e havia um vale entre eles.

2Sm 21,19

⁴Saiu do acampamento filisteu um grande guerreiro. Chamava-se Golias,[e] de Gat. A sua estatura era de seis côvados e um palmo. ⁵Cobria a cabeça com um capacete de bronze, vestia uma couraça de escamas, que pesava cinco mil siclos de bronze, ⁶e trazia as pernas protegidas por perneiras de bronze, e um escudo de bronze entre os ombros. ⁷A haste da sua lança era como uma travessa de tecelão,[f] e a ponta da sua lança pesava seiscentos siclos de ferro. À sua frente marchava o escudeiro.

---

a) Sem nenhum sinal exterior e em ligação imediata com a unção: o "espírito de Iahweh" é aqui a graça concedida à pessoa consagrada.

b) Havia duas tradições sobre o começo do tempo em que Davi serviu a Saul. Segundo uma delas, Davi é chamado como trovador à corte de Saul e se torna seu escudeiro (16,14-23); como tal, acompanha o rei em sua guerra contra os filisteus (17,1-11) e distingue-se num combate singular (17,32-53 misturado com a outra tradição). Segundo a outra, Davi é jovem pastor desconhecido de Saul, e vem ver seus irmãos no exército, exatamente no momento em que o guerreiro filisteu provoca os israelitas (17,12-30; o v. 31 é v. de ligação; a seguir se retoma a primeira narrativa, 17,32-53). Então Saul manda vir o novo herói e o toma a seu serviço (17,55-18,5).

c) Havendo o espírito de Iahweh (cf. Jz 3,10+) abandonado Saul (15,23), este é "possuído" por mau espírito. Diz-se que ele vem de Iahweh e será chamado "espírito mau de Deus" (vv. 15 e 16; cf. 18,10; 19,9), porque o israelita atribui tudo a Deus como à causa primeira. (Comparar o espírito de discórdia, Jz 9,23, o espírito de mentira, 1Rs 22,19-23, o espírito de vertigem, Is 19,14, o espírito de torpor, Is 29,10).

d) A música foi empregada em toda a antiguidade quer para estimular o bom espírito (cf. 10,5), quer para expulsar o mau espírito.

e) 2Sm 21,19 atribui a vitória sobre Golias a um dos valentes de Davi, e essa tradição parece ser a mais antiga. A tradição primitiva do cap. 17 só falava de uma vitória de Davi sobre um adversário anônimo, "o filisteu". O nome de Golias foi acrescentado aos vv. 4 e 23. A estatura do filisteu atinge quase três metros. O equipamento e as armas que lhe são atribuídas representam guerreiro tal como se podia imaginar na época em que o texto foi escrito.

f) Grande cilindro que serve para montar a urdidura sobre um objeto a tecer.

⁸Estacou perante as linhas de Israel e gritou: "Por que saístes para travar batalha? Não sou eu filisteu e vós servos de Saul? Escolhei entre vós um homem, e venha ele competir comigo. ⁹Se me dominar e me ferir seremos vossos escravos; se, porém, eu o vencer e ferir, vós sereis nossos escravos e nos servireis". ¹⁰Disse ainda o filisteu: "Hoje lanço um desafio às fileiras de Israel. Dai-me um homem para que combatamos juntos!" ¹¹Quando Saul e todo o Israel ouviram estas palavras do filisteu ficaram consternados e tiveram muito medo.

Davi chega ao campo de batalha — ¹²Davi era filho de um efrateu de Belém de Judá, chamado Jessé, que tinha oito filhos. No tempo de Saul, este homem era já velho e considerado entre os homens.ᵃ ¹³Os três filhos mais velhos de Jessé tinham ido embora. Tinham seguido Saul para a guerra. Os três filhos que estavam na guerra se chamavam Eliab, o mais velho, o segundo Abinadab, e o terceiro Sama. ¹⁴Davi era o mais jovem, e os três mais velhos tinham seguido Saul. ¹⁵Davi ia e vinha do serviço de Saul para cuidar do rebanho de seu pai em Belém.ᵇ ¹⁶O filisteu se aproximava pela manhã e à tarde, e assim se apresentou durante quarenta dias. ¹⁷Jessé disse a Davi, seu filho: "Peço-te que leves aos teus irmãos esta vasilha de grão tostado e estes dez pães: vai rápido ao acampamento levá-los aos teus irmãos. ¹⁸Estes dez pedaços de queijo, oferece-os ao chefe de mil. Indagarás sobre a saúde dos teus irmãos, e trarás deles um soldo. ¹⁹Eles estão com Saul e todos os homens de Israel no vale do Terebinto, em guerra com os filisteus".

²⁰Davi levantou-se de madrugada, deixou o rebanho com um vigia, apanhou suas coisas e partiu, como lhe tinha ordenado Jessé. Chegou ao acampamento no instante em que o exército tomava suas posições e lançava o grito de guerra. ²¹Israel e os filisteus entraram em formação, linha contra linha. ²²Davi deixou sua carga nas mãos do bagageiro, correu para a linha de batalha e perguntou aos seus irmãos como iam.

²³Enquanto conversava com eles, o grande guerreiro — chamado Golias, o filisteu de Gat — apareceu, vindo da linha inimiga, e disse as mesmas palavras de antes, e Davi as ouviu. ²⁴Logo que perceberam o homem, todos os homens de Israel fugiram para longe dele, apavorados. ²⁵O povo de Israel dizia: "Vistes aquele homem que sobe? Sobe para lançar um desafio a Israel. Quem o ferir, o rei o cumulará de riquezas e lhe dará sua filha e fará a casa de seu pai livre em Israel".

²⁶Davi perguntou aos homens que estavam com ele: "O que se fará para aquele que abater esse filisteu e afastar a vergonha de Israel? Quem é esse filisteu incircunciso para insultar os exércitos do Deus vivo?" ²⁷O povo lhe respondeu o que antes dissera: "Assim farão àquele que o ferir". ²⁸Seu irmão mais velho, Eliab, ouviu o que dizia ao povo e Eliab se indignou contra Davi e disse: "Por que afinal desceste? E com quem deixaste aquelas poucas ovelhas no deserto? Bem conheço a tua insolência e a malícia do teu coração: vieste para assistir à batalha?" ²⁹Davi respondeu: "Que fiz eu? Por acaso é proibido falar?" ³⁰Davi deixou-o, procurou outra pessoa, propôs-lhe a mesma pergunta e ouviu a mesma resposta. ³¹Os que ouviram as palavras de Davi foram relatá-las a Saul, que o chamou à sua presença.

Davi se apresenta para aceitar o desafio — ³²Davi disse a Saul: "Que ninguém perca a coragem por causa dele.ᶜ O teu servo irá lutar com esse filisteu". ³³Mas Saul respondeu a Davi: "Tu não poderás ir contra esse filisteu para lutar com ele, porque não passas de uma criança e ele é um guerreiro desde a sua juventude".

---

a) Tradução incerta a menos que se siga o grego: "carregado de anos". — A antiga versão grega omite os vv. 12-31, que pertencem à tradição segundo a qual Davi é ainda desconhecido de Saul (ver 16, 14+).

b) Precisão introduzida para harmonizar as duas tradições.

c) É a primeira narrativa, que volta, e o v. 32 se liga ao v. 11. Depois as duas tradições estão misturadas.

⁳⁴Mas Davi disse a Saul: "Quando o teu servo apascentava as ovelhas de seu pai e aparecia um leão ou um urso que arrebatava uma ovelha do rebanho, ³⁵eu o perseguia e o atacava e arrancava a ovelha de sua goela; e, se vinha contra mim eu o agarrava pela juba, o feria e matava. ³⁶O teu servo venceu o leão e o urso, e assim será com esse incircunciso filisteu, como se fosse um deles, pois desafiou as linhas do Deus vivo". ³⁷Davi acrescentou mais: "Iahweh que me livrou das garras do leão e do urso me livrará das mãos desse filisteu." Então Saul disse a Davi: "Vai, e que Iahweh esteja contigo!" ³⁸Saul vestiu Davi com a sua roupa de combate, meteu-lhe na cabeça um capacete de bronze e o fez envergar uma couraça. ³⁹Cingiu Davi a espada de Saul sobre a roupa. Davi tentou andar; mas, porque nunca tivera aquela experiência, disse a Saul: "Não posso andar com isto, porque não estou treinado". Davi se desembaraçou dela.

O combate singular[a] — ⁴⁰Davi tomou na mão o seu cajado, escolheu no riacho cinco pedras bem lisas e as pôs no seu bornal de pastor, o seu surrão, depois apanhou a sua funda e avançou contra o filisteu. ⁴¹O filisteu se aproximava cada vez mais de Davi, precedido de seu escudeiro. ⁴²O filisteu pôs os olhos em Davi e, assim que o viu o menosprezou, porque era jovem — era ruivo e de bela aparência. ⁴³O filisteu disse a Davi: "Sou por acaso um cão, para que venhas ter comigo com paus?", e o filisteu amaldiçoou Davi pelos seus deuses. ⁴⁴Disse o filisteu a Davi: "Vem cá, e darei a tua carne às aves do céu e às feras do campo!" ⁴⁵Mas Davi retrucou ao filisteu: "Tu vens contra mim com espada, lança e escudo; eu, porém, venho a ti em nome de Iahweh dos Exércitos, o Deus das linhas de Israel, que desafiaste. ⁴⁶Hoje mesmo, Iahweh te entregará em minhas mãos, eu te ferirei e te decaperei a cabeça, e hoje mesmo darei os cadáveres do acampamento filisteu às aves do céu e aos animais selvagens. Toda a terra saberá que há um Deus em Israel, ⁴⁷e toda esta assembleia conhecerá que não é pela espada nem pela lança que Iahweh concede a vitória, porque Iahweh é o senhor da batalha e ele vos entregará em nossas mãos."

⁴⁸Logo que o filisteu avançou e marchou em direção a Davi, este saiu rapidamente das linhas e correu ao encontro do filisteu. ⁴⁹Davi pôs a mão no seu bornal, apanhou uma pedra que lançou com a funda e atingiu o filisteu na fronte; a pedra se cravou na sua testa e ele caiu com o rosto no chão. ⁵⁰Desse modo Davi venceu o filisteu com a funda e a pedra: feriu o filisteu e o matou; não havia espada nas mãos de Davi. ⁵¹Davi correu, pôs o pé sobre o filisteu, apanhou-lhe a espada, tirou-a da bainha e a cravou no filisteu e, com ela, decepou-lhe a cabeça.

Quando os filisteus viram que estava morto o seu herói, fugiram. ⁵²Os homens de Israel e de Judá se levantaram, lançaram o grito de guerra e perseguiram os filisteus até a entrada do vale e até às portas de Acaron. Os cadáveres dos filisteus jaziam pelo caminhos desde Saraim até Gat e Acaron. ⁵³Então os israelitas voltaram da perseguição e pilharam o acampamento filisteu. ⁵⁴Davi apanhou a cabeça do filisteu e a levou a Jerusalém, e as suas armas ele as levou para a sua tenda.[b]

Davi vencedor é apresentado a Saul[c] — ⁵⁵Quando Saul viu Davi partir ao encontro do filisteu, perguntou a Abner, o chefe do exército: "Abner, de quem aquele jovem é filho?" Abner respondeu: "Tão certo como estares

---

a) É combate entre dois campeões, que deve pôr fim à guerra e decidir a sorte dos dois povos (cf. vv. 8-10; cf. ainda 2Sm 2,12-17; 21,15-22; 23,20-21). Tem-se comparado com este os combates singulares da Ilíada.

b) Esse v. é adição: Jerusalém só foi conquistada mais tarde (2Sm 5,6-9) e Davi não tinha tenda particular.
c) Mesma tradição que 17,12-30. Davi é ainda desconhecido para Saul. É inconciliável com 16,14-23, por

vivo, ó rei, eu o ignoro". ⁵⁶Então o rei disse: "Informa-te de quem é filho esse rapaz."

⁵⁷Assim que Davi voltou, depois de ter matado o filisteu, Abner o tomou e o conduziu à presença de Saul. Davi trazia ainda na mão a cabeça do filisteu. ⁵⁸Saul lhe perguntou: "Jovem, de quem és filho?" Davi respondeu: "De teu servo Jessé, o belemita."

18 ¹Aconteceu que, terminando ele de falar com Saul, Jônatas apegou-se a Davi. E Jônatas começou a amá-lo como a si mesmo.ᵃ ²Saul o reteve naquele mesmo dia e não consentiu que voltasse para a casa de seu pai. ³Jônatas fez um pacto com Davi, porque o amava como a si mesmo; ⁴Jônatas tirou o manto que vestia e o deu a Davi, e também lhe deu a sua roupa, a sua espada, o seu arco e o seu cinturão.ᵇ ⁵Quando saía, aonde quer que Saul o mandasse, Davi era bem-sucedido, e Saul lhe deu o posto de chefe de guerreiros; e era bem-visto por todo o povo e até pelos servos de Saul. 19,1-7; 20; 23,16-18; 25m 1,26

*Origem da inveja de Saul*ᶜ — ⁶Quando eles voltavam junto com Davi, depois de este ter matado o filisteu, as mulheres vinham de todas as cidades de Israel para cantar e dançar na presença do rei Saul, com tamborins e alegria e ao som dos sistros. ⁷As mulheres se divertiam e cantavam dizendo: Ex 15,20s; Jz 5; 11,34

"Saul matou mil
mas Davi matou dez mil." 21,12; 29,5

⁸Então Saul se indignou e ficou muito irritado, e disse: "A Davi deram dez mil, mas a mim só mil: que mais lhe falta senão a realeza?" ⁹Desse dia em diante, Saul sentiu inveja de Davi.

¹⁰No dia seguinte, um mau espírito da parte de Deus assaltou Saul, que começou a delirar no meio da casa. Davi tangia a lira como nos outros dias, e Saul estava com a lança na mão. ¹¹Saul atirou a lança e disse: "Cravarei Davi na parede!", mas Davi lhe escapou duas vezes.ᵈ = 19,9-10; 16,14 +

¹²Saul tinha medo de Davi porque Iahweh estava com ele, mas tinha abandonado Saul. ¹³Por isso Saul o afastou de si e o estabeleceu na chefia de mil: ele saía e voltava à frente do povo. ¹⁴Em todas as suas expedições, Davi se saía muito bem e Iahweh estava com ele. ¹⁵Vendo que ele era sempre bem-sucedido, Saul o temia, ¹⁶mas todos em Israel e em Judá amavam Davi, porque ele saía e entrava à sua frente. Gn 39,2; 25m 5,2

*Casamento de Davi*ᵉ — ¹⁷Saul disse a Davi: "Apresento-te minha filha mais velha, Merob, que te quero dar por mulher; apenas serve-me como um guerreiro e trava as guerras de Iahweh." Saul raciocinava: "Não morra ele por minha mão, mas pela dos filisteus." ¹⁸Davi respondeu a Saul: "Quem sou eu e qual é a minha linhagem, a família de meu pai em Israel, para vir a ser genro do rei?" ¹⁹Mas, chegada a ocasião de dar a Davi a filha Merob, ela foi dada a Adriel de Meola. 17,25; 25m 21,8

²⁰Ora, Micol, a outra filha de Saul, se apaixonou por Davi, o que pareceu bem a Saul, quando lho disseram. ²¹E disse consigo Saul: "Eu a darei a ele

---

isso a antiga versão grega omitia 17,55-18,5, como também 17,12-31.

a) Assim se declara a amizade entre Davi e Jônatas, que abrandará as rudes narrativas que seguem e durará até à morte de Jônatas.

b) O pacto concluído entre dois homens chega para Jônatas até à doação de suas roupas e armas, ele que é o herdeiro do rei Saul e deve, portanto, suceder-lhe. Esse pacto de amizade faz entrever uma dimensão política, uma vez que Davi sucederá a Saul.

c) O texto deste cap. está sobrecarregado: redundância do v. 6, primeiro atentado à vida de Davi (vv. 10-11), casamento frustrado com Merob (vv. 17-19), êxito de Davi (v. 30, retomando os vv. 14-16). A antiga versão grega não continha essas duplicatas.

d) Os vv. 10-11, de mesma tradição que 16,14-23, interrompem aqui o fio da narrativa antecipando o episódio de 19,8-10.

e) Os vv. 17-19 concordam mal com o que segue: nenhuma alusão, salvo a glosa do v. 21, a esses esponsais

para que lhe seja uma armadilha, e a mão dos filisteus estará sobre ele."
Saul disse duas vezes[a] a Davi: "Hoje te tornarás meu genro." ²²Então Saul deu esta ordem aos seus servos: "Falai em segredo a Davi e dizei-lhe: 'Tu agradas ao rei e todos os seus servos te estimam: torna-te, portanto, genro do rei'." ²³Os servos de Saul repetiram essas palavras aos ouvidos de Davi, mas Davi replicou: "Parece-vos pouca coisa ser genro do rei? Eu não sou senão um homem pobre e de condição humilde." ²⁴Os servos de Saul levaram isso ao seu conhecimento e disseram: "Estas foram as palavras que Davi disse." ²⁵Respondeu Saul: "Direis isto a Davi: 'O rei não pretende nenhum dom nupcial,[b] mas apenas cem prepúcios[c] dos filisteus, para tirar vingança dos inimigos do rei'." Saul planejava fazer Davi morrer pela mão dos filisteus. ²⁶Os servos de Saul relataram essas palavras a Davi, e o negócio pareceu bom aos seus olhos, para se tornar genro do rei. O tempo não era ainda chegado, ²⁷e Davi se pôs em campanha e saiu com os seus homens. Matou duzentos homens dos filisteus, tirou-lhes os prepúcios e os trouxe a Saul, para se tornar seu genro. Então Saul lhe deu por mulher sua filha Micol.

²⁸Saul teve de reconhecer que Iahweh estava com Davi e que Micol, a filha de Saul, o amava. ²⁹Então Saul teve mais medo ainda de Davi, e todos os dias alimentava a hostilidade que tinha contra ele. ³⁰Os oficiais dos filisteus saíam em guerra, mas sucedia que, cada vez que saíam, Davi alcançava maior sucesso do que os oficiais de Saul, e o seu nome tornou-se famoso.

19 *Jônatas intercede por Davi*[d] — ¹Saul comunicou a seu filho Jônatas e a todos os seus oficiais a sua intenção de levar Davi à morte. Ora, Jônatas, filho de Saul, amava muito Davi, ²e advertiu Davi, dizendo: "Meu pai busca a tua morte. Fica de sobreaviso amanhã de manhã, procura o teu refúgio e esconde-te. ³Eu sairei e permanecerei ao lado de meu pai no campo em que estiveres, e então falarei com meu pai a teu respeito, saberei o que houver e te informarei."

⁴Jônatas falou bem de Davi a seu pai Saul, e disse: "Não peque o rei contra o seu servo Davi, porque nenhuma falta cometeu contra ti; pelo contrário, tudo o que tem feito tem sido de grande vantagem para ti. ⁵Ele arriscou a sua vida, matou o filisteu, e Iahweh deu a todo o Israel uma grande vitória: tu o viste e te regozijaste. Por que haverias de pecar derramando o sangue de um inocente, fazendo Davi perecer sem motivo?" ⁶Saul cedeu às palavras de Jônatas e fez este juramento: "Pela vida de Iahweh, ele não morrerá." ⁷Então Jônatas chamou Davi e lhe disse essas coisas. Depois o conduziu a Saul, e Davi voltou ao seu serviço como antes.

2. FUGA DE DAVI

Atentado de Saul contra Davi — ⁸Como a guerra havia recomeçado, Davi partiu para combater os filisteus: levou-os a uma grande derrota, e fugiram diante dele. ⁹Ora, um mau espírito da parte de Iahweh se apossou de Saul: quando ele estava assentado em sua casa, com a lança na mão, Davi dedilhava a cítara; ¹⁰Saul tentou traspassar Davi contra a parede, mas Davi se desviou e a lança se encravou na parede. Então Davi fugiu e escapou naquela noite.

---

desfeitos, nos vv. 20-27, que desenvolvem os mesmos temas a propósito de Micol.
a) Esta frase é glosa e supõe que Saul prometeu Merob, depois Micol a Davi. Ela antecipa o v. 22.
b) O *mohar,* a soma de dinheiro que o noivo pagava ao pai da moça.

c) Às vezes se contavam os inimigos mortos cortando-lhes um membro. Os prepúcios certificarão que as vítimas são filisteus incircuncisos.
d) Este episódio não concorda com a narrativa do cap. 20, no qual Jônatas (v. 2) ainda não sabe nada das intenções criminosas de seu pai. São duas tra-

Davi é salvo por Micol — Naquela mesma noite,*[a]* ¹¹Saul despachou emissários para vigiar a casa de Davi para que o matassem pela manhã. Mas Micol, mulher de Davi, lhe deu este conselho: "Se não escapares esta noite, amanhã serás um homem morto!" ¹²Micol fez Davi descer pela janela e ele saiu, correu e escapou naquela noite.

¹³Micol apanhou o terafim, deitou-o na cama, pôs-lhe na cabeça uma pele de cabra e estendeu sobre ele um manto. ¹⁴Aos mensageiros que Saul mandara para trazer Davi, ela disse: "Está doente." ¹⁵Mas Saul mandou outra vez os mensageiros, para que vissem Davi, e disse-lhes: "Trazei-mo na sua cama, para que eu o mate!" ¹⁶Os mensageiros entraram e deram com o terafim na cama, e a pele de cabra na cabeceira. ¹⁷Saul disse a Micol: "Por que me traíste e deixaste fugir e escapar o meu inimigo?" Micol respondeu a Saul: "Foi ele quem me disse: Deixa-me partir ou te mato!"

Saul e Davi com Samuel[b] — ¹⁸Davi tinha, pois, fugido e escapou; foi ter com Samuel, em Ramá, e lhe relatou tudo o que Saul lhe tinha feito. Ele e Samuel foram morar nas celas.*[c]* ¹⁹E foram dizê-lo a Saul: "Davi está nas celas, em Ramá." ²⁰Saul enviou mensageiros para prender Davi, e eles viram a comunidade dos profetas, que estavam profetizando, e Samuel a presidi-los. E logo o espírito de Deus veio também sobre os mensageiros de Saul, que também entraram em transe. ²¹Informado do que ocorria, Saul mandou outros mensageiros, os quais entraram também em transe. Saul enviou terceiro grupo de mensageiros, e também eles caíram em transe.

²²Então ele próprio partiu para Ramá e chegou à grande cisterna que está em Soco. Indagou onde estavam Samuel e Davi, e lhe responderam: "Estão nas celas em Ramá." ²³Dali partiu Saul para as celas de Ramá. Mas o espírito de Deus também se apossou dele, e ele caminhou em transe até chegar às celas em Ramá. ²⁴Também ele se despojou das suas vestes, também ele entrou em transe diante de Samuel e depois caiu no chão, nu, e ficou assim todo aquele dia e toda a noite. Daí o provérbio: "Está também Saul entre os profetas?"

20 ***Jônatas facilita a partida de Davi***[d] — ¹Então Davi fugiu das celas de Ramá*[e]* e veio ter com Jônatas, dizendo: "Que fiz eu? Qual a minha falta? Que crime cometi contra teu pai, para que procure tirar-me a vida?" ²Ele lhe respondeu: "Longe de ti tal pensamento! Tu não morrerás. Meu pai não empreende coisa alguma, importante ou não, sem confiá-la a mim. Por que ocultaria tal plano de mim? Impossível!" ³Davi fez este juramento: "Teu pai sabe perfeitamente que me favoreces e, portanto, diz consigo: 'Não saiba Jônatas nada a respeito disto, para que não sofra'. Mas, pela vida de Iahweh e pela tua própria vida, existe só um passo entre mim e a morte."

⁴Jônatas disse a Davi: "Que queres que eu faça por ti?" ⁵Davi respondeu a Jônatas: "Amanhã é lua nova*[f]* e deverei estar com o rei para comer: deixa-me ir, porém, para esconder-me no campo até à tarde.*[g]* ⁶Se o teu pai notar a minha ausência, dirás: 'Davi me pediu com insistência para ir a Belém, sua cidade, porque ali se celebra o sacrifício anual para todo o clã.' ⁷Se ele disser: 'Está

dições sobre a intervenção de Jônatas a favor de Davi.
a) A narrativa se liga não ao que precede, mas a 18,27: é a própria noite das núpcias de Davi.
b) Narrativa independente e provavelmente tardia. Segundo 15,35, Saul e Samuel não deviam tornar a ver-se. É duplicata de 10,10-12.
c) Habitação dos profetas (2Rs 6,1s), em Ramá ou nos arredores. Ou talvez lugarejo com o nome de Ramá: "em Navit" ou em "Naiot".

d) Narrativa de outra tradição diferente de 19,1-7 e paralela a 19,11-17. Num caso a filha, no outro o filho do rei salvam Davi.
e) Sutura redacional; segundo a narrativa que segue, Davi ainda não está separado de Saul.
f) Marcada por uma festa religiosa (Is 1,13-14; Os 2,13; Am 8,5; cf. 2Rs 4,23) que comportava sacrifícios (Nm 10,10; 28,11s).
g) Depois de "até à tarde", omitimos "terceira", com o grego.

bem', o teu servo está salvo; porém, se se encolerizar, saibas que está inteiramente decidido a fazer o pior. ⁸Agirás com fidelidade para com teu servo, pois tu levaste teu servo a concluir contigo um pacto em nome de Iahweh; mas, se cometi crime, mata-me tu mesmo; por que me levarias a teu pai?" ⁹Jônatas replicou: "Afasta de ti tal ideia! Se eu soubesse com certeza que meu pai está decidido a fazer cair sobre ti uma desgraça, não te contaria?" ¹⁰Davi disse a Jônatas: "E quem me avisará, se o teu pai te responder duramente?"ᵃ

¹¹Então Jônatas disse a Davi: "Vem, saiamos para o campo." E saíram ambos ao campo. ¹²Jônatas disse a Davi: "Por Iahweh, Deus de Israel! Sondarei meu pai depois de amanhã: se tudo for favorável a Davi e se, por consequência, eu não te mandar nenhum aviso, nem te informar, ¹³que Iahweh faça a Jônatas o mesmo mal e ainda lhe faça outro! Se parecer bem a meu pai trazer sobre ti a desgraça, eu to farei saber e te deixarei partir; irás são e salvo, e que Iahweh esteja contigo como esteve com o meu pai! ¹⁴Não é, se eu ainda estiver vivo, não é? Tu agirás para comigo com a fidelidade que Iahweh exige, não é? Se eu morrer, ¹⁵não retires jamais tua fidelidade para com minha casa, mesmo quando Iahweh tiver suprimido, um por um, da face do solo, os inimigos de Davi. ¹⁶Jônatas concluiu um pacto com a casa de Davi: "Iahweh pedirá contas disso a Davi."ᵇ ¹⁷Jônatas fez Davi prestar juramento pela amizade que tinha por ele, pois ele o amava com toda a sua alma.ᶜ

¹⁸Disse-lhe Jônatas: "Amanhã é lua nova, e a tua ausência será notada, porque a tua cadeira estará vazia. ¹⁹No terceiro dia, descerás depressa e irás ao lugar onde te escondeste no dia do negócioᵈ e te assentarás junto à pedra da Partida. ²⁰Quanto a mim, atirarei três flechas desse lado, como quem se exercita ao alvo. ²¹Mandarei o servo, dizendo: 'Vai! Procura a flecha.' Se eu disser ao servo: 'A flecha está para cá de ti, apanha-a', então poderás vir, porque tudo está bem contigo, pela vida de Iahweh. ²²Porém, se eu disser ao servo: 'A flecha está para lá de ti', parte, porque é Iahweh que te manda. ²³Quanto ao assunto de que tratamos, eu e tu, Iahweh é testemunha para sempre entre nós dois."

²⁴Davi, pois, se escondeu no campo. Chegou a lua nova e o rei se assentou à mesa para comer. ²⁵O rei tomou o seu lugar de costume, encostado à parede, Jônatas se pôs à sua frente,ᵉ Abner assentou-se ao lado de Saul, e o lugar de Davi ficou vazio. ²⁶Entretanto, Saul nada disse nesse dia; ele pensou: "É acidental: ele não está puro;ᶠ certamente não está puro". ²⁷No outro dia, o segundo da lua nova, o lugar de Davi continuou vazio, e Saul disse a seu filho Jônatas: "Por que o filho de Jessé não veio para comer nem ontem nem hoje?" ²⁸Jônatas respondeu: "Davi me pediu com insistência permissão para ir a Belém. ²⁹Ele me disse: 'Deixa-me ir, peço-te, porque nós temos um sacrifício de nosso clã na cidade, e meu irmão deu-me a ordem. Agora, se gozo do teu favor, deixa-me ir, para que eu vá ver os meus irmãos'. Por isso ele não compareceu à mesa do rei."

³⁰Então Saul se inflamou de cólera contra Jônatas e lhe disse: "Filho de uma transviada! Não sei eu por acaso que tomas o partido do filho de Jessé, para tua vergonha e para a vergonha da nudez da tua mãe? ³¹Enquanto o filho de

---

a) A pergunta supõe que, para os dois amigos, é perigoso encontrar-se. A resposta virá no v. 18. Os vv. 11-17 são uma adição, e já levam em consideração a transferência de poder de Saul a Davi.
b) O pacto implica a descendência de Jônatas e supõe a realeza de Davi. A segunda parte do v. é uma fórmula de ameaça em caso de violação do pacto. O hebr. fala dos "inimigos de Davi", maneira de atenuar a gravidade da ameaça, mas o pacto se refere apenas a Davi.
c) O v. insiste no juramento prestado a Davi invocando o amor deste por Jônatas. A expressão, sem ser idêntica, relembra a de 18,3.
d) Lembrança de episódio que não nos foi conservado, ou influência redacional de 19,1-7. No v. 19 a "pedra da Partida" é lugar que deve estar próximo do "outeiro" mencionado no v. 41.
e) "se pôs à sua frente", grego; "levantou-se", hebr.
f) Um "acidente", uma poluição involuntária torna impuro até a tarde, segundo Lv 15,16; Dt 23,11.

Jessé estiver vivo na terra, tu não consolidarás tua realeza. Trata de encontrá-lo e traze-o a mim, porque é passível de pena de morte!" ³²Jônatas respondeu a seu pai Saul e lhe disse: "Por que deverá ele morrer? Que te fez ele?" ³³Então Saul brandiu a lança contra ele para o atingir, e Jônatas compreendeu que a morte de Davi era questão fechada para seu pai. ³⁴Jônatas se levantou da mesa fervendo de cólera, e não comeu nada nesse segundo dia da lua nova por causa de Davi,ᵃ porque seu pai o tinha insultado.

³⁵Na manhã seguinte, Jônatas saiu para o campo, para o encontro com Davi, e ia acompanhado do seu jovem servo. ³⁶Ele disse ao seu servo: "Corre e procura as flechas que eu vou atirar." O servo correu, e Jônatas atirou a flecha de maneira a ultrapassá-lo. ³⁷Quando o servo chegou perto da flecha que ele tinha atirado, Jônatas lhe gritou: "Não está a flecha para lá de ti?" ³⁸Jônatas gritou ainda outra vez: "Rápido! Despacha-te! Não te demores!" O servo de Jônatas apanhou a flecha e voltou ao seu senhor. ³⁹O servo não sabia nada. Só Jônatas e Davi sabiam do que se tratava.

⁴⁰Então Jônatas entregou as suas armas ao servo que o acompanhara e disse-lhe: "Volta e leva-as à cidade." ⁴¹Retornando o servo, Davi saiu de trás do outeiro,ᵇ pôs-se com o rosto em terra e se prostrou três vezes; a seguir os dois se abraçaram e juntos choraram abundantemente. ⁴²Jônatas disse a Davi: "Vai em paz. Quanto ao juramento que fizemos ambos em nome de Iahweh, que Iahweh seja testemunha entre mim e ti, entre a tua descendência e a tua, para sempre."ᶜ

21 ¹Então Davi se levantou e partiu, e Jônatas voltou à cidade.

A parada em Nob — ²Davi chegou a Nobᵈ e foi ao sacerdote Aquimelec,ᵉ que veio tremendo ao encontro de Davi e lhe perguntou: "Por que vieste sozinho e não há ninguém contigo?" ³Davi respondeu ao sacerdote Aquimelec: "O rei me deu uma ordem e disse: 'Que ninguém saiba nada da missão à qual te envio e que te ordenei.' Quanto aos jovens, encontrei com eles em certo lugar. ⁴Agora, se tens cinco pães à mão, dá-nos, ou o que achares." ⁵O sacerdote respondeu a Davi: "Não tenho à mão pão comum, mas só pão consagradoᶠ — com a condição de que os teus jovens não tenham tido contato com mulheres."

⁶Davi respondeu ao sacerdote: "Certamente, as mulheres nos foram proibidas, como sempre que parto em campanha, e as coisas dos homens conservam-se em estado de santidade. Trata-se de uma viagem profana, mas, de fato, hoje eles se mantêm em estado de santidade quanto à coisa."ᵍ ⁷Então o sacerdote lhe deu o que havia sido consagrado, porque não havia outro pão, salvo os pães de oblação, os que se retiram de diante de Iahweh para serem substituídos por pão quente, quando aqueles são retirados.

⁸Ora, naquele mesmo dia estava ali um dos servos de Saul, retido perante Iahweh; ele se chamava Doeg, o edomita, e era o chefe dos pastores de Saul.ʰ

⁹Davi disse a Aquimelec: "Há por aqui, à tua mão, uma lança ou uma espada? Eu não trouxe comigo nem a minha espada nem as minhas armas,

---

a) O primeiro motivo é inspirado pelo v. 3 e pode ter sido introduzido tardiamente no texto; o segundo se refere ao v. 30.
b) Designação do mesmo lugar do v. 19, mas sob outra forma. O final do v. é de tradução incerta.
c) Os vv. 40-42 são acréscimo: o estratagema das flechas só tem razão de ser se Davi e Jônatas não podem se comunicar diretamente. Eles supõem os vv. 11-17.
d) Na encosta oriental do monte Escopo, a leste de Jerusalém, que estava ainda nas mãos dos cananeus e que se contornava para ir de Benjamim a Judá. O episódio prepara 22,9-23.

e) Filho de Aquitob (22,9) e descendente do sacerdote Eli de Silo (14,3); deve-se distingui-lo de Aías (14,3) que é sem dúvida seu irmão. O sacerdócio de Silo se refugiara em Nob depois do desastre do cap. 4.
f) Os pães de oblação. Eram reservados aos sacerdotes (Lv 24,5-9). No tempo de Davi, uma derrogação dessa lei era possível. Mas era necessário estar ritualmente puro.
g) Versículo difícil. Compreendemos: embora seja uma viagem profana, os homens comportaram-se como numa expedição militar, em que a continência era regra religiosa; suas "coisas" pode, por eufemismo, designar o membro viril.
h) Isto prepara 22,9-10.18.

porque a ordem do rei era urgente." ¹⁰Respondeu o sacerdote: "A espada de Golias, o filisteu, que mataste no vale do Terebinto, está ali, embrulhada num manto, atrás do efod.ᵃ Se quiseres tomá-la, toma-a; não há outra por aqui." Davi disse: "Não existe outra igual; dá-ma."

Davi com Aquisᵇ — ¹¹Naquele dia, levantou-se Davi e fugiu para longe de Saul, e foi a Aquis, rei de Gat. ¹²Mas os servos de Aquis disseram: "Não é este Davi, o rei da terra? Não era para ele que se cantavam as danças:

'Saul matou mil
mas Davi matou dez mil?' "

¹³Davi considerou essas palavras e ficou com muito medo de Aquis, rei de Gat. ¹⁴Então ele se fez de insensato diante deles, divagou nas suas mãos: traçava sinais nos batentes da porta e deixava a saliva escorrer pela barba. ¹⁵Aquis disse aos que o serviam: "Bem vedes que este homem está louco! Por que o trouxestes à minha presença? ¹⁶Será que tenho falta de loucos, para que me trouxésseis mais este para me aborrecer com suas doidices? Vai ele entrar na minha casa?"

3. DAVI, CHEFE DE BANDO

22 **Davi começa a sua vida errante** — ¹Davi partiu dali e se refugiou na caverna de Odolam.ᶜ Os seus irmãos e toda a sua família souberam disso e desceram ali para estar com ele. ²Todos os que se achavam em dificuldades, todos os endividados, todos os descontentes se reuniram ao seu redor, e o fizeram seu chefe. Ele reuniu assim cerca de quatrocentos homens.

³Dali, Davi se dirigiu a Masfa de Moab e disse ao rei de Moab: "Permite que meu pai e minha mãe migrem para vós,ᵈ até que eu saiba o que Deus fará por mim." ⁴Ele os conduziu ao rei de Moab, e ficaram com ele todo o tempo em que Davi esteve no seu refúgio.

⁵O profeta Gad,ᵉ porém, disse a Davi: "Não permaneças no refúgio, parte e entra no território de Judá." Davi foi e se encaminhou para a floresta de Haret.

Massacre dos sacerdotes de Nob — ⁶Saul teve notícia de que já se sabia onde estavam Davi e os que o acompanhavam. Saul estava em Gabaá, sentado debaixo da tamargueira no alto da colina, a sua lança na mão, e todos os seus oficiais estavam de pé junto dele. ⁷Então disse Saul a todos os oficiais que estavam de pé junto dele: "Ouvi, pois, benjaminitas! Dar-vos-á também, o filho de Jessé, a todos vós terras e vinhas, e vos nomeará chefes de mil e chefes de cem, ⁸para que todos conspireis contra mim? Ninguém me avisou quando meu filho fez aliança com o filho de Jessé. Nenhum dentre vós se inquiete por minha causa e não me revele que meu filho armou contra mim meu servo para me estender armadilhas, como hoje o vê."

⁹Então Doeg, o edomita, que estava de pé junto aos oficiais de Saul, tomou a palavra e disse: "Eu vi o filho de Jessé que foi a Nob, à casa de Aquimelec, filho de Aquitob, ¹⁰o qual consultou por ele a Iahweh e lhe deu víveres e tam-

---

a) Este efod de Nob reaparecerá em 23,6.9 e é suposto por 23,10.13.15. É ainda o efod divinatório (cf. 2,28+), um objeto relativamente grande (cf. Jz 8,26). A espada de Golias estava guardada atrás do efod, como um troféu (cf. 31,10).

b) Tradição independente sobre a fuga de Davi, que antecipa a narrativa do cap. 27 e sublinha com um traço humorístico a habilidade de Davi.

c) As grutas do deserto de Judá sempre serviram de refúgio para os fora-da-lei. Odolam era cidade da Sefelá ou planície.

d) Davi subtrai seus pais à vingança de Saul; ele tem laços familiares com Moab, segundo Rt 4,17; cf. Mt 1,5-6.

e) Ele continuou a ser o "vidente" de Davi (2Sm 24,11s).

bém a espada de Golias, o filisteu." ¹¹Então o rei mandou chamar o sacerdote Aquimelec, filho de Aquitob, e toda a sua família, os sacerdotes de Nob, e todos eles compareceram perante o rei.

¹²Disse Saul: "Ouve, filho de Aquitob!", e ele respondeu: "Aqui estou, senhor meu!" ¹³Saul lhe disse: "Por que conspirastes contra mim, o filho de Jessé e tu? Tu lhe deste pão e uma espada, e consultaste a Deus por ele, a fim de que ele se transformasse num inimigo contra mim, estendendo-me armadilhas, como hoje acontece." ¹⁴Aquimelec respondeu ao rei: "Quem, entre todos os teus servos, é tão fiel quanto Davi? Ele é o genro do rei, chefe[a] da tua guarda pessoal, honrado na tua casa? ¹⁵Foi porventura hoje que comecei a consultar a Deus por ele? Ai de mim! Não impute o rei a seu servo e a toda a sua família semelhante acusação. Porque o teu servo nada sabe de tudo isso, nem muito nem pouco." ¹⁶O rei replicou: "Tu morrerás, Aquimelec, tu e toda a tua família."

¹⁷E o rei disse aos da sua guarda pessoal: "Voltai-vos e matai os sacerdotes de Iahweh, porque eles também ajudaram Davi, porque souberam que fugiu e não me avisaram." Mas os oficiais do rei não quiseram levantar a mão contra os sacerdotes de Iahweh e matá-los. ¹⁸Então o rei disse a Doeg: "Tu, volta-te e mata os sacerdotes." Doeg, o edomita, voltou-se e matou-os, ele mesmo, naquele dia; matou oitenta e cinco homens que vestiam efod de linho. ¹⁹Quanto a Nob, a cidade dos sacerdotes, Saul a passou ao fio da espada, homens e mulheres, crianças e recém-nascidos, bois, jumentos e ovelhas.   2,31-33   2,18+

²⁰Somente escapou um filho de Aquimelec, filho de Aquitob. Chamava-se Abiatar, e fugiu para junto de Davi. ²¹Abiatar anunciou a Davi que Saul havia massacrado os sacerdotes de Iahweh, ²²e Davi lhe disse: "Eu senti naquele dia que Doeg, o edomita, que estava presente, certamente avisaria Saul! Fui eu que me voltei[b] contra os membros de tua família. ²³Fica comigo, não temas. Pois o que procurar a minha morte também procurará a tua. Comigo, estarás bem seguro."[c]

23 Davi em Ceila —
¹Levaram esta notícia a Davi: "Os filisteus sitiam Ceila e saqueiam as eiras." ²Davi consultou Iahweh: "Devo partir e atacar esses filisteus?" Respondeu Iahweh: "Vai, vencerás os filisteus e salvarás Ceila." ³Entretanto, os homens de Davi lhe disseram: "Nós, aqui em Judá, temos já tanto a temer, quanto mais se formos a Ceila contra as linhas dos filisteus!" ⁴Davi consultou novamente Iahweh, e Iahweh respondeu: "Parte! Desce a Ceila, porque entregarei os filisteus nas tuas mãos." ⁵Desceu, pois, Davi com os seus homens a Ceila, atacou os filisteus, tomou o seu gado e lhes infligiu uma grande derrota. Assim Davi livrou os habitantes de Ceila. ⁶Quando Abiatar, filho de Aquimelec, se refugiou junto a Davi, desceu a Ceila levando o efod consigo.[d]   22,20-23   2,28+

⁷Quando chegou a Saul a notícia de que Davi tinha entrado em Ceila, ele disse: "Deus o entregou[e] nas minhas mãos, porque caiu na armadilha entrando numa cidade de portas e ferrolhos!" ⁸Saul convocou todo o povo às *armas para descer* a Ceila; depois cercou Davi e seus homens. ⁹Davi soube que era contra ele que Saul maquinava maus propósitos, e disse ao sacerdote Abiatar: "Traze o efod." ¹⁰Disse Davi: "Iahweh, Deus de Israel, o teu servo ouviu dizer que Saul se prepara para vir a Ceila e destruir a cidade por minha   2,28+

---

a) Com o grego; "afastado" hebr.
b) Davi retoma o verbo utilizado por Saul nos vv. 17-18, mas com sentido diferente.
c) Abiatar continuou a ser o sacerdote de Davi até a morte deste. Foi afastado por Salomão (1Rs 2,26-27).

d) Esta observação prepara a consulta pelo efod logo em seguida, cf. v. 9.
e) Este verbo, como bem o compreendeu o grego, significa "vender"; essa ideia se encontra também em Jz 2,14; 3,8.

causa. ¹¹ᵃOs notáveis de Ceila me entregarão nas suas mãos? Saul descerá de fato, como entendeu o teu servo? Iahweh, Deus de Israel, faze-o saber a teu servo!" Iahweh respondeu: "Descerá." ¹²Davi indagou: "Entregar-me-ão os notáveis de Ceila a mim e aos meus homens, nas mãos de Saul?" Disse Iahweh: "Entregarão."ᵇ ¹³Então Davi partiu com seus homens, cerca de seiscentos; saíram de Ceila e andaram errantes. Informaram Saul que Davi escapara de Ceila, e ele abandonou o plano.

¹⁴Davi permaneceu no deserto nas falésias; permaneceu na montanha no deserto de Zif,ᶜ e Saul foi continuamente à sua procura, mas Deus não deixou Davi cair em suas mãos.

Davi em Horesa. Visita de Jônatasᵈ — ¹⁵Davi viu que Saul saía a campo para atentar contra a sua vida. Davi estava então no deserto de Zif, em Horesa. ¹⁶Jônatas, filho de Saul, levantou-se veio encontrar-se com Davi, em Horesa, e o confortou em nome de Deus. ¹⁷Disse-lhe: "Não temas, porque a mão de meu pai Saul não te atingirá. Tu reinarás sobre Israel, e eu serei o teu segundo. Até mesmo meu pai Saul bem sabe isso." ¹⁸Ambos concluíram um pacto diante de Iahweh. Davi ficou em Horesa, e Jônatas voltou para a sua casa.

Davi escapa de Saul por pouco — ¹⁹Algumas pessoas de Zif subiram a Gabaá para dizer a Saul: "Não está Davi escondido entre nós, nas falésias, em Horesa, na colina de Aquila, ao sul da estepe? ²⁰Agora, pois, ó rei, quando quiseres descer, desce: a nós cabe entregá-lo nas mãos do rei." ²¹Saul respondeu: "Sede benditos de Iahweh por terdes piedade de mim. ²²Ide, pois, assegurai-vos ainda, reconhecei e vede o lugar em que ele se encontra, que ele tem, pois disseram-me que ele é extremamente astuto. ²³Investigai e reconhecei todos os esconderijos em que ele pode se refugiar e, quando estiverdes bem seguros, vinde ver-me. Então, irei convosco e, se ele estiver na região, eu o perseguirei em todos os clãs de Judá."

²⁴Logo se puseram a caminho, na direção de Zif, precedendo Saul. Mas Davi e os seus homens estavam no deserto de Maon, na planície ao sul da estepe. ²⁵Saul e seus homens partiram em sua busca. Informaram Davi. Este desceu à Rochaᵉ e permaneceu no deserto de Maon. Saul ficou sabendo e perseguiu Davi no deserto de Maon. ²⁶Saul marchava de um lado da montanha; Davi e seus homens estavam do outro lado da montanha. Davi se apressava para se afastar de Saul. Saul e seus homens queriam cercar Davi e seus homens para capturá-los. ²⁷Um mensageiro veio dizer a Saul: "Apressa-te! parte, pois os filisteus invadiram a terra!" ²⁸Saul parou então de perseguir Davi e marchou ao encontro dos filisteus. É por isso que se chamou este lugar de Rocha das Hesitações.

= 26

24 **Davi poupa Saul** —
¹Davi saiu dali e se abrigou nas falésias de Enga-di.ᶠ ²Quando Saul voltou da perseguição aos filisteus, contaram-lhe: "Davi está no deserto de Engadi." ³Então Saul selecionou três mil homens, escolhidos entre todo o Israel, e saiu à procura de Davi e de seus homens, a leste das Rochas das Cabras Monteses. ⁴Chegou aos currais de ovelhas,ᵍ que

---

a) A primeira pergunta é repetida no v. 12 e é omitida no grego.

b) Davi salvou os habitantes de Ceila, mas fê-los pagar essa assistência vivendo com a tropa às custas deles (cf. 25,4-8+); então eles o traem e apelam para o poder regular (cf. 23,19-20; 24,2; 26,1).

c) Ao sul de Hebron. O v. liga o episódio de Ceila (vv. 1-13) ao de Zif (vv. 19-28).

d) Os vv. 15-18 pertencem às tradições sobre a amizade entre Davi e Jônatas (cf. particularmente 20,11-17). O anúncio da realeza de Davi é aqui explícito e Jônatas reserva para si o segundo lugar (v. 17). Isso não signi-fica que tenha havido complô dos dois amigos contra Saul (cf. 20,30; 22,8). Essas histórias são contadas à luz dos acontecimentos que seguirão.

e) *Sela'* tem aqui seu sentido primeiro de "corte na rocha". Saul e Davi seguem, não pelas duas vertentes de um lugar alto, mas as duas vertentes de uma garganta difícil de atravessar (v. 26). Cf. situações análogas em 26,13.22; 2Sm 16,13.

f) A "fonte do Cabrito", perto da margem do mar Morto, na latitude de Zif.

g) Cercados de um muro de pedras onde se guardam os rebanhos para passar a noite.

ficam perto do caminho; havia lá uma gruta, em que Saul entrou para cobrir os pés.[a] Davi e os seus homens estavam no fundo da caverna, [5]e os homens de Davi lhe disseram: "Chegou o dia em que Iahweh te diz: Eis que eu vou entregar o teu inimigo nas tuas mãos; faze com ele o que bem quiseres." Davi levantou-se e, furtivamente, cortou a orla do manto de Saul.[b] [6]Depois disso, o coração lhe batia fortemente por ter cortado a orla do manto de Saul. [7]E disse aos seus homens: "Que Iahweh me tenha como abominável se eu fizer isso ao meu senhor, o ungido de Iahweh,[c] levantando a mão contra ele, porque é o ungido de Iahweh." [8]Com essas palavras, Davi conteve os seus homens e impediu que se lançassem sobre Saul.

Este deixou a gruta e seguiu seu caminho. [9]Davi se levantou a seguir, saiu da gruta e lhe gritou: "Senhor meu rei!" Saul voltou-se e Davi se inclinou até o chão e se prostrou. [10]Depois Davi disse a Saul: "Por que ouves os que te dizem: 'Davi quer fazer-te mal'? [11]Hoje mesmo os teus olhos viram como Iahweh te entregava às minhas mãos, na gruta. Falaram em matar-te, mas eu te poupei e disse: Não levantarei a mão contra o meu senhor, porque ele é o ungido de Iahweh. [12]Ó meu pai, vê aqui na minha mão a orla do teu manto. Se cortei a orla do teu manto e não te matei, compreende e vê que não há maldade nem crime em mim. Não pequei contra ti, enquanto tu andas no meu encalço para me tirares a vida. [13]Iahweh seja juiz entre mim e ti, que Iahweh me vingue de ti, mas eu não levantarei a mão contra ti! [14]Como diz o antigo provérbio: Dos ímpios procede a impiedade, mas eu não levantarei a mão contra ti.[d] [15]Contra quem saiu em campanha o rei de Israel? Atrás de quem corres? Atrás de um cão morto, de uma pulga! [16]Que Iahweh seja juiz, e julgue entre mim e ti, que examine e defenda a minha causa e me faça justiça arrancando-me da tua mão!"

[17]Terminando Davi de falar a Saul, este lhe respondeu: "É mesmo a tua voz, meu filho Davi?", e Saul começou a gritar e a chorar. [18]Depois ele disse a Davi: "Tu és mais justo do que eu, porque me tens feito bem, e eu tenho-te feito mal. [19]Hoje, tu me revelaste a tua bondade, pois Iahweh me entregou nas tuas mãos e não me mataste. [20]Quando um homem encontra o seu inimigo, porventura deixa-o seguir tranquilamente o seu caminho? Que Iahweh te recompense pelo bem que hoje me fizeste. [21]Agora sei que sem dúvida reinarás e que o reino de Israel permanecerá em tua mão. [22]Jura-me, pois, por Iahweh, que não exterminarás a minha posteridade e não farás desaparecer o meu nome da casa de meu pai." [23]Então Davi fez o juramento a Saul.[e] E Saul voltou para a sua casa; mas Davi e os seus homens subiram para o refúgio.

25 *Morte de Samuel — História de Nabal e de Abigail* — [1]Faleceu Samuel. Todo o Israel se reuniu e guardou luto; e sepultaram-no na sua casa, em Ramá.

Davi partiu e desceu ao deserto de Farã.[f]

[2]Havia em Maon um homem que tinha propriedades em Carmel; era um homem muito rico: possuía mil ovelhas e mil cabras, e na ocasião estava *tosquiando as suas ovelhas* em Carmel. [3]O homem se chamava Nabal e a sua mulher, Abigail; mas, enquanto esta era sensata e muito bela, o homem era grosseiro e mau. Ele era calebita.

---

a) Eufemismo por satisfazer a uma necessidade natural.
b) Davi sente remorso (para a expressão, cf. 2Sm 24,10). Com efeito, as vestes são um substituto da pessoa (cf. 18,4); tocar na roupa é tocar na pessoa.
c) Provável glosa, pois o fim do v. retorna a essa designação do rei que, pela unção, se tornou pessoa sagrada.
d) Isto é: tocando nos maus acontece-vos uma desgraça. Provérbio inserido por glosador.
e) Os vv. 21-23a, que anunciam a realeza de Davi, são adição no gênero de 20,12-17.41-42; 23,15-18.
f) Região ao sul de Judá que se estende até a fronteira do Egito.

⁴Davi, tendo sabido no deserto que Nabal tosquiava as suas ovelhas, ⁵enviou-lhe dez moços aos quais disse:ᵃ "Subi a Carmel, ide ver Nabal e saudai-o em meu nome. ⁶Direis: "Que seja assim no próximo ano!ᵇ Paz a ti, paz à tua casa, paz a tudo o que te pertence! ⁷Soube que tens tosquiadores. Os teus pastores estiveram conosco; não os molestamos e nada do que lhes pertencia desapareceu enquanto estiveram em Carmel. ⁸Interroga os teus servos e eles te informarão. Possam os meus moços encontrar acolhimento por tua parte, porque viemos em dia festivo. Rogo-te, pois, que ofereças o que tiveres à mão a teus servos e a teu filho Davi'."

⁹Ao chegarem, os moços de Davi repetiram a Nabal todas essas palavras da parte de Davi, e esperaram. ¹⁰Mas Nabal, dirigindo-se aos enviados de Davi, lhes respondeu: "Quem é Davi e quem é o filho de Jessé? Muitos são hoje os servos que abandonam seus senhores. ¹¹Tomaria eu, portanto, do meu pão e da minha água, da minha carne que abati para os meus tosquiadores, e os daria de presente a indivíduos que ignoro de onde vêm?" ¹²Em vista disso, os moços de Davi retomaram o seu caminho e regressaram. Ao chegar, informaram Davi sobre todas essas palavras. ¹³Então Davi ordenou aos seus homens: "Cada um cinja a sua espada!" Cada um cingiu a sua espada, Davi cingiu também a sua, e cerca de quatrocentos homens partiram com Davi, enquanto duzentos ficaram com a bagagem.

¹⁴Ora, Abigail, a mulher de Nabal, tinha sido informada por um dos seus servos que lhe disse: "Davi mandou do deserto mensageiros para saudar nosso senhor, porém ele os expulsou. ¹⁵No entanto, aqueles homens foram sempre cordiais para conosco, nunca nos molestaram e, durante todo o tempo em que estivemos em contato com eles, quando estávamos no deserto, de nada sentimos falta. ¹⁶Noite e dia, eles foram como um muro protetor ao nosso redor, enquanto estivemos com eles apascentando o nosso rebanho. ¹⁷Agora, pois, considera o que podes fazer, porque a destruição do nosso senhor e de toda a sua casa é questão decidida, e ele é um homem vadio a quem não se pode dizer nada."

¹⁸Imediatamente, Abigail tomou duzentos pães, dois odres de vinho, cinco ovelhas preparadas, cinco medidas de trigo tostado, cem cachos de passas, duzentos doces de figo, arrumou tudo sobre jumentos ¹⁹e disse aos seus servos: "Ide na frente e eu vos seguirei", mas nada disse a Nabal, seu marido.

²⁰Enquanto ela, montada num jumento, descia beirando o monte, Davi e os seus homens também desciam em sua direção, e assim se encontraram. ²¹Ora, Davi dissera: "Foi, pois, em vão que protegi no deserto tudo o que era deste indivíduo e nada do que lhe pertencia se perdeu! E agora ele me retribui mal por bem! ²²Que Deus faça a Daviᶜ isto e lhe acrescente aquilo se, de agora até amanhã cedo, eu deixar com vida um só homem!"ᵈ ²³Quando Abigail viu Davi, apressou-se a descer do jumento e prostrou-se diante de Davi, com o rosto em terra. ²⁴Lançando-se aos seus pés, ela disse: "Ah! meu senhor, põe a culpa em mim! Deixa, pois, a tua serva falar aos teus ouvidos e escuta as palavras da tua serva! ²⁵Não dê o meu senhor atenção àquele homem grosseiro que é Nabal, nome que lhe vai bem. Ele se chama o Insensato,ᵉ e realmente é grosseiro. Eu, porém, tua serva, não vi os moços que o meu senhor enviou.

Rt 1,17 +

---

a) A tosquia das ovelhas é a ocasião de uma festa (2Sm 13,23s), na qual o proprietário rico deve mostrar-se generoso. Davi aproveita o momento para exigir a taxa que os nômades cobram antecipadamente das aldeias vizinhas para a "proteção" que lhes dão não as pilhando e afastando os assaltantes (v. 16). É o direito de "fraternidade".
b) Desejo de prosperidade que abre a saudação, pois se está no período da tosquia das ovelhas.
c) O hebr. lit.: "aos inimigos de Davi", o que é eufemismo, como em 20,16, para evitar que Davi seja posto diretamente em questão.
d) Lit.: "aquele que urina na parede".
e) Em hebr. *nabal* designa o insensato, que se conduz mal em relação a Deus e aos homens, ao mesmo tempo tolo, ímpio e mau (cf. Is 32,5s). A mulher aproxima Nabal de *nebalah*, a infâmia.

²⁶Agora, pois, meu senhor, pela vida de Iahweh e pela tua própria vida, foi Iahweh que te impediu de derramar sangue e de fazer justiça pelas tuas próprias mãos. Agora, que os teus inimigos e aqueles que buscam fazer mal ao meu senhor sejam como Nabal!*ᵃ* ²⁷Quanto ao presente que a tua serva traz ao meu senhor, seja ele dado aos moços que acompanham o meu senhor. ²⁸Perdoa, te peço, a falta da tua serva! Iahweh firmará a casa do meu senhor, porque o meu senhor combate as guerras de Iahweh e, ao longo da tua vida, não se achará nenhum mal em ti. ²⁹E se alguém se levantar para te perseguir e para atentar contra a tua vida, a vida do meu senhor estará guardada no bornal da vida*ᵇ* com Iahweh teu Deus, ao passo que a vida dos teus inimigos, ele a lançará fora como a pedra de uma funda. ³⁰E quando Iahweh cumprir todo o bem que predisse a respeito do meu senhor e te houver firmado como chefe em Israel, ³¹então não se perturbará o meu senhor nem sofrerá com o remorso por ter derramado sangue levianamente e ter feito justiça com as próprias mãos. Quando Iahweh te abençoar, lembra-te da tua serva."

³²Então Davi respondeu a Abigail: "Bendito seja Iahweh, Deus de Israel, que hoje te enviou ao meu encontro. ³³Bendita seja a tua sabedoria e bendita sejas tu por me teres impedido hoje de derramar sangue e fazer justiça com as minhas próprias mãos! ³⁴Mas, pela vida de Iahweh, Deus de Israel, que me impediu de te fazer o mal, se não tivesses vindo tão depressa à minha presença, eu juro que, de agora até ao amanhecer, não teria sobrado com vida um único dos homens que andam com Nabal." ³⁵Então Davi recebeu o que ela lhe havia trazido e lhe disse: "Volta em paz para a tua casa. Vê que ouvi a tua súplica e te atendi."

³⁶Quando Abigail voltou para Nabal, encontrou-o em festa em sua casa. Uma festa de rei: Nabal estava alegre e completamente embriagado e, por isso, até ao romper do dia, ela nada lhe revelou. ³⁷De manhã, quando Nabal acordou da bebedeira, sua mulher lhe contou o que acontecera, e ele sentiu o coração parar no seu peito, e ficou como pedra. ³⁸Dez dias se passaram, e então Iahweh feriu Nabal, e ele morreu.

³⁹Ouvindo que Nabal morrera, disse Davi: "Seja louvado Iahweh, que usou de justiça comigo pela afronta que recebi de Nabal, e que deteve o seu servo de cometer pecado. Iahweh fez recair sobre a cabeça do próprio Nabal o mal que planejara."

Davi mandou pedir a Abigail que se casasse com ele. ⁴⁰Os servos de Davi foram, pois, a Carmel para se encontrar com Abigail, e lhe disseram: "Davi nos mandou a ti para te levar, para seres sua mulher." ⁴¹Ela se levantou, prostrou-se com o rosto em terra, e disse: "Tua serva é como escrava para lavar os pés dos servos do meu senhor." ⁴²Apressadamente, Abigail se levantou e montou num jumento; seguida por cinco de suas servas, ela partiu, precedida dos mensageiros de Davi, que a tomou por mulher.

⁴³Davi tinha também tomado a Aquinoam de Jezrael, e ambas foram suas mulheres. ⁴⁴Saul tinha dado sua filha Micol, mulher de Davi, a Falti, filho de Lais, de Galim.

26

Davi poupa a vida de Saul*ᶜ* — ¹Então os zifeus vieram encontrar Saul em Gabaá e lhe disseram: "Não está Davi escondido na colina de Aquila, diante da estepe?" ²Saul pôs-se a caminho, em direção ao deserto de Zif, à frente de três mil homens, os melhores de Israel, para cercar Davi no deserto de Zif. ³Saul acampou na colina de Aquila, ao lado da estepe, perto

---

a) Partilhando de sua sorte trágica, que Abigail prevê.
b) Nele, Deus guarda como um tesouro, a vida de seus amigos. Imagem análoga à do "livro da vida" (Sl 69,29; Is 4,3; Dn 12,1; Ap 3,5).

c) A narrativa do cap. 26 é muito semelhante à do cap. 24. Ou são dois acontecimentos análogos, moldados na mesma forma pela tradição oral e depois postos por escrito; ou então, mais provavelmente, é duplicata,

do caminho. Davi morava no deserto e soube que Saul tinha vindo no seu encalço, no deserto. ⁴Davi despachou espias, que lhe informaram que de fato Saul havia chegado. ⁵Então Davi se pôs a caminho e chegou ao lugar onde Saul acampava. Viu o lugar onde estavam deitados Saul e Abner, filho de Ner, o chefe do seu exército; Saul estava deitado no interior do recinto e a tropa acampava ao redor dele.

⁶Voltando-se para Aquimelec, o heteu, e Abisaí, filho de Sárvia, irmão de Joab, Davi disse: "Quem descerá comigo ao acampamento, até Saul?" Abisaí respondeu: "Eu descerei contigo." ⁷Então Davi e Abisaí foram, de noite, até à tropa e encontraram Saul deitado e dormindo no interior do recinto; a sua lança fincada no chão, à sua cabeceira, e Abner e o exército dormindo ao seu redor.

⁸Abisaí disse então a Davi: "Deus entregou hoje o teu inimigo nas tuas mãos. Permite que eu o encrave no chão, de um só golpe, com a sua própria lança: não será necessário um segundo golpe." ⁹Mas Davi respondeu a Abisaí: "Não o faças perecer. Quem levantaria a sua mão contra o ungido de Iahweh e ficaria impune?" ¹⁰Disse ainda Davi: "Pela vida de Iahweh, Iahweh mesmo o ferirá, quando chegar a sua hora e ele morrerá, ou quando, no campo de batalha, for ferido. ¹¹Que Iahweh me tenha como abominável se eu levantar a mão contra o ungido de Iahweh! Apanha agora a lança que está à sua cabeceira e o cantil de água, e vamo-nos." ¹²Davi apanhou a lança e o cantil de água que estavam à cabeceira de Saul, e partiram: ninguém viu nada, ninguém percebeu coisa alguma, ninguém acordou; todos dormiam, porque um torpor vindo de Iahweh caíra sobre eles.

¹³Davi passou à outra banda,ᵃ pôs-se no cume do monte ao longe, de sorte que um grande espaço os separava. ¹⁴Então Davi gritou ao exército e a Abner, filho de Ner: "Não respondes, Abner?", disse ele. E Abner respondeu: "Quem és tu que gritas para o rei?" ¹⁵Davi disse a Abner: "Acaso não és homem? E quem há em Israel que seja como tu? Então, por que não guardaste o rei, teu senhor? Pois alguém do povo quis tirar a vida do rei, teu senhor. ¹⁶Não está certo o que fizeste. Pela vida de Iahweh, sois dignos de morte, porque não velastes por vosso senhor, o ungido de Iahweh. Olha e vê onde está a lança do rei e o cantil de água que estavam à sua cabeceira!"

¹⁷Então Saul reconheceu a voz de Davi, e disse: "Não é tua voz que ouço, meu filho Davi?" — "Sim, meu senhor e rei", respondeu Davi. ¹⁸E acrescentou: "Por que o meu senhor persegue seu servo? Que fiz eu? Que mal há em mim? ¹⁹Rogo-te, senhor meu rei, que ouças as palavras do teu servo: se é Iahweh que te impele contra mim, a oferenda do altar o apaziguará; se os homens, sejam malditos perante Iahweh, porque eles me caçaram hoje a ponto de me excluir da herança de Iahweh, dizendo: 'Vai, serve a outros deuses!'ᵇ ²⁰Não se derrame agora o meu sangue na terra, longe da presença de Iahweh!ᶜ Pois o rei de Israel saiu em campanha para procurar uma simples pulga,ᵈ como se estivesse caçando uma perdiz pelos montes."

²¹Saul disse: "Pequei! Volta, Davi, meu filho: nenhum mal te farei de agora em diante, pois tiveste hoje a minha vida em tão alto apreço! Sim, tenho agido insensatamente e me enganei muitíssimo." ²²Respondeu Davi: "Aqui está a lança do rei. Venha um dos moços buscá-la. ²³Iahweh retribuirá

---

duas maneiras paralelas de contar a generosidade de Davi e seu respeito religioso para com o caráter sagrado do rei, "o ungido de Iahweh" (cf. 9,26+).
a) Na outra vertente do vale.
b) Iahweh estava de tal modo ligado à terra de Israel, sua "herança", que se pensava não se poder honrá-lo no estrangeiro, onde reinavam outros deuses. Assim Naamã levará para Damasco um pouco de terra de Israel (2Rs 5,17). Forçar Davi a exilar-se é condená-lo a abandonar Iahweh.
c) No deserto, domínio dos espíritos malfazejos (Is 13,21; 34,13-14; Lv 16,10), Davi se sente já fora da presença de Iahweh.
d) Mesma fórmula que em 24,15.

a cada um segundo a sua justiça e a sua fidelidade: Iahweh te entregou hoje nas minhas mãos, e eu não quis estender a mão contra o ungido de Iahweh. ²⁴Assim como no dia de hoje a tua vida mereceu aos meus olhos tão alto apreço, assim também velará Iahweh pela minha vida e me livrará de todo o aperto."
²⁵Então Saul disse a Davi: "Bendito sejas, meu filho Davi! Certamente muitas coisas empreenderás, e terás êxito." Davi seguiu o seu caminho, e Saul voltou à sua casa.

4. DAVI ENTRE OS FILISTEUS

27 *Davi refugia-se em Gat* — ¹Disse Davi no seu coração: "Algum dia perecerei pelas mãos de Saul, e o melhor que devo fazer é salvar-me na terra dos filisteus.ᵃ Saul desistirá de me perseguir em todo o território de Israel, e assim escaparei das suas mãos." ²Então Davi se levantou e se pôs a caminho com os seus seiscentos homens, e foi ter com Aquis, filho de Maaca, rei de Gat. ³E Davi habitou junto de Aquis, em Gat, ele e os seus homens, cada qual com a sua família, Davi com as suas duas mulheres, Aquinoam de Jezrael e Abigail, que fora mulher de Nabal de Carmel. ⁴Saul foi informado de que Davi se refugiara em Gat, e cessou de persegui-lo.

Davi, vassalo de Aquis — ⁵Davi disse a Aquis: "Rogo-te que, se encontrei graça aos teus olhos, seja-me concedido um lugar numa das cidades do campo, onde possa morar. Por que continuaria o teu servo morando contigo na cidade real?" ⁶No mesmo dia, Aquis lhe deu Siceleg.ᵇ É por isso que Siceleg pertence aos reis de Judáᶜ até os dias de hoje. ⁷O tempo em que Davi permaneceu no território dos filisteus foi um ano e quatro meses.
⁸Davi e os seus homens faziam incursões contra os gessuritas, os gersitas e os amalecitas, tribos que habitam a região que vai de Telém,ᵈ na direção de Sur, até a terra do Egito. ⁹Davi devastava a terra, não deixava com vida nem homem nem mulher, arrebatava ovelhas e vacas, jumentos, camelos e roupa, e retornava com tudo a Aquis. ¹⁰Quando Aquis perguntava: "Onde foi a incursão hoje?", Davi respondia que tinha sido contra o Negueb de Judá ou o Negueb de Jerameel ou o Negueb dos quenitas.ᵉ ¹¹Davi não deixava com vida nem homem nem mulher que trouxesse a Gat, para que ninguém ficasse para acusá-lo, dizendo: "Aí está o que fez Davi!" Assim foi o comportamento dele, todo o tempo em que esteve no território dos filisteus. ¹²Aquis confiava em Davi e dizia: "Ele se tornou odioso a todo o Israel, seu próprio povo, e por isso continuará para sempre meu servo."

28 *Os filisteus fazem guerra contra Israel* — ¹Ora, nesse tempo, os filisteus reuniram os seus exércitos para atacar Israel, e Aquis disse a Davi: "Saibas que irás com o meu exército, tu e os teus homens." ²Davi respondeu a Aquis: "Então agora verás o que é capaz de fazer o teu

---

a) Era um meio seguro de escapar de Saul, mas essa passagem aparente para o lado do inimigo punha Davi numa situação falsa, da qual ele só sairá por sua habilidade (vv. 8-12) e ajudado pelas circunstâncias (cap. 29).
b) Na fronteira da Filisteia, a nordeste de Bersabeia. Aquis dá a cidade como feudo a Davi, contando com sua tropa para fazer o policiamento do deserto vizinho.
c) Quer dizer, era terra do domínio privado do rei.
d) Este nome, conservado por alguns mss gregos, encontra-se já em 15,4; "desde sempre" (*meʻôlam*), hebr.
e) O Negueb é a região, pouco habitada e principalmente pastoril, que se estende ao sul da Palestina. Pertence aos judaítas (tribo de Judá) e a seus aliados, como os quenitas (cf. também 30,14). Davi apresenta como dirigidas contra eles suas incursões contra os larápios do deserto, com as quais, ao contrário, ele se concilia com os judaítas.

servo."ᵃ Então Aquis disse a Davi: "E eu te nomeio meu perpétuo guarda pessoal."

= 25,1 **Saul e a feiticeira de Endor**ᵇ — ³Samuel tinha morrido, e todo o Israel o tinha lamentado, e o sepultaram em Ramá, sua cidade. Saul havia expulsado da terra os necromantes e os adivinhos.

⁴Entretanto, os filisteus se reuniram e vieram acampar em Sunam.ᶜ Saul reuniu todo o Israel e acamparam em Gelboé. ⁵Quando Saul viu o exército dos filisteus acampado, encheu-se de medo e o seu coração se perturbou. ⁶Saul
14,41+ consultou Iahweh, mas Iahweh não lhe respondeu, nem por sonho, nem pela
Ex 33,7+ sorte, nem pelos profetas. ⁷Saul disse então aos seus servos: "Buscai-me uma mulher que pratique a adivinhação para que eu lhe fale e a consulte." E os servos lhe responderam: "Há mulher que pratica a adivinhação em Endor."

1Rs 14,2 ⁸Então Saul disfarçou-se, vestiu outra roupa e, de noite, acompanhado de dois homens, foi ter com a mulher, e lhe disse: "Peço-te que pratiques por mim a adivinhação, evocando para mim quem eu te disser." ⁹A mulher, porém, lhe respondeu: "Tu bem sabes o que fez Saul, expulsando do país os necromantes e adivinhos. Por que me armas uma cilada para que eu seja morta?" ¹⁰Então Saul jurou-lhe por Iahweh, dizendo: "Pela vida de Iahweh, nenhum mal te
Eclo 46,20 acontecerá por causa disso." ¹¹Disse a mulher: "A quem chamarei para ti?" Ele respondeu: "Chama Samuel."

¹²Então a mulher viu Samuel e, soltando um grito medonho, disse a Saul: "Por que me enganaste? Tu és Saul!"ᵈ ¹³Disse-lhe o rei: "Não temas! Mas o que vês?" E a mulher respondeu a Saul: "Vejo um deusᵉ que sobe da terra."ᶠ ¹⁴Saul indagou: "Qual é a sua aparência?" A mulher respondeu: "É um velho que está subindo; veste um manto." Então Saul viu que era Samuel e, inclinando-se com o rosto no chão, prostrou-se.

¹⁵Samuel disse a Saul: "Por que perturbas o meu descanso evocando-me?" Saul respondeu: "É que estou em grande angústia. Os filisteus guerreiam contra mim, Deus se afastou de mim, não me responde mais, nem pelos profetas nem por sonhos. Então vim te chamar para que me digas o que tenho de fazer."
15,27-28 ¹⁶Respondeu Samuel: "Por que me consultas, se Iahweh se afastou de ti e se tornou teu adversário? ¹⁷Iahweh fez por outro como te havia dito por meu intermédio: tirou das tuas mãos a realeza e a entregou a Davi, ¹⁸porque não obedeceste a Iahweh e não executaste o ardor de sua ira contra Amalec. Foi
31,2-6 por isso que Iahweh te tratou hoje assim. ¹⁹Como consequência, Iahweh entregará, juntamente contigo, o teu povo Israel nas mãos dos filisteus. Amanhã,

---

a) Resposta ambígua, que Aquis toma como anúncio de proezas de guerra. Davi conta com as circunstâncias para ser dispensado de combater Israel; elas o ajudaram, de fato (cap. 29).

b) A necromancia era praticada em Israel (2Rs 21,6; Is 8,19), embora fosse proibida pela Lei (Lv 19,31; 20,6.27; Dt 18,11, e aqui mesmo, v. 9). Enquanto o narrador parece partilhar a crença popular na aparição de espíritos, embora considerando a invocação deles como ilícita, os Padres da Igreja e os comentadores se preocuparam em dar uma explicação do fato: intervenção divina, intervenção demoníaca, charlatanice da mulher. Pode-se admitir que a cena já sendo uma das sessões desse gênero, com credulidade por parte de Saul e charlatanice por parte da mulher, mas que Deus permitiu à alma de Samuel que se manifestasse verdadeiramente (donde o susto da mulher) e que anunciasse o futuro (cf. 1Cr 10,13 [LXX]; Eclo 46,20). Pode-se crer mais simplesmente, que o narrador utilizou essa encenação para exprimir mais uma vez a rejeição de Saul e sua substituição por Davi, um fio condutor de todas essas histórias (comparar o v. 17 com 15,28 e a referência a Amalec no v. 18, mas também 13,14; 16,1; 23,17; 24,21; 25,30).

c) Na planície de Jezrael. O monte Gelboé fecha essa planície ao sul de Sunam. Endor está ao pé do Tabor e ao norte de Sunam. Saul, para chegar lá, devia, pois, contornar o acampamento filisteu.

d) A mulher conhece o relacionamento que Samuel teve com Saul. Se, para seu grande assombro, o profeta defunto se manifesta, é porque o consulente é o rei de Israel.

e) Em hebr. um "elohim", um ser sobre-humano (cf. Gn 3,5; Sl 8,6). Só aqui aplicado aos mortos.

f) Ele sobe do Xeol, a morada subterrânea dos mortos (cf. Nm 16,33).

tu e os teus filhos estareis comigo;[a] e o exército de Israel também: Iahweh o entregará nas mãos dos filisteus."

[20]Imediatamente, Saul caiu estendido no chão, terrificado pelas palavras de Samuel e também enfraquecido por não se ter alimentado todo o dia e toda a noite. [21]A mulher aproximou-se de Saul e, vendo-o tão perturbado, disse-lhe: "A tua serva te obedeceu; arriscando a minha vida, obedeci às ordens que me deste. [22]Agora, eu te suplico, ouve também as palavras da tua serva: deixa-me servir-te um pedaço de pão, e come; assim terás forças para voltar." [23]Ele, porém, recusou: "Não comerei", disse. Mas os seus servos instaram com ele, bem como a mulher, e ele cedeu; levantou-se do chão e assentou-se no leito. [24]A mulher tinha uma novilha cevada. Rapidamente a abateu, tomou farinha, amassou-a e cozinhou pães sem fermento. [25]Serviu a Saul e aos que estavam com ele. Eles comeram e depois se levantaram e partiram naquela mesma noite.

29 *Davi é despedido pelos chefes filisteus*[b] —
[1]Os filisteus concentraram todas as suas tropas em Afec, e Israel acampou junto à fonte que existe em Jezrael. [2]Os chefes dos filisteus desfilavam por centenas e por milhares, enquanto Davi e os seus homens iam à retaguarda com Aquis. [3]Os chefes dos filisteus se perguntaram: "Que estão fazendo aqui estes hebreus?", e Aquis respondeu aos chefes dos filisteus: "É Davi, o servo de Saul, rei de Israel! Há dias e anos[c] que está comigo e não encontrei nele nenhum motivo de censura, desde o dia em que entrou ao meu serviço até agora." [4]Os chefes dos filisteus se opuseram a ele e lhe disseram: "Manda que este homem vá embora, que volte ao lugar em que o colocaste antes. Não venha ele conosco à batalha, para que não se torne para nós um adversário durante o combate. Pois, como agradaria ele mais ao seu senhor senão com a cabeça dos homens que temos aqui? [5]Por acaso não é este aquele Davi de quem se cantava dançando:

'Saul matou mil
mas Davi matou dez mil'?"

[6]Então Aquis mandou chamar Davi e lhe disse: "Pela vida de Iahweh, tu és leal e eu gostaria que entrasses e saísses comigo no exército, porquanto nada de desonroso achei em ti, desde o primeiro dia até hoje. Mas não és bem-visto pelos príncipes. [7]Por isso, volta e vai em paz, para que não desagrades aos príncipes dos filisteus."

[8]Davi respondeu a Aquis:[d] "Que te fiz eu de censurável, desde o dia em que entrei ao teu serviço até agora, que me impeça de combater ao lado do meu senhor e rei contra os meus inimigos?" [9]Respondeu Aquis a Davi: "É verdade que tu me tens sido agradável como um anjo de Deus. Só que os chefes dos filisteus disseram: 'Que ele não suba à guerra conosco!' [10]Parte, portanto, amanhã bem cedo com aqueles servos do teu senhor que vieram contigo, e ide para o lugar que vos indiquei. Não guardes no teu coração nenhum ressentimento, porque tu me és agradável.[e] Levantai-vos de madrugada e parti bem cedo de manhã."

[11]Davi e os seus homens se levantaram bem cedo para partir pela manhã, e voltar à terra dos filisteus. E os filisteus subiram a Jezrael.

30 *Campanha contra os amalecitas* —
[1]Davi e os seus homens chegaram a Siceleg ao terceiro dia. Os amalecitas haviam feito uma incursão no Negueb e em Siceleg. Devastaram Siceleg e a incendiaram. [2]Fizeram prisio-

---

a) No Xeol, morada comum de todos os mortos, bons ou maus (cf. Nm 16,33+).
b) Continuação imediata de 28,2.
c) Fórmula que deixa entender longa estada de Davi junto de Aquis (cf. 27,7).
d) Davi, salvo pela decisão de Aquis de uma situação embaraçosa, não deixa de fazer o papel de homem fiel ofendido.
e) O texto é restabelecido a partir do grego na sequência de uma omissão no hebr.

neiras as mulheres que ali se achavam, pequenas e grandes. Não mataram ninguém, mas as levaram consigo, e continuaram o seu caminho. ³Logo que Davi e os seus homens chegaram à cidade, viram que ela fora incendiada e que as suas mulheres, os seus filhos e filhas tinham sido capturados. ⁴Então Davi e a tropa que estava com ele prorromperam em gritos e choraram até não terem mais força para chorar. ⁵As duas mulheres de Davi tinham sido capturadas, Aquinoam de Jezrael e Abigail, a que fora mulher de Nabal de Carmel.

⁶Davi estava em profunda amargura, porque a tropa falava em apedrejá-lo. Com efeito, a tropa estava cheia de amargura, por causa dos seus filhos e filhas. Mas Davi encontrou ânimo em Iahweh, seu Deus. ⁷Disse Davi ao sacerdote Abiatar, filho de Aquimelec: "Rogo-te, traze-me o efod", e Abiatar trouxe o efod a Davi. ⁸Então Davi consultou Iahweh e lhe disse: "Perseguirei esse bando? Alcançá-los-ei?" A resposta foi: "Persegue-os, porque certamente os alcançarás e libertarás os teus." ⁹Davi partiu com os seiscentos homens que estavam com ele, e chegaram à torrente de Besor.[a] ¹⁰Davi continuou a perseguição com quatrocentos homens, mas duzentos ficaram, porque estavam muito cansados para atravessar a torrente de Besor.

¹¹Encontraram um egípcio no campo e o pegaram para levá-lo a Davi. Ofereceram-lhe pão, que ele comeu, e deram-lhe água para beber. ¹²Deram-lhe também um pouco de massa de figos secos e dois cachos de passas. Ele comeu e suas forças se recuperaram, pois durante três dias e três noites não comera nem bebera nada. ¹³Davi lhe perguntou: "A quem pertences e de onde és?" Ele respondeu: "Eu sou egípcio, escravo de um amalecita. Meu senhor me abandonou porque adoeci faz hoje três dias. ¹⁴Fizemos uma incursão contra o Negueb dos cereteus[b] e o de Judá e o Negueb de Caleb, e incendiamos Siceleg." ¹⁵Perguntou-lhe Davi: "Poderias guiar-me até esse bando de assaltantes?" Ele respondeu: "Jura-me por Deus que não me matarás nem me entregarás às mãos do meu senhor, e te guiarei até esse bando."

¹⁶Então levou-os até onde se achavam, e eis que estavam espalhados por toda a região, comendo, bebendo e festejando os despojos que haviam carregado da terra dos filisteus e da terra de Judá. ¹⁷Davi os feriu desde a alvorada até à tarde do dia seguinte. Ninguém escapou, exceto quatrocentos jovens que fugiram em camelos. ¹⁸Davi recuperou tudo o que os amalecitas tinham carregado. Davi recuperou também suas duas mulheres. ¹⁹Não faltava ninguém, pequenos e grandes, filhos e filhas, nem nada do despojo, nem de tudo o que haviam saqueado: Davi recuperou tudo. ²⁰Davi tomou todo o gado miúdo; quanto ao gado graúdo, foi encaminhado à frente desse rebanho, e disseram: "Eis o despojo de Davi!"

²¹Davi chegou junto dos duzentos homens que, de tão cansados, não o puderam seguir e tinham ficado na torrente de Besor. Saíram ao encontro de Davi e da tropa que o acompanhava; Davi se aproximou com a tropa e os saudou. ²²Todos os malvados e vadios que havia entre os que tinham acompanhado Davi disseram: "Visto que eles não marcharam comigo,[c] nada dos despojos que salvamos lhes deve ser dado, exceto a cada qual sua mulher e seus filhos: que os recebam e se vão!" ²³Porém, Davi disse: "Não, irmãos meus, não agireis assim com o que nos deu Iahweh. Ele nos protegeu e entregou nas mãos o bando que veio contra nós. ²⁴Quem vos ouviria nesse assunto? Porque:

---

a) O texto hebr. acrescenta: "e o restante ficou", glosa tirada do v. 10.
b) Os cereteus são aparentados com os filisteus, e Davi recrutará entre eles uma parte de sua guarda (2Sm 8,18; 15,18 etc.).
c) Os que falam agem como se cada um deles fosse o único vencedor. É esquecer a solidariedade com os outros e Davi. Este os interpela, usando o termo "irmão".

A parte do que desceu ao combate
é a parte do que ficou com as bagagens.
Faça-se a divisão equitativamente."

²⁵E, a partir desse dia, foi um estatuto e uma norma para Israel que persistem até o dia de hoje.

²⁶Chegando a Siceleg, Davi enviou partes de despojo aos anciãos de Judá, seus próximos, com esta mensagem: "Aqui vai um presente para vós do que foi tomado dos inimigos de Iahweh", ²⁷aos de Betul,ᵃ aos de Ramá do Negueb, aos de Jatir, ²⁸aos de Aroer, aos de Sefamot, aos de Estemo, ²⁹aos de Racal, aos das cidades de Jerameel, aos das cidades dos quenitas, ³⁰aos de Horma, aos de Bor-Asã, aos de Atar, ³¹aos de Hebron e a todos os lugares onde tinham passado Davi e seus homens.ᵇ

31 Batalha de Gelboé. Morte de Saulᶜ

— ¹Entretanto, os filisteus atacaram Israel, e os homens de Israel fugiram perseguidos por eles e caíram, feridos de morte, no monte Gelboé. ²Os filisteus fizeram o cerco a Saul e seus filhos, e mataram Jônatas, Abinadab e Melquisua, filhos de Saul. ³Todo o peso do combate se concentrou sobre Saul. Os atiradores, homens armados de arco, o descobriram, e ele tremeu fortemente à vista dos atiradores. ⁴Então disse Saul ao seu escudeiro: "Desembainha a tua espada e transpassa-me, para que não venham esses incircuncisos e escarneçam de mim." Mas o seu escudeiro não quis obedecer-lhe, pois tinha muito medo. Então Saul tomou sua espada e lançou-se sobre ela. ⁵Vendo que Saul estava morto, também o escudeiro se lançou sobre a sua espada e morreu com ele. ⁶Assim morreram juntos naquele dia, Saul, os seus três filhos, o seu escudeiro e todos os seus homens. ⁷Quando os homens de Israel que estavam no outro lado do vale e os que estavam na outra margem do Jordão viram que os israelitas tinham fugido e que Saul e os seus filhos tinham perecido, abandonaram as suas cidades e fugiram. Os filisteus vieram e se estabeleceram ali.

⁸No dia seguinte, quando os filisteus vieram para despojar as vítimas, acharam Saul e os seus três filhos que jaziam no monte Gelboé. ⁹Cortaram-lhe a cabeça e despojaram-no das suas armas, e os enviaram à redondeza, pelo território dos filisteus, para anunciar a notícia em seus templosᵈ e ao povo. ¹⁰Depuseram suas armas no templo de Astarte e fixaram o seu cadáver no muro de Betsã.

¹¹Assim que os habitantes de Jabes de Galaadᵉ souberam o que os filisteus tinham feito com Saul, ¹²todos os valentes se puseram a caminho e, depois de terem andado a noite toda, retiraram do muro de Betsã os corpos de Saul e os dos seus filhos. Voltando a Jabes, aí eles os queimaram.ᶠ ¹³Depois recolheram os seus ossos e os enterraram debaixo da tamargueira de Jabes, e jejuaram durante sete dias.ᵍ

---

a) "Betul", conj.; "Betel", hebr., mas a cidade deve situar-se como as outras no sul judaíta, que é o caso de Betul, cf. Js 19,4; 1Cr 4,30.
b) É um modo de pagar a hospitalidade recebida e, principalmente, de conquistar amigos que levarão Davi ao trono (2Sm 2,4). As cidades citadas localizam-se todas ao sul de Hebron.
c) Continuação do cap. 28.
d) Tradução incerta "no templo de seus ídolos", hebr.
e) Eles haviam sido salvos por Saul (cap. 11) e querem prestar-lhe as últimas homenagens.
f) Costume estranho a Israel.
g) A respeito do jejum pelos mortos, cf. 2Sm 1,12; 3,35; e opor 2Sm 12,23. Sobre o luto de sete dias, cf Gn 50,10; Jt 16,24; Eclo 22,12.

SEGUNDO LIVRO DE SAMUEL

1 *Davi toma conhecimento da morte de Saul*[a] — ¹Depois da morte de Saul, Davi, ao voltar da vitória sobre os amalecitas, ficou dois dias em Siceleg. ²No terceiro dia, chegou um homem que vinha do acampamento, de junto de Saul. Tinha as vestes rasgadas e a cabeça coberta de pó. Ao chegar perto de Davi, atirou-se por terra e se prostrou. ³Disse-lhe Davi: "De onde vens?" Ele respondeu: "Escapei com vida do acampamento de Israel." ⁴Davi perguntou: "Que aconteceu? Dize logo!" O homem disse: "As tropas fugiram do campo de batalha, e muitos caíram e estão mortos. O próprio Saul e seu filho Jônatas pereceram!"

⁵Perguntou Davi ao que trouxera a notícia: "Como sabes que Saul e o seu filho Jônatas estão mortos?" ⁶O mensageiro respondeu: "Eu estava casualmente no monte Gelboé e vi quando Saul se atirou sobre a própria lança, quando se aproximavam os carros e cavaleiros. ⁷Ele voltou-se, viu-me e me chamou. Eu disse: 'Eis-me aqui!' ⁸Ele perguntou-me: 'Quem és tu?' E eu lhe disse: 'Sou um amalecita.' ⁹Ele então me disse: 'Aproxima-te e mata-me porque estou com muita vertigem, apesar de sentir a vida toda em mim.' ¹⁰Então me aproximei dele e lhe dei a morte, porque eu sabia que ele não poderia sobreviver, tendo caído. Depois apanhei o diadema que ele trazia na cabeça e o bracelete que estava no seu braço e os trouxe ao meu senhor."

¹¹Então Davi apanhou as suas vestes e as rasgou, e todos os homens que o acompanhavam fizeram o mesmo. ¹²Lamentaram-se, choraram e jejuaram até à tarde por Saul e por Jônatas, seu filho, e por causa do povo de Iahweh e da casa de Israel, porque haviam caído pela espada.

¹³Davi perguntou ao moço que lhe trouxera as notícias: "De onde és tu?" Ele respondeu: "Eu sou filho de um migrante amalecita." ¹⁴Disse-lhe Davi: "Como não receaste levantar a mão contra o ungido de Iahweh para tirar-lhe a vida?" ¹⁵Davi chamou um dos moços e disse: "Aproxima-te e mata-o!" O moço o golpeou e ele morreu. ¹⁶Disse-lhe Davi:[b] "Que o teu sangue caia sobre a tua cabeça, porque a tua boca testemunhou contra ti quando disseste: 'Fui eu quem matou o ungido de Iahweh'."

Elegia de Davi sobre Saul e Jônatas — ¹⁷Davi compôs a seguinte lamentação sobre Saul e seu filho Jônatas. ¹⁸Ele disse (para ensinar os filhos de Judá a manejar o arco; está escrito no Livro do Justo):[c]

¹⁹"Pereceu o esplendor de Israel nas tuas alturas!
  Como caíram os heróis?

²⁰Não o publiqueis em Gat,
  não o anuncieis nas ruas de Ascalon,
  que não se alegrem as filhas dos filisteus,
  que não exultem as filhas dos incircuncisos!

---

a) Outra tradição concernente à morte de Saul. A narrativa, que é a continuação direta de 1Sm 30, é também compósita: segundo uma forma da tradição, um homem *do exército vem anunciar a morte de Saul e de Jônatas*; Davi e o povo fazem luto (vv. 1-4.11-12). Segundo a outra forma, um jovem amalecita vangloriava-se de ter matado Saul e traz as insígnias reais, esperando uma recompensa; é executado por ordem de Davi (vv. 5-10.13-16).

b) Davi dirige-se ao morto; seu sangue não clamará vingança (contra Davi), pois ele foi justamente executado (cf. 1Rs 2,32).
c) A lamentação (vv. 19-27) acompanhava, sem dúvida, os exercícios de tiro ao arco (cf. 2Sm 22,35). O "livro do Justo" é antiga coletânea poética perdida, igualmente citada em Js 10,13.

²¹ Montanhas de Gelboé,
nem orvalho nem chuva se derramem sobre vós,
campos férteis,ᵃ
pois foi maculado o escudo dos heróis!

O escudo de Saul não foi ungido com óleo,
²² mas com o sangue dos feridos,
com a gordura dos guerreiros;
o arco de Jônatas jamais hesitou,
nem a espada de Saul voltou inútil.

²³ Saul e Jônatas, amados e encantadores,
na vida e na morte não se separaram.
Mais do que as águias eram velozes,
mais do que os leões eram fortes.

²⁴ Filhas de Israel, chorai sobre Saul,
que vos vestiu de escarlate e de adornos,
que adornou com ouro
os vossos vestidos.

²⁵ Como caíram os heróis
no meio do combate?
Jônatas, ferido de morte sobre tuas alturas.ᵇ

²⁶ Que sofrimento tenho por ti, meu irmão Jônatas.
Tu tinhas para mim tanto encanto,
a tua amizade me era mais cara
do que o amor das mulheres.

²⁷ Como caíram os heróis
e pereceram as armas de guerra?"

Dt 33,13
Gn 27-28
Is 21,5

1Sm 14,47

Jz 5,30

IV. Davi

1. DAVI, REI DE JUDÁ

2 *Sagração de Davi em Hebron* — ¹Depois disso, Davi consultou Iahweh nestes termos: "Subirei a uma das cidades de Judá?", e Iahweh lhe respondeu: "Sobe!" Davi perguntou: "A qual subirei?", e a resposta foi: "A Hebron."ᶜ ²Davi subiu para lá, e também as suas duas mulheres, Aquinoam de Jezrael e Abigail, a mulher de Nabal de Carmel. ³Quanto aos homens que estavam com ele, Davi os fez subir cada um com a sua família, e se fixaram nas aldeias de Hebron.ᵈ ⁴Vieram os homens de Judá e ali ungiram a Davi rei sobre a casa de Judá.ᵉ

1Sm 2,28+

Mensagem ao povo de Jabes — Comunicaram a Davi que os habitantes de Jabes de Galaad tinham dado sepultura a Saul. ⁵Então Davi enviou mensageiros aos habitantes de Jabes, dizendo: "Benditos sejais de Iahweh, por terdes realizado este ato de fidelidade para com Saul, vosso senhor, e lhe terdes

1Sm 31,11-13

---

a) A natureza deve participar da dor de Davi; a ausência de chuva impedirá a fertilidade do solo.
b) O poema retoma aqui a expressão da abertura (v. 19), mas desta vez o nome de Jônatas é pronunciado.
c) Hebron era a cidade mais importante de Judá. Por ocasião da conquista, ela fora tomada e ocupada pelos calebitas (Js 15,13s; Jz 1,20), mas estes logo haviam sido assimilados pelos judaítas.
d) Aldeias dependentes de Hebron.
e) Davi granjeara simpatias entre os de Judá (1Sm 27,10-12; 30,26-31). Mais tarde, Davi será ungido pelos anciãos de Israel (5,3). Essa tradição ignora a unção

dado sepultura! ⁶Que Iahweh aja para convosco com fidelidade e lealdade; eu também agirei convosco segundo a mesma bondade, pois agistes assim. ⁷E agora, que vossas mãos sejam firmes. Sede fortes, porque Saul vosso rei está morto. Quanto a mim, a casa de Judá já me sagrou seu rei."ᵃ

Abner impõe Isbaal como rei de Israel — ⁸Abner, filho de Ner, chefe do exército de Saul, tinha levado consigo Isbaal,ᵇ filho de Saul, e o tinha feito ir a Maanaim.ᶜ ⁹Ele o estabeleceu como rei sobre Galaad, sobre os assuritas,ᵈ sobre Jezrael, Efraim, Benjamim, e sobre todo o Israel. ¹⁰Isbaal, filho de Saul, tinha quarenta anos quando se tornou rei de Israel, e reinou dois anos. Somente a casa de Judá seguia a Davi. ¹¹O tempo que Davi reinou em Hebron sobre a casa de Judá foi de sete anos e seis meses.

Guerra entre Judá e Israel. Batalha de Gabaon — ¹²Abner, filho de Ner, e os servos de Isbaal, filho de Saul, saíram de Maanaim rumo a Gabaon. ¹³Joab, filho de Sárvia, e os servos de Davi saíram também e se defrontaram perto do açude de Gabaon.ᵉ Estes pararam de um lado do açude, e aqueles do outro.

¹⁴Abner disse a Joab: "Que os jovens se levantem e lutem diante de nós."ᶠ Joab respondeu: "Que lutem!" ¹⁵Vieram eles e foram contados: doze de Benjamim, por Isbaal, filho de Saul, e doze dentre os servos de Davi. ¹⁶Cada um deles agarrou a cabeça do adversário e meteu-lhe a espada no flanco, e desse modo caíram todos juntos. É por isso que se chama a esse lugar de Campo dos Rochedos; fica em Gabaon.

¹⁷Então travou-se naquele dia uma batalha encarniçada, na qual Abner e os de Israel foram vencidos na presença dos servos de Davi. ¹⁸Estavam lá os três filhos de Sárvia: Joab, Abisaí e Asael. Ora, Asael era rápido na corrida como as gazelas selvagens. ¹⁹Ele se lançou em perseguição de Abner, e o seguiu sem se desviar nem para a direita nem para a esquerda. ²⁰Abner olhou para trás e disse: "És tu, Asael?", e ele respondeu: "Sou eu." ²¹Então disse Abner: "Vai para a direita ou para a esquerda, agarra um dos meus moços e apossa-te dos seus despojos." Mas Asael não quis abandonar a perseguição dele. ²²Abner insistiu com Asael: "Afasta-te de mim! É preciso que eu te fira no chão? E como poderia encarar o rosto de teu irmão Joab?"ᵍ ²³Como ele se recusasse a afastar-se, Abner lhe perfurou o ventre com o couto da sua lança, que lhe saiu pelas costas. Ele caiu ali e morreu no mesmo lugar. E todos os que iam chegando ao lugar onde Asael caíra e morrera, paravam.

²⁴Joab e Abisaí se lançaram em perseguição de Abner e, ao pôr do sol, chegaram à colina de Ama, que está a leste de Gaia, no caminho do deserto de Gabaon. ²⁵Os benjaminitas se concentraram atrás de Abner em formação cerrada, e pararam no alto de uma colina. ²⁶Abner gritou na direção de Joab e disse: "Devorará a espada para sempre? Não sabes que no fim só restará amargura? Que estás esperando para ordenar à tropa que cesse de perseguir seus irmãos?" ²⁷Respondeu Joab: "Pela vida de Deus, se não tivesses falado, só pela manhã a tropa teria desistido de perseguir cada um a seu irmão."ʰ

---

de Davi por Samuel, quando ainda era jovem (1Sm 16,1-13).
a) Davi convida os jabesitas a reconhecê-lo como sucessor de Saul. Não temos a resposta deles, mas não podiam permanecer fora da órbita de Israel.
b) Este filho de Saul é chamado ora Isbaal (cf. 1Cr 8,33; 9,39), ora Isboset, em que o termo *baal* é substituído pelo termo *boshet*, vergonha, mas trata-se da mesma pessoa.
c) Cidade da Transjordânia (cf. Gn 32,3 e 2Sm 17, 24).

d) Gentilício de origem desconhecida, a não ser que se leia "aseritas", cf. Jz 1,32.
e) Cerca de dez km ao norte de Jerusalém (cf. Jr 41,12).
f) Abner propõe resolver a questão por meio de combate entre alguns guerreiros dos dois campos (cf. 1Sm 17,8-9). Mas havendo caído juntos todos os campeões, nada se decidiu e iniciou-se uma batalha geral (v. 17).
g) Abner não quer atrair sobre si a vingança do sangue. Mas cf. 3,27.
h) Joab aceita a trégua.

²⁸Então Joab mandou soar a trombeta, e toda a tropa suspendeu o combate. Cessou a perseguição a Israel e terminou a luta.

²⁹Abner e os seus homens caminharam pela Arabá*ᵃ* durante toda aquela noite, passaram o Jordão e, depois de terem percorrido todo o Bitron, chegaram a Maanaim. ³⁰Joab, tendo deixado de perseguir a Abner, reuniu toda a tropa; entre os servos de Davi faltaram à chamada dezenove homens e também Asael, ³¹mas os servos de Davi mataram, entre os homens de Benjamim e os de Abner, trezentos e sessenta homens. ³²Levaram Asael e o sepultaram no túmulo de seu pai, que está em Belém. Joab e os seus marcharam toda a noite, e o dia estava nascendo quando eles chegaram a Hebron.

3 ¹A guerra entre a casa de Saul e a de Davi continuou, mas Davi se fortalecia, ao passo que a casa de Saul se enfraquecia.

Filhos de Davi nascidos em Hebron — ²Os filhos nascidos a Davi em Hebron foram: o seu primogênito Amnon, de Aquinoam de Jezrael; ³o segundo, Queleab, de Abigail, que fora mulher de Nabal de Carmel; o terceiro, Absalão, filho de Maaca, a filha de Tolmai, rei de Gessur;*ᵇ* ⁴o quarto, Adonias, filho de Hagit; o quinto, Safatias, filho de Abital; ⁵o sexto, Jetraam, nascido de Egla, mulher de Davi. Esses nasceram a Davi em Hebron.

|| 1Cr 3,1-4
2Sm 5,13-16

Rompimento entre Abner e Isbaal — ⁶Eis o que aconteceu durante a guerra entre a casa de Saul e a de Davi: Abner reforçava cada vez mais sua posição na casa de Saul. ⁷Havia uma concubina de Saul chamada Resfa, filha de Aías. Isboset, filho de Saul, disse a Abner:*ᶜ* "Por que te aproximaste da concubina de meu pai?" ⁸Ao ouvir as palavras de Isboset, Abner se encolerizou e disse: "Sou por acaso uma cabeça de cão que pertence a Judá?*ᵈ* Eu uso de consideração para com a casa de Saul, teu pai, para com seus irmãos e amigos, e não te deixei cair nas mãos de Davi, e vens hoje censurar-me por causa de uma história de mulher? ⁹Que Deus me faça isso e acrescente aquilo, se eu não fizer o que Iahweh prometeu em juramento a Davi: ¹⁰tirar a realeza da casa de Saul e estabelecer o trono de Davi sobre Israel e sobre Judá, desde Dã até Bersabeia."*ᵉ* ¹¹Isbaal não ousou responder uma palavra a Abner, pois tinha medo dele.

21,8-10

Rt 1,17 +

3,18;
5,2
1Sm 25,30

Abner negocia com Davi — ¹²Abner enviou mensageiros para dizerem a Davi: "A quem pertence o país?"*ᶠ* E ainda: "Faze aliança comigo, e eu te ajudarei a reunir todo o Israel em torno de ti." ¹³Davi respondeu: "Muito bem! Farei aliança contigo. Só uma coisa exijo de ti: não serás admitido à minha presença, salvo se, quando vieres, me trouxeres Micol, filha de Saul." ¹⁴E Davi mandou mensageiros a Isboset, filho de Saul, para lhe dizerem: "Entrega-me a minha mulher Micol, que adquiri por cem prepúcios de filisteus." ¹⁵Isboset mandou tomá-la do seu marido Faltiel, filho de Lais. ¹⁶Seu marido partiu com ela e a seguiu chorando até Baurim. Então Abner lhe disse: "Volta!", e ele voltou.

1Sm 18,20-27

1Sm 25,44

¹⁷*ᵍ*Abner tinha conversado com os anciãos de Israel e lhes tinha dito: "Faz já muito tempo que vós desejais ter a Davi como vosso rei. ¹⁸Diligenciai então por consegui-lo agora, porque Iahweh disse isto a respeito de Davi: 'É

3,10 +

---

a) O termo designa aqui o vale do Jordão. — Bitron é topônimo que pode designar o vale de Jaboc.

b) A leste do lago de Tiberíades.

c) O sujeito do verbo é restabelecido a partir do grego. — Apropriando-se de uma das concubinas de Saul, Abner apresenta-se como pretendente ao trono, pois o harém do rei defunto passava a seu sucessor (ver 12,8; 16,20-22; 1Rs 2,22).

d) Os termos "pertencente a Judá" são talvez acréscimo; omitido em grego.

e) Não se diz quando foi feita essa promessa a Davi, mas cf. 5,2 e 1Sm 28,3+.

f) Com a primeira pergunta, Abner dá a entender que é o verdadeiro senhor do reino de Saul. A frase seguinte propõe a Davi um pacto para ajudá-lo a se apoderar desse reino.

g) Os vv. 17-19 são de redação posterior, mas é provável que muitos corações em Israel se inclinassem para Davi, ainda quando vivia Saul (1Sm 18,7.16.28) e principalmente sob seu pálido herdeiro Isboset/Isbaal.

por meio do meu servo Davi que salvarei[a] o meu povo Israel das mãos dos filisteus e de todos os seus inimigos.' " ¹⁹Abner falou também a Benjamim e depois foi a Hebron expor a Davi tudo o que Israel e toda a casa de Benjamim tinham aprovado.

²⁰Acompanhado de vinte homens, Abner chegou a Hebron para falar a Davi, e Davi ofereceu uma recepção a Abner e aos homens que foram com ele. ²¹Abner disse então a Davi: "Vamos! Reunirei todo o Israel ao redor do senhor meu rei: concluirão um pacto contigo e reinarás sobre tudo o que quiseres." Assim despediu Davi a Abner, que partiu em paz.

Assassínio de Abner — ²²Aconteceu que os servos de Davi acabavam de chegar da incursão, transportando enorme despojo, quando Abner já não estava com Davi em Hebron, pois Davi já o tinha despedido e ele tinha partido em paz. ²³Logo que chegaram Joab e toda a tropa que o seguia, foram dizer a Joab que Abner, filho de Ner, tinha vindo e estivera com o rei que o tinha deixado partir em paz. ²⁴Então Joab foi falar ao rei e lhe disse: "Que fizeste? Abner esteve contigo e o deixaste partir? ²⁵Tu conheces Abner, filho de Ner. Foi para te enganar que ele veio, para conhecer as tuas idas e vindas, para saber tudo o que fazes!"

²⁶Joab deixou Davi e enviou atrás de Abner mensageiros, que o fizeram voltar quando estava já no poço de Sira, sem que Davi o soubesse. ²⁷Quando Abner chegou a Hebron, Joab o chamou à parte, à entrada, quando já passava pela porta, sob o pretexto de falar tranquilamente com ele, e ali o feriu mortalmente no ventre, por causa do sangue de Asael, seu irmão. ²⁸Logo que Davi soube do acontecido, disse: "Eu e o meu reino somos para sempre, diante de Iahweh, inocentes do sangue de Abner, filho de Ner: ²⁹que o sangue de Abner caia sobre a cabeça de Joab e sobre toda sua família! Que jamais deixe de haver na casa de Joab quem sofra de corrimento ou de lepra, homens que trabalhem na roca ou caiam à espada ou passem fome!" ³⁰Joab e seu irmão Abisaí assassinaram Abner porque ele matara seu irmão Asael no combate de Gabaon. ³¹Disse então Davi a Joab e a todos os que com ele estavam: "Rasgai as vossas vestes, cingi-vos de panos de saco e ide pranteando diante de Abner", e o rei Davi foi atrás seguindo o esquife. ³²Sepultaram Abner em Hebron. O rei soluçou alto junto à sua sepultura e todo o povo chorou também.

³³O rei cantou esta lamentação sobre Abner:

"Precisava Abner morrer como morre um insensato?
³⁴Não estavam amarradas as tuas mãos,
os teus pés não estavam presos em grilhões,
mas caíste como caem os malfeitores!"[b]

Então todo o povo chorou ainda mais por ele.

³⁵Todo o povo veio chamar Davi para que se alimentasse quando ainda era dia, mas Davi fizera este juramento: "Que Deus me faça isto e acrescente aquilo, se eu provar pão ou qualquer outra coisa antes do pôr-do-sol." ³⁶Todo o povo notou isso e o julgou bem, porque o povo aprovava tudo o que o rei fazia. ³⁷Naquele dia, todo o povo e todo o Israel viram claramente que o rei nada teve a ver com a morte de Abner, filho de Ner.

³⁸Disse o rei aos seus servos: "Não sabeis que hoje caiu em Israel um chefe, um grande homem? ³⁹Eu sou ainda fraco, apesar de ungido rei,[c] e esses ho-

---

a) "eu salvarei", versões; "ele salvou", hebr.
b) Abner morreu sem defender-se, embora tivesse completa liberdade de movimentos — o que provaria uma falta de sentido se ele não tivesse sido assassinado por traição.

c) Sentido incerto. Sendo tão recente sua consagração, Davi desculpa-se de não poder agir contra os assassinos, e deixa para Deus o castigo; acabou legando esse cuidado a Salomão (1Rs 2,5-6; cf. vv. 31-34).

mens, os filhos de Sárvia, são mais violentos do que eu. Que Iahweh castigue o malfeitor conforme a sua maldade!"

4 Assassínio de Isboset
— ¹Assim que o filho de Saul teve notícia de que Abner morrera em Hebron, as suas mãos fraquejaram e todo o Israel se consternou. ²Ora, o filho de Saul tinha dois chefes de bandos. Um se chamava Baana e o outro Recab. Eram filhos de Remon de Berot e benjaminitas, porque Berot também se considerava de Benjamim. ³Os homens de Berot tinham-se refugiado em Getaim, onde ficaram até aquele dia como migrantes. ⁴ᵃEstava ali um filho de Jônatas, filho de Saul, o qual era aleijado de ambos os pés. Tinha ele cinco anos quando chegou de Jezrael a notícia da morte de Saul e Jônatas. A sua ama o apanhou e fugiu com ele, mas, na precipitação da fuga, a criança caiu e se feriu. Chamava-se Mefiboset.ᵇ

⁵Os filhos de Remon de Berot, Recab e Baana, estavam a caminho e chegaram à casa de Isboset na hora mais quente do dia, quando este descansava. ⁶Penetraram no interior da casa, carregados de trigo, e o feriram no ventre. Recab e seu irmão Baana escaparam. ⁷E entraram na casa onde ele estava deitado no leito em seu quarto, dormindo. Eles o feriram mortalmente, o decapitaram, e depois, carregando a cabeça, andaram a noite toda pela estrada da Arabá.ᶜ ⁸Levaram a cabeça de Isboset a Davi, em Hebron, e disseram ao rei: "Aqui tens a cabeça de Isboset, filho de Saul, teu inimigo que queria tirar-te a vida. Iahweh trouxe hoje ao senhor meu rei uma vingança contra Saul e sua raça."

⁹Mas Davi, dirigindo-se a Recab e a seu irmão Baana, filhos de Remon de Berot, disse-lhes: "Pela vida de Iahweh, que me livrou de toda a angústia! ¹⁰Aquele que me anunciou a morte de Saul acreditava ser portador de uma notícia alvissareira; eu o agarrei e matei em Siceleg, em retribuição pela sua boa nova! ¹¹Por razão ainda mais forte, quando bandidos matam um homem honesto na sua casa, no seu leito, não devo eu pedir-vos contas do seu sangue e fazer-vos desaparecer da face da terra?"ᵈ ¹²Então Davi ordenou aos seus filhos mais novos que os matassem. Cortaram-lhes as mãos e os pés e os penduraram perto do açude de Hebron. Tomaram, entretanto, a cabeça de Isboset e a sepultaram no túmulo de Abner, em Hebron.

2. DAVI, REI DE JUDÁ E DE ISRAEL

5 Coroação de Davi como rei de Israel
— ¹Então todas as tribos de Israel vieram ter com Davi em Hebron e disseram: "Vê! Nós somos teus ossos e tua carne. ²Já antes, quando Saul reinava sobre nós, eras tu que saías e entravas com Israel, e Iahweh te disse: És tu que apascentarás o meu povo Israel e és tu quem será chefe de Israel." ³Todos os anciãos de Israel vieram, pois, até o rei, em Hebron, e o rei Davi concluiu com eles um pacto em Hebron, na presença de Iahweh, e eles ungiram Davi como rei em Israel.

⁴Tinha Davi trinta anos quando começou a reinar e reinou durante quarenta anos. ⁵Em Hebron, ele reinou sete anos e seis meses sobre Judá;ᵉ em Jerusalém, reinou trinta e três anos sobre todo o Israel e sobre Judá.

---

a) Notícia estranha ao contexto. Talvez se tenha querido lembrar aqui que, fora de Isbaal, só restava esse aleijado para suceder a Saul.
b) Como para Isbaal, frequentemente chamado Isboset (2,8, nota), o filho de Jônatas é aqui chamado Mefiboset, nome que suprime a referência ao baal cananeu, mas seu verdadeiro nome é Mefibaal, "da boca do Senhor". Em 1Cr 8,34; 9,40, a mesma personagem é chamada Meribaal.
c) O vale do Jordão (cf. 2,29).
d) A indignação de Davi não é fingida. Contudo a morte de Isbaal, depois da de Abner, entregar-lhe-á o trono de Israel (5,1-3).
e) Davi, inicialmente consagrado pelos de Judá (2,4), é agora reconhecido pelos israelitas, mas os dois grupos continuam distintos: Davi é rei "sobre todo o Israel e sobre Judá". É monarquia dualista, reino unido, agitado pelas lutas internas até à cisão (1Rs 12).

Conquista de Jerusalém[a] — ⁶Davi marchou então com os seus homens sobre Jerusalém, contra os jebuseus que habitavam a terra, e estes disseram a Davi: "Não entrarás aqui, a não ser que afastes os cegos e aleijados",[b] como para dizer: Davi não entrará aqui. ⁷Davi, porém, tomou a fortaleza de Sião; é a Cidade de Davi. ⁸Naquele dia, disse Davi: "Todo aquele que ferir o jebuseu deve alcançar o canal."[c] Quanto aos aleijados e aos cegos, eles desgostam Davi. É por isso que se diz: "Aleijado e cego não entrarão na Casa."[d] ⁹Davi se instalou na fortaleza e lhe chamou Cidade de Davi.[e] Depois Davi construiu ao redor, desde Melo até o interior.[f] ¹⁰Davi ia crescendo, e Iahweh, Deus dos Exércitos, estava com ele.

¹¹Hiram, rei de Tiro, enviou mensageiros a Davi, com madeira de cedro, com carpinteiros e pedreiros, que edificaram uma casa para Davi. ¹²Então viu Davi que Iahweh o confirmara como rei sobre Israel e exaltava a sua realeza por causa de Israel, seu povo.

Filhos de Davi nascidos em Jerusalém — ¹³Depois de sua chegada de Hebron, tomou Davi ainda concubinas e mulheres em Jerusalém, e nasceram-lhe filhos e filhas. ¹⁴Estes são os nomes dos filhos que lhe nasceram em Jerusalém: Samua, Sobab, Natã, Salomão, ¹⁵Jebaar, Elisua, Nafeg, Jáfia, ¹⁶Elisama, Eliada, Elifalet.

Vitórias sobre os filisteus[g] — ¹⁷Logo que os filisteus souberam que Davi havia sido ungido rei sobre Israel, subiram à procura dele. Ao saber disso, Davi desceu ao refúgio.[h] ¹⁸Os filisteus chegaram e se espalharam pelo vale dos rafaim.[i] ¹⁹Então Davi consultou Iahweh: "Devo atacar os filisteus?", perguntou ele. "Entregá-los-ás nas minha mãos?" Iahweh respondeu a Davi: "Ataca! Certamente entregarei os filisteus nas tuas mãos." ²⁰Então Davi se dirigiu a Baal-Farasim, e lá Davi os venceu, e disse: "Iahweh me abriu uma brecha nos meus inimigos como uma brecha causada pelas águas." É por isso que o nome desse lugar é Baal-Farasim.[j] ²¹E abandonaram ali os seus ídolos; Davi e os seus homens os levaram.

---

a) Essa conquista situa-se cronologicamente depois das vitórias sobre os filisteus contadas nos vv. 17-25.
b) A posição é tão forte, pensam eles, que bastam alguns aleijados para defendê-la.
c) O texto é incerto. O "canal", se é que é esse o sentido da palavra, seria um poço cavado na colina de Jerusalém para se descer à fonte de Gion (1Rs 1,33s) sem sair da cidade. Nada é mais incerto, e o v. 8 pode ser traduzido e interpretado de outra forma; 1Cr 11,6 tem texto simples: "Aquele que ferir primeiro os jebuseus será chefe e príncipe. O primeiro que subiu foi Joab".
d) Esta frase, que se refere ao Templo, sem ligação com o contexto, falta em Cr.
e) A situação de Jerusalém entre as tribos do Sul e as do Norte explica a escolha de Davi. O nome da cidade é atestado desde o ano 2000. A antiga cidade dos jebuseus (Dt 7,1+) ocupava a colina de Ofel ou monte Sião, entre os vales do Cedron e do Tiropeon (ver o mapa); era dominada ao norte pelo cume onde Davi erguerá um altar (2Sm 24,16s) e Salomão o Templo (1Rs 6); os palácios de Salomão serão construídos ao sul do santuário (1Rs 7). A cidade se estenderá sobre a grande colina ocidental só muito mais tarde, e duas vezes sua muralha setentrional precisará ser transferida mais para o norte (2Rs 14,13+). O sistema de águas (v. 8+) foi aperfeiçoado, principalmente por Ezequias (2Rs 20,20+). Nabucodonosor destruiu a cidade em 587 (2Rs 25), mas o Templo foi reerguido a partir de 515 (Esd 6,15) e as muralhas em 445 (Ne 2-6). Antíoco Epífanes mandou construir a Acra diante do Templo (1Mc 1,33+), e os asmoneus transformaram essa cidadela em palácio, no lugar do qual Herodes construirá uma residência oficial mais a oeste. Herodes transformou a antiga cidadela do Templo (Ne 7,2) numa vasta fortaleza, a Antônia, e reconstruiu o Templo (Jo 2,20). Enfim a cidade foi destruída em 70 d.C. por Tito (cf. Lc 21,20). — Mencionada pela primeira vez na Bíblia com seu sacerdote-rei Melquisedec (Gn 14,18+; Sl 76,3), tornando-se sob Davi a capital política e religiosa de Israel, Jerusalém (ou Sião) virá a personificar o povo eleito (Ez 23; Is 62). É a morada de Iahweh (Sl 76,3+) e de seu Ungido (Sl 2 e 110), o encontro futuro das nações (Is 2,1-5; 60). É com uma visão da nova Jerusalém (Is 54,11+) que a Bíblia termina (Ap 21s).
f) Sobre o "Melo", ver 1Rs 9,15.
g) Davi, rei de Judá em Hebron, continuava nominalmente vassalo dos filisteus (1Sm 27,5-6). Agora eles se inquietam com o seu poder crescente.
h) Talvez o de Odolam (1Sm 22,1-5); Jerusalém ainda não foi conquistada.
i) Planície a sudoeste de Jerusalém (Js 15,8; 18,16; cf. Dt 1,28+).
j) Péreç significa "brecha" (cf. Gn 38,29).

²²Os filisteus subiram novamente e se espalharam pelo vale dos rafaim. ²³Davi consultou a Iahweh, que lhe respondeu: "Não os ataques pela frente, mas dá a volta pela sua retaguarda e aproxima-te deles em frente às amoreiras. ²⁴Quando ouvires um ruído de passos*a* no cimo das amoreiras, então apressa-te: é Iahweh que avança à tua frente para aniquilar o exército filisteu." ²⁵Davi procedeu como Iahweh lhe ordenara, e venceu os filisteus desde Gaba até a entrada de Gazer.*b*

6 *A Arca em Jerusalém*c —

¹Tornou Davi a reunir toda a elite do exército de Israel: trinta mil homens. ²Pondo-se a caminho, Davi e todo o povo que o acompanhava partiram para Baala*d* de Judá, a fim de transportar a Arca de Deus sobre a qual é invocado um nome, o nome de Iahweh dos Exércitos, que se assenta sobre os querubins. ³Colocaram a Arca de Deus sobre um carro novo e a levaram da casa de Abinadab, que está no alto da colina. Oza e Aio, filhos de Abinadab, conduziam o carro. ⁴Oza caminhava*e* à esquerda da Arca de Deus, e Aio caminhava adiante dela. ⁵Davi e toda a casa de Israel dançavam diante de Iahweh ao som de todos os instrumentos de madeira de cipreste, das cítaras, das harpas, dos tamborins, dos pandeiros e dos címbalos. ⁶Ao chegarem à eira de Nacon, Oza estendeu a mão para a Arca de Deus e a sustentou, porque os bois a faziam tombar. ⁷Então a ira de Iahweh se acendeu contra Oza: e ali mesmo Deus o feriu por essa loucura,*f* e ele morreu, ali, ao lado da Arca de Deus. ⁸Davi se inflamou, porque Iahweh tinha feito uma brecha, atacando Oza, e chamou-se àquele lugar pelo nome de Farés-Oza,*g* que permanece até agora.

⁹Nesse dia, Davi teve medo de Iahweh e disse: "Como virá a Arca de Iahweh para ficar na minha casa?" ¹⁰Por isso Davi não quis transferir a Arca de Iahweh para a Cidade de Davi, e levou para a casa de Obed-Edom de Gat. ¹¹A Arca de Iahweh ficou três meses na casa de Obed-Edom de Gat, e Iahweh abençoou Obed-Edom e a toda a sua casa.

¹²Contou-se ao rei Davi que Iahweh tinha abençoado a casa de Obed-Edom e tudo o que lhe pertencia, por causa da Arca de Deus. Então Davi foi e trouxe a Arca de Deus da casa de Obed-Edom para a Cidade de Davi com grande alegria. ¹³Quando os que carregavam a Arca de Iahweh davam seis passos, ele sacrificava um boi e um bezerro cevado. ¹⁴Davi rodopiava com todas as suas forças diante de Iahweh; ele estava cingido com um efod de linho.*h* ¹⁵Davi e toda a casa de Israel fizeram assim a Arca de Iahweh subir, aclamando e soando a trombeta. ¹⁶Aconteceu que, entrando a Arca de Iahweh na Cidade de Davi, a filha de Saul, Micol, olhava pela janela e viu o rei Davi saltando e dançando diante de Iahweh, e, no seu íntimo, ela o desprezou. ¹⁷A Arca de Iahweh foi levada e depositada no seu lugar, no meio da tenda que Davi tinha feito armar para recebê-la, e Davi ofereceu holocaustos na presença de Iahweh, bem como sacrifícios de comunhão. ¹⁸Assim que Davi terminou de oferecer holocaustos e sacrifícios de comunhão, abençoou o povo em nome de Iahweh

---

a) Os passos de Iahweh que avança.
b) Gazer fica no limite norte do território filisteu: o inimigo foi rechaçado para o seu território.
c) Esta narrativa retoma a história da Arca onde a havia deixado 1Sm 7,1, mas é de outra mão. — Jerusalém, recebendo a Arca onde Iahweh se torna presente (Ex 25,8+; Dt 4,7+), torna-se então a capital religiosa e não mais somente política de Israel, a cidade santa.
d) Antigo nome de Cariat-Iarim (Js 15,9; cf. Js 15,60; 18,14).
e) O hebr. repete o início do v. 3 até a palavra "colina".
f) A Arca era terrível para os inimigos de Israel (1Sm 5), ou para os que a menosprezavam (1Sm 6,19). Há mais aqui: a santidade da Arca, sobre a qual está o trono de Iahweh, torna-a intocável. Esta concepção primitiva do sagrado (cf. Lv 17,1+) revela sentido profundo da majestade temível de Deus (cf. Ex 33,20+). A lei sacerdotal codifica esse sentimento: os próprios levitas não podem, sem perigo de morte, aproximar-se da Arca antes que ela tenha sido coberta pelos sacerdotes (Nm 4,5.15.20). Eles não tocam nela, mas levam-na com varais (Ex 25,15).
g) "A brecha de Oza" (cf. 5,20). Explicação popular do nome.
h) Davi, que acaba de sacrificar e que vai abençoar (v. 18), endossa vestimenta sacerdotal, mas cf. 1Sm 2,18.

dos Exércitos. ¹⁹Depois distribuiu a todo o povo e à multidão toda de Israel, homens e mulheres, a cada um, um pedaço de pão, uma porção de carne*ᵃ* e um doce, e em seguida foram-se todos, cada qual para a sua casa.

²⁰E voltando Davi para abençoar sua casa, Micol, a filha de Saul, saiu ao seu encontro e disse: "Como o rei de Israel se fez louvar hoje, descobrindo-se na presença das servas dos seus servos como se descobriria um homem de nada!"*ᵇ* ²¹Mas Davi respondeu a Micol: "É diante de Iahweh que me preferi a teu pai e a toda a sua casa para me instituir chefe do povo de Iahweh, sobre Israel, eu dançarei diante de Iahweh ²²e ainda mais me abaixarei. Aos teus olhos serei desprezível, mas aos olhos das servas de quem tu falas, perante elas serei honrado."*ᶜ* ²³E Micol, filha de Saul, não teve filhos até o dia da sua morte.

20,3

|| 1Cr 17,1-15
1Rs 5,4
Dt 12,10;
25,19
Sl 132,1-5

7 Profecia de Natã*ᵈ*

— ¹Quando o rei ocupou a sua casa e Iahweh o tinha livrado de todos os inimigos em redor, ²o rei disse ao profeta Natã: "Vê! eu habito numa casa de cedro e a Arca de Deus habita numa tenda!" ³Natã respondeu ao rei: "Vai e faze o que teu coração diz, porque Iahweh está contigo."

1Rs 8,16.27
Is 66,1
At 7,48
Ex 40,34-38

⁴Mas nesta mesma noite a palavra de Iahweh veio a Natã nestes termos: ⁵"Vai dizer ao meu servo Davi: Assim diz Iahweh: Construirias tu uma casa em que eu venha a habitar? ⁶Em casa nenhuma habitei desde o dia em que fiz subir do Egito os israelitas até o dia de hoje, mas andei em acampamento errante debaixo de uma tenda e um abrigo. ⁷Durante todo o tempo em que andei com os israelitas, porventura disse a um só dos juízes*ᵉ* de Israel, que eu tinha instituído como pastores do meu povo Israel: Por que não edificais para mim uma casa de cedro?*ᶠ* ⁸Eis o que dirás ao meu servo Davi: Assim fala Iahweh dos Exércitos: Fui eu que te tirei das pastagens, onde pastoreavas ovelhas, para seres chefe do meu povo Israel. ⁹Eu estive contigo por onde ias e destruí todos os teus inimigos diante de ti. Eu te darei um grande nome como o nome dos grandes da terra. ¹⁰Prepararei um lugar para o meu povo Israel, e o fixarei para que habite nesse lugar e não mais tenha de andar errante, nem os perversos continuem a oprimi-lo como antes, ¹¹desde o tempo em que instituí juízes sobre o meu povo Israel. Eu te concedi o repouso diante de todos os teus inimigos. Iahweh te anuncia que ele te fará uma casa. ¹²E quando os teus dias estiverem completos e vieres a dormir com teus pais, farei permanecer a tua linhagem após ti, aquele que terá saído das tuas entranhas, e firmarei a sua realeza. ¹³Será ele que construirá uma casa para o meu Nome,*ᵍ* e estabelecerei para sempre o seu trono. ¹⁴Eu serei para ele pai e ele será para mim filho:*ʰ* se ele fizer o

1Sm 16,11;
17,15.20.28.
34s
Sl 78,70s

Sl 89,28

23,5
Sl 89,30-38
Sl 132,11-12

At 2,30

1Rs 5,19;
8,19
1Cr 17,11-14;
22,10; 28,6
Hb 1,5
Dt 8,5 +

---

a) Tradução conjectural.
b) Vestindo apenas tanga, Davi deixa ver sua nudez (cf. Ex 20,26; 28,42-43).
c) Toda a narrativa revela a simplicidade e a profundidade da religião de Davi.
d) A profecia está construída sobre uma oposição: não será Davi que fará uma casa (um templo) a Iahweh (v. 5), será Iahweh que fará uma casa (uma dinastia) a Davi (v. 11). A promessa concerne essencialmente à permanência de linhagem davídica sobre o trono de Israel (vv. 12-16). É assim que ela é compreendida por Davi (vv. 19.25.27.29; cf. 23,5) e pelos Sl 89,30-38; 132,11-12. É o texto da aliança de Iahweh com Davi e sua dinastia. O oráculo ultrapassa, pois, a pessoa do primeiro sucessor de Davi, Salomão, a quem é aplicado pelo v. 13, por 1Cr 17,11-14; 22,10; 28,6 e por 1Rs 5,19; 8,16-19. Mas o claro-escuro da profecia deixa entrever um descendente privilegiado em quem Deus se comprazerá. É o primeiro elo das profecias relativas ao Messias filho de Davi (Is 7,14+; Mq 4,14+; Ag 2,23+; At 2,30 aplicará o texto a Cristo.
e) "tribos", hebr. Poder-se-ia também compreender o termo como "cetros" e ver aí uma referência aos chefes.
f) Procurou-se nos vv. 6-7 a primeira expressão de uma corrente hostil ao Templo, que se exprime efetivamente em 1Rs 8,27; Is 66,1-2; At 7,48. De fato, Natã é favorável à manutenção da velha tradição representada pela Arca, e contrário à novidade de um templo à moda de Canaã. O problema foi resolvido pela instalação da Arca no Templo construído por Salomão (1Rs 8,1.10-12).
g) Este v., que se refere evidentemente a Salomão, é geralmente considerado adição, pois a promessa divina se refere primeiramente à descendência.
h) É fórmula de adoção, como em Sl 2,7; 110,3 (grego), mas

mal, castigá-lo-ei com vara de homem e com açoites de homens. ¹⁵Minha fidelidade não se afastará dele, como a tirei de Saul, que afastei de diante de ti. ¹⁶A tua casa e a tua realeza subsistirão para sempre diante de ti, e o teu trono se estabelecerá para sempre."

¹⁷Natã comunicou a Davi todas essas palavras e toda essa visão.

Oração de Davi[a] — ¹⁸Então o rei Davi entrou e ficou diante de Iahweh,[b] e disse: "Quem sou eu, Senhor Iahweh, e qual é a minha casa para que me trouxesses até aqui? ¹⁹Mas isso é ainda pouco aos teus olhos, Senhor Iahweh. Tu falaste em favor da casa do teu servo para um futuro distante. Essa é a lei do homem, Senhor Iahweh.[c] ²⁰Que mais poderá ainda dizer-te Davi, pois tu mesmo conheces o teu servo, Senhor Iahweh! ²¹Por causa da tua palavra e segundo o teu coração, tiveste esta generosidade de instruir o teu servo. ²²É por isso que és grande, Senhor Iahweh: ninguém há como tu, e não existe outro Deus além de ti somente, como ouviram os nossos ouvidos. ²³Como o teu povo Israel, há outro povo na terra a quem um deus tivesse ido resgatar para fazer dele o seu povo, para dar-lhe um nome e realizar em seu favor tão grandes e terríveis coisas, expulsando diante do teu povo, que resgataste do Egito, nações e seus deuses? ²⁴Estabeleceste o teu povo Israel para que ele seja para sempre o teu povo, e tu, Iahweh, tu te tornaste o seu Deus. ²⁵Agora, Iahweh Deus, guarda para sempre a palavra que disseste a teu servo e à sua casa, estabelece-a para sempre e age como disseste. ²⁶O teu nome será exaltado para sempre, e dirão: Iahweh dos Exércitos é Deus sobre Israel. A casa do teu servo Davi subsistirá na tua presença. ²⁷Porque foste tu, Iahweh dos Exércitos, Deus de Israel, que fizeste esta revelação ao teu servo: 'Eu te edificarei uma casa.' Então o teu servo teve a coragem de te dirigir esta oração. ²⁸Sim, Senhor Iahweh, és tu que és Deus, as tuas palavras são verdade e tu disseste ao teu servo esta boa palavra. ²⁹Consente, pois, em abençoar a casa do teu servo, para que ela permaneça sempre na tua presença, porque és tu, Senhor Iahweh, que tens falado, e é pela tua bênção que a casa do teu servo será abençoada para sempre."

8

As guerras de Davi[d] — ¹Aconteceu depois disso que Davi venceu os filisteus e os sujeitou. Davi tomou das mãos dos filisteus sua hegemonia.[e] ²Davi venceu os moabitas e os mediu com cordel, fazendo-os deitar no chão: mediu com dois cordéis para os condenar à morte, e um cordel bem medido para os deixar com vida, e os moabitas ficaram sujeitos a Davi e lhe pagaram tributo.

³Davi venceu Adadezer, filho de Roob, rei de Soba, assim que este pretendia estender o seu domínio sobre o Rio.[f] ⁴Davi tomou-lhe mil e setecentos cavaleiros e vinte mil homens a pé, e jarreteou Davi todas as parelhas, conservando apenas cem.[g] ⁵Os arameus de Damasco vieram em socorro de Adadezer, rei de Soba, mas Davi matou vinte e dois mil homens dos arameus. ⁶Depois Davi instalou prefeitos no Aram de Damasco, e os arameus se tornaram súditos de Davi e lhe pagaram tributo. Onde quer que

---

é também a primeira expressão do messianismo real: cada rei da linhagem davídica será imagem (imperfeita, cf. o final do v. e Sl 89,31-34) do rei ideal do futuro. Aplicando-a ao Messias, 1Cr 17,13 suprimiu a segunda parte do v.
a) É oração de louvor e de ação de graças em resposta à promessa dos vv. 8-15.
b) Na tenda onde estava a Arca.
c) Trata-se, sem dúvida, da lei divina que fixa o destino de cada homem, aqui especialmente de Davi e seus descendentes.

d) Resumo das campanhas militares do reino. A guerra amonita é omitida, pois será contada (caps. 10-12) em ligação com a história de Betsabeia.
e) Lit.: "o freio do cotovelo". Talvez se trate de metáfora para designar o poder filisteu exigindo tributo ou se apoderando das riquezas dos países vizinhos.
f) Este rei arameu procura estender seu poder até o Eufrates (o Rio). Davi o detém em suas conquistas. Tem-se talvez aqui outra versão da campanha do cap. 10.
g) O exército israelita não teve carros antes de Salomão.

Davi fosse, Iahweh lhe dava a vitória. ⁷Davi tomou os escudos de ouro que os servos de Adadezer usavam e os levou para Jerusalém. ⁸De Tebá e de Berotai, cidades de Adadezer, Davi carregou uma grande quantidade de bronze.

⁹Assim que Toú, rei de Emat,[a] soube que Davi tinha vencido todo o exército de Adadezer, ¹⁰mandou seu filho Joram[b] ao rei Davi, para o saudar e o felicitar por ter feito a guerra a Adadezer e o ter vencido, porque Adadezer estava em guerra com Toú. Joram levava objetos de prata, de ouro e de bronze. ¹¹O rei Davi os consagrou também a Iahweh, com a prata e o ouro que ele tinha consagrado, provenientes de todas as nações que tinha subjugado, ¹²Aram, Moab, os amonitas, os filisteus, Amalec, e provenientes também do despojo tomado a Adadezer, filho de Roob, rei de Soba.

¹³Davi aumentou a sua fama quando venceu os arameus[c] no vale do Sal,[d] em número de dezoito mil. ¹⁴Estabeleceu prefeitos em Edom,[e] e todos os edomitas ficaram sujeitos a Davi. Por toda a parte aonde chegava, Iahweh concedia a vitória a Davi.

A administração do reino — ¹⁵Davi reinou sobre todo o Israel, exercendo o direito e fazendo justiça a todo o povo. ¹⁶Joab, filho de Sárvia, comandava o exército. Josafá, filho de Ailud, era o arauto. ¹⁷Sadoc, filho de Aquitob, e Aquimelec, filho de Abiatar, eram sacerdotes;[f] Saraías[g] era secretário; ¹⁸Banaías, filho de Joiada, comandava os cereteus e os feleteus.[h] Os filhos de Davi eram sacerdotes.[i]

3. A FAMÍLIA DE DAVI E AS INTRIGAS PELA SUCESSÃO[j]

A. MEFIBAAL

9 *Bondade de Davi para com o filho de Jônatas* — ¹Davi perguntou: "Haverá ainda algum sobrevivente da casa de Saul, para que eu o trate com fidelidade por amor a Jônatas?" ²Ora, a casa de Saul tinha um servo chamado Siba. Trouxeram-no a Davi, e o rei lhe perguntou: "És Siba?" — "Teu servo", respondeu ele. ³Perguntou-lhe o rei: "Não ficou um homem da casa de Saul, para que eu o trate com a fidelidade desejada por Deus?" Siba respondeu ao rei: "Há ainda um filho de Jônatas que é aleijado de ambos os pés." — ⁴"Onde está ele?", perguntou o rei, e Siba respondeu ao rei: "Está na casa de Maquir, filho de Amiel, em Lo-Dabar." ⁵O rei Davi mandou buscá-lo na casa de Maquir, filho de Amiel, de Lo-Dabar.

---

a) Sobre o Orontes, ao norte dos territórios controlados por Adadezer.

b) Personagem chamada Adoram em 1Cr 18,10.

c) Propõe-se às vezes ler "edomitas" com 1Cr 18,12, mas o Sl 60,2 cita na sequência Aram e Edom.

d) A Arabá, o vale que se prolonga ao sul do mar Morto.

e) O v. insiste na tomada administrativa de todo o território de Edom.

f) O texto procura dar a Sadoc ascendência da qual estava desprovido, a mesma preocupação encontra-se em 1Cr 5,34; 6,37-38. Entretanto, Sadoc é "homem novo". Foi proposto ler aqui, a partir de 1Sm 22,20: "Abiatar, filho de Aquimelec, filho de Aquitob". É preferível conservar o hebr. tal como se apresenta.

g) O nome parece original nessa lista antiga. Mas ele se torna Siva ou Suva (20,25), Sisa (1Rs 4,3), Susa (1Cr 18,16), talvez corrupções de seu título egípcio de "escriba".

h) Mercenários estrangeiros, originários da Filisteia, que compõem a guarda pessoal de Davi (15,18; 20, 7.23; 1Rs 1,38.44). A lista deve ser comparada com 20,23-25.

i) Indicação estranha que não se encontra em 1Cr 18,17.

j) Os caps. 9-20, que continuam em 1Rs 1-2, provêm no essencial de uma narrativa antiga, utilizada quase sem retoques pelos redatores de Samuel. Aí se contava como a sucessão de Davi coubera a Salomão, apesar da sobrevivência de um descendente de Saul, Mefibaal (cap. 9) e da oposição de Seba (cap. 20), através da trágica história da família real: adultério de Davi e nascimento de Salomão (caps. 10-12), assassínio de

⁶Ao chegar perto de Davi, Mefibaal,*a* filho de Jônatas, filho de Saul, caiu com o rosto em terra e se prostrou. Davi disse: "Mefibaal!" Ele respondeu: "Sou eu, para te servir." ⁷Davi lhe disse: "Não tenhas medo, porque eu quero tratar-te com fidelidade, por amor a teu pai, Jônatas. Eu te restituirei todas as terras de Saul, teu avô, e comerás sempre à minha mesa". ⁸Mefibaal se prostrou e disse: "Quem é este teu servo, para que voltes o olhar para um cão morto?"

⁹Depois o rei chamou Siba, o servo de Saul, e lhe disse: "Tudo o que pertencia a Saul e à sua casa, eu o dou ao filho do teu senhor. ¹⁰Tu trabalharás a terra para ele, tu com os teus filhos e os teus servos, e recolherás os frutos que garantirão à casa*b* do teu senhor o pão que comerá; quanto a Mefibaal, o filho do teu senhor, tomará sempre as suas refeições à minha mesa." Ora, Siba tinha quinze filhos e vinte servos. ¹¹Siba respondeu ao rei: "Teu servo fará tudo o que o rei meu senhor ordenou a seu servo. Mas Mefibaal come à mesa como um dos filhos do rei..."*c*

¹²Mefibaal tinha um filho pequeno chamado Micas. Todos os que moravam com Siba estavam a serviço de Mefibaal. ¹³Mas Mefibaal morava em Jerusalém, pois comia sempre à mesa do rei, e era aleijado de ambas as pernas.

B. A GUERRA AMONITA. NASCIMENTO DE SALOMÃO

10 *Insulto aos embaixadores de Davi* — ¹Depois disso, aconteceu que o rei dos amonitas morreu, e o seu filho Hanon reinou em seu lugar. ²Davi disse: "Usarei para com Hanon, filho de Naás, da mesma fidelidade que teve seu pai para comigo", e mandou Davi seus servos apresentar-lhe pêsames pela morte do pai. Mas logo que os servos de Davi chegaram ao território dos amonitas, ³os chefes dos amonitas disseram a Hanon, seu senhor: "Pensas que Davi quer honrar teu pai, porque te enviou portadores de pêsames? Não será antes para explorar a cidade,*d* para conhecer as suas defesas e depois a arruinar, que Davi te enviou os seus servos?" ⁴Então Hanon prendeu os servos de Davi e lhes fez rapar a metade da barba e rasgou metade das suas vestes até às nádegas, e os despediu. ⁵Logo que Davi teve notícia do ocorrido, mandou alguém ao seu encontro, porque estavam muito humilhados, e o rei lhes enviou esta mensagem: "Ficai em Jericó até que cresça a vossa barba, e então vinde."

Primeira expedição militar amonita — ⁶Quando os amonitas viram que se tinham tornado odiosos a Davi, mandaram mensageiros para tomarem a seu soldo os arameus de Bet-Roob e os arameus de Soba,*e* vinte mil homens a pé, o rei de Maaca com mil homens, e o príncipe de Tob com doze mil homens. ⁷Quando Davi soube disso, enviou Joab com todo o exército, os valentes.*f* ⁸Os amonitas saíram e puseram-se em linha de combate à entrada da porta, ao passo que os arameus de Soba e de Roob e os homens de Tob e de Maaca ficaram à parte, em campo aberto. ⁹Joab, vendo que iam avançar contra ele simultaneamente pela frente e pela retaguarda, escolheu os melhores de Israel e os pôs em linha de batalha contra os arameus. ¹⁰Confiou

---

Amnon (cap. 13), revolta de Absalão (caps. 15-18), intrigas de Adonias (1Rs 1-2).
a) Aqui e na continuação "Mefibaal", corr., "Mefiboset", hebr. (cf. 4,4+).
b) "à casa", grego luc.; "ao filho", hebr.
c) A resposta de Siba pode ser compreendida como uma espécie de protesto, a não ser que se siga o grego "portanto, Mefiboset comia à mesa de Davi".

d) É a capital Rabá (11,1; 12,26), hoje Amã.
e) Soba e Bet-Roob, ao norte das nascentes do Jordão, estavam unidas sob o poder de Adadezer. Maaca e Tob estavam ao norte da Transjordânia.
f) O aposto indica uma distinção entre o grupo dos valentes e o exército arregimentado das tribos; este só intervirá a seguir (v. 17 e 11,11).

a seu irmão Abisaí o resto da tropa e o colocou em linha de batalha contra os amonitas. ¹¹E disse: "Se os arameus me estiverem vencendo, tu virás em meu auxílio; se os amonitas prevalecerem sobre ti, eu irei socorrer-te. ¹²Sê forte, e mostremo-nos fortes pelo nosso povo e pelas cidades do nosso Deus. Que Iahweh faça o que lhe parecer bom!" ¹³Joab e a tropa que estava com ele avançaram contra os arameus, que fugiram diante dele. ¹⁴Quando os amonitas viram que os arameus tinham fugido, recuaram também diante de Abisaí, e entraram na cidade. Então Joab voltou da guerra contra os amonitas e reentrou em Jerusalém.

Vitória sobre os arameus[a] — ¹⁵Vendo que tinham sido vencidos diante de Israel, os arameus concentraram as suas forças. ¹⁶Adadezer enviou mensageiros e mobilizou os arameus que estavam do outro lado do Rio, os quais chegaram a Helam, tendo à sua frente Sobac, o chefe do exército de Adadezer. ¹⁷Isso foi relatado a Davi, que reuniu todo o Israel, passou o Jordão e chegou a Helam. Os arameus dispuseram-se em linha diante de Davi e deram-lhe batalha. ¹⁸Mas os arameus fugiram diante de Israel, e Davi destruiu setecentos carros deles e matou quarenta mil cavaleiros. Ele venceu também a Sobac, chefe do seu exército; Davi o feriu e ele morreu. ¹⁹Assim que todos os reis vassalos de Adadezer viram que tinham sido vencidos por Israel, assinaram a paz com Israel e o serviram. Desde então, os arameus não mais se atreveram a socorrer os amonitas.

11
Segunda campanha amonita. O pecado de Davi[b] — ¹No retorno do ano,[c] na época em que os reis costumam fazer a guerra, Davi enviou Joab, e com ele seus servos e todo o Israel, e eles massacraram os amonitas e sitiaram Rabá. Mas Davi ficou em Jerusalém.

²Aconteceu que, numa tarde, Davi, levantando-se da cama, pôs-se a passear pelo terraço do palácio, e do terraço avistou uma mulher que tomava banho. E era muito bela a mulher. ³Davi mandou tomar informações sobre aquela mulher, e lhe disseram: "Ora, é Betsabéia, filha de Eliam e mulher de Urias, o heteu!"[d] ⁴Então Davi enviou emissários que a trouxessem. Ela veio ter com ele, e ele deitou-se com ela, que tinha acabado de se purificar de suas regras. Depois ela voltou para a sua casa. ⁵A mulher concebeu e mandou dizer a Davi: "Estou grávida!"

⁶Então Davi mandou uma mensagem a Joab: "Envia-me Urias, o heteu", e Joab enviou Urias a Davi. ⁷Quando Urias chegou, Davi indagou dele como ia Joab, e o povo, e a guerra. ⁸Depois Davi disse a Urias: "Desce à tua casa e lava os teus pés." Urias saiu da casa do rei e depois recebeu um presente do rei. ⁹Mas Urias dormiu à porta da casa do rei com todos os servos do seu senhor e não foi para a sua casa.

¹⁰Informaram disso a Davi. "Urias", disseram-lhe, "não desceu à sua casa." Davi perguntou a Urias: "Não chegaste de viagem? Por que não desceste à tua casa?" ¹¹Urias respondeu a Davi: "A Arca, Israel e Judá habitam em tendas, o meu chefe Joab e os servos do meu senhor acampam em campo raso, e irei eu à minha casa para comer e beber e deitar-me com minha mulher?!*[e]* Por tua vida, por tua própria vida, eu não faria tal coisa!" ¹²Então Davi disse a Urias: "Fica hoje ainda aqui, e amanhã te despedirei." Urias ficou ainda aquele dia e o dia seguinte em Jerusalém. ¹³Davi o convidou a comer e beber em sua presença, e o embriagou. À tarde, Urias saiu e

---

a) Essa pequena narrativa parece vir de fonte diferente.
b) Para o autor dos caps. 9-20, a guerra amonita constitui apenas o quadro da história de Davi e Betsabéia.
c) O equinócio da primavera.

d) Um mercenário estrangeiro. Acerca dos heteus, ver Dt 7,1+.
e) A continência era lei religiosa da guerra (cf. 1Sm 21,6).

deitou-se em sua cama, no mesmo lugar em que dormiam os servos do seu senhor, e não desceu à sua casa.

¹⁴Na manhã seguinte, Davi escreveu uma carta a Joab e a remeteu por intermédio de Urias. ¹⁵Escreveu ele na carta: "Coloca Urias no ponto mais perigoso da batalha e retirem-se, deixando-o só, para que seja ferido e venha a morrer." ¹⁶Joab, que supervisionava a cidade, pôs Urias no lugar onde ele sabia estarem os guerreiros mais valentes. ¹⁷Os que defendiam a cidade saíram para atacar Joab, e houve vítimas na tropa, entre os servos de Davi. E Urias, o heteu, morreu também.

¹⁸Joab mandou a Davi um relatório sobre todos os pormenores da batalha ¹⁹e deu esta ordem ao mensageiro: "Quando tiveres acabado de contar ao rei todos os pormenores da batalha, ²⁰se o rei se enfurecer e perguntar: 'Por que vos aproximastes da cidade para lutar? Não sabíeis que iriam atirar do alto da muralha? ²¹Quem matou Abimelec, o filho de Jerobaal?ᵃ Não foi uma mulher que lhe atirou uma pedra de moinho, do alto da muralha e ele morreu, em Tebes? Por que vos aproximastes da muralha?' então dirás: O teu servo Urias, o heteu, morreu também."

Jz 9,50-54

²²O mensageiro partiu e, logo à chegada, relatou a Davi toda a mensagem de que Joab o havia encarregado. Davi encolerizou-se contra Joab e disse ao mensageiro: "Por que chegastes tão perto da muralha da cidade para o combate? Não sabíeis que iriam atirar do alto das muralhas? Quem matou Abimelec, o filho de Jerobaal? Não foi uma mulher que lhe atirou uma pedra de moinho do alto da muralha e ele morreu, em Tebes? Por que vos aproximastes da muralha?" ²³Então o mensageiro respondeu a Davi: "Aconteceu que eles nos atacaram de surpresa, numa saída em campo aberto, e nós os fizemos recuar até à entrada da porta, ²⁴mas os arqueiros dispararam do alto da muralha sobre os teus servos, e alguns dos servos do rei caíram mortos, e o teu servo Urias, o heteu, morreu também."

²⁵Então Davi disse ao mensageiro: "Assim dirás a Joab: 'Não te preocupes com esse caso: a espada devora tanto num como no outro lado. Redobra o ataque contra a cidade, e destrói-a'. Anima-o assim." ²⁶Logo que a mulher de Urias soube que o seu esposo, Urias, morrera, ficou de luto por seu esposo. ²⁷Terminados os dias de luto, Davi mandou buscá-la, levou-a para a sua casa e a tomou por mulher. Ela lhe deu um filho. Mas a ação que Davi praticara desagradou a Iahweh.

12 Natã repreende Davi. Arrependimento de Daviᵇ — ¹Iahweh mandou o profeta Natã falar com Davi. Ele entrou e lhe disse:

14,4-17

"Havia dois homens na mesma cidade,
   um rico e o outro pobre.
²O rico possuía ovelhas e vacas em grande número.
³O pobre nada tinha senão uma ovelha,
   só uma pequena ovelha que ele havia comprado.
Ele a criara e ela cresceu com ele e com os seus filhos,
   comendo do seu pão, bebendo na sua taça,
   dormindo no seu colo: era como sua filha.
⁴Um hóspede veio à casa do homem rico,
   que não quis tirar uma das suas ovelhas ou de suas vacas
   para servir ao viajante que o visitava.

---

a) "Jerobaal", grego (cf. Jz 7,1s); "Jeroboset", hebr. (cf. 2,8+ e 4,4+).
b) A intervenção de Natã (12,1-15a) pode não ter figurado na narrativa mais antiga: no v. 22, Davi parece ignorar que a criança está condenada. Mas esta narrativa e a seguinte testemunham um mesmo sentimento religioso: o crime de Davi é denunciado como falta grave, mas seu arrependimento lhe vale o perdão de Deus.

Ele tomou a ovelha do homem pobre
e a preparou para a sua visita."

⁵Davi se encolerizou contra esse homem e disse a Natã: "Pela vida de Iahweh, quem fez isso é digno de morte! ⁶Devolverá quatro vezes o valor da ovelha, por ter cometido tal ato e não ter tido piedade." ⁷Natã disse a Davi: "Esse homem és tu! Assim diz Iahweh, Deus de Israel: Eu te ungi rei de Israel, eu te salvei das mãos de Saul, ⁸eu te dei a casa do teu senhor, eu coloquei nos teus braços as mulheres do teu senhor, eu te dei a casa de Israel e de Judá, e se isso não é suficiente, eu te darei qualquer coisa. ⁹Por que desprezaste Iahweh*ᵃ* e fizeste o que lhe desagrada? Tu feriste à espada Urias, o heteu; sua mulher, tomaste-a por tua mulher, e a ele mataste pela espada dos amonitas. ¹⁰Agora, a espada não mais se apartará da tua casa,*ᵇ* porquanto me desprezaste e tomaste a mulher de Urias, o heteu, para que ela se tornasse tua mulher.

¹¹Assim diz Iahweh: Na tua própria casa farei surgir a desgraça contra ti. Tomarei as tuas mulheres, debaixo dos teus olhos, e as darei ao teu próximo, que se deitará com as tuas mulheres à luz deste sol. ¹²Tu agiste em segredo, mas eu cumprirei tudo isso perante a face de todo o Israel e à luz do sol!"

¹³Davi disse a Natã: "Pequei contra Iahweh!" Então Natã disse a Davi: "Por sua parte, Iahweh perdoa a tua falta: não morrerás. ¹⁴Mas, por teres ultrajado a Iahweh*ᶜ* com o teu procedimento, o filho que tiveste morrerá." ¹⁵E Natã o deixou.

Morte do filho de Betsabeia. Nascimento de Salomão — Iahweh feriu a criança que a mulher de Urias dera a Davi e ela caiu gravemente enferma. ¹⁶Davi implorou a Deus pelo menino: jejuou, ficou junto dele, e passou a noite prostrado no chão. ¹⁷Os dignitários da sua casa foram ter com ele para o levantarem do chão, mas recusou e não tomou alimento nenhum com eles. ¹⁸No sétimo dia, o menino morreu. Os servos de Davi tinham receio de lhe dar a notícia de que o menino tinha morrido. Diziam: "Quando a criança estava viva, nós lhe falamos e ele não nos ouviu. Como podemos agora dizer-lhe que a criança morreu? Ele poderá fazer algum mal!" ¹⁹Davi notou que os seus servos cochichavam entre si e compreendeu que a criança estava morta. Perguntou-lhes Davi: "O menino morreu?", e eles responderam: "Sim."

²⁰Então Davi se levantou do chão, lavou-se, pôs perfume e mudou as vestes. Depois entrou na casa de Iahweh e se prostrou. Voltou para casa, mandou que lhe servissem a refeição e comeu. ²¹Disseram-lhe os seus servos: "Que fazes aí? Enquanto a criança estava viva, jejuaste e choraste, e agora que a criança morreu tu te levantas e te alimentas?!"*ᵈ* ²²Ele respondeu: "Enquanto a criança vivia, jejuei e chorei, porque eu dizia: Quem sabe? Talvez Iahweh tenha piedade de mim e a criança viva. ²³Agora que o menino está morto, por que jejuarei? Poderei fazê-lo voltar? Eu, sim, irei aonde ele está,*ᵉ* mas ele não voltará para mim."

²⁴Davi consolou Betsabeia, sua mulher. Foi ter com ela e deitou-se com ela. Ela deu à luz um filho, ao qual deu o nome de Salomão. Iahweh o amou

---

a) O hebr. leu: "a palavra de Iahweh", muito provavelmente para evitar que o nome divino seja diretamente o objeto do verbo.

b) Alusão à morte sangrenta de Amnon, de Absalão e de Adonias, os três filhos de Davi.

c) "ultrajado a Iahweh", corr. O hebr. traz: "ultrajado os inimigos de Iahweh", para evitar uma blasfêmia.

— O pecado não é somente a violação de certa ordem moral ou social, mas antes de tudo a ruptura de relação pessoal entre o homem e Deus (cf. Gn 39,9; Sl 51,6; 59,2), que só Deus pode restabelecer (Sl 65,4; cf. Mc 2,5+).

d) Davi não obedece às regras do luto e espanta os presentes. Sua religião é espontânea e não conformista (vv. 22-23 e 6,21-22).

e) A morada dos mortos, o Xeol (cf. Nm 16,33+).

²⁵e o deu a saber pelo profeta Natã. Este o chamou Jededias, por causa de Iahweh.*a*

Conquista de Rabá — ²⁶Joab, entretanto, atacou Rabá dos amonitas e se apoderou da cidade real. ²⁷Joab enviou então mensageiros a Davi, para dizer: "Eu ataquei Rabá e me apossei da cidade das águas.*b* ²⁸Agora reúne o resto do exército, acampa contra a cidade e toma-a, para que não seja eu que a conquiste e lhe dê o meu nome." ²⁹Davi reuniu todo o exército e foi a Rabá, e tomou a cidade de assalto. ³⁰Ele tirou da cabeça de Melcom*c* a coroa, que pesava um talento de ouro, assim como uma pedra preciosa. Esta foi colocada sobre a cabeça de Davi. O rei levou da cidade enorme quantidade de despojos. ³¹Quanto à sua população, fê-la sair e a colocou a manejar a serra, as picaretas e os machados de ferro, e a pôs no trabalho dos tijolos.*d* Agiu da mesma forma com todas as cidades dos amonitas. Davi e todo o exército retornaram a Jerusalém.

1Cr 20,1b-3

1Cr 20,3
Ex 1,13-14

C. HISTÓRIA DE ABSALÃO*e*

13

Amnon ultraja sua irmã Tamar — ¹Eis o que aconteceu depois disso: Absalão, filho de Davi, tinha uma irmã que era bela e se chamava Tamar, e Amnon, filho de Davi, se apaixonou por ela. ²Amnon se atormentou a ponto de adoecer por causa da sua irmã Tamar, porque ela era virgem e ele não via nenhuma possibilidade de lhe fazer algo. ³Mas Amnon tinha um amigo chamado Jonadab, filho de Sama, irmão de Davi, e Jonadab era um homem muito sagaz. ⁴Ele lhe disse: "Que acontece, filho do rei, que toda manhã estás tão abatido? Não me dizes o que há?" Amnon lhe respondeu: "É que eu amo Tamar, a irmã de meu irmão Absalão." ⁵Então Jonadab lhe disse: "Mete-te na cama, finge que estás doente e, quando teu pai vier ver-te, dir-lhe-ás: 'Permite que a minha irmã Tamar me sirva o alimento e prepare o prato na minha presença, para que o veja e coma, servido por ela'." ⁶Então Amnon deitou-se e fingiu-se doente. O rei veio vê-lo, e Amnon disse ao rei: "Concede que minha irmã Tamar venha e prepare na minha presença dois pasteizinhos, e eu me restaurarei, servido por ela." ⁷Davi mandou dizer a Tamar na casa dela: "Vai ao quarto do teu irmão Amnon e prepara a sua refeição." ⁸Tamar foi aos aposentos de seu irmão Amnon. Ele estava deitado. Ela tomou a farinha, amassou-a e preparou os pastéis na sua presença. Depois levou-os ao fogo. ⁹Em seguida, pegou a panela e despejou-a no prato diante dele, mas ele não quis comer. Disse Amnon: "Manda embora toda essa gente para longe de mim." E todos saíram de junto dele. ¹⁰Então Amnon disse a Tamar: "Traze o prato aqui e comerei, servido por ti." Tamar trouxe os pastéis que fizera e os trouxe ao seu irmão, no quarto. ¹¹Ao oferecer-lhe o prato, ele segurou-a e disse-lhe: "Deita-te comigo, minha irmã!" ¹²Mas ela replicou-lhe: "Não, meu irmão! Não me violentes porque não se procede assim em Israel, não cometas essa infâmia! ¹³Aonde iria esconder minha vergonha? E tu serias

3,2-3

Gn 34,7
Dt 22,21
Jz 20,6.10
Jr 29,23

---

a) O nascimento de Salomão, filho de Betsabeia, "amado de Iahweh" (é a significação de Jededias), é a certeza do perdão de Deus. E é Salomão, de preferência aos herdeiros mais bem providos de títulos, que a escolha gratuita de Deus levará ao trono de seu pai.
b) A expressão visa, sem dúvida, a uma fortificação que protegia o abastecimento de água para a cidade.
c) O hebr., lendo "seu rei" (*malkam*), considera que se trata de uma coroa que encimava a estátua do rei dos amonitas, coroa cujo peso é enorme, mais de trinta quilos. Deve-se antes pensar na estátua do deus Melcom, deus dos amonitas (1Rs 11,5), como o grego a compreendeu.
d) Trabalho penoso imposto aos prisioneiros de guerra ou aos escravos (cf. Ex 5).
e) Absalão, assassino de seu irmão, rebelado contra seu pai, é a personagem central do grande drama da família de Davi (caps. 13-20). Esse drama de família provoca uma série de crises políticas, que deixam a descoberto as dissensões da nação e comprometem o futuro do reino.

como um infame em Israel! No entanto, fala ao rei, e ele não se recusará a entregar-me a ti."*a* ¹⁴Ele, porém, não quis ouvi-la; dominou-a e com violência deitou-se com ela.

¹⁵Então Amnon irou-se sobremaneira — a aversão que lhe teve foi maior do que o amor com que a tinha amado —. E Amnon lhe disse: "Levanta-te! Vai-te embora!" ¹⁶Ela lhe respondeu: "Não, meu irmão, expulsar-me seria pior do que o mal que me fizeste."*b* Mas ele não quis ouvi-la. ¹⁷Chamou o criado que o servia e lhe disse: "Livra-me desta moça! Põe-na fora daqui e fecha a porta!" ¹⁸Ela trajava uma túnica especial que antigamente usavam as filhas do rei ainda solteiras. O criado a pôs para fora e fechou a porta.

¹⁹Tamar cobriu a cabeça de cinza, rasgou a túnica, pôs as mãos na cabeça, e se foi gritando.*c* ²⁰Absalão, seu irmão, lhe perguntou: "Esteve o teu irmão Amnon contigo? Agora, minha irmã, cala-te; é teu irmão. Não te angusties dessa maneira." E Tamar ficou sozinha na casa do seu irmão Absalão.

²¹Logo que o rei Davi tomou conhecimento de toda essa história, ficou indignado. ²²Quanto a Absalão, não falou mais*d* com Amnon, porque Absalão estava cheio de ódio contra ele, por causa da violência que fizera contra sua irmã Tamar.

Absalão manda assassinar Amnon e foge — ²³Dois anos mais tarde, Absalão mandou convidar todos os filhos do rei a se reunirem em Baal-Hasor, nas propriedades de Efraim, onde ele tinha seus tosquiadores. ²⁴Absalão veio ao rei e disse: "O teu servo tem tosquiadores. Que o rei e seus servos se dignem vir com teu servidor." ²⁵O rei respondeu a Absalão: "Não, meu filho, não devemos ir todos juntos para não te sermos pesados." Absalão insistiu, mas ele não quis ir e lhe deu a sua bênção. ²⁶Absalão pediu-lhe então: "Permite, ao menos, que meu irmão Amnon venha conosco." O rei lhe perguntou: "Por que iria ele contigo?" ²⁷Mas Absalão insistiu, e ele consentiu que Amnon partisse com ele e com todos os filhos do rei.*e*

Absalão deu esta ordem aos seus domésticos: ²⁸"Prestai atenção: quando o coração de Amnon estiver alegre por causa do vinho e eu vos disser: 'Feri Amnon!', então o matareis. Não tenhais medo: não sou eu que vos estou ordenando fazê-lo? Tende coragem e sede valentes." ²⁹Os domésticos de Absalão fizeram com Amnon como lhes tinha sido ordenado. Então, todos os filhos do rei se levantaram, montou cada qual no seu animal e fugiram.

³⁰Quando ainda estavam a caminho, este rumor chegou aos ouvidos de Davi: "Absalão matou todos os filhos do rei, não ficou um só!" ³¹O rei se levantou, rasgou as suas vestes e se lançou por terra. Do mesmo modo, os seus servos, mantendo-se de pé, rasgaram as suas vestes. ³²Mas Jonadab, o filho de Sama, irmão de Davi, tomou a palavra e disse: "Não acredite o meu senhor que todos os jovens filhos do rei morreram, porque só Amnon está morto: Absalão prometeu fazer isso desde o dia em que Amnon ultrajou a sua irmã Tamar. ³³Agora, pois, o senhor meu rei não fique com a ideia de que todos os filhos do rei pereceram. Não, só Amnon está morto, ³⁴e Absalão fugiu."

---

a) Segundo o uso antigo (comparar Gn 20,12), Amnon podia casar-se com Tamar, que era apenas meia irmã. Essas uniões foram proibidas pelas leis de Lv 18,11; 20,17; Dt 27,22.

b) O v., mal conservado, é de tradução difícil.

c) Gestos de luto e de dor (1,2; Est 4,1; Jr 2,37).

d) Lit.: "não falou nem mal nem bem". Absalão rompe com o irmão.

e) O grego precisa: "Absalão ofereceu um festim, um verdadeiro festim de rei". É talvez indicação antiga.

O moço que estava de sentinela, levantando os olhos, viu uma tropa numerosa que avançava no caminho de Horonaim,ᵃ no flanco da montanha, na descida. A sentinela foi anunciá-lo ao rei: "Eu vi homens que vêm descendo pelo caminho de Horonaim, no flanco da montanha." ³⁵Então Jonadab disse ao rei: "São os filhos do rei que estão chegando: foi como o teu servo havia dito que aconteceu." ³⁶Mal acabava de falar, vieram entrando os filhos do rei e se puseram a gritar e a chorar: também o rei e todos os seus servos choraram muito alto. ³⁷Absalão se refugiou na casa de Tolmai, filho de Amiur, rei de Gessur. O rei guardou luto por seu filho todos os dias.

3,3

Joab negocia a volta de Absalão — ³⁸Absalão tinha fugido e fora para a casa de Gessur, e ali ficou três anos. ³⁹O rei Daviᵇ cessou de se enfurecer contra Absalão, porque já se consolara da morte de Amnon.

14 ¹Joab, filho de Sárvia, percebeu que o coração do rei se inclinava para Absalão. ²Então Joab mandou alguém a Técuaᶜ buscar uma mulher sábia, e lhe disse: "Peço-te isto: que finjas estar de luto, vistas roupa de luto, não te perfumes, como se fosses uma mulher que, depois de muitos dias, continua de luto por um morto. ³Irás à casa do rei e lhe farás este discurso." E Joab lhe disse as palavras que ela devia dizer.ᵈ

⁴A mulher de Técua foi, pois, ter com o rei, caiu com o rosto em terra e se prostrou, e disse: "Salva-me, ó rei"ᵉ ⁵O rei lhe perguntou: "Que tens?" Ela respondeu: "Pobre de mim! Eu sou viúva. Meu marido morreu ⁶e a tua serva tinha dois filhos. Eles discutiram no campo, não havia ninguém para os separar, e um feriu o outro e o matou. ⁷Então toda a família se levantou contra a tua serva e disse: 'Entrega-nos o fratricida, para que o executemos como preço da vida do seu irmão, que ele matou, para que eliminemos também o herdeiro.' E assim eles apagarão a brasa que me resta, para não deixar mais ao meu marido nem nome nem sobrevivente na face da terra." ⁸Disse o rei à mulher: "Vai para a tua casa, e eu próprio darei ordens acerca do teu problema." ⁹A mulher de Técua disse ao rei: "Senhor, meu rei! Caia sobre mim e sobre a minha família a falta cometida; o rei e o seu trono estão inocentes." ¹⁰Respondeu o rei: "Traze-me quem te ameaçou, e ele nunca mais te fará mal." ¹¹Disse ela: "Lembra-te, ó rei, de Iahweh teu Deus, a fim de que o vingador do sangue não aumente a desgraça e não faça o meu filho perecer!" Então ele disse: "Tão certo como Iahweh vive, não cairá no chão nem um só cabelo da cabeça do teu filho!"

12,1s
1Rs 3,16s
2Rs 8,3s
2Rs 6,26s

Nm 35,19 +

Nm 35,19 +

¹²Então a mulher acrescentou: "Que seja permitido à tua serva dizer ainda uma palavra ao senhor meu rei", e ele respondeu: "Fala". ¹³Então a mulher disse: "Ao pronunciar tal sentença, o rei se torna culpado; pois, por que decidiu o rei, contra o povo de Deus, não consentir na volta daquele que ele tinha desterrado? ¹⁴Todos morreremos e, como as águas que se derramam na terra não se podem mais recolher, assim Deus não reanima um cadáver. Todavia, ele toma decisões para que o desterrado não permaneça desterrado longe dele.ᶠ

Jó 14,7-12
Sl 88,6.11

¹⁵ᵍAgora, se a tua serva veio narrar ao senhor meu rei este caso, foi porque me amedrontaram e tua serva pensou: *Falarei com o rei* e talvez ele se dignará realizar o pedido da sua serva, ¹⁶pois o rei livrará a sua serva das mãos do

---

a) O v. foi restituído segundo o grego. O hebr. omitiu essa passagem por inadvertência, por causa da repetição "sobre o caminho de Horonaim".
b) O grego leu: "o espírito do rei cessou de se enfurecer", o que poderia ser o texto antigo.
c) Pátria do profeta Amós, 18 km ao sul de Jerusalém.
d) Como fizera Natã (12,1s), Joab, simulando um caso de justiça, levou o rei a pronunciar-se.

e) Era uma fórmula de apelo ao rei.
f) Já não se pode fazer nada por Amnon, que está morto; convém, pois, que Absalão volte.
g) A mulher, depois de ter aberto os olhos do rei fazendo a aplicação ao caso de Absalão, retoma seu papel. O v. 17 aplica-se igualmente ao caso fictício e ao caso real.

homem que procura subtrair a herança de Deus de mim e de meu filho. ¹⁷A tua serva disse: Que a palavra do senhor meu rei nos traga o sossego, porque o meu rei é como o Anjo de Deus[a] para discernir o bem e o mal.[b] Que Iahweh teu Deus esteja contigo!"

¹⁸Então, tomando a palavra, o rei disse à mulher: "Peço-te que não ocultes de mim o que vou te perguntar." Respondeu a mulher: "Fale o senhor meu rei." ¹⁹Então o rei disse: "Não está a mão de Joab atrás de tudo isso que me vieste contar?" Respondeu a mulher: "Tão certo como vives tu, senhor meu rei, ninguém poderá desviar-me para a direita nem para a esquerda de tudo o que afirmou o senhor meu rei: sim, foi o teu servo Joab que me deu a ordem, e foi ele que pôs na minha boca todas as palavras que a tua serva te disse. ²⁰Foi para disfarçar a apresentação deste caso que o teu servo Joab assim agiu, mas o meu senhor tem a sabedoria de um Anjo de Deus e sabe tudo o que se passa na terra."

²¹Então o rei disse a Joab: "Está bem, eu faço isso: vai e traze de volta o jovem Absalão." ²²Joab caiu com o rosto em terra, prostrou-se e bendisse o rei. Depois, Joab disse: "O teu servo sabe hoje que encontrou graça aos teus olhos, senhor meu rei, pois o rei executou a palavra do seu servo." ²³Joab se pôs a caminho, foi a Gessur e trouxe Absalão de volta a Jerusalém. ²⁴Contudo, o rei disse: "Que se recolha à sua casa: não será recebido por mim." Assim Absalão se retirou para a sua casa e não foi recebido pelo rei.

Alguns dados sobre Absalão[c] — ²⁵Em todo o Israel, não havia ninguém que fosse tão belo como Absalão, ao qual se podiam fazer muitos elogios: da planta dos pés ao alto da cabeça ele era sem defeito. ²⁶Quando cortava o cabelo — no fim de cada ano ele costumava cortá-lo, quando pesava muito, e por isso o cortava —, ele pesava-o, e o seu peso era de duzentos siclos, pelo peso do rei. ²⁷Absalão tinha três filhos e uma filha, que se chamava Tamar. Era uma linda mulher.

Absalão obtém o perdão — ²⁸Absalão ficou dois anos em Jerusalém, sem ser recebido pelo rei. ²⁹Então Absalão mandou convocar Joab para que o enviasse ao rei, mas ele não quis ir; convocou-o segunda vez, e ainda Joab não quis ir. ³⁰Disse, então, Absalão aos seus servos: "Vedes ali, ao lado do meu, o campo de Joab, no qual há cevada. Ide e ateai fogo nele." E foram os servos de Absalão e puseram fogo no campo. ³¹Joab veio procurar Absalão na sua casa e lhe disse: "Por que puseram fogo no campo que me pertence?" ³²Absalão respondeu a Joab: "Mandei chamar-te para te dizer: Vem cá; quero enviar-te à presença do rei com esta mensagem: 'Por que, afinal, vim de Gessur? Melhor teria sido se não tivesse saído de lá.' Agora, portanto, quero ser recebido pelo rei; e, se sou culpado, que ele me condene à morte!" ³³Joab se apresentou ao rei e lhe relatou tais palavras. Então ele chamou Absalão. Este foi ao rei e se prostrou, lançando-se com o rosto em terra diante dele. E o rei beijou Absalão.

15 As intrigas de Absalão
— ¹E aconteceu depois disso que Absalão providenciou para si um carro e cavalos, e cinquenta homens corriam diante dele. ²Levantando-se de manhã bem cedo, Absalão ficava à beira do caminho que vai dar à porta, e toda vez que um homem que tinha algum processo tencionava ir ao tribunal do rei, Absalão o interpelava e lhe perguntava: "De que cidade és?" O homem respondia: "O teu servo é de uma

---

a) Nos textos antigos (Gn 16,7+), o Anjo de Deus é o próprio Deus, na forma visível em que aparece aos homens; Davi tem sabedoria divina, assim como no v. 20.

b) Isto é, absolutamente tudo (cf. 13,22).

c) Os vv. 25-27 interrompem a narrativa e vêm de outra fonte.

das tribos de Israel."ᵃ ³Então Absalão lhe dizia: "Olha: a tua causa é boa e justa, mas não encontrarás ninguém que te escute da parte do rei." ⁴Absalão continuava: "Ah! Quem me instalará como juiz no território? Todos os que tiverem processos e pleitos no tribunal venham a mim, e eu lhes farei justiça!" ⁵E quando alguém se aproximava para se prostrar diante dele, ele estendia-lhe a mão, puxava-o para si e o beijava. ⁶Absalão agia desse modo com todo o Israel que apelava ao tribunal do rei, e Absalão ia seduzindo o coração dos homens de Israel.

Revolta de Absalão — ⁷Ao fim de quatroᵇ anos, Absalão disse ao rei: "Permite que eu vá a Hebron,ᶜ a fim de cumprir um voto que fiz a Iahweh. ⁸Porque, quando eu estava em Gessur, em Aram, o teu servo fez este voto: Se Iahweh me conceder voltar a Jerusalém, prestarei um culto a Iahweh." ⁹Disse-lhe o rei: "Vai em paz!" Ele se pôs, então, a caminho, para ir a Hebron. ¹⁰Absalão mandou emissários a todas as tribos de Israel para dizer-lhes: "Quando ouvirdes o som da trombeta, dizei uns aos outros: Absalão tornou-se rei em Hebron!" ¹¹Com Absalão partiram de Jerusalém duzentos homens. Sendo convidados, e vindo inocentemente, de nada estavam informados. ¹²Absalão encarregou de uma missão Aquitofel, o gilonita, conselheiro de Davi, a partir de sua cidade de Gilo, enquanto ele oferecia sacrifícios. A conjuração se avolumava e se fortalecia, e a multidão dos partidários de Absalão ia aumentando.

Fuga de Davi — ¹³Um informante veio dizer a Davi: "O coração dos homens de Israel se voltou para Absalão." ¹⁴Então Davi disse a todos os seus servos que estavam com ele em Jerusalém: "Levantemo-nos e fujamos! Doutra sorte não escaparemos de Absalão. Apressai-vos em partir, para que não aconteça que se apresse ele e nos ataque, nos destrua e passe a cidade ao fio da espada."ᵈ ¹⁵Responderam-lhe os servos do rei: "Qualquer que seja a decisão do senhor nosso rei, aqui estamos ao teu serviço." ¹⁶O rei partiu a pé, com toda a sua família, mas deixou no palácio dez concubinas para guardá-lo. ¹⁷O rei saiu a pé com todo o povo, e se detiveram na última casa. ¹⁸Todos os seus servos desfilavam junto dele. Todos os cereteus, todos os feleteus e todos os gateus, seiscentos homens vindos de Gat, desfilavam diante do rei. ¹⁹O rei disse a Etai, o gateu: "Por que vieste conosco? Volta e fica com o rei, porque és um estrangeiro e exilado do teu país. ²⁰Chegaste ontem e hoje eu te faria andar errante conosco, quando vou à ventura? Volta e procura levar contigo os teus irmãos, e Iahweh te testemunheᵉ misericórdia e bondade." ²¹Mas Etai respondeu ao rei: "Pela vida de Iahweh e pela vida do senhor meu rei, onde quer que estiver o senhor meu rei, seja para a vida, seja para a morte, ali estará também o teu servo." ²²Então Davi disse a Etai: "Vem e passa." E Etai de Gat passou com todos os seus homens e toda a multidão que estava com ele. ²³E todos choravam em alta voz, e o rei desfilava na torrente do Cedron, e todo o povo desfilou diante dele na direção do deserto.

O destino da Arca — ²⁴Eis que chegaram também Sadoc e todos os levitas, *transportando* a Arca da aliança de Deus. Puseram a Arca de Deus, e Abiatar

---

a) Sem dúvida, aqui, as tribos do Norte, por oposição a Judá. Absalão explora a oposição latente dos dois grupos que compunham a nação (ver 19,42s).
b) "quatro" grego luc.; "quarenta" hebr.
c) Depois de haver trabalhado o Norte, Absalão procura apoio no Sul: Hebron, a primeira capital (2,1s), podia ter guardado rancor a Davi por ter preferido Jerusalém.
d) Davi não crê que tudo esteja perdido, pois deixa na praça alguns partidários seus (vv. 27s e 34s). Mas, apanhado entre as revoltas do Norte e as do Sul, faz uma retirada estratégica.
e) "e que Iahweh te testemunhe", grego; omitido pelo hebr.

estava ali,[a] até que todo o povo acabou de sair da cidade. ²⁵Então o rei disse a Sadoc: "Torna a levar a Arca de Deus para a cidade. Se eu encontrar graça aos olhos de Iahweh, ele me trará de volta e me permitirá revê-la e à sua Habitação; ²⁶se, porém, ele disser: 'Tu me desagradas', aqui estou: faça de mim o que lhe aprouver." ²⁷O rei disse ao sacerdote Sadoc: "Vês a situação? Volta em paz à cidade. Teu filho Aquimaás e Jônatas, o filho de Abiatar, vossos dois filhos, estão convosco. ²⁸Vede! Eu permanecerei caminhando pelos trilhos do deserto, aguardando notícias vossas." ²⁹Sadoc e Abiatar levaram, pois, a Arca de Deus de volta a Jerusalém, e ali ficaram.

Davi se certifica da colaboração de Cusai — ³⁰Subia Davi chorando, pela encosta das Oliveiras, a cabeça coberta e os pés descalços,[b] e todo o povo que o acompanhava tinha a cabeça coberta e subia chorando. ³¹Informaram então a Davi[c] que Aquitofel estava entre os que conjuraram com Absalão, pelo que disse Davi: "Ó Iahweh! Faze que sejam insensatos os conselhos de Aquitofel!"

³²Ao chegar Davi ao cume, lá onde se prostram diante de Deus,[d] eis que veio ao seu encontro Cusai, o araquita; veio com as vestes rasgadas e a cabeça coberta de pó. ³³Disse-lhe Davi: "Se ficares comigo, ser-me-ás pesado. ³⁴Mas se voltares à cidade e disseres a Absalão: 'Serei teu servo, senhor meu[e] rei; até aqui servi teu pai, agora eu te servirei', então confundirás os conselhos de Aquitofel. ³⁵Sadoc e Abiatar, os sacerdotes, não ficarão do teu lado? Tudo o que souberes do palácio, relatá-lo-ás ao sacerdotes Sadoc e Abiatar. ³⁶Ali estarão também os seus dois filhos: Aquimaás, de Sadoc, e Jônatas, de Abiatar. Tudo o que observardes me comunicareis por intermédio deles." ³⁷Cusai, o amigo de Davi, entrou na cidade quando Absalão chegava a Jerusalém.

16 ***Davi e Siba*** — ¹Havia Davi passado um pouco adiante do cume, quando Siba, o doméstico de Meribaal, veio ao seu encontro com um par de jumentos albardados, levando uma carga de duzentos pães, cem cachos de passas, cem frutas da estação e um odre de vinho. ²O rei perguntou a Siba: "Que queres fazer com isso?" Siba respondeu: "Os jumentos servirão de montaria à família real, o pão e as frutas para os moços comerem, e o vinho para os que estiverem cansados no deserto." ³Perguntou o rei: "E onde está o filho do teu senhor?" E Siba respondeu ao rei: "Ficou em Jerusalém porque disse: Hoje a casa de Israel me restituirá o reino de meu pai." ⁴Então o rei disse a Siba: "Tudo o que Meribaal possui é teu." Siba disse: "Eu me prostro diante de ti. Possa eu encontrar graça aos teus olhos, senhor meu rei!"

Semei amaldiçoa a Davi — ⁵Quando o rei Davi chegou a Baurim, surgiu um homem, membro do mesmo clã da família de Saul, cujo nome era Semei, filho de Gera, e saiu proferindo maldições. ⁶Atirava pedras em Davi e em todos os servos do rei Davi, e apesar disso todo o povo e todos os valentes se puseram à sua direita e à sua esquerda. ⁷Semei amaldiçoava a Davi com estas palavras: "Vai-te! Vai-te! homem sanguinário, bandido! ⁸Iahweh fez

---

a) A menção do sacerdote Abiatar neste lugar é curiosa, pois em 15,27-29.35; 19,12 é citado ao lado de Sadoc. A entrada dos levitas como portadores da Arca pôde provocar um deslocamento de Abiatar no interior do v.

b) Costumes de luto (19,5; Ez 24,17), tornados indicações de dor (Jr 14,3s; Est 6,12; Mq 1,8).

c) "Informaram então a Davi", grego; "Davi informou", hebr.

d) Talvez o santuário de Nob (1Sm 21,2). — Depois de "Cusai, o araquita", o grego acrescenta "o familiar de Davi", cf. v. 37.

e) Senhor meu, conj.; "eu", hebr.

cair sobre ti todo o sangue da casa de Saul,*ᵃ* cujo trono usurpaste. Assim fez Iahweh, tirando das tuas mãos a realeza para dá-la a teu filho Absalão. Estás entregue à tua própria desgraça, porque és homem sanguinário." ⁹Abisaí, filho de Sárvia, disse então ao rei: "Por que este cão morto há de ficar amaldiçoando o senhor meu rei? Deixa-me atravessá-lo e cortar-lhe a cabeça." ¹⁰Mas o rei respondeu: "Que tenho convosco, filhos de Sárvia? Se ele amaldiçoa e se Iahweh lhe ordenou: 'Amaldiçoa a Davi', quem poderia dizer-lhe: 'Por que fazes isso?' " ¹¹Davi disse a Abisaí e a todos os seus servos: "Vede: o filho que saiu das minhas entranhas busca a minha morte. Com mais razão, este benjaminita! Deixai que amaldiçoe, se Iahweh lhe ordenou que o fizesse. ¹²Talvez Iahweh considere a minha miséria e me restitua bem em lugar de sua maldição de hoje." ¹³Davi e os seus homens continuaram o seu caminho. Semei ia andando ao lado da montanha, paralelamente a Davi, e, enquanto andava, proferia maldições, atirava pedras*ᵇ* e jogava terra para o ar. ¹⁴O rei e todo o povo que o acompanhava chegaram extenuados,*ᶜ* e lá retomaram fôlego.

Cusai une-se a Absalão — ¹⁵Absalão entrou em Jerusalém com todos os homens de Israel, e Aquitofel estava com ele. ¹⁶Assim que Cusai, o araquita, amigo de Davi, se aproximou de Absalão, Cusai disse-lhe: "Viva o rei! Viva o rei!" ¹⁷Absalão, porém, disse a Cusai: "É essa a fidelidade que tens pelo teu amigo? Por que não foste com o teu amigo?" ¹⁸Cusai respondeu a Absalão: "Não, aquele com quem quero estar é aquele a quem Iahweh e este povo e todos os homens de Israel escolheram, com esse permanecerei! ¹⁹Ademais, a quem vou servir? Não és seu filho? Como servi a teu pai, assim te servirei."

Absalão e as concubinas de Davi — ²⁰Absalão disse a Aquitofel: "Consultai--vos: que faremos?" ²¹Aquitofel respondeu a Absalão: "Aproxima-te das concubinas de teu pai, que ele deixou aqui para guardar o palácio: todo o Israel saberá que te tornaste odioso a teu pai, e a coragem de todos os teus partidários aumentará."*ᵈ* ²²Armou-se então uma tenda no terraço do palácio, e Absalão esteve com as concubinas de seu pai aos olhos de todo o Israel. ²³O conselho que Aquitofel dava naquele tempo era recebido como um oráculo de Deus. Assim era o conselho de Aquitofel, tanto para Davi como para Absalão.

17

Cusai desfaz os planos de Aquitofel — ¹Aquitofel disse a Absalão: "Dá-me permissão de escolher doze mil homens e me lançar esta noite mesmo à perseguição de Davi. ²Cairei sobre ele quando estiver cansado e sem coragem, e o assombrarei, e todo o povo que estiver com ele fugirá. Então ferirei mortalmente o rei ³e farei que se volte para ti todo o povo; será como o retorno de todos para o homem que procuras,*ᵉ* todo o povo estará em paz." ⁴A ideia agradou a Absalão e a todos os anciãos de Israel.

⁵Contudo, disse Absalão: "Consultai ainda Cusai, o araquita. Ouçamos também o *que ele pensa.*" ⁶*Cusai veio a Absalão,* e Absalão lhe disse: "Aquitofel falou desta maneira. Devemos fazer o que ele recomendou? Se não, dá o teu parecer." ⁷Cusai respondeu a Absalão:

---

a) Alusão à matança narrada em 21,1-14, que se refere ao início do reino (cf. 9,1).

b) Depois de "atirava pedras", o hebr. repete "paralelamente a ele".

c) Esperar-se-ia aqui nome geográfico, que falta. Davi parece ter alcançado o Jordão.

d) A ação de Absalão é muito mais que ostentação impura; tomando posse do harém de seu pai, ele afirma seu direito à sucessão (cf. 3,7+).

e) Aquitofel se fortalece levando o povo a Absalão. Uma vez morto Davi, todos aqueles que o seguiram não deixarão de reconhecer Absalão como rei.

"Desta vez, o conselho de Aquitofel não é bom." ⁸E Cusai prosseguiu: "Tu bem sabes que o teu pai e a sua gente são valentes e estão enfurecidos, como fica a ursa a que se tiram as crias. Teu pai é guerreiro e não deixará o exército dormir de noite. ⁹Agora mesmo está escondido nalguma gruta ou nalgum outro lugar. Se, logo no começo, houver vítimas do nosso lado, se espalhará a notícia de que houve derrota no exército de Absalão. ¹⁰Então, até mesmo o valente que tem coração semelhante ao de leão perderá a coragem, porque todo o Israel sabe que teu pai é bravo e que aqueles que o acompanham o são também. ¹¹Eu, portanto, aconselho que todo o Israel, de Dã a Bersabeia, se reúna em torno de ti, tão numeroso como os grãos de areia na praia do mar, e tu marcharás pessoalmente ao combate.*ᵃ* ¹²Nós o acharemos onde quer que se encontre e cairemos sobre ele como o orvalho sobre a terra, e não deixaremos escapar nem a ele nem a nenhum dos que o acompanham. ¹³Se ele se refugiar nalguma cidade, todo o Israel levará cordas para essa cidade, e com elas a arrastará até a torrente, de modo que não se possa encontrar lá sequer um seixo." ¹⁴Absalão e todos os homens de Israel disseram: "O conselho de Cusai, o araquita, é melhor do que o de Aquitofel." É que Iahweh tinha determinado fazer malograr o engenhoso plano de Aquitofel para fazer cair a desgraça sobre Absalão.

¹⁵Então disse Cusai aos sacerdotes Sadoc e Abiatar: "Aquitofel deu tal e tal conselho a Absalão e aos anciãos de Israel, porém eu aconselhei de tal e tal modo. ¹⁶Agora, pois, enviai urgentemente aviso a Davi dizendo: 'Não fiques esta noite nos passos do deserto, mas segue imediatamente para o outro lado, para que não venham a ser destruídos o rei e todo o exército que o acompanha.'"

Davi, avisado, atravessa o Jordão — ¹⁷Jônatas e Aquimaás estavam postados junto à fonte do Pisoeiro: uma serva iria avisá-los e eles então iriam avisar o rei Davi, pois eles não podiam ser vistos entrando na cidade. ¹⁸Mas um moço os viu e levou a notícia a Absalão. Então os dois partiram apressadamente e chegaram à casa de um homem de Baurim. Havia um poço no pátio e eles desceram para dentro dele. ¹⁹A mulher tomou um pano e o estendeu sobre a boca do poço e espalhou por cima grão descascado, e assim ninguém percebeu nada.

²⁰Vieram os servos de Absalão, entraram na casa daquela mulher e perguntaram: "Onde estão Aquimaás e Jônatas?" A mulher lhes disse: "Passaram junto a um reservatório de água."*ᵇ* Eles procuraram e, não achando ninguém, voltaram a Jerusalém. ²¹Quando eles partiram, Aquimaás e Jônatas saíram do poço e foram avisar o rei Davi: "Levantai-vos e passai depressa o rio, porque esta foi a ideia que Aquitofel deu acerca de vós." ²²Davi e todo o exército que o acompanhava puseram-se, então, a caminho e cruzaram o Jordão; ao nascer do sol não havia ninguém que já não estivesse do outro lado do Jordão.

²³Quando Aquitofel viu que o seu conselho não tinha sido seguido, selou seu jumento, montou-o e partiu para a sua casa na cidade. Pôs em ordem a sua casa e depois se enforcou, e morreu.*ᶜ* Foi sepultado no túmulo de seu pai.

Absalão atravessa o Jordão. Davi em Maanaim — ²⁴Davi tinha chegado a Maanaim quando Absalão atravessou o Jordão com todos os homens de Is-

---

a) A ação proposta é tal que exige tempo: Davi, que espera (15,28), poderá pôr-se em segurança.
b) A indicação é irônica. Os enviados de Absalão ignoram que há uma cisterna no pátio.
c) Único caso de suicídio mencionado no AT. Afora aqueles em que um guerreiro se mata para escapar do inimigo (Jz 9,54; 1Sm 31,4s; 1Rs 16,18; 2Mc 14,41s) e o caso particularíssimo de Sansão (Jz 16,28s).

rael. ²⁵Absalão colocara Amasa na chefia do exército em lugar de Joab. Amasa era filho de um homem cujo nome era Jetra, o israelita,ᵃ e que se tinha unido a Abigail, filha de Naás e irmã de Sárvia, a mãe de Joab. ²⁶Israel e Absalão acamparam no território de Galaad.

²⁷Logo que Davi chegou a Maanaim, Sobi, filho de Naás, de Rabá dos amonitas, Maquir, filho de Amiel, de Lo-Dabar, e Berzelai, o galaadita, de Rogelim, ²⁸trouxeram material de pousada, lã, utensílios, bem como trigo, cevada, farinha, grão torrado, favas, lentilhas,ᵇ ²⁹mel, manteiga, ovelhas e porções de boi, que ofereceram a Davi e ao povo que o acompanhava, para que se alimentassem. Com efeito, eles haviam dito: "O exército sofreu fome, cansaço e sede no deserto."

18 Derrota do exército de Absalão

— ¹Então Davi passou revista a tropa que o acompanhava e colocou no seu comando chefes de mil e chefes de cem. ²Davi dividiu a tropa em três:ᶜ um terço nas mãos de Joab, um terço nas mãos de Abisaí, filho de Sárvia e irmão de Joab, e um terço nas mãos de Etai, de Gat. Depois Davi disse às tropas: "Eu também seguirei convosco para a guerra." ³Mas as tropas disseram: "Tu não deves partir, porque, se formos obrigados a recuar, não nos darão atenção, e se morrer a metade de nós, não nos darão atenção, ao passo que tu és como dez mil dentre nós. Portanto, é melhor que sejas o nosso socorro pronto a vir da cidade. ⁴Respondeu-lhes Davi: "Farei o que vos parecer bem." O rei se pôs ao lado da porta enquanto o exército saía em unidades de cem e de mil. ⁵O rei deu esta ordem a Joab, a Abisaí e a Etai: "Tratai o moço Absalão com brandura, por amor de mim." Todo o exército ouviu a ordem que o rei deu a todos os chefes a respeito de Absalão. ⁶A tropa saiu a campo aberto ao encontro de Israel, e a batalha teve lugar na floresta de Efraim.ᵈ ⁷O povo de Israel foi vencido diante dos servidores de Davi, e houve nesse dia uma grande derrota em que pereceram vinte mil homens. ⁸A luta se estendeu por toda a região, e nesse dia a floresta devorou mais vítimas do que a espada.

Morte de Absalão — ⁹Aconteceu que Absalão foi por acaso esbarrar com os servos de Davi. Absalão ia num burro, que se meteu debaixo dos galhos de um grande carvalho. A cabeça de Absalão prendeu-se no carvalho e ele ficou suspensoᵉ entre o céu e a terra enquanto o animal passava. ¹⁰Alguém o viu e veio dizer a Joab: "Acabo de ver Absalão suspenso num carvalho." ¹¹Respondeu Joab: "Pois se o viste, por que não o mataste ali mesmo? Eu te daria agora dez siclos de prata e um cinturão!" ¹²O homem, porém, replicou a Joab: "Mesmo que pusesses nas minhas mãos mil siclos de prata, não levantaria a mão contra o filho do rei! E foi diante de nós que o rei te ordenou, e também a Abisaí e a Etai: 'Vigiai quem atacar o jovem Absalão.' ¹³Se eu mentisse a mim mesmo, do rei nada fica oculto, e tu te terias conservado à distância." ¹⁴Então Joab disse: "Não quero ficar perdendo tempo contigo." Tomou então três dardos e os lançou no coração de Absalão, que estava ainda vivo entre os galhos do carvalho. ¹⁵Dez jovens, escudeiros de Joab, dispuseram-se em círculo, e golpearam Absalão até que o mataram.

¹⁶Joab mandou soar então a trombeta, e a tropa cessou de atacar Israel, porque Joab conteve o exército. ¹⁷Pegaram Absalão e o atiraram para dentro de

---

a) Amasa é, portanto, primo de Joab, mas a genealogia não é muito clara, e o grego a transmitiu de outra forma.
b) O hebr. repete "grão torrado" no fim do v. 28. Alguns termos da enumeração do v. 29 são de tradução incerta.
c) "dividiu em três", grego luc.; "enviou", hebr.
d) Localização incerta.
e) "ficou suspenso", versões; "foi posto", hebr.

uma grande fossa no meio da mata e jogaram em cima um montão de pedras. Todo o Israel fugiu, cada qual para a sua tenda.

¹⁸Em vida, Absalão tinha resolvido erigir para si a estela que está no vale do Rei, porquanto dizia: "Não tenho filhos que conservem a memória do meu nome", e por isso deu seu nome àquele monumento, que ainda hoje é conhecido como o monumento de Absalão.*ᵃ*

A notícia é levada a Davi — ¹⁹Disse Aquimaás, filho de Sadoc: "Desejaria correr para anunciar ao rei a boa nova de que Iahweh lhe fez justiça e o livrou de seus inimigos." ²⁰Mas Joab lhe replicou: "Hoje não serias portador de uma alegre mensagem; noutro dia sim, porque hoje a nova não é boa, pois o filho do rei está morto." ²¹E Joab disse ao cuchita:*ᵇ* "Vai relatar ao rei tudo o que viste." O cuchita se prostou diante de Joab e partiu correndo. ²²Aquimaás, filho de Sadoc, insistiu ainda e disse a Joab: "Haja o que houver, eu também quero ir atrás do cuchita." Joab respondeu: "Por que correrias, meu filho, sem boa notícia que te valeria uma recompensa?"*ᶜ* ²³Ele replicou: "Seja como for, correrei!" Então Joab lhe disse: "Vai, pois." E Aquimaás partiu correndo pelo caminho da planície e ultrapassou o cuchita.

²⁴Davi estava sentado entre as duas portas. A sentinela que tinha subido ao terraço da porta, sobre a muralha, estendeu a vista e notou um homem que vinha correndo, sozinho. ²⁵A sentinela gritou e avisou o rei, e o rei disse: "Se é um só, é que traz boas notícias nos lábios."*ᵈ* Quando já vinha se aproximando, ²⁶a sentinela avistou outro homem que vinha correndo, e chamou o porteiro, dizendo: "Vem outro homem que corre sozinho." E Davi disse: "Esse é ainda um portador de boa notícia." ²⁷Disse a sentinela: "Eu reconheço o modo de correr do primeiro: é como corre Aquimaás, filho de Sadoc." O rei disse: "É um homem de bem, e vem para dar uma boa notícia."

²⁸Aquimaás gritou e disse ao rei: "Está tudo bem." Ele se prostou, o rosto em terra diante do rei, e disse: "Bendito seja Iahweh teu Deus, que entregou os homens que levantaram a mão contra o senhor meu rei!" ²⁹O rei perguntou: "Vai tudo bem com o jovem Absalão?" E Aquimaás respondeu: "Eu vi um alvoroço no momento em que Joab enviou um servo do rei e teu servo, mas não sei o que era."*ᵉ* ³⁰Disse o rei: "Passa e coloca-te ali". Ele obedeceu e esperou.

³¹Logo chegou o cuchita e disse: "Recebe, senhor meu rei, a boa notícia. Iahweh te fez justiça hoje livrando-te de todos os que se levantavam contra ti." ³²O rei perguntou ao cuchita: "Vai tudo bem com o jovem Absalão?" E o cuchita disse: "Que tenham a mesma sorte desse moço todos os inimigos do senhor meu rei e todos os que se têm levantado contra ti para te fazerem mal!"

19 *O sofrimento de Davi* — ¹Então o rei tremeu. Subiu para o quarto que está acima da porta e caiu em pranto. E dizia enquanto andava "Meu filho Absalão! meu filho! meu filho Absalão! Por que não morri eu em teu lugar? Absalão, meu filho! meu filho!" ²Avisaram a Joab: "O rei chora e se lamenta por causa de Absalão." ³A vitória, naquele dia, se transformou em luto para todo o exército, porque o exército compreendeu naquele dia que o

---

a) Esse monumento (lit.: essa "mão de Absalão") não é o túmulo helenístico que se vê no vale do Cedron. Era uma *maççebah*, uma estela funerária (cf. Gn 35,20).
b) Um escravo núbio (Cuch é a região compreendida entre o Egito e o Sudão), portanto um negro, talvez por isso escolhido como mensageiro de mau augúrio.

c) O portador de boa notícia recebe uma gratificação (4,10).
d) Um bando de fugitivos anunciaria um desastre.
e) Aquimaás esforça-se para passar ao segundo plano e deixa ao outro mensageiro a tarefa de anunciar a má notícia.

rei estava em grande angústia por causa de seu filho. ⁴Naquele dia, o exército entrou furtivamente na cidade, como faria um exército coberto de vergonha por estar fugindo no meio do combate. ⁵O rei tinha o rosto coberto e clamava em alta voz: "Meu filho Absalão! Absalão meu filho! meu filho!" ⁶Joab se aproximou do rei, no interior da casa, e lhe disse: "Tu cobres hoje de vergonha o rosto de todos os teus servos que hoje salvaram a tua vida, a dos teus filhos e das tuas filhas, a das tuas mulheres e das tuas concubinas, ⁷porque amas os que te odeiam e odeias os que te amam. Pois demonstraste hoje que chefes e servos nada são para ti, porque agora sei que, se Absalão estivesse vivo e nós todos mortos hoje, tu acharias tudo muito bem. ⁸Vamos, rogo-te, sai e fala aos teus servos, porque, eu juro por Iahweh, se tu não saíres, não haverá ninguém que passe contigo esta noite, e isso será para ti um mal maior do que todos os males que têm caído sobre ti desde a tua mocidade até o dia de hoje." ⁹O rei se levantou e veio assentar-se à porta. E anunciou-se a todo o exército: "Eis que o rei está assentado à porta", e então todo o exército se reuniu diante do rei.

Preparação para a volta de Davi — Israel fugiu, cada um para a sua tenda. ¹⁰Em todas as tribos de Israel, todo o povo discutia. Dizia-se: "Foi o rei quem nos livrou da mão dos nossos inimigos, foi ele quem nos salvou da mão dos filisteus, e agora teve de fugir da terra, para longe de Absalão. ¹¹Quanto a Absalão, que tínhamos ungido para que reinasse sobre nós, morreu na batalha. Que esperais, portanto, para fazer o rei voltar?"

¹²Então o rei Davi mandou dizer aos sacerdotes Sadoc e Abiatar: "Falai assim aos anciãos de Judá: 'Por que seríeis vós os últimos a trazer de volta o rei para casa? A palavra de todo o Israel chegou aos ouvidos do rei.ᵃ ¹³Vós sois meus irmãos, sois da minha carne e dos meus ossos. Por que seríeis os últimos a trazer o rei de volta?' ¹⁴E direis a Amasa:ᵇ 'Não és tu osso meu e minha carne? Que Deus me faça este mal e acrescente este outro, se não estiveres para sempre ao meu serviço como chefe do exército, em lugar de Joab.'" ¹⁵Assim foi um só o sentimento de todos os homens de Judá, como o coração de um só homem, e mandaram dizer ao rei: "Vem, tu e todos os teus servos."

Episódios da volta: Semei — ¹⁶Então o rei voltou e chegou até o Jordão. Judá tinha chegado a Guilgal para ir encontrar-se com o rei, para ajudá-lo a atravessar o Jordão. ¹⁷A toda pressa, Semei, filho de Gera, o benjaminita de Baurim, desceu com os de Judá ao encontro do rei Davi. ¹⁸Vinham com ele mil homens de Benjamim. Siba, o doméstico da casa de Saul, os seus quinze filhos e os seus vinte servos desceram com ele antes do rei ao Jordão ¹⁹e a barca ia de um lado para outro para fazer passar a família do rei e agradar-lhe.

Semei, filho de Gera, atirou-se aos pés do rei, quando ele atravessava o Jordão, ²⁰e disse ao rei: "Que o meu senhor não me tenha por culpado! E não te lembres do mal que o teu servo cometeu no dia em que o senhor meu rei saiu de Jerusalém. Que o rei não guarde isso no coração! ²¹Porque o teu servo reconhece que pecou, e hoje sou o primeiro de toda a casa de Joséᶜ a descer perante o senhor meu rei."

---

a) Davi quer ser lembrado primeiro por sua tribo: é a voz do sangue e também o pressentimento de que a sua dinastia só pode contar com a fidelidade de Judá. O hebr. repete no final do v. 12 "para casa".

b) O chefe militar da revolta (17,25): é principalmente a ele que é necessário conquistar. Davi suporta mal as violências de Joab e desejaria afastá-lo, mas Joab se desembaraçará de seu rival (20,8-13) e permanecerá em seu posto até a morte de Davi (1Rs 2,5s.28s).

c) À qual às vezes se liga Benjamim.

²²Abisaí, filho de Sárvia, tomou então a palavra e disse: "Não é certo que Semei merece a morte por ter amaldiçoado o ungido de Iahweh?" ²³Mas Davi disse: "Que tenho eu convosco, filhos de Sárvia, para que vos torneis hoje meus adversários? Poderia ser alguém condenado à morte hoje em Israel? Não tenho hoje a garantia de que sou rei sobre Israel?" ²⁴O rei disse a Semei: "Não morrerás!", e o rei o jurou.ᵃ

Mefibaal — ²⁵Mefibaal, o filho de Saul, tinha também descido perante o rei. Não tinha lavado os pés nem aparado o bigode, nem tinha lavado a sua roupa desde o dia em que o rei tinha partido até o dia em que voltou em paz a Jerusalém.ᵇ ²⁶Tendo chegado perante o rei, este lhe perguntou: "Por que não vieste comigo, Mefibaal?" ²⁷Ele respondeu: "O meu servo me enganou, senhor meu rei. O teu servo lhe havia dito: 'Vou selar minha mula: vou montá-la e irei com o rei', porque o teu servo é aleijado. ²⁸Ele caluniou o teu servo perante o senhor meu rei. Mas o senhor meu rei é como o Anjo de Deus: faze o que parecer bem aos teus olhos. ²⁹Porque toda a família de meu pai merecia do senhor meu rei somente a morte, contudo recebeste o teu servo entre os que comem à tua mesa. Que direito tenho, pois, de implorar ainda ao rei?" ³⁰O rei disse: "Por que continuar falando? Eu decido que tu e Siba repartais as terras." ³¹Mefibaal disse ao rei: "Fique ele com tudo, pois o senhor meu rei voltou em paz à sua casa!"

Berzelai — ³²Berzelai, o galaadita, tinha descido de Rogelim e acompanhado o rei até o Jordão, a fim de despedir-se dele no Jordão. ³³Berzelai era muito idoso: tinha oitenta anos. Havia ele, quando o rei passou por Maanaim, acudido à manutenção do rei, porque era um homem muito rico. ³⁴Disse, pois, o rei a Berzelai: "Continua comigo e eu cuidarei de ti junto de mim em Jerusalém." ³⁵Mas Berzelai respondeu ao rei: "Quantos anos me restam de vida, para que suba com o rei a Jerusalém? ³⁶Estou agora com oitenta anos. Poderei distinguir o que é bom do que é mau? Sente este teu servo sabor no que come ou bebe? Poderei ainda ouvir a voz dos cantores e das cantoras? Por que seria o teu servo agora um peso para o senhor meu rei? ³⁷O teu servo passaria o Jordão com o rei, mas por que me daria o rei tal recompensa? ³⁸Permite ao teu servo que dali retorne: morrerei na minha cidade, perto do túmulo do meu pai e da minha mãe. Mas aqui está o teu servo Camaam:ᶜ fique ele com o senhor meu rei, e faze com ele o que bem te aprouver." ³⁹Disse o rei: "Continue Camaam comigo então, e farei por ele o que te agradar, e tudo o que me pedires eu lhe farei por ti." ⁴⁰Todo o povo passou o Jordão, e então o rei passou, beijou a Berzelai e o abençoou, e Berzelai voltou para a sua casa.

Judá e Israel disputam o rei — ⁴¹O rei prosseguiu em direção a Guilgal, e Camaam foi com ele assim como todo o povo de Judá. Fizeram passar o rei e também a metade do povo de Israel. ⁴²E eis que todos os homens de Israel vieram ter com o rei e lhe disseram: "Por que os nossos irmãos, os homens de Judá, se apossaram de ti, e fizeram passar o Jordão ao rei, à sua família e a todos os homens de Davi com ele?" ⁴³Então todos os homens de Judá responderam aos homens de Israel: "É porque o rei é mais aparentado comigo! Por que te irritas por isso? Comemos nós a expensas do rei? Ou nos trouxe

---

a) Mas guarda para si uma vingança póstuma (1Rs 2,8s.36-46).
b) A menção "a Jerusalém", que se encontra em hebraico no início do v. 26, está em melhor lugar aqui e foi deslocada no decorrer da transmissão do texto.
c) O hebr. dá aqui deste nome próprio uma ortografia diferente da que se tem nos vv. 38-39.

ele alguma coisa?" ⁴⁴Responderam os homens de Israel aos homens de Judá: "Eu tenho dez partes sobre o rei e mesmo sobre Davi tenho mais direitos que tu: por que me desprezaste? E não fui eu o primeiro a promover a volta do meu rei?" Mas as palavras dos homens de Judá foram mais ofensivas do que as dos homens de Israel.

20 Revolta de Seba[a]

¹Ora, havia ali por acaso um vagabundo chamado Seba, filho de Bocri, benjaminita. Ele tocou a trombeta e disse:

"Não temos parte com Davi,
nenhuma herança com os filhos de Jessé!
Cada qual para as suas tendas, ó Israel!"

²Todos os homens de Israel abandonaram Davi e foram com Seba, filho de Bocri, mas os homens de Judá ficaram junto do seu rei, do Jordão até Jerusalém.

³Davi foi para o seu palácio em Jerusalém. O rei tomou as dez concubinas que tinha deixado para guardar o palácio, e as pôs em confinamento, provendo-lhes a manutenção, sem jamais delas se aproximar, e elas ficaram segregadas até o dia em que morreram, como viúvas de um vivo.

Assassínio de Amasa

⁴O rei disse a Amasa: "Convoca-me os homens de Judá nos três dias, e quanto a ti, permanece aqui." ⁵Partiu Amasa para convocar Judá, mas demorou-se além do limite que lhe fora estabelecido. ⁶Então Davi disse a Abisaí: "Seba, filho de Bocri, é de hoje em diante mais perigoso para nós do que Absalão. Toma, pois, os servos do teu senhor e parte em sua perseguição; caso contrário, ele poderia alcançar as cidades fortificadas e escapar da nossa vista." ⁷Atrás dele saíram os homens de Joab, os cereteus, os feleteus e todos os homens valentes. Eles deixaram Jerusalém para perseguir Seba, filho de Bocri. ⁸Estavam perto da grande pedra que se acha em Gabaon, quando apareceu Amasa à frente deles. Ora, Joab trajava sua roupa militar com o cinto de que pendia a espada na bainha, a qual saiu e caiu. ⁹Joab perguntou a Amasa: "Vais bem, meu irmão?" E, com a mão direita, segurou a barba de Amasa para o beijar. ¹⁰Amasa não percebeu a espada que Joab tinha na mão, e este lha cravou no abdômen, derramando-se-lhe as entranhas no chão. Não foi preciso dar-lhe um segundo golpe, e Amasa morreu. Joab e seu irmão Abisaí partiram em seguida perseguindo Seba, filho de Bocri.

¹¹Um dos moços de Joab, parando perto de Amasa, disse: "Quem é amigo de Joab e é por Davi siga a Joab!" ¹²Amasa jazia ali no meio do caminho, numa poça de sangue. Vendo que todos paravam, aquele moço tirou Amasa do caminho e o pôs no campo e cobriu-lhe o corpo com um manto, porque ele observou que todos os que passavam perto dele se detinham. ¹³Depois que Amasa foi afastado para fora do caminho, todos iam passando sem parar, seguindo Joab[b] na perseguição de Seba, filho de Bocri.

Fim da revolta

¹⁴Seba atravessou todas as tribos de Israel até chegar a Abel-Bet-Maaca.[c] Eles se reuniram e foram também após ele.[d] ¹⁵E vieram e o cercaram em Abel-Bet-Maaca e levantaram junto à cidade um terrapleno, que chegava até o muro, e todo o exército que estava com Joab se esforçava por derrubar a muralha, solapando-a. ¹⁶Então uma mulher sensata gritou de dentro

---

a) Nessa revolta provocada por um benjaminita, não há somente o rancor da tribo de Saul. Nela explode a inimizade entre Israel e Judá.
b) Por seu prestígio, Joab impõe-se como chefe contra a vontade do rei, e o exército se liga a ele.
c) Cidade fortificada vizinha de Dã (v. 18), no extremo Norte do território israelita.
d) O v. não é muito claro, mas parece que é Joab quem percorre o território de Israel, reforça sua tropa e faz o cerco de Abel-Bet-Maaca.

da cidade: "Ouvi! Escutai! Dizei a Joab: Aproxima-te, pois quero falar contigo". ¹⁷Ele se aproximou e a mulher perguntou: "És tu Joab?" Ele respondeu: "Sim, sou eu." Ela lhe disse: "Escuta a palavra da tua serva." Ele respondeu: "Escuto." ¹⁸Então ela disse: "Antigamente era assim que se dizia: 'Faça-se uma consulta em Abel e, dessa maneira, o assunto está encerrado'. ¹⁹Quanto a mim, eu sou formada de homens de Israel íntegros e leais,ᵃ ao passo que tu pretendes destruir uma cidade e metrópole em Israel. Por que queres acabar com a herança de Iahweh?" ²⁰Respondeu Joab: "Longe de mim, longe de mim querer destruir ou arruinar! ²¹Não é disso que se trata, mas um homem da montanha de Efraim, chamado Seba, filho de Bocri, se revoltou contra o rei Davi. Basta que o entregueis, e eu suspenderei o cerco da cidade." A mulher disse a Joab: "Pois bem! Jogaremos a cabeça dele por cima da muralha!" ²²A mulher enfrentou todo o povo apenas com a sua sabedoria: e degolaram Seba, filho de Bocri, e jogaram a cabeça a Joab. Então ele mandou soar a trombeta e se afastaram da cidade, e cada um foi para a sua tenda. Joab, porém, voltou para Jerusalém, para junto do rei.

= 8,16-18 *Os altos oficiais de Davi* — ²³Joab comandava todo o exército de Israel; Banaías, filho de Joiada, comandava os cereteus e os feleteus; ²⁴Adoram era chefe da corveia; Josafá, filho de Ailud, era o arauto; ²⁵Siva era secretário;
8,17 Sadoc e Abiatar eram sacerdotes. ²⁶Além desses, também Ira, o jairita, era sacerdote de Davi.

V. Apêndices[b]

21

A grande fome e a execução dos descendentes de Saul[c] — ¹No tempo de Davi, houve uma fome, que durou três anos consecutivos. Davi consultou Iahweh,[d] e Iahweh disse: "Há sangue em Saul e na sua família, porque
Js 9,3-27 ele levou à morte os gabaonitas." ²O rei convocou os gabaonitas e lhes contou isso. — Esses gabaonitas não eram israelitas: eram um resto dos amorreus com os quais os israelitas se tinham comprometido por juramento. Saul, porém, havia procurado feri-los, no seu zelo pelos israelitas e por Judá.[e] — ³Por isso Davi disse aos gabaonitas: "Que posso fazer por vós e como reparar o que sofrestes, para que abençoeis[f] a herança de Iahweh?" ⁴Os gabaonitas lhe responderam: "Não se trata de um caso de prata nem de ouro entre nós e Saul e a sua família. Nem se trata para nós de um homem que deve ser morto em Israel." Disse Davi: "O que disserdes, eu vo-lo farei." ⁵Então eles disseram ao rei: "Aquele homem exterminou a nossa gente e projetou destruir-nos, para que não mais existíssemos em todo o território de Israel.
15m 20,15s. ⁶Que nos sejam entregues sete dos seus filhos, e nós os desmembraremos
42 perante Iahweh em Gabaá de Saul, o eleito de Iahweh."[g] E o rei respondeu:

---

a) A mulher fala em nome da cidade cuja reputação em matéria de julgamento é proverbial.
b) Interrompendo a grande história da família de Davi e da sucessão ao trono, que continuará em 1Rs 1, os caps. 21-24 contêm seis apêndices que vão aos pares: as duas narrativas de 21,1-14 (fome de três anos) e 24 (peste de três dias); duas séries de anedotas heroicas: 21,15-22 (os quatro gigantes filisteus) e 23,8-39 (os valentes de Davi); duas peças poéticas: 22 (cântico de Davi) e 23,1-7 (últimas palavras de Davi).
c) Essa narrativa, deslocada de seu contexto, deve sem dúvida ser colocada cronologicamente antes de 9,1. O v. 7 deve ser uma glosa ulterior.
d) Lit.: "buscou a face de Iahweh", como se pede audiência a um rei (1Rs 10,24).
e) O v. 2 é uma observação destinada ao leitor, cujo valor histórico é difícil avaliar. Conforme Js 9,7, os gabaonitas são heveus.
f) Os gabaonitas ofendidos proferiram uma maldição contra Israel. É preciso que eles a anulem por meio de uma bênção (cf. Jz 17,2; 1Rs 2,33.44-45).
g) Na falta de Saul, a vingança do sangue é executada sobre seus descendentes. O título "o eleito de Iahweh" dado a Saul (cf. 1Sm 10,24) exprime o desprezo dos gabaonitas por aquele que os quis aniquilar.

"Eu os entregarei." ⁷O rei poupou, no entanto, a Mefibaal, filho de Jônatas, filho de Saul, por causa do juramento por Iahweh que unia Davi e Jônatas, filho de Saul. ⁸O rei tomou os dois filhos que Resfa, filha de Aías, tinha dado a Saul, a saber, Armoni e Meribaal, e os cinco filhos que Micol,ᵃ filha de Saul, tinha dado a Adriel, filho de Berzelai, de Meola. ⁹E entregou-os nas mãos dos gabaonitas, e estes os desmembraram na montanha, na presença de Iahweh. Os sete morreram juntos; foram executados no começo dos primeiros dias da colheita, no começo da colheita da cevada. ¹⁰Resfa, filha de Aías, tomou um pano de sacoᵇ e o estendeu sobre o rochedo, desde o início da colheita da cevada, até o dia em que a chuva caiu do céu sobre eles, e ela não deixou descerem sobre elesᶜ as aves do céu durante o dia, nem os animais selvagens durante a noite. ¹¹Informaram a Davi sobre o que fizera Resfa, filha de Aías, a concubina de Saul. ¹²Então Davi foi pedir os ossos de Saul e os de Jônatas, seu filho, aos notáveis de Jabes de Galaad, que os tinham levado da praça de Betsã, onde os filisteus os haviam enforcado, quando os filisteus venceram Saul em Gelboé. ¹³Davi tirou dali os ossos de Saul e os de seu filho Jônatas, e os juntou aos dos que tinham sido executados. ¹⁴Então sepultaram os ossos de Saul e os de seu filho Jônatas na terra de Benjamim, em Sela, no túmulo de Cis, pai de Saul. Tudo o que o rei tinha ordenado foi cumprido, e então Deus se compadeceu da terra.

Feitos heroicos contra os filisteusᵈ — ¹⁵Houve ainda uma guerra dos filisteus contra Israel. Davi desceu com seus servos. Combateram os filisteus, e Davi ficou exausto. ¹⁶Ishbi,ᵉ filho de Nob, era um dos descendentes de Rafa; o peso da sua lança era de trezentos siclos de bronze e cingia uma espada nova. Ele pretendia matar Davi. ¹⁷Porém Abisaí, filho de Sárvia, veio em socorro de Davi, atingiu o filisteu e o matou. Então os homens de Davi imploraram dizendo-lhe: "Nunca mais irás conosco à guerra, para que não apagues a lâmpada de Israel!"

¹⁸Depois disso, recomeçou em Gob a guerra com os filisteus. Foi então que Sobocai de Husa matou Saf, descendente de Rafa.

¹⁹A guerra continuou ainda em Gob com os filisteus, e Elcanã, filho de Iari,ᶠ de Belém, matou Golias de Gat; a madeira de sua lança era como cilindro de tecedeira.

²⁰Houve ainda outra refrega em Gat, e havia lá um campeão,ᵍ que tinha seis dedos em cada mão e em cada pé; vinte e quatro dedos no total. Também ele descendia de Rafa. ²¹Como estivesse desafiando Israel, Jônatas, filho de Sama, irmão de Davi, o abateu.

²²Os quatro eram descendentes de Rafa em Gat, e sucumbiram pelas mãos de Davi e dos seus servos.

22 *Salmo de Davi*ʰ — ¹Davi dedicou a Iahweh as palavras deste cântico, quando Iahweh o livrou de todos os seus inimigos e da mão de Saul. ²Ele disse:

---

a) Este dado não está de acordo com 1Sm 18,19.
b) Vestimenta de luto (3,31; 12,16).
c) A volta da chuva anuncia que a fome cessará e que a expiação foi aceita por Deus. Só então Davi mandou tirar os cadáveres. Nesse caso particular não se aplica Dt 21,22-23 (cf. Js 10,27).
d) Esses episódios das guerras filisteias se colocariam melhor depois de 5,17-25, no começo do reinado. São combates singulares (cf. 1Sm 17,40+), entre os campeões filisteus e Davi ou um de seus valentes (cf. ainda 23,20-21). No primeiro episódio Davi é salvo, contra as normas, pela intervenção de Abisaí; então seus homens lhe pedem que não se exponha mais em combate singular (v. 17).
e) O início do v. é de tradução incerta.
f) O nome próprio é seguido em hebraico pelo termo "tecedeira", que se encontra no fim do v.
g) Tradução incerta.
h) Este cântico está muito próximo do Sl 18, mas possui muitas variantes que a tradução se esforçou em conservar e que uma comparação com o salmo permite descobrir facilmente.

Iahweh é minha rocha, minha fortaleza,
meu libertador, ³meu Deus, meu rochedo, nele me abrigo;
meu escudo, minha arma de salvação, minha fortaleza,
meu refúgio, meu salvador,
tu me salvas da violência.
⁴Louvado seja Deus: quando invoco Iahweh
sou salvo dos meus inimigos.

⁵Os laços da Morte me cercavam,
as torrentes de Belial me apavoravam;
⁶os laços do Xeol me estreitavam,
as ciladas da Morte diante de mim.

⁷Na minha angústia invoquei Iahweh,
ao meu Deus lancei meu grito,
ele escutou do seu Templo a minha voz
e o meu clamor chegou aos seus ouvidos.

⁸E a terra treme e vacila,
os fundamentos do céu estremecem
pela sua ira eles oscilam;
⁹fumo se eleva de suas narinas
e da sua boca um fogo devorador:
dela saíam brasas inflamadas.

¹⁰Ele inclina os céus e desce,
uma nuvem escura debaixo dos seus pés;
¹¹cavalga um querubim e alça voo,
planou sobre as asas do vento.

¹²Ele estabelece a treva ao redor de si como uma tenda,
o crivo das águas,
nuvem sobre nuvem.
¹³Um fulgor diante dele,
brasas de fogo ardiam.

¹⁴Nos céus Iahweh troveja,
o Altíssimo faz ouvir a sua voz;
¹⁵lança flechas e as dispersa,
um clarão e as desvia.

¹⁶Os fundos marinhos aparecem,
os fundamentos do mundo se descobrem
ao estrondo de Iahweh,
pelo hálito que exalam suas narinas.

¹⁷Do alto ele manda me tomar,
ele me retira das grandes águas.
¹⁸Ele me livra de meu inimigo poderoso,
de meus adversários mais fortes do que eu.

¹⁹Eles me esperavam no dia de minha desgraça,
mas Iahweh foi para mim um apoio.
²⁰Saindo para me pôr ao largo,
ele me libertará, pois se comprazeu em mim.

²¹Iahweh me devolverá segundo minha justiça,
me retribuirá segundo a pureza de minhas mãos,
²²pois eu guardei os caminhos de Iahweh
e não fiz o mal, afastando-me de meu Deus.

²³ Todos os seus julgamentos estão diante de mim
   e não me afasto de seus decretos.
²⁴ Sou íntegro para com ele
   e me guardo do pecado.
²⁵ Iahweh me retribuirá segundo minha justiça,
   segundo a pureza que tenho a seus olhos.
²⁶ Com o fiel tu és fiel,
   com o homem íntegro tu és íntegro,
²⁷ Com aquele que é puro tu és puro,
   mas com o esperto tu és sagaz.
²⁸ Tu salvas o povo pobre
   e teus olhos fixam os altivos para os abaixar.
²⁹ És tu, Iahweh, minha lâmpada.
   Iahweh ilumina minha treva,
³⁰ contigo eu derroto a razia,
   com meu Deus eu salto a muralha.
³¹ Deus, seu caminho é íntegro.
   A palavra de Iahweh é provada;
   é um escudo para todos aqueles que nele se abrigam.
³² Quem, então, é Deus exceto Iahweh?
   Quem é uma rocha exceto nosso Deus?
³³ Este Deus, ele é minha praça-forte e poderosa;
   ele desembaraça meu caminho e ele é íntegro.
³⁴ Ele iguala meus pés aos das corças
   e me mantém de pé sobre minhas alturas.
³⁵ Ele instrui minhas mãos para o combate
   e coloca meus braços sobre o arco de bronze.
³⁶ Tu me dás como escudo tua salvação
   e não cessas de me atender.ᵃ
³⁷ Tu alargas meus passos sob mim,
   e meus tornozelos não vacilaram.
³⁸ Persigo meus inimigos e os extermino,
   e não volto sem que sejam aniquilados.
³⁹ Eu os aniquilei, abati e não puderam levantar-se,
   eles caem sob meus pés.
⁴⁰ Tu me cingiste de força para o combate,
   curvaste sob mim meus agressores.
⁴¹ De meus inimigos tu me livras a nuca,
   aqueles que me odeiam eu os massacrei.
⁴² Eles olham, mas não há salvador,
   para Iahweh, mas não há resposta.
⁴³ Eu os trituro como o pó da terra,
   eu os esmagoᵇ como a lama das ruas.
⁴⁴ Tu me livras das querelas de meu povo,
   tu me guardas como chefe de nações;
   pessoas que eu não conhecia me servirão.

---

a) Lit.: "tu me multiplicas tua resposta (favorável)".   *b)* O hebr. acrescenta "eu os pisoteio".

⁴⁵ Filhos de estrangeiros se submeterão a mim,
  abrindo o ouvido, me obedecerão.
⁴⁶ Filhos de estrangeiros se enfraquecem,
  tropeçando por causa de seus entraves.
⁴⁷ Viva Iahweh, bendito seja meu Rochedo!
  Seja exaltado o Deus de minha salvação,
⁴⁸ o Deus que me dá as vinganças,
  que abate sob mim os povos,
⁴⁹ que me subtrai de meus inimigos.
  Tu me exaltas acima de meus agressores,
  tu me libertas do homem violento.

Sl 22,23 ⁵⁰ Também eu quero te louvar, Iahweh, entre as nações,
  e quero cantar em honra do teu nome.
⁵¹ Ele engrandece as vitórias de seu rei
  e age com fidelidade para com seu ungido,
  para com Davi e sua descendência para sempre.

1Rs 2,1-9
Nm 24,3s.15s

23 *Últimas palavras de Davi*[a] — ¹Foram estas as últimas palavras de Davi:

Oráculo de Davi, filho de Jessé,
oráculo do homem que foi exaltado,
do ungido do Deus de Jacó,
do cantor dos cânticos de Israel.

Is 59,21
Jr 1,9

² O espírito de Iahweh falou por meio de mim,
  a sua palavra está na minha língua.

Sl 72,1-6

³ O Deus de Israel falou,
  a Rocha de Israel me disse:

Aquele que governa os homens com justiça,
governa com o temor de Deus.
⁴ Ele é como a luz da manhã ao nascer do sol
na manhã sem nuvens,
que faz brilhar depois da chuva a grama da terra.

7,11-16
Is 55,3

⁵ Não é assim para minha casa junto de Deus,
  pois ele estabeleceu para mim uma aliança eterna
  em tudo ordenada e bem segura?
  Não faz ele germinar toda minha salvação e todo meu prazer?

Dt 13,14 +

⁶ No entanto, a gente de Belial é toda como os espinheiros que se rejeitam
  porque não se podem pegar com a mão;
⁷ o homem que os toca
  é cheio de ferro e de madeira das lanças,
  e são queimados, queimados no lugar.

‖ 1Cr 11,11-47
‖ 1Cr 27,2-15

Os valentes de Davi[b] — ⁸Estes são os nomes dos valentes de Davi: Isbaal, o haquemonita, chefe dos Três,[c] foi quem brandiu a sua lança matando oitocentos de uma só vez. ⁹Depois dele, Eleazar, filho de Dodô, o aoíta, um dos

---

a) Como a Jacó (Gn 49) e a Moisés (Dt 33), atribuíram-se a Davi umas "últimas palavras". A tradução deste poema é por vezes incerta. Este poema pode datar do começo da época monárquica, mas o testamento de Davi (1Rs 2,5-9) está mais próximo da história.
b) Essa seção continuava o cap. 21. Ela reúne notícias sobre os Três, que são guerreiros sem iguais (vv.

8-12); um episódio de guerras filisteias introduzido aqui porque põe em cena "três" heróis (vv. 13-17); notícias sobre Abisaí, Banaías e provavelmente sobre Asael (vv. 18-24a; ver a nota ao v. 24); e uma lista dos Trinta (vv. 24b-39).
c) A leitura "Isbaal, o haquemonita" apoia-se sobre o grego "Brandiu sua lança" (cf. v. 18). O hebr. parece

três valentes. Ele estava com Davi quando eles desafiaram os filisteus; eles se reuniram para o combate, e os homens de Israel subiram. ¹⁰Mas ele se levantou e combateu os filisteus até que a sua mão adormeceu e ficou colada à espada. Naquele dia, Iahweh operou uma grande vitória, e o exército retornou após ele, mas só para apoderar-se dos despojos. ¹¹Depois dele, Sama, filho de Age, o ararita. Os filisteus se haviam reunido em Lequi. Havia ali parte do campo coberta de lentilhas. O exército fugira diante dos filisteus; ¹²ele, porém, se pôs no meio da parte do campo e a defendeu, e venceu os filisteus. Iahweh operou uma grande vitória.

¹³Três[a] dos Trinta desceram e vieram, no tempo da colheita, encontrar Davi, na gruta de Odolam, enquanto uma companhia dos filisteus acampava no vale dos rafaim. ¹⁴Davi estava então no refúgio, e os filisteus tinham um posto de guarda em Belém. ¹⁵Davi revelou este desejo: "Quem me dará a beber água do poço que existe à porta de Belém?" ¹⁶Os três valentes abriram passagem através do campo filisteu e tiraram água do poço que existe à porta de Belém, e a trouxeram e ofereceram a Davi; ele, contudo, não quis tomá-la e a ofereceu em libação a Iahweh. ¹⁷Disse ele: "Que me livre Iahweh de fazer tal coisa! É o sangue dos homens que foram arriscando a sua vida!" Por isso ele não quis beber. Isso fizeram os três valentes.

¹⁸Abisaí, irmão de Joab e filho de Sárvia, era o chefe dos Três. Foi ele que vibrou a sua lança matando trezentos, e alcançou fama entre os Três. ¹⁹Ele foi mais ilustre que os Três,[b] e veio a ser seu capitão, mas não foi contado entre os Três.

²⁰Banaías, filho de Joiada, filho de um homem valente, pródigo em façanhas, originário de Cabseel, foi quem abateu os dois heróis[c] de Moab, e foi ele quem desceu e quem matou o leão no poço, num dia de neve. ²¹Foi ele também que matou um egípcio de bela aparência. O egípcio trazia na mão uma lança, mas ele o enfrentou com um cajado, arrancou a lança da mão do egípcio e o matou com a sua própria lança. ²²Isto foi o que fez Banaías, filho de Joiada, e alcançou fama entre os três valentes. ²³Ele foi mais ilustre do que os Trinta, mas não foi contado entre os Três; Davi o colocou na chefia da sua guarda pessoal.

²⁴Asael, irmão de Joab, estava entre os Trinta.[d]
Elcanã, filho de Dodô, de Belém.
²⁵Sama, o harodita.
Elica, o harodita.
²⁶Heles, o faletita.
Ira, filho de Aces, o tecuíta.
²⁷Abiezer, o anatotita.
Sabeni,[e] o husaíta.
²⁸Selmon, o aoíta.
Maarai, o netofatita.
²⁹Hélod, filho de Baana, o neofatita.
Etai, filho de Ribai, de Gabaá dos filhos de Benjamim.
³⁰Banaías, o faratonita.
Hedai, das Torrentes de Gaás.

ter aqui nome próprio: "Adino, o esnita". Aqui e na sequência do texto, o hebr. oferece variantes para os nomes próprios, se os compararmos com as versões e Cr. Enfim, é difícil saber o que representa o grupo dos Três e até mesmo o termo poderia ser traduzido de outra forma.
a) O texto joga com o número "três", mas o hebr. e as versões leem frequentemente "trinta", o que explica as incertezas da tradução.
b) "Três", hebr., mas cf. v. 23.
c) O termo *ariel*, traduzido aqui por "herói", significa "leão de Deus".
d) Os "Trinta" constituíam um corpo de guerreiros de elite que só é mencionado aqui. Eram, sem dúvida, os melhores companheiros de Davi. A lista dos "Trinta" começa com Elcanã, e Asael aí é incorporado de maneira secundária.
e) "Sabeni", grego. O hebr. lê: "Mibunai".

³¹ Abi-Albon, o arabatita.
   Azmot, o baurimita.
³² Eliaba, o saalbonita.
   Jazen,ᵉ o gunita.
   Jônatas, ³³filho de Sama, o hararita.
   Aiam, filho de Sarar, o ararita
³⁴ Elifalet, filho de Aasbai, filho do maacatita.
   Aliam, filho de Aquitofel, o gilonita.
³⁵ Hersai, o carmelita.
   Faraai, o arabita.
³⁶ Igaal, filho de Natã, de Soba.
   Bani, o gadita.
³⁷ Selec, o amonita.
   Naarai, o berotita, escudeiro de Joab, filho de Sárvia.
³⁸ Ira, o jeterita.
   Gareb, o jeterita.
11,3s ³⁹ Urias, o heteu.
   No total, trinta e sete.ᵇ

|| 1Cr 21,1-5

24 *O recenseamento do povo*ᶜ

¹A ira de Iahweh se acendeu contra Israel e incitou Davi contra eles: "Vai", disse ele, "e faze o recenseamento de Israel e de Judá."ᵈ ²O rei disse a Joab, o chefe do exército que o acompanhava: "Percorrei, pois, todas as tribos de Israel, de Dã a Bersabeia, e fazei o recenseamento do povo, a fim de que eu saiba o número da população." ³Joab respondeu ao rei: "Multiplique Iahweh teu Deus o povo cem vezes mais do que é agora, de sorte que os olhos do senhor meu rei o vejam, mas por que teria o senhor meu rei tal desejo?" ⁴Mas a ordem do rei se impôs a Joab e aos chefes do exército, e Joab e os chefes do exército deixaram a presença do rei para recensear o povo de Israel.

⁵Passaram o Jordão e começaram por Aroer e a cidadeᵉ que está no meio do vale, e chegaram aos gaditas, perto de Jazer. ⁶Em seguida, foram a Galaad e à terra dos heteus, em Cades, e voltaram a Dã-Jaã e arredores, na direção de Sidônia.ᶠ ⁷Depois alcançaram a fortaleza de Tiro e foram a todas as cidades dos heteus e dos cananeus, e chegaram ao Negueb de Judá, em Bersabeia. ⁸Tendo percorrido toda a terra, chegaram a Jerusalém ao cabo de nove meses e vinte dias. ⁹Joab apresentou ao rei o número obtido pelo recenseamento do povo: Israel contava oitocentos mil homens de armas que portavam a espada, e Judá quinhentos mil.ᵍ

|| 1Cr 21,7-17
1Sm 24,6

A peste e o perdão divino — ¹⁰Depois disso o coração de Davi se descompassou por ter recenseado o povo, e Davi disse a Iahweh: "Cometi um grande pecado!

---

a) Restituição incerta de texto hebraico mal transmitido.
b) Cálculo redacional que parece somar: os Trinta (vv. 24b-39) + Joab (mencionado no v. 37) + Abisaí, Banaías, Asael (vv. 18-24a) + os Três (vv. 8-12).
c) Todo este capítulo é réplica de 21,1-14 (cf. 21,1+).
d) O cumprimento do que parece uma ordem divina será considerado por Davi como "pecado" (v. 10) e punido por flagelo (vv. 15s). A mentalidade religiosa do antigo Israel referia tudo a Deus como à causa primeira. O Cronista substitui "Iahweh" por "Satã". Naquele tempo se considerava um recenseamento como impiedade, porque atingia as prerrogativas de Deus, que mantém os registros daqueles que devem viver ou morrer (Ex 32,32-33; cf. Ex 30,12).
e) "começaram... a cidade", grego; "acamparam em Aroer ao sul da cidade", hebr. — Aroer, sobre o Arnon, marca, segundo Dt 2,36; Js 13,9.16, o limite sul do domínio israelita na Transjordânia. Na Cisjordânia, os limites são Dã ao norte e Bersabeia ao sul (vv. 2,6-7.15). Todo o território de Israel foi assim percorrido. Mas o texto acrescenta a ele Tiro e Sidônia, e, parece, Cades dos heteus, muito ao norte, sobre o Orontes, o que se tenta justificar invocando Nm 34,7-9; Ez 47,15-17 e as conquistas de Davi (8,3-12).
f) "à terra dos heteus, em Cades", grego luc.; hebr. mal transmitido.
g) Números evidentemente elevados demais, como muitos números análogos no AT, e aumentados ainda mais em Cr. Israel e Judá são recenseados separadamente (cf. 5,5+).

Agora, ó Iahweh, perdoa esta falta ao teu servo, porque cometi uma grande loucura." ¹¹Quando, de manhã cedo, Davi se levantou — Iahweh tinha dito ao profeta Gad, o vidente de Davi, esta palavra: ¹²"Vai dizer a Davi: Assim diz Iahweh: Eu te proponho três coisas; escolhe uma, e eu a executarei por ti." — ¹³Então Gad foi ter com Davi e lhe disse: "Que queres que te aconteça: que sete anos de fome caiam sobre a tua terra, ou que andes três meses fugindo do teu inimigo*a* que te perseguirá, ou que durante três dias a peste caia sobre o teu país? Reflete agora e decide sobre o que devo responder àquele que me enviou!" ¹⁴Davi respondeu a Gad: "Estou em grande angústia... Ah! Caiamos nas mãos de Iahweh, porque é grande a sua misericórdia, mas não venha eu a cair nas mãos dos homens!" ¹⁵*b*Iahweh mandou a peste a Israel, desde aquela manhã até o dia determinado. E setenta mil homens do povo morreram, desde Dã até Bersabeia. ¹⁶O Anjo estendeu a sua mão sobre Jerusalém para a exterminar, mas Iahweh se arrependeu desse mal, e disse ao Anjo que exterminava o povo: "Basta! Retira a tua mão agora!" O Anjo de Iahweh estava perto da eira de Areúna, o jebuseu. ¹⁷Quando Davi viu o Anjo que feria o povo, disse a Iahweh: "Sou eu quem pecou, eu sou quem cometeu o mal,*c* mas aqueles, e o rebanho, que mal fizeram? Venha a tua mão e caia sobre mim e sobre a minha família!"

Construção de um altar *d* — ¹⁸Nesse mesmo dia, veio Gad a Davi e lhe disse: "Sobe e ergue um altar a Iahweh na eira de Areúna, o jebuseu." ¹⁹Então Davi subiu conforme a palavra de Gad, como Iahweh lhe ordenara. ²⁰Areúna olhou e viu o rei e os seus servos que se aproximavam dele. Ele saiu e se prostrou diante do rei, com o rosto em terra. ²¹Disse Areúna: "Por que veio o rei meu senhor a mim seu servo?" E Davi respondeu: "Para adquirir de ti esta eira, a fim de construir nela um altar a Iahweh. Assim a peste deixará o povo." ²²Então disse Areúna ao rei: "Que o senhor meu rei a tome e ofereça o que lhe parecer bem! Aqui estão os bois para o holocausto, a grade*e* e o jugo dos bois para a lenha. ²³Areúna dá tudo isso ao rei!" E Areúna disse ao rei: "Que Iahweh teu Deus se compraza com a tua oferenda!"

²⁴Mas o rei respondeu a Areúna: "Não! Eu quero comprá-la por preço, pois não quero oferecer a Iahweh meu Deus holocaustos que não me custem nada!" E Davi adquiriu a eira e os bois por dinheiro, cinquenta siclos.*f* ²⁵Davi construiu ali um altar a Iahweh e lhe ofertou holocaustos e sacrifícios de comunhão. Então Iahweh teve piedade da terra, e a peste deixou Israel.

---

a) O hebr. leu: "teus inimigos", mas o verbo está no singular. — Em lugar de "sete" anos, as versões têm "três" anos, mais coerente com a sequência do v.
b) O texto hebr. parece muito abrupto: Poderia faltar uma frase. O grego insere (v. 14, início do v. 15): "Davi escolheu a peste. Era o tempo da colheita de grãos".
c) O grego talvez tenha conservado texto melhor: "Fui eu, o pastor, quem cometeu o mal". A imagem do pastor é coerente com a sequência do v.
d) A narrativa combina provavelmente duas tradições: segundo uma, Iahweh detém o flagelo às portas de Jerusalém porque ama a cidade (v. 16), e Davi oferece um sacrifício de ação de graças "como Iahweh lhe ordenara" (v. 19). Segundo a outra, a libertação é obtida pela oração de Davi e pela ereção de um altar (vv. 17.21.25).
e) Prancha guarnecida de pedras afiadas, ainda usada na Palestina para bater o trigo.
f) Seiscentos siclos de ouro, segundo Cr. A eira de Areúna encontrava-se fora da cidade, sobre a colina que dominava a primitiva Jerusalém ao norte; foi aí que mais tarde se construiu o Templo de Salomão (cf. 5,9+).

REIS
PRIMEIRO REIS

I. A sucessão de Davi[a]

1 **Velhice de Davi** — ¹O rei Davi estava velho, com idade avançada; por mais que lhe pusessem vestes, não conseguia se aquecer. ²Disseram-lhe então seus servos: "Procure-se para o senhor nosso rei uma jovem virgem que assista o rei e cuide dele: ela dormirá sobre o seu seio e o senhor nosso rei se aquecerá." ³Procuraram, pois, em todo o território de Israel uma jovem bela, e acharam Abisag de Sunam e a trouxeram ao rei.

Artifícios de Adonias — ⁴Essa jovem era extremamente bela; passou a cuidar do rei e a servi-lo, mas ele não a possuiu. ⁵Ora, Adonias, filho de Hagit, gabava-se, dizendo: "Sou eu que vou reinar!" Arranjou para si carro e cavalos, além de cinquenta homens que corriam diante dele. ⁶Seu pai, enquanto viveu, não o repreendeu, dizendo: "Por que fazes isso?" Ele era também extraordinariamente belo e sua mãe o havia gerado depois de Absalão. ⁷Entrou em entendimentos com Joab, filho de Sárvia, e com o sacerdote Abiatar,[b] que aderiram ao partido de Adonias; ⁸mas o sacerdote Sadoc, Banaías, filho de Joiada, o profeta Natã, Semei e seus companheiros,[c] bem como os valentes de Davi, não estavam do lado de Adonias.

⁹Quando, certa vez, Adonias imolou ovelhas, bois e bezerros cevados junto à Pedra-que-escorrega, situada perto da fonte do Pisoeiro, convidou todos os seus irmãos, os filhos do rei, e todos os homens de Judá que estavam a serviço do rei, ¹⁰mas não convidou o profeta Natã, nem Banaías, nem os valentes, nem seu irmão Salomão.

Intriga de Natã e de Betsabeia — ¹¹Então Natã disse a Betsabeia, mãe de Salomão: "Não ficaste sabendo que Adonias, filho de Hagit, proclamou-se rei sem que Davi, nosso senhor, o soubesse? ¹²Pois olha: vou agora dar-te um conselho, para que salves a tua vida e a de teu filho Salomão. ¹³Vai ter com o rei Davi e dize-lhe: 'Senhor, meu rei, porventura não juraste à tua serva:[d] Salomão, teu filho, reinará depois de mim e é ele que se sentará no meu trono? Por que então Adonias se tornou rei?' ¹⁴E enquanto ainda estiveres lá, falando com o rei, entrarei depois de ti e apoiarei as tuas palavras."

¹⁵Betsabeia foi ter com o rei em seu aposento. Ora, o rei estava muito velho e Abisag de Sunam o servia. ¹⁶Betsabeia se inclinou e se prostrou diante do rei, e o rei lhe perguntou: "Que desejas?" ¹⁷Ela respondeu-lhe: "Meu senhor, juraste à tua serva por Iahweh teu Deus: 'Teu filho Salomão reinará depois de mim e é ele que se sentará no meu trono'. ¹⁸Ora, eis que agora Adonias se tornou rei e tu, senhor meu rei, não sabes disso. ¹⁹Ele

---

a) Os caps. 1-2 são a continuação da narrativa de 2Sm 13-20.
b) Joab, sobrinho de Davi e seu antigo companheiro, que permanece como chefe do exército (2Sm 19,14+); Abiatar, único sobrevivente do sacerdócio de Nob (1Sm 22,20) e sempre fiel a Davi.
c) "E seus companheiros", segundo grego; luc.; hebr. mal cortado. — Questões pessoais causam oposição entre o partido de Salomão e o de Adonias: Sadoc é rival de Abiatar; Banaías, chefe da guarda, sente inveja de Joab, chefe do exército, Natã foi o intermediário de Deus junto a Davi, especialmente por ocasião do nascimento de Salomão (2Sm 12,24-25).
d) Este juramento não é mencionado na história precedente de Davi.

imolou grande número de touros, bezerros cevados e ovelhas, e convidou todos os príncipes reais, como também o sacerdote Abiatar, e Joab, general do exército, mas não convidou o teu servo Salomão! ²⁰Contudo é para ti, senhor meu rei, que todo o Israel dirige o seu olhar, para que lhe indiques quem se sentará sobre o trono do senhor meu rei depois dele.[a] ²¹Senão, quando o senhor meu rei tiver adormecido com seus pais, eu e meu filho Salomão seremos tidos como culpados!"

²²Ela ainda estava falando com o rei, quando chegou o profeta Natã. ²³Anunciaram ao rei: "O profeta Natã está aí." Ele veio perante o rei e se prostrou diante dele, com o rosto em terra. ²⁴Disse Natã: "Senhor meu rei, acaso disseste: 'Adonias reinará depois de mim e sentar-se-á no meu trono'? ²⁵Pois ele desceu hoje para imolar inúmeros touros, bezerros cevados e ovelhas, tendo convidado todos os filhos do rei, os oficiais do exército e o sacerdote Abiatar; e eis que estão comendo e bebendo em sua presença, e gritando: 'Viva o rei Adonias!' ²⁶Mas não convidou a mim, teu servo, nem o sacerdote Sadoc, nem Banaías, filho de Joiada, nem teu servo Salomão. ²⁷Porventura foi por ordem do senhor meu rei que isto se fez, sem que tenhas indicado a teus servos quem sucederia no trono ao senhor meu rei?"

Salomão, designado por Davi, é sagrado rei — ²⁸O rei Davi respondeu: "Chamai para mim Betsabeia." Ela veio perante o rei e ficou de pé diante dele. ²⁹Então o rei fez este juramento: "Pela vida de Iahweh, que me livrou de todas as angústias, ³⁰como te jurei por Iahweh, Deus de Israel, que teu filho Salomão haveria de reinar depois de mim e se sentaria em meu lugar no trono, assim o farei hoje mesmo." ³¹Betsabeia se inclinou com o rosto em terra, prostrou-se diante do rei e disse: "Viva para sempre o rei Davi, meu senhor!" ³²Depois o rei Davi ordenou: "Chamai para mim o sacerdote Sadoc, o profeta Natã e Banaías, filho de Joiada." Eles vieram perante o rei, ³³e este lhes disse: "Tomai convosco a guarda real, fazei montar na minha mula o meu filho Salomão e fazei-o descer até Gion. ³⁴Lá o sacerdote Sadoc e o profeta Natã o ungirão rei de Israel e vós tocareis a trombeta e gritareis: 'Viva o rei Salomão!' ³⁵Depois tornareis a subir atrás dele e ele virá sentar-se no meu trono e reinará em meu lugar, pois foi a ele que instituí chefe sobre Israel e sobre Judá." ³⁶Banaías, filho de Joiada, respondeu ao rei: "Amém! Que assim o ordene Iahweh, o Deus do senhor meu rei! ³⁷Como Iahweh esteve com o senhor meu rei, que ele esteja com Salomão e que ele exalte o seu trono mais do que o trono do rei Davi, meu senhor!"

³⁸Desceram, pois, o sacerdote Sadoc, o profeta Natã, Banaías, filho de Joiada, os cereteus e os feleteus. Fizeram Salomão montar na mula do rei Davi e o conduziram a Gion. ³⁹O sacerdote Sadoc apanhou na Tenda o chifre de óleo e ungiu Salomão; soaram a trombeta e todo o povo gritou: "Viva o rei Salomão!" ⁴⁰Depois, todo o povo subiu atrás dele, tocando flauta e exultando com tão grande júbilo, que a terra se fendia com seus clamores.

O medo de Adonias — ⁴¹Adonias e todos os convidados que estavam com ele ouviram o barulho; eles tinham acabado a refeição. Joab ouviu até mesmo o toque da trombeta e perguntou: "Por que este barulho e alvoroço na cidade?" ⁴²Estava ainda a falar quando chegou Jônatas, filho do sacerdote Abiatar, e Adonias disse: "Entra, pois és homem honesto e certamente trazes boas notícias." ⁴³Jônatas respondeu a Adonias: "De fato; o rei Davi, nosso senhor, acaba

---

a) A ordem de sucessão ao trono não estava ainda regulada pelo direito. Saul e Davi tinham sido os eleitos de Deus e do povo. A primogenitura não aparece como título suficiente e espera-se que o próprio rei faça a escolha entre seus filhos. Davi não só vai designar Salomão, mas também transmitir-lhe o poder pelas cerimônias que prescreve (vv. 33-35).

de proclamar Salomão rei! ⁴⁴O rei mandou junto com ele o sacerdote Sadoc, o profeta Natã, Banaías, filho de Joiada, os cereteus e os feleteus, fizeram-no montar na mula do rei, ⁴⁵e o sacerdote Sadoc e o profeta Natã o ungiram rei em Gion; voltaram de lá soltando gritos de alegria, e a cidade está alvoroçada; é esse o rumor que acabais de ouvir. ⁴⁶Além disso, Salomão já está sentado no trono real, ⁴⁷e os oficiais do rei já vieram felicitar o rei Davi, nosso senhor, dizendo: 'Que teu Deus glorifique o nome de Salomão mais ainda que o teu e que ele engrandeça seu trono mais que o teu!' e então o rei se prostrou sobre seu leito ⁴⁸e assim falou: 'Bendito seja Iahweh, Deus de Israel, que permitiu que meus olhos vissem hoje alguém*ª* sentar-se sobre meu trono'."

Ex 21,13-14
27,2
1Rs 2,28

⁴⁹Então todos os convidados de Adonias entraram em pânico, levantaram-se e cada qual partiu para um lado. ⁵⁰Adonias, temendo Salomão, levantou-se e foi se agarrar aos chifres do altar. ⁵¹A notícia foi comunicada a Salomão, com estas palavras: "Eis que Adonias teve medo do rei Salomão e se agarrou aos chifres do altar, dizendo: Que o rei Salomão me jure hoje que não mandará matar seu servo à espada." ⁵²Salomão respondeu: "Se ele se portar como uma pessoa honesta, nem sequer um de seus cabelos cairá por terra; mas se for surpreendido em falta morrerá." ⁵³E o rei Salomão ordenou que o descessem do altar; ele veio e prostrou-se diante do rei Salomão, que lhe disse: "Vai para casa."

2 Testamento e morte de Davi*ᵇ*

Js 23,14
Dt 17,18-20
Dt 29,8

¹Aproximando-se o fim de sua vida, Davi ordenou a seu filho Salomão: ²"Vou seguir o caminho de todos. Sê forte e porta-te varonilmente. ³Seguirás a observância de Iahweh teu Deus, andando em seus caminhos, observando seus estatutos, seus mandamentos, suas normas e seus testemunhos conforme estão escritos na lei de Moisés, a fim de seres bem-sucedido em tudo quanto empreenderes e em todos os teus projetos.

2Sm 7,11-16

⁴Para que Iahweh cumpra a promessa que me fez, dizendo: 'Se os teus filhos conservarem boa conduta, caminhando com lealdade diante de mim, de todo o seu coração e de toda a sua alma, jamais te faltará alguém no trono de Israel.'

2Sm 3,27; 20,10

⁵Sabes também o que me fez Joab, filho de Sárvia, o que ele fez aos dois chefes do exército de Israel, Abner, filho de Ner, e Amasa, filho de Jeter, aos quais matou, vingando em tempo de paz o sangue derramado na guerra e manchando de sangue inocente o cinturão de seus rins e a sandália de seus pés;*ᶜ*

Nm 16,33 +
2Sm 17,27s
19,32s
2Sm 16,5s

⁶agirás com acerto não deixando que seus cabelos brancos desçam em paz ao Xeol. ⁷Aos filhos de Berzelai, o galaadita, porém, tu os tratarás com bondade e eles estarão entre os que comem à tua mesa, pois tal foi o auxílio

2Sm 19,19s

que me prestaram quando eu fugia diante de teu irmão Absalão. ⁸Tens contigo Semei, filho de Gera, o benjaminita de Baurim, que me amaldiçoou violentamente no dia em que parti para Maanaim; mas como ele desceu para me encontrar no Jordão, jurei-lhe por Iahweh que eu não o mataria pela espada.*ᵈ* ⁹Tu, agora, não o deixarás impune; sensato como és, saberás como tratá-lo para fazer descer ao Xeol com sangue seus cabelos brancos."

2Sm 5,9 +
‖ 1Cr 29,26-27

¹⁰E Davi adormeceu com seus pais e foi sepultado na Cidade de Davi. ¹¹O reinado de Davi sobre Israel durou quarenta anos: em Hebron reinou sete anos, em Jerusalém, trinta e três.

---

a) O grego especifica: "um de meus descendentes".
b) Este "testamento", em que Davi confia a Salomão a execução de suas vinganças pessoais, reflete as *ideias desta época do AT sobre a vingança do sangue* e sobre a eficácia persistente das maldições (cf. v. 8). Os vv. 3-4 são uma adição ao antigo relato no estilo deuteronômico.
c) Os crimes de Joab mancharam a honra militar de Davi, a quem se pôde acusar de ser seu instigador (2Sm 16,7). Pesa, portanto, sobre o rei e seus descendentes a vingança do sangue, que só pode ser extinta punindo-se o verdadeiro culpado.
d) A maldição de Semei pesará sobre os descendentes de Davi, pois a maldição (como a bênção) continua eficaz. Para anulá-la, é preciso revertê-la contra seu autor (vv. 44-45). Davi estava impedido de fazê-lo por causa do seu juramento, mas Salomão não tem esse compromisso.

Morte de Adonias — ¹²Salomão subiu ao trono de Davi seu pai e sua realeza consolidou-se fortemente. ¹³Adonias, filho de Hagit, foi ter com Betsabeia, mãe de Salomão. Ela perguntou: "É pacífica a tua visita?" Ele respondeu: "Sim." ¹⁴E disse: "Tenho algo a te dizer." Ela respondeu: "Fala." ¹⁵E ele: "Bem sabes que a realeza me pertencia*ᵃ* e que todo o Israel esperava que eu me tornasse rei, mas a realeza me escapou e foi dada a meu irmão, porque Iahweh lha havia destinado. ¹⁶Agora, só tenho um pedido a fazer-te, não mo recuses." Ela respondeu: "Fala." ¹⁷E ele: "Dize, eu te peço, ao rei Salomão (pois ele nada te negará) que me dê Abisag de Sunam como esposa." ¹⁸"Está bem", respondeu Betsabeia, "eu falarei ao rei em teu favor." ¹⁹Betsabeia foi, pois, à presença do rei Salomão para lhe falar de Adonias, e o rei se ergueu para ir ao seu encontro e se prostrou diante dela; depois sentou-se no trono e mandou colocar um assento para a mãe do rei e ela sentou-se à sua direita. ²⁰Disse ela: "Tenho um pequeno pedido para te fazer, não mo negues." O rei lhe respondeu: "Pede, minha mãe, que não to negarei." ²¹Ela respondeu: "Que se dê Abisag de Sunam como esposa a teu irmão Adonias." ²²Em resposta, o rei Salomão disse à sua mãe: "E por que pedes para Adonias Abisag de Sunam? Pede também para ele a realeza! Pois ele é meu irmão mais velho*ᵇ* e já tem de seu lado o sacerdote Abiatar e Joab, filho de Sárvia!" ²³E o rei Salomão jurou por Iahweh, dizendo: "Que Deus me faça este mal e mande mais algum outro, se Adonias não pagar com a própria vida esta palavra que pronunciou! ²⁴Pois bem, pela vida de Iahweh, que me confirmou e me fez sentar no trono de Davi, meu pai, e que me deu uma casa como prometera, hoje mesmo Adonias estará morto." ²⁵E o rei Salomão encarregou disso a Banaías, filho de Joiada, que o feriu e ele morreu.

Gn 4,5 +

Rt 1,17 +

2Sm 7,11-16

O destino de Abiatar e de Joab — ²⁶Ao sacerdote Abiatar, o rei disse: "Vai para Anatot,*ᶜ* para a tua propriedade, porque és digno de morte, mas não te farei morrer hoje, porque carregaste a Arca de Iahweh diante de Davi, meu pai, e compartilhaste todas as provações de meu pai." ²⁷E Salomão excluiu Abiatar do sacerdócio de Iahweh, cumprindo-se assim a palavra que Iahweh tinha pronunciado contra a casa de Eli em Silo.

Jr 1,1

1Sm 2,30-36

²⁸Quando esta notícia chegou a Joab — que tinha apoiado Adonias, embora não tivesse apoiado Absalão — ele se refugiou na Tenda de Iahweh e se agarrou aos chifres do altar. ²⁹Comunicaram ao rei Salomão: "Joab se refugiou na Tenda de Iahweh e se acha junto do altar." Então Salomão mandou*ᵈ* dizer a Joab: "Que há contigo, para te refugiares junto do altar?" Joab respondeu: "Tive medo de ti e me refugiei junto de Iahweh." Então Salomão mandou Banaías, filho de Joiada, dizendo-lhe: "Vai e mata-o!" ³⁰Banaías foi à Tenda de Iahweh e disse-lhe: "O rei ordena: 'Sai!' " "Não", respondeu ele, "eu morrerei aqui."*ᵉ* Banaías levou a resposta ao rei: "Eis o que Joab disse e o que me respondeu." ³¹O rei lhe disse: "Faze como ele disse; mata-o e depois sepulta-o. Assim tirarás hoje de cima de mim e de cima da casa de meu pai o sangue inocente que Joab derramou. ³²Iahweh fará recair seu sangue sobre a cabeça dele, porque ele atacou e matou à espada dois homens mais justos e *melhores do que ele*, sem que meu pai Davi o soubesse: Abner, filho de Ner, chefe do exército de Israel, e Amasa, filho de Jeter, chefe do exército de Judá. ³³Recaia, pois, o sangue deles sobre a cabeça de Joab e de sua descendência

Ex 27,2 +
1Rs 1,50

Ex 21,14

2,5 +

---

a) Como ao filho mais velho.
b) Ter como esposa uma das mulheres do rei falecido ou destituído confere um título à sucessão (cf. 2Sm 3,7; 16,22). — O fim do v. não se liga normalmente ao que precede; as versões compreenderam: "e já tem do seu lado o sacerdote Abiatar...".
c) Cidade levítica perto de Jerusalém.

d) O hebr. saltou desde "Salomão mandou", ao segundo "Salomão mandou". O texto foi conservado pelo grego.
e) Banaías tentou aplicar a determinação de Ex 21,14, que visa exatamente ao caso de Joab: "Se alguém matar seu próximo por astúcia, tu o arrancarás até mesmo do meu altar para matá-lo", mas Joab quer

para sempre, mas que Davi e sua descendência, e sua dinastia e seu trono gozem sempre de paz da parte de Iahweh!" ³⁴Banaías, filho de Joiada, partiu, feriu Joab e o matou, enterrando-o depois em sua casa, no deserto. ³⁵Em seu lugar, na chefia do exército, o rei colocou Banaías, filho de Joiada; e em lugar de Abiatar colocou o sacerdote Sadoc.

Desobediência e morte de Semeiᵃ — ³⁶O rei mandou chamar Semei e lhe disse: "Constrói para ti uma casa em Jerusalém: nela habitarás, mas dela não sairás para onde quer que seja. ³⁷No dia em que saíres e atravessares a torrente do Cedron, tem por certo que morrerás indubitavelmente. Teu sangue recairá sobre a tua cabeça." ³⁸Semei respondeu ao rei: "Está bem, teu servo fará como o senhor meu rei ordenou"; e Semei permaneceu por muito tempo em Jerusalém.

1Sm 21,11
27,2s

³⁹Mas, decorridos três anos, aconteceu que dois escravos de Semei fugiram para junto de Aquis, filho de Maaca, rei de Gat. E avisaram Semei: "Teus escravos estão em Gat." ⁴⁰Então Semei preparou-se, selou seu jumento e partiu para Gat, à casa de Aquis, a fim de procurar seus escravos; Semei foi e trouxe de Gat seus escravos. ⁴¹Informaram a Salomão que Semei tinha viajado de Jerusalém a Gat e que tinha regressado.

⁴²O rei mandou chamar Semei e disse-lhe: "Porventura não te fiz jurar por Iahweh e não te avisei, dizendo: 'No dia em que saíres para ir aonde quer que seja, tem por certo que indubitavelmente morrerás'? E tu me respondeste: 'Acho boa a palavra que ouvi'. ⁴³Por que então não observaste o juramento de Iahweh e a ordem que eu te havia dado?" ⁴⁴Depois o rei disse a Semei: "Bem conheces todo o mal que fizeste a meu pai Davi; Iahweh vai fazer recair tua maldade sobre tua própria cabeça. ⁴⁵Mas bendito seja o rei Salomãoᵇ e que o trono de Davi permaneça diante de Iahweh para sempre!" ⁴⁶O rei deu ordens a Banaías, filho de Joiada, o qual saiu e feriu Semei, e este morreu.

E a realeza então consolidou-se nas mãos de Salomão.

II. *História de Salomão, o magnífico*

1. *SALOMÃO, O SÁBIO*

7,8;9,16s.24
2Sm 5,9 +

3 ***Introdução*** — ¹Salomão tornou-se genro do Faraó,ᶜ rei do Egito; tomou por esposa a filha de Faraó e introduziu-a na Cidade de Davi, até que acabasse de construir o seu palácio, o Templo de Iahweh e as muralhas em torno de Jerusalém. ²O povo oferecia sacrifícios nos lugares altos, pois até então ainda não tinha sido construída uma casa para o Nome de Iahweh. ³Salomão amou a Iahweh: comportava-se segundo os preceitos de seu pai Davi; mas oferecia sacrifícios e incenso nos lugares altos.

1Sm 9,12 +

|| 2Cr 1,3-12
Sb 8,19 - 9,12

O sonho de Gabaon — ⁴O rei foi a Gabaon para lá oferecer um sacrifício, pois era o lugar alto mais importante; Salomão ofereceu mil holocaustos sobre

---

fazer recair sobre Salomão a ignomínia da profanação do lugar santo.

a) Salomão constrange Semei, sob pena de morte, a residir em Jerusalém, e obriga-o por juramento. Semei, tendo-se tornado perjuro, será executado "justamente". Mas Salomão revela (v. 44) que o motivo real é a maldição outrora pronunciada contra Davi.

b) Como no v. 33, Salomão acrescenta imediatamente uma bênção, para que a maldição que acaba de pronunciar não recaia sobre ele.

c) Segundo esta tradição, atestada pelo Cântico dos cânticos e 2Cr 8,11, tratar-se-ia provavelmente de Psusenés II, último rei da XXI Dinastia. — A "Cidade de Davi" corresponde à cidade primitiva de Jerusalém (cf. 2Sm 5,9+).

aquele altar. ⁵Em Gabaon, Iahweh apareceu em sonho*ᵃ* a Salomão durante a noite. Deus disse: "Pede o que te devo dar." ⁶Salomão respondeu: "Tu demonstraste uma grande benevolência para com teu servo Davi, meu pai, porque ele caminhou diante de ti na fidelidade, justiça e retidão de coração para contigo; tu lhe guardaste esta grande benevolência, e permitiste que um filho dele esteja sentado hoje em seu trono. ⁷Agora, pois, Iahweh meu Deus, constituíste rei a teu servo em lugar de meu pai Davi, mas eu não passo de um jovem, que não sabe comandar. ⁸Teu servo se encontra no meio do teu povo que escolheste, povo tão numeroso que não se pode contar nem calcular. ⁹Dá, a teu servo um coração cheio de julgamento*ᵇ* para governar teu povo e para discernir entre o bem e o mal, pois quem poderia governar teu povo, que é tão numeroso?" ¹⁰Agradou ao Senhor que Salomão tivesse pedido tal coisa; ¹¹e Deus lhe disse: "Porque foi este o teu pedido, e já que não pediste para ti vida longa, nem riqueza, nem a vida dos teus inimigos, mas pediste para ti discernimento para julgamento, ¹²vou fazer como pediste: dou-te um coração sábio e inteligente, como ninguém teve antes de ti e ninguém terá depois de ti. ¹³E também o que não pediste, eu te dou: riqueza e glória tais, que não haverá entre os reis quem te seja semelhante por toda a tua vida. ¹⁴E se seguires os meus caminhos, guardando os meus estatutos e os meus mandamentos como o fez teu pai Davi, dar-te-ei uma vida longa." ¹⁵Salomão despertou e viu que aquilo fora um sonho. Voltou a Jerusalém e pôs-se diante da Arca da Aliança do Senhor; ofereceu holocaustos e sacrifícios de comunhão e deu um banquete para todos os seus servos.

O julgamento de Salomão — ¹⁶Então duas prostitutas vieram ter com o rei e apresentaram-se diante dele. ¹⁷Disse uma das mulheres: "Ó meu senhor! Eu e esta mulher moramos na mesma casa e eu dei à luz junto dela na casa. ¹⁸Três dias depois de eu ter dado à luz, esta mulher também teve uma criança; estávamos juntas e não havia nenhum estranho conosco na casa: somente nós duas. ¹⁹Ora, certa noite morreu o filho desta mulher, pois ela, dormindo, o sufocou. ²⁰Ela então se levantou, durante a noite, retirou meu filho do meu lado, enquanto tua serva dormia; colocou-o no seu regaço, e no meu regaço pôs seu filho morto. ²¹Levantei-me de manhã para amamentar meu filho e encontrei-o morto! Mas, de manhã, eu o examinei e constatei que não era o meu filho que eu tinha dado à luz!" ²²Então a outra mulher disse: "Não é verdade! Meu filho é o que está vivo e o teu é o que está morto!" E a outra protestava: "É mentira! Teu filho é o que está morto e o meu é o que está vivo!" Estavam discutindo assim, diante do rei, ²³que sentenciou: "Uma diz: 'Meu filho é o que está vivo e o teu é o que está morto!', e a outra responde: 'Mentira! Teu filho é o que está morto e o meu é o que está vivo!' ²⁴Trazei-me uma espada", ordenou o rei; e levaram-lhe a espada. ²⁵E o rei disse: "Cortai o menino vivo em duas partes e dai metade a uma e metade à outra." ²⁶Então a mulher, de quem era o filho vivo, suplicou ao rei, pois suas entranhas se comoveram por causa do filho, dizendo: "Ó meu senhor! Que lhe seja dado então o menino vivo, não o matem de modo nenhum!" Mas a outra dizia: "Ele não seja nem meu nem teu, cortai-o!" ²⁷Então o rei tomou a palavra e disse: "Dai à primeira*ᶜ* a criança viva, não a matem. Pois é ela a sua mãe." ²⁸Todo o Israel soube da sentença que o rei havia dado, e todos lhe demonstraram muito respeito, pois viram que possuía uma sabedoria divina para fazer justiça.*ᵈ*

---

a) Os sonhos eram um dos principais meios de comunicação entre Deus e os homens (cf. Gn 20,3; 28; 31,11.24; 37,5+ e Nm 12,6).
b) Salomão pede uma sabedoria prática, não para governar-se a si mesmo, mas para governar o povo (cf. 5,13+; Ex 31,3+).
c) Lit.: "a ela".
d) Em todo o antigo Oriente, a primeira qualidade do rei é ser justo. Quanto a Israel, cf. Sl 72,1-2; Pr 16,12; 25,5; 29,14; Is 9,6. Salomão a pediu (v. 9), e Deus lha concedeu (vv. 11-12), e a história dos vv. 16-28 mostra essa justiça em ação.

4

Os principais oficiais de Salomão — ¹O rei Salomão reinava sobre todo Israel, ²e estes eram os seus principais chefes:*ᵃ*

Azarias, filho de Sadoc, sacerdote.

³Elioref e Aías, filho de Sisa, secretários.

Josafá, filho de Ailud, arauto.

⁴Banaías, filho de Joiada, chefe do exército.

Sadoc e Abiatar, sacerdotes.

⁵Azarias, filho de Natã, chefe dos prefeitos.

Zabud, filho de Natã, sacerdote, familiar do rei.

⁶Aisar, prefeito do palácio.

Adoram, filho de Abda, chefe da corveia.

Os prefeitos de Salomão — ⁷Salomão tinha doze prefeitos*ᵇ* sobre todo Israel, que proviam o rei e sua casa; cada um cuidava do abastecimento durante um mês do ano.

⁸Eis os seus nomes:

Filho de Hur, na montanha de Efraim.

⁹Filho de Decar, em Maces, Salebim, Bet-Sames, Eilon-Bet-Hanã.

¹⁰Filho de Hesed, em Arubot, ao qual pertencia Soco e toda a terra de Héfer.

¹¹Filho de Abinadab: todo o distrito de Dor. Era casado com Tabaat, filha de Salomão.

¹²Baana, filho de Ailud, em Tanac e Meguido, e todo o Betsã que está na direção de Sartã, abaixo de Jezrael, desde Betsã até Abel-Meúla, até além de Jecmaan.

¹³Filho de Gaber, em Ramot de Galaad; ele tinha as aldeias de Jair, filho de Manassés, que estão em Galaad; possuía também o território de Argob que está em Basã, sessenta grandes cidades, muradas e com ferrolhos de bronze.

¹⁴Ainadab, filho de Ado, em Maanaim.

¹⁵Aquimaás em Neftali, que também se casou com uma filha de Salomão, de nome Basemat.

¹⁶Baana filho de Husi, em Aser e em Baalot.*ᶜ*

¹⁷Josafá, filho de Farué, em Issacar.

¹⁸Semei, filho de Ela, em Benjamim.

¹⁹Gaber, filho de Uri, na região de Galaad, terra de Seon, rei dos amorreus, e de Og, rei de Basã.

Além deles, havia um prefeito que permanecia na terra.*ᵈ*

²⁰A população de Judá e de Israel era grande, tão numerosa como a areia que está na praia do mar; comiam, bebiam e viviam felizes.

5

¹Salomão estendeu seu poder sobre todos os reinos desde o Rio*ᵉ* até a terra dos filisteus e até a fronteira do Egito. Pagavam-lhe tributo e serviram a Salomão por toda a sua vida.

²Salomão recebia diariamente para seu gasto trinta coros de flor de farinha e sessenta de farinha comum, ³dez bois cevados, vinte bois de pasto,

---

a) O arauto é o chefe do protocolo e o intermediário entre o rei e o povo; o prefeito do palácio é o vizir das cortes orientais, o primeiro ministro; amigo do rei é mais título honorífico do que exercício de função; o sacerdote, chefe do sacerdócio, é equiparado aos funcionários do rei. Salomão mantém o arauto de Davi e concede cargos aos filhos do seu sacerdote e do seu secretário (cf. 2Sm 8,16s; 20,23s).

b) Trata-se de uma instituição que assegura a arrecadação dos impostos e o emprego das contribuições em espécie. Os doze distritos se repartem em três grupos: 1° o domínio dos filhos de José, Efraim e Manassés (v. 8), com as cidades cananeias conquistadas ou reconquistadas (vv. 9-12) e os anexos da Transjordânia (vv. 13-14); 2° as tribos do norte (vv. 15-17); 3° Benjamim (v. 18) e Gad (v. 19). Judá gozava de regime especial (v. 19+).

c) Em lugar de *Baalot*, o grego leu *ma'alot* ("subidas"). — Trata-se da costa montanhosa entre Acre e Tiro.

d) "o país", sem especificação, designa o território de Judá em oposição às províncias de Israel. Judá tinha, pois, uma administração especial, o que sublinha o caráter dualista da monarquia salomônica.

e) O Eufrates (ver v. 4).

cem carneiros, além de veados, gazelas, antílopes, aves cevadas. ⁴Pois ele dominava sobre toda a região da Transeufratênia[a] — desde Tafsaco até Gaza, sobre todos os reis da região da Transeufratênia — e gozava de paz em todas as suas fronteiras ao redor. ⁵Judá e Israel viveram em segurança, cada qual debaixo de sua vinha e de sua figueira, desde Dã até Bersabeia, durante toda a vida de Salomão.

⁶Salomão possuía quarenta mil estábulos[b] para os cavalos de seus carros e doze mil cavaleiros.

⁷Esses prefeitos[c] zelavam pelo sustento de Salomão e de todos os que se sentavam à mesa do rei,[d] cada qual durante um mês, não deixando faltar coisa alguma. ⁸Forneciam também a cevada e a palha para os cavalos e os animais de tração, no lugar onde fosse preciso, e cada qual segundo o seu turno.

A fama de Salomão — ⁹Deus deu a Salomão sabedoria e inteligência extraordinárias e um coração tão vasto como a areia que está na praia do mar. ¹⁰A sabedoria de Salomão foi maior que a de todos os filhos do Oriente e maior que toda a sabedoria do Egito. ¹¹Foi mais sábio que qualquer pessoa: mais que Etã, o ezraíta,[e] mais que os filhos de Maol, Emã, Calcol e Darda; sua fama se espalhou por todas as nações circunvizinhas. ¹²Pronunciou três mil provérbios e seus cânticos foram em número de mil e cinco. ¹³Falou das plantas, desde o cedro que cresce no Líbano até o hissopo que sobe pelas paredes: falou também dos quadrúpedes, das aves, dos répteis e dos peixes.[f] ¹⁴Vinha gente de todos os povos para ouvir a sabedoria de Salomão e da parte de todos os reis da terra que ouviram falar de sua sabedoria.

2. SALOMÃO, O CONSTRUTOR

Preparativos para a construção do Templo — ¹⁵Hiram, rei de Tiro, enviou seus servos a Salomão, ao saber que este fora sagrado rei em lugar de seu pai; pois Hiram sempre tinha sido amigo de Davi. ¹⁶E Salomão mandou esta mensagem a Hiram: ¹⁷"Bem sabes que Davi, meu pai, não pôde construir um Templo para o Nome de Iahweh, seu Deus, por causa das guerras que o importunavam de todos os lados, até que Iahweh submetesse os inimigos a seus pés. ¹⁸Agora, porém, Iahweh meu Deus me deu tranquilidade por todos os lados: não tenho adversário nem infortúnio. ¹⁹Por isso resolvi construir um Templo ao Nome de Iahweh meu Deus, conforme o que disse Iahweh a Davi, meu pai: 'Teu filho, que colocarei no trono e em teu lugar, é quem construirá um Templo para meu Nome.' ²⁰Ordena, pois, que cortem para mim cedros do Líbano; meus operários juntar-se-ão aos teus e eu pagarei o trabalho dos teus operários conforme pedires. Sabes, com efeito, que não há entre nós ninguém que entenda de corte de madeira como os sidônios."[g] ²¹Quando Hiram ouviu a mensagem de Salomão, ficou cheio de grande alegria e disse: "Bendito seja hoje Iahweh, que deu a Davi um filho sábio que governa este grande povo!" ²²E Hiram mandou responder a Salomão: "Recebi tua mensagem. Atenderei a todo o teu desejo referente às madeiras de cedro e de cipreste. ²³Meus servos as descerão do Líbano até o mar e as farei transportar pelo mar, até o lugar

---

a) A região compreendida entre o Eufrates e o Mediterrâneo, designação oficial na época persa.
b) 2Cr 9,25 corrige para "quatro mil".
c) Aqueles dos quais se falou no cap. 4. Retoma-se aqui a lista de 4,7-19. A ordem do grego para estes vv. é diferente (e mais lógica).
d) Não apenas a casa real e seus frequentadores, mas também todos os servos, funcionários e tropas regulares.

e) Quer dizer "o autóctone". Os nomes que seguem eram provavelmente os de sábios célebres. Sl 88 é atribuído a Emã, e o Sl 89 a Etã.
f) Salomão é considerado o primeiro "sábio de Israel" (ver Introd. aos livros sapienciais). Foram postos sob seu nome os Sl 72 e 127, bem como Ecl, Ct, Sb.
g) "sidônios" designa os fenícios em geral. Hiram era rei de Tiro e de Sidônia.

que me indicares; ali, eu as desembarcarei e tu as receberás. Por tua vez, ⁱ⁰ fornecerás víveres para minha casa, conforme eu desejar." ²⁴Hiram forneceu a Salomão madeiras de cedro e de cipreste na quantidade que ele quis, ²⁵e Salomão pagou a Hiram vinte mil coros de trigo para o sustento de sua casa e vinte coros de azeite virgem. Era isso que Salomão pagava a Hiram cada ano. ²⁶Iahweh concedeu a Salomão a sabedoria, conforme lhe prometera; houve bom entendimento entre Hiram e Salomão e os dois fizeram uma aliança.

²⁷ O rei Salomão recrutou em todo o Israel mão de obra para a corveia; conseguiu reunir trinta mil homens de corveia. ²⁸Mandou-os para o Líbano, dez mil cada mês, alternadamente; eles passavam um mês no Líbano e dois meses em casa; Adoram era o chefe de corveia. ²⁹Salomão tinha ainda setenta mil carregadores e oitenta mil cortadores na montanha, ³⁰sem contar os chefes dos prefeitos, em número de três mil e trezentos, que dirigiam os trabalhos e comandavam a multidão empenhada nas obras. ³¹O rei mandou extrair grandes blocos de pedra escolhida e lavrada, para construir os alicerces do Templo. ³²Os operários de Salomão e os de Hiram e os giblitas*ᵃ* cortaram e prepararam as madeiras e as pedras para a construção do Templo.

6 A construção do Templo —

¹No ano quatrocentos e oitenta após a saída dos israelitas da terra do Egito,*ᵇ* no quarto ano do reinado de Salomão sobre Israel, no mês de *Ziv,* que é o segundo mês, ele construiu o Templo de Iahweh. ²O Templo*ᶜ* que o rei Salomão edificou para Iahweh tinha sessenta côvados de comprimento, vinte de largura e trinta de altura. ³O *Ulam* diante do *Hekal* do Templo tinha vinte côvados de comprimento no sentido da largura do Templo e dez côvados de largura no sentido do comprimento do Templo. ⁴Fez no Templo janelas oblíquas com grades.*ᵈ* ⁵Encostado à parede do Templo, ele fez um anexo ao redor das paredes do Templo, em torno do *Hekal* e do *Debir,* e fez aposentos laterais ao redor. ⁶O anexo inferior tinha cinco côvados de largura, o intermediário seis côvados e o terceiro sete côvados, pois ele tinha feito encostas em torno do Templo do lado de fora, de modo que as vigas não se prendiam às paredes do Templo. ⁷O Templo foi construído com pedras já talhadas; de modo que não se ouviu barulho de martelo, de cinzel, nem de qualquer outro instrumento de ferro no Templo, durante sua construção. ⁸A entrada para o andar inferior*ᵉ* situava-se no ângulo direito do Templo e por meio de escadas em caracol subia-se ao andar intermediário e, deste, ao terceiro. ⁹Terminada a construção do Templo, cobriu-o com um teto de pranchões*ᶠ* de cedro. ¹⁰E construiu um anexo a todo o Templo; tinha cinco côvados de altura e estava ligado ao Templo por traves de cedro. ¹¹A palavra de Iahweh foi então dirigida a Salomão: ¹²"Quanto a esta casa que estás construindo, se procederes segundo os meus estatutos, se observares as minhas normas e seguires fielmente os meus mandamentos, eu cumprirei em teu favor a minha palavra, que dei a teu pai Davi, ¹³e habitarei no meio dos israelitas e não abandonarei meu povo, Israel." ¹⁴Salomão edificou o Templo e o concluiu.

---

a) Os operários de Gebal, a Biblos dos gregos, ao norte de Beirute.

b) Esta data faz parte de um sistema cronológico que interpunha intervalos iguais entre a ereção da Tenda no deserto e a construção do Templo, de um lado, e a reconstrução depois do Exílio. O acontecimento situa-se por volta de 960 a.C.

c) O Templo era edifício oblongo, composto de três partes sucessivas: o *Ulam* é o Vestíbulo; o *Hekal,* chamado mais tarde o Santo, é a grande sala de culto; o *Debir,* a sala detrás, é a parte mais sagrada, que se chamará o Santo dos Santos, onde repousa a Arca da Aliança (6,19). A diferença de altura do *Hekal* e do *Debir* (6,2.10) indica que o solo do *Debir* estava mais alto, formando uma espécie de estrado para a Arca. O *Debir* devia ser separado do *Hekal* por um biombo. Sobre três dos lados externos do Templo estava apoiado um edifício de três andares pouco elevados (6,10). Compare-se com a descrição da Tenda no deserto (Ex 26 = 36) e a do Templo futuro em Ez 40-42.

d) Tradução incerta.

e) "inferior": segundo o grego e o aram.; o hebr. tem "intermediário".

f) O sentido destas últimas palavras é incerto.

A decoração interna. O Santo dos Santos — ⁱ⁵Forrou com placas de cedro o lado interno das paredes do Templo — desde o pavimento até as vigas do teto, revestiu com madeira o interior — e cobriu com tábuas de cipreste o assoalho do Templo. ¹⁶Construiu os vinte côvados a partir do fundo do Templo com tábuas de cedro, desde o pavimento até as vigas,ª e fez para o Templo o *Debir*, ou Santo dos Santos. ¹⁷O Templo, isto é, o *Hekal*, diante do *Debir*,ᵇ tinha quarenta côvados. ¹⁸No interior do Templo, o cedro era esculpido com flores e festões; tudo era de cedro e não se via pedra alguma. ¹⁹Salomão dispôs um *Debir* no interior do Templo, para nele colocar a Arca da Aliança de Iahweh. ²⁰Diante do *Debir* — que tinha vinte côvados de comprimento, vinte côvados de largura e vinte côvados de altura, e que revestiu de ouro fino — ele recobriu de ouro o altar de cedro.ᶜ

²¹ᵈSalomão revestiu de ouro fino o interior do Templo e fez passar correntes de ouro diante do *Debir*, que revestiu de ouro. ²²Ele revestiu de ouro o Templo todo, absolutamente todo o Templo.ᵉ

Os querubins — ²³No *Debir*, ele fez dois querubins de oliveira selvagem de dez côvados cada um. ²⁴Uma asa do querubim tinha cinco côvados e a outra asa do querubim também tinha cinco côvados, ou seja, de uma extremidade à outra das asas havia a distância de dez côvados. ²⁵O segundo querubim tinha também dez côvados; ambos os querubins tinham a mesma dimensão e o mesmo formato. ²⁶A altura de um querubim era de dez côvados, e essa também era a altura do outro. ²⁷Colocou os querubins no meio da sala interior; os querubins estendiam suas asas, de sorte que a asa de um tocava uma parede e a asa do outro tocava a outra parede e suas asas se tocavam uma na outra, no meio da sala. ²⁸Revestiu de ouro os querubins. ²⁹Em todas as paredes do Templo, ao redor, tanto no interior como no exterior,ᶠ mandou esculpir figuras de querubins, palmas e flores. ³⁰Cobriu de ouro o pavimento do Templo, no interior e no exterior.

As portas. O pátio — ³¹Na entrada do *Debir* ele fez batentes de madeira de oliveira selvagem; o dintel e as ombreiras com cinco recuos.ᵍ ³²E os dois batentes eram de oliveira selvagem. Mandou esculpir neles figuras de querubins, palmeiras e flores e cobriu-as de ouro; mandou cobrir de ouro os querubins e as palmeiras. ³³Da mesma forma, para a porta do *Hekal*, fez vigas de madeira de oliveira selvagem; seu enquadramento tinha quatro ângulos; ³⁴os dois batentes eram de cipreste: um batente com dois painéis giratórios, o outro batente com dois painéis giratórios, ³⁵Mandou esculpir neles querubins, palmeiras e flores, revestidos de ouro ajustado sobre a escultura.

³⁶Construiu o muro do pátio interiorʰ com três fileiras de pedra talhada e uma fileira de pranchões de cedro.ⁱ

Datas — ³⁷No quarto ano, no mês de *Ziv*, foram lançados os alicerces do Templo; no décimo primeiro ano, no mês de *Bul* — oitavo mês —, o Templo foi concluído em todas as suas partes, conforme o projeto. Foi construído em sete anos.

---

a) "até as vigas" (já no v. 15), grego; "até as paredes", hebr.
b) Hebr. "diante de mim", incompreensível neste contexto; o termo *Debir* é suprido (cf. v. 20).
c) Trata-se do altar do incenso (cf. Ex 30,1+).
d) No começo o hebr. traz um acréscimo, cujo sentido é incerto.
e) O hebr. acrescenta: "e todo o altar do Debir, ele o revestiu de ouro", omitido pelo grego.
f) Aqui, como no v. 30, "interior" (restituído por conj.; o hebr. está corrompido) designa o *Debir* ou "Templo interior" (v. 27); "o exterior" aplica-se, por oposição, ao *Hekal*. Os dois vv. são adicionais.
g) Sentido incerto. Lit.: "a quinta". Supre-se "recuos", à imagem dos entalhes sobre os marfins fenícios — ou da Samaria — chamados de Senhora à janela.
h) Aquele no qual situava-se o Templo, por oposição ao grande pátio (7,12) que rodeava o Templo e o palácio.
i) Os pranchões formavam uma tesoura que garantia a estabilidade da parede. Provavelmente a superestrutura era feita de tijolos.

7 *O palácio de Salomão*[a]

¹Para construir seu palácio, Salomão levou treze anos, até seu completo acabamento. ²Construiu a Casa da Floresta do Líbano,[b] com cem côvados de comprimento, cinquenta côvados de largura e trinta de altura, sobre quatro fileiras de colunas, de cedro, com pranchões de cedro sobre as colunas. ³Ela era revestida de cedro na parte superior até os pranchões que estavam sobre as colunas – quarenta e cinco ao todo, ou seja, quinze para cada fileira. ⁴Havia três fileiras de janelas com grades, umas frente às outras, três vezes. ⁵Todas as aberturas, com montantes, tinham um enquadramento quadrado, uma frente à outra, três vezes. ⁶Fez o vestíbulo de colunas, com cinquenta côvados de comprimento e trinta de largura; na frente, um vestíbulo de colunas com pórtico na frente. ⁷Fez o pórtico do trono, onde ele administrava a justiça, chamado pórtico do julgamento; era revestido de cedro de uma extremidade à outra do pavimento. ⁸Sua morada particular, no outro pátio, atrás do pórtico, era construída da mesma forma; Salomão fez também uma casa, semelhante a esse pórtico, para a filha do Faraó, que ele tinha desposado.

⁹Todos os edifícios eram feitos de pedras escolhidas, talhadas sob medida, serradas por dentro e por fora, desde os fundamentos até a madeira das cornijas, e no interior até o grande pátio — ¹⁰eles tinham nos alicerces pedras selecionadas, enormes blocos de dez e de oito côvados, ¹¹e em cima, pedras escolhidas, talhadas sob medida, e madeira de cedro. ¹²O grande pátio era cercado por três fileiras de pedra talhada e por uma fileira de tábuas de cedro; assim também eram feitos o pátio interno do Templo de Iahweh e o pórtico do Templo.

O bronzista Hiram

¹³Salomão mandou chamar Hiram de Tiro, ¹⁴filho de uma viúva da tribo de Neftali e cujo pai era natural de Tiro e trabalhava em bronze. Era dotado de grande habilidade, talento e inteligência para executar qualquer trabalho em bronze. Apresentou-se ao rei Salomão e executou todos os seus trabalhos.

As colunas de bronze

¹⁵Talhou as duas colunas de bronze;[c] a altura de uma era de dezoito côvados e sua circunferência media-se com um fio de doze côvados; assim também era a segunda coluna. ¹⁶Fez dois capitéis de bronze fundido, colocando-os no topo das colunas; um capitel tinha cinco côvados de altura e a altura do outro era a mesma. ¹⁷[d]Fez redes — em forma de redes, festões — em forma de correntinhas, para os capitéis, no topo das colunas, sete para um capitel, sete para o outro. ¹⁸[a]Fez as romãs; havia duas fileiras de romãs em torno de cada rede, ¹⁹[b]quatrocentas ao todo, ²⁰aplicadas no centro que ficava por detrás das redes; havia duzentas romãs em torno de um capitel, ¹⁸[b]o mesmo número em torno do outro. ¹⁹[a]Os capitéis que encimavam as colunas eram em forma de lótus. ²¹Ergueu as colunas diante do pórtico do santuário; ergueu a coluna do lado direito, à qual deu o nome de Jaquin; ergueu a coluna da esquerda e chamou-a Booz.[e] ²²Os capitéis que encimavam as colunas eram em forma de lótus. Assim ficou pronto o serviço das colunas.

O Mar de bronze

²³Fez o Mar[f] de metal fundido, com dez côvados de diâmetro. Era redondo, tinha cinco côvados de altura; sua circunferência media-

---

a) A descrição só se estende um pouco sobre os setores públicos do palácio. Esses edifícios situavam-se ao sul da esplanada do Templo.
b) Grande sala hipóstila com colunas de cedro. Servia de sala para a guarda (cf. 10,17.21) e de passagem para as entradas reais. Tinha um vestíbulo (v. 6) e estava em comunicação com os apartamentos do rei (v. 8) e com a sala do trono (v. 7).
c) Essas duas colunas se elevavam diante do vestíbulo do Templo, de cada lado da entrada.
d) O texto dos vv. 17-20 está em desordem e corrompido em alguns lugares. Restituição conjectural.
e) Esses dois nomes são obscuros; talvez "ela é sólida" e "com força".
f) Era um grande reservatório de água lustral.

-se com um fio de trinta côvados. ²⁴Havia por baixo da borda coloquíntidas em todo o redor: rodeavam o Mar pelo espaço de dez por côvado, dispostas em duas fileiras e fundidas numa só peça com o Mar. ²⁵Este repousava sobre doze touros, dos quais três olhavam para o norte, três para o oeste, três para o sul e três para o leste; o Mar se elevava sobre eles e a parte posterior de seus corpos estava voltada para o interior. ²⁶Sua espessura era de um palmo e sua borda tinha a mesma forma que a borda de uma taça, como uma flor de lótus. Sua capacidade era de dois mil batos.

*As bases rolantes e as bacias de bronze*ᵃ — ²⁷Fez as dez bases de bronze, tendo cada uma quatro côvados de comprimento, quatro côvados de largura e três côvados de altura. ²⁸Eis como foram feitas: tinham molduras que estavam entre as travessas. ²⁹Sobre as molduras que estavam entre as travessas havia leões, touros e querubins, e sobre as travessas havia um suporte; abaixo dos leões e dos touros havia volutas em pingentes. ³⁰Cada base tinha quatro rodas de bronze e eixos também de bronze; seus quatro pés tinham suportes, por baixo da bacia, e esses suportes eram fundidos cada um sobre a outra face das volutas. ³¹Seu encaixe, a partir do cruzamento dos suportes até o alto, tinha um côvado; seu encaixe era redondo, em forma de suporte de vaso; tinha um côvado e meio e sobre o encaixe também havia esculturas; mas as travessas eram quadrangulares e não redondas. ³²As quatro rodas estavam sobre os painéis. Os eixos das rodas estavam no pedestal; a altura das rodas era de um côvado e meio. ³³A forma das rodas era a mesma da de uma roda de carro: eixos, aros, raios e cubos, tudo era fundido. ³⁴Havia quatro suportes, nos quatro ângulos de cada base: a base e seus suportes formavam uma só peça. ³⁵Na parte superior da base havia um suporte de meio côvado de altura, de ferro circular; no topo da base havia esteios; os painéis formavam uma só peça com a base. ³⁶Sobre os painéis das travessas e sobre as molduras mandou gravar querubins, leões e palmas, segundo o vazio deixado, e volutas ao redor. ³⁷Assim fez as dez bases: todas fundidas da mesma maneira e do mesmo tamanho, a mesma forma para todas.

³⁸Fez dez bacias de bronze, contendo cada uma quarenta batos; cada bacia tinha quatro côvados e repousava sobre uma das dez bases. ³⁹Dispôs as bases, colocando cinco perto do lado direito do Templo e cinco perto do lado esquerdo do Templo; quanto ao Mar, colocara-o do lado direito do Templo, a sudoeste. ‖ 2Cr 4,6 ‖ 2Cr 4,10

A mobília do Templo. Resumo — ⁴⁰Hiram fez as bacias,ᵇ as pás e as bacias para a aspersão. Ultimou toda a obra de que o encarregara o rei Salomão para o Templo de Iahweh: ‖ 2Cr 4,11-18

⁴¹duas colunas; os dois rolos dos capitéis que estavam no alto das colunas; as duas redes para cobrir os dois rolos dos capitéis que estavam no alto das colunas; ⁴²as quatrocentas romãs para as duas redes: as romãs de cada rede estavam em duas fileiras para cobrir os dois rolos dos capitéis que estavam no alto das colunas;

⁴³as dez bases e as dez bacias sobre as bases;

⁴⁴o Mar único e os doze touros debaixo do Mar;

⁴⁵as bacias, as pás, as bacias para a aspersão.

Todos esses objetos que Hiram fez para o rei Salomão, para o Templo de Iahweh, eram de bronze polido. ⁴⁶Foi na planície do Jordão que o rei os fundiu,ᶜ

---

a) O texto desta descrição está corrompido e é de difícil interpretação. Trata-se de bases quadrangulares, coroadas por um sustentáculo circular, no qual se encaixava a bacia.

b) Ou "recipientes para as cinzas", segundo certos mss, grego e Vulg.; id. v. 45.

c) Sucot e Sartã, na margem oriental do Jordão, podem ser identificadas com Tell Akhsas e Tell es-Saidiyeh.

em terra argilosa, entre Sucot e Sartã; ⁴⁷Salomão depositou todos os objetos; por causa de sua enorme quantidade, não se calculou o peso do bronze.

⁴⁸Salomão fez todos os objetos destinados ao Templo de Iahweh, o altar de ouro e a mesa sobre a qual estavam os pães da oblação, de ouro; ⁴⁹os candelabros, de ouro puríssimo, cinco à direita e cinco à esquerda, diante do *Debir;* as flores, as lâmpadas, as tenazes, de ouro; ⁵⁰as bacias, as facas, as bacias para a aspersão, as taças e os incensórios, de ouro puríssimo; os apoios para as portas da câmara interior — é o Santo dos Santos — e do *Hekal*, em ouro.ᵃ

⁵¹Assim ficou terminada toda a obra que o rei Salomão executou para o Templo de Iahweh; e Salomão mandou trazer o que seu pai Davi havia consagrado: a prata, o ouro e os utensílios, e colocou-os no tesouro do Templo de Iahweh.

8 Trasladação da Arca da Aliança

¹Então Salomão convocou em Jerusalém os anciãos de Israel, todos os chefes das tribos e os chefes de família dos israelitas diante do rei Salomão, para trasladar da Cidade de Davi, que é Sião, a Arca da Aliança de Iahweh. ²Todos os homens de Israel reuniram-se junto do rei Salomão, no mês de *Etanim,* que é o sétimo mês, durante a festa.ᵇ ³Vieram todos os anciãos de Israel, e os sacerdotes carregaram a Arca. ⁴Eles transportaram a Arca de Iahweh e a Tenda da Reunião com todos os objetos sagrados que nela estavam. Os sacerdotes e os levitas as transportaram.ᶜ ⁵O rei Salomão e todo o Israel com ele e toda a comunidade de Israel reunida junto dele, sacrificaram diante da Arca ovelhas e bois em quantidade tal que não se podia contar nem calcular. ⁶Os sacerdotes conduziram a Arca da Aliança de Iahweh ao seu lugar, ao *Debir* do Templo, a saber, ao Santo dos Santos, sob as asas dos querubins. ⁷Com efeito, os querubins estendiam suas asas sobre o lugar da Arca, abrigando a Arca e seus varais. ⁸Estes eram tão compridos que do Santo, diante do *Debir,* se podia ver sua extremidade, mas não se podiam ver de fora. Aí eles ficaram até hoje. ⁹Na Arca nada havia, exceto as duas tábuas de pedra, que Moisés, no Horeb, aí tinha colocado, quando Iahweh concluiu a aliança com os israelitas, quando saíram da terra do Egito.

Deus toma posse do seu Templo

¹⁰Ora, quando os sacerdotes saíram do santuário, a Nuvemᵈ encheu o Templo de Iahweh ¹¹e os sacerdotes não puderam continuar sua função, por causa da Nuvem: a glória de Iahweh enchia o Templo de Iahweh! ¹²Então disse Salomão:ᵉ

"Iahweh decidiu habitar a Nuvem escura.
¹³Sim, eu construí para ti uma morada,
uma residência em que habitas para sempre."

Discurso de Salomão ao povo

¹⁴Depois o rei se voltou e abençoou toda a assembleia de Israel e toda ela mantinha-se de pé. ¹⁵Ele disse: "Bendito seja Iahweh, Deus de Israel, que realizou por sua mão o que, com sua boca, prometera a meu pai Davi, dizendo: ¹⁶'Desde o dia em que fiz sair meu povo Israel do Egito, não escolhi uma cidade, dentre todas as tribos de Israel, para

---

a) O final do v. está sobrecarregado no hebr.
b) Etanim é um mês do calendário cananeu, que correspondia ao sétimo mês do calendário israelita posterior. A festa por excelência é a das Tendas (cf. Ex 23,14+).
c) Esta tenda é a que Davi havia erguido para abrigar a Arca (2Sm 7,8; 1Rs 1,39). Um glosador chama-a "Tenda da Reunião", como a do deserto, que desaparecera com a entrada em Canaã.

d) A Nuvem (cf. Ex 13,22+; 19,16+) é a manifestação sensível da presença de Iahweh, que toma posse de seu santuário.
e) Este curto poema encontra-se na antiga versão grega depois de 8,53 e com um estíquio suplementar: "Iahweh estabeleceu o sol nos céus, mas decidiu....". Iahweh, Senhor do universo e envolto em mistério, tem agora uma morada sobre a terra, no meio de seu povo Israel. É toda uma "teologia do Templo". Esta forma longa deve

nela se construir uma casa onde estaria meu Nome,[a] mas escolhi Davi para comandar Israel, meu povo.' [17]Meu pai Davi teve a intenção de construir uma casa para o Nome de Iahweh, Deus de Israel, [18]mas Iahweh disse a meu pai Davi: 'Planejaste edificar uma casa para meu Nome e fizeste bem. [19]Contudo, não serás tu quem edificará esta casa, e sim teu filho, saído de tuas entranhas, é que construirá a casa para meu Nome.' [20]Iahweh realizou a palavra que dissera: sucedi a meu pai Davi e tomei posse do trono de Israel como prometera Iahweh, construí a casa para o Nome de Iahweh, Deus de Israel, [21]e nela preparei um lugar para a Arca, na qual se acha a Aliança que Iahweh concluiu com nossos pais quando os fez sair da terra do Egito."

Oração pessoal de Salomão[b] — [22]Em seguida, Salomão postou-se diante do altar de Iahweh, na presença de toda a assembleia de Israel; estendeu as mãos para o céu [23]e disse: "Iahweh, Deus de Israel! Não existe nenhum Deus semelhante a ti lá em cima nos céus, nem cá embaixo sobre a terra; a ti, que és fiel à Aliança e conservas a benevolência para com teus servos, quando caminham de todo coração diante de ti. [24]Cumpriste a teu servo Davi, meu pai, a promessa que lhe havias feito, e o que disseste com tua boca, executaste hoje com tua mão. [25]E agora, Iahweh, Deus de Israel, mantém ao teu servo Davi, meu pai, a promessa que lhe fizeste, ao dizer: 'Jamais te faltará um descendente diante de mim, que se assente no trono de Israel, contanto que teus filhos atendam ao seu procedimento e caminhem diante de mim como tu mesmo procedeste diante de mim.' [26]Agora, pois, Deus de Israel, que se cumpra a palavra que disseste a teu servo Davi, meu pai! [27]Mas será verdade que Deus habita nesta terra?[c] Se os céus e os céus dos céus não te podem conter, muito menos esta casa que construí! [28]Sê atento à prece e à súplica de teu servo, Iahweh, meu Deus, escuta o clamor e a prece que teu servo faz hoje diante de ti! [29]Que teus olhos estejam abertos dia e noite sobre esta casa, sobre este lugar do qual disseste: 'Meu Nome estará lá.' Ouve a prece que teu servo fará neste lugar.

Oração pelo povo — [30]Escuta as súplicas de teu servo e de teu povo Israel, quando orarem neste lugar. Escuta do lugar onde resides, no céu, escuta e perdoa.

[31]Se alguém pecar contra seu próximo e este pronunciar sobre ele um juramento imprecatório[d] e o mandar jurar ante teu altar neste Templo, [32]escuta no céu e age; julga teus servos: declara culpado o mau, fazendo recair sobre ele o peso de sua falta, e declara justo o inocente, tratando-o segundo sua justiça.

[33]Quando Israel, teu povo, for vencido diante do inimigo, por haver pecado contra ti, se ele se converter, louvar teu Nome, orar e suplicar a ti neste Templo, [34]escuta no céu, perdoa o pecado de Israel, teu povo, e reconduze-o à terra que deste a seus pais.

[35]Quando o céu se fechar e não houver chuva por terem eles pecado contra ti, se eles rezarem neste lugar, louvarem teu Nome e se arrependerem de seu

---

ser original. Era conservada, diz o grego, no Livro do *Canto (ou de Iasar)*; cf. *1Sm 1,18* e *Js 10,13*.
a) É o "Nome" de Iahweh que mora no Templo, pois o próprio Iahweh o Templo não o pode conter: cf. a inserção do v. 27, que rejeita uma interpretação por demais grosseira da presença divina no Templo. Mas o nome exprime verdadeiramente a pessoa e a representa: onde está "o Nome de Iahweh", Deus está presente de modo todo especial, mas não exclusivo.
b) O autor desenvolverá, em estilo inspirado no Dt, as ideias do discurso dos vv. 15-21. Primeiro o princípio de fidelidade recíproca (v. 23): a benevolência divina deriva do pacto do Sinai, mas tem como condição a lealdade dos fiéis; aqui está toda a teologia da aliança, doutrina central do AT. Depois, duas aplicações: Iahweh cumpriu sua promessa com referência ao Templo (v. 24); que ele cumpra igualmente sua promessa de garantir a perpetuidade da dinastia (v. 25).
c) 2Cr 6,18, gr., e Targ. acrescentam "com os homens".
d) Trata-se de julgamento de Deus: um acusador, na falta de outra prova, pronuncia diante do altar uma fórmula de imprecação à qual se associa o acusado; Deus declarará este último culpado ou inocente efetuando ou não a maldição (cf. Ex 22,6-10; Nm 5,19-28; Jz 17,1-3).

pecado, por os teres afligido, ³⁶escuta no céu, perdoa o pecado de teu servo e de teu povo Israel — tu lhes indicarás o caminho reto que devem seguir — e rega com a chuva a terra que deste em herança a teu povo.

³⁷Quando a terra sofrer a fome, a peste, a mela e a ferrugem; quando sobrevierem os gafanhotos ou os pulgões; quando o inimigo deste povo cercar suas portas, no país, quando houver qualquer calamidade ou epidemia, ³⁸seja qual for a oração ou a súplica de qualquer um, ou de todo Israel, teu povo, desde que experimente o remorso de consciência, se ele erguer as mãos para este Templo, ³⁹escuta no céu, onde moras, perdoa e age; retribui a cada um segundo seu proceder, pois conheces seu coração — és o único que conhece o coração de todos —, ⁴⁰a fim de que te respeitem por todos os dias que viverão sobre a terra que deste a nossos pais.

Suplementosᵃ — ⁴¹Mesmo o estrangeiro, que não pertence a Israel, teu povo, se vier de uma terra longínqua por causa de teu Nome — ⁴²porque ouvirão falar de teu grande Nome, de tua mão forte e de teu braço estendido —, se ele vier orar neste Templo, ⁴³escuta no céu onde resides, atende todos os pedidos do estrangeiro, a fim de que todos os povos da terra reconheçam teu Nome e te temam como o faz Israel, teu povo, e saibam eles que este Templo que edifiquei traz o teu Nome.

⁴⁴Se o teu povo sair à guerra contra seus inimigos, pelo caminho que o enviares, e ele orar a Iahweh, voltado para a cidade que escolheste e para o Templo que construí para teu Nome, ⁴⁵escuta no céu sua prece e sua súplica e faze-lhe justiça.

⁴⁶Quando tiverem pecado contra ti — pois não há pessoa alguma que não peque —, e, irritado contra eles, os entregares ao inimigo, e seus vencedores os levarem cativos para uma terra inimiga, longínqua ou próxima, ⁴⁷se eles caírem em si, na terra para onde houverem sido levados, se arrependerem e te suplicarem na terra de seus vencedores, dizendo: 'Pecamos, agimos mal, nós nos pervertemos', ⁴⁸se retornarem a ti de todo o coração e de toda a sua alma na terra dos inimigos que os tiverem deportado, e se orarem a ti voltados para a terra que deste a seus pais, para a cidade que escolheste e para o Templo que construí para o teu Nome, ⁴⁹escuta no céu onde resides sua prece e sua súplica, e faze-lhe justiça, ⁵⁰perdoa a teu povo os pecados que cometeu contra ti e todas as revoltas de que foram culpados, faze-os encontrar graça diante de seus vencedores, de modo que tenham deles compaixão; ⁵¹pois são teu povo e tua herança, são os que fizeste sair do Egito, daquela fornalha de ferro.

Conclusão da prece e bênção do povo — ⁵²Que teus olhos estejam abertos para a súplica de teu servo e de teu povo Israel, para ouvires todos os apelos que lançarem a ti. ⁵³Pois foste tu que os separaste como tua herança, dentre todos os povos da terra, como declaraste por meio de teu servo Moisés, quando fizeste sair do Egito nossos pais, Senhor Iahweh!"

⁵⁴Quando Salomão acabou de dirigir a Iahweh toda essa prece e essa súplica, levantou-se do lugar onde estava ajoelhado, de mãos erguidas para o céu, diante do altar de Iahweh, ⁵⁵e pôs-se de pé. Abençoou em alta voz toda a assembleia de Israel, dizendo: ⁵⁶"Bendito seja Iahweh, que concedeu o repouso a seu povo Israel, conforme todas as suas promessas; de todas as boas palavras que disse por meio de seu servo Moisés, nenhuma falhou! ⁵⁷Que Iahweh, nosso Deus, esteja conosco, como esteve com nossos pais, que não nos abandone nem nos rejeite! ⁵⁸Incline para ele nossos corações, a fim de que andemos em todos os seus caminhos e guardemos os mandamentos, os

---

a) Acrescentados depois do retorno do Exílio. Note-se o espírito universalista dos vv. 41-43, o costume de orar voltado para Jerusalém (v. 44), a preocupação por aqueles que permaneceram no estrangeiro (vv. 47s).

estatutos e as normas que ele prescreveu a nossos pais. ⁵⁹Que estas palavras por mim pronunciadas em oração diante de Iahweh fiquem presentes dia e noite diante de Iahweh nosso Deus, para que faça justiça a seu servo e a Israel, seu povo, conforme as necessidades de cada dia. ⁶⁰Assim, todos os povos da terra saberão que somente Iahweh é Deus e que não há outro além dele, ⁶¹e o vosso coração pertencerá totalmente a Iahweh, nosso Deus, observando seus estatutos e guardando seus mandamentos como o fazeis agora."

Os sacrifícios da festa da Dedicação — ⁶²O rei e todo o Israel com ele ofereceram sacrifícios diante de Iahweh. ⁶³Salomão imolou, para o sacrifício de comunhão que ofereceu a Iahweh, vinte e dois mil bois e cento e vinte mil ovelhas. Assim o rei e todos os israelitas consagraram o Templo de Iahweh. ⁶⁴No mesmo dia, o rei consagrou o interior do pátio que está diante do Templo de Iahweh; pois foi lá que ofereceu o holocausto, a oblação e as gorduras dos sacrifícios de comunhão, uma vez que o altar de bronze,ᵃ que estava diante de Iahweh, era pequeno demais para conter o holocausto, a oblação e as gorduras dos sacrifícios de comunhão. ⁶⁵Nesta ocasião, Salomão celebrou a festa,ᵇ e todo o Israel com ele; houve uma grande assembleia, desde a Entrada de Emat até a Torrente do Egito, diante de Iahweh nosso Deus, por sete dias, e mais sete dias, isto é, catorze dias. ⁶⁶No oitavo dia despediu o povo; eles bendisseram o rei e voltaram para suas casas, alegres e de coração contente por todo o bem que Iahweh fizera a seu servo Davi e a Israel, seu povo.

|| 2Cr 7,4-10
Lv 3,1 +

Lv 1-3 +

Jz 20,1 +

9 *Nova aparição divina* —
¹Depois que Salomão acabou de construir o Templo de Iahweh, o palácio real e tudo o que tencionava realizar, ²Iahweh lhe apareceu uma segunda vez, como lhe aparecera em Gabaon. ³Iahweh lhe disse: "Ouvi a oração e a súplica que me dirigiste. Consagrei esta casa que construíste, nela colocando meu Nome para sempre; meus olhos e meu coração aí estarão para sempre. ⁴Quanto a ti, se procederes diante de mim como teu pai Davi, na integridade e retidão do coração, se agires segundo minhas ordens e observares meus estatutos e minhas normas, ⁵firmarei para sempre teu trono real sobre Israel, como prometi a Davi, teu pai, dizendo: 'Jamais te faltará um descendente sobre o trono de Israel'; ⁶porém, se vós e vossos filhos me abandonardes, não observando os mandamentos e os estatutos que vos prescrevi e indo servir a outros deuses e prestar-lhes homenagem, ⁷então erradicarei Israel da terra que lhes dei; rejeitarei para longe de mim este Templo que consagrei a meu Nome e Israel será objeto de escárnio e de riso entre todos os povos. ⁸Este Templo sublimeᶜ será para todos os transeuntes motivo de espanto; assobiarão e dirão: 'Por que Iahweh tratou assim esta terra e este Templo?' ⁹E responderão: 'Porque abandonaram Iahweh, seu Deus, que fez sair seus pais da terra do Egito, porque aderiram a outros deuses e lhes prestaram homenagem e culto, por isso Iahweh fez cair sobre eles todas estas desgraças.' "

|| 2Cr 7,11-22
3,5-15

Dt 28,15

Dt 28,37
Jr 18,16;
19,8;
29,18

Dt 29,23-36

Comércio com Hiram — ¹⁰Ao cabo de vinte anos, durante os quais Salomão construiu os dois edifícios, o Templo de Iahweh e o palácio real, ¹¹(Hiram, rei de Tiro, lhe havia fornecido madeira de cedro e de cipreste e também ouro, na quantidade que ele quis),ᵈ então o rei Salomão deu a Hiram vinte cidades na

|| 2Cr 8,1-6
5,24-25

---

a) Este altar dos holocaustos estava colocado diante da entrada do Templo. Era construção metálica que se podia transportar (cf. 2Rs 16,14) e que recordava o altar móvel da Tenda, no deserto, cuja descrição (Ex 27,1s) é aliás idealizada. O altar erguido por Salomão (9,26) continuou em uso até os tempos de Acaz (2Rs 16,10).

b) A dedicação do Templo coincide com a festa das Tendas (v. 2), que durava sete dias (Dt 16,13-15).
c) "sublime" é provavelmente correção intencional do TM. Sir. Targ. e Vetus Lat. têm "em ruínas".
d) Esta lembrança é adição mal colocada, pois trata-se aqui de um novo comércio: Salomão vende a preço de ouro (v. 14) uma parte do seu território.

região da Galileia. ¹²Hiram veio de Tiro para ver as cidades que Salomão lhe havia dado e elas não lhe agradaram; ¹³ele disse: "Que cidades são estas que me deste, meu irmão?", e deu-lhes o nome de "terra de Cabul",*ᵃ* que persiste até hoje. ¹⁴Hiram enviou ao rei cento e vinte talentos de ouro.

A corveia de construção — ¹⁵Eis o que se refere à corveia que o rei Salomão organizou para construir o Templo de Iahweh, seu palácio, o Melo*ᵇ* e o muro de Jerusalém, bem como Hasor, Meguido, Gazer ¹⁶(Faraó, rei do Egito, fez uma expedição, tomou Gazer, incendiou-a e massacrou os cananeus que lá moravam, e depois deu-a como dote à sua filha, esposa de Salomão, ¹⁷e Salomão reconstruiu Gazer), Bet-Horon inferior, ¹⁸Baalat, Tamar, na região deserta da terra, ¹⁹todas as cidades-armazéns pertencentes a Salomão, as cidades para carros e para cavalos,*ᶜ* e tudo quanto aprouve a Salomão construir em Jerusalém, no Líbano e em todos os países que lhe estavam sujeitos. ²⁰Toda a população que restava dos amorreus, heteus, ferezeus, heveus e jebuseus, que não pertencia aos israelitas, ²¹e todos os descendentes desses povos que ficaram após eles na terra sem serem votados ao anátema pelos israelitas, Salomão os empregou como mão de obra na corveia, o que são ainda hoje. ²²Mas não impôs a corveia aos israelitas,*ᵈ* que serviam antes como soldados; eram seus guardas, seus oficiais e seus escudeiros, bem como comandantes de seus carros e de sua cavalaria. ²³Os chefes dos prefeitos que dirigiam os trabalhos de Salomão eram quinhentos e cinquenta para dirigir o povo empregado nas obras. ²⁴Logo que a filha de Faraó subiu da Cidade de Davi para a residência que Salomão lhe havia construído, então ele edificou o Melo.

O serviço do Templo — ²⁵Três vezes por ano Salomão oferecia holocaustos e sacrifícios de comunhão sobre o altar que erguera a Iahweh e fazia também queimar diante de Iahweh o incenso. Mantinha o Templo em bom estado.

3. SALOMÃO, O COMERCIANTE

Salomão armador — ²⁶Salomão montou uma frota em Asiongaber, perto de Elat, na costa do mar Vermelho, na terra de Edom. ²⁷Hiram enviou-lhe navios pilotados por seus súditos e marinheiros que conheciam o mar, junto com os servos de Salomão. ²⁸Foram a Ofir e de lá trouxeram quatrocentos e vinte talentos de ouro, que entregaram ao rei Salomão.*ᵉ*

10 *Visita da rainha de Sabá*ᶠ — ¹A rainha de Sabá ouviu falar da fama de Salomão, por ordem do Nome de Iahweh, e veio pô-lo à prova por meio de enigmas. ²Chegou a Jerusalém com numerosa comitiva, com camelos carregados de aromas, grande quantidade de ouro e de pedras preciosas.

---

a) Não é certo que exista uma relação entre a reflexão de Hiram e o nome da terra.
b) É aterro em face da colina rochosa na qual se situam o Templo e o palácio.
c) São as cidades que acabam de ser mencionadas. Nelas estacionavam os carros de guerra, núcleo do exército permanente do tempo de Salomão. Constituíam linha de defesa em torno do território propriamente israelita.
d) Esta informação do autor não concorda com os dados antigos que utiliza em 5,27; 11,28, e que devem ser preferidos.
e) Asiongaber, perto de Ácaba, era porto na extremidade do golfo do mesmo nome. Ofir é região aurífera na costa ocidental da Arábia ou na costa da Somália, que fica em frente.
f) O reino de Sabá ocupava o sudoeste da península arábica, mas esta rainha era mais provavelmente a soberana de uma das colônias sabeias existentes na Arábia do norte. O motivo da sua visita, de forte conotação lendária, pode ter sido o estabelecimento de relações comerciais. Sabá é frequentemente mencionada com Dadã, outro povoado árabe (Gn 10,7; 25,3; Ez 38,13), e é contada entre as grandes tribos caravaneiras (Ez 27,20s; Jr 6,20; Jl 4,8; Jó 6,19). Esta nação longínqua virá prestar homenagem ao Rei futuro (Sl 72,10.15), na Jerusalém nova (Is 45,14; 60,6s; cf. Mt 2,1).

Apresentou-se diante de Salomão e lhe expôs tudo o que tinha no coração, ³mas Salomão a esclareceu sobre todas as suas perguntas e nada houve por demais obscuro para ele, que não pudesse solucionar. ⁴Quando a rainha de Sabá viu toda a sabedoria de Salomão, o palácio que fizera para si, ⁵as iguarias de sua mesa, os aposentos de seus oficiais, as funções e vestes de seus domésticos; seus copeiros, os holocaustos que ele oferecia ao Templo de Iahweh, perdeu o fôlego ficou fora de si ⁶e disse ao rei: "Realmente era verdade quanto ouvi na minha terra a respeito de ti e da tua sabedoria! ⁷Eu não queria acreditar no que diziam antes de vir e ver com meus próprios olhos, mas de fato não me haviam contado nem a metade: tua sabedoria e tua riqueza excedem tudo quanto ouvi. ⁸Feliz a tua gente,ᵃ felizes destes teus servos, que estão continuamente na tua presença e ouvem a tua sabedoria! ⁹Bendito seja Iahweh teu Deus, que te mostrou sua benignidade, colocando-te sobre o trono de Israel; é porque Iahweh ama Israel para sempre que ele te constituiu rei, para exerceres o direito e a justiça." ¹⁰Ela deu ao rei cento e vinte talentos de ouro, uma grande quantidade de aromas e de pedras preciosas; a rainha de Sabá trouxe ao rei Salomão uma tal abundância de aromas, que jamais se viu em tanta quantidade. ¹¹Por sua vez, a frota de Hiram, que trouxe ouro de Ofir, trouxe também madeira de sândaloᵇ em grande quantidade e pedras preciosas. ¹²Com esse sândalo o rei fez balaustradas para o Templo de Iahweh e para o palácio real, liras e harpas para os músicos; nunca mais se transportou dessa madeira de sândalo e não se viu mais dela até hoje. ¹³Por sua vez, o rei Salomão ofereceu à rainha de Sabá tudo o que ela desejou e pediu além dos presentes que lhe deu com munificência digna do rei Salomão. Depois ela partiu e voltou para sua terra, ela e seus servos.

A riqueza de Salomão — ¹⁴O peso do ouro que chegava para Salomão, anualmente, era de seiscentos e sessenta e seis talentos de ouro, ¹⁵sem contar o que lhe provinha dos mercadores itinerantes, do lucro dos comerciantes e de todos os reis do Ocidente e dos governadores da terra. ¹⁶O rei Salomão fez duzentos escudos grandes de ouro batido para cada um dos quais utilizou seiscentos siclos de ouro, ¹⁷e trezentos pequenos escudos de ouro batido, gastando em cada um deles três minas de ouro, e depositou-os na Casa da Floresta do Líbano. ¹⁸O rei fez também um grande trono de marfim e revestiu-o de ouro puro. ¹⁹Esse trono tinha seis degraus, um espaldar arredondado na parte superior, braços de cada lado do assento e dois leões em pé perto dos braços ²⁰e doze leões colocados de um lado e de outro dos seis degraus. Nada de semelhante se fez em reino algum.

↗ 2Cr 9,13-24

²¹Todas as taças que o rei Salomão usava para beber eram de ouro e toda a baixela da Casa da Floresta do Líbano era de ouro puro; nada era de prata, porque da prata não se fazia caso nenhum no tempo de Salomão. ²²Com efeito, o rei tinha no mar uma frota de Társisᶜ com a frota de Hiram e de três em três anos a frota de Társis voltava carregada de ouro, prata, marfim, macacos e pavões. ²³O rei Salomão superou em riqueza e em sabedoria todos os reis da terra. ²⁴Todo o mundo queria ser recebido por Salomão para ouvir a sabedoria que *Deus* lhe tinha posto no coração, ²⁵e cada um, anualmente, trazia o seu presente: objetos de prata e objetos de ouro, roupas, armas e aromas, cavalos e mulas, e assim a cada ano.

Eclo 47,18

---

a) "tuas mulheres", versões.
b) Essência rara, que não é possível determinar; 2Cr 2,7 diz que vem do Líbano esta madeira, o que é confirmado por textos acádicos que empregam o mesmo termo.
c) A identificação com Tartessos, colônia fenícia na Espanha, é improvável. O termo pode significar simplesmente "fundição", e os "navios de Társis" seriam os que serviam às explorações do minério. Tratar-se-ia da frota que transportava, como bens de troca, esses produtos das fundições da Arabá (cf. 22,49). Em outros lugares, a expressão tem o sentido geral de "navio de grande porte" (Is 23,1.14; 60,9; Ez 27,25; Sl 48,8).

Os carros de Salomão — ²⁶Salomão reuniu também carros e cavaleiros; possuía mil e quatrocentos carros e doze mil cavaleiros; colocou-os nas cidades dos carros e junto do rei, em Jerusalém. ²⁷Fez com que a prata fosse tão comum em Jerusalém quanto as pedras, e os cedros tão numerosos como os sicômoros da Planície. ²⁸Importavam-se para Salomão cavalos de Musur e da Cilícia;ᵃ os mercadores do rei importavam-nos da Cilícia mediante pagamento à vista. ²⁹Um carro era importado de Musurᵇ por seiscentos siclos de prata e um cavalo por cento e cinquenta. O preço era o mesmo para os reis dos heteus e para os reis de Aram, que os importavam por seu intermédio.

4. AS SOMBRAS DO REINADO

11 **As mulheres de Salomão** — ¹Além da filha de Faraó, o rei Salomão amou muitas mulheres estrangeiras: moabitas, amonitas, edomitas, sidônias e heteias, ²pertencentes às nações das quais Iahweh dissera aos israelitas: "Vós não entrareis em contato com eles e eles não entrarão em contato convosco; pois, certamente, eles desviariam vossos corações para seus deuses." Mas Salomão se ligou a elasᶜ por amor; ³teve setecentas mulheres princesas e trezentas concubinas, e suas mulheres desviaram seu coração. ⁴Quando ficou velho, suas mulheres desviaram seu coração para outros deuses e seu coração não foi mais todo de Iahweh seu Deus, como o fora o de Davi, seu pai. ⁵Salomão prestou culto a Astarte, deusa dos sidônios, e a Melcom, a abominação dos amonitas. ⁶Fez o mal aos olhos de Iahweh e não lhe foi fiel plenamente, como seu pai Davi. ⁷Foi então que Salomão construiu um santuário para Camos, a abominação de Moab, na montanha a leste de Jerusalém, e para Moloc, a abominação dos amonitas. ⁸Fez o mesmo para todas as suas mulheres estrangeiras, que ofereciam incenso e sacrifícios aos seus deuses.

⁹Iahweh irritou-se contra Salomão, porque seu coração se desviara de Iahweh, Deus de Israel, que lhe aparecera duas vezes ¹⁰e que lhe havia proibido expressamente que seguisse outros deuses, mas ele não obedeceu ao que Iahweh lhe ordenara. ¹¹Então Iahweh disse a Salomão: "Já que procedeste assim e não guardaste minha aliança e as prescrições que te dei, vou tirar-te o reino e dá-lo a um de teus servos. ¹²Todavia, não farei isso durante tua vida, por consideração para com teu pai Davi; é da mão de teu filho que o arrebatarei. ¹³Nem lhe tirarei o reino todo, mas deixarei ao teu filho uma tribo, por consideração para com o meu servo Davi e para com Jerusalém, que escolhi."ᵈ

Os inimigos externos de Salomão — ¹⁴Iahweh suscitou contra Salomão um inimigo: Adad, o edomita, da estirpe real de Edom. ¹⁵Depois que Davi esteve em Edom, Joab, general do exército, foi sepultar os mortos e matou todos os varões de Edom. ¹⁶Joab e todo o Israel lá permaneceram por seis meses, até exterminar todos os varões de Edom. ¹⁷Então Adad fugiu para o Egito com todos os edomitas, servos de seu pai. Ele era ainda muito jovem. ¹⁸Partindo de Madiã, chegaram a Farã; tomaram consigo alguns homens de Farã e foram para o Egito, para junto de Faraó, rei do Egito. Faraó deu a Adad uma casa,

---

a) "de Musur e da Cilícia": *mimmuçur ûmiqqoweh*, conj.; "do Egito: *miçrayim*, e de *miqweh* (?)", hebr., ver 2Cr 1,16+.
b) O TM tem *mimiçrayim*, como no v. precedente, mas a menção dos "reis dos heteus" confirma a leitura Musur (na Anatólia).
c) Não somente à suas mulheres, mas aos deuses das nações estrangeiras de onde elas provêm: o pronome está no masculino em hebraico.

d) Os matrimônios de Salomão com estrangeiras serviam aos objetivos políticos dele: os santuários pagãos eram destinados a suas mulheres e aos comerciantes. Mas esses contatos punham em perigo a pureza do javismo, e o autor interpreta os fatos no espírito e no estilo do Dt: infidelidade religiosa que Deus castiga suscitando inimigos no exterior (vv. 14s) e no interior (vv. 26s).

forneceu-lhe víveres e doou-lhe um terreno. ¹⁹Adad ganhou a simpatia de Faraó, que lhe deu por mulher a irmã de sua esposa, a irmã de Táfnis,ª a Grande Dama. ²⁰A irmã de Táfnis lhe deu um filho, Genubat, que Táfnis nutriu no palácio de Faraó; Genubat morava no palácio de Faraó, junto com os filhos deste. ²¹Quando Adad ouviu dizer, no Egito, que Davi adormecera com seus pais e que Joab, general do exército, estava morto, disse a Faraó: "Deixa-me partir, quero voltar para a minha terra." ²²Faraó lhe respondeu: "Que te falta na minha casa para desejares voltar para tua terra?" — "Nada", respondeu ele, "mas deixa-me partir."

²³Iahweh suscitou contra Salomão outro inimigo também: Razon, filho de Eliada, que fugira de seu senhor, Adadezer, rei de Soba. ²⁴Reuniu outros homens em torno de si e tornou-se chefe de um bando (foi então que Davi os massacrou). Foram a Damasco, aí se estabeleceram e reinaram sobre Damasco. ²⁵Foi um adversário de Israel durante toda a vida de Salomão. Eis o mal que fez Adad: tratou Israel como inimigo e reinou sobre Edom.ᵇ

2Sm 8,3;
10,16s

Revolta de Jeroboão — ²⁶Jeroboão era filho de Nabat, efraimita de Sareda (sua mãe era uma viúva chamada Sarva); estava a serviço de Salomão e revoltou-se contra o rei. ²⁷Esta foi a causa de sua revolta:

9,15

Salomão estava construindo o Melo e tapando a brecha da Cidade de Davi, seu pai. ²⁸Jeroboão era um homem valente e forte; vendo Salomão como este jovem era esforçado no trabalho, colocou-o à frente de toda a corveia da casa de José. ²⁹Aconteceu que, tendo Jeroboão saído de Jerusalém, veio ao seu encontro o profeta Aías de Silo, trajando um manto novo; os dois estavam sozinhos no campo. ³⁰Aías tomou o manto novo que trazia e rasgou-o em doze pedaços.ᶜ ³¹E disse a Jeroboão: "Toma para ti dez pedaços, pois assim fala Iahweh, Deus de Israel: Eis que vou arrancar o reino das mãos de Salomão e te darei dez tribos. ³²Mas ele ainda ficará com uma tribo, por consideração para com meu servo Davi e para com Jerusalém, cidade que escolhi dentre todas as tribos de Israel. ³³É que eles me abandonaram, prestaram culto a Astarte, deusa dos sidônios, a Camos, deus de Moab, a Melcom, deus dos amonitas, e não andou nos meus caminhos, fazendo o que é reto a meus olhos, nem observou meus estatutos e normas, como seu pai Davi.ᵈ ³⁴Todavia, não tirarei da mão dele parte alguma do reino, pois o estabeleci príncipe por todo o tempo de sua vida, por consideração para com meu servo Davi, que escolhi, e que observou meus mandamentos e meus estatutos; ³⁵é da mão de seu filho que tirarei o reino e o darei a ti, isto é, as dez tribos. ³⁶Contudo, deixarei com o filho dele uma tribo, para que meu servo Davi tenha sempre uma lâmpadaᵉ diante de mim em Jerusalém, cidade que escolhi para nela colocar meu Nome. ³⁷Quanto a ti, eu te tomarei para reinares sobre tudo o que desejares e serás rei de Israel. ³⁸Se obedeceres a tudo que eu te mandar, se seguires meus caminhos e fizeres o que é reto a meus olhos, observando meus estatutos e meus mandamentos, como fez meu servo Davi, então estarei contigo e construirei para ti uma casa estável, como o fiz para Davi. Eu te entregarei Israel ³⁹e humilharei, por *causa disso*, a *descendência* de Davi, mas não para sempre."

2Sm 5,6 +

1Sm 1,3

2Sm 21,17
15,4
2Rs 8,19

---

a) Táfnis não é nome próprio, mas título egípcio: "a esposa do rei", que é explicado aproximativamente pelo título hebraico "a Grande Dama", título que designa a rainha-mãe (cf. 15,13+).

b) O grego segue uma ordem lógica, dando todas as indicações referentes a Adad antes da notícia sobre Razon (que parece mal inserida).

c) As ações simbólicas dos profetas são gestos não apenas expressivos, mas já eficazes (cf. Jr 18 +). Os dez pedaços dados a Jeroboão são as dez tribos do Norte (cf. 2Sm 19,44); restam dois pedaços, mas que só representam uma tribo deixada para o sucessor de Salomão: a de Judá, que havia absorvido Simeão (Js 19,1).

d) "Seu pai": Salomão, como filho de Davi, volta ao sujeito singular; cf. v. seguinte.

e) Imagem da permanência de uma linhagem.

⁴⁰Salomão procurou matar Jeroboão; mas este fugiu para o Egito, para junto de Sesac, rei do Egito, e permaneceu no Egito até a morte de Salomão.

Fim do reinado — ⁴¹O resto da história de Salomão, todos os seus feitos, sua sabedoria, não está escrito no livro da História de Salomão?[a] ⁴²O tempo que Salomão reinou em Jerusalém sobre todo o Israel foi de quarenta anos. ⁴³Depois Salomão adormeceu com seus pais e foi sepultado na Cidade de Davi, seu pai, e seu filho Roboão reinou em seu lugar.

III. O cisma político e religioso

12 *A assembleia de Siquém* — ¹Roboão foi para Siquém, pois foi lá que todo o Israel se tinha congregado para proclamá-lo rei. ²Desde que Jeroboão, filho de Nabat, foi informado — ele ainda estava no Egito, para onde fugira do rei Salomão —, ele residiu no Egito.[b] ³Mandaram-no chamar e ele veio com toda a assembleia de Israel.[c] Disseram assim a Roboão: ⁴"Teu pai tornou pesado o nosso jugo; agora, alivia a dura servidão de teu pai e o jugo pesado que ele nos impôs e nós te serviremos." ⁵Ele respondeu-lhes: "Esperai três dias e depois voltai a mim." E o povo foi-se embora.

⁶O rei Roboão consultou os anciãos que haviam auxiliado seu pai Salomão durante sua vida, e perguntou: "Que me aconselhais a responder a este povo?" ⁷Eles lhe responderam: "Se hoje te sujeitares à vontade deste povo, se te submeteres e lhes dirigires boas palavras, então eles serão para sempre teus servidores." ⁸Mas ele rejeitou o conselho que os anciãos lhe deram e consultou os jovens que foram seus companheiros de infância e o assistiam. ⁹Perguntou-lhes: "Que aconselhais que se responda a este povo que me falou assim: 'Alivia o jugo que teu pai nos impôs'?" ¹⁰Os jovens, seus companheiros de infância, responderam-lhe: "Eis o que dirás a este povo que te disse: 'Teu pai tornou pesado o nosso jugo, mas tu alivia o nosso fardo'; eis o que lhes responderás: 'Meu dedo mínimo é mais grosso que os rins de meu pai! ¹¹Meu pai vos sobrecarregou com um jugo pesado, mas eu aumentarei ainda o vosso jugo; meu pai vos castigou com açoites, e eu vos açoitarei com escorpiões!' "

¹²Jeroboão e todo o povo vieram para junto de Roboão, no terceiro dia, de acordo com a ordem que ele dera: "Voltai a mim daqui a três dias." ¹³O rei respondeu duramente ao povo, rejeitou o conselho dos anciãos ¹⁴e, seguindo o conselho dos jovens, falou-lhes assim: "Meu pai tornou vosso jugo pesado, eu o aumentarei ainda: meu pai vos castigou com açoites, e eu vos castigarei com escorpiões." ¹⁵Assim, o rei não ouviu o povo; era uma disposição de Iahweh, para cumprir a palavra que ele dissera a Jeroboão, filho de Nabat, por intermédio de Aías de Silo. ¹⁶Quando todo o Israel viu que o rei não os ouvia, responderam-lhe:

"Que parte temos com Davi?
Não temos herança com o filho de Jessé.
Às tuas tendas, ó Israel!
E agora, cuida da tua casa, Davi!"

E Israel voltou para suas tendas. ¹⁷Quanto aos israelitas que moravam nas cidades de Judá, Roboão reinou sobre eles. ¹⁸O rei Roboão enviou Aduram,

---

a) Este livro perdido parece ter sido uma das fontes antigas de 1Rs 3-11.
b) Ou melhor, com as versões, "ele voltou do Egito".
c) Como nos textos históricos antigos, "todo o Israel" designa as tribos do Norte, como distintas de Judá.

Em Jerusalém, os de Judá reconheceram Roboão. Em Siquém, os israelitas, tratados com desvantagem por Salomão em benefício de Judá, reclamaram uma constituição. A crise já estava sendo preparada desde muito tempo.

chefe da corveia, mas todo o Israel o apedrejou e ele morreu; então o rei Roboão subiu depressa a seu carro, a fim de fugir para Jerusalém. ¹⁹E Israel se separou da casa de Davi, até o dia de hoje.

O cisma político — ²⁰Quando todo o Israel soube que Jeroboão tinha voltado, convidaram-no para a assembleia e proclamaram-no rei sobre todo o Israel; só a tribo de Judá ficou fiel à casa de Davi.

²¹Quando Roboão voltou a Jerusalém, convocou toda a casa de Judá e a tribo de Benjamim, num todo de cento e oitenta mil guerreiros de escol, para dar combate à casa de Israel e restituir o reino a Roboão, filho de Salomão. ²²Mas a palavra de Deus foi dirigida a Semeías, homem de Deus, nestes termos: ²³"Fala a Roboão, filho de Salomão, rei de Judá, a toda a casa de Judá, a Benjamim e ao resto do povo: ²⁴Assim fala Iahweh: Não subais para guerrear contra vossos irmãos, os israelitas; volte cada um para sua casa, pois o que aconteceu foi por minha vontade." Eles obedeceram à ordem de Iahweh e regressaram, como Iahweh lhes ordenara.

²⁵Jeroboão fortificou Siquém na montanha de Efraim e ali se estabeleceu. Depois saiu de lá e fortificou Fanuel.

O cisma religioso — ²⁶Jeroboão refletiu consigo mesmo: "Desse jeito, o reino pode voltar à casa de Davi. ²⁷Se este povo continua subindo ao Templo de Iahweh, em Jerusalém, para oferecer sacrifícios, o coração do povo se voltará para seu senhor, Roboão, rei de Judá, e matar-me-ão. Voltarão para Roboão, rei de Judá." ²⁸Depois de ter pedido conselho, fez dois bezerros de ouro[a] e disse ao povo: "Deixai de subir a Jerusalém! Israel, eis teus deuses que te fizeram sair da terra do Egito." ²⁹Erigiu um em Betel e pôs o outro em Dã;[b] ³⁰Esse procedimento levou ao pecado, o povo foi em procissão diante do outro até Dã. ³¹Estabeleceu o templo dos lugares altos, e designou como sacerdotes homens tirados do povo, que não eram filhos de Levi. ³²Jeroboão celebrou uma festa no oitavo mês, no décimo quinto dia do mês, à semelhança da que se celebrava em Judá, e subiu ao altar.[c] Assim fez ele em Betel, sacrificando aos bezerros que fizera e estabeleceu em Betel os sacerdotes dos lugares altos que instituíra. ³³Subiu ao altar que tinha feito em Betel, no décimo quinto dia do oitavo mês, isto é, no mês que ele escolhera arbitrariamente; instituiu uma festa para os israelitas e subiu ao altar para queimar incenso.

13
Condenação do altar de Betel — ¹E eis que um homem de Deus chegou de Judá a Betel, por ordem de Iahweh, no momento em que Jeroboão estava de pé diante do altar para oferecer o sacrifício, ²e, por ordem de Iahweh, gritou contra o altar este brado: "Altar, altar! assim fala Iahweh: Eis que na casa de Davi nascerá um filho chamado Josias, que imolará sobre ti os sacerdotes dos lugares altos que sobre ti oferecerem incenso, e ele queimará sobre ti ossadas humanas." ³Ao mesmo tempo, ele deu um sinal, dizendo: "Esse é o sinal de que Iahweh falou: Este altar vai se fender e se espalhará a cinza que está por cima dele." ⁴Quando o rei ouviu o que o homem de Deus bradava contra o altar de Betel, o rei Jeroboão estendeu a mão fora do altar e

---

a) Jeroboão agia com intenções políticas e não pensava em mudar de divindade. À Arca da Aliança, que era em Jerusalém o símbolo da presença de Iahweh, ele opõe o bezerro, símbolo do pedestal de Iahweh, o invisível. Ele apoia-se sobre uma tradição, que aparece também no episódio do "bezerro de ouro" (Ex 32). Esses dois relatos foram transformados pela polêmica. Mas, escolhendo o mesmo símbolo de Baal, Jeroboão abria a porta aos piores compromissos (cf. Os 13,2). Esse será o "pecado de Jeroboão", que voltará como refrão na condenação dos reis de Israel pelo historiador deuteronomista.
b) Dã, perto de uma fonte do Jordão, e Betel, no caminho de Jerusalém, delimitam o novo reino. Eram já santuários venerados (Gn 12,8 etc.; Jz 17-18).
c) O novo templo de Betel é consagrado na festa das Tendas, como o Templo de Salomão.

disse: "Agarrai-o!" Mas a mão que ele estendera contra o homem secou, de sorte que ele não a pôde mais recolher; ⁵o altar se fendeu e as cinzas do altar se espalharam, conforme o sinal que dera o homem de Deus, por ordem de Iahweh. ⁶Então o rei tomou a palavra e disse ao homem de Deus: "Aplaca, eu te peço, Iahweh teu Deus,*a* a fim de que me seja restituída a mão." O homem de Deus aplacou Iahweh e a mão do rei lhe foi restituída, ficando como antes. ⁷O rei disse ao homem de Deus: "Vem comigo à minha casa para refazeres tuas forças e te darei um presente." ⁸Mas o homem de Deus disse ao rei: "Mesmo que me desses a metade de tua casa, não iria contigo. Nada comerei nem beberei neste lugar, ⁹pois recebi de Iahweh esta ordem: Nada comerás nem beberás, nem voltarás pelo mesmo caminho por onde fores." ¹⁰E ele voltou por outro caminho, sem retomar o caminho pelo qual chegara a Betel.

*O homem de Deus e o profeta*ᵇ — ¹¹Ora, habitava em Betel um profeta já idoso e seus filhos vieram contar-lhe tudo o que o homem de Deus fizera naquele dia em Betel; também contaram ao pai as palavras que dissera ao rei. ¹²Seu pai lhes perguntou: "Em que direção ele seguiu?" E os filhos tinham visto o caminho que tomara o homem de Deus que viera de Judá. ¹³Disse ele aos filhos: "Selai o jumento"; eles lhe selaram o jumento e o pai montou. ¹⁴Partiu no encalço do homem de Deus e encontrou-o sentado debaixo de um terebinto e perguntou-lhe: "És tu o homem de Deus vindo de Judá?" E ele respondeu: "Sim." ¹⁵O profeta continuou: "Vem comigo à minha casa para comer alguma coisa." ¹⁶Mas ele respondeu: "Não posso nem voltar nem ir contigo, nem nada comer ou beber contigo aqui, ¹⁷pois recebi de Iahweh esta ordem: Lá não comerás nem beberás nada e não voltarás pelo mesmo caminho por onde fores." ¹⁸Então o outro lhe disse: "Eu também sou profeta como tu e um anjo me disse, por ordem de Iahweh: Leva-o contigo à tua casa, para ele comer e beber"; mas era mentira.*c* ¹⁹O homem de Deus voltou, pois, com ele, comeu e bebeu em sua casa.

²⁰Ora, enquanto estavam à mesa, a palavra de Iahweh foi dirigida ao profeta que o havia trazido ²¹e este clamou ao homem de Deus vindo de Judá: "Assim fala Iahweh. Porque foste rebelde à palavra de Iahweh e não cumpriste a ordem que te dera Iahweh teu Deus, ²²mas voltaste, comeste e bebeste no lugar do qual te havia dito: 'Não comerás nem beberás ali', teu cadáver não entrará no sepulcro de teus pais." ²³Depois que ele comeu e bebeu, o profeta que o tinha feito voltar mandou selar seu jumento,*d* ²⁴e ele partiu. No caminho, um leão o encontrou e o matou; seu cadáver ficou estendido no caminho, o jumento ficou a seu lado e o leão também ficou junto do cadáver. ²⁵Passaram por ali algumas pessoas que viram o cadáver estendido no caminho e junto dele o leão; foram e divulgaram a notícia na cidade onde morava o velho profeta. ²⁶Ao saber disso, o profeta que o havia feito voltar atrás do caminho disse: "Deve ser o homem de Deus que desobedeceu à ordem de Iahweh! Iahweh o entregou ao leão, que o dilacerou e matou, conforme a predição que Iahweh lhe tinha feito!" ²⁷E ordenou a seus filhos: "Selai para mim o jumento"; e eles o selaram. ²⁸Partiu e encontrou o cadáver estendido no caminho, com o jumento e o leão ao lado; o leão não tinha devorado o cadáver nem dilacerado o jumento. ²⁹Ergueu o cadáver do homem de Deus, colocou-o sobre o jumento e conduziu-o para a cidade

---

a) O hebr. acrescenta "e ora por mim", ausente das versões.
b) O "profeta" (*nabî*) representa nesta época um tipo de inspirado inferior ao verdadeiro "homem de Deus". Comparem-se Elias e Eliseu com os "irmãos profetas" (2Rs 2 etc., e cf. Am 7,14).
c) Para experimentá-lo. A continuação do relato, em estilo popular muito nítido, ensina esta lição: as ordens divinas exigem submissão absoluta; o homem de Deus não deveria ter posto em dúvida a ordem que recebera, nem mesmo quando um anjo lho ordenasse (cf. Gl 1,8).
d) Hebr. difícil. O velho profeta manda preparar o jumento do homem de Deus.

onde morava, para␣ pranteá-lo e sepultá-lo. ³⁰Depositou o cadáver no seu próprio túmulo e pranteou-o dizendo: "Ai, meu irmão!" ³¹Depois de tê-lo sepultado, disse a seus filhos: "Quando eu morrer, sepultai-me no mesmo túmulo em que foi sepultado o homem de Deus; poreis os meus ossos ao lado dos seus. ³²Porque com certeza se cumprirá a palavra que ele bradou por ordem de Iahweh contra o altar de Betel e contra todos os santuários dos lugares altos que estão nas cidades de Samaria."

Jr 22,18
2Rs 23,17-18

³³Depois desse fato, Jeroboão não se converteu do seu péssimo comportamento, mas continuou a designar como sacerdotes dos lugares altos homens tirados do povo; a quem a desejasse, ele dava a investidura para se tornar sacerdote dos lugares altos. ³⁴Esse modo de proceder fez cair em pecado a casa de Jeroboão e provocou sua ruína e seu extermínio da face da terra.

IV. Os dois reinos até Elias

14 *Continuação do reinado de Jeroboão I (931-910)* — ¹Por aquele tempo, adoeceu Abias, filho de Jeroboão, ²e Jeroboão disse à sua mulher: "Levanta-te, por favor, disfarça-te para que não reconheçam que és a esposa de Jeroboão, e vai a Silo, onde está o profeta Aías, aquele que me predisse que eu reinaria sobre este povo. ³Leva contigo dez pães, bolos e um pote de mel e vai ter com ele; ele te indicará o que vai suceder ao menino." ⁴Assim fez a mulher de Jeroboão; levantou-se, foi a Silo e entrou na casa de Aías. Ora, este não mais conseguia enxergar, porque a velhice lhe paralisara os olhos. ⁵Mas Iahweh lhe dissera: "Aí vem a esposa de Jeroboão para te pedir um oráculo a respeito do filho, que está doente; e tu lhe dirás isso e isso. Ela virá fazendo-se passar por outra." ⁶Logo que Aías ouviu o barulho de seus passos junto à porta, disse: "Entra, esposa de Jeroboão! Por que queres passar por outra? Fui enviado para te dar uma triste mensagem. ⁷Vai dizer a Jeroboão: 'Assim fala Iahweh, Deus de Israel: Eu te tirei do meio do povo e te estabeleci como chefe sobre o meu povo Israel; ⁸tirei o reino da casa de Davi para dá-lo a ti. Mas tu não foste como o meu servo Davi, que observou meus mandamentos e me seguiu de todo o coração, fazendo somente o que é reto aos meus olhos; ⁹fizeste mais mal que todos os teus antecessores, e chegaste a fazer para ti outros deuses, imagens fundidas*ᵃ* para me irritares; lançaste-me para trás das costas. ¹⁰Por isso, farei vir a desgraça sobre a casa de Jeroboão; exterminarei todos os varões*ᵇ* da casa de Jeroboão, ligados ou livres*ᶜ* em Israel; varrerei a casa de Jeroboão como se varre completamente o lixo. ¹¹Os membros da família de Jeroboão que morrerem na cidade serão devorados pelos cães; e os que morrerem no campo serão comidos pelas aves do céu.*ᵈ* É Iahweh quem o diz.' ¹²E tu, levanta-te e vai para casa; quando puseres os pés na cidade, o menino morrerá. ¹³Todo o Israel chorará sobre ele e o sepultará. Com efeito, ele será o único membro da família de Jeroboão a ser posto num sepulcro, pois só nele, entre toda a família de Jeroboão, se achou alguma coisa de agradável a Iahweh, Deus de Israel. ¹⁴Iahweh estabelecerá sobre Israel um rei que

11,29-39

1Sm 9,7 +

Ex 20,3-5

1Sm 25,22
15,29-30
16,4; 21,24

---

a) É a reação do javismo puro: os bezerros de ouro de Jeroboão (que queria fazê-los servir ao culto de Iahweh, 12,28+), não podem representar Iahweh e não passam de "falsos deuses".
b) Lit.: "os que urinam contra a parede".
c) Dois termos de linguagem jurídica, correspondendo aproximadamente aos nossos "maiores-menores" (cf. 21,21).
d) Essas expressões designam a privação de sepultura; cf. como contraste o v. 13.

exterminará a casa de Jeroboão. É hoje, sim! É agora mesmo!*ᵃ* ¹⁵Iahweh ferirá Israel, como o caniço que vacila na água; arrancará Israel desta boa terra que deu a seus pais e o dispersará do outro lado do Rio, porque fizeram seus postes sagrados, provocando a ira de Iahweh. ¹⁶Ele abandonará Israel por causa dos pecados que Jeroboão cometeu e levou Israel a cometer." ¹⁷A mulher de Jeroboão levantou-se e partiu. Chegou a Tersa;*ᵇ* quando transpôs a soleira de sua porta, o menino já estava morto. ¹⁸Sepultaram-no e todo o Israel o pranteou, como dissera Iahweh, por intermédio de seu servo, o profeta Aías.

¹⁹O resto da história de Jeroboão, as guerras que fez e seu governo, tudo isso está escrito nos Anais dos reis de Israel. ²⁰O tempo que reinou Jeroboão foi de vinte e dois anos; adormeceu com seus pais, e seu filho Nadab reinou em seu lugar.

|| 2Cr 12,13-14

Reinado de Roboão (931-913) — ²¹Roboão, filho de Salomão, tornou-se rei de Judá; tinha quarenta e um anos quando subiu ao trono e reinou dezessete anos em Jerusalém, cidade que Iahweh escolhera entre todas as tribos de Israel para nela colocar seu Nome. Sua mãe chamava-se Naama, a amonita. ²²Judá fez o mal aos olhos de Iahweh: irritaram seu ciúme mais do que tinham feito seus pais, com todos os pecados que cometeram, ²³construindo lugares altos, erguendo estelas e postes sagrados sobre toda colina elevada e debaixo de toda árvore frondosa. ²⁴Houve até prostitutos sagrados na terra. Ele imitou todas as abominações das nações que Iahweh havia expulsado de diante dos israelitas.

1Sm 9,12 +
Ex 23,24 +
Ex 34,13 +
Dt 12,2 +
Dt 23,19 +

|| 2Cr 12.2.9-11
10,16

²⁵No quinto ano do rei Roboão, o rei do Egito, Sesac,*ᶜ* atacou Jerusalém. ²⁶Apoderou-se dos tesouros do Templo de Iahweh e dos do palácio real, levando tudo, até mesmo todos os escudos de ouro que Salomão mandara fazer. ²⁷Para substituí-los, o rei Roboão mandou fazer escudos de bronze e os confiou aos chefes dos guardas,*ᵈ* que vigiavam a porta do palácio real. ²⁸Cada vez que o rei ia ao Templo de Iahweh, os guardas vinham e os tomavam e, depois, os devolviam à sala dos guardas.

|| 2Cr 12,16

²⁹O resto da história de Roboão, tudo o que fez, não está escrito no livro dos Anais dos reis de Judá? ³⁰Houve guerra contínua entre Roboão e Jeroboão. ³¹Roboão adormeceu com seus pais e foi enterrado com seus pais na Cidade de Davi. Sua mãe chamava-se Naama, a amonita. Seu filho Abiam reinou em seu lugar.

|| 2Cr 13,1-2
2Cr 11,20

15 **Reinado de Abiam em Judá (913-911)** — ¹No décimo oitavo ano do rei Jeroboão, filho de Nabat, Abiam tornou-se rei de Judá ²e reinou três anos em Jerusalém; sua mãe chamava-se Maaca, filha de Absalão. ³Imitou os pecados que seu pai cometera antes dele e seu coração não foi plenamente fiel a Iahweh seu Deus como o coração de Davi, seu antepassado. ⁴Contudo, por consideração para com Davi, Iahweh seu Deus conservou-lhe uma lâmpada em Jerusalém, mantendo seu filho depois dele e poupando Jerusalém. ⁵Davi, com efeito, fizera o que é reto aos olhos de Iahweh e em nada se tinha afastado do que ele lhe ordenara por toda a sua vida (com exceção do episódio de Urias, o heteu).

11,36 +
2Rs 8,19

|| 2Cr 13,2

⁶Houve todo o tempo guerra entre Roboão e Jeroboão.*ᵉ* ⁷O resto da história de Abiam, tudo o que fez, não está escrito no livro dos Anais dos reis de Judá?

---

a) "é hoje...": provavelmente glosa dos vv. 14-15 por um exilado.
b) Primeira capital do reino de Israel antes da fundação de Samaria (16,24). Hoje Tell el-Fâr'ah, ao norte de Nablus.
c) Primeiro Faraó da XXII dinastia. Parece ter feito uma expedição na Palestina, poupando a Judeia (por causa, sem dúvida, do tributo pago por Roboão).
d) A guarda real (ou "corredores", cf. 1Rs 1,5) que escoltava o carro do rei.
e) Duplicata de 14,30, ausente no grego.

Houve guerra entre Abiam e Jeroboão. ⁸Depois Abiam adormeceu com seus pais e foi sepultado na Cidade de Davi; seu filho Asa reinou em seu lugar.

Reinado de Asa em Judá (911-870) — ⁹No vigésimo ano de Jeroboão, rei de Israel, Asa tornou-se rei de Judá ¹⁰e reinou quarenta e um anos em Jerusalém; sua avó*ᵃ* chamava-se Maaca, filha de Absalão. ¹¹Asa fez o que é reto aos olhos de Iahweh, como Davi seu pai. ¹²Expulsou da terra todos os prostitutos sagrados e aboliu todos os ídolos que seus pais haviam feito. ¹³Chegou a retirar de sua avó a dignidade de Grande Dama,*ᵇ* porque ela fizera um ídolo*ᶜ* para Aserá; Asa quebrou o ídolo e queimou-o no vale do Cedron. ¹⁴Os lugares altos não desapareceram; mas o coração de Asa foi plenamente fiel a Iahweh, por toda a sua vida. ¹⁵Depositou no Templo de Iahweh as oferendas consagradas por seu pai e suas próprias oferendas: prata, ouro e objetos.

¹⁶Houve guerra entre Asa e Baasa, rei de Israel, enquanto viveram. ¹⁷Baasa, rei de Israel, atacou Judá e fortificou Ramá para impedir as comunicações com Asa, rei de Judá. ¹⁸Então Asa tomou a prata e o ouro que restavam nos tesouros do Templo de Iahweh e nos do palácio real e entregou-os a seus servos, e os enviou a Ben-Adad,*ᵈ* filho de Tabremon, filho de Hezion, rei de Aram, que residia em Damasco, com esta mensagem: ¹⁹"Haja aliança entre mim e ti, entre meu pai e teu pai! Envio-te um presente de prata e ouro. Vai e rompe tua aliança com Baasa, rei de Israel, para que se afaste de mim!" ²⁰Ben-Adad deu ouvidos ao rei Asa e enviou os chefes de seu exército contra as cidades de Israel; conquistou Aion, Dã, Abel-Bet-Maaca, todo o Quinéret*ᵉ* e até mesmo toda a região de Neftali. ²¹Quando Baasa o soube, suspendeu os trabalhos em Ramá e residiu em Tersa. ²²Então o rei Asa convocou todo o Judá, sem excetuar ninguém; tiraram as pedras e a madeira com as quais Baasa estava fortificando Ramá e com elas o rei fortificou Gaba de Benjamim e Masfa.

²³O resto da história de Asa, toda a sua valentia e todos os seus atos, e as cidades que construiu, não está tudo escrito no livro dos Anais dos reis de Judá? No tempo de sua velhice, porém, teve uma doença nos pés. ²⁴Asa adormeceu com seus pais e foi sepultado na Cidade de Davi, seu antepassado, e reinou em seu lugar seu filho Josafá.

Reinado de Nadab em Israel (910-909) — ²⁵No segundo ano de Asa, rei de Judá, Nadab, filho de Jeroboão, tornou-se rei de Israel e reinou dois anos em Israel. ²⁶Fez o mal aos olhos de Iahweh; imitou o comportamento de seu pai e o pecado ao qual tinha arrastado Israel. ²⁷Baasa, filho de Aías, da casa de Issacar, conspirou contra ele e o assassinou em Gebeton, cidade filisteia que Nadab e todo o Israel sitiavam. ²⁸Baasa matou-o no terceiro ano de Asa, rei de Judá, e reinou em seu lugar. ²⁹Logo que se tornou rei, massacrou toda a casa de Jeroboão, sem poupar ninguém, até ao extermínio, segundo a predição que Iahweh fizera por intermédio de seu servo Aías de Silo, ³⁰por causa dos pecados que ele cometera e fizera Israel cometer, provocando assim a indignação de Iahweh, Deus de Israel.

³¹O resto da história de Nadab, todos os seus feitos, não está tudo escrito no livro dos Anais dos reis de Israel? ³²Houve guerra entre Asa e Baasa, rei de Israel, enquanto viveram.*ᶠ*

---

a) Hebr.: "mãe"; id. no v. 13; o v. 2 faz de Maaca a mãe de Abiam, e não de Asa. É também atestado o uso do termo "pai" em lugar de "avô" (Gn 28,13).
b) Em Judá, como em outros reinos orientais, a rainha-mãe gozava de posição de honra (cf. 2,19) e de certas prerrogativas. Possuía o título de "Grande Dama". Seu nome é citado, salvo alguma exceção, na introdução a cada reinado. Maaca conservara essa dignidade no tempo de seu neto, que subira ao trono ainda muito jovem.
c) Tradução incerta. Não se sabe o que era esse objeto.
d) Ben-Adad I. Sobre a continuação da dinastia, ver 20,1. Asa inaugura a política de alianças estrangeiras, que os grandes profetas censurarão constantemente aos reis de Judá (cf. Is 7,4-9; 8,6-8 etc.).
e) A região a oeste do lago de Tiberíades.
f) Duplicata de 15,16, ausente no grego.

Reinado de Baasa em Israel (909-886) — ³³No terceiro ano de Asa, rei de Judá, Baasa, filho de Aías, tornou-se rei sobre todo Israel em Tersa e reinou vinte e quatro anos. ³⁴Fez o mal aos olhos de Iahweh e imitou a conduta de Jeroboão e o pecado ao qual ele tinha arrastado Israel.

16 ¹A palavra de Iahweh foi dirigida a Jeú, filho de Hanani, contra Baasa, nestes termos: ²"Eu te tirei do pó e te estabeleci chefe sobre o meu povo Israel, mas tu imitaste o comportamento de Jeroboão e levaste Israel, meu povo, a cometer pecados que me irritam. ³Por isso, varrerei Baasa e sua casa; tratarei tua casa como a de Jeroboão, filho de Nabat. ⁴Todo membro da família de Baasa que morrer na cidade será devorado pelos cães; e o que morrer no campo será comido pelas aves do céu."

⁵O resto da história de Baasa, seus atos e proezas, não está tudo escrito no livro dos Anais dos reis de Israel? ⁶Baasa adormeceu com seus pais e foi sepultado em Tersa. Seu filho Ela reinou em seu lugar.

⁷Além disso, pelo ministério de Jeú, filho de Hanani, o profeta, a palavra de Iahweh foi transmitida a Baasa e à sua casa, não só por causa de todo o mal que fizera aos olhos de Iahweh, irritando-o com suas ações, tornando-se semelhante à casa de Jeroboão, mas também por ter exterminado esta.*ᵃ*

Reinado de Ela em Israel (886-885) — ⁸No vigésimo sexto ano de Asa, rei de Judá, Ela, filho de Baasa, tornou-se rei de Israel em Tersa e reinou por dois anos. ⁹Seu servo Zambri, chefe da metade de seus carros, conspirou contra ele. Estando ele em Tersa, bebendo e embriagando-se em casa de Arsa, mordomo do palácio em Tersa, ¹⁰Zambri entrou, feriu-o e matou-o, no vigésimo sétimo ano de Asa, rei de Judá; depois reinou no lugar dele. ¹¹Logo que se tornou rei e sentou-se no trono, massacrou toda a família de Baasa, sem lhe deixar um só varão, e matou também seus parentes e seu amigo. ¹²Zambri exterminou toda a casa de Baasa, segundo a predição que Iahweh fizera contra Baasa, por intermédio do profeta Jeú, ¹³por causa de todos os pecados que cometeram Baasa e Ela, seu filho, e fizeram Israel cometer, irritando Iahweh, Deus de Israel, com seus ídolos vãos.

¹⁴O resto da história de Ela e todos os seus atos, não está tudo escrito no livro dos Anais dos reis de Israel?

Reinado de Zambri em Israel (885) — ¹⁵No vigésimo sétimo ano de Asa, rei de Judá, Zambri tornou-se rei em Tersa, reinando sete dias. Na ocasião o povo estava acampado diante de Gebeton que pertence aos filisteus. ¹⁶Quando o acampamento recebeu esta notícia: "Zambri fez uma conspiração e inclusive matou o rei!", todo o Israel, na mesma hora, no acampamento, proclamou rei de Israel Amri, chefe do exército. ¹⁷Amri e todo o Israel com ele saíram de Gebeton e vieram sitiar Tersa. ¹⁸Quando Zambri viu que a cidade ia ser tomada, entrou na cidadela do palácio real, pôs fogo no palácio, estando lá dentro, e morreu. ¹⁹Tudo por causa do pecado que cometera, fazendo o mal aos olhos de Iahweh, imitando a conduta de Jeroboão e o pecado que fizera, levando Israel a pecar.

²⁰O resto da história de Zambri e a conspiração que ele tramou, não está tudo escrito no livro dos Anais dos reis de Israel?

²¹Então o povo de Israel se dividiu: metade apoiou Tebni, filho de Ginet, querendo fazê-lo rei; a outra metade apoiou Amri. ²²Mas o partido de Amri prevaleceu sobre o de Tebni, filho de Ginet; Tebni morreu e Amri tornou-se rei.

Reinado de Amri em Israel (885-874)*ᵇ* — ²³No trigésimo primeiro ano de Asa, rei de Judá, Amri tornou-se rei de Israel, por doze anos. Reinou seis anos

---

a) O v. inteiro é uma adição que repete os vv. 1-4 e dá do castigo de Baasa segunda razão, alheia ao espírito do livro.

b) Amri foi certamente grande monarca, mas o livro dos Reis, que não se interessa pelo reino de Israel senão

em Tersa. ²⁴Depois comprou de Semer o monte Samaria por dois talentos de prata; construiu sobre ele uma cidade, a que deu o nome de Samaria, por causa do nome de Semer, proprietário do monte. ²⁵Amri fez o mal aos olhos de Iahweh, superando nisso todos os seus antecessores. ²⁶Imitou em tudo a conduta de Jeroboão, filho de Nabat, e os pecados a que este levara Israel, irritando Iahweh, Deus de Israel, com seus ídolos vãos.

²⁷O resto da história de Amri, seus atos e proezas, não está tudo escrito no livro dos Anais dos reis de Israel? ²⁸Amri adormeceu com seus pais e foi sepultado em Samaria. Seu filho Acab reinou em seu lugar.

Introdução ao reinado de Acab (874-853) — ²⁹Acab, filho de Amri, tornou-se rei no trigésimo oitavo ano de Asa, rei de Judá, e reinou vinte e dois anos sobre Israel, em Samaria. ³⁰Acab, filho de Amri, fez o mal aos olhos de Iahweh, mais do que todos os seus antecessores. ³¹Como se não lhe bastasse imitar os pecados de Jeroboão, filho de Nabat, desposou ainda Jezabel, filha de Etbaal, rei dos sidônios,ᵃ e passou a servir Baal e a adorá-lo; ³²erigiu-lhe um altar no templo de Baal, que construiu em Samaria. ³³Acab erigiu também um poste sagrado e cometeu ainda outros pecados, irritando Iahweh, Deus de Israel, mais que todos os reis de Israel que o precederam. ³⁴No seu tempo, Hiel de Betel reconstruiu Jericó; pelo preço de seu primogênito Abiram lançou-lhe os fundamentos e pelo preço de seu último filho Segub assentou-lhe as portas,ᵇ conforme a predição que Iahweh fizera por intermédio de Josué, filho de Nun.

Ex 34,13 +

Lv 18,21 +
Js 6,26

V. O ciclo de Elias

1. A GRANDE SECA

17 ***Anúncio do castigo*** — ¹Elias,ᶜ o tesbita, um dos habitantes de Galaad, disse a Acab: "Pela vida de Iahweh, o Deus de Israel, a quem sirvo: não haverá nestes anos nem orvalho nem chuva, a não ser quando eu o ordenar."

Tg 5,17
Ap 11,6

Na torrente de Carit — ²A palavra de Iahweh foi-lhe dirigida nestes termos: ³"Vai-te daqui, retira-te para o oriente e esconde-te na torrente de Carit, que está a leste do Jordão. ⁴Beberás da torrente, e ordenei aos corvos que te deem lá alimento." ⁵Elias partiu, pois, e fez como Iahweh ordenara, indo morar na torrente de Carit, a leste do Jordão. ⁶Os corvos lhe traziam pão e carne de manhã, pão e carne de tarde, e ele bebia da torrente.

Ex 16,8.12

Em Sarepta. O milagre da farinha e do óleo — ⁷Depois de certo tempo, a torrente secou, porque não chovia mais na terra. ⁸Então a palavra de Iahweh lhe foi dirigida nestes termos: ⁹"Levanta-te e vai a Sarepta, que pertence a Sidônia, e lá habitarás. Eis que ordenei lá, a uma viúva, que te dê o sustento."

2Rs 4,1-7

Lc 4,25-26

---

no tocante à história religiosa, menciona só a fundação de Samaria, que haveria de continuar como capital até a ruína do reino.
a) Etbaal (Etball no hebr.) é sacerdote de Astarte que tomou o poder em Tiro ao mesmo tempo que Amri em Israel; os dois usurpadores buscaram uma aproximação e selaram sua união com uma aliança de família. As consequências religiosas dessas relações estreitas com os fenícios se desenrolaram durante todo o reinado de Acab.

b) É possível, mas não é certo, que os dois filhos tenham servido de vítimas para um sacrifício de fundação.
c) O documento sobre a história de Elias, utilizado a partir daqui (cf. Introd.), referia, sem dúvida, os antecedentes do profeta, mas o autor o toma no ponto em que este alcança seu relato: a seca serve para castigar a introdução do culto a Baal (16,32-33).

¹⁰Ele se levantou e foi para Sarepta. Chegando à porta da cidade, eis que estava lá uma viúva apanhando lenha; chamou-a e disse: "Por favor, traze-me num vaso um pouco d'água para eu beber!" ¹¹Quando ela já estava indo para buscar água, ele gritou-lhe: "Traze-me também um pedaço de pão na tua mão!" ¹²Respondeu ela: "Pela vida de Iahweh, teu Deus, não tenho pão cozido; tenho apenas um punhado de farinha numa vasilha e um pouco de azeite na jarra. Estou ajuntando uns gravetos, vou preparar esse resto para mim e meu filho; nós o comeremos e depois esperaremos a morte." ¹³Mas Elias lhe respondeu: "Não temas; vai e faze como disseste. Mas, primeiro, prepara-me com o que tens um pãozinho e traze-mo; depois o prepararás para ti e para teu filho. ¹⁴Pois assim fala Iahweh, Deus de Israel:

> A vasilha de farinha não se esvaziará
> e a jarra de azeite não acabará,
> até o dia em que Iahweh enviar
> a chuva sobre a face da terra."

¹⁵Ela partiu e fez como Elias dissera, e comeram, ela, ele e sua casa, durante muito tempo. ¹⁶A vasilha de farinha não se esvaziou e a jarra de azeite não acabou, conforme a predição que Iahweh fizera por intermédio de Elias.

A ressurreição do filho da viúva — ¹⁷Depois disso, aconteceu que o filho dessa mulher, dona da casa, adoeceu e seu mal foi tão grave que ele veio a falecer. ¹⁸Então ela disse a Elias: "Que há entre mim e ti, homem de Deus? Vieste à minha casa para reavivar a lembrança de minhas faltas e causar a morte do meu filho!"[a] ¹⁹Ele respondeu: "Dá-me teu filho." Tomando-o dos braços dela, levou-o ao quarto de cima onde morava e colocou-o sobre seu leito. ²⁰Depois clamou a Iahweh, dizendo: "Iahweh, meu Deus, até a viúva que me hospeda queres afligir, fazendo seu filho morrer?" ²¹Estendeu-se por três vezes sobre o menino e invocou Iahweh: "Iahweh, meu Deus, eu te peço, faze voltar a ele a alma deste menino!" ²²Iahweh atendeu à súplica de Elias e a alma do menino voltou a ele e ele reviveu. ²³Elias tomou o menino, desceu-o do quarto de cima para dentro da casa e entregou-o à sua mãe, dizendo: "Olha, teu filho está vivo." ²⁴A mulher respondeu a Elias: "Agora sei que és homem de Deus e que Iahweh fala verdadeiramente por tua boca!"

18 *Encontro de Elias com Abdias* — ¹Passado muito tempo, a palavra de Iahweh foi dirigida a Elias, no terceiro ano, nestes termos: "Vai apresentar-te diante de Acab; vou mandar a chuva sobre a face da terra." ²E Elias partiu e foi apresentar-se a Acab.

Era grande a fome em Samaria. ³Acab mandou chamar Abdias, intendente do palácio. — Era um homem muito temente a Iahweh; ⁴quando Jezabel massacrou os profetas de Iahweh, ele tomou cem profetas e os escondeu numa gruta em grupos de cinquenta, providenciando-lhes comida e bebida —.[b] ⁵Acab disse a Abdias: "Percorre o país,[c] na direção de todas as fontes e torrentes; talvez encontremos erva para manter vivos os cavalos e os burros e não tenhamos de sacrificar os animais. ⁶Repartiram entre si a terra para percorrê-la: Acab partiu sozinho para um lado e Abdias partiu sozinho para o outro. ⁷Enquanto Abdias caminhava, eis que Elias veio ao seu encontro; ele o reconheceu e se prostrou com o rosto em terra, dizendo: "És tu Elias, meu

---

a) A mulher atribui sua desgraça à interferência de Elias; um homem de Deus é como uma testemunha: por sua presença as faltas ocultas são reveladas e atraem o castigo.

b) Parêntese que prepara o v. 13. Sobre esses "profetas", cf. 1Sm 10,5+; eles terão grande destaque no ciclo de Eliseu.
c) De maneira coerente com a sequência (cf. v. 6), o grego tem: "Vem! Vamos percorrer o país".

senhor?" ⁸Ele respondeu: "Sou eu! Vai, dize a teu amo: Elias está aqui." ⁹Mas o outro replicou: "Que pecado cometi para entregares teu servo nas mãos de Acab, para ele me matar? ¹⁰Pela vida de Iahweh, teu Deus! Não há nação nem reino aonde meu amo não tenha mandado te procurar; e quando respondiam: 'Ele não está aqui', fazia o reino e a nação jurar que não te haviam achado. ¹¹E agora mandas: 'Vai dizer a teu amo: Elias está aqui', ¹²mas quando eu me apartar de ti, o espírito de Iahweh te transportará não sei para onde,ᵃ eu irei informar Acab e ele, não te achando, me matará! No entanto, teu servo teme a Iahweh desde a juventude. ¹³Porventura não foi contado a meu senhor o que fiz quando Jezabel massacrou os profetas de Iahweh? Escondi cem profetas de Iahweh, em grupos de cinquenta, numa gruta e lhes forneci pão e água. ¹⁴E agora ordenas: 'Vai dizer a teu amo: Elias está aqui.' Ele vai me matar!" ¹⁵Elias respondeu-lhe: "Pela vida de Iahweh dos Exércitos, a quem sirvo, hoje mesmo me apresentarei a ele".

1Sm 1,3 +

Elias e Acab — ¹⁶Abdias foi encontrar-se com Acab e contou-lhe o acontecido; e Acab saiu ao encontro de Elias. ¹⁷Logo que viu Elias, Acab lhe disse: "Estás aí, flagelo de Israel!" ¹⁸Elias respondeu: "Não sou eu o flagelo de Israel, mas és tu e tua família, porque abandonastes os mandamentos de Iahweh e seguiste os baais. ¹⁹Pois bem, manda que se reúna junto de mim, no monte Carmelo, todo o Israel com os quatrocentos e cinquenta profetas de Baalᵇ e os quatrocentos profetas de Aserá, que comem à mesa de Jezabel."

Jz 2,13 +

O sacrifício no Carmelo — ²⁰Acab convocou todo Israel e reuniu os profetas no monte Carmelo. ²¹Elias, aproximando-se de todo o povo, disse: "Até quando claudicareis das duas pernas?ᶜ Se Iahweh é Deus, segui-o; se é Baal segui-o." E o povo não lhe pôde dar resposta. ²²Então Elias disse ao povo: "Sou o único dos profetas de Iahweh que fiquei, enquanto os profetas de Baal são quatrocentos e cinquenta. ²³Deem-nos dois novilhos; que eles escolham um para si e depois de esquartejá-lo o coloquem sobre a lenha, sem lhe pôr fogo. Prepararei o outro novilho, e eu o colocarei sobre a lenha, sem lhe pôr fogo. ²⁴Invocareis depois o nome de vosso deus, e eu invocarei o nome de Iahweh: o deus que responder enviando fogo, é ele o Deus."ᵈ Todo o povo respondeu: "Está bem." ²⁵Elias disse então aos profetas de Baal: "Escolhei para vós um novilho e preparai vós primeiro, pois sois mais numerosos. Invocai o nome de vosso deus, mas não acendais o fogo." ²⁶Eles tomaram o novilho que ele lhes havia dado, e o fizeram em pedaços e invocaram o nome de Baal desde a manhã até o meio-dia, dizendo: "Baal, responde-nos!" Mas não houve voz, nem resposta; e eles dançavam dobrando o joelho diante do altar que tinham feito. ²⁷Ao meio-dia, Elias zombou deles, dizendo: "Gritai mais alto; pois, sendo um deus, ele pode estar conversando ou fazendo negócios ou, então, viajando; talvez esteja dormindo e acordará!" ²⁸Gritaram mais forte e, segundo seu costume, fizeram incisões no próprio corpo, com espadas e lanças, até escorrer sangue. ²⁹Quando passou do meio-dia, entraram em transe até à hora

18,36
2Rs 3,20
Dn 9,21

---

a) Esses desaparecimentos repentinos parecem ter sido um dos traços da história de Elias (2Rs 2,16) até seu arrebatamento definitivo (2Rs 2,11s). O Espírito de Iahweh é força exterior que transporta o profeta (cf. Ez 3,12; 8,3; 11,1; 43,5; At 8,39).

b) Havia extáticos entre os povos vizinhos de Israel (Jr 27,9s) e eles formavam associações numerosas, como os profetas de Iahweh (18,4). Aqui se trata dos devotos do Baal de Tiro, chamados a Israel por Jezabel, que os sustentava.

c) O sentido da última palavra não é seguro, mas a tradução (cf. o grego) combina com a mímica do v. 25: os israelitas dançam ora para Iahweh, ora para Baal.

d) Não se trata apenas de decidir qual deles, Iahweh ou Baal, é o senhor da montanha ou é mais poderoso, mas em sentido absoluto, qual é Deus: a palavra de Elias, sua oração (v. 37) e a aclamação do povo (v. 39), não deixam dúvida alguma: é a fé monoteísta que está em jogo nesta competição.

da apresentação da oferenda,[a] mas não houve voz, nem resposta, nem sinal de atenção. ³⁰Então Elias disse a todo o povo: "Aproximai-vos de mim"; e todo o povo se aproximou dele. Ele restaurou o altar de Iahweh que fora demolido. ³¹Tomou doze pedras, segundo o número das doze tribos dos filhos de Jacó, a quem Deus se dirigira, dizendo: "Teu nome será Israel", ³²e edificou com as pedras um altar ao nome de Iahweh. Fez em redor do altar um rego capaz de conter duas medidas de semente. ³³Empilhou a lenha, esquartejou o novilho e colocou-o sobre a lenha. ³⁴Depois disse: "Enchei quatro talhas de água e entornai-a sobre o holocausto e sobre a lenha". E ele disse: "Fazei-o de novo", e eles o fizeram. E acrescentou: "Fazei-o pela terceira vez", e eles o fizeram. ³⁵A água se espalhou em torno do altar e inclusive o rego ficou cheio d'água. ³⁶Na hora em que se apresenta a oferenda, Elias, o profeta, aproximou-se e disse: "Iahweh, Deus de Abraão, de Isaac e de Israel, saiba-se hoje que tu és Deus em Israel, que sou teu servo e que foi por ordem tua que fiz todas estas coisas. ³⁷Responde-me, Iahweh, responde-me, para que este povo reconheça que és tu, Iahweh, o Deus, e que convertes os corações deles!"[b] ³⁸Então caiu o fogo de Iahweh e consumiu o holocausto e a lenha, as pedras e a terra, secando a água que estava no rego. ³⁹Todo o povo o presenciou; prostrou-se com o rosto em terra, exclamando: "É Iahweh que é Deus! É Iahweh que é Deus!" ⁴⁰Elias lhes disse: "Prendei os profetas de Baal; que nenhum deles escape!" E eles os prenderam. Elias fê-los descer para perto da torrente do Quison e lá os degolou.[c]

O fim da seca — ⁴¹Disse Elias a Acab: "Sobe, come e bebe,[d] pois estou ouvindo o barulho da chuva." ⁴²Enquanto Acab subia para comer e beber, Elias subiu ao cume do Carmelo, prostrou-se em terra e pôs o rosto entre os joelhos. ⁴³Disse a seu servo: "Sobe e olha para o lado do mar." Ele subiu, olhou e disse: "Nada!" E Elias disse: "Retorna sete vezes." ⁴⁴Na sétima vez, o servo disse: "Eis que sobe do mar uma nuvem, pequena como a mão de uma pessoa." Então Elias disse: "Vai dizer a Acab: Prepara o carro e desce, para que a chuva não te detenha." ⁴⁵Num instante o céu se escureceu com muita nuvem e vento e caiu uma forte chuva. Acab subiu ao seu carro e partiu para Jezrael.[e] ⁴⁶A mão de Iahweh esteve sobre Elias, ele cingiu os rins e correu diante de Acab até a entrada de Jezrael.

2. *ELIAS NO HOREB*

19

A caminho do Horeb — ¹Acab contou a Jezabel tudo o que fizera Elias e como passara a fio de espada todos os profetas. ²Então Jezabel mandou a Elias um mensageiro para lhe dizer: "Que os deuses me façam este mal e acrescentem este outro, se amanhã a esta hora eu não tiver feito de tua vida o que fizeste da vida deles!" ³Vendo isso,[f] Elias levantou-se e partiu para salvar a vida. Chegou a Bersabeia, que pertence a Judá, e deixou lá seu servo. ⁴Quanto a ele, fez pelo deserto a caminhada

---

a) A menção do sacrifício da tarde (Ex 29,39; Nm 28,4; 2Rs 16,15) é aqui simples indicação da hora.
b) O milagre provará: 1° aos profetas de Baal e ao séquito estrangeiro de Jezabel ("saiba-se", v. 36), que eles nada têm a fazer em Israel, onde Iahweh é Deus; 2° aos israelitas ("este povo", v. 37), que Iahweh é o único Deus, que converte a ele os corações.
c) Na guerra entre Iahweh e Baal, os servos de Baal têm o destino dos vencidos.

d) Haviam jejuado em preparação para o sacrifício e para obter a chuva.
e) Era então como uma segunda capital para os reis de Israel (21,1; 2Rs 8,29; 9,30s).
f) "vendo isso", lit.: "ele viu". Certos mss e as versões leram *wayyira*, "ele teve medo", em lugar de *wayyare*, "ele viu".

de um dia e foi sentar-se debaixo de um junípero. Pediu a morte, dizendo: "Agora basta, Iahweh! Retira-me a vida, pois não sou melhor que meus pais." ⁵Deitou-se e dormiu debaixo do junípero. Mas eis que um Anjo o tocou e disse-lhe: "Levanta-te e come." ⁶Abriu os olhos e eis que, à sua cabeceira, havia um pão cozido sobre pedras quentes e um cantil de água. Comeu, bebeu e depois tornou a deitar-se. ⁷Mas o Anjo de Iahweh veio pela segunda vez, tocou-o e disse: "Levanta-te e come, pois do contrário o caminho te será longo demais." ⁸Levantou-se, comeu e bebeu e, depois, sustentado por aquela comida, caminhou quarenta dias e quarenta noites até à montanha de Deus, o Horeb.*ᵃ*

O encontro com Deus — ⁹Lá ele entrou na gruta,*ᵇ* onde passou a noite. E foi-lhe dirigida a palavra de Iahweh nestes termos: "Que fazes aqui, Elias?" ¹⁰Ele respondeu: "Eu me consumo de ardente zelo por Iahweh dos Exércitos, porque os israelitas abandonaram tua Aliança, derrubaram teus altares, e mataram teus profetas a espada. Fiquei somente eu e procuram tirar-me a vida." ¹¹E Deus disse: "Sai e fica na montanha diante de Iahweh." E eis que Iahweh passou. Um grande e impetuoso furacão fendia as montanhas e quebrava os rochedos diante de Iahweh, mas Iahweh não estava no furacão; e depois do furacão houve um terremoto, mas Iahweh não estava no terremoto; ¹²E depois do terremoto um fogo, mas Iahweh não estava no fogo; e depois do fogo, o ruído de uma leve brisa.*ᶜ* ¹³Quando Elias o ouviu, cobriu o rosto com o manto, saiu e pôs-se à entrada da gruta. Então, veio-lhe uma voz, que disse: "Que fazes aqui, Elias?" ¹⁴Ele respondeu: "Eu me consumo de ardente zelo por Iahweh dos Exércitos, porque os israelitas abandonaram tua Aliança, derrubaram teus altares e mataram teus profetas a espada. Fiquei somente eu e procuram tirar-me a vida."

¹⁵Iahweh lhe disse: "Vai, retoma teu caminho na direção do deserto de Damasco. Irás ungir Hazael como rei de Aram. ¹⁶Ungirás Jeú, filho de Namsi, como rei de Israel,*ᵈ* e ungirás Eliseu, filho de Safat, de Abel-Meúla, como profeta em teu lugar. ¹⁷Quem escapar à espada de Hazael, Jeú o matará, e o que escapar da espada de Jeú, Eliseu o matará. ¹⁸Mas pouparei em Israel sete mil homens, todos os joelhos que não se dobraram diante de Baal e todas as bocas que não o beijaram."

Vocação de Eliseu — ¹⁹Partindo dali, Elias encontrou Eliseu,*ᵉ* filho de Safat, enquanto trabalhava doze arapenes de terra, ele próprio no décimo segundo. Elias passou perto dele e lançou sobre ele seu manto.*ᶠ* ²⁰Eliseu abandonou seus bois, correu atrás de Elias e disse: "Deixa-me abraçar meu pai e minha mãe, depois te seguirei." Elias respondeu: "Vai e volta; pois que te fiz eu?" ²¹Eliseu afastou-se de Elias e, tomando a junta de bois, a imolou. Serviu-se da lenha do arado para cozinhar a carne e deu-a ao pessoal para comer. Depois levantou-se e seguiu Elias na qualidade de servo.

---

a) Cf. Ex 19,1+. Querendo salvaguardar a Aliança e restabelecer a pureza da fé, Elias irá ao lugar onde o verdadeiro Deus se revelou (Ex 3 e 33,18-34,9) e onde a Aliança fora concluída (Ex 19; 24; 34,10-28): une diretamente sua obra com a de Moisés. Relacionados pela teofania do Horeb, Moisés e Elias o estarão também na Transfiguração de Cristo, teofania do NT (Mt 17,1-9p).
b) A "fenda do rochedo" onde se refugiou Moisés durante a aparição divina (Ex 33,22).
c) Furacão, terremoto, relâmpagos, que manifestavam em Ex 19 a presença de Iahweh, aqui são apenas os sinais precursores de sua passagem; o murmúrio de um vento tranquilo simboliza a intimidade de sua conversa com seus profetas, mas não a doçura de sua ação: as ordens terríveis dadas nos vv. 15-17 provam a falsidade desta interpretação todavia comum.
d) Estas missões serão na realidade cumpridas por Eliseu.
e) Os vv. 19-21 provêm do ciclo de Eliseu.
f) O manto simboliza a personalidade e os direitos do seu dono. Além disso, o manto de Elias tem eficácia milagrosa (2Rs 2,8). Elias adquire assim um direito sobre Eliseu, que não pode se furtar. Destruindo seu arado e seus bois, Eliseu exprime sua renúncia à sua condição anterior.

3. GUERRAS CONTRA OS ARAMEUS

20 *Samaria é sitiada* — ¹Ben-Adad, rei de Aram,ᵃ mobilizou todo o seu exército — tinha consigo trinta e dois reis,ᵇ cavalos e carros —, subiu, assediou Samaria e a atacou. ²Enviou mensageiros a Acab, rei de Israel, na cidade, ³incumbidos de lhe dizer: "Assim fala Ben-Adad. Tua prata e teu ouro são meus; tuas mulheres e teus melhores filhos são meus." ⁴O rei de Israel deu esta resposta: "Seja como disseste, senhor meu rei.ᶜ Sou teu, com tudo o que me pertence."

⁵Mas os mensageiros voltaram e disseram: "Assim fala Ben-Adad. Eu mando dizer-te: 'Dá-me tua prata e teu ouro, tuas mulheres e teus filhos.' ⁶Amanhã a esta hora enviar-te-ei meus servos, que revistarão tua casa e as casas de teus servos e se apoderarão de tudo quanto lhes aprouver e o carregarão."

⁷Então o rei de Israel convocou todos os anciãos da terra e disse: "Reparai e vede que esse homem quer a nossa perda! Exige de mim minhas mulheres e meus filhos, embora eu não lhe tenha recusado minha prata e meu ouro, e não recusei." ⁸Todos os anciãos e todo o povo disseram-lhe: "Não lhe obedeças nem consintas!" ⁹Ele deu, pois, esta resposta aos mensageiros de Ben-Adad: "Dizei ao senhor meu rei: Farei tudo o que pediste a teu servo da primeira vez; mas esta outra exigência não a posso satisfazer." E os mensageiros partiram, levando a resposta.

¹⁰Então Ben-Adad mandou dizer-lhe: "Que os deuses me façam este mal e acrescentem este outro, se o pó de Samaria for suficiente para encher o côncavo da mão de todo o povo que me acompanha!" ¹¹Mas o rei de Israel deu-lhe esta resposta: "Dizei-lhe: Aquele que cinge seu cinturão não se glorie como aquele que o tira!" ¹²Quando Ben-Adad ouviu esta resposta — ele estava bebendo com os reis nas suas tendas — ordenou a seus servos: "Tomai posição!" E eles tomaram posição contra a cidade.

Vitória israelita — ¹³Então um profeta veio procurar Acab, rei de Israel, e disse: "Assim fala Iahweh. Vês esta imensa multidão? Pois eu a entrego hoje em tuas mãos e reconhecerás que eu sou Iahweh." ¹⁴Acab perguntou: "Por quem?" E o profeta: "Assim fala Iahweh: Pelos servos dos chefes das províncias." Acab insistiu: "Quem dará início ao combate?" — "Tu mesmo", respondeu o profeta.ᵈ

¹⁵Acab passou revista aos servos dos chefes das províncias. Eram ao todo duzentos e trinta e dois. Em seguida, passou revista a todo o exército, todos os israelitas, que eram sete mil. ¹⁶Fizeram uma incursão ao meio-dia, enquanto Ben-Adad estava nas tendas embebedando-se junto com os trinta e dois reis, seus aliados. ¹⁷Saíram primeiro os servos dos chefes das províncias. Ben-Adad mandou saber o que era e informaram-lhe: "Saíram alguns homens de Samaria." ¹⁸Ele ordenou: "Se saíram com intento de paz, capturai-os vivos, e se saíram para combater, capturai-os vivos também!" ¹⁹Saíram então da cidade os servos dos chefes das províncias, seguidos do exército, ²⁰e cada um deles abateu seu adversário. Os arameus fugiram e Israel os perseguiu; Ben-Adad, rei de Aram, salvou-se montando num cavalo com cavaleiros. ²¹Então saiu o rei de Israel; feriu os cavalos e os carros e infligiu a Aram uma grande derrota.

---

a) Ben-Adad II, rei do principado arameu de Damasco, sucessor de Ben-Adad I (1Rs 15,18+).
b) Senhores, vassalos de Ben-Adad (cf. v. 24).
c) Acab se apresenta como vencido e já vassalo. O cerco fora precedido por derrotas dos israelitas (o texto não faz mais que uma alusão a isso no v. 34).
d) Deus é consultado sobre o modo de conduzir o combate (22,5s; cf. Jz 1,1s; 20,18; ver Ex 33,7+ e 1Sm 14,18).

Entreato — ²²O profeta aproximou-se do rei de Israel e lhe disse: "Vamos! Coragem! Pondera com cuidado o que deves fazer, pois na passagem do ano o rei de Aram te atacará."

²³Os servos do rei de Aram disseram-lhe: "O Deus dessa gente é um Deus de montanhas, é por isso que nos venceram. Mas lutemos contra eles na planície e certamente os venceremos. ²⁴Faze, pois, o seguinte; afasta esses reis do seu posto e substitui-os por prefeitos. ²⁵Recruta um exército tão numeroso como o que perdeste, com o mesmo número de cavalos e carros; depois, combatamo-los na planície e certamente os venceremos." O rei seguiu o conselho deles e assim fez.

Vitória de Afec — ²⁶Na passagem do ano,^{a} Ben-Adad mobilizou os arameus e subiu a Afec para combater Israel. ²⁷Os israelitas foram mobilizados e providos de víveres, saindo depois ao seu encontro. Acampados diante dos inimigos, os israelitas eram como dois rebanhos de cabras, enquanto os arameus enchiam toda a região.

²⁸O homem de Deus^b aproximou-se do rei de Israel e disse-lhe: "Assim fala Iahweh. Já que Aram disse que Iahweh é um Deus de montanhas e não um Deus de planícies, entrego em tuas mãos toda essa multidão e reconhecerás que eu sou Iahweh." ²⁹Durante sete dias estiveram acampados uns diante dos outros. No sétimo dia travou-se a batalha e os israelitas mataram num só dia cem mil soldados de infantaria dos arameus.^{c} ³⁰Os sobreviventes fugiram para Afec, para a cidade, mas as muralhas desabaram sobre os vinte e sete mil homens que restaram.

Ora, Ben-Adad fugira e se refugiara na cidade num quarto retirado. ³¹Seus servos disseram-lhe: "Olha! Ouvimos dizer que os reis de Israel são reis clementes. Ponhamos sacos nos rins e cordas no pescoço^d e iremos ter com o rei de Israel; talvez ele te poupe a vida." ³²Puseram, pois, sacos nos rins e cordas no pescoço e foram ter com o rei de Israel e disseram: "Assim fala teu servo Ben-Adad: Deixa-me viver!" Ele respondeu: "Ele ainda está vivo? É meu irmão!"^{e} ³³Aqueles homens acolheram essas palavras como um bom augúrio e apressaram-se em tomá-las ao pé da letra, dizendo: "Ben-Adad é teu irmão." Acab respondeu: "Ide buscá-lo." Veio Ben-Adad à presença de Acab e este o fez subir a seu carro. ³⁴Ben-Adad então lhe disse: "Vou restituir-te as cidades que meu pai tomou de teu pai; e poderás abrir para ti mercados em Damasco, como meu pai os possuía em Samaria." — "Quanto a mim", disse Acab,^{f} "deixar-te-ei em liberdade mediante um tratado." Acab fez um tratado com ele e deixou-o em liberdade.

Um profeta condena a atitude de Acab — ³⁵Um dos irmãos profetas disse a seu companheiro, por ordem de Iahweh: "Fere-me!", mas este recusou-se a feri-lo. ³⁶Replicou-lhe ele: "Porque não obedeceste à voz de Iahweh, logo que te afastares de mim um leão te matará"; logo que ele se afastou, um leão o encontrou e o matou.^{g} ³⁷O profeta encontrou-se com outro homem

2Rs 2,3 +

13,20-25

---

a) O equinócio da primavera (cf. 2Sm 11,1).
b) O profeta dos vv. 13 e 22. — "reconhecerás", grego; "reconhecereis", hebr.
c) Número fantástico, como o seguinte; trata-se de história popular.
d) Sinais de luto e de penitência.
e) Os reis vassalos diziam-se "servos" de seu suserano e os reis de igual poder tratavam-se mutuamente de "irmãos". Ben-Adad agora se confessa vencido, mas Acab recusa sua homenagem, e os mensageiros, ouvindo esta qualificação de "irmão", adivinham que a causa de seu senhor está ganha.
f) "disse Acab" é acrescentado por causa do sentido.
g) História semelhante, no mesmo estilo popular, encontra-se em 1Rs 13,24s; toda desobediência, mesmo por motivos louváveis, à palavra de Deus ou à de homem de Deus, é punida: concepção que não é a dos grandes profetas, mas que reflete o estado de espírito dos antigos grupos de inspirados.

e disse: "Fere-me!" O homem desferiu-lhe um golpe e o feriu.*ᵃ* ³⁸O profeta partiu e ficou aguardando o rei na estrada; tinha ficado irreconhecível com a atadura que pôs sobre os olhos. ³⁹Ao passar o rei, ele gritou-lhe: "Teu servo ia ao combate quando alguém saiu das fileiras e trouxe-me um homem, dizendo: 'Guarda este homem! Se ele desaparecer, tua vida responderá pela sua ou, então, pagarás um talento de prata.' ⁴⁰Ora, enquanto teu servo estava ocupado aqui e ali, o outro desapareceu." O rei de Israel disse-lhe: "Esta é a tua sentença! Tu mesmo a pronunciaste." ⁴¹E, sem demora, o homem tirou a atadura que trazia sobre os olhos e o rei de Israel reconheceu que ele era um dos profetas.*ᵇ* ⁴²Ele disse ao rei: "Assim fala Iahweh: porque deixaste escapar um homem que eu tinha votado ao anátema, tua vida responderá por sua vida e teu povo por seu povo." ⁴³E o rei de Israel voltou para casa aborrecido e irritado e entrou em Samaria.

2Sm 12,1-12
14,1-20

Js 6,17 +

Is 5,8-10 +

4. A VINHA DE NABOT

21 *Nabot recusa-se a ceder sua vinha* — ¹Eis o que se passou depois desses fatos: Nabot de Jezrael tinha uma vinha em Jezrael, ao lado do palácio de Acab,*ᶜ* rei de Samaria, ²e Acab assim falou a Nabot: "Cede-me tua vinha, para que eu a transforme numa horta, já que ela está situada junto ao meu palácio; em troca te darei uma vinha melhor, ou, se preferires, pagarei em dinheiro o seu valor." ³Mas Nabot respondeu a Acab: "Iahweh me livre de ceder-te a herança dos meus pais!"

21,3

Acab e Jezabel — ⁴Acab voltou para casa aborrecido e irritado por causa desta resposta que lhe dera Nabot de Jezrael: "Não te cederei a herança dos meus pais." Estendeu-se na cama, voltou o rosto para a parede e não quis comer nada. ⁵Sua mulher Jezabel aproximou-se dele e disse-lhe: "Por que estás aborrecido e não queres comer?" ⁶Respondeu ele: "Porque conversei com Nabot de Jezrael e lhe propus: 'Cede-me tua vinha pelo seu preço em dinheiro, ou, se preferires, dar-te-ei outra vinha em troca.' Mas ele respondeu: 'Não te cederei minha vinha.' " ⁷Então sua mulher Jezabel lhe disse: "Não és tu que governas Israel? Levanta-te e come e que teu coração se alegre, pois eu te darei a vinha de Nabot de Jezrael."

Assassínio de Nabot — ⁸Ela escreveu então umas cartas em nome de Acab, selou-as com o selo real, e enviou-as aos anciãos e aos notáveis da cidade, concidadãos de Nabot. ⁹Nessas cartas escrevera o seguinte: "Proclamai um jejum e fazei Nabot sentar-se entre os primeiros do povo.*ᵈ* ¹⁰Fazei comparecer diante dele dois homens inescrupulosos*ᵉ* que o acusem assim: 'Tu amaldiçoaste a Deus e ao rei!' Levai-o para fora, apedrejai-o para que morra!"

Ex 22,27
Lv 24,14

¹¹Os homens da cidade de Nabot, os anciãos e os notáveis que moravam na mesma cidade, fizeram conforme Jezabel lhes havia ordenado, segundo estava escrito nas cartas que ela lhes enviara. ¹²Proclamaram um jejum e colocaram Nabot entre os primeiros do povo. ¹³Então chegaram os dois homens inescrupulosos, que se sentaram diante dele e testemunharam contra Nabot

---

a) Esta ferida é para ajudar o profeta a fazer-se passar por combatente (v. 39).
b) Talvez os profetas tivessem um sinal *distintivo* sobre a fronte: tatuagem, incisão ou tonsura (cf. 2Rs 2,23).
c) Seu palácio de Jezrael (1Rs 18,46), não o de Samaria (2Rs 9,25-26).
d) Nos tempos de desgraça, proclamava-se um jejum e uma oração públicos (Jz 20,26; Jl 1,14; 2,15 etc.)

para aplacar a Deus e para descobrir a falta que havia provocado sua ira. Uma calamidade pública (seca, fome...) deve ter servido de pretexto para a astúcia de Jezabel.
e) A lei exigia duas testemunhas para uma acusação capital (Nm 35,30; Dt 17,6; cf. Mt 26,60s). — O hebr. substituiu "amaldiçoaste" por "bendisseste", aqui e no v. 13 (assim também em Jó 1,5.11; 4,5.9).

diante do povo, dizendo: "Nabot amaldiçoou a Deus e ao rei." Levaram-no para fora da cidade, apedrejaram-no e ele morreu. ¹⁴Depois mandaram a notícia a Jezabel: "Nabot foi apedrejado e está morto." ¹⁵Quando Jezabel ouviu que Nabot tinha sido apedrejado e que estava morto, disse a Acab: "Levanta-te e vai tomar posse da vinha de Nabot de Jezrael, que ele não quis te ceder por seu preço em dinheiro; pois Nabot já não vive: está morto".ᵃ ¹⁶Quando Acab soube que Nabot estava morto, levantou-se para descer à vinha ben Nabot de Jezrael e dela tomar posse.

Elias fulmina a condenação divinaᵇ — ¹⁷Então a palavra de Iahweh foi dirigida a Elias, o tesbita, nestes termos: ¹⁸"Levanta-te e desce ao encontro de Acab, rei de Israel, que está em Samaria. Ele se encontra na vinha de Nabot, aonde desceu para dela tomar posse. ¹⁹Isto lhe dirás: Assim fala Iahweh: Mataste e ainda por cima roubas! Tu lhe dirás: Assim fala Iahweh: No mesmo lugar em que os cães lamberam o sangue de Nabot, os cães lamberão também o teu." ²⁰Acab disse a Elias: "Então me apanhaste, meu inimigo!" Elias respondeu: "Sim, apanhei-te. Porque te deixaste subornar para fazer o que é mau aos olhos de Iahweh, ²¹farei cair sobre ti a desgraça: varrerei a tua raça, exterminarei os varões da casa de Acab, ligados ou livres em Israel. ²²Farei com tua casa como fiz com as de Jeroboão, filho de Nabat, e de Baasa, filho de Aías, porque provocaste a minha ira e fizeste Israel pecar. ²³(Também contra Jezabel Iahweh pronunciou uma sentença: 'Os cães devorarão Jezabel no campoᶜ de Jezrael.') ²⁴A pessoa da família de Acab que morrer na cidade será devorada pelos cães; e quem morrer no campo será comido pelas aves do céu."

²⁵ᵈDe fato, não houve ninguém que, como Acab, se tenha vendido para fazer o que desagrada a Iahweh, porque a isso o incitava sua mulher Jezabel. ²⁶Agiu de um modo extremamente abominável, cultuando os ídolos, como fizeram os amorreus que Iahweh expulsara de diante dos israelitas.

Arrependimento de Acab — ²⁷Quando Acab ouviu essas palavras, rasgou as vestes, cobriu o corpo com pano de saco e jejuou; dormia vestido de pano de saco e andava a passos lentos. ²⁸Então a palavra de Iahweh foi dirigida a Elias, o tesbita, nestes termos: ²⁹"Viste como Acab se humilhou diante de mim? Por se ter humilhado diante de mim, não mandarei a desgraça durante sua vida; é nos dias de seu filho que enviarei a desgraça sobre sua casa."

5. NOVA GUERRA CONTRA OS ARAMEUS

22 ***Acab planeja uma expedição a Ramot de Galaad*** — ¹Passaram-se três anos sem guerra entre Aram e Israel. ²No terceiro ano, Josafá, rei de Judá, veio visitar o rei de Israel.ᵉ ³Disse o rei de Israel a seus oficiais: "Bem sabeis que Ramot de Galaad nos pertence e nós nada fazemos para tomá-la das mãos do rei de Aram!"ᶠ ⁴E disse a Josafá: "Queres vir comigo à guerra

---

a) Parece que os bens dos condenados à morte revertiam para o rei.
b) Notem-se as semelhanças de situação com a intervenção de Natã junto a Davi (2Sm 12); mesma intervenção de Iahweh em favor do pequeno contra o poderoso, mesma moratória concedida ao pecador arrependido, que não é castigado senão no seu filho; mas também há diferenças: a dinastia davídica guarda a promessa, a de Acab é "varrida"; Natã continua sendo o profeta de Davi e abençoará Salomão. Elias é "o inimigo" de Acab.

c) "no campo", mss. versões; "na propriedade"(?), hebr.
d) Os vv. 25-26 são a reflexão de redator que não estava convencido do arrependimento de Acab (vv. 27-29).
e) Os dois reinos se haviam aproximado: Joram, filho de Josafá, tinha-se casado com Atalia, irmã de Acab (2Rs 8,18).
f) Provavelmente ainda Ben-Adad II (cf. 20,1). Tomada pelos arameus no tempo de Amri ou antes dele, a cidade

em Ramot de Galaad?" Josafá respondeu ao rei de Israel: "A batalha será a mesma para mim como para ti, para meu povo como para teu povo, para meus cavalos como para os teus cavalos."

|| 2Cr 18,4-11

Os falsos profetas predizem a vitória — ⁵Mas Josafá disse ao rei de Israel: "Rogo-te que antes consultes a palavra de Iahweh." ⁶O rei de Israel reuniu os profetas em número de quatrocentos, aproximadamente,[a] e perguntou-lhes: "Devo ir atacar Ramot de Galaad, ou devo deixar de fazê-lo?" Responderam: "Sobe, Iahweh a entregará nas mãos do rei." ⁷Mas Josafá disse: "Acaso não existe aqui nenhum outro profeta de Iahweh, pelo qual possamos consultá-lo?" ⁸O rei de Israel respondeu a Josafá: "Há ainda um, pelo qual se pode consultar Iahweh, mas eu o odeio, pois jamais profetiza o bem a meu respeito, mas sempre a desgraça: é Miqueias, filho de Jemla."[b] Josafá respondeu: "Que o rei não fale assim!" ⁹O rei de Israel chamou um eunuco e disse: "Chama depressa Miqueias, filho de Jemla."

20,13-14 +
2Rs 3,11

¹⁰O rei de Israel e Josafá, rei de Judá, estavam sentados, cada um em seu trono, revestidos com suas vestes reais; estavam sentados numa eira diante da porta de Samaria e todos os profetas profetizavam diante deles. ¹¹Sedecias, filho de Canaaná, fez para si chifres de ferro[c] e disse: "Assim fala Iahweh: com isto ferirás os arameus até exterminá-los." ¹²E todos os profetas faziam a mesma predição, dizendo: "Sobe a Ramot de Galaad! Serás bem-sucedido, Iahweh vai entregá-la nas mãos do rei."

|| 2Cr 18,12-27

O profeta Miqueias prediz o fracasso — ¹³O mensageiro que fora chamar Miqueias lhe disse: "Os profetas são unânimes em falar a favor do rei. Procura falar como eles e predizer o sucesso." ¹⁴Mas Miqueias respondeu: "Pela vida de Iahweh! O que Iahweh me disser, é isso que anunciarei!" ¹⁵Chegando à presença do rei, este perguntou-lhe: "Miqueias, devemos ir a Ramot de Galaad para combater ou devemos desistir?" Respondeu ele: "Sobe! Serás bem-sucedido. Iahweh vai entregá-la nas mãos do rei."[d] ¹⁶Mas o rei lhe disse: "Quantas vezes é preciso que eu te conjure a que me digas somente a verdade, em nome de Iahweh?" ¹⁷Então ele disse:

"Eu vi todo o Israel disperso pelas montanhas
como um rebanho sem pastor.
E Iahweh me disse: Eles não têm mais senhor,
que cada um volte em paz para sua casa!"

22,35-36

¹⁸O rei de Israel disse então a Josafá: "Não te havia dito que ele não profetizava para mim o bem, mas o mal?" ¹⁹Miqueias retrucou: "Escuta a palavra de Iahweh: Eu vi Iahweh assentado sobre seu trono; todo o exército do céu[e] estava diante dele, à sua direita e à sua esquerda. ²⁰Iahweh perguntou: 'Quem enganará Acab, para que ele suba contra Ramot de Galaad e lá pereça?' Este dizia uma coisa e aquele outra. ²¹Então o Espírito[f] se aproximou e colocou-se diante de Iahweh: 'Sou eu que o enganarei', disse ele. Iahweh lhe perguntou: 'E de que modo?' ²²Respondeu: 'Partirei e serei um espírito de mentira na boca de todos os seus profetas.' Iahweh disse: 'Tu o enganarás, serás

Is 6,1
Jó 1,6; 2,1

---

não tinha sido devolvida depois da paz de Afec (20,34). Ver também 2Rs 8,28.
a) Esses "profetas" estão a serviço do rei e não são javistas puros, como o eram os profetas massacrados ou perseguidos por Jezabel (18,4.13; 19,1). Daí a pergunta de Josafá (v. 7).
b) A não ser o nome, este profeta nada tem em comum com Miqueias cujos oráculos são conservados na coletânea dos Doze Profetas Menores e que viveu um século e meio mais tarde.

c) Este Sedecias, desconhecido quanto ao resto, apresenta-se como o chefe do grupo dos extáticos. Sua ação simbólica (cf. 11,30+ e Jr 18,1+) deve significar e até mesmo conseguir a vitória de Acab. Os chifres representam a força (Dt 33,17 etc.).
d) Miqueias retoma textualmente as palavras dos falsos profetas. Mas ele zomba do rei e este não se ilude.
e) Os espíritos celestes que formam a corte de Iahweh.
f) Personificação do espírito profético, que o desígnio divino transformará em espírito de mentira (v. 22).

bem-sucedido. Vai e faze assim.' ²³Eis, pois, que Iahweh infundiu um espírito de mentira na boca de todos esses teus profetas, mas Iahweh pronunciou contra ti a desgraça."

²⁴Então Sedecias, filho de Canaana, aproximou-se de Miqueias, esbofeteou-o e disse: "Por qual caminho o espírito de Iahweh saiu de mim para te falar?" ²⁵Miqueias respondeu: "Vê-lo-ás no dia em que tiveres de fugir de um aposento a outro para te esconderes." ²⁶O rei de Israel ordenou: "Prende Miqueias e conduze-o a Amon, governador da cidade, e a Joás, filho do rei. ²⁷Tu lhes dirás: Assim fala o rei. Lançai este homem na prisão e alimentai-o com pão e água escassos até que eu volte são e salvo."[a] ²⁸Miqueias disse: "Se voltares são e salvo, é porque Iahweh não falou pela minha boca. E ele disse: Escutai, povos todos."[b]

Morte de Acab em Ramot de Galaad — ²⁹O rei de Israel e Josafá, rei de Judá, marcharam contra Ramot de Galaad. ³⁰O rei de Israel disse a Josafá: "Vou disfarçar-me para entrar[c] no combate, mas quanto a ti, veste-te com tuas roupas!" O rei de Israel disfarçou-se e foi para o combate. ³¹O rei de Aram dera esta ordem a seus trinta e dois comandantes de carros: "Não atacareis nem pequeno nem grande, mas somente o rei de Israel." ³²Quando os comandantes de carros viram Josafá, disseram: "O rei de Israel é ele", e concentraram sobre ele o combate; mas Josafá lançou seu grito de guerra ³³e, quando os comandantes de carros viram que não era ele o rei de Israel, deixaram de persegui-lo. ³⁴Ora, um homem atirou com seu arco, ao acaso, e atingiu o rei de Israel numa brecha da couraça. E este disse ao condutor de seu carro: "Volta e faze-me sair do acampamento,[d] pois me sinto mal." ³⁵Mas o combate se tornou mais violento naquele dia; mantiveram o rei de pé sobre seu carro diante dos arameus, e pela tarde ele morreu; o sangue de sua ferida escorria no fundo do carro. ³⁶Ao pôr do sol, um grito percorreu o acampamento: "Volte cada um para sua cidade e cada um para sua terra!" ³⁷E o rei morreu; foi transportado para Samaria e lá sepultado. ³⁸Lavaram[e] o carro na piscina de Samaria, os cães lamberam o sangue e as prostitutas ali se banharam, conforme a palavra que Iahweh pronunciara.

|| 2Cr 18,28-34

22,17

6. DEPOIS DA MORTE DE ACAB

Conclusão do reinado de Acab — ³⁹O resto da história de Acab, todos os seus atos, a casa de marfim que construiu, todas as cidades que fortificou, não está tudo escrito no livro dos Anais dos reis de Israel? ⁴⁰Acab adormeceu com seus pais, e seu filho Ocozias reinou em seu lugar.

Am 3,15

Reinado de Josafá em Judá (870-848) — ⁴¹Josafá, filho de Asa, tornou-se rei de Judá no quarto ano de Acab, rei de Israel. ⁴²Josafá tinha trinta e cinco anos quando começou a reinar e reinou vinte e cinco anos em Jerusalém; sua mãe chamava-se Azuba, filha de Selaqui. ⁴³Seguiu em tudo o procedimento de seu pai Asa, sem dele se apartar, fazendo o que é reto aos olhos de Iahweh. ⁴⁴Entretanto, os *lugares altos* não desapareceram; o povo continuou a oferecer sacrifícios e incenso nos lugares altos. ⁴⁵Josafá viveu em paz com o rei de Israel.

|| 2Cr 20,31-21,1

a) Ou "vitorioso" (cf. 8,9; 2Sm 19,25-31; Jr 43,12).
b) É o começo dos oráculos do profeta canônico Miqueias, acrescentado por um glosador que confundiu as duas personagens.
c) "Vou disfarçar-me para entrar", versões; "Disfarça-te e entra", hebr., em contradição com a sequência.

d) Em lugar de "do acampamento", seria talvez preciso ler com o grego "da batalha".
e) "Lavaram", grego; "Ele lavou", hebr. Este v. é glosa que recorda 21,19; mas o assassínio de Nabot tivera lugar em Jezrael, e 21,29 fazia recair o castigo de Acab sobre seu filho.

⁴⁶O resto da história de Josafá, as proezas que realizou e as guerras que empreendeu, não está tudo escrito no livro dos Anais dos reis de Judá? ⁴⁷Eliminou da terra o resto dos prostitutos sagrados que ainda restavam do tempo de seu pai Asa. ⁴⁸Não havia rei em Edom,ᵃ mas um prefeito era aí rei. ⁴⁹Josafá construiu navios de Társis para ir a Ofir em busca de ouro, mas ele não pôde ir, porque os navios se quebraram em Asiongaber. ⁵⁰Então Ocozias, filho de Acab, disse a Josafá: "Meus servos poderiam ir com os teus nos navios"; mas Josafá não concordou. ⁵¹Josafá adormeceu com seus pais e foi sepultado com seus pais na Cidade de Davi, seu ancestral; seu filho Jorão reinou em seu lugar.

O rei Ocozias de Israel (853-852) — ⁵²Ocozias, filho de Acab, tornou-se rei de Israel em Samaria no décimo sétimo ano de Josafá, rei de Judá, e reinou dois anos sobre Israel. ⁵³Fez o mal aos olhos de Iahweh e imitou o comportamento de seu pai e de sua mãe, e o de Jeroboão, filho de Nabat, que levara Israel a pecar. ⁵⁴Prestou culto a Baal e prostrou-se diante dele, provocando a ira de Iahweh, Deus de Israel, como o fizera seu pai.

---

a) Texto incerto e de interpretação discutida.

SEGUNDO LIVRO DOS REIS[a]

1 ¹Depois da morte de Acab, Moab revoltou-se contra Israel. ²Ocozias caiu da sacada de seu aposento em Samaria e adoeceu. Enviou mensageiros, dizendo-lhes: "Ide consultar Baal Zebub,[b] deus de Acaron, para saber se ficarei curado deste mal." ³Mas o Anjo de Iahweh disse a Elias, o tesbita: "Levanta-te e vai ao encontro dos mensageiros do rei de Samaria, e dize-lhes: Porventura não há um Deus em Israel, para irdes consultar Baal Zebub, deus de Acaron? ⁴Por isso, assim diz Iahweh: Não descerás do leito ao qual subiste, mas com certeza morrerás." E Elias partiu. ⁵Os mensageiros voltaram para junto de Ocozias, que lhes perguntou: "Por que voltastes?" ⁶Responderam-lhe: "Veio ao nosso encontro um homem, que nos disse: 'Ide, voltai para junto do rei que vos enviou e dizei-lhe: Assim fala Iahweh. Porventura não há um Deus em Israel, para mandardes consultar Baal Zebub, deus de Acaron? Por isso, não descerás do leito ao qual subiste, mas com certeza morrerás.'" ⁷Perguntou-lhes Ocozias: "Que aparência tinha o homem que veio ao vosso encontro e vos disse essas palavras?" ⁸Responderam-lhe: "Era um homem vestido de pelos e com um cinto de couro ao redor dos rins."[c] E disse o rei: "É Elias, o tesbita!"

⁹Enviou-lhe um chefe de cinquenta com seus cinquenta comandados, o qual subiu até ele — ele estava sentado no alto da montanha — e lhe disse: "Homem de Deus! O rei ordenou: Desce!" ¹⁰Elias respondeu e disse ao chefe dos cinquenta: "Se eu sou um homem de Deus, que desça fogo do céu e te devore a ti e aos teus cinquenta"; e um fogo desceu do céu e o devorou, a ele e aos seus cinquenta. ¹¹O rei enviou de novo outro chefe de cinquenta com seus cinquenta comandados, que tomou a palavra e lhe disse: "Homem de Deus! O rei ordenou: Desce depressa!" ¹²Elias respondeu: "Se eu sou um homem de Deus, que desça fogo do céu e te devore a ti e aos teus cinquenta"; e um fogo desceu do céu e o devorou, a ele e aos seus cinquenta. ¹³O rei tornou a mandar um chefe de cinquenta com seus cinquenta comandados. Esse terceiro chefe subiu, dobrou os joelhos diante de Elias e suplicou-lhe assim: "Ó homem de Deus! Que tenham algum valor a teus olhos a minha vida e a destes teus cinquenta servos. ¹⁴Caiu fogo e devorou os dois primeiros chefes de cinquenta com seus comandados; mas agora, que a minha vida tenha algum valor a teus olhos!" ¹⁵O Anjo de Iahweh disse a Elias: "Desce com ele, não o temas." Ele se levantou, desceu com ele e foi ter com o rei, ¹⁶a quem disse: "Assim fala Iahweh: Por teres enviado mensageiros para consultar Baal Zebub, deus de Acaron — porventura não há Deus em Israel, cuja palavra possa ser consultada —, não descerás do leito ao qual subiste, mas com certeza morrerás."[d]

¹⁷E ele morreu, conforme a palavra de Iahweh, pronunciada por Elias. Jorão tornou-se rei em seu lugar, no segundo ano de Jorão, filho de Josafá, rei de Judá,[e] uma vez que ele não tinha filhos. ¹⁸O resto da história de Ocozias e seus feitos, não está tudo escrito no livro dos Anais dos reis de Israel?

---

a) A divisão de Reis em dois livros é artificial. Era desconhecida da primeira Bíblia hebraica.
b) Baal Zebub, "Baal das moscas", jogo de palavras burlesco sobre o verdadeiro nome do deus, que era *Baal Zebul*, "Baal, o Príncipe" (cf. Mt 10, 25+).
c) Elias trajava uma tanga e uma veste solta (cf. 1Rs 18,46 e 2Rs 2,8.13). Esta será também a indumentária de outros profetas (Zc 13,4) e do novo Elias, João Batista (Mt 3,4p).
d) Os vv. 9-16 parecem ser adição, proveniente dos discípulos de Eliseu (cf. 2,23-24). Trata-se de inculcar — omitindo as outras considerações morais — o respeito e a submissão devidos aos representantes de Deus.
e) Este dado, que não combina com 3,1, pertence a outro sistema cronológico.

VI. O ciclo de Eliseu

1. INÍCIOS

2 *Elias é arrebatado ao céu e Eliseu lhe sucede*[a] — ¹Eis o que aconteceu quando Iahweh arrebatou Elias ao céu no turbilhão: Elias e Eliseu partiram de Guilgal,[b] ²e Elias disse a Eliseu: "Fica aqui, pois Iahweh me enviou até Betel"; mas Eliseu respondeu: "Tão certo como Iahweh vive e tu vives, não te deixarei!" E desceram a Betel. ³Os irmãos profetas[c] que moravam em Betel foram ao encontro de Eliseu e disseram-lhe: "Sabes que hoje Iahweh vai levar teu mestre por sobre tua cabeça?" Ele respondeu: "Sei; calai-vos." ⁴Elias lhe disse: "Eliseu, fica aqui, pois Iahweh me envia só até Jericó"; mas ele respondeu: "Tão certo como Iahweh vive e tu vives, não te deixarei!" E foram para Jericó. ⁵Os irmãos profetas que moravam em Jericó aproximaram-se de Eliseu e lhe disseram: "Sabes que hoje Iahweh vai levar teu mestre por sobre tua cabeça?" Ele respondeu: "Sei; calai-vos." ⁶Elias lhe disse: "Fica aqui, pois Iahweh me envia só até o Jordão"; mas ele respondeu: "Tão certo como Iahweh vive e tu vives, não te deixarei!" E partiram os dois juntos.

⁷Cinquenta irmãos profetas foram também e ficaram parados a distância, ao longe, enquanto eles dois se detinham à beira do Jordão. ⁸Então Elias tomou seu manto, enrolou-o e bateu com ele nas águas, que se dividiram de um lado e de outro, de modo que ambos atravessaram a pé enxuto. ⁹Depois que passaram, Elias disse a Eliseu: "Pede o que queres que eu faça por ti antes de ser arrebatado da tua presença." E Eliseu respondeu: "Que me seja dada uma dupla porção do teu espírito!"[d] ¹⁰Elias respondeu: "Pedes uma coisa difícil: todavia, se me vires ao ser arrebatado da tua presença, isso te será concedido; caso contrário, isso não te será dado." ¹¹E aconteceu que, enquanto andavam e conversavam, eis que um carro de fogo e cavalos de fogo os separaram um do outro, e Elias subiu ao céu no turbilhão. ¹²Eliseu olhava e gritava: "Meu pai! Meu pai! Carro e cavalaria de Israel!" Depois não mais o viu e, tomando suas vestes, rasgou-as em duas. ¹³Apanhou o manto de Elias, que havia caído, e voltou para a beira do Jordão, onde ficou.

¹⁴Tomou o manto de Elias que havia caído dele e bateu com ele nas águas, dizendo: "Onde está Iahweh, o Deus de Elias?" Bateu também nas águas, que se dividiram de um lado e de outro, e Eliseu atravessou o rio. ¹⁵Os irmãos profetas de Jericó viram-no à distância e disseram: "O espírito de Elias repousa sobre Eliseu!"; vieram ao seu encontro e se prostraram por terra, diante dele. ¹⁶Disseram-lhe: "Há aqui com teus servos cinquenta homens valentes. Permite que saiam à procura de teu mestre; talvez o Espírito de Iahweh o tenha arrebatado e lançado sobre algum monte ou em algum vale." Mas ele respondeu: "Não mandeis ninguém." ¹⁷Mas eles o importunaram a ponto de aborrecê-lo, e, então, disse: "Mandai!" Mandaram, pois, cinquenta homens, que procuraram Elias durante três dias, sem encontrá-lo. ¹⁸Voltaram para junto de Eliseu, que tinha ficado em Jericó, o qual lhes disse: "Não vos dissera eu que não fôsseis?"[e]

---

a) Literariamente, esta bela passagem pertence já ao ciclo de Eliseu, ao qual serve de introdução.
b) Este Guilgal, ao norte de Betel, é diferente do Guilgal de Js 4,19; ver a nota.
c) Os "irmãos profetas", lit.: os "filhos dos profetas" são profetas agrupados em confrarias e vivendo juntos. Eliseu tinha muito contato com eles, ao contrário de Elias, o profeta solitário.
d) O filho mais velho recebia parte dupla da herança paterna (Dt 21,17). Eliseu quer ser reconhecido como o principal herdeiro espiritual de Elias. Pedido difícil, pois o espírito profético não se transmite: vem de Deus e é Deus que dará o sinal de que o pedido é atendido, concedendo a Eliseu ver o que é vedado aos olhos humanos (cf. v. 12 e 2Rs 6,17); os "irmãos profetas" só perceberão o quadro natural do mistério.
e) A busca infrutífera certifica apenas que Elias não é mais deste mundo; seu destino é mistério que Eliseu não quer desvendar. O texto não diz que Elias não morreu, mas facilmente se pôde chegar a essa conclusão. Sobre

***O poder de Eliseu**[a]* — [19]Os homens da cidade disseram a Eliseu: "A cidade tem um ambiente agradável, como bem pode ver o meu senhor, mas suas águas são ruins e tornam o país estéril." [20]Disse ele: "Trazei-me um prato novo e ponde nele sal"; e eles lho trouxeram. [21]Ele foi à fonte das águas, lançou-lhe sal e disse: "Assim fala Iahweh: Eu saneio estas águas e elas não mais causarão nem morte nem esterilidade." [22]E as águas se tornaram sadias até hoje, segundo a palavra que Eliseu pronunciara.

Ex 15,25s

[23]De lá subiu a Betel; ao subir pelo caminho, uns rapazinhos que saíram da cidade zombaram dele, dizendo: "Sobe, careca! Sobe, careca!" [24]Eliseu virou-se, olhou para eles e os amaldiçoou em nome de Iahweh. Então saíram do bosque duas ursas e despedaçaram quarenta e dois deles. [25]Dali foi para o monte Carmelo e depois voltou para Samaria.

2. A GUERRA MOABITA

3 ***Reinado de Jorão em Israel (852-841)*** — [1]No décimo oitavo ano de Josafá, rei de Judá, Jorão, filho de Acab, tornou-se rei de Israel em Samaria e reinou doze anos.[b] [2]Fez o mal aos olhos de Iahweh; não, porém, como seu pai e sua mãe, pois derrubou a estela de Baal que seu pai tinha feito. [3]Mas continuou apegado aos pecados que Jeroboão, filho de Nabat, fez Israel cometer e deles não se apartou.

Expedição de Israel e de Judá contra Moab — [4]Mesa, rei de Moab,[c] era criador de gado e pagava ao rei de Israel cem mil cordeiros e cem mil carneiros com sua lã; [5]mas quando morreu Acab, o rei de Moab revoltou-se contra o rei de Israel.

[6]Naquele tempo, o rei Jorão saiu de Samaria e passou revista a todo o Israel. [7]Depois mandou dizer a Josafá,[d] rei de Judá: "O rei de Moab revoltou-se contra mim; queres vir comigo para combater contra Moab?" Ele respondeu: "Irei; a batalha será a mesma para mim como para ti; para meu povo como para teu povo, para meus cavalos como para os teus!" [8]E perguntou: "Por qual caminho subiremos?" E o outro respondeu: "Pelo caminho do deserto de Edom."

1Rs 22

1Rs 22,4

[9]O rei de Israel, o rei de Judá e o rei de Edom[e] partiram. Depois de darem uma volta de sete dias de marcha, faltou água para o exército e para os animais que o seguiam. [10]O rei de Israel exclamou: "Ai de nós! Iahweh reuniu-nos, os três reis, para entregar-nos nas mãos de Moab!" [11]Mas o rei de Judá disse: "Acaso não existe aqui um profeta de Iahweh, para podermos consultar Iahweh por seu intermédio?" Então um dos servos do rei de Israel respondeu: "Está aqui Eliseu, filho de Safat, que derramava água nas mãos de Elias." [12]Então Josafá disse: "A palavra de Iahweh está com ele." Desceram, pois, até ele o rei de Israel, Josafá e o rei de Edom. [13]Mas Eliseu disse ao rei de Israel: "Que tenho eu a ver contigo? Vai procurar os profetas de teu pai e os profetas de tua mãe!" O rei de Israel respondeu-lhe:

1Rs 22,7
1Rs 19,21

---

o "retorno de Elias" cf. Ml 3,23+.

a) Relatos da mesma fonte que os do cap. 4. Eliseu possui poder divino para salvar ou para perder: ele é benéfico para os que reconhecem sua missão, mas não se zomba impunemente do homem de Deus.

b) Este número pertence a um sistema cronológico secundário. Conforme as datas mais seguras, Jorão de Israel não teria reinado mais de oito anos.

c) A "estela de Mesa", encontrada em Dibon, lembra que Moab estava sujeito a Israel no tempo de Amri e de Acab, e celebra a guerra de libertação, mas omite o episódio pouco glorioso que A Bíblia conservou.

d) Segundo outros dados cronológicos, é sob seu filho Jorão que essa guerra aconteceu. Mas o nome de Josafá pode ter sido preferido em consideração à sua piedade (ver vv. 11.13-14) e do papel análogo que ele exerce em 1Rs 22.

e) O auxílio de Judá e do seu vassalo Edom é necessário ao rei de Israel para atacar Moab pelo sul, contornando o mar Morto e passando pelo território edomita.

"Não! É que Iahweh reuniu-nos, os três reis, para entregar-nos nas mãos de Moab!" ¹⁴Eliseu retrucou: "Pela vida de Iahweh dos Exércitos, a quem sirvo, se não fosse em atenção a Josafá, rei de Judá, eu não te daria atenção, nem sequer olharia para ti! ¹⁵No entanto, trazei-me agora um músico."*ᵃ* Ora, enquanto o músico tocava, a mão de Iahweh veio sobre Eliseu, ¹⁶que disse: "Assim fala Iahweh: 'Cavai neste vale fossos e mais fossos', ¹⁷pois assim fala Iahweh: 'Não vereis vento, nem vereis chuva, mas este vale se encherá de água e bebereis, vós, vossos rebanhos e vossos animais de carga.' ¹⁸Mas isto é ainda pouco aos olhos de Iahweh, pois ele entregará Moab em vossas mãos. ¹⁹Destruireis todas as cidades fortificadas e todas as cidades de escol, cortareis todas as árvores frutíferas, tapareis todas as nascentes e cobrireis de pedras todos os campos férteis." ²⁰E aconteceu que, na manhã seguinte, na hora da apresentação da oferenda, eis que veio água da direção de Edom e a região ficou alagada.

²¹Quando os moabitas souberam que aqueles reis tinham vindo atacá-los, convocaram todos os que tinham idade para pegar em armas e acima, e tomaram posição na fronteira. ²²De manhã, quando eles se levantaram e o sol brilhou sobre as águas, os moabitas viram de longe as águas, vermelhas como sangue.*ᵇ* ²³Disseram: "É sangue! Certamente aqueles reis lutaram entre si e se mataram uns aos outros. E agora, Moab, à pilhagem!"

²⁴Mas quando eles chegaram ao acampamento dos israelitas, estes se ergueram e derrotaram os moabitas, que fugiram diante deles; e eles avançaram,*ᶜ* dizimando os moabitas. ²⁵Destruíram as cidades, cada um lançou uma pedra em todos os melhores campos para os cobrir, taparam todas as nascentes e cortaram todas as árvores frutíferas. Não restou a Quir-Hareset senão suas pedras:*ᵈ* os fundibulários a cercaram e a atacaram. ²⁶Quando o rei de Moab viu que não podia sustentar o combate, tomou consigo setecentos homens armados de espada para abrir uma passagem e chegar até o rei de Edom, mas não o conseguiram. ²⁷Tomando, então, seu filho primogênito, que devia suceder-lhe no trono, ofereceu-o em holocausto sobre a muralha. E houve uma grande cólera*ᵉ* contra os israelitas, que se retiraram e voltaram para sua terra.

3. ALGUNS MILAGRES DE ELISEU

4 *O óleo da viúva* — ¹A mulher de um dos irmãos profetas suplicou a Eliseu, dizendo: "Teu servo, meu marido, morreu, e bem sabes que teu servo temia a Iahweh. Ora, veio o credor para tomar meus dois filhos e fazê-los escravos." ²Eliseu lhe disse: "Que posso fazer por ti? Dize-me, que tens em casa?" Respondeu ela: "Tua serva nada tem em casa, a não ser um vaso de óleo." ³Então, ele ordenou: "Vai e pede emprestadas a todos os teus vizinhos ânforas vazias em grande quantidade! ⁴Depois entra, fecha a porta atrás de ti e de teus filhos e derrama óleo em todas essas ânforas, pondo-as de lado à medida que forem ficando cheias." ⁵Ela retirou-se e fechou a porta atrás dela e dos filhos; estes lhe apresentavam as ânforas e ela as enchia. ⁶Ora, quando as ânforas ficaram cheias, ela disse a seu filho: "Traze mais uma", mas ele

---

a) A música ajuda a conseguir o êxtase.
b) Coloração devida, sem dúvida, às areias do *Wadi el-Hesa*. Há um jogo de palavras entre *'adom*, "vermelho", *dam*, "sangue", e o nome de *Edom*.
c) "e eles avançaram", grego; o hebr. está corrompido.
d) Ou, mais corretamente, Quir-Hares, capital de Moab (Is 16,7.11; Jr 48,31.36), sobre o lugar atual de Kerak.

e) Interpretação discutida. O sacrifício de seu filho é ato desesperado do rei de Moab para conseguir o favor de seu deus Camos. Realizado sobre as muralhas, provoca o pânico entre os sitiantes que se sentem objeto de uma cólera divina.

respondeu: "Não há mais nenhuma"; então o óleo parou de correr. ⁷Ela foi informar o homem de Deus,ᵃ o qual disse: "Vai, vende esse óleo e paga tua dívida e vivereis, tu e teus filhos, do que restar!"

Eliseu, a sunamita e seu filho — ⁸Certo dia, Eliseu passava por Sunam e uma mulher rica que lá morava o convidou para uma refeição. Depois, cada vez que passava por ali, ia até lá para comer. ⁹Ela disse a seu marido: "Olha: sei que é um santo homem de Deus este que passa sempre por nossa casa. ¹⁰Façamos para ele, no terraço, um quarto de tijolos, com cama, mesa, cadeira e lâmpada; quando vier à nossa casa, ele se acomodará lá." ¹¹Passando um dia por ali, retirou-se ao quarto do terraço e se deitou. ¹²Disse a seu servo Giezi: "Chama essa sunamita." — Chamou-a e ela veio à sua presença. — ¹³Eliseu prosseguiu: "Dize-lhe: Tu nos trataste com todo desvelo. Que podemos fazer por ti? Queres que eu interceda por ti junto ao rei ou junto ao chefe do exército?" Mas ela respondeu: "Vivo no meio do meu povo."ᵇ ¹⁴Eliseu perguntou: "Então, que eu poderia fazer por ela?" Giezi respondeu: "Ela não tem filhos e seu marido já é idoso." ¹⁵Disse Eliseu: "Chama-a". — O servo a chamou e ela apareceu na porta. — ¹⁶E ele disse: "Daqui a um ano, nesta mesma época, terás um filho nos braços." Mas ela replicou: "Não, meu senhor, homem de Deus, não enganes tua serva!" ¹⁷E a mulher concebeu e deu à luz um filho na mesma época, no ano seguinte,ᶜ como Eliseu lhe havia dito.

1Rs 1,3

Gn 18,10

¹⁸O menino cresceu. Certo dia, foi ter com o pai junto dos ceifadores ¹⁹e disse a seu pai: "Ai, minha cabeça! ai, minha cabeça!" E o pai ordenou a um dos servos: "Leva-o para junto da mãe dele." ²⁰Este o tomou e o conduziu à mãe. O menino ficou nos joelhos da mãe até o meio-dia e depois morreu. ²¹Ela subiu, colocou o menino sobre o leito do homem de Deus, fechou a porta atrás de si e saiu.ᵈ ²²Chamou o marido e disse-lhe: "Manda-me um dos servos com uma jumenta: vou depressa à casa do homem de Deus e volto." ²³Perguntou-lhe ele: "Por que vais ter com ele hoje? Não é neomênia nem sábado!"ᵉ Mas ela respondeu: "Fica em paz." ²⁴Mandou selar a jumenta e disse ao servo: "Conduze-me e vai adiante. Não me detenhas pelo caminho, a não ser que eu te ordene." ²⁵Ela partiu e foi ter com o homem de Deus no monte Carmelo. Quando o homem de Deus a viu de longe, disse a Giezi, seu servo: "Lá está aquela sunamita. ²⁶Corre-lhe ao encontro e pergunta: Estás bem? Teu marido vai bem? Teu filho está bem?" Ela respondeu: "Bem." ²⁷Chegando perto do homem de Deus na montanha, ela agarrou-lhe os pés. Giezi aproximou-se para afastá-la, mas o homem de Deus disse: "Deixa-a, pois tem a alma amargurada e Iahweh mo encobriu e nada me revelou." ²⁸Ela disse: "Acaso eu pedi um filho a meu senhor? Não te havia pedido que não me enganasses?"

1Rs 17,17-24

²⁹Eliseu disse a Giezi: "Cinge teus rins, toma meu bastão na mão e parte! Se encontrares alguém, não o saúdes, e se alguém te saudar, não lhe respondas.ᶠ Colocarás meu bastãoᵍ sobre o rosto do menino." ³⁰Mas a mãe do menino disse: "Tão certo como Iahweh vive e tu vives, eu não te deixarei!" Então ele se ergueu e a seguiu. ³¹Giezi, que os havia precedido, tinha colocado o bastão sobre o rosto do menino, mas ele não disse nada nem reagiu. Então o servo voltou para encontrar-se com Eliseu e informou-lhe: "O menino não despertou."

Lc 10,4

---

a) Título ordinário de Eliseu nos relatos que provêm dos "irmãos profetas" (cf. 4,1).
b) Eliseu propôs intervir junto à corte. A mulher responde altivamente que lhe basta a proteção do seu clã.
c) A formulação é exatamente a mesma do v. 16. Lit.: "o ano próximo": talvez simples repetição acidental.
d) Fé desta mulher: Eliseu, que lhe obteve este filho, poderá devolver-lho; enquanto isso, ninguém deverá saber de sua morte (v. 23) e ela dissimula o cadáver.
e) Tinha-se, pois, o costume de visitar, nos dias de festa, as personagens santas.
f) Não saudar ninguém: sinal de missão urgente.
g) Parece ser atribuído um poder mágico ao bastão de Eliseu (como ao de Moisés, Ex 4,17), mas a seqüência mostrará que nada se pode fazer sem a oração e a intervenção pessoal do profeta.

⁣³²Eliseu chegou à casa; lá estava o menino morto e estendido sobre sua própria cama. ³³Ele entrou, fechou a porta atrás deles dois e orou a Iahweh. ³⁴Depois subiu à cama, deitou-se sobre o menino, pondo a boca sobre a dele, os olhos sobre os dele, as mãos sobre as dele, estendeu-se sobre ele e a carne do menino se aqueceu. ³⁵Eliseu pôs-se a andar novamente de um lado para outro na casa, depois tornou a subir e se estendeu sobre ele; então o menino espirrou*ª* sete vezes e abriu os olhos. ³⁶Eliseu chamou Giezi e disse-lhe: "Chama a sunamita." Chamou-a e, quando ela chegou perto de Eliseu, este lhe disse: "Toma teu filho." ³⁷Ela entrou, lançou-se a seus pés e prostrou-se por terra; depois tomou seu filho e saiu.

A panela envenenada — ³⁸Eliseu voltou a Guilgal, quando a fome reinava na região. Estando os irmãos profetas sentados à sua frente, ele disse a seu servo: "Põe a panela grande no fogo e prepara uma sopa para os irmãos profetas." ³⁹Um deles saiu ao campo para apanhar verdura e encontrou videiras selvagens; colheu delas coloquíntidas,*ᵇ* enchendo o manto. Voltou e cortou-as em pedaços dentro da panela de sopa, sem saber o que era. ⁴⁰Distribuíram-na aos homens, para que comessem. Porém, logo que provaram da sopa, soltaram um grito: "Homem de Deus! A morte está na panela!" E não puderam mais comer. ⁴¹Então Eliseu disse: "Trazei-me farinha." Jogou farinha na panela e disse: "Serve aos homens, para que comam." — E já não havia mais nada de nocivo na panela.

A multiplicação dos pães — ⁴²Veio um homem de Baal-Salisa e trouxe para o homem de Deus pão das primícias, vinte pães de cevada e trigo novo em seu alforje. Eliseu ordenou: "Oferece a esta gente para que coma." ⁴³Mas seu servo respondeu: "Como hei de servir isso para cem pessoas?" Ele repetiu: "Oferece a esta gente para que coma, pois assim falou Iahweh: 'Comerão e ainda sobrará.' " ⁴⁴Serviu-lhos, eles comeram e ainda sobrou, segundo a palavra de Iahweh.

5

A cura de Naamã — ¹Naamã, chefe do exército do rei de Aram, gozava de grande consideração e prestígio junto de seu senhor, pois fora por meio dele que Iahweh concedera a vitória aos arameus;*ᶜ* mas esse valente homem era leproso.*ᵈ* ²Ora, os arameus, numa incursão, tinham levado do território de Israel uma moça que ficou a serviço da mulher de Naamã. ³Disse ela à sua patroa: "Ah! bastaria meu amo se apresentar ao profeta de Samaria! Ele o livraria da lepra." ⁴Naamã foi informar o seu senhor: "A moça que veio da terra de Israel falou isso e isso." ⁵O rei de Aram respondeu: "Vai, que eu enviarei uma carta ao rei de Israel." Naamã partiu, levando consigo dez talentos de prata, seis mil siclos de ouro e dez vestes de gala. ⁶Entregou ao rei de Israel a carta, que dizia: "Ao mesmo tempo que esta carta te chegar às mãos, envio-te meu servo Naamã, para que o cures da lepra." ⁷Ao ler a carta, o rei de Israel rasgou suas vestes e disse: "Acaso sou um deus, que possa dar a morte e a vida, para que esse me mande um homem para eu curá-lo de lepra? Vê-se bem que ele anda buscando pretextos contra mim!"

⁸Mas quando Eliseu, o homem de Deus, soube que o rei de Israel havia rasgado as vestes, mandou-lhe dizer: "Por que rasgaste as vestes? Que ele venha a mim, para que saiba que há um profeta em Israel." ⁹Naamã chegou

---

a) Deus insufla o espírito de vida nas narinas de Adão (Gn 2,7) e é pelas narinas que o homem respira (Is 2,22). O espirro manifesta o retorno à vida.
b) Frutos amaríssimos e de violento efeito purgativo.
c) Iahweh, Deus Universal, preside aos destinos de Aram como aos de Israel; o ensinamento deste capítulo assemelha-se ao de 1Rs 18.
d) Esta "lepra", como a de Giezi (v. 27), talvez não seja mais que uma doença de pele, diferente da verdadeira

com seu carro e seus cavalos e parou à porta da casa de Eliseu. ¹⁰Este mandou um mensageiro dizer-lhe: "Vai lavar-te sete vezes no Jordão e tua carne te será restituída e ficará limpa." ¹¹Naamã, irritado, retirou-se, dizendo: "Eu pensava comigo: Certamente ele sairá e se apresentará pessoalmente, depois invocará o nome de Iahweh seu Deus, agitará a mão sobre o lugar infetado e me curará da lepra. ¹²Porventura os rios de Damasco, o Abana e o Farfar, não valem mais que todas as águas de Israel? Não poderia eu lavar-me neles para ficar purificado?" E, voltando as costas, retirou-se indignado. ¹³Mas seus servos, aproximando-se dele, disseram-lhe: "Meu pai! Mesmo que o profeta te houvesse ordenado algo difícil, não o terias feito? Quanto mais agora que ele te diz: 'Lava-te e ficarás purificado.' " ¹⁴Desceu, pois, e mergulhou sete vezes no Jordão, conforme a ordem do homem de Deus; sua carne se tornou como a de uma criança; ele estava purificado.

Jo 9,7

Mt 3,13-15p
Lc 4,27

¹⁵Ele voltou à casa do homem de Deus com todo o seu séquito; entrou, apresentou-se diante dele e disse: "Agora sei que não há Deus em toda a terra a não ser em Israel!ᵃ Por favor, aceita este presente do teu servo." ¹⁶Mas Eliseu replicou: "Tão certo como vive Iahweh, a quem sirvo, nada aceitarei." Naamã insistiu para que ele aceitasse, mas ele recusou. ¹⁷Então Naamã disse: "Sendo assim, permite, então, que se dê a teu servo a quantidade de terra que duas mulas podem carregar, pois teu servo não mais oferecerá holocausto nem sacrifício a outros deuses, mas só a Iahweh. ¹⁸Que Iahweh perdoe, porém, a teu servo o seguinte: quando meu senhor vai ao templo de Remon para adorar, ele se apoia sobre meu braço e também me prostro no templo de Remon;ᵇ digne-se Iahweh perdoar esta ação a seu servo!" ¹⁹Eliseu lhe respondeu: "Vai em paz",ᶜ e Naamã caminhou até certa distância.

²⁰Giezi, servo de Eliseu, o homem de Deus, disse consigo: "Meu senhor usou de consideração para com esse arameu Naamã, não aceitando dele o que lhe havia oferecido. Tão certo como Iahweh vive, vou correr atrás dele e ganharei alguma coisa." ²¹E Giezi correu no encalço de Naamã. Quando Naamã o viu correndo atrás dele, saltou do seu carro, foi ao seu encontro e perguntou: "Vai tudo bem?" ²²Ele respondeu: "Bem. Meu senhor mandou-me dizer-te: Agora mesmo acabam de chegar dois jovens da montanha de Efraim, irmãos profetas. Dá para eles, eu te peço, um talento de prata e duas vestes de gala." ²³Naamã respondeu: "Aceita dois talentos"; insistiu com ele e atou os dois talentos de prata em dois sacos, junto com duas vestes de gala, e entregou-os a dois de seus servos, que os levaram à frente de Giezi. ²⁴Quando chegou a Ofel,ᵈ Giezi tomou os objetos de suas mãos e os guardou em casa; depois despediu os homens, que se retiraram.

²⁵A seguir, veio apresentar-se a seu senhor. Eliseu lhe perguntou: "Donde vens, Giezi?" "Teu servo não foi a lugar nenhum", respondeu. ²⁶Mas Eliseu lhe disse: "Acaso meu espírito não estava presente quando alguém saltou do seu carro ao teu encontro? Agora que recebeste o dinheiro, podes comprar com ele jardins, olivais e vinhas, ovelhas, bois, servos e servas. ²⁷Mas a lepra de Naamã se apegará a ti e à tua posteridade para sempre." E Giezi saiu de sua presença branco como a neve, por causa da lepra.

Ex 4,6
Nm 12,10

---

lepra, pois não interrompe o relacionamento social (cf. Lv 13,1+).
a) Só Iahweh é verdadeiramente Deus. Mas este Deus único tem relações especiais com o povo e a terra de Israel e é por isso que Naamã levará um pouco da terra de Samaria para erguer um altar de Iahweh em Damasco.

b) O grego e a Vulg. precisam: "ao mesmo tempo que ele o faz". — Remon: outro nome de Adad, deus da tempestade, divindade principal de Damasco.
c) Eliseu desculpa esse sinal externo de idolatria.
d) Havia um Ofel também em Jerusalém. Em ambos os casos, trata-se da colina fortificada em que se situava a residência real. A palavra significa "excrescência".

6

O machado perdido e encontrado — ¹Os irmãos profetas disseram a Eliseu: "Como vês, o lugar em que moramos,*ᵃ* perto de ti, é pequeno demais para nós. ²Vamos até o Jordão e ali cada um de nós tomará uma viga de madeira e lá construiremos uma moradia." Ele respondeu: "Ide." ³Um deles disse: "Queiras vir com teus servos"; e ele respondeu: "Irei"; ⁴partiu com eles. Chegados ao Jordão, puseram-se a cortar madeira. ⁵Estando um deles a abater sua viga, o machado caiu na água, e ele gritou: "Ai, meu senhor, era um machado emprestado!" ⁶Mas o homem de Deus perguntou-lhe: "Onde ele caiu?", e o outro mostrou-lhe o lugar. Então Eliseu cortou um pedaço de madeira, jogou-o naquele lugar e o machado veio à tona. ⁷Disse então: "Apanha-o", e o homem estendeu a mão e o pegou.

4. GUERRAS CONTRA OS ARAMEUS

Eliseu captura todo um batalhão arameu — ⁸O rei de Aram estava em guerra contra Israel. Tomou conselho com seus oficiais e disse-lhes: "Em tal e tal lugar estará meu acampamento." ⁹Mas o homem de Deus mandou dizer ao rei de Israel: "Cuidado, não atravesses esse lugar, pois os arameus descem para lá"; ¹⁰e o rei de Israel mandou seus homens para o lugar onde o homem de Deus lhe havia indicado. Ele o advertia e o rei ficava de sobreaviso; e isso se deu não apenas uma ou duas vezes.

¹¹O coração do rei de Aram ficou perturbado com a coisa e ele convocou seus oficiais para perguntar-lhes: "Não me poderíeis informar quem dentre os nossos está do lado do rei de Israel?" ¹²Um dos seus oficiais respondeu: "Ninguém, senhor meu rei; é Eliseu, profeta de Israel, que revela ao rei de Israel até mesmo as palavras que dizes no teu quarto de dormir." ¹³Ordenou ele: "Ide, vede onde ele está e mandarei prendê-lo." E foi-lhe anunciado: "Eis que ele está em Dotã." ¹⁴Então o rei mandou para lá cavalos, carros e uma poderosa tropa, que chegaram de noite e cercaram o lugar.

¹⁵O servo do homem de Deus levantou-se bem cedo e saiu. E eis que um batalhão cercava a cidade com cavalos e carros! Seu servo lhe disse: "Ai, meu senhor, como vamos fazer?" ¹⁶"Não tenhas medo", respondeu, "pois são mais numerosos os que estão conosco que os que estão com eles." ¹⁷Eliseu orou, dizendo: "Iahweh abre seus olhos para que veja!" Iahweh abriu os olhos do servo e ele viu a montanha coberta de cavalos e carros de fogo em torno de Eliseu!

¹⁸E quando os arameus desciam contra ele, Eliseu orou assim a Iahweh: "Digna-te ferir essa gente de belida"; e ele os feriu de belida,*ᵇ* conforme a palavra de Eliseu. ¹⁹Então Eliseu lhes disse: "Não é este o caminho, nem é esta a cidade. Segui-me, que vos conduzirei ao homem que procurais." Mas ele os conduziu a Samaria. ²⁰Ao entrarem em Samaria, Eliseu disse: "Iahweh, abre os olhos dessa gente, para que veja." Iahweh abriu seus olhos e eles viram: estavam no centro de Samaria!

²¹Quando os viu, o rei de Israel disse a Eliseu: "Devo matá-los, meu pai?"*ᶜ* ²²Mas ele respondeu: "Não! Tiras a vida àqueles que tua espada e teu arco fizeram prisioneiros?*ᵈ* Dá-lhes pão e água, para que comam e bebam e depois voltem para seu senhor." ²³O rei lhes serviu um grande banquete; depois de terem comido e bebido, despediu-os e eles voltaram para o seu senhor. Os bandos arameus não fizeram mais incursões no território de Israel.

---

a) Provavelmente Guilgal, onde Eliseu residia às vezes no meio dos profetas (1Rs 4,38).
b) Não a cegueira completa, mas uma aberração da vista (cf. Gn 19,11). Deus havia, ao contrário, manifestado ao servo (v. 17) o que é oculto aos olhos humanos.
c) O título denota a veneração do rei pelo profeta (cf. 8,9 e 13,14).
d) Com exceção do anátema pronunciado por Iahweh, ou de casos particulares, não era costume em Israel massacrar os prisioneiros de guerra (cf. 1Rs 20,31).

A fome durante o cerco de Samaria — ²⁴Depois disso, aconteceu que Ben-Adad, rei de Aram,ᵃ reuniu todo o seu exército e veio sitiar Samaria. ²⁵Houve então grande fome em Samaria e o cerco foi tão cruel que uma cabeça de jumento valia oitenta siclos de prata e a quarta parte de uma cebola selvagem,ᵇ cinco siclos de prata.

²⁶Passando o rei pela muralha, uma mulher lhe gritou: "Socorre-me, senhor meu rei!" ²⁷Respondeu ele: "Se Iahweh não te socorre, donde posso tirar auxílio para ti? Da eira ou do lagar?" ²⁸Depois o rei perguntou: "Que te aconteceu?" E ela: "Esta mulher me disse: 'Entrega teu filho, para que o comamos hoje, que amanhã comeremos o meu.' ²⁹Cozinhamos pois o meu filho e o comemos; no dia seguinte, eu lhe disse: 'Entrega teu filho para o comermos', mas ela ocultou seu filho." ³⁰Quando o rei ouviu o que dissera a mulher, rasgou suas vestes; o rei estava andando sobre a muralha e o povo viu que ele trazia sobre o corpo um cilício. ³¹Ele disse: "Que Deus me faça este mal e ainda acrescente este outro, se a cabeça de Eliseu, filho de Safat, ainda lhe ficar sobre os ombros hoje!"ᶜ

Eliseu anuncia o fim iminente da provação — ³²Eliseu estava sentado em sua casa e os anciãos sentados com ele; o rei fez-se preceder por um mensageiro. Mas antes que este chegasse até ele, Eliseu disse aos anciãos: "Vistes como esse filho de assassino mandou cortar minha cabeça! Atenção! Quando chegar o mensageiro, fechai a porta e empurrai-o com ela. Acaso não o segue o barulho dos passos de seu senhor?" ³³Ele ainda estava falando, quando o mensageiro desceu até ele e disse: "Todo este mal vem de Iahweh! Que devo ainda esperar de Iahweh?"

7 ¹Eliseu respondeu: "Escutai a palavra de Iahweh! Assim fala Iahweh: Amanhã a esta hora, uma medida de flor de farinha custará um siclo e duas medidas de cevada, um siclo, na porta de Samaria." ²O escudeiro em cujo braço o rei se apoiava respondeu ao homem de Deus: "Ainda que Iahweh fizesse janelas no céu, essa predição se realizaria?" Eliseu disse: "Tu o verás com teus próprios olhos, mas não comerás."

Descoberta do acampamento arameu abandonado — ³À porta da cidade estavam quatro leprosos, os quais disseram entre si: "Por que ficarmos aqui à espera da morte? ⁴Se resolvermos entrar na cidade, morreremos lá, porque a fome reina lá dentro; se ficarmos aqui, morremos na mesma. Vamos, pois, e passemos para o acampamento dos arameus; se nos deixarem viver, viveremos, e se nos matarem, morreremos!" ⁵Ao anoitecer, levantaram-se para ir em direção ao acampamento dos arameus; ao chegarem ao limite do acampamento, notaram que lá não havia ninguém! ⁶É que o Senhor fizera ouvir no acampamento dos arameus um ruído de carros e de cavalos, o ruído de um grande exército, de modo que eles disseram entre si: "O rei de Israel deve ter pago com soldo contra nós os reis dos heteus e os reis do Egito,ᵈ para que marchem contra nós." ⁷Levantaram-se e fugiram ao anoitecer, abandonando suas tendas, cavalos e jumentos, numa palavra, o acampamento tal como estava, e fugiram para salvar a vida. ⁸Aqueles leprosos, pois, chegaram ao limite do acampamento e entraram numa tenda; depois de terem comido e bebido, levaram de lá prata, ouro e vestes, que foram em seguida esconder. Voltaram depois, penetraram noutra tenda e tiraram de lá os despojos e igualmente os esconderam.

---

a) Talvez Ben-Adad III de Damasco (ver cap. 13). A ordem de todos esses relatos parece artificial.
b) "cebola selvagem": *harçonîm*, conj.; o hebr.: *hary yonim*, "estrume de pombo" (?), é impossível aqui.
c) Eliseu havia, sem dúvida, encorajado a resistência predizendo o socorro de Iahweh; o rei, que lhe deu ouvidos, pensa agora que Eliseu o enganou.
d) Os príncipes da Síria do Norte. Não há razão para corrigir *Miçrayim* (Egito) por *Muçri*, enigmático país da Ásia Menor.

Fim do cerco e da fome — ⁹Disseram então entre si: "Não está certo o que estamos fazendo; hoje é um dia de boas novas e nós estamos calados! Se esperarmos até raiar o dia de amanhã, um castigo nos sobrevirá. Vamos, pois, levemos a notícia ao palácio do rei." ¹⁰Foram, chamaram os guardas da porta da cidade e lhes disseram: "Fomos ao acampamento dos arameus; lá não há ninguém, não se ouve a voz de ninguém; há somente cavalos e jumentos amarrados e as tendas intactas!" ¹¹Os guardas da porta gritaram e transmitiram a notícia para o interior do palácio do rei.

¹²De noite, o rei levantou-se e disse aos seus oficiais: "Vou explicar-vos o que os arameus nos fizeram. Sabendo que estamos sofrendo fome, retiraram-se do acampamento para se esconderem no campo, pensando consigo: eles sairão da cidade, nós os apanharemos vivos e entraremos na cidade." ¹³Um dos seus oficiais respondeu: "Tomem-se cinco dos cavalos sobreviventes que ainda estão aqui — acontecerá a eles como ao conjunto de Israel que permanece na cidade, como ao conjunto de Israel que pereceu[a] —, nós os mandaremos lá e veremos." ¹⁴Tomaram dois carros com os cavalos e o rei os enviou atrás do exército dos arameus, dizendo: "Ide e vede." ¹⁵Eles os seguiram até o Jordão; a estrada estava cheia de vestes e outros objetos que os arameus tinham abandonado em seu pânico; os mensageiros voltaram e informaram ao rei.

¹⁶Então o povo saiu e saqueou o acampamento dos arameus; uma medida de flor de farinha passou a custar um siclo, e duas medidas de cevada, um siclo, conforme a palavra de Iahweh. ¹⁷O rei tinha posto como sentinela na porta o escudeiro em cujo braço ele se apoiava; o povo o pisoteou lá na porta e ele morreu, conforme dissera o homem de Deus. (Isso ele havia dito quando o rei descera até ele.) ¹⁸Aconteceu o que o homem de Deus tinha dito ao rei: "Amanhã a esta hora, duas medidas de cevada custarão um siclo e uma medida de flor de farinha custará um siclo, na porta de Samaria."

¹⁹O escudeiro respondera ao homem de Deus: "Ainda que Iahweh fizesse janelas no céu, essa predição se realizaria?" Eliseu disse: "Tu o verás com teus próprios olhos, mas não comerás." ²⁰Foi o que lhe aconteceu: o povo o pisoteou na porta e ele morreu.[b]

8 ***Epílogo da história da sunamita***[c] — ¹Eliseu tinha dito à mulher cujo filho fizera voltar à vida: "Levanta-te, parte com tua família e vai morar onde puderes, pois Iahweh fez vir a fome e ela já está vindo sobre a terra, por sete anos." ²A mulher levantou-se e fez o que o homem de Deus tinha mandado; partiu com sua família e morou sete anos na terra dos filisteus. ³Ao cabo de sete anos, ela voltou da terra dos filisteus e foi fazer um apelo ao rei, por sua casa e seu campo.[d]

⁴Ora, o rei estava conversando com Giezi, servo do homem de Deus, e dizia: "Conta-me todas as grandes coisas realizadas por Eliseu." ⁵Ele estava justamente contando ao rei a ressurreição do menino morto, quando a mulher cujo filho Eliseu fizera voltar à vida foi fazer um apelo ao rei, por sua casa e seu campo. Giezi disse: "Senhor meu rei, aí está a mulher e aí está seu filho que Eliseu fez voltar à vida." ⁶O rei interrogou a mulher e ela lhe contou o acontecido. Então o rei mandou que um eunuco a acompanhasse e ordenou a este: "Que lhe seja restituído tudo o que lhe pertence e todos os rendimentos do campo, desde o dia em que deixou a terra até agora."

---

a) Bem que se poderiam sacrificar para este reconhecimento alguns cavalos, que de outra forma morreriam de fome.

b) Os vv. 17b-20 são provavelmente adição, que repete os vv. 1.2 e 17a.

c) Sequência natural de 4,37.

d) Tornados bens públicos sob jurisdição do rei.

Eliseu e Hazael de Damasco — ⁷Eliseu foi a Damasco. O rei de Aram, Ben-Adad,[a] estava doente; foi-lhe anunciado: "O homem de Deus veio até nós." ⁸Então o rei ordenou a Hazael:[b] "Toma contigo um presente, vai ao encontro do homem de Deus e consulta Iahweh por meio dele, para saber se ficarei curado desta enfermidade."

⁹Hazael partiu ao encontro de Eliseu e levou como presente tudo o que havia de melhor em Damasco, uma carga de quarenta camelos. Veio, pois, à presença dele e disse-lhe: "Teu filho Ben-Adad, rei de Aram, mandou-me para perguntar-te: Ficarei curado desta enfermidade?" ¹⁰Eliseu respondeu-lhe: "Vai dizer-lhe: 'Podes ficar curado', mas Iahweh mostrou-me que certamente ele morrerá."[c] ¹¹Depois a expressão do seu rosto ficou imóvel, ele os fixou longamente,[d] e o homem de Deus se pôs a chorar. ¹²Hazael disse: "Por que meu senhor está chorando?" Eliseu respondeu: "Porque sei o mal que farás aos israelitas: incendiarás suas fortalezas, passarás ao fio da espada seus jovens, esmagarás suas crianças, rasgarás o ventre das mulheres grávidas." ¹³Hazael disse: "Mas que é teu servo? Como este cão poderia realizar essa grande façanha?"[e] Eliseu respondeu: "Iahweh mostrou-me numa visão que serás rei de Aram."

¹⁴Hazael deixou Eliseu e voltou para junto do seu amo, o qual lhe perguntou: "Que te disse Eliseu?" — "Disse-me que poderias sarar", respondeu ele. ¹⁵No dia seguinte, ele pegou uma coberta, mergulhou-a na água e estendeu-a sobre o seu rosto,[f] de modo que Ben-Adad morreu e Hazael reinou em seu lugar.

Reinado de Jorão em Judá (848-841) — ¹⁶No quinto ano de Jorão, filho de Acab, rei de Israel — sendo Josafá rei de Judá —, Jorão, filho de Josafá, tornou-se rei de Judá. ¹⁷Tinha trinta e dois anos quando começou a reinar e reinou oito anos em Jerusalém. ¹⁸Imitou o comportamento dos reis de Israel, como fizera a casa de Acab, pois foi uma filha de Acab que ele tomou como esposa,[g] e fez o mal aos olhos de Iahweh. ¹⁹Todavia, Iahweh não quis destruir Judá, por causa do seu servo Davi, segundo a promessa que lhe fizera de deixar-lhe uma lâmpada, assim como a seus filhos, para sempre.

²⁰No seu tempo, Edom libertou-se do domínio de Judá e constituiu um rei para si.[h] ²¹Jorão foi a Seira,[i] e com ele todos os seus carros... Levantou-se à noite e forçou a linha dos edomitas que o tinham cercado, a ele e aos comandantes dos carros; o povo fugiu para suas tendas. ²²Assim, Edom se livrou do domínio de Judá, até o dia de hoje; Lebna[j] também se revoltou. Naquele tempo...

²³O resto da história de Jorão, e tudo o que fez, não está tudo escrito no livro dos Anais dos reis de Judá? ²⁴Jorão adormeceu com seus pais e

---

a) Ben-Adad II, como em 1Rs 20,1.
b) Antes de sua usurpação (v. 15), Hazael aparece como oficial de Ben-Adad.
c) A tradução se baseia sobre um valor do infinitivo absoluto anteposto, atestado em Gn 2,16 e em outros lugares. Para desculpar Eliseu de mentira, o hebr. substituiu "lhe" (*lô*) pela negação *lo'*: "vai dizer: tu não ficarás curado". Na realidade, Ben-Adad tem pouca importância; a revelação refere-se primeiramente a Hazael, que suplantará Ben-Adad. Eliseu não incita ao assassínio; prevê como inevitável a realização dos desígnios de Deus.
d) São sinais físicos do êxtase.
e) "cão", aqui simples termo de humildade (cf. 1Sm 24,15; 2Sm 9,8). Hazael se admira do glorioso destino que lhe é predito.
f) O sujeito da frase não está expresso, mas deve tratar-se pessoalmente do usurpador Hazael. Os anais de Salmanasar III o qualificam de "filho de ninguém", confirmando que Hazael não provém de dinastia real.
g) É Atalia (cf. cap., 11), filha de Amri e irmã de Acab (cf. v. 26 e 2Cr 22,2), ou filha de Acab (aqui, no hebr., e em 2Cr 21,6). A cronologia favorece a primeira solução.
h) Edom (cf. Nm 20,23+) era reino vassalo de Judá no tempo de Josafá (1Rs 22,48) e ainda no começo do reinado de Jorão (2Rs 3,9).
i) Localidade desconhecida na Transjordânia. A sequência do relato está mutilada: procurou-se apagar a lembrança de um fracasso. A mesma coisa no v. 22.
j) A cidade passou então aos filisteus

foi sepultado com seus pais na Cidade de Davi. Seu filho Ocozias reinou em seu lugar.

|| 2Cr 22,1-6

Reinado de Ocozias em Judá (841) — ²⁵No décimo segundo ano de Jorão, filho de Acab, rei de Israel, Ocozias, filho de Jorão, tornou-se rei de Judá. ²⁶Tinha vinte e dois anos quando começou a reinar e reinou um ano em Jerusalém. Sua mãe chamava-se Atalia e era filha de Amri, rei de Israel. ²⁷Ele imitou a conduta da família de Acab e fez o mal aos olhos de Iahweh, como a família de Acab, pois era ligado a esta por afinidade.

1Rs 22,3-4
9,14-15

²⁸Foi com Jorão, filho de Acab, combater Hazael, rei de Aram, em Ramot de Galaad. Mas os arameus feriram Jorão. ²⁹O rei Jorão voltou a Jezrael para tratar-se dos ferimentos recebidos dos arameus em Ramot, quando combatia contra Hazael, rei de Aram; e Ocozias, filho de Jorão, rei de Judá, desceu a Jezrael para visitar Jorão, filho de Acab, que estava enfermo.

5. HISTÓRIA DE JEÚ

9

Um discípulo de Eliseu confere a unção real a Jeú — ¹O profeta Eliseu chamou um dos irmãos profetas e disse-lhe: "Cinge teus rins, toma contigo este frasco de óleo e parte para Ramot de Galaad. ²Chegando lá, procura por Jeú, filho de Josafá, filho de Namsi. Tendo-o encontrado, chama-o do meio dos seus colegas e leva-o a um aposento separado. ³Tomarás então o frasco de óleo e o derramarás sobre sua cabeça, dizendo: 'Assim fala Iahweh: Eu te unjo como rei de Israel'; depois abre a porta e foge depressa."

1Rs 19,16

1Rs 16,4.13;
19,10; 21

⁴O jovem, o jovem profeta, partiu em direção a Ramot de Galaad. ⁵Quando chegou, os chefes do exército estavam em reunião; ele disse: "Chefe, tenho algo a dizer-te." Jeú perguntou: "A qual de nós?" — "A ti, chefe", respondeu ele. ⁶Então Jeú se ergueu e entrou na casa. O jovem derramou-lhe o óleo sobre a cabeça e disse: "Assim fala Iahweh, Deus de Israel. Eu te ungi como rei sobre o povo de Iahweh, sobre Israel. ⁷Exterminarás a casa de Acab, teu senhor, e eu vingarei o sangue dos meus servos, os profetas, e de todos os servos de Iahweh contra Jezabel ⁸e morrerá toda a família de Acab. Exterminarei todo varão da família de Acab, tanto o ligado como o livre em Israel. ⁹Tratarei a família de Acab como a de Jeroboão, filho de Nabat, e a de Baasa, filho de Aías. ¹⁰Os cães devorarão Jezabel no campo de Jezrael; ninguém lhe dará sepultura."ᵃ Depois ele abriu a porta e fugiu.

1Rs 21,21-24

1Rs 14,10-11
1Rs 16,3-4

Jeú é proclamado rei — ¹¹Jeú saiu para reunir os oficiais de seu senhor, os quais lhe perguntaram:ᵇ "Está tudo bem? Por que veio a ti esse louco?"ᶜ Respondeu ele: "Conheceis bem esse homem e sua linguagem!" ¹²Mas eles disseram: "Não é verdade! Explica-nos tudo!" Ele respondeu: "Falou-me desse e desse modo e disse: Assim fala Iahweh: Eu te ungi como rei de Israel." ¹³Imediatamente, todos tomaram seus mantos e os estenderam debaixo dos seus pés,ᵈ sobre os degraus; tocaram a trombeta e gritaram: "Jeú é rei!"

1Rs 22,3

Jeú prepara a usurpação do poder — ¹⁴Jeú, filho de Josafá, filho de Namsi, conspirou contra Jorão. — Jorão, com todo o Israel, defendia Ramot de Galaadᵉ contra um ataque de Hazael, rei de Aram. ¹⁵Mas o rei Jorão tinha voltado

---

a) Os vv. 7-10a foram acrescentados pelo autor de Reis: no relato primitivo, o jovem devia fugir imediatamente após a unção, conforme a ordem de Eliseu (v. 3).
b) "lhe perguntaram", versões; o hebr. traz o singular.
c) O povo tratava assim os profetas (Jr 29,26; Os 9,7). O termo não é absolutamente depreciativo, mas comporta um quê de zombaria e Jeú respondeu no mesmo tom.
d) Como a multidão que prestou as honras reais a Jesus (Mt 21,8p).
e) A cidade fora recuperada pelos israelitas; os arameus procuravam retomá-la.

a Jezrael para se tratar das feridas que os arameus lhe haviam infligido nos combates que sustentava contra Hazael, rei de Aram. — Jeú disse: "Se estais de acordo, que não saia ninguém da cidade para levar a notícia a Jezrael!" ¹⁶Jeú subiu num carro e partiu para Jezrael; Jorão lá estava, acamado, e Ocozias, rei de Judá, tinha ido visitá-lo.

¹⁷A sentinela, que estava na torre de Jezrael, viu aproximar-se a tropa de Jeú e anunciou: "Estou vendo uma tropa." Jorão ordenou: "Chama um cavaleiro e manda-o ao seu encontro para perguntar: Tudo vai bem?"ᵃ ¹⁸O cavaleiro foi ao encontro de Jeú e perguntou: "Assim fala o rei: Tudo vai bem?" — "Que te importa se tudo vai bem?", respondeu Jeú. "Passa para trás de mim." A sentinela anunciou: "O mensageiro chegou até eles, mas não volta." ¹⁹O rei enviou um segundo cavaleiro; este chegou perto deles e perguntou: "Assim fala o rei: Tudo vai bem?" — "Que te importa se tudo vai bem?", respondeu Jeú. "Passa para trás de mim." ²⁰A sentinela anunciou: "Ele chegou até eles, mas não volta. Pela maneira de dirigir o carro deve ser Jeú, filho de Namsi; ele dirige como um doido!" ²¹Jorão disse: "Preparai meu carro!" O carro foi preparado e Jorão, rei de Israel, e Ocozias, rei de Judá, partiram, cada qual no seu carro, ao encontro de Jeú. Alcançaram-no no campo de Nabot de Jezrael.

Assassínio de Jorão — ²²Vendo Jeú, Jorão perguntou: "Vai tudo bem, Jeú?" Este respondeu: "Como pode ir tudo bem, se perduram as prostituiçõesᵇ de tua mãe Jezabel e suas inúmeras magias!" ²³Então Jorão virou seu carro e fugiu, bradando a Ocozias: "Traição, Ocozias!" ²⁴Mas Jeú já tinha retesado seu arco e atingiu Jorão entre as espáduas; a flecha atingiu o coração do rei, que tombou dentro do carro. ²⁵Jeú ordenou a Badacer, seu escudeiro: "Tira-o e lança-o no campo de Nabot de Jezrael. Lembras-te? Quando nós dois estávamos num carro seguindo Acab, seu pai, Iahweh pronunciou contra ele esta sentença: ²⁶'Dou minha palavra! Vi ontem o sangue de Nabot e o de seus filhos, oráculo de Iahweh. Neste mesmo campo eu te retribuirei, oráculo de Iahweh.' Tira-o, pois, e joga-o no campo, conforme a palavra de Iahweh."

Assassínio de Ocozias — ²⁷Vendo isso, Ocozias, rei de Judá, fugiu pela estrada de Bet-Gã; mas Jeú o perseguiu e gritou: "Matai-o também!" Feriram-noᶜ dentro do seu carro, na subida de Gaver, que fica perto de Jeblaam; refugiou-se em Meguido e lá morreu. ²⁸Seus servos transportaram-no num carro até Jerusalém e o sepultaram em seu túmulo, com seus pais, na Cidade de Davi. ²⁹Ocozias se tornara rei de Judá no décimo primeiro ano de Jorão, filho de Acab.

Assassínio de Jezabel — ³⁰Jeú voltou para Jezrael. Sabendo disso, Jezabel pintou os olhos, adornou a cabeça e se pôs à janela. ³¹Quando Jeú atravessou a porta, ela perguntou: "Tudo vai bem, Zambri, assassino de seu senhor?"ᵈ ³²Jeú ergueu os olhos para a janela e disse: "Quem está comigo? Quem?" E dois ou três eunucos se inclinaram para ele. ³³Ordenou ele: "Lançai-a abaixo." E eles a atiraram para baixo; seu sangue salpicou a parede e os cavalos, e Jeú passou sobre o corpo dela. ³⁴A seguir, entrou Jeú e, depois de ter comido e bebido, disse: "Ide ver aquela maldita e dai-lhe sepultura, pois é filha de rei." ³⁵Quando chegaram para sepultá-la, só encontraram o crânio, os pés e as mãos. ³⁶Voltaram para contar isso a Jeú, que disse: "Esta foi a palavra de Iahweh, que pronunciou por intermédio de seu servo Elias, o tesbita: 'No campo de

---

a) O rei a princípio não imagina uma traição, mas está ansioso pelas notícias de Ramot de Galaad.
b) No sentido metafórico de culto aos falsos deuses, como nos profetas, talvez com alusão à prostituição sagrada (cf. Dt 23,19+), tara da religião fenícia.
c) "Feriram-no", sir.; falta no hebr.
d) Alusão sarcástica a Zambri, que não reinou mais que oito dias após ter assassinado Ela, rei de Israel.

Jr 8,2 Jezrael, os cães devorarão a carne de Jezabel; ³⁷e o cadáver de Jezabel será como esterco espalhado no campo, no campo de Jezrael, de modo que não se poderá dizer: Esta é Jezabel!' "

Jz 9,5
1Rs 15,29;
16,11
2Rs 11,1

10 **Massacre da família real de Israel** — ¹Havia em Samaria setenta filhos de Acab.ᵃ Jeú escreveu cartas e enviou-as a Samaria, aos comandantes da cidade, aos anciãos e aos tutores dos filhos de Acab. Dizia a carta: ²"Quando esta carta vos chegar às mãos, vós, que tendes convosco os filhos de vosso senhor, carros e cavalos, uma cidade forte e armamento, ³vede qual é, entre os filhos de vosso senhor, o melhor e o mais digno, e ponde-o no trono de seu pai e combatei pela casa de vosso senhor!" ⁴Eles, porém, sentiram grande medo e disseram: "Se dois reis não puderam resistir-lhe, como o poderíamos nós?" ⁵E o prefeito do palácio, o comandante da cidade, os anciãos e os tutores mandaram dizer a Jeú: "Somos teus servos, faremos tudo o que ordenares, não escolheremos rei algum; faze o que te agradar."

⁶Jeú escreveu-lhes depois uma segunda carta, em que dizia: "Se estais do meu lado e quereis ouvir-me, tomai os chefesᵇ dos homens da família de vosso senhor e vinde ter comigo amanhã a esta hora em Jezrael." (Havia setenta filhos do rei nas casas dos notáveis da cidade, onde eram educados.) ⁷Logo que a carta lhes chegou às mãos, pegaram os filhos do rei, degolaram todos os setenta e, pondo suas cabeças em cestos, enviaram-nas para Jezrael.

⁸Veio um mensageiro anunciar a Jeú: "Trouxeram as cabeças dos filhos do rei." Ele disse: "Colocai-as em dois montes à entrada da porta, até a manhã seguinte." ⁹De manhã, ele saiu e, de pé, disse a todo povo: "Vós sois inocentes. Quanto a mim, conspirei contra meu senhor e matei-o; mas, e estes todos, quem os matou? ¹⁰Sabei, pois, que não ficará sem cumprimento nenhuma das palavras que Iahweh pronunciou contra a família de Acab; Iahweh executou o que havia dito por intermédio de seu servo Elias." ¹¹E Jeú matou todos os que restavam da família de Acab em Jezrael: todos os notáveis, os parentes e os sacerdotes; não deixou escapar nenhum.

1Rs 21,21-24

‖ 2Cr 22,8 **Massacre dos príncipes de Judá** — ¹²Jeú partiu para Samaria. Estando a caminho, em Bet-Eced-dos-Pastores, ¹³encontrou os irmãosᶜ de Ocozias, rei de Judá, e perguntou: "Quem sois?" Eles responderam: "Somos irmãos de Ocozias e descemos para saudar os filhos do rei e os filhos da rainha-mãe." ¹⁴Ordenou Jeú: "Prendei-os vivos!" Foram apanhados vivos e degolados na cisterna de Bet-Eced. Eram quarenta e dois, e nenhum foi poupado.

Jr 35,1-11 **Jeú e Jonadab** — ¹⁵Partindo dali, encontrou-se com Jonadab, filho de Recab, que vinha ao seu encontro; saudou-o e disse-lhe: "Teu coração é leal para comigo,ᵈ como meu coração para contigo?" — "Sim", respondeu Jonadab. E Jeú replicou: "Se é assim, dá-me a mão." Jonadab deu-lhe a mão e Jeú fê-lo subir a seu lado no carro.

---

a) "Setenta" é número consagrado para exprimir a totalidade de uma descendência (Gn 46,27; Jz 8,30; 9,2; 12,14). Trata-se dos filhos e netos de Acab, mas em primeiro lugar dos filhos de Jorão. — "da cidade", grego luc.; "de Jezrael", hebr.; — "dos filhos", grego luc.; omitido pelo hebr.
b) O hebraico *rosh* significa ao mesmo tempo "chefe" e "cabeça". O equívoco, desejado talvez por Jeú, é resolvido no sentido mais brutal por seus correspondentes (v. 7), sobre os quais ele lança então a responsabilidade (v. 9).
c) "Irmãos" no sentido lato de "parentes". Vão visitar os filhos de Jorão e os de Jezabel. É inverossímil que, tendo já ultrapassado a Samaria, não saibam nada do massacre dos vv. 6-7. O episódio está fora de lugar.
d) "Teu coração... comigo", grego; o hebr. é intraduzível. — Jonadab, filho de Recab, era javista fervoroso que havia imposto a seu clã regras de vida do deserto (Jr 35,1-11). É normal que ele tenha apoiado Jeú; mas este episódio, como o precedente, não deve estar no seu verdadeiro lugar.

¹⁶Disse-lhe: "Vem comigo e contempla meu zelo por Iahweh", e o levou no carro. ¹⁷Entrando em Samaria, mandou matar todos os sobreviventes da família de Acab em Samaria; exterminou-a, segundo a palavra que Iahweh dissera a Elias.

Massacre dos fiéis de Baal e destruição do seu templo — ¹⁸Jeú reuniu todo o povo e disse: "Acab venerou um pouco a Baal; Jeú vai venerá-lo muito. ¹⁹Agora, pois, congregai-me todos os profetas de Baal e todos os seus fiéis e todos os seus sacerdotes; que ninguém falte, porque desejo oferecer um grande sacrifício a Baal. Quem faltar, perderá a vida" — Nisso Jeú agia com astúcia, para liquidar os fiéis de Baal. — ²⁰Ordenou: "Convocai uma assembleia santa para Baal"; e eles a convocaram. ²¹Jeú enviou mensageiros por todo o Israel e vieram todos os fiéis de Baal, sem faltar ninguém. Foram para o templo de Baal, que ficou lotado de uma extremidade à outra. ²²Jeú disse ao guarda do vestiário: "Traze vestes para todos os fiéis de Baal",ᵃ e ele trouxe vestes para eles. ²³Jeú veio ao templo de Baal com Jonadab, filho de Recab, e disse aos fiéis de Baal: "Reparai bem se não há servidores de Iahweh aqui convosco, mas somente fiéis de Baal"; ²⁴e ele se aproximou para oferecer sacrifícios e holocaustos.

1Rs 16,32

Ora, Jeú colocara do lado de fora oitenta homens e dissera: "Se algum de vós deixar escapar um desses homens que vou entregar-vos, responderá com a própria vida pela do outro." ²⁵Quando Jeú acabou de oferecer o holocausto, ordenou aos guardas e aos escudeiros: "Entrai, matai-os! Não deixeis ninguém sair!" Os guardas e os escudeiros entraram, passaram-nos ao fio da espada e chegaram até o santuário do templo de Baal.ᵇ ²⁶Tiraram a estelaᶜ do templo de Baal e a queimaram. ²⁷Derrubaram a estela de Baal, demoliram também o templo de Baal e no lugar dele fizeram umas latrinas, o que permanece até hoje.

Reinado de Jeú em Israel (841-814) — ²⁸Assim Jeú fez Baal desaparecer de Israel. ²⁹Entretanto, Jeú não se desviou dos pecados que Jeroboão, filho de Nabat, fizera Israel cometer, os bezerros de ouro de Betel e de Dã,ᵈ ³⁰Iahweh disse a Jeú: "Porque executaste bem o que era agradável a meus olhos e cumpriste toda a minha vontade contra a casa de Acab, teus filhos até a quarta geração se assentarão sobre o trono de Israel." ³¹Mas Jeú não seguiu fielmente e de todo o seu coração a lei de Iahweh, Deus de Israel; não se afastou dos pecados que Jeroboão fizera Israel cometer.

1Rs 12,28-29

³²Por aquele tempo, Iahweh começou a retalhar o território de Israel, e Hazael venceu Israel em todas as fronteiras, ³³desde o Jordão até o oriente, arrebatando-lhe toda a terra de Galaad, a terra de Gad, de Rúben, de Manassés, desde Aroer, situada junto à torrente do Arnon, Galaad e Basã.ᵉ

³⁴O resto da história de Jeú, tudo o que fez, todas as suas façanhas, não está tudo escrito no livro dos Anais dos reis de Israel? ³⁵Ele adormeceu com seus pais e foi sepultado em Samaria; seu filho Joacaz sucedeu-lhe no trono. ³⁶Jeú reinou sobre Israel durante vinte e oito anos, em Samaria.

---

a) A troca das vestes é purificação preliminar à participação no culto, atestada entre os fenícios e os árabes pagãos (cf. Gn 35,2).
b) Tradução conjectural de um texto corrompido; hebr.: "Os guardas e os escudeiros passaram-nos ao fio da espada, lançaram-nos fora e foram até à cidade do templo de Baal".
c) Essa estela é provavelmente poste sagrado (não se poderia queimar uma estela de pedra).

d) Julgamento de tipo deuteronomista. A fonte que o autor de Reis seguia nas narrativas precedentes louvava sem reservas (v. 30) o javismo sincero e brutal de Jeú. Mas, exterminando os fiéis de Baal, Jeú queria também, sem dúvida, suprimir os últimos sustentáculos da dinastia de Acab.
e) Os israelitas perdiam assim todas as suas posses na Transjordânia. O v. está sobrecarregado de glosas inspiradas em Dt 3,12s.

6. DO REINADO DE ATALIA À MORTE DE ELISEU

11 *História de Atalia[a] (841-835)* — [1]Quando a mãe de Ocozias, Atalia, soube que seu filho estava morto, resolveu exterminar toda a descendência real. [2]Mas Josaba,[b] filha do rei Jorão e irmã de Ocozias, raptou furtivamente Joás, o filho de Ocozias, dentre os filhos do rei que estavam sendo massacrados e o colocou, com sua ama, no quarto dos leitos; assim ela o escondeu de Atalia e ele não foi morto. [3]Ficou seis anos com ela, escondido no Templo de Iahweh, enquanto Atalia reinava sobre a terra.

[4]No sétimo ano, Joiada[c] mandou chamar os centuriões dos caritas[d] e os guardas, e os convocou junto de si, no Templo de Iahweh. Concluiu com eles uma aliança, fê-los prestar juramento no Templo de Iahweh e mostrou-lhes o filho do rei. [5]Deu-lhes esta ordem: "Eis o que haveis de fazer: a terça parte de vós, que termina o serviço no dia de sábado, montando guarda no palácio real, [6]a terça parte na porta de Sur, e a terça parte na porta atrás dos guardas, tomareis a facção do Templo por turnos.[e] [7]Quanto às duas seções vossas, que entram de serviço no sábado, assegurarão a facção no Templo de Iahweh, junto ao rei. [8]Fareis um círculo em torno do rei, cada qual com suas armas na mão; e todo aquele que quiser forçar vossas fileiras será morto. Acompanhareis o rei em todo lugar a que ele for."

[9]Os centuriões fizeram tudo quanto lhes ordenara o sacerdote Joiada. Cada qual reuniu seus homens, tanto os que terminavam o serviço no dia de sábado, como os que começavam no dia de sábado, e vieram para junto do sacerdote Joiada. [10]O sacerdote entregou aos centuriões as lanças e os escudos do rei Davi, que estavam no Templo de Iahweh.[f] [11]Os guardas se postaram, de armas na mão, desde o ângulo sul até o ângulo norte do Templo, rodeando o rei. [12]Então Joiada mandou que trouxessem o filho do rei,[g] cingiu-o com o diadema e entregou-lhe o documento da aliança;[h] proclamaram-no rei e deram-lhe a unção. Bateram palmas e gritaram: "Viva o rei!"

[13]Ouvindo os gritos dos guardas e do povo, Atalia veio em direção ao povo no Templo de Iahweh. [14]Quando viu o rei de pé sobre o estrado, segundo o costume, os chefes e os tocadores de trombeta perto do rei, todo o povo da terra gritando de alegria e tocando as trombetas, Atalia rasgou suas vestes e bradou: "Traição! Traição!" [15]Então o sacerdote Joiada deu ordens aos centuriões da tropa: "Arrastai-a para fora, por entre as fileiras, e se alguém a seguir, passai-o ao fio da espada"; pois o sacerdote dissera: "Não a mateis dentro do Templo de Iahweh." [16]Agarraram-na e, quando ela chegou ao palácio real, na entrada da Porta dos Cavalos, foi morta nesse lugar.

---

a) Reconhecem-se, nesta história, dois relatos combinados. O primeiro (vv. 1-12 e 18b-20) atribui a queda de Atalia à ação dos sacerdotes, sustentados pela guarda real. O segundo (vv. 13-18a), incompleto, dá ao fato mais o caráter de movimento popular.
b) Conforme 2Cr 22,11, ela era esposa do sacerdote Joiada (v. 4), o que explica que tenha podido conservar Joás escondido no Templo (v. 3).
c) Chefe do sacerdócio de Jerusalém (12,8).
d) Mercenários originários da Ásia Menor. São distintos dos cereteus que não são mais mencionados depois de Salomão (1Rs 1,38). — "guardas", lit.: "corredores".
e) Tradução hipotética de termo único no AT. — O dispositivo parece implicar todas as forças, sem autorizar as licenças semanais; uma força, dividida em três terços em tempo ordinário, é mantida com uma nova missão: vigiar o Templo propriamente dito, no interior do qual outra força, as duas "seções", será encarregada da defesa próxima do jovem rei.
f) Sem dúvida, glosa proveniente do relato paralelo (2Cr 23,9), no qual a função dos guardas é exercida pelos levitas, que tinham necessidade de estar armados. — "as lanças", versões; "a lança", hebr.
g) O rei sai não mais de seu esconderijo (isso foi feito com os guardas, v. precedente), mas aparece em público, num dos átrios do Templo, de onde o povo poderá aclamá-lo.
h) Os reis de Judá recebiam, pois, no momento de sua sagração, um documento da aliança celebrada entre Iahweh e raça de Davi. Tem-se comparado com isso o "protocolo" redigido para os Faraós no momento de sua coroação. O mesmo termo

¹⁷Joiada concluiu entre Iahweh, o rei e o povo uma aliança pela qual o povo se comprometia a ser o povo de Iahweh; e a aliança entre o rei e o povo.ᵃ ¹⁸Todo o povo da terra dirigiu-se depois ao templo de Baal e o demoliu; quebraram totalmente os altares e as imagens e mataram Matã, sacerdote de Baal, diante dos altares.ᵇ

O sacerdote estabeleceu postos de vigilância no Templo de Iahweh. ¹⁹Depois reuniu os centuriões, os caritas, os guardas e todo o povo da terra. Fizeram o rei descer do Templo de Iahweh e entraram no palácio pela Porta dos Guardas. Joás sentou-se no trono dos reis. ²⁰Todo o povo da terra estava em festa e a cidade estava calma. Atalia fora morta pela espada no palácio real.

12 Reinado de Joás em Judá (835-796) —

‖ 2Cr 24,1-16

¹Joás tinha sete anos quando começou a reinar. ²No sétimo ano de Jeú, Joás tornou-se rei e reinou quarenta anos em Jerusalém; sua mãe chamava-se Sebias e era de Bersabeia. ³Joás fez o que é agradável aos olhos de Iahweh, durante toda a sua vida, pois o sacerdote Joiada o havia educado.ᶜ ⁴Contudo, os lugares altos não desapareceram e o povo continuava a oferecer sacrifícios e incenso sobre os lugares altos.

⁵Joás disse aos sacerdotes: "Todo o dinheiro das oferendas sagradas que for trazido ao Templo de Iahweh, o dinheiro das taxas pessoaisᵈ e todo o dinheiro oferecido espontaneamente ao Templo, ⁶recebam-no os sacerdotes, cada qual da mão dos seus conhecidos, e o empreguem no Templo, para fazer as restaurações necessárias."ᵉ ⁷Ora, no vigésimo terceiro ano do rei Joás, os sacerdotes não tinham ainda restaurado o Templo; ⁸então Joás chamou o sacerdote Joiada e os outros sacerdotes e disse-lhes: "Por que não restaurais o Templo? Doravante, não recebereis mais o dinheiro dos vossos conhecidos, mas o dareis para os reparos do Templo." ⁹Os sacerdotes concordaram em não mais receberem dinheiro do povo e em não serem mais os encarregados da restauração do Templo.

¹⁰Então o sacerdote Joiada tomou um cofre, fez-lhe um buraco na tampa e o colocou ao lado do altar, à direita de quem entrava no Templo de Iahweh, e os sacerdotes que guardavam os umbrais nele depositavam todo o dinheiro oferecido ao Templo de Iahweh. ¹¹Quando viam que havia muito dinheiro no cofre, subiam o secretário real e o sumo sacerdote, recolhiam e contavam o dinheiro que se achava no Templo de Iahweh. ¹²Uma vez conferido o dinheiro, era entregue aos empreiteiros contratados para as obras do Templo de Iahweh e estes o empregavam pagando aos carpinteiros e os construtores que trabalhavam no Templo de Iahweh, ¹³os pedreiros e escultores, e na compra de madeira e pedras de cantaria, destinadas à restauração do Templo de Iahweh; em suma, para todas as despesas de restauração do Templo. ¹⁴Mas não se faziam no Templo de Iahweh taças de prata, cutelos, bacias para aspersão, trombetas, nem objeto algum de ouro ou de prata, com o dinheiro que era oferecido; ¹⁵este era entregue aos empreiteiros, que o empregavam na restauração do Templo de Iahweh. ¹⁶Nem se pediam contas dos homens aos quais era entregue o dinheiro para dá-lo aos operários, porque agiam com honestidade. ¹⁷O dinheiro

em aramaico e em assírio significa "estipulação de aliança".
a) Estas últimas palavras são muitas vezes consideradas como adição; faltam em 2Cr 23,16. No entanto, a existência de um pacto entre o rei e o povo é indicada por 1Sm 10,25 (Saul); 2Sm 5,3 (Davi); 1Rs 12,1s (Roboão).
b) A revolução é paralela à de Jeú no reino do Norte (10,18-28).
c) E não: "durante todo o tempo em que o sacerdote lhe deu instruções", como se traduz às vezes para harmonizar com 2Cr 24,2.17s.
d) Texto incerto restabelecido conforme o grego. — O hebr. acrescenta aqui: "o dinheiro das pessoas que ele (o sacerdote?) estimou", glosa explicativa. — Essas taxas não são os impostos civis, mas somas devidas ao santuário.
e) Primeira disposição do rei: os sacerdotes pagarão com suas rendas as despesas da restauração do Templo.

oferecido pela expiação de um delito ou de um pecado não era destinado ao Templo de Iahweh, mas ficava para os sacerdotes. ¹⁸Então Hazael, rei de Aram, partiu para combater Gat e tomou-a; depois resolveu subir para atacar Jerusalém. ¹⁹Joás, rei de Judá, tomou todos os objetos que haviam consagrado os reis de Judá, seus pais, Josafá, Jorão e Ocozias, e também os que ele próprio havia consagrado, bem como todo o ouro que se encontrava nos tesouros do Templo de Iahweh e do palácio real, e enviou tudo isso a Hazael, rei de Aram, o qual se retirou de Jerusalém.

²⁰O resto da história de Joás e todos os seus feitos, não está tudo escrito no livro dos Anais dos reis de Judá? ²¹Seus oficiais sublevaram-se e fizeram uma conspiração; mataram Joás em Bet-Melo[a] na descida de Sila. ²²Jozacar,[b] filho de Semaat, e Jozabad, filho de Somer, o feriram e ele morreu. Foi sepultado com seus pais na Cidade de Davi, e seu filho Amasias reinou em seu lugar.

13

Reinado de Joacaz em Israel (814-798) — ¹No vigésimo terceiro ano de Joás, filho de Ocozias, rei de Judá, Joacaz, filho de Jeú, tornou-se rei sobre Israel em Samaria e reinou dezessete anos. ²Fez o mal aos olhos de Iahweh e imitou o pecado[c] ao qual Jeroboão, filho de Nabat, arrastou Israel e não se afastou dele.

³Então a ira de Iahweh se inflamou contra Israel e ele o entregou a Hazael, rei de Aram, e a Ben-Adad,[d] filho de Hazael, por todo aquele período. ⁴Mas Joacaz procurou aplacar a Iahweh e Iahweh o atendeu, porque viu a tirania com que o rei de Aram oprimia Israel. ⁵Iahweh deu a Israel um libertador; eles se libertaram[e] do poder de Aram, e os israelitas puderam de novo morar em suas tendas como antes. ⁶Todavia, não se apartaram do pecado ao qual a casa de Jeroboão havia arrastado Israel; obstinaram-se nele e até mesmo o poste sagrado permaneceu de pé em Samaria. ⁷Iahweh[f] só deixou como tropas a Joacaz cinquenta cavaleiros, dez carros e dez mil soldados de infantaria; o rei de Aram os havia exterminado e reduzido a pó que se calca aos pés.

⁸O resto de história de Joacaz, tudo o que fez e suas façanhas, não está tudo escrito no livro dos Anais dos reis de Israel? ⁹Joacaz adormeceu com seus pais e foi sepultado em Samaria, e seu filho Joás reinou em seu lugar.

Reinado de Joás em Israel (798-783) — ¹⁰No trigésimo sétimo ano de Joás, rei de Judá, Joás, filho de Joacaz, tornou-se rei sobre Israel em Samaria e reinou dezesseis anos. ¹¹Fez o mal aos olhos de Iahweh e não se afastou do pecado ao qual Jeroboão, filho de Nabat, havia arrastado Israel, mas obstinou-se nele.

¹²O resto da história de Joás, tudo o que fez e suas façanhas, a guerra que fez a Amasias, rei de Judá, não está tudo escrito no livro dos Anais dos reis de Israel? ¹³Joás adormeceu com seus pais e Jeroboão sucedeu-lhe no trono. Joás foi sepultado em Samaria, com os reis de Israel.

Morte de Eliseu — ¹⁴Quando Eliseu foi atingido pela doença da qual ia morrer, Joás, rei de Israel, desceu para visitá-lo e chorou sobre o seu rosto, dizendo: "Meu pai! meu Pai! Carro e cavalaria de Israel!" ¹⁵Disse-lhe Eliseu:

---

a) "A casa do Melo" (cf. 1Rs 9,15). No final, poder-se-ia compreender "quando ele descia a Sila"; este último lugar continua desconhecido.
b) Jozabad, segundo alguns mss.
c) "o pecado" no plural em hebr., mas o pronome que se refere a ele está no singular; o mesmo ocorre no v. 11.
d) Ben-Adad III, que será o adversário de Joás de Israel (v. 25).
e) Este libertador não é Joacaz, nem seu filho Joás, não obstante o v. 25, mas Jeroboão II (ver 14,27), que se inspira no redator que acrescentou os vv. 4-6 como uma antecipação.
f) O v. 7 se liga ao v. 3 por sobre a adição dos vv. 4-5. O sujeito, subentendido em hebr., é explicitado por causa da clareza.

"Vai buscar um arco e flechas"; e Joás foi buscar um arco e flechas. ¹⁶Eliseu disse ao rei de Israel: "Empunha o arco"; e ele o empunhou. Eliseu pôs as mãos sobre as maõs do rei, ¹⁷e disse: "Abre a janela do lado do oriente", e ele a abriu. Então Eliseu disse: "Atira"; e ele atirou. Eliseu disse: "Flecha de vitória para Iahweh! Flecha de vitória contra Aram! Vencerás Aram em Afec até o extermínio."[a]

¹⁸Depois disse Eliseu: "Toma as flechas"; e Joás tomou-as. Eliseu disse ao rei de Israel: "Fere a terra"; e ele deu três golpes e parou. ¹⁹Então o homem de Deus irritou-se contra ele e disse: "Era preciso dar cinco ou seis golpes! Então terias derrotado Aram até o extermínio; agora, porém, vencerás Aram apenas três vezes!"

²⁰Eliseu morreu e foi sepultado. Bandos de moabitas faziam incursões na terra todo ano.[b] ²¹Aconteceu que, enquanto alguns homens estavam sepultando um morto, avistaram um desses bandos; jogaram o corpo dentro do túmulo de Eliseu e partiram. O corpo tocou nos ossos de Eliseu, recobrou vida e pôs-se de pé.

Vitória sobre os arameus — ²²Hazael, rei de Aram, tinha oprimido os israelitas por todo o tempo em que vivera Joacaz. ²³Mas Iahweh lhes fez mercê e compadeceu-se deles. Voltou-se para eles por causa da aliança que fizera com Abraão, Isaac e Jacó; não os quis destruir e nem os rejeitou para longe de sua face até o presente. ²⁴Hazael, rei de Aram, morreu e seu filho Ben-Adad reinou em seu lugar. ²⁵Então Joás, filho de Joacaz, retomou das mãos de Ben-Adad, filho de Hazael, as cidades que Hazael tinha arrebatado de seu pai Joacaz na guerra. Joás os venceu três vezes e reconquistou as cidades de Israel.

VII. Os dois reinos até a tomada de Samaria

14 ***Reinado de Amasias em Judá (796-781)*** — ¹No segundo ano de Joás, filho de Joacaz, rei de Israel, Amasias, filho de Joás, tornou-se rei de Judá. ²Tinha vinte e cinco anos quando começou a reinar e reinou vinte e nove anos em Jerusalém. Sua mãe chamava-se Joaden e era de Jerusalém. ³Fez o que é agradável a Iahweh, mas não como seu pai Davi; em tudo imitou Joás, seu pai. ⁴No entanto, os lugares altos não desapareceram e o povo continuava a oferecer sacrifícios e incenso sobre os lugares altos.

⁵Logo que o poder real se consolidou em suas mãos, mandou matar aqueles seus oficiais que tinham assassinado o rei, seu pai. ⁶Mas não mandou matar os filhos dos assassinos, em obediência ao que está escrito no livro da lei de Moisés, onde Iahweh ordenou: *Os pais não serão mortos por causa dos seus filhos, nem os filhos serão mortos por causa dos pais; mas cada um morrerá por seu próprio crime.*

⁷Venceu os edomitas no Vale do Sal, num total de dez mil homens, e tomou de assalto a Rocha[c] e deu-lhe o nome de Jecetel, que ela conserva até hoje.

⁸Então Amasias enviou mensageiros a Joás, filho de Joacaz, filho de Jeú, rei de Israel, para lhe dizer: "Vem, para medirmos forças!" ⁹Joás, rei de Israel, mandou em resposta esta mensagem a Amasias, rei de Judá: "O espinheiro

---

a) Pondo sua mão sobre as do rei, Eliseu lhe comunica a força divina. A flecha atirada para o oriente é dirigida contra os arameus. A ação profética prefigura os acontecimentos e assim provoca sua realização (cf. Jr 18,1+).

b) "todo ano": *shanah beshanah*, conj.; hebr.: *ba'shanah*, corrompido. Poder-se-ia também compreender "no começo do ano seguinte".

c) Na Transjordânia. Não Petra, mas o sítio de Sela (em árabe Es-Sil'), mais ao norte.

do Líbano mandou dizer ao cedro do Líbano: 'Dá tua filha por esposa a meu filho', mas os animais selvagens do Líbano passaram e pisaram o espinheiro. ¹⁰Obtiveste uma vitória sobre Edom e teu coração se enche de orgulho! Celebra tua glória e fica em casa. Para que provocar a desgraça e causar tua ruína e a de Judá contigo?"

¹¹Mas Amasias não lhe deu ouvidos e Joás, rei de Israel, partiu para a guerra. Enfrentaram-se os dois, ele e Amasias, rei de Judá, em Bet-Sames, que pertence a Judá. ¹²Judá foi derrotado por Israel e cada um fugiu para sua tenda. ¹³Quanto ao rei de Judá, Amasias, filho de Joás, filho de Ocozias, o rei de Israel, Joás, fê-lo prisioneiro em Bet-Sames. Ele veio*ᵃ* a Jerusalém. Fez uma brecha de quatrocentos côvados na muralha de Jerusalém, desde a porta de Efraim até a porta do Ângulo.*ᵇ* ¹⁴Apoderou-se de todo o ouro e prata e de todos os objetos que se achavam no Templo de Iahweh e no tesouro do palácio real, além de reféns, e voltou para Samaria.

= 13,12-13

¹⁵O resto da história de Joás, tudo o que fez e suas façanhas, e a guerra que fez a Amasias, rei de Judá, não está tudo escrito no livro dos Anais dos reis de Israel? ¹⁶Joás adormeceu com seus pais e foi sepultado em Samaria, com os reis de Israel; Jeroboão, seu filho, reinou em seu lugar.

¹⁷Amasias, filho de Joás, rei de Judá, viveu ainda quinze anos depois da morte de Joás, filho de Joacaz, rei de Israel.

¹⁸O resto da história de Amasias não está escrito no livro dos Anais dos reis de Judá? ¹⁹Tramaram contra ele uma conspiração em Jerusalém; ele fugiu para Laquis, mas mandaram persegui-lo em Laquis e ali o mataram. ²⁰Transportaram seu corpo a cavalo e o enterraram em Jerusalém, junto de seus pais, na Cidade de Davi. ²¹Todo o povo de Judá escolheu Ozias,*ᶜ* que tinha dezesseis anos, e o constituiu rei em lugar de seu pai Amasias. ²²Foi ele que reconstruiu Elat*ᵈ* e a reconquistou para Judá, depois que o rei adormeceu com seus pais.

|| 2Cr 26,1-2

Reinado de Jeroboão II em Israel (783-743) — ²³No décimo quinto ano de Amasias, filho de Joás, rei de Judá, Jeroboão, filho de Joás, tornou-se rei de Israel, em Samaria; reinou quarenta e um anos. ²⁴Fez o mal aos olhos de Iahweh e não se afastou de todos os pecados aos quais Jeroboão, filho de Nabat, havia arrastado Israel.

²⁵Restabeleceu as fronteiras de Israel, desde a Entrada de Emat até o mar da Arabá, conforme Iahweh, Deus de Israel, havia dito por intermédio de seu servo, o profeta Jonas,*ᵉ* filho de Amati, que era de Gat-Ofer. ²⁶Pois Iahweh viu a amaríssima*ᶠ* aflição de Israel; não havia mais nem ligado nem livre, não havia quem socorresse Israel. ²⁷Iahweh não havia decidido apagar o nome de Israel de sob o céu e o salvou pela mão de Jeroboão, filho de Joás.

13,4-5

1Rs 14,10 +

²⁸O resto da história de Jeroboão, tudo o que fez e suas façanhas, as guerras que fez e como reconquistou Damasco e Emat para Judá e Israel, tudo isso não está escrito no livro dos Anais dos reis de Israel?*ᵍ* ²⁹Jeroboão

---

a) "e conduziu-o", versões, 2Cr 25,23; "e eles vieram", ketib — . "desde a porta", versões, Cr; "na porta", hebr.
b) É a muralha da colina ocidental (cf. 2Sm 5,9+). Ela será deslocada mais para o norte (2Cr 32,5), e é do lado de fora da nova "porta de Efraim" (Ne 8,16; 12,39) que se encontrarão o Calvário e o Túmulo de Cristo.
c) O texto o chama, aqui e a seguir diversas vezes, Azarias, mas a forma ordinária, fora de 2Rs, é Ozias.

Um poderia ser o nome recebido ao nascer, o outro o recebido ao ser coroado.
d) Bem perto de Asiongaber (1Rs 9,26-28+), e mais tarde confundida com essa cidade. Ela fora perdida no tempo de Jorão (2Rs 8,20-21).
e) A ele é atribuído, por pseudonímia, o livro de Jonas.
f) "amaríssima", grego; "rebelde", hebr.
g) Jeroboão é apresentado como restaurador do império de Davi e de Salomão, tendo Damasco e Emat o estatuto de reinos vassalos ou aliados. Este paralelo legitima a

adormeceu com seus pais,[a] com os reis de Israel, e seu filho Zacarias reinou em seu lugar.

15 Reinado de Ozias em Judá (781-740) — ¹No vigésimo sétimo ano de Jeroboão, rei de Israel, Ozias, filho de Amasias, tornou-se rei em Judá. ²Tinha dezesseis anos quando começou a reinar e reinou cinquenta e dois anos em Jerusalém; sua mãe chamava-se Jequelias e era de Jerusalém. ³Fez o que é agradável a Iahweh, como tudo o que fizera seu pai Amasias. ⁴Entretanto, os lugares altos não desapareceram e o povo continuava a oferecer sacrifícios e incenso nos lugares altos.

|| 2Cr 26,3.4.21-23

⁵Mas Iahweh castigou o rei e ele foi atacado de lepra até o dia de sua morte. Permaneceu confinado num quarto;[b] seu filho Joatão regia o palácio e administrava o povo.

1Rs 4,2 +

⁶O resto da história de Ozias e tudo o que fez não está escrito no livro dos Anais dos reis de Judá? ⁷Ozias adormeceu com seus pais, foi sepultado com seus pais na Cidade de Davi e seu filho Joatão tornou-se rei em seu lugar.

Reinado de Zacarias em Israel (743) — ⁸No trigésimo oitavo ano de Ozias, rei de Judá, Zacarias, filho de Jeroboão, tornou-se rei de Israel em Samaria e reinou seis meses. ⁹Fez o mal aos olhos de Iahweh, como fizeram seus pais, e não se afastou dos pecados aos quais Jeroboão, filho de Nabat, havia arrastado Israel.

¹⁰Selum, filho de Jabes, fez uma conspiração contra ele, feriu-o mortalmente diante do povo,[c] e tornou-se rei em seu lugar.

¹¹O resto da história de Zacarias está escrito no livro dos Anais dos reis de Israel. ¹²Realizou-se o que Iahweh havia dito a Jeú: "Teus filhos até a quarta geração se assentarão sobre o trono de Israel"; e assim aconteceu.

10,30

Reinado de Selum em Israel (743) — ¹³Selum, filho de Jabes, tornou-se rei no trigésimo nono ano de Ozias, rei de Judá, e reinou um mês em Samaria.

¹⁴Manaém, filho de Gadi, partiu de Tersa, entrou em Samaria, ali matou Selum, filho de Jabes, e tornou-se rei em seu lugar.

¹⁵O resto da história de Selum e a conspiração que ele tramou, tudo está escrito no livro dos Anais dos reis de Israel. ¹⁶Manaém devastou Tipsa[d] — matando todos os que lá estavam — e seu território desde Tersa, porque não lhe tinham aberto as portas; arrasou a cidade e rasgou o ventre de todas as mulheres grávidas.

8,12 +

Reinado de Manaém em Israel (743-738) — ¹⁷No trigésimo nono ano de Ozias, rei de Judá, Manaém, filho de Gadi, tornou-se rei em Israel e reinou dez anos em Samaria. ¹⁸Fez o mal aos olhos de Iahweh, não se afastando, durante sua vida,[e] dos pecados aos quais Jeroboão, filho de Nabat, havia arrastado Israel.

¹⁹Pul,[f] rei da Assíria, invadiu a terra. Manaém pagou a Pul mil talentos de prata para que o apoiasse e consolidasse o poder real em suas mãos. ²⁰Manaém requereu essa quantia de Israel, de todos os notáveis, para dá-la ao rei da Assíria, à razão de cinquenta siclos de prata por pessoa. Então o rei da Assíria se retirou, não permanecendo na terra.

---

menção de Judá, com a condição de ler "Judá e Israel" em lugar do hebr. "Judá em Israel". Pode-se contestar o valor histórico dessa informação, mas deve-se aceitar o texto (com exceção da pequena correção proposta).
a) Grego luc. acrescenta "foi sepultado em Samaria".
b) Tradução incerta. A expressão traduzida por "confinado num quarto" é única.
c) Tradução incerta; "em Jeblaam", grego luc.

d) Esta cidade, às margens do Eufrates, é inverossímil como finalidade da expedição de Manaém; ler com grego luc. "Tafua".
e) Lit.: "todos os seus dias"; grego "em seus dias", transportado para o início do v. seguinte.
f) Conforme os documentos assírio-babilônicos, *Pûlu* é o nome de coroação tomado por Teglat-Falasar III, rei da Assíria (745-727), quando assumiu o poder em

²¹O resto da história de Manaém e tudo o que fez, não está escrito no livro dos Anais dos reis de Israel? ²²Manaém adormeceu com seus pais e Faceias, seu filho, reinou em seu lugar.

Reinado de Faceias em Israel (738-737) — ²³No quinquagésimo ano de Ozias, rei de Judá, Faceias, filho de Manaém, tornou-se rei de Israel em Samaria, por dois anos. ²⁴Fez o mal aos olhos de Iahweh, não se afastando dos pecados aos quais Jeroboão, filho de Nabat, havia arrastado Israel.

²⁵Seu escudeiro Faceia, filho de Romelias, conspirou contra ele e assassinou-o em Samaria, na torre do palácio real, assim como Argob e Arié.[a] Tinha consigo cinquenta homens de Galaad. Matou o rei e reinou em seu lugar.

²⁶O resto da história de Faceias e tudo o que fez está escrito no livro dos Anais dos reis de Israel.

Reinado de Faceia em Israel (737-732) — ²⁷No quinquagésimo segundo ano de Ozias, rei de Judá, Faceia, filho de Romelias, tornou-se rei de Israel em Samaria e reinou vinte anos.[b] ²⁸Fez o mal aos olhos de Iahweh, não se afastando dos pecados aos quais Jeroboão, filho de Nabat, havia arrastado Israel.

²⁹No tempo de Faceia, rei de Israel, veio Teglat-Falasar, rei da Assíria, e tomou Aion, Abel-Bet-Maaca, Janoe, Cedes, Hasor, Galaad, Galileia e toda a terra de Neftali[c] e deportou seus habitantes para a Assíria.[d] ³⁰Oseias, filho de Ela, conspirou contra Faceia, filho de Romelias, feriu-o mortalmente e tornou-se rei em seu lugar, no vigésimo ano de Joatão, filho de Ozias.[e]

³¹O resto da história de Faceia e tudo o que ele fez está escrito no livro dos Anais dos reis de Israel.

|| 2Cr 27, 1-4.7-9

Reinado de Joatão em Judá (740-736) — ³²No segundo ano de Faceia, filho de Romelias, rei de Israel, Joatão, filho de Ozias, tornou-se rei de Judá. ³³Tinha vinte e cinco anos quando começou a reinar e reinou dezesseis anos[f] em Jerusalém; sua mãe chamava-se Jerusa e era filha de Sadoc. ³⁴Fez o que é agradável aos olhos de Iahweh, imitando em tudo a conduta de seu pai Ozias. ³⁵Entretanto, os lugares altos não desapareceram e o povo continuou a oferecer sacrifícios e incenso nos lugares altos.

Foi ele que construiu a Porta Superior do Templo de Iahweh.

³⁶O resto da história de Joatão, tudo o que fez, não está escrito no livro dos Anais dos reis de Judá? ³⁷Naqueles dias, Iahweh começou a mandar contra Judá, Rason,[g] rei de Aram, e Faceia, filho de Romelias. ³⁸Joatão adormeceu com seus pais, foi sepultado com seus pais na Cidade de Davi, seu antepassado, e seu filho Acaz tornou-se rei em seu lugar.

16

Reinado de Acaz em Judá (736-716) — ¹No décimo sétimo ano de Faceia, filho de Romelias, Acaz, filho de Joatão, tornou-se rei de Judá.

|| 2Cr 28,1-4

²Acaz tinha vinte anos quando começou a reinar e reinou dezesseis anos em Jerusalém. Não fez o que é agradável aos olhos de Iahweh, seu Deus, como havia

---

Babilônia em 729. — O tributo do v. 20 é mencionado nos textos assírios em conexão com a campanha desse rei na Síria, em 738.

a) Estes dois nomes apresentam problemas. Pode-se também supor que tivessem participado da conspiração "(com a ajuda de) Argob e Arié, e, com ele, cinquenta homens de...".

b) No máximo cinco anos, segundo datas comprovadas.

c) As cidades mencionadas ("todo o Neftali") foram conquistadas, de passagem, por Teglat-Falasar em sua expedição contra a Filisteia, em 734. A menção de Galaad e da Galileia junta a essas conquistas as da expedição de 733-732, dirigida principalmente contra Damasco.

d) Primeira deportação israelita.

e) Esta precisão falta no grego. É contradita pelo v. 33.

f) Se esse número é exato, ele abrange os anos de regência de Joatão (v. 5).

g) Rason (grego; hebr.: Resin) é o último rei de Damasco, antes da tomada da cidade pelos assírios (16,9). É a preparação da guerra que se desenrolará no tempo de Acaz (16,5-9).

feito Davi, seu antepassado. ³Imitou a conduta dos reis de Israel, e chegou a fazer passar seu filho pelo fogo, segundo os costumes abomináveis das nações que Iahweh havia expulsado de diante dos israelitas. ⁴Ofereceu sacrifícios e incenso nos lugares altos, nas colinas e debaixo de toda árvore verdejante.

⁵Então Rason, rei de Aram, e Faceia, filho de Romelias, rei de Israel, partiram para atacar Jerusalém, assediaram Acaz, mas não puderam vencê-lo.*ᵃ* ⁶Na mesma época, Rason, rei de Aram, reconquistou Elat para Edom, expulsou os judaítas de Elat, os edomitas a ocuparam e lá permanecem até hoje.*ᵇ* ⁷Então Acaz enviou mensageiros a Teglat-Falasar, rei da Assíria, para dizer-lhe: "Sou teu servo e teu filho.*ᶜ* Vem libertar-me das mãos do rei de Aram e do rei de Israel, que se insurgiram contra mim." ⁸Acaz tomou a prata e o ouro que havia no Templo de Iahweh e nos tesouros do palácio real e os enviou como presente ao rei da Assíria. ⁹O rei da Assíria atendeu seu pedido, subiu contra Damasco e apoderou-se dela; deportou seus habitantes para Quir e mandou matar Rason.*ᵈ*

¹⁰O rei Acaz foi a Damasco para encontrar-se com Teglat-Falasar, rei da Assíria, e viu o altar que havia em Damasco.*ᵉ* Então o rei Acaz mandou ao sacerdote Urias o modelo do altar e o desenho de toda a sua construção. ¹¹O sacerdote Urias construiu o altar, executando todas as instruções que o rei Acaz havia mandado de Damasco, antes que este voltasse de Damasco. ¹²Quando o rei Acaz chegou de Damasco, viu o altar, aproximou-se e subiu a ele. ¹³Fez queimar sobre o altar seu holocausto e suas oblações; derramou sua libação e espargiu o sangue dos seus sacrifícios de comunhão.*ᶠ* ¹⁴Quanto ao altar de bronze que estava diante de Iahweh,*ᵍ* mandou tirá-lo de diante do Templo, onde ele estava entre o novo altar e o Templo de Iahweh, e mandou colocá-lo junto ao novo altar, no lado norte. ¹⁵O rei Acaz deu esta ordem ao sacerdote Urias: "É sobre o altar grande que queimarás o holocausto da manhã e a oblação da tarde, o holocausto e a oblação do rei, o holocausto, a oblação e as libações de todo o povo; derramarás sobre ele todo o sangue dos holocaustos e dos sacrifícios. Quanto ao altar de bronze, competirá a mim determinar."*ʰ* ¹⁶O sacerdote Urias fez tudo o que lhe ordenara o rei Acaz.

¹⁷O rei Acaz reduziu a pedaços as base entalhadas, arrancou delas as bacias, mandou tirar o Mar de bronze de cima dos bois que o sustentavam e o colocou sobre um pavimento de pedras.*ⁱ* ¹⁸Em consideração para com o rei da Assíria, ele modificou, no Templo de Iahweh, o pórtico do sábado, que fora construído no Templo, e a entrada do rei, no exterior.*ʲ*

¹⁹O resto da história de Acaz, tudo o que fez, não está escrito no livro dos Anais dos reis de Judá? ²⁰Acaz adormeceu com seus pais, foi sepultado na Cidade de Davi e seu filho Ezequias reinou em seu lugar.

a) Esta guerra, que foi a ocasião das profecias de Is 7-8, tinha provavelmente por objetivo arrastar Judá a uma coalisão contra a Assíria.
b) Visto que a escritura hebraica tardia provoca frequentemente a confusão entre "r" e "d", o texto hebraico pode ter "Aram" em lugar de "Edom", o que é o caso presente; na sequência do v., qerê "edomitas", ketib "arameus". O rei arameu, por uma incursão no sul de Judá, permite aos edomitas essa reconquista.
c) Acaz declara-se vassalo de Teglat-Falasar (em 734). Mas, pagando assim pela proteção do estrangeiro, prepara a ruína do seu reino (cf. Is 8,5s).
d) Expedição de Teglat-Falasar contra Damasco (733-732).
e) Trata-se do grande altar do Templo de Damasco (5,18), e não de um altar erguido pelo exército de ocupação.
f) É o rei que consagra o altar, exercendo ele próprio as funções sacerdotais. Ele se reserva essa função de sacerdote em certas circunstâncias. O rei é também o administrador do Templo e o organizador do culto (ver já 12,5-17) e Urias é apresentado como um simples *funcionário real*.
g) É o altar instalado por Salomão (1Rs 8,64; 9,25) diante da entrada do Templo.
h) Tradução incerta. Lit.: "será para mim para examinar".
i) Texto atrapalhado no hebr. — Não se sabe se as mudanças efetuadas por Acaz correspondem a uma intenção cultual, ou se se destinam simplesmente a fornecer-lhe o bronze de que tem necessidade (para pagar seu tributo ao rei da Assíria?).
j) "pórtico", ou "galeria", não atestado em outro lugar; o rei dispunha de uma entrada particular (1Cr 9,18 "porta

17 Reinado de Oseias em Israel (732-724) —

¹No décimo segundo ano de Acaz, rei de Judá, Oseias, filho de Ela, tornou-se rei de Israel em Samaria e reinou nove anos. ²Fez o mal aos olhos de Iahweh, mas não como os reis de Israel seus predecessores.

³Salmanasar,ª rei da Assíria, marchou contra Oseias e este submeteu-se a ele, pagando-lhe tributo. ⁴Mas o rei da Assíria descobriu que Oseias o traía: é que este havia mandado mensageiros a Sô,ᵇ rei do Egito, e não tinha pago o tributo ao rei da Assíria, como o fazia todo ano. Então o rei da Assíria mandou encarcerá-lo e prendê-lo com grilhões.ᶜ

Tomada de Samaria (721) —

⁵Depois, o rei da Assíria invadiu toda a terra e pôs cerco a Samaria durante três anos. ⁶No nono ano de Oseias, o rei da Assíria tomou Samariaᵈ e deportou Israel para a Assíria, estabelecendo-o em Hala e às margens do Habor, rio de Goza,ᵉ e nas cidades dos medos.ᶠ

Reflexões sobre a ruína do reino de Israelᵍ —

⁷Isso aconteceu porque os israelitas pecaram contra Iahweh seu Deus, que os fizera subir da terra do Egito, libertando-os da opressão do Faraó, rei do Egito. Adoraram outros deuses ⁸e seguiram os costumes das nações que Iahweh havia expulsado de diante deles, e os costumesʰ estabelecidos pelos reis de Israel. ⁹Os israelitas proferiram palavras inconvenientes contra Iahweh seu Deus, construíram lugares altos em toda parte em que habitavam, desde as torres de vigia até as cidades fortificadas. ¹⁰Erigiram para si estelas e postes sagrados sobre toda colina elevada e debaixo de toda árvore verdejante. ¹¹Sacrificaram em todos os lugares altos, imitando as nações que Iahweh havia expulsado de diante deles, e cometeram ações más, provocando a ira de Iahweh. ¹²Prestaram culto aos ídolos, embora Iahweh lhes houvesse dito: "Vós não fareis tal coisa."

¹³No entanto, Iahweh tinha feito esta advertência a Israel e a Judá, por meio de todos os profetas e videntes: "Convertei-vos de vossa má conduta e observai meus mandamentos e meus estatutos, conforme toda a Lei que prescrevi a vossos pais e que lhes comuniquei por intermédio de meus servos, os profetas." ¹⁴Mas eles não obedeceram e endureceram a sua cerviz como o haviam feito seus pais, que não tinham acreditado em Iahweh seu Deus. ¹⁵Desprezaram seus estatutos, bem como a aliança que ele havia concluído com seus pais, e as ordens que lhes havia dado. Correndo atrás da Vaidade, eles próprios se tornaram vaidade, como as nações ao redor, apesar de Iahweh lhes ter ordenado que não agissem como elas. ¹⁶Rejeitaram todos os mandamentos de Iahweh seu Deus, fabricaram para si estátuas de metal

---

real"). O sentido dessas modificações nos escapa, pois a política religiosa dos assírios parece-nos tolerante. Um redator pode ter desejado assim explicar o que tinha sido feito independentemente do rei da Assíria.

a) Salmanasar V (727-722), sucessor de Teglat-Falasar III.

b) Nenhum rei do Egito tem esse nome. Pode-se compreender seja "Sewê", nome do general-chefe dos egípcios, segundo os Anais de Sargon II, seja "Sais", nome da capital no Delta, destinação natural dos mensageiros de Oseias.

c) Esta prisão de Oseias, que havia marchado ao *encontro* de Salmanasar ou que fugira de Samaria, coincidiu com o começo do cerco da cidade e marca o fim do reino (9° ano).

d) O cerco fora iniciado em 724 por Salmanasar. A cidade só foi tomada no início do reinado de seu sucessor, Sargon, sem dúvida no começo de 721. O "nono ano de Oseias" refere-se ao início do cerco.

e) Não longe de Harã, no extremo norte da Mesopotâmia.

f) A leste da Mesopotâmia. Os colonos israelitas substituíam ali os nativos que Teglat-Falasar havia deportado. A ação do livro de Tobias situa-se nesse quadro.

g) Estas reflexões não são de uma só procedência. Para o autor principal do livro, a grande falta de Israel é o cisma religioso (1Rs 12,26-33), "pecado original" recordado contra cada um dos reis de Israel e aqui nos vv. 7a e 21-23. Acrescentou-se uma exposição cheia de reminiscências do Dt e dos Profetas (sobretudo Jr), sobre o sincretismo religioso e os santuários locais (vv. 7b-18). Outra adição inclui Judá nesta reprovação (vv. 19-20).

h) Acrescentado para a clareza. Este fim de v., que se liga mal ao que precede, poderia ser uma glosa (inspirada pelo v. 19?).

fundido, os dois bezerros de ouro, fizeram um poste sagrado, adoraram todo o exército do céu e prestaram culto a Baal. ¹⁷Fizeram passar pelo fogo seus filhos e filhas, praticaram a adivinhação e a feitiçaria, e venderam-se para fazer o mal na presença de Iahweh, provocando sua ira. ¹⁸Então Iahweh irritou-se sobremaneira contra Israel e arrojou-o para longe de sua face. Restou apenas a tribo de Judá.

¹⁹Judá tampouco guardou os mandamentos de Iahweh seu Deus; seguiu os estatutos que Israel praticava. ²⁰Por isso, Iahweh rejeitou toda a raça de Israel, humilhou-a e entregou-a aos saqueadores, e enfim baniu-a para longe de sua face. ²¹Ele, com efeito, havia separado Israel da casa de Davi e Israel tinha proclamado como rei Jeroboão, filho de Nabat; Jeroboão afastou Israel de Iahweh e levou-o a cometer um grande pecado. ²²Os israelitas imitaram todos os pecados que Jeroboão cometera e dele não se afastaram, ²³até que finalmente Iahweh baniu Israel de sua presença, como o havia anunciado por intermédio de seus servos, os profetas; deportou Israel para longe de sua terra, para a Assíria, onde está até hoje.

Colonizações na Samaria[a] — ²⁴O rei da Assíria mandou vir gente de Babilônia, de Cuta, de Ava, de Emat e de Sefarvaim, e estabeleceu-os nas cidades da Samaria, em lugar dos israelitas; tomaram posse da Samaria e fixaram-se em suas cidades.

²⁵Quando começaram a se instalar na terra, não veneravam Iahweh, e este mandou contra eles leões, que os matavam. ²⁶Disseram, pois, ao rei da Assíria: "As populações que deportaste para fixá-las nas cidades da Samaria não conhecem o ritual do deus da terra, e ele mandou leões contra elas. Os leões as matam porque elas não conhecem o ritual do deus da terra." ²⁷Então o rei da Assíria ordenou: "Mandai para lá um dos sacerdotes que deportastes,[b] que ele se estabeleça lá e lhes ensine o ritual do deus da terra." ²⁸Então veio um dos sacerdotes que haviam deportado de Samaria e se fixou em Betel; este ensinava-lhes como deviam venerar Iahweh.

²⁹Mas cada nação fabricou para si seus próprios deuses e os colocou nos templos dos lugares altos, que os samaritanos haviam feito; assim fez cada povo nas cidades em que habitou. ³⁰Os babilônios fizeram uma estátua de Sucot-Benot, os de Cuta, uma de Nergel, os de Emat, uma de Asima, ³¹os de Ava, uma de Nebaaz e uma de Tartac, e os de Sefarvaim queimavam seus filhos em honra de Adramelec e de Anamelec, deuses de Sefarvaim. ³²Prestavam culto também a Iahweh e dentre seus homens elegeram sacerdotes, que oficiavam para eles nos templos dos lugares altos. ³³Veneravam Iahweh e serviam a seus deuses, segundo o costume das nações de onde tinham sido deportados. ³⁴Seguem ainda hoje seus ritos antigos.

Não honravam Iahweh,[c] nem observavam suas regras e seus ritos, nem a lei e os mandamentos que Iahweh havia determinado aos filhos de Jacó, a quem dera o nome de Israel. ³⁵Iahweh concluíra com eles uma aliança e lhes havia dado esta ordem: "Não adorareis deuses estrangeiros,[d] nem vos prostrareis diante deles, não lhes prestareis culto e não lhes oferecereis sacrifícios. ³⁶Mas

---

a) Os vv. 24-28.41 dão visão simplificada do repovoamento do reino do Norte; supõem deportação total dos habitantes israelitas e englobam diversas colonizações sucessivas; nesse ambiente pagão, a persistência do culto javista é explicada pela história dos vv. 25-28. Os detalhes dos vv. 29-34a foram acrescentados durante o Exílio. O desenvolvimento dos vv. 34b-40 volta a falar das faltas que motivaram a ruína de Israel e estaria mais bem situado na primeira parte do capítulo.

b) Os verbos que seguem estão no plural em hebr., como se se guardasse a lembrança do retorno de diversos sacerdotes. Concordam com o início deste v. e o seguinte as versões e o grego luc.

c) Já não se trata dos pagãos, como nos vv. precedentes, e sim dos israelitas infiéis, como nos vv. 14s. Os vv. 34b-40 são adição que acumula fórmulas gerais sem ligação com a situação histórica.

d) Não é fato inconteste que a passagem vise aos samaritanos: estes nunca foram politeístas.

somente a Iahweh, que vos fez subir da terra do Egito pelo grande poder de seu braço estendido, é que deveis tributar vosso culto, adoração e sacrifícios. ³⁷Observareis os estatutos e as normas, a lei e os mandamentos que ele vos deu por escrito, a fim de que os guardeis para sempre, e não prestareis culto a outros deuses. ³⁸Não esqueçais a Aliança que concluí convosco e não presteis culto a deuses estrangeiros; ³⁹adorai somente a Iahweh, vosso Deus, e ele vos libertará da mão de todos os vossos inimigos." ⁴⁰Eles, porém, não obedeceram e continuam a seguir seu antigo rito.

⁴¹Assim, essas nações adoravam a Iahweh e prestavam culto a seus ídolos; seus filhos e seus netos continuam até hoje fazendo o que fizeram seus pais.

VIII. Últimos tempos do reino de Judá

1. EZEQUIAS, O PROFETA ISAÍAS E A ASSÍRIA

18 *Introdução ao reinado de Ezequias (716-687)* — ¹No terceiro ano de Oseias,ᵃ filho de Ela, rei de Israel, Ezequias, filho de Acaz, tornou-se rei em Judá. ²Tinha vinte e cinco anos quando começou a reinar e reinou vinte e nove anos em Jerusalém; sua mãe chamava-se Abi,ᵇ e era filha de Zacarias. ³Fez o que agrada aos olhos de Iahweh, imitando tudo o que fizera Davi, seu antepassado. ⁴Foi ele que aboliu os lugares altos, quebrou as estelas, cortou o poste sagradoᶜ e reduziu a pedaços a serpente de bronze que Moisés havia feito, pois os israelitas até então ofereciam-lhe incenso; chamavam-na Noestã.ᵈ

⁵Pôs sua confiança em Iahweh, Deus de Israel. Depois dele, não houve entre todos os reis de Judá quem se lhe pudesse comparar; e antes dele também não houve. ⁶Conservou-se fiel a Iahweh, sem jamais se afastar dele, e observou os mandamentos que Iahweh prescrevera a Moisés. ⁷Por isso, Iahweh esteve com ele e ele teve êxito em todos os seus empreendimentos. Revoltou-se contra o rei da Assíria e não mais lhe foi submisso.ᵉ ⁸Derrotou os filisteus até Gaza, devastando seu território, desde as torres de vigia até as cidades fortificadas.

Relembrando a queda de Samariaᶠ — ⁹No quarto ano de Ezequias, correspondente ao sétimo ano de Oseias, filho de Ela, rei de Israel, Salmanasar, rei da Assíria, atacou Samaria e a sitiou. ¹⁰No fim de três anos, conquistou-a. Foi no sexto ano de Ezequias, correspondente ao nono ano de Oseias, rei de Israel, que Samaria foi tomada. ¹¹O rei da Assíria deportou Israel para a Assíria e conduziu-o a Hala e às margens do Habor, rio de Gozã, e nas cidades dos medos. ¹²Isso aconteceu porque eles não obedeceram à palavra de Iahweh, seu Deus, e violaram sua Aliança, não obedeceram a tudo o que prescrevera Moisés, servo de Iahweh. Não o ouviram nem puseram em prática.

Invasão de Senaquerib — ¹³No décimo quarto ano do rei Ezequias, Senaquerib, rei da Assíria, subiu contra todas as cidades fortificadas de Judá e

---

a) Cronologia incerta.
b) Diminutivo de "Abia" (2Cr 29,1).
c) Em hebr. *asherah*, símbolo da deusa cananeia, esposa de El, compreendida a seguir como paredra de Baal, e logo rejeitada por ocasião das reformas.
— Por esta centralização do culto e esta luta contra a idolatria, Ezequias preludia a reforma deuteronomista de Josias (2Rs 23) e merece o elogio dos vv. 3 e 5-6.

d) Este nome próprio faz alusão à matéria do objeto, o "bronze" (*nehoshet*), e à sua forma de "serpente" (*nahash*). A imagem passava por ser aquela que Moisés tinha feito no deserto (Nm 21,8-9) e recebia culto idolátrico (Sb 16,6-7).
e) Seja em 711, ou preferivelmente após a morte de Sargon em 705.
f) Esta passagem retoma a informação de 17,5-6 e acrescenta uma reflexão no espírito de 17,7.

apoderou-se delas.*a* ¹⁴Então Ezequias, rei de Judá, mandou esta mensagem ao rei da Assíria, em Laquis: "Cometi um erro! Retira-te de mim e aceitarei as condições que me impuseres." O rei da Assíria exigiu de Ezequias, rei de Judá, trezentos talentos de prata e trinta talentos de ouro, ¹⁵e Ezequias entregou toda a prata que se achava no Templo de Iahweh e nos tesouros do palácio real. ¹⁶Então Ezequias mandou retirar o revestimento dos batentes e dos umbrais das portas do santuário de Iahweh, que...,*b* rei de Judá, havia revestido de metal, e o entregou ao rei da Assíria. | 1Rs 6,20-22

Missão do copeiro-mor — ¹⁷De Laquis, o rei da Assíria mandou ao rei Ezequias, em Jerusalém, o comandante-chefe, o grande eunuco, o copeiro-mor*c* com um forte contingente de homens. Eles subiram, portanto, e chegaram a Jerusalém. Tendo subido e chegado,*d* postaram-se perto do aqueduto do reservatório superior, que está no caminho do campo do Pisoeiro. ¹⁸Chamaram o rei; saíram ao seu encontro o chefe do palácio, Eliacim, filho de Helcias, o secretário Sobna e o arauto Joaé, filho de Asaf. ¹⁹O copeiro-mor lhes disse: "Dizei a Ezequias: Assim fala o grande rei, o rei da Assíria: Que confiança é essa em que tu te estribas? ²⁰Pensas que palavras vãs representam conselho e valentia para guerrear. Em que, pois, depões tua confiança, para te teres revoltado contra mim? ²¹Confias no apoio do Egito,*e* esse caniço quebrado, que penetra e fura a mão de quem nele se apoia; pois não passa disso o Faraó, rei do Egito, para todos os que nele confiam. ²²Dir-me-eis talvez: 'É em Iahweh, nosso Deus, que pomos nossa confiança', mas não foi dele que Ezequias destruiu os lugares altos e os altares, dizendo ao povo de Judá e de Jerusalém: 'Só diante deste altar, em Jerusalém, é que deveis vos prostrar'? ²³Pois bem! Aceita um desafio do meu senhor, o rei da Assíria: dar-te-ei dois mil cavalos, se puderes encontrar cavaleiros para montá-los! ²⁴Como conseguirás repelir um governador, um dos menores servos do meu senhor? Mas tu confiaste no Egito para ter carros e cavaleiros! ²⁵E então, foi porventura sem o consentimento de Iahweh que eu ataquei esta cidade para a destruir? Foi Iahweh que me disse: Ataca este país e devasta-o!" | 2Cr 32,9-19 Is 36,2-22 Is 7,3

1Rs 4,2 + Is 22,15-25

Is 30,1-7; 31,1-3 Ez 29,6-7

18,4

²⁶Eliacim, filho de Helcias, Sobna e Joaé disseram ao copeiro-mor: "Peço-te que fales a teus servos em aramaico,*f* pois nós o entendemos; não nos fales em judaico, aos ouvidos do povo que está sobre as muralhas." ²⁷Mas o copeiro-mor respondeu-lhes: "Foi a teu senhor e a ti que meu senhor mandou dizer essas coisas? Não foi antes ao povo, que está sentado sobre as muralhas e que está condenado, como vós, a comer seus excrementos e a beber a própria urina?"*g*

²⁸Então o copeiro-mor se pôs de pé e, gritando em alta voz, em língua judaica, disse: "Escutai a palavra do grande rei, o rei da Assíria. ²⁹Assim fala o rei: Não vos deixeis enganar por Ezequias, pois não poderá vos livrar da minha mão.*h* ³⁰Que Ezequias não alimente vossa confiança em Iahweh, dizendo: 'Cer-

---

a) A expedição de Senaquerib, filho e sucessor de Sargon, à Palestina, teve lugar em 701. A informação *pormenorizada que dela fornecem seus Anais* confirma as indicações dos vv. 13-16, mas nada contém que corresponda a 18,17-19,37, silenciando assim o fracasso final de Senaquerib. O texto bíblico contém dois relatos paralelos (18,17-19,9a e 19,36-37 por um lado e 19,9b-35, por outro), que contam de maneira um pouco diferente a mesma sucessão de fatos. Todo o conjunto de 18,13-19,37 foi retomado, com algumas variantes, em Is 36-37.
b) O texto traz o nome de Ezequias, que substituiu por inadvertência o nome de um rei anterior.
c) A narrativa paralela de Is 36,2 só menciona o copeiro-mor.
d) Lit.: "eles subiram e chegaram": a duplicata desses dois verbos é talvez acidental.
e) As tentativas de aliança com o Egito foram censuradas por Isaías.
f) O aramaico começava a se tornar a língua das relações internacionais no Oriente Médio; mais tarde será a língua comumente falada na Palestina, mas na época de Ezequias o povo só compreendia o "judaico", o hebraico falado em Jerusalém.
g) Expressão realista da fome à qual o cerco reduziria a cidade.
h) "da minha mão", versões; "de sua mão", hebr.

tamente Iahweh nos salvará, esta cidade não cairá nas mãos do rei da Assíria.' ³¹Não deis ouvidos a Ezequias, pois assim fala o rei da Assíria: Fazei as pazes comigo, rendei-vos, e cada qual poderá comer o fruto da sua vinha e da sua figueira e beber a água da sua cisterna, ³²até que eu venha para vos transportar para uma terra como a vossa, terra que produz trigo e vinho, terra de pão e de videiras, terra de azeite e de mel, para que possais viver e não morrer. Mas não deis ouvidos a Ezequias, que vos ilude, dizendo: 'Iahweh nos salvará!' ³³Acaso os deuses das nações puderam realmente livrar cada qual sua terra das mãos do rei da Assíria? ³⁴Onde estão os deuses de Emat e de Arfad? Onde estão os deuses de Sefarvaim, de Ana e de Ava?ᵃ Acaso eles livraram Samaria da minha mão?ᵇ ³⁵Dentre todos os deuses das nações, quais os que livraram sua terra da minha mão, para que Iahweh possa salvar Jerusalém?"

³⁶O povo guardou silêncio e não lhe respondeu nada, pois tal fora a ordem do rei: "Não lhe dareis resposta alguma." ³⁷O chefe do palácio, Eliacim, filho de Helcias, o secretário Sobna e o escriba Joaé, filho de Asaf, foram à presença do rei Ezequias, de vestes rasgadas, e lhe relataram as palavras do copeiro-mor.

19 Apelo ao profeta Isaías

¹Ao ouvir essas coisas, o rei Ezequias rasgou suas vestes, cobriu-se de pano de saco e foi ao Templo de Iahweh. ²Enviou o chefe do palácio, Eliacim, o secretário Sobna e os anciãos dos sacerdotes, cobertos de pano de saco, ao profeta Isaías, filho de Amós.ᶜ ³Estes lhe disseram: "Assim fala Ezequias: Hoje é um dia de angústia, de castigo e de opróbrio. Os filhos estão para nascer e não há força para os dar à luz.ᵈ ⁴Oxalá Iahweh, teu Deus, tenha ouvido todas as palavras do copeiro-mor, que o rei da Assíria, seu senhor, mandou para insultar o Deus vivo; oxalá Iahweh, teu Deus, dê o castigo merecido pelas palavras que ele ouviu! Faze uma prece em favor do resto que ainda subsiste."ᵉ

⁵Os ministros do rei Ezequias foram ter com Isaías, ⁶e este lhes disse: "Direis a vosso senhor: Assim fala Iahweh: Não tenhas medo das palavras que ouviste, das blasfêmias que os servos do rei da Assíria lançaram contra mim. ⁷Vou insuflar-lhe um espíritoᶠ e, ao ouvir certa notícia, voltará para sua terra e farei com que pereça pela espada em sua terra."

Partida do copeiro-mor — ⁸O copeiro-mor retirou-se e encontrou o rei da Assíria a ponto de combater contra Lebna. O copeiro-mor, com efeito, tinha ouvido dizer que o rei se retirara de Laquis, ⁹pois tinha recebido esta notícia a respeito de Taraca,ᵍ rei de Cuch: "Ele partiu para te fazer a guerra."

Carta de Senaquerib a Ezequias — Outra vez enviou Senaquerib mensageiros a Ezequias, para lhe dizer: ¹⁰"Assim falareis a Ezequias, rei de Judá: Que teu Deus, em quem confias, não te iluda, dizendo: 'Jerusalém não será entregue às mãos do rei da Assíria!' ¹¹Ouviste contar o que os reis da Assíria fizeram a todas as nações, destruindo-as completamente, e tu poderias escapar? ¹²Acaso seus deuses libertaram as nações que meus pais devastaram: Gozã, Harã, Resef

---

a) Sobre essas cidades sírias, ver 17,24. Elas tinham sido conquistadas pelos antecessores imediatos de Senaquerib.
b) Grego luc. acrescenta: "Onde estão os deuses da terra da Samaria?"
c) Ezequias recorre a Isaías como aos antigos reis de Israel e de Judá recorriam aos profetas, seus conselheiros de guerra, tais como Elias e Eliseu (cf. 1Rs 22,8s; 2Rs 1,9s; 3,11s; 6,8s etc.).
d) Sem dúvida, expressão proverbial de uma situação desesperadora.

e) A salvação de um "resto" do povo eleito é um dos temas da pregação de Isaías (cf. Is 4,3+ e aqui, vv. 30-31).
f) Não um Espírito pessoal, mas uma inspiração de Deus, que governa os corações.
g) ou Taharqa, Faraó da XXV dinastia, de origem etíope, de onde provém seu título de "rei de Cuch". Reinou de 690 a 664 e nasceu não antes de 715. Em 701, não era rei e nem tinha a idade necessária para comandar um exército. É forçoso admitir que a menção de Taraca é erro, devido à reputação de grande

e os edenitas que moravam em Telassar?*ª* ¹³Onde estão o rei de Emat, o rei de Arfad, o rei de Lair, de Sefarvaim, de Ana e de Ava?"

¹⁴Ezequias tomou a carta*ᵇ* das mãos dos mensageiros e leu-a. Depois subiu ao Templo de Iahweh e desdobrou-a diante de Iahweh. ¹⁵E Ezequias orou assim na presença de Iahweh: "Iahweh, Deus de Israel, que estás sentado sobre os querubins, tu és o único Deus de todos os reinos da terra, tu fizeste o céu e a terra. ¹⁶Inclina teus ouvidos, Iahweh, e escuta, abre teus olhos, Iahweh, e vê! Escuta as palavras de Senaquerib, que mandou emissários para insultar o Deus vivo. ¹⁷É verdade, Iahweh, os reis da Assíria devastaram as nações e sua terra, ¹⁸lançaram ao fogo seus deuses, pois aqueles não eram deuses, mas obras de mãos humanas, madeira e pedra; por isso puderam aniquilá-los. ¹⁹Mas agora, Iahweh, nosso Deus, livra-nos de sua mão, te suplico, e que todos os reinos da terra saibam que só tu és Deus, Iahweh!"

Intervenção de Isaías — ²⁰Então Isaías, filho de Amós, mandou dizer a Ezequias: "Assim fala Iahweh, Deus de Israel. Ouvi a súplica que me dirigiste a respeito de Senaquerib, rei da Assíria. ²¹Eis o oráculo que Iahweh pronunciou contra ele:*ᶜ*

> Despreza-te, zomba de ti
> a virgem, filha de Sião.
> Atrás de ti meneia a cabeça
> a filha de Jerusalém.
> ²² A quem insultaste, blasfemaste?
> Contra quem elevaste a voz
> e olhaste com desprezo?
> Contra o Santo de Israel!
> ²³ Por teus mensageiros, insultaste o Senhor.
> Disseste: 'Com os meus numerosos carros
> galguei os cimos dos montes,
> os píncaros do Líbano.
> Cortei*ᵈ* os seus cedros mais altos
> e seus mais belos ciprestes.
> Atingi seu último abrigo,
> o bosque de seu pomar.
> ²⁴ Cavei e bebi as águas estrangeiras,
> sequei com a planta dos meus pés
> todos os rios do Egito!'*ᵉ*
> ²⁵ Estás ouvindo?
> Há muito tempo preparei isso,
> desde tempos remotos o decidi,
> e agora o realizo.
> Tua missão foi reduzir a montes de ruínas cidades fortificadas.
> ²⁶ Seus habitantes, com as mãos fracas,
> espantados e confusos,
> eram como a erva do campo,
> como a grama verdejante,
> como as ervas dos telhados e o trigo doente antes de crescer.

---

conquistador que lhe foi feita.
a) Nome desconhecido; ler, sem dúvida, Tellbasar, sobre o Médio-Eufrates.
b) "a carta", grego luc.; "as cartas", hebr.
c) Este poema, isaiano pelo estilo, foi retocado por um discípulo do profeta. Dos três oráculos aqui recolhidos, só o terceiro (vv. 32-34) refere-se diretamente à libertação de 701.
d) Nos vv. 23-25, os verbos estão no passado, conforme o grego; no hebr. eles estão no futuro.
e) Na realidade, o primeiro rei assírio que invadiu o Egito foi Asaradon, sucessor de Senaquerib.

Sl 139,2-3
²⁷ Eu sei quando te assentas,
quando sais e quando entras,
e quando ficas furioso contra mim.
²⁸ Porque ficaste furioso contra mim,
e tua insolência chegou até meus ouvidos,
passarei meu anel em tuas narinas
e meu freio entre teus lábios,
far-te-ei voltar pelo caminho
por onde vieste.

1Sm 14,10 +
²⁹ Isto te servirá de sinal:[a]
Neste ano comerás o grão que caiu,
no ano que vem, do grão que germinar por si só,
mas no terceiro ano, semeai e colhei,
plantai vinhas e comei de seu fruto.
³⁰ O resto sobrevivente da casa de Judá
produzirá novas raízes embaixo
e novos frutos em cima.

Dt 4,24 +
³¹ Pois de Jerusalém sairá um resto,
e do monte Sião, sobreviventes.
Eis o que fará o zelo de Iahweh dos Exércitos!
³² Eis, pois, o que diz Iahweh sobre o rei da Assíria:
Ele não há de entrar nesta cidade,
nela não lançará flecha,
não empunhará escudo contra ela,
nem acumulará contra ela os terraplenos.
³³ Por onde veio, voltará,
não entrará nesta cidade, oráculo de Iahweh.

2Sm 7,12-17+
Os 1,7 +
³⁴ Protegerei esta cidade e a salvarei
em atenção a mim mesmo e a meu servo Davi."

|| 2Cr 32,21-22
|| Is 37,36-38
Eclo 48,21

Fracasso e morte de Senaquerib — ³⁵Naquela mesma noite, saiu o Anjo de Iahweh e exterminou no acampamento assírio cento e oitenta e cinco mil homens. De manhã, ao despertar, só havia cadáveres.[b]

³⁶Senaquerib, rei da Assíria, levantou o acampamento e partiu. Voltou para Nínive e aí permaneceu. ³⁷Certo dia, estando ele a adorar no templo de Nesroc,[c] seu deus, Adramelec e Sarasar[d] mataram-no a espada e fugiram para a terra de Ararat. Asaradon, seu filho, reinou em seu lugar.

20

|| 2Cr 32,24
|| Is 38,1-6
21,22,7-8

Doença e cura de Ezequias[e] — ¹Naquela época,[f] Ezequias foi atingido por uma doença mortal. O profeta Isaías, filho de Amós, veio dizer-lhe: "Assim fala Iahweh: Põe ordem em tua casa, porque vais morrer, não sobreviverás. ²Ezequias virou o rosto para a parede e assim orou a Iahweh:

---

a) Isaías dirige-se a Ezequias. A interpretação do "sinal" é difícil: durante dois anos pode-se ficar sem semear e come-se primeiro o que produz a semente caída quando da colheita anterior, e depois o que a terra dá espontaneamente; mas Senaquerib não ficou nem um ano na Palestina e a libertação vai ser imediata (v. 35). Ou o oráculo foi pronunciado em outra circunstância, ou então a sua lição é muito geral: depois dos maus dias vem a prosperidade.
b) O exército assírio é dizimado por um castigo de Deus, talvez uma peste, se a narrativa se inspira em Heródoto (Senaquerib atacando o Egito, cf. 2Sm 24,15s).
c) "Nesroc" é desconhecido; provavelmente deformação de um nome divino, Ninurta ou Nusku. Com efeito, Senaquerib foi assassinado em 681.
d) Versões e Is 37,38 precisam "seus filhos"; esses nomes são desconhecidos pelos Anais.
e) Este cap. 20 é repetido em Is 38-39, com um texto mais curto, com uma ordem de vv. às vezes diferente e com a adição do cântico de Ezequias.
f) Indicação cronológica vaga. Se Ezequias morreu em 687, os quinze anos do v. 6 indicariam o tempo que precede imediatamente a invasão de Senaquerib, à qual faz alusão o final do mesmo v. Esta data parece confirmada por aquela que se pode dar para a embaixada de Merodac-Baladã, que o v. 12 põe em relação com a cura do rei.

³"Ah! Iahweh, lembra-te, por favor, de como andei fielmente e com toda probidade de coração diante de ti, fazendo o que era agradável aos teus olhos." E Ezequias chorou abundantes lágrimas.

⁴Isaías não tinha ainda deixado o meio da cidade,ᵃ quando lhe veio a palavra de Iahweh: ⁵"Volta e dize a Ezequias, chefe do meu povo: Assim fala Iahweh, Deus de teu antepassado Davi. Escutei tua prece e vi tuas lágrimas. Vou curar-te: em três dias subirás ao Templo de Iahweh. ⁶Acrescentarei quinze anos à tua vida, livrar-te-ei, a ti e a esta cidade, da mão do rei da Assíria, protegerei esta cidade por amor de mim mesmo e do meu servo Davi."

⁷Isaías disse: "Tomai um pão de figos"; tomaram um e o aplicaram sobre a úlcera e o rei ficou curado.

⁸ᵇEzequias disse a Isaías: "Qual é o sinal de que Iahweh vai me curar e de que, dentro de três dias, subirei ao Templo de Iahweh?" ⁹Isaías respondeu: "Eis, da parte de Iahweh, o sinal de que ele realizará o que disse: Queres que a sombra avanceᶜ dez degraus ou que retroceda dez degraus?" ¹⁰Ezequias disse: "Avançar dez degraus é fácil para a sombra! Não! Prefiro que ela recue dez degraus!" ¹¹O profeta Isaías invocou Iahweh e este fez a sombra recuar os degraus que tinha descido nos degraus de Acaz — dez degraus para trás.ᵈ

Embaixada de Merodac-Baladã — ¹²Naquele tempo, Merodac-Baladã,ᵉ filho de Baladã, rei da Babilônia, mandou cartas e um presente a Ezequias, pois ouvira falar que Ezequias estivera doente.ᶠ ¹³Ezequias ouviu os mensageirosᵍ e lhes mostrou o quarto do tesouro, a prata, o ouro, os aromas, o óleo precioso, bem como seu arsenal e tudo e que havia nos seus armazéns. Não houve nada no seu palácio ou em todo o seu reino que Ezequias não lhes mostrasse.

¹⁴Então o profeta Isaías foi ter com o rei Ezequias e perguntou-lhe: "Que disseram aqueles homens e de onde vieram para te visitar?" Ezequias respondeu: "Vieram de um país longínquo, da Babilônia." ¹⁵E Isaías continuou: "Que é que viram em teu palácio?" Ezequias respondeu: "Viram tudo o que há no meu palácio; nada há nos meus armazéns que eu não lhes tenha mostrado."

¹⁶Então Isaías disse a Ezequias: "Escuta a palavra de Iahweh: ¹⁷Dias virão em que será levado para Babilônia tudo quanto existe em teu palácio, tudo o que teus antepassados acumularam até hoje; nada ficará, diz Iahweh. ¹⁸Dentre os filhos que te nasceram, os que geraste, tomarão alguns para ser eunucos no palácio do rei de Babilônia." ¹⁹Ezequias disse a Isaías: "É favorável a palavra de Iahweh que anuncias." Com efeito, ele pensava: "Por que não? Se houver paz e segurança enquanto eu for vivo."ʰ

Conclusão do reinado de Ezequias — ²⁰O resto da história de Ezequias, todas as suas façanhas, e como construiu o reservatório e o aqueduto para levar água à cidade,ⁱ não está tudo escrito no livro dos Anais dos reis de

---

a) Versões e qerê: "do pátio (central)".
b) A ordem dos acontecimentos supõe que o v. 7 siga o v. 11, ou que seja considerado como proveniente de outra fonte. A mesma coisa em Is 38,21-22.
c) "Queres que a sombra avance", conj.; "A sombra avançou", hebr.
d) Texto redudante. Is 38,8 precisa (grego e sir.) que é o "sol" que recuou sobre os degraus. O manuscrito de Is de Qumrã compreende "os degraus do quarto superior de Acaz"; não se trata de um quadrante solar, mas de uma escada (ao menos na interpretação de Qumrã).
e) Em assírio: Marduk-apal-iddina ("Marduc deu um filho"), herói da independência babilônica contra a Assíria. Reinou em Babilônia, primeiro de 721 a 710, depois em 703 durante 9 meses. Foi provavelmente então que ele buscou em Ezequias um aliado contra a Assíria.
f) Is 39,1 menciona o "restabelecimento" do rei.
g) "os mensageiros", complemento explicitado pelo sentido (hebr. "ouviu-os"); versões e Is 39,2 têm "alegrou-se a seu respeito".
h) Isaías prediz o saque de Jerusalém e a deportação de sua nobreza (cf. 24,13s). Ezequias conclui daí que pelo menos seus dias serão tranquilos; mas a segunda metade do v., ausente de uma parte do grego, talvez seja uma glosa. A resposta de Ezequias teria apenas expresso sua resignação.
i) A fonte de Gion (1Rs 1,33) ficava fora da cidade. Ezequias mandou cavar na rocha um túnel para de lá conduzir a água à piscina chamada de Siloé (Jo 9,7), o "reservatório" de Is 22,11 e Eclo 48,17, no interior das muralhas. Este canal substituía outro, mais antigo, cavado em parte a céu aberto no lado oriental do monte Sião, e que levava as águas a outra piscina, situada um pouco mais abaixo que a piscina de Siloé (Is 7,3; 2Rs 18,17 = Is 36,2; Is 22,9).

2. DOIS REIS CONTROVERTIDOS

21 **Reinado de Manassés em Judá (687-642)** — ¹Manassés tinha doze anos quando começou a reinar e reinou cinquenta e cinco anos*ᵃ* em Jerusalém; sua mãe chamava-se Hafsiba. ²Ele fez o mal aos olhos de Iahweh, imitando as abominações das nações que Iahweh havia expulsado de diante dos israelitas. ³Reconstruiu os lugares altos que Ezequias, seu pai, havia destruído, ergueu altares a Baal, fabricou um poste sagrado,*ᵇ* como havia feito Acab, rei de Israel, e prostrou-se diante de todo o exército do céu e lhe prestou culto. ⁴Construiu altares no Templo de Iahweh, do qual Iahweh dissera: "É em Jerusalém que colocarei meu Nome." ⁵Edificou altares para todo o exército do céu nos dois pátios do Templo de Iahweh. ⁶Fez passar seu filho pelo fogo. Praticou encantamentos e a adivinhação, estabeleceu necromantes e adivinhos e multiplicou as ações que Iahweh considera más, provocando assim sua ira. ⁷Colocou o ídolo de Aserá,*ᶜ* que mandara esculpir, no Templo, do qual Iahweh dissera a Davi e a seu filho Salomão: "Neste Templo e em Jerusalém, cidade que escolhi entre todas as tribos de Israel, colocarei meu Nome para sempre. ⁸Não mais farei com que o pé de Israel vagueie longe da terra que dei a seus pais, contanto que se dediquem a praticar tudo quanto lhes ordenei, segundo toda a Lei que meu servo Moisés determinou para eles."*ᵈ* ⁹Mas eles não obedeceram, Manassés os corrompeu, a tal ponto que fizeram mais mal que as nações que Iahweh havia exterminado diante dos israelitas.

¹⁰Então Iahweh falou, por intermédio dos seus servos, os profetas, dizendo: ¹¹"Já que Manassés, rei de Judá, cometeu essas abominações, procedendo ainda pior que tudo o que tinham feito antes dele os amorreus, e fez pecar também Judá com seus ídolos, ¹²assim fala Iahweh, Deus de Israel: Eis que faço cair sobre Jerusalém e sobre Judá uma desgraça tal, que fará retinir os dois ouvidos de todos que dela ouvirem falar. ¹³Passarei sobre Jerusalém o mesmo cordel que passei sobre Samaria, o mesmo nível que usei para a casa de Acab; limparei Jerusalém como se limpa um prato, que se vira para baixo depois de haver limpado.*ᵉ* ¹⁴Abandonarei os restos de minha herança,*ᶠ* entregá-los-ei nas mãos de seus inimigos, e eles servirão de presa e de espólio a todos os seus inimigos, ¹⁵porque fizeram o mal aos meus olhos e provocaram minha ira, desde o dia em que seus pais saíram do Egito até hoje."

¹⁶Manassés derramou também o sangue inocente em quantidade tão grande, que inundou Jerusalém de um lado a outro,*ᵍ* sem falar nos pecados que fez Judá cometer, procedendo mal aos olhos de Iahweh.

¹⁷O resto da história de Manassés, tudo o que fez, os pecados que cometeu, não está tudo escrito no livro dos Anais dos reis de Judá? ¹⁸Manassés adorme-

---

a) Número provavelmente aumentado de dez anos.
b) Lit.: "uma asherah", como frequentemente em outros lugares.
c) Aqui uma imagem da deusa cananeia Aserá, não um dos postes sagrados que trazem seu nome (Ex 34,13+). A enumeração dos desvios de Manassés, estereotipada segundo a ideologia deuteronomista, não implica a historicidade de tais comportamentos (principalmente sacrifícios humanos).
d) Alusão ao Deuteronômio, ao qual toda essa passagem se refere (cf. Dt 17,3; 18,9-14; 12,5.29s).
e) "que se vira... limpado", conj.; "ele virou... e limpou", hebr.
f) Depois da ruína do reino do Norte, os judeus são o resto (cf. Is 4,3+) do povo eleito, herança de Iahweh.
g) Segundo a tradição judaica, Isaías foi uma das vítimas dessa perseguição.

ceu com seus pais e foi sepultado no jardim de seu palácio, o jardim de Oza; seu filho Amon reinou em seu lugar.

Reinado de Amon em Judá (642-640) — ¹⁹Amon tinha vinte e dois anos quando começou a reinar e reinou dois anos em Jerusalém; sua mãe chamava-se Mesalemet; era filha de Harus e natural de Jeteba. ²⁰Ele fez o mal aos olhos de Iahweh, como havia feito seu pai Manassés. ²¹Seguiu em tudo a conduta de seu pai, prestou culto aos ídolos que ele havia servido e prostrou-se diante deles. ²²Abandonou Iahweh, Deus de seus pais, e não seguiu o caminho de Iahweh. ∥ 2Cr 33,21-25

²³Os servos de Amon conspiraram contra ele e mataram o rei no seu palácio. ²⁴Mas o povo da terra*ᵃ* matou todos os que haviam conspirado contra o rei Amon e proclamou rei em seu lugar seu filho Josias.

²⁵O resto da história de Amon, tudo o que fez, não está escrito no livro dos Anais dos reis de Judá? ²⁶Sepultaram-no no seu túmulo, no jardim de Oza, e seu filho Josias reinou em seu lugar.

3. JOSIAS E A REFORMA RELIGIOSA

22 ***Introdução ao reinado de Josias (640-609)*** — ¹Josias tinha oito anos quando começou a reinar e reinou trinta e um anos em Jerusalém; sua mãe chamava-se Idida, era filha de Hadaia e natural de Besecat. ²Fez o que é agradável aos olhos de Iahweh e imitou em tudo a conduta de seu antepassado Davi, sem se desviar para a direita nem para a esquerda. ∥ 2Cr 34,1-2

Descoberta do livro da Lei — ³No décimo oitavo ano de Josias, o rei mandou o secretário Safã, filho de Aslias, filho de Mesolam, ao Templo de Iahweh, ordenando: ⁴"Vai ter com o sumo sacerdote Helcias, para que ele faça a conta do dinheiro que foi oferecido ao Templo de Iahweh e que os guardas da porta recolherem do povo. ⁵Que ele o entregue aos empreiteiros encarregados do Templo de Iahweh, para que estes o deem aos operários que trabalham nas restaurações no Templo de Iahweh, ⁶aos carpinteiros, aos construtores e aos pedreiros, e o utilizem na compra de madeira e de pedras talhadas destinadas à restauração do Templo. ⁷Mas não se lhes peçam contas do dinheiro que lhes for entregue, pois agem com honestidade." ∥ 2Cr 34,8-18

12,11-16

⁸O sumo sacerdote Helcias disse ao secretário Safã: "Achei o livro da Lei no Templo de Iahweh."*ᵇ* Helcias deu o livro a Safã, que o leu. ⁹O secretário Safã veio ter com o rei e informou-lhe: "Teus servos depositaram o dinheiro que se achava no Templo e entregaram-no aos empreiteiros encarregados do Templo de Iahweh." ¹⁰Depois o secretário Safã anunciou ao rei: "O sacerdote Helcias deu-me um livro", e Safã leu-o diante do rei.

Consulta à profetisa Hulda — ¹¹Ao ouvir as palavras contidas no livro da Lei, o rei rasgou as vestes. ¹²Ordenou ao sacerdote Helcias, a Aicam, filho de Safã, a Acobor, filho de Micas, ao secretário Safã e a Asaías, ministro do rei: ¹³"Ide consultar Iahweh por mim, pelo povo e por todo Judá a respeito das palavras deste livro que acaba de ser encontrado. Grande deve ser a ira de Iahweh, que se inflamou contra nós porque ∥ 2Cr 34, 19-28

---

a) Mesma fidelidade do "povo da terra" à linhagem davídica em 1,20 e 14,21 (cf. 11,18+).
b) Este "livro da Lei", chamado "livro da Aliança" em 23,2.21, pode ser o Deuteronômio, ao menos sua seção legislativa, cujas prescrições comandarão a reforma que se vai efetuar. É o documento da Aliança com Iahweh, talvez redigido em relação com a reforma de Ezequias (18,4) e escondido, ou perdido, ou esquecido. O fenômeno subjacente seria a apropriação por Jerusalém de tradições religiosas cuja origem poderiam ser os círculos proféticos do Norte.

nossos pais não obedeceram às palavras deste livro, praticando tudo o que nele está escrito para nós."

¹⁴O sacerdote Helcias, Aicam, Acobor, Safã e Asaías foram ter com a profetisa Hulda,*ᵃ* mulher de Selum, filho de Tícua, filho de Haraas, guarda dos vestiários; ela morava em Jerusalém, na cidade nova. Expuseram-lhe a questão ¹⁵e ela lhes respondeu: "Assim fala Iahweh, Deus de Israel. Dizei ao homem que vos enviou a mim: ¹⁶'Assim fala Iahweh: Eis que estou para fazer cair a desgraça sobre este lugar e sobre os seus habitantes, tudo o que diz o livro que o rei de Judá acaba de ler, ¹⁷porque me abandonaram e sacrificaram a outros deuses, para me irritar com suas ações. Minha ira se inflamou contra esse lugar e ela não se aplacará.' ¹⁸E direis ao rei de Judá que vos enviou para consultar Iahweh: "Assim fala Iahweh, Deus de Israel: As palavras que ouviste..."*ᵇ* ¹⁹Mas porque teu coração se comoveu e te humilhaste diante de Iahweh, ouvindo as palavras que pronunciei contra este lugar e seus habitantes, que se tornarão objeto de espanto e de maldição, e porque rasgaste as vestes e choraste diante de mim, eu também te ouvi, oráculo de Iahweh. ²⁰Por isso te reunirei a teus pais, serás deposto em paz nos vossos sepulcros,*ᶜ* e teus olhos não verão todos os males que vou mandar sobre este lugar." Eles levaram ao rei essa resposta.

|| 2Cr 34,29-31

23 *Leitura solene da Lei* — ¹Então o rei mandou reunir junto de si todos os anciãos de Judá e de Jerusalém, ²e o rei subiu ao Templo de Iahweh com todos os homens de Judá e todos os habitantes de Jerusalém, os sacerdotes e os profetas e todo o povo, do maior ao menor. Leu diante deles todo o conteúdo do livro da Aliança*ᵈ* encontrado no Templo de Iahweh. ³O rei estava de pé sobre o estrado e concluiu diante de Iahweh a Aliança que o obrigava a seguir Iahweh e a guardar seus mandamentos, seus testemunhos e seus estatutos de todo o seu coração e de toda a sua alma, para pôr em prática as cláusulas da Aliança escritas neste livro. Todo o povo aderiu à Aliança.

2Cr 34,3-5
21,3.7

Reforma religiosa em Judá — ⁴O rei ordenou a Helcias, o sumo sacerdote, aos sacerdotes*ᵉ* que ocupavam o segundo lugar e aos guardas das portas que retirassem do santuário de Iahweh todos os objetos de culto que tinham sido feitos para Baal, para Aserá e para todo o exército do céu; queimou-os fora de Jerusalém, nos campos do Cedron e levou suas cinzas para Betel. ⁵Destituiu os falsos sacerdotes que os reis de Judá haviam estabelecido e que ofereciam sacrifícios*ᶠ* nos lugares altos, nas cidades de Judá e nos arredores de Jerusalém, e os que ofereciam sacrifícios a Baal, ao sol, à lua, às constelações e a todo o exército do céu.*ᵍ* ⁶Transportou do Templo de Iahweh para fora de Jerusalém, para o vale do Cedron, o poste sagrado e queimou-o no vale do Cedron; reduziu-o a cinzas e lançou suas cinzas na vala comum.*ʰ* ⁷Demoliu as casas dos prostitutos sagrados, que estavam no Templo de Iahweh, onde as mulheres teciam véus*ⁱ* para Aserá.

Dt 17,3

1Rs 14,23
Dt 16,21 +
1Rs 14,24
Dt 23,18-19 +

Dt 12,2 +

⁸Mandou vir das cidades de Judá todos os sacerdotes e profanou os lugares altos onde esses sacerdotes haviam oferecido sacrifícios, desde Gaba até Bersabeia.*ʲ* Demoliu os lugares altos das portas, que se achavam à entrada da

---

a) Essa profetisa não é conhecida por outros textos.
b) Frase interrompida. Pode-se suprir: "cumprir-se-ão".
c) Este relato foi composto antes da morte trágica de Josias (23,29-30).
d) Cf. 22,8+. O Dt se apresenta como sendo ele próprio o código da Aliança com Iahweh (Dt 5,2; 28,69).
e) Os guardas das portas (cf. 2Rs 12,10) ocupavam também uma posição elevada no sacerdócio. Cf. ainda 25,18.
f) "e que ofereciam sacrifícios", grego, Targ.; "ele oferecia sacrifícios", hebr.

g) Os vv. 4b-5 podem ser uma adição.
h) Lit.: "o sepulcro dos filhos do povo".
i) "véus": *baddîm*, conj.; "casas" *batîm*, hebr. Poder-se-ia igualmente compreender "vestes" segundo o grego *chettein* (aproximado de *ketin*, o linho, segundo o assírio-babilônico *kitu*; cf. o hebr. *ketonet*, "túnica").
j) Com o uso da força, Josias centraliza em Jerusalém o culto de todo o território de Judá, segundo a lei da unidade de santuário (Dt 12). Esses "lugares altos" (1Rs 3,2) são santuários de Iahweh, condenados somente porque transgridem essa lei.

porta de Josué, governador da cidade, à esquerda de quem entra na porta da cidade. ⁹Mas os sacerdotes dos lugares altos não podiam subir ao altar de Iahweh em Jerusalém; comiam, porém, pães sem fermento no meio de seus irmãos.*ª* ¹⁰O rei profanou o Tofet*ᵇ* do vale de Ben-Enom, para que ninguém mais pudesse passar pelo fogo seu filho ou sua filha em honra de Moloc. ¹¹Fez desaparecer os cavalos que os reis de Judá tinham dedicado ao sol na entrada do Templo de Iahweh, perto do aposento do eunuco Natã-Melec, nas dependências, e queimou os carros do sol.*ᶜ* ¹²Os altares que estavam no terraço do quarto superior de Acaz,*ᵈ* edificados pelos reis de Judá, e os que Manassés tinha construído nos dois pátios do Templo de Iahweh, o rei os demoliu, quebrou-os lá*ᵉ* e lançou suas cinzas no vale do Cedron. ¹³O rei profanou os lugares altos situados diante de Jerusalém, ao sul do monte das Oliveiras,*ᶠ* e que Salomão, rei de Israel, tinha construído para Astarte, abominação dos sidônios, e para Camos, abominação dos moabitas, e para Melcom, abominação dos amonitas. ¹⁴Quebrou as estelas, cortou os postes sagrados e encheu de ossos humanos o seu local.*ᵍ*

*A reforma se estende ao antigo reino do Norte*ʰ — ¹⁵Demoliu também o altar que estava em Betel, o lugar alto edificado por Jeroboão, filho de Nabat, que havia arrastado Israel ao pecado; demoliu também esse altar e esse lugar alto, queimou o lugar alto e o reduziu a pó; queimou o poste sagrado.

¹⁶Josias voltou-se e viu os túmulos que estavam na montanha; mandou buscar os ossos daqueles túmulos e queimou-os sobre o altar. Profanou-o assim, cumprindo a palavra de Iahweh que havia anunciado o homem de Deus*ⁱ* que havia anunciado essas coisas, ¹⁷e perguntou: "Que sepulcro é esse que estou vendo?" Os homens da cidade responderam: "É o túmulo do homem de Deus que veio de Judá e anunciou essas coisas que acabas de realizar contra o altar de Betel." — ¹⁸Disse o rei: "Deixai-o em paz e que ninguém toque em seus ossos." Deixaram, pois, seus ossos intactos, bem como os do profeta que tinha vindo da Samaria.*ʲ*

¹⁹Josias fez desaparecer também todos os templos dos lugares altos que estavam nas cidades da Samaria, e que os reis de Israel haviam construído, irritando com isso a Iahweh,*ᵏ* e procedeu com eles exatamente como tinha agido em Betel. ²⁰Todos os sacerdotes dos lugares altos que ali se achavam foram por ele imolados sobre os altares e queimou sobre esses altares ossos humanos. Depois regressou a Jerusalém.

---

a) A lei previa (Dt 18,6-8) que os sacerdotes das províncias, vindo a Jerusalém, gozariam dos mesmos direitos que os sacerdotes da cidade, seus "irmãos". A oposição do clero da capital, sem dúvida, fez com que ficassem reduzidos a uma categoria subalterna os "sacerdotes dos lugares altos", concentrados em Jerusalém.
b) Nome do lugar onde, pelo fogo, se sacrificavam crianças a Moloc (Lv 18,21+). O termo significa *provavelmente "queimadeiro". A historicidade desses sacrifícios de crianças continua debatida.
c) Única menção desses objetos do culto solar. A mitologia semítica conhecia a imagem do carro celeste aplicada ao mundo divino.
d) Pequenos altares dedicados às divindades astrais (Jr 19,13; Sf 1,5).
e) "quebrou-os lá": *wayyerussem sham*, conj.; "correu de lá": *wayyaras mishsham*, hebr.
f) "das Oliveiras", lit.: "do óleo", Targ.; "da Perdição", hebr.
g) Para profanar definitivamente esses lugares (ver vv.

16.20). As medidas tomadas por Josias são dirigidas, por um lado, contra os santuários locais onde se perpetuava um culto, mais ou menos adulterado, de Iahweh; por outro, contra costumes abertamente pagãos: deuses e ritos cananeus ou trazidos da Assíria (cultos astrais). Isso dá uma triste impressão da situação religiosa em Judá, impressão essa que é confirmada por Jeremias, Sofonias e Ezequiel.
h) Josias, aproveitando-se da decadência da Assíria, havia não somente devolvido a independência a Judá, mas também estendido sua autoridade sobre uma parte do antigo território israelita.
i) O grego insere aqui "quando Jeroboão se mantinha no altar durante a festa. Voltando-se, Josias levantou os olhos para o túmulo do homem de Deus...": a repetição dos termos "homem de Deus" pode explicar a perda dessa frase no hebr.
j) Esse profeta era de Betel (cf. 1Rs 13). "Samaria" designa aqui não a cidade mas o território do reino do Norte, do qual Betel fazia parte.
k) "a Iahweh", versões; omitido pelo hebr.

Celebração da Páscoa — ²¹O rei ordenou a todo o povo: "Celebrai a Páscoa em honra de Iahweh, vosso Deus, do modo como está escrito neste livro da Aliança." ²²Não se havia celebrado uma Páscoa semelhante a esta em Israel desde os dias dos Juízes que haviam governado Israel, nem durante todo o tempo dos reis de Israel e dos reis de Judá. ²³Foi somente no décimo oitavo ano do rei Josias que semelhante Páscoa foi celebrada em honra de Iahweh em Jerusalém.

Conclusão sobre a reforma religiosa — ²⁴Josias eliminou também os necromantes, os adivinhos, os deuses domésticos, os ídolos e todas as abominações que se viam na terra de Judá e em Jerusalém, a fim de executar as palavras da Lei inscritas no livro que o sacerdote Helcias havia encontrado no Templo de Iahweh. ²⁵Não houve antes dele rei algum que se tivesse voltado, como ele, para Iahweh, de todo o seu coração, de toda a sua alma e com toda a sua força, em toda a fidelidade à Lei de Moisés; nem depois dele houve algum que se lhe pudesse comparar.[a]

²⁶Contudo, Iahweh não abrandou o furor de sua grande ira, que se havia inflamado contra Judá, por causa das provocações que Manassés lhe havia feito. ²⁷Iahweh decidiu: "Também Judá expulsarei da minha presença, como expulsei Israel; rejeitarei esta cidade de Jerusalém que eu tinha escolhido, e o Templo do qual eu dissera: Aí residirá o meu Nome."

Fim do reinado de Josias — ²⁸O resto da história de Josias, tudo o que fez, não está escrito no livro dos Anais dos reis de Judá? ²⁹No seu tempo, o Faraó Necao, rei do Egito, partiu para junto do rei da Assíria,[b] às margens do rio Eufrates. O rei Josias marchou contra ele, mas Necao matou-o em Meguido, no primeiro encontro. ³⁰Seus servos transportaram seu corpo de carro desde Meguido, e o conduziram para Jerusalém e o sepultaram no seu túmulo. O povo da terra tomou Joacaz, filho de Josias, ungiu-o e o constituiu rei em lugar de seu pai.

4. A RUÍNA DE JERUSALÉM

Reinado de Joacaz em Judá (609) — ³¹Joacaz tinha vinte e três anos quando começou a reinar e reinou três meses em Jerusalém; sua mãe chamava-se Hamital, era filha de Jeremias[c] e natural de Lebna. ³²Ele fez o mal aos olhos de Iahweh, como o haviam feito seus pais.

³³O Faraó Necao o aprisionou em Rebla,[d] no território de Emat, para que não reinasse mais em Jerusalém,[e] e impôs ao país um tributo de cem talentos de prata e talentos de ouro. ³⁴O Faraó Necao constituiu como rei a Eliacim, filho de Josias, em lugar de seu pai Josias, e mudou seu nome para Joaquim.[f] Tomou Joacaz e ele foi para o Egito, onde morreu.

---

a) Aqui terminava o relato da reforma e, talvez, a primeira edição dos Livros dos Reis.
b) E não "contra o rei da Assíria". Necao (609-595), que a Bíblia chama de Neco, veio efetivamente, em 609, em socorro do último rei da Assíria, expulso de Babilônia e depois de Harã pelos medos e pelos babilônios. Josias quis opor-se à coligação entre os egípcios e os assírios, porque calculava tirar vantagens da ruína definitiva da Assíria para o reino de Judá.
c) Este Jeremias nada tem em comum com o profeta, a não ser o nome.
d) Necao voltava de sua expedição ao norte (v. 29), e a queda da Assíria lhe havia dado o domínio sobre a Síria e a Palestina.
e) "para que não reinasse mais em Jerusalém", qerê e versões (cf. 2Cr 36,3); "quando ele era rei em Jerusalém", ketib. — "talentos": a cifra, sem dúvida, desapareceu acidentalmente do hebr.; grego luc. e sir. trazem: "dez talentos"; o resto do grego traz: "cento e dez talentos".
f) O nome é quase o mesmo ("Iahweh-eleva" em lugar de "Deus eleva"). Talvez seja um nome de coroação

³⁵Joaquim pagou ao Faraó a prata e o ouro, mas teve de criar impostos na terra, para pagar a quantia exigida pelo Faraó; exigiu de cada um, segundo suas posses, a prata e o ouro que era preciso dar ao Faraó Necao.

Reinado de Joaquim em Judá (609-598) — ³⁶Joaquim tinha vinte e cinco anos quando começou a reinar e reinou onze anos em Jerusalém; sua mãe chamava-se Zebida, era filha de Fadaías e natural de Ruma. ³⁷Ele fez o mal aos olhos de Iahweh, como o haviam feito seus pais. ‖ 2Cr 36,5-7

24 ¹No seu tempo, Nabucodonosor,[a] rei de Babilônia, marchou contra ele, e Joaquim lhe esteve sujeito durante três anos e depois se revoltou de novo contra ele. ²Iahweh mandou contra ele bandos de caldeus, arameus, moabitas e amonitas; incitou-os contra Judá para destruí-lo, conforme a palavra que Iahweh havia pronunciado por intermédio de seus servos, os profetas. ³Isso aconteceu a Judá unicamente por ordem de Iahweh, que queria rejeitá-lo de sua presença, por causa dos pecados de Manassés, por tudo o que ele fizera, ⁴e também por causa do sangue inocente que ele havia derramado, inundando Jerusalém de sangue inocente. Iahweh não quis perdoar. 21,16

⁵O resto da história de Joaquim, tudo o que fez, não está escrito no livro dos Anais dos reis de Judá? ⁶Joaquim adormeceu com seus pais e Joaquin, seu filho, reinou em seu lugar. ‖ 2Cr 36,8

⁷O rei do Egito não saiu mais de sua terra, pois o rei de Babilônia havia conquistado, desde a Torrente do Egito até o rio Eufrates, tudo o que pertencia ao rei do Egito.[b]

Introdução ao reinado de Joaquin (598) — ⁸Joaquin tinha dezoito anos quando começou a reinar e reinou três meses em Jerusalém; sua mãe chamava-se Noesta; era filha de Elnatã e natural de Jerusalém. ⁹Ele fez o mal aos olhos de Iahweh, como o havia feito seu pai. ‖ 2Cr 36,9

A primeira deportação — ¹⁰Naquele tempo, os oficiais de Nabucodonosor, rei de Babilônia, marcharam contra Jerusalém e a cidade foi sitiada. ¹¹Nabucodonosor, rei da Babilônia, veio em pessoa atacar a cidade, enquanto seus soldados a sitiavam. ¹²Então Joaquin, rei de Judá, foi ter com o rei de Babilônia, ele e sua mãe, seus oficiais, seus dignitários e seus eunucos, e o rei de Babilônia os fez prisioneiros; isso foi no oitavo ano de seu reinado.[c] ‖ 2Cr 36,10

¹³Nabucodonosor levou todos os tesouros do Templo de Iahweh e os tesouros do palácio real e quebrou todos os objetos de ouro que Salomão, rei de Israel, havia fabricado para o Templo de Iahweh, como Iahweh o havia anunciado. ¹⁴Levou para o cativeiro Jerusalém inteira, todos os dignitários e todos os notáveis, ou seja, dez mil exilados, e todos os ferreiros e artífices; só deixou a população mais pobre da terra. ¹⁵Deportou Joaquin para Babilônia;[d] também deportou de Jerusalém para Babilônia a mãe do rei, suas mulheres, seus eunucos e os nobres da terra. ¹⁶Todos os homens valentes, em número de sete mil, os ferreiros e os artífices, em número de mil, e todos os homens capazes de empunhar armas, foram conduzidos para o exílio na Babilônia 20,17

(cf. 14,21+); ou então a mudança seria um sinal de vassalagem (cf. também 24,17).
a) Nabû-kudur-uçur, organizador do império neobabilônico ou caldeu, que sucedeu ao império assírio, reinou de 605 a 562. Sua primeira expedição à Palestina e a submissão de Joaquim situam-se em 604, a revolta de Judá em 601.
b) A vitória sobre os egípcios em Carquemis, no ano 605, tinha entregue a Nabucodonosor a Síria e a Palestina.

c) Exatamente no dia 16 de março de 597, conforme uma crônica babilônica. Esta crônica e Jr 52,28 situam a conquista no sétimo ano de Nabucodonosor, não contando o ano incompleto da acessão (cf. também 25,8).
Joaquin é também conhecido com o Jeconias.
d) Lá ele haveria de ficar trinta e sete anos, até a morte de Nabucodonosor (cf. 25,27), num cativeiro bastante suave.

pelo rei da Babilônia.*a* ¹⁷E em lugar de Joaquin, o rei da Babilônia constituiu rei a seu tio Matanias, cujo nome mudou para Sedecias.*b*

|| 2Cr 36,11-12
|| Jr 52,1-3

Introdução ao reinado de Sedecias em Judá (598-587)^*c* — ¹⁸Sedecias tinha vinte e um anos quando começou a reinar e reinou onze anos em Jerusalém; sua mãe chamava-se Hamital, filha de Jeremias, e era de Lebna. ¹⁹Ele fez o mal aos olhos de Iahweh, como o havia feito Joaquin. ²⁰Isso aconteceu a Jerusalém e a Judá por causa da ira de Iahweh que, por fim, os rejeitou de sua presença.

22,17;
23,26-27

Jr 52,3-11
|| 2Cr 36,13
|| Jr 39,1-7

Cerco de Jerusalém — Sedecias revoltou-se contra o rei de Babilônia.

25 ¹No nono ano de seu reinado,*d* no décimo mês, no dia dez, Nabucodonosor, rei da Babilônia, veio atacar Jerusalém com todo o seu exército; acampou diante da cidade e levantou trincheiras ao seu redor. ²A cidade ficou sitiada até o décimo primeiro ano de Sedecias. ³No dia nove do mês,*e* quando a fome se agravava na cidade e a população não tinha mais nada para comer, ⁴abriram uma brecha nas muralhas da cidade. Então todos os guerreiros escaparam de noite pela porta que há entre os dois muros perto do jardim do rei — os caldeus ainda cercavam a cidade —, e tomou o caminho da Arabá.*f* ⁵O exército dos caldeus perseguiu o rei e o alcançou nas planícies de Jericó, onde todos os seus soldados se dispersaram para longe dele. ⁶Os caldeus agarraram o rei e o conduziram a Rebla, à presença do rei da Babilônia; eles o submeteram a julgamento.*g* ⁷Mandaram degolar os filhos de Sedecias na presença dele, depois Nabucodonosor furou os olhos de Sedecias, algemou-o e o conduziu para Babilônia.

23,33
Ez 6,14

|| Jr 52,12-27
|| Jr 39,8-10

Saque de Jerusalém e segunda deportação — ⁸No quinto mês, no dia sete — era o décimo nono ano*h* de Nabucodonosor, rei da Babilônia —, Nabuzardã, comandante da guarda, oficial do rei da Babilônia, fez sua entrada em Jerusalém. ⁹Incendiou o Templo de Iahweh, o palácio real e todas as casas de Jerusalém. ¹⁰E todo o exército caldeu que acompanhava o comandante da guarda destruiu as muralhas que rodeavam Jerusalém. ¹¹Nabuzardã, comandante da guarda, exilou o resto da população que tinha ficado na cidade, os desertores que haviam passado para o lado do rei da Babilônia e o resto da multidão. ¹²Do povo pobre da terra, o comandante da guarda deixou uma parte, como viticultores e agricultores.

|| 2Cr 36,19

1Rs 7,15-39
16,17
|| 2Cr 36,18
1Rs 7,45.50

¹³Os caldeus quebraram as colunas de bronze do Templo de Iahweh, as bases entalhadas e o Mar de bronze, que estavam no Templo de Iahweh, e levaram o bronze para Babilônia. ¹⁴Levaram também os recipientes para cinzas, as pás, as facas, as taças e todos os objetos de bronze que serviam para o culto. ¹⁵O comandante da guarda tomou os turíbulos e os vasos de aspersão, tudo o que era de ouro e tudo o que era de prata. ¹⁶Quanto às duas colunas, ao Mar único e às bases entalhadas, que Salomão havia feito para o Templo de Iahweh, não se poderia calcular quanto pesava o bronze de todos esses objetos. ¹⁷A altura

---

a) Os vv. 13-14 e 15-16 são duplicatas que avaliam de modo um pouco diferente a extensão da primeira deportação.
b) Matanias: "Dom-de-Deus"; Sedecias: "Iahweh-é-minha-justiça" (cf. 23,34+).
c) O trecho 24,18-25,30 foi retomado para servir de conclusão ao livro de Jeremias (cap. 52). Além disso, 2Rs 25,1-12 foi reutilizado em Jr 39,1-10 (com uma adição no v. 3), ou então as duas passagens provêm de uma mesma fonte.

d) Do reinado de Sedecias. Fim de dezembro de 589.
e) 4r 52,6 especifica: "no quarto mês". Junho-julho de 587.
f) Os "dois muros": sem dúvida, um muro anterior, datando dos começos da monarquia, e um muro exterior, construído no tempo de Ezequias. O jardim do rei ficava do lado de fora, no vale do Cedron. — A Arabá é o vale desolado do Jordão.
g) Como um vassalo traidor.
h) Ainda no 11º ano de Sedecias (v. 2), em 587 (cf. 24,12+).

de uma coluna era de três côvados e sobre ela havia um capitel de bronze, da altura de cinco côvados; havia uma rede e romãs em torno do capitel, tudo de bronze. A segunda coluna era feita do mesmo modo.[a]

[18]O comandante da guarda prendeu Saraías, sacerdote chefe, Sofonias, sacerdote que ocupava o segundo lugar, e os três guardas das portas. [19]Na cidade, prendeu um eunuco, chefe dos guerreiros, cinco conselheiros do rei, que foram encontrados na cidade, o secretário do chefe do exército, encarregado da mobilização, e sessenta homens do povo, que foram encontrados na cidade. [20]Nabuzardã, comandante da guarda, prendeu-os e os levou à presença do rei da Babilônia, em Rebla, [21]e o rei da Babilônia mandou matá-los em Rebla, na terra de Emat. Assim, Judá foi exilado para longe de sua terra.

Godolias, governador de Judá[b] — [22]Quanto ao povo que ficou na terra de Judá, aí deixado por Nabucodonosor, rei da Babilônia, ele o entregou ao governo de Godolias, filho de Aicam, filho de Safã. [23]Quando todos os oficiais das tropas e seus homens souberam que o rei da Babilônia havia nomeado Godolias governador, vieram ter com ele em Masfa; eram eles: Ismael, filho de Natanias, Joanã, filho de Carea, Saraías, filho de Taneumet, o netofatita, Jezonias, o maacatita; eles e seus homens. [24]Godolias declarou-lhes sob juramento, a eles e a seus homens, e disse-lhes: "Não temais ser servos dos caldeus; ficai na terra, submetei-vos ao rei da Babilônia e tudo vos correrá bem."

[25]Mas no sétimo mês, Ismael, filho de Natanias, filho de Elisama, que era de linhagem real, veio com dez homens e matou Godolias, bem como os judeus e os caldeus que estavam com ele em Masfa. [26]Então todo o povo, desde o maior até o menor, como também os chefes das tropas, partiram e foram para o Egito, porque tinham medo dos caldeus.

A graça para o rei Joaquin — [27]No trigésimo sétimo ano da deportação de Joaquin, rei de Judá, no décimo segundo mês, no dia vinte e sete, Evil-Merodac,[c] rei da Babilônia, no ano em que subiu ao trono, deu anistia a Joaquin, rei de Judá, e o tirou[d] da prisão. [28]Falou-lhe benignamente e deu-lhe um trono mais alto que o dos outros reis que estavam com ele em Babilônia. [29]Joaquin deixou suas vestes de prisioneiro e passou a comer sempre na mesa do rei, por toda a vida. [30]Seu sustento foi garantido constantemente pelo rei dia após dia, enquanto viveu.

---

a) As últimas palavras são uma glosa destinada a "romãs", ou os restos de uma descrição mais detalhada (cf. Jr 52,23).
b) Os dois relatos (vv. 22-26 e 27-30) são apêndices acrescentados durante o Exílio.
c) Evil-Merodac (Avil-Marduk), filho e sucessor de Nabucodonosor, subiu ao trono em 562, que é exatamente o 37º ano do cativeiro de Joaquin.
d) "e o tirou", Jr 52,31; omitido pelo hebr.

OS LIVROS DAS CRÔNICAS, DE ESDRAS E DE NEEMIAS

Introdução

O Antigo Testamento compreende um segundo grupo de livros históricos, que repetem em boa parte, e depois continuam a história deuteronomista, que se estende de Josué ao fim de Reis. Esse grupo é formado pelos dois livros das Crônicas, pelo de Esdras e, segundo a opinião comum, pelo de Neemias. Os dois livros das Crônicas constituíam primitivamente um só, e os livros de Esdras e de Neemias faziam parte do mesmo conjunto, obra de um único autor. Além de encontrarmos nela o mesmo estilo e as mesmas ideias fundamentais, a repetição, no começo de Esd 1, dos versículos que encerram 2Cr 36, testemunha a unidade de composição.

Os livros das Crônicas (conforme o texto hebraico; a Bíblia grega e a Vulgata os chamam de "Paralipômenos", isto é, livros que relatam as "coisas omitidas", que acrescentam um complemento) são, pois, uma obra do judaísmo pós-exílico, de uma época em que o povo, privado da sua independência política, gozava ainda de certa autonomia reconhecida pelos senhores do Oriente: vivia sob a direção de seus sacerdotes, segundo as normas de sua lei religiosa. O Templo e suas cerimônias eram o centro da vida nacional. Mas este contexto legalista e ritual é vivificado por uma corrente de piedade pessoal, pelas doutrinas sapienciais, pela lembrança das glórias ou das fraquezas do passado e pela confiança nas promessas dos profetas.

O autor das Crônicas, que é levita de Jerusalém, pertence intimamente a este ambiente.

Escreve depois da época de Esdras e Neemias, sensivelmente mais tarde, pois pode combinar a seu modo as fontes que se referem a eles. O começo da época grega, antes do ano 300 a.C., parece ser a data mais verossímil. A obra recebeu a seguir algumas adições, feitas por uma ou diversas pessoas; em especial as tábuas genealógicas de 1Cr 2-9 foram aumentadas e algumas listas de nomes foram ajuntadas: provavelmente as dos partidários de Davi (1Cr 12), as dos sacerdotes e levitas (1Cr 15); e a longa adição de 23,3-27,34, que descreve o pessoal encarregado do culto e da administração no tempo de Davi.

Esses complementos, que podem ter utilizado bons documentos, se mantêm na linha de pensamento do Cronista.

Ele manifesta um grande interesse pelo Templo. O clero desempenha em sua obra papel proeminente: não apenas os sacerdotes e os levitas, segundo o espírito do Deuteronômio e dos textos sacerdotais do Pentateuco, mas as classes inferiores do clero, os porteiros e os cantores, doravante equiparados aos levitas. A santificação do clero estende-se aos leigos por sua participação nos sacrifícios de comunhão, que no Cronista reassumem sua importância de outrora. Esta comunidade santa não se restringe exclusivamente aos judeus: para além da apostasia do reino de Israel, da qual fala o menos possível, ele reencontra as Doze Tribos reunidas sob o cetro de Davi e, para além das circunstâncias presentes, espera a reunião de todos os filhos de Israel. Nem mesmo os pagãos ficam excluídos da prece do Templo. "Israel" é para ele todo o povo fiel, com o qual Deus fizera Aliança outrora, com o qual renovou esta Aliança na pessoa de Davi. Foi no tempo de Davi que melhor se realizaram as condições do reino de Deus sobre a terra, ou teocracia; é no espírito de Davi que a comunidade deve viver, com uma constante preocupação de reforma, que é um retorno às tradições, para que Deus lhe conserve seu favor e cumpra suas promessas.

O centro permanente de interesse dessa longa história é o Templo de Jerusalém e seu culto, desde os preparativos no governo de Davi até a restauração, levada a cabo pela comunidade ao voltar do Exílio.

Esses grandes pensamentos do Cronista explicam a composição da sua obra. Os primeiros capítulos (1Cr 1-9) apresentam listas genealógicas que se detêm mais longamente na tribo de Judá e na descendência de Davi, nos levitas e nos habitantes de Jerusalém. Isto serve de introdução à história de Davi, que ocupa todo o final do primeiro livro (10-29). Não se mencionam as desavenças com Saul, nem o pecado com Betsabeia, os dramas de família e as revoltas, mas a profecia de Natã é posta em relevo (17) e dá-se especial destaque às instituições religiosas: trasladação da Arca e organização do culto em Jerusalém (13; 15-16), preparativos para a construção do Templo (21-29). Davi traçou o plano, reuniu os materiais, organizou até nos pormenores as funções do clero e deixou a realização a seu filho Salomão. Na história deste (2Cr 1-9), a construção do Templo, a prece do rei no dia da dedicação e as promessas que Deus faz em resposta, ocupam a maior parte. A partir do cisma, o Cronista só se preocupa com o reino de Judá e a dinastia davídica. Os reis são julgados segundo sua fidelidade ou infidelidade aos princípios da Aliança, conforme se aproximam ou se afastam do modelo, que é Davi (2Cr 10-36). Às desordens seguem-se reformas, das quais as mais profundas são a de Ezequias e a de Josias; a este último rei sucedem-se monarcas ímpios, que precipitam o desastre, mas as Crônicas se encerram com a permissão dada por Ciro para reconstruir o Templo. Já dissemos que elas têm uma sequência nos livros de Esdras e Neemias.

Para escrever esta história, o autor serviu-se antes de tudo dos livros canônicos, Gênesis e Números para as listas do início e sobretudo dos livros de Samuel e Reis. Utiliza-os livremente, escolhe o que serve a seu intento, acrescenta e omite. Contudo, jamais cita essas fontes essenciais que podemos verificar. Por outro lado, refere-se a certo número de outras obras, "livros" dos reis de Israel ou dos reis de Israel e de Judá, um "midraxe" do livro dos Reis, "palavras" ou "visões" deste ou daquele profeta. Tais escritos nos são desconhecidos e discute-se sobre seu conteúdo e suas relações mútuas. Descreviam provavelmente os diversos reinos à luz das intervenções proféticas. É duvidoso que o Cronista tenha utilizado também tradições orais.

Já que o Cronista dispôs de fontes por nós ignoradas e que podem ser fidedignas, não há razão para suspeitar, em princípio, de tudo o que ele acrescenta aos livros canônicos que conhecemos. Cada caso deve ser examinado individualmente e pesquisas recentes absolveram o Cronista, em diversos pontos, do descrédito em que o tinham muitos exegetas. Mas há casos também em que ele fornece informações incompatíveis com o quadro traçado por Samuel ou Reis, ou modifica conscientemente o que dizem estes últimos livros. Esse proceder — que seria indesculpável num historiador moderno, cuja missão é narrar, explicando-a, a concatenação dos fatos — justifica-se pela intenção do autor: ele não é historiador, é teólogo que, à luz das experiências antigas e sobretudo da experiência davídica, apresenta as condições do reino ideal; faz confluir numa síntese o passado, o presente e o futuro: projeta na época de Davi toda a organização cultual que tem ante os olhos, omite tudo quanto poderia diminuir seu herói. Além das informações novas que contém e cuja fidelidade se pode averiguar, sua obra tem valor menos para uma reconstituição do passado do que como uma amostra da situação e das preocupações da época.

Pois ele escreve para seus contemporâneos. Lembra-lhes que a vida da nação depende de sua fidelidade a Deus e que esta fidelidade se exprime pela obediência à Lei e pela regularidade de um culto animado pela verdadeira piedade. Quer fazer de seu povo uma comunidade santa, em cujo favor se realizarão as promessas feitas a Davi. Os homens religiosos do judaísmo contemporâneo de Cristo viverão de seu espírito, às vezes com desvios que ele não tinha previsto. Seu ensinamento sobre a primazia do espiritual e acerca do governo divino sobre todos os acontecimentos do mundo tem valor perene.

Os livros de Esdras e de Neemias formavam apenas um "livro de Esdras" na Bíblia hebraica e na Setenta. Já que a Setenta conservava o livro apócrifo grego de Esdras e colocava-o em primeiro lugar (Esdras I), o livro de Esdras-Neemias nela é chamado de Esdras II. Na época cristã, este foi dividido em dois e tal uso foi seguido pela Vulgata, na qual Esdras I = Esdras, e Esdras II = Neemias; o apócrifo grego de Esdras é aí chamado Esdras III. A designação dos dois livros por suas personagens principais, Esdras e Neemias, é ainda mais recente; ela se insinuou nas edições impressas da Bíblia massorética.

Os livros de Esdras e de Neemias são, como dissemos, a continuação da obra do Cronista. Após os cinquenta anos do Exílio, de que não trata, ele retoma a história no momento em que o edito de Ciro, em 538 a.C., autoriza os judeus a regressarem a Jerusalém para reconstruir o Templo. Imediatamente começa o retorno, mas os trabalhos do Templo são interrompidos pela oposição dos samaritanos e só prosseguem no reinado de Dario I; o Templo fica pronto em 515. Nos cinquenta anos seguintes, os esforços para reerguer as muralhas de Jerusalém são obstaculizados pelos mesmos samaritanos (Esd 1-6). No tempo de Artaxerxes, Esdras, escriba encarregado dos negócios judaicos na corte da Pérsia, chega a Jerusalém com uma nova caravana. Vem munido de um decreto que lhe dá autoridade para impor à comunidade a Lei de Moisés, reconhecida como lei do rei. Vê-se na obrigação de tomar severas medidas contra os judeus que contraíram matrimônio com mulheres estrangeiras (Esd 7-10). Depois Neemias, copeiro de Artaxerxes, consegue do rei a missão de ir a Jerusalém para reconstruir as muralhas. A obra é rapidamente concluída, não obstante as oposições dos inimigos, e a cidade é repovoada (Ne 1,1-7, 72a). Entrementes, Neemias foi nomeado governador. Esdras faz uma leitura solene da Lei, celebra-se a festa das Tendas, o povo confessa seus pecados e se compromete a observar a Lei (Ne 7,72b-10,40). Seguem-se algumas listas, certas medidas complementares e a dedicação das muralhas (11, 1-13,3). Neemias, depois de ter voltado para a Pérsia, retorna para uma segunda missão, no decurso da qual deve reprimir algumas desordens que já se tinham introduzido na comunidade (Ne 13,4-31).

Vê-se, por este resumo, que se trata de livros muito importantes para a história da Restauração judaica após o Exílio. Os primeiros capítulos de Esd completam as notícias que podemos extrair dos profetas Ageu, Zacarias e Malaquias. Os dois livros são a única fonte de que dispomos sobre a atividade de Esdras e de Neemias. A data de sua composição é anterior à das Crônicas, mas sobretudo utilizam e citam textualmente documentos contemporâneos dos fatos: listas de repatriados ou da população de Jerusalém, atos dos reis da Pérsia, correspondência com a corte e, acima de tudo, o relatório em que Esdras presta contas de sua missão e o documento justificativo de Neemias.

Apesar dessa abundância de fontes, a exegese de Esdras e de Neemias é repleta de dificuldades, pois os documentos neles se encontram numa ordem desconcertante. A lista dos imigrantes é apresentada duas vezes (Esd 2 e Ne 7); na seção de Esd 4,6-6, 18, escrita em aramaico, os acontecimentos do tempo de Dario são contados após os dos reinados de Xerxes e Artaxerxes, que no entanto se situam no meio século seguinte. Os escritos procedentes de Esdras e de Neemias foram deslocados e depois combinados juntos. Utilizando as datas precisas que aí são dadas, pode-se reconstruir o relatório de Esdras na ordem seguinte: Esd 7,1-8,36; Ne 7,72b-8,18; Esd 9,1-10,44; Ne 9,1-37.

Mas este documento foi retocado pelo Cronista, que colocou certas partes dele na terceira pessoa, e recebeu algumas adições: a lista dos culpados em Esd 10,18.20-44 e as orações de Esd 9,6-15 e Ne 9,6-37. O documento de Neemias compreende os trechos seguintes: 1-2; 3,33-7,5; 12,27-13,31. O Cronista inseriu aí um texto sobre a reconstrução das muralhas (3,1-32). A lista dos primeiros sionistas (7,6-72a) é tomada de Esd 2. O cap. 10 é outra peça dos arquivos, que sela o compromisso assumido pela comunidade quando da segunda missão de Neemias (13). O conjunto do cap. 11 é uma composição do Cronista, à qual foram acrescentadas listas da população de Jerusalém e de Judá e, no cap. 12, listas de sacerdotes e de levitas.

Nota-se que o Cronista quis proceder por uma série de visões de conjunto. Em Esd 1-6, seu objeto principal é a reconstrução do Templo no reinado de Dario: agrupou os sucessivos retornos do Cativeiro, deixou na sombra a figura de Sasabassar em proveito da de Zorobabel, formou uma espécie de dossiê antissamaritano. Na sequência dos livros, apresentou Esdras e Neemias trabalhando juntos na realização de uma mesma obra.

Essas formas de composição literária levantam sérios problemas para os historiadores. A questão mais difícil e mais discutida refere-se à cronologia de Esdras e de Neemias. Conforme a ordem do livro, Esdras chegou a Jerusalém em 458, no sétimo ano de Artaxerxes I (Esd 7,8), e Neemias veio para junto dele em 445, vigésimo ano do mesmo rei (Ne 2,1). Aí ficou doze anos (Ne 13,6), portanto até 433; voltou novamente à Pérsia por um tempo indeterminado e retornou para uma segunda estada, ainda no tempo de Artaxerxes I, que só morreu em 424. Essa ordem tradicional é mantida por bons exegetas que no entanto limitam a um ano, de acordo com as indicações precisas do próprio livro, a missão de Esdras, e afirmam que ele partiu antes da chegada de Neemias. Outros exegetas invertem essa ordem, pois lhes parece que a obra de Esdras supõe já realizada a de Neemias. As datas apresentadas na história de Esdras se refeririam não ao reinado de Artaxerxes I como as de Neemias, mas ao reinado de Artaxerxes II, e Esdras só teria chegado em 398. Enfim, aceitando que Esdras tenha vindo depois de Neemias, mas recusando reconhecer uma mudança de reinado da qual o texto nada diz, certos exegetas recentes sustentam que Esdras veio entre as duas missões de Neemias, com base numa correção textual de Esd 7,8: Esdras teria chegado não no 7º ano, mas no 37º de Artaxerxes, em 428.

Cada uma dessas soluções pode alegar bons argumentos e cada uma também esbarra em dificuldades; a questão deve permanecer aberta. Só um ponto é seguro: a atividade de Neemias em Jerusalém de 445 a 433 a.C.

Para a compreensão religiosa dos livros, isso é de interesse secundário. Segundo a intenção do autor, eles dão um quadro sintético, mas não deturpado, da Restauração judaica; e, para compreendê-la, é mais importante conhecer as ideias que a animaram do que a sequência exata dos fatos. Tirando partido da política religiosa liberal que os Aquemênidas aplicavam em seu império, os judeus voltam à Terra Prometida, restabelecem o culto, reconstroem o Templo, reerguem os muros de Jerusalém e vivem em comunidade, liderados por homens de sua raça e regidos pela Lei de Moisés. O que se lhes pede é apenas uma lealdade, fácil de se guardar, ao poder central respeitoso de seus costumes. É um acontecimento de grande importância: trata-se do nascimento do judaísmo, preparado pelas longas meditações do Exílio e auxiliado pela intervenção de homens providenciais.

Depois de Zorobabel, que reconstruiu o Templo, mas cujos títulos messiânicos reconhecidos por Ageu e Zacarias (Ag 2,23; Zc 6,12s) o Cronista silencia, os pioneiros desta restauração foram Esdras e Neemias. Esdras é de fato o pai do judaísmo, com suas três ideias essenciais: a Raça eleita, o Templo, a Lei. Sua fé ardente e a necessidade de salvaguardar a comunidade renascente explicam a intransigência de suas reformas e o particularismo que ele impôs aos seus. É o patrono dos escribas e sua figura foi sempre crescendo na tradição judaica. Neemias se pôs a serviço das mesmas ideias, mas agiu num outro plano: na Jerusalém restaurada por ele e repovoada, ele dá a seu povo a possibilidade e o gosto de uma vida nacional. No seu documento, mais pessoal que o relatório de Esdras, se nos mostra sensível e humano, disposto a arriscar-se pessoalmente, mas prudente e reflexivo, apoiado em Deus a quem reza com frequência. Deixou uma grande recordação, e Ben Sirac canta o elogio daquele "que reergueu para nós as muralhas em ruínas" (Eclo 49,13).

Não é de se admirar que neste reagrupamento da comunidade em torno do Templo e sob a égide da Lei, o Cronista tenha visto uma realização do ideal teocrático que ele havia preconizado nas Crônicas. Bem sabe que esta realização é imperfeita e que é preciso esperar algo mais; porém, mais que nas Crônicas, ele depende dos documentos que reproduz: conserva o tom particularista deles, que as circunstâncias justificavam e, inspirado sem dúvida por uma honrada lealdade, respeita seu silêncio quanto à esperança messiânica. Escreve nos meados daquele período dos séculos IV e III antes de nossa era, que nos é tão mal conhecido e em que a comunidade de Jerusalém, voltada para si mesma, reconstrói-se em silêncio e cresce no aprofundamento espiritual.

CRÔNICAS
PRIMEIRO LIVRO DAS CRÔNICAS

I. Em torno de Davi: Genealogias[a]

1. DE ADÃO A ISRAEL[b]

|| Gn 5

1 ***Origem dos três grandes grupos*** — ¹Adão, Set, Enós, ²Cainã, Malaleel, Jared, ³Henoc, Matusalém, Lamec, ⁴Noé, Sem, Cam e Jafé.

|| Gn 10,2-4

Os jafetitas — ⁵Filhos de Jafé: Gomer, Magog, os Medos, Javã, Tubal, Mosoc, Tiras. ⁶Filhos de Gomer: Asquenez, Rifat,[c] Togorma. ⁷Filhos de Javã: Elisa, Társis, os Cetim e os Rodanim.

|| Gn 10,6-8

Os camitas — ⁸Filhos de Cam: Cuch, Mesraim, Fut, Canaã.
⁹Filhos de Cuch: Seba, Hévila, Sabata, Regma, Sabataca. Filhos de Regma: Sabá e Dadã. ¹⁰Cuch gerou Nemrod, que foi o primeiro homem poderoso na terra.

|| Gn 10,13-18

¹¹Mesraim gerou os povos de Lud, de Anam, de Laab, de Naftu, ¹²de Patros, de Caslu, dos quais descendem os filisteus, e de Cáftor. ¹³Canaã gerou Sídon, seu primogênito, depois Het, ¹⁴os jebuseus, os amorreus, os gergeseus, ¹⁵os heveus, os araceus, os sineus, ¹⁶os arádios, os samareus e os emateus.

|| Gn 10,22-29

Os semitas — ¹⁷Filhos de Sem: Elam, Assur, Arfaxad, Lud e Aram; Hus, Hul, Geter e Mes.
¹⁸Arfaxad gerou Salé, e Salé gerou Héber. ¹⁹Héber teve dois filhos: o primeiro recebeu o nome de Faleg, pois foi na sua época que a terra foi dividida, e seu irmão chamava-se Jectã.
²⁰Jectã gerou Elmodad, Salef, Asarmot, Jaré, ²¹Aduram, Uzal, Decla, ²²Ebal, Abimael, Sabá, ²³Ofir, Hévila, Jobab, todos eles filhos de Jectã.

|| Gn 11,10-26
Gn 17,5

De Sem a Abraão — ²⁴Arfaxad, Salé, ²⁵Héber, Faleg, Reú, ²⁶Sarug, Nacor, Taré, ²⁷Abrão, ou melhor, Abraão. ²⁸Filhos de Abraão: Isaac e Ismael. ²⁹São estes os seus descendentes:

|| Gn 25,13-16

Os ismaelitas — O primogênito de Ismael foi Nabaiot; depois nasceram-lhe Cedar, Adbeel, Mabsam, ³⁰Masma, Duma, Massa, Hadad, Tema, ³¹Jetur, Nafis e Cedma. Esses são os filhos de Ismael.

|| Gn 25,2-4

³²Filhos de Cetura, concubina de Abraão. Deu à luz Zamrã, Jecsã, Madã, Madiã, Jesboc e Sué. Filhos de Jecsã: Sabá e Dadã. ³³Filhos de Madiã: Efa, Ofer, Henoc, Abida, Eldaá. Todos esses são filhos de Cetura.

---

a) Os caps. 1-9 são quase exclusivamente constituídos de listas genealógicas. As genealogias de Gn 1-12 chegavam até Abraão; as de 1Cr vão até Saul e preparam assim a história de Davi, principal herói do Cronista. Será útil comparar esses textos com as genealogias de Cristo (Mt 1,1-17; Lc 3,23-38). O Cronista utiliza o Pentateuco em sua forma quase definitiva, bem como os primeiros livros históricos, e acrescenta informações provenientes de outras fontes que lhe eram acessíveis. Essas genealogias foram amplamente completadas depois do Cronista e no mesmo espírito. — Como em outras partes da Bíblia, essas genealogias muitas vezes não indicam senão vagas relações de parentesco ou de vizinhança; nomes geográficos se transformam em nomes de pessoas. — O hebr. e algumas versões apresentam numerosas variantes, que aqui não serão indicadas pormenorizadamente.

b) Abreviando as longas séries de Gn 5 e 11 e copiando importantes passagens de Gn 10, o autor menciona, dentre todos os descendentes do primeiro homem, apenas o semita Abraão e seus filhos Isaac e Jacó.

c) "Rifat", versões e Gn 10,3; hebr. "Difat" (confusão frequente do *resh* com o *dalet*, quase idênticos).

Isaac e Esaú — ³⁴Abraão gerou Isaac. Filhos de Isaac: Esaú e Israel. ³⁵Filhos de Esaú: Elifaz, Reuel, Jeús, Jalam e Coré. ³⁶Filhos de Elifaz: Temã, Omar, Sefo, Gatam, Cenez, Tamna, Amalec. ³⁷Filhos de Reuel: Naat, Zara, Sama, Meza.

∥ Gn 25,19
∥ Gn 36,10-13
∥ Gn 36,15-17

Seir —³⁸Filhos de Seir: Lotã, Sobal, Sebeon, Ana, Dison, Eser, Disã. ³⁹Filhos de Lotã: Hori e Emam. Irmã de Lotã: Tamna. ⁴⁰Filhos de Sobal: Aliã, Manaat, Ebal, Sefo, Onam. Filhos de Sebeon: Aía e Ana. ⁴¹Filho de Ana: Dison. Filhos de Dison: Hamrã, Esebã, Jetrã, Carã. ⁴²Filhos de Eser: Balaã, Zavã, Jacã. Filhos de Disã: Hus e Arã.

∥ Gn 36,20-28

Os reis de Edom — ⁴³São estes os reis que reinaram na terra de Edom, antes que reinasse um rei israelita: Bela, filho de Beor, cuja cidade se chamava Danaba. ⁴⁴Após a morte de Bela, reinou em seu lugar Jobab, filho de Zara, de Bosra. ⁴⁵Após a morte de Jobab, reinou em seu lugar Husam, da terra dos temanitas. ⁴⁶Morto Husam, reinou em seu lugar Adad, filho de Badad, que venceu os madianitas nos Campos de Moab; sua cidade chamava-se Avit. ⁴⁷Morto Adad, sucedeu-lhe no trono Semla de Masreca. ⁴⁸Morto Semla, sucedeu-lhe Saul de Reobot Naar. ⁴⁹Saul morreu e, em seu lugar, reinou Baalanã, filho de Acobor. ⁵⁰Quando morreu Baalanã, sucedeu-lhe Adad, natural da cidade de Fau e casado com Meetabel, filha de Matred, filha de Mezaab.

∥ Gn 36,31-39

Os chefes de Edom — ⁵¹Após a morte de Adad, surgiram chefes em Edom: o chefe Tamna, o chefe Alva, o chefe Jetet, ⁵²o chefe Oolibama, o chefe Ela, o chefe Finon, ⁵³o chefe Cenez, o chefe Temã, o chefe Mabsar, ⁵⁴o chefe Magdiel, o chefe Iram. São esses os chefes de Edom.

∥ Gn 36,40-43

2. JUDÁ

2 *Israelitas* — ¹Estes são os israelitas: Rúben, Simeão, Levi, Judá, Issacar e Zabulon. ²Dã, José e Benjamim, Neftali, Gad e Aser.

∥ Gn 35,23-26

*Descendentes de Judá*ᵃ — ³Filhos de Judá: Her, Onã e Sela. Todos esses três lhe nasceram de Bat-Sua, a cananeia. Her, primogênito de Judá, fez o mal aos olhos de Iahweh, que lhe tirou a vida. ⁴Tamar, nora de Judá, lhe gerou Farés e Zara. Foram, ao todo, cinco os filhos de Judá.

∥ Gn 38,2-5
∥ Gn 38,7

∥ Gn 38, 27-30

⁵Filhos de Farés: Hesron e Hamul.
⁶Filhos de Zara: Zambri, Etã, Emã, Calcol e Darda; cinco ao todo.
⁷Filho de Carmi: Acar, que atraiu a desgraça sobre Israel, por ter violado o anátema.
⁸Filho de Etã: Azarias.

∥ Gn 46,12
∥ 1Rs 5,11
Js 7

Origens de Davi — ⁹Filhos de Hesron: nasceram-lhe Jerameel, Ram e Calubi.ᵇ
¹⁰Ram gerou Aminadab, Aminadab gerou Naasson, príncipe dos filhos de Judá. ¹¹Naasson gerou Salma e Salma gerou Booz. ¹²Booz gerou Obed e Obed gerou Jessé. ¹³Jessé gerou Eliab, seu primogênito; Abinadab, o segundo, Samaá, o terceiro; ¹⁴Natanael, o quarto; Radai, o quinto; ¹⁵Asom, o sexto; Davi, o sétimo. ¹⁶Eles tinham *duas irmãs: Sárvia e Abigail. Filhos de Sárvia:* Abisaí, Joab e Asael: três. ¹⁷Abigail deu à luz a Amasa, cujo pai foi Jeter, o ismaelita.

Nm 1,7
∥ Rt 4,19-22

Caleb — ¹⁸Caleb, filho de Hesron, gerou Jeriot, de sua mulher Azuba;ᶜ são estes os filhos que ela teve: Jaser, Sobab e Ardon. ¹⁹Quando Azuba morreu,

Js 14,6 + 1Cr 2,42s 4,11s

---

a) O Cronista começa com Judá, a tribo de Davi (vv. 3-17). Todo o resto do cap. reúne listas, de origens diversas (duas genealogias dos calebitas), dos grupos que foram integrados a Judá. São provavelmente adições.

b) Calubi, como também Calub (4,11), deve ser identificado com Caleb (2,18; cf. Js 14,6+).

c) "de sua mulher Azuba", de acordo com as versões; "gerou Azuba, mulher", hebr., mas cf. v. 19.

Caleb casou-se com Éfrata, que lhe deu à luz Hur. ²⁰Hur gerou Uri, e Uri gerou Beseleel.

²¹Depois Hesron desposou a filha de Maquir, pai de Galaad. Aos sessenta anos casou-se com ela, que lhe gerou Segub. ²²Segub gerou Jair, que possuía vinte e três cidades na terra de Galaad. ²³Mais tarde, Aram e Gessur apoderaram-se dos Aduares de Jair, Canat e suas adjacências, num total de sessenta localidades. Todos eles eram filhos de Maquir, pai de Galaad.

²⁴Depois que morreu Hesron, Caleb casou-se com Éfrata,ᵃ esposa de seu pai Hesron, que lhe gerou Asur, pai de Técua.

Jerameel — ²⁵Jerameel, primogênito de Hesron, teve os seguintes filhos: Ram, o primogênito, Buna, Oren, Asom, Aías. ²⁶Jerameel teve outra mulher, chamada Atara, que foi a mãe de Onam.

²⁷Os filhos de Ram, primogênito de Jerameel, foram Moos, Jamin e Acar. ²⁸Os filhos de Onam foram Semei e Jada. Filhos de Semei: Nadab e Abisur. ²⁹A mulher de Abisur chamava-se Abiail; ela lhe deu à luz Aobã e Molid. ³⁰Filhos de Nadab: Saled e Apaim. Saled morreu sem filhos. ³¹Filho de Apaim: Jesi; filho de Jesi: Sesã; filho de Sesã: Oolai. ³²Filhos de Jada, irmão de Semei: Jeter e Jônatas. Jeter morreu sem filhos. ³³Filhos de Jônatas: Falet e Ziza.

Foi essa a descendência de Jerameel.

³⁴Sesã não teve filhos,ᵇ mas filhas sim. Tinha ele um servo egípcio de nome Jaraá, ³⁵ao qual Sesã deu sua filha por esposa. Ela lhe deu à luz Etei. ³⁶Etei gerou Natã, Natã gerou Zabad, ³⁷Zabad gerou Oflal, Oflal gerou Obed, ³⁸Obed gerou Jeú, Jeú gerou Azarias, ³⁹Azarias gerou Helés, Helés gerou Elasa, ⁴⁰Elasa gerou Sisamoi, Sisamoi gerou Selum, ⁴¹Selum gerou Icamias, Icamias gerou Elisama.

Calebᶜ — ⁴²Filhos de Caleb, irmão de Jerameel: Mesa, o primogênito; é o pai de Zif; e os filhos de Maresa, pai de Hebron. ⁴³Filhos de Hebron: Coré, Tafua, Recém e Sama. ⁴⁴Sama gerou Raam, pai de Jercaam. Recém gerou Samai. ⁴⁵O filho de Samai foi Maon, o qual foi pai de Betsur.

⁴⁶Efa, concubina de Caleb, gerou Harã, Mosa e Gezez. Harã gerou Gezez. ⁴⁷Filhos de Jaadai: Regom, Joatão, Gesã, Falet, Efa e Saaf.

⁴⁸Maaca, concubina de Caleb, gerou Saber e Tarana. ⁴⁹Gerou também Saaf, pai de Madmana, e Sué, pai de Macbena e de Gabaá.

A filha de Caleb chamava-se Acsa.

⁵⁰Foram esses os descendentes de Caleb.

Hurᵈ — Filhos de Hur, primogênito de Éfrata: Sobal, pai de Cariat-Iarim, ⁵¹Salma, pai de Belém, Harif, pai de Bet-Gader. ⁵²Sobal, pai de Cariat-Iarim, teve por filhos: Haroe, a metade dos manaatitas, ⁵³e os clãs de Cariat-Iarim, jetritas, futitas, sematitas e maseritas. Deles descendem os povos de Saraá e de Estaol.

⁵⁴Filhos de Salma: Belém, os netofatitas, Atarot-Bet-Joab, a metade dos manaatitas, os saraítas, ⁵⁵os clãs sofritas que moram em Jabes, os tiriateus, os simeateus, os sucateus. São esses os quenitas que vêm de Emat, pai da casa de Recab.

---

a) "Caleb casou-se com Éfrata", grego; "em Caleb, Éfrata", hebr.
b) Tradição diferente da do v. 31.
c) Outro registro genealógico dos descendentes de Caleb (cf. vv. 18s), correspondendo sem dúvida a uma época diferente, quando haviam mudado as relações entre os clãs.
d) Hur, "primogênito de Éfrata", é mencionado apenas uma vez como filho de Caleb (v. 19; mas cf. vv. 24.42; 3,15). Em contraste com o grupo deste último (cf. Js 14,6+), parece que Hur representa uma pura estirpe judaica que, de Éfrata-Belém, se estendeu para noroeste (Cariat-Iarim, Saraá, Estaol).

3. A CASA DE DAVI[a]

3 Filhos de Davi — ¹Eis os filhos de Davi, que lhe nasceram em Hebron: Amnon, o primogênito, filho de Aquinoam de Jezrael; Daniel, o segundo, de Abigail de Carmel; ²Absalão, o terceiro, filho de Maaca, filha de Tolmai, rei de Gessur; Adonias, o quarto, filho de Hagit; ³Safatias, o quinto, de Abital; Jetraam, o sexto, de Egla, sua esposa. ⁴Foram, pois, seis os que lhe nasceram em Hebron, onde reinou sete anos e seis meses.

|| 2Sm 3,2-5

Reinou, depois, trinta e três anos em Jerusalém. ⁵São estes os filhos que lhe nasceram em Jerusalém: Samua, Sobab, Natã, Salomão, todos os quatro filhos de Batsua,[b] filha de Amiel; ⁶Jebaar, Elisama, Elifalet, ⁷Noge, Nafeg, Jáfia, ⁸Elisama, Eliada, Elifalet: nove.

= 14,4-7
|| 2Sm 5,14-16

⁹Todos esses eram filhos de Davi, sem contar os filhos das concubinas. Tamar era irmã deles.

2Sm 13,1s

Reis de Judá[c] — ¹⁰Filhos de Salomão: Roboão; Abias, seu filho; Asa, seu filho; Josafá, seu filho; ¹¹Jorão, seu filho; Ocozias, seu filho; Joás, seu filho; ¹²Amasias, seu filho; Azarias, seu filho; Joatão, seu filho; ¹³Acaz, seu filho; Ezequias, seu filho; Manassés, seu filho; ¹⁴Amon, seu filho; Josias, seu filho. ¹⁵Filhos de Josias: Joanã,[d] o mais velho; Joaquim, o segundo; Sedecias, o terceiro; Selum, o quarto. ¹⁶Filhos de Joaquim: Jeconias, seu filho; Sedecias, seu filho.

2Cr 36,1s

A estirpe real depois do Exílio[e] — ¹⁷Filhos de Jeconias, o cativo: Salatiel, seu filho; ¹⁸depois Melquiram, Fadaías, Senasser, Jecemias, Hosama, Nadabias. ¹⁹Filhos de Fadaías: Zorobabel[f] e Semei. Filhos de Zorobabel: Mosolam e Hananias. Salomit era irmã deles. ²⁰Filhos de Mosolam:[g] Hasaba, Ool, Baraquias, Hasadias, Josab-Hesed: cinco. ²¹Filhos de Hananias: Faltias e Jeseías; os filhos de Rafaías, os filhos de Arnã, os filhos de Abdias, os filhos de Sequenias.[h] ²²Filhos de Sequenias: Semeías, Hatus, Jegaal, Barias, Naarias, Safat: seis. ²³Filhos de Naarias: Elioenai, Ezequias, Ezricam: três. ²⁴Filhos de Elioenai: Oduías, Eliasib, Feleías, Acub, Joanã, Dalaías, Anani: sete.

Esd 8,3

4. AS TRIBOS MERIDIONAIS[i]

4 Judá. Sobal — ¹Filhos de Judá: Farés, Hesron, Carmi, Hur, Sobal. ²Reaías, filho de Sobal, gerou Jaat, e Jaat gerou Aumai e Laad. São essas as tribos saraítas.

2,3

Hur — ³Eis Abi-Etam,[j] Jezrael, Jesema, Jedebos, cuja irmã se chamava Asalelfuni.

2,50+

---

a) Este cap., que continua a linhagem davídica até após o Exílio, não está em seu lugar nesta nomenclatura das tribos; *pelo menos, ele deveria vir após 2,17*, mas é provavelmente uma adição. A lista dos filhos de Davi nascidos em Jerusalém (vv. 5-8) é repetida em 14,3-7.
b) A mesma que "Betsabeia", que o grego e a Vulg. aqui mencionam.
c) Esta lista depende do livro dos Reis. — Selum, filho de Josias, o mesmo que Joacaz de 2Rs 23,30s (cf. Jr 22,11).
d) Alguns mss trazem "Joacaz" em lugar de "Joanã".
e) Esta lista prolonga-se, certamente, até o tempo do próprio Cronista.

f) Em todos os outros textos (cf. Esd 3,2; Ag 1,1), Zorobabel é filho de Salatiel.
g) "Filhos de Mosolam", falta no texto.
h) "seu filho" (as quatro vezes), grego.
i) As informações sobre Judá, Hur e Caleb são paralelas às do cap. 2, mas com nomes em grande parte diferentes. São acrescentados novos dados referentes a Asur e Sela. É possível que também esta seção seja adicional, utilizando aliás recordações antigas, e que o livro primitivo tivesse passado diretamente da notícia sobre Judá (2,1-17) àquela sobre Simeão (4,24s).
j) Alguns restituem "eis os filhos de Hur, pai de Etam" (cf. fim do v. 4).

⁴Fanuel foi o pai de Gedor; Ezer pai de Hosa.
São esses os filhos de Hur, primogênito de Éfrata, pai de Belém.

Asur — ⁵Asur, pai de Técua, teve duas esposas: Halaá e Naara. ⁶Naara lhe gerou Oozam, Héfer, os tamanitas e os aastaritas. São esses os filhos de Naara. ⁷Filhos de Halaá: Seret, Saar, Etnã.

⁸Cós gerou Anob, Soboba e os clãs de Aareel, filho de Arum. ⁹Jabes suplantou seus irmãos. Sua mãe deu-lhe o nome de Jabes, dizendo: "Dei à luz entre dores."[a] ¹⁰Jabes invocou o Deus de Israel: "Se efetivamente me abençoares", disse ele, "aumentarás meu território, tua mão estará comigo, farás que se afaste o mal e minha dor terá fim." Deus lhe concedeu o que pedira.

Caleb — ¹¹Calub, irmão de Suaá, gerou Mair; esse é o pai de Eston. ¹²Eston gerou Bet-Rafa, Fesse, Teina, pai de Irnaás. São esses os homens de Recab. ¹³Filhos de Cenez: Otoniel e Saraías. Filhos de Otoniel: Hatat e Maonati; ¹⁴Maonati gerou Ofra. Saraías gerou Joab, pai de Ge-Harasim.[b] De fato eles eram artesãos.

¹⁵Filhos de Caleb, filho de Jefoné: Hir, Ela e Naam. Filho de Ela: Cenez. ¹⁶Filhos de Jaleleel: Zif, Zifa, Tirias, Asrael.

¹⁷Filhos de Ezra: Jeter, Mered, Éfer, Jalon. Mais tarde, ela[c] concebeu Maria, Samai e Jesba, pai de Estemo; ¹⁸sua mulher judaíta deu à luz Jared, pai de Gedor, Héber, pai de Soco, e Icutiel, pai de Zanoe. São esses os filhos de Betias, a filha do Faraó, com a qual se casara Mered.

¹⁹Filhos da mulher de Odias, irmã de Naam, pai de Ceila, o garmita, e de Estemo, o maacatita...

²⁰Filhos de Simão: Amnon, Rina, Ben-Hanã, Tilon.
Filhos de Jesi: Zoet e Ben-Zoet.

Sela[d] — ²¹Filhos de Sela, filho de Judá: Her, pai de Leca; Laada, pai de Maresa, e os clãs dos fabricantes de linho em Bet-Asbea. ²²Joaquim, os homens de Cozeba, Joás e Saraf, que foram se casar em Moab,[e] antes de voltarem a Belém.[f] (Tais fatos são antigos.) ²³Eles eram oleiros e moravam em Nataim e Gadera,[g] em companhia do rei, para quem trabalhavam.

Simeão[h] — ²⁴Filhos de Simeão: Namuel, Jamin, Jarib, Zara, Saul. ²⁵Selum, seu filho; Mabsam, seu filho; Masma, seu filho. ²⁶Filhos de Masma: Hamuel, seu filho; Zacur, seu filho; Semei, seu filho. ²⁷Semei teve dezesseis filhos e seis filhas, mas seus irmãos não tiveram muitos filhos e, no conjunto, seus clãs não se multiplicaram como os filhos de Judá.

²⁸Moravam em Bersabeia, Molada e Hasar-Sual, ²⁹Bala, Asem e Tolad, ³⁰Batuel, Horma e Siceleg, ³¹Bet-Marcabot, Hasar-Susim, Bet-Berai, Saarim. Foram essas as suas cidades, até o reinado de Davi. ³²Suas aldeias foram: Etam, Ain, Remon, Toquen e Asã, cinco cidades ³³e todas as aldeias ao redor dessas cidades até Baalat. Foi lá que eles moraram e lá foram registrados: ³⁴Masobab, Jemlec, Josa, filho de Amasias, ³⁵Joel, Jeú, filho de Josabias, filho de Saraías, filho de Asiel, ³⁶Elioenai, Jacoba, Isuaías, Asaías, Adiel, Isimiel, Banaías, ³⁷Ziza, Ben-Sefei, Ben-Alon, Ben-Jedaías, Ben-Semri, Ben-Samaías. ³⁸Esses

---

a) Jogo de palavras entre *Ya'beç* e *'oçeb*, "dores".
b) Este nome significa "Vale dos artesãos (de madeira e ferro)" (cf. Ne 11,35).
c) Betias, v. 18.
d) Esta notícia interrompe as listas precedentes. As relações de família entre Belém e Moab são igualmente sublinhadas em 1Sm 22,3 e no livro de Rute. — O artesanato era um ofício familiar e hereditário (cf. já v. 14); a escolha da residência dependia das condições geográficas e econômicas.
e) Cf. Rt 1. — Outra tradução: "dominaram sobre Moab".
f) "(antes) de voltarem a Belém": *wayyashubû bêt lehem*, conj.; *wayyashubê lãhem*, hebr. corrompido.
g) Nataim e Gadera podem ser traduzidos "plantações e cercados".
h) Esta perícope compreende: uma genealogia (vv. 24-27); uma lista de cidades (vv. 28-33); os deslocamentos dos clãs (vv. 34-43). O v. 31b apresenta o reinado de Davi como a data da integração de Simeão a Judá, cf. a lista de Js 15, em que estas cidades são contadas entre as de Judá.

homens, citados nominalmente, eram príncipes em seus clãs e suas famílias cresceram enormemente. ³⁹Percorreram desde o passo de Gedor*ᵃ* até o oriente do vale, procurando pastagens para seu gado. ⁴⁰Encontraram pastagens boas e abundantes; a região era vasta, tranquila e pacífica. Eram camitas*ᵇ* os que habitavam lá antes.

⁴¹Os simeonitas, inscritos por seus nomes, chegaram no tempo de Ezequias, rei de Judá; apoderaram-se de suas tendas e dos abrigos*ᶜ* que lá se achavam. Votaram-nos a um anátema que dura ainda em nossos dias, e se estabeleceram em seu lugar, pois lá havia pastagens para o seu rebanho.

⁴²Alguns deles, pertencentes aos filhos de Simeão, foram para a montanha de Seir: cinco homens comandados por Faltias, Naarias, Rafaías, Oziel, os filhos de Jesi. ⁴³Abateram o resto dos sobreviventes de Amalec e fizeram lá sua morada, até nossos dias.

Nm 1,2

Js 6,17 +

Ex 17,8 +

5. AS TRIBOS DA TRANSJORDÂNIA

5 **Rúben** — ¹Filhos de Rúben, primogênito de Israel. Era de fato o primogênito; mas por ter violado o leito de seu pai, seu direito de primogenitura foi dado aos filhos de José, filho de Israel, e ele não foi mais considerado como primogênito. ²Judá suplantou seus irmãos e obteve que um príncipe nascesse dele, mas o direito de primogenitura pertencia a José.*ᵈ*

³Filhos de Rúben, primogênito de Israel: Henoc, Falu, Hesron, Carmi.

Gn 35,22

Gn 46,9
Nm 26,5s

Joelᵉ — ⁴Filhos de Joel: Samaías, seu filho; Gog, seu filho; Semei, seu filho; ⁵Micas, seu filho; Reaías, seu filho; Baal, seu filho; ⁶Beera, seu filho, que Teglat-Falasar, rei da Assíria, levou para o cativeiro. Ele foi príncipe dos rubenitas.

⁷Seus irmãos, conforme os clãs, agrupados segundo sua parentela: Jeiel, por primeiro; Zacarias, ⁸Bela, filho de Azaz, filho de Sama, filho de Joel.

Habitat de Rúben — Foi Rúben que, tendo-se fixado em Aroer, estendia-se até Nebo e Baal-Meon. ⁹Para o oriente, seu território atingia a beira do deserto que o Eufrates limita, pois ele tinha numerosos rebanhos na terra de Galaad.

‖ Nm 32,37s

¹⁰No tempo de Saul, guerrearam contra os agarenos, que caíram em suas mãos, e eles estabeleceram-se em suas tendas, em toda a zona oriental de Galaad.

Gadᶠ — ¹¹A seu lado moravam os filhos de Gad na região do Basã até Selca: ¹²Joel, o primeiro; Safam, o segundo; depois Janaí e Safat em Basã.

Js 13,24-28
Gn 46,16
Nm 26,15-18
Dt 3,10s

¹³Seus irmãos, segundo suas famílias: Miguel, Mosolam, Sebe, Jorai, Jacã, Zie, Héber: sete.

¹⁴Estes os filhos de Abiail: Ben-Uri, Ben-Jaroe, Ben-Galaad, Ben-Miguel, Ben-Jesesi, Ben-Jedo, Ben-Buz. ¹⁵Ai, filho de Abdiel, filho de Guni, era o chefe de sua família.

¹⁶Tinham-se fixado em Galaad, em Basã e seus arredores, bem como em todas as pastagens do Saron*ᵍ* até seus limites extremos. ¹⁷Foi na época

---

a) Talvez deva-se ler, Gerara, com o grego (cf. Gn 10,19).
b) Conforme 1,8, os filhos de Cam são ao mesmo tempo os habitantes de Canaã e da África. Aqui eles são simplesmente os não-israelitas.
c) Outra tradução: "e os meunitas" (cf. 2Cr 20,1).
d) O Cronista, interessado em Davi e sua dinastia, concilia a preeminência concedida a Judá por Gn 49,10 com a tradição que considerava José como primogênito (cf. Dt 33,17+). — O texto grego corrige "direito de primogenitura" por "bênção".

e) Esta informação é própria do Cronista, que não explicita a relação entre Joel e Rúben. — A deportação por Teglat-Falasar, em 732 (cf. 2Rs 15,29), atingira também Galaad, região habitada pela tribo de Rúben.
f) As listas referentes a Gad e à meia tribo de Manassés são próprias do Cronista. Podem provir de um recenseamento feito sob Jeroboão II (cf. v. 17).
g) "Saron", não a planície costeira, mas um lugar da Transjordânia, citado na estela de Mesa.

de Joatão, rei de Judá, e de Jeroboão, rei de Israel, que todos eles foram recenseados.

¹⁸Os filhos de Rúben, os filhos de Gad, a metade da tribo de Manassés, alguns dos seus guerreiros, homens armados de escudo, espada, sabendo manejar o arco e exercitados em combates, em número de quarenta e quatro mil, setecentos e sessenta, aptos para a guerra, ¹⁹lutaram contra os agarenos em Jetur, Nafis e Nodab. ²⁰Deus lhes veio em auxílio contra eles, e os agarenos, bem como todos os seus aliados, caíram em seu poder, pois eles haviam invocado a Deus no combate e foram atendidos por terem posto nele a sua confiança. ²¹Arrebataram os rebanhos dos agarenos: cinquenta mil camelos, duzentas e cinquenta mil ovelhas, dois mil jumentos e cem mil pessoas, ²²pois, tendo Deus conduzido o combate, a maior parte pereceu. E se instalaram na terra deles até o exílio.[a]

A meia tribo de Manassés — ²³Os membros da meia tribo de Manassés estabeleceram-se na região entre Basã e Baal-Hermon, o Sanir e o monte Hermon.

Eram numerosos. ²⁴Eis os chefes de suas famílias: Éfer, Jesi, Eliel, Ezriel, Jeremias, Odoías, Jediel. Eram homens fortes e valorosos, gente famosa, chefes de suas famílias.

²⁵Mas foram infiéis ao Deus de seus pais, e se prostituíram com os deuses dos povos do país que Deus havia aniquilado diante deles. ²⁶O Deus de Israel excitou o espírito de Pul, rei da Assíria e o de Teglat-Falasar, rei da Assíria. Ele deportou Rúben, Gad e a meia tribo de Manassés, e os conduziu para Hala, para Habor, para Ara e para o rio Gozã.[b] Lá estão eles ainda hoje.

6. LEVI[c]

A ascendência dos sumos sacerdotes — ²⁷Filhos de Levi: Gérson, Caat e Merari. ²⁸Filhos de Caat: Amram, Isaac, Hebron, Oziel. ²⁹Filhos de Amram: Aarão, Moisés e Maria. Filhos de Aarão: Nadab e Abiú, Eleazar e Itamar.

³⁰Eleazar gerou Fineias, Fineias gerou Abisue, ³¹Abisue gerou Boci, Boci gerou Ozi, ³²Ozi gerou Zaraías, Zaraías gerou Meraiot, ³³Meraiot gerou Amarias, Amarias gerou Aquitob, ³⁴Aquitob gerou Sadoc, Sadoc gerou Aquimaás, ³⁵Aquimaás gerou Azarias, Azarias gerou Joanã, ³⁶Joanã gerou Azarias. Foi este que exerceu o sacerdócio no Templo construído por Salomão em Jerusalém.

³⁷Azarias gerou Amarias, Amarias gerou Aquitob, ³⁸Aquitob gerou Sadoc, Sadoc gerou Selum, ³⁹Selum gerou Helcias, Helcias gerou Azarias, ⁴⁰Azarias gerou Saraías, Saraías gerou Josedec, ⁴¹e Josedec teve de partir quando Iahweh, pela mão de Nabucodonosor, exilou Judá e Jerusalém.

6 *Descendência de Levi:* — ¹Filhos de Levi: Gersam Caat e Merari. ²Eis os nomes dos filhos de Gersam: Lobni e Semei. ³Filhos de Caat: Amram, Isaac, Hebron e Oziel. ⁴Filhos de Merari: Mooli e Musi. São esses os clãs de Levi, agrupados segundo seus pais.

---

a) O pequeno relato dos vv. 18-22, para o qual não temos paralelos e cujas cifras são fantásticas, guarda a lembrança dos conflitos periódicos entre as tribos da Transjordânia e seus turbulentos vizinhos árabes. O exílio em questão é a deportação por Teglat-Falasar (cf. vv. 6 e 26).
b) Pul e Teglat-Falasar são uma só e mesma personagem (cf. 2Rs 15,19+). — O Cronista combina a deportação de Galaad por Teglat-Falasar (2Rs 15,29) com a lista das cidades para onde foram deportados os habitantes de Samaria por Sargon, em 721.
c) Estas longas listas são na maior parte adições, compostas a partir dos dados da Bíblia, de fontes que não se podem verificar e de combinações arbitrárias. É possível que o livro primitivo não contivesse muito mais sobre Levi que 6,1-4.34-38.

⁵De Gersam:*ᵃ* Lobni, seu filho; Jaat, seu filho; Zama, seu filho; ⁶Joa, seu filho; Ado, seu filho; Zara, seu filho; Jetrai, seu filho.

⁷Filhos de Caat: Aminadab, seu filho; Coré, seu filho; Asir, seu filho; ⁸Elcana, seu filho; Abiasaf, seu filho; Asir, seu filho; ⁹Taat, seu filho; Uriel, seu filho; Ozias, seu filho; Saul, seu filho. ¹⁰Filhos de Elcana: Amasai e Aquimot. ¹¹Elcana, seu filho; Sofai, seu filho; Naat, seu filho; ¹²Eliab, seu filho; Jeroam, seu filho; Elcana, seu filho.*ᵇ* ¹³Filhos de Elcana: Samuel, o mais velho, e Abias, o segundo.

¹⁴Filhos de Merari: Mooli, Lobni, seu filho; Semei, seu filho; Oza, seu filho; ¹⁵Samaá, seu filho; Hagias, seu filho; Asaías, seu filho.

Os cantores *ᶜ* — ¹⁶Eis os que Davi encarregou de dirigir o canto no Templo de Iahweh, quando a Arca teve aí o seu lugar de repouso. ¹⁷Estiveram a serviço do canto diante da Habitação da Tenda da Reunião até que Salomão construiu em Jerusalém o Templo de Iahweh, e exerciam o seu ofício em conformidade com o regulamento.

¹⁸Eis os que estavam em função e seus filhos:*ᵈ*

Entre os filhos de Caat: Emã o cantor, filho de Joel, filho de Samuel, ¹⁹filho de Elcana, filho de Jeroam, filho de Eliel, filho de Toú, ²⁰filho de Suf, filho de Elcana, filho de Maat, filho de Amasai, ²¹filho de Elcana, filho de Joel, filho de Azarias, filho de Sofonias, ²²filho de Taat, filho de Asir, filho de Abiasaf, filho de Coré, ²³filho de Isaar, filho de Caat, filho de Levi, filho de Israel.

²⁴Seu irmão Asaf ficava à sua direita: Asaf, filho de Baraquias, filho de Samaé, ²⁵filho de Miguel, filho de Basaías, filho de Melquias, ²⁶filho de Atanai, filho de Zara, filho de Adaías, ²⁷filho de Etã, filho de Zama, filho de Semei, ²⁸filho de Jet, filho de Gersam, filho de Levi.

²⁹À esquerda, seus irmãos, filhos de Merari: Etã, filho de Cusi, filho de Abdi, filho de Maloc, ³⁰Filho de Hasabias, filho de Amasias, filho de Helcias, ³¹filho de Amasai, filho de Boni, filho de Somer, ³²filho de Mooli, filho de Musi, filho de Merari, filho de Levi.

Os outros levitas — ³³Seus irmãos, os levitas, estavam inteiramente dedicados ao serviço da Habitação do Templo de Deus. ³⁴Aarão e seus filhos queimavam as oblações sobre o altar dos holocaustos e sobre o altar dos perfumes; ocupavam-se exclusivamente das coisas mais santíssimas e do rito da expiação para Israel; conformavam-se a tudo quanto ordenara Moisés, servo de Deus.

³⁵Eis os filhos de Aarão: Eleazar, seu filho; Fineias, seu filho; Abisue, seu filho; ³⁶Boci, seu filho; Ozi, seu filho; Zaraías, seu filho; ³⁷Meraiot, seu filho; Amarias, seu filho; Aquitob, seu filho; ³⁸Sadoc, seu filho; Aquimaás, seu filho.

Habitat dos aaronidas — ³⁹Eis os lugares em que moravam, segundo os limites de seus acampamentos:

---

a) Gersam (chamado Gérson em Nm) descendia provavelmente de Moisés segundo as tradições do Norte (Ex 2,22; Jz 18,30). Esta família tinha-se encarregado do santuário cismático de Dã; assim a tradição "sacerdotal" preferiu os caatitas.
b) O grego acrescenta "Samuel, seu filho", e tem, no início do v. 13, "filho de Samuel: o primogênito Joel, e Abdias…".
c) Na linha de Os 14,3; Is 12; 25-26, sem dúvida, Ml 1,11, o Cronista vê no canto sacro (louvor, confissão, ação de graças) o essencial do culto sacrifical. Faz remontar a Davi a sua instituição.
d) Os três cantores de Davi, Emã, Asaf e Etã (Iditun em 25,1.3; cf. cap. 16) são relacionados aqui com os três troncos levíticos de Caat, Gersam e Merari. Efetivamente, Emã e Etã são mencionados como antigos sábios-cantores em 1Rs 5,11 e Etã é chamado "o indígena", como Emã nos títulos dos Sl 88; 89: parece que o Templo de Jerusalém recorreu, no começo, a peritos cananeus. — A ligação de Emã e Etã com a estirpe de Judá (2,6) deve-se certamente a uma confusão entre a palavra *'ezrah*, "o indígena", e o nome de *Zerah*, filho de Judá (cf. Gn 38,30; 46,12).

Aos filhos de Aarão, do clã de Caat (pois foi para eles que caiu a sorte), ⁴⁰foi dada Hebron, no país de Judá, com as pastagens vizinhas. ⁴¹A Caleb, filho de Jefoné, foram dados os campos e suas aldeias, ⁴²mas aos filhos de Aarão foram dadas as cidades de refúgio: Hebron, Lebna e suas pastagens, Jeter, Estemo e suas pastagens, ⁴³Helon e suas pastagens, Dabir e suas pastagens, ⁴⁴Asã e suas pastagens, Bet-Sames e suas pastagens. ⁴⁵Aos da tribo de Benjamim foram dadas Gaba e suas pastagens, Almat e suas pastagens, Anatot e suas pastagens. Seus clãs compreendiam ao todo treze cidades.

Habitat dos outros levitas — ⁴⁶Os outros filhos de Caat obtiveram por sorte dez cidades tomadas aos clãs da tribo, da meia tribo de Manassés. ⁴⁷Os filhos de Gersam e seus clãs obtiveram treze cidades tomadas da tribo de Issacar, da tribo de Aser, da tribo de Neftali e da tribo de Manassés, em Basã. ⁴⁸Os filhos de Merari e seus clãs obtiveram por sorte doze cidades tomadas da tribo de Rúben, da tribo de Gad e da tribo de Zabulon. ⁴⁹Os israelitas designaram aos levitas essas cidades com suas pastagens.

⁵⁰Também por sorteio designaram as cidades a que deram seus nomes, as quais foram tomadas das tribos dos filhos de Judá, dos filhos de Simeão e dos filhos de Benjamim.

⁵¹Da tribo de Efraim é que foram tomadas as cidades do território de alguns clãs dos filhos de Caat. ⁵²Foram dadas a eles as seguintes cidades de refúgio: Siquém e suas pastagens, na montanha de Efraim, Gazer e suas pastagens, ⁵³Jecmaam e suas pastagens, Bet-Horon e suas pastagens, ⁵⁴Aialon e suas pastagens, Gat-Remon e suas pastagens, ⁵⁵e da meia tribo de Manassés: Aner e suas pastagens, Balaam e suas pastagens. Isso foi dado ao clã dos outros filhos de Caat.

⁵⁶Para os filhos de Gersam, foram tomadas, dos clãs da meia tribo de Manassés, Golã em Basã, e suas pastagens, Astarot e suas pastagens; ⁵⁷da tribo de Issacar, Cedes e suas pastagens, Daberet e suas pastagens, ⁵⁸Ramot e suas pastagens, Anem e suas pastagens; ⁵⁹da tribo de Aser, Masal e suas pastagens, Abdon e suas pastagens, ⁶⁰Hucoc e suas pastagens, Roob e suas pastagens; ⁶¹da tribo de Neftali, Cedes, na Galileia, e suas pastagens, Hamon e suas pastagens, Cariataim e suas pastagens.

⁶²Para os outros filhos de Merari, foram tomadas, da tribo de Zabulon: Remon e suas pastagens, Tabor e suas pastagens, ⁶³do outro lado do Jordão, perto de Jericó, a oriente do Jordão; da tribo de Rúben: Bosor, no deserto, e suas pastagens, Jasa e suas pastagens, ⁶⁴Cedimot e suas pastagens, Mefaat e suas pastagens; ⁶⁵da tribo de Gad: Ramot, em Galaad, e suas pastagens, Maanaim e suas pastagens, ⁶⁶Hesebon e suas pastagens, Jazer e suas pastagens.

7. AS TRIBOS DO NORTE[a]

7 *Issacar* — ¹Filhos de Issacar: Tola, Fua, Jasub, Semron: quatro. ²Filhos de Tola: Ozi, Rafaías, Jeriel, Jemai, Jebsem, Samuel, chefes das famílias de Tola. Esses somavam, ao tempo de Davi, vinte e dois mil e seiscentos guerreiros valentes, agrupados segundo sua parentela. ³Filho de Ozi; Izraías. Filhos de Izraías: Miguel, Abdias, Joel, Jesias. Ao todo, cinco chefes ⁴responsáveis pelas tropas de guerra, constituídas de trinta e seis mil homens, repartidos segundo sua parentela e suas famílias; com efeito, tinham muitas mulheres e filhos. ⁵Tinham irmãos pertencentes a todos os clãs de Issacar,

---

a) Este cap. também é composto a partir de diversas fontes; em particular, os números referentes a Issacar, Benjamim e Aser indicam o uso de uma lista de recenseamento, diferente aliás da de Nm 1 e 26.

valentes guerreiros, em número de oitenta e sete mil homens, que pertenciam todos a um destacamento.

Benjamim — ⁶Benjamim: Bela, Bocor, Jadiel: três. ⁷Filhos de Bela: Esbon, Ozi, Oziel, Jerimot e Urai: cinco, chefes de família, valentes guerreiros, somando vinte e dois mil e trinta e quatro homens. ⁸Filhos de Bocor: Zamira, Joás, Eliezer, Elioenai, Amri, Jerimot, Abias, Anatot, Almat; todos filhos de Bocor; ⁹os chefes de suas famílias, guerreiros valentes, contavam, segundo sua parentela, vinte mil e duzentos homens. ¹⁰Filho de Jadiel: Balã. Filhos de Balã: Jeús, Benjamim, Aod, Canana, Zetã, Társis, Aisaar. ¹¹Todos esses filhos de Jadiel tornaram-se chefes de família, valentes guerreiros, em número de dezessete mil e duzentos homens aptos para a guerra e para combater.
¹²Sufan e Hufam. Filho de Ir: Hasim; seu filho: Aer.

Neftali — ¹³Filhos de Neftali: Jasiel, Guni, Jeser, Selum. Eram filhos de Bala.*ᵃ*

Manassésᵇ — ¹⁴Filhos de Manassés: Esriel, que sua concubina arameia deu à luz. Ela gerou também Maquir, pai de Galaad. ¹⁵Maquir tomou uma esposa para Hufam e Sufan. O nome de sua irmã era Maaca. O nome do segundoᶜ era Salfaad. Salfaad teve filhas.
¹⁶Maaca, mulher de Maquir, deu à luz um filho, a quem deu o nome de Farés. Seu irmão chamava-se Sares, e seus filhos, Ulam e Recém.
¹⁷Filho de Ulam: Badã. Esses foram os filhos de Galaad, filho de Maquir, filho de Manassés.
¹⁸Tinha uma irmã chamada Amaléquet, que deu à luz Isod, Abiezer e Moola.
¹⁹Semida teve os seguintes filhos: Ain, Siquém, Leci e Aniam.

Efraimᵈ — ²⁰Filho de Efraim: Sutala. Bared, seu filho; Taat, seu filho; Elada, seu filho; Taat, seu filho; ²¹Zabad, seu filho; Sutala, seu filho; Ezer e Elada.*ᵉ*
Pessoas de Gad, nascidas no país, os mataram, pois eles tinham descido para roubar seus rebanhos. ²²Seu pai, Efraim, chorou-os por muito tempo e seus irmãos vieram consolá-lo. ²³Depois procurou sua esposa, a qual concebeu e deu à luz um filho que ele chamou Berias, pois "sua casa estava na infelicidade."*ᶠ* ²⁴Teve por filha Sara, que construiu Bet-Horon inferior e superior, e Ozensara. ²⁵Rafa, seu filho; Resef, e Tela, seu filho; Taã, seu filho; ²⁶Laadã, seu filho; Amiud, seu filho; Elisama, seu filho; ²⁷Nun, seu filho; Josué, seu filho.
²⁸Eles possuíam propriedades e habitavam em Betel e seus arredores; em Norã, a leste; em Gazer e seus arredores, a oeste; em Siquémᵍ e seus arredores, e até em Ai e seus arredores. ²⁹Betsã com seus arredores, Tanac com seus arredores, Meguido com seus arredores, Dor com seus arredores, estavam

---

a) Os filhos de Bala foram Dã e Neftali (Gn 30,5-8). Hasim (v. 12; cf. Gn 46,2) representa certamente aqui a tribo de Dã, que aliás não é descrita em outro lugar.
b) A lista é complicada e provavelmente corrompida: Hufam e Sufam devem provir do v. 12; Maaca é irmã (v. 15) e mulher (v. 16) de Maquir. Esta lista refere-se sobretudo a Maquir, estabelecido em Galaad, isto é, a "meia tribo" de Manassés (Nm 32,39s).
c) Sem dúvida, o segundo filho, sendo o primeiro Esriel.
d) A lista dos descendentes de Efraim chega até Josué (v. 27). Ela é interrompida pela pequena história dos vv. 21b-24.
e) O Cronista completa a lista de Nm 26,35s com outra lista, que acrescenta dois nomes benjaminitas: Zabad (cf. 8,15s) e Ezer (cf. 4,4). Efraim e Benjamim eram vizinhos e certos clãs podem ter passado de uma tribo para a outra.
f) O nome de Berias é aproximado de *bera'ah*, "na infelicidade." — Berias é, pois, um clã de Efraim que mais tarde passou para Benjamim (cf. 8,13).
g) Em outros lugares, Siquém é ligada a Manassés. Os vv. 28-29 consideram conjuntamente Efraim e Manassés, os "filhos de José".

nas mãos dos filhos de Manassés. É lá que moravam os filhos de José, filho de Israel.

|| Gn 46,17
|| Nm 26,44s

***Aser**[a]* — ³⁰Filhos de Aser: Jemna, Jesua, Jessui, Beria; Sara era irmã deles. ³¹Filhos de Beria: Héber e Melquiel. Este foi o pai de Barzait. ³²Héber gerou Jeflat, Somer, Hotam e Suaá, irmã deles.

³³Filhos de Jeflat: Fosec, Bamaal e Asot. São esses os filhos de Jeflat.

³⁴Filhos de Somer, irmão dele: Roaga, Haba e Aram.

³⁵Filhos de Hélem, irmão dele: Sufa, Jemna, Seles e Amal. ³⁶Filhos de Sufa: Sue, Harnafer, Sual, Beri e Jamra, ³⁷Bosor, Od, Sama, Salusa, Jetrã e Beera. ³⁸Filhos de Jetrã: Jefoné, Fasfa, Ara.

³⁹Filhos de Ola: Area, Haniel, Resias.

⁴⁰Todos esses eram filhos de Aser, chefes de famílias, homens de elite, guerreiros valentes, primeiros dos príncipes; eles se agruparam em pelotões de combate, somando vinte e seis mil homens.

8. BENJAMIM E JERUSALÉM

|| Gn 46,21
|| Nm 26,38-40

Jz 3,15s

8 ***Descendência de Benjamim**[b]* — ¹Benjamim gerou Bela, seu primogênito; Asbel, o segundo; Ahrah[c] o terceiro; ²Noaá, o quarto; Rafa, o quinto. ³Os filhos de Bela foram: Adar, Gera, pai de Aod,[d] ⁴Abisue, Naamã e Aoe, ⁵Gera, Sefufam e Huram.

***Em Gaba**[e]* — ⁶Eis os filhos de Aod. Foram estes os chefes de família dos habitantes de Gaba e os transportaram para Manaat: ⁷Naamã, Aías e Gera. Foi este que os levou cativos; ele gerou Oza e Aiud.

Em Moab — ⁸Ele gerou Saaraim nos Campos de Moab, depois de haver repudiado suas mulheres, Husim e Baara. ⁹De Hodes, sua mulher, teve os seguintes filhos: Jobab, Sebias, Mesa, Melcam, ¹⁰Jeús, Sequias, Marma. Esses foram os seus filhos, chefes de família.

Em Ono e Lod — ¹¹De Husim nasceram-lhe Abitob e Elfaal. ¹²Filhos de Elfaal: Héber, Misaam e Samad: foi este quem construiu Ono e Lod com seus arredores.

7,23 +

Em Aialon — ¹³Berias e Sama eram chefes de família dos habitantes de Aialon e puseram em fuga os habitantes de Gat.

¹⁴Seu irmão: Sesac.

Em Jerusalém — Jerimot, ¹⁵Zabadias, Arod, Éder, ¹⁶Miguel, Jesfa e Joá eram filhos de Berias.

¹⁷Zabadias, Mosolam, Hezeci, Haber, ¹⁸Jesamari, Jeslias, Jobab eram filhos de Elfaal.

¹⁹Jacim, Zecri, Zabdi, ²⁰Elioenai, Seletai, Eliel, ²¹Adaías, Baraías, Samarat eram filhos de Semei. ²²Jesfã, Héber, Eliel, ²³Abdon, Zecri, Hanã, ²⁴Hananias, Elam, Anatotias, ²⁵Jefdaías, Fanuel eram filhos de Sesac.

a) O território de Aser estendia-se entre a Fenícia e o Carmelo (Js 19,24-31), mas esta lista contém vários nomes que se localizam ao sul da montanha de Efraim. Grupos aseritas emigraram para o sul e foram integrados nas tribos de Efraim e Benjamim.
b) Nova lista benjaminita, cujo estilo e conteúdo são diferentes da precedente (7,6-11). As famílias benjaminitas são aqui classificadas segundo sua residência. A fonte parece ser uma lista do povoamento benjaminita, numa época que não podemos determinar.
c) "Airam", conforme Nm 26,38.
d) "pai de Aod", conforme Jz 3,15; "e Abiud", hebr.
e) Ignora-se o que significa esta informação. Aod é o juiz que libertou Benjamim dos moabitas (Jz 3,11-30). O exílio dos habitantes de Gaba (confundida

²⁶Semsari, Soorias, Otolias, ²⁷Jersias, Elias, Zecri eram filhos de Jeroam. ²⁸Esses eram os chefes das famílias, agrupados segundo sua parentela. Moravam em Jerusalém. = 9,34

Em Gabaon — ²⁹Em Gabaon habitavam Jeiel, o pai de Gabaon, cuja esposa se chamava Maaca; ³⁰e os filhos, Abdon, o primogênito, Sur, Cis, Baal, Ner, Nadab, ³¹Gedor, Aio, Zaquer e Macelot. ³²Macelot gerou Samaá; mas eles, ao contrário dos seus irmãos, moravam em Jerusalém com seus irmãos.ᵃ = 9,35-38

*Saul e sua família*ᵇ — ³³Ner gerou Cis, Cis gerou Saul, Saul gerou Jônatas, Melquisua, Abinadab e Isbaal. ³⁴Filho de Jônatas: Meribaal; Meribaal gerou Micas. ³⁵Filhos de Micas: Fiton, Melec, Taraá, Aaz. ³⁶Aaz gerou Joada; Joada gerou Almat, Azmot e Zambri. Zambri gerou Mosa. ³⁷Mosa gerou Banaá. || 1Sm 14,49-51 = 1Cr 9,39-43

Rafa, seu filho; Elasa, seu filho; Asel, seu filho. ³⁸Asel teve seis filhos, cujos nomes são Ezricam, seu primogênito,ᶜ Ismael, Sarias, Abdias, Hanã. Todos filhos de Asel.

³⁹Filhos de Esec, seu irmão: Ulam, o primogênito; Jeús, o segundo; Elifalet, o terceiro. ⁴⁰Ulam teve filhos, homens valorosos e guerreiros, arqueiros.ᵈ Tiveram muitos filhos e netos: cento e cinquenta. Todos esses eram filhos de Benjamim.

9

*Jerusalém, cidade israelita e cidade santa*ᵉ — ¹Todo Israel foi repartido em grupos, e estava inscrito no livro dos reis de Israel e de Judá quando foi deportado para Babilônia por causa de suas infidelidades. ²Os primeiros a habitar em suas cidades e em seu patrimônio foram os israelitas: os sacerdotes, os levitas e os "doados"; ³em Jerusalém moraram filhos de Judá, de Benjamim, de Efraim e de Manassés.ᶠ || Ne 11,3-19 Esd 2,43 +

⁴Otei, filho de Amiud, filho de Amri, filho de Omrai, filho de Bani, um dos filhos de Farés, filho de Judá. ⁵Dos selanitas, Asaías, o primogênito, e seus filhos. ⁶Dos filhos de Zara, Jeuel e seus irmãos: seiscentos e noventa homens.

⁷Dos filhos de Benjamim: Salo, filho de Mosolam, filho de Oduías, filho de Asana; ⁸Joabnias, filho de Jeroam; Ela, filho de Ozi, filho de Mocori; Mosolam, filho de Safatias, filho de Reuel, filho de Jebanias. ⁹Tinham novecentos e cinquenta e seis irmãos reunidos segundo sua parentela. Todos esses homens eram chefes, cada um de sua família.

¹⁰Dos sacerdotes: Jedaías, Joiarib, Jaquin, ¹¹Azarias, filho de Helcias, filho de Mosolam, filho de Sadoc, filho de Maraiot, filho de Aquitob, chefe do Templo de Deus. ¹²Adaías, filho de Jeroam, filho de Fassur, filho de Melquias; Maasai, filho de Adiel, filho de Jezra, filho de Mosolam, filho de Mosolamot, filho de Emer, ¹³e seus irmãos, chefes de família: mil setecentos e sessenta guerreiros valentes, ocupados no serviço do Templo de Deus.

¹⁴Dos levitas: Semeías, filho de Hassub, filho de Ezricam, filho de Hasabias, dos filhos de Merari, ¹⁵Bacbacar, Hares, Galal. Matanias, filho de Micas, filho

---

com Gabaá?) poderia ser uma versão transformada da *história de Jz 20*.

a) "Jeiel", "Ner" e o primeiro "Macelot" são acrescentados em conformidade com 9,35s. Outra tradução possível para a última frase: "Também eles, com seus irmãos…" Sobre os benjaminitas que habitavam em Jerusalém, cf. Jz 1,21; Ne 11,7-9.

b) Os antepassados de Saul são diferentes dos apresentados em 1Sm 9,1. Em 1Sm 14,50-51, Ner e Cis são irmãos, e não pai e filho (e cf. v. precedente). A partir do v. 35, a descendência de Saul, repetida em 9,41-44, não tem paralelo na Bíblia. Ela conduz a linhagem até à duodécima geração, provavelmente até o Exílio.

c) Para obter o total de seis filhos, o hebr. lê *"Bokru"* em vez de "seu primogênito" *(bekoro)*.

d) Traço característico dos benjaminitas (12,2; 2Cr 14,7; 2Sm 1,22).

e) Esta lista, que o v. 1 data de antes do Exílio, inspira-se de fato na lista do repovoamento de Jerusalém no tempo de Neemias (Ne 11), com diferenças que refletem talvez a situação de uma época ainda mais tardia. Todo o cap. parece ser adicional.

f) Efraim e Manassés representam as tribos do Norte. Para o livro, Jerusalém, cidade santa, é a cidade de todas as tribos. Mas na enumeração que segue, só aparecerão Benjamim, Judá e Levi.

de Zecri, filho de Asaf; ¹⁶Abdias, filho de Semeías, filho de Galal, filho de Iditun; Baraquias, filho de Asa, filho de Elcana, que habitavam nas aldeias dos netofatitas.

¹⁷Os porteiros:[a] Selum, Acub, Telmon, Aimã, e seus irmãos. Selum, o chefe, ¹⁸permanece ainda hoje junto à porta real, a oriente. Eram estes os porteiros dos acampamentos dos levitas: ¹⁹Selum, filho de Cora, filho de Abiasaf, filho de Coré, e seus irmãos, os coreítas, da mesma família, dedicavam-se ao serviço litúrgico; guardavam a entrada da Tenda, e seus pais, responsáveis pelo acampamento de Iahweh, guardavam seu acesso.[b] ²⁰Fineias, filho de Eleazar, fora outrora seu chefe responsável (que Iahweh esteja com ele!). ²¹Zacarias, filho de Mosolamias, era porteiro na entrada da Tenda da Reunião. ²²Os porteiros dos limiares pertenciam todos à elite; eram duzentos e doze. Estavam agrupados em suas aldeias. Foram eles que Davi e Samuel, o vidente, estabeleceram, devido à sua fidelidade. ²³Juntamente com seus filhos, eram responsáveis pelas portas do Templo de Iahweh, pela casa da Tenda. ²⁴Nos quatro pontos cardeais ficavam os porteiros: a leste, a oeste, ao norte e ao sul. ²⁵Seus irmãos, que moravam nas suas aldeias vinham ter com eles, de tempos a tempos, por uma semana, ²⁶pois os quatro chefes dos porteiros lá ficavam constantemente. Os levitas eram responsáveis pelas câmaras e pelas provisões da casa de Deus. ²⁷Passavam a noite ao redor da casa de Deus, pois deviam guardá-la e abri-la todas as manhãs.

²⁸Alguns deles cuidavam dos objetos do culto; contavam-nos aos recolocá-los e ao retirá-los. ²⁹Alguns outros eram responsáveis pela mobília, por toda a mobília sacra, pela flor da farinha, pelo vinho, pelo óleo, pelo incenso e pelos perfumes, ³⁰ao passo que os que preparavam a essência aromática para os perfumes eram sacerdotes.

Lv 2,4-7

³¹Um dos levitas, Matatias — primogênito de Selum, o coreíta, — foi, em razão de sua fidelidade, encarregado da confecção das oferendas que se coziam na sertã. ³²Entre seus irmãos, alguns caatitas estavam encarregados dos pães a serem apresentados cada sábado.

³³Eis os cantores,[c] chefes de famílias levíticas. Moravam nas dependências do Templo, livres de outras funções, pois estavam em serviço dia e noite.

= 8,28

³⁴São esses os chefes das famílias levíticas, agrupados segundo sua parentela. Esses chefes moravam em Jerusalém.

9. SAUL, PREDECESSOR DE DAVI

= 8,29-38

Origens de Saul — ³⁵Em Gabaon moravam o pai de Gabaon, Jeiel, cuja mulher chamava-se Maaca, ³⁶e os filhos, Abdon, o primogênito, Sur, Cis, Baal, Ner, Nadab, ³⁷Gedor, Aio, Zacarias, Macelot. ³⁸Macelot gerou Samaam. Mas eles, ao contrário de seus irmãos, moravam em Jerusalém com seu irmãos.[d]

³⁹Ner gerou Cis, Cis gerou Saul, Saul gerou Jônatas, Melquisua, Abinadab, Isbaal. ⁴⁰Filho de Jônatas: Meribaal. Meribaal gerou Micas. ⁴¹Filhos de Micas:

---

a) Entre o pessoal encarregado do culto, é aos porteiros que se refere a seção mais longa (vv. 17-26): suas funções remontam ao deserto (vv. 19-21) e continuaram no tempo de Samuel e de Davi na "casa da Tenda" (v. 23); são louvados por sua fidelidade (v. 22); todos eles descendem de Coré, descendente de Levi (v. 19). De fato, os porteiros só foram assimilados aos levitas em época tardia; não o eram ainda na época do Retorno (cf. Esd 2,42; Ne 7,45; e a lista de Ne 11, em que se inspira este cap., classifica-os à parte, cf. 11,19). Uma vez incorporados aos levitas, procuram igualar-se aos cantores (cf. vv. 17.27 e 2Cr 20,19). Doze salmos são atribuídos aos filhos de Coré.
b) O Cronista assemelha Jerusalém ao acampamento israelita descrito pelos textos sacerdotais.
c) Esperar-se-ia aqui uma lista dos cantores, como para os outros grupos.
d) Cf. 8,29+.

Fiton, Melec, Taraá. ⁴²Aaz gerou Jara, Jara gerou Almat, Azmot e Zambri; Zambri gerou Mosa. ⁴³Mosa gerou Banaá.

Rafaías, seu filho; Elasa, seu filho; Asel, seu filho. ⁴⁴Asel teve seis filhos, cujos nomes são Ezricam, seu primogênito, Ismael, Saraías, Abdias, Hanã; esses são os filhos de Asel.

10 **Batalha de Gelboé, morte de Saul**^{a} — ¹Os filisteus travaram batalha contra Israel. Os israelitas fugiram diante deles e tombaram, feridos mortalmente, na montanha de Gelboé. ²Os filisteus perseguiram Saul e seus filhos, e mataram Jônatas, Abinadab e Melquisua, filhos de Saul. ³O peso do combate recaiu então sobre Saul. Os arqueiros o surpreenderam, e ele estremeceu à vista dos arqueiros. ⁴Então disse Saul a seu escudeiro: "Tira tua espada e traspassa-me, para não acontecer que esses incircuncisos zombem de mim." Mas seu escudeiro recusou-se, pois estava com muito medo. Então Saul pegou sua espada e lançou-se sobre ela. ⁵Vendo que Saul estava morto, o escudeiro lançou-se também sobre sua espada e morreu. ⁶Assim morreram juntos Saul, seus três filhos e toda a sua casa. ⁷Todos os homens de Israel que estavam no vale, ao verem que os homens de Israel fugiam e que Saul e seus filhos tinham morrido, abandonaram suas cidades e fugiram. Vieram os filisteus e lá se estabeleceram.

⁸No dia seguinte, os filisteus vindos para espoliar os mortos encontraram Saul e seus filhos caídos no monte Gelboé. ⁹Eles o despojaram, levaram sua cabeça e suas armas e as fizeram conduzir por toda a terra filisteia, para anunciar a boa nova a seus ídolos e a seu povo. ¹⁰Colocaram suas armas na casa de seu deus e pregaram seu crânio no templo de Dagon.

¹¹Quando todos os habitantes de Jabes de Galaad^b souberam o que os filisteus tinham feito com Saul, ¹²todos os guerreiros se puseram a caminho. Retiraram os corpos de Saul e de seus filhos, levaram-nos para Jabes, sepultaram seus ossos debaixo da tamargueira de Jabes e jejuaram durante sete dias.

¹³Saul pereceu por se ter mostrado infiel para com Iahweh: não seguira a palavra de Iahweh e, além disso, interrogara e consultara um espectro. ¹⁴Não consultou Iahweh, que o fez perecer e transferiu a realeza a Davi, filho de Jessé.^{c}

|| 1Sm 31,1-13

II. Davi, fundador do culto do Templo

1. A REALEZA DE DAVI

11 **Unção de Davi como rei de Israel**^{d} — ¹Então todo o Israel se reuniu em torno de Davi, em Hebron, e disse-lhe: "Vê, somos de teus ossos e de tua carne. ²Já antigamente, quando Saul reinava sobre nós, eras tu que saías e retornavas com Israel, e Iahweh teu Deus te disse: 'És tu que apascentarás Israel, meu povo, e és tu que serás o chefe de meu povo, Israel'." ³Todos os anciãos de Israel vieram, pois, para junto do rei em Hebron. Davi concluiu um pacto com eles em Hebron, na presença de Iahweh, e eles ungiram Davi como rei de Israel, segundo a palavra de Iahweh, transmitida por Samuel.

|| 2Sm 5,1-3

1Sm 16,1-13

---

a) Como prefácio da história de Davi, que tomará toda a sequência do primeiro livro, o Cronista relembra o fim trágico do primeiro rei de Israel, rejeitado por Deus.
b) "os habitantes de Jabes de Galaad", conj. de acordo com 1Sm 31,11; "todo Jabes de Galaad", hebr.

c) Os dois últimos vv. exprimem o juízo do Cronista sobre o reinado de Saul, do qual só relembra os aspectos desfavoráveis.
d) A coalizão das tribos do Norte só teve lugar vários anos após a morte de Saul. Mas o Cronista não quer

1 CRÔNICAS 11

|| 2Sm 5,6-10 **Tomada de Jerusalém** — ⁴Davi, com todo o Israel,ᵃ avançou sobre Jerusalém (isto é, Jebus); os moradores da região eram os jebuseus. ⁵Os habitantes de Jebus disseram a Davi: "Tu não entrarás aqui". Mas Davi se apoderou da fortaleza de Sião: é a Cidade de Davi. ⁶E disse Davi: "Quem for o primeiro a ferir um jebuseu será chefe e príncipe." Joab, filho de Sárvia, foi o primeiro a subir e tornou-se chefe. ⁷Davi estabeleceu-se na fortaleza, que por isso foi chamada de Cidade de Davi. ⁸Depois restaurou os contornos da cidade, tanto o Melo como as muralhas, e foi Joab quem restaurou o resto da cidade.ᵇ ⁹Davi tornava-se cada vez maior e Iahweh dos Exércitos estava com ele.

Os valentes de Davi — ¹⁰Eis os chefes dos valentes de Davi, que se tornaram poderosos com ele no seu reinado e que, com todo o Israel, o tinham
|| 2Sm 23,8-39 constituído rei, segundo a palavra de Iahweh a respeito de Israel. ¹¹Eis a lista dos valentes de Davi:

Jesbaam, filho de Hacamon, chefe dos Três;ᶜ foi ele quem brandiu sua lança sobre trezentas vítimas de uma só vez.
¹²Depois dele, Eleazar, filho de Dodô, o aoíta, que era um dos três valentes. ¹³Estava com Davi em Afes-Domim quando os filisteus se reuniram lá para o combate. Havia lá um campo todo plantado de cevada; o exército fugiu diante dos filisteus, ¹⁴mas eles se postaram no meio do campo, livraram-no e abateram os filisteus. Iahweh efetuou lá uma grande vitória.

¹⁵Três dentre os Trinta desceram para perto de Davi, até o rochedo próximo à gruta de Odolam, enquanto um batalhão dos filisteus estava acampado no vale dos rafaim. ¹⁶Davi estava então no refúgio e havia ainda um prefeito filisteu em Belém. ¹⁷Davi exprimiu este desejo: "Quem me dera beber da água do poço situado junto à porta de Belém?" ¹⁸Os Três, abrindo passagem através do acampamento filisteu, tiraram água do poço situado junto à porta de Belém, levaram-na e ofereceram-na a Davi; mas este não a quis beber e derramou-a em libação a Iahweh, ¹⁹dizendo: "Deus me livre de fazer isso! Acaso beberei o sangue destes homens que arriscaram suas vidas? Pois foi com risco de vida que eles a trouxeram!" E não quis mesmo beber. Eis o que fizeram esses três valentes.

²⁰Abisaí, irmão de Joab, era o chefe dos Trinta. Foi ele que brandiu sua lança sobre trezentas vítimas e conquistou um nome entre os Trinta.ᵈ ²¹Foi duplamente ilustre, mais ilustre que os Trinta e tornou-se seu capitão, mas não foi incluído entre os Três.

²²Banaías, filho de Joiada, guerreiro de muitas façanhas, natural de Cabseel, abateu os dois heróis de Moab; foi ele que, num dia de neve, desceu e matou o leão na cisterna. ²³Foi ele também que matou o egípcio, um gigante de cinco côvados de altura, que tinha nas mãos uma lança semelhante a um cilindro de tear; desceu contra ele com um bastão, arrebatou a lança da mão do egípcio e matou-o com sua própria lança. ²⁴Eis o que fez Banaías, filho de Joiada, conquistando um nome entre os Trinta valentes. ²⁵Foi mais ilustre que os Trinta, mas não foi incluído entre os Três; Davi colocou-o no comando de sua guarda pessoal.

²⁶Heróis valorosos:ᵉ Asael, irmão de Joab; Elcaná, filho de Dodô, de Belém; ²⁷Samot, o harorita; Heles, o felonita; ²⁸Ira, filho de Aces, de Técua;

ver em Davi senão aquele que reuniu as tribos em torno de Iahweh.
a) Conforme 2Sm 5,6, foram somente Davi e seu pequeno exército pessoal que conquistaram Jerusalém.
b) O Cronista reserva a Davi a construção das muralhas e atribui a Joab a construção das casas, obra de menor vulto.

c) "Três", grego luc.; "Trinta", hebr. (cf. v. 20).
d) "Trinta", sir., mss gregos; "Três", hebr., bem como no v. 24; mas cf. vv. 21 e 25.
e) Até Urias (v. 41a), esta lista corresponde à lista dos Trinta em 2Sm 23,24-39. Os dezesseis guerreiros que seguem (vv. 41b-47) são geralmente originários da Transjordânia. Estes nomes devem provir de outra

Abiezer, de Anatot; ²⁹Sobocai, de Husa; Ilai, de Ao; ³⁰Maarai, de Netofa; Héled, filho de Baana, de Netofa; ³¹Etai, filho de Ribai, de Gabaá dos filhos de Benjamim; Banaías, de Faraton; ³²Hurai, das Torrentes de Gaás; Abiel, de Bet-Arabá; ³³Azmot, de Baurim; Eliaba, de Saalbon; ³⁴Benê-Asem, de Gezon; Jônatas, filho de Saage, de Arar; ³⁵Aiam, filho de Sacar, de Arar; Elifalet, filho de Ur; ³⁶Héfer, de Maquera; Aías, o felonita; ³⁷Hesro, de Carmel; Naarai, filho de Azbai; ³⁸Joel, irmão de Natã; Mibaar, filho de Agarai; ³⁹Selec, o amonita; Naarai, de Beerot, escudeiro de Joab, filho de Sárvia; ⁴⁰Ira, de Jeter; Gareb, de Jeter; ⁴¹Urias, o heteu.-Zabad, filho de Ooli; ⁴²Adina, filho de Siza, o rubenita, chefe dos rubenitas e responsável pelos Trinta; ⁴³Hanã, filho de Maaca; Josafá, o matanita; ⁴⁴Ozias, de Astarot; Sama e Jaiel, filhos de Hotam, de Aroer; ⁴⁵Jediel, filho de Samri, e Joás, seu irmão, o tasaíta; ⁴⁶Eliel, o maumita; Jeribai e Josaías, filhos de Elnaem; Jetma, o moabita; ⁴⁷Eliel, Obed e Jasiel, de Soba.

12 *Os primeiros seguidores de Davi*[a] —

¹Eis os que aderiram a Davi em Siceleg, quando ele ainda se conservava longe de Saul, filho de Cis; eram valentes, lutadores na guerra, ²que sabiam manejar o arco com a mão direita e com a esquerda, utilizando pedras e flechas.

Irmãos de Saul, o benjaminita: ³Aiezer o chefe, e Joás, filho de Samaá de Gabaá; Jaziel e Falet, filhos de Azmot; Baraca e Jeú, de Anatot; ⁴Ismaías, de Gabaon, valente do número dos Trinta e chefe dos Trinta; ⁵Jeremias, Jeeziel, Joanã e Jozabad, de Gaderot; ⁶Eluzaí, Jerimot, Baalias, Samarias, Safatias, de Harif; ⁷Elcana, Jesias, Azareel, Joezer, Jesbaam, coreítas; ⁸Joela, Zabadias, filhos de Jeroam de Gedor.

⁹Entre os gaditas houve quem saísse para aderir a Davi no seu refúgio do deserto. Eram heróis valorosos, homens de guerra prontos para combater, que sabiam manejar o escudo e a lança. Tinham o aspecto de leões e, quanto à agilidade, pareciam gazelas nas montanhas. ¹⁰Ezer era seu chefe; Abdias, o segundo; Eliab, o terceiro; ¹¹Masmana, o quarto; Jeremias, o quinto; ¹²Eti, o sexto; Eliel, o sétimo; ¹³Joanã, o oitavo; Elzebad, o nono; ¹⁴Jeremias, o décimo; Macbanai, o undécimo. ¹⁵Esses eram os filhos de Gad, chefes de batalhão; um correspondia a cem, se fosse pequeno; a mil, se fosse grande.[b] ¹⁶Foram eles que passaram o Jordão, no primeiro mês, quando costuma transbordar em todo o seu curso, e que puseram em fuga os habitantes do vale, tanto da margem oriental como da ocidental.

¹⁷Alguns filhos de Benjamim e de Judá vieram também aliar-se a Davi, em seu refúgio. ¹⁸Davi foi ao seu encontro, tomou a palavra e disse-lhes: "Se é como amigos que vindes a mim, para me prestar auxílio, estou disposto a unir-me convosco; mas se é para me enganar em proveito dos meus inimigos, enquanto minhas mãos nada fizeram de injusto, que o Deus de nossos pais o veja e faça justiça!"

¹⁹O Espírito revestiu então Amasai, chefe dos Trinta:

"Estão contigo, Davi, e contigo,
filho de Jessé!
Paz, paz a ti e paz àquele que te assiste,
pois é teu Deus que te assiste!"

---

lista, utilizada pelo próprio Cronista ou por um continuador.

a) O cap. 12 divide-se em duas partes: os partidários de Davi antes da realeza (vv. 1-23); os contingentes das doze tribos que constituíram Davi rei sobre todo o Israel (vv. 24-41). Este cap. não tem paralelo em Samuel. Se o Cronista é responsável pela segunda parte, sua intenção aqui é insistir no caráter pan-israelita da realeza de Davi (cf. 11,1); mas a lista pode ser posterior a ele.

b) Ou "o menor dentre eles valia cem deles, o maior, mil".

Davi os acolheu e os colocou entre os chefes de tropa. ²⁰Alguns manassitas se juntaram a Davi, quando ele ia lutar em companhia dos filisteus contra Saul. Mas não lhes prestaram auxílio, porque, tendo-se reunido em conselho, os príncipes dos filisteus despediram Davi, dizendo: "Ele poderia desertar, passando para o lado de seu senhor, com risco para nossas cabeças!" ²¹Quando partia para Siceleg, alguns manassitas se juntaram a ele: Ednas, Jozabad, Jediel, Miguel, Jozabad, Eliú, Salati, chefes de milhares de homens de Manassés. ²²Foi um reforço para Davi e sua tropa, pois eram todos heróis valorosos e se tornaram oficiais no exército.

²³Cada dia, com efeito, Davi recebia novos reforços, de tal modo que seu acampamento se tornou gigantesco.ᵃ

Os guerreiros que o constituíram rei — ²⁴Eis o número de guerreiros equipados para a guerra que vieram para junto de Davi, em Hebron, para transferir-lhe a realeza de Saul, segundo a ordem de Iahweh:

²⁵Filhos de Judá, armados de escudo e lança: seis mil e oitocentos guerreiros equipados para a guerra;

²⁶dos filhos de Simeão, sete mil e cem soldados valentes na guerra;

²⁷dos filhos de Levi, quatro mil e seiscentos, ²⁸e Joiada,ᵇ comandante dos aaronitas, com três mil e setecentos destes últimos; ²⁹Sadoc, jovem e valente guerreiro, e vinte e dois oficiais de sua família;

³⁰dos filhos de Benjamim, três mil irmãos de Saul, a maioria dos quais ligados até então ao serviço da casa de Saul;

³¹dos filhos de Efraim, vinte mil e oitocentos guerreiros valentes, homens ilustres de sua família;

³²da meia tribo de Manassés, dezoito mil homens nominalmente designados para ir proclamar Davi rei;

³³dos filhos de Issacar, que sabiam discernir os momentos em que Israel devia agir e a maneira de fazê-lo, duzentos chefes e todos os seus irmãos sob suas ordens;

³⁴de Zabulon, cinquenta mil homens aptos para o serviço militar, em ordem de combate, com toda sorte de armas, e prontos para se alinhar na batalha de coração resoluto;

³⁵de Neftali, mil oficiais e com eles trinta e sete mil homens armados de escudo e lança;

³⁶dos danitas, vinte oito mil e seiscentos homens prontos para o combate;

³⁷de Aser, quarenta mil homens prontos para partirem para a guerra em ordem de batalha;

³⁸da Transjordânia, cento e vinte mil homens de Rúben, de Gad e da meia tribo de Manassés, com toda espécie de armas bélicas.

³⁹Todos esses homens de guerra, vindos para reforço em boa ordem, dirigiram-se a Hebron de coração sincero, a fim de proclamar Davi rei sobre todo o Israel; além disso, todos os demais de Israel eram unânimes em conferir a Davi a realeza. ⁴⁰Durante três dias ficaram lá, comendo e bebendo em companhia de Davi.

Seus irmãos haviam preparado tudo para eles; ⁴¹e mais: das vizinhanças e até de Issacar, Zabulon e Neftali traziam víveres sobre jumentos e camelos, sobre mulas e bois: provisões de farinha, figos e uvas secas, vinho e azeite, bois e ovelhas em abundância, pois havia alegria em Israel.

---

a) Lit.: "acampamento de Deus".
b) O nome de Joiada substitui aqui o de Abiatar, que era de se esperar (cf. 2Sm 8,17); é que Abiatar fora destituído por Salomão. Houve um Joiada chefe do sacerdócio em Jerusalém, mas muito mais tarde (cf. 2Rs 11 e 12).

13 A Arca é trazida de Cariat-Iarim[a]

¹Davi reuniu-se em conselho com os oficiais de milhares e de centenas e com todos os comandantes. ²Disse ele a toda a assembleia de Israel: "Se for de vosso agrado e se isso vem de Iahweh nosso Deus, enviaremos mensageiros aos outros irmãos nossos de todas as terras de Israel, bem como aos sacerdotes e aos levitas em suas cidades e campos vizinhos, para que eles se juntem a nós. ³Então reconduziremos para o meio de nós a Arca de nosso Deus; não nos ocupamos dela no tempo de Saul."

⁴Toda a assembleia decidiu agir assim, pois era uma proposta que todo o povo julgou justa. ⁵Davi reuniu todo o Israel, desde o Sior do Egito até à Entrada de Emat, para trazer de Cariat-Iarim a Arca de Deus. ⁶Em seguida, Davi e todo o Israel subiram a Baala, na direção de Cariat-Iarim em Judá, a fim de trazer de lá a Arca de Deus que traz o nome de Iahweh que senta sobre os querubins. ⁷Foi na casa de Abinadab que a Arca de Deus foi colocada sobre um carro novo. Oza e Aio conduziam o carro. ⁸Davi e todo o Israel dançavam diante de Deus com todas as suas forças, cantando ao som das cítaras, das harpas, dos tamborins, címbalos e trombetas. ⁹Quando chegavam à eira de Quidon, Oza estendeu a mão para segurar a Arca, porque os bois faziam-na cair. ¹⁰Então a ira de Iahweh se inflamou contra Oza e o feriu, por ter colocado a mão na Arca; Oza morreu lá, diante de Deus. ¹¹Davi ficou desgostoso porque Iahweh fulminou Oza, e deu a este lugar o nome de Farés-Oza, que conserva até hoje.

¹²Naquele dia, Davi temeu a Deus e disse: "Como poderei levar para a minha casa a Arca de Deus?" ¹³E Davi não conduziu a Arca para a sua casa, na cidade de Davi, mas mandou que a levassem para a casa de Obed-Edom de Gat. ¹⁴A Arca de Deus ficou três meses com a família de Obed-Edom, na sua casa; Iahweh abençoou a casa de Obed-Edom e tudo o que lhe pertencia.

Jz 20,1 +
‖ 2Sm 6,2-11

14 Davi em Jerusalém, seu palácio e seus filhos[b]

¹Hiram, rei de Tiro, enviou mensageiros a Davi, levando madeira de cedro, e também pedreiros e carpinteiros, para construir-lhe uma casa. ²Então Davi teve certeza de que Iahweh o havia confirmado como rei de Israel e que sua realeza era grandemente exaltada por causa de Israel, seu povo.

‖ 2Sm 5,11-16

³Em Jerusalém, Davi casou-se ainda com outras mulheres e gerou mais filhos e filhas. ⁴Eis os nomes dos filhos que lhe nasceram em Jerusalém: Samua, Sobab, Natã, Salomão, ⁵Jebaar, Elisua, Elfalet, ⁶Noga, Nafeg, Jáfia, ⁷Elisama, Baaliada, Elifalet.

= 3,5-8

Vitória sobre os filisteus

⁸Quando os filisteus souberam que Davi fora ungido rei de todo o Israel, subiram todos para prendê-lo. Sabendo disso, Davi saiu ao encontro deles. ⁹Os filisteus chegaram e se espalharam no vale dos rafaim. ¹⁰Então Davi consultou a Deus: "Devo atacar os filisteus? Entregá-los-ás nas minhas mãos?" Iahweh respondeu-lhe: "Ataca-os! E eu os entregarei em tuas mãos." ¹¹Eles subiram a Baal-Farasim e lá Davi os derrotou. E Davi disse: "Pela minha mão Deus abriu uma brecha no meio dos meus inimigos, como uma brecha feita pelas águas." É por isso que esse lugar recebeu o nome de

‖ 2Sm 5,17-25

---

a) A primeira iniciativa de Davi após a tomada de Jerusalém (11,4-9) é ir buscar a Arca em Cariat-Iarim. O Cronista situa esse fato antes da vitória sobre os filisteus (14,8-16), que o livro de Samuel colocou antes do retorno da Arca e que, historicamente, deve ter sido anterior à tomada de Jerusalém. O Cronista guardará do reinado de Davi sobretudo o que se refere ao santuário. Aqui ele depende estreitamente do texto de 2Sm, mas acrescenta a introdução (vv. 1-3), em que, mais uma vez, intervém toda a assembleia de Israel.
b) O Cronista utiliza a estada da Arca na casa de Obed-Edom por três meses (v. 14) para inserir as indicações de sua fonte sobre a construção do palácio, a família de Davi e sua vitória sobre os filisteus. A isso ele acrescentará os preparativos para receber a Arca em Jerusalém (15,1-3).

Baal-Farasim. ¹²No local, eles abandonaram seus deuses: "Que sejam jogados ao fogo!", ordenou Davi.

¹³Os filisteus começaram novamente a se espalhar pelo vale. ¹⁴Davi consultou de novo a Deus e Deus lhe respondeu: "Não os ataques. Vai para trás deles, a certa distância, contorna-os e cairás sobre eles diante das amoreiras. ¹⁵E quando ouvires um ruído de passos no alto das amoreiras, então darás início à batalha: é sinal de que Deus sai à tua frente para vencer o exército filisteu." ¹⁶Davi fez como Deus lhe ordenara; e desbaratou o exército filisteu desde Gabaon até Gazer.

¹⁷A fama de Davi espalhou-se por todas as regiões e Iahweh tornou-o temido por todas as nações.

2. A ARCA NA CIDADE DE DAVI

15 *Preparativos para o transporte*[a] — ¹Davi construiu para si edifícios na Cidade de Davi, preparou um lugar para a Arca de Deus e ergueu para ela uma tenda. ²Depois disse: "A Arca de Deus só pode ser transportada pelos levitas, pois Iahweh os escolheu para carregar a Arca de Iahweh e estarem sempre a seu serviço."[b]

Nm 1,50; 3,5s; 7,9
Dt 31,25

³Então Davi reuniu todo o Israel em Jerusalém para fazer subir a Arca de Iahweh ao lugar que lhe havia preparado. ⁴Congregou os filhos de Aarão e os filhos de Levi: ⁵dos filhos de Caat, Uriel, o oficial, e seus cento e vinte irmãos; ⁶dos filhos de Merari, Asaías, o oficial, e seus duzentos e vinte irmãos; ⁷dos filhos de Gersam, Joel, o oficial, e seus cento e trinta irmãos; ⁸dos filhos de Elisafã, Semeías, o oficial, e seus duzentos irmãos; ⁹dos filhos de Hebron, Eliel, o oficial, e seus oitenta irmãos; ¹⁰dos filhos de Oziel, Aminadab, o oficial, e seus cento e doze irmãos.

¹¹Davi convocou os sacerdotes Sadoc e Abiatar, os levitas Uriel, Asaías, Joel, Semeías, Eliel e Aminadab, ¹²e disse-lhes: "Vós sois os chefes das famílias levíticas; santificai-vos, vós e os vossos irmãos, e fazei subir a Arca de Iahweh, Deus de Israel, para o lugar que lhe preparei. ¹³Porque não estáveis lá na primeira vez, Iahweh nos feriu:[c] não nos dirigimos a ele segundo a regra." ¹⁴Os sacerdotes e os levitas se santificaram para fazer subir a Arca de Iahweh, Deus de Israel, ¹⁵e os levitas transportaram a Arca de Deus, tendo os varais sobre os ombros, como o havia prescrito Moisés, segundo a palavra de Iahweh.

Nm 7,9

¹⁶Davi ordenou aos chefes dos levitas que dispusessem seus irmãos, os cantores, com todos os instrumentos de acompanhamento, harpas, cítaras e címbalos, para que pudessem ser ouvidos tocando uma música que enchia de alegria. ¹⁷Os levitas nomearam Emã, filho de Joel, Asaf, um de seus irmãos, filho de Baraquias, Etã, filho de Casaías, um dos meraritas, seus irmãos. ¹⁸Eles tinham consigo seus irmãos da segunda ordem: Zacarias, Ben, Jaziel,[d] Semiramot, Jaiel, Ani, Eliab, Banaías, Maasias, Matatias, Elifalu, Macenias, Obed-Edom, Jeiel, os porteiros; ¹⁹Emã, Asaf e Etã, os cantores, tocavam com força os címbalos de bronze. ²⁰Zacarias, Aziel, Semiramot, Jaiel, Ani, Eliab,

---

a) Antes de retomar a narrativa de 2Sm, no v. 25, o livro primitivo das Crônicas parece não ter contido senão os vv. 1-3 e 11-15: armação da tenda para abrigar a Arca e menção da lei levítica cuja transgressão provocou o episódio trágico de Farés-Oza (cf. 13,9s). Aí foram feitas algumas adições: uma lista de sacerdotes e de levitas (vv. 4-10) e uma descrição da orquestra que já estava tocando ao redor da Arca (vv. 16-24).

b) O Cronista vai definir a função dos sacerdotes e dos levitas na cerimônia, de acordo com os textos sacerdotais.

c) Assim é que o autor interpreta a morte de Oza (13,10s; cf. 2Sm 6,8+).

d) "Ben", ausente do grego e do v. 20; "Jaziel" é o Aziel do v. 20 (e ver 16,4).

Maasias, Banaías tocavam a lira para a voz de soprano.*ᵃ* ²¹Matatias, Elifalu, Macenias, Obed-Edom, Jeiel e Ozazias marcavam o ritmo, tocando cítara na oitava inferior. ²²Conenias, chefe dos levitas encarregados do transporte, orientava o transporte,*ᵇ* pois era perito nisso. ²³Baraquias e Elcana exerciam a função de porteiros junto à Arca. ²⁴Os sacerdotes Sebanias, Josafá, Natanael, Amasai, Zacarias, Banaías e Eliezer tocavam a trombeta diante da Arca de Deus. Obed-Edom e Jeías eram porteiros junto à Arca.

A cerimônia do transporte — ²⁵Então Davi, os anciãos de Israel e os chefes de mil, com grande júbilo, faziam subir da casa de Obed-Edom a Arca da Aliança de Iahweh. ²⁶E enquanto Deus assistia os levitas que carregavam a Arca da Aliança de Iahweh, foram imolados sete touros e sete carneiros. ²⁷Davi, vestido com um manto de linho fino, dançava dando voltas, como também todos os levitas que levavam a Arca, os cantores e Conenias, oficial encarregado do transporte.*ᶜ* Davi trajava também o efod de linho. ²⁸Todo o Israel fez subir a Arca da Aliança de Iahweh, fazendo aclamações, ao som das trombetas, do clarim e dos címbalos, fazendo ressoar liras e cítaras. ²⁹Ao chegar a Arca da Aliança de Iahweh à Cidade de Davi, a filha de Saul, Micol, olhou pela janela e viu o rei Davi dançando e exultando; em seu coração, ela o desprezou.

|| 2Sm 6,12-19

16 ¹Introduziram a Arca de Deus e a depositaram no centro da tenda que Davi tinha armado para ela. Ofereceram, diante de Deus, holocaustos e sacrifícios de comunhão. ²Quando Davi acabou de oferecer esses holocaustos e esses sacrifícios de comunhão, abençoou o povo em nome de Iahweh. ³Depois mandou distribuir a todos os israelitas, homens e mulheres, para cada um, um pão, um prato de carne e um bolo de passas.

*O serviço dos levitas diante da Arca*ᵈ — ⁴Davi colocou diante da Arca de Iahweh levitas encarregados do serviço para celebrar, glorificar e louvar a Iahweh, Deus de Israel; ⁵primeiro Asaf, em segundo lugar Zacarias, depois Oziel,*ᵉ* Semiramot, Jaiel, Matatias, Eliab, Banaías, Obed-Edom e Jeiel. Eles tocavam liras e cítaras, enquanto Asaf fazia ressoar os címbalos. ⁶Os sacerdotes Banaías e Jaziel não cessavam de tocar trombetas diante da Arca da Aliança de Deus. ⁷Naquele dia, Davi, louvando por primeiro a Iahweh, confiou este louvor*ᶠ* a Asaf e a seus irmãos:

⁸ Dai graças a Iahweh, aclamai seu nome,
  anunciai entre os povos seus grandes feitos!
⁹ Cantai, entoai salmos para ele,
  narrai todas as suas maravilhas!
¹⁰ Gloriai-vos de seu nome santo,
   alegrem-se os corações que buscam a Iahweh!

¹¹ Procurai Iahweh e sua força,
   sem cessar buscai a sua face!
¹² Lembrai-vos das maravilhas que fez,
   de seus prodígios e das sentenças de sua boca!
¹³ Descendentes de Israel, seu servo,
   filhos de Jacó, seus eleitos,

|| Sl 105,1-15

---

a) "soprano", incerto, hebr. *'alamot* "donzelas" (?); propõe-se *'al mut* "sobre o oboé", palavra egípcia (cf. Sl 6 e 12).
b) O hebr. *massa'* "transporte", significa também "elevação da voz" ou "oráculo", como o grego e a Vulg. aqui e no v. 27. Este chefe dos levitas daria então o tom ou pronunciaria oráculos como profeta.
c) Depois de "encarregado do transporte" o hebr. repete "os cantores" por ditografia.
d) Mais legitimamente que o continuador em 15,16-24, o Cronista faz começar o ofício hínico depois da instalação da Arca sob a tenda. Segundo ele, toda a liturgia do Templo remonta a Davi, obedecendo já às prescrições do Código sacerdotal.
e) O hebr. traz aqui Jeiel (que se encontra no fim do v.), mas a lista é idêntica à de 15,18.20.
f) Este hino é composto de fragmentos dos Sl 105; 96 e 106, com algumas variantes textuais.

¹⁴ é ele Iahweh nosso Deus,
  sobre toda a terra ele julga!

¹⁵ Lembrai-vos para sempre de sua Aliança,
  da palavra promulgada para mil gerações,
¹⁶ do pacto concluído com Abraão,
  do juramento que fez a Isaac.
¹⁷ Ele o erigiu como lei para Jacó,
  para Israel, como Aliança para sempre,
¹⁸ dizendo: "Eu te dou uma terra,
  Canaã, como vossa parte de herança,
¹⁹ lá onde podíeis ser contados,
  pouco numerosos, estrangeiros no país."

²⁰ Eles iam de nação em nação,
  de um reino para um povo diferente;
²¹ não deixou que ninguém os oprimisse,
  por causa deles até reis castigou:
²² "Não toqueis em quem me é consagrado,
  nem façais mal a meus profetas!"

∥ Sl 96

²³ Cantai a Iahweh, terra inteira!
  Proclamai, dia após dia, a sua salvação,
²⁴ narrai às nações a sua glória,
  a todos os povos as suas maravilhas!

²⁵ Pois Iahweh é grande e mui digno de louvor,
  mais temível que todos os deuses.
²⁶ Nada são todos os deuses das nações.
  Foi Iahweh quem fez os céus.
²⁷ Diante dele, esplendor e majestade,
  em seu santuário poder e alegria.

²⁸ Rendei a Iahweh, famílias dos povos,
  rendei a Iahweh glória e poder,
²⁹ rendei a Iahweh a glória de seu nome.

  Apresentai a oblação, trazei-a à sua presença,
  adorai Iahweh nos seus átrios sagrados!
³⁰ Tremei diante dele, terra inteira!
  Ele fixou o universo, inabalável.
³¹ Que o céu se alegre, exulte a terra!
  Dizei entre os pagãos: "É Iahweh que reina!"

³² Ressoe o mar e tudo o que ele encerra!
  Rejubile o campo e tudo o que ele produz!
³³ Gritem de alegria todas as árvores das florestas!
  na presença de Iahweh, pois ele vem para julgar a terra.

∥ Sl 106,1.47-48

³⁴ Dai graças a Iahweh, pois ele é bom,
  porque eterno é seu amor!

³⁵ Dizei: Salva-nos, Deus de nossa salvação,
  reúne-nos, retira-nos do meio dos pagãos,
  para celebrarmos teu santo nome
  e nos gloriarmos em teu louvor.

³⁶ *Bendito seja Iahweh, o Deus de Israel,
  desde sempre e para sempre!*
  E que todo o povo diga: Amém!
  Aleluia!

³⁷Davi deixou lá, diante da Arca da Aliança de Iahweh, Asaf e seus irmãos, para garantirem um serviço permanente diante da Arca, conforme o ritual cotidiano; ³⁸deixou também Obed-Edom e seus sessenta e oito irmãos. Obed-Edom, filho de Iditun, e Hosá*ᵃ* eram porteiros. ³⁹Quanto ao sacerdote Sadoc e aos sacerdotes seus irmãos, Davi os deixou diante da Habitação de Iahweh, no lugar alto de Gabaon,*ᵇ* ⁴⁰para oferecerem a Iahweh holocaustos perpétuos sobre o altar dos holocaustos, de manhã e de tarde, e fazer tudo o que está escrito na Lei que Iahweh prescrevera a Israel. ⁴¹Estavam com eles Emã e Iditun, e o restante da elite designada nominalmente para render graças a Deus, "porque eterno é seu amor". ⁴²Na companhia deles estava Emã e Iditun, encarregados de tocar as trombetas, os címbalos e os instrumentos que acompanhavam os cânticos divinos. Os filhos de Iditun eram encarregados da porta.

⁴³Todo o povo partiu, cada um para sua casa, e Davi voltou para abençoar a sua casa. ‖ 2Sm 6,19-20

17 *Profecia de Natã*ᶜ — ¹Quando Davi se instalou em sua casa, disse ao profeta Natã: "Eis que habito numa casa de cedro e a Arca da Aliança de Iahweh está sob a tenda!" ²Natã respondeu a Davi: "Faze tudo o que estiver em teus planos, porque Deus está contigo." ³Mas, naquela mesma noite, a palavra de Deus foi dirigida a Natã nestes termos: ⁴"Vai dizer a Davi, meu servo: Assim fala Iahweh: Não serás tu quem me construirá uma casa para eu nela morar. ⁵Sim, jamais morei numa casa, desde o dia em que fiz Israel subir até hoje, mas eu passava de tenda em tenda e de abrigo em abrigo. ⁶Durante todo o tempo em que caminhei com todo o Israel, acaso disse eu a algum dos Juízes de Israel que designei como pastores do meu povo: Por que não me construís uma casa de cedro? ⁷Eis agora o que dirás a meu servo Davi: Assim fala Iahweh dos Exércitos. Fui eu quem te tirou do pastoreio, de detrás das ovelhas, para seres chefe do meu povo Israel. ⁸Estive contigo por toda parte aonde ias, exterminei diante de ti todos os teus inimigos. Dar-te-ei um renome igual ao dos mais ilustres da terra. ⁹Escolherei um lugar para Israel, meu povo, lá o estabelecerei e ele habitará nesse lugar, sem ser inquietado, e os maus não tornarão a oprimi-lo como outrora, ¹⁰desde quando estabeleci juízes sobre meu povo Israel. Submeterei todos os teus inimigos. Eu te anuncio que Iahweh te fará uma casa ¹¹e quando se completar o tempo de te reunires a teus pais manterei depois de ti a tua posteridade: vai ser um de teus filhos, cujo reinado firmarei. ¹²Ele me construirá uma casa e eu firmarei seu trono para sempre. ¹³Eu serei para ele pai e ele será para mim filho; não lhe retirarei meu amor, como o retirei daquele que te precedeu. ‖ 2Sm 7,1-17

¹⁴Mantê-lo-ei para sempre na minha casa e no meu reino, e seu trono será firme para sempre."

¹⁵Natã comunicou a Davi todas essas palavras e toda essa revelação.

Oração de Davi — ¹⁶Então o rei Davi entrou, sentou-se diante de Iahweh e disse: "Quem sou eu, Iahweh Deus, e o que é a minha casa, para me teres 2Sm 7,18-29

---

a) Iditun, conhecido também pelos títulos dos Sl 39; 62 e 77, é o mesmo que Etã. Aqui ele é pai de Obed-Edom (v. 38) e, portanto, um dos porteiros (v. 42). Certos levitas da época de Neemias descendiam dele (Ne 11,17; 1Cr 9,16). Quanto a Hosa, cf. 26,10.

b) O santuário de Gabaon tinha talvez tomado o lugar do de Silo depois da captura da Arca pelos filisteus. Este será o "maior lugar alto" sob Salomão (1Rs 3,4-15). O Cronista toma em consideração essa situação histórica e a justifica dizendo que a "Habitação", a Tenda do deserto, tinha ficado erguida lá (cf. também 21,29; 2Cr 1,3). Consequentemente, ele reparte o pessoal do culto entre o santuário da Habitação e o novo santuário da Arca, em Jerusalém.

c) O Cronista retomou quase textualmente a profecia de Natã de 2Sm 7, que tem para ele uma importância capital: ela exprime a aliança com Davi e a permanência de sua dinastia, depositária das promessas messiânicas. As únicas modificações importantes que ele faz consistem em precisar que a promessa feita à estirpe de Davi se realizará primeiro num de seus filhos (Salomão, v. 11) e suprimir a even-

conduzido até aqui? ¹⁷Mas isso é pouco demais a teus olhos, ó Deus, e estendes tuas promessas à casa de teu servo para um futuro longínquo; tu me fazes ver como um grupo de homens, aquele que elevas, ó Iahweh Deus.*ᵃ* ¹⁸Que mais poderia fazer Davi para ti, em vista da glória que deste a teu servo? Tu mesmo distinguiste teu servo. ¹⁹Iahweh, em consideração a teu servo, e segundo o teu coração, tiveste esta magnificência de revelar todas essas grandezas. ²⁰Iahweh, não há ninguém como tu e não há outro Deus senão tu, como ouviram nossos ouvidos. ²¹Acaso existe sobre a terra outro povo, como teu povo Israel, que um Deus tenha ido resgatá-lo para dele fazer seu povo, para torná-lo famoso e operar em seu favor grandes e terríveis feitos, expulsando nações de diante do teu povo que resgataste do Egito?*ᵇ* ²²Constituíste teu povo Israel como povo teu para sempre e tu, Iahweh, te tornaste seu Deus. ²³E agora, que permaneça para sempre, ó Iahweh, a promessa que fizeste a teu servo e à sua casa, e faze como disseste. ²⁴Que essa promessa subsista e que teu nome seja engrandecido para sempre. Que se diga: 'Iahweh dos Exércitos é o Deus de Israel, ele é Deus para Israel.' A casa de Davi, teu servo, será confirmada diante de ti, ²⁵pois foste tu, meu Deus, que revelaste a teu servo que lhe havias de construir uma casa. Eis por que teu servo se acha diante de ti a rezar. ²⁶Sim, Iahweh, és tu que és Deus, e tu fizeste esta bela promessa a teu servo. ²⁷Tu, então, consentiste em abençoar a casa do teu servo para que ela perdure para sempre na tua presença. Pois foste tu, Iahweh, que a abençoaste: ela é bendita para sempre."

18 *As guerras de Davi*ᶜ —

1Sm 8,1-14

¹Aconteceu, depois disso, que Davi venceu os filisteus e os subjugou. Tomou das mãos dos filisteus Gat e suas vizinhanças. ²Depois venceu Moab e os moabitas se tornaram súditos de Davi e pagaram tributo.

³Davi derrotou Adadezer, rei de Soba, em Emat, quando ele ia estabelecer seu domínio sobre o rio Eufrates. ⁴Davi lhe tomou mil carros, sete mil cavaleiros e vinte mil soldados de infantaria; e Davi cortou os jarretes de todos os cavalos guardando apenas cem deles. ⁵Os arameus de Damasco vieram em auxílio de Adadezer, rei de Soba, mas Davi matou vinte e dois mil homens dos arameus. ⁶Depois Davi estabeleceu governadores em Aram de Damasco, e os arameus se tornaram súditos de Davi e lhe pagaram tributo. Aonde quer que Davi fosse, Deus lhe concedia a vitória. ⁷Davi tomou os colares de ouro que os guardas de Adadezer traziam e levou-os para Jerusalém. ⁸De Tebat e de Cun, cidades de Adadezer, Davi retirou uma enorme quantidade de bronze, com a qual Salomão fez o Mar de bronze, as colunas e os utensílios de bronze.

22,3

⁹Quando Toú, rei de Emat, soube que Davi vencera todo o exército de Adadezer, rei de Soba, ¹⁰enviou seu filho Adoram ao rei Davi para saudá-lo e felicitá-lo por ter guerreado contra Adadezer e por tê-lo vencido, pois Adadezer estava em guerra contra Toú. Mandou toda espécie de objetos de ouro, prata e bronze; ¹¹Davi os consagrou também a Iahweh, com a prata e o ouro que havia arrecadado de todas as nações, Edom, Moab, amonitas, filisteus e amalecitas.

---

tualidade da má conduta de um descendente de Davi (2Sm 7,14).
a) Texto corrompido tanto aqui como em 2Sm 7,19, tradução conjectural de toda a frase.
b) O v. está corrigido com o auxílio do paralelo de Samuel (cf. 2Sm 7,23+).
c) Do grande relato de 2Sm 9-1Rs 2 sobre o reinado de Davi, o Cronista conservou apenas as vitórias, omitindo as dissensões internas e a trágica história da família real: adultério de Davi e nascimento de Salomão, assassínio de Amnon, revolta de Absalão, oposição de Seba, intrigas de Adonias. O Cronista evita tudo o que possa macular a imagem de seu herói e prepara a afirmação de que Davi não devia construir o Templo porque fora homem de guerra (22,8; 28,3). Subentende que os despojos obtidos em suas vitórias servirão para a construção do Templo (29,2-5).

¹²Abisaí, filho de Sárvia, venceu os edomitas em número de dezoito mil no vale do Sal. ¹³Estabeleceu governadores em Edom e todos os edomitas se tornaram súditos de Davi. Aonde quer que Davi fosse, Deus lhe concedia a vitória.

A administração do reino — ¹⁴Davi reinou sobre todo o Israel, administrando o direito e a justiça para todo o seu povo. ‖ 2Sm 8,15-18

¹⁵Joab, filho de Sárvia, comandava o exército; Josafá, filho de Ailud, era o arauto; ¹⁶Sadoc, filho de Aquitob, e Aquimelec, filho de Abiatar, eram sacerdotes;*a* Susa era secretário; ¹⁷Banaías, filho de Joiada, comandava os cereteus e os feleteus. Os filhos de Davi eram os primeiros ao lado do rei.*b*

19 *Insulto aos embaixadores de Davi* — ¹Depois disso, sucedeu que Naás, rei dos amonitas, morreu e seu filho reinou em seu lugar. ²E disse Davi: "Tratarei com bondade Hanon, filho de Naás, porque seu pai tratou-me com bondade." E Davi enviou mensageiros para lhe apresentar condolências pela morte de seu pai. Mas quando os servos de Davi chegaram ao país dos amonitas, junto a Hanon, por ocasião dessas condolências, ³os príncipes dos amonitas disseram a Hanon: "Pensas acaso que Davi pretende honrar teu pai, por ter ele mandado portadores de condolências? Não é antes para explorar, destruir e espionar o país que seus servos vieram à tua casa?" ⁴Então Hanon prendeu os servos de Davi, rapou-lhes a barba e cortou suas vestes à meia altura até às coxas, e depois despediu-os. ⁵Informaram a Davi do que tinha acontecido àqueles homens, e ele mandou alguém ao encontro deles, pois estavam muito envergonhados; e o rei mandou dizer-lhes: "Ficai em Jericó até que vossa barba cresça de novo, e depois voltareis." ‖ 2Sm 10,1-5

Primeira campanha amonita — ⁶Os amonitas notaram que se tinham tornado odiosos a Davi; Hanon e os amonitas mandaram mil talentos de prata para contratar arameus da Mesopotâmia, arameus de Maaca e habitantes de Soba, carros e condutores de carro. ⁷Contrataram o rei de Maaca, suas tropas e trinta e dois mil carros; vieram acampar diante da Medaba, enquanto os amonitas, depois de deixarem suas cidades e se reunirem, chegavam para o combate. ⁸Quando soube disso, Davi enviou Joab com todo o exército, os homens valentes. ⁹Os amonitas saíram e formaram-se em linha de batalha na entrada da cidade, mas os reis que tinham vindo mantinham-se à parte, em campo aberto. ¹⁰Vendo Joab que havia uma frente de ataque tanto diante como detrás dele, escolheu um grupo dentre toda a elite de Israel e perfilou-se diante dos arameus. ¹¹Confiou a seu irmão Abisaí o resto do exército e alinhou-o em face dos amonitas. ¹²Disse: "Se os arameus prevalecerem sobre mim, virás em meu socorro; se os amonitas prevalecerem sobre ti, irei em teu auxílio. ¹³Tem coragem e mostremo-nos fortes ao nosso povo e às cidades do nosso Deus! E que Iahweh faça o que lhe parecer bem!" ¹⁴Joab e a tropa que estava com ele travaram combate contra os arameus, os quais fugiram diante dele. ¹⁵Quando os amonitas viram que os arameus tinham fugido, fugiram também eles diante de Abisaí, irmão de Joab, e tornaram a entrar na cidade. Então Joab *voltou para Jerusalém.* ‖ 2Sm 10,6-14

Vitória sobre os arameus — ¹⁶Vendo que tinham sido derrotados perante Israel, os arameus enviaram mensageiros e mobilizaram os arameus que moravam do outro lado do Rio; Sofac, general de Adadezer, era quem os comandava. ¹⁷Isso ‖ 2Sm 10,15-19

---

a) O Cronista utiliza o texto de 2Sm 8, já remanejado, para dar a Sadoc ascendência levítica (cf. 2Sm 8,17+).

b) Conforme 2Sm, eles eram sacerdotes (cf. 8,18+), mas no tempo do Cronista não se concebia que pudesse haver sacerdotes que não fossem descendentes de Levi.

foi notificado a Davi, que reuniu todo o Israel, passou o Jordão, alcançou-os e tomou posição diante deles. Depois Davi se postou em ordem de batalha diante dos arameus, que lhe deram combate. ¹⁸Mas os arameus fugiram diante de Israel e Davi matou os cavalos de seus sete mil carros e quarenta mil peões; matou também Sofac, o general. ¹⁹Quando os vassalos de Adadezer se viram vencidos diante de Israel, fizeram a paz com Davi e sujeitaram-se a ele. Os arameus não mais quiseram prestar socorro aos amonitas.

|| 2Sm 11,1
|| 2Sm 12,26

|| 2Sm 12,30-31

20 Segunda campanha amonita —
¹Um ano depois do tempo em que os reis partem para a guerra, Joab conduziu a elite do exército e devastou o país dos amonitas. Depois veio sitiar Rabá, enquanto Davi permanecia em Jerusalém. Joab venceu Rabá e a destruiu. ²Davi retirou de Melcom[a] a coroa que estava em sua cabeça. Constatou que ela pesava um talento de ouro e continha uma pedra preciosa. Davi colocou-a na cabeça. Trouxe da cidade uma enorme quantidade de despojos. ³Quanto aos habitantes, fê-los sair e colocou-os em trabalhos de serra, de picaretas de ferro e de machados. Assim agiu com todas as cidades dos amonitas. Depois Davi e todo o exército voltaram a Jerusalém.

|| 2Sm 21,18-22
Dt 1,28 +

Batalhas contra os filisteus —
⁴Em seguida, teve prosseguimento a guerra contra os filisteus em Gazer. Foi então que Sobocai de Husa matou Safai, um descendente dos rafaim. Os filisteus foram subjugados.

⁵Houve ainda outra batalha contra os filisteus. Elcaná, filho de Jair, matou Lami, filho de Golias de Gat;[b] a haste de sua lança era como um cilindro de tecelão. ⁶Houve mais um combate em Gat e lá se achava um homem de grande estatura, que tinha vinte e quatro dedos, seis em cada mão e em cada pé. Também ele era descendente de Rafa. ⁷Como desafiasse Israel, Jônatas, filho de Samaá, irmão de Davi, o matou. ⁸Esses homens eram oriundos de Rafa em Gat e pereceram pela mão de Davi e de seus guardas.

3. PREPARATIVOS PARA A CONSTRUÇÃO DO TEMPLO[c]

2Sm 24,1-9

21 O recenseamento[d] —
¹Satã[e] levantou-se contra Israel e induziu Davi a fazer o recenseamento de Israel. ²Davi disse a Joab e aos chefes do povo: "Ide e recenseai Israel, de Bersabeia a Dã, e na volta fazei-me conhecer seu número." ³Joab respondeu: "Que Iahweh multiplique por cem o número do seu povo! Senhor meu rei, acaso não são todos eles servos do meu senhor? Por que, então, meu senhor faz essa pesquisa? Por que ele quer ser causa de pecado para Israel?" ⁴Mas a ordem do rei prevaleceu contra Joab. Partiu Joab, percorreu Israel todo, e depois voltou a Jerusalém. ⁵Joab entregou a Davi o número total do povo; todo o Israel contava um milhão e cem mil homens aptos para a guerra, e Judá quatrocentos e setenta mil aptos para a guerra.[f] ⁶Tanto havia repugnado a Joab a ordem do rei, que ele não tinha recenseado nem Levi nem Benjamim.

---

a) Em lugar de "Melcom", o hebr. leu "o seu rei". — Entre o v. 1 (Davi em Jerusalém) e o v. 2 (Davi em Rabá), o Cronista omite toda a história do pecado de Davi (2Sm 11,2-12,25).
b) O Cronista interpreta assim 2Sm 21,19, levando em conta o relato que atribui a Davi a vitória sobre Golias (1Sm 17).
c) Este cap. abre uma seção capital do livro: a organização do culto e do clero na comunidade davídica, que recebeu as promessas messiânicas do oráculo de Natã.

d) O Cronista conservou essa narrativa em que Davi aparece como pecador (v. 8) porque ela se encerra com a ereção de um altar sobre o lugar onde se elevará o Templo (cf. v. 18+).
e) O Cronista atribui a Satã (cf. Jó 1,6+), segundo uma teologia mais evoluída, o que 2Sm atribuía à "ira de Iahweh" como causa primeira.
f) Os números são diferentes em 2Sm 24 (cf. 1Cr 27,24). Levi é excluído do recenseamento, como em Nm 1.

A peste e o perdão divino — ⁷Deus viu com desgosto esse fato e feriu Israel. ⁸Então Davi disse a Deus: "Pequei gravemente fazendo tal coisa! Mas agora perdoa, eu te peço, esta falta a teu servo, pois cometi uma grande loucura." ⁹Iahweh disse então a Gad, o vidente de Davi: ¹⁰"Vai dizer a Davi: Assim fala Iahweh. Eu te proponho três coisas: escolhe uma delas e eu te farei." ¹¹Veio, pois, Gad até Davi e disse-lhe: "Assim fala Iahweh. Escolhe: ¹²ou três anos de fome, ou uma derrota de três meses diante dos teus adversários, atingindo-te a espada de teus adversários, ou ainda a espada de Iahweh e três dias de peste na terra, devastando o Anjo do Senhor todo o território de Israel! Pondera agora o que devo responder àquele que me envia." ¹³Davi respondeu a Gad: "Estou numa grande aflição... Ah! Que eu caia nas mãos de Iahweh, pois imensa é sua misericórdia, mas não caia nas mãos dos homens!"

¹⁴Iahweh enviou, portanto, a peste sobre Israel e pereceram setenta mil homens de Israel. ¹⁵Depois Deus enviou o Anjo a Jerusalém para exterminá-la; mas, no momento de exterminá-la, Iahweh viu e se arrependeu deste mal; e disse ao Anjo exterminador: "Basta! Retira tua mão."

O Anjo de Iahweh achava-se então perto da eira de Ornã, o jebuseu.

¹⁶ᵃErguendo os olhos, Davi viu o Anjo de Iahweh entre a terra e o céu, tendo na mão a espada desembainhada, voltada contra Jerusalém. Vestidos de panos de saco, Davi e os anciãos prostraram-se com o rosto em terra, ¹⁷e Davi disse a Deus: "Não fui eu quem mandou recensear o povo? Não fui eu quem pecou e cometeu o mal? Mas estes, o rebanho, que fizeram? Iahweh, meu Deus, que tua mão pese sobre mim e sobre minha família, mas que teu povo escape à desgraça!"

Construção de um altarᵇ — ¹⁸O Anjo de Iahweh disse então a Gad: "Que Davi suba e erga um altar a Iahweh na eira de Ornã, o jebuseu." ¹⁹Subiu, pois, Davi, segundo a palavra que Gad lhe havia dito em nome de Iahweh. ²⁰Ora, ao se voltar, Ornã viu o Anjo e se escondeu com seus quatro filhos. Ornã estava debulhando o trigo ²¹quando Davi veio ter com ele. Ornã olhou, viu Davi, saiu da eira e prostrou-se diante de Davi, com o rosto em terra. ²²Davi disse então a Ornã: "Cede-me o local desta eira, para que eu aí construa um altar para Iahweh; cede-me pelo seu valor em dinheiro. Assim o flagelo se afastará do povo." ²³Ornã disse então a Davi: "Toma-o e que o senhor, meu rei, faça o que lhe parecer bom! Vê: eu dou os bois para os holocaustos, os manguais como lenha e o trigo para a oblação. Tudo isso te dou." ²⁴Mas o rei Davi respondeu a Ornã: "Não! quero comprá-lo pelo seu valor em dinheiro; pois não quero tomar para Iahweh o que te pertence e assim oferecer holocaustos que nada me custem." ²⁵Davi deu a Ornã, pelo terreno, o peso de seiscentos siclos de ouro.

²⁶Davi construiu lá um altar para Iahweh e ofereceu holocaustos e sacrifícios de comunhão. Invocou Iahweh, e Iahweh lhe respondeu fazendo cair fogo do céu sobre o altar dos holocaustos ²⁷e ordenou ao Anjo que recolocasse sua espada na bainha. ²⁸Nesta época, vendo que Iahweh lhe havia respondido na eira de Ornã, o jebuseu, Davi ofereceu lá um sacrifício. ²⁹A Habitação de Iahweh que Moisés tinha feito no deserto e o altar dos holocaustos achavam-se nesta época no lugar alto de Gabaon, ³⁰mas Davi não tinha podido ir até lá perante Deus, tanto o amedrontara a espada do Anjo de Iahweh.ᶜ

‖ 2Sm 24,10-17

‖ 2Sm 24,18-25

1Rs 18,38

---

a) Este v., próprio do Cronista, supõe uma representação dos anjos, bastante próxima da de Dn 9,21 e de 2Mc 10,29.
b) O episódio de 2Sm 24 vem a ser, no Cronista, um relato da fundação do Templo de Jerusalém: o altar erguido por Davi será o do Templo (22,1). O Cronista é o único que coloca explicitamente o Templo de Salomão em relação direta com a eira de Ornã. — Da mesma forma, na volta do Exílio (Esd 3,1s), a ereção do altar precedeu a reconstrução do Templo.
c) Esses dois vv. explicam pela intervenção do Anjo de Iahweh a transferência para Jerusalém do culto de

22 ¹Depois Davi disse: "É aqui a casa de Iahweh Deus e este será o altar para os holocaustos de Israel."

1Rs 5,31-32 **Preparativos para a construção do Templo**[a] — ²Davi mandou reunir os estrangeiros[b] que se achavam na terra de Israel, e depois designou talhadores para trabalharem as pedras para a construção da casa de Deus. ³Davi arranjou também muito ferro para os cravos dos batentes das portas e para os ganchos, bem como uma quantidade incalculável de bronze ⁴e troncos de cedro sem conta, pois os sidônios e os tírios tinham enviado a Davi troncos de cedro em abundância.

⁵Depois Davi disse: "Meu filho Salomão é jovem e franzino; e esta casa que ele deve construir para Iahweh deve ter renome e glória em todas as terras. Farei para ele os preparativos." Assim Davi, antes de morrer, fez grandes preparativos; ⁶em seguida chamou seu filho Salomão e ordenou-lhe que construísse uma casa para Iahweh, o Deus de Israel. ⁷Davi disse a Salomão: "Meu filho, estava nos meus planos construir uma casa para o nome de Iahweh meu Deus. ⁸Mas a palavra de Iahweh me foi dirigida: 'Tu derramaste muito sangue e travaste grandes batalhas; tu não construirás uma casa ao meu nome, pois derramaste muito sangue sobre a terra, diante de mim.[c] ⁹Eis que te nasceu um filho; ele será um homem de paz e dar-lhe-ei a paz com todos os seus inimigos ao redor, pois Salomão será o seu nome[d] e é em seus dias que darei a Israel paz e tranquilidade. ¹⁰Ele construirá uma casa a meu nome; será para mim um filho e eu serei para ele um pai; firmarei para sempre o trono de sua realeza sobre Israel.' ¹¹Ó meu filho, que Iahweh esteja contigo agora e te faça concluir com êxito a construção da casa de Iahweh teu
Dt 31,23 Deus, como ele o disse a teu respeito. ¹²Que ele te dê no entanto perspicácia e discernimento, que ele te dê suas ordens sobre Israel para que observes a Lei de Iahweh teu Deus! ¹³Só prosperarás se observares e puseres em prática os estatutos e as normas que Iahweh prescreveu a Moisés para Israel. Sê forte e corajoso! Não temas, nem te amedrontes! ¹⁴Eis que, mesmo sendo pobre, pude reservar para a casa de Iahweh cem mil talentos de ouro, um milhão de talentos de prata, e uma quantidade de bronze e de ferro que não se pode avaliar. Preparei também madeira e pedras e tu ainda acrescentarás mais. ¹⁵Haverá a teu dispor uma multidão de operários: talhadores, escultores, carpinteiros, toda espécie de artesãos de todos os ofícios. ¹⁶Quanto ao ouro, à prata, ao bronze e ao ferro, existem em quantidade incalculável. Avante! Mãos à obra e que Iahweh esteja contigo."

¹⁷Davi ordenou então a todos os oficiais de Israel que ajudassem seu filho Salomão: ¹⁸"Iahweh, vosso Deus, não está convosco? Pois ele vos deu o descanso por toda parte, já que entregou nas minhas mãos os habitantes da terra e a terra foi submetida a Iahweh e a seu povo. ¹⁹Agora, aplicai vosso coração e vossa alma na procura de Iahweh, vosso Deus. Ide, construí o santuário de Iahweh vosso Deus, a fim de conduzirmos para esta casa construída em nome de Iahweh a Arca da Aliança de Iahweh e os objetos sagrados de Deus."

Gabaon, onde (cf. já 16,39-40) se achava a Habitação, diante da qual se devia consultar Iahweh (Ex 29,42; 30,36; 33,7s).

a) Este cap. não tem paralelo bíblico, exceto alguns versículos isolados. É possível que o Cronista tenha utilizado outras fontes ou, pelo menos, tradições que se referiam de fato ao reinado de Salomão.

b) O Cronista não aceita a ideia de que os israelitas tenham sido submetidos a trabalhos forçados, concordando neste ponto com o redator deuteronomista de Reis (1Rs 9,20-22), mas o fato é explicitamente relatado nos textos antigos de 1Rs 5,27 e 11,28. — Segundo Is 60,10, a Jerusalém messiânica deve ser reconstruída por estrangeiros.

c) Cf. 18,1+.

d) O nome de Salomão vem de uma raiz aparentada a *shalom*, "paz"; era, na origem, o nome de um deus cananeu, mas esse sentido se perdeu.

23

Classes e funções dos levitas[a] — ¹Quando ficou velho e cheio de dias, Davi entregou a seu filho Salomão a realeza sobre Israel. ²Reuniu todos os chefes de Israel, os sacerdotes e os levitas.

³Foi feito o recenseamento dos levitas, de trinta anos para cima.[b] Contados um por um, seu número foi de trinta e oito mil homens; ⁴vinte e quatro mil dentre eles presidiram aos ofícios[c] da casa de Iahweh, seis mil eram escribas e juízes, ⁵quatro mil porteiros e quatro mil louvavam a Iahweh com os instrumentos que Davi tinha feito[d] para esse fim.

⁶Depois Davi distribuiu os levitas em classes:[e] Gérson, Caat e Merari.

⁷Para os gersonitas:[f] Leedã e Semei. ⁸Filhos de Leedã: Jaiel, o primeiro, Zetam, Joel, três ao todo. ⁹Filhos de Semei: Salomit, Hoziel, Arã, três ao todo. São esses os chefes de família de Leedã. ¹⁰Filhos de Semei: Jeet, Ziza, Jeús, Berias; foram esses os filhos de Semei, quatro ao todo. ¹¹Jeet era o mais velho, Ziza o segundo, depois Jeús e Berias que não tiveram muitos filhos e foram registrados numa só família.

¹²Filhos de Caat: Amram, Isaar, Hebron, Oziel, quatro ao todo. ¹³Filhos de Amram: Aarão e Moisés. Aarão foi colocado à parte para consagrar as coisas santíssimas, ele e seus filhos para sempre, para queimar o incenso diante de Iahweh, servi-lo e abençoar em seu nome para sempre. ¹⁴Moisés foi um homem de Deus, mas seus filhos receberam o nome da tribo de Levi. ¹⁵Filhos de Moisés: Gersam e Eliezer. ¹⁶Filho de Gersam: Subael, o primeiro. ¹⁷Filhos de Eliezer foram: Roobias, o primeiro. Eliezer não teve outros filhos, mas os filhos de Roobias foram extremamente numerosos. ¹⁸Filhos de Isaar: Salomit, o primeiro. ¹⁹Filhos de Hebron: Jerias, o primeiro, Amarias, o segundo, Jaaziel, o terceiro, Jecmaam, o quarto. ²⁰Filhos de Oziel: Micas, o primeiro, Jesias, o segundo.

²¹Filhos de Merari: Mooli e Musi. Filhos de Mooli: Eleazar e Cis. ²²Eleazar morreu sem ter filhos, mas teve filhas que foram desposadas pelos filhos de Cis, seus irmãos. ²³Filhos de Musi: Mooli, Éder, Jerimot, três ao todo.

²⁴Eram esses os filhos de Levi conforme suas famílias, os chefes de família e os que eram recenseados nominalmente, um por um; todos os que tinham vinte anos ou mais eram escalados para o serviço da casa de Iahweh.

²⁵Pois Davi tinha dito: "Iahweh, Deus de Israel, deu o descanso a seu povo e habita para sempre em Jerusalém. ²⁶Os levitas não terão mais que transportar a Habitação e os objetos destinados a seu serviço." ²⁷De fato, segundo as últimas palavras de Davi, os levitas que foram contados tinham vinte anos ou mais. ²⁸São encarregados de estar à disposição dos filhos de Aarão para o serviço do Templo de Iahweh nos átrios e nas salas, para a purificação de tudo o que é consagrado e para fazer o serviço do Templo de Deus. ²⁹São encarregados também de dispor os pães em ordem, da flor de farinha destinada à oblação, dos pães ázimos, dos que eram cozidos sobre

---

a) De 23,3 a 27,34 uma longa adição interrompe a sequência normal da narrativa que, depois de 23,1, continuava em 28,2. A frase de 23,2 é um v. de ligação que introduz os sacerdotes e os levitas dos quais trata a adição.
b) Como em Nm 4,3.23.30; mas, conforme o v. 24, vinte anos.
c) Sem dúvida, trata-se de cantores; as categorias são as mesmas que nos caps. 25 e 26: cantores (cf. cap. 25), porteiros (26,1s), escribas e juízes (26,29), enfim instrumentistas (cf. 15,19s).
d) "Davi tinha feito", conj.; "eu tinha feito", hebr.
e) Os vv. 6-32 são uma introdução, inspirada em Nm 8,5s, à organização do clero. Mas as funções dos levitas não são mais as que Nm previa. Tendo Deus escolhido um domicílio, eles não mais se preocupam com as transladações (Nm 3-4), mas permanecem no Templo para auxiliarem os sacerdotes nas tarefas previstas no Lv. Certamente os aaronitas têm poderes especiais (vv. 13s), mas o autor não distingue aqui sacerdotes e levitas. Presume-se que esta nova ordem de coisas, estável e definitiva, provenha de Davi, como a antiga, itinerante e provisória, vinha de Moisés.
f) É com 26,21s que esta lista tem mais afinidades. Diverge das outras listas dos gersonitas (Ex 6,17; Nm 3,18; 1Cr 6,2.5).

a chapa ou na forma de mistura e de todas as medidas de capacidade e de comprimento.*ª* ³⁰Eles devem comparecer lá cada manhã para celebrarem e louvarem a Iahweh, e igualmente à tarde, ³¹e também para oferecerem todos os holocaustos a Iahweh nos sábados, nas neomênias e nas solenidades, segundo o número fixado pela regra. Esse encargo lhes compete permanentemente diante de Iahweh. ³²Eles observam, no serviço do Templo de Iahweh, o ritual da Tenda da Reunião, o ritual do santuário e o ritual dos filhos de Aarão, seus irmãos.

Nm 28-29

24 As classes dos sacerdotes —

|| Nm 3,2-4

¹Classes dos filhos de Aarão: filhos de Aarão: Nadab, Abiú, Eleazar e Itamar. ²Nadab e Abiú morreram na presença de seu pai, sem deixar filhos, e foram Eleazar e Itamar que se tornaram sacerdotes. ³Davi os dividiu em classes, bem como Sadoc, um dos filhos de Eleazar, e Aquimelec, um dos filhos de Itamar,*ᵇ* e os recenseou segundo suas funções. ⁴Encontraram-se entre os filhos de Eleazar mais chefes que entre os filhos de Itamar; formaram-se dezesseis classes com os chefes de família dos filhos de Eleazar e oito com os chefes de família dos filhos de Itamar. ⁵Foram repartidos por sorte, tanto uns como os outros; e houve oficiais consagrados, oficiais de Deus, entre os filhos de Eleazar, como entre os filhos de Itamar. ⁶Um dos levitas, o escriba Semeías, filho de Natanael, inscreveu-os diante do rei, dos oficiais, do sacerdote Sadoc, de Aquimelec, filho de Abiatar, dos chefes de famílias sacerdotais e levíticas; tirava-se a sorte uma vez, para cada família dos filhos de Eleazar e de duas em duas vezes para os filhos de Itamar.*ᶜ*

⁷Joiarib foi o primeiro a ser sorteado, Jedeías o segundo, ⁸Harim o terceiro, Seorim o quarto, ⁹Melquias o quinto, Mainã o sexto, ¹⁰Acos o sétimo, Abias*ᵈ* o oitavo, ¹¹Jesua o nono, Sequenias o décimo, ¹²Eliasib o décimo primeiro, Jacim o décimo segundo, ¹³Hofa o décimo terceiro, Isbaal o décimo quarto, ¹⁴Belga o décimo quinto, Emer o décimo sexto, ¹⁵Hezir o décimo sétimo, Hafses o décimo oitavo, ¹⁶Fetatias o décimo nono, Ezequiel o vigésimo, ¹⁷Jaquin o vigésimo primeiro, Gamul o vigésimo segundo, ¹⁸Dalaías o vigésimo terceiro, Maazias o vigésimo quarto.*ᵉ*

¹⁹São esses os que foram escalados, segundo sua função, para entrarem no Templo de Iahweh, de acordo com o regulamento transmitido por Aarão, seu pai, como lho havia prescrito Iahweh, Deus de Israel.

23,16s

²⁰Quanto aos outros filhos de Levi, os chefes foram:

Dos filhos de Amram: Subael. Dos filhos de Subael, Jeedias. ²¹Quanto a Roobias, dos filhos de Roobias o chefe era Jesias. ²²Dos isaaritas, Solomot; dos filhos de Solomot, Jaat. ²³Filhos de Hebron: Jerias o primeiro, Amarias o segundo, Jaaziel o terceiro, Jecmaam o quarto. ²⁴Filhos de Oziel: Micas; dos filhos de Micas, Samir; ²⁵irmão de Micas, Jesias; dos filhos de Jesias, Zacarias. ²⁶Filhos de Merari: Mooli e Musi. Filhos de Jazias, seu filho; ²⁷filhos de Merari da parte de Jazias, seu filho: Soam, Zacur, Hebri; ²⁸de Mooli, Eleazar, que não teve filhos; ²⁹de Cis: filho de Cis, Jerameel. ³⁰Filhos de Musi: Mooli, Éder, Jerimot.

---

a) Os levitas não são controladores dos pesos e medidas: apenas devem cuidar para que as oferendas tenham a quantidade fixada pelo ritual.

b) Este texto testemunha o acordo realizado no fim do Exílio entre as duas famílias sacerdotais concorrentes: a dos descendentes de Sadoc, que tinham a posse do Templo até o Exílio, e a dos descendentes de Abiatar (e de Eli), afastadas do santuário por Salomão (1Rs 2,27). Foram-lhes dados como antepassados os dois filhos de Aarão (cf. v. 1): Sadoc ficou ligado a Eleazar (cf. 1Cr 5,30-34; 6,35-38); Abiatar, de boa origem levítica (cf. 1Sm 2,27), foi relacionado com Itamar, embora o pormenor de sua genealogia não seja dado em parte alguma. Assim todos os sacerdotes eram "filhos de Aarão".

c) Texto incerto, mas cf. v. 4.

d) A esta classe pertencerá Zacarias, pai de João Batista (Lc 1,5).

e) Ne 12 contém duas listas de famílias sacerdotais, com apenas 22 (ou 21) nomes. A classificação do Cronista parece posterior.

Foram esses os filhos de Levi, divididos segundo suas famílias. ³¹Como os filhos de Aarão, seus irmãos, eles sortearam na presença do rei Davi, de Sadoc, de Aquimelec e dos chefes de famílias sacerdotais e levíticas, tanto as famílias mais importantes como as menores.

25 *Os cantores* — ¹Para o serviço, Davi e os oficiais colocaram à parte os filhos de Asaf, de Emã e de Iditun, os profetas^a que se serviam de liras, cítaras e címbalos, e contaram-se os homens destinados a esse serviço.^b

16,37-43

²Dos filhos de Asaf: Zacur, José, Natanias, Asarela; os filhos de Asaf dependiam de seu pai, que profetizava sob a direção do rei.
³Quanto a Iditun: filhos de Iditun: Godolias, Sori, Jesaías, Hasabias, Matatias; eram seis, sob a direção de seu pai, Iditun, que profetizava ao som das liras em honra e em louvor de Iahweh.

2Rs 3,15

⁴Quanto a Emã: filhos de Emã: Bocias, Matanias, Oziel, Subael, Jerimot, Hananias, Hanani, Eliata, Gedelti, Romenti-Ezer, Jesbacasa, Meiloti, Otir, Maaziot. ⁵Todos esses eram filhos de Emã, o vidente do rei que transmitia as palavras de Deus, para exaltar seu poder.^c Deus deu a Emã quatorze filhos e três filhas; ⁶todos eles cantavam no Templo de Iahweh sob a direção de seu pai, ao som dos címbalos, das cítaras e das liras, para o serviço do Templo de Deus, sob as ordens do rei.

Asaf, Iditun e Emã, ⁷os que tinham aprendido a cantar para Iahweh, foram computados com seus irmãos; eram duzentos e oitenta e oito, todos hábeis no ofício. ⁸Sortearam a ordem a se observar, tanto para o pequeno como para o grande, para o mestre como para o aluno. ⁹O primeiro sobre o qual recaiu a sorte foi o asafita José. O segundo foi Godolias; com seus filhos e irmãos eram doze. ¹⁰O terceiro foi Zacur; com seus filhos e irmãos, eram doze. ¹¹O quarto foi Isari; com seus filhos e irmãos, eram doze. ¹²O quinto foi Natanias; com seus filhos e irmãos, eram doze. ¹³O sexto foi Bocias; com seus filhos e irmãos, eram doze. ¹⁴O sétimo foi Isreela; com seus filhos e irmãos, eram doze. ¹⁵O oitavo foi Jesaías; com seus filhos e irmãos, eram doze. ¹⁶O nono foi Matanias; com seus filhos e irmãos, eram doze. ¹⁷O décimo foi Semei; com seus filhos e irmãos, eram doze. ¹⁸O décimo primeiro foi Azareel; com seus filhos e irmãos, eram doze. ¹⁹O décimo segundo foi Hasabias; com seus filhos e irmãos, eram doze. ²⁰O décimo terceiro foi Subael; com seus filhos e irmãos, eram doze. ²¹O décimo quarto foi Matatias; com seus filhos e irmãos, eram doze. ²²O décimo quinto foi Jerimot; com seus filhos e irmãos, eram doze. ²³O décimo sexto foi Hananias; com seus filhos e irmãos, eram doze. ²⁴O décimo sétimo foi Jesbacasa; com seus filhos e irmãos, eram doze. ²⁵O décimo oitavo foi Hanani; com seus filhos e irmãos, eram doze. ²⁶O décimo nono foi Meiloti; com seus filhos e irmãos, eram doze. ²⁷O vigésimo foi Eliata; com seus filhos e irmãos, eram doze. ²⁸O vigésimo primeiro foi Otir; com seus filhos e irmãos, eram doze. ²⁹O vigésimo segundo foi Gedelti; com seus filhos e irmãos, eram doze. ³⁰O vigésimo terceiro foi Maaziot; com seus filhos e irmãos, eram doze. ³¹O vigésimo quarto foi Romenti-Ezer; com seus filhos e irmãos, eram doze.

---

a) As Crônicas são o único livro que dá aos cantores o nome de "profeta" (vv. 2.3) ou de "vidente" (v. 5). O autor assemelha a composição e o canto dos salmos a certo gênero de "inspiração", mas não faz dos cantores uma classe de profetas cultuais.

b) Ao lado das vinte e quatro classes sacerdotais, 1Cr enumera vinte e quatro classes de cantores relacionados com os três grandes nomes de Asaf, Emã e Iditun. São bastante atestados, em outros lugares, Zacur, filho de Asaf (cf. 9,15; Zecri, Ne 12,35), Matatias (15,18.21; 16,5) e Matanias (9,15; Ne 11,17). Parece que os nove últimos nomes (v. 4) foram obtidos, para chegar ao total de vinte e quatro, não a partir de uma lista, mas cortando-se um fragmento de salmo. Com pequenas correções, este poder-se-ia traduzir: "Sê-me favorável, Iahweh, sê-me favorável, tu és o meu Deus! Eu glorifiquei e exaltei teu socorro; permanecendo na prova, eu falei! Concede visões numerosas!"

c) "exaltar seu poder", lit.: "elevar o chifre".

26 Os porteiros[a] —

⁹,¹⁷⁻²⁷ ¹Eis as classes dos porteiros: Dos coreítas: Meselemias, filho de Coré, um dos filhos de Asaf.[b] ²Foram filhos de Meselemias: Zacarias, o primeiro, Jediel, o segundo, Zabadias, o terceiro, Jatanael, o quarto, ³Elam, o quinto, Joanã, o sexto, Elioenai, o sétimo.

2Sm 6,10s
1Cr 15,21

⁴Foram filhos de Obed-Edom: Semeías, o mais velho. Jozabad, o segundo, Joaá, o terceiro, Sacar, o quarto, Natanael, o quinto, ⁵Amiel, o sexto, Issacar, o sétimo, Folati, o oitavo; com efeito, Deus o havia abençoado. ⁶A seu filho Semeías nasceram filhos que tiveram autoridade sobre suas famílias, pois eram homens valentes. ⁷Filhos de Semeías: Otni, Rafael, Obed, Elzabad, e seus irmãos Eliú e Samaquias, homens de valor. ⁸Todos esses eram filhos de Obed-Edom. Eles, seus filhos e irmãos, todos muito hábeis na sua função, somavam sessenta e dois, da linhagem de Obed-Edom.

⁹Meselemias teve filhos e irmãos: dezoito homens valentes.

Gn 48,13-20

¹⁰Hosa, um dos filhos de Merari, teve os seguintes filhos: Semri, que era o primeiro, porque, embora não fosse o mais velho, seu pai o nomeara chefe. ¹¹Helcias era o segundo, Tebelias, o terceiro, Zacarias o quarto. Eram treze, ao todo, os filhos e irmãos de Hosa.

¹²A essas ordens de porteiros, a seus chefes e a seus irmãos, foi confiada a guarda para o serviço do Templo de Iahweh. ¹³Para cada porta tiraram-se sorte por famílias, quer pequenas quer grandes. ¹⁴O lado do oriente coube por sorte a Selemias, cujo filho Zacarias dava conselhos prudentes. Tiraram-se as sortes e o norte coube a este último. ¹⁵A Obed-Edom coube o sul, e a casa dos armazéns a seus filhos. ¹⁶A Sefim e a Hosa coube o oeste com a porta do Tronco abatido, no caminho que sobe. Estes corpos de guarda se correspondiam uns aos outros; ¹⁷seis levitas (por dia) a leste, quatro por dia ao norte, quatro por dia ao sul, e dois de cada vez nos armazéns; ¹⁸no Parbar,[c] a oeste: quatro na rua, dois no Parbar. ¹⁹Tais eram as classes de porteiros entre os coreítas e os meraritas.

9,24

Outras funções levíticas — ²⁰Os levitas, seus irmãos,[d] eram responsáveis pelos tesouros do Templo de Deus e pelos tesouros das oferendas consagradas.

²¹Os filhos de Leedã, filhos de Gérson por Leedã, tinham os jaielitas por chefes das famílias de Leedã, o gersonita. ²²Os jaielitas, Zatam e Joel,[e] seu irmão, eram responsáveis pelos tesouros do Templo de Iahweh.

²³Quanto aos amramitas, isaaritas, hebronitas e ozielitas: ²⁴Subael, filho de Gersam, filho de Moisés, era chefe responsável pelos tesouros. ²⁵Seus irmãos pela linha de Eliezer: Roobias, seu filho, Isaías, seu filho, Jorão, seu filho, Zecri, seu filho e Salomit, seu filho. ²⁶Este Salomit e seus irmãos eram responsáveis por todos os tesouros das oferendas consagradas pelo rei Davi e pelos chefes de famílias, pelos chefes de esquadrões de mil e de cem e pelos chefes de corporações; ²⁷(eles os haviam consagrado, tomando-os dos despojos de guerra para enriquecer o Templo de Iahweh), ²⁸como também por tudo o que havia sido consagrado por Samuel, o vidente, por Saul, filho de Cis, por Abner, filho de Ner, e por Joab, filho de Sárvia. Tudo o que se consagrava estava sob a responsabilidade de Salomit e seus irmãos.

18,11
Nm 31,48-54

15,22

²⁹Dentre os isaaritas: Conenias e seus filhos eram encarregados dos negócios profanos em Israel,[f] como escribas e juízes.

---

a) Esta é a mais pormenorizada das três listas de porteiros (cf. 9,17-27; 16,37-42).
b) Ou "Abiasaf", conj. (cf. 9,19).
c) Etimologia e significado incertos.
d) "seus irmãos", grego; "Afás", hebr.
e) Zatam e Joel, com Subael e Salomit, formam uma comissão encarregada de velar pelos tesouros públicos, análoga à que existia no tempo de Neemias (Ne 13,13) e de Esdras (Esd 8,33).
f) Lit.: "negócios exteriores" (cf. Ne 11,16): são funções confiadas aos levitas pela autoridade régia (cf. vv. 30 e 32) e que estão fora do serviço propriamente cultual (cf. 2Cr 19,4-11).

³⁰Dentre os hebronitas: Hasabias e seus irmãos, homens valentes, em número de mil e setecentos, eram responsáveis pela segurança de Israel a oeste do Jordão, por todos os assuntos de Iahweh e pelo serviço do rei. ³¹Quanto aos hebronitas, cujo chefe era Jerias, no quadragésimo ano do reinado de Davi fizeram-se pesquisas sobre as genealogias das famílias hebronitas, e encontraram-se entre elas homens de valor em Jazer de Galaad. ³²Quanto aos irmãos de Jerias, dois mil e setecentos guerreiros chefes de famílias, o rei Davi os nomeou inspetores dos rubenitas, dos gaditas e da meia tribo de Manassés, para todo assunto divino e real.

27 Organização civil e militar[a] —

¹Os israelitas segundo o seu número: Chefes de famílias, comandantes de esquadrões de mil e de cem e seus escribas a serviço do rei, para tudo o que se referia às divisões em atividade mês por mês, durante todos os meses do ano. Cada divisão era de vinte e quatro mil homens.

²À frente da primeira divisão, designada para o primeiro mês, estava Jesboam, filho de Zabdiel. Era responsável por uma divisão de vinte e quatro mil homens. ³Era um dos filhos de Farés, chefe de todos os oficiais da corporação designada para o primeiro mês. ⁴À frente da classe do segundo mês estava Dudi, o aoíta e sua classe, com Macelot como comandante;[b] era responsável por uma classe de vinte e quatro mil homens. ⁵O oficial da terceira corporação designada para o terceiro mês era Banaías, filho de Joiada, sacerdote-chefe. Era responsável por uma classe de vinte e quatro mil homens. ⁶Este Banaías foi o herói dos Trinta, e teve a responsabilidade sobre os Trinta e sua classe. Teve por filho Amizabad.

⁷O quarto, designado para o quarto mês, era Asael, irmão de Joab; seu filho Zabadias lhe sucedeu. Era responsável por uma classe de vinte e quatro mil homens.

⁸O quinto, designado para o quinto mês, era o oficial Samaot, o jezraíta. Era responsável por uma classe de vinte e quatro mil homens. ⁹O sexto, designado para o sexto mês, era Ira, filho de Aces, de Técua; era responsável por uma classe de vinte e quatro mil homens. ¹⁰O sétimo, designado para o sétimo mês, era Heles, o felonita, um dos filhos de Efraim; era responsável por uma classe de vinte e quatro mil homens. ¹¹O oitavo, designado para o oitavo mês, era Sobocai, de Husa, zaraíta; era responsável por uma classe de vinte e quatro mil homens. ¹²O nono, designado para o nono mês, era Abiezer de Anatot, benjaminita; era responsável por uma classe de vinte e quatro mil homens. ¹³O décimo, designado para o décimo mês, era Maarai de Netofa, zaraíta; era responsável por uma classe de vinte e quatro mil homens. ¹⁴O décimo primeiro, designado para o décimo primeiro mês, era Banaías, filho de Faraton, filho de Efraim; era responsável por uma classe de vinte e quatro mil homens. ¹⁵O décimo segundo, designado para o décimo segundo mês, era Holdai, de Netofa, de Otoniel; era responsável por uma classe de vinte e quatro mil homens. ¹⁶Responsáveis pelas tribos de Israel:[c] de Rúben era chefe

---

a) Este cap. acrescenta quatro listas diferentes: 1º os responsáveis pelo serviço mensal (vv. 1-15); 2º os responsáveis pelas tribos de Israel (vv. 16-24); 3º os responsáveis pelas reservas do rei (vv. 25-31); 4º os conselheiros reais (vv. 32-34). A primeira lista parece inspirada nas doze prefeituras atribuídas a Salomão, que garantiam cada qual durante um mês o sustento do rei, de seu pessoal e de suas tropas (cf. 1Rs 5,7-8). Por outro lado, a separação em classes faz pensar numa organização militar, e os nomes dos responsáveis foram tomados dentre os valentes de Davi. Talvez se trate dos contingentes do exército de conscrição que, no fim da monarquia, garantia cada mês o serviço das guarnições.

b) "e sua classe, com Macelot como comandante", omitido pelo grego.

c) Esta lista é artificial: ela segue a ordem dos filhos de Jacó apresentada em 1Cr 2,1-2; mantém Rúben, Simeão e Levi que, no tempo de Davi, não eram mais tribos autônomas, e, tendo dividido José em três (Efraim e as duas meias tribos de Manassés), omite Gad e Aser para não ultrapassar o número doze.

Eliezer, filho de Zecri; de Simeão, Safatias, filho de Maaca; [17]de Levi, Hasabias, filho de Camuel; de Aarão, Sadoc; [18]de Judá, Eliú, um dos irmãos de Davi; de Issacar, Amri, filho de Miguel; [19]de Zabulon, Jesmaías, filho de Abdias; de Neftali, Jerimot, filho de Ozriel; [20]de Efraim, Oseias, filho de Ozazias; da meia tribo de Manassés, Joel, filho de Fadaías; [21]da meia tribo de Manassés, em Galaad, Jado, filho de Zacarias; de Benjamim, Jesiel, filho de Abner; [22]de Dã, Ezriel, filho de Jeroam. Tais foram os chefes das tribos de Israel.

[23]Davi não fez o recenseamento dos que tinham vinte anos para baixo, porque Iahweh dissera que multiplicaria Israel como as estrelas do céu. [24]Joab, filho de Sárvia, começara o recenseamento, mas não o terminou, porque a ira caiu sobre Israel, e o número não atingiu o que se encontra nos Anais do rei Davi.[a]

[25]Responsável pelas provisões do rei:[b] Azmot, filho de Adiel. Responsável pelas provisões nos campos, nas cidades, nas aldeias e nas fortalezas da província: Jônatas, filho de Ozias. [26]Responsável pelos lavradores e empregados no cultivo da terra: Ezri, filho de Quelub. [27]Responsável pelos vinhedos: Semei, de Ramá. Responsável por aqueles que nos vinhedos cuidavam das reservas de vinho: Zabdi, de Sefam. [28]Responsável pelas oliveiras e sicômoros na Planície: Baalanã, de Gader. Responsável pelas reservas de azeite: Joás. [29]Responsável pelo gado que pastava em Saron: Setrai, de Saron. Responsável pelo gado nos vales: Safat, filho de Adli. [30]Responsável pelos camelos: Ubil, ismaelita. Responsável pelas jumentas: Jadias, de Meranot. [31]Responsável pelo rebanho miúdo: Jaziz, o agareno. Todos esses foram os responsáveis pelos bens pertencentes a Davi.

[32]Jônatas, tio de Davi, conselheiro, homem inteligente e escriba, era o encarregado dos filhos do rei junto com Jaiel, filho de Hacamon. [33]Aquitofel era conselheiro do rei. Cusai, o araquita, era amigo do rei. [34]Joiada, filho de Banaías, e Abiatar sucederam a Aquitofel. Joab era o general dos exércitos do rei.[c]

28

Instruções de Davi sobre o Templo[d] — [1]Davi congregou em Jerusalém todos os chefes de Israel, chefes das tribos e chefes das divisões a serviço do rei, comandantes de esquadrões de mil e de cem, chefes encarregados de todos os bens e rebanhos do rei e de seus filhos, como também os eunucos e heróis, todos os homens valentes. [2]O rei Davi levantou-se e, de pé, declarou:

"Escutai-me, meus irmãos e meu povo. Eu tinha a intenção de edificar uma casa estável para a Arca da Aliança de Iahweh, para pedestal de nosso Deus. Fiz os preparativos da construção, [3]mas Deus me disse: 'Não construas casa para o meu nome, pois foste homem de guerra e derramaste sangue.'

[4]Dentre toda a casa do meu pai, foi a mim que Iahweh, o Deus de Israel, escolheu para ser rei de Israel para sempre. Com efeito, foi Judá que ele escolheu como chefe, foi minha família que ele escolheu na casa de Judá, e entre os filhos de meu pai, foi a mim que ele elegeu para dar um rei a todo o Israel. [5]De todos os meus filhos — pois Iahweh me deu muitos — é meu filho Salomão

---

a) Estes dois vv. referem-se ao cap. 21 e parecem destinados a explicar por que os números de 1Cr 21 são inferiores aos de 2Sm 24,9.

b) Estes são os encarregados das propriedades reais que existiam já sob Davi (cf. 28,1). Esta lista não é inventada, como o indicam os nomes próprios não israelitas que contém, mas não podemos verificá-la em pormenor nem sua data.

c) Com exceção de Joab, a lista não corresponde às dos grandes oficiais de Davi, apresentados em 18,14-17; 2Sm 8,15-16; 20,23-26. Trata-se aqui dos conselheiros particulares do rei. Abiatar deve ser o sacerdote que tem este nome (1Sm 22,20s), mas seu caráter sacerdotal não é explicitado por causa da preponderância assumida pela família de seu concorrente, Sadoc.

d) Este cap. retoma a narrativa no ponto em que permanecera em 23,1. O Cronista omite todo o relato de 1Rs 1-2 sobre a ascensão de Salomão ao trono, e desenvolve sua visão pessoal da história: Deus escolheu Davi de Judá como rei de Israel, e escolhe agora seu filho Salomão, que lhe sucederá e construirá o Templo.

que ele escolheu para ocupar o trono da realeza de Iahweh sobre Israel: ⁶'É teu filho Salomão', disse-me ele, 'que construirá minha Casa e meus átrios, pois foi a ele que escolhi como filho e serei para ele um pai. ⁷Consolidarei o seu reino para sempre, se ele continuar a cumprir fielmente, como até hoje, meus mandamentos e minhas normas.'

⁸E agora, diante de todo o Israel que nos vê, diante da assembleia de Iahweh, diante de nosso Deus que nos ouve, guardai e observai os mandamentos de Iahweh vosso Deus, a fim de possuirdes esta boa terra e a transmitirdes depois de vós para sempre como herança a vossos filhos.

⁹E tu, Salomão, meu filho, conhece o Deus de teu pai e serve-o de todo o coração, com ânimo disposto, pois Iahweh sonda todos os corações e penetra todos os desígnios do espírito. Se o procurares, ele se deixará encontrar por ti, mas se o abandonares, ele te rejeitará para sempre. ¹⁰Considera, então, que Iahweh te escolheu para lhe construir uma casa para santuário. Sê forte e mãos à obra!"ᵃ

¹¹Davi deu a seu filho Salomão o modelo do pórtico,ᵇ das construções, dos armazéns, das salas superiores, dos aposentos interiores, da sala do propiciatório; ¹²deu-lhe também a descrição de tudo o que tinha em menteᶜ sobre os átrios do Templo de Iahweh, as salas ao redor, os tesouros do Templo de Deus e os tesouros sagrados; ¹³as classes de sacerdotes e de levitas, todos os cargos do serviço do Templo de Iahweh, todos os utensílios para o serviço do Templo de Iahweh, ¹⁴o ouro em lingotes, o ouro destinado a todos os objetos de cada serviço, a prata em lingotes destinada a todos os objetos de prata, para cada um dos objetos de cada serviço, ¹⁵os lingotes destinados aos candelabros de ouro e as suas lâmpadas, o ouro em lingotes destinado a cada candelabroᵈ e a suas lâmpadas, os lingotes destinados aos candelabros de prata, para o candelabro e suas lâmpadas, segundo o uso de cada candelabro, ¹⁶o ouro em lingotes destinado às mesas da apresentação dos pães, para cada uma das mesas, a prata destinada às mesas de prata,ᵉ ¹⁷os garfos, as taças de aspersão, as ânforas de ouro puro, os lingotes de ouro para as taças, para cada uma das taças, ¹⁸os lingotes de ouro fino destinados ao altar dos perfumes. Deu-lhe o modelo do carro divino,ᶠ dos querubins de ouro com as asas abertas cobrindo a Arca da Aliança de Iahweh, ¹⁹tudo isso segundo o que Iahweh tinha escrito com sua própria mão para tornar compreensívelᵍ todo o trabalho cujo modelo ele dava.

²⁰Davi disse então a seu filho Salomão: "Sê forte e corajoso, age sem medo nem receio, pois Iahweh Deus, meu Deus, está contigo. Ele não te deixará sem força e sem auxílio, até que concluas todo o trabalho a executar para a Casa de Iahweh. ²¹Eis aqui as classes dos sacerdotes e dos levitas para todo o serviço da casa de Deus; todos os voluntários hábeis em qualquer especialidade ajudar-te-ão em toda esta obra; os oficiais e todo o povo estão às tuas ordens."

29 *As ofertas*ʰ

¹O rei Davi disse então a toda a assembleia: "Meu filho Salomão, o escolhido por Deus, é jovem e franzino; no entanto a obra é imensa, pois este palácio não se destina a um homem, mas a Iahweh Deus.

---

a) Esta exortação moral, no estilo do Dt, precedendo a descrição puramente cultual, traz a marca do ensinamento dos profetas sobre o culto interior.

b) Moisés recebera de Deus o modelo da Tenda (Ex 25,9). Davi, que para o Cronista é o fundador das novas instituições, dá ele próprio o modelo do Templo. Mas no v. 19 tudo é atribuído a Deus.

c) Outra tradução: "recebia pelo Espírito".

d) Havia diversos (1Rs 7,49); a Tenda só possuía um (Ex 25,31-40).

e) Teria havido dez, segundo 2Cr 4,8. Havia apenas uma na Tenda (Ex 25,23s) e no Templo de Salomão (1Rs 7,48).

f) A Arca da Aliança representava um trono e não um carro. Mas o Cronista pensa no carro de Ez 1 e 10.

g) Lit.: "me fazer compreender", reflexão atribuída a Davi.

h) Davi entrega para o Templo todos os tesouros que ajuntara para essa finalidade e todos os seus tesouros pessoais. Os grandes do reino fazem o mesmo com seus

²Empenhei todos os meus esforços para preparar a Casa de meu Deus: o ouro para o que deve ser de ouro, a prata para o que deve ser de prata, o bronze para o que deve ser de bronze, o ferro para o que deve ser de ferro, a madeira para o que deve ser de madeira; pedras de ônix, pedras de engaste, pedras ornamentais, pedras de diversas cores, todas as espécies de pedras preciosas e grande quantidade de alabastro. ³Ademais, o ouro e a prata que possuo, dou-os à Casa de meu Deus, por amor pela Casa de meu Deus, além do que preparei para o Templo santo: ⁴três mil talentos de ouro, de ouro de Ofir, sete mil talentos de prata pura para o revestimento das paredes das salas.

⁵Quer se trate de ouro para o que deve ser de ouro, quer se trate de prata para o que deve ser de prata, ou dos trabalhos dos artesãos, quem de vós deseja consagrá-lo espontaneamente a Iahweh?"

⁶Os oficiais chefes de famílias, os chefes das tribos de Israel, os oficiais de esquadrões de mil e de cem e os oficiais encarregados dos trabalhos reais se prontificaram a fazer ofertas. ⁷Deram para o serviço da Casa de Deus cinco mil talentos de ouro, dez mil daricos,ᵃ dez mil talentos de prata, dezoito mil talentos de bronze e cem mil talentos de ferro. ⁸E os que possuíam pedras preciosas ofertaram-nas ao tesouro da Casa de Iahweh, entregando-as a Jaiel, o gersonita. ⁹O povo se alegrou com o que haviam feito, pois foi de todo o coração que eles assim fizeram ofertas voluntárias a Iahweh; o próprio rei Davi teve grande alegria.

Nm 7

*Ação de graças de Davi*ᵇ — ¹⁰Ele bendisse então a Iahweh, em presença de toda a assembleia. Disse Davi: "Bendito sejas tu, Iahweh, Deus de Israel, nosso pai, desde sempre e para sempre! ¹¹A ti, Iahweh, a grandeza, a força, o esplendor, o poder e a glória, pois tudo, no céu e na terra, te pertence. A ti, Iahweh, a realeza: tu és o soberano que se eleva acima de tudo. ¹²A riqueza e a glória te precedem; és o Senhor de tudo; em tua mão, força e poder; em tua mão, tudo se afirma e cresce. ¹³Agora, pois, ó nosso Deus, nós te celebramos, louvamos teu nome glorioso; ¹⁴pois quem sou eu e quem é meu povo, para sermos capazes de fazer tais ofertas voluntárias? Porque tudo vem de ti e te ofertamos o que recebemos de tua mão. ¹⁵Diante de ti não passamos de estrangeiros e peregrinos como todos os nossos pais; nossos dias na terra passam como a sombra e não há esperança. ¹⁶Iahweh, nosso Deus, tudo quanto ajuntamos para a construção de uma Casa para o teu santo nome provém de tua mão e tudo te pertence. ¹⁷Sei, ó meu Deus, que provas os corações e que amas a retidão; e foi na retidão do meu coração que fiz todas essas ofertas e agora vejo com alegria teu povo, aqui presente, fazer-te essas ofertas espontâneas. ¹⁸Iahweh, Deus de Abraão, de Isaac e de Israel, nossos pais, conserva para sempre no coração do teu povo estas disposições e sentimentos e dirige seus corações para ti. ¹⁹A meu filho Salomão dá um coração íntegro para que guarde teus mandamentos, teus preceitos e leis, que ele os ponha todos em prática e construa este palácio que te preparei."

Sl 39,13

²⁰Depois Davi disse a toda a assembleia: "Bendizei, pois, a Iahweh, vosso Deus!" E toda a assembleia bendisse a Iahweh, Deus de seus pais, e se ajoelhou para se prostrar diante de Deus e diante do rei.

Ex 24,5

Salomão sobe ao trono; fim de Davi — ²¹Depois, no dia seguinte, os israelitas ofereceram sacrifícios e holocaustos a Iahweh: mil touros, mil carneiros, mil

---

dons. Os números fantásticos sublinham a importância que Davi atribui ao projeto e ao esplendor do Templo que vai surgir. Para o Cronista, Davi preparou tudo e Salomão terá apenas de executar.

a) "daricos", moeda de Dario: a ficção do Cronista de reportar tudo à época de Davi se revela nessa especificação.

b) Nesta belíssima oração, Davi atribui a Deus a origem dos dons que acabam de ser feitos para o seu Templo. Estes lhe são entregues por uma oferta cuja sinceridade é agradável a Deus (v. 17). É realmente uma prece de "Ofertório".

cordeiros com as respectivas libações e grande quantidade de sacrifícios por todo o Israel. ²²Nesse dia comeram e beberam^a diante de Iahweh com grande alegria. A seguir, tendo pela segunda vez proclamado rei a Salomão, filho de Davi,^b ungiram-no em nome de Iahweh como chefe e ungiram Sadoc como sacerdote.^c ²³Salomão assentou-se no trono de Iahweh^d para reinar no lugar de Davi, seu pai. Prosperou e todo o Israel lhe obedeceu. ²⁴Todos os oficiais, todos os heróis e até mesmo todos os filhos de Davi submeteram-se ao rei Salomão. ²⁵À vista de todo o Israel, Iahweh engrandeceu sobremaneira a Salomão e deu-lhe um reino de um esplendor jamais conhecido por nenhum dos que reinaram antes dele sobre Israel.

Ex 24,11
1Rs 1,39

²⁶Assim Davi, filho de Jessé, reinara sobre todo o Israel. ²⁷Seu reinado sobre Israel durou quarenta anos; em Hebron reinou sete anos e em Jerusalém, trinta e três anos. ²⁸Faleceu numa feliz velhice, saciado de dias, de riquezas e de honras. Depois, seu filho Salomão sucedeu-lhe no trono. ²⁹A história do rei Davi, do começo ao fim, está registrada na história de Samuel, o vidente, na história do profeta Natã e na de Gad,^e o vidente, ³⁰com todo o seu reinado e com todas as vicissitudes pelas quais teve de passar, assim como Israel e todos os reinos das terras.

|| 1Rs 2,11

---

a) Como depois da primeira aliança (cf. Ex 24,5.11).
b) Estas palavras, que não constam no grego, parecem ter sido introduzidas para harmonizar esta passagem com 23,1.
c) O Cronista faz remontar a esta época antiga a unção do sumo sacerdote, que parece só ter sido praticada após o Exílio. — Conforme 1Rs 1,39, foi Sadoc quem deu a unção a Salomão.
d) O trono não é mais o dos reis, mas o de Deus: é o ideal teocrático do Cronista.
e) Parece que, pelo menos aqui, estas fontes proféticas representam apenas os livros canônicos de Samuel e dos Reis, que, na Bíblia hebraica, fazem parte dos "Profetas anteriores".

SEGUNDO LIVRO DAS CRÔNICAS

III. Salomão e a construção do Templo[a]

1 ***Salomão recebe a Sabedoria***[b] — ¹Salomão, filho de Davi, consolidou-se na sua realeza. Iahweh seu Deus estava com ele e muito o engrandeceu. ²Salomão falou então a todo o Israel, aos oficiais de esquadrões de mil e de cem, aos juízes e a todos os príncipes de todo o Israel, chefes de família. ³Depois, com toda a assembleia, Salomão dirigiu-se para o lugar alto de Gabaon, onde se achava a Tenda da Reunião de Deus, construída no deserto por Moisés, servo de Iahweh; ⁴mas Davi tinha transladado a Arca de Deus de Cariat-Iarim até o lugar que ele tinha preparado; com efeito, erguera para ela uma tenda em Jerusalém. ⁵O altar de bronze feito por Beseleel, filho de Uri, filho de Hur, lá estava diante da Habitação de Iahweh, onde Salomão e a assembleia vinham consultá-lo. ⁶Foi lá que Salomão, na presença de Deus, subiu ao altar de bronze que estava diante da Tenda da Reunião e aí ofereceu mil holocaustos.[c]

⁷Naquela mesma noite, Deus apareceu a Salomão e disse-lhe: "Pede o que te devo dar". ⁸Salomão respondeu a Deus: "Tu demonstraste grande amor para com meu pai Davi e me estabeleceste rei em seu lugar. ⁹Iahweh Deus, a promessa que fizeste a meu pai Davi cumpre-se agora, pois me estabeleceste rei sobre um povo tão numeroso como o pó da terra. ¹⁰Dá-me, pois, agora, sabedoria e inteligência para que possa conduzir este povo, pois quem poderia julgar um povo tão grande como o teu?"

¹¹Deus disse a Salomão: "Já que é esse o teu desejo, já que não pediste nem riqueza, nem tesouros, nem glória, nem a vida dos teus inimigos, já que nem mesmo pediste vida longa, mas sabedoria e inteligência para julgar meu povo sobre o qual te constituí rei, ¹²a sabedoria e a inteligência te são concedidas. Dou-te também riqueza, tesouros e glória, como não teve nenhum dos reis que te precederam e não terão os que vierem depois de ti."

¹³Salomão deixou o lugar alto de Gabaon e foi para Jerusalém, longe da Tenda da Reunião, e reinou sobre Israel. ¹⁴Reuniu carros e cavalos; chegou a possuir mil e quatrocentos carros e doze mil cavalos e os colocou nas cidades destinadas aos carros e perto do rei, em Jerusalém. ¹⁵O rei fez com que a prata e o ouro fossem tão comuns em Jerusalém quanto as pedras, e o cedro tão abundante como os sicômoros da Planície. ¹⁶Os cavalos de Salomão eram importados de Musur e da Cilícia;[d] os mercadores do rei compravam-nos na Cilícia e pagavam à vista. ¹⁷Importavam também do Egito carros por seis-

---

a) Os caps. 1-9 de 2Cr recordam do reinado de Salomão apenas a construção do Templo, com a qual se encerra a obra empreendida por Davi. As sombras do reino são ignoradas e frisa-se, no começo e no fim (caps. 1 e 9), a riqueza e a glória de Salomão, frutos da bênção divina.

b) Tendo passado em silêncio as lutas que seguiram à morte de Davi (1Rs 2), o Cronista começa sua narrativa do reinado pelo sonho de Gabaon. Justifica esta consulta de Deus em Gabaon pela presença da Tenda da Reunião (cf. 16,39+), à qual se acrescenta aqui o altar do deserto (cf. v. 6). O Cronista sublinha assim a continuidade com as instituições mosaicas. — É a sabedoria recebida em Gabaon que estará na origem da glória de Salomão.

c) O autor deuteronomista de Reis desculpa os sacrifícios oferecidos fora do Templo pela simples razão de que o Templo ainda não existia (1Rs 3,2) e que se sacrificava ainda nos lugares altos. O Cronista legitima o santuário e os sacrifícios, supondo que a Tenda e o altar do deserto estavam em Gabaon (cf. v. 3 e as referências marginais).

d) Como no paralelo de Reis, o texto traz "Egito" *(miçrayim)* em lugar de "Musur" e, aqui e no v. seguinte, *miqwe'* ("reunião"?) em vez de *miqqoweh*, "da Cilícia" (cujo nome antigo é "Coa").

centos siclos cada um; o preço de um cavalo era cento e cinquenta siclos; da mesma forma faziam para todos os reis dos heteus e os reis de Aram que os importavam por seu intermédio.

Últimos preparativos. Hiram de Tiro — ¹⁸Salomão ordenou que se construísse uma Casa para o Nome de Iahweh e um palácio real para si. ¹Destinou setenta mil homens para o transporte, oitenta mil para extrair as pedras da montanha e três mil e seiscentos contramestres. ²Depois Salomão enviou esta mensagem a Hiram, rei de Tiro: "Age como fizeste com meu pai Davi, enviando-lhe cedro para edificar uma casa para sua residência. ³Eis que resolvi edificar uma Casa para o Nome de Iahweh meu Deus para reconhecer sua santidade, queimar diante dele incenso perfumado e oferecer continuamente os pães da proposição, oferecer holocaustos de manhã, de tarde, aos sábados, nas neomênias e nas solenidades*ᵃ* de Iahweh nosso Deus; e isso será para sempre em Israel. ⁴A Casa que vou construir será grande, porque nosso Deus é maior que todos os deuses. ⁵Quem seria capaz de lhe construir uma Casa, se os céus e os céus dos céus não o podem conter? E eu, quem sou para construir-lhe uma casa, a não ser para queimar incenso em sua presença? ⁶Agora, pois, envia-me um homem perito em trabalhar o ouro, a prata, o bronze, o ferro, tecidos de púrpura, de carmesim e de violeta, e que conheça a arte da gravura; ele trabalhará com os artistas que tenho comigo em Judá e em Jerusalém, que Davi, meu pai, colocou à minha disposição.*ᵇ* ⁷Envia-me do Líbano troncos de cedro, de cipreste e de sândalo,*ᶜ* pois sei que teus servos sabem cortar as madeiras do Líbano. Meus servos trabalharão com os teus. ⁸Eles me prepararão madeira em grande quantidade, pois a Casa que quero construir será grande e maravilhosa. ⁹Darei aos lenhadores que vão abater as árvores vinte mil coros de trigo, vinte mil coros de cevada, vinte mil batos de vinho e vinte mil batos de azeite, isso para o sustento*ᵈ* de teus servos."

¹⁰Hiram, rei de Tiro, respondeu com uma carta que enviou a Salomão: "É porque ama seu povo que Iahweh te fez reinar sobre ele". ¹¹Depois acrescentou: "Bendito seja Iahweh, o Deus de Israel! Ele fez os céus e a terra, deu ao rei Davi um filho sábio, sensato e prudente que vai construir uma casa para Iahweh e um palácio para si próprio. ¹²Envio-te logo um homem hábil e prudente, Hiram-Abi, ¹³filho de uma danita de pai tírio. Sabe trabalhar o ouro, a prata, o bronze, o ferro, a pedra, a madeira, a púrpura, o tecido violeta, o linho fino, o carmesim, e sabe fazer toda espécie de gravura e projetar qualquer plano. É a ele que farão trabalhar com teus artífices e com os de Davi, teu pai. ¹⁴Que sejam então enviados a seus servos o trigo, a cevada, o azeite e o vinho de que falaste. ¹⁵Quanto a nós, cortaremos no Líbano toda a madeira de que terás necessidade, enviá-la-emos a Jope em balsas pelo mar, e tu a farás subir até Jerusalém."

*Os trabalhos*ᵉ — ¹⁶Salomão fez o recenseamento de todos os estrangeiros que residiam no território de Israel, de acordo com o censo que fizera Davi seu pai e acharam-se cento e cinquenta e três mil e seiscentos. ¹⁷Destinou setenta

---

a) Estas expressões descrevem o culto da Tenda, segundo os textos sacerdotais do Pentateuco. — "oferecer", grego; omitido pelo hebr.
b) O Cronista combina os textos de 1Rs 5,32 e 7,13-15 com reminiscências da construção da Tenda (Ex 26,1; 31,2s).
c) almuggim em 1Rs 10,11 que faz vir esta madeira de Ofir e não do Líbano (cf. 2Cr 9,10). — Talvez madeira de teixo.
d) "sustento": *makkolet*, versões; "golpes": *makkôt*, hebr.
e) Não obstante a grande importância por ele atribuída ao Templo, o Cronista abreviou muito a descrição de Reis (e modificou certo número de pormenores e de números). Interessa-se mais pelo culto do que pelos edifícios, que, aliás, no Templo pós-exílico que ele conhecia, não tinha mais o esplendor salomônico.

mil para o transporte, oitenta mil para as pedreiras da montanha e três mil e seiscentos para dirigir os trabalhos desse pessoal.

3 ¹Salomão começou, então, a construção da Casa de Iahweh em Jerusalém, sobre o monte Moriá, onde seu pai Davi tivera uma visão, no lugar preparado por Davi na eira de Ornã, o jebuseu. ²Salomão começou as construções no segundo mês*ᵃ* do quarto ano do seu reinado. ³O edifício da Casa de Deus, fundada por Salomão, tinha sessenta côvados de comprimento, segundo a medida antiga, e vinte de largura. ⁴O vestíbulo que se achava na frente tinha vinte côvados de comprimento, correspondendo à largura do edifício, e uma altura de cento e vinte côvados. Salomão revestiu seu interior de ouro puro. ⁵Quanto à grande sala, revestiu-a de madeira de cipreste que recobriu de ouro puro e mandou esculpir por cima palmas e guirlandas. ⁶Ornou, então, a sala com pedras preciosas, brilhantes; o ouro era de Parvaim; ⁷recobriu com ele a sala, as vigas, os umbrais, as paredes e as portas, e depois mandou esculpir querubins nas paredes.

⁸A seguir, construiu a sala do Santo dos Santos,*ᵇ* cujo comprimento era de vinte côvados, correspondendo à largura da grande sala, e cuja largura era de vinte côvados. Recobriu-a com ouro puríssimo, avaliado em seiscentos talentos; ⁹os pregos de ouro pesavam cinquenta siclos. Forrou de ouro também as salas superiores. ¹⁰Para a sala do Santo dos Santos mandou fazer dois querubins de metal e revestiu-os de ouro. ¹¹As asas desses querubins tinham vinte côvados de comprimento, tendo cada uma delas cinco côvados e tocando uma na parede da sala e a outra na do outro querubim. ¹²Uma das asas de cinco côvados de um querubim tocava na parede da sala; a segunda, de cinco côvados, tocava na asa do outro querubim. ¹³As asas desses querubins, estendidas, mediam vinte côvados. Estavam colocados de pé, a face voltada para a Sala.

¹⁴Mandou fazer a Cortina*ᶜ* de púrpura violeta e escarlate, de carmesim e de linho puro; e nela mandou bordar querubins.

¹⁵Diante da sala, fez duas colunas de trinta e cinco côvados de comprimento, encimadas por um capitel de cinco côvados. ¹⁶No *Debir* fez guirlandas, que mandou colocar no alto das colunas, e fez cem romãs para colocar nas guirlandas. ¹⁷Erigiu as colunas diante do *Hekal*, uma à direita e a outra à esquerda, dando o nome de Jaquin à da direita, e de Booz à da esquerda.

4 ¹Fabricou um altar de bronze, com vinte côvados de comprimento, vinte de largura e dez de altura.*ᵈ* ²E fez o Mar de metal fundido, medindo dez côvados de uma borda à outra, de forma circular, com cinco côvados de altura; um cordão de trinta côvados cingia-o em redor. ³Sob o rebordo havia animais semelhantes a bois, volteando-o em todo o seu redor. Encurvados na extensão de dez côvados do rebordo do Mar, duas fileiras de bois tinham sido fundidas na mesma peça. ⁴O Mar repousava sobre doze bois, dos quais três estavam voltados para o norte, três para o oeste, três para o sul e três para o leste: o Mar se elevava sobre eles e a parte posterior de seus corpos estava voltada para o interior. ⁵Sua espessura era de um palmo e sua borda tinha a mesma forma que a borda de uma taça, como uma flor. Sua capacidade era de três mil batos.

⁶Fez dez bacias e colocou cinco à direita e cinco à esquerda para nelas se lavar a vítima do holocausto que aí se purificava, mas era no Mar que os sacerdotes se lavavam. ⁷Fez os dez candelabros de ouro, segundo o modelo

---

a) Depois de "segundo mês" o hebr. repete "o segundo (dia?), ditografia.
b) O Cronista substitui aqui o termo *Debir* (cf. v. 16; 4,21 etc.) de 1Rs por "Santo dos Santos", que fora utilizado por Ez 41,3-4 na sua visão do Templo futuro, e por Ex 26,34 etc. na descrição da Habitação do deserto. Posteriormente esse termo tornou-se corrente.
c) É a cortina da Habitação de Ex 26,31. Em seu lugar, o Templo de Salomão tinha uma porta de madeira sobre a qual estavam esculpidos querubins (1Rs 6,31-32), que o Cronista recupera aqui.
d) Os textos paralelos (1Rs 8,64 e 9,25) não precisam as dimensões do altar de bronze do Templo de Salomão. Talvez o Cronista dê aqui as medidas do altar de pedra do Templo pós-exílico.

prescrito e o pôs no *Hekal*, cinco à direita e cinco à esquerda. ⁸Fez dez mesas e instalou-as no *Hekal*, cinco à direita e cinco à esquerda. E fez cem taças de ouro para a aspersão.

⁹Construiu o átrio dos sacerdotes,ᵃ o grande pátio e suas portas, que mandou revestir de bronze. ¹⁰Quanto ao Mar, colocara-o à distância do lado direito, a sudeste. ¹¹Hiram fez os recipientes para as cinzas, as pás e as bacias para a aspersão. Ultimou toda a obra de que o encarregara o rei Salomão para o Templo de Deus: ¹²duas colunas, os rolos dos capitéis que estavam no alto das colunas; as duas redes para cobrir os dois rolos dos capitéis que estavam no alto das colunas; ¹³as quatrocentas romãs para as duas redes: as romãs para cada rede estavam em duas fileiras, para cobrir os dois rolos que estavam no topo das colunas; ¹⁴ele fez as bases; ele fez as bacias sobre as bases; ¹⁵o Mar único e os doze bois debaixo do Mar; ¹⁶os recipientes para as cinzas, as pás, os garfos e todos os seus acessórios que Hiram-Abi fez de bronze polido para o rei Salomão, para o Templo de Iahweh. ¹⁷Foi na região do Jordão, entre Sucot e Sardata, em terra argilosa, que o rei os mandou fundir. ¹⁸Salomão fez todos esses objetos em grande número, pois não se fazia caso do peso do bronze.

¹⁹Salomão fez todos os objetos destinados ao Templo de Deus: o altar de ouro e as mesas sobre as quais estavam os pães da proposição; ²⁰os candelabros, com suas lâmpadas de ouro puro, que deviam, conforme a lei, brilhar diante do *Debir*; ²¹as flores, as lâmpadas, as tenazes, de ouro (e era ouro puro); ²²as facas, as taças de aspersão, as bacinetas e os incensórios, de ouro puro; a entrada do Templo, as portas interiores (para o Santo dos Santos) e as portas do Templo (para o *Hekal*), de ouro.

5 ¹Assim ficou terminada toda a obra que Salomão executou para a Casa de Iahweh; e Salomão mandou trazer o que seu pai Davi havia consagrado: a prata, o ouro e todos os utensílios, e colocou-os no tesouro da Casa de Deus.

Transferência da Arca da Aliança — ²Então Salomão congregou em Jerusalém os anciãos de Israel, todos os chefes das tribos e os príncipes das famílias dos israelitas, para fazer subir da Cidade de Davi, que é Sião, a Arca da Aliança de Iahweh. ³Todos os homens de Israel se congregaram junto do rei, no sétimo mês, durante a festa. ⁴Vieram todos os anciãos de Israel e foram os levitasᵇ que carregaram a Arca. ⁵Fizeram subir a Arca e a Tenda da Reunião com todos os objetos sagrados que nela estavam; foram os sacerdotes levitas que as transportaram.

⁶Depois, o rei Salomão e toda a comunidade de Israel, reunida junto dele, diante da Arca, imolaram ovelhas e bois em quantidade tal que não se podia contar nem calcular. ⁷Os sacerdotes conduziram a Arca da Aliança de Iahweh ao seu lugar, ao *Debir* do Templo, a saber, ao Santo dos Santos, sob as asas dos querubins. ⁸Os querubins estendiam suas asas sobre o lugar da arca, abrigando-a e aos seus varais. ⁹Eles eram suficientemente longos para que se visse sua extremidade no prolongamento da Arca, diante do *Debir*, mas não fora daí; eles aí permanecem até hoje. ¹⁰Na Arca nada havia, exceto as duas tábuas que Moisés, no Horeb, aí tinha colocado, quando Iahweh concluíra uma aliança com os israelitas, à saída do Egito.

Deus toma posse do Templo — ¹¹Ora, quando os sacerdotes saíram do santuário,ᶜ — de fato, todos os sacerdotes que lá se achavam tinham-se

---

a) O paralelo de Reis distinguia somente entre "pátio interior" e "grande pátio". O Cronista inspira-se nos usos de seu tempo.

b) 1Rs falava aqui dos sacerdotes, mas o Cronista leva em conta Nm 1,50s (cf. 1Cr 15,2). A expressão deuteronômica "os sacerdotes levitas" une no fim do v. 5 as duas tradições (cf. 23,18; 30,27).

c) O relato tirado do livro dos Reis é entrecortado por longo parêntese, que pode ser do próprio Cronista ou do seu continuador que, em 1Cr 23,27,

santificado sem observar a ordem das classes; ¹²os levitas cantores em sua totalidade: Asaf, Emã e Iditun, com seus filhos e irmãos, estavam revestidos de linho puro e tocavam címbalos, lira e cítara, permaneceram ao oriente do altar, e cento e vinte sacerdotes os acompanhavam tocando trombetas. ¹³Cada um dos que tocavam a trombeta ou cantavam, louvavam e celebravam Iahweh a uma só voz; elevando a voz ao som das trombetas, dos címbalos e dos instrumentos de acompanhamento, celebravam a Iahweh, "porque ele é bom, porque o seu amor é para sempre" — a Casa se encheu com a Nuvem da glória de Iahweh.

¹⁴Os sacerdotes não puderam continuar o seu serviço por causa da nuvem, pois a glória de Iahweh enchia a Casa de Deus.

6 ¹Então Salomão disse:
"Iahweh decidiu habitar a Nuvem obscura.

²E eu construí para ti uma casa principesca, uma residência em que habitarás para sempre."

|| 1Rs 8,14-21 *Discurso de Salomão ao povo*[a] — ³Depois, o rei se voltou e abençoou toda a assembleia de Israel. Toda a assembleia de Israel mantinha-se de pé; ⁴e ele disse:

"Bendito seja Iahweh, Deus de Israel, que realizou por sua mão o que com sua boca prometera a meu pai Davi, dizendo: ⁵'Desde o dia em que fiz sair meu povo da terra do Egito, não escolhi uma cidade, dentre todas as tribos de Israel, para nela se construir uma Casa onde estaria meu Nome, e não escolhi um homem para ser chefe de Israel, meu povo. ⁶Mas escolhi Jerusalém para que meu Nome aí estivesse e escolhi Davi para comandar Israel, meu povo.'

⁷Meu pai Davi teve a intenção de construir uma Casa para o Nome de Iahweh, Deus de Israel, ⁸mas Iahweh disse a meu pai Davi: 'Planejaste edificar uma casa para meu Nome e fizeste bem. ⁹Contudo, não serás tu quem edificará esta Casa, e sim teu filho, saído de tuas entranhas, que construirá a Casa para meu Nome.' ¹⁰Iahweh realizou a palavra que dissera: sucedi a meu pai Davi e tomei posse do trono de Israel como prometera Iahweh, construí a Casa para o Nome de Iahweh, Deus de Israel, ¹¹e nela coloquei a Arca, na qual se acha a Aliança que Iahweh concluiu com os israelitas."

|| 1Rs 8,22-29 *Oração pessoal de Salomão* — ¹²Em seguida, Salomão postou-se diante do altar de Iahweh, na presença de toda a assembleia de Israel, e estendeu as mãos. ¹³Ora, Salomão mandara fazer um estrado de bronze, que pusera no meio do pátio; tinha cinco côvados de comprimento, cinco de largura e três de altura. Salomão subiu a ele e ajoelhou-se diante de toda a assembleia de Israel.[b] Estendeu as mãos para o céu ¹⁴e disse:

"Iahweh, Deus de Israel! Não existe nenhum Deus semelhante a ti nos céus nem na terra; tu que guardas a Aliança e conservas o amor para com teus servos, quando caminham de todo o coração diante de ti. ¹⁵Cumpriste a teu servo Davi, meu pai, a promessa que lhe havias feito, e o que disseste com tua boca, executaste hoje com tua mão. ¹⁶E agora, Iahweh, Deus de Israel, mantém a teu servo Davi, meu pai, a promessa que lhe fizeste, ao dizer: 'Jamais te faltará um descendente diante de mim, que se assente no trono de Israel,

---

insistia nas funções dos cantores. A frase prossegue no v. 13b.
a) Todo este cap. segue de perto 1Rs 8, que com sua redação deuteronomista e suas adições pós-exílicas correspondia de antemão às intenções do Cronista.

b) Este v. é próprio do Cronista, mas guarda talvez uma lembrança autêntica: havia no Templo um lugar reservado ao rei (cf. 2Rs 16,18; 23,3).

contanto que teus filhos atendam ao seu procedimento e sigam a minha lei como procedeste diante de mim.' ¹⁷Agora, pois, Iahweh, Deus de Israel, que se cumpra a palavra que disseste a teu servo Davi! ¹⁸Mas será verdade que Deus habita com os homens nesta terra? Se os céus e os céus dos céus não o podem conter, muito menos esta Casa que construí! ¹⁹Sê atento à prece e à súplica de teu servo, Iahweh, meu Deus, escuta o clamor e a prece que teu servo faz diante de ti! ²⁰Que teus olhos estejam abertos dia e noite sobre esta Casa, sobre este lugar onde prometeste colocar teu Nome. Ouve a prece que teu servo fará neste lugar.

Oração pelo povo — ²¹Escuta as súplicas de teu servo e de teu povo Israel, quando orarem neste lugar. Escuta do lugar em que resides, do céu, escuta e perdoa. ‖ 1Rs 8,30-51

²²Se alguém pecar contra seu próximo e este se comprometer com um juramento imprecatório e vier jurar ante teu altar neste Templo, ²³escuta do céu e age! Julga teus servos: dá ao culpado o que ele merece, fazendo recair sobre ele o peso da sua falta e declara justo o inocente, tratando-o segundo a sua justiça.

²⁴Se o teu povo Israel for vencido pelo inimigo, por haver pecado contra ti, e depois se converter e louvar o teu Nome, orar e suplicar diante de ti nesta Casa, ²⁵escuta do céu, perdoa o pecado de Israel, teu povo, e reconduze-o ao país que lhe deste, a ele e a seus pais.

²⁶Quando o céu se fechar e não houver chuva por terem eles pecado contra ti, se rezarem neste lugar, louvarem teu Nome e se arrependerem de seu pecado, por os teres afligido, ²⁷escuta do céu, perdoa o pecado dos teus servos e de Israel, teu povo — tu lhes indicarás o caminho reto que devem seguir —, e rega com a chuva tua terra que deste em herança a teu povo.

²⁸Quando o país sofrer a fome, a peste, a mela e a ferrugem; quando sobrevierem os gafanhotos ou os pulgões; quando o inimigo deste povo cercar uma de suas portas, quando houver qualquer calamidade ou epidemia, ²⁹seja qual for a oração ou a súplica, seja de um homem qualquer ou de todo o Israel, teu povo, se sentirem sua desgraça e sua dor e erguerem as mãos para esta Casa, ³⁰escuta do céu onde resides, perdoa e retribui a cada um segundo seu proceder, pois conheces seu coração — és o único que conhece o coração dos homens —, ³¹a fim de que se respeitem e sigam teus caminhos por todos os dias que viverem sobre a terra que deste a nossos pais.

³²Mesmo o estrangeiro, que não pertence a Israel, teu povo, se vier de um país longínquo por causa da grandeza do teu Nome, da tua mão forte e de teu braço estendido, quando vier orar nesta casa, ³³escuta do céu onde resides, atende todos os pedidos do estrangeiro, a fim de que todos os povos da terra reconheçam teu Nome e te temam como o faz Israel, teu povo, e saibam eles que este Templo que edifiquei traz o teu Nome.

³⁴Se teu povo sair à guerra contra seus inimigos, pelo caminho que os enviares, e eles orarem, voltados para a cidade que escolheste e para a casa que construí para teu Nome, ³⁵escuta do céu sua prece e sua súplica e faze-lhe justiça.

³⁶Quando tiverem pecado contra ti — pois não há pessoa alguma que não peque —, e irritado contra eles, os entregares ao inimigo e seus vencedores os levarem cativos para uma terra longínqua ou próxima, ³⁷se eles caírem em si, na terra para onde houverem sido levados, se arrependerem e te suplicarem na terra do seu cativeiro, dizendo: 'Pecamos, agimos mal, nós nos pervertemos', ³⁸se retornarem a ti de todo o seu coração e de toda a sua alma na terra do seu cativeiro aonde tiverem sido deportados e se orarem voltados para o país que deste a seus pais, para a cidade que escolheste e para o Templo que construí para teu Nome, ³⁹escuta do céu onde resides, escuta sua prece e sua súplica, faze-lhes justiça e perdoa a teu povo os pecados cometidos contra ti.

Conclusão da prece[a] — ⁴⁰Agora, ó meu Deus, que teus olhos estejam abertos e teus ouvidos atentos às orações feitas neste lugar! ⁴¹E agora,
Levanta-te, Iahweh Deus,
e vem para o teu repouso, tu e a Arca da tua força!
Que teus sacerdotes, Iahweh Deus,
se revistam de salvação
e que teus fiéis se alegrem na felicidade!
⁴²Iahweh Deus, não te afastes de teu ungido,
lembra-te do amor que tiveste para com o teu servo Davi!"

7 A dedicação[b] — ¹Quando Salomão terminou de orar, desceu fogo do céu, que consumiu o holocausto e os sacrifícios, e a glória de Iahweh encheu o Templo. ²Os sacerdotes não puderam entrar na Casa de Iahweh, pois a glória de Iahweh enchia o Templo de Iahweh. ³Todos os israelitas, vendo o fogo descer e a glória de Iahweh repousar sobre a Casa, prostraram-se com o rosto em terra sobre o pavimento; adoraram e celebraram Iahweh, "pois ele é bom e eterno é seu amor". ⁴O rei e todo o povo ofereceram sacrifícios diante de Iahweh. ⁵O rei Salomão imolou em sacrifício vinte e dois mil bois e cento e vinte mil ovelhas. Assim o rei, junto com todo o povo, consagrou o Templo de Deus. ⁶Os sacerdotes conservaram-se de pé exercendo suas funções, e os levitas celebravam Iahweh com os instrumentos que Davi fizera para acompanhar os cânticos de Iahweh, "porque o seu amor é para sempre". Eram eles que executavam os louvores compostos por Davi. A seu lado, os sacerdotes tocavam a trombeta e todo o Israel se mantinha de pé.

⁷Salomão consagrou a parte central do pátio que estava diante do Templo de Iahweh, porque foi lá que ele oferecera os holocaustos e as gorduras dos sacrifícios de comunhão. Pois o altar de bronze que Salomão fizera não podia conter o holocausto, a oblação e as gorduras. ⁸Naquele tempo, Salomão celebrou a festa durante sete dias e todo o Israel com ele, uma grande assembleia desde a Entrada de Emat até a Torrente do Egito. ⁹No oitavo dia fez-se uma reunião solene, pois fora celebrada a dedicação do altar durante sete dias e celebrada a festa durante sete dias. ¹⁰No vigésimo terceiro dia[c] do sétimo mês, Salomão mandou o povo para suas casas, alegre e de coração contente pelo bem que Iahweh fizera a Davi, a Salomão e a Israel, seu povo.

Advertência divina[d] — ¹¹Salomão terminou a Casa de Iahweh e o palácio real e completou tudo o que tencionava fazer na Casa de Iahweh e na sua. ¹²Iahweh apareceu, então, de noite a Salomão e lhe disse: "Ouvi tua prece e escolhi este lugar para mim como Casa dos sacrifícios. ¹³Quando eu fechar o céu e não houver chuva, quando eu ordenar aos gafanhotos que devorem o país, quando eu enviar a peste contra meu povo, ¹⁴se o meu povo, sobre quem foi invocado

---

a) O Cronista omite, da conclusão da oração de Salomão em 1Rs 8,51-53, as referências à saída do Egito, a Moisés e à eleição do povo. Ele introduz, em lugar disso, uma citação livre do Sl 132, que celebra a entrada da Arca em Jerusalém e a aliança davídica, com as promessas messiânicas feitas à sua dinastia.
b) Ao relato de 1Rs 8 o Cronista acrescenta: uma repetição da manifestação da glória de Iahweh (v. 2), como na introdução da Arca no Santo dos Santos (1Cr 5,14); o fogo do céu, que consome os sacrifícios (vv. 1.3), como na inauguração do altar de Davi (1Cr 21,26); o v. 6 sobre a música litúrgica, e um prolongamento das festividades (cf. v. 10+).
c) Enquanto 1Rs fazia simplesmente coincidir a dedicação do Templo com a festa das Tendas, o Cronista supõe uma festa da dedicação seguida da festa das Tendas. Conforme Dt 16,13-15, a festa das Tendas não durava mais de sete dias, e assim é que foi celebrada conforme 1Rs 8,65-66: no oitavo dia, Salomão despede o povo. Mas, segundo o ritual de Lv 23,33-43 e Nm 29,35-38, a festa terminava com uma assembleia solene no oitavo dia. É o que supõe o calendário do Cronista: do dia 8 ao dia 14 do sétimo mês, festa da dedicação; do dia 15 ao dia 21, festa das Tendas; dia 22, assembleia de encerramento, e no dia 23, despedida do povo. Este texto das Crônicas reagiu contra o de Reis, onde uma glosa a 1Rs 8,65 acrescentou outros sete dias de festa.
d) Os vv. 13-16, próprios do Cronista, são uma resposta à grande oração do rei, no cap. precedente.

o meu Nome, se humilhar, orar, buscar a minha presença e se arrepender de sua má conduta, eu, do céu, escutarei, perdoarei seus pecados e restaurarei seu país. ¹⁵Doravante, meus olhos estão abertos e meus ouvidos atentos à oração feita neste lugar. ¹⁶Para o futuro escolhi e consagrei esta casa, a fim de que meu Nome aí esteja para sempre; meus olhos e meu coração aí estarão sempre. ¹⁷Quanto a ti, se caminhares diante de mim como fez Davi, teu pai, se agires conforme tudo quanto te ordeno e se observares meus mandamentos e minhas leis, ¹⁸consolidarei teu trono real como me comprometi com teu pai Davi quando disse: 'Jamais te faltará um descendente que reine em Israel.' ¹⁹Mas se me abandonares, se negligenciares os mandamentos e as normas que vos propus, se fordes servir a outros deuses e lhes prestardes culto, ²⁰eu os arrancarei da minha terra que lhes dera; esta Casa que consagrei ao meu Nome, eu a rejeitarei da minha presença e a farei objeto de escárnio e de riso entre todos os povos. ²¹Esta Casa, tão excelsa, será para todos os transeuntes motivo de espanto. Eles dirão: 'Por que Iahweh tratou assim esse país e essa Casa?' ²²E responderão: 'Porque abandonaram Iahweh, o Deus de seus pais, que os fez sair da terra do Egito, aderiram a outros deuses, adoraram-nos e serviram-nos; por isso fez vir sobre eles todas estas desgraças'."

8 *Conclusão: término das construções* —
¹Ao cabo de vinte anos, durante os quais Salomão construiu a Casa de Iahweh e seu próprio palácio, ²ele restaurou as cidades que lhe dera Hiram e nelas estabeleceu os israelitas.ᵃ ³Depois marchou contra Emat de Sobaᵇ e apoderou-se dela; ⁴restaurou Tadmor no desertoᶜ e todas as cidades-armazéns, por ele edificadas no país de Emat. ⁵Restaurou Bet-Horon superior e Bet-Horon inferior, cidades fortificadas, munidas de muros, portas e ferrolhos, ⁶bem como Baalat, todas as cidades--armazéns pertencentes a Salomão, todas as cidades para os carros e as cidades para a cavalaria e tudo o que aprouve a Salomão construir em Jerusalém, no Líbano e em todos os países que lhe estavam sujeitos.

|| 1Rs 9,10-25

⁷Toda a população que restava dos heteus, dos amorreus, dos ferezeus, dos heveus e dos jebuseus, que não pertenciam a Israel, ⁸e todos os descendentes desses povos que ficaram depois deles no país sem serem exterminados pelos israelitas, Salomão os levou para mão de obra nos trabalhos forçados, o que são ainda hoje.

⁹Mas Salomão não utilizou nenhum dos israelitas como escravo para suas obras, pois eles serviam como soldados; eram oficiais de seus escudeiros, comandantes de seus carros e de sua cavalaria. ¹⁰Os chefes dos inspetores do rei Salomão eram em número de duzentos e cinquenta, encarregados de governar o povo.

¹¹Salomão mandou vir a filha do Faraó da Cidade de Davi para a casa que lhe havia construído. Com efeito, ele dizia: "Nenhuma mulher poderia habitar por minha causa no palácio de Davi, rei de Israel, porque esses são lugares sagrados, por ter entrado neles a Arca de Iahweh."ᵈ

¹²Salomão ofereceu, então, holocaustos a Iahweh sobre o altar de Iahweh que ele tinha edificado diante do Pórtico. ¹³Segundo o ritual cotidiano dos holocaustos, conforme *a ordem de Moisés sobre* os sábados, as neomênias e as três solenidades anuais: a festa dos Ázimos, a festa das Semanas e a festa

Nm 28-29
Ex 23,14 +

---

a) Trata-se certamente das cidades da Galileia que Salomão ofereceu em pagamento a Hiram (Huram), o qual não ficou satisfeito com elas (1Rs 9,11-12). Hiram as teria recusado e o Cronista interpreta esse gesto, dizendo que ele as "deu".

b) Esta campanha não é mencionada em Reis. Reis e Samuel distinguem Emat e Soba. Para aumentar o prestígio de Salomão, o Cronista pode ter atribuído a ele a vitória de Davi narrada em 2Sm 8,3; 10,8 (cf. 1Cr 18,3s; 19,16).

c) O Cronista viu em Tamar de 1Rs 9,18 a grande cidade de Tadmor, que não é outra senão Palmira.

d) Esta explicação não consta em 1Rs. As impurezas rituais próprias das mulheres afastavam-nas de certos lugares consagrados. Esta preocupação, que se intensifica após o Exílio, acarretará a dedas Tendas, ¹⁴ele estabeleceu, segundo a disposição de Davi, seu pai, as classes dos sacerdotes em seu serviço, os levitas em sua função para louvar e oficiar junto dos sacerdotes segundo o ritual cotidiano, e os porteiros, segundo sua respectiva classe, em cada porta, pois essa foi a norma de Davi, homem de Deus. ¹⁵Em nenhum outro ponto, nem no que concerne ao tesouro, não se afastaram da norma que o rei dera aos sacerdotes e aos levitas. ¹⁶E toda a obra de Salomão, que não fora senão preparada até o dia da fundação do Templo de Iahweh, ficou concluída quando ele terminou a Casa de Iahweh.*ᵃ*

Glória de Salomão — ¹⁷Então Salomão partiu para Asiongaber e Elat, junto ao mar, no país de Edom. ¹⁸Hiram enviou-lhe navios pilotados por seus súditos, como também gente que conhecia o mar. Com os servos de Salomão eles foram a Ofir e, de lá, trouxeram quatrocentos e cinquenta talentos de ouro, que entregaram ao rei Salomão.

9 ¹A rainha de Sabá ouviu falar da fama de Salomão e veio a Jerusalém para pôr à prova Salomão, por meio de enigmas. Chegou com grandes riquezas, com camelos carregados de aromas, grande quantidade de ouro e de pedras preciosas. Quando da sua visita a Salomão, expôs-lhe tudo o que tinha no coração. ²Salomão a esclareceu sobre todas as suas perguntas e nada houve por demais obscuro para ele, que não pudesse solucionar. ³Quando a rainha de Sabá viu a sabedoria de Salomão, o palácio que fizera para si, ⁴as iguarias de sua mesa, os aposentos de seus oficiais, a habitação e as vestes de seus domésticos, seus copeiros e seus trajes e os holocaustos que ele oferecia no Templo*ᵇ* de Iahweh, ficou fora de si ⁵e disse ao rei: "Realmente, é verdade quanto ouvi no meu país a respeito de ti e da tua sabedoria! ⁶Eu não queria acreditar no que diziam antes de vir e ver com meus próprios olhos; porém, não me disseram nem a metade sobre a grandeza de tua sabedoria: ultrapassas a fama que chegou aos meus ouvidos. ⁷Feliz o teu povo,*ᶜ* felizes os teus servos que estão continuamente na tua presença e ouvem a tua sabedoria! ⁸Bendito seja Iahweh, teu Deus, que te mostrou sua benignidade colocando-te sobre seu trono como rei em nome de Iahweh teu Deus;*ᵈ* é porque teu Deus ama Israel e deseja consolidá-lo para sempre, que ele te deu a realeza para exerceres o direito e a justiça." ⁹Ela deu ao rei cento e vinte talentos de ouro, uma grande quantidade de aromas e de pedras preciosas. Eram incomparáveis os aromas que a rainha de Sabá ofereceu ao rei Salomão. ¹⁰Os servos de Hiram e os de Salomão, que trouxeram ouro de Ofir, trouxeram também madeira de sândalo e pedras preciosas. ¹¹O rei fez com a madeira de sândalo escadarias para a Casa de Iahweh e para o palácio real, liras e harpas para os músicos; jamais se vira antes coisa igual no país de Judá. ¹²Quanto ao rei Salomão, ofereceu à rainha de Sabá tudo o que ela desejou e pediu, sem contar o que ela havia trazido ao rei.*ᵉ* Depois ela partiu e voltou para sua terra, ela e seus servos.

¹³O peso do ouro que chegava para Salomão, anualmente, era de seiscentos e sessenta e seis talentos de ouro, ¹⁴sem contar o que lhe provinha dos mercadores e traficantes importadores; todos os reis da Arábia, todos

---

signação de um pátio para as mulheres no Templo herodiano.
a) O Cronista transforma profundamente 1Rs 9,25 (v. 12) e acrescenta os vv. 13-16, nos quais mostra a obra de Salomão como sendo a execução das normas fixadas por Davi em conformidade com as prescrições mosaicas tais como foram elaboradas pelo Código sacerdotal.
b) "os holocaustos que ele oferecia", versões, 1Rs 10,15; hebr. corrompido.

c) O texto grego de 1Rs 10,8 lê "tuas mulheres", que deve ser o original. Mas não se deve introduzir aqui essa correção: o Cronista evitou falar do harém de Salomão (cf. 1Rs 11,1-8).
d) Acrescentando essas últimas palavras, o Cronista sublinha que Iahweh continua sendo o rei de Israel.
e) Provavelmente o equivalente de seus próprios presentes. O texto de 1Rs 10,13 que é diferente, esclarece este.

os governadores do país traziam igualmente ouro e prata a Salomão. ¹⁵O rei Salomão fez duzentos escudos grandes de ouro batido, para cada um dos quais utilizou seiscentos siclos de ouro batido, ¹⁶e trezentos pequenos escudos de ouro batido, para cada um dos quais empregou trezentos siclos de ouro, e depositou-os na Casa da Floresta do Líbano. ¹⁷O rei fez também um grande trono de marfim e revestiu-o de ouro puro. ¹⁸Esse trono tinha seis degraus e um escabelo de ouro, fixos no trono; havia braços de cada lado do assento e dois leões em pé perto dos braços. ¹⁹Doze leões estavam colocados à direita e à esquerda, nos seis degraus. Nada de semelhante já se fez em reino algum.

²⁰Todas as taças que o rei Salomão usava para beber eram de ouro e toda a baixela da Casa da Floresta do Líbano era de ouro puro; porque a prata, no tempo do rei Salomão, não tinha valor. ²¹Com efeito, o rei tinha navios que iam a Társis com os servos de Hiram e, de três em três anos, os navios voltavam de Társis carregados de ouro, prata, marfim, macacos e pavões.

²²O rei Salomão superou em riqueza e em sabedoria todos os reis da terra. ²³Todos os reis da terra queriam ser recebidos por Salomão para aproveitar da sabedoria que Deus lhe tinha posto no coração, ²⁴e cada um trazia anualmente o seu presente: objetos de prata, objetos de ouro, roupas, armas e aromas, cavalos e mulas.

²⁵Salomão tinha quatro mil estábulos para seus cavalos e seus carros, e doze mil cavalos; colocou-os nas cidades dos carros e junto do rei, em Jerusalém.

²⁶Estendeu seu domínio sobre todos os reis, desde o Rio até o país dos filisteus e até à fronteira com o Egito. ²⁷Fez com que a prata fosse tão comum em Jerusalém quanto as pedras, e os cedros tão numerosos como os sicômoros da Planície. ²⁸Importavam-se para Salomão cavalos de Musur[a] e de todos os países.

Morte de Salomão. — ²⁹O resto da história de Salomão, do começo ao fim, não está tudo escrito na história do profeta Natã, na profecia de Aías de Silo e na visão de Ido, o vidente,[b] referente a Jeroboão, filho de Nabat? ³⁰Salomão reinou quarenta anos em Jerusalém sobre todo o Israel. ³¹Depois ele adormeceu com seus pais e foi enterrado na Cidade de Davi, seu pai, e seu filho Roboão tornou-se rei em seu lugar.

IV. As primeiras reformas da monarquia

1. ROBOÃO E O REAGRUPAMENTO DOS LEVITAS

10 *O cisma*[c] — ¹Roboão foi a Siquém, pois foi em Siquém que todo o Israel tinha vindo para proclamá-lo rei. ²Sabendo disso, Jeroboão, filho de Nabat, que se encontrava no Egito, para onde fugira do rei Salomão, *regressou do Egito.* ³Mandaram-no chamar e ele veio com todo o Israel.

Disseram assim a Roboão: ⁴"Teu pai tornou pesado o nosso jugo; agora, alivia a dura servidão de teu pai e o jugo pesado que ele nos impôs e nós te serviremos." ⁵Ele respondeu: "Esperai três dias e depois voltai a mim." E o povo

---

a) "Musur", conj.; "Egito", hebr. (cf. 1,16).
b) Este profeta, provavelmente o mesmo que Ado de 12,15; 13,22, é talvez o "homem de Deus" anônimo de 1Rs 13. Natã e Aías são conhecidos.

c) Este cap. segue quase literalmente o texto de 1Rs 12. O Cronista é obrigado a aceitar o fato do cisma, mas omitiu a história da revolta de Jeroboão, que o precedeu (1Rs 11), e não fará senão uma curta alusão

foi-se embora. ⁶O rei Roboão consultou os anciãos, que haviam auxiliado seu pai Salomão durante sua vida, e perguntou: "Que me aconselhais a responder a este povo?" ⁷Eles lhe responderam: "Se te mostrares bom para com este povo, se usares benevolência e lhes dirigires boas palavras, então eles serão para sempre teus servidores." ⁸Mas ele rejeitou o conselho que os anciãos lhe deram e consultou os jovens que haviam crescido com ele e estavam a seu serviço. ⁹Perguntou-lhes: "Que aconselhais que se responda a este povo, que me falou assim: 'Alivia o jugo que teu pai nos impôs'?" ¹⁰Os jovens, seus companheiros de infância, responderam: "Eis o que dirás ao povo que te disse: 'Teu pai tornou pesado o nosso jugo, mas tu, alivia o nosso jugo', eis o que responderás: 'Meu dedo mínimo é mais grosso que os rins de meu pai! ¹¹Meu pai vos sobrecarregou com um jugo pesado, mas eu aumentarei ainda o vosso jugo; meu pai vos castigou com açoites, e eu vos açoitarei com escorpiões!' "

¹²Jeroboão e todo o povo vieram para junto de Roboão, no terceiro dia, de acordo com a ordem que ele dera: "Voltai a mim daqui a três dias." ¹³O rei respondeu-lhes duramente. O rei Roboão rejeitou o conselho dos anciãos ¹⁴e, seguindo o conselho dos jovens, falou-lhes assim: "Meu pai tornou*ᵃ* vosso jugo pesado, eu o aumentarei ainda; meu pai vos castigou com açoites e eu, com escorpiões." ¹⁵Assim, o rei não ouviu o povo: era uma disposição de Deus, para cumprir a palavra que Iahweh dissera a Jeroboão, filho de Nabat, por intermédio de Aías de Silo; ¹⁶e a todos os israelitas, a saber: que o rei não os haveria de ouvir. Eles responderam então ao rei:

"Que parte temos com Davi?
Não temos herança com o filho de Jessé.
Cada um para suas tendas, ó Israel!
E agora, cuida de tua casa, Davi!"

E todo Israel voltou para suas tendas. ¹⁷Quanto aos israelitas que moravam nas cidades de Judá, Roboão reinou sobre eles. ¹⁸O rei Roboão enviou Adoram, chefe da corveia, mas os israelitas o apedrejaram e ele morreu; então o rei Roboão viu-se obrigado a subir a seu carro a fim de fugir para Jerusalém. E Israel se rebelou contra a casa de Davi, até o dia de hoje.

|| 1Rs 12,21-24

11 Atividade de Roboão

¹Roboão voltou para Jerusalém; convocou a casa de Judá e a de Benjamim, em número de cento e oitenta mil guerreiros de escol, para combater Israel e reconquistar o reino para Roboão. ²Mas a palavra de Iahweh foi dirigida a Semeías, homem de Deus, nestes termos: ³"Dize a Roboão, filho de Salomão, rei de Judá, e a todo o Israel que está em Judá e em Benjamim, o seguinte: ⁴Assim fala Iahweh: Não subais para combater vossos irmãos; que cada um volte para sua casa, porque este acontecimento vem de mim." Eles deram ouvidos às palavras de Iahweh, regressaram e não marcharam contra Jeroboão.

⁵Roboão ficou morando em Jerusalém e construiu cidades fortificadas em Judá. ⁶Restaurou Belém, Etam e Técua, ⁷Betsur, Soco, Odolam, ⁸Gat, Maresa, Zif, ⁹Aduram, Laquis, Azeca, ¹⁰Saraá, Aialon, Hebron; eram cidades fortificadas situadas em Judá e em Benjamim.*ᵇ* ¹¹Reforçou essas fortalezas e colocou nelas comandantes, bem como reservas de víveres, azeite e vinho. ¹²Em cada uma dessas cidades havia escudos e lanças. Tornou-as extremamente fortes e reinou sobre Judá e Benjamim.

(11,14-15) ao cisma religioso longamente relatado em 1Rs 12,26-13,32.
a) "Meu pai tornou", 1Rs 12,14; "Eu tornarei", hebr.
b) Esta lista das praças-fortes de Roboão não tem paralelo em 1Rs, mas provém de uma boa fonte histórica. Esta ação de Roboão pode ter seguido a campanha de Sesac (12,9), que mostrara quanto era vulnerável o território. As fortalezas aqui mencionadas não ocupavam a fronteira do reino, mas estavam estabelecidas em pontos estratégicos favoráveis. Eram mantidas por divisões do exército oficial (vv. 11-12).

O clero junto a Roboão[a] — ¹³Os sacerdotes e os levitas que se achavam em todo o Israel deixaram seu território para se estabelecer junto dele. ¹⁴Os levitas, com efeito, abandonaram suas pastagens e suas propriedades e vieram morar em Judá e em Jerusalém, porque Jeroboão os excluíra do sacerdócio de Iahweh. ¹⁵Jeroboão estabelecera sacerdotes para os lugares altos e para o culto dos sátiros e dos bezerros que ele tinha fabricado. ¹⁶Membros de todas as tribos de Israel que procuravam de coração a Iahweh, Deus de Israel, os seguiram e foram a Jerusalém a fim de sacrificar a Iahweh, Deus de seus pais. ¹⁷Eles reforçaram o reino de Judá e, durante três anos, apoiaram Roboão, filho de Salomão, pois foi durante três anos que ele seguiu o caminho de Davi e de Salomão.

A família de Roboão[b] — ¹⁸Roboão tomou por esposa Maalat, filha de Jerimot, filho de Davi e de Abigail,[c] filha de Eliab, filho de Jessé. ¹⁹Ela lhe deu à luz os filhos: Jeús, Somorias, Zoom. ²⁰Depois dela, tomou por esposa Maaca, filha de Absalão, que lhe gerou Abias, Etai, Ziza e Solomit. ²¹Roboão amou Maaca, filha de Absalão, mais que a todas as suas outras mulheres e concubinas. Com efeito, ele teve dezoito mulheres e sessenta concubinas, e gerou vinte e oito filhos e sessenta filhas. ²²Roboão fez de Abias, filho de Maaca, o chefe da família, príncipe entre seus irmãos, a fim de fazê-lo rei.[d] ²³Roboão foi prudente e distribuiu alguns de seus filhos em todas as regiões de Judá e de Benjamim e em todas as cidades fortificadas; forneceu-lhes víveres em abundância e pediu para eles[e] muitas mulheres.

12 *A infidelidade de Roboão*[f] — ¹Quando sua realeza estava estabelecida e consolidada, Roboão abandonou a Lei de Iahweh e todo o Israel seguiu seu exemplo. ²No quinto ano do reinado de Roboão, o rei do Egito, Sesac, marchou contra Jerusalém, pois ela fora infiel a Iahweh, ³com mil e duzentos carros, sessenta mil cavaleiros e um exército incontável formado de líbios, suquitas e etíopes, que vieram com ele do Egito. ⁴Tomou as cidades fortificadas de Judá e chegou até Jerusalém. ⁵Semeías, o profeta, veio ter com Roboão e os príncipes de Judá que se tinham reunido perto de Jerusalém, fugindo de Sesac, e disse-lhes: "Assim fala Iahweh: Vós me abandonastes e eu por minha vez também vos abandonei nas mãos de Sesac." ⁶Então os oficiais de Israel e o rei se humilharam e disseram: "Iahweh é justo." ⁷Quando Iahweh viu que eles se humilhavam, a palavra de Iahweh foi dirigida a Semeías nestes termos: "Eles se humilharam, não os exterminarei; em breve lhes permitirei escapar e não é pelas mãos de Sesac que minha ira se abaterá sobre Jerusalém. ⁸Mas eles se tornarão escravos seus e saberão o que é me servir e servir os reinos das terras!"

⁹Sesac, rei do Egito, marchou contra Jerusalém. Tomou os tesouros do Templo de Iahweh e os do palácio real; apoderou-se de tudo, até dos escudos de ouro que Salomão fizera; ¹⁰para substituí-los, o rei Roboão mandou fazer escudos de bronze e os confiou aos chefes dos guardas que vigiavam a porta do palácio real: ¹¹cada vez que o rei ia ao Templo de Iahweh, os guardas vinham e os tomavam e depois os devolviam à sala dos guardas.

---

a) Segundo o Cronista, o cisma religioso de Jeroboão teve por consequência a emigração dos levitas e dos israelitas fiéis para Jerusalém, único santuário legítimo. Uma emigração dessa espécie teve lugar efetivamente depois da queda de Samaria, dois séculos mais tarde.
b) Estas informações sobre a família de Roboão são próprias do Cronista, que nada tinha dito sobre as numerosas mulheres de Salomão, mas que menciona aqui o harém de um rei infiel.
c) "filha (de Jerimot)", grego; "filho", hebr. — "e de Abigail", grego; "Abigail", hebr.
d) Roboão escolhe como sucessor o filho de sua esposa preferida, que não era a primeira mulher, assim como Davi fizera para Salomão.
e) "para eles", omitido por haplografia.
f) As indicações de 1Rs 14 sobre a campanha de Sesac, o Cronista acrescenta os vv. 2b-8 e 12, que tira de uma fonte independente, talvez o escrito do profeta Semeías mencionado no v. 15.

¹²Mas porque se humilhara, a ira de Iahweh se afastou dele e não o aniquilou completamente. E mais: fatos auspiciosos se deram em Judá, ¹³o rei Roboão pôde consolidar-se em Jerusalém e reinar. Com efeito, tinha quarenta e um anos quando subiu ao trono e reinou dezessete anos em Jerusalém, cidade que Iahweh escolhera entre todas as tribos de Israel para nela colocar seu Nome. Sua mãe chamava-se Naama, a amonita. ¹⁴Ele, porém, fez o mal, porque não dispusera o seu coração a buscar Iahweh. ¹⁵A história de Roboão, do começo ao fim, não está porventura escrita na história do profeta Semeías e do vidente Ado?ᵃ Houve guerras contínuas entre Roboão e Jeroboão. ¹⁶Roboão adormeceu com seus pais e foi enterrado na Cidade de Davi; seu filho Abias reinou em seu lugar.

|| 1Rs 14,21

|| 1Rs 14,29-31

2. ABIAS E A FIDELIDADE AO SACERDÓCIO LEGÍTIMO

|| 1Rs 15,1-2,7

13 *A guerra* — ¹No décimo oitavo ano do reinado de Jeroboão, Abiasᵇ tornou-se rei de Judá ²e reinou três anos em Jerusalém. Sua mãe chamava-se Micaías;ᶜ era filha de Uriel e natural de Gabaá. Houve guerra entre Abias e Jeroboão. ³Abias começou o combate com um exército de guerreiros valentes — quatrocentos mil homens de elite — e Jeroboão deu-lhe batalha com oitocentos mil homens de elite, guerreiros valentes.

Js 18,22

*O discurso de Abias*ᵈ — ⁴Abias se postou no alto do monte Semeron, situado na montanha de Efraim, e exclamou: "Jeroboão e vós todos, todo o Israel, ouvi-me! ⁵Não sabeis que Iahweh, o Deus de Israel, deu a Davi para sempre a realeza sobre Israel? É uma aliança inviolávelᵉ para ele e para seus filhos. ⁶Jeroboão, filho de Nabat, servo de Salomão, filho de Davi, levantou-se e se revoltou contra seu senhor; ⁷homens ociosos e sem valor uniram-se a ele e se impuseram a Roboão, filho de Salomão; Roboão era ainda jovem, de caráter tímido, e não pôde resistir-lhes. ⁸E agora pensais em oferecer resistência à realeza de Iahweh que os filhos de Davi exercem e aí estais como uma imensa multidão, acompanhados dos bezerros de ouro que Jeroboão fabricou para serem vossos deuses! ⁹Acaso não expulsastes os sacerdotes de Iahweh, filhos de Aarão, e os levitas, instituindo para vós sacerdotes como o fazem os povos das outras terras: todo aquele que vêm com um touro e sete carneiros para se fazer consagrar pode tornar-se sacerdote daquilo que não é Deus? ¹⁰Quanto a nós, nosso Deus é Iahweh, e não o abandonamos: os filhos de Aarão são sacerdotes a serviço de Iahweh e os levitas são os oficiantes. ¹¹Toda manhã e toda tarde queimamos holocaustos a Iahweh, temos o incenso aromático, os pães dispostos sobre a mesa pura, o candelabro de ouro com suas lâmpadas, que se acende toda tarde. Pois nós observamos as prescrições de Iahweh nosso Deus, e vós as haveis abandonado. ¹²Eis que conosco, à nossa frente, está Deus e aqui estão seus sacerdotes com as trombetas prontos para tocá-las, para que se lance o grito de guerra contra vós! Israelitas, não luteis contra Iahweh, o Deus de vossos pais, pois será a vossa ruína!"

Dt 13,14 +

Nm 10,9
2Mc 7,19
At 5,39

*A batalha*ᶠ — ¹³Jeroboão mandou fazer uma manobra, dando uma volta, tentando uma emboscada que atingisse a retaguarda; o exército estava em frente

---

a) Hebr. acrescenta: "segundo o registro genealógico (?)".
b) O mesmo que Abiam de 1Rs 14,31; 15,1.7.8.
c) Ela é chamada Maaca pelo grego e 1Rs, e apresentada como filha de Absalão (cf. 11,20).
d) Esta composição do Cronista é um belo exemplo da pregação levítica de sua época, que utiliza acontecimentos do passado para transmitir um ensinamento. Para além dos israelitas do tempo de Abias, o Cronista dirige-se ao povo de Samaria e lembra-lhe que Judá possui a única realeza, o único verdadeiro Deus, o único sacerdócio legítimo, o único culto em consonância com a legislação do Pentateuco.
e) Lit. "aliança de sal" (cf. Lv 2,13).
f) A batalha é descrita com reminiscências das narrativas sobre a tomada de Hai (Js 8) e de Gabaá (Jz 20; a

de Judá e a emboscada na retaguarda. ¹⁴Voltando-se, as tropas de Judá se viram atacadas pela frente e pelas costas. Clamaram por Iahweh, os sacerdotes soaram a trombeta, ¹⁵os homens de Judá lançaram o grito de guerra e, enquanto eles gritavam, Deus derrotou Jeroboão e todo o Israel diante de Abias e de Judá. ¹⁶Os israelitas fugiram diante de Judá e Deus os entregou nas mãos de Judá. ¹⁷Abias e seu exército lhes infligiram um duro castigo: quinhentos mil homens de escol caíram mortos, dos de Israel. ¹⁸Nesta ocasião, pois, os israelitas foram humilhados e os filhos de Judá prevaleceram porque se apoiaram em Iahweh, Deus de seus pais.

Fim do reinado — ¹⁹Abias perseguiu Jeroboão e tomou-lhe algumas cidades: Betel e seus arredores,ᵃ Jesana e seus arredores, Efron e seus arredores. ²⁰Jeroboão perdeu, então, seu poderio durante a vida de Abias; Iahweh o feriu e ele morreu. ²¹Abias, porém, tornou-se poderoso; desposou catorze mulheres e gerou vinte e dois filhos e dezesseis filhas. ²²O resto da história de Abias, seu proceder e seus atos estão escritos no Midraxeᵇ do profeta Ado. ²³Depois Abias adormeceu com seus pais e foi enterrado na Cidade de Davi; seu filho Asa reinou em seu lugar.

3. ASA E SUAS REFORMAS CULTUAIS

14 *A paz de Asa* — Durante sua vida, a terra esteve tranquila por dez anos. ¹Asa fez o que é bom e justo aos olhos de Iahweh, seu Deus. ²Eliminou os altares do estrangeiro e os lugares altos, despedaçou as estelas, destruiu as aserás, ³ordenou aos judeus que buscassem Iahweh, o Deus de seus pais, e praticassem a lei e os mandamentos.ᶜ ⁴Suprimiu em todas as cidades de Judá os lugares altos e os altares de incenso. E o reino viveu tranquilo durante seu reinado. ⁵Restaurou as cidades fortificadas de Judá, pois a terra gozava de paz, e não participou de nenhuma guerra naqueles anos, porque Iahweh lhe deu descanso.

⁶Disse ele a Judá: "Restauremos estas cidades, cerquemo-las com muralhas, façamos torres e portas guarnecidas de ferrolhos; a terra ainda nos pertence, pois temos buscado a Iahweh, nosso Deus; por isso ele nos protegeu e nos deu a paz em todas as nossas fronteiras."

Restauraram e prosperaram. ⁷Asa dispunha de um exército de trezentos mil judaítas armados de escudo e lança e de duzentos e oitenta mil benjaminitas armados de escudo e arco, todos valentes guerreiros.

A invasão de Zaraᵈ — ⁸Zara, o cuchita, marchou contra eles com um exército de um milhão de homens e trezentos carros, e chegou até Maresa. ⁹Asa saiu ao seu encontro e tomou posição no vale de Sefata, em Maresa. ¹⁰Asa invocou a Iahweh seu Deus e disse: "Não há ninguém igual a ti, Iahweh, para socorrer tanto o poderoso como o fraco. Socorre-nos, Iahweh nosso Deus! É em ti que nos apoiamos e é em teu nome que marchamos contra esta multidão. Iahweh, tu és nosso Deus. Que o mortal não prevaleça contra ti!"

---

emboscada) e das narrativas sobre a guerra santa (grito de guerra, toques de trombeta, atribuição da vitória a Deus; cf. Js 6).
a) Não há razão para se pôr em dúvida esta conquista, mas ela não foi duradoura. Trata-se de um episódio dos conflitos de fronteira que Judá teve com Israel, com alternâncias de êxitos e reveses (1Rs 15,16-23; 2Cr 15,8; 16,1-6; 17,2).
b) Uma memória histórica mais que um comentário bíblico.

c) O Cronista aumenta o elogio que 1Rs 15 faz de Asa e lhe atribui uma reforma religiosa sobre a qual voltará a falar no cap. 15.
d) Este episódio, ausente de 1Rs, não deve ter sido inventado: está por demais ligado a determinados lugares e não combina com a imagem de paz que o Cronista dá de quase todo o reinado de Asa (cf. vv. 5-6; 15,19). Mas não se sabe quem é esse Zara. Já que Cuch designa normalmente a Etiópia, ele pode ser um mercenário etíope, que comandava uma guarnição

¹¹Iahweh derrotou os cuchitas diante de Asa e dos judaítas; os cuchitas fugiram ¹²e Asa os perseguiu com seu exército até Gerara. Pereceram tantos cuchitas que não puderam subsistir, pois foram destroçados diante de Iahweh e de seu exército. Recolheram imensa quantidade de despojos, ¹³conquistaram todas as cidades nos arredores de Gerara, pois o Terror de Iahweh pesava sobre elas e todas foram saqueadas, pois nelas havia muitos despojos. ¹⁴Saquearam também as tendas dos rebanhos e capturaram grande número de ovelhas e camelos; e voltaram para Jerusalém.

15 A exortação de Azarias e a reforma[a]

Os 3,4-5

— ¹O espírito de Deus desceu sobre Azarias, filho de Oded, ²o qual saiu ao encontro de Asa e disse-lhe: "Asa e vós todos, de Judá e de Benjamim, ouvi-me! Iahweh está convosco quando estais com ele. Se o procurardes, ele deixar-se-á encontrar, mas se o abandonardes, também ele vos abandonará. ³Israel viverá muitos dias sem o Deus verdadeiro, sem sacerdote para ensiná-lo e sem lei; ⁴mas em sua aflição voltará a Iahweh, Deus de Israel, ele o procurará e Iahweh se deixará encontrar por ele. ⁵Nesse tempo, nenhum adulto conhecerá a paz, mas tribulações múltiplas recairão sobre todos os habitantes da terra. ⁶As nações e as cidades se baterão umas contra as outras, pois Deus as ferirá com toda espécie de tribulações. ⁷Quanto a vós, sede firmes, e que vossas mãos não se enfraqueçam, pois vossas ações terão sua recompensa."

Dt 4,29-30 +

Is 19,2

Is 7,4
Jr 31,16

⁸Quando Asa ouviu essas palavras e essa profecia,[b] tomou a decisão de fazer desaparecer os horríveis ídolos de toda a terra de Judá e de Benjamim e das cidades que havia conquistado de Efraim, e restaurou o altar de Iahweh, que se achava diante do Vestíbulo de Iahweh. ⁹Congregou todo o Judá e Benjamim, bem como os de Efraim, de Manassés e de Simeão[c] que vieram habitar com eles, pois muitos israelitas tinham-se aliado a Asa vendo que Iahweh, seu Deus, estava com ele. ¹⁰No terceiro mês do décimo quinto ano do reinado de Asa, eles se reuniram em Jerusalém. ¹¹Ofereceram em sacrifício a Iahweh, naquele dia, uma parte dos despojos que tinham recolhido, a saber, setecentos bois e sete mil ovelhas. ¹²Comprometeram-se por uma aliança a buscar a Iahweh, Deus de seus pais, de todo o seu coração e de toda a sua alma; ¹³e todo aquele que não buscasse Iahweh, Deus de Israel, seria morto, fosse ele grande ou pequeno, homem ou mulher. ¹⁴Prestaram juramento a Iahweh em voz alta e por aclamação, ao som das trombetas e das trompas; ¹⁵todos os de Judá se alegraram com este juramento que tinham feito de todo o coração. Foi com toda a sua boa vontade que procuraram a Iahweh. Por isso ele se deixou encontrar por eles e deu-lhes a paz em todas as suas fronteiras.

Ne 10,30

|| 1Rs 15,13-15

¹⁶Até Maaca, mãe[d] do rei Asa, foi destituída da dignidade de Grande Dama, por ter feito um ídolo para Aserá; Asa quebrou o ídolo, reduziu-o a pó e queimou-o na torrente do Cedron. ¹⁷Os lugares altos não desapareceram de Israel;[e] mas o coração de Asa permaneceu íntegro por toda a sua vida. ¹⁸Depositou no Templo de Deus as oferendas sagradas de seu pai e suas próprias oferendas: prata, ouro e objetos.

¹⁹Não houve guerra até o trigésimo quinto ano do reinado de Asa.

---

egípcia deixada por Sesac no sul do país (cf. 12,3; 16,8). Mas Cuch pode designar também nômades do Negueb (cf. a mulher cuchita de Moisés, Nm 12,1+), que teriam vindo assaltar Judá (v. 14). Em todo caso, o número dos combatentes é certamente exagerado.
a) O Cronista retoma o tema da reforma (cf. 14,1-4); ela é suscitada pela ação de um profeta (vv. 1-7) e compreende: uma supressão dos ídolos até mesmo no território de Israel, obras no Templo, um sacrifício solene e uma renovação da Aliança. Parece que esta narrativa se inspirou na reforma de Ezequias (2Cr 29-31; cf. Jr

26,18-19) e sobretudo na de Josias (2Cr 34-35), em que se encontram os mesmos temas: supressão dos ídolos e dos lugares altos em toda a terra, obras no Templo, pregação profética, renovação da Aliança e sacrifícios solenes.
b) o hebr. acrescenta "Oded, o profeta", referindo assim a Oded o que precede, e não a seu filho, como o v. 1.
c) Menção estranha de uma tribo do Sul, que não fazia parte de Israel.
d) Sua avó (11,20 e 1Rs 15,2).
e) O Cronista segue 1Rs, sem harmonizá-lo com 2Cr 14,4.

16 **Guerra contra Israel**[a] — ¹No trigésimo sexto ano do reinado de Asa, Baasa, rei de Israel, marchou contra Judá; fortificou Ramá para impedir as comunicações com Asa, rei de Judá. ²Então Asa tirou ouro e prata dos tesouros do Templo de Iahweh e do palácio real para enviá-los a Ben-Adad, rei de Aram, que residia em Damasco, com esta mensagem: ³"Haja aliança entre mim e ti, entre meu pai e teu pai! Envio-te prata e ouro; vai, rompe tua aliança com Baasa, rei de Israel, para que se retire de mim!" ⁴Ben-Adad deu ouvidos ao rei Asa e enviou os chefes do seu exército contra as cidades de Israel; conquistou Aion, Dã, Abelmaim e todos os entrepostos das cidades de Neftali. ⁵Quando Baasa o soube, desistiu de fortificar Ramá e interrompeu sua obra. ⁶Então o rei Asa convocou todo o Judá; tiraram as pedras com que Baasa estava fortificando Ramá, e com elas fortificou Gaba e Masfa.

∥ 1Rs 15,16-22

⁷Então Hanani, o vidente, veio ter com Asa, rei de Judá, e disse-lhe: "Porque te apoiaste no rei de Aram e não em Iahweh teu Deus, as forças do rei de Aram escaparão de tuas mãos. ⁸Não formavam os cuchitas e os líbios um numeroso exército com uma grande multidão de carros e de cavalos? E, contudo, não te foram entregues nas mãos porque te apoiaste em Iahweh? ⁹Pois os olhos de Iahweh percorrem toda a terra para sustentar aqueles cujo coração é totalmente voltado para ele; agiste como insensato desta vez e, doravante, sofrerás a guerra." ¹⁰Encolerizado contra o vidente, Asa mandou metê-lo na prisão, pois suas palavras o tinham irritado; pela mesma época tomou severas medidas contra uma parte do povo.

14,8-14

Sl 33,13-15

Jr 20,2

Fim do reinado — ¹¹A história de Asa, do começo ao fim, está narrada no livro dos Reis de Judá e de Israel. ¹²No trigésimo nono ano de seu reinado, Asa teve uma doença muito grave nos pés; mesmo então, na doença, não recorreu a Iahweh, mas aos médicos.[b] ¹³Asa adormeceu com seus pais e morreu no quadragésimo primeiro ano do seu reinado. ¹⁴Enterraram-no no túmulo que tinha mandado cavar para si na Cidade de Davi. Estenderam-no num leito repleto de aromas, perfumes e unguentos preparados; fizeram em sua honra um fogo grandioso.[c]

∥ 1Rs 15,23-24

4. JOSAFÁ E A ADMINISTRAÇÃO

17 **O poder de Josafá**[d] — ¹Seu filho Josafá sucedeu-lhe no trono e consolidou seu poder sobre Israel. ²Colocou tropas em todas as cidades fortificadas de Judá e estabeleceu governadores na terra de Judá e nas cidades de Efraim, que Asa, seu pai tinha conquistado.

Zelo pela Lei — ³Iahweh esteve com Josafá, pois sua conduta foi aquela que de início seguira seu pai Davi,[e] e não seguiu os baais. ⁴Foi somente o Deus de seu pai que ele buscou, procedeu segundo seus mandamentos sem imitar as ações de Israel. ⁵Iahweh manteve o reino em suas mãos; todos os de Judá pagavam tributo a Josafá, embora ele tivesse muitas riquezas e honra.

---

a) Ao relato paralelo de 1Rs, o Cronista acrescenta uma data (v. 1), e a intervenção de um profeta (vv. 7-10), que condena o recurso ao estrangeiro, como fará Isaías a respeito do Egito (Is 30,1-7; 31,1-3; cf. também Os 6,13; 7,11; 12,2).
b) O texto reprova Asa por ter-se dirigido apenas aos médicos para um mal que era punição de Iahweh (cf. v. 10).
c) Não se trata de incineração, mas de uma combustão de perfumes, rito fúnebre para os reis mortos em paz com Deus (cf. Jr 34,5). Jorão será privado desse rito (2Cr 21,19).
d) Como Asa era o tipo do rei pacífico, Josafá é para o Cronista o tipo do rei que governa com firmeza. O nome do rei significa "Iahweh julga". Com Ezequias e Josias, é um dos favoritos do Cronista.
e) Davi, como ancestral dinástico.

⁶Seu coração caminhou nas sendas de Iahweh e ele suprimiu de novo em Judá os lugares altos e as aserás.

⁷No terceiro ano de seu reinado, enviou seus oficiais Ben-Hail, Abdias, Zacarias, Natanael e Miqueias para instruir as cidades de Judá.ᵃ ⁸Alguns levitas os acompanharam: Semeías, Natanias, Zabadias, Asael, Semiramot, Jônatas, Adonias e Tobias, levitas, bem como os sacerdotes Elisama e Jorão. ⁹Puseram-se a ensinar em Judá levando consigo o livro da Lei de Iahweh, e percorreram as cidades de Judá, instruindo o povo. ¹⁰O terror de Iahweh estendeu-se sobre todos os reinos das regiões que circundavam Judá e não guerrearam contra Josafá. ¹¹Os filisteus vieram trazer a Josafá, como tributo, presentes e prata; os próprios árabesᵇ lhe trouxeram um rebanho de sete mil e setecentos carneiros e sete mil e setecentos bodes. ¹²Josafá foi se engrandecendo sumamente; edificou em Judá cidadelas e cidades--armazéns.

*O exército*ᶜ — ¹³Possuía importantes reservas nas cidades de Judá e guerreiros, soldados valentes, em Jerusalém. ¹⁴Eis a sua divisão, segundo as famílias: de Judá: oficiais de milhares: Ednas, o oficial, com trezentos mil valentes guerreiros; ¹⁵às suas ordens, o oficial Joanã, com duzentos e oitenta mil homens; ¹⁶e ao seu lado, Amasias, filho de Zecri, que se dedicou voluntariamente ao serviço de Iahweh, com duzentos mil guerreiros valentes.

¹⁷De Benjamim: Eliada, valente guerreiro, com duzentos mil homens armados com arco e escudo; ¹⁸e ao seu lado, Jozabad, com cento e oitenta mil homens preparados para a guerra.

¹⁹São esses os que estavam a serviço do rei, sem contar os homens por ele colocados nas praças-fortes de todo o território de Judá.

18
*A aliança com Acab e a intervenção dos profetas*ᵈ — ¹Josafá tinha riquezas e glória em abundância e se aliou com Acab por meio de casamento.ᵉ ²Ao cabo de alguns anos, foi visitar Acab em Samaria. Acab imolou ovelhas e boisᶠ em grande quantidade para ele e para a sua comitiva, a fim de levá-lo a atacar Ramot de Galaad. ³Acab, rei de Israel, disse a Josafá, rei de Judá: "Queres vir comigo a Ramot de Galaad?" Este respondeu-lhe: "A batalha será a mesma para mim como para ti, para meu povo como para o teu."

⁴Mas Josafá disse ao rei de Israel: "Rogo-te que antes consultes a palavra de Iahweh." ⁵O rei de Israel reuniu os profetas em número de quatrocentos, e perguntou-lhes: "Devemos ir atacar Ramot de Galaad, ou devo deixar de fazê-lo?" Eles responderam-lhe: "Vai, Deus a entregará nas mãos do rei." ⁶Mas Josafá disse: "Acaso não existe aqui nenhum outro profeta de Iahweh, para podermos consultá-lo?" ⁷O rei de Israel respondeu a Josafá: "Há ainda um, pelo qual se pode consultar Iahweh, mas eu o odeio, pois ele jamais profetiza o bem a meu respeito,

---

a) Esta missão de ensino da Lei, confiada a cinco leigos, oito levitas e dois sacerdotes, é difícil de se atribuir ao reinado de Josafá. Reflete mais a época do Cronista, quando se desenvolveu a função de ensino dos levitas, preparando a era das sinagogas e dos doutores da Lei.
b) Não as tribos da Arábia, mas sim nômades que se infiltraram nas regiões de Edom e de Moab (cf. 21,16).
c) Com exceção dos números, que são extravagantes, esta notícia provém de uma fonte segura. Josafá tinha um exército regular, recrutado por famílias, dividido em contingentes em que Judá e Benjamim se distinguem, e regido por oficiais. Havia também um regimento das praças-fortes.

d) O Cronista, que não se ocupa do reino do Norte e que omite todo o ciclo de Elias (1Rs 17-18) e o de Eliseu (2Rs 2-8), por não terem relação alguma com Judá, reproduz quase textualmente esta narrativa que no entanto interessa principalmente o reino de Israel. É porque seu herói, Josafá, está estreitamente ligado a ela, e também porque intervém um verdadeiro profeta de Iahweh, que se opõe aos falsos profetas pagos por Acab.
e) Seu filho Jorão casa-se com Atalia, filha ou irmã de Acab (cf. 2Rs 8,18+).
f) Este sacrifício, que não é mencionado em Reis, será funesto porque é feito longe do santuário legítimo.

mas sempre a desgraça: é Miquéias, filho de Jemla." Josafá disse: "Que o rei não fale assim!" ⁸O rei de Israel chamou um eunuco e disse-lhe: "Manda vir depressa Miquéias, filho de Jemla."

⁹O rei de Israel e Josafá, rei de Judá, estavam sentados, cada um em seu trono, revestidos com suas vestes reais; estavam sentados numa eira diante da porta de Samaria e todos os profetas profetizavam diante deles. ¹⁰Sedecias, filho de Canaana, fez para si uns chifres de ferro e disse: "Assim diz Iahweh: Com estes chifres ferirás os arameus até destruí-los." ¹¹E todos os profetas faziam a mesma predição, dizendo: "Sobe a Ramot de Galaad! Serás bem-sucedido, Iahweh vai entregá-la nas mãos do rei."

¹²O mensageiro que fora chamar Miquéias lhe disse: "Os profetas são unânimes em falar a favor do rei. Procura falar como eles e predizer o sucesso." ¹³Miquéias, porém, respondeu: "Pela vida de Iahweh! O que meu Deus disser, é isso que anunciarei." ¹⁴Chegou perto do rei e o rei lhe perguntou: "Miquéias, devemos ir combater em Ramot de Galaad ou devo desistir?" Ele respondeu: "Ide! Sereis bem-sucedidos, seus habitantes serão entregues em vossas mãos." ¹⁵Mas o rei lhe disse: "Quantas vezes é preciso que eu te conjure para que me digas somente a verdade em nome de Iahweh?" ¹⁶Então ele respondeu:

"Eu vi todo o Israel disperso pelas montanhas,
como um rebanho sem pastor.
E Iahweh me disse: Eles não têm mais chefe,
que cada um volte em paz para sua casa!"

¹⁷O rei de Israel disse então a Josafá: "Não te disse eu que ele não profetizava para mim o bem, mas o mal?" ¹⁸Miquéias retrucou:

"Escutai a palavra de Iahweh: Eu vi Iahweh assentado em seu trono; todo o exército do céu se postava à sua direita e à sua esquerda. ¹⁹Iahweh perguntou: 'Quem enganará Acab, rei de Israel, para que marche contra Ramot de Galaad e lá pereça?' Responderam este de um modo e aquele de outro. ²⁰Então o Espírito se aproximou e colocou-se diante de Iahweh: 'Sou eu', disse ele, 'que o enganarei.' Iahweh perguntou-lhe: 'Como?' ²¹Respondeu: 'Partirei e serei um espírito de mentira na boca de todos os seus profetas.' Iahweh disse: 'Tu o enganarás, serás bem sucedido. Parte e faze assim.' ²²Eis, pois, que Iahweh infundiu um espírito de mentira na boca de teus profetas, mas Iahweh pronunciou contra ti a desgraça."

²³Então Sedecias, filho de Canaana, aproximou-se de Miquéias, esbofeteou-o e disse: "Por qual caminho o espírito de Iahweh saiu de mim para te falar?" ²⁴Miquéias replicou: "É o que verás no dia em que fugires a um quarto retirado para te esconderes." ²⁵O rei de Israel ordenou: "Prendei Miquéias e conduzi-o a Amon, governador da cidade, e a Joás, filho do rei. ²⁶Vós lhes direis: 'Assim diz o rei: Lançai este homem na prisão e alimentai-o com pão e água escassos até que eu volte são e salvo'." ²⁷Miquéias disse: "Se voltares são e salvo, é porque Iahweh não falou pela minha boca." Depois acrescentou: "Ouvi, todos os povos". *a*

O combate. Intervenção de um profeta — ²⁸O rei de Israel e Josafá, rei de Judá, marcharam contra Ramot de Galaad. ²⁹O rei de Israel disse a Josafá: "Vou disfarçar-me para entrar no combate,*b* mas quanto a ti, veste-te com tuas roupas!" O rei de Israel disfarçou-se e eles foram combater. ³⁰O rei

---

a) É o início do livro do profeta canônico Miquéias, que foi igualmente acrescentado por um glosador a 1Rs 22,28.

b) "Vou disfarçar-me para entrar", grego; "Disfarça-te e entra", hebr., mas cf. a sequência.

de Aram dera esta ordem a seus comandantes de carros: "Não atacareis nem pequeno nem grande, mas somente o rei de Israel." ³¹Quando os comandantes de carros viram Josafá, disseram: "O rei de Israel é ele", e concentraram sobre ele o combate; mas Josafá lançou seu grito de guerra e Iahweh lhe veio em socorro e Deus os afastou para longe dele. ³²Quando os comandantes de carros viram que não era ele o rei de Israel, afastaram-se dele.

³³Ora, um homem atirou com seu arco, ao acaso, e atingiu o rei de Israel numa brecha da couraça. O rei disse ao cocheiro: "Volta e faze-me sair do campo,[a] pois me sinto mal." ³⁴Mas o combate se tornou mais violento naquele dia; o rei de Israel ficou de pé sobre o seu carro diante dos arameus até a tarde e, ao pôr-do-sol, expirou.[b]

19 ¹Josafá, rei de Judá, voltou são e salvo para casa, em Jerusalém. ²Jeú, filho de Hanani, o vidente, saiu ao seu encontro e disse ao rei Josafá:[c] "Deve-se levar auxílio ao ímpio? Amarias aqueles que odeiam Iahweh, para assim atrair sobre ti sua cólera? ³Todavia, foi encontrado em ti algo de bom, pois eliminaste da terra as aserás e aplicaste teu coração à procura de Deus."

Reformas judiciárias[d] — ⁴Josafá, rei de Judá, depois de uma permanência em Jerusalém, saiu de novo em viagem através do seu povo, desde Bersabeia até a montanha de Efraim, a fim de conduzi-lo a Iahweh, o Deus de seus pais. ⁵Estabeleceu juízes na terra para todas as cidades fortificadas de Judá, em cada cidade. ⁶Disse a esses juízes: "Vede bem o que fazeis, porque não administrais a justiça em nome dos homens mas no nome de Iahweh, que está convosco quando pronunciais uma sentença. ⁷Que o temor de Iahweh agora esteja sobre vós! Cuidado com o que fazeis, pois Iahweh nosso Deus não consente nem nas fraudes, nem nos privilégios, nem aceita suborno."

⁸Além disso, Josafá estabeleceu em Jerusalém sacerdotes, levitas e chefes de família israelitas, para promulgar as sentenças de Iahweh e julgar os processos. Moravam em Jerusalém ⁹e Josafá lhes deu assim suas prescrições: "Desempenhareis tais funções no temor de Iahweh, na fidelidade e integridade de coração. ¹⁰Seja qual for o processo que introduzirem diante de vós vossos irmãos residentes em suas cidades: questões de assassínio, de contestação sobre a Lei, sobre um mandamento, sobre estatutos ou normas, vós as resolvereis, para que eles não se tornem culpados diante de Iahweh e sua ira não se inflame contra vós e contra vossos irmãos; agindo assim não sereis culpados.

¹¹Tereis Amarias, sacerdote-chefe, para vos controlar no tocante a todos os assuntos de Iahweh, e Zabadias, filho de Ismael, chefe da casa de Judá, para todo assunto do rei. Os levitas vos servirão de escribas. Sede firmes, ponde isso em prática e Iahweh estará lá com a felicidade."

Dt 1,16-17
16,19

Dt 10,17 +

Dt 17,8-13

---

a) Mais logicamente, o grego lê "da batalha".
b) O Cronista, que não se interessa senão por Josafá e por Judá, omite os pormenores de 1Rs 22,35b-38 sobre a morte de Acab.
c) O profeta Jeú, que não aparece em Reis, intervém aqui para expressar a opinião do Cronista sobre a aliança com Acab: ela desagradou a Deus, contudo as boas ações de Josafá conseguiram que fosse poupado.
d) Embora não seja mencionada em Reis, esta reforma de Josafá deve ser tida como histórica, mesmo que a redação tenha sido influenciada pelo Dt e pela situação da época do Cronista. Josafá instituiu uma jurisdição central ao lado da jurisdição local e liberou o rei de seu ofício de juiz supremo. Esta reforma pode ter influenciado a narrativa de medidas análogas atribuídas a Moisés (cf. Ex 18,13+) e está na base das leis de Dt 16,18-20; 17,8-13. A medida faz parte de uma reforma religiosa (v. 4); os tribunais julgam em nome de Iahweh (vv. 6.8) e são competentes para os assuntos religiosos (vv. 10-11).

20 Uma guerra santa[a]

¹Depois disso, os moabitas e os amonitas, acompanhados dos meunitas,[b] vieram lutar contra Josafá. ²Informaram isso a Josafá nestes termos: "Uma multidão imensa marcha contra ti do outro lado do mar, de Edom;[c] já está em Asasontamar, que é Engadi." ³Josafá ficou com medo e se voltou para Iahweh. Recorreu a ele e proclamou um jejum para todo o Judá. ⁴O povo de Judá se reuniu para buscar socorro junto de Iahweh; todas as cidades de Judá acudiram para buscar socorro junto de Iahweh. ⁵Durante essa assembleia de Judá e dos habitantes de Jerusalém no Templo de Iahweh, Josafá pôs-se de pé diante do pátio novo ⁶e exclamou:[d] "Iahweh, Deus de nossos pais, não és tu o Deus que está nos céus? Não és tu que dominas sobre todos os reinos das nações? Em tua mão estão a força e o poder e ninguém pode resistir a ti. ⁷Não és tu que és nosso Deus, que, diante de Israel, teu povo, desalojaste os habitantes desta terra? Não a deste à raça de Abraão, a qual amarás para sempre? ⁸Nela se estabeleceram e construíram um santuário para o teu Nome, dizendo: ⁹'Se nos sobrevier alguma desgraça, guerra, punição, peste ou fome, compareceremos diante deste Templo e diante de ti, pois teu Nome está neste Templo. Do fundo de nossa angústia gritaremos a ti, tu nos ouvirás e nos salvarás.'

¹⁰Eis agora os amonitas, os moabitas e os habitantes das montanhas de Seir, através dos quais não deixaste Israel passar quando vinha da terra do Egito, de sorte que se afastou deles sem os destruir; ¹¹eis que nos pagam, vindo expulsar-nos das posses que nos deste em herança. ¹²Ó nosso Deus, não exercerás justiça sobre eles, posto que não temos força diante dessa multidão imensa que nos ataca? Não sabemos o que fazer, e assim é para ti que se voltam nossos olhares."

¹³Todos os habitantes de Judá se mantinham de pé na presença de Iahweh, junto com suas famílias, suas mulheres e seus filhos. ¹⁴No meio da assembleia, o Espírito de Iahweh desceu sobre Jaaziel,[e] filho de Zacarias, de Banaías, filho de Jeiel, filho de Matanias, o levita, um dos filhos de Asaf. ¹⁵Ele exclamou: "Prestai atenção, vós todos de Judá e habitantes de Jerusalém, e tu, ó rei Josafá! Assim fala Iahweh: Não temais, não vos deixeis atemorizar diante dessa imensa multidão; pois esta guerra não é vossa, mas de Deus. ¹⁶Descei amanhã contra eles: subirão pela encosta de Sis e vós os encontrareis na extremidade do vale, perto do deserto de Jeruel. ¹⁷Não tereis que combater nesta disputa. Colocai-vos lá, tomai posição e vereis a salvação que Iahweh vos reserva. Judá e Jerusalém, não temais nem vos apavoreis; parti amanhã ao seu encontro e Iahweh estará convosco."

¹⁸Josafá se inclinou, com o rosto em terra, e todos os de Judá e os habitantes de Jerusalém se prostraram diante de Iahweh para o adorar. ¹⁹Os levitas da linhagem dos caatitas e dos coreítas puseram-se então a louvar a Iahweh, Deus de Israel, em alta voz.

²⁰De madrugada, eles se levantaram e partiram para o deserto de Técua. Quando partiram, Josafá, de pé, exclamou: "Ouvi-me, Judá e habitantes de

---

a) Esta longa narrativa, sem paralelo em Reis, não é invenção do Cronista e deve basear-se numa tradição do Sul, como o provam as precisões geográficas. Seu núcleo histórico pode ser um ataque de elementos vindos da Transjordânia e do Negueb, uma daquelas tentativas periódicas que acabarão por instalar os edomitas no Sul da Palestina. Mas a narrativa está cheia de reminiscências deuteronomistas e está escrita no estilo das narrativas de guerra santa (cf. sobretudo vv. 15-18.22-23.29).

b) "meunitas"; grego; hebr. corrompido. — Seu nome é comumente aproximado do de Maã, a leste de Petra, na Transjordânia, mas a relação é incerta. Na sequência do relato, eles são substituídos pelos "habitantes das montanhas de Seir". O nome "Seir" é o equivalente de Edom, mas bem cedo foi aplicado ao maciço montanhoso do Negueb setentrional.

c) "Edom", conj.; "Aram", hebr. (confusão frequente).

d) Este apelo começa retomando os temas da prece de Salomão (6,1s).

e) O Cronista atribui a esse cantor o espírito profético (cf. 1Cr 25,1+), como o faz para Zacarias, filho do sacerdote Joiada (2Cr 24,20).

Jerusalém! Crede em Iahweh vosso Deus e estareis seguros; crede em seus profetas e sereis bem-sucedidos." ²¹A seguir, depois de ter deliberado com o povo, designou cantores que, revestidos com os ornamentos sagrados, marchassem diante dos guerreiros, louvando a Iahweh e repetindo: "Louvai a Iahweh, porque o seu amor é para sempre." ²²No momento em que entoavam os hinos de júbilo e de louvor, Iahweh fez cair numa emboscada os amonitas, os moabitas e os habitantes da montanha de Seir que atacavam Judá e que se viram, então, derrotados. ²³Os amonitas e os moabitas se insurgiram contra os habitantes da montanha de Seir para destiná-los ao anátema e aniquilá-los, mas exterminando os habitantes de Seir eles não se auxiliavam senão para sua própria ruína.

²⁴Os homens de Judá chegaram ao lugar donde se avista o deserto e se dispunham a enfrentar a multidão, quando viram que já não havia senão cadáveres sobre o chão e ninguém havia escapado. ²⁵Então Josafá avançou com seu exército para saquear seus despojos; encontraram entre eles abundância de riquezas, de cadáveres*ᵃ* e de objetos preciosos; apanharam mais do que podiam carregar e passaram três dias ocupados no saque, de tão abundante que era a presa. ²⁶No quarto dia, reuniram-se no vale de Baraca; ali bendisseram a Iahweh, donde o nome de vale de Baraca dado a esse lugar até nossos dias. ²⁷Depois todos os homens de Judá e de Jerusalém voltaram muito alegres a Jerusalém, com Josafá à frente, pois Iahweh os havia alegrado à custa dos inimigos. ²⁸Entraram em Jerusalém, no Templo de Iahweh, ao som das liras, das cítaras e das trombetas, ²⁹e o terror de Deus se abateu sobre todos os reinos da região, quando souberam que Iahweh havia combatido os inimigos de Israel. ³⁰O reinado de Josafá foi calmo e Deus lhe deu paz em todas as suas fronteiras.

Fim do reinado — ³¹Josafá reinou em Judá; tinha trinta e cinco anos quando se tornou rei e reinou vinte e cinco anos em Jerusalém; sua mãe chamava-se Azuba, filha de Selaqui. ³²Seguiu o modo de proceder de seu pai Asa sem se desviar, fazendo o que é justo aos olhos de Iahweh. ³³Contudo, os lugares altos não desapareceram e o povo continuou a não fixar seu coração no Deus de seus pais. ³⁴O resto da história de Josafá, do começo ao fim, acha-se escrito nos Atos de Jeú, filho de Hanani, que foram inseridos no livro dos Reis de Israel.

³⁵Depois disso, Josafá, rei de Judá, fez aliança com Ocozias, rei de Israel. Foi este que o levou a fazer o mal. ³⁶Associou-se a ele para construir navios destinados a ir a Társis; foi em Asiongaber que os construíram. ³⁷Eliezer, filho de Dodias de Maresa, profetizou então contra Josafá: "Porque te associaste a Ocozias", disse, "Iahweh fez uma brecha em tuas obras." Os navios se despedaçaram e não puderam partir para Társis.*ᵇ*

21 ¹Josafá adormeceu com seus pais e foi sepultado com eles na Cidade de Davi; seu filho Jorão reinou em seu lugar.

5. IMPIEDADE E DESASTRES
DE JORÃO, OCOZIAS, ATALIA E JOÁS

Reinado de Jorão — ²Jorão tinha irmãos, filhos de Josafá: Azaria, Jaiel, Zacarias, Azarias, Miguel e Safatias; todos filhos de Josafá, rei de Israel.*ᶜ* ³Seu pai lhes havia dado numerosos presentes de prata, ouro, joias e cidades

---

a) Os cadáveres eram despojados; constituíam uma fonte de despojo.
b) O Cronista modifica a história de 1Rs 22,49-51: aqui o fracasso de Josafá é atribuído à sua aliança com o rei de Israel. O profeta Eliezer é, de resto, desconhecido.
c) As versões corrigiram pondo "Judá", mas, para o Cronista, Judá é o verdadeiro "Israel" (cf. v. 4; 28,19).

fortificadas, mas deixara o trono para Jorão, pois era o mais velho. ⁴Jorão pôde consolidar-se à frente do reino de seu pai e depois, firmado o seu poder, mandou trucidar a fio de espada todos os seus irmãos e ainda alguns oficiais de Israel.

⁵Jorão tinha trinta e dois anos quando começou a reinar e reinou oito anos em Jerusalém. ⁶Imitou o comportamento dos reis de Israel, como fizera a casa de Acab, pois tinha-se casado com uma filha de Acab; e fez o mal aos olhos de Iahweh. ⁷Todavia, Iahweh não quis destruir a casa de Davi*ᵃ* por causa da aliança que havia concluído com ele e segundo a promessa que lhe fizera de deixar-lhe sempre uma lâmpada, a ele e a seus filhos.

⁸No seu tempo, Edom libertou-se do domínio de Judá e constituiu um rei para si. ⁹Jorão passou a fronteira e, com ele, seus oficiais e todos os seus carros. Levantou-se à noite, forçou a linha dos edomitas que o tinham cercado, como também os comandantes dos carros. ¹⁰E os edomitas se livraram do domínio de Judá, até o dia de hoje. Foi também nesta época que Lebna sacudiu o seu jugo.

Com efeito, ele abandonara Iahweh, o Deus de seus pais. ¹¹Foi ele também que fundou lugares altos nas montanhas de Judá, que fez os habitantes de Jerusalém se prostituir e fez Judá se extraviar. ¹²Chegou-lhe então um escrito do profeta Elias,*ᵇ* que dizia: "Assim fala Iahweh, o Deus de Davi, teu pai. Porque não seguiste o comportamento de Josafá, teu pai, nem o de Asa, rei de Judá, ¹³mas imitaste o exemplo dos reis de Israel e és a causa da prostituição de Judá e dos habitantes de Jerusalém, como o foi a casa de Acab, e porque, além disso, mataste teus irmãos, tua família, que eram melhores do que tu, ¹⁴Iahweh vai ferir com um grande flagelo teu povo, teus filhos, tuas mulheres e todos os teus bens. ¹⁵Tu mesmo serás afligido por numerosas doenças, por uma moléstia nas entranhas de tal modo que, dia após dia, tuas entranhas sairão de teu corpo."

¹⁶Iahweh excitou contra Jorão a animosidade dos filisteus e dos árabes, vizinhos dos cuchitas. ¹⁷Subiram a Judá, invadiram-no e saquearam todas as riquezas que pertenciam ao palácio real, até mesmo seus filhos e suas mulheres, não lhe deixando nenhum outro filho senão Ocozias, o mais novo deles. ¹⁸Depois de tudo isso, Iahweh feriu-o nas entranhas com um mal incurável; ¹⁹o mal foi-se agravando dia após dia, e pelo fim do segundo ano, saíram-lhe as entranhas e ele morreu em cruéis tormentos. O povo não fez em sua homenagem a fogueira, como tinha feito para seus pais.

²⁰Tinha trinta e dois anos quando subiu ao trono e reinou oito anos em Jerusalém. Ele se foi sem ser lastimado e foi enterrado na Cidade de Davi, mas não nos sepulcros dos reis.

22 Reinado de Ocozias

¹Em seu lugar, os habitantes de Jerusalém proclamaram rei Ocozias, seu filho mais novo, pois a tropa que, com os árabes, tinha invadido o acampamento, matara os mais velhos. Assim, Ocozias, filho de Jorão, tornou-se rei de Judá. ²Tinha quarenta e dois anos*ᶜ* quando começou a reinar e reinou um ano em Jerusalém. Sua mãe chamava-se *Atalia e era filha de Amri*. ³*Também* ele imitou a conduta da casa de Acab, pois sua mãe dava-lhe maus conselhos. ⁴Fez o mal aos olhos de Iahweh, como a família de Acab, pois foram eles que, para sua ruína, se tornaram

---

a) O Cronista acrescenta a 2Rs 8,19 a menção da "casa de Davi" e a da aliança davídica, de acordo com sua preocupação principal.

b) É a única menção de Elias neste livro, e esta intervenção de Elias em Judá é ignorada pelo livro dos Reis. De acordo com a cronologia de 2Rs, Elias tinha desaparecido antes do reinado de Jorão de Israel (2Rs 2; 3,1) e, portanto, antes de Jorão de Judá (2Rs 8,16; cf. no entanto 2Rs 1,17). O Cronista deve utilizar uma tradição apócrifa.

c) Vinte e dois anos segundo 2Rs 8,26.

seus conselheiros após a morte de seu pai. ⁵Seguiu também o conselho deles e marchou com Jorão, filho de Acab, rei de Israel, para combater Hazael, rei de Aram, em Ramot de Galaad. Mas os arameus[a] feriram Jorão; ⁶e ele voltou a Jezrael para curar os ferimentos que recebera em Ramot ao combater Hazael, rei de Aram.

Ocozias, filho de Jorão, rei de Judá, desceu a Jezrael, para visitar Jorão, filho de Acab, porque ele estava enfermo. ⁷Deus fez dessa visita a Jorão a perda de Ocozias. Depois de chegar, saiu com Jorão para combater Jeú, filho de Namsi, ungido por Iahweh para exterminar a casa de Acab. ⁸Enquanto fazia justiça contra a casa de Acab, Jeú encontrou os oficiais de Judá e os sobrinhos de Ocozias, seus servos; matou-os, ⁹depois passou a procurar Ocozias. Apoderaram-se dele quando tentava esconder-se em Samaria e o trouxeram a Jeú, que o executou. Mas foi-lhe dada uma sepultura, porque diziam: "É o filho de Josafá, que buscava Iahweh de todo o coração." Não havia ninguém na casa de Ocozias que estivesse em condições de reinar.

O crime de Atalia — ¹⁰Quando a mãe de Ocozias, Atalia, soube que seu filho estava morto, resolveu exterminar[b] toda a descendência real da casa de Judá. ¹¹Mas Josaba, filha do rei, retirou Joás, filho de Ocozias, dentre os jovens filhos do rei que estavam sendo massacrados e o colocou, com sua ama, no quarto dos leitos. Assim Josaba, filha do rei Jorão, esposa do sacerdote Joiada e irmã de Ocozias, ocultou-o das vistas de Atalia e evitou que ela o matasse. ¹²Ficou seis anos com eles, escondido no Templo de Deus, enquanto Atalia reinava sobre a terra.

23 *Coroação de Joás e morte de Atalia*[c] — ¹No sétimo ano Joiada decidiu agir. Mandou chamar os comandantes de centenas, Azaria, filho de Jeroam, Ismael, filho de Joanã, Azarias, filho de Obed, Maasias, filho de Adaías, Elisafat, filho de Zecri, que estavam ligados a ele por uma aliança. ²Percorreram Judá, reuniram os levitas de todas as cidades de Judá e os chefes de família israelitas. Vieram a Jerusalém ³e toda esta assembleia concluiu uma aliança com o rei no Templo de Deus. "Eis o filho do rei", disse-lhes Joiada. "Que ele reine, como Iahweh o declarou a respeito dos filhos de Davi! ⁴Eis o que fareis: enquanto um terço dentre vós, sacerdotes, levitas e porteiros das entradas, entrar para o sábado, ⁵outro terço estará no palácio real e o terço restante na porta do Fundamento e todo o povo nos pátios do Templo de Iahweh. ⁶Que ninguém entre no Templo de Iahweh, exceto os sacerdotes e os levitas em serviço, pois eles são consagrados. Todo o povo observará as ordens de Iahweh. ⁷Os levitas rodearão o rei de todos os lados, cada um com suas armas na mão, e acompanharão o rei a todo lugar que ele for; mas todo aquele que entrar no Templo será morto."

⁸Os levitas e todos os de Judá executaram tudo o que lhes ordenara o sacerdote Joiada. Cada qual reuniu seus homens, os que começavam a semana e os que a terminavam, pois o sacerdote Joiada não dispensou nenhuma classe. ⁹Depois, o sacerdote entregou aos chefes de centenas as lanças, os escudos grandes e pequenos que pertenceram a Davi e estavam no Templo de Deus. ¹⁰Dispôs todo o povo, tendo cada qual sua arma na mão, desde o ângulo sul

---

a) "arameus"; *ha'arammîm,* conj.; "arqueiros": *harammîm,* hebr.

b) "exterminar": *te'abbed,* 2Rs 11,1; "dizer": *tedabber,* hebr.

c) Certas modificações e adições ao paralelo de Reis refletem as ideias do Cronista: os mercenários estrangeiros a serviço do rei são substituídos por israelitas; o povo permanece em seu lugar no pátio; a ação é executada pelos levitas que se supõe serem os encarregados da guarda do Templo; tudo se faz segundo as "ordens de Iahweh" (v. 6), isto é, segundo a legislação sacerdotal. Isso dá a este golpe de Estado político o aspecto de uma função litúrgica, segundo um tema predileto do Cronista. Outro tema seu, a preocupação com a descendência davídica, é sublinhado no v. 3.

ao ângulo norte do Templo, rodeando o altar e o Templo para fazer a volta em torno do rei. ¹¹Então trouxeram o filho do rei, cingiram-no com o diadema e deram-lhe o documento da aliança. Depois, Joiada e seus filhos*a* deram-lhe a unção real e clamaram: "Viva o rei!"

¹²Ouvindo Atalia os gritos do povo que corria para junto do rei e o aclamava, veio em direção ao povo no Templo de Iahweh. ¹³Quando viu o rei de pé sobre o estrado, à entrada, os chefes e os tocadores de trombeta perto do rei, todo o povo da terra gritando de alegria e tocando as trombetas e os cantores com os instrumentos musicais dirigindo o canto dos hinos,*b* Atalia rasgou as vestes e bradou: "Traição! Traição!" ¹⁴Mas Joiada mandou que saíssem os oficiais de centenas, que comandavam as tropas, e disse-lhes: "Arrastai-a para fora por entre as fileiras e, se alguém a seguir, passai-o ao fio da espada"; pois o sacerdote dissera: "Não a mateis no Templo de Iahweh." ¹⁵Agarraram-na e, quando ela chegou ao palácio real, na entrada da porta dos Cavalos, foi morta nesse lugar.

A reforma de Joiada — ¹⁶Joiada concluiu entre todo o povo e o rei uma aliança pela qual o povo se comprometia a ser o povo de Iahweh. ¹⁷O povo todo dirigiu-se depois ao templo de Baal e o demoliu; quebraram os altares e as imagens e mataram Matã, sacerdote de Baal, diante dos altares.

∥ 2Rs 11,17-20

¹⁸Joiada estabeleceu postos de vigilância do Templo de Iahweh, confiados aos sacerdotes levitas. Foi a eles que Davi deu como quinhão o Templo de Iahweh, a fim de oferecerem os holocaustos de Iahweh como está escrito na Lei de Moisés,*c* na alegria e com cânticos, segundo as ordens de Davi. ¹⁹Instalou porteiros nas entradas do Templo de Iahweh para que de forma alguma lá penetrasse uma pessoa impura.*d* ²⁰Depois chamou os chefes de centenas, os notáveis, os que exerciam autoridade sobre o povo e toda a população da terra, e disse ao rei que descesse do Templo de Iahweh. Entraram no palácio real pela porta superior e fizeram o rei sentar-se no trono real. ²¹Todo o povo da terra estava em festa e a cidade, tranquila. Atalia fora morta pela espada.

1Cr 23,13
1Cr 25

1Cr 26

24

*Joás restaura o Templo*e — ¹Joás tinha sete anos quando começou a reinar e reinou quarenta anos em Jerusalém; sua mãe chamava-se Sebias e era de Bersabeia. ²Joás fez o que é agradável aos olhos de Iahweh por todo o tempo em que viveu o sacerdote Joiada, ³que o fizera casar-se com duas mulheres, das quais teve filhos e filhas. ⁴Mais tarde Joás resolveu restaurar o Templo de Iahweh.

∥ 2Rs 12,1-17

⁵Convocou os sacerdotes e os levitas e disse-lhes: "Ide pelas cidades de Judá e recolhei de todo o Israel dinheiro para restaurar o Templo de vosso Deus, segundo as necessidades de cada ano. Fazei isso rapidamente."*f* Mas os levitas não se apressaram. ⁶Então o rei mandou chamar Joiada, o chefe deles, e disse-lhe: "Por que não exigiste dos levitas que trouxessem de Judá e de Jerusalém o tributo de Moisés, servo de Iahweh e da assembleia de Israel, para a Tenda do Testemunho? ⁷Atalia e seus filhos, pervertidos por ela, devastaram o Templo de Deus e fizeram com que as coisas sagradas do Templo de

Ex 25,1-9;
38,24-31

---

a) O antigo texto não especificava que a unção tinha sido dada pelo colégio sacerdotal.
b) Outra anotação própria do Cronista.
c) Parece que está aqui e em 30,16 o mais antigo uso da expressão "Lei de Moisés" para indicar não apenas o Deuteronômio (cf. Js 8,31; 23,6 etc.), mas o conjunto dos cinco livros que chamamos Pentateuco (cf. Eclo 24,23). O reconhecimento do papel decisivo exercido por Moisés une-se à consciência do laço criado por Iahweh entre ele mesmo e o povo da Aliança (cf. Dt 4,8+).

d) Nos vv. 18-19, o Cronista apresenta a reforma de Joiada como uma restauração das instituições davídicas, dentro das quais inseriu os usos do Templo pós-exílico.
e) O Cronista apresenta uma narrativa que, no conjunto, concorda com a de Reis, mas com divergências que denunciam o uso de uma fonte paralela, talvez o "Midraxe do livro dos Reis" citado no v. 27.
f) O Cronista substitui as ofertas feitas ao Templo (2Rs 12,5) por esta coleta inspirada nas prescrições atribuídas a Moisés para a construção da Tenda (Ex

Iahweh servissem aos baais." ⁸E o rei ordenou que se fizesse um cofre, para ser colocado diante da porta do Templo de Iahweh. ⁹Proclamou-se em Judá e em Jerusalém que era preciso levar a Iahweh o tributo que Moisés, servo de Deus, tinha prescrito a Israel no deserto. ¹⁰Todos os oficiais e todo o povo vieram com alegria colocar o tributo no cofre, até enchê-lo.

¹¹Ora, no momento de levar o cofre à administração real, que estava confiada aos levitas, estes viram que havia nele muito dinheiro; o secretário real veio com o comissário do sacerdote-chefe; retiraram o cofre, esvaziaram-no e depois o recolocaram em seu lugar. Fizeram assim diariamente e recolheram muito dinheiro. ¹²O rei e Joiada deram esse dinheiro ao empreiteiro encarregado das obras do Templo de Iahweh. Os assalariados, pedreiros e carpinteiros puseram-se a restaurar o Templo de Iahweh; artífices em ferro e em bronze também tomaram parte nas obras de restauração. ¹³Os empreiteiros se puseram a trabalhar e as obras de restauração progrediram em suas mãos: reedificaram o Templo de Deus em seu estado primitivo e o consolidaram. ¹⁴Terminadas as obras, levaram ao rei e a Joiada o resto do dinheiro; com ele foram feitos utensílios para o Templo de Iahweh, objetos para o ministério e os holocaustos, taças e objetos de ouro e prata.

Assim puderam oferecer o holocausto perpétuo no Templo de Iahweh por todo o tempo em que viveu Joiada. ¹⁵Depois Joiada ficou velho e morreu repleto de dias. Tinha cento e trinta anos quando morreu, ¹⁶e foi sepultado com os reis na Cidade de Davi, pois ele tinha praticado o bem em Israel para com Deus e seu Templo.[a]

Apostasia de Joás e castigo — ¹⁷Após a morte de Joiada, os oficiais de Judá vieram prostrar-se diante do rei e desta vez o rei os ouviu.[b] ¹⁸O povo de Judá abandonou o Templo de Iahweh, Deus de seus pais, para prestar culto às aos postes sagrados e aos ídolos. Devido a esse pecado, a ira de Deus se abateu sobre Judá e sobre Jerusalém. ¹⁹Foram-lhes enviados profetas para os reconduzirem a Iahweh; embora tivessem dado testemunho contra eles, não lhes deram ouvidos. ²⁰O Espírito de Deus apoderou-se de Zacarias, filho do sacerdote Joiada, que se apresentou diante do povo e lhe disse: "Assim diz Deus: Por que transgredis os mandamentos de Iahweh, de sorte que já não prosperais? Já que abandonastes a Iahweh, ele vos abandona." ²¹Reuniram-se então contra ele e por ordem do rei o apedrejaram no pátio do Templo de Iahweh. ²²O rei Joás, esquecido da generosidade que lhe havia testemunhado Joiada, pai de Zacarias, matou Zacarias, seu filho, que ao morrer gritou: "Iahweh o verá e pedirá contas!"

²³Aconteceu que, no final do ano, o exército dos arameus marchou em guerra contra Joás.[c] Invadiu Judá e Jerusalém, exterminou entre o povo todos os chefes e enviou todos os despojos ao rei de Damasco. ²⁴Embora o exército dos arameus tivesse vindo com apenas poucos homens, Iahweh entregou em suas mãos um exército considerável, porque o tinham abandonado, a ele, o Deus de seus pais.

Os arameus fizeram justiça contra Joás, ²⁵e quando se retiraram, deixando-o gravemente enfermo, seus servos conspiraram contra ele para vingar os filhos do sacerdote Joiada e mataram-no em seu leito. Assim morreu e foi sepul-

Ex 34,13 +

◢ Mt 23,35 +

|| 2Rs 12,18-22

Dt 32,30

25,1-9; 30,12-16; 38,25-28) e renovadas por Neemias (Ne 10,33-35. Cf. ainda Mt 17,24s).
a) Nada há em Reis que corresponda aos vv. 14-16.
b) Não se encontra em 2Rs vestígio desta mudança de política, mas é verossímil que, após a morte de Joiada, o rei tenha rejeitado a tutela clerical e seguido seus conselheiros leigos — Conforme seu costume, o Cronista aponta aqui a intervenção de profetas.

c) 2Rs fala de uma guerra entre filisteus e arameus, que se afastam de Judá depois do pagamento de um pesado tributo, e menciona a seguir o assassínio de Joás. O Cronista parece ter usado uma fonte que talvez apresentasse já a morte violenta de Joás como castigo de sua impiedade.

tado na Cidade de Davi, mas não nos sepulcros dos reis. ²⁶Eis os nomes dos conjurados: Zabad, filho de Semaat, a amonita, e Jozabad, filho de Semarit, a moabita. ²⁷Quanto a seus filhos, a importância do tributo que lhe foi imposto e a restauração do Templo de Deus, tudo está relatado no Midraxe do livro dos Reis. Amasias, seu filho, reinou em seu lugar.

6. OS REINADOS MEDÍOCRES DE AMASIAS, OZIAS E JOATÃO

25 *Coroação de Amasias*[a] — ¹Amasias tornou-se rei com vinte e cinco anos de idade e reinou vinte e nove anos em Jerusalém. Sua mãe chamava-se Joaden e era de Jerusalém. ²Fez o que é agradável aos olhos de Iahweh, mas não com coração íntegro. ³Quando se sentiu seguro no poder, mandou matar os oficiais que tinham assassinado o rei, seu pai. ⁴Mas poupou os filhos deles, pois está escrito na Lei, no livro de Moisés, que Iahweh ordena o seguinte: *Os pais não serão mortos por causa dos seus filhos, nem os filhos serão mortos por causa dos pais; mas cada um morrerá por seu próprio crime.* 2Rs 14,2-16

Dt 24,16

Guerra contra Edom — ⁵Amasias reuniu os homens de Judá e os colocou, segundo suas famílias, sob as ordens de oficiais de mil e de cem, para todo o Judá e Benjamim. Fez o recenseamento dos que tinham vinte anos ou mais e encontrou trezentos mil homens de elite aptos para a guerra e capazes de portar lança e escudo. ⁶Recrutou depois como mercenários, por cem talentos de prata, cem mil guerreiros valentes de Israel. ⁷Um homem de Deus veio então ao seu encontro e disse-lhe: "Ó rei, não é preciso que as tropas de Israel venham em teu auxílio, pois Iahweh não está nem com Israel nem com nenhum dos efraimitas. ⁸Pois se eles vierem, em vão procurarás agir e lutar com coragem, Deus te fará fraquejar diante de teus inimigos, pois é nele que está o poder para sustentar e abater." ⁹Amasias respondeu ao homem de Deus: "Mas e os cem talentos que dei ao exército de Israel?" — "Iahweh tem mais que isso para te dar", disse o homem de Deus. ¹⁰Amasias separou então do seu exército aqueles que tinham vindo de Efraim e mandou-os voltar para casa; estes ficaram muito irritados contra Judá e voltaram para casa cheios de cólera.

¹¹Amasias resolveu partir à frente de seu exército, chegou ao vale do Sal e derrotou dez mil filhos de Seir. ¹²Os homens de Judá trouxeram vivos dez mil cativos, levaram-nos ao cume do Rochedo e, de lá, os precipitaram e todos ficaram despedaçados. ¹³Quanto à tropa que Amasias tinha despedido, em vez de levá-la para combater a seu lado, ela invadiu as cidades de Judá, desde Samaria até Bet-Horon, matou três mil pessoas e roubou grandes despojos. || 2Rs 14,7

¹⁴Depois de voltar de sua campanha vitoriosa contra os edomitas, Amasias trouxe os deuses dos filhos de Seir, passou a invocá-los como seus deuses, prostrou-se diante deles e os incensou. ¹⁵A ira de Iahweh se inflamou contra Amasias; ele enviou-lhe um profeta que lhe disse: "Por que procuras os *deuses deste povo, que não o puderam salvar de tua mão?*" ¹⁶Enquanto ele ainda falava, Amasias o interrompeu: "Acaso te nomeamos conselheiro do rei? Cala-te, se não queres ser morto." O profeta se calou, mas depois disse: "Sei que Deus deliberou a tua ruína, por teres agido assim e não teres ouvido meu conselho."

---

a) A este longo parágrafo corresponde apenas um v. em 2Rs (14,7). O Cronista deve ter tido à sua disposição uma fonte muito mais desenvolvida. A vingança dos mercenários israelitas, depois de seu retorno, contra as cidades de Judá, conduzirá à guerra contra Israel (v. 17s); 2Rs não dava outro motivo a não ser a embriaguez de Amasias depois de sua vitória sobre Edom. Notar ainda a intervenção profética (vv. 7.15).

Guerra contra Israel —

¹⁷Depois de ter tomado conselho, Amasias, rei de Judá, mandou dizer a Joás, filho de Joacaz, filho de Jeú, rei de Israel: "Vem para medirmos forças!". ¹⁸Joás, rei de Israel, mandou em resposta esta mensagem a Amasias, rei de Judá: "O espinheiro do Líbano mandou dizer ao cedro do Líbano: 'Dá tua filha por esposa a meu filho', mas os animais selvagens do Líbano passaram e pisaram o espinheiro. ¹⁹'Triunfei de Edom', disseste, e teu coração se enche de orgulho! Celebra tua glória e fica em casa. Para que provocar a desgraça e causar tua ruína e a de Judá contigo?"

²⁰Mas Amasias não lhe deu ouvidos, pois era Deus que queria castigar aquela gente por terem ido atrás dos deuses de Edom. ²¹Joás, rei de Israel, partiu para a guerra e se enfrentaram ele e Amasias, rei de Judá, em Bet-Sames, que pertence a Judá. ²²Judá foi derrotado por Israel e cada um fugiu para sua tenda. ²³Quanto ao rei de Judá, Amasias, filho de Joás, filho de Joacaz,[a] o rei de Israel, Joás, fê-lo prisioneiro em Bet-Sames e conduziu-o a Jerusalém. Fez uma brecha de quatrocentos côvados na muralha de Jerusalém, desde a porta de Efraim até a porta do Ângulo. ²⁴Apoderou-se de todo o ouro, de toda a prata e de todos os objetos que se achavam no Templo de Deus, na casa de Obed-Edom e dos tesouros do palácio real; e voltou a Samaria, levando reféns.

Fim do reinado —

²⁵Amasias, filho de Joás, rei de Judá, viveu ainda quinze anos depois da morte de Joás, filho de Joacaz, rei de Israel.

²⁶O resto da história de Amasias, do começo ao fim, não está escrito nos livros dos Reis de Judá e de Israel? ²⁷Depois que Amasias se desviou de Iahweh, tramou-se contra ele uma conspiração em Jerusalém; ele fugiu para Laquis; perseguiram-no, porém, até Laquis e o mataram. ²⁸Transportaram seu corpo a cavalo e o enterraram junto de seus pais na Cidade de Judá.[b]

26

Começo do reinado de Ozias —

¹Todo o povo de Judá escolheu Ozias, que tinha dezesseis anos, e o constituiu rei em lugar de seu pai Amasias. ²Ele reconstruiu Elat e a reconquistou para Judá depois que o rei adormeceu com seus pais. ³Ozias tinha dezesseis anos quando começou a reinar e reinou cinquenta e dois anos em Jerusalém; sua mãe chamava-se Jequelias e era de Jerusalém. ⁴Fez o que é agradável aos olhos de Iahweh, em tudo o que fizera seu pai Amasias.[c] ⁵Aplicou-se a procurar a Deus, enquanto viveu Zacarias, que o instruiu no temor de Deus.[d] Todo o tempo que buscou a Iahweh, este o fez prosperar.

Poder de Ozias[e] —

⁶Fez uma expedição contra os filisteus, derrubou as muralhas de Gat, de Jabne e de Azoto; depois restaurou cidades na região de Azoto e na terra dos filisteus. ⁷Deus o ajudou contra os filisteus, os árabes, os habitantes de Gur-Baal[f] e os meunitas. ⁸Os amonitas pagaram tributo a Ozias. Tornou-se extremamente poderoso e por isso sua fama se estendeu até as fronteiras do Egito.

⁹Ozias construiu torres em Jerusalém: na porta do Ângulo na porta do Vale e na Esquina, e as fortificou.[g] ¹⁰Construiu também torres no deserto e cavou numerosas cisternas, pois dispunha de numeroso rebanho na Planície e no

---

a) Ele é de fato o filho de Ocozias. É outro Joás, rei de Israel, que é filho de Joacaz.
b) É preciso talvez ler "de Davi"; como em 2Rs 14,20.
c) Esta frase, tirada de 2Rs, combina mal com 2Cr 25.
d) "temor de Deus", grego; "visão de Deus", hebr. — Zacarias é desconhecido. Sua função é paralela à de Joiada junto de Joás.

e) É evidente que o Cronista possuía, para o reinado de Ozias, uma boa fonte independente, muito mais desenvolvida que 2Rs. — As construções de Ozias no deserto (v.10) são confirmadas pela arqueologia.
f) Quer dizer "morada de Baal"; este nome só é mencionado aqui. Localização desconhecida.
g) Ozias repara os desastres da guerra precedente (cf. 25,23).

Planalto, bem como lavradores e vinhateiros nas montanhas e nos vergéis, pois gostava da agricultura.

¹¹Ozias tinha um exército treinado, pronto para entrar em combate, dividido em grupos segundo o recenseamento feito pelo escriba Jeiel e pelo comissário Maasias; o exército estava sob a direção de Hananias, um dos oficiais do rei. ¹²O número total dos chefes de família desses guerreiros valentes era de dois mil e seiscentos. ¹³Tinham sob suas ordens as tropas do exército constituído de trezentos e sete mil e quinhentos homens, de grande valor militar para auxiliar o rei contra o inimigo. ¹⁴Em cada campanha Ozias lhes distribuía escudos, lanças, capacetes, couraças, arcos e pedras para as fundas. ¹⁵Mandou fazer em Jerusalém máquinas inventadas pelos engenheiros, para colocar sobre as torres e sobre os ângulos, a fim de atirar flechas e grandes pedras.*ᵃ* Seu renome estendeu-se até bem longe e seu poderio era devido a um socorro realmente maravilhoso.

Orgulho e castigo — ¹⁶Quando se tornou poderoso, seu coração se encheu de orgulho, a ponto de causar sua desgraça: pecou contra Iahweh seu Deus, entrando na grande sala do Templo de Iahweh para queimar incenso no altar dos perfumes.*ᵇ* ¹⁷O sacerdote Azarias e mais oitenta corajosos sacerdotes de Iahweh ¹⁸resistiram ao rei Ozias e disseram-lhe: "Não é a ti que compete incensar Iahweh, mas aos sacerdotes descendentes de Aarão consagrados para esse ofício. Sai do santuário, porque pecaste e já não tens direito à glória que vem de Iahweh Deus." ¹⁹Ozias, que tinha nas mãos o incensório, encolerizou-se. Mas, enquanto ele se irritava contra os sacerdotes, apareceu a lepra*ᶜ* em sua fronte, na presença dos sacerdotes, no Templo de Iahweh, perto do altar dos perfumes! ²⁰O sacerdote-chefe e todos os sacerdotes voltaram-se para ele e viram a lepra em sua fronte. Expulsaram-no imediatamente e ele mesmo se apressou em sair, porque Iahweh o havia castigado.

Nm 12,10

|| 2Rs 15,5-7

²¹O rei Ozias ficou com lepra até o dia de sua morte. Permaneceu confinado num quarto, leproso, e estava excluído do Templo de Iahweh. Seu filho Joatão regia o palácio e administrava o povo da terra. ²²O resto da história de Ozias, do começo ao fim, foi escrito pelo profeta Isaías, filho de Amós.*ᵈ* ²³Depois Ozias adormeceu com seus pais e foi sepultado com eles no terreno dos sepulcros reais,*ᵉ* pois diziam: "É um leproso." Joatão, seu filho, reinou em seu lugar.

Lv 13,46
Nm 19,20

27 *O reinado de Joatão* — ¹Joatão tinha vinte e cinco anos quando começou a reinar e reinou dezesseis anos em Jerusalém; sua mãe chamava-se Jerusa e era filha de Sadoc. ²Fez o que é agradável aos olhos de Iahweh, imitando em tudo a conduta de seu pai Ozias. Apenas não entrou no santuário de Iahweh.*ᶠ* Mas o povo continuou a se corromper.

|| 2Rs 15,32-38

³Foi ele que construiu a Porta Superior do Templo de Iahweh e fez numerosas obras na muralha do Ofel. ⁴Construiu cidades na região montanhosa de Judá e também cidadelas e torres nas terras cultivadas.

⁵Combateu contra o rei dos amonitas.*ᵍ* Venceu-os e os amonitas pagaram-lhe, naquele ano, cem talentos de prata, dez mil coros de trigo e dez mil de

---

a) Não se trata de balistas ou de catapultas, e sim de construções acrescentadas às muralhas, semelhantes às ameias da Idade Média.
b) 2Rs fala do castigo, a lepra, mas não de sua causa. Os reis exerceram certas funções cultuais sem provocar protestos. Só depois do Exílio é que isso deu problema, quando a oferta do incenso tornou-se privilégio exclusivo dos descendentes de Aarão (cf. Nm 17,5; 1Cr 23,17).
c) Mesmo castigo recebeu Maria, que pretendera os direitos de Moisés (Nm 12,10). A lepra tornava a pessoa impura e proibia sua entrada no santuário (Lv 13,45).
d) Deve se tratar de escrito perdido, atribuído ao grande profeta. Ozias é mencionado no livro de Isaías apenas nos títulos (1,1; 6,1; 7,1).
e) Portanto, no terreno, mas não no mausoléu.
f) Essa observação deve ser um elogio, por oposição à conduta de Ozias (26,16s).
g) Essa guerra contra os amonitas não é mencionada em 2Rs. Judá não tinha fronteira comum com Amon.

cevada. Foi isso que os amonitas tiveram de pagar-lhe; o mesmo se deu no segundo e no terceiro anos. ⁶Joatão tornou-se poderoso, pois caminhava com firmeza na presença de Iahweh seu Deus.

⁷O resto da história de Joatão, todas as suas guerras e sua política, tudo está registrado no livro dos Reis de Israel e de Judá. ⁸Tinha vinte e cinco anos quando começou a reinar e reinou dezesseis anos em Jerusalém. ⁹Depois Joatão adormeceu com seus pais e foi sepultado na Cidade de Davi, e seu filho Acaz reinou em seu lugar.

V. As grandes reformas de Ezequias e de Josias

1. IMPIEDADE DE ACAZ, PAI DE EZEQUIAS

|| 2Rs 16,2-4

28 *Resumo do reinado* — ¹Acaz tinha vinte anos quando começou a reinar e reinou dezesseis anos em Jerusalém. Não fez o que é agradável aos olhos de Iahweh, como o havia feito Davi, seu antepassado. ²Imitou a conduta dos reis de Israel e até mandou fazer ídolos para os baais, ³queimou perfumes no vale dos filhos de Enom*ᵃ* e fez passar seus filhos pelo fogo, segundo os costumes abomináveis das nações que Deus havia expulsado de diante dos israelitas. ⁴Ofereceu sacrifícios e incenso nos lugares altos, nas colinas e debaixo de toda árvore verdejante.

Lv 18,21 +

|| 2Rs 16
Is 7-9

*A invasão*ᵇ — ⁵Iahweh seu Deus entregou-o nas mãos do rei dos arameus. Estes o derrotaram e fizeram grande número de prisioneiros, que foram levados para Damasco. Foi também entregue às mãos do rei de Israel, que lhe infligiu uma pesada derrota. ⁶Faceia, filho de Romelias, matou, num só dia, cento e vinte mil homens de Judá, todos guerreiros valentes, por terem abandonado Iahweh, o Deus de seus pais. ⁷Zecri, herói efraimita, matou Maasias, filho do rei, Ezricam, chefe do palácio, e Elcana, que era o lugar-tenente do rei. ⁸Os israelitas fizeram dentre seus irmãos duzentos mil prisioneiros: mulheres, meninos e meninas; tomaram também imensos despojos, que levaram para Samaria.

*Os israelitas ouvem o profeta Oded*ᶜ — ⁹Havia lá um profeta de Iahweh de nome Oded. Saindo ao encontro do exército que chegava a Samaria, ele lhes disse: "Na sua ira contra eles, Iahweh, o Deus de vossos pais, entregou Judá em vossas mãos, mas vós os massacrastes com um furor tal que chegou até o céu. ¹⁰E agora pensais em reduzir os filhos de Judá e de Jerusalém a servos e servas vossos! Mas vós próprios, não sois também culpados diante de Iahweh vosso Deus? ¹¹Ouvi-me agora: restituí a vossos irmãos os prisioneiros que fizestes, porque o ardor da ira de Iahweh vos ameaça."

¹²Alguns dos chefes efraimitas, Azarias, filho de Joanã, Baraquias, filho de Mosolamot, Ezequias, filho de Selum, Amasa, filho de Hadali, insurgiram-se contra os que voltavam da expedição. ¹³E disseram-lhes: "Não podeis introduzir aqui estes prisioneiros, pois essa vossa ideia nos tornaria culpados diante de

---

a) Trata-se da Geena, vale situado ao sul de Jerusalém e lugar de culto a Moloc (cf. Lv 18,21; 2Rs 23,10; Jr 32,35).

b) Este relato da guerra siroefraimita é feito de um ponto de vista muito diferente do das outras fontes judaicas (2Rs 16 e Is 7-8). O Cronista parece ter usado uma fonte efraimita.

c) É notável que, não obstante sua animosidade contra o reino do Norte, o Cronista tenha aceitado essa tradição, ausente de 2Rs, sobre a intervenção de um profeta de Samaria, fiel representante de Iahweh, que chama os judaítas de "irmãos" e persuade os chefes de Israel a libertarem seus prisioneiros. Tal largueza de visão é única no livro e anuncia já a parábola do bom samaritano.

Iahweh e aumentaria nossos pecados e nossas faltas; na verdade, nossa culpa é enorme e uma ira ardente ameaça Israel." ¹⁴Então o exército abandonou os prisioneiros e os despojos na presença dos oficiais e de toda a assembleia. ¹⁵Em seguida, certos homens, designados nominalmente para este fim, puseram-se a reconfortar os prisioneiros. Utilizando o material dos despojos, vestiram todos os que estavam nus; deram-lhes roupa, calçado, alimento, bebida e abrigo. Depois conduziram-nos, colocando sobre animais os estropiados, a seus irmãos em Jericó, a cidade das palmeiras. Em seguida regressaram a Samaria.

∥ Lc 10,29-37

Pecados e morte de Acaz — ¹⁶Por esse tempo, Acaz mandou pedir ao rei da Assíria que o socorresse.ª

∥ 2Rs 16,7
Is 7-8

¹⁷Os edomitas tinham outra vez invadido Judá, derrotaram-no e levaram consigo prisioneiros. ¹⁸Os filisteus fizeram incursões contra as cidades da Planície e do Negueb de Judá. Conquistaram Bet-Sames, Aialon, Gederot, Soco e seus arredores, Tamna e seus arredores, Gamzo e seus arredores e aí se estabeleceram. ¹⁹Com efeito, Iahweh humilhava Judá por causa de Acaz, rei de Israel,ᵇ que deixava Judá extraviar-se e era infiel a Iahweh.

²⁰Teglat-Falasar, rei da Assíria, o atacou e sitiou-o, sem conseguir vencê-lo;ᶜ ²¹mas Acaz teve de retirar uma parte dos bens do Templo de Iahweh e das casas do rei e dos príncipes, para enviá-los ao rei da Assíria, sem receber dele socorro algum. ²²Enquanto sofria o cerco ele, o rei Acaz, tornou-se ainda mais infiel a Iahweh, ²³oferecendo sacrifícios aos deuses de Damasco que o haviam derrotado, pois pensou: "Já que os deuses dos reis de Aram vieram em seu socorro, também eu lhes oferecerei sacrifícios para que me ajudem." Mas foram eles que causaram sua queda, a dele e a de todo o Israel.

∥ 2Rs 16,8

∥ 2Rs 16,12-13
Is 10,20
∥ 2Rs 16,17

²⁴Acaz ajuntou todos os utensílios do Templo de Iahweh e os reduziu a pedaços; fechou as portas do Templo de Iahweh e fez altares para si em todas as esquinas de Jerusalém; ²⁵edificou lugares altos em todas as cidades de Judá, para neles oferecer perfumes aos outros deuses, e provocou a ira de Iahweh, o Deus de seus pais.ᵈ

²⁶O resto da sua história e de toda a sua política, do começo ao fim, tudo está escrito no livro dos Reis de Judá e de Israel. ²⁷Acaz adormeceu com seus pais e foi sepultado na Cidade, em Jerusalém, sem que o colocassem nos sepulcros dos reis de Israel. Seu filho Ezequias reinou em seu lugar.

∥ 2Rs 16,19-20

2. A RESTAURAÇÃO DE EZEQUIAS

29

Resumo do reinado — ¹Ezequias tornou-se rei com vinte e cinco anos de idade e reinou vinte e nove anos em Jerusalém; sua mãe chamava-se Abia e era filha de Zacarias. ²Fez o que é agradável aos olhos de Iahweh, imitando tudo o que fizera Davi, seu antepassado.

∥ 2Rs 18,1-3

Purificação do Temploᵉ — ³No primeiro mês do primeiro ano de seu reinado, ele abriu as portas do Templo de Iahweh e as restaurou. ⁴Depois convocou os sacerdotes e os levitas, reuniu-os na praça oriental ⁵e disse-lhes:

28,24

---

a) Conforme a fonte do Cronista, Acaz era ameaçado não apenas pelos arameus e pelos israelitas, como em 2Rs 16,7, mas também pelos edomitas e filisteus. Os Anais assírios atestam, de fato, uma campanha de Teglat-Falasar contra os filisteus. O preço desta ajuda foi um pesado tributo e a redução à condição de vassalo. O Cronista interpreta esses fatos como castigo.
b) O grego lê: "Judá" (cf. 21,2).

c) Isso não é confirmado pelos textos assírios nem por 2Rs. Parece que o Cronista referiu ao reinado de Acaz o que se passou no tempo de Ezequias (2Cr 32).
d) Desde o v. 22, o Cronista remaneja 2Rs salientando somente o fato que tem um significado religioso: o servilismo de Acaz em relação às divindades estrangeiras vitoriosas.
e) O Cronista descreve em três capítulos (29-31) a reforma religiosa de Ezequias, que é narrada em

"Escutai-me, levitas! Santificai-vos agora e consagrai o Templo de Iahweh, Deus dos nossos pais, e eliminai do santuário a impureza. [6]Nossos pais pecaram,[a] fizeram o mal aos olhos de Iahweh nosso Deus. Abandonaram-no, desviaram seus olhos da Habitação de Iahweh e lhe voltaram as costas. [7]Chegaram a fechar as portas do Vestíbulo, apagaram as lâmpadas e não mais queimaram incenso, nem ofereceram holocaustos ao Deus de Israel no santuário. [8]A ira de Iahweh caiu sobre Judá e sobre Jerusalém; e os fez objeto de terror, espanto e zombaria, como o vedes com os próprios olhos. [9]É assim que nossos pais caíram sob a espada; nossos filhos, nossas filhas e nossas mulheres estão no cativeiro. [10]Agora tenho a intenção de concluir uma aliança com Iahweh, Deus de Israel, para que ele afaste de nós o ardor de sua ira. [11]Meus filhos, não sejais mais negligentes, pois foi a vós que Iahweh escolheu para estardes em sua presença, para servi-lo, para vos dedicardes a seu culto e lhe oferecerdes incenso."

[12]Levantaram-se então os levitas:[b] Maat, filho de Amasai, Joel, filho de Azarias, dos filhos de Caat; dos meraritas: Cis, filho de Abdi, e Azarias, filho de Jalaleel; dos gersonitas: Joá, filho de Zema, e Eden, filho de Joá; [13]dos filhos de Elisafã: Samri e Jeiel; dos filhos de Asaf: Zacarias e Matanias; [14]dos filhos de Emã: Jaiel e Semei; dos filhos de Iditun: Semeías e Oziel. [15]Reuniram seus irmãos e, depois de se terem santificado, vieram por ordem do rei, conforme as palavras de Iahweh, purificar o Templo de Iahweh.

[16]Os sacerdotes[c] entraram no Templo de Iahweh para purificá-lo. Removeram para o pátio do Templo de Iahweh todas as coisas impuras que encontraram no santuário de Iahweh e os levitas amontoaram-nas e foram jogá-las fora, no vale do Cedron. [17]Começaram a purificação no primeiro dia do primeiro mês; no oitavo dia desse mês puderam entrar no Vestíbulo de Iahweh; em oito dias consagraram o Templo de Iahweh e terminaram a purificação no décimo sexto dia do primeiro mês.

O sacrifício de expiação — [18]Apresentaram-se então no palácio do rei Ezequias e disseram-lhe: "Purificamos todo o Templo de Iahweh, o altar dos holocaustos e todos os utensílios, a mesa dos pães da proposição e todos os seus utensílios. [19]Recolocamos em seu lugar e consagramos todos os objetos que o rei Acaz havia rejeitado durante seu ímpio reinado; estão agora diante do altar de Iahweh."

[20]O rei Ezequias se levantou imediatamente, reuniu os oficiais da cidade e subiu ao Templo de Iahweh. [21]Mandou trazer sete touros, sete carneiros, sete cordeiros e sete bodes para o sacrifício pelo pecado, na intenção da realeza, do santuário e de Judá. O rei mandou então que os sacerdotes, filhos de Aarão, oferecessem os holocaustos sobre o altar de Iahweh. [22]Imolaram os touros; os sacerdotes recolheram o sangue que derramaram sobre o altar. Depois imolaram os carneiros e derramaram seu sangue sobre o altar; imolaram os cordeiros e derramaram seu sangue sobre o altar. [23]Depois mandaram trazer os bodes destinados ao sacrifício pelo pecado, diante do rei e da assembleia que lhes impuseram as mãos. [24]Os sacerdotes os imolaram e do seu sangue derramado sobre o altar fizeram um sacrifício pelo pecado, a fim de executarem o rito de expiação por todo o Israel; com efeito, era por todo o Israel que o rei ordenara que se oferecessem os holocaustos e o sacrifício pelo pecado.[d]

2Rs em apenas um v. 18,4, citado em 31,1. Esta reforma centralizadora era de grande importância a seus olhos, e ele a descreveu inspirando-se na reforma de Josias.
a) O que segue é uma confissão pública, como Dn 9,4-19; Br 1,15-3,8. Ver também Lm 5 e Jr 3,22-25.
b) Esta lista de levitas reúne os levitas descendentes de Caat, Merari e Gérson, e os cantores descendentes de Asaf, Emã e Iditun. Essa união dos cantores e dos levitas reflete situação pós-exílica (cf. 1Cr 6,18-32).
c) Sobre a função dos sacerdotes em matéria de purificação, cf. Lv 13-16.
d) Esse ritual inspira-se em Lv 4 (cf. vv. 13-21). A purificação do Templo na época dos Macabeus parece, por sua vez, ter-se inspirado neste modelo (1Mc 4,42-59).

²⁵Colocou a seguir os levitas no Templo de Iahweh com címbalos, liras e cítaras, segundo as prescrições de Davi, de Gad, o vidente do rei, e do profeta Natã; pois a ordem vinha de Deus por intermédio de seus profetas. ²⁶Quando acabaram de colocar os levitas com os instrumentos de Davi e os sacerdotes com as trombetas, ²⁷Ezequias mandou oferecer os holocaustos sobre o altar; o holocausto estava começando quando entoaram os cânticos de Iahweh e quando soaram as trombetas, acompanhadas de instrumentos de Davi, rei de Israel. ²⁸Toda a assembleia se prostrou, todos cantavam os hinos ou faziam soar as trombetas até se concluir o holocausto.

*Recomeça o culto*ᵃ — ²⁹Terminado o holocausto, o rei e todos os que o acompanhavam se ajoelharam e se prostraram. ³⁰Depois o rei Ezequias e os oficiais ordenaram aos levitas que louvassem a Iahweh com as palavras de Davi e de Asaf, o vidente; eles cantaram com grande júbilo, depois inclinaram-se e prostraram-se. ³¹Ezequias tomou então a palavra e disse: "Agora estais consagrados a Iahweh. Aproximai-vos, trazei ao Templo de Iahweh as vítimas e os sacrifícios de louvor." A assembleia trouxe as vítimas e os sacrifícios de louvor e todo tipo de holocaustos como dons votivos. ³²O número das vítimas desses holocaustos foi de setenta bois, cem carneiros, duzentos cordeiros, tudo em holocausto a Iahweh; ³³seiscentos bois e três mil ovelhas foram consagrados. ³⁴Todavia, o número dos sacerdotes foi insuficiente para esfolar todos esses holocaustos; por isso os levitas, seus irmãos, os ajudaram até que esta obra terminasse e até que os sacerdotes fossem santificados; os levitas, de fato, estavam mais dispostos que os sacerdotes a se santificar.ᵇ ³⁵Houve ainda um abundante holocausto das gorduras dos sacrifícios de comunhão, e as libações correspondentes a cada holocausto. Assim foi restabelecido o culto no Templo de Iahweh. ³⁶Ezequias e todo o povo se alegraram por ter Deus disposto o povo a agir com presteza.

Lv 7,11 +

1Cr 15,12

30 Convocação para a Páscoaᶜ

 — ¹Ezequias enviou mensageiros para todo o Israel e Judá; escreveu também cartas a Efraim e Manassés para convidá-los a vir ao Templo de Iahweh, em Jerusalém, celebrar uma Páscoa em honra de Iahweh, Deus de Israel. ²O rei, seus oficiais e toda a assembleia de Jerusalém tinham resolvido celebrá-la no segundo mês, ³já que não mais podiam celebrá-la na própria data,ᵈ porque não estavam santificados sacerdotes em número suficiente e o povo ainda não se tinha reunido em Jerusalém. ⁴Isso pareceu justo aos olhos do rei e de toda a assembleia. ⁵Decidiu-se publicar em todo o Israel, de Bersabeia a Dã, um apelo para que viessem celebrar em Jerusalém uma Páscoa para Iahweh, Deus de Israel; de fato, eram poucos os que tinham cumprido a Escritura. ⁶Partiram então os mensageiros, com as cartas escritas pelo rei e seus oficiais, e foram por todo o Israel e Judá. Deviam dizer, segundo a ordem do rei: "Israelitas, voltai a Iahweh, o Deus de Abraão, de Isaac e de Israel, e ele voltará para aqueles dentre vós que sobrevivem depois de ter escapado das mãos dos reis da Assíria. ⁷Não façais como vossos pais e vossos irmãos que pecaram contra Iahweh, o Deus de seus pais, e foram por ele entregues à ruína, como vedes. ⁸Não endureçais mais a vossa cerviz como o fizeram vossos pais. Submetei-vos a Iahweh,ᵉ vinde a seu santuário, que ele consagrou para sempre, servi

Ex 12,1 +
Nm 9,6-13

---

a) Depois da purificação do Templo e da cerimônia de expiação, o culto normal pode recomeçar, e é inaugurado por uma liturgia solene.

b) Esse v., favorável aos levitas, reflete certa animosidade contra os sacerdotes. Participando assim dos sacrifícios, os levitas entram no domínio reservado aos sacerdotes e deve ter havido conflitos.

c) O Cronista inspira-se em Nm 9,1-14 onde aparecem os mesmos dois traços: estado de impureza e longa viagem a fazer. Esta regulamentação explica-se pelas condições do pós-exílio e pela participação dos fiéis da diáspora.

d) Quer dizer, na data normal do primeiro mês *(Nisan)*.

e) Lit.: "Estendei a mão a Iahweh".

a Iahweh vosso Deus, e ele afastará de vós sua ardente ira. ⁹Porque, se de fato voltardes para Iahweh, vossos irmãos e vossos filhos encontrarão misericórdia diante de seus vencedores e poderão regressar a esta terra, pois Iahweh vosso Deus é cheio de compaixão e de ternura. Se voltardes para ele, não afastará de vós a sua face."[a]

¹⁰Os mensageiros foram e percorreram, de cidade em cidade, o país de Efraim e de Manassés, e também o de Zabulon; mas zombavam deles e os escarneciam. ¹¹No entanto, alguns homens de Aser, de Manassés e de Zabulon se humilharam e vieram a Jerusalém. ¹²Foi em Judá que a mão de Deus agiu para dar a todos um só coração, a fim de executarem as prescrições do rei e dos oficiais, contidas na Palavra de Iahweh. ¹³Um povo numeroso reuniu-se em Jerusalém para celebrar no segundo mês a festa dos Ázimos. Uma assembleia extremamente numerosa ¹⁴pôs-se a destruir os altares que estavam em Jerusalém e todos os altares de perfumes, para jogá-los no vale do Cedron.

A Páscoa e os Ázimos[b] — ¹⁵Imolaram a Páscoa no dia catorze do segundo mês. Cheios de confusão, os sacerdotes e os levitas santificaram-se e foram levar os holocaustos ao Templo de Iahweh. ¹⁶Depois se puseram em seus postos, conforme seus estatutos e segundo a Lei de Moisés, homem de Deus. Os sacerdotes derramavam o sangue que recebiam das mãos dos levitas, ¹⁷pois na assembleia havia muitos que não se tinham santificado e os levitas estavam encarregados de imolar as vítimas pascais em lugar dos que não tinham a pureza exigida para consagrá-las a Iahweh.[c] ¹⁸Na verdade, a maioria do povo, muitos de Efraim, de Manassés, de Issacar e de Zabulon, não se tinham purificado; comeram a Páscoa sem obedecer à Escritura. Mas Ezequias orou por eles, dizendo: "Que Iahweh na sua bondade, cubra o pecado de ¹⁹todos os que aplicaram seu coração em buscar a Deus, a Iahweh, o Deus de seus pais, mesmo se não têm a pureza exigida para as coisas santas!" ²⁰Iahweh ouviu Ezequias e conservou o povo são e salvo.[d]

²¹Os israelitas que se achavam em Jerusalém celebraram durante sete dias e com grande alegria a festa dos Ázimos, enquanto os levitas e os sacerdotes louvavam cada dia a Iahweh, com todas as suas forças. ²²Ezequias dirigiu palavras de encorajamento a todos os levitas que mostravam grande inteligência das coisas de Iahweh, e durante sete dias tomaram parte no festim da solenidade, celebrando os sacrifícios de comunhão e louvando a Iahweh, o Deus de seus pais.[e] ²³Depois toda a assembleia resolveu celebrar mais sete dias de festa e foram sete dias de alegria. ²⁴Pois Ezequias, rei de Judá, ofereceu à assembleia mil touros e sete mil ovelhas, e os oficiais juntaram a isso mil touros e dez mil ovelhas. Os sacerdotes se tinham santificado em grande número, ²⁵e toda a Assembleia dos filhos de Judá se alegrou, como também os sacerdotes, os levitas e toda a Assembleia vinda de Israel, os refugiados vindos da terra de Israel e também os que moravam em Judá. ²⁶Reinou imenso júbilo em Jerusalém, pois desde os dias de Salomão, filho de Davi, rei de Israel, nada de semelhante se tinha realizado em Jerusalém.[f] ²⁷Os sacerdotes levitas puseram-se a abençoar o povo: sua voz foi ouvida e sua oração chegou até os céus, a morada santa de Iahweh.

---

a) Este apelo, semelhante às exortações do Dt, comprova, no v. 9, o zelo dos irmãos israelitas exilados desde a queda de Samaria. No tempo do Cronista, esperava-se *a reunião de toda a diáspora judaica*.
b) Essa Páscoa solene segue menos as prescrições de Dt 16 do que as do Código sacerdotal, em que os Ázimos finalmente estão ligados à Páscoa (cf. Lv 23,5+).
c) Era o próprio doador que devia imolar a vítima (Lv 1,5; 3,2.8.16 etc.). Quando, porém, este não estivesse em estado de pureza ritual e também nas ocasiões dos grandes sacrifícios públicos (Ez 44,11), esse ato era efetuado pelo clero inferior.
d) Essa passagem reage contra uma interpretação demasiado rígida das leis de pureza (cf. Mt 15,1-20p).
e) Trata-se do "sacrifício de comunhão com louvor" de Lv 7,12s.
f) O Cronista coloca lado a lado esta restauração do Templo sob Ezequias e sua dedicação sob Salomão.

31 **Reforma do culto** — ¹Terminadas todas essas festas, todo o Israel que lá se achava saiu pelas cidades de Judá quebrando as estelas, despedaçando as aserás, demolindo os lugares altos e os altares, para eliminá-los por completo de todo o Judá, Benjamim, Efraim e Manassés. A seguir, todos os israelitas voltaram para suas cidades, cada um para seu patrimônio. ‖ 2Rs 18,4

Restauração do clero[a] — ²Ezequias restabeleceu as classes dos sacerdotes e dos levitas, cada um em sua classe, segundo sua função, fosse ele sacerdote ou levita, para os holocaustos, os sacrifícios de comunhão, o serviço litúrgico, para a ação de graças e os hinos, — às portas do acampamento de Iahweh. ³O rei reservou uma parte dos seus bens para os holocaustos da manhã e da tarde, para os holocaustos dos sábados, das neomênias e das solenidades, como está escrito na Lei de Iahweh. ⁴Ordenou também ao povo, aos habitantes de Jerusalém, que dessem aos sacerdotes e aos levitas a parte que lhes tocava, a fim de que pudessem observar a Lei de Iahweh. ⁵Logo que foi promulgada essa ordem, os israelitas ajuntaram as primícias do trigo, do vinho, do óleo, do mel e de todos os produtos agrícolas e trouxeram em abundância o dízimo de tudo. ⁶Os israelitas e os de Judá, que moravam nas cidades de Judá, trouxeram também o dízimo dos bois e das ovelhas e o dízimo das coisas santas consagradas a Iahweh;[b] trouxeram-nos, fazendo grandes montões. ⁷Foi no terceiro mês que começaram a fazer tais montões e terminaram no sétimo.[c] ⁸Ezequias e os oficiais vieram ver os montões e bendisseram a Iahweh e a Israel, seu povo. ⁹Ezequias interrogou os sacerdotes e os levitas acerca dos montões. ¹⁰O grão-sacerdote Azarias, da casa de Sadoc, respondeu-lhe: "Desde que começaram a trazer essas oferendas ao Templo de Iahweh, temos tido o que comer com fartura e tem sobrado muita coisa, pois Iahweh abençooou seu povo; esta grande quantidade é o que sobra."

1Cr 9,19
Ez 45,17
1Cr 29,3

Nm 28-29

Nm 18,8-24
Dt 14,22 +

Ne 12,44-47
13,10-13

Lv 25,19-22

¹¹Ezequias ordenou que se preparassem celeiros no Templo de Iahweh, o que foi feito. ¹²Depositaram-se ali, fielmente, as oferendas, os dízimos e as coisas consagradas. Foi constituído chefe responsável o levita Conenias, auxiliado por seu irmão Semei. ¹³Jaiel, Azarias, Naat, Asael, Jerimot, Jozabad, Eliel, Jesmaquias, Maat e Banaías eram os inspetores, sob as ordens de Conenias e de seu irmão Semei, por ordem do rei Ezequias e de Azarias, chefe do Templo de Deus. ¹⁴Coré, filho de Jemna, o levita, guarda da porta oriental, era encarregado das oferendas espontâneas feitas a Deus; distribuía os dons oferecidos a Iahweh e as coisas sacrossantas. ¹⁵Eden, Miniamin, Jesua, Semeías, Amarias e Sequenias assistiam-no fielmente nas cidades sacerdotais para distribuir as porções a seus irmãos, grandes e pequenos, segundo as suas classes, ¹⁶e, sem levar em conta sua inscrição, aos homens que tinham trinta anos[d] ou mais, a todos os que iam ao Templo de Iahweh segundo o ritual cotidiano, para prestar serviço nas suas tarefas, segundo suas classes. ¹⁷Os sacerdotes foram inscritos por famílias e os levitas, de vinte anos ou mais, segundo suas funções e suas classes. ¹⁸Eles foram inscritos juntamente com todas as pessoas sob a sua dependência, mulheres, filhos e filhas, toda a assembleia, pois deviam santificar-se com fidelidade.[e] ¹⁹Para os sacerdotes, filhos de Aarão, que residiam nos campos de pastagens de suas cidades e em cada cidade, havia homens nominalmente designados para distribuir as porções a todos os varões entre os sacerdotes[f] e a todos os levitas inscritos.

1Cr 23,7-23

---

a) Segundo o Cronista, Ezequias restabeleceu a ordem instituída por Salomão (2Cr 8,12-14), que não fez, aliás, outra coisa senão aplicar as normas prescritas por Davi.
b) O dízimo parece estendido aqui às ofertas espontâneas.
c) Portanto entre a festa de Pentecostes e a festa das Tendas, quando se termina a colheita.

d) Trata-se de sacerdotes, inscritos com pouca idade, ao contrário dos levitas, que são inscritos a partir de 20 anos (v. seguinte, cf. 1Cr 23,24).
e) Texto obscuro; o final do v. é incerto.
f) Compare-se com a comissão instituída por Neemias (Ne 13,10-14).

²⁰Foi assim que Ezequias procedeu em todo o Judá. Fez o que é bom, reto e leal aos olhos de Iahweh, seu Deus. ²¹Tudo o que executou para o serviço do Templo de Deus, pela Lei e pelos mandamentos, ele o fez buscando a Deus de todo o coração e foi bem-sucedido.

32 Invasão de Senaquerib[a]

|| 2Rs 18,13

¹Depois desses atos que provavam sua lealdade, houve a invasão de Senaquerib, rei da Assíria. Invadiu Judá, sitiou as cidades fortificadas com o propósito de conquistá-las. ²Vendo, então, Ezequias que Senaquerib chegava com a intenção de atacar Jerusalém, ³decidiu, com seus oficiais e seus guerreiros, obstruir as águas das nascentes que estavam fora da cidade e eles lhe prestaram ajuda. ⁴E tendo-se reunido uma grande multidão, obstruíram todas as fontes e o riacho que corria pelo território, dizendo: "Por que os reis da Assíria, vindo aqui, haveriam de achar água em abundância?" ⁵Para se fortificar, Ezequias consertou todas as brechas da muralha, sobre ela construiu torres, ergueu uma segunda muralha na parte externa, restaurou o Melo na Cidade de Davi e mandou fazer armas e escudos em abundância. ⁶Colocou generais à frente do povo, reuniu-os em seu redor na praça da porta da cidade e os encorajou, dizendo: ⁷"Sede firmes e corajosos; não temais, nem vos apavoreis diante do rei da Assíria e diante de toda a multidão que o acompanha, pois Aquele que está conosco é mais poderoso do que o que está com ele. ⁸Com ele está um braço de carne, mas conosco, está Iahweh, nosso Deus, que nos socorre e combate nossas batalhas." O povo ganhou confiança ao ouvir as palavras de Ezequias, rei de Judá.

Is 22,9-11

Ne 2,17s

14,10; 20,6-12

Is 31,3

Palavras ímpias de Senaquerib

|| 2Rs 18,17-37
|| Is 36,1-22

⁹Depois disso, Senaquerib, rei da Assíria, enquanto ainda estava diante de Laquis com todas as suas tropas, enviou seus servos a Jerusalém, para dizer a Ezequias, rei de Judá, e a todos os judaítas que se achavam em Jerusalém: ¹⁰"Assim fala Senaquerib, rei da Assíria: Em que confiais, para permanecerdes assim em Jerusalém sitiados? ¹¹Acaso Ezequias não vos está enganando, para vos fazer perecer pela fome e sede, quando vos diz: 'Iahweh nosso Deus nos livrará das mãos do rei da Assíria'? ¹²Não foi este mesmo Ezequias que suprimiu os lugares altos e os altares de Iahweh, ordenando a Judá e a Jerusalém: 'Diante de um só altar vos prostrareis e sobre ele oferecereis incenso'? ¹³Não sabeis o que temos feito, meus pais e eu, a todos os povos de outras terras? Os deuses das nações dessas terras puderam livrá-las de minhas mãos? ¹⁴Qual é, dentre todos os deuses das nações que meus pais votaram ao anátema, aquele que pôde livrar seu povo das minhas mãos? E vosso deus poderia então livrar-vos de minhas mãos? ¹⁵Portanto, não vos deixeis iludir por Ezequias! Que não vos engane desta maneira! Não lhe deis crédito, pois nenhum deus de nação alguma, nem de reino algum, pode livrar seu povo de minhas mãos nem da de meus pais; vossos deuses tampouco vos livrarão de minhas mãos." ¹⁶Seus servos ainda estavam falando contra Iahweh Deus e contra Ezequias, seu servo, ¹⁷quando Senaquerib escreveu uma carta para insultar Iahweh, Deus de Israel; dizia isto: "Assim como os deuses das nações das outras terras não livraram seus povos de minhas mãos, o deus de Ezequias não livrará delas seu povo." ¹⁸Bradavam em alta voz, usando a língua judaica, dirigindo-se ao povo que estava sobre a muralha, para atemorizá-lo e intimidá-lo e, assim, apoderarem-se da cidade; ¹⁹falavam do Deus de Jerusalém como se ele fosse um dos deuses dos povos da terra, obra de mãos humanas.

|| 2Rs 19,9-13
|| Is 37,9-13

---

[a] O Cronista, que havia explanado mui longamente a breve menção de 2Rs sobre a reforma religiosa é, ao contrário, muito mais sintético que sua fonte sobre os outros acontecimentos do reinado; acrescenta, no entanto, uma notícia sobre os preparativos militares de Ezequias diante da ameaça de Senaquerib (vv. 3s). Exalta a figura de Ezequias, mostrando-o decidido e corajoso, exortando o povo a ter confiança no socorro de Iahweh (vv. 7-8) em termos que recordam os do profeta Isaías em Reis.

Êxito da prece de Ezequias — ²⁰Nesta situação, o rei Ezequias e o profeta Isaías, filho de Amós, rezaram e clamaram ao céu. ²¹Iahweh enviou um anjo que exterminou todos os guerreiros valentes, os capitães e os oficiais, no acampamento do rei da Assíria; este voltou para sua terra coberto de vergonha; e, tendo entrado no templo de seu deus, alguns de seus filhos o mataram a espada. ²²Assim Iahweh salvou Ezequias e os habitantes de Jerusalém das mãos de Senaquerib, rei da Assíria, e das mãos de todos os outros, e concedeu-lhes a tranquilidade em todas as fronteiras. ²³Muitos levaram a Jerusalém uma oblação para Iahweh e presentes para Ezequias, rei de Judá, que, depois desses acontecimentos, adquiriu prestígio aos olhos de todas as nações.

²⁴Por aqueles dias, Ezequias caiu doente e esteve a ponto de morrer. Implorou a Deus que lhe falou[a] e lhe concedeu um milagre. ²⁵Mas Ezequias não correspondeu ao benefício recebido, seu coração se orgulhou e a Ira se abateu sobre ele, sobre Judá e Jerusalém. ²⁶Ezequias, porém, humilhou-se do orgulho de seu coração, assim como os habitantes de Jerusalém; a ira de Iahweh cessou de abater-se sobre eles, durante a vida de Ezequias.[b] ²⁷Ezequias possuiu muita riqueza e glória. Acumulou tesouros para si em ouro, prata, pedras preciosas, unguentos, escudos e toda espécie de objetos preciosos. ²⁸Teve armazéns para as safras de trigo, vinho e óleo; estábulos para as diferentes espécies de gado e apriscos para os rebanhos. ²⁹Construiu cidades e um arrendamento abudante de gado graúdo e miúdo. Com efeito, Deus lhe havia dado bens imensos.[c]

Resumo do reinado, morte de Ezequias — ³⁰Foi Ezequias que obstruiu a saída superior das águas do Gion e as canalizou para baixo, para o ocidente da Cidade de Davi. Ezequias foi bem-sucedido em todas as suas empresas. ³¹Quando os oficiais de Babilônia lhe enviaram intérpretes para se informarem a respeito do milagre que tinha acontecido na terra, foi para experimentá-lo que Deus o abandonou, e para conhecer o íntimo de seu coração.[d] ³²O resto da história de Ezequias, os testemunhos de sua piedade e de seus trabalhos, tudo está escrito na visão do profeta Isaías, filho de Amós, no livro dos Reis de Judá e de Israel. ³³Ezequias adormeceu com seus pais e foi sepultado na parte mais elevada dos túmulos dos filhos de Davi.[e] Quando da sua morte, todos os judaítas e os habitantes de Jerusalém lhe tributaram honras. Seu filho Manassés reinou em seu lugar.

3. IMPIEDADE DE MANASSÉS E DE AMON

33 *Manassés destrói a obra de Ezequias* — ¹Manassés tinha doze anos quando começou a reinar e reinou cinquenta e cinco anos em Jerusalém. ²Fez o mal aos olhos de Iahweh, imitando as abominações das nações que Iahweh tinha expulsado de diante dos israelitas. ³Reconstruiu os lugares altos que Ezequias, seu pai, havia destruído, ergueu altares para os baais, fabricou postes sagrados, prostrou-se diante de todo o exército do céu e lhe prestou culto. ⁴Construiu altares no Templo de Iahweh, do qual Iahweh dissera: "É em Jerusalém que meu Nome estará para sempre."

---

a) O sujeito do verbo "lhe falou" não é explicitado; seja Deus, seja o rei: o discurso é falho. Grego: "que o ouviu".
b) Esses três vv. contêm somente alusões às narrativas de 2Rs 20: a doença de Ezequias e o sinal favorável que lhe é dado (v. 24); embaixada de Merodac-Baladã (v. 25); a resposta de Ezequias a Isaías, considerada aqui como uma aceitação da vontade divina (v. 26).
c) Essa enumeração das riquezas de Ezequias, mais longa que em 2Rs, demonstra que ele foi abençoado por Deus, como o foram Davi (1Cr 29,2; cf. 27,25-31) e Salomão (2Cr 9,10-28).
d) Nova interpretação (cf. v. 26) do relato de 2Rs 20, 12-19.
e) Isso pode significar um lugar eminente na necrópole real.

⁵Construiu altares para todo o exército do céu nos dois pátios do Templo de Iahweh. ⁶Foi ele que fez passar seus próprios filhos pelo fogo no vale dos filhos de Enom. Praticou encantamentos, adivinhação e magia; instituiu a necromancia e a bruxaria e multiplicou as ações que Iahweh considera como más, provocando assim sua ira. ⁷Colocou o ídolo, que mandara esculpir, no Templo de Deus, do qual Deus tinha dito a Davi e a Salomão, seu filho: "Neste Templo e em Jerusalém, cidade que escolhi entre todas as tribos de Israel, farei residir meu Nome para sempre. ⁸Não mais farei com que o pé de Israel vagueie fora da terra onde estabeleci vossos pais, contanto que cumpram tudo o que lhes ordenei segundo toda a Lei, os estatutos e as normas transmitidos por Moisés." ⁹Mas Manassés corrompeu os habitantes de Judá e de Jerusalém, a tal ponto que fizeram mais mal que as nações que Iahweh havia exterminado diante dos israelitas. ¹⁰Iahweh falou a Manassés e a seu povo, mas não lhe deram ouvidos.

Ez 19,9 ***Cativeiro e conversão***ᵃ — ¹¹Então Iahweh fez vir contra eles os generais do rei da Assíria, que puseram Manassés em ferros, amarraram-no com cadeias e levaram-no para Babilônia. ¹²No tempo dessa provação, procurou aplacar a Iahweh, seu Deus, humilhou-se profundamente diante do Deus de seus pais; ¹³orou a Iahweh, que se deixou comover. Ouviu sua súplica e o reintegrou em sua realeza, em Jerusalém. Manassés reconheceu que é Iahweh que é Deus.

14,2 ¹⁴Depois disso, ele restaurou a muralha externa da Cidade de Davi, a oeste de Gion, no vale, até a porta dos Peixes; ela rodeava o Ofel e ele a elevou a uma grande altura. Pôs também generais em todas as cidades fortificadas de Judá. ¹⁵Fez desaparecer do Templo de Iahweh os deuses estrangeiros e a estátua, como também todos os altares que havia construído sobre a montanha de Templo e em Jerusalém; e os lançou para fora da cidade.ᵇ ¹⁶Reconstruiu o altar de Iahweh, ofereceu sacrifícios de comunhão e de louvor, e ordenou a Judá que servisse a Iahweh, Deus de Israel. ¹⁷Mas o povo continuava a sacrificar nos lugares altos, ainda que somente a Iahweh seu Deus.

|| 2Rs 21,17-18 ¹⁸O resto da história de Manassés, a oração que fez a seu Deusᶜ e as palavras dos videntes que se dirigiram a ele em nome de Iahweh, Deus de Israel, acham-se nas Atas dos reis de Israel. ¹⁹Sua oração e como foi ouvido, todos os seus pecados e sua impiedade, os sítios onde havia construído os lugares altos e erguido aserás e ídolos antes de se ter humilhado, tudo está consignado na história de Hozai.ᵈ ²⁰Manassés adormeceu com seus pais e foi sepultado no jardim de seu palácio. Amon, seu filho, reinou em seu lugar.

|| 2Rs 21,19-26 ***Endurecimento de Amon***ᵉ — ²¹Amon tinha vinte e dois anos quando começou a reinar e reinou dois anos em Jerusalém. ²²Fez o mal aos olhos de Iahweh, como havia feito seu pai Manassés. Amon ofereceu sacrifícios e prestou culto a todos os ídolos que seu pai Manassés tinha feito. ²³Não se humilhou diante de Iahweh como se tinha humilhado seu pai Manassés; ao contrário, tornou-se gravemente culpado. ²⁴Seus servos tramaram contra ele e o mataram no seu palácio; ²⁵mas o povo da terra matou todos os que haviam conspirado contra Amon e proclamou rei, em seu lugar, seu filho Josias.

a) Textos assírios mencionam Manassés de Judá como vassalo de Asaradon e de Assurbanipal, mas nem os textos assírios nem o livro dos Reis falam de cativeiro de Manassés. Este pode ser posto em relação com as revoltas antiassírias que agitaram a Palestina nessa época, ou então pode representar a interpretação, pelo Cronista, de uma convocação feita por Asaradon, de todos os seus vassalos, a qual é mencionada por outros textos assírios. A volta de Manassés (v. 13) é interpretada pelo Cronista como o fruto de sua conversão.

b) O Cronista atribui a Manassés uma reforma descrita conforme o modelo da Asa, de Ezequias e de Josias.
c) Existe um salmo apócrifo intitulado "Oração de Manassés", sem dúvida, inspirado por esta passagem das Crônicas.
d) Profeta desconhecido cujo nome significa "vidente".
e) O Cronista transfere para Amon a condenação que 2Rs 21,12 lançava sobre Manassés. O reinado de Amon foi tão breve quanto foi longo o de Manassés; e a vida longa é uma recompensa (Pr 4,10; Sl 34,13 etc.).

4. A REFORMA DE JOSIAS[a]

34 **Resumo do reinado** — ¹Josias tinha oito anos quando começou a reinar e reinou trinta e um anos em Jerusalém. ²Fez o que é agradável aos olhos de Iahweh e seguiu a conduta de seu antepassado Davi, sem se desviar nem para a direita nem para a esquerda. ‖ 2Rs 22,1-2

Primeiras reformas — ³No oitavo ano do seu reinado, quando ainda não era mais que um adolescente, começou a buscar ao Deus de Davi, seu antepassado. No décimo segundo ano do seu reinado, começou a purificar Judá e Jerusalém dos lugares altos, das aserás, dos ídolos de madeira ou de metal fundido. ⁴Derrubaram diante dele os altares dos baais, ele próprio demoliu os altares de incenso que estavam sobre eles, despedaçou as aserás, os ídolos de madeira ou de metal fundido e, tendo-os reduzido a pó, espalhou o pó sobre os túmulos dos que lhes ofereceram sacrifícios. ⁵Queimou os ossos dos sacerdotes sobre seus altares e assim purificou Judá e Jerusalém. ⁶Nas cidades de Manassés, de Efraim, de Simeão e também de Neftali e nos territórios devastados que os rodeavam, ⁷ele demoliu os altares, as aserás, quebrou e pulverizou os ídolos, derrubou os altares de incenso em toda a terra de Israel e depois voltou para Jerusalém. ‖ 2Rs 23,4-20 14,1-4; 31,1

Os trabalhos do Templo — ⁸No décimo oitavo ano do seu reinado, depois de ter purificado o país e o Templo, encarregou Safã, filho de Aslias, Maasias, governador da cidade, e Joá, filho de Joacaz, o arauto, de restaurar o Templo de Iahweh seu Deus. ⁹Foram entregar a Helcias, sumo sacerdote, o dinheiro oferecido ao Templo de Deus e que os levitas, guardiães do limiar, haviam recolhido: o dinheiro provinha de Manassés, de Efraim, de todo o resto de Israel, assim como de todos os judaítas e benjaminitas que habitavam em Jerusalém.[b] ¹⁰Puseram esse dinheiro nas mãos dos empreiteiros encarregados do Templo de Iahweh e estes o utilizaram para os trabalhos de restauração e de reparação do Templo. ¹¹Deram-no aos carpinteiros e aos pedreiros para comprar as pedras de talha e a madeira necessária para a estrutura e para as vigas das construções que os reis de Judá tinham deixado cair em ruínas. ¹²[c]Esses homens executaram fielmente o trabalho; tinham como inspetores Jaat e Abdias, levitas dos filhos de Merari, Zacarias e Mosolam, descendentes dos caatitas, assim como outros levitas que sabiam tocar instrumentos musicais. ¹³Esses também vigiavam os carregadores e dirigiam todos os trabalhadores, segundo sua especialidade. Havia ainda outros levitas, escribas, escrivães e porteiros. ‖ 2Rs 22,3-7

24,8s

Descoberta da Lei — ¹⁴No momento em que se retirava o dinheiro oferecido ao Templo de Iahweh, o sacerdote Helcias encontrou o livro da Lei de Iahweh transmitida por Moisés. ¹⁵Helcias tomou a palavra e disse ao secretário Safã: "Achei o livro da Lei no Templo de Iahweh." E Helcias deu o livro a Safã. ‖ 2Rs 22,8-13

---

a) O livro dos Reis apresenta a reforma como uma consequência da descoberta do livro da Lei, por ocasião de trabalhos no Templo. O Cronista descreve esses trabalhos como uma purificação do Templo (34,8), precedida de luta contra a idolatria em Jerusalém, em Judá e em Israel (vv. 3-7). Assim a reforma teria começado no décimo segundo ano do reinado de Josias e não no décimo oitavo como em 2Rs. Esta cronologia é verossímil: os trabalhos no Templo podem ter sido inspirados por uma preocupação reformista, e a luta contra os cultos estrangeiros é a expressão de uma renovação nacional que tira proveito do enfraquecimento da Assíria, nos últimos anos de Assurbanipal. Pode-se pensar que a reforma se tenha realizado por etapas. 2Rs concentrou tudo depois da descoberta da Lei; o Cronista utilizou essa fonte para descrever as primeiras etapas e não guardou para o fim senão a renovação da Aliança e a Páscoa solene.

b) Todos os israelitas, portanto, participaram com suas ofertas para esta restauração do Templo. O Cronista insiste sempre na unidade do povo de Iahweh (cf. Ez 37,15s).

c) Parágrafo próprio do Cronista, que atribui aos levitas e aos cantores a direção dos trabalhos.

¹⁶Safã entregou o livro ao rei e disse-lhe também: "Tudo o que foi confiado a teus servidores, eles o executam; ¹⁷tiraram o dinheiro encontrado no Templo de Iahweh e o puseram nas mãos dos empreiteiros e dos que executam as obras." ¹⁸Depois o secretário Safã anunciou ao rei: "O sacerdote Helcias deu-me um livro"; e começou a sua leitura*ᵃ* diante do rei.

¹⁹Quando ouviu as palavras da Lei, o rei rasgou suas vestes. ²⁰Ordenou a Helcias, a Aicam, filho de Safã, a Abdon, filho de Micas, ao secretário Safã e a Asaías, ministro do rei: ²¹"Ide e consultai a Iahweh por mim e pelos que restam de Israel e de Judá, a respeito das palavras do livro que foi encontrado. Grande deve ser a ira de Iahweh que caiu sobre nós, porque nossos pais não observaram a palavra de Iahweh e não agiram segundo tudo o que está escrito neste livro."

|| 2Rs 22,14-20 **Oráculo da profetisa** — ²²Helcias e os mensageiros do rei foram ter com a profetisa Hulda, mulher de Selum, filho de Técua, filho de Haraas, guarda dos vestiários; ela morava em Jerusalém, na cidade nova. Transmitiram-lhe o recado ²³e ela respondeu: "Assim fala Iahweh, Deus de Israel. Dizei ao homem que aqui vos enviou: ²⁴Assim fala Iahweh. Eis que estou para fazer cair a desgraça sobre este lugar e sobre seus habitantes, e todas as maldições escritas no livro que foi lido diante do rei de Judá, ²⁵porque me abandonaram e sacrificaram a outros deuses, irritando-me com todo o seu modo de agir. Minha ira se inflamou contra este lugar e ela não se aplacará. ²⁶E direis ao rei de Judá que vos enviou para consultar a Iahweh: Assim fala Iahweh, Deus de Israel: as palavras que ouviste... ²⁷Mas porque teu coração se comoveu e te humilhaste diante de Deus, ouvindo as palavras que ele pronunciou contra esse lugar e seus habitantes, porque te humilhaste, rasgaste tuas vestes e choraste diante de mim, eu também te ouvi, oráculo de Iahweh. ²⁸Eis que te reunirei a teus pais, serás posto em paz no sepulcro, e teus olhos não verão todos os males que vou mandar sobre este lugar e sobre seus habitantes." Eles levaram ao rei essa resposta.

|| 2Rs 23,1-3 **Renovação da Aliança** — ²⁹Então o rei mandou reunir todos os anciãos de Judá e de Jerusalém, ³⁰e o rei subiu ao Templo de Iahweh com todos os homens de Judá, os habitantes de Jerusalém, os sacerdotes, os levitas e todo o povo, do maior ao menor, e leu diante deles todo o conteúdo do livro da Aliança encontrado no Templo de Iahweh. ³¹O rei estava de pé sobre o estrado*ᵇ* e concluiu diante de Iahweh a Aliança que o obrigava a seguir a Iahweh, a guardar seus mandamentos, seus testemunhos e estatutos, de todo o seu coração e de toda a sua alma, e a pôr em prática as cláusulas da Aliança escritas nesse livro. ³²Fez com que aderissem ao pacto todos os que se achavam em Jerusalém ou em Benjamim, e os habitantes de 2Rs 23,4s Jerusalém procederam de acordo com a Aliança de Deus, o Deus de seus pais. ³³Josias fez desaparecer todas as abominações de todos os territórios pertencentes aos israelitas. Durante toda a sua vida, obrigou todos os que estavam em Israel a servirem a Iahweh seu Deus. Eles não se afastaram de Iahweh, o Deus de seus pais.*ᶜ*

|| 2Rs 23,21
Ex 12,1 + **35** **Preparação da Páscoa** — ¹Então Josias celebrou em Jerusalém uma Páscoa para Iahweh e a Páscoa foi imolada no décimo quarto dia do primeiro mês.

---

a) 2Rs 22,10 traz: "leu-o". Mas para o Cronista este livro é o Pentateuco, longo demais para ser lido de uma vez.
b) "sobre o estrado", em 23,13; 2Rs 11,14.

c) O Cronista resume rapidamente os dados de 2Rs 23,4s, que ele transpôs para o começo de sua narrativa (2Cr 34,3s).

²Josias restabeleceu os sacerdotes em suas funções e os colocou em condições de se dedicarem ao serviço do Templo de Iahweh.ᵃ ³Depois disse aos levitas, os que tinham a inteligênciaᵇ para todo o Israel e que estavam consagrados a Iahweh: "Depositai a Arca santa no Templo construído por Salomão, filho de Davi, rei de Israel. Já não precisais transportá-la aos ombros. Servi agora a Iahweh, vosso Deus, e a Israel, seu povo. ⁴Dispondo-vos por famílias, segundo as vossas classes, como o determinou por escrito Davi, rei de Israel, e conforme deliberou seu filho Salomão. ⁵Permanecei no santuário, à disposição das frações das famílias, à disposição de vossos irmãos do povo; os levitas terão uma parte na família. ⁶Imolai a Páscoa, santificai-vos e ficai à disposição de vossos irmãos, agindo segundo a palavra de Iahweh, transmitida por Moisés.

1Cr 15,15
2Cr 5,4

1Cr 24-26

30,17 +
Dt 12,18-19

*A solenidade*ᶜ — ⁷Josias forneceu então aos homens do povo, do gado miúdo, cordeiros e cabritos em número de trinta mil, todos destinados a vítimas pascais para todos os presentes, e ainda três mil bois. Tudo isso foi tirado das propriedades do rei. ⁸Seus oficiais fizeram também espontaneamente uma oferenda ao povo, aos sacerdotes e aos levitas. Helcias, Zacarias e Jeiel, chefes do Templo de Deus, deram aos sacerdotes como vítimas pascais, duas mil e seiscentas ovelhas e trezentos bois. ⁹Os chefes dos levitas, Conenias, Semeías e Natanael, seu irmão, Hasabias, Jeiel e Jozabad deram aos levitas, como vítimas pascais, cinco mil cordeiros e quinhentos bois. ¹⁰A ordem da liturgia ficou determinada; os sacerdotes colocaram-se nos seus postos e os levitas fizeram o mesmo, segundo suas classes, de acordo com a ordem do rei. ¹¹Imolaram a Páscoa; os sacerdotes derramaram o sangue que receberam das mãos dos levitas e os levitas esfolaram as vítimas.ᵈ ¹²Puseram à parte o holocausto para dá-lo às frações das famílias do povo que iam fazer uma oferenda a Iahweh, como está escrito no livro de Moisés; o mesmo fizeram com os bois. ¹³Assaram ao fogo a Páscoa segundo o regulamento e cozeram as comidas sagradasᵉ em panelas, caldeirões e frigideiras e distribuíram-nas rapidamente a todo o povo. ¹⁴Depois disso, prepararam a Páscoa para si mesmos e para os sacerdotes — os sacerdotes, filhos de Aarão, tinham estado ocupados até a noite em oferecer o holocausto e as gorduras; é por isso que os levitas prepararam a Páscoa para si e para os sacerdotes, filhos de Aarão. ¹⁵Os cantores, filhos de Asaf, estavam em seus postos, segundo as prescrições de Davi; nem Asaf, nem Emã, nem Iditun, o vidente do rei, nem os porteiros em cada porta, tiveram de abandonar suas funções, pois seus irmãos, levitas, lhes prepararam tudo.

Ex 12,5

Nm 7
1Cr 29,6-9

Ex 12,2-11

¹⁶Assim foi organizada toda a liturgia de Iahweh naquele dia, de modo que se pudesse celebrar a Páscoa e oferecer holocaustos sobre o altar de Iahweh, segundo os preceitos do rei Josias. ¹⁷Foi nessa época que os israelitas presentes celebraram a Páscoa e durante sete dias a festa dos Ázimos. ¹⁸Não se havia celebrado em Israel uma Páscoa semelhante a essa desde a época do profeta Samuel; nenhum rei de Israel celebrara uma Páscoa semelhante à que celebrou Josias com os sacerdotes, os levitas, o povo de Judá e de Israel presente e os habitantes de Jerusalém.ᶠ

|| 2Rs 23,22

---

a) Como no caso de Ezequias, a cerimônia é precedida de uma restauração do clero (cf. 31,2s), segundo as normas atribuídas a Davi. Aqui também, o Cronista se interessa sobretudo pelos levitas.
b) A inteligência, no sentido que o termo adquiriu nos escritos de sabedoria: o discernimento das coisas de Deus.
c) A festa, apenas mencionada em 2Rs 23,21, é aqui descrita em seus pormenores. O ritual é o de Dt 16, mas com adições que devem inspirar-se na prática da época do Cronista. Os levitas exercem uma função predominante na ação litúrgica. O sacrifício pascal aparece aqui combinado com holocaustos e sacrifícios de comunhão.
d) De acordo com Lv 1,6 isso era função do leigo.
e) Não se trata das ervas amargas e dos pães sem fermento, mas dos sacrifícios de comunhão que são aqui associados à Páscoa.
f) A novidade da Páscoa de Josias é sua celebração por todo o povo em Jerusalém; é uma consequência da

Fim trágico do reinado[a] — ¹⁹Foi no décimo oitavo ano do reinado de Josias que esta Páscoa foi celebrada.[b] ²⁰Depois de tudo o que fizera Josias para restabelecer a ordem no Templo, Necao, rei do Egito, partiu para uma guerra em Carquemis, no Eufrates. Josias marchou contra ele, ²¹e Necao enviou mensageiros para lhe dizer: "Que tenho a ver contigo, rei de Judá? Não é a ti que vou atacar hoje, mas é com outra dinastia que estou em guerra e Deus me ordenou que me apressasse. Deixa, pois, agir o Deus que está comigo, para não suceder que ele te arruíne." ²²Mas Josias não desistiu de atacá-lo, pois se disfarçou[c] para combatê-lo e não ouviu o que lhe dizia Necao em nome de Deus. Deu-lhe combate no vale de Meguido; ²³os arqueiros atiraram contra o rei Josias e este disse a seus servos: "Levai-me para fora porque me sinto muito mal." ²⁴Seus homens o tiraram para fora de seu carro, fizeram-no subir em outro de seus carros e o levaram a Jerusalém, onde ele morreu. Sepultaram-no nos sepulcros de seus pais. Todo o Judá e Jerusalém o pranteou; ²⁵Jeremias compôs uma lamentação sobre Josias, que todos os cantores e cantoras recitam ainda hoje em suas lamentações sobre Josias; isso tornou-se um costume em Israel, e esses cânticos se acham nas Lamentações.[d]

²⁶O resto da história de Josias, os testemunhos de sua piedade, conforme tudo o que está escrito na Lei de Iahweh, ²⁷sua história, do começo ao fim, tudo isso está escrito no livro dos Reis de Israel e de Judá.

5. SITUAÇÃO DE ISRAEL NO FIM DA MONARQUIA[e]

36 **Joacaz** — ¹O povo da terra tomou Joacaz, filho de Josias, e o constituiu rei em lugar de seu pai em Jerusalém. ²Joacaz tinha vinte e três anos quando começou a reinar e reinou três meses em Jerusalém.[f] ³O rei do Egito retirou-o de Jerusalém e impôs ao país um tributo de cem talentos de prata e um talento de ouro. ⁴Depois o rei do Egito entronizou seu irmão Eliaquim como rei sobre Judá e Jerusalém e mudou seu nome para Joaquim. Quanto ao seu irmão Joacaz, Necao levou-o consigo para o Egito.

Joaquim — ⁵Joaquim tinha vinte e cinco anos quando começou a reinar e reinou onze anos em Jerusalém; fez o mal aos olhos de Iahweh, seu Deus. ⁶Nabucodonosor, rei de Babilônia, declarou-lhe guerra e prendeu-o com correntes para levá-lo para Babilônia.[g] ⁷Nabucodonosor levou para Babilônia também uma parte do mobiliário do Templo de Iahweh e guardou-o no seu palácio em Babilônia. ⁸O resto da história de Joaquim, as abominações que cometeu e todo o mal que se achou nele, tudo isso está escrito no livro dos Reis de Israel e de Judá. Jeconias, seu filho, reinou em seu lugar.

---

centralização do culto prescrita pelo Dt e que tinha sido atribuída à época de Ezequias por 2Cr 30,15-27.
a) O Cronista parece ter usado uma fonte mais detalhada que o paralelo de 2Rs, interpretado por ele segundo sua teologia da retribuição (v. 22).
b) O grego acrescenta aqui um elogio de Josias que reproduz 2Rs 23,24-27.
c) Para o disfarce em outra batalha, cf. 1Rs 22,30.
d) Jr 22,10 faz alusão à morte de Josias, mas o livro das Lamentações, atribuído ao Profeta, não traz nada que se refira especificamente a este rei. O texto ao qual o Cronista se refere não chegou até nós.

e) Resumo dos acontecimentos narrados em 2Rs 23,31-25,30. O Cronista passa assim rapidamente sobre o período sombrio que separou a reforma religiosa de Josias da restauração nacional e religiosa depois do Exílio.
f) O grego acrescenta aqui 2Rs 23,31-33.
g) Esse cativeiro e esse saque não são conhecidos por outras fontes. Parece que numa época tardia atribuiu-se ao perverso Joaquim algumas das desgraças de seu filho Jeconias (cf. Dn 1,1-2).

Jeconias — ⁹Jeconias tinha oito anos[a] quando começou a reinar e reinou três meses e dez dias em Jerusalém; fez o mal aos olhos de Iahweh. ¹⁰No fim do ano, o rei Nabucodonosor mandou prendê-lo e conduzi-lo a Babilônia junto com os objetos preciosos do Templo de Iahweh, e constituiu Sedecias, seu irmão,[b] como rei sobre Judá e Jerusalém.

‖ 2Rs 24,8-9
‖ 2Rs 24,10-16
2Rs 24,17

Sedecias — ¹¹Sedecias tinha vinte e um anos quando começou a reinar e reinou onze anos em Jerusalém. ¹²Fez o mal aos olhos de Iahweh, seu Deus. Não se humilhou diante do profeta Jeremias, que veio por ordem de Iahweh. ¹³Revoltou-se, além disso, contra o rei Nabucodonosor, ao qual tinha feito juramento em nome de Deus. Endureceu a cerviz e tornou seu coração inflexível, em vez de voltar a Iahweh, o Deus de Israel.

2Rs 24,18-20
Jr 52,1-3
Jr 37-39

Ez 17,13-16

A nação[c] — ¹⁴Igualmente todos os chefes dos sacerdotes e o povo multiplicaram as infidelidades, imitando todas as abominações das nações, e mancharam o Templo que Iahweh havia consagrado para si em Jerusalém. ¹⁵Iahweh, Deus de seus pais, enviou-lhes sem cessar mensageiros, pois queria poupar seu povo e sua Habitação. ¹⁶Mas eles zombavam dos enviados de Deus, desprezavam suas palavras, caçoavam dos profetas, até que a ira de Iahweh contra o seu povo chegou a tal ponto que já não havia mais remédio.

Hb 1,1

Mt 23,34-36p

A ruína — ¹⁷Mandou contra eles o rei dos caldeus, que matou pela espada seus jovens guerreiros no seu santuário, e não poupou nem o adolescente, nem a donzela, nem o velho, nem o homem de cabelos brancos. Deus entregou-os todos nas suas mãos. ¹⁸Todos os objetos do Templo de Deus, grandes e pequenos, os tesouros do Templo de Iahweh, os tesouros do rei e de seus oficiais, tudo Nabucodonosor levou para Babilônia. ¹⁹Queimaram o Templo de Deus, derrubaram as muralhas de Jerusalém, incendiaram todos os seus palácios e destruíram todos os seus objetos preciosos. ²⁰Depois Nabucodonosor deportou para Babilônia todo o resto da população que escapara da espada; tiveram de servir a ele e a seus filhos até o estabelecimento do reino persa, ²¹cumprindo assim o que Iahweh dissera pela boca de Jeremias: "Até que a terra tenha desfrutado de seus sábados, ela repousará durante todos os dias da desolação, até que se tenham passado setenta anos."

Lm 1,15;
5,11-14

2Rs 25,14s

‖ 2Rs 25,9s

Anunciando o futuro[d] — ²²E no primeiro ano de Ciro, rei da Pérsia, para cumprir a palavra de Iahweh pronunciada por Jeremias, Iahweh despertou o espírito de Ciro, rei da Pérsia, que mandou proclamar a viva voz e por escrito, em todo o seu reino o seguinte: ²³"Assim fala Ciro, rei da Pérsia: Iahweh, o Deus do céu, entregou-me todos os reinos da terra; ele me encarregou de construir para ele um Templo em Jerusalém, na terra de Judá. Todo aquele que, dentre vós, pertence a todo o seu povo, que seu Deus esteja com ele e que se dirija para lá!"

‖ Esd 1,1-3

---

a) "dezoito anos", versões, 2Rs 24,8.
b) De fato, era tio dele (2Rs 14,17). Mas 1Cr 3,15-16 distingue dois Sedecias, um tio e um irmão de Jeconias.
c) Juízo global sobre a infidelidade do povo, que causa a ruína de Judá. Aqui o Cronista situa-se na linha de Jeremias e de Ezequiel.

d) Esses dois últimos vv. reproduzem o começo de Esd. Mas a utilização deste texto como conclusão muda seu caráter. O anúncio de um trabalho penoso se transforma aqui num grito de triunfo a respeito da restauração do Templo, pela qual se afirma a perpetuidade das instituições davídicas.

ESDRAS

I. O retorno do Exílio e a reconstrução do Templo

O retorno dos sionistas — ¹No primeiro ano de Ciro, rei da Pérsia,[a] para cumprir a palavra de Iahweh pronunciada por Jeremias,[b] Iahweh despertou o espírito de Ciro, rei da Pérsia, que mandou proclamar de viva voz e por escrito, em todo o seu reino, o seguinte: ²"Assim fala Ciro, rei da Pérsia: Iahweh, o Deus do céu,[c] entregou-me todos os reinos da terra e me encarregou de construir-lhe um Templo em Jerusalém, na terra de Judá. ³Todo aquele que dentre vós, pertence a seu povo,[d] Deus esteja com ele e suba a Jerusalém, na terra de Judá, e construa o Templo de Iahweh, o Deus de Israel — o Deus que reside em Jerusalém. ⁴Que a todos os sobreviventes,[e] em toda parte, a população dos lugares onde eles moram traga uma ajuda em prata, ouro, bens, animais e donativos espontâneos para o Templo de Deus que está em Jerusalém."[f]

⁵Então os chefes de família de Judá e de Benjamim, os sacerdotes e os levitas, todos aqueles que se sentiram animados por Deus, prepararam-se para ir edificar o Templo de Iahweh, em Jerusalém; ⁶e todos os seus vizinhos trouxeram-lhes toda espécie de ajuda: prata, ouro, bens, animais e coisas preciosas,[g] fora o que eles tinham oferecido voluntariamente.

⁷O rei Ciro mandou trazer os utensílios do Templo de Iahweh que Nabucodonosor havia transportado de Jerusalém e posto no templo de seu deus. ⁸Ciro, rei da Pérsia, confiou-os às mãos de Mitridates, o tesoureiro, que os entregou contados a Sasabassar, príncipe de Judá.[h] ⁹Eis o seu número: trinta cálices de ouro, mil cálices de prata, vinte e nove facas; ¹⁰trinta taças de ouro; mil taças de prata, quatrocentos e dez danificadas; mil outros utensílios. ¹¹Todos os objetos de ouro e prata somavam cinco mil e quatrocentos.[i] Tudo isso Sasabassar levou, quando fez subir os exilados de Babilônia para Jerusalém.

Lista dos sionistas[j] — ¹Eis os cidadãos da província que voltaram do cativeiro e do Exílio, aqueles que Nabucodonosor, rei de Babilônia, deportara para Babilônia; voltaram para Jerusalém e para Judá, cada um para a

---

a) A conquista de Babilônia por Ciro data do outono de 539; o primeiro ano do seu reinado (sobre o império babilônico) começa em Nisan (março-abril) do ano 538.

b) Os setenta anos de cativeiro anunciados por Jeremias não eram senão número redondo, mas pode-se tomá-lo literalmente, fazendo começar a sujeição de Judá no reinado de Joaquim (ano 609; cf. 2Rs 24,1). Quanto ao papel de Ciro, é anunciado em Is 44,28; 45,1s.

c) Os reis da Pérsia foram em geral muito liberais para com os cultos dos templos conquistados, que eles restauravam e sustentavam com seu apoio, mantendo seu controle. Sua política religiosa com relação ao judaísmo inspirou-se nos mesmos princípios. Talvez o judaísmo tenha gozado também de favor especial: Iahweh, sempre designado como "Deus do céu" nos atos oficiais, podia ser igualado ao deus supremo que os Grandes Reis reconheciam: Ahura-Mazda.

d) A expressão parece incluir os exilados do reino do Norte; mas cf. v. 5.

e) Esses "sobreviventes" (9,8.13-15; Ne 1,2) constituem o Resto que Deus poupou, identificado,

desde Ez 6,8-10, com os exilados na Babilônia (cf. Is 4,3+).

f) Esse edito se apresenta como proclamação feita em hebraico, por arautos oficiais, aos judeus exilados, e, sem dúvida, redigido pelos funcionários judeus da chancelaria persa. Ao contrário, 6,3-5 reproduz um memorando para uso dos funcionários persas.

g) "toda espécie de ajuda: prata", de acordo com 3Esd 2,6; "ajuda com utensílios de prata", hebr. — Designa-se por 3Esd o livro apócrifo chamado Esdras A na Bíblia grega e Esdras III em manuscritos e edições da Vulgata. É em parte paralelo ao livro canônico e seu texto grego, traduzido de um original semítico, permite às vezes corrigir o texto massorético.

h) Chefe da primeira caravana (ver Introdução).

i) Os vv. 8-11a reproduzem um documento aramaico infelizmente mutilado. O total dos utensílios não corresponde à soma dos elementos enumerados.

j) Essa lista reaparece em Ne 7 e em 3Esd 5 com diferenças nos nomes, nos números e a alternância de "filhos" e "homens". São três formas de um mesmo texto que parece, em certos casos, ter sido mais bem

sua cidade. ²Eles voltaram com Zorobabel, Josué, Neemias, Saraías, Raelaías, Naamani, Mardoqueu, Belsã, Mesfar, Beguai, Reum, Baana.*ª*

Lista dos homens do povo de Israel: ³filhos de Faros: dois mil cento e setenta e dois; ⁴filhos de Safatias: trezentos e setenta e dois; ⁵filhos de Area: setecentos e setenta e cinco; ⁶filhos de Faat-Moab, isto é, filhos de Josué e de Joab: dois mil, oitocentos e doze; ⁷filhos de Elam: mil, duzentos e cinquenta e quatro; ⁸filhos de Zetua: novecentos e quarenta e cinco; ⁹filhos de Zacai: setecentos e sessenta; ¹⁰filhos de Bani: seiscentos e quarenta e dois; ¹¹filhos de Bebai: seiscentos e vinte e três; ¹²filhos de Azgad: mil, duzentos e vinte e dois; ¹³filhos de Adonicam: seiscentos e sessenta e seis; ¹⁴filhos de Beguai: dois mil e cinquenta e seis; ¹⁵filhos de Adin: quatrocentos e cinquenta e quatro; ¹⁶filhos de Ater, isto é, de Ezequias: noventa e oito; ¹⁷filhos de Besai: trezentos e vinte e três; ¹⁸filhos de Jora: cento e doze; ¹⁹filhos de Hasum: duzentos e vinte e três; ²⁰filhos de Gebar: noventa e cinco; ²¹filhos de Belém: cento e vinte e três; ²²homens de Netofa: cinquenta e seis; ²³homens de Anatot: cento e vinte e oito; ²⁴filhos de Azmot: quarenta e dois; ²⁵filhos de Cariat-Iarim, Cafira e Berot: setecentos e quarenta e três; ²⁶filhos de Ramá e Gaba: seiscentos e vinte e um; ²⁷homens de Macmas: cento e vinte e dois; ²⁸homens de Betel e de Hai: duzentos e vinte e três; ²⁹filhos de Nebo: cinquenta e dois; ³⁰filhos de Megbis: cento e cinquenta e seis; ³¹filhos de outro Elam: mil, duzentos e cinquenta e quatro; ³²filhos de Harim: trezentos e vinte; ³³filhos de Lod, Hadid e Ono: setecentos e vinte e cinco; ³⁴filhos de Jericó: trezentos e quarenta e cinco; ³⁵filhos de Senaá: três mil, seiscentos e trinta.

³⁶Sacerdotes: filhos de Jedaías, isto é, a casa de Josué: novecentos e setenta e três; ³⁷filhos de Emer: mil e cinquenta e dois; ³⁸filhos de Fasur: mil, duzentos e quarenta e sete; ³⁹filhos de Harim: mil e dezessete.

⁴⁰Levitas: filhos de Josué, e Cadmiel, filhos de Odovias: setenta e quatro. ⁴¹Cantores:*ᵇ* filhos de Asaf: cento e vinte e oito.

⁴²Filhos dos porteiros: filhos de Selum, filhos de Ater, filhos de Telmon, filhos de Acub, filhos de Hatita, filhos de Sobai: ao todo cento e trinta e nove.

⁴³"Doados":*ᶜ* filhos de Siá, filhos de Hasufa, filhos de Tabaot, ⁴⁴filhos de Ceros, filhos de Siaá, filhos de Fadon, ⁴⁵filhos de Lebana, filhos de Hagaba, filhos de Acub, ⁴⁶filhos de Hagab, filhos de Semlai, filhos de Hanã, ⁴⁷filhos de Cidel, filhos de Gaer, filhos de Raaías, ⁴⁸filhos de Rasin, filhos de Necoda, filhos de Gazam, ⁴⁹filhos de Uza, filhos de Fasea, filhos de Besai, ⁵⁰filhos de Asena, filhos dos meunitas, filhos dos nefusitas, ⁵¹filhos de Bacbuc, filhos de Hacufa, filhos de Harur, ⁵²filhos de Baslut, filhos de Maida, filhos de Harsa, ⁵³filhos de Bercos, filhos de Sísara, filhos de Tema, ⁵⁴filhos de Nasias, filhos de Hatifa.

⁵⁵Filhos dos escravos de Salomão: filhos de Sotai, filhos de Soferet, filhos de Feruda, ⁵⁶filhos de Jaala, filhos de Darcon, filhos de Gidel, ⁵⁷filhos de Safatias, filhos de Hatil, filhos de Foqueret-Assebaim, filhos de Ami. ⁵⁸Total dos "doados" e dos filhos dos escravos de Salomão: trezentos e noventa e dois.

⁵⁹Quanto aos seguintes, que vinham de Tel-Mela, Tel-Harsa, Querub, Adon e Emer, não puderam provar que sua família e sua estirpe eram de origem *israelita:* ⁶⁰filhos de Dalaías, filhos de Tobias, filhos de Necoda: seiscentos e

---

conservado por 3Esd, mas é arbitrário corrigir um texto pelo outro. Essa lista compósita inclui classificações por famílias e por localidades. Representa um recenseamento da população da Judeia claramente posterior aos primeiros retornos do Exílio. Foi utilizada aqui pelo Cronista para ilustrar a história do retorno, e depois em Ne 7 em ligação com o repovoamento de Jerusalém.

a) Os condutores são doze: o número de Israel.

b) Não incluídos entre os levitas, à diferença de 3,10. Menciona-se uma só guilda, à diferença de 1Cr 6,16s.
c) Os natineus (*natinîm*) ou "doados" (a palavra traduz literalmente o hebraico e o grego), cuja origem é contada em Js 9,27, e os filhos dos escravos de Salomão (mencionados aqui e em Ne 11,3), descendentes de prisioneiros de guerra ou de escravos pagãos (cf. Ez 44,7-9), executavam no Templo funções inferiores, ficando a serviço dos levitas (cf. Esd 8,20).

cinquenta e dois. ⁶¹E entre os filhos dos sacerdotes: filhos de Habias, filhos de Acos, filhos de Berzelai — este se casara com uma das filhas de Berzelai, o galaadita, cujo nome adotou. ⁶²Esses procuraram seus registros genealógicos, e, não os achando, foram excluídos do sacerdócio como impuros[a] ⁶³e Sua Excelência[b] proibiu-lhes comer dos alimentos sagrados[c] até que se apresentasse um sacerdote para o *Urim* e o *Tummim*.[d]

⁶⁴Toda a assembleia reunida era de quarenta e duas mil, trezentas e sessenta pessoas, ⁶⁵sem contar seus escravos e escravas, em número de sete mil, trezentos e trinta e sete. Tinham consigo também duzentos cantores e cantoras. ⁶⁶Possuíam setecentos e trinta e seis cavalos e duzentas e quarenta e cinco mulas, ⁶⁷quatrocentos e trinta e cinco camelos e seis mil e setecentos e vinte jumentos.

⁶⁸Vários chefes de família, chegando ao Templo de Iahweh que está em Jerusalém, fizeram oferendas voluntárias para o Templo de Deus, a fim de que fosse reconstruído em seu local. ⁶⁹Segundo suas posses, deram ao tesouro do culto sessenta e uma mil dracmas de ouro, cinco mil minas de prata e cem túnicas sacerdotais.

⁷⁰Os sacerdotes, os levitas e uma parte do povo se instalaram em Jerusalém;[e] cantores, porteiros e "doados", em suas cidades, e todos os outros israelitas em suas cidades.

3 Reinício do culto

¹Quando chegou o sétimo mês, já estando estabelecidos em suas cidades os israelitas, todo o povo se reuniu como um só homem em Jerusalém.[f] ²Josué, filho de Josedec, com seus irmãos, os sacerdotes, e Zorobabel, filho de Salatiel, e seus irmãos,[g] puseram-se a reconstruir o altar do Deus de Israel, para nele se oferecer holocaustos, como está escrito na Lei de Moisés, homem de Deus. ³Restabeleceram o altar em seu lugar[h] — apesar do medo que tinham dos povos das terras[i] — e ofereceram sobre ele holocaustos a Iahweh, holocaustos da manhã e da tarde; ⁴celebrou-se a festa das Tendas, como está prescrito, com o número de holocaustos cotidianos que está determinado para cada dia; ⁵depois, além do holocausto perpétuo, ofereceram os que estão previstos para os sábados,[j] neomênias e todas as solenidades consagradas a Iahweh, além dos sacrifícios espontâneos que cada um desejava oferecer a Iahweh.[k] ⁶No primeiro dia do sétimo mês, começaram a oferecer holocaustos a Iahweh, embora os alicerces do santuário de Iahweh ainda não tivessem sido colocados.[l]

⁷Depois deu-se dinheiro aos talhadores de pedra e aos carpinteiros; aos sidônios e tírios foram dados víveres, bebidas e óleo, para que transportassem

---

a) Essa determinação foi revogada, pelo menos no caso dos filhos de Acos (Ne 3,4.21; Esd 8,33).
b) O governador é designado por seu título honorífico: *Tirshatá*, termo persa, cujo sentido parece ser "Sua Reverência" e que reaparece em Ne 7,65.69; 8,9; 10,2. O governador deixa os sacerdotes as decisões religiosas. As diretrizes de Ezequiel (cf. Ez 45,7-17; 46,1-10.12.16-18) obtiveram resultado.
c) Sobre este privilégio sacerdotal, ver Lv 22,10s; 10,14-15.
d) Para consultar a Deus pelas sortes sagradas (cf. 1Sm 14,41+). O sumo sacerdote, portanto, ainda não está restabelecido em sua função (cf. Zc 3; Ag 1,1).
e) "em Jerusalém", grego, 3Esd 5,45; omitido pelo hebr.
f) A mesma frase (depois de corrigida) descreve a reunião realizada por Esdras (Ne 7,72b-8,1).
g) A menção de Zorobabel e Josué como iniciadores dos trabalhos (aqui e v. 8) vem do redator. Essa missão tinha sido confiada oficialmente a Sasabassar (5,13-16; 6,3-5).
h) "em seu lugar", grego, sir. (cf. 2,68); "sobre seus fundamentos", hebr.

i) a expressão "povo da terra" (*'am ha'areç*) designa fundamentalmente todos os homens livres em gozo de seus plenos direitos civis num determinado território, para distingui-los dos seus chefes. Até o Exílio ela se aplica ao povo de Judá e de Israel. Em Esd 4,4; 9,1-2; 10,2.11 e em Ne 10,28.31s, a expressão, quase sempre no plural ("os povos da terra" ou "os povos das terras"), designa os samaritanos e os amonitas, moabitas, etc., que ocuparam as terras que os deportados deixaram desabitadas e que agora têm os direitos políticos. Distinguem-se do "povo de Judá". Este uso prepara o da época rabínica em que o "povo da terra" representa os que não observam a lei religiosa (cf. já Jo 7,49).
j) "para os sábados", 3Esd 5,51 (cf. 2Cr 2,3); omitido pelo hebr.
k) O sacrifício espontâneo se distingue tanto das oferendas sacrificiais obrigatórias em virtude da Lei, ou tornadas obrigatórias em consequência de um voto (cf. Lv 7,11+).
l) Trata-se, no pensamento do Cronista, do reinício de todo o sistema cultual definido pelos textos dos documentos sacerdotais da Lei.

pelo mar até Jafa, madeiras de cedro vindas do Líbano, segundo a autorização dada por Ciro, rei da Pérsia.*a* ⁸No segundo ano de sua chegada ao Templo de Deus em Jerusalém,*b* no segundo mês, Zorobabel, filho de Salatiel, e Josué, filho de Josedec, com os outros irmãos seus, os sacerdotes, os levitas e todo o povo que regressou do cativeiro para Jerusalém, começaram a obra; confiaram aos levitas de vinte anos ou mais a direção dos trabalhos do Templo de Iahweh.*c* ⁹Josué, seus filhos e seus irmãos, Cadmiel e seus filhos e os filhos de Odovias*d* puseram-se, pois, unanimemente a dirigir os operários da construção, no Templo de Deus.*e* ¹⁰Quando os construtores acabaram de colocar os alicerces do santuário de Iahweh, os sacerdotes, paramentados e com trombetas, bem como os levitas, filhos de Asaf, com címbalos, apresentaram-se para louvar a Iahweh, segundo as prescrições de Davi, rei de Israel; ¹¹cantaram a Iahweh louvores e ações de graças: "Pois ele é bom, pois eterno é seu amor" por Israel. E o povo todo aclamava em altas vozes, louvando a Iahweh, porque eram lançados os alicerces do Templo de Iahweh. ¹²Contudo, muitos sacerdotes, muitos levitas e chefes de família, já idosos e que tinham visto o primeiro Templo, choravam em alta voz enquanto, sob suas vistas, se punham os alicerces,*f* mas muitos gritavam de alegria e júbilo. ¹³E ninguém podia distinguir os gritos de alegria do rumor das lamentações do povo; pois o povo gritava em altos brados e o vozerio se podia ouvir de longe.

4 *Documentário antissamaritano: oposição dos samaritanos no tempo de Ciro*g

— ¹Mas quando os inimigos de Judá e de Benjamim souberam que os repatriados estavam construindo um santuário a Iahweh, o Deus de Israel, ²vieram ao encontro de Zorobabel, de Josué*h* e dos chefes de família e disseram-lhes: "Queremos colaborar convosco na construção, pois, como vós, buscamos vosso Deus e lhe oferecemos sacrifícios,*i* desde o tempo de Asaradon, rei da Assíria, que nos trouxe para cá."*j* ³Zorobabel, Josué e os outros chefes de famílias de Israel lhes responderam: "Não é conveniente que nós e vós construamos juntos um Templo a nosso Deus: cabe unicamente a nós construí-lo para Iahweh, o Deus de Israel, como no-lo prescreveu Ciro, rei da Pérsia." ⁴Então o povo da terra pôs-se a desencorajar o povo de Judá, e a atemorizá-lo para que não construísse mais; ⁵subornaram contra eles conselheiros*k* para frustrar seu projeto, durante todo o tempo de Ciro, rei da Pérsia, até o reinado de Dario, rei da Pérsia.

*Oposição dos samaritanos no tempo de Xerxes e Artaxerxes*l

— ⁶Sob o reinado de Xerxes, no começo do seu reinado,*m* eles*n* escreveram uma carta de acusação contra os habitantes de Judá e de Jerusalém.

⁷No tempo de Artaxerxes,*o* Mitridates, Tabel e outros companheiros seus escreveram contra Jerusalém*p* a Artaxerxes, rei da Pérsia. O texto do docu-

---

a) Preparativos análogos aos que foram feitos para o Templo de Salomão.
b) É no segundo ano de Dario que Ag 1,14; 2,10s; Zc 4,9 situam o começo dos trabalhos. De fato, começaram *no tempo de Ciro* (Esd 5,16), mas progrediram muito pouco (cf. 4,24).
c) A importância dada aos levitas é característica do Cronista.
d) "Odovias", conj. (cf. 2,40); "Judá", hebr.
e) O hebr. acrescenta: "os filhos de Henadad, seus filhos e seus irmãos, os levitas", glosa baseada em Ne 3,18.24; 10,10.
f) Depois de "alicerces" o hebr. acrescenta: "trata-se do Templo", glosa.
g) Ag 1,2 atribuía à negligência dos judeus a demora em construir o Templo (de 538 a 520). O Cronista sublinha a oposição samaritana.
h) "Josué", grego; omitido pelo hebr.
i) "e lhe oferecemos sacrifícios", qerê, grego, sir.; "e não oferecemos sacrifícios", hebr.
j) Deportação que talvez se deva relacionar com a campanha egípcia de Asaradon e com a tomada de Tiro (671); ver Is 7,8b (segundo lê o hebr.: "sessenta e cinco anos").
k) Funcionários régios, residentes em Samaria.
l) Aqui começa a "fonte aramaica" que termina em 6,18; mas o Cronista resumiu, em hebraico, nos vv. 6-7, alguns dados dela.
m) Fim de 486 e começo de 485.
n) As mesmas pessoas que no v. 4.
o) Artaxerxes I (465-424).
p) "contra Jerusalém": *beshalem*, conj.; "com o acordo (de Mitridates)" *bishelam*, hebr. (a não ser que *bishelam*

mento era feito na escrita aramaica e em língua aramaica. ⁸Depois Reum, governador,ᵃ e Samsai, secretário, escreveram ao rei Artaxerxes, contra Jerusalém, a seguinte carta: ⁹Reum, o governador, Samsai, o secretário e seus outros colegas; os juízes e os legados, funcionários persas; o povo de Uruc, de Babilônia e de Susa — isto é, os elamitas — ¹⁰e os outros povos que o grande e ilustre Assurbanipal deportou e estabeleceu nas cidades de Samaria e em outros lugares da Transeufratênia.ᵇ

¹¹Eis a cópia da carta que eles enviaram:

"Ao rei Artaxerxes, teus servos, o povo da Transeufratênia:

Agora, pois, ¹²saiba o rei que os judeus, que saíram de junto de ti para cá, e vieram para Jerusalém, estão reconstruindo a cidade rebelde e perversa; começam a restaurar as muralhas e já cavam seus alicerces. ¹³Saiba o rei agora que, se esta cidade for reconstruída e restauradas suas muralhas, eles não pagarão mais impostos, nem tributos, nem direitos de passagem, e meu rei sairá prejudicado.ᶜ ¹⁴Ora, já que comemos o sal do palácio, não nos parece conveniente ver fazer-se esta afronta ao rei; por isso enviamos ao rei essas informações, ¹⁵para que se façam pesquisas nas Memórias de teus pais: nestas Memórias encontrarás e verificarás que esta cidade é uma cidade rebelde, que causa prejuízo aos reis e às províncias, e que nela se tem fomentado revoltas desde os tempos antigos. Foi por isso que esta cidade foi destruída. ¹⁶Fazemos saber ao rei que, se esta cidade for reconstruída e suas muralhas reedificadas, em breve não terás mais possessão alguma na Transeufratênia!"

¹⁷O rei mandou a seguinte resposta:

"A Reum, governador, a Samsai, secretário, e a seus outros colegas, que residem na Samaria e em outros lugares na Transeufratênia, paz!

Agora, pois, ¹⁸a carta que enviastes a mim foi lida na minha presença em sua tradução. ¹⁹Ordenei que se fizessem investigações e achou-se que desde os tempos antigos esta cidade se tem sublevado contra os reis e que nela tem havido insurreições e revoltas. ²⁰Reis poderosos reinaram em Jerusalém, tendo-se tornado senhores de toda a região da Transeufratênia:ᵈ a eles se pagavam impostos, tributos e direitos de passagem. ²¹Ordenai, portanto, que cessem as obras desses homens: esta cidade não deve ser reconstruída, até que eu ordene outra coisa. ²²Guardai-vos de agir com negligência neste assunto, para que o mal não aumente em prejuízo dos reis."

²³Logo que a cópia do documento do rei Artaxerxes foi lida diante do governador Reum,ᵉ de Samsai, o secretário, e de seus colegas, partiram a toda pressa para Jerusalém, ao encontro dos judeus e, pela força das armas, fizeram cessar os trabalhos.

Ne 1,3 +

A construção do Templo (520-515) — ²⁴ᶠAssim foi que ficaram interrompidos os trabalhos do Templo de Deus em Jerusalém: a interrupção durou até o segundo ano do reinado de Dario, rei da Pérsia.

Ag 1,14-29

5 ¹Então os profetas Ageu e Zacarias, filho de Ado, puseram-se a profetizar aos judeus que estavam na Judeia e em Jerusalém, em nome do Deus de Israel que os inspirava. ²E Zorobabel, filho de Salatiel, e Josué, filho de

Zc 4,9

---

seja considerado como nome próprio, como em 3Esd 2,12 e Vulg.).
a) Governador da Samaria (cf. v. 17). Samaria era a capital da província, a qual incluía também o distrito de Judá. Seu governador tinha, portanto, direito de inspecionar Jerusalém.
b) "nas cidades", grego; "na cidade", aram. — No final do v., o aramaico acrescenta: "agora, pois" (cf. v. 11c). — Os vv. 9-10 ficariam melhor depois de 11b. — A lista dos acusadores samaritanos compreende as autoridades supremas da província,
os altos funcionários persas e enfim os chefes dos agrupamentos naturais dos colonos de acordo com seu país de origem.
c) "meu rei sairá prejudicado", conj.; "tu causarás prejuízo aos reis", aram.
d) Alusão, propositalmente exagerada, ao império de Davi e de Salomão.
e) "governador", 1 ms hebr., mss gregos, sír.; omitido pelo aram.
f) "Assim", conj.; "Então", aram. — Por este v. o redator uniu a 4,5 o que segue.

Josedec, começaram a construir o Templo de Deus em Jerusalém: os profetas de Deus estavam com eles, dando-lhes apoio.*a* ³Por esta época, Tatanai, governador da Transeufratênia, Setar-Buzanai e seus colegas vieram ter com eles e lhes perguntaram: "Quem vos deu permissão para reconstruir este templo e restaurar estas paredes? ⁴*b*Quais os nomes das pessoas que estão fazendo esta construção?" ⁵Mas Deus tinha os olhos voltados para os anciãos dos judeus: não foram obrigados a parar o trabalho, aguardando que chegasse um relatório a Dario, que então mandaria uma ordem oficial sobre a questão.

⁶Cópia da carta que Tatanai, governador da Transeufratênia, Setar-Buzanai e seus colegas, as autoridades da Transeufratênia, mandaram ao rei Dario. ⁷Enviaram-lhe um relatório, nestes termos:

"Ao rei Dario, toda a paz! ⁸Saiba o rei que estivemos no distrito de Judá, no templo do grande Deus: ele está sendo reconstruído com pedras enormes e suas paredes estão sendo revestidas de madeira; o trabalho está sendo executado com diligência e progride nas mãos dessa gente. ⁹Interrogamos, pois, a estes anciãos, e falamos-lhes: 'Quem vos deu permissão para reconstruirdes este templo e restaurardes estas paredes?' ¹⁰Pedimos também os nomes deles para te relatar; pudemos assim transcrever os nomes dos homens que chefiam esta gente.

¹¹Eis a resposta que nos deram: 'Somos os servidores do Deus do céu e da terra; estamos reconstruindo um Templo que ficou de pé, outrora, por muitos anos, e que um grande rei de Israel construiu e terminou. ¹²Mas porque nossos pais irritaram o Deus do céu, este os entregou nas mãos de Nabucodonosor, o caldeu, rei da Babilônia, que destruiu este Templo e deportou o povo para Babilônia. ¹³Entretanto, no primeiro ano de Ciro, rei da Babilônia, o próprio rei Ciro deu ordem de se reconstruir este Templo de Deus; ¹⁴além disso, o rei Ciro retirou do santuário da Babilônia os utensílios de ouro e prata do Templo de Deus, que Nabucodonosor retirara do santuário de Jerusalém e transportara para o templo da Babilônia; e mandou entregá-los a Sasabassar, que ele nomeou governador; ¹⁵e disse-lhe: — Toma estes utensílios, vai depositá-los no santuário de Jerusalém e que o Templo de Deus seja reconstruído em seu lugar primitivo. ¹⁶Este Sasabassar veio, pois, colocou os fundamentos do Templo de Deus em Jerusalém; e desde aquela época até o presente está sendo construído,*c* mas ainda não está acabado.'

¹⁷Agora, pois, se o rei acha conveniente, que se investigue nos tesouros do rei, em Babilônia, para se descobrir se de fato foi dada por Ciro a ordem de se reconstruir o Templo de Deus em Jerusalém. E que o rei depois nos faça saber qual é a sua decisão sobre o assunto."

6 ¹Então, por ordem do rei Dario, fizeram-se pesquisas nos tesouros onde estavam guardados os arquivos, na Babilônia,*d* ²e encontrou-se em Ecbátana, fortaleza situada na província da Média, um rolo onde estava escrito o seguinte:

1,4+

"Memorando.

³No primeiro ano do rei Ciro, o rei Ciro ordenou:

Templo de Deus em Jerusalém.

---

a) Esses dois vv. resumem as informações dos livros de Ageu e de Zacarias. O impulso inicial para a reconstrução do Templo dado por Sasabassar (5,16), não teve continuidade e, no outono de 520, ainda não havia nada mais do que ruínas (Ag 1,4). Desta forma, pode-se falar num verdadeiro começo dos trabalhos nesta data. Zorobabel, cuja importância é sublinhada em Ag e Zc, aqui fica em segundo plano diante dos "anciãos" (v. 5).

b) Com 3Esd 6,4 omitimos no começo: "Então lhes dissemos".
c) A reflexão dos anciãos embeleza propositalmente a realidade (cf. 4,1-5.23-24) para não deixar caducar o direito concedido em 538.
d) "Babilônia" pode designar aqui de modo geral o império persa (cf. "Ciro, rei da Babilônia", 5,13). O rei dividia sua residência entre Babilônia, Susa e Ecbátana, onde o edito foi encontrado (v. 2).

O Templo será reconstruído para ser um lugar onde se ofereçam sacrifícios, e seus alicerces devem ser restaurados. Sua altura será de sessenta côvados e sua largura de sessenta côvados.*ᵃ* ⁴Terá três fileiras de pedras talhadas e uma fileira de madeira.*ᵇ* A despesa correrá por conta da casa do rei. ⁵Além disso, serão restituídos os utensílios de ouro e de prata do Templo de Deus que Nabucodonosor retirou do santuário de Jerusalém para levá-los para Babilônia; de modo que tudo retome seu lugar no santuário de Jerusalém e seja deposto no Templo de Deus."*ᶜ*

⁶"Agora, pois, Tatanai, governador da Transeufratênia, Setar-Buzanai e vós, seus colegas, e autoridades da Transeufratênia, afastai-vos de lá; ⁷deixai que o governador de Judá*ᵈ* e os anciãos dos judeus trabalhem neste Templo de Deus: eles podem reconstruir este Templo de Deus no seu lugar. ⁸Eis o que ordeno acerca do que deveis fazer no tocante a estes anciãos dos judeus, para a reconstrução deste Templo de Deus: com os bens do rei, isto é, com os impostos da Transeufratênia, as despesas desta gente lhe serão reembolsadas com exatidão e sem interrupção. ⁹Ser-lhes-á dado para os holocaustos do Deus do céu: touros jovens, carneiros e cordeiros, e também trigo, sal, vinho e óleo, lhes serão, sem negligência, diariamente fornecidos conforme as indicações dos sacerdotes de Jerusalém, ¹⁰para que possam oferecer ao Deus do céu sacrifícios de agradável odor e para que orem pela vida do rei e de seus filhos.*ᵉ* ¹¹Ordeno também que se alguém transgredir este edito, arranque-se de sua casa uma viga de madeira; ela será erguida e nela seja empalado; e sua casa seja convertida num montão de imundícies por causa dessa culpa. ¹²Que o Deus que faz habitar ali seu Nome abata todo rei e todo povo que ousar modificar ou destruir este Templo de Deus em Jerusalém! Eu, Dario, dei esta ordem. Que ela seja pontualmente executada!"

¹³Então Tatanai, governador da Transeufratênia, Setar-Buzanai e seus colegas obedeceram fielmente às instruções enviadas pelo rei Dario. ¹⁴E os anciãos dos judeus continuaram a construir, com êxito, sob a inspiração do profeta Ageu e de Zacarias, filho de Ado. Terminaram a construção de acordo com a ordem do Deus de Israel e a ordem de Ciro e de Dario.*ᶠ* ¹⁵Este Templo foi concluído no vigésimo terceiro dia do mês de Adar, no sexto ano do reinado do rei Dario.*ᵍ* ¹⁶Os israelitas — os sacerdotes, os levitas e o resto dos exilados*ʰ* — celebraram com alegria a dedicação deste Templo de Deus; ¹⁷ofereceram, para a dedicação deste Templo de Deus, cem touros, duzentos carneiros e quatrocentos cordeiros e, como sacrifício pelo pecado de todo o Israel, doze bodes, segundo o número das tribos de Israel. ¹⁸Estabeleceram também os sacerdotes segundo suas categorias, e os levitas segundo suas classes, para o serviço do Templo de Deus,*ⁱ* em Jerusalém, como está escrito no livro de Moisés.*ʲ*

A Páscoa de 515 — ¹⁹Os exilados celebraram a Páscoa no dia catorze do primeiro mês. ²⁰Os levitas tinham-se purificado como um só homem e por isso todos estavam puros; imolaram, pois, a Páscoa para todos os exilados,

Ex 12,1 +

---

a) Texto alterado. Falta o comprimento, e as outras medidas são inverossímeis.
b) Cf. 5,8; mesmo modo de construção que para os edifícios salomônicos (1Rs 7,9-12).
c) "tudo", acrescentado por conj. — "seja deposto", versões; "tu as deporás", aram.
d) "de Judá", 3Esd 6,22; "dos judeus", aram.
e) A prece pelos soberanos pagãos é recomendada (cf. Jr 29,7; Br 1,10-11; 1Mc 7,33). Mesma lealdade em Rm 13,1-7; 1Pd 2,13-17.
f) O aram. acrescenta: "e de Artaxerxes, rei da Pérsia".
g) "no vigésimo terceiro dia", 3Esd 7,5; "no terceiro dia", aram. — É dia 1º de abril de 515. Este Templo, transformado por Herodes Magno (cf. Jo 2,20+), será usado por 585 anos. Será destruído por Tito em 70 d.C.
h) É o Resto poupado por Deus e que retornou do Exílio (cf. nota a 1,4).
i) "do Templo de Deus", sir., grego luc.; "de Deus", aram. e grego.
j) Aqui termina o documento aramaico. O Cronista escreveu os vv. 19-22.

para seus irmãos os sacerdotes e para eles próprios.*ᵃ* ²¹Comeram a Páscoa;*ᵇ* os israelitas que tinham voltado do Exílio e todos os que, tendo rompido com a impureza das nações da terra, se tinham juntado a eles para buscar a Iahweh, o Deus de Israel. ²²Celebraram com alegria durante sete dias a festa dos Ázimos, pois Iahweh os enchera de alegria, tendo feito inclinar-se para eles o coração do rei da Assíria, para que ele apoiasse seu esforço nas obras do Templo de Deus, o Deus de Israel.

II. A organização da comunidade

7 **Missão e personalidade de Esdras**ᶜ — ¹Depois desses fatos, no reinado de Artaxerxes, rei da Pérsia, chegou Esdras, filho de Saraías, filho de Azarias, filho de Helcias, ²filho de Selum, filho de Sadoc, filho de Aquitob, ³filho de Amarias, filho de Azarias, filho de Maraiot, ⁴filho de Zaraías, filho de Ozi, filho de Boci, ⁵filho de Abisue, filho de Fineias, filho de Eleazar, filho do sumo sacerdote Aarão;*ᵈ* ⁶este Esdras subiu de Babilônia. Era um escriba versado*ᵉ* na Lei de Moisés, dada por Iahweh, o Deus de Israel. Como a mão de Iahweh, seu Deus, estava sobre ele, o rei lhe concedeu tudo o que pediu. ⁷Subiram também para Jerusalém, no sétimo ano do rei Artaxerxes, certo número de israelitas: de sacerdotes, levitas, cantores, porteiros e "doados". ⁸Esdras chegou a Jerusalém no quinto mês do sétimo ano do rei. ⁹No primeiro dia do primeiro mês ele iniciou sua partida de Babilônia e no primeiro dia do quinto mês chegou a Jerusalém: a mão benfazeja de Deus estava sobre ele! ¹⁰Pois Esdras tinha aplicado seu coração a perscrutar a Lei de Iahweh, a praticar e ensinar, em Israel, os estatutos e as normas.

7,28; 8,18 Ne 2,8.18

O rescrito de Artaxerxesᶠ — ¹¹Eis a cópia do documento que o rei Artaxerxes entregou a Esdras, o sacerdote-escriba, sábio intérprete dos mandamentos de Iahweh e de suas leis referentes a Israel.

¹²ᵍ"Artaxerxes, o rei dos reis, ao sacerdote Esdras, secretário da Lei do Deus do céu, paz completa.*ʰ* (Aramaico)

Agora, pois, ¹³dei ordem para que todo aquele que, em meu reino, faça parte do povo de Israel, de seus sacerdotes ou levitas e queira partir para Jerusalém, possa ir contigo, ¹⁴porque tu és enviado pelo rei e pelos seus

1,2 +

---

a) No começo do v. o hebr. acrescenta: "Os sacerdotes e", mas cf. o fim do v. — Os Levitas imolam a Páscoa, segundo as ideias do Cronista (cf. 2Cr 35,6.11). Mas isto não estava previsto no ritual (Dt 16,2; Ex 12,6) e, na época do Novo Testamento, os próprios fiéis degolavam suas vítimas.
b) "a Páscoa", grego; omitido pelo hebr.
c) Os vv. 1-11 são do Cronista, que utiliza o relatório de Esdras (ver Introdução).
d) A genealogia de Esdras corresponde à preocupação dos exilados de fazerem valer os títulos ao sacerdócio (2,62; 8,2). Mas, sem dúvida, ela foi ampliada pelo Cronista com base em 1Cr 5,28s.
e) Cf. Sl 45,2. Esta habilidade na arte de escrever fazia dos escribas os funcionários das cortes orientais. Assim o título de "escriba" designa Esdras, nos vv. 11 e 21, como uma espécie de secretário para os negócios judaicos na corte persa. Mas o Cronista comentou aqui o título oficial de acordo com a função de Esdras em Jerusalém (Ne 8,8+): o escriba é aquele que lê, traduz e explica a Lei ao povo de Israel. Esdras inaugura este gênero de atividade, que será tão fecunda depois do Exílio e da qual os escribas (*grammateis*) do tempo de Cristo serão os continuadores.
f) Três coisas devem-se notar no rescrito: a) a permissão para os judeus que vivem em Babilônia de se estabelecerem em Judá (v. 13); b) a promoção da Lei de Moisés a lei de Estado (vv. 25-27); com base nessa lei se fará o controle da comunidade palestinense (v. 14) e também o das comunidades judaicas da Transeufratênia (v. 25); essa lei será obrigatória (v. 26); c) disposições financeiras (vv. 15-20). Sobre a política religiosa dos reis da Pérsia, cf. 1,2+.
g) Os vv. 12-26 estão em aramaico.
h) Tradução hipotética; o aram. traz somente "cumprido", "feito"; 3Esd 8,9 e sir. trazem apenas "saúde", "paz". O aram. pode significar que o documento está promulgado e é inalterável.

sete conselheiros, para inspecionar Judá e Jerusalém, segundo a lei de teu Deus, a qual está em tuas mãos, ¹⁵e para levares a prata e o ouro que o rei e seus conselheiros ofereceram espontaneamente ao Deus de Israel que reside em Jerusalém, ¹⁶e toda a prata e ouro que receberes em toda a província de Babilônia, além dos donativos espontâneos que o povo e os sacerdotes oferecerem para o templo de seu Deus em Jerusalém; ¹⁷Com esse dinheiro, pois, cuidarás de comprar touros, carneiros, cordeiros, bem como as oblações e libações que os acompanham: e os oferecerás sobre o altar do templo de vosso Deus em Jerusalém; ¹⁸utilizareis o restante da prata e do ouro como vos parecer melhor, a ti e a teus irmãos, em conformidade com a vontade de vosso Deus.*ᵃ* ¹⁹Deposita diante de teu Deus, em Jerusalém,*ᵇ* os utensílios que te foram entregues para o serviço do templo do teu Deus. ²⁰Tudo o mais que for necessário para o Templo do teu Deus, que te tocasse fornecer, ser-te-á dado do tesouro real. ²¹Sou eu mesmo, o rei Artaxerxes, que dou esta ordem a todos os tesoureiros da Transeufratênia: 'Executai rigorosamente tudo o que vos pedir o sacerdote Esdras, secretário da Lei do Deus do céu, ²²até o limite de cem talentos de prata, cem coros de trigo, cem batos de vinho, cem batos de azeite e sal à vontade. ²³Tudo o que o Deus do céu ordenar seja executado com exatidão para o Templo do Deus do céu, para que a ira não se desencadeie sobre o reino do monarca e de seus filhos. ²⁴Nós vos fazemos saber, também, que fica proibido cobrar imposto, tributo ou direito de passagem de todos os sacerdotes, levitas, cantores, porteiros, 'doados', numa palavra, de todos os servos desta casa de Deus'. ²⁵E tu, Esdras, segundo a sabedoria de teu Deus, que tens em mãos,*ᶜ* estabelecerás escribas*ᵈ* e juízes que administrem a justiça para todo o povo da Transeufratênia, para todos os que conhecem a Lei*ᵉ* de teu Deus. E deverás ensiná-la a quem não a conhece. ²⁶Todo o que não observar a Lei de teu Deus — que é a Lei do rei — será castigado rigorosamente: com a morte ou o desterro, com multa ou prisão."

(Hebraico) **Viagem de Esdras de Babilônia para a Palestina** — ²⁷Bendito seja Iahweh, o Deus de nossos pais, que inspirou assim ao coração do rei o desejo de honrar o Templo de Iahweh em Jerusalém, ²⁸e que me fez obter o favor do rei, de seus conselheiros e de todos os funcionários mais poderosos do rei. Quanto a mim, enchi-me de coragem, pois a mão de Iahweh meu Deus estava sobre mim, e reuni alguns chefes de Israel para que subissem comigo.

8 ¹Eis, com sua genealogia, os chefes de família que subiram comigo de Babilônia no reinado do rei Artaxerxes:*ᶠ*
²Dos filhos de Fineias: Gersam; dos filhos de Itamar:*ᵍ* Daniel; dos filhos de Davi: Hatus, ³filho de Sequenias; dos filhos de Faros: Zacarias, com o qual foram registrados cento e cinquenta varões; ⁴dos filhos de Faat-Moab: Elioenai, filho de Zaraías, e com ele duzentos varões; ⁵dos filhos de Zetua:*ʰ* Sequenias, filho de Jaaziel, e com ele trezentos varões; ⁶dos filhos de Adin: Abed, filho de Jônatas, e com ele cinquenta varões; ⁷dos filhos de Elam: Isaías, filho de

---

a) Isto é, com a Lei, como no v. 25.
b) "diante de teu Deus, em Jerusalém", grego, 3Esd 8,17; "diante do Deus de Jerusalém", aram.
c) Concretamente, a Lei (cf. v. 18).
d) "escribas", grego; "juízes", aram.
e) "a Lei", grego, 3Esd 8,23; "as leis", aram. — "Conhecer a Lei" significa praticá-la.
f) Esta lista que interrompe o relatório de Esdras entre 7,28 e 8,15 compreende dois sacerdotes descendentes, um, de Fineias e o outro, de Itamar, um descendente da estirpe real de Davi e doze famílias, cujos chefes — exceto um — reaparecem na lista de Esd 2 = Ne 7. Trata-se de uma composição do Cronista ou de um redator. — O texto, defeituoso em vários lugares, está corrigido segundo 3Esd 8 e as versões.
g) O descendente de Fineias pertence à linhagem sadoquita, que é a única representada na lista de Esd 2 = Ne 7. O descendente de Itamar pertence à linhagem de Abiatar, que tinha sido afastada do Templo (cf. 1Rs 2,27). Sua presença nesta lista significa a reconciliação das duas famílias rivais que dividirão entre si, no segundo Templo, o sacerdócio dos "filhos de Aarão", os sadoquitas conservando, porém, a supremacia com dezesseis classes contra oito dos filhos de Itamar (1Cr 24,4).
h) "Zetua", 3Esd 8,32; omitido pelo hebr.

Atalia, e com ele setenta varões; ⁸dos filhos de Safatias: Zebedias, filho de Miguel, e com ele oitenta varões; ⁹dos filhos de Joab: Abdias, filho de Jaiel, e com ele duzentos e dezoito varões; ¹⁰dos filhos de Bani:*ᵃ* Salomit, filho de Josfias, e com ele cento e sessenta varões; ¹¹dos filhos de Bebai: Zacarias, filho de Bebai, e com ele vinte e oito varões; ¹²dos filhos de Azgad: Joanã, filho de Ectã, e com ele cento e dez varões; ¹³dos filhos de Adonicam: os mais novos, cujos nomes são: Elifalet, Jeiel e Semeías, e com eles sessenta varões; ¹⁴e dos filhos de Beguai: Utai, filho de Zabud,*ᵇ* e com ele setenta varões.

¹⁵Reuni-os junto ao rio que corre para Aava*ᶜ* e lá acampamos três dias. Encontrei ali homens do povo e sacerdotes, mas não encontrei nenhum levita. ¹⁶Então mandei procurar Eliezer, Ariel, Semeías, Elnatã, Jarib, Elnatã, Natã, Zacarias e Mosolam, homens sábios,*ᵈ* ¹⁷e os enviei a Ado, chefe da localidade de Casfia; ditei-lhes as palavras que deviam dirigir a Ado e a seus irmãos, residentes na localidade de Casfia:*ᵉ* que nos enviassem ministros para o Templo de nosso Deus. ¹⁸E, graças à mão benfazeja de nosso Deus, que estava sobre nós, eles nos apresentaram um homem prudente, dos filhos de Mooli, filho de Levi, filho de Israel, Serebias, com seus filhos e irmãos: dezoito homens; ¹⁹e ainda Hasabias e com ele seu irmão Isaías, dos filhos de Merari,*ᶠ* como também seus filhos: vinte homens. ²⁰E entre os "doados" que Davi e os chefes tinham posto a serviço dos levitas: duzentos e vinte "doados". Todos foram registrados nominalmente. 2,43 +

²¹Ali, perto do rio Aava, proclamei um jejum, para nos humilharmos diante de nosso Deus e lhe pedirmos uma boa viagem para nós, para nossas crianças e para todos os nossos bens. ²²Porque eu teria vergonha de pedir ao rei uma escolta e cavaleiros para nos resguardar do inimigo durante a viagem; ao contrário, tínhamos declarado ao rei: "A mão de nosso Deus se estende benignamente sobre todos os que o buscam; mas seu poder e sua ira se abatem sobre todos os que o abandonam." ²³Jejuamos, pois, invocando nosso Deus nessa intenção, e ele nos atendeu. Ne 2,9

²⁴Escolhi doze chefes dos sacerdotes, isto é, Serebias e Hasabias e com eles dez de seus irmãos; ²⁵pesei diante deles a prata, o ouro e os utensílios, oferendas que o rei, seus conselheiros, seus príncipes e todo o Israel que se achava lá tinham feito para o Templo de nosso Deus. ²⁶Pesei, portanto, e entreguei nas mãos deles seiscentos e cinquenta talentos de prata, cem utensílios de prata de dois talentos,*ᵍ* cem talentos de ouro, ²⁷vinte taças de ouro de mil daricos e dois vasos de um bronze muito claro e brilhante, que eram preciosos como se fossem de ouro. ²⁸Declarei-lhes: "Sois consagrados a Iahweh; estes utensílios são sagrados; esta prata e este ouro são dedicados a Iahweh, o Deus de vossos pais. ²⁹Sede vigilantes em guardá-los até que possais pesá-los diante dos chefes dos sacerdotes e dos levitas e dos chefes de famílias de Israel, em Jerusalém, nas salas do Templo de Iahweh." ³⁰Os sacerdotes e os levitas tomaram então a seus cuidados a prata, o ouro e os utensílios assim pesados, para transportá-los para Jerusalém, para o Templo de nosso Deus.

³¹No dia doze do primeiro mês, deixamos o rio Aava e fomos para Jerusalém: a mão de nosso Deus estava sobre nós, e na estrada protegeu-nos dos ataques dos inimigos e dos salteadores. ³²Chegamos a Jerusalém e lá descan-

---

a) "Bani", 3Esd 8,36; omitido pelo hebr.
b) "filho de Zabud", 3Esd 8,40; "e Zabud" hebr.
c) Localidade desconhecida. O "rio" é um canal de irrigação.
d) "homens sábios", conforme o grego e 3Esd 8,43; "chefes, e Joiarib e Elnatã, sábios", hebr.
e) "e a seus irmãos", 3Esd 8,45, versões; "seu irmão", hebr. — Casfia: localidade desconhecida. Não se pode concluir do texto que houve um lugar de culto em Casfia: se havia lá uma concentração de levitas, é porque os deportados ficaram agrupados segundo seus laços de família e sua comunidade de origem.
f) "seu irmão Isaías, dos filhos de Merari", 3Esd 8,46; "Isaías dos filhos de Merari, seus irmãos", hebr.
g) "de dois talentos" *lekikkarayim*, conj.; "de talentos": *lekikkarîm*, hebr.

samos três dias. ³³No quarto dia, a prata, o ouro e os utensílios foram pesados no Templo de nosso Deus e entregues nas mãos do sacerdote Meremot, filho de Urias, ajudado por Eleazar, filho de Fineias, e pelos levitas Jozabad, filho de Josué, e Noadaías, filho de Benui. ³⁴Tudo foi entregue conforme o número e o peso; e o peso total foi registrado.

Naquele tempo, ³⁵os que voltaram do Exílio, os exilados, ofereceram holocaustos ao Deus de Israel: doze touros por todo o Israel, noventa e seis carneiros, setenta e dois*a* cordeiros, doze bodes pelo pecado: tudo isso em holocausto a Iahweh.

³⁶E entregaram os decretos do rei aos sátrapas reais e aos governadores da Transeufratênia, os quais deram seu apoio ao povo e ao Templo de Deus.

Ml 2,10-12
Dt 7,1 +

9 *A ruptura dos matrimônios com estrangeiras*[b] — ¹Feito isso, os chefes vieram procurar-me, dizendo: "O povo de Israel, os sacerdotes e os levitas não se separaram dos povos das terras mergulhados[c] em suas abominações — cananeus, heteus, ferezeus, jebuseus, amonitas, moabitas, egípcios e amor-

Ne 9,2

reus! — ²porque, para si e para seus filhos, tomaram esposas entre as filhas deles: a linhagem santa misturou-se com os povos das terras: os chefes e os magistrados foram os primeiros a participar dessa infidelidade!" ³Quando ouvi isso, rasguei as minhas vestes e meu manto, arranquei os cabelos da cabeça e da barba e sentei-me consternado. ⁴Todos os que temiam as palavras do Deus de Israel reuniram-se ao meu redor, por causa dessa infidelidade dos exilados.[d] E eu fiquei sentado e angustiado até a oblação da tarde. ⁵Na hora da oblação da tarde, levantei-me da minha prostração; e com a veste e o manto rasgados, caí de joelhos, estendi as mãos para Iahweh, meu Deus, ⁶e disse:[e]

Is 66,2.5

"Meu Deus, estou coberto de vergonha e confusão ao levantar minha face para ti, meu Deus. Porque nossas iniquidades se multiplicaram até acima de nossas cabeças, e nossas faltas se acumularam até o céu. ⁷Desde os dias de nossos pais até este dia, uma grande culpa pesa sobre nós: por causa de nossas iniquidades, nós, nossos reis e nossos sacerdotes, fomos entregues às mãos dos reis de outras terras, à espada, ao cativeiro, à rapina e à vergonha, como se dá ainda hoje. ⁸Mas agora, por um breve instante, Iahweh nosso Deus nos concedeu a graça de reservar dentre nós sobreviventes e de permitir que nos fixemos em seu lugar santo: assim nosso Deus deu brilho a nossos olhos e um pouco de vida no meio de nossa escravidão. ⁹Pois somos escravos, mas em nossa escravidão nosso Deus não nos abandonou: antes, granjeou-nos o favor dos reis da Pérsia, dando-nos vida bastante para podermos reconstruir o Templo do nosso Deus e restaurar suas ruínas e concedendo-nos um abrigo seguro em Judá e em Jerusalém. ¹⁰Mas agora, ó nosso Deus, que poderemos dizer, depois disso? Pois abandonamos os teus mandamentos, ¹¹que havias

Lv 18,24s
Ez 36,17

determinado por meio dos teus servos, os profetas, dizendo: 'A terra aonde ides entrar para dela tomar posse é uma terra contaminada pela imundície dos povos das terras, pelas abominações com que a infestaram de uma extremidade

Dt 7,3

a outra com suas impurezas.[f] ¹²Pois bem, não deis vossas filhas a seus filhos e não tomeis suas filhas como esposas para vossos filhos; não vos preocupeis

---

a) "setenta e dois", 3Esd 8,63; "setenta e sete", hebr.
b) Esses matrimônios não eram proibidos no antigo Israel (Gn 41,45; 48,5s; Nm 12,1s; Rt 1,4; 2Sm 3,3). Foram proibidos pelo Deuteronômio, para combater a *idolatria* que as mulheres pagãs poderiam introduzir em seus lares (Dt 7,1-4; cf. 23,4s). Depois do Exílio, o perigo redobrou, sem dúvida, porque os repatriados eram na maioria homens. O motivo de ruptura é ainda religioso (9,1.11), mas transparece outro: a preocupação com a pureza da raça (9,2).

c) "mergulhados em", grego; "no tocante a", hebr.
d) A comunidade judaica em seu conjunto é chamada a *Golah* (os exilados), nome proveniente de sua elite (4,1; 6,16; 10,6.8.16). Ela se identifica com um Resto (cf. Is 4,3+).
e) A oração de Esdras, que é também uma pregação, inspira-se no Deuteronômio e nos profetas (vv. 11s).
f) "imundície", "abominação", "impureza" caracterizam a idolatria.

jamais com sua prosperidade e seu bem-estar, para que vos torneis fortes e comais os melhores frutos da terra e a deixeis como herança a vossos filhos para sempre.'

¹³Ora, depois de tudo o que nos aconteceu por causa das nossas más ações e por causa da nossa grande culpa — embora tu, ó nosso Deus, tenhas reduzido o peso de nossas iniquidades e nos tenhas deixado os sobreviventes que aqui estão! —, ¹⁴poderíamos ainda violar teus mandamentos e nos aliar a esta gente abominável? Não te irritarias contra nós até nos aniquilares, sem deixares resto nem sobreviventes? ¹⁵Iahweh, Deus de Israel, tu és justo,[a] pois o que restou de nós é um grupo de sobreviventes, como acontece hoje. Eis-nos aqui diante de ti com a nossa culpa! Sim, é impossível subsistirmos em tua presença por causa disso!"

10 ¹Enquanto Esdras fazia essa confissão e essa oração prostrado diante do Templo de Deus e chorando, uma imensa assembleia de Israel, homens, mulheres e crianças, reuniu-se em torno dele, e o povo chorava copiosamente. ²Então Sequenias, filho de Jaiel, um dos filhos de Elam, tomando a palavra, disse a Esdras: "Fomos infiéis a nosso Deus desposando mulheres estrangeiras, tomadas dentre os povos da terra. Pois bem: apesar disso, resta ainda uma esperança para Israel. ³Vamos assumir diante de nosso Deus o compromisso solene de despedir todas as nossas mulheres estrangeiras e os filhos que delas nasceram, de acordo com o conselho de meu senhor[b] e dos que temem os mandamentos de nosso Deus. E que seja feito conforme a Lei! ⁴Levanta-te! Pois a ti compete agir, mas estaremos a teu lado. Coragem e mãos à obra!" ⁵Então Esdras se levantou e convidou os chefes dos sacerdotes e dos levitas e todo o Israel a jurar que agiriam como acabava de ser dito; e eles juraram. ⁶Esdras retirou-se de diante do Templo de Deus e dirigiu-se ao aposento de Joanã, filho de Eliasib, onde passou a noite[c] sem comer pão nem beber água, pois estava de luto por causa da infidelidade dos exilados.

⁷Fez-se uma proclamação em Judá e em Jerusalém, para que todos os exilados se reunissem em Jerusalém: ⁸quem não comparecesse dentro de três dias — foi esse o parecer dos chefes e dos anciãos — veria todos os seus bens[d] votados ao anátema e seria excluído da comunidade dos exilados. ⁹Reuniram-se, pois, todos os homens de Judá e de Benjamim, no prazo de três dias, em Jerusalém: era o vigésimo dia do nono mês; todo o povo se encontrava na praça do Templo de Deus, tremendo por causa do assunto e ser tratado e porque chovia forte. ¹⁰Então o sacerdote Esdras se levantou e declarou-lhes: "Cometestes uma infidelidade desposando mulheres estrangeiras: aumentastes desta forma a culpa de Israel! ¹¹Mas agora rendei graças a Iahweh, o Deus de vossos pais, e executai sua vontade separando-vos dos povos da terra e das mulheres estrangeiras." ¹²A assembleia inteira respondeu com voz forte: "Sim, nosso dever é agir segundo tuas ordens! ¹³Mas o povo é numeroso e estamos na estação das chuvas: não se consegue ficar ao relento; além disso, o assunto não se resolve em um dia ou dois, pois somos muitos os que fomos rebeldes neste ponto. ¹⁴Que nossos chefes representem a assembleia inteira:[e] todos os que, em nossas cidades, desposaram mulheres estrangeiras virão aqui em datas marcadas, acompanhados dos anciãos e dos juízes da respectiva cidade, até que tenhamos afastado de nós a grande ira de nosso Deus, acesa por causa disso".

---

a) A justiça de Deus se combina com a misericórdia, senão não teria permanecido ninguém. É a justiça salvífica (cf. Is 56,1; Rm 1,17).
b) "estrangeiras", 1 ms, 3Esd 8,90; omitido pelo hebr. — "meu senhor", conj.; "(do) Senhor", hebr.
c) "passou a noite", 3Esd 9,2; "foi", hebr.
d) Cf. Js 6,17+; Lv 27,28+.
e) Institui-se uma comissão investigadora, formada pelos notáveis.

¹⁵Só Jônatas, filho de Asael, e Jaasias, filho de Tícua, fizeram oposição a essa proposta, sustentados por Mosolam e pelo levita Sebetai.ᵃ ¹⁶Os exilados agiram como fora proposto. O sacerdote Esdras escolheu para siᵇ chefes de família, segundo suas casas, todos designados nominalmente. Começaram no primeiro dia do décimo mês as sessões para examinar os casos. ¹⁷E no primeiro dia do primeiro mês terminaram todos os processos relativos aos homens que tinham desposado mulheres estrangeiras.

Lista dos culpadosᶜ — ¹⁸Entre os sacerdotes, descobriu-se que tinham desposado mulheres estrangeiras: entre os filhos de Josué, filho de Josedec, e entre seus irmãos: Maasias, Eliezer, Jarib e Godolias; ¹⁹comprometeram-se por juramento a repudiar suas mulheres e, por seu pecado, ofereceram um carneiro como sacrifício de reparação;ᵈ

²⁰entre os filhos de Emer: Hanani e Zabadias;

²¹entre os filhos de Harim: Maasias, Elias, Semeías, Jaiel e Ozias;

²²entre os filhos de Fasur: Elioenai, Maasias, Ismael, Natanael, Jozabad e Elasa.

²³Entre os levitas: Jozabad, Semei, Celaías — também chamado Calita —, Petaías, Judá e Eliezer.

²⁴Entre os cantores: Eliasib e Zacur.ᵉ

Entre os porteiros: Selum, Telém e Uri.

²⁵Entre os israelitas:

dos filhos de Faros: Remeías, Jezias, Melquias, Miamin, Eleazar, Melquias e Banaías;

²⁶dos filhos de Elam: Matanias, Zacarias, Jaiel, Abdi, Jerimot e Elias;

²⁷dos filhos de Zetua: Elioenai, Eliasib, Matanias, Jerimot, Zabad e Aziza;

²⁸dos filhos de Bebai: Joanã, Hananias, Zabai, Atlai;

²⁹dos filhos de Beguai: Mosolam, Meluc, Adaías, Jasub, Saal, Jerimot;

³⁰dos filhos de Faat-Moab: Ednas, Calal, Banaías, Maasias, Matanias, Beseleel, Benui, Manassés;

³¹dos filhos de Harim: Eliezer, Jesias, Melquias, Semeías, Simeão, ³²Benjamim, Meluc, Semerias;

³³dos filhos de Hasum: Matanai, Matatias, Zabad, Elifalet, Jermai, Manassés, Semei;

³⁴dos filhos de Bani: Maadai, Amram, Joel, ³⁵Banaías, Badaías, Quelias, ³⁶Vanias, Meremot, Eliasib, ³⁷Matanias, Matanai e Jasi;

³⁸dos filhos de Benui: Semei, ³⁹Selemias, Natã e Adaías;

⁴⁰dos filhos de Zacai: Sisai, Sarai, ⁴¹Azareel, Selemias, Semerias, ⁴²Selum, Amarias, José;

⁴³dos filhos de Nebo: Jeiel, Matatias, Zabad, Zabina, Jedu, Joel, Banaías.

⁴⁴Todos esses tinham desposado mulheres estrangeiras: eles despediram as mulheres e os filhos.ᶠ

---

a) A oposição a esse procedimento parece originar-se de pessoas zelosas que não o julgam bastante rápido.
b) "escolheu para si", 3Esd 9,16; "foram escolhidos", hebr.
c) O relatório de Esdras sobre o repúdio das mulheres estrangeiras continha, depois do v. 17, apenas os vv. 19 e 44b. O Cronista inseriu uma lista dos culpados (vv. 18.20-44a), que ele pode ter tirado dos arquivos do Templo, mas que modificou inspirando-se em Esd 2 = Ne 7 e em Esd 8. As quatro famílias sacerdotais são as mesmas que em 2,36-39; sete das famílias leigas reaparecem em 2,3-35 e 8,3-14. Alguns nomes são corrigidos segundo 3Esd e as versões.
d) "sacrifício de reparação", grego, 3Esd 9,20; "culpados", hebr.
e) "e Zacur", 3Esd 9,24; omitido pelo hebr.
f) "eles despediram as mulheres e os filhos", 3Esd 9,36; "entre elas houve mulheres que tiveram filhos", hebr.

NEEMIAS

1 *Vocação de Neemias: sua missão em Judá* — ¹Palavras de Neemias, filho de Hacalias.[a] No mês de Casleu, no vigésimo ano,[b] quando me encontrava na cidadela de Susa, ²chegou Hanani, um dos meus irmãos, com homens de Judá. Interroguei-os sobre os judeus libertados que tinham sobrevivido ao cativeiro e sobre Jerusalém. ³Responderam-me: "Os sobreviventes do cativeiro,[c] que estão lá na província, vivem em grande miséria e humilhação; as muralhas de Jerusalém estão em ruínas e suas portas foram incendiadas."[d] ⁴Ouvindo essas palavras, sentei-me, chorei, fiquei de luto vários dias, jejuando e orando diante do Deus do céu.

⁵E eu disse:[e] "Ah! Iahweh, Deus do céu, o Deus grande e temível, que guarda a aliança e a misericórdia para com aqueles que o amam e observam seus mandamentos, ⁶que teus ouvidos estejam atentos e teus olhos abertos, para ouvir a prece do teu servo. Dia e noite eu te suplico em favor dos filhos de Israel, teus servos, e confesso os pecados dos filhos de Israel, que cometemos contra ti: pecamos, eu e a casa de meu pai! ⁷Procedemos muito mal para contigo, não observando os mandamentos, estatutos e normas que havias prescrito a Moisés, teu servo. ⁸Lembra-te, porém, da palavra que ordenaste a Moisés, teu servo: 'Se fordes infiéis, dispersar-vos-ei entre as nações; ⁹mas se voltardes a mim, observando os meus mandamentos e pondo-os em prática, mesmo que vossos exilados se achassem nos confins do céu, eu os reuniria e reconduziria ao Lugar que escolhi para nele fazer habitar meu Nome.' ¹⁰Eles são teus servos e teu povo que resgataste por teu grande poder e pela força de teu braço! ¹¹Ah! Senhor, que teus ouvidos estejam atentos à prece do teu servo, à prece dos teus servos que se comprazem no temor de teu Nome. Concede, eu te suplico, o bom êxito a teu servo e faze-o ganhar a benevolência deste homem."

Eu era então copeiro do rei.

2 ¹No mês de Nisã, no vigésimo ano do rei Artaxerxes,[f] sendo eu o encarregado do vinho, peguei-o e ofereci-o ao rei. Antes[g] eu nunca tinha estado triste. ²Por isso o rei me disse: "Por que estás com a fisionomia triste? Não estás doente? Não, certamente é teu coração que está aflito!" Fiquei muito apreensivo ³e disse ao rei: "Que o rei viva para sempre. Como meu rosto poderia não estar triste quando está em ruínas a cidade onde estão os túmulos de meus pais e suas portas devoradas pelo fogo?" ⁴E o rei me disse: "Então, que desejas?" Invoquei o Deus do céu ⁵e respondi ao rei: "Se apraz ao rei e se estás satisfeito com teu servo, deixa-me ir para Judá, para a cidade santa onde jazem meus pais, a fim de que possa reconstruí-la." ⁶O rei perguntou-me, quando a rainha estava sentada a seu lado: "Até quando durará tua viagem? Quando voltarás?" Marquei-lhe uma data, que convinha ao rei, e ele me autorizou a partir. ⁷Eu disse ainda ao rei: "Se parecer bem ao rei, sejam-me dadas cartas

---

a) Aqui começam as memórias de Neemias (ver Introdução).
b) Do rei Artaxerxes I (465-424; cf. 2,1), ou seja, em dezembro de 446.
c) O povo fiel que voltou do Exílio, reunido em torno de Jerusalém (cf. Esd 1,4+; 6,15; Is 4,3+).
d) A preocupação de reconstruir as muralhas de Jerusalém surge durante o Exílio (Is 54,11-12) e depois (Is 60,10-17; Zc 2,5s). A iniciativa data provavelmente do tempo de Xerxes (Esd 4,6), e é claramente atestada no tempo de Artaxerxes (Esd 4,12-13.16). Isso foi considerado como reivindicação de autonomia, que poderia prejudicar os direitos adquiridos de Samaria. Daí a oposição samaritana, que conseguiu do governo persa o decreto que embargava incontinenti a construção (Esd 4,23). É a este acontecimento recente que Hanani alude.
e) A prece de Neemias se inspirou no Deuteronômio.
f) Março-abril de 445.
g) "sendo eu o encarregado", grego; "sendo ele o encarregado", hebr. — "antes": *lepanîm*, conj.; "Diante dele": *lepanayw*, hebr.

para os governadores da Transeufratênia a fim de que me deixem passar até que chegue a Judá; ⁸e também uma carta para Asaf, guarda do parque real, para que me forneça madeira de construção para as portas da cidadela do Templo, para as muralhas da cidade e para a casa em que vou morar." O rei mo concedeu, pois a mão benévola de meu Deus estava sobre mim.

⁹Fui, pois, ter com os governadores da Transeufratênia e entreguei-lhes as cartas do rei. O rei me mandara escoltar por oficiais do exército e cavaleiros.

¹⁰Quando Sanabalat, o horonita, e Tobias, o funcionário amonita,ᵃ foram informados disso, mostraram-se muito aborrecidos, pelo fato de ter chegado alguém para trabalhar em benefício dos filhos de Israel.

Decisão de reconstruir as muralhas de Jerusalém — ¹¹Chegando a Jerusalém, lá permaneci três dias. ¹²Depois levantei-me de noite, acompanhado de alguns homens, sem ter revelado a ninguém o que meu Deus me havia inspirado fazer por Jerusalém e sem ter comigo outro animal senão minha própria montaria. ¹³Saí, pois, à noite, pela porta do Vale, dirigi-me à fonte do Dragão e depois à porta do Esterco: inspecionei a muralha de Jerusalém, onde havia brechasᵇ e cujas portas tinham sido incendiadas. ¹⁴Prossegui meu caminho rumo à porta da Fonte e à piscina do Rei, e não encontrei mais passagem para o animal que cavalgava. ¹⁵Por isso fui subindo de noite pela torrente, sempre observando as muralhas, e entrei pela porta do Vale.ᶜ Assim voltei ¹⁶sem que os conselheiros soubessem aonde eu tinha ido, nem o que fizera. Até então nada tinha comunicado aos judeus, nem aos sacerdotes, nem aos nobres, nem aos magistrados, nem aos outros responsáveis; ¹⁷disse-lhes então: "Estais vendo a situação miserável em que estamos: Jerusalém é só ruínas, suas portas foram devoradas pelo fogo. Vinde! Reconstruamos as muralhas de Jerusalém e não seremos mais objeto de insulto!" ¹⁸E lhes expus como a mão benfazeja de Deus tinha estado sobre mim, narrando-lhes também as palavras que o rei me havia dirigido. "Levantemo-nos!", exclamaram, "e ponhamos mãos à obra!" E lançaram-se com coragem a este belo empreendimento.

¹⁹Ao saber disso, Sanabalat, o horonita, Tobias, o funcionário amonita, e Gosem,ᵈ o árabe, zombaram de nós e olharam-nos com desprezo, dizendo: "Que é que estais fazendo? Uma revolta contra o rei?" ²⁰Mas respondi-lhes nestes termos: "É o Deus do céu que nos fará triunfar. Nós, seus servos, vamos começar a construir. Quanto a vós, não tendes parte, nem direito, nem lembrança em Jerusalém".

3 ***Os voluntários para a reconstrução***ᵉ — ¹Eliasib, o sumo sacerdote, e seus irmãos, os sacerdotes, puseram-se a trabalhar e construíram a porta das Ovelhas, fizeram as vigas,ᶠ fixaram os batentes, as fechaduras e as trancas, e continuaram até à torre dos Cem e até à torre de Hananeel. ²Junto deles, o povo de Jericó trabalhou na construção; e mais adiante, Zacur, filho de Imri. ³Os filhos de Asená construíram a porta dos Peixes; fizeram as vigas, fixaram os batentes, as fechaduras e as trancas. ⁴Junto deles, fez a restauração Meremot, filho de Urias, filho de Acus; junto dele, trabalhou Mosolam, filho de Baraquias, filho de Mesezebel; mais além, trabalhou Sadoc, filho de

---

a) Sanabalat é conhecido como governador de Samaria. Tobias era, sob suas ordens, judeu governador de Amon.
b) "a muralha", mss, grego, Vulg.; "as muralhas", hebr. — "onde havia brechas": *hameporacîm*, conj.: "que estavam destruídas": *'asher hem peruçîm* hebr.
c) Ver o mapa "Jerusalém do Antigo Testamento". A torrente é o Cedron.
d) Gosem ou Gasmu (6,6), rei da federação árabe de Cedar, cujo território se estendia até o sul da Transjordânia e da Palestina.
e) O cap. 3 reproduz um documento tirado dos arquivos do Templo, inserido no relatório de Neemias. Informa-nos sobre a topografia de Jerusalém (ver o mapa; cf. 2Sm 5,9+; 2Rs 14,13+) e sobre a geografia política da província, que contava cinco lugares principais: Jerusalém, Bet-Acarem, Masfa, Betsur e Ceila (ver o mapa).
f) "fizeram as vigas", conj., de acordo com vv. 3 e 6; "a consagraram", hebr. — "e até à torre", conj.; "e a consagraram até à torre", hebr.

Baana.*ª* ⁵Junto dele, trabalhou na restauração o povo de Técua, mas os seus notáveis se recusaram a submeter-se ao serviço dos seus senhores. ⁶Quanto à porta do bairro Novo,*ᵇ* Joiada, filho de Fasea, e Mosolam, filho de Besodias, a restauraram; fizeram as vigas, fixaram os batentes, as fechaduras e as trancas. ⁷Ao lado deles, restauraram Meltias de Gabaon e Jadon de Meronot, bem como o povo de Gabaon e de Masfa, à custa*ᶜ* do governador da Transeufratênia. ⁸Junto deles, restaurou Oziel, membro da corporação dos ourives,*ᵈ* e, mais além, restaurou Hananias, da corporação dos perfumistas: eles reforçaram Jerusalém até a muralha larga. ⁹Junto deles, restaurou Rafaías, filho de Hur, chefe da metade do distrito de Jerusalém. ¹⁰Ao lado, trabalhava Jedaías, filho de Haromaf, defronte de sua casa; ao lado dele, trabalhou Hatus, filho de Hasebonias. ¹¹Melquias, filho de Herem e Hasub, filho de Faat-Moab, reconstruíram o setor seguinte até à torre dos Fornos.*ᵉ* ¹²Junto deles, restaurou Selum, filho de Aloés, chefe da metade do distrito de Jerusalém, trabalhando ele e seus filhos.*ᶠ* ¹³Hanun e os habitantes de Zanoe restauraram a porta do Vale: construíram-na, puseram-lhe os batentes, as fechaduras e as trancas e refizeram mil côvados de muro, até a porta do Esterco.*ᵍ* ¹⁴Melquias, filho de Recab, chefe do distrito de Bet-Acarem, restaurou a porta do Esterco junto com seus filhos:*ʰ* fixou seus batentes, suas fechaduras e trancas.

¹⁵Selum, filho de Col-Hoza, chefe do distrito de Masfa, restaurou a porta da Fonte: construiu-a, cobriu-a, fixou seus batentes, suas fechaduras e trancas. Reconstruiu também o muro da piscina de Siloé, ao lado do jardim do rei, até a escada que desce da Cidade de Davi.*ⁱ* ¹⁶Depois dele, Neemias, filho de Azboc, chefe da metade do distrito de Betsur, fez a restauração até defronte dos túmulos de Davi, até a cisterna construída*ʲ* e até a Casa dos Heróis.*ᵏ* ¹⁷Depois deles, trabalharam os levitas: Reum, filho de Bani; ao lado dele, restaurou Hasabias, chefe da metade do distrito de Ceila, para seu distrito; ¹⁸junto a ele, restauraram seus irmãos: Benui, filho de Henadad, chefe da metade do distrito de Ceila; ¹⁹depois dele, Azer, filho de Jesua, chefe de Masfa, restaurou um outro setor, defronte da subida do Arsenal, na Esquina.

²⁰Depois dele, Baruc, filho de Zabai, reconstruiu*ˡ* outro setor, desde a Esquina até a porta da casa de Eliasib, o sumo sacerdote. ²¹Depois dele, Meremot, filho de Urias, filho de Acos restaurou outro setor, desde a entrada da casa de Eliasib até sua extremidade. ²²Depois dele, trabalharam na restauração os sacerdotes que moravam na planície. ²³Depois deles, Benjamim e Hasub restauraram diante de suas casas. Depois deles, Azarias, filho de Maasias, filho de Ananias, restaurou ao lado da sua casa. ²⁴Depois dele, Benui, filho de Henadad, restaurou um outro setor, desde a casa de Azarias até à Esquina e ao Ângulo. ²⁵Depois dele, Falel, filho de Ozi, restaurou*ᵐ* em frente à Esquina e à torre que sobressai acima do Palácio real superior e está situada no pátio do cárcere. Depois dele, Fadaías, filho de Faros, restaurou

---

a) Neemias e seus companheiros.

b) "do bairro Novo", sir.; "Velho", hebr. — O crescimento da cidade ao norte redunda na formação deste bairro (cf. 2Rs 22,14; Sf 1,10-11). Em 12,39 esta porta é chamada "porta de Efraim".

c) Sentido incerto.

d) "membro da corporação dos ourives", conj., de acordo com o sir.; "filho de Haraías, ourives", hebr.

e) Ou torre do Ângulo (2Cr 26,9). — "até a torre", grego; "e com a torre", hebr.

f) "seus filhos", conj.; "suas filhas", hebr.

g) "do Esterco" qerê e grego; "dos Queijos", ketib. — Chamada mais tarde porta dos Essênios.

h) "junto com seus filhos", mss gregos; "foi ele que construiu", hebr.

i) A Cidade de Davi, local primitivo de Jerusalém sobre a colina de Ofel, estava situada no sul do conjunto formado pelo Templo e pelo palácio real (cf. 2Sm 5,9+). Foi encontrada, cavada na rocha, a escada de que se fala aqui.

j) Velho reservatório que captava anteriormente a água de Gion na sua saída natural. O rei Ezequias mandou aterrá-lo quando foi construído o canal subterrâneo que leva água à piscina de Siloé (cf. 2Rs 20,20+).

k) Trata-se do quartel da antiga guarda pessoal dos reis (2Sm 16,6; 23,8).

l) Antes de "reconstruiu" o hebr. acrescenta "inflamou", ditografia omitida pelo grego.

m) Acrescentamos: "depois dele, restaurou" (o hebr. traz apenas o nome próprio) bem como "restaurou" no final do v.

²⁶ᵃaté defronte da porta das Águas, ao oriente, e até à torre que sobressai. ²⁷Depois dele, o povo de Técua restaurou um outro setor, em frente da grande torre que sobressai até o muro de Ofel.

²⁸A partir da porta dos Cavalos, os sacerdotes trabalharam nas restaurações, cada um em frente de sua casa. ²⁹Depois deles, Sadoc, filho de Hemer, restaurou diante de sua casa. Depois dele, restaurou Semaías, filho de Sequenias, guardião da porta do Oriente. ³⁰Depois dele,ᵇ Hananias, filho de Selemias, e Hanun, sexto filho de Selef, restauraram outro setor. Depois dele, Mosolam, filho de Baraquias, restaurou diante de seu aposento. ³¹Depois dele, Melquias, da corporação dos ourives, restaurou até a morada dos "doados" e dos comerciantes, em frente da porta do Vigia, até à sala alta do Ângulo. ³²E entre a sala alta do Ângulo e a porta das Ovelhas, restauraram os ourives e os comerciantes.

Reações dos inimigos dos judeusᶜ — ³³Logo que Sanabalat soube que estávamos reconstruindo a muralha, encolerizou-se e mostrou-se muito irritado. Escarneceu dos judeus, ³⁴e exclamou diante de seus irmãos e diante da aristocracia da Samaria: "Que estão fazendo esses pobres judeus?... Vão desistir? ou sacrificar?ᵈ ou terminar num dia? Farão reviver estas pedras, tiradas de montões de escombros e já calcinadas?" ³⁵Tobias, o amonita, que estava a seu lado, disse: "Isso que eles estão construindo, se uma raposa subir aí, derrubará sua muralha de pedras!" ³⁶Ouve, ó nosso Deus, como somos desprezados! Faze recair seus insultos sobre sua cabeça. Entrega-os ao desprezo numa terra de escravidão! ³⁷Não perdoes seu pecado e que sua iniquidade e seu pecado não sejam cancelados diante de ti: pois ofenderam os construtores!

³⁸Ora, reconstruímos a muralha que foi restaurada por completo até meia altura. O povo trabalhava de bom coração.

4

¹Quando Sanabalat, Tobias, os árabes, os amonitas e os azotitas souberam que as restaurações da muralha de Jerusalém iam adiante — que as brechas começavam a ser fechadas —, ficaram muito irritados ²e juraram todos, uns aos outros, que viriam atacar Jerusalém e me importunar.

³Invocamos então nosso Deus e, para proteger a cidade,ᵉ estabelecemos contra eles um policiamento dia e noite. ⁴Judá, porém dizia: "Decaem as forças dos carregadores, há escombros demais: jamais chegaremos a reerguer a muralha!" ⁵E nossos inimigos declaravam: "Antes que saibam ou vejam qualquer coisa, surgiremos no meio deles: então vamos massacrá-los e arrasar a obra!" ⁶Estavam chegando alguns judeus que moravam perto deles e que dez vezes nos avisaram: "Eles estão subindo contra nós de todas as localidades em que habitam!"ᶠ ⁷Tomamos posiçãoᵍ pois, em lugares baixos, no espaço atrás da muralha, nos lugares descobertos. Dispus o povo por famílias, com suas espadas, lanças e arcos. ⁸Vendo seu medo,ʰ levantei-me e fiz aos nobres, aos magistrados e ao resto do povo esta declaração: "Não tenhais medo dessa gente! Pensai no Senhor, grande e temível, e combatei por vossos irmãos, filhos, filhas, mulheres e casas!" ⁹Quando nossos inimigos souberam que estávamos informados e que Deus frustrara-lhes o projeto, retiraram-seⁱ e voltamos todos à muralha, cada qual a seu trabalho.

---

a) O hebr. traz no começo: "e os doados habitavam no Ofel", glosa tirada de 11,21 e que conviria no v. 27.
b) "dele", qerê, versões; "de mim", ketib. O mesmo no v. 31.
c) As dificuldades encontradas por Neemias no exterior são as mais frisadas. Depois das zombarias e dos insultos (2,19-20; 3,33-35), Sanabalat e seus aliados ameaçam passar a ação direta (cap. 4). Depois tenta-se uma chantagem (cap. 6).
d) Essas últimas palavras são incertas.
e) "para proteger a cidade", lit. "para ela" ('*aleah*), conj.: "contra eles" '*alehem*, hebr.
f) "estão subindo", grego; omitido pelo hebr. — "habitam": *ieshebû*, conj.; "voltareis": *tashûbû*, hebr.
g) "Tomamos posição", mss gregos; "Tomei posição", hebr.
h) "seu medo" é acrescentado, de acordo com a continuação do v.
i) "retiraram-se" é acrescentado.

¹⁰Mas, a partir desse dia, só a metade dos meus homens é que participava dos trabalhos; os outros, munidos de lanças, escudos, arcos e couraças, estavam*ᵃ* atrás de toda casa dos judeus ¹¹que construíam a muralha. Também os carregadores estavam armados:*ᵇ* com uma das mãos cada qual fazia seu trabalho, e com a outra segurava uma arma. ¹²Cada um dos construtores, no momento do serviço, trazia sua espada cingida na cintura. Um trombeteiro estava a meu lado. ¹³Eu disse aos nobres, aos magistrados e ao resto do povo: "A obra é grande e extensa e nós estamos espalhados ao longo da muralha, longe uns dos outros: ¹⁴reuni-vos em torno de nós no lugar de onde ouvirdes sair o som da trombeta e nosso Deus combaterá por nós." ¹⁵Assim, pois, nos entregávamos ao trabalho*ᶜ* desde o raiar da aurora até aparecerem as estrelas. ¹⁶Naquela época, eu disse ainda ao povo: "Cada um, com seu servo, deverá passar a noite em Jerusalém; desta forma, utilizaremos a noite para montarmos guarda e o dia para o trabalho." ¹⁷Mas nem eu, nem meus irmãos, nem meus homens, nem os guardas que me escoltavam, ninguém tirava a roupa: cada um conservava sua arma na mão direita.*ᵈ*

5
Dificuldades sociais sob Neemias. Apologia de sua administração — ¹Levantou-se uma grande queixa entre os homens do povo e suas mulheres contra seus irmãos, os judeus. ²Uns diziam: "Somos obrigados a penhorar nossos filhos e nossas filhas para recebermos trigo, para podermos comer e sobreviver." ³Outros diziam: "Temos que empenhar nossos campos, vinhas e casas para recebermos trigo durante a penúria." ⁴Outros ainda diziam: "Tivemos que tomar dinheiro emprestado penhorando nossos campos e vinhas para pagarmos o tributo do rei; ⁵ora, temos a mesma carne que nossos irmãos e nossos filhos são como os deles: no entanto, temos que entregar à escravidão nossos filhos e filhas; e há entre nossas filhas algumas que já são escravas! Não podemos fazer nada, porque nossos campos e nossas vinhas já pertencem a outros."*ᶠ*

⁶Fiquei muito irritado quando ouvi suas lamúrias e essas palavras. ⁷Tendo deliberado comigo mesmo, repreendi os nobres e os magistrados nestes termos: "Que fardo*ᵍ* cada um de vós impõe a seu irmão!" E convocando contra eles uma grande assembleia, ⁸eu lhes disse: "Resgatamos na medida das nossas posses, nossos irmãos judeus que se tinham vendido às nações. E agora sois vós que vendeis vossos irmãos para que os resgatemos!"*ʰ* Eles emudeceram e não acharam resposta. ⁹Continuei: "Não está certo o que fazeis. Não quereis caminhar no temor de Deus, para evitar os insultos das nações, nossas inimigas? ¹⁰Também eu, meus irmãos e meus homens emprestamos-lhes dinheiro e trigo. Pois bem! perdoemo-lhes essa dívida. ¹¹Restituí-lhes sem demora seus campos, vinhas, oliveiras e casas e perdoai-lhes a dívida*ⁱ* do dinheiro, do trigo, do vinho e do óleo que lhes emprestastes."*ʲ* ¹²Responderam: "Nós restituiremos; não exigiremos nada mais deles: faremos como disseste." Chamei então os sacerdotes e fi-los jurar que agiriam segundo essa promessa. ¹³Depois sacudi a dobra do meu manto, dizendo: "Que Deus assim sacuda, para fora de sua casa e de seus bens todo homem que não mantiver essa palavra: que seja

---

a) Diante de "estavam" o hebr. acrescenta: "os chefes".
b) "estavam armados", grego; "carregavam", hebr.
c) O hebr. acrescenta: "e a metade deles segurava lanças" (cf. v. 10).
d) "na mão direita": *biminô*, conj.; "água": *hammayim*, hebr.
e) "Somos obrigados a penhorar": *'orebim*, conj.; "Somos numerosos": *rabbîm*, hebr.
f) Esta crise não pode ter surgido unicamente por causa do trabalho na muralha. O mal era endêmico em Israel (cf. 2Rs 4,1; Am 2,6; 8,6; Is 50,1).

g) "fardo": *massa'*, conj.; "dívida": *mashsha'*, hebr.
h) "para que os resgatemos", Vulg.; "para que nos sejam vendidos", hebr.
i) "a dívida": *mashsha't*, conj.; "o cêntimo": *me'at*, hebr.
j) Aqui Neemias, como Jr 34,8-22, inspira-se no espírito de Dt 15, sem que o perdão das dívidas esteja ligado ao ano sabático (Lv 25,1+).

assim sacudido e despojado!" E toda a assembleia respondeu: "Amém!" e deu louvor a Iahweh. E o povo agiu conforme esse compromisso.

¹⁴Além disso,ᵃ desde o dia em que o reiᵇ me nomeou governador do país de Judá, do vigésimo ao trigésimo segundo ano do rei Artaxerxes, durante doze anos, eu e meus irmãos jamais comemos o pão do governador.ᶜ ¹⁵Ora, os antigos governadores que me precederamᵈ oneravam o povo: cobravam dele todo dia,ᵉ para o pão, quarenta siclos de prata; seus servos também oprimiam o povo. Eu, ao contrário, jamais agi assim, por temor de Deus. ¹⁶Dei-me ao trabalho como os demais para fazer essa muralha, embora não fosse proprietário de nenhum terreno! Todo o meu pessoal estava lá reunido no trabalho.

¹⁷À minha mesa comiam os nobres e os magistrados,ᶠ em número de cento e cinquenta, sem contar os que vinham a nós das nações vizinhas. ¹⁸Todo o dia preparava-se, pagando eu as despesas, um boi, seis ovelhas gordas e aves e de dez em dez dias, traziam-se odres de vinho em quantidade.ᵍ Apesar de tudo isso, jamais reclamei o pão do governador, pois os trabalhos pesavam muito sobre o povo. ¹⁹Lembra-te a meu favor, ó meu Deus, de tudo o que fiz por este povo!

6 *Intrigas dos inimigos de Neemias. Término da muralha*ʰ — ¹Quando Sanabalat, Tobias, Gosem, o árabe, e nossos outros inimigos souberam que eu tinha reconstruído a muralha e que não havia mais nenhuma brecha — nesta data, porém, eu não tinha ainda fixado os batentes nas portas —, ²Sanabalat e Gosem enviaram-me esta mensagem: "Vem para um encontro em Cefirim, no vale de Ono." Mas eles pensavam em fazer-me mal. ³Enviei-lhes, pois, mensageiros com esta resposta: "Estou ocupado num grande trabalho e não posso descer: por que haveria de cessar a obra, quando eu a deixasse para ir até vós?" ⁴Quatro vezes mandaram-me o mesmo convite e dei-lhes a mesma resposta. ⁵Então, na quinta vez, Sanabalat mandou-me seu servo, trazendo uma carta aberta ⁶na qual estava escrito: "Ouve-se dizer entre as nações, e Gasmuⁱ confirma, que tu e os judeus pensais numa rebelião, e é por isso que estais reconstruindo as muralhas; e que tu serias o rei deles,ʲ ⁷e terias até mesmo constituído profetasᵏ para proclamarem a teu respeito em Jerusalém: Há um rei em Judá! Agora esses boatos vão chegar aos ouvidos do rei: vem, pois, e entendamo-nos." ⁸Mas mandei responder-lhe: "Não aconteceu nada de semelhante ao que afirmas e tudo não passa de uma invenção do teu coração!" ⁹A verdade é que todos eles queriam nos amedrontar, pensando: "Suas mãos se cansarão do trabalho e jamais será terminado." No entanto, dava-se o contrário: eu fortaleciaˡ minhas mãos!

¹⁰Um dia, fui à casa de Semaías, filho de Delaías, filho de Metabeel, que se achava impedido.ᵐ Ele declarou:

"Vamos ao Templo de Deus,
 ao interior do santuário:

---

a) Esta passagem se liga ao v. 10 e explana as provas do desapego de Neemias.
b) "o rei", Vulg.; "ele", hebr.
c) O imposto para a manutenção do governador (vv. 15 e 18).
d) Os governadores de Samaria, capital da província da qual dependia o distrito de Judá, e não os governadores judeus.
e) "todo dia", Vulg.; "e o vinho depois", hebr.
f) "os magistrados", sir.; "os judeus", hebr.
g) "traziam-se" acrescentado por conj. — "odres de vinho", 2 mss; "com todas espécies de vinho", hebr.
h) O cap. 6 continua o cap. 4.
i) Ou Gosem (v. 1); cf. a nota a 2,19.
j) De fato, alguns podem ter posto tais esperanças em Neemias. Havia o precedente de Zorobabel (Zc 6,9-15). No final do v. omite-se "segundo estas palavras", ausente do grego.
k) Ageu e Zacarias tinham apoiado assim a Zorobabel.
l) "eu fortalecia", versões; "fortalece", hebr.
m) Ou "detido", ou "confinado", ou "tomado" pelo êxtase? Talvez simplesmente o profeta, impedido de vir, teria chamado o governador para lhe comunicar um oráculo.

fechemos bem as portas do santuário,
porque virão para te matar,
sim, esta noite, virão te matar!"

¹¹Mas eu respondi: "Um homem como eu há de fugir? E qual é o homem da minha condição que penetraria no santuário para salvar sua vida?ᵃ Não, não irei!" ¹²Reconheci que não era Deus que o tinha enviado, mas que ele pronunciara sobre mim este oráculo porque Tobiasᵇ o havia subornado, ¹³ᶜa fim de que, amedrontado, eu agisse daquele modo e pecasse; isto serviria para criar-me uma reputação má e eles poderiam me insultar! ¹⁴Lembra-te, meu Deus, de Tobias, pelo que cometeu; e também de Noadias, a profetisa, e dos outros profetas que quiseram intimidar-me. ¹⁵A muralha ficou pronta no dia vinte e cinco de Elul,ᵈ em cinquenta e dois dias. ¹⁶Quando todos os nossos inimigos o souberam e todas as nações em torno de nós viram isso, pareceu--lhes uma grande maravilhaᵉ e reconheceram que esse trabalho fora realizado graças a nosso Deus.

Jr 23,9-40
Zc 13,2s

Sl 118,22-23
Sl 127,1

¹⁷Por essa época, os nobres de Judá mandavam muitas cartas a Tobias e as de Tobias lhes chegavam às mãos; ¹⁸pois ele tinha em Judá muitos aliados, sendo genro de Sequenias, filho de Area, e tendo seu filho Joanã desposado a filha de Mosolam, filho de Baraquias. ¹⁹Até mesmo enalteciam, na minha presença, suas boas ações e lhe transmitiam minhas palavras. E Tobias mandava cartas para me intimidar.

7 ¹Quando a muralha ficou reconstruída e eu fixei os batentes, os porteiros (os cantores e os levitas)ᶠ foram colocados nos seus postos. ²Confiei a administração de Jerusalém a Hanani, meu irmão, e a Hananias, comandante da cidadela, pois era um homem fiel e que temia a Deus mais do que muitos outros; ³e eu disse: "As portas de Jerusalém não serão abertas antes que o sol comece a esquentar; e ele estará ainda alto,ᵍ quando se deverá fechar e passar a chave nos batentes; estabelecer-se-ão piquetes de guarda escolhidos dentre os habitantes de Jerusalém, ficando cada um em seu posto, cada um diante de sua casa."

O repovoamento de Jerusalémʰ — ⁴A cidade era espaçosa e grande, mas sua população era minguada e não havia famílias constituídas.ⁱ ⁵Meu Deus inspirou-me então que reunisse os nobres, os magistrados e o povo, para fazer o recenseamento genealógico. Tomei o registro genealógico dos que tinham regressado no início, e lá encontrei escrito:

Lista dos primeiros sionistasʲ — ⁶Estes são os cidadãos da província que regressaram do cativeiro e do Exílio. Depois de terem sido deportados por Nabucodonosor, rei da Babilônia, regressaram a Jerusalém e a Judá, cada qual

|| Esd 2,1-70

---

a) Todo esse episódio é obscuro e provavelmente foi recomposto pelo redator. Semaías parece aconselhar Neemias a recorrer ao direito de asilo atribuído ao altar do pátio (1Rs 1,50s; 2,28s) e depois estendido a todo o *Templo* (Sl 27,5?; 1Mc 10,43). Mas, especificando "o interior do santuário", aonde um leigo não pode penetrar, leva Neemias a cometer uma falta grave (vv. 11 e 13; cf. Nm 18,7).
b) O hebr. acrescenta: "e Sanabalat". O mesmo no v. 14.
c) No começo omitimos "para que este seja subornado", glosa.
d) Começo de outubro de 445.
e) "viram", diversos mss; "temeram", hebr. — "uma maravilha": *wayyippale'* conj.; "eles caíram" *wayyippelû*, hebr.

f) Esta adição assemelhou os guardas das portas da cidade aos "porteiros" do Templo, junto dos quais são geralmente mencionados os levitas e os cantores (cf. vv. 43-45).
g) "estará ainda alto", Áquila, sir.; "estarão em seus postos", hebr.
h) O repovoamento de Jerusalém por Neemias (7,4-72a; 11,1-2.20.25a) pode ser comparado com operações análogas no mundo grego, onde o "sinecismo" designa, quer a concentração de várias aglomerações dispersas numa aglomeração única, quer a concentração dos quadros administrativos e cultuais de uma região numa cidade.
i) Lit.: "e as casas não estavam reconstruídas"; a "casa" designa aqui a família (cf. Dt 25,9).
j) Essa lista é paralela à de Esd 2 (cf. a nota a 2,1).

à sua cidade. ⁷Chegaram com Zorobabel, Josué, Neemias, Azarias, Raamias, Naamani, Mardoqueu, Belsã, Mesfarat, Beguai, Naum e Baana.

Número dos homens do povo de Israel: ⁸filhos de Faros: dois mil, cento e setenta e dois; ⁹filhos de Safatias: trezentos e setenta e dois; ¹⁰filhos de Area: seiscentos e cinquenta e dois; ¹¹filhos de Faat-Moab, isto é, filhos de Josué e de Joab: dois mil, oitocentos e dezoito; ¹²filhos de Elam: mil, duzentos e cinquenta e quatro; ¹³filhos de Zetua: oitocentos e quarenta e cinco; ¹⁴filhos de Zacai: setecentos e sessenta; ¹⁵filhos de Benui: seiscentos e quarenta e oito; ¹⁶filhos de Bebai: seiscentos e vinte e oito; ¹⁷filhos de Azgad: dois mil, trezentos e vinte e dois; ¹⁸filhos de Adonicam: seiscentos e sessenta e sete; ¹⁹filhos de Beguai: dois mil e sessenta e sete; ²⁰filhos de Adin: seiscentos e cinquenta e cinco; ²¹filhos de Ater, isto é, de Ezequias, noventa e oito; ²²filhos de Hasum: trezentos e vinte e oito; ²³filhos de Besai: trezentos e vinte e quatro; ²⁴filhos de Haref: cento e doze; ²⁵filhos de Gabaon: noventa e cinco; ²⁶homens de Belém e de Netofa: cento e oitenta e oito; ²⁷homens de Anatot: cento e vinte e oito; ²⁸homens de Bet-Azmot: quarenta e dois; ²⁹homens de Cariat-Iarim, Cafira e Beerot: setecentos e quarenta e três; ³⁰homens de Ramá e Gaba: seiscentos e vinte e um; ³¹homens de Macmas: cento e vinte e dois; ³²homens de Betel e Hai: cento e vinte e três; ³³homens de outro Nebo: cinquenta e dois; ³⁴filhos de outro Elam: mil, duzentos e cinquenta e quatro; ³⁵filhos de Harim: trezentos e vinte; ³⁶filhos de Jericó: trezentos e quarenta e cinco; ³⁷filhos de Lod, Hadid e Ono: setecentos e vinte e um; ³⁸filhos de Senaá: três mil, novecentos e trinta.

³⁹Sacerdotes: filhos de Jedaías, isto é, a casa de Josué: novecentos e setenta e três; ⁴⁰filhos de Emer: mil e cinquenta e dois; ⁴¹filhos de Fasur: mil, duzentos e quarenta e sete; ⁴²filhos de Harim: mil e dezessete.

⁴³Levitas: filhos de Josué, isto é, Cadmiel, filhos de Odovias: setenta e quatro.

⁴⁴Cantores: filhos de Asaf: cento e quarenta e oito.

⁴⁵Porteiros: filhos de Selum, filhos de Ater, filhos de Telmon, filhos de Acub, filhos de Hatita, filhos de Sobai: cento e trinta e oito.

⁴⁶"Doados": filhos de Siá, filhos de Hasufa, filhos de Tabaot, ⁴⁷filhos de Ceros, filhos de Siaá, filhos de Fadon, ⁴⁸filhos de Lebana, filhos de Hagaba, filhos de Selmai, ⁴⁹filhos de Hanã, filhos de Gidel, filhos de Gaar, ⁵⁰filhos de Raaías, filhos de Rasin, filhos de Necoda, ⁵¹filhos de Gazam, filhos de Oza, filhos de Fasea, ⁵²filhos de Besai, filhos dos meunitas, filhos dos nefusitas, ⁵³filhos de Bacbuc, filhos de Hacufa, filhos de Harur, ⁵⁴filhos de Baslut, filhos de Meida, filhos de Harsa, ⁵⁵filhos de Bercos, filhos de Sísara, filhos de Tema, ⁵⁶filhos de Nasias, filhos de Hatifa.

⁵⁷Filhos dos escravos de Salomão: filhos de Sotai, filhos de Soferet, filhos de Feruda, ⁵⁸filhos de Jaala, filhos de Darcon, filhos de Gidel, ⁵⁹filhos de Safatias, filhos de Hatil, filhos de Foqueret-Assebaim, filhos de Amon. ⁶⁰Total dos "doados" e dos filhos dos escravos de Salomão: trezentos e noventa e dois.

⁶¹As pessoas seguintes, que vinham de Tel-Mela, Tel-Harsa, Querub, Adon e Emer, não puderam demonstrar se sua família e sua raça eram de origem israelita: ⁶²filhos de Dalaías, filhos de Tobias, filhos de Necoda: seiscentos e quarenta e dois. ⁶³E entre os sacerdotes, os filhos de Hobias, os filhos de Acos, os filhos de Berzelai — este havia desposado uma das filhas de Berzelai, o galaadita, cujo nome adotou. ⁶⁴Esses procuraram seu registro genealógico, mas não foi encontrado: foram afastados, pois, do sacerdócio, como impuros; ⁶⁵Sua Excelência proibiu-lhes comer dos alimentos sagrados até que se apresentasse um sacerdote para o *Urim* e o *Tummim*.

⁶⁶Toda a assembleia reunida era de quarenta e duas mil, trezentas e sessenta pessoas, ⁶⁷sem contar seus escravos e escravas, em número de sete mil, tre-

zentos e trinta e sete. Tinham também duzentos e quarenta e cinco cantores e cantoras, ⁶⁸quatrocentos e trinta e cinco camelos e seis mil, setecentos e vinte jumentos. ⁶⁹Certo número de chefes de família fizeram doações para as obras. Sua Excelência depôs no cofre mil dracmas de ouro, cinquenta cálices e trinta túnicas sacerdotais.*ᵃ* ⁷⁰Alguns chefes de família depuseram no cofre das obras vinte mil dracmas de ouro e duas mil e duzentas minas de prata. ⁷¹As doações feitas pelo resto do povo atingiram o montante de vinte mil dracmas de ouro, duas mil minas de prata e sessenta e sete túnicas sacerdotais. ⁷²*ᵇ*Sacerdotes, levitas e uma parte do povo se instalaram em Jerusalém; porteiros, cantores, "doados", em suas cidades, e todo o Israel em suas cidades.

Dia do nascimento do judaísmo: Esdras faz a leitura da Lei. A festa das Tendas*ᶜ* — Ora, quando chegou o sétimo mês — os filhos de Israel estavam assim instalados em suas cidades —,

8 ¹todo o povo se reuniu como um só homem na praça situada defronte da porta das Águas.*ᵈ* Disseram ao escriba Esdras que trouxesse o livro da Lei de Moisés, que Iahweh havia prescrito para Israel.*ᵉ* ²Então o sacerdote Esdras trouxe a Lei diante da assembleia, que se compunha de homens, mulheres e de todos os que tinham o uso da razão. Era o primeiro dia do sétimo mês.*ᶠ* ³Na praça situada diante da porta das Águas, ele leu o livro desde a aurora até o meio-dia, na presença dos homens, das mulheres e dos que tinham o uso da razão: todo o povo ouvia atentamente a leitura do livro da Lei.

⁴O escriba Esdras estava sobre um estrado de madeira, construído para a ocasião; perto dele estavam, à sua direita, Matatias, Sema, Anias, Urias, Helcias, Maasias; e à sua esquerda, Fadaías, Misael, Melquias, Hasum, Hasbadana, Zacarias e Mosolam.*ᵍ* ⁵Esdras abriu o livro à vista de todo o povo — pois ele dominava todo o povo — e, quando ele o abriu todo o povo se pôs de pé. ⁶Então Esdras bendisse a Iahweh, o grande Deus; todo o povo, com as mãos erguidas, respondeu: "Amém! Amém!", e depois se inclinaram e se prostraram diante de Iahweh, com o rosto em terra. ⁷(Josué, Bani, Serebias, Jamin, Acub, Sabatai, Hodias, Maasias, Celita, Azarias, Jozabad, Hanã, Falaías, que eram levitas,*ʰ* explicavam a Lei ao povo, enquanto o povo estava de pé.) ⁸E Esdras leu*ⁱ* no livro da Lei de Deus, traduzindo e dando o sentido: assim podia-se compreender a leitura.

⁹Então (Sua Excelência Neemias e)*ʲ* Esdras, o sacerdote-escriba (e os levitas que instruíam o povo), disse a todo o povo: "Hoje é um dia consagrado a Iahweh, vosso Deus! Não vos entristeçais nem choreis!" É que todo o povo chorava ao ouvir as palavras da Lei. ¹⁰Disse-lhes ainda: "Ide, fazei uma refeição abundante, tomai bebidas doces e mandai porções a quem nada preparou. Pois hoje é um dia consagrado a nosso Senhor! Não vos aflijais: a alegria de Iahweh é a vossa fortaleza!" ¹¹E os levitas acalmavam todo o povo, dizendo: "Calai-vos: hoje é um dia santo. Não vos aflijais!" ¹²E todo o povo se retirou para comer e beber; distribuíram porções e se expandiram em grande alegria: pois haviam compreendido as palavras que lhes foram comunicadas.

Esd 3,1

Esd 7,6 +

---

a) "Trinta túnicas", grego; "quinhentas e trinta túnicas (lit.: túnicas trinta e quinhentas)", hebr. Conforme as enumerações dos vv. 70-71, talvez tenhamos de ler "trinta túnicas e quinhentas minas de prata", acrescentando "minas de prata" por conjectura.
b) 7,72-8,1 é paralelo a Esd 2,70-3,1, que seguimos para corrigir o v. 72, corrompido.
c) Lógica e cronologicamente, Ne 8 é a continuação de Esd 8,36: Esdras viera da Babilônia para promulgar a Lei (Esd 7,25-26). O Cronista utiliza aqui o relatório de Esdras.
d) A sudeste do Templo, num território não sagrado.

e) O Pentateuco, no estado em que existia então.
f) Antes do Exílio, a festa do sétimo mês (setembro-outubro) inaugurava o ano novo (Ex 23,16; 34,22; Lv 23,24s; Nm 29,1).
g) Esses assessores são leigos notáveis.
h) "que eram levitas", 3Esd 9,48, Vulg.; "e os levitas", hebr. — O v. é adição do Cronista, que quer dar aos levitas a importante função que eles exercem no culto mais recente.
i) "Esdras leu", grego (cf. v. 3); "eles leram", hebr.
j) 3Esd omite "Neemias"; grego omite "Sua Excelência"; essas menções vêm do redator.

¹³No segundo dia, os chefes de família de todo o povo, os sacerdotes e os levitas se reuniram em torno do escriba Esdras, para estudarem as palavras da Lei. ¹⁴Encontraram escrito, na Lei que Iahweh havia prescrito por intermédio de Moisés, que os filhos de Israel deveriam morar em cabanas durante a festa do sétimo mês[a] ¹⁵e anunciar e mandar publicar em todas as suas cidades e em Jerusalém: "Ide à região montanhosa e trazei ramos de oliveira, pinheiro, murta, palmeira e de outras árvores frondosas, para fazer cabanas, como está prescrito." ¹⁶O povo partiu: trouxeram ramos e fizeram cabanas, cada qual sobre seu terraço, nos pátios, nos átrios do Templo de Deus, na praça da porta das Águas e na da porta de Efraim. ¹⁷Toda a assembleia dos que tinham voltado do cativeiro construiu assim tendas e nelas morou. Os filhos de Israel não tinham feito nada disso desde os dias de Josué, filho de Nun, até aquele dia.[b] E houve uma grande alegria.

¹⁸Cada dia Esdras fez uma leitura do livro da Lei de Deus, do primeiro dia ao último. Durante sete dias celebrou-se a festa; no oitavo houve, como estava prescrito, uma reunião solene.

9 Cerimônia expiatória[c] —
¹No vigésimo quarto dia desse mês, os filhos de Israel, revestidos de pano de saco e com a cabeça coberta de pó, reuniram-se para um jejum.[d] ²A linhagem de Israel separou-se de todas as pessoas de origem estrangeira: de pé, confessaram seus pecados e as iniquidades de seus pais. ³De pé, cada um no seu lugar, leram o livro da Lei de Iahweh seu Deus, durante a quarta parte do dia; durante outro quarto do dia, confessavam os seus pecados e se prostravam diante de Iahweh seu Deus.[e] ⁴Tomando lugar no estrado dos levitas, Josué, Benui,[f] Cadmiel, Sebanias, Buni, Serebias, Bani, Canani invocaram em voz alta a Iahweh seu Deus, ⁵e os levitas, Josué, Cadmiel, Bani, Hasabneias, Serebias, Hodias, Sebanias, Fetaías disseram: "Levantai-vos, bendizei a Iahweh vosso Deus!"[g]

Bendito sejas tu, Iahweh, nosso Deus,[h]
de eternidade em eternidade!
E que se bendiga teu Nome glorioso
que excede toda bênção e louvor!

⁶És tu, Iahweh, que és o único!
Fizeste os céus, os céus dos céus e todo o seu exército,
a terra e tudo o que ela contém,
os mares e tudo o que eles encerram.
A tudo isso és tu que dás vida,
e o exército dos céus diante de ti se prostra.

⁷Tu és Iahweh, ó Deus,
tu escolheste Abrão,

---

a) Lv 23,33-36.39-43 situa também a festa das Tendas no sétimo mês; a festa dura oito dias. Mas Lv 23,40 atribui aos ramos de árvore uso processional, em vez de fazê-los servir para a confecção das cabanas, como em Ne 8,15. Conforme Lv 23,27.34.39; Nm 29,12-38, a festa começa no dia 15 do sétimo mês. Nossa narrativa ignora o dia das Expiações (Lv 16) que, celebrado no dia 10 do sétimo mês (Lv 23,27), deveria ter lugar entre a leitura da Lei por Esdras e a festa das Tendas.
b) Comparar com 2Rs 23,22; 2Cr 35,18. Não se vê em que consista aqui esse retorno às tradições antigas; não na construção das cabanas, que já dava seu nome à festa em Dt 16,13 (e cf. Esd 3,4).
c) Pelo pecado dos matrimônios mistos. A narrativa dá continuidade a Esd 10,44. Mas só os vv. 1-2 fazem parte do memorial de Esdras.
d) A liturgia penitencial (cf. Jl 1-2) inclui uma lamentação cantada (cf. Sl 74; 79; 83: aqui os vv. 5b-37).
e) Este v. é glosa inspirada em 8,3-6, que assemelha a assembleia às reuniões litúrgicas penitenciais do tempo do Cronista.
f) "Benui", conj. (cf. 10,10; 12,8.24); "Bani", hebr.
g) O Cronista pôs em cena os levitas para um invitatório à multidão e para a recitação do salmo que segue, tomado, sem dúvida, da liturgia do seu tempo. Este salmo está cheio de reminiscências bíblicas e lembra Eclo 36,1-17.
h) Estíquio restabelecido por conj.

o tiraste de Ur na Caldeia
e lhe deste o nome de Abraão.
⁸ Achando seu coração fiel diante de ti,   Gn 15,18s
fizeste aliança com ele,
para dar-lhe a terra do cananeu,
do heteu e do amorreu,
do ferezeu, do jebuseu e do gergeseu,
a ele e a sua posteridade.
E cumpriste as tuas promessas,
pois tu és justo.

⁹ Viste a aflição de nossos pais no Egito,
ouviste seu grito junto ao mar dos Juncos.
¹⁰ Realizaste sinais e prodígios contra o Faraó,   Ex 2,23-24
contra todos os seus servos e todo o povo da sua terra;   Ex 7:12
pois sabias quão arrogantes tinham sido contra eles.
Adquiriste um renome que dura ainda hoje.
¹¹ Abriste o mar diante deles: Ex 14
passaram pelo meio do mar a pé enxuto.
Precipitaste nos abismos seus perseguidores,   Ex 15,5.10
como uma pedra em águas impetuosas.
¹² Tu os guiaste de dia com uma coluna de nuvem,   Ex 13,21s
de noite com uma coluna de fogo,
para iluminar diante deles o caminho
pelo qual andassem.
¹³ Desceste sobre o monte Sinai,   Ex 19
e do céu lhes falaste;   Dt 4,5-8
e lhes deste
normas justas,
leis verdadeiras,
estatutos e mandamentos excelentes;
¹⁴ deste-lhes a conhecer   Ex 20,8 +
teu santo sábado;
prescreveste-lhes mandamentos, estatutos*ᵃ* e uma Lei
por intermédio de Moisés, teu servo.
¹⁵ Do céu lhes deste o pão para sua fome,   Ex 16,1 +
do rochedo fizeste brotar água para sua sede.   17,1 +
Ordenaste-lhes que fossem
tomar posse da terra
que havias jurado dar-lhes.

¹⁶ Mas nossos pais se orgulharam,   Nm 14,1-4
endureceram a cerviz, não obedeceram
aos teus mandamentos.
¹⁷ Recusaram-se a obedecer, esquecidos das maravilhas   Ex 34,6 +
que havias feito por eles;
endureceram a cerviz, conceberam o plano
de voltar para o Egito,*ᵇ* para sua escravidão.
Mas tu és o Deus do perdão,
cheio de piedade e compaixão,
lento para a cólera e cheio de amor:
não os abandonaste!

---

a) Uma dessas duas palavras deve ter sido acrescentada de acordo com o v. 13; quebra-se o ritmo.   *b)* "para o Egito", grego, mss hebr.; "em sua rebelião", hebr.

^{Ex 32,4} ¹⁸ Mesmo quando fizeram para si
um bezerro de metal fundido,
e disseram: "Eis o teu Deus
que te fez sair do Egito!"
e cometeram grandes impiedades,
¹⁹ na tua imensa compaixão,
não os abandonaste no deserto;
a coluna de nuvem não se apartou deles,
para guiá-los de dia pela estrada
nem a coluna de fogo durante a noite,
para iluminar diante deles a estrada
pela qual andassem.
²⁰ Deste-lhes teu bom espírito
para torná-los prudentes;
não recusaste o maná à sua boca
e lhes deste água para sua sede.
^{Dt 8,4} ²¹ Por quarenta anos cuidaste deles no deserto:
de nada sentiram falta,
suas vestes não se estragaram,
seus pés não se incharam.
^{Dt 1,4;
2,26-3,11
Nm 21,21-35} ²² E tu lhes entregaste reinos e povos
cujas terras repartiste entre eles:
tomaram posse da terra de Seon,
rei de Hesebon,ᵃ
e da terra de Og, rei de Basã.
^{Dt 1,10} ²³ Multiplicaste seus filhos
como as estrelas do céu
e os introduziste na terra aonde ordenaste a seus pais
que entrassem para dela tomarem posse.
²⁴ Seus filhos invadiram e conquistaram esta terra
e tu humilhaste diante deles
os habitantes da terra, os cananeus,
que entregaste nas mãos deles
— seus reis e os povos da terra —
para os tratarem como quisessem;
^{Dt 3,5;
6,10-11
Dt 32,15} ²⁵ apoderaram-se de cidades fortificadas
e de uma terra fértil;
apossaram-se de casas
repletas de toda sorte de bens,
de cisternas já cavadas, de vinhedos, olivais,
de árvores frutíferas em abundância;
comeram, saciaram-se, engordaram,
fizeram de teus imensos bens as suas delícias.
^{Sb 2,10-20} ²⁶ Mas eis que indóceis, revoltados contra ti,
desprezaram tua Lei,
mataram os profetas que os admoestavam
para reconduzi-los a ti
e cometeram grandes impiedades.
²⁷ Abandonaste-os então nas mãos de seus inimigos,
que os oprimiram.
No tempo de sua miséria, gritavam a ti,
e tu, do céu, os ouvias

---

a) Antes de "rei de Hesebon" o hebr. repete "a terra de", ditografia.

e em tua grande compaixão lhes enviavas
salvadores que os libertavam das mãos de seus opressores.
²⁸ Mas logo que recuperavam a paz
ei-los de novo fazendo o mal diante de ti,
e tu os abandonavas nas mãos de seus
inimigos que os tiranizavam.
De novo, eles clamavam a ti,
e tu, do céu, os ouvias:
quantas vezes em tua compaixão os libertaste!
²⁹ Advertiste-os para reconduzi-los à tua Lei:
mas se orgulharam, não obedeceram a teus mandamentos,
pecaram contra tuas normas, mesmo aquelas
em que acha a vida quem as observa,
mostraram um ombro rebelde,
endureceram a cerviz e não obedeceram.
³⁰ Foste paciente com eles
por muitos anos;
advertiste-os pelo teu Espírito,
por intermédio dos profetas,
eles, porém, não atenderam.
Então os entregaste ao poder
dos povos de outras terras.
³¹ Em tua grande compaixão,
não os exterminaste,
nem os abandonaste,
pois és um Deus cheio de piedade e compaixão.
³² E agora, ó nosso Deus,
tu que és o Deus grande, poderoso e temível,
que manténs a aliança e o amor,
não olhes com indiferença toda esta tribulação
que se abateu sobre nós, nossos reis, nossos chefes,
nossos sacerdotes, nossos profetas^a e todo o teu povo,
desde o tempo dos reis da Assíria
até o dia de hoje.
³³ Tens sido justo em tudo o que nos sucedeu,
pois mostraste tua fidelidade,
enquanto nós agíamos mal.
³⁴ Sim, nossos reis, chefes, sacerdotes
e nossos pais não seguiram tua Lei,
nem prestaram atenção aos teus mandamentos
e às obrigações que lhes impunhas.
³⁵ Logo que chegaram a seu reino,
entre os grandes bens que lhes concedias,
e na terra vasta e fértil
que puseste diante deles, não te serviram
nem se apartaram das suas ações más.
³⁶ Eis que estamos hoje escravizados
e eis que na terra que havias dado a nossos pais
para gozarem de seus frutos e de seus bens,
nós estamos na escravidão.
³⁷ Seus produtos enriquecem os reis,
que nos impuseste, pelos nossos pecados,

Lm 5
Eclo 36,1-9

---

a) O hebr. acrescenta: "nossos pais".

e que dispõem a seu arbítrio de nossas pessoas e de nosso gado. Achamo-nos em grande aflição.

10 Processo verbal do compromisso assumido pela comunidade[a] — [1]...

38 Por causa disso tudo, assumimos um sério compromisso, por escrito. No documento selado constam os nomes dos nossos chefes, nossos levitas e nossos sacerdotes...[b]

10¹ ²No documento selado constavam:[c]
Neemias, filho de Hacalias, e Sedecias,
³Saraías, Azarias, Jeremias, ⁴Fasur, Amarias, Melquias, ⁵Hatus, Sebanias, Meluc, ⁶Harim, Meremot, Abdias, ⁷Daniel, Genton, Baruc, ⁸Mosolam, Abias, Miamin, ⁹Maazias, Belgai, Semeías: esses são os sacerdotes.
¹⁰Depois os levitas: Josué, filho de Azanias, Benui, dos filhos de Henadad, Cadmiel, ¹¹e seus irmãos Sequenias, Odovias, Celita, Falaías, Hanã, ¹²Micas, Roob, Hasebias, ¹³Zacur, Serebias, Sebanias, ¹⁴Odias, Bani, Canani.
¹⁵Os chefes do povo: Faros, Faat-Moab, Elam, Zetu, Bani, ¹⁶Buni, Azgad, Bebai, ¹⁷Adonias, Beguai, Adin, ¹⁸Ater, Ezequias, Azur, ¹⁹Adias, Hasum, Besai, ²⁰Haref, Anatot, Nebai, ²¹Megfias, Mosolam, Hazir, ²²Mesezebel, Sadoc, Jedua, ²³Feltias, Hanã, Anaías, ²⁴Oseias, Hananias, Hasub, ²⁵Aloés, Falea, Sobec, ²⁶Reum, Hasabna, Maasias, ²⁷Aías, Hanã, Anã, ²⁸Meluc, Harim, Baana.

²⁹...e o resto do povo, os sacerdotes, os levitas, os porteiros, os cantores, os "doados", numa palavra, todos os que se separaram dos povos das terras para abraçarem a Lei de Deus, e também suas esposas, filhos e filhas, todos os que têm o uso da razão, ³⁰unem-se a seus irmãos e chefes e se comprometem, por imprecação e juramento, a caminhar segundo a Lei de Deus, dada pelo ministério de Moisés, o servo de Deus, a guardar e observar todos os mandamentos de Iahweh nosso Deus, suas normas e estatutos.

³¹Em particular: não daremos mais nossas filhas aos povos da terra e não tomaremos mais suas filhas para esposas de nossos filhos.[d]

³²Se os povos da terra trouxerem para vender, no dia de sábado, mercadorias ou qualquer espécie de víveres, nada compraremos deles em dia de sábado ou em dia santificado.

Não colheremos os produtos da terra[e] no sétimo ano, e perdoaremos toda dívida.

³³Impusemo-nos como obrigações: dar a terça parte de um siclo por ano para o culto do Templo de nosso Deus: ³⁴para o pão da oblação, para a oblação perpétua e o holocausto perpétuo, para os sacrifícios dos sábados, das neomênias, das solenidades, e para as oferendas sagradas, para os sacrifícios pelo pecado que garantem a expiação em favor de Israel; em suma, para todo o serviço do Templo do nosso Deus;[f] ³⁶[g]e levar cada ano ao Templo de Iahweh as primícias de nosso solo e as primícias de todos os frutos de todas

---

a) Após a leitura da Lei e a cerimônia penitencial (caps. 8-9), o Cronista apresenta um documento que não provém nem do relatório de Esdras nem das memórias de Neemias, mas que ele tomou dos arquivos do Templo, modificando-o. A lista dos vv. 2-28 é uma inserção posterior (cf. 10,27).
b) O processo verbal continua no v. 29.
c) A suposta lista dos signatários (vv. 2-28) é composição artificial: nos vv. 3-9 utiliza as listas de 12,1-6.12-18 dando nomes de família, quando se esperavam nomes de indivíduos; os vv. 10-14 são uma escolha de nomes levíticos que aparecem quase todos em outros lugares; os nomes dos leigos (vv. 15-21) vêm da lista de Esd 2 = Ne 7. Os nomes novos nos vv. 12-14 e 22-28 devem ser contemporâneos do autor da lista, que é posterior a Neemias. — Alguns nomes estão corrigidos de acordo com as versões.
d) É compromisso para o futuro; não se trata mais, como em Esd 9-10, de dissolver matrimônios já realizados. Estaria já resolvido este problema? (Cf. Esd 10,44).
e) "produtos da terra", conj. de acordo com Ex 23,10; omitido pelo hebr.
f) A construção do texto e sua lógica levam a ler o v. 35 depois do v. 40ab.
g) Os vv. 36-40 foram retocados, no v. 37 e sobretudo nos vv. 38b-39, que fazem concordar a prática do dízimo dos levitas com o texto mais recente de Nm 18,21-24s. Tais retoques são normais num texto que deve servir ao uso jurídico.

as árvores, ³⁷bem como os primogênitos de nossos filhos e de nosso rebanho, como está escrito na Lei — os primogênitos de nosso gado graúdo e de nosso gado miúdo, ao Templo de nosso Deus, sendo destinados aos sacerdotes em função no Templo de nosso Deus. ³⁸Além disso, a melhor parte de nossas moeduras,*ᵃ* dos frutos de toda árvore, do vinho novo e do azeite, levaremos aos sacerdotes, nas dependências do Templo de nosso Deus; e o dízimo de nossa terra, aos levitas — são os próprios levitas que recolherão o dízimo em todas as nossas cidades agrícolas; ³⁹um sacerdote, filho de Aarão, acompanhará os levitas quando forem recolher o dízimo para o Templo de nosso Deus, para as salas do Tesouro; ⁴⁰ᵃᵇpois é para estas salas que os filhos de Israel e os levitas levam as contribuições de trigo, de vinho e de azeite; lá se acham também os utensílios do santuário, dos sacerdotes em serviço, dos porteiros e dos cantores. ³⁵Nós, sacerdotes, levitas e povo, resolvemos também pela sorte a questão das ofertas de lenha que se devem fazer ao Templo de nosso Deus, cada família por sua vez, em datas fixas, cada ano, para queimá-la sobre o altar de Iahweh nosso Deus, como está escrito na Lei. ⁴⁰ᶜNão mais negligenciaremos o Templo de nosso Deus.

Gn 22,1 +
Ex 13,11 +

37
13,10-14
Dt 14,22 +
Nm 18,21.24s

39ᵃᵇ
Nm 18,26

34
13,31

39c

11 *O sinecismo de Neemias. Listas diversas*ᵇ — ¹Então os chefes do povo se estabeleceram em Jerusalém. O resto do povo tirou a sorte para que de cada dez homens um viesse residir em Jerusalém, a Cidade santa,ᶜ enquanto os outros nove ficariam nas cidades. ²E o povo abençoou todos os que espontaneamente se decidiram a morar em Jerusalém.

7,4 +

³São estes os chefes da província que se fixaram em Jerusalém e nas cidades de Judá. Filhos de Israel, sacerdotes, levitas, "doados" e filhos dos escravos de Salomão permaneciam em suas cidades, cada qual na sua propriedade.

‖ 1Cr 9,2

*A população judaica em Jerusalém*ᵈ — ⁴Em Jerusalém moravam filhos de Judá e filhos de Benjamim:
  Entre os filhos de Judá: Ataías, filho de Ozias, filho de Zacarias, filho de Amarias, filho de Safatias, filho de Malaleel, dos descendentes de Farés; ⁵Maasias, filho de Baruc, filho de Col-Hoza, filho de Hazias, filho de Adaías, filho de Joiarib, filho de Zacarias, descendente de Sela.ᵉ ⁶O total dos descendentes de Farés que se fixaram em Jerusalém era de quatrocentos e sessenta e oito homens valorosos.

‖ 1Cr 9.4-17

⁷Estes são os filhos de Benjamim: Salu, filho de Mosolam, filho de Joed, filho de Fadaías, filho de Calaías, filho de Maasias, filho de Eteel, filho de Isaías, ⁸e seus irmãosᶠ Gabai, Salai: novecentos e vinte e oito.

⁹Joel, filho de Zecri, era seu chefe, e Judá, filho de Senua, era o segundo chefe da cidade.

¹⁰Entre os sacerdotes: Jedaías, filho de Joaquim, filho deᵍ ¹¹Saraías, filho de Helcias, filho de Mosolam, filho de Sadoc, filho de Maraiot, filho de Aquitob, chefe do Templo de Deus,ʰ ¹²e seus irmãos que se dedicavam ao serviço do

---

a) O hebr. acrescenta: "e nossas contribuições"; omitido pelo grego.
b) O cap. 11 tem duas camadas literárias: os vv. 1-2.20.25a.36 são composição do Cronista a partir de 7,1-5a (memórias de Neemias); um redator inseriu as listas dos vv. 4-19 e 25b-35, que achou em documentos de arquivos. Introduziu-os por meio de título (v. 3) e acrescentou (ele ou outro) as notas dos vv. 21-24.
c) Jerusalém é assim designada desde Is 48,2; 52,1 (cf. Ne 11,18; Dn 9,24; Tb 13,9; Mt 4,5; 27,53; Ap 11,2). Mas a ideia é mais antiga (cf. 2Sm 5,9+).

d) Esta lista, da qual 1Cr 9,1-18 depende, parece apresentar o estado da população de Jerusalém uma geração ou mais depois de Neemias.
e) "descendente de Sela" (lit. "filho do selanita"), conj. (cf. Nm 26,20); "filho do silonita" (habitante de Silo), hebr.
f) "e seus irmãos", ms grego; "e depois dele", hebr.
g) "Joaquim, filho de", conj.; "Joiarib, Jaquin", hebr.
h) Título do sumo sacerdote (2Cr 31,13).

Templo: oitocentos e vinte e dois; Adaías, filho de Jeroam, filho de Felelias, filho de Amsi, filho de Zacarias, filho de Fasur, filho de Melquias, ¹³e seus irmãos, chefes de família: duzentos e quarenta e dois; e Amasai, filho de Azareel, filho de Aazi, filho de Mosolamot, filho de Emer, ¹⁴e seus irmãos, homens valorosos: cento e vinte e oito.

Zabdiel, filho de Agadol, era seu chefe.

¹⁵Entre os levitas: Semeías, filho de Asub, filho de Ezricam, filho de Hasabias, filho de Buni, ¹⁶Sabatai e Jozabad, aqueles dentre os chefes levíticos que eram responsáveis pelos negócios exteriores do Templo de Deus; ¹⁷Matanias, filho de Micas, filho de Zabdi, filho de Asaf,ᵃ que dirigia os hinos,ᵇ entoava a ação de graças na oração; Becbecias, o segundo entre seus irmãos; Abdias, filho de Samua, filho de Galal, filho de Iditun. ¹⁸Total dos levitas na Cidade santa: duzentos e oitenta e quatro. ¹⁹Os porteiros: Acub, Telmon e seus irmãos, que montavam guarda nas portas: cento e setenta e dois.ᶜ

Notas complementaresᵈ — ²¹Os "doados" moravam no Ofel: Siá e Gasfa estavam à frente dos "doados". ²²O chefe dos levitas de Jerusalém era Ozi, filho de Bani, filho de Hasabias, filho de Matanias, filho de Micas; ele fazia parte dos filhos de Asaf, os cantores encarregados do serviço do Templo de Deus; ²³pois havia uma instrução real a respeito deles e um regulamento determinava aos cantores sua função para cada dia. ²⁴Fetaías, filho de Mesezebel, que pertencia aos filhos de Zara, filho de Judá, estava à disposição do rei para todos os negócios do povo.

²⁰O resto de Israel, sacerdotes e levitas, moravam em todas as cidades de Judá, cada qual na sua propriedade, ²⁵e nas aldeias situadas nos seus terrenos.

A população judaica na provínciaᵉ — Filhos de Judá moravam em Cariat-Arbe e em suas aldeias, em Dibon e em suas aldeias, em Cabseel e em suas aldeias, ²⁶em Jesua, em Molada, em Bet-Falet, ²⁷em Haser-Sual, em Bersabeia e em suas aldeias, ²⁸em Siceleg, em Mecona, e em suas aldeias, ²⁹em En-Remon, em Saraá, em Jarmut, ³⁰Zanoe, Odolam e em suas aldeias, em Laquis e em seus campos, em Azeca e em suas aldeias: estabeleceram-se, pois, desde Bersabeia até o vale de Enom. ³¹Filhos de Benjamim moravam em Gaba,ᶠ Macmas, Aía e Betel, e em suas aldeias, ³²Anatot, Nob, Ananias, ³³Hasor, Ramá, Getaim, ³⁴Hadid Seboim, Nebalat, ³⁵Lod e Ono, e no vale dos Artesãos.

³⁶Tanto em Judá como em Benjamim, achavam-se grupos de levitas.ᵍ

12 ***Sacerdotes e levitas que voltaram sob Zorobabel e Josué***ʰ — ¹Estes são os sacerdotes e os levitas que subiram com Zorobabel, filho de Salatiel, e Josué: Saraías, Jeremias, Esdras, ²Amarias, Meluc, Hatus, ³Sequenias, Reum, Meremot, ⁴Ado, Genton, Abias, ⁵Miamin, Madias, Belga, ⁶Semeías, Joiarib, Jedaías, ⁷Salu, Amoc, Helcias, Jedaías.

Esses eram os chefes dos sacerdotes e seus irmãos, no tempo de Josué, ⁸isto é, os levitas eram: Josué, Benui, Cadmiel, Serebias, Judá, Matanias —

---

a) Os cantores já são assimilados aos levitas (cf. v. 22), mas os porteiros ainda não (v. 19). Entre os cantores, só os filhos de Asaf tinham voltado do Exílio (Esd 2,41 = Ne 7,44). É possível que as duas outras guildas, de Hemã e de Iditun, se tenham originado dos cantores do primeiro Templo que não tinham sido deportados (cf. 1Cr 16,37.41).
b) "os hinos", ms grego, Vulg.; "o começo", hebr.
c) O v. 20 é colocado depois do v. 24.
d) A nota sobre os "doados" (v. 21) pode ser contemporânea da lista precedente. A nota sobre Ozi (vv. 22-23) é posterior: ele é o bisneto do Matanias mencionado no v. 17. Fetaías (v. 24) ocupava, numa época indeterminada, um cargo análogo ao de Neemias.
e) Esta lista que atesta a expansão judaica até o Negueb é de época posterior, a não ser que seja preciso atribuí-la à época pré-exílica (tempo de Josias).
f) "Filhos", 2 mss (cf. v. 25); "os filhos", hebr. — "Gaba", conj.; "desde Gaba", hebr.
g) "Tanto em Judá como em Benjamim", ms grego; "grupos de Judá (se uniram) a Benjamim", hebr.
h) Os nomes ausentes de Esd 2,36-39 são os das famílias sacerdotais sob Joaquim, sucessor de Josué (cf. vv. 12-21). Havia nesta apresentação

este último, com seus irmãos, dirigia os hinos de ação de graças, ⁹enquanto Becbecias, Ani e seus irmãos ficavam defronte deles, segundo suas respectivas classes.

Lista genealógica dos sumos sacerdotes[a] — ¹⁰Josué gerou Joaquim; Joaquim gerou Eliasib; Eliasib gerou Joiada; ¹¹Joiada gerou Joanã; e Joanã gerou Jedua.

Sacerdotes e levitas no tempo do sumo sacerdote Joaquim[b] — ¹²No tempo de Joaquim, as famílias sacerdotais tinham por chefes: família de Saraías: Maraías; família de Jeremias: Hananias; ¹³família de Esdras: Mosolam; família de Amarias: Joanã; ¹⁴família de Meluc: Jônatas; família de Sebanias: José; ¹⁵família de Harim: Ednas; família de Maraiot: Helci; ¹⁶família de Ado: Zacarias; família de Genton: Mosolam; ¹⁷família de Abias: Zecri; família de Miniamin: ...; família de Moadias: Felti; ¹⁸família de Belga: Samua; família de Semeías: Jônatas; ¹⁹família de Joiarib: Matanai; família de Jedaías: Ozi; ²⁰família de Selai: Celai; família de Amoc: Héber; ²¹família de Helcias: Hasabias; família de Zedaías: Natanael.

10,3-14; 12,1 +

²²No tempo de Eliasib, de Joiada, de Joanã e de Jedua, os chefes das famílias dos sacerdotes[c] foram inscritos no Livro das Crônicas[d] até o reinado de Dario, o persa.[e]

²³Os filhos de Levi.

Os chefes das famílias foram inscritos no Livro das Crônicas, mas só até o tempo de Joanã, neto de Eliasib.

²⁴Os chefes dos levitas eram: Hasabias, Serebias, Josué, Benui,[f] Cadmiel; e seus irmãos que ficavam defronte deles para executarem os hinos de louvor e de ação de graças segundo as instruções de Davi, homem de Deus, um grupo alternando com outro grupo, ²⁵eram: Matanias, Becbecias e Abdias. Mosolam, Telmon e Acub eram porteiros e montavam a guarda nos armazéns perto das portas.[g]

Esd 2,40

11,17

²⁶Esses viviam no tempo de Joaquim, filho de Josué, filho de Josedec, e no tempo de Neemias, o governador, e de Esdras, o sacerdote-escriba.[h]

Dedicação da muralha de Jerusalém[i] — ²⁷Por ocasião da dedicação da muralha de Jerusalém, convocaram-se os levitas de todos os lugares onde residiam para virem a Jerusalém, a fim de celebrarem a dedicação alegremente, com cânticos de ação de graças ao som de címbalos, cítaras e harpas. ²⁸Os cantores, filhos de Levi,[j] reuniram-se, pois, do distrito que circunda

---

um meio jurídico de provar seus direitos, pela antiguidade.
a) De 520 a 405 (Dario II).
b) Portanto, depois do ano 500. Os nomes apresentados aparecem também no cap. 10, mais recente, com três novas famílias. A lista é seguida de uma nota justificativa sobre sua proveniência.
c) No começo do v. o hebr. acrescenta: "os levitas". — "os chefes das famílias de sacerdotes", 1 ms; "os chefes de família e os sacerdotes", hebr.
d) Crônica oficial do Templo. — "o Livro das Crônicas até o", acrescentado por conj.
e) Dario II, morto em 405.
f) "Benui", conj. (cf. v. 8; 10,10); "filho de": ben, hebr.
g) Os cantores e os porteiros são agora assimilados aos levitas (cf. 11,17+).
h) A sincronização dessas três personagens é obra do Cronista.
i) A cerimônia situa-se historicamente depois de 6,16; mas o Cronista fez dela ato análogo ao de Esd 6,13-18 (Dedicação do Templo): duas dedicações encerram assim dois períodos de história, um dominado por Zorobabel e o outro, aos olhos do Cronista, por Esdras e Neemias. — Pode-se reconstituir assim a cerimônia: Após as costumeiras purificações, duas procissões seguem pelo alto da muralha, partindo da porta do Vale, uma para o sul, outra para o norte (ver o mapa). Elas se encontram no Templo, onde efetua-se o encerramento da festa. Cada cortejo é composto de um coro de sacerdotes seguido de notáveis. O Cronista interrompeu a narrativa introduzindo nos vv. 33-36 a lista dos sacerdotes do primeiro coro e, nos vv. 40-42, a dos sacerdotes do segundo coro. Introduziu também Esdras no desfile.
j) "filhos de Levi", ms grego; "os filhos dos sacerdotes cantores", hebr.

Jerusalém, das cidades dos netofatitas, ²⁹de Bet-Guilgal, dos campos de Gaba e de Azmot: pois os cantores tinham construído aldeias em torno de Jerusalém. ³⁰Sacerdotes e levitas se purificaram e, depois, purificaram o povo, as portas e a muralha.

³¹Mandei então que subissem à muralha os chefes de Judá e organizei dois grandes coros. O primeiro caminhava*a* no alto da muralha, para a direita, em direção da porta do Esterco; ³²atrás dele iam Osaías e a metade dos chefes de Judá — ³³como também Azarias, Esdras, Mosolam, ³⁴Judá, Benjamim, Semeías e Jeremias, ³⁵escolhidos dentre os sacerdotes e levando trombetas; depois Zacarias, filho de Jônatas, filho de Semeías, filho de Matanias, filho de Micas, filho de Zacur, filho de Asaf, ³⁶com seus irmãos Semeías, Azareel, Malalaí, Galalai, Maai, Natanael, Judá, Hanani, com instrumentos musicais de Davi, homem de Deus. E Esdras, o escriba, ia na frente deles. — ³⁷Chegando à porta da Fonte, subiram em linha reta diante deles pelas escadarias da Cidade de Davi, pelo alto da muralha, e pela subida do Palácio*b* de Davi, até a porta das Águas, ao oriente.

³⁸O segundo coro caminhava para a esquerda: eu o segui, com a outra metade dos chefes do povo,*c* pelo alto da muralha, passando por cima da torre dos Fornos, até a muralha larga, ³⁹depois, passando por cima da porta de Efraim,*d* da porta dos Peixes, da torre de Hananeel e da torre dos Cem, até a porta das Ovelhas; paramos na porta da Guarda.

⁴⁰Depois os dois coros tomaram lugar no Templo de Deus. — Eu tinha comigo a metade dos magistrados ⁴¹e também os sacerdotes Eliaquim, Maasias, Miniamin, Micas, Elioenai, Zacarias, Hananias, que levavam trombetas, ⁴²e também Maasias, Semeías, Eleazar, Ozi, Joanã, Melquias, Elam e Ezer. — Os cantores fizeram-se ouvir sob a direção de Jezraías. ⁴³Naquele dia, oferecemos importantes sacrifícios e o povo expandiu sua alegria: é que Deus lhe havia concedido grande motivo de alegria; também as mulheres e as crianças se alegraram. E a alegria de Jerusalém ouvia-se de longe.

Uma época idealᵉ — ⁴⁴Naquele tempo, estabeleceram-se homens para guardar as salas destinadas às provisões, às contribuições, às primícias e aos dízimos; esses homens deveriam recolher, do território*f* das cidades, as partes que a Lei reserva para os sacerdotes e os levitas. Pois Judá punha sua alegria nos sacerdotes e nos levitas em exercício. ⁴⁵Eram eles que executavam o serviço de seu Deus e o serviço das purificações — como também os cantores e os porteiros —, segundo as prescrições de Davi e de Salomão, seu filho. ⁴⁶Com efeito, desde os dias de Davi e de Asaf, desde muito tempo, havia um chefe de cantores e dos cânticos de louvor e de ação de graças a Deus. ⁴⁷Portanto, todo o Israel, no tempo de Zorobabel e no tempo de Neemias, servia aos cantores e aos porteiros as partes que lhes cabiam, segundo suas necessidades de cada dia. As oferendas sagradas eram entregues aos levitas e os levitas as entregavam aos filhos de Aarão.

13 ¹Naquele tempo, fez-se ao povo uma leitura do livro de Moisés e lá se achou escrito o seguinte: *"O amonita e o moabita não serão admitidos na assembleia de Deus, e isto para sempre,* ²*porque não vieram ao encontro dos filhos de Israel com o pão e a água. Contrataram contra eles Balaão, para os amaldiçoar,*ᵍ *mas nosso Deus mudou a maldição em bênção."*

---

a) "O primeiro caminhava", conj. (cf. v. 38); "e processões", hebr.
b) "pelo alto da muralha, e pela subida do Palácio", conj.; "pela subida da muralha em cima do Palácio", hebr.
c) "para a esquerda", conj. (cf. v. 31); "em frente de" (?), hebr. – "dos chefes", conj. de acordo com o v. 32; omitido pelo hebr.
d) O hebr. acrescenta "e sobre a porta Velha".
e) Este quadro ideal da comunidade no tempo dos governadores Zorobabel e Neemias vai salientar como anomalia os abusos que Neemias vai enumerar no fim de suas memórias (13,4s).
f) "do território", conj.; "conforme o território", hebr.
g) "eles... os", versões; o hebr. traz o singular, como Dt 23,5.

³Logo que ouvimos a leitura da Lei, foi excluído de Israel todo elemento estrangeiro.ᵃ

A segunda missão de Neemias — ⁴Mas antes,ᵇ o sacerdote Eliasibᶜ fora encarregado das salasᵈ do Templo de nosso Deus. Sendo parente de Tobias, ⁵havia posto à disposição deste uma sala espaçosa, onde antes se colocavam as oferendas, o incenso, os utensílios, o dízimo do trigo, do vinho e do azeite, isto é, as partesᵉ devidas aos levitas, aos cantores e aos porteiros e o que se reservava para os sacerdotes. ⁶Enquanto se fazia tudo isso, eu estava ausente de Jerusalém, pois no trigésimo segundo ano de Artaxerxes, rei da Babilônia,ᶠ tinha voltado para junto do rei; mas ao cabo de certo tempo, pedi ao rei uma licença ⁷e voltei a Jerusalém. Soube então do mal que havia cometido Eliasib em favor de Tobias, cedendo-lhe uma sala nos átrios do Templo de Deus. ⁸Fiquei muito indignado: atirei para fora do aposento, na rua, toda a mobília de Tobias, ⁹e ordenei que se purificassem as salas e que se recolocassem nela os utensílios do Templo de Deus, as oferendas e o incenso.

¹⁰Eu soube também que as partes dos levitas não mais lhes eram dadas e que os levitas e os cantores encarregados do serviço haviam fugido cada qual para sua propriedade. ¹¹Repreendi os magistrados e disse-lhes: "Por que o Templo de Deus está abandonado?" Tornei a reuni-los,ᵍ e os reintegrei na sua função. ¹²Então todo o Judá trouxe para os armazéns o dízimo do trigo, do vinho e do azeite. ¹³Nomeeiʰ para cuidar dos armazéns o sacerdote Selemias, o escriba Sadoc, Fadaías, um dos levitas e, como seu assistente, Hanã, filho de Zacur, filho de Matanias, pois eles tinham fama de íntegros; sua função era fazer as distribuições aos seus irmãos. ¹⁴Por isso, lembra-te de mim, meu Deus: não apagues de tua memória os atos de piedade que realizei pelo Templo de meu Deus e por seu culto.

¹⁵Naqueles dias, vi em Judá gente que, em dia de sábado, calcava no lagar; outros que transportavam feixes de trigo, colocavam-nos sobre os jumentos, e também vinho, uvas, figos e toda espécie de cargas, que queriam trazer para Jerusalém em dia de sábado: admoestei-os para que não vendessem seus produtos.ⁱ ¹⁶Em Jerusalém mesmo, alguns habitantes de Tiro, que lá moravam, traziam peixe e mercadorias de toda espécie para vendê-las aos judeus em dia de sábado. ¹⁷Repreendi os nobres de Judá, dizendo-lhes: "Que coisa abominável estais fazendo, profanando o dia de sábado! ¹⁸Não foi assim que agiram vossos pais? Pois Deus então mandou vir toda esta desgraça sobre nós e sobre esta cidade. E vós, quereis aumentar a Ira contra Israel profanando o sábado?" ¹⁹Por isso, mandei que, mal as sombras caíssem sobre as portas de Jerusalém, logo antes do sábadoʲ se fechassem os batentes e que não se abrissem senão depois do sábado. Coloquei nas portas alguns de meus homens, para que nenhuma carga entrasse no dia de sábado. ²⁰Uma ou duas vezes, comerciantes e vendedores de toda espécie

---

a) Esse rigorismo vai além do que a Lei exigia (cf. Dt 23,7-9).
b) O Cronista introduz, por meio dessa transição, a continuação das memórias de Neemias (cf. 12,44+). Neemias enumera as medidas que tomou por ocasião das desordens que se sucederam na comunidade: ação contra Tobias (cf. 2,10), que tinha um aposento no Templo (4-9); pagamento regular das contribuições aos levitas (10-14); revalorização do sábado (15-22); ação contra os matrimônios mistos (23-29); regulamentações cultuais (30-31). Cf. 10,1+.
c) Diferente do sumo sacerdote do mesmo nome (3,1s.20s; 12,10.22; 13,28).
d) "das salas", conj. (cf. 12,44); "na sala", hebr.
e) "as partes", Vulg.; "o que é prescrito", hebr.
f) A primeira missão de Neemias durara, portanto, de 445 a 433.
g) Os levitas.
h) "Nomeei", ms grego, sir.; "Pus como tesoureiro", hebr.
i) "admoestei-os...", conj. segundo o sir.; "fiz censuras no dia em que vendiam tais produtos", hebr.
j) O sábado começava na tarde de sexta-feira, ao pôr do sol.

de mercadoria passaram a noite fora de Jerusalém, ²¹mas eu os adverti, declarando-lhes: "Por que passais a noite ao pé da muralha? Se o fizerdes outra vez, mandarei castigar-vos!" De então em diante, não vieram mais aos sábados. ²²Ordenei aos levitas que se purificassem e viessem vigiar as portas, para que se observasse santamente o sábado. Lembra-te de mim também por isso, meu Deus, e tem piedade de mim, segundo a tua grande misericórdia!

²³Naqueles dias também, encontrei judeus que se tinham casado com mulheres azotitas, amonitas ou moabitas. ²⁴Quanto a seus filhos, a metade falava a língua de Azoto*ᵃ* ou a língua deste ou daquele povo, mas não mais sabia falar a língua dos judeus. ²⁵Admoestei-os e amaldiçoei-os e bati em diversos, arranquei-lhes os cabelos e ordenei-lhes, em nome de Deus: "Não deveis dar vossas filhas aos filhos deles, nem tomar como esposa, para vossos filhos ou para vós mesmos, alguma das filhas deles! ²⁶Não foi esse o pecado de Salomão, rei de Israel? Entre tantas nações, não houve rei que se igualasse a ele; era amado por seu Deus; Deus o tinha feito rei de todo o Israel. Até mesmo a ele as mulheres estrangeiras fizeram pecar! ²⁷E quereis que se diga de vós que cometeis também este grande crime de trair nosso Deus desposando mulheres estrangeiras?"

²⁸Um dos filhos de Joiada, filho de Eliasib, o sumo sacerdote, tornara-se genro de Sanabalat, o horonita. Expulsei-o para longe de mim. ²⁹Lembra-te, dessa gente, ó meu Deus, pelo aviltamento causado ao sacerdócio e à aliança dos sacerdotes e levitas.*ᵇ*

³⁰Portanto, purifiquei-os de todo elemento estrangeiro. Estabeleci, para os sacerdotes e os levitas, os regulamentos que delimitavam para cada um a sua tarefa. ³¹Restabeleci igualmente as normas para o fornecimento da madeira em épocas determinadas, e para as primícias.

Lembra-te de mim, ó meu Deus, para o meu bem!

---

a) Provavelmente um dialeto aramaico. O aramaico era a língua usada (8,8), mas Neemias não queria que se esquecesse o hebraico.

b) "dos sacerdotes", 1 ms, sir.; o hebr. repete "sacerdócio".

OS LIVROS DE TOBIAS, DE JUDITE E DE ESTER

Introdução

Na Vulgata, os três livros de Tobias, de Judite e de Ester são colocados depois dos livros históricos. Alguns grandes manuscritos da versão grega seguem a mesma ordem, mas há outros que os apresentam depois dos Escritos sapienciais. Formam um pequeno grupo que se distingue por várias características particulares.

1ª Possuem um texto que não é uniforme. O livro de Tobias depende de um original semítico que se perdeu. São Jerônimo utilizou, para a Vulgata, um texto "caldaico" (aramaico) que não possuímos mais. Todavia, foram descobertos numa gruta de Qumrã os restos de quatro manuscritos aramaicos e de um manuscrito hebraico de Tobias. As versões grega, siríaca e latina representam quatro recensões do texto, das quais as mais importantes são, de um lado, a do manuscrito Vaticano (B) e Alexandrino (A), e do outro a do códice Sinaítico (S) e da Vetus Latina. Esta última recensão, apoiada agora pelos fragmentos de Qumrã, parece ser a mais antiga e é a ela que seguiremos na presente tradução, sem deixar de recorrer às demais testemunhas.

O original hebraico do livro de Judite também se perdeu. É duvidoso que ele seja representado por algum dos textos hebraicos que circularam na Idade Média. Os textos gregos se apresentam sob três formas que divergem notavelmente. Por sua vez, a Vulgata oferece um texto bastante diferente: parece que são Jerônimo limitou-se a revisar, com o auxílio de uma paráfrase aramaica, uma tradução latina anterior.

O livro de Ester existe numa forma curta, a do hebraico, e numa forma longa, a do grego. Há duas modalidades do texto grego: o tipo comum da Bíblia grega e o tipo aberrante da recensão de Luciano de Antioquia. A versão grega acrescenta ao hebraico os seguintes complementos: sonho de Mardoqueu (1,1a-q) e sua explicação (10,3a-j) dois editos de Assuero (3,13a-g e 8,12a-u), preces de Mardoqueu (4,17a-i) e de Ester (4,17j-y), outro relato da intervenção de Ester junto a Assuero (5,1a-f e 5,2a-b), um apêndice que explica a origem da versão grega (10,3k). Estas adições foram colocadas por são Jerônimo no final do texto hebraico (Vulg. 10,4-16,24); na presente tradução, foram deixadas no lugar que lhes destina o texto grego, impressas em caracteres itálicos e com uma numeração especial.

2ª Eles só entraram posteriormente no cânon das Escrituras. Os livros de Tobias e de Judite não foram admitidos pela Bíblia hebraica, nem tampouco os admitem os protestantes. São livros deuterocanônicos, que a Igreja católica reconheceu, após algumas hesitações, na época patrística. Lidos e utilizados desde antigamente, eles figuram nas listas oficiais do Cânon, no Ocidente a partir do sínodo romano de 382, no Oriente a partir do concílio de Constantinopla, denominado "in Trullo", em 692. As seções gregas de Ester são igualmente deuterocanônicas e têm a mesma história que Tobias e Judite. O livro hebraico era ainda discutido pelos rabinos no século I de nossa era, mas depois teve grande aceitação entre os judeus.

3ª Eles têm em comum certo gênero literário. Estas histórias tratam a história e a geografia com muita liberdade. De acordo com Tobias, o velho Tobit presenciou em sua juventude a divisão do reino por ocasião da morte de Salomão (em 931: Tb 1,4), foi deportado com a tribo de Neftali (em 734: Tb 1,5.10) e seu filho Tobias só veio a morrer após a ruína de Nínive (em 612: Tb 14,15). O livro menciona Senaquerib como sucessor imediato de Salmanasar (Tb 1,15), omitindo o reinado de Sargon. Entre Rages, situada na montanha, e Ecbátana, no meio da planície, haveria não mais de dois dias de caminhada (Tb 5,6), embora Ecbátana esteja a uma altitude de dois mil metros, muito mais alta que Rages, e as duas cidades estejam a uma distância de trezentos quilômetros uma da outra. O livro de Ester tem quadro histórico mais consistente: a cidade de Susa é descrita com exatidão, certos costumes persas são bem observados. Assuero, transcrição hebraica de Xerxes, é um personagem conhecido e o perfil moral do rei se harmoniza com o que dele nos diz Heródoto. No entanto, o decreto de extermínio dos judeus, que ele aceita assinar, não combina bem com a política tolerante dos Aquemênidas; é ainda menos verossímil que ele tenha autorizado o massacre de seus próprios súditos e que setenta e cinco mil persas se tenham deixado matar sem resistência. Nas datas que a narrativa apresenta, a rainha dos persas, esposa de Xerxes, chamava-se Amestris, e a história geral não deixa lugar para Vasti nem para Ester. Se Mardoqueu foi deportado no tempo de Nabucodonosor (Est 2,6), teria mais ou menos 150 anos no reinado de Xerxes.

O livro de Judite, sobretudo, manifesta uma soberba indiferença pela história e pela geografia. O relato é situado no tempo de "Nabucodonosor, que reinou sobre os assírios em Nínive" (Jt 1,1); ora, Nabucodonosor foi rei de Babilônia, e Nínive fora destruída por seu pai Nabopolassar. Por sua vez, o retorno do Exílio, no tempo de Ciro, é apresentado como algo que já se realizou (Jt 4,3; 5,19). Holofernes e Bagoas são nomes persas, mas há também alusões claras a certos costumes gregos (3,7-8; 15,13). O itinerário bélico de Holofernes (2,21-28) é desafio à geografia. Quando ele chega a Samaria, pensamos estar num terreno mais firme e os nomes de lugares se multiplicam. Mas muitos nos são desconhecidos e soam de modo estranho; a própria cidade de Betúlia, que é o centro das operações, não se consegue localizá-la num mapa, apesar das aparentes precisões topográficas da narrativa.

Essas surpreendentes liberdades só se explicam se os autores quiseram fazer algo diferente de uma obra de história. É provável que se tenham baseado em fatos reais, mas é impossível determinar de que fatos se trata, cobertos como estão pelos desenvolvimentos a que serviram de pretexto, desenvolvimentos que são a obra própria dos autores e contêm a mensagem deles. O que importa é determinar a intenção de cada livro e extrair o ensinamento que ele contém.

O livro de Tobias é história de família. Tobit, exilado da tribo de Neftali, residente em Nínive, piedoso, observante, caridoso, fica cego. Seu parente Ragüel, em Ecbátana, tem uma filha, Sara, que viu morrer sucessivamente sete noivos, mortos na noite do casamento pelo demônio Asmodeu. Tobit e Sara, cada qual por seu lado, pedem a Deus que os livre desta vida. Desses dois infortúnios e dessas duas preces Deus fará uma grande alegria: envia seu anjo Rafael, que conduz Tobias, filho de Tobit, à casa de Ragüel, faz que ele se case com Sara e lhe dá o remédio que curará o cego. É uma história edificante, na qual têm lugar notável os deveres para com os mortos e o conselho de dar esmola. O sentimento de família aí se exprime com emoção e encanto. Desenvolve uma noção muito elevada do matrimônio. O anjo Rafael manifesta e ao mesmo tempo esconde a ação de Deus, do qual é instrumento. É essa providência cotidiana, essa proximidade de um Deus benévolo, que o livro convida a reconhecer.

O livro inspira-se em modelos bíblicos, sobretudo nos relatos patriarcais do Gênesis; literariamente, situa-se entre Jó e Ester, entre Zacarias e Daniel. Apresenta pontos de contato com a Sabedoria de Aicar (cf. Tb 1,22; 2,10; 11,18; 14,10), obra apócrifa cujo tema remonta pelo menos ao século V a.C. (ver Tb 1,22+). Ao que parece, o livro de Tobias foi escrito por volta do ano 200 a.C., talvez na Palestina e provavelmente em aramaico.

O livro de Judite é a história de uma vitória do povo eleito contra seus inimigos, graças à intervenção de uma mulher. A pequena nação judaica enfrenta o possante exército de Holofernes, que deve submeter o mundo ao rei Nabucodonosor e destruir todo culto que não seja o de Nabucodonosor divinizado. Os judeus são sitiados em Betúlia que, por falta de água, está na iminência de se render. Aparece então Judite, uma jovem viúva, bela, sábia, piedosa e decidida, que vencerá sucessivamente o desalento de seus compatriotas e o exército assírio. Ela reprova os chefes da cidade pela sua falta de confiança em Deus, depois reza, enfeita-se, sai de Betúlia e faz-se conduzir perante Holofernes. Utiliza contra ele a sedução e a astúcia e, ao ficar sozinha com o militar embriagado, corta-lhe a cabeça. Tomados de pânico, os assírios fogem, e seu acampamento é entregue ao saque. O povo exalta Judite e se dirige a Jerusalém para solene ação de graças.

Parece que o autor multiplicou de propósito as incorreções históricas para desviar a atenção de um contexto histórico preciso e orientá-la toda para o drama religioso e seu desenlace. É relato habilmente composto, que tem íntimo parentesco com os apocalipses. Holofernes, servo de Nabucodonosor, é síntese das potências do mal; Judite, cujo nome significa "a judia", representa a causa de Deus, identificada com a de sua nação. Esta parece votada ao extermínio, mas Deus promove seu triunfo pelas fracas mãos de uma mulher, e o povo santo sobe a Jerusalém. Este livro tem inegáveis contatos com Daniel, Ezequiel e Joel; a cena se passa na planície de Esdrelon, perto daquela planície de Harmagedon, onde são João situará a batalha escatológica de Ap 16,16. A vitória de Judite recompensa sua oração, sua observância escrupulosa das regras de pureza legal, e no entanto a perspectiva do livro é universalista: a salvação de Jerusalém é obtida em Betúlia, naquela Samaria odiada pelos "ortodoxos" do judaísmo rígido; o sentido religioso do conflito é descoberto por Aquior, que é amonita (Jt 5,5-21) e se converte ao verdadeiro Deus (Jt 14,5-10). O livro foi escrito na Palestina em meados do século II antes da nossa era, na atmosfera de fervor nacional e religioso que foi criada pelo levante dos Macabeus.

O livro de Ester narra, como o de Judite, a libertação da nação por intermédio de uma mulher. Os judeus radicados na Pérsia são ameaçados de extermínio pelo ódio do vizir onipotente, Amã, e são salvos graças à intervenção de Ester, jovem compatriota que se tornara rainha e era orientada por sua vez pelo tio Mardoqueu. Há reviravolta completa da situação: Amã é enforcado, Mardoqueu assume seu lugar, os judeus massacram seus inimigos. A festa de Purim é instituída para comemorar essa vitória e recomenda-se aos judeus celebrá-la todos os anos.

A narrativa mostra a hostilidade de que os judeus eram objeto no mundo antigo, por causa da singularidade de sua vida, que os punha em conflito com as leis do monarca (compare-se com a perseguição de Antíoco Epífanes); seu nacionalismo exacerbado é reação de defesa. Sua violência nos choca, mas devemos lembrar-nos de que o livro é anterior à revelação cristã. Também é preciso levar em conta o elemento literário: essas intrigas de harém e essas matanças não têm outra função senão apresentar dramaticamente uma tese que é religiosa. A exaltação de Mardoqueu e de Ester e a libertação que daí resulta recordam a história de Daniel e sobretudo a de José, oprimido e depois exaltado para a salvação do seu povo. No relato do Gênesis sobre José, Deus não manifesta externamente seu poder, e no entanto dirige os acontecimentos. Do mesmo modo, no livro hebraico de Ester, que evita mencionar o nome de Deus, a Providência conduz todas as peripécias do drama. Os atores sabem disso e põem toda a sua confiança em Deus, que realizará seu desígnio de salvação, mesmo se falham os instrumentos humanos que ele escolheu (cf. Est 4,13-17 que dá a chave do livro). As adições gregas têm tom mais religioso (proporcionaram todas as passagens de Ester utilizadas pela liturgia), mas limitam-se a explicitar o que o autor hebreu deixava adivinhar.

A tradução grega existia em 114 (ou 78) a.C., data em que foi enviada ao Egito para autenticar a festa de Purim (Est 10,31). O texto hebraico é anterior; conforme 2Mc 15,36, os judeus da Palestina celebravam, em 160 a.C., um "dia de Mardoqueu", que supõe conhecida a história de Ester e talvez também o próprio livro. Este pode ter sido composto no segundo quartel do século II a.C. Sua relação original com a festa de Purim é incerta: a perícope de Est 9,20-32 é de estilo diferente e parece ser adição. As origens da festa são obscuras e é possível que o livro tenha sido relacionado com ela secundariamente (2Mc 15,36 não dá o nome de "Purim" ao "dia de Mardoqueu") e tenha servido para justificá-la historicamente.

TOBIAS[a]

1 ¹História de Tobit[b], filho de Tobiel, filho de Ananiel, filho de Aduel, filho de Gabael, da descendência de Asiel, da tribo de Neftali, ²o qual, nos dias de Salmanasar,[c] rei da Assíria, foi exilado de Tisbé, que fica ao sul de Cedes em Neftali, na Galileia setentrional, acima de Hasor, a oeste, ao sol poente, e ao norte de Sefat.

I. O exilado

³Eu, Tobit, trilhei os caminhos da verdade todos os dias de minha vida.[d] Dei muitas esmolas a meus irmãos e meus compatriotas, deportados comigo para Nínive, no país da Assíria. ⁴Quando eu era jovem e estava ainda em minha terra, a terra de Israel, toda a tribo de Neftali, meu antepassado, se separou da casa de Davi e de Jerusalém, cidade escolhida dentre todas as tribos de Israel para seus sacrifícios; lá é que o Templo em que Deus habita fora construído e consagrado para todas as gerações vindouras. ⁵Todos os meus irmãos e a casa de Neftali ofereciam sacrifícios ao bezerro que Jeroboão, rei de Israel, fizera em Dã, sobre todas as montanhas da Galileia. ⁶Muitas vezes eu era o único a vir em peregrinação a Jerusalém, por ocasião das festas, para cumprir a lei que obriga todo o Israel para sempre. Acudia pressuroso a Jerusalém com as primícias dos frutos e dos animais, o dízimo do gado e a primeira lã das ovelhas. ⁷Eu as entregava aos sacerdotes, filhos de Aarão, para o altar. Aos levitas, então em serviço em Jerusalém, eu dava o dízimo do vinho e do trigo, do óleo, das romãs e dos outros frutos. O segundo dízimo eu o pagava em dinheiro, pelo espaço de seis anos, e ia gastá-lo cada ano em Jerusalém. ⁸O terceiro dízimo[e] eu o entregava aos órfãos, às viúvas e aos estrangeiros que viviam com os israelitas; levava-o e o dava a eles de três em três anos, e nós o consumíamos conforme os preceitos da Lei de Moisés e as recomendações de Débora, mãe de nosso pai Ananiel, pois meu pai havia morrido deixando-me órfão. ⁹Chegando à idade adulta, casei-me com uma mulher de nossa parentela, chamada Ana;[f] ela deu-me um filho a quem chamei Tobias.

¹⁰Quando da deportação para a Assíria, ao ser desterrado, fui para Nínive. Todos os meus irmãos, e os da minha raça, comiam dos alimentos dos pagãos; ¹¹quanto a mim, eu me guardava de comer dos alimentos dos pagãos.[g] ¹²Como eu me lembrava de meu Deus com toda a minha alma, ¹³concedeu-me o Al-

---

a) O texto da Vulg. muitas vezes é bem diferente do texto grego que seguimos nesta tradução (ver Introdução), o que acarreta frequentes discordâncias na numeração dos versículos. As notas apontarão as adições mais notáveis da Vulg., e à margem se poderá encontrar a numeração da Vulg. quando difere do grego e quando o texto da Vulg. corresponde, ao menos substancialmente, ao do grego.
b) O nome do pai é em grego *Tôbeith* ou *Tôbeit*, que se transcreve em português *Tobit*; o do filho, *Tôbeias* ou *Tôbias*, que equivale ao nosso Tobias. Os outros nomes próprios do livro variam muito segundo as testemunhas. — O Sinaítico (S) prolonga esta genealogia acrescentando depois de "Gabael": "filho de Rafael, filho de Ragüel", que o Alexandrino (A) e o Vaticano (B) omitem.
c) O contexto histórico apresenta resumos convencionais, ver Introdução.
d) A piedade de Tobit consiste menos na meditação da Lei (cf. Sl 119 etc.) do que na prática das boas obras que a acompanham: esmola, sepultura dada aos mortos, peregrinações, pagamento do dízimo etc.
e) "o terceiro", sir.; "o do terceiro ano", Vet. Lat.; omitido por S.
f) "chamada Ana", A, B, Vet. Lat.; omitido por S.
g) Preparados sem levar em conta as proibições legais (cf. Lv 11; Dt 14).

tíssimo graça e favor diante de Salmanasar e cheguei a ser seu procurador. ¹⁴Eu viajava para a Média e lá administrava seus negócios até sua morte; e depositei em Rages, na Média, na casa de Gabael, irmão de Gabri, uns sacos de prata contendo dez talentos.*ª*

¹⁵Morto Salmanasar, sucedeu-lhe no trono seu filho Senaquerib; as estradas da Média foram fechadas e não pude voltar mais lá. ¹⁶Nos dias de Salmanasar, eu tinha feito muitas esmolas a meus irmãos de raça; ¹⁷dava meu pão aos famintos e roupa aos que estavam nus; e quando via o cadáver de algum dos meus compatriotas jogado para fora das muralhas de Nínive, sepultava-o. ¹⁸Enterrei igualmente os que Senaquerib matou. — Quando regressou da Judeia em fuga, depois do castigo que lhe mandou o Rei do céu, por causa de suas blasfêmias, Senaquerib, em sua ira, mandou matar muitos dos israelitas. — Então eu retirava seus corpos para dar-lhes sepultura. Senaquerib os procurava e não mais os encontrava. ¹⁹Um ninivita foi denunciar ao rei que era eu quem os enterrava clandestinamente. Quando eu soube que o rei estava informado a meu respeito e que me procurava para matar-me, tive medo e fugi. ²⁰Todos os meus bens me foram arrebatados; tudo foi confiscado para o tesouro real; nada me restou, senão Ana, minha esposa, e meu filho Tobias.

²¹Menos de quarenta dias depois, o rei foi assassinado por seus dois filhos, que fugiram para os montes Ararat. Sucedeu-lhe seu filho Asaradon. Este constituiu Aicar,*ᵇ* filho do meu irmão Anael, superintendente das finanças do reino, de modo que ele dirigia toda a administração. ²²Então Aicar intercedeu por mim e eu pude retornar a Nínive. É que Aicar, sob Senaquerib, rei da Assíria, havia sido copeiro-mor, guarda do selo, administrador e encarregado das finanças; e Asaradon o havia mantido no ofício. Ele era da minha parentela, era meu sobrinho.

II. O cego

2 ¹No reinado de Asaradon, pude voltar para minha casa e foi-me devolvida minha esposa Ana com meu filho Tobias. Em nossa festa de Pentecostes (a festa das Semanas), foi-me preparado um excelente almoço e reclinei-me para comer. ²Quando puseram a mesa, com numerosos pratos, disse a meu filho Tobias: "Filho, vai procurar, entre os nossos irmãos deportados em Nínive, algum pobre de coração fiel, e traze-o aqui para comer conosco. Esperar-te-ei até que voltes, meu filho." ³Saiu, pois, Tobias à procura de algum pobre dentre nossos irmãos e quando regressou, disse: "Meu pai!" Respondi: "E então, filho?" Continuou Tobias: "Pai, há um homem do nosso povo que acaba de ser assassinado; foi estrangulado e depois lançado na praça do mercado e ainda está lá." ⁴Levantei-me imediatamente, deixei meu prato intato, fui tirar o homem da praça e o coloquei num quarto, esperando o pôr do sol para enterrá-lo. ⁵Tornei a entrar, lavei-me e tomei a refeição na tristeza, ⁶recordando-me das palavras que disse o profeta Amós contra Betel:

---

a) Um talento de prata, ou sessenta minas, equivalia a um peso de aproximadamente 44 quilos.

b) A menção de Aicar (Tb 1,22; 2,10; 1,18; 14,10; cf. Jt 5,5+) relaciona a história de Tobit com o Livro (ou: Sabedoria) de Aicar, obra antiga, conhecida sob diversas formas e em diversas línguas. É relato que serve de contexto a duas coleções sapienciais, cujo eco encontramos em Tb e em Eclo. O sábio Aicar, chanceler dos reis da Assíria Senaquerib e Asaradon, criou seu sobrinho Nadab a quem preparou para suceder; isso introduz a primeira série de máximas. Nadab, arrivista e ingrato, faz condenar à morte seu benfeitor. Aicar escapa da morte por um subterfúgio e se esconde. Asaradon, intimado pelo Faraó a lhe apresentar um sábio capaz de responder a seus desafios, lamenta o desaparecimento de Aicar. Este abandona então seu esconderijo, consegue vencer o Faraó e, reabilitado, castiga seu sobrinho e lhe

> Am 8,10
> *Vossas festas se converterão em luto*
> *e todos os vossos cânticos em lamentações.*

⁷E eu chorei. Depois, quando o sol se pôs, saí, cavei uma fossa e o sepultei. ⁸Meus vizinhos diziam, rindo de mim: "Ele já não tem mais medo." (É preciso lembrar que minha cabeça já fora posta a prêmio por tal motivo.) "Na primeira vez ele fugiu; e no entanto, ei-lo de novo a sepultar os mortos!"

⁹Naquela noite, tomei banho e fui para o pátio da casa e deitei-me junto ao muro do pátio, com o rosto descoberto por causa do calor. ¹⁰Não reparei que havia pardais acima de mim no muro. Caiu-me nos olhos excremento quente, produzindo neles manchas brancas. Fui aos médicos para me tratar; mas quanto mais me aplicavam pomadas, mais as manchas me cegavam, até que fiquei completamente cego. Fiquei cego durante quatro anos, e todos os meus irmãos se afligiam por minha causa; e Aicar cuidou do meu sustento por dois anos, até que partiu para Elimaida.ᵃ

¹¹Naquela ocasião, minha mulher Ana começou a trabalhar como operária; fiava lã e recebia tela para tecer;ᵇ ¹²ela a entregava aos fregueses e estes lhe pagavam o preço. Ora, no sétimo dia do mês de Distros,ᶜ ela acabou uma encomenda e entregou-a aos fregueses; estes lhe pagaram o preço inteiro e ainda lhe deram um cabrito para um almoço. ¹³Ao entrar em minha casa, o cabrito começou a balir. Chamei então minha esposa e perguntei-lhe: "Donde vem este cabrito? Não terá sido roubado? Devolve-o a seus donos, porque não podemos comer coisa roubada." ¹⁴Ela me disse: "É um presente que me foi dado além do meu salário!" Mas não acreditei nela e ordenei-lhe que o devolvesse a seus donos, envergonhando-me por causa dela. Então ela replicou: "Onde estão as tuas esmolas? Onde estão as tuas boas obras? Todos sabem o que isso te acarretou!"ᵈ

3

¹Com a alma desolada, suspirando e chorando, comecei esta prece de lamentação:

² "Tu és justo, Senhor,
e justas são todas as tuas obras.
Todos os teus caminhos são graça e verdade,
e tu és o Juiz do universo.

³ E agora, Senhor,
lembra-te de mim, olha para mim.
Não me castigues por meus pecados,
nem por minhas inadvertências,
nem pelas de meus pais.
Pois pecamos em tua presença

⁴ e desobedecemos a teus mandamentos;
e nos entregaste ao saque,
ao cativeiro e à morte,
ao escárnio, à zombaria e ao vitupério
de todos os povos entre os quais nos dispersaste.

⁵ E agora, todas as tuas sentenças são verdadeiras,
quando me tratas segundo minhas faltas
e as de meus pais.ᵉ

---

dirige censuras, que constituem a segunda série de sentenças.
a) Uma adição da Vulg. (vv. 12-18) compara a paciência de Tobit com a de Jó. As censuras dos seus parentes, Tobit responde: "Não faleis assim, pois nós somos os filhos dos santos e esperamos aquela vida que Deus há de dar àqueles que nunca retiram dele a sua fé."
b) "fiava... tecer", acrescentado com a Vet. Lat.
c) O mês macedônio de Distros correspondia ao mês de Adar dos judeus (fevereiro-março).
d) A Vulg. (v. 23) acentua o paralelo entre Ana e a mulher de Jó.
e) "e as de meus pais", acrescentado com B, Vet. Lat., sir.

Pois não obedecemos às tuas ordens,
nem caminhamos na verdade diante de ti.

⁶ E agora, trata-me como te aprouver,
digna-te retirar-me a vida:
para que eu desapareça da face da terra
e de novo me torne pó.
Pois para mim mais vale morrer que viver.
Sofri ultrajes sem motivo,
imensa é a minha tristeza!

Senhor, espero que tua decisão me liberte desta provação.
Deixa-me partir para a morada eterna,
não afastes teu rosto de mim, Senhor.
Pois é melhor morrer do que passar a vida
aguentando um mal inexorável,
e não quero mais ouvir injúrias contra mim".

Nm 11,15
1Rs 19,4
Jn 4,3.8
Jó 7,15

III. Sara

⁷Naquele mesmo dia, aconteceu que Sara, filha de Ragüel, habitante de Ecbátana, na Média, teve também de ouvir insultos de uma serva de seu pai. ⁸Ela fora dada sete vezes em casamento, e Asmodeu,ᵃ o pior dos demônios, matara seus maridos um após o outro, antes que se tivessem unido a ela como esposos. A serva lhe dizia: "És tu que matas teus maridos! Já foste dada a sete homens e não foste feliz sequer uma vez!ᵇ ⁹Queres castigar-nos por terem morrido teus maridos? Vai procurá-los e que nunca se veja de ti filho nem filha!" ¹⁰Naquele dia, a alma de Sara se encheu de tristeza: ela se pôs a chorar e subiu ao quarto de seu pai com a intenção de se enforcar. Mas, refletindo, pensou: "Talvez isto sirva para que injuriem meu pai e lhe digam: 'Tinhas uma filha única, amada, e ela se enforcou porque se sentia infeliz.' Não posso consentir que meu pai, em sua velhice, desça acabrunhado à mansão dos mortos.ᶜ É melhor que, em vez de enforcar-me, suplique ao Senhor que me envie a morte, para não ter de ouvir injúrias durante minha vida." ¹¹E naquele momento, estendendo as mãos para a janela, orou assim:

6,15
Gn 37,35; 42,38; 44,29.31

Dn 6,11
1Rs 8,44.48
Sl 5,8; 28,2;
134,2; 138,2

"Bendito sejas tu, Deus de misericórdia!
Bendito seja teu nome pelos séculos,
e que todas as tuas obras
te bendigam para sempre!

¹²Volto agora meu rosto
e levanto meus olhos para ti.
¹³Que tua palavra me livre da terra,
pois não quero mais ouvir ultrajes!

14

¹⁵3,6 +

¹⁴Tu o sabes, Senhor, eu estou pura,
homem algum me tocou;
¹⁵não desonrei meu nome

16

17

---

a) O nome Asmodeu significaria: "Aquele que faz perecer" (cf. o anjo destruidor de 2Sm 24,16; Sb 18,25; Ap 9,11). Asmodeu reaparece no Testamento de Salomão (onde é, como aqui, inimigo da união conjugal) e no judaísmo pós-bíblico. Tem sido relacionado com Aeshma, um dos demônios do parsismo.

b) "não foste feliz", A, B, Vet. Lat., sir.; "não recebeste nome", S. — Sara vê-se afligida por um malefício que provoca a morte de seus noivos.
c) Um dos refrães da história de José.

nem o nome do meu pai
na terra do meu cativeiro.

Sou a filha única do meu pai;
ele não tem outro filho para herdar,
não tem junto a si irmão algum,
nem parente a quem eu me deva reservar.

Já perdi sete maridos,
por que deveria eu ainda viver?
Se não te apraz, Senhor, dar-me a morte,
olha-me com compaixão!
E não tenha eu ouvir injúrias."[a]

[24]
[25]12,12
[25]
4,12-13;
6,12 +

[16]Naquele instante, na Glória de Deus, foi ouvida a oração de ambos [17]e foi enviado Rafael[b] para curar os dois: para tirar as manchas brancas dos olhos de Tobit, a fim de que visse com seus próprios olhos a luz de Deus, e dar Sara, filha de Ragüel, como esposa a Tobias, filho de Tobit, e livrá-la de Asmodeu, o pior dos demônios; porque Tobias tinha mais direitos sobre ela que todos quantos a pretendiam. Naquela mesma hora, voltava Tobit do pátio para a casa; e Sara, filha de Ragüel, estava descendo do quarto.

IV. Tobias

4 [1]Naquele dia, Tobit lembrou-se do dinheiro que havia depositado com Gabael, em Rages, na Média, [2]e pensou consigo: "Já estou desejando morrer; seria bom chamar meu filho Tobias para lhe falar sobre esse dinheiro, antes de morrer." [3]Chamou, pois, seu filho Tobias para junto de si e assim falou:

Ex 20,12
Pr 23,22
Eclo 7,27

"Quando eu morrer,[c] dar-me-ás uma digna sepultura; honra tua mãe e não a abandones em nenhum dia de tua vida; faze o que lhe agrada e não lhe sejas causa de tristeza alguma. [4]Lembra-te, meu filho, de tantos perigos que ela correu por tua causa, quando te trazia no seio. E quando ela morrer, sepulta-a junto de mim, no mesmo túmulo.

[5]Meu filho, lembra-te do Senhor todos os dias e não queiras pecar nem transgredir seus mandamentos. Pratica a justiça todos os dias da tua vida e não andes pelos caminhos da injustiça. [6]Pois, se agires conforme a verdade,[d] terás êxito em todas as tuas ações, como todos os que praticam a justiça.

13,6
Jo 3,21
Ef 4,15

[7]Toma de teus bens para dar esmola. Nunca afastes de algum pobre a tua face, e Deus não afastará de ti a sua face. [8]Regula tua esmola segundo a abundância de teus bens: se tens muito, dá mais; se tens pouco, dá menos, mas não tenhas receio de dar esmola, [9]porque assim acumulas um bom tesouro para o dia da necessidade. [10]Pois a esmola livra da morte e impede que se caia nas trevas. [11]Dom valioso é a esmola, para quantos a praticam na presença do Altíssimo.

12,8-10
Pr 19,17
Eclo 4,1-6
Dt 15,7-8.11
1Jo 3,17
[10]Mt 6,20p
[11]Eclo 3,30;
29,12

---

a) "não tenha eu que ouvir injúrias", B, Vet. Lat., sir.; "ouve minha injúria", S. — O fim da oração é bastante diferente na Vulg.: "[18]Se consenti em tomar marido, não foi por paixão, mas no teu temor. [19]Neste caso, ou eu não fui digna deles ou eles não foram dignos de mim. *Ou então, será que me terias reservado para outro marido.* [20]Teus desígnios não estão ao alcance do homem, [21]mas todo aquele que te serve sabe que, se esteve na provação, será coroado; se esteve na tribulação, será libertado; se passou pela correção, terá acesso à tua misericórdia. [22]Pois não te comprazes em nossa perda, mas depois da tempestade trazes a bonança e, depois das lágrimas e do pranto, infundes a alegria..."
b) Rafael, o anjo protetor enviado a Tobit e a Sara, esteve primeiro diante de Deus (12,12.15) como intercessor da oração de ambos (cf. 5,4+).
c) "Quando eu morrer", B, Vet. Lat., sir.; omitido por S.
d) Lit.: "se fazes a verdade", B, Vet. Lat., sir.; "os que fazem a verdade", S. — Os vv. 7-19 faltam no grego do Sinaítico; restituimo-los conforme a Vet. Lat., levando em conta B e sir.

¹²Guarda-te, meu filho, de toda impureza. Escolhe uma mulher do sangue de teus pais; não tomes por esposa uma mulher estrangeira, que não pertença à tribo de teu pai, porque nós somos filhos dos profetas. Lembra-te de Noé, de Abraão, de Isaac e de Jacó, nossos pais mais antigos. Todos eles escolheram sua esposa dentro da própria estirpe e foram abençoados em seus filhos, e sua raça possuirá a terra como herança. ¹³Tu também, meu filho, dá preferência a teus irmãos, e que teu coração não se ensoberbeça, fazendo-te desprezar teus irmãos, os filhos e as filhas de teu povo; escolhe por mulher uma dentre eles. Pois o orgulho acarreta a ruína e muita inquietação; a ociosidade traz a pobreza e a penúria, porque a mãe da indigência é a ociosidade.

¹⁴Não retenhas até o dia seguinte o salário daqueles que trabalham para ti, mas entrega-o imediatamente. Se serves a Deus, serás recompensado. Sê vigilante, meu filho, em todas as tuas ações e mostra-te educado em todo o teu comportamento. ¹⁵Não faças a ninguém o que não queres que te façam. Não bebas vinho até à embriaguez, e não faças da embriaguez a tua companheira pela estrada.

¹⁶Dá de teu pão aos que têm fome, e de tuas roupas aos que estãos nus. Dá esmola de tudo o que tens em abundância; e ao dares a esmola, não haja tristeza em teus olhos. ¹⁷Põe com largueza teu pão e teu vinho sobre o túmulo dos justos, mas não o dês ao pecador.ᵃ

¹⁸Busca o conselho de toda pessoa sensata, e não desprezes nenhum conselho salutar. ¹⁹Bendize ao Senhor Deus em toda circunstância, pede-lhe que dirija teus caminhos e que cheguem a bom termo todas as tuas veredas e teus projetos. Pois nem toda nação possui a sabedoria; é o Senhor quem lhes dá o dom de desejar o bem. Segundo seu beneplácito, ele exaltaᵇ ou rebaixa até o fundo da mansão dos mortos. Portanto, meu filho, lembra-te desses mandamentos e não permitas que se apaguem do teu coração.

²⁰Também quero dizer-te, meu filho, que deixei em depósito com Gabael, filho de Gabri, em Rages, na Média, dez talentos de prata. ²¹Não te preocupes, filho, se ficamos pobres. Tens uma grande riqueza se temes a Deus, se evitas toda espécie de pecado e se fazes o que agrada ao Senhor teu Deus."

V. *O companheiro*

5 ¹Então Tobias respondeu a seu pai Tobit: "Pai, farei tudo quanto me ordenaste. ²Mas como poderei recuperar esse dinheiro? Ele não me conhece e nem eu a ele. Que sinal lhe darei para que ele me reconheça, creia em mim e me entregue o dinheiro? Além disso, não sei que caminho tomar para chegar à Média." ³Tobit então respondeu a seu filho Tobias: "Ele me deu seu documento, e eu lhe dei o meu; eu o dividi em dois para que cada um de nós ficasse com a metade. Tomei umaᶜ e deixei a outra com o dinheiro. E dizer que já faz vinte anos que depositei esse dinheiro! Agora, meu filho, procura um homem de confiança para teu companheiro de viagem, e lhe pagaremos pelo seu trabalho até a tua volta; vai e recupera esse dinheiro junto a Gabael."

⁴Tobias saiu em busca de alguém que conhecesse o caminho e que fosse com ele à Média. Ao sair, encontrou Rafael, o anjo,ᵈ de pé diante dele; mas

---

a) Este preceito vem de Aicar (cf. 1,21+). Tobit, entretanto, parece aconselhar a seu filho, não que faça ofertas aos mortos, costume reprovado pela Lei, mas que dê esmolas em honra deles.
b) "ele exalta", Vet. Lat.; omitido por S.
c) "Tomei uma", acrescentado com a Vet. Lat.
d) Com exceção do "Anjo de Iahweh" ou "Anjo de Deus" que, nos textos antigos, designa a aparência visível de Deus (cf. Gn 16,7+), os anjos são criaturas de Deus e inferiores a ele, membros de sua corte celeste (chamados "filhos de Deus": Jó 1,6; cf. Sl 29,1+; "santos": Jó 5,1; "o exército do céu": 1Rs 22,19; Ne

não sabia que era um anjo de Deus. ⁵Disse-lhe, pois: "De onde és, jovem?" Respondeu-lhe: "Sou um dos israelitas, teus irmãos, e vim procurar trabalho." Perguntou-lhe Tobias: "Conheces o caminho da Média?" ⁶"Sim", respondeu ele; "já estive lá muitas vezes e conheço em detalhe todos os caminhos. Fui à Média com frequência e hospedei-me na casa de Gabael, nosso irmão, que mora em Rages, na Média.ᵃ São dois dias de viagem entre Ecbátana e Rages, pois Rages está situada na montanha e Ecbátana na planície."ᵇ ⁷Disse-lhe Tobias: "Espera-me, jovem, que eu vou informar meu pai, porque preciso que venhas comigo; pagar-te-ei teu salário." ⁸Respondeu o outro: "Fico esperando, mas não demores."

⁹Tobias foi informar seu pai e disse-lhe: "Encontrei um homem, que é dos israelitas, irmão nosso." E seu pai lhe disse: "Chama-o aqui, para que eu saiba a que família pertence e se é digno de confiança para que te acompanhe, filho." Tobias saiu, chamou-o e disse-lhe: "Jovem, meu pai está te chamando."

¹⁰O anjo entrou na casa e Tobit o saudou por primeiro. Ele respondeu: "Desejo-te grande alegria." Disse Tobit: "Que alegria posso ainda ter? Estou cego e não posso ver a luz do céu; estou mergulhado nas trevas como os mortos que não contemplam mais luz; vivo como um morto; ouço a voz das pessoas, mas não as vejo." Disse-lhe o anjo: "Tem confiança, que Deus em breve te curará. Tem confiança!" Tobit lhe disse: "Meu filho Tobias quer ir à Média. Podes ir com ele e servir-lhe de guia? Eu te darei teu salário, irmão." Ele respondeu: "Posso ir com ele, pois conheço detalhadamente todos os caminhos e fui frequentes vezes à Média, percorri todas as suas planícies e as suas montanhas e conheço todas as suas veredas." ¹¹Disse-lhe Tobit: "Irmão, de que família e de que tribo és tu? Fala, irmão." ¹²Respondeu-lhe o anjo: "Que importa a minha tribo?" Tobit insistiu: "Gostaria de saber com segurança de quem és filho e qual é o teu nome." ¹³Respondeu-lhe o anjo: "Sou Azarias, filho do grande Ananias, um de teus irmãos." ¹⁴Disse-lhe Tobit: "Bem-vindo, irmão, salve! Não leves a mal, irmão, meu desejo de conhecer com certeza teu nome e tua família; acontece que és parente meu e pertences a uma família honesta e honrada. Conheci Ananias e Natã, os dois filhos do grande Semeías; eles iam comigo a Jerusalém, juntos lá adorávamos, e eles não se desviaram do bom caminho. Teus irmãos são homens de bem; descendes de ilustre estirpe. Sê bem-vindo!"

¹⁵E acrescentou: "Pagar-te-ei como salário uma dracma por dia, e dar-te--ei, como a meu filho, o que te for necessário. Viaja, pois, com meu filho, ¹⁶e depois ainda acrescentarei algo ao teu salário." O anjo respondeu: "Irei com teu filho, nada receies. Sãos partiremos e sãos regressaremos a ti, porque o caminho é seguro." ¹⁷Respondeu-lhe Tobit: "Bendito sejas, irmão!" Chamou seu filho e disse-lhe: "Filho, prepara as coisas para a viagem e parte com teu irmão; que lá vos proteja o Deus que está nos céus e que vos reconduza a mim sãos e salvos; e que seu anjo vos acompanhe com sua proteção, filho."

Tobias saiu para empreender a viagem, e beijou seu pai e sua mãe. Tobit lhe disse: "Boa viagem!" ¹⁸Sua mãe pôs-se a chorar e disse a Tobit: "Para que mandaste meu filho partir? Não é ele o bastão de nossa mão que sempre vai e

---

9,6; Sl 103,21; 148,2). O prólogo de Jó evoca a sua assembleia (Jó 1,6; 2,1), de onde partem os mensageiros (é este o sentido do termo "anjo") que Deus envia à terra. Umas vezes são anjos de destruição (cf. Ex 12,23+; 2Rs 19,35; Ez 9,1; Sl 78,49); outras vezes são anjos protetores das nações e dos indivíduos (cf. Ex 23,20+; Dn 10,13+). Rafael é enviado como guia de Tobias (3,17; cf. Gn 24,7). Sobre o papel dos anjos de intermediários na profecia, ver Ez 40,3+. A doutrina progredirá no judaísmo e no NT.

a) "Rages (na Média)", Vet. Lat. (cf. 1,14; 4,1); "Ecbátana (na Média)", S.
b) Geografia pouco exata; Ecbátana, hoje Hamadã, está bastante longe de Rages, hoje Rai, perto de Teerã (cf. Introdução). Mas o autor não se preocupa com a exatidão; quer apenas situar seu relato numa região longínqua.

vem conosco? ¹⁹Que não seja o dinheiro o mais importante; que ele não tenha valor ao lado de nosso filho.ᵃ ²⁰O nível de vida que Deus nos tinha dado era-nos suficiente." ²¹Respondeu-lhe Tobit: "Não penses nisso; são partiu nosso filho, e são voltará a nós; com teus próprios olhos o verás no dia em que ele regressar a ti são e salvo. Não penses nisso, nem te inquietes por causa deles, minha irmã.ᵇ ²²Um bom anjo o acompanhará, lhe dará uma viagem tranquila e o devolverá são e salvo!"

6

¹E ela parou de chorar.

VI. O peixe

²Partiu, pois, Tobias em companhia do anjo, e o cão os seguia. Caminharam juntos e aconteceu que, numa noite, acamparam à margem do rio Tigre. ³Tobias desceu ao rio para lavar os pés, quando saltou da água um grande peixe, que queria devorar-lhe o pé. Ele gritou ⁴e o anjo lhe disse: "Agarra o peixe e segura-o firme!" Tobias dominou o peixe e o arrastou para a terra. ⁵E o anjo acrescentou: "Abre o peixe, tira-lhe o fel, o coração e o fígado e guarda-os; joga fora os intestinos, pois o fel, o coração e o fígado são remédios úteis." ⁶O jovem abriu o peixe, tirou-lhe o fel, o coração e o fígado. Assou uma parte do peixe e comeu-a, e salgou o resto. Depois continuaram juntos a caminhada, até chegarem perto da Média.

⁷Então Tobias perguntou ao anjo: "Azarias, meu irmão, que remédio há no coração, no fígado e no fel do peixe?" ⁸Respondeu ele: "Se se queima o coração ou o fígado do peixe diante de um homem ou de uma mulher atormentados por um demônio ou por um espírito mau, a fumaça afugenta todo o mal e o faz desaparecer para sempre. ⁹Quanto ao fel, untando com ele os olhos de um homem que tem manchas brancas, e soprando sobre as manchas, ele ficará curado."

¹⁰Quando entraram na Média, estando já perto de Ecbátana, ¹¹Rafael disse ao jovem: "Tobias, meu irmão!" Respondeu-lhe: "Eis-me aqui." E disse o anjo: "Esta noite ficaremos na casa de Ragüel; ele é teu parente e tem uma filha de nome Sara; ¹²além dela, ele não tem nem filhos nem filhas. Tu és o seu parente mais próximo, tens mais direitos sobre ela do que todos os outrosᶜ e é justo que sejas o herdeiro dos bens de seu pai. É uma moça prudente, corajosa, muito bela e seu pai tem-lhe grande amor."ᵈ ¹³E acrescentou: "Tens o direito de tomá-la por esposa. Escuta-me, irmão. Esta noite falarei com o pai acerca da moça, para que te seja dada como noiva; e quando voltarmos de Rages, celebraremos o casamento. Tenho certeza de que Ragüel não tem o direito de recusá-la a ti, nem de dá-la a outro. Seria réu de morte, segundo a sentença do livro de Moisés, pois ele sabe que o parentesco te dá, de preferência a qualquer outro, o direito de tomar sua filha como esposa. Portanto, ouve-me, irmão: falaremos esta noite sobre a moça e pediremos que a deem

---

a) "o dinheiro", conj.; "o dinheiro ao dinheiro", grego. — Este v. difícil desconcerta os tradutores. Poder-se-ia compreender assim: "Que o dinheiro (depositado) não se some ao dinheiro (daqui), mas seja o resgate de nosso filho"; ou então, corrigindo: "Que o dinheiro não esteja em primeiro plano, mas que seja sem valor ao lado de nosso filho". Essa ideia de não colocar o dinheiro em primeiro plano parece bem sugerida pelo contexto.
b) Mesmo nome dado à esposa ou à noiva em 8,4.7.21 e em Ct 4,9s; 5,1.2; cf. 8,1.

c) Segundo o costume patriarcal do matrimônio dentro do clã (cf. 4,12-13 e o relato do casamento de Isaac, Gn 24). A lei do levirato (Dt 25,5+) talvez se tenha derivado desse costume. Para as tribos estabelecidas na Palestina, esse costume assegurava a estabilidade das partes que se originaram da partilha de Canaã (cf. Nm 36). Na Diáspora, mantinha-se a ideia de conservar entre os parentes os bens da família e a vontade de permanecer fiel ao direito ancestral de Israel.
d) "tem-lhe grande amor", Vet. Lat., "é belo", S.

a ti em casamento. Quando voltarmos de Rages, a tomaremos para levá-la conosco à tua casa."

¹⁴Tobias respondeu a Rafael: "Azarias, meu irmão, ouvi dizer que ela já foi dada a sete maridos e que todos morreram na noite de núpcias; morriam ao entrar onde ela estava. Também ouvi dizer que era um demônio que os matava, ¹⁵por isso tenho medo. A ela não faz nenhum mal, porque a ama;ᵃ mata, porém, quem queira aproximar-se dela. Sou filho único; se eu morrer, farei descer ao túmulo a vida de meu pai e de minha mãe em consequência da sua tristeza por minha causa. Eles não têm outro filho que lhes dê sepultura."

¹⁶Respondeu o anjo:ᵇ "Não te lembras das recomendações de teu pai, que te mandou tomar como esposa uma mulher da casa de teu pai? Ouve-me, irmão; não tenhas medo desse demônio e toma-a; sei que esta noite eles a darão a ti por mulher. ¹⁷E quando entrares no quarto nupcial, toma o fígado e o coração do peixe e coloca-os sobre as brasas do perfumador. O aroma se espalhará ¹⁸e, quando o demônio o respirar, fugirá e nunca mais aparecerá junto dela. Depois, no momento de unir-te a ela, levantai-vos ambos para fazer oração e suplicai ao Senhor do Céu que vos conceda sua graça e sua proteção. E não temas, pois ela te foi destinada desde o princípio, ¹⁹a ti compete salvá-la. Ela te seguirá, e te asseguro que te dará filhos que serão para ti como irmãos. Não te preocupes." ²⁰Quando Tobias ouviu as razões de Rafael e soube que Sara era sua irmã, parente da família de seu pai, enamorou-se de tal modo que seu coração não podia separar-se dela.

VII. *Ragüel*

7 ¹Quando entraram em Ecbátana, disse Tobias: "Azarias, meu irmão, leva-me imediatamente à casa de nosso irmão Ragüel." Conduziu-o, pois, à casa de Ragüel e encontraram-no sentado à porta do pátio. Eles o saudaram primeiro e ele respondeu: "Desejo-vos grande alegria, irmãos, e que estejais com boa saúde!" E fê-los entrar em sua casa. ²Disse à sua esposa Edna: "Como esse rapaz se parece com meu irmão Tobit!" ³Edna perguntou-lhes: "De onde sois, irmãos?" Responderam: "Somos dos filhos de Neftali, deportados para Nínive." — ⁴"Conheceis Tobit, nosso irmão?"ᶜ — "Conhecemos, sim", responderam. — "Ele está bem?" — ⁵"Vive e está bem." E Tobias acrescentou: "É meu pai." ⁶Ragüel então levantou-se, beijou-o, chorou ⁷e disse: "Bendito sejas, filho! Tens um pai honrado e bom. Que infelicidade ter ficado cego um homem tão justo e tão bondoso!" Lançou-se ao pescoço de seu irmão Tobias e chorou. ⁸Também chorou sobre ele sua mulher Edna e sua filha Sara. ⁹Matou depois um carneiro do rebanho e fez-lhes calorosa recepção.

Depois de se lavarem e se banharem, puseram-se à mesa. Tobias disse então a Rafael: "Azarias, meu irmão, dize a Ragüel que me dê por esposa minha irmã, Sara." ¹⁰Ragüel ouviu essas palavras e disse ao jovem: "Come e bebe e passa a noite tranquilo, porque ninguém, a não ser tu, meu irmão, tem

---

a) "porque a ama", acrescentado com B, Vet. Lat., sir.
b) O final do diálogo se apresenta de outra forma na Vulg.: "¹⁶Então o anjo lhe disse: 'Ouve-me, eu te mostrarei quais são aqueles sobre quem o demônio tem poder. ¹⁷São os que se casam com tais disposições, que lançam a Deus fora de si e se entregam à sua paixão, a tal ponto que não têm maior entendimento que o cavalo e o muar (Sl 32,9; cf. Rm 1,21-26); a esses o demônio supera. ¹⁸Mas tu, quando a tiveres recebido por esposa, viverás com ela em continência durante três dias e não cuidarás de outra coisa senão de fazer oração com ela. ¹⁹Na primeira noite, o demônio será expulso pela fumaça do fígado do peixe. ²⁰Na segunda noite, serás admitido na sociedade dos santos patriarcas. ²¹E na terceira noite conseguirás a bênção, para que vos nasçam filhos sadios. ²²Passada a terceira noite, no temor do Senhor, tomarás a donzela, levado menos pelos instintos do que pelo desejo de ter filhos, a fim de obteres sobre teus filhos a bênção da raça de Abraão'".
c) No sentido largo de parente (6,11); em lugar de *adelphos* alguns manuscritos têm *anepsio*, "primo" (cf. Nm 36,11). Ver Mt 12,46+.

o direito de desposar minha filha Sara; de tal modo que nem mesmo eu tenho possibilidade de dá-la a outro, pois és meu parente mais próximo. Mas vou falar-te com franqueza, rapaz. ¹¹Já a dei a sete maridos dentre nossos irmãos, e todos morreram na mesma noite em que entraram no seu quarto. Todavia, moço, agora come e bebe, e o Senhor vos dará sua graça e sua paz."ᵃ Tobias respondeu: "Não comerei nem beberei até que resolvas a minha situação." Ragüel lhe disse:ᵇ "Está bem! É a ti que ela deve ser dada segundo a sentença da Lei de Moisés, e o Céu decreta que ela te seja dada. Recebe tua irmã. A partir de agora, tu és seu irmão, e ela é tua irmã. Ela te é dada a partir de hoje e para sempre. Que o Senhor do Céu vos faça felizes esta noite, filho, e vos dê sua graça e sua paz." ¹²Ragüel chamou sua filha Sara e, quando ela se apresentou, tomou-a pela mão e entregou-a a Tobias, dizendo: "Recebe-a, pois ela te é dada por esposa, segundo a lei e a sentença escrita no livro de Moisés. Toma-a e leva-a feliz para a casa de teu pai. E que o Deus do Céu vos guie em paz pelo bom caminho." ¹³Chamou depois a mãe da moça e mandou que trouxesse uma folha de papiro, e redigiu o contrato de casamento, pelo qual dava a Tobias sua filha por esposa, conforme o artigo da Lei de Moisés.

¹⁴Depois disso, começaram a comer e a beber. ¹⁵Ragüel chamou sua mulher Edna e disse-lhe: "Irmã, prepara o outro quarto e leva Sara para lá." ¹⁶Ela preparou o leito do quarto, tal como lhe fora ordenado, e levou sua filha para lá. Chorou por causa dela, depois enxugou as lágrimas e disse: "Tem confiança, minha filha! Que o Senhor do Céu mude tua tristeza em alegria! Tem confiança, minha filha!" E saiu.

VIII. O túmulo

8 ¹Quando acabaram de comer e beber, decidiram ir dormir; conduziram, pois, o jovem ao aposento. ²Recordou-se Tobias dos conselhos de Rafael e, tirando o fígado e o coração do peixe de dentro do saco onde os guardara, colocou-os sobre as brasas do perfumador. ³O cheiro do peixe expulsou o demônio, que fugiu pelos ares até o Egito.ᶜ Rafael seguiu-o, prendeu-o e acorrentou-o imediatamente.

⁴Entretanto, os pais tinham saído e fechado a porta do quarto. Então Tobias levantou-se do leito e disse a Sara: "Levanta-te, minha irmã! Oremosᵈ e peçamos a nosso Senhor que tenha compaixão de nós e nos salve." ⁵Ela se levantou e começaram a orar e a pedir para obterem a salvação. Ele começou dizendo:

"Bendito sejas tu, Deus de nossos pais,
e bendito seja teu Nome
por todos os séculos dos séculos!
Bendigam-te os céus
e tua criação inteira
em todos os séculos!

---

a) "sua graça e sua paz", restituído de acordo com o final do v.
b) A redação da Vulg. é diferente: diante do pedido de Tobias (v. 10), Ragüel primeiro meneia a cabeça sem responder (v. 11) e só cede depois que Rafael insiste (v. 12): "...¹⁴Creio', diz ele, 'que se Deus vos fez vir a mim, é para que esta filha tenha um esposo de sua parentela, segundo a Lei de Moisés; por isso não duvides de que eu a darei a ti.' ¹⁵E, pegando a mão direita de sua filha, a pôs na mão direita de Tobias, dizendo: 'O Deus de Abraão, o Deus de Isaac e o Deus de Jacó esteja convosco! Que ele mesmo vos una e vos cumule com a sua bênção'." Essa fórmula inspirou a bênção litúrgica dos noivos.
c) "pelos ares até o Egito"; var.: "para as regiões elevadas do Egito".
d) De acordo com seu texto em 6,18s, a Vulg. explicita que essas preces durarão três noites.

⁶Tu criaste Adão
e para ele criaste Eva, sua mulher,
para ser seu sustentáculo e amparo,
e para que de ambos derivasse a raça humana.

Tu mesmo disseste:
Não é bom que o homem fique só;
façamos-lhe uma auxiliar semelhante a ele.

⁷E agora, não é por prazer
que tomo esta minha irmã,
mas com reta intenção.
Digna-te ter piedade de mim e dela
e conduzir-nos juntos a uma idade avançada!"

⁸E disseram em coro:[a] "Amém, amém!"
⁹E se deitaram para passar a noite.

Ora, Ragüel se levantou e, chamando os criados que tinha em casa, foram cavar um túmulo. ¹⁰Pois dizia consigo: "Não aconteça que tenha morrido e nos tornemos objeto de escárnio e zombaria." ¹¹Quando acabaram de cavar o túmulo, Ragüel voltou à casa, chamou sua mulher ¹²e disse-lhe: "Manda uma criada entrar no quarto e ver se Tobias está vivo; porque, se morreu, o enterraremos sem que ninguém o saiba." ¹³Mandaram a criada, acenderam a lâmpada e abriram a porta; e, entrando, ela viu que estavam deitados juntos e dormindo. ¹⁴A criada saiu e anunciou-lhes: "Está vivo e nada de mal aconteceu." ¹⁵Ragüel bendisse[b] ao Deus do Céu com estas palavras:

"Bendito és, ó Deus,
com todo o puro louvor!
Que te bendigam por todos os séculos!
¹⁶Bendito sejas por me haveres alegrado,
por não ter sucedido o mal que temia,
mas nos trataste segundo tua grande misericórdia.
¹⁷Bendito sejas por teres tido compaixão
de dois filhos únicos.
Tem piedade deles, Senhor,
e dá-lhes tua salvação;
faze que sua vida transcorra
na alegria e na piedade."

¹⁸Depois mandou que os criados fechassem a cova antes do amanhecer.
¹⁹Disse Ragüel à sua esposa que fizesse muitos pães; e foi ao estábulo, tomou dois bois e quatro carneiros e mandou aprontá-los. E assim começaram os preparativos. ²⁰Depois chamou Tobias e lhe disse: "Durante catorze dias não sairás daqui, mas ficarás onde estás, comendo e bebendo em minha casa, e encherás de gozo a alma de minha filha após todas as suas tristezas. ²¹Depois, tomarás a metade de tudo quanto aqui possuo e voltarás feliz à casa de teu pai.[c] E quando minha mulher e eu tivermos morrido, também será vossa a outra metade. Tem confiança, filho! Sou teu pai, e Edna é tua mãe; junto a ti estaremos e junto a tua irmã, desde agora e para sempre. Tem confiança, filho!"

---

a) Na Vulg., depois da prece de Tobias (vv. 7-9), Sara por sua vez toma a palavra (v. 10) e invoca a misericórdia de Deus.
b) "Ragüel bendisse", Vet. Lat.; "Eles bendisseram", grego.

c) O relato do casamento de Sara tem muitos traços em comum com os relatos que se referem a Rebeca (Gn 24), Raquel (Gn 29), Dina (Gn 34), a mulher de Sansão (Jz 14), Micol (1Sm 18). Mas aqui não existe o *mohar* (preço pago pelo noivo ao pai de sua

IX. As núpcias

9 ¹Então Tobias chamou Rafael e disse-lhe: ²"Azarias, meu irmão, toma contigo quatro criados e dois camelos, e parte para Rages. ³Dirige-te à casa de Gabael, dá-lhe o documento, recebe o dinheiro e convida-o para que venha contigo para as núpcias. ⁴Sabes que meu pai deve estar contando os dias e, se eu me demoro um dia a mais, dou-lhe um grande desgosto. ⁵Bem viste como Ragüel me conjurou, de modo que não posso contrariar seu desejo." Rafael partiu, então, para Rages, na Média, com os quatro criados e os dois camelos, e pernoitaram na casa de Gabael. Apresentou-lhe o documento e deu-lhe a notícia de que Tobias, filho de Tobit, se havia casado e o convidava para as núpcias. Gabael levantou-se, contou para ele os sacos de dinheiro com os selos intatos, e colocaram-nos sobre os camelos.*ᵃ* ⁶De madrugada, partiram juntos para as núpcias e, chegando à casa de Ragüel, encontraram Tobias sentado à mesa. Este levantou-se logo para saudá-lo, e Gabael começou a chorar e o abençoou, dizendo: "Homem bondoso e honrado, filho de um pai excelente e ilustre, justo e caridoso! Que o Senhor te conceda as bênçãos do céu a ti, à tua mulher, ao pai e à mãe*ᵇ* de tua mulher! Bendito seja Deus, que me permitiu ver um retrato vivo do meu primo Tobit!"*ᶜ*

10 ¹Enquanto isso, diariamente Tobit contava os dias que poderia demorar a viagem de ida e volta. Quando se esgotou o prazo, não tendo regressado o filho, ²ele pensou: "Será que ficou retido por lá? Ou talvez tenha morrido Gabael e não haja ninguém para entregar-lhe o dinheiro!" ³E começou a ficar aflito. ⁴Ana, sua mulher, dizia: "Meu filho morreu e já não se encontra entre os vivos!" E começou a chorar e a lamentar-se por seu filho, dizendo: ⁵"Ai de mim, filho meu! Por que te deixei partir, luz dos meus olhos?" ⁶Tobit respondeu: "Tranquiliza-te, irmã, não te preocupes; ele está bem. Com certeza tiveram lá um contratempo. Seu companheiro é um homem de confiança e um dos nossos irmãos; não te inquietes por causa dele, minha irmã; em breve ele estará aqui." ⁷Ela replicou-lhe: "Deixa-me, não tentes me enganar; meu filho morreu." E todos os dias ia observar a estrada por onde seu filho havia partido. Não acreditava em mais ninguém. E quando o sol se punha, entrava em casa e gemia e chorava a noite inteira, sem poder dormir.

Quando se completaram os catorze dias de núpcias, que Ragüel havia prometido celebrar em honra de sua filha, Tobias veio dizer-lhe: "Deixa-me partir; estou certo de que meu pai e minha mãe estão pensando que não me tornarão a ver. Portanto, te peço, meu pai, deixa-me regressar para junto de meu pai. Já te contei em que situação o deixei." ⁸Ragüel respondeu a Tobias: "Fica, filho, fica comigo e enviarei mensageiros a teu pai Tobit, que lhe deem notícias tuas." ⁹Tobias disse: "De modo algum. Peço-te que me permitas voltar para junto de meu pai." ¹⁰Então Ragüel se levantou, entregou a Tobias sua mulher Sara e a metade de todos os seus bens: servos e servas, bois e carneiros, jumentos e camelos, vestes, prata e utensílios. ¹¹E deixou-os partir *contentes*. Ao despedir-se de Tobias, disse: "Felicidades, filho, e boa viagem! Que o Senhor do céu vos guie, a ti e à tua mulher Sara, pelo bom caminho, e que eu possa ver vossos filhos antes de morrer." ¹²A sua filha Sara ele disse: "Vai para a casa de teu sogro, pois doravante eles são teus pais, como os que te deram a vida. Vai em paz, filha. Que eu tenha boas notícias de ti, enquanto viver." E, saudando-os, despediu-se deles.

---

mulher, Gn 34,12; 1Sm 18,25); ao contrário, o pai dota a sua filha.
a) "sobre os camelos", Vet. Lat., sir.; omitido por S.
b) "ao pai e à mãe", Vet. Lat.; "a teu pai", grego.
c) Certos testemunhos do texto omitem a bênção de Gabael, que a Vulg., ao contrário, amplia (vv. 9-12).

Edna disse a Tobias: "Filho e irmão caríssimo: que o Senhor te traga de volta e que eu viva até ver os filhos teus e de minha filha Sara, antes de morrer. Na presença do Senhor confio-te minha filha Sara em tutela; não lhe causes tristeza em todos os dias de tua vida. Vai em paz, filho. A partir de hoje sou tua mãe, e Sara é tua irmã. Oxalá pudéssemos viver todos juntos e felizes por todos os dias da nossa vida!" E beijando os dois, deixou-os partir felizes.

¹³Assim Tobias saiu da casa de Ragüel contente e feliz, e bendizendo o Senhor do Céu e da Terra, Rei de todas as coisas, porque havia levado a bom termo a sua viagem. Bendisse também a Ragüel e sua mulher Edna e lhes disse: "Possa eu ter a felicidade de vos honrar todos os dias da minha vida!"ᵃ

X. Os olhos

11 ¹Quando chegaram perto de Caserin, que fica diante de Nínive, ²disse Rafael: "Sabes em que situação deixamos teu pai; ³corramos à frente de tua esposa, para preparar a casa, antes que ela chegue com os outros." ⁴Seguiram, pois, os dois juntos; o anjo lhe disse: "Toma contigo o fel." O cão seguia atrás deles.ᵇ

⁵Ana estava sentada, observando o caminho por onde viria seu filho. ⁶Pressentiu que era ele que estava chegando e disse a Tobit: "Eis que teu filho está chegando com seu companheiro!"

⁷Rafael disse a Tobias, antes que ele se aproximasse do pai: "Asseguro-te que se abrirão os olhos de teu pai. ⁸Unta-lhe os olhos com o fel do peixe, e o remédio fará as manchas brancas se contraírem, e elas cairão de seus olhos como escamas. Assim teu pai vai recuperar a vista e verá a luz."

⁹Ana correu e lançou-se ao pescoço de seu filho, dizendo: "Finalmente te revejo, meu filho; agora posso morrer!" E começou a chorar. ¹⁰Tobit se levantou e, tropeçando, atravessou a porta do pátio, Tobias foi-lhe ao encontro, ¹¹tendo na mão o fel do peixe; soprou-lhe nos olhos e, abraçando-o estreitamente, disse-lhe: "Tem confiança, pai!" Aplicou-lhe o remédio e esperou um pouco. ¹²Depois, com ambas as mãos, tirou-lhe as escamas dos cantos dos olhos. ¹³Então seu pai caiu-lhe ao pescoço ¹⁴e chorou. E exclamou: "Agora te vejo, filho, luz dos meus olhos!" E disse ainda:

"Bendito seja Deus!
Bendito seja seu grande Nome!
Benditos todos os seus santos anjos!
Bendito seu grande Nome
por todos os séculos!"ᶜ

¹⁵Porque ele me havia punido,
e de novo se compadeceu de mim,
e agora vejo meu filho Tobias!"

Tobias entrou em casa, cheio de alegria e bendizendo a Deus em alta voz.ᵈ Depois contou a seu pai como fora feliz sua viagem; disse-lhe que trouxera o dinheiro e que havia se casado com Sara, filha de Ragüel, a qual vinha com ele e já estava perto das portas de Nínive.

---

a) Texto corrigido de acordo com B e Vet. Lat.
b) "o cão", B, Vet. Lat.; "o Senhor", S (numa redação corrompida). — "seguia atrás deles", var.: "correu à frente deles"; no sir., é o cão que Ana vê chegar pelo caminho antes de vislumbrar Tobias. Da mesma forma, a Vulg. (v. 9): "o cão que os tinha seguido pelo caminho, correu adiante e, chegando como um mensageiro, mostrava seu contentamento, abanando a cauda".
c) V. 14 segundo a Vet. Lat.; o grego alonga as bênçãos por ditografia.
d) "em alta voz", Vet. Lat. (cf. 13,6); "com todo o corpo", S.

¹⁶Tobit saiu ao encontro de sua nora até às portas de Nínive, louvando a Deus em sua alegria. Quando os habitantes de Nínive o viram caminhar com o mesmo vigor de outrora, sem precisar de guia, ficaram admirados. ¹⁷Tobit proclamou diante deles que Deus se havia compadecido dele e lhe havia aberto os olhos. Enfim Tobit se aproximou de Sara, esposa de seu filho Tobias, e abençoou-a com estas palavras: "Sê bem-vinda, minha filha! Bendito seja teu Deus, que te trouxe até nós! Bendito seja teu pai, bendito seja meu filho Tobias e bendita sejas tu, minha filha! Sê bem-vinda, entra em tua casa na alegria e na bênção! Entra, minha filha." Foi esse um dia de júbilo para todos os judeus de Nínive, ¹⁸e seus primos Aicar e Nadab vieram compartilhar da alegria de Tobit.[a]

XI. Rafael

12 ¹Terminados os dias de núpcias, Tobit chamou seu filho Tobias e disse-lhe: "Filho, já é tempo de pagares o salário do homem que te acompanhou, acrescentando também alguma gratificação." ²Tobias respondeu: "Pai, quanto devo dar-lhe pelos seus serviços? Mesmo entregando-lhe a metade dos bens que trago comigo eu não teria prejuízo. ³Reconduziu-me são e salvo, libertou minha mulher, trouxe-me o dinheiro e, enfim, te curou! Que recompensa devo dar-lhe?" ⁴Disse-lhe Tobit: "Filho, ele bem merece a metade de tudo o que trouxe." ⁵Chamou-o, pois, Tobias e disse-lhe: "Toma como salário a metade de tudo quanto trouxeste e vai em paz."

⁶Então Rafael chamou-os à parte e disse-lhes: "Bendizei a Deus e proclamai entre todos os viventes os bens que ele vos concedeu; bendizei e cantai seu Nome. Manifestai a todos os homens as ações de Deus, como elas o merecem, e não vos canseis de dar-lhe graças. ⁷É bom manter oculto o segredo do rei; porém, é justo revelar e publicar as obras de Deus. Agradecei-lhe dignamente. Praticai o bem, e a desgraça não vos atingirá.

⁸Boa coisa é a oração com o jejum,[b] e melhor é a esmola com a justiça do que a riqueza com a iniquidade. É melhor praticar a esmola do que acumular ouro. ⁹A esmola livra da morte e purifica de todo pecado. Os que dão esmola terão longa vida; ¹⁰os que cometem o pecado e a injustiça são inimigos da própria vida.

¹¹Vou dizer-vos toda a verdade, sem nada vos ocultar: já vos ensinei que é conveniente manter oculto o segredo do rei, mas que é honroso apregoar as obras de Deus. ¹²Quando tu e Sara fazíeis oração, era eu quem apresentava vossas súplicas diante da Glória do Senhor e as lia;[c] eu fazia o mesmo quando enterravas os mortos. ¹³Quando não hesitaste em te levantares da mesa, deixando a refeição, para ires sepultar um morto, fui enviado para provar tua fé,[d] ¹⁴e Deus enviou-me, ao mesmo tempo para curar-te a ti e a tua nora Sara. ¹⁵Eu sou Rafael, um dos sete[e] anjos que estão sempre presentes e têm acesso junto à Glória do Senhor."

---

a) B, Vet. Lat., e sir. acrescentam: "e as núpcias prosseguiram durante sete dias, e lhe deram muitos presentes". E a Vulg.: "e as núpcias prosseguiram durante sete dias e todos se regozijaram com a maior alegria".
b) "o jejum", B, Vet. Lat.; "a verdade", S.
c) "e as lia", restituído conforme a Vet. Lat. — O anjo (cf. 5,4+) torna-se aqui intercessor. Rafael apresenta diante de Deus o "memorial" das preces e das boas obras de Tobit. O termo evoca um relatório oficial; pode também evocar o "memorial" dos sacrifícios (Lv 2,2+), isto é, a parte das oferendas que era queimada sobre o altar "em odor de suavidade". O anjo do centurião Cornélio (At 10,4) lhe dirá que suas preces e suas esmolas subiram como "memorial" até Deus.
d) Como, de modo diferente, Satã junto a Jó (caps. 1-2).
e) Os livros santos só mencionam três nomes de anjos: Gabriel (Dn 8,16; 9,21; Lc 1,19), Miguel (Dn 10,13.21; 12,1; Jd 9) e Rafael (aqui e 3,17). Os apócrifos completam a lista dos sete de modo fantasista. Encontra-se um eco de Tb nos sete anjos do Apocalipse (Ap 8,2).

¹⁶Ficaram ambos cheios de espanto e caíram com a face em terra, com grande temor. ¹⁷Mas ele lhes disse: "Não tenhais medo; a paz esteja convosco! Bendizei a Deus para sempre. ¹⁸Se estive convosco, não foi por pura benevolência minha para convosco, mas por vontade de Deus. A ele deveis bendizer todos os dias, a ele deveis cantar. ¹⁹Pareceu-vos que eu comia, mas foi só aparência.[a] ²⁰E agora, bendizei ao Senhor sobre a terra e dai graças a Deus. Vou voltar para Aquele que me enviou. Ponde por escrito tudo quanto vos aconteceu." E ele se elevou. ²¹Quando se reergueram, não o viram mais. Louvaram a Deus e entoaram hinos dando-lhe graças por aquela grande maravilha de haver-lhes aparecido um anjo de Deus.

XII. Sião

13 ¹E disse Tobit:[b]

"Bendito seja Deus, que vive eternamente,
e bendito o seu reino, que dura pelos séculos!
²Pois é ele quem castiga e tem piedade,
faz descer às profundezas dos infernos
e retira da grande Perdição:
nada escapa da sua mão.
³Celebrai-o, israelitas,
diante das nações!
Porque vos dispersou entre elas,
⁴e aí vos mostrou sua grandeza.
Exaltai-o na presença de todos os seres vivos,
pois ele é nosso Senhor,
ele é nosso Deus,
ele é nosso Pai,
ele é Deus por todos os séculos!
⁵Se ele vos castiga por vossas iniquidades,
terá compaixão de todos vós,
e vos reunirá[c] de todas as nações
entre as quais fostes dispersos.
⁶Se voltardes para ele,
de todo o coração e com toda a vossa alma,
para agir na verdade em sua presença,
então ele se voltará para vós,
e não mais vos ocultará sua face.
Considerai, pois, como vos tratou,
dai-lhe graças em alta voz.
Bendizei o Senhor de Justiça
e exaltai o Rei dos séculos.[d]

---

a) Como a Vet. Lat.; S: "Vedes que nada comi e que tivestes uma visão". Vulg.: "Eu me sustento com um *manjar invisível e com uma bebida que os homens não podem ver*".
b) O cântico final (cf. Ex 15; Jt 16) compreende duas partes. A primeira (vv. 1-8) é cântico de ação de graças que utiliza motivos de hinos e de salmos do Reino; a segunda (vv. 9-17) é saudação a Jerusalém no estilo dos profetas: traduz as esperanças dos exilados numa Jerusalém ideal. — O texto apresenta, segundo os testemunhos, notáveis divergências e lacunas, e a restituição é às vezes conjectural.
c) "vos reunirá", Vet. Lat.; omitido pelo grego.
d) A partir daqui, S tem lacuna até 10c; restitui-se conforme B, Vet. Lat. e sir., corrigindo os vv. 7-8 de acordo com Sl 145,6.11.

⁷ Quanto a mim, eu o celebro
na terra do meu exílio,
publico sua força e sua grandeza
à nação dos pecadores.
Pecadores, voltai para ele,
praticai a justiça em sua presença;
quem sabe, ele vos será favorável
e vos fará misericórdia!
⁸ Quanto a mim, eu exalto a meu Deus,
minha alma louva o Rei do Céu
e se alegra com a sua majestade.
Que todos o aclamem e celebrem em Jerusalém!

⁹ Jerusalém, cidade santa,
Deus te castigou por causa das obras de tuas mãos,
mas terá piedade outra vez dos filhos dos justos.

Is 60
Ap 21
Mq 7,19
12

¹⁰ Celebra o Senhor dignamente
e bendize o Rei dos séculos,
para que em ti o seu Templo
seja reerguido na alegria,
e que em ti encha de júbilo todos os exilados,
e que em ti mostre seu amor a todos os infelizes,
por todas as gerações futuras.

Am 9,11
Is 44,26.28
Zc 1,16

¹¹ Uma luz brilhante iluminará
todas as regiões da terra;
povos numerosos virão a ti de longe,
de todas as extremidades da terra,
para morar perto do santo Nome do Senhor Deus,*a*
trazendo nas mãos presentes para o Rei do Céu.
Em ti as gerações das gerações
manifestarão sua alegria,
e o nome da Eleita durará
pelas gerações sem fim.

17
Is 9,1;
49,6; 60,1
Sl 22,28
Mq 4,2
Is 2,3
Zc 8,20-22

¹² Malditos os que te insultarem;
malditos os que te destruírem,
os que derrubarem tuas muralhas,
os que abaterem tuas torres,
os que queimarem tuas casas!
Mas sejam benditos para sempre os que te construírem!*b*

Br 4,31s

¹³ Então exultarás e te alegrarás
por causa dos filhos dos justos,
pois serão todos reunidos
e bendirão o Senhor dos séculos!

¹⁴ Felizes os que te amam!
Felizes os que se alegram por tua paz!
Felizes todos os *homens*
que tiverem lamentado teus castigos!
Pois vão se alegrar em ti,
verão toda a tua felicidade para sempre.

Is 66,10
Sl 122,6

¹⁵ Minha alma, bendiz o Senhor, o grande Rei,
¹⁶ porque Jerusalém vai ser reconstruída,*c*
e sua Casa para sempre!

19

---

a) Conforme Vet. Lat.; "perto de teu santo Nome", S.
b) "que te construírem", Vet. Lat.; "que te temem", S.
c) Depois de "reconstituída" omite-se "na cidade", com Vet. Lat. e B.

Serei feliz, se restar alguém de minha raça
para ver tua glória e louvar o Rei do Céu!
As portas de Jerusalém serão construídas
com safiras e esmeraldas,
e todas as tuas muralhas, com pedras preciosas;
as torres de Jerusalém serão construídas com ouro,
e com ouro puro as suas muralhas.
¹⁷ As praças de Jerusalém serão calçadas
com rubis e pedras de Ofir;
as portas de Jerusalém
entoarão cânticos de alegria;
e todas as suas casas cantarão:
Aleluia! Bendito seja o Deus de Israel!
Em ti bendirão o santo Nome,
pelos séculos dos séculos!"

14 ¹Fim dos hinos de Tobit.

XIII. Nínive

Tobit morreu em paz na idade de cento e doze anos, e recebeu honrosa sepultura em Nínive. ²Tinha sessenta e dois anos quando perdeu a vista; e, depois de recuperá-la, viveu na abundância, praticou a esmola e continuou sempre a bendizer a Deus e a celebrar sua grandeza. ³Estando perto de morrer, chamou seu filho Tobias e lhe recomendou: "Meu filho, toma teus filhos ⁴e vai para a Média, pois creio na profecia que Deus pronunciou por Naum[a] sobre Nínive. Vai se cumprir e se realizar tudo o que os profetas de Israel, que Deus enviou, anunciaram contra a Assíria e contra Nínive; nenhuma de suas palavras ficará sem cumprimento. Tudo sucederá a seu tempo.[b] Haverá mais segurança na Média do que na Assíria e em Babilônia, porque sei e creio que se cumprirá tudo o que Deus disse; acontecerá, e não há de falhar nem uma palavra das profecias.

Nossos irmãos que moram na terra de Israel serão recenseados e deportados para longe de sua bela pátria. Todo o solo de Israel se transformará num deserto. Samaria e Jerusalém serão um deserto. E a Casa de Deus ficará, por algum tempo, desolada e queimada. ⁵Depois, de novo Deus terá compaixão deles e os reconduzirá à terra de Israel. Eles reconstruirão sua Casa, menos bela que a primeira, até estarem completos os tempos. Mas então, voltando do cativeiro, todos reconstruirão Jerusalém em seu esplendor, e nela a Casa de Deus será reerguida, como o anunciaram os profetas de Israel. ⁶E todos os povos da terra inteira se converterão e temerão a Deus em verdade. Eles todos abandonarão seus falsos deuses que os extraviaram no erro. ⁷E bendirão ao Deus dos séculos na justiça. Todos os israelitas que tiverem sido poupados naqueles dias se lembrarão de Deus com sinceridade. Virão reunir-se em Jerusalém, e daí por diante habitarão com segurança a terra de Abraão, que será sua propriedade. Então alegrar-se-ão os que amam a Deus em verdade. Mas os que cometem o pecado e a injustiça desaparecerão de toda a terra.

---

a) Em vez de "Naum", B traz "Jonas".
b) O relato, que apresentou Tobit como contemporâneo do apogeu assírio, fá-lo anunciar como futuros certos acontecimentos que, para o autor, pertencem ao passado, segundo o artifício próprio da apocalíptica. Mas, uma vez chegada ao tempo real do autor, a profecia não se detém e penetra no futuro messiânico: "até estarem completos os tempos" (v. 5).

⁸E agora, meus filhos, eu vos recomendo que sirvais a Deus em verdade e façais o que lhe agrada. Imponde a vossos filhos a obrigação de praticar a justiça e a esmola, de se lembrarem de Deus, de bendizerem seu Nome em todo tempo, em verdade e com todas as suas forças.

⁹Portanto, meu filho, sai de Nínive, não fiques aqui. ¹⁰Logo que tiveres sepultado tua mãe junto de mim, parte naquele mesmo dia, seja qual for, e não te demores mais neste país, porque vejo que aqui se cometem sem pudor muitas injustiças e muitas fraudes. Considera, filho, tudo o que fez Nadab a Aicar, seu pai de criação. Não mandou lançá-lo vivo debaixo da terra? Deus, porém, fez o criminoso pagar sua infâmia diante de sua vítima, porque Aicar voltou à luz, enquanto Nadab desceu às trevas eternas, em castigo pelo seu atentado contra a vida de Aicar. Por causa de suas boas obras,ᵃ Aicar escapou do laço mortal que lhe havia preparado Nadab, e este nele caiu para sua ruína. ¹¹Vede, portanto, meus filhos, aonde conduz a esmola, e aonde conduz a iniquidade, a saber, à morte. Mas o meu espírito se vai..."

Eles o estenderam sobre o leito, ele morreuᵇ e foi sepultado com veneração.

¹²Quando sua mãe morreu, Tobias enterrou-a junto do pai. Depois partiu para a Média, com sua mulher e os filhos.ᶜ Passou a morar em Ecbátana, na casa de Ragüel, seu sogro. ¹³Assistiu seus sogros com respeito e dedicação em sua velhice, e depois os enterrou em Ecbátana, na Média. Tobias herdou as posses de Ragüel e também as de seu pai Tobit. ¹⁴Faleceu cercado de estima, na idade de cento e dezessete anos.ᵈ ¹⁵Antes de morrer, foi testemunha da ruína de Nínive. Viu como os ninivitas eram levados cativos para a Média por ordem de Ciáxares,ᵉ rei da Média. Bendisse a Deus por tudo o que ele fez aos ninivitas e aos assírios. Antes de morrer, pôde alegrar-se com a sorte de Nínive e bendizer o senhor Deus pelos séculos dos séculos. Amém.

---

a) "suas boas obras", conj.; "minhas boas obras", S.
b) B acrescenta: "com cento e cinquenta e oito anos de idade".
c) "e os filhos", B, Vet. Lat.; omitido por S.
d) Var.: "cento e vinte e sete" (B), "cento e sete" (sir.); "noventa e nove" (Vulg.).
e) "Ciáxares", conj.; "Aicar", S e Vet. Lat.; "Nabucodonosor e Assuero", B.

JUDITE[a]

I. Campanha de Holofernes

Nabucodonosor e Arfaxad — ¹Era o décimo segundo ano do reinado de Nabucodonosor,[b] que reinou sobre os assírios em Nínive, a grande cidade. Arfaxad reinava, então, sobre os medos, em Ecbátana.[c] ²Em torno de Ecbátana ele edificou muralhas com pedras talhadas de três côvados de largura e seis de comprimento. A altura da muralha era de setenta côvados, e a largura, de cinquenta. ³Sobre as portas dela, levantou torres de cem côvados de altura, com bases de sessenta côvados de largura. ⁴Fez as portas dela com setenta côvados de altura e quarenta de largura, para a saída de seu potente exército e o desfile da cavalaria.

⁵Ora, naqueles dias, o rei Nabucodonosor guerreou contra o rei Arfaxad na grande planície, situada no território de Ragau. ⁶Os habitantes da montanha,[d] todos os habitantes do Eufrates, do Tigre, do Hidaspes e os habitantes das planícies de Arioc, rei dos elimeus,[e] reuniram-se a ele. Assim numerosos povos juntaram-se para a batalha dos filhos de Queleud.[f]

⁷Nabucodonosor, rei dos assírios, enviou uma mensagem a todos os habitantes da Pérsia, a todos os habitantes da região ocidental, aos habitantes da Cilícia, de Damasco, do Líbano, do Antilíbano, a todos os habitantes do litoral, ⁸aos povos do Carmelo, de Galaad, da Alta-Galileia, da grande planície de Esdrelon, ⁹a todos os que habitam em Samaria e nas suas cidades, aos que habitam além do Jordão até Jerusalém, em Batana, Quelus, Cades, o rio do Egito, Táfnis, Ramsés e a toda a terra de Gessen, ¹⁰até chegar além de Tânis e de Mênfis, e a todos os habitantes do Egito, até chegar aos confins da Etiópia.[g] ¹¹Porém, todos os habitantes da terra menosprezaram a palavra de Nabucodonosor, rei dos assírios, e não se uniram a ele para a guerra. Não o temiam. Para eles, era um homem isolado.[h] Mandaram de volta seus emissários de mãos vazias e menosprezados. ¹²Nabucodonosor irritou-se muito com todos esses países.[i] Jurou, por seu trono e seu reino, que se vingaria de todos os territórios da Cilícia, da Damascena, da Síria, exterminando-os pela espada, bem como dos habitantes de Moab, os dos amonitas, de toda a Judeia e de todo o Egito, até chegar às fronteiras dos dois mares.[j]

Campanha contra Arfaxad — ¹³No décimo sétimo ano, combateu, com seu exército, contra o rei Arfaxad. Venceu-o neste combate e rechaçou todo o

---

a) O texto da Vulg. é bastante diferente do texto grego. Aqui serão dadas, em notas, as suas adições mais significativas e, na margem, localização aproximativa da numeração dos vv., onde ela difere do grego.
b) Nabucodonosor, rei de Babilônia (604-562 a.C.), nunca foi chamado "rei da Assíria" e nem reinou em Nínive, destruída em 612 por seu pai, Nabopolassar. Sobre as liberdades da narrativa com relação à história, cf. Introdução. — Aqui Nabucodonosor é o tipo do soberano poderoso e ímpio, adversário do povo de Deus.
c) Arfaxad é desconhecido da história. Seu nome faz pensar em Fraorte (675-653), fundador do reino da Média, cuja capital foi Ecbátana (hoje Hamadã).
d) Os planaltos do Irã ocidental.

e) Sem dúvida, o autor quer designar a Elimaida, província oriental do império persa (cf. 1Mc 6,1). O "Hidaspes" deve ser o Coaspes, que passa em Susa.
f) Este nome designa, provavelmente, os caldeus.
g) O texto enumerou todos os vassalos ou amigos de Nabucodonosor.
h) Lit.: "um único homem", levado a procurar apoio em todas as partes; a não ser que se deva entender "um homem sem valor".
i) Lit.: "toda a terra". A expressão, frequente em It, designa a região considerada no contexto (= "todo o país") ou é um toque de ênfase.
j) À lista dos vv. 7-11 ajuntam-se agora Moab, Amon e a Judeia. — A expressão "as fronteiras dos dois mares"

exército de Arfaxad, toda a sua cavalaria, todos os seus carros. ¹⁴Assenhoreou-se de suas cidades até chegar a Ecbátana. Apoderou-se das torres, devastou as suas praças, fez de seu adorno motivo de humilhação. ¹⁵Depois prendeu Arfaxad nas montanhas de Ragau, atravessou-o com suas lanças e o exterminou para sempre.

¹⁶Em seguida, ele e toda a sua tropa, uma multidão inumerável de guerreiros, retornaram. Então, despreocupados, ele e o seu exército se banquetearam por cento e vinte dias.

Est 1,3-4

2 Campanha ocidental

— ¹No décimo oitavo ano,[a] no vigésimo segundo dia do primeiro mês, no palácio de Nabucodonosor, rei dos assírios, falou-se em vingança contra toda a terra, conforme ele dissera. ²Ele convocou todos os seus ajudantes de campo e todos os seus conselheiros e fez com eles uma reunião secreta. Por sua própria boca, ultimou o plano de arrasar a terra. ³Decidiram, então, exterminar todos os que não haviam atendido ao seu apelo.

⁴Terminada a reunião, Nabucodonosor, rei dos assírios, convocou Holofernes,[b] general de seu exército, seu imediato, e disse-lhe: ⁵"Isto diz o grande rei, o senhor de toda a terra:[c] saindo de minha presença, tomarás contigo homens experientes, uns cento e vinte mil infantes, grande quantidade de cavalos, com doze mil cavaleiros. ⁶Sairás contra toda a região ocidental, porque não atenderam à palavra da minha boca. ⁷Intimá-los-ás a que preparem terra e água[d] porque, no meu furor, sairei contra eles. Cobrirei toda a face da terra com os pés do meu exército e os entregarei à pilhagem. ⁸Seus feridos encherão as ravinas, e toda torrente e todo rio, inundados, com seus cadáveres, transbordarão. ⁹Eu os levarei cativos para os confins da terra. ¹⁰Tu, porém, indo, primeiro tomarás para mim toda a região deles. Se eles se entregarem a ti, tu os reservarás para o dia do castigo. ¹¹Mas o teu olho não poupará os insubmissos. Entrega-os à matança e à pilhagem em toda a terra que te é confiada. ¹²Porque, por minha vida e por meu reino, eu disse e farei com as minhas mãos todas essas coisas. ¹³E tu, não transgredirás uma só das ordens do teu senhor, mas executa tudo conforme te ordenei e não tardes em fazê-lo."

¹⁴Saiu Holofernes da presença de seu senhor, convocou todos os príncipes, os generais, os chefes do exército da Assíria, ¹⁵e em seguida contou homens escolhidos para o combate, conforme lhe recomendara seu senhor: uns cento e vinte mil, mais doze mil arqueiros montados. ¹⁶Repartiu-os ordenadamente, como se organiza um exército. ¹⁷Tomou, então, camelos, jumentos e mulas em grande quantidade, para suas bagagens; ovelhas, bois e cabras sem número, para o abastecimento. ¹⁸Cada homem recebeu muita provisão, muito ouro e muita prata do palácio do rei.

¹⁹Saiu, então, ele e todo o seu exército em expedição para preceder o rei Nabucodonosor e cobrir toda a região ocidental com carros, cavaleiros e infantes escolhidos. ²⁰Com eles, foi ainda, um bando, incontável como gafanhotos, como a areia da terra, tal a sua quantidade.

8

10

11
Jl 2,2-7,11

Jz 7,12

Etapas do exército de Holofernes[e]

— ²¹Partiram, pois, de Nínive, e caminharam por três dias em direção à planície de Bectilet. Acamparam fora de

12

é maneira de exprimir dominação universal (comparar com Sl 72,8; Mq 7,12; Zc 9,10).

a) De seu reinado, ou seja, ano 587 da tomada de Jerusalém. O autor terá querido opor a essa triste lembrança a narrativa da vitória obtida por Judite. Esta narrativa é construída à imagem das grandes campanhas militares dos reis da Assíria e da Babilônia contra seus vassalos revoltados do Oeste.

b) Holofernes e Bagoas (12,11) têm nomes persas, os dos oficiais de Artaxerxes III Ocos (358-338). Talvez o autor tenha querido também evocar, sob o nome de Nabucodonosor, as campanhas deste rei.

c) Título oficial do rei dos persas.

d) O necessário para a passagem e a estada do vencedor, segundo uma fórmula persa.

e) O itinerário comporta certo número de lugares desconhecidos ou cuja identificação é incerta. Em outros casos, os nomes conhecidos parecem utilizados de maneira não habitual. Seja como for, o trajeto descrito é inconcebível. Talvez o autor ignore a geografia desta

Bectilet, próximo da montanha, à esquerda da Alta-Cilícia. ²²De lá, Holofernes tomou o seu exército, infantes, cavaleiros e carros, e partiu para a região montanhosa. ²³Cortou através de Fut e Lud, e saqueou todos os filhos de Rassis e de Ismael que vivem na orla do deserto, ao sul de Queleon. ²⁴Costeou o Eufrates, atravessou a Mesopotâmia, destruiu todas as cidades fortificadas que estão junto à torrente Abrona, até chegar ao mar. ²⁵Apoderou-se, depois, dos territórios da Cilícia, despedaçou a todos os que lhe resistiam, e foi até aos confins meridionais de Jafé, diante da Arábia. ²⁶Cercou todos os filhos de Madiã, incendiou seus acampamentos e saqueou seus estábulos. ²⁷Desceu, em seguida, para a planície de Damasco, nos dias da colheita de trigo,ᵃ incendiou todos os seus campos, destruiu ovelhas e bois, saqueou as suas cidades, devastou as suas plantações e passou todos os seus jovens ao fio da espada. ²⁸Temor e tremor caíram sobre os habitantes da costa: os de Sidônia e de Tiro, os de Sur, de Oquina e de Jâmnia. O terror reinava entre as populações de Azoto e de Ascalon.

3 ¹Enviaram a ele mensageiros com palavras de paz, dizendo: ²"Somos servidores do grande rei Nabucodonosor, prostramo-nos diante de ti: serve-te de nós conforme for do teu agrado. ³Eis os nossos estábulos, todo o nosso território, todos os campos de trigo, as ovelhas e os bois, todos os cercados dos nossos acampamentos estão à tua disposição, serve-te disso como te parecer melhor. ⁴Eis, também, as nossas cidades: os que habitam nelas são teus servos. Vem na direção delas segundo parecer bem aos teus olhos." ⁵Os habitantes apresentaram-se, pois, a Holofernes e falaram-lhe nesses termos.

⁶Ele, com seu exército, desceu para a costa e estabeleceu guarnições nas cidades fortificadas, tomou delas homens escolhidos, como tropas auxiliares. ⁷Os habitantes das cidades e arredores receberam-no com coroas e dançando ao som de tamborins. ⁸Mas ele não deixou de devastar seus santuáriosᵇ e de cortar suas árvores sagradas. Fora autorizado a exterminar todos os deuses da terra, de maneira que todos os povos adorassem só a Nabucodonosor, e que todas as línguas e todas as tribos o invocassem como deus.ᶜ

⁹Chegou à vista de Esdrelon, próximo de Dotaia, aldeia que está diante da grande serra da Judeia. ¹⁰Acamparam entre Geba e Citópolis e ficaram aí um mês para reunir provisões para o seu exército.

4 *Alarme na Judeia* — ¹Os israelitas que habitavam a Judeia ouviram tudo o que Holofernes, general de Nabucodonosor, rei dos assírios, fizera com os pagãos, e como saqueara seus templos e os entregara todos à destruição. ²Ficaram profundamente aterrorizados com a presença dele e temeram por Jerusalém e pelo Templo do Senhor seu Deus. ³Haviam recentemente voltado do cativeiro, e todo o povo da Judeia fora de novo reunido; os utensílios, o altar e o Templo haviam sido recentemente purificados da profanação.ᵈ

⁴Enviaram, pois, mensageiros a toda a Samaria, Cona, Bet-Horon, Belmain, Jericó, Coba, Aisora e o vale de Salém. ⁵Ocuparam antecipadamente todos os cumes dos montes elevados e fortificaram as aldeias ali existentes. Prepararam aprovisionamento em vista da guerra, pois pouco antes haviam feito a colheita dos campos. ⁶O sumo sacerdote Joaquim, que naqueles dias estava

---

região ou talvez não se interesse pela localização exata dos fatos.

a) Os hebreus distinguem a colheita da cevada, em abril (cf. 2Sm 21,9), da colheita do trigo, no fim de maio (cf. Gn 30,14).

b) "santuários", sir.; "território", gr., mas cf. a continuação do v.

c) Nunca os reis assírios ou babilônicos fizeram tal exigência. Os Selêucidas, a exemplo de Alexandre, foram os primeiros a exigir as honras divinas.

d) O autor faz abstração do tempo (cf. Introdução) para evocar assim, durante a vida de Nabucodonosor, a volta do Exílio e o repovoamento de Jerusalém (539-400), e talvez até a

em Jerusalém, escreveu aos habitantes de Betúlia e Betomestaim,[a] que estão diante de Esdrelon e na direção da vizinha planície de Dotain, [7]dizendo que ocupassem as passagens da montanha, pois através delas era a entrada para a Judeia. Seria fácil, assim, impedir que avançassem, pois o acesso era estreito, passando apenas dois homens. [8]Os israelitas fizeram como lhes ordenaram Joaquim, o sumo sacerdote, e o Conselho dos anciãos de todo o povo de Israel[b] que tinham sede em Jerusalém.

As grandes súplicas — [9]Todos os homens de Israel clamaram a Deus com grande zelo e se humilharam[c] diante dele. [10]Eles, suas mulheres, seus filhos, seus rebanhos, todos os forasteiros, os mercenários e os escravos cingiram os rins com pano de saco. [11]Todos os homens de Israel, as mulheres e as crianças que habitavam em Jerusalém prostraram-se diante do santuário, cobriram suas cabeças com cinza e estenderam as mãos[d] diante do Senhor. [12]Envolveram o altar com pano de saco.[e] Clamaram unanimemente e com ardor ao Deus de Israel para não entregar à pilhagem seus filhos, nem as mulheres ao rapto, nem as cidades de sua herança à destruição, nem o Templo à profanação e ao ultraje para escárnio dos pagãos. [13]O Senhor ouviu a voz deles e considerou a sua tribulação.

Havia dias o povo estava jejuando em toda a Judeia e em Jerusalém, diante do santuário do Senhor Todo-poderoso.[f] [14]O sumo sacerdote Joaquim e todos os que ficam diante do Senhor, sacerdotes e ministros do Senhor, vestidos com pano de saco sobre os rins, ofereciam o holocausto perpétuo, os votos e os dons voluntários do povo. [15]Com cinza sobre seus turbantes, clamavam com toda força ao Senhor para que visitasse, com seu favor, toda a casa de Israel.

5

Conselho de guerra no acampamento de Holofernes — [1]Contaram a Holofernes, general do exército assírio, que os israelitas se preparavam para a guerra. Disseram-lhe que eles tinham fechado as passagens da montanha, fortificado todos os cumes dos montes elevados e colocado obstáculos nas planícies. [2]Então ele irritou-se muito, chamou todos os chefes de Moab e os generais de Amon e todos os sátrapas do litoral. [3]"Homens de Canaã", disse-lhes, "contai-me: qual é esse povo que mora nas montanhas? Quais as cidades em que habita? Qual o número de seu exército? Em que consiste o seu poder e a sua força? Quem se elevou sobre eles como rei e governa suas tropas? [4]Por que desdenharam vir ao meu encontro, ao contrário do que fizeram os que habitam o ocidente?"[g]

[5]Disse-lhe Aquior,[h] chefe de todos os filhos de Amon: "Escuta, pois, meu senhor, a palavra da boca de teu servo. Declarar-te-ei a verdade sobre esse povo que habita nesta montanha, perto de onde habitas. [6]Esse povo é descendente dos caldeus. [7]Primeiro emigraram para a Mesopotâmia, porque não quiseram seguir os deuses de seus pais, que viveram na terra dos caldeus. [8]Abandonaram os caminhos dos seus progenitores e adoraram o

---

purificação do Templo, *depois da perseguição de Antíoco IV* (165).

a) As duas cidades são desconhecidas de outras fontes. Betúlia é dada aqui como posição-chave, dominando a passagem em direção à Judeia (v. 7 e 8,21).
b) Um "Conselho dos anciãos" não aparece junto ao sumo sacerdote antes do Exílio. Ele parece ser instituição permanente na época grega.
c) Depois de "se humilharam diante dele", omite-se: "com grande zelo" por se tratar de ditografia.
d) "as mãos", conj.; "seus panos de saco", grego; Vulg.: "fizeram seus filhos se prostrarem diante do Templo".

e) O uso do pano de saco como veste de penitência é habitual, mas este gesto é surpreendente.
f) Vulg. menciona uma missão do sumo sacerdote através de todo o Israel para exortar à oração, relembrando a derrota de Amalec (Ex 17,9-13).
g) Sobre o não-conformismo judaico, cf. Est 3,8+.
h) A personagem de Aquior, o amonita, parece inspirada na figura do sábio e bom pagão Aicar (cf. Tb 1,21+). O autor põe na sua boca uma recordação da história do povo eleito concebida como os *Gesta Dei*, tema frequentemente tratado no AT, notadamente nos Sl 78; 105; 106 (cf. Ez 15,20; Sb 10s); e no NT (At 7).

Deus do céu,[a] que reconheceram como Deus. Banidos, então, da presença de seus deuses, fugiram para a Mesopotâmia e aí habitaram por longo tempo. ⁹O Deus deles ordenou que saíssem do estrangeiro e fossem para a terra de Canaã. Nela se instalaram e enriqueceram-se muito com ouro, prata e numerosos rebanhos. ¹⁰Desceram, em seguida, para o Egito, porque uma fome se abateu sobre a terra de Canaã. Habitaram lá enquanto encontraram alimento. Tornaram-se ali uma grande multidão, era inumerável a raça deles. ¹¹Mas o rei do Egito levantou-se contra eles e enganou-os, submetendo-os ao trabalho pesado e ao fabrico de tijolos. Humilharam-nos e reduziram-nos a escravos. ¹²Eles clamaram ao seu Deus, que feriu toda a terra do Egito com pragas, para as quais não havia remédio. Então os egípcios expulsaram-nos de suas vistas. ¹³Deus secou o mar Vermelho[b] diante deles ¹⁴e conduziu-os pelo caminho do Sinai e de Cades Barne. Eles expulsaram todos os habitantes do deserto, ¹⁵estabeleceram-se na terra dos amorreus e exterminaram, vigorosamente, todos os habitantes de Hesebon. Atravessaram o Jordão, tomaram toda a montanha, ¹⁶expulsaram de suas vistas os cananeus, os ferezeus, os jebuseus, os siquemitas e todos os gergeseus, e habitaram aí por muitos dias. ¹⁷Enquanto não pecaram contra o seu Deus, a prosperidade estava com eles, porque o seu Deus odeia a iniquidade. ¹⁸Quando, porém, se afastaram do caminho que lhes havia assinalado, uma parte foi completamente exterminada em guerras, outra foi levada cativa para uma terra estrangeira. O Templo de seu Deus foi arrasado e suas cidades foram conquistadas pelos adversários. ¹⁹Agora, voltando-se para seu Deus, retornaram da diáspora, dos lugares em que estavam dispersos, ocuparam Jerusalém, onde está o santuário deles, e repovoaram a montanha, por estar deserta. ²⁰E agora, mestre e senhor, se há algum delito nesse povo, se pecaram contra seu Deus, neste caso, examinaremos bem se há mesmo neles esse tropeço. Depois subiremos e os atacaremos. ²¹Mas se não há iniquidade na sua gente, que meu senhor passe adiante, para que não aconteça que o Senhor e Deus deles os proteja e esteja a seu favor. Seríamos então motivo de escárnio para toda a terra."

²²Aconteceu que, quando Aquior acabou de dizer essas palavras, todo o povo que estava ao redor da tenda murmurou. Os notáveis de Holofernes, todos os habitantes da costa e de Moab falaram em destruí-lo. ²³"Não vamos temer os israelitas. É um povo sem força e sem poder para sustentar um combate duro. ²⁴Por isso, subiremos, e serão pasto para a voracidade de todo o teu exército, senhor Holofernes."[c]

6 *Aquior é entregue aos israelitas* — ¹Quando cessou o tumulto dos homens em torno do Conselho, Holofernes, general do exército assírio, disse a Aquior, diante de toda a multidão de estrangeiros, e a todos os amonitas:[d] ²"Quem, pois, és tu, Aquior, e os mercenários de Efraim, que profetizas entre nós, como hoje, e dizes para não guerrearmos contra a raça de Israel, porque o Deus deles os protegerá? Quem é deus além de Nabucodonosor? Este enviará sua força e os exterminará da face da terra, e o Deus deles não os salvará. ³Mas nós, seus servos, os esmagaremos como se fossem um único homem.

Confrontar com o episódio do adivinho pagão Balaão (Nm 22-24). Assim é preparado o discurso de Judite (11,9-19).
a) Expressão persa (cf. Esd 5,11s; 6,9s e os papiros de Elefantin*a*), que na Bíblia é frequentemente posta na boca de não-judeu para designar o Deus de Israel (cf. Dn 2,18+).
b) O lugar do milagre que marcou a saída do Egito não é designado assim em nenhum texto antigo. É o "mar dos Juncos" ou, mais frequentemente, apenas "o mar" (cf. Ex 13,18+).
c) À concepção religiosa da história, proposta por Aquior, é oposta a consideração inteiramente humana da força. Todo o livro ilustra a tese de Aquior, retomada por Judite (11,10).
d) "amonitas", gr. luc.; "moabitas", texto recebido. — No v. seguinte, "Amon" com Vet. Lat. e sir.; "Efraim", texto recebido.

Não poderão resistir à força dos nossos cavalos. ⁴Nós os queimaremos todos juntos. Seus montes embriagar-se-ão com o sangue deles, e suas planícies ficarão repletas de seus cadáveres. O rasto de seus pés não se manterá firme diante de nós, mas perecerão todos, diz o rei Nabucodonosor, o rei de toda a terra. Porque ele disse, e suas palavras não se tornarão vãs. ⁵Tu, porém, Aquior, mercenário amonita, que disseste essas palavras no dia de tua iniquidade, a partir de hoje não verás a minha face até que eu me vingue dessa raça que fugiu do Egito. ⁶Então a espada dos meus soldados e a lança*ª* de meus servos atravessarão teu flanco. Cairás entre seus feridos quando eu voltar. ⁷Agora meus servos te conduzirão à montanha e te deixarão em uma das cidades dos desfiladeiros. ⁸Só perecerás quando fores exterminado com eles. ⁹Não fiques de cabeça baixa, se em teu coração confias que não serão capturados. Eu disse, e nenhuma de minhas palavras cairá por terra."

5,12; 16,12

¹⁰Holofernes ordenou a seus servos, que estavam diante de sua tenda, que tomassem Aquior, o conduzissem a Betúlia e o entregassem nas mãos dos israelitas. ¹¹Seus servos, então, o tomaram e o conduziram para fora do acampamento, para a planície; de lá se dirigiram para a montanha e chegaram às fontes, que estão ao pé de Betúlia. ¹²Quando os homens da cidade os viram no cimo dos montes, tomaram suas armas, saíram da cidade e foram para lá, enquanto os fundibulários, para impedir que subissem, lançavam pedras sobre eles. ¹³Abrigando-se no sopé do monte, eles ataram Aquior e o deixaram ao pé do monte antes de voltarem para o seu senhor.

7

8

9

¹⁴Desceram, então, os israelitas de sua cidade, vieram até ele, desamarraram-no, conduziram-no a Betúlia e o apresentaram aos chefes de sua cidade, ¹⁵que naqueles dias eram Ozias, filho de Micas, da tribo de Simeão,*ᵇ* Cabris, filho de Gotoniel, e Carmis, filho de Melquiel. ¹⁶Eles convocaram todos os anciãos da cidade. Também os jovens e as mulheres foram para a assembleia. Colocaram Aquior no meio de todo o povo e Ozias o interrogou sobre o que acontecera. ¹⁷Respondendo, anunciou-lhes as palavras do Conselho de Holofernes e tudo o que ele mesmo tinha dito no meio dos chefes assírios, como também as vantagens que Holofernes tinha contado contra a casa de Israel. ¹⁸Então o povo prostrou-se, adorou a Deus e clamou, dizendo: ¹⁹"Senhor, Deus do céu, vê o orgulho deles e tem piedade da humilhação de nossa raça. Olha, favoravelmente, neste dia, os que são consagrados a ti."*ᶜ* ²⁰Depois animaram Aquior e o elogiaram muito. ²¹Ozias o levou da assembleia para a sua casa e ofereceu um banquete aos anciãos. Durante toda aquela noite, invocaram o socorro do Deus de Israel.

10

11

12

14

15

16

16-19

II. Assédio de Betúlia

7

Campanha contra Israel — ¹No dia seguinte, Holofernes ordenou a todo o seu exército e a todo o seu povo, os quais se tinham reunido a ele como aliados, que avançassem contra Betúlia, ocupassem as passagens da montanha e fizessem guerra aos israelitas. ²Naquele mesmo dia, todos os homens do seu exército levantaram acampamento. O exército de seus homens de guerra compreendia cento e vinte mil infantes,*ᵈ* doze mil cavaleiros, sem

---

a) "lança", Vet. Lat. e sir.; "multidão", gr.
b) O autor do livro parece estar especialmente interessado na tribo de Simeão, embora bastante apagada na história de Israel. O nome de Ozias lembra o de Oziel (1Cr 4,42). Em 9,2-4, Judite reabilita o patriarca Simeão, censurado em Gn 34,30 e 49,5-7.
c) Tal era a situação do conjunto de Israel, em razão da Aliança.
d) "cento e vinte mil" com a Vulg. (cf. 2,15); "cento e setenta mil", grego.

contar a bagagem e a grande multidão de gente que ia a pé entre eles. ³Entraram no vale próximo de Betúlia, em direção à fonte, e se estenderam em profundidade desde Dotain até Belbaim, e em extensão desde Betúlia até Quiamon, que está diante de Esdrelon. ⁴Quando os israelitas viram a multidão deles, turbaram-se profundamente e disseram uns aos outros: "Agora eles engolirão toda a face da terra. Nem os montes elevados, nem os precipícios, nem as colinas suportarão a sua força." ⁵Cada um tomou seus equipamentos de guerra, acenderam fogo sobre suas torres e permaneceram de guarda toda aquela noite.

⁶No segundo dia, Holofernes fez sair toda a sua cavalaria diante dos israelitas que estavam em Betúlia. ⁷Inspecionou as subidas que levavam à cidade deles, explorou as fontes de água, ocupou-as, colocou nelas postos de soldados e voltou à sua gente. ⁸Todos os príncipes dos edomitas, todos os chefes do povo de Moab*ª* e os generais da orla marítima vieram a ele e disseram-lhe: ⁹"Escuta, senhor nosso, uma sugestão para que não haja uma só ferida em teu exército. ¹⁰Este povo dos israelitas não confia tanto em suas lanças quanto nas elevações em que habitam. Não é certamente fácil escalar os cumes dos seus montes.

¹¹Por conseguinte, senhor, não combatas contra eles como se faz na batalha em campo aberto, e não cairá um só homem de teu povo. ¹²Fica em teu acampamento e mantém nele todos os homens do teu exército, mas que teus servos se apoderem da fonte que mana ao pé do monte. ¹³Com efeito, é lá que todos os habitantes de Betúlia buscam água, e a sede os forçará então a te entregarem a sua cidade. Nós e nosso povo subiremos aos cumes dos montes mais próximos e acamparemos neles, como sentinelas, para que não saia da cidade um só homem. ¹⁴Serão consumidos pela fome, eles, as suas mulheres e os seus filhos, e, antes mesmo de desembainhares a espada contra eles, cairão nas ruas diante de suas habitações. ¹⁵E lhes farás pagar bem caro por terem se revoltado e não terem ido ao teu encontro pacificamente."

¹⁶As palavras deles agradaram a Holofernes e a todos os seus oficiais, e ele decidiu agir conforme disseram. ¹⁷Partiu, pois, uma tropa de moabitas, e com eles cinco mil assírios.*ᵇ* Penetraram no vale e ocuparam as águas e as fontes das águas dos israelitas. ¹⁸Os edomitas e os amonitas subiram, postaram-se na montanha diante de Dotain e enviaram alguns deles para o sul e para o leste, diante de Egrebel, que está próximo de Cuch, sobre a torrente de Mocmur. O resto do exército assírio tomou posição na planície e cobriu toda a região. As tendas e as bagagens deles formavam um enorme acampamento, pois eram uma grande multidão.

¹⁹Os israelitas clamaram ao Senhor seu Deus. O ânimo deles abateu-se, pois todos os seus inimigos os tinham cercado e não havia como fugir do meio deles. ²⁰Todo o acampamento assírio, os infantes, os carros e os cavaleiros, permaneceram ao redor deles por trinta e quatro dias. Esgotaram-se para os habitantes de Betúlia todas as vasilhas de água, ²¹e as cisternas se esvaziaram. Não tinham água para matar a sede um só dia, pois a água era racionada. ²²As crianças desmaiavam, as mulheres e os adolescentes desfaleciam de sede. Caíam nas ruas e nas saídas das portas da cidade, e não havia mais força neles.

²³Todo o povo, adolescentes, mulheres e crianças, reuniu-se em torno de Ozias e dos chefes da cidade e clamou em altos brados, dizendo diante de todos os anciãos: ²⁴"Julgue Deus entre vós e nós, porque fizestes uma grande injustiça contra nós, não conversando pacificamente com os assírios. ²⁵Agora

---

a) Edomitas ("os filhos de Esaú") e moabitas são os inimigos tradicionais de Israel (Nm 20,23+).

b) "moabitas", Vet. Lat. e sir.; "amonitas", texto recebido. — Aqui, como em 10,17, a cifra indicada é desproporcional à missão a ser cumprida.

já não há socorro para nós. Deus nos entregou nas suas mãos, para que caiamos diante deles pela sede, na completa destruição. ²⁶Agora, chamai-os. Entregai toda a cidade ao saque do povo de Holofernes e de todo o seu exército. ²⁷É melhor para nós sermos objeto de pilhagem deles. Seremos, sim, escravos, mas viveremos e não veremos com nossos olhos a morte de nossas crianças, nem o desfalecimento de nossas mulheres e de nossos filhos. ²⁸Chamamos por testemunhas contra vós o céu e a terra, o nosso Deus e Senhor de nossos pais, que nos castiga segundo os nossos pecados e segundo as faltas de nossos pais, a fim de agirdes conforme essas palavras, hoje mesmo."ᵃ ²⁹Um grande clamor irrompeu unanimemente, no meio da assembleia e todos clamaram em alta voz ao Senhor Deus.ᵇ

³⁰Disse-lhes, então, Ozias: "Confiai, irmãos, resistamos ainda por cinco dias, nos quais o Senhor nosso Deus volverá a sua misericórdia para nós, pois ele não nos abandonará para sempre. ³¹Se passados esses dias ele não vier em nosso socorro, então farei conforme a vossa palavra." ³²Em seguida, dispersou o povo, cada qual para o seu lugar. Os homens foram para as muralhas e as torres da cidade e mandaram as mulheres e as crianças para as suas casas. Havia na cidade uma grande consternação.

III. Judite

8 *Apresentação de Judite* — ¹Naqueles dias, ouviu tudo isso Judite,ᶜ filha de Merari, filho de Ox, filho de José, filho de Oziel, filho de Elquias, filho de Ananias, filho de Gedeão, filho de Rafain, filho de Aquitob, filho de Elias, filho de Helcias, filho de Eliab, filho de Natanael, filho de Salamiel, filho de Surisadai, filho de Israel.ᵈ ²O seu marido, Manassés, da mesma tribo e da mesma parentela, tinha morrido na colheita da cevada. ³Ele estava vigiando os que atavam os feixes nos campos, quando um forte calor atingiu-lhe a cabeça. Caiu de cama e morreu em Betúlia, sua cidade. Sepultaram-no com seus pais no campo situado entre Dotain e Balamon. ⁴Judite vivia em sua casa, desde que se tornara viúva havia três anos e quatro meses. ⁵Fizera para si um quarto no terraço da casa. Vestia um pano de saco sobre os rins e cobria-se com o manto de sua viuvez. ⁶Jejuava todos os dias de sua viuvez, exceto nas vigílias de sábado, nos sábados, nas vigílias da lua nova, nas luas novas e nos dias de festa e de regozijo da casa de Israel. ⁷Era muito bela e de aspecto encantador. Manassés, seu marido, lhe deixara ouro, prata, servos, servas, rebanhos e campos, e ela administrava tudo isso. ⁸Não havia quem lhe recriminasse uma palavra má, pois era muito temente a Deus.

Judite e os anciãos — ⁹Ela ouviu as palavras inconsideradas do povo, desalentado pela falta de água, contra o chefe da cidade. Judite ouviu também tudo o que Ozias lhe disse e como jurara entregar a cidade aos assírios depois de

---

a) "Chamamos (...) a fim de agirdes", sir., Vet. Lat.; o grego acrescenta uma negação, mas esta é apenas um decalque da fórmula hebraica de juramento, cujo sentido é positivo. O castigo das faltas individuais fica aqui ligado ao castigo coletivo, segundo a antiga fé de Israel na solidariedade do povo na falta e na pena.
b) A Vulg. exprime desta maneira a oração do povo: "¹⁹Nós e nossos pais pecamos, agimos injustamente, cometemos a iniquidade. ²⁰Tu, que és misericordioso, tem piedade de nós. Ou, pelo menos, castiga com teus golpes nossas iniquidades, e não entregues aqueles que confiam em ti a um povo que não te conhece, ²¹para que não se diga entre as nações: Onde está o Deus deles? (cf. Sl 42,11; Jl 2,17). ²²Depois, cansados de gritar e fatigados de chorar, eles se calaram".
c) Parece que o nome Judite (Gn 26,34) foi escolhido aqui por causa de sua significação: "a judia". Judite, concorrente de Jael (Jz 4,17-22) é o tipo da verdadeira filha de Israel. No seu canto de triunfo (16,2.4 etc.) ela falará como a nação personificada.
d) Esta genealogia omite o nome de Simeão (que se encontra em mss e versões; cf. 9,2). Mas o v. 2 supõe um nome de tribo.

cinco dias. ¹⁰Mandou então sua serva, preposta a todos os seus bens, chamar Cabris e Carmis, anciãos da cidade. ¹¹Quando vieram a ela, disse-lhes:

"Ouvi-me, chefes dos habitantes de Betúlia. Não é correta a vossa palavra, a que dissestes hoje diante do povo, nem esse juramento que proferistes entre Deus e nós, dizendo que entregaríeis a cidade aos nossos inimigos se, neste prazo, o Senhor não vos trouxer socorro. ¹²Quem sois vós, que hoje tentais a Deus e vos colocais acima dele no meio dos filhos dos homens? ¹³Agora colocais à prova o Senhor Todo-poderoso! Jamais compreendereis coisa alguma! ¹⁴Se não descobris o íntimo do coração do homem e não entendeis as razões do seu pensamento, como, então, penetrareis o Deus que fez essas coisas? Como conhecereis seu pensamento? Como compreendereis o seu desígnio? Não, irmãos, não irriteis o Senhor nosso Deus! ¹⁵Se ele não quer nos socorrer em cinco dias, ele tem poder para fazê-lo no tempo em que quiser, como também pode nos destruir diante dos nossos inimigos. ¹⁶Não hipotequeis, pois, os desígnios do Senhor nosso Deus. Não se encurrala a Deus como um homem, nem se pode submetê-lo como a um filho de homem. ¹⁷Por isso, esperando pacientemente a salvação dele, invoquemo-lo em nosso socorro. Ele ouvirá a nossa voz, se for do seu agrado.*ª*

¹⁸É verdade que não houve nas nossas gerações, nem há nos dias de hoje nenhuma de nossas tribos ou famílias, nenhum dos povos ou cidades que adorem deuses feitos pela mão do homem, como aconteceu outrora, ¹⁹o que foi a causa de nossos pais serem entregues à espada e à pilhagem e caírem miseravelmente diante de seus inimigos. ²⁰Nós, na verdade, não conhecemos outro Deus além dele. Por isso, confiamos que não nos olhará com desdém, nem se afastará de nossa raça.*ᵇ*

²¹Com efeito, se formos capturados, assim também o será toda a Judeia, e nosso santuário será saqueado. Então, nosso sangue deverá responder por sua profanação. ²²A morte dos nossos irmãos, a deportação do país, a devastação da nossa herança recairão sobre nossas cabeças nas nações onde formos escravos, e seremos objeto de escândalo e de escárnio diante dos nossos dominadores, ²³porque a nossa servidão não será conduzida com benevolência, mas o Senhor nosso Deus a converterá em punição infamante. ²⁴E agora, irmãos, persuadamos nossos irmãos de que suas vidas dependem de nós; o santuário, o Templo e o altar repousam sobre nós.

²⁵Apesar de tudo, agradeçamos ao Senhor nosso Deus que nos põe à prova como a nossos pais.*ᶜ* ²⁶Lembrai-vos do que ele fez a Abraão, de como provou Isaac, do que aconteceu a Jacó na Mesopotâmia da Síria, quando pastoreava as ovelhas de Labão, irmão de sua mãe. ²⁷Como ele os provou para sondar os seus corações, assim também não está se vingando de nós, mas, para advertência, o Senhor açoita os que dele se aproximam."

²⁸Ozias lhe respondeu: "Tudo o que disseste, disseste com ótima intenção, e não há quem contradiga tuas razões. ²⁹Não é de hoje que tua sabedoria se manifesta. Desde o princípio de teus dias, todo o povo conheceu a tua inteligência, bem como a natural bondade do teu coração. ³⁰Mas o povo, acossado pela forte sede, forçou-nos a fazer como dissemos a eles, comprometendo-nos com um juramento que não poderá ser quebrado. ³¹E agora, dado que és uma mulher piedosa, roga por nós, e o Senhor enviará uma forte chuva para encher nossas cisternas, e não mais desfaleceremos."

---

a) Como Jó (Jó 38,2 etc.), os anciãos de Betúlia erram discutindo os desígnios divinos. Eles devem humilhar-se e calar-se, como Jó. Contudo, o autor de Judite convida à confiança mais filial do que o autor de Jó. Sua concepção da eficácia da oração já é cristã.

b) Tese já afirmada por Aquior e que Judite retomará diante de Holofernes. Judite faz com seus compatriotas exame de consciência nacional: este mostra que o povo está isento da idolatria outrora denunciada pelos profetas (como aconteceu efetivamente no fim da época do segundo Templo).

c) Lição da história patriarcal (que o autor de Jó não tirou): a desgraça do justo não é castigo, mas prova.

³² — "Escutai-me bem", disse-lhes Judite. "Farei algo cuja lembrança se transmitirá aos filhos de nossa raça, de geração em geração. ³³Esta noite ficareis à porta da cidade. Eu sairei, com minha serva, e, antes da data na qual dissestes que entregaríeis a cidade aos inimigos, o Senhor, por minha mão, visitará Israel. ³⁴Quanto a vós, não procureis saber o que vou fazer. Não vô-lo direi antes de tê-lo feito." ³⁵Ozias e os chefes disseram-lhe: "Vai em paz! Que o Senhor Deus esteja diante de ti para vingança dos nossos inimigos." ³⁶E, deixando o aposento, foram para os seus postos.

9 *Oração de Judite* —

¹Judite prostrou-se com o rosto por terra. Pôs cinza sobre a cabeça e despojou-se até ficar apenas com o pano de saco que havia vestido. Era a hora em que se oferecia em Jerusalém, no Templo de Deus, o incenso da tarde.ᵃ Em alta voz, Judite clamou ao Senhor e disse:

Ex 30,7-8
Sl 141,2

²"Senhor, Deus de meu pai Simeão,
em cuja mão puseste uma espada para vingança contra os estrangeiros
que desataram o cintoᵇ de uma virgem, para sua vergonha,
que desnudaram sua coxa para sua confusão,
e profanaram seu seio, para sua desonra;
porque disseste: 'Não será assim'; e eles o fizeram.

6,15 +
Gn 34,25s

³Por isso entregaste seus chefes à morte,
e seu leito, aviltado pela astúcia,
foi enganado até ao sangue.
Feriste os escravos com os príncipes,
e os príncipes com os seus servos.ᶜ

⁴Entregaste suas mulheres ao rapto
e suas filhas ao cativeiro,
e todos os seus despojos à partilha, em proveito dos filhos por ti amados,
os que arderam de zelo por ti,
abominaram a mancha de seu sangue
e invocaram o teu socorro.
Deus, ó meu Deus,
ouve-me, que sou uma pobre viúva.

⁵Tu é que fizeste o passado,
o que acontece agora e o que acontecerá depois.
O presente e o futuro foram concebidos por ti,
e o que tinhas em mente aconteceu.

Is 44,7
Sl 115,3;
135,6

⁶Teus desígnios se apresentaram
e disseram: 'Aqui estamos!'
Porque todos os teus caminhos estão preparados,
e teus juízos previstos de antemão.

Br 3,35
Jó 38,35
Is 46,9-13

⁷Eis os assírios: eles se prevalecem do seu exército,
gloriam-se de seus cavalos e de seus cavaleiros,
orgulham-se da força de seus infantes.
Confiam no escudo e na lança,
no arco e na funda,
e não sabem que tu és o Senhor
que põe fim às guerras.ᵈ

5,23; 6,2
Sl 33,16-17
2Mc 8,18

16,2

⁸À ti pertence o nome de Senhor!

Sl 46,10; 76,4

---

a) O autor se refere muitas vezes a Jerusalém, ao Templo, ao culto, ao sumo sacerdote (4,2-3.6-8; 5,19; 8,21-24; 9,8.13; 15,8; 16,18).

b) "o cinto", conj.; "ventre" grego. A expressão "desatar o cinto" tem o sentido de "casar-se com"; aqui: "ter relações com".

c) Estíquio corrigido conforme 9,10 (cf. Sb 18,11): "e os príncipes sobre seus tronos".

d) A presunção dos pagãos, arrogantes por causa de sua força militar, foi sempre escândalo para Israel e razão para esperar com confiança a ajuda de Deus (cf. Hab 1,12-17; Is 30,15; 31,1-3 etc.).

11 Quebra sua força com teu poder,
despedaça seu ímpeto com tua cólera!
Porque deliberaram profanar teu santuário,
manchar a tenda onde repousa teu Nome glorioso
e derrubar a ferro os chifres de teu altar.
12 ⁹Olha sua altivez,
envia tua ira sobre suas cabeças,
dá à minha mão de viúva
a valentia almejada.
¹⁰Pela astúcia de meus lábios,
fere o escravo com o chefe
e o chefe com seu servo.
Quebra sua arrogância
pela mão de uma mulher.

<small>1Sm 14,6
Jz 7,4-7-7</small> ¹¹Tua força não está no número,
nem tua autoridade nos violentos,
mas tu és o Deus dos humildes,
o socorro dos oprimidos,
o protetor dos fracos,
o abrigo dos abandonados,
o salvador dos desesperados.ᵃ

<small>Est 4,17q-r
Jt 10,4;
11,20.23;
16,6.9
17</small> ¹²Sim, sim, Deus de meu pai,
Deus da herança de Israel,
Senhor do céu e da terra,
Criador das águas,
Rei de tudo o que criaste
atende tu a minha prece.
¹³Dá-me uma linguagem sedutora,
para ferir e matar
aqueles que formaram tão obscuros desígnios
contra tua Aliança,
tua santa Habitação,
a montanha de Sião
e a casa que pertence aos teus filhos.
19 ¹⁴Faze conhecer a todo o teu povo e a toda tribo
que tu és o Senhor, Deusᵇ de todo poder e de toda força,
e que o povo de Israel não tem outro protetor senão a ti."

IV. *Judite e Holofernes*

10 *Judite dirige-se a Holofernes* — ¹Quando cessou de clamar ao Deus de Israel e terminou todas as suas palavras, ²ela se levantou da sua prostração, chamou sua serva e desceu para a casa em que ficava nos dias de sábado e de festa. ³Tirou o pano de saco que vestira, despojou-se do manto de sua viuvez, lavou-se, ungiu-se com ótimo perfume, penteou os cabelos, colocou na cabeça o turbante e vestiu a roupa de festa que usava enquanto vivia seu marido Manassés. ⁴Calçou sandálias nos pés, colocou colares, braceletes, anéis, brincos, todas as suas joias, embelezando-se a fim de seduzir os homens que a vissem.ᶜ ⁵Depois deu à sua serva um odre de vinho

---

a) Reconhece-se aqui a religião dos "pobres", característica da piedade do AT (cf. Sf 2,3+).
b) Aqui e em 13,11 o grego traz: "Deus, Deus", fraseologia dos salmos retocados pelo Eloísta (cf. Sl 45,8; 50,7).

c) A Vulg. acrescenta: "O Senhor aumentou ainda mais o seu esplendor, porque todo esse adorno não era inspirado pela volúpia, mas por sua coragem" (cf. Est 5,1 grego e 15,4-5 Vulg.). O grego, que conta sem pestanejar a audaciosa empresa de Judite, deixa

e uma bilha de óleo, encheu um alforje de bolos de farinha de cevada, de bolos de frutas secas e de pães puros;[a] embrulhou tudo num recipiente e lho entregou. [6]Saíram então para a porta da cidade de Betúlia. Encontraram aí postados Ozias e dois anciãos da cidade, Cabris e Carmis. [7]Quando a viram com o rosto transformado e a veste mudada, ficaram admirados com sua extraordinária beleza e disseram-lhe:

[8]"Que o Deus de nossos pais te conceda
benevolência!
Que ele leve a termo tua empresa
para orgulho dos israelitas
e para exaltação de Jerusalém!"

[9]Ela adorou a Deus e disse-lhes: "Mandai abrir para mim a porta da cidade: sairemos para executar as palavras que me dissestes." Ordenaram, pois, aos jovens que lhe abrissem, conforme ela pediu. [10]Assim fizeram, e Judite saiu, junto com sua serva. Os homens da cidade a observavam enquanto descia a encosta até atravessar o vale. Depois não a viram mais.

[11]Caminhavam direto para o vale, quando lhes vieram ao encontro as sentinelas dos assírios. [12]Detiveram Judite e perguntaram-lhe: "De que parte és? Donde vens? Para onde vais?" — "Eu sou filha dos hebreus", respondeu ela. "Fugi da presença deles porque estão para ser entregues a vós como iguarias. [13]Venho à presença de Holofernes, general do vosso exército, para dar-lhe informações seguras.[b] Mostrarei a ele o caminho por onde passar para apoderar-se de toda a montanha, sem que se perca um só de seus homens ou uma só vida." [14]Enquanto os homens a ouviam observavam o seu rosto. Estavam admirados de sua grande beleza. Disseram-lhe: [15]"Salvaste tua vida apressando-te em vir à presença do nosso senhor. Vai, agora, à sua tenda; alguns de nós te escoltarão e te entregarão em suas mãos. [16]Quando estiveres diante dele, não temas em teu coração, mas repete-lhe tudo o que nos dissesse, e ele tratar-te-á bem." [17]Destacaram então cem homens, que se ajuntaram a ela e à sua serva e as conduziram à tenda de Holofernes.

[18]Houve uma agitação em todo o acampamento, pois correu pelas tendas a notícia de sua chegada. Eles a rodearam enquanto estava fora da tenda de Holofernes aguardando ser anunciada. [19]Admiravam-se de sua beleza e, por ela, admiravam os israelitas. Disseram uns aos outros: "Quem desprezaria um povo que tem mulheres como esta? Não é bom ficar um só homem deles. Os que ficassem poderiam seduzir toda a terra."

[20]Os guardas pessoais de Holofernes e seus ajudantes de campo saíram e a introduziram na tenda. [21]Holofernes estava repousando em seu leito, sob um mosquiteiro de púrpura, bordado a ouro com esmeraldas e pedras preciosas. [22]Anunciaram-na e ele saiu à entrada da tenda, precedido por portadores de lâmpadas de prata.[c] [23]Quando Judite chegou à presença do general e de seus ajudantes de campo, todos se admiraram com a beleza de seu rosto. Ela prostrou-se diante dele, mas seus servos a levantaram.

11

Primeira entrevista de Judite e Holofernes — [1]Disse-lhe Holofernes: "Confia, mulher, não temas em teu coração! Jamais maltratei homem algum que escolheu servir a Nabucodonosor, rei de toda a terra. [2]Agora

---

subentender, até ao grito de ação de graças de 13,16, o auxílio divino que a conservará incólume.

a) Judite parece mais escrupulosa do que Ester com relação à pureza legal, mais exigente que a própria Lei (cf. 11,17; 12,6-9).

b) Os protestos de veracidade (cf. 11,5.10) postos nos lábios de Judite, decidida a enganar Holofernes (11,12-

19), devem ser compreendidos no contexto moral da época patriarcal (cf. Gn 27,1-25; 34,13-29; 37,32-34) ou das guerras de Iahweh (Js 2,1-7; Jz 4,17-22) em que o autor quer se situar.

c) A tenda de Holofernes (cf. ainda 12,1; 13,1-3; 14,14-15) parece ser pavilhão espaçoso e ricamente decorado. A fantasia do narrador teve livre curso nesta

mesmo, se teu povo, que habita a montanha, não me menosprezasse, eu não levantaria a lança contra ele. Eles mesmos é que fizeram isso. ³Agora dize-me por que fugiste deles e vieste até nós... Em todo caso, vens para tua salvação! Confia! Viverás esta noite e as seguintes também. ⁴Não haverá quem te maltrate; pelo contrário, tratar-te-ão bem, como aos servos do meu senhor, o rei Nabucodonosor."

⁵Disse-lhe então Judite: "Acolhe favoravelmente as palavras de tua escrava e possa a tua serva falar na tua presença. Nesta noite não falarei mentira alguma ao meu senhor.ᵃ ⁶Se seguires os conselhos de tua serva, Deus levará a bom termo tua empresa e o meu senhor não fracassará em seus planos. ⁷Viva Nabucodonosor, rei de toda a terra, que te enviou para corrigir todo ser vivente, e viva seu poder! Pois, graças a ti, não são apenas os homens que o servem, mas, por causa de tua força, também as feras do campo, os rebanhos e os pássaros do céu viverão para Nabucodonosor e para toda a sua casa!

⁸Com efeito, ouvimos falar de tua sabedoria e da sagacidade de teu espírito. Foi anunciado em toda a terra que, em todo o reino, só tu és bom, poderoso por tua ciência e admirável pelas campanhas militares. ⁹E agora, conhecemos o discurso que fez Aquior no teu Conselho. Os homens de Betúlia o pouparam, e ele contou-lhes tudo o que disse diante de ti. ¹⁰Por isso, senhor poderoso, não desprezes a palavra dele, mas deposita-a em teu coração, pois é verdadeira.ᵇ Certamente nossa raça não será castigada e a espada não prevalecerá contra ela, a não ser que peque contra o seu Deus. ¹¹E agora, para que o meu senhor não se torne rejeitado e fracassado, a morte virá sobre as suas cabeças. O pecado se apoderou deles, pecado com o qual irritam o seu Deus, sempre que fazem uma desordem. ¹²Quando lhes faltaram víveres e escasseou a água, resolveram lançar mão de seu rebanho e decidiram consumir tudo o que, por suas leis, Deus havia determinado que não comessem.ᶜ ¹³Até mesmo as primícias do trigo, os dízimos do vinho e do azeite — coisas consagradas e por eles reservadas aos sacerdotes que, em Jerusalém, estão diante da face do nosso Deus — resolveram consumi-los, o que nem com a mão alguém do povo pode tocar.ᵈ ¹⁴Enviaram a Jerusalém, onde os habitantes fizeram o mesmo, algumas pessoas encarregadas de lhes trazerem a permissão do Conselho. ¹⁵Assim será: tão logo recebam a permissão e a executem, serão entregues a ti, naquele mesmo dia.

¹⁶Logo que eu, tua serva, compreendi tudo isso, fugi da presença deles. Deus enviou-me para realizar contigo coisas com as quais toda a terra se assombrará, quando as ouvir. ¹⁷Porque tua serva é piedosa e serve, noite e dia, ao Deus do céu. Agora permanecerei junto de ti, meu senhor. Eu, tua serva, sairei toda noite, à escarpa. Rezarei a Deus e ele me dirá quando consumaram o seu pecado. ¹⁸Vindo, eu to anunciarei; sairás, então, com todo o teu exército, e não haverá entre eles quem te resista. ¹⁹Conduzir-te-ei através de toda a Judeia até chegar diante de Jerusalém. Colocarei teu trono no meio dela. Então, conduzirás a todos, como ovelhas que não têm pastor, e não haverá nem mesmo um só cão para rosnar diante de ti. Essas coisas me foram ditas previamente, foram-me anunciadas e eu fui enviada para revelá-las a ti."

---

apresentação de tenda de exército em campanha, ainda que seja a de general-chefe.
a) O discurso de Judite usa habilmente a roupagem do equívoco. A ação e o Senhor, nomeados no v. 6, não são os mesmos para Judite que fala e para Holofernes que escuta. No v. 16 temos o mesmo duplo sentido. e, no v. 8, Judite elogia a sagacidade de Holofernes ao mesmo tempo que a ridiculariza.

b) Nova ambiguidade: a tese de Aquior é verdadeira, a conduta que Judite atribuirá aos judeus não o é.
c) A Vulg. apresenta como infração o uso do sangue (Lv 17,10-14).
d) Aqui também o autor encarece as exigências da Lei, talvez segundo uma tradição farisaica.

²⁰Suas palavras agradaram a Holofernes e a todos os seus ajudantes de campo. Admiraram sua sabedoria e disseram: ²¹"De um extremo a outro da terra não existe mulher semelhante em beleza e em inteligência no falar!" ²²E Holofernes lhe disse: "Deus fez bem ao enviar-te na frente do povo. Em nossas mãos estará o poder, e entre aqueles que desprezaram o meu senhor, o extermínio. ²³E tu, que és bela de aspecto e hábil em tuas palavras, se fizeres conforme disseste, o teu Deus será o meu Deus e tu te sentarás no palácio de Nabucodonosor e serás célebre em toda a terra."

12

¹Mandou introduzi-la no lugar onde era colocada sua baixela de prata e ordenou que lhe preparassem a mesa com suas iguarias e que ela bebesse de seu vinho. ²Disse-lhe, porém, Judite: "Não comerei delas para que isso não seja motivo de falta para mim, mas me servirei das que trouxe comigo." ³— "E se acabar o que tens, donde traremos coisa semelhante para dar-te?", perguntou Holofernes. "Entre nós não há ninguém de tua raça." ⁴Disse-lhe Judite: "Viva em paz, meu senhor, pois não acabará o que tenho comigo antes que o Senhor faça por minhas mãos o que decidiu." ⁵Os ajudantes de campo de Holofernes conduziram-na à sua tenda. Ela dormiu até meia-noite. Quando chegou a vigília da manhã, levantou-se ⁶e mandou dizer a Holofernes: "Que meu senhor ordene deixem tua serva sair para a oração." ⁷Ordenou, pois, Holofernes aos seus guardas que não a impedissem. Ela permaneceu três dias no acampamento. De noite, saía em direção da escarpa de Betúlia e se banhava na fonte, no posto avançado. ⁸Enquanto subia, pedia ao Senhor Deus de Israel que dirigisse seu caminho para o reerguimento dos filhos de seu povo. ⁹Depois de purificar-se, voltava e permanecia em sua tenda até o momento em que, à tarde, lhe traziam o alimento.

Judite no banquete de Holofernes — ¹⁰No quarto dia, Holofernes deu um banquete só para os seus oficiais, não convidando nenhum dos seus serviçais. ¹¹Disse a Bagoas, o eunuco que cuidava de seus afazeres: "Vai e convence a mulher hebreia, que está junto de ti, a vir até nós, para comer e beber conosco. ¹²Seria uma vergonha para nós deixarmos esta mulher partir sem termos relações com ela.ᵃ Se não a seduzirmos, rirão de nós!" ¹³Bagoas saiu da presença de Holofernes, foi ter com Judite e lhe disse: "Não tarde esta jovem beleza a vir à presença do meu senhor para ser honrada. Beberá conosco um vinho de regozijo e será, hoje, como uma das filhas dos assírios que vivem no palácio de Nabucodonosor." ¹⁴Respondeu-lhe Judite: "Quem sou eu para opor-me ao meu Senhor? Tudo o que for agradável aos seus olhos eu o farei e isto será para mim motivo de alegria até o dia de minha morte."

¹⁵Levantando-se, ela se adornou com suas vestes e com todos os seus enfeites femininos. Sua serva a precedeu e estendeu por terra, diante de Holofernes, as peles que recebera de Bagoas para seu uso diário, a fim de reclinar-se sobre elas para comer.ᵇ ¹⁶Judite entrou e recostou-se. O coração de Holofernes foi arrebatado por ela, e seu espírito se agitou. Estava possuído de um intenso desejo de se unir a ela. Desde o dia que a vira, espreitava um momento favorável para seduzi-la. ¹⁷Disse-lhe Holofernes: "Bebe e alegra-te conosco." ¹⁸Respondeu-lhe Judite: "Beberei, sim, senhor, porque nunca, desde o dia em que nasci, apreciei tanto a vida como hoje." ¹⁹E, tomando o que sua serva havia preparado, comeu e bebeu diante dele. ²⁰Holofernes ficou fascinado por ela e bebeu tanto vinho como nunca bebera em nenhum dia, desde que nascera.

---

a) Lit.: "sem termos comércio com ela", eufemismo (cf. Dn 13,54.58).

b) Como em Ester, a sorte de Israel será decidida durante um banquete.

13 ¹Quando ficou tarde, seus oficiais apressaram-se em partir. Bagoas fechou a tenda por fora, depois de ter afastado da presença de seu senhor os que ali estavam. ²Foram dormir, pois estavam todos cansados por causa do excesso de bebida. ²Judite, porém, foi deixada sozinha na tenda com Holofernes, que estava caído em seu leito, afogado em vinho. ³Judite disse então à sua serva que ficasse do lado de fora do quarto e aguardasse sua saída, como fazia todo dia. Pois dissera que iria sair para sua oração, e também conversara com Bagoas nesse sentido.

⁴Saíram todos da presença de Holofernes, do menor ao maior, e ninguém foi deixado no quarto. Judite, de pé junto ao leito dele, disse em seu coração:

"Senhor Deus de toda força,
    neste momento, volta o teu olhar para a obra de minhas mãos,
    em favor da exaltação de Jerusalém.
⁵Agora é o tempo de retomares tua herança
    e de realizares o meu plano,
    para ferires os inimigos que se levantaram contra nós."

⁶Avançando então para o balaústre do leito, que estava próximo à cabeça de Holofernes, tirou seu alfanje; ⁷em seguida, aproximando-se do leito, pegou a cabeleira de sua cabeça e disse: "Faze-me forte neste dia, Senhor Deus de Israel." ⁸Golpeou por duas vezes o seu pescoço, com toda a força, e separou a sua cabeça. ⁹Rolou o seu corpo do leito e tirou o mosquiteiro das colunas. Pouco depois, saiu e deu a cabeça de Holofernes à sua serva, ¹⁰que a jogou no alforje de alimento. As duas saíram juntas, como de costume, para a oração. Atravessando o acampamento, rodearam a escarpa, subiram a encosta de Betúlia e chegaram às suas portas.

Judite leva para Betúlia a cabeça de Holofernes
¹¹De longe, Judite gritou para os que guardavam as portas: "Abri, abri a porta! O Senhor nosso Deus ainda está conosco para realizar proezas em Israel e exercer seu poder contra os inimigos, como fez hoje." ¹²Quando os homens da cidade ouviram a sua voz, apressaram-se em descer à porta de sua cidade e chamaram os anciãos. ¹³Todos se reuniram, do maior ao menor deles, pois sua volta era-lhes inesperada. Abriram a porta e receberam-nas. Acendendo fogo para clarear, rodearam-nas. ¹⁴Disse-lhes Judite com voz forte: "Louvai a Deus. Louvai-o. Louvai a Deus que não afastou a sua misericórdia da casa de Israel, mas que, nesta noite, quebrou nossos inimigos pela minha mão." ¹⁵Tirando a cabeça do alforje, mostrou-a e disse-lhes: "Eis a cabeça de Holofernes, general do exército da Assíria. Eis o mosquiteiro sob o qual se deitava em sua embriaguez. O Senhor o feriu pela mão de uma mulher. ¹⁶Viva o Senhor que me guardou no caminho por onde andei, pois o meu rosto o seduziu, para sua perdição; mas não fez comigo pecado algum para minha vergonha e desonra."ᵃ ¹⁷Todo o povo ficou extasiado e, inclinando-se, adorou a Deus, dizendo a uma só voz: "Bendito sejas, ó nosso Deus, que hoje aniquilaste os inimigos de teu povo!" ¹⁸Ozias, então, disse a Judite:ᵇ

"Bendita sejas, filha, pelo Deus Altíssimo,
    mais que todas as mulheres da terra,
    e bendito seja o Senhor Deus,
    Criador do céu e da terra,

---

a) Ao v. 16 correspondem os vv. 20-21 da Vulg.: "²⁰Viva o Senhor! Pois o seu anjo guardou-me enquanto eu ia (em direção a Holofernes), durante minha estada e na minha volta. O Senhor não permitiu que eu fosse manchada, mas fez-me voltar para o vosso meio sem mácula, alegre com sua vitória, com minha fuga e com vossa libertação. ²¹Celebrai-o todos, porque ele é bom, porque o seu amor é para sempre" (cf. Sl 136,1).
b) A Vulg., desenvolvendo as mesmas ideias, tem texto bastante diferente.

que te conduziu para cortar a cabeça
do chefe dos nossos inimigos.
¹⁹Jamais tua confiança
se afastará do coração dos homens,
que recordarão para sempre o poder de Deus.
²⁰Faça Deus com que sejas exaltada para sempre,
que te visite com seus bens,
pois que não poupaste tua vida
por causa da humilhação de nossa raça,
mas vieste em socorro de nosso abatimento,
caminhando, retamente, diante de nosso Deus."
Todo o povo respondeu: "Amém! Amém!"

V. A vitória

14 *Os judeus assaltam o acampamento assírio* — ¹Disse-lhes Judite: "Escutai-me, irmãos. Tomai esta cabeça e suspendei-a no parapeito de vossa muralha. ²Logo que raiar a aurora e o sol se levantar sobre a terra, todos vós tomareis as vossas armas e saireis, todos os homens aptos, para fora da cidade. Estabelecei um chefe para eles, como se fossem descer à planície, em direção às sentinelas dos assírios. Mas não descereis. ³Eles, tomando suas armas, irão para o acampamento e acordarão os chefes do exército assírio. Correrão, então, à tenda de Holofernes, e não o encontrarão. O medo cairá sobre eles, e fugirão de vossa presença. ⁴Persegui-os, vós e todos os que habitam no território de Israel, e abatei-os em sua fuga.

⁵Porém, antes de agir assim, chamai-me Aquior, o amonita,*ª* para que ele veja e reconheça a quem desprezava a casa de Israel, ao que o enviou a nós como destinado à morte." ⁶Chamaram, pois, Aquior à casa de Ozias. Quando veio e viu a cabeça de Holofernes na mão de um homem na assembleia do povo, caiu com o rosto por terra e desmaiou. ⁷Quando o levantaram, ele prostrou-se aos pés de Judite, saudou-a profundamente e disse:

"Bendita sejas tu em todas as tendas de Judá
e entre todos os povos;
os que ouvirem teu nome
ficarão tomados de pavor.

⁸E agora, conta-me o que fizeste nesses dias." Judite contou-lhe, em meio ao povo, tudo o que fizera desde o dia em que saíra de Betúlia até o momento em que falava. ⁹Quando acabou de falar, o povo gritou em altos brados e encheu a cidade com gritos de alegria. ¹⁰Aquior, vendo tudo o que fizera o Deus de Israel, acreditou firmemente nele, circuncidou sua carne e foi acolhido, definitivamente,*ᵇ* na casa de Israel.

¹¹Quando despontou a aurora, suspenderam a cabeça de Holofernes na muralha. Cada homem tomou a sua arma e saíram em grupo para as encostas do monte. ¹²Os assírios, ao verem-nos, enviaram mensageiros aos seus chefes. Eles foram aos estrategos, aos generais e a todos os seus oficiais. ¹³Acorreram à tenda de Holofernes e disseram ao intendente geral: "Acorda nosso

---

a) A Vulg. coloca a intervenção de Aquior no fim do cap. 13 e apresenta breve discurso de Judite, relembrando a presunção de Holofernes.

b) Lit.: "até este dia" (cf. também 1,5). A agregação de Aquior a Israel é reabilitação dos amonitas (cf. Dt 23,4-5).

senhor, porque os escravos*a* ousaram descer a nós e atacar-nos, a fim de serem completamente exterminados." ¹⁴Entrou, pois, Bagoas, bateu palmas diante da cortina da tenda, pensando que Holofernes dormia com Judite. ¹⁵Como ninguém parecia ouvir, ele abriu e entrou no quarto: encontrou-o jogado por terra, morto e decapitado. ¹⁶Deu então um grito, com choro, soluço e forte clamor, e rasgou suas vestes. ¹⁷Entrou em seguida na tenda onde se alojava Judite e não a encontrou. Precipitou-se então, para o povo e gritou: ¹⁸"Os escravos rebelaram-se. Uma mulher dos hebreus cobriu de vergonha a casa de Nabucodonosor. Holofernes jaz por terra, decapitado." ¹⁹Ao ouvirem essas palavras, os chefes do exército assírio ficaram profundamente perturbados, rasgaram suas túnicas e prorromperam, no meio do acampamento, em fortes gritos e clamores.

15 ¹Os que ainda estavam nas tendas, ao ouvirem, ficaram atônitos com o que acontecera. ²O tremor e o terror caíram sobre eles, e não conseguiram ficar um ao lado do outro, mas, à uma, debandaram, fugindo por todos os caminhos da planície ou da montanha. ³Também os que estavam acampados na região montanhosa, ao redor de Betúlia, deram-se à fuga. Então os homens de guerra de Israel precipitaram-se contra eles. ⁴Ozias enviou a Betomestaim, a Bebai, a Cobe, a Cola e a todo o território de Israel mensageiros para informar o ocorrido e para que todos caíssem sobre os inimigos até o seu extermínio. ⁵Os israelitas, ao serem informados, caíram todos sobre eles e os foram matando até Coba. Igualmente os de Jerusalém e os de toda a montanha*b* vieram em sua ajuda, pois lhes havia chegado a notícia do que acontecera no acampamento inimigo. Também os de Galaad e os da Galileia os devastaram com grandes golpes, até às proximidades de Damasco e seus limites. ⁶Os demais, os habitantes de Betúlia, caíram sobre o acampamento assírio, saquearam-no e enriqueceram-se muito. ⁷Os israelitas, voltando do massacre, assenhorearam-se do resto. Os habitantes das aldeias e dos lugarejos da montanha e da planície apoderaram-se de um copioso espólio, pois era abundante.

Ação de graças — ⁸O sumo sacerdote Joaquim e o Conselho dos anciãos de Israel que habitavam em Jerusalém vieram contemplar os benefícios que o Senhor fizera a Israel, ver Judite e saudá-la. ⁹Chegando junto dela, todos a louvaram e disseram-lhe a uma só voz:

"Tu és a glória de Jerusalém!
Tu és o supremo orgulho de Israel!
Tu és a grande honra de nossa raça!
¹⁰Realizando tudo isso com tua mão,
fizeste benefícios a Israel,
e Deus se comprazeu com isso.
Abençoada sejas pelo Senhor Todo-poderoso
na sucessão dos tempos!"*c*

E todo o povo disse: "Amém!"

¹¹A população saqueou o acampamento por trinta dias. Deram a Judite a tenda de Holofernes, toda a sua prataria, os leitos, as vasilhas e todos os seus móveis. Ela o tomou e o colocou sobre sua mula, atrelou seus carros e empilhou tudo em cima deles. ¹²Todas as mulheres de Israel correram para vê-la e organizaram um grupo de dança para festejá-la. Judite tomou em

---

a) Vulg.: "Os ratos saíram de seus buracos e ousaram provocar-nos para a guerra".
b) A montanha da Judeia.

c) Em lugar do v. 10, a Vulg. (v. 11) traz: "Porque agiste virilmente. Teu coração fortaleceu-se, pois amavas a castidade e não quiseste conhecer nenhum

suas mãos tirsos e deu-os às mulheres que a acompanhavam.[a] [13]Judite e suas companheiras coroaram-se de oliveira. Depois ela foi para a frente de todo o povo e conduziu as mulheres na dança. Todos os homens de Israel, armados e coroados, acompanhavam-nas cantando hinos. [14]Em meio a todo o Israel, Judite entoou este cântico de agradecimento, e todo o povo acompanhou em alta voz este hino.[b]

16

[1]Disse Judite:
"Entoai um cântico a meu Deus com tímpanos,
cantai ao Senhor com címbalos,
modulai para ele salmo e hino,
exaltai e invocai o seu nome!

[2]Porque o Senhor é o Deus que põe fim às guerras:
ele estabeleceu[c] seu acampamento no meio de seu povo,
tirou-me das mãos dos que me perseguiam.

[3]A Assíria veio das montanhas do setentrião,
veio com as miríades de seu exército.
Sua multidão obstruía as torrentes
e seus cavalos cobriam as colinas.

[4]Disse que incendiaria meu país,
que mataria meus adolescentes à espada,
que jogaria por terra meus lactentes,
que entregaria como presa minhas crianças,
que minhas jovens seriam raptadas.

[5]Mas o Senhor Todo-poderoso os repeliu
pela mão de uma mulher.

[6]Pois o herói deles não caiu por mãos de jovens,
nem filhos de titãs o feriram,
nem gigantes enormes o atacaram,
mas Judite, filha de Merari,
foi quem o desarmou com a beleza de seu rosto.

[7]Ela despojou-se de suas vestes de viúva
para o conforto dos aflitos de Israel,
ungiu seu rosto com perfume,

[8]prendeu seus cabelos com turbante,
pôs um vestido de linho para o seduzir.

[9]Sua sandália roubou seu olhar,
sua beleza cativou sua alma...
e o alfanje cortou seu pescoço!

[10]Os persas horripilaram-se com sua audácia,
e os medos perturbaram-se com sua ousadia.

[11]Então meus humildes gritaram, e eles se amedrontaram,
meus fracos ululararam, e eles ficaram horrorizados;
levantaram suas vozes, e eles recuaram.

[12]Filhos de mães jovens os transpassaram,
como a escravos desertores os feriram.
Eles pereceram na batalha do meu Senhor.

[13]Cantarei ao meu Deus um cântico novo.

---

outro homem depois da morte de teu marido. Por isso a mão de Deus deu-te força. Serás, pois, bendita eternamente".

a) Tais cortejos são bem conhecidos (cf. as referências à margem), mas os adornos com coroas de folhagem verde (v. 13) são um costume propriamente grego. Da mesma forma os tirsos, ramos ou bastões decorados com folhagem, só aparecem, na Bíblia, em 2Mc 10,7. Entretanto, havia o costume de agitar ramos para exprimir a alegria (Lv 23,40; cf. Jo 12,13; Ap 7,9).
b) O poema é composto como salmo-hino e utiliza, nos vv. 13-16, locuções frequentes nos salmos.
c) "ele estabeleceu", versões; "em seus acampamentos", grego.

Senhor, tu és grande e glorioso,
admirável em tua força, invencível.
¹⁴Sirva a ti toda a criação.
Porque disseste, e os seres existiram,
enviaste teu espírito, e eles foram construídos,
e não há quem resista à tua voz.
¹⁵As montanhas se agitarão
como água desde os fundamentos;
as rochas se derreterão
como cera diante de tua face;
mas, para os que te temem,
tu serás, de novo, propício.
¹⁶Porque é pequeno
todo sacrifício de agradável odor,
coisa mínima é toda gordura
para o holocausto a ti;
mas os que temem o Senhor
serão grandes para sempre.
¹⁷Ai das nações
que se levantarem contra minha raça!
O Senhor Todo-poderoso
as punirá no dia do juízo.
Porá fogo e vermes em suas carnes,
e chorarão de dor eternamente."

¹⁸Quando chegaram a Jerusalém, adoraram a Deus e, uma vez purificado o povo, ofereceram seus holocaustos, suas vítimas espontâneas e seus dons. ¹⁹Judite votou a Deus, como anátema, todos os objetos de Holofernes dados pelo povo e o mosquiteiro que ela mesma pegara em seu leito. ²⁰O povo se alegrou em Jerusalém, diante do Templo, por três meses, e Judite permaneceu com ele.

Velhice e morte de Judite — ²¹Depois desse tempo, cada um voltou à sua herança. Judite retornou a Betúlia e permaneceu em sua propriedade. Enquanto vivia, ficou famosa em toda a terra. ²²Muitos a pretenderam, mas ela não conheceu homem algum durante todos os dias de sua vida, desde que morreu Manassés, seu marido, e foi reunido a seu povo. ²³Sua fama crescia cada vez mais enquanto ela envelhecia na casa de seu marido. Atingiu a idade de cento e cinco anos.ª Deu liberdade à sua serva; depois morreu em Betúlia e a sepultaram na caverna onde jazia seu marido Manassés. ²⁴A casa de Israel chorou-a por sete dias. Antes de morrer, repartiu seus bens entre todos os parentes próximos de Manassés, seu marido, e entre os de sua família.

²⁵Não houve mais quem inquietasse os israelitas nos dias de Judite e nem por muito tempo depois de sua morte.ᵇ

---

a) Esta idade muito avançada põe Judite na categoria dos heróis da época patriarcal (cf. Gn 23,1; 35,28; 50,26).
b) Este final relembra as conclusões do livro dos Juízes. Vulg. acrescenta (v. 31): "O dia do aniversário desta vitória é festa entre os hebreus e é contado entre os dias santos. Os judeus o celebram desde aquela época até hoje". Na realidade, não conhecemos nenhum vestígio desta solenidade. Mas cf. Est 9,27s; 1Mc 7,48-49.

ESTER

Preliminares

1 **Sonho de Mardoqueu**[a] — ¹ᵃNo segundo ano do reinado do grande rei Assuero,[b] no primeiro dia de Nisã, veio um sonho[c] a Mardoqueu, filho de Jair, filho de Semei, filho de Cis, da tribo de Benjamim, ¹ᵇjudeu que vivia em Susa[d] e personagem ilustre como funcionário da corte. ¹ᶜEle pertencia ao número dos deportados que o rei de Babilônia, Nabucodonosor, trouxera cativos de Jerusalém junto com Jeconias, rei de Judá.[e]

¹ᵈOra, eis qual foi o sonho. Gritos e ruídos, ribomba o trovão, treme o chão, tumulto sobre toda a terra. ¹ᵉDois enormes dragões avançam, ambos prontos para o combate. Lançam um rugido; ¹ᶠao ouvi-lo, todas as nações se preparam para a guerra contra o povo dos justos. ¹ᵍDia de trevas e de escuridão! Tribulação, aflição, angústia e espanto caem sobre a terra. ¹ʰTranstornado de terror diante dos males que o esperam, todo o povo justo se prepara para morrer e invoca a Deus. ¹ⁱOra, de seu grito, como de uma pequena fonte, brota um grande rio, de águas caudalosas. ¹ʲA luz se levanta com o sol. Os humildes são exaltados e devoram os poderosos.

¹ᵏQuando Mardoqueu acordou, diante desse sonho e do pensamento nos desígnios de Deus, nele concentrou toda a sua atenção e, até à noite, esforçou-se de múltiplas maneiras em decifrá-lo.

Conspiração contra o rei — ¹ˡMardoqueu morava na corte com Bagatã e Tares,[f] dois eunucos do rei, guardas do palácio. ¹ᵐSuspeitando do que planejavam, e penetrando os seus desígnios, descobriu que eles se preparavam para matar o rei Assuero, e o avisou. ¹ⁿO rei aplicou a tortura aos dois eunucos e, diante de suas confissões, enviou-os ao suplício. ¹ᵒEm seguida ordenou que se escrevesse a história em suas Memórias, enquanto Mardoqueu, por sua conta, também a escreveu. ¹ᵖDepois disso o rei lhe confiou uma função no palácio e, para recompensá-lo, gratificou-o com presentes. ¹ᵠMas Amã, filho de Amadates, o agagita, tinha o beneplácito do rei, e, por causa dessa questão dos dois eunucos reais, planejou aniquilar Mardoqueu.

I. Assuero e Vasti

1 **O banquete de Assuero** — ¹Eis o que aconteceu no tempo de Assuero, este Assuero que reinou, desde a Índia até a Etiópia, sobre cento e vinte e sete províncias. ²Naqueles dias, assentando-se o rei Assuero em seu trono real,

---

a) Estão em itálico as passagens que a versão grega anexa ao texto hebraico, adições que a Igreja reconhece como inspiradas. São Jerônimo as colocou em apêndice em sua versão latina (10,4s). Nós as colocamos aqui segundo a disposição do texto grego com a enumeração da edição da Setenta de Rahlfs. À margem está a enumeração dessas passagens segundo a Vulg.
b) Assuero, transcrição latina e portuguesa da forma hebraica do nome persa *Kahajarsha*, em grego Xérxes (cf. Esd 4,6). Por confundi-lo com o nome de seus sucessores o grego conserva Artaxerxes.
c) O texto grego, o único a referir este sonho, oferece de antemão a trama do relato sob uma forma enigmática e apocalíptica (a chave será dada em 10,3ᵃ⁻ᵏ), e sublinha assim a intervenção divina.
d) Cidade situada a leste de Babilônia, antiga capital de Elam e residência de inverno dos reis persas.
e) A cronologia é muito livre: a genealogia de Mardoqueu só retém alguns nomes para cobrir cinco ou seis séculos. Ele mesmo é apresentado a um só tempo como cortesão de Assuero (em torno de 480) e como deportado contemporâneo de Jeconias (= Joaquim, em torno de 598).
f) Unificamos os nomes próprios que têm forma variável conforme os textos.

que está na cidadela de Susa, ³no terceiro ano de seu reinado, deu um banquete, presidido por ele, a todos os seus oficiais e servos: chefes do exército[a] da Pérsia e da Média, nobres e governadores das províncias. ⁴Ele queria lhes mostrar a riqueza e a glória de seu reino e o brilho esplêndido de sua grandeza, por muitos dias, cento e oitenta ao todo.

⁵Passados esses dias, deu o rei um banquete a todo o povo que se encontrava na fortaleza de Susa, desde o maior até o menor, durante sete dias, sobre a esplanada do jardim do palácio real. ⁶Havia renda, musselina e púrpura atadas por cordões de linho e de escarlate sobre anéis de prata e colunas de alabastro; havia divãs de ouro e de prata sobre um pavimento de jade, de alabastro, de nácar e de azeviche. ⁷Para beber, copos de ouro, todos diferentes, e abundância de vinho real, segundo a liberalidade do rei. ⁸Bebia-se, segundo a regra, sem constrangimento, pois o rei ordenara a todos os intendentes de sua casa que se fizesse segundo a vontade de cada um.

A questão de Vasti — ⁹Também a rainha Vasti[b] ofereceu um banquete para as mulheres no palácio real de Assuero. ¹⁰No sétimo dia, estando já alegre o coração do rei por causa do vinho, ordenou a Maumã, Bazata, Harbona, Abgata, Bagata, Zetar e Carcas, os sete eunucos que serviam na presença do rei Assuero, ¹¹que trouxessem à sua presença a rainha Vasti com o diadema real, para mostrar ao povo e aos oficiais a sua beleza, pois ela era muito bela. ¹²A rainha Vasti, porém, recusou-se a vir segundo a ordem do rei, transmitida pelos eunucos. O rei se enfureceu muito e sua ira se inflamou. ¹³Então o rei consultou os sábios especialistas na ciência das leis,[c] pois toda questão real devia ser tratada diante de todos os especialistas na lei e no direito. ¹⁴Os que estavam junto dele eram Carsena, Setar, Admata, Társis, Mares, Marsana, Mamucã, sete oficiais persas e medos que viam pessoalmente o rei[d] e se assentavam nos primeiros lugares do reino. ¹⁵"Segundo a lei", disse ele, "que se deve fazer à rainha Vasti por não haver ela cumprido a ordem do rei Assuero transmitida pelos eunucos?" ¹⁶Respondeu Mamucã diante do rei e dos oficiais: "Não foi somente contra o rei que a rainha Vasti agiu mal, mas também contra todos os príncipes e contra todos os povos que vivem em todas as províncias do rei Assuero. ¹⁷Pois a conduta da rainha chegará ao conhecimento de todas as mulheres, que olharão seus maridos com desprezo, dizendo: 'O rei Assuero ordenou que se trouxesse a rainha Vasti à sua presença e ela não veio!' ¹⁸Hoje mesmo as mulheres dos príncipes da Pérsia e da Média dirão a todos os oficiais do rei o que ouviram falar sobre a conduta da rainha; então haverá muito desprezo e ira. ¹⁹Se bem parecer ao rei, promulgue, de sua parte, uma ordem real, que será inscrita nas leis da Pérsia e da Média e não será revogada:[e] que Vasti não venha mais à presença do rei Assuero; e o rei confira sua qualidade de rainha a outra melhor do que ela. ²⁰E a sentença que o rei promulgar será ouvida em todo o seu reino, que é vasto. Então todas as mulheres honrarão os seus maridos, tanto os grandes quanto os pequenos."

²¹Essas palavras agradaram ao rei e aos oficiais. E o rei agiu conforme a palavra de Mamucã. ²²Enviou cartas a todas as províncias reais, a cada pro-

---

a) "Chefes do exército", conj.; "o exército", hebr. — Os "servos" aqui são altos funcionários. Semelhantes banquetes eram frequentes (cf. Gn 40,20; 1Rs 3,15; Dn 5,1; Mc 6,21).
b) Vasti, como Ester, é desconhecida da história.
c) "ciência das leis", conj.; "ciência dos tempos", hebr.
d) Isto é, admitidos ao conselho real (cf. 2Rs 25,19). — A consulta aos sábios é atestada igualmente em Dn 2,2s; 5,7-12.
e) O tema do edito irrevogável, e a seguir caduco, é muito explorado pela literatura bíblica de inspiração persa, talvez com sutil ironia do escritor judeu.

víncia segundo a sua escrita e a cada povo segundo a sua língua, a fim de que cada homem governasse sua casa.*a*

II. Mardoqueu e Ester

2 *Ester torna-se rainha* — ¹Depois desses acontecimentos, acalmado o seu furor, o rei Assuero lembrou-se de Vasti, da sua conduta e do que decretara contra ela.*b* ²Disseram então os pagens do rei, que o serviam: "Que se procure para o rei jovens, virgens e belas. ³Estabeleça o rei comissários em todas as províncias do seu reino, e eles reunirão todas as jovens, virgens e belas, na fortaleza de Susa, no harém, sob o cuidado de Egeu, eunuco do rei, guarda das mulheres, que lhes dará o necessário para os seus adornos. ⁴A jovem que agradar ao rei reinará no lugar de Vasti." O parecer agradou ao rei e assim se fez.

⁵Na cidadela de Susa havia um judeu chamado Mardoqueu, filho de Jair, filho de Semei, filho de Cis, da tribo de Benjamim, ⁶e que fora exilado de Jerusalém entre os que foram deportados com Jeconias, rei de Judá, por Nabucodonosor, rei da Babilônia. ⁷Ele criou Hadassa, que é Ester,*c* filha de seu tio, pois ela não tinha pai nem mãe. A jovem tinha um corpo bonito e aspecto agradável; à morte de seu pai e de sua mãe, Mardoqueu a adotara como filha.*d*

⁸Proclamada a ordem do rei e o seu decreto, juntaram-se muitas jovens na cidadela de Susa, sob o cuidado de Egeu. Levaram também Ester à casa do rei, sob o cuidado de Egeu, guarda das mulheres. ⁹A jovem lhe agradou e ganhou sua proteção; ele apressou-se em dar-lhe o necessário para seus adornos e sua subsistência, atribuindo-lhe sete servas escolhidas da casa do rei e transferindo-a, com suas servas, para o melhor aposento do harém. ¹⁰Ester não declarou nem seu povo nem sua linhagem, pois Mardoqueu lhe ordenara que não o declarasse.*e* ¹¹Todos os dias Mardoqueu passeava diante do vestíbulo do harém para saber como ia Ester e como a tratavam.

¹²Cada moça devia apresentar-se por seu turno ao rei Assuero no fim do prazo fixado pelo estatuto das mulheres, isto é, doze meses. Assim se cumpriam os tempos da preparação: Durante seis meses as moças usavam óleo de mirra, e nos outros seis meses, bálsamo e unguentos empregados para os cuidados da beleza feminina. ¹³Quando a jovem se apresentava ao rei, recebia tudo o que pedisse para levar consigo do harém ao palácio real. ¹⁴Ia para lá à tarde e, na manhã seguinte, passava a outro harém, confiado a Sasagaz, eunuco real, guarda das concubinas. Ela não mais retornava ao rei, salvo se o rei a desejasse e a chamasse pelo nome.

¹⁵Mas Ester, filha de Abiail, tio de Mardoqueu, que a adotara como filha, quando chegou a sua vez de ir ao rei, nada pediu além do que lhe fora indicado pelo eunuco real Egeu, guarda das mulheres. Pois Ester alcançara graça diante de todos os que a viram. ¹⁶Ela foi conduzida ao rei Assuero, ao palácio real, no décimo mês, que é Tebet, no sétimo ano de seu reinado, ¹⁷e o rei a preferiu

---

a) Hebr. acrescenta: "e falasse a língua de seu povo", omitido pelo grego.

b) O hebr. implica que o rei tenha pena de Vasti. O grego e Luciano sugerem, ao contrário, que ele a esqueceu.

c) O nome de Ester é sem dúvida de origem babilônica (*Ishtar*), como o de Mardoqueu (*Marduk*); mas pode-se pensar no persa *stareh*, "estrela". Hadassa é nome hebraico ("murta").

d) O grego lê no fim: "Ele a tinha criado com a finalidade de fazê-la sua mulher". A tradição judaica posterior à era cristã seguiu essa leitura e fez de Ester a mulher de Mardoqueu.

e) A situação recorda a de Daniel e de seus três companheiros (Dn 1). Mas, em Dn o favor que os jovens hebreus alcançam junto do rei, que conhece sua origem, está claramente relacionado com a sua fidelidade à Lei.

a todas as outras mulheres; diante dele alcançou favor e graça mais do que qualquer outra moça. Ele pôs o diadema real sobre a cabeça dela e a escolheu como rainha no lugar de Vasti.

¹⁸Depois disso o rei deu um grande banquete, o banquete de Ester, a todos os altos oficiais e a todos os seus servos, e concedeu um dia de descanso a todas as províncias, distribuindo presentes com uma liberalidade real.

Mardoqueu e Amã — ¹⁹Passando, como as moças, para o segundo harém,[a] ²⁰Ester não revelara nem sua linhagem nem seu povo, como lhe ordenara Mardoqueu, cujas instruções continuava a observar como no tempo em que estava sob sua tutela.[b] ²¹Mardoqueu estava então comissionado à Porta Real.[c] Descontentes, dois eunucos reais, Bagatã e Tares, do corpo da guarda da porta, tramaram um atentado contra o rei Assuero. ²²Mardoqueu teve conhecimento deste fato, informou a rainha Ester e ela, por sua vez, comunicou-o ao rei em nome de Mardoqueu. ²³Feita a investigação, o fato revelou-se exato. Ambos foram enviados para a forca e, na presença do rei, um relato desta história foi transcrito no livro das Crônicas.

3 ¹Depois dessas coisas, o rei Assuero engrandeceu a Amã, filho de Amadates, do país de Agag.[d] Exaltou-o em dignidade e lhe concedeu preeminência sobre todos os altos oficiais, seus colegas. ²Todos os servos do rei, prepostos ao serviço de sua Porta, ajoelhavam-se e prostravam-se diante dele, pois esta era a ordem do rei. Mardoqueu, porém, recusou-se a ajoelhar-se e prostrar-se.[e] ³Então disseram-lhe os servos do rei, prepostos à Porta Real: "Por que transgrides a ordem real?" ⁴Mas, apesar de lhe dizerem isso todos os dias, ele não lhes deu ouvidos. Denunciaram então o fato a Amã, para ver se Mardoqueu persistiria em sua atitude (pois ele lhes tinha declarado ser judeu). ⁵Verificando, pois, Amã que Mardoqueu não se ajoelhava nem se prostrava diante dele, encheu-se de furor. ⁶Como lhe tivessem declarado de que povo era Mardoqueu, pareceu-lhe pouco em seus propósitos atentar apenas contra Mardoqueu, e premeditou destruir todos os judeus, povo de Mardoqueu, estabelecidos no reino de Assuero.

III. Os judeus ameaçados

Decreto de extermínio dos judeus — ⁷No duodécimo ano de Assuero, no primeiro mês, que é o mês de Nisã, sob os olhos de Amã, lançou-se o "Pur"[f] (isto é, as sortes), por dia e por mês. A sorte caiu no décimo segundo mês, que é

---

a) Texto corrigido. Hebr. (seguido pela Vulg.): "Quando as moças foram reunidas pela segunda vez, Mardoqueu sentava-se à Porta"; grego: "Mardoqueu estava em função no palácio". A menção de Mardoqueu e de sua função não é esperada aqui. Ela volta bem colocada, no v. 21, do qual é, sem dúvida, uma ditografia.
b) O grego, mais religioso que o hebr., lê: "Quanto a Ester, ela não deu a conhecer sua pátria. Mardoqueu, com efeito, lhe recomendara temer a Deus e observar seus mandamentos como no tempo em que estava com ele. E Ester não mudou de conduta".
c) A expressão designa o conjunto dos serviços reais, ou, noutros casos, as construções que os abrigavam *(traduzimos então "a Porta Real")*.
d) País desconhecido, cujo nome, o de um rei de Amalec vencido por Saul (1Sm 15,7-9), pode ter sido escolhido para sublinhar a oposição entre Amã e Mardoqueu, benjaminita e filho de Cis como Saul.

e) A prostração exigida, gesto de deferência admitido em todas as cortes orientais, e atestada na Bíblia (cf. 1Rs 1,23; 2Rs 4,37 etc.), nada tinha em si que pudesse melindrar um judeu. Mais do que uma fidelidade imediata a Deus e à sua Lei (como em Dn 1,8; 3,12; 6,14), Mardoqueu põe em sua recusa orgulho racial, que a oração do texto grego interpretará em sentido religioso (4,17ᵈ⁻ⁱ).
f) Palavra babilônica que o autor explica. De fato, Amã decidiu o extermínio. À sorte ele só pede o dia favorável. O grego, completando o hebraico, acrescenta que Amã baixou um decreto no décimo segundo ano do rei, que ele lançou as sortes para acabar com a raça de Mardoqueu e que a sorte caiu no décimo quarto dia do mês de Adar. — Este v. talvez seja adição, introduzida concomitantemente com a seção concernente à festa dos "Purim" (9,24-26).

Adar.*ᵃ* ⁸Amã disse ao rei Assuero: "No meio dos povos, em todas as províncias de teu reino, está espalhado um povo à parte. Suas leis não se parecem com as de nenhum outro e as leis reais são para eles letra morta.*ᵇ* Os interesses do rei não permitem deixá-lo tranquilo. ⁹Que se decrete, pois, sua morte, se bem parecer ao rei, e versarei aos seus funcionários, na conta do Tesouro Real, dez mil talentos de prata."

¹⁰O rei tirou então o seu anel da mão e o deu a Amã, filho de Amadates, do país de Agag, perseguidor dos judeus, ¹¹e lhe disse: "Conserva teu dinheiro. Quanto a este povo, é teu: faze dele o que quiseres!"

¹²Dirigiu-se, pois, uma convocação aos escribas reais para o dia treze do primeiro mês, e escreveu-se tudo o que Amã ordenara aos sátrapas do rei, aos governadores de cada província e aos altos oficiais de cada povo conforme a escrita de cada província e a língua de cada povo. O rescrito foi assinado em nome de Assuero e selado com seu anel. ¹³Através de correios, foram enviadas a todas as províncias do reino cartas mandando destruir, matar e exterminar todos os judeus, desde os adolescentes até os velhos, inclusive crianças e mulheres, num só dia, no dia treze do décimo segundo mês, que é Adar, e mandando confiscar os seus bens.

¹³ᵃ*Eis o texto desta carta:*

"O grande rei Assuero, aos governadores das cento e vinte e sete províncias que vão da Índia à Etiópia, e aos chefes de distrito, seus subordinados:

¹³ᵇ*Colocado na chefia de inúmeros povos e como senhor de toda a terra, eu me propus não me deixar embriagar pelo orgulho do poder e sempre governar com grande espírito de moderação e benevolência, a fim de outorgar a meus subordinados o perpétuo gozo de uma existência sem sobressaltos, e, já que meu reino oferece os benefícios da civilização e a livre circulação entre as suas fronteiras, nele instaurar o objeto do desejo universal, que é a paz.* ¹³ᶜ*Ora, tendo ouvido meu conselho sobre os meios de atingir esse fim, um dos meus conselheiros, cuja sabedoria entre nós é eminente, dando provas de indefectível devotamento e inquebrantável fidelidade, e cujas prerrogativas vêm imediatamente após as nossas, Amã,* ¹³ᵈ*denunciou-nos, misturado a todas as tribos do mundo, um povo mal-intencionado, em oposição, por suas leis, a todas as nações, e constantemente desprezando as ordens reais, a ponto de ser um obstáculo ao governo que exercemos para a satisfação geral.*

¹³ᵉ*Considerando, pois, que o referido povo, único em seu gênero, acha-se sob todos os aspectos em conflito com toda a humanidade; que dela difere por um regime de leis estranhas; que é hostil aos nossos interesses e que comete os piores delitos, chegando a ameaçar a estabilidade de nosso reino:*

¹³ᶠ*Por esses motivos, ordenamos que todas as pessoas que vos forem assinaladas nas cartas de Amã, preposto às tarefas de nossos interesses e para nós um segundo pai, sejam radicalmente exterminadas, inclusive mulheres e crianças, pela espada de seus inimigos, sem piedade ou consideração alguma, no décimo quarto dia do décimo segundo mês, isto é, Adar, do presente ano,* ¹³ᵍ*a fim de que, uma vez lançados esses opositores de hoje e de ontem no Hades num só dia, sejam asseguradas doravante ao Estado estabilidade e tranquilidade."*

---

a) Luciano parafraseia assim: "Amã, ciumento e agitado em todos os seus sentimentos, ficou vermelho e afastou dele seus olhos. Depois, com coração perverso, falou mal de Israel ao rei: Há um povo, disse ele, disperso em todos os reinos, povo belicoso e insubmisso, que tem leis inteiramente particulares. Mas às tuas leis, ó rei, eles não obedecem, conhecidos que são entre todos os povos como pessoas más. Violam teus decretos a fim de aniquilar tua glória".

b) Estas queixas contra os judeus se encontram em vários escritos da época helenística (cf. 3,13ᵈ⁻ᵉ; Dn 1,8; 3,8-12; Jt 12,2; Esd 4,12s; Sb 2,14s e o apócrifo 3 Macabeus).

¹⁴A cópia deste edito, destinado a ser publicado como lei em cada província, foi publicada entre todos os povos, a fim de que cada qual estivesse preparado para aquele dia. ¹⁵Por ordem do rei, os correios partiram imediatamente. O edito foi promulgado em primeiro lugar na fortaleza de Susa.

E enquanto o rei e Amã esbanjavam em festas e bebedeiras, na cidade de Susa reinava a consternação.ᵃ

4 Mardoqueu e Ester irão conjurar o perigo

¹Tão logo soube do que acabava de acontecer, Mardoqueu rasgou suas vestes e se cobriu de pano de saco e de cinza. Em seguida percorreu toda a cidade, enchendo-a com seus gritos de dor, ²e foi até à Porta Real, que ninguém podia ultrapassar vestindo pano de saco. ³Nas províncias, em todo lugar aonde chegaram a ordem e o decreto reais, havia entre os judeus luto, jejum, lágrimas e lamentações. O pano de saco e a cinza tornaram-se o leito de muitos.ᵇ

⁴As servas e os eunucos de Ester vieram adverti-la. A rainha se encheu de angústia. Mandou roupa para que Mardoqueu se vestisse e abandonasse o pano de saco.ᶜ Mas ele as recusou. ⁵Ester chamou então Atac, um dos eunucos colocados pelo rei a seu serviço, e o enviou a Mardoqueu com a missão de se informar sobre o que estava acontecendo e qual era o motivo de seu comportamento.

⁶Atac saiu e foi ao encontro de Mardoqueu, na praça, diante da Porta Real. ⁷Mardoqueu o pôs ao corrente dos acontecimentos e, sobretudo, da soma que Amã oferecera para depositar no Tesouro do rei, para o extermínio dos judeus. ⁸Entregou-lhe também uma cópia do edito de extermínio publicado em Susa: devia mostrá-la a Ester, para que ficasse informada. Ele mandou que a rainha fosse à presença do rei para implorar sua clemência e defender a causa do povo ao qual ela pertencia. ⁸ᵃ*"Lembra-te, fê-lo dizer, dos dias de tua pequenez, quando eu te nutria com a minha mão. Porque Amã, o segundo personagem do reino, pediu ao rei a nossa morte.* ⁸ᵇ*Invoca o Senhor, fala ao rei em nosso favor, livra-nos da morte!"*ᵈ

⁹Atac voltou e relatou essa mensagem a Ester.ᵉ ¹⁰Esta respondeu, com a ordem de repetir suas palavras a Mardoqueu: ¹¹"Servos do rei e habitantes das províncias, todos sabem que para qualquer homem ou mulher que penetre sem convocação até o vestíbulo interior da casa real não há senão uma sentença: deve morrer, a menos que o rei lhe estenda seu cetro de ouro, para que viva. E há trinta dias que não sou convidada a me aproximar do rei!"

¹²Estas palavras de Ester foram transmitidas a Mardoqueu, ¹³que respondeu: "Não imagines que, porque estás no palácio, serás a única a escapar dentre todos os judeus. ¹⁴Pelo contrário, se te obstinares a calar agora, de outro lugarᶠ se levantará para os judeus salvação e libertação, mas tu e a casa de teu pai perecereis. E quem sabe se não teria sido em vista de uma circunstância como esta que foste elevada à realeza?"

¹⁵Ester respondeu então a Mardoqueu: ¹⁶"Vai reunir todos os judeus de Susa. Jejuai por mim. Não comais nem bebais durante três dias e três noites. Eu e minhas servas também jejuaremos. Depois irei ter com o rei, apesar da

---

a) Aqui a Vet. Lat. introduz uma oração dos judeus, na qual se exprimem sentimentos de penitência pelos pecados do povo e apelos à fidelidade de Deus.
b) Sinais de luto e de penitência (cf. Is 37,1; Jr 4,10; 1Mc 3,47 etc.).
c) A fim de poder entrar no palácio e vir lhe falar.
d) A Vet. Lat. acrescenta aqui ao grego: "Levanta-te, por que permaneces sentada em silêncio? Pois tu és livre, tu, tua casa e a de teu pai e todo o teu povo e toda a tua posteridade. Levanta-te! Vejamos se é possível lutar e sofrer por nosso povo, para que Deus lhe seja propício".
e) A Vet. Lat. descreve nestes termos a dor de Ester: "Ester, ao ler a mensagem de seu irmão, rasgou suas vestes e gritou com voz dolorosa. Derramou grandes prantos e seu corpo se tornou feio, sua carne se deprimiu".
f) O autor do texto hebraico evita escrever o nome de Deus.

lei e, se for preciso morrer, morrerei." ¹⁷Mardoqueu se retirou e executou as instruções de Ester.

Oração de Mardoqueuᵃ — ¹⁷ᵃ*Orando então ao Senhor em lembrança de todas as suas grandes obras, ele se exprimiu nestes termos:*

¹⁷ᵇ *"Senhor, Senhor, Rei todo-poderoso,*
tudo está sujeito ao teu poder
e não há quem se oponha
à tua vontade de salvar Israel.

¹⁷ᶜ *Sim, tu fizeste o céu e a terra*
e todas as maravilhas que estão sob o firmamento.
Tu és o Senhor de tudo
e não há quem te possa resistir, Senhor.

¹⁷ᵈ *Tu sabes tudo!*
Sabes, Senhor,
que nem arrogância, nem orgulho, nem vaidade
me levaram a fazer o que faço:
recusar-me a me prostrar
diante do orgulhoso Amã.
De boa vontade eu lhe beijaria a planta dos pés
para a salvação de Israel.

¹⁷ᵉ *Mas o que eu fiz, era*
para não colocar a glória de um homem,
acima da glória de Deus;
e não me prostrarei diante de ninguém,
a não ser diante de ti, Senhor,
e não o faço por orgulho.

¹⁷ᶠ *E agora, Senhor Deus,*
Rei, Deus de Abraão,
poupa o teu povo!
Pois tramam a nossa morte,
projetam aniquilar tua antiga herança.

¹⁷ᵍ *Não desampares esta porção, que é tua,*
que resgataste para ti da terra do Egito!

¹⁷ʰ *Ouve minha oração,*
sê propício à porção de tua herança
e muda nosso luto em alegria;
a fim de que vivamos para cantar teu nome, Senhor.
E não deixes emudecer
a boca dos que te louvam."

¹⁷ⁱ*E todo o Israel clamou, com todas as suas forças, pois a morte estava diante se seus olhos.*

Oração de Ester — ¹⁷ʲ*A rainha Ester também procurava refúgio junto ao Senhor, no perigo de morte que caíra sobre ela. Abandonou suas vestes suntuosas e vestiu-se com roupas de aflição e luto. Em lugar de perfumes refinados cobriu sua cabeça com cinzas e poeira. Ela humilhou com aspereza o seu corpo, e as tranças desfeitas de seus cabelos cobriam aquele corpo que antes ela se comprazia em adornar. Ela suplicava, nestes termos, ao Senhor Deus de Israel:*

---

a) As orações de Mardoqueu e de Ester são inteiramente calcadas na piedade do AT, mas com uma análise dos sentimentos do orante, preocupado com sua própria justificação, o que não se encontra nos textos mais antigos.

ESTER 4

⁴ ¹¹ ¹⁶ ¹⁷ᵏ "Ó meu Senhor, nosso Rei, tu és o único!
Vem em meu auxílio, pois estou só
e não tenho outra proteção fora de ti,
pois vou expor minha vida.

Dt 6,20-25
Dt 7,6 +
¹⁷ˡ Aprendi desde a infância
no seio de minha família*ᵃ*
que foste tu, Senhor, que escolheste
Israel entre todos os povos
e nossos pais entre todos os seus antepassados,
para ser tua herança perpétua;
e os trataste como lhes prometeste.

⁶ ¹⁷ᵐ E como pecamos contra ti,
Jz 2,6 + nos entregaste nas mãos de nossos inimigos
⁷ por causa das honras prestadas aos seus deuses.
Tu és justo, Senhor!

⁸ ¹⁷ⁿ Mas eles não se contentaram
4,17 + com a amargura de nossa servidão;
puseram suas mãos nas de seus ídolos*ᵇ*
⁹ para abolirem a ordem saída de teus lábios,
para fazerem desaparecer tua herança
e emudecer as bocas que te louvam;
para extinguirem teu altar e a glória de tua casa;
¹⁰ ¹⁷ᵒ para abrirem os lábios das nações
para o louvor dos ídolos do nada,
e para eternamente se extasiarem diante de um rei de carne.

Dt 10,17
Sl 136,2;
95,3
¹⁷ᵖ Não abandones teu cetro, Senhor,
àqueles que não existem.
Nenhum sarcasmo sobre nossa ruína!
Volta estes projetos contra seus autores,
e do primeiro de nossos atacantes
faze um exemplo.

¹² ¹⁷ᵠ Recorda-te, Senhor, manifesta-te
Dn 2,47; no dia de nossa tribulação!
11,36

A mim, dá-me coragem,
Rei dos deuses e dominador de toda autoridade.
¹⁷ʳ Põe em meus lábios um discurso atraente
quando eu estiver diante do leão
muda seu coração, para ódio de nosso inimigo,
para que ele pereça
com todos os seus cúmplices.

¹⁴ ¹⁷ˢ A nós, salva-nos com tua mão
e vem em meu auxílio, pois estou só
e nada tenho fora de ti, Senhor!
¹⁵ ¹⁷ᵗ Tu conheces todas as coisas
e sabes que odeio a glória dos ímpios,
que me horroriza o leito dos incircuncisos
e o de todo estrangeiro.
¹⁶ ¹⁷ᵘ Tu sabes o perigo por que passo,
Is 64,5
Lv 15,19-30 que tenho horror da insígnia de minha grandeza,

---

a) Era pela família que se transmitia a tradição israelita sobre todas as maravilhas realizadas por Deus em favor de seu povo (cf. Dt 6,20-25).

b) Gesto de juramento, talvez de aliança.

que me cinge a fronte quando apareço em público,
o mesmo horror diante de um trapo imundo,
e não a levo nos meus dias de tranquilidade.
¹⁷ᵛ Tua serva não comeu à mesa de Amã
nem apreciou os festins reais,
nem bebeu o vinho das libações.
¹⁷ˣ Tua serva não se alegrou,
desde os dias de sua mudança até hoje,
a não ser em ti, Senhor, Deus de Abraão.
¹⁷ʸ Ó Deus, cuja força a tudo vence,
ouve a voz dos desesperados,
tira-nos da mão dos malfeitores
e a mim, livra-me do medo!"

5 Ester se apresenta no palácio

¹[No terceiro dia,ᵃ quando terminou de rezar, ela tirou suas vestes de súplicas e se revestiu com todo o seu esplendor.] ¹ᵃSuntuosa, invocou o Deus que vela sobre todos e os salva. Depois tomou consigo duas servas. Sobre uma ela se apoiava suavemente. A outra acompanhava e segurava seu vestido. ¹ᵇNo apogeu de sua beleza, ela, ruborizada, tinha o rosto alegre como se ardesse de amor. Mas seu coração gemia de temor. ¹ᶜUltrapassando todas as portas, ela se achou diante do rei. Ele estava sentado em seu trono real, revestido com todos os ornamentos de suas aparições solenes, resplandecente em ouro e pedras preciosas: parecia terrível. ¹ᵈEle ergueu o rosto, incendiado de glória, e, no cúmulo da ira, lançou um olhar. A rainha, sucumbindo, apoiou a cabeça na serva que a acompanhava, empalideceu e desmaiou. ¹ᵉDeus mudou o coração do rei e o inclinou à mansidão. Ansioso, ele precipitou-se de seu trono e a tomou nos braços até que ela se recuperasse, reconfortando-a com palavras tranquilizadoras. ¹ᶠ"Que há, Ester? Eu sou teu irmão! Ânimo, não morrerás! Nossa ordem só vale para os súditos. Aproxima-te." ²Ergueu seu cetro de ouro, pousou-o no pescoço de Ester, beijou-a e lhe disse: "Fala comigo!" — ²ᵃ"Senhor," disse-lhe ela, "eu te vi semelhante a um anjo de Deus. Então meu coração se perturbou e eu tive medo de teu esplendor. Pois és admirável, senhor, e teu rosto cheio de encanto." ²ᵇEnquanto ela falava, desmaiou. O rei se perturbou e todos os cortesãos procuravam reanimá-la. ³"Que há, rainha Ester?", disse-lhe o rei. "Dize-me o que desejas e, ainda que seja a metade de meu reino, te darei." ⁴Respondeu Ester: "Se bem te parecer, que venha o rei, hoje, com Amã, ao banquete que lhe preparei." — ⁵"Que se avise imediatamente a Amã para satisfazer o desejo de Ester", disse o rei.

O rei e Amã vieram então ao banquete preparado por Ester, ⁶e, durante o banquete, o rei repetiu a Ester: "Pede-me o que quiseres e te será concedido! Ainda que me peças a metade do reino, tê-la-ás!" — ⁷"O que peço, o que desejo?", respondeu Ester. ⁸"Se realmente encontrei graça aos olhos do rei, se lhe agrada ouvir meu pedido e satisfazer meu desejo, que ainda amanhã venha o rei, com Amã, ao banquete que lhes darei, e então executarei a ordem do rei."

⁹Naquele dia Amã saiu alegre e com o coração em festa, mas quando, na Porta Real, viu que Mardoqueu não se levantava diante dele nem se movia do seu lugar, encheu-se de ira contra ele. ¹⁰Entretanto, se conteve. Voltando para

---

a) No lugar do desenvolvimento do grego, que conservamos, o hebr. traz simplesmente: "¹No terceiro dia, Ester revestiu o (ornamento) real e se colocou no pátio interno do palácio real, diante da porta da casa do rei, estando o rei sentado em seu trono, na casa real, diante da porta da casa. ²Quando o rei viu a rainha Ester de pé no pátio, ela encontrou graça a seus olhos. O rei estendeu então a Ester o cetro de ouro que ele tinha na mão. Ester se aproximou e o tocou na extremidade". — O grego e o hebr. acham-se de acordo no v. 3.

casa, convocou seus amigos e sua mulher Zares ¹¹e falou longamente, diante deles, de sua esplendorosa riqueza, do número de seus filhos, de tudo com que o rei o tinha cumulado para o engrandecer e exaltar acima de todos os seus altos oficiais e servos. ¹²Disse ainda: "Além disso, a rainha Ester acaba de me convidar, com o rei, e somente a mim, para um banquete que ela lhe ofereceu, e mais que isso, fui de novo convidado com o rei para amanhã. ¹³Mas tudo isso não me satisfaz enquanto vir o judeu Mardoqueu sentado à Porta Real!"
— ¹⁴"Manda preparar uma forca de cinquenta côvados", responderam-lhe sua mulher Zares e seus amigos, "amanhã de manhã pedirás ao rei que nela seja enforcado Mardoqueu! Então poderás, contente, ir com o rei ao banquete!" Encantado com o conselho, Amã mandou preparar a forca.

IV. Desforra dos judeus

6 *Desgraça de Amã*ᵃ — ¹Ora, naquela noite, como não conseguisse dormir, o rei pediu que trouxessem o livro das Memórias ou Crônicas para ser lido diante dele. ²Ali se contava como Mardoqueu havia denunciado a Bagatã e a Tares, os dois eunucos guardas da porta, culpados de terem projetado atentar contra a vida de Assuero. ³"E que distinção, que dignidade", disse o rei, "foram por isso conferidas a esse Mardoqueu?" — "Nada foi feito por ele", responderam os cortesãos de serviço.ᵇ ⁴Então o rei perguntou: "Quem está no vestíbulo?" Era exatamente o momento em que Amã chegava ao vestíbulo exterior do palácio real para pedir ao rei que mandasse enforcar a Mardoqueu na forca por ele preparada. ⁵Os servos responderam: "É Amã que está no vestíbulo." — "Que entre!", ordenou o rei. ⁶Logo que entrou, disse-lhe o rei: "Como se deve tratar um homem a quem o rei quer honrar?" — "E a quem deseja o rei honrar senão a mim?", pensou Amã. ⁷Respondeu ele: "Se o rei quer honrar alguém, ⁸que se tomem vestes principescas, dessas que usa o rei; que se traga um cavalo, desses que o rei monta, e sobre sua cabeça se ponha um diadema real. ⁹Em seguida, vestes e cavalo serão confiados a um dos mais nobres dos altos oficiais reais. Este, então, revestirá com essa roupa o homem a quem o rei quer honrar e o conduzirá a cavalo pela praça da cidade, gritando diante dele: Assim se faz ao homem a quem o rei quer honrar!" — ¹⁰"Não percas um instante", respondeu o rei a Amã: "toma vestes e cavalo e faze tudo o que acabas de dizer ao judeu Mardoqueu, funcionário da Porta Real. Sobretudo, não omitas nada do que disseste!"

¹¹Tomando, pois, vestes e cavalo, Amã vestiu a Mardoqueu e depois fê-lo passear a cavalo pela praça da cidade, gritando diante dele: "Assim se faz ao homem a quem o rei quer honrar!" ¹²Depois disso, Mardoqueu voltou à Porta Real, ao passo que Amã se retirou rapidamente para casa, consternado e com o rosto coberto. ¹³Contou à sua mulher Zares e a todos os seus amigos o que acabava de acontecer. Sua mulher Zares e seus amigosᶜ lhe disseram: "Tu começas a cair diante de Mardoqueu: se ele é da raça dos judeus, tu não prevalecerás contra ele. Antes, certamente cairás mais baixo diante dele."ᵈ

Amã no banquete de Ester — ¹⁴Ainda falavam quando chegaram os eunucos do rei à procura de Amã, para o conduzirem apressadamente ao banquete oferecido por Ester.

---

a) Nos caps. 6 e 7 o texto de Luciano parafraseia largamente as passagens que se referem à glória de Mardoqueu ou à confusão de Amã.
b) O autor do texto hebraico ignora a tradição referida pelo texto grego (cf. 1,19).
c) "amigos", grego; "conselheiros", hebr.
d) O texto hebr. sugere qual será o desfecho, sem fazer menção do auxílio divino. O grego explicita o pensamento e acrescenta: "porque o Deus vivo está com ele".

7

¹O rei e Amã foram ao banquete da rainha Ester, ²e neste segundo dia, durante o banquete, o rei disse novamente a Ester: "Pede-me o que quiseres, rainha Ester, e te será concedido. Ainda que me peças a metade do reino, tê-la-ás!" — ³"Se realmente encontrei graça a teus olhos, ó rei", respondeu-lhe a rainha Ester, "e se for de teu agrado, concede-me a vida, eis meu pedido, e a vida de meu povo, eis meu desejo. ⁴Porque fomos entregues, meu povo e eu, ao extermínio, à matança e ao aniquilamento. Se somente tivéssemos sido entregues como escravos e servos, eu ter-me-ia calado. Mas esta desgraça não irá compensar o prejuízo que dela resultará para o rei."ᵃ ⁵Assuero tomou a palavra e disse à rainha Ester: "Quem é? Onde está o homem que pensa agir assim?" ⁶Disse Ester: "O perseguidor e inimigo é Amã, é este miserável!" À vista do rei e da rainha, Amã ficou aterrorizado. ⁷Enfurecido, o rei levantou-se e deixou o banquete, indo para o jardim do palácio. Amã, porém, ficou junto à rainha para implorar a graça da vida, pois compreendeu que o rei já tinha decidido sua ruína.

⁸Quando o rei voltou do jardim à sala do banquete, encontrou Amã caído sobre o divã onde Ester se recostava. O rei gritou: "Depois disso quer ele ainda violentar a rainha diante de mim, em meu palácio?" Tendo o rei dito isso foi jogado um véu sobre o rosto de Amã.ᵇ ⁹Harbona, um dos eunucos, sugeriu, na presença do rei: "Há na casa de Amã uma forca de cinquenta côvados, que ele mandou preparar para esse Mardoqueu que falou em defesa do rei; ela está preparada em sua casa."ᶜ — "Enforcai-o nela", ordenou o rei. ¹⁰Amã foi, pois, enforcado na forca que ele preparara para Mardoqueu e aplacou-se a ira do rei.

8

A benevolência real para com os judeus — ¹Neste mesmo dia o rei deu à rainha Ester a casa de Amã, o perseguidor dos judeus, e Mardoqueu foi apresentado ao rei a quem Ester revelara o que ele significava para ela. ²O rei tirou o seu anel, que retomara de Amã, para dá-lo a Mardoqueu, a quem Ester confiara a gestão da casa de Amã.

³Ester foi falar com o rei uma segunda vez. Lançou-se a seus pés, chorou, suplicando-lhe que anulasse a maldade de Amã, o agagita, e o desígnio que ele concebera contra os judeus. ⁴O rei estendeu seu cetro de ouro. Ester se ergueu, então, e pôs-se de pé diante do rei. ⁵"Se bem parecer ao rei", disse-lhe, "e se realmente encontrei graça diante dele, se meu pedido lhe parecer justo e se eu mesma for agradável a seus olhos, que ele revogue expressamente as cartas que Amã, filho de Amadates, o agagita, mandou escrever para arruinar os judeus de todas as províncias reais. ⁶Como poderia eu ver meu povo na desgraça que vai atingi-lo? Como poderia eu ser testemunha do extermínio de minha parentela?"

⁷O rei Assuero respondeu à rainha Ester e ao judeu Mardoqueu: "Eis que dei a Ester a casa de Amã, depois de tê-lo feito enforcar por ter querido matar os judeus. ⁸Escrevei, pois, a respeito dos judeus, o que bem vos parecer, em nome do rei, e selai-o com o anel do rei. Porque todo edito redigido em nome do rei e selado com seu anel é irrevogável."ᵈ ⁹Imediatamente foram convocados os escribas reais — era o terceiro mês, que é Sivã, vigésimo terceiro diaᵉ — e, sob a ordem de Mardoqueu, eles escreveram aos judeus, aos sátrapas, aos governadores, aos altos oficiais das províncias que se estendem da Índia à Etiópia — cento e vinte e sete províncias —, a cada província segundo sua

---

a) Como fizera o próprio Amã para mandar matar os judeus (3,8), é a razão de Estado que Ester invoca.
b) Este gesto equivale a condenação à morte: cobria-se a cabeça dos que iam ser enforcados.
c) Comparar com as sentenças sobre os que caem no buraco que eles mesmos cavaram: Pr 26,27; 28,10; Ecl 10,8; Eclo 27,26; Sl 7,16; 9,16; 35,7-8; 57,7.
d) O texto grego (8,12ᶜ⁻ᵒ) fará Mardoqueu, escrevendo em nome do rei, explicar como, no decreto anterior, igualmente "irrevogável", foi surpreendida a boa fé real. O texto de Luciano insiste sobre o papel de Ester no massacre.
e) Grego: "o primeiro mês deste ano, o de Nisã, no vigésimo terceiro dia".

escrita, a cada povo segundo sua língua e aos judeus segundo sua escrita e sua língua. ¹⁰Essas cartas, redigidas em nome do rei Assuero e seladas com seu selo, foram levadas por correios montados em cavalos das coudelarias do rei. ¹¹Nelas o rei concedia aos judeus, em toda cidade onde estivessem, o direito de se reunirem para porem sua vida em segurança, com permissão de exterminar, matar ou aniquilar todas as pessoas armadas dos povos e das províncias que os quisessem atacar com suas mulheres e crianças, e também de saquearem seus bens. ¹²Isso se faria no mesmo dia em todas as províncias do rei Assuero, no décimo terceiro dia, no décimo segundo mês, que é Adar.

Decreto de reabilitação — ¹²ª*Eis o texto dessa carta:*

¹²ᵇ*"O grande rei Assuero, aos sátrapas das cento e vinte e sete províncias que se estendem da Índia à Etiópia, aos governadores de província e a todos os seus leais súditos, saúde!*

¹²ᶜ*Muitos, quando sobre suas cabeças a extrema bondade de seus benfeitores acumula as honras, não concebem senão orgulho. Não lhes bastando somente procurar maltratar nossos súditos, tornando-lhes sua saciedade um peso insuportável, elevam suas conspirações contra os seus próprios benfeitores.* ¹²ᵈ*Não contentes em banir a gratidão do coração dos homens, inebriados mais pelos aplausos de quem ignora o bem, quando tudo está eternamente sob o olhar de Deus, pensam escapar à sua justiça, que odeia os maus.* ¹²ᵉ*Frequentemente sucede às autoridades constituídas, por terem confiado a amigos a administração dos negócios e se terem deixado influenciar por eles, com eles arcar com o peso do sangue inocente a preço de irremediáveis desgraças,* ¹²ᶠ*tendo os sofismas enganosos de uma natureza perversa prevalecido sobre a irrepreensível retidão de intenções do poder.* ¹²ᵍ*Basta abrir os olhos, sem precisar remontar aos relatos de outrora que acabamos de evocar, olhai somente sob vossos passos: quantas impiedades perpetradas por esta peste de governantes indignos!* ¹²ʰ*Por isso, nossos esforços procurarão assegurar a todos, no futuro, a tranquilidade e a paz do reino,* ¹²ⁱ*procedendo às mudanças oportunas e julgando sempre as questões que nos forem submetidas com benevolente receptividade.*

¹²ʲ*Assim aconteceu a Amã, filho de Amadates, um macedônio,ᵃ verdadeiramente estrangeiro ao nosso sangue e muito afastado de nossa bondade, por nós tendo sido recebido como hóspede* ¹²ᵏ*e de nossa parte encontrado os sentimentos de amizade que devotamos a todos os povos, até a ponto de se ver proclamado 'nosso pai' e por todos reverenciado com a prostração, colocado imediatamente após o trono real,* ¹²ˡ*incapaz de manter-se em seu elevado cargo, planejou arrebatar-nos o poder e a vida.* ¹²ᵐ*Temos um salvador, um homem que sempre foi nosso benfeitor, Mardoqueu, e uma irrepreensível companhia de nossa realeza, Ester; sua morte nos foi pedida por Amã, juntamente com a de todo o seu povo, à base das manobras de seus tortuosos sofismas,* ¹²ⁿ*pensando, com essas primeiras medidas, reduzir-nos ao isolamento e substituir a dominação persa pela macedônia.*

¹²ᵒ*Resulta que, longe de julgarmos esses judeus, votados ao desaparecimento por esse tríplice celerado, como criminosos, nós os vemos governados por leis justíssimas,* ¹²ᵖ*filhos do Altíssimo, do grande Deus vivo, a quem nós e os nossos antepassados devemos a conservação do reino no mais florescente estado.* ¹²ᵠ*Ordenamos, pois, que não obedeçais às cartas enviadas por Amã, filho de Amadates, porque seu autor foi enforcado às portas de Susa, com toda a sua casa, digno castigo que Deus, Senhor do*

---

a) A palavra "macedônio" documentada (aqui e em 12°) por todos os mss, é surpreendente. Esperava-se "medo", pois o contexto histórico sugere uma alusão aos conflitos de hegemonia entre medos e persas.

universo, sem demora lhe infligiu. ¹²ʳAfixai uma cópia da presente carta em todo lugar, deixai os judeus seguirem livremente as suas próprias leis e dai-lhes assistência contra quem os atacar no mesmo dia marcado para os destruir, isto é, no décimo terceiro dia do décimo segundo mês, que é Adar. ¹²ˢPois este dia, que deveria ser um dia de ruína, a suprema soberania de Deus acaba de convertê-lo num dia de alegria em favor da raça escolhida. ¹²ᵗQuanto a vós, entre vossas festas solenes, celebrai esse dia memorável com toda solenidade, a fim de que ele seja desde agora e para sempre, para nós e para os persas de boa vontade, a lembrança de vossa salvação, e para os vossos inimigos, o memorial de sua ruína.

¹²ᵘToda cidade e, mais geralmente, toda região que não seguir essas instruções será implacavelmente devastada a ferro e fogo, e se tornará inóspita para os homens e odiosa para os animais selvagens e até para os pássaros."

¹³A cópia deste edito, destinado a ser promulgado como lei em toda província, foi publicada entre todos os povos, a fim de que os judeus estivessem preparados para aquele dia, para se vingar de seus inimigos. ¹⁴Os correios, montando cavalos reais, partiram com grande velocidade e diligência, por ordem do rei. O edito foi publicado também na fortaleza de Susa. ¹⁵Mardoqueu saiu da presença do rei com vestes principescas, púrpura violeta e linho branco, coroado por um grande diadema de ouro, envolto num manto de linho e púrpura vermelha. Toda a cidade de Susa exultou de alegria. ¹⁶Para os judeus foi um dia de luz, de alegria, de exultação e de triunfo. ¹⁷Em todas as províncias, em todas as cidades, em toda parte aonde chegavam as ordens do decreto real, havia entre os judeus alegria, regozijo, banquetes e festas. Entre a população do país muitos se tornaram judeus, porque o temor dos judeus tinha caído sobre eles.

9 O grande dia dos Purim

— ¹No décimo terceiro dia do décimo segundo mês, que é Adar, quando deviam ser executadas as ordens do decreto real, no dia em que os inimigos dos judeus contavam destruí-los, sucedeu o contrário: foram os judeus que destruíram seus inimigos. ²Em todas as províncias do rei Assuero eles se reuniram em todas as cidades em que habitavam, a fim de atacar aqueles que maquinaram sua destruição. Ninguém lhes ofereceu resistência, pois o temor dos judeus caíra sobre todos os povos. ³Altos oficiais das províncias, sátrapas, governadores, funcionários reais, todos apoiaram os judeus por temor de Mardoqueu. ⁴Com efeito, Mardoqueu era grande no palácio, e sua fama se espalhava por todas as províncias: Mardoqueu se tornava um homem cada vez mais poderoso.

⁵Os judeus feriram, pois, todos os seus inimigos a golpes de espada. Foi um massacre, um extermínio, e fizeram o que quiseram de seus adversários.ᵃ ⁶Somente na cidadela de Susa os judeus mataram e exterminaram quinhentos homens, ⁷especialmente Farsandatá, Delfon, Esfatá, ⁸Forata, Adalia, Aridata, ⁹Fermesta, Arisai, Aridai e Jezata, ¹⁰os dez filhos de Amã, filho de Amadates, o perseguidor dos judeus. Mas eles não se entregaram à pilhagem.

¹¹O número das vítimas mortas na fortaleza de Susa foi comunicado ao rei no mesmo dia. ¹²O rei disse à rainha Ester: "Só na fortaleza de Susa os judeus mataram e exterminaram quinhentos homens, bem como os dez filhos de Amã. Que terão eles feito nas demais províncias do reino? E agora, pede-me o que quiseres e te será concedido! O que ainda desejas, e será feito!" —

---

a) Além de não corresponder à verossimilhança histórica (cf. Introdução), o relato desses massacres não deve ser entendido como exaltação ou consagração do espírito de vingança. As situações extremas, os algarismos propositadamente exagerados e a ênfase da narrativa denunciam a intenção do autor: ele quis antes de tudo ilustrar o tema (muito bíblico) da inversão das situações em favor dos oprimidos, e ele o faz segundo a mentalidade antiga que anima os relatos das guerras de Israel e que se exprime pela lei do talião.

¹³"Se bem parecer ao rei", respondeu Ester, "conceda-se aos judeus de Susa que também amanhã cumpram o decreto de hoje. Quanto aos dez filhos de Amã, que os seus cadáveres sejam dependurados na forca." ¹⁴O rei ordenou que assim se fizesse; proclamou-se o edito em Susa e os dez filhos de Amã foram dependurados na forca. ¹⁵Assim, os judeus de Susa se reuniram também no décimo quarto dia de Adar e mataram trezentos homens em Susa, mas não se entregaram à pilhagem.

¹⁶Os judeus das demais províncias reais também se reuniram para pôr sua vida em segurança. Eles se desembaraçaram de seus inimigos e mataram setenta e cinco mil[a] de seus adversários, sem se entregar à pilhagem. ¹⁷Era o décimo terceiro dia do mês de Adar. No décimo quarto dia eles descansaram e fizeram desse dia um dia de festas e de regozijo. ¹⁸Os judeus de Susa, que se reuniram no décimo terceiro e décimo quarto dia, repousaram no décimo quinto, fazendo igualmente desse dia um dia de festas e de regozijo.[b] ¹⁹Assim se explica por que os judeus do campo, os que habitam em aldeias não fortificadas, celebram com alegria e banquetes, festas e troca de presentes, o décimo quarto dia de Adar, ¹⁹ᵃ*enquanto que para os das cidades, o dia festivo que passam na alegria, enviando presentes a seus vizinhos, é o décimo quinto de Adar.*

Ap 11,10
Ne 8,10-12

V. A festa dos Purim

Instituição oficial da festa dos Purim — ²⁰Mardoqueu pôs por escrito todos esses acontecimentos. Depois enviou cartas a todos os judeus que se encontravam nas províncias do rei Assuero, próximas ou longínquas, ²¹ordenando-lhes que celebrassem a cada ano o décimo quarto e o décimo quinto dia de Adar, ²²porque esses são os dias em que os judeus se desembaraçaram de seus inimigos, e esse mês é aquele em que, para eles, a aflição deu lugar à alegria e o luto às festividades. Ele os instava, pois, a que fizessem, desses dias, dias de banquete e de alegria, de troca de presentes e de dádivas aos pobres.

²³Os judeus adotaram essas práticas que começaram a observar e a respeito das quais lhes escrevera Mardoqueu: ²⁴Amã, filho de Amadates, o agagita, o perseguidor de todos os judeus, tinha planejado a sua morte e lançara o "Pur", isto é, as sortes, para sua confusão e ruína. ²⁵Mas quando ele esteve na presença do rei[c] para lhe pedir que mandasse enforcar a Mardoqueu, o mau desígnio que concebera contra os judeus voltou-se contra ele, e ele foi enforcado, bem como seus filhos. ²⁶Essa é a razão pela qual esses dias foram chamados de Purim, da palavra "Pur". Daí também, por causa dos termos dessa carta de Mardoqueu, por causa do que eles mesmos testemunharam ou por causa do que chegou até eles. ²⁷Os judeus determinaram sobre si, sobre sua descendência e sobre todos os que se chegassem a eles,[d] celebrar sem falta esses dois dias, segundo esse texto e essa data, de ano em ano. ²⁸Assim comemorados e celebrados, de geração em geração, em cada família, em cada província, em cada cidade, esses dias dos Purim não desaparecerão dentre os judeus, sua lembrança não desaparecerá do meio de sua raça.

²⁹A rainha Ester, filha de Abiail,[e] escreveu com toda autoridade para dar força de lei a essa segunda carta, ³⁰e mandou enviar cartas a todos os judeus

3,7

6,5-13

8,12u.17

9,23-26

---

a) Grego: "quinze mil".
b) Os banquetes, que têm lugar de destaque no livro de Ester, caracterizarão o dia dos Purim, festa mais popular que religiosa.
c) Segundo o grego. Hebr.: "Mas quando ela (Ester) esteve na presença do rei, ele disse..." (a palavra seguinte é ininteligível).
d) O caráter nacionalista do livro não exclui, portanto, certo universalismo pela acolhida de prosélitos.
e) Tradução conjectural. O hebr. traz: "Ester, filha de Abiail, e Mardoqueu, o judeu" (mas cf. v. 31), e Ester figura somente no v. 32.

das cento e vinte e sete províncias do reino de Assuero, como palavras de paz e fidelidade, ³¹para lhes prescrever a observância desses dias dos Purim em sua data, como lhes tinha ordenado o judeu Mardoqueu e como eles mesmos já o tinham estabelecido para si e sua raça, acrescentando cláusulas de jejum e lamentações.[a] ³²Assim o decreto de Ester fixou a lei dos Purim, e foi escrito num livro.

10 Elogio de Mardoqueu

¹O rei Assuero impôs tributo sobre o continente e as ilhas do mar. ²Todos os seus atos de poder e de valor, bem como o relato da grandeza de Mardoqueu, a quem havia exaltado, tudo isso está consignado no livro das Crônicas dos reis dos medos e dos persas.[b]

³Pois o judeu Mardoqueu era o primeiro depois do rei Assuero. Era um homem considerado pelos judeus e amado pela multidão de seus irmãos, pois procurava o bem de seu povo e preocupava-se com a felicidade de sua raça.[c]

³ᵃ*E disse Mardoqueu: "Tudo isto vem de Deus!* ³ᵇ*Se recordo o sonho que tive a esse respeito, nada foi omitido:* ³ᶜ*nem a pequena fonte que se converteu em rio, nem a luz que brilha, nem o sol, nem a abundância das águas. Ester é esse rio, ela que se casou com o rei, que a fez rainha.* ³ᵈ*Os dois dragões, somos Amã e eu.* ³ᵉ*Os povos são aqueles que se coligaram para destruir os judeus.* ³ᶠ*Meu povo é Israel, aqueles que invocaram a Deus e foram salvos. Sim, o Senhor salvou o seu povo, o Senhor nos arrebatou de todos esses males, Deus realizou prodígios e maravilhas como jamais houve entre as nações.* ³ᵍ*Por isso estabeleceu dois destinos: um em favor de seu povo, outro para as nações.* ³ʰ*Esses destinos se realizaram na hora, no tempo e no dia determinados segundo seus desígnios e diante de todos os povos.* ³ⁱ*Deus se recordou do seu povo, fez justiça à sua herança*[d] ³ʲ*para que esses dias, o décimo quarto e o décimo quinto do mês de Adar, sejam doravante dias de assembleia, de regozijo e alegria diante de Deus, para todas as gerações e perpetuamente, em Israel, seu povo."*

Nota sobre a tradução grega do livro[e] — ³ᵏ*No quarto ano de Ptolomeu e de Cleópatra, Dositeu, que se dizia sacerdote e levita, assim como seu filho Ptolomeu, trouxeram a presente carta concernente aos Purim. Eles a deram como autêntica e traduzida por Lisímaco, filho de Ptolomeu, da comunidade de Jerusalém.*

---

a) Estas últimas prescrições, inesperadas, referem-se, sem dúvida, a 4,16: o jejum mereceu a libertação. — Desde 9,20, o texto parece bastante compósito e apresenta vestígios de documentos de origens diversas.
b) O grego atribui ao rei esta consignação por escrito.
c) Este último v. do hebr. e o final do texto grego tendem a fazer do livro mais "o livro de Mardoqueu" do que "o livro de Ester" (cf. 9,4). Foi ele quem, iluminado por Deus, tudo conduziu. Ele é "o judeu" por excelência, como Judite será "a judia". O dia comemorativo será primeiramente chamado "dia de Mardoqueu" (2Mc 15,36).
d) A recensão de Luciano traz aqui o texto de breve ação de graças: "E todo o povo gritou e lançou grandes clamores: Bendito sejas, Senhor, tu que te lembras das alianças concluídas com nossos antepassados! Amém".
e) Este apêndice ao texto grego nos informa que a comunidade judaico-egípcia recebera o livro de Ester da comunidade da Palestina (cf. 2Mc 2,14-16). Mas não são mencionadas as autoridades de Jerusalém, e sente-se certa reticência diante de Dositeu, "que se dizia sacerdote e levita". O Ptolomeu ao qual se alude deve ser Ptolomeu VIII, cuja mulher chamava-se Cleópatra, o que indica a data de 114 a.C.

OS LIVROS DOS MACABEUS

Introdução

Os dois livros dos Macabeus não faziam parte do cânon escriturístico dos judeus, mas foram reconhecidos pela Igreja cristã como inspirados (livros deuterocanônicos). Referem-se à história das lutas travadas contra os soberanos selêucidas para obter a liberdade religiosa e política do povo judeu. Seu título provém do sobrenome de Macabeu dado ao principal herói desta história (1Mc 2,4) e estendido depois a seus irmãos.

O Primeiro livro dos Macabeus *descreve na introdução (1-2) os adversários que se enfrentam: o helenismo conquistador, que encontra cúmplices em certos judeus, e a reação da consciência nacional, devotada à Lei e ao Templo: de um lado, Antíoco Epífanes, que profana o Templo e desencadeia a perseguição; do outro, Matatias que lança o apelo à guerra santa. O corpo do livro se divide em três partes, consagradas às atividades dos três filhos de Matatias que sucessivamente assumem a liderança da resistência. Judas Macabeu (166-160 a.C.: 3,1-9,22) obtém uma série de vitórias sobre os generais de Antíoco, purifica o Templo e consegue para os judeus a liberdade de viver segundo seus costumes. No tempo de Demétrio I, as intrigas do sumo sacerdote Alcimo lhe criam dificuldades, mas prossegue em seus êxitos militares, e Nicanor, que queria destruir o Templo, é derrotado e morto. Para assegurar suas posições, Judas procura a aliança dos romanos. Morre no campo de batalha. Sucede-lhe seu irmão Jônatas (160-142: 9,23-12,53). As manobras políticas prevalecem sobre as operações militares. Jônatas com habilidade tira proveito das rivalidades entre os pretendentes ao trono da Síria: é nomeado sumo sacerdote por Alexandre Balas, reconhecido por Demétrio II e confirmado por Antíoco VI. Procura fazer aliança com os romanos e os espartanos. Vai-se dilatando o território submetido a seu controle e a paz interior parece assegurada, quando Jônatas cai nas mãos de Trifão, que mandou matá-lo, bem como ao jovem Antíoco VI. O irmão de Jônatas, Simão (142-134: 13,1-16,24), apoia Demétrio II, que retoma o poder, e é reconhecido por este e depois por Antíoco VII como sumo sacerdote, estratego e etnarca dos judeus. Assim é conseguida a autonomia política. Estes títulos lhe são confirmados por um decreto do povo. Renova-se a aliança com os romanos. É uma época de paz e prosperidade. Mas Antíoco VII volta-se contra os judeus, e Simão, com dois de seus filhos, é assassinado por seu genro, que julgava agradar com isso ao soberano.

O relato do primeiro livro dos Macabeus abrange cerca de quarenta anos, desde a ascensão de Antíoco Epífanes ao poder, em 175, até a morte de Simão e o início do governo de João Hircano em 134 a.C. Foi escrito em hebraico, mas só foi conservado numa tradução grega. Seu autor é judeu palestinense, que compôs a obra depois do ano 134, mas antes da tomada de Jerusalém por Pompeu em 63 a.C. As últimas linhas do livro (16,23-24) indicam que foi escrito não antes do final do reinado de João Hircano, mais provavelmente pouco depois de sua morte, por volta de 100 a.C. É documento precioso para a história deste tempo, contanto que se leve em conta seu gênero literário, que imita as antigas crônicas de Israel — e as intenções do autor.

Pois, embora ele se detenha longamente nos acontecimentos da guerra e nas intrigas políticas, é história religiosa que ele pretende narrar. Considera as desgraças do seu povo como punição pelo pecado e atribui à assistência de Deus os êxitos de seus heróis. É judeu zeloso de sua fé e compreendeu que ela era o motivo da luta entre a influência pagã e os costumes dos pais. É, portanto, adversário resoluto da helenização e é cheio de admiração pelos heróis que combateram pela Lei e pelo Templo e que conquistaram para o povo a liberdade religiosa e posteriormente a independência nacional. É o cronista de uma luta em que foi salvo o judaísmo, portador da Revelação.

O Segundo livro dos Macabeus *não é a continuação do primeiro*. É, em parte, paralelo a ele, iniciando a narração dos acontecimentos um pouco antes, no fim do reinado de Seleuco IV, predecessor de Antíoco Epífanes, mas acompanhando-os apenas até a derrota de Nicanor, antes da morte de Judas Macabeu. Isto não representa mais do que quinze anos e corresponde somente ao conteúdo dos caps. 1-7 do primeiro livro.

O gênero literário é muito diferente. O livro, escrito originalmente em grego, apresenta-se como o compêndio da obra de certo Jasão de Cirene (2,19-32) e se inicia com duas cartas dos judeus de Jerusalém (1,1-2, 18). O estilo, que é o dos escritores helenísticos, mas não dos melhores, é às vezes empolado. É menos o estilo de historiador que de pregador, embora o conhecimento das instituições gregas e das personagens da época que nosso autor demonstra seja muito superior ao que aparenta o autor de 1Mc.

Na realidade, seu objetivo é agradar e edificar (2,25; 15,39) narrando a guerra de libertação comandada por Judas Macabeu, sustentada por aparições celestiais e vencida graças à intervenção divina (2,19-22). A própria perseguição era efeito da misericórdia de Deus, que corrigia seu povo antes que a medida do pecado ficasse repleta (6,12-17). Ele escreve para os judeus de Alexandria, e sua intenção é despertar neles o sentimento de comunhão com seus irmãos da Palestina. Quer interessá-los especialmente pela sorte do Templo, centro da vida religiosa segundo a Lei, objeto do ódio dos gentios. Esta preocupação transparece no plano do livro: depois do episódio de Heliodoro (3,1-40), que sublinha a santidade inviolável do santuário, a primeira parte (4,1-10,8) termina com a morte do perseguidor, Antíoco Epífanes, que manchou o Templo, e com a instituição da festa da Dedicação; a segunda parte (10,9-15,36) encerra-se também com a morte de um perseguidor, Nicanor, que fizera ameaças contra o Templo, e com a instituição de festa comemorativa. As duas cartas colocadas no começo do livro (1,1-2,18) visam ao mesmo objetivo: são convites dirigidos pelos judeus de Jerusalém a seus irmãos do Egito para celebrar com eles a festa da purificação do Templo, a Dedicação.

Já que o último acontecimento é a morte de Nicanor, a obra de Jasão de Cirene teria sido composta pouco depois de 160 a.C. Se tiver sido o próprio compendiador que colocou no início as duas cartas dos caps. 1-2 para acompanharem a remessa de seu resumo — mas esta hipótese é discutida — a data deste seria fornecida pela indicação de 1,10a, que corresponde ao ano 124 a.C. O valor histórico do livro não deve ser subestimado. É verdade que o compendiador (ou um redator?) incorporou as narrativas apócrifas contidas na carta de 1,10b-2,18 e reproduziu as histórias patéticas de Heliodoro (3), do martírio de Eleazar (6,18-31) e do martírio dos sete irmãos (7), que encontrou em Jasão e que bem ilustram suas teses religiosas. Mas a concordância geral com 1Mc assegura a historicidade dos acontecimentos narrados por estas duas fontes independentes. Há um ponto importante em que 2Mc está em conflito com 1Mc e é preferível a este. 1Mc 6,1-13 situa a purificação do Templo antes da morte de Antíoco Epífanes e 2Mc 9,1-29 situa-a depois; uma tabuinha cronológica babilônica, recentemente publicada, deu-lhe razão: Antíoco morreu em outubro/novembro de 164, antes da rededicação do Templo, que teve lugar no fim de dezembro do mesmo ano. Nas secções que são próprias de 2Mc, não há motivo para suspeitar das informações dadas no cap. 4 sobre os anos que precederam o saque do Templo por Antíoco. No entanto, há grave confusão, pela qual é responsável provavelmente o compendiador e não Jasão: possuindo uma carta de Antíoco V (11,22-26), ele juntou-lhe em 11,1-12,9 outras cartas, bem como a narração dos fatos que datam do final do reinado de Antíoco IV e que deveriam ter sido colocadas entre os caps. 8 e 9.

O livro é importante pelas afirmações que contém sobre a ressurreição dos mortos (ver a nota a respeito de 7,9; 14,46), as sanções de além-túmulo (6,26), a prece pelos defuntos (12,41-46 e a nota), o mérito dos mártires (6,18-7,41) e a intercessão dos santos (15,12-16 e a nota). Estes ensinamentos, referentes a pontos que os outros escritos do Antigo Testamento deixavam incertos, justificam a autoridade que a Igreja lhe reconheceu.

O sistema cronológico adotado por cada um dos dois livros é mais bem conhecido depois da descoberta duma tabuinha cuneiforme que é um fragmento de cronologia dos reis selêucidas, a qual possibilitou fixar a data da morte de Antíoco Epífanes. Constata-se que 1Mc segue o cômputo macedônico, que começa em outubro de 312 a.C., ao passo que 2Mc segue o cômputo judaico, análogo ao cômputo babilônico, que parte de Nisã (3 de abril) de 311. Mas isto com dupla exceção: em 1Mc, os acontecimentos peculiares ao Templo e à história judaica são datados segundo o calendário judaico-babilônico (1,54; 2,70; 4,52; 9,3.54; 10,21; 13,41.51; 14,27; 16,14), enquanto as cartas citadas por 2Mc 11 são datadas segundo o cômputo macedônico, o que é perfeitamente normal.

O texto nos foi transmitido por três unciais — o Sinaítico, o Alexandrino e o Vêneto — e por uns trinta minúsculos, mas no Sinaítico (nosso melhor testemunho), a parte correspondente a 2Mc infelizmente se perdeu. Os minúsculos que atestam a recensão do presbítero Luciano (300 d.C.) conservam por vezes um texto mais antigo que os dos outros manuscritos gregos, texto que se reencontra nas Antiguidades Judaicas do historiador Flávio Josefo, que segue geralmente 1Mc e ignora 2Mc. A Vetus Latina, também, é a tradução dum texto grego perdido e frequentemente melhor que o dos manuscritos que conhecemos. O texto que está na Vulgata não foi traduzido por são Jerônimo — para quem os livros dos Macabeus não eram canônicos — e não representa senão uma recensão secundária.

PRIMEIRO LIVRO DOS MACABEUS

I. Preâmbulo

1 **Alexandre e os Diádocos** — ¹Depois de ter saído da terra de Cetim,ᵃ Alexandre, o Macedônio, filho de Filipe, que já tinha dominado a Hélade,ᵇ venceu Dario, rei dos persas e dos medos, e tornou-se rei em seu lugar. ²Empreendeu, então, numerosas guerras, apoderou-se de fortalezas e eliminou os reis da terra. ³Avançou até às extremidades do mundo e tomou os despojos de uma multidão de povos, e a terra silenciou diante dele. Assim exaltado, seu coração se elevou. ⁴E recrutou um exército sobremaneira poderoso, submetendo províncias, nações e soberanos, que se tornaram seus tributários. ⁵Depois disso tudo, caiu doente e percebeu que ia morrer. ⁶Convocou então seus oficiais, os nobres que tinham com ele convivido desde a mocidade e, estando ainda em vida, repartiu entre eles o reino. ⁷Alexandre havia reinado por doze anos quando morreu.ᶜ ⁸Seus oficiais tomaram o poder, cada qual no lugar que lhe coube. ⁹Todos cingiram o diadema após sua morte e, depois deles, seus filhos, durante muitos anos. E multiplicaram os males sobre a terra.

Antíoco Epífanesᵈ e a penetração do helenismo em Israel — ¹⁰Deles saiu aquele rebento ímpio, Antíoco Epífanes, filho do rei Antíoco. Ele tinha estado em Roma como reférmᵉ e se tornara rei no ano cento e trinta e sete da dominação dos gregos.ᶠ ¹¹Por esses dias apareceu em Israel uma geração de perversos,ᵍ que seduziram a muitos com estas palavras: "Vamos, façamos aliança com as nações circunvizinhas, pois muitos males caíram sobre nós desde que delas nos separamos." ¹²Agradou-lhes tal modo de falar. ¹³E alguns dentre o povo apressaram-se em ir ter com o rei, o qual lhes deu autorização para observarem os costumes pagãos.ʰ ¹⁴Construíram, então, em Jerusalém, uma praça de esportes, segundo os costumes das nações, ¹⁵restabeleceram seus prepúcios e renegaram a Aliança sagrada. Assim associaram-se aos pagãos e se venderam para fazer o mal.ⁱ

---

a) Os Cetim, em hebr. *Kittim*, eram os habitantes de Kition e, de modo geral, os da ilha de Chipre (Gn 10,4; 1Cr 1,7; Is 23,1). Depois o termo se estendeu às ilhas (Jr 2,10; Ez 27,6) e às regiões situadas mais a oeste, como a Macedônia (1Mc 8,5) e, enfim, ao mundo romano.

b) O termo não se restringe à Grécia propriamente dita. O hebr. Javã, que lhe corresponde (Is 66,19; Ez 27,13), designa antes de tudo a Jônia, na Ásia Menor.

c) Em junho de 323 a.C. — Esta convocação fez nascer a *ideia de uma partilha* por ocasião da morte de Alexandre. De fato, as tentativas de partilha só triunfaram da noção de império único após a batalha de Ipsos, em 301. Dn 8,12.22 e 10,4 faz igualmente alusão ao esfacelamento do império.

d) 175-164. Irmão mais novo de Seleuco IV e filho de Antíoco III. — O epíteto real de *epiphanés* ("que se manifesta com esplendor") denota a pretensão do rei de ser a manifestação terrestre de Zeus.

e) Antíoco IV fizera parte dos reféns entregues por seu pai aos romanos após a derrota de Magnésia do Sípilo, em 189.

f) Isto é, da era selêucida, que na Síria teve início no outono de 312 (data teórica da fundação de Antioquia) e na Babilônia na primavera de 311.

g) Lit. "transgressores da Lei", expressão que, na LXX, traduz geralmente o hebr. "filhos de Belial" (Dt 3,14 etc.).

h) Lit. "das nações": é o equivalente da palavra hebraica *goyim*, que designa muitas vezes as nações pagãs, por oposição a '*am* "povo" (de Israel). Notar, porém, as exceções em 3,59; 8,23s; 9,29 (cf. Gn 12,2; Ex 32,10 etc.).

i) A religião, a Lei, os costumes faziam dos judeus um grupo separado, corpo estranho no mundo oriental, unificado e helenizado depois da conquista de Alexandre. A assimilação, que dava as vantagens humanas da nova civilização, não podia ser feita sem se romperem os quadros que asseguravam a fidelidade à Lei. As inovações ainda não se identificavam com as práticas idolátricas que o rei imporá sete anos mais tarde, mas multiplicavam as ocasiões de nelas participar. Tal é o drama subjacente aos dois livros dos Macabeus. O movimento dos judeus filo-helenistas não podia deixar

Primeira campanha no Egito e saque do Templo[a] —

¹⁶Ora, quando Antíoco se viu consolidado no seu trono, pretendeu apoderar-se também do Egito, a fim de reinar sobre os dois reinos. ¹⁷Invadiu, pois, o Egito à frente de um exército poderoso, com carros, elefantes[b] (e cavaleiros) e uma grande esquadra, ¹⁸e travou combate com o rei do Egito, Ptolomeu, o qual recuou diante dele e fugiu, muitos tombando feridos. ¹⁹As cidades fortificadas do Egito foram tomadas e Antíoco apoderou-se dos despojos do país. ²⁰Tendo assim vencido o Egito no ano cento e quarenta e três e empreendendo o caminho da volta, subiu contra Israel e contra Jerusalém com um exército numeroso.

²¹Entrando com arrogância no Santuário, tomou para si o altar de ouro, o candelabro com todos os seus acessórios, ²²a mesa da proposição, as vasilhas para as libações, as taças, os incensórios de ouro, o véu, as coroas, a decoração de ouro sobre a fachada do Templo, do qual tirou todo o revestimento. ²³Tomou, além disso, a prata e o ouro, os utensílios preciosos e os tesouros secretos que conseguiu descobrir. ²⁴Carregando tudo isso, partiu para o seu país, depois de ter derramado muito sangue e proferido palavras de extrema arrogância.[c]

²⁵Por isso levantou-se grande lamentação sobre Israel em todas as localidades do país:

²⁶Chefes e anciãos gemeram,
moças e moços perderam seu vigor,
murchou a beleza das mulheres.

²⁷Todo recém-casado entoou uma elegia,
ficou de luto a esposa em sua câmara nupcial.

²⁸A terra estremeceu por causa de seus habitantes,
e toda a casa de Jacó se cobriu de vergonha.[d]

Intervenção do Misarca e construção da Cidadela —

²⁹Dois anos depois, o rei enviou para as cidades de Judá o Misarca,[e] que veio a Jerusalém com um grande exército. ³⁰Dirigindo-se aos habitantes com palavras enganosas de paz, ganhou-lhes a confiança e, de repente, caiu sobre a cidade, golpeou-a duramente e chacinou a muitos de Israel. ³¹Saqueada a cidade, entregou-a às chamas e destruiu-lhe as casas e as muralhas. ³²Levaram prisioneiras as mulheres e as crianças e apoderaram-se do gado. ³³Então reconstruíram a Cidade de Davi, dotando-a de grande e sólida muralha e de torres fortificadas, e dela fizeram a sua cidadela.[f] ³⁴Povoaram-na de gente ímpia, homens perversos, e nela se fortificaram. ³⁵Abasteceram-na de armas e víveres e nela depositaram

---

de encontrar apoio junto a Antíoco Epífanes, entusiasta da cultura grega (cf. vv. 41-51).

a) É a primeira expedição contra Ptolomeu Filométor, em 169. Ela é omitida pelo autor de 2Mc, o qual só menciona o "segundo ataque" (2Mc 5,1), omitido aqui. A sequência dos acontecimentos aparece de modo mais claro no livro de Daniel 11,25-27: primeira campanha; v. 28, saque do Templo; v. 29, segunda campanha e intervenção dos romanos; v. 30, repressão em Jerusalém; vv. 31-39, abolição do culto.

b) Eles vinham das Índias, e o centro da criação desses animais de combate (cf. cap. 6) era Apameia na Síria.

c) O orgulho de Antíoco Epífanes, que se fazia igual a Zeus, deixara atônitos os seus contemporâneos. Fazendo troça com o seu título divino, eles o chamavam de *epimanés*, "louco" (cf. 2Mc 5,17.21; 9,4-11; Dn 7,8.25; 11,36).

d) É a primeira das composições poéticas do livro (cf. ainda vv. 38-42; 2,8-13.49-64; 3,3-9.45; 14,4-14).

e) "o Misarca", conj. conforme 2Mc 5,24 (onde se lê seu nome, Apolônio). Em grego, o termo significa "encarregado dos tributos"; os dois termos são muito parecidos em hebraico. — Ele comandava os mercenários da Mísia, de onde o seu título. Veio a Jerusalém em 167. Reencontramo-lo em 3,10.

f) O nome "cidade de Davi" havia-se estendido à grande colina ocidental. Transformado em fortaleza, em grego *Akra*, esse quarteirão abrigará a guarnição sírio-macedônia e os judeus helenizantes. Ele será uma ameaça ao Templo, situado a leste, em nível inferior, sobre o que então se chamava monte Sião. A toponímia dessa época não corresponde mais à do período davídico (cf. 2Sm 5,9+).

os despojos tomados em Jerusalém, tornando-se assim uma armadilha enorme para nós.
³⁶ Aquilo era uma emboscada para o lugar santo,
um adversário maléfico para Israel constantemente.
³⁷ Derramaram sangue inocente em redor do Santuário,
e ao Santuário profanaram.
³⁸ Por sua causa fugiram os habitantes de Jerusalém
e ela transformou-se em habitação de estrangeiros.
Jerusalém tornou-se estranha à sua progênie
e seus próprios filhos a abandonaram.
³⁹ Seu Santuário ficou desolado como um deserto,
suas festas converteram-se em luto,
seus sábados em injúria,
sua honra em vilipêndio.
⁴⁰ À sua glória igualou-se a ignomínia
e sua exaltação mudou-se em pranto.

Instalação dos cultos pagãos — ⁴¹O rei prescreveu, em seguida, a todo o seu reino, que todos formassem um só povo, ⁴²renunciando cada qual a seus costumes particulares. E todos os pagãos conformaram-se ao decreto do rei. ⁴³Também muitos de Israel comprazeram-se no culto dele, sacrificando aos ídolos e profanando o sábado. ⁴⁴Além disso, o rei enviou, por emissários, a Jerusalém e às cidades de Judá, ordens escritas[a] para que todos adotassem os costumes estranhos a seu país ⁴⁵e impedissem os holocaustos, o sacrifício e as libações no Santuário, profanassem sábados e festas, ⁴⁶contaminassem o Santuário e tudo o que é santo, ⁴⁷construíssem altares, recintos e oratórios para os ídolos e imolassem porcos e animais impuros. ⁴⁸Que deixassem, também, incircuncisos seus filhos e se tornassem abomináveis por toda sorte de impurezas e profanações, ⁴⁹de tal modo que olvidassem a Lei e subvertessem todas as observâncias. ⁵⁰Quanto a quem não agisse conforme a ordem do rei, esse incorreria em pena de morte. ⁵¹Nesses termos ele escreveu a todo o seu reino, nomeou inspetores para todo o povo e ordenou às cidades de Judá que oferecessem sacrifícios em cada cidade. ⁵²Muitos dentre o povo aderiram a eles, todos os que eram desertores da Lei. E praticaram o mal no país, ⁵³reduzindo Israel a ter de se ocultar onde quer que encontrasse refúgio.

⁵⁴No décimo quinto dia do mês de Casleu do ano cento e quarenta e cinco,[b] o rei fez construir, sobre o altar dos holocaustos, a Abominação da desolação.[c] Também nas outras cidades de Judá erigiram-se altares ⁵⁵e às portas das casas e nas praças queimava-se incenso. ⁵⁶Quanto aos livros da Lei,[d] os que lhes caíam nas mãos eram rasgados e lançados ao fogo. ⁵⁷Onde quer que se encontrasse, em casa de alguém, um livro da Aliança ou se alguém se conformasse à Lei, o decreto real o condenava à morte. ⁵⁸Na sua prepotência assim procediam, contra Israel, com todos aqueles que fossem descobertos, mês por mês, nas cidades. ⁵⁹No dia vinte e cinco de cada mês,[e] ofereciam-se sacrifícios no altar

---

a) Visando à unidade do seu império, Antíoco Epífanes impôs aos judeus práticas pagãs, abolindo assim a concordata que em 198 Antíoco III lhes havia concedido, ao reconhecer-lhes a Lei de Moisés como o seu estatuto legal (como o haviam feito os reis da Pérsia após o Exílio). A fidelidade à Lei tornava-se, depois dessa revogação, ato de rebeldia política, que motivaria a perseguição. A liberdade religiosa será restabelecida pelo rescrito de Antíoco V (6,57-61; 2Mc 11,22-26).
b) Da era selêucida contada a partir da primavera. Estamos em dezembro de 167.
c) A "Abominação da desolação" (Dn 9,27 e 11,31), era o altar de *Baal-Shamem* ou Zeus Olímpico, erigido sobre o grande altar dos holocaustos.
d) Livro da "Aliança" ou livros da "Lei": aqui, o Pentateuco.
e) Dia aniversário do rei (cf. 2Mc 6,7), que foi também a data da inauguração do altar. Três anos depois, na mesma data, Judas celebrará a dedicação do novo altar (1Mc 4,52s).

levantado sobre o altar dos holocaustos. ⁶⁰Quanto às mulheres que haviam feito circuncidar seus filhos, eles, cumprindo o decreto, as executavam ⁶¹com os mesmos filhinhos pendurados a seus pescoços, e ainda com os seus familiares e com aqueles que haviam operado a circuncisão.

⁶²Apesar de tudo, muitos em Israel ficaram firmes e se mostraram irredutíveis em não comerem nada de impuro. ⁶³Aceitaram antes morrer que contaminar-se com os alimentos e profanar a Aliança sagrada, como de fato morreram. ⁶⁴Foi sobremaneira grande a ira que se abateu sobre Israel.

II. Matatias desencadeia a guerra santa[a]

2 *Matatias e seus filhos* — ¹Naqueles dias, Matatias, filho de João, filho de Simeão, sacerdote da linhagem de Joiarib,[b] deixou Jerusalém para estabelecer-se em Modin. ²Tinha cinco filhos: João, com o cognome de Gadi, ³Simão, chamado Tasi, ⁴Judas, chamado Macabeu, ⁵Eleazar, chamado Auarã, e Jônatas, chamado Afus.[c] ⁶Ao ver as impiedades que se cometiam em Judá e em Jerusalém, ⁷exclamou: "Ai de mim! Por que nasci para contemplar a ruína do meu povo e o pisoteamento da cidade santa, deixando-me estar aqui sentado enquanto ela é entregue à mercê dos inimigos e o Santuário ao arbítrio dos estrangeiros?

⁸Seu Templo tornou-se como um homem aviltado,[d]
⁹os ornatos que faziam a sua glória foram levados como presa;
seus filhinhos, trucidados nas praças
e seus jovens, pela espada do inimigo.
¹⁰Qual é a nação que não herdou dos seus tesouros reais
ou não se apoderou dos seus despojos?
¹¹Todos os seus enfeites lhe foram arrebatados
e, de livre que era, tornou-se escrava.
¹²Eis devastado o nosso lugar santo, a nossa beleza, a nossa glória,
tudo os pagãos profanaram!
¹³A que serve ainda viver?"

¹⁴E Matatias rasgou suas vestes, o mesmo fazendo seus filhos. Revestiram-se de pano grosseiro e prorromperam em grande pranto.

A prova do sacrifício em Modin — ¹⁵Os emissários do rei, encarregados de forçar à apostasia, vieram à cidade de Modin para procederem aos sacrifícios. ¹⁶Muitos israelitas aderiram a eles, mas Matatias e seus filhos conservaram-se reunidos à parte. ¹⁷Tomando então a palavra, os emissários do rei disseram a

---

a) A perseguição provoca despertar da consciência religiosa. A oposição ao helenismo toma a forma de intervenções violentas (2,15-28), ou de resistência passiva (2,29-38), finalmente de guerra santa: já sob Matatias (2,39-48), mas sobretudo sob Judas Macabeu (3-5). Este compreenderá que a preservação da religião estava ligada à independência nacional, motivo por que a luta prosseguirá mesmo depois de a liberdade religiosa ter sido reconhecida (6,57-62). Mas essa transferência do conflito para o campo político abria a porta aos compromissos e às lutas partidárias, que ocupam toda a parte final do livro. Essas lutas prescindirão, pouco a pouco, das preocupações religiosas e desacreditarão, aos olhos dos homens verdadeiramente religiosos, a dinastia dos Asmoneus, saída dos Macabeus.

b) Chefe da primeira das vinte e quatro classes sacerdotais, a de Jedeías, antepassado dos Oníadas, segundo Josefo, embora fosse a segunda em 1Cr 24,7. Mas essa preeminência pode ser devida à reformulação do texto após o acesso dos Macabeus ao sumo sacerdócio (10,20).
c) Os apelidos de Gadi, Auarã, Afus podem significar "o Afortunado", "o Desperto", "o Favorecido". Macabeu pode significar "o que tem a cabeça em forma de martelo", ou ser uma forma abreviada de *Maqqabyahu*, "a designação de Iahweh" (cf. Is 62,2). Tasi tem significado incerto.
d) "aviltado": *ádoxos*, mss gregos e lat.; "glorioso": *éndoxos*, grego. O texto primitivo deve ter sido "não glorioso" (hebraísmo) e a negação terá caído acidentalmente ou por escrúpulo.

Matatias: "Tu és chefe ilustre e de prestígio nesta cidade, apoiado por filhos e irmãos. ¹⁸Aproxima-te, pois, por primeiro, para cumprir a ordem do rei, como o fizeram todas as nações bem como os chefes de Judá e os que foram deixados em Jerusalém. Assim, tu e teus filhos sereis contados entre os amigos do rei[a] e sereis honrados, tu e teus filhos, com prata e ouro e copiosos presentes." ¹⁹A essas palavras replicou Matatias em alta voz: "Ainda que todas as nações que se encontram na esfera do domínio do rei lhe obedeçam, abandonando cada uma o culto dos seus antepassados e conformando-se às ordens reais, ²⁰eu, meus filhos e meus irmãos continuaremos a seguir a Aliança dos nossos pais. ²¹Deus nos livre[b] de abandonar a Lei e as tradições. ²²Não daremos ouvidos às ordens do rei, desviando-nos de nosso culto para a direita ou para a esquerda." ²³Mal terminou ele de proferir essas palavras, um judeu apresentou-se, à vista de todos, para sacrificar sobre o altar de Modin, segundo o decreto do rei. ²⁴Ao ver isso, Matatias inflamou-se de zelo e seus rins estremeceram. Tomado de justa ira,[c] ele arremessou-se contra o apóstata e o trucidou sobre o altar. ²⁵No mesmo instante matou o emissário do rei, que forçava a sacrificar, e derribou o altar. ²⁶Ele agia por zelo pela Lei, do mesmo modo como havia procedido Fineias para com Zambri, filho de Salu. ²⁷A seguir clamou Matatias em alta voz através da cidade: "Todo o que tiver o zelo da Lei e quiser manter firme a Aliança, saia após mim!" ²⁸Então fugiu, ele e seus filhos, para as montanhas, deixando tudo o que possuíam na cidade.

A prova do sábado no deserto — ²⁹Muitos que amavam a justiça e a Lei desceram ao deserto para ali se estabelecer, ³⁰eles, seus filhos, suas mulheres e seu gado, porque se tinham multiplicado os males sobre eles. ³¹Alguém referiu aos oficiais do rei e à guarnição que estava em Jerusalém, na cidade de Davi, que alguns dos que haviam rejeitado o decreto real tinham descido para os esconderijos no deserto. ³²Então muitos saíram em sua perseguição e os alcançaram. Tendo acampado diante deles, prepararam-se para atacá-los em dia de sábado. ³³E disseram-lhes: "Agora basta! Saí, obedecei à ordem do rei e tereis salva a vida!" ³⁴"Não sairemos", responderam aqueles, "e não cumpriremos a ordem do rei, profanando o dia de sábado."[d] ³⁵Então os perseguidores os atacaram sem demora. ³⁶Mas eles não revidaram, nem uma pedra sequer lhes arremessaram, nem mesmo cuidaram de obstruir seus esconderijos. ³⁷Apenas disseram: "Morramos todos em nossa retidão. O céu e a terra são testemunhas de que nos matais injustamente." ³⁸Assim mesmo aqueles os atacaram, em operação de guerra, em dia de sábado. E pereceram eles, suas mulheres, seus filhos e seu gado, ao todo cerca de mil pessoas.

Atividade de Matatias e seus seguidores — ³⁹Quando Matatias e seus companheiros souberam disso, choraram-nos amargamente. ⁴⁰Disseram, porém, uns aos outros: "Se todos fizermos como esses nossos irmãos, se não lutarmos contra os pagãos por nossa vida e por nossas tradições, eles em breve nos exterminarão da terra!" ⁴¹Tomaram, pois, naquele mesmo dia, esta decisão:

---

a) Distinção honorífica, herdada da corte da Pérsia, comportando vários graus. Os "amigos do rei" tinham acesso fácil junto ao soberano, que lhes confiava oportunamente certos cargos (cf. 3,38; 7,8; 10,16.20.60.65; 11,27.57; 14,39; 15,28; 2Mc 8,9).
b) Expressão bíblica, mas aqui a palavra "Deus" está subtentida (cf. 3,18+).
c) Lit.: "(uma ira) conforme o julgamento, i.é, conforme à Lei" (cf. Dt 13,7-12). — O zelo pela Lei é característico da piedade da época. No século seguinte tomará feição mais política, com o partido dos zelotas.

d) Ex 16,29 proíbe sair de casa em dia de sábado (cf. Ex 20,8+). Um dos textos de *Qumrã*, o Documento de Damasco, seguindo Nm 35,4s, fixa em mil côvados o caminho de sábado fora da cidade, em dois mil se se tratasse de apascentar um rebanho, e exclui praticamente qualquer atividade (cf. Ne 13,15s). Na realidade, os rebeldes compreenderão logo que lhes era preciso defender-se também em dia de sábado (vv. 40s). Jesus, por sua vez, dirá que "o sábado foi feito para o homem, e não o homem para o sábado" (Mc 2,27+).

"Todo aquele que vier atacar-nos em dia de sábado, nós o enfrentaremos abertamente. Assim não morreremos todos, como morreram nossos irmãos em seus esconderijos."

⁴²Então uniu-se a eles o grupo dos assideus,ᵃ homens valorosos de Israel, cada um deles devotado à Lei. ⁴³Da mesma forma, todos os que fugiam desses males aderiam a eles e forneciam-lhes apoio. ⁴⁴Assim organizaram um exército e bateram os ímpios em sua ira e os homens iníquos em seu furor. Os restantes fugiram, buscando a salvação entre os pagãos. ⁴⁵Matatias e seus companheiros fizeram incursões pelo país, a fim de destruírem os altares ⁴⁶e circuncidarem à força todos os meninos incircuncisos que encontrassem pelo território de Israel. ⁴⁷Deram caça aos filhos da soberba, e seu empreendimento prosperou em suas mãos. ⁴⁸Conseguiram recuperar a Lei das mãos dos pagãos e dos reis, e não permitiram que o celerado triunfasse.ᵇ

Testamento e morte de Matatiasᶜ — ⁴⁹Aproximando-se os dias de sua morte, disse Matatias a seus filhos: "Triunfam agora a insolência e o ultraje e é o tempo da destruição e da cólera enfurecida. ⁵⁰Agora, pois, meus filhos, tende o zelo da Lei e dai as vossas vidas pela Aliança de nossos pais.

⁵¹Recordai-vos dos feitos de nossos antepassados em seu tempo
e granjeareis uma glória esplêndida e nome imorredouro.

_{Gn 15,6 +} ⁵²Abraão não permaneceu acaso fiel em sua prova
e não lhe foi isto atribuído como justiça?

_{Gn 37; 39-41} ⁵³José, no tempo da sua angústia, observou a Lei
e veio a ser o senhor do Egito.

_{Nm 25,6-13} ⁵⁴Finéias, nosso pai,ᵈ por ter demonstrado zelo ardente
recebeu a aliança de um sacerdócio eterno.

_{Js passim} ⁵⁵Josué, por ter cumprido sua palavra,
tornou-se juiz em Israel.

_{Nm 13,30; 14,24} ⁵⁶Caleb, pelo testemunho prestado diante da assembleia,
recebeu uma herança na terra.

_{2Sm 7} ⁵⁷Davi, pela sua bondade,
herdou o trono de um reino eterno.

_{1Rs 19,10.14 2Rs 2,11-12} ⁵⁸Elias, por ter ardido de zelo pela Lei,
foi arrebatado até o céu.

_{Dn 3} ⁵⁹Ananias, Azarias e Misael, por terem tido fé,
foram salvos das chamas.

_{Dn 6} ⁶⁰Daniel, por sua retidão,
foi libertado da boca dos leões.

⁶¹Assim compreendei, de geração em geração,
que todos os que nele esperam, não desfalecerão.

⁶²Não tenhais medo das ameaças do homem pecador,ᵉ
pois a sua glória acabará no esterco e em meio aos vermes.

⁶³Hoje ele é exaltado, mas amanhã terá desaparecido,

---

a) Forma grecizada do hebr. *hasîdîm*, os "piedosos", comunidade de judeus apegados à Lei. Eles resistiram à influência pagã desde antes dos Macabeus e tornaram-se a tropa de choque de Judas (cf. 2Mc 14,6), mas sem se subordinarem à política dos Asmoneus (cf. 1Mc 7,13). Segundo Josefo, durante a chefia de Jônatas, por volta de 150, eles se dividiram em fariseus (Mt 3,7+ e At 4,1+) e essênios, mais bem conhecidos desde as descobertas de *Qumrã* (cf. Ant. XIII, 17s).

b) Lit.: "não deram um chifre ao celerado". Sobre esse símbolo bíblico de força, cf. Sl 18,3+; também Dn 7-8.
c) Esse testamento recorda o elogio dos antepassados em Eclo 44-50.
d) O autor relaciona o sumo sacerdote do seu tempo, Simão II, com Eleazar, filho de Aarão e pai de Finéias, de quem proviéram Sadoc e os Oníadas. Assim, a legitimidade do sacerdócio asmoneu não lhe parece duvidosa.
e) Sem dúvida Antíoco Epífanes, cf. 1,10 (e 2,48?) bem como 2Mc 9,9.

pois voltará ao pó de onde veio
e seu projeto fracassará.
⁶⁴ Meus filhos, sede fortes e apegai-vos firmemente à Lei,
porque é ela que vos cumulará de glória.

⁶⁵Aí tendes Simeão,ᵃ vosso irmão, que eu sei que é homem ponderado. Escutai-o todos os dias: ele será o vosso pai. ⁶⁶Quanto a Judas Macabeu, valente guerreiro desde a sua juventude, será o comandante do vosso exército e dirigirá a guerra contra os pagãos. ⁶⁷E vós, atraí ao vosso grupo todos os que observam a Lei e assegurai a desforra do vosso povo. ⁶⁸Retribuí aos pagãos o que eles merecem e permanecei atentos ao que prescreve a Lei." ⁶⁹A seguir abençoou-os e foi reunido a seus pais. ⁷⁰Ele morreu no ano cento e quarenta e seis, e foi sepultado no sepulcro de seus pais em Modin. Israel inteiro o pranteou veementemente.

III. Judas Macabeu, chefe dos judeus (166-160 a.C.)

3 *Elogio de Judas Macabeu* — ¹Judas, cognominado Macabeu, seu filho, levantou-se em seu lugar. ²E todos os seus irmãos e quantos haviam aderido a seu pai apoiaram-no, pelejando com alegria os combates de Israel.

³ Ele estendeu a glória do seu povo,
revestiu a couraça como um gigante
e cingiu suas armas de guerra;
sustentou muitas batalhas,
protegendo o acampamento com sua espada.
⁴ Foi semelhante ao leão nas suas façanhas,
e ao filhote de leão que ruge sobre a presa.
⁵ Deu caça aos iníquos, desencovando-os,
e às chamas entregou os que perturbavam o seu povo.
⁶ Esmoreceram os iníquos pelo terror que ele inspirava:
todos os que praticavam a iniquidade ficaram confundidos,
e a libertação foi por ele conduzida a bom termo.
⁷ Causou amargos dissabores a muitos reis,
mas alegrou Jacó pelos seus feitos,
e sua memória será sempre abençoada.
⁸ Percorreu as cidades de Judá,
exterminando do seu meio os ímpios,
e afastou de Israel a ira.
⁹ Seu nome chegou até às extremidades da terra
e os que estavam dispersos ele reuniu.

Primeiras vitórias de Judasᵇ — ¹⁰Apolônio tinha recrutado, além dos pagãos, um forte contingente da Samaria, para empreender a guerra contra Israel.ᶜ ¹¹Ciente disso, Judas saiu ao seu encontro, derrotou-o e o matou. Muitos tombaram, feridos de morte e os restantes *fugiram*. ¹²Recolhidos seus despojos, ficou Judas com a espada de Apolônio, com ela combatendo todos os seus dias. ¹³Entrementes, ouvira Seron, comandante do exército da Síria, que Judas havia

‖ 2Mc 8,1-7

---

a) Simeão é o nome semítico do segundo filho de Matatias (cf. 2,2), ao passo que Simão é nome grego, escolhido por sua homofonia. — Apesar de sua idade e suas qualidades, é só em terceiro lugar que ele assumirá a chefia do povo (cf. cap. 13).

b) Esses dois primeiros embates não são mencionados por 2Mc.
c) Segundo Josefo, Apolônio (cf. 1,29) era governador da Samaria.

reunido em torno de si um pugilo de fiéis e de gente disposta para a guerra. ¹⁴E disse consigo mesmo: "Vou conquistar renome e cobrir-me de glória no reino, enfrentando Judas e os que estão com ele, esses desprezadores das ordens do rei." ¹⁵Preparou-se, pois, e juntamente com ele subiu um forte contingente de ímpios, que iam ajudá-lo a tomar vingança dos israelitas. ¹⁶Aproximando-se ele da subida de Bet-Horon, saiu Judas a seu encontro com pouca gente. ¹⁷Ao verem aquele exército que marchava contra eles, disseram a Judas os seus homens: "Como poderemos nós, tão poucos, enfrentar multidão tão grande e poderosa? Além disso, estamos extenuados, não tendo comido nada hoje!" ¹⁸Mas Judas respondeu: "É bem fácil que muitos venham a cair nas mãos de poucos. Pois não há diferença, para o Céu,ᵃ em salvar com muitos ou com poucos. ¹⁹A vitória na guerra não depende do tamanho do exército: é do Céu que vem a força. ²⁰Eles vêm contra nós repletos de insolência e de iniquidade para nos exterminar, a nós, nossas mulheres e nossos filhos, e para nos despojar. ²¹Nós, porém, combatemos por nossas vidas e por nossas leis. ²²Por isso, Ele os esmagará à nossa frente. Quanto a vós, não os temais!"ᵇ ²³Apenas acabou de falar, arremessou-se contra eles de improviso. E Seron e seu exército foram esmagados diante dele. ²⁴Os homens de Judas perseguiram-nos pela descida de Bet-Horon até a planície. Pereceram cerca de oitocentos dos inimigos, enquanto os restantes fugiram para a terra dos filisteus.ᶜ ²⁵Assim, Judas e seus irmãos começaram a ser temidos, e o temor se espalhou entre os povos circunvizinhos. ²⁶Sua fama chegou até ao rei, e das batalhas de Judas falavam os povos.

1Sm 14,6

Js 10,10

Preparativos de Antíoco contra a Pérsia e a Judeia.ᵈ Regência de Lísias
— ²⁷Ao receber essas notícias, o rei Antíoco enfureceu-se violentamente e mandou reunir todas as forças do seu reino, um exército poderosíssimo. ²⁸Abriu seu tesouro e adiantou o soldo de um ano às tropas, dando-lhes ordem de prontidão para qualquer eventualidade. ²⁹Então percebeu que minguava o dinheiro em seus cofres e que os tributos da província haviam diminuído em consequência da revolta e da calamidade que ele mesmo havia desencadeado no país, ao pretender suprimir as leis que vigoravam desde os tempos mais remotos. ³⁰Preocupou-se com a eventualidade de não ter, como já lhe ocorrera uma ou duas vezes, fundos suficientes para as despesas e os donativos que antes fazia com mão pródiga, superando nisso os reis que o haviam precedido. ³¹Tomado de grande ansiedade em seu espírito, decidiu partir para a Pérsia a fim de cobrar os tributos das províncias e arrecadar muito dinheiro. ³²Antes, porém, deixou Lísias, homem da nobreza e da família real, na direção dos negócios do rei, desde o Eufrates até à fronteira com o Egito.ᵉ ³³Incumbiu-o também da tutela de seu filho Antíoco,ᶠ até sua volta. ³⁴Confiou-lhe, assim, a metade de suas tropas, com os elefantes, dando-lhe instruções a respeito de tudo o que desejava, em especial com relação aos habitantes da Judeia e de Jerusalém: ³⁵Lísias deveria enviar contra eles um exército para extirpar e fazer

---

a) "para o Céu", mss gregos, Vet. Lat., "ao Deus do céu", o restante do grego, Vulg., mas, por respeito, 1Mc evita sistematicamente a palavra "Deus" (vv. 19.50.60; 4,10.40.55; 9,46; 12,15; cf. 2Mc 9,4).

b) Exortação em estilo deuteronômico (cf. por exemplo, Dt 1,29s; 3,18-22; 9,1s etc). A literatura judaica da época inspira-se de bom grado nas narrativas sobre os patriarcas e a conquista. — O v. 21 resume perfeitamente o motivo profundo das primeiras lutas dos *Macabeus*.

c) Expressão arcaizante para designar a faixa marítima (cf. 15,38).

d) Opiniões peculiares ao autor de 1Mc, que situa o problema judaico no centro das preocupações de Antíoco IV. Na realidade, a campanha da Ásia não se destinava apenas a restaurar as finanças do seu reino, mas ainda a reconquistar a Armênia.

e) É a Transeufratênia da época persa. Lísias (também conhecido pelo historiador Políbio) era, portanto, o superior do estratego da Celessíria e da Fenícia (cf. 2Mc 10,11), bem como dos estrategos da Alta-Síria. — A expressão "da família real" corresponde a "parente do rei" (2Mc 11,1), o mais conceituado título honorífico na corte selêucida (cf. 1Mc 10,89).

f) O futuro Antíoco V Eupátor (6,17), cuja tutela será confiada, dois anos mais tarde, a Filipe, o amigo íntimo do rei (6,14; 2Mc 9,29).

desaparecer a força de Israel e o que ainda restava de Jerusalém, apagando até mesmo a lembrança deles no lugar. ³⁶Além disso, deveria estabelecer filhos de estrangeiros em todas as suas terras e distribuir seu país em lotes.ᵃ ³⁷A seguir, o rei tomou consigo a metade restante das tropas e partiu de Antioquia, capital do seu reino, no ano cento e quarenta e sete. E, depois de atravessar o Eufrates, pôs-se a percorrer as províncias do planalto.ᵇ

Górgias e Nicanor invadem a Judeia com o exército da Síria — ³⁸Lísias escolheu Ptolomeu, filho de Dorímenes, Nicanor e Górgias, homens valorosos entre os amigos do rei,ᶜ ³⁹e os enviou com quarenta mil homens de infantaria e sete mil cavaleiros para invadir o território de Judá e o devastar segundo a ordem do rei. ⁴⁰Pondo-se em marcha com todo o seu exército, eles vieram acampar perto de Emaús, na planície. ⁴¹Os comerciantes do país, ao tomarem conhecimento da sua vinda, trouxeram consigo prata e ouro em grande quantidade, além de se munirem de grilhões,ᵈ e vieram ao acampamento para comprar os israelitas como escravos. Aos sírios juntara-se ainda um contingente da Iduméia e da região dos filisteus.ᵉ ⁴²Judas e seus irmãos viram que os males se multiplicavam e que exércitos inimigos estavam já acampando em seu território. Vieram a saber também das ordens do rei com relação ao seu povo, visando à sua ruína e extermínio. ⁴³Disseram uns aos outros: "Reergamos nosso povo do abatimento e combatamos por nosso povo e pelo lugar santo." ⁴⁴Foi convocada então a assembleia para estarem todos preparados para a guerra e para fazerem oração, suplicando graça e misericórdia.

⁴⁵Ora, Jerusalém estava despovoada como um deserto,
nela não entrando e dela não saindo nenhum de seus filhos.
Conculcado estava o Santuário,
e os filhos dos estrangeiros ocupavam a Cidadela,
transformada em hospedaria para os pagãos.
Desaparecera a alegria de Jacó
e não se ouviam mais a flauta e a cítara.

Reunião dos judeus em Masfa — ⁴⁶Reuniram-se, pois, e dirigiram-se a Masfa,ᶠ em frente a Jerusalém, porque ali houvera, outrora, um lugar de oração para Israel. ⁴⁷Jejuaram, naquele dia, vestiram-se de pano de saco, espargiram cinza sobre a cabeça, rasgaram suas vestes. ⁴⁸Depois desenrolaram o livro da Lei, nele procurando o que os pagãos perguntavam às representações dos seus falsos deuses.ᵍ ⁴⁹Trouxeram também as vestes sacerdotais, as primícias e os dízimos, e convocaram os nazireus que já haviam completado o período do seu voto.ʰ ⁵⁰E diziam, elevando a voz para o Céu: "Que faremos desta gente

---

a) Os judeus rebeldes deviam ser exterminados ou vendidos como escravos (2Mc 8,9-11) e suas terras seriam confiscadas, depois redistribuídas, em parte, a estrangeiros (cf. Dn 11,39). A Judeia tornar-se-ia, assim, "terra do rei", dividida em lotes e alugada a colonos, segundo o costume selêucida. As rendas que se exigiam tornavam-se um imposto ainda mais pesado que o antigo tributo.
b) Esta expressão designa o planalto iraniano (cf. 6,1; 2Mc 9,25). É a primavera do ano 165.
c) Ptolomeu é o estratego da província da Celessíria e Fenícia (2Mc 8,8). Górgias é estratego no sentido militar da palavra: sua vai ser a direção das operações, embora Nicanor tenha precedência sobre ele como "primeiro amigo" do rei (2Mc 8,9). Cinco anos mais tarde (1Mc 7,26), Nicanor reaparecerá como chefe militar.
d) "grilhões": *pedas*, conj. segundo sir. e Josefo: "crianças": *paidas*, grego; lat.
e) "Iduméia", conj. O grego e as versões têm "Síria", que deve traduzir *aram* lido em lugar de *edom*, segundo uma confusão frequente (cf. Jz 3,8; 2Sm 8,12; 1Rs 11,25; 2Rs 16,6 etc.) . — "região dos filisteus", lit.: "terra dos estrangeiros", grego *allofylés*, vocábulo que na LXX designa os filisteus (cf. 5,68).
f) É a Masfa bíblica, 13 km ao norte de Jerusalém, lugar tradicional de reunião para Israel (Jz 20,1; 1Sm 7,5; 10,17; cf. Jr 40,5).
g) 2Mc 8,23 ilumina esta passagem. Como não havia mais profetas, abria-se ao acaso o livro da Lei para aí encontrar uma resposta divina sobre a oportunidade e o resultado da luta.
h) Os nazireus, no final do seu voto, deviam oferecer um sacrifício no Templo (Nm 6,13). Mas o Templo estava profanado e era inacessível.

e para onde os levaremos? ⁵¹Teu lugar santo está sendo conculcado e profanado, teus sacerdotes jazem no luto e na humilhação. ⁵²Vê que os pagãos se coligaram contra nós a fim de nos aniquilarem: tu sabes o que tramam contra nós! ⁵³Como poderemos resistir diante deles, se não vieres tu em nossa ajuda?" ⁵⁴A seguir tocaram as trombetas e levantaram grandes gritos.

⁵⁵Depois disto, Judas nomeou os chefes do povo: comandantes de mil, de cem, de cinquenta e de dez homens.ᵃ ⁵⁶E disse aos que estavam construindo casa, aos que haviam noivado, aos que tinham plantado uma vinha ou que estavam com medo, que voltasse cada um para sua casa, conforme o permitia a Lei. ⁵⁷Seu exército então se pôs em marcha, indo acampar ao sul de Emaús. ⁵⁸Judas tomou a palavra novamente: "Preparai-vos e sede valentes. Estai prontos para amanhã de manhã sairdes ao combate contra esses pagãos que se coligaram contra nós, para nos aniquilar e destruir o nosso lugar santo. ⁵⁹Porquanto é melhor para nós morrer em batalha do que ter de contemplar as desgraças do nosso povo e do lugar santo. ⁶⁰Aquela, porém, que for a vontade do Céu, Ele a realizará."

4

A batalha de Emaús — ¹Górgias tomou consigo cinco mil homens e mil cavaleiros escolhidos. Esse exército partiu de noite, ²a fim de irromper de súbito no acampamento dos judeus e destroçá-los num instante. Homens da Fortaleza faziam-lhes de guias. ³Sabedor desse plano, Judas por sua vez partiu com os seus guerreiros para atacar as forças do rei que tinham permanecido em Emaús, ⁴enquanto os batalhões estavam ainda dispersos, fora do acampamento. ⁵Entrementes, Górgias chegou de noite ao acampamento de Judas, aí não encontrando ninguém. E começou a procurá-los pelas montanhas, dizendo: "Eles estão fugindo de nós!" ⁶Ao amanhecer, Judas apareceu na planície com três mil guerreiros, embora sem armas e sem espadas em número desejável. ⁷E viram que o acampamento dos pagãos era poderoso e fortificado e que a cavalaria fazia ronda em seu redor, todos parecendo treinados na guerra.

⁸Por isso disse Judas aos seus:ᵇ "Não tenhais medo do seu número, nem vos desencorajeis ante seu ímpeto. ⁹Lembrai-vos de como vossos pais foram salvos no mar Vermelho, quando o Faraó os perseguia com o seu exército. ¹⁰Clamemos, pois, agora, ao Céu, suplicando-lhe que se mostre benigno para conosco: que se recorde da Aliança com os nossos pais e esmague, hoje, este exército que está diante de nós. ¹¹Então saberão todos os povos que existe Alguém que resgata e salva Israel."

¹²Foi quando os estrangeiros, levantando os olhos, viram-nos marchando contra eles ¹³e saíram do acampamento para enfrentá-los. Os homens de Judas, tocadas as trombetas, ¹⁴engolfaram-se na batalha. E os pagãos, esmagados, tiveram de fugir para a planície, ¹⁵mas todos os que estavam na retaguarda caíram sob a espada. Perseguiram-nos ainda até Gazaraᶜ e as planícies da Iduméia, de Azoto e de Jâmnia, sucumbindo dentre eles cerca de três mil homens.

¹⁶Judas, porém, retornando com seu exército da perseguição aos fugitivos, ¹⁷disse ao povo: "Deixai de lado a avidez dos despojos, pois outro combate nos espera. ¹⁸Górgias e seu exército estão na montanha perto de nós. Enfrentai, pois, agora, os nossos inimigos e dai-lhes combate. Depois recolhereis os despojos com toda a segurança." ¹⁹Enquanto Judas estava

---

a) Essas divisões encontram-se nos exércitos helenísticos só em parte. Judas inspira-se antes na organização judicial e militar antiga (Ex 18,21 – cf. 18,13+; Nm 31,48; Dt 1,15; 2Sm 18,1; 2Rs 1,9-14). Os essênios conservarão a mesma organização.

b) Cf. 3,22+. A exortação antes do combate, prescrita por Dt 20,2, parece ter sido costumeira na antiguidade. Cf. ainda 2Mc 8,16-20.

c) Trata-se de Gazer (Js 10,33), que será atacada por Judas (2Mc 10,32), mas será tomada só por Simão,

ainda completando essas instruções, apareceu um destacamento deles, espiando do alto da montanha. ²⁰E viram que os seus tinham sido postos a fugir e que alguém estava incendiando o acampamento: a fumaça que se percebia manifestava o sucedido. ²¹Diante de tal espetáculo, foram tomados de grande pânico. Mais ainda, vendo também na planície as tropas de Judas prontas para o combate, ²²fugiram todos para a região dos filisteus. ²³Então Judas voltou para saquearem o acampamento, onde encontraram muito ouro e prata, tecidos tingidos de púrpura roxa e de púrpura marinha,ᵃ enfim, grandes riquezas. ²⁴Ao se retirarem, cantavam hinos e bendiziam ao Céu, repetindo: "Ele é bom e seu amor é eterno!"ᵇ ²⁵Assim uma grande salvação aconteceu para Israel, naquele dia.

Sl 118,1-4 +

²⁶Quanto aos estrangeiros que tinham conseguido pôr-se a salvo, foram referir a Lísias tudo o que tinha acontecido.ᶜ ²⁷Ao ouvir isso ele ficou transtornado e abatido, pois as coisas com Israel não tinham ocorrido como ele esperava e o resultado era o inverso do que lhe havia ordenado o rei.

Primeira campanha de Lísias — ²⁸Por isso, no ano seguinte ele recrutou sessenta mil homens escolhidos e cinco mil cavaleiros, com o objetivo de subjugar os judeus. ²⁹Entraram na Iduméia e acamparam em Betsur,ᵈ mas Judas saiu para enfrentá-los com dez mil homens. ³⁰Ao ver tão poderoso exército, ele orou, dizendo: "Tu és bendito, ó Salvador de Israel, tu que esmagaste o ímpeto de um gigante pela mão do teu servo Davi e entregaste o acampamento dos filisteus às mãos de Jônatas, filho de Saul, e do seu escudeiro. ³¹Da mesma forma entrega este exército nas mãos de Israel, o teu povo; que se cubram de ignomínia com a sua força e a sua cavalaria. ³²Infunde-lhes o medo e quebra-lhes a presunção da sua força, para que sejam levados de roldão na sua derrota. ³³Abate-os sob a espada dos que te amam, para que te exaltem com hinos todos os que conhecem o teu nome!" ³⁴Arremessaram-se então uns contra os outros, caindo cerca de cinco mil homens do exército de Lísias, prostrados no corpo a corpo. ³⁵Vendo a derrocada de suas tropas e a intrepidez que se manifestava nos soldados de Judas, dispostos a viver ou a morrer corajosamente, Lísias retomou o caminho de Antioquia,ᵉ onde se pôs a recrutar mercenários estrangeiros, pretendendo voltar à Judéia com forças ainda maiores.

|| 2Mc 11,1-12

1Sm 17

1Sm 14,1-23

Purificação e dedicação do Temploᶠ — ³⁶Então Judas e seus irmãos disseram: "Nossos inimigos estão destroçados. Subamos agora para purificar o lugar santo e celebrar a sua dedicação." ³⁷Todo o exército se reuniu e subiram ao monte Sião. ³⁸Contemplaram o Santuário desolado, o altar profanado, as portas incendiadas, os arbustos crescendo nos átrios como se num bosque ou sobre uma das montanhas, e os aposentos destruídos. ³⁹E, rasgando as vestes, fizeram grande lamentação. Cobriram-se de cinza, ⁴⁰caíram com a face por terra e, tocando as trombetas para dar os sinais, elevaram gritos ao céu.

|| 2Mc 10,1-8

Sl 74,2-7

3,18 +

---

que dela fará a residência de seu filho João Hircano (13,43s; 14,7.34; 16,1.21).
a) A púrpura "marinha", de um vermelho carregado, é a de Tiro. É a mesma "púrpura escarlate" de Ex 25-29.
b) Lit.: "sua misericórdia *(hesed)* é para sempre". Sem dúvida cantavam o Sl 118 (cf. 2Cr 20,21).
c) Cf. 3,37 e 2Mc 11,21. É o início do ano 164.
d) O exército havia contornado a Judéia pela região plana. A fortaleza selêucida de Betsur (cf. 6,7), limite sul da Judéia, está a 28 km de Jerusalém, no caminho para Hebron.
e) O autor parece ignorar as tratativas que seguiram esse choque decisivo entre Judas e o importante exército de Lísias (2Mc 11,13s).
f) Centro da vida religiosa, estrutura exigida para a observância integral da Lei, o Templo é uma das preocupações essenciais dos rebelados (cf. 2,7; 3,43; 2Mc 13,10). Saqueado e profanado pelos pagãos (1,21s.54), é purificado e reconsagrado imediatamente após as primeiras vitórias. A morte de Antíoco Epífanes, que nosso autor situa erradamente depois das expedições contra os povos vizinhos (c. 5), certamente não foi

⁴¹Entrementes, Judas ordenou a alguns homens que ficassem atacando os que estavam na fortaleza, até que ele completasse a purificação do santuário. ⁴²A seguir escolheu sacerdotes sem mácula, observantes da Lei, ⁴³os quais purificaram o lugar santo e removeram para lugar impuro as pedras da contaminação.ᵃ

⁴⁴Deliberaram também sobre o que deviam fazer do altar dos holocaustos que havia sido profanado, ⁴⁵e ocorreu-lhes a boa inspiração de o demolirem, a fim de que não se tornasse para eles motivo de desonra o fato de os pagãos o terem contaminado. Demoliram-no, pois, ⁴⁶e puseram as pedras no monte da Morada, em lugar conveniente, à espera de que viesse algum profetaᵇ e se pronunciasse a esse respeito. ⁴⁷Tomaram então pedras intactas, segundo a prescrição da Lei, e construíram um altar novo sobre o modelo do precedente. ⁴⁸Restauraram o lugar santo e o interior da Morada e santificaram os átrios. ⁴⁹Fabricaram novos utensílios sagrados e levaram para dentro do Templo o candelabro, o altar dos perfumes e a mesa. ⁵⁰Queimaram incenso sobre o altar e acenderam as lâmpadas do candelabro, as quais voltaram a brilhar no interior do Templo. ⁵¹Puseram, ainda, os pães sobre a mesa, suspenderam as cortinas e chegaram, assim, ao termo de todos os trabalhos empreendidos.

⁵²No dia vinte e cinco do nono mês — chamado Casleu — do ano cento e quarenta e oito,ᶜ eles se levantaram de manhã cedo ⁵³e ofereceram um sacrifício, segundo as prescrições da Lei, sobre o novo altar dos holocaustos que haviam construído. ⁵⁴Exatamente no mês e no dia em que os pagãos o tinham profanado, foi o altar novamente consagrado com cânticos e ao som de cítaras, harpas e címbalos. ⁵⁵O povo inteiro se prostrou com a face por terra para adorar, elevando louvores ao Céu que os tinha tão bem conduzido até ali. ⁵⁶Celebraram a dedicação do altar por oito dias, oferecendo holocaustos com alegria e imolando também o sacrifício de comunhão e de ação de graças. ⁵⁷Enfeitaram a fachada do Templo com guirlandas de ouro e pequenos escudos, e renovaram os portais, bem como os aposentos, nos quais colocaram portas. ⁵⁸Reinou, pois, extraordinária alegria entre o povo e assim foi cancelada a vergonha infligida pelos pagãos. ⁵⁹E Judas, com seus irmãos e toda a assembleia de Israel, estabeleceu que os dias da dedicação do altar seriam celebrados a seu tempo, cada ano, durante oito dias, a partir do dia vinte e cinco do mês de Casleu, com júbilo e alegria.ᵈ

⁶⁰Foi nessa ocasião que construíram, ao redor do monte Sião, uma cinta de altos muros, guarnecidos de torres poderosas, para impedir que os pagãos viessem conculcá-lo como no passado. ⁶¹Judas ali deixou uma guarnição para defendê-lo. Fortificou, outrossim, Betsur,ᵉ para que o povo tivesse uma defesa contra a Idumeia.

5

*Expedição contra os idumeus e os amonitas*ᶠ — ¹Quando as nações circunvizinhas tomaram conhecimento de que o altar havia sido reconstruído e o Santuário fora reconsagrado como antes, ficaram sumamente irrita-

---

estranha a esse fato. — A ideia da santidade do Templo será particularmente realçada no segundo livro (2Mc 3,12+; 5,15; 13,10; 15,18.37+).
a) A palavra grega traduz, talvez, o hebr. *shiqquç*, muitas vezes empregado para designar os ídolos, isto é, os "horrores" (cf. Dt 29,16; Jr 4,1; 7,30 etc.; Ez 5,11; 7,20; 11,18 etc.). Aqui designa o altar idolátrico (cf. 1,54).
b) O livro alude mais vezes a essa interrupção da profecia (9,27; 14,41. Cf. Sl 74,9; 77,9; Lm 2,9; Ez 7,26).
c) Dezembro de 164, terceiro aniversário do primeiro sacrifício oferecido a Zeus (cf. 1,59).
d) Essa festa da Dedicação, em hebr. *Hanukká*, é uma das mais recentes do calendário de Israel (cf. Ex 23,14+). Nela se cantava o Hallel (Sl 113-118) e traziam-se ramos verdes e palmas. Tais semelhanças com a festa das Tendas são ressaltadas por 2Mc 1,9+; 10,6. Aliás, foi na festa das Tendas que o Templo de Salomão foi consagrado (1Rs 8,2.62-66). Nela também se acendiam lâmpadas, que logo deram à festa seu outro nome de "festa das luzes". Essas lâmpadas, símbolos da Lei, colocadas às janelas e portas de cada casa, asseguraram a manutenção e a popularidade da festa, também após a destruição do Templo. Ela tem grande importância em 2Mc, como o comprovam as duas cartas preliminares e 2Mc 10,1-8. A mesma festa é mencionada em Jo 10,22.
e) O grego acrescenta "para defendê-la", ditografia.
f) Essas campanhas contra os povos limítrofes com a Judeia, relatadas no cap. 5, são levadas a efeito entre o

das. ²E decidiram exterminar os descendentes de Jacó que viviam em seu meio, começando assim a perpetrar massacres e expulsões entre o povo.

³Então Judas guerreou contra os filhos de Esaú, na Idumeia, na região de Acrabatena,ᵃ porque eles estavam assediando Israel. Infligiu-lhes fragorosa derrota, humilhando-os e tomando seus despojos. ⁴Lembrou-se, também, da maldade dos filhos de Beã,ᵇ que eram para o povo um laço e tropeço pelas emboscadas que lhe armavam nos caminhos. ⁵Obrigou-os, pois, a se refugiarem em suas torres e, sitiando-os, votou-os ao anátema: ateou-lhes fogo e incendiou essas torres com todos os que nelas estavam. ⁶Passou depois para os filhos de Amon, entre os quais encontrou um exército aguerrido e um povo numeroso, comandado por Timóteo. ⁷Travou com eles numerosas batalhas, conseguindo esmagá-los e destroçá-los. ⁸Enfim, apoderando-se de Jazer e das aldeias adjacentes, voltou para a Judeia.

|| 2Mc 10, 15-23

Js 6,17 +

Dt 2,5 +

Preliminares das campanhas na Galileia e em Galaad — ⁹Também os pagãos em Galaadᶜ coligaram-se contra os israelitas que habitavam em seu território, querendo exterminá-los. Estes, porém, refugiaram-se na fortaleza de Datema, ¹⁰de onde enviaram cartas a Judas e seus irmãos, nestes termos: "Os pagãos que nos cercam coligaram-se contra nós para nos exterminar. ¹¹Eles se preparam para vir tomar a fortaleza onde encontramos refúgio, e é Timóteo quem comanda seu exército. ¹²Vem, pois, livrar-nos de suas mãos, porque muitos dos nossos já tombaram. ¹³Todos os nossos irmãos que moravam no distrito de Tobiasᵈ foram chacinados, enquanto suas esposas e filhos foram levados prisioneiros e seus bens saqueados. Pereceram ali cerca de mil homens." ¹⁴Estavam ainda a ler essas cartas, quando chegaram da Galileia outros mensageiros, com as vestes rasgadas, referindo coisas semelhantes: ¹⁵"De Ptolemaida",ᵉ diziam eles, "de Tiro e de Sidônia coligaram-se contra nós, com toda a Galileia dos pagãos, a fim de nos aniquilarem!" ¹⁶Quando Judas e o povo ouviram essas palavras, convocaram uma grande assembleia para deliberar sobre o que fazer em favor dos irmãos que estavam na tribulação, atacados pelos pagãos. ¹⁷E Judas disse a Simão, seu irmão: "Escolhe os homens que quiseres e vai libertar teus irmãos que estão na Galileia. Quanto a mim e Jônatas, meu irmão, iremos à Galaadítida." ¹⁸Na Judeia deixou José, filho de Zacarias, bem como Azarias, chefe do povo, com o restante do exército, para fazer a guarda. ¹⁹E deu-lhes esta ordem: "Presidi ao povo mas não vos metais em batalha contra os pagãos até que voltemos." ²⁰A Simão foram designados três mil homens, para a expedição à Galileia, e a Judas oito mil para a Galaadítida.

Is 8,23

Expedições à Galileia e ao Galaad — ²¹Simão partiu para a Galileia e travou muitas batalhas com os pagãos, que foram desbaratados diante dele. ²²Perseguiu-os ainda até à porta de Ptolemaida e, tendo morto cerca de três mil dentre eles, apoderou-se de seus despojos. ²³Tomou então consigo os judeus da Galileia e de Arbatesᶠ com suas mulheres e crianças e com todos os seus pertences, e os conduziu para a Judeia com imensa alegria.

---

início e o outono de 163, portanto, após a morte de Antíoco Epífanes. As incursões realizadas no ano precedente, contra Jope e Jâmnia (2Mc 12,1-9), foram seu prelúdio.

a) "Idumeia" é o nome grecizado de Edom, a terra dos "filhos de Esaú" (cf. Nm 20,23+). — "Acrabatena" é o distrito de Acrabata, talvez a hodierna *Aqrabeh*, ao sudeste de Siquém.

b) Tribo seminômade, que talvez depredasse os que viajavam pela estrada de Jerusalém a Jericó.

c) Galaad era primitivamente a região ao sul do Jaboc, mas chegou a incluir também o território entre o Jaboc

e o Jarmuc e, na época helenística, o planalto sírio ao norte do Jarmuc, onde os judeus possuíam numerosas colônias.

d) A região entre Amã e o Jordão, governada pela família judia dos Tobíadas (cf. Ne 2,10; 6,17s; 13,8).

— Este episódio cruel talvez explique a incursão de represália ordenada por Judas (2Mc 12,17s).

e) Ptolemaida é o nome dado a Aco (cf. Js 19,30; Jz 1,31) por Ptolomeu II em 261 a.C.

f) A região de Arbates (não é segura a transmissão textual do topônimo) deve ser a Narbatena de Josefo, entre a Galileia e a Samaria. — O autor de 2Mc, que

‖ 2Mc 12,10-31

²⁴Entretanto, Judas Macabeu e Jônatas, seu irmão, passaram o Jordão e marcharam três dias pelo deserto. ²⁵Encontraram-se com os nabateus,ᵃ que os acolheram pacificamente e os informaram de tudo o que acontecera a seus irmãos na Galaadítida, dizendo: ²⁶"Muitos deles encontram-se cercados em Bosora, em Bosor, em Alimas, Casfo, Maced e Carnain,ᵇ todas elas cidades grandes e fortificadas. ²⁷E também nas outras cidades da Galaadítida há prisioneiros. Fixaram a data de amanhã para atacar essas fortalezas, tomá-las, e exterminar num só dia todos os que nelas se encontrarem."

²⁸Bruscamente, Judas com o seu exército mudou de rota através do deserto, na direção de Bosora. Tomou a cidade e, depois de passar todos os homens a fio de espada e de recolher todos os despojos, entregou-a às chamas. ²⁹Partiu dali à noite e marcharam até às proximidades da fortaleza.ᶜ ³⁰Ao raiar do dia, levantando os olhos, perceberam uma incalculável multidão que transportava escadas e máquinas para se apoderar da praça, e já estavam atacando. ³¹Vendo que a luta já tinha começado e que a gritaria da cidade remontava até o céu entre o clangor das trombetas e um clamor intenso, ³²disse Judas aos homens do seu exército: "Combatei hoje pelos vossos irmãos!" ³³E os lançou em três alas à retaguarda dos inimigos, tocando as trombetas e levantando gritos de invocação. ³⁴Dando-se conta de que era o Macabeu, as tropas de Timóteo fugiram desabaladamente, sofrendo tremenda derrota. E caíram dentre eles, nesse dia, cerca de oito mil homens. ³⁵Tendo-se dirigido então para Alimas,ᵈ atacou-a, tomou-a e, depois de ter-lhe matado todos os homens e recolhido os despojos, entregou-a às chamas. ³⁶Partindo dali, foi apoderar-se de Casfo, Maced, Bosor e das outras cidades da Galaadítida. ³⁷Algum tempo depois desses fatos, Timóteo recrutou outro exército e veio acampar em frente de Rafon, do outro lado da torrente. ³⁸Judas mandou explorar o acampamento inimigo e referiram-lhe o seguinte: "Aderiram a ele todos os pagãos que nos rodeiam, formando um exército muito numeroso. ³⁹Contrataram também árabes como seus auxiliares e estão acampados do outro lado da torrente, prontos a virem

15m 14,9-10 atacar-te." Então Judas marchou para os enfrentar. ⁴⁰Foi quando Timóteo, ao ver que Judas e sua gente se aproximavam do curso da água, disse aos generais do seu exército: "Se ele atravessar contra nós por primeiro, não poderemos resistir-lhe, porque certamente levará a melhor. ⁴¹Se, porém, se acovardar e ficar acampado na outra margem do rio, atravessaremos nós para atacá-lo e o venceremos!"

⁴²Logo que chegou perto do curso da água, Judas postou à sua margem os escribas do povoᵉ e deu-lhes esta ordem: "Não consintais que nenhum dos homens acampe, pois todos devem sair para o combate!" ⁴³Então atravessou ele por primeiro, ao encontro dos inimigos, e seu povo em massa o seguiu. Diante deles foram destroçados todos os pagãos, que abandonaram suas armas e foram refugiar-se no templo de Carnain.ᶠ ⁴⁴Os judeus, porém, tomaram a cidade e atearam fogo ao templo com todos os que estavam dentro. Assim foi debelada Carnain e os inimigos não puderam mais resistir diante de Judas.

---

concentra seu interesse em Judas, não diz nada sobre esta campanha na Galileia.
a) São os "árabes" de 2Mc 5,8 e 12,10. Jônatas conservara a amizade com eles (1Mc 9,35), após violenta escaramuça (cf. 2Mc 5,11s). Sua capital era Petra, mas no século seguinte eles serão os donos de grande parte do planalto transjordaniano e até, por algum tempo, de Damasco. Aqui estamos diante de caravaneiros, vindos, sem dúvida, de Bosora (v. 28, a atual Bosra, na Síria meridional, onde confluem as pistas do deserto) e de Haurã, onde haviam sido testemunhas dos fatos referidos a Judas.

b) O nome de quase todas essas cidades subsiste, com ligeiras modificações fonéticas, na toponímia atual de Haurã e do planalto de Golã.
c) Datema (v. 9), lugar não identificado a ocidente de Bosra.
d) "Alimas", um ms grego e cf. o v. 7; a tradição manuscrita é hesitante.
e) São os encarregados da administração do exército (cf. Ex 5,6; Dt 20,5.8s; Js 1,10; 3,2).
f) Carnain quer dizer "os dois chifres", atributo da Astarte local, cujo templo era chamado Cárnion (cf. 2Mc 12,26). A capital de Og, rei de Basã (Haurã), era

⁴⁵Este, depois, reuniu todos os israelitas que residiam na Galaadítida, desde o menor até o maior, com suas mulheres e filhos e pertences, uma multidão enorme, para conduzi-los à terra de Judá. ⁴⁶Chegaram, assim, a Efron, cidade importante e muito fortificada, situada sobre o caminho. Como não se pudesse desviar dela nem para a direita nem para a esquerda, era forçoso atravessá-la. ⁴⁷Os da cidade, porém, barraram-lhes a passagem e obstruíram as portas com pedras. ⁴⁸Então Judas mandou dizer-lhes em termos amistosos: "Precisamos atravessar a vossa terra para regressarmos à nossa. Ninguém vos fará mal: apenas tocaremos com os pés para passar." Mas eles não quiseram abrir-lhe. ⁴⁹A essa resposta, Judas mandou apregoar pelo acampamento que cada qual mantivesse a posição onde estava. ⁵⁰Postos os soldados em prontidão, Judas ordenou o ataque por todo aquele dia e ainda toda a noite, até que a cidade caiu em suas mãos. ⁵¹Destruiu-a até os fundamentos, depois de passar a fio de espada todos os homens e de recolher seus despojos. E atravessou-a, passando por cima dos corpos dos trucidados. ⁵²A seguir, transpondo o rio Jordão, alcançaram a grande planície defronte de Betsã, ⁵³enquanto Judas ia recolhendo os retardatários e confortando o povo ao longo do caminho, até chegarem todos à terra de Judá. ⁵⁴Então subiram ao monte Sião com júbilo e alegria e ofereceram holocaustos,ᵃ porque tinham podido voltar em paz sem que nenhum deles perecesse.

Revés em Jâmnia — ⁵⁵Nos dias em que Judas e Jônatas se encontravam no país de Galaad, e Simão, seu irmão, na Galileia, defronte de Ptolemaida, ⁵⁶José, filho de Zacarias, e Azarias, chefes do exército, ouviram falar de seus feitos valorosos e dos combates que eles tinham travado. ⁵⁷E disseram: "Celebrizemos também o nosso nome e vamos dar combate aos pagãos que vivem em torno de nós." ⁵⁸Dando, pois, ordem aos homens do exército que estavam com eles, marcharam contra Jâmnia.ᵇ ⁵⁹Mas Górgiasᶜ saiu da cidade com seus homens e foi ao encontro deles para os combater. ⁶⁰E José e Azarias, derrotados, foram perseguidos até os confins da Judeia. Assim, naquele dia, pereceram cerca de dois mil homens do povo de Israel. ⁶¹Foi um grande revés para o povo, ocasionado pelo fato de não terem escutado Judas e seus irmãos, pretendendo assinalar-se por feitos valorosos. ⁶²Mas eles não pertenciam à estirpe desses homens aos quais fora dado libertar Israel.

Vitórias na Idumeia e na Filisteia — ⁶³O valente Judas e seus irmãos conquistaram grande glória diante de todo Israel bem como entre as nações aonde chegava o seu renome, ⁶⁴a tal ponto que se aglomeravam em torno deles para aclamá-los. ⁶⁵Entrementes saiu Judas com seus irmãos para guerrear contra os filhos de Esaú, na região meridional. Apoderou-se de Hebron e das aldeias adjacentes, destruiu suas fortificações e incendiou as torres que as rodeavam. ⁶⁶Retirando-se de lá, para atingir a terra dos filisteus, atravessou a região de Marisa.ᵈ ⁶⁷Nesse dia pereceram em combate alguns sacerdotes, os quais tinham pretendido realizar proezas metendo-se imprudentemente na batalha. ⁶⁸Mas Judas caiu sobre Azoto,ᵉ na região dos filisteus, onde arrasou os altares, atirou às chamas as imagens esculpidas

---

Astarot-Carnain (Gn 14,5; Js 9,10), topônimo que se conserva no atual *Tell-Ashtarah*.
a) Eram as festas de Pentecostes (meados de junho de 163; cf. 2Mc 12,31).
b) Nome grecizado de Jabne ou Jebneel (Js 15,11; 2Cr 26,6) ao sul de Jafa, cidade mais importante da faixa marítima (1Mc 10,69; 15,38.40; cf. 2Mc 10,8).
c) Cf. 3,38+. Ele é agora estratego, governador da faixa marítima e da Idumeia (cf. 2Mc 12,32).
d) "Marisa", segundo a Vet. Lat., Josefo e 2Mc 12,35; "Samaria", segundo o grego e a Vulg. Marisa, a antiga Maresa (Js 15,44), capital muito helenizada da Idumeia, está na estrada que vai de Hebron a Filisteia.
e) Azoto, a *Ashdod* dos filisteus (1Mc 11,22), célebre pelo seu templo de Dagon (1Mc 10,83s), designa aqui o conjunto da antiga Filisteia. — Os objetos consagrados aos ídolos de Jâmnia (2Mc 12,40) provêm do saque descrito aqui.

dos seus deuses e, depois de submeter as cidades a um saque total, voltou para a terra de Judá.

6 Fim de Antíoco Epífanes[a]

‖ 2Mc 9
2Mc 1,11-17

¹O rei Antíoco percorria as províncias do planalto, quando ouviu dizer que havia na Pérsia uma cidade chamada Elimaida,[b] famosa por suas riquezas, sua prata e seu ouro. ²E que seu templo era riquíssimo,[c] dotado de véus tecidos de ouro e de couraças e armas aí deixadas por Alexandre, filho de Filipe, o rei macedônio que por primeiro reinou sobre os gregos. ³Dirigiu-se, então, para lá, pretendendo ocupar a cidade para saqueá-la. Mas não o conseguiu, porque os habitantes, tendo tomado conhecimento do seu intento, ⁴opuseram-se a ele de armas na mão. Obrigado a fugir, foi com grande mágoa que partiu de lá, para voltar a Babilônia. ⁵Ele estava ainda na Pérsia, quando vieram anunciar-lhe que as tropas enviadas contra a Judeia haviam sido destroçadas. ⁶E que Lísias, tendo seguido para lá, à frente de poderoso exército, tinha sido obrigado a fugir diante dos judeus, os quais se tinham tornado mais temíveis por causa das armas, dos recursos e despojos abundantes arrebatados aos exércitos vencidos.

1,54; 4,45

⁷Além disso, haviam removido a abominação que ele erguera sobre o altar de Jerusalém, bem como haviam cingido de altas muralhas o Santuário, como outrora, e ainda Betsur, uma das cidades do rei. ⁸Ao ouvir tais notícias, o rei ficou aturdido e fortemente agitado. Lançou-se ao leito e caiu doente, acabrunhado por não lhe terem sucedido as coisas segundo o seu desejo.[d] ⁹Permaneceu ali muitos dias, enquanto uma profunda tristeza se renovava continuamente nele. Chegou mesmo a pensar que estava a ponto de morrer. ¹⁰Chamou todos os seus amigos e disse-lhes: "Sumiu o sono dos meus olhos e meu coração está abatido pela inquietação. ¹¹E disse a mim mesmo: A que grau de aflição me vejo reduzido e em que imenso vagalhão agora me debato! Eu, que era tão bondoso e amado nos tempos do meu poder! ¹²Agora, porém, assalta-me a lembrança dos males que cometi em Jerusalém, quando me apoderei de todos os objetos de prata e ouro que lá se encontravam e mandei exterminar os habitantes de Judá sem motivo. ¹³Reconheço agora que é por causa disso que estes males se abateram sobre mim. Vede com quanta amargura eu morro em terra estrangeira!"[e]

Subida ao trono de Antíoco V

¹⁴Mandou vir Filipe,[f] um dos seus amigos, e o estabeleceu à frente de todo o seu reino. ¹⁵Entregou-lhe o diadema, o manto e o anel do sinete, encarregando-o de tutelar Antíoco, seu filho, e de prepará-lo para o trono. ¹⁶Ali morreu o rei Antíoco, no ano cento e quarenta e nove.[g] ¹⁷Apenas soube que o rei tinha falecido, Lísias proclamou rei o jovem Antíoco, a quem havia educado desde pequenino, e deu-lhe o nome de Eupátor.

1,33-35

Judas Macabeu põe cerco à Cidadela de Jerusalém

¹⁸Os ocupantes da Cidadela mantinham Israel em bloqueio junto ao lugar santo, procurando

---

a) Cronologicamente, este episódio teria seu verdadeiro lugar antes da dedicação do Templo (4,36). O relato do fim de Antíoco Epífanes, apresentado de modo análogo por Políbio, é aqui muito mais sóbrio que em 2Mc 9.
b) De fato, não se tem notícia de cidade alguma com o nome de Elimaida, forma grega de Elam (Gn 10,22). Elimaida é a região em torno de Susa, antiga capital da Pérsia (Ne 1,1) e, em sentido restrito, a região montanhosa a nordeste desta cidade.
c) Era o templo de Naneia-Ártemis (cf. 2Mc 1,13).
d) Na realidade, Antíoco deve ter falecido antes desses acontecimentos, mas o autor de 1Mc tinha de adaptar sua narrativa à cronologia por ele fixada.

e) De fato, a Pérsia dependia ainda do império selêucida. — Para o autor de 1Mc, é o saque do Templo de Jerusalém e não o do templo de Ártemis, como pensa o autor de 2Mc, que é vingado pela morte do rei. Em todo caso, ambos os autores apresentam-no igualmente arrependido.
f) Este Filipe que vai reaparecer em 6,55 e em 2Mc 9,29 é distinto do Filipe de 2Mc 5,22 e 8,8. Nomeado regente e tutor do jovem Antíoco, ele recebe em confiança as insígnias reais destinadas a este.
g) Em setembro ou outubro de 164.

fazer-lhe mal por todos os modos, ao mesmo tempo que davam apoio aos pagãos. ¹⁹Judas, tendo resolvido desalojá-los, convocou todo o povo para fazer-lhes cerco. ²⁰Eles reuniram-se e, no ano cento e cinquenta,ᵃ puseram cerco à Cidadela, para isso construindo plataformas e máquinas. ²¹Alguns dos sitiados, todavia, conseguiram romper o bloqueio. E, tendo a eles aderido alguns israelitas renegados, ²²foram ter com o rei, para dizer-lhe: "Até quando tardarás em fazer justiça e em vingar nossos irmãos? ²³Consentimos de boa vontade em servir a teu pai, em nos conduzir segundo suas ordens e em observar seus decretos. ²⁴ᵇPor esse motivo, os filhos do nosso povo se afastaram de nós. Além disso, eles têm executado todos os que, dos nossos, lhes tenham caído nas mãos, e devastaram nossos campos. ²⁵Mais. Não é só contra nós que estenderam a mão, mas também contra todos os teus territórios.ᶜ ²⁶Hoje, estão acampados contra a Cidadela de Jerusalém, pretendendo conquistá-la, e já fortificaram o Santuário, bem como Betsur. ²⁷Se não te apressas em precedê-los com uma ação rápida, farão coisas ainda piores do que estas e não terás mais possibilidade de detê-los."

Campanha de Antíoco V e de Lísias. Batalha de Bet-Zacarias — ²⁸Encheu-se de cólera o rei, ao ouvir tais palavras, e convocou todos os seus amigos, os generais do seu exército e os comandantes da cavalaria.ᵈ ²⁹Vieram a ele também tropas mercenárias de outros reinos e das ilhas do mar, ³⁰de sorte que o número de suas forças chegou a cem mil homens de infantaria, vinte mil cavaleiros e trinta e dois elefantes adestrados para a guerra. ³¹Atravessando a Indumeiaᵉ acamparam em Betsur, atacando-a por muitos dias. Construíram máquinas de guerra, mas os sitiados as incendiavam em suas sortidas, combatendo valorosamente.

³²Desistiu Judas, então, da Cidadela, e veio acampar em Bet-Zacarias,ᶠ defronte do acampamento do rei. ³³Este, levantando-se muito cedo, transferiu suas forças com impetuosidade para o caminho de Bet-Zacarias. Ali os exércitos dispuseram-se para o combate e fizeram ressoar as trombetas. ³⁴Para instigar os elefantes à batalha, mostraram-lhes suco de uvas e de amoras ³⁵e distribuíram esses animais por entre as várias falanges. Junto a cada elefante, colocaram mil homens encouraçados com malhas de ferro e protegidos por elmos de bronze. Além disso, quinhentos cavaleiros em linha cerrada haviam sido destacados para cada animal, ³⁶prevenindo-lhe todos os movimentos e acompanhando-o por toda parte, sem jamais afastarem-se dele. ³⁷Sobre cada elefante havia sólidas torres de madeira, cobertas, firmadas por meio de correias, em cada uma das quais estavam os três guerreirosᵍ que combatiam de cima do animal, e além deles o indiano. ³⁸Quanto ao restante da cavalaria, o rei distribuiu-a de ambos os lados, sobre os dois flancos do exército, para importunar o inimigo e dar cobertura às falanges.ʰ

---

a) Isto é, em 163/162. O assédio da cidadela vem depois da expedição à Idumeia, expedição que se realizou após a festa de Pentecostes, em 163 (cf. 1,33). O autor de 2Mc nada refere a esse respeito.
b) No início do v. o texto (excetuados alguns mss e a Vulg.) antepõe: "puseram-lhe cerco e", ditografia do v. 20.
c) "teus territórios", Vet. Lat.; "seus territórios", grego; "nossos territórios", Vulg.
d) De fato, é Lísias quem age: Antíoco V mal conta seus nove anos de idade. — "comandantes da cavalaria", lit.: "encarregados das rédeas", título não atestado alhures.

e) Sem dúvida, pelo vale do Terebinto (1Sm 17,2) e Odolam (2Mc 12,38). Uma primeira escaramuça terá lugar em Modin (cf. 2Mc 13,14).
f) Situada 9 km ao norte de Betsur. O nome ainda sobrevive no de uma aldeia.
g) "três", conj.; "trinta" (ou trinta e dois), grego e lat. O original hebr. tinha, talvez, *shalîshîm*, "três" (que equipavam um carro de guerra); cf. Ex 14,7; 15,4; 2Rs 10,25. O tradutor terá lido *shelôshîm*, "trinta". — "indiano", isto é, o cornaca: gentílico que passou a designar a profissão.
h) Lit.: "sacudindo e protegendo (ou apertando) nas falanges". — Uma parte do texto tem *fáransin* em

³⁹Quando o sol refulgiu sobre os escudos de ouro e de bronze,ᵃ iluminaram-se as montanhas com o seu reflexo e brilharam como tochas acesas. ⁴⁰Parte do exército real tomou posição nos altos das montanhas, os outros ficando embaixo, e começaram a avançar com firmeza e em perfeita ordem. ⁴¹Ficavam apavorados todos os que ouviam o clamor daquela multidão, o marchar de tanta gente e o retinir de suas armas, pois era um exército extraordinariamente numeroso e forte. ⁴²Entretanto, Judas avançou com as suas tropas para enfrentá-los, e do exército do rei caíram seiscentos homens. ⁴³Foi quando Eleazar, chamado o Abaron, ao ver um dos elefantes equipado de couraças reais e ultrapassando em altura todos os outros, pensou que sobre ele estivesse o próprio rei. ⁴⁴E entregou-se a si mesmoᵇ para salvar o seu povo, adquirindo assim um nome eterno. ⁴⁵Ousadamente correu para a fera no meio da falange, matando à direita e à esquerda, a tal ponto que os inimigos se dividiam diante dele para ambos os lados. ⁴⁶Afinal, introduzindo-se sob o elefante, golpeou-o por baixo e o matou. O animal, porém, tombou ao solo por cima dele, que morreu ali. ⁴⁷Os judeus, ao verem a força do reino e a impetuosidade de suas tropas, bateram em retirada.

Tomada de Betsur e cerco do monte Sião pelos sírios — ⁴⁸Os homens do exército real subiram à frente deles na direção de Jerusalém, e o rei pôs em estado de sítio a Judeia e o monte Sião. ⁴⁹Entrementes, fez tratativas de paz com os habitantes de Betsur, os quais saíram da cidade porque não tinham mais víveres para ali sustentarem um cerco: era o ano sabático para a terra.ᶜ ⁵⁰Assim o rei tomou Betsur e ali deixou uma guarnição para defendê-la. ⁵¹Depois ficou muitos dias assediando o Santuário, construindo ali plataformas e máquinas diversas, lança-chamas, balistas, escorpiões para o arremesso de flechas, e ainda fundas.ᵈ ⁵²Mas os judeus também construíram máquinas contra as dos assaltantes e o combate prolongou-se por muitos dias. ⁵³Entretanto, esgotaram-se as provisões nos depósitos.ᵉ Era o sétimo ano e, além disso, os prófugos das nações que tinham encontrado refúgio na Judeia haviam consumido o restante dos mantimentos. ⁵⁴Assim, foram deixados no lugar santo só poucos homens. Obrigados pela fome, os outros se dispersaram, retirando-se cada qual para a sua terra.

O rei concede aos judeus a liberdade religiosa — ⁵⁵Filipe, que o rei Antíoco, ainda em vida, havia encarregado de educar seu filho Antíoco, preparando-o para o trono, ⁵⁶havia regressado da Pérsia e da Média com as tropas que tinham acompanhado o rei e pretendia assumir o governo. ⁵⁷Lísias então apressou-se em dar a entender que era preciso voltar, dizendo ao rei, aos generais do exército e aos soldados: "Estamos enfraquecendo-nos dia por dia. Nossas provisões diminuem e o lugar que estamos sitiando é bem fortificado. Além disso, os cuidados do reino aguardam-nos. ⁵⁸Estendamos, pois, a mão direita e esta gente, fazendo as pazes com eles e com toda a sua nação. ⁵⁹Vamos reconhecer-lhes o direito de viverem segundo as suas leis, como antes, já que é por causa dessas leis, que nós quisemos abolir, que eles se exasperaram e fizeram tudo isto."ᶠ
⁶⁰Sua proposta agradou ao rei e aos comandantes. E ele enviou aos judeus

---

lugar de *fálansin*: "para apertar nos desfiladeiros"? (cf. v. 40).
a) Talvez uma reminiscência bíblica (cf. 1Rs 10,16).
b) "entregou-se a si mesmo": idêntica expressão em Gl 1,4; 1Tm 2,6; Tt 2,14. — Esse feito é localizado por 2Mc 13,15 "nos arredores de Modin".
c) Segundo Lv 25,1 o ano sabático não comportava semeaduras nem colheitas. Dito ano havia começado no outono de 164, pois esta carestia data do outono de 163.
d) Os "escorpiões" são uma espécie de balestra. — Esta descrição da artilharia de assédio dos selêucidas é a mais completa de que se tem notícia.
e) "nos depósitos": *angeiois*, conj. segundo lat.; lugar santo: *hagiois*, grego.
f) Esta reviravolta explica-se pela morte de Antíoco Epífanes, paladino da helenização forçada, pelo esgotamento que a falta de víveres começava a provocar em ambos os exércitos (v. 57), e pelas pretensões de Filipe (v. 56).

propostas de paz, que foram aceitas. ⁶¹O rei e os comandantes confirmaram o acordo com juramento, e os sitiados, sob essas condições, saíram da fortaleza. ⁶²Então o rei entrou no monte Sião e, vendo as fortificações do Lugar, violou o juramento prestado e mandou demolir a muralha ao redor.[a] ⁶³Depois partiu às pressas e voltou para Antioquia. Encontrando-a em poder de Filipe, travou batalha com ele e apoderou-se da cidade à força.

7 Demétrio I torna-se rei. Báquides e Alcimo são enviados à Judeia —

|| 2Mc 14,1-10

¹No ano cento e cinquenta e um, Demétrio, filho de Seleuco, partiu de Roma e aportou com poucos homens numa cidade do litoral, onde se proclamou rei.[b] ²E aconteceu que, apenas entrou no palácio real de seus pais, as tropas se apossaram de Antíoco e de Lísias, pretendendo conduzi-los a ele. ³Ao tomar conhecimento do fato, respondeu: "Não me façais ver as suas faces." ⁴Então os soldados os executaram, e Demétrio ascendeu ao trono do seu reino. ⁵Foi quando vieram ter com ele todos os homens iníquos e ímpios de Israel, conduzidos por Alcimo, que pretendia o cargo de sumo sacerdote. ⁶Esses acusaram o povo diante do rei, dizendo: "Judas com os seus irmãos fez perecer todos os teus amigos, e a nós expulsou da nossa terra. ⁷Envia, pois, agora, um homem da tua confiança. Ele, indo até lá, há de ver toda a devastação que Judas perpetrou contra nós e nos domínios do rei, e não deixará de punir aquela gente e todos os que os ajudam."

⁸O rei escolheu Báquides, um dos seus amigos, governador da Transeufratênia,[c] homem poderoso no reino e fiel ao soberano. ⁹E o enviou com o ímpio Alcimo, a quem assegurou o sumo sacerdócio, dando-lhe ordens de exercer a vingança contra os israelitas.[d] ¹⁰Eles, portanto, partiram e, com um grande exército, entraram na terra de Judá, enviando ao mesmo tempo emissários a Judas e seus irmãos, com propostas amistosas, mas falsas. ¹¹Estes, porém, não deram ouvidos às suas palavras, porque perceberam que tinham vindo com um exército poderoso. ¹²Apesar de tudo, uma comissão de escribas[e] foi ter com Alcimo e Báquides, para expor-lhes reivindicações justas. ¹³Os assideus eram os primeiros dentre os israelitas a solicitar-lhes a paz,[f] ¹⁴raciocinando assim: "É um sacerdote da linhagem de Aarão que veio com esse exército: ele não procederá injustamente conosco." ¹⁵De fato, ele dirigiu-lhes palavras de paz e até jurou, dizendo: "Não vos faremos mal algum, nem a vós nem a vossos amigos." ¹⁶Dando-lhe eles crédito, Alcimo prendeu sessenta dentre eles e os trucidou num só dia, conforme a palavra que está escrita:[g] ¹⁷As carnes dos teus santos e o seu sangue eles o derramaram ao redor de Jerusalém e não havia quem os sepultasse. ¹⁸Então o temor deles e o terror apoderou-se de todo o povo. E diziam: "Não há entre eles nem verdade nem justiça, pois violaram o acordo bem como o juramento que fizeram."

2,18 +

2,42 +

Sl 79,2-3

---

a) O decreto real (2Mc 11,25) restituía o Templo aos judeus, mas sem mencionar as fortificações. Nosso autor, porém, as considera inseparáveis e vê, por isso, no gesto do rei, a quebra de juramento.
b) Demétrio I, que ficara em lugar de Antíoco Epífanes como refém, em Roma, em 176, de lá fugindo em 161, com a cumplicidade de Políbio, que nos refere o fato. Demétrio chega primeiro a Trípoli, de onde marcha para Antioquia (v. 2). Ele será reconhecido por Roma em 160.
c) É a metade ocidental do império selêucida, do Eufrates ao Egito, que fora confiada a Lísias por Antíoco Epífanes (3,22). Báquides é encarregado de pacificar a região, enquanto o rei irá pessoalmente reprimir uma revolta na Média.
d) Alcimo ("o valente", nome grego escolhido pela semelhança fônica com o nome judaico Jaquim) é tratado como ímpio porque convivia com os gregos e criava obstáculos às pretensões dos Asmoneus. Mas sua qualidade de aaronita legitimava sua nomeação e atraía à sua causa os assideus (cf. vv. 12s).
e) São levitas ou sacerdotes versados na Lei (Esd 7,6s; 2Cr 34,13).
f) Os "piedosos", que tinham, antes, aderido a Judas (2,42), agora se distanciam. Sem dúvida, eles achavam a liberdade religiosa suficientemente assegurada pelas concessões do rei (6,59). Mais cético, Judas não participa diretamente das negociações, embora o rei não tenha ainda negado (cf. 2Mc 14,12).
g) Lit.: "segundo a palavra que escreveu", isto é, Davi (ms 56), ou Asaf (Eusébio) ou o Profeta (grego luc.).

¹⁹Báquides, partindo de Jerusalém, veio acampar em Bet-Zet. Ali mandou prender muitos dos homens que tinham passado para o seu lado, bem como alguns do povo, e fê-los degolar e lançar na cisterna grande.ᵃ ²⁰Confiou depois a região a Alcimo, deixando com ele um exército para apoiá-lo, e voltou para junto do rei. ²¹Alcimo pôs-se a lutar para conseguir o sumo sacerdócio, ²²com ele fazendo causa comum todos os perturbadores do seu povo: assenhorearam-se da terra de Judá e provocaram grande calamidade em Israel. ²³Mas Judas viu que toda a maldade de Alcimo e de seus partidários contra os israelitas ultrapassava a dos pagãos. ²⁴E saiu a percorrer todos os confins da Judeia, exercendo a vingança contra os desertores e impedindo-os de fazer incursões pelo país.

Nicanor na Judeia. Combate de Cafarsalama —
²⁵Ao ver que Judas e seus partidários tinham-se tornado mais fortes, e reconhecendo-se incapaz de resistir-lhes, Alcimo voltou para junto do rei e os acusou de graves delitos. ²⁶Então o rei enviou Nicanor, um dos seus generais mais ilustres, que odiava e detestava Israel, dando-lhe a missão de acabar com esse povo. ²⁷Chegando a Jerusalém com um exército poderoso, Nicanor enviou emissários a Judas e seus irmãos com insidiosas propostas de paz, nestes termos: ²⁸"Não haja guerra entre mim e vós. Irei com poucos homens para encontrar-me convosco em paz." ²⁹De fato, foi ter com Judas e eles saudaram-se mutuamente de modo amigável. Enquanto isto, porém, os inimigos estavam prontos para sequestrar Judas. ³⁰Revelada a coisa a Judas, isto é, que o outro viera a ele com intenções dolosas, retirou-se receoso e não quis mais ver-lhe a face. ³¹Quanto a Nicanor, ao ver descoberto o seu plano, saiu para dar combate a Judas em Cafarsalama.ᵇ ³²Ali tombaram, do seu exército, cerca de quinhentos homens, fugindo os outros para a cidade de Davi.

Ameaças contra o Templo —
³³Depois dessas ocorrências, Nicanor subiu ao monte Sião. Alguns dos sacerdotes e dos anciãos do povo saíram do lugar santo para saudá-lo amigavelmente e mostrar-lhe o holocausto que se oferecia pelo rei. ³⁴Mas ele, escarnecendo deles e ridicularizando-os, profanou-osᶜ e prorrompeu em palavras insolentes, ³⁵fazendo ainda, cheio de cólera, este juramento: "Se Judas e seu exército não me forem entregues às mãos imediatamente, asseguro que, ao voltar vitorioso, incendiarei esta Casa!" E saiu dali com grande fúria. ³⁶Então os sacerdotes entraram e, pondo-se de pé ante o altar e o Templo, chorando, disseram: ³⁷"Foste tuᵈ que escolheste esta Casa para que sobre ela fosse invocado o teu nome, a fim de que fosse casa de oração e de súplica para o teu povo. ³⁸Realiza, pois, tua vingança contra este homem e seu exército, e que pereçam à espada. Lembra-te de suas blasfêmias e não lhes concedas trégua!"

O dia de Nicanor em Adasa —
³⁹Deixando Jerusalém, Nicanor foi acampar em Bet-Horon, onde o alcançou um exército da Síria. ⁴⁰Judas, por seu turno, acampou em Adasaᵉ com três mil homens. E ali fez esta oração: ⁴¹"Quando os mensageiros do reiᶠ blasfemaram, teu anjo interveio e feriu cento e oitenta

---

a) Bet-Zet ("o olival") é a forma mais bem atestada do topônimo, mas a tradição manuscrita é hesitante. A expressão se conserva na aldeia de *Bet-Zeitá*, 6 km ao norte de Betsur, onde se encontrou uma cisterna com escada em caracol. — Báquides não hesita em eliminar todos os que, a seu ver, se tinham comprometido demais com a revolta, também se agora pretendessem voltar à obediência ao rei.
b) "Aldeia da paz", talvez a hodierna *Khirbet Selmá*, perto de Gabaon e a 4 km de Adasa (7,40; cf. 2Mc 14,16+).
c) Cuspindo na direção do Templo, segundo a tradição judaica.
d) Depois de "foste tu", grego luc. e as versões acrescentam "Senhor". Mas os nomes "Deus" e "Senhor" são evitados por 1Mc.
e) É a Hadasa ("vila nova") de Js 15,37, transcrita como Dessau em 2Mc 14,15, situada entre Bet-Horon e Jerusalém.
f) O rei é Senaquerib, como o esclarece a Vulg. Certos mss completam "o rei dos assírios". — Depois de "teu

e cinco mil dos seus homens. ⁴²Da mesma forma esmaga hoje este exército diante de nós, a fim de que os outros saibam que ele falou impiamente contra o teu lugar santo, e julga-o segundo a sua maldade!"

⁴³Os dois exércitos travaram batalha no décimo terceiro dia do mês de Adar. O de Nicanor foi desbaratado e ele mesmo caiu por primeiro na refrega. ⁴⁴Vendo suas tropas que ele tinha tombado, os soldados de Nicanor abandonaram as armas e puseram-se a fugir. ⁴⁵Os vencedores perseguiram-nos um dia de caminho, desde Adasa até aos arredores de Gazara, fazendo soar atrás deles as trombetas de alarme. ⁴⁶Então saiu gente de todas as aldeias circunvizinhas da Judeia para lhes impedirem a fuga, de modo que eles se voltavam uns contra os outros. Assim caíram todos a fio de espada, não escapando um deles sequer. ⁴⁷Recolhidos os despojos e o saque, deceparam a cabeça de Nicanor e sua mão direita, a mão que ele tinha levantado insolentemente, e as levaram e expuseram à vista de Jerusalém. ⁴⁸O povo regozijou-se sobremaneira e celebrou aquele dia como um grande dia de júbilo. ⁴⁹E decidiram celebrar anualmente essa data, no décimo terceiro dia do mês de Adar.ᵃ ⁵⁰Assim, por uns poucos dias, a terra de Judá gozou de repouso.ᵇ

|| 2Mc 15,25-36

8 *Elogio dos romanos*ᶜ

— ¹Entretanto, Judas tomara conhecimento da fama dos romanos. Dizia-se que eram poderosos e valentes, que se comprazem em todos os que se aliassem a eles, e concediam sua amizade a quantos a eles se dirigissem. ²Falaram-lhe também de suas guerras e das valorosas proezas que tinham realizado entre os gauleses,ᵈ e como os tinham dominado e tornado seus tributários. ³E do que haviam feito na Espanha para se apoderarem das minas de prata e de ouro que lá se encontram, ⁴e como se tornaram senhores de todo esse país pela sua prudência e perseverança, embora a região fosse muito distante deles. Ouviu falar também dos reis que tinham vindo contra eles das extremidades da terra, como eles os destroçaram e lhes infligiram graves derrotas, enquanto os outros lhes pagam um tributo anual. ⁵Enfim tinham desbaratado na guerra Filipe e Perseu, reis dos ceteus,ᵉ bem como outros que se haviam rebelado, e os sujeitaram a si. ⁶Também Antíoco, o Grande, rei da Ásia, que marchou contra eles para enfrentá-los com cento e vinte elefantes, cavalaria, carros de guerra e um enorme exército, foi por eles esmagado. ⁷Capturado vivo,ᶠ obrigaram-no a pagar, ele e seus sucessores, um pesado tributo, além da entrega de reféns e da cessão de territórios: ⁸a região da Lícia, a Mísia e a Lídia, de entre as mais belas de suas províncias, arrebataram-nas dele e as entregaram ao rei Eumenes. ⁹Tendo os da Grécia conjurado para ir exterminá-los, ¹⁰os romanos, sabendo do plano, enviaram contra eles um só general para os debelar: caiu um grande número de feridos, levaram cativas suas mulheres e seus filhos, saquearam seus bens, dominaram seu país, destruíram suas fortalezas e reduziram-nos à escravidão até o dia de hoje.ᵍ ¹¹Quanto aos outros reinos e às ilhas que lhes tinham resistido, os romanos os destroçaram e subme-

anjo", alguns mss. grego luc. e Vet. Sir. acrescentam o vocativo "*Senhor*" (cf. 37+).

a) O dia 13 de Adar do ano selêucida de 151 corresponde aproximadamente ao dia 28 de março de 160 a.C. Essa data constava entre os feriados como "Dia de Nicanor" (cf. 2Mc 15,36). Sua comemoração cessou logo no judaísmo.

b) É aqui que termina a narrativa de 2Mc.

c) O elogio dos romanos vem como introdução ao tratado concluído entre Judas e Roma (vv. 17s). Roma apoiava de boa mente os rebeldes, com o intuito de enfraquecer as monarquias ainda não plenamente submetidas.

d) Lit.: "os gálatas". Trata-se aqui, talvez, dos gauleses cisalpinos, dominados em 222.

e) Filipe, rei da Macedônia, derrotado em 197, na batalha de Cinocéfalos; e seu filho Perseu, em 168, na de Pidna.

f) Derrota em Magnésia do Sipilo, em 189, seguida do pesadíssimo tratado de Apameia (cf. 2Mc 3,1+).

g) Esses dois vv. devem fazer alusão à derrota da Liga Aqueana, com a destruição de Corinto e a redução da Grécia à condição de província romana, em 146. O autor ultrapassa, assim, o horizonte histórico de Judas.

teram. Com os seus amigos, porém, e com os que se fiavam no seu apoio, eles mantiveram sua amizade.

¹²Estenderam seu poder sobre os reis, quer de perto quer de longe, de modo que todos os que ouviam pronunciar o seu nome ficavam atemorizados. ¹³Exercem a realeza aqueles a quem eles querem ajudar a exercê-la; por outro lado, depõem aqueles a quem querem depor: a tais alturas chega o seu poder! ¹⁴Apesar de tudo, nenhum deles cingiu o diadema, nem revestiu a púrpura para se engrandecer com ela; ¹⁵mas criaram para si um conselho, onde cada dia deliberam trezentos e vinte homens, constantemente consultando-se sobre a multidão e sobre como dirigi-la ordenadamente. ¹⁶Confiam por um ano o poder sobre si e o governo de todos os seus domínios a um só homem,ᵃ ao qual unicamente todos obedecem, sem haver inveja ou rivalidade entre eles.

Aliança dos judeus com os romanos — ¹⁷Tendo escolhido Eupólemo, filho de João, da família de Acos, e Jasão, filho de Eleazar, Judas enviou-os a Roma para travarem relações de amizade e aliança,ᵇ ¹⁸e para conseguirem que os libertassem do jugo, visto que o reino dos gregos queria manter Israel na servidão. ¹⁹De fato, dirigiram-se a Roma, empreendendo a longuíssima viagem. Chegando ao Senado, tomaram a palavra nestes termos: ²⁰"Judas, chamado também Macabeu, e seus irmãos e o povo dos judeus, enviaram-nos a vós para estabelecermos convosco relações de aliança e de paz e para sermos inscritos como aliados e amigos vossos." ²¹A proposta agradou aos senadores. ²²E aqui segue a cópia da carta que gravaram em tábuas de bronze e enviaram a Jerusalém para que ali permanecesse, entre os judeus, como testemunho de paz e de aliança:

²³"Bem haja aos romanos e à nação dos judeus, por mar e por terra, para sempre! Longe deles a espada e o inimigo! ²⁴Mas se for declarada a guerra primeiro aos romanos ou a algum dos seus aliados em todos os seus domínios, ²⁵a nação dos judeus combaterá a seu lado como as circunstâncias o permitirem, com coração sincero. ²⁶Aos inimigos não darão, nem fornecerão trigo, armas, dinheiro, navios, como tiver parecido bem a Roma. E cumprirão os seus compromissos sem compensação alguma. ²⁷Da mesma forma, se à nação dos judeus sobrevier por primeiro uma guerra, os romanos combaterão a seu lado com todo o empenho, segundo o que lhes ditarem as circunstâncias. ²⁸Aos atacantes não se dará trigo, nem armas, nem dinheiro, nem navios, como tiver parecido bem a Roma. E eles cumprirão estas obrigações sem nenhuma fraude. ²⁹Foi segundo estas cláusulas que os romanos firmaram aliança com o povo dos judeus. ³⁰Se, depois destas convenções, uns e outros dos contratantes deliberarem acrescentar ou retirar alguma coisa, poderão fazê-lo a seu grado e o que tiverem acrescentado ou retirado terá seu pleno vigor.ᶜ

³¹Quanto aos males que o rei Demétrio lhes vem infligindo, já escrevemos a ele nestes termos: 'Por que fazes pesar o teu jugo sobre nossos amigos e aliados judeus? ³²Se, portanto, eles novamente apresentarem queixa contra ti, nós lhes faremos justiça e te atacaremos por mar e por terra.'"

---

a) Na realidade havia dois cônsules, mas o autor talvez tenha conhecimento do único cônsul que estava encarregado dos negócios do Oriente.
b) Esta embaixada deve ter sido enviada antes da morte de Nicanor (que precede a de Judas de apenas dois meses): há quem a identifique com a que menciona Josefo para o ano de 161.
c) Aqui termina o texto do tratado, cujo estilo recorda o de outros documentos congêneres. O parágrafo seguinte sintetiza uma resposta oral feita aos enviados.

9

Combate de Beerzet e morte de Judas Macabeu[a] — ¹Quando Demétrio soube que Nicanor tinha sucumbido em batalha junto com o seu exército, decidiu enviar de novo Báquides e Alcimo à terra de Judá, com eles expedindo a ala direita do seu exército. ²Eles tomaram o caminho da Galileia e, acampando junto a Masalot,[b] no território de Arbelas, ocuparam-na e mataram grande número de pessoas. ³No primeiro mês do ano cento e cinquenta e dois,[c] acamparam diante de Jerusalém. ⁴Depois partiram dali e se dirigiram para Beerzet[d] com vinte mil homens e dois mil cavaleiros. ⁵Judas estava acampado em Elasa,[e] tendo consigo três mil homens escolhidos. ⁶Estes, ao verem aquela multidão de soldados, tão numerosos, ficaram tomados de pavor, e fugiram muitos deles do acampamento, não restando mais que oitocentos homens. ⁷Judas, ao ver o seu exército esfacelado justamente quando a batalha urgia, sentiu partir-se o coração porque não tinha mais tempo de reagrupá-los. ⁸Consternado, mesmo assim dirigiu-se aos que tinham permanecido: "Levantemo-nos e subamos contra nossos adversários, a ver se podemos enfrentá-los!" ⁹Mas eles tentavam dissuadi-lo, dizendo: "Não conseguiremos! Salvemos, pois, agora, as nossas vidas! Depois voltaremos, nós e nossos irmãos, e então lhes daremos combate. Somos poucos demais!" ¹⁰Judas, porém, replicou: "Longe de mim fazer tal coisa, fugir diante deles! Se é chegada a nossa hora, morramos valorosamente pelos nossos irmãos, sem deixar qualquer motivo de censura à nossa glória!"

¹¹O exército inimigo saiu do acampamento e tomou posição para atacá-los. A cavalaria estava dividida em duas alas, e os atiradores de funda e os arqueiros precediam o grosso do exército, cuja primeira linha era formada por todos os mais valentes. Báquides encontrava-se na ala direita. ¹²A falange avançou pelos dois lados ao som das trombetas, a cujo clangor responderam os homens de Judas. ¹³A terra estremeceu com o fragor dos exércitos e o combate prolongou-se da manhã até à tarde.

¹⁴Então, ao ver Judas que Báquides e a força do seu exército estavam na ala direita, agruparam-se em torno dele todos os mais valentes. ¹⁵E a ala direita foi por eles destroçada, perseguindo-os Judas até ao monte de Azara.[f] ¹⁶Mas os da ala esquerda, ao verem desbaratada a ala direita, atiraram-se no encalço de Judas e dos seus, acossando-os pelas costas. ¹⁷Recrudesceu a batalha e, de ambos os lados, muitos caíram mortos. ¹⁸Também Judas pereceu, e os restantes fugiram.

Funerais de Judas Macabeu — ¹⁹Jônatas e Simão recolheram Judas, seu irmão, e o sepultaram no túmulo de seus pais em Modin, ²⁰chorando sobre ele. E todo Israel fez por ele intensa lamentação, guardando luto por muitos dias e dizendo: ²¹"Como pôde cair o herói, aquele que salvava Israel?" ²²O resto das ações de Judas, de suas guerras, dos feitos heroicos que realizou, enfim, da sua grandeza, não foi posto por escrito. Seria matéria demais.

2Sm 1,27

---

a) A narrativa retoma o fio interrompido em 7,50.
b) "Galileia", conj. de acordo com Josefo; "Gálgala", grego e lat. — "Masalot", topônimo hebr. significando "veredas": elas deviam conduzir às grutas de Arbelas, que serviram de refúgio em muitas ocasiões.
c) Abril-maio de 160.
d) "Beerzet", grego luc., Vet. Sir. e Josefo. É a atual *Birzeit*, 20 km ao norte de Jerusalém. Se se retém a forma "Bereia", ou "Beret", do grego e lat., dever-se-á situar o acampamento em *El-Bireh*, a Berot bíblica de Js 9,17, cerca de 13 km ao sul de *Birzeit*.
e) "Eleasa" mss; "Elasa" ou "Alasa" conjunto do grego. Se tratar de *Khirbet Il'asa*, perto de Bet-Horon, o acampamento de Judas está muito distante do de Báquides, o que concorda mal o relato, a menos que não se trate aqui da retaguarda de Judas
f) "Azara", segundo Josefo, "Azoto", grego e lat., mas não existem montanhas perto de Azoto (a antiga Ashdod).

IV. Jônatas, chefe dos judeus e sumo sacerdote
(160-142 a.C.)

Prevalece o partido helenista. Jônatas lidera a resistência — [23]Depois da morte de Judas, reapareceram sobre todo o território de Israel os iníquos, e reergueram-se todos os que praticavam a injustiça. [24]Por aqueles dias também alastrou-se uma fome terrível, de modo que o país se passou para o lado deles. [25]Báquides, por seu turno, escolheu dentre os homens ímpios aqueles a quem constituiu senhores do país. [26]Estes instauravam perquirições e devassas contra os amigos de Judas, fazendo-os comparecer diante de Báquides, o qual deles se vingava e os cobria de insultos. [27]Foi esta uma grande tribulação para Israel, como nunca houve desde o dia em que não mais aparecera um profeta no meio deles.

[28]Então reuniram-se todos os amigos de Judas e disseram a Jônatas: [29]"Desde que teu irmão Judas morreu, não se encontra mais alguém semelhante a ele para sair e entrar contra os inimigos e Báquides, e contra todos os que hostilizam a nossa nação. [30]Agora, pois, escolhemos a ti hoje para ocupares o seu lugar como nosso chefe e nosso guia, para combateres a nossa luta." [31]Foi nessas circunstâncias que Jônatas assumiu o comando e levantou-se em lugar de Judas, seu irmão.

Jônatas no deserto de Técua. Episódios sangrentos junto a Mádaba — [32]Báquides veio a saber disto e procurava matá-lo. [33]Mas Jônatas, seu irmão Simão e todos os que com ele estavam, informados desse intento, fugiram para o deserto de Técua, acampando perto das águas da cisterna de Asfar.[a] [34](Percebendo-o, Báquides, em dia de sábado, dirigiu-se ele também com todo o seu exército, para além do Jordão.)[b]

[35]Jônatas enviou seu irmão, que comandava a tropa, a pedir aos amigos nabateus a permissão de depositar junto deles sua bagagem, que era considerável. [36]Mas os filhos de Iambri,[c] habitantes de Mádaba, saindo de emboscada, apoderaram-se de João e de tudo o que levava e se foram, carregando a presa. [37]Depois desses fatos, informaram a Jônatas e a Simão, seu irmão, que os filhos de Iambri iam celebrar um grande casamento e estavam levando a noiva num pomposo cortejo que saía de Nabata,[d] e a noiva era filha de um dos grandes senhores de Canaã. [38]Recordaram-se, então, do fim sangrento de João, seu irmão, e subiram a esconder-se ao abrigo da montanha. [39]Levantando os olhos, avistaram entre o vozerio confuso, um grande cortejo: era o esposo, com seus amigos e irmãos, que saía ao encontro da esposa ao som de tamborins, instrumentos musicais, e com armas em quantidade. [40]Saindo de sua emboscada, os judeus se atiraram sobre eles e os massacraram. Muitos caíram feridos e os sobreviventes fugiram para a montanha, enquanto os seus despojos todos eram tomados. [41]Assim as núpcias se mudaram em luto e o som de suas músicas em lamentação. [42]Depois, vingado desse modo o sangue do seu irmão, regressaram para a ribeira pantanosa do Jordão.

A passagem do Jordão — [43]Ao saber disso, Báquides também veio até às margens do Jordão, em dia de sábado, com um grande exército. [44]Disse

---

a) Técua é a terra natal do profeta Amós, a sudeste de Belém, dominando uma região árida (2Cr 20,20). Seus *wadis*, que descem para o mar Morto, serviram de refúgio aos partidários de Davi (1Sm 24; 26) e serão igualmente utilizados pelos partidários de Bar-Kókeba, por ocasião da segunda revolta judaica (132-135 d.C.). — O topônimo "Asfar" não foi identificado.

b) Duplicata do v. 43.

c) Iambri, grego e lat.; segundo Josefo e sir., "Amraï". — Os benê-Iambri são uma tribo árabe, diferente do povo dos nabateus.

d) Nabata, segundo Josefo; "Gabadan" ou "Nabatda", grego, lat. — É, sem dúvida, uma fortaleza arameia do Nebo (Nm 32,3), na orla da planície de Moab, aqui

então Jônatas aos que estavam com ele: "Vamos, lutemos por nossas vidas, porque hoje não é como das outras vezes. ⁴⁵Espera-nos o combate pela frente e pelas costas, e de ambos os lados temos a água do Jordão, além do pantanal e do bosque cerrado: não há lugar para uma retirada! ⁴⁶Agora, pois, bradai ao Céu, a fim de poderdes salvar-vos da mão dos vossos inimigos!" ⁴⁷Travou-se o combate. Jônatas esteve a ponto de atingir Báquides, mas este escapou-lhe, desviando-se para trás. ⁴⁸Então Jônatas e os seus atiraram-se ao Jordão e passaram a nado para a outra margem, mas seus adversários não atravessaram o rio atrás deles.ᵃ ⁴⁹Nesse dia, do lado de Báquides caíram cerca de mil homens.

Fortificações de Báquides. Morte de Alcimo — ⁵⁰Regressando a Jerusalém, Báquides pôs-se a construir cidades fortificadas na Judeia: a fortaleza que está em Jericó, a de Emaús, a de Bet-Horon, a de Betel, a de Tamnata, a de Faraton e a de Tefon,ᵇ todas com altas muralhas, portas e ferrolhos. ⁵¹Em cada uma delas deixou guarnições para exercerem hostilidade contra Israel. ⁵²Fortificou também a cidade de Betsur, a de Gazara e a Cidadela, instalando nelas forças militares e armazenando víveres. ⁵³Além disso, tomou como reféns os filhos dos dirigentes do país, mantendo-os sob custódia na Cidadela de Jerusalém.

⁵⁴No ano cento e cinquenta e três, no segundo mês,ᶜ Alcimo mandou derrubar o muro do átrio interno do lugar santo. Destruindo, pois, as obras dos profetas,ᵈ ele começou a demolir. ⁵⁵Justamente então Alcimo teve um ataque e suas obras tiveram de ser interrompidas. Sua boca fechou-se e ficou paralisada, de tal sorte que não pôde mais articular palavra alguma nem sequer dispor quanto a seus assuntos domésticos. ⁵⁶Em tais circunstâncias morreu, entre dores atrozes. ⁵⁷Báquides, vendo que Alcimo tinha morrido, voltou para junto do rei. E a terra de Judá gozou de repouso por dois anos.

O cerco de Bet-Basi — ⁵⁸Todos os iníquos reuniram-se em conselho, dizendo: "Jônatas e seus partidários vivem tranquilos e julgam-se seguros. Agora, pois, devemos fazer vir Báquides, o qual, numa só noite, poderá prendê-los todos!" ⁵⁹Foram, pois, combinar as coisas com ele. ⁶⁰E ele pôs-se a caminho, vindo com um grande exército, e enviando instruções secretas a todos os seus aliados na Judeia, a fim de que prendessem Jônatas e seus partidários. Mas nada conseguiram, porque seu plano foi descoberto. ⁶¹Ao contrário, os que eram fiéis a Jônatas apoderaram-se de uns cinquenta, dentre os homens da região, que tinham sido instigadores de tal perversidade, e os mataram.

⁶²Entretanto, Jônatas e Simão retiraram-se com seus partidários para Bet-Basi,ᵉ no deserto. E, tendo reparado suas ruínas, fortificaram-na. ⁶³Ao saber disso, Báquides reuniu toda a sua gente e mandou informar aos da Judeia. ⁶⁴Depois, veio ele próprio acampar contra Bet-Basi e atacou-a por

---

chamada Canaã, termo que engloba todos os habitantes locais pagãos.
a) Com Josefo, situamos a escaramuça sobre a margem ocidental do Jordão, onde Jônatas havia estabelecido seu acampamento com a intenção de recuperar a região a ocidente do mar Morto. Báquides o obriga a voltar para a margem oriental do rio e se contenta com esse resultado.
b) "Tamnata e Faraton", lat., sir., Josefo; grego e mss lat. unem os dois num só topônimo. — Tamnata é a Tamna de Js 15,10.57; Faraton, Jz 12,15; Tefon deve ser Tafua (Js 12,17). — As escavações arqueológicas realizadas em Gazer, Betsur, Betel e Jericó confirmam a ocupação selêucida.
c) Abril-maio de 159.
d) Sem dúvida, são os da volta do Exílio, como Ageu e Zacarias. Esse muro corresponde talvez à balaustrada que estabelecerá a separação entre o átrio dos pagãos e o dos judeus no Templo de Herodes (cf. Ez 44,9). Mas os dois átrios que o texto supõe são talvez os que existiam já no tempo de Manassés (2Rs 21,5).
e) A lista dos repatriados da Babilônia menciona os filhos de Besai (Esd 2,17), os quais poderão ter dado

muitos dias, empregando também máquinas de assalto. ⁶⁵Deixando seu irmão Simão na cidade, Jônatas saiu pela região, percorrendo-a com poucos homens. ⁶⁶Bateu Odomer e seus irmãos bem como os filhos de Faziron*ᵃ* em suas próprias tendas, começando assim a vencer e a crescer em forças. ⁶⁷Então, Simão e seus homens saíram da cidade e incendiaram as máquinas. ⁶⁸Enfrentaram enfim o próprio Báquides que, desbaratado por eles, caiu em grande aflição: é que seu plano e sua intervenção haviam falhado. ⁶⁹Por isso, violentamente enfurecido contra os homens iníquos que o tinham induzido a vir contra o país, matou a muitos dentre eles e decidiu regressar para sua terra. ⁷⁰A esta notícia, Jônatas enviou-lhe legados para as tratativas de paz e para a restituição mútua de prisioneiros. ⁷¹Ele assentiu, concordando com as suas propostas, e jurou nunca mais procurar fazer-lhe mal por todos os dias de sua vida. ⁷²Restituiu-lhe os prisioneiros, anteriormente levados cativos da terra de Judá, e partiu de volta para seu país, não mais tornando a entrar nos seus territórios. ⁷³Cessou, assim, a espada de afligir Israel. Jônatas estabeleceu-se em Macmas, onde começou a governar o povo.*ᵇ* E fez desaparecer os ímpios do meio de Israel.

Dt 19,19; 22,22

10

Competição de Alexandre Balas. Jônatas é por ele nomeado sumo sacerdote — ¹No ano cento e sessenta, Alexandre, filho de Antíoco Epífanes,*ᶜ* embarcou e veio tomar posse de Ptolemaida. Teve boa acolhida e ali começou o seu reinado.*ᵈ* ²A esta notícia, o rei Demétrio reuniu forças armadas numerosíssimas e marchou contra ele para dar-lhe combate. ³Ao mesmo tempo enviou mensagem a Jônatas em termos amistosos, comprometendo-se a exaltá-lo. ⁴De fato, assim dizia: "Apressemo-nos em fazer a paz com essa gente, antes que a façam com Alexandre contra nós, ⁵porquanto Jônatas se recordará de todos os males que causamos a ele, a seus irmãos e à sua nação." ⁶Deu-lhe autorização de recrutar tropas, fabricar armas, e considerar-se seu aliado, além de ordenar que lhe fossem entregues os reféns que estavam na Cidadela.

⁷Então Jônatas dirigiu-se a Jerusalém e leu a mensagem aos ouvidos de todo o povo e dos que ocupavam a Cidadela. ⁸Um grande temor se apoderou deles ao ouvirem que o rei lhe tinha concedido autorização de formar um exército. ⁹Por isso, os ocupantes da Cidadela entregaram os reféns a Jônatas, o qual os restituiu a seus pais. ¹⁰E Jônatas estabeleceu-se em Jerusalém, começando logo a reconstruir e a restaurar a cidade. ¹¹Aos executores dos trabalhos ordenou que reconstruíssem os muros e amuralhassem o monte Sião com pedras quadradas*ᵉ* para fortificá-lo, o que eles fizeram. ¹²Fugiram, então, os estrangeiros que estavam nas fortalezas construídas por Báquides: ¹³cada um deles abandonou o seu posto, retirando-se cada qual para a própria terra. ¹⁴Em Betsur, porém, ficaram alguns dos que tinham abandonado a Lei e os mandamentos: era o seu lugar de refúgio.

¹⁵O rei Alexandre soube das promessas que Demétrio havia feito a Jônatas. Falaram-lhe também das guerras e façanhas que ele e seus irmãos tinham realizado e das labutas que haviam arrostado. ¹⁶E disse: "Encontraremos acaso outro homem igual a este? Vamos, pois, agora fazer dele um amigo e aliado!" ¹⁷Escreveu-lhe, então, uma carta e mandou levá-la, redigida nestes termos:

---

seu nome à nossa localidade, hoje *Bet-Bacça*, entre Belém e Técua.
a) Tribos árabes que deviam estar colaborando com Báquides.
b) Como Judas, Jônatas é comparado a um dos antigos Juízes (cf. Jz 3,10; 4,4 etc.). Macmas ou Micmas, a sudeste de Betel, era famosa por causa da façanha de Jônatas, filho de Saul (1Sm 14).

c) Este epíteto se lê nas moedas, mas a história o conhece sob o nome de Alexandre Balas. Ele pretendia ser filho de Antíoco Epífanes.
d) A defecção de Ptolemaida em favor de Balas deu-se em 152. No início do mesmo ano ele recebera o assentimento do Senado.
e) "quadradas", lit.: "de quatro faces", grego; "de quatro pés", grego luc., lat.

¹⁸"O rei Alexandre a seu irmão Jônatas, saudações! ¹⁹Fomos informados a teu respeito, de que és um homem poderoso e valente, e que mereces a nossa amizade. ²⁰Por isso agora te constituímos, hoje, sumo sacerdote da tua nação,[a] e te conferimos o título de amigo do rei — de fato, enviou-lhe uma clâmide de púrpura e uma coroa de ouro — esperando que apoies os nossos objetivos e nos guardes tua amizade."

2,18 +

²¹Assim, no sétimo mês do ano cento e sessenta,[b] na festa das Tendas, Jônatas começou a apresentar-se com as vestes sagradas. Entretanto, ia recrutando tropas e fabricando armas em quantidade.

Carta de Demétrio I a Jônatas — ²²Tendo sabido desses fatos, ficou Demétrio contrariado e disse: ²³"Que é que fizemos para que Alexandre nos precedesse em captar a amizade dos judeus, consolidando assim sua posição? ²⁴Também eu lhes escreverei palavras de incitamento, de exaltação e de promessa de dons, a fim de que se ponham de minha parte dando-me apoio." ²⁵De fato, enviou-lhes uma mensagem nestes termos:

"O rei Demétrio ao povo dos judeus, saudações. ²⁶Temos sido informados e nos alegramos ao saber que tendes observado os acordos firmados conosco e que permanecestes fiéis à nossa amizade, sem passardes para o lado dos nossos inimigos. ²⁷Agora, pois, continuai ainda a guardar fidelidade para conosco. E nós vos retribuiremos, com benefícios, por tudo aquilo que fizerdes por nós: ²⁸vamos conceder-vos muitas imunidades e vos cumularemos de presentes. ²⁹Desde agora desobrigo-vos, e declaro todos os judeus isentos dos tributos, do imposto sobre o sal e do ouro das coroas. ³⁰Igualmente renuncio à terça parte da semeadura e à metade dos frutos das árvores, que me caberiam de direito;[c] de hoje em diante deixo de arrecadá-los na terra de Judá e nos três distritos que lhe foram anexados, bem como na Samaria e na Galileia.[d] Isto, a partir do dia de hoje e para todo o tempo. ³¹Jerusalém seja considerada santa e isenta, assim como seu território, seus dízimos e seus tributos.

11,34

³²Renuncio também à posse da Cidadela que está em Jerusalém e a cedo ao sumo sacerdote para que nela instale homens de sua escolha para guarnecê-la. ³³A todo judeu levado cativo da terra de Judá para qualquer parte do meu reino, restituo a liberdade, sem que precise pagar resgate. Quero que todos estejam isentos dos impostos, também sobre seu gado. ³⁴Todas as festas, os sábados, as neomênias, os dias de preceito, bem como os três dias antes e depois de cada solenidade deverão ser dias de isenção e de remissão[e] para todos os judeus que estejam no meu reino: ³⁵Ninguém terá a permissão de mover demandas ou causar embaraço a quem quer que seja dentre eles, por qualquer motivo.

a) Jônatas é descendente de Joiarib, antepassado da primeira das vinte e quatro classes sacerdotais (cf. 2,1.54). Quanto a Alexandre, soberano reconhecido, competia-lhe o direito de nomeá-lo (cf. 7,9; 2Mc 4,24). Assim ficava excluída a família dos Oníadas, da qual provinham tradicionalmente os sumos sacerdotes. Foi, sem dúvida, nessa ocasião que o filho de Onias III refugiou-se no Egito, onde fundou o templo de Leontópolis (cf. 2Mc 1,1). Nas mesmas circunstâncias outro sacerdote, o "Mestre de Justiça", de quem fala o escrito essênio *Documento de Damasco*, refugiou-se em *Qumrã*. — Jônatas inaugura uma dinastia de príncipes-sacerdotes, à semelhança de outras existentes na época. Com os seus sucessores, os Asmoneus, as preocupações políticas estarão acima das preocupações religiosas.
b) Outubro de 152.
c) "à terça parte", Vet. Lat., Vet. Sir.; "em troca da terça parte", grego. — O "imposto sobre o sal" (lit.: "o preço do sal") era cobrado sobre a produção do mar Morto, monopólio do rei (cf. 11,35). As "coroas" ("palmas" ou "ramos de oliveira": 13,37; 2Mc 14,4) são presentes oferecidos ao soberano, feitos na realidade em moeda sonante. — Esses pesados impostos, que desde 165, tinham substituído o tributo (cf. 3,36+), explicam-se pela pretensão que tinham os Selêucidas, como os Ptolomeus do Egito, de serem eles os proprietários de todas as terras, por eles de certo modo arrendadas aos habitantes. Mas parece que o tributo foi ainda restabelecido: seria preciso acrescentar, no texto, "em troca de trezentos talentos" (cf. 11,28).
d) Eram os distritos conquistados por Judas, que os judeus consideravam seus. Aliás, Báquides já os havia incluído na Judeia (cf. 9,50).
e) Generalização do costume segundo o qual as dívidas e os direitos de alfândega ficavam suspensos durante as festas de peregrinação.

⁳⁶Serão recrutados entre os judeus, para os exércitos do rei, até trinta mil soldados, aos quais será pago o soldo que se deve a todas as tropas reais. ³⁷Certo número deles será destacado para as maiores fortalezas do rei, e dentre eles alguns serão designados para os encargos de confiança do reino. Seus chefes e comandantes sejam escolhidos dentre eles e vivam segundo suas leis, como aliás o rei o determinou para a terra de Judá.

³⁸Quanto aos três distritos incorporados à Judeia a expensas da província de Samaria, que eles estejam anexados à Judeia de modo a serem considerados dependentes de um só homem, e não obedeçam a nenhuma outra autoridade senão à do sumo sacerdote. ³⁹Quanto a Ptolemaida e suas adjacências, eu a entrego em doação ao lugar santo de Jerusalém, para cobertura das despesas exigidas pelo culto.*ᵃ* ⁴⁰De minha parte darei cada ano quinze mil siclos de prata, a serem recolhidos das listas reais nas localidades convenientes. ⁴¹E todo o excedente que os encarregados dos negócios deixam de entregar, como o faziam nos primeiros anos, de agora em diante o entregarão para as obras do Templo. ⁴²Além disso, os cinco mil siclos de prata, que eram recolhidos das entradas do lugar santo conforme a conta de cada ano, também isso há de ser deixado, porque pertence aos sacerdotes que prestam o serviço litúrgico. ⁴³E todos aqueles que, sendo devedores de impostos reais ou de qualquer outra obrigação, procurarem refúgio no Templo de Jerusalém ou em qualquer das suas dependências, sejam deixados livres: eles pessoalmente e todos os seus haveres dentro do meu reino. ⁴⁴Também para a construção e reparação das obras do lugar santo, prover-se-á às despesas por conta do rei. ⁴⁵Igualmente, para se reconstruírem as muralhas de Jerusalém e para as fortificações ao seu redor, é ainda por conta do rei que correrão essas despesas. Da mesma forma para se reerguerem as outras muralhas na Judeia."

Jônatas repele as ofertas de Demétrio. Morte do rei — ⁴⁶Tendo Jônatas e o povo ouvido essas propostas, não lhes deram crédito e não as aceitaram, lembrados do grande mal que Demétrio havia causado a Israel, tendo-os oprimido tão duramente. ⁴⁷Ao contrário, comprazeram-se em Alexandre, que fora o primeiro a dirigir-se a eles em gratificações,*ᵇ* e agiam como seus aliados todos os dias. ⁴⁸Então o rei Alexandre reuniu forças numerosas e saiu em campo contra Demétrio. ⁴⁹Tendo os dois reis travado o combate, o exército de Demétrio pôs-se a fugir. Mas Alexandre saiu em sua perseguição e prevaleceu sobre eles, ⁵⁰mantendo o combate muito renhido até ao pôr do sol. E, nesse dia, Demétrio morreu.

Casamento de Alexandre com Cleópatra. Jônatas elevado a estratego e governador — ⁵¹Então Alexandre enviou embaixadores a Ptolomeu, rei do Egito, com a seguinte mensagem: ⁵²"Depois que voltei para o meu reino e me assentei sobre o trono de meus pais assumi o poder e, após esmagar Demétrio, tornei-me senhor do nosso território. ⁵³De fato, travei batalha contra ele; e seu exército e ele próprio foram esmagados por nós, que nos assentamos em seu trono real. ⁵⁴Estabeleçamos, pois, amizade entre nós. E agora, dá-me a tua filha como esposa, para que eu seja teu genro. De minha parte, tanto a ti quanto a ela, dar-te-ei presentes dignos de ti."

⁵⁵E o rei Ptolomeu respondeu assim: "Venturoso dia, no qual voltaste para a terra dos teus pais e te assentaste no seu trono real! ⁵⁶Agora, farei para ti o que escreveste. Mas vem ao meu encontro em Ptolemaida, a fim

---

a) Isto equivale a convidar os judeus a fazerem uma incursão contra a base de operações de Balas (10,1). Eles tinham, aliás, contas a ajustar com os ptolemaidenses (2Mc 6,8; 1Mc 5,15.22).

b) "ele sobressaía a seus olhos em gratificações" conj.; o grego traz: "ele tornou-se para eles príncipe de palavras pacíficas" não tem muito sentido. O tradutor certamente confundiu *shillûm* "gratificação" com *shalom* "paz".

⁵⁷Ptolomeu partiu do Egito, ele e sua filha Cleópatra, e chegou a Ptolemaida no ano cento e sessenta e dois.*ᵃ* ⁵⁸Vindo o rei Alexandre ao seu encontro, ele entregou-lhe sua filha Cleópatra e celebrou o seu casamento em Ptolemaida com grande magnificência, como é costume entre os reis. ⁵⁹Ora, o rei Alexandre havia também escrito a Jônatas, para que viesse visitá-lo. ⁶⁰E Jônatas dirigiu-se a Ptolemaida com grande pompa. Avistou-se com ambos os reis e lhes deu, assim como a seus amigos, prata e ouro e numerosos presentes, encontrando graça a seus olhos. ⁶¹Então reuniram-se contra ele alguns homens pestíferos de Israel, gente iníqua, querendo acusá-lo, mas o rei não lhes deu nenhuma atenção.*ᵇ* ⁶²Antes, ordenou que se trocassem a Jônatas as suas vestes e que o revestissem de púrpura, o que foi feito. ⁶³E o rei fê-lo sentar-se a seu lado, dizendo depois a seus dignitários: "Saí com ele ao centro da cidade e fazei proclamar que ninguém intervenha contra ele pelo motivo que for, nem o inquiete pelo que quer que seja." ⁶⁴Então, ao verem os acusadores a sua glória, as proclamações do arauto e a púrpura de que estava revestido, puseram-se todos a fugir. ⁶⁵E o rei o glorificou ainda mais, inscrevendo-o entre os seus primeiros amigos e nomeando-o estratego e meridarca.*ᶜ* ⁶⁶Assim Jônatas regressou a Jerusalém alegre e em paz.

2,18+

Demétrio II. Apolônio, governador da Celessíria, é vencido por Jônatas

— ⁶⁷No ano cento e sessenta e cinco, Demétrio, filho de Demétrio, veio de Creta para a terra de seus pais.*ᵈ* ⁶⁸Ao ouvir esse fato, o rei Alexandre ficou muito preocupado e voltou para Antioquia. ⁶⁹Entretanto, Demétrio constituíra seu general a Apolônio, que era governador da Celessíria.*ᵉ* Este recrutou um grande exército e, vindo acampar perto de Jâmnia, mandou dizer ao sumo sacerdote Jônatas:

⁷⁰"Tu estás absolutamente sozinho em tua resistência contra nós, a tal ponto que me tornei objeto de irrisão e de injúria por causa de ti. Por que é que exerces a tua autoridade contra nós entre as montanhas? ⁷¹Agora, pois, se tens confiança nas tuas tropas, desce contra nós na planície: meçamo-nos aí um com o outro, pois está comigo a força das cidades. ⁷²Informa-te e ficarás sabendo quem eu sou e quem são os outros que nos prestam auxílio. Eles te dizem que não tendes a possibilidade de mánter firmes os pés diante de nós, pois já por duas vezes teus pais foram postos em fuga na sua própria terra.*ᶠ* ⁷³Agora, pois, não poderás resistir à cavalaria nem a um tão grande exército na planície, onde não há pedra, nem pedreira, nem lugar para fugir."

⁷⁴Ao ouvir as palavras de Apolônio, Jônatas ficou agitado em sua mente. Escolheu dez mil homens e saiu de Jerusalém, indo seu irmão Simão ao seu

---

a) No outono de 150 a.C. — Cleópatra Teia, filha de Ptolomeu VI Filométor, desposará sucessivamente Alexandre Balas (de quem dará à luz Antíoco VI), Demétrio II (11,12) e o irmão deste, Antíoco VII.
b) Os judeus do partido pró-Selêucidas achavam, não sem razão, estarem sendo mal recompensados pela sua adesão ao helenismo. E alguns não viam com bons olhos a rejeição dos direitos de outras famílias sacerdotais.
c) O meridarca governa uma mérida (cf. At 16,12), isto é, uma "parte" de território maior que a região administrada por estratego, no caso a Judeia, acrescida dos três distritos mencionados no v. 30. Ver o caso análogo de Apolônio, o misarca (3,10; 2Mc 5,24). Para o título de "primeiro amigo", ver 1Mc 2,18; 2Mc 8,9.

d) É o ano 147 a.C. De fato, porém, ele só começará o seu reinado em 145, após a morte de Alexandre (11,17). Seu governo se estenderá até 125, embora com a longa interrupção de 138 a 129, quando, prisioneiro dos partos, será substituído por seu irmão Antíoco VII (cf. 14,3; 15,1s).
e) É sem dúvida o mesmo Apolônio que ajudou Demétrio I a se evadir de Roma (cf. 7,1). Seu pai, igualmente chamado Apolônio, fora também governador da Celessíria e da Fenícia (2Mc 3,5).
f) Esta alusão à história dos "pais" (cf. 1Sm 4,2.10) é certamente redacional. Da mesma forma a alusão à fraqueza dos hebreus em terreno plano (1Rs 20,23.28).

encontro para auxiliá-lo. ⁷⁵Estabeleceu acampamento diante de Jope, mas os habitantes da cidade fecharam-lhe as portas, porque ali havia uma guarnição de Apolônio. Ele, então, a atacou, ⁷⁶e os habitantes, amedrontados, deixaram-no entrar. Assim Jônatas se apoderou de Jope. ⁷⁷Ao saber do acontecido, Apolônio pôs em campo três mil cavaleiros com uma numerosa infantaria e tomou a direção de Azoto, como se quisesse atravessar a região. Imediatamente, porém, avançou sobre a planície, pois contava com uma numerosa cavalaria e nela depositava sua confiança. ⁷⁸Jônatas lançou-se em seu encalço na direção de Azoto, e os dois exércitos entraram em batalha. ⁷⁹Entretanto, Apolônio deixara mil cavaleiros escondidos, visando à retaguarda do inimigo. ⁸⁰Então, apesar de Jônatas haver percebido que havia uma emboscada por detrás, os cavaleiros cercaram o seu exército e lançaram dardos contra a tropa, desde a manhã até à tarde. ⁸¹A tropa, porém, resistiu, como Jônatas havia ordenado, ao passo que os cavalos dos inimigos se cansaram. ⁸²Foi nesse momento que Simão arrancou com as suas tropas e atacou a falange. Esgotada já a cavalaria, eles foram esmagados e puseram-se a fugir. ⁸³A cavalaria dispersou-se pela planície. Os fugitivos correram para Azoto e entraram no Bet-Dagon, o templo do seu ídolo, aí esperando salvar-se. ⁸⁴Mas Jônatas incendiou Azoto e as cidades circunvizinhas, depois de ter-lhes tomado os despojos, e entregou às chamas o templo de Dagon com os que nele haviam buscado refúgio. ⁸⁵Chegou a cerca de oito mil o total dos que pereceram à espada ou foram consumidos pelo fogo. ⁸⁶Partindo dali, Jônatas foi acampar diante de Ascalon, cujos habitantes saíram ao seu encontro com grande aparato. ⁸⁷A seguir voltou para Jerusalém, junto com os que estavam com ele, carregados de imensos despojos. ⁸⁸Ora, quando o rei Alexandre veio a saber desses fatos, quis honrar Jônatas ainda mais. ⁸⁹De fato, mandou-lhe uma fivela de ouro, dessas que é costume conceder aos parentes dos reis,ᵃ e entregou-lhe como propriedade Acaron com todo o seu território.

11 *Ptolomeu VI dá apoio a Demétrio II. Morre Alexandre Balas e também Ptolomeu* — ¹O rei do Egito reuniu tropas numerosas como a areia que está à beira do mar, além de navios em quantidade, e procurou pela astúcia apoderar-se do reino de Alexandre para anexá-lo a seus próprios domínios. ²Partiu, pois, para a Síria, com palavras de paz. Os habitantes das cidades abriam-lhe as portas e saíam ao seu encontro, porque era ordem do rei Alexandre irem recebê-lo, visto tratar-se de seu sogro. ³À medida, porém, que entrava nas cidades, em cada uma delas Ptolomeuᵇ deixava seus soldados como guarnição. ⁴Quando se aproximaram de Azoto, mostraram-lhe o templo de Dagon incendiado, a própria Azoto e seus arredores devastados, os cadáveres atirados e aqueles que tinham sido carbonizados, aos quais Jônatas havia ateado fogo na guerra: de todos esses, fizeram montões ao longo do seu percurso. ⁵Contaram então ao rei o que havia feito Jônatas, a fim de que o reprovasse. Mas o rei nada falou. ⁶Entrementes, saíra Jônatas com magnificência ao encontro de Ptolomeu em Jope. Depois de se saudarem um ao outro, ali passaram a noite. ⁷Jônatas acompanhou o rei até ao rio chamado Elêuteroᶜ e logo voltou para Jerusalém. ⁸Quanto ao rei Ptolomeu, ele continuou apoderando-se das cidades da costa até chegar à Selêucia marítima.ᵈ Eram maus os seus desígnios contra Alexandre. ⁹Foi então que

---

a) Alexandre, agora em desvantagem, não hesita em fazer de Jônatas seu "parente" (cf. 3,32). A fivela de ouro que prendia o manto de púrpura era a insígnia dessa dignidade, mais elevada ainda que a de "primeiro amigo" do rei (v. 65).
b) "Ptolomeu" mss, grego luc., lat.; "de Ptolemaida", conjunto do grego.

c) Não só para fazer corte a Ptolomeu como também para mostrar, a judeus e pagãos, o favor de que desfrutava junto ao rei. — O rio Elêutero desemboca ao norte de Trípoli.
d) É o porto de Antioquia.

enviou embaixadores ao rei Demétrio para dizer-lhe: "Vem, façamos aliança um com o outro: eu te darei minha filha, agora desposada com Alexandre[a] e tu serás verdadeiramente rei no reino de teu pai. [10]Estou arrependido de haver-lhe dado minha filha, pois ele atentou contra a minha vida." [11]Na realidade, porém, assim o inculpava porque pretendia apoderar-se do seu reino.[b] [12]Mandou, então, raptar-lhe a filha e entregou-a a Demétrio. Foi assim que mudou de atitude para com Alexandre, tornando-se pública a sua inimizade. [13]A seguir, Ptolomeu fez seu ingresso em Antioquia e cingiu o diadema da Ásia. Desse modo, eram dois os diademas que cingiam sua fronte: o do Egito e o da Ásia.[c] [14]Por esse tempo, encontrava-se o rei Alexandre na Cilícia, porque os habitantes daquela região haviam-se revoltado. [15]Ao saber do acontecido, Alexandre marchou contra o rival para dar-lhe batalha. Mas Ptolomeu saiu ao seu encontro com poderoso exército e o fez bater em retirada.[d] [16]Alexandre fugiu para a Arábia, aí procurando refúgio, enquanto o rei Ptolomeu era exaltado. [17]O árabe Zabdiel[e] cortou a cabeça de Alexandre e mandou-a a Ptolomeu. [18]Mas, no terceiro dia, o próprio Ptolomeu veio a falecer. E os egípcios, que guarneciam as suas praças fortificadas, foram trucidados pelos que nelas moravam. [19]Assim Demétrio começou a reinar. Era o ano cento e sessenta e sete.

Primeiras relações entre Demétrio II e Jônatas — [20]Por esses dias, Jônatas reuniu os guerreiros da Judeia para atacar a Cidadela que estava em Jerusalém, e mandou construir muitas máquinas de assalto contra ela.[f] [21]Alguns, então, que odiavam sua própria nação, gente iníqua, foram ter com o rei para lhe anunciarem que Jônatas estava sitiando a Cidadela. [22]A essa notícia, o rei enfureceu-se. Apenas a ouviu, pôs-se de partida e veio para Ptolemaida. Dali escreveu a Jônatas que levantasse o cerco e viesse ter com ele em Ptolemaida, para uma conferência, o quanto antes. [23]Recebido o aviso, Jônatas ordenou que se continuasse o cerco. Depois, escolhendo como companheiros alguns dentre os anciãos de Israel e os sacerdotes, entregou-se pessoalmente ao perigo. [24]Tomando consigo prata, ouro, vestes e outros presentes em quantidade, foi apresentar-se ao rei em Ptolemaida e encontrou graça aos seus olhos. [25]Apesar de alguns iníquos dos de sua nação continuarem levantando acusações contra ele, [26]o rei tratou-o assim como o haviam tratado os seus predecessores, e o exaltou em presença de todos os seus amigos. [27]Confirmou-lhe o sumo sacerdócio e todas as outras dignidades que tivera no passado e fê-lo gozar da precedência entre os seus primeiros amigos. [28]Pediu então Jônatas ao rei que isentasse dos impostos a Judeia, bem como as três toparquias da Samarítida, prometendo-lhe em compensação trezentos talentos.[g] [29]O rei comprazeu-se no pedido. E escreveu em favor de Jônatas, sobre todos esses assuntos, um documento assim redigido:

---

a) Alguns mss leem "antes desposada". É difícil saber se, como pensa Josefo, ele já havia subtraído sua filha a Alexandre.
b) Esse atentado à vida de Ptolomeu, por parte de Alexandre, é-nos referido por Josefo. O autor de 1Mc, porém, embora conheça tal tradição, como também a conhece o historiador Diodoro, nela não acredita.
c) Conforme Diodoro, Trifão, que tinha passado para o campo de Balas e dominava Antioquia em seu nome, ofereceu o diadema a Ptolomeu. Este, porém, só teria conservado a Celessíria, por ele considerada herança de sua mãe, Cleópatra I, deixando a Ásia para Demétrio II.
d) Batalha do Oinoparos, que percorre a planície de Antioquia, em fins de agosto ou setembro de 145.

Ptolomeu VI foi aí mortalmente ferido, vindo a falecer quatro dias depois.
e) Diodoro o chama Díocles, seu nome grego, e informa que Alexandre lhe tinha confiado seu filho Antíoco (cf. v. 39).
f) Portanto, o artigo de 10,32 havia ficado apenas letra morta.
g) Era o montante tradicional do tributo devido anualmente pelo sumo sacerdote (cf. 2Mc 4,8). Jônatas pede ao rei que substitua pelo tributo o imposto sobre os bens de raiz, o que já tinha sido concedido por seu pai (cf. 10,30+). Demétrio II concordará, segundo parece, mas excluindo dessa concessão os três distritos (vv. 34s).

Novo decreto em favor dos judeus[a] —

³⁰"O rei Demétrio a Jônatas, seu irmão, e à nação dos judeus, saudações! ³¹A cópia da carta que a vosso respeito escrevemos a Lástenes, nosso parente, enviamo-la a vós também, para que dela tomeis conhecimento. ³²O rei Demétrio a Lástenes, seu pai, saudações! ³³À nação dos judeus, que são nossos amigos e observam o que é justo em relação a nós, decidimos fazer-lhes bem, em vista dos bons sentimentos que nutrem para conosco. ³⁴Nós lhes confirmamos a posse do território da Judeia bem como dos três distritos de Aferema, Lida e Ramataim.[b] Esses distritos, com todas as suas dependências, foram anexados da Samaria à Judeia, em favor de todos os que ofereciam sacrifícios em Jerusalém, em compensação pelos impostos que o rei aí recolhia outrora, cada ano, dos produtos da terra e dos frutos das árvores. ³⁵Quanto aos outros direitos que temos sobre os dízimos e os tributos que nos pertencem, quer sobre as salinas, quer relativos às coroas, a partir deste instante nós lhes fazemos cessão total.[c] ³⁶Nem uma sequer destas disposições será revogada, a partir deste momento e para sempre. ³⁷Agora, pois, providenciai a que se faça uma cópia deste decreto, para que seja entregue a Jônatas e afixada na montanha santa, em lugar visível."

Demétrio II é socorrido em Antioquia pelas tropas de Jônatas —

³⁸O rei Demétrio, vendo que a terra estava tranquila diante dele e nada lhe fazia oposição, licenciou todas as suas tropas, cada um para o seu lugar de origem, exceto as forças estrangeiras que havia recrutado nas ilhas das nações.[d] Entretanto, começaram a odiá-lo todas as tropas que tinham estado com os seus pais. ³⁹Ora, Trifão, que tinha sido outrora partidário de Alexandre, percebeu que todas as tropas estavam murmurando contra Demétrio. Foi, pois, ter com o árabe Jâmlico,[e] encarregado de educar Antíoco, o jovem filho de Alexandre. ⁴⁰Pediu-lhe com insistência que lhe entregasse o menino, para fazê-lo ocupar o trono em lugar de seu pai. Referiu-lhe também todas as coisas que Demétrio havia mandado fazer, e como o odiavam suas tropas. Mas teve de permanecer ali por muitos dias.

⁴¹Entretanto, Jônatas mandara pedir ao rei Demétrio que removesse da Cidadela de Jerusalém, bem como das outras fortalezas, os que as guarneciam, pois estavam sempre a provocar Israel para a guerra. ⁴²Demétrio assim respondeu a Jônatas: "Não só farei isto a ti e à tua nação, mas ainda cumularei de honras a ti e ao teu povo, tão logo se me apresente a ocasião propícia. ⁴³Agora, porém, procederias retamente mandando-me soldados que lutem ao meu lado, porque todas as minhas tropas me abandonaram." ⁴⁴Jônatas enviou-lhe então para Antioquia três mil homens muito aguerridos. Apresentando-se eles ao rei, este alegrou-se com a sua vinda. ⁴⁵Foi quando se aglomeraram os habitantes da cidade em seu centro, cerca de cento e vinte mil pessoas, com a intenção de eliminar o rei. ⁴⁶Refugiou-se este no palácio, enquanto os habitantes da cidade ocupavam as ruas e começavam a atacar. ⁴⁷Então chamou o rei em sua ajuda

---

a) Este decreto retoma em parte o de Demétrio I, que tinha sido recusado por Jônatas. — O título de "irmão", aplicado aqui a Jônatas (v. 30), sugere que ele tenha sido nomeado "parente do rei" e não simplesmente "primeiro amigo" (v. 27), título que lhe tinha sido conferido também por Balas (10,89). — O original da carta é dirigido ao cretense Lástenes, ministro de Demétrio.
b) Esses três distritos (cf. 10,30.38; 11,28) são o território de Efraim ou Efra (Js 18,23; 2Sm 13,23), cerca de 20 km a nordeste de Jerusalém; o de Lod (1Cr 8,11); e o de Ramá (1Sm 1,1), que corresponde à Arimateia de Mt 27,57. Eles são anexados à Judeia, mas os impostos sobre as colheitas continuam a ser devidos ao rei, contrariamente ao pedido de Jônatas (v. 28).
c) Mas o tributo de 300 talentos certamente não está incluído nesta concessão (v. 28). O decreto de Demétrio II é menos vantajoso que o de seu pai: não se fala mais da cessão da Cidadela, nem de ofertas para a reconstrução de Jerusalém ou para prover ao culto.
d) Medida de economia, provavelmente ideada por Lástenes: ficam apenas os mercenários, a maior parte dos quais eram cretenses.
e) "Jâmlico", conforme sir. e Diodoro; "Imalcuê" ou "Simalcuê", grego. — Trata-se, talvez, do filho de Zabdiel (v. 17). Este régulo árabe residia em Cálcis, ao sul de Alepo, onde Antíoco VI será coroado (v. 54).

os judeus, os quais concentraram-se todos imediatamente junto dele. A seguir espalharam-se pela cidade e mataram, naquele dia, cerca de cem mil pessoas. ⁴⁸Atearam fogo às casas e apoderaram-se de muitos despojos, nesse mesmo dia, além de conseguirem salvar o rei. ⁴⁹Ora, quando viram os habitantes que os judeus haviam-se tornado senhores absolutos da cidade, perderam o ânimo e começaram a bradar ao rei, em tom de súplica: ⁵⁰"Dá-nos a tua direita e cessem os judeus de combater contra nós e contra a cidade!" ⁵¹Depuseram então as armas e celebraram a paz. Assim os judeus cobriram-se de glória diante do rei e de todos os cidadãos do seu reino, e voltaram para Jerusalém carregados de despojos. ⁵²E assim o rei Demétrio voltou a sentar-se no trono do seu reino, e a terra ficou tranquila diante dele. ⁵³Mas faltou a todas as promessas feitas: distanciou-se de Jônatas e, longe de retribuir os serviços que este lhe havia prestado, começou a causar-lhe muitos dissabores.ᵃ

Jônatas contra Demétrio II. Simão retoma Betsur. A escaramuça de Asor —

⁵⁴Depois desses fatos, voltou Trifão. Com ele estava Antíoco,ᵇ ainda criança de tenra idade, o qual foi proclamado rei e passou a cingir o diadema. ⁵⁵Em torno dele reuniram-se todas as tropas licenciadas por Demétrio, as quais lutaram contra este, derrotando-o e obrigando-o a fugir. ⁵⁶Entretanto, Trifão capturava os elefantes e apoderava-se de Antioquia.

⁵⁷Então o jovem Antíoco escreveu a Jônatas nestes termos: "Eu te confirmo no sumo sacerdócio e te entrego o governo dos quatro distritosᶜ e quero que estejas entre os amigos do rei." ⁵⁸Ao mesmo tempo enviou-lhe vasos de ouro e um serviço de mesa, dando-lhe assim o direito de beber em taças de ouro, vestir a púrpura e usar a fivela de ouro.ᵈ ⁵⁹Além disso nomeou Simão, irmão de Jônatas, estratego do território que se estende da Escada de Tiro até à fronteira com o Egito. ⁶⁰Então partiu Jônatas, pondo-se a percorrer a Transeufratênia e as cidades, e todo o exército da Síria se reuniu em torno dele para auxiliá-lo nos combates. Chegado a Ascalon, os habitantes da cidade saíram a recebê-lo triunfalmente. ⁶¹Dali partiu para Gaza,ᵉ cujos moradores, porém, fecharam-lhe as portas. Ele então a sitiou, começando por incendiar-lhe os subúrbios, depois de tê-los saqueado. ⁶²Diante disso, os moradores de Gaza imploraram a paz a Jônatas, o qual lhes estendeu a mão. Tomou, porém, os filhos dos seus chefes como reféns e os expediu para Jerusalém. A seguir atravessou o país até Damasco.

⁶³Depois, soube que os generais de Demétrio tinham chegado a Cedes, na Galileia,ᶠ com um exército numeroso, com a intenção de fazê-lo desistir da sua empresa. ⁶⁴Marchou, então, para enfrentá-los, deixando no país, porém, o seu irmão Simão. ⁶⁵Este, indo acampar contra Betsur, atacou-a por muitos dias e bloqueou-a totalmente. ⁶⁶Imploraram-no então que aceitasse as suas mãos suplicantes, e ele assentiu. Todavia, obrigou-os a abandonar a cidade, ocupou-a e aí deixou uma guarnição.ᵍ ⁶⁷Enquanto isso, Jônatas e o seu exército estavam acampados junto às águas de Genesar. Dali partiram, de manhã cedo, rumo à

---

a) Segundo Josefo, Demétrio II exigiu o pagamento do *tributo tradicional;* isto, porém, era conforme ao decreto promulgado (vv. 28 e 35). Deve, pois, tratar-se de outros "dissabores", mas ignoramos quais.
b) Antíoco VI Dionísio (144-142).
c) O quarto distrito deve ser Acrabata (cf. 5,3).
d) Antíoco renova os favores concedidos por seu pai Alexandre (cf. 10,89) e por seu rival Demétrio II. Ele também nomeará Jônatas estratego da Celessíria (v. 60), ao passo que seu irmão Simão será estratego da faixa marítima (v. 59). Esta emulação dos reis da Síria mostra que o principado asmoneu representava uma potência considerável.

e) A mais meridional das cidades da antiga pentápole filisteia (1Sm 6,17), Gaza era agora centro helenístico particularmente hostil aos judeus. Alexandre Janeu conquistá-la-á por volta do ano 100 a.C., depois do cerco de um ano, e entregará a cidade à pilhagem e ao massacre.
f) É a mesma Cedes de Js 12,22, a 36 km do porto de Tiro, onde os generais tinham podido desembarcar.
g) Jônatas, estratego da Celessíria, tem o direito de controlar essa importante praça real. Quanto à vitória de Simão, será contada entre as grandes efemérides do seu povo.

planície de Asor.ᵃ ⁶⁸O exército dos estrangeiros marchou ao seu encontro, na planície, depois de haverem destacado uma emboscada contra ele nas montanhas. Enquanto os primeiros o atacavam pela frente, ⁶⁹os da emboscada, saindo dos seus esconderijos, entraram também no combate. ⁷⁰Então os homens de Jônatas fugiram, não permanecendo um sequer, com exceção de Matatias, filho de Absalão, e de Judas, filho de Calfi, que eram generais do exército. ⁷¹Diante disso, Jônatas rasgou suas vestes, espargiu pó sobre a cabeça e orou. ⁷²Logo a seguir voltou-se contra os inimigos, combatendo, e os desbaratou, a ponto de terem de fugir. ⁷³Vendo isto os seus, que estavam fugindo, tornaram a unir-se a ele. E com ele perseguiram-nos até Cedes, onde estava o acampamento inimigo. E ali, por sua vez, acamparam. ⁷⁴Nesse dia pereceram, dentre os estrangeiros, cerca de três mil homens. E Jônatas regressou a Jerusalém.

12 *Relações de Jônatas com Roma e Esparta* — ¹Vendo Jônatas que o tempo trabalhava em seu favor, escolheu alguns homens e os enviou a Roma para confirmar e renovar a amizade recíproca.ᵇ ²Também aos espartanos e a outros lugares enviou cartas no mesmo sentido. ³Os enviados, pois, dirigindo-se a Roma, entraram no Senado e disseram: "O sumo sacerdote Jônatas e a nação dos judeus enviaram-nos para que renoveis a amizade e a aliança com eles tal como outrora." ⁴E os romanos lhes entregaram cartas para as autoridades locais, a fim de que lhes favorecessem o retorno tranquilo até à terra de Judá.

⁵Quanto à carta que Jônatas escreveu aos espartanos, eis aqui a cópia: ⁶"O sumo sacerdote Jônatas, o conselho da nação, os sacerdotes e todo o povo dos judeus, aos espartanos, seus irmãos, saudações! ⁷Já em tempos passados foi enviada ao sumo sacerdote Onias uma carta, da parte de Ario,ᶜ vosso rei, atestando que sois nossos irmãos, conforme a cópia que vai anexa. ⁸Onias recebeu com honras o portador enviado e aceitou a carta, na qual se falava claramente de aliança e amizade. ⁹Quanto a nós, embora não precisemos de tais coisas, pois temos por consolo os livros santosᵈ que estão em nossas mãos, ¹⁰fizemos a tentativa de enviar-vos uma embaixada para renovar a fraternidade e amizade convosco, a fim de não nos tornarmos estranhos a vós. De fato, passou já muito tempo desde que nos mandastes a vossa embaixada. ¹¹De nossa parte, em todo tempo e ininterruptamente, nas festas e nos outros dias estabelecidos, lembramo-nos de vós nos sacrifícios que oferecemos e nas orações, porquanto é justo e conveniente recordar-se dos irmãos. ¹²Sentimos alegria pela vossa glória. ¹³A nós, contudo, envolveram-nos muitas tribulações e muitas guerras, pois os reis nossos vizinhos nos atacaram. ¹⁴Durante essas guerras, porém, não quisemos molestar-vos, nem aos outros nossos aliados e amigos, ¹⁵porque recebemos do Céu o socorro que nos ajuda. Assim ficamos livres de nossos inimigos, que foram humilhados. ¹⁶Tendo, pois, escolhido Numênio, filho de Antíoco, e Antípatro, filho de Jasão, enviamo-los aos romanos para renovar a amizade e aliança que nos uniam a eles outrora. ¹⁷Demos-lhes instruções também para que fossem ter convosco, para saudar-vos e entregar-vos esta

---

a) É a antiga metrópole cananeia de Hasor (Js 11,10), que na época não era mais que uma fortaleza, situada a uma dezena de km ao norte das "águas do Genesar", isto é, do lago de Tiberíades.
b) Essas renovações de aliança são características da época (cf. 14,18.22). Para o texto do tratado renovado, cf. 8,22s.
c) "Ario", conj. segundo Josefo; "Dario", grego. — Tendo Ario II falecido com oito anos, só pode tratar-se de Ario I (309-265) e, por conseguinte, de Onias I, contemporâneo de Alexandre Magno. A resposta à carta, nesse caso, teria demorado cerca de um século e meio (cf. v. 10)! Josefo, não percebendo que esse primeiro documento não passa de uma ficção diplomática, situa o caso sob Onias III, falecido em 174.
d) Os "livros santos" designam uma coleção mais ampla que "o livro da Lei" (3,48) ou o "livro santo" (2Mc 8,23): são todos os livros aos quais se reconhece autoridade divina. O cânon do AT está sendo organizado: um salmo é citado como "Escritura" em 7,17; e o prólogo do Eclesiástico (132 a.C.) conhece a divisão em Lei, Profetas e "outros escritos" (cf. 2Mc 2,13), divisão que continuará sendo a da Bíblia hebraica (cf. Rm 1,2; 2Tm 3,15+).

nossa carta, referente à renovação da nossa fraternidade. [18]Agora, pois, fareis bem em responder-nos sobre este assunto."

[19]Segue a cópia da carta por eles outrora enviada a Onias:

[20]"Ário,[a] rei dos espartanos, ao grande sacerdote Onias, saudações! [21]Encontrou-se, num documento referente aos espartanos e aos judeus, a informação de que são irmãos e que pertencem à descendência de Abraão.[b] [22]Agora, pois, que chegamos ao conhecimento disto, fareis bem se nos escreverdes sobre a vossa situação. [23]De nossa parte, respondemo-vos que o vosso gado e os vossos bens são nossos, da mesma forma como aquilo que nos pertence é vosso.[c] Ordenamos, pois, que vos seja enviada uma mensagem neste sentido."

Jônatas na Celessíria, Simão na Filisteia — [24]Entretanto, Jônatas soube que os generais de Demétrio haviam regressado com um exército mais numeroso que antes, a fim de atacá-lo. [25]Partiu então de Jerusalém, marchando ao encontro deles na região de Hamat, sem dar-lhes tempo de entrarem no seu território. [26]Enviou espiões ao acampamento inimigo, os quais, voltando, referiram-lhe que eles estavam já preparados para cair de surpresa sobre os judeus, durante a noite. [27]Por isso, logo que se pôs o sol, Jônatas ordenou aos seus que vigiassem e ficassem de armas em punho, preparados para o combate durante toda a noite, e destacou sentinelas avançadas ao redor do acampamento. [28]À notícia de que Jônatas e os seus estavam prontos para o combate, os adversários tiveram medo e perturbaram-se em seu coração. Acenderam então fogueiras em seu acampamento e retiraram-se.[d] [29]Mas Jônatas e os seus nada perceberam até pela manhã, pois viam as fogueiras acesas. [30]Então partiu Jônatas em sua perseguição, mas não conseguiu alcançá-los: eles já haviam atravessado o rio Elêutero.[e] [31]Foi nessa ocasião que Jônatas se voltou contra os árabes chamados zabadeus,[f] batendo-os e apoderando-se dos seus despojos. [32]Depois, tendo levantado o acampamento, dirigiu-se a Damasco e percorreu toda a região. [33]Também Simão tinha partido e percorrido o território até Ascalon e as fortalezas vizinhas, donde se dirigiu depois contra Jope, assenhoreando-se dela. [34]De fato, chegara-lhe aos ouvidos a intenção dos habitantes de entregarem a fortaleza aos partidários de Demétrio. Por isso deixou ali um destacamento para a guardar.[g]

Obras em Jerusalém — [35]Tendo regressado, Jônatas convocou a assembleia dos anciãos do povo e com eles tomou a decisão de edificar fortalezas na Judeia, [36]levantar ainda mais os muros de Jerusalém e erguer uma alta barreira entre a Cidadela e a cidade.[h] Assim se efetivaria a separação entre ambas, para que a Cidadela ficasse isolada e seus ocupantes não pudessem nem comprar nem vender. [37]Então se reuniram para reedificarem a cidade. Tendo caído uma parte do muro da torrente que dá para o levante, Jônatas fez reparar a secção chamada Cafenata.[i] [38]Simão, por sua vez, reconstruiu Adida[j] na Sefelá, fortificou-a e muniu-a de portas e ferrolhos.

---

a) "a Onias: Ario" conj. conforme Josefo; "a Oniares", grego.
b) Esta notícia, conforme às ficções diplomáticas da época, existia já em Esparta quando Jasão aí buscou refúgio (2Mc 5,9).
c) Este quadro idílico denuncia o autor do *escrito*: judeu que encontra seu ideal nas narrativas sobre os Patriarcas.
d) "e retiraram-se", 2 mss, grego luc., sir., Josefo; omitido pelo restante do grego e pelo lat.
e) O hodierno *Nahr el-Kebir*, que separa o Líbano da Síria, era certamente o limite setentrional da província da Celessíria e Fenícia, da qual Jônatas era o estratego.
f) Esse gentílico se encontra ainda em topônimos do Antilíbano, por exemplo, Zebdani.
g) Simão, portanto, age como estratego, nomeado por Antíoco VI (11,59). No seu elogio de Simão, porém, o autor sublinhará toda a importância que revestia, para os judeus, a tomada desse porto tão disputado (14,5).
h) A Cidadela continuava sob controle dos mercenários de Demétrio (11,20), aos quais ninguém até então podia impedir que saíssem à cidade.
i) Termo a ser comparado com o aramaico *kafeltá*, "o duplo": é a tradução do hebr. *ha-mishneh*, que designa o quarteirão novo a noroeste do Templo (cf. 2Rs 22,14). — A "torrente" é o Cedron.
j) É a Hadid de Esd 2,33, cerca de 6 km ao nordeste de Lida. Aí Simão parece ter estabelecido a sua base de operações (13,13).

Jônatas cai nas mãos de seus inimigos — ³⁹Trifão, entretanto, ambicionava tornar-se rei da Ásia e cingir o diadema, depois de eliminar Antíoco. ⁴⁰Mas receava que Jônatas não o permitisse ou que lhe fizesse guerra. Por isso procurava capturá-lo para poder livrar-se dele. Tendo, pois, levantado acampamento, dirigiu-se a Betsã.

⁴¹Também Jônatas, saindo ao seu encontro com quarenta mil homens escolhidos para um combate ordenado, marchou até Betsã. ⁴²Quando Trifão viu que ele tinha chegado com um exército numeroso, ficou com receio de estender a mão contra ele. ⁴³E o recebeu com honras, apresentando-o a todos os seus amigos e oferecendo-lhe presentes, além de ordenar a seus amigos e às tropas que lhe obedecessem como a ele próprio. ⁴⁴A seguir disse a Jônatas: "Por que motivo causaste transtorno a toda esta gente, se não há entre nós ameaça alguma de guerra? ⁴⁵Por isso, manda-os de volta às suas casas, depois de escolheres para ti uns poucos homens que estejam contigo, e vem comigo a Ptolemaida. E eu a entregarei a ti junto com as outras fortalezas, o restante das tropas e todos os encarregados dos negócios.ᵃ Depois, tomando o caminho da volta, partirei, pois é para isto que estou aqui." ⁴⁶Acreditando nele, Jônatas agiu de acordo com as suas palavras: licenciou suas tropas, que se retiraram para a terra de Judá, ⁴⁷e reteve consigo três mil homens. Desses, deixou dois mil na Galileia, e mil partiram com ele. ⁴⁸Apenas, porém, entrou Jônatas em Ptolemaida, os ptolemaidenses fecharam as portas, apoderaram-se dele e passaram ao fio da espada todos os que com ele tinham entrado. ⁴⁹A seguir Trifão enviou seus soldados e a cavalaria para a Galileia e a grande planície, a fim de liquidar com todos os homens de Jônatas. ⁵⁰Esses, porém, ao tomarem conhecimento de que ele tinha sido aprisionado e fora morto, com todos os seus companheiros, exortaram-se uns aos outros e avançaram em linhas cerradas, prontos para o combate. ⁵¹Vendo, então, os que os perseguiam, que eles lutavam por sua vida, voltaram para trás. ⁵²E eles chegaram todos sãos e salvos à terra de Judá. Aí choraram Jônatas com os seus companheiros e ficaram possuídos de grande temor. E todo Israel entrou num pesado luto. ⁵³Então, as nações circunvizinhas todas procuraram exterminá-los, dizendo: "Eles não têm mais quem os comande nem quem os ajude. Agora, pois, é o tempo de atacá-los e de cancelar do meio dos homens até sua lembrança."

V. Simão, sumo sacerdote e etnarca dos judeus (142-134 a.C.)

13 **Simão assume o comando** — ¹Simão fora informado de que Trifão havia reunido um poderoso exército para marchar contra a terra de Judá e devastá-la. ²Vendo então o povo transido de inquietação e temor, subiu a Jerusalém e reuniu sua gente, ³exortando-os com estas palavras: "Todos sabeis quantas coisas eu, meus irmãos e a casa de meu pai temos feito pelas leis e pelo lugar santo, e as guerras e as angústias que temos visto. ⁴Eis por que pereceram meus irmãos, todos eles,ᵇ pela causa de Israel, e eu fiquei sozinho. ⁵Agora, porém, longe de mim querer poupar minha vida em qualquer momento de tribulação, pois não valho mais que meus irmãos. ⁶Pelo contrário, tomarei vingança de minha nação, do lugar santo, de vossas mulheres e de vossos filhos, uma vez que todas as nações se coligaram para nos exterminar.

---

a) Trifão reconhece, portanto, a Jônatas (ou finge reconhecer) sua qualidade de estratego da Celessíria e Fenícia.

b) Simão, como todo o povo, pensava que Jônatas havia sido morto. Ele, porém, embora prisioneiro, estava vivo (cf. v. 12 abaixo).

só porque nos odeiam." ⁷Imediatamente reacendeu-se o ânimo do povo, ao ouvirem essas palavras. ⁸E com altos brados responderam: "Tu és o nosso chefe em lugar de Judas, e também de Jônatas, teu irmão! ⁹Toma a direção da nossa guerra, e nós faremos tudo o que disseres!"*ᵃ* ¹⁰Ele convocou então todos os homens aptos para a luta e apressou-se em terminar os muros de Jerusalém, fortificando-a em seu derredor. ¹¹A Jope enviou Jônatas, filho de Absalão, com um grupo armado considerável; ele expulsou os que nela se encontravam e nela se estabeleceu.*ᵇ*

Simão afasta Trifão da Judeia — ¹²Trifão partira de Ptolemaida com um exército numeroso, tendo a intenção de invadir a terra de Judá e levando consigo Jônatas como prisioneiro. ¹³Simão, por sua vez, foi estabelecer acampamento em Adida, diante da planície. ¹⁴Então, ao saber que Simão tinha surgido em lugar de Jônatas, seu irmão, e que se preparava para enfrentá-lo em batalha, Trifão enviou-lhe embaixadores para dizer-lhe: ¹⁵"É por causa da soma que devia teu irmão Jônatas ao erário real, em razão das funções que exercia, que nós o mantemos detido. ¹⁶Manda, pois, agora, cem talentos de prata e ainda dois de seus filhos como reféns, a fim de que, uma vez posto em liberdade, não se rebele contra nós. Então o deixaremos partir." ¹⁷Simão percebeu que lhe falavam assim falsamente. Não obstante, mandou preparar o dinheiro e os rapazes, a fim de não suscitar uma grande hostilidade entre o povo, o qual poderia dizer: ¹⁸"É porque não lhe enviei o dinheiro e os rapazes, que ele pereceu." ¹⁹Remeteu, pois, os rapazes e os cem talentos. Mas Trifão, usando de falsidade, não deixou livre Jônatas. ²⁰Ao contrário, retomou a marcha para invadir a região e devastá-la, fazendo, porém, um contorno, pelo caminho que vai para Adora.*ᶜ* Entretanto, Simão com o seu exército lhe punha obstáculos em toda parte, para onde quer que ele se dirigisse. ²¹Os que ocupavam a Cidadela estavam continuamente enviando mensageiros a Trifão, urgindo com ele para que viesse em seu auxílio através do deserto e lhes mandasse mantimentos. ²²Trifão chegou a preparar toda a sua cavalaria para a partida, mas naquela noite caiu neve em quantidade extraordinária. E ele, não podendo avançar por causa da neve, levantou o acampamento e dirigiu-se para a Galaadítida. ²³Ao aproximar-se de Bascama,*ᵈ* mandou matar a Jônatas, o qual foi sepultado aí. ²⁴Depois, Trifão voltou e se retirou para a sua terra.

Jônatas é sepultado no mausoléu de Modin, construído por Simão — ²⁵Simão ordenou que fossem recolher os ossos de Jônatas, seu irmão, e deu-lhe sepultura em Modin, cidade de seus pais. ²⁶E todo Israel o pranteou intensamente, guardando luto por ele durante muitos dias. ²⁷Sobre o túmulo de seu pai e de seus irmãos construiu Simão um monumento de pedras, polidas por trás e pela frente, dando-lhe altura tal que pudesse ser bem visto. ²⁸E levantou sete pirâmides, uma diante da outra, para seu pai e sua mãe e para os quatro irmãos.*ᵉ* ²⁹Adornou-as com artifícios engenhosos, circundando-as de grandes colunas sobre as quais mandou colocar armaduras completas, para recordação perene. Além disso, ao lado das armaduras, mandou colocar

---

a) Simão é nomeado por aclamação, como o fora Jônatas (9,30), ao passo que Judas havia sido designado por seu pai (2,66). Matatias, aliás, tinha pedido a seus filhos que considerassem Simão, o mais velho, como seu pai. Até aqui, porém, Simão deixara-se ficar à sombra de seus irmãos mais moços.
b) A política judaizante de Simão é mais radical do que a de Jônatas. Já em Betsur, havia ele expulsado toda a população pagã (11,66).
c) É a Aduram de 2Cr 11,9, hoje *Durá*, cerca de 8 km a oeste de Hebron. Trifão executa um movimento envolvente, idêntico ao de Lísias (cf. 4,29; 6, 31).
d) Na ponta ocidental do promontório do Carmelo. É o pequeno porto de Sicaminos, onde desembarcará Ptolomeu IX por volta do ano 100 a.C. Nesse caso, o difícil "Galaadítida", do v. 22, deve ser equívoco em vez de "Galileia". — Trifão deve ter executado Jônatas antes de embarcar.
e) Os monumentos em pirâmide são característicos da arte funerária da época.

navios esculpidos, de modo que o conjunto pudesse ser visto por todos os que navegam o mar. ³⁰Tal é o mausoléu que ele fez construir em Modin, e que existe até o dia de hoje.

Favores de Demétrio II a Simão — ³¹Entrementes, Trifão, agindo com perfídia para com o jovem rei Antíoco, mandou matá-lo.ᵃ ³²E, ocupando o trono em seu lugar, cingiu o diadema da Ásia, provocando grande calamidade sobre a terra. ³³Quanto a Simão, reconstruiu as fortalezas da Judeia, circundando-as de altas torres, de muros elevados e de portas com ferrolhos e nelas depositando víveres. ³⁴Além disso, escolheu alguns homens e os enviou ao rei Demétrio, a fim de que concedesse isenção para a província, pois todos os atos de Trifão haviam sido rapinas.ᵇ ³⁵O rei Demétrio enviou-lhe uma mensagem de acordo com os seus pedidos, escrevendo-lhe em resposta a seguinte carta:

³⁶"O rei Demétrio a Simão, sumo sacerdote e amigo dos reis, aos anciãos e à nação dos judeus, saudações! ³⁷Recebemos a coroa de ouro e a palma que nos enviastes, e estamos prontos a celebrar convosco uma paz duradoura e a escrever aos nossos administradores que vos considerem totalmente isentos. ³⁸Tudo o que temos determinado a vosso respeito permanece firme, e também são vossas as fortalezas que edificastes. ³⁹Quanto às faltas por ignorância e os delitos cometidos até o dia de hoje, bem como a coroa que nos deveis,ᶜ nós vo-los perdoamos. E se alguma outra coisa era arrecadada em Jerusalém, não o seja mais doravante. ⁴⁰Se houver entre vós alguns homens que sejam aptos a ser recrutados para a nossa guarda de corpo, que se inscrevam. E reine a paz entre nós." ⁴¹No ano cento e setenta, foi retirado de Israel o jugo das nações.ᵈ ⁴²E o povo começou a escrever, nos documentos e nos contratos: "No ano primeiro de Simão, sumo sacerdote insigne, estratego e chefe dos judeus."ᵉ

|| 2Mc 10,32-38 ***Simão toma Gazara*** — ⁴³Por aqueles dias acampou Simão contra Gazaraᶠ e sitiou-a com suas tropas. Construiu uma torre móvel, fê-la investir contra a cidade e, golpeando um dos bastiões, apoderou-se dele. ⁴⁴Os que estavam na torre móvel irromperam então na cidade, provocando ali enorme agitação. ⁴⁵Os habitantes subiram à muralha com suas mulheres e filhos e, rasgando suas vestes, começaram a clamar em altos brados, pedindo a Simão que lhes estendesse a mão direita: ⁴⁶"Não nos trates segundo as nossas maldades", diziam eles, "mas segundo a tua misericórdia!" ⁴⁷Simão assentiu em entrar em acordo com eles e fez cessar o ataque. Obrigou-os, porém, a sair da cidade e mandou purificar as casas em que houvesse ídolos. Então é que nela entrou, ao som de hinos e de bênçãos. ⁴⁸Lançou para fora toda impureza e nela estabeleceu homens que praticassem a Lei. Enfim, tendo-a fortificado, nela edificou uma residência para si.

Simão toma posse da Cidadela — ⁴⁹Ora, os da guarnição da Cidadela, em Jerusalém, impedidos de sair e de andar pela vizinhança, para comprar e

---

a) Para nosso autor, como para Diodoro, este assassínio precede a autoentronização de Trifão (a ser datada no ano 142-141). Segundo Tito Lívio e Josefo, porém, o assassínio ocorreu depois da captura de Demétrio (em 139, cf. 14,2). A sequência real pode ter sido: entronização de Trifão, captura de Demétrio, assassínio de Antíoco.
b) Há provavelmente um jogo de palavras, no original hebraico, entre o nome de Trifão e *teref*, "rapina". — A isenção pedida se referia aos impostos.
c) Sem dúvida, é o tributo anual, ao passo que no v. 37 devia tratar-se de dom ocasional. — Quanto aos outros impostos, parece que só Jerusalém (de fato, a Judeia) fica isenta, excluídos dessa isenção os três distritos (11,34+; cf. 15,31).
d) É o ano 142 a.C. — "jugo" é o símbolo da servidão (8,18; 1Rs 12,4), concretizada pelo pagamento do tributo.
e) isto é, "príncipe" ou "chefe da comunidade", (equivalente ao hebr. *rosh*, lit. "cabeça"). — Simão conta seus anos como os dos reis do Egito ou Trifão, a partir de sua própria investidura e não de acordo com a era selêucida.
f) "Gazara", conj. segundo Josefo (e cf. 14,7; 15,28; 16,21; 2Mc 10,32s); "Gaza", grego e lat. — Trata-se da atual *Gezer*, 30 km a noroeste de Jerusalém.

vender,ᵃ começaram a passar muita fome, perecendo não poucos dentre eles à míngua. ⁵⁰Então clamaram a Simão para que aceitasse a sua mão direita, e ele os atendeu. Expulsou-os, porém, dali e purificou a Cidadela, removendo-lhe as abominações. ⁵¹Finalmente nela entraram no vigésimo terceiro dia do segundo mês do ano cento e setenta e um,ᵇ entre aclamações e palmas, ao som de cítaras, címbalos e harpas, e entoando hinos e cânticos, porque um grande inimigo havia sido esmagado e expelido fora de Israel. ⁵²Simão estabeleceu que se comemorasse cada ano essa data com alegria. Fortificou ainda mais o monte do Templo, na parte contígua à Cidadela, e habitou ali, ele com os seus. ⁵³Vendo, então, que seu filho João se tornara já homem maduro, nomeou-o chefe de todas as forças militares. E João passou a residir em Gazara.

14

Elogio de Simão — ¹No ano cento e setenta e dois,ᶜ o rei Demétrio reuniu suas tropas e marchou para a Média. Tencionava ali recrutar reforços, com os quais pudesse enfrentar Trifão. ²Sabendo Arsaces, rei da Pérsia e da Média,ᵈ que Demétrio havia penetrado em seus domínios, mandou um dos seus generais com ordem de prendê-lo vivo. ³Este partiu e, tendo desbaratado o exército de Demétrio, conseguiu capturá-lo. Conduziu-o, a seguir à presença de Arsaces, o qual o lançou à prisão.

⁴E a terra de Judá gozou de repouso por todos os dias de Simão.ᵉ   3,3-9

Ele procurou o bem da sua nação
e a eles agradou a sua autoridade,
assim como sua glória, todos os seus dias.

⁵ Além de outros títulos de glória,
tomou Jope e dela fez seu porto,
abrindo acesso para as ilhas do mar.

⁶ Dilatou os limites da nação,   Ex 34,24
sob seu controle mantendo o país

⁷ e recuperando muitos prisioneiros.
Apoderou-se de Gazara, de Betsur e da Cidadela,ᶠ
de onde removeu as impurezas,
e não havia quem lhe resistisse.

⁸ Cultivavam a terra em segurança,   Zc 8,12
e a terra lhes dava os seus produtos
e as árvores das planícies o seu fruto.

⁹ Os anciãos sentavam-se nas praças,   Zc 8,4-5
todos sobre venturas discorrendo,
enquanto os jovens mostravam-se garbosos,
endossando suas armaduras.

¹⁰ Às cidades proveu de mantimentos
e dotou-as de meios de defesa,
a tal ponto que a fama de sua glória
até aos extremos do mundo ressoou.

¹¹ Consolidou a paz por sobre a terra
e Israel se alegrou com grande júbilo.

---

a) Situação que perdurava havia dois anos (cf. 12,36).
b) Começos de junho de 141. — Essa expulsão marca o fim da ocupação selêucida em Jerusalém, que durava desde 167 (cf. 1,33-40).
c) Outubro de 141 a setembro de 140.
d) Mitrídates I Arsaces VI (171-138), fundador do império dos partos, havia já arrebatado a Demétrio a Média e a Pérsia. Chamado em socorro por seus antigos súditos, Demétrio parece de início levar a melhor, mas cai prisioneiro em 139 (cf. 10,67). É então deportado para Hircânia, ao sul do mar Cáspio onde, porém, recebe tratamento digno de sua condição.
e) O elogio ritmado que segue (cf. 1,28+), está repleto de reminiscências bíblicas.
f) Com a tomada do porto de Jope v. 5 (cf. 12,32; 13,11; 14,34), a ocupação das três praças fortes selêucidas mais importantes havia "assegurado a liberdade de Israel" (14,26), apoiando-a em bases sólidas.

¹² Podia cada um ficar sentado
debaixo de sua vinha e de sua figueira,
e não havia quem medo lhes causasse.
¹³ Não mais apareceu sobre o país quem os atacasse,
e nesses dias também os reis foram batidos.
¹⁴ᵃ Ele amparou todos os pobres de seu povo,
¹⁴ᶜ e todo iníquo e malvado exterminou.ᵃ
¹⁴ᵇ Foi observante da Lei,
¹⁵ de glória recobriu o lugar santo,
do lugar santo as alfaias multiplicou.

Renovação da aliança com Esparta e Roma

— ¹⁶Ao se saber em Roma, e até em Esparta, que Jônatas havia morrido, sentiram todos profundo pesar. ¹⁷Sendo, porém, informados de que Simão, seu irmão, se tornara sumo sacerdote em seu lugar e que mantinha o controle do país e de suas cidades, ¹⁸escreveram-lhe em placas de bronze, para renovar com ele a amizade e a aliança outrora contraídas com Judas e Jônatas, seu irmãos.ᵇ ¹⁹Essas placas foram lidas perante a assembleia, em Jerusalém.

²⁰Segue, agora, a cópia da carta que os espartanos enviaram:

"Os magistrados e a cidade dos espartanos a Simão, sumo sacerdote, aos anciãos e aos sacerdotes e a todo o povo dos judeus, seus irmãos, saudações! ²¹Os embaixadores por vós enviados ao nosso povo nos deram notícia da vossa glória e honra, enchendo-nos de alegria a sua vinda. ²²As coisas por eles ditas, nós as transcrevemos entre as decisões do povo, nestes termos: Numênio, filho de Antíoco e Antípatro, filho de Jasão, embaixadores dos judeus, vieram a nós para renovarem a amizade conosco. ²³Aprouve ao povo receber esses homens com magnificência e incluir a cópia de suas palavras nos livros das atas públicas, a fim de que o povo dos espartanos conserve a sua lembrança. Outra cópia, escreveram-na eles ao sumo sacerdote Simão."

²⁴Depois disso, Simão enviou Numênio a Roma com um grande escudo de ouro, de mil minas de peso, para confirmar a aliança com eles.

Decreto honorífico em favor de Simão

— ²⁵Tomando o povo conhecimento desses fatos, começaram a dizer: "Que prova de reconhecimento daremos a Simão e a seus filhos? ²⁶Pois ele mostrou-se forte,ᶜ ele com seus irmãos e a casa de seu pai, e combateu os inimigos de Israel, repelindo-os e assegurando a Israel a liberdade." Gravaram então um texto em placas de bronze e afixaram-nas a estelas no monte Sião. ²⁷Eis a cópia da inscrição:

"No dia dezoito de Elul, do ano cento e setenta e dois, que é o terceiro ano de Simão, sumo sacerdote insigne, em Asaramel,ᵈ ²⁸numa grande assembleia de sacerdotes, do povo, de dirigentes da nação e de anciãos do país, nos foi notificado o seguinte:

²⁹Tendo-se muitas vezes deflagrado guerras no país, Simão, filho de Matatias e sacerdote da estirpe de Joarib, ele e seus irmãos, expuseram-se ao perigo e fizeram frente aos adversários de sua nação, a fim de que seu lugar

---

a) Este v. tem um som quase messiânico (cf. Sl 18,28; Lc 1,52). — A sequência do v., restabelecida segundo a ordem lógica (com o grego luc. e mss sir.), bem traduz o legalismo da época e o zelo da Lei, característica de Simão (13,3; 14,29; cf. 2Mc 13,10.14).
b) Cf. 8,22. Na realidade, esta renovação da aliança deve ter sido solicitada por Simão pouco depois de sua ascensão ao poder em 142, porquanto a resposta de Roma data desse mesmo ano (o do consulado de Lúcio, 15,16). Tal devia ser o objetivo da missão de Numênio (14,24). — De resto, a distribuição desse conjunto histórico na trama da narrativa não é bem coerente.
c) "mostrou-se forte", trad. conjectural de verbo que tem normalmente sentido ativo.
d) Em setembro de 140. — "Asaramel" (e não a forma aferesada "Saramel" de alguns mss) é a transcrição do hebr. *haçar 'am 'el*, "átrio do povo de Deus". Trata-se sem dúvida do pátio exterior do Templo (cf. v. 48; 9,54).

santo e a Lei permanecessem firmes. Assim enalteceram a sua nação com uma glória imensa. ³⁰Jônatas congregou em torno de si a nação e se tornou para eles sumo sacerdote. Mas depois que foi reunir-se ao seu povo, ³¹os inimigos dos judeus quiseram invadir o território e estender a mão contra o seu lugar santo. ³²Foi quando Simão levantou-se contra eles e combateu por sua nação. E muitas das suas próprias riquezas[a] ele gastou para fornecer armas aos homens do exército de seu povo e dar-lhes o devido soldo. ³³Fortificou também as cidades da Judeia, assim como Betsur nos limites da Judeia: onde antes se achava o arsenal dos inimigos, ali estabeleceu uma guarnição de soldados judeus. ³⁴Fortificou ainda Jope, que está sobre o mar, e Gazara, na fronteira do território de Azoto. Em Gazara habitavam outrora os inimigos, mas Simão nela estabeleceu judeus, provendo-os de tudo o que era necessário ao seu bem-estar. ³⁵Vendo o povo a fidelidade de Simão e a glória que ele se propusera conquistar para a sua nação, constituíram-no seu chefe e sumo sacerdote, por ter ele realizado todas estas coisas, pela justiça e fidelidade que havia observado para com a sua pátria e porque havia procurado, por todos os modos, exaltar o seu povo. ³⁶Ainda nos seus dias foi-lhe dado por suas mãos extirpar do seu país[b] os pagãos, incluídos aqueles que estavam na cidade de Davi em Jerusalém. Esses haviam construído para si a Cidadela, da qual saíam para profanar as imediações do lugar santo, causando grave atentado à sua pureza. ³⁷Nela Simão alojou soldados judeus, fortificando-a em vista da segurança da região e da cidade, e tornou mais altas as muralhas de Jerusalém.

³⁸Por isto o rei Demétrio lhe confirmou o sumo sacerdócio, ³⁹incluiu-o entre os seus amigos e o cumulou de grande glória.[c] ⁴⁰Pois chegara aos ouvidos do rei a notícia de que os judeus haviam sido chamados, pelos romanos, de amigos, aliados e irmãos[d] e que os mesmos romanos haviam tributado, aos embaixadores de Simão, honrosa acolhida. ⁴¹E que os judeus e seus sacerdotes haviam achado por bem que Simão fosse o seu chefe e sumo sacerdote para sempre, até que surgisse um profeta fiel. ⁴²Mais. Que fosse ainda o seu estratego e assumisse a responsabilidade do lugar santo, designando ele próprio quem devesse presidir aos seus trabalhos, à administração do país, às armas e às fortalezas. ⁴³E ainda (assumindo ele a responsabilidade pelo lugar santo[e]), que todos lhe obedecessem, que em seu nome se redigissem todos os documentos no país, que fosse revestido de púrpura e usasse ornamentos de ouro. ⁴⁴A ninguém do povo e dentre os sacerdotes será lícito derrogar qualquer destas coisas, ou contradizer as ordens que ele der, ou sem a sua autorização convocar reuniões no país, ou revestir-se de púrpura ou usar a fívela de ouro. ⁴⁵Todo aquele que proceder contrariamente a estas decisões ou derrogar delas o que quer que seja, será passível de pena. ⁴⁶Comprazeu-se todo o povo em conceder a Simão o direito de agir de acordo com estas resoluções. ⁴⁷Quanto a Simão, ele as aceitou. E comprazeu-se em exercer o sumo sacerdócio, em ser estratego e etnarca dos judeus e dos sacerdotes,[f] e em presidir a todos. ⁴⁸Ordenaram também que este documento fosse gravado em placas de bronze, a serem colocadas no recinto do lugar santo, em posição visível, ⁴⁹e que as

2,18 +

4,46 +

---

a) Menção característica dos textos laudatórios. — Ao recrutamento em massa dos tempos da revolta foi sucedendo, pouco a pouco, um exército permanente.

b) "seu país" um ms lat.; "o país deles", grego, lat.

c) Cf. 13,36. Os laços com Antioquia, portanto, continuam firmes.

d) A fórmula "amigos e aliados" é bem atestada; o tratamento de "irmãos" deve ser redacional, porquanto exigiria uma comunidade de origem, ao menos fictícia, como a com os espartanos (12,21).

e) Evidente ditografia do v. 42.

f) A menção explícita dos sacerdotes, aqui e no v. 41, poderia explicar-se pela oposição de parte do clero, ainda fiel aos desapossados Oníadas. — O poder de Simão se apresenta como tradicional (sumo sacerdote), reverente para com a suserania selêucida (estratego), mas antes de tudo nacional (etnarca=higoumene é o chefe de um grupo étnico dentro do império).

cópias fossem arquivadas no Tesouro, para estarem à disposição de Simão e de seus filhos."

15 Carta de Antíoco VII e cerco de Dora

¹Antíoco, filho do rei Demétrio, enviou das ilhas do mar*ª* uma carta a Simão, sacerdote e etnarca dos judeus, e a toda a nação. ²A carta estava assim redigida:

"O rei Antíoco a Simão, sacerdote insigne e etnarca, e à nação dos judeus, saudações! ³Uma vez que homens pestíferos apoderaram-se do reino de nossos pais, quero agora fazer valer os meus direitos sobre ele, a fim de poder restabelecê-lo na situação em que antes se encontrava. Por isso, tendo recrutado no exterior grande número de tropas e equipado navios de guerra, ⁴pretendo desembarcar no país a fim de ajustar contas com os que arruinaram a nossa terra e devastaram muitas cidades no meu reino. ⁵Agora, pois, eu te confirmo todas as imunidades que te concederam os reis meus predecessores, bem como a isenção, por eles outorgada, de quaisquer outros donativos.*ᵇ* ⁶Dou-te a permissão de cunhar moeda própria, com curso legal no teu país.*ᶜ* ⁷Que Jerusalém e o lugar santo sejam considerados livres. E todas as armas que fabricaste, e as fortalezas que construíste e que estão sob teu controle, permaneçam em teu poder. ⁸Toda dívida que tenhas no momento para com o tesouro real, ou que venhas a contrair no futuro, desde agora e para sempre te seja cancelada. ⁹Enfim, quando tivermos reconquistado o nosso reino, haveremos de glorificar-te a ti, a tua nação e o Templo, com uma glória tão grande, que a vossa glória se tornará manifesta por toda a terra."

¹⁰No ano cento e setenta e quatro,*ᵈ* Antíoco partiu para a terra de seus pais. E todas as tropas acorreram ao seu lado, ficando apenas uns poucos partidários com Trifão. ¹¹Antíoco pôs-se então a persegui-lo e Trifão, dando-se à fuga, chegou até Dora*ᵉ* sobre o mar, ¹²pois percebia que as desgraças se adensavam sobre ele, porquanto as tropas o haviam abandonado. ¹³Mas Antíoco acampou contra Dora, tendo consigo cento e vinte mil homens de guerra e uma cavalaria de oito mil. ¹⁴Circundou a cidade, enquanto os navios a atacavam do lado do mar. Assim, apertando a cidade por terra e por mar, não deixava sair nem entrar ninguém.

Volta da embaixada de Roma para a Judeia e promulgação da aliança com os romanos

12,16; 14,22.24; 8,17

— ¹⁵Entrementes, chegavam de Roma Numênio e seus companheiros, trazendo cartas para os reis e os vários países. Nelas estava escrito o seguinte:

¹⁶"Lúcio,*ᶠ* cônsul dos romanos, ao rei Ptolomeu, saudações! ¹⁷Os embaixadores dos judeus vieram a nós como nossos amigos e aliados, para renovarem a primitiva amizade e aliança, enviados por Simão, sumo sacerdote, e pelo povo dos judeus. ¹⁸Eles nos trouxeram um escudo de ouro de mil minas.*ᵍ* ¹⁹Aprouve-nos, pois, escrever aos reis e aos países, que não lhes causem dano algum, nem lhes façam guerra, nem ataquem suas cidades ou seu território,

---

a) É em Rodes que Antíoco VII recebe a notícia da prisão de seu irmão Demétrio II. Educado em Cnido e em Side, recebeu o cognome de Sidetes, porém nas moedas se intitula Evergetes ("benfeitor").

b) Cf. 13,39. Antíoco inclui aqui, ao menos implicitamente, as taxas devidas pelos três distritos (15,30s; cf. 11,34+).

c) Na realidade, o privilégio foi logo revogado (v. 27). Aliás, não foi encontrada, até hoje, nenhuma moeda judaica que se possa atribuir a Simão. Em contrapartida, são numerosas as pequenas moedas de bronze com a inscrição "João e a comunidade dos judeus", provavelmente do tempo de João Hircano, filho de Simão.

d) Ano de 139/138. — As primeiras moedas de Antíoco datam de 138. Seu desembarque verificou-se no outono de 139, em resposta ao apelo de Cleópatra Teia, sua cunhada.

e) Ao sul do Carmelo. Esta antiga capital de distrito (1Rs 4,11) continuaria a ser porto próspero.

f) Lúcio Cecílio Metelo Calvo, cônsul em 142. Sua "circular" não está, portanto, no lugar devido (cf. 14,18).

g) Deve entender-se, com certeza, "do valor de" mil minas (de prata), ou seja, o equivalente a 44 kg de ouro, peso razoável para esses escudos decorativos, dos quais se tem notícia. Corrija-se, pois, 14,24, onde

nem se aliem com os que contra eles combatam. ²⁰Pareceu-nos bem aceitar o escudo que nos trouxeram. ²¹Se, portanto, homens pestíferos tiverem escapado do seu território para junto de vós, entregai-os ao sumo sacerdote Simão, para que os possa punir segundo a sua Lei."

²²As mesmas coisas ele escreveu ao rei Demétrio, a Átalo, a Ariarates e a Arsaces*ᵃ* ²³e para todos os países: para Sampsames e os espartanos, para Delos, Mindos, Sicônia, Cária, Samos, Panfília, Lícia, Halicarnasso, Rodes, Fasélis, Cós, Side, Arados, Gortina, Cnido, Chipre e Cirene.*ᵇ* ²⁴E uma cópia dessas cartas redigiram-na para o sumo sacerdote Simão.

Antíoco VII, ao assediar Dora, torna-se hostil a Simão e o censura — ²⁵O
rei Antíoco estava acampado contra Dora, na parte nova da cidade, impelindo contra ela continuamente as alas do seu exército e empregando máquinas de assalto. Assim bloqueou Trifão, impedindo a qualquer um de sair ou de entrar. ²⁶Simão enviou-lhe dois mil homens escolhidos para combaterem a seu lado, além de prata e ouro e equipamento em quantidade. ²⁷O rei, porém, não quis recebê-los. Ao contrário, revogou tudo o que precedentemente havia combinado com ele, passando a mostrar-se hostil a Simão. ²⁸E mandou-lhe Atenóbio, um dos seus amigos, a conferenciar com ele para dizer-lhe: "Vós estais ocupando Jope, Gazara e a Cidadela que está em Jerusalém, cidades do meu reino.*ᶜ* ²⁹Devastastes os seus territórios, provocastes uma grande calamidade sobre a terra e vos assenhoreastes de muitas localidades*ᵈ* no meu reino. ³⁰Agora, pois, entregai as cidades que ocupastes, bem como os tributos das localidades de que vos assenhoreastes fora dos limites da Judeia. ³¹Ou, então, cedei-nos em troca quinhentos talentos de prata, além de mais quinhentos talentos pelas devastações que causastes e pelos impostos das cidades. Caso contrário, viremos para fazer-vos guerra!" ³²Dirigiu-se, pois, Atenóbio, o amigo do rei, a Jerusalém. Ali, ao ver a glória de Simão, o serviço de mesa com vasos de ouro e prata e o aparato grandioso, ficou maravilhado. Mas transmitiu-lhe as palavras do rei. ³³Como resposta, Simão lhe disse: "Não é terra alheia a que tomamos, nem de coisas alheias nos apoderamos, pois trata-se da herança dos nossos pais: contra todo direito foi ela, por certo tempo, ocupada por nossos inimigos. ³⁴Nós, porém, tendo surgido a oportunidade, estamos recuperando esta herança dos nossos pais. ³⁵Quanto a Jope e Gazara, que tu reclamas, elas infligiam graves danos ao povo e devastavam a nossa região.*ᵉ* Mas daremos por elas cem talentos." Sem responder-lhe palavra, ³⁶Atenóbio voltou furioso para junto do rei, a quem referiu esta resposta, bem como a glória de Simão e tudo quanto havia visto. E o rei ficou sumamente encolerizado.

2,18 +

O governador Cendebeu molesta a Judeia — ³⁷Trifão, porém, conseguindo
embarcar num navio, foi refugiar-se em Ortosia.*ᶠ* ³⁸O rei, então, nomeou Cendebeu epistratego da faixa marítima e confiou-lhe tropas de infantaria

---

se lê "do peso de mil minas", o que corresponderia a mais de meia tonelada de ouro!
a) Átalo II (159-138), rei de Pérgamo. Ariarates V (162-131), rei da Capadócia. Sobre Arsaces, cf. 14,2.
b) Esta lista reflete bem o estado político do Oriente Próximo por volta da metade do séc. II a.C. Ao lado de alguns grandes reinos, havia uma multidão de cidades (Side, na Panfília; Sicônia, no Peloponeso etc.), ilhas (Delos, Samos, Rodes, Arados — a moderna *Ruad*, ao norte de Trípoli) e territórios (Cária, Lícia etc.) praticamente independentes, onde se encontrava certo número de colônias judaicas. Chipre e Cirene ainda eram egípcias, mas Roma não hesitava em dirigir-se diretamente a elas como a estados vassalos.

c) A fortaleza de Jerusalém era bastante vasta para merecer o nome de cidade (cf. 1,33). Simão naturalmente recusará restituí-la ou pagar qualquer imposto por ela, mas consentirá no ressarcimento pelas duas outras cidades fortificadas que não faziam parte da Judeia nem dos quatro distritos (v. 29).
d) Em grego *tópos*, termo muito vago que talvez designe aqui os quatro distritos ou "toparquias" (cf. 11,57).
e) "e devastavam a nossa região", 1 ms; "e nossa região" ou "e à nossa região", conjunto do grego.
f) Entre Trípoli e o rio Elêutero. Aí foram achadas trinta e três tetradracmas de Trifão, e a raridade dessas moedas autoriza-nos a pô-las em relação com

e cavaleiros. ³⁹Deu-lhe ordem de estabelecer seu acampamento à vista da Judeia, com a incumbência também de reconstruir Quedron, fortificar suas portas e fazer incursões contra o povo. Quanto ao rei, saiu em perseguição de Trifão. ⁴⁰Ao chegar a Jâmnia, Cendebeu começou a provocar o povo e a invadir a Judeia, fazendo prisioneiros e perpetrando matanças entre o povo. ⁴¹Entretanto, reconstruiu Quedron*ᵃ* e aí alojou cavaleiros e tropas, dando-lhes a missão de, fazendo sortidas, patrulharem as estradas da Judeia, como lhe havia ordenado o rei.

16 *Vitória dos filhos de Simão contra Cendebeu* —

¹João subiu de Gazara e foi advertir Simão, seu pai, do que Cendebeu havia feito. ²Simão, por sua vez, chamando seus dois filhos mais velhos, Judas e o mesmo João,*ᵇ* disse-lhes: "Eu e meus irmãos e a casa de meu pai temos combatido os inimigos de Israel desde a nossa juventude até o dia de hoje. E conseguimos, por nossas mãos, que Israel fosse tantas vezes libertado. ³Agora, porém, estou velho, ao passo que vós, pela misericórdia do Céu,*ᶜ* estais na plena força dos anos. Ocupai, pois, o meu lugar e o de meus irmãos, e saí a combater por nossa nação. E que o auxílio que vem do Céu esteja convosco!" ⁴João escolheu então, no país, vinte mil homens de guerra e cavaleiros, os quais puseram-se em marcha contra Cendebeu. Tendo pernoitado em Modin, ⁵levantaram-se de madrugada e, ao avançarem sobre a planície, viram um exército poderoso que vinha ao seu encontro, tropas de infantaria e cavaleiros. Uma torrente,*ᵈ* porém, interpunha-se entre ambos os exércitos. ⁶João*ᵉ* tomou posição diante dos inimigos, ele com o seu povo. E logo, percebendo que o povo tinha medo de atravessar a torrente, passou-a ele por primeiro. Ao verem-no, seus homens atravessaram também, depois dele. ⁷Dividiu, então, a sua gente, colocando os cavaleiros no centro da infantaria,*ᶠ* pois a dos inimigos era muito numerosa. ⁸Ressoaram as trombetas. Cendebeu e seu exército foram desbaratados, caindo feridos muitos dentre eles, enquanto os restantes fugiram para a fortaleza. ⁹Nessa ocasião ficou ferido Judas, irmão de João. João, porém, continuou a perseguição, até Cendebeu atingir Quedron, que ele tinha reedificado. ¹⁰Fugiram também para as torres que estão nos campos de Azoto, mas João incendiou a cidade. Assim caíram dentre eles ainda uns dois mil homens. E ele voltou para a Judeia em paz.

Fim trágico de Simão em Doc. Sucede-lhe seu filho João —

¹¹Ptolomeu, filho de Abubo, havia sido nomeado estratego da planície de Jericó.*ᵍ* Tinha prata e ouro em grande quantidade, ¹²pois era genro do sumo sacerdote. ¹³Exaltando-se por isso o seu coração, sentiu a vontade de apoderar-se do país e começou a tramar perfidamente contra Simão e seus filhos, com o objetivo de eliminá-los. ¹⁴Ora, Simão estava inspecionando as cidades no interior do país, interessando-se por sua administração. Desceu, pois, a Jericó, ele e seus filhos Matatias e Judas, no ano cento e setenta e sete. Era o undécimo mês, isto é, o mês de

---

a sua passagem por essa cidade. Trifão continuará fugindo até Apameia, onde será morto (a menos que se tenha suicidado, se se crê mais em Estrabão do que em Josefo).
a) É a atual *Qatra*, cerca de 6 km a sudeste de Jâmnia.
b) Este João é João Hircano, que sucederá a seu pai em 134. — As palavras de Simão fazem recordar o testamento de Matatias, em 2,49s. Cf. igualmente 2,66; 12,15; 13,3; 14,26.36.
c) Lit.: "pela misericórdia", a precisão é subentendida (cf. 2,21).
d) Talvez o *wadi Qatra*, que passa a 1 km ao norte de Qatra, entre Modin (distante 25 km) e Azoto, v. 10 (distante uns 13 km).
e) O sujeito não vem expresso, no original, mas não pode tratar-se mais de Simão (cf. v. 3).
f) Tática conhecida dos antigos, que permitia resistir a uma cavalaria superior em número. Temos aqui a primeira menção da cavalaria dos Asmoneus.
g) Ptolomeu teria sido posto por Simão em Jericó assim como João em Gazara. Em todo caso, esta região administrada por estratego era dependente da Judeia

Sabat.[a] [15]Recebeu-os o filho de Abubo ardilosamente na pequena fortaleza chamada Doc,[b] que ele mesmo havia construído. Ofereceu-lhes um grande banquete, colocando ali, porém, homens de emboscada. [16]Quando Simão e seus filhos já estavam sob o efeito da bebida, Ptolomeu levantou-se com os seus homens e, empunhando as armas, arremessaram-se contra Simão na sala do banquete e o mataram: a ele, aos dois filhos[c] e a alguns de seus servos. [17]Assim cometeu uma grande perfídia e retribuiu o bem com o mal.

[18]Dessas coisas escreveu Ptolomeu um relatório e o remeteu ao rei, pedindo-lhe que enviasse tropas de reforço e assegurando que lhe entregaria a região deles com as suas cidades. [19]Expediu também emissários a Gazara, a fim de eliminarem a João. Quanto aos quiliarcas,[d] mandou-lhes cartas com o convite a que comparecessem diante dele, para poder dar-lhes prata e ouro e presentes. [20]A outros ainda enviou para ocuparem Jerusalém e a montanha do Templo. [21]Alguém, contudo, tendo tomado a dianteira, conseguiu avisar João, em Gazara, que seu pai e seus irmãos tinham perecido. E acrescentou: "Ele mandou matar também a ti!" [22]Ao ouvir isto, ficou João muito perturbado. Prendeu, porém, os homens que vinham para fazê-lo perecer e mandou executá-los. Pois sabia que estavam atentando contra a sua vida.[e] [23]Quanto ao restante dos feitos de João, das guerras e façanhas que realizou, da reconstrução dos muros que levou a termo e de todas as suas empresas, [24]essas coisas estão relatadas nos anais do seu sumo sacerdócio, desde o tempo em que se tornou sumo sacerdote depois de seu pai.[f]

(9,50), e se tornará posteriormente uma das toparquias herodianas.
a) Janeiro-fevereiro de 134.
b) No alto do monte da Quarentena, que domina Jericó.
c) De fato, os dois filhos de Simão foram mortos só mais tarde. Como Ptolomeu os conservasse, junto com sua mãe, como reféns, João Hircano, para poupar-lhes a vida, não ousava apertar decisivamente o cerco de Doc. Josefo nos informa que Ptolomeu, aproveitando um relaxamento do cerco, matou-os e conseguiu fugir para Filadélfia, a atual Amã.
d) Isto é, "chefes de mil" (cf. 3,55; Jt 14,12).

e) Conforme Josefo, João Hircano refugiou-se em Jerusalém, onde foi bem acolhido pelo povo, que repeliu Ptolomeu. Este foi obrigado a apelar para Antíoco, o qual veio sitiar a cidade, mas terminou por entrar em acordo com Hircano. Pouco depois, pela morte do rei, em 129, Hircano tornou-se praticamente independente. — O autor omite tudo isto, porque seu objetivo era relatar as façanhas só de Matatias e de seus filhos.
f) Extratos desses anais aparecem na obra de Josefo. A fórmula recorda imediatamente a dos livros dos Reis, p. ex., 2Rs 10,20, e se compreende melhor se João Hircano já é falecido. Portanto, depois de 104 a.C.

SEGUNDO LIVRO DOS MACABEUS

I. Cartas aos judeus do Egito[a]

PRIMEIRA CARTA

1 ¹Aos irmãos, aos judeus que estão no Egito,[b] saudações! Seus irmãos, os judeus que estão em Jerusalém e os da região da Judeia, almejam-lhes paz benéfica. ²Que Deus vos cumule de benefícios e se recorde da sua aliança com Abraão, Isaac e Jacó, seus servos fiéis. ³Que vos conceda a todos a disposição para reverenciá-lo e para cumprir seus mandamentos com um coração grande e ânimo resoluto. ⁴Que ele vos abra o coração à sua lei e a seus preceitos e vos conceda a paz. ⁵Ele escute as vossas orações, reconcilie-se convosco e não vos abandone no tempo adverso. ⁶Quanto a nós, aqui, agora mesmo, estamos orando por vós. ⁷Durante o reinado de Demétrio, no ano cento e sessenta e nove, nós, os judeus, vos escrevêramos o seguinte:[c] "No auge da aflição que nos sobreveio no decorrer destes anos, desde quando Jasão e seus partidários desertaram da terra santa e do reino, ⁸incendiaram o portal (do Templo) e derramaram sangue inocente, nós elevamos súplicas ao Senhor e fomos atendidos. A seguir oferecemos sacrifícios e flor de farinha, acendemos as lâmpadas e apresentamos os pães." ⁹Agora, pois, procurai celebrar os dias das Tendas do mês de Casleu. ¹⁰No ano cento e oitenta e oito.[d]

SEGUNDA CARTA[e]

Destinatários — Os habitantes de Jerusalém e os que estão na Judeia, o conselho dos anciãos e Judas,[f] a Aristóbulo,[g] preceptor do rei Ptolomeu e pertencente à linhagem dos sacerdotes ungidos, bem como aos judeus que estão no Egito, saudações e votos de saúde!

Ação de graças pela punição de Antíoco — ¹¹De graves perigos por Deus libertados, nós lhe rendemos grandes ações de graças como a quem combate

---

a) Estas duas cartas são apelos à celebração da festa da Dedicação do Templo (cf. 1Mc 4,59+). A primeira parte do livro até 10,8 será uma justificação histórica dessa festa.
b) Desde muito tempo havia colônias judaicas no Egito. A mais conhecida é a de Elefantina, que remonta ao começo do séc. VI a.C. Por volta de 150 a.C., o sacerdote Onias IV, filho de Onias III, que fora massacrado em Dafne (4,33s), estabeleceu em Leontópolis, no Delta, um Templo semelhante ao de Jerusalém (cf. 1Mc 10,20+). Os judeus de Jerusalém desejam manter a comunidade de culto com seus irmãos do Egito, então perseguidos por Ptolomeu VIII.
c) Recorda-se aqui, portanto, uma carta anterior, escrita *aos judeus do Egito no ano* 169 *da era selêucida* (142 a.C., cf. 1Mc 1,10+). Essa carta relatava as desgraças sobrevindas após a defecção de Jasão (cf. 4,7s). A calamidade cessou, porém, com a reconciliação do Templo e de seus fiéis. Daí o apelo a celebrar a nova dedicação do Templo de Jerusalém.
d) Em 124 a.C., essa "festa das Tendas" (ver também v. 18) do mês de Casleu, isto é, do nosso dezembro; é a festa da Dedicação do Templo (cf. 1Mc 4,59+). Este outro nome lhe vem de sua semelhança com a grande festa do mês de Tishri, o nosso outubro (cf. 10,6; Lv 23,34s).
e) A segunda carta se apresenta como um documento quarenta anos mais antigo que o anterior. É convite (v. 18) à própria Dedicação do Templo, que se realizou no dia 25 de Casleu do ano 148 da era selêucida (15 de dezembro de 164 a.C.). A boatos a respeito da morte de Antíoco Epífanes, a narrativa acrescenta tradições populares referentes a Neemias e Jeremias. O autor sagrado, inserindo-a no início de sua obra, nem por isso torna-se fiador do seu valor histórico.
f) É Judas Macabeu.
g) Judeu alexandrino, conhecido por suas explicações alegóricas do Pentateuco. Dedicou sua obra a Ptolomeu VI Filométor (180-145).

ao nosso lado contra o rei, ¹²pois ele mesmo expulsou os que se tinham entrincheirado na cidade santa. ¹³De fato, seu chefe, tendo marchado contra a Pérsia, junto com o seu exército aparentemente irresistível, foi cortado em pedaços no templo de Naneia,*ᵃ* graças a um estratagema empregado pelos sacerdotes da deusa. ¹⁴Na ocasião em que, sob pretexto de desposá-la, Antíoco apresentou-se no lugar sagrado junto com os seus amigos, com o objetivo de apoderar-se das muitas riquezas a título de dote, ¹⁵os sacerdotes do Naneion as expuseram. Ele havia se apresentado com poucos companheiros no recinto sagrado. Tendo então fechado o templo, mal entrara Antíoco, ¹⁶os sacerdotes abriram a porta secreta do forro e fulminaram o príncipe, arremessando-lhe pedras. A seguir, cortaram-no em pedaços e, decepando-lhe a cabeça,*ᵇ* atiraram-na aos que se encontravam fora. ¹⁷Em todas as coisas seja bendito o nosso Deus, que assim entrega (à morte) os que cometem sacrilégio!

1Mc 6,1-13
9,1-29

*O fogo sagrado milagrosamente preservado*ᶜ — ¹⁸Estando nós para celebrar a purificação do Templo, no dia vinte e cinco do mês de Casleu, ocorreu-nos ser nosso dever informar-vos disso, a fim de que vós também a celebreis a modo da festa das Tendas e em memória do fogo (que se manifestou) quando Neemias,*ᵈ* tendo reedificado o Templo e o altar, ofereceu sacrifícios. ¹⁹De fato, enquanto nossos pais eram conduzidos para a Pérsia, os piedosos sacerdotes de então tomaram do fogo do altar secretamente e o ocultaram na cavidade de um poço esgotado. Ali o deixaram em segurança, de tal modo que o lugar ficou ignorado de todos. ²⁰Tendo, porém, decorrido muitos anos, quando a Deus aprouve, Neemias, enviado do rei da Pérsia,*ᵉ* mandou que procurassem o fogo os descendentes dos sacerdotes que o tinham escondido. ²¹Como estes referissem que de fato*ᶠ* não haviam encontrado fogo, mas só uma água espessa, ele mandou-os tirar um pouco dessa água para que lha trouxessem. Tendo-se, então, trazido o que era necessário para os sacrifícios, ordenou Neemias aos sacerdotes que aspergissem com aquela água a lenha e quanto se encontrava sobre ela. ²²Apenas feito isso e chegado o momento em que o sol, antes encoberto por nuvens, reapareceu a brilhar, uma grande fogueira acendeu-se, causando a admiração de todos. ²³Enquanto se consumia o sacrifício, os sacerdotes recitaram a oração: todos os sacerdotes com Jônatas,*ᵍ* que entoava, e os outros, inclusive Neemias, respondiam. ²⁴A oração era a seguinte: "Senhor, Senhor Deus, Criador de todas as coisas, temível e forte, justo e misericordioso, o único rei e o único bom, ²⁵o único generoso e o único justo, todo-poderoso e eterno, que salvas Israel de todo mal, que fizeste de nossos pais teus escolhidos e os santificaste, ²⁶recebe este sacrifício por todo o teu povo de Israel e guarda e santifica a tua herança. ²⁷Reúne os nossos dispersos,*ʰ* liberta os que são escravos entre as nações, olha para os que são

Dt 30,3-5

---

a) Deusa mesopotâmica assimilada à Ártemis de Éfeso. O templo que Antíoco IV desejava saquear era o de Ártemis, na Elimaida.
b) "a cabeça", 1 ms, sir.; "as cabeças", grego e lat. (distração do copista, provocada pelo plural "pedaços"). — Esta narrativa popular a respeito do fim de Antíoco não corresponde nem à 9,1s, nem à de 1Mc 6,1s. As circunstâncias verdadeiras de sua morte não eram ainda conhecidas. Por isso imaginaram-na conforme à de Antíoco III, o qual pereceu numa emboscada com todo o seu exército, depois de haver saqueado um templo de Bel, também na Elimaida.
c) A narrativa tem por objetivo mostrar que o santuário de Jerusalém não perdeu nenhum dos seus privilégios, porquanto chegou até a conservar o fogo sagrado (cf. Lv 6,5-6).
d) A Neemias, o qual, com Esdras, fundou por volta de 445/425 a nova comunidade judaica, memórias apócrifas (2,13) atribuem a restauração do altar e do Templo. Entretanto, o altar fora consagrado já em 538 e o Templo em 515 (Esd 3,1s; 6,14s). Notar-se-á que também a sagração do altar por Zorobabel é posta em relação com a festa das Tendas (Esd 3,4).
e) Provavelmente Artaxerxes I (464-423).
f) "De fato" *e men* conj.; "a nós" *hemin* grego e lat.
g) "todos os sacerdotes" Vulg.; "os sacerdotes e todos" grego, Vet. Lat. — Há um anacronismo: os chefes dos sacerdotes do tempo de Neemias são Eliasib e Joiada (Ne 3,1; 13,28; cf. porém Ne 12,11).
h) Lit.: "Diáspora, nossa dispersão" (cf. Dt 30,11; Ne 1,5.8s; Sl 147,2; Is 49,6).

desprezados e abominados; e reconheçam as nações que tu és o nosso Deus. ²⁸Castiga os que nos tiranizam e com soberba nos ultrajam. ²⁹Planta o teu povo no teu lugar santo, como o disse Moisés."

³⁰Entretanto, os sacerdotes cantavam os hinos ao som da harpa. ³¹Depois, assim que se consumou o sacrifício, Neemias ordenou que se derramasse o resto da água sobre grandes pedras. ³²Apenas feito isto, acendeu-se uma chama, a qual, porém, logo se apagou enquanto a luz que se erguia do altar continuava a brilhar. ³³Quando se divulgou o acontecido, também ao rei dos persas se referiu que, no lugar onde os sacerdotes deportados haviam escondido o fogo, ali aparecera a água com a qual os companheiros de Neemias purificaram as oferendas do sacrifício.ᵃ ³⁴Então o rei, cercando o local, declarou-o sagrado, depois de haver comprovado o fato. ³⁵E com eles, aos quais assim favorecia, partilhava dos muitos lucros que dali auferia. ³⁶Os companheiros de Neemias deram a esse líquido o nome de *neftar,* que quer dizer "purificação", mas por muitos é chamado de nafta.ᵇ

Br 6 Vulg.

2 *Jeremias esconde o material do culto* — ¹Encontra-se, nos documentos, que o profeta Jeremiasᶜ deu aos deportados a ordem de tomarem do fogo, como já foi indicado. ²Além disso, confiando-lhes a Lei, o profeta recomendou aos deportados que não se esquecessem dos mandamentos do Senhor. E que, à vista das estátuas de ouro e prata e dos ornamentos de que estavam revestidas, não se deixassem desviar em seus pensamentos. ³E dizendo outras coisas semelhantes, exortava-os a que não deixassem a Lei afastar-se do seu coração. ⁴No documento estava também que o profeta, advertido por um oráculo, ordenou que o acompanhassem com a Tenda e a Arca, ao sair ele para a montanha onde Moisés, tendo subido, contemplou a herança de Deus. ⁵Ali chegando, Jeremias encontrou um abrigo em forma de gruta, onde introduziu a Tenda, a Arca e o altar dos perfumes, obstruindo, depois, a entrada. ⁶Aproximando-se, então, alguns dos que o tinham acompanhado, ao pretenderem assinalar o caminho, não puderam mais identificá-lo. ⁷Ao saber disso, Jeremias censurou-os, dizendo: "O lugar permanecerá incógnito até que Deus realize a reunião do seu povo, mostrando-se misericordioso. ⁸Então o Senhor mostrará de novo estas coisas, e aparecerá a glória do Senhor assim como a Nuvem, como se manifestavam no tempo de Moisés e quando Salomão rezou para que o Lugar santoᵈ fosse grandiosamente consagrado." ⁹Narrava-se também como este, dotado de sabedoria, ofereceu sacrifícios pela dedicação e pelo acabamento do Templo. ¹⁰E à semelhança de Moisés, que havia orado ao Senhor, do céu descendo do fogo que consumiu as oferendas do sacrifício, assim também Salomão orou. E o fogo, descendo do alto, devorou os holocaustos. ¹¹Moisés havia dito: "Por não se ter dele comido, o sacrifício pelo pecado foi consumido." ¹²Da mesma forma, também Salomão celebrou os oito dias.

Ex 24,16
1Rs 8,10-11

Lv 9,24
2Cr 7,1

Lv 10,16-17
1Rs 8,65-66

---

a) É a versão relatada ao rei, diferente da que precede.
b) Etimologia popular, não muito clara, do vocábulo persa *naft*. — Essa história combina a lembrança do culto do fogo, entre os persas (v. 34), com certo conhecimento das propriedades da nafta, o petróleo nativo, que despertava a admiração dos geógrafos e dos naturalistas gregos e romanos.
c) Jeremias foi uma das grandes figuras reconhecidas pelo judaísmo (cf. 15,13-15). Foram-lhe atribuídas as Lamentações, a carta contra os ídolos, em Br 6 (Vulg.) e vários apócrifos. Um deles, perdido para nós, continha os pormenores que seguirão. Eles não são conformes à história: a Tenda não mais existia desde a construção do Templo de Salomão, a Arca desaparecera após a destruição desse Templo, e o Jeremias histórico não lamenta o seu desaparecimento (Jr 3,16). Mas a intenção da narrativa é afirmar, malgrado a ausência da Tenda e da Arca, a continuidade do culto legítimo (cf. 1,18+), e relacionar a recente festa da Dedicação com a do primeiro Templo, oficiada por Salomão, e com a da Tenda, realizada por Moisés (cf. os vv. 8-12).
d) Lit. "o lugar", expressão mais frequente que "o lugar santo" (1,29; 2,18; 8,17), mas o sentido é idêntico como em 2,18; 3,2.18.30.38; 5,16-20; 10,7; 13,23; 15,34.

A biblioteca de Neemias — ¹³Também nos documentos e nas Memórias de Neemias[a] eram narradas essas coisas. E, além disso, como ele, fundando uma biblioteca, reuniu os livros referentes aos reis e aos profetas, os escritos de Davi e as cartas dos reis sobre as oferendas.[b] ¹⁴Da mesma forma, também Judas recolheu todos os livros que tinham sido dispersos por causa da guerra que nos foi feita, e eles estão em nossas mãos. ¹⁵Se, pois, deles precisardes, quaisquer que sejam, enviai-nos pessoas que vo-los possam levar.

1Mc 1,56-57

Convite à festa da dedicação do Templo — ¹⁶Estando, pois, para celebrar a purificação, nós vos escrevemos. Fareis bem, portanto, em celebrar estes dias. ¹⁷E Deus, que salvou todo o seu povo e a todos restituiu a herança, a realeza, o sacerdócio e a santificação, ¹⁸como o havia prometido pela Lei, em Deus nós esperamos que ele terá logo compaixão de nós. E que, de qualquer região sob o céu, nos reunirá no lugar santo. Pois foi ele que nos arrancou de grandes males e purificou o Lugar.

1Mc 4,59 +

Dt 30,3-5

II. Prefácio do autor

¹⁹Os fatos referentes a Judas Macabeu e a seus irmãos, a purificação do grandioso Templo e a consagração do altar; ²⁰as guerras contra Antíoco Epífanes e seu filho Eupátor; ²¹as aparições vindas do céu em favor dos que generosamente realizaram façanhas pelo judaísmo, a ponto de, embora poucos, devastarem todo o país e porem em fuga as hordas bárbaras; ²²o fato de recuperarem o Templo, afamado em toda a terra habitada, de libertarem a cidade e de restabelecerem as leis que estavam para ser abolidas, tendo-lhes sido propício o Senhor com toda a sua mansidão, ²³todos esses acontecimentos, expostos por Jasão de Cirene em cinco livros, tentaremos sintetizá-los num só compêndio.[c] ²⁴De fato, considerando a afluência dos números e a dificuldade que existe, por causa da abundância da matéria, para os que desejem adentrar-se nos relatos desta história, ²⁵tivemos o cuidado de proporcionar satisfação para os que pretendam apenas ler, facilidade para os que se interessem por confiar os fatos à sua memória, utilidade, enfim, a todos a cujas mãos chegar este livro. ²⁶Para nós, porém, que assumimos a dura tarefa deste resumo, não foi coisa fácil, mas antes uma obra de suores e vigílias, ²⁷como também não é empenho simples o de quem prepara um banquete e procura a satisfação dos outros. Contudo, pelo reconhecimento que esperamos de muitos, de boa mente submetemo-nos à dura tarefa, ²⁸deixando ao historiador a exata distinção de cada pormenor, para nos esforçarmos por seguir as linhas de um simples resumo. ²⁹E assim como o arquiteto de uma casa nova não deve responsabilizar-se por toda a estrutura, ao passo que aquele que se encarrega de pintá-la e decorá-la deve procurar os materiais adequados para a sua ornamentação, da mesma forma penso que deve ser o nosso caso. ³⁰De fato, engolfar-se e como que pervagar pelos acontecimentos, detendo-se com curiosidade nos pormenores, é dever do autor primordial da história. ³¹Quanto ao que dela faz uma adaptação, deve-se-lhe conceder que procure a brevidade no expressar e renuncie, portanto,

---

a) Escrito não canônico, do qual não se tem outra notícia.

b) Não se trata ainda de coleção de escritos considerados canônicos, mas de livros úteis à vida da comunidade. Esta iniciativa é a seguir posta em paralelo com a de Judas Macabeu (v. 14).

c) Os dois reinados (v. 20) abrangem os anos de 175 a 162. Na realidade, o quadro histórico de Jasão (escritor da importante comunidade judaica de Cirene) era mais amplo: a vitória sobre Nicanor verificou-se em março de 160, no tempo de Demétrio I. O episódio de Heliodoro, pelo qual o autor dá início à sua narrativa, situa-se ainda no reinado de Seleuco IV, irmão mais velho de Antíoco Epífanes e pai de Demétrio I.

à exposição exaustiva dos fatos. ³²Aqui, pois, demos início à narração, só isto acrescentando ao que já foi dito: seria simplório alongar-se antes da história, para depois resumir a própria história.

III. Episódio de Heliodoro[a]

3 *A vinda de Heliodoro a Jerusalém* — ¹Quando a cidade santa era habitada numa paz completa e as leis eram observadas do melhor modo possível, graças à piedade do sumo sacerdote Onias[b] e à sua intransigência contra o mal, ²acontecia que os próprios reis honravam o Lugar santo e glorificavam o Templo com os dons mais esplêndidos. ³Tanto assim que Seleuco, rei da Ásia, provia com suas rendas pessoais a todas as despesas necessárias para as liturgias dos sacrifícios.[c] ⁴Ora, certo Simão, da estirpe de Bilgá, investido no cargo de superintendente do Templo,[d] entrou em desacordo com o sumo sacerdote a respeito da administração dos mercados da cidade. ⁵Não conseguindo prevalecer sobre Onias, foi ter com Apolônio de Tarso, que naquela ocasião era o estratego da Celessíria e da Fenícia. ⁶E referiu-lhe que a câmara do tesouro em Jerusalém estava repleta de riquezas indizíveis, a ponto de ser incalculável a quantidade de dinheiro. E que esse dinheiro não tinha proporção alguma com as despesas dos sacrifícios, sendo portanto possível fazer tudo isso cair sob a posse do rei. ⁷Entrevistando-se então com o rei, Apolônio informou-o acerca das riquezas que lhe haviam sido denunciadas. E o rei, escolhendo Heliodoro, superintendente dos seus negócios, enviou-o com ordens de proceder à requisição das referidas riquezas. ⁸Heliodoro pôs-se logo a caminho, aparentemente para uma viagem de inspeção às cidades da Celessíria e da Fenícia, mas na realidade a fim de dar cumprimento ao desígnio do rei. ⁹Chegando a Jerusalém e recebido com benevolência pelo sumo sacerdote e pela cidade, referiu-lhe a informação recebida e manifestou claramente o objetivo da sua presença, perguntando a seguir se as coisas eram realmente assim. ¹⁰O sumo sacerdote fez-lhe ver, então, que os depósitos eram das viúvas e dos órfãos, ¹¹uma parte, porém, pertencendo a Hircano, filho de Tobias, varão eminente, colocado em alta posição.[e] E que, ao contrário do que falsamente andava propalando o ímpio Simão, o total de talentos de prata era de quatrocentos, sendo duzentos os de ouro.[f] ¹²Enfim, que devia ser absolutamente impossível cometer injustiça contra os que haviam confiado na santidade do Lugar e na majestade e inviolabilidade do Templo, alvo da veneração do mundo inteiro.

A consternação da cidade — ¹³Heliodoro, porém, em vista das instruções recebidas do rei, resolutamente afirmava que esses bens deviam ser transferidos para o tesouro real. ¹⁴Tendo, a seguir, fixado uma data, apresentou-se

---

a) O autor reteve do livro de Jasão este episódio colorido, porque ilustra sua tese, expressa no v. 39. O fato se passa no tempo de Seleuco IV Filopátor (187-175). Não é de estranhar que esse monarca tenha querido apoderar-se das riquezas do Templo: ele estava certamente com muita falta de dinheiro, por causa da enorme dívida com Roma, contraída por seu pai *Antíoco III, em consequência da derrota de Magnésia* (189), cf. 1Mc 8,7.
b) É Onias III, filho de Simão II. De Simão faz rasgado elogio Eclo 50,1s. Quanto a Onias, seu louvor se lê neste livro: 4,5s e 15,12. Os Oníadas continuam a linhagem dos chefes dos sacerdotes da época persa, provindos de Josué (cf. Ne 12,10s), que era descendente de Sadoc (cf. 2Sm 8,17 e 1Cr 5,27s).
c) Ptolomeu II e Ptolomeu III do Egito, assim como Antíoco III da Síria, tinham igualmente, no século anterior, honrado o Templo com seus donativos. Cf. 1Mc 10,39s sobre os donativos de Demétrio I.
d) "Bilgá", Vet. Lat. e arm.; "Benjamim", grego. Trata-se de estirpe ou "classe" sacerdotal (cf. Ne 12,5.18). Ao superintendente cabia a administração financeira do Templo.
e) Era o governador da Amanítida (cf. 1Mc 5,13+).
f) O depósito seria de 10.500 kg de prata e de 5.250 kg de ouro, cifras pouco verossímeis.

para dirigir o inventário dessas riquezas. Entretanto, não era pequena a consternação em toda a cidade. ¹⁵Os sacerdotes, atirando-se diante do altar com as vestes sagradas, invocaram o Céu, que havia promulgado as leis sobre os depósitos, para que conservasse intactos esses bens em favor daqueles que os tinham depositado. ¹⁶Quem visse o semblante do sumo sacerdote sentia ferir-se o próprio coração, a tal ponto o olhar e a alteração de sua cor revelavam a agonia de sua alma. ¹⁷Tomado pelo pavor e estremecendo em todo o corpo, este homem manifestava, aos que o observavam, a dor que lhe ia no coração. ¹⁸Até mesmo das casas precipitavam-se muitos, como em rebanho, a participarem da rogação pública, motivada pelo fato de o Lugar estar para cair em opróbrio. ¹⁹As mulheres, cingidas de pano de saco abaixo dos seios, aglomeravam-se nas ruas. Dentre as moças, as que estavam retidas em casa, acorriam, umas, aos portais, outras, sobre os muros, e ainda outras debruçavam-se às janelas. ²⁰Todas, porém, estendendo as mãos para o céu, faziam a sua súplica. ²¹Era comovente ver a prostração confusa da multidão e a ansiedade do sumo sacerdote, tão intensamente angustiado. ²²Esses, pois, invocavam ao Senhor todo-poderoso para que, com toda a segurança, preservasse intactos os depósitos em favor daqueles que os tinham depositado em confiança. ²³De sua parte, porém, Heliodoro dispunha-se a executar o que fora decidido.

Castigo de Heliodoro — ²⁴Já estava ele, com os seus guardas, ali junto à câmara do tesouro, quando o Soberano dos Espíritos e de todo Poder manifestou-se com tal esplendor, que todos os que haviam ousado entrar, feridos pelo poder de Deus, sentiram-se desfalecer e desencorajar-se. ²⁵A seus olhos apareceu um cavalo, ricamente ajaezado, montado por temível cavaleiro. Movendo-se impetuosamente, o animal agitava contra Heliodoro suas patas dianteiras. Quem o cavalgava parecia ter a armadura completa de ouro. ²⁶À sua frente apareceram, ainda, outros dois jovens, extraordinários por sua força, belíssimos na aparência, magníficos em suas vestes. E esses, tomando posição de ambos os lados junto a Heliodoro, começaram a açoitá-lo sem trégua, desfechando-lhe um sem-número de golpes. ²⁷Então caiu ele, de repente, por terra. E, envolvido em profunda escuridão, tiveram de levantá-lo e depô-lo numa padiola. ²⁸Assim, reconhecendo abertamente a soberania de Deus, levaram para fora aquele que, pouco antes, com numeroso séquito e com toda a sua guarda de corpo, havia penetrado na referida câmara do tesouro, e agora estava reduzido à incapacidade de ajudar-se a si mesmo.

²⁹Ele, portanto, abatido pela força da ação divina, jazia mudo, sem qualquer esperança de salvação, ³⁰enquanto os outros bendiziam ao Senhor, que glorifica maravilhosamente o seu Lugar. De fato, o Templo, pouco antes repleto de terror e de perturbação, regurgitava agora de alegria e júbilo ante a manifestaçãoᵃ do Senhor todo-poderoso. ³¹Logo, porém, alguns dos companheiros de Heliodoro começaram a pedir a Onias que suplicasse ao Altíssimo para que concedesse a graça da vida a quem jazia inegavelmente no último alento.

*³²*O sumo sacerdote, então, receando que o rei pudesse conceber a ideia de pelos judeus ter sido praticada alguma ação criminosa contra Heliodoro, ofereceu um sacrifício pela salvação do homem. ³³Enquanto o sumo sacerdote oferecia o sacrifício de expiação, os mesmos jovens, revestidos das mesmas vestes, apareceram de novo a Heliodoro. E, conservando-se de pé, disseram-lhe:

---

a) Em grego *epiphainesthai* (cf. 2,21). A literatura judaica e pagã da época grecorromana está repleta dessas "epifanias" e "teofanias" que ilustravam, de algum modo, a onipotência divina. Aqui, o relato procede de Jasão (cf. 2,23+). A intervenção de Deus é, naturalmente, real, mas ignoramos o modo como de fato se verificou.

"Rende muitas graças ao sumo sacerdote Onias, pois é por ele que o Senhor te concede a graça da vida. ³⁴Tu, pois, açoitado pelo Céu, anuncia a todos o grandioso poder de Deus." A seguir, ditas essas palavras, tornaram-se invisíveis.

Conversão de Heliodoro — ³⁵Heliodoro, então, tendo oferecido um sacrifício ao Senhor e formulado as mais intensas preces àquele que lhe concedera continuar a viver, despediu-se de Onias e voltou com o seu exército para junto do rei. ³⁶A todos dava testemunho das obras do sumo Deus, obras que ele havia contemplado com os seus próprios olhos. ³⁷Quando o rei perguntou a Heliodoro sobre quem seria apto a ser enviado ainda uma vez a Jerusalém, este respondeu: ³⁸"Se tens algum inimigo, ou conspirador contra a ordem pública, envia-o para lá: tu o receberás de volta moído de golpes, se porventura conseguir escapar! É que verdadeiramente sobrepaira, em torno do Lugar santo, uma especial força de Deus. ³⁹De fato, aquele que tem sua habitação no céu é sentinela e auxiliador desse Lugar: ele fere e extermina os que daí se aproximam com perversos desígnios." ⁴⁰Assim se passaram as coisas referentes a Heliodoro e à salvaguarda da câmara do tesouro.

IV. Propaganda helenística e perseguição sob Antíoco Epífanes

4 ***Desmandos do superintendente Simão*** — ¹O referido Simão, que se tinha feito delator das riquezas e da pátria, espalhava calúnias sobre Onias, como se este houvesse aterrorizado a Heliodoro e tivesse sido o causador de seus males.ᵃ ²E ao benfeitor da cidade, protetor dos seus irmãos de raça e zeloso observador das leis, ousava chamá-lo de conspirador contra a ordem pública! ³Essa hostilidade cresceu a tal ponto que até assassínios foram perpetrados por um dos partidários de Simão. ⁴Considerando, então, o perigo dessa rivalidade e como Apolônio, filho de Menesteu, estratego da Celessíria e da Fenícia, ainda fomentava a maldade de Simão, ⁵Onias foi ter com o rei. E isto, não para se tornar acusador de seus concidadãos, mas tendo em vista o interesse comum e o individual de toda a população. ⁶Pois ele estava percebendo que, sem uma intervenção do rei, não era mais possível alcançar a paz na vida pública, nem Simão haveria de pôr termo à sua demência.

1Mc 1,10 ***Jasão, sumo sacerdote, introduz o helenismo*** — ⁷Entrementes, tendo Seleuco deixado esta vida e assumindo o rei Antíoco, cognominado Epífanes,ᵇ Jasão, irmão de Onias, começou a manobrar para obter o cargo de sumo sacerdote.ᶜ ⁸Durante uma audiência, prometeu ao rei trezentos e sessenta talentos de prata e ainda, a serem deduzidos de uma renda não dis-
1Mc 1,11-15 criminada, mais oitenta talentos. ⁹Além disso empenhava-se em subscrever-lhe outros cento e cinquenta talentos, se lhe fosse dada a permissão, pela autoridade real, de construir um ginásio e uma efebia, bem como de fazer o levantamento dos antioquenos de Jerusalém.ᵈ ¹⁰Obtido, assim, o consenti-

---

a) Inventando um estratagema para amedrontar Heliodoro.
b) Antíoco IV (175-164), irmão de Seleuco IV.
c) A morte de Seleuco, provocada por Heliodoro em 175, contrariou as esperanças de Onias. Seu irmão Jesus ou Josué tinha marcado gosto pelo helenismo, assumindo o nome de Jasão.
d) A efebia era instituição para moços de dezoito a vinte anos que aprendiam a manejar armas e se dedicavam aos exercícios corporais e a alguma cultura literária.
— A fórmula "antioquenos de Jerusalém", lit. "que estavam em Jerusalém" (cf. igualmente os "antioquenos de Ptolemaida", encontrados em moedas), atesta a transformação da cidade santa em cidade grega, cujos cidadãos eram recenseados.

mento do rei, ele, tão logo assumiu o poder, começou a fazer passar os seus irmãos de raça para o estilo de vida dos gregos. [11]Suprimiu os privilégios reais benignamente concedidos aos judeus por intermédio de João, pai de Eupólemo, o mesmo que depois chefiou a embaixada com o objetivo de estabelecer amizade e aliança com os romanos. E, abolindo as instituições legítimas, introduziu costumes contrários à Lei. [12]Foi, pois, com satisfação que construiu a praça de esportes justamente abaixo da Acrópole[a] e, obrigando os mais nobres de entre os moços, conduziu-os ao uso do pétaso.[b] [13]Verificou-se, desse modo, tal ardor de helenismo e tão ampla difusão de costumes estrangeiros, por causa da exorbitante perversidade de Jasão, esse ímpio e de modo algum sumo sacerdote, [14]que os próprios sacerdotes já não se mostravam interessados nas liturgias do altar! Antes, desprezando o Santuário e descuidando-se dos sacrifícios, corriam a tomar parte na iníqua distribuição de óleo[c] no estádio, após o sinal do disco. [15]Assim, não davam mais valor algum às honras pátrias, enquanto consideravam sumas as glórias helênicas. [16]Bem por isso uma situação penosa os envolveu, quando tiveram por inimigos e algozes aqueles mesmos cujos costumes eles tanto haviam promovido e a quem tinham querido assemelhar-se em tudo. [17]De fato, não é coisa de pouca monta agir impiamente contra as leis divinas. Mas isso o demonstrará o episódio seguinte.

[18]Celebrando-se em Tiro os jogos quadrienais e estando presente o rei, [19]o abominável Jasão enviou alguns mensageiros, como se fossem antioquenos de Jerusalém, os quais deviam apresentar trezentas dracmas de prata para o sacrifício a Hércules. Os portadores, porém, decidiram não empregá-las para o sacrifício, por não ser conveniente, mas destinaram-nas a outra despesa. [20]Assim, esta soma que, por aquele que a enviara, fora destinada ao sacrifício a Hércules, acabou, por iniciativa dos portadores, servindo para a construção de trirremes.

Antíoco Epífanes aclamado em Jerusalém — [21]Tendo sido enviado ao Egito Apolônio, filho de Menesteu, por ocasião das núpcias[d] do rei Filométor, Antíoco veio a saber que este último havia tomado uma atitude hostil aos seus interesses. Por isso, preocupando-se com a própria segurança, tendo passado por Jope, dirigiu-se a Jerusalém. [22]Magnificamente acolhido por Jasão e pela cidade, nela foi introduzido à luz de tochas e ao som de aclamações. Depois, do mesmo modo, partiu com o seu exército para a Fenícia.[e]

Menelau torna-se sumo sacerdote — [23]Depois de um período de três anos, Jasão enviou Menelau, irmão do já mencionado Simão, a levar as quantias[f] ao rei e a completar-lhe relatórios sobre certos assuntos urgentes. [24]Menelau, porém, tendo-se apresentado ao rei e adulando-o pela ostentação da sua autoridade, conseguiu para si o sumo sacerdócio, superando em trezentos talentos de prata a oferta de Jasão. [25]A seguir, tendo recebido a nomeação real, tornou a aparecer, mas sem trazer coisa alguma que fosse digna do sumo sacerdócio. Ao contrário, tinha em si os furores de tirano cruel e as sanhas de animal sel-

---

a) Sede da guarnição síria, a acrópole desse período dominava a esplanada do Templo na direção do ângulo noroeste (cf. Ne 7,2): é a futura Antônia de Herodes Magno. O "ginásio" estava assim contíguo ao Santuário.
b) Lit. "conduzir para debaixo do pétaso" era levar alguém aos exercícios de atletismo, durante os quais se usava esse chapéu de abas largas, típico de Hermes, o deus das lutas e das competições.
c) O óleo com o qual os atletas se massageavam e que lhes era oferecido pelos ginasiarcas.

d) "as núpcias", lit.: "a presidência (do banquete nupcial)": *protoklisía*, alguns mss grego e lat., Mt 23,6; "a proclamação" ([?] vocábulo não atestado): *protoklesía*, grego. — Trata-se do casamento de Ptolomeu VI Filométor com sua irmã Cleópatra II.
e) O termo Fenícia aplica-se igualmente à costa da Palestina. E Jope (Jafa) era talvez o quartel-general do rei.
f) O tributo anual (cf. 4,8 e 1Mc 11,28) bem como, talvez, outras somas prometidas (cf. 4,9).

vagem. ²⁶Dessa forma Jasão, que havia suplantado seu próprio irmão, sendo agora suplantado por outrem, foi constrangido a dirigir-se, como fugitivo, para a Amanítida. ²⁷Quanto a Menelau, por um lado mantinha-se firme no poder, enquanto por outro nenhuma providência tomava sobre as quantias prometidas ao rei, ²⁸por mais que as requisitasse Sóstrato, comandante da Acrópole, a quem competia a questão dos tributos. Por esse motivo foram ambos, enfim, convocados pelo rei. ²⁹Menelau, então, deixou como seu substituto no sumo sacerdócio Lisímaco, seu irmão, enquanto Sóstrato deixava em seu posto Crates, comandante dos cipriotas.ᵃ

Assassínio de Onias — ³⁰Estando assim as coisas, aconteceu que os habitantes de Tarso e os de Malos se revoltaram, por terem sido as suas cidades entregues de presente a Antioquide, concubina do rei. ³¹Apressadamente, pois, o rei partiu, a fim de regularizar a situação, deixando para substituí-lo Andrônico, um dos seus altos dignitários. ³²Menelau, então, convencido de estar colhendo a ocasião propícia, subtraiu alguns objetos de ouro do Templo e os deu de presente a Andrônico, além de conseguir vender outros em Tiro e nas cidades vizinhas. ³³Tendo tomado conhecimento seguro desses fatos, Onias, já refugiado no recinto inviolável de Dafne, situada perto de Antioquia, manifestou-lhe sua desaprovação. ³⁴Por causa disso Menelau, dirigindo-se secretamente a Andrônico, incitava-o a eliminar Onias. De fato, indo visitá-lo, e obtida a sua confiança com astúcia, Andrônico alcançou que Onias lhe desse as mãos, depois de ele mesmo lhas ter estendido com juramentos. A seguir, embora despertasse suspeitas, convenceu-o a sair do seu asilo. E imediatamente mandou matá-lo, sem qualquer consideração pela justiça. ³⁵Por esse motivo, não só os judeus, mas também muitos dentre as outras nações, ficaram indignados e acharam intolerável o assassínio iníquo desse homem.

Dn 9,26 +

³⁶Quando o rei voltou dos citados lugares da Cilícia, foram ter com ele os judeus da capital, participando também os gregos da repulsa à violência, pelo fato de Onias ter sido assassinado sem motivo. ³⁷Antíoco, por isso, entristecido intimamente e tocado de compaixão, derramou lágrimas pela prudência e pela grande moderação do falecido. ³⁸A seguir, inflamado de indignação, mandou imediatamente despojar Andrônico da sua púrpura e rasgar-lhe as vestes, fazendo-o depois conduzir por toda a cidade até ao lugar exato onde ele havia cometido a sua impiedade contra Onias. Ali mandou para fora do mundo esse assassino, retribuindo-lhe o Senhor com a condigna punição.ᵇ

Lisímaco perece no decorrer de uma revolta — ³⁹Entrementes, muitos furtos sacrílegos haviam sido consumados por Lisímaco na cidade, e isto com o conhecimento de Menelau. Tendo-se espalhado a notícia também por fora, a multidão se ajuntou contra Lisímaco, quando já muitos objetos de ouro haviam sido dispersos. ⁴⁰Como as turbas se sublevassem, repletas de ira, Lisímaco armou cerca de três mil homens e tomou a iniciativa dos atos de violência. Marchava à frente dos seus certo Aurano, homem avançado em idade, mas não menos em loucura. ⁴¹Tomando consciência, porém, do ataque de Lisímaco, começaram alguns do povo a pegar em pedras, outros em bastões, e outros ainda lançavam mão da cinza que estava ao seu alcance,ᶜ

---

a) Trata-se de mercenários.
b) Onias é o "Príncipe ungido" de Dn 9,25s e o "Príncipe de uma aliança" de Dn 11,22. Sua morte abre a septuagésima e última semana de anos, cujo meio é marcado pela cessação do sacrifício legítimo e pela instalação da "Abominação da Desolação" (Dn 9,27. Cf. também Dn 7,25; 8,11-14; 11,31; 12,11s; 1Mc 1,54; 4,52; 2Mc 1,9; 6,2; 10,5). — Este período de três anos e meio, isto é, a metade de uma "semana de anos", deve corresponder à realidade, pois foi essa correspondência que sugeriu ao autor de Dn a sua transposição da profecia de Jeremias: Jr 25,11-12; 29,10. A data mencionada em 1Mc 1,54 (dezembro de 167) autoriza, portanto, a situar o assassínio de Onias no decorrer do verão de 170.
c) A cinza dos sacrifícios, uma vez que o recontro se deu no próprio átrio do Templo.

atirando-os confusamente contra os homens de Lisímaco. ⁴²Desse modo, cobriram de feridas a muitos dentre eles, chegando a abater alguns e obrigando todos a fugir. Quanto ao próprio ladrão sacrílego, massacraram-no junto à câmara do tesouro.

Menelau é absolvido a peso de prata — ⁴³Sobre esses fatos foi instaurado um processo contra Menelau. ⁴⁴Por ocasião da vinda do rei a Tiro, os três homens enviados pelo conselho dos anciãos sustentaram, diante dele, a justiça da própria causa. ⁴⁵Estando já perdido, Menelau prometeu somas vultosas a Ptolomeu, filho de Dorimeno, a fim de que persuadisse o rei em seu favor. ⁴⁶Foi quando Ptolomeu, tendo feito sair o rei para uma colunata externa, sob pretexto de levá-lo a tomar um pouco de ar, conseguiu que mudasse de parecer. ⁴⁷E assim ele absolveu das acusações a Menelau, que era o causador de toda essa maldade, enquanto aqueles infelizes, os quais, se tivessem pleiteado sua causa diante dos citas, teriam sido absolvidos como irrepreensíveis, condenou-os à morte! ⁴⁸Sem demora, pois, os que tinham tomado a defesa da cidade, do povo e das alfaias sagradas, sofreram esta punição injusta. ⁴⁹Por esse motivo, mesmo os habitantes de Tiro, indignados com tal perversidade, providenciaram magnificamente o necessário para os seus funerais. ⁵⁰Menelau, entretanto, graças à cobiça dos poderosos, permanecia no poder, crescendo em maldade e constituindo-se no grande insidiador dos seus concidadãos.

1Mc 3,38 8,8; 10,12

5

Segunda campanha no Egito — ¹Por esse tempo, Antíoco preparava a sua segunda expedição contra o Egito.ᵃ ²Aconteceu então que, por toda a cidade, durante quase quarenta dias, apareceram, correndo pelos ares, cavaleiros com vestes douradas, armados de lanças e dispostos em coorte, com as espadas desembainhadas, ³esquadrões de cavalaria em formação cerrada, ataques e contra-ataques desfechados de ambos os lados, movimentos de escudos e multidão de lanças, arremessos de projéteis e cintilações dos ornamentos de ouro, enfim, couraças de toda espécie. ⁴Por isso, todos rezavam para que a aparição revertesse para o bem.ᵇ

Agressão de Jasão e repressão de Epífanes — ⁵Tendo surgido o falso boato de que Antíoco havia passado à outra vida, Jasão tomou consigo não menos de mil homens e, inopinadamente, desferiu um ataque contra a cidade. Rechaçados os homens que estavam sobre a muralha e consumando-se já a ocupação da cidade, Menelau refugiou-se na Acrópole. ⁶Jasão, por sua parte, entregou-se à chacina dos próprios concidadãos, sem piedade e sem considerar que era o maior dos infortúnios essa vitória sobre os próprios coirmãos. Pelo contrário, ele parecia estar levantando troféus de inimigos e não de compatriotas! ⁷No entanto, não conseguiu assenhorear-se do poder. Depois de tudo, recaindo nele a vergonha da sua conspiração, teve de afastar-se de novo, como fugitivo, para a região da Amanítida. ⁸Por isso mesmo, afinal, tocou-lhe um péssimo fim. Denunciado perante Aretas, soberano dos árabes, teve de fugir de sua cidade,ᶜ perseguido por todos, detestado como apóstata das leis, execrado como algoz de sua pátria e dos seus concidadãos, afinal enxotado para o Egito. ⁹Assim, aquele que havia banido a tantos de sua

---

a) Na opinião do autor de 2Mc, a intervenção violenta de Antíoco IV (cf. 5,11s), teria sido provocada por uma rebelião em Jerusalém (vv. 5s), fato que ele situa no decorrer da segunda expedição ao Egito, em 168. A sequência de 1Mc é preferível: saque do Templo após a primeira expedição em 169 (1Mc 1,16-24) e rebelião no decurso do verão de 169, reprimida em 167 pelo misarca Apolônio (1Mc 1,29-35; cf. 2Mc 5,24-26).

b) O autor se compraz em referir essas aparições celestes, que ele utiliza como recurso literário (3,25; 10,29-30; 11,8), tendo-as, aliás, anunciado no seu prefácio (2,21). Cf. uma aparição análoga antes da ruína do Templo em 70, relatada por Josefo em sua *Guerra Judaica*.

c) "de sua cidade", lit. "da cidade" (é Petra, a capital) Vet. Lat. "de cidade em cidade" grego. —Trata-se de Aretas I, rei dos nabateus (cf. 1Mc 5,25+).

pátria, em terra estrangeira veio a perecer, tendo-se dirigido aos lacedemônios com a esperança de aí receber abrigo, em consideração à origem comum. ¹⁰Ele, que havia atirado por terra uma multidão sem sepultura, morreu sem ser chorado e não teve funerais: nem funeral comum nem muito menos sepultura com seus pais.

¹¹Chegando ao rei informações sobre esses fatos, concluiu ele que a Judeia estava rebelando-se. Por isso, partindo do Egito, enfurecido em seu íntimo como uma fera, apoderou-se da cidade à força das armas. ¹²E ordenou aos soldados que matassem sem piedade os que lhes caíssem nas mãos e trucidassem os que tentassem subir para suas casas. ¹³Houve assim um extermínio de jovens e de anciãos, um massacre de rapazes, mulheres e crianças, imolações de moças e de criancinhas. ¹⁴Oitenta mil pessoas no espaço desses três dias foram vitimadas: quarenta mil aos golpes recebidos e, não menos que os trucidados, os que foram vendidos como escravos.

Pilhagem do Templo — ¹⁵Não contente com isso, ele teve a ousadia de penetrar no Templo mais santo de toda a terra, tendo por guia Menelau, o qual se fizera traidor das leis e da pátria. ¹⁶Com as suas mãos imundas tocou nos vasos sagrados; e as oferendas dos outros reis, ali depositadas para incremento, glória e honra do santo Lugar, arrebatou-as com suas mãos profanas.

¹⁷Antíoco subia até às alturas em seu pensamento, não percebendo que era por causa dos pecados dos habitantes da cidade que o Senhor estava irritado por um tempo, e que era por isso que se verificava essa sua indiferença para com o Lugar. ¹⁸Portanto, se não tivesse acontecido estarem eles envolvidos em tantos pecados, também este homem, à maneira de Heliodoro, que fora enviado pelo rei Seleuco para a inspeção da câmara do tesouro, ao dar o primeiro passo, teria sido imediatamente afastado da sua temeridade a golpes de açoites. ¹⁹Contudo, não foi por causa do Lugar que o Senhor escolheu o povo, mas sim, por causa do povo, o Lugar.ᵃ ²⁰Foi por isso que o Lugar, havendo participado nas desgraças acontecidas ao povo, tomou parte depois em suas venturas. E, abandonado enquanto durou a cólera do Todo-poderoso, novamente, pela reconciliação do grande Soberano, foi restaurado em toda a sua glória.

²¹Quanto a Antíoco, depois de ter subtraído ao Templo mil e oitocentos talentos, às pressas partiu para Antioquia. Ele imaginava no seu orgulho, por causa da exaltação meteórica do seu coração, poder tornar navegável a terra firme e transitável a pé o oceano! ²²Entretanto, incumbidos de fazer mal ao povo, deixou superintendentes: em Jerusalém, Filipe, frígio de raça,ᵇ de índole mais bárbara ainda que aquele que o nomeara; ²³e, ao pé do Garizim, Andrônico.ᶜ Além desses, porém, deixou Menelau, o qual dominava sobre os seus concidadãos de modo ainda mais atroz que os outros.

Intervenção do misarca Apolônio — Nutrindo para com os súditos judeus uma disposição de ânimo profundamente hostil, ²⁴o rei enviou o misarca Apolônio à frente de um exército de vinte e dois mil homens, com a ordem de trucidar todos os que estavam na força da idade e de vender as mulheres e as crianças. ²⁵Chegando, pois, este a Jerusalém e simulando uma atitude pacífica, esperou

---

a) Deus não é escravo das instituições judaicas (cf. Jr 7,14; Mc 2,27). Essa afirmação da primazia do povo eleito sobre as instituições, nas quais ele se estrutura, é prenúncio do Evangelho.
b) Filipe, o frígio, que reaparece em 6,11 e 8,8, não deve ser confundido com o Filipe "amigo do rei", nomeado em 9,29; 1Mc 6,14.
c) Andrônico, distinto da personagem de igual nome citado em 4,31s era, como Filipe, *epistátes*, representante do rei numa cidade. Sem dúvida, residia ao pé do monte Garizim, em Siquém.

até o santo dia do sábado. Depois, surpreendendo os judeus em repouso, ordenou aos seus comandados que procedessem a uma parada militar. ²⁶Então, aos que haviam saído para apreciarem o espetáculo, ele os fez massacrar a todos. A seguir, irrompendo na cidade à força das armas, abateu ingente multidão.

²⁷Judas, porém, chamado também Macabeu, constituindo um grupo de cerca de dez homens, retirou-se para o deserto, onde passou a viver como os animais selvagens, nas montanhas, com os seus companheiros. Alimentando-se somente de ervas, eles resistiam para não terem parte na contaminação.ᵃ

1Mc 2,28

6 *Instalação dos cultos pagãos* — ¹Depois de não muito tempo, o rei enviou Geronte, o ateniense, com a missão de forçar os judeus a abandonarem as leis de seus pais e a não se governarem mais segundo as leis de Deus. ²Mandou-o, além disso, profanar o Santuário de Jerusalém, dedicando-o a Zeus Olímpico, e o do monte Garizim, como o pediam os habitantes do lugar, a Zeus Hospitaleiro.ᵇ ³A progressão dessa maldade tornou-se, mesmo para o conjunto da população, dura e difícil de suportar. ⁴De fato, o Templo ficou repleto da dissolução e das orgias cometidas pelos pagãos que aí se divertiam com as meretrizes e que nos átrios sagradosᶜ se juntavam com as mulheres, introduzindo ainda no seu interior coisas que não eram lícitas. ⁵O próprio altar estava repleto de oferendas proibidas, reprovadas pelas leis. ⁶E não se podia celebrar o sábado, nem guardar as festas dos antepassados, nem simplesmente confessar que se era judeu. ⁷Eram arrastados com amarga violência ao banquete sacrifical que se realizava cada mês, no dia do aniversário do rei. E, ao chegarem as festas dionisíacas, obrigavam-nos a acompanharem, coroados de hera, o cortejo em honra de Dioniso. ⁸Além disso, foi emanado um decreto para as cidades helenísticas circunvizinhas, por sugestão dos habitantes de Ptolemaida,ᵈ a fim de que nelas se procedesse da mesma forma contra os judeus, obrigando-os a participarem dos banquetes sacrificais. ⁹Quanto aos que não se decidissem a passar para os costumes gregos, que os matassem. Era possível, então, entrever a calamidade que estava para começar.

1Mc 1,45-51

¹⁰Assim, duas mulheres foram presas por haverem circuncidado seus filhos. Fizeram-nas circular ostensivamente pela cidade, com os filhinhos pendurados aos seios, precipitando-as depois muralha abaixo. ¹¹Outros, que tinham acorrido juntos às cavernas vizinhas, a fim de aí celebrarem ocultamente o sétimo dia, sendo denunciados a Filipe, foram juntos entregues às chamas: tiveram escrúpulo em esboçar qualquer defesa, por respeito ao veneradíssimo dia.

1Mc 1,60-61

|| 1Mc 2,29-38

Sentido providencial da perseguição — ¹²Agora, aos que tiverem entre as mãos este livro, gostaria de exortar que não se desconcertem diante de tais calamidades, mas pensem antes que esses castigos não sucederam para a ruína, mas para a correção da nossa gente. ¹³De fato, não deixar impunes por longo tempo os que cometem impiedade, mas imediatamente atingi-los com castigos, é sinal de grande benevolência. ¹⁴Pois não é como para com as outras nações, que o longânime Soberano espera, até puni-las, que elas

5,17-20; 7,16-19.32-38

Sb 11,9-10; 12,2.22 1Ts 2,16

---

a) O autor reúne as informações dadas em 1Mc 1,53 e 2,28.
b) "como o pediam": *enetynchanon*, conj. segundo Josefo (*Ant. Jud.*); "como se julgavam", isto é, "de acordo com o caráter de": *etynchanon*, grego, lat.: os próprios samaritanos, considerando-se hospitaleiros, teriam escolhido esse epíteto para a divindade do seu templo. Em todo caso, não querendo ser tratados como os judeus, eles se antecipam aos desejos do soberano.

c) No período greco-romano, os átrios dos templos incluíam pórticos e salas de banquete para as refeições rituais, que facilmente degeneravam em orgias. Ademais, nos templos da Síria ainda se praticava a prostituição sagrada.
d) "habitantes de Ptolemaida", conj.; "dos Ptolomeus" ou "de Ptolomeu", greg. e lat. — A cidade grega de Ptolemaida, a antiga Aco (São João de Acre), era hostil aos judeus (cf. 13,25; 1Mc 5,15; 12,48).

cheguem ao cúmulo dos seus pecados: não é assim que ele decidiu proceder com relação a nós, ¹⁵a fim de não ter de nos punir mais tarde, quando nossos pecados tivessem atingido sua plena medida.ᵃ ¹⁶Por isso, jamais retira de nós a sua misericórdia: ainda quando corrige com a desventura, ele não abandona o seu povo. ¹⁷Estas coisas tenham sido ditas por nós só para advertência. Após estas poucas palavras, retornemos à narrativa.

Lv 11,7-8 ***O martírio de Eleazar***ᵇ — ¹⁸Certo Eleazar, um dos mais eminentes escribas, homem já avançado em idade e muito nobre de aspecto, estava sendo forçado a comer carne de porco, enquanto lhe mantinham a boca aberta. ¹⁹Mas
Hb 11,35 ele, preferindo a morte gloriosa a uma vida em desonra, encaminhou-se espontaneamente para o suplício da roda. ²⁰Antes, porém, cuspiu, mas do modo como conviria que fizessem os que têm a coragem de rejeitar aquilo que não é lícito comer, nem por amor à própria vida. ²¹Os que presidiam àquele ímpio banquete sacrifical, pelo conhecimento que desde longo tempo tinham desse homem, tomando-o à parte, tentavam persuadi-lo a mandar vir carnes das quais lhe era lícito servir-se e que por ele mesmo tivessem sido preparadas. Apenas simulasse comer das carnes prescritas pelo rei, isto é, as provenientes do sacrifício. ²²Assim agindo, ficaria livre da morte e gozaria da sua benevolência, devido à antiga amizade que a eles o unia. ²³Ele, porém, tomou uma nobre resolução digna da sua idade, do prestígio que lhe conferia a velhice, da cabeleira branca adquirida com decoro, da conduta excelente desde a infância e digna sobretudo da santa legislação estabelecida pelo próprio Deus. E coerentemente respondeu, dizendo que sem demora o enviassem à mansão dos mortos: ²⁴"Na verdade, não é condizente com a nossa idade o fingimento. Isto levaria muitos jovens, persuadidos de que Eleazar aos noventa anos teria passado para os costumes estrangeiros, ²⁵a se desviarem eles também por minha causa, por motivo da minha simulação, isso em vista de um exíguo resto de vida. Quanto a mim, o que eu ganharia seria uma nódoa infamante para a minha velhice. ²⁶De resto, mesmo se no presente eu conseguisse escapar à penalidade que vem dos homens, não me seria possível fugir, quer em vida quer na morte, às mãos do Todo-poderoso. ²⁷Por isso, trocando agora a vida com coragem, mostrar-me-ei digno da minha velhice, ²⁸e aos jovens deixarei o nobre exemplo de como se deve morrer, entusiasta e generosamente, pelas veneráveis e santas leis."ᶜ

Ditas essas coisas, encaminhou-se logo para o suplício da roda. ²⁹Os que o conduziam mudaram em dureza a benevolência para com ele pouco antes demonstrada. E isto, pelo fato de considerarem uma loucura as palavras acima referidas. ³⁰Ele, porém, estando já a ponto de morrer sob os golpes, disse gemendo: "Ao Senhor que tem a santa ciência, é manifesto que eu, podendo livrar-me da morte, estou suportando cruéis dores no meu corpo, ao ser flagelado, mas que em minha alma sofro-as com alegria por causa do seu temor."

³¹Foi assim, pois, que ele passou desta vida. E não só aos jovens, mas à grande maioria do seu povo, deixou a própria morte como um exemplo de generosidade e memorial de virtude.

---

a) O autor da Sabedoria desenvolverá este duplo aspecto da justiça divina, mostrando, porém, que mesmo com as outras nações, Deus continua indulgente (Sb 11,10; 12,20-22). Quanto à "plena medida" dos pecados cf. Dn 8,23; 9,24; 1Ts 2,16. A expressão é antiga (cf. Gn 15,16).
b) Os Padres da Igreja reconheceram em Eleazar um mártir pré-cristão.
c) A expressão provém do juridicismo helênico, mas para o autor "as leis" são essencialmente a Lei (7,30; 10,26; 12,40; 15,9) e se identificam com a Aliança (cf. 1Mc 2,20), sendo sua observância penhor da benevolência divina (cf. 7,36; 8,15).

7 O martírio dos sete irmãos[a]

¹Aconteceu também que sete irmãos, detidos com sua mãe, começaram a ser coagidos pelo rei a tocar na proibida carne de porco, sendo por isso atormentados com flagelos e nervos. ²Um dentre eles, fazendo-se porta-voz dos outros, assim falou: "Que pretendes interrogar e saber de nós? Estamos prontos a morrer, antes que a transgredir as leis de nossos pais." ³O rei, enfurecido, ordenou que se pusessem ao fogo assadeiras e caldeirões. ⁴Tornados estes logo incandescentes, ordenou que se cortasse a língua ao que se havia feito porta-voz dos outros, e lhe arrancassem o couro cabeludo e lhe decepassem as extremidades, tudo isto aos olhos dos outros irmãos e de sua mãe. ⁵Já mutilado em todos os seus membros, mandou que o levassem ao fogo e o fizessem assar, enquanto ainda respirava. Difundindo-se abundantemente o vapor da assadeira, os outros exortavam-se entre si e com sua mãe, a morrer com valentia. E diziam: ⁶"O Senhor Deus nos observa e tem verdadeiramente compaixão de nós, segundo o que Moisés declarou no seu cântico, que atesta abertamente: 'Ele terá compaixão de seus servos.'"

⁷Tendo passado o primeiro desta forma à outra vida trouxeram o segundo para o suplício. Tendo-lhe arrancado a pele da cabeça com os cabelos, perguntaram-lhe: "Queres comer, antes que teu corpo seja torturado membro por membro?" ⁸Ele, porém, na língua de seus pais,[b] respondeu: "Não!" Por isso, foi também submetido aos mesmos tormentos que o primeiro. ⁹Chegado já ao último alento, disse: "Tu, celerado, nos tiras desta vida presente. Mas o Rei do mundo nos fará ressuscitar para uma vida eterna,[c] a nós que morremos por suas leis!"

¹⁰Depois deste, começaram a torturar o terceiro. Intimado a pôr fora a língua, ele a apresentou sem demora e estendeu suas mãos com intrepidez, ¹¹dizendo nobremente: "Do céu recebi estes membros, e é por causa de suas leis que os desprezo, pois espero dele recebê-los novamente."[d] ¹²O próprio rei e os que o rodeavam ficaram espantados com o ânimo desse adolescente, que em nada reputava os sofrimentos.

¹³Passado também este à outra vida, começaram a torturar da mesma forma ao quarto, desfigurando-o. ¹⁴Estando ele já próximo a morrer, assim falou: "É desejável passar para a outra vida às mãos dos homens, tendo da parte de Deus a esperança de ser um dia ressuscitado por ele. Mas para ti, ao contrário, não haverá ressurreição para a vida!"

¹⁵Imediatamente trouxeram à frente o quinto, começando a torturá-lo. ¹⁶Ele, porém, fixando os olhos sobre o rei disse: "Tendo autoridade sobre os

---

a) Depois do exemplo de um venerável escriba, doutor da Lei, temos agora o da mãe de família com seus filhos. A perseguição, cujos meios eram na época assaz cruéis, de fato havia-se estendido às mulheres e às crianças (cf. 1Mc 1,60s). O fundo da narrativa é, portanto, histórico, e a elaboração literária se verifica especialmente nos discursos atribuídos aos protagonistas. O culto dos "sete irmãos Macabeus" estendeu-se até ao Ocidente, onde várias igrejas foram-lhes dedicadas. A narrativa, chamada "Paixão dos santos Macabeus", teve larga difusão e serviu de modelo a diversas atas de Mártires.
b) Esta expressão volta nos vv. 21 e 27, e o autor parece tê-la compreendido como alusão ao hebraico (cf. 12,37; 15,29). De fato, a língua desta mulher devia ser, talvez, o aramaico.
c) Lit. "para uma revivificação eterna da vida". — A fé na ressurreição dos corpos, que não se depreende ainda com segurança de Is 26,19 e Jó 19,26s (cf. as notas respectivas), é afirmada pela primeira vez aqui (também nos vv. 11.14.23.29.36) e na passagem de Dn 12,2-3, também relacionada com a perseguição de Antíoco Epífanes (ver Dn 11). Cf. ainda, neste livro, 12,38-46 e 14,46. — Por efeito do poder do Criador (v. 23) os mártires ressuscitarão para a vida (v. 14; cf. Jo 5,29), para uma vida eterna (vv. 9 e 36). Alcança-se assim a doutrina da imortalidade que será desenvolvida em ambiente grego mas sem referência à ressurreição dos corpos por Sb 3,1-5.16. Entretanto, para o pensamento hebraico, que não distinguia corpo e alma, a idéia de uma sobrevida implicava a ressurreição dos corpos, como se vê aqui. O texto não ensina diretamente a ressurreição de todos os homens, considerando só o caso dos justos (cf. v. 14). Neste ponto, Dn 12,2-3 é mais claro.
d) Todo este v. 11, omitido por vários mss latinos, na posição que ora ocupa não se coaduna bem com o v. precedente: a língua estendida deve ter sido logo decepada (cf. v. 4).

homens, tu, embora sejas corruptível, fazes o que bem queres. Não penses, porém, que o nosso povo tenha sido abandonado por Deus. ¹⁷Quanto a ti, espera um pouco e verás o seu grande poder: como ele há de atormentar a ti e à tua descendência!"

¹⁸Depois deste trouxeram o sexto, que disse antes de morrer: "Não te iludas em vão! Nós sofremos tudo isto por nossa própria causa, porque pecamos contra o nosso Deus, acontecendo-nos em consequência coisas espantosas. ¹⁹Tu, porém, não creias que ficarás impune, depois de teres empreendido fazer guerra contra Deus!"

²⁰Mas sobremaneira admirável e digna de abençoada memória foi a mãe, que, vendo morrer seus sete filhos no espaço de um só dia, soube portar-se animosamente por causa das esperanças que no Senhor depositava. ²¹A cada um deles exortava na língua de seus pais, cheia de nobres sentimentos, animando com coragem viril o seu raciocínio de mulher. E lhes dizia: ²²"Não sei como é que viestes a aparecer no meu seio, nem fui eu que vos dei o espírito e a vida, nem também fui eu que dispus organicamente os elementos de cada um de vós. ²³Mas o Criador do mundo, que formou o homem em seu nascimento e deu origem a todas as coisas, é ele quem vos retribuirá, na sua misericórdia, o espírito e a vida, uma vez que agora fazeis pouco caso de vós mesmos, por amor às suas leis."

²⁴Antíoco suspeitou estar sendo vilipendiado e desconfiou ser de censura aquela voz. Estando, pois, ainda em vida o mais moço, começou a exortá-lo não só com palavras, mas ainda com juramentos lhe assegurava que o faria rico e o tornaria feliz, contanto que abandonasse as tradições dos antepassados. Mais: que o teria na conta de seu amigo e lhe confiaria altos encargos. ²⁵Como não lhe desse o moço a mínima atenção, o rei mandou chamar a mãe para convidá-la a fazer-se conselheira de salvação para o rapaz. ²⁶Tendo-a exortado longamente, ela aceitou tentar persuadir ao filho. ²⁷Inclinou-se para este e, ludibriando o cruel tirano, assim falou na língua de seus pais: "Filho, tem compaixão de mim, que por nove meses te trouxe em meu seio e por três anos te amamentei, alimentei-te e te eduquei até esta idade, provendo sempre ao teu sustento. ²⁸Eu te suplico, meu filho, contempla o céu e a terra e observa tudo o que neles existe. Reconhece que não foi de coisas existentes que Deus os fez,ᵃ e que também o gênero humano surgiu da mesma forma. ²⁹Não temas este carrasco. Ao contrário, tornando-te digno dos teus irmãos, aceita a morte, a fim de que eu torne a receber-te com eles na Misericórdia."

³⁰Malᵇ estava ela terminando de falar quando o rapaz disse: "Que estais esperando? Eu não obedeço ao mandamento do rei! Ao mandamento da Lei, porém, que foi dada aos nossos pais por meio de Moisés, a esse eu obedeço. ³¹Quanto a ti, que te fizeste o inventor de toda a maldade que se abate sobre os hebreus,ᶜ não escaparás às mãos de Deus. ³²Porquanto nós, é por causa dos nossos pecados que padecemos. ³³E se agora, a escopo de castigo e de correção, o Senhor, que vive, está momentaneamente irritado contra nós, ele novamente se reconciliará com os seus servos. ³⁴Mas tu, ó ímpio e mais celerado de todos os homens, não te eleves estultamente, agitando-te em vãs esperanças, enquanto levantas a mão contra seus servos,ᵈ ³⁵pois ainda não escapaste ao julgamento de Deus todo-poderoso, que tudo vê. ³⁶Nossos irmãos, agora, depois de terem suportado uma aflição momentânea por uma vida imperecível,

---

a) Quer dizer, Deus os criou do nada, primeira afirmação *explícita da criação ex nihilo*, já entrevista em Is 44,24 (ver também Jo 1,3; Cl 1,15s). — Alguns mss e o sir. têm: "das coisas que não existem", expressão que, segundo o filósofo judeu Fílon, designa a matéria não organizada (cf. Sb 11,17+).

b) "mal": *arti*, conj.; "ainda": *eti*, grego.

c) "hebreus", termo arcaizante, aqui e em 11,13; 15,37 (cf. também Jt 10,12; 12,11; 14,18). A LXX raramente dele se serve fora do Pentateuco.

d) "seus servos" alguns mss e versões; "os servos do céu", grego.

morreram pela Aliança de Deus.[a] Tu, porém, pelo julgamento de Deus, hás de receber os justos castigos por tua soberba. ³⁷Quanto a mim, como meus irmãos, entrego o corpo e a vida pelas leis de nossos pais, suplicando a Deus que se mostre logo misericordioso para com a nação e que, mediante provas e flagelos, te obrigue a reconhecer que só ele é Deus.[b] ³⁸Possa afinal deter-se, em mim e nos meus irmãos, a ira do Todo-poderoso, que se abateu com justiça por sobre todo o nosso povo!"

³⁹Enfurecido, o rei tratou a este com crueldade ainda mais feroz que aos outros, sentindo amargamente o sarcasmo. ⁴⁰Assim também este, ilibado, passou para a outra vida, confiando totalmente no Senhor. ⁴¹Por último, depois dos filhos, morreu a mãe.

⁴²Seja suficiente, porém, sobre os banquetes sacrificais e as torturas exorbitantes, o que foi até aqui referido.

V. Vitória do judaísmo.
Morte do perseguidor e purificação do Templo

8 *Judas Macabeu na resistência*[c] — ¹Entretanto Judas, também chamado Macabeu, e os seus companheiros, iam introduzindo-se às ocultas nas aldeias. Chamando a si os coirmãos de raça e recrutando os que haviam perseverado firmes no judaísmo, chegaram a reunir cerca de seis mil pessoas. ²E invocavam o Senhor, a fim de que volvesse o olhar para o povo, espezinhado por todos; que tivesse piedade também do Templo, profanado pelos ímpios; ³que se compadecesse ainda da cidade, arruinada e em vias de ser nivelada ao solo, e escutasse os clamores do sangue que gritava até ele; ⁴enfim, que se recordasse da matança iníqua das crianças inocentes, e se vingasse das blasfêmias lançadas contra o seu nome.

⁵Transformada a sua gente em grupo organizado, o Macabeu começou a tornar-se irresistível para os pagãos, tendo-se mudado em misericórdia a cólera do Senhor. ⁶Chegando de improviso às cidades e aldeias, ateava-lhes fogo; e, apoderando-se dos pontos estratégicos, inflígia ao inimigo pesadíssimas perdas.[d] ⁷Para tais incursões, escolhia de preferência a noite como cúmplice. De resto, a fama da sua valentia propagava-se por toda parte.

Campanha contra Nicanor e Górgias — ⁸Filipe,[e] vendo este homem chegar pouco a pouco ao sucesso e cada vez mais solidamente progredir nas vitórias, escreveu a Ptolomeu, estratego da Celessíria e da Fenícia, para que viesse em socorro dos interesses do rei. ⁹Este escolheu sem demora Nicanor, filho de Pátroclo e um dos primeiros amigos do rei, confiando-lhe o comando de não menos de vinte mil pagãos de todas as raças, e enviando-o com a ordem de exterminar todo o povo dos judeus. Mas associou-lhe também Górgias, general de profissão e experimentado em assuntos de guerra. ¹⁰Nicanor tinha-se proposto, por seu turno, com a venda dos judeus a serem aprisionados, levantar a quantia de dois mil talentos, que era o tributo devido pelo rei aos

---

a) "uma vida imperecível" mss latinos; "morreram" conj. (cf. 6,28; 1Mc 5,20); o grego é ininteligível.
b) Antíoco IV fazia-se igual aos deuses (cf. 9,12+). Concernente à noção de um Deus absolutamente universal e sem rival algum, cf. 1Cr 17,20; Eclo 36,4 e já Is 45,14.
c) Estes vv. se ligam a 5,27. O autor entrelaça aqui fatos atribuídos a Matatias em 1Mc 2 com a atividade própria de Judas antes da intervenção de Antíoco (cf. 1Mc 3,1-26).
d) "Pesadíssimas perdas", lit. "quantidade de cadáveres", segundo o lat.; "quantidade de inimigos (postos em fuga)", grego; alguns mss às vezes leem "inimigos" e "cadáveres".
e) Filipe é o superintendente (cf. 5,22 e 23+) de Jerusalém, que depende de Ptolomeu, estratego da Celessíria e da Fenícia (cf. 4,45+).

romanos. ¹¹Sem demora, por isso, mandou mensageiros às cidades do litoral, convidando-as a virem comprar escravos judeus, chegando a prometer noventa cabeças por um talento. É que ele não contava com o castigo que deveria alcançá-lo da parte do Todo-poderoso.

¹²Entretanto, a notícia do avanço de Nicanor chegou a Judas, o qual notificou aos seus a aproximação do exército. ¹³Os que ficaram com medo e não confiavam na justiça de Deus fugiram para se porem a salvo e abandonaram o seu posto. ¹⁴Os outros, porém, vendiam tudo o que lhes havia restado, e ao mesmo tempo suplicavam ao Senhor que conservasse livres aqueles que pelo ímpio Nicanor já tinham sido vendidos antes mesmo do combate. ¹⁵E isto, se não por causa deles, ao menos em consideração das alianças concluídas com seus pais e por causa do seu nome augusto e cheio de majestade, que eles invocavam.ᵃ

¹⁶Reunindo então seus companheiros, em número de seis mil, o Macabeu exortou-os repetidamente a que não se deixassem amedrontar diante dos inimigos, nem se preocupassem com a multidão enorme dos pagãos que injustamente vinham atacá-los, mas que lutassem com bravura. ¹⁷Que tivessem diante dos olhos o ultraje por eles iniquamente consumado contra o lugar santo, a desfiguração da cidade vilipendiada e ainda a abolição dos direitos dos antepassados. ¹⁸E acrescentou: "Eles confiam nas armas e em seus atos de audácia, enquanto nós depositamos nossa confiança no Deus Todo-poderoso, que bem pode, com um único aceno, abater os que marcham contra nós, e mesmo o mundo inteiro!" ¹⁹Além disso, recordou-lhes os socorros que seus antepassados haviam recebido, especialmente o que ocorrera no tempo de Senaquerib, quando pereceram cento e oitenta e cinco mil homens. ²⁰E também a batalha que se travou na Babilônia contra os gálatas, quando oito mil ao todo,ᵇ junto com quatro mil macedônios, entraram em combate: os oito mil, estando os macedônios em dificuldade, aniquilaram cento e vinte mil inimigos, graças ao socorro que lhes veio do céu, e ainda recolheram imensos despojos.

²¹Tendo-os encorajado com essas palavras e tornando-os prontos a morrerem pelas leis e pela pátria, dividiu seu exército em quatro partes aproximadamente iguais. ²²À frente de cada grupo colocou seus irmãos Simão, José e Jônatas, dando a cada um o comando de mil e quinhentos homens. ²³A seguir, ordenou a Esdriasᶜ que lesse o livro santo e, dada a palavra de ordem — "Auxílio de Deus!"ᵈ —, pôs-se ele mesmo à frente do primeiro grupo e lançou-se contra Nicanor. ²⁴Tendo-se feito seu aliado o Todo-poderoso, trucidaram mais de nove mil dos inimigos, feriram e mutilaram a maior parte do exército de Nicanor, e ainda obrigaram todos à fuga. ²⁵Quanto ao dinheiro dos que tinham vindo para comprá-los como escravos, eles o tomaram. Perseguindo os fugitivos por longo tempo, tiveram de desistir, constrangidos pelo adiantado da hora, ²⁶pois era véspera do sábado, motivo pelo qual não continuaram a acossá-los. ²⁷Tendo, pois, recolhido as armas e despojado os cadáveres dos inimigos, eles entregaram-se à celebração do sábado, bendizendo profundamente e exaltando ao Senhor que os havia preservado até esse dia, dando assim início à sua misericórdia em favor deles. ²⁸Passado o sábado, distribuíram parte dos despojos aos que haviam sido prejudicados, às viúvas e aos órfãos, enquanto eles e seus filhos repartiram entre si o restante. ²⁹Tendo feito isto, e organizada uma rogação comum, pediram ao Senhor misericordioso que se reconciliasse plenamente com os seus servos.

---

a) Lit.: "por causa da invocação do seu nome sobre eles", cf. 1Mc 7,37. É hebraísmo frequente (cf. Dt 28,10; 2Sm 12,28; 1Rs 8,43; Is 4,1 etc.).
b) Parece que são judeus em luta contra mercenários gauleses pagos por Molão, sátrapa da Média, revoltado.
c) "Esdrias" (ou "Esdras") segundo lat. e arm. (cf. 12,36); "Eleazar", grego; é o Azarias de 1Mc 5,18.56.
d) Fórmulas semelhantes estavam em uso nos exércitos helenísticos e romanos, e são mencionadas pela *Regra da Guerra* em Qumrã.

Timóteo e Báquides são derrotados[a] — [30]A seguir, defrontando-se com os soldados de Timóteo e de Báquides, mataram mais de vinte mil dentre eles e apoderaram-se facilmente de algumas fortalezas em pontos elevados. E dividiram os abundantes despojos em partes iguais: uma para si e outra para os prejudicados, os órfãos e as viúvas, e também os anciãos. [31]Com diligência recolheram as armas dos inimigos, depositando-as todas em lugares convenientes. Quanto ao restante dos despojos, transportaram-nos a Jerusalém. [32]Mataram o filarca,[b] um dos homens mais chegados a Timóteo, celerado da pior espécie, que havia afligido muitíssimo os judeus. [33]Finalmente, ao celebrarem na pátria os festejos pela vitória, queimaram vivos os que haviam incendiado os portais sagrados,[c] e com eles Calístenes, todos refugiados no mesmo esconderijo. Assim receberam a digna recompensa da sua impiedade.

1,8

Fuga e confissão de Nicanor — [34]O celeradíssimo Nicanor, que fizera vir os mil negociantes para a venda dos judeus, [35]foi humilhado, com a ajuda do Senhor, por aqueles que eram tidos por ele na mínima conta: teve de depor suas vestes esplêndidas e, dispensando toda comitiva, atravessou o interior do país à maneira de um escravo fugitivo, até chegar a Antioquia. E ainda podia dar-se por muito bem-sucedido, em vista da ruína do seu exército. [36]Assim, aquele que havia assumido o empenho de saldar o tributo devido aos romanos com a venda dos prisioneiros de Jerusalém, começou a proclamar que os judeus tinham um Defensor, e que justamente por isto eram os judeus invulneráveis: porque seguiam as leis por ele estabelecidas.

8,23-24

9 ***Fim de Antíoco Epífanes*** — [1]Por essa mesma ocasião, sucedeu que Antíoco teve de voltar desordenadamente das regiões da Pérsia. [2]De fato, havendo entrado na cidade chamada Persépolis, tentou despojar-lhe o templo[d] e dominar a própria cidade. A multidão, por isso, irrompendo, recorreu às armas, e o resultado foi que Antíoco, acossado pelos habitantes do país, teve de empreender uma retirada vergonhosa. [3]Estando ele perto de Ecbátana,[e] chegou-lhe a notícia do que havia acontecido a Nicanor e aos homens de Timóteo. [4]Fora de si pela cólera, pensou em fazer pesar sobre os judeus também a injúria dos que o haviam posto em fuga. Por esse motivo, ordenou ao cocheiro que completasse o percurso prosseguindo sempre, sem parar, enquanto já o acompanhava a sentença do céu. De fato, assim havia ele falado, na sua soberba: "Farei de Jerusalém um cemitério de judeus, apenas chegue lá!" [5]Foi quando o Senhor, que tudo vê, o Deus de Israel, feriu-o com uma doença incurável e invencível: apenas terminara ele a sua frase, acometeu-o uma dor insuportável nas entranhas e tormentos atrozes no ventre. [6]Isso era plenamente justo em quem havia atormentado as entranhas dos outros com numerosas e rebuscadas torturas. [7]Mesmo assim, não desistia em nada da sua arrogância. Antes, regurgitando de soberba e exalando contra os judeus o fogo dos seus furores mandou ainda acelerar a marcha. Sucedeu-lhe então cair da carruagem que corria com estrépito e, sofrendo queda tão violenta, desconjuntaram-se-lhe todos os membros do corpo. [8]E ele que, pouco antes, na sua arrogância sobre-humana, achava poder dar ordens às ondas do mar e

‖ 1Mc 6,1-16
2Mc 1,11-17

Is 40,12; 51,15
Jó 38,8-11
Sl 65,7-8

---

a) Este fragmento (vv. 30-33) foi acrescentado aqui provavelmente pelo abreviador, a fim de reunir o que concerne ao castigo dos perseguidores. A narrativa interrompida prossegue no v. 34.
b) Talvez o chefe dos árabes, derrotado no início da campanha contra Timóteo (cf. 12,10s).
c) Incêndio, sem dúvida, ordenado pelo misarca (1Mc 1,31). Os portais sagrados são os do Templo como tal, não os do átrio.

d) Esse templo achava-se de fato em Elimaida, ao norte de Persépolis (1Mc 6,3), mas Jasão ou o abreviador terá preferido situar o fato numa cidade conhecida de todos.
e) Atualmente Hamadã, 700 km ao nordeste de Persépolis. Na realidade, Epífanes morreu em Tabe, a meio caminho entre essas duas cidades.

se imaginava pesando na balança os cumes das montanhas, estendido por terra, via-se transportado numa padiola, dando assim, a todos, mostras evidentes do poder de Deus. ⁹Tanto mais que, dos olhos desse ímpio, começaram a pulular os vermes. E, estando ele ainda vivo, as carnes se lhe caíam aos pedaços entre espasmos lancinantes,[a] enquanto o exército inteiro, por causa do odor fétido, mal suportava essa podridão. ¹⁰Assim, aquele que pouco antes parecia estar tocando nos astros do céu, ninguém agora aguentava carregá-lo, por causa do peso insuportável desse odor fétido.

¹¹Nessas circunstâncias, pois, todo quebrantado, começou a moderar seu orgulho excessivo e a tomar consciência da realidade, enquanto, sob o açoite divino, era a cada momento atormentado pelas dores. ¹²E não podendo, nem mesmo ele, suportar o próprio fedor, assim falou: "É justo submeter-se a Deus. E não aspirar, o simples mortal, a igualar-se à divindade."[b] ¹³Orava, pois, o celerado, àquele Soberano que não mais devia ter compaixão dele. E assegurava ¹⁴que haveria de proclamar livre a cidade santa, para a qual se dirigia apressadamente a fim de arrasá-la ao solo e transformá-la em cemitério; ¹⁵que haveria de igualar aos atenienses todos os judeus, os quais ele antes reputava indignos até da sepultura e merecedores, ao contrário, de serem expostos às aves de rapina e atirados, com seus filhinhos, às feras; ¹⁶que adornaria com as mais belas oferendas o sagrado Santuário, que ele havia outrora despojado; e restituiria, em número ainda maior, todos os vasos sagrados; e com as próprias rendas proveria às despesas necessárias para os sacrifícios; ¹⁷e, além de tudo isso, que se tornaria judeu e, percorrendo todos os lugares habitados, anunciaria o poder de Deus.

Carta de Antíoco aos judeus — ¹⁸Como de modo algum cessassem as suas dores, pois o alcançara o justo juízo de Deus, e perdendo assim toda esperança no próprio restabelecimento, escreveu aos judeus a carta seguinte, em tom de súplica, assim redigida:

¹⁹"Aos honrados cidadãos judeus, Antíoco, rei e estratego:[c] muitas saudações e votos de saúde e bem-estar! ²⁰Se passais bem, vós e vossos filhos, e se vossos negócios correm de acordo com a expectativa, rendemos copiosas ações de graças.[d] ²¹Quanto a mim, estou sem forças, estendido sobre um leito, mas guardo afetuosa lembrança de vós.[e]

Voltando das regiões da Pérsia, ao ser acometido por incômoda enfermidade, julguei necessário preocupar-me com a comum segurança de todos. ²²Não que eu desespere do meu estado, pois tenho, ao contrário, muitas esperanças de escapar desta enfermidade. ²³Considerando, porém, que meu pai, todas as vezes que empunhou armas[f] nas regiões do planalto, designava seu futuro sucessor, ²⁴a fim de que, no caso de acontecer algo inesperado ou de se espalhar uma notícia infausta, não se agitassem os habitantes do país, visto saberem a quem fora deixada a administração dos

---

a) "os olhos", Vet. Lat., arm.; "o corpo", grego (exceto 1 Ms: "os olhos do corpo"). — Ignora-se a natureza do mal que acometeu Antíoco. A descrição se atém ao gênero literário característico da morte dos tiranos (cf. Jt 16,17; Is 14,11; At 12,23). De modo semelhante se descreve a morte de Herodes Magno nas *Antiguidades Judaicas* de Josefo. O paralelo de 1Mc 6,9 é bastante *mais sóbrio.*
b) "não se igualar à divindade", mss e versões: "não ter pensamentos orgulhosos", uma parte do grego; grego luc. combina os dois. — A expressão grega qualifica as honras divinas que os reis e homens ilustres recebem. Cf. a expressão semelhante de Fl 2,6 aplicada a Cristo.
c) Esse termo designa a magistratura suprema de uma cidade, aqui Antioquia, a capital, onde Antíoco já se fizera nomear prefeito e tribuno. — A carta deve ter sido endereçada aos "honrados cidadãos" de Antioquia; a menção dos judeus parece glosa de Jasão de Cirene.
d) No fim do v., o grego acrescenta "confiando no céu".
e) "de vós", 1 ms grego, lat., arm.; "de vossa estima e de vossa benevolência", grego.
f) "empunhou armas", *estrateusen*, conj. segundo lat.; "acampou" *estratopedeusen*, grego.

negócios; ²⁵e refletindo, além disso, que os soberanos próximos de nós e vizinhos ao nosso reino estão atentos aos momentos e aguardam as eventualidades, designei como meu filho Antíoco. Já muitas vezes, ao subir para as satrapias do planalto, confiei-o e recomendei-o a muitos dentre vós. Aliás, a ele escrevi a carta que segue abaixo.*ᵃ* ²⁶Exorto-vos, pois, e rogo que, lembrados dos benefícios que de mim recebestes em comum e individualmente, cada um de vós conserve, para comigo e também para com meu filho, a presente benevolência. ²⁷Estou persuadido de que ele, seguindo esta minha decisão, portar-se-á com brandura e humanidade no seu relacionamento convosco."

²⁸Assim este assassino e blasfemo, no meio dos piores sofrimentos, do mesmo modo como havia tratado os outros, terminou a vida em terra estranha, nas montanhas, no mais lastimável dos destinos.*ᵇ* ²⁹Filipe, seu companheiro de infância, trasladou-lhe o corpo. Mas, temendo o filho de Antíoco, retirou-se para o Egito, para junto de Ptolomeu Filométor.*ᶜ*

10 *Purificação do Templo* — ¹Sob a guia do Senhor, Macabeu e os seus companheiros retomaram o Templo e a cidade. ²Demoliram então os altares levantados pelos estrangeiros na praça pública, bem como seus oratórios. ³Depois, tendo purificado o Templo, levantaram outro altar para os holocaustos. E logo, extraindo a centelha das pedras, tomaram do fogo resultante e ofereceram sacrifícios, após uma interrupção de dois anos. Queimaram também o incenso, acenderam as lâmpadas e fizeram a apresentação dos pães. ⁴Realizadas essas coisas, prostraram-se com o ventre por terra, suplicando ao Senhor que não mais os deixasse cair em tão grandes males. Mas que, se tornassem a pecar, fossem por ele corrigidos com moderação, sem contudo serem entregues às nações blasfemas e bárbaras. ⁵Assim, no dia em que o Templo havia sido profanado pelos estrangeiros, nesse mesmo dia sucedeu realizar-se a purificação do Santuário, isto é, no vigésimo quinto dia do mesmo mês, que era o de Casleu.*ᵈ* ⁶E com júbilo celebraram oito dias de festa, como para as Tendas, recordando-se que, pouco tempo antes, durante a própria festa das Tendas, estavam obrigados a viver nas montanhas e nas cavernas, à maneira de feras. ⁷Eis por que, trazendo tirsos e ramos vistosos, bem como palmas, entoavam hinos Àquele que de modo tão feliz os conduzira à purificação do seu Lugar santo. ⁸Depois, com um público edito confirmado por votação, prescreveram a toda a nação dos judeus que celebrassem anualmente esses dias.*ᵉ*

|| 1Mc 4,36-61

VI. Lutas de Judas contra os povos vizinhos e contra Lísias, ministro de Eupátor

Inícios do reinado de Antíoco Eupátor — ⁹Tais foram as circunstâncias da morte de Antíoco, cognominado Epífanes. ¹⁰Agora, quanto aos fatos que concernem a Antíoco Eupátor, filho desse ímpio, vamos narrá-los, embora

1Mc 6,17

---

a) O autor não reproduz esta segunda carta. Talvez por não ter tido acesso a ela.
b) O tom violento do abreviador contrasta com o da carta, redigida inteiramente no estilo protocolar helenístico.
c) Pormenor difícil de conciliar com 1Mc 6,55 e 63. Talvez Filipe terá permanecido no Egito até o fim do ano 163 (cf. 13,23).

d) Esta data equivale a 15 de dezembro de 164 (cf. 1,10+), poucas semanas após a morte de Antíoco Epífanes.
e) Acerca dessa festa, a *Hanukká*, cf. 1Mc 4,59+. — Aqui termina a primeira parte do livro, um de cujos objetivos é impor a festa a todos os judeus (cf. as duas cartas preliminares nos caps. 1-2). De modo semelhante, a segunda parte concluirá com um convite a celebrar o *Dia de Nicanor* (15,36).

resumindo os males que resultaram de suas guerras.*a* ¹¹Ele, pois, tendo herdado o reino, pôs à frente de sua administração certo Lísias, estratego e comandante supremo da Celessíria e da Fenícia. ¹²Ora, Ptolomeu, chamado Mácron, que havia tomado a iniciativa de praticar a justiça para com os judeus, em reparação da injustiça contra eles cometida, esforçava-se por resolver em paz as questões que a eles se referiam. ¹³Por esse motivo, foi acusado junto a Eupátor pelos amigos do rei. De fato, a toda hora chamavam-no de traidor, pelo motivo de haver abandonado Chipre,*b* que lhe fora confiada por Filométor, e por haver passado para o lado de Antíoco Epífanes. Assim, não conseguindo mais exercer com honra o seu cargo, tomando veneno, abandonou a vida.

Górgias e as fortalezas da Idumeia —
¹⁴Entretanto, havendo-se tornado estratego dessas regiões, Górgias mantinha tropas mercenárias e fomentava, a cada oportunidade, a guerra contra os judeus. ¹⁵Ao mesmo tempo, também os idumeus, que possuíam fortalezas bem situadas, molestavam os judeus e procuravam manter o estado de guerra, acolhendo os proscritos de Jerusalém. ¹⁶Por isso, tendo feito preces públicas e suplicando a Deus que se tornasse seu aliado, os homens do Macabeu arremessaram-se contra as fortalezas dos idumeus. ¹⁷Tendo-as assaltado vigorosamente, conseguiram apoderar-se dessas posições, repelindo todos os que combatiam sobre a muralha: trucidando quantos lhes caíam nas mãos, mataram não menos de vinte mil. ¹⁸Entretanto, não menos de nove mil conseguiram refugiar-se em duas torres solidamente fortificadas, dotadas do necessário para sustentar um cerco. ¹⁹O Macabeu deixou Simão e José e ainda Zaqueu com os seus companheiros em número suficiente para sitiá-los, enquanto ele pessoalmente partiu para lugares mais necessitados. ²⁰Mas os companheiros de Simão, ávidos de dinheiro, deixaram-se corromper por alguns dos sitiados nas torres e, deles recebendo setenta mil dracmas, permitiram que alguns escapassem. ²¹Tendo sido levada ao Macabeu a notícia do que havia ocorrido, ele reuniu os chefes do povo e denunciou os que por dinheiro haviam vendido seus irmãos, deixando livres contra eles os seus inimigos. ²²A esses, pois, que se haviam tornado traidores, mandou-os executar, e imediatamente ocupou as duas torres. ²³Conduzindo a bom termo, com suas armas, tudo o que empreendia, ele matou nessas duas fortalezas mais de vinte mil pessoas.*c*

*Judas vence Timóteo e toma Gazara*d —
²⁴Timóteo, que já antes havia sido derrotado pelos judeus, tendo recrutado forças estrangeiras em grande número e reunido não poucos cavalos vindos da Ásia, apareceu para conquistar a Judeia à força das armas. ²⁵Aproximando-se ele, os homens do Macabeu espargiram terra sobre suas cabeças e cingiram os rins com pano grosseiro, em sinal de súplica a Deus. ²⁶Prostrados no supedâneo diante do altar, rezavam para que, sendo favorável a eles, o Senhor se fizesse inimigo dos seus inimigos e adversário dos seus adversários, como o declara a Lei.

²⁷Chegados ao fim desta oração, tomaram as armas e adiantaram-se para fora da cidade até boa distância. Entretanto, ao chegarem perto dos inimigos, detiveram-se. ²⁸Apenas começava a difundir-se a madrugada, entraram uns e outros em batalha: uns tendo como garantia do sucesso e da vitória, além da sua bravura, o recurso ao Senhor; os outros, porém, tomando o seu próprio furor como guia dos combates. ²⁹Tornando-se renhida a luta, apareceram aos

---

a) "guerras": *polémon*, mss lat., sir.; "cidades": *póleon*, mss lat.. grego *(salvo 3 mss que trazem "guerreiros"* : *polemíon).*

b) Onde sua presença como governador é atestada por inscrições e pelo historiador Políbio.

c) Número evidentemente exagerado (cf. v. 18).

d) Este episódio não parece estar em seu lugar cronológico, porque Timóteo, que aí encontra a morte, aparece ainda vivo no verão do mesmo ano de 163, quando da campanha no Galaad (12,10-31). A tomada de Gazara também propõe dificuldade (cf. v. 32).

adversários, vindos do céu, sobre cavalos com rédeas de ouro, cinco homens magníficos, que se puseram à frente dos judeus. ³⁰E logo, conservando o Macabeu no meio deles e defendendo-o com as suas armaduras, tornavam-no invulnerável. Ao mesmo tempo, lançavam dardos e raios contra os adversários, os quais, desnorteados pela impossibilidade de ver, dispersavam-se,[a] repletos de confusão. ³¹Foram assim trucidados vinte mil e quinhentos soldados, além de seiscentos cavaleiros. ³²Quanto a Timóteo, conseguiu refugiar-se na fortaleza chamada Gazara, muito bem fortificada, cujo estratego era Quéreas.[b] ³³Os homens do Macabeu, porém, sitiaram a praça forte durante quatro dias,[c] cheios de entusiasmo. ³⁴Os de dentro, confiados na inexpugnabilidade do lugar, blasfemavam sem conta e proferiam palavras ímpias. ³⁵Ao amanhecer do quinto dia, vinte jovens dentre os soldados do Macabeu, inflamados de cólera por causa das blasfêmias, arremessaram-se varonilmente contra a muralha e com ardor feroz começaram a trucidar a quem lhes caísse nas mãos. ³⁶Outros, igualmente, subindo contra os assediados pelo lado oposto da muralha, puseram fogo às torres e, tendo acendido fogueiras, queimaram vivos os blasfemadores. Entretanto os primeiros, abatendo as portas e acolhendo o restante do exército, à sua frente ocuparam a cidade. ³⁷Passaram então a fio de espada Timóteo, que se havia escondido numa cisterna, bem como seu irmão Quéreas e Apolófanes. ³⁸Tendo realizado esses feitos, eles bendisseram com hinos e louvores o Senhor, que tão grandiosamente havia outorgado benefícios a Israel e lhe concedera vitória.

|| 1Mc 13,43-48

11 *Primeira campanha de Lísias*[d] —

¹Bem pouco tempo depois, Lísias, tutor e parente do rei, encarregado dos negócios do reino, levando muito a mal esses acontecimentos, ²reuniu cerca de oitenta mil soldados a pé, com toda a sua cavalaria e pôs-se em marcha contra os judeus. Seu propósito era transformar a Cidade numa residência para os gregos, ³submeter o Templo a um tributo, à semelhança dos outros lugares de culto das nações, e pôr à venda, ano por ano, a dignidade de sumo sacerdote. ⁴Isto, porém, não tendo em conta alguma o poder de Deus, mas confiando somente nas suas miríades de soldados, nos seus milhares de cavaleiros e nos seus oitenta elefantes.

|| 1Mc 4,26-35

⁵Tendo, pois, penetrado na Judeia, aproximou-se de Betsur, que é uma praça forte, distante de Jerusalém cerca de cinco esquenos,[e] e começou a apertá-la com o cerco. ⁶Quando os homens do Macabeu souberam que ele estava sitiando as fortalezas, começaram a suplicar ao Senhor, entre gemidos e lágrimas, junto com a população, para que enviasse um anjo bom para a salvação de Israel. ⁷O próprio Macabeu, sendo o primeiro a empunhar as armas, exortava os outros a exporem-se ao perigo juntamente com ele, para levarem socorro a seus irmãos. E eles, unidos e cheios de ardor, puseram-se em marcha. ⁸Encontravam-se ainda perto de Jerusalém, quando apareceu-lhes à frente, revestido de branco, um cavaleiro, que brandia armas de ouro. ⁹Todos, então unânimes, bendisseram o Deus misericordioso e sentiram-se revigorados em seus ânimos, achando-se prontos a transpassar não só homens, mas até as feras mais selvagens e mesmo muralhas de ferro. ¹⁰Avançaram, pois, em ordem de batalha, tendo consigo esse aliado vindo

Ex 23,20 +

5,4 +

---

a) "dispersavam-se", vários mss gregos; "foram trucidados", grego e lat.
b) Restringindo-se às façanhas de Judas, 2Mc incluiu no ciclo desse herói a famosa tomada de Gazara, cuja recordação persistia na tradição popular. Entretanto, o autor de 1Mc (13,43; cf. 14,34) a atribuirá, com justiça, a seu irmão Simão.
c) "quatro", lat.: "quarenta" ou "vinte e quatro", grego.
d) Os acontecimentos narrados em 11,1-21 e 11,27-12,9 situam-se ainda em 164, enquanto Antíoco Epífanes ainda vivia. Em Jasão de Cirene, a perícope devia seguir 8,36 (justificando-se assim o "bem pouco tempo depois" do v. 1); mas para o abreviador a ação se passa no tempo de Antíoco V (cf. v. 23).
e) "esquenos", mss gregos; "estádios", grego e versões (com números variáveis). — O "esqueno" equivalia a trinta estádios, isto é, cerca de 5 km e meio.

do céu, graças à misericórdia que deles tivera o Senhor. ¹¹Assim, atirando-se contra os inimigos como leões, estenderam por terra onze mil dentre eles, além de mil e seiscentos cavaleiros, obrigando os outros todos a fugir. ¹²A maior parte dentre estes, porém, escaparam feridos e sem armas. O próprio Lísias salvou-se fugindo de maneira vergonhosa.

|| 1Mc 6,57-61 **Paz com os judeus. Quatro cartas referentes ao tratado** — ¹³Como, porém, não era homem insensato, refletindo sobre o revés que lhe tocara, Lísias compreendeu que os hebreus eram invencíveis porque o Deus poderoso combatia com eles. ¹⁴Por isso enviou-lhes uma delegação, a fim de persuadi-los a chegarem a um acordo em tudo o que fosse justo, prometendo-lhes também constranger o rei a tornar-se amigo deles.[a] ¹⁵O Macabeu consentiu em tudo o que propunha Lísias, preocupado somente com a utilidade comum. E tudo o que o Macabeu transmitiu por escrito a Lísias, a respeito dos judeus, o rei o concedeu.[b]

¹⁶A carta escrita por Lísias aos judeus estava redigida nestes termos: "Lísias ao povo dos judeus, saudações! ¹⁷João e Absalão,[c] por vós enviados, entregaram-me o documento abaixo transcrito, suplicando em favor dos pedidos nele contidos. ¹⁸Submeti, então, ao rei[d] todas as coisas que deviam ser-lhe manifestadas, e ele concedeu o que era aceitável. ¹⁹Se, portanto, conservardes uma disposição favorável para com os negócios do Estado, eu me esforçarei por ser promotor dos vossos interesses, também no futuro. ²⁰Sobre esses pontos e seus pormenores, já dei instruções aos vossos e meus enviados, a fim de que os discutam convosco. ²¹Passai bem. No ano cento e quarenta e oito, aos vinte e quatro dias do mês de Dióscoro."[e]

²²A carta do rei estava assim redigida: "O rei Antíoco[f] a seu irmão Lísias, saudações. ²³Tendo-se trasladado nosso pai para junto dos deuses,[g] querendo nós que os súditos do nosso reino estejam livres de qualquer incômodo a fim de poderem dedicar-se ao cuidado dos próprios interesses, ²⁴ouvimos dizer que os judeus não consentem na adoção dos costumes gregos, querida por nosso pai. Mas antes, preferindo o seu modo de vida particular, desejam que se lhes permita a observância das suas leis. ²⁵Querendo, pois, que também este povo possa viver sem temor, decidimos que o Templo lhes seja restituído e que possam viver segundo os costumes dos seus antepassados. ²⁶Por isso, bem farás enviando-lhes embaixadores que lhes deem as mãos, a fim de que, sabedores da nossa intenção, fiquem de ânimo sereno e se entreguem prazerosamente às próprias ocupações."

²⁷A carta do rei ao povo, enfim, foi a seguinte: "O rei Antíoco ao Conselho dos anciãos dos judeus e aos outros judeus, saudações! ²⁸Se passais bem, é como desejamos. Quanto a nós, também vamos bem de saúde. ²⁹Menelau nos fez conhecer o desejo que tendes de voltar, para cuidardes dos vossos interesses. ³⁰Aos que regressarem, pois, até o dia trinta do mês de Xântico, ser-lhes-á

---

a) "constranger", Vet. Lat., Vulg.; "persuadir", mss lat.; "persuadir e constranger", grego. — A expressão terá parecido muito forte a um copista, que preferiu substituí-la, na margem, por "persuadir", vocábulo depois incorporado em vários mss. — Para o abreviador, porém, o rei é Antíoco V: sendo ainda menino, o fato de ele ser "constrangido" por seu tutor não tem nada de estranho.
b) Este acordo explica o fato de Judas não ter sido mais *incomodado ao longo desse ano de 164*.
c) Este João deve ser o mais velho dos filhos de Matatias (1Mc 2,2). Absalão deve ser personagem importante, porque dois de seus filhos exercerão comandos militares (cf. 1Mc 11,70; 13,11).

d) Antíoco IV Epífanes. Se se tratasse do jovem Antíoco V, como o crê o abreviador, a conduta do todo-poderoso Lísias se explicaria menos bem.
e) "Dióscoro", lat.; "de Júpiter Coríntio" (*Dioscorinthios*), grego. — É o nome de um mês cretense, equivalente ao de Xântico (cf. v. 30). Estamos na primavera de 164.
f) Aqui se trata de Antíoco V (cf. v. seguinte) e do rescrito concedido aos judeus após a segunda campanha de Lísias (cf. 13,23; 1Mc 6,59).
g) Alusão à "apoteose" do soberano, que se fazia tanto entre os Selêucidas, na Síria, como entre os Lágidas, no Egito.

estendida a mão. E isto com a licença ³¹de poderem servir-se, os judeus, de seus alimentos especiais e de suas leis, como o faziam anteriormente. E que nenhum deles seja de modo algum molestado pelas faltas cometidas por ignorância. ³²Estou enviando também Menelau, para tranquilizar-vos.*ᵃ* ³³Passai bem. No ano cento e quarenta e oito, aos quinze dias do mês de Xântico.

³⁴Também os romanos endereçaram-lhes uma carta, assim redigida: "Quinto Mêmio, Tito Manílio e Mânio Sérgio,*ᵇ* legados romanos, ao povo dos judeus, saudações! ³⁵A respeito das coisas que Lísias, parente do rei, vos concedeu, também nós estamos de acordo. ³⁶Quanto às que ele julgou necessário submeter à apreciação do rei, vós, depois de tê-las examinado, enviai-nos imediatamente alguém, a fim de que possamos expô-las ao rei como melhor convém para vós. Pois estamos de partida para Antioquia. ³⁷Por isso, apressai-vos em mandar-nos alguns dentre vós para que também nós saibamos qual é a vossa opinião. ³⁸Passai bem. No ano cento e quarenta e oito, aos quinze dias do mês de Dióscoro."*ᶜ*

12 *Episódios de Jope e de Jâmnia* —
¹Concluídos esses tratados, Lísias voltou para junto do rei,*ᵈ* enquanto os judeus retornaram ao cultivo da terra. ²Dentre os estrategos locais, porém, Timóteo e Apolônio, filho de Geneu, bem como Jerônimo e Demofonte e, além desses, Nicanor, o cipriarca, não os deixavam viver tranquilos nem realizar as obras da paz.

³Além disso, os habitantes de Jope chegaram a este cúmulo de impiedade: convidaram os judeus que moravam com eles a subir, com suas mulheres e filhos, a umas barcas por eles mesmos preparadas, como se não houvesse malevolência alguma contra eles. ⁴Antes, pareciam agir segundo uma resolução pública da cidade. Os judeus aceitaram, como gente que deseja viver em paz e sem ter qualquer suspeita. Mas, chegados ao largo, fizeram-nos ir ao fundo. E eram não menos de duzentos.

⁵Quando Judas soube da crueldade cometida contra os seus conacionais, deu ordens de prontidão a seus homens. ⁶E, tendo invocado a Deus, o justo Juiz, marchou contra os assassinos dos seus irmãos. Incendiou de noite o porto, queimou as barcas e passou ao fio de espada todos os que nelas haviam procurado refúgio. ⁷Estando, porém, fechada a cidade, ele partiu, mas com a intenção de vir outra vez a fim de extirpar completamente a população dos jopitas. ⁸Informado, entretanto, de que os habitantes de Jâmnia queriam proceder da mesma forma para com os judeus que moravam entre eles, ⁹caiu de surpresa também sobre os jamnitas, à noite, e incendiou-lhes o porto com a frota, de tal sorte que os clarões do fogo puderam ser vistos até em Jerusalém, embora distante duzentos e quarenta estádios.

Expedição na Galaadítida — ¹⁰Tendo-se afastado dali nove estádios,*ᵉ* ao fazerem a marcha contra Timóteo, uns árabes arremessaram-se contra ele, não menos de cinco mil, sendo quinhentos os cavaleiros. ¹¹Travando-se um

1Mc 5,24-54

---

a) O papel confiado ao sumo sacerdote, detestado pelos rebeldes, mostra que o rei não pretendia reconhecer Judas como seu chefe. Mas o objetivo religioso da revolta, a saber, a retirada do edito de abolição do culto judaico, estava atingido.
b) "Manílio" e "Sérgio" são nomes reconstituídos conforme 2 mss gregos; o restante do grego lê somente "Tito Mânio", mas esse nome — formado por dois prenomes — é impossível. Tito Manílio e Mânio Sérgio são, aliás, personagens conhecidas. Quanto a Quinto Mêmio, nada sabemos dele; mas um "Tito Mêmio" havia sido legado em 170.
c) "Dióscoro", Vet . Lat .; "Xântico", grego.

d) O abreviador imagina o rei em Antioquia (porquanto para ele se trata de Antíoco V). De fato, as duas incursões contra as cidades marítimas devem ter sucedido à primeira campanha de Lísias, quando Antíoco IV se encontrava na Pérsia (cf. 6,1; 9,1). Ambas as incursões situam-se bem no decorrer do ano 164.
e) Esses nove estádios (menos de 2 km) não podem ser contados a partir de Jâmnia, mas de um ponto situado na Galaadítida (cf. v. 13). O abreviador terá destacado mal o seu fragmento de Jasão. Sobre as circunstâncias desta campanha realizada no verão de 163, cf. 1Mc 5,9s. — Os "árabes" são nabateus (cf. 1Mc 5,25), cujo chefe seria o filarca de 2Mc 8,32.

combate violento, mas, pela ajuda de Deus, levando a melhor os homens de Judas, os nômades, vencidos, pediram a Judas que lhes estendesse a mão direita. E prometeram entregar-lhe gado e ser-lhe úteis em tudo o mais. ¹²Judas compreendeu que eles na verdade poderiam ser úteis em muitas coisas e consentiu em oferecer-lhes a paz. Assim, tendo-se dado as mãos, eles retiraram-se para suas tendas.

¹³Judas assaltou também uma cidade defendida com trincheiras, circundada por muralhas e habitada por gente de todas as raças, cujo nome era Caspin. ¹⁴Os de dentro, confiando na solidez dos muros e na provisão dos víveres, portavam-se de modo cada vez mais insolente para com os homens de Judas, insultando-os e ainda blasfemando e proferindo o que não convém. ¹⁵Os homens de Judas, então, invocando o grande Soberano do mundo, o qual, sem aríetes nem máquinas de guerra fizera cair Jericó nos tempos de Josué, irromperam como feras contra a muralha. ¹⁶Tendo-se, então, pela vontade de Deus, tornado senhores da cidade, fizeram aí matanças indescritíveis. E isto a tal ponto que um lago vizinho, com a largura de dois estádios, parecia repleto do sangue que havia escorrido.

Js 6

A batalha do Cárnion — ¹⁷Tendo-se afastado de lá setecentos e cinquenta estádios, chegaram a Cáraca, onde se encontravam os judeus chamados tubianos.ᵃ ¹⁸Quanto a Timóteo, não o surpreenderam nessas paragens: ele partira desses lugares sem ter podido fazer qualquer coisa, embora houvesse deixado em certo posto uma guarnição, por sinal bem equipada. ¹⁹Mas Dositeu e Sosípatro, que faziam parte do grupo de generais do Macabeu, tendo para lá realizado uma incursão, aniquilaram os homens deixados por Timóteo na fortaleza, em número de mais de dez mil. ²⁰O Macabeu, por seu turno, havendo distribuído o exército em alas, confiou a ambos o seu comando e arremeteu contra Timóteo, o qual tinha consigo cento e vinte mil soldados e dois mil e quinhentos cavaleiros. ²¹Informado da aproximação de Judas, Timóteo mandou adiante as mulheres, as crianças e todo o restante das bagagens, para o lugar chamado Cárnion.ᵇ Tratava-se de uma fortaleza inexpugnável e de difícil acesso, por causa das passagens estreitas de toda a região. ²²Entretanto, ao aparecer a primeira ala de Judas, apoderou-se dos inimigos o medo e ainda o terror suscitado pela manifestação, contra eles, daquele que tudo vê. Começaram então a fugir desabaladamente, um arrastado para cá e outro para lá, a ponto de muitas vezes serem feridos pelos próprios companheiros e atravessados ao fio das próprias espadas. ²³Judas pôs-se a persegui-los cada vez mais vigorosamente, trespassando esses criminosos, dos quais acabou com cerca de trinta mil homens. ²⁴O próprio Timóteo, caído nas mãos dos soldados de Dositeu e Sosípatro, pôs-se a suplicar com muita artimanha que o deixassem partir com vida, afirmando ter em seu poder os pais de muitos deles, e de alguns irmãos, aos quais poderia acontecer serem eliminados. ²⁵Tendo ele, com muitas palavras, dado garantia ao pacto de restituí-los incólumes, deixaram-no ir livre, a bem da salvação dos seus irmãos.

|| 1Mc 5,37-44
1Mc 5,13

1Mc 5,43 +

²⁶Entretanto, havendo feito uma incursão contra o Cárnion e o Atargateion,ᶜ Judas aí matou vinte e cinco mil homens.

---

a) O "distrito de Tobias" de 1Mc 5,13, isto é, a Amanítida, governada pela família dos Tobíadas. Ali se fazia criação de cavalos, e um corpo de cavaleiros tubianos *distinguiu-se* na Iduméia (v. 35). — Cáraca deve ser a fortaleza ou Birta da Amanítida (atualmente *Araq el Emir*), residência do governador.
b) Sede do santuário da Astarte "de dois chifres" (cf. 1Mc 5,43). As "passagens estreitas" devem ser simplesmente o leito da torrente mencionada em 1Mc 5,37 (o *Nahr el-Ehreir,* afluente do Jarmuc); aliás, é só mais ao sul que o terreno se torna acidentado, mas o autor quer sublinhar as qualidades militares do exército de Judas e o efeito de terror que produziu.
c) Santuário de Atargates, a grande deusa síria identificada com a Astarte local.

Retorno por Efron e Citópolis — ²⁷Depois de infligida essa derrota e chacina, ele conduziu o seu exército também contra Efron, cidade fortificada, onde morava Lisânias.ᵃ Moços robustos, postados diante da muralha, defendiam-na valorosamente, enquanto dentro havia grandes reservas de máquinas e projéteis. ²⁸Mas, tendo invocado o Soberano que por seu poder esmaga as forças dos inimigos, eles tomaram a cidade em suas mãos. E, dos que nela estavam, abateram cerca de vinte e cinco mil. ²⁹Partindo de lá, marcharam com ímpeto contra Citópolis,ᵇ distante de Jerusalém seiscentos estádios. ³⁰Tendo, porém, os judeus que nela residiam dado testemunho da benevolência que os citopolitanos demonstravam para com eles e da acolhida benigna que lhes haviam dado também nas ocasiões de infortúnio, ³¹Judas e os seus exprimiram-lhes sua gratidão e os exortaram a que continuassem a mostrar-se benignos, também no futuro, para com os de sua raça.

Assim é que chegaram a Jerusalém, estando bem próxima a festa das Semanas.

Campanha contra Górgias — ³²Depois da festa chamada Pentecostes, marcharam impetuosamente contra Górgias, estratego da Iduméia, ³³o qual saiu a campo com três mil soldados e quatrocentos cavaleiros. ³⁴Aconteceu que, ao se darem combate, tombaram mortos alguns dos judeus. Ex 23,14 +

³⁵Mas certo Dositeu, cavaleiro do grupo dos tubianos, homem valente, conseguiu lançar a mão sobre Górgias: tendo-o agarrado pela clâmide,ᶜ obrigava-o vigorosamente a segui-lo, a fim de capturar vivo esse maldito. Foi quando um dos cavaleiros trácios, investindo contra ele, cortou-lhe o ombro, e assim Górgias pôde escapar para Marisa. ³⁶Entretanto, os que estavam com Esdrias combatiam havia tempo e já sentiam-se exaustos. Judas então invocou o Senhor para que se manifestasse como seu aliado e guia no combate. ³⁷A seguir, entoando o grito de guerra com hinos na língua paterna,ᵈ arremessou-se de surpresa contra os homens de Górgias, constrangendo-os à retirada.

O sacrifício pelos mortosᵉ — ³⁸Tendo depois reunido o seu exército, Judas atingiu a cidade de Odolam.ᶠ Chegado o sétimo dia, purificaram-se conforme o costume e, ali mesmo celebraram o sábado. ³⁹No dia seguinte, sendo já urgente a tarefa, vieram falar com Judasᵍ para recolher os corpos dos que haviam tombado, a fim de inumá-los junto com os seus parentes, nos túmulos de seus pais. ⁴⁰Então encontraram, debaixo das túnicas de cada um dos mortos, objetos consagrados aos ídolos de Jâmnia,ʰ cujo uso a Lei vedava aos judeus. Tornou-se assim evidente, para todos, que foi por esse motivo que eles sucumbiram. ⁴¹Todos, pois, tendo bendito o modo de proceder do Senhor, justo Juiz que torna manifestas as coisas escondidas, ⁴²puseram-se em Dt 7,25

---

a) "onde morava Lisânias", mss lat. (outros mss têm "Lísias"); "onde estacionavam tropas de todas as raças", grego, Vulg.; "onde estavam Lísias e tropas de todas as raças", grego luc., mss lat. e sir. — Mesmo se se devesse preferir a leitura "Lísias", não se pode tratar do estratego da Celessíria, que devia residir em Tiro, mas simplesmente de dinasta local. O nome era então comum.
b) Nome grego da cidade de Betsã (1Mc 5,52), *Bet--Shean* em hebr.
c) Manto curto dos cavaleiros. — "do grupo dos tubianos", mss lat., sir.; "do grupo de Baenor", grego, Vulg., mas tal nome próprio não parece ter existido.
d) Esses hinos, embora sendo de guerra, tinham caráter litúrgico e deviam ser em hebraico.
e) Mesmo depurado de suas glosas (cf. v. 45+), esse texto exprime a convicção de que a prece e o sacrifício expiatório são eficazes para a remissão dos pecados dos falecidos. É a primeira atestação desta crença. Entretanto, um sacrifício como esse, que Judas mandou oferecer, poderia ter tido como objetivo apenas a purificação da comunidade, toda manchada pelo crime de alguns dos seus membros (cf. Js 7). Pode ser que tenha sido o autor quem, quarenta anos mais tarde, atribuiu a seu herói a sua própria convicção. Como quer que seja, ela marca uma nova e importante etapa na teologia judaica.
f) Adulam, cidade célebre da planície (Js 12,15; cf. 1Sm 22,1; 2Cr 11,17 etc.).
g) "vieram falar com Judas", grego luc. Vet. lat., sir.; "os que estavam com Judas vieram", grego, Vulg.
h) Isto é, amuletos ou objetos semelhantes, dedicados às divindades pagãs, que deveriam ter sido queimados (cf. Dt 7,25s).

oração para pedir que o pecado cometido fosse completamente perdoado. E o valoroso Judas exortou a multidão a se conservar isenta de pecado, tendo com os próprios olhos visto o que acontecera por causa do pecado dos que haviam tombado. ⁴³Depois, tendo organizado uma coleta, enviou a Jerusalém cerca de duas mil dracmas de prata, a fim de que se oferecesse um sacrifício pelo pecado: agiu assim absolutamente bem e nobremente, com o pensamento na ressurreição. ⁴⁴De fato, se ele não esperasse que os que haviam sucumbido iriam ressuscitar, seria supérfluo e tolo rezar pelos mortos. ⁴⁵Mas, se considerava que uma belíssima recompensa está reservada para os que adormecem na piedade, então era santo e piedoso o seu modo de pensar.ᵃ Eis por que ele mandou oferecer esse sacrifício expiatório pelos que haviam morrido, a fim de que fossem absolvidos do seu pecado.

13 Campanha de Antíoco V e de Lísias. Execução de Menelau

— ¹No ano cento e quarenta e nove,ᵇ chegou aos homens de Judas a notícia de que Antíoco Eupátor estava dirigindo-se contra a Judeia à frente de uma multidão. ²E que Lísias, seu tutor e primeiro ministro, vinha com ele, dispondo ambos de um exército grego de cento e dez mil soldados, cinco mil e trezentos cavaleiros, vinte e dois elefantes e trezentos carros armados de foices.

³A eles ajuntara-se também Menelau, o qual, com grande astúcia, pôs-se a exortar Antíoco. Isto, porém, não pela salvação de sua pátria, mas contando com ser restabelecido em sua dignidade. ⁴Entretanto, o Rei dos reis excitou contra o celerado a indignação de Antíoco, o qual, tendo Lísias demonstrado ser ele o causador de todos os males, ordenou que o conduzissem a Bereia e ali o executassem de acordo com o costume do lugar.ᶜ ⁵Com efeito, há nesse lugar uma torre de cinquenta côvados, cheia de cinza, dotada de um instrumento giratório que em qualquer lado fazia precipitar sobre a cinza. ⁶É ali que fazem subir o culpado de roubo sacrílego, ou quem chegou ao cúmulo de outros determinados delitos, e precipita-se à morte.ᵈ ⁷Foi em tal suplício que lhe coube morrer, a esse ímpio Menelau, que não obteve sequer a sepultura. ⁸E isso com plena justiça, pois ele havia cometido muitos pecados contra o altar, cujo fogo é puro como é pura a cinza. E na cinza ele encontrou a morte.

Preces e vitória dos judeus perto de Modin

— ⁹Aproximava-se, pois, o rei, feito um bárbaro em seus sentimentos, pretendendo mostrar aos judeus coisas ainda piores que as acontecidas no tempo de seu pai. ¹⁰Ciente disto, Judas conclamou a multidão a invocar o Senhor dia e noite para que, como de outras vezes, também agora viesse em socorro dos que estavam para ser privados da Lei, da pátria e do Templo sagrado; ¹¹e não permitisse que o povo, apenas começando a retomar alento, se tornasse presa dos pagãos infames. ¹²Tendo todos unanimemente feito isso, implorando do Senhor misericordioso por três dias contínuos, com lamentos, jejuns e prostrações, Judas encorajou-os e ordenou-lhes que se mantivessem preparados. ¹³A seguir, tendo-se reunido

---

a) O texto atual, como nos foi transmitido pelo grego e pela maior parte das versões, representa uma harmonização do texto primitivo com as duas glosas que o sobrecarregaram: uma de tendência saduceia (cf. Mt 22,23) e outra, farisaica. Esse texto nos é conservado no principal ms da Vet. Lat.: "porque ele esperava que os que haviam tombado ressuscitariam (é supérfluo e vão orar pelos mortos), considerando *que uma belíssima recompensa está reservada* para os que adormeceram na piedade (santo e salutar pensamento)".
b) Do calendário selêucida, mas contando-se a partir da primavera (de 311). É o outono de 163.
c) O sumo sacerdote Menelau, que tornara a entrar em Jerusalém (cf. 11,32), certamente não pudera manter aí a sua posição. Mas seu suplício deve situar-se após a tomada de Jerusalém por Antíoco, como nos refere Josefo (*Antiguidades Judaicas*). — Bereia é o nome, ainda hoje, de uma cidade da Macedônia (cf. At 17,10), dado por Seleuco I à moderna Alepo.
d) "fazem subir": *árantes*, conj.; "todos": *ápantes*, grego, versões. — "precipita-se" *prothousin*, conj. segundo lat.: "empurram para" (?) *prosthousin*, grego. — O suplício da cinza é atestado entre os persas. Aqui ele aparece como uma aplicação da pena do talião (v. 8; 4,26; 9,5-6).

em particular com os anciãos, resolveu, sem esperar que o exército do rei invadisse a Judeia e se apoderasse da cidade, sair a campo a fim de decidir a situação com a ajuda de Deus.

¹⁴Por isso, confiando o resultado ao Criador do mundo, exortou seus companheiros a lutarem nobremente, até à morte, pelas leis, pelo Templo, pela cidade, pela pátria e por seus direitos de cidadãos. E fez seu exército acampar nas cercanias de Modin. ¹⁵Tendo então dado aos seus a palavra de ordem "Vitória de Deus!", acompanhado de alguns jovens escolhidos entre os mais valentes, irrompeu de noite contra a tenda do rei, em seu acampamento. Matou cerca de dois mil homens e abateu o maior dos elefantes, junto com o soldado que estava em sua torreta. ¹⁶Enfim, tendo enchido o acampamento de terror e de confusão, retiraram-se bem-sucedidos, ¹⁷quando já começava a raiar o dia, tendo isto acontecido por causa da proteção do Senhor, que socorria a Judas.

8,23
1Mc 6,43s

Antíoco V faz acordo com os judeus — ¹⁸Tendo o rei experimentado uma amostra da audácia dos judeus, tentou com artifícios apoderar-se de suas posições. ¹⁹Dirigiu-se então contra Betsur, poderosa fortaleza dos judeus, mas foi várias vezes repelido, derrotado, dizimado.

‖ 1Mc 6,48-63

²⁰Enquanto isso, Judas fazia chegar, aos que estavam dentro, o que lhes era necessário. ²¹Entretanto, certo Rôdoco, pertencente às fileiras judaicas, estava transmitindo os segredos de guerra aos inimigos: foi, por isso, procurado, detido, executado. ²²Parlamentou o rei uma segunda vez com os que estavam em Betsur, estendeu-lhes a mão, estreitou a deles e retirou-se. Teve ainda um recontro com os soldados de Judas, mas levou a pior. ²³Soube então que Filipe, deixado à frente dos negócios do reino, havia-se rebelado em Antioquia. Consternado, entrou em negociações com os judeus, condescendeu com eles e prestou juramento sobre todas as condições que fossem justas. Reconciliado, chegou a oferecer um sacrifício e deu mostras de respeito para com o Templo e de benevolência para com o Lugar santo.[a]

²⁴Deu ainda boa acolhida ao Macabeu e deixou Hegemônida como estratego da região compreendida entre Ptolemaida e o país dos gerrênios.[b] ²⁵Dirigiu-se então a Ptolemaida. Os ptolemaidenses andavam manifestando o seu descontentamento por causa dos tratados, pois estavam indignados e queriam rescindir as convenções.[c] ²⁶Lísias subiu então à frente da tribuna, defendeu o melhor que pôde as convenções, persuadiu, acalmou, tornou-os benevolentes e partiu para Antioquia.

Assim se passaram as coisas referentes à expedição e à retirada do rei.

VII. Luta contra Nicanor, general de Demétrio I. O dia de Nicanor

14

Intervenção do sumo sacerdote Alcimo — ¹Após um intervalo de três anos,[d] chegou aos homens de Judas a notícia de que Demétrio, filho de Seleuco, havia desembarcado no porto de Trípoli com um forte exército e uma frota ²e que se havia apoderado do país, depois de haver eliminado Antíoco e seu tutor Lísias. ³Ora, certo Alcimo, que anteriormente fora sumo sacerdote

‖ 1Mc 7,1-21

---

a) O relato de 1Mc é menos otimista, mas insiste sobre a liberdade religiosa restituída aos judeus (6, 59), o que não é especificado aqui. O autor de 2Mc não parece ter visto a relação entre o rescrito de Antíoco V (11,22s) e esta segunda campanha de Lísias.

b) Trata-se, pois, do início (ainda oficioso) dos Asmoneus, porquanto Judas é reconhecido já de fato, e só a região litorânea recebe um governador.
c) "Andavam indignados e queriam", Vet. Lat.; grego corrompido.
d) A partir do ano 149 da era selêucida. É a primavera de 161.

mas que voluntariamente se havia contaminado[a] no tempo da revolta, compreendeu que para ele não havia mais salvação de espécie alguma, nem qualquer possibilidade de acesso ao santo altar. ⁴Dirigiu-se, pois, ao rei Demétrio, por volta do ano cento e cinquenta e um, oferecendo-lhe uma coroa de ouro e uma palma e, além disso, alguns dos ramos de oliveira que se costumam oferecer no Templo. E nesse dia manteve a reserva.

⁵Mas encontrou uma oportunidade cúmplice da sua demência, ao ser chamado por Demétrio perante o Conselho. Interrogado sobre a disposição de ânimo e as intenções dos judeus, a essas questões assim respondeu: ⁶"Aqueles, dentre os judeus, que se chamam assideus, à cuja frente está Judas Macabeu, fomentam a guerra e provocam sedições, não permitindo que o reino alcance a estabilidade. ⁷Eis por que, tendo sido despojado da dignidade que herdei de meus pais — quero dizer, do sumo sacerdócio — aqui vim, neste momento, ⁸antes de tudo pensando sinceramente nos interesses do rei, mas em segundo lugar tendo em vista também os meus concidadãos: pois é pela insensatez desses homens, mencionados acima, que todo o nosso povo sofre não pouco prejuízo. ⁹Tu, portanto, ó rei, depois de te informares a respeito de cada uma destas coisas, assume o cuidado do país e do nosso povo rodeado de perigos, de acordo com a benevolência afável que demonstras para com todos. ¹⁰De fato, enquanto Judas estiver em vida, é impossível alcançar a paz."

¹¹Ditas por ele tais coisas, logo os outros amigos do rei, que não viam com bons olhos os feitos de Judas, puseram-se a incitar Demétrio. ¹²Este, então, escolhendo logo Nicanor, que havia ocupado o posto de chefe da divisão dos elefantes, e promovendo-o a estratego[b] da Judeia, enviou-o, ¹³dando-lhe as ordens seguintes: quanto ao próprio Judas, eliminá-lo; quanto aos seus partidários, dispersá-los; e quanto a Alcimo, constituí-lo sumo sacerdote do máximo Templo. ¹⁴Os pagãos da Judeia, que haviam fugido diante de Judas, aderiam agora em massa a Nicanor, calculando que os infortúnios e desgraças dos judeus reverteriam em sua própria ventura.

Nicanor faz amizade com Judas — ¹⁵Tendo ouvido a notícia da expedição de Nicanor e da agressão dos pagãos, os judeus cobriram de terra as cabeças e puseram-se a suplicar Àquele que constituíra o seu povo para a eternidade e que sempre, com a manifestação da sua presença, vem em socorro da sua própria herança. ¹⁶A seguir, a uma ordem do seu chefe, partiram imediatamente dali e se embateram com eles perto da aldeia de Dessau.[c] ¹⁷Simão, irmão de Judas, havia-se iniciado combate contra Nicanor; mas, por causa da repentina chegada dos adversários, tinha sido lentamente obrigado a ceder.[d]

¹⁸Apesar disso, tomando conhecimento da valentia que demonstravam os homens de Judas e da coragem em seus combates em prol da pátria, Nicanor ficou receoso de resolver a questão com derramamento de sangue. ¹⁹Por isso enviou Posidônio, Teódoto e Matatias com a missão de estender a mão aos judeus e receber a deles.

²⁰Feito um amplo debate a respeito dessas coisas, cada chefe as levou ao conhecimento de suas tropas. Estas, manifestado o seu parecer unânime através de uma votação, anuíram aos acordos. ²¹Fixaram então uma data na qual se dirigiriam (os chefes) reservadamente, para o mesmo lugar. De ambos os lados adiantou-se uma liteira e dispuseram cadeiras de honra. ²²Judas, entre-

---

a) Isto é, adotara o helenismo.
b) "estratego", aqui governador, para retirar ao sumo sacerdote Alcimo todo poder político.
c) Este recontro em Dessau (talvez Adasa, cf. 1Mc 7,40) é provavelmente idêntico ao de Cafarsalama, não longe daí (1Mc 7,31).
d) V. mal transmitido. Pode-se também compreender: "mas, de tardezinha, ele fora acotovelado por um movimento repentino do adversário" ou: "mas, de repente, ele fora terrificado pela aparição inopinada do adversário".

tanto, havia postado homens armados nos lugares estratégicos, de prontidão para impedir que se consumasse inesperadamente uma perfídia da parte dos inimigos. Assim realizaram a conferência que se fazia necessária. ²³Quanto a Nicanor, passou a residir em Jerusalém, mas nada fez de inconveniente. Ao contrário, despediu aquela gente que havia acorrido em massa para ajuntar-se a ele. ²⁴E começou a admitir Judas constantemente na sua presença, sentindo-se cordialmente inclinado para com ele. ²⁵Chegou mesmo a aconselhá-lo a se casar e a ter filhos. E Judas casou-se, desfrutou de tranquilidade e tomou parte na vida comum.ᵃ

Alcimo reacende as hostilidades e Nicanor ameaça o Templo — ²⁶Alcimo, ao notar a benevolência entre ambos, conseguiu uma cópia dos acordos concluídos e foi ter com Demétrio, acusando Nicanor de ter sentimentos contrários aos interesses do Estado. E isto por ter ele designado como seu sucessor a Judas, o perturbador do reino. ²⁷Fora de si pela cólera e exasperado pelas calúnias desse malvado, o rei escreveu a Nicanor, declarando-lhe que absolutamente não tolerava esses acordos e ordenando-lhe que enviasse de imediato o Macabeu, algemado, para Antioquia.

²⁸Chegando essas ordens ao conhecimento de Nicanor, ele ficou consternado. Custava-lhe enormemente romper os tratados com um homem que nada havia cometido de injusto. ²⁹Contudo, como não era possível agir em desacordo com o rei, ficou aguardando uma ocasião propíciaᵇ para executar a ordem, por meio de um estratagema. ³⁰O Macabeu, por sua vez, observando que Nicanor passara a comportar-se de modo mais reservado para com ele e que tornara mais ásperos os encontros costumeiros, concluiu que tal reserva não era do melhor augúrio. Por isso, reunindo não poucos dos seus homens, subtraiu-se à vista de Nicanor. ³¹Quando o outro percebeu que havia sido habilmente suplantado pela estratégia desse homem, apresentou-se diante do grandioso e santo Templo, enquanto os sacerdotes ofereciam os sacrifícios costumeiros, e ordenou-lhes que lhe entregassem o homem. ³²Como lhe declarassem eles com juramento que não sabiam onde poderia encontrar-se o homem a quem procurava, ³³Nicanor estendeu a mão direita contra o Santuário e assim jurou: "Se não me entregardes Judas algemado, arrasarei ao solo esta habitação de Deus, abaterei o altar e aqui mesmo levantarei um templo insigne a Dioniso!" ³⁴Ditas essas palavras, retirou-se. Os sacerdotes, então, estendendo as mãos para o céu, puseram-se a invocar Aquele que sempre tem sido o defensor da nossa gente, dizendo: ³⁵"Tu, ó Senhor, que de nenhuma de todas as coisas tens necessidade, te comprazeste em que surgisse em meio a nós o Santuário no qual habitas. ³⁶Agora, pois, ó Senhor santo, (fonte) de toda santidade, guarda para sempre incontaminada esta Casa, que acaba de ser purificada!"

|| 1Mc 7,29-30

|| 1Mc 7,33-38

***Morte de Razis*ᶜ** — ³⁷Certo Razis, um dos anciãos de Jerusalém, foi então denunciado a Nicanor. Era um homem interessado por seus concidadãos, de muito boa fama, a quem, por sua bondade, chamavam de "pai dos judeus". ³⁸Ele, já no período precedente da revolta, havia incorrido em condenação por professar o judaísmo, e pelo mesmo judaísmo se expusera, com toda a constância possível, em seu corpo e em sua alma. ³⁹Foi quando Nicanor, querendo deixar às claras a hostilidade que nutria para com os judeus,

---

a) Esta descrição do curto idílio entre Nicanor e Judas não se encontra no autor de 1Mc, que prefere opor vigorosamente o herói judeu ao ímpio pagão (1Mc 7,42).
b) Lit. "(de se opor ao rei) não era fácil, uma ocasião favorável (ele espiava)" *ouk én eucheros, kairon*, conj.;

"não era, uma boa ocasião" (?) *ouk én, eukairon*, grego, mas esta palavra não é atestada.
c) O estilo deste episódio, que não se encontra em 1Mc, recorda o caso de Eleazar e dos sete irmãos (2Mc 6 e 7), e como eles terá sido reproduzido, sem grandes mudanças, do original de Jasão de Cirene.

mandou mais de quinhentos soldados para prendê-lo. ⁴⁰É que estava certo de infligir a eles um grave golpe, se capturasse esse homem. ⁴¹As tropas estavam para se apoderar da torre e forçavam a porta do pátio, e já se dera a ordem de trazer fogo para se incendiarem as portas quando Razis, cercado de todos os lados, atirou-se sobre a própria espada. ⁴²Quis assim nobremente morrer antes que deixar-se cair nas mãos dos celerados para sofrer ultrajes indignos da sua nobreza. ⁴³Contudo, não tendo acertado com o golpe, por causa da pressa do combate, e irrompendo já as tropas para dentro dos portais, correu ele animosamente para a muralha e, com intrepidez viril, precipitou-se em cima da multidão. ⁴⁴Recuando todos rapidamente, fez-se um espaço livre. E no meio desse vazio ele tombou. ⁴⁵Ainda respirando e ardendo de indignação, ergueu-se, apesar de o sangue escorrer-lhe em borbotões e serem-lhe insuportáveis as feridas. Passou então correndo por entre as tropas e, de pé sobre uma rocha escarpada, ⁴⁶já completamente exangue, arrancou as entranhas e, tomando-as com as duas mãos, arremessou-as contra a multidão. Invocando, ao mesmo tempo, Aquele que é o Senhor da vida e do espírito, para que lhos restituísse um dia, desse modo passou para a outra vida.*ᵃ*

15

Blasfêmias de Nicanor — ¹Nicanor, entretanto, informado de que os homens de Judas encontravam-se em terras da Samaria, decidiu atacá-los no dia do repouso, contando fazê-lo com toda segurança. ²Disseram-lhe então os judeus, que o estavam seguindo coagidos: "Não vás fazê-los perecer de modo tão selvagem e bárbaro, mas antes tributa a glória devida ao dia que mais que os outros foi honrado com santidade por Aquele que vela sobre todas as coisas!" ³Esse tríplice criminoso, porém, ainda perguntou se acaso havia no céu um soberano que houvesse ordenado celebrar o dia do sábado. ⁴Ao lhe responderem eles claramente: "Sim, é o Senhor vivo, o próprio soberano do céu, quem ordenou que se observasse o sétimo dia", ⁵ele retrucou: "Pois sou também eu soberano sobre a terra. E ordeno que se tomem as armas e se realizem os desígnios do rei!" Entretanto, não conseguiu realizar o seu cruel desígnio.

Exortação e sonho de Judas — ⁶De fato, enquanto Nicanor, exaltando-se com toda a sua arrogância, decidira levantar um troféu público*ᵇ* com os despojos dos homens de Judas, ⁷o Macabeu, por sua parte, estava ininterruptamente persuadido, com plena esperança, de que obteria socorro da parte do Senhor. ⁸Assim, exortava ele seus companheiros a não temerem o ataque dos pagãos, mas, tendo em mente os socorros já vindos a eles do céu, a esperarem, também agora, a vitória que lhes adviria da parte do Todo-poderoso. ⁹Confortando-os então por meio da Lei e dos Profetas,*ᶜ* e recordando-lhes também os combates que já haviam sustentado, tornou-os mais ardorosos. ¹⁰Tendo assim despertado o seu ardor, deu-lhes as suas instruções, ao mesmo tempo que lhes chamava a atenção para a perfídia dos pagãos e a quebra dos seus juramentos.

¹¹Tendo, pois, armado cada um deles, menos com a segurança dos escudos e das lanças do que com o conforto das boas palavras, referiu-lhes ainda um sonho digno de fé, uma espécie de visão,*ᵈ* que os alegrou a todos. ¹²Ora, este foi o espetáculo que lhe coube apreciar: Onias, que tinha sido sumo sacerdote,

---

a) O suicídio é raro na Bíblia, encontrando-se apenas em situações morais extremas (cf. 2Sm 17,23+). Não é, contudo, objeto de condenação formal.
b) Lit.: *"troféu comum"*, isto é, um amontoado de pedras em torno do qual se depositavam as armaduras dos inimigos tombados no campo de batalha.
c) A esses dois grupos primordiais (cf. Lc 24,27), o tradutor do Eclesiástico, poucos anos depois, acrescenta "os outros livros" dos antepassados, alguns dos quais eram, sem dúvida, considerados "livros santos" desde o tempo dos Macabeus (cf. 1Mc 12,9).
d) "uma espécie de visão": *hypar ti*, grego luc.; "pelo qual", "por meio do qual": *hypér ti*, grego, versões (mas o *ti* é inexplicável).

homem honesto e bom, modesto no trato e de caráter manso, expressando-se convenientemente no falar, e desde a infância exercitado em todas as práticas da virtude, estava com as mãos estendidas, intercedendo por toda a comunidade dos judeus.[a] [13]Apareceu a seguir, da mesma forma, um homem notável pelos cabelos brancos e pela dignidade, sendo maravilhosa e majestosíssima a superioridade que o circundava. [14]Tomando então a palavra, disse Onias: "Este é o amigo dos seus irmãos, aquele que muito ora pelo povo e por toda a cidade santa, Jeremias, o profeta de Deus."[b] [15]Estendendo, por sua vez, a mão direita, Jeremias entregou a Judas uma espada de ouro, pronunciando estas palavras enquanto a entregava: [16]"Recebe esta espada santa, presente de Deus, por meio da qual esmagarás teus adversários!"

Disposições dos combatentes — [17]Encorajados pelas palavras de Judas, realmente belas e capazes de incitar à valentia e tornar viris os ânimos dos jovens, os judeus resolveram não continuar acampados, mas tomar bravamente a ofensiva. Assim, batendo-se com toda a valentia, decidiriam a questão pela sorte das armas,[c] uma vez que tanto a Cidade como o lugar santo e o Templo estavam correndo perigo. [18]De fato, a preocupação pelas mulheres e pelos filhos, bem como pelos irmãos e pelos parentes, era por eles reduzida a bem pouca coisa, enquanto era máximo e estava em primeiro plano o temor pelo Santuário consagrado. [19]Entretanto, a angústia dos que tinham sido deixados na cidade não era menor, perturbados como estavam pelo recontro em campo aberto. [20]Todos já viviam a expectativa do desfecho próximo, enquanto os inimigos já se haviam concentrado, dispondo o seu exército em linha de batalha e colocando os elefantes em posição adequada, alinhando-se a cavalaria conforme as alas.[d] [21]Ao considerar a presença de tais multidões, o equipamento variegado de suas armas e o aspecto selvagem dos elefantes, o Macabeu estendeu as mãos ao céu invocando o Senhor que faz prodígios. Pois bem sabia que não é pela força das armas que ele concede a vitória, mas sim aos que dela são dignos, segundo o seu próprio critério. [22]E assim falou, fazendo a sua invocação: "Tu, ó Dominador, enviaste o teu anjo no tempo de Ezequias, rei da Judeia, e ele exterminou cento e oitenta e cinco mil homens do acampamento de Senaquerib. [23]Também agora, Soberano dos céus, envia um anjo bom à nossa frente, para semear espanto e tremor. [24]Sejam feridos, pela grandeza do teu braço, aqueles que, blasfemando, vieram atacar o teu povo santo!" Com estas palavras, terminou sua oração.

Derrota e morte de Nicanor — [25]Entretanto, os homens de Nicanor iam avançando entre clangores de trombetas e cânticos de guerra, [26]enquanto os homens de Judas se misturavam com os inimigos por entre invocações e preces. [27]Com suas mãos combatendo, mas suplicando a Deus em seus corações, estenderam por terra não menos de trinta e cinco mil homens, rejubilando-se grandemente por esta manifestação de Deus. [28]Saindo da refrega e estando para regressar com alegria, reconheceram a Nicanor, tombado de bruços, com a sua armadura.

[29]Seguiu-se um clamor confuso, enquanto, na língua de seus pais, bendiziam o Soberano. [30]Então, aquele que, em todos os sentidos, no corpo e na alma,

---

a) Onias prossegue no papel de intercessor, que já havia desempenhado em vida (3,10s; 4,5).
b) Jeremias, que sofreu duramente por seu povo (cf. Jr 11,19.21; 14,15; 18,18s; 20,1-2; 26), é aqui mais indicado intercessor. Esse papel, conferido a Jeremias e a Onias, é a primeira atestação da crença numa oração dos justos falecidos em favor dos vivos. É crença ligada à fé na ressurreição (cf. 6-7; Sl 16,10; 49,16).
c) "Não continuar acampados", grego luc.; "não continuar combatendo", grego. — "pela sorte das armas", lit. "pela boa sorte", 1 ms grego, Vet. Lat.; "com toda a valentia", grego (salvo grego luc., que combina as duas leituras).
d) Cf. 1Mc 6,35 e, para a cavalaria sobre os flancos, 6,38. A narrativa paralela de 1Mc não menciona os elefantes, mas identifica o campo de batalha: Adasa (1Mc 7,40.45).

havia sido o primeiro na luta[a] pelos seus concidadãos, e que havia conservado para com seus conacionais a afeição da idade juvenil, ordenou que cortassem a cabeça de Nicanor e também a mão com o braço até a espádua, e que os conduzissem a Jerusalém. ³¹Aí chegando, convocou os conacionais e, fazendo os sacerdotes permanecer diante do altar, mandou chamar os ocupantes da Cidadela. ³²Mostrou então a cabeça do imundo Nicanor bem como a mão desse infame, que ele estendera contra a morada santa do Todo-poderoso ostentando a sua arrogância. ³³Depois, tendo cortado a língua do mesmo ímpio Nicanor, ordenou que a dessem em pedacinhos aos pássaros. E, quanto ao salário da sua loucura,[b] que o pendurassem diante do Santuário. ³⁴Todos, então, voltados para o Céu, bendisseram o Senhor glorioso, nestes termos: "Bendito Aquele que conservou o seu Lugar isento de contaminação!"

1Sm 31,9-10
1Mc 7,49+

³⁵Quanto à cabeça de Nicanor, Judas mandou pendurá-la na Cidadela,[c] como um sinal claro e evidente, para todos, da ajuda do Senhor. ³⁶A seguir decidiram todos, por um decreto de comum acordo, não deixar de modo algum passar despercebida essa data, mas observar com solenidade o dia treze do duodécimo mês, chamado Adar em aramaico,[d] um dia antes da festa de Mardoqueu.[e]

Epílogo do abreviador — ³⁷Tendo passado assim os acontecimentos referentes a Nicanor e como, desde esses tempos, a cidade ficou em poder dos hebreus,[f] também eu, aqui, porei fim ao meu relato. ³⁸Se o fiz bem, de maneira conveniente a uma composição escrita, era justamente isso que eu queria; se vulgarmente e de modo medíocre, é isso o que me foi possível. ³⁹De fato, como é nocivo beber somente vinho, ou somente água, ao passo que o vinho misturado à água é agradável e causa um prazer delicioso, assim é a arte de dispor a narrativa que encanta a inteligência de quem lê o livro. Aqui, porém, será o fim.

---

a) Cf. 1Mc 9,11 (o vocábulo não se encontra alhures na Bíblia). Dada a cultura helênica do nosso autor, é provável que ele tenha em mente o único sentido atestado em grego, a saber, "papel principal" (no teatro), empregando aqui o vocábulo em sentido translato.
b) "o salário": *tá epícheira*, significa igualmente "o braço" e faz trocadilho com "a mão": *cheir*, (v. 32).
c) Pouco provável, pois só nove anos mais tarde é que se conseguiu desalojar os sírios da Cidadela (1Mc 13, 51). Costuma-se comparar este anacronismo ao de 1Sm 17,54. Aqui também poderia tratar-se de acréscimo, pois o autor já mencionou a exposição dos restos de Nicanor (v. 33).

d) Lit.: "em língua siríaca", expressão que na LXX equivale a "em aramaico": 2Rs 18,26; Esd 4,7; Dn 2,4.
e) Este "dia de Mardoqueu" (lit.) será identificado com a festa dos "Purim" (cf. Est 9). Mas, por volta de 124 a.C., parece que ainda se fazia distinção entre ambas as comemorações. — O "Rolo do jejum", do século I d.C., cita o dia de Nicanor como um dos dias nos quais não é preciso jejuar.
f) Trata-se da parte sacra da cidade (o monte Sião de 1Mc), porquanto a Cidadela, que continua nas mãos dos sírios, não interessa ao autor. A vitória de Judas sobre Nicanor de fato salvou o Templo, que não mais será ameaçado. O autor, que atingiu o alvo que se propusera, pode, pois, dar por terminado o seu livro.

LIVROS SAPIENCIAIS

Introdução

Dá-se o nome de "livros sapienciais" a cinco livros do Antigo Testamento: Jó, Provérbios, Eclesiastes, Eclesiástico e Sabedoria; a eles se acrescentam impropriamente os Salmos e o Cântico dos Cânticos. Representam uma corrente de pensamento que se encontra também numa parte dos livros de Tobias e de Baruc.

A literatura sapiencial floresceu em todo o Antigo Oriente. Ao longo de sua história, o Egito produziu escritos de sabedoria. Na Mesopotâmia, desde a época sumérica, foram compostos provérbios, fábulas e poemas sobre o sofrimento que se assemelham ao livro de Jó. Esta sabedoria mesopotâmica penetrou em Canaã: encontraram-se em Rás Shamra textos sapienciais escritos em acádico. Dos ambientes de língua aramaica procede a Sabedoria de Aicar, de origem assíria e traduzida em diversas línguas antigas. Esta sabedoria é internacional. Tem poucas preocupações religiosas e se detém no plano do profano. Esclarece o destino dos indivíduos, não por uma reflexão filosófica à maneira dos gregos, mas colhendo os frutos da experiência. É uma arte de viver bem e um sinal de boa educação. Ensina o homem a se conformar à ordem do universo e deveria dar-lhe os meios de ser feliz e prosperar. Mas nem sempre isso acontece; por isso, esta experiência justifica o pessimismo de certas obras de sabedoria, tanto no Egito como na Mesopotâmia.

Esta sabedoria foi conhecida pelos israelitas. O mais belo elogio que a Bíblia pensa fazer da sabedoria de Salomão é que ela ultrapassava a dos filhos do Oriente e a do Egito (1Rs 5,10). Os sábios árabes e edomitas eram afamados (Jr 49,7; Br 3,22-23; Ab 8). Jó e os três sábios, seus amigos, viviam em Edom. O autor de Tobias conhecia a Sabedoria de Aicar, e Pr 22,17-23,11 tem estreita relação com as máximas de Amenemope. Diversos salmos são atribuídos a Hemã e a Etã, que são sábios de Canaã, segundo 1Rs 5,11. O livro dos Provérbios contém as Palavras de Agur (Pr 30,1-14) e as Palavras de Lamuel (Pr 31,1-9), ambos originários de Massa, tribo ao norte da Arábia (Gn 25,14).

Não é de admirar que as primeiras obras sapienciais de Israel se pareçam muito com as de seus vizinhos: todas elas provêm do mesmo ambiente. As partes antigas dos Provérbios não apresentam senão preceitos de sabedoria humana. Se excetuarmos Eclesiástico e Sabedoria, que são os mais recentes, os livros sapienciais não abordam os grandes temas do Antigo Testamento: a Lei, a Aliança, a Eleição, a Salvação. Os sábios de Israel não se preocupam com a história ou com o futuro do seu povo; eles pesquisam o destino dos indivíduos, como seus colegas orientais. Mas o consideram sob uma luz mais alta, a da religião javista. Apesar de origem comum e de tantas semelhanças, existe, por essa causa, em favor da sabedoria israelita, uma diferença essencial, que se acentua com o progresso da Revelação. A oposição sabedoria-loucura transforma-se numa oposição entre justiça e iniquidade, entre piedade e impiedade. A verdadeira sabedoria é, com efeito, o temor de Deus, e o temor de Deus é a piedade. Se a sabedoria oriental é humanismo, poder-se-ia dizer que a sabedoria israelita é um "humanismo devoto".

Mas esse valor religioso da sabedoria só se mostrou pouco a pouco. O termo hebraico tem uma significação complexa: pode designar a habilidade manual ou profissional, o senso político, o discernimento, e também a astúcia, o "jeitinho" e a arte da magia. Essa sabedoria humana pode-se exercer com finalidade boa ou má, e tal ambiguidade justifica os juízos desfavoráveis que os profetas fazem sobre os sábios, como em Is 5,21; 29,14; Jr 8,9. Ela pode explicar também por que custaram tanto a falar da sabedoria de Deus, embora seja ele quem a dá aos homens e embora já em Ugarit a sabedoria fosse o atributo do grande deus El. É somente nos escritos pós-exílicos que se dirá que só Deus é sábio, possuindo uma sabedoria transcendente, que o homem vê atuando na criação, mas que é incapaz de perscrutar (Jó 28; 38-39; Eclo 1,1-10; 16,24s; 39,12s; 42,15-43,33 etc.). No grande prólogo que encabeça o livro dos Provérbios 1-9 a Sabedoria fala como uma pessoa, está ao mesmo tempo presente em Deus desde a eternidade e agindo com ele na criação (sobretudo Pr 8,22-31). Em Jó 28, aparece como distinta de Deus, que é o único a conhecer onde ela se esconde. Em Eclo 24, a própria Sabedoria se declara saída da boca do Altíssimo, habitando nos céus e enviada a Israel por Deus. Em Sb 7,22-8,1 ela é efusão da glória do Todo-poderoso, imagem de sua excelência. Assim a Sabedoria, atributo de Deus, destaca-se dele e torna-se pessoa. Na fé do Antigo Testamento, essas expressões tão vivas excedem os limites de personificação literária, mas guardam seu mistério e preparam a revelação das Pessoas Divinas. O Logos de são João, como essa Sabedoria, está ao mesmo tempo em Deus e fora de Deus, e todos esses grandes textos justificam o título de "Sabedoria de Deus" que são Paulo dá a Cristo (1Cor 1,24).

Como o destino dos indivíduos era a preocupação dominante dos sábios, o problema da retribuição tinha para eles importância capital. É no seu ambiente e por sua reflexão que a doutrina evolui. Nas partes antigas dos Provérbios, a sabedoria, isto é, a justiça, conduz necessariamente à felicidade, e a insensatez, isto é, a iniquidade, leva à ruína. É Deus quem assim recompensa os bons e pune os maus. Tal é ainda a posição do prólogo dos Provérbios (3,33-35; 9,6.18). Esta doutrina é então a base do ensinamento de sabedoria e se deduz do fato de o mundo ser governado por um Deus sábio e justo. Ela pretende apelar para a experiência, porém a experiência amiúde a contradiz. É o que expõe de maneira dramática o livro de Jó, no qual os três amigos defendem a tese tradicional. Mas para a questão do justo infeliz não há resposta que satisfaça o espírito, se nos limitarmos às retribuições terrenas; não há outra saída senão aderir a Deus na fé, apesar de tudo. Por mais divergente que seja o seu tom, o Eclesiastes não apresenta outra solução; sublinha também a insuficiência das respostas correntes, nega que se possa pedir contas a Deus e exigir a felicidade como algo devido. O Eclesiástico permanece fiel à mesma doutrina: exalta a felicidade do sábio (14,20-15,10), mas a ideia da morte o atormenta e ele sabe que tudo depende desta última hora. Diz que "é fácil para o Senhor, no dia da morte, retribuir a cada um segundo suas obras" (11,26; cf. 1,13; 7,36; 28,6; 41,9). Pressente a doutrina dos "novíssimos", mas não a exprime claramente. Pouco depois dele, Dn 12,2 explicitará a fé numa retribuição após a morte, e no pensamento dele esta fé estará ligada à fé na ressurreição dos mortos, já que a mentalidade hebraica não concebe vida do espírito separado da carne. No judaísmo alexandrino, a doutrina progredirá em caminho paralelo e irá mais adiante. Depois que a filosofia platônica, com sua teoria da alma imortal, tiver libertado o pensamento hebraico de seus entraves, o livro da Sabedoria afirmará que "Deus criou o homem para a imortalidade" (2,23) e que depois da morte a alma fiel gozará de felicidade sem fim junto de Deus, enquanto os ímpios receberão seu castigo (3,1-12). Assim, finalmente, estará dada a resposta ao grande problema dos sábios de Israel.

A forma mais simples e mais antiga da literatura sapiencial é o mâshâl. É esse, no plural, o título do livro que chamamos de Provérbios. O mâshâl é, mais exatamente, fórmula surpreendente, ditado popular ou máxima. As coleções antigas dos Provérbios contêm apenas sentenças breves. Depois o mâshâl se desenvolve, torna-se parábola ou alegoria, discurso ou raciocínio. Esta evolução, perceptível já nas pequenas seções anexas dos Provérbios e mais ainda no Prólogo (1-9), acelera-se nos livros seguintes: Jó e Sabedoria são grandes obras literárias.

Por detrás de todas essas formas literárias, mesmo as mais simples, a origem da sabedoria deve ser procurada na vida da família ou do clã. As observações sobre a natureza e sobre os homens, acumuladas de geração em geração, exprimiram-se em sentenças, em ditados populares, em curtos apólogos, que tinham aplicação moral e que serviam de normas de conduta. A mesma origem pode ser atribuída às primeiras formulações do direito consuetudinário, que às vezes se assemelham, no conteúdo e não só na forma, às sentenças de sabedoria. Essa corrente de sabedoria popular prosseguiu paralelamente à formação das coleções sapienciais. Dela se originam, por exemplo, os provérbios de 1Sm 24,14; 1Rs 20,11, a fábula de Jz 9,8-15 e a de 2Rs 14,9, e até mesmo os profetas dela extraíram textos como Is 28,24-28; Jr 17,5-11.

A brevidade das sentenças, que assim se gravam na memória, destinava-as ao ensino oral. O pai ou a mãe ensina-as ao filho (Pr 1,8; 4,1; 31,1; Eclo 3,1) e o mestre continuará chamando "seu filho" ao discípulo que forma, pois os sábios fazem escola (Eclo 51,23.26; cf. Pr 7,1s; 9,1s). A sabedoria torna-se privilégio da classe erudita, daquela, por conseguinte, que também sabe escrever; sábios e escribas aparecem lado a lado em Jr 8,8-9, e Eclo 38,24-39,11 enaltece, opondo-a aos trabalhos braçais, a profissão do escriba que lhe permite adquirir a sabedoria. Dentre os escribas o rei escolhia seus funcionários, e foi na corte que primeiro se desenvolveram as doutrinas de sabedoria. Todos esses traços têm paralelos exatos nos outros ambientes da sabedoria oriental, no Egito ou na Mesopotâmia. Uma das coleções salomônicas dos Provérbios foi reunida pelos "homens de Ezequias, rei de Judá" (Pr 25,1). Mas estes sábios não eram apenas colecionadores de máximas antigas; eles próprios também escreviam. Duas obras literárias compostas provavelmente na corte de Salomão, a história de José e a da sucessão ao trono de Davi, podem ser consideradas como escritos de sabedoria.

O ambiente dos sábios é, pois, bem diferente daqueles donde procedem os escritos sacerdotais e os proféticos, e Jr 18,18 enumera, como formando três classes, os sacerdotes, os sábios e os profetas. As preocupações deles são diferentes: os sábios não têm interesse especial pelo culto, não parecem comovidos com as calamidades do seu povo, nem influenciados pela grande esperança que o sustenta. Mas, a partir do Exílio, estas três correntes confluem. O prólogo dos Provérbios assume o tom de pregação profética, o Eclesiástico (44-49) e a Sabedoria (10-19) meditam longamente sobre a História Santa; o Eclesiástico venera o sacerdócio, mostra-se entusiasta do culto e enfim identifica Sabedoria e Lei (Eclo 24,23-34): é a aliança entre o escriba (ou o sábio) e o doutor da Lei, que encontraremos nos tempos evangélicos.

Aqui chegamos, no Antigo Testamento, ao termo de uma longa caminhada em cujo início se coloca Salomão. Também neste ponto se encontram paralelos orientais: dois escritos da sabedoria egípcia eram considerados como ensinamentos dados por um Faraó a seu filho. Desde 1Rs 5,9-14 (cf. 3,9-12.28; 10,1-9) até Eclo 47,12-17, Salomão foi exaltado como o maior sábio de Israel, e as duas coleções mais importantes e mais antigas dos Provérbios (10-22 e 25-29) lhe são atribuídas; isto explica o título dado ao livro inteiro (Pr 1,1). Também foram colocados sob seu nome o Eclesiastes, a Sabedoria e o Cântico dos cânticos. Todo esse ensinamento comunicado gradualmente ao povo eleito preparava a revelação da Sabedoria encarnada. Mas "aqui está algo mais do que Salomão" (Mt 12,42).

JÓ

Introdução

A obra-prima da literatura do movimento sapiencial é o livro de Jó. Começa com uma narração em prosa. Era uma vez um grande servo de Deus, chamado Jó, que vivia rico e feliz. Deus permitiu a Satã prová-lo para ver se ele continuaria fiel no infortúnio. Ferido primeiro nos seus bens e nos seus filhos, Jó aceita que Deus retome o que lhe havia dado. Atormentado em sua carne por doença repugnante e dolorosa, Jó se mantém conformado e censura sua mulher que o aconselha a amaldiçoar a Deus. Então, três amigos seus, Elifaz, Baldad e Sofar, chegam para compadecer-se dele (1-2). Após este prólogo, abre-se grande diálogo poético, que forma o corpo do livro. Primeiramente, é conversa entre quatro pessoas: em três ciclos de discursos (3-14; 15-21; 22-27) Jó e seus amigos contrapõem suas concepções da justiça divina; as ideias progridem de modo bastante livre, principalmente intensificando-se a luz sobre os princípios postos no início. Elifaz fala com a moderação da idade e também com a severidade que longa experiência dos homens pode dar; Sofar se deixa levar pelos arroubos da juventude; Baldad é homem sentencioso que se mantém no meio-termo. Mas os três defendem a tese tradicional das retribuições terrestres: se Jó sofre é porque pecou; pode parecer justo a seus próprios olhos, mas não o é aos olhos de Deus. Diante dos protestos de inocência de Jó, só sabem radicalizar sua posição. A essas considerações teóricas, Jó contrapõe sua experiência dolorosa e as injustiças de que o mundo está cheio. Retorna ao tema sem cessar, e sempre esbarra no mistério de um Deus justo que aflige o justo. Não caminha, fica vagando na escuridão. Em sua aflição moral, profere gritos de revolta e palavras de submissão, e tem momentos de crise e de alívio em seu sofrimento físico. Este movimento alternado atinge dois ápices: o ato de fé do cap. 19 e o protesto final de inocência do c. 31. É então que intervém nova personagem, Eliú, que contesta Jó e seus amigos e, com eloquência prolixa (32-37), procura justificar a maneira de agir de Deus. É interrompido pelo próprio Iahweh que "do meio da tempestade", isto é, no contexto das antigas teofanias, responde a Jó; ou melhor, recusa-se a responder, pois o homem não tem o direito de julgar Deus, que é infinitamente sábio e todo-poderoso, e Jó reconhece que falou sem compreender (38,1-42,6). Epílogo em prosa põe termo ao livro: Iahweh censura os três interlocutores de Jó e devolve a este filhos e filhas e seus bens em dobro (42,7-17).

A personagem principal deste drama, Jó, é herói dos tempos antigos (Ez 14,14.20), que se supõe ter vivido na época patriarcal, nos confins da Arábia e do país de Edom, numa região cujos sábios eram célebres (Jr 49,7; Br 3,22-23; Ab 8) e de onde vêm também seus três amigos. A tradição considerava-o grande justo (cf. Ez 14) que permanecera fiel a Deus numa provação excepcional. O autor serviu-se desta velha história para enquadrar seu livro e, não obstante as diferenças de estilo e de tom, o diálogo poético não pode ter existido sem o prólogo e o epílogo em prosa.

No diálogo, tem sido contestada a autenticidade de certas passagens. O poema sobre a Sabedoria (28) não pode ser posto nos lábios de Jó: contém noção de sabedoria que não é a de Jó nem de seus amigos; por outro lado, tem afinidades com o discurso de Iahweh (38-39). Mas é obra que provém do mesmo ambiente e que foi composta à margem do livro; não se sabe por que foi inserida precisamente neste lugar, onde ela não tem ligação com o contexto. Também se tem duvidado que os discursos de Iahweh (38-41) pertençam ao poema primitivo, mas quem assim pensa desconhece o sentido do livro: precisamente porque não levam em conta a discussão que precedeu nem o caso particular de Jó, porque transferem o debate do plano humano ao puramente divino, esses discursos dão ao problema a única solução que o autor vislumbrava: a do mistério das ações de Deus. No interior desta seção, alguns gostariam de descartar pelo menos a passagem sobre o avestruz (39,13-18) e as longas descrições de Beemot e de Leviatã (40,15-41,26). Se suprimirmos as descrições desses dois animais exóticos, quase nada resta do segundo discurso de Iahweh: teria existido primitivamente um discurso único, que teria sido aumentado e dividido em dois por uma primeira e breve resposta de Jó (41,3-5). A hipótese é atraente, mas não há nenhum argumento decisivo em seu favor e a questão é de importância secundária. Há, enfim, no terceiro ciclo de discursos (24-27), desordem real, que se poderia explicar por acidentes da tradição manuscrita ou por retoques redacionais.

A autenticidade dos discursos de Eliú (32-37) está sujeita a dúvidas mais sérias. A personagem intervém subitamente, sem ter sido anunciada, e Iahweh, que o interrompe, não o leva em conta. Isto é mais estranho ainda, porque Eliú antecipou em parte os discursos de Iahweh; dá inclusive a impressão de querer completá-los. Por outro lado, repete inutilmente o que disseram os três amigos. Enfim, o vocabulário e o estilo são diferentes e os aramaísmos são muito mais frequentes que em outros lugares. Parece, portanto, que esses capítulos foram acrescentados ao livro, e por outro autor. Mas eles também trazem sua contribuição doutrinária.

O autor de Jó não nos é conhecido senão pela obra-prima que compôs. Por ela reconhece-se que certamente se trata de um israelita, nutrido das obras dos profetas e dos ensinamentos dos sábios. Vivia provavelmente na Palestina, mas deve ter viajado ou morado no exterior, particularmente no Egito. Sobre a data em que viveu não podemos fazer senão conjecturas. O tom patriarcal do relato em prosa levou os antigos a crer que o livro era, como o Gênesis, obra de Moisés. Mas seja como for, o argumento só valeria para o contexto do poema, e esse colorido se explica suficientemente como herança da tradição ou como pastiche literário. O livro é posterior a Jeremias e a Ezequiel, com os quais tem contatos quanto à expressão e ao pensamento, e sua linguagem está fortemente mesclada de aramaísmos. Isto nos situa na época posterior ao Exílio, num momento em que a obsessão pela sorte da nação é substituída pela preocupação com o destino dos indivíduos. A data mais indicada — mas sem razões decisivas — é o começo do século V antes de nossa era.

O autor considera o caso de um justo sofredor. Para a doutrina corrente das retribuições terrestres, tal caso seria paradoxo irreal: o homem recebe aqui na terra a recompensa ou o castigo de suas obras. No plano coletivo, a norma é claramente indicada pelos grandes textos de Dt 28 e Lv 26; o livro dos Juízes e os dos Reis mostram como o princípio se aplica no desenrolar da história, e a pregação profética o supõe constantemente. A noção da responsabilidade individual, já latente e às vezes expressa (Dt 24,16; Jr 31,29-30; 2Rs 14,6), é exposta claramente por Ez 18. Mas até mesmo Ezequiel se restringe às retribuições terrestres e assim incorre no flagrante desmentido dos fatos. Numa perspectiva de solidariedade, pode-se aceitar que, predominando os pecados da coletividade, os justos sejam punidos juntamente com os maus. Mas se cada um deve ser tratado segundo suas obras, como um justo pode sofrer? Ora, há justos, que sofrem, e cruelmente: Jó, por exemplo. O leitor sabe, pelo prólogo, que seus males vêm de Satã e não de Deus e que eles são uma prova de sua fidelidade. Mas Jó não o sabe, e tampouco seus amigos. Estes dão as respostas tradicionais: a felicidade dos maus é de curta duração (cf. Sl 37 e 73), o infortúnio dos justos prova sua virtude (cf. Gn 22,12), ou então a pena é castigo pelas faltas cometidas por ignorância ou por fraqueza (cf. Sl 19,13; 25,7). Isto, à medida que acreditam na inocência relativa de Jó, mas os gritos que a dor lhe arranca, suas queixas contra Deus, levam-nos a admitir nele um estado de injustiça muito mais profundo: os males que Jó padece não se podem explicar senão como castigo de pecados graves. Os discursos de Eliú aprofundam estas soluções: se Deus aflige os que parecem justos, é para fazê-los expiar pecados de omissão ou faltas inadvertidas, ou então — e esta é a contribuição mais original desses capítulos — é para prevenir faltas mais graves e curar do orgulho. Mas Eliú mantém, como os três amigos, embora com menor rigidez, a ligação entre o sofrimento e o pecado pessoal.

Contra essa rigorosa correlação, Jó se levanta com toda a força de sua inocência. Não nega a retribuição terrena; espera-a e Deus lha concederá finalmente no epílogo.

Mas para ele é escândalo o fato de ela lhe ser negada no presente, e busca em vão o sentido de sua provação. Luta desesperadamente para reencontrar a Deus que se esquiva e em cuja bondade ele continua crendo. E quando Deus intervém, é para revelar a transcendência de seu ser e de seus desígnios e reduzir Jó ao silêncio. Esta é a mensagem religiosa do livro: o homem deve persistir na fé até mesmo quando seu espírito não encontra sossego. Naquela etapa da revelação, o autor do livro de Jó não podia ir mais longe. Para aclarar o mistério da dor inocente, era preciso aguardar que se tivesse a certeza das sanções de além-túmulo e conhecer o valor do sofrimento dos homens unido ao sofrimento de Cristo. À pergunta angustiante de Jó responderão dois textos de são Paulo: "Os sofrimentos do tempo presente não têm comparação com a glória que há de revelar-se em nós" (Rm 8,18) e: "Completo em minha carne o que falta às tribulações de Cristo em favor de seu Corpo, que é a Igreja" (Cl 1,24).

JÓ

I. Prólogo[a]

1 **Satã põe Jó à prova** — ¹Havia na terra de Hus[b] um homem chamado Jó. Era um homem íntegro e reto, que temia a Deus e se afastava do mal. ²Nasceram-lhe sete filhos e três filhas. ³Possuía sete mil ovelhas, três mil camelos, quinhentas juntas de bois, quinhentas mulas e servos em grande número. Era, pois, o mais rico de todos os homens do Oriente.[c] ⁴Seus filhos costumavam celebrar banquetes, um dia em casa de um, um dia em casa de outro, e convidavam suas três irmãs para comer e beber com eles. ⁵Terminados os dias de festa, Jó os mandava chamar para purificá-los;[d] de manhã cedo ele oferecia um holocausto para cada um, pois dizia: "Talvez meus filhos tenham cometido pecado, maldizendo[e] a Deus em seu coração." Assim costumava Jó fazer todas as vezes.

⁶No dia em que os Filhos de Deus vieram se apresentar a Iahweh,[f] entre eles veio também o Satã.[g] ⁷Iahweh então perguntou ao Satã: "De onde vens?" — "Venho de dar uma volta pela terra, andando a esmo", respondeu o Satã. ⁸Iahweh disse ao Satã: "Reparaste no meu servo Jó? Na terra não há outro igual: é um homem íntegro e reto, que teme a Deus e se afasta do mal." ⁹O Satã respondeu a Iahweh: "É por nada que Jó teme a Deus? ¹⁰Porventura não levantaste um muro de proteção ao redor dele, de sua casa e de todos os seus bens? Abençoaste a obra das suas mãos e seus rebanhos cobrem toda a região. ¹¹Mas estende tua mão e toca nos seus bens; eu te garanto que te lançará maldições em rosto." ¹²Então Iahweh disse ao Satã: "Pois bem, tudo o que ele possui está em teu poder, mas não estendas tua mão contra ele." E o Satã saiu da presença de Iahweh.

¹³Ora, um dia em que os filhos e filhas de Jó comiam e bebiam vinho na casa do irmão mais velho, ¹⁴chegou um mensageiro à casa de Jó e lhe disse: "Estavam os bois lavrando e as mulas pastando ao lado deles, ¹⁵quando os sabeus[h] caíram sobre eles, passaram os servos ao fio da espada e levaram tudo embora. Só eu pude escapar para trazer-te a notícia." ¹⁶Este ainda falava, quando chegou outro e disse: "Caiu do céu o fogo de Deus[i] e queimou

---

a) O autor conservou neste relato em prosa seu cunho de narrativa popular.
b) Certamente ao sul de Edom (cf. Gn 36,28; Lm 4,21).
c) Esta expressão designa todos os que habitavam no Leste da Palestina, mais especialmente em territórios edomita e árabe (cf. Nm 24,21+).
d) Lit.: "santificá-los". Trata-se dos ritos que tiram as impurezas que impedem de participar da vida cultual (cf. Lv 11,1+).
e) O hebraico traz "bendizendo". Da mesma forma em 1,11 e 2,5.9. O verbo original, "maldizer", "blasfemar", foi assim substituído para evitar a presença de termo pejorativo ao lado do nome de Deus.
f) Deus recebe ou dá audiência em dias determinados, como faz um monarca. — Sobre a expressão "Filhos de Deus", cf. 2,1; 38,7; Gn 6,1-4; Sl 29,1; 82,1; 89,7. Trata-se de seres superiores ao homem e que constituem a corte de Iahweh e seu conselho. Identificam-se com os anjos (LXX traduz: "os anjos de Deus"; cf. Tb 5,4+).
g) Precedido pelo artigo (como em Zc 3,1-2), o termo não é ainda nome próprio, e só o será em 1Cr 21,1. Segundo a etimologia hebraica, designa "o adversário" (cf. 2Sm 19,23; 1Rs 5,18; 11,14.23.25), ou "o acusador" (Sl 109,6), mas aqui o seu papel é antes o de espião. É personagem equívoco, distinta dos filhos de Deus, cética em relação ao homem, desejosa de encontrar nele alguma culpa, capaz de desencadear sobre ele toda espécie de desgraças e até de arrastá-lo ao mal (cf. igualmente 1Cr 21,1). Se não é deliberadamente hostil a Deus, duvida do êxito de sua obra na criação do homem. Para além do Satã cínico, de ironia fria e malévola, delineia-se a imagem de um ser pessimista, que hostiliza o homem por ter motivos para invejá-lo. O texto, porém, não insiste nas razões de sua atitude. Por tudo isto, será assimilado a outras representações ou figuras do espírito do mal, em particular a da serpente de Gn 3, com as quais acabará por identificar-se (cf. Sb 2,24; Ap 12,9; 20,2), para encarnar o poder diabólico (cf. Lc 10,18).
h) Sabeus e caldeus (v. 17) são aqui tribos de nômades que praticam a pilhagem.
i) O raio (cf. 2Rs 1,10.12.14).

ovelhas e pastores e os devorou. Só eu pude escapar para trazer-te a notícia." ¹⁷Este ainda falava, quando chegou outro e disse: "Os caldeus, formando três bandos, lançaram-se sobre os camelos e levaram-nos consigo, depois de passarem os servos ao fio da espada. Só eu pude escapar para trazer-te a notícia." ¹⁸Este ainda falava, quando chegou outro e disse: "Estavam teus filhos e tuas filhas comendo e bebendo na casa do irmão mais velho, ¹⁹quando um furacão se levantou das bandas do deserto e abalou os quatro cantos da casa, que desabou sobre os jovens e os matou. Só eu pude escapar para trazer-te a notícia."

²⁰Então Jó se levantou, rasgou seu manto, rapou sua cabeça,ᵃ caiu por terra, inclinou-se no chão ²¹e disse:

"Nu saí do ventre de minha mãe
e nu voltarei para lá.ᵇ
Iahweh o deu, Iahweh o tirou,
bendito seja o nome de Iahweh."

²²Apesar de tudo isso, Jó não cometeu pecado nem imputou nada de indigno contra Deus.

2 ¹Num outro dia em que os Filhos de Deus vieram se apresentar novamente a Iahweh, entre elesᶜ veio também o Satã. ²Iahweh perguntou ao Satã: "De onde vens?" Ele respondeu a Iahweh: "Venho de dar uma volta pela terra, andando a esmo." ³Iahweh disse ao Satã: "Reparaste no meu servo Jó? Na terra não há outro igual: é um homem íntegro e reto, que teme a Deus e se afasta do mal. Ele persevera em sua integridade, e foi por nada que me instigaste contra ele para aniquilá-lo." ⁴O Satã respondeu a Iahweh e disse: "Pele após pele!ᵈ Para salvar a vida, o homem dá tudo o que possui. ⁵Mas estende a mão, fere-o na carne e nos ossos; eu te garanto que te lançará maldições em rosto." ⁶"Seja!", disse Iahweh ao Satã, "ele está em teu poder, mas poupa-lhe a vida." ⁷E o Satã saiu da presença de Iahweh.

Ele feriu Jó com chagas malignasᵉ desde a planta dos pés até o cume da cabeça. ⁸Então Jó apanhou um caco de cerâmica para se coçar e sentou-se no meio da cinza. ⁹Sua mulher disse-lhe: "Persistes ainda em tua integridade? Amaldiçoa a Deus e morre duma vez!" ¹⁰Ele respondeu: "Falas como uma idiota: se recebemos de Deus os bens, não deveríamos receber também os males?" Apesar de tudo isso, Jó não cometeu pecado com seus lábios.

¹¹Três amigos de Jó — Elifaz de Temã, Baldad de Suás e Sofar de Naamatᶠ — ao inteirar-se da desgraça que havia sofrido, partiram de sua terra e reuniram-se para ir compartilhar sua dor e consolá-lo. ¹²Quando levantaram os olhos, a certa distância, não o reconheceram mais. Levantando a voz, romperam

---

a) Este duplo gesto, expressão de dor ou de luto, é referido muitas vezes pela Bíblia (cf. no primeiro caso, Gn 37,34; Js 7,6; 2Sm 1,11; 3,31 etc.; no segundo, Jr 7,29; 48,37; Ez 7,16; Esd 9,3 etc.).

b) A mãe-terra parece assimilada ao seio materno.

c) O hebr. acrescenta: "para apresentar-se diante de Iahweh", faltando em 1,6 e sendo omitido pelo grego.

d) Locução proverbial, sem dúvida corrente, que deve ser interpretada de acordo com a frase seguinte. Fazendo trocadilho com a palavra "pele", que tanto pode designar vestes de pele (Gn 3,21; 27,16) como couro, ela parece significar que o homem consente em deixar-se despojar progressivamente daquilo que tem sobre si ou do que possui, a fim de evitar que o toquem em sua própria pele. Atingido então em seu ser físico e individual, revela o que verdadeiramente é. Pode-se também traduzir "pele por pele", e compreender que o homem está pronto para sacrificar a pele dos outros para salvar a própria.

e) A palavra, que propriamente designa inflamação, é aplicada noutras passagens à sexta praga do Egito (Ex 9,9-11), a um mal endêmico no Egito (Dt 28,27), à doença de Ezequias (2Rs 20,7), ou ao possível início da lepra (Lv 13,18-20.23). Trata-se aqui de mal pernicioso generalizado por todo o corpo (como em Dt 28,35), mas difícil de identificar com precisão. Todavia, como a lepra, este mal torna Jó impuro, pois deve ir se instalar "entre as cinzas" (v. 8), isto é, lá onde se ia depositar as imundícies, fora da cidade.

f) As três cidades estão situadas na região idumeia e árabe. Edom e o "Oriente" (cf. 1,3+) eram considerados em Israel pátrias da sabedoria (1Rs 5,10-11; 10,1-3; Pr 30,1; Jr 49,7; Ab 8; Br 3,22-23).

em prantos; rasgaram seus mantos e, a seguir, espalharam pó sobre a cabeça.*ᵃ*
¹³Sentaram-se no chão ao lado dele, sete dias e sete noites, sem dizer-lhe uma palavra, vendo como era atroz seu sofrimento.

II. Diálogo

1. PRIMEIRO CICLO DE DISCURSOS

3 **Jó amaldiçoa o dia do nascimento** — ¹Enfim, Jó abriu a boca e amaldiçoou o dia do seu nascimento.
²Jó tomou a palavra e disse:

> ³ Pereça o dia que me viu nascer,
>   a noite que disse: "Um menino foi concebido!"*ᵇ*
> ⁴ Esse dia, que se torne trevas,
>   que Deus do alto não se ocupe dele,
>   que sobre ele não brilhe a luz!
> ⁵ Que o reclamem as trevas e sombra espessa,
>   que uma nuvem pouse sobre ele,
>   que um eclipse o aterrorize!*ᶜ*
> ⁶ Sim, que dele se apodere a escuridão,
>   que não se some aos dias do ano,*ᵈ*
>   que não entre na conta dos meses!
> ⁷ Que essa noite fique estéril,
>   que não penetrem ali os gritos de júbilo!
> ⁸ Que a amaldiçoem os que amaldiçoam o dia,*ᵉ*
>   os entendidos em conjurar Leviatã!*ᶠ*
> ⁹ Que se escureçam as estrelas da sua aurora,
>   que espere pela luz que não vem,
>   que não veja as pálpebras da alvorada.
> ¹⁰ Porque não fechou as portas do ventre
>   para esconder à minha vista tanta miséria.
> ¹¹ Por que não morri ao deixar o ventre materno,
>   ou pereci ao sair das entranhas?
> ¹² Por que me recebeu um regaço
>   e seios me deram de mamar?
> ¹³ Agora dormiria tranquilo,
>   descansaria em paz,
> ¹⁴ com os reis e os ministros da terra
>   que construíram mausoléus para si;*ᵍ*

Jr 20,14-18

Eclo 23,14
Mt 26,24

10,18-19

Is 14,9-11
Ez 32,18-32

---

a) Rito de penitência e sobretudo de luto (cf. Js 7,6; 2Sm 13,19; Ez 27,30). Os três amigos consideram Jó como se estivesse já morto. — O texto acrescenta "em direção ao céu", glosa omitida pelo grego, talvez inspirada por Ex 9,8.10, e que fará do gesto um sinal de indignação, tomando o céu como testemunha para atrair sua vingança ou se proteger contra ela (cf. At 22,23).
b) Duas maldições paralelas, a do dia do nascimento e a da noite da concepção.
c) "sombra espessa": *çalmût*, conj.; "sombra da morte": *çalmawet*, hebr. — "eclipse": *kamrîr yôm*, conj.; "como amarguras do dia", *kimerîrê yôm*, hebr.
d) "Sim", tirado do v. 7, e suprime-se "essa noite" devido a contaminação do v. 7 — "se some", sir., Vulg.; "se alegre", hebr.
e) Ou os inimigos da luz, os que agem nas trevas (cf. 24,13s; 38,15); ou os que, como Jó, amaldiçoam o dia de seu nascimento; ou antes, feiticeiros ou adivinhos, capazes, segundo se acreditava, por suas imprecações e sortilégios, de mudar os dias fastos em dias nefastos, ou ainda de atrair os eclipses, quando "Leviatã" engolia momentaneamente o sol.
f) Leviatã (ou também o Dragão, a Serpente Fugitiva — cf. 26,13; 40,25+; Is 27,1; 51,9; Am 9,3; Sl 74,14; 104,26) era, na mitologia fenícia, monstro do caos primitivo (cf. 7,12+); a imaginação popular podia sempre recear que despertasse, atraído por uma eficaz maldição contra a ordem existente. O dragão de Ap 12,3, que encarna a resistência do poder do mal a Deus, reveste determinados traços desta serpente caótica.
g) Lit.: "que constroem ruínas *(horabôt)* para si". A expressão poderia significar, à luz de Is 58,12 e 61,4, "reconstruir ruínas": os reis da Babilônia e da Assíria muitas vezes se vangloriam de havê-lo feito. Mas

¹⁵ou como os nobres que amontoaram ouro
  e prata em seus mausoléus.ᵃ

Ecl 6,3
¹⁶Que eu fosse como um aborto escondido,
  que não existisse agora,
  como crianças que não viram a luz.
¹⁷Aliᵇ acaba o tumulto dos ímpios,
  ali repousam os que estão esgotados.
¹⁸Com eles descansam os prisioneiros,
  sem ouvir a voz do capataz.
¹⁹Lá pequenos e grandes se avizinham,
  e o escravo livra-se de seu amo.
²⁰Por que foi dada a luz a quem o trabalho oprime,
  e a vida a quem a amargura aflige,

↗ Ap 9,6
²¹a quem anseia pela morte que não vem,
  a quem a procura com afinco como um tesouro,
²²a quem se alegraria em frente do túmuloᶜ
  e exultaria ao encontrar a sepultura.

19,8
Pr 4,18-19
Is 26,7
²³Por que este dom ao homem cujo caminho é escondido
  e que Deus cerca com uma sebe?

Sl 42,4
²⁴Por alimento tenho soluços,
  e os gemidos vêm-me como água.

Pr 10,24
²⁵Sucede-me o que mais temia,
  o que mais me aterrava acontece-me.
²⁶Para mim, nem tranquilidade, nem paz,
  nem repouso: nada além de tormento!

4 *Confiança em Deus*ᵈ — ¹Elifaz de Temã tomou a palavra e disse:

²Se alguém se dirigisse a ti,ᵉ perderias a paciência.
  Porém, quem pode refrear-me as palavras?
³Tu que a tantos davas lições
  e fortalecias os braços desfalecidos,
⁴com tuas palavras levantavas o trôpego
  e sustentavas joelhos cambaleantes.

Pr 24,10
⁵E hoje que é a tua vez, vacilas?
  Perturbas-te, hoje, quando tudo cai sobre ti?
⁶Tua piedade não é tua segurança,
  tua esperança não é uma vida íntegra?

Sl 37,25
Pr 12,21
Eclo 2,10
2Pd 2,9
Pr 22,8
Eclo 7,3
⁷Recordas-te de um inocente que tenha perecido?
  Onde já se viu que justos fossem exterminados?
⁸Eu vi bem: Aqueles que cultivam a desgraça
  e semeiam o sofrimento são também os que os colhem.
⁹Ao sopro de Deus perecem,
  são consumidos pelo sopro da sua ira.

Pr 28,15
Sl 17,12;
22,14-22
¹⁰O rugido do leão e a voz do leopardo,
  e os dentes dos filhotes são quebrados;

---

a expressão "para si" remete antes às construções funerárias de antemão levantadas em lugares desertos ou ermos. Era este, muito especialmente, o caso do Egito. É possível que a palavra *horabôt* tenha sido suficiente para designar, entre os hebreus, as mastabas ou as pirâmides.
a) Lit.: "suas casas", isto é, "suas casas de eternidade" (cf. Ecl 12,5), ou residências funerárias (cf. igualmente Sl 49,12). De fato, as escavações arqueológicas (notadamente em Ur e no Egito) revelaram as riquezas acumuladas nos túmulos de reis ou de príncipes.

b) No Xeol (cf. Nm 16,33+).
c) Lit.: "(em frente do) túmulo": *gal* ou *golel*, conj.; "(até a) exultação": *gîl*, hebr.
d) Esta resposta de Elifaz exprime, tornando-a mais intransigente, a doutrina tradicional da retribuição: *doutrina* que é, acima de tudo, afirmação de fé na justiça providencial do Deus da Aliança. Duvidando de sua eficácia em todas as situações, o poeta evoca-a, no entanto, com muito entusiasmo.
e) "Se alguém se dirigisse a ti", Áq., Sím., Teod.; "Se alguém tentasse", hebr.

¹¹ morre o leão por falta de presa,
   e as crias da leoa se dispersam.
¹² Ouvi furtivamente uma revelação,ª
   meu ouvido apenas captou seu murmúrio:
¹³ numa visão noturna de pesadelo,
   quando a letargia cai sobre o homem,
¹⁴ um terror apoderou-se de mim e um tremor,
   um frêmito sacudiu meus ossos.
¹⁵ Um sopro roçou-me o rosto
   e provocou arrepios por todo o corpo.
¹⁶ Estava parado — mas não vi seu rosto —,
   qual fantasma diante dos meus olhos,
   um silêncio... depois ouvi uma voz:
¹⁷ "Pode o homem ser justo diante de Deus?
   Um mortal ser puro diante do seu Criador?
¹⁸ Dos próprios servos ele desconfia,
   até mesmo a seus anjos verbera o erro.ᵇ
¹⁹ Quanto mais aos que moram em casas de barro,
   cujos fundamentos se assentam sobre o pó!
   Serão esmagados mais depressa do que a traça;
²⁰ esmigalhados entre a manhã e a noite,
   para sempre desapareçam, sem que se perceba.
²¹ As cordas de sua tenda são arrancadas,
   e morrem sem sabedoria."ᶜ

1Rs 19,12-13

Sl 143,2
Jó 14,4 +;
15,14; 25,4-6
15,15-16

2Cor 5,1

5

¹ Grita, para ver se alguém te responde.
   A qual dos santosᵈ te dirigirás?
² Porque o despeito mata o estulto
   e o ciúme causa a morte ao imbecil.
³ Vi um estulto deitar raízes
   e num momento eu amaldiçoei sua casa:
⁴ que seus filhos sejam privados de socorro,
   pisados à Porta,ᵉ sem que ninguém os defenda.
⁵ O faminto comerá a messe dele,
   e Deus lha arrancará de entre presas,ᶠ
   e os sedentos cobiçarão os bens.

Sl 127,5

a) Lit.: "Até mim chegou furtivamente uma palavra". Trata-se de palavra celeste, proferida por personagem misteriosa (cf. v. 16), transmitida durante sono profundo (o mesmo termo em Gn 2,21; 15,12) e visando a provocar o estremecimento do sagrado. Este processo de conhecimento sobrenatural contrasta com o caráter racional da doutrina dos sábios e comprova a evolução desta, pelo menos em determinados círculos. Porém, a revelação de que Elifaz se prevalece não corresponde *exatamente* nem à experiência habitual dos profetas, os quais recebiam comumente a Palavra no estado de vigília, nem à inspiração que Ben Sira reivindicará mais tarde (24,31-33; 39,6). Assemelha-se antes aos sonhos ou visões noturnas (cf. Zc 1,8), com nota terrificante sublinhada de bom grado pelo gênero literário apocalíptico (cf. Dn 4,2; 5,5-6).
b) "servos de Deus" e anjos são idênticos. Se estes seres, que privam com Deus, conservam, todavia, imperfeição radical, quanto mais o homem carnal e perecível!
c) "sem sabedoria", lit.: "e não com sabedoria"; poder-se-ia também compreender "por falta de sabedoria" ou "e não é por carência de sabedoria". Mas o contexto imediato, que insiste na fragilidade do homem em geral e na brevidade de sua existência, sugere antes a ideia de que este não tem ou não sabe encontrar tempo (cf. Sl 90,12) para adquirir a sabedoria, ou ainda, que sua ciência limitada nada pode contra a morte.
d) Os anjos (cf. 15,15 — a esclarecer com 4,18 — Zc 14,5; Dn 4,10.14.20; 8,13). Sua intercessão também é mencionada em 33,23-24 (cf. Zc 1,12; Tb 12,12). A pergunta de Elifaz é formulada em tom irônico: se os próprios anjos são julgados por Deus, de nada serve contar com o seu apoio contra Deus. Mas ela supõe precisamente o hábito de recorrer à intercessão desta natureza, hábito que poderia ter remotas ligações politeístas: o deus de um indivíduo intervinha na assembleia dos deuses para defender seu cliente.
e) A porta principal da cidade, lugar das reuniões e da justiça.
f) "Deus", *'el,* conj.; o hebr. tem a preposição *'el* "para"; "de entre as presas", sentido possível da

⁶ Pois a iniquidade não nasce do pó,
e a fadiga não brota da terra.
⁷ Mas o homem nasceu para o sofrimento,
como as faíscas*ᵃ* sobem para o alto.
⁸ Mesmo assim eu recorreria a Deus,
a ele exporia minha causa.*ᵇ*
⁹ Ele faz prodígios insondáveis,
maravilhas sem conta:
¹⁰ Dá chuva à terra,
envia as águas sobre os campos,
¹¹ para os humildes poderem erguer-se
e os abatidos pôr-se a salvo.
¹² Leva ao malogro os projetos dos astutos,
para que fracassem suas manobras.
¹³ Apanha os sábios na astúcia deles,
e o conselho dos errados torna-se irrefletido.
¹⁴ Em pleno dia eles caem nas trevas,
e ao meio-dia tateiam como de noite.
¹⁵ Ele salva da sua boca o homem arruinado,*ᶜ*
e o indigente das garras do forte;
¹⁶ assim o fraco terá esperança,
e a injustiça fechará a boca.
¹⁷ Ditoso o homem a quem Deus corrige:
não desprezes a lição*ᵈ* de Shaddai,*ᵉ*
¹⁸ porque ele fere e pensa a ferida,
golpeia e cura com suas mãos.
¹⁹ De seis perigos te salva,
e no sétimo não sofrerás mal algum.*ᶠ*
²⁰ Em tempo de fome livrar-te-á da morte
e, na batalha, dos golpes da espada.
²¹ Esconder-te-ás do açoite da língua,
e, ainda que chegue a pilhagem, não temerás.
²² Zombarás da pilhagem e da fome,
e não temerás os animais selvagens.
²³ Farás uma aliança com as pedras do campo,*ᵍ*
e o animal selvagem estará em paz contigo.
²⁴ Conhecerás paz em tua tenda,
visitarás teus apriscos, onde nada faltará.
²⁵ Conhecerás uma descendência numerosa
e teus rebentos serão como a erva do campo.
²⁶ Baixarás ao túmulo bem maduro,*ʰ*
como um feixe de trigo recolhido a seu tempo.
²⁷ Foi isto o que observamos. E é de fato assim.
Quanto a ti, escuta-o e aproveita-o.

palavra hebraica *çinnîm*, que habitualmente significa "espinhos".
a) Lit.: "filho de Resef", deus do raio e do relâmpago.
b) Após a sua pergunta irônica no v. 1 (cf. nota explicativa), Elifaz parece opor os que recorrem aos anjos aos que, como ele, não têm receio de dirigir-se diretamente a Deus. Pela mesma razão, convida Jó a retificar sua atitude para com Deus e a comportar-se com mais lealdade diante dele.
c) "arruinado": *mohorab*, conj.; "da espada": *mehereb*, hebr.

d) As desgraças de Jó são, portanto, correção, lição dolorosa mas salutar. Assim falará também Eliú (33, 19s).
e) Este nome divino da época patriarcal (cf. Gn 17, 1+) é empregado em Jó com intenção de arcaísmo.
f) Elifaz exprime-se à maneira dos "provérbios numéricos" (cf. Pr 6,16-19; 30,15s).
g) Das quais é preciso desembaraçar, na Palestina, os campos cultivados (cf. Is 5,2; 2Rs 3,19.25).
h) Lit.: "em (teu) vigor", cf. 30,2, isto é, "em (tua) maturidade": não diminuído por velhice penosa, mas no tempo conveniente, como se faz para a ceifa do trigo maduro.

6 Só o homem abatido conhece sua miséria — ¹Jó tomou a palavra e disse:

² Ah, se pudessem pesar minha aflição
  e pôr na balança meu infortúnio,
³ seriam mais pesados que a areia do mar,
  por isso as minhas palavras são desvairadas.
⁴ Levo cravadas as flechas de Shaddai
  e sinto absorver seu veneno.
  Os terrores de Deus assediam-me.
⁵ Porventura, zurra o asno quando tem erva?
  Ou muge o boi diante da forragem?
⁶ Come-se um manjar insípido, sem sal?
  A clara de ovo*ᵃ* tem algum sabor?
⁷ Ora, o que meu apetite recusa tocar,
  isso é a minha comida de doente.*ᵇ*
⁸ Oxalá se cumprisse o que pedi,
  e Deus concedesse o que espero:
⁹ que se dignasse esmagar-me,
  que soltasse sua mão e me suprimisse.
¹⁰ Seria até um consolo para mim:
  torturado sem piedade, saltaria de gozo,
  pois não reneguei as palavras do Santo.*ᶜ*
¹¹ Que forças me sobram para resistir?
  Que destino espero para ter paciência?
¹² É minha força a força das pedras,
  ou é de bronze minha carne?
¹³ Teria por apoio o nada,
  e toda ajuda*ᵈ* não fugiu longe de mim?
¹⁴ Recusar*ᵉ* a misericórdia a seu próximo,
  é abandonar o temor de Shaddai.*ᶠ*
¹⁵ Meus irmãos atraiçoaram-me como uma torrente,
  como canais de um rio que transborda,
¹⁶ tornando-se turvo pelo degelo
  e arrastando consigo a neve.*ᵍ*
¹⁷ No tempo de verão, porém, desaparece,
  ao vir o calor extingue-se em seu leito.
¹⁸ As caravanas desviam-se de sua rota,
  penetram no deserto e nele se perdem.
¹⁹ As caravanas de Tema procuram-no,
  e os mercadores de Sabá contam com ele:
²⁰ mas fica burlada sua esperança,
  ao encontrá-lo ficam decepcionados.*ʰ*
²¹ Tais sois para mim agora:*ⁱ*
  à vista da praga, ficais com medo.

---

a) "clara do ovo", segundo uma interpretação do Targ.; outros pensam numa planta: o suco da beldroega ou da malva.
b) O v. 7, muito difícil, é interpretado de acordo com a Vulg. (que une os dois hemistíquios numa única frase). — "de doente", lit.: "em minha doença", conj.; "como uma doença", hebr. — A repugnância de Jó diante de sua miserável comida (ao mesmo tempo real e simbólica) traduz seu desgosto pela vida. Seus amigos bem alimentados são incapazes de compreender.
c) Cometendo ato de revolta contra a Providência. O "Santo" designa aqui Iahweh (cf. Is 6,3+; Hab 3,3).
d) "ajuda", grego, sir.; "sagacidade", hebr.
e) "recusar", mss hebr.; "derramar", TM.
f) A bondade para com os outros é o sinal de religião autêntica.
g) Texto difícil: lit.: "enegrecidos (ou: turvo) por causa do gelo, sobre eles desaparece a neve".
h) "sua esperança", lit.: "eles esperaram", sir., Targ.; "ele esperou", hebr. — "ao encontrá-lo", conj.; "junto dele", hebr.
i) "Tais": *ken*, conj.; "Pois": *kî*, hebr. — "para mim": *lî*, conj.; "não": *lo'*, hebr.

²² Porventura disse eu: "Dai-me algo"?
"Resgatai-me com a vossa fortuna"?
²³ "Arrancai-me da mão de um opressor"?
"Resgatai-me da mão dos tiranos"?
²⁴ Instruí-me e guardarei silêncio,
fazei-me ver em que me equivoquei.ᵃ
²⁵ Como são agradáveis as palavras justas!
Porém, como podeis censurar-me e repreender-me?
²⁶ Pretendeis criticar palavras,
considerar como vento as palavras de desesperado?
²⁷ Seríeis capazes de leiloar um órfão,
de traficar o vosso amigo.
²⁸ Agora, voltai-vos para mim:
mentiria diante de vós?
²⁹ Voltai atrás, por favor: não haja falsidade;
voltai atrás, porque justa é a minha causa.
³⁰ Há falsidade em meus lábios?
Meu paladar não poderá distinguir o mal?

7

¹ Não está o homem condenado a trabalhos forçadosᵇ aqui na terra?
Não são seus dias os de mercenário?ᶜ
² Como o escravo suspira pela sombra,
como o mercenário espera o salário,
³ assim tive por herança meses de ilusão,
e couberam-me noites de pesar.
⁴ Quando me deito, penso: "Quando virá o dia?"
Ao me levantar: "Quando chegará a noite?"ᵈ
E pensamentos loucos invadem-me até ao crepúsculo.
⁵ Meu corpo cobre-se de vermes e pústulas,
a pele rompe-se e supura.
⁶ Meus dias correm mais rápido do que a lançadeira
e consomem-se sem esperança.
⁷ Lembra-teᵉ que minha vida é sopro,
e que meus olhos não voltarão a ver a felicidade.
⁸ Os olhos de quem me via não mais me verão,
teus olhos pousarão sobre mim e já não existirei.
⁹ Como a nuvem se dissipa e desaparece,
assim quem desce ao Xeol não subirá jamais.ᶠ
¹⁰ Não voltará para sua casa,
sua morada não tornará a vê-lo.
¹¹ Por isso, não refrearei minha língua,
falarei com espírito angustiado
e queixar-me-ei com a alma amargurada.
¹² Acaso sou o Mar ou o Dragão,ᵍ
para que ponhas um guarda contra mim?

---

a) Por inadvertência ou por ignorância (cf. Lv 4; Nm 15,22-29; Sl 19,13).
b) No sentido de serviço militar (cf. 14,14), simultaneamente luta e corveia. Grego traduz "prova"; Vulg., *militia*.
c) O mercenário, pago ao dia (Dt 24,15; Mt 20,8), *sofre diariamente pelos outros*, da manhã à tarde. Do mesmo modo, o escravo (Lv 25,39-40).
d) "o dia", grego; omitido pelo hebr. — "Quando chegará a noite": *mî yitten 'ereb*, conj.; *middad 'ereb*, hebr., ininteligível.

e) Solidário com a humanidade sofredora, resignado a morrer, Jó esboça uma prece, pedindo a Deus alguns instantes de paz antes da morte.
f) De acordo com a opinião comum, que o autor parece partilhar aqui e em 10,21; 14,7.22; 16,22 (cf. 2Sm 12,23; Sl 88,11 etc.), é impossível regressar do Xeol (cf. Nm 16,33+).
g) Segundo as cosmogonias babilônicas, Tiamat (o Mar), depois de haver contribuído para a origem dos deuses, fora vencido e subjugado por um deles. A ima-

¹³ Se eu disser: "Meu leito consolar-me-á
 e minha cama aliviar-me-á o sofrimento",
¹⁴ então me assustas com sonhos
 e me aterrorizas com visões.
¹⁵ Preferiria morrer estrangulado;ᵃ   6,9
 antes a morte que meus tormentos.ᵇ
¹⁶ Eu zombo de mim, não viverei para sempre;   Sl 144,4
 deixa-me, pois os meus dias são um sopro!
¹⁷ Que é o homem, para que faças caso dele,   Sl 8,5; 144,3
 para que dele te ocupes,ᶜ
¹⁸ para que o inspeciones cada manhã   Sl 139
 e o examines a cada momento?
¹⁹ Por que não afastas de mim o olhar
 e não me deixas até que tiver engolido a saliva?
²⁰ Se pequei, que mal te fiz com isso,ᵈ
 sentinela dos homens?
 Por que me tomas por alvo?
 e cheguei a ser um peso para ti?ᵉ
²¹ Por que não perdoas meu delito
 e não deixas passar a minha culpa?
 Eis que vou logo deitar-me no pó;
 procurar-me-ás e já não existirei.ᶠ

8 O curso necessário da justiça divina — ¹Baldad de Suás tomou a palavra e disse:

²Até quando falarás dessa maneira?
 As palavras de tua boca são um vento impetuoso.
³ Acaso Deus torce o direito,   34,10-12
 ou Shaddai perverte a justiça?ᵍ   Dt 32,4
⁴ Se teus filhos pecaram contra ele,   1,19
 entregou-os ao poder de sua falta.
⁵ Quanto a ti, se buscas Deus,
 se imploras a Shaddai,
⁶ se és irrepreensível e reto,
 desde agora ele velará sobre ti
 e restaurará teu lugar e teu direito.
⁷ Teu passado parecerá pouca coisa
 diante da exímia grandeza de teu futuro.
⁸ Pergunta às gerações passadas   Eclo 8,9
 e meditaʰ a experiência dos antepassados.   Dt 4,32; 32,7
⁹ Somos de ontem, não sabemos nada.   14,2
 Nossos dias são uma sombra sobre a terra.

---

ginação popular ou poética, retomando este processo figurativo, atribuía a Iahweh essa vitória, anterior à organização do caos, vendo-o manter em contínua sujeição o mar e os monstros que nele habitam (cf. 3,8+; 9,13; 26,12; 40,25s; Sl 65,8; 74,13-14; 77,17; 89,10-11; 93,3-4; 104,7.26; 107,29; 148,7; Is 27,1; 51,9).

a) Ao invés do "cansado da vida" egípcio, Jó não pensa no suicídio, que, aliás, é ato só excepcionalmente relatado no AT (cf. 2Sm 17,23+).

b) "meus tormentos": *'açcebôtay*, conj.; "meus ossos": *'açmôtay*, hebr.

c) O autor parece retomar, com amarga ironia, expressões do Sl 8. A solicitude de Deus pelo homem transforma-se aqui em exigente vigilância. O autor do Sl 139 via nisso motivo de confiança. Jó, por sua vez, sente-se tratado como inimigo pelo Deus que o observa. Debatendo-se contra uma noção jurídica da religião e do pecado, busca às apalpadelas o Deus de misericórdia (v. 21).

d) Deus não pode ser atingido pelo pecado.

e) "para ti", grego; "para mim", hebr.

f) Estas últimas palavras, inesperadas, reintroduzem a imagem de Deus misteriosamente inclinado para o homem.

g) "perverte", grego, Vulg.; hebr. repete "torce".

h) "medita": *bônen*, conj.; "firma-te": *kônen*, hebr.

¹⁰ Eles, porém, te instruirão e falarão contigo,
e seu pensamento dará as sentenças.ᵃ
¹¹ Acaso brota o papiro fora do pântano,
cresce o junco sem água?
¹² Verde ainda e sem ser arrancado,
seca antes de todas as ervas.
¹³ Tal é o destinoᵇ daqueles que esquecem a Deus,
assim desvanece a esperança do ímpio.
¹⁴ Sua confiança é fiapo no ar,
teia de aranha sua segurança:
¹⁵ ao se apoiar em sua casa, ela não se manterá;
quando nela se agarrar, ela não resistirá.
¹⁶ Cheio de seiva, ao sol,
lança rebentos no seu jardim,
¹⁷ enreda as raízes entre pedras
e vive no meio das rochas.ᶜ
¹⁸ Mas, se o arrancam do lugar,
este o renegará: "Nunca te vi."
¹⁹ E ei-lo apodrecendoᵈ no caminho,
e do solo outros germinam.
²⁰ Não, Deus não rejeita o homem íntegro,
nem dá a mão aos malvados:
²¹ pode aindaᵉ encher tua boca de sorrisos
e teus lábios de gritos de júbilo.
²² Teus inimigos cobrir-se-ão de vergonha
e desaparecerá a tenda dos ímpios.

9 *A justiça divina domina o direito* — ¹ Jó tomou a palavra e disse:

² Sei muito bem que é assim:
poderia o homem justificar-se diante de Deus?
³ Se Deus se dignar pleitear com ele,
entre mil razões não haverá uma para rebatê-lo.
⁴ Quem entre os mais sábios e mais fortes
poderá resistir-lhe impunemente?
⁵ Ele desloca as montanhas, sem perceberem,
e derruba-as em sua ira;
⁶ abala a terra desde os fundamentos
e faz vacilar suas colunas;ᶠ
⁷ manda ao sol que não brilhe,
e guarda sob sigilo as estrelas;ᵍ
⁸ sozinho desdobra os céus
e caminha sobre o dorso do Mar;ʰ
⁹ criou a Ursa e o Órion,
as Plêiades e as Câmaras do Sul,ⁱ

---

a) A tradição dos antepassados é a base do ensinamento sapiencial. A lei do castigo dos ímpios é nela tão rigorosa e verificável como uma lei natural (vv. 11s).
b) "o destino", grego; "as veredas", hebr.
c) "vive", grego; "via", hebr. — "no meio das": *bên*, conj.; "casa": *bêt*, hebr.
d) Tradução conjectural.
e) "ainda": *'od*, conj.; "até": *'ad*, hebr.
f) A terra repousa sobre "colunas", que Deus "faz vacilar" por ocasião dos terremotos (38,6; Sl 75,4; 104,5; 1Sm 2,8). Os vv. 5-7 evocam as imagens escatológicas em voga (cf. Am 8,9+).

g) Para impedi-las de aparecer e brilhar. Br 3,34 menciona a ordem inversa.
h) O autor remonta dos fenômenos físicos atuais às origens da criação. Então Deus "caminhou sobre o dorso do mar", quer dizer, impôs-lhe seu império e dominou-o nas origens; a mesma expressão em Dt 33,29. Acerca da personificação do mar, cf. 7,12+.
i) Grego: "aquele que fez as Plêiades e Vênus e Arcturo e as Câmaras do Sul"; Vulg.: "Arcturo e Órion e as Híades e as Câmaras do Sul". — A identificação dessas constelações é apenas provável.

¹⁰ faz prodígios insondáveis,
   maravilhas sem conta. = 5,9

¹¹ Se cruzar por mim, não posso vê-lo, 23,8-9
   se passar roçando-me, não o sinto;

¹² se apanha uma presa, quem o impedirá?
   Quem lhe dirá: "Que fazes?"

¹³ Deus não precisa reprimir sua ira, Sl 89,11
   diante dele curvam-se os aliados de Raab.ᵃ

¹⁴ Quanto menos poderei eu replicar-lheᵇ 9,32; 13,13s;
   ou escolher argumentos contra ele?ᶜ 18s; 23,1-7

¹⁵ Ainda que tivesse razão, ficaria sem resposta,
   teria que implorar misericórdia do meu juiz.

¹⁶ Ainda que o citasse e ele me respondesse, Rm 9,2J-21
   não creio que daria atenção a meu apelo.

¹⁷ Ele me esmaga por um cabelo,ᵈ
   e sem razão multiplica minhas feridas.

¹⁸ Não me deixa retomar alento 7,19
   e me enche de amargura!

¹⁹ Recorrer à força? Ele é mais forte!
   Ao tribunal? Quem o citará?ᵉ

²⁰ Mesmo que eu fosse justo, sua bocaᶠ condenar-me-ia;
   se fosse íntegro, declarar-me-ia culpado.

²¹ Sou íntegro? Eu mesmo já não sei,
   e rejeito minha vida!

²² É por isso que digo: é a mesma coisa! Ecl 9,2-3
   Ele extermina o íntegro e o ímpio!

²³ Se uma calamidade semear morte repentina,
   ele se ri do desespero dos inocentes;

²⁴ deixa a terra em poder do ímpio 12,9
   e encobre o rosto aos seus governantes:
   se não for ele, quem será então?ᵍ

²⁵ Meus dias correm mais depressa que um atleta
   e se esvaem sem terem provado a felicidade;

²⁶ deslizam como barcas de papiro,
   como a águia que se precipita sobre a presa.

²⁷ Se eu decidir esquecer minha aflição,
   mudar de fisionomia e fazer rosto alegre,

²⁸ eu temo todos os meus tormentos,
   pois sei que não me terás por inocente.ʰ

²⁹ E se fosse culpado,
   para que afadigar-me em vão?

---

a) Raab, monstro do Caos, alternando com Leviatã ou Tannin, é a personificação mítica das águas primitivas, o Mar (Tiamat). Para afirmar o domínio criador de Iahweh, a *imaginação* popular e poética celebrava-o como vencedor ou destruidor de Raab (cf. 7,12+ e 26,12+; Sl 89, 11; Is 51,9). Em contexto histórico, Raab personifica o mar Vermelho e, a seguir, o Egito (cf. Is 30,7; Sl 87,4).

b) "replicar-lhe", i.é, defender-me. Esse verbo tem muitas vezes sentido judicial: tomar a palavra na qualidade de testemunha ou para defender sua própria causa.

c) Diante desse Deus todo-poderoso, que é ao mesmo tempo juiz e parte, Jó não pode recorrer às formas ordinárias do procedimento humano. (Em outros pontos do Diálogo, encontra-se esse desejo de justificação segundo as formas legais.) Jó chega até a duvidar de sua inocência (vv. 20-21). Ele atenta mais na aparente arbitrariedade dos julgamentos de Deus (cf. v. 24) do que na infinita sabedoria dos julgamentos de Deus (que será defendida por Sofar, c. 11).

d) "por um cabelo", sir., Targ.; "num turbilhão", hebr.

e) "Ele é mais forte". lit.: "O forte é ele". Targ.; "eis o forte", hebr. — "citará", grego, sir.; "me citará", hebr.

f) "sua boca", conj.; "minha boca", hebr.

g) Por acreditar sem reservas na Providência universal, Jó não receia lançar diretamente sobre Deus a responsabilidade por esses acontecimentos "escandalosos".

h) Elifaz e Baldad recomendavam a Jó que fosse dócil (5,17; 8,5-6). Jó sabe, porém, que essa atitude forçada não pode mudar sua situação real, nem as disposições de Deus para com ele.

³⁰ Ainda que me lavasse com sabão
 e purificasse as mãos com soda,*a*
³¹ tu me submergirias na imundície*b*
 e as minhas próprias vestes teriam nojo de mim.
³² Ele não é homem como eu a quem possa dizer:
 "Vamos juntos comparecer em julgamento."
³³ Não existe árbitro entre nós,
 que ponha a mão sobre nós dois
³⁴ para afastar de mim a sua vara
 e rechaçar o medo de seu terror!
³⁵ Então lhe falaria e não teria medo,
 pois eu não sou assim a meus olhos.*c*

10

¹ Já que tenho tédio à vida,
 darei livre curso ao meu lamento,
 falarei com a amargura da minha alma.
² Direi a Deus: Não me condenes,
 explica-me o que tens contra mim.
³ Acaso te agrada oprimir-me,
 rejeitar a obra de tuas mãos
 e favorecer o conselho dos ímpios?
⁴ Porventura tens olhos de carne,
 ou vês como veem os homens?
⁵ Acaso são os teus dias como os de um mortal
 e teus anos como os dias do homem,*d*
⁶ para indagares minha culpa
 e examinares meu pecado,
⁷ quando sabes que não sou culpado
 e que ninguém me pode tirar de tuas mãos?
⁸ Tuas mãos me formaram e me modelaram,
 e depois te volves a mim*e* para aniquilar-me?
⁹ Lembra-te de que me fizeste de barro,
 e agora me farás voltar ao pó?
¹⁰ Não me derramaste como leite
 e me coalhaste como queijo?*f*
¹¹ De pele e carne me revestiste,
 de ossos e de nervos me teceste.
¹² Deste-me a vida e o amor,
 e tua solicitude me guardou.
¹³ E, contudo, algo guardavas contigo:*g*
 agora sei que tinhas a intenção

---

a) Só Deus pode apagar o pecado; o pecador não tem poder para isso, mas encontra uma saída apelando para a misericórdia divina, como no Sl 51. Jó, que não tem consciência de haver pecado, partilha desse sentimento de impotência sem poder partilhar desse recurso.
b) "na imundície", grego, Vulg.; "na fossa", hebr.
c) Jó não quer reconhecer uma culpabilidade de que não está convencido.
d) Deus conhece o íntimo dos corações e não precisa torturar Jó para comprovar sua inocência (v. 4, cf. vv. 6-7a). Deus, que é senhor do tempo, não tem necessidade de saciar de uma só vez sua vingança, e pode mostrar-se magnânimo (v. 5, cf. v. 7b).
e) "e depois te volves a mim", grego; "juntamente em torno", hebr.
f) A ciência médica da Antiguidade imaginava a formação do embrião como uma coagulação do sangue materno por influência do elemento seminal.
g) Essa solicitude de Deus dissimulava, pois, temíveis exigências. O homem é responsável por todos os seus atos perante Deus. A queixa de Jó traduz trágica verdade. O homem deveria poder, no uso espontâneo de sua liberdade, viver em paz com Deus, em harmonia com os seres e as coisas. Ora, ele sente-se dependente de vontade misteriosa e exigente que o deixa na incerteza sobre si mesmo e sobre Deus, põe sua consciência à prova e lhe recusa as garantias nas quais desejaria apoiar-se. Sob forma negativa, Jó evoca o próprio drama da fé.

¹⁴ de vigiar sobre mim para que, se eu pecasse,
   meu pecado não fosse considerado isento de culpa.
¹⁵ Se tivesse incorrido em pecado, ai de mim!
   Se fosse inocente, não ousaria levantar a cabeça,
   saturado de afrontas e saciado de misérias.*a*
¹⁶ Orgulhoso*b* como um leão, tu me caças,
   multiplicas proezas contra mim,
¹⁷ renovando teus ataques contra mim,
   redobrando tua cólera contra mim,
   lançando tropas descansadas contra mim.*c*

¹⁸ Então, por que me tiraste do ventre?   3,11-16
   Poderia ter morrido sem que olho algum me visse,
¹⁹ e ser como se não tivesse existido,
   levado do ventre para o sepulcro.
²⁰ Quão poucos são os dias de minha vida!   14,1; 7,7
   Fica longe de mim, para que eu tenha um instante de alegria,*d*
²¹ antes de partir, sem nunca mais voltar,   Sl 39,14
   para a terra de trevas e sombras,
²² para a terra soturna e sombria,   Nm 16,33 +
   de escuridão e desordem,
   onde a claridade é sombra.*e*

11

A sabedoria de Deus desafia a Jó — ¹Sofar de Naamat tomou a palavra e disse:
² O falador ficará sem resposta?
   Dar-se-á razão ao eloquente?
³ A tua vã linguagem calará os homens?
   Zombarás sem que ninguém te repreenda?
⁴ Disseste: "Minha conduta é pura,*f*
   sou inocente aos teus olhos."
⁵ Se apenas Deus falasse,
   abrisse os lábios por tua causa,
⁶ revelar-te-ia os segredos da Sabedoria,   Rm 11,33
   que desconcertam toda sensatez!
   Então saberias que Deus te pede contas da tua falta.*g*
⁷ Acaso podes sondar a profundeza de Deus,
   e atingir os limites de Shaddai?
⁸ É mais alto que o céu:*h* que poderás fazer?   ✶ Ef 3,18
   Mais profundo que o Xeol: que poderás saber?
⁹ É mais vasto que a terra
   e mais extenso que o mar.
¹⁰ Se ele intervém para encerrar e convocar a assembleia,
   quem pode impedi-lo?
¹¹ Pois ele conhece os fazedores de ilusão,
   vê o crime e nele presta atenção.*i*

---

a) "saciado de misérias": *ûreweh 'onî*, conj.; "e vendo (?) a minha miséria": *ûre'eh 'onyî*, hebr.
b) "Orgulhoso", conj.; "ele é orgulhoso", hebr.
c) "teus ataques", lit.: "tua hostilidade", (*'edyeka*), conj.; "teus testemunhos" (*'edêka*), hebr. — Segue-se o grego no último estíquio; hebr.: "tropas de rendição e exército comigo".
d) "Os dias de minha vida" *yeme heldi*, conj.; "meus dias, que ele deixe" *yamay yahadal*, hebr.; "fica" *weshît* qerê; "ele fica" *yashît*, ketib.

e) O Xeol (cf. Nm 16,33+). — O hebr. acrescenta: "como a noite escura, sombra espessa".
f) "Minha conduta", grego; "minha doutrina", hebr.
g) "te pede contas": *yish'alka*, conj.; "te faz esquecer": *yashsheh leka*, hebr.
h) "mais alto que o céu", Vulg.; "as alturas do céu", hebr.
i) "nele (*lô*) presta atenção", conj.; "não presta (*lo'*) atenção", hebr.

¹²Homens estúpidos deverão começar a ser sábios:
  asno selvagem é o homem em seu nascimento!
¹³Se endireitas teus pensamentos,
  e estendes as mãos para ele,*a*
¹⁴se afastares das tuas mãos a maldade
  e não alojares a injustiça em tua tenda,
¹⁵poderás levantar teu rosto sem mácula,
  serás inabalável e nada temerás.
¹⁶Esquecerás teus sofrimentos
  ou recordá-los-ás como a água que passou.
¹⁷Tua vida ressurgirá como o meio-dia,
  a escuridão será como a manhã.
¹⁸Terás confiança, porque agora há esperança;
  vivias perturbado,*b* deitar-te-ás tranquilo.
¹⁹Repousarás sem sobressaltos
  e muitos acariciarão teu rosto.
²⁰Porém, os olhos do ímpio se turvam,
  seu refúgio malogra,
  sua esperança é entregar a alma.*c*

12 *A sabedoria de Deus manifesta-se principalmente por seu poder destruidor* — ¹Jó tomou a palavra e disse:

²Realmente sois a voz do povo*d*
  e convosco morrerá a Sabedoria.
³Mas também eu tenho inteligência,
  — não sou inferior a vós —;
  quem ignora tudo isso?
⁴Mas o homem torna-se*e* a irrisão do seu amigo
  quando invoca a Deus para ter resposta.
  Zombam do justo íntegro.
⁵No infortúnio, o desprezo!, dizem os que estão felizes,
  um golpe a mais para quem titubeia!
⁶Nas tendas dos ladrões reina paz,
  e estão seguros os que desafiam a Deus,
  pensando que o têm na mão.
⁷Pergunta, pois, ao gado e ensinar-te-á,
  às aves do céu e informar-te-ão.
⁸Fala à terra, ela te dará lições,
  os peixes dos mares te hão de narrar:
⁹quem não haveria de reconhecer que tudo isso
  é obra da mão de Deus?*f*
¹⁰Em sua mão está a alma de todo ser vivo
  e o espírito de todo homem carnal.*g*
¹¹Não distingue o ouvido as palavras
  e não saboreia o paladar os manjares?
¹²Está nas venerandas cãs a sabedoria,
  e o entendimento com os anciãos.

---

a) Era o gesto da oração de súplica (cf. Ex 9,29.33; 1Rs 8,38; Is 1,15).
b) "vivias perturbado", lit.: "(embora) tenhas ficado confuso" *(wehupparta),* conj.: "tu espiarás" *(wehaparta),* hebr.
c) Assim acontece com Jó, que apenas espera a morte (3,21; 6,9; 10,21).
d) Texto obscuro; lit.: "Na verdade, sois o povo".
e) "torna-se", lit.: "é", grego; sir.; "sou", hebr.
f) "Deus", 7 mss hebr.; "Iahweh", TM, mas o poeta sempre evita este nome divino por serem gentios os interlocutores do diálogo.
g) Se Deus é a causa universal (vv. 7-10), no testemunho de todos os seres, dever-se-á então responsabilizá-lo pelo reinado da injustiça (vv. 4-6).

¹³ Mas ele possui sabedoria e poder,   Is 11,2
  dele é o conselho e o discernimento.ᵃ   Pr 8,14
¹⁴ O que ele destrói, ninguém o reconstrói;   Sl 127,1
  se ele aprisionar, não haverá escapatória;   Is 22,22
¹⁵ se retiver a chuva, virá a seca;
  se a soltar, inundar-se-á a terra.
¹⁶ Ele possui vigor e sagacidade,
  com ele estão o enganado e aquele que engana.
¹⁷ Torna estúpidos os conselheiros da terraᵇ
  e fere os juízes com loucura.
¹⁸ Desamarra o cinturão dos reis
  e cinge-os com uma corda.ᶜ
¹⁹ Faz andar descalços os sacerdotes
  e lança por terra os poderes estabelecidos.
²⁰ Tira a palavra aos confiantes
  e priva de sensatez os anciãos.
²¹ Derrama o desprezo sobre os nobres   Sl 107,40
  e afrouxa o cinturão dos fortes;
²² desvela o que há de mais recôndito nas trevas
  e traz à luz as sombras espessas;
²³ engrandece as nações e arruína-as: At 17,26
  expande povos, e depois os suprime;ᵈ
²⁴ tira o espírito dos chefes do povo de um país   Sl 107,40
  e deixa-os errar num deserto sem estradas,
²⁵ cambalear nas trevas, sem luz,
  e titubear como bêbado.

13

¹ Tudo isso meus olhos viram
  e meus ouvidos ouviram e entenderam.
² O que vós sabeis, eu também o sei,   12,3
  e não sou em nada inferior a vós.
³ Mas é a Shaddai que eu falo,   9,14 +
  a Deus eu quero apresentar minhas queixas.
⁴ Vós não sois senão embusteiros,
  todos vós meros charlatães.
⁵ Quem, portanto, vos imporá silêncio,   Pr 17,28
  a única sabedoria que vos convém!
⁶ Por favor, escutai os meus argumentos,
  atendei às razões de meus lábios.ᵉ
⁷ É para Deus que proferis palavras injustas,
  para ele esses propósitos mentirosos?
⁸ Tomais assim seu partido?
  É para Deus que pleiteais?
⁹ Que tal se ele vos examinasse?   Gl 6,7
  Iríeis abusar dele como se abusa de homem?
¹⁰ Ele vos infligiria severa reprimenda,
  se fordes parciais às escondidas.

---

a) A sabedoria humana, expressa em máximas confortadoras, nada é diante da sabedoria de Deus, a qual se manifesta em obras de poder (vv. 14-16) e confunde as autoridades humanas (vv. 16-25).

b) No começo do v., suprime-se "faz andar" (cf. v. 19). — "Torna estúpidos": *yesakkel*, conj.; "descalços": *sôlel*, hebr. — "da terra", grego; omitido pelo hebr.

c) Texto difícil; lê-se *môser*, "corda", em vez de *mûsar*, "disciplina" (com Targ. e Vulg.) e inverte-se esta palavra com *'ezor*, "cinturão". — A expressão parece evocar o tratamento infligido aos prisioneiros, dos quais eram tiradas as roupas.

d) "suprime": *wayyimehem*, conj.; "conduz": *wayyanhem*, hebr.

e) Jó retorna ao procedimento jurídico (cf. v. 18 e 9,14+). Quer interrogar pessoalmente a Deus, afastando os falsos sábios que atrevidamente se fazem seus advogados.

¹¹ Não vos atemoriza sua majestade?
  Não desce sobre vós seu terror?
¹² Vossas lições aprendidas são cinzas,
  e vossas defesas, defesas de barro.
¹³ Silenciai, agora sou eu quem fala,
  venha o que vier.
¹⁴ Porei minha carne entre os meus dentes,
  levarei nas mãos minha vida.*ª*
¹⁵ Ele pode me matar: mas não tenho outra esperança
  senão defender diante dele minha conduta.*ᵇ*
¹⁶ Isto já seria minha salvação,
  pois o ímpio não ousaria comparecer diante dele.
¹⁷ Escutai, escutai minhas palavras,
  dai ouvido ao que vou declarar.
¹⁸ Eis que procederei com justiça,*ᵉ*
  e sei que sou inocente.
¹⁹ Quem quer disputar comigo?*ᵈ*
  De antemão, estou pronto para calar-me e para morrer!
²⁰ Faze-me apenas duas concessões,*ᵉ*
  e não me esconderei de tua presença:
²¹ afasta de mim a tua mão
  e não me amedrontes com teu terror.
²² Depois me acusarás e te responderei,
  ou falarei eu e tu me replicarás:
²³ Quantos são os meus pecados e minhas culpas?
  Prova meus delitos e pecados.
²⁴ Por que ocultas tua face*ᶠ*
  e me tratas como teu inimigo?
²⁵ Queres, então, assustar uma folha levada pelo vento
  e perseguir a palha seca?
²⁶ Pois rediges contra mim sentenças amargas,
  obrigas-me a assumir os pecados de minha juventude,
²⁷ e prendes meus pés ao cepo;
  vigias todos os meus passos
  e examinas as minhas pegadas.
²⁸ O homem*ᵍ* consome-se como a madeira apodrecida,
  como veste roída pela traça.

14 *ʰ* ¹ O homem, nascido de mulher,
  tem a vida curta e cheia de tormentos.
² É como a flor que se abre e logo murcha,
  foge como sombra sem parar.

---

a) Suprimem-se as duas primeiras palavras, ditografia do final do v. 13. — Essas locuções de tipo proverbial significam que se arrisca a própria vida, que se joga tudo por tudo (cf. Jz 12,3; 1Sm 19,5; 28,21).
b) Mais do que ver restaurada sua felicidade, Jó pretende vingar sua honra aos olhos dos homens e principalmente de Deus.
c) Jó imagina um processo entre Deus e ele. Esquece, desta feita, que não existe árbitro acima das partes (9,32-33). Ele agora reduz seu juiz ao papel de adversário.
d) Jó volta contra Deus o mesmo desafio jurídico lançado ao povo por Iahweh (Is 1,18; Os 2,4; Mq 6,1-2), ou por seu Servo (Is 50,8). O segundo estíquio, lit.: "Pois imediatamente me calarei e morrerei", pode também ser fórmula jurídica. Quem desafia os contraditores aceita de antemão ser confundido e sofrer o castigo. Jó, seguro de seu direito, consente nisso.
e) Primeiro, ter um encontro com Deus em pé de igualdade e recuperar a liberdade. Depois, uma ordem no debate: Jó será o primeiro a falar.
f) Deus "oculta sua face" quando recusa os sinais de sua presença graciosa e favorável.
g) O homem de que fala o v. seguinte; é por isso que alguns críticos *propõem* que este v. seja lido depois de 14,2 ou 14,6.
h) Elegia sobre a miséria do homem. Jó (cf. 7,1s) vê em seu infortúnio pessoal toda a condição humana, tirando disso argumento para sua causa: não se compreendem os rigores divinos contra tão frágil criatura.

³ E é sobre alguém assim que cravas os olhos
  e o levas*a* a julgamento contigo?
⁴ Quem fará sair o puro do impuro?
  Ninguém!*b*

4,17; 9,30;
15,14; 25,4
Sl 51,7

⁵ Se os seus dias já estão determinados
  e sabes o número de seus meses,
  se lhe fixaste um limite intransponível,
⁶ desvia dele teus olhos e deixa-o,
  para terminar o seu dia como o assalariado.
⁷ A árvore tem esperança,
  pois cortada poderá renascer,
  e seus ramos continuam a crescer.

Is 6,13

⁸ Ainda que envelheçam suas raízes na terra
  e seu tronco esteja amortecido no solo,
⁹ ao cheiro da água reverdece
  e produz folhagem, como planta tenra.
¹⁰ O homem, porém, morre e jaz inerte;
  expira o mortal, e onde está ele?

Ecl 3,21

¹¹ As águas do mar podem sumir,
  baixar os rios e secar:

Is 19,5; 51,6
Sl 102,27

¹² jaz, porém, o homem e não pode levantar-se,
  os céus se gastariam*c* antes de ele despertar
  ou ser acordado de seu sono.*d*

¹³ Oxalá me abrigasses no Xeol
  e lá me escondesses até se aplacar tua ira,*e*
  e me fixasses um dia para te lembrares de mim:

Is 26,20
Am 9,2

¹⁴ pois, se alguém morrer, poderá reviver?
  Nos dias de minha pena eu esperaria,
  até que chegasse o meu alívio.

7,1

¹⁵ Tu me chamarias e eu responderia;
  desejarias rever a obra de tuas mãos,
¹⁶ — enquanto agora contas todos os meus passos —,
  e não observarias mais meu pecado,

10,6

¹⁷ selarias em uma urna meus delitos
  e cobririas a minha iniquidade.

¹⁸ Mas, como o monte que acaba por desmoronar,*f*
  e o rochedo que muda de lugar,

---

a) "o levas", versões; "me levas", hebr.
b) Jó reconhece a impureza inerente ao homem, mas alegando-a aqui como desculpa. — A ênfase é posta na impureza física (e, portanto, ritual) contraída pelo homem desde sua concepção (cf. Lv 15,19s) e seu *nascimento* (cf. Sl 51,7); porém, essa impureza implica fraqueza moral, propensão ao pecado, e a exegese cristã viu nesta passagem pelo menos uma alusão ao pecado original, transmitido pela geração (cf. Rm 5,12+).
c) "se gastariam", sir., Vulg.; hebr. corrompido.
d) Estas imagens escatológicas, que afastam até o infinito qualquer possibilidade de despertar, têm aqui a função de realçar que o homem desaparece sem esperança de voltar. A expectativa de ressurreição no fim dos tempos parece ainda fora das perspectivas do autor (cf. 19,25+).
e) Não se diz expressamente que esta permanência no Xeol viria logo após a morte e que Jó voltaria em seguida à vida. Apenas a situação imaginada evoca por si mesma essa possibilidade. Jó, em posição crítica, agarra-se à esperança de encontrar um abrigo na única mansão em que pode pensar fora da terra, pois o céu está reservado para Deus (cf. Sl 115,16). Se Jó pudesse esconder-se em algum lugar, enquanto se descarrega o furor divino, ele encontraria depois o rosto de um Deus novamente propício. Esta situação é desenvolvida nos vv. 14-17: de um lado, Jó esperando seu "revezamento"; de outro, Deus que, uma vez passada sua ira, deseja revê-lo. Não se proporia mais o problema do pecado, após o perdão total das possíveis faltas.
f) "acaba por desmoronar", grego, sir.; "caindo murcha", hebr.

¹⁹ a água que desgasta as pedras,
  a tormentaᵃ que arrasta a poeira do solo,
  assim é a esperança do homem que tu destróis.
²⁰ Tu continuamente o abates e ele se vai,
  transtornas o seu semblante e o repeles.
²¹ Seus filhos adquirem honras, mas não o chegará a saber;
  caem em desonra, mas ele não o percebe.
²² Só sente o tormento de sua carne,
  só sente a pena de sua alma.ᵇ

2. SEGUNDO CICLO DE DISCURSOS

15 *Jó condena-se por sua linguagem* — ¹ Elifaz de Temã tomou a palavra e disse:

² Acaso responde um sábio com razões balofas,
  e enche seu ventre com vento leste,
³ defendendo-se com razões inconsistentes,
  ou com palavras sem sentido?
⁴ Além do mais, suprimes a piedade,
  desacreditas os piedosos diálogosᶜ diante de Deus.
⁵ Tua culpa te inspira tais palavras
  e adotas a linguagem dos astutos.
⁶ Tua própria boca te condena, e não eu,
  teus próprios lábios testemunham contra ti.ᵈ

^{Eclo 49,16}
^{Pr 8,25}

⁷ Foste, porventura, o primeiro homem a nascer,
  e vieste ao mundo antes das colinas?ᵉ

^{Jr 23,18;}
^{Rm 11,34}

⁸ Acaso foste admitido ao conselho de Deus
  e te apropriaste da sabedoria?
⁹ Que sabes que nós não saibamos?
  Que entendes que não entendamos?
¹⁰ Há também entre nós anciãos de venerandas cãs,
  muito mais velhos que teu pai.
¹¹ Fazes pouco caso dessas consolações divinas
  e das palavras suaves que te são dirigidas?
¹² Como te arrebata a paixão!
  E lampejas os olhos,
¹³ quando voltas contra Deus a tua cólera,
  proferindo teus discursos!
¹⁴ Como pode o homem ser puroᶠ
  ou inocente o nascido de mulher?

^{4,17-18}
^{14,4 +}

¹⁵ Até em seus Santos Deus não confia,
  e os Céus não são puros aos seus olhos.

---

a) "tormenta": *sehîpah*, conj.; hebr. *sepîhêha* deve estar corrompido.
b) Lit.: "sua *nefesh* se lamenta sobre ele" (cf. Sl 6,5+). — O homem, no Xeol, conserva, pois, certa consciência de si (cf. Nm 16,33+). Ou o autor pretende dizer que esta sombra só pensa e sente pena por ela própria; ou então, que se lembra com saudade da sua *existência carnal*.
c) Assim se traduz um termo que designa a aplicação do espírito às realidades religiosas, embora conservando a noção de palavra: a meditação e o estudo da Lei assumiam muitas vezes forma oral.

d) A própria linguagem de Jó o atraiçoa: seus protestos de inocência revelam a preocupação em dissimular uma culpa.
e) A primeira pergunta opõe a Jó o primeiro homem, o qual, de fato, teria podido arvorar-se em mestre de sabedoria. A segunda, *a fortiori*, parece opor-lhe a própria *Sabedoria*, nascida antes das colinas (Pr 8,25) e desde então presente no conselho de Deus (Pr 8,22-31; cf. Jó 28,23-27; Sb 8,3-4).
f) Elifaz retoma seu raciocínio anterior (4,17) e o de Jó (14,4), mas em sentido diferente. A impureza inerente ao homem já não é vista como razão de sua

¹⁶ Quanto menos o homem, detestável e corrompido,
que bebe como água a iniquidade!
¹⁷ Escuta-me, pois quero instruir-te,
vou contar-te o que vi,
¹⁸ o que dizem os sábios, o que eles não escondem,
e que vem de seus pais,
¹⁹ somente a eles foi dada a terra,
sem que nenhum estrangeiro tivesse passado entre eles.
²⁰ A vida do ímpio é tormento contínuo,
e poucos são os anos reservados ao tirano;
²¹ escuta ruídos que o espantam;
quando está em paz, assalta-o o bandido;
²² ele não crê mais escapar das trevas,
pois é espreitado pela espada;
²³ é marcado para ser pasto dos abutres
e sabe que sua ruína é iminente.ᵃ
O dia tenebroso ²⁴ o aterroriza,
a tribulação e a angústia o acometem,
como rei que se prepara ao assalto;
²⁵ porque estendeu a mão contra Deus
e desafiou Shaddai,
²⁶ investindo contra ele de cabeça curvada,
com escudo trabalhado em relevos maciços;
²⁷ seu rosto estava coberto de gordura,
a banha acumulou-se em seus rins.
²⁸ Ocupara cidades destruídas,
casas desabitadas
e prestes a cair em ruínas.
²⁹ Não será rico, nem sua fortuna terá consistência,
sua sombraᵇ não cobrirá mais a terra,
³⁰ (ele não escapará das trevas).
A chama queimará seus rebentos
a sua flor será arrebatada pelo vento.ᶜ
³¹ Não se fie no seu porte grandioso,ᵈ
porque ficaria iludido.
³² Antes do tempo murcharão as suas palmasᵉ
e seus ramos não ficarão mais verdes.
³³ Como uma videira deixará cair seus frutos ainda verdes,
e como a oliveira perderá sua floração.
³⁴ Pois a raça do ímpio é estéril,
um fogo devora a tenda do homem enganador.
³⁵ Quem concebe o sofrimento gera a infelicidade
e prepara em si um fruto de decepção.ᶠ

---

instabilidade (4,17-19), nem como desculpa de faltas inevitáveis (14,1-4), mas como raiz de graves pecados, que terminam na "iniquidade".

a) "é marcado": *mô'ad*, conj., cf. grego "anda vagando": *noded*, hebr. — "abutres", grego; a vocalização do hebr. é errônea. — "sua ruína", grego; "sua mão", hebr.

b) "sombra", grego; o hebr. apresenta termo desconhecido.

c) O primeiro estíquio, repetição parcial do v. 22a, deve ser glosa ou a corrupção de texto diferente. — "sua flor", grego; "sua boca", hebr. — "será arrebatada": *wiso'ar*, conj.; "ele se desviará": *weyasûr*, hebr.

d) "seu porte": *si'ô*, conj. (cf. 20,6); "vaidade": *shaw'*, hebr., suprimindo-se *nit'ah*, lit.: "ele está perdido".

e) "murcharão", versões; "será repleto", hebr. — "as suas palmas": lendo *timoratô* como o termo *temûratô*, a mais no v. precedente.

f) O mesmo princípio é formulado de forma idêntica em Is 59,4 e quase idêntica em Sl 7,15; é enunciado com imagem diferente em 4,8; 5,6; Pr 22,8 (cf. também, mas com alargamento escatológico, Gl 6,8).

16 *Da injustiça dos homens à justiça de Deus* — ¹Jó tomou a palavra e disse:

²Já ouvi mil discursos semelhantes,
  sois todos consoladores importunos.
³"Não há limite para discursos vazios?"
  Ou ainda: "Que mal te força a te defender?"
⁴Também eu poderia falar como vós,
  se estivésseis em meu lugar;
  poderia acabrunhar-vos*ᵃ* com discursos
  levantando sobre vós a cabeça,*ᵇ*
⁵vos reconfortar com palavras,
  e depois deixar de agitar os lábios.
⁶Se falo, não cessa minha dor;
  se me calo, como ela desaparecerá?*ᶜ*
⁷Mas agora ela me extenuou;
  feriste com horror tudo o que me cerca, ⁸e ele me deprime,
  meu caluniador*ᵈ* tornou-se minha testemunha,
  levanta-se contra mim e me acusa diretamente;
⁹sua ira persegue-me para dilacerar-me,
  range contra mim os dentes,
  meus inimigos aguçam os olhos contra mim.
¹⁰Abrem contra mim a boca,
  esbofeteiam-me com suas afrontas,
  todos se aglomeram em massa contra mim.
¹¹Deus entregou-me a injustos,*ᵉ*
  jogou-me nas mãos dos ímpios.
¹²Vivia eu tranquilo, quando me esmagou,
  agarrou-me pela nuca e me triturou.
  Fez de mim seu alvo.
¹³Suas flechas zuniam em torno de mim,
  atravessou-me os rins sem piedade,
  e por terra derramou meu fel.
¹⁴Abriu-me com mil brechas
  e assaltou-me como um guerreiro.
¹⁵Costurei um saco para cobrir a minha pele
  e mergulhei meu rosto no pó.
¹⁶Meu rosto está vermelho de tanto chorar
  e a sombra pesa sobre minhas pálpebras,
¹⁷embora não haja violência em minhas mãos
  e seja sincera minha oração.
¹⁸Ó terra, não cubras meu sangue,*ᶠ*
  não encontre meu clamor um lugar de descanso!
¹⁹Tenho, desde já, uma testemunha nos céus,
  e um defensor nas alturas;

---

a) "acabrunhar": '*akbîdah*, conj.; "dispor": '*ahbîrah*, hebr.
b) Gesto, quer de condolência, quer de desdém ou escárnio.
c) Diferentemente de seus confortadores, que apenas se interessam por seu caso com palavras, Jó sofre sem descanso, quer fale, quer esteja calado. Justifica assim o tom de sua conversa (cf. 6,26) contra Elifaz (cf. 15,5-6).
d) "meu caluniador", lit.: "meu mentiroso" *(kehashî)*, conj.; "minha magreza" *(kahasî)*, hebr. — Os vv. 7-8 são muito difíceis; a tradução segue de perto o TM (exceto a corr. assinalada), mas este talvez esteja corrompido.
e) "injustos", lit.: "um injusto" (coletivo), versões: "um garoto", hebr.

f) O sangue clama a Deus por vingança, enquanto não for coberto pelo pó da terra (Gn 4,10; 37,26; Is 26,21; Ez 24,8). Jó, ferido de morte, quer que o seu sangue sobre a terra e o clamor de sua oração junto a Deus subsistam como apelo permanente à vingança de sua causa (cf. Sl 5,11). A oração é personificada e, nesta qualidade, pode tornar-se junto de Deus "a testemunha" e o "defensor" de Jó (v. 19). Esses termos, no entanto, podem igualmente ser aplicados ao próprio Deus, o Deus de fidelidade e de bondade para o qual Jó apelaria num frêmito de esperança. Pode-se também pensar que se trate de mediador de Jó. O contexto parece mais a favor da primeira interpretação.

²⁰ intérprete de meus pensamentos junto a Deus,
   diante do qual correm as minhas lágrimas;*ᵃ*
²¹ que ele julgue entre o homem e Deus
   como se julga um pleito entre homens.
²² Porque passarão os anos que me foram contados   10,21
   e empreenderei a viagem sem retorno.*ᵇ*

17

¹ Meu espírito está quebrantado em mim,   Ecl 12,1-7
  e os coveiros se ajuntam para mim.*ᶜ*
² Só as zombarias me acompanham,
  sobre sua hostilidade pousam meus olhos.
³ Guarda contigo uma fiança em meu favor,
  pois quem, senão tu, me apertará a mão?*ᵈ*
⁴ Fechaste-lhes a mente à razão,
  também não os deixarás triunfar.*ᵉ*
⁵ Como aquele que convida amigos à partilha,
  quando os olhos de seus filhos enlanguescem,
⁶ tornei-me objeto de sátira*ᶠ* entre o povo,   30,9
  alguém sobre o qual se cospe no rosto.
⁷ Meus olhos se consomem irritados
  e todos os meus membros são como sombras:
⁸ os justos assombram-se*ᵍ* ao vê-lo,   Is 52,15
  e o inocente indigna-se contra o ímpio;
⁹ o justo, porém, persiste em seu caminho,
  e o homem de mãos puras cresce em fortaleza.
¹⁰ Entretanto, voltai-vos todos, vinde:
   não acharei sequer um sábio entre vós!
¹¹ Passaram-se meus dias, com meus projetos,*ʰ*
   as fibras de meu coração se romperam.
¹² Querem fazer da noite, dia;   5,17-26;
   a luz estaria mais próxima que as trevas.   8,6-7; 11,17
                                                  Jó 8,12 +
¹³ Ora, minha esperança é habitar no Xeol
   e preparar minha cama nas trevas.
¹⁴ Grito à cova: "Tu és meu pai!";
   ao verme: "Tu és minha mãe e minha irmã!"
¹⁵ Pois onde, onde então, está minha esperança?
   Minha felicidade,*ⁱ* quem a viu?
¹⁶ Descerão comigo ao Xeol,
   baixaremos juntos ao pó?*ʲ*

---

a) "intérprete": *melîç*, conj.; "meus intérpretes" ou "meus escarnecedores": *melîçay*, hebr. — "diante do qual", de acordo com o grego; omitido pelo hebr.
b) Será que Jó espera ser justificado antes da morte e deseja que Deus ouça o seu grito, pois já é tempo? Ou será que rejeita esta solução como ilusória e apenas aguarda seu fim próximo?
c) "em mim": *'immî*, conj.; "meus dias": *yamay*, hebr. — "os coveiros": *qoberim*, conj.; "os túmulos": *qebarim*, hebr. — "se ajuntam": *nizc'aqû*, conj.; "se extinguem": *nizc'aku*, hebr. O hebr. poderia compreender-se lit.: "Meu sopro se esgota, meus dias se extinguem, para mim os túmulos".
d) Uso jurídico. Através desse gesto (cf. Pr 6,1; 17,18; 22,26; Eclo 29,14-20), o devedor era substituído pelo fiador a fim de embargar a penhora, depositando uma caução. Perante a indiferença dos seus amigos, Jó parece pedir a Deus que ele mesmo se constitua seu fiador.
e) O verbo hebraico tem aqui forma contrata (*teromem* por *teromemem*).
f) "objeto de sátira", versões: "para dominar", hebr. (vocalização errônea).
g) Expressão bíblica do assombro que o castigo divino dos culpados provoca nos que dele são testemunhas. Assim acontece com os amigos de Jó: à vista de seus males, eles edificam-se na justiça de Deus, conforme as ideias aceitas. Jó reprova essa sabedoria e piedade convencionais.
h) "com meus projetos", conj.; o hebr. faz de "projetos" o sujeito do verbo seguinte.
i) "Minha felicidade", grego; hebr. repete "minha esperança".
j) "comigo", grego; "aos ferrolhos (do Xeol)", hebr. — "baixaremos", grego; "o repouso", hebr. (simples corr. vocálica).

18 A ira nada pode contra a ordem da justiça — ¹Baldad de Suás tomou a palavra e disse:

² Até quando impedireis as palavras?
 Refleti e depois falaremos.ᵃ
³ Por que nos consideras como animais,
 e passamos por limitadosᵇ aos teus olhos?
⁴ Tu, que te desmembras em tua cólera,
 acaso ficará a terra desabitada por tua causa,
 ou os rochedos serão mudados de seu lugar?
⁵ A luz do ímpio se extingue,
 e a chama de seu fogo deixará de brilhar.
⁶ A luz se obscurece em sua tenda,
 e acima dele se extingue sua lâmpada.
⁷ Seus passos vigorosos encurtam-se,
 e seus próprios projetos o fazem tropeçar.
⁸ Os seus pés jogam-no na armadilha,
 e ele caminha entre as redes.
⁹ A armadilha prende-o pelo calcanhar,
 e o laço segura-o firme;
¹⁰ a corda está escondida no chão,
 e a armadilha em seu caminho.
¹¹ Rodeiam-no terrores que o amedrontam,
 perseguindo-o passo a passo.
¹² Em pleno vigor ele fica com fome,ᶜ
 e a desgraça se instala a seu lado.
¹³ A enfermidade consome-lhe a pele,ᵈ
 devora seus membros o Primogênito da Morte.ᵉ
¹⁴ Arrancam-no da paz de sua tenda,
 e tu o conduzes ao rei dos terrores.ᶠ
¹⁵ Podes habitar a tenda que não é mais sua,
 e espalham o enxofre sobre o teu redil.ᵍ
¹⁶ Por baixo secam suas raízes,
 por cima murcham seus ramos.
¹⁷ Sua memória desaparece de sua terra,
 seu nome se apaga na região.
¹⁸ Lançado da luz às trevas,
 ele se vê banido da terra,
¹⁹ sem prole nem descendência entre seu povo,
 sem um sobrevivente em seu território.
²⁰ De seu destino espanta-se o Ocidente,
 e o Oriente enche-se de terror.
²¹ Não há outra sorte para as moradas da injustiça
 e o lugar daquele que não conhece a Deus!

---

a) Este v. deve aplicar-se a Sofar e Elifaz.
b) Lit.: "tapados", segundo o hebr. recente.
c) "Em pleno vigor", be'onô, conj.; 'onô, hebr.
d) "A enfermidade consome-lhe": ye'akel bidway, conj.: "devora pedaços (da pele)": yo'kal baddê, hebr.
e) Sem dúvida a mais grave das enfermidades: a peste.
f) Personagem da mitologia oriental e grega (Nergal, Plutão etc.) que parece imperar aqui a espíritos infernais, espécies de Fúrias que se encarniçam contra os criminosos, ainda em vida.
g) Tradução lit., mas talvez o texto esteja corrompido. Poder-se-ia ser tentado a ler: "Será incendiada a sua tenda" (toshkan mabbel, em vez de tishkan mibbelî lô), por causa do paralelismo com o enxofre, símbolo de esterilidade (cf. Dt 29,22; Is 34,9; Sl 11,6) e aqui talvez desinfetante.

19 *O triunfo da fé no abandono de Deus e dos homens* — ¹Jó tomou a palavra e disse:

² Até quando continuareis a afligir-me
e a magoar-me com palavras?
³ Já por dez vezes me insultais,
e não vos envergonhais de zombar de mim.
⁴ Se de fato caí em erro,
meu erro só diria respeito a mim.ᵃ
⁵ Quereis triunfar sobre mim,
lançando-me em rosto minha afronta?
⁶ Pois sabei que foi Deus quem me transtornou,
envolvendo-me em suas redes.ᵇ
⁷ Grito: "Violência!", e ninguém me responde, Lm 3,7-9
peço socorro, e ninguém me defende.
⁸ Ele bloqueou meu caminho e não tenho saída,
encheu de trevas minhas veredas.
⁹ Despojou-me de minha honra 29,14
e tirou-me a coroa da cabeça.
¹⁰ Demoliu tudo em redor de mim e tenho de ir-me, 14,7s; 17,15
desenraizou minha esperança como uma árvore.
¹¹ Acendeu sua ira contra mim, 33,10
considera-me seu inimigo.
¹² Chegam em massa seus esquadrões,
abrem em minha direção seu caminho de acesso
e acampam em volta de minha tenda.

¹³ Ele afastou de mim os meus irmãos, Sl 38,12;
69,9; 88,9.19
os meus parentes procuram evitar-me.
¹⁴ Abandonaram-me vizinhos e conhecidos,
esqueceram-me os hóspedes de minha casa.ᶜ
¹⁵ Minhas servas consideram-me intruso,
a seu ver sou estranho.
¹⁶ Se chamo meu servo, ele não responde,
quando lhe imploro com minha boca.
¹⁷ À minha mulher repugna meu hálito,
e meu mau cheiro, aos meus próprios irmãos.ᵈ
¹⁸ Até as crianças me desprezam
e insultam-me, se procuro levantar-me.
¹⁹ Todos os meus íntimos têm-me aversão, Sl 41,10
Eclo 6,8
Jo 13,18
meus amigos voltam-se contra mim.
²⁰ Meus ossos estão colados à minha pele e à minha carne,
ah! se eu pudesse me livrar deles com a pele de meus dentes.ᵉ
²¹ Piedade, piedade de mim, amigos meus,
pois me feriu a mão de Deus!
²² Por que me perseguis como Deus, Sl 27,2
e sois insaciáveis de minha carne?

---

a) Um erro que desculparia o sofrimento (cf. 6,24+). O grego acrescenta: "pronunciando sentenças inconvenientes, com palavras sem nexo e intempestivas".
b) E não Jó, que se enleia nas redes de suas culpas (cf. 18,8).
c) "os hóspedes de minha casa" tirado do início do v. 15.
d) Lit.: "aos filhos do meu ventre". A fórmula é insólita para designar os filhos de um pai: a expressão "fruto do ventre" é a única que pode ser aplicada a estes (cf. Dt 28,53; Mq 6,7; Sl 132,11). Como o poeta supõe noutras passagens a morte dos filhos de Jó (cf. 8,4; 29,5), trata-se antes de irmãos uterinos, e a fórmula é parcialmente esclarecida por 3,10 (cf. também Sl 69,9: "os filhos de minha mãe").
e) Talvez expressão proverbial.

²³ Oxalá minhas palavras fossem escritas,
 e fossem gravadas numa inscrição;
²⁴ com cinzel de ferro e chumbo
 fossem esculpidas na rocha para sempre!
²⁵ Eu sei que meu Defensor[a] está vivo
 e que no fim se levantará sobre o pó;[b]
²⁶ quando tiverem arrancado esta minha pele,
 fora de minha carne verei a Deus.[c]
²⁷ Aquele que eu vir será para mim,
 aquele que meus olhos contemplarem não será um estranho.
 Dentro de mim consomem-se os meus rins.
²⁸ E se disserdes: "Como o perseguiremos,
 que pretexto encontraremos nele?",
²⁹ temei a espada,
 pois a cólera queimará[d] as faltas
 e sabereis que há julgamento!

20 *A ordem da justiça não tem exceção* — ¹ Sofar de Naamat tomou a palavra e disse:

² Sim, meus pensamentos se agitam para replicar,
 por causa da impaciência que toma conta de mim.
³ Ouço uma lição que me ultraja,
 e agora meu espírito me convida a responder.
⁴ Não sabes que é assim desde sempre,
 desde que o homem foi posto na terra,
⁵ que o júbilo dos ímpios é efêmero
 e a alegria do malvado só dura um instante?
⁶ Mesmo que seu porte se elevasse até o céu
 e tocasse as nuvens[e] com a fronte,
⁷ pereceria para sempre como fantasma,
 e aqueles que o viam dirão: "Onde está?"
⁸ Voará como um sonho inatingível,
 dissipar-se-á como visão noturna.

---

a) A palavra *go'el*, imperfeitamente traduzida por "defensor", é termo técnico do direito israelita (cf. Nm 35,19+). Aplica-se muitas vezes a Deus, salvador de seu povo e vingador dos oprimidos. Foi aplicada ao Messias pelo judaísmo rabínico, de onde sem dúvida a tradução de são Jerônimo "meu redentor". — Jó, caluniado e condenado por seus amigos, espera um Defensor, que é, segundo alguns, precisamente o próprio Deus; mas o contexto deste cap., em que Deus é mais o adversário de Jó, não favorece essa interpretação. O *go'el* poderia ser aqui o "grito do sangue" personificado, como em 16,18-19, ou então um mediador celeste que assumiria a defesa de Jó e o reconciliaria com Deus (cf. 16,19). Jó, contudo, continua a considerar perdida a sua felicidade e próxima a sua morte: Deus só intervirá para vingar sua causa depois de ele morrer. Todavia, Jó espera ser disso testemunha, "ver" seu vingador. Parece, pois, que ele nesta passagem (após ter imaginado — 14,10-14 — a *possibilidade de esperar no Xeol* durante o tempo da ira), num impulso de fé em Deus que pode fazer voltar do Xeol (cf. 1Sm 2,6; 1Rs 17,17-24; Ez 37) está contando com retorno passageiro à vida corporal, para o tempo da vingança.

b) "se levantará": termo jurídico, frequentemente aplicado à testemunha ou ao juiz (31,14; Dt 19,16; Is 2,19.21; Sl 12,6). — "no fim" lembra Is 44,6; 48,12.

c) V. célebre em exegese por suas dificuldades de todo tipo. A tradução proposta segue o hebr., embora seja incerto; corrigindo, segundo as versões, poder-se-ia compreender: "depois de meu despertar, ele me levantará, junto dele". A Vulg. por muito tempo influenciou a exegese católica para uma tradução que um melhor conhecimento da evolução das ideias teológicas de Israel tornou improvável: "²⁵Pois eu sei que meu redentor está vivo, que no último dia eu me levantarei da terra, ²⁶que de novo eu serei envolvido por minha pele e que em minha carne, eu verei meu Deus".

d) "queimará", segundo o grego; hebr. ininteligível.

e) A Bíblia faz muitas alusões ao titânico prometéico expresso pelo homem nas origens (cf. Gn 11,4; Is 14,13-14; Ez 28,2.17). Esta tradição, de cunho antes mitológico, confere com a tradição de Gn 3 na explicação da queda do homem pelo orgulho.

⁹ Os olhos que o viam não mais o verão,
　　nem mais o reconhecerá sua morada.
¹⁰ Seus filhos terão que indenizar os pobres, 27,16-17
　　suas próprias mãos terão de restituir suas riquezas.
¹¹ Seus ossos, ainda cheios de vigor juvenil,
　　deitar-se-ão com ele no pó.
¹² Se a maldade tinha sabor doce em sua boca Pr 20,17
　　e ele a escondia debaixo da língua
¹³ e a guardava, sem soltá-la,
　　retendo-a no seu paladar,
¹⁴ este manjar se corromperá em seu ventre,
　　nas suas entranhas será veneno de víboras.
¹⁵ Vomitará as riquezas que engoliu,
　　Deus as faz regurgitar de seu ventre.
¹⁶ Sugará veneno de serpentes Dt 32,32-33
　　e matá-lo-ão as presas da áspide.
¹⁷ Não mais verá os mananciais de óleo,ᵃ 29,6
　　nem os rios de leite e mel.
¹⁸ Perderá seus ganhos sem poder engoli-los,ᵇ
　　e não fruirá a prosperidade de seus afazeres:
¹⁹ porque destruiu as cabanasᶜ dos pobres
　　e se apropriou de casas que não tinha construído.
²⁰ Porque seu apetite mostrou-se insaciável,
　　não salvará nada de seu tesouro.
²¹ Nada escapava à sua voracidade,
　　por isso não durará sua prosperidade.
²² Em plena abundância sofrerá o golpe da penúria,
　　com toda a sua força a miséria cairá sobre ele.
²³ Deus derrama sobre ele o ardor de sua ira,
　　lança-lhe na carne uma chuva de flechas.ᵈ
²⁴ Se escapar das armas de ferro, Dt 32,41-42
　　atravessá-lo-á o arco de bronze; Sb 5,17-23
²⁵ uma flechaᵉ sai de suas costas, 15,21; 18,14
　　e um dardo chamejante, do seu fígado. Sl 88,16-17
　　Terrores avançarão sobre ele,
²⁶ todas as trevas escondidas lhe são reservadas.ᶠ 1,16; 15,34
　　Devorá-lo-á um fogo não acesoᵍ por homem,
　　consumindo o que resta de sua tenda.
²⁷ O céu revelará sua iniquidade,
　　a terra se insurgirá contra ele.
²⁸ O lucro de sua casa se escorre, Is 24,18
　　como torrentes no dia da ira.
²⁹ Esta é a sorte que Deus reserva ao ímpio, = 27,13
　　a herança que destina à sua pessoa.ʰ Ap 21,8

a) "de óleo": *yiçhar*, conj.; "os rios" (ligado à sequência); *naharê*, hebr.
b) "seus ganhos": *yegi'o*, conj.; "(fruto de sua) pena": *yaga'*, hebr.
c) "cabanas": *'ezeb*, Targ.; "ele abandonou", *'azab*, hebr.
d) O hebr. acrescenta no início: "enquanto enche seu ventre", omitido pelo grego — "flechas": *'olmayw*, conj.; "sobre ele": *'alêmô*, hebr. — As mesmas imagens descrevem o castigo coletivo de Israel ou dos povos.

O Deus guerreiro empunha as armas (cf. Dt 32,41; Sb 5,18-20), envia doenças e flagelos diversos, e a terra abalada pela ira divina, associa-se a esta obra de destruição como quando do julgamento escatológico (cf. Is 24,18).
e) "uma flecha", segundo o grego; "atirou", hebr.
f) "lhe são reservadas" *lô safûn*, cf. grego; "para suas coisas ocultas" *liçepûnayw*, hebr. — trata-se das trevas do Xeol, pressentidas nas do Egito (Ex 10,21).
g) O raio.
h) "sua pessoa", lit.: "sua palavra", cf. Targ.

21 O desmentido dos fatos — ¹Jó tomou a palavra e disse:

² Escutai atentamente minhas palavras,
 seja este o consolo que me dais.
³ Permiti que eu fale,
 e, quando tiver terminado, zombai à vontade.
⁴ É de um homem que me queixo?
 Como não hei de impacientar-me?
⁵ Olhai para mim e empalidecei,
 ponde a mão sobre a vossa boca.ᵃ
⁶ Só em pensar nisso, fico desconcertado,
 um pavor apodera-se do meu corpo.
⁷ Por que os ímpios continuam a viver,
 e ao envelhecer se tornam ainda mais ricos?
⁸ Veem assegurada a própria descendência,
 e seus rebentos aos seus olhos subsistem.ᵇ
⁹ Suas casas, em paz e sem temor,
 a vara de Deus não as atinge.
¹⁰ Seu touro reproduz sem falhar,
 sua vaca dá cria sem abortar.
¹¹ Deixam as crianças correr como cabritos,
 e seus pequenos saltar.ᶜ
¹² Cantam ao som dos tamborins e da cítara
 e divertem-se ao som da flauta.
¹³ Sua vida termina na felicidade,
 descemᵈ em paz ao Xeol.
¹⁴ Eles que diziam a Deus:ᵉ "Afasta-te de nós,
 que não nos interessa conhecer teus caminhos.
¹⁵ Quem é Shaddai, para que o sirvamos?
 De que nos aproveita invocá-lo?"
¹⁶ Acaso não têm eles a prosperidade em suas mãos,
 o conselho dos ímpios se afastou dele?ᶠ
¹⁷ Vê-se frequentemente a lâmpada do ímpio se extinguir,
 a infelicidade cair sobre ele,
 a ira divina distribuir sofrimentos?
¹⁸ São como palha diante do vento,
 como o debulho que o furacão arrasta?
¹⁹ Deus o puniria em seus filhos?ᵍ
 Que dê a ele mesmo o castigo merecido, para que o sinta!
²⁰ Que seus próprios olhos vejam sua ruínaʰ
 e ele mesmo beba a cólera de Shaddai!
²¹ Pois que lhe importam os de sua casa, depois de morto,
 quando a quota de seus meses estiver preenchida?
²² Acaso se pode ensinar a Deus o conhecimento,
 Àquele que julga os seres do Alto?

---

a) A atitude expressiva do silêncio, quando toda palavra parece vã ou imprudente.
b) "subsistem": *'omedim,* conj.; "com eles": *'immam* (ligado ao primeiro estíquio), hebr.
c) Parece faltar aqui um termo de comparação; alguns acrescentam "como cervos", cf. Sl 114,4-6.
d) "descem", sir.; Vulg.; "estão assustados", hebr.
e) "Deus", lit.: "Ele", conj.; o hebr. apresenta a primeira pessoa.
f) "dele" (Deus) *menhû* cf. 14,12; "de mim" hebr. *(menni)* cf. 22,18.
g) Opinião antiga e autorizada (Ex 34,7; Dt 5,9), posteriormente corrigida (Dt 24,16; Jr 31,29; Ez 18; cf. Jo 9,1-3). Jó mostra a insuficiência dela: o ímpio não sofrerá e não saberá disso (cf. 14,21-22).
h) "sua ruína", versões; hebr. corrompido.

²³ Este morre em pleno vigor,
   de todo tranquilo e em paz,ᵃ
²⁴ seus flancos bem roliços,ᵇ
   e a medula de seus ossos cheia de seiva.
²⁵ Aquele morre com alma amargurada,
   sem ter saboreado a felicidade.
²⁶ E, contudo, jazem no mesmo pó,
   cobrem-se ambos de vermes.
²⁷ Ah, eu conheço vossas ideias,
   vossos maus pensamentos a meu respeito!
²⁸ Dizeis: "Onde está a casa do poderoso,
   onde a morada dos ímpios?"
²⁹ Não interrogais os viajantes,
   desconheceis os seus testemunhos?
³⁰ No dia do desastre o ímpio é poupado,
   no dia do furor é posto a salvo.
³¹ Quem lhe reprova sua conduta
   e quem lhe dá a pagar pelo que fez?
³² É conduzido ao sepulcro,
   e se monta guarda sobre seu túmulo.
³³ Leves lhe são os torrões do vale.
   Atrás dele toda a população desfila.ᶜ
³⁴ Que significam, pois, vossas vãs consolações?
   Se nas vossas respostas não há mais que perfídia!

3. TERCEIRO CICLO DE DISCURSOS

22 *Deus castiga unicamente em nome da justiça* — ¹Elifaz de Temã tomou a palavra e disse:

² Pode um homem ser útil a Deus,
   quando o prudente só é útil a si mesmo?
³ Que importa a Shaddai que sejas justo:
   aproveita-lhe a tua integridade?
⁴ É por tua piedade que te corrige
   e entra contigo em julgamento?
⁵ Não é antes por tua grande malícia
   e por tuas inumeráveis culpas?
⁶ Exigias sem razão penhores de teus irmãos
   e despojavas de suas roupas os nus;
⁷ não davas água ao sedento
   e recusavas pão ao faminto;
⁸ entregavas a terra a um homem poderoso,
   para ali se instalar o favorecido;
⁹ despedias as viúvas com as mãos vazias,
   quebravas os braços dos órfãos.ᵈ
¹⁰ Por isso te encontras preso nos laços,
   amedronta-te um terror improviso,

---

a) Outro fato desconcertante: o capricho com que a morte fere.
b) "seus flancos", sir.; hebr., obscuro. — "bem roliços", versões; "leite", hebr.
c) O texto acrescenta: "e diante dele uma numerosa multidão", certamente glosa.
d) O catálogo das culpas gratuitamente imputadas a Jó por Elifaz é notável pela insistência nas faltas contra a justiça e a caridade para com o próximo, mesmo por omissão. Lembra assim o ensinamento dos Profetas (cf. a apologia de Jó 29,11-17; 31).

¹¹ a luz se obscurece*ᵃ* e não vês mais nada,
   e te submerge um turbilhão de água.
¹² Não é Deus excelso como os céus?
   Vê como é alta a abóbada das estrelas!
¹³ E tu disseste: "O que Deus conhece?*ᵇ*
   Pode ele julgar através da nuvem escura?
¹⁴ As nuvens encobrem-no e impedem-no de ver,
   quando passeia pela abóbada do céu".
¹⁵ Queres seguir os velhos caminhos
   por onde andaram os homens perversos?
¹⁶ Foram arrebatados antes do tempo,
   quando uma torrente se lançou sobre seus fundamentos.
¹⁷ Eles diziam a Deus: "Afasta-te de nós.
   Que pode fazer-nos Shaddai?"*ᶜ*
¹⁸ Ele enchia de bens suas casas,
   enquanto o conselho dos ímpios se afastou dele.*ᵈ*
¹⁹ Os justos veem isto e se alegram,
   o inocente zomba deles:
²⁰ "Eis destruídos nossos adversários!
   E que fogo devorou seus bens!"
²¹ Reconcilia-te com ele e terás paz:
   desta maneira a felicidade virá sobre ti.
²² Aceita a instrução de sua boca
   e guarda seus preceitos em teu coração.
²³ Se voltares a Shaddai serás reabilitado,*ᵉ*
   se afastares de tua tenda a injustiça,
²⁴ se colocares o teu ouro sobre o pó,
   o Ofir entre as pedras do riacho,
²⁵ Shaddai será tuas barras de ouro
   e a tua prata entesourada.
²⁶ Então, sim, alegrar-te-ás em Shaddai
   e erguerás para Deus teu rosto.
²⁷ Ele ouvirá as tuas súplicas
   e tu cumprirás teus votos.
²⁸ decidir-te-ás por um projeto e realizar-se-á,
   e a luz brilhará em teu caminho.
²⁹ Porque ele abaixa a empresa orgulhosa,*ᶠ*
   e salva o homem de olhar humilde.
³⁰ Ele liberta até mesmo aquele que não é inocente:*ᵍ*
   ele será liberto pela pureza de tuas mãos.

23 *Deus está longe, e o mal triunfa* — ¹ Jó tomou a palavra e disse:

² Ainda hoje minha queixa é uma revolta;
   minha mão comprime meu gemido.
³ Oxalá soubesse como encontrá-lo,
   como chegar à sua morada.

---

a) É preciso talvez ler com o grego "a luz" (*'or* em lugar de *'o*) "se obscureceu."
b) Jó não afirmou isso. Mas Elifaz atribui-lhe a sugestão dessa ideia, deduzindo esta blasfêmia das declarações de Jó: se Deus se mostra indiferente, é porque nada discerne.
c) "fazer-nos", versões; "fazer-lhes", hebr.
d) "dele" *menhû*, grego; "de mim" hebr. cf. 21,16.
e) grego "e te humilhas", *ûte'anneh*, hebr.; *tibbaneh*.
f) "ele abaixa a empresa", *hishpîl 'et 'omer*, conj. "Eles abaixam e dizes (orgulho)", *hispîlû watt'omer*, hebr.
g) Segue-se o TM compreendendo *'î* como negação (não atestada em hebr. bíblico) ou supondo que o n final tenha caído por haplografia diante de *naqî*. As versões leram *'ish* e interpretaram: "ele liberta o homem inocente… pela pureza de suas mãos", o que parece concordar melhor com o pensamento tradicional, expresso por Elifaz.

⁴ Exporia diante dele a minha causa,   9,14 +
  com minha boca cheia de argumentos.
⁵ Gostaria de saber com que palavras iria responder-me
  e ouvir o que teria para me dizer.
⁶ Usaria ele de violência ao pleitear comigo?
  Não, bastaria que me desse atenção.
⁷ Ele reconheceria em seu adversário um homem reto,
  e eu triunfaria sobre meu juiz.
⁸ Mas, se for ao oriente, não está ali;   Sl 139,7-10
  ao ocidente, não o encontro.
⁹ Quando ele age no norte, eu não o vejo;
  se me volto para o meio-dia, ele permanece invisível.
¹⁰ E todavia, o meu caminho ele o conhece!   Sl 139,1-6
  Que me ponha no crisol, dele sairei como ouro puro.   Jr 11,20 +
¹¹ Meus pés apegaram a seus passos,   Sl 17,5
  segui seu caminho sem me desviar.
¹² Não me afastei do mandamento de seus lábios
  e guardei no peito as palavras de sua boca.*a*
¹³ Mas ele decide;*b* quem poderá dissuadi-lo?   Is 55,10-11
  Tudo o que ele quer, ele o faz.
¹⁴ Executará a sentença a meu respeito,
  como tantos outros dos seus decretos.
¹⁵ Por isso estou consternado em sua presença,   Sl 119,120
  e estremeço ao pensá-lo.
¹⁶ Deus abateu-me o ânimo,
  Shaddai encheu-me de terror.
¹⁷ E, todavia, não me dou por vencido por estas trevas;
  ele, porém, cobriu-me o rosto com a escuridão.*c*

24

¹ Por que Shaddai não marca o tempo
  e seus amigos não chegam a ver seus dias?*d*
² Os ímpios mudam as fronteiras,   Dt 27,17
  roubam rebanho e pastor.*e*
³ Apoderam-se do jumento dos órfãos   Dt 24,17
  e tomam como penhor o boi da viúva.
⁴ Os indigentes devem se afastar do caminho,   30,2-8
  e os pobres da terra se esconder todos juntos.   Dt 15,11
⁵ Como onagros do deserto, eles saem para o trabalho,
  procurando desde a aurora uma presa,
  e, de tarde, o pão para os seus filhos.*f*
⁶ Ceifam no campo do malvado*g*
  e rebuscam a vinha do ímpio.

---

a) "no peito", grego, Vulg.; hebr., ininteligível. — Trata-se da Lei.
b) "decide": *bahar*, conj.; "em um": *be'ehad*, hebr.
c) "o (meu) rosto": *panay*, conj.; "diante de mim": *mippanay*, hebr. — V. muito obscuro; compreende-se que Jó lamente não ter sido liberto pela morte, antes da terrível hora das trevas. Pode-se também fazer a negação incidir nos dois estípios e traduzir: "ele (ainda) não cobriu o meu rosto de escuridão".
d) "Tempo" suplementar, acrescido àquele que mede uma vida humana, para finalmente aplicar o castigo; "dias" para a retribuição dos indivíduos, análogos ao "Dia de Iahweh" escatológico (cf. Am 5,18+).
e) "Os ímpios", grego; omitido pelo hebr. — "e pastor", grego; "e apascentam-no", hebr. — Jó opõe aos poderosos que oprimem os outros (vv. 2-4) a classe baixa dos proletários indigentes (vv. 5-12), cuja miséria clama a Deus.
f) "procurando desde a aurora *(mishshahar)* uma presa, lit.: "desde a aurora, por uma presa", conj.; "procurando *(meshaharê)* por uma presa", hebr. — "e de tarde, pão": *'ereb lallehem*, conj.; "na estepe, para ele, pão": *'arabah lô lehem*, hebr.
g) "do malvado": *beliyya'al*, conj.; "sua forragem": *belilô*, hebr.

¹⁰ᵃ Andam nus por falta de roupa,
    famintos carregam os feixes.
¹¹ Entre duas muretas*ᵇ* eles espremem o azeite;
    alterados, eles pisam as cubas.
⁷ Nus passam a noite, sem roupa
    e sem coberta contra o frio.
⁸ Ensopados pelas chuvas das montanhas,
    sem abrigo comprimem-se contra o rochedo.
⁹ O órfão é arrancado do seio materno
    e a criança do pobre*ᶜ* é penhorada.
¹² Da cidade sobem os gemidos dos moribundos*ᵈ*
    e, suspirando, os feridos pedem socorro,
    e Deus não ouve a sua súplica.*ᵉ*
¹³ Existem também os rebeldes à luz,*ᶠ*
    que não conhecem seus caminhos
    nem ficam em suas veredas.
¹⁴ É noite quando o assassino se levanta
    para matar o pobre e o indigente.
    Durante a noite ronda o ladrão,*ᵍ*
¹⁶ᵃ às escuras arromba as casas.
¹⁵ O olho do adúltero aguarda o crepúsculo
    dizendo: "Ninguém me verá",
    e cobre o rosto com uma máscara.
¹⁶ᵇ Durante o dia, escondem-se
    os que não querem conhecer a luz.
¹⁷ Para eles todos, a manhã torna-se a sombra da morte,
    pois eles experimentam os terrores da sombra da morte.*ʰ*
²⁵ Se não é assim, quem me desmentirá
    ou reduzirá a nada minhas palavras?

25   *Hino à onipotência de Deus*ⁱ

— ¹ Baldad de Suás tomou a palavra e disse:
² É um soberano temível,
    Aquele que conserva a paz nas suas alturas.*ʲ*
³ Pode ser contado o número de suas tropas?
    E sobre quem não se levanta a sua luz?
⁴ Como pode o homem justificar-se diante de Deus?
    Ou mostrar-se puro quem nasceu de mulher?
⁵ Se até a própria lua não brilha*ᵏ*
    e as estrelas não são puras a seus olhos,
⁶ quanto menos o homem, essa larva,
    e o filho de homem, esse verme?

---

a) Transpomos os vv. 7-9 para depois do v. 11, onde encontram seu contexto lógico. O início quase idênticos dos vv. 7 e 10 pode ter causado deslocamento acidental.
b) "entre duas muretas": *ben shûrotayim*, conj.; "entre suas muretas": *ben shûrotam*, hebr.
c) "do seio materno", grego; "devastação", hebr. (simples diferença vocálica). — "criança": *'ul*, conj.; "sobre": *'al*, hebr.
d) "dos moribundos", sir.; "dos homens", hebr.
e) Segundo 2 mss do hebr. e o sir.; "Deus não presta (sua atenção) à estupidez", hebr.
f) Esta diatribe contra os inimigos da luz, quiçá um poema independente aqui retomado pelo autor, chama a atenção para os opressores, que Deus permite agir na sombra. A luz é a luz física, mas o sentido moral está subjacente (cf. Jo 8,12+).
g) "Durante a noite": *belo' 'ôr*, conj.; "a luz": *la'ôr*, hebr. — "ronda": *yehallek*, conj.; "ele é como": *yehî ka*, hebr.
h) Transpõem-se os vv. 18-24 para depois de 27,23.
i) Este discurso, talvez mutilado, parece antecipar-se aqui aos discursos de Iahweh. No entanto, pode ser ligado ao diálogo vendo-se nele resposta de Baldad à tácita acusação de impotência, pronunciada por Jó contra Deus.
j) Entre os anjos (cf. Is 24,21; Ap 12,7-12) e os astros (cf. Is 40,26; Eclo 43,10).
k) "não brilha", *yahel*, mss; cf. versões; *ya'ahîl* hebr., corrompido.

26[a]

⁵ᵃ As sombras[b] tremem debaixo da terra,
  as águas e seus habitantes estão com medo.[c]
⁶ O Xeol está nu a seus olhos
  e a Perdição[d] está sem véu.
⁷ Estendeu o setentrião sobre o vazio,[e]
  e suspendeu a terra sobre o nada.[f]
⁸ Ele prende as águas nas nuvens,
  sem que estas se rasguem com seu peso.
⁹ Encobre a face da lua cheia
  e estende sobre ela sua nuvem.[g]
¹⁰ Traçou um círculo sobre a superfície das águas,[h]
  onde a luz confina com as trevas.
¹¹ As colunas do céu se abalam,[i]
  assustadas com sua ameaça.
¹² Com seu poder aquietou o Mar,
  com sua inteligência aniquilou Raab.
¹³ O seu sopro clareou os Céus
  e sua mão traspassou a Serpente fugitiva.[j]
¹⁴ Tudo isso é o exterior das suas obras,
  e ouvimos apenas um fraco eco.
    Quem compreenderá o estrondo do seu poder?

Pr 15,11
Sl 139,8.
11-12
Am 9,2
38,6

22,14
Gn 1,7-14

7,12+
9,13+
Sl 65,8+
Is 51,9-10
Jó 3,8+
Is 27,1

26

Baldad fala a esmo — ¹Jó tomou a palavra e disse:

² Como sabes sustentar o fraco
  e socorrer um braço sem vigor!
³ Como sabes aconselhar o ignorante
  e dar mostras de profundo conhecimento!
⁴ A quem dirigiste tuas palavras?
  E de onde provém o espírito que sai de ti?[k]

1Rs 22,24

27

Jó, inocente conhece o poder de Deus — ¹Jó continuou a exprimir-se em sentenças, dizendo:

² Pelo Deus vivo que me nega justiça,
    por Shaddai que me amargura a alma,
³ enquanto em mim houver um sopro de vida
    e o alento de Deus nas narinas,
⁴ meus lábios não dirão falsidades,
    nem minha língua pronunciará mentiras!
⁵ Longe de mim dar-vos razão!
    Até o último alento manterei minha inocência,

34,5

33,4
Gn 2,7

---

a) Transfere-se 26,1-4 para depois de 26,14. Os vv. 5-14, parecem ser não a sequência do discurso de Jó que principia em 26,1, mas parecem completar o discurso mutilado de Baldad.
b) Lit.: "os rafaim" (cf. Dt 1,28+), quer sejam os mortos (cf. Sl 88,11), quer os fracos, os incapazes.
c) As águas do abismo, povoadas pela imaginação popular de monstros vencidos nas origens (cf. 7,12+). — "estão com medo", fazendo a restituição de *yehattû*, que caiu por haplografia depois de *mittahat* ("debaixo da terra"), ligado pelo hebr. ao segundo hemistíquio.
d) Esta palavra (em hebraico *Abaddôn*, cf. Ap 9,11), sinônimo de "Xeol", talvez designasse antigamente divindade infernal.
e) A parte setentrional do firmamento, sobre a qual se pensava que este girasse.
f) A terra é suportada por colunas (9,6), mas o homem ignora o seu ponto de apoio (38,6). Este v., único na Bíblia, evoca um espaço infinito.
g) Por ocasião dos eclipses. — "lua cheia" — *keseh*, conj.; "trono": *kisseh*, hebr. — "estende", lendo *parosh* em vez do hebr. *parshez* (forma anômala que combina as raízes *parash* e *paraz*).
h) "Traçou um círculo": *haq hûg*, conj.; "circunscreveu um termo": *hoq hag*, hebr.
i) As altas montanhas, que suportam a abóbada celeste, são abaladas pelo trovão, voz de Iahweh (Sl 29), ou pelos terremotos (Sl 18,8).
j) É o "Leviatã" (cf. 3,8+ e 7,12+).
k) Réplica irônica de Jó a Baldad, que parece ter perdido de vista o tema preciso da discussão.

⁶ fico firme em minha justiça e não a deixo;
   minha consciência não me reprova nenhum de meus dias.
⁷ Tenha o meu inimigo a sorte do ímpio,
   e meu adversário, a do injusto!
⁸ Que proveito pode esperar o ímpio
   quando Deus lhe retira a vida?
⁹ Acaso Deus escuta seus gritos,
   quando o surpreende a aflição?

22,26
¹⁰ Encontrará seu conforto em Shaddai,
   e invocará a Deus em todo o tempo?[a]
¹¹ Instruir-vos-ei acerca do poder de Deus,
   não vos ocultarei os desígnios de Shaddai.[b]
¹² Todos vós bem o vedes,
   por que vos perdeis em vãs ilusões?

Discurso de Sofar: o maldito[c]

= 20,29
¹³ Esta é a porção que Deus reserva ao ímpio,
   a herança que o tirano recebe de Shaddai:
¹⁴ Se tiver muitos filhos, cairão pela espada,
   seus descendentes não terão o que comer.
¹⁵ Quem sobreviver será enterrado pela Peste,[d]
   e suas viúvas não os chorarão.
¹⁶ Ainda que acumule prata como pó
   e amontoe vestidos como barro,

20,10.15
¹⁷ ele amontoa, mas é o justo quem os vestirá;
   quanto à prata, é o inocente quem a herdará.

8,14
¹⁸ Construiu uma casa como uma teia de aranha,[e]
   construiu uma cabana para a guarda.
¹⁹ Deita-se rico — mas será pela última vez[f] —:
   ao abrir os olhos não terá mais nada.

20,25
²⁰ Em pleno dia[g] surpreendem-no terrores,
   de noite arrebata-o um turbilhão.
²¹ O vento leste levanta-o e fá-lo desaparecer
   e varre-o de seu lugar.
²² Precipita-se sobre ele sem piedade,
   enquanto procura fugir de seu alcance.
²³ Aplaudem a sua ruína,
   assobiam contra ele por onde ele vai.

24[h] ¹⁸ É apenas um feto sobre as águas,
   cai a maldição sobre sua propriedade na terra,
   ninguém mais vai para a sua vinha.
¹⁹ Como o calor estivo absorve as águas da neve,
   assim o Xeol àquele que pecou.

---

a) Jó retoma algumas palavras de Elifaz acerca do castigo do ímpio; mas recusa aplicá-las a si próprio.
b) Jó parece dizer que expôs com toda verdade e de acordo com os fatos o estranho e misterioso procedimento de Deus. Seus amigos fecharam os olhos à evidência.
c) O fragmento de discurso (27,13-23) dificilmente pode ser atribuído a Jó, e parece que deve ser restituído a um dos seus amigos, do qual retoma uma das sentenças. A atribuição a Sofar é a mais indicada.
d) Lit.: "a morte trágica", mas esta palavra designa às vezes o mal por excelência, aqui personificado (cf.

18,13; Jr 15,2; 43,11; Ap 6,8).
e) "de aranha", grego, sir.; "de traça", hebr. — São duas imagens da instabilidade.
f) Lit.: "não recomeçará mais", grego, sir.; "não está reunido", hebr.
g) "Em pleno dia": *yômam*, conj.; "como águas": *kammayîm*, hebr.
h) A inserção desse trecho 24,18-24 neste ponto é conjectural. O texto está muito maltratado e carece de numerosas correções.

²⁰ Dele se esquece o ventre que o formou,
　o seu nome não é mais lembrado.ᵃ
　Assim é arrancada a iniquidade como uma árvore.
²¹ Ele maltratouᵇ a estéril sem filhos
　e não socorreu a viúva.
²² Mas Aquele que prende com força os tiranos
　aparece e tira-lhe a certeza da vida.
²³ Ele o deixava apoiar-se numa falsa segurança;
　os seus olhos, porém, observavam os seus caminhos.
²⁴ Exaltado por breve tempo, deixa de existir;
　cai como a erva que se colheᶜ
　e murcha como as espigas.

4. ELOGIO DA SABEDORIA

A sabedoria inacessível ao homemᵈ

28
¹ A prata tem as minas,
　o ouro, um lugar onde é depurado.
² O ferro extrai-se da terra,
　ao fundir-se a pedra, sai o bronze.
³ Impõe-se um limite às trevas,
　sonda-se até o extremo limite
　a pedra escura e sombria.
⁴ Estrangeiros perfuram as grutasᵉ
　em lugares não frequentados,
　e suspensos balançam longe dos homens.
⁵ A terra, que produz o pão,
　por baixo é devorada pelo fogo.
⁶ Suas pedras são jazidas de safiras,
　seus torrões encerram pepitas de ouro.
⁷ Tais veredas não as conhece o abutre,
　nem as divisa o olho do falcão;
⁸ não as percorrem as feras altaneiras,ᶠ
　nem as atravessa o leão.
⁹ O homem lança mão da pederneira,
　desarraiga as montanhas pela raiz.

---

a) "que o formou": *petaqô*, conj.; "fazia as suas delícias": *metaqô*, hebr. — "o seu nome": *shemoh*, conj.; "os vermes": *rimmah*, hebr. Outra tradução possível: "o seio (que o levará) o esquece, o verme (faz dele) suas delícias, não se lembram mais dele".
b) "Ele maltratou": *hera'*, Targ.; "aquele que apascenta": *ro'eh*, hebr.
c) "como a erva que se colhe", *kemalluah yiqqatfûm*, grego, "como tudo que se ceifa", *kakkol yiqqafçûm*, hebr. — "a erva", lit.: "a planta salgada"; trata-se de planta verde e comestível, que nasce nas margens do mar Morto. — O v. 25 foi colocado depois de 24,17.
d) O lugar e o significado primitivos deste *intermezzo* no diálogo permanecem obscuros (cf. Introdução). Apresenta analogias com Pr 8,22s, onde, no entanto, a Sabedoria, representada como inspiradora das obras de Deus nas origens, torna-se inspiradora do homem. Aqui é celebrada uma Sabedoria inacessível ao homem. Br 3,9-4,4 retomará o mesmo tema, mas falará, por seu turno, de Sabedoria gratuitamente revelada a Israel na Lei. Trata-se, por conseguinte, de Sabedoria rigorosamente transcendente. Em conclusão, ela encarna o mistério dos caminhos de Deus e confunde-se com o atributo divino da Sabedoria; mas este é personificado de forma estranha. A representação de Sabedoria misteriosa, que habita num domicílio próprio e é finalmente descoberta por Deus, pode ser o eco de antigas crenças. Subsiste apenas simples imagem: a Sabedoria, que inspirou o plano de Deus, explica todas as suas obras e encarna sua Providência, escapando aos ataques do homem; este, a despeito dos seus esforços e descobertas, choca-se incessantemente com o mistério de uma Sabedoria que o ultrapassa.
e) "Estrangeiros (perfuram) as grutas": *nehalim 'am ger*, conj.; hebr.: *nahal me'im gar* não dá sentido. — Os trabalhos das minas eram deixados aos escravos estrangeiros e aos prisioneiros de guerra. Eram quase sempre efetuados em lugares desérticos, particularmente no deserto do Sinai.
f) Lit.: "os filhos do orgulho" (cf. 41,26).

¹⁰ Na rocha abre galerias,ᵃ
   o olhar atento a tudo o que é precioso.
¹¹ Explora as nascentes dos riosᵇ
   e traz à luz o que está oculto.
¹² Mas a Sabedoria, de onde provém ela?ᶜ
   Onde está o lugar da Inteligência?
¹³ O homem não lhe conhece o caminho,ᵈ
   nem se encontra na terra dos mortais.
¹⁴ Diz o Abismo: "Não está em mim";
   responde o Mar: "Não está comigo."
¹⁵ Não se compra com o ouro mais fino,
   nem se troca a peso de prata,
¹⁶ não se paga com ouro de Ofir,
   com ônix precioso ou safiras.
¹⁷ Não a igualam o ouro, nem o vidro,
   não se paga com vasos de ouro fino.
¹⁸ Quanto ao coral e ao cristal, nem falar!
   Seria melhor pescar a Sabedoria do que as pérolas.
¹⁹ Não se iguala ao topázio de Cuch,
   nem se compra com o ouro mais puro.
²⁰ Donde vem, pois, a Sabedoria?
   Onde esta o lugar da Inteligência?
²¹ Está oculta aos olhos dos mortais
   e até às aves do céu está escondida.
²² A Perdição e a Morte confessam:
   "O rumor de sua fama chegou até nós."
²³ Só Deus conhece o caminho para ela,
   só ele sabe o seu lugar.
²⁴ (Pois contempla os limites do orbe
   e vê quanto há debaixo do céu.)
²⁵ Quando assinalou seu peso ao vento
   e regulou a medida das águas,
²⁶ quando impôs uma lei à chuva
   e uma rota para o relâmpago e o trovão,
²⁷ ele a viu e avaliou,
   penetrou-aᵉ e examinou-a.
²⁸ E disse ao homem:
   "O temor do Senhor, eis a Sabedoria;
   fugir do mal, eis a Inteligência."

5. CONCLUSÃO DO DIÁLOGO

29 *Queixas e apologia de Jó:ᶠ A. Os tempos antigos* — ¹Jó continuou a exprimir-se em sentenças e disse:

² Quem me dera voltar aos meses de antanho,
   aos dias em que Deus velava por mim;
³ quando sua lâmpada brilhava sobre minha cabeça
   e à sua luz eu andava na escuridão!

---

a) Lit.: "Nilos".
b) Que brotam do abismo subterrâneo. — "nascentes": *mabbekê*, mss hebr., *mibbekî*, hebr. corrompido.
c) "de onde ela provém?", *timmaçe* TM.
d) "caminho", *darkah*, grego; "preço", *'erkah*, hebr.
e) "penetrou-a": *hebînah*, com 5 mss; o TM apresenta *hekînah*, "estabeleceu-a", "fundou-a". Caso se adote esta tradução, é preciso dar ao segundo verbo o sentido de "comprovou-a".
f) É possível que um ou outro trecho deste discurso (30-31) tenha primitivamente feito parte da resposta dada a Baldad no terceiro ciclo de discursos. O versículo introdutório — "Jó continuou a exprimir-se em sentenças e disse" — pode ser indício de que

⁴ Tal qual eu estava nos dias do meu outono,   1,10
   quando Deus protegia*ª* minha tenda
⁵ e Shaddai ainda estava comigo   Sl 127,3-5; 128,3
   e meus filhos me rodeavam!
⁶ Banhava meus pés em creme de leite,   20,17
   e a rocha vertia rios de azeite!
⁷ Quando me dirigia à porta da cidade   5,4 +
   e tomava assento na praça,
⁸ os jovens ao ver-me se retiravam,   Lv 19,32
   os anciãos se levantavam e ficavam de pé,
⁹ os chefes interrompiam suas conversas,   Sb 8,10-12
   pondo a mão sobre a boca;
¹⁰ emudecia a voz dos líderes
   e sua língua se colava ao céu da boca.
²¹*b* Ouviam-me com grande expectativa,
   e em silêncio escutavam meu conselho.
²² Quando acabava de falar, ninguém replicava,
   minhas palavras ficavam gotejando sobre eles;
²³ eles me esperavam como a chuva,   Dt 32,2
   como quem abre a boca ávida para a chuva de primavera.
²⁴ Sorria para eles, mal o acreditavam   Pr 16,15
   e não perdiam nenhum gesto favorável.
²⁵ Sentado como chefe, eu escolhi seu caminho;
   como um rei instalado no meio de suas tropas,
   guiava-os e eles se deixavam conduzir.*ᶜ*
¹¹ Quem me ouvia falar felicitava-me,   22,6-9
   quem me via dava testemunho de mim;
¹² porque eu livrava o pobre que pedia socorro   Sl 72,12s; Is 11,4-5
   e o órfão que não tinha auxílio.
¹³ A bênção do moribundo pousava sobre mim,
   e eu alegrava o coração da viúva.
¹⁴ A justiça eu vestia como túnica,   19,9; Sl 132,9; Is 59,17
   o direito era meu manto e meu turbante.
¹⁵ Eu era olhos para o cego,
   era pés para o coxo.
¹⁶ Era o pai dos pobres   Pr 29,7
   e examinava a causa de um desconhecido.
¹⁷ Quebrava as mandíbulas do malvado,   Pr 30,14
   para arrancar-lhe a presa dos dentes.
¹⁸ E pensava: "Morrerei no meu ninho,
   depois de dias numerosos como a fênix."*ᵈ*
¹⁹ Minhas raízes estendidas até a água,   Sl 1,1-3
   o orvalho pousando em minha ramagem,
²⁰ minha honra ser-me-á sempre nova,
   em minha mão o meu arco*ᵉ* retomará força."

---

pertencia originalmente a outro contexto. Porém as tentativas de dividir este discurso não deram resultado satisfatório, porquanto possui uma unidade real que é melhor não quebrar. O primeiro quadro é precioso testemunho sobre a velha concepção israelita de vida feliz.

a) "protegia", grego sir.; "na intimidade", hebr.
b) Transpomos os vv. 21-25 para antes do v. 11: eles são a continuação do v. 10, e o v. 11 parece ser a conclusão deles. Deve tratar-se de deslocamento acidental na transmissão manuscrita.
c) "guiava-os e eles se deixavam conduzir": *ba'asher 'ôbilam yinnahû*, conj.; "como aquele que consola os aflitos": *ba'asher 'abelîm yenahem*, hebr.
d) A palavra hebraica *hol*, geralmente "areia", designa aqui a fênix, ave lendária que se acreditava renascer de suas cinzas.
e) O arco simboliza a força (cf. Gn 49,24).

B. A tribulação presente

30 ¹Mas agora zombam de mim moços mais jovens que eu,
a cujos pais teria recusado
deixar com os cães do meu rebanho.*ᵃ*

²Para que me serviriam seus braços,
se suas forças se consumiram?

³Mirrados pela penúria e pela fome,
ruminavam a estepe,
lugar sombrio de ruína e desolação;

⁴colhendo malvas entre os arbustos,
fazendo pão com raízes de giesta;

⁵banidos da sociedade dos homens,
a gritos, como a ladrões,

⁶morando em barrancos escarpados,
em covas e grutas do rochedo.

⁷Ouvem-se os seus rugidos entre as moitas,
acocorados nas urtigas:

⁸gente vil, homens sem nome,
são rejeitados pela terra!*ᵇ*

⁹E agora sou alvo de suas zombarias,
o tema de seus escárnios.

¹⁰Cheios de medo, ficam a distância
e atrevem-se a cuspir-me no rosto.

¹¹Porque ele deteve meu arco e me abateu,
perdem toda a compostura diante de mim.

¹²À minha direita levanta-se a canalha,
eles fazem escorregar meus pés
e abrem contra mim seus caminhos sinistros;

¹³desfazem minha senda,
trabalham para minha ruína
e não há quem os detenha.*ᶜ*

¹⁴Irrompem por uma larga brecha
e são jogados sob os escombros.

¹⁵Os terrores estão soltos contra mim,
minha segurança se dissipa*ᵈ* como vento,
minha esperança varrida como nuvem.

¹⁶A minha alma agora se dissolve:
os dias de aflição apoderam-se de mim.

¹⁷De noite um mal*ᵉ* penetra meus ossos,
minhas chagas não dormem.

¹⁸Ele me agarra*ᶠ* com violência pela roupa,
segura-me pela orla da túnica.

¹⁹Joga-me para dentro do lodo
e confundo-me com o pó e a cinza.

²⁰Clamo por Ti, e não me respondes;
insisto, sem que te importes comigo.*ᵍ*

---

a) A classe dos indigentes, escória da sociedade (cf. 24,4s). Jó agora é atirado para posição inferior à deles.
b) "são rejeitados": *rukretu*, conj.; "são batidos": *nike'û*, hebr.
c) "quem os detenha": *'oçer*, conj; "quem os ajude": *'ozer*, hebr. — Jó compara as injúrias que sofreu ao cerco e ao assalto de uma cidade.
d) "se dissipa", *teradef*, grego; "dissipa", *tirdof*, hebr.
e) "um mal": *mahaleh*, conj.; "de cima de mim": *me'alay*, hebr. — "minhas chagas", isto é, "meus sofrimentos", grego: "meus nervos".
f) "me agarra", *yitpos*, grego; "se disfarça", *yithappes*, hebr.
g) Acrescenta-se a negação ("sem que…"), com 1 ms hebr. e Vulg.

²¹ Tu te tornaste meu verdugo
e me atacas com teu braço musculoso.
²² Levantas-me e me fazes cavalgar o vento
e me sacodes com a tempestade.
²³ Bem vejo que me devolves à morte,
ao lugar de encontro de todos os mortais.

²⁴ Acaso não estendi a mão ao pobre,
quando, na penúria clamava por justiça?*a*
²⁵ Não chorei com o oprimido,
não tive compaixão do indigente?
²⁶ Esperei felicidade, veio-me a desgraça;
esperei luz, veio-me a escuridão.
²⁷ Fervem dentro de mim as entranhas sem parar,
dias de aflição vêm ao meu encontro.
²⁸ Caminho ensombrecido, sem sol,
e na assembleia levanto-me a pedir auxílio.
²⁹ Tornei-me irmão dos chacais
e companheiro dos avestruzes.
³⁰ Minha pele se enegrece e cai,
meus ossos são consumidos pela febre.
³¹ Minha cítara está de luto
e minha flauta acompanha os pranteadores.

Apologia de Jó*b*

31 ¹ Eu fizera um pacto com meus olhos,
para não olhar para uma virgem.*c*
² Que galardão me reserva Deus lá do alto,
que herança o Shaddai lá dos céus?
³ Acaso não é o desastre para o criminoso,
e o infortúnio para os malfeitores?
⁴ Não vê ele os meus caminhos,
não conta todos os meus passos?
⁵ Caminhei com a ilusão,
acertei passo com a fraude?*d*
⁶ Que Deus me pese numa balança exata
e reconhecerá minha integridade.
⁷ Se se desviaram do caminho os meus passos,
e o meu coração seguiu as atrações dos olhos,
se se apegou alguma mancha às minhas mãos,*e*
⁸ que outro coma o que semeei,
e que arranquem as minhas plantações!
⁹ Se o meu coração se deixou seduzir por mulher
e estive à espreita à porta do vizinho,*f*
¹⁰ que minha mulher gire a mó para outrem
e outros se debrucem sobre ela!

Ex 20,14.17
Dt 5,18.21
Eclo 9,5
Mt 5,27-29

Pr 11,1;
20,10

Pr 7

---

a) "não estendi", corrig. segundo o grego; "ele não estendia", hebr. — "ao pobre": *be'anî*, conj.; "na ruína" *be'î*, hebr. — "clamava por justiça": *ledîn shiwwea'*; conj.; *lahen shûa'*, hebr. ininteligível.
b) Neste protesto de inocência, a moral do AT alcança a sua máxima pureza, a ponto de preludiar diretamente a moral evangélica. A forma é a do juramento imprecatório contra si mesmo, que em justiça era exigido ao acusado (Ex 22,9-10; Nm 5,20-22; 1Rs 8,31-32).

c) Jó começa pelas faltas mais secretas, os maus desejos, cuja sede está nos olhos (cf. v. 7).
d) As fraudes nas trocas e nos mercados parecem incluídas nessa declaração genérica. De qualquer modo, Jó, prevalecendo-se da lei do talião, pede que seja pesado numa balança exata (v. 6).
e) Mais faltas contra a justiça: Jó não cobiçou nem tomou o alheio.
f) O pecado de adultério.

¹¹ Pois isso seria uma infâmia,
  um crime digno de castigo,*a*
¹² um fogo que devoraria até à perdição,
  destruindo até à raiz todos os meus bens.
¹³ Se deneguei seu direito ao escravo ou à escrava,
  quando pleiteavam comigo,*b*
¹⁴ que farei quando Deus se levantar,
  que lhe responderei quando me interrogar?
¹⁵ Quem me fez a mim no ventre não o fez também a ele?
  Quem nos formou a ambos não é um só?
³⁸ Se minha terra pede vingança contra mim,
  e os seus sulcos choram com ela;
³⁹ se comi o seu produto sem pagar,
  asfixiando aquele que o cultivou,*c*
⁴⁰ª que nasçam cardos em vez de trigo,
  no lugar de cevada, a erva fétida!*d*
¹⁶ Se fui insensível às necessidades dos fracos,*e*
  se deixei tristes os olhos da viúva,
¹⁷ enquanto comi meu bocado sozinho,
  sem reparti-lo com o órfão;
¹⁸ — na verdade, desde minha infância Deus criou-me como um pai,
  e desde o seio de minha mãe guiou-me;*f* —
¹⁹ se vi um miserável sem roupas,
  um pobre sem cobertor,
²⁰ e não me agradeceram os seus flancos,
  aquecidos com a lã de minhas ovelhas;
²¹ se levantei a mão*g* contra o órfão,
  sabendo-me importante na Porta,
²² que minha espádua se desprenda de minha nuca,
  e que meu braço se quebre no cotovelo!
²³ Porque o castigo de Deus seria meu terror,
  não subsistia diante da sua majestade.
²⁴ Se pus no ouro minha confiança
  e disse ao ouro mais puro: "És minha segurança";*h*
²⁵ se me comprazi com minhas grandes riquezas,
  com a fortuna amontoada por minhas mãos;
²⁶ se olhei para o sol resplandecente
  ou para a lua que caminha com esplendor,
²⁷ e meu coração se deixou seduzir secretamente,
  e minha mão lhes enviou um beijo;*i*
²⁸ também isto seria crime digno de castigo,
  pois teria renegado ao Deus do alto.

---

a) Este v. é provavelmente uma glosa.
b) A Lei sempre humanizara as relações entre amos e servos. O v. 15 fundamenta os direitos dos servos na condição comum de criaturas do mesmo Deus. São Paulo recordará que patrões e escravos têm o mesmo Senhor.
c) Mais uma forma de injustiça: a aquisição desonesta de *uma terra*. — *Aqui se inserem os vv*. 38-40a, cuja colocação no final da apologia de Jó é certamente acidental.
d) Tradução incerta de uma palavra da raiz que significa "cheirar mal". Julga-se que seja a mercurial ou a urtiga fétida.

e) Depois da justiça, a benemerência, inspirada no reconhecimento para com Deus.
f) "guiou-me", conj.; "eu a guiava" (minha mãe), hebr.
g) Em sinal de hostilidade e ameaça (cf. Is 11,15; 19,16; Zc 2,13), a fim de arrasá-lo na justiça.
h) A avareza, e também a soberba do rico, que julga poder prescindir de Deus.
i) Após o culto a Mamon, o culto aos astros. Na Antiguidade o beijo era gesto antigo de adoração.

²⁹ Se me alegrei com a desgraça do meu inimigo
 e exultei com a infelicidade que lhe sobreveio,ᵃ
³⁰ ou permiti que minha boca pecasse,
 e reclamasse a sua vida com uma maldição;
³¹ se homens de minha tenda disseram:
 "Oxalá nos deixasse saciar-nos de sua carne!"
³² — Na verdade, o estrangeiro nunca pernoitou à intempérie,
 abri sempre minha porta ao viandante.ᵇ —
³³ Se ocultei meu delito aos homensᶜ
 escondendo no peito minha culpa,
³⁴ por temor diante da gritaria da multidão
 e por medo do desprezo dos parentes,
 a ponto de me manter calado sem pôr os pés fora da porta,ᵈ
³⁵ oxalá houvesse quem me ouvisse!
 Esta é minha última palavra:ᵉ que me responda Shaddai!
 O libelo redigido por meu adversário
³⁶ levá-lo-ia sobre meus ombros,
 atá-lo-ia como um diadema.ᶠ
³⁷ Dar-lhe-ia conta de meus passos
 e aproximar-me-ia dele, como príncipe.
⁴⁰ᵇ Fim das palavras de Jó.ᵍ

III. Discursos de Eliúʰ

32 *Intervenção de Eliú* — ¹Aqueles três homens não responderam mais a Jó, porque ele teimava em considerar-se justo,ⁱ ²Então inflamou-se a ira de Eliú, filho de Baraquel, de Buz, da família de Ram; indignou-se contra Jó, porque pretendia ter razão contra Deus. ³Indignou-se também contra os três amigos, porque não acharam resposta, contentando-se em deixar as falhas a Deus.ʲ ⁴Eliú tinha esperado para falar com Jó, pois eles eram seus anciãos; ⁵mas ao ver que nenhum dos três tinha algo a mais para responder, encheu-se de indignação. ⁶Então Eliú, filho de Baraquel, de Buz, interveio dizendo:

Exórdio

Sou ainda muito jovem,
 e vós sois anciãos;
por isso, intimidado, não me atrevia
 a expor-vos o meu conhecimento.

---

a) Jó não fala da vingança efetiva, comum e considerada normal (cf., no entanto, Ex 23,4-5; Lv 19,18; Pr 20,22; 25,21-22). Ele vai mais longe, e se coíbe de regozijar-se com a desgraça de um inimigo ou de amaldiçoá-lo.
b) "ao viandante", versões; "à estrada", hebr. (mal vocalizado). — No Oriente antigo, a hospitalidade era uma das virtudes eminentes.
c) "aos homens", conj.; hebr.: "como um homem", o que, neste caso, interpreta-se: "como o vulgo" ou "como Adão".
d) Os vv. 33-34 não visam a pecado particular, mas uma atitude que denota falta. Jó nunca teve de esconder-se dos homens. Está pronto, inclusive, a comparecer diante de Deus (vv. 35-37).
e) Lit.: "Eis o meu *taw*" (última letra do alfabeto).
f) É o rolo que contém o auto de acusação. Jó, seguro de poder refutá-lo, quer levá-lo como insígnia de honra.
g) Nota de redator. — Os vv. 38-40a foram transpostos para antes do v. 16.
h) A intervenção de Eliú não é preparada no diálogo e não se falará mais dela na conclusão. A argumentação, o vocabulário e o estilo contrastam com os dos interlocutores precedentes; determinados pontos antecipam-se aos discursos de Iahweh. Os discursos de Eliú parecem deste modo ter sido acrescentados ao livro de Jó por outro autor inspirado.
i) Uma vez que nada consegue abalar Jó na convicção de sua inocência, toda palavra lhes parece supérflua daqui em diante.
j) O texto traz "a Jó", correção de um escriba.

⁷ Dizia comigo: "Que falem os anos,
   que a idade madura ensine sabedoria."
⁸ Mas é o espírito no homem,
   o alento de Shaddai que dá inteligência.ᵃ
⁹ Não é a idade avançada que dá sabedoria,
   nem a velhice a inteligência do que é justo.
¹⁰ Por isso digo escuta-me,
   porque também eu manifestarei o meu conhecimento!
¹¹ Esperei enquanto faláveis,
   prestei atenção aos vossos argumentos,
   enquanto trocáveis palavras.
¹² Sobre vós se fixava minha atenção.
   E vejo que ninguém confundiu Jó,
   nenhum de vós desmentiu suas palavras.
¹³ Não digais: "Encontramos a sabedoria;
   só Deus pode refutá-lo, não um homem.ᵇ
¹⁴ Não é contra mim que ele alinha as palavras,
   não é com vossas palavras que eu lhe replicarei.
¹⁵ Desconcertados, já não respondem,
   faltam-lhes palavras.
¹⁶ Devo aguardar, já que eles não falam,
   já que estão aí sem responder?
¹⁷ Tomarei a palavra por minha vez,
   mostrarei também o meu conhecimento.
¹⁸ Porque estou cheio de palavras,
   pressionado por um sopro interior.
¹⁹ Dentro de mim há como um vinho novo que quer transbordar
   como odres novos que explodem.
²⁰ Falarei para ficar aliviado,
   abrirei os lábios para responder.
²¹ Não tomarei o partido de ninguém,
   a ninguém adularei.
²² Porque não sei adular,
   e porque logo me arrebataria o Criador.

A presunção de Jó

33 ¹ E agora, Jó, escuta as minhas palavras,
   presta atenção ao meu discurso.
² Eis que abro a boca
   e minha língua vai falar sob o céu da boca.
³ A retidão de meu coração falará,
   meus lábios exprimirão a verdade.
⁵ Contesta-me, se podes;
   prepara-te, põe-te em frente de mim!
⁶ Vê, para Deus eu sou teu igual,
   como tu, modelado de argila.
⁴ Foi o espírito de Deus que me fez,
   e o sopro de Shaddai que me anima.

---

a) Eliú opõe à sabedoria adquirida a sabedoria "carismática", recebida através da *revelação do Espírito*. A *sabedoria* tradicional do Oriente, introduzida em Israel pelos Sábios, proclamava de fato o primado da Sabedoria divina (cf. Pr 21,30), a correlação entre sabedoria e justiça (cf. Pr 1,7; 10,31; 15,33; Sl 119,98-100) e a convicção de que é Deus quem dá a sabedoria (Pr 2,6; 16,33). Porém, fora do círculo dos Sábios, era conhecida uma sabedoria inspirada (cf. Is 11,2; Gn 41,38-39). A penetração da Sabedoria pelo Espírito é afirmada em Dn 5,11.12.14, e desenvolvida no livro da Sabedoria (Sb 1,5-7; 7,22-23; 9,17), na esperança da revelação nova do Espírito no NT (cf. 1Cor 2,6-16).

b) Eliú força as afirmações daqueles que ele critica.

⁷ Eis que o meu terror não deverá intimidar-te,
  minha mão não pesará sobre ti.   13,21
⁸ Disseste em minha presença,
  ouço ainda o eco de tuas palavras:
⁹ "Sou puro, não tenho delito;
  sou limpo e sem falta.ᵃ   10,7; 16,17; 23,10; 27,5
¹⁰ E contudo, ele encontra queixas contra mimᵇ
  e me considera seu inimigo.   13,24; 19,11
¹¹ Coloca meus pés no cepo
  e vigia todos os meus passos."   13,27
¹² Não tens razão nisto, eu te digo,
  pois Deus é maior do que o homem.
¹³ Como te atreves a acusá-lo:
  é porque não te responde palavra por palavra?
¹⁴ Deus fala de um modo
  e depois de outro, e não prestamos atenção.
¹⁵ Em sonhos ou visões noturnas,
  quando a letargia desce sobre os homens
  adormecidos em seu leito: 4,12-16; Gn 20,3; 41,1s; Dn 4,2s
¹⁶ então ele abre o ouvido dos humanos
  e aí sela as advertências que lhes dá,
¹⁷ para afastar o homem de suas obras
  e proteger o poderoso do orgulho,ᶜ
¹⁸ para impedir sua alma de cair na sepultura
  e sua vida de cruzar o Canal.
¹⁹ Corrige-o também sobre o leito com a dor,ᵈ
  quando os ossos tremem sem parar,   Dt 8,5 +; Pr 3,12
²⁰ a ponto de aborrecer a comida
  e repugnar-lhe o manjar.   Sl 107,18
²¹ Quando sua carne desaparece da vista,
  expõem-se os ossos que estavam escondidos.   19,20
²² Sua alma aproxima-se da sepultura,
  e sua vida do jazigo dos mortos,ᵉ
²³ a não ser que encontre um Anjo perto de si,
  um Mediadorᶠ entre mil,
  que relembre ao homem seu dever,
²⁴ que tenha compaixão dele e diga:
  "Livra-oᵍ de baixar à sepultura,
  pois encontrei resgate";
²⁵ e sua carne reencontrará a força juvenilʰ
  e voltará aos dias de sua juventude.   Sl 103,5

---

a) Resumo de várias declarações de Jó.
b) Citação interpretativa de todos os textos em que se diz que Deus persegue Jó sem razão.
c) "de suas obras", Vulg., Targ.; "da obra", hebr.
d) Depois das revelações (vv. 15-18), segunda maneira (cf. v. 14) pela qual Deus fala ao homem: uma provação como a de Jó.
e) "jazigo dos mortos" *megôm metîm*, cf. grego, Hades, "aqueles que fazem morrer", *lamemitîm*, hebr.
f) Lit.: "um intérprete". O Anjo "interpreta" ao doente o sentido do seu mal, abre-lhe os olhos acerca de suas culpas (v. 27) e intercede por ele junto a Deus (v. 24; cf. 5,1+). Esta concepção tem ligações com o AT: a intercessão dos justos (cf. 42,8+) e a expiação em favor de outrem (Is 53,10); a mediação dos anjos nas revelações proféticas (Ezequiel, Daniel e Zacarias), sua intervenção para afastar os perigos que ameaçam o homem (Sl 91,11-13) ou para transmitir suas preces (Tb 12,12; cf. Ap 8,3s). A literatura judaica apócrifa ilustrará essa doutrina. À luz da revelação cristã, esse anjo mediador facilmente seria identificado com o "anjo da guarda" (cf. Tb 5,4; Mt 18,10; At 12,15).
g) "Livra-o", sir., Vulg.; hebr. obscuro.
h) "reencontrará a força juvenil": *yirtab*, conj.; o verbo hebr. *rutapash*, desconhecido, talvez derive de raiz aparentada.

²⁶ Suplicará a Deus e será atendido,
   contemplará com alegria a face
   daquele que retribui ao homem sua justiça;
²⁷ cantará diante dele e dirá:
   "Pequei e violei a justiça:
   ele não me devolveu o mesmo.
²⁸ Salvou minha alma da sepultura,
   e minha vida se inunda de luz".
²⁹ Tudo isso faz Deus
   duas ou três vezes ao homem,
³⁰ para tirar sua alma da sepultura
   e iluminá-lo com a luz da vida.
³¹ Presta atenção, Jó, escuta-me,
   guarda silêncio, enquanto eu falo.
³² Se tens algo a dizer, responde-me,
   fala, pois desejo dar-te razão.
³³ Mas, se nada tens, escuta-me:
   cala-te e ensinar-te-ei a sabedoria.

34 *O fracasso dos três sábios na tentativa de desculpar a Deus* — ¹Eliú prosseguiu dizendo:

² Ouvi, ó sábios, minhas palavras,
   e vós, eruditos, prestai atenção,
³ pois o ouvido distingue as palavras
   como o paladar saboreia os alimentos.
⁴ Examinemos juntos o que é justo,
   vejamos o que é bom.
⁵ Eis que Jó afirmou: "Eu sou justo
   e Deus me nega o direito.
⁶ Apesar do meu direito, passo por mentiroso,
   uma flecha me feriu sem que eu tenha pecado."ᵃ
⁷ Quem há como Jó,
   que bebe sarcasmos como água,ᵇ
⁸ faz companhia aos malfeitores
   e anda com os ímpios?
⁹ Pois ele disse: "Não aproveita ao homem
   estar em boas graças com Deus."
¹⁰ Escutai-me, homens sensatos.
   Longe de Deus o mal,
   de Shaddai, a iniquidade!
¹¹ Ele retribui ao homem segundo suas obras,
   e dá a cada um conforme sua conduta.ᶜ
¹² Na verdade, Deus não pratica o mal,
   Shaddai não perverte o direito.
¹³ Quem lhe confiou o governo da terra,
   quem lhe entregou o universo?ᵈ

---

a) Texto difícil; segue-se o TM, mas a tradução permanece incerta.
b) Eliú, enganando-se acerca da atitude religiosa de Jó, compara-o aos "caçoadores" combatidos pela literatura sapiencial (cf. Pr 21,24).
c) Enunciado clássico da doutrina da retribuição. O NT remete a realização dessa doutrina para o último Dia.
d) O sentido da argumentação parece ser o seguinte: Deus não rege o universo como subordinado. Não aplica o direito instituído por outrem, mas foi a sua própria onipotência que estabeleceu o direito. Não pode, portanto, violar a justiça, nem por interesse, nem sob coação (cf. Sb 11,20-26; 12,11-18).

¹⁴ Se só aplicasse seu pensamento em si mesmo,
   se concentrasse em si seu sopro e seu hálito, — Sl 104,29-30
¹⁵ expiraria toda a carne no mesmo instante,
   e o homem voltaria a ser pó. — Gn 6,3; Gn 3,19
¹⁶ Se tens inteligência, escuta isto,
   e presta ouvido ao som de minhas palavras.
¹⁷ Um inimigo do direito saberia governar?
   Ousarias condenar o Justo onipotente?
¹⁸ Ele que diz a um rei: "Homem vil!"
   e trata os nobres como ímpios,
¹⁹ não considera os príncipes — Is 40,23-24
   e nem distingue o fraco e o homem importante.
   Pois todos são a obra das suas mãos.
²⁰ Morrem de repente em plena noite, — Ex 12,29; Sb 18,14-16
   o povo se agita e eles desaparecem,
   e sem esforço afasta-se um tirano.
²¹ Porque seus olhos acompanham o proceder de cada um — Sl 33,14-15; Jr 32,19
   e ele olha todos os seus passos.
²² Não há trevas, nem sombras espessas,
   onde possam esconder-se os malfeitores.
²³ Pois ele não fixa ao homem um prazo*ᵃ*
   para comparecer ao tribunal divino.
²⁴ Ele aniquila os poderosos sem muitos inquéritos — Dn 2,21
   e põe outros em seu lugar.
²⁵ Conhece a fundo suas obras!
   Derruba-os numa noite e são destruídos.
²⁶ Açoita-os como criminosos,
   e em público lança-lhes cadeias,*ᵇ*
²⁷ porque se afastaram dele
   e não quiseram conhecer seus caminhos;
²⁸ de sorte que chegou a ele o clamor do fraco,
   e o lamento dos pobres foi por ele ouvido.
²⁹ Se fica imóvel, quem o condenará?
   Se esconde sua face, quem o perceberá?
   Todavia ele vela sobre as nações e os homens,
³⁰ para que não reinem homens perversos, — Sb 11,23; 12,2
   que não haja armadilhas para o povo.*ᶜ*
³¹ Porém, se se diz a Deus:
   "Eu expiei, não farei mais o mal;
³² o que está fora de minha vista, mostra-me;
   se cometi injustiça, não recomeçarei mais",
³³ será que, a teu ver, deverá ele punir? Mas tu caças disso!
   Como és tu que escolhes, e não eu,
   faze-nos conhecer a tua ciência!*ᵈ*
³⁴ Homens sensatos dir-me-ão,
   bem como o sábio que me escuta:

---

a) "prazo": *môʿed*, conj.; hebr.: *ʿôd*, (haplografia).
b) O texto dos vv. 26-33 está muito corrompido e sua tradução é incerta. O grego omite os vv. 28-33. — "lança-lhes cadeias", *ʿasaram*, é restituição de acordo com 36,13 e a primeira palavra do v. 27, *ʾasher*.
c) Tradução incerta de um texto muito obscuro.
d) Eliú cita Jó (7,16, cf. 36,5). — Quando julga a conduta de Deus, Jó deixa-se orientar por concepção rígida da justiça distributiva. Ora, se a lei da retribuição não admitisse exceções, Deus não deveria perdoar. Poderia concluir-se que Jó não deve julgar em causa própria segundo essa lei, mas sim pensar que Deus o prova por outras razões. Eliú, por sua vez, conclui daí que Jó "ao seu pecado acrescenta a rebelião" (v. 37).

³⁵"Jó não falou com conhecimento,
  e suas palavras não levam ao bom proceder."
³⁶ Pois bem, que Jó seja examinado até o fim,
  por suas respostas dignas de ímpio!ᵃ
³⁷ Porque ao seu pecado acrescenta a rebelião,
  semeia a dúvidaᵇ em nosso meio
  e multiplica suas palavras contra Deus.

35 Deus não fica indiferente aos assuntos humanos — ¹Eliú prosseguiu dizendo:

4,17
² Julgas ter razão,
  pretendendo justificar-te diante de Deus?

7,20
³ Já que dizes: "Que te importa?
  Que vantagem tenho se tivesse ou não pecado?"ᶜ
⁴ Vou responder-te,
  a ti e a teus amigos.ᵈ
⁵ Contempla os céus e olha,
  vê como as nuvens são mais altas que tu.ᵉ
⁶ Se pecas, que mal lhe fazes?
  Se acumulas delitos, que dano lhe causas?

22,3
⁷ Se és justo, que lhe dás,
  o que recebe ele de tua mão?
⁸ A tua maldade só concerne aos que são como tu;
  tua justiça, só concerne aos mortais.
⁹ Uns gemem sob o peso da opressão
  e pedem socorro contra o braço dos poderosos,
¹⁰ mas ninguém diz:
  "Onde está o Deus que me criou,
  que na noite inspira cantos de alegria,ᶠ
¹¹ que nos instrui mais do que aos animais da terra,
  e nos faz mais sábios do que os pássaros do céu?"
¹² E, então, por mais que gritem, ele não responde,
  pois vê a arrogância dos maus.
¹³ Certamente Deus não escuta o que é ilusório,
  Shaddai a isso não presta atenção.
¹⁴ Muito menos quando dizes: "Eu não o vejo,
  meu processo está aberto diante dele e o espero."ᵍ

21
¹⁵ Ou então: "Sua ira não castiga,
  ele não tem conhecimento da revolta".ʰ
¹⁶ Jó abre a boca para o vazio,
  e insensatamente multiplica palavras.

---

a) "Pois bem", trad. conjectural; o termo hebraico *'abî* parece exprimir o desejo ou a súplica. — "dignas de", lit.: "como", mss; "no meio", hebr.

b) Sentido incerto (mas que corresponde ao hebr. moderno); o verbo significa geralmente "bater as mãos".

c) Pode-se também compreender: "De que me vale (estar) sem pecado?" Grego: "se peco, que tens com isso?"

d) Eliú sublinha (3,13-15), para corrigi-las, outras palavras de Jó, especialmente aquelas em que este critica Deus por não sancionar equitativamente os atos do homem e agir como se se desinteressasse do bem ou do mal praticado pelo homem (cf. em particular 7,20; 9,22).

e) Subentendido: *a fortiori*, Deus não está ao alcance das ofensas do homem.

f) Eliú parece encarar o caso dos que são atingidos pela maldade de outrem (v. 8). Se Deus não os socorre, é porque têm falta de fé nele e se empertigam por orgulho, ao invés de pedir a libertação.

g) Eliú remete sobretudo a 23,3-9 (cf. também 13, 18-22).

h) "da revolta", *bepesha'*, versões; *ayin* final omitido no hebr., de onde a palavra *pash* (hebr. recente "loucura, arrogância"). — Omite-se *me'od*, "muito".

36 O sentido verdadeiro dos sofrimentos de Jó[a] — ¹Eliú prosseguiu dizendo:

⁵,¹⁷; ²²,²³-³⁰

²Espera um pouco que eu te instruirei,
   tenho ainda mais razões em favor de Deus.
³Trarei de longe meu conhecimento
   para justificar meu Criador.
⁴Na verdade, minhas palavras não são falazes,
   fala contigo um sábio consumado.
⁵Vê, Deus é poderoso, ele não caçoa,[b]
   ele é poderoso pela firmeza de seu pensamento.
⁶Não deixa viver o ímpio,
   mas faz justiça aos pobres,
⁷e não tira o justo dos olhos.[c]
   Com os reis, sobre seu trono os instala
   para sentar para sempre, e eles são exaltados.

2Cr 33, 11-13

⁸Mas amarra-os com cadeias,
   e são presos nos laços da aflição.
⁹Ele lhes revela seus atos,
   as faltas de orgulho que cometeram.
¹⁰Abre-lhes os ouvidos à disciplina
   e exorta-os a que se afastem do mal.

33,23

¹¹Se o escutarem e se submeterem,
   terminarão seus dias em felicidade
   e seus anos no bem-estar.
¹²Mas, se não o escutarem, atravessarão o Canal
   e morrerão como insensatos.
¹³Sim, os endurecidos,
   que manifestam sua cólera,
   e não pedem auxílio quando os aprisiona,
¹⁴morrem em plena juventude,
   e sua vida é entre os prostitutos.[d]
¹⁵Mas ele salva o pobre por sua pobreza,
   adverte-o[e] em sua miséria.
¹⁶Também a ti ele quer arrancar da angústia
   num lugar espaçoso em que nada incomoda,
   e a mesa preparada para ti transbordará de gordura.
¹⁷Se tu não instruis o processo do ímpio,
   assegurar-se-á um processo equitativo.[f]
¹⁸Toma cuidado,[g] para que não te seduza a fartura
   e não te perverta um rico suborno.
¹⁹Faze comparecer tanto o importante quanto o que nada tem,
   tanto o homem forte quanto o fraco.

---

a) Elifaz já anunciara (5,17) e desenvolvera (22,23-30) a ideia deste discurso. O texto é obscuro, sendo difícil determinar a contribuição original de Eliú.
b) Alusão a 7,16 e a 34,33. — "Pensamento", lit.: "coração", cf. Gn 8,21+.
c) Lit.: "não diminui os olhos de sobre o justo"; texto obscuro. Corrigindo com a LXX, poder-se-ia compreender "não restringe o direito do justo". Todo o v. 7 é incerto: segue-se o TM sem corrigi-lo, mas talvez esteja corrompido.
d) Cf. Dt 23,18.
e) Lit.: "lhe abre o ouvido": faz-lhe compreender (cf. Sl 40,7; Is 50,5).
f) Este v., decerto corrompido, é traduzido de maneiras muito diversas. A tradução conjectural dada aqui corta e vocaliza o texto de forma diferente do que faz o hebr. Outras traduções: "julgarás o juízo do perverso e (tuas mãos) assumirão a justiça", ou, sem corrigir: "se te expões ao veredito de um culpado, veredito e sentença prevalecerão".
g) "Toma cuidado": *hammeh*, conj.; "pois a cólera": *ki hemah*, hebr.

²⁰Não esmagues os que te são estrangeiros,
    para colocar no seu lugar a tua parentela.ᵃ
²¹Cuida que não voltes à iniquidade,
    pois, por causa dela, foste provado pela aflição.

Hino à sabedoria onipotenteᵇ

Eclo 42,15; 43,33

²²Vê como Deus é sublime em seu poder.
    Qual é o mestre que se lhe pode comparar?
²³Quem lhe prescreve sua conduta?
    Quem pode dizer-lhe: "Fizeste mal"?

Rm 11,33-34; Is 40,13

²⁴Pensa, antes, em glorificar suas obras,
    que tantos homens celebram em seus cantos.
²⁵Todos os homens as contemplam,
    admiram-nas de longe os mortais.
²⁶Deus é grande demais para que o possamos conhecer,
    o número de seus anos é incalculável.
²⁷Faz subir as gotas d'água
    e destila a chuva em neblina.
²⁸E as nuvens derramam-se em chuviscos,
    e a chuva cai sobre a multidão humana.

Sl 18,10-15

³¹Com elaᶜ alimenta os povos,
    dando-lhes comida abundante.

Sl 104,13s

²⁹Quem compreenderá as ondulações da sua nuvem,
    o ribombar ameaçador da sua tenda?ᵈ
³⁰Espalha diante dele seu clarão,
    submerge os fundamentos do mar.
³²Suas duas palmas ele as recobre com o clarão
    e lhe fixa o fim a atingir.
³³Seu trovão anuncia sua vinda,
    inflamando a cólera contra a iniquidade.ᵉ

37

Sl 18,14; 29

¹À vista disto, treme meu coração
    e me salta fora do lugar.
²Atenção! ouvi o trovão de sua voz,
    e o estrondo que sai de sua boca.
³Ele o envia pela vastidão dos céus,
    e seus raios aos confins da terra.
⁴A seguir ressoa o seu bramido
    e reboa seu fragor majestoso;
    nada detém seus raios;ᶠ
    tão logo se faz ouvir sua voz.

5,9

⁵Deus troveja a plena voz suas maravilhas
    e realiza proezas que não compreendemos.

---

a) O texto dos vv. 19-20 parece irremediavelmente corrompido, e sua tradução é incerta. As correções feitas dão um sentido provável neste contexto, mas não é seguro que estes vv. não tenham sido deslocados. O hebr. traduz-se lit.: "Comparará teu grito, não na angústia e todos os esforços da força? Não suspires, passada a noite, para que povos ascendam ao seu lugar".
b) Da interpretação dos caminhos de Deus, Eliú passa ao elogio do seu Poder e Sabedoria. Movimento análogo em Rm 11,33.
c) As primeiras palavras indicam que o v. já não está em seu contexto; deve tratar-se das nuvens mencionadas no v. 28. — "alimenta": *yazûn*, conj.; "julga": *yadîn*, hebr.
d) "Quem", sir.; "se (ele compreende)", hebr. — A nuvem, "tenda" de Iahweh, é o temporal que se abate em meio aos estrondos do trovão, sua "voz". Ela se abaixa, e Deus lança o raio como uma flecha (cf. Sl 18,10-15; 29; Ex 13,22+; 19,16+).
e) "inflamando", *maqneh*, conj.; "o rebanho" *miqneh*, hebr. — "contra a iniquidade": *'al 'awlah*, conj.; "contra o que sobe": *'al 'ôleh*, hebr.
f) "nada detém seus raios", conj.; "nada os detém", hebr.

⁶Diz à neve:
"Cai sobre a terra",
e ao aguaceiro:ᵃ
"Desce com violência!"
⁷Suspende a atividade dos homens,
para que reconheçam que é obra sua. _{Sl 104,19-23}
⁸As feras também entram em seu covil
e permanecem em suas tocas.
⁹Da Câmara austral sai o furacão, _{9,9}
os ventos do Norte trazem o frio.ᵇ
¹⁰Ao sopro de Deus forma-se o gelo, _{Sl 147,17}
congelando a superfície das águas.
¹¹Carrega de umidade o nimbo,
as nuvens da tempestade expelem o raio.
¹²Ele os faz circular
e preside a sua alternância.ᶜ
Em tudo executam as suas ordens,
sobre a superfície do seu mundo terrestre.
¹³É para castigar os povos da terra,
ou para uma obra de bondade que os envia.ᵈ
¹⁴Ouve isto, Jó, para,
e considera as maravilhas de Deus!
¹⁵Sabes como Deus comanda as nuvens?
E como a sua nuvem lampeja o raio?
¹⁶Sabes algo do equilíbrio das nuvens, _{Pr 8,28}
prodígio de conhecimento consumado?
¹⁷Tu, que te abafas em tua roupa,
quando a terra enlanguesce pelo vento sul?
¹⁸Podes tu como ele estenderᵉ a nuvem, _{Gn 1,6}
endurecida como uma placa de metal fundido?
¹⁹Ensina-me o que é preciso dizer-lhe;
é melhor não discutir mais por causa das nossas trevas.
²⁰Têm minhas palavras valor para ele,
é ele informado por ordens de um homem?
²¹Por um tempo a luz torna-se invisível,
quando as nuvens se escurecem;
depois o vento passa e as leva,
²²e do Norte chega a claridade.ᶠ _{Ex 24,16 +}
Deus envolve-se em assombrosa majestade
²³Shaddai, nós não o atingimos.
Mas ele, na sublimidade de seu poder e retidão,
na grandeza de sua justiça, sem oprimir,
²⁴impõe-se ao temor dos homens;
a ele a veneração de todos os corações sensatos.ᵍ

---

a) Depois de "ao aguaceiro", omitimos "e ao aguaceiro de chuva", ditografia. — "Desce com violência", *ozzu*, lit.: "sê forte", *uzzô*, hebr.

b) A "Câmara austral" (cf. 9,9), lit.: a "câmara", onde é mantido de reserva (cf. 38,22; Sl 135,7) o furacão, que é vento do Sul. Os "ventos do Norte", lit.: "os que dispersam".

c) Texto corrigido; o hebr. traduzir-se-ia lit.: "e ele (o raio) em círculos rodopiantes conforme suas diretivas".

d) "os povos da terra": *le'ammê ha'areç*, conj.; "se (é) por sua terra": *'im le'arçô*, hebr. — "os envia": *yoçi'am*, conj.; "fá-los encontrar": *yameçi'ehû*, hebr.

e) Lit.: "laminar": é a palavra empregada para o trabalho do metal, e a raiz é a mesma empregada para "firmamento".

f) "claridade": *zôhar*, conj.; "ouro": *zahab*, hebr.

g) "a ele a veneração": *lô yire'at*, conj. (cf. grego); "ele não vê (todos os corações sensatos)": *lô yere'eh*, hebr.

IV. Os discursos de Iahweh

PRIMEIRO DISCURSO

38 *A sabedoria criadora confunde Jó* — ¹Então Iahweh respondeu a Jó, do seio da tempestade,ᵃ e disse:

²Quem é esse que obscurece meus desígnios
  com palavras sem sentido?
³Cinge-te os rins, como herói,
  interrogar-te-ei e tu me responderás.ᵇ
⁴Onde estavas, quando lancei os fundamentos da terra?
  Dize-mo, se é que sabes tanto.
⁵Quem lhe fixou as dimensões? — se o sabes —,
  ou quem estendeu sobre ela a régua?
⁶Onde se encaixam suas bases,
  ou quem assentou sua pedra angular,
⁷entre as aclamações dos astros da manhã
  e o aplauso de todos os filhos de Deus?
⁸Quem fechouᶜ com portas o mar,
  quando irrompeu jorrando do seio materno;
⁹quando lhe dei nuvens como veste
  e espessas névoas como cueiros;
¹⁰quando lhe impus os limites
  e lhe firmei porta e ferrolho,
¹¹e disse: "Até aqui chegarás e não passarás:
  aqui se quebraráᵈ a soberba de tuas vagas"?
¹²Alguma vez deste ordens à manhã,
  ou indicaste à aurora um lugar,
¹³para agarrar as bordas da terra
  e sacudir dela os ímpios?
¹⁴Transforma-se como argila debaixo do sinete,ᵉ
  e tinge-se como um vestido.
¹⁵Ele retira a luzᶠ aos ímpios
  e quebra o braço rebelde.
¹⁶Entraste pelas fontes do mar,ᵍ
  ou passaste pelo fundo do abismo?
¹⁷Foram-te indicadas as portas da Morte,
  ou viste as portas da sombra da morte?ʰ
¹⁸Examinaste a extensão de terra?
  Conta-me, se sabes tudo isso.
¹⁹De que lado mora a luz,ⁱ
  e onde residem as trevas,

---

a) À maneira antiga das teofanias de Iahweh, que manifestava a sua terrível onipotência (cf. Sl 18,8-16; 50,3; Na 1,3; Ez 1,4, cf. Ex 13,22+; 19,16+).
b) "como um herói", 1 ms hebr., sir., Targ.; "como um homem", TM (simples diferença de vocalização). O mesmo em 40,7. — Invertem-se os papéis: Iahweh ataca e convida Jó a defender-se.
c) "Quem fechou", Vulg.; "ele fechou", hebr.
d) "se quebrará": *yishtabber*, segundo o grego; "entregar-se-á (à soberba)": *yashît bi*, hebr.
e) De cor vermelha. — "tinge-se", lit.: "é tingida" (*tiççaba'*), conj.; "mantêm-se de pé" (*yiteyaççebû*), hebr.
f) Que não é a luz do dia (cf. 24,13s).
g) Aquelas que se julgava alimentarem o mar.
h) Em vez de repetir "portas", o grego tem "porteiros". — Essa terra é o Xeol (Nm 16,33+). Acerca de "as portas da Morte", cf. Is 38,10; Sl 9,14; 107,18; Sb 16,13.
i) A luz é personificada como uma entidade distinta do sol. Ela regressa todas as noites ao seu domicílio, e as trevas saem.

²⁰ para que as conduzas à sua terra
 e distingas os acessos de sua casa?
²¹ Deverias sabê-lo, pois já tinhas nascido
 e grande é o número dos teus anos.
²² Entraste nos depósitos da neve?
 Visitaste os reservatórios do granizo,
²³ que reservo para o tempo da calamidade,
 para os dias de guerra e de batalha?
²⁴ Por onde se divide o relâmpago,
 ou se difunde o vento leste sobre a terra?
²⁵ Quem abriu um canal para o aguaceiro
 e o caminho para o relâmpago e o trovão,
²⁶ para que chova em terras despovoadas,
 na estepe inabitada pelo homem,
²⁷ para que se sacie o deserto desolado
 e brote erva na estepe?ᵃ
²⁸ Terá pai a chuva?
 Quem gera as gotas do orvalho?
²⁹ De que seio saiu o gelo?
 Quem deu à luz a geada do céu,
³⁰ quando as águas desaparecem, petrificando-se,
 e se torna compacta a superfície do abismo?
³¹ Podes atar os laços das Plêiades,
 ou desatar as cordas de Órion?
³² Podes fazer sair a seu tempo a Coroa,
 ou guiar a Ursa com seus filhos?ᵇ
³³ Conheces as leis dos céus,
 determinas o seu mapa na terra?
³⁴ Consegues elevar a voz até as nuvens,
 e a massa das águas te obedece?ᶜ
³⁵ Despachas os raios e eles vêm
 e te dizem: "Aqui estamos"?
³⁶ Quem deu sabedoria ao íbis,
 e ao galo a inteligência?ᵈ
³⁷ Quem enumera as nuvens com exatidão
 e quem entorna os cântaros do céu,
³⁸ quando o pó se funde numa massa
 e os torrões se conglutinam?
³⁹ És tu que caças a presa para a leoa,ᵉ
 ou sacias a fome dos leõezinhos,
⁴⁰ quando se recolhem nos seus covis,
 ou se põem de emboscada nas moitas?

---

a) "na estepe": *miççiyyah*, conj.; "lugar de origem": *moça'*, hebr. — Os vv. 26-27 realçam a gratuidade das obras divinas, ou então a solicitude de Deus para com seres diferentes dos homens.
b) "a Coroa", isto é, a Coroa boreal, segundo possíveis etimologias do vocábulo. Segundo outros: "a Estrela do pastor" (cf. Vulg. "Lúcifer"), ou "as Híades", porque Aldebarrão indicava a época da chuva e das lavouras. — Os "filhos" da Ursa designam provavelmente a constelação da Ursa menor.
c) "te obedece", *ta'aneka*, grego; "te cobre", *tekasseka*, hebr.
d) "íbis", e "galo": tradução duvidosa. O termo *sekwi* ("galo") só aparece aqui, mas os exegetas apoiam-se num targum e na Vulgata. *Tuhôt* ("íbis") parece ser uma transcrição de *Thot*, o deus-íbis egípcio. Esta palavra aparece mais uma vez (Sl 51,8), mas em sentido completamente diverso. — Atribuíam-se a esses animais faculdades de previsão: o íbis anunciava as enchentes do Nilo, o galo anuncia o dia e, segundo certas crenças populares, a chuva.
e) Passa-se da natureza inanimada ao reino animal. São escolhidos os tipos mais selvagens e independentes, ou os mais exóticos. Ora, Deus cuida de sua subsistência.

⁴¹ Quem prepara ao corvo o seu alimento,
  quando gritam a Deus seus filhotes
  e se levantam por falta de alimento?

39

¹ Sabes quando parem as camurças?*ª*
  Ou assististes ao parto das corças?
² Contas os meses de sua prenhez,
  ou conheces o momento do parto?
³ Elas se abaixam, forçam saída às crias,
  e livram-se de suas dores.
⁴ Seus filhotes crescem e ficam fortes,
  saem para o campo aberto e não voltam mais.
⁵ Quem pôs o asno selvagem em liberdade
  e soltou as rédeas do onagro?
⁶ Dei-lhe por habitação a estepe
  e por morada o deserto salgado.
⁷ Ele se ri do barulho das cidades
  e não ouve os gritos do arrieiro.
⁸ Ele explora as montanhas, seu pasto,
  à procura de lugares verdejantes.
⁹ Consentirá o búfalo em servir-te
  e passar a noite em teu estábulo?
¹⁰ Podes com uma corda atrelar um boi ao sulco,
  gradeará os terrões atrás de ti?*b*
¹¹ Podes fiar-te nele por ser grande a sua força,
  e lhe confiarás os teus labores?
¹² Contarás com ele na colheita
  e na armazenagem dos cereais de tua eira?
¹³ *c* A asa do avestruz bate alegremente,
  e não tem as penas da cegonha e do falcão?*d*
¹⁴ Abandona à terra seus ovos,
  para que a areia os incube,
¹⁵ sem pensar que um pé possa quebrá-los
  e uma fera pisoteá-los.
¹⁶ É cruel com seus filhotes, como se não fossem seus,
  e não lhe importa que malogre sua fadiga.
¹⁷ É porque Deus o privou da sabedoria
  e não lhe concedeu inteligência.
¹⁸ Mas, quando se ergue batendo os flancos,
  ri-se de cavalo e cavaleiro.
¹⁹ És tu que dás ao cavalo seu brio,*e*
  e lhe revestes de crinas o pescoço?
²⁰ És tu que o ensinas a saltar como gafanhoto
  e a relinchar com majestade e terror?
²¹ Pateando escava o chão, ufano de sua força,
  e se lança ao encontro das armas.
²² Ri-se do medo e nada o assusta,
  e não recua diante da espada.
²³ Sobre ele ressoam a aljava,
  a lança faiscante e o dardo.

---

a) As camurças e as corças são escolhidas porque a sua reprodução escapa a qualquer observação, da mesma forma que a dos avestruzes não respeita a menor prudência (v. 14): contudo, Deus vela pela conservação da espécie.
b) Isto é: "poderás obrigá-lo a trabalhar?"
c) Todo o trecho sobre o avestruz (vv. 13-18) falta no grego, sendo às vezes considerado acréscimo.
d) "falcão", *neç*, conj.; "penas", *noçah*, hebr.
e) O cavalo é aqui a montaria do guerreiro.

²⁴ Com ímpeto e estrondo devora a distância
e não para, ainda que soe o clarim.
²⁵ Ao toque da trombeta ele relincha!
Fareja de longe a batalha,
a voz trovejante dos chefes e o grito de guerra.
²⁶ É por tua sabedoria que o falcão levanta voo
e estende suas asas para o Sul?ᵃ

Jr 8,7

²⁷ Acaso é sob tua ordem que a águia remonta o voo
e constrói seu ninho nas alturas?
²⁸ Habita nos rochedos e lá pernoita,
o penhasco é seu baluarte.
²⁹ De lá espia sua presa,
que de longe os seus olhos percebem.
³⁰ Seus filhotes sorvem o sangue;
onde houver cadáver, lá está.

40

¹ Iahweh falou a Jó, e disse:ᵇ

Mt 24,28p

² O adversário de Shaddai criticará?
O censor de Deus responderá?

32

³ Jó respondeu a Iahweh:

33

⁴ Eis que falei levianamente: que poderei responder-te?
Porei minha mão sobre a boca;

34

⁵ falei uma vez, não repetirei;
duas vezes, nada mais acrescentarei.

35

SEGUNDO DISCURSO

O domínio de Deus sobre as forças do mal — ⁶Iahweh respondeu a Jó do meio da tempestade e disse:

40¹

⁷ Cinge teus rins como um herói:
interrogar-te-ei, e tu me responderás.

2

⁸ Atreves-te a anular meu julgamento,
ou a condenar-me, para ficares justificado?

3

⁹ Tens, então, um braço como o de Deus
e podes trovejar com voz semelhante à sua?

4

¹⁰ Reveste-te, pois, de glória e majestade,
cobre-te de fausto e esplendor.

5

¹¹ Derrama o ardor de tua ira
e, com simples olhar, abate o arrogante.

6

¹² Humilha com o olhar o soberboᶜ
e esmaga no chão os ímpios;

7

¹³ enterra-os todos juntos no pó
e amarra-os cada qual na prisão.ᵈ

Nm 16,31-34

¹⁴ Então também te louvarei,
porque podes com tua direita garantir-te a salvação.

9

---

a) As migrações das aves conforme as estações, manifestação da sabedoria instintiva que lhes é comunicada pelo Criador.
b) Este v. de introdução falta no grego. — Jó quis disputar com Deus. Deus opõe-lhe o mistério da sua sabedoria, manifestada por suas obras.
c) Para evitar a repetição, o grego tem "o soberbo".
d) Lit.: "Cobre sua face", "amordaça-os". — A "prisão" é o Xeol (Nm 16,33+), onde as Sombras são silenciosas.

Beemot[a]

¹⁵ Vê o Beemot que eu criei igual a ti!
  Alimenta-se de erva como o boi.
¹⁶ Vê a força de suas ancas,
  o vigor de seu ventre musculoso,
¹⁷ quando ergue sua cauda como um cedro,
  trançados os nervos de suas coxas.
¹⁸ Seus ossos são tubos de bronze;
  sua carcaça, barras de ferro.
¹⁹ É a obra-prima de Deus.
  O seu Criador o ameaça com a espada,
²⁰ proíbe-lhe a região das montanhas,[b]
  onde as feras se divertem.
²¹ Deita-se debaixo do lótus,
  esconde-se entre o junco do pântano.
²² Dão-lhe sombra os lótus,
  e cobrem-no os salgueiros da torrente.
²³ Ainda que o rio se desencadeie,[c] não se assusta,
  fica tranquilo, mesmo que o Jordão borbulhe até sua goela.
²⁴ Quem poderá agarrá-lo pela frente,
  ou atravessar-lhe o focinho com um gancho?[d]

Leviatã[e]

²⁵ Poderás pescar o Leviatã com anzol
  e atar-lhe a língua com uma corda?
²⁶ Serás capaz de passar-lhe um junco pelas narinas,
  ou perfurar-lhe as mandíbulas com um gancho?
²⁷ Virá a ti com muitas súplicas,
  ou dirigir-te-á palavras ternas?
²⁸ Fará uma aliança contigo,
  para que faças dele o teu criado perpétuo?
²⁹ Brincarás com ele como um pássaro,
  ou amarrá-lo-ás para as tuas filhas?
³⁰ Negociá-lo-ão os pescadores,
  ou dividi-lo-ão entre si os negociantes?[f]
³¹ Poderás crivar-lhe a pele com dardos,
  ou a cabeça com arpão de pesca?
³² Põe-lhe em cima a mão:
  pensa na luta, não o farás de novo.

---

a) É o plural de uma palavra que significa "animal", "gado". Esta forma pode designar o animal ou a besta por excelência, não importando, pois, qual seja o monstro. De fato, Beemot foi muitas vezes identificado com o elefante, ou com um búfalo mítico mencionado pelos textos de Ugarit. Tratar-se-ia aqui do búfalo do lago Hulé, no norte de Israel. Mas geralmente se pensou no hipopótamo, símbolo da força bruta, que Deus domina mas que o homem não consegue domesticar.
b) Lê-se *gebûl harim yissa' lô* em vez de *kî bûl harim yise'û lô*, lit.: "pois as montanhas lhe dão seu produto", obscuro neste contexto.
c) "se desencadeie", lit.: "é violento"; o grego corrige para "transborde".
d) Restituímos "Quem poderá" *(mî hu')*, caído por haplografia depois de *pihû* (última palavra do v. 23). — "gancho": sentido duvidoso; lit.: "laços".
e) Este nome designa propriamente um monstro do caos primitivo (3,8+), que se pensava viver permanentemente no mar. Aplica-se aqui ao crocodilo. Mas o animal visível — que simboliza o Egito (em Ez 29,3s; 32,2s) — continua a evocar neste passo a lembrança do monstro vencido nas origens por Iahweh (cf. 7,12+), sendo o tipo das potências hostis a Deus.
f) Associados para a pesca em comum. Seria "contar com o ovo antes da galinha botar"; "negociantes", lit.: "cananeus", os comerciantes por excelência.

41

¹ A tua esperança seria ilusória,
  pois somente o vê-lo atemoriza.ᵃ
² Ninguém é tão feroz para excitá-lo;
  quem, então, iria me enfrentar?
³ Quem me adiantou algo para que eu o reembolse?
  Tudo o que há debaixo dos céus me pertence!ᵇ
⁴ Não quero calar seus membros,
  o detalhe de suas façanhas, a belezaᶜ de seus membros.
⁵ Quem abriu sua couraça
  e penetrou por sua dupla armadura?ᵈ
⁶ Quem abriu as portas de suas fauces,
  rodeadas de dentes terríveis?
⁷ Seu dorso são fileiras de escudos,
  soldados com selo de pedra,ᵉ
⁸ tão unidos uns aos outros,
  que nem um sopro por ali passa.
⁹ Ligados estreitamente entre si
  e tão bem conexos, que não se podem separar.
¹⁰ Seus espirros relampejam faíscas,ᶠ
  e seus olhos são como arrebóis da aurora.
¹¹ De suas fauces irrompem tochas acesas
  e saltam centelhas de fogo.
¹² De suas narinas jorra fumaça,
  como de caldeira acesa e fervente.ᵍ
¹³ Seu hálito queima como brasas,
  e suas fauces lançam chamas.
¹⁴ Em seu pescoço reside a força,
  diante dele corre o pavor.
¹⁷ Quando se ergue, as ondas temem
  e as vagas do mar se afastam.ʰ
¹⁵ Os músculos de sua carne são compactos,
  são sólidos e não se movem.
¹⁶ Seu coração é duro como rocha,
  sólido como uma pedra molar.
¹⁸ A espada que o atinge não resiste,
  nem a lança, nem o dardo, nem o arpão.
¹⁹ O ferro para ele é como palha;
  o bronze, como madeira carcomida.
²⁰ A flecha não o afugenta,
  as pedras da funda são felpas para ele.
²¹ A maça é para ele como lasca,
  ri-se do sibilo dos dardos.
²² Seu ventre coberto de cacos pontudos
  é uma grade de ferro que se arrasta sobre o lodo.
²³ Faz ferver o abismo como uma caldeira,
  e transforma o mar em queimador de perfumes.

---

a) "A tua esperança", mss hebr., sir.; "A sua esperança", hebr. — No segundo estíquio, suprimimos o pronome interrogativo.
b) Tradução mais provável de um texto muito difícil.
c) "a beleza", *hên*, conj.; hebr. *hîn*, mal vocalizado.
d) "armadura", *sirionô* grego; "freio", *risnô* hebr.
e) "Seu dorso", *gewô*, versões; "A altivez", *ga'awah* hebr. — "que firma um selo de pedra", *çor*, grego; "fechado, um selo estreito", *çar*, hebr.
f) Faz saltar gotículas de água que relampejam ao sol.
g) "fervente": *'ogem*, sir.; Vulg.; "um junco" (?): *'agmon*, hebr.
h) V. deslocado, como o contexto parece exigir. — "as ondas": *gallîm*, conj.; "os deuses": *'elîm*, hebr. — "as vagas do mar": *mishberê yam*, conj.; "por causa das rupturas": *mishshebarîm*, hebr.

> ²⁴Deixa atrás de si uma esteira brilhante,
> como se o oceano tivesse cabeleira branca.ᵃ
> ²⁵Na terra ninguém se iguala a ele,
> pois foi feito para não ter medo.
> ²⁶Afronta os mais altivos,
> ele é rei sobre todos os filhos do orgulho.ᵇ

42 *Última resposta de Jó* — ¹Jó respondeu a Iahweh:

> ²Reconheço que tudo podes
> e que nenhum dos teus desígnios fica frustrado.
> ³Quem é aquele que vela teus planos
> com propósitos sem sentido?ᶜ
> Falei de coisas que não entendia,
> de maravilhas que me ultrapassam.
> ⁴(Escuta-me, que vou falar;
> interrogar-te-ei e tu me responderás.)ᵈ
> ⁵Eu te conhecia só de ouvir,
> mas agora meus olhos te veem:ᵉ
> ⁶por isso, retrato-me
> e faço penitência no pó e na cinza.ᶠ

V. Epílogo

Iahweh repreende os três sábios — ⁷Quando Iahweh acabou de dirigir a Jó essas palavras, disse a Elifaz de Temã: "Estou indignado contra ti e teus dois companheiros, porque não falastes corretamente de mim, como o fez meu servo Jó. ⁸Tomai, pois, sete novilhos e sete carneiros e dirigi-vos ao meu servo Jó. Oferecei-os em holocausto, e ele intercederá por vós. Em atenção a ele,ᵍ não vos tratarei como merece vossa temeridade, por não terdes falado corretamente de mim, como o fez meu servo Jó." ⁹Elifaz de Temã, Baldad de Suás e Sofar de Naamat fizeram como Iahweh lhes ordenara, e ele atendeu às orações de Jó.

Iahweh restaura a felicidade de Jó — ¹⁰Então Iahweh mudou a sorte de Jó, quando intercedeu por seus companheiros, e duplicou todas as suas posses. ¹¹Vieram visitá-lo seus irmãos e irmãs e os antigos conhecidos; almoçaram em sua casa, consolaram-no e confortaram-no pela desgraça que Iahweh lhe tinha enviado; cada um ofereceu-lhe uma soma de dinheiroʰ e um anel de ouro. ¹²Iahweh abençoou a Jó pelo fim de sua vida mais do que no princípio;

---

a) Quando mergulha, as bolhas de ar borbulham; ao nadar, deixa uma esteira faiscante.
b) Os "filhos do orgulho" são as feras (cf. 28,8), tipo de todos os poderosos deste mundo que só Deus contém com seu poder (40,7-14).
c) "com propósitos", acrescentando com ms hebr. e as versões, segundo 38,2.
d) Glosa, sem dúvida (cf. 33,31; 38,3).
e) Não é visão propriamente dita (cf. Ex 33,20+), *mas sim percepção nova da realidade de Deus*. Jó, que possuía de Deus apenas uma ideia transmitida pela tradição, penetrou no mistério, e inclina-se perante a Onipotência. Suas interrogações sobre a justiça permanecem sem resposta. Mas compreendeu que Deus não tem de prestar contas, e que sua Sabedoria pode conferir um sentido insuspeitado a realidades como o sofrimento e a morte.
f) O clássico gesto da dor e da penitência (cf. 2,8).
g) Jó desempenha a função de intercessor como Abraão (Gn 18,22-32; 20,7), Moisés (Ex 32,11+), Samuel (1Sm 7,5; 12,19), Amós (Am 7,2-6) e Jeremias (Jr 11,14; 37,3; 2Mc 15,14. Cf. Ez 14,14.20). Sua prova parece ser uma das razões da eficácia de sua oração. No pano de fundo, entrevê-se a figura do Servo (cf. Is 53,12), cujo sofrimento, desta feita, é expressamente uma expiação em favor de outrem.
h) Em hebr. *qesitah*, moeda antiga de valor desconhecido. As versões traduzem "ovelha".

possuía agora catorze mil ovelhas, seis mil camelos, mil juntas de bois e mil jumentas. ¹³Teve sete filhos*ᵃ* e três filhas: ¹⁴a primeira chamava-se "Rola", a segunda "Cássia", e a terceira "Azeviche". ¹⁵Não havia em toda a terra mulheres mais belas que as filhas de Jó. Seu pai lhes repartiu heranças como a seus irmãos.*ᵇ*

¹⁶Depois desses acontecimentos, Jó viveu cento e quarenta anos, e viu seus filhos e os filhos de seus filhos até à quarta geração. ¹⁷E Jó morreu velho e cheio de dias.*ᶜ*

Gn 25,8; 35,29

---

a) O Targ. tem: "catorze filhos".
b) Via de regra, as filhas só herdavam na falta de filhos varões (cf. Nm 27,1-11). O fato comprova a riqueza excepcional de Jó.
c) O grego contém duas adições. A primeira atesta que antigamente se encontrava no livro a ideia de ressurreição: "Está escrito que ele ressuscitará de novo com aqueles que o Senhor ressuscitar". A segunda nos diz que Jó habitava "no país de Ausítide, nos confins da Idumeia e da Arábia"; ela o identifica com Jobab (Gn 36,33).

SALMOS

Introdução

Como seus vizinhos do Egito, da Mesopotâmia e de Canaã, Israel cultivou, desde as origens, a poesia lírica sob todas as formas. Algumas peças estão inseridas nos livros históricos, desde o Cântico de Moisés (Ex 15), o Cântico do Poço (Nm 21,17-18), o hino de vitória de Débora (Jz 5), a elegia de Davi sobre Saul e Jônatas (2Sm 1) etc., até os elogios de Judas e de Simão Macabeu (1Mc 3,3-9 e 14,4-15) e, mais tarde, os cânticos do Novo Testamento: o Magnificat, o Benedictus e o Nunc dimittis. Numerosas passagens dos livros proféticos pertencem aos mesmos gêneros literários. Existiam antigas coleções, das quais só restaram o nome e alguns vestígios: o livro das Guerras de Iahweh (Nm 21,14) e o livro do Justo (Js 10,13; 2Sm 1,18). Mas o tesouro da lírica religiosa de Israel nos foi conservado pelo Saltério.

Os nomes

O Saltério (do grego Psaltérion, propriamente nome do instrumento de cordas que acompanhava os cânticos, os salmos) é a coleção dos cento e cinquenta salmos. Do Sl 10 ao Sl 148, a numeração da Bíblia hebraica (a que aqui seguimos) está uma unidade na frente da numeração da Bíblia grega e da Vulgata, que reúnem os Sl 9 e 10 e os Sl 114 e 115, mas dividem em dois os Sl 116 e o Sl 147.

Em hebraico, o Saltério chama-se Tehillim, "Hinos", mas o nome só se aplica adequadamente a certo número de salmos. De fato, nos títulos que encabeçam a maioria dos salmos, o nome de hino é dado apenas ao Sl 145. O título mais frequente é mizmor, que supõe um acompanhamento musical e que se traduz muito bem com nossa palavra "salmo". Alguns destes "salmos" são chamados também "cânticos", e o mesmo termo, usado sozinho, introduz cada peça da coleção "Cânticos das subidas" (Sl 120-134). Outras designações são mais raras e às vezes difíceis de interpretar.

Gêneros literários

Uma classificação melhor se obtém pelo estudo das formas literárias e, deste ponto de vista estilístico, distinguem-se três grandes gêneros: os hinos, as súplicas e as ações de graças. Esta divisão não é exaustiva, porque existem formas secundárias, aberrantes ou mistas e ela nem sempre corresponde a uma classificação dos salmos que se faria segundo seus temas ou suas intenções.

1. Os hinos. São os Sl 8; 19; 29; 33; 46-48; 76; 84; 87; 93; 96-100; 103-106; 113; 114; 117; 122; 135; 136; 145-150. Sua composição é bastante uniforme. Todos começam por uma exortação a louvar a Deus. O corpo do hino descreve os motivos deste louvor, os prodígios realizados por Deus na natureza, especialmente sua obra criadora, e na história, particularmente a salvação concedida a seu povo. A conclusão repete a fórmula de introdução ou exprime uma prece.

Neste conjunto podemos distinguir, conforme seu tema, dois grupos de salmos. Os Cânticos de Sião (Sl 46; 48; 76; 87) exaltam, com uma nota marcante de escatologia, a cidade santa, morada do Altíssimo e meta das peregrinações (cf. Sl 84 e 122). Os Salmos do Reino de Deus, especialmente Sl 47; 93; 96-98 celebram, num estilo que relembra os profetas, o reino universal de Iahweh. Posto que utilizam o vocabulário e as imagens da subida dos reis humanos ao trono, pretendeu-se relacioná-los com uma festa de entronização de Iahweh, que, como se supõe, era celebrada todo ano em Israel, como se fazia em Babilônia em honra de Marduc. Mas a existência de tal festa em Israel é uma hipótese pouco segura.

2. As súplicas, salmos de sofrimento, ou lamentações. Não cantam as glórias de Deus, mas dirigem-se a ele, e nisto diferem dos hinos. Geralmente as súplicas começam com uma invocação, acompanhada de pedido de socorro, de prece ou de expressão de confiança. No corpo do salmo

procura-se comover a Deus descrevendo-lhe a triste situação dos suplicantes, com metáforas que são clichês e raramente permitem determinar as circunstâncias históricas ou concretas da oração: fala-se das águas do abismo, dos laços da morte ou do Xeol, de inimigos ou de feras (cães, leões, touros) que ameaçam ou dilaceram, de ossos que secam ou quebram, do coração que palpita e se apavora. Há protestos de inocência (Sl 7; 17; 26) e confissões de pecados como o Miserere (Sl 51) e outros salmos de penitência. Recorda-se a Deus seus benefícios antigos ou se lhe faz a censura de parecer esquecido ou ausente (Sl 9-10; 22; 44). Mas afirma-se também a confiança que se mantém nele (Sl 3; 5; 42-43; 55-57; 63; 130 etc.), e às vezes o salmo de petição não é senão longo apelo confiante (Sl 4; 11; 16; 23; 62; 91; 121; 125; 131). Muitas vezes a súplica termina, e de modo às vezes repentino, pela certeza de que a prece é atendida e por ação de graças, como os Sl 6; 22; 69; 140.

Estas súplicas podem ser coletivas ou individuais.

a) Súplicas coletivas são, p. ex., Sl 12; 44; 60; 74; 79; 80; 83; 85; 106; 123; 129; 137. Sua ocasião é desastre nacional, derrota ou destruição, ou necessidade comum; pede-se então a salvação e a restauração do povo. Os Sl 74 e 137, pelo menos, como também a coleção das Lamentações atribuídas a Jeremias, refletem as consequências da ruína de Jerusalém em 587; o Sl 85 exprime os sentimentos dos repatriados. O Sl 106 é confissão geral dos pecados da nação.

b) Súplicas individuais são, p. ex., Sl 3; 5-7; 13; 17; 22; 25; 26; 28; 31; 35; 38; 42-43; 51; 54-57; 59; 63; 64; 69-71; 77; 86; 102; 120; 130; 140-143. Estas preces são particularmente numerosas e seu conteúdo é muito variado: além dos perigos de morte, das perseguições, do exílio e da velhice, os males de que pedem a libertação são especialmente a doença, a calúnia e o pecado. Os inimigos, "os que fazem o mal", dos quais se queixam ou contra os quais se irritam, são pouco definidos. Em todo caso, não são, como alguns pensaram, feiticeiros cujos malefícios estes salmos combateriam. Estes poemas não são, como se afirmava outrora, a expressão no singular do "eu" coletivo. Tampouco podem, como recentemente se opinou, ser todos postos na boca do rei que falaria em nome do seu povo. Estas orações são, por um lado, demasiado individuais e, por outro, por demais desprovidas de alusões à pessoa e à condição régia, para que estas teorias sejam verossímeis. É verdade, sem dúvida, que várias foram adaptadas e utilizadas como lamentações nacionais, p. ex., Sl 22; 28; 59; 69; 71; 102; é verdade também que há salmos régios, dos quais falaremos adiante; é verdade enfim que todas estas preces entraram finalmente no uso comum (o que significa sua inserção no Saltério), mas é fato que elas foram compostas para tal pessoa, ou por tal pessoa, numa necessidade particular. Elas são gritos da alma e expressões de fé pessoal. Pois jamais são puras lamentações; são apelos confiantes a Deus na tribulação.

3. As ações de graças. Já vimos que as súplicas podiam terminar com um agradecimento a Deus que escuta a oração. Este agradecimento pode tornar-se o essencial do poema nos salmos de ação de graças, que são bem pouco numerosos, p. ex., Sl 18; 21; 30; 33; 34; 40; 65-68; 92; 116; 118; 124; 129; 138; 144. Raramente são coletivos: neste caso o povo dá graças pela libertação de um perigo, pela abundância das colheitas, pelos benefícios concedidos ao rei. Com maior frequência são individuais: pessoas particulares, depois de recordar os males sofridos e a oração atendida, exprimem seu reconhecimento e exortam os fiéis a louvar a Deus com elas. Esta última parte serve frequentemente para introduzir temas didáticos. A estrutura literária dos salmos de ação de graças é semelhante à dos hinos.

4. Gêneros aberrantes e mistos. A fronteira entre os gêneros até aqui descritos é imprecisa e acontece amiúde que eles se misturem. Há por exemplo, lamentações que seguem a uma prece confiante (Sl 27; 31) ou que são seguidas de um cântico de ação de graças (Sl 28; 57). O Sl 89 começa como um hino, prossegue com um oráculo e termina com uma lamentação. O longo Sl 119 é um hino à Lei, mas é também lamentação individual e expõe doutrina de Sabedoria. Na verdade, muitos elementos, em si mesmos estranhos à lírica, introduziram-se no Saltério. Acabamos de aludir aos temas de Sabedoria e já disséramos que eles se encontram em certos salmos de ação de graças. Podem às vezes ocupar extensão tal que se fala, bastante impropriamente, em Salmos didáticos. De fato, os Sl 1; 112 e 127 são puras composições sapienciais. Mas alguns

outros conservam certas características dos gêneros líricos: o Sl 25 assemelha-se às lamentações, os Sl 32; 37; 73 às ações de graças etc.

Outros salmos há que incorporaram oráculos, ou não são senão oráculos ampliados, p. ex., Sl 2; 50; 75; 81; 82; 85; 95; 110. Eles foram explicados recentemente como verdadeiros oráculos emitidos por sacerdotes ou profetas durante as cerimônias do Templo. Outra opinião insiste em não ver neles mais que uma expressão do estilo profético, sem conexão real com o culto. A questão é debatida, mas é preciso reconhecer, de um lado, que as relações entre o Saltério e a literatura profética não se limitam aos oráculos, mas se estendem a numerosos temas, como as teofanias, as imagens da taça, do fogo, do crisol etc., e, de outro lado, que há vínculos inegáveis que ligam o Saltério ao culto do Templo; voltaremos a falar desse assunto.

Salmos régios

Há certo número de cânticos "régios" espalhados no Saltério e que pertencem a diversos gêneros literários. Há oráculos em favor do rei (Sl 2 e 110), orações pelo rei (Sl 20; 61; 72), uma ação de graças pelo rei (Sl 21), orações do rei (Sl 18; 28; 63; 101), um canto real de procissão (Sl 132), um hino régio (Sl 144) e até mesmo um epitalâmio para casamento principesco (Sl 45). Seriam poemas antigos, datando da época monárquica e refletindo a linguagem e o cerimonial da corte. Teriam em vista um rei da época, e os Sl 2; 72; 110 podem ter sido salmos de entronização. O rei é chamado filho adotivo de Deus, seu reino será sem fim, seu poder se estenderá até os confins da terra; fará triunfar a paz e a justiça, será o salvador do povo. Tais expressões podem parecer extravagantes, mas não vão além do que os povos vizinhos diziam de seu soberano e do que Israel esperava do seu.

Mas em Israel o rei recebe a unção, que faz dele o vassalo de Iahweh e seu representante na terra. Ele é o Ungido de Iahweh, em hebraico o "Messias", e esta relação religiosa estabelecida com Deus especifica a concepção israelita e a diferença das do Egito ou da Mesopotâmia, não obstante o uso de fraseologia comum. O "messianismo régio", que começa com a profecia de Natã (2Sm 7), exprime-se nos comentários que dão sobre ela os Sl 89 e 132 e especialmente nos Sl 2; 72 e 110. Eles mantinham o povo na esperança das promessas feitas à dinastia de Davi. Se se define o messianismo como a espera de um rei futuro, de um último rei que haveria de trazer a salvação definitiva e que instauraria o reino de Deus sobre a terra, nenhum desses salmos seria propriamente "messiânico". Mas alguns destes antigos cânticos régios, continuando a ser utilizados depois da queda da monarquia e sendo incorporados no Saltério, talvez com retoques e adições, alimentaram a ideia de um Messias individual, descendente de Davi. Esta esperança estava viva entre os judeus às vésperas do começo da nossa era e os cristãos viram sua realização em Cristo (título que significa Ungido em grego, como Messias em hebraico). O Sl 110 será o texto do Saltério mais frequentemente citado no Novo Testamento. O canto nupcial do Sl 45 passou a exprimir a união do Messias com o novo Israel, na linha das alegorias matrimoniais dos profetas, e é aplicado a Cristo por Hb 1,8. Na mesma perspectiva, o Novo Testamento e a tradição cristã aplicam a Cristo outros salmos que não eram salmos régios, mas exprimiram de antemão a condição e os sentimentos do Messias, o Justo por excelência, p. ex., os Sl 16 e 22, e certas passagens de numerosos salmos, em particular dos Sl 8; 35; 40; 41; 68; 69; 97; 102; 118; 119. Da mesma forma, os salmos do reino de Iahweh foram relacionados com o reino de Cristo. Também se estas aplicações ultrapassam o sentido literal, continuam legítimas porque todas as esperanças que animam o Saltério só se realizam plenamente com a vinda do Filho de Deus ao mundo.

Os Salmos e o culto

O Saltério é a coleção dos cânticos religiosos de Israel. Ora, sabemos que entre o pessoal do Templo figuravam cantores e, embora estes não sejam mencionados explicitamente senão depois do Exílio, é certo que existiram desde o começo. As festas de Iahweh eram celebradas com danças e coros (Jz 21,19-21; 2Sm 6,5.16). Conforme Am 5,23, os sacrifícios eram acompanhados de cânticos e, já que o palácio real tinha seus cantores no tempo de Davi, segundo 2Sm 19,36, e no tempo de Ezequias, conforme os Anais de Senaquerib, o Templo de Salomão deve ter tido os seus, como todos os grandes santuários orientais. Com efeito, há salmos atribuídos a Asaf, aos filhos de Coré, a Emã e a Etã (ou Iditun), todos eles cantores do Templo pré-exílico, de acordo com as Crônicas. A tradição, que atribui a Davi muitos salmos, faz também remontar a ele a organização do culto, inclusive os cantores (1Cr 25), e concorda com os textos antigos que o mostram dançando e cantando diante de Iahweh (2Sm 6,5.16).

Muitos dos salmos trazem indicações musicais ou litúrgicas. Alguns se referem, em seu texto, a algum rito que se efetua conjuntamente (Sl 20; 26; 27; 66; 81; 107; 116; 134; 135). É evidente que estes e outros salmos (Sl 48; 65; 95; 96; 118) eram recitados no recinto do Templo. Os "Cânticos das subidas" (Sl 120-134), como também o Sl 84, eram cânticos de peregrinação ao santuário. Estes exemplos, escolhidos entre os mais claros, bastam para mostrar que numerosos salmos, inclusive certos salmos individuais, foram compostos para o serviço do Templo. Outros, se não tinham inicialmente este destino, foram pelo menos adaptados ao mesmo, por exemplo, pela adição de bênçãos (Sl 125; 128; 129).

A relação dos Salmos com o culto e o caráter litúrgico do Saltério tomado em seu conjunto são, portanto, fatos inegáveis. Mas geralmente nos faltam informações para identificar a cerimônia ou a festa no decurso das quais determinado salmo era utilizado. O título hebraico do Sl 92 destina-o para o dia de sábado; os títulos gregos dos Sl 24; 48; 93 e 94 os repartem por outros dias da semana. O Sl 30 era utilizado na festa da Dedicação, conforme o hebraico, e o Sl 29 se cantava na festa das Tendas, segundo o grego. Talvez estas indicações não sejam primitivas, mas elas testemunham, como as rubricas detalhadas que foram feitas na época judaica, que o Saltério foi o livro de canto do Templo e da Sinagoga, antes de se tornar o da Igreja cristã.

Autores e datas

Os títulos atribuem 73 salmos a Davi, doze a Asaf, onze aos filhos de Coré, e salmos isolados a Emã, Etã (ou Iditun), Moisés e Salomão. Os títulos da versão grega nem sempre coincidem com o hebraico e atribuem 82 salmos a Davi. A versão siríaca é ainda mais diferente.

Esses títulos não pretendiam talvez, originalmente, designar os autores destes salmos. A fórmula hebraica empregada estabelece apenas certa relação do salmo com a personagem mencionada, seja por causa da concordância do tema, seja porque este salmo pertencia a uma coleção atribuída a ele. Os salmos "dos filhos de Coré" pertenciam ao repertório desta família de cantores, como os numerosos salmos "do mestre de canto" (Sl 4; 5; 6; 8 etc.) eram peças que o coro do Templo executava. Havia também uma coleção de Asaf e uma davídica. Mas bem depressa passou-se a ver indicações de autor nestas etiquetas de procedência, e certos salmos "de Davi" receberam subtítulo especificando a circunstância da vida do rei em que o poema foi composto (Sl 3; 7; 18; 34; 51; 52; 54 etc.). Finalmente a tradição viu em Davi o autor não só de todos os salmos que trazem seu nome, mas do Saltério inteiro.

Estas interpretações exageradas não nos devem levar a negligenciar o testemunho importante e antigo que os títulos dos salmos oferecem. É razoável admitir que as coleções de Asaf e dos filhos de Coré foram compostas por cantores do Templo. De modo semelhante a coleção davídica deve vincular-se de algum modo ao grande rei. Tendo em vista o que os livros históricos atestam sobre seu talento musical (1Sm 16,16-18; cf. Am 6,5) e de poeta (2Sm 1,19-27; 3,33-34), sobre seu gosto pelo culto (2Sm 6,5.15-16), temos de reconhecer que deve haver no Saltério peças que têm Davi por autor. De fato, o Sl 18 reproduz, numa recensão distinta, um salmo atribuído a Davi por 2Sm 22. Sem dúvida, nem todos os salmos da coleção davídica são obra dele, mas esta coleção não se pôde formar senão a partir de um núcleo autêntico. Infelizmente é difícil precisar mais. Já vimos que os títulos dados pelo hebraico não são argumento decisivo, e os escritos do Novo Testamento, quando citam este ou aquele salmo sob o nome de Davi, se conformam à opinião de seu tempo. Contudo, estes testemunhos não devem ser rejeitados inteiramente e sempre se deverá reservar a Davi, "cantor dos cânticos de Israel" (2Sm 23,1), papel essencial nas origens da lírica religiosa do povo eleito.

O impulso dado por ele persistiu e o Saltério resume vários séculos de atividade poética. Depois de ter situado a quase totalidade dos salmos na época do retorno do Exílio e às vezes numa época bem posterior, a crítica volta, atualmente, a posições mais prudentes. Número bastante grande de salmos procederia da época monárquica, em particular os salmos "régios", mas seu conteúdo é por demais vago para poder fazer mais que hipótese sobre sua data precisa. Por outro lado, os salmos do Reino de Iahweh, carregados de reminiscências de outros salmos e da segunda parte de Isaías, foram compostos durante o Exílio; o mesmo se diga, evidentemente, dos salmos que, como o Sl 137, falam da ruína de Jerusalém e da deportação. O Retorno é cantado no Sl 126. O período seguinte parece ter sido fecundo em composições sálmicas: é o momento em que o culto se expandiu no Templo restaurado, em que os cantores são promovidos em dignidade e são assimilados aos levitas, em que também os sábios adotam o gênero sálmico para difundir seus ensinamentos, como o fará Ben Sirac. Será preciso chegar até depois da época persa e reconhecer salmos macabeus? A questão surge sobretudo com respeito aos Sl 44; 74; 79; 83; mas os argumentos propostos não são suficientes para tornar verossímil data tão tardia.

Formação do Saltério

O Saltério que possuímos é o termo desta longa atividade. Existiram a princípio coleções parciais. O Sl 72 (cujo título o atribui, aliás, a Salomão) conclui-se com a nota: "Fim das orações de Davi", embora haja salmos não davídicos antes dele e outros salmos davídicos depois. Com efeito, há primeiramente dois grupos davídicos (Sl 3-41 e 51-72) atribuídos individualmente a Davi, exceto o último (Salomão) e três salmos anônimos. Outras coleções análogas devem ter existido a princípio isoladas: o saltério de Asaf (Sl 50 e 73-83), o dos filhos de Coré (Sl 42-49 e 84; 85; 87; 88), o das Subidas (Sl 120-134), do Hallel (Sl 105-107; 111-118; 135; 136; 146-150). A coexistência de várias coleções é comprovada pelos salmos que se repetem com poucas variantes, p. ex., Sl 14 e 53; 40,14-18 e 70; 57,8-12 junto com 60,7-14 e 108.

O trabalho dos colecionadores transparece também no uso dos nomes divinos: "Iahweh" é usado de modo quase exclusivo nos Sl 1-41 (primeiro grupo davídico); "Elohim" o substitui nos Sl 42-89 (que abrange o segundo grupo davídico, parte dos salmos dos filhos de Coré e o saltério de Asaf); e todo o resto (Sl 90-150) é "javista", com exceção do Sl 108, que combina os dois salmos "eloístas" 57 e 60. Este segundo conjunto "javista", no qual muitos salmos são anônimos e são frequentes as repetições e citações, deve ser o mais recente do Saltério, o que não concerne à data de cada salmo em particular.

Finalmente, o saltério foi dividido, sem dúvida à imitação do Pentateuco, em cinco livros que foram separados por curtas doxologias: 41,14; 72,18-20; 89,52; 106,48. O Sl 150 serve de longa doxologia final, ao passo que o Sl 1 é como que um prefácio para dar início ao conjunto.

Esta forma canônica do Saltério não se impôs definitivamente senão bem tarde e teve concorrentes. O Saltério grego conta 151 salmos e a antiga versão siríaca, 155. As descobertas do mar Morto restituíram o original hebraico do Sl 151 grego — que de fato é a combinação de dois salmos — e os dois últimos salmos siríacos; deram também a conhecer três novas composições poéticas, inseridas em manuscritos do Saltério, onde, além disso, os Salmos nem sempre se seguem na ordem canônica. Por conseguinte, o Saltério permaneceu uma coleção aberta até o começo de nossa era, pelo menos em certos ambientes.

Valor espiritual

Não é preciso alongar-nos, tão evidente é a riqueza religiosa dos salmos. Eles foram as preces do Antigo Testamento, quando o próprio Deus inspirou os sentimentos que seus filhos devem ter a seu respeito e as palavras de que devem servir-se ao se dirigirem a ele. Foram recitados por Jesus e por Maria, pelos Apóstolos e pelos primeiros mártires. A Igreja cristã fez deles, sem alteração, sua prece oficial. Sem alteração: aqueles gritos de louvor, de súplica ou de ação de graças, arrancados aos salmistas nas circunstâncias de sua época e de sua experiência pessoal, têm caráter universal, pois exprimem a atitude que todo homem deve ter diante de Deus. Sem alteração nas palavras, mas com enriquecimento considerável do sentido: na Nova Aliança, o fiel louva e agradece a

Deus que lhe revelou o segredo de sua vida íntima, que o resgatou pelo sangue de seu Filho, que lhe infundiu seu Espírito e, na recitação litúrgica, cada salmo termina com a doxologia trinitária do Glória ao Pai, ao Filho e ao Espírito Santo. As súplicas antigas se tornam mais ardentes depois que a Última Ceia, a Cruz e a Ressurreição ensinaram ao homem o amor infinito de Deus, a universalidade e a gravidade do pecado, a glória prometida aos justos. As esperanças cantadas pelos salmistas se realizam; o Messias veio, ele reina e todas as nações são chamadas a louvá-lo.

SALMOS

SALMO 1[a]
Os dois caminhos

Jr 21,8
Dt 30,15-20
Pr 4,18-19
↗ Mt 7,13-14

¹ Feliz o homem
   que não vai ao conselho dos ímpios,
   não para no caminho dos pecadores,
   nem se assenta na roda dos zombadores.

Js 1,8
Sl 119,148

² Pelo contrário:
   seu prazer está na Lei de Iahweh,
   e medita[b] sua Lei, dia e noite.

Jr 17,8
Ez 47,12
Sb 5,1
Lc 21,36

³ Ele é como árvore
   plantada junto a riachos:
   dá seu fruto no tempo devido
   e suas folhas nunca murcham;
   tudo o que ele faz é bem-sucedido.

Jó 21,18
Sl 35,5

⁴ Não são assim os ímpios!
   Pelo contrário:
   são como a palha que o vento dispersa...
⁵ Por isso os ímpios não ficarão de pé no Julgamento,[c]
   nem os pecadores no conselho dos justos.

Sl 112,10

⁶ Sim, Iahweh conhece o caminho dos justos,
   mas o caminho dos ímpios perece.

SALMO 2
O drama messiânico[d]

Sl 110

¹ Por que as nações se amotinam,
   e os povos planejam em vão?

↗ At 4,25-28

² Os reis da terra se insurgem,
   e, unidos, os príncipes enfrentam
   Iahweh e seu Messias:

↗ Ap 19,19
Sl 83,6

³ "Rebentemos seus grilhões,
   sacudamos de nós suas algemas!"

Sl 149,8

⁴ O que habita nos céus ri,
   o Senhor se diverte à custa deles.

Is 40,15-17,
22-24
Sl 59,9

⁵ E depois lhes fala com ira,
   confundindo-os com seu furor:

---

a) Os Sl 1 e 2 se apresentam como o prefácio do Saltério, resumindo sua doutrina moral e ideias messiânicas. O Sl 1, opondo "os dois caminhos", celebra a Lei, dada aos homens para sua felicidade (cf. Sl 19,8-15 e 119).

b) Lit.: "murmura". Tal recitação em voz baixa é meditação (cf. Sl 63,7; 77,13; 143,5), que se opõe ao grito da prece na provação (cf. Sl 3,5; 5,3 etc.).

c) O julgamento escatológico, segundo o texto massorético; julgamento qualquer de Deus nesta vida, segundo o grego.

d) A tradição judaica e a cristã consideram este Sl como messiânico da mesma forma que o Sl 110, do qual poderia depender. Suas perspectivas são messiânicas e escatológicas.

⁶"Fui eu que consagrei o meu rei
sobre Sião, minha montanha sagrada!"ᵃ

⁷Publicarei o decreto de Iahweh:ᵇ
Ele me disse: "Tu és meu filho,
eu hoje te gerei.
⁸Pede, e eu te darei as nações como herança,
os confins da terra como propriedade.
⁹Tu as quebrarás com um cetro de ferro,
Como um vaso de oleiro as despedaçarás."ᶜ

¹⁰E agora, reis, sede prudentes,
deixai-vos corrigir, juízes da terra.
¹¹Servi a Iahweh com temor,
¹²beijai seus pésᵈ com tremor
para que não se irrite e pereçais no caminho,
e num instante sua cólera inflama.
Felizes aqueles que nele se abrigam!

Is 9,5
Sl 89,27 +
Lc 3,22
At 13,33 +
Hb 1,5; 5,5

Gn 12,7 +
Is 49,6
Dn 7,14
Sl 110,5-6
Ap 19,15;
2,26-27
Sb 6,1s

= Sl 34,9
Pr 16,20

SALMO 3
Apelo matinal do justo perseguido

¹*Salmo de Davi. Quando fugia de seu filho Absalão.*   2Sm 15,13s

²Iahweh, quão numerosos são meus adversários,
numerosos os que se levantam contra mim,
³numerosos os que dizem a meu respeito:
"Onde está sua salvação em Deus?"   *Pausa*

⁴Mas tu, Iahweh, és o escudo que me protege,
minha glória e o que me ergue a cabeça.
⁵Em alta voz eu grito a Iahweh,
e ele me responde do seu monte sagrado.   *Pausa*

Sl 18,3; 62,8
Dt 33,29
Sl 27,6;
110,7
Eclo 11,13

⁶Eu me deito e logo adormeço.
Desperto, pois é Iahweh quem me sustenta.ᵉ

Pr 3,24
Sl 4,9

⁷Não temo o povo em multidão
que em cerco se instala contra mim.

⁸Levanta-te, Iahweh! Salva-me, Deus meu!   Sl 58,7
Pois golpeias no queixo meus inimigos todos,
e quebras os dentes dos ímpios.

⁹A Iahweh pertence a salvação!   ‖ Jn 2,10
E sobre o teu povo, a tua bênção!   *Pausa*

---

a) Inicialmente a "montanha de Deus" era o Sinai (Ex 3,1; 18,5), onde Moisés havia encontrado a Deus e dele recebido a Lei (Ex 24,12-18; Dt 33,2; cf. 1Rs 19,8). Quando Salomão edificou o Templo sobre a colina de Sião (2Sm 5,9+), ela tornou-se a única montanha em que Deus residia, aonde o homem "subia" para ouvi-lo e adorá-lo (cf. Dt 12,2-3); ela deu seu nome a toda a cidade de Jerusalém, cidade do rei messiânico, em que se reunirão os povos (Sl 48,1+; Is 2,1-3; 11,9; 24,23; 56,7; Jl 3,5; Zc 14,16-19; cf. Hb 12,22; Ap 14,1; 21,1+).
b) Depois dos rebeldes (v. 3), depois de Iahweh (v. 6) o Messias toma a palavra. Consagrando o rei sobre Israel (v. 6), Deus declarou-o "seu filho" segundo uma fórmula familiar ao antigo Oriente, mas que, retomada já pela promessa messiânica de 2Sm 7, receberá sentido mais profundo: o v. 7 será aplicado por Hb 1,5 e, depois, pela tradição e a liturgia à geração eterna do Verbo.
c) O Rei-Messias é representado aqui no seu tradicional papel guerreiro.
d) "beijai seus pés", *nashsheqû beraglayw*, conj.; "e estremecei … beijai o filho" ou " …beijai o que é puro" (o Rolo da Lei), *wegîlû… nashsheqû bar*, hebr., como também o grego e o Targum (cf. Sl 19,9). O hebraico, sem dúvida, quis eliminar o antropomorfismo.
e) Esta passagem é aplicada pelos Padres ao Cristo morto e ressuscitado.

SALMO 4
Oração da tarde[a]

¹*Do mestre de canto. Com instrumentos de corda. Salmo. De Davi.*

² Quando te invoco, responde-me, meu justo Deus!
   Na angústia tu me aliviaste:
     tem piedade de mim, ouve a minha prece!

³ Ó homens, até quando insultareis minha glória,[b]
   e amareis o nada, e buscareis a ilusão?   *Pausa*

⁴ Sabei que Iahweh põe à parte seu fiel:
   Iahweh ouve quando eu o invoco.

⁵ Tremei e não pequeis,
   refleti[c] no vosso leito e ficai em silêncio.[d]   *Pausa*

⁶ Oferecei sacrifícios justos
   e confiai em Iahweh.

⁷ Muitos dizem: "Quem nos fará ver o bem?"
   Iahweh, levanta sobre nós a luz da tua face.[e]

⁸ Puseste em meu coração mais alegria
   do que quando seu trigo e seu vinho transbordam.

⁹ Em paz me deito e logo adormeço,
   porque só tu, Iahweh, me fazes viver em segurança.

SALMO 5
Oração da manhã

¹*Do mestre de canto. Para flautas. Salmo. De Davi.*

² Iahweh, escuta minhas palavras,
    considera o meu gemido.
³ Ouve atento meu grito por socorro,
    meu Rei e meu Deus!

É a ti que eu suplico, ⁴Iahweh!
De manhã[f] ouves minha voz;
de manhã eu me preparo para ti[g]
   e fico esperando...

---

a) Salmo de confiança e gratidão para com Deus, do qual unicamente vem a felicidade. Os vv. 5 e 9 o apresentam como prece da tarde.
b) O texto é difícil, talvez corrompido. Gr.: "Tereis o coração pesado? Por que amais a vaidade?".
c) Lit.: "falai em vosso coração".
d) Texto obscuro, sem dúvida desordenado, sem que se imponha alguma correção. Sentido geral: é preciso temer ofender a Deus e orar a ele na calma e no silêncio da adoração.
e) Expressão bíblica, frequente no Saltério, da benevolência de Deus ou dos reis. A "face" é o aspecto exterior de uma coisa (Sl 104,30; Gn 2,6 etc.) ou de um homem, tornando visíveis seus pensamentos e sentimentos (Gn 4,5; 31,2 etc.). Ela pode, portanto, designar a personalidade ("minha face" = eu: Sl 42,6.12; 43,5 etc.) e a presença, de modo especial a propósito de Deus dirigindo-se ao homem. Como é impossível ao homem ver a Deus (Ex 33,20+; 34,29-35), Deus não "faz brilhar a luz da sua face" (cf. Sl 31,17; 44,4; 80,4 etc.) a não ser em sentido atenuado. É preciso entender do mesmo modo as passagens em que o homem procura a Deus (Sl 24,6; 27,8+; Jó 33,26; Am 5,4+) ou o contempla (Sl 11,7+; 42,3). A tradução do grego e da Vulg.: "a luz da tua face está selada (ou: impressa) sobre nós" foi interpretada a respeito da alma criada à imagem de Deus e marcada com o selo batismal, que faz do cristão "filho da luz" (Lc 16,8; Jo 8,12+; 1Ts 5,5; Ef 5,8).
f) A manhã é o momento dos favores divinos (Sl 17,15+).
g) As traduções divergem: exponho meu pedido, ofereço meus votos, preparo minha oferta.

⁵Tu não és um Deus que goste da impiedade,
    o mau não é teu hóspede;
⁶não, os arrogantes não se mantêm
    na tua presença.
Odeias todos os malfeitores.

⁷Destróis os mentirosos, Pr 6,17-19
Mt 7,23
Ap 21,8
Sl 55,24
    o homem sanguinário e fraudulento
    Iahweh o rejeita.

⁸Quanto a mim, por teu grande amor = Sl 138,2
1Rs 8,44.48
Dn 6,11
    entro em tua casa:
eu me prostro em teu sagrado Templo,
    cheio de temor.

⁹Guia-me segundo tua justiça, Iahweh, Sl 23,3
Is 26,7
    por causa dos que me espreitam.
Aplaina à minha frente o teu caminho!

¹⁰Pois não há sinceridade em sua boca, Rm 3,13
    em seu íntimo não há mais que ruína;
sua garganta é sepulcro aberto
    e sua língua é fluente.

¹¹Declara-os culpados, ó Deus,*a*
    que seus projetos fracassem!
Persegue-os por seus crimes numerosos,
    porque se revoltam contra ti.

¹²Todos os que se abrigam em ti se alegrem Ap 7,15-16
Sl 69,37
119,132
    e se rejubilem para sempre;
tu os proteges e exultam em ti
    os que amam o teu nome.

¹³Sim, Iahweh, tu abençoas o justo,
    teu favor o cobre como escudo.

SALMO 6

Súplica durante a provação[b]

¹*Do mestre de canto. Com instrumentos de corda. Sobre a oitava. Salmo. De Davi.*

²Iahweh, não me castigues com tua ira, || Jr 10,24
= Sl 38,2
    não me corrijas com teu furor!
³Tem piedade de mim, Iahweh, pois desfaleço! Jr 17,14-15
Cura-me, Iahweh, pois meus ossos tremem;
⁴todo o meu ser estremece

---

a) Tais convites à vingança divina contra os inimigos de Deus ou do fiel voltam com muita frequência nos Sl (cf., por exemplo: 10,15; 31,18; 54,7; 58,7s; 59,12s; 69,23-29; 79,12; 83,10-19; 104,35; 109,6-20; 125,5; 137,7-9; 139,19-22; 140,10-12). Sob o regime de retribuição temporal, como o era o da antiga Aliança, traduzem uma necessidade de justiça que os desmentidos da experiência imediata e os progressos da Revelação apurarão, confrontando-a com o mistério da justiça transcendente de Deus (cf. Jó), à espera de que o Novo Testamento a convide a ultrapassar-se no amor (Mt 5,43-48). Deste modo, purificados do ressentimento pessoal, os Salmos de vingança permanecem, tanto para a Igreja como para o cristão, a expressão desta mesma necessidade de justiça em face aos poderes do mal sempre ativos no mundo.

b) É o primeiro dos sete "Salmos de penitência" (32; 38; 51; 102; 130; 143). É a súplica de um doente a Deus.

e tu, Iahweh, até quando?
⁵Volta-te, Iahweh! Liberta-me!ᵃ
Salva-me, por teu amor!
⁶Pois na morte ninguém se lembra de ti,
quem te louvaria no Xeol?ᵇ

⁷Estou esgotado de tanto gemer,
de noite eu choro na cama,
banhando meu leito de lágrimas.
⁸Meus olhos derretem-se de dor
pela insolência dos meus adversários.ᶜ

⁹Afastai-vos de mim, malfeitores todos:
Iahweh escutou a voz do meu pranto!
¹⁰Iahweh ouviu meu pedido,
Iahweh acolheu minha prece.
¹¹Envergonhem-se e tremam meus inimigos todos,
retirem-se depressa, cheios de vergonha!

Is 38,18 +
Sl 88,11-13

= Sl 119,115
125,5
Mt 7,23

SALMO 7

*Prece do justo perseguido*ᵈ

¹Lamentação. De Davi. Ele a cantou para Iahweh, a propósito de Cuch,ᵉ o benjaminita.

²Iahweh, meu Deus, eu me abrigo em ti.
Salva-me de meus perseguidores todos! Liberta-me!
³Que não me apanhem, como leão,
e me dilacerem, e ninguém me liberte!

⁴Iahweh, meu Deus, se eu fiz algo...
se em minhas mãos há injustiça,
⁵se paguei com o mal ao meu benfeitor,
se poupei sem razão o meu adversário,ᶠ
⁶que o inimigo me persiga e alcance!
Que me pisoteie vivo por terra
e atire meu ventreᵍ contra a poeira!   *Pausa*

Sl 6,5+

a) Lit.: "Liberta minha alma". O termo hebraico *nefesh* (cf. Gn 2,7) designa a respiração vital (e por extensão a garganta), que está no princípio da vida e que se retira por ocasião da morte. O termo designa frequentemente o homem, ou o animal, como indivíduo animado (Gn 12,5; 14,21; Ex 1,5; 12,4 etc.), ou nas diferentes funções de sua vida corporal ou afetiva, sempre ligadas entre si (cf. Gn 2,21+). A expressão "minha alma" equivale frequentemente ao pronome reflexivo "eu próprio, mim mesmo" (cf. Sl 3,3; 44,26; 124,7; Gn 12,13; Ex 4,19; 1Sm 1,26; 18,1-3 etc.), assim como "minha vida", "minha face", "minha glória". Estes diferentes sentidos de "alma" permanecerão vivos no NT (*psychē;* cf. Mt 2,20; 10,28; 16,25-26; 1Cor 4,16+; 15,44+).

b) No Xeol (cf. Nm 16,33+) os mortos têm vida diminuída e silenciosa, sem relações com Deus (Is 38,18; Sl 30,10; 88,6.11-13; 115,17-18).

c) "insolência", '*ateqah*, conj.; "envelheceu", '*atqah*, hebr. Os "adversários" veem nas provações do doente o castigo de alguma falta escondida (cf. os amigos de Jó). O tema é mais desenvolvido em outros lugares (Sl 31; 35; 38; 69).

d) Dois protestos de inocência estão misturados aqui. O primeiro, vv. 1-6.13b-17, de estilo sapiencial, pede a aplicação estrita do talião; o segundo, vv. 7-13a, inspirado em Jeremias, conjura o Juiz celeste a intervir. O v. 18 é conclusão litúrgica.

e) As versões trazem "Cuchita" (cf. 2Sm 18,21): é o mensageiro que anunciou a Davi a morte de Absalão. Contudo, o epíteto "benjaminita" sugere antes um inimigo de Davi.

f) O princípio do talião (cf. Ex 21,25+) pedia que se devolvesse o bem com o bem e o mal com o mal. Não é preciso abrandar o texto, como as versões que traduzem: "devolver o mal a quem o fez a mim" ou compreender (segundo o aramaico): "despojado (meu opressor)". Ainda não estamos diante da moral evangélica (Mt 5,38s).

g) Lit.: "minha glória", mas o termo designa também o fígado, órgão dos pensamentos e sentimentos para os semitas. Este termo pode também designar a alma. A "poeira" é a do túmulo.

⁷ Levanta-te com tua ira, Iahweh!
 Ergue-te contra o excesso dos meus adversários!
  Vigia a meu lado;
  tu que ordenas o julgamento!
⁸ Que a assembleia dos povos te cerque;   Sl 6,5
 assenta sobre ela, no mais alto.
⁹ (Iahweh é o juiz dos povos).

 Julga-me, Iahweh, conforme a minha justiça,
 e segundo a minha integridade.*ᵃ*
¹⁰ Põe fim à maldade dos ímpios   Jr 11,20
 e confirma o justo,   Sb 1,6 +
 pois tu sondas os corações e os rins,
  Deus justo!

¹¹ Meu escudo está junto de Deus,   Sl 3,4
 o salvador dos corações retos.
¹² Deus é justo juiz,   Ex 34,6-7 +
 lento para a cólera,*ᵇ*
 mas é Deus que ameaça a cada dia.

¹³ Se o homem não se corrige,*ᶜ*
 que afie sua espada,
 retese seu arco e o aponte,
¹⁴ mas é para si que faz armas de morte   Is 50,11
 e fabrica suas flechas flamejantes.
¹⁵ Ei-lo gerando a iniquidade: Is 59,4
 concebe a maldade e dá à luz a mentira.   Jó 15,35

¹⁶ Ele cava e aprofunda um buraco,   Sl 9,16; 35,8
 mas cai na cova que fez.   Pr 26,27
¹⁷ Sua maldade se volta contra ele,   Jó 4,8
 sobre o crânio lhe cai a própria violência. Eclo 27,25-27
¹⁸ Eu agradecerei a Iahweh a sua justiça,   Sl 13,6
 quero tocar ao nome do Altíssimo.*ᵈ*

SALMO 8
Poder do nome divino
Sl 19,2-7
Sl 104

¹ *Do mestre de canto. Sobre a... de Gat.ᵉ Salmo. De Davi.*

² Iahweh, Senhor nosso,
 quão poderoso é teu nome*ᶠ*
 em toda a terra!

 Ele divulga*ᵍ* tua majestade sobre o céu.   Mt 21,16
³ Pela boca das crianças e bebês*ʰ*   Sb 10,20-21
                                             Mt 11,25p

---

a) O texto acrescenta: "sobre mim".
b) "lento para a cólera", grego; omitido pelo hebr.
c) Alguns unem esse membro de frase ao v. precedente e suprem a palavra "inimigos" (cf. v. 6; "que o inimigo afie sua espada...").
d) "Altíssimo", conj.; "Iahweh altíssimo", hebr. — O verbo hebr. *zamar*, grego *psallein*, habitualmente traduzido por "salmodiar", significa propriamente: "tocar um instrumento (de cordas)" ou "cantar com acompanhamento musical".

e) Talvez a harpa, ou uma melodia de origem filisteia.
f) O nome divino permite ao fiel, desde que saiba pronunciá-lo, participar da glória de Iahweh (cf. v. 6). Feito à imagem de Deus, o homem é deste modo associado à sua soberania (cf. Sl 20,2; 54,3.8; Is 63,17). Sem dúvida foi este tema que provocou a aproximação com o Sl precedente.
g) "divulga": *tinnah*, conj.; "queira dar": *tenah*, hebr.
h) Cristo citou este texto a propósito das crianças que aclamavam seu triunfo no dia de Ramos. A liturgia o

tu o firmaste, qual fortaleza,ᵃ
contra os teus adversários,
para reprimir o inimigo e o vingador.

⁴Quando vejo o céu, obra dos teus dedos,
a lua e as estrelas que fixaste,
⁵que é o homem, para dele te lembrares,
e um filho de Adão, para vires visitá-lo?

⁶E o fizeste pouco menos do que um deus,ᵇ
coroando-o de glória e beleza.
⁷Para que domine as obras de tuas mãos
sob seus pés tudo colocaste:

⁸ovelhas e bois, todos,
e as feras do campo também;
⁹a ave do céu e os peixes do mar
quando percorre ele as sendas dos mares.

¹⁰Iahweh, Senhor nosso,
quão poderoso é teu nome
em toda a terra!

SALMO 9-10

*Deus abate os ímpios e salva os humildes*ᶜ

¹*Do mestre de canto. Para oboé e harpa.*ᵈ *Salmo. De Davi.*

Alef ²Eu te celebro, Iahweh, de todo o coração,
enumero todas as tuas maravilhas!
³Eu me alegro e exulto em ti,
e toco ao teu nome, ó Altíssimo!

Bet ⁴Meus inimigos voltam atrás,
tropeçam e somem à tua presença,
⁵pois defendeste minha causa e direito:
sentaste em teu trono como justo juiz.ᵉ

Guimel ⁶Ameaçaste as nações, destruíste o ímpio,
para todo o sempre apagaste o seu nome.
⁷O inimigo acabou, para sempre em ruínas,
arrasaste as cidades, sua lembrança sumiu.

Hê ⁸Eisᶠ que Iahweh sentou-se para sempre,
para o julgamento firmou o seu trono.
⁹Ele julga o mundo com justiça,
governa os povos com retidão.

---

utiliza para celebrar o testemunho dos santos inocentes (cf. Mt 2,16; 21,16).
a) Como em Pr 18,10 etc.: o nome divino confunde toda idolatria, revelando o Deus único, Iahweh (cf. Ex 3,14).
b) O autor pensa nos seres misteriosos que formam a corte de Iahweh (Sl 29,1+); os "anjos", no grego e na Vulg. (cf. Sl 45,7+; Tb 5,4+).
c) Os Sl 9 e 10 originalmente formavam um só poema (e assim continua no grego e Vulg.): o arauto dos "pobres" (cf. Sf 2,3+) descreve num hino e implora numa prece a vinda do julgamento divino sobre os ímpios. O Salmo é "alfabético" (cf. Pr 31,10+), mas diversas letras não têm estrofes correspondentes no texto recebido, que está em mau estado.
d) Sentido incerto. O hebr. pode ser traduzido literalmente: "sobre (a ária de) morrer para o filho".
e) Considera-se o julgamento divino como realizado, visto que o "dia de Iahweh" o trará à luz. Este tema escatológico é frequente nos Sl.
f) "Eis": *hinneh,* conj.; "eles e": *hemmah we,* hebr.

SALMOS 9-10

Waw
¹⁰ Seja Iahweh fortaleza para o oprimido,
fortaleza nos tempos de angústia.
¹¹ Em ti confiam os que conhecem teu nome,
pois não abandonas os que te procuram, Iahweh!

Is 25,4
= Sl 37,39

Sl 36,11; 87,4

Záin
¹² Tocai para Iahweh, que habita em Sião;
narrai entre os povos as suas façanhas:
¹³ ele busca os assassinos, lembra-se deles,[a]
não se esquece jamais do clamor dos pobres.

Sl 7,18 +

Jó 16,18 +

Het
¹⁴ Piedade, Iahweh! Vê minha aflição![b]
Levanta-me das portas da morte,
¹⁵ para que eu publique todo o teu louvor,
e com tua salvação eu exulte
às portas da filha de Sião!

Sb 16,13

Tet
¹⁶ Os povos caíram na cova que fizeram,
no laço que ocultaram prenderam o pé.
¹⁷ Iahweh se manifestou fazendo justiça,
apanhou o ímpio em sua armadilha.   *Em surdina.*
                                     Pausa

Sl 7,16 +

Yod
¹⁸ Que os ímpios voltem ao Xeol,
os povos todos que esquecem a Deus!

Sl 50,22
Jó 8,13

Kaf
¹⁹ Pois o indigente não será esquecido para sempre,
a esperança dos pobres jamais se frustrará.

Pr 23,18

²⁰ Levanta-te, Iahweh, não triunfe um mortal!
Que os povos sejam julgados em tua frente!
²¹ Infunde-lhes medo, Iahweh:
saibam os povos que são homens mortais!   *Pausa*

Sl 7,7

Jó 13,24

Lamed **10** ²² ¹ Iahweh, por que ficas longe
e te escondes no tempo de angústia?
²³ ² A soberba do ímpio persegue o infeliz.
Fiquem presos nas tramas que urdiram!

Sl 22; 74,1

(Mem) ²⁴ ³ O ímpio se gloria da própria ambição,
o avarento que bendiz despreza Iahweh.[c]

Sl 10,13
Jó 22,13
Sl 14,1; 36,2
Sf 1,12

(Nun) ²⁵ ⁴ O ímpio é soberbo, jamais investiga:
— "Deus não existe!" — é tudo o que pensa.[d]

²⁶ ⁵ Suas empresas têm sucesso em todo tempo,
teus julgamentos estão além do seu alcance,
ele desafia seus adversários todos.

²⁷ ⁶ E diz em seu coração: "Eu sou inabalável!
Jamais me acontecerá uma desgraça".

(Samec)
Pê
²⁸ ⁷ Maldição, fraude e violência lhe enchem a boca,
sob sua língua há opressão e maldade.

↗ Rm 3,14

---

a) Lit.: "ele busca o sangue derramado, lembra-se dele".
b) O hebr. acrescenta: "por causa daqueles que me odeiam".
c) O texto dos vv. 3-4 é incerto e sem dúvida retocado por razões teológicas ("bendiz" é eufemismo como em 1Rs 21,10.13 e Jó 1,5.11; 2,5.9). As versões apresentam variantes.
d) Negando a ação da Providência, o ímpio chega praticamente a negar a Deus.

⁸ Põe-se de emboscada entre os juncos
e às escondidas massacra o inocente.

Áin
⁹ Com os olhos espreita o miserável:*a*
de tocaia, bem oculto, como leão no covil,
ele se embosca para pegar o infeliz:
captura o infeliz e o arrasta em sua rede.

(Çade)
¹⁰ Ele espreita, se agacha, se encurva,*b*
e o miserável cai em seu poder.
¹¹ E reflete: "Deus esquece,
cobre a face para não ver até o fim!"

Qof
¹² Levanta-te, Iahweh! Ó Deus, ergue a tua mão!*c*
Não te esqueças dos infelizes!
¹³ Por que o ímpio desprezaria Deus,
pensando que não investigas?

Resh
¹⁴ Mas tu vês a fadiga e o sofrimento,
e observas para tomá-los na mão:
a ti se abandona o miserável,
para o órfão tu és um socorro.*d*

Shin
¹⁵ Quebra o braço do ímpio e do mau
e procura sua maldade: não a encontras!

¹⁶ Iahweh é rei para sempre e eternamente,
as nações desapareceram de sua terra.

Taw
¹⁷ Iahweh, tu ouves o desejo dos pobres,
fortaleces seu coração e lhes dás ouvidos,
¹⁸ fazendo justiça ao órfão e ao oprimido,
para que o homem terreno
já não infunda terror.

SALMO 11 (10)

Confiança do justo

¹ *Do mestre de canto. De Davi.*

Eu me abrigo em Iahweh.
Como podeis dizer-me:
"Foge para os montes, passarinho!*e*

² Vê os ímpios que retesam o arco,
ajustando a flecha na corda,
para atirar ocultamente nos corações retos;
³ se os fundamentos estão destruídos
que pode o justo fazer?"

---

a) "juncos": *haçirîm*, conj. (cf. Is 35,7); "recinto" ou "vilarejos": *haçerîm*, hebr. — "espreita", lit.: "(seus olhos) espreitam", versões; "se escondem", hebr.
b) "Ele espreita": conj. para restituir a letra *çade*; omitido pelo hebr. — "se agacha", lit.: "se rebaixa", *qerê*, grego; "rebaixado", *ketib*.
c) Para salvar (Sl 138,7) e para ferir (Is 11,15; Ez 36,7; Mq 5,8).
d) O texto deste v. é incerto.
e) O fiel perseguido é comparado ao pássaro (Sl 55,7; 91,3; 124,7). A montanha é o lugar de refúgio (Gn 19,17; Sl 121,1; Ez 7,16; Mt 24,16).

⁴ Mas Iahweh está no seu Templo sagrado,
Iahweh tem seu trono no céu;
seus olhos contemplam o mundo,ᵃ
suas pupilas examinam os filhos de Adão.

⁵ Iahweh examina o justo e o ímpio,
ele odeia quem ama a violência:
⁶ fará chover, sobre os ímpios, brasas,ᵇ
fogo e enxofre e vento de tempestade,
é a parte que lhes cabe.ᶜ

⁷ Sim, Iahweh é justo, ele ama a justiça,
e os corações retos contemplarão sua face.ᵈ

SALMO 12 (11)
*Contra o mundo falso*ᵉ

¹ *Do mestre de canto. Para instrumentos de oito cordas. Salmo. De Davi.*

² Socorro, Iahweh! Não há mais homem fiel!
A lealdade desapareceuᶠ dentre os filhos de Adão!
³ Cada qual mente ao seu próximo, falando
com lábios fluentes e duplo coração.

⁴ Corte Iahweh todos os lábios fluentes
e a língua que profere grandezas,
⁵ os que dizem: "A língua é nossa força:
nossos lábios nos defendem,
quem seria nosso mestre?"

⁶ "Por causa do pobre que despojam, do infeliz que geme,
agora me levanto — declara Iahweh:
porei a salvo a quem o deseja!"

⁷ As palavras de Iahweh são palavras sinceras,
prata puraᵍ saindo da terra, sete vezes refinada.

⁸ Sim, Iahweh, tu nos guardarás.
Tu nos protegerás de tal geração para sempre.
⁹ Por toda parte se agitam os ímpios,
a corrupção aumentaʰ entre os filhos de Adão.

---

a) "o mundo", versões, omitido pelo hebr.
b) "brasas", Símaco; "armadilhas", hebr.
c) Lit.: "parte de taça". Esta metáfora (a taça servia talvez para tirar a sorte) designa o destino, às vezes como bom (Sl 16,5; 23,5), ou mais frequentemente como mau (Sl 75,9; Mt 20,22; Ap 14,10; 16,19); a taça da ira divina é tema profético (Is 51,17+; Jr 25,15; Lm 4,21; Ez 23,31s; Hab 2,16).
d) Conj.; a leitura do hebr. "sua face contemplará o coração reto" talvez se deva a escrúpulo teológico: o homem não pode ver a Deus (cf. Ex 33,20+). A expressão "contemplar a face de Deus" é frequente, todavia, nos Sl, no sentido de: estar de pé em sua presença como servos diante de senhor benevolente (Sl 15,1; cf. Sl 16,11; 17,15; 24,6; 27,8+; 105,4; Gn 33,10; Jó 33,26; Is 38,11).
e) Prece em estilo profético. Às mentiras dos homens opõe-se a verdade das palavras e das promessas divinas.
f) "desapareceu": *sapû*, conj.; *passû*, hebr. ininteligível.
g) Lit.: "fundida à entrada da terra", isto é, já refinada quando encontrada. A palavra de Deus é absolutamente isenta de mentira.
h) Trad. incerta, lit.: "como uma elevação de corrupção". O Targum parafraseia: "como um verme que suga o sangue dos homens".

SALMO 13 (12)
Pedido confiante

¹*Do mestre de canto. Salmo. De Davi.*

<small>Sl 64; 77,8s;
89,47; 94,3
Lm 5,20</small>

² Até quando me esquecerás, Iahweh? Para sempre?
Até quando esconderás de mim a tua face?
³ Até quando terei sofrimento dentro de mim
e tristeza no coração, dia e noite?[a]
Até quando triunfará meu adversário?

⁴ Atenta, Iahweh meu Deus! Responde-me!
Ilumina meus olhos,
para que eu não adormeça na morte.

<small>Sl 38,17</small>

⁵ Que meu inimigo não diga: "Venci-o",
e meus adversários não exultem ao me fazer tropeçar.

⁶ Quanto a mim, eu confio no teu amor!
Meu coração exulte com a tua salvação.
Cantarei a Iahweh pelo bem que me fez,
tocarei ao nome de Iahweh, o Altíssimo![b]

SALMO 14 (13)
O homem sem Deus[c]

<small>= Sl 53</small>
<small>Sl 10,4; 36,2
Sf 1,12</small>

¹*Do mestre de canto. De Davi.*

Diz o insensato em seu coração:
"Deus não existe!"
Suas ações são corrompidas e abomináveis:
ninguém age bem.

<small>Sl 11,4</small>

² Do céu Iahweh se inclina
sobre os filhos de Adão,
para ver se há um sensato,
alguém que busque a Deus.

<small>↗ Rm 3,11-12
Sl 12,2</small>

³ Estão todos desviados
e obstinados também:
não, ninguém age bem,
não, nem um sequer.[d]

<small>Is 9,11 +</small>

⁴ Não sabem todos os malfeitores
que devoram meu povo,[e]
como se comessem pão,
e não invocam a Iahweh?

<small>Dt 28,67</small>

⁵ Lá,[f] eles tremerão,[g]
pois Deus está com a raça dos justos:
⁶ vós caçoais da revolta do pobre,
mas Iahweh é seu abrigo.

---

a) "e noite", mss gregos; omitido pelo hebr.
b) Grego e Vulg. (cf. Sl 7,18); estíquio omitido pelo hebr.
c) O homem "sem Deus" (cf. 10,4+) é insensato. Sua hora virá (cf. Jr 5,12s).
d) Mss gregos e Vulg. inserem aqui três vv., citados em Rm 3,10-18 e compreendendo Sl 5,10; 140,4; 10,7; Pr 1,16; Is 59,7-8; Sl 36,2.
e) Imagem profética.
f) Isto é, em Sião (v. 7; cf. 48,3; 76,4; 87,4.6; Ez 48,35).
g) O grego acrescenta: "sem razão para tremer" (cf. Sl 53).

⁷Quem trará de Sião a salvação para Israel?
Quando Iahweh reconduzir os cativos de seu povo,
alegria em Jacó e regozijo em Israel!*ª*

Sl 85,2;
126,1

SALMO 15 (14)

*O hóspede de Iahweh*ᵇ

Is 33,15-16
Mq 6,6-8
Sl 24,3-6

¹*Salmo. De Davi.*

Iahweh, quem pode hospedar-se em tua tenda?*ᶜ*
Quem pode habitar em teu monte sagrado?

²Quem anda com integridade
e pratica a justiça:
fala a verdade no coração,
³e não deixa a língua correr;

Gn 17,1
Sl 119,1

em nada lesa seu irmão
nem insulta seu próximo;
⁴despreza o ímpio com o olhar,
mas honra os que temem a Iahweh;*ᵈ*

jura com dano próprio
sem se retratar;
⁵não empresta dinheiro com usura,
nem aceita suborno contra o inocente.

Ex 22,24 +;
23,8 +

Quem age deste modo jamais vacilará!

SALMO 16 (15)

Iahweh, minha parte na herança

¹*À meia-voz.*ᵉ *De Davi.*

Guarda-me, ó Deus, pois eu me abrigo em ti.

²Eu disse a Iahweh: És tu o meu Senhor:
minha felicidade não está em nenhum
³destes demônios da terra.

Eles se impõem a todos os que os amam,*ᶠ*
⁴multiplicam seus ídolos, correm atrás deles.*ᵍ*

---

a) A expressão (cf. Sl 85,2; 126,1; Dt 30,3; Jó 42,10; Jr 29,14; Ez 16,53; Os 6,11; Am 9,14 etc.), que inicialmente visa à volta do cativeiro, tem frequentemente o *sentido mais geral de restabelecer, restaurar, mudar a sorte.*
b) Compêndio de moral, cf. os preceitos do Decálogo (Ex 20,1+).
c) O santuário de Jerusalém toma por vezes o nome de "tenda", à imagem do antigo santuário do deserto que relembrava todos os anos a festa das Tendas (Ex 23,14+).
d) Os que são fiéis e submissos a ele. A expressão, frequente nos Sl, é sinônimo de: fiel, piedoso, devoto. Mais tarde designará os simpatizantes do judaísmo (cf. At 2,11+; 10,2+).

e) Sentido incerto. Esta rubrica é encontrada em Sl cuja recitação pública poderia provocar a ira dos pagãos que dominavam Jerusalém.
f) O texto dos vv. 2-3, muito obscuro, é traduzido por conj., mudando-se a vocalização. O hebr. daria lit.: "Meu senhor, tu minha felicidade, não acima de ti. Aos santos, que estão na terra, eles e aqueles que impõem (?), todo o meu prazer está neles". — Estes versos poderiam dirigir-se aos que pretendem unir a adoração de Iahweh ao culto dos deuses locais, sincretismo que foi a tentação de Israel durante muito tempo (cf. Is 57,6; 65,5; 66,3s).
g) "correm atrás deles", versões; hebr. corrompido (lit.: "pagam o preço do estrangeiro"). — "ídolos", lit.: "enfermidades": eufemismo.

Jamais derramarei suas libações de sangue,
   nem porei seus nomes em meus lábios.

⁵Iahweh, minha parte na herança e minha taça,
   és tu que garantes a minha porção;
⁶o cordel mediu para mim um lugar delicioso,
   sim, é magnífica a minha herança.ᵃ

⁷Bendigo a Iahweh que me aconselha,
   e, mesmo à noite, meus rinsᵇ me instruem.
⁸Ponho Iahweh à minha frente sem cessar,
   com ele à minha direita eu não vacilarei.

⁹Por isso meu coração se alegra,
   minhas entranhasᶜ exultam
   e minha carne repousa em segurança;
¹⁰pois não abandonarás minha vida no Xeol,
   nem deixarás que teu fiel veja a cova!ᵈ

¹¹Ensinar-me-ás o caminho da vida,
   cheio de alegrias em tua presença
   e delícias à tua direita, perpetuamente.

SALMO 17 (16)

Súplica do inocente

¹*Prece. De Davi.*

Ouve, Iahweh, a causa justa,
   atende ao meu clamor;
dá ouvido à minha súplica,
   que não sai de lábios mentirosos.
²Que minha sentença provenha de tua face,
   teus olhos vejam onde está o direito.

³Tu sondas meu coração, tu me visitas de noite,
   tu me provas sem encontrar em mim infâmia:
   minha boca não transgrediu
⁴como costumam os homens.

Eu observei a palavra dos teus lábios,
   no caminho prescrito ⁵mantendo os meus passos;
   meus pés não vacilaram nas tuas pegadas.
⁶Eu clamo a ti, pois tu me respondes, ó Deus!
   Inclina a mim teu ouvido, ouve a minha palavra,
⁷demonstra o teu amor, tu que salvas
   dos agressores quem se refugia à tua direita.

⁸Guarda-me como a pupila dos olhos,
   esconde-me à sombra de tuas asas,

---

a) Alusão à condição dos levitas. Sua parte, designada pelas imagens tradicionais da taça (cf. Sl 11,6+) e do cordel de agrimensor (Mq 2,4-5), é Iahweh. O nome próprio *Hilqiyyahu*, "Iahweh é minha porção", é frequente.
b) Para os semitas, os rins são a sede dos pensamentos e dos afetos secretos (cf. Sl 7,10; Pr 23,16; Jr 12,2).
c) Lit.: "minha glória" (cf. Sl 7,6+).

d) O salmista escolheu Iahweh. O realismo de sua fé e as exigências de sua vida mística reclamam intimidade indissolúvel com ele; é necessário, portanto, que ele escape da morte que o separaria dele (Sl 6,6; cf. Sl 49,16+). Esperança ainda imprecisa, que já preludia a fé na ressurreição (cf. Dn 12,2; 2Mc 7,9+). As versões traduzem "cova" por "corrupção". A aplicação messiânica admitida pelo judaísmo verificou-se na ressurreição de Cristo.

⁹longe dos ímpios que me oprimem,
dos inimigos mortais que me cercam.

¹⁰Eles envolvem seu coração com gordura,
sua boca fala com arrogância.
¹¹Caminham contra mim^a e agora me cercam,
fixando seus olhos para jogar-me por terra.
¹²Parecem leão, ávido por devorar,
filhote de leão, agachado em seu covil.

Sl 10,9;
22,14;
35,17; 57,5

¹³Levanta-te, Iahweh! Enfrenta-os! Derruba-os!
Que tua espada me liberte do ímpio,
¹⁴e tua mão, ó Iahweh, dos mortais,
dos mortais, que em vida,

Jr 15,15-16

Sl 73,12

já têm sua parte deste mundo!^b
Enche-lhes o ventre com o que tens em reserva:^c
seus filhos ficarão saciados
e deixarão o que sobrar para seus pequeninos.
¹⁵Quanto a mim, com justiça eu verei tua face;
ao despertar, eu me saciarei com tua imagem.^d

Nm 12,8 +
╱ Ap 22,4
Sl 4,8; 73,
25-26

SALMO 18 (17)

"Te Deum" real^e

‖ 2Sm 22

¹*Do mestre de canto. De Davi, servo de Iahweh, que dirigiu a Iahweh as palavras deste cântico, quando Iahweh o libertou de todos os seus inimigos e da mão de Saul.* ²*Ele disse:*

Eu te amo, Iahweh, minha força,
(meu salvador, tu me salvaste da violência).^f
³Iahweh é minha rocha e minha fortaleza,
meu libertador, é meu Deus.

Gn 49,24
Dt 32,4.
15.18.37
Dt 33,17

Nele me abrigo, meu rochedo,^g
meu escudo e minha força^h salvadora,
minha cidade forte.
⁴Seja louvado! Eu invoquei a Iahweh
e fui salvo dos meus inimigos.

Sl 75,5
Lc 1,69

⁵As ondas^i da Morte me envolviam,
as torrentes de Belial me aterravam,

Dt 13,14 +

---

a) "Caminham contra mim", Vulg.; "Nossos passos", hebr.
b) Texto incerto. Poder-se-ia igualmente compreender: "mortais que têm como parte vida não durável". A ambiguidade talvez seja intencional.
c) "com o que tens em reserva", lit.: "com o que escondes". Mais do que castigos, deve-se tratar de bens perecíveis aos quais o fiel prefere a amizade divina.
d) A hora de despertar, pela manhã, é o momento privilegiado da generosidade divina (Sl 5,4; 30,6; 46,6; 49,15; 57,9; 73,20; 90,14; 130,6; 143,8). É também o tempo da justiça (Sl 101,8+). A aurora e a luz simbolizam a salvação (Is 8,20; 9,1; 33,2; 58,10; Lm 3,23; Sf 3,5; cf. Jo 1,4-5+; 8,12+). A tarde e a escuridão, ao contrário, simbolizam a provação e a infelicidade (v. 3; Sl 30,6; 59,7; 88,19; 107,10; Is 17,14; 50,10). O termo "despertar" frequentemente foi considerado como alusão velada à ressurreição (cf. 2Rs 4,31; Is 26,19; Dn 12,2; Sl 16,10).
e) Esta ode triunfal une a uma prece de ação de graças (vv. 5-28) um cântico real de vitória (vv. 32-51), com final messiânico. A recensão paralela de 2Sm 22 permite corrigir o texto, frequentemente defeituoso.
f) Estíquio omitido pelo hebr. e posto por 2Sm no fim do v. 3. Aproximamo-lo do v. 2 por ser o único a dirigir-se a Deus em segunda pessoa.
g) Iahweh é frequentemente designado no Saltério como o Rochedo de Israel: defesa de seus fiéis e principalmente de toda a linhagem davídica (cf. Mt 16,18+).
h) Lit.: "meu chifre", símbolo de poder e vigor (Sl 75,5; 89,18; 92,11 etc., Dt 33,17; 1Rs 22,11; Zc 2,4), às vezes com tom messiânico (Sl 132,17; Ez 29,11).
i) "ondas", 2Sm cf. v. 6; "laços", hebr. — As águas simbolizam os perigos mortais (cf. Sl 32,6; 40,3; 42,8;

⁶ cercavam-me os laços do Xeol,
as ciladas da Morte me aguardavam.

⁷ Na minha angústia invoquei a Iahweh,
ao meu Deus lancei o meu grito;*a*
do seu Templo ele ouviu minha voz,
meu grito chegou aos seus ouvidos.

⁸ E a terra balançou e tremeu,*b*
as bases dos montes se abalaram,
(por causa do seu furor estremeceram);
⁹ de suas narinas subiu uma fumaça
e da sua boca um fogo que devorava
(dela saíam brasas ardentes).

¹⁰ Ele inclinou o céu e desceu,
tendo aos pés uma nuvem escura;
¹¹ cavalgou um querubim*c* e voou,
planando sobre as asas do vento.

¹² Das trevas ele fez seu véu,
sua tenda, de águas escuras e nuvens espessas;
¹³ à sua frente um clarão inflamava*d*
granizo e brasas de fogo.

¹⁴ Iahweh trovejou do céu,
o Altíssimo fez ouvir sua voz;*e*
¹⁵ atirou suas flechas e os dispersou,
expulsou-os, lançando seus raios.

¹⁶ Então apareceu o leito do mar;*f*
as bases do mundo se descobriram,
por causa da tua ameaça, Iahweh,
pelo vento soprando das tuas narinas.

¹⁷ Do alto ele estende a mão e me toma,
tirando-me das águas torrenciais;
¹⁸ livra-me do inimigo poderoso,
de adversários mais fortes que eu.

¹⁹ Afrontaram-me no dia da minha derrota,
mas Iahweh foi apoio para mim.
²⁰ Fez-me sair para lugar espaçoso,
libertou-me, porque ele me ama.

²¹ Iahweh me trata segundo minha justiça,
e me retribui conforme a pureza de minhas mãos,
²² pois eu observei os caminhos de Iahweh
e não fui infiel ao meu Deus.

66,12; 69,2s.15s; 88,18; 130,1; Is 8,7; 30,28; Jó 22,11; 27,20; Jn 2,6).

a) O hebr. acrescenta "diante de sua face"; omitido por 2Sm.

b) Aqui inicia a descrição da teofania vitoriosa de Iahweh, vindo em socorro do seu fiel (vv. 8-18; cf. Ex 13,22+; 19,16+).

c) Os querubins, que encimavam a Arca (Ex 25,18+) e que inspiraram a Ezequiel a visão do carro divino (Ez 1,5s+), servem de trono a Iahweh (1Sm 4,4; 2Sm 6,2; 2Rs 19,15). Após a destruição do Templo eles simbolizam seres celestes.

d) "um clarão inflamava", 2Sm; hebr. corrompido (lit.: "Suas nuvens passaram").

e) O hebr. repete aqui o 13b, omitido pelo grego e 2Sm.

f) "do mar", 2Sm; "das águas", hebr.

SALMOS 18

²³ Seus julgamentos estão todos à minha frente,
   jamais apartei de mim seus decretos;
²⁴ sou íntegro para com ele
   e guardo-me do pecado.

²⁵ Iahweh me retribui segundo minha justiça,
   minha pureza,ᵃ que ele vê com seus olhos.
²⁶ Com o fiel tu és fiel,
   com o íntegro és íntegro,
²⁷ puro com quem é puro,
   mas com o perverso te mostras astuto;
²⁸ pois tu salvas o povo pobre
   e rebaixas os olhos altivos.

²⁹ Iahweh, tu és minha lâmpada;ᵇ
   meu Deus ilumina minha treva;
³⁰ sim, contigo eu forço a amurada,ᶜ
   com meu Deus eu salto a muralha.

³¹ Deus é perfeito em seu caminho,
   a palavra de Iahweh é provada.
   Ele é escudo
   para todos aqueles que nele se abrigam.

³² Pois, fora Iahweh, quem é Deus?
   E quem é rochedo, a não ser nosso Deus?
³³ Ele é o Deus que me cinge de força
   e torna perfeito o meu caminho;

³⁴ iguala meus pés aos das corças
   e me sustenta em pé nas alturas;
³⁵ instrui minhas mãos para a guerra,
   e meu braço a tender o arco de bronze.

³⁶ Tu dás teu escudo salvador
   (tua direita me sustém) e me atendes sem cessar;ᵈ
³⁷ alargas os meus passos
   e meus tornozelos não se torcem.

³⁸ Persigo meus inimigos e os alcanço,
   não volto atrás sem tê-los consumido;
³⁹ eu os massacro, e não podem levantar-se,
   eles caem debaixo dos meus pés.

⁴⁰ Tu me cinges de força para a guerra
   e curvas sob mim os meus agressores:
⁴¹ entregas-me a nuca dos meus inimigos,
   e eu extermino os que me odeiam.

⁴² Eles gritam, e não há quem os salve,
   gritam a Iahweh, mas ele não responde;
⁴³ eu os reduzo como a poeira no vento,
   eu os piso como ao barro das ruas.

---

a) "minha pureza", 2Sm; "a pureza de minhas mãos", hebr., que harmoniza com 21b.
b) Antes de "lâmpada" o hebr. acrescenta "iluminas", glosa omitida em 2Sm e que abranda o antropomorfismo.
c) "eu forço a amurada" (*'aroç geder*), 2Sm; "eu corro para a incursão" (*'aruç gedûd*), hebr.
d) "me atendes sem cessar", lit.: "multiplicas tua resposta para mim" (*'anôteka*), conforme o grego e 2Sm (cf. Sl 20,7); "tua humildade" (ou "teu

⁴⁴ Tu me livras das querelas do meu povo,*ª*
 e me colocas como chefe das nações;
 um povo que eu não conheci põe-se a meu serviço,

⁴⁵ os filhos de estrangeiros submetem-se a mim,
 dão-me ouvidos e me obedecem;
⁴⁶ os filhos de estrangeiros se enfraquecem
 e saem tremendo de suas fortalezas.

⁴⁷ Viva Iahweh, bendito seja o meu rochedo,
 seja exaltado o meu Deus salvador,
⁴⁸ o Deus que me concede as vinganças
 e submete os povos a mim!

⁴⁹ Livrando-me de inimigos furiosos
 tu me exaltas sobre os meus agressores,
 e me libertas do homem violento.

⁵⁰ Por isso eu te louvo entre as nações, Iahweh,
 e toco em honra do teu nome:
⁵¹ "Ele dá grandes vitórias ao seu rei
 e age pelo seu ungido com amor,
 por Davi e sua descendência para sempre".*ᵇ*

SALMO 19 (18)

*Iahweh, sol de justiça*ᶜ

¹ *Do mestre de canto. Salmo. De Davi.*

² Os céus contam a glória de Deus,
 e o firmamento proclama a obra de suas mãos.
³ O dia entrega a mensagem a outro dia,
 e a noite a faz conhecer a outra noite.

⁴ Não há termos, não há palavras,
 nenhuma voz que deles se ouça;*ᵈ*
⁵ e por toda a terra sua linha aparece,
 e até aos confins do mundo a sua linguagem.

Ali pôs uma tenda para o sol,
⁶ e ele sai, qual esposo da alcova,
 como alegre herói, percorrendo o caminho.*ᵉ*

⁷ Ele sai de um extremo dos céus
 e até o outro extremo vai seu percurso;
 e nada escapa ao seu calor.

---

cuidado", sentido aramaico, '*anwateka*) me faz crescer", hebr.
a) "meu povo", 2Sm; "um povo", hebr.; "dos povos", grego (para o Sl e 2Sm). A leitura de 2Sm deve ser a primitiva; ter-se-ia a seguir generalizado por causa da sequência do v. e talvez também para eliminar a alusão desfavorável a Israel.
b) Final litúrgico que recorda as promessas de vitória e de salvação à dinastia davídica (cf. Sl 89,2s.29s; 1Sm 2,10).
c) O hino celebra Iahweh como criador do céu, especialmente do sol (vv. 5b-7), e autor da Lei: a natureza e a Lei manifestam as perfeições divinas. No antigo Oriente, o sol era o símbolo da justiça (cf. Sb 5,6; Ml 3,20): deste modo fica explicada a união das duas partes do Sl. Este é aplicado pela liturgia do Natal ao Verbo de Deus, Sol de justiça (Ml 3,20; Jo 1,9; Lc 1,78). O v. 5 é aplicado aos Apóstolos (cf. Rm 10,18).
d) As versões compreenderam o contrário: "dos quais não se ouve o som", mas a sequência faz alusão ao tema assírio-babilônico dos astros, silenciosa "escritura dos céus".
e) Ao falar do sol como criatura de Iahweh, o salmista emprega expressões igualmente encontradas na mitologia babilônica.

⁸ A lei de Iahweh é perfeita,
  faz a vida voltar;
 o testemunho de Iahweh é firme,
  torna sábio o simples.

⁹ Os preceitos de Iahweh são retos,
  alegram o coração;
 o mandamento de Iahweh é claro,
  ilumina os olhos;

¹⁰ O temor de Iahweh é puro,
  estável para sempre;
 as decisões de Iahweh são verdadeiras,
  e justas igualmente;

¹¹ são mais desejáveis do que o ouro,
  são ouro refinado;
 são mais saborosas do que o mel
  escorrendo dos favos.

¹² Com elas também teu servo se esclarece,
  e observá-las traz grande proveito.
¹³ Quem pode discernir os próprios erros?
  Purifica-me das faltas escondidas!

¹⁴ Preserva também o teu servo do orgulho,[a]
  para que ele nunca me domine;
 então eu serei íntegro
  e inocente de uma grande transgressão.

¹⁵ Que te agradem as palavras de minha boca
  e o meditar do meu coração,
 sem treva[b] em tua presença,
  Iahweh, meu rochedo, redentor meu![c]

SALMO 20 (19)
Prece pelo rei[d]

¹*Do mestre de canto. Salmo. De Davi.*

² Que Iahweh te responda no dia da angústia,
  que o nome do Deus de Jacó te proteja!
³ Que do santuário ele te envie um socorro
  e te sustente desde Sião!

⁴ Que recorde tuas ofertas todas
  e aprecie o teu holocausto!   *Pausa*
⁵ Que te dê o que teu coração deseja
  e realize todos os teus projetos!

---

a) Lit.: "dos orgulhosos" ou "das coisas orgulhosas"; grego: "dos (deuses) estrangeiros". — O Sl 119 opõe constantemente o orgulho à prática da Lei.
b) "sem treva", grego; omitido pelo hebr.
c) Em hebr. *go'el*. O termo, que designa o vingador do sangue (Nm 35,19+) e o redentor (Lv 25,25.47-49), é aplicado por Jó 19,25; Sl 19,15; 78,35; Jr 50,34, e frequentemente na segunda parte de Isaías (Is 41,14; 43,14; 44,6.24; 49,7; 59,20 etc.) a Iahweh que vinga, salva e tira da morte seus fiéis e seu povo.
d) Prece pelo rei quando parte para a guerra (cf. 1Rs 8,44; 2Cr 20,18s) em duas partes, cada uma delas seguida por antífona coral.

⁶ Então gritaremos de alegria em tua vitória,
ergueremos bandeira em nome do nosso Deus!

Que Iahweh realize teus pedidos todos!

Sl 18,51

⁷ Agora eu sei que Iahweh
dá a salvação ao seu messias;*ᵃ*
ele responde do seu santuário celeste
com as proezas de sua direita salvadora.

Os 1,7 +
Sl 33,16-17;
147,10,11
2Cr 14,10
Is 40,30-31

⁸ Uns confiam em carros, outros em cavalos;
nós, porém, invocamos o nome de Iahweh nosso Deus.
⁹ Eles se inclinam e caem;
nós, porém, nos mantemos de pé.

Sl 21

¹⁰ Iahweh, salva o rei!
No dia em que clamarmos, responde-nos!*ᵇ*

SALMO 21 (20)
*Liturgia de coroação*ᶜ

Sl 20
Sl 61,6-8

¹ *Do mestre de canto. Salmo. De Davi.*

² Iahweh, o rei se alegra com tua força,
e como exulta com tua salvação!
³ Concedeste o desejo do seu coração,
não negaste o pedido de seus lábios.   *Pausa*

⁴ Pois tu o precedes com bênçãos felizes,
cinges com coroa de ouro sua cabeça;

2Rs 20,1-7
Is 38,1-20
1Rs 3,14

⁵ ele te pediu a vida e tu a concedeste,
dias sem fim, para sempre.

Sl 45,4
Gn 12,2; 48,20
Sl 72,17
1Cr 17,27
Sl 16,11

⁶ Grande é sua glória com a tua salvação,
tu o vestiste com honra e esplendor;

⁷ sim, tu o constituis como bênção para sempre
e o enches de alegria com tua presença.
⁸ Sim, o rei confia em Iahweh,
e, com o amor do Altíssimo, jamais vacilará.

Sl 18,38

⁹ Tua mão encontrará teus inimigos todos,
tua direita encontrará os que te odeiam;

¹⁰ deles farás uma fornalha no dia da tua face:*ᵈ*
Iahweh os engolirá em sua ira, o fogo os devorará;

Sl 109,13
Jó 18,19

¹¹ extirparás da terra sua posteridade,
sua descendência dentre os filhos de Adão.

¹² Se pretenderem o mal contra ti,
se amadurecerem um plano, nada conseguirão,

---

a) Ou seu "ungido", seu "cristo"; (cf. Ex 30,22+; 1Sm 9,26+): o rei de Israel.
b) "responde-nos", versões; "ele nos responde", hebr.
c) Este Sl, em duas partes seguidas de antífonas corais (v. 8 e 14), tem acento messiânico e escatológico, fazendo com que fosse aplicado ao Cristo Rei.
d) Isto é, quando apareceres para julgar. Os vv. 9-13 se dirigem ao rei. Mas a expressão "no dia da tua face" e a menção do fogo pertencem ao estilo escatológico. Esta passagem no texto primitivo (cf. mss gregos) pode ter-se dirigido a Iahweh.

¹³ pois tu os porás de costas,
   visarás sua face com teu arco!

¹⁴ Levanta-te com tua força, Iahweh!
   Nós cantaremos e tocaremos ao teu poder.

SALMO 22 (21)

Sofrimentos e esperanças do justo[a]

¹ *Do mestre de canto. Sobre "A corça da manhã."*[b] *Salmo. De Davi.*

² Meu Deus, meu Deus, por que me abandonaste,
   descuidado de me salvar,
   apesar das palavras de meu rugir?
³ Meu Deus, eu grito de dia, e não me respondes,
   de noite, e nunca tenho descanso.

⁴ E tu és o Santo,
   habitando os louvores de Israel![c]
⁵ Nossos pais confiavam em ti,
   confiavam e tu os salvavas;
⁶ eles gritavam a ti e escapavam,
   confiavam em ti e nunca se envergonharam.

⁷ Quanto a mim, sou verme, não homem,
   riso dos homens e desprezo do povo;
⁸ todos os que me veem caçoam de mim,
   abrem a boca e meneiam a cabeça:
⁹ "Que ele recorra a Iahweh, que ele o liberte,
   que o salve, se é que o ama!"

¹⁰ Pois és tu quem me tirou do ventre de minha mãe,
    quem me confiou ao seu peito;
¹¹ eu fui lançado a ti ao sair das entranhas,
    tu és o meu Deus desde o ventre materno.
¹² Não fiques longe de mim, pois a angústia está perto
    e não há quem me socorra.

¹³ Cercam-me touros numerosos,
    touros fortes de Basã me rodeiam;
¹⁴ escancaram sua boca contra mim,
    como leão que dilacera e ruge.

¹⁵ Eu me derramo como água
    e meus ossos todos se desconjuntam;
    meu coração está como a cera,
    derretendo-se dentro de mim;
¹⁶ seco está meu paladar,[d] como caco,

---

a) A lamentação e a prece de um inocente perseguido terminam em ação de graças pela libertação esperada (vv. 23-27) e adaptam-se à liturgia nacional pelo v. 24 e o final universalista (vv. 28-32), em que a vinda do Reino de Deus no mundo inteiro aparece logo após as provações do servo fiel. Próximo do poema do Servo sofredor (Is 52,13-53,12), este Sl, cujo início Cristo pronunciou sobre a cruz e no qual os evangelistas viram descritos diversos episódios da Paixão, é, portanto, messiânico, ao menos em sentido típico.
b) Talvez o início de ária conhecida. Versões: "Para o reconforto matinal".
c) Ou: "tu que habitas o santuário, louvor de Israel" (cf. grego).
d) "meu paladar": *hikkî*, conj.; "minha força": *kohî*, hebr.

e minha língua colada ao maxilar;
tu me colocas na poeira da morte.

¹⁷ Cercam-me cães numerosos,
um bando de malfeitores me envolve,
como para retalhar^a minhas mãos e meus pés.
¹⁸ Posso contar meus ossos todos,
as pessoas me olham e me veem;
¹⁹ repartem entre si as minhas vestes,
e sobre a minha túnica tiram sorte.

²⁰ Tu, porém, Iahweh, não fiques longe!
Força minha, vem socorrer-me depressa!
²¹ Salva minha vida da espada,
minha pessoa^b da pata do cão!
²² Salva-me da goela do leão,
dos chifres do búfalo minha pobre vida!^c

²³ Anunciarei teu nome aos meus irmãos,
louvar-te-ei no meio da assembleia:
²⁴ "Vós que temeis a Iahweh, louvai-o!
Glorificai-o, descendência toda de Jacó!
Temei-o, descendência toda de Israel!"

²⁵ Sim, pois ele não desprezou,
não desdenhou a pobreza do pobre,
nem lhe ocultou sua face,
mas ouviu-o, quando a ele gritou.

²⁶ De ti vem meu louvor na grande assembleia,
cumprirei meus votos frente àqueles que o temem.
²⁷ Os pobres comerão e ficarão saciados,^d
louvarão a Iahweh aqueles que o buscam:
"Que vosso coração viva para sempre!"

²⁸ Todos os confins da terra se lembrarão
e voltarão a Iahweh;
todas as famílias das nações diante dele^e se prostrarão.
²⁹ Pois a Iahweh pertence a realeza: ele governa as nações.
³⁰ Sim, só diante dele^f todos os poderosos da terra
se prostrarão,
perante ele se curvarão todos os que descem ao pó;
e por quem não vive mais, ³¹ sua descendência o servirá^g
e anunciará o Senhor às gerações ³² que virão,^h
contando a sua justiça ao povo que vai nascer:
eis sua obra!

---

a) "como para retalhar": *ke'erô* (do verbo *'arah*), conj.; "como um leão": *ka'arî*, hebr., ininteligível; grego: "eles cavaram"; sir.: "eles feriram"; Vulg.: "eles furaram". A passagem recorda Is 53,5, mas os evangelistas não a utilizaram no relato da Paixão.
b) "minha pessoa": lit. "meu único" (cf. Sl 35,17).
c) "minha pobre (vida)": *'anniyyatî*, grego; "tu me respondeste": *'anîtanî*, hebr.
d) Alusão ao festim messiânico (Is 55,1s etc.), mais do que à refeição ritual que segue o sacrifício de comunhão (Lv 3,1+).

e) "dele", versões; "de ti", hebr.
f) "só diante dele": *'ak lô*, conj.; "eles comeram": *'aklû*, hebr.
g) Texto difícil; pode-se compreender também: "ele (o ímpio) não viverá, mas uma descendência o servirá". Alguns mss e o grego trazem: "minha alma viverá para ele", retoque feito em função da crença na ressurreição.
h) "que virão" grego, "virá" hebr.

SALMO 23 (22)
O bom Pastor[a]

¹*Salmo. De Davi.*

Iahweh é meu pastor, nada me falta.
² Em verdes pastagens me faz repousar.

Para as águas tranquilas me conduz
³ e restaura minhas forças;
ele me guia por caminhos justos,
por causa do seu nome.

⁴ Ainda que eu caminhe por vale tenebroso
nenhum mal temerei, pois estás junto a mim;[b]
teu bastão e teu cajado me deixam tranquilo.

⁵ Diante de mim preparas a mesa,
à frente dos meus opressores;
unges minha cabeça com óleo,[c]
e minha taça transborda.

⁶ Sim, felicidade e amor me seguirão
todos os dias da minha vida;
minha morada[d] é a casa de Iahweh
por dias sem fim.

SALMO 24 (23)
Liturgia de entrada no santuário[e]

¹*Salmo. De Davi.*

De Iahweh é a terra e o que nela existe,
o mundo e seus habitantes;
² ele próprio fundou-a sobre os mares
e firmou-a sobre os rios.[f]

³ Quem pode subir à montanha de Iahweh?
Quem pode ficar de pé no seu lugar santo?
⁴ Quem tem mãos inocentes e coração puro,
e não se entrega à falsidade,
nem faz juramentos para enganar.

⁵ Ele obterá de Iahweh a bênção,
e do seu Deus salvador a justiça.
⁶ Esta é a geração dos que o procuram,
dos que buscam tua face, ó Deus de Jacó.[g]   *Pausa*

---

a) A solicitude divina para com os justos, descrita com a dupla imagem do pastor (vv. 1-4) e do hospedeiro que oferece o festim messiânico (vv. 5-6). Este Sl é tradicionalmente aplicado à vida sacramental, especialmente ao Batismo e à Eucaristia.
b) "pois estás": provável adição para harmonizar com 1Sm 22,23 e deste modo sublinhar a alusão à façanha davídica. O texto primitivo seria: "junto a mim, teu bastão, teu cajado são o que...".
c) Conforme o costume da hospitalidade oriental (Sl 92,11; 133,2; Ecl 9,8; Am 6,6; Lc 7,46).
d) "minha morada", versões; "eu voltarei", hebr. (simples corr. vocálica).
e) Os vv. 7-10 podem estar ligados à transladação da Arca sob Davi (2Sm 6,12-16, cf. Sl 68,25s; 132). O início (vv. 1-6) parece posterior (cf. Sl 15): o criador do universo é também o amigo que acolhe o justo.
f) A terra é representada aqui como repousando sobre as águas do oceano inferior (cf. Ex 20,4).
g) "Tua face, ó Deus de Jacó", 2 mss hebr., sir.; "tua face, Jacó", TM; "a face do Deus de Jacó", grego.

⁷Levantai, ó portas, os vossos frontões,
elevai-vos, antigos portais,
para que entre o rei da glória!

⁸Quem é este rei da glória?
É Iahweh, o forte e valente,
Iahweh, o valente das guerras.

⁹Levantai, ó portas, os vossos frontões,
elevai-vos, antigos portais,
para que entre o rei da glória!

¹⁰Quem é este rei da glória?
É Iahweh dos Exércitos:
ele é o rei da glória! *Pausa*

SALMO 25 (24)
Súplica no perigo

¹*De Davi.*

Alef A ti, Iahweh, eu me elevo,
²ó meu Deus.

Bet Eu confio em ti, que eu não seja envergonhado,
que meus inimigos não triunfem contra mim!

Guimel ³Os que esperam em ti não ficam envergonhados,
ficam envergonhados os que traem sem motivo.

Dalet ⁴Mostra-me teus caminhos, Iahweh,
ensina-me tuas veredas.

Hê ⁵Guia-me com tua verdade, ensina-me,
pois tu és o meu Deus salvador.

(Waw) Eu espero em ti o dia todo.

Záin ⁶Recorda a tua compaixão, ó Iahweh,
e o teu amor, que existem desde sempre.

Het ⁷Não recordes os pecados de minha juventude,
e minhas revoltas,ᵃ
lembra-te de mim, conforme o teu amor
por causa da tua bondade, Iahweh.

Tet ⁸Iahweh é bondade e retidão,
e aponta o caminho aos pecadores;

Yod ⁹encaminha os pobres conforme o direito
e ensina seu caminho aos infelizes.ᵇ

Kaf ¹⁰As sendas de Iahweh são todas amor e verdade,
para os que guardam sua aliança e seus preceitos.

Lamed ¹¹Por causa do teu nome, Iahweh,
perdoa minha falta, pois é grande.

Mem ¹²Qual o homem que teme a Iahweh?
Ele o instrui sobre o caminho a seguir;

---

a) "e minhas revoltas", provável duplicata, omitida pelo sir.   b) "infelizes", sir.; o hebr. repete "pobres".

Nun	¹³ sua vida repousará feliz e sua descendência possuirá a terra.ª	Sl 37,9.29 Is 57,13
Samec	¹⁴ O segredo de Iahweh[b] é para aqueles que o temem, fazendo-os conhecer a sua Aliança.	
Áin	¹⁵ Meus olhos estão sempre em Iahweh, pois ele tira os meus pés da rede.	Sl 123,1; 141,8-9
Pê	¹⁶ Volta-te para mim, tem piedade de mim, pois solitário estou, e infeliz.	Sl 86,16; 119,132
Çade	¹⁷ A angústia cresce em meu coração, tira-me das minhas aflições.	
(Qof)	¹⁸ Vê minha fadiga e miséria e perdoa meus pecados todos.	
Resh	¹⁹ Vê meus inimigos que se multiplicam, e o ódio violento com que me odeiam.	
Shin	²⁰ Guarda-me a vida! Liberta-me! Que eu não seja envergonhado por abrigar-me em ti!	Sl 16,1
Taw	²¹ Que a integridade e a retidão me preservem, pois em ti eu espero, Iahweh![c]	
	²² Ó Deus, resgata Israel de todas as suas angústias![d]	Sl 130,8

SALMO 26 (25)

Súplica do inocente[e]

Sl 7; 17;
18,21-28;
59,4
Jó 31

¹ *De Davi.*

Faze-me justiça, ó Iahweh,
pois ando em minha integridade;
eu confio em Iahweh, sem vacilar.

² Examina-me, Iahweh, põe-me à prova,
depura meus rins e meu coração: Sl 7,10; 17,3; 139,23
³ à frente dos meus olhos está o teu amor,
e caminho na tua verdade.   Sl 119,30

⁴ Não me assento com os impostores,
nem caminho com os hipócritas;
⁵ detesto a assembleia dos maus   Sl 1,1
e com os ímpios não me assento.

⁶ Na inocência lavo minhas mãos   = Sl 73,13
para rodear o teu altar, Iahweh,   Dt 21,6-7
⁷ proclamando a ação de graças,   Mt 27,24
enumerando tuas maravilhas todas.
⁸ Iahweh, eu amo a beleza[f] de tua casa   Ex 25,8 +;
e o lugar onde a tua glória habita.   24,16 +
   Sl 29,9;
   63,3

---

a) À convicção, herdada dos Sábios de Israel, de que o justo recebe uma recompensa terrestre, acrescenta-se aqui a esperança dos judeus que voltaram do Exílio na plena fruição da terra dos antepassados.

b) Mais que o mistério divino (Sb 2,22), é preciso compreender aqui a intimidade com Deus (Sl 73,28; Ex 33,20+; Jó 29,5; Pr 3,32), unida ao conhecimento das coisas divinas (Jr 16,21; 31,34; Os 6,6).

c) "Iahweh", grego; omitido pelo hebr.

d) Este v., que está a mais na série alfabética, pode ser antífona litúrgica pós-exílica. Cf. também o Sl 34, 23.

e) Como nos Sl 7 e 17, o fiel protesta sua inocência.

f) "beleza", grego; "moradia", hebr. (simples troca de duas consoantes).

⁹Não me ajuntes com os pecadores,
  nem minha vida com os assassinos:
¹⁰eles têm a infâmia nas mãos,
  sua direita está cheia de subornos.
¹¹Quanto a mim, eu ando na minha integridade,
  resgata-me, tem piedade de mim!
¹²Meu pé está firme no reto caminho,
  eu bendirei Iahweh nas assembleias.

SALMO 27 (26)
Junto a Deus não há temor

¹*De Davi.*

Iahweh é minha luz e minha salvação:
  de quem terei medo?
Iahweh é a fortaleza de minha vida:
  frente a quem tremerei?

²Quando os malfeitores avançam contra mim
  para devorar minha carne,
são eles, meus adversários e meus inimigos,
  que tropeçam e caem.

³Ainda que um exército acampe contra mim,
  meu coração não temerá;
ainda que uma guerra estoure contra mim,
  mesmo assim estarei confiante.

⁴Uma coisa peço a Iahweh,
  a coisa que procuro:
é habitar na casa de Iahweh
  todos os dias de minha vida,
para gozar a doçura de Iahweh
  e meditar no seu Templo.

⁵Pois ele me oculta na sua cabana
  no dia da infelicidade;
ele me esconde no segredo de sua tenda,ᵃ
  e me eleva sobre uma rocha.

⁶Agora minha cabeça se ergue
  sobre os inimigos que me cercam;
sacrificarei em sua tenda
  sacrifícios de aclamação.

Cantarei, tocarei em honra de Iahweh!

⁷Ouve, Iahweh, meu grito de apelo,
  tem piedade de mim e responde-me!
⁸Meu coração diz a teu respeito:
  "Procura sua face!"ᵇ
É tua face, Iahweh, que eu procuro,
⁹não me escondas a tua face.

---

a) "cabana" e "tenda" designam o santuário de Jerusalém.
b) "Procura sua face", conj.; "Procurai minha face", hebr. — A expressão (cf. Am 5,4+), que originalmente significava "ir consultar Iahweh" em seu santuário (2Sm 21,1), tomou sentido mais geral: procurar conhecê-lo,

Não afastes teu servo com ira,
   tu és o meu socorro!

Não me deixes, não me abandones,
   meu Deus salvador!
¹⁰ Meu pai e minha mãe me abandonaram,
   mas Iahweh me acolhe!

¹¹ Ensina-me o teu caminho, Iahweh!
   Guia-me por vereda plana
      por causa daqueles que me espreitam;

¹² não me entregues à vontade dos meus adversários,
   pois contra mim se levantaram falsas testemunhas,
      respirando violência.

¹³ Eu creio que verei^a a bondade de Iahweh
   na terra dos vivos.
¹⁴ Espera em Iahweh, sê firme!
   Fortalece teu coração e espera em Iahweh!

SALMO 28 (27)

Súplica e ação de graças

¹ *De Davi.*

A ti, Iahweh, eu clamo,
   rocha minha, não me sejas surdo;
que eu não seja, frente ao teu silêncio,
   como os que descem à cova!

² Ouve minha voz suplicante
   quando grito a ti,
quando levanto as mãos
   para o teu Santo dos Santos.

³ Não me arrastes com os ímpios,
   nem com os malfeitores;
eles falam de paz com seu próximo
   mas têm o mal no coração.

⁴ Dá-lhes conforme suas obras,
   segundo a malícia de seus atos!
Dá-lhes conforme a obra de suas mãos,
   paga-lhes o devido salário!

⁵ Eles desconhecem as obras de Iahweh,
   a obra de suas mãos;
que ele os arrase e não os reconstrua!

⁶ Bendito seja Iahweh, pois ele ouve
   a minha voz suplicante!

⁷ Iahweh é minha força e meu escudo,
   é nele que meu coração confia;

---

viver em sua presença. "Procurar Iahweh" (Dt 4,29; Sl 40,17; 69,7; 105,3 etc., cf. Am 5,4+) é servi-lo fielmente.

a) Pode-se compreender também: "Ah! Se eu não devesse ver!" Na época macabaica esta passagem

> fui socorrido, meu coração exulta,
> com meus cantos lhe dou graças.
>
> ⁸Iahweh é a força do seu povo,
> a fortaleza que salva o seu messias.ᵃ
> ⁹Salva o teu povo, abençoa tua herança!
> Apascenta-os e conduze-os para sempre!

Sl 3,9; 29,11

Ex 19,4
Is 40,11

SALMO 29 (28)
*Hino ao Senhor da tempestade*ᵇ

Sl 18,14; 68,9;
77,17-19;
97,2-6;
144,5-6
Ex 19,16 +
Hab 3

¹*Salmo De Davi.*

> Tributai a Iahweh, ó filhos de Deus,ᶜ
> tributai a Iahweh glória e poder,
> ²tributai a Iahweh a glória ao seu nome,
> adorai a Iahweh no seu esplendor sagrado.ᵈ

= Sl 96,7-9

> ³A voz de Iahweh sobre as águas,
> o Deus glorioso troveja,
> Iahweh sobre as águas torrenciais.
> ⁴A voz de Iahweh com a força,
> a voz de Iahweh no esplendor!

Sl 77,19;
104,7
Is 30,30
Ez 10,5
Jó 37,4-5

> ⁵A voz de Iahweh despedaça os cedros,
> Iahweh despedaça os cedros do Líbano,
> ⁶faz o Líbano pular qual bezerro
> e o Sarionᵉ como cria de búfalo.

Sl 114,4

> ⁷A voz de Iahweh lança chispas de fogo,ᶠ
> ⁸a voz de Iahweh sacode o deserto,
> Iahweh sacode o deserto de Cades!
> ⁹A voz de Iahweh retorce os carvalhos,ᵍ
> descascando as florestas.

Hab 3,11

> E no seu Temploʰ tudo grita: Glória!
> ¹⁰Iahweh está sentado sobre o dilúvio,ⁱ
> Iahweh sentou-se como rei para sempre.
> ¹¹Iahweh dá força ao seu povo,
> Iahweh abençoa seu povo com paz.

Gn 6-9
Is 54,9

Dn 7,27

---

foi interpretada em função da fé numa vida futura.
a) Conforme o paralelismo, o "messias" ("ungido") parece ser aqui o povo de Deus, consagrado ao seu serviço (cf. Ex 19,3+; Sl 105,15; Hab 3,13), mais que o príncipe (Sl 20,7) ou o sacerdote chefe (Sl 84,10).
b) A tempestade (cf. Ex 13,22+ e Ex 19,16+) evoca o poder e a glória divina que aterrorizam os inimigos de Israel e asseguram a paz ao povo de Deus.
c) Lit.: "filhos dos deuses" (cf. Sl 82,1; 89,7; Jó 1,6+), identificados com os anjos que formam a corte divina. A passagem é às vezes aplicada a Israel, "filho de Deus" (cf. Ex 4,22; Dt 14,1; Os 11,1). — Grego e Vulg. trazem a seguir a variante: "Trazei a Iahweh crias de carneiros".

d) Ou "no seu átrio sagrado", grego e sir.; tratar-se-ia então do céu, réplica invisível do Templo de Jerusalém (Sl 11,4; 78,69).
e) Nome sidônio do Líbano (Dt 3,9).
f) Deus talha flechas para ferir seus inimigos (cf. Sl 18,15; Dt 32,23.42; Hab 3,11; Zc 9,14).
g) "os carvalhos": *'êlôt*, conj.; "(faz dar cria) as corças": *'ayyalôt*, hebr. — As grandes árvores, aqui e no v. 5, podem ser o símbolo dos inimigos orgulhosos de Deus e do seu povo (cf. Is 2,13; 10,18.33; 32,19; Jr 21,14; 46,23; Ez 21,2; Zc 11,2).
h) Seja no céu (v. 2), seja no Templo de Jerusalém, cuja liturgia faz eco aos louvores celestes, seja enfim na Terra Santa, consagrada a Iahweh (Sl 114,2), sua casa (Jr 12,7; Zc 9,8).
i) Primeira manifestação da justiça divina.

SALMO 30 (29)
Ação de graças após um perigo mortal

¹*Salmo. Cântico para a dedicação da casa. De Davi.*

² Eu te exalto, Iahweh, porque me livraste,
não deixaste meus inimigos rirem de mim.
³ Iahweh, meu Deus, gritei a ti e me curaste.
⁴ Iahweh, tiraste minha vida do Xeol,
tu me reavivaste dentre os que descem à cova.

⁵ Tocai para Iahweh, fiéis seus,
celebrai sua memória sagrada.
⁶ Sua ira dura um momento, seu favor a vida inteira;
de tarde vem o pranto,*ᵃ* de manhã gritos de alegria.

⁷ Quanto a mim, dizia tranquilo:
"Nada, jamais, me fará tropeçar!"
⁸ Iahweh, teu favor me firmara sobre fortes montanhas;*ᵇ*
mas escondeste tua face e eu fiquei perturbado.

⁹ A ti, Iahweh, eu gritava,
ao meu Deus*ᶜ* eu supliquei:
¹⁰ Que ganhas com meu sangue,*ᵈ* com minha descida à cova?
Acaso te louva o pó, anunciando tua verdade?

¹¹ Ouve, Iahweh, tem piedade de mim!
Sê o meu socorro, Iahweh!
¹² Transformaste o meu luto em dança,
tiraste meu pano grosseiro e me cingiste de alegria.
¹³ Por isso meu coração*ᵉ* te cantará sem mais se calar.
Iahweh, meu Deus, eu te louvarei para sempre.

SALMO 31 (30)
Súplica na provação*ᶠ*

¹*Do mestre de canto. Salmo. De Davi.*

² Iahweh, eu me abrigo em ti:
que eu nunca fique envergonhado!
Salva-me por tua justiça! Liberta-me!*ᵍ*
³ Inclina depressa teu ouvido para mim!

Sê para mim forte rochedo,
casa fortificada que me salva;
⁴ pois meu rochedo e muralha és tu:
guia-me por teu nome, conduze-me!
⁵ Tira-me da rede estendida contra mim,
pois tu és a minha força;

---

a) Lit.: "pela tarde, as lágrimas passam a noite".
b) Trad. conj.; hebr.: "por teu favor, tu fixaste sobre minha montanha (forma anormal) uma força".
c) "meu Deus", grego; "meu Senhor", hebr.
d) Isto é, "com minha morte"; o sangue contém a vida (Gn 9,6+; Lv 1,5+; Sl 72,14; 116,15).
e) "meu coração": lendo com o grego *kebedî*, lit.: "meu fígado" ou "minha glória" (cf. Sl 7,6); "a glória": *kabôd*, hebr.
f) Esta prece é inspirada nas Confissões de Jeremias. Jn 2 também é bastante próximo dela.
g) "Liberta-me", mss gregos; deslocado no hebraico após "depressa".

⁶em tuas mãos entrego meu espírito,
és tu que me resgatas, Iahweh.
Deus verdadeiro, ⁷tu detestas*ᵃ*
os que veneram ídolos vazios;
quanto a mim, confio em Iahweh:
⁸que exulte e me alegre com teu amor!

Pois viste minha miséria,
conheceste as angústias de minha alma;
⁹não me entregaste à mão do inimigo,
firmaste meus pés em lugar espaçoso.

¹⁰Tem piedade de mim, Iahweh,
  pois estou oprimido.
A dor me consome os olhos,
  a garganta e as entranhas.

¹¹Eis que minha vida se consome em tristeza
  e meus anos em gemidos;
meu vigor sucumbe à miséria*ᵇ*
  e meus ossos se consomem.

¹²Pelos adversários todos que tenho
  já me tornei escândalo;
para meus vizinhos, asco,*ᶜ*
  e terror para meus amigos.

Os que me veem na rua
  fogem para longe de mim;
¹³fui esquecido, como morto aos corações,
  estou como objeto perdido.

¹⁴Ouço as calúnias de muitos,
  o terror me envolve!
Eles conspiram juntos contra mim,
  projetando tirar-me a vida.

¹⁵Quanto a mim, Iahweh, confio em ti,
  e digo: Tu és o meu Deus!
¹⁶Meus tempos estão em tua mão: liberta-me
  da mão dos meus inimigos e perseguidores!
¹⁷Faze brilhar tua face sobre o teu servo,
  salva-me por teu amor!

¹⁸Iahweh, que não me envergonhe de te invocar;
  envergonhados fiquem os ímpios,
  e silenciem, indo para o Xeol!
¹⁹Emudeçam os lábios mentirosos
  que proferem insolências contra o justo,
  com arrogância e desprezo!

²⁰Iahweh,*ᵈ* como é grande a tua bondade!
  Tu a reservas para os que temem a ti,
e a concedes para os que em ti se abrigam,
  diante dos filhos de Adão.

---

a) "tu detestas", versões; "eu detesto", hebr.
b) "à miséria", versões; "na minha iniquidade", hebr.
c) "asco": *ma'âs*, conj.; "muito": *me'ôd*, hebr.
d) "Iahweh", 3 mss hebr., versões; falta no TM.

²¹ Tu os escondes no segredo de tua face,
  longe das intrigas humanas;
 tu os ocultas em tua tenda,
  longe das línguas que discutem.ᵃ

²² Bendito seja Iahweh, que por mim
  realizou maravilhas de amor
  (numa cidade fortificada)!
²³ Quanto a mim, na minha ânsia eu dizia:
  "Fui excluído*b* para longe dos teus olhos!"
 Tu, porém, ouvias minha voz suplicante,
  quando eu gritava a ti.

²⁴ Amai Iahweh, seus fiéis todos:
  Iahweh preserva os leais,
 mas retribui com usura
  ao que age com soberba.
²⁵ Sede firmes, fortalecei vosso coração,
  vós todos que esperais Iahweh!

SALMO 32 (31)

*A confissão liberta do pecado*ᶜ

¹ *De Davi. Poema.*

 Feliz aquele cuja ofensa é absolvida,
  cujo pecado é coberto.*d*
² Feliz o homem a quem Iahweh
  não atribui seu erro,
  e em cujo espírito não há fraude.

³ Enquanto calei, meus ossos se consumiam,
  o dia todo rugindo,
⁴ porque dia e noite a tua mão
  pesava sobre mim;
 meu coração tornou-se um feixe de palha*e*
  em pleno calor de verão.   *Pausa*

⁵ Confessei a ti o meu pecado,
  e meu erro não te encobri;
 eu disse: "Vou a Iahweh,
  confessar o meu pecado!"
 E tu absolveste o meu erro,
  perdoaste*f* o meu pecado.   *Pausa*

⁶ Assim, todos os fiéis suplicarão a ti
  no tempo da angústia.*g*
 Mesmo que as águas torrenciais transbordem,
  jamais o atingirão.

---

a) As caçoadas, calúnias, falsos testemunhos (cf. Sl 55,10; 109,3; 120,2s; 1Rs 21,10.13; Jó 5,21; Is 54,17; Jr 18,18).
b) "excluído": restabelecendo o texto primitivo; no termo hebr., duas letras foram trocadas para abrandar a expressão, demasiado pessimista.
c) Poema didático em que as duas partes (vv. 1-7 e 8-11), de ritmo diferente, se correspondem. — É um dos salmos de penitência.

d) Cf. Sl 65,4+; 85,3; Jó 31,33.
e) "meu coração", 1 ms; falta no TM. — "um feixe de palha", lit.: "um campo": *lesaday*, conj.: "minha seiva": *leshaddi*, hebr.
f) "perdoaste": *salahta*, conj.; omitido pelo hebr., talvez caído por haplografia diante de *selah* ("pausa").
g) "da angústia": *maçor* ou *maçoq*, conj.; "de encontrar somente": *meço'raq*, hebr.; *raq* ("somente")

⁷Tu és um refúgio para mim,
   tu me preservas da angústia
   e me envolves com cantosª de libertação.   *Pausa*

⁸Vou instruir-te, indicando o caminho a seguir,
   com os olhos sobre ti, eu serei teu conselho.

⁹Não sejas como o cavalo ou o jumento,
   que não compreende nem rédea nem freio:
   deve-se avançarᵇ para domá-lo,
   sem que ele se aproxime de ti.

¹⁰São muitos os tormentos do ímpio,
   mas o amor envolve quem confia em Iahweh.

¹¹Alegrai-vos em Iahweh, ó justos, e exultai,
   dai gritos de alegria,
   todos os de coração reto.

SALMO 33 (32)
Hino à Providência

¹Ó justos, exultai em Iahweh,
   aos retos convém o louvor.
²Celebrai a Iahweh com harpa,
   tocai-lhe a lira de dez cordas;
³cantai-lhe um cântico novo,
   tocai com arte na hora da ovação!ᶜ

⁴Pois a palavra de Iahweh é reta,
   e sua obra toda é verdade;
⁵ele ama a justiça e o direito,
   a terra está cheia do amor de Iahweh.

⁶O céu foi feito com a palavra de Iahweh,
   e seu exército com o sopro de sua boca.
⁷Ele represa num diqueᵈ as águas do mar,
   coloca os oceanos em reservatórios.

⁸Que a terra inteira tema a Iahweh,
   temam-no todos os habitantes do mundo!
⁹Porque ele diz e a coisa acontece,
   ele ordena e ela se afirma.

¹⁰Iahweh desfaz o desígnio das nações
   e frustra os projetos dos povos.

proviria da justaposição das consoantes finais das duas variantes.
a) "com cantos": palavra duvidosa; sem dúvida, ditografia do fim do verbo precedente.
b) "deve-se avançar", lit.: "tendo-se avançado": *'adûy*, conj.; "seu avanço": *'edyô*, hebr.
c) Este termo originalmente designava o grito de guerra que precedia o assédio (Ex 32,17; Js 6,5; Jz 7,20-21; 1Sm 17,20.52; Jr 4,19; 49,2; Os 5,8; Am 1,14); era uma saudação a Iahweh como rei e comandante da guerra (Nm 23,21; Sf 1,14; cf. 1Sm 10,24) e à Arca, seu baluarte (1Sm 4,5; 2Sm 6,15). Depois do Exílio este grito ritual toma sentido cultual e litúrgico; ele exalta Iahweh, rei de Israel e dos pagãos (Sl 47,2.6; 89,16; 95,1; 98,4.6), salvador (Is 44,23) e juiz (Jl 2,1), e também seu Messias (Zc 9,9). Ele é lançado nos dias de festa (Esd 3,11, cf. Jó 38,7), nos sacrifícios de ação de graças (Sl 27,6; 65,14; 100,1s; Jó 33,26) e nas liturgias processionais (Sl 95,1.2; 100,1; cf. Nm 10,5+).
d) As versões corrigem a vocalização para ler "como num odre"; mas, aqui, vê-se uma alusão ao milagre do mar em Ex 15,8; cf. também Sl 18,13.

¹¹ Mas o desígnio de Iahweh permanece para sempre,
   os projetos de seu coração, de geração em geração.

Is 40,8; 46,10
Pr 19,21

¹² Feliz a nação cujo Deus é Iahweh,
   o povo que escolheu para si como herança.

= Sl 144,15
Ex 19,6 +
Dt 7,6 +

¹³ Do céu Iahweh contempla
   e vê todos os filhos de Adão.

Jr 16,17
Jó 34,21

¹⁴ Do lugar de sua morada ele observa
   os habitantes todos da terra:

¹⁵ ele forma o coração de cada um
   e discerne todos os seus atos.

Zc 12,1
Sl 94,9-11;
139,1-16

¹⁶ Nenhum rei se salva com exército numeroso,
   o valente não se livra pela sua grande força;
¹⁷ para salvar, o cavalo é ilusão,
   e todo o seu vigor não ajuda a escapar.

1Sm 14,6;
17,47
Jt 9,7
Os 1,7 +

¹⁸ Eis que o olho de Iahweh está sobre os que o temem,
   sobre aqueles que esperam seu amor,
¹⁹ para da morte libertar a sua vida
   e no tempo da fome fazê-los viver.

Sl 32,8;
34,16

²⁰ Quanto a nós, nós esperamos por Iahweh:
   ele é nosso auxílio e nosso escudo.
²¹ Nele se alegra o nosso coração,
   é no seu nome santo que confiamos.
²² Iahweh, que teu amor esteja sobre nós,
   assim como está em ti nossa esperança!

= Sl 115,9s

Sl 90,17
Is 8,17

SALMO 34 (33)
*Louvor à justiça divina*ᵃ

¹ De Davi. Quando fingiu-se louco diante de Abimelec, fez-se perseguir por ele e foi embora.

1Sm 21,11-16

Alef   ² Bendirei a Iahweh em todo tempo,
                 seu louvor estará sempre nos meus lábios;
Bet   ³ glorio-me de Iahweh:
                 que os pobres ouçam e fiquem alegres.

Guimel   ⁴ Engrandecei a Iahweh comigo,
                 juntos exaltemos o seu nome.
Dalet   ⁵ Procuro Iahweh e ele me atende,
                 e dos meus temores todos me livra.

Hê   ⁶ Contemplai-o e estareis radiantes,
                 vosso rosto não ficará envergonhado.
Záin   ⁷ Este pobre gritou e Iahweh ouviu,
                 salvando-o de suas angústias todas.

Het   ⁸ O anjo de Iahweh acampa
                 ao redor dos que o temem, e os liberta.

Ex 14,19 +

Tet   ⁹ Provai e vede como Iahweh é bom,
                 feliz o homem que nele se abriga.

1Pd 2,3
= Sl 2,12

---

a) Salmo sapiencial "alfabético" (cf. Pr 31,10+), mas a ordem das estrofes está perturbada: ação de graças (vv. 2-11) e instrução no estilo dos Provérbios, sobre o destino dos justos e dos ímpios (vv. 12-23).

| | Yod | ¹⁰Temei a Iahweh, vós, santos seus,
pois nada faltará a quem o teme. |
| --- | --- | --- |
| | Kaf | ¹¹Os leõezinhos*ᵃ* passam necessidade e fome,
mas nenhum bem falta aos que procuram a Iahweh. |
| Pr 1,8; 4,1 | Lamed | ¹²Filhos, vinde escutar-me,
vou ensinar-vos o temor de Iahweh. |
| 1Pd 3,10-12 | Mem | ¹³Qual o homem que deseja a vida
e quer longevidade para ver a felicidade? |
| | Nun | ¹⁴Preserva tua língua do mal
e teus lábios de falarem falsamente. |
| = Sl 37,27
Mt 5,9 | Samec | ¹⁵Evita o mal e pratica o bem,
procura a paz e segue-a. |
| | Áin | ¹⁶Iahweh tem os olhos sobre os justos
e os ouvidos atentos ao seu clamor. |
| | Pê | ¹⁷A face de Iahweh está contra os malfeitores,
para da terra apagar a sua memória. |
| | Çade | ¹⁸Eles gritam, Iahweh escuta
e os liberta de suas angústias todas. |
| Sl 51,19
Mt 11,29-30 | Qof | ¹⁹Iahweh está perto dos corações contritos,
ele salva os espíritos abatidos. |
| Jó 5,19 | Resh | ²⁰Os males do justo são muitos,
mas de todos eles Iahweh o liberta; |
| Jo 19,36 | Shin | ²¹Iahweh guarda seus ossos todos,
nenhum deles será quebrado. |
| | Taw | ²²O mal causa a morte do ímpio,
os que odeiam o justo serão castigados.
²³Iahweh resgata a vida dos seus servos,
os que nele se abrigam jamais serão castigados. |

SALMO 35 (34)

*Prece de um justo perseguido*ᵇ

¹*De Davi.*

Iahweh, acusa meus acusadores,
combate os que me combatem!
²Toma a armadura e o escudo
e levanta-te em meu socorro!

Sl 27,1

³Maneja a espada e o machado*ᶜ*
contra meus perseguidores!
Dize a mim: "Eu sou tua salvação!"

= Sl 71,13;
40,15
Jo 18,6

⁴Fiquem envergonhados e arruinados
os que buscam tirar-me a vida!
Voltem-se para trás e sejam confundidos
os que planejam o mal contra mim!

---

a) Os animais selvagens frequentemente designam os ímpios (Sl 3,8; 22,22; Jó 4,9-10; Ez 38,13; Zc 11,3). O grego interpretou o termo, traduzindo-o por "ricos".

b) Grande lamentação imprecatória, próxima dos Sl 22; 55; 59; 69; 70; 109.

c) "e o machado": *wesagar*, conj., segundo um texto de Qumrã; "e fecha": *ûsegor*, hebr.

⁵ Sejam como palha ao vento,
   quando o anjo de Iahweh os empurrar!
⁶ Que seu caminho seja escuro e deslizante,
   quando o anjo de Iahweh os perseguir!

⁷ Sem motivo estenderam sua rede contra mim,
   abriram para mim uma cova:ᵃ
⁸ caia sobre eles um desastre imprevisto!
   Sejam apanhados na rede que estenderam
   e caiam eles dentro da cova!ᵇ

⁹ Meu ser exultará em Iahweh
   e se alegrará com sua salvação.
¹⁰ Meus ossos todos dirão: "Iahweh,
   quem é igual a ti,
para livrar o pobre do mais forte
   e o indigente do explorador?"ᶜ

¹¹ Levantam-se falsas testemunhas
   que eu não conheço.
Interrogam-me, ¹²pagam-me o mal pelo bem,
   e minha vida se torna estéril.

¹³ Quanto a mim, nas suas doenças eu me vestia de saco
   e me humilhava com jejum,
   e minha oração voltava ao meu coração;
¹⁴ eu ia e vinha como por um amigo, um irmão,
   como de luto pela mãe
   eu me curvava, entristecido.

¹⁵ E eles se alegram com meu tropeço e se agrupam,
   contra mim se agrupam
estrangeirosᵈ que não conheço,
   dilacerando-me sem parar.
¹⁶ Se eu caio, eles me cercam,ᵉ
   rangendo os dentes contra mim.

¹⁷ Senhor, por quanto tempo verás isto?
   Defende a minha vida dos rugidores,ᶠ
   meu único bem, destes leõezinhos.

¹⁸ Eu te agradecerei na grande assembleia,
   eu te louvarei em meio a um povo numeroso.

¹⁹ Que não se alegrem à minha custa
   meus inimigos traidores,
   e nem pisquem os olhos
   os que me odeiam sem motivo!

²⁰ Pois eles nunca falam de paz:
   contra os pacíficos da terra
   eles planejam calúnias;

---

a) V. corrigido segundo o sir.; hebr. corrompido, lit.: "cavaram uma cova, sua rede, cavada sem motivo".
b) "na cova", sir.; "na ruína", hebr., ditografia.
c) Antes de "indigente" o hebr. repete "o pobre".
d) "estrangeiros": *nokrîm,* conj.; "feridos": *nekîm,* hebr.
e) Estíquio corrompido; na presente tradução as palavras foram divididas de modo diverso do hebr. e a vocalização foi corrigida. Grego: "eles me provam, me insultam com insultos" dá um sentido satisfatório, mas representa uma correção mais importante.
f) Sentido incerto.

²¹escancaram a boca contra mim,
dizendo: "Ah! Ah!
nosso olho viu!"*a*

²²Viste isso, Iahweh! Não te cales!
Senhor, não fiques longe de mim!
²³Desperta! Levanta-te pelo meu direito,
por minha causa, meu Senhor e meu Deus!
²⁴Julga-me segundo a tua justiça, Iahweh meu Deus,
que eles não se alegrem à minha custa!

²⁵Que eles não pensem: Conseguimos!
Que não digam: "Nós o engolimos!"
²⁶Fiquem envergonhados e frustrados
os que se alegram com minha desgraça!
Sejam cobertos de vergonha e confusão
os que à minha custa se engrandecem.

²⁷Cantem e fiquem alegres
os que desejam minha justiça,
e digam constantemente:
"Iahweh é grande!
Ele deseja a paz ao seu servo!"

²⁸E minha língua meditará tua justiça,
todo o dia o teu louvor!

SALMO 36 (35)

Malícia do pecador e bondade de Deus[b]

¹*Do mestre de canto. Do servidor de Iahweh. De Davi.*

²O ímpio tem um oráculo de pecado
dentro do seu coração;[c]
o temor de Deus não existe
diante dos seus olhos.

³Ele se vê com olho por demais enganador
para descobrir e detestar o seu pecado.[d]
⁴As palavras de sua boca são maldade e mentira,
ele desistiu do bom senso de fazer o bem!

⁵Ele premedita a fraude
em seu leito;
obstina-se no caminho que não é bom
e nunca reprova o mal.

⁶Iahweh, o teu amor está no céu
e tua verdade chega às nuvens;

---

a) Eles o acusam falsamente de algum crime.
b) As duas partes do Sl (vv. 2-5 e 6-13) podem ter existido separadamente.
c) A voz do pecado, aqui personificado, substitui a palavra de Deus; "seu coração", versões; "meu coração", TM (trata-se de releitura "davídica" em função do título "de Davi").
d) Texto incerto; pode-se também compreender: "Sim, ele (o pecado) o engana a seus olhos, para que ele tenha repugnância de descobrir seu erro".

⁷ tua justiça é como as montanhas de Deus,ᵃ
teus julgamentos como o grande abismo.

Salvas os homens e os animais, Iahweh,
⁸ como é precioso, ó Deus, o teu amor!
Deste modo, os filhos de Adão
se abrigam à sombra de tuas asas.

Sl 17,8 +

⁹ Eles ficam saciados com a gordura de tua casa,
tu os embriagas com um rio de delícias;
¹⁰ pois a fonte da vidaᵇ está em ti,
e com tua luz nós vemos a luz.ᶜ

Sl 63,6

Sl 16,11; 46,5
Is 55,1
Jr 2,13 +
Jo 4,14

¹¹ Conserva teu amor por aqueles que te conhecem
e tua justiça para os corações retos.
¹² Que o pé dos soberbos não me atinja,
e a mão dos ímpios não me faça fugir.

¹³ Eis que os malfeitores tombam,
caem e não podem mais se levantar.

SALMO 37 (36)

*A sorte do justo e do ímpio*ᵈ

Sl 73
Jó 21,7-26

¹ *De Davi.*

Alef

Não te irrites por causa dos maus,
nem invejes os que praticam injustiça:
² pois, como a erva, eles secam depressa,
eles murcham como a verde relva.

Pr 23,17;
24,1.19
Ml 2,17; 3,14

Sl 90,6;
103,15
Is 40,7

Bet

³ Confia em Iahweh e faze o bem,
habita na terraᵉ e vive tranquilo,
⁴ põe tua alegria em Iahweh
e ele realizará os desejos do teu coração.

Guimel

⁵ Entrega teu caminho a Iahweh,
confia nele, e ele agirá;
⁶ manifestará tua justiça como a luz
e teu direito como o meio-dia.

Pr 3,5

Is 58,10
Sb 5,6
Is 58,8.10
Pr 4,18

Dalet

⁷ Descansa em Iahweh e nele espera,
não te irrites contra quem triunfa,
contra o homem que se serve de intrigas.

Hê

⁸ Deixa a ira, abandona o furor,
não te irrites: só farias o mal;
⁹ porque os maus serão extirpados
e quem espera em Iahweh possuirá a terra.

Sl 25,13

---

a) Isto é, as montanhas altas (cf. Sl 68,16; 80,11).
b) A "vida" implica a prosperidade, a paz e a felicidade (cf. Sl 133,3). A expressão "fonte da vida" designa nos Provérbios a sabedoria (Pr 13,14; 16,22; 18,4) e o temor de Deus (14,27). A passagem é aplicada a Cristo, vida e luz dos homens (cf. Jo, *passim*).
c) A "luz da face" de Deus (Sl 27,1; 89,16; Jó 29,3), expressão de sua benevolência (cf. Sl 4,7+), o homem encontra a luz da felicidade.

d) Este Sl alfabético, o "espelho da Providência" (Tertuliano), opõe àqueles que se indignam com a felicidade dos ímpios o ensinamento dos sábios sobre a retribuição temporal dos justos e dos ímpios. Este debate será retomado por Eclesiastes (cf. Ecl 8,11-14) e por Jó.
e) A Terra Santa (cf. Sl 25,13; Dt 16,20). — "vive tranquilo", lit.: "apascenta em segurança" (cf. Is 14,30). Estas promessas serão retomadas em sentido espiritual pelas bem-aventuranças (Mt 5,3-4, cf. Rm 4,13).

SALMOS 37

Waw
¹⁰ Mais um pouco e não haverá mais ímpio,
buscarás seu lugar e não existirá;
¹¹ mas os pobres possuirão a terra
e se deleitarão com paz abundante.

Záin
¹² O ímpio faz intrigas contra o justo
e contra ele range os dentes;
¹³ mas o Senhor ri às custas dele,
pois vê que seu dia vem chegando.

Het
¹⁴ Os ímpios desembainham a espada
e retesam o arco para matar o homem reto,
para abater o pobre e o indigente;
¹⁵ mas a espada lhes entrará no coração
e seus arcos serão quebrados.

Tet
¹⁶ Vale mais o pouco do justo
que as grandes riquezas dos ímpios;*a*
¹⁷ pois os braços do ímpio serão quebrados,
mas Iahweh é o apoio dos justos.

Yod
¹⁸ Iahweh conhece os dias dos íntegros
e sua herança permanecerá para sempre;
¹⁹ não se envergonharão nos dias maus,
nos dias de fome eles ficarão saciados.

Kaf
²⁰ Eis que os ímpios perecerão,
os inimigos de Iahweh
murcharão como a beleza dos prados,
se desfarão em fumaça.

Lamed
²¹ O ímpio toma emprestado e não devolve,
mas o justo se compadece e dá;
²² os que ele abençoa possuirão a terra,
os que ele amaldiçoa vão ser extirpados.*b*

Mem
²³ Iahweh assegura os passos do homem,
eles são firmes e seu caminho lhe agrada;
²⁴ quando tropeça não chega a cair,
pois Iahweh o sustenta pela mão.

Nun
²⁵ Fui jovem e já estou velho,
mas nunca vi um justo abandonado,
nem sua descendência mendigando pão.
²⁶ Todo dia ele se compadece e empresta,
e sua descendência é uma bênção.

Samec
²⁷ Evita o mal e pratica o bem,
e para sempre terás habitação;
²⁸ pois Iahweh ama o direito
e jamais abandona seus fiéis.

Áin
Os malfeitores serão destruídos para sempre*c*
e a descendência dos ímpios extirpada;
²⁹ os justos possuirão a terra
e nela habitarão para sempre.

---

a) Com as versões; "a riqueza de numerosos ímpios", hebr.
b) Grego: "os que O bendizem... os que O maldizem".
c) "Os malfeitores serão destruídos": seguindo o grego, o que restitui a letra *áin*, ausente no hebr., e permite manter a mesma estrutura poética do resto do

Pê	³⁰A boca do justo medita a sabedoria e sua língua fala o direito; ³¹no seu coração está a lei do seu Deus, seus passos nunca vacilam.	Dt 6,3.6 Jr 31,33
Çade	³²O ímpio espreita o justo e procura levá-lo à morte: ³³Iahweh não o abandona em sua mão, e no julgamento não o deixa condenar.	
Qof	³⁴Espera por Iahweh e observa o seu caminho; ele te exaltará, para que possuas a terra: tu verás os ímpios extirpados.	
Resh	³⁵Vi um ímpio muito poderoso elevar-se como um cedro do Líbano;ᵃ ³⁶passeiᵇ de novo e eis que não existia mais, procurei-o, mas não foi encontrado.	Jó 20,6-7 Is 2,13; 14,13 Ez 31,10
Shin	³⁷Observa o íntegro, vê o homem direito: há uma posteridade para o homem pacífico; ³⁸mas os rebeldes serão todos destruídos, a posteridade dos ímpios será extirpada.	Pr 23,18; 24,14
Taw	³⁹A salvação dos justos vem de Iahweh, sua fortaleza no tempo da angústia. ⁴⁰Iahweh os ajuda e liberta, ele os libertará dos ímpios e os salvará, porque nele se abrigam.	= Sl 9,10

SALMO 38 (37)

*Prece na angústia*ᶜ

¹*Salmo. De Davi. Para comemorar.*

²Iahweh, não me castigues com tua cólera,
não me corrijas com teu furor.   = Sl 6,2
³Tuas flechas penetraram em mim,
sobre mim abateu-seᵈ tua mão: Lm 3,12 / Jó 6,4
⁴nada está ileso em minha carne, sob tua ira,
nada de são em meus ossos, após meu pecado.   Is 1,5-6

⁵Minhas faltas ultrapassam-me a cabeça,
como fardo pesado elas pesam sobre mim;   Esd 9,6 / Gn 4,13
⁶minhas chagas estão podres e supuram,
por causa da minha loucura.
⁷Estou curvado, inteiramente prostrado,
ando o dia todo entristecido.

⁸Meus rins ardem de febre,
nada está ileso em minha carne;

Sl. O hebr. seria traduzido: "eles (seus amigos) serão guardados para sempre".
a) Segundo o grego; hebr.: "desnudando-se enquanto eu resplandeceria, verdejante (?)" (cf. Sl 92,15).
b) "passei", versões; "passou", hebr.

c) Lamentação de um fiel doente e presumido culpado (vv. 4-5.6b.19). Salmo de penitência em que certas passagens lembram Jó e o Canto do Servo Sofredor de Is 53.
d) "abateu-se", sir., Targ.; "caiu", hebr.

⁹ estou enfraquecido, completamente esmagado,
meu coração rosna, solto rugidos.

¹⁰ Senhor, à tua frente está o meu desejo todo,
meu gemido não se esconde de ti;
¹¹ meu coração palpita, minha força me abandona,
a luz dos meus olhos já não habita comigo.

¹² Amigos e companheiros se afastam da minha praga,
e meus vizinhos se mantêm à distância;
¹³ preparam armadilhas os que buscam tirar-me a vida,
os que procuram minha ruína falam de crimes,
todo dia meditando em traições.

¹⁴ E eu, como o surdo, não escuto,
como o mudo que não abre a boca.
¹⁵ Sou como homem que não ouve
e não tem uma réplica na boca.

¹⁶ É por ti, Iahweh, que eu espero!
És tu quem responderá, Senhor meu Deus!
¹⁷ Eu disse: "Que não se riam de mim,
não triunfem sobre mim quando eu tropeço!"

¹⁸ Sim, estou a ponto de cair,
meu tormento está sempre à minha frente.

¹⁹ Sim, eu confesso a minha falta,
e temo pelo meu pecado.

²⁰ Meus inimigos sem motivo[a] são poderosos,
são muitos os que me odeiam sem motivo,
²¹ os que pagam o mal pelo bem,
e por eu procurar o bem me acusam.[b]

²² Não me abandones, Iahweh,
meu Deus, não fiques longe de mim!
²³ Vem socorrer-me depressa,
ó Senhor, minha salvação!

SALMO 39 (38)

O nada do homem diante de Deus[c]

¹ *Do mestre de canto. De Iditun. Salmo. De Davi.*

² Eu disse: "Guardarei meu caminho,
para não pecar com a língua;
guardarei minha boca com mordaça,
enquanto o ímpio estiver à minha frente".
³ Calei-me, em silêncio;
vendo sua sorte,[d] minha dor piorou.

---

a) "sem motivo": *hinnam*, conj.; "vivos": *hayyîm*, hebr.
b) Mss gregos e versões acrescentam: "Eles rejeitaram a mim, o amado, como um cadáver horrendo" (cf. Is 14,19, no grego), alusão a Cristo crucificado que a versão copta precisa ainda mais: "Eles pregaram minha carne".

c) Cf. Sl 88. O salmista confessa o seu tormento diante da felicidade dos ímpios e a brevidade da existência (vv. 2-7); ele volta-se para Deus e implora sua clemência.
d) Lit.: "por causa de sua felicidade" (*mittobô*), conj.; "sem felicidade e" (*mittôb û*), hebr. (mal dividido).

⁴ Meu coração queimava dentro de mim,
ao meditar nisto o fogo se inflamava,
e deixei minha língua dizer:
⁵ "Mostra-me o meu fim, Iahweh,
e qual é a medida dos meus dias,
para eu saber quão frágil sou.

⁶ Vê: um palmo são os dias que me deste,
minha duração é nada diante de ti;
todo homem que se levanta é apenas sopro, *Pausa*
⁷ apenas sombra o homem que caminha,
apenas sopro as riquezas*ᵃ* que amontoa,
e ele não sabe quem vai recolhê-las."

⁸ E agora, Senhor, o que posso esperar?
Minha esperança está em ti!
⁹ Livra-me de minhas transgressões todas,
não me tornes ultraje do insensato!
¹⁰ Eu me calo, não abro a boca,
pois quem age és tu.

¹¹ Afasta a tua praga de mim,
eu sucumbo ao ataque de tua mão!
¹² Castigando o erro tu educas o homem
e róis seus desejos como a traça.
Os homens todos são apenas um sopro! *Pausa*

¹³ Ouve a minha prece, Iahweh,
dá ouvido aos meus gritos,
não fiques surdo ao meu pranto!
Pois sou forasteiro junto a ti,
inquilino como todos os meus pais.
¹⁴ Afasta de mim teu olhar, para que eu respire,*ᵇ*
antes que eu me vá e não exista mais!

Sl 89,48

Jó 7,6-16;
14,1.5
Sl 73,20;
90,9-10;
62,10;
94,11
Is 40,7
Ecl 2,21s;
6,2

Ex 12,48 +
Lv 25,23
Sl 119,19
1Cr 29,15
Hb 11,13

Jó 7,19; 14,6

SALMO 40 (39)

Ação de graças. Pedido de socorroᶜ

¹ *Do mestre de canto. De Davi. Salmo.*

² Esperei ansiosamente por Iahweh:
ele se inclinou para mim
e ouviu o meu grito.

³ Ele me fez subir da cova fatal,
do brejo lodoso;
colocou meus pés sobre a rocha,
firmando meus passos.

Sl 18,5;
69,2-3.15-16
Jr 38,6

⁴ Pôs em minha boca um cântico novo,
louvor ao nosso Deus;
muitos verão e temerão,
e confiarão em Iahweh.

= Sl 52,8
Is 41,5

---

a) "as riquezas": *hamôn*, conj.; "eles se agitam": *yehemayûn*, hebr.
b) Lit.: "que eu faça rosto alegre" (cf. Jó 9,22; 10,20).

c) O hino de ação de graças (vv. 2-12) é seguido por grito de angústia (vv. 14-18), que se tornou o Sl 70. No conjunto atual, a primeira parte aparece como volta ao

|| Jr 17,7
Sl 1,1

⁵Feliz é este homem
  cuja confiança é Iahweh:
ele não se volta para os soberbos,
  nem para os sequazes da mentira.

Sl 139,17-18
Dt 4,34
Sl 35,10

⁶Quantas maravilhas realizaste,
  Iahweh meu Deus,
quantos projetos em nosso favor:
  ninguém se compara a ti.
Quero anunciá-los, falar deles,
  mas são muitos para enumerá-los.

Hb 10,5-7
Is 50,5

⁷Não quiseste sacrifício nem oferta,
  abriste^a o meu ouvido;
não pediste holocausto nem expiação,
  ⁸e então eu disse: Eis que venho.

Am 5,21 +
Sl 50,7-15;
51,18-19;
69,31-32

No rolo do livro foi-me prescrito
  ⁹realizar tua vontade;^{b}

Sl 37,31
Jo 4,34; 8,29

meu Deus, eu quero ter a tua lei
  dentro das minhas entranhas.

Sl 22,23;
35,18; 149,1

¹⁰Anunciei a justiça de Iahweh^c
  na grande assembleia;
eis que não fecho meus lábios,
  tu o sabes.

¹¹Não escondi tua justiça no fundo do meu coração,
  falei da tua fidelidade e da tua salvação;
não ocultei o teu amor e a tua verdade
  à grande assembleia.

Sl 77,10
Sl 89,34

¹²Quanto a ti, Iahweh, não negues
  tua compaixão por mim;
teu amor e tua verdade
  sempre vão me proteger.

Sl 38,5
Sl 6,8
38,5
69,5

¹³Pois as desgraças me rodeiam
  a não mais contar;
minhas iniquidades me atingem
  sem que eu possa vê-las;
são mais que os cabelos da minha cabeça,
  e o coração me abandona.

= Sl 70,2s

¹⁴Iahweh, digna-te livrar-me!
  Iahweh, vem depressa em meu socorro!

= Sl 71,13

¹⁵Fiquem envergonhados e confusos
  os que buscam minha vida para perdê-la!

---

passado, oposto às misérias do presente e justificando o apelo a Iahweh.
a) Lit.: "cavaste". Deus faz o fiel ouvir sua vontade (cf. Is 50,5). Uma variante do grego: "formaste um corpo para mim" foi interpretada em sentido messiânico e aplicada a Cristo (Hb 10,5s).
b) A obediência vale mais que o sacrifício (1Sm 15,22). Os profetas frequentemente advertiram Israel contra práticas que não empenhavam o coração (Am 5,21+, cf. Gn 8,21+), ou contra uma confiança presunçosa na presença de Deus em seu Templo (cf. Jr 7,3-4+). No judaísmo pós-exílico, seja qual for a importância do Templo como sinal da salvação (Zc 1,16), o culto interior vai-se afirmando cada vez mais e as disposições do coração, a oração, a obediência, o amor, tomam em si o valor de culto (Sl 50; 51,19; 69,31-32; 141,2; Pr 21,3; cf. também Tb 4,11; Eclo 34,18-35,10). Esta evolução prepara a sobrevivência do judaísmo após a destruição do Templo e continuará no NT (Rm 1,9+; 12,1+).
c) "Iahweh" foi transposto do último estíquio para seguir o ritmo do resto do salmo.

>   Recuem e fiquem envergonhados
>   os que desejam minha desgraça!
> ¹⁶Fiquem mudos de vergonha
>   os que riem de mim!ᵃ
>
> ¹⁷Exultarão e se alegrarão em ti
>   todos os que te procuram;
>   os que amam tua salvação
>   repetirão sempre: "Deus é grande!"
>
> ¹⁸Quanto a mim, sou pobre e indigente,
>   mas o Senhor cuida de mim.
>   Tu és meu auxílio e salvação;
>   Deus meu, não demores!

Sl 35,21.25

69,7.33;
35,27;
104,1

SALMO 41 (40)
Prece do doente abandonado

> ¹Do mestre de canto. Salmo. De Davi.
>
> ²Feliz quem pensa no fraco e no indigente,ᵇ
>   no dia da infelicidade Iahweh o salva;
> ³Iahweh o guarda, dá-lhe vida e felicidade na terra,
>   e não o entrega à sanha dos seus inimigos!
> ⁴Iahweh o sustenta no seu leito de dor,
>   tu afofas a cama em que ele definha.ᶜ
>
> ⁵Eu dizia: "Iahweh, tem piedade de mim!
>   Cura-me, porque pequei contra ti!"
> ⁶Meus inimigos falam mal de mim:
>   "Quando morrerá e perecerá o seu nome?"
> ⁷Se alguém me visita, fala com fingimento,
>   enche o coração de maldade e, ao sair, é disso que fala.
>
> ⁸Os que me odeiam cochicham juntos contra mim,
>   e, junto a mim, consideram minha desgraça:ᵈ
> ⁹"Caiu sobre ele uma praga do inferno,ᵉ
>   está deitado e nunca mais levantará!"
> ¹⁰Até o confidente, em quem eu confiava,
>   que comia do meu pão, se levantaᶠ contra mim.
>
> ¹¹Tu, porém, Iahweh, tem piedade de mim,
>   levanta-me, e eu pagarei o que eles merecem.
> ¹²Nisto reconheço que tu me amas:
>   se meu inimigo não triunfar sobre mim.
> ¹³Quanto a mim, tu me manténs íntegro
>   e me estabeleces em tua presença, para sempre.
> ¹⁴Bendito seja Iahweh, o Deus de Israel,
>   desde agora e para sempre!
>   Amém! Amém!ᵍ

Pr 14,21
Tb 4,7-11

Jr 20,10
Sl 31,12-14;
38,12-13;
88,9
Jó 19,13-19

Sl 55,14
→ Jo 13,18

Ne 9,5
Dn 2,20

---

a) "os que riem de mim", lit.: "os que me dizem: Ah! Ah!"
b) "e no indigente", grego, Targ.; omitido pelo hebr.
c) Lit.: "em sua doença"; texto incerto.
d) A provação da doença é considerada como o castigo por algum pecado (cf. Jó; Sl 38,4; 107,17).
e) Lit.: "coisa de Belial" (cf. Dt 13,14+).
f) Lit. "levanta o calcanhar". — O "confidente" (lit. "meu homem de paz") foi por vezes identificado com Aquitofel, conselheiro de Davi (2Sm 15,12; 17,23; cf. 12,19). Jesus aplicou este texto a Judas (Jo 13,18).
g) Esta doxologia encerra o primeiro livro do Saltério (cf. Sl 72,18; 106,48).

SALMO 42-43 (41-42)

Lamento do levita exilado[a]

¹*Do mestre de canto. Poema. Dos filhos de Coré.*

<small>Jo 4,1 +
Is 26,9
Sl 63,2; 84,3</small>

²Como a corça[b] bramindo
  por águas correntes,
assim minha alma brame
  por ti, ó meu Deus!

<small>Sl 36,10

Sl 27,4</small>

³Minha alma tem sede de Deus,
  do Deus vivo:
quando voltarei a ver
  a face de Deus?[c]

<small>Jó 3,24
Mq 7,10
Ml 2,17
Sl 79,10</small>

⁴As lágrimas são meu pão
  noite e dia,
e todo dia me perguntam:
  "Onde está o teu Deus?"

<small>Lm 3,20
Sl 27,4-5</small>

⁵Começo a recordar as coisas
  e minha alma em mim se derrama:
quando eu passava, sob a Tenda do Poderoso,[d]
  em direção à casa de Deus,
entre os gritos de alegria, a ação de graças
  e o barulho da festa.

<small>Sl 6,5 +</small>

⁶Por que te curvas, ó minha alma,
  gemendo dentro de mim?
Espera em Deus, eu ainda o louvarei,
  a salvação da minha face[e] e meu Deus!

<small>Sl 43,3;
68,17</small>

⁷Minha alma curva-se em mim,
  e por isso eu me lembro de ti,
desde a terra do Jordão e do Hermon,
  de ti, ó pequena montanha.[f]

<small>|| Jn 2,4
Sl 32,6;
69,3; 88,8</small>

⁸Grita um abismo a outro abismo
  com o fragor das tuas cascatas;
tuas vagas todas e tuas ondas
  passaram sobre mim.

⁹De dia Iahweh manda o seu amor,
  e durante a noite
eu cantarei uma prece
  ao Deus da minha vida.

---

a) O exílio, tipo da angústia do fiel que "vive exilado longe do Senhor" (2Cor 5,6-8), é aqui o afastamento do santuário onde Deus reside e das festas que aí reúnem o seu povo.
b) "corça", grego; "cervo", hebr., mas o verbo está no feminino.
c) "a ver", mss, sir., Targ.; "a aparecer diante", hebr. (corr. de um escriba chocado por esta expressão, cf. Ex 33,20+). "Ver a face de Deus" aqui quer dizer: visitar seu santuário, o Templo de Jerusalém (cf. Dt 31,11; Sl 27,8+).

d) "Poderoso", lit.: "admiráveis" (com plural majestático), grego, sir.; hebr. ininteligível. — A "Tenda" (lit.: a cabana) é o Templo em que Deus reside e que todo israelita piedoso visitava todo ano (Ex 23,14-17).
e) "minha face", mss hebr., ms grego, sir. (cf. v. 12); "sua face", hebr.
f) "de ti, ó pequena montanha", conj.: trata-se do monte Sião; o hebr. traz "da pequena montanha" ou "do monte Miçar": tratar-se-ia de Zaorá, não longe das fontes do Jordão, que poderia ser uma etapa no caminho do Exílio. O primeiro "de ti" referir-se-ia então a Deus.

¹⁰ Direi a Deus, meu rochedo:
   Por que me esqueces?
   Por que devo andar pesaroso
   pela opressão do inimigo?

¹¹ Esmigalhando-me os ossos,
   meus opressores me insultam,
   repetindo todo o dia:
   "Onde está o teu Deus?"

¹² Por que te curvas, ó minha alma,
   gemendo dentro de mim?
   Espera em Deus, eu ainda o louvarei,
   a salvação da minha face e meu Deus!

43

¹ Julga-me, ó Deus, defende minha causa
   contra uma nação sem fidelidade!
   Do homem iníquo e fraudulento
   liberta-me!

² Sim, tu és o meu Deus forte:
   por que me rejeitas?
   Por que devo andar pesaroso
   pela opressão do inimigo?

³ Envia tua luz e tua verdade:
   elas me guiarão
   levando-me à tua montanha sagrada,
   às tuas Moradias.

⁴ Eu irei ao altar de Deus,
   ao Deus que me alegra.ᵃ
   Vou exultar e celebrar-te com a harpa,
   ó Deus, o meu Deus!

⁵ Por que te curvas, ó minha alma,
   gemendo dentro de mim?
   Espera em Deus, eu ainda o louvarei,
   a salvação da minha face e meu Deus!

SALMO 44 (43)

*Elegia nacional*ᵇ

¹ *Do mestre de canto. Dos filhos de Coré. Poema.*

² Ó Deus, nós ouvimos com nossos ouvidos,
   nossos pais nos contaram
   a obra que realizaste em seus dias,
   nos dias de outrora, ³com tua mão.

   Para plantá-los expulsaste nações,
   maltrataste povos para estendê-los;

---

a) Lit.: "Deus da minha alegria"; "minha alegria", ms hebr.; "a alegria (de minha exultação)", TM. O grego compreendeu: "Deus que alegra minha juventude".
b) Este salmo, opondo aos triunfos do passado as humilhações do presente, pode referir-se, como os Sl 74; 79; 80, à ruína de Jerusalém em 587. Os vv. 18-23 podem ter sido acrescentados mais tarde, para adaptar o Sl às perseguições dos tempos macabaicos.

⁴ não foi pela espada que conquistaram a terra,
   nem foi seu braço que lhes trouxe a vitória;
   e sim tua direita e teu braço,
   e a luz da tua face, porque os amavas.

⁵ Eras tu, ó meu Rei e meu Deus,
   que decidias[a] as vitórias de Jacó;
⁶ contigo agredimos nossos opressores,
   calcamos nossos agressores por teu nome.

⁷ Não era no meu arco que eu tinha confiança,
   nem era minha espada que me trazia vitória:
⁸ eras tu que nos salvavas de nossos opressores
   e envergonhavas aqueles que nos odiavam;
⁹ em Deus nos orgulhávamos todo o dia,
   celebrando o teu nome para sempre. *Pausa*

¹⁰ Tu, porém, nos rejeitaste e nos envergonhaste,
    e já não sais com nossos exércitos;
¹¹ fizeste-nos recuar diante do opressor,
    e os que nos têm ódio saqueiam à vontade.

¹² Tu nos entregas como ovelhas de corte,
    tu nos dispersaste por entre as nações;
¹³ vendes o teu povo por um nada,
    e nada lucras com seu preço.

¹⁴ Fazes de nós o riso dos nossos vizinhos,
    divertimento e zombaria para aqueles que nos cercam;
¹⁵ fazes de nós o provérbio das nações,
    meneio de cabeça por entre os povos.

¹⁶ Minha desonra está o dia todo à minha frente,
    e a vergonha cobre a minha face,
¹⁷ pelos gritos de ultraje e de blasfêmia
    na presença do inimigo e do vingador.

¹⁸ Aconteceu-nos tudo isso, e não te esquecemos,
    nem traímos a tua aliança;
¹⁹ nosso coração não voltou atrás,
    e nossos passos não se desviaram do teu caminho.
²⁰ E tu nos esmagaste onde vivem os chacais,[b]
    e nos cobriste com a sombra da morte.

²¹ Se tivéssemos esquecido o nome do nosso Deus,
    estendendo nossas mãos[c] a um deus estrangeiro,
²² por acaso Deus não o teria percebido,
    ele que conhece os segredos do coração?
²³ É por tua causa que nos matam todo o dia,
    e nos tratam como ovelhas de corte.[d]

²⁴ Desperta! Por que dormes, Senhor?
    Levanta-te! Não nos rejeites até o fim!

---

a) "meu Deus, que decidias", versões; "Ó Deus, decide", hebr.
b) Seja a terra devastada (Is 34,13; Jr 9,10), seja o deserto, refúgio dos judeus perseguidos (1Mc 2,29; 9,33).
c) Gesto de prece (Sl 28,2; 141,2; Is 1,15).
d) Alusão provável às perseguições de Antíoco Epífanes.

²⁵ Por que escondes tua face,
  esquecendo nossa opressão e miséria?

²⁶ Pois nossa garganta se afoga no pó,
  está grudado ao chão o nosso ventre.
²⁷ Levanta-te! Socorre-nos!
  Resgata-nos, por causa do teu amor!

= Sl 119,25
Sl 7,6

SALMO 45 (44)
Epitalâmio real[a]

¹*Do mestre de canto. Sobre a ária "Os lírios..."*[b] *Dos filhos de Coré. Poema. Canto de amor.*

Sl 60,1;
69,1; 80,1

² Meu coração transborda num belo poema,
  eu dedico a minha obra a um rei,
  minha língua é a pena de escriba habilidoso.

Pr 1,23

³ És o mais belo dos filhos dos homens,
  a graça escorre dos teus lábios,
  porque Deus te abençoa para sempre.

Ct 5,10-16

⁴ Cinge a tua espada sobre a coxa, ó valente,
  com majestade e esplendor; ⁵ vai, cavalga
  pela causa da verdade, da mansidão e da justiça.

Sl 21,6

Tendes a corda do arco,[c] tornando terrível a tua direita!
⁶ Tuas flechas são agudas, os povos submetem-se a ti,
  os inimigos do rei perdem a coragem.

⁷ Teu trono é de Deus,[d] para sempre e eternamente!
  O cetro do teu reino é cetro de retidão!
⁸ Amas a justiça e odeias a impiedade.

Eis por que Deus, o teu Deus, te ungiu
  com o óleo da alegria, como a nenhum dos teus companheiros;
⁹ mirra e aloés perfumam tuas vestes.

Nos palácios de marfim, o som das cordas te alegra.
¹⁰ Entre as tuas amadas[e] estão as filhas do rei;
  à tua direita uma dama, ornada com ouro de Ofir.

¹¹ Ouve, ó filha, vê e inclina teu ouvido:
  esquece o teu povo e a casa do teu pai,[f]

Gn 12,1
Js 24,2
Ez 16,3

---

a) Conforme alguns, este Sl poderia ter sido canto profano para as núpcias de rei israelita, Salomão, Jeroboão II ou Acab (que desposou uma princesa de Tiro, 1Rs 16,31). Mas a tradição judaica e a cristã o interpretam com referência às núpcias do Rei-Messias com Israel (figura da Igreja; cf. Ct 3,11; Is 62,5; Ez 16,8-13 etc.), e a liturgia por sua vez estende a alegria, aplicando-a a Nossa Senhora. O poeta dirige-se primeiramente ao Rei-Messias (vv. 3-10), aplicando-lhe os atributos de Iahweh (Sl 145,4-7.12-13 etc.) e do Emanuel (Is 9,5-6), depois à rainha (vv. 11-17).

b) "Os lírios" talvez seja releitura macabaica em função do Ct. A rubrica original pode-se compreender conforme o grego: "Os que alteram (a Carta = a Lei, o preceito)" (cf. Sl 60,1; 69,1; 80,1); alusão aos judeus apóstatas.

c) "Tendes a corda do arco": *wehadrek yitreka*, conj.; "e teu brilho... e te ensina": *wehadareka* (deslocado para o início do v.) *wetôreka*, hebr.

d) O grego traduz: "Teu trono, ó Deus...", vendo no termo *'elohîm* vocativo qualificando o rei; este título protocolar é de fato aplicado ao Messias (Is 9,5), assim como aos chefes e aos juízes (Ex 22,6; Sl 82,6), a Moisés (Ex 4,16; 7,1) e à casa de Davi (Zc 12,8).

e) As nações pagãs, convertidas ao Deus verdadeiro (Ct 1,3; 6,8; Is 60,3s; 61,5) e admitidas ao seu serviço, seguindo Israel (vv. 15-16).

f) Como seu antepassado Abraão, Israel deve romper toda ligação com o mundo pagão que o cerca, e receberá "filhos" (v. 17) em troca dos "pais" que foram deixados.

¹²que o rei se apaixone por tua beleza:
prostra-te à sua frente, pois ele é o teu senhor!
¹³A filha de Tiro alegrará teu rosto com seus presentes,
e os povos mais ricos ¹⁴com muitas joias cravejadas de ouro.*a*

Vestida ¹⁵com brocados, a filha do rei é levada
para dentro,*b* até o rei, com séquito de virgens.
Introduzem as companheiras a ela*c* destinadas,
¹⁶e com júbilo e alegria elas entram no palácio do rei.
¹⁷Em lugar de teus pais virão teus filhos,
e os farás príncipes sobre a terra toda.

¹⁸Comemorarei teu nome de geração em geração;
e os povos te louvarão para sempre e eternamente.

SALMO 46 (45)

Deus está conosco*d*

¹*Do mestre de canto. Dos filhos de Coré. Com oboé. Cântico.*

²Deus é nosso refúgio e nossa força,
socorro sempre alerta nos perigos.
³E por isso não tememos se a terra vacila,
se as montanhas se abalam no seio do mar;
⁴se as águas do mar estrondam e fervem,
e com sua fúria estremecem os montes.*e*

(Iahweh dos Exércitos está conosco,
nossa fortaleza é o Deus de Jacó!)*f*   Pausa

⁵Há um rio, cujos braços alegram a cidade de Deus,
santificando*g* as moradas do Altíssimo.
⁶Deus está em seu meio: ela é inabalável,
Deus a socorre ao romper da manhã.*h*
⁷Povos estrondam, reinos se abalam,
ele alteia sua voz e a terra se dissolve.

⁸Iahweh dos Exércitos está conosco,
nossa fortaleza é o Deus de Jacó!   Pausa

⁹Vinde ver os atos de Iahweh,
é ele quem na terra faz assombros:
¹⁰acaba com as guerras até ao extremo da terra,
quebra os arcos, despedaça as lanças,
e atira os escudos no fogo.

---

a) A homenagem dos povos pagãos, prometida para os tempos messiânicos.
b) O hebr. lê "a filha do rei dentro" antes de "cravejadas de ouro".
c) "ela". 2 mss, cf. sir.; "ti", TM.
d) Cântico de Sião. A presença divina no Templo protege a cidade santa, águas simbólicas a purificam, fecundando-a e fazendo dela novo Éden.
e) Imagens de volta ao caos. A terra, sustentada por colunas (cf. Sl 75,4; 104,5; Jó 9,6; Pr 8,27), repousa sobre o oceano inferior (Sl 24,2). As colunas são abaladas e as águas furiosas atingem as montanhas.
f) O refrão, omitido pelo hebraico, foi reconstituído aqui a partir dos vv. 8 e 12.
g) Lit.: "santifica", grego; "a (mais) santa (das moradas)", hebr.
h) Hora dos favores divinos (Sl 17,15+). — Alusão provável à retirada dos exércitos de Senaquerib em 701 (2Rs 19,36; Is 17,14).

¹¹ "Tranquilizai-vos e reconhecei: Eu sou Deus,
mais alto que os povos, mais alto que a terra!"

Dt 32,39
Ez 12,16

¹² Iahweh dos Exércitos está conosco,
nossa fortaleza é o Deus de Jacó!   *Pausa*

SALMO 47 (46)
Iahweh é rei de Israel e do mundo[a]

Sl 93; 96; 97; 98; 99

¹*Do mestre de canto. Dos filhos de Coré. Salmo.*

² Povos todos, batei palmas,
aclamai a Deus com gritos alegres!

Sf 3,14-15

³ Pois Iahweh, o Altíssimo, é terrível,
é o grande rei sobre a terra inteira.
⁴ Ele põe as nações sob o nosso poder,
põe-nos os povos debaixo dos pés.

Ex 15,18
Is 52,7

⁵ Escolheu para nós nossa herança,
o orgulho de Jacó, a quem ele ama.   *Pausa*

Is 58,14
Sl 2,8

⁶ Deus sobe por entre ovações,
Iahweh, ao clangor da trombeta.
⁷ Tocai para o nosso Deus,[b] tocai,
tocai para o nosso Rei, tocai!

Nm 23,21
Sl 24,7-10
68,19; 89,16; 98,6

⁸ Pois o rei de toda a terra é Deus:
tocai música para mostrá-lo!
⁹ Deus é rei acima das nações,
senta-se Deus em seu trono sagrado.

Jr 10,7
Sl 72,11

¹⁰ Os príncipes dos povos se aliam
com o povo do Deus de Abraão.[c]
Pois os escudos da terra são de Deus,
e ele subiu ao mais alto.

Is 2,2-4 +
Esd 6,21
Ex 3,6

SALMO 48 (47)
Sião, a montanha de Deus[d]

¹*Cântico. Salmo. Dos filhos de Coré.*

² Iahweh é grande e muito louvável
na cidade do nosso Deus,
a montanha sagrada, ³bela em altura,
alegria da terra toda;

= Sl 96,4

Sl 50,2
Lm 2,15

o monte Sião, no longínquo Norte,[e]
cidade do grande rei:

---

a) Este hino escatológico, o primeiro dos "salmos do Reino" (cf. Sl 93s), desenvolve a aclamação: "Iahweh é Rei!" O Rei de Israel sobe ao Templo em cortejo triunfal, em meio às aclamações rituais (Sl 33,3+). Seu império se estende a todos os povos que virão juntar-se ao povo eleito.
b) "nosso Deus", grego; "Deus", hebr.
c) A aliança com Abraão é estendida a toda a humanidade. Os escudos são os reis, defensores dos seus povos.

d) Este hino celebra o monte Sião, residência do rei de Israel e lugar do Templo, no coração da antiga Jerusalém (cf. 2Sm 5,9+). Talvez ele evoque, nos vv. 5-6, o fracasso da coalizão siro-efraimita contra Acaz em 735 e a retirada repentina de Senaquerib em 701.
e) O salmista aplica ao monte Sião o tema literário da "montanha do Norte", que designa residência divina nos poemas fenícios.

⁴entre seus palácios, Deus
    se revelou fortaleza.

⁵Eis que os reis tinham-se aliado
    e juntos avançavam;
⁶mas viram e logo se aterraram,
    e, apavorados, debandaram às pressas.

⁷Ali apossou-se deles um tremor
    como espasmo de parturiente,
⁸como o vento leste
    destroçando os navios de Társis.ᵃ

⁹Conforme ouvimos, assim vimos também
    na cidade de Iahweh dos Exércitos,
na cidade do nosso Deus;
    Deus firmou-a para sempre! *Pausa*

¹⁰Ó Deus, nós meditamos teu amor
    no meio do teu Templo!
¹¹Como teu nome, ó Deus, também teu louvor
    atinge os limites da terra!

Tua direita está cheia de justiça:
¹²alegra-se o monte Sião
    e as filhas de Judáᵇ exultam,
    por causa dos teus julgamentos.

¹³Rodeai Sião, percorrei-a,
    enumerai suas torres;
¹⁴que os vossos corações se apeguem a seus muros,ᶜ
    explorai seus palácios;

para contar à geração futura
¹⁵que este Deus
    é o nosso Deus para sempre!
    É ele quem nos conduz!ᵈ

SALMO 49 (48)

***O nada das riquezas*ᵉ**

¹*Do mestre de canto. Dos filhos de Coré. Salmo.*

²Ouvi isto, todos os povos,
    dai ouvidos, habitantes todos do mundo,
³gente do povo, homens de condição,
    ricos e indigentes, todos juntos!

⁴Minha boca fala com sabedoria
    e meu coração medita a inteligência;
⁵inclino meu ouvido a um provérbio
    e sobre a lira resolvo meu enigma.

---

a) Navios de longo percurso, podendo ir até "Társis" (cf. Is 23,1+).
b) As cidades da região.
c) O Sl pode datar da época da restauração dos muros por Neemias (Ne 6,15; 12,27).
d) O hebr. acrescenta: "sobre (ou contra) a morte" rubrica corrompida do Sl seguinte.
e) Construído sobre o tema de dito irônico (vv. 13 e 21), este Salmo trata, como os Sl 37 e 73, do problema das retribuições e da felicidade aparente dos ímpios; ele o resolve conforme a doutrina tradicional dos Sábios.

⁶Por que temerei nos dias maus,
quando a maldade me persegue*ª* e envolve?
⁷Eles confiam na sua fortuna
e se gloriam de sua imensa riqueza.

Pr 10,15
Jr 9,22

⁸Mas o homem não pode comprar seu resgate,
nem pagar a Deus seu preço:
⁹o resgate de sua vida é tão caro
que seria sempre insuficiente
¹⁰para o homem sobreviver,
sem nunca ver a cova.

Jó 33,24
Pr 11,4

Mt 16,26
Rm 3,24 +

¹¹Ora, ele vê os sábios morrerem
e o imbecil perecer com o insensato,
deixando sua riqueza para outros.

Ecl 2,16
Sl 39,7
Eclo 11,18–19 +

¹²Seus túmulos*ᵇ* são para sempre suas casas,
suas moradias de geração em geração;
e eles davam o próprio nome às suas terras...

Ecl 12,5

¹³Mas o homem com seu luxo não entende,*ᶜ*
é semelhante ao animal mudo...
¹⁴E assim caminham, seguros de si mesmos,
e terminam contentes com sua sorte.*ᵈ*   *Pausa*

Ecl 3,18-21

¹⁵São como o rebanho destinado ao Xeol,
a Morte*ᵉ* os leva a pastar,
os homens retos os dominarão.

Sl 73,20

Pela manhã sua imagem desaparece;
o Xeol é a sua residência.*ᶠ*
¹⁶Mas Deus resgatará a minha vida
das garras do Xeol, e me tomará.*ᵍ*   *Pausa*

Sl 73,24

¹⁷Não temas quando um homem enriquece,
quando cresce a glória de sua casa:
¹⁸ao morrer nada poderá levar,
sua glória não descerá com ele.*ʰ*

↗ 1Tm 6,7

¹⁹Enquanto vivia, ele se felicitava:
— "Eles te aplaudem, pois tudo vai bem para ti!"
²⁰Ele se juntará à geração dos seus pais,
que nunca mais verá a luz.

Gn 15,15
Jó 10,21-22

²¹Mas o homem com seu luxo não entende,
é semelhante ao gado mudo...

---

a) "me persegue", conj. segundo as Héxaplas; "de meus calcanhares", hebr.
b) "túmulos", versões; "interior", hebr. (troca de duas letras).
c) "entende", versões (cf. v. 21); "passa a noite", hebr.
d) Texto difícil. São propostas outras traduções. O tema é o da falsa confiança dos ricos apegados aos seus bens (v. 7).
e) Aqui personificada (cf. Jó 18,13; 28,22; Jr 9,20; Os 13,14).
f) "sua residência", lit.: "uma residência para eles" (*zebul lamô*), conj.; "sem residência para ele" (*mizebul lô*), hebr. — A manhã é o tempo dos julgamentos escatológicos e do triunfo dos justos (Sl 17,15+).
g) O sábio conta com Deus para escapar do Xeol. Não se pode afirmar que ele entrevia a possibilidade de ser arrebatado ao céu como Henoc (Gn 5,24) e Elias (2Rs 2,3, cf. Sl 16,10+), mas ele pensa que a sorte final dos justos deve ser diferente da dos ímpios e que a amizade divina não deve cessar. Esta fé ainda implícita em uma retribuição futura prepara a revelação posterior da ressurreição dos mortos e da vida eterna (2Mc 7,9+).
h) Pelo contrário, Deus glorificará os justos (Sl 73,24; 91,15).

SALMO 50 (49)

Para o culto em espírito^a

¹*Salmo. De Asaf.*

Fala Iahweh, o Deus dos deuses,
convocando a terra, do nascente ao poente.
² De Sião, beleza perfeita, Deus resplandece,
³ o nosso Deus vem, e não se calará.

À sua frente um fogo devora,
e ao seu redor tempestade violenta;
⁴ do alto ele convoca o céu
e a terra, para julgar o seu povo.

⁵ "Reuni junto a mim os meus fiéis,
que selaram minha Aliança com sacrifício!"
⁶ O céu anuncia sua justiça,
pois o próprio Deus julgará.   *Pausa*

⁷ "Ouve, meu povo, eu falarei,
Israel, testemunharei contra ti.
Eu sou Deus, o teu Deus!

⁸ Não te acuso pelos teus sacrifícios,
teus holocaustos estão sempre à minha frente;
⁹ não tomarei um novilho de tua casa,
nem um bode dos teus apriscos;

¹⁰ pois são minhas todas as feras da selva,
e os animais nas montanhas, aos milhares;
¹¹ conheço as aves todas do céu,^b
e o rebanho dos campos me pertence.

¹² Se eu tivesse fome não o diria a ti,
pois o mundo é meu, e o que nele existe.
¹³ Acaso comeria eu carne de touros,
e beberia sangue de bodes?

¹⁴ Oferece a Deus um sacrifício de confissão
e cumpre teus votos ao Altíssimo;
¹⁵ invoca-me no dia da angústia:
eu te livrarei, e tu me glorificarás".

¹⁶ Ao ímpio, contudo, Deus declara:^c

"Que te adianta divulgar meus mandamentos
e ter minha Aliança na boca,
¹⁷ uma vez que detestas a disciplina
e rejeitas as minhas palavras?

¹⁸ Se vês um ladrão, corres com ele,
e junto aos adúlteros tens a tua parte;
¹⁹ abres tua boca para o mal,
e teus lábios tramam a fraude.

---

a) Deus vem julgar Israel (vv. 1-7) e pronuncia o requisitório contra o formalismo dos sacrifícios (vv. 8-15), unido ao desprezo pelos mandamentos (vv. 16-23).

b) "céu", versões; "montanhas", hebr.

c) Este estíquio talvez tenha sido acrescentado para desobrigar os fiéis: a seguir Deus não estaria mais se dirigindo indistintamente a todo Israel.

²⁰ Sentas-te para falar contra teu irmão,
e desonras o filho de tua mãe.
²¹ Assim te comportas, e eu me calaria?
Imaginas que eu seja como tu?
Eu te acuso e exponho tudo aos teus olhos.

²² Considerai isto, vós que esqueceis a Deus, Is 42,8 +
Dt 32,39
senão eu vos dilacero, e ninguém vos libertará!
²³ Quem oferece uma confissão me glorifica, = Sl 91,16
e ao homem íntegro[a] mostrarei a salvação de Deus".

SALMO 51 (50)

Miserere[b] 2Sm 11-12

¹ *Do mestre de canto. Salmo. De Davi.* ² *Quando o profeta Natã foi encontrá-lo, após ele ter estado com Betsabeia.*

³ Tem piedade de mim, ó Deus, por teu amor! Ez 18,23 +
Apaga minhas transgressões, por tua grande compaixão!
⁴ Lava-me inteiro da minha iniquidade
e purifica-me do meu pecado!

⁵ Pois reconheço minhas transgressões Is 59,12
Ez 6,9
e diante de mim está sempre meu pecado;
⁶ pequei contra ti, contra ti somente, Is 59,12
Rm 3,4
pratiquei o que é mau aos teus olhos.

Tens razão, portanto, ao falar,
e tua vitória se manifesta ao julgar.[c]
⁷ Eis que eu nasci na iniquidade, Jó 14,4 +
minha mãe concebeu-me no pecado.[d]

⁸ Eis que amas a verdade no fundo do ser,
e me ensinas a sabedoria no segredo.[e]
⁹ Purifica meu pecado com o hissopo[f] e ficarei puro, Is 1,18
Ez 36,25
Jó 9,30
Hb 9,13-14
lava-me, e ficarei mais branco do que a neve.

¹⁰ Faze-me ouvir o júbilo e a alegria, Sl 6,3; 35,10
e dancem os ossos que esmagaste.
¹¹ Esconde a tua face dos meus pecados
e apaga minhas iniquidades todas.

---

a) "homem íntegro", lit.: "perfeito de caminho" (*we-tam derek*), conj.; "ele colocou o caminho" (*wesam derek*), hebr.
b) Este Sl de penitência (cf. 6,1+) mostra parentesco profundo com a literatura profética, sobretudo com Isaías e Ezequiel.
c) Totalmente puro e íntegro, Deus, ao perdoar, manifesta seu poder sobre o mal e sua vitória sobre o pecado.
d) Todo homem nasce impuro (Jó 14,4+, cf. Pr 20,9) e por esta razão está inclinado ao mal (Gn 8,21). Essa impureza radical é alegada aqui como circunstância atenuante (cf. 1Rs 8,46), que deve ser levada em conta por Deus. A doutrina do pecado original será explicitada (Rm 5,12-21) em correlação com a revelação da redenção por Jesus Cristo.
e) O vocabulário deste v. ("fundo do ser", lit.: "o que está revestido, coberto", de onde talvez "os lombos", e "segredo", lit. "o que está tapado, fechado") deve ser aproximado dos Sl 7,10; 16,7; 33,15 etc.: Deus penetra no fundo do homem e pode transformá-lo. Poder-se-ia igualmente discernir um sentido figurado aproximando este verso de Ez 13,10s, sobre os profetas de mentira que "rebocam" os muros rachados em vez de reconstruí-los (cf. também Lv 14,43 sobre a lepra dos muros). Aqui, pelo contrário, mesmo o que está recoberto ("rebocado") e escondido será purificado e restaurado pela sabedoria divina.
f) Planta empregada para as purificações (Lv 14,4; Nm 19,18).

¹² Ó Deus, cria*ª* em mim um coração puro,
   renova um espírito firme no meu peito;
¹³ não me rejeites para longe de tua face,
   não retires de mim teu santo espírito.*b*
¹⁴ Devolve-me o júbilo da tua salvação
   e que um espírito generoso me sustente.
¹⁵ Ensinarei teus caminhos aos rebeldes,
   para que os pecadores voltem a ti.
¹⁶ Livra-me do sangue,*c* ó Deus, meu Deus salvador,
   e minha língua aclamará tua justiça.
¹⁷ Ó Senhor, abre os meus lábios,
   e minha língua anunciará o teu louvor.
¹⁸ Pois tu não queres sacrifício
   e um holocausto não te agrada.
¹⁹ Sacrifício a Deus é espírito contrito,
   coração contrito e esmagado, ó Deus, tu não desprezas.
²⁰ Faze o bem a Sião, por teu favor,
   reconstrói as muralhas de Jerusalém.*d*
²¹ Então te agradarás dos sacrifícios de justiça
   — holocaustos e ofertas totais —*e*
   e em teu altar se oferecerão novilhos.

SALMO 52 (51)

Julgamento do cínico

¹ *Do mestre de canto. Poema. De Davi.* ²*Quando Doeg, o edomita, veio advertir Saul, dizendo-lhe: "Davi entrou na casa de Abimelec."*

³ Por que te glorias com o mal, homem forte?
   Deus é fiel todo o dia!*f*
⁴ Tua língua como navalha afiada,
   rumina o crime, artesão de impostura.
⁵ Preferes o mal ao bem,
   a mentira à franqueza;   *Pausa*
⁶ gostas de palavras corrosivas,
   ó língua fraudulenta.
⁷ Por isso Deus te demolirá,
   e te destruirá até o fim,
   e te arrancará da tua tenda,
   e te extirpará da terra dos vivos.   *Pausa*

---

a) Este verbo é reservado a Deus e designa o ato pelo qual Deus chama uma coisa nova e maravilhosa à existência (Gn 1,1; Ex 34,10; Is 48,7; 65,17; Jr 31,21-22). A justificação do pecador é a obra divina por excelência, análoga ao ato criador (cf. Ez 36,25s; cf. ainda Jr 31,33; 32,39-40).
b) Trata-se aqui do princípio interior ao homem, mas dado por Deus, da vida moral e religiosa, seja da pessoa individual (Sl 143,10; Sb 1,5; 9,17), seja de todo o povo (Ne 9,20; Is 63,11; Ag 2,5).
c) O profeta Ezequiel (cf. Ez 7,23; 9,9; 22,2; 24,6) chama Jerusalém de "cidade do sangue". Algumas vezes viu-se aqui alusão ao assassínio de Urias por Davi (2Sm 12,9). Leu-se também a expressão da morte prematura do ímpio, castigo dos pecados segundo a doutrina tradicional.
d) Na volta do Exílio, a reconstrução dos muros de Jerusalém é esperada como sinal do perdão divino (Is 60-62; Jr 30,15-18; Ez 36,33).
e) Precisão litúrgica inserida logo depois. — Na Jerusalém restaurada, os sacrifícios que procedem da "justiça" reencontrarão seu valor.
f) Texto difícil. Alguns corrigem com o grego e leem: "Por que te glorias com o mal, herói de infâmia?".

⁸ Os justos verão e temerão,
   e rirão às custas dele:
⁹ "Eis o homem que não pôs
   Deus como sua fortaleza,
   mas confiava em sua grande riqueza
   e se fortificava com ciladas!"

= Sl 40,4

¹⁰ Quanto a mim, como oliveira verdejante
   na casa de Deus,
   eu confio no amor de Deus
   para sempre e eternamente.

Sl 1,3;
92,13-15
Jr 11.16
Zc 4,14

¹¹ Eu te celebrarei para sempre,
   porque agiste;
   e diante dos teus fiéis celebrarei teu nome,
   porque ele é bom.

SALMO 53 (52)
O homem sem Deus[a]

= Sl 14

¹ *Do mestre de canto. Para a doença. Poema. De Davi.*

² Diz o insensato no seu coração:
   "Deus não existe!"
   São falsos, corrompidos, abomináveis;
   ninguém age bem.

³ Do céu Deus se inclina
   sobre os filhos de Adão,
   para ver se há um sensato,
   alguém que busque a Deus.

⁴ Estão todos desviados
   e obstinados também:
   não, ninguém age bem,
   não, nem um sequer.

⁵ Não o sabem os malfeitores
   que devoram meu povo,
   como se comessem pão,
   e não invocam a Deus?

⁶ Eles tremerão de medo lá,
   sem razão para tremer.[b]
   Pois Deus dispersa os ossos de quem te sitia,[c]
   tu os envergonhas, pois Deus os rejeita.

⁷ Quem trará de Sião a vitória para Israel?
   Quando Iahweh reconduzir os cativos do seu povo
   Jacó exultará e Israel se alegrará.

---

a) Recensão eloísta do Sl 14 (ver as notas).
b) Terror misterioso sem causa aparente (cf. Lv 26,36; Dt 28,67; 1Sm 14,15; 2Cr 14,13; Jó 3,25). Pensa-se aqui no extermínio dos assírios em 701, repentinamente batidos quando pareciam não ter nenhum motivo de medo (cf. 2Rs 19,35; Is 37,36).
c) Alusão a Senaquerib e, por meio dele, a todos os inimigos de Jerusalém. — O texto deste v. parece estar menos corrompido do que no Sl 14.

SALMO 54 (53)
Súplica ao Deus justo

^{1Sm 23,19} ¹*Do mestre de canto. com instrumentos de corda. Poema. De Davi.* ²*Quando os zifeus vieram dizer a Saul: "Não está Davi escondido entre nós?"*

³ Salva-me, ó Deus, por teu nome,^a
 pelo teu poder faze-me justiça!
⁴ Ouve, ó Deus, minha prece,
 dá ouvido às palavras de minha boca!

= Sl 86,14
⁵ Os soberbos^b se levantam contra mim
 e os violentos perseguem minha vida:
 eles não põem Deus à sua frente.   *Pausa*

Sl 118,7
⁶ Deus, porém, é meu socorro,
 o Senhor é quem sustenta minha vida.
⁷ Que o mal caia sobre aqueles que me espreitam,
 aniquila-os, Iahweh, por tua verdade!

Sl 52,11
⁸ Eu te oferecerei um sacrifício espontâneo,
 e agradecerei o teu nome, porque ele é bom;
Sl 58,11; 91,8
⁹ porque das angústias todas me livrou,
 e meu olho contemplou meus inimigos.

SALMO 55 (54)
Prece do caluniado^c

Jr 9,1-8

¹*Do mestre de canto. Com instrumentos de corda. Poema. De Davi.*

² Dá ouvido à minha prece, ó Deus,
  não te furtes à minha súplica!
³ Dá-me atenção e responde-me:
  estou divagando em meu lamento!

Estremeço ⁴à voz do inimigo,
  frente aos gritos^d do ímpio;
fazem recair males sobre mim,
  e me acusam com raiva.

⁵ Meu coração se contorce dentro de mim,
  e sobre mim caem terrores mortais;
⁶ medo e tremor me penetram,
  e um calafrio me envolve.

Sl 11,1
⁷ E eu digo:
Quem me dera ter asas como pomba
  para eu sair voando e pousar...
Jr 9,1; Ap 12,6
⁸ Sim, eu fugiria para longe
  e pernoitaria no deserto.   *Pausa*
⁹ Encontraria logo um refúgio
  contra o vento da calúnia

---

a) O nome é o substituto da pessoa (cf. Ex 3,14+).
b) "soberbos", mss hebr., Targ.; "estrangeiros", hebr. testemunhando uma releitura xenófoba da época macabaica.

c) Lamentação individual inspirada por Jeremias (cf. Jr 4,19; 9,1s; 18,19; 23,9 etc.). — O texto está em mau estado.
d) "gritos": *za'aqat* ou *ça'aqah*, conj.; hebr.: *'aqat*, ininteligível.

e o furacão ¹⁰que devora, Senhor,
e a torrente de sua língua.*ᵃ*

Sim, eu vejo a violência
e a discórdia na cidade:
¹¹ dia e noite elas rondam
por cima de suas muralhas.

Dentro dela há maldade e tormento,
¹²dentro dela há ruína;
a opressão e a fraude
nunca se afastam de sua praça.

¹³ Se*ᵇ* um inimigo me insultasse
eu poderia suportar;
se meu adversário se elevasse contra mim,
eu me esconderia dele.

¹⁴Mas és tu, homem como eu,
meu familiar, meu confidente,
¹⁵saboreávamos juntos a intimidade,
na casa de Deus andávamos com emoção!*ᶜ*

¹⁶Caia sobre eles a Morte!*ᵈ*
Desçam vivos ao Xeol,
pois o mal se hospeda junto deles,
está no meio deles.

¹⁷Eu, porém, invoco a Deus,
e Iahweh me salva;
¹⁸de tarde, pela manhã e ao meio-dia*ᵉ*
eu me queixo, gemendo.

Ele ouve o meu grito,
¹⁹em paz ele resgata minha vida
da guerra que me fazem,
pois estão em processo contra mim.*ᶠ*

²⁰Deus ouvirá e os humilhará,
ele que está entronizado desde a origem;
para eles não existe emenda:
eles não temem a Deus!

²¹Ele estende as mãos contra seus aliados,
violando sua aliança;

²²sua boca é mais lisa do que o creme,
mas no seu coração está a guerra;
são suaves como óleo suas palavras,
porém são espadas fora da bainha.

²³Descarrega teu fardo em Iahweh
e ele cuidará de ti;

---

a) "que devora": *belaʻ*, conj.; "devora": *ballaʻ*, hebr. — "a torrente" (sentido derivado); *peleg*, sir.; "divide": *pallag*, hebr.
b) "Se" (as duas vezes), grego; o hebr. traz a negação.
c) "com emoção", sentido incerto; a palavra *regesh* se liga a verbo que significa "agitar-se". Pode-se também compreender "no tumulto", "na multidão". Ou então, segundo o grego, "em acordo", de onde "concordes".
d) A morte súbita e prematura é o castigo do ímpio (Sl 73,19; 102,25; Jó 15,32; Is 38,10; Jr 17,11).
e) São as horas da prece (cf. Dn 6,11).
f) "em processo": *berîbîm*, conj.; "em grande número": *berabbîm*, hebr.

ele jamais permitirá
    que o justo tropece.ᵃ

²⁴E tu, ó Deus, tu os fazes descer
    para o poço profundo,
estes homens sanguinários e impostores,
    antes da metade dos seus dias.

Quanto a mim, confio em ti!

SALMO 56 (55)
O fiel não sucumbirá

¹*Do mestre de canto. Sobre "A opressão dos príncipes distantes."ᵇ De Davi. À meia-voz. Quando os filisteus o prenderam em Gat.*

²Tem piedade de mim, ó Deus, pois me atormentam,
    o dia todo me oprimem combatentes,
³Os que me espreitam o dia todo me atormentam,
    são muitos os que do altoᶜ me combatem.

⁴No dia em que temo, confio em ti.
⁵Em Deus, cuja palavraᵈ louvo,
    em Deus eu confio: jamais temerei!
O que pode um mortal fazer contra mim?

⁶Todo dia eles torcem minha causa,
    seus pensamentos todos são o mal contra mim;
⁷eles se reúnem,ᵉ se escondem, observam meus passos,
    espreitando com avidez a minha vida.

⁸Rejeita-os, por causa da iniquidade!
    Ó Deus, derruba os povos com tua ira!
⁹Já contaste os meus passos de errante,
    recolhe minhas lágrimas em teu odre!ᶠ
¹⁰E meus inimigos recuarão
    no dia em que te invocar!
Bem sei que Deus está comigo.
¹¹Em Deus, cuja palavra louvo,
    em Iahweh, cuja palavra louvo,
¹²em Deus confio: jamais temerei!
    Que poderia fazer-me o homem?

---

a) Este v. pode ser entendido ou com relação aos propósitos irônicos do falso irmão (v. 22), ou como encorajamento que o perseguido dirige a si mesmo. — O termo traduzido por "fardo" é hápax (termo que ocorre apenas uma vez); nós o compreendemos a partir do contexto e das versões ("preocupação").
b) Os "príncipes" ou os "deuses" (cf. Sl 45,7; 58,2: "seres divinos"). O termo "opressão" em hebr. também significa "pomba" e frequentemente é traduzido assim, mas o Sl fala claramene de opressão.
c) Sobre as alturas que cercam Jerusalém (cf. 2Rs 19,22). Haveria aqui uma alusão ao cerco de 701, assim como no Sl 76 (cf. vv. 11-12), com o qual este Sl tem claros contatos. Mas também é possível compreender "com altivez", "com orgulho".
d) A palavra de Deus é aqui, como no v. 11, sua promessa, com a qual o fiel conta (cf. Sl 106,12; 119,42.65; 130,5).
e) "se reúnem", Targ., Jerônimo; "atacam", hebr.
f) Pode-se ver aqui uma alusão às lágrimas de Ezequias (2Rs 20,5; Is 38,3-5). Cada lágrima do justo terá sua compensação escatológica (Is 25,8; cf. Ap 7,17). — O texto acrescenta uma glosa sobre o tema: "Não está 'no teu livro de contas'?" (cf. Sl 139,16; Jó 19,23; Ml 3,16).

¹³ Mantenho os votos que a ti fiz, ó Deus,
  cumprirei a ti as ações de graças;
¹⁴ pois livraste minha vida da morte,ᵃ
  para que ande na presença de Deus,
    na luz dos vivos.

SALMO 57 (56)

No meio de "leões"

¹ *Do mestre de canto. "Não destruas". De Davi. À meia-voz. Quando fugia de Saul, na caverna.*

² Piedade de mim, ó Deus, tem piedade de mim,
  pois eu me abrigo em ti;
  eu me abrigo à sombra de tuas asas,
    até que passe a desgraça.

³ Clamo ao Deus Altíssimo,
  ao Deus que faz tudo por mim:
⁴ que do céu ele mande salvar-me,
  confundindo os que me atormentam!   *Pausa*
  Que Deus envie seu amor e verdade!

⁵ Deito-me em meio a leões
  que devoram os filhos de Adão;
  seus dentes são lanças e flechas,
    sua língua é espada afiada.

⁶ Ó Deus, eleva-te acima do céu,
  tua glória domine a terra inteira!ᵇ
⁷ Armaram uma rede aos meus passos:
    fiquei encurvado;
  cavaram um buraco à minha frente,
    e foram eles que nele caíram.   *Pausa*

⁸ Meu coração está firme, ó Deus,
  meu coração está firme;
  quero cantar e tocar para ti!
⁹ Desperta, glória minha,
  despertai, cítara e harpa,
    vou despertar a aurora!ᶜ

¹⁰ Quero louvar-te entre os povos, Senhor,
  tocar para ti em meio às nações;
¹¹ pois teu amor é grande até o céu,
  e tua verdade chega às nuvens.
¹² Ó Deus, eleva-te acima do céu,
  e tua glória domine a terra inteira!

---

a) O hebr. acrescenta: "Não é 'meus pés da queda'?", e certos mss gregos: "meus olhos das lágrimas", empréstimos de 116,8, sugeridos pelo v. 9.
b) O fiel deseja a manifestação do reino de Deus, que libertará os oprimidos e arruinará os ímpios.
c) Personificada, como em Jó 3,9; 38,12; 41,10. Cf. Sl 17,15+.

SALMO 58 (57)

O Juiz dos juízes terrestres[a]

Sl 82

¹*Do mestre de canto. "Não destruas". De Davi. À meia-voz.*

Dt 16,19
Mq 2,1
Sl 82,2

²É verdade que opinais com justiça, ó seres divinos?[b]
  Que julgais retamente os filhos de Adão?
³Longe disso! É de coração que praticais a injustiça,
  pesando sobre a terra a violência de vossas mãos.

⁴Os ímpios se desviaram desde o seio materno,
  desde o ventre já falam mentiras;

Dt 32,33
Sl 140,4

⁵têm veneno como veneno de serpente,
  são como víbora surda, que tapa os ouvidos
⁶para não ouvir a voz dos encantadores,
  do mais hábil em praticar encantamentos.

Sl 3,8;
35,17; 57,5

⁷Ó Deus, quebra-lhes os dentes na boca,
  arranca as presas dos leõezinhos, ó Iahweh!

Jó 11,16
Sl 22,15
Sl 37,2

⁸Que se diluam como água escorrendo,
  murchem como erva pisada,[c]

Jó 3,16
Ecl 6,3s

⁹como lesma derretendo ao caminhar,
  como aborto que não chega a ver o sol!

Os 13,3
Jó 21,18;
27,21
Na 1,10
Sl 52,8;
68,24
Jó 19,29
Ml 2,17;
3,18

¹⁰Antes que lancem espinhos[d] como espinheiro,
  verdes ou secos que o furacão os carregue!
¹¹Que o justo se alegre ao ver a vingança
  e lave seus pés no sangue do ímpio.
¹²E comentem: "Sim!
  Existe um fruto para o justo! De fato!
  Existe um Deus que faz justiça sobre a terra!"

SALMO 59 (58)

Contra os ímpios[e]

1Sm 19,11s

¹*Do mestre de canto. "Não destruas". De Davi. À meia-voz. Quando Saul mandou vigiar sua casa, para o matar.*

²Deus meu, livra-me dos meus inimigos,
  protege-me dos meus agressores!
³Livra-me dos malfeitores,
  salva-me dos homens sanguinários!

---

a) O salmista interpela os juízes perversos do mesmo modo que os antigos profetas, apelando para a hora da justiça divina.
b) "seres divinos", lit.: "deuses" (*'elîm*), conj.: "em silêncio" (*'elem*), hebr. — A expressão é aplicada aqui aos juízes e aos príncipes (cf. Sl 45,7; 82; Ex 21,6; 22,7; Dt 19,17; 2Sm 14,17).
c) "como erva (*haçîr*) pisada", conj.; "ele pisa suas flechas (*hiççayw*) como", hebr.
d) "Antes que lancem espinhos", corr. segundo Símaco e Jerônimo; o hebr. (lit.: "vossas panelas sentem o espinheiro") separou mal as palavras e trocou duas consoantes.
e) Este salmo, em que as imprecações se misturam aos louvores, apresenta dois refrães: vv. 7 e 15, e vv. 10 e 18. O autor talvez seja judeu da diáspora exposto à hostilidade dos pagãos, ou fiel que vive numa Jerusalém meio paganizada.

⁴ Pois ei-los espreitando minha vida,
 os poderosos se reúnem contra mim,
 sem ter eu transgredido ou pecado, Iahweh,
⁵ sem nenhuma culpa, eles correm e se preparam.

 Desperta! Vem ao meu encontro e olha!
⁶ E tu, Iahweh, Deus dos Exércitos, Deus de Israel,   Is 26,10
 levanta-te para visitar estas nações todas!ᵃ
 Não tenhas pena de todos os traidores iníquos.   *Pausa*

⁷ Eles voltam pela tarde,   Sl 55,11
 latindo como um cão,
 e rondam pela cidade.ᵇ
⁸ Eis que alardeiam com a boca;   52,4
 há espadas em seus lábios: 55,22;
 "Alguém está ouvindo?"ᶜ   57,5; 64,4

⁹ E tu, Iahweh, tu ris à sua custa,   Sl 2,4; 37,13
 tu te divertes com todas as nações!
¹⁰ Ó minha força, eu olho para ti!
 Sim, Deus é a minha fortaleza;
¹¹ o Deus a quem amoᵈ vem a mim,   Sl 54,9
 Deus me fará enfrentar os que me espreitam.

¹² Não os mates, para que meu povo não esqueça!
 Com teu poder torna-os errantes, reprime-os,ᵉ
 ó Senhor, nosso escudo!

¹³ O pecado de sua boca é a palavra de seus lábios: Pr 12,13; 18,7
 sejam apanhados pelo seu orgulho,
 pela mentira e maldição que eles proferem.

¹⁴ Destrói em tua cólera,   Ez 5,13;
 destrói para que não existam mais,   6,12; 13,13
 para que reconheçam que é Deus quem governa   Sl 46,10-11; 83,19
 em Jacó, até aos confins da terra.   *Pausa*

¹⁵ Eles voltam pela tarde,
 latindo como um cão,
 e rondam pela cidade;
¹⁶ ei-los caçando para comer,
 e enquanto não se saciam ficam rosnando.ᶠ

¹⁷ Quanto a mim, cantarei à tua força,   Sl 17,15 +
 aclamarei teu amor pela manhã;
 pois foste uma fortaleza para mim,
 um refúgio no dia de minha angústia.

¹⁸ Ó força minha, tocarei para ti,
 porque foste uma fortaleza para mim,
 ó Deus, a quem amo!ᵍ

---

a) Estilo escatológico (cf. Is 26,21).
b) A imagem (cf. vv. 15-16) evoca as matilhas de cães errantes das cidades do Oriente.
c) Espécie de blasfêmia (cf. Sl 10,4; 14,1; 64,6; 94,7).
d) "minha força", "a quem amo", lit.: "meu amor", mss, versões (cf. v. 18); "sua força", "seu amor", hebr.
e) Como Caim (Gn 4,14-15), os pagãos são mantidos em vida para serem testemunhas da justiça divina.
f) "ficam rosnando", versões; "eles passam a noite" hebr. (simples mudança de vocalização).
g) A última antífona parece incompleta (cf. v. 11).

SALMO 60 (59)

Prece nacional após a derrota[a]

¹Do mestre de canto. Sobre "O lírio é o preceito". À meia-voz. De Davi. Para ensinar. ²Quando ele lutou contra os sírios da Mesopotâmia e os sírios de Soba, e quando Joab voltou e derrotou Edom no Vale do Sal, cerca de doze mil homens.

³Ó Deus, tu nos rejeitaste e nos dispersaste,
  estavas irritado: volta a nós!
⁴Fizeste a terra tremer e a fendeste:
  repara suas fendas, pois ela vacila![b]

⁵Mostraste duras coisas ao teu povo,
  fizeste-nos beber um vinho estonteante;
⁶deste aos que te temem o sinal[c]
  para debandar perante o arco.   *Pausa*

⁷Para que teus amados sejam libertos,
  salva com a tua direita! Responde-nos!
⁸Deus falou em seu santuário:[d]
  "Exulto ao partilhar Siquém,[e]
  e ao medir o vale de Sucot.

⁹Meu é Galaad, Manassés me pertence,
  o elmo da minha cabeça é Efraim,
  Judá, cetro do meu comando.

¹⁰Moab é a bacia em que me lavo,
  e sobre Edom eu lanço a minha sandália,[f]
  Grita a vitória contra mim, ó Filisteia!"[g]

¹¹Quem me levará a uma cidade-forte,
  quem me conduzirá até Edom,
¹²a não ser tu, ó Deus, que nos rejeitaste,
  um Deus que já não sai com nossos exércitos?[h]

¹³Concede-nos socorro na opressão,
  pois a salvação humana é inútil!
¹⁴Com Deus faremos proezas:
  ele pisoteará nossos opressores!

---

a) Este Sl supõe a mesma situação histórica dos Sl 44 e 80. O v. 7 introduz um oráculo de esperança, retomado no Sl 108,7-14, que prediz a restauração do reino aumentado e unificado como nos inícios da monarquia, e a dominação sobre Edom, Efraim, Galaad (cf. Is 11,13-14; Ab).
b) Traço apocalíptico aplicado à derrota.
c) O tema da bandeira ou do sinal de reunião é frequente (Ex 17,15; Ct 2,4; Is 5,26; 11,10; 49,22; 62,10). Aqui, porém, é o sinal para a retirada (cf. v. 12).
d) Ou: "no nome de sua santidade", que garante suas promessas.
e) Carapuça antissamaritana (cf. 3,33s). A aproximação de Siquém e Sucot (cf. Gn 33,17-18) sem dúvida alude à conquista da Terra Prometida, que é frequentemente lembrada com pesar, mas também com esperança.
f) Antigo costume (cf. Dt 25,9; Rt 4,7+) fazia deste gesto o sinal da tomada de posse.
g) Interpelação irônica, abrandada no Sl 108,10: "Contra a Filisteia eu grito a vitória!"
h) Expressão saudosa do salmista que, num país dividido e pilhado pelos vizinhos, pensa na era dourada da guerra santa, da conquista e do reino davídico.

SALMO 61 (60)
Prece de um exilado[a]

¹*Do mestre de canto. Com instrumentos de corda. De Davi.*

² Ó Deus, ouve o meu grito,
    atende à minha prece!
³ Dos confins da terra te invoco
    com o coração desfalecido.
 Eleva-me sobre a rocha! Conduze-me![b]

⁴ Porque és abrigo para mim,
    torre-forte à frente do inimigo.
⁵ Habitarei em tua tenda para sempre,
    abrigar-me-ei ao amparo de tuas asas.   *Pausa*
⁶ Pois tu, ó Deus, atendes os meus votos,
    e me dás a herança dos que temem o teu nome.

⁷ Acrescenta dias aos dias do rei,
    sejam seus anos gerações e gerações.
⁸ Permaneça sempre no trono em presença de Deus,
    e Amor e Fidelidade o protejam.[c]
⁹ Assim tocarei ao teu nome sem cessar,
    dia por dia cumprindo meus votos.

Sl 27,4-5
Sl 43,3

Pr 18,10
Sl 46,2

Sl 17,8 +

Sl 21,5 +

Sl 72,5; 89,
5.30.34.37
Sl 40,12;
85,11s;
89,15.25
Pr 20,28

SALMO 62 (61)
Só de Deus vem a esperança[d]

¹*Do mestre de canto... Iditun. Salmo. De Davi.*

² Só em Deus a minha alma repousa,
    dele vem a minha salvação;
³ só ele é minha rocha, minha salvação,
    minha fortaleza, — não tropeço!

⁴ Até quando vos lançareis sobre um homem,
    todos juntos, para derrubá-lo
 como se fosse parede inclinada,
    muro prestes a ruir?
⁵ Só pensam em fazê-lo perder sua dignidade.
    Têm prazer na mentira;
 com mentira na boca eles bendizem,
    mas por dentro maldizem.   *Pausa*

⁶ Só em Deus, ó minha alma, repousa,
    dele vem a minha esperança;

Sl 28,3 +;
55,22

Sl 42,6.12;
43,5; 118,8
Mq 7,7

a) À lamentação do levita exilado longe do monte Sião (vv. 2-6) une-se uma prece pelo rei (vv. 7-8).
b) É a Rocha do Templo, objeto da nostalgia do salmista. Este Sl poderia datar da primeira deportação, em 598 (cf. 2Rs 24,14s), e o Templo ainda não deve estar destruído.
c) Estes atributos divinos personificados acompanharão o Rei-Messias (Sl 85,11s; 89,15.25), assim como protegem o rei (Pr 20,28) ou o levita fiel (Sl 40,12).

Os vv. 7-8 podem ser antiga prece pelo rei, mas sua insistência sobre reino indefinido encontra a profecia de Natã (2Sm 7,16; 1Cr 17,14), e sua estreita semelhança com passagens messiânicas dos Sl 72 e 89, autoriza sua aplicação ao Rei-Messias.
d) Salmo didático: malícia dos homens, nada das criaturas, vazio das riquezas, imparcialidade do Juiz celeste. O tema do refrão (vv. 2-3.6-7) é o do Sl seguinte.

⁷ só ele é minha rocha, minha salvação,
   minha fortaleza, — não tropeço!
⁸ Em Deus está minha salvação e minha glória,
   em Deus está o meu forte rochedo.

Em Deus está o meu abrigo.
⁹ Confiai nele, ó povo, em qualquer tempo,
derramai vosso coração em sua presença,
   pois Deus é abrigo para nós!   *Pausa*

¹⁰ Somente um sopro são os filhos de Adão,
   apenas mentira os filhos do homem:[a]
se subissem na balança
   juntos seriam menos que um sopro.

¹¹ Não confieis na opressão,
   nem vos iludais com o roubo;
quando vossa riqueza prospera
   não ponhais nela vosso coração!

¹² Deus falou uma vez,
   e duas vezes eu ouvi.[b]
Isto: a Deus pertence a força,
¹³ e a ti, Senhor, pertence o amor;
   e isto: quanto a ti, pagas
   o homem segundo suas obras.[c]

SALMO 63 (62)

Desejo de Deus

¹ *Salmo. De Davi. Quando estava no deserto de Judá.*[d]

² Ó Deus, tu és o meu Deus, eu te procuro.[e]
Minha alma tem sede de ti,
minha carne te deseja com ardor,
como terra árida, esgotada, sem água.
³ Sim, eu te contemplava no santuário,
vendo teu poder e tua glória.

⁴ Valendo teu amor mais que a vida
meus lábios te glorificarão.
⁵ Assim, eu te bendirei em toda a minha vida,
e a teu nome levantarei as minhas mãos;
⁶ eu me saciarei como de óleo e gordura,
e com alegria nos lábios minha boca te louvará.

---

a) "filhos de Adão" e "filhos do homem" designam, como no Sl 49,3, as pessoas comuns e as pessoas de condição.

b) Este processo literário, o dos "provérbios numéricos", encontra-se também em Jó 40,5; Pr 6,16; 30,15; Am 1,3s.

c) É a doutrina da retribuição pessoal ensinada pelos profetas, principalmente Ezequiel (cf. Ez 14,12+), pelos sábios e salmistas (cf. Sl 37,1+), e pelo NT (Mt 16,27; Ap 2,23).

d) Este salmo foi aplicado a Davi errante pelo deserto; talvez tenha sido retocado em função desta releitura.

e) Versões: "sou madrugador junto a ti".

⁷ Quando te recordo no meu leito
  passo vigílias meditando em ti;
⁸ pois foste socorro para mim,
  e, à sombra de tuas asas, grito de alegria;
⁹ minha vida está ligada a ti,
  e tua direita me sustenta.

¹⁰ Quanto aos que me querem destruir,
   irão para as profundezas da terra;
¹¹ serão entregues à espada
   e se tornarão pasto dos chacais.
¹² Mas o rei se alegrará em Deus:
   quem por ele jura*ª* se felicitará,
   pois a boca dos mentirosos será fechada.

SALMO 64 (63)
*Castigo dos caluniadores*ᵇ

¹ *Do mestre de canto. Salmo. De Davi.*

² Ouve, ó Deus, a voz do meu lamento!
  Preserva-me a vida do terror do inimigo,
³ esconde-me da conspiração dos maus
  e do tumulto dos malfeitores.

⁴ Eles afiam sua língua como espada,
  ajustam sua flecha, palavra venenosa,
⁵ para atirar, às escondidas, contra o inocente,
  atiram de surpresa, sem temer.

⁶ Eles se fortalecem com seu projeto maligno,
  calculam como esconder armadilhas,
  pensando: "Quem poderá ver-nos?"
⁷ Eles combinam malefícios:
  "Está perfeito, tudo está bem combinado!"
  No fundo do homem o coração é impenetrável.ᶜ

⁸ Deus atira uma flecha contra eles,
  ficam feridos de repente;
⁹ ele os faz cair por causa de sua língua,ᵈ
  todos os que os veem meneiam a cabeça.

¹⁰ Então todo homem temerá,
   anunciará o ato de Deus
   e compreenderá sua obra.

¹¹ O justo se alegra com Iahweh
   e nele se abriga.
   E todos os de coração reto se felicitarão.

---

a) Por Iahweh (cf. Dt 2,13; Jr 12,16) ou pelo rei: o texto é ambíguo.
b) Conforme a lei do talião, a flecha divina (v. 8) responde à flecha da palavra venenosa (v. 4).
c) Texto corrigido pela troca de duas consoantes e pela divisão de duas palavras de modo diverso do TM; hebr. corrompido, lit.: "eles sondam (combinam) crimes; nós estamos prontos (mss: "eles escondem"), uma dissimulação dissimulada, e o fundo".
d) "ele os faz cair por causa de (sua língua)", conj.; "fazem-no cair; contra eles (está sua língua)", hebr. (letras trocadas).

SALMO 65 (64)
*Hino de ação de graças*ª

¹*Do mestre de canto. Salmo. De Davi. Cântico.*

²A ti convém o louvor[b]
  em Sião, ó Deus;
e a ti se cumpre o voto
³porque ouves a prece.

Toda a carne vem a ti
⁴por causa de seus pecados;
nossas faltas são mais fortes que nós,
  mas tu no-las perdoas.[c]

⁵Feliz quem escolhes e aproximas,
  para habitar em teus átrios.
Nós nos saciamos com os bens da tua casa,
  com as coisas sagradas do teu Templo.

⁶Com prodígios de justiça nos respondes,
  ó Deus salvador nosso,
esperança dos confins da terra
  e das ilhas longínquas;[d]

⁷tu manténs as montanhas com tua força,
  cingido de poder;
⁸aplacas o estrondo dos mares,
  o estrondo de suas ondas
  e o tumulto dos povos.

⁹Os habitantes dos confins do mundo
  temem à vista dos teus sinais;
fazes gritar de alegria
  as portas[e] da manhã e da tarde.

¹⁰Visitas a terra e a regas,
  cumulando-a de riquezas.
O ribeiro de Deus é cheio d'água,[f]
  tu preparas seu trigal.

Preparas a terra assim:
¹¹regando-lhe os sulcos, aplanando seus terrões,
  amolecendo-a com chuviscos, abençoando-lhe os brotos.
¹²Coroas o ano com benefícios,
  e tuas trilhas[g] gotejam fartura;

---

a) Após um ano fértil e de chuvas abundantes, o povo agradece ao Criador. A primeira parte (vv. 2-9) relembra Isaías por causa de suas perspectivas universalistas. A segunda (vv. 10-14), com mudança de ritmo no v. 11, é entusiasta descrição da primavera judaica.
b) "convém", lit.: "se deve", versões: "o silêncio (é o louvor)", hebr. (simples diferença de vocalização).
c) "perdoar", lit.: "cobrir a falta"; no estilo sacerdotal é a expressão do perdão divino especialmente obtido no dia da Expiação (Lv 1,4+; 16,1+; cf. Sl 78,38; 79,9).
d) "ilhas", Targ.; "mares", hebr., talvez conforme um retoque anti-universalista: "as ilhas" representam as nações pagãs.
e) Estas "portas", por onde se pensava que o sol passava a cada dia, designam os países mais longínquos.
f) O poeta evoca as câmaras altas do céu, onde as águas ficam em reserva (Sl 104,3; Gn 1,7; 7,11; Jó 38,25), e não o rio simbólico de Sião (Sl 46,5+).
g) O carro divino (Sl 68,5.18; Is 66,15) percorre a terra, espalhando a fecundidade.

¹³ as pastagens do deserto gotejam,
e as colinas cingem-se de júbilo;
¹⁴ os campos cobrem-se de rebanhos,
e os vales se vestem de espigas.
Clama-se, cantam-se hinos!ᵃ

Sl 96,12

Is 44,23
Sl 66,1

SALMO 66 (65)
*Ação de graças pública*ᵇ

¹*Do mestre de canto. Cântico. Salmo.*

Aclamai a Deus, terra inteira,
² cantai a glória do seu nome,
dai glória ao seu louvor.
³ Dizei a Deus: "Quão terríveis são tuas obras!

Ef 1,12.14

Por causa do teu imenso poder
teus inimigos te adulam;
⁴ a terra se prostra à tua frente,
cantando salmos a ti, cantando ao teu nome!"   *Pausa*

Sl 18,45;
81,16

⁵ Vinde ver os atos de Deus,
seus atos terríveis pelos filhos de Adão:
⁶ transformou o mar em terra seca,
atravessaram o rio a pé enxuto.ᶜ
Ali alegramo-nos com ele,
⁷ que governa com seu poder para sempre!
Seus olhos vigiam as nações,
para que os rebeldes não se exaltem.   *Pausa*

Sl 114,3
Is 44,27;
50,2

⁸ Povos, bendizei o nosso Deus,
fazei ressoar seu louvor;
⁹ é ele que nos mantém vivosᵈ
e não deixa tropeçarem nossos pés.

¹⁰ Sim, ó Deus, tu nos provaste,
nos refinaste como se refina a prata;
¹¹ fizeste-nos cair na rede,
puseste um peso em nossos rins:
¹² deixaste um mortal cavalgar nossas cabeças;
passamos pelo fogo e pela água,
mas fizeste-nos sair para a abundância.ᵉ

Is 48,10

Is 43,2
Sl 32,6;
81,8

¹³ Entro em tua casa com holocaustos,
cumpro meus votos feitos a ti,
¹⁴ os votos que meus lábios pronunciaram
e minha boca prometeu, na minha angústia.

---

a) Lit.: "eles aclamam, até mesmo cantam".
b) Esta liturgia de ação de graças pela comunidade (cujo chefe ou porta-voz fala a partir do v. 13) relembra, pelo estilo e pelo horizonte universalista, a segunda parte de Isaías.
c) A passagem do mar dos Juncos (Ex 14-15) e a do Jordão (Js 3): dois grandes fatos "típicos" da história de Israel, igualmente aproximados pelos Sl 74,13-15; 114.
d) "vivos", lit.: "na vida". De onde o título "Salmo da ressurreição" que mss gregos e a Vulg. dão a este salmo.
e) Lit.: "saturação". As versões corrigem: "tu nos fizeste retomar fôlego".

¹⁵ Eu te oferecerei gordos holocaustos
com a fumaça de carneiros,
imolarei bois com cabritos.   *Pausa*

¹⁶ Vós todos que temeis a Deus,
vinde, e contarei
o que ele por mim realizou.

¹⁷ A ele gritou minha boca
e minha língua o exaltou.
¹⁸ Se visasse ao mal no meu coração,
o Senhor não me teria ouvido.
¹⁹ Todavia, Deus me escutou,
considerou meu grito suplicante.

²⁰ Bendito seja Deus
que não afastou minha súplica,
nem de mim apartou seu amor.

SALMO 67 (66)

Prece coletiva após a colheita anual[a]

¹ *Do mestre de canto. Com instrumentos de corda. Salmo. Cântico.*

Nm 6,24-25
Sl 31,17
Sl 4,7 +
Jr 33,9

² Deus tenha piedade de nós e nos abençoe,
fazendo sua face brilhar sobre nós,   *Pausa*
³ para que se conheça o teu caminho sobre a terra,
em todas as nações a tua salvação.

⁴ Que os povos te celebrem, ó Deus,
que os povos todos te celebrem.[b]

= Sl 98,9
Sl 82,8

⁵ Que as nações se rejubilem e gritem de alegria,
porque julgas o mundo com justiça,
julgas[c] os povos com retidão,
e sobre a terra governas as nações.   *Pausa*

⁶ Que os povos te celebrem, ó Deus,
que os povos todos te celebrem.

= Sl 85,13
Lv 26,4
Ez 34,27
Os 2,23-24

⁷ A terra produziu o seu fruto:
Deus, o nosso Deus, nos abençoa.
⁸ Que Deus nos abençoe,
e todos os confins da terra o temerão!

SALMO 68 (67)

A gloriosa epopeia de Israel[d]

¹ *Do mestre de canto. De Davi. Salmo. Cântico.*

|| Nm 10,35
Is 33,3

² Deus se levanta: seus inimigos debandam,
seus adversários fogem de sua frente.
³ Tu os dissipas como a fumaça se dissipa;

---

a) Recitado, sem dúvida, por ocasião da festa que encerrava o tempo das colheitas (cf. Ex 23,14+).
b) Este refrão reflete o universalismo ensinado pela segunda parte do livro de Isaías: as nações pagãs, pelo exemplo do povo eleito e pelo ensinamento de sua história, também são chamadas a servir o Deus único.

c) "o mundo com justiça, julgas", Sinaítico (cf. Sl 9,9; 96,13; 98,9); omitido pelo hebr.
d) Este hino de ação de graças evoca as grandes etapas da história do povo de Deus, como as de procissão triunfal de Iahweh; a saída do Egito, a marcha pelo deserto, as vitórias da época dos Juízes (Débora,

como a cera derrete diante do fogo,
perecem os ímpios diante de Deus.

⁴ Mas os justos se rejubilam, exultam na presença de Deus,
na alegria eles se rejubilam.
⁵ Cantai a Deus, tocai ao seu nome,
abri caminho ao Cavaleiro das nuvens,
seu nome é Iahweh, exultai em sua presença.

Sl 18,10-11
Dt 33,26
Is 19,1;
66,15;
Is 57,14

⁶ Pai dos órfãos, justiceiro das viúvas,
tal é Deus em sua morada santa;
⁷ Deus dá uma casa aos solitários,
livra os cativos para a prosperidade,
mas os rebeldes habitam na terra seca.

Ex 22,21-22 +
Sl 146,9
Br 6,37

⁸ Ó Deus, quando saíste à frente do teu povo,
avançando pelo deserto, ⁹ a terra tremeu,
o próprio céu se fundiu diante de Deus*ᵃ*
diante de Deus, o Deus de Israel.

Pausa

|| Jz 5,4-5
Hab 3,3s
Dt 33,2

¹⁰ Derramaste chuva copiosa, ó Deus,
tua herança estava esgotada, tu a firmaste;
¹¹ teu rebanho habitou na terra
que em tua bondade, ó Deus, preparavas ao pobre.*ᵇ*

Ex 16,1 +;
16,13
Sl 78,24s

¹² O Senhor deu uma ordem,
ele tem como mensageiro um exército numeroso.
¹³ Os chefes do exército fogem, fogem,
e a dona da casa reparte os despojos.*ᶜ*

Jz 5,19.22

¹⁴ Permanecereis em repouso entre os muros do aprisco,*ᵈ*
quando as asas da Pomba se cobrem de prata*ᵉ*
e suas penas com um reflexo de ouro pálido;
¹⁵ quando Shaddai, lá embaixo, dispersa os reis,
e a neve cai sobre o monte Sombrio?*ᶠ*

Jz 5,16

Gn 17,1 +

¹⁶ Ó montanha de Deus, montanha de Basã!
Montanha elevada, montanha de Basã!
¹⁷ Ó montanhas elevadas, por que invejais
a montanha em que Deus quis habitar?
Iahweh nela residirá perpetuamente.

Ez 43,7

Gedeão) e a instalação em Sião (Davi, Salomão), a história de Elias e Eliseu, o fim trágico da família de Acab, a Páscoa solene de Ezequias e, finalmente, as perspectivas universalistas do fim do livro de Isaías. Prelúdio (vv. 2-7) e final (vv. 33-36) enquadram seis grupos de duas estrofes unidas pelo sentido. Um acidente gráfico perturbou a sexta e a sétima estrofes.
a) O hebr. glosa: "é o Sinai", como em Jz 5,5. — A estrofe evoca a entrada de Iahweh em campo: a saída do Egito na nuvem (Ex 13,21; Nm 14,14) e a teofania do Sinai (Ex 19,16+).
b) Lembrança dos milagres do Êxodo, do maná e das codornizes, e da entrada na Terra Prometida.
c) Alusão às vitórias da conquista. A "dona" talvez seja Jael (Jz 5,24), ou o grupo das mulheres dos vencedores (cf. Jz 5,30; 11,34; 1Sm 18,6).

d) "entre os muros", lit.: "entre as duas muretas", os pequenos muros dos currais de ovelhas.
e) A Pomba é o símbolo de Israel (cf. Sl 74,19; Os 7,11 etc.) que se enfeita com as riquezas ganhas no combate (cf. Js 22,8; Jz 8,24s).
f) O "monte Sombrio" é, sem dúvida, uma colina arborizada, próxima de Siquém (Jz 9,48-49); Abimelec espalhou sal (branco como a neve, cf. Eclo 43,18-19) sobre as ruínas desta cidade (Jz 9,45). — Essa passagem é muito obscura, mas pode-se compreender que o poeta, imitando Jz 5,16s, interpele os clãs isolacionistas, ausentes do combate, e conte-lhes vantagem sobre os despojos preciosos que as mulheres de Israel repartem e que brilham sobre sua pele morena como as penas da pomba.

¹⁸ Os carros de Deus^a são milhares de miríades;
o Senhor está entre eles, e o Sinai está no santuário.^b
¹⁹ Subiste para o alto,^c capturando cativos,
recebendo homens em tributo, mesmo os rebeldes,
para que Iahweh Deus tivesse uma residência.

²⁰ Bendito seja o Senhor a cada dia!
Ele cuida de nós: é o nosso Deus salvador! *Pausa*

²¹ Nosso Deus é Deus de libertações,
do Senhor Iahweh são as portas da morte;
²² sim, Deus abate a cabeça dos seus inimigos,
o crânio cabeludo do criminoso que ronda.

²³ O Senhor disse: "De Basã eu faço voltar,
faço voltar das profundezas do mar,
²⁴ para que no sangue banhes o teu pé,
e a língua de teus cães tenha sua ração de inimigos."^d

²⁵ Viram as tuas procissões, ó Deus,
as procissões do meu Deus, do meu rei, no santuário:
²⁶ os cantores à frente, atrás os músicos,
no meio as jovens, soando tamborins.

²⁷ Em coros, eles bendiziam a Deus:
é Iahweh, desde a origem de Israel.^e

²⁸ Lá está Benjamim, o mais novo, conduzindo
os príncipes de Judá, com vestes coloridas,
os príncipes de Zabulon, os príncipes de Neftali.^f

²⁹ Ordena, ó Deus, conforme o teu poder,^g
ó Deus, o poder com que agiste em nosso favor,
³⁰ vindo do teu Templo, que está em Jerusalém.
A ti virão os reis, trazendo presentes.

³¹ Ameaça a fera dos caniços,
a tropa dos touros com os novilhos dos povos,^h
para que ela se submeta, com barras de prata!
Dispersa os povos que amam as guerras!

³² Do Egito virão os grandes,
a Etiópia estenderá as mãos para Deus.ⁱ

³³ Cantai a Deus, reinos da terra,
tocai para^{j 34} o Cavaleiro dos céus, os céus antigos. *Pausa*

---

a) Mais que os carros de Salomão (1Rs 10,26), são os carros divinos que Eliseu entreviu (2Rs 6,17; cf. 7,6; Is 66,15). A continuação evoca as vitórias do tempo dos reis.

b) O Sinai era assim identificado a Sião, de onde provém a Lei (Is 2,3). É o primeiro indício de releitura deste salmo em função da festa litúrgica de Pentecostes, em que se celebra o dom da Lei no Sinai (cf. a glosa do v. 9).

c) Sião.

d) Alusão à morte de Acab (1Rs 21,19; 22,38), de Jorão (2Rs 8,29; 9,15) e de Jezabel (2Rs 9,36).

e) Antífona litúrgica.

f) "vestes coloridas": *riqmatam*, conj.; "em bando": *rigmatam*, hebr. — Os vv. 25-28 evocam a Páscoa de Ezequias (2Cr 30), da qual participaram as tribos do Norte.

g) Estíquio corrigido segundo as versões; hebr. "Teu Deus comandou o teu poder". — O texto e o ritmo das duas estrofes seguintes são incertos.

h) Alusão insultuosa ao Egito, a seus chefes e a seu povo. Devemos estar na época da grande deportação judaica no Egito, sob o reinado de Ptolomeu Soter, cerca de 320.

i) "grandes", lit.: "(pessoas) gordas" (*hashshemenîm* ou *mishmannîm*), conj. segundo o grego; "objetos de bronze" (?): *hashmannîm*, hebr. — "estenderá": *yitroç*, conj.; "fará correr": *tarîç*, hebr.

j) O hebr. acrescenta aqui "o Senhor. Pausa".

Ele eleva sua voz, voz poderosa:
³⁵ reconhecei a força de Deus.

Em Israel está seu esplendor, nas nuvens a sua força:
³⁶ Desde o seu santuário,ᵃ Deus é terrível.
Ele é o Deus de Israel,
que dá ao povo força e poder.

Bendito seja Deus!

SALMO 69 (68)

*Lamentação*ᵇ

¹ *Do mestre de canto. Sobre a ária "Os lírios...". De Davi.*

² Salva-me, ó Deus, pois a água
sobe até o meu pescoço.ᶜ

³ Afundo num lodo profundo,
sem nada que me afirme;
entro no mais fundo das águas,
e a correnteza me arrastando...

⁴ Esgoto-me de gritar, minha garganta queima,
meus olhos se consomem esperando por meu Deus.

⁵ Mais que os cabelos da minha cabeça
são os que me odeiam sem motivo;
são poderosos os que me destroem,
os que por mentira são meus inimigos.
(Deveria eu devolver o que não roubei?)

⁶ Ó Deus, tu conheces minha loucura,
meus crimes não estão escondidos a ti.

⁷ Que eu não seja a vergonha dos que esperam em ti,
Iahweh dos Exércitos!ᵈ
Que não seja a confusão dos que procuram a ti,
ó Deus de Israel!

⁸ É por tua causa que suporto insultos,
que a humilhação me cobre o rosto,
⁹ que me tornei estrangeiro aos meus irmãos,
estranho para os filhos de minha mãe;
¹⁰ pois o zelo por tua casa me devora,
e os insultos dos que te insultam recaem sobre mim.

¹¹ Se me aflijoᵉ com jejum,
isto se torna motivo de insulto;
¹² se me visto com pano de saco,
torno-me para eles uma fábula,

---

a) "seu santuário", Vulg.; "teus santuários", hebr.
b) Este salmo reúne duas lamentações, de ritmo diferente, cada uma composta de uma queixa seguida de uma prece. A primeira (vv. 2-7 e 14-16), desenvolve o tema da água infernal (Sl 18,5+) e dos inimigos (Sl 35 etc.). A segunda (vv. 8-13 e 17s) é o grito de angústia do fiel vítima do seu zelo (cf. Sl 22; Is 53,10; Jr 15,15).
O conjunto termina com final hínico (vv. 31s) de perspectivas nacionais (cf. Sl 22,28s e Sl 102,14s). O caráter messiânico do salmo se depreende das citações que dele faz o NT.
c) "pescoço", hebr.: *nefesh* (cf. Sl 6,5+).
d) O hebr. acrescenta "Senhor" antes de "Iahweh".
e) "aflijo", grego, sir.; "choro", hebr.

¹³ um cochicho dos que se assentam à porta,
e a canção dos que bebem bebidas fortes.

¹⁴ Quanto a mim, Iahweh, a ti dirijo minha prece!
No tempo favorável
responde-me, Deus, por teu grande amor,
pela verdade da tua salvação!

¹⁵ Tira-me da lama, para que não afunde,
e fique liberto dos que me odeiam
e do mais fundo das águas.

¹⁶ Que a correnteza das águas não me arraste,
não me engula o lodo profundo,
e o poço não feche sua boca sobre mim.

¹⁷ Responde-me, Iahweh,
pois teu amor é bondade!
Volta-te para mim,
por tua grande compaixão!
¹⁸ Não escondas tua face ao teu servo!
Estou angustiado, responde-me depressa!
¹⁹ Aproxima-te de mim, liberta-me!
Resgata-me por causa dos meus inimigos!

²⁰ Tu conheces o meu insulto,
minha vergonha e minha humilhação.
Meus adversários estão todos à tua frente.
²¹ O insulto partiu-me o coração,
até desfalecer.[a]
Esperei por compaixão, e nada!
por consoladores, e não os encontrei!

²² Como alimento deram-me fel,
e na minha sede serviram-me vinagre.
²³ Que a mesa à sua frente seja uma armadilha,
e sua abundância uma cilada!
²⁴ Que seus olhos fiquem escuros e não vejam mais!
Faze seus rins estarem sempre doentes!

²⁵ Derrama sobre eles o teu furor!
Que o ardor da tua ira os atinja!
²⁶ Que seu acampamento fique deserto,
e não haja morador em suas tendas!
²⁷ Porque perseguem àquele que feriste,
e acrescentam às chagas de tua vítima.[b]

²⁸ Acusa-os, crime por crime,
e não tenham mais acesso à tua justiça!
²⁹ Sejam riscados do livro da vida,
e com os justos não sejam inscritos!

---

a) Trad. conj.; a ordem das palavras e dos estíquios nos vv. 20-21 parece perturbada, sem que nenhuma reconstituição se imponha de modo absoluto.

b) "acrescentam", grego, sir.; "conversam sobre", hebr. → No v. 27 os complementos estão no plural no hebr., adaptação à liturgia nacional.

³⁰ Quanto a mim, curvado e ferido,
que tua salvação, ó Deus, me levante!
³¹ Louvarei com um cântico o nome de Deus,
e o engrandecerei com ação de graças; _{Sl 22,26s}
³² isto agrada a Iahweh mais que um touro,
mais que um novilho com chifres e cascos. _{Sl 50,8 +. 14; 51,18}

³³ Os pobres veem e se alegram:
vós que buscais a Deus, que o vosso coração viva! _{Sl 22,27; 70,5; 119,144}
³⁴ Porque Iahweh atende os indigentes,
nunca rejeita seus cativos.
³⁵ Que o céu e a terra o louvem,
o mar e tudo o que nele se move!

³⁶ Sim, Deus salvará Sião,
reconstruirá as cidades de Judá!
Habitarão lá e a possuirão! _{Is 44,26 Ez 36,10 Sl 102,22-23.29 Sl 5,12 Is 65,9}
³⁷ A descendência dos seus servos a herdará,
e nela habitarão os que amam seu nome.

SALMO 70 (69)
Grito de angústia[a]

¹ *Do mestre de canto. De Davi. Para comemoração.* _{= 40,14-18 Sl 38,1}

² Vem livrar-me, ó Deus!
Iahweh, vem depressa em meu socorro!
³ Fiquem envergonhados e confundidos
os que buscam minha vida!

Recuem e fiquem atrapalhados
os que desejam minha desgraça!
⁴ Recuem, cobertos de vergonha,
os que riem de mim!

⁵ Exultarão e se alegrarão em ti
todos os que te procuram;
os que amam tua salvação
repetirão sempre: "Deus é grande!"

⁶ Quanto a mim, sou pobre e indigente:
ó Deus, vem depressa!
Tu és meu auxílio e salvação:
Iahweh, não demores!

SALMO 71 (70)
Súplica de um ancião

¹ Iahweh, eu me abrigo em ti:
que nunca fique envergonhado! _{= Sl 31,2-4 Sl 25,2}
² Salva-me, por tua justiça! Liberta-me!
Inclina depressa teu ouvido para mim!

---

a) Duplicata do Sl 40,14-18, ver as notas.

³ Sê para mim uma rocha hospitaleira,ᵃ
sempre acessível;
tu decidiste salvar-me,
pois meu rochedo e muralha és tu.
⁴ Deus meu, liberta-me da mão do ímpio,
do punho do criminoso e do violento.

⁵ Pois minha esperança és tu, Senhor,
Iahweh é minha confiança desde a juventude.
⁶ Desde o seio tu és o meu apoio,
tu és minha parteᵇ desde as entranhas maternas,
em ti está continuamente o meu louvor.

⁷ Para muitos eu me tornava prodígio,ᶜ
tu, porém, és meu abrigo seguro.
⁸ Minha boca está cheia do teu louvor,
do teu esplendor, todo o dia.

⁹ Não me rejeites no tempo da velhice,
não me abandones quando meu vigor se extingue!
¹⁰ Pois meus inimigos falam de mim,
juntos planejam os que espreitam minha vida!

¹¹ "Deus o abandonou, persegui-o!
Agarrai-o, pois não há quem o salve!"
¹² Ó Deus, não fiques longe de mim!
Deus meu, vem socorrer-me depressa!

¹³ Fiquem envergonhados e arruinados
os que perseguem minha vida;
fiquem cobertos de ultraje e humilhação
os que buscam o mal contra mim.

¹⁴ Quanto a mim, espero sem cessar,
continuando o teu louvor;
¹⁵ minha boca narrará tua justiça,
todo o dia a tua salvação.ᵈ

¹⁶ Eu virei com o poder de Iahweh,ᵉ
para recordar tua única justiça.
¹⁷ Ó Deus, tu me ensinaste desde a minha juventude,
e até aqui eu anuncio tuas maravilhas.

¹⁸ E agora, velho e encanecido,
não me abandones, ó Deus,ᶠ
até que eu anuncie teu braçoᵍ às gerações futuras,
teu poder ¹⁹ e tua justiça, ó Deus, até às nuvens!

Tu realizaste coisas grandiosas:
ó Deus, quem é como tu?

---

a) "hospitaleira", mss, versões; "moradia", hebr. — Os dois estíquios seguintes são incertos; grego: "um circuito de muralha para minha salvação".
b) Sentido incerto; versões: "minha força".
c) Por causa das provações sofridas: causa espanto ver um justo que sofre (cf. Jó).
d) O hebr. acrescenta: "não compreendi as letras", sem dúvida glosa de escriba embaraçado pela palavra seguinte.
e) Sentido incerto, lit.: "eu virei nos poderes do Senhor Iahweh". Propõe-se corrigir a primeira letra para ler: "anunciarei (as façanhas de Iahweh)".
f) A passagem poderia ser aplicada a Israel, cujos profetas evocavam a juventude e a velhice.
g) Imagem profética (Is 51,9; 53,1) que evocava os milagres do Êxodo.

²⁰ Fizeste-me ver tantas angústias e males,
   tu voltarás para dar-me vida,
   voltarás para tirar-me dos abismos da terra,
²¹ aumentarás minha grandeza, e me consolarás de novo.

Sl 9,14; 40,3

²² Quanto a mim, eu te celebrarei com a cítara,
   por tua verdade, meu Deus;
   tocarei harpa em tua honra,
   ó Santo de Israel!

Is 6,3 +

²³ Que meus lábios exultem, quando eu tocar para ti,
   e também minha vida, porque a resgataste!
²⁴ Também minha língua todo o dia
   medita a tua justiça,
   pois foram envergonhados e confundidos
   os que buscam o mal contra mim!

Sl 7,18 +
‖ 63,6-8

SALMO 72 (71)

O rei prometido[a]

Is 11,1-5
Zc 9,9s

¹ *De Salomão.*

Ó Deus, concede ao rei teu julgamento
   e a tua justiça ao filho do rei;
² que ele governe teu povo com justiça,
   e teus pobres conforme o direito.

Jr 23,5

³ Montanhas e colinas,
   trazei a paz ao povo.
Com justiça[b] ⁴ele julgue os pobres do povo,
   salve os filhos do indigente
   e esmague seus opressores.

Is 45,8;
52,7; 55,12

Sf 2,3 +

⁵ Que ele dure[c] sob o sol e a lua,
   por geração de gerações;
⁶ que desça como chuva sobre a erva roçada,[d]
   como chuvisco que irriga a terra.

Sl 61,8

Os 6,3
Is 45,8
Dt 32,2

⁷ Que em seus dias floresça a justiça[e]
   e muita paz até ao fim das luas,[f]
⁸ que domine de mar a mar,
   desde o Rio até os confins da terra.[g]
⁹ Diante dele a Fera[h] se curvará
   e seus inimigos lamberão o pó;
¹⁰ os reis de Társis e das ilhas
   vão trazer-lhe tributo.

2Sm 7,13s
Jr 31,35;
33,20
Sl 89,38
Zc 9,10
Eclo 44,21
Is 27,1
Mq 7,17
Is 49,23

1Rs 10,1 +

---

a) Dedicado a Salomão, rei justo e pacífico, rico e glorioso (1Rs 3,9.12.28; 4,20; 10,1-29; 1Cr 22,9), este salmo fala do rei ideal do futuro. A tradição judaica e a cristã viram nele o retrato antecipado do rei messiânico predito por Is 9,5; 11,1-5 e Zc 9,9s.
b) Segue-se o grego para a divisão do verso. — O texto é pouco seguro.
c) "que ele dure", grego; "que eles te temam", hebr.
d) As versões traduziram "velo" (cf. Jz 6,37s).
e) "justiça", mss, versões; "o justo", hebr. (releitura messiânica, cf. Jr 23,5; Zc 9,9).
f) A era messiânica durará até o fim dos tempos.
g) Os limites da Palestina ideal (cf. Jz 20,1+).
h) Este termo, que designa os animais ou os demônios que frequentam os desertos (Is 13,21; 34,14; Jr 50,39; Ez 34,28), aqui evoca os Estados pagãos derrotados (cf. 27,1; Dn 7,3; Ap 13,1 etc.).

Os reis de Sabá e Sebá
  lhe pagarão tributo;
¹¹ todos os reis se prostrarão diante dele,
  as nações todas o servirão.

∥ Jó 29,12

¹² Pois ele liberta o indigente que clama
  e o pobre que não tem protetor;
¹³ tem compaixão do fraco e do indigente,
  e salva a vida dos indigentes.

Sl 116,15

¹⁴ Ele os redime da astúcia e da violência,
  o sangue deles é valioso aos seus olhos.

Sl 61,7-8

¹⁵ (Que ele viva e lhe seja dado^a o ouro de Sabá!)
  Que orem por ele continuamente!
  Que o bendigam todo o dia!^{b}

Is 27,6
Os 14,6-9
Am 9,13

¹⁶ Haja abundância de trigo pelo campo
  e tremule sobre o topo das montanhas,
  como o Líbano com suas flores^c e frutos,
  como a erva da terra.

Gn 12,3 +

¹⁷ Que seu nome permaneça para sempre,
  e sua fama dure sob o sol!
  Nele sejam abençoadas as raças todas da terra,^{d}
  e todas as nações o proclamem feliz!

¹⁸ Bendito seja Iahweh, o Deus de Israel,
  porque só ele realiza maravilhas!

Hab 3,3

¹⁹ Para sempre seja bendito o seu nome glorioso!
  Que toda a terra se encha com sua glória!
  Amém! Amém!

²⁰ Fim das orações de Davi, filho de Jessé.^{e}

SALMO 73 (72)

A justiça final^f

¹*Salmo. De Asaf.*

De fato, Deus é bom para Israel,
para os corações puros.

² Por pouco meus pés tropeçavam,
  um nada, e meus passos deslizavam,
³ porque invejei os arrogantes,
  vendo a prosperidade dos ímpios.

Sl 37,1 +
Jó 21,13-26

---

a) "que lhe seja dado", versões; "que ele dê", hebr.
b) Texto obscuro em que o sujeito do verbo não é explicitado. Costuma-se compreender que Israel ore pelo sucesso da missão salvífica do Messias. Mas poder-se-ia também compreender: "Ele (o Messias) intercederá por ele (o pobre) e o abençoará".
c) "com suas flores", conj.; "e que eles floresçam", hebr.
d) "abençoadas" e "as raças todas da terra", grego; omitido pelo hebr. — "dure": *yikkôn*, versões; "prolifere": *yinnôn*, hebr. — No estado atual do texto, poder-se-ia traduzir: "Que seu nome permaneça para sempre diante do sol. Ele germinará (proliferará) o seu nome", releitura que pode aludir ao rebento de Jessé (Is 11,1) e ao nome messiânico de Renovo (Is 4,2; Jr 23,5; 33,15; Zc 6,12).
e) Doxologia e subscrição do segundo livro do Saltério.
f) De início escandalizado pela prosperidade dos ímpios e sofrimento dos justos (cf. Jó 21,1s; Ecl 7,15; Jr 12,1s; Ml 3,15 etc.), um sábio opõe a felicidade efêmera dos ímpios à paz da amizade divina que nunca decepciona.

⁴ Para eles não existem tormentos,
   sua aparência é sadia e robusta;*ᵃ*
⁵ a fadiga dos mortais não os atinge,
   não são molestados como os outros.

⁶ Daí a soberba, cingindo-os como colar,
   a violência, envolvendo-os como veste.
⁷ A maldade*ᵇ* lhes brota da gordura,
   seu coração transborda em maus projetos.

Sl 17,10;
119,70
Jó 15,27
Jr 5,28

⁸ Caçoam e falam maliciosamente,
   falam com altivez, oprimindo;
⁹ contra o céu colocam sua boca
   e sua língua percorre a terra.

¹⁰ Por isso meu povo se volta para eles
    e águas em abundância lhes vêm ao encontro.*ᶜ*
¹¹ E dizem: "Acaso Deus conhece?
    Existe conhecimento no Altíssimo?"

Sl 10,11 +

¹² Eis que os ímpios são assim
    e, sempre tranquilos, ajuntam riquezas!

¹³ De fato, inutilmente conservei o coração puro,
    lavando na inocência minhas mãos!

Ml 3,14
= Sl 26,6

¹⁴ Sim, sou molestado o dia inteiro,
    e castigado a cada manhã...

Jó 7,18

¹⁵ Se eu dissesse: "Falarei como eles!"
    já teria traído a geração de teus filhos.

¹⁶ Então refleti para compreender,
    e que fadiga era isto aos meus olhos!
¹⁷ Até que entrei nos santuários divinos:*ᵈ*
    entendi então o destino deles!

Sl 119,130

¹⁸ De fato, tu os pões em ladeiras,
    tu os fazes cair, em ruínas.

¹⁹ Ei-los num instante reduzidos ao terror,
    deixam de existir, perecem, por causa do pavor!
²⁰ Como um sonho ao despertar, ó Senhor,
    ao acordar*ᵉ* desprezas sua imagem.

Sl 49,15

²¹ Quando meu coração se azedava
    e eu espicaçava meus rins,
²² é porque eu era imbecil e não sabia,
    eu era um animal*ᶠ* junto a ti.

²³ Quanto a mim, estou sempre contigo,
    tu me agarraste pela mão direita;

---

a) "sua... sadia", lit.: "para eles é perfeita" (*lamô tam*), conj.; "em sua morte" (*lamôtam*), hebr. (mal dividido).
b) "maldade", versões; "olho", hebr.
c) Seguem-se as versões: hebr. corrompido, lit.: "Por isso seu povo volta-se deste lado (ou: Ele faz seu povo voltar-se deste lado) e águas abundantes são despejadas".
d) Os santuários dos deuses pagãos, apoio dos ímpios e responsáveis pelas injustiças neste mundo (Sl 82).

Pensou-se também no Templo (Jr 51,51), ou nos mistérios divinos (Sl 119,130; Sb 2,22), mas o contexto indica de preferência a ruína dos santuários pagãos.
e) Sobre Deus que "se desperta", cf. Sl 35,23; 44,24; 59,6; 78,65; Is 15,9. Sobre a "imagem", cf. Sl 49,15; 90,5; Jó 20,8; Is 29,7-8.
f) Lit.: "hipopótamo", *behemôt*, obra-prima da lentidão (cf. Jó 40,15+).

²⁴ tu me conduzes com teu conselho
e com tua glória*ᵃ* me atrairás.

²⁵ Quem teria eu no céu?
Contigo, nada mais me agrada na terra.

²⁶ Minha carne e meu coração podem se consumir:*ᵇ*
a rocha do meu coração, a minha porção é Deus, para sempre!

²⁷ Sim, os que se afastam de ti se perdem,
tu repeles teus adúlteros todos.*ᶜ*

²⁸ Quanto a mim, estar junto de Deus é o meu bem!
Em Deus pus meu refúgio,
para contar todas as tuas obras.*ᵈ*

SALMO 74 (73)
*Lamentação após o saque do Templo*ᵉ

¹ *Poema. De Asaf.*

Por que rejeitar até o fim, ó Deus,
ardendo em ira contra o rebanho do teu pasto?
² Recorda tua assembleia que adquiriste desde a origem,
a tribo que redimiste como tua herança,
este monte Sião em que habitas.

³ Eleva teus passos para estas ruínas sem fim:
o inimigo saqueou tudo no santuário;
⁴ os opressores rugiram no lugar das tuas assembleias,
puseram suas insígnias no frontão da entrada,
insígnias ⁵ que não eram conhecidas.*ᶠ*

Como quem brande um machado no bosque,
⁶ eles derrubaram os batentes,*ᵍ*
golpeando com machado e com martelo;
⁷ atearam fogo no teu santuário,
profanaram até o chão a morada do teu nome.

⁸ Diziam em seu coração: "Arrasemo-los de uma vez!"*ʰ*
Queimaram todos os lugares das assembleias de Deus na terra.
⁹ Já não vemos nossos sinais, não existem mais profetas,
e dentre nós ninguém sabe até quando.*ⁱ*

---

a) A "glória" parece ser aqui o atributo divino personificado, relembrando a Nuvem do Êxodo. As versões traduziram "com glória", dando ao termo seu sentido habitual quando é aplicado aos homens: seria necessário compreender que Deus preserva o justo de morte prematura e vergonhosa, e que reabilitará o justo que morre enquanto os ímpios sobrevivem. Todavia, como no Sl 16,9s, o fervor do fiel já contém o desejo de união definitiva com Deus; é etapa para a crença explícita na ressurreição e na vida eterna (cf. Sl 16,10+).
b) De desejo (cf. Sl 84,3; Jó 19,27) e não de fraqueza (cf. Sl 143,7).
c) Nos profetas a expressão designa a infidelidade a Deus (cf. Os 1,2+).
d) O grego acrescenta: "às portas da filha de Sião" (cf. Sl 9,15).
e) Segundo o Targum, o "insensato" (v. 22) seria Antíoco Epífanes, o "rei louco", que incendiou as portas do Templo (1Mc 4,38; 2Mc 1,8) e profanou o santuário (1Mc 1,21s.39; 2Mc 6,5). Mas o Sl também pode ser aplicado ao saque do Templo pelos exércitos caldeus (2Rs 25,9; Is 64,10). Desde esta época a voz dos profetas se calou (v. 9; cf. Sl 77,9; Lm 2,9; Ez 7,26 e 1Mc 4,46; 9,27; 14,41).
f) "no frontão da entrada", lit.: "como na entrada, no alto", versões; "como aquele que faz entrar", hebr. — "insígnias que não eram conhecidas", grego; "insígnias, ele é conhecido", hebr. — Glosa provável do v. 4b.
g) "derribaram os batentes", grego; "e agora suas esculturas", hebr.
h) "Arrasemo-los": *nînem*, segundo o sir.; "sua descendência": *nînam*, hebr.
i) Jeremias anunciara setenta anos de exílio (Jr 25,11; 29,10), número que simboliza longa duração.

¹⁰ Até quando, ó Deus, o opressor blasfemará?
O inimigo desprezará o teu nome até o fim?

Sl 6,4;
89,47

¹¹ Por que retiras tua mão,
e manténs tua direita escondida*ᵃ* no peito?

Is 52,10

¹² Tu porém, ó Deus, és meu rei desde a origem,
quem opera libertações pela terra.

¹³ Tu dividiste o mar com o teu poder,
quebraste as cabeças dos monstros das águas;

Jó 7,12 +
Is 51,9-10
Sl 89,10-11

¹⁴ tu esmagaste as cabeças do Leviatã*ᵇ*
dando-o como alimento às feras selvagens.*ᶜ*

Jó 3,8 +

¹⁵ Tu abriste fontes e torrentes,
tu fizeste secar rios inesgotáveis;*ᵈ*

Sl 105,4

¹⁶ o dia te pertence, e a noite é tua,
tu firmaste a luz e o sol,
¹⁷ tu puseste todos os limites da terra,
tu formaste o verão e o inverno.

Gn 1

¹⁸ Lembra-te, Iahweh, do inimigo que blasfema,
do povo insensato que ultraja teu nome.
¹⁹ Não entregues à fera a vida de tua rola,*ᵉ*
não esqueças até o fim a vida dos teus pobres.

²⁰ Olha para a Aliança,
pois os recantos da terra estão cheios,
são antros de violência.
²¹ Não volte o oprimido coberto de confusão,
que o pobre e o indigente louvem o teu nome.

²² Levanta-te, ó Deus, pleiteia tua causa,
lembra-te do insensato que te ultraja o dia todo!
²³ Não te esqueças do rumor dos teus adversários,
do tumulto crescente dos que se rebelam contra ti.

SALMO 75 (74)

*Julgamento total e universal*ᶠ

¹ *Do mestre de canto. "Não destruas". Salmo. De Asaf. Cântico.*

² Nós te celebramos, ó Deus, nós te celebramos,
próximo está teu nome, que se publiquem tuas maravilhas.

³ "No momento que tiver decidido,
eu próprio julgarei com retidão;
⁴ trema a terra e seus habitantes todos;
eu mesmo firmei suas colunas.   *Pausa*

Sl 46,3; 60,4;
93,1s; 96,10;
1Sm 2,8

---

a) "manténs escondida", lit.: "está retida" (*kelûyah*), conj.; "(e tua direita em teu peito) destrói": *kalleh*, hebr.
b) Alusão à passagem do mar dos Juncos e à derrota dos egípcios (Ex 14,15s; cf. Ez 29,3; 32,4).
c) "as feras selvagens", lit.: "ao povo, às feras selvagens".
d) Alusão aos milagres do Êxodo (Ex 17,1-7; Nm 20,2-13) e à passagem do Jordão (Js 3), obras do poder do Criador. Esta lembrança das obras passadas de Deus (vv. 12-17) prepara a adjuração final (vv. 18-23).
e) Oseias comparava Israel a uma pomba (Os 7,11; 11,11, cf. Ct 5,2). Grego e sir.: "a alma que te dá graças".
f) Uma antífona (v. 2) introduz um oráculo divino dirigido aos ímpios, anunciando seu julgamento (vv. 3-6). Os vv. 7-9 descrevem o julgamento universal, com o qual o justo se alegra (vv. 10-11).

⁵ Eu disse aos arrogantes: Não sejais arrogantes!
E aos ímpios: Não levanteis a fronte,*a*
⁶ não levanteis altivamente a vossa fronte,
não faleis retesando a nuca".

⁷ Porque não é do nascente nem do poente,
nem do deserto das montanhas
⁸ que Deus vem como juiz.
A um ele abaixa, a outro eleva,*b*
⁹ pois na mão de Iahweh há uma taça
em que fermenta um vinho com especiarias;
ele o derramará, até às escórias o sugarão,
e todos os ímpios da terra o sorverão.

¹⁰ Quanto a mim, anunciarei para sempre,
tocarei para o Deus de Jacó.
¹¹ Quebrarei a fronte de todos os ímpios,
e a fronte do justo se levantará.

SALMO 76 (75)
Ode ao Deus terrível[c]

¹*Do mestre de canto. Com instrumentos de corda. Salmo. De Asaf. Cântico.*

² Deus é conhecido em Judá,
em Israel grande é seu nome;
³ sua tenda está em Salém[d]
e sua moradia em Sião.
⁴ Ali quebrou os relâmpagos do arco,[e]
o escudo, a espada e a guerra.[f]   *Pausa*

⁵ És luminoso e célebre
pelos montes de despojos ⁶deles tomados.
Os corajosos dormiram seu sono,
e os braços falharam aos guerreiros todos;
⁷ à tua ameaça, ó Deus de Jacó,
carro e cavalo ficaram parados.

⁸ Tu és terrível! Quem subsiste
à tua frente, quando ficas irado?
⁹ Do céu fazes ouvir a sentença:
a terra teme e permanece calada
¹⁰ quando Deus se levanta para julgar
e salvar todos os pobres da terra.   *Pausa*

¹¹ A ira do homem é louvor para ti,
tu te cinges com os que escapam à Ira.[g]

a) Lit.: "o chifre" (cf. Sl 18,3+).
b) O "deserto das montanhas" talvez seja o planalto de Edom. — Não é mais contra Moab, Edom ou a Filisteia que se exerce o julgamento divino, mas em todo lugar e contra todos os ímpios (cf. Zc 2,1). — A imagem da taça (v. 9; cf. já o Sl 11,6) vem de Jeremias (Jr 25,15; 48,26; 49,12; 51,17; cf. Is 51,7; Ez 23,31; Ap 14,10).
c) Hino escatológico. Como os Sl 46 e 48,6, ele parece evocar a derrota de Senaquerib em 701 diante de Jerusalém (2Rs 19,35), tornada símbolo da salvação esperada pelos "pobres" (v. 10). O grego traz como título: "A respeito do assírio".
d) Nome abreviado de Jerusalém (cf. Gn 14,18; Jt 4,4), "a cidade da paz" (*shalôm*).
e) As flechas.
f) Pode-se também traduzir: "as armas de guerra".
g) A imagem, tomada de Jeremias (cf. Sl 109,19), simboliza a estreita união. Como o Terror (= "o Terrível", v. 12), a Ira divina parece aqui personificada (cf. Sl 58,10). Quanto à "ira do homem",

¹²Fazei votos a Iahweh vosso Deus e cumpri-os,
vós que o cercais,ª fazei ofertas ao Terrível;
¹³ele corta o sopro dos príncipes,
para os reis da terra é terrível!

SALMO 77 (76)
Meditação sobre o passado de Israel[b]

¹*Do mestre de canto... Iditun. De Asaf. Salmo.*

²A Deus a minha voz: eu grito!
A Deus a minha voz: ele me ouve!
³No dia da angústia procurei o Senhor;
à noite estendi a mão, sem descanso,
meu ser recusou todo conforto.
⁴Lembro-me de Deus e fico gemendo,
medito, e meu respirar vacila.   *Pausa*

⁵Tu me seguras as pálpebras dos olhos,
fico perturbado e nem posso falar;
⁶penso nos dias de outrora,
os anos longínquos ⁷recordo;
pela noite murmuro[c] em meu coração,
medito, e meu espírito pergunta:

⁸O Senhor rejeitará para sempre?
Nunca mais será favorável?
⁹Seu amor esgotou-se para sempre?
Terminou a Palavra para gerações de gerações?
¹⁰Deus esqueceu-se de ter piedade
ou fechou as entranhas com ira?   *Pausa*

¹¹E digo: "Este é o meu mal:
a direita do Altíssimo mudou!"
¹²Lembro-me[d] das façanhas de Iahweh,
recordo tua maravilha de outrora,
¹³fico meditando toda a tua obra,
meditando em tuas façanhas.

¹⁴Ó Deus, teu caminho é santo!
Que deus é grande como Deus?
¹⁵Tu és o Deus que realiza maravilhas,
mostrando tua força às nações;
¹⁶com teu braço redimiste teu povo,
os filhos de Jacó e de José.   *Pausa*

¹⁷As águas te viram, ó Deus,
as águas te viram e tremeram,
e os abismos estremeceram.

---

impotente, ela dá testemunho do poder e da justiça de Deus.
a) Como seu "cinto" (v. 11; comparar com Is 49,18).
b) Na época difícil da volta do Exílio, o salmista evoca os benefícios passados de Iahweh para Israel, as maravilhas da saída do Egito, garantia de intervenções futuras de Iahweh em favor do seu povo.

c) "murmuro", grego, sir.; "(eu me lembro) de minha música", hebr. — Os vv. 6-7 foram divididos conforme as versões.
d) "Lembro-me", *qerê*, versões; "farei conhecer", *ketib*.

¹⁸ As nuvens derramaram suas águas,
trovejaram as nuvens pesadas,
tuas flechas ziguezagueavam.ᵃ

¹⁹ O estrondo do teu trovão rondava,
teus relâmpagos iluminavam o mundo,
a terra se agitava e estremecia.

²⁰ Teu caminho passava pelo mar,
tua senda pelas águas torrenciais,
e ninguém reconheceu tuas pegadas.

²¹ Guiaste teu povo como um rebanho,
pela mão de Moisés e de Aarão.

SALMO 78 (77)

*As lições da história de Israel*ᵇ

¹ *Poema. De Asaf.*

Povo meu, escuta minha lei,
dá ouvido às palavras de minha boca;
² abrirei minha boca numa parábola,ᶜ
exporei enigmas do passado.

³ O que nós ouvimos e conhecemos,
o que nos contaram nossos pais,
⁴ não o esconderemos a seus filhos;
nós o contaremos à geração seguinte:

os louvores de Iahweh e seu poder,
e as maravilhas que realizou;
⁵ ele firmou um testemunho em Jacó
e colocou uma lei em Israel,

ordenando a nossos pais
que os transmitissem aos seus filhos,
⁶ para que a geração seguinte os conhecesse,
os filhos que nasceriam:

Que se levantem e os contem a seus filhos,
⁷ para que ponham em Deus sua confiança,
não se esqueçam dos feitos de Deus
e observem seus mandamentos;

⁸ para que não sejam como seus pais,
uma geração desobediente e rebelde,
geração de coração inconstante,
cujo espírito não era fiel a Deus.

⁹ Os filhos de Efraim, arqueiros equipados,
no dia do combate debandaram;ᵈ

---

a) O milagre do mar dos Juncos é apresentado em perspectiva cósmica (cf. Jó 7,12+). A sequência (v. 19) evoca a teofania do Sinai (Ex 19,16+).

b) Meditação didática, inspirada no Dt, sobre a história de Israel, as faltas da nação e seu castigo. O Sl salienta a responsabilidade de Efraim, antepassado dos samaritanos, a eleição de Judá e a escolha de Davi.

c) Parábola (*mashal*): sentença ritmada em versos paralelos, como o livro dos Provérbios nos fornece numerosos exemplos dele.

d) O salmista, inspirando-se em Os 7,16, lança desse modo os pecados do povo sobre os efraimitas, antecipando a história ulterior do reino do Norte (cf. v. 67), ou fazendo alusão ao cisma dos samaritanos (cf. Zc 11,14).

¹⁰ não guardaram a aliança de Deus,
  recusaram andar em sua lei;
¹¹ esqueceram-se de seus grandes feitos
  e das maravilhas que lhes mostrara.ᵃ
¹² Frente a seus pais ele realizou a maravilha,
  na terra do Egito, no campo de Tânis.

¹³ Dividiu o mar e os fez atravessar, — Ex 14-15; Ex 14,22; 15,8
  barrando as águas como num dique.
¹⁴ De dia guiou-os com a nuvem, — Ex 13,21; Sl 105,39
  e com a luz de um fogo toda a noite;

¹⁵ fendeu rochedos pelo deserto — Ex 17,1-7; Nm 20,2-13; Sl 105,41; 114,8
  e deu-lhes a beber como a fonte do grande Abismo;
¹⁶ da pedra fez brotar torrentes — Is 48,21
  e as águas desceram como rios.

¹⁷ Mas continuaram pecando contra ele, — Ex 20,13
  rebelando-se contra o Altíssimo na estepe;
¹⁸ tentaram a Deus em seu coração, — Ex 16,2-36
  pedindo comida conforme seu gosto.

¹⁹ E falaram contra Deus: — Sl 23,5
  "Acaso Deus poderia
  preparar uma mesa no deserto?

²⁰ Com efeito, ele feriu o rochedo, — Ex 16,3
  as águas correm e as torrentes transbordam:
  acaso também pode dar o pão
  ou fornecer carne ao seu povo?"

²¹ Ouvindo isso, Iahweh se enfureceu; — Nm 11; Dt 32,22
  um fogo acendeu-se contra Jacó
  e a Ira levantou-se contra Israel,
²² porque eles não tinham fé em Deus,
  nem confiavam em sua salvação.

²³ Contudo, ordenou às nuvens do alto — 2Rs 7,2; Ml 3,10
  e abriu as portas do céu;
²⁴ para os alimentar fez chover o maná, — Jo 6,31
  deu para eles o trigo do céu;
²⁵ cada um comeu do pão dos Fortes;ᵇ — Sb 16,20; 1Cor 10,3; Sl 105,40; Dt 8,3
  mandou-lhes provisões em fartura.

²⁶ Fez soprar no céu o vento leste,
  e com seu poder trouxe o vento sul;
²⁷ sobre eles fez chover carne como pó,
  aves numerosas como areia do mar,
²⁸ *fazendo-as cair no meio do seu acampamento,*
  ao redor das suas tendas.

²⁹ Eles comeram e ficaram bem saciados, — Os 13,6
  pois ele os serviu conforme queriam.
³⁰ Não haviam satisfeito o apetite, — Nm 11,33
  tinham ainda a comida na boca,
³¹ quando a ira de Deus levantou-se contra eles: — Nm 14,29

a) Os milagres do Êxodo.   *b)* Os Fortes são os anjos (cf. Sl 103,20).

ele massacrou seus mais fortes,
prostrou a juventude de Israel.

³²Apesar disso, continuaram a pecar,
não tinham fé em suas maravilhas:ᵃ
³³ele consumiu seus dias num sopro
e seus anos num terror.

_{Os 5,15}
_{Is 26,16}
_{Nm 21,7}
_{Dt 32,15.18}

³⁴Quando os matava então o buscavam,
convertiam-se e o procuravam;ᵇ
³⁵recordavam que Deus era seu rochedo,
que o Deus Altíssimo era seu redentor.

_{Os 6,4}

³⁶Eles o adulavam com a boca,
mas com a língua o enganavam:

_{Is 29,13}
_{Os 8,1}

³⁷seu coração não era sincero com ele,
não tinham fé na sua aliança.

_{Ex 32,14}
_{Nm 14,20}
_{Is 48,9}
_{Ez 20,22}
_{Os 11,8-9}
_{Sl 65,4; 85,4}

³⁸Ele porém, compassivo,
perdoava as faltas e não os destruía;
reprimia sua ira muitas vezes
e não despertava todo seu furor.
³⁹Lembrava-se que eram apenas carne,
vento que vai, sem nunca voltar.

_{Dt 9,22}

⁴⁰Quantas vezes o afrontaram no deserto
e o ofenderam em lugares solitários!

_{Is 6,3 +}

⁴¹Voltavam a tentar a Deus,
a irritar o santo de Israel;
⁴²não se lembravam de sua mão
que um dia os resgatou do adversário,

_{Ex 7,14-11,}
_{10; 12,29-36}
_{Sb 16-18}

⁴³quando operou seus sinais no Egitoᶜ
e seus prodígios no campo de Tânis;
⁴⁴quando transformou em sangue seus canais
e suas torrentes, privando-os de beber.

⁴⁵Enviou-lhes moscas que os devoravam
e rãs que os devastavam;
⁴⁶entregou às larvas suas colheitas
e seu trabalho aos gafanhotos;

⁴⁷destruiu sua vinha com granizo
e seus sicômoros com geada;
⁴⁸abandonou seu gado à saraiva,
e aos relâmpagos o seu rebanho.

⁴⁹Lançou contra eles o fogo de sua ira:
cólera, furor e aflição,
anjos portadores de desgraças;
⁵⁰deu livre curso à sua ira:

da morte não mais os preservou,
mas à peste entregou a sua vida.

---

a) Lembrança geral (vv. 32-39) da inconstância de Israel e da paciência divina.
b) "o": *'elaw*, sir.; "Deus": *'el*, hebr.
c) As "pragas" do Egito (cf. Ex 7,8+) que os vv. 43-51 resumirão.

⁵¹ Feriu todo primogênito no Egito, = Sl 105,36
as primícias da raça nas tendas de Cam.

⁵² Fez seu povo partir como um rebanho*ª* Sl 77,21
e como ovelhas conduziu-os no deserto.
⁵³ Guiou-os com segurança e não temeram, Ex 14,26-28
e o mar recobriu seus inimigos.

⁵⁴ Introduziu-os em suas fronteiras sagradas,
a montanha que sua direita conquistara;
⁵⁵ expulsou as nações da sua frente, Sl 44,3
com o cordel delimitou-lhes uma herança, Js 24,8-13
e pôs em suas tendas as tribos de Israel.

⁵⁶ Mas tentavam, afrontavam o Deus Altíssimo,
recusando guardar seus testemunhos;*ᵇ*
⁵⁷ desviavam-se, traíam como seus pais, Os 7,16
voltavam atrás como arco infiel;
⁵⁸ com seus lugares altos o indignavam, Dt 32,16.21
e o enciumavam com seus ídolos.

⁵⁹ Deus ouviu e ficou enfurecido,
e rejeitou completamente Israel;
⁶⁰ abandonou sua morada em Silo, 1Sm 1,3 +
a tenda em que habitava entre os homens. Js 18,1
Jr 7,12; 26,6

⁶¹ Entregou sua força ao cativeiro 1Sm 4,11.22
e seu esplendor à mão do opressor;*ᶜ*
⁶² abandonou seu povo à espada, Jr 12,7
enfureceu-se contra sua herança.

⁶³ Seus jovens foram devorados pelo fogo Dt 32,22-25
e suas virgens não tiveram canto de núpcias; Jr 7,34
⁶⁴ seus sacerdotes caíram sob a espada Jó 27,15
e suas viúvas não entoaram lamentações.

⁶⁵ E o Senhor acordou como homem que dormia,
como valente embriagado pelo vinho,
⁶⁶ feriu seus opressores pelas costas*ᵈ* 1Sm 5,6s
e para sempre entregou-os à vergonha.

⁶⁷ Rejeitou a tenda de José*ᵉ*
e não elegeu a tribo de Efraim;
⁶⁸ elegeu a tribo de Judá
e o monte Sião, que ele ama.
⁶⁹ Construiu seu santuário como as alturas,*ᶠ* 2Sm 5,9 +
como a terra que fundou para sempre. Sl 87,2
Sl 48,3

⁷⁰ Escolheu Davi, seu servo, 1Sm 13,14;
tirou-o do aprisco das ovelhas; 16,11-13
2Sm 7,8

---

a) Por ocasião da saída do Egito e da entrada em Canaã (vv. 52-55).
b) Alusão às faltas de Israel no tempo de Samuel e de Saul (vv. 56-64).
c) A Arca da Aliança (cf. Sl 132,8; 2Cr 6,41).
d) Lit.: "por trás". Trata-se do mal humilhante que atingiu os filisteus, detentores da Arca.
e) Rejeição de Efraim (v. 67), eleição de Sião, moradia de Iahweh e réplica do santuário celeste (vv. 68-69) e de Davi, ungido de Iahweh, pastor do seu povo e tipo do Messias esperado (vv. 70-72).
f) "as alturas", conj.; "os (seres) altos", hebr.

⁷¹ da companhia das ovelhas fê-lo vir
para apascentar Jacó, seu povo,
e Israel, sua herança;
⁷² ele os apascentou com coração íntegro
e conduziu-os com mão sábia.

SALMO 79 (78)

Lamentação nacional[a]

¹ *Salmo. De Asaf.*

Ó Deus, as nações invadiram tua herança,
profanaram teu sagrado Templo,
fizeram de Jerusalém um monte de ruínas,
² deram os cadáveres dos teus servos
como pasto às aves do céu,
a carne dos teus fiéis às feras da terra.
³ Derramaram o sangue deles como água
ao redor de Jerusalém, e ninguém para enterrar!
⁴ Tornamo-nos o riso de nossos vizinhos,
divertimento e zombaria daqueles que nos cercam.
⁵ Até quando vai tua ira, Iahweh? Até o fim?
Teu ciúme arderá como fogo?

⁶ Derrama teu furor sobre estas nações
que não te conhecem,
sobre estes reinos
que não invocam teu nome.
⁷ Pois eles devoraram Jacó
e devastaram sua moradia.

⁸ Não recordes contra nós as faltas dos antepassados!
Que tua compaixão venha logo ao nosso encontro,
pois estamos muito enfraquecidos.
⁹ Socorre-nos, ó Deus salvador nosso,
por causa da glória do teu nome!
Liberta-nos, apaga nossos pecados,
por causa do teu nome!

¹⁰ Por que diriam as nações: "Onde está o Deus deles?"
Que aos nossos olhos as nações reconheçam a vingança
do sangue dos teus servos, que foi derramado.[b]
¹¹ Chegue à tua presença o gemido do cativo,
pela grandeza do teu braço, preserva os filhos da morte.

¹² Devolve aos nossos vizinhos sete vezes no seu peito
o ultraje com que te afrontaram, ó Senhor!
¹³ Quanto a nós, teu povo, rebanho do teu pasto,
nós te celebramos para sempre,
e de geração em geração proclamaremos teu louvor!

---

a) Este Sl pode referir-se à tomada de Jerusalém pelos caldeus em 587 e à pilhagem da cidade pelos vizinhos de Israel, Edom, Moab etc. (cf. 2Rs 24,2).

b) Deus é o "vingador do sangue" de Israel (cf. Nm 35,19+).

SALMO 80 (79)

***Oração pela restauração de Israel**[a]*

¹*Do mestre de canto. Sobre a ária "Os lírios são os preceitos". De Asaf. Salmo.*

² Pastor de Israel, dá ouvidos,
   tu que guias a José como um rebanho;
   tu que sentas sobre os querubins, resplandece
³ perante Efraim, Benjamim e Manassés![b]
   Desperta a tua valentia
   e vem socorrer-nos!

⁴ Ó Deus, faze-nos voltar!
   Faze tua face brilhar, e seremos salvos!

⁵ Iahweh, Deus dos Exércitos, até quando
   te inflamarás, enquanto teu povo suplica?
⁶ Deste-lhe a comer um pão de lágrimas,
   e tríplice medida de lágrimas a beber;
⁷ tornaste-nos a disputa dos nossos vizinhos,
   e nossos inimigos caçoam de nós.

⁸ Deus dos Exércitos, faze-nos voltar!
   Faze tua face brilhar, e seremos salvos!

⁹ Ele era uma vinha:[c] tu a tiraste do Egito,
   expulsaste nações para plantá-la;
¹⁰ preparaste o terreno à sua frente
   e, lançando raízes, ela encheu a terra.

¹¹ Sua sombra cobria as montanhas,
   e seus ramos os cedros de Deus;[d]
¹² ela estendia os sarmentos até o mar,
   e até o Rio[e] seus rebentos.

¹³ Por que lhe derrubaste as cercas,
   para que os viandantes a vindimem,
¹⁴ e os javalis da floresta a devastem,
   e as feras do campo a devorem?

¹⁵ Deus dos Exércitos, volta atrás!
   Olha do céu e vê, visita esta vinha:
¹⁶ protege o que tua direita plantou![f]
¹⁷ Queimaram-na[g] com fogo, como ao lixo,
   eles perecerão com a ameaça de tua face.

¹⁸ Esteja tua mão sobre o homem da tua direita,
   o filho de Adão que tu confirmaste![h]

---

a) Este Sl pode ser aplicado tanto ao reino do Norte (cf. vv. 2-3) devastado pelos assírios (que o título do grego menciona; cf. Jr 31,15s), quanto a Judá após o saque de Jerusalém em 586 (cf. Jr 12,7-13). O salmista, talvez levita refugiado em Masfa de Benjamim sob Godolias (cf. 2Rs 25,22-23.27), espera a restauração do reino unificado (cf. Is 49,5; Ez 37,16; Zc 9,13; 10,6) nos seus limites ideais (v. 12; cf. Jz 20,1+).
b) Efraim e Manassés, aos quais é frequentemente ligado Benjamim, são as duas principais tribos do Norte.
c) Alegoria familiar aos profetas (cf. Is 5,1+).
d) Ou: "as parras eram os cedros de Deus", isto é, os cedros mais altos (cf. Sl 36,7; 68,16).
e) O Eufrates.
f) O hebr. acrescenta: "e sobre o filho que confirmaste", antecipação de 18b.
g) "Queimaram-na": *serapûha*, conj.; "queimada": *serûpah*, hebr.
h) Alusão provável a Zorobabel (Esd 3,2; Ag 1,1), mais que a Benjamim ("filho da direita"), a Amasias ("Iahweh se fortificou") ou a Israel.

¹⁹Nunca mais nos afastaremos de ti;
  faze-nos viver, e teu nome será invocado.

²⁰Iahweh, Deus dos Exércitos, faze-nos voltar!
  Faze tua face brilhar, e seremos salvos!

SALMO 81 (80)

*Para a festa das Tendas*ᵃ

Sl 8,1 ¹*Do mestre de canto. Sobre a... de Gat. De Asaf.*

²Gritai de alegria ao Deus, nossa força,
  aclamai o Deus de Jacó.

³Elevai a música, soai o tamborim,
  a harpa melodiosa e a cítara;
Lv 23,34
Nm 29,12 ⁴soai a trombeta pelo novo mês,
  na lua cheia, no dia da nossa festa.ᵇ

Ex 23,14+ ⁵Porque é lei para Israel,
  decisão do Deus de Jacó,
⁶testemunho que ele pôs em José
  quando saiu contra a terra do Egito.

Ouve-se uma linguagem desconhecida:ᶜ
Ex 1,14; 6,6 ⁷"Removi a carga de seus ombros,
  suas mãos deixaram o cesto;ᵈ
Ex 19,19
Sl 17,1-7
Sl 95,8 ⁸clamaste na opressão, e te libertei.

Eu te respondi, escondido no trovão,ᵉ
  e te experimentei nas águas de Meriba. *Pausa*
Ex 15,26
Is 55,2-3 ⁹Ouve, meu povo, eu te conjuro,
  oxalá me ouvisses, Israel!

Ex 20,2-3p ¹⁰Nunca haja em ti um deus alheio,
  nunca adores um deus estrangeiro;
¹¹eu sou Iahweh, teu Deus,
  que te fiz subir da terra do Egito,
  abre a boca e eu a encherei.

Dt 9,7 ¹²Meu povo não ouviu minha voz,
  Israel não quis obedecer-me;
Jr 3,17;
7,24 ¹³então os entreguei ao seu coração endurecido:
  que sigam seus próprios caminhos!

Is 48,18 ¹⁴Ah! Se meu povo me escutasse,
  se Israel andasse em meus caminhos...
Lv 26,7-8 ¹⁵Eu lhe prostraria os inimigos num momento,
  e contra seus opressores voltaria minha mão.

---

a) Um prelúdio (vv. 2-6) introduz um oráculo divino (cf. Sl 50; 95) no estilo do Dt. A festa das Tendas (cf. Ex 23,14+) comemorava a estada no deserto e a Lei recebida no Sinai. Era a festa por excelência.

b) Festejava-se o primeiro dia do mês lunar, ou "neomênia" (2Rs 4,23; Is 1,13; Os 2,13; Am 8,5). O início do sétimo mês foi durante muito tempo considerado como o primeiro dia do ano (Lv 23,24; Nm 29,1); na lua cheia seguinte era celebrada a festa das Tendas (Lv 23,34; Nm 29,12).

c) Lit.: "Ouço...". Atualização litúrgica. Esta primeira pessoa representa a assembleia de Israel que deve estar à escuta de Deus (cf. vv. 9.12.14).

d) Alusão aos trabalhos forçados impostos a Israel no Egito.

e) Por ocasião da teofania do Sinai.

¹⁶ Os que odeiam Iahweh o adulariam,
e o tempo deles teria passado para sempre.
¹⁷ Eu o alimentaria*ᵃ* com a flor do trigo,
e com mel do rochedo te saciaria."

SALMO 82 (81)
*Contra os príncipes pagãos*ᵇ

¹*Salmo. De Asaf.*

Deus preside, na assembleia divina,   Is 3,13-14
em meio aos deuses ele julga:

² "Até quando julgareis falsamente,*ᶜ*
sustentando a causa dos ímpios?   *Pausa*
³ Protegei o fraco e o órfão,   Ex 23,6 +
fazei justiça ao pobre e ao necessitado,
⁴ libertai o fraco e o indigente,
livrai-os da mão dos ímpios!

⁵ Eles não sabem, não entendem, vagueiam em trevas:
todos os fundamentos da terra se abalam.
⁶ Eu declarei: vós sois deuses,   Sl 58,2 +
todos vós sois filhos do Altíssimo;*ᵈ*   ↗ Jo 10,34
⁷ contudo, morrereis como qualquer homem,
caireis como qualquer, ó príncipes".

⁸ Levanta-te, ó Deus, julga a terra,
pois as nações todas pertencem a ti!

SALMO 83 (82)
*Contra os inimigos de Israel*ᵉ

¹*Salmo. Cântico. De Asaf.*

² Ó Deus, não fiques calado,   Sl 44,24
não fiques mudo e inerte, ó Deus!   50,3; 109,1
³ Eis que teus inimigos se agitam,
os que te odeiam levantam a cabeça.

⁴ Eles tramam um plano contra teu povo,
conspiram contra teus protegidos, ⁵e dizem: Jr 11,19
"Vinde, vamos removê-los do meio das nações,
e o nome de Israel nunca mais será lembrado!"

⁶ Conspiram todos com um só coração,*ᶠ*
fazendo uma aliança contra ti:

---

a) "Eu o alimentaria", conj.; "Ele o alimentaria", hebr.
b) Interpelação dos príncipes e juízes iníquos, numa perspectiva escatológica (vv. 1.5.8).
c) Requisitório frequente nos profetas (Is 1,17s; Jr 5,28; 21,12; 22,3; Ez 22,27.29; Mq 3,1-11; Zc 7,9-10; cf. Jó 29,12; Pr 18,5; 24,11-12).
d) Os príncipes e os juízes são comparados aos "filhos do Altíssimo", membros da corte divina (cf. Jó 1,6+).
Cristo aplica esta passagem, num contexto diferente, aos judeus instruídos pela palavra de Deus.
e) Sem designar nenhuma coligação precisa, o Sl enumera dez inimigos tradicionais de Israel, cuja hostilidade se prolongou até época tardia (cf. 2Cr 20,1s; Ne 2,19; 1Mc 5,3s).
f) "com um só (coração)": *'ehad*, conj.; "(de coração) juntos": *yahdaw*, hebr.

⁷ as tendas de Edom e os ismaelitas,
    Moab e os agarenos,*ª*
⁸ Gebal,*ᵇ* Amon e Amalec,
    a Filisteia com os habitantes de Tiro;
⁹ também Assur*ᶜ* juntou-se a eles,
    tornando-se o braço dos filhos de Ló.   *Pausa*

¹⁰ Faze com eles como a Madiã e Sísara,
    como a Jabin na torrente Quison;
¹¹ foram aniquilados em Endor,
    tornaram-se esterco para a terra.
¹² Trata seus príncipes como Oreb e Zeb,
    como Zebá e Sálmana, todos os seus chefes,
¹³ que diziam: "Tomemos posse dos domínios de Deus!"

¹⁴ Deus meu, trata-os como o acanto que rola,*ᵈ*
    como a palha frente ao vento.
¹⁵ Como o fogo devorando uma floresta,
    e a chama abrasando as montanhas;
¹⁶ persegue-os com a tua tempestade,
    aterra-os com o teu furacão.
¹⁷ Cobre-lhes a face de vergonha,
    para que busquem teu nome, Iahweh!
¹⁸ Fiquem envergonhados e perturbados para sempre,
    sejam confundidos e arruinados:
¹⁹ saberão assim que só tu tens o nome de Iahweh,
    o Altíssimo sobre a terra inteira!

SALMO 84 (83)

*Canto de peregrinação*ᵉ

¹ *Do mestre do coro. Sobre a... de Gat. Dos filhos de Coré. Salmo.*

² Quão amáveis são tuas moradas,
    Iahweh dos Exércitos!
³ Minha alma suspira e desfalece
    pelos átrios de Iahweh;
meu coração e minha carne
    exultam pelo Deus vivo.

⁴ Até o pássaro encontrou uma casa,
    e a andorinha um ninho para si,
onde põe seus filhotes:
   os teus altares, Iahweh dos Exércitos,
    meu Rei e meu Deus!

⁵ Felizes os que habitam em tua casa,
    eles te louvam sem cessar.   *Pausa*
⁶ Felizes os homens cuja força está em ti,
    e que guardam as peregrinações*ᶠ* no coração:

---

a) Filhos de Agar, nômades da Transjordânia.
b) Gebal: aqui é a Gabalena, região da Idumeia ao norte de Petra, e não Biblos como em Ez 27,9.
c) Seja a Assíria, representando talvez a Síria dos selêucidas (cf. Jt 16,3) seja a tribo dos assuritas (Gn 25,3; Nm 24,22+; 2Sm 2,9).
d) Ou o cardo seco, que voa rodopiando.
e) Cântico de Sião, celebrando o hospedeiro divino do Templo, fonte de felicidade e de graça para os peregrinos (vv. 6-8) e para os familiarizados com o santuário (vv. 5.11).
f) "peregrinações", lit.: "subidas", grego; "caminhos", hebr. — Os salmos chamados "graduais" ou das

⁷Ao passar pelo vale do bálsamo*a*
eles o transformam em fonte,
e a primeira chuva o cobre de bênçãos.*b*
⁸Eles caminham de terraço em terraço,
e Deus lhes aparece em Sião.*c*

⁹Iahweh, Deus dos Exércitos, ouve minha súplica,
dá ouvidos, ó Deus de Jacó; *Pausa*
¹⁰vê o nosso escudo, ó Deus,
olha a face do teu messias.*d*

¹¹Sim, vale mais um dia em teus átrios
que milhares a meu modo,*e*
ficar no umbral da casa do meu Deus
que habitar nas tendas do ímpio.

¹²Porque Iahweh é sol e escudo,
Deus concede graça e glória;
Iahweh não recusa nenhum bem
aos que andam na integridade.

¹³Iahweh dos Exércitos,
feliz o homem que em ti confia!

Ez 34,26
Jl 2,23

Sl 15,2;
119,1

SALMO 85 (84)

*Oração pela paz e pela justiça*f*

¹*Do mestre de canto. Dos filhos de Coré. Salmo.*

²Favoreceste, Iahweh, a tua terra,
fizeste voltar os cativos de Jacó;
³descarregaste a falta do teu povo,
encobriste todo seu pecado; *Pausa*
⁴renunciaste ao teu furor,
refreaste o ardor da tua ira.

⁵Faze-nos voltar, ó Deus salvador nosso,
renuncia ao teu rancor contra nós!
⁶Ficarás irado conosco para sempre,
de geração em geração prolongando tua ira?

⁷Não voltarás para nos vivificar,
e para teu povo se alegrar contigo?
⁸Mostra-nos, Iahweh, teu amor
e concede-nos tua salvação.

Sl 126
Sb 12,3.7

Sl 78,38 +

Sl 80,4

Sl 79,5 +

Is 43,4;
49,14s;
54,7s

"*subidas*" (Sl 120s) eram cantados pelos peregrinos durante a caminhada.

a) Em 7 mss e nas versões, "vale dos choros" (ao ouvido, as duas palavras são idênticas; cf. Jz 2,5). A "balsameira" (ou "árvore que chora") deve ser aqui a amoreira (cf. 2Sm 5,23-24). O "Vale da Amoreira", ao norte do vale de Enom (Geena), era a última etapa da peregrinação, na encruzilhada das estradas que vinham do norte, do oeste e do sul (cf. 2Sm 5,17-25).

b) Texto incerto; grego: "o legislador dará bênçãos". Pode-se corrigir para ler: "o guia gritará bênçãos". Nós seguimos o texto hebr. A alusão à primeira chuva de outono permitiria referir o Sl à festa das Tendas (Ex 23,14+).

c) "de terraço em terraço" pode-se também traduzir: "de altura em altura", "de apoio em apoio", ou (Targ.) "de muralha em muralha". — "lhes": '*Alêhem*, conj.; "(Deus) dos deuses": '*elohîm*, hebr.

d) Aqui o "ungido" ou "messias" é provavelmente o sumo sacerdote, chefe da comunidade após o Exílio.

e) "a meu modo", lit.: "em minha liberdade" (*beherutî*), conj.; "escolhi" (*bahartî*), hebr.

f) Este Sl promete aos repatriados a paz messiânica anunciada por Isaías e Zacarias.

⁹ Ouvirei o que Iahweh Deus diz,
porque ele fala de paz
ao seu povo e seus fiéis,
para que não voltem à insensatez.
¹⁰ Sua salvação está próxima dos que o temem,
e a Glória habitará nossa terra.ᵃ

¹¹ Amor e Verdade se encontram,
Justiça e Paz se abraçam;ᵇ
¹² da terra germinará a Verdade,
e a Justiça se inclinará do céu.

¹³ O próprio Iahweh dará a felicidade,
e nossa terra dará seu fruto.
¹⁴ A Justiça caminhará à sua frente,
e com seus passos traçará um caminho.ᶜ

SALMO 86 (85)

*Súplica na provação*ᵈ

¹ *Oração. De Davi.*

Inclina teu ouvido, Iahweh, responde-me,
pois eu sou pobre e indigente!
² Guarda-me, porque sou teu fiel,
salva teu servo que em ti confia!

Tu és o meu Deus,ᵉ ³ tem piedade de mim, Senhor,
pois é a ti que eu invoco todo o dia!
⁴ Alegra a vida do teu servo,
pois é a ti, Senhor, que eu me elevo!

⁵ Tu és bom e perdoas, Senhor,
és cheio de amor com todos os que te invocam.
⁶ Iahweh, atende à minha prece,
considera minha voz suplicante!

⁷ Eu grito a ti no dia da angústia,
pois tu me respondes, Senhor!
⁸ Entre os deuses não há outro como tu,
nada que se iguale às tuas obras!

⁹ Todas as nações que fizeste virão adorar-te
e dar glória ao teu nome, Senhor,
¹⁰ pois tu és grande e fazes maravilhas,
tu és Deus, tu és o único.

¹¹ Ensina-me teus caminhos, Iahweh,
e caminharei segundo tua verdade;
unifica meu coração para temer o teu nome.

---

a) A Glória de Iahweh (Ex 24,16+), que deixara o Templo e a cidade santa (Ez 11,23), voltará ao Templo restaurado (Ez 43,2; Ag 2,9).
b) Os atributos divinos, personificados, vêm instaurar o reino de Deus sobre a terra e no coração dos homens.
c) A justiça divina abre o caminho: ela é a condição da paz e da felicidade.
d) Composição helenística sem grande unidade literária, refletindo o estado de ânimo de judeus devotos, precursores dos assideus da época macabaica.
e) "que em ti confia! Tu és o meu Deus", conj.; "Tu és o meu Deus que em ti confia", hebr.

¹²Eu te agradeço de todo o coração, Senhor meu Deus,
  darei glória ao teu nome para sempre,
¹³pois é grande o teu amor para comigo: Sl 88,7
  tiraste-me das profundezas do Xeol.

¹⁴Ó Deus, os soberbos se levantam contra mim, = Sl 54,5
  um bando de violentos persegue minha vida,
  à sua frente não há lugar para ti.

¹⁵Tu, Senhor, Deus de piedade e compaixão, = Ex 34,6 +
  lento para a cólera, cheio de amor e fidelidade, Sl 103,8; 145,8
¹⁶volta-te para mim, tem piedade de mim! = Sl 25,16
  Sl 116,16

Concede tua força ao teu servo,
e tua salvação ao filho de tua serva:
¹⁷realiza um sinal de bondade para mim!
  Meus inimigos verão e ficarão envergonhados,
  pois tu, Iahweh, me socorres e consolas.

SALMO 87 (86)

Sião, mãe dos povos[a]

2Sm 5,9 +
Sl 48; 46,5
Is 2,2-3
Sl 76,3

¹*Dos filhos de Coré. Salmo. Cântico.*

Fundada sobre as montanhas sagradas,
²Iahweh ama Sl 78,68
  as portas de Sião Zc 2,14
mais que todas as moradas de Jacó.

³Ele conta[b] glórias de ti,
  ó cidade de Deus: *Pausa*

⁴"Eu recordo Raab e Babilônia Is 62,4-5
  entre os que me conhecem; ↗ Gl 4,26
eis a Filisteia, Tiro e Etiópia, ↗ Ef 5,22-23
  onde tal homem nasceu".

⁵Mas de Sião será dito:
  "Todo homem ali nasceu"[c]
e foi o Altíssimo que a firmou.

⁶Iahweh inscreve os povos no registro:[d] Is 4,3
  "Este homem ali nasceu", Ez 13,9
⁷tanto os príncipes, como os filhos, *Pausa*
  todos têm sua morada em ti.[e]

---

a) A sagrada Sião, cidade de Deus (2Sm 5,9+), deve tornar-se a capital espiritual e a mãe de todos os povos. Todos os vizinhos pagãos de Israel: Egito ("Raab"), Etiópia, Síria-Palestina, Mesopotâmia, são chamados a conhecer o Deus verdadeiro e a fornecer-lhe prosélitos. Tal é a vontade de Iahweh, que exprime um oráculo (vv. 4-5). O Sl inspira-se em Isaías e Zacarias. Isaías anunciava já este papel maternal de Sião, esposa fecunda de Iahweh, papel que a torna figura da Igreja.

b) "ele conta", lit.: "ele fala", conj.; "é falado", hebr.
c) Os pagãos são adotados por Sião, que se torna sua verdadeira pátria.
d) Trata-se da lista dos cidadãos (Is 4,3; Ez 13,9), mais do que do livro apocalíptico dos destinos (Sl 69,29). Os pagãos inscritos tornam-se, portanto, cidadãos de Sião.
e) "os príncipes", mss, versões; "os cantores", TM (confusão de duas letras quase idênticas). — "todos têm sua morada", grego; "todas as minhas fontes (es-

SALMO 88 (87)

Súplica do fundo da angústia[a]

¹Cântico. Salmo. Dos filhos de Coré. Do mestre de canto. Para a doença. Para a aflição. Poema. De Emã, o indígena.

²Iahweh, meu Deus salvador,
de noite eu grito a ti:
³que minha prece chegue a ti,
inclina teu ouvido ao meu grito.

Jó 10,15; 17,1

⁴Pois minha alma está cheia de males
e minha vida está à beira do Xeol;

Nm 16,33 + Sl 143,7

⁵sou visto como os que baixam à cova,
tornei-me homem sem forças;

Sl 31,16 Sb 3,1

⁶despedido[b] entre os mortos,
como as vítimas
que jazem no sepulcro,
das quais já não te lembras
porque foram separadas de tua mão.

⁷Puseste-me no fundo da cova,
em meio a trevas nos abismos;

Sl 42,8 Sl 18,5 +

⁸tua cólera pesa sobre mim,
tu derramas tuas vagas todas.   *Pausa*

Sl 38,12 + Sl 142,8 Lm 3,7

⁹Afastaste de mim meus conhecidos,
tornaste-me repugnante a eles:
estou fechado e não posso sair,
¹⁰com a miséria meu olho desgastou-se.
Iahweh, eu te invoco todo o dia,
estendendo as mãos para ti:

Sl 6,6 + Is 38,18 +

¹¹"Realizas maravilhas pelos mortos?
As sombras se levantam para te louvar?   *Pausa*
¹²Falam do teu amor nas sepulturas,
da tua fidelidade no lugar da perdição?[c]
¹³Conhecem tuas maravilhas na treva,
e tua justiça na terra do esquecimento?"

¹⁴Quanto a mim, Iahweh, eu grito a ti,
minha prece chega a ti pela manhã;
¹⁵por que me rejeitas, Iahweh,
e escondes tua face longe de mim?

¹⁶Sou infeliz e moribundo desde a infância,
sofri teus horrores, estou esgotado;[d]
¹⁷passaram sobre mim teus furores,
teus terrores me deixaram aniquilado.[e]

---

tão em ti)", hebr. (mal vocalizado). — Deus inscreve os príncipes estrangeiros na qualidade de filhos (lit.: "gerados") de Sião.
a) Comparar as lamentações de Jó com esta prece angustiada.
b) Ou "liberto" (grego); no túmulo, o servo está liberto do seu senhor (cf. Jó 3,19). O mesmo acontece com o pobre aflito: ele não tem mais relações com Deus.

c) Em hebr. "abaddôn" (Jó 26,6; 28,22; Pr 15,11; Ap 9,11).
d) "estou esgotado": '*apugah*, conj. (cf. Sl 77,3); '*apunah*, hebr., ininteligível.
e) "me deixaram aniquilado": *çimmetûni*, conj.; *çimmetûtûnî*, hebr., ininteligível. — Estes dois erros são provavelmente retoques, visando a abrandar texto chocante por seu pessimismo.

ⁱ⁸Eles me cercam como água todo o dia,
envolvem-me todos juntos de uma vez.
¹⁹Tu afastas de mim meus parentes e amigos,
a treva é a minha companhia.

Jó 17,13-14

SALMO 89 (88)
*Hino e prece ao Deus fiel*ᵃ

¹*Poema. De Etã, o indígina.*   Sl 88,1

²Cantarei para sempre o amor de Iahweh,
minha boca anunciará tua verdade de geração em geração,
³pois disseste: o amor está edificado para sempre,
firmaste a tua verdade no céu.

⁴"Fiz uma aliança com meu eleito,   2Sm 7,
eu jurei ao meu servo Davi: 8-16 +
⁵estabeleci tua descendência para sempre,
de geração em geração construí um trono para ti".   *Pausa*
⁶O céu celebra a tua maravilha, Iahweh,
por tua verdade, na assembleia dos santos.   Jó 5,1 +
⁷E quem, sobre as nuvens, é como Iahweh?   Sl 29,1;
Dentre os filhos dos deuses, quem é como Iahweh?   82,1
⁸Deus é terrível no conselho dos santos,ᵇ   Jó 1,6 +
grandeᶜ e terrível com todos os que o cercam.
⁹Iahweh, Deus dos Exércitos, quem é como tu?
És poderoso, Iahweh, e tua verdade te envolve!   Sl 86,8 +

¹⁰És tu que dominas o orgulho do mar,
quando suas ondas se elevam, tu as amansas;   Jó 7,12 +
¹¹esmagaste Raabᵈ como um cadáver,   Sl 65,8 +
dispersaste teus inimigos com teu braço poderoso.

¹²Teu é o céu, e a terra te pertence,
fundaste o mundo e o que nele existe;   Sl 24,1-2
¹³o norte e o meio-dia, tu os criaste,
Tabor e Hermon aclamam o teu nome.

¹⁴Tens braço poderoso,
tua mão é forte, e tua direita elevada;
¹⁵Justiça e Direito são a base do teu trono,   Sl 85,11;
Amor e Verdade precedem a tua face.   97,2
    Ex 34,6-7

¹⁶Feliz o povo que sabe aclamar:
ele caminha à luz de tua face, Iahweh,   Sl 47,1 +
¹⁷exulta todo o dia com teu nome,
e se exalta com tua justiça.

¹⁸Sim, tu és o esplendor de sua força,
com teu favor tu nos levantas a fronte;

---

a) O prelúdio (vv. 2-3), seguido da lembrança da aliança davídica (vv. 4-5) e de hino ao Criador (vv. 6-19), introduz oráculo messiânico (vv. 20-38) e, em contraste, a evocação das humilhações nacionais (vv. 39-46), concluída por uma prece (vv. 47-52). Os dois termos "amor" e "verdade" formaram o motivo condutor do Sl.

b) "filhos dos deuses" e "santos" designam aqui os anjos, ver Gn 6,1+.
c) "grande", grego; o hebr. une "grande" a "conselho".
d) Nome de monstro mítico que personifica o caos marinho (cf. Jó 7,12+); algumas vezes o termo designa também o Egito (Sl 87,4, cf. Is 30,7+).

SALMOS 89

¹⁹ pois o nosso escudo pertence a Iahweh,
o nosso rei pertence ao Santo de Israel.

²⁰ Outrora falaste numa visão,
dizendo aos teus fiéis:*a*
"Prestei auxílio a um bravo,
exaltei um eleito dentre o povo.

²¹ Encontrei o meu servo Davi
e o ungi com meu óleo santo;
²² é a ele que minha mão estabeleceu,
e meu braço ainda mais o fortificou.

²³ O inimigo não poderá enganá-lo,
nem o perverso humilhá-lo;
²⁴ diante dele esmagarei seus opressores
e ferirei os que o odeiam.

²⁵ Estará com ele minha verdade e meu amor,
e por meu nome seu vigor se exaltará;
²⁶ colocarei sua mão sobre o mar,
e sua direita sobre os rios.

²⁷ Ele me invocará: Tu és meu pai,
meu Deus e meu rochedo salvador!
²⁸ Eu o tornarei meu primogênito,
o altíssimo sobre os reis da terra.

²⁹ Para sempre lhe manterei meu amor,
e minha aliança com ele será firme;
³⁰ estabelecerei sua descendência para sempre,
e seu trono como os dias do céu.

³¹ Se seus filhos abandonarem minha lei
e não andarem conforme as minhas normas,
³² se profanarem meus estatutos
e não guardarem meus mandamentos,
³³ eu punirei sua revolta com vara,
sua falta com golpes,
³⁴ mas sem dele retirar*b* meu amor,
sem desmentir minha verdade.

³⁵ Jamais profanarei minha aliança,
nem mudarei o que saiu da minha boca;
³⁶ por minha santidade jurei uma vez:
jamais mentirei a Davi!

³⁷ Sua descendência será perpétua,
e seu trono é como o sol à minha frente,
³⁸ é como a lua, firmada para sempre,
verdadeiro testemunho nas nuvens".

Pausa

³⁹ Tu, porém, rejeitaste e desprezaste,
ficaste indignado com teu ungido,*c*
⁴⁰ renegaste a aliança do teu servo,
até o chão profanaste sua coroa.

---

a) Samuel e Natã.
b) "retirar", 13 mss, sir., Vulg.; "romper", TM.
c) O termo designa aqui toda a dinastia davídica.

⁴¹ Fizeste brechas em seus muros todos,   Sl 80,13-14
e arruinaste suas fortalezas;
⁴² todos os que passavam no caminho o pilharam,
tornou-se opróbrio para seus vizinhos.

⁴³ Exaltaste a direita dos seus opressores,
alegraste seus inimigos todos;
⁴⁴ quebraste sua espada contra a rocha,^{a}
não o sustentaste no combate.

⁴⁵ Removeste seu cetro de esplendor^b
e derrubaste seu trono por terra;
⁴⁶ encurtaste os dias da sua juventude
e o cobriste de vergonha.   *Pausa*

⁴⁷ Até quando te esconderás, ó Iahweh? Até o fim?   = Sl 79,5
Vai arder como fogo tua cólera?
⁴⁸ Lembra-te de mim: quanto dura a vida?   Sl 39,5
Para qual vazio criaste os filhos de Adão?
⁴⁹ Quem viverá sem ver a morte,   Sl 90,3s
para tirar sua vida das garras do Xeol?   *Pausa*

⁵⁰ Onde estão as primícias do teu amor, ó Senhor?
Juraste a Davi pela tua verdade.
⁵¹ Lembra-te, Senhor, do opróbrio do teu servo,
levo em meu seio todas as afrontas dos povos;
⁵² Iahweh, teus inimigos ultrajaram,
ultrajaram as pegadas do teu ungido!

⁵³ Bendito seja Iahweh para sempre!   = Sl 106,48
Amém! Amém!^{c}

SALMO 90 (89)

Fragilidade do homem^d

¹ *Súplica. De Moisés, homem de Deus.^{e}*

Senhor, foste para nós um refúgio^f
de geração em geração.

² Antes que os montes tivessem nascido   Gn 1,1
e fossem gerados a terra e o mundo,   Pr 8,25
desde sempre e para sempre tu és Deus.   Hab 1,12
    Sl 93,2

³ Fazes o mortal voltar ao pó,   Gn 3,19 +
dizendo: "Voltai, filhos de Adão!"
⁴ Pois mil anos são aos teus olhos   2Pd 3,8
como o dia de ontem que passou
uma vigília dentro da noite!

---

a) "quebraste... contra a rocha" *sha'apta baççûr*, conj.; "fizeste até recuar o corte (da sua espada)": *'ap tashîb çur*, hebr.
b) "seu cetro de esplendor": *matteh hodô*, conj.; "de seu brilho" (?): *mitteharô*, hebr.
c) Doxologia que encerra o terceiro livro do Saltério.
d) Prece de sábio penetrado pelas Escrituras (alusões a Gn, Jó, Dt), meditando sobre a fraqueza humana e a brevidade da vida encurtada pelo pecado.
e) Este Sl é o único atribuído a Moisés, talvez por causa de seus contatos com Gn e Dt 32.
f) "refúgio", grego; "morada", hebr.

⁵ Tu os inundas com sono,
eles são como erva que brota de manhã:
⁶ de manhã ela germina e brota,
de tarde ela murcha e seca.

⁷ Sim, somos consumidos, por tua ira,
ficamos transtornados com teu furor.
⁸ Colocaste nossas faltas à tua frente,
nossos segredos sob a luz da tua face.

⁹ Nossos dias todos passam sob tua cólera,
como um suspiro[a] consumimos nossos anos.
¹⁰ Setenta anos é o tempo da nossa vida,
oitenta anos, se ela for vigorosa;
e a maior parte deles é fadiga e mesquinhez,
pois passam depressa, e nós voamos.

¹¹ Quem conhece a força de tua ira,
e temendo-te, conhece teu furor?

¹² Ensina-nos a contar nossos dias,
para que tenhamos coração sábio![b]
¹³ Volta, Iahweh! Até quando?
Tem piedade dos teus servos![c]

¹⁴ Sacia-nos com teu amor pela manhã,
e, alegres, exultaremos nossos dias todos.
¹⁵ Alegra-nos pelos dias em que nos castigaste
e os anos em que vimos a desgraça.

¹⁶ Que tua obra se manifeste aos teus servos,
e teu esplendor esteja sobre seus filhos!
¹⁷ Que a bondade do Senhor esteja sobre nós!
Confirma a obra de nossas mãos![d]

SALMO 91 (90)

Sob as asas divinas.[e]

¹ Quem habita na proteção do Altíssimo
pernoita à sombra de Shaddai,[f]
² dizendo[g] a Iahweh:
Meu abrigo, minha fortaleza,
meu Deus, em quem confio!

³ É ele quem te livra do laço
do caçador que se ocupa[h] em destruir;

---

a) O sir. compreendeu "como uma aranha", que o grego e a Vulg. acrescentam.
b) Do conhecimento da fragilidade humana provém a sabedoria, que é o temor de Deus (Pr 1,7+).
c) Os vv. 14-17 estendem a todo Israel a meditação e a prece cujo objeto era um indivíduo.
d) O hebr. acrescenta "nosso Deus" após "Senhor" e, no fim, "sobre nós e confirma a obra de nossas mãos", duplicata.
e) Este Sl desenvolve o ensinamento tradicional dos Sábios (cf. Jó 5,9s) sobre a proteção divina concedida ao justo. O oráculo divino que o encerra (vv. 14-16) supõe que o fiel conhecerá a provação, mas que Deus o libertará dela.
f) A estrofe justapõe quatro nomes divinos: *'Elyôn* (o "Altíssimo"), *Shadday* (cf. Gn 17,1+), que o grego e a Vulg. traduzem aqui por "Deus do céu" e, noutros lugares, "Onipotente", *Yahweh* (cf. Ex 3,14+) e *Elohîm* (Deus).
g) "dizendo", versões; "digo", hebr.
h) "que se ocupa": *medabber*, hebr.; "da peste": *middeber*, hebr.

⁴ele te esconde com suas penas,
sob suas asas encontras abrigo.
Sua fidelidade é escudo e couraça.

⁵Não temerás o terror da noite
nem a flecha que voa de dia,
⁶nem a peste que caminha na treva,
nem a epidemia que devasta ao meio-dia.ᵃ

⁷Caiam mil ao teu lado
e dez mil à tua direita,
a ti nada atingirá.

⁸Basta que olhes com teus olhos,
para ver o salário dos ímpios,
⁹tu, que dizes: Iahweh é o meu abrigo,
e fazes do Altíssimo teu refúgio.ᵇ

¹⁰A desgraça jamais te atingirá
e praga nenhuma chegará à tua tenda:
¹¹pois em teu favor ele ordenou aos seus anjos
que te guardem em teus caminhos todos.

¹²Eles te levarão em suas mãos,
para que teus pés não tropecem numa pedra;
¹³poderás caminhar sobre o leãoᶜ e a víbora,
pisarás o leãozinho e o dragão.

¹⁴Porque a mim se apegou, eu o livrarei,
protegê-lo-ei, pois conhece o meu nome.

¹⁵Ele me invocará e eu responderei:
"Na angústia estarei com ele,
livrá-lo-ei e o glorificarei;
¹⁶saciá-lo-ei com longos dias
e lhe mostrarei a minha salvação".

SALMO 92 (91)

Cântico do justoᵈ

¹Salmo. Cântico. Para o dia de sábado.

²É bom celebrar a Iahweh
e tocar ao teu nome, ó Altíssimo;
³anunciar pela manhã teu amor
e tua fidelidade pelas noites;
⁴com a lira de dez cordas e a cítara,
e as vibrações da harpa.

⁵Pois tu me alegras com teus atos, Iahweh,
eu exulto com as obras de tuas mãos:
⁶"Quão grandes são tuas obras, ó Iahweh,
e quão profundos teus projetos!"
⁷O imbecil nada compreende,
disso nada entende o idiota.

---

a) As versões traduzem: "do demônio do meio-dia".
b) "tu que dizes": 'amarta, conj.; "tu": 'atta, hebr. — "refúgio", grego; "morada", hebr.
c) Trad. incerta. Grego e sir. trazem "áspide".

d) Hino didático que desenvolve a doutrina tradicional dos Sábios: destino feliz dos justos e ruína dos ímpios (cf. Sl 37; 49 etc.).

^{Sl 37,35-36}   ⁸Ainda que os ímpios brotem como erva,
e todos os malfeitores floresçam,
eles serão para sempre destruídos,
⁹e tu, Iahweh, tu és elevado para sempre!

Sl 68,2-3   ¹⁰Eis*a* que teus inimigos perecem,
e os malfeitores todos se dispersam;
Sl 75,11
Dt 33,17
Sl 23,5
Sl 54,9;
91,8
¹¹tu me dás o vigor de um touro
e espalhas*b* óleo novo sobre mim.
¹²meu olho vê aqueles que me espreitam,*c*
meus ouvidos escutam os malfeitores.

Sl 1,3   ¹³O justo brota como a palmeira,
cresce como o cedro do Líbano.
Sl 52,10   ¹⁴Plantados na casa de Iahweh,
brotam nos átrios do nosso Deus.

¹⁵Dão fruto mesmo na velhice,
são cheios de seiva e verdejantes,
Dt 32,4   ¹⁶para anunciar que Iahweh é reto;
meu Rochedo, nele não há injustiça.

SALMO 93 (92)

O Deus majestoso^d

Sl 97,1; 99,1
Sl 47,8;
96,10
Is 52,7
= Sl 96,10;
104,5
¹Iahweh é rei, vestido de majestade,
Iahweh está vestido, envolto em poder.
Sim, o mundo está firme, jamais tremerá.

Sl 90,2   ²Teu trono está firme desde a origem,*e*
e desde sempre tu existes.

Jó 7,12 +
Sl 18,5 +
³Levantam os rios, Iahweh,
levantam os rios sua voz,
levantam os rios seu rumor;

⁴mais que o estrondo das águas torrenciais,
mais imponente que a ressaca*f* do mar,
é imponente Iahweh, nas alturas.

1Rs 9,3   ⁵Teu testemunho*g* é inteiramente verídico,
a santidade é o adorno de tua casa,*h*
por dias sem fim, ó Iahweh!

---

a) No início do v., o hebr. acrescenta: "Porque eis teus inimigos, Iahweh", duplicata.
b) "espalhas", lit.: "tu me molhas", sir., Targ.; "eu molho", hebr.
c) "aqueles que me espreitam": *beshoreray*, versões; *beshûray*: hebr., é erro e foi glosado a seguir pelo termo "meus adversários".
d) A realeza de Iahweh, manifestada pelas leis que ele impõe ao mundo físico e pela Lei que ele dá aos homens. Conforme o título do grego e do Talmud, este Sl era recitado "na vigília do sábado, quando a terra se tornou habitada" (cf. Gn 1,24-31). É aplicado alegoricamente a Cristo.

e) O céu é o palácio de Deus (Sl 8,3 etc.). As águas (vv. 3-4) poderiam designar as forças hostis a Deus e ao seu povo (cf. Sl 18,5+; Jó 7,12+; Is 8,7; 17,12; Dn 7,2; Ap 17,15).
f) "mais imponente que a ressaca", conj.; "imponente, a ressaca", hebr.
g) Estas ordens divinas (no plural no hebr.) constituem a Lei revelada, tão imutável quanto o universo físico, fundamento do reino definitivo de Iahweh em Israel, assim como na criação.
h) O Templo, consagrado para sempre (1Rs 8,13; 9,3) e que consagra os que nele se aproximam do Deus santo (Ex 19,6+; Lv 10,3; 19,2; Ez 42,14).

SALMO 94 (93)
O Deus justo[a]

¹ Iahweh, Deus das vinganças,
aparece, Deus das vinganças!
² Levanta-te, ó juiz da terra,
devolve o merecido aos soberbos!

³ Até quando os ímpios, Iahweh,
até quando os ímpios exultarão?
⁴ Eles transbordam em palavras insolentes,
todos os malfeitores se gabam!

⁵ É teu povo, Iahweh, que eles massacram,
é tua herança que eles humilham;
⁶ matam a viúva e o estrangeiro
e assassinam os órfãos.

⁷ E pensam: "Iahweh nada vê,
o Deus de Jacó nem percebe..."
⁸ Percebei vós, ó imbecis consumados,
idiotas, quando entendereis?

⁹ Quem plantou o ouvido não ouvirá?
Quem formou o olho não olhará?
¹⁰ Quem educa as nações não punirá?
Ele ensina ao homem o conhecimento:
¹¹ Iahweh conhece os pensamentos do homem,
e que são apenas um sopro.[b]

¹² Feliz o homem a quem corriges, Iahweh,
e a quem ensinas por meio de tua lei,[c]
¹³ dando-lhe descanso nos dias maus,
até que abram uma cova para o ímpio.

¹⁴ Pois Iahweh não rejeita seu povo,
jamais abandona sua herança,
¹⁵ até que o julgamento se converta em justiça
e todos os corações retos o sigam.

¹⁶ Quem se levanta por mim contra os maus?
Quem enfrenta por mim os malfeitores?
¹⁷ Se Iahweh não viesse em meu socorro,
em breve eu habitaria o silêncio.[d]

¹⁸ Quando digo: "Meu pé tropeçará",
o teu amor, Iahweh, me sustenta;
¹⁹ quando as preocupações se multiplicam em mim,
as tuas consolações me deleitam.

²⁰ Estás aliado a um tribunal criminoso
que erige a desordem como lei?
²¹ Eles atacam a vida do justo,
declaram culpado o sangue do inocente.

---

a) Este Sl exprime a doutrina tradicional dos Sábios, no estilo do livro dos Provérbios.
b) É o termo favorito do Eclesiastes. — Este v. talvez tenha sido acrescentado para comentar o estíquio precedente.
c) No sentido lato de revelação e de doutrina moral.
d) Isto é, no Xeol.

²² Mas Iahweh é fortaleza para mim,
meu Deus é a rocha em que me abrigo;
²³ ele fará sua iniquidade recair sobre eles
e os destruirá por sua própria maldade.
Iahweh nosso Deus os destruirá!

SALMO 95 (94)

Invitatório^a

¹ Vinde, exultemos em Iahweh,
aclamemos o Rochedo^b que nos salva;
² entremos com louvor em sua presença,
vamos aclamá-lo com músicas.

³ Porque Iahweh é Deus grande,
o grande rei sobre todos os deuses;

⁴ ele tem nas mãos as profundezas da terra,
e dele são os cumes das montanhas;
⁵ é dele o mar, pois foi ele quem o fez,
e a terra firme, que plasmaram suas mãos.

⁶ Entrai, prostrai-vos e inclinai-vos,
de joelhos, frente a Iahweh que nos fez!
⁷ Sim, é ele o nosso Deus
e nós o povo do seu pasto,
o rebanho de sua mão.

Oxalá ouvísseis hoje a sua voz!
⁸ "Não endureçais vossos corações como em Meriba,
como no dia de Massa, no deserto,^c
⁹ quando vossos pais me provocaram
e tentaram, mesmo vendo as minhas obras.

¹⁰ Quarenta anos esta geração me desgostou,
e eu disse: Sempre os corações errantes,^d
que não conhecem meus caminhos...
¹¹ Então eu jurei na minha ira:
jamais entrarão no meu repouso!"^e

SALMO 96 (95)

Iahweh, rei e juiz^f

¹ Cantai a Iahweh um cântico novo!
Terra inteira, cantai a Iahweh!
² Cantai a Iahweh, bendizei o seu nome!

---

a) Hino processional, recitado talvez na festa das Tendas (cf. Dt 31,11).
b) Alusão, retomada no v. 8, ao rochedo de onde jorrou a água no deserto (Ex 17,1s), ou ao rochedo sobre o qual o Templo fora construído (2Sm 24,18).
c) Meriba significa "disputa" e Massa "tentação".
d) "esta geração", versões; "uma geração", hebr. — "sempre": ʿad, 1 ms e o grego; "povo de (corações errantes)": ʿam, hebr. — O grego conservou as leituras primitivas, corrigidas no hebr. para abrandar a acusação contra o Israel do tempo do Êxodo, tempo de que a tradição ulterior fez uma era de ouro.
e) A Terra Prometida e o Templo em que Deus reside. Em Hb 3,7 o repouso é interpretado em sentido espiritual: ele será o sábado definitivo.
f) Este hino, que talvez reúna dois poemas, celebrando a realeza divina e a vinda do Juiz do mundo, é feito de reminiscências de Salmos e de Isaías. — Na recensão de 1Cr 16,23-33 a ordem é diferente.

Proclamai sua salvação, dia após dia,
³ anunciai sua glória por entre as nações,   Sl 105,1
pelos povos todos as suas maravilhas!

⁴ Pois Iahweh é grande, e muito louvável,   = Sl 48,2; 145,3
mais terrível que todos os deuses!
⁵ Os deuses dos povos[a] são todos vazios.   Is 40,17-20; Sl 97,7; 1Cor 8,4-6

Foi Iahweh quem fez os céus!
⁶ À sua frente há majestade e esplendor,
poder e beleza no seu santuário!

⁷ Tributai a Iahweh, ó famílias dos povos,   = Sl 29,1-2
tributai a Iahweh glória e poder,
⁸ tributai a Iahweh a glória do seu nome.[b]

Trazei a oblação e entrai em seus átrios,
⁹ adorai Iahweh no seu santo esplendor,   Sl 29,2
terra inteira, tremei em sua frente!

¹⁰ Dizei entre as nações: "Iahweh é Rei!   Sl 93,1 + = Sl 93,1
O mundo está firme, jamais tremerá.
Ele governa os povos com retidão".

¹¹ Que o céu se alegre! Que a terra exulte!   = Sl 98,7
Estronde o mar, e o que ele contém!
¹² Que o campo exulte, e o que nele existe!   Is 55,12
As árvores da selva gritem de alegria,

¹³ diante de Iahweh, pois ele vem,   = Sl 98,9
pois ele vem para julgar a terra:
ele julgará o mundo com justiça,
e as nações com sua verdade.

SALMO 97 (96)

Iahweh triunfante[c]

¹ Iahweh é rei! Que a terra exulte,   Sl 93,1 +
as ilhas numerosas fiquem alegres!
² Envolvem-no Trevas e Nuvens,   Sl 85,11 +
Justiça e Direito sustentam seu trono.

³ À frente dele avança o fogo,   = Sl 18,9; 50,3
devorando seus adversários ao redor;
⁴ seus relâmpagos iluminam o mundo   = Sl 77,19
e, vendo-os, a terra estremece.

⁵ As montanhas se derretem como cera[d]   Sl 68,3
frente ao Senhor da terra inteira;
⁶ o céu proclama sua justiça   = Sl 50,6
e os povos todos veem sua glória.

---

a) O grego traduz aqui "os demônios". — Tema frequente no segundo Isaías (Is 40,18s etc. Cf. 1Cor 8,4+).
b) O poeta faz um plágio do Sl 29,1-2, acentuando-lhe o tom universalista (cf. Sl 47,10; Zc 14,17).

c) Hino escatológico. Nele se encontram numerosas reminiscências de Salmos anteriores.
d) O hebr. acrescenta "frente a Iahweh", duplicata.

⁷ Os escravos de ídolos se envergonham,
aqueles que se gabam dos vazios:
à sua frente todos os deuses se prostram.

⁸ Sião ouve e se alegra,
e as filhas de Judá[a] exultam
por teus julgamentos, ó Iahweh.

⁹ Sim, pois tu és Iahweh,
o Altíssimo sobre a terra inteira,
mais elevado que todos os deuses.

¹⁰ Iahweh ama quem detesta[b] o mal,
ele guarda a vida dos seus fiéis
e da mão dos ímpios os liberta.

¹¹ A luz se levanta[c] para o justo,
e a alegria para os corações retos.
¹² Ó justos, alegrai-vos com Iahweh
e celebrai sua memória sagrada!

SALMO 98 (97)
O juiz da terra[d]

¹*Salmo*.

Cantai a Iahweh um cântico novo,
pois ele fez maravilhas,
a salvação lhe veio de sua direita,
de seu braço santíssimo.

² Iahweh fez conhecer sua vitória,
revelou sua justiça aos olhos das nações:
³ lembrou-se do seu amor e fidelidade
em favor da casa de Israel.

Os confins da terra contemplaram
a salvação do nosso Deus.
⁴ Aclamai a Iahweh, terra inteira,
dai gritos de alegria![e]

⁵ Tocai para Iahweh com a harpa[f]
e o som dos instrumentos;
⁶ com trombetas e o som da corneta[g]
aclamai ao rei Iahweh!

⁷ Estronde o mar e o que ele contém,
o mundo e os seus habitantes;
⁸ batam palmas os rios todos
e as montanhas gritem de alegria

---

a) Isto é, as cidades da região.
b) "Iahweh ama quem detesta", conj., cf. sir.; "Vós que amais a Iahweh, detestai", hebr.
c) "se levanta", versões; "é semeada", hebr.
d) Hino escatológico, inspirado no fim do livro de Isaías e muito próximo ao Sl 96.
e) O hebr. acrescenta "e tocai", duplicata.
f) O hebr. repete "com a harpa".
g) Estes toques, que acompanhavam em Israel a vinda dos reis (2Sm 15,10; 1Rs 1,34), acompanham a entronização de Iahweh (Sl 47,6), para quem eles haviam ressoado no Sinai (Ex 19,16).

⁹diante de Iahweh, pois ele vem
  para julgar a terra:
 ele julgará o mundo com justiça
  e os povos com retidão!

SALMO 99 (98)

*Deus é rei justo e santo*ᵃ

¹Iahweh é rei: os povos estremecem!
 Ele se assenta em querubins: a terra se abala!
²Iahweh é grande em Sião.

 Ele é excelso sobre os povos todos;
³que celebrem teu nome, grande e terrível:
 ele é Santo e ⁴poderoso.ᵇ

Tu és o rei que ama o julgamento;
Fundaste o direito, o julgamento e a justiça,
 em Jacó, és tu que ajes.

⁵Exaltai Iahweh nosso Deus
  e prostrai-vos à frente do seu pedestal:
   ele é Santo!

⁶Moisés e Aarão, dentre seus sacerdotes,
 e Samuel,ᶜ dentre os que invocavam seu nome,
  invocavam a Iahweh e ele lhes respondia.

⁷Falava com eles da coluna de nuvem,
 e eles guardavam os seus testemunhos,
  a Lei que lhes dera.

⁸Iahweh nosso Deus, tu lhes respondias,
 eras para eles Deus de perdão,
  mas que se vingava de suas maldades.ᵈ

⁹Exaltai Iahweh nosso Deus,
 prostrai-vos perante o seu monte sagrado,
  porque Iahweh nosso Deus é Santo!

SALMO 100 (99)

*Convite ao louvor*ᵉ

¹*Salmo. Para a ação de graças.*

  Aclamai a Iahweh, terra inteira,
²servi a Iahweh com alegria,
  ide a ele com gritos jubilosos!

---

a) Hino escatológico. Suas duas partes (vv. 1-4 e 6-8) terminam com um refrão (vv. 5 e 9), celebrando a santidade do rei de Israel.
b) "e poderoso" we'az conj.; "força (do rei)" we'oz, hebr.
c) Os grandes intercessores (cf. Sl 106,23; Ex 32,1+; Nm 17,11-13).

d) Alguns corrigem a vocalização para compreender: "considerando-os isentos de suas maldades". Contudo, podemos pensar na punição de Moisés e Aarão, que não puderam entrar na Terra Prometida (cf. Nm 27,14; Dt 3,26 etc.).
e) Este hino doxológico termina a série dos Sl do reino de Iahweh (Sl 93s). Era recitado, talvez, ao se entrar

³ Sabei que Iahweh é Deus,
ele nos fez e a ele pertencemos,
somos seu povo, o rebanho do seu pasto.

⁴ Entrai por suas portas dando graças,
com cantos de louvor pelos seus átrios,
celebrai-o, bendizei o seu nome.

⁵ Sim! Porque Iahweh é bom:
o seu amor é para sempre,[a]
e sua verdade de geração em geração.

SALMO 101 (100)
O espelho dos príncipes[b]

¹ *De Davi. Salmo.*

Cantarei o amor e o direito,
a ti, Iahweh, quero tocar;
² andarei na integridade:
quando virás a mim?[c]

Andarei de coração íntegro
dentro da minha casa;
³ não porei uma coisa vil[d]
diante dos meus olhos.

Odeio a ação dos apóstatas:
ela não me atrairá;
⁴ longe de mim o coração pervertido,
ignoro o perverso.

⁵ Quem calunia seu próximo em segredo
eu o farei calar;
olhar altivo e coração orgulhoso
não suportarei.

⁶ Meus olhos estão nos leais da terra,
para que habitem comigo;
quem anda no caminho dos íntegros,
este será o meu ministro.

⁷ Em minha casa não habitará
quem pratica fraudes;
o que fala mentiras não permanecerá
diante dos meus olhos.

⁸ A cada manhã[e] farei calar
todos os ímpios da terra,
para extirpar da cidade de Iahweh
todos os malfeitores.

---

no santuário para oferecer os sacrifícios de comunhão (cf. Lv 7,11-12).
a) Refrão antigo (Jr 33,11), frequentemente retomado nos Sl como antífona e como prelúdio e citado em 2Cr 5,13; 7,3; 20,21; Esd 3,11; Jt 13,21 Vulg.; 1Mc 4,24. (Cf. Mq 7,20).
b) Retrato do príncipe virtuoso, relembrando diversas passagens dos Provérbios.
c) Talvez uma alusão à esperada vinda do Messias, "aquele que vem" (Mt 11,3; Jo 4,25).
d) Lit.: "coisa de Belial", isto é, prática idolátrica.
e) A manhã, tempo dos favores divinos (Sl 17,15+), é também a hora da justiça, humana e divina (Sl 46,6; 73,14; 2Sm 15,2; Jó 7,18; Is 33,2; Jr 21,12; Sf 3,5).

SALMO 102 (101)
Oração na infelicidade[a]

¹ Prece de infeliz que, desfalecido, derrama sua lamentação diante de Iahweh.

² Iahweh, ouve a minha prece,
que o meu grito chegue a ti!
³ Não escondas tua face de mim
no dia da minha angústia;
inclina o teu ouvido para mim,
no dia em que te invoco, responde-me depressa!

= Sl 69,18;
143,7

⁴ Pois meus dias se consomem em fumaça,
como braseiro queimam meus ossos;
⁵ pisado como relva, meu coração seca,
até mesmo de comer meu pão me esqueço;
⁶ por causa da violência do meu grito
os ossos já se colam à minha pele.

⁷ Estou como o pelicano do deserto,
como o mocho das ruínas;
⁸ fico desperto, gemendo,[b]
como ave solitária no telhado;
⁹ meus inimigos me ultrajam todo o dia,
os que me louvavam agora juram contra mim.[c]

¹⁰ Como cinza em vez de pão,
com minha bebida misturo lágrimas,
¹¹ por causa da tua cólera e do teu furor,
pois me elevaste e me lançaste ao chão;
¹² meus dias estão como a sombra que se expande,
e eu vou secando, como a relva.

Sl 42,4

Sl 90,6

¹³ Porém tu, Iahweh, estás entronizado para sempre,
e tua lembrança passa de geração em geração!
¹⁴ Tu te levantarás, enternecido por Sião,
pois é tempo de teres piedade dela;
sim, chegou a hora,
¹⁵ porque os teus servos amam suas pedras,
compadecidos da sua poeira.

Lm 5,19

Is 52,2

¹⁶ As nações temerão o nome de Iahweh,
e os reis todos da terra a tua glória;
¹⁷ quando Iahweh reconstruir Sião,
ele aparecerá com sua glória;
¹⁸ ele se voltará para a prece do desamparado,
e não desprezará a sua prece.

Is 59,19;
66,18

Is 60,1

¹⁹ Isto será escrito para a geração futura
e um povo recriado louvará a Deus:[d]

Sl 22,31-32 +

---

a) Este Sl de penitência reúne dois poemas de ritmo diferente: uma lamentação pessoal (vv. 1-12 e 24-28; cf. Sl 69) e uma prece pela restauração de Sião (vv. 13-23 e 29).
b) "gemendo": *wa'ehemayah*, conj.; "eu sou": *wa'ehyeh*, hebr.

c) Colocando-me como exemplo da sorte que eles desejam aos seus inimigos (cf. Jr 29,22). — "os que me louvavam", mss, grego, sir.; "os que se enraivecem contra mim", hebr. (diferença de vocalização).
d) "Deus", conj.; *"Iah"*, hebr.

²⁰ Iahweh se inclinou do seu alto santuário,
e do céu contemplou a terra,
²¹ para ouvir o gemido dos prisioneiros
e libertar os condenados à morte,
²² para proclamar em Sião o nome de Iahweh,
e em Jerusalém o seu louvor,
²³ quando se unirem povos e reinos
para servir a Iahweh.

²⁴ Minha força esgotou-se no caminho.ª
O número pequeno dos meus dias ²⁵conta-me!ᵇ
Não me arrebates na metade dos meus dias,
gerações de gerações duram teus anos!

²⁶ Firmaste a terra há muito tempo,
e o céu é obra de tuas mãos;
²⁷ eles perecem, mas tu permaneces,
eles todos ficam gastos como a roupa,
tu os mudarás como veste, eles ficarão mudados;
²⁸ mas tu existes, e teus anos jamais findarão!

²⁹ Os filhos dos teus servos habitarão seguros,
e sua descendência se manterá em tua presença.

SALMO 103 (102)

Deus é amor

¹*De Davi.*

Bendize a Iahweh, ó minha alma,
e tudo o que há em mim ao seu nome santo!
² Bendize a Iahweh, ó minha alma,
e não esqueças nenhum dos seus benefícios.

³ É ele quem perdoa todas as tuas faltas
e cura todos os teus males.
⁴ É ele quem redime tua vida da cova
e te coroa de amor e compaixão.
⁵ É ele quem sacia teus anosᶜ de bens
e, como a da águia, tua juventude se renova.

⁶ Iahweh realiza atos justos,
fazendo justiça a todos os oprimidos;
⁷ revelou seus caminhos a Moisés
e suas façanhas aos israelitas.

⁸ Iahweh é compaixão e piedade,
lento para a cólera e cheio de amor;ᵈ
⁹ ele não vai disputar perpetuamente,
e seu rancor não dura para sempre.

---

a) "esgotou-se", conj.; "ele a fez esgotar-se", hebr.
b) Estíquio traduzido conforme o grego e o sir.; hebr.: "ele abreviou meus dias. Eu digo: meu Deus" (vocalização falha).
c) "teus anos", lit.: "tua existência" (*'odeki*), conj.; "teu adorno" (*'edyek*), hebr.

d) São os atributos do nome de Iahweh, revelados a Moisés (Ex 34,6+), que todo o Sl desenvolve, pondo o acento na misericórdia e na bondade (cf. vv. 17-18 e Ex 20,6), preparando assim 1Jo 4,8.

¹⁰ Nunca nos trata conforme nossos pecados,
nem nos devolve segundo nossas faltas.

¹¹ Como o céu que se alteia sobre a terra,
é forte seu amor por aqueles que o temem.
¹² Como o oriente está longe do ocidente,
ele afasta de nós as nossas transgressões.

¹³ Como um pai é compassivo com seus filhos,   Sl 145,9
Iahweh é compassivo com aqueles que o temem;
¹⁴ porque ele conhece nossa estrutura,   Sl 90,3 +
ele se lembra do pó que somos nós.

¹⁵ O homem!... seus dias são como a relva: Is 40,7 +
ele floresce como a flor do campo;   Sl 90,5-6 +
¹⁶ roça-lhe um vento e já desaparece,   Jó 7,10
e ninguém mais reconhece o seu lugar.

¹⁷ Mas o amor de Iahweh!... existe desde sempre   Ex 20,6
e para sempre existirá por aqueles que o temem;
sua justiça é para os filhos dos filhos,
¹⁸ para os que observam sua aliança
e se lembram de cumprir suas ordens.

¹⁹ Iahweh firmou no céu o seu trono   Sl 22,29
e sua realeza governa o universo.
²⁰ Bendizei a Iahweh, anjos seus,
executores poderosos da sua palavra,
obedientes ao som da sua palavra.

²¹ Bendizei a Iahweh, seus exércitos todos,
ministros que cumpris a sua vontade.
²² Bendizei a Iahweh, todas as suas obras,
nos lugares todos que ele governa.
Bendize a Iahweh, ó minha alma!

SALMO 104 (103)

*O esplendor da criação*ᵃ

Gn 1
At 17,28

¹ Bendize a Iahweh, ó minha alma!
Iahweh, Deus meu, como és grande:
vestido de esplendor e majestade,
² envolto em luz como num manto,   Gn 1,3
estendendo os céus como tenda,   Sl 19,2s
³ construindo sobre as águas tuas altas moradas;   Gn 1,6-7
tomando as nuvens como teu carro,   Am 9,6
caminhando sobre as asas do vento;   Sl 68,5 +
⁴ fazendo dos ventos teus mensageiros,   ↗ Hb 1,7
das chamas de fogo teus ministros!

⁵ Assentaste a terra sobre suas bases,
inabalável para sempre e eternamente;
⁶ cobriste-a com o abismo, como um manto,
e as águas se postaram por cima das montanhas.

---

a) Este hino segue a mesma ordem que a cosmologia de Gn 1.

SALMOS 104

⁷ À tua ameaça, porém, elas fogem,
 ao estrondo do teu trovão se precipitam,
⁸ subindo as montanhas, descendo pelos vales,
 para o lugar que lhes tinhas fixado;
⁹ puseste um limite que não podem transpor,
 para não voltarem a cobrir a terra.

¹⁰ Fazes brotar fontes d'água pelos vales:
 elas correm pelo meio das montanhas,
¹¹ dão de beber a todas as feras do campo,
 e os asnos selvagens matam a sede;
¹² junto a elas as aves do céu se abrigam,
 desferindo seu canto por entre a folhagem.

¹³ De tuas altas moradas regas os montes,
 e a terra se sacia com o fruto de tuas obras;
¹⁴ fazes brotar relva para o rebanho
 e plantas úteis ao homem,
 para que da terra ele tire o pão

¹⁵ e o vinho, que alegra o coração do homem;
 para que ele faça o rosto brilhar com o óleo,
 e o pão fortaleça o coração do homem.

¹⁶ As árvores de Iahweh se saciam,
 os cedros do Líbano que ele plantou;
¹⁷ ali os pássaros se aninham,
 no seu topo^a a cegonha tem sua casa;
¹⁸ as altas montanhas são para as cabras,
 os rochedos um refúgio para as ratazanas.^b

¹⁹ Ele fez a lua para marcar os tempos,
 o sol conhece o seu ocaso.
²⁰ Colocas as trevas e vem a noite,
 e nela rondam todas as feras da selva;
²¹ rugem os leõezinhos em busca da presa,
 pedindo a Deus o sustento.

²² Ao nascer do sol se retiram
 e se entocam nos seus covis;
²³ sai o homem para sua faina,
 e para o seu trabalho até à tarde.

²⁴ Quão numerosas são tuas obras, Iahweh,
 e todas fizeste com sabedoria!
 A terra está repleta das tuas criaturas.

²⁵ Eis o vasto mar, com braços imensos,
 onde se movem, inumeráveis,
 animais pequenos e grandes;
²⁶ ali circulam os navios, e o Leviatã,
 que formaste para com ele brincar.

²⁷ Eles todos esperam de ti
 que a seu tempo lhes dês o alimento:

---

a) "no seu topo": *bero'sham*, segundo o grego; "sobre os zimbros": *berôshîm*, hebr.

b) Pequenos mamíferos que vivem agrupados e se assemelham às marmotas (cf. Pr 30,26).

²⁸ tu lhes dás e eles o recolhem,
abres tua mão e se saciam de bens.

²⁹ Escondes tua face e eles se apavoram, _{Jó 34,14-15}
retiras sua respiração e eles expiram, _{Gn 3,19}
voltando ao seu pó. _{Ecl 12,7}
_{Sl 90,3}
³⁰ Envias teu sopro e eles são criados,ᵃ _{Gn 1,2; 2,7}
e assim renovas a face da terra. _{At 2,2s}

³¹ Que a glória de Iahweh seja para sempre, _{Gn 1,31}
que Iahweh se alegre com suas obras!
³² Ele olha a terra e ela estremece, _{Hab 3,6}
toca as montanhas e elas fumegam. _{= Sl 144,5}

³³ Cantarei a Iahweh enquanto eu viver, _{Sl 146,2}
louvarei o meu Deus enquanto existir. _{Sl 7,18 +}
³⁴ Que meu poema lhe seja agradável;
quanto a mim, eu me alegro com Iahweh.
³⁵ Que os pecadores desapareçam da terra
e os ímpios nunca mais existam.

Bendize a Iahweh, ó minha alma!ᵇ

SALMO 105 (104)
*A história maravilhosa de Israel*ᶜ _{Sl 78}

Aleluia!

¹ Celebrai a Iahweh, invocai o seu nome, _{|| 1Cr 16,8-22}
anunciai entre os povos as suas façanhas! _{Is 12,4-5}
_{Sl 18,50;}
² Cantai para ele, tocai, _{96,3; 145,5}
recitai suas maravilhas todas!
³ Gloriai-vos com seu nome santo,
alegre-se o coração dos que procuram a Iahweh!

⁴ Procurai Iahweh e sua força, _{Sl 27,8}
buscai sempre a sua face;
⁵ recordai as maravilhas que ele fez,
seus prodígios e os julgamentos de sua boca.

⁶ Descendência de Abraão, seu servo, _{Is 51,2;}
filhos de Jacó, seu escolhido,ᵈ _{45,4}
⁷ ele é Iahweh, nosso Deus,
ele governa a terra inteira!

⁸ Ele se lembra da sua aliança para sempre,
palavra empenhada por mil gerações,
⁹ aliança que ele fez com Abraão, _{Gn 15,1 +}
e juramento confirmado a Isaac. _{Gn 26,3}

¹⁰ Ele o firmou como lei para Jacó
e aliança a Israel, para sempre,

---

a) O espírito de Deus está na origem do ser e da vida.
b) O hebr. encerra o Sl com o "Aleluia" que, no grego, figura no início do Sl 105.
c) O Sl evoca sucessivamente a história dos patriarcas (vv. 8-15), a história de José (vv. 16-23), a missão de Moisés (vv. 24-27), as pragas do Egito (vv. 28-36), a partida e a caminhada pelo deserto (vv. 37-43) e, finalmente, a entrada em Canaã, terra prometida a Abraão (vv. 44-45).
d) "seu escolhido", 2 mss; "seus escolhidos", TM.

SALMOS 105

¹¹ dizendo: "Eu te dou uma terra,
Canaã, vossa parte de herança". — Gn 15,18

¹² Quando se podia contá-los,
eram pouco numerosos, estrangeiros na terra:
¹³ iam e vinham, de nação em nação,
de um reino para um povo diferente;

¹⁴ ele não deixou que ninguém os oprimisse
e por causa deles até reis castigou: — Gn 12,10-20; 20; 26,1-11
¹⁵ "Não toqueis nos meus ungidos,^{a}
não façais mal aos meus profetas!"

¹⁶ Ele chamou a fome sobre a terra
e cortou todo bastão de pão; — Gn 41,54; Lv 26,26
¹⁷ enviou um homem à sua frente:
José, vendido como escravo. — Gn 37,28; 45,5

¹⁸ Afligiram seus pés com grilhões
e puseram-lhe ferros no pescoço, — Gn 39,20
¹⁹ até que se cumpriu sua predição
e a palavra de Iahweh o justificou. — Gn 40; 41,9-13

²⁰ O rei mandou soltá-lo,
o senhor dos povos o livrou; — Gn 41,14
²¹ constituiu-o senhor da sua casa,
administrador de todos os seus bens, — Gn 41,39-44

²² para instruir^b seus príncipes a seu gosto
e ensinar sabedoria aos seus anciãos.
²³ Então Israel entrou no Egito,
e Jacó residiu na terra de Cam. — Gn 46,1–47,12

²⁴ Ele fez seu povo crescer muito,
tornando-o mais forte que os seus opressores; — Ex 1,7
²⁵ mudou-lhes o coração, para que odiassem o seu povo
e usassem de astúcia com seus servos. — Ex 1,8s

²⁶ Enviou Moisés, seu servo,
e Aarão, a quem escolhera. — Ex 3,10; Ex 4,27
²⁷ Fizeram contra eles os sinais de que falara,
prodígios na terra de Cam.

²⁸ Mandou-lhes a treva e escureceu,
mas eles afrontaram suas ordens.^{c} — Ex 10,21-29
²⁹ Transformou suas águas em sangue,
fazendo perecer os seus peixes. — Ex 7,14-25

³⁰ Sua terra pululou de rãs,
até nos aposentos reais; — Ex 7,26–8,11
³¹ ordenou que viessem insetos,
mosquitos sobre todo o território. — Ex 8,12-15

³² Em vez de chuvas deu-lhes o granizo,
chamas de fogo em sua terra; — Ex 9,13-35

---

a) Israel é reino de sacerdotes (Ex 19,6; Is 61,6; cf Sl 28,8; Hab 3,13).
b) "instruir", versões; "amarrar", hebr.
c) "afrontaram", versões; "não afrontaram", hebr. Lendo-se *shamerû* em vez de *marû*, poder-se-ia traduzir: "eles não observaram". — "suas ordens", lit.: "suas palavras".

³³ feriu suas vinhas e figueiras
e quebrou as árvores do seu território.
³⁴ Ele ordenou e vieram os gafanhotos,
inumeráveis saltadores   Ex 10,1-20
³⁵ que comeram toda a erva de sua terra
e devoraram o fruto do seu solo.
³⁶ Feriu todo primogênito de sua terra,   = Sl 78,51
as primícias de sua raça.   Ex 12,29-36
³⁷ Fê-los sair com ouro e prata,
e entre suas tribos ninguém tropeçava.
³⁸ O Egito se alegrou quando saíram,   Ex 12,33
porque lhe haviam infundido seu terror;
³⁹ estendeu uma nuvem para cobri-los,   = Sl 78,14
e fogo para iluminar a noite.   Ex 13,21-22
⁴⁰ Pediram^a e ele fez vir codornizes   = Sl 78,24
e os saciou com o pão do céu;   Ex 16,1-36 +
⁴¹ fendeu a rocha e brotaram águas,   = Sl 78,15
correndo pela estepe como rio.   Ex 17,1-7
⁴² Lembrando-se de sua palavra sagrada
ao seu servo Abraão,
⁴³ fez seu povo sair com alegria,   Ex 15
seus eleitos com gritos jubilosos.
⁴⁴ Deu-lhes as terras das nações,   Dt 4,37-40;
e se apossaram do trabalho dos povos,   6,20-25;
⁴⁵ para que guardassem seus estatutos   7,8-11
e observassem as suas leis.^{b}

SALMO 106 (105)

Confissão nacional^c Sl 78

¹ Aleluia!   = Sl 107,1
                                            = Sl 100,5 +
Celebrai a Iahweh, porque ele é bom, || 1Cr 16,34
porque o seu amor é para sempre!
² Quem poderá contar as proezas de Iahweh
e fazer ouvir todo o seu louvor?

³ Feliz quem observa o direito   Is 56,1-2
e pratica a justiça todo o tempo!
⁴ Lembra-te de mim, Iahweh,   Ne 5,19;
por amor do teu povo,   13,14.22.31
                                            Sl 25,7
visita-me com a tua salvação,
⁵ para que eu veja o bem dos teus eleitos,
alegre com a alegria do teu povo,
glorioso com a tua herança!

---

a) "Pediram", versões; o hebr. traz o singular (uma letra omitida).
b) O hebr. acrescenta aqui "Aleluia"; omitido pelas versões.
c) Os vv. 1-5 e 48 dão enquadramento litúrgico a um salmo histórico, inspirado no Dt e Nm, que forma confissão nacional em que o povo arrependido volta para acusar-se diante de Deus dos pecados coletivos cometidos no passado (cf. 1Rs 8,33-34; Ne 9,5-37; Is 63,7-64,11; Dn 9; Br 1,15-3,8).

⁶ Nós pecamos com nossos pais,
    nós nos desviamos, tornamo-nos ímpios;
⁷ nossos pais no Egito
    não compreenderam as tuas maravilhas.

Não se lembraram do teu grande amor
    e se rebelaram contra o Altíssimo,ᵃ
    junto ao mar dos Juncos.
⁸ Ele os salvou por causa do seu nome,
    para mostrar-lhes a sua proeza.

⁹ Ameaçou o mar dos Juncos, e ele secou,
    guiou-os sobre os abismos e no deserto,
¹⁰ salvou-os da mão hostil
    e redimiu-os da mão do inimigo.

¹¹ E as águas recobriram seus opressores,
    nenhum deles sequer pôde escapar.
¹² Então acreditaram em suas palavras
    e cantaram o seu louvor.

¹³ Bem depressa esqueceram suas obras,
    não esperaram pelo seu desígnio;
¹⁴ arderam de ambição no deserto
    e tentaram a Deus em lugares solitários.

¹⁵ Ele concedeu-lhes seu pedido
    e mandou-lhes uma fraqueza vital;ᵇ
¹⁶ enciumaram Moisés no acampamento
    e Aarão, o santo de Iahweh.

¹⁷ Abriu-se a terra e engoliu Datã,
    e recobriu o grupo de Abiram.
¹⁸ O fogo se inflamou contra seu grupo,
    uma chama devorou os ímpios.

¹⁹ Em Horeb fabricaram um novilho
    e se prostraram diante de um ídolo de metal;
²⁰ eles trocaram sua glóriaᶜ
    pela imagem de um boi, comedor de capim.

²¹ Esqueceram o Deus que os salvou,
    realizando prodígios no Egito,
²² maravilhas na terra de Cam,
    coisas terríveis sobre o mar dos Juncos.

²³ Então ele decidiu exterminá-los,
    não fosse Moisés, seu escolhido,
    que intercedeu diante dele
    para desviar seu furor de destruí-los.

²⁴ Eles rejeitaram uma terra de delícias,
    não tiveram fé na sua palavra;
²⁵ murmuraram em suas tendas,
    não obedeceram à voz de Iahweh.

---

a) "o Altíssimo": 'elyon, conj.; "sobre o mar": 'al yam, hebr.
b) Termo de sentido incerto. O grego traduz por "saciedade".
c) A leitura primitiva, conservada por alguns mss, talvez fosse "a glória dele" (de Deus), mas o texto foi corrigido para eliminar uma expressão que parecia desrespeitosa e quase ímpia.

²⁶ Ele ergueu sua mão sobre eles,
para abatê-los no deserto,
²⁷ para abater sua descendência entre as nações
e espalhá-los por entre as terras.

²⁸ Ligaram-se depois ao Baal de Fegor,
e comeram sacrifícios de mortos.
²⁹ Eles o enfureceram com suas ações
e um flagelo irrompeu contra eles.

³⁰ Postou-se então Fineias e julgou,
e o flagelo foi contido;
³¹ seja-lhe isto considerado como justiça,
de geração em geração e para sempre.

³² Eles o irritaram junto às águas de Meriba
e por sua causa sobreveio o mal a Moisés,
³³ pois irritaram*ᵃ* seu espírito
e ele falou sem refletir.

³⁴ Não exterminaram os povos
dos quais lhes falara Iahweh;
³⁵ eles misturaram-se às nações
e aprenderam seus modos de agir.

³⁶ Serviram seus ídolos,
que se tornaram uma cilada para eles!
³⁷ E sacrificaram seus filhos
e suas filhas aos demônios.

³⁸ E derramaram o sangue inocente,
o sangue de seus filhos e suas filhas,
que sacrificaram aos ídolos de Canaã,
e a terra manchou-se de sangue.

³⁹ Sujaram-se com suas obras
e se prostituíram*ᵇ* com suas ações;
⁴⁰ Iahweh inflamou-se contra o seu povo
e rejeitou a sua herança.

⁴¹ Entregou-os na mão das nações
e seus adversários os dominaram;
⁴² seus inimigos os tiranizaram
e sob sua mão ficaram curvados.

⁴³ Muitas vezes ele os livrou,
mas eles se obstinaram com revolta
e se corromperam com a iniquidade;
⁴⁴ ele viu a angústia deles,
ao ouvir os seus gemidos.

⁴⁵ Lembrou-se de sua Aliança com eles
e moveu-se por seu grande amor;
⁴⁶ concedeu-lhes moverem-se de compaixão
todos aqueles que os mantinham cativos.

---

a) "irritaram": *hemerû*, conj.; "afrontaram": *himerû*, hebr.

b) Adultério (Sl 73,27) e prostituição designam, nos profetas, a infidelidade a Deus e a idolatria (cf. Os 1,2+).

⁴⁷ Salva-nos, Iahweh nosso Deus!
Congrega-nos dentre as nações,
para que celebremos teu nome santo,
felicitando-nos com teu louvor!

⁴⁸ Bendito seja Iahweh, Deus de Israel,
desde sempre e para sempre!
E todo o povo dirá: Amém!*ª*

SALMO 107 (106)

Deus salva o homem de todo perigo^b

Aleluia!

¹ Celebrai a Iahweh, porque ele é bom,
porque o seu amor é para sempre!

² Digam-no os redimidos de Iahweh,
que ele redimiu da mão do opressor,
³ que ele reuniu do meio das terras,
do oriente e do ocidente, do norte e do meio-dia.*^c*

⁴ Eles erravam pelo deserto solitário,
sem achar caminho para uma cidade habitada;
⁵ estavam famintos e sedentos,
a vida já os abandonava.

⁶ E gritaram a Iahweh na sua aflição:
ele os livrou de suas angústias
⁷ e os encaminhou pelo caminho certo,
para irem a uma cidade habitada.*^d*

⁸ Celebrem Iahweh, por seu amor,
por suas maravilhas pelos filhos de Adão:
⁹ ele saciou a garganta sedenta
e encheu de bens a garganta faminta.

¹⁰ Habitavam em sombras e trevas,
prisioneiros de ferros e miséria,
¹¹ por se revoltarem contra as ordens de Deus,
desprezando o desígnio do Altíssimo.
¹² Ele humilhou seu coração com fadigas:
sucumbiam e ninguém os socorria.

¹³ E gritaram a Iahweh na sua aflição:
ele os livrou de suas angústias,
¹⁴ tirou-os das sombras e trevas
e rebentou seus grilhões.

---

a) Doxologia que marca o fim do quarto livro do Saltério e é seguida de rubrica litúrgica. — O hebr. acrescenta "Aleluia", posto pelo grego no início do Sl seguinte.
b) Hino de ação de graças, inspirado no Segundo Isaías, pelos benefícios da Providência: o Êxodo (vv. 4-9), a volta do Exílio (vv. 10-16), o socorro divino aos que sofrem (vv. 17-22), aos que viajam no mar (vv. 23-32).
O epílogo (vv. 33-34) desenvolve o tema sapiencial da inversão de condições. Refrão duplo, vv. 6.8.13. 15.19.21.28.31.
c) "meio-dia": *yamîn*, conj.; "mar": *yam*, hebr. — Este prelúdio convoca ao louvor os que voltaram do Exílio.
d) Sião, que personifica toda a Terra Santa. O Êxodo e a instalação na Terra Prometida já eram, para Is 40s, figura da volta do Exílio.

¹⁵ Celebrem a Iahweh, por seu amor,
por suas maravilhas pelos filhos de Adão:
¹⁶ ele quebrou as portas de bronze,
despedaçou as trancas de ferro.

¹⁷ Insensatos, no caminho da transgressão,
eram afligidos por suas iniquidades;
¹⁸ rejeitavam qualquer alimento
e já batiam às portas da morte.

¹⁹ E gritaram a Iahweh na sua aflição:
ele os livrou de suas angústias.
²⁰ Enviou sua palavra para curá-los,
e da cova arrancar a sua vida.*ᵃ*

²¹ Celebrem a Iahweh, por seu amor,
por suas maravilhas pelos filhos de Adão!
²² Ofereçam sacrifícios de ação de graças,
proclamem suas obras com gritos alegres.

²³ Desciam em navios pelo mar,
comerciando na imensidão das águas;
²⁴ eles viram as obras de Iahweh,
no alto-mar, as suas maravilhas.

²⁵ Ele disse, e levantou um vento tempestuoso
que elevou as ondas do mar;
²⁶ eles subiam ao céu e baixavam ao abismo,
sua vida se agitava na desgraça;
²⁷ rodavam, balançando como bêbado,
sua habilidade toda foi tragada.

²⁸ E gritaram a Iahweh na sua aflição:
ele os livrou de suas angústias.
²⁹ Transformou a tempestade em leve brisa
e as ondas emudeceram.
³⁰ Alegraram-se com a bonança,
e ele os guiou ao porto desejado.

³¹ Celebrem a Iahweh, por seu amor,
por suas maravilhas pelos filhos de Adão!
³² Que o exaltem na assembleia do povo,
e o louvem no conselho dos anciãos!

³³ Ele transformou rios em deserto,
nascentes em terra sedenta,
³⁴ terra fértil em salina,
por causa do mal dos seus habitantes.
³⁵ E transformou o deserto em lençóis de água,
terra seca em nascentes;
³⁶ e aí fez morar os famintos,
que fundaram uma cidade habitada.
³⁷ Eles semeiam campos e plantam vinhas
que produzem colheitas de frutos.
³⁸ Ele os abençoa e sempre mais se multiplicam,
não deixa o seu rebanho diminuir.

---

a) "da cova... sua vida": *mishshahat hayyatam*, conj.; "de suas covas": *mishshehîtôtam*, hebr.

³⁹ Depois diminuem e minguam
pela opressão do mal e sofrimento.
⁴⁰ Ele espalha o desprezo sobre os príncipes,
fazendo-os vagar em confusão sem saída.
⁴¹ Mas levanta o indigente da miséria
e multiplica famílias como rebanho.
⁴² Os corações retos veem e alegram-se,
e toda injustiça fecha sua boca.

⁴³ Quem é sábio? Observe estas coisas,
e saiba discernir o amor de Iahweh!

SALMO 108 (107)
Hino matinal e prece nacional[a]

¹ Cântico. Salmo. De Davi.

² Meu coração está firme, ó Deus,
— eu quero cantar e tocar! —
vamos, glória minha,
³ desperta, cítara e harpa,
despertarei a aurora!

⁴ Quero louvar-te entre os povos, Iahweh,
tocar para ti em meio às nações;
⁵ pois mais que o céu é grande o teu amor,
e tua verdade vai até às nuvens.

⁶ Ó Deus, eleva-te acima do céu,
e tua glória domine a terra toda.

⁷ Para que teus amados sejam libertos,
salva pela tua direita! Responde-nos!

⁸ Deus falou em seu santuário:
"Eu exulto ao partilhar Siquém
e ao medir o vale de Sucot.
⁹ Meu é Galaad, Manassés me pertence,
o elmo da minha cabeça é Efraim,
Judá, meu cetro de comando.
¹⁰ Moab é a bacia em que me lavo,
e sobre Edom lanço minha sandália,
contra a Filisteia grito a vitória".

¹¹ Quem me levará a uma cidade-forte,
quem me conduzirá até Edom,
¹² senão tu, ó Deus, que nos rejeitaste,
um Deus que já não sai com nossos exércitos?

¹³ Concede-nos socorro na opressão,
pois a salvação humana é inútil!
¹⁴ Com Deus nós faremos proezas,
ele calcará nossos opressores!

---

a) Compilação tardia, posterior à formação da coleção eloísta (cf. Introd.). Um recenseador justapôs aqui, com algumas variantes, Sl 57,8-12 e Sl 50,7-14. Ver as notas desses Sl.

SALMO 109 (108)

Salmo imprecatório[a]

¹ *Do mestre de canto. De Davi. Salmo.*

Deus a quem louvo, não te cales!
² Pois boca maldosa e boca enganadora
  abriram-se contra mim.
Falam a mim com língua mentirosa,
³ palavras de ódio me cercam
  e me combatem sem motivo.

⁴ Em troca de minha amizade me acusam,
  e fico suplicando;[b]
⁵ contra mim trazem o mal,
  em paga de benefício,
  o ódio em paga de minha amizade.

⁶ "Suscita um ímpio contra ele,
  que o acusador[c] se poste à sua direita!
⁷ Saia condenado do julgamento,
  e sua prece seja tida como pecado!

⁸ Que seus dias fiquem reduzidos
  e outro tome o seu encargo!
⁹ Que seus filhos fiquem órfãos
  e sua mulher se torne viúva!

¹⁰ Que seus filhos fiquem vagando a mendigar,
  e sejam expulsos[d] das suas ruínas!
¹¹ Que o usurário roube o que possuem
  e estrangeiros depredem os seus bens!

¹² Que ninguém lhe mostre clemência,
  que ninguém tenha piedade de seus órfãos!
¹³ Que sua descendência seja cortada,
  que seu nome se extinga numa geração!

¹⁴ Que Iahweh se lembre do erro de seus pais,
  e o pecado de sua mãe nunca seja apagado!
¹⁵ Que estejam sempre à frente de Iahweh,
  para que ele corte da terra a sua lembrança!"

¹⁶ Ele não se lembrou de agir com clemência:
  perseguiu o pobre e o indigente,
  e o de coração contrito até à morte.
¹⁷ Ele amava a maldição: que recaia sobre ele!
  Não gostava da bênção: que ela o abandone![e]

¹⁸ Vestia a maldição como um manto:
  que ela o penetre como água,[f]
  e como óleo em seus ossos!

---

a) Falsamente acusado, caluniado, o fiel reclama a vingança divina (cf. Sl 5,11+; Jr 11,20; 18,19s). A ladainha de imprecações (vv. 6-19) acumula, em estilo oriental, as maldições hiperbólicas. É possível que os vv. 6-15, que pusemos entre aspas, representem as palavras de ódio do acusador (cf. vv. 2-3), e que a sequência seja a resposta do fiel, invocando a aplicação do talião contra seu adversário (vv. 16-20; cf. Ex 21,25+).

b) Lit.: "e eu, súplica".
c) Um "satã", nome a seguir dado ao diabo (cf. Jó 1,6+). Assim como o advogado (v. 31), ele se mantém à direita do acusado (Jó 30,12; Zc 3,1).
d) "sejam expulsos", grego; "que procurem", hebr.
e) Maldição e bênção estão personificadas aqui.
f) Provável alusão ao velho ritual das águas amargas, descrito em Nm 5,11-31.

¹⁹ Seja-lhe como roupa a cobri-lo,
como um cinto que sempre o aperte!

²⁰ Que Iahweh pague assim os que me acusam,
os que proferem o mal contra mim!
²¹ Tu, porém, Iahweh meu Senhor,
trata-me conforme o teu nome,
liberta-me, pois teu amor é bondade!

²² Quanto a mim, sou pobre e indigente,
e, dentro de mim, meu coração está ferido;
²³ vou passando como sombra que se expande,
sou atirado para longe, como gafanhoto.

²⁴ Jejuei tanto que meus joelhos se dobram,
e sem óleo minha carne emagrece;
²⁵ tornei-me ultraje para eles,
os que me vêm meneiam a cabeça.

²⁶ Socorre-me, Iahweh meu Deus,
salva-me conforme o teu amor.
²⁷ Eles reconhecerão que isto vem da tua mão,
que tu, ó Iahweh, o realizaste!
²⁸ Eles maldizem, mas tu abençoarás;
eles se levantam, fiquem envergonhados
e teu servo se alegre.
²⁹ Cubram-se de humilhação os que me acusam,
que a vergonha os envolva como um manto!

³⁰ Celebrarei a Iahweh em alta voz,
louvando-o em meio à multidão;
³¹ pois ele se põe à direita do indigente,
para dos juízes salvar a sua vida.

SALMO 110 (109)

O sacerdócio do Messias[a]

¹ *De Davi. Salmo.*

Oráculo de Iahweh ao meu senhor:
"Senta-te à minha direita,[b]
até que eu ponha teus inimigos
como escabelo de teus pés."[c]
² Desde Sião Iahweh estende teu cetro poderoso,
e dominas em meio aos teus inimigos.

³ A ti o principado no dia do teu nascimento,
as honras sagradas desde o seio,
desde a aurora da tua juventude.[d]

---

a) As prerrogativas do Messias, realeza universal e *sacerdócio perpétuo* (cf. 2Sm 7,1+; Zc 6,12-13), não decorrem de nenhuma investidura terrestre, como tampouco as do misterioso Melquisedec (Gn 14,18+). Cristo realiza literalmente este oráculo (cf. Mt 22,44p; 27,11; 28,18; At 2,34-35; Hb 1,13; Ap 19,11.16).

b) Cristo ressuscitado está sentado à direita do Pai (Rm 8,34; Hb 10,12; 1Pd 3,22).
c) Cf. Js 10,24; Dn 7,14.
d) V. corrigido segundo o grego. Hebr.: "Teu povo é generosidade no dia da tua força (vocalização falha), em honras sagradas desde o seio da aurora (termo

⁴ Iahweh jurou e jamais desmentirá: Gn 14,18 +
"Tu és sacerdote para sempre,   ↗ Hb 5,6
segundo a ordem de Melquisedec."

⁵ O Senhor está à tua direita,   Sl 2,9
ele esmaga^a os reis no dia da sua ira.
⁶ Ele julga as nações, amontoa cadáveres,
esmaga cabeças pela imensidão da terra.
⁷ A caminho ele bebe da torrente,^{b}
e por isso levanta a cabeça.^{c}

SALMO 111 (110)

Elogio das obras divinas^d

¹ Aleluia!

Alef	Celebro a Iahweh de todo o coração
Bet	na intimidade dos retos e no conselho.
Guimel	² Grandes são as obras de Iahweh,
Dalet	dignas de estudo para quem as ama.
Hê	³ Sua obra é esplendor e majestade,
Waw	e sua justiça permanece para sempre.
Záin	⁴ Ele deixou um memorial de suas maravilhas,^{e}
Het	Iahweh é piedade e compaixão:
Tet	⁵ Ele dá alimento aos que o temem,^{f}
Yod	lembrando-se sempre da sua Aliança;
Kaf	⁶ mostra ao seu povo a força de suas obras,
Lamed	entregando-lhe a herança das nações.
Mem	⁷ Justiça e Verdade são as obras de suas mãos,
Nun	seus preceitos todos merecem confiança:
Samec	⁸ são estáveis para sempre e eternamente,
Áin	vão cumprir-se com verdade e retidão.
Pê	⁹ Ele envia libertação para seu povo,
Çade	declarando sua Aliança para sempre;
Qof	seu nome é santo e terrível.
Resh	¹⁰ O princípio da sabedoria é temer Iahweh,
Shin	todos os que o praticam têm bom senso.
Taw	Seu louvor permanece para sempre.

Referências: = Sl 112,3; Sl 103,8 + Sl 112,4; Pr 1,7 +

incerto), a ti o orvalho da tua juventude". Grego: "A ti o principado... desde o seio, desde a aurora eu te gerei" (cf. Sl 2,7). Em lugar de "honras sagradas", 83 mss, Jerônimo e Símaco leem: "sobre os montes sagrados".
a) É ele que preside ao julgamento escatológico. — Jesus, Messias e Filho de Deus, reivindicou este julgamento para si (Mt 24,30; 26,64; Jo 5,22; cf. At 7,56; 10,42; 17,31).
b) O Messias bebe na torrente das provações (Sl 18,5+; 32,6; 66,12), ou na torrente das graças divinas (Sl 36,9; 46,5; Ez 47), sentido que concordaria melhor com o contexto. Ou ainda, ele é como o guerreiro que persegue seus inimigos, que se detém apenas por um instante para beber na torrente (Jz 7,5; 15,18; 1Sm 30,9).
c) Este texto é aplicado a Cristo sofredor e glorificado (cf. Fl 2,7-11).
d) Salmo "alfabético", como o seguinte, que lhe é semelhante pela doutrina, estilo e estrutura poética.
e) Pela celebração das festas anuais (cf. Ex 23,14+).
f) Alusão aos milagres do maná e das codornizes (Ex 16,1+).

SALMO 112 (111)

Elogio do justo[a]

¹ Aleluia!

Alef	Feliz o homem que teme a Iahweh
Bet	e se compraz em seus mandamentos!
Guimel	² Sua descendência será poderosa na terra,
Dalet	a descendência dos retos será abençoada.
Hê	³ Na sua casa há abundância e riqueza,
Waw	sua justiça[b] permanece para sempre.
Záin	⁴ Ele brilha na treva como luz para os retos,
Het	ele é piedade, compaixão e justiça.[c]
Tet	⁵ Feliz quem tem piedade e empresta,
Yod	e conduz seus negócios com justiça.
Kaf	⁶ Eis que ele jamais vacilará,
Lamed	a memória do justo é para sempre!
Mem	⁷ Ele nunca teme as más notícias:
Nun	seu coração é firme, confiante em Iahweh;
Samec	⁸ seu coração está seguro, nada teme,
Áin	ele se confronta com seus opressores.
Pê	⁹ Ele distribui aos indigentes com largueza;
Çade	sua justiça permanece para sempre,
Qof	sua força realça sua glória.[d]
Resh	¹⁰ O ímpio olha e se desgosta,
Shin	range os dentes e definha.
Taw	A ambição dos ímpios fracassará.

SALMO 113 (112)

Ao Deus de glória e de amor[e]

¹ Aleluia!

Louvai, servos de Iahweh,
louvai o nome de Iahweh!
² Seja bendito o nome de Iahweh,
desde agora e para sempre;
³ do nascer do sol até o poente,
seja louvado o nome de Iahweh!

⁴ Elevado sobre os povos todos é Iahweh,
sua glória está acima do céu!
⁵ Quem é como Iahweh nosso Deus?

---

a) Certas expressões aplicadas a Deus no Sl precedente são aqui aplicadas ao justo.
b) Simultaneamente sua virtude e a felicidade que a recompensa.
c) É aplicado ao justo o que em outros lugares é dito de Deus (Sl 18,29; 27,1). Pode-se também traduzir: "Para o justo, levanta-se uma luz na treva; o homem reto é clemente e compassivo".
d) Ou: "para sua glória (lit.: 'em glória') se exalta sua força".
e) Este hino inicia o *Hallel* (Sl 113-118), que os judeus recitavam nas grandes festas, principalmente na refeição pascal (cf. Mt 26,30p).

Ele se eleva para sentar-se,
⁶ e se abaixa para olhar
pelo céu e pela terra.

⁷ Ele ergue o fraco da poeira
e tira o indigente do lixo,
⁸ fazendo-o sentar-se com os nobres,
ao lado dos nobres do seu povo;
⁹ faz a estéril sentar-se em sua casa,
como alegre mãe com seus filhos.ᵃ

|| 1Sm 2,8
Sl 107,41

1Sm 2,5

SALMO 114 (113 A)

*Hino pascal*ᵇ

Aleluia!ᶜ

¹ Quando Israel saiu do Egito
e a casa de Jacó de um povo bárbaro,
² Judá se tornou o seu santuário,
e Israel, o lugar de seu império.

Ex 19,6 +
Jr 2,3
Sl 78,54

³ O mar viu e fugiu,
o Jordão voltou atrás;
⁴ os montes saltaram como carneiros,
e as colinas como cordeiros.

Sl 66,6;
74,14-15;
77,17
Jz 5,4
Sl 29,6; 68,9
Sb 19,9

⁵ Que tens, ó mar, para fugires assim,
e tu, Jordão, para que voltes atrás?
⁶ As montanhas, para saltar como carneiros,
e as colinas como cordeiros?

⁷ Treme, ó terra, diante do Senhor,
diante da presença do Deus de Jacó:
⁸ ele transforma as rochas em lago
e a pedreira em fontes de água.

Jz 5,4
Sl 68,9

Ex 17,1-7 +
1Cor 10,4
Sl 107,35

SALMO 115 (113 B)

*O único Deus verdadeiro*ᵈ

9 ¹ Não a nós, Iahweh, não a nós,
mas ao teu nome dá glória,
por teu amor e tua verdade!

Ez 36,22,23
Sl 23,3

10 ² Por que diriam as nações:
"Onde está o Deus deles?"

= Sl 79,10

11 ³ O nosso Deus está no céu
e faz tudo o que deseja.

= Sl 135,6

12 ⁴ Os ídolos deles são prata e ouro,
obra de mãos humanas:

Is 44,9s
Jr 10,1s
Br 6,3.7s

---

a) Como Sara (Gn 16,1; 17,15-21; 18,9-15; 21,1-7) e Ana (1Sm 1-2). Há uma insistência na honra que lhe é prestada: normalmente a mulher permanecia de pé para servir.
b) Ligado erradamente ao Sl seguinte pelas versões, este hino põe em paralelo (cf. Sl 66,6+) a passagem do mar dos Juncos e a do Jordão (Ex 14 e Js 3).
c) Grego; o hebr. liga o "Aleluia" ao Sl precedente.
d) Exortação à confiança através de recordação do poder de Iahweh e do nada dos ídolos: de volta do Exílio, o povo não tem direito de perder a coragem.

⁵ têm boca, mas não falam;
  têm olhos, mas não veem;
⁶ têm ouvidos, mas não ouvem;
  têm nariz, mas não cheiram;
⁷ têm mãos, mas não tocam;
  têm pés, mas não andam;
  não há um murmúrio em sua garganta.
⁸ Os que os fazem ficam como eles,
  todos aqueles que neles confiam.

⁹ Casa de Israel, confia em Iahweh:
  ele é seu socorro e seu escudo!
¹⁰ Casa de Aarão, confia em Iahweh:
  ele é seu socorro e seu escudo!
¹¹ Vós que temeis Iahweh, confiai em Iahweh:
  ele é seu socorro e seu escudo!ᵃ

¹² Iahweh se lembra de nós
  e nos abençoará:
  abençoará a casa de Israel,
  abençoará a casa de Aarão,
¹³ abençoará os que temem Iahweh,
  os pequenos com os grandes.

¹⁴ Que Iahweh vos multiplique,
  a vós e a vossos filhos!
¹⁵ Sede benditos de Iahweh,
  que fez o céu e a terra.

¹⁶ O céu é o céu de Iahweh,
  mas a terra, ele a deu para os filhos de Adão.

¹⁷ Os mortos já não louvam a Iahweh,
  nem os que descem ao lugar do Silêncio.
¹⁸ Nós, os vivos,ᵇ nós bendizemos a Iahweh,
  desde agora e para sempre!

SALMO 116 (114-115)

Ação de graças

Aleluia!ᶜ

¹ Eu amo Iahweh, porque ele ouve
  minha voz suplicante,
² ele inclina seu ouvido para mim
  no dia em que o invoco.ᵈ

³ Cercavam-me laços da morte,
  eram redesᵉ do Xeol:

---

a) Estas três classes encontram-se novamente no Sl 118,2-4; os que "temem a Iahweh" são os prosélitos (cf. Sl 15,4+).
b) "os vivos", grego; omitido pelo hebr.
c) "Aleluia", grego; ligado pelo hebr. ao Sl precedente. O mesmo para os dois Sl seguintes.
d) "no dia em que", sir.; "e em meus dias", hebr.
e) "redes", Jerônimo; "angústia", hebr., que acrescenta no fim do v. "encontro".

caí em angústia e aflição.
⁴Então invoquei o nome de Iahweh:

"Ah! Iahweh, liberta minha vida!"

⁵Iahweh é justo e clemente, Ex 34,6 +
nosso Deus é compassivo;
⁶Iahweh protege os simples:
eu fraquejava e ele me salvou.

⁷Volta ao repouso, minha vida, Sl 13,6
pois Iahweh foi bondoso contigo:
⁸libertou minha vida^a da morte, = Sl 56,14
Is 25,8
Ap 21,4
meus olhos das lágrimas e meus pés de uma queda.
⁹Caminharei na presença de Iahweh Sl 27,13;
52,7;
142,6
Is 38,11
na terra dos vivos.

1 ¹⁰^{b}Eu tinha fé, mesmo ao dizer: ↗ 1Cor 4,13
"Estou por demais arrasado!"
2 ¹¹Em meu apuro eu dizia: Sl 12,3;
62,10
"Os homens são todos mentirosos!"

3 ¹²Como retribuirei a Iahweh
todo o bem que me fez?
4 ¹³Erguerei o cálice da salvação^c 1Cor 10,16
invocando o nome de Iahweh.

5 ¹⁴Cumprirei a Iahweh os meus votos,
na presença de todo o seu povo!
6 ¹⁵É custosa aos olhos de Iahweh Is 43,4
Sl 72,14
a morte dos seus fiéis.^{d}

7 ¹⁶Ah! Iahweh, porque sou teu servo, Sl 86,16
teu servo, filho de tua serva,
rompeste meus grilhões.
8 ¹⁷Eu te oferecerei um sacrifício de louvor, Lv 7,11 +
invocando o nome de Iahweh.

9 ¹⁸Cumprirei a Iahweh os meus votos, Lv 7,11 +
Jn 2,10
na presença de todo o seu povo,
10 ¹⁹nos átrios da casa de Iahweh,
no meio de ti, Jerusalém!

SALMO 117 (116)

Convite ao louvor

Aleluia!

¹Louvai Iahweh, nações todas, ↗ Rm 15,11
glorificai-o, todos os povos!
²Pois seu amor é forte,
e sua verdade é para sempre!

---

a) "libertou", versões; "libertaste", hebr. — "minha vida da morte", parece ser uma adição.
b) No grego e na Vulg. o Sl 115 começa aqui.
c) Rito de ação de graças conservado na liturgia judaica e cristã (cf. 1Cor 10,16).
d) Porque ela romperia toda relação dos fiéis com ele (cf. Sl 6,6+). As versões interpretaram este texto segundo o dogma da ressurreição: "É preciosa aos olhos de Iahweh a morte dos seus fiéis".

SALMO 118 (117)

Liturgia para a festa das Tendas[a]

Aleluia!

¹ Celebrai a Iahweh, porque ele é bom,
  porque o seu amor é para sempre!

² A casa[b] de Israel repita:
  o seu amor é para sempre!
³ A casa de Aarão repita:
  o seu amor é para sempre!
⁴ Os que temem a Iahweh repitam:
  o seu amor é para sempre!

⁵ Na angústia eu gritei a Iahweh:
  ele me ouviu e me aliviou.
⁶ Iahweh está comigo: jamais temerei!
  Que poderia fazer-me o homem?
⁷ Iahweh está comigo, ele me ajudou:
  eu me confrontarei com meus inimigos!

⁸ É melhor abrigar-se em Iahweh
  do que confiar no homem;
⁹ é melhor abrigar-se em Iahweh
  do que confiar nos nobres.

¹⁰ As nações todas me cercaram:
  em nome de Iahweh as destruí![c]
¹¹ Cercaram-me, fecharam o cerco:
  em nome de Iahweh as destruí!

¹² Cercaram-me como vespas,
  ardiam[d] como fogo no espinheiro:
  em nome de Iahweh as destruí!
¹³ Iam empurrando[e] para me derrubar,
  mas Iahweh me socorreu:
¹⁴ minha força e meu canto é Iahweh,
  ele foi a minha salvação!

¹⁵ Há gritos de júbilo e salvação nas tendas dos justos:
  "— A direita de Iahweh faz proezas!
¹⁶ — A direita de Iahweh é excelsa!
  — A direita de Iahweh faz proezas!"

¹⁷ Jamais morrerei, eu viverei
  para contar as obras de Iahweh!
¹⁸ Iahweh me castigou e castigou,
  mas não me entregou à morte!

---

a) Este cântico encerra o *Hallel* (cf. Sl 113,1+). Um invitatório (vv. 1-4) precede o hino de ação de graças *posto nos lábios da comunidade personificada*, completado pelo livrinho de respostas vv. 19s.25s, recitadas por diversos grupos quando a procissão entrava no Templo. O conjunto talvez tenha sido utilizado para a festa descrita em Ne 8,13-18 (cf. Esd 3,4; Zc 14,16 e Ex 23,14+). Cf. também Esd 3,11.

b) "A casa", grego (cf. v. 3); omitido pelo hebr.
c) Traduz-se também: "as circuncidei" (João Hircano obrigou idumeus e gregos a se circuncidarem).
d) "ardiam", grego; "se extinguiam", hebr. — O último estíquio deve ser uma duplicata.
e) "Iam empurrando", versões; "ias-me empurrando", hebr.

¹⁹ Abri-me as portas da justiça,
vou entrar celebrando a Iahweh!
²⁰ Esta é a porta de Iahweh:
os justos por ela entrarão.
²¹ Eu te celebro porque me ouviste
e foste a minha salvação!

²² A pedra que os construtores rejeitaram
tornou-se a pedra angular;
²³ isto vem de Iahweh,
e é maravilha aos nossos olhos.^{a}
²⁴ Este é o dia que Iahweh fez,
exultemos e alegremo-nos nele.^{b}

²⁵ Ah! Iahweh, dá-nos a salvação!
Dá-nos a vitória, Iahweh!
²⁶ Bendito o que vem em nome de Iahweh!^{c}
Da casa de Iahweh nós vos abençoamos.
²⁷ Iahweh é Deus: ele nos ilumina!

Formai a procissão com ramos
até aos ângulos do altar.^{d}

²⁸ Tu és o meu Deus, eu te celebro,
meu Deus, eu te exalto;
eu te celebro porque me ouviste
e foste a minha salvação!

²⁹ Celebrai a Iahweh, porque ele é bom,
porque o seu amor é para sempre!

SALMO 119 (118)
Elogio da lei divina^e

Alef
¹ Felizes os íntegros em seu caminho,
os que andam conforme a lei de Iahweh!
² Felizes os que guardam seus testemunhos,
procurando-o de todo o coração,
³ e que, sem praticar a iniquidade,
andam em seus caminhos!
⁴ Tu promulgaste teus preceitos
para serem observados à risca.
⁵ Que meus caminhos sejam firmes
para eu observar teus estatutos.

---

a) O Templo está reconstruído (cf. Ag 1,9; Zc 1,16). A "pedra angular" (ou "pedra de cumeeira"; cf. Jr 51,26), que se pode tornar "pedra de tropeço", é tema messiânico (Is 8,14; 28,16; Zc 3,9; 4,7; 8,6) e designará o Cristo (Mt 21,42p; At 4,11; Rm 9,33; 1Pd 2,4s; cf. Ef 2,20; 1Cor 3,11).
b) Na tradição cristã, este v. é aplicado ao dia da ressurreição de Cristo e utilizado na liturgia pascal.
c) À aclamação ritual do v. 25 (em hebr. *hoshi'ah na'*, "dá a salvação", de onde Hosana) os sacerdotes respondiam com esta bênção que foi retomada pela multidão no dia dos ramos. Ela entrou para o *Sanctus* da missa romana.
d) "Formai..." 'lit. "Começai cerimônia com ramos". Rito dos *lulab*, tirsos ou palmas que se agitavam ao redor do altar.
e) Sl "alfabético". Os oito versos de cada estrofe começam por uma das 22 letras do alfabeto hebraico e contém cada uma, salvo uma só exceção, v. 122, um dos termos que designam a Lei: testemunho, preceito, estatuto, mandamento, promessa, palavra, norma, caminho. O termo lei e seus sinônimos devem ser tomados aqui no sentido mais lato de ensinamento revelado, assim como os profetas o transmitiram. Temos neste salmo um dos monumentos mais característicos da devoção israelita para com a Revelação divina.

⁶ Então eu não terei vergonha
  ao considerar todos os teus mandamentos.
⁷ Eu te celebrarei de coração reto,
  aprendendo tuas justas normas.
⁸ Observarei teus estatutos,
  não me abandones completamente.

Bet

⁹ Como um jovem conservará puro o seu caminho?
  Observando a tua palavra.
¹⁰ Eu te busco de todo o coração,
  não me deixes afastar dos teus mandamentos.
¹¹ Conservei tuas promessas no meu coração
  para não pecar contra ti.
¹² Bendito sejas, Iahweh,
  ensina-me teus estatutos.
¹³ Com meus lábios eu enumero
  todas as normas de tua boca.
¹⁴ Alegro-me com o caminho dos teus testemunhos,
  mais do que com todas as riquezas.
¹⁵ Meditarei teus preceitos
  e considerarei teus caminhos.
¹⁶ Delicio-me com teus estatutos
  e não me esqueço da tua palavra.

Sl 25,4; 143,10

Guimel

¹⁷ Faze o bem ao teu servo e eu viverei[a]
  observando a tua palavra.
¹⁸ Abre meus olhos para eu contemplar
  as maravilhas que vêm de tua lei.
¹⁹ Eu sou um estrangeiro na terra,
  não escondas de mim teus mandamentos.
²⁰ Minha alma se consome, desejando
  tuas normas todo o tempo.
²¹ Ameaças os soberbos,[b] os malditos,
  que se desviam dos teus mandamentos.
²² Tira de mim[c] o ultraje e o desprezo,
  pois eu guardo os teus testemunhos.
²³ Príncipes se reúnam e falem contra mim,
  o teu servo medita os teus estatutos.
²⁴ Teus testemunhos são as minhas delícias,
  teus estatutos[d] são os meus conselheiros.

Sl 39,13 +

Dalet

²⁵ Minha garganta está pegada ao pó,
  dá-me vida pela tua palavra.
²⁶ Enumero meus caminhos, tu me respondes,
  ensina-me teus estatutos.
²⁷ Faze-me entender o caminho de teus preceitos,
  e eu meditarei sobre as tuas maravilhas.
²⁸ Minha alma se desfaz de tristeza,
  põe-me de pé, conforme tua palavra.

= Sl 44,26

---

a) A "vida" é entendida neste Sl em sentido pleno: felicidade, segurança, desenvolvimento. Tema frequente em Ezequiel (Ez 3,21; 18,33. Cf. Dt 4,1; Sl 133,3; etc.).

b) Os grandes inimigos de Deus, vv. 51.69.78.85.122 (Sl 19,14; 86,14; Is 13,11; Ml 3,19).
c) Lit.: "rola para longe de mim".
d) "teus estatutos", grego, omitido pelo hebr.

	²⁹ Afasta-me do caminho da mentira,
	e gratifica-me com tua lei.
	³⁰ Escolhi o caminho da verdade,
	e me conformo às tuas normas.
	³¹ Apego-me aos teus testemunhos,
	Iahweh, não me deixes envergonhado.
	³² Corro no caminho dos teus mandamentos,
	pois tu alargas o meu coração.

Hê

³³ Indica-me, Iahweh, o caminho dos teus estatutos,   Sl 19,12
    eu quero guardá-lo como recompensa.*ᵃ*
³⁴ Faze-me entender*ᵇ* e guardar tua lei,
    para observá-la de todo o coração.
³⁵ Guia-me no caminho dos teus mandamentos,
    pois nele está meu prazer.
³⁶ Inclina meu coração para os teus testemunhos,
    e não para o proveito.
³⁷ Evita que meus olhos vejam o que é inútil,
    dá-me vida com tua palavra.*ᶜ*
³⁸ Confirma tua promessa ao teu servo,
    para que sejas temido.
³⁹ Desvia de mim o ultraje que eu temo,
    pois tuas normas são boas.
⁴⁰ Eis que eu desejo teus preceitos,
    dá-me vida pela tua justiça.

Waw

⁴¹ Que teu amor venha até mim, Iahweh,
    e tua salvação, conforme tua promessa!
⁴² Que eu responda ao ultraje pela palavra,
    pois eu confio na tua palavra.
⁴³ Não me tires da boca a palavra da verdade,*ᵈ*
    pois eu espero em tuas normas.
⁴⁴ Observarei tua lei sem cessar,
    para sempre e eternamente.
⁴⁵ Andarei por um caminho largo,   Esd 7,10
    pois eu procuro teus preceitos.*ᵉ*
⁴⁶ Falarei de teus testemunhos diante dos reis,
    sem ficar envergonhado.
⁴⁷ Em teus mandamentos estão as minhas delícias:
    eu os amo.
⁴⁸ Levanto as mãos aos teus mandamentos, que amo,
    e medito em teus estatutos.

Záin

⁴⁹ Lembra-te da tua palavra ao teu servo,
    na qual tu me fazes esperar.
⁵⁰ Esta é a minha consolação na minha miséria:
    a tua promessa me dá vida.
⁵¹ Os soberbos caçoam de mim à vontade,
    mas eu não me desvio de tua lei.

---

a) A fidelidade aos mandamentos constitui já a alegria e a recompensa do justo.
b) Ou: "Dá-me inteligência". Este desejo, bastante repetido aqui, frequentemente é expresso também pelos Sábios.
c) "com tua palavra", mss, Targ.; "em teu caminho", TM.
d) O hebr. acrescenta "muito", que deve ser referido ao v. 47 (cf. grego, sir.).
e) O fiel quer simultaneamente compreender a Lei e fazer dela regra de vida. Tal estudo está na origem da literatura "midráshica" (termo que vem de *darash*, "procurar", "pesquisar").

⁵²Recordo tuas normas de outrora,
   Iahweh, e me consolo.
⁵³Fiquei enfurecido frente aos ímpios
   que abandonam tua lei.
⁵⁴Teus estatutos são cânticos para mim,
   para minha casa de peregrino.
⁵⁵Lembro-me do teu nome pela noite, Iahweh,
   e observo tua lei.
⁵⁶Esta é a parte que me cabe:
   observar os teus preceitos.

Het

⁵⁷Minha parte, Iahweh, eu o digo,
   é observar as tuas palavras.
⁵⁸De todo o coração busco acalmar tua face,
   tem piedade de mim, conforme tua promessa!
⁵⁹Reflito em meus caminhos,
   voltando meus pés para teus testemunhos.
⁶⁰Apresso-me e não me atraso
   em observar teus mandamentos.
⁶¹Os laços dos ímpios me envolvem,
   não me esqueço de tua lei.
⁶²Levanto-me à meia-noite para te celebrar
   por tuas normas justas.
⁶³Associo-me a todos os que te temem,
   e observam tuas normas.
⁶⁴A terra, Iahweh, está cheia do teu amor,
   ensina-me teus estatutos.

Tet

⁶⁵Agiste bem com o teu servo,
   Iahweh, segundo a tua palavra.
⁶⁶Ensina-me o bom senso e o saber,
   pois eu creio nos teus mandamentos.
⁶⁷Antes de ser afligido eu me desviava,
   agora observo a tua promessa.
⁶⁸Tu és bom e benfeitor,
   ensina-me teus estatutos.
⁶⁹Os soberbos lançam calúnia contra mim,
   de todo o coração eu guardo teus preceitos.
⁷⁰Seu coração é espesso como gordura,
   eu me delicio com tua lei.
⁷¹Para mim é bom ser afligido
   para aprender teus estatutos.
⁷²A lei da tua boca é um bem para mim,
   mais que milhões em ouro e prata.

Yod

⁷³Tuas mãos me fizeram e firmaram,
   faze-me entender, aprender teus mandamentos.
⁷⁴Que os que temem a ti vejam-me com alegria,
   pois espero em tua palavra.
⁷⁵Sei, Iahweh, que tuas normas são justas,
   e que por fidelidade me afliges.
⁷⁶Que teu amor seja minha consolação,
   conforme tua promessa ao teu servo!
⁷⁷Que tua misericórdia venha a mim, e viverei,
   pois tua lei são as minhas delícias.

⁷⁸ Envergonhem-se os soberbos que me lançam calúnias!
  Medito os teus preceitos.
⁷⁹ Voltem-se a mim os que temem a ti,
  os que conhecem teus testemunhos.
⁸⁰ Que meu coração seja íntegro em teus estatutos,
  para que não fique envergonhado.

Kaf

⁸¹ Eu me consumo pela tua salvação,
  espero pela tua palavra.
⁸² Meus olhos se consomem pela tua promessa:*a*
  quando me consolarás?
⁸³ Estou como um odre na fumaça,
  nunca me esqueço dos teus estatutos.
⁸⁴ Quantos serão os dias do teu servo?
  Quando me farás justiça contra meus perseguidores?
⁸⁵ Abriram covas para mim os soberbos
  que não andam conforme tua lei.
⁸⁶ Teus mandamentos todos são verdade;
  quando a mentira me persegue, ajuda-me!
⁸⁷ Por pouco não me lançavam por terra,
  mas eu não abandono teus preceitos.
⁸⁸ Vivifica-me, conforme o teu amor,
  e observarei o testemunho de tua boca.

Lamed

⁸⁹ Iahweh, tua palavra é para sempre,
  ela está firmada no céu;
⁹⁰ tua verdade continua, de geração em geração:
  fixaste a terra, e ela permanece.
⁹¹ Tudo existe até hoje conforme tuas normas,
  pois todas as coisas te servem.
⁹² Se tua lei não fosse o meu prazer,
  eu já teria perecido na miséria.
⁹³ Jamais esquecerei teus preceitos,
  pois é por eles que me fazes viver.
⁹⁴ Eu pertenço a ti: salva-me,
  pois busco teus preceitos.
⁹⁵ Que os ímpios espreitem minha ruína:
  sei discernir teus testemunhos.
⁹⁶ Vi o limite de toda perfeição:
  teu mandamento é muito amplo.

Mem

⁹⁷ Como amo a tua lei!
  Medito-a todo o dia.
⁹⁸ Teu mandamento me faz mais sábio que meus inimigos,
  porque ele me pertence para sempre.
⁹⁹ Percebo mais do que todos os meus mestres,
  porque medito teus testemunhos.
¹⁰⁰ Tenho mais discernimento que os idosos,
  porque observo os teus preceitos.
¹⁰¹ Desvio meus pés de todo caminho mau,
  para observar a tua palavra.

---

a) O hebr. acrescenta "dizendo" (ditografia do início da palavra precedente). — "consumo... consomem", lit.: "minha alma se destruirá... meus olhos se destruirão..."

¹⁰²Jamais me desvio de tuas normas,
porque és tu que me ensinas.
¹⁰³Quão doce ao meu paladar é tua promessa,
é mais do que o mel em minha boca!
¹⁰⁴Com teus preceitos sou capaz de discernir
e detestar todo caminho mau.

Nun

¹⁰⁵Tua palavra é lâmpada para os meus pés,
e luz para o meu caminho.
¹⁰⁶Jurei, e sustento:
observar as tuas normas justas.
¹⁰⁷Estou por demais humilhado, Iahweh,
vivifica-me, conforme tua palavra.
¹⁰⁸Iahweh, aceita a oferta de minha boca
e ensina-me tuas normas.
¹⁰⁹Minha vida está sempre em minha mão,ᵃ
não me esqueço de tua lei.
¹¹⁰Os ímpios estendem um laço para mim,
e não me desvio de teus preceitos.
¹¹¹Teus testemunhos são minha herança para sempre,
a alegria do meu coração.
¹¹²Aplico meu coração a praticar teus estatutos,
é a minha recompensa para sempre.

Samec

¹¹³Detesto os corações divididos
e amo a tua lei.
¹¹⁴Tu és meu abrigo e meu escudo,
espero em tua palavra.
¹¹⁵Afastai-vos de mim, perversos,
guardarei os mandamentos do meu Deus.
¹¹⁶Sustenta-me, conforme tua promessa, e viverei,
não deixes que minha esperança me envergonhe.
¹¹⁷Apoia-me e serei salvo
e estarei sempre atento aos teus estatutos.
¹¹⁸Desprezas todos os que se desviam dos teus estatutos,
pois o seu cálculo é mentira.
¹¹⁹Reduzesᵇ à escória todos os ímpios da terra,
por isso amo teus testemunhos.
¹²⁰Minha carne se arrepia com temor de ti,
e temo por causa de tuas normas.

Áin

¹²¹Pratiquei o direito e a justiça,
não me entregues aos meus opressores,
¹²²Sê fiador do teu servo para o bem,
que os soberbos não me oprimam.
¹²³Meus olhos se consomem pela tua salvação,
e pela promessa da tua justiça.
¹²⁴Age com teu servo conforme teu amor,
e ensina-me teus estatutos.
¹²⁵Eu sou teu servo, faze-me discernir
e *compreenderei* teus testemunhos.

---

a) Isto é: estou pronto a arriscar minha vida a cada instante.

b) "Reduzes", TM; "Consideras como", 3 mss, Vulg., Áquila e Símaco.

¹²⁶ Iahweh,ᵃ é tempo de agir:
  eles violaram a tua lei.
¹²⁷ Por isso eu amo teus mandamentos,
  mais que ao ouro, e ouro refinado.
¹²⁸ Por isso eu me regro com teus preceitos todosᵇ
  e odeio todo caminho da mentira.

Pê ¹²⁹ Teus testemunhos são maravilhas
  por isso eu os guardo.
¹³⁰ A descoberta das tuas palavras ilumina,   Sl 73,17
  e traz discernimento aos simples.
¹³¹ Abro minha boca e aspiro,
  pois anseio pelos teus mandamentos.
¹³² Volta-te para mim, tem piedade de mim,   = Sl 25,16
  é a justiça para os que amam o teu nome.   Sl 5,12; 91,14
¹³³ Firma meus passos com tua promessa
  e não deixes mal nenhum me dominar.
¹³⁴ Resgata-me da opressão do homem
  e observarei teus preceitos.
¹³⁵ Ilumina tua face para o teu servo,   Sl 4,7 +
  e ensina-me teus estatutos.
¹³⁶ Torrentes de lágrimas descem dos meus olhos,   Ez 9,4
  porque não observam a tua lei.   Esd 9,3s

Çade ¹³⁷ Tu és justo, Iahweh,
  e tuas normas são retas.
¹³⁸ Como justiça, ordenaste teus testemunhos,
  como verdade suprema.
¹³⁹ Meu zeloᶜ me consome,   = Sl 69,10
  pois meus adversários esquecem tuas palavras.
¹⁴⁰ Tua promessa é puríssima
  e teu servo a ama.
¹⁴¹ Sou pequeno e desprezado,
  mas não esqueço teus preceitos.
¹⁴² Tua justiça é para sempre,
  e tua lei é a verdade.
¹⁴³ Angústia e opressão me atingiram,
  teus mandamentos são minhas delícias.
¹⁴⁴ Teus testemunhos são justiça para sempre,
  dá-me discernimento e eu viverei.

Qof ¹⁴⁵ Clamo de todo o coração, responde-me, Iahweh!
  Eu observarei teus estatutos.
¹⁴⁶ Clamo a ti, salva-me!
  Eu guardarei teus testemunhos.
¹⁴⁷ *Antecipo* a aurora e imploro,
  esperando pelas tuas palavras.
¹⁴⁸ Meus olhos antecipam as vigílias   Sl 63,7; 77,5
  para meditar a tua promessa.
¹⁴⁹ Iahweh, ouve minha voz com teu amor,
  faze-me reviver, conforme as tuas normas.

---

a) "Iahweh", 1 ms, Jerônimo; "Para Iahweh", TM.
b) Com o grego e Jerônimo; hebr. corrompido, lit.: "Declaro retos todos os preceitos de tudo".
c) O grego lê "Teu zelo" ou "O zelo da tua casa" (cf. Sl 69,10).

¹⁵⁰ Perseguidores^a infames se aproximam,
   eles se afastam de tua lei.
¹⁵¹ Tu estás próximo, Iahweh,
   e teus mandamentos todos são verdade.
¹⁵² Conheço teus testemunhos há tempo,
   porque os firmaste para sempre.

Resh

¹⁵³ Vê minha miséria e liberta-me,
   pois não me esqueço de tua lei.
¹⁵⁴ Redime a minha causa e defende-me,
   pela tua promessa faze-me reviver.
¹⁵⁵ A salvação está longe dos ímpios,
   pois não procuram teus estatutos.
¹⁵⁶ Iahweh, tua compaixão é grande,
   faze-me reviver, conforme tuas normas.
¹⁵⁷ Meus perseguidores e meus opressores são numerosos,
   mas eu não me afastei dos teus testemunhos.
¹⁵⁸ Vi os traidores e fiquei desgostoso:
   eles não observam tua promessa.
¹⁵⁹ Vê como eu amo teus preceitos, Iahweh,
   faze-me reviver, conforme o teu amor.
¹⁶⁰ O princípio da tua palavra é a verdade,
   tuas normas são justiça para sempre.

Shin

¹⁶¹ Príncipes me perseguem sem motivo,
   meu coração teme as tuas palavras.
¹⁶² Alegro-me com tua promessa,
   como quem acha um grande despojo.
¹⁶³ Detesto e abomino a mentira,
   e amo a tua lei.
¹⁶⁴ Sete vezes por dia eu te louvo
   por causa de tuas normas justas.
¹⁶⁵ É grande a paz dos que amam a tua lei,
   para eles não existe um tropeço.
¹⁶⁶ Eu espero tua salvação, Iahweh,
   e pratico teus mandamentos.
¹⁶⁷ Observo os teus testemunhos,
   eu os amo de fato.
¹⁶⁸ Observo teus preceitos e teus testemunhos,
   meus caminhos estão todos à tua frente.

Taw

¹⁶⁹ Que meu grito chegue à tua presença, Iahweh,
   dá-me discernimento, conforme tua palavra!
¹⁷⁰ Que minha súplica chegue à tua presença,
   liberta-me, conforme tua promessa!
¹⁷¹ Que meus lábios publiquem o louvor,
   pois tu me ensinas os teus estatutos.
¹⁷² Que minha língua cante a tua promessa,
   pois teus mandamentos todos são justiça.
¹⁷³ Que a tua mão venha socorrer-me,
   pois escolhi teus preceitos.
¹⁷⁴ Desejo tua salvação, Iahweh,
   e minhas delícias estão em tua lei.

---

a) Lit.: "Os que me perseguem", 12 mss e versões; "Os que perseguem (a infâmia)", TM.

¹⁷⁵ Que eu possa viver para te louvar,
e tuas normas venham socorrer-me.
¹⁷⁶ Eu me desvio como ovelha perdida:[a]
vem procurar o teu servo!

Sim, eu nunca me esqueço dos teus mandamentos!

SALMO 120 (119)

Os inimigos da paz[b]

¹*Cântico das subidas.*

Em minha angústia grito a Iahweh, e ele me responde.
² Livra-me, Iahweh, dos lábios mentirosos,
da língua traidora!

³ Que te será dado ou acrescentado,[c]
ó língua traidora?
⁴ Flechas de guerreiro, afiadas
com brasas de giesta.

⁵ Ai de mim, peregrino em Mosoc,[d]
acampado nas tendas de Cedar!

⁶ Já há muito que moro
com os que odeiam a paz.
⁷ Eu sou pela paz, mas, quando falo,
eles são pela guerra.

SALMO 121 (120)

O guarda de Israel[e]

¹*Cântico para as subidas.*

Ergo os olhos para as montanhas:
de onde virá meu socorro?
² Meu socorro vem de Iahweh,
que fez o céu e a terra.

³ Não deixará teu pé tropeçar,
o teu guarda jamais dormirá!
⁴ Sim, não dorme nem cochila
o guarda de Israel.

⁵ Iahweh é teu guarda, tua sombra,
Iahweh está à tua direita.

---

a) O tema profético das ovelhas desgarradas (Ez 34,1+) é aqui aplicado ao indivíduo.
b) Os "cânticos das subidas" (Sl 120-134), sem dúvida, eram cantados pelos peregrinos a caminho de Jerusalém (cf. Sl 84,7+; Is 30,39). Com exceção do Sl 132, são formados de versos "elegíacos", com estíquios desiguais, e utilizam frequentemente o "ritmo gradual": as mesmas palavras ou expressões são retomadas em eco de um verso para o outro (cf. aqui vv. 2-3.5.6.7).
c) É a forma habitual do juramento imprecatório (cf. Rt 1,17+; 1Sm 3,17; 14,44; 20,13; 25,22).
d) Terra dos moscos, povoado do Cáucaso (Gn 10,2; Ez 27,13), onde reinará Gog (Ez 38,2). Os árabes de Cedar povoavam o deserto sírio. O poeta toma "Mosoc" e "Cedar" como sinônimos de "bárbaros".
e) Este Sl, relembrando aos fiéis que Deus os guarda, convinha aos peregrinos que subiam a Jerusalém por caminhos penosos. Convém também ao cristão, a caminho da Jerusalém celeste.

⁶De dia o sol não te ferirá
   nem a lua de noite.

⁷Iahweh te guarda de todo o mal,
   ele guarda a tua vida;

⁸Iahweh guarda a tua partida e chegada,
   desde agora e para sempre.

SALMO 122 (121)

*Saudação a Jerusalém*ᵃ

¹*Cântico das subidas. De Davi.*

Que alegria quando me disseram:
   "Vamos à casa de Iahweh!"
²Por fim nossos passos se detêm
   às tuas portas, Jerusalém!

³Jerusalém, construída como cidade
   em que tudo está ligado,ᵇ
⁴para onde sobem as tribos,
   as tribos de Iahweh,
   é uma razão para Israel celebrarᶜ
   o nome de Iahweh.
⁵Pois ali estão os tronos da justiça,
   os tronos da casa de Davi.

⁶Pedi a paz para Jerusalém:
   Que estejam tranquilos os que te amam!ᵈ
⁷Haja paz em teus muros
   e estejam tranquilos teus palácios!

⁸Por meus irmãos e meus amigos
   eu desejo: "A paz esteja contigo!"
⁹Pela casa de Iahweh nosso Deus
   eu peço: "Felicidade para ti!"

SALMO 123 (122)

*Oração dos deserdados*ᵉ

¹*Cântico das subidas.*

A ti eu levanto meus olhos,
   a ti, que habitas no céu.
²sim, como os olhos dos escravos
   para a mão do seu senhor.

---

a) Detendo-se às portas da Cidade santa, os peregrinos dirigem-lhe sua saudação: *Shalôm* ("Paz"), jogando com a etimologia popular de Jerusalém "cidade de paz" (cf. Sl 76,3). A paz desejada fazia parte das esperanças messiânicas (cf. Is 11,6+; Os 2,20+). O amor pela sagrada Sião (2Sm 5,9+) é traço da devoção judaica (cf. Sl 48; 84; 87; 133; 137).
b) Jerusalém, solidamente restaurada (cf. Ne 2,17s), é o símbolo da unidade do povo eleito (versões: "onde a comunidade é una") e a figura da unidade da Igreja.
c) Lit.: "testemunho para Israel, para que ele celebre": a Cidade santa é o sinal visível dos benefícios divinos, a garantia das promessas messiânicas.
d) Para respeitar o paralelismo, alguns preferem corrigir "os que te amam" *'ohabayk*, hebr. em "tuas tendas" *'oholayk*.
e) Este Sl data, sem dúvida, dos tempos que se seguiram à volta do Exílio ou da época de Neemias, quando a comunidade renascente era alvo do desprezo e dos ataques dos pagãos (cf. Ne 2,19; 3,36).

Como os olhos da escrava
 para a mão da sua senhora,
assim estão nossos olhos
 em Iahweh nosso Deus,
até que se compadeça de nós.

³ Piedade, Iahweh! Tem piedade! _{Ne 3,36}
 Estamos fartos, saciados de desprezo! _{Sl 44,14s}
⁴ Nossa vida está farta por demais _{Jó 12,5}
 do sarcasmo dos satisfeitos! _{Zc 1,15}

(O desprezo é para os soberbos!)ᵃ

SALMO 124 (123)

*O salvador de Israel*ᵇ

¹*Cântico das subidas. De Davi.*

Não estivesse Iahweh do nosso lado
 — Israel que o digaᶜ —
² não estivesse Iahweh do nosso lado   = Sl 129,1
 quando os homens nos assaltaram... _{Sl 118,2s}
³ Ter-nos-iam tragado vivos, _{Pr 1,12}
 tal o fogo de sua ira!

⁴ As águas nos teriam inundado, _{Sl 18,5 +}
 a torrente chegando ao pescoço;
⁵ as águas espumejantes
 chegariam ao nosso pescoço!

⁶ Bendito seja Iahweh! Não nos entregou
 como presas de seus dentes;
⁷ fugimos vivos, como um pássaro _{Pr 6,5}
 da rede do caçador:
a rede se rompeu
 e nós escapamos.

⁸ O socorro nosso é o nome de Iahweh   = Sl 121,2
 que fez o céu e a terra!

SALMO 125 (124)

Deus protege os seus

¹*Cântico das subidas.* _{Pr 10,25}

Os que confiam em Iahweh são como o monte Sião:
 nunca se abala, está firme para sempre.
² Jerusalém... as montanhas a envolvem, _{Dt 32,10}
 _{Mt 28,20}

---

a) Adição da época macabaica, talvez sob a perseguição de Antíoco Epífanes. O texto é obscuro a respeito do assunto. *Qerê:* "O desprezo é para os soberbos gregos"; mas no texto consonantal e nas versões, a palavra "grego" foi ligada à palavra precedente (dando uma forma possível da palavra "soberbos"), para camuflar a alusão xenófoba.

b) Ação de graças pela superação das provações, descritas sob as imagens tradicionais: feras, inundações, ciladas.

c) A multidão é convidada a repetir a primeira frase sob a forma de antífona.

e Iahweh envolve o seu povo,
desde agora e para sempre.

Sl 119,13

³O cetro do ímpio não permanecerá
sobre a parte dos justos,
para que a mão dos justos
não se estenda ao crime.

Sl 18,26s
Ex 21,25 +

⁴Faze o bem, Iahweh, aos bons,
aos corações retos;

Pr 3,32
Sl 92,10
= Sl 126,6
Gl 6,16

⁵e os que se desviam por trilhas tortuosas,
que Iahweh os expulse com os malfeitores.

Paz sobre Israel!

SALMO 126 (125)

***A volta do Exílio**ᵃ*

¹Cântico das subidas.

Quando Iahweh fez voltar os exilados de Sião,
ficamos como quem sonha:

|| Jó 8,21
Ez 36,36

²a boca se nos encheu de riso,
e a língua de canções...

Até entre as nações se comentava:
"Iahweh fez grandes coisas por eles!"

Lc 1,49

³Iahweh fez grandes coisas por nós,
por isso estamos alegres.

⁴Iahweh, faze voltar nossos exilados,
como torrentes pelo Negueb!ᵇ

Is 25,8-9
Br 4,23
Ap 21,4

⁵Os que semeiam com lágrimas,
ceifam em meio a canções.

Jr 31,9
Is 65,19
Jo 12,24;
16,20

⁶Vão andando e chorando
ao levar a semente;
ao voltar, voltam cantando,
trazendo seus feixes.

SALMO 127 (126)

***Abandono à Providência**ᶜ*

Dt 8,11-18
Pr 3,5-6;
10,22
Mt 6,25-34
Jo 15,5

¹Cântico das subidas. De Salomão.

Se Iahweh não constrói a casa,
em vão labutam os construtores;
se Iahweh não guarda a cidade,
em vão vigiam os guardas.

---

a) Para os repatriados, lutando com as dificuldades da restauração (cf. Ne 5 etc.), a volta do Exílio da Babilônia prefigura a vinda da era messiânica.
b) Quase sempre secas (cf. Jó 6,15), elas se enchem bruscamente no inverno e fertilizam a terra.

c) O trabalho do homem está voltado ao fracasso se Deus não o fecunda; pão cotidiano e descendência são dons de Deus.

² É inútil que madrugueis,
  e que atraseis o vosso deitar
  para comer o pão com duros trabalhos:
  ao seu amado ele o dá enquanto dorme!*ª*

³ Sim, os filhos são a herança de Iahweh,
  é um salário o fruto do ventre!
⁴ Como flechas na mão do guerreiro
  são os filhos da juventude.

⁵ Feliz o homem
  que encheu sua aljava com elas:
  não ficará envergonhado diante das portas,*ᵇ*
  ao litigar com seus inimigos.

SALMO 128 (127)

*Bênção para o fiel*ᶜ

¹*Cântico das subidas*.

  Felizes todos os que temem a Iahweh
    e andam em seus caminhos!

² Do trabalho de tuas mãos comerás,
  tranquilo e feliz:
³ tua esposa será vinha frutuosa,
  no coração de tua casa;
  teus filhos, rebentos de oliveira,
  ao redor de tua mesa.

⁴ Assim vai ser abençoado
  o homem que teme a Iahweh.

⁵ Que Iahweh te abençoe de Sião,
  e verás a prosperidade de Jerusalém
  todos os dias de tua vida;
⁶ e verás os filhos de teus filhos.

    Paz sobre Israel!

SALMO 129 (128)

Contra os inimigos de Sião

¹*Cântico das subidas*.

  Quanto me oprimiram desde a juventude,*ᵈ*
    — Israel que o diga! —
² quanto me oprimiram desde a juventude,
  mas nunca puderam comigo!

---

a) "enquanto dorme", lit.: "no sono", termo aramaico talvez acrescentado; as versões leram: "quando ele cumula de sono seus amados". — O título hebraico viu no "amado" Salomão (cf. 2Sm 12,25) e no "sono" talvez o sonho de Gabaon (1Rs 3,5).
b) Onde eram realizados os processos e os negócios (cf. Dt 21,19; 22,15; Rt 4,1 etc.).
c) Este Sl celebra a felicidade doméstica que Deus concede ao justo, segundo a doutrina dos Sábios sobre a retribuição temporal.
d) O tempo da estada no Egito e da entrada em Canaã.

^{Is 51,23}
> ³ Os lavradores lavraram minhas costas
> e alongaram seus sulcos;
> ⁴ mas Iahweh é justo: cortou
> os chicotes dos ímpios.

> ⁵ Voltem atrás, envergonhados,
> os que odeiam Sião;

^{Is 37,27}
> ⁶ sejam como a erva do telhado,
> que seca antes da ceifa^a

> ⁷ e não enche a mão do ceifador,
> nem a braçada do que enfeixa.

^{Rt 2,4}
> ⁸ E que os passantes não digam:
> "A bênção de Iahweh sobre vós!"

^{Sl 118,26}
> Nós vos abençoamos em nome de Iahweh!

SALMO 130 (129)

De profundis^b

^{Sl 18,5; 69,3
Jn 2,3
Lm 3,55
Sl 5,2-3;
55,2-3;
2Cr 6,40;
7,15
Ne 1,6s}
> ¹ Cântico das subidas.
>
> Das profundezas clamo a ti, Iahweh:
> ² Senhor, ouve o meu grito!
> Que teus ouvidos estejam atentos
> ao meu pedido por graça!

^{Jó 9,2
Na 1,6}
> ³ Se fazes conta das culpas, Iahweh,
> Senhor, quem poderá se manter?

^{Mq 7,18
Ex 34,7
1Rs 8,39-40
Sl 56,5;
119,81}
> ⁴ Mas contigo está o perdão,
> para que sejas temido.^c

> ⁵ Eu espero, Iahweh, eu espero com toda a minha alma,
> esperando tua palavra;

^{Is 21,11;
26,9}
> ⁶ minha alma aguarda o Senhor
> mais que os guardas pela aurora.

^{Is 30,18
Sl 68,21; 86,
15; 100,5 +;
103,8 +
Mt 1,21
Sl 25,22
↗ Tt 2,14}
> Mais que os guardas pela aurora
> ⁷ aguarde Israel a Iahweh,^d
> pois com Iahweh está o amor,
> e redenção em abundância:
> ⁸ ele resgatará Israel
> de suas iniquidades todas.

---

a) Tradução incerta; "antes" é hápax. Propõe-se às vezes corrigir conforme o Targ., sir., e Is 37,27 (IQIsᵃ) para compreender: "que o vento do leste cha-musca".
b) Salmo de penitência (cf. 6,1), contudo, mais ainda salmo de esperança. A liturgia cristã dos mortos usa-o bastante, não como lamentação, mas como a prece em que se exprime a confiança no Deus redentor.
c) "para que sejas temido", lit. "para que te temam"; o grego traduziu: "por causa da tua lei", releitura jurídica.
d) Traduzido conforme o grego. O hebr. corrompido seria traduzido literalmente: "Eu espero Iahweh, minha alma espera e sua palavra aguardei. Minha alma para o Senhor mais que os guardas a aurora, os guardas a aurora. Que Israel aguarde a Iahweh".

SALMO 131 (130)
O espírito de infância[a]

¹*Cântico das subidas. De Davi.*

Iahweh, meu coração não se eleva,
 nem meus olhos se alteiam;
não ando atrás de grandezas,
 nem de maravilhas que me ultrapassam.
² Não! Fiz calar e repousar meus desejos,
 como criança desmamada no colo de sua mãe,
 como criança desmamada estão em mim meus desejos.
³ Israel, põe tua esperança em Iahweh,
 desde agora e para sempre!

SALMO 132 (131)
Para o aniversário da transladação da Arca[b]

¹*Cântico das subidas.*

Iahweh, lembra-te de Davi,
de suas fadigas todas,
² do juramento que fez a Iahweh,
 do seu voto ao Poderoso de Jacó:

³ "Não entrarei na tenda, minha casa,
 nem subirei à cama em que repouso,
⁴ não darei sono aos meus olhos,
 nem descanso às minhas pálpebras,
⁵ até que eu encontre um lugar para Iahweh,
 moradia para o Poderoso de Jacó".

⁶ Eis que ouvimos dela[c] em Éfrata,
 nós a encontramos nos Campos de Jaar.[d]
⁷ Entremos no lugar em que ele[e] mora,
 prostremo-nos diante do seu pedestal.

⁸ Levanta-te, Iahweh, para o teu repouso,
 tu e a Arca da tua força.
⁹ Que teus sacerdotes se vistam de justiça,
 e teus fiéis exultem de alegria.
¹⁰ Por causa de Davi, teu servo,
 não rejeites a face do teu messias.[f]

¹¹ Iahweh jurou a Davi
 uma verdade que jamais desmentirá:
 "É um fruto do teu ventre
 que eu porei em teu trono.

---

a) A alma em paz abandona-se a Deus sem inquietação ou ambição. A mesma confiança filial é pedida (v. 3) a todo o povo de Deus.
b) Salmo messiânico (cf. principalmente vv. 17-18). As promessas feitas por Deus (2Sm 7,1+) são apresentadas como a resposta divina ao juramento feito por Davi. Um processional (v. 6s) evoca o encontro e a transladação da Arca (1Sm 6,13s; 2Sm 6).
c) A Arca.
d) Topônimo aparentado a Cariat-Iarim, "a cidade das florestas", situada, como Belém, no distrito de Éfrata.
e) Iahweh.
f) O ungido de Iahweh, descendente de Davi, esperado por Israel. Ele partilhará o poder com os sacerdotes (cf. Sl 110,3; Zc 4,14; 6,13).

¹² Se teus filhos guardarem minha aliança
e o testemunho que lhes ensinei,
também os filhos deles para sempre
sentar-se-ão em teu trono".

Sl 68,17
2Sm 5,9 +

¹³ Porque Iahweh escolheu Sião,
desejou-a como residência própria:
¹⁴ "Ela é meu repouso para sempre,
aí habitarei, pois eu a desejei.

¹⁵ Abençoarei suas provisões com largueza
e saciarei de pão seus indigentes,

|| 2Cr 6,41
Is 61,10
Jr 31,14

¹⁶ de salvação vestirei seus sacerdotes,
e seus fiéis gritarão de alegria.

Ez 29,21
Is 11,1
Jr 33,15
Zc 3,8
↗ Lc 1,69

¹⁷ Ali farei brotar uma linhagem*ᵃ* a Davi,
e prepararei uma lâmpada*ᵇ* ao meu Messias:
¹⁸ vestirei seus inimigos de vergonha,
e sobre ele brilhará seu diadema".*ᶜ*

SALMO 133 (132)

*A vida fraterna*ᵈ

Sl 87

¹ *Cântico das subidas. De Davi.*

Vede: como é bom, como é agradável
habitar*ᵉ* todos juntos, como irmãos.

Ex 30,25.30
Sl 23,5

² É como óleo fino sobre a cabeça,
descendo pela barba,
a barba de Aarão, descendo
sobre a gola de suas vestes.*ᶠ*

Os 14,6
Dt 28,8;
30,20
Sl 36,10

³ É como o orvalho do Hermon, descendo
sobre os montes de Sião;
porque aí manda Iahweh a bênção,
a vida para sempre.

SALMO 134 (133)

*Para a festa noturna*ᵍ

= Sl 135,1-2
1Cr 9,33;
23,30
Sl 28,2;
63,5;
141,2

¹ *Cântico das subidas.*

E agora, bendizei a Iahweh,
servos todos de Iahweh!
Vós que servis na casa de Iahweh pelas noites,
nos átrios da casa do nosso Deus.*ʰ*

---

a) Lit.: "farei brotar um chifre" (cf. Sl 18,3+).
b) Cf. 1Rs 11,36; 15,4; 2Rs 8,19; 2Cr 21,7. Sobre a lâmpada que se extingue, cf. Jó 18,5; Jr 25,10. O Messias será a luz das nações (Is 42,6; 49,6; Lc 3,32).
c) Insígnia real (cf. Sl 89,40; 2Sm 1,10; 2Rs 11,12), mas também sacerdotal (Ex 28,36; 39,30). O Messias davídico é ao mesmo tempo sacerdote e rei (cf. Sl 110,4).
d) Trata-se aqui dos laços fraternos que unem sacerdotes e levitas no Templo e na cidade santa.
e) Ou: "sentar-se", talvez para refeição de comunhão, encerrando a peregrinação da festa das Tendas.
f) Pode-se traduzir também: "Que desce sobre a barba, que desce sobre a barba de Aarão, sobre a gola de suas vestes".
g) Convite à prece ou ao diálogo litúrgico entre os ministros do Templo e os peregrinos, talvez no decorrer da cerimônia noturna inaugurando a festa das Tendas (Ex 23,14+).
h) Com o grego e cf. Sl 135,2; estíquio omitido pelo hebraico.

² Levantai vossas mãos para o santuário
e bendizei a Iahweh!

³ Que Iahweh te abençoe de Sião
ele que fez o céu e a terra.ᵃ

= Sl 128,5
Sl 118,26
Nm 6,24

SALMO 135 (134)

*Hino de louvor*ᵇ

¹ Aleluia!
Louvai o nome de Iahweh,
louvai, servos de Iahweh!

= Sl 134,1
= Sl 113,1

² Vós que servis na casa de Iahweh,
nos átrios da casa do nosso Deus.

Sl 7,18 +

³ Louvai a Iahweh, pois Iahweh é bom,
tocai ao seu nome, pois ele é agradável.
⁴ Pois Iahweh escolheu Jacó para si,
fez de Israel seu bem próprio.

Sl 33,12
Ex 19,5
Dt 7,6 +

⁵ Sim, eu sei que Iahweh é grande,
que nosso Deus excede os deuses todos.

|| Ex 18,11
= Sl 95,3

⁶ Iahweh faz tudo o que deseja
no céu e sobre a terra,
nos mares e nos abismos todos.

= Sl 115,3

⁷ Faz subir as nuvens do horizonte,
faz relâmpagos para que chova,
tira o vento dos seus reservatórios.

|| Jr 10,13
|| Sl 51,16
Jó 28,26;
37,9
Sl 148,8

⁸ Ele feriu os primogênitos do Egito,
desde o homem até aos animais.

= Sl 136,10
Ex 12,29

⁹ Enviou sinais e prodígios
— no meio de ti, ó Egito —
contra Faraó e todos os seus ministros.

Sl 78,43

¹⁰ Ele feriu povos numerosos
e destruiu poderosos reis:

= Sl 136,17-22

¹¹ Seon, rei dos amorreus,
Og, rei de Basã,
e todos os reinos de Canaã;
¹² e deu as terras deles como herança,
como herança ao seu povo, Israel.

¹³ Iahweh, teu nome é para sempre!
Iahweh, tua lembrança repassa
de geração em geração.

Is 63,12
Sl 102,13
Ex 3,15
|| Dt 32,36

¹⁴ Porque Iahweh faz justiça ao seu povo
e se compadece dos seus servos.

¹⁵ Os ídolos das nações são prata e ouro,
obras de mãos humanas:

Sl 115,4-6

---

a) Esta bênção litúrgica (cf. Nm 6,23s) encerra o Saltério das "Subidas" (Sl 120,1+).

b) Este cântico de louvor é inteiramente construído com reminiscências ou empréstimos dos Sl ou de outros textos.

¹⁶têm boca, mas não falam;
   têm olhos, mas não veem;

¹⁷têm ouvidos, mas não ouvem;
   não há um sopro sequer em sua boca.
¹⁸Os que os fazem se tornam como eles,
   todos aqueles que neles confiam.

¹⁹Casa de Israel, bendizei a Iahweh!
   Casa de Aarão, bendizei a Iahweh!
²⁰Casa de Levi, bendizei a Iahweh!
   Vós que temeis a Iahweh, bendizei a Iahweh!

²¹Que Iahweh seja bendito desde Sião,
   ele que habita em Jerusalém!*ᵃ*

= Sl 115,8
Sl 115,9-11

SALMO 136 (135)

*Grande ladainha de ação de graças*ᵇ

Aleluia!*ᶜ*
¹Celebrai a Iahweh, porque ele é bom,
   porque o seu amor é para sempre!
²Celebrai o Deus dos deuses,
   porque o seu amor é para sempre!
³Celebrai o Senhor dos senhores,
   porque o seu amor é para sempre!

⁴Só ele realizou maravilhas,*ᵈ*
   porque o seu amor é para sempre!
⁵Ele fez os céus com inteligência,
   porque o seu amor é para sempre!
⁶Ele firmou a terra sobre as águas,
   porque o seu amor é para sempre!

⁷Ele fez os grandes luminares:
   porque o seu amor é para sempre!
⁸O sol para governar o dia,
   porque o seu amor é para sempre!
⁹A lua e as estrelas para governar a noite,
   porque o seu amor é para sempre!

¹⁰Ele feriu o Egito em seus primogênitos,
   porque o seu amor é para sempre!
¹¹E fez sair Israel do meio deles,
   porque o seu amor é para sempre!
¹²Com mão forte e braço estendido,
   porque o seu amor é para sempre!

¹³Ele dividiu o mar dos Juncos em duas partes,
   porque o seu amor é para sempre!

Dt 10,17
= Sl 72,18
Ex 15,11
Pr 3,19;
8,27-29
Sl 24,2
Gn 1,16
= Sl 78,51;
135,8
Dt 4,34
Ex 14,21s

---

a) Antífona litúrgica que serve de final a todo o hino.
b) Esta ladainha (cf. Dn 3,52-90) os judeus a chamam "grande *Hallel*"; era recitada na Páscoa, após o "pequeno *Hallel*" (Sl 113-118).
c) "Aleluia", grego; ligado pelo hebr. ao fim do Sl precedente.
d) O hebr. acrescenta "grandes", redundância.

¹⁴ E por entre elas fez passar Israel,
  porque o seu amor é para sempre!
¹⁵ Mas nele arrojou Faraó e seu exército,ᵃ
  porque o seu amor é para sempre!

¹⁶ Ele guiou o seu povo no deserto,   Dt 8,2.15
  porque o seu amor é para sempre!
¹⁷ Ele feriu reis famosos,
  porque o seu amor é para sempre!
¹⁸ Ele matou reis poderosos,
  porque o seu amor é para sempre!
¹⁹ Seon, rei dos amorreus,   Dt 2,30s
  porque o seu amor é para sempre!
²⁰ E Og, rei de Basã,   Dt 3,1s
  porque o seu amor é para sempre!

²¹ Ele deu a terra deles como herança,   Sl 44,3
  porque o seu amor é para sempre!
²² Como herança ao seu servo, Israel,   Is 41,8; 44,21
  porque o seu amor é para sempre!
²³ Ele se lembrou de nós em nossa humilhação,   ↗ Lc 1,48
  porque o seu amor é para sempre!
²⁴ Ele nos salvou dos nossos opressores,   Sl 106,43s ↗ Lc 1,71
  porque o seu amor é para sempre!

²⁵ Ele dá o pão a toda carne,   Sl 104,27; 145,15-16
  porque o seu amor é para sempre!
²⁶ Celebrai ao Deus do céu!   Dn 2,18
  porque o seu amor é para sempre!

SALMO 137 (136)

*Canto do exilado*ᵇ

¹ À beira dos canais de Babilônia   Ez 3,15
  nos sentamos, e choramos   Lm 3,48
  com saudades de Sião;
² nos salgueiros que ali estavam   Is 24,8
  penduramos nossas harpas.   Jr 25,10
       Lm 5,14

³ Lá, os que nos exilaram
  pediam canções,
  nossos raptoresᶜ queriam alegria:
  "Cantai-nos um canto de Sião!"

⁴ Como poderíamos cantar
  um canto de Iahweh
  numa terra estrangeira?
⁵ Se eu me esquecer de ti, Jerusalém,   Jr 51,50
  que me seque a mão direita!ᵈ

---

a) O hebr. repete "no mar dos Juncos", duplicata tirada do v. 13.
b) Este Sl evoca a lembrança da queda de Jerusalém em 587 e do Exílio na Babilônia.
c) "nossos raptores": *sholelênû*, Targ.; a palavra hebraica *tolalenû* é ininteligível.
d) "seque": *tikhash*, conj.; "esqueça": *tishkah*, hebr. (que deve ter voluntariamente procurado abrandar esta maldição).

⁶Que me cole a língua ao paladar
caso eu não me lembre de ti,
caso eu não eleve Jerusalém
ao topo da minha alegria!

⁷Iahweh, relembra
o dia de Jerusalém*a*
aos filhos de Edom,
quando diziam: "Arrasai-a!
Arrasai-a até os alicerces!"

⁸Ó devastadora filha de Babel,
feliz quem devolver a ti
o mal que nos fizeste!
⁹Feliz quem agarrar e esmagar
teus nenês contra a rocha!

SALMO 138 (137)

Hino de ação de graças

¹*De Davi.*

Eu te celebro, Iahweh, de todo o coração,
pois ouviste as palavras de minha boca.*b*
Na presença dos anjos*c* eu canto a ti,
²e me prostro voltado para o teu sagrado Templo.

Celebro teu nome, por teu amor e verdade,
pois tua promessa supera tua fama.*d*
³Quando eu gritei, tu me atendeste
e aumentaste*e* a força dentro de mim.

⁴Todos os reis da terra te celebrem, Iahweh,
pois eles ouvem as promessas de tua boca;
⁵e cantem os caminhos de Iahweh:
"Grande é a glória de Iahweh!
⁶Por mais alto que esteja, Iahweh vê os humildes
e conhece os soberbos de longe."

⁷Se eu caminho no meio da angústia, tu me fazes viver;
ao furor de meus inimigos tu estendes a mão
e tua direita me salva.
⁸Iahweh fará tudo por mim:
Iahweh, o teu amor é para sempre!
Não abandones a obra de tuas mãos!

---

a) O 9° dia do 4° mês (junho-julho de 587), quando os caldeus abriram uma brecha nos muros de Jerusalém (Jr 39,2; 52,7), ou o 10° dia do 5° mês, quando o Templo foi *incendiado* (Jr 52,13, cf. Zc 7,5; 8,19). Os edomitas (Nm 20,23+) tomaram então o partido dos assediadores. Numerosos oráculos proféticos invocavam sobre eles a vingança de Iahweh (Is 34,5s; Jr 49,17; Jl 4,19; Ml 1,3s).

b) Grego; estíquio omitido pelo hebr.
c) Em vez de "anjos" (grego, Vulg.; cf. Sl 8,6), traduz-se às vezes "deuses" (os ídolos que o salmista combate); o sir. traduz "reis" (cf. Sl 45,7), e o Targ. "juízes" (cf. Sl 58,2).
d) Lit.: "fizeste crescer tua promessa acima de toda a tua fama". Texto incerto.
e) "aumentaste", sir.; "tu me perturbaste", hebr.

SALMO 139 (138)

Homenagem ao Deus onisciente[a]

¹*Do mestre de canto. De Davi. Salmo.*

Jr 12,3

Iahweh, tu me sondas e conheces:
² conheces meu sentar e meu levantar,
de longe penetras o meu pensamento;
³ examinas meu andar e meu deitar,
meus caminhos todos são familiares a ti.

2Rs 19,27
Jó 31,4
Sl 44,22
Hb 4,13

⁴ A palavra ainda não me chegou à língua,
e tu, Iahweh, já a conheces inteira.
⁵ Tu me envolves por trás e pela frente,
e sobre mim pões a tua mão.
⁶ É um saber maravilhoso, e me ultrapassa,
é alto demais: não posso atingi-lo!

Mt 6,8

⁷ Para onde ir, longe do teu sopro?
Para onde fugir, longe da tua presença?
⁸ Se subo aos céus, tu lá estás;
se me deito no Xeol, aí te encontro.

Am 9,2-3
Jó 11,8-9;
23,8-9
Jr 23,23-24
Pr 15,11

⁹ Se tomo as asas da alvorada
para habitar nos limites do mar,
¹⁰ mesmo lá é tua mão que me conduz,
e tua mão direita que me sustenta.

¹¹ Se eu dissesse: "Ao menos a treva me cubra,
e a noite seja um cinto ao meu redor"[b] —
¹² mesmo a treva não é treva para ti,
tanto a noite como o dia iluminam.[c]

Jó 12,22;
34,22
Dn 2,22

¹³ Sim! Pois tu formaste os meus rins,
tu me teceste no seio materno.
¹⁴ Eu te celebro por tanto prodígio,
e me maravilho com as tuas maravilhas!

Jó 10,8s

Conhecias[d] até o fundo do meu ser:
¹⁵ meus ossos não te foram escondidos
quando eu era modelado, em segredo,
tecido na terra mais profunda.

¹⁶ Teus olhos viam o meu embrião.
No teu livro estão todos inscritos
os dias que foram fixados
e cada um deles nele figura.[e]

Ml 3,16
Dn 7,10
Sl 69,29;
Sl 31,16
Jó 14,5

¹⁷ Mas, a mim, que difíceis são teus projetos,
Deus meu, como sua soma é grande!

Jó 11,7
Ecle 18,5-7
Rm 11,33
Sl 40,6

---

a) Comparar esta meditação sobre a onisciência divina com a de Jó, em que se exprime o temor do homem sob o olhar de Deus (Jó 7,17-29+).
b) "cinto": '*ezor*, 11QPS1ª; "luz": '*or*, TM.
c) O texto acrescenta uma glosa aramaica: "como a treva, assim a luz".
d) "Conhecias", conj.; "Conhecendo", hebr.
e) "nele figura", *qerê* de alguns mss; "nele não figura", TM. — Texto difícil. O salmista medita sobre a onisciência divina: Deus conhece o homem e seu destino antes mesmo do seu nascimento (cf. Sl 22,11; 71,16), ao passo que, para o homem, o mistério é impenetrável.

¹⁸ Se os conto... são mais numerosos que areia!
E, se termino,ᵃ ainda estou contigo!

¹⁹ Ah! Deus, se matasses o ímpio...
Homens sanguinários, afastai-vos de mim!
²⁰ Eles falam de ti com ironia,
menosprezando os teus projetos!ᵇ
²¹ Não odiaria os que te odeiam, Iahweh?
Não detestaria os que se revoltam contra ti?
²² Eu os odeio com ódio implacável!
Eu os tenho como meus inimigos!

²³ Sonda-me, ó Deus, e conhece o meu coração!
Prova-me, e conhece minhas preocupações!
²⁴ Vê se não ando por um caminho fatal
e conduze-me pelo caminho eterno.

SALMO 140 (139)
Contra os maus

¹ *Do mestre de canto. Salmo. De Davi.*

² Iahweh, salva-me do homem perverso,
defende-me do homem violento:
³ eles planejam o mal em seu coração
e a cada dia provocam contendas;
⁴ afiam a língua como serpentes,
sob seus lábios há veneno de víbora. *Pausa*

⁵ Iahweh, guarda-me das mãos do ímpio,
defende-me do homem violento:
eles planejam tropeços aos meus passos;
⁶ᵇ estendem laços e redes sob meus pés,ᶜ
⁶ᵃ os soberbos escondem-me armadilhas,
⁶ᶜ colocam-me ciladas pelo caminho. *Pausa*

⁷ Eu digo a Iahweh: "Tu és o meu Deus,
Iahweh, ouve minha voz suplicante!
⁸ Iahweh, meu Senhor, força que me salva,
tu me proteges a cabeça no dia da batalha!
⁹ Iahweh, não aproves os desejos dos ímpios,
não favoreças os seus planos!"

Eles levantam ¹⁰a cabeça,ᵈ aqueles que me cercam,
que a malícia de seus lábios os recubra! *Pausa*
¹¹ Brasas acesas chovam sobre eles,ᵉ
caiam em abismos e não possam levantar!
¹² Que o caluniadorᶠ não se afirme sobre a terra,
que o mal persiga o violento até à morte!

---

a) "termino": *haqiççôtî*, 3 mss; "me desperto": *heqîçotî*, TM.
b) "teus projetos": *re'ēka*, conj.; cf. vv. 2.17; "tuas cidades": *'arêka*, hebr. — Todo este v. é incerto.
c) "sob meus pés", grego; omitido pelo hebr.
d) Segue-se o grego para 9b-10a. O hebr., mal dividido e mal vocalizado, é ininteligível; lit.: "(Não favoreças) sua conspiração, eles se levantam. Pausa. 10A cabeça dos que me cercam..."
e) "chovam", lit.: "chova": (*yamter*), conj.; "sejam abalados": *yimmôtû*, *qerê*, versões; "abalem": *yamitû*, *ketib*. — "acesas", lit.: "de fogo", grego; "no fogo", hebr.
f) Lit.: "o homem de língua".

¹³ Eu sei que Iahweh defenderá o direito dos indigentes
e fará justiça aos pobres.
¹⁴ E os justos celebrarão o teu nome,
os retos viverão em tua presença.

Sl 11,7;
16,11; 55,24

SALMO 141 (140)

Contra a sedução do mal

¹ *Salmo. De Davi.*

Iahweh, eu te chamo, socorre-me depressa!
Ouve minha voz quando clamo a ti!
² Suba minha prece como incenso em tua presença,
minhas mãos erguidas como oferta vespertina!ᵃ

Lv 2,2
Ex 30,8
Nm 28,4

³ Iahweh, coloca uma guarda em minha boca,
uma sentinela à porta dos meus lábios.
⁴ Impede meu coração de se inclinar ao mal,
de cometer a maldade com os malfeitores.

Não terei prazer em seus banquetes!
⁵ Que o justo me bata, que o bom me corrija,
que o óleo do ímpio não me perfume a cabeça,
pois me comprometeria com suas maldades.ᵇ

Pr 9,8;
25,12; 27,6.9
Sl 23,5 +

⁶ Eles estão entregues ao poder da Rocha, seu juiz,ᶜ
eles que tinham prazer quando me ouviam dizer:
⁷ "Como pedra do moinho rebentadaᵈ por terra,
estão espalhados nossos ossos à boca do Xeol."

⁸ A ti, Iahweh, elevo meus olhos,
eu me abrigo em ti, não me deixes sem defesa!
⁹ Guarda-me das armadilhas que armaram para mim,
e das ciladas dos malfeitores.

¹⁰ Caiam os ímpios, cada qual em sua rede,
enquanto eu escapo, em liberdade!

SALMO 142 (141)

Prece de um perseguidoᵉ

¹ *Poema. De Davi. Quando estava na caverna. Prece.*

Sl 57,1

² Gritando a Iahweh, eu imploro!
Gritando a Iahweh, eu suplico!
³ Derramo à sua frente o meu lamento,
à sua frente exponho a minha angústia,

---

a) Esta oblação cotidiana era regular. A devoção judaica assimila a prece aos sacrifícios (cf. Sl 51,18; ver também Ap 5,8; 8,4).
b) "ímpio": *rasha'*, grego, sir.; "excelente": *ro'sh*, hebr. — "me comprometeria": *hitlapattî*, segundo 11QPS1ᵃ; "minha prece": *tefilatî*, hebr. — O texto é muito obscuro. Pode-se compreender que o salmista tema as investidas dos ímpios que poderiam seduzi-lo.
c) Iahweh, "Rocha de Israel": Sl 18,3; 19,15; 42,10 etc. — "seu juiz" está no plural em hebr.; é plural majestático, como no Sl 58,12.
d) "pedra de moinho rebentada": *pelah yebûqqa'*, grego, sir.; "cavando e fendendo": *poleh ûboqe'a*, hebr.
e) Lamentação individual que será aplicada ao Cristo sofredor.

⁴enquanto meu alento desfalece;
mas tu conheces meu caminho!

No caminho em que ando
ocultaram para mim uma armadilha.
⁵Olha para a direita*ᵃ* e vê:
ninguém mais me reconhece,
nenhum lugar de refúgio,
ninguém que olhe por mim!

⁶Eu grito a ti, Iahweh,
e digo: Tu és meu refúgio,
minha parte na terra dos vivos!*ᵇ*
⁷Dá atenção ao meu grito,
pois já estou muito fraco.

Livra-me dos meus perseguidores,
pois eles são mais fortes do que eu!
⁸Faze-me sair da prisão
para que eu celebre o teu nome!
Os justos se ajuntarão ao meu redor,*ᶜ*
por causa do bem que me fizeste.

SALMO 143 (142)
Súplica humilde

¹*Salmo. De Davi.*ᵈ

Iahweh, ouve a minha prece,
dá ouvido às minhas súplicas,
por tua fidelidade, responde-me, por tua justiça!
²Não entres em julgamento com teu servo,
pois frente a ti nenhum vivente é justo!*ᵉ*

³O inimigo me persegue,
esmaga minha vida por terra,
faz-me habitar nas trevas
como os que estão mortos para sempre.

⁴Meu alento já vai se extinguindo,
e dentro de mim meu coração se assusta.

⁵Recordo os dias de outrora,
em todo o teu agir eu medito,
refletindo sobre a obra de tuas mãos;
⁶a ti estendo meus braços,
minha vida é terra sedenta de ti. *Pausa*

⁷Responde-me depressa, Iahweh,
pois meu alento está no fim!
Não escondas tua face de mim:
eu ficaria como os que baixam à cova.

---

a) A direita é o lugar do defensor (cf. Sl 109,31; Is 63,12).
b) Cá embaixo (cf. Sl 27,13; 52,7); comparar com Sl 16,5; 46,2; 91,2.
c) Grego e sir. traduzem: "Os justos esperam". — Todos os fiéis de Deus são solidários, associando-se à ação de graças do fiel que foi salvo por Deus (cf. Sl 64,11; 107,42).
d) O grego precisa: "quando seu filho (Absalão) o perseguia" (cf. Sl 63,1; 2Sm 15,13s).
e) Cf. Sl 51,7; 130,3. São Paulo utiliza esta passagem com bastante liberdade (Rm 3,20; Gl 2,16).

⁸ Faze-me ouvir teu amor pela manhã,
pois é em ti que eu confio;
indica-me o caminho a seguir,
pois eu me elevo a ti.

⁹ Livra-me dos meus inimigos, Iahweh,
pois estou protegido*ᵃ* junto a ti.
¹⁰ Ensina-me a cumprir tua vontade,
pois tu és o meu Deus;
que teu bom espírito me conduza
por uma terra aplanada.

¹¹ Por teu nome, Iahweh, tu me conservas,
por tua justiça tira-me da angústia,
¹² por teu amor aniquilas meus inimigos
e destróis meus adversários todos,
porque eu sou servo teu!

SALMO 144 (143)
*Hino para a guerra e a vitória*ᵇ

¹*De Davi.*

Bendito seja Iahweh, o meu rochedo,
que treina minhas mãos para a batalha
e meus dedos para a guerra;
² meu amor e minha fortaleza,
minha torre-forte e meu libertador,
o escudo em que me abrigo
e que a mim submete os povos.ᶜ

³ Iahweh, que é o homem para que o conheças,
o filho do mortal, para que o consideres?
⁴ O homem é como um sopro,
seus dias como a sombra que passa.

⁵ Iahweh, inclina teu céu e desce,
toca os montes, e eles fumegarão,
⁶ fulmina o raio e dispersa-os,
lança tuas flechas e afugenta-os!

⁷ Do alto estende a tua mão,
salva-me, livra-me das águas torrenciais,
da mão dos estrangeiros:
⁸ sua boca fala mentiras,
e sua direita é direita de perjúrio.

⁹ Ó Deus, eu canto a ti um cântico novo,
vou tocar para ti a harpa de dez cordas:
¹⁰ és tu que dás a vitória aos reis
e salvas Davi, teu servo.ᵈ

---

a) "estou protegido", Vulg.; "protegi", hebr.; "fugi", grego.
b) A primeira parte (vv. 1-11), abreviação de liturgia real, inspira-se no Sl 18 e outros Sl. A segunda (vv. 12-15), original, descreve a prosperidade messiânica.
c) "os povos", mss, versões; "meu povo", hebr. e grego; correção intencional para fazer alusão a Davi.
d) "Meu servo Davi" tornou-se título messiânico (Jr 33,21; Ez 34,23-24; 37,24).

Da espada cruel ¹¹salva-me!
Livra-me da mão dos estrangeiros:
sua boca fala mentiras
e sua direita é direita de perjúrio.

¹²Sejam nossos filhos como plantas,
crescidos desde a adolescência;
nossas filhas sejam colunas talhadas,ª
imagem de um palácio;

¹³nossos celeiros cheios, transbordantes
de frutos de toda espécie;
nossos rebanhos se multipliquem aos milhares
e miríades, em nossos campos;

¹⁴nossos bois estejam carregados;
não haja brecha ou fuga,
nem grito de alarme em nossas praças.

¹⁵Feliz o povo em que assim acontece,
feliz o povo cujo Deus é Iahweh!

SALMO 145 (144)
*Louvor ao Rei Iahweh*ᵇ

¹*Louvor. De Davi.*

	Alef	Eu te exalto, ó Rei meu Deus, e bendigo teu nome para sempre e eternamente.
	Bet	²Eu te bendirei todos os dias e louvarei teu nome para sempre e eternamente.
	Guimel	³Grande é Iahweh, e muito louvável, é incalculável a sua grandeza.
	Dalet	⁴Uma geração apregoa tuas obras a outra, proclamando as tuas façanhas.
	Hê	⁵Tua fama é esplendor de glória: cantarei o relato das tuas maravilhas.
	Waw	⁶Falarão do poder dos teus terrores, e eu cantarei a tua grandeza.
	Záin	⁷Difundirão a lembrança da tua bondade imensa e aclamarão a tua justiça.
	Het	⁸Iahweh é piedade e compaixão, lento para a cólera e cheio de amor;
	Tet	⁹Iahweh é bom para todos, compassivo com todas as suas obras.
	Yod	¹⁰Que tuas obras todas te celebrem, Iahweh, e teus fiéis te bendigam;
	Kaf	¹¹digam da glória do teu reino e falem das tuas façanhas,

---

a) Termo raro, que faz lembrar as cariátides.   *b)* Sl "alfabético" que toma emprestado elementos de vários outros Sl.

Lamed	¹² para anunciar tuas façanhas aos filhos de Adão, e a majestade gloriosa do teu reino.ᵃ
Mem	¹³ Teu reino é reino para os séculos todos, e teu governo para gerações e gerações.
(Nun)	Iahweh é verdade em suas palavras todas, amor em todas as suas obras;ᵇ
Samec	¹⁴ Iahweh ampara todos os que caem e endireita todos os curvados.
Áin	¹⁵ Em ti esperam os olhos de todos e no tempo certo tu lhes dás o alimento:
Pê	¹⁶ abres a tua mão e sacias todo ser vivo à vontade.
Çade	¹⁷ Iahweh é justo em seus caminhos todos, e fiel em todas as suas obras;
Qof	¹⁸ está perto de todos os que o invocam, de todos os que o invocam sinceramente.
Resh	¹⁹ Realiza o desejo dos que o temem, ouve seu grito e os salva.
Shin	²⁰ Iahweh guarda todos os que o amam, mas destruirá todos os ímpios.
Taw	²¹ Que minha boca diga o louvor de Iahweh e toda carne bendiga seu nome santo, para sempre e eternamente!

SALMO 146 (145)

*Hino ao Deus que socorre*ᶜ

¹ Aleluia!

Louva a Iahweh, ó minha alma!
² Enquanto eu viver, louvarei a Iahweh,
tocarei ao meu Deus, enquanto existir!

³ Não depositeis a segurança nos nobres
e nos filhos do homem, que não podem salvar!
⁴ Exalam o espírito e voltam à terra,
e no mesmo dia perecem seus planos!

⁵ Feliz quem se apoia no Deus de Jacó,
quem põe a esperança em Iahweh seu Deus:
⁶ foi ele quem fez o céu e a terra,
o mar e tudo o que neles existe.

Ele mantém para sempre a verdade:
⁷ fazendo justiça aos oprimidos,
dando pão aos famintos;
Iahweh liberta os prisioneiros,

---

a) "tuas façanhas", "teu reino", versões; "suas... seu", hebr.
b) O dístico *nun* é omitido pelo hebr. e conservado pelas versões.
c) Este Sl abre terceiro *Hallel* (Sl 146-150), recitado de manhã pelos judeus (cf. Sl 113-118 e 136).

⁸ Iahweh abre os olhos dos cegos,
Iahweh endireita os curvados,
⁹ Iahweh protege o estrangeiro,
sustenta o órfão e a viúva;

⁸ᶜIahweh ama os justos,
⁹ᶜmas transtorna o caminho dos ímpios.

¹⁰ Iahweh reina para sempre,
teu Deus, ó Sião, de geração em geração!
Aleluia!

SALMO 147 (146-147)

Hino ao Onipotente[a]

¹ Louvai a Iahweh, pois é bom cantar
ao nosso Deus — doce é o louvor.[b]

² Iahweh reconstrói Jerusalém,
reúne os exilados de Israel;
³ ele cura os corações despedaçados
e cuida dos seus ferimentos;
⁴ ele conta o número das estrelas,
e chama cada uma por seu nome.

⁵ Nosso Senhor é grande e onipotente
e sua inteligência é incalculável.
⁶ Iahweh sustenta os pobres
e rebaixa os ímpios ao chão.

⁷ Entoai a Iahweh o louvor,
cantai ao nosso Deus com a harpa:

⁸ ele cobre o céu com nuvens,
preparando a chuva para a terra;
faz brotar erva sobre os montes,
e plantas úteis ao homem;[c]
⁹ fornece alimento ao rebanho
e aos filhotes do corvo, que grasnam.

¹⁰ Ele não se compraz com o vigor do cavalo,
nem aprecia os músculos do homem;
¹¹ Iahweh aprecia aqueles que o temem,
aqueles que esperam seu amor.

¹ ¹² Glorifica a Iahweh, Jerusalém,
Louva teu Deus, ó Sião:[d]

² ¹³ pois ele reforçou as trancas de tuas portas,
abençoou os teus filhos no teu seio;
³ ¹⁴ pôs a paz em tuas fronteiras,
com a flor do trigo te sacia.

---

a) Este Sl é cortado em dois no v. 12 por diversas versões, como a Vulg., mas forma uma unidade. O poeta celebra Iahweh como libertador de Israel, Criador, amigo dos "pobres".

b) "doce", grego; "doce, bela", hebr. Propõe-se: "cantai ao nosso Deus, pois ele é doce" (cf. Sl 135,3).

c) Grego (cf. Sl 104,14); estíquio omitido pelo hebr.

d) Os Padres aplicaram esta segunda parte do Sl à nova Jerusalém, militante ou triunfante.

⁴ ¹⁵Ele envia suas ordens à terra,
e sua palavra corre velozmente:*a*

⁵ ¹⁶faz cair a neve como lã,
espalha a geada como cinza.

⁶ ¹⁷Ele atira seu gelo em migalhas:
diante do seu frio, quem pode resistir?

⁷ ¹⁸Ele envia sua palavra e as derrete,
sopra seu vento e as águas correm.

⁸ ¹⁹Anuncia sua palavra a Jacó,
seus estatutos e normas a Israel;

⁹ ²⁰com nação nenhuma agiu deste modo,
e nenhuma conheceu as suas normas.
Aleluia!

SALMO 148
Louvor cósmico[b]

¹ Aleluia!

Louvai a Iahweh no céu,
louvai-o nas alturas;
² louvai-o, todos os seus anjos,
louvai-o, seus exércitos todos!

³ Louvai-o, sol e lua,
louvai-o, astros todos de luz,
⁴ louvai-o, céus dos céus
e águas acima dos céus!

⁵ Louvem o nome de Iahweh,[c]
pois ele mandou e foram criados;
⁶ fixou-os eternamente, para sempre,
deu-lhes uma lei que jamais passará.

⁷ Louvai a Iahweh na terra,
monstros marinhos e abismos todos,
⁸ raio e granizo, neve e bruma,
e furacão cumpridor da sua palavra;

⁹ montes e todas as colinas,
árvore frutífera e todos os cedros,
¹⁰ fera selvagem e o gado todo,
réptil e pássaro que voa,

¹¹ reis da terra e todos os povos,
príncipes e juízes todos da terra,
¹² jovens e também as donzelas,
os velhos com as crianças!

---

a) A palavra divina é apresentada aqui como mensageiro, quase como hipóstase (cf. Sl 107,20; Is 55,11; Jo 1,14+).

b) O céu, a terra e toda a criação são convocados para celebrar Iahweh, restaurador do povo eleito. Este Sl é recitado todas as manhãs pelos judeus.

c) Grego e Vulg. acrescentam aqui: "ele fala, a coisa existe" (Sl 33,9a).

¹³ Louvem o nome de Iahweh:
é o único nome sublime,
sua majestade vai além da terra e do céu,
¹⁴ e ele reforça o vigor do seu povo!
Orgulho de todos os seus fiéis,
dos israelitas,*ᵃ* seu povo íntimo.

Aleluia!

SALMO 149
*Hino triunfal*ᵇ

¹ Aleluia!

Cantai a Iahweh um cântico novo,
seu louvor na assembleia de seus fiéis!
² Alegre-se Israel com aquele que o fez,
os filhos de Sião festejem o seu rei!
³ Louvem seu nome com danças,
toquem para ele cítara e tambor!
⁴ Sim, pois Iahweh gosta do seu povo,
ele dá aos humildes o brilho da salvação!
⁵ Que os fiéis exultem de glória,
e do lugarᶜ gritem com júbilo,
⁶ com exaltações a Deus na garganta,
e nas mãos a espada de dois gumes;
⁷ para tomar vingança entre os povos
e aplicar o castigo entre as nações;
⁸ para prender seus reis com algemas
e seus nobres com grilhões de ferro:
⁹ cumprir neles a sentença prescritaᵈ
é uma honra para todos os seus fiéis!

Aleluia!

SALMO 150
*Doxologia final*ᵉ

¹ Aleluia!

Louvai a Deus em seu Templo,
louvai-o no seu poderoso firmamento,
² louvai-o por suas façanhas,
louvai-o por sua grandeza imensa!

---

a) Único caso, com o Sl 103,7, em que os salmos empregam a expressão "filho de Israel", que se torna muito frequente após o Exílio, nos escritos deuteronômicos e sacerdotais.
b) Este hino nacional de época helenística (pode-se aproximar dele Ne 4,11.18; 1Mc 2,42 e 2Mc 15,27) focaliza o futuro escatológico (cf. Is 61,2s) e torna Israel instrumento da justiça divina (cf. Zc 9,13-16).
c) Lit.: "sobre seu leito", isto é, desde o lugar em que eles se prostram (cf. Sl 95,6; Jt 6,18; Eclo 50,17.21); a menos que se compreenda: seu louvor não cessa, mesmo de noite (cf. Sl 4,5; 63,7; Os 7,14).
d) Alusão aos oráculos contra as nações, contidos nos livros proféticos.
e) Mais desenvolvida que as doxologias que terminam os quatro primeiros livros do Saltério (Sl 41,14; 72,18-20; 89,52; 106,48), esta doxologia convida todos os instrumentos musicais e todos os seres vivos a louvar a Iahweh.

³ Louvai-o com toque de trombeta,
   louvai-o com cítara e harpa;
⁴ louvai-o com dança e tambor,
   louvai-o com cordas e flauta;
⁵ louvai-o com címbalos sonoros,
   louvai-o com címbalos retumbantes!*ᵃ*
⁶ Todo ser que respira louve a Iahweh!

Aleluia!

---

a) Lit.: "címbalos de aclamação" (cf. Nm 10,5; Sl 33,3+).

PROVÉRBIOS

Introdução

O livro dos Provérbios é o mais típico da literatura sapiencial de Israel. Ele se formou em torno de duas coleções: 10,1-22,16, intitulada "Provérbios de Salomão" (375 sentenças), e 25-29, introduzida por "Também estes são provérbios de Salomão, transcritos pelos homens de Ezequias" (128 sentenças). A estas duas partes são acrescentados apêndices: à primeira, as "Palavras dos Sábios" (22,17-24,22 e "Também estes são dos Sábios" (24,23-34); à segunda, as "Palavras de Agur" (30,1-14), seguidas de provérbios numéricos (30,15-33) e as "Palavras de Lamuel" (31,1-9). Este conjunto é precedido de longa introdução (1-9), na qual um pai faz a seu filho recomendações de sabedoria e a própria Sabedoria toma a palavra. O livro termina com um poema alfabético, que louva a mulher perfeita (31,10-31).

A ordem das seções é indiferente, não é a mesma na Bíblia grega, e, no interior de cada uma, as máximas se agrupam sem plano algum e com repetições. O livro é, pois, uma coleção de coleções, enquadradas por um prólogo e um epílogo. Reflete evolução literária que já esboçamos na introdução geral aos livros sapienciais. As duas grandes coleções representam o *mâshâl* em sua forma primitiva e contêm apenas sentenças breves, geralmente de um só dístico. A fórmula torna-se já mais ampla nos apêndices; os pequenos poemas numéricos de 30,15-33 (cf. 6,16-19) ajuntam ao ensinamento o atrativo de apresentação enigmática, já conhecida na antiguidade (cf. Am 1). O prólogo (1-9) é seqüência de instruções, interrompida por dois discursos da Sabedoria personificada, e o epílogo (31,10-31) é composição erudita.

Esta evolução da forma corresponde a uma sucessão no tempo. As partes mais antigas são as duas grandes coleções de 10-22 e 25-29. São atribuídas a Salomão que, no dizer de 1Rs 5,12, "pronunciou três mil sentenças" e que foi sempre considerado como o maior sábio de Israel. Abstraindo desse testemunho da tradição, o tom dos Provérbios é por demais anônimo para que se possa, com segurança, atribuir a esse rei esta ou aquela máxima determinada, mas não há razão para duvidar de que o conjunto remonte à sua época; as máximas da segunda coleção eram já antigas quando o pessoal de Ezequias as recolheu, por volta do ano 700. Como essas duas coleções formavam o núcleo do livro, deram-lhe seu nome: ele todo se chama "Provérbios de Salomão" (1,1). Mas os subtítulos das pequenas seções indicam que o título geral não deve ser tomado ao pé da letra, pois abrange também a obra de sábios anônimos (22,17-24,34) e as palavras de Agur e de Lamuel (30,1-31,8). Também se os nomes desses dois sábios árabes são fictícios e não pertencem a personagens reais, atestam o valor que se dava à sabedoria estrangeira. Prova clara desse valor fornecem-na certas "palavras dos Sábios" (22,17-23,11) que se inspiram nas máximas egípcias de Amenemope, escritas no começo do primeiro milênio antes da nossa era.

Os discursos de Pr 1-9 são compostos segundo o modelo das "Instruções", que são um gênero clássico da sabedoria egípcia, mas também segundo o dos "conselhos de um pai a seu filho", recentemente encontrados num texto acádico de Ugarit. Até a personificação da Sabedoria tem antecedentes literários no Egito, onde foi personificada Maat, a Justiça-Verdade. Mas a imitação não é servil: ela preserva a originalidade do pensador israelita e é transformada por sua fé javista. Pode-se com segurança datar de antes do Exílio toda a parte central do livro (caps. 10-29); a data dos caps. 30-31 é incerta. Quanto ao prólogo (1-9), certamente é mais tardio: seu conteúdo e seus vínculos literários com os escritos posteriores ao Exílio permitem fixar sua composição no século V a.C. Deve ter sido também nessa ocasião que a obra tomou a forma definitiva.

Como o livro representa assim vários séculos de reflexão dos Sábios, podemos acompanhar nele um progresso doutrinário. Nas duas coleções antigas predomina o tom de sabedoria humana e profana, que desconcerta o leitor cristão. Mesmo assim, um em cada sete provérbios já tem caráter religioso. Trata-se da exposição de uma teologia prática: Deus recompensa a verdade, a caridade, a pureza de coração, a humildade e pune os vícios opostos. A fonte e a síntese de todas estas virtudes é a sabedoria, que é temor de Iahweh (15, 16.33; 16,6; 22,4) e é só em Iahweh que se há de confiar (20,22; 29,25). A primeira parte dá os mesmos conselhos de sabedoria humana e religiosa; censura as faltas que os antigos sábios deixavam passar em silêncio: o adultério e as relações com a mulher estrangeira (2,16s; 5,2s.15s). O epílogo manifesta igualmente respeito maior pela mulher. E, sobretudo, o prólogo apresenta, pela primeira vez, ensinamento ordenado sobre a sabedoria, seu valor, seu papel de guia e de moderadora das ações. Tomando ela própria a palavra, a Sabedoria faz seu elogio e define suas relações com Deus, em quem está desde a eternidade e a quem assistiu quando ele criou o mundo (8,22-31). É este o primeiro dos textos sobre a Sabedoria personificada, que foram apresentados juntos na p. 798.

O ensinamento dos Provérbios foi, sem dúvida, bem superado pelo de Cristo, Sabedoria de Deus, mas certas máximas anunciam já a moral do Evangelho. Deve-se também recordar que a verdadeira religião não se edifica senão sobre uma base de honestidade humana, e o uso frequente que o Novo Testamento faz do livro (catorze citações e umas vinte alusões) impõe aos cristãos o respeito por estes pensamentos dos velhos Sábios de Israel.

PROVÉRBIOS

1

Título geral — ¹Províbios de Salomão, filho de Davi, rei de Israel:

²para conhecer sabedoria e disciplina,
   para penetrar as sentenças profundas,
³para adquirir disciplina e sensatez,
   — justiça, direito e retidão —,
⁴para ensinar sagacidade aos ingênuos,
   conhecimento e reflexão ao jovem,
⁵que o sábio escute, e aumente a sua experiência,
   e o prudente adquira a arte de dirigir —,
⁶para penetrar provérbios e sentenças obscuras,
   os ditos dos sábios e os seus enigmas.

⁷O temor de Iahweh é princípio de conhecimento: ᵃ
   os estultos desprezam sabedoria e disciplina.

I. Prólogo

RECOMENDAÇÕES DA SABEDORIA

O sábio: Fugir dos maus companheiros

⁸Escuta, meu filho, a disciplina do teu pai,
   não desprezes a instrução da tua mãe,
⁹pois será formoso diadema em tua cabeça,
   e colar em teu pescoço.
¹⁰Meu filho, se pecadores quiserem te seduzir,
   não consintas!
¹¹Se disserem: "Vem conosco,
   façamos emboscadas mortais,
   gratuitamente, prendamos o inocente;
¹²nós os tragaremos vivos, como o Xeol,
   inteiros, como os que baixam à cova!
¹³Obteremos riquezas magníficas,
   encheremos nossa casa com despojos:
¹⁴reparte a tua sorte conosco,
   e todos teremos uma bolsa comum!"
¹⁵Meu filho, não os acompanhes em seu caminho,
   afasta os teus passos dos seus trilhos;
¹⁶porque os pés deles correm para o mal,
   apressam-se para derramar sangue;ᵇ

---

a) O "temor de Iahweh", na Bíblia (cf. Ex 20,20+; Dt 6,2+), é, aproximadamente, o que chamamos de religião ou piedade para com Deus. É ao mesmo tempo o princípio (9,10; 15,33; Jó 28,28; Sl 111,10s; Eclo 1,14.20) e o coroamento (Eclo 1,18; 19,20; 25,10-11; 40,25-27) de uma sabedoria inteiramente religiosa na qual se desenvolve uma relação pessoal com o Deus da Aliança, de maneira que temor e amor, submissão e confiança coincidem (cf. Sl 25,12-14; 112,1; 128,1; Ecl 12,13; Eclo 1,27-28; 2,7-9.15-18 etc).
b) Este v., ausente nos melhores mss gregos, geralmente é considerado glosa tirada de Is 59,7.

¹⁷ é em vão, porém, que estendem a rede,
    sob os olhos do que tem asas.ᵃ
¹⁸ Suas insídias serão mortais para eles,
    atentam contra si próprios!
¹⁹ Tal é a sorteᵇ de todo homem ávido de rapina: 15,27
    ela tira a vida daqueles que ela habita.

A Sabedoria: discurso aos indiferentes

²⁰ A Sabedoria apregoa fora,ᶜ   8,1-3; 9,3
    nas praças levanta a voz:ᵈ   Jo 7,37
²¹ nos lugares ruidosos,ᵉ ela chama,
    nos vãos das portas, na cidade,
    ela pronuncia seu discurso:
²² "Até quando, ingênuos, amareis a ingenuidade,   Sl 94,8
    e vós, zombadores, vos empenhareis na zombaria;
    e vós, insensatos, odiareis o conhecimento?
²³ Convertei-vos à minha exortação,ᶠ
    eis que vos derramarei o meu espírito
    e vos comunicarei minhas palavras.
²⁴ Porque vos chamei, e recusastes,   Is 65,2.12;
    estendi a mão e não fizestes caso,   66,4
                                                     Jr 7,13
²⁵ recusastes os meus conselhos   Sl 107,11
    e não aceitastes minha exortação:
²⁶ por isso rirei da vossa desgraça,   Dt 28,63
    divertir-me-ei quando vos chegar o espanto.
²⁷ Quando vos sobrevier o espanto como cataclisma, Jr 23,19
    quando vossa desgraça chegar como um turbilhão,
    quando caírem sobre vós a angústia e a aflição!
²⁸ Aí me chamarão, e eu não responderei;   Jr 11,11 +
    procurar-me-ão e não me encontrarão!   Os 5,6 +
                                                     Jo 7,34
²⁹ Porque odiaram o conhecimento
    e não escolheram o temor de Iahweh;
³⁰ não aceitaram o meu conselho   Jr 6,19
    e recusaram minha exortação;
³¹ comerão, pois, o fruto dos seus erros,
    e ficarão fartos dos seus conselhos!
³² Porque a rebelião de ingênuos os levará à morte, 8,36
    a despreocupação de insensatos acabará com eles; Am 6,1
                                                     Jr 5,12-13
³³ mas quem me escuta permanece em segurança,
    estará tranquilo, sem temer a desgraça".

A sabedoria contra as más companhias

2 ¹ Se aceitares, meu filho, minhas palavrasᵍ
    e conservares os meus preceitos,
² dando ouvidos à sabedoria,
    e inclinando o teu coração ao entendimento;

---

a) A ideia parece ser que as aves evitam o laço se veem o caçador armá-lo; do mesmo modo o jovem, avisado dos perigos que corre, saberá evitá-los.
b) "a sorte", *'aharit*, grego, Jó 8,13; "os caminhos", hebr.
c) "fora", *bahûç*, hebr.; "pelas ruas", *behûçôt*, grego.
d) Como os profetas (cf. Jr 5,1; 7,2), a Sabedoria personificada (cf. 8,22+) percorre as ruas e procura os habitantes para lhes transmitir o seu ensinamento, denunciando a insensibilidade e a falsa segurança (cf. Am 6,1; 9,10; Jr 5,12-13; Sf 1,12).
e) Texto incerto. O grego traduziu: "no topo das muralhas".
f) Traduz-se também: "vós vos desviareis quando eu exorto?"
g) Toda sabedoria vem de Deus (v. 6). Mas podemos dispor-nos a ela por curiosidade sempre alerta (vv.

³ se invocares a inteligência
  e chamares o entendimento;
⁴ se o procurares como o dinheiro
  e o buscares como um tesouro;
⁵ então entenderás o temor de Iahweh
  e encontrarás o conhecimento de Deus.
⁶ Pois é Iahweh quem dá a sabedoria;
  de sua boca procedem o conhecimento e o entendimento.
⁷ Ele guarda para os retos a sensatez,
  é escudo para os que andam na integridade.
⁸ Ele vigia as sendas do direito,
  e guarda o caminho dos seus fiéis.
⁹ Então entenderás a justiça e o direito,
  a retidão e todos os caminhos da felicidade;

¹⁰ porque virá a sabedoria ao teu coração
  e terás gosto no conhecimento;
¹¹ a reflexão te guardará,
  e o entendimento te protegerá:
¹² para livrar-te do mau caminho,
  do homem que diz disparates,
¹³ dos que abandonam o trilho certo
  para seguir caminhos tenebrosos;
¹⁴ dos que se alegram fazendo o mal
  e se comprazem com os disparates;
¹⁵ seus caminhos são tortuosos,
  e suas sendas extraviadas;
¹⁶ para livrar-te da mulher estrangeira,ᵃ
  da estranha que enleia com suas palavras:
¹⁷ abandonou o companheiro de sua juventude,
  esqueceu-se da Aliança do seu Deus;
¹⁸ a sua casa se inclina para a Morte,
  os seus trilhos para as Sombras;
¹⁹ os que ali entram não retornam,
  não alcançam as sendas da vida;

²⁰ para que sigas o caminho dos bons
  e guardes as sendas dos justos;
²¹ porque os retos habitarão a terra
  e os íntegros nela permanecerão;
²² os ímpios, porém, serão expulsos da terra,
  os traidores serão dela varridos!

Como adquirir a sabedoria

3 ¹ Meu filho, não esqueças minha instrução,
  guarda no coração os meus preceitos;
² porque te trarão longos dias e anos,
  vida e prosperidade.

3-4) *e pela docilidade ao ensinamento dos mais velhos* (vv. 1-2 etc).

a) Isto é, a mulher do próximo. Esta primeira parte dos Provérbios, a mais recente em sua redação, sempre adverte contra o adultério (2,16-19; 5,2-23; 6,24-7,27). O adultério aí é igualado (2,17) à ruptura da Aliança com Deus (cf. também 5,15+); conduz ao Xeol (2,18; 5,5-6; 7,26-27). Nesses textos, somente uma vez se faz alusão à prostituição (6,26), que os antigos provérbios igualam ao adultério (cf. 23,27; 29,3; 31,3), com a advertência comum de que corrompe os reis e enfraquece os guerreiros.

³ O amor e a fidelidade não te abandonem,
   ata-os ao pescoço, inscreve-os na tábua do coração.ᵃ

= 6,21
= 7,3
Dt 6,6-9

⁴ E alcançarás favor e bom sucesso
   aos olhos de Deus e dos homens.

↗ Rm 12,17
Lc 2,52

⁵ Confia em Iahweh com todo o teu coração,
   não te fies em tua própria inteligência;

Sl 37,5
Sl 28,26

⁶ em todos os teus caminhos, reconhece-o,
   e ele endireitará as tuas veredas.

16,3

⁷ Não sejas sábio aos teus olhos,
   teme a Iahweh e evita o mal,

Eclo 2,6

⁸ e será a saúde do teu corpoᵇ
   e refrigério para os teus ossos.

↗ Rm 12,16
Sl 34,10.15

⁹ Honra a Iahweh com a tua riqueza,
   com as primícias de tudo o que ganhares;

Mt 3,10-12
Dt 26,1 +

¹⁰ e os teus celeiros estarão cheios de trigo,
    os teus lagares transbordarão de vinho novo.ᶜ

Sl 4,8
Dt 28,8

¹¹ Meu filho, não desprezes a disciplina de Iahweh,
    nem te canses com a sua exortação;

↗ Hb 12,5-6
Jó 5,17

¹² porque Iahweh repreende os que ele ama,
    como um pai ao filho que preza.

Ap 3,19
Dt 8,5 +

As alegrias do sábio

¹³ Feliz o homem que encontrou a sabedoria,
    o homem que alcançou o entendimento!

¹⁴ Ganhá-la vale mais que a prata,
    e o seu lucro mais que o ouro.

2,4

¹⁵ É mais valiosa do que as pérolas;
    nada que desejas a iguala.

8,11

¹⁶ Em sua direita: longos anos;
    em sua esquerda: riqueza e honra!

Eclo 4,12
Sl 8,18

¹⁷ Seus caminhos são deliciosos,
    e os seus trilhos são prosperidade.

¹⁸ É árvore de vida para os que a colhem,
    e felizes são os que a retêm!

11,30
Gn 2,9; 3,22
Ap 2,7

¹⁹ Iahweh fundou a terra com a sabedoria,
    e firmou o céu com o entendimento.

8,22-31

²⁰ Por seu conhecimento foram abertos os abismos,
    e as nuvens destilam o orvalho.

²¹ Meu filho, não percas de vista a sensatez,
    conserva a reflexão:

4,21

²² serão vida para tua alma
    e enfeite para teu pescoço.

1,9

²³ Seguirás tranquilo o teu caminho,
    sem que tropecem os teus pés.

4,12; 6,22
Sl 91,12

²⁴ Descansarás sem temor,
    e, deitado, o sono te será suave;

Sl 3,6

²⁵ não te assustará o terror imprevisto,
    nem a desgraça que cai sobre os ímpios.

Sl 91,5

²⁶ Pois Iahweh ficará ao teu lado
    e guardará o teu pé da armadilha!

Jó 5,19-27

---

a) Cf. 3,3; 6,21; 7,3; Jr 17,1; 31,33; 1Cor 3,3. Poder-se-ia tratar, como no Egito, de tabuinha que ajuda a memória, pendurada ao pescoço.
b) "do teu corpo", versões (cf. 4,22); "do teu ventre", hebr.
c) "de trigo", grego; "abundantemente", hebr. — A oferenda das primícias (Dt 16,1+) é o único ato de culto ordenado explicitamente pelos Provérbios. Mas eles falam frequentemente da oração.

²⁷ Não negues um favor a quém necessita,
  se tu podes fazê-lo.
²⁸ Não digas a teu próximo:[a] "Vai embora! Passa depois!
  Amanhã dar-te-ei..." E tens a coisa na mão...
²⁹ Não trames danos contra o teu próximo,
  quando em ti deposita confiança.
³⁰ Não pleiteies com ninguém sem motivo,
  se não te fez mal nenhum.
³¹ Não tenhas inveja do homem violento,[b]
  nunca escolhas seus caminhos;
³² porque o perverso é a abominação de Iahweh,
  que faz dos homens retos seus familiares.
³³ A maldição de Iahweh está na casa do ímpio,
  mas abençoa a morada dos justos.
³⁴ Ele zomba dos zombadores insolentes,
  mas aos pobres concede o seu favor.
³⁵ A glória é a herança dos sábios,
  um cúmulo[c] de ignomínia, a dos insensatos.

Escolha da sabedoria

4 ¹ Escutai, filhos, a instrução de um pai,
  ficai atentos para conhecerdes a inteligência:
² eu vos dou uma boa doutrina,
  não abandoneis minha instrução.
³ Também eu fui filho do meu pai,
  amado ternamente por minha mãe.
⁴ Ele me instruiu assim:
  "Conserva minhas palavras no teu coração,
  guarda os meus preceitos, e viverás;

⁵ adquire a sabedoria, adquire a inteligência,
  não te esqueças delas, nem te afastes de minhas palavras;
⁶ não a abandones, e ela te guardará;
  ama-a, e ela te protegerá.
⁷ O princípio da sabedoria é: adquire a sabedoria;[d]
  com todos os teus ganhos, adquire a inteligência!
⁸ Estreita-a,[e] e ela te fará crescer;
  abraça-a, e ela te honrará;
⁹ porá em tua cabeça um formoso diadema
  e te cingirá com brilhante coroa."

¹⁰ Meu filho, escuta e recebe minhas palavras,
  e serão longos os anos da tua vida.
¹¹ Eu te instruo no caminho da sabedoria,
  encaminho-te pelas sendas da retidão.

---

a) O "próximo" significa primitivamente o companheiro, o amigo, o comensal, em suma, a pessoa com a qual se tinha relacionamentos determinados. Mas em Pr este termo tem sentido mais vasto: "o outro" (cf. 6,1.3.29; 25,9; 27,17). É o primeiro passo para se alargar o preceito do amor (Lv 19,18), que culminará com o preceito evangélico do amor aos inimigos (Mt 5,43s).
b) O sucesso aparente dos ímpios ("violentos", "perversos", "malvados", "zombadores", "insensatos"; todos esses termos designam a mesma categoria de inimigos de Iahweh) foi sempre tentação para os israelitas (cf. 24,1.19; Sl 73), chegando a tornar-se escândalo (Jr 12,1; Jó 21,7 etc).
c) "cúmulo", *merôm*, conj.; "elevando", *merîm*, hebr.
d) Isto é, o primeiro passo na prática da sabedoria é estar persuadido de que a sua aquisição se impõe e exige sacrifícios.
e) Sentido incerto; pode-se também compreender "exalta-a"; grego: "cerca-a com muro" (para protegê-la).

¹² Ao caminhar, não serão torpes os teus passos,
　e ao correr, tu não tropeçarás.
¹³ Agarra-te à disciplina, e não a soltes,
　conserva-a, porque é a tua vida.
¹⁴ Não vás pela senda dos ímpios,
　não avances pelo caminho dos maus.
¹⁵ Evita-o, e não o atravesses,
　afasta-te dele, e segue ao lado.
¹⁶ Eles não dormem sem ter feito o mal,
　perdem o sono se não fazem alguém tropeçar!
¹⁷ Comem o pão de maldade,
　e bebem o vinho de violências.

¹⁸ Mas a senda dos justos brilha como a aurora,
　e vai alumiando até que se faça o dia:
¹⁹ o caminho dos ímpios é tenebroso,
　e não sabem onde tropeçam.

²⁰ Meu filho, sê atento às minhas palavras;
　dá ouvidos às minhas sentenças:
²¹ não se afastem dos teus olhos,
　guarda-as dentro do coração.
²² Pois são vida para quem as encontra,
　e saúde para a sua carne.
²³ Guarda o teu coração acima de tudo,
　porque dele provém a vida.
²⁴ Afasta-te da boca enganosa;
　vai para longe dos lábios falsos.
²⁵ Os teus olhos olhem de frente,
　e o teu olhar dirija-se para diante.
²⁶ Aplaina o trilho sob os teus passos,
　e sejam firmes todos os teus caminhos.
²⁷ Não te desvies nem para a direita e nem para a esquerda,
　afasta os teus passos do mal.

A desconfiança frente à estrangeira e os verdadeiros amores do sábio

5 ¹ Meu filho, presta atenção à minha sabedoria,
　dá ouvidos ao meu entendimento:
² assim conservarás a reflexão
　e os teus lábios guardarão o conhecimento.
　Não dês atenção à mulher perversa.
³ Os lábios da estrangeira destilam mel,
　e o seu paladar é mais suave do que o azeite.
⁴ No final, porém, é amarga como o absinto,
　e afiada como uma espada de dois gumes.
⁵ Seus pés levam para a Morte,
　e seus passos descem para o Xeol.
⁶ Não segue o caminho da vida,
　e seus trilhos se extraviam sem que perceba.

⁷ E agora, filhos, escutai-me.
　Não vos afasteis de minhas sentenças.
⁸ Afasta dela o teu caminho,
　não te aproximes da porta de sua casa,
⁹ para que ela não dê a outros a tua dignidade,
　nem os teus anos à gente implacável.

¹⁰ Não se fartem com o teu vigor os estranhos,
e com os teus suores a casa do desconhecido.
¹¹ Gemerás quando chegar o desenlace
e consumir a carne do teu corpo.
¹² Então dirás: "Por que odiei a disciplina
e meu coração recusou a exortação?
¹³ Por que não dei atenção aos meus mestres,
nem dei ouvido aos meus educadores?
¹⁴ Por pouco cheguei ao cúmulo da desgraça,
no meio da assembleia e da comunidade."

¹⁵ Bebe a água da tua cisterna,
a água que jorra do teu poço.*ᵃ*
¹⁶ Não derrames pela rua o teu manancial,
nem os teus ribeiros pelas praças.
¹⁷ Sejam para ti somente,
sem reparti-los com estrangeiros.

¹⁸ Bendita seja a tua fonte,
goza com a esposa a tua juventude:

¹⁹ cerva querida, gazela formosa;
que te embriaguem sempre as suas carícias,
e o seu amor te satisfaça sem cessar!

²⁰ Meu filho, por que errar com uma estranha?
Por que abraçar os seios de uma desconhecida?
²¹ Pois os olhos de Iahweh observam os caminhos do homem
e vigiam todos os seus trilhos.
²² O ímpio é preso por suas próprias culpas,
e é apanhado pelos laços do pecado.
²³ Ele morre por falta de disciplina,
e perece por sua grande estultícia!*ᵇ*

A fiança imprudente*ᶜ*

6 ¹ Meu filho, se foste fiador do teu próximo,
se deste a mão por um estrangeiro;
² se estás comprometido por tuas palavras,
e preso pelas sentenças da tua boca,
³ faze o seguinte, meu filho, para livrar-te,
pois caíste em poder do teu próximo:
⁴ Vai, insiste e incomoda o teu próximo.
Não dês repouso aos teus olhos,
nem sono às tuas pálpebras;
⁵ livra-te, como a cerva do caçador,*ᵈ*
ou como o pássaro da arapuca!

---

a) Estas imagens designam a esposa legítima. À condenação do adultério (2,16+) aqui se opõe o elogio da fidelidade conjugal e da mulher legítima (vv. 15-18a e vv. 18b-19). Pode-se completá-lo com vários provérbios de louvor à mulher perfeita, dom de Deus, consolo do marido (18,22; 19,14; cf. em contraste 11,22; 19,13; 21,9; 25,24; 27,15; 31,3), e sobretudo com o elogio da "mulher forte", que encerra o livro (31,10-31). — Talvez seja preciso também ver aqui (como em 31,10s), nos traços da esposa legítima, descrição simbólica da sabedoria personificada. No contexto dos caps. 1-9, adultério e fidelidade conjugal designariam assim, segundo a tradição profética (cf. Os 1,2+), respectivamente a apostasia religiosa e a fidelidade a Deus e à sua Lei, fonte da sabedoria.

b) As quatro recomendações que seguem (6,1-5.6-11.12-15.16-19) constituem acréscimo; o discurso do sábio é retomado em 6,20.

c) A fiança era velho costume em Israel (Gn 43,9; 44,32; Is 38,14; Sl 119,122). Os provérbios mais antigos previnem contra os seus abusos. Mais tarde, Ben Sirá, ao contrário, recomendará a fiança como obra de caridade. — "dar a mão", 2Rs 10,15; Jó 17,3.

d) "do caçador", *micayyad*, versões; "da mão", *miyyad*, hebr.

O preguiçoso e a formiga

⁶ Anda, preguiçoso, olha a formiga,
   observa o seu proceder, e torna-te sábio:[a]
⁷ sem ter chefe,
   nem guia, nem dirigente,
⁸ no verão, acumula o grão
   e reúne provisões[b] durante a colheita.
⁹ Até quando dormirás, ó preguiçoso?
   Quando te levantarás do sono?
¹⁰ Um pouco dormes, cochilas um pouco;
   um pouco esticas os braços cruzados e descansas;
¹¹ mas te sobrevêm a pobreza do vagabundo
   e a indigência do ladrão![c]

O insensato

¹² O homem depravado e malvado,
   o que emprega palavras enganosas,
¹³ pisca o olho, balança os pés
   e faz sinal com os dedos;
¹⁴ pensa desatinos e planeja maldades,
   e sempre está semeando discórdias.
¹⁵ De repente, porém, lhe sobrevirá a perdição,
   de improviso o quebrará, sem remédio!

Sete coisas abomináveis[d]

¹⁶ Seis coisas detesta Iahweh,
   e sete lhe são abominação:
¹⁷ olhos altivos, língua mentirosa,
   mãos que derramam o sangue inocente,
¹⁸ coração que maquina planos malvados,
   pés que correm para a maldade,
¹⁹ testemunha falsa que profere mentiras,
   e o que semeia discórdia entre irmãos.

Continuação do discurso paterno

²⁰ Meu filho, guarda os preceitos de teu pai,
   não rejeites a instrução de tua mãe.
²¹ Leva-os sempre atados ao coração
   e amarra-os ao pescoço:
²² quando caminhares, te guiarão;
   quando descansares, te guardarão;
   quando despertares, te falarão.
²³ Pois o preceito é lâmpada,
   e a instrução é luz,
   e é caminho de vida a exortação que disciplina.
²⁴ Eles te guardarão da mulher má,
   da língua suave da estranha.
²⁵ Não cobice o teu coração a sua beleza,
   nem te deixes prender por seus olhares;

---

a) O conhecimento da natureza faz parte da ciência do sábio (cf. 1Rs 5,13; Pr 30,24-31 etc.).
b) O grego acrescenta: "ou então, vai até a abelha e vê como é laboriosa, e quão sublime é o trabalho que realiza. Reis e particulares usam o seu produto para a saúde; ela é procurada e famosa para todos; se bem que frágil diante do vigor deles, ela se distingue por ter honrado a sabedoria".
c) "ladrão", "homem armado": como mendigos e vagabundos que assaltam os viajantes, a preguiça reduz à miséria aquele que dela é vítima.
d) Provérbio numérico (cf. 30,15+).

²⁶ se a prostituta procura um pedaço de pão,
a mulher casada quer uma vida preciosa!*ᵃ*
²⁷ Pode alguém carregar fogo consigo
sem queimar a própria roupa?
²⁸ Pode alguém caminhar sobre brasas
sem queimar os próprios pés?
²⁹ Assim acontece com aquele
que procura a mulher do próximo,
quem a toca não ficará impune.
³⁰ O ladrão não fica difamado quando rouba
para saciar a fome.
³¹ Se o prendem, cobrar-lhe-ão sete vezes mais,
e terá que entregar toda a sua fortuna.*ᵇ*
³² O adúltero é homem sem juízo,
o violador arruína-se a si mesmo:
³³ receberá golpes e ignomínia,
e a sua infâmia não desaparecerá.
³⁴ Pois o ciúme excita a raiva do marido,
e no dia da vingança não terá piedade;
³⁵ não aceitará compensações,
em nada consentirá, mesmo se aumentares os presentes.

7

¹ Meu filho, guarda as minhas sentenças,
conserva os meus preceitos;
² guarda os meus preceitos e viverás,
a minha instrução seja a menina dos teus olhos.
³ Ata-a aos dedos,
escreve-a na tábua do coração;
⁴ dize à sabedoria: "Tu és minha irmã."
Chama a inteligência de tua parenta.
⁵ para que te guarde da mulher estrangeira,
da estranha cuja palavra é sedutora:
⁶ Estava na janela de minha casa,
olhando pelas frestas,
⁷ e vi os jovens ingênuos
e percebi entre as crianças um rapaz sem juízo!
⁸ Ele passa ao lado, perto da esquina onde ela está,
e vai para a casa dela,
⁹ na bruma, ao entardecer,
no coração da noite e da sombra.
¹⁰ Uma mulher lhe vem ao encontro,
vestida como prostituta, com falsidade no coração.
¹¹ Ela é esperta e insolente,
e os seus pés não param em casa:
¹² ora está na rua, ora está na praça,
espreitando todas as esquinas.
¹³ Ela o agarra e o beija,
e depois diz de modo sério:
¹⁴ "Ofereci um sacrifício de comunhão,
porque hoje cumpro o meu voto,

---

a) A mulher adúltera é mais perigosa do que a prostituta: esta se contenta com a remuneração, mas aquela exige o sacrifício de toda a vida.

b) Mesmo desculpado pela fome, o ladrão deverá restituir com usura. Ex 22,1-8 prevê restituição dupla. Aqui, o sétuplo é número arbitrário para exprimir a importância da restituição.

¹⁵ por isso saí ao teu encontro,
 ansiosa por ver-te, e te encontrei!
¹⁶ Cobri a cama de colchas, de tecidos bordados,
 estendi lençóis do Egito.
¹⁷ Perfumei o quarto
 com mirra, aloés e cinamomo.
¹⁸ Vem, embriaguemo-nos com carícias até o romper do dia,
 saciemo-nos com amores.
¹⁹ Pois o meu marido não está em casa,
 ele fez longa viagem,
²⁰ levou a bolsa com o dinheiro
 e não voltará até a lua cheia."
²¹ Com tantos discursos o apanha,
 e o atrai com lábios lisonjeiros;
²² o infeliz corre atrás dela,
 como o boi vai ao matadouro,
 como se embaraça um cervo pego na rede,ᵃ
²³ até que uma flecha lhe atinja o lado,
 como o pássaro que voa para a armadilha,
 sem saber que perderá a vida.
²⁴ Agora escutai-me, meus filhos,
 prestai atenção às minhas sentenças:
²⁵ não se extravie o teu coração por seus caminhos,
 não te percas em seus trilhos.
²⁶ Pois ela assassinou a muitos,
 e os mais fortes foram as suas vítimas;
²⁷ sua casa é o caminho do Xeol,
 suas escadas levam para os átrios da Morte.

*Segundo discurso da Sabedoria*ᵇ

8 ¹ A Sabedoria não chama?
 O Entendimento não levanta a voz?
² Nos montículos, ao lado do caminho,
 em pé junto às encruzilhadas,
³ junto às portas da cidade,
 gritando nos caminhos de chegada:ᶜ
⁴ A vós, homens, eu chamo,
 dirijo-me aos filhos de Adão:
⁵ Ingênuos, aprendei a sagacidade,
 idiotas, aprendei o bom senso.ᵈ
⁶ Escutai, porque direi coisas importantes,
 abrirei meus lábios com palavras retas.
⁷ O céu de minha boca murmura a Verdade,
 e meus lábios aborrecem o mal.
⁸ Todas as sentenças minhas são justas,
 nenhuma é desatinada ou tortuosa.
⁹ São leais para quem sabe discernir,
 e retas para quem encontrou o conhecimento.

---

a) "Como se embaraça um cervo" *he'ekos 'ayyal*, conj.; "como (com) se embaraça o louco (vai) ao castigo" *ke'ekes 'el musar 'ewîl*, hebr., incerto. O grego lê: (22c) "como cão pego no laço, (23a) assim cervo ferido por flecha no fígado".
b) Os caps. 8-9 contêm o ápice da doutrina dos Provérbios a respeito da Sabedoria (cf. 8,22+). O mesmo tema é desenvolvido nos livros mais tardios (Eclo 1,1-20; 24; Sb 6-9; cf. também Jó 28).
c) Talvez simplesmente como o comerciante ambulante, que atrai os fregueses louvando a sua mercadoria.
d) Lit.: "compreendei o coração", isto é, "a inteligência"; cf. igualmente 6,32: "sem juízo", lit.: "privado de coração".

¹⁰Acolhei minha disciplina, e não o dinheiro;
  o conhecimento, mais valioso que o ouro;
¹¹porque a Sabedoria é melhor que as pérolas,
  e nenhuma joia lhe é comparável!

Autoelogio da Sabedoria: a Sabedoria régia

¹²Eu, a Sabedoria, moro com a sagacidade,
  e possuo o conhecimento da reflexão.
¹³(O temor de Iahweh é o ódio do mal.)
  Detesto o orgulho e a soberba,
  o mau caminho e a boca falsa.
¹⁴Eu possuo o conselho e a prudência,
  são minhas a inteligência e a fortaleza.
¹⁵É por mim que reinam os reis,
  e que os príncipes decretam a justiça;
¹⁶por mim governam os governadores,
  e os nobres dão sentenças justas.
¹⁷Eu amo os que me amam,
  e os que madrugam por mim hão de me encontrar.
¹⁸Comigo estão a riqueza e a honra,
  os bens estáveis e a justiça.
¹⁹Meu fruto é melhor que o ouro, que o ouro puro,
  o meu lucro vale mais que a prata de lei.
²⁰Eu caminho pela senda da justiça
  e ando pelas veredas do direito.
²¹Para levar o bem aos que me amam,
  e encher os seus tesouros.

A Sabedoria criadora[a]

²²Iahweh me criou, primícias de sua obra,[b]
  de seus feitos mais antigos.
²³Desde a eternidade fui estabelecida,[c]
  desde o princípio, antes da origem da terra.

a) A ideia de sabedoria personificada, simples artifício literário em Pr 14,1, desenvolveu-se em Israel a partir do Exílio, quando o politeísmo não era mais ameaça para a verdadeira religião. Se em Jó 28 e Br 3,9-4,4 a sabedoria aparece como coisa, então desejável exterior a Deus e ao homem, ela é apresentada em Pr 1,20-33; 3,16-19 e 8-9 como pessoa. Aqui ela mesma revela sua origem (criada antes de toda criatura, vv. 22-26), assim como a parte ativa que toma na criação (vv. 27-30), e a função que exerce junto aos homens, para levá-los a Deus (vv. 31.35-36). Ben Sirá desenvolverá essa doutrina: Eclo 1,1-10 lembra Jó 28, mas Eclo 4,11-19; 14,20-15,10 e sobretudo 24,1-29 (cf. Eclo 24,1+) prolongam Pr 8. Entretanto, em todos esses textos nos quais a sabedoria é personificada, como noutros a Palavra ou o Espírito, é difícil separar o que é artifício poético, expressões de antigas concepções religiosas ou intuição de novas revelações. Finalmente, Sb 7,22-8,1 dá a impressão de que a sabedoria, "efusão da glória de Deus", participa da natureza divina, mas os termos abstratos que a descrevem convêm a um atributo divino, bem como a uma hipóstase distinta. — A doutrina sobre a Sabedoria, assim esboçada no AT, será retomada pelo NT, que realizará progresso novo e decisivo ao aplicá-la à pessoa de Cristo. Jesus é designado como Sabedoria e sabedoria de Deus (Mt 11,19p; Lc 11,49, cf. Mt 23,34-36; 1Cor 1,24-30); como a Sabedoria, Cristo participa da criação e conservação do mundo (Cl 1,16-17) e da proteção de Israel (1Cor 10,4; cf. Sb 10,17s). Finalmente, o Prólogo de João atribui ao Verbo traços da Sabedoria criadora, e todo o Evangelho de João apresenta Cristo como a Sabedoria de Deus (cf. Jo 6,35+). Isto explica por que a tradição cristã, desde são Justino, reconheceu em Cristo a Sabedoria do AT. Por acomodação, a liturgia aplicou Pr 8,22s à Virgem Maria, colaboradora do Redentor como a Sabedoria o é do Criador.

b) O verbo hebraico (*qânânî*) é traduzido por "criou-me" pelo grego, sir., Targ. (cf. Eclo 1,4.9; 24,8.9). A tradução "adquiriu-me" (cf. 4,5.7; Gn 4,1; Dt 32,6) ou "possuiu-me" (Áquila, Símaco, Teodocião), foi retomada por são Jerônimo (Vulg.), certamente para combater o erro de Ario, que fazia do Verbo (identificado com a Sabedoria) uma criatura. A fórmula "primícias de sua obra" (lit.: "primícias de seu caminho" ou "de seus caminhos", se seguirmos as versões), deve ser relacionada com o título de "Primogênito de toda criatura", dado a Cristo por são Paulo (Cl 1,15), e com o de "Princípio das obras de Deus" (Ap 3,14).

c) "estabelecida" ou "investida" ou ainda "sagrada" (cf. Sl 2,6). O verbo *nasak* significa "derramar uma libação" ou "verter um objeto de metal".

²⁴ Quando os abismos*ᵃ* não existiam,
   eu fui gerada, quando não existiam
   os mananciais das águas.
²⁵ Antes que as montanhas fossem implantadas,
   antes das colinas,
   eu fui gerada;
²⁶ ele ainda não havia feito a terra e a erva,
   nem os primeiros elementos do mundo.
²⁷ Quando firmava os céus,
   lá estava eu,
   quando traçava a abóbada sobre a face do abismo;
²⁸ quando condensava as nuvens no alto,
   quando se enchiam as fontes do abismo;
²⁹ quando punha um limite ao mar:
   e as águas não ultrapassavam o seu mandamento,
   quando assentava os fundamentos da terra.
³⁰ Eu estava junto com ele como mestre de obra,*ᵇ*
   eu era o seu encanto todos os dias,
   todo o tempo brincava em sua presença:
³¹ brincava na superfície da terra,
   encontrava minhas delícias entre os homens.

O convite supremo

³² Portanto, meus filhos, escutai-me:
   felizes os que guardam os meus caminhos!
³³ Escutai a disciplina, e tornai-vos sábios,
   não a desprezeis.
³⁴ Feliz o homem que me escuta,
   velando em minhas portas a cada dia,
   guardando os batentes de minha porta!
³⁵ Quem me encontra encontra a vida,
   e goza do favor de Iahweh.
³⁶ Quem peca contra mim fere a si mesmo,
   todo o que me odeia ama a morte.

A Sabedoria hospitaleira

9 ¹ A Sabedoria construiu a sua casa,
   talhando suas sete colunas.*ᶜ*
² Abateu seus animais, misturou o vinho
   e pôs a mesa.
³ Enviou as suas criadas para anunciar
   nos pontos que dominam a cidade:
⁴ "Os ingênuos venham aqui;
   quero falar aos sem juízo:
⁵ Vinde comer do meu pão,
   e beber do vinho que misturei.
⁶ Deixai a ingenuidade e vivereis,
   segui o caminho da inteligência."

---

a) O abismo líquido sobre o qual repousa ao mesmo tempo o círculo da terra e a abóbada celeste (cf. Gn 1; Sl 104; Jó 38).
b) O sentido de "artesão" ou "mestre-de-obra" (cf. grego) é atestado por Jr 52,15; Ct 7,2 (cf. Sb 7,21). Outra interpretação (cf. Áquila, Símaco, Teodocião) faz dela a "jovem", a "infante" (cf. Lm 4,5) que brinca (vv. 30-31) diante do Criador.
c) Característica de casa rica, com pátio interior. O número sete aqui é símbolo da perfeição.

Contra os zombadores[a]

⁷Quem corrige o zombador atrai o desprezo,
  quem repreende o ímpio, a desonra.
⁸Não repreendas o zombador porque te odiará,
  repreende o sábio, e ele te agradecerá.
⁹Dá ao sábio, e ele se tornará mais sábio,
  ensina o justo, e ele aprenderá ainda mais.
¹⁰O princípio da sabedoria é o temor de Iahweh.
  E o conhecimento dos santos é inteligência.
¹¹Por mim prolongarás os teus dias,
  e ajuntar-se-ão anos em tua vida.
¹²Se fores sábio, o serás para o teu proveito;
  se te tornas zombador, apenas tu o pagarás.

A Senhora Insensatez arremeda a Sabedoria[b]

¹³A Senhora Insensatez é impulsiva,
  é ingênua e nada conhece.
¹⁴Senta-se à porta da casa,
  num assento que domina a cidade,
¹⁵para convidar os transeuntes,
  os que seguem o reto caminho:
¹⁶"Os ingênuos venham para cá,
  quero falar aos sem juízo.
¹⁷A água roubada é mais doce,
  o pão escondido é mais saboroso."
¹⁸E não sabem que em sua casa estão as Sombras,
  e seus convidados, no fundo do Xeol!

II. A grande coleção salomônica[c]

10

¹Provérbios de Salomão.

O filho sábio alegra o pai,
  o filho insensato entristece a mãe.
²Tesouros injustos não trazem proveito,
  mas a justiça liberta da morte.
³Iahweh não deixa o justo faminto,
  mas reprime a cobiça dos ímpios.
⁴A mão preguiçosa empobrece,
  o braço diligente enriquece.
⁵Quem recolhe no outono é prudente,
  quem dorme na colheita é indigno.

---

a) Máximas introduzidas mais tarde, para comentar o v. 6.
b) A *Insensatez* é por sua vez personificada, e sua atividade é oposta à da Sabedoria (9,1-6). O sentido da palavra é claro: assim como existem dois caminhos, o do bem e o do mal (4,18-19; Dt 30,15-20; Sl 1; este tema encontra-se na *Didaqué* e no Pseudo-Barnabé, como nos mss de Qumrã), assim também existem dois convites para o homem, dois banquetes para os quais é convidado. O homem deve escolher (cf. Rm 12,21; 2Cor 6,14s; Tt 1,15).
c) Temos aqui, provavelmente, a parte mais antiga do livro. Não há nenhuma ordem clara nesta coleção, somente algumas aproximações por vezes exteriores. As sentenças de 10,1 a 15,32 oferecem paralelismo antitético.

⁶ Bênçãos sobre a cabeça do justo,
   mas a boca dos ímpios encobre violência.ᵃ

⁷ A memória do justo é bendita,
   o nome dos ímpios apodrece.

⁸ O coração sábio aceita o mandamento,
   o homem de lábios loucosᵇ corre para a sua ruína.

⁹ Quem caminha na integridade caminha seguro,
   quem segue um caminho torto é descoberto.

¹⁰ Quem pisca o olho causa pesares,
   quem repreende abertamente traz tranquilidade.

¹¹ A boca do justo é fonte de vida,
   mas a boca dos ímpios encobre violência.

¹² O ódio provoca querelas,
   o amor cobre todas as ofensas.

¹³ Nos lábios do prudente há sabedoria,
   a vara é para o ombro do sem juízo.

¹⁴ Os sábios entesouram o conhecimento,
   mas a boca do estulto é perigo iminente.

¹⁵ A fortuna do rico é sua fortaleza,
   o mal dos fracos é sua indigência.

¹⁶ O salário do justo é a vida,
   o ganho do ímpio, o pecado.

¹⁷ Caminha para a vidaᶜ quem observa a disciplina,
   quem despreza a correção se extravia.

¹⁸ Os lábios do mentiroso encobrem o ódio,
   quem difunde calúnia é insensato.

¹⁹ Nas muitas palavras não falta ofensa,
   quem retém os lábios é prudente.

²⁰ A boca do justo é prata escolhida,
   o coração dos ímpios vale pouco.

²¹ Os lábios do justo apascentam a muitos,
   os estultos morrem por falta de juízo.

²² É a bênção de Iahweh que enriquece,
   e nada ajunta a fadiga.

²³ É um jogo para o insensato entregar-se ao crime,
   e para o inteligente, cultivar a sabedoria.

²⁴ Ao ímpio acontece o que teme,
   mas ao justo é dado o que deseja.

---

a) Estíquio idêntico a 11b. O grego lê: "um luto prematuro fecha a boca dos ímpios".
b) Com o grego.; o hebr. repete "o homem de lábios loucos (isto é, o mentiroso) corre para a sua perda", cf. 8b.
c) "caminha": 'oreah, conj.; "caminho": 'orah, hebr.

²⁵ Quando vem a tormenta, desaparece o ímpio!
  Mas o justo está firme para sempre.

²⁶ Vinagre nos dentes, fumaça nos olhos,
  tal é o preguiçoso para quem o envia.*ª*

²⁷ O temor de Iahweh prolonga os dias,
  os anos dos ímpios serão abreviados.

²⁸ A esperança dos justos é alegria,
  o anseio dos ímpios fracassa.

²⁹ O caminho de Iahweh é refúgio para o íntegro,
  e é terror para os malfeitores.

³⁰ O justo jamais vacilará,
  mas os ímpios não habitarão a terra.

³¹ A boca do justo exprime a sabedoria,
  mas a língua enganosa será cortada.

³² Os lábios do justo conhecem o favor,
  mas a boca dos ímpios, a perversidade.

11

¹ Balança falsa é abominação para Iahweh,
  mas o peso justo tem o seu favor.

² Onde entra a insolência, entra o desprezo,
  mas com os humildes está a sabedoria.

³ A integridade guia os homens retos,
  e a maldade destrói os traidores.

⁴ No dia da ira, a riqueza será inútil,
  mas a justiça liberta da morte.

⁵ A justiça dos íntegros endireita o seu caminho,
  e o ímpio cai por sua impiedade.

⁶ A justiça dos retos os salva,
  e os traidores são colhidos em sua cobiça.

⁷ Quando morre o ímpio, acaba seu anseio,
  e a esperança nas riquezas perece.

⁸ O justo escapa da angústia,
  o ímpio ocupa o seu lugar.

⁹ O ímpio arruína o próximo com a boca,
  os justos se salvam pelo conhecimento.

¹⁰ A cidade se alegra com a felicidade dos justos,
  e quando perecem os ímpios há um grito de alegria.

¹¹ Com a bênção dos retos prospera a cidade,
  pela boca dos ímpios ela se destrói.

¹² O sem juízo despreza o seu próximo,
  o homem inteligente se cala.

---

a) Isto é, o mensageiro preguiçoso (cf. 22,21).

¹³ Quem anda tagarelando revela o segredo,
   é espírito seguro o que retém o assunto.

¹⁴ Por falta de direção um povo se arruína,
   e se salva por muitos conselheiros.

¹⁵ Quem é fiador de estrangeiro se prejudica,
   quem não se compromete está em segurança.

¹⁶ A mulher graciosa adquire honra,ᵃ
   os violentos adquirem riqueza.

¹⁷ O homem misericordioso faz bem a si mesmo,
   o homem cruel destrói sua própria carne.

¹⁸ O ímpio faz um trabalho enganador,
   quem semeia justiça tem paga segura.

¹⁹ Sim, a justiça leva à vida,
   quem procura o mal morrerá.

²⁰ Abominação para Iahweh: os corações tortuosos;
   ele ama os que têm conduta íntegra.

²¹ Certamente,ᵇ o mau não ficará impune,
   mas a descendência dos justos será salva.

²² Anel de ouro em focinho de porco
   é a mulher formosa sem bom senso.

²³ O desejo dos justos é somente o bem,
   a esperança dos ímpios é a cólera.

²⁴ Há quem seja pródigo e aumente sua riqueza,
   e há quem guarde sem medida e se empobrece.

²⁵ A alma que abençoa prosperará,
   e o que rega será também regado.

²⁶ O povo maldiz o que retém o trigo,
   e há bênção para quem o vende.

²⁷ Quem visa o bem terá o favor,ᶜ
   quem procura o mal, este o atingirá.

²⁸ Quem confia na riqueza cairá,
   mas os justos germinarão como a folhagem.

²⁹ Quem deixa a casa em desordem herdará vento,
   e o estulto torna-se escravo do sábio de coração.

³⁰ O fruto do justo é árvore de vida;
   o sábio recolhe a vida.ᵈ

³¹ Se o justo aqui na terra recebe seu salário,ᵉ
   quanto mais o ímpio e o pecador!

---

a) O grego tem aqui: "Uma mulher graciosa faz a honra de seu marido, aquela que descuida da justiça é trono de desonra. Os insolentes têm falta de bens, os violentos adquirem a riqueza".
b) "Certamente", lit.: "mão por mão"; possível alusão ao costume de apertar as mãos (cf. 6,1+). Pode-se também compreender "num piscar de olhos".
c) O favor de Iahweh que recompensa os justos (cf. 12,2).
d) O grego, talvez embaraçado por este texto que poderia ser compreendido: "o sábio tira a vida", lê: "antes do tempo os maus serão levados".
e) O grego traduz: "se o justo é salvo a duras penas", texto retomado em 1Pd 4,18.

12

¹ Quem ama a disciplina ama o conhecimento,
  quem detesta a repreensão é estúpido.

² O homem bom obtém o favor de Iahweh,
  mas o mal-intencionado, ele o condena.

³ Não está firme o homem sobre a maldade,
  mas nada abala a raiz dos justos.

⁴ Uma mulher forte é a coroa do marido,
  mas a mulher indigna é como a cárie nos ossos.

⁵ Os planos dos justos são retos,
  os cálculos dos ímpios são traidores.

⁶ As palavras dos ímpios são armadilhas de sangue,
  mas a boca dos retos os salva.

⁷ Os ímpios são derrubados e desaparecem,
  mas a casa dos justos subsiste.

⁸ Elogia-se um homem por seu bom senso,
  o coração tortuoso será vituperado.

⁹ Melhor é ser simples e ter um servo,
  que passar por rico e não ter nada.

¹⁰ O justo conhece as necessidades do seu gado,
  mas as entranhas dos ímpios são cruéis.

¹¹ Quem cultiva a terra será saciado de pão,
  quem procura quimeras não tem juízo.

¹² O ímpio cobiça o despojo dos maus,
  mas a raiz dos justos prospera.

¹³ Na falsidade dos lábios há armadilha funesta,
  mas o justo escapa da penúria.

¹⁴ Do fruto de sua boca o homem sacia-se com o que é bom,
  e cada qual receberá a recompensa por suas obras.

¹⁵ O caminho do estulto é reto aos seus próprios olhos,
  mas o sábio escuta o conselho.

¹⁶ O estulto manifesta logo a sua raiva,
  mas o homem sagaz dissimula a ofensa.

¹⁷ Quem profere a verdade proclama a justiça,
  a falsa testemunha diz mentiras.

¹⁸ Há quem tenha a língua como espada,
  mas a língua dos sábios cura.

¹⁹ O lábio sincero está firme para sempre,
  mas por um só instante a língua mentirosa.

²⁰ No coração de quem maquina o mal: a fraude;
  aos conselheiros pacíficos: a alegria.

²¹ Ao justo nada acontece de mal,
   mas os ímpios estão cheios de infelicidade.

²² Abominação para Iahweh são os lábios mentirosos,
   o seu favor é para os que praticam a verdade.

²³ O homem sagaz encobre o conhecimento,
   o coração dos insensatos proclama sua idiotice.

²⁴ A mão dos diligentes dominará,
   e a mão preguiçosa será escrava.

²⁵ A angústia do coração deprime,
   uma boa palavra reanima.

²⁶ O justo mostra o caminho ao companheiro,*a*
   mas o caminho dos ímpios os extravia.

²⁷ O indolente não assa a sua caça,*b*
   mas a diligência é recurso precioso para o homem.

²⁸ Na senda da justiça está a vida;
   o caminho da perversão leva à morte.*c*

13

¹ O filho sábio escuta*d* a disciplina do pai,
   e o zombador não escuta a repreenda.

² Pelo fruto da boca o homem se nutre do bem,
   mas a vida dos traidores é apenas violência.

³ Quem vigia a própria boca guarda a sua vida,*e*
   mas se perde quem escancara os lábios!

⁴ O preguiçoso espera, e nada tem para sua fome;
   a fome dos diligentes é saciada.

⁵ O justo odeia a palavra mentirosa,
   mas o ímpio desonra e difama.

⁶ A justiça guarda aquele cujo caminho é íntegro,
   o pecado causa a ruína dos ímpios.*f*

⁷ Há o que finge ser rico e nada tem,
   e o que parece pobre e tem grandes bens.

⁸ O resgate da vida de um homem é sua riqueza;
   mas o pobre não ouve a repreensão.*g*

⁹ A luz dos justos é alegre,
   a lâmpada dos ímpios se extingue.

¹⁰ A insolência só causa discórdia;
   a sabedoria está com os que se deixam aconselhar.

---

a) "mostra o caminho": sentido incerto. A forma verbal é única, mas geralmente concorda-se em fazê-la derivar do verbo que significa "explorar".
b) Porque nada apanhou.
c) "perversão", *to'ebah*, conj.; "perversos", grego; "uma senda" *netibah*, hebr. — "à morte", *'el mawet*, mss e versões; "não a morte", *'al mawet*, hebr.; é provavelmente releitura que faz alusão à vida futura.
d) "escuta", mss e versões; verbo ausente no hebr.
e) Há provavelmente um jogo de palavras: o termo traduzido por "vida" pode também significar "garganta" e "alma".
f) "ímpios", 1 ms, versões; "impiedade", hebr.
g) É a ideia da fábula do sapateiro e do financista.

¹¹ Fortuna apressada[a] diminui,
   quem ajunta pouco a pouco se enriquece.

¹² A esperança que tarda deixa doente o coração;
   é árvore de vida o desejo satisfeito.

¹³ Quem despreza a palavra se perderá,
   quem respeita o mandamento será recompensado.

¹⁴ O ensinamento do sábio é fonte de vida
   para afastar as ciladas da morte.

¹⁵ Um grande bom senso alcança favor,
   o caminho dos traidores é interminável.[b]

¹⁶ Todo homem sagaz age com conhecimento,
   o insensato propala sua idiotice.

¹⁷ O mensageiro malvado cai[c] na desgraça,
   o mensageiro fiel traz a cura.

¹⁸ Miséria e desprezo para quem abandona a disciplina,
   honra para quem observa a repreensão.

¹⁹ Desejo satisfeito, doçura para a alma,
   para os insensatos é abominação afastar-se do mal.[d]

²⁰ Quem caminha com os sábios torna-se sábio,
   quem se ajunta aos insensatos torna-se mau.

²¹ A desgraça persegue os pecadores;
   aos justos, a paz e o bem.

²² Aos filhos dos filhos o homem de bem deixa uma herança,
   ao justo está reservada a fortuna dos pecadores.

²³ A lavoura do pobre dá rico sustento,
   mas pode se perder por falta de justiça.[e]

²⁴ Quem poupa a vara odeia seu filho,
   aquele que o ama aplica a disciplina.

²⁵ O justo come e se farta,
   o ventre dos ímpios passa fome.

14

¹ A Sabedoria[f] edifica sua casa,
   a Insensatez a derruba com as mãos.

² Quem anda na retidão teme a Iahweh,
   quem se desvia dos seus caminhos o despreza.

³ Da boca do estulto brota a soberba,
   os lábios dos sábios dela os guardam.

---

a) "apressada", grego; mas o hebr., literalmente "(saída) do vazio", pode-se compreender igualmente no sentido de "(adquirida) num sopro".

b) "interminável" 'eytan, sentido incerto; grego "sua desgraça", 'eydam.

c) A menos que se deva corrigir para compreender "faz cair", o que sugeriria o estíquio seguinte. Mas o grego está a favor do TM: "Um rei temerário cairá na infelicidade".

d) Não se vê bem a ligação entre os dois versos: talvez o texto esteja corrompido ou incompleto.

e) Aqui também o texto parece alterado. Grego: "Os justos vivem na riqueza, muitos anos; os injustos perecem repentinamente."

f) "A Sabedoria", conj. (plural majestático, cf. 1,20; 9,1); "As mais sábias mulheres", hebr.; mas o verbo está no singular.

⁴ Onde não há bois falta o grão,
   a força do touro traz grande colheita.

⁵ A testemunha fiel não mente,
   a testemunha falsa diz mentiras.*ª*

⁶ O zombador busca a sabedoria e não a encontra,
   o conhecimento é fácil para o inteligente.

⁷ Deixa a companhia do insensato,   13,20
   não lhe reconhecerias lábios sábios.*ᵇ*

⁸ A sabedoria do sagaz discerne o seu caminho,
   a estultícia dos insensatos se engana.

⁹ Os estultos zombam da dívida por uma falta,
   mas entre os homens retos existe a compensação.*ᶜ*

¹⁰ O coração conhece sua própria amargura,
   e nenhum estrangeiro partilha sua alegria.

¹¹ A casa dos ímpios será destruída,   Jó 8,22
   a tenda dos homens retos prosperará.

¹² Tal caminho parece reto para alguém,   = 16,25
   mas afinal é o caminho da morte.

¹³ Também entre risos chora o coração,   Ecl 2,1-2; 7,2-6; Lc 6,25
   e a alegria termina em pesar.

¹⁴ O coração desviado farta-se de seus caminhos,
   e mais do que ele o homem de bem.

¹⁵ O ingênuo acredita em tudo o que dizem,
   o homem sagaz discerne seus passos.

¹⁶ O sábio teme o mal e se afasta,
   o insensato é insolente e seguro de si.

¹⁷ O homem colérico comete idiotices,   14,29; 29,22
   o homem mal intencionado é odioso.

¹⁸ Os ingênuos herdam a insensatez,   14,24
   os sagazes fazem do conhecimento uma coroa.

¹⁹ Diante dos bons os maus se inclinam,
   e os ímpios, nas portas dos justos.

²⁰ O pobre é odioso mesmo para o vizinho,   Eclo 6,8-12; Pr 19,4.6.7
   mas são muitos os amigos do rico.

²¹ Aquele que despreza o próximo peca;   11,12; Sl 41,2
   feliz é quem tem piedade dos pobres.

²² Não é extraviar-se maquinar o mal?
   Amor e fidelidade para quem busca o bem.

²³ Toda fadiga traz proveito;
   o palavrório só produz indigência.

---

a) Sobre o falso testemunho, cf. 6,19; 12,17; 14,25; 19,5.9; 21,28; 24,28; 25,18 e talvez também 10,11; 11,9; 12,6 (cf. Ex 20,16; 23,1; Dt 19,15-21).

b) Texto incerto. O grego é completamente diferente.

c) Gr. muito diferente. Raashi traduz "pagamento".

²⁴ A coroa dos sábios é a sua riqueza;
   a estultícia dos insensatos é idiotice.

²⁵ Uma testemunha veraz salva vidas,
   quem profere mentiras é impostor.

²⁶ No temor de Iahweh há poderosa segurança;
   para seus filhos ele é refúgio.

²⁷ O temor de Iahweh é fonte de vida
   para evitar as ciladas da morte.

²⁸ Povo numeroso é glória para o rei,
   a falta de gente é ruína para o príncipe.

²⁹ O homem paciente é cheio de entendimento,
   o impulsivo exalta a idiotice.

³⁰ Um coração pacífico é vida para o corpo,
   mas a inveja é cárie nos ossos.

³¹ Oprimir o fraco é ultrajar seu Criador,
   honrá-lo é ter piedade do indigente.

³² O ímpio cai em sua própria maldade,
   o justo se refugia em sua integridade.*ª*

³³ Num coração inteligente repousa a sabedoria;
   mas é reconhecida*ᵇ* no coração dos insensatos?

³⁴ A justiça faz prosperar uma nação,
   o pecado é a vergonha dos povos.

³⁵ O favor do rei é para o servo prudente,
   e a sua cólera para aquele que é indigno.

15

¹ Resposta branda aplaca a ira,
   palavra ferina atiça a cólera.

² A língua dos sábios torna o conhecimento agradável,
   a boca dos insensatos destila idiotice.

³ Em todo lugar os olhos de Iahweh
   estão vigiando os maus e os bons.

⁴ A língua suave é árvore de vida,
   a língua perversa quebra o coração.*ᶜ*

⁵ O estulto despreza a disciplina paterna,
   quem observa a repreensão é sagaz.

⁶ Na casa do justo há abundância,
   mas o rendimento do ímpio é fonte de inquietação.

⁷ Os lábios dos sábios espalham conhecimento,
   mas o coração dos insensatos não é assim.

⁸ O sacrifício dos ímpios é abominação para Iahweh,
   mas o seu favor é para a oração dos homens retos.

---

a) "em sua integridade", versões; "em sua morte", hebr., retocado talvez na época macabaica.
b) Ou, com grego e sir., "não é reconhecida"; o hebr. omite o ponto de interrogação, bem como a negação.
c) Lit.: "a perversidade nela é rachadura do espírito".

⁹ Abominação para Iahweh é o caminho do ímpio; 11,20; 12,22
 mas ele ama o que busca a justiça.

¹⁰ Severa disciplina para quem se afasta da trilha; 12,1; 15,32
 quem odeia a repreensão morrerá.

¹¹ Xeol e Perdição estão diante de Iahweh: 11,20 +
 quanto mais o coração humano! Jo 2,25

¹² O zombador não ama quem o repreende, 9,8
 e com os sábios ele não anda.

¹³ Coração contente alegra o semblante, 12,25
 o coração aflito abate o espírito. Eclo 13,25

¹⁴ Coração inteligente procura conhecimento, 18,15
 a boca dos insensatos se alimenta de idiotice.

¹⁵ Para o pobre todos os dias são maus, Eclo 30,25
 o coração contente tem perpétuo banquete.

¹⁶ Mais vale pouco com temor de Iahweh, 13,8; 16,8
 do que grandes tesouros com sobressalto. 17,1
 Sl 37,16

¹⁷ Mais vale um prato de verdura com amor, 17,1
 do que um boi cevado com ódio.

¹⁸ O homem colérico atiça a querela, 14,29; 28,25
 o homem paciente acalma a rixa. Mt 5,9

¹⁹ O caminho do preguiçoso é como cerca de espinhos,
 a trilha dos homens retos é grande estrada.

²⁰ O filho sábio alegra o pai, = 10,1
 o homem insensato despreza sua mãe. 17,25; 23,22

²¹ A idiotice alegra o que não tem juízo,
 o homem inteligente caminha direito.

²² Por falta de reflexão os projetos fracassam, 11,14
 mas se realizam quando há muitos conselheiros.

²³ A alegria de um homem está na resposta de sua boca:
 que bom é uma resposta oportuna!

²⁴ Para o homem prudente o caminho da vida leva para o alto, Ecl 3,21
 a fim de evitar o Xeol, embaixo.ᵃ Nm 16,33 +

²⁵ Iahweh arranca a casa dos soberbos, 22,28
 e fixa os marcos do terreno da viúva. 23,10-11
 Dt 19,14
 Os 5,10

²⁶ Abominação para Iahweh: os pensamentos maus;
 mas as palavras benevolentes são puras.

²⁷ Quem é ávido de rapinas perturba sua casa, 1,19;
 quem odeia subornos viverá. 17,23 +

---

a) As expressões "leva para o alto" e "embaixo", omitidas pelo grego, poderiam ser glosas tardias. O "caminho da vida" parece designar o prolongamento da vida terrestre, oposta à morte, descida ao Xeol. Mais tarde compreendeu-se: "o caminho que leva à felicidade celeste", mas semelhante noção não fazia parte da teologia dessa época.

²⁸ O coração do justo medita para responder,
  a boca dos ímpios destila maldades.

²⁹ Iahweh fica longe dos ímpios,
  mas ouve a oração dos justos.

³⁰ Um olhar sereno alegra o coração,
  uma boa notícia reanima as forças.[a]

³¹ O ouvido que escuta a repreensão salutar
  hospedar-se-á no meio dos Sábios.

³² Quem rejeita a disciplina despreza a si mesmo,
  quem escuta a repreensão adquire juízo.

³³ O temor de Iahweh é disciplina de sabedoria,
  antes da honra está a humilhação.

16

¹ Ao homem os projetos do coração,
  de Iahweh vem a resposta da língua.[b]

² Todos os caminhos do homem são puros a seus olhos,
  mas Iahweh pesa os espíritos.

³ Recomenda a Iahweh tuas obras,
  e teus projetos se realizarão.

⁴ Iahweh tudo faz em vista de um fim,
  e até o ímpio para o dia da desgraça.[c]

⁵ Abominação para Iahweh: todo coração altivo;
  certamente[d] não ficará impune.

⁶ Com amor e fidelidade expia-se a culpa,
  pelo temor de Iahweh o mal é afastado.

⁷ Quando Iahweh aprova os caminhos de um homem,
  ele o reconcilia até com seus inimigos.

⁸ Mais vale pouco com justiça,
  do que muitos ganhos sem o direito.

⁹ O coração do homem planeja o seu caminho,
  mas é Iahweh que firma seus passos.

¹⁰ O oráculo pelas sortes está nos lábios do rei;[e]
  num julgamento, sua boca não falha.

¹¹ A balança e os pratos justos[f] são de Iahweh,
  todos os pesos da bolsa são sua obra.

¹² Abominação para os reis é praticar o mal,
  porque sobre a justiça o trono se firma.

¹³ Os lábios justos ganham o favor do rei,
  ele ama quem fala com retidão.

---

a) Lit.: "engorda os ossos".
b) O homem propõe e Deus dispõe.
c) O mau foi criado para manifestar, no dia de sua desgraça, a justiça divina.
d) Ou "num piscar de olhos" (cf. 11,21+).
e) Porque o rei apresenta seus julgamentos em nome de Deus (cf. 2Sm 14,18-20; 1Rs 3,4-28). — Os provérbios que seguem (exceto 11) são provérbios reais.
f) "pratos justos", conj.; "pratos de justiça", hebr.

¹⁴ O furor do rei é mensageiro de morte,   19,12; 20,2
mas o homem sábio o aplaca.

¹⁵ Na luz da face do rei está a vida;   Sl 4,7 + / Pr 19,12
seu favor é nuvem que traz chuva.

¹⁶ Melhor do que o ouro é adquirir sabedoria,   3,14; 8,19
e adquirir discernimento é melhor que a prata.

¹⁷ O caminho dos homens retos é evitar o mal;
quem vigia seu caminho guarda sua vida.

¹⁸ A arrogância precede a ruína,   11,2; 15,33
e o espírito altivo, a queda.

¹⁹ É melhor ser humilde com os pobres   Is 57,15
que repartir o despojo com os soberbos.

²⁰ Quem é atento à palavra encontra a felicidade,   13,13 / Sl 2,12; 40,5
quem confia em Iahweh é feliz.

²¹ Coração sábio tem fama de inteligente,   16,23
a doçura dos lábios aumenta o saber.

²² Fonte de vida é a sensatez para quem a possui,
o castigo dos estultos é a idiotice.

²³ O coração do sábio torna sua boca sensata,   16,21 / Ecl 10,12
e seus lábios ricos em experiência.

²⁴ As palavras amáveis são um favo de mel:
doce ao paladar e força para os ossos.

²⁵ Há caminhos que parecem retos,   = 14,12
mas afinal são caminhos para a morte.

²⁶ A fome do operário trabalha para ele,
porque sua boca o estimula.

²⁷ O homem inútil*ª* produz desgraça,   Tg 3,6
e leva nos lábios fogo abrasador.

²⁸ O homem vil semeia discórdias,   Eclo 28,13s / 17,9
e o difamador divide os amigos.

²⁹ O homem violento seduz o seu próximo
e o guia pelo mau caminho.

³⁰ Quem fecha os olhos para meditar velhacarias,
quem morde os lábios, já fez o mal.

³¹ Nobre coroa são as cãs,   Sb 4,9 / Eclo 25,4-6
ela se encontra no caminho da justiça.

³² Mais vale o homem lento para a ira do que o herói,   25,28
e um homem senhor de si do que o conquistador de uma cidade.

³³ A sorte se joga na orla da veste,*ᵇ*
mas o julgamento depende de Iahweh.

---

a) Lit.: "homem de Belial", isto é, do Nada (lit. "nada vale," cf. 6,12). Mas alguns consideram Belial como designação do demônio (cf. 2Cor 6,15).

b) Alusão ao efod colocado sobre o peito do sumo sacerdote (Ex 28,6+), assimilado aqui ao efod-receptáculo das sortes sagradas (1Sm 2,28+).

17

¹ É melhor um pedaço de pão seco e a tranquilidade
que uma casa cheia de sacrifícios de discórdia.ᵃ

² O servo prudente se imporá ao filho indigno,
com os irmãos ele terá parte na herança.

³ A prata no forno, o ouro no crisol,
mas é Iahweh que prova o coração.

⁴ O mau fica atento aos lábios perniciosos,
o mentiroso dá ouvidos à língua perversa.

⁵ Quem zomba do pobre ultraja seu Criador,
quem ri do infeliz não ficará impune.ᵇ

⁶ Coroa dos anciãos são os netos,
honra dos filhos são os pais.

⁷ Língua distinta não combina com o estúpido,
menos ainda, com o notável, língua mentirosa.

⁸ O suborno é talismã para quem o dá:
para qualquer lado que se volte tem sucesso.

⁹ Quem busca amizade encobre a ofensa,
quem a diz e repete afasta o amigo.

¹⁰ Uma repreensão causa mais impressão no homem inteligente
do que cem golpes em um insensato.ᶜ

¹¹ O malvado só procura rebelião,
mas o mensageiro cruel será enviado contra ele.ᵈ

¹² É melhor encontrar uma ursa sem os filhotes
do que o insensato em sua idiotice.

¹³ A quem retribui o bem com o mal,
a desgraça não se afastará de sua casa.

¹⁴ É deixar correr as águas, o princípio da discórdia;
antes que se desencadeie o processo, desiste.

¹⁵ Absolver o ímpio e condenar o justo:
ambas as coisas são abomináveis para Iahweh.

¹⁶ De que serve ao insensato ter dinheiro?
Para adquirir a sabedoria? Se não tem coração!

¹⁷ Em toda ocasião ama o amigo,
um irmão nasce para o perigo.

¹⁸ É falta de juízo quem aperta a mão,
ficando como fiador do vizinho.

---

a) Trata-se certamente de carnes sacrificadas e a seguir consumidas nas refeições sagradas.
b) Comparar com Amenemope: "Não rias de um cego, nem ridicularizes um anão, nem ofendas um doente... o homem é argila e palha, o Deus é o seu arquiteto."
c) Perguntou-se se esta alusão aos cem golpes não seria de origem egípcia: as leis israelitas proibiam ultrapassar os quarenta golpes (cf. Dt 25,3).
d) Talvez o Anjo exterminador (cf. Ex 12,23+). Foi o que o grego compreendeu: "O Senhor enviará contra ele um anjo impiedoso."

¹⁹ Quem ama a rebelião ama o delito,
e quem se mostra orgulhoso*ª* cultiva a ruína.

²⁰ Coração perverso não encontra felicidade,
e língua tortuosa cai na desgraça.

²¹ Quem gera um insensato terá sofrimentos,
o pai de um estúpido não terá alegria!

10,1
Eclo 22,3

²² Coração alegre, corpo contente;
espírito abatido, ossos secos.

14,30

²³ O ímpio aceita suborno debaixo do manto,
para distorcer o direito.*ᵇ*

Ex 23,8
Dt 16,19;
27,25
Is 1,23
Am 5,12
1Sm 8,3

²⁴ A sabedoria está ao alcance do homem inteligente,
mas os olhos do insensato divagam ao infinito.*ᶜ*

²⁵ O filho insensato é preocupação para o pai
e amargura para a mãe.

10,1
29,15

²⁶ Não é bom multar o justo;
açoitar os nobres é contrário ao direito.

²⁷ Quem retém suas palavras tem conhecimento,
espírito frio é homem inteligente.

10,19

²⁸ Até o estulto, quando se cala, passa por sábio,
por inteligente, aquele que fecha os lábios.

Jó 13,5
Eclo 20,5

18

¹ Quem vive isolado segue seu bel-prazer
e se rebela contra todo conselho.

17,14; 20,3

² O insensato não gosta da inteligência,
mas de publicar o que pensa.

12,23

³ Quando entra a impiedade, entra a afronta,
com o menosprezo, a vergonha.

⁴ As palavras de homem são águas profundas,
a fonte da sabedoria é manancial que jorra.

20,5
Eclo 21,13
Jo 7,38

⁵ Não é bom favorecer o ímpio
para declinar o justo num julgamento.

17,15 +
24,23 +

⁶ Os lábios do insensato provocam querela,
sua boca provoca os golpes.

⁷ A boca do insensato é sua ruína,
e seus lábios, armadilha para sua vida.

10,14; 13,3
12,13

⁸ As palavras do que murmura são guloseimas
que descem até o fundo do ventre.

= 26,22

⁹ O homem preguiçoso no seu trabalho
é irmão do destruidor.

---

a) Lit.: "que levanta a sua porta."
b) Trata-se, é claro, dos subornos recebidos pelo juiz ou pela falsa testemunha; cf. 17,8; 18,16 e 21,14, onde o sentido é mais amplo.
c) Lit.: "(vão) ao fim do mundo". Cf. Dt 30,11s.

¹⁰ O nome de Iahweh é torre-forte:
   aí acorre o justo, e está protegido.

¹¹ A fortuna do rico é sua fortaleza:
   e pensa que é alta muralha.

¹² Antes da ruína, o coração se exalta,
   e antes da honra, a humilhação.

¹³ O que responde antes de escutar
   terá a idiotice e a confusão.

¹⁴ O espírito do homem pode aguentar a doença,
   mas o espírito abatido, quem o levantará?

¹⁵ O coração inteligente adquire o saber,
   o ouvido dos sábios procura o conhecimento.

¹⁶ O suborno que um homem faz lhe abre caminho
   e o conduz à presença dos grandes.

¹⁷ O primeiro que se defende tem razão,
   até que chegue outro e o conteste.

¹⁸ A sorte põe fim nas querelas,
   e decide entre os poderosos.[a]

¹⁹ Irmão ofendido é pior do que fortaleza,
   e as querelas são como os batentes do portal.[b]

²⁰ Com o fruto da boca se sacia o ventre,
   sacia-se com o produto dos lábios.

²¹ Morte e vida estão em poder da língua,
   aqueles que a escolhem comerão do seu fruto.

²² Encontrar uma mulher é encontrar a felicidade,
   é obter favor de Iahweh.

²³ O pobre fala suplicando,
   o rico responde duramente.

²⁴ Há[c] amigos que levam à ruína,
   e há amigos mais queridos do que irmão.

19

¹ Mais vale pobre que anda na integridade
   do que homem com lábios tortuosos e insensato.

² Onde não há conhecimento o zelo não é bom;
   quem apressa o passo se extravia.

³ A idiotice do homem perverte o seu caminho,
   e seu coração se irrita contra Iahweh.

⁴ A riqueza multiplica os amigos,
   mas o fraco até o amigo o deixa.

---

a) Em vez de uma visão pessimista da justiça, é preciso provavelmente ler aqui uma alusão ao "julgamento de Deus" (cf. 16,33).

b) Texto duvidoso. O grego é muito diferente: "Um irmão ajudado pelo irmão é cidade fortificada e alta, ele é forte como muralha régia."

c) "Há": yesh, versões; "um homem": 'îsh, hebr. O verbo que segue pode ter diversos sentidos.

⁵ A falsa testemunha não ficará impune,
   e o que diz mentiras não escapará.

⁶ Muitos bajulam o homem generoso,
   e todos são amigos de quem dá presentes.

⁷ Todos os irmãos do pobre o odeiam,
   e muito mais se afastam dele os amigos.

   Ele procura palavras, e não as encontra!ᵃ

⁸ Quem adquire sentido ama a si mesmo,
   quem conserva a inteligência encontrará a felicidade.

⁹ A falsa testemunha não ficará impune,
   quem diz mentiras perecerá.

¹⁰ Não convém ao insensato viver no luxo,
   menos ainda ao escravo dominar os príncipes.

¹¹ O homem prudente é lento para a ira;
   e se honra em ignorar uma ofensa.

¹² Rugido de leão é a ira do rei,
   orvalho sobre a relva é o seu favor.

¹³ Filho insensato é calamidade para o pai,
   goteira sem fim são as queixas da mulher.

¹⁴ Casa e fortuna são herança paterna,
   mas é Iahweh quem dá mulher prudente.

¹⁵ A preguiça faz cair no torpor;
   o ocioso passará fome.

¹⁶ Quem guarda o mandamento guarda a vida,
   quem despreza os seus caminhos morrerá.ᵇ

¹⁷ Quem faz caridade ao pobre empresta a Iahweh,
   e ele dará a sua recompensa.

¹⁸ Corrige o teu filho enquanto há esperança,
   mas não te arrebates até matá-lo.ᶜ

¹⁹ O homem violento se expõe ao castigo;
   se tu o poupas, aumentarás o mal dele.ᵈ

²⁰ Ouve o conselho, aceita a disciplina,
   para chegares a ser sábio depois.

²¹ Muitos são os projetos do coração humano,
   mas é o desígnio de Iahweh que permanece firme.

²² O que se espera de um homem é sua bondade;
   ama-se mais o pobre que o mentiroso.

---

a) Texto com lacunas. O grego acrescenta vários estíquios.
b) Seja o que não vigia o próprio comportamento, seja o que não anda no caminho indicado pelo "mandamento" (16a).
c) Ou este provérbio mostra-se menos severo que o texto legislativo (Dt 21,18-21), ou então apenas adverte contra justiça rápida.
d) Texto muito incerto. A ideia parece ser que ao deixar de punir o colérico faz-se que ele duplique o seu mal.

²³ O temor de Iahweh conduz à vida,
   fica-se satisfeito e repousado, sem temer a desgraça.

²⁴ O preguiçoso põe a mão no prato,
   mas não consegue levá-la à boca.

²⁵ Golpeia o zombador e o ingênuo tornar-se-á sagaz;
   repreende um homem inteligente,
   ele entenderá o conhecimento.

²⁶ Quem maltrata o pai e expulsa a mãe
   é filho indigno e infame.

²⁷ Cessa, meu filho, de escutar a instrução:
   isso será afastar-te dos propósitos do saber!*ᵃ*

²⁸ Testemunha indigna zomba do direito;
   a boca dos ímpios devora o crime.

²⁹ Para os zombadores há castigos preparados,
   e açoites para as costas dos insensatos.

20

¹ A zombaria está no vinho, e a insolência na bebida!
   Quem nisso se perde não chega a ser sábio.

² A cólera do rei é rugido de leão!
   Quem a excita peca contra si mesmo.

³ É honra para o homem evitar processo,
   mas o estulto se enreda em disputas.

⁴ No outono o preguiçoso não trabalha,
   na colheita procura e nada encontra.

⁵ Água profunda é o conselho no coração do homem,
   o homem inteligente tem apenas de hauri-la.

⁶ Muitos se dizem homens fiéis,
   mas quem encontrará um homem leal?

⁷ O justo que se comporta honestamente:
   felizes seus filhos depois dele!

⁸ Rei que se assenta no tribunal
   dissipa todo mal com seu olhar.*ᵇ*

⁹ Quem pode dizer: "Purifiquei meu coração,
   do meu pecado estou puro"?

¹⁰ Dois pesos e duas medidas:
    ambos são abomináveis para Iahweh.

¹¹ Até por seus atos um jovem se dá a conhecer,
    se sua ação é pura ou se é correta.

¹² O ouvido que ouve, o olho que vê,
    Iahweh os fez a ambos.

¹³ Não ames o sono, porque ficarás pobre:
    fica de olhos abertos e te saciarás de pão.

---

a) Sentido incerto. O grego lê: "Um filho que deixa de observar a instrução de seu pai meditará palavras más".

b) Ou: "joeira" (distinguindo as boas e as más causas; cf. 20,26).

¹⁴ "Mau, mau", diz o comprador,
 e depois vai-se gabando da compra.

¹⁵ Ainda que tenhas ouro e pérolas,
 o mais precioso são os lábios com conhecimento.

3,13-15

¹⁶ Ao fiador de estrangeiro tiram-lhe a roupa,
 por causa de estrangeiros[a] tomam-lhe um penhor!

= 27,13
6,1 +

¹⁷ Parece doce o pão da fraude,
 mas depois a boca fica cheia de areia.

Jó 20,12-14

¹⁸ No conselho se consolidam os projetos:
 faze a guerra com cálculos sábios.

¹⁹ O que anda falando revela o segredo,
 não te ajuntes com o de lábios fáceis!

11,13 +

²⁰ Quem maldiz pai e mãe
 verá extinguir-se sua lâmpada no coração das trevas.

Ex 20,12;
21,17 +
Pr 19,26 +

²¹ Fortuna adquirida muito depressa,
 no final não será abençoada.

13,11

²² Não digas: vingar-me-ei do mal;
 espera por Iahweh e ele te salvará.

25,22 +
Rm 12,17
1Ts 5,15

²³ Abominação para Iahweh: dois pesos;
 e balança falsa não é boa.

11,1 +

²⁴ Iahweh dirige os passos do homem:
 como, pois, poderá o homem compreender o seu caminho?

|| Sl 37,23
Pr 16,9;
19,21

²⁵ É armadilha para o homem gritar: "É santo!"
 e só refletir depois de fazer o voto.

Dt 23,22s
Ecl 5,3-5
Mt 15,5p

²⁶ Um rei sábio joeira os ímpios
 e faz passar sobre eles a roda.[b]

²⁷ A lâmpada de Iahweh é o espírito[c] do homem,
 a qual penetra até o fundo de seu ser.

Mt 6,22
1Cor 2,11

²⁸ Amor e Fidelidade preservam o rei;
 ele sustenta no amor o seu trono.

16,12
Sl 61,8
Is 16,5

²⁹ A beleza dos jovens é o seu vigor,
 e o enfeite dos velhos, suas cãs.

16,31

³⁰ Os vergões das feridas purificam do mal,
 e os açoites, o mais íntimo do corpo.[d]

21

¹ Como ribeiro de água, assim o coração do rei na mão
 de Iahweh, este, segundo o seu querer, o inclina.

² Todo caminho do homem é reto aos seus olhos,
 mas Iahweh pesa os corações.

= 16,2
Lc 16,15;
18,9-14

---

a) "estrangeiros", texto escrito, Vulg.; "uma estrangeira", texto lido, Targ., cf. 27,13.
b) Alusão à debulha do grão, ocasião em que se usavam ancinhos e às vezes rodas (cf. Is 28,28).
c) O "espírito", ou "o sopro" (Jó 26,4; 32,8), princípio de vida que Deus insufla no homem depois de ter formado seu corpo (cf. Gn 2,7). — Lendo noçer em vez de ner ("lâmpada"), poder-se-ia traduzir: "Iahweh vela sobre o sopro do homem, penetra...".
d) Parece ser a apologia dos castigos corporais, mas o texto deste provérbio é incerto.

³ Praticar a justiça e o direito
vale mais para Iahweh que os sacrifícios.ᵃ

⁴ Olhar altivo, coração orgulhoso,
a lâmpada dos ímpios, são pecado.

⁵ Os projetos do homem diligente são apenas o lucro;
para quem se apressa, somente a pobreza!

⁶ Fazer tesouros com a língua falsa
é vaidade fugitiva de quem procura a morte.

⁷ A violência dos ímpios os arrebata,
porque recusam praticar o direito.

⁸ Tortuoso é o caminho do homem criminoso,
mas reto o proceder do inocente.

⁹ Melhor é morar no canto de um teto
do que morar junto com mulher briguenta.

¹⁰ A alma do ímpio deseja o mal;
aos seus olhos o próximo não encontra graça.

¹¹ Quando o zombador é castigado, o ingênuo se torna sábio;
e quando o sábio é instruído, acolhe o conhecimento.

¹² O justoᵇ considera a casa do ímpio:
e arrasta os ímpios para a desgraça.

¹³ Quem tapa o ouvido ao clamor do fraco
também clamará e não terá resposta.

¹⁴ Presente secreto aplaca a ira;
suborno em sigilo, o furor violento.

¹⁵ Praticar o direito é alegria para o justo,
mas é espanto para os malfeitores.

¹⁶ O homem que se desvia do caminho da prudência,
na assembleia das sombras repousará.

¹⁷ Quem ama o prazer ficará indigente,
quem ama vinho e boa carneᶜ jamais ficará rico.

¹⁸ O ímpio serve de resgate para o justo;
no lugar dos retos: o traidor.ᵈ

¹⁹ Melhor é morar em região deserta,
do que com mulher briguenta e iracunda.

²⁰ Tesouro precioso e azeite há na casa do sábio,
mas o insensato os engole.

²¹ Quem procura a justiça e o amor
encontrará vida, justiça e honra.

---

a) Em todo o AT encontra-se essa insistência sobre a retidão do coração, condição de toda observância ritual (cf. Am 5,22s; Os 6,6; Is 1,11; Jr 7,21-23).
b) Trata-se aqui de Iahweh? Pensa-se mais numa pessoa influente.
c) Lit.: "vinho e azeite".
d) Cf. 11,8; Is 43,4. Esse provérbio parece supor que há necessariamente certa dose de infelicidade no universo. Mas Iahweh, em sua justiça, dela protege os homens retos e a ela entrega os ímpios.

²² O sábio escala a cidade dos guerreiros
 e destrói a fortaleza em que ela confiava.

Ecl 9,13-15

²³ Quem guarda a boca e a língua
 guarda-se da angústia.

13,3

²⁴ Insolente, soberbo, seu nome é "zombador"!
 Ele age no ardor de sua insolência.

²⁵ O desejo do preguiçoso causa sua morte,
 porque suas mãos recusam o trabalho.

13,4; 20,4

²⁶ Todo o dia o ímpio é presa da cobiça,ᵃ
 mas o justo dá sem jamais recusar.

Lc 6,30.
34-35

²⁷ O sacrifício dos ímpios é abominação,ᵇ
 quanto mais oferecendo-o com malícia!

= 15,8
Eclo 7,9

²⁸ A testemunha mentirosa perecerá,
 mas quem a escuta a destruiráᶜ completamente.

19,5.9

²⁹ O ímpio dá ares de firmeza,
 mas o reto consolida seu caminho.

³⁰ Não há sabedoria, nem entendimento,
 nem conselho diante de Iahweh.ᵈ

Is 8,10

³¹ Prepara-se o cavalo para o dia da batalha,
 mas a vitória pertence à Iahweh!

Sl 20,8
Os 1,7 +

22

¹ É preferível bom nome a muitas riquezas,
 e boa graça a prata e ouro.

Ecl 7,1

² Rico e pobre se encontram;
 a ambos fez Iahweh.

= 29,13
Jó 31,15
Sb 6,7
Mt 5,45

³ O homem sagaz vê o mal e se esconde:
 mas os ingênuos passam adiante e sofrem a pena.

= 27,12

⁴ O fruto da humildade é o temor de Iahweh,
 a riqueza, a honra e a vida.

⁵ Espinhos e laços há no caminho do perverso;
 quem preza a vida dele se afasta.

⁶ Forma o jovem no início de sua carreira,ᵉ
 e mesmo quando for velho não se desviará dela.

Eclo 6,18

⁷ O rico domina sobre os pobres,
 o que toma emprestado é servo do que empresta.

⁸ Quem semeia a injustiça colherá a desgraça,
 e a vara de sua cólera o feriráᶠ

Jó 4,8
Pr 12,14

⁹ O homem generoso será abençoado,
 porque dá de seu pão ao fraco.

19,17; 28,27
Sl 112,9
Lc 14,13-14

---

a) "o ímpio", palavra acrescentada com o grego.
b) O grego lê: "abominação para Iahweh", como em 15,8.
c) Cf. Sl 18,48; 47,4; 2Cr 22,10.
d) Isto é, "não subsistem diante dele", ou "não prevalecem contra ele".
e) Lit.: "dedica o jovem sobre a boca (a entrada) de seu caminho". O grego omite todo este v.
f) "o ferirá", yakkehû, conj.; "desaparecerá", yikleh, hebr. Gr.: "E ele pagará o castigo de suas obras".

26,20	¹⁰ Expulsa o zombador, e a querela cessará; cessarão as demandas e o menosprezo.
↗ Mt 5,8 Pr 16,13	¹¹ Quem ama a pureza de coração e é grácil no falar terá por amigo o rei.
	¹² Os olhos de Iahweh protegem o conhecimento, mas ele confunde os discursos do traidor.
= 26,13	¹³ O preguiçoso diz: "Um leão está lá fora! Serei morto no meio da rua!"
5,2 +	¹⁴ Cova profunda é a boca das estrangeiras; aquele, contra quem Iahweh se irar, cairá nela.
13,24; 29,15.17	¹⁵ A idiotice está ligada ao coração do jovem, mas a vara da disciplina dela o livrará.
	¹⁶ Oprime-se um fraco: no final ele sai engrandecido; dá-se ao rico: e no final só há empobrecimento.[a]

III. Coleção dos Sábios

¹⁷ Inclina teu ouvido, ouve as palavras dos Sábios,
 e aplica teu coração ao meu conhecimento,
¹⁸ pois terás prazer em guardá-las dentro de ti,
 e estarão todas firmes em teus lábios.
¹⁹ Para que a tua confiança esteja em Iahweh,
 instruirei hoje também a ti.

²⁰ Não te escrevi trinta capítulos[b]
 sobre conselhos e conhecimento,
²¹ para te ensinar a certeza de palavras verdadeiras
 e poderes responder com verdade ao que te envia?

Ex 23,6	²² Não despojes o fraco, por ser fraco, nem oprimas o pobre no julgamento.[c]
23,11 Is 33,1	²³ Porque Iahweh disputará a sua causa e tirará a vida dos que os defraudaram.
Eclo 8,15	²⁴ Não te juntes ao homem irascível, nem frequentes o homem colérico,
	²⁵ para que não te acostumes com seus modos e não encontres uma cilada para tua vida.
6,1 +	²⁶ Não estejas entre os que se comprometem, tornando-se fiadores de dívidas:

---

a) Esse provérbio exprime ou uma lei segundo a qual a dificuldade estimula o esforço e traz o sucesso, ou uma fé religiosa na justiça de Iahweh que inverte as situações.
b) "trinta capítulos": "capítulos" foi acrescentado, e "trinta" (sheloshîm) corrigido; o hebr. traz "anteontem" (shileshôm), vocalizado shâlishîm, que a nada corresponde. Esta menção de trinta capítulos, mal compreendida, deve provir da Sabedoria de Amenemope, em que toda esta passagem se inspira: "Considera estes trinta capítulos: eles alegram, eles instruem".
c) "no julgamento", lit.: "na porta": trata-se da porta da cidade, onde se realizava a justiça e onde eram tratados os assuntos públicos (cf. 24,7).

²⁷ se não tens com que pagar,
  tomarão*ᵃ* a cama debaixo de ti.

²⁸ Não desloques os marcos antigos
  que os teus pais colocaram.

= 23,10
15,25 +
Dt 19,14

²⁹ Vês um homem perito em seu trabalho?
  Ele será posto a serviço de reis,
  não será posto a serviço de pessoas obscuras.

23

¹ Quando te assentas para comer com um chefe,
  presta atenção ao que está à tua frente;
² põe uma faca na tua garganta,*ᵇ*
  se és glutão!
³ Não cobices seus manjares,
  porque são alimento enganador.*ᶜ*

= 23,6

⁴ Não te fatigues por adquirir a riqueza,
  não apliques nisso a tua inteligência.
⁵ Nela pousam teus olhos, e ela não existe mais,
  pois certamente fará asas para si,
  como águia, que voa para o céu.

⁶ Não comas o pão do invejoso
  nem cobices seus manjares,
⁷ pois é assim o cálculo que ele faz em si mesmo:
  "Come e bebe!", diz ele,
  mas seu coração não está contigo!*ᵈ*
⁸ Vomitarás o bocado que comeste,
  perdendo tuas palavras suaves.

23,3

⁹ Não fales aos ouvidos do insensato,
  pois ele despreza tuas prudentes palavras.

Mt 7,6

¹⁰ Não desloques o marco antigo,
  e não entres no campo dos órfãos,
¹¹ pois o seu vingador é forte:
  disputará a causa deles contra ti.*ᵉ*

= 22,28 +

Ex 22,21-23
Pr 22,23

¹² Aplica o teu coração à disciplina
  e teus ouvidos às palavras do conhecimento.

¹³ Não afastes do jovem a disciplina!
  Se lhe bates com a vara, não morrerá.

19,18

¹⁴ Quanto a ti, deves bater-lhe com a vara,
  para salvar-lhe a vida do Xeol.
¹⁵ Meu filho, se o teu coração é sábio,
  meu coração também se alegrará,
¹⁶ e *os meus rins festejarão*
  quando teus lábios falarem com retidão.

---

a) "tomarão", grego; "por que tomará?", hebr.
b) Isto é, sem dúvida, "põe um freio na tua voracidade". Segundo outros: "É pôr uma faca na tua garganta (pôr tua vida em perigo) mostrares-te glutão".
c) Dois textos semelhantes, um de Ptah-hotep e outro de Amenemope, mostram que aqui se trata de tema bem conhecido da cortesia egípcia; cf. também Gn 43,34.
d) O primeiro estíquio é bastante obscuro, lit.: "do modo como ele pensa em sua alma, assim ele é". Pode-se ver aqui uma oposição entre os sentimentos reais e os que são expressos.
e) O vingador (*go'êl;* cf. Nm 35,19+) aqui é Iahweh (cf. 22,23; Jr 50,34). — Talvez seja necessário corrigir "o marco antigo" (*'ôlam*) para "o marco da viúva" (*'almânâh;* cf. 15,25).

¹⁷ Que o teu coração não inveje os pecadores
   mas o dia todo tenha temor a Iahweh,
¹⁸ pois é certo que haverá futuro,
   e tua esperança não vai ser aniquilada.

¹⁹ Ouve, meu filho, e torna-te sábio,
   e dirige o teu coração pelo caminho.

²⁰ Não estejas entre bebedores de vinho,
   nem entre comedores de carne,
²¹ pois bebedor e glutão empobrecem,
   e o sono veste o homem com trapos.

²² Ouve o teu pai, ele te gerou,
   e não desprezes tua mãe envelhecida.
²³ Adquire a verdade e não vendas
   sabedoria, disciplina e inteligência.
²⁴ O pai do justo saltará de alegria;
   quem gera um sábio com ele se alegrará.
²⁵ Que teu pai e tua mãe se alegrem,
   e exulte aquela que te gerou.

²⁶ Meu filho, dá-me o teu coração,
   e que teus olhos gostem dos meus caminhos:
²⁷ pois a prostituta é cova profunda,
   e a estranha, poço estreito.
²⁸ Como salteador, ela também fica espreitando,
   e entre os homens multiplica as traições.[a]

²⁹ Para quem os ais? Para quem os lamentos?
   Para quem as disputas? Para quem as queixas?
   Para quem os golpes sem motivo?
   Para quem os olhos turvados?
³⁰ Para aqueles que entardecem sobre o vinho
   e vão à procura de bebidas misturadas.
³¹ Não olhes o vinho: como é vermelho,
   como brilha na taça,
   como escorre suave!
³² No fim ele morde como a cobra
   e fere como a víbora.
³³ Teus olhos verão coisas estranhas,
   e teu coração dirá disparates.
³⁴ Serás como alguém deitado em alto-mar
   ou deitado no topo de um mastro.
³⁵ "Feriram-me... e eu nada senti!
   Bateram-me... e eu nada percebi!
   Quando irei acordar?
   Continuarei a beber!"

24

¹ Não tenhas inveja dos maus
   nem queiras a sua companhia,
² pois seu coração só planeja a violência,
   e seus lábios só falam maldade.

³ Com a sabedoria se constrói uma casa,
   e com o entendimento ela se firma;

---

a) "traições", *begadim*, conj.; "traidores", *bogdim*, hebr.

⁴com o conhecimento enchem-se os celeiros
   de todo tipo de bens preciosos e desejáveis.

⁵O homem sábio é cheio de força,
   e o homem de conhecimento confirma o seu vigor;

⁶pois é pelos cálculos que farás a guerra,
   e a vitória vem pelo grande número de conselheiros.

⁷Para o estulto a sabedoria é fortaleza inacessível:*a*
   na porta da cidade ele não abre a boca.

⁸Quem planeja fazer o mal
   será chamado mestre de astúcia.

⁹O projeto de idiotice é o pecado,
   e o zombador é abominável aos homens.

¹⁰Se te mostras fraco no dia da angústia,
   a tua força é bem pequena.*b*

¹¹Liberta os que são levados à morte,
   salva os que são arrastados ao suplício!*c*

¹²Pois, se disseres: "Eis que nada soubemos",
   aquele que pesa os corações não entenderá?
Enquanto ele sabe, ele que te observa;*d*
   ele devolverá ao homem conforme a sua obra.

¹³Come o mel, meu filho, porque é bom,
   o favo de mel é doce ao paladar.

¹⁴Assim é a sabedoria para ti, sabe-o!
Se a encontras, haverá futuro,
   e tua esperança não será aniquilada.

¹⁵Não te embosques, ó ímpio, junto à morada do justo,
   nem devastes a sua habitação!

¹⁶Pois o justo cai sete vezes, e se levanta,
   mas os ímpios tropeçam na desgraça.

¹⁷Se teu inimigo cai, não te alegres,
   e teu coração não exulte se ele tropeça,

¹⁸para que Iahweh não veja isso, fique descontente,
   e dele retire a sua ira.

¹⁹Não te aflijas por causa dos maus,
   nem tenhas inveja dos ímpios.

²⁰Pois não há futuro para o mau:
   a lâmpada dos ímpios se extingue.

²¹Teme a Iahweh, meu filho, e ao rei;
   não te mistures com os inovadores,

²²pois, de repente, surgirá a sua perdição,
   e a ruína de um e de outro, quem a conhece?*e*

---

a) Termo difícil. Segundo outros: "coral" (cf. Ez 27,16; Jó 28,18), coisa rara e delicada que o estulto não saberia apreciar.
b) Lit.: "estreita": *çar*, jogo de palavras com "angústia": *çârâh*.
c) V. interpretado de modo diverso; trata-se talvez de inocentes injustamente condenados.
d) Ou, com o grego: "aquele que modelou (*yoçer* em lugar de *noçer*) tua alma".
e) Depois desta máxima, o grego acrescenta cinco vv. que parecem ser o desenvolvimento de 21-22: ²²ᵃ Um filho que guarda a palavra escapa-rá à perdição, pois ele a recebe com benevolência (?).

IV. Sequência da coleção dos Sábios

^{18,5; 28,21; 31,5}

²³Também estes são dos Sábios:

Não é bom ser parcial no julgamento.ᵃ
²⁴Quem diz ao ímpio: "Tu és justo",
 será maldito dos povos e detestado das nações;
²⁵para os que os punem haverá felicidade,
 e sobre eles virá uma bênção feliz.

²⁶Dá um beijo nos lábios
 quem responde com franqueza.

Eclo 7,15

²⁷Organiza teu negócio lá fora,
 prepara-o no teu campo,
 e depois construirás a tua casa.

²⁸Não testemunhes sem motivo contra o teu próximo,ᵇ
 nem o enganes com teus lábios.

Mt 6,12. 14-15

²⁹Não digas: "Segundo me fez, assim lhe farei!
 Devolverei a cada um conforme a sua obra!"

26,13-16

³⁰Passei junto ao campo do preguiçoso,
 pela vinha de um homem sem juízo:
³¹Eis que tudo estava cheio de urtigas,
 sua superfície coberta de espinhos,
 e seu muro de pedras em ruínas.
³²Ao ver isso comecei a refletir,
 vi e tirei uma lição:

= 6,10-11

³³"Dormir um pouco, cochilar um pouco,
 um pouco cruzar os braços, espreguiçando-se,
³⁴e tua indigência virá como um vadio,
 como um mendigoᶜ a tua necessidade."

V. Segunda coleção salomônica

25 ¹Também estes são provérbios de Salomão, transcritos pelos homens de Ezequias, rei de Judá.

Tb 12,7
Dt 29,28
Rm 11,33

²A glória de Deus é ocultar uma coisa,
 e a glória dos reis é sondá-la.
³A altura do céu, a fundura da terra
 e o coração dos reis são coisas insondáveis.

---

²²ᵇ Que nada de mentiroso seja dito ao rei, e nada de mentiroso sairá da sua boca.

²²ᶜ É espada a língua do rei, não órgão de carne: todo o que for entregue a ela será esmagado.

²²ᵈ Pois se o seu furor se inflama, ele destruirá os homens com seus nervos.

²²ᵉ Ele devora os ossos dos homens, ele os queima como uma chama e os torna intragáveis aos filhotes das águias. A seguir, o grego intercala 30,1-4.

a) A Lei manda ao juiz não fazer acepção de pessoas (Lv 19,15; Dt 1,17; 16,19). Os profetas voltam frequentemente, em termos diferentes, a este dever (Am 2,6; 5,7.10; Is 10,2; Mq 3,9.11; Jr 5,28; Ez 22,12). O Messias tornará esta justiça imparcial (Is 11,3-5; Jr 23,5-6; Sl 72,4.12.14), como o próprio Deus (cf. Gl 2,6).

b) O grego interpreta: "Não sejas testemunha mentirosa contra o teu compatriota".

c) "um vadio", *kimhallek*, mss, Vulg. (cf. 6,11); "passeando" *mithalleq*, hebr. — "um mendigo", conj., cf. 6,11.

⁴ Tira as escórias da prata,
   dela sairá um vaso para o fundidor;ᵃ
⁵ tira o ímpio da presença do rei,
   e seu trono se firmará na justiça.

⁶ Não te vanglories na frente do rei,
   nem ocupes o lugar dos grandes;
⁷ pois é melhor que te digam: "Sobe aqui!",
   do que seres humilhado na frente de um nobre.

O que teus olhos viram,
   ⁸ não introduzas logo em processo,
pois o que farás no fim
se teu próximo te confundir?

⁹ Entra em processo com teu próximo,
   mas não reveles o segredo de outrem,
¹⁰ para que ele, ouvindo, não te insulte,
   e tua difamação não possa ser recuperada.

¹¹ Maçãs de ouro com enfeites de prata
   é a palavra falada em tempo oportuno.
¹² Anel de ouro ou colar de ouro fino
   é a censura do sábio para ouvido atento.

¹³ Como o frescor da neve em dia de ceifa,
   é o mensageiro fiel para quem o envia:
   ele reconforta a vida do seu senhor.

¹⁴ Nuvens e ventos e nada de chuva
   é o que promete mas não cumpre.ᵇ

¹⁵ Com paciência dobra-se um magistrado,
   e a língua macia pode quebrar ossos.

¹⁶ Encontraste mel? Come o suficiente,
   para que não fiques enjoado e o vomites.

¹⁷ Teu pé seja raro na casa do teu próximo,
   para que ele não se enjoe de ti, e te odeie.

¹⁸ Maça,ᶜ espada e flecha aguda
   é o que testemunha em falso contra seu próximo.

¹⁹ Dente que balança e pé que manca
   é confiar no traidor no dia da angústia.

²⁰ É tirar o manto num dia gelado,
   é derramar vinagre na ferida,
   cantar canções a um coração aflito.

²¹ *Se teu inimigo tem fome, dá-lhe de comer;*
   se tem sede, dá-lhe de beber:
²² assim amontoas brasas sobre sua cabeça,
   e Iahweh te recompensará.

²³ O vento norte gera a chuva,
   e a língua dissimuladora, uma face irritada.

---

a) Texto obscuro. O grego lê "totalmente purificada".
b) Lit.: "que se gaba de um presente de mentira".
c) "Maça", *mappeç*, versões; hebr. *mepîç*, corrompido.

²⁴ É melhor viver sob um ângulo do teto
   do que partilhar uma casa com mulher briguenta.

²⁵ Água fresca em garganta sedenta:
   é a boa notícia de terra longínqua.

²⁶ Fonte turvada e nascente poluída:
   é o justo que treme na frente do ímpio.

²⁷ Não é bom comer muito mel
   nem buscar glória sobre glória.ᵃ

²⁸ Cidade aberta, sem muralhas:
   tal é o homem sem autocontrole.

26

¹ Como neve no verão e chuva na colheita,
  também a honra não convém ao insensato.

² Como o pássaro que foge e a andorinha que voa,
  a maldição gratuita não atinge a meta.

³ Relho para o cavalo, freio para o jumento,
  e a vara para as costas dos insensatos.

⁴ Não respondas ao insensato conforme a sua idiotice,
  para não te igualares a ele.

⁵ Responde ao insensato conforme a sua idiotice,
  para que ele não se creia sábio aos próprios olhos.ᵇ

⁶ Corta os pés e bebe violência
  quem envia mensagem por meio do insensato.

⁷ São bambas as pernas do coxo,
  e o provérbio na boca dos insensatos.

⁸ Como prender uma pedra à fundaᶜ
  é conceder honra ao insensato.

⁹ Galho de espinhos na mão de bêbado
  é o provérbio na boca dos insensatos.

¹⁰ Arqueiro que fere a todos:
   tal é o que emprega o insensato e o bêbado que passam.ᵈ

¹¹ Como o cão que torna ao seu vômito
   é o insensato que repete a sua idiotice.

¹² Vês um homem sábio aos seus olhos?
   Espera-se mais do insensato do que dele.

¹³ O preguiçoso diz: "Há uma fera no caminho,
   um leão pelas ruas!"

---

a) "glória sobre glória": *kâbôd mikkâbôd*, conj.; "sua glória é glória": *kebodãm kâbôd*, hebr. mal dividido. Traduz-se também "mas perscrutar as coisas difíceis é honra".
b) A contradição entre os dois provérbios é intencional e joga com os dois sentidos da expressão: "conforme a sua idiotice".
c) Não se pode mais lançá-la, e ela ameaça ferir o atirador.
d) O texto deste v. está corrompido. O hebr. traduzir-se-ia, lit.: "Um arqueiro (?) que fere a todos, e o que emprega um insensato, e o que emprega (aqueles) que passam". Corrigimos o 2º "e que emprega" *(wesokér)* para "e bêbado" *(weshikkor)* e restituímos "tal é".

¹⁴ A porta gira nos seus gonzos,
e o preguiçoso no seu leito.

¹⁵ O preguiçoso põe a mão no prato: = 19,24
levá-la à boca é muita fadiga!

¹⁶ O preguiçoso é mais sábio aos seus olhos
do que sete pessoas que respondem com tato.

¹⁷ Agarra um cão pelas orelhas
quem se mete em briga alheia.

¹⁸ Como alguém que se finge louco, lançando
setas inflamadas, flechas e morte,

¹⁹ assim é o homem que mente ao seu próximo
e depois diz: "Foi só por brincadeira!"

²⁰ Sem lenha o fogo se apaga, 22,10
sem difamador acaba-se a briga.

²¹ Carvão para as brasas e lenha para o fogo:
é o homem briguento para atiçar a disputa.

²² As palavras do difamador são guloseimas = 18,8
que descem ao ventre profundo.

²³ Prata não purificada aplicada sobre argila: Mt 23,25-28
são os lábios ardentes e o coração perverso. 1Jo 3,18

²⁴ Quem odeia disfarça com os lábios, Eclo 12,10-11
mas dentro de si instala a mentira;

²⁵ se a sua voz é graciosa, não confies nele, Eclo 27,23
pois há sete abominações no seu coração. Jr 9,4-8

²⁶ O ódio cobre-se com máscara, Sl 28,3
sua maldade se revelará na assembleia.

²⁷ Quem abre uma cova nela cairá, Sl 7,16
quem rola uma pedra, ela sobre ele voltará. Ecl 10,8
Eclo 27,25-27

²⁸ A língua mentirosa odeia suas vítimas,
e a boca fluente provoca a ruína.

27

¹ Não te felicites pelo dia de amanhã, Lc 12,19-20
pois não sabes o que o hoje gerará. Tg 4,13-14

² Seja outro quem te louve, e não tua boca; 2Cor 10,12-13
um estranho, e não teus lábios!

³ A pedra é pesada e a areia é carga,
mas a cólera do estulto pesa mais do que ambas.

⁴ O furor é cruel e a ira impetuosa, 6,34-35
mas quem resiste frente ao ciúme?

⁵ É melhor a repreenda aberta
do que o amor encoberto.

⁶ Os golpes do amigo são leais, 26,24-26
mas o inimigo é pródigo em beijos.ᵃ Mt 26,49

---

a) Tradução incerta.

⁷ Garganta saciada despreza o favo de mel,
   garganta faminta acha doce todo o amargo.

⁸ Como ave vagando longe do ninho,
   assim é o homem vagando longe do lar.

⁹ Óleo e perfume alegram o coração,
   e a doçura do amigo é melhor que o próprio conselho.

¹⁰ Não abandones teu amigo, nem o amigo do teu pai,
   e não vás à casa do teu irmão no teu dia difícil:
   mais vale o vizinho perto do que o irmão distante.

¹¹ Sê sábio, meu filho, alegra o meu coração,
   e eu poderei responder a quem me ultraja.

¹² O sagaz vê o mal e se esconde,
   os ingênuos avançam e sofrem o dano.

¹³ Toma sua roupa, pois ele afiançou um desconhecido,
   toma-lhe um penhor, por causa de uma estrangeira.

¹⁴ Quem bendiz seu próximo em alta voz desde a manhã,[a]
   isto ser-lhe-á considerado maldição.

¹⁵ Goteira pingando sem parar em dia de chuva
   e a mulher briguenta são semelhantes!

¹⁶ Contê-la é o mesmo que conter o vento
   ou pegar o óleo com a mão.

¹⁷ O ferro se aguça com o ferro,
   e o homem se aguça com a presença do seu próximo.

¹⁸ Quem cuida de sua figueira comerá dos seus frutos,
   e quem vela por seu senhor será honrado.

¹⁹ Como a água dá o reflexo do rosto,
   assim é o coração do homem para o homem.[b]

²⁰ O Xeol e a perdição são insaciáveis,
   e também insaciáveis os olhos do homem.[c]

²¹ Há fornalha para a prata e forno para o ouro,
   e o homem vale o que vale a sua fama.

²² Mesmo que pises o estulto no almofariz
   (entre os grãos, com um pilão),
   sua idiotice não se separa dele.

²³ Conhece bem o estado das tuas ovelhas,
   e presta atenção aos teus rebanhos;
²⁴ porque as riquezas não são para sempre,
   e uma coroa não se transmite[d] de geração em geração.
²⁵ Cortado o capim e aparecendo o broto,
   e ajuntado o feno das montanhas,

---

a) O Talmud *proíbe fazer saudações antes de se ter dito a prece da manhã.*
b) A interpretação deste v. é incerta. Ele parece dizer que o homem encontra no outro seus próprios sentimentos, como um rosto diante do seu reflexo; mas o grego compreendeu o contrário: "Como os rostos não são semelhantes aos rostos, assim também os corações dos homens diferem".
c) Os olhos são a sede do desejo e da inveja.
d) "uma coroa não se transmite", grego; "transmite-se uma coroa?", hebr.

²⁶ tenhas cordeiros para te vestir,
bodes para comprar um campo,
²⁷ leite de cabra em abundância para te alimentar,
para alimentar a tua casa e sustentar as tuas servas.

28

¹ O ímpio foge, ainda que ninguém o persiga,
mas os justos têm a segurança de leão.

² Quando um país está em revolta, os chefes se multiplicam,
com homem inteligente e instruído firma-se a ordem.*ª*

³ O homem perverso*ᵇ* que oprime os fracos
é chuva devastadora que deixa sem pão.

⁴ Os que abandonam a lei louvam o ímpio,
os que observam a lei o combatem.

⁵ Os homens maus não entendem o direito,
mas os que buscam a Iahweh entendem tudo.

⁶ É melhor o pobre que se mantém íntegro
que o de conduta perversa, mesmo sendo rico.

⁷ Quem guarda a lei é filho inteligente,
mas o amigo de libertinos envergonha seu pai.

⁸ Quem multiplica seus bens com usura e interesse
multiplica-os para o que tem pena dos fracos.*ᶜ*

⁹ O que desvia o ouvido para não ouvir a lei,
até sua prece se torna abominável.

¹⁰ Quem desvia os retos por mau caminho,
na sua própria cova cairá,
e os íntegros herdarão a felicidade.

¹¹ O rico é sábio aos seus próprios olhos,
mas o fraco inteligente o desmascara.

¹² Quando os justos triunfam, há grande glória;
quando os ímpios se levantam, cada um se esconde.

¹³ Quem esconde suas faltas jamais tem sucesso,
mas quem as confessa*ᵈ* e abandona obtém compaixão.

¹⁴ Feliz o homem que vive sempre no temor,
pois quem endurece o coração cai na desgraça.

¹⁵ Leão rugindo e urso pulando:
é o ímpio governando povo fraco.

¹⁶ Um príncipe sem inteligência multiplica as extorsões,
quem odeia o lucro prolonga seus dias.

¹⁷ Um homem culpado de assassínio
fugirá até o túmulo: não o segurem!

---

a) O grego compreendeu: "Pela revolta dos violentos surgem as disputas, o homem inteligente as extingue".
b) "perverso", *resha'*, grego; "pobre", *rash*, hebr.
c) Os bens injustamente multiplicados não trazem proveito e, finalmente, voltam aos pobres.
d) Alusão à confissão dos pecados (cf. Lv 5,5; Nm 5,7; Sl 32,5; Os 14,2-4; Is 1,16-18).

PROVÉRBIOS 28-29

¹⁸ Quem vive de modo íntegro será salvo,
  mas quem se entorta em dois caminhos, num deles cairá.

¹⁹ Quem cultiva sua terra sacia-se de pão,
  quem persegue o vazio sacia-se de pobreza.*ᵃ*

²⁰ O homem leal terá muitas bênçãos,
  mas quem se apressa para se enriquecer não fica impune.

²¹ Não é bom fazer acepção de pessoas,
  mas, por um bocado de pão, o homem transgride.

²² O homem de olho ávido corre atrás da riqueza,
  e não sabe que a necessidade cairá sobre ele.

²³ Quem repreende um homem depois achará favor,
  mais do que aquele que o lisonjeia com a língua.

²⁴ Quem rouba seu pai e sua mãe, e diz: "Não é pecado!",
  é companheiro do bandido.

²⁵ O homem ávido provoca disputas,
  mas quem confia em Iahweh prospera.

²⁶ Quem confia em seu bom senso é insensato,
  quem procede com sabedoria será salvo.

²⁷ Para quem dá ao pobre não há necessidade,
  mas quem dele esconde seus olhos terá muitas maldições.

²⁸ Quando os ímpios se levantam, cada um se esconde;
  quando eles perecem, os justos se multiplicam.

29

¹ Quem retesa a nuca diante das repreensões
  será quebrado de repente, e sem remédio.

² Quando os justos se multiplicam, o povo se alegra;
  o povo geme, quando o ímpio governa.

³ Quem ama a sabedoria alegra seu pai,
  mas quem frequenta prostitutas dissipa seus bens.

⁴ O rei mantém a terra pelo direito,
  mas o ávido de impostos a transtorna.

⁵ O homem que lisonjeia seu próximo
  estende uma rede sob seus passos.

⁶ Na transgressão do perverso há cilada,
  mas o justo exulta e se alegra.

⁷ O justo conhece a causa dos fracos,
  o ímpio não tem a inteligência de reconhecê-la.*ᵇ*

⁸ Os zombadores alvoroçam a cidade,
  mas os Sábios contêm a ira.

⁹ Quando um sábio discute com um estulto,
  quer se zangue quer ria, jamais terá descanso.

---

a) O "vazio" ou as "quimeras" são talvez, para o autor destes provérbios, as atividades comerciais. Muitos provérbios permaneceram ligados ao antigo ideal agrícola.
b) Lit.: "não entende o conhecimento".

¹⁰ Os assassinos detestam o homem íntegro,
  mas os homens retos o procuram.

¹¹ O insensato expande suas paixões todas,   12,16
  mas o sábio as reprime e acalma.

¹² Se um chefe dá atenção a palavras mentirosas,
  seus ministros todos tornam-se perversos.

¹³ O pobre e o opressor se encontram: = 22,2; Mt 5,45
  é Iahweh quem ilumina os olhos dos dois.

¹⁴ O rei que julga os fracos com verdade   16,12; 20,28
  firmará o seu trono para sempre.

¹⁵ A vara e a repreensão dão sabedoria,   10,1; 22,15
  mas o jovem deixado a si mesmo envergonha sua mãe.

¹⁶ Quando os ímpios se multiplicam, multiplica-se   29,2
  a transgressão,
  mas os justos verão a sua queda.

¹⁷ Corrige o teu filho, e ele te dará descanso,   13,24; 19,18
  trará delícias para ti.

¹⁸ Quando não há visão, o povo não tem freio;
  feliz aquele que observa a lei!ᵃ

¹⁹ Escravo não se corrige com palavras,   Eclo 33,25-30
  pois ele entende, mas não obedece.

²⁰ Vês um homem precipitado no falar?   = 26,12
  Espera-se mais do insensato do que dele.

²¹ Se alguém mima seu escravo desde a infância,
  este, por fim, se torna ingrato.ᵇ

²² O homem irado provoca a disputa,   14,17; Eclo 1,22
  e o enfurecido multiplica as transgressões.

²³ O orgulho do homem o humilha,   ↗ Mt 23, 12p
  mas o pobre em espírito torna-se honrado.

²⁴ O cúmplice do ladrão odeia a si próprio:
  ouve a maldição,ᶜ mas não o denuncia.

²⁵ O medo do homem arma uma cilada,   16,20
  mas quem confia em Iahweh está em segurança.

²⁶ Muitos procuram o favor do chefe,
  mas o direito do homem vem de Iahweh.

²⁷ O homem iníquo é abominável para os justos,
  o de caminho reto é abominável para o ímpio.

---

a) A "visão" parece aludir à atividade dos profetas. Quanto ao termo traduzido por "lei" (tôrâh), ele pode também designar o "ensino", aqui dos profetas.
b) Tradução incerta: essa palavra aparece só aqui.
c) Isto é, a maldição que será pronunciada contra o criminoso desconhecido ou contra as testemunhas que permaneceram escondidas (cf. Lv 5,1; Jz 17,2).

VI. Palavras de Agur

30 ¹Palavras de Agur, filho de Jaces, de Massa.ᵃ Oráculo deste homem para Itiel, para Itiel e para Ucal.ᵇ

²Eu sou o mais estúpido dos homens,
   e não tenho inteligência humana;
³não aprendi a sabedoria,
   nem cheguei a conhecer as ciência dos santos.ᶜ
⁴Quem subiu ao céu e de lá desceu?
   Quem recolheu o vento de mãos abertas?
Quem amarrou o mar numa túnica?
   Quem fixou os limites do orbe?
Qual é o seu nome, e o nome do seu filho,
   se é que o sabes?

⁵A Palavra de Deus é comprovada,
   ele é escudo para quem nele se abriga.
⁶Não acrescentes nada às suas palavras,
   porque te responderá, e passarás por mentiroso.

⁷Duas coisas eu te pedi;
   não mas negues antes de eu morrer:
⁸afasta de mim a falsidade e a mentira;
   não me dês nem riqueza e nem pobreza,
   concede-me o meu pedaço de pão;
⁹não seja eu saciado, e te renegue,
   dizendo: "Quem é Iahweh?"
Não seja eu necessitado e roube
   e blasfeme o nome de meu Deus.

¹⁰Não calunies o servo diante de seu patrão:
   ele te amaldiçoará, e serás castigado.

¹¹Há quem amaldiçoa o pai
   e não abençoa a mãe;
¹²há quem se considera puro
   e não se lava de sua imundície;
¹³há gente de olhares altivos
   e de semblante altaneiro;
¹⁴há quem tem dentes como navalhas
   e queixos como punhais,
para suprimir da terra os pobres,
   e os indigentes do meio dos homens.ᵈ

---

a) "de Massa": *hammassa'î*, conj.; "Oráculo": *hamassa'*, hebr. Sobre Massa, cf. 31,1+. — A Vulgata não leu aqui nomes próprios, mas assim interpretou o título: "Palavras daquele que reúne, filho daquele que vomita". — No texto grego 30,1-14 encontra-se inserido entre 24,22 e 24,23, e 30,15-31,9 segue 24,34.
b) Interpretação incerta de um texto que foi mal transmitido. Outros corrigem a vocalização e compreendem: "Eu me fatiguei, ó Deus, eu me fatiguei e estou exausto"! As versões antigas mostram o mesmo embaraço: Vulg.: "Visão do homem com o qual está Deus e que, Deus estando com ele, foi reconfortado". Grego: "Eis o que diz o homem àqueles que creem em Deus, e eu paro".
c) Isto é, sábios, ou "do Santo" (plural majestático), ou seja, Deus, cf. 9,10.
d) Não se sabe se se deve aplicar esta descrição a uma categoria definida, nação ou classe social. Propõe-se corrigir *me'adam*, "dentre os homens", em *me'adamah*, "do campo".

VII. Provérbios numéricos[a]

¹⁵ A sanguessuga tem duas filhas: "Traz, traz!"

Três coisas são insaciáveis,
e uma quarta jamais diz: "Basta!"
¹⁶ O Xeol, o ventre estéril,
a terra que não se farta de água,
e o fogo que não diz: "Basta!"

Nm 16,33 +
Pr 27,20
Gn 30,1

¹⁷ O olho que desdenha um pai
e despreza a obediência à mãe,
que os corvos o arranquem,
e as águias o devorem.

19,26 +

¹⁸ Há três coisas que me ultrapassam,
e uma quarta que não compreendo:
¹⁹ o caminho da águia no céu,
o caminho da serpente na rocha,
o caminho da nave no mar,
o caminho do homem com a donzela.[b]

Sb 5,10-12

²⁰ Assim procede a adúltera:
come, limpa a boca e diz:
"Eu não fiz nada de mal!..."[c]

²¹ Por três coisas treme a terra,
e a quarta não pode suportar:
²² o servo que chega a ser rei,
o louco farto de pão,
²³ a moça antipática que encontra marido,
e a serva que herda da patroa.

Ecl 10,5-7

19,10

Gn 16,3-6

²⁴ No mundo há quatro coisas pequenas,
mais sábias do que os sábios:[d]
²⁵ as formigas, povo fraco,
que no verão assegura o alimento;
²⁶ os arganazes,[e] povo sem força,
mas que moram nas rochas;
²⁷ os gafanhotos que não têm rei
e marcham todos em ordem;
²⁸ as lagartixas, que se deixam apanhar pela mão,
mas entram nos palácios do rei.

6,6-8

²⁹ Há três coisas de belo porte,
e uma quarta de belo andar:
³⁰ o leão, o mais valente dos animais,
que não foge de nada,

---

a) O provérbio numérico relaciona-se ao mesmo tempo com a máxima, com o enigma e com a comparação. Este processo literário é atestado na literatura hebraica, numa forma ainda imperfeita, desde a época profética (Am 1,3.6.9.11.13; Is 17,6; Mq 5,4; cf. Sl 62,12s), e reaparece em toda a literatura sapiencial (Pr 6,16s e aqui 30,15-33; Jó 5,19; 40,5; Ecl 11,2; 4,12 (?); Eclo 23,16s; 25,7; 26,5-7.28; 50,25; cf. 25,1-2). A curta coletânea 30,15-33 mostra um interesse especial pelas maravilhas da natureza e pelos costumes dos animais.

b) Não as manobras para seduzi-la, mas o mistério da união conjugal e da procriação.
c) Este v. parece ser uma glosa mal feita dos dois vv. precedentes.
d) "do que os sábios", versões; "formados na sabedoria", hebr.
e) Pequeno mamífero semelhante à marmota; vive nos rochedos e se deixa apanhar com facilidade (cf. Sl 104,18; Lv 11,5).

31 o galo bem empenado, ou o bode,
e o rei na frente do seu povo.[a]

32 Se foste louco sem pensar,
e depois pensaste, mão na boca:
33 Apertas o leite e sai manteiga,
apertas o nariz e sai sangue,
apertas a ira e saem rixas!

VIII. Palavras de Lamuel

31 1 Palavras de Lamuel, rei de Massa,[b] as quais lhe ensinou sua mãe.

5,1-14 2 Que tens, filho meu,
filho de minhas entranhas, filho de minhas promessas?
Eclo 9,2 1Rs 11,1-4 3 Não entregues teu vigor às mulheres,
nem teus caminhos àquelas que perdem os reis.[c]

Ecl 10,16-17 4 Não é próprio do rei beber vinho, ó Lamuel,
não é próprio do rei beber vinho,[d]
nem dos governadores gostar[e] de licor;
5 para que ao beber não se esqueçam do que foi decretado
e não falsifiquem a causa de todos os pobres.

Mt 27,34 6 Dá licor ao moribundo,
e vinho aos amargurados:
7 bebam e esqueçam-se da miséria,
e não se lembrem de suas penas!

Sl 72,2.4.12-14 8 Abre a tua boca em favor do mudo,
em defesa dos abandonados;[f]
9 abre a boca, julga com justiça,
defende o pobre e o indigente.

IX. A perfeita dona de casa[g]

Alef 10 Quem encontrará a mulher de valor?[h]
Vale muito mais do que pérolas.
Bet 11 Nela confia seu marido,
e a ele não faltam riquezas.

a) De acordo com o grego. Hebr.: "e um rei (tendo) um exército com ele". — O princípio do v. é igualmente incerto; no lugar de "galo" (grego e também segundo o árabe), propõe-se "cegonha" (segundo o acádico), ou ainda "cavalo", "zebra", "perdigueiro" etc.

b) "rei de Massa" ligando as duas palavras; "rei; oráculo" *(massa')*, hebr. (cf. 30,1). — Massa é o nome de uma tribo ismaelita do norte da Arábia (Gn 25,14). A sabedoria dos "filhos do Oriente" (Nm 24,21+) era famosa (cf. 1Rs 5,10; Jr 49,7; Jó 2,11+).

c) "aquelas que perdem", *le mohot,* conj.; "para perder", *lamhot,* hebr. — Em lugar de "teus caminhos", *ûderaqêka* propõe-se "teus flancos", *wirekêka*. Gr.: "e não exponhas teu espírito e tua vida a arrependimentos tardios".

d) A insistência sobre os perigos do vinho é uma das características da moral do deserto (cf. os recabitas, Jr 35, e os árabes de hoje).

e) "gostar de": *'awweh,* conj.; hebr. incerto (*ketib* "ou" *'ô, qerê* "onde", *'ê*).

f) Sentido incerto; lit.: "filhos de desaparecimento".

g) Poema alfabético (cf. Sl 9-10; 25; 34; 37; 111; 112; 119; 145; Lm 1-4; Na 1,2-8; Eclo 51,13-29 hebr.); tomando-se a primeira letra de cada verso (noutros lugares de cada estrofe), forma-se o alfabeto hebraico. — A respeito da interpretação desse poema, cf. v. 30+ e 5,15+. Comparar com 11,16; 12,4; 18,22; 19,14 e Eclo 7,19.

h) A expressão hebraica, que o grego e a Vulgata traduzem literalmente por "mulher forte", evoca ao mesmo tempo a eficiência e a virtude. É a perfeita dona de casa.

Guimel	¹² Traz-lhe a felicidade, não a desgraça, todos os dias de sua vida.
Dalet	¹³ Adquire a lã e o linho, e trabalha com mãos hábeis.
Hê	¹⁴ É como a nave mercante, que importa de longe o grão.
Waw	¹⁵ Noite ainda, se levanta, para alimentar os criados. E dá ordens às criadas.[a]
Záin	¹⁶ Examina um terreno e o compra, com o que ganha com as mãos planta uma vinha.
Het	¹⁷ Cinge a cintura com firmeza, e emprega a força dos braços.
Tet	¹⁸ Sabe que os negócios vão bem, e de noite sua lâmpada não se apaga.
Yod	¹⁹ Lança a mão ao fuso, e os dedos pegam a roca.
Kaf	²⁰ Estende a mão ao pobre, e ajuda o indigente.
Lamed	²¹ Se neva, não teme pela casa, porque todos os criados vestem roupas forradas.
Mem	²² Tece roupas para o seu uso, e veste-se de linho e púrpura.
Nun	²³ Na praça o seu marido é respeitado, quando está entre os anciãos da cidade.
Samec	²⁴ Tece panos para vender, e negocia cinturões.
Áin	²⁵ Está vestida de força e dignidade, e sorri diante do futuro.[b]
Pê	²⁶ Abre a boca com sabedoria, e sua língua ensina com bondade.
Çade	²⁷ Vigia o comportamento dos criados, e não come pão no ócio.
Qof	²⁸ Seus filhos levantam-se para saudá-la, seu marido canta-lhe louvores:
Resh	²⁹ "Muitas mulheres ajuntaram riquezas, tu, porém, ultrapassas a todas."
Shin	³⁰ Enganosa é a graça, fugaz a formosura! A mulher que teme a Iahweh[c] merece louvor!
Taw	³¹ Dai-lhe parte do fruto de suas mãos, e nas portas louvem-na suas obras.

24,7+

---

a) Provável glosa que quebra o ritmo.
b) Ela encara o futuro com confiança, seja o destino de sua família, seja a recompensa que Deus dará um dia ao seu cuidado.
c) Esse elogio da mulher perfeita pode ser compreendido alegoricamente como descrição da Sabedoria personificada (cf. 8,22+). É o que parece sugerir uma ampliação do grego ("Uma mulher sábia será elogiada, — o temor de Iahweh é que deve ser louvado"), e isso explicaria por que este trecho, aliás muito belo, tenha sido colocado na conclusão do livro.

ECLESIASTES

Introdução

Este pequeno livro se intitula "Palavras de Coélet, filho de Davi, rei em Jerusalém". A palavra "Coélet" (cf. 1,2.12; 7,27; 12,8-10) não é um nome próprio, e sim um substantivo comum usado às vezes com artigo; embora feminino em sua forma, constrói-se com o masculino. Conforme a explicação mais verossímil, é um nome de ofício e designa aquele que fala na assembleia (qahal, em grego ekklesia; daí os títulos latino e português, transcritos da Bíblia grega), numa palavra, "o Pregador". É chamado "filho de Davi e rei em Jerusalém" (cf. 1,12) e, embora o nome não seja mencionado, ele é certamente identificado com Salomão, ao qual o texto com certeza faz alusão em 1,16 (cf. 1Rs 3,12; 5,10-11; 10,7) e 2,7-9 (cf. 1Rs 3,13; 10,23). Mas essa atribuição não passa de mera ficção literária do autor, que põe suas reflexões sob o patrocínio do mais ilustre dos sábios de Israel. A linguagem do livro e sua doutrina, da qual falaremos a seguir, impedem de situá-lo antes do Exílio. Muitas vezes se tem contestado a unidade de autor e distinguido duas, três, quatro e até oito mãos distintas. Mas muitas incoerências se explicam quando se discerne certo número de citações feitas por Coélet e, a seguir, criticadas por ele. O epílogo (12,9-14) é devido a duas mãos distintas; uma (9-11) é a de um discípulo fervoroso; a segunda (12-14), de um judeu piedoso que exorta a temer a Deus e a observar seus mandamentos.

Como em outros livros sapienciais, Jó e Eclesiástico, p. ex., para não falar em Provérbios que é um livro compósito, o pensamento vai e vem, repete-se e corrige-se. Não há um plano definido; mas trata-se de variações sobre tema único, a vaidade das coisas humanas, que é afirmada no começo e no fim do livro (1,2 e 12,8). Tudo é decepcionante: a ciência, a riqueza, o amor, até a vida. Esta não é mais do que uma série de atos incoerentes e sem importância (3,1-11), cujo fim é a velhice (12,1-7) e a morte, a qual atinge igualmente sábios e néscios, ricos e pobres, animais e homens (3,14-20). O problema de Coélet é o de Jó: o bem e o mal têm sua sanção aqui na terra? E a resposta de Coélet, como a de Jó, é negativa, pois a experiência contradiz as soluções correntes (7,25-8,14). Só que Coélet é homem de boa saúde e não pergunta, como Jó, pelas razões do sofrimento, e se consola gozando das modestas alegrias que a existência pode dar (3,12-13; 8,15; 9,7-9). Digamos, antes, que procura consolar-se, pois vive totalmente insatisfeito. O mistério do além o atormenta, sem que ele vislumbre uma solução para o problema do Xeol (3,21; 9,10; 12,7). Mas Coélet é homem de fé e, embora se desconcerte com o rumo que Deus dá aos assuntos humanos, afirma que Deus não tem de prestar contas (3,11.14; 7,13), que se devem aceitar de sua mão tanto as provações como as alegrias (7,14; cf. 1Sm 2,6; Jó 2,10). Tanto a Coélet, como a Jó, só se pode dar uma resposta mediante a afirmação de uma sanção de além-túmulo (cf. Introdução aos livros sapienciais).

O livro tem o caráter de obra de transição. As certezas tradicionais são abaladas, mas por enquanto nada de seguro as substitui. Nesta encruzilhada do pensamento hebraico, procurou-se discernir as influências estrangeiras que teriam agido sobre Coélet. É preciso recusar as aproximações muitas vezes propostas com as correntes filosóficas do estoicismo, epicurismo e cinismo, que Coélet teria podido conhecer por intermédio do Egito helenizado; nenhuma dessas aproximações é convincente, e a mentalidade do autor se distancia muito da dos filósofos gregos. Estabeleceram-se paralelos, mais válidos ao que parece, com certas obras egípcias como o Diálogo do desesperado com sua alma ou os Cantos do harpista e, mais recentemente, com a literatura mesopotâmica de sabedoria e com a Epopeia de Gilgamesh, em que já figura o provérbio "a corda tripla não se rompe" (cf. 4,12), assim como a exortação ao carpe diem (cf. 9,7ss). Mas não se consegue demonstrar a influência direta de nenhuma dessas obras. Os contatos se dão em temas que são por vezes muito antigos e que se haviam tornado patrimônio comum da sabedoria oriental. Foi sobre esta herança do passado que Coélet exerceu sua reflexão pessoal, como o diz seu editor (12,9).

Coélet era judeu da Palestina, provavelmente de Jerusalém. Escreve em hebraico tardio, repleto de aramaísmos e emprega dois termos persas (pardes, 2,5; pitgam, 8,11). Isso supõe uma data posterior ao Exílio, mas anterior ao começo do século II a.C., quando Ben Sirac se serviu desse livrinho; com efeito, a paleografia situa pelo ano 150 a.C. certos fragmentos de Ecl encontrados nas grutas de Qumrã. O século III é, pois, a data de composição mais verossímil. É o período em que a Palestina, submetida aos Ptolomeus, é atingida pela corrente humanista, sem conhecer ainda o despertar da fé e da esperança que ocorreu no tempo dos Macabeus.

O livro não representa mais do que um momento no progresso religioso e não deve ser julgado abstraindo daquilo que o precedeu e do que o seguirá. Sublinhando a insuficiência das concepções antigas e forçando os espíritos a enfrentar os enigmas humanos, abre caminho para revelação mais alta. Dá lição de desapego dos bens terrestres e, negando a felicidade dos ricos, prepara o mundo para entender que "bem-aventurados são os pobres" (Lc 6,20).

ECLESIASTES

1 ¹Palavras de Coélet,[a] filho de Davi, rei em Jerusalém.[b]

Primeira parte

Prólogo[c] — ²Vaidade das vaidades[d] — diz Coélet — vaidade das vaidades, tudo é vaidade.

³Que proveito tira o homem de todo o trabalho[e] com que se afadiga debaixo do sol? ⁴Uma geração vai, uma geração vem, e a terra sempre permanece. ⁵O sol se levanta, o sol se deita, apressando-se a voltar ao seu lugar e é lá que ele se levanta. ⁶O vento sopra em direção ao sul, gira para o norte, e girando e girando vai o vento em suas voltas. ⁷Todos os rios correm para o mar e, contudo, o mar nunca se enche: embora chegando ao fim do seu percurso, os rios continuam a correr. ⁸Todas as palavras estão gastas[f] e ninguém pode mais falar. O olho não se sacia de ver, nem o ouvido se farta de ouvir.

⁹O que foi, será,
o que se fez, se tornará a fazer:
nada há de novo debaixo do sol!

¹⁰Mesmo que alguém afirmasse de algo: "Olha, isto é novo!", eis que já sucedeu em outros tempos muito antes de nós. ¹¹Ninguém se lembra dos antepassados, e também aqueles que lhes sucedem não serão lembrados por seus pósteros.

Vida de Salomão[g] — ¹²Eu, Coélet, fui rei de Israel em Jerusalém. ¹³Coloquei todo o coração em investigar e em explorar com a sabedoria tudo o que se faz debaixo do céu. É uma tarefa ingrata[h] que Deus deu aos homens para com ela se atarefarem. ¹⁴Examinei todas as obras que se fazem debaixo do sol. Pois bem, tudo é vaidade e correr atrás do vento![i]

¹⁵O que é torto não se pode endireitar;
o que está faltando não se pode contar.

¹⁶Pensei comigo: aqui estou eu com tanta sabedoria acumulada que ultrapassa a dos meus predecessores em Jerusalém; minha mente alcançou muita

---

a) "Coélet", ou "Eclesiastes": o homem da assembleia (em hebraico *qahal*, em grego *ekklesia*). De um lado, esse termo significa o Mestre ou Orador; de outro, o representante da assembleia, o público personificado e que, cansado do ensinamento clássico, aproveita o ensejo para fazer uso da palavra.
b) Ficção literária que identifica o autor com Salomão, o sábio por excelência (1Rs 5,9-14).
c) O determinismo do cosmo, o quadro monótono da vida humana, provoca em Eclesiastes o tédio, oposto à admiração e adoração que se manifestam em Jó 38-40 ou Sl 104.
d) O termo de que guardamos a tradução tradicional "vaidade" significa de início "vapor", "sopro", e pertence ao repertório de imagens (a água, a sombra, a fumaça etc.) que, na poesia hebraica, descrevem a fragilidade humana. Mas a palavra perdeu seu sentido concreto e em Coélet evoca apenas o ser ilusório das coisas, seu absurdo e, por conseguinte, a decepção que reservam ao homem.
e) Em hebraico '*amal*; evoca, a maioria das vezes, trabalho penoso semelhante ao do escravo (cf. Dt 26,7), donde a fadiga, o sofrimento. Esta palavra é muito frequente: em forma de substantivo, ela aparece vinte vezes; em forma verbal, treze vezes.
f) O hebr. *dabar* significa "palavra" (cf. grego) ou "coisa" (cf. v. 10). Traduz-se também: "todas as coisas são enfadonhas".
g) Até Salomão, apesar de sua vida faustosa (1Rs 10,4s) e de sua sabedoria (1Rs 5,9s), não conheceu a felicidade.
h) "tarefa" ou "negócio", em hebraico '*inyân;* essa palavra ocorre unicamente neste livro, onde tem geralmente conotação pejorativa: é o trabalho, a profissão vistos como fonte de fadiga e preocupação.
i) Quer dizer, esforço inútil, quimera, tempo perdido.

sabedoria e conhecimento. ¹⁷Coloquei todo o coração em compreender a sabedoria e o conhecimento, a tolice[a] e a loucura, e compreendi que tudo isso é também procura do vento.

¹⁸Muita sabedoria, muito desgosto;
quanto mais conhecimento, mais sofrimento.

2 ¹Eu disse a mim mesmo: Pois bem, eu te farei experimentar a alegria e conhecer a felicidade! Mas também isso é vaidade. ²Do riso eu disse: "Tolice", e da alegria: "Para que serve?" ³Ponderei seriamente entregar[b] meu corpo ao vinho, mantendo meu coração sob a influência da sabedoria, e render-me à insensatez, para averiguar o que convém ao homem fazer debaixo do céu durante os dias contados da sua vida. ⁴Fiz obras magníficas: construí palácios para mim, plantei vinhedos, ⁵fiz jardins e parques onde plantei árvores frutíferas de toda espécie. ⁶Construí reservatórios de água para regar as árvores novas do bosque. ⁷Adquiri escravos e escravas, tinha criadagem e possuía muitos rebanhos de vacas e ovelhas, mais do que os meus predecessores em Jerusalém. ⁸Acumulei também prata e ouro, as riquezas dos reis e das províncias. Escolhi cantores e cantoras e todo o luxo dos homens, uma dama, damas.[c] ⁹Ultrapassei e avantajei-me a todos quantos me precederam em Jerusalém, e a sabedoria permanecia junto a mim. ¹⁰Ao que os olhos me pediam nada recusei, nem privei meu coração de alegria alguma; sabia desfrutar de todo o meu trabalho, e esta foi minha porção em todo o meu trabalho.

¹¹Então examinei todas as obras de minhas mãos e o trabalho que me custou para realizá-las, e eis que tudo era vaidade e correr atrás do vento, e nada havia de proveitoso debaixo do sol. ¹²Pus-me então a examinar a sabedoria, a tolice e a insensatez. Que fará o sucessor do rei? O que já haviam feito.[d] ¹³Observei que a sabedoria é mais proveitosa do que a insensatez, assim como o dia é mais que as trevas: ¹⁴O sábio tem os olhos na cabeça, mas o insensato caminha nas trevas.[e]

Porém compreendi que ambos terão a mesma sorte. ¹⁵Por isso disse em mim mesmo: "A sorte do insensato será também a minha; para que então me tornei sábio?" Disse em mim mesmo: "Isso também é vaidade".

¹⁶Não há lembrança durável do sábio e nem do insensato, pois nos anos vindouros tudo será esquecido: o sábio morre com o insensato. ¹⁷Detesto a vida, pois vejo que a obra que se faz debaixo do sol me desagrada: tudo é vaidade e correr atrás do vento.

¹⁸Detesto todo o trabalho com que me afadigo debaixo do sol pois, se tenho que deixar tudo ao meu sucessor, ¹⁹quem sabe se ele será sábio ou néscio? Todavia, ele será dono de todo o trabalho com que me afadiguei com sabedoria debaixo do sol; e isso também é vaidade. ²⁰E meu coração ficou desenganado de todo o trabalho com que me afadiguei debaixo do sol. ²¹Há quem trabalhe com sabedoria, conhecimento e sucesso, e deixe sua porção a outro que não trabalhou. Isso também é vaidade e grande desgraça.

²²Com efeito, o que resta ao homem de todo o trabalho e esforço com que o *seu coração* se afadigou debaixo do sol? ²³Sim, seus dias todos são dolorosos e sua tarefa é penosa, e mesmo de noite ele não pode repousar. Isso também é vaidade.

---

a) "tolice", mss (cf. 10,13); "tolices", hebr.
b) Em lugar de *limeshôk*, lit.: "tirar" "arrastar" (donde "entregar"), alguns leem *lismôk* (Ct 2,5) e traduzem: "sustentei meu corpo com vinho".
c) "dama", palavra próxima do cananeu "jovem, concubina". Alusão ao harém de Salomão (1Rs 11,3).

d) "Que fará", conj.; "Quem", hebr. — "o que (já) haviam feito", conj.; "o que (já) lhe fizeram", hebr. — Inútil repetir a experiência de Salomão.
e) Duas máximas de sabedoria tradicional, citadas pelo Eclesiastes e talvez aceitas por ele, mas a seguir criticadas. Muitas contradições aparentes de seu livro

³,¹²⁻¹³,²²; ⁵,¹⁷; ⁸⁻¹⁵ ⁹,⁷⁻⁸ Eclo 1,10 Jó 27,16-17 Pr 13,22

²⁴Eis que a felicidade do homem é comer e beber,[a] desfrutando do produto do seu trabalho; e vejo que também isso vem da mão de Deus, ²⁵pois quem comerá e quem se alegrará, se isso não vier dele?[b] ²⁶Ao homem do seu agrado ele dá sabedoria, conhecimento e alegria; mas ao pecador impõe como tarefa ajuntar e acumular para dar a quem agrada a Deus.[c] Isso também é vaidade e correr atrás do vento.

3 Tempos e duração[d]

¹Há um momento para tudo e um tempo para todo propósito debaixo do céu.

²Tempo de nascer,
 e tempo de morrer;
 tempo de plantar,
 e tempo de arrancar a planta.
³Tempo de matar,
 e tempo de curar;
 tempo de destruir,
 e tempo de construir.
⁴Tempo de chorar,
 e tempo de rir;
 tempo de gemer,
 e tempo de bailar.
⁵Tempo de atirar pedras,
 e tempo de recolher pedras;
 tempo de abraçar,
 e tempo de se separar.
⁶Tempo de buscar,
 e tempo de perder;
 tempo de guardar,
 e tempo de jogar fora.
⁷Tempo de rasgar,
 e tempo de costurar;
 tempo de calar,
 e tempo de falar.
⁸Tempo de amar,
 e tempo de odiar;
 tempo de guerra,
 e tempo de paz.

⁹Que proveito o trabalhador tira de sua fadiga? ¹⁰Observo a tarefa que Deus deu aos homens para que dela se ocupem: ¹¹tudo o que ele fez é apropriado em seu tempo. Também colocou no coração do homem o conjunto do tempo,[e] sem que o homem possa atinar com a obra que Deus realiza desde o princípio até o fim.

8,17; 11,5
Sl 139,17
Eclo 11,4;
18,6
Is 55,8-9
Rm 11,33

---

desaparecem se isolarmos as citações desse gênero, seguidas de sua crítica por Coélet.
a) Essa máxima de cunho epicureu é argumento numa polêmica. Embora o autor faça deste paradoxo estribilho (3,12-13; 5,17; 8,15; 9,7), ele não encerra toda a sua concepção de vida, como se aconselhasse a fazer do prazer o motivo principal da ação, excluindo o sentido do dever.
b) Sentença tradicional. — "alegrará", lit. "sem tirar", hebr. recente; versões "beberá" ou "se preocupará". — "se isso...", lit. "fora dele", mss hebraicos, grego, sir.; "fora de mim (Deus)", texto recebido, Targ., Vulg. A sequência é também tradicional.

c) Assim falavam os Sábios para justificarem o escândalo das riquezas nas mãos dos ímpios (cf. Pr 11,8; 13,22; Jó 27,16s). Coélet ironiza essa posição por causa da insuficiência dessa doutrina.
d) O homem só dispõe do momento presente para agir, e só pode fazer uma coisa em seu tempo. A metade das ocupações do homem é sinistra, metade de suas ações são gestos de luto. A morte já deixou a sua marca sobre a vida. Esta é sequência de atos desconexos (vv. 1-8), sem meta (vv. 9-13). E Deus reedita o que já aconteceu (vv. 14-15): nada de novo (cf. 1,9).
e) Ou: "Deus pôs a eternidade em seu coração", mas esta frase não tem o sentido que ela assumirá,

¹²E compreendi que não há felicidade para ele[a] a não ser no prazer e no bem-estar durante sua vida. ¹³E, que o homem coma e beba, desfrutando do produto de todo o seu trabalho, é dom de Deus.

¹⁴Compreendi que tudo o que Deus faz é para sempre.
A isso nada se pode acrescentar,
e disso nada se pode tirar.
Deus assim faz para que o temam.

¹⁵O que existe, já havia existido; o que existirá, já existe, e Deus procura o que desapareceu.[b]

A morte para todo vivente — ¹⁶Observo outra coisa debaixo do sol:
no lugar do direito encontra-se o delito,
no lugar da justiça, lá[c] se encontra o crime.

¹⁷E eu pensava: o justo e o ímpio Deus os julgará, porque aqui há um tempo para todas as coisas e para toda ação.[d]

¹⁸Quanto aos homens, penso assim: Deus os põe à prova para mostrar-lhes que são animais.[e] ¹⁹Pois a sorte do homem e a do animal é idêntica: como morre um, assim morre o outro, e ambos têm o mesmo alento; o homem não leva vantagem sobre o animal, porque tudo é vaidade.

²⁰Tudo caminha para um mesmo lugar:
tudo vem do pó
e tudo volta ao pó.

²¹Quem sabe se o alento do homem sobe para o alto e se o alento do animal desce para baixo, para a terra?[f]

²²Observo que não há felicidade para o homem a não ser alegrar-se com suas obras: essa é a sua porção; pois quem lhe mostrará o que vai acontecer depois dele?

4 *A sorte dos oprimidos é sem esperança*[g] — ¹Observo ainda as opressões todas que se cometem debaixo do sol:
aí estão as lágrimas dos oprimidos, e não há quem os console;
a força do lado dos opressores, e não há quem os console.

²Então eu felicito os mortos que já morreram, mais que os vivos que ainda vivem.

³E mais feliz que ambos é aquele que ainda não nasceu, que não vê a maldade que se comete debaixo do sol.

---

mais tarde, no vocabulário cristão. Ela se limita a dizer: Deus deu ao coração (pensamento) do homem o conjunto da duração, permitindo-lhe refletir sobre a sequência dos fatos e dominar o momento presente. Mas o autor acrescenta que essa concepção engana: ela não revela o sentido da vida (cf. Dt 29,28).

a) "para ele", lit. "para eles": *bam*. Propõe-se "para o homem", *ba'adam* (cf. 2,24).
b) Lit.: "o que é caçado, o que fugiu", isto é, o passado (cf. Eclo 5,3 hebr.). O Midraxe Coélet Rabba compreendeu "o que é buscado, perseguido".
c) "lá", hebr. *shâmmâh* (adv. de movimento) pode-se traduzir "lá embaixo", e indicar o Xeol, esse lugar único para onde vai todo homem (v. 20).
d) Talvez acréscimo do segundo editor (cf. 12,14), como 11,9b. O fim do v. 17 repete 3,1.

e) Alteração no hebr.: eles mesmos *(hêmmâ)*, animais *(behêmâ)*.
f) As versões têm aqui dupla interrogação: "Quem sabe se o alento dos filhos de Adão sobe para o alto e se o alento do animal desce para baixo, para a terra?" Essa dúvida é suficiente para dar todo o seu terror à morte. O alento não designa a alma imortal, mas apenas o sopro vital. A vocalização do hebr. foi retocada; o texto recebido deve se aproximar de 12,7: "o alento retorna a Deus, que o concedeu", estíquio que alguns consideram um acréscimo que evoca a vida futura, ignorada pelo Eclesiastes.
g) As misérias da vida em sociedade: opressão da força e derrota do homem isolado (4,1-12); maquinações políticas (4,13-16); religiosidade motivada pelo espírito de massa e abuso na prática de fazer promessa (4,17-5,6); abuso do poder (5,7-8).

⁴Observo também que todo trabalho e todo êxito se realiza porque há uma competição entre companheiros. Isso também é vaidade e correr atrás do vento!

Pr 6,9-11
⁵O insensato cruza os braços
e vai se consumindo.
⁶Mais vale um bocado de lazer
do que dois bocados de trabalho,
correndo atrás do vento.

⁷Observo ainda outra vaidade debaixo do sol: ⁸alguém sozinho, sem companheiro, sem filho ou irmão; todo o seu trabalho não tem fim, e seus olhos não se saciam de riquezas: "Para quem trabalho e me privo da felicidade?" Isso também é vaidade e trabalho penoso.

Lc 10,1
⁹Mais valem dois que um só, porque terão proveito do seu trabalho. ¹⁰Porque se caem, um levanta o outro; quem está sozinho, se cai, não tem ninguém para levantá-lo. ¹¹Se eles se deitam juntos, podem se aquecer; mas alguém sozinho como vai se aquecer?

¹²Alguém sozinho é derrotado, dois conseguem resistir, e a corda tripla não se rompe facilmente.ᵃ

¹³Mais vale um jovem pobre e sábio
do que um rei velho e insensato
que não aceita mais conselho.

Eclo 11,5
¹⁴Mesmo que ele tenha saído da prisão para reinar
e mesmo que tenha nascido mendigo para exercer sua realeza,ᵇ

¹⁵vejo todos os viventes que se movem debaixo do sol ficarem com o jovem, o usurpador,ᶜ ¹⁶e ele permanece frente a uma multidão sem fim.

Porém aqueles que vêm depois não se alegrarão com ele, porque isso também é vaidade e procura do vento.

A prática religiosa e seus riscos — ¹⁷Cuida de teus passos quando vais à Casa de Deus: aproximar-se para ouvir vale mais que o sacrifício oferecido pelos insensatos, mas eles não sabem que fazem o mal.ᵈ

Pr 20,25
Mt 6,7
Eclo 7,14
Pr 10,19

5 ¹Que tua boca não se precipite e teu coração não se apresse em proferir uma palavra diante de Deus, porque Deus está no céu, e tu na terra; portanto, que tuas palavras sejam pouco numerosas.

²Das muitas tarefas vem o sonho,
e das muitas palavras o alarido do insensato.

Lv 27,1 +
Nm 30,3
Dt 23,22-24
³Se fazes uma promessa a Deus, não tardes em cumpri-la, porque Deus não gosta dos insensatos. Cumpre o que prometeste. ⁴Mais vale não fazer uma promessa, do que fazê-la e não cumprir. ⁵Não deixes que a boca te leve ao pecado, nem digas ao Mensageiro: "Foi por inadvertência".ᵉ Por que dar a Deus a ocasião de se irritar por causa de teus propósitos e de arruinar a obra de tuas mãos?

Eclo 34,1-5
12,13
⁶Quando da quantidade de sonhos provêm muitos absurdos e palavras, então teme a Deus.ᶠ

---

a) A imagem da corda tripla encontra-se, da mesma forma, em texto sumério do ciclo de Gilgamesh, ilustrando igualmente a vantagem de estar a dois, e não solitário.
b) Tradução incerta de texto obscuro.
c) Ou simplesmente: "o sucessor"; lit.: "aquele que se assenta no lugar do outro".
d) Ou: "pois eles não sabem se estão praticando o mal". Todo este v. é difícil de entender.
e) Poder-se-ia ver no "Mensageiro" o anjo, em cuja presença não é possível desculpar-se; uma das funções do anjo é a de anotar as boas obras (cf. Tb 12,12+; At 10,4); ou ainda o sacerdote, diante do qual são feitas as promessas (cf. Ml 2,7). A LXX leu "Deus" em lugar de "Mensageiro". — Acerca dos pecados por inadvertência, cf. Lv 4; Nm 15,22s.
f) Texto difícil. O temor de Deus é recomendado pelo Eclesiastes (3,14; 7,18; cf. 8,12b-13 e 12,13, acréscimos): não é ele o princípio do saber e da verdadeira sabedoria (Pr 1,7)?

O proveito e o dinheiro — ⁷Se numa província vês o pobre oprimido e o direito e a justiça violados, não te surpreendas: quem está no alto tem outro mais alto que o vigia, e sobre ambos há outros mais altos ainda. ⁸O proveito da terra pertence a todos; um rei se beneficia da agricultura.ᵃ ⁹Quem ama o dinheiro, nunca está farto de dinheiro,ᵇ quem ama a abundância, nunca tem vantagem. Isso também é vaidade. ¹⁰Onde aumentam os bens, aumentam aqueles que os devoram; que vantagem tem o dono, a não ser ficar olhando?

¹¹Coma muito ou coma pouco, o sono do operário é gostoso; mas o rico saciado nem consegue adormecer.

¹²Há um mal doloroso que vejo debaixo do sol: riquezas que o dono acumula para a sua própria desgraça. ¹³Num mau negócio ele perde as riquezas e, se gerou um filho, este fica de mãos vazias. ¹⁴Como saiu do ventre materno, assim voltará, nu como veio: nada retirou do seu trabalho que possa levar nas mãos. ¹⁵Isso também é mal doloroso: ele se vai embora assim comoᶜ veio; e que proveito tirou de tanto trabalho? — Apenas vento. ¹⁶Consome seus dias todos nas trevas, em muitos desgostos, doença e irritação.

¹⁷Eis o que observo: o que melhor convém ao homemᵈ é comer e beber, encontrando a felicidade em todo trabalho que faz debaixo do sol, durante os dias da vida que Deus lhe concede. Pois esta é a sua porção. ¹⁸Todo homem a quem Deus concede riquezas e recursos que o tornam capaz de sustentar-se, de receber a sua porção e desfrutar do seu trabalho, isto é um dom de Deus. ¹⁹Ele não se lembrará muito dos dias que viveu, pois Deus ocupaᵉ seu coração de alegria.

6 ¹Há outro mal que observo debaixo do sol e que é grave para o homem: ²a um, Deus concede riquezas, recursos e honra, e nada lhe falta de tudo o que poderia desejar; Deus, porém, não lhe permite desfrutar estas coisas; é um estrangeiro que as desfruta. Isso é vaidade e sofrimento cruel.

³Outro, porém, teve cem filhos e viveu por muitos anos; apesar de ter vivido muitos anos, nunca se saciou de felicidade, e nem sequer teve sepultura. Pois eu digo que um aborto é mais feliz do que ele.

⁴Ele chega na vaidade e se vai para as trevas, e as trevas sepultam seu nome.

⁵Não viu o sol e nem o conhece: há mais repouso para ele do que para o outro.

⁶E mesmo que alguém vivesse duas vezes mil anos, não veria a felicidade; não vão todos para o mesmo lugar?

⁷Todo trabalho do homem é para sua boca e, no entanto, seu apetite nunca está satisfeito.

⁸Que vantagem tem o sábio sobre o insensato? O que pensar do pobre que sabe se conduzir diante dos vivos?ᶠ

⁹Mais vale o que os olhos veem do que a agitação do desejo.ᵃ Isso também

---

a) "beneficia da agricultura", lit.: "é servido pelos campos". Esse texto, diversamente interpretado, aludiria à administração no tempo dos Ptolomeus; os pequenos camponeses deviam enviar aos funcionários e por meio deles ao rei, que dispunha de grandes domínios, uma parte de seus ganhos (cf. v. 9b); os abusos eram numerosos.
b) Sátira, não contra o rico prepotente (como nos profetas), mas contra o próprio dinheiro, quer adquirido por meios lícitos ou ilícitos, quer empregado bem ou mal. Não é garantia para a vida, nem fonte de felicidade. Esta crítica prepara o ensinamento evangélico sobre o desprendimento (cf. Mt 6,19-21.24.25-34). — Esta, portanto, é a sequência das ideias: o dinheiro é mal repartido (5,7-9), a maioria das vezes é dilapidado (5,10), é custoso de ganhar (5,11), é penoso ao perder (5,12-16). Por conseguinte, os gastos dependem dos recursos (5,17-19). Três exemplos: a riqueza que passa de um a outro (6,1-2), o rico sem sepultura (6,3-6), o pobre que toma ares de rico (6,7-11). Conclusão (6,12).
c) "como", versões; hebr. mal vocalizado.
d) "ao homem", palavra suprida (cf. 2,24 e a sequência do v.).
e) "ocupa". Traduz-se também "responde (pela alegria de seu coração)"?
f) O pobre (no sentido religioso) é aqui posto em paralelo com o sábio (cf. 4,13; 9,5; Pr 3,34-35).

é vaidade e correr atrás do vento.

¹⁰O que aconteceu já recebeu um nome, e sabe-se o que é um homem:[b] não pode processar quem é mais forte do que ele.

¹¹Quanto mais palavras, tanto mais vaidade. Qual a vantagem para o homem?

¹²Quem sabe o que convém ao homem durante a sua vida, ao longo dos dias contados de sua vida de vaidade, que passam como sombra? Quem anunciará ao homem o que vai acontecer depois dele debaixo do sol?

Segunda parte

7 *Máximas de sabedoria e sua crítica* — ¹Mais vale a fama do que o óleo fino;

o dia da morte do que o dia do nascimento.

²Mais vale ir a uma casa em luto
do que ir a uma casa em festa,
porque esse é o fim de todo homem;
deste modo, quem está vivo refletirá.

³Mais vale o desgosto do que o riso,
pois pode-se ter a face triste e o coração alegre.

⁴O coração dos sábios está na casa em luto,
o coração dos insensatos está na casa em festa.

⁵Mais vale ouvir a repreensão do sábio
do que o canto dos insensatos;[c]

⁶pois, assim como os gravetos crepitam sob o caldeirão,
tal é o riso do insensato.
E isso também é vaidade,

⁷que a opressão enlouqueça o sábio,
e um suborno extravie o coração.[d]

⁸Mais vale o fim de uma coisa do que seu começo;[e]
mais vale a paciência do que a pretensão.

⁹Que teu espírito não se apresse em ficar irritado,
pois a irritação frequenta os insensatos.

¹⁰Não digas:
"Por que os tempos passados eram melhores que os de agora?"
Não é a sabedoria que te faz levantar essa questão.

¹¹A sabedoria é boa como uma herança,

¹²e é vantajosa para aqueles que veem o sol.

¹³Pois o abrigo da sabedoria é como o abrigo do dinheiro,
e a vantagem do conhecimento é que a sabedoria faz viver
os que a possuem.[f]

¹⁴Vê a obra de Deus:
quem poderá endireitar o que ele curvou?

¹⁵Em tempo de felicidade, sê feliz,

---

a) Em hebraico *nefesh*, que significa, as mais das vezes, "alma"; mas seu significado original é "garganta", donde "apetite", "desejo" (cf. v. 7 acima).
b) Alusão possível ao sentido do hebr. *'âdâm*, "homem", tirado do húmus (*'âdâmâh*).
c) As quatro primeiras comparações aqui desenvolvidas são máximas austeras e paradoxais.
d) V. obscuro; as diversas conjecturas não são satisfatórias. Talvez Coélet queira exprimir a fraqueza do sábio que não pode suportar com serenidade nem a maldade, nem os grandes favores prestados a ele.
e) Assim o sábio pode tornar-se louco e o passado não ser melhor que o presente (v. 10), o que retoma o v. 1b: mais vale o fim da vida do que seu começo.
f) Os vv. 11 e 12 parecem ser citações, criticadas pela sequência. Demasiada sabedoria prejudicada (v. 16).

e no dia da desgraça reflete:
Deus fez tanto um como o outro,
para que o homem nada encontre atrás de si.[a]

[16] Já vi de tudo em minha vida de vaidade:
o justo perecer na sua justiça
e o ímpio sobreviver na sua impiedade.[b]

8,14

[17] Não sejas demasiadamente justo
e nem te tornes sábio demais:
por que irias te destruir?

[18] Não sejas demasiadamente ímpio
e nem te tornes insensato:
para que morrer antes do tempo?

Pr 10,27

[19] É bom que agarres um sem soltar o outro,
pois quem teme a Deus fará terminar[c] um e outro.

3,14

[20] A sabedoria torna o sábio mais forte[d] do que dez chefes numa cidade.

[21] Não existe um homem tão justo sobre a terra
que faça o bem sem jamais pecar.

9,16s; Pr 21,22
1Jo 1,8-9
Jó 14,4+

[22] Não dês atenção a todas as palavras que dizem,
assim não ouvirás teu servo te amaldiçoar,

[23] pois teu coração sabe que também tu denegriste os outros muitas vezes.

[24] Coloquei tudo à prova pela sabedoria; pensei: "tornar-me-ei sábio",
mas a sabedoria está fora do meu alcance.

[25] O que passou está longe,
e profundo, profundo! Quem o achará?

[26] Em meu coração dediquei-me a conhecer, a raciocinar e a pesquisar a sabedoria e a reflexão, para reconhecer o mal como algo insensato e a insensatez como uma tolice.

[27] E descobri que a mulher é mais amarga do que a morte,
pois ela é armadilha,
seu coração é rede e seus braços, cadeias.
Quem agrada a Deus dela escapa,
mas o pecador a ela se prende.[e]

Pr 5,3-4
Jz 16

[28] Eis o que encontro — diz Coélet —
ao examinar coisa por coisa para chegar a uma conclusão:

[29] pesquisei e nada concluí.
Entre mil encontrei apenas um homem,
porém, entre todas as mulheres,
não encontrei uma sequer.

[30] Eis a única conclusão a que cheguei:
Deus fez o homem[f] reto,
este, porém, procura complicações sem conta.

[1] Quem é como o sábio e quem sabe explicar esta palavra:

a) O homem não pode contar com nada e ignora o futuro que só Deus conhece (cf. 3,11.22; 6,12; 8,7.17; 9,12; 10,14; 11,5).
b) A Lei tinha formulado o princípio da retribuição coletiva: se Israel for fiel, será feliz; se for infiel, será infeliz (cf. Dt 7,12s; 11,26s; 28; Lv 26). Os Sábios aplicaram esse princípio ao destino individual de cada pessoa: Deus retribui a cada um segundo as suas obras (Pr 24,12; Sl 62,13; Jó 34,11). Aos desmentidos da experiência, respondia-se: a felicidade do ímpio é efêmera, a desgraça do justo é temporária. Assim para o Sl 37 ou para os amigos de Jó. Coélet refuta esta tese clássica; é preciso tomar a sorte como ela vem, sem querer explicá-la.
c) "fará terminar", *yôçî'*; hebr. *yeçe'*, mal vocalizado.
d) Em lugar de "torna mais forte", *ta'oz*, ms de Qumrã e grego têm "dá assistência", *ta'azer*. — Esse v. parece ser citação, seguida de comentário cético.
e) Essa opinião será examinada pelo autor; ele não toma posição e explica o porquê.
f) O homem, *ha'adam*, pode aqui designar o ser humano em geral, homem e mulher. Coélet renuncia a dar opinião; ele não é misógino.

8 "A sabedoria do homem faz sua face brilhar,
e abranda a dureza da sua face"?
² Quanto a mim!ª Observa a ordem do rei,
e por causa do juramento divino,[b]

Rm 13,1s

³ não te apresses em deixar a presença dele,
nem te obstines em má situação,
porque ele faz o que lhe agrada:
⁴ porque a palavra do rei é soberana,
e quem lhe diria: "Que fazes?"
⁵ "Quem observa o mandamento nenhum mal sofrerá;
o coração do sábio conhece o tempo e o julgamento."[c]
⁶ Sim, há um tempo e um julgamento para cada coisa,
mas há uma grande infelicidade para o homem:
⁷ ele não sabe o que acontecerá,

10,14

quem pode anunciar-lhe como há de ser?
⁸ Homem algum é senhor do sopro,[d]

Sb 2,1

para reter esse sopro;
ninguém é senhor do dia da morte,
e nessa guerra não há trégua;
nem mesmo a maldade deixa impune quem a comete.

⁹ Vi essas coisas todas ao aplicar o coração a tudo o que se faz debaixo do sol, enquanto um homem domina outro homem, para arruiná-lo.

¹⁰ Vi também levarem ímpios à sepultura; quando saem do lugar santo, esquecem-se[e] de como eles haviam agido na cidade. Isso também é vaidade.

¹¹ Uma vez que não se executa logo a sentença contra quem praticou o mal, o coração dos filhos dos homens está sempre voltado para a prática do mal.

¹² Um pecador sobrevive, mesmo que cometa cem vezes o mal. Mas eu sei também que há o bem para os que temem a Deus, porque eles o temem;

¹³ mas que não há o bem para o ímpio e que, como a sombra, não prolongará

6,12 +

seus dias, porque não teme a Deus.[f]

¹⁴ Há uma vaidade que se faz sobre a terra:

Sl 73
Jr 12,1s

há justos que são tratados conforme a conduta dos ímpios
e há ímpios que são tratados conforme a conduta dos justos.
Digo que também isso é vaidade.

¹⁵ E eu exalto a alegria, pois não existe felicidade para o homem debaixo

2,24 +

do sol, a não ser o comer, o beber e o alegrar-se; é isso que o acompanha no seu trabalho nos dias da vida que Deus lhe dá debaixo do sol.

¹⁶ Após aplicar meu coração a conhecer a sabedoria e a observar a tarefa que se realiza na terra — pois os olhos do homem não veem repouso nem de dia e nem de noite — ¹⁷ observei toda a obra de Deus, e vi que o homem não

3,11 +

é capaz de descobrir toda a obra que se realiza debaixo do sol; por mais que o homem trabalhe pesquisando, não a descobrirá. E mesmo que um sábio diga que conhece, nem por isso é capaz de descobrir.

a) Coélet interpretaria o que precede. Aproxima-se de 7,23: "eu seria sábio". Mas o hebr. é incerto; as versões omitem essa palavra.
b) Juramento feito a Deus, seja pelo rei, seja pelos súditos. Trata-se, nessa época, de um Ptolomeu.
c) Sentença logo criticada. Tudo é programado, sem que o homem saiba coisa alguma.
d) A sequência do v. parece indicar que o termo *ruah* (o "vento" ou "o sopro") designa aqui o alento vital.

e) Texto incerto. — Em lugar de "esquecem-se", o grego compreende: "e se louvará na cidade o modo como eles agiram", o que pode se aproximar de Jó 21,32-33; mas essa correção é inútil: o tema da igualdade de todos, bons e maus, diante da morte e do esquecimento pertence seguramente ao pensamento de Coélet.
f) 8,12b-13: é a tese tradicional, desmentida pelos fatos e criticada no v. 14.

9 O Xeol para todos

— ¹Sim! Em tudo isso apliquei todo o coração e experimentei isto, a saber, que os justos e os sábios com suas obras estão nas mãos de Deus.[a]

Pr 16,1
Dt 33,3
Sb 7,16

O homem não conhece o amor nem o ódio de tudo o que espera.[b]
² Tudo é o mesmo para todos: uma sorte única,
  para o justo e o ímpio,
  para o bom e o mau,[c]
  para o puro e o impuro,
  para quem sacrifica como o que não sacrifica;
  para o bom e o pecador,
  para quem jura e quem evita o juramento.

7,15; 8,14

³ Este é o mal que existe em tudo o que se faz debaixo do sol: o mesmo destino cabe a todos. O coração dos homens está cheio de maldade; enquanto vivem, seu coração está cheio de tolice, e seu fim é junto aos mortos.[d]
⁴ Ainda há esperança para quem está ligado[e] a todos os vivos,
  e um cão vivo vale mais do que um leão morto.
⁵ Os vivos sabem ao menos que morrerão; os mortos, porém, não sabem nada. Não há para eles retribuição, uma vez que sua lembrança é esquecida. ⁶Seu amor, ódio e ciúme já pereceram, e eles nunca mais participarão de tudo o que se faz debaixo do sol.[f]

⁷ Vai, come teu pão com alegria
  e bebe o teu vinho com sastifação,
  porque Deus já aceitou tuas obras.
⁸ Que tuas vestes sejam brancas em todo tempo
  e nunca falte perfume na tua cabeça.
⁹ Desfruta a vida com a mulher amada
  em todos os dias da vida de vaidade que Deus te concede debaixo do sol,
  todos os teus dias de vaidade,
  porque esta é a tua porção na vida
  e no trabalho com que te afadigas debaixo do sol.
¹⁰ Tudo o que te vem à mão para fazer,
  faze-o conforme a tua capacidade,
  pois, no Xeol para onde vais,
  não existe obra, nem reflexão, nem conhecimento e nem sabedoria.

2,24 +

Pr 5,15 +

¹¹ Observei outra coisa debaixo do sol:
  a corrida não depende dos mais ligeiros,
  nem a batalha dos heróis,
  o pão não depende dos sábios,
  nem a riqueza dos inteligentes,
  nem o favor das pessoas cultas,
  pois oportunidade e ocasião dão a eles todos.
¹² Com efeito, o homem não conhece o seu tempo.
  Como peixes presos na rede traiçoeira,

Lc 12,20

---

a) Texto retomado por Sb 3,1, mas na perspectiva da imortalidade.
b) Lit.: "tudo aquilo que está diante deles". Gr., Sim. e Vulg. compreenderam a seguir: "a vaidade (*hebel*) neles todos".
c) "e o mau", versões, ausente do hebr. Esse estíquio seria acréscimo.
d) "seu fim": *'aharîtam*, Símaco; "depois deles": *'aharayw*, hebr.
e) "está ligado", *qerê*, versões; "é escolhido", hebr. *ketib*.
f) A certeza da morte torna mais discreto o convite à alegria (vv. 7-8; cf. 2,24+), o qual termina com o conselho de fidelidade ao amor de toda uma vida, até a separação definitiva, a respeito da qual não se entrevê nenhuma consolação.

como pássaros presos na armadilha,
assim também os filhos dos homens se enredam no tempo da desgraça,
quando ela cai de surpresa sobre eles.

Sabedoria e insensatez — ¹³Também vi essa sabedoria debaixo do sol, e ela me parece importante:

¹⁴Havia uma cidade pequena com poucos habitantes. Um grande rei veio contra ela, cercou-a e levantou contra ela obras de assédio.[a] ¹⁵Nela encontrou um homem pobre e sábio, que salvou a cidade com sua sabedoria, mas ninguém se lembrou desse homem pobre. ¹⁶E eu digo:

7,19
Pr 21,22;
24,5

Mais vale a sabedoria do que a força,
mas a sabedoria do pobre é desprezada
e ninguém dá ouvidos às suas palavras.

¹⁷Palavras calmas de sábios são mais ouvidas do que gritos
de quem comanda insensatos.
¹⁸Mais vale sabedoria do que armas,
mas um só pecador anula muita coisa boa.

Gl 5,9

10

¹Moscas mortas fazem com que o perfumista rejeite o óleo,[b] um pouco de insensatez conta mais que sabedoria e glória.

2,14

²O sábio se orienta bem,
o insensato se desvia[c]
³e quando o néscio anda pelo caminho, falta-lhe inteligência, e todos dizem: "É um néscio!"
⁴Se a indignação daquele que comanda se levanta contra ti, não deixes teu lugar, pois a calma evita grandes pecados.
⁵Há um mal que vejo debaixo do sol, erro que vem do soberano:

Pr 19,10;
30,22

⁶a insensatez ocupando os mais altos postos e ricos se assentando em lugar baixo. ⁷Vejo escravos a cavalo e príncipes a pé, como escravos.

Pr 26,27
Sl 7,16
Eclo 27,26-27

⁸Quem cava um buraco, nele cairá,
quem escava um muro, uma cobra o morderá.
⁹Quem remove pedras, com elas se machuca,
quem racha lenha, expõe-se ao perigo.
¹⁰Se o machado está cego e não for afiado, é preciso muita força; é mais vantajoso usar sabedoria.
¹¹Se a cobra morde por falta de encantamento, de que vale o encantador?

Pr 10,32;
15,2

¹²As palavras do sábio agradam,
o insensato se arruína com os lábios:
¹³o início de suas palavras é insensatez
e o fim do seu discurso é tolice pérfida.[d]

8,7

¹⁴O néscio multiplica as palavras,
mas o homem não sabe o que vai acontecer:
quem pode anunciar-lhe o que virá depois dele?
¹⁵O trabalho do insensato[e] o fatiga,
pois nem sabe como ir à cidade.

Pr 31,4-7

¹⁶Ai de ti, país governado por um jovem,
e cujos príncipes comem desde o amanhecer!

---

a) "obras" (ou "rampas"), versões; "rede" (ou "armadilha"), hebr.
b) "fazem", lit.: "são a causa" *yabi'û sheyabbi'a* (aliteração); hebr. mal dividido: "estrada (?), faz fermentar (?)".
c) Lit.: "o coração do sábio para a direita, o do insensato para a esquerda".
d) Essas sentenças de sabedoria tradicional seriam criticadas no v. 14.
e) "insensato", mss hebr., grego, Targ.; "insensatos", texto recebido. — O fim desse v. é difícil de interpretar.

ⁱ⁷ Feliz o país cujo rei é filho de nobres,
  e cujos príncipes comem na hora certa
  para se refazerem, e não para se banquetearem.
¹⁸ Por mãos preguiçosas o teto desaba,
  por braços frouxos goteja na casa.
¹⁹ Para rir faz-se um banquete, Sl 104,15
Jr 9,13
  o vinho alegra a vida,
  e o dinheiro responde a tudo.
²⁰ Nem em pensamento amaldiçoes o rei, Ex 22,27
Lc 12,2-3
  não amaldiçoes o rico, mesmo em teu quarto,
  pois um pássaro do céu poderia levar a voz,
²¹ e um ser alado contaria o que disseste.

11 *Saber assumir riscos* — ¹Joga teu pão sobre a água
  porque após muitos dias o encontrarás.ᵃ
² Reparte com sete e mesmo com oito,
  pois não sabes que desgraça pode vir sobre a terra.
³ Quando as nuvens estão cheias
  derramam chuva sobre a terra;
  e quando uma árvore cai, tanto ao sul como ao norte,
  no lugar onde cair, aí ficará.
⁴ Quem fica olhando o vento jamais semeará,
  quem fica olhando as nuvens jamais ceifará.
⁵ Assim como não conheces o caminho do vento Jo 3,8
Sl 139,14-16
3,11 +
  ou o do embrião no seio da mulher,ᵇ
  também não conheces a obra de Deus, que faz todas as coisas.
⁶ De manhã semeia tua semente,
  e à tarde não repouses a mão,
  pois não sabes qual delas prosperará:
  se esta ou aquela, ou se ambas serão boas.

*A idade*ᶜ

⁷ Doce é a luz,
  e agradável aos olhos ver o sol;
⁸ ainda que o homem viva muitos anos,
  alegre-se com eles todos,
  mas lembre-se de que os dias de trevas serão muitos.
  Tudo o que acontece é vaidade.
⁹ Alegra-te, jovem, com tua juventude,
  sê feliz nos dias da tua mocidade,
  segue os caminhos do teu coração e a visão dos teus olhos,
  saibas, porém, que sobre todas essas coisas Deus te convocará
  para o julgamento.ᵈ
¹⁰ Afasta do teu coração o desgosto,
  e o sofrimento do teu corpo,
  pois juventude e cabelos pretos são vaidade.

---

a) Alguns intérpretes pensam na isca lançada à água pelo pescador, que a retira da boca do peixe; outros pensam no comércio marítimo. Nesta série de sentenças sobre o risco, pode-se perceber a atitude que Coélet deseja a seu discípulo. Ele não quer desencorajá-lo na busca da felicidade, mas, ao preveni-lo dos imprevistos, quer tirar-lhe as ilusões. Afinal, é preciso arriscar-se.
b) Lit.: "como os ossos no seio da mulher grávida".
c) A longevidade era tida como a recompensa prometida aos israelitas nos discursos do Deuteronômio (Dt 5,16.33; 11,9.21; 22,7 etc.), a suprema bem-aventurança garantida aos justos pelos Sábios. Para Coélet, a velhice não constitui felicidade alguma, devido a uma série de fatos: pavor da morte (11,7), saudade da juventude (11,8-12,2), diminuição da vitalidade (12,3-5) e expectativa do inevitável (12, 5-7).
d) Esta última frase é frequentemente considerada acréscimo da mesma proveniência que 12,14.

12[a] ¹Lembra-te do teu Criador nos dias da mocidade,
  antes que venham os dias da desgraça
e cheguem os anos dos quais dirás: "Não tenho mais prazer."
²Antes que se escureçam o sol e a luz,
  a lua e as estrelas,
  e que voltem as nuvens depois da chuva;
³no dia em que os guardas da casa tremem
  e os homens fortes se curvam,
  em que as que móem, pouco numerosas, param,
  em que as que olham pela janela perdem seu brilho.[b]
⁴Quando se fecha a porta da rua
  e o barulho do moinho diminui,
  quando se acorda com o canto do pássaro
  e todas as canções emudecem;[c]

Ct 2,11 +
Sl 49,12

⁵quando se teme a altura
  e se levam sustos pelo caminho,
  quando a amendoeira está em flor
  e o gafanhoto torna-se pesado
  e a alcaparra desabrocha,[d]
é porque o homem já está a caminho de sua morada eterna,
  e os que choram sua morte começam a rondar pela rua.
⁶Antes que o fio de prata se afrouxe[e]
  e a taça de ouro se parta,
  antes que o jarro se quebre na fonte
  e a roldana rebente no poço,

3,20-21+ ⁷antes que o pó volte à terra de onde veio
  e o sopro volte a Deus que o concedeu.[f]

1,2 ⁸Vaidade das vaidades — diz Coélet — tudo é vaidade.[g]

Epílogo[h] — ⁹Além de ter sido sábio, Coélet também ensinou o conhecimento ao povo; ele ponderou, examinou e corrigiu muitos provérbios. ¹⁰Coélet procurou encontrar palavras agradáveis e escrever exatamente palavras verdadeiras.
¹¹As palavras dos sábios são como aguilhões e como estacas fincadas pelos autores[i] das coletâneas: é o dom de um pastor único.[j]

---

a) Este belo poema, cheio de emoção e nostalgia, trata da velhice em termos mais ou menos metafóricos, mas às vezes é difícil entender o sentido exato dessas metáforas. Seguindo a tendência rabínica, alguns comentadores procuram interpretar as alusões obscuras à realidade como referências às diversas partes do corpo humano (cf. especialmente v. 3, os braços, dentes e olhos); mas essa interpretação fisiológica é duvidosa em vários detalhes. Pode-se também ver no poema a descrição da velhice como o inverno da vida, mas um inverno diferente do da natureza, porque não é seguido pela primavera.
b) Lit.: "se obscurecem".
c) Lit.: "se abaixam as filhas do canto". Cf. Is 29,4.
d) Pode-se também compreender "perde o sabor", lendo um passivo (*wetuppar*) em lugar da forma *wetaper*, não atestada. A tradução adotada guarda a imagem do retorno da bela estação; a vida abandona o homem no momento em que a natureza ressuscita. O gafanhoto "se torna pesado" seja porque está bem alimentado (mais uma imagem da primavera), seja, ao contrário, porque o mais leve peso constitui um fardo para o velho.
e) "se afrouxe", *yerateq, qerê*, Targ.; "se distancie", *yirhaq, ketib;* versões "seja rompido".

f) Aquele elemento, no homem, que veio da terra deve voltar para lá. Já que não há nada na terra que possa satisfazer ao homem, deve-se concluir que este não provém totalmente da terra e, por isso, aquilo que vem de Deus a ele retornará.
g) O livro termina como tinha começado, porém é feita uma avaliação do caminho percorrido. Apontou ao homem sua miséria e grandeza, mostrando-lhe que este mundo não é digno dele. Procura levar o leitor a seguir uma religião desinteressada, uma oração que seja adoração provinda de atitude consciente de que a criatura não é nada em face do mistério de Deus (cf. Sl 39).
h) O primeiro epílogo (9-11) é a obra de um discípulo de Coélet, que fez o elogio de seu livro. O segundo epílogo (12-14) provém de um judeu piedoso para quem o temor de Deus é o princípio da sabedoria (cf. 3,14; 5,6; 7,18; 8,12).
i) "pelos autores", *mibba'alê*, grego; TM omite o *mem* e divide a frase de modo diferente ("… aguilhões, e os autores de coletâneas são como estacas bem fincadas"). Aguilhões e estacas estimulam ou param o rebanho.
j) Pode tratar-se de Salomão, patrono dos sábios, ou de Deus, inspirador do Coélet.

¹²Além disso, meu filho, fica atento: fazer livros é um trabalho sem fim, e muito estudo cansa o corpo.

¹³Fim do discurso. Tudo foi ouvido. Teme a Deus e observa seus mandamentos, porque aí está o homem todo:

5,6
Eclo 1,13

¹⁴Sim, Deus fará toda obra vir ao julgamento, tudo o que ela contém de bom ou mau.

CÂNTICO DOS CÂNTICOS

Introdução

O Cântico dos Cânticos, isto é, o Cântico por excelência, *o mais belo Canto*, celebra o amor mútuo de um Amado e de uma Amada, que se juntam e se perdem, se procuram e se encontram. O Amado é chamado "rei" (1,4.12) e "Salomão", isto é, "o Pacífico" (3,7.9); a Amada é chamada "a Sulamita, a Pacificada" (7,1), "aquela que encontrou a paz" (8,10). Aproximou-se o nome "Sulamita" da Sunamita que aparece na história de Davi e Salomão (1Rs 1,3; 2,21-22). Como a tradição sabia que Salomão tinha composto cânticos (1Rs 5,12), foi-lhe atribuído este cântico no superlativo, de onde o título do livro (1,1), como também lhe foram atribuídos, pelo fato de ser sábio, os Provérbios, o Eclesiastes e a Sabedoria. Por causa do título, colocou-se o Cântico na Bíblia grega entre os livros sapienciais depois do Eclesiastes; na Vulgata, entre o Eclesiastes e a Sabedoria. Na Bíblia hebraica, o Cântico é colocado entre os "escritos" que formam a terceira e a mais recente parte do cânon judaico. Pelo século V da nossa era, quando o Cântico foi utilizado na liturgia judaica pascal, ele se tornou um dos cinco "megillôt", ou rolos, que eram lidos nas grandes festas.

Este livro, que emprega a linguagem de amor apaixonado, causou espanto. O nome de Iahweh só aparece nele sob forma abreviada, Iah, em 8,6, "uma chama de Iah(weh)". No século I de nossa era, os judeus cantavam o Cântico nas festas profanas de casamento e continuaram a fazê-lo, malgrado a interdição feita por Rabbi Aqiba. Nos meios judaicos, foram levantadas dúvidas sobre a canonicidade do Cântico e foram resolvidas pelo apelo à tradição. É fundando-se sobre esta que a Igreja cristã recebeu sempre o Cântico como Escritura santa.

Não há livro no Antigo Testamento do qual tenham sido propostas interpretações mais divergentes.

Procurou-se a origem do Cântico no culto de Ishtar e de Tamuz e nos ritos antigos de matrimônio divino, de hierogamia cultual, que se supõem realizados pelo rei, substituto de deus. Tal ritual, tomado dos cananeus, teria sido praticado também no culto de Iahweh, e o Cântico seria o livrete expurgado e demitizado dessa liturgia. Essa teoria cultual e mitológica é inaceitável, pois é impossível imaginar um crente israelita que copiasse essas produções de uma religião da fecundidade, tantas vezes denunciada por todos os profetas (Is 7,10; Jr 7,18; Ez 8,14; Zc 12,11), a fim de tirar dela cantos de amor. Se há semelhança de expressões entre os hinos a Ishtar ou a Tamuz e o Cântico, é porque uns e outros falam a linguagem do amor.

A interpretação alegórica tornou-se comum entre os judeus a partir do século II de nossa era: o amor de Deus por Israel e o do povo por seu Deus são representados como as relações entre dois esposos. É o tema da alegoria nupcial que os profetas longamente desenvolveram a partir de Oseias. Os autores cristãos, sobretudo sob a influência de Orígenes e malgrado a oposição individual de Teodoro de Mopsuéstia, seguirão a mesma linha da exegese judaica, mas a alegoria tornou-se para eles a das núpcias de Cristo e da Igreja ou da união mística da alma com Deus. Muitos comentadores católicos modernos se atêm ao tema geral de Iahweh esposo de Israel, ou então procuram encontrar na sequência do Cântico a história das conversões de Israel, de suas desilusões e de suas esperanças. O caráter inspirado e canônico do Cântico parece-lhes exigir que cante coisa diferente do amor profano. Com efeito, o poeta parece retomar frequentemente a linguagem profética da Aliança, como na expressão "procurar, encontrar" (3,1-2), e sua obra apresenta muitos contatos com o Salmo 45, que propõe os mesmos problemas de interpretação. Por outro lado, dois escritos apócrifos do século I de nossa era parecem depender do Cântico: em "A vida de Adão e de Eva", escrito anterior ao ano 70 d.C., mencionam-se o nardo, o açafrão, o cálamo, o cinamomo (cf. Ct 4,14), falando de Eva e de Set; no "Quarto livro de Esdras" (fim do século I) sucedem-se as imagens da vinha, da pomba e do lírio, como em Ct 1,14-2,1.

Para muitos exegetas, o Cântico seria uma coletânea de cânticos que celebram o amor mútuo e fiel que sela o matrimônio. Ele proclama a legitimidade e exalta o valor do amor humano; e o assunto não é somente profano, uma vez que Deus abençoou o matrimônio, entendido menos como um meio de procriação do que como associação afetuosa e estável do homem e da mulher (Gn 2; Pr 2,17; 5,18; 31,10; Ml 2,14; Eclo 26). Sob a influência do javismo, a vida sexual que o meio cananeu concebia à imagem das relações entre divindades da fecundidade, é aqui demitizada e considerada com realismo sadio. O mesmo amor humano é acessoriamente o assunto de outros livros do Antigo Testamento, como nas antigas narrativas do Gênesis, na história de Davi e no livro de Tobias; ele é então tratado do mesmo modo e frequentemente com expressões muito próximas das do Cântico; sua honestidade justifica a transferência que os profetas dele fazem para as relações de Iahweh e de Israel. Dessa forma o Cântico tira do amor do homem e da mulher as constrições do puritanismo, bem como as licenças do erotismo. Tal seria o sentido literal desse escrito, que legitima sua classificação entre os livros sapienciais: como eles, o Cântico se preocupa com a condição humana e nela considera um de seus aspectos vitais.

Todavia, pode-se falar aqui de uma simples coletânea de cantos de amor, de uma espécie de repertório de circunstância para a celebração de matrimônios (cf. Jr 7,24; 16,9)? Invocam-se aproximações com as cerimônias e os cantos de núpcias dos árabes da Síria e da Palestina. Citam-se os elogios físicos do Amado e da Amada, semelhantes ao wasf "descrição" da poesia árabe. Aproximam-se sobretudo os cantos de amor da poesia egípcia, obras literárias que evocam em todo o lugar, como o Cântico, as flores, os perfumes, as vestes, os jardins, e em que o amante chama sua bem-amada de "minha irmã". Tais peças são variações sobre um mesmo tema, o que explica o fato de haver aí numerosas duplicatas; elas não eram destinadas a ser recitadas ou cantadas todas em seguida. O autor do Cântico, como hábil letrado, inspirar-se-ia nesses poemas egípcios, conhecidos há muito tempo em Israel, mas não seguiria plano definido. É preciso, por outro lado, lembrar-se de que a linguagem do amor utiliza em todo lugar as mesmas imagens e as mesmas hipérboles.

Pode-se ir mais longe? A intenção do autor se revelaria desde o início em alguns traços referentes ao Egito: a égua atrelada aos carros do Faraó (1,9), a tez morena da jovem (1,3), que aplica a si própria o nome de "lótus" (2,1), palavra hebraica tomada do egípcio sshshn. Dada a paronomásia "Salomão/Sulamita" (7,1), somos levados a evocar o matrimônio de Salomão e da filha do Faraó (1Rs 3,1; 7,8; 9,16.24; 2Cr 8,11). Esse episódio estaria portanto na base do livrete do Cântico; ele explicaria o lugar central ocupado pela personagem de Salomão, particularmente por ocasião da descrição de seus esponsais (3,6s). Além disso, o poeta hebraico gosta de multiplicar, desde o prólogo, as paronomásias e as aliterações em torno do nome de Salomão. Não seria para atrair a atenção dos ouvintes, no início de sua obra, sobre a personalidade do filho de Davi, tipo do messias pacífico, tão esperado por Israel na época do segundo Templo? Com efeito, há acordo em situar o Cântico nesse período, por causa dos aramaísmos, da presença de uma palavra grega (3,9) e de uma palavra persa (4,13), sem falar de diversos arcaísmos. O lugar de composição é certamente a Palestina; o Cântico encerra numerosos nomes geográficos relacionados com a Terra Santa, e por outro lado causa espanto vê-los figurar em tal poesia amorosa. A menção da cidade de Tersa (6,4), por exemplo, explica-se pela significação desse nome: "agradável, prazerosa". O poeta poria portanto em cena o novo Salomão, rei de Israel e figura messiânica, com sua noiva de origem pagã, na Sião futura dos tempos novos. Seus cantos de amor tomariam assim a conotação universalista e messiânica. Algumas expressões enigmáticas, como os montes de Beter (2,17) ou os carros de Aminadib (6,12), poderiam então ser interpretadas em contexto bíblico.

Tal hipótese encontrar-se-ia confirmada pela presença de diversos refrães, de numerosas repetições, de palavras-gancho, que asseguram ao conjunto do livro, aparentemente tão fragmentário, certa unidade literária que permite discernir uma dezena de poemas, enquadrados por um prólogo (1,1-4) e um epílogo (8,5-7), seguido de acréscimos (2,6-7 e 8,3-4), formam uma grande inclusão.

Por fim, a interpretação aqui proposta permitiria aplicar o Cântico às relações do Cristo Jesus com sua Igreja ou em particular com cada um dos crentes. Assim se justificaria o uso admirável que dele fizeram os místicos cristãos, como são João da Cruz.

CÂNTICO DOS CÂNTICOS

Título e Prólogo

1 ⁱO mais belo cântico de Salomão.[a]

A AMADA[b]
²Que me beije com beijos de sua boca!
Teus amores são melhores do que o vinho,
³o odor dos teus perfumes é suave,
teu nome é como óleo[c] escorrendo,
e as donzelas se enamoram de ti...

⁴Arrasta-me contigo, corramos! 6,8
Leva-me, ó rei,[d] aos teus aposentos
e exultemos! Alegremo-nos em ti!
Mais que ao vinho, celebremos teus amores!
Com razão se enamoram de ti...

Primeiro poema

A AMADA
⁵Sou morena,[e] mas formosa,
ó filhas de Jerusalém,[f]
como as tendas de Cedar
e os pavilhões de Salma.[g]
⁶Não olheis eu ser morena: Is 5,1 +
foi o sol que me queimou;
os filhos de minha mãe
se voltaram contra mim,
fazendo-me guardar as vinhas,
e minha vinha, a minha...
eu não a pude guardar.[h]

⁷Avisa-me, amado de minha alma,   Gn 37,16
onde apascentas, onde descansas   Ez 34,1 +
 Sl 23,1-3
 Jo 10,1-16

---

a) Sobre a atribuição a Salomão, cf. Introdução.
b) Os vv. 2-4 dão o tema geral dos poemas que seguem; eles possuem já o tom de ternura apaixonada que dominará toda a coleção. As passagens bruscas da terceira para a segunda pessoa são também características dos *cânticos de amor egípcios*. O amado está ausente, mas permanece presente no coração de sua amada, à qual se associam as companheiras (v. 4b), que são as filhas de Jerusalém do v. 5. O conjunto tem paralelos no epitalâmio real do Sl 45,8-9.15-16.
c) Jogo poético de aliteração com *shem*, "nome", e *shemen*, "óleo" e outras palavras como *shelomo*, "Salomão", *yerushalem*, "Jerusalém".
d) Este rei não é Iahweh, mas claramente o novo Salomão (3,7-11; 8,11), o messias filho de Davi, o rei (v. 12) esperado pela comunidade judaica na época do segundo Templo. Por outro lado, os noivos são chamados "rei" e "rainha" nos cânticos nupciais siríacos.
e) A tez morena (v. 6) devia ser a da esposa egípcia do Salomão histórico; aqui é a de jovem queimada pelos trabalhos dos campos e que se compara às tendas beduínas, tecidas com pelo de cabra. Os antigos poetas árabes opõem a tez clara das jovens de nascimento nobre (aqui, as filhas de Jerusalém) à tez das escravas e servas ocupadas com trabalhos externos.
f) As filhas de Jerusalém, ou as filhas de Sião (3,11), representam a assistência que os namorados interpelam (aqui e em 2,7; 3.5.11; 5,8.16; 8,4), ou que intervém para introduzir ou reintroduzir o desenvolvimento poético (1,8; 5,9; 6,1; 7,1).
g) "Salma" conj.; "Salomão" hebr. — Salma e Cedar são duas tribos de árabes nômades.
h) Ela deu seu coração àquele que ela ama.

CÂNTICO 1-2

o rebanho ao meio-dia,*a*
para que eu não vagueie perdida
entre os rebanhos dos teus companheiros.

Jr 31,21 CORO ⁸Se não o sabes,
ó mais bela das mulheres,
segue o rastro das ovelhas,
leva as cabras a pastar
junto às tendas dos pastores.

O AMADO ⁹Minha amada, eu te comparo
à égua atrelada ao carro do Faraó!*b*
¹⁰Que beleza tuas faces entre os brincos,
teu pescoço, com colares!
¹¹Far-te-emos pingentes de ouro
cravejados de prata.

1,3+ DUETO*c* ¹² — Enquanto o rei*d* está em seu divã,
meu nardo difunde seu perfume.
¹³Um saquinho de mirra
é para mim meu amado*e*
repousando entre meus seios;
¹⁴meu amado é para mim
cacho de cipro florido
entre as vinhas de engadi.*f*

¹⁵ — Como és bela, minha amada,
como és bela!...
Teus olhos são pombas.

¹⁶ — Como és belo, meu amado,
e que doçura!
Nosso leito é todo relva.

¹⁷ — As vigas da nossa casa são de cedro,
e seu teto, de ciprestes.

2 ¹ — Sou o narciso de Saron,
o lírio*g* dos vales.

² — Como açucena entre espinhos
é minha amada entre as donzelas.

8,5 ³ — Macieira entre as árvores do bosque,
é meu amado entre os jovens;

---

a) Possível reminiscência de Gn 37,16 (cf. 29,1s). O tema da separação e da busca, tão frequente na literatura amorosa, encontra-se em 3,1s; 4,8; 5,2s; 6,1. Aparece frequentemente nos textos proféticos sob a forma "procurar-encontrar" (cf. Os 5,6; Am 5,4; 2Cr 15,2s etc.).
b) Referência explícita ao Egito, o que não surpreende quando pensamos na filha do Faraó, esposa pagã de Salomão (1Rs 3,1; cf. 10,29). Comparação clássica na antiga poesia árabe e em Teócrito.
c) Os namorados estão juntos, e os perfumes raros e inebriantes, como o nardo, a mirra, o cipro, significam o prazer que experimentam no encontro (vv. 12-14). Eles estão abraçados, 2,6 (8,3). A amada que fala em 2,3-7 suplica que não despertem aquele que ela ama

("meu amor"). O refrão de 2,7 é retomado em 3,5 e 8,3-4 (fim do poema).
d) Cf. v. 4.
e) Primeiro emprego do termo *dodî*, "amado", "querido", que relembra o apelido de Salomão, *yedidia*, "amado de Iahweh" (2Sm 12,25), e também o nome de Davi (cf. 5,10).
f) A "Fonte do Cabrito", na margem oeste do mar Morto, com oásis fértil onde também cresciam, segundo outros textos, a árvore perfumada e a palmeira.
g) A palavra hebraica "lírio" ou "anêmona" (cf. 5,13) deriva do egípcio *sshshn*, o "lótus", nome frequentemente dado às mulheres. Aqui seria o caso para a esposa de "Salomão". — O Saron (hebr. *sharôn*) é a planície litorânea ao sul do Carmelo.

à sua sombra eu quis assentar-me,
com seu doce fruto na boca.
⁴ Levou-me ele à adega[a]
e contra mim desfralda
sua bandeira de amor.
⁵ Sustentai-me com bolos de passas,
dai-me forças com maçãs, oh!
que estou doente de amor...[b]

⁶ Sua mão esquerda
está sob minha cabeça,
e com a direita me abraça.

= 8,3

⁷ — Filhas de Jerusalém,
pelas cervas e gazelas do campo,[c]
eu vos conjuro:
não desperteis, não acordeis o amor,
até que ele o queira!

= 3,5
= 8,4
5,2; 8,5

Segundo poema

A AMADA[d]

⁸ A voz do meu amado!
Vejam: vem correndo pelos montes,
saltitando nas colinas!
⁹ Como um gamo é meu amado...
um filhote de gazela.

Ei-lo postando-se
atrás da nossa parede,
espiando pelas grades,
espreitando da janela.

¹⁰ Fala o meu amado, e me diz:
"Levanta-te, minha amada,
formosa minha, vem a mim!"[e]
¹¹ Vê o inverno: já passou!
Olha a chuva: já se foi!
¹² As flores florescem na terra,
o tempo da poda vem vindo,
e o canto da rola
está-se ouvindo em nosso campo.

6,11; 7,13-14
Ecl 12,5

---

a) Lit.: "casa do vinho"; poder-se-ia também traduzir por "sala de banquete" (cf. Est 7,8; Ecl 7,2), e, segundo Jr 16,8-9, encontrar uma referência às festas de matrimônio.
b) Amnon também estava doente de amor por Tamar (2Sm 13,2); é o único paralelo bíblico, mas podem-se encontrar outros nos cânticos egípcios.
c) Nota pastoril, como nos vv. 9 e 17. É possível que *çebaôt*, "gazelas", e *'ayyalôt*, "cervas" (nesta ordem), seja criptograma para *'Elohê Çebaôt*, o Deus de Israel, cujo nome não se queria pronunciar nestes cantos profanos.
d) A cena é diferente. A amada está na casa dos pais, na cidade. O amado vem do campo e apresenta-se na janela (vv. 8-9 cf. 5,2s). A poesia egípcia e grega contém queixas do amante diante de porta fechada; aqui o amado convida a vir ao seu encontro, cantando-lhe a beleza atraente da primavera, estação das flores, dos pássaros e dos amores (vv. 10-14). Há aqui sentimento da natureza, frescor, tom moderno inigualados em todo o Antigo Testamento.
e) Forma verbal que só aparece em Gn 12,1 e 22,2, a respeito de Abraão. Em 12,1 Deus lhe ordena partir para a terra da Aliança; ora, essa terra poderia ser evocada no fim do v. 17 (ver nota g 4,14).

¹³ Despontam figos na figueira
e a vinha florida exala perfume.
Levanta-te, minha amada,
formosa minha, vem a mim!

¹⁴ Pomba minha,
que se aninha nos vãos do rochedo,
pela fenda dos barrancos...
Deixa-me ver tua face,
deixa-me ouvir tua voz,
pois tua face é tão formosa
e tão doce a tua voz!"

¹⁵ Agarrai-nos as raposas,
as raposas pequeninas
que devastam nossa vinha,
nossa vinha já florida!...^{a}

= 6,3

¹⁶ Meu amado é meu e eu sou dele,^{b}
do pastor das açucenas!

2,1

¹⁷ Antes que a brisa sopre
e as sombras se debandem,^{c}
volta! Sê como um gamo, amado meu,
um filhote de gazela
pelas montanhas de partilha.^{d}

Terceiro poema

5,6
Jo 20,13

3 ¹ Em meu leito, pela noite,
procurei o amado de meu coração.^{e}
Procurei-o e não o encontrei!
² Levantar-me-ei,
rondarei pela cidade,

---

a) "nossa vinha", mss hebraicos e Vulg.; o texto recebido tem o plural. As pequenas raposas seriam os pretendentes da jovem, comparada a uma vinha (cf. 1,6). Por outro lado, a vinha é frequentemente um símbolo de Israel que as "raposas" devastaram depois da queda de Jerusalém em 586 (cf. Lm 5,18; Ez 13,4; cf. Sl 80,14; Ne 3,35).
b) Esta certeza de posse mútua volta, em termos quase idênticos, em 6,3 e 7,11 e, nos três casos, é formulada na ausência do amado: segurança do amor. Mas o amor deseja presença e, nos três casos, esta confiança no amado vem acompanhada de um apelo ou de espera (cf. v. 17 e 6,1; 7,12). Essa fórmula de pertença mútua é aproximada da fórmula da Aliança: "vós sereis meu povo, e eu serei vosso Deus" (Ex 6,7).
c) A brisa (cf. Gn 3,8), na Palestina, é o vento da tarde, na hora em que as sombras que se alongam dão a impressão de "fugir". É o momento em que o amado voltará do campo, e assim se volta ao começo do trecho (v. 8). O fim do v. 17 retoma, efetivamente, as expressões dos vv. 8-9a.
d) "partilha", *beter:* apesar de Beter a oeste de Jerusalém (Js 15,59), esta palavra evocaria o peito da jovem

(4,5-6). Cita-se um texto egípcio: "quando seus braços me enlaçam, é como na terra do Ponto". Essa terra era o país dos aromas. Entretanto, os Targums aproximam aqui Gn 15,10, o único outro testemunho da palavra *beter*, com Jr 34,18 (em contexto semelhante): Abraão realiza o rito da Aliança entre as partes divididas. O monte *beter* seria o monte Moriá (Gn 22,2), identificado com o monte do Templo por 2Cr 3,1 (ver 4,6).
e) Os vv. 1-4 formam um todo ao qual está ligado o v. 5, o mesmo refrão de 2,7; 8,4. O título poderia ser: o amado perdido e reencontrado. É o tema da busca, como em 1,7-8; 5,2s-8. Aqui o quadro é a cidade, e o tempo é a noite. Esta corrida noturna de uma jovem e sua decisão de trazer o amigo à casa de sua mãe é tão contrária aos costumes judaicos que já se pensou na narração de um sonho. Mas os poetas e os namorados gostam de imaginar situações irreais. A audácia da busca e a vontade de não deixar o amado partir de novo são provas de amor apaixonado. Sobre o tema bíblico "procurar-encontrar", ver 1,7 e nota.

pelas ruas, pelas praças,
procurando o amado da minha alma...
Procurei-o e não o encontrei!...

³ Encontraram-me os guardas
que rondavam a cidade:*ª*
"Vistes o amado da minha alma?"

⁴ Passando por eles, contudo,
encontrei o amado da minha alma.
Agarrei-o e não o soltarei,
até levá-lo à casa da minha mãe,
ao quarto daquela que me concebeu.

O AMADO ⁵ Filhas de Jerusalém,
pelas cervas e gazelas do campo,
eu vos conjuro:
não desperteis, não acordeis o amor,
até que ele o queira!

Quarto poema

CORO*ᵇ* ⁶ Que é aquilo que sobe do deserto,
como colunas de fumaça
perfumada com incenso e mirra,
e perfumes dos mercadores?

⁷ É a liteira de Salomão!
Sessenta soldados a escoltam,
soldados seletos de todo Israel.
⁸ São todos treinados na espada,
provados em muitas batalhas.
Vêm todos cingidos de espada,
temendo surpresas noturnas.

⁹ O rei Salomão
fez para si uma liteira*ᶜ*
com madeira do Líbano,
¹⁰ colunas de prata,
baldaquino de ouro
e assento de púrpura,
o interior trabalhado com amor
pelas filhas de Jerusalém.

¹¹ Ó filhas de Sião,
vinde ver
o rei Salomão,

---

a) Estes guardas noturnos (cf. Sl 127,1; 130,6-7; Is 21,11-12), aparecerão de novo em 5,7. Eram, provavelmente, personagens típicas da poesia popular, como a patrulha ou os policiais em nossas canções medievais e modernas.
b) Este poema descreve a bagagem e a escolta do rei Salomão que vai celebrar suas núpcias com a filha do Faraó e ser coroado (cf. Is 61,10) por sua mãe (cf. 1Rs 1,17). Aproxima-se o Sl 45,15-16 e 1Mc 9,37s. O texto é seguido do elogio que o rei faz de sua amada (4,1s).
c) A palavra *'appiryôn* aparece unicamente aqui em hebraico e provavelmente é empréstimo do grego *phoreion*, "liteira".

com a coroa que lhe pôs sua mãe
no dia de suas núpcias,
dia em que seu coração[a]
se enche de alegria.

Quinto poema

O AMADO[b]

4 ¹Como és bela, minha amada,
como és bela!...
São pombas
teus olhos escondidos sob o véu.[c]
Teu cabelo... um rebanho de cabras
ondulando pelas faldas do Galaad.
²Teus dentes... um rebanho tosquiado[d]
subindo após o banho,
cada ovelha com seus gêmeos,
nenhuma delas sem cria.
³Teus lábios são fita vermelha,
tua fala melodiosa;
metades de romã são tuas faces
escondidas sob o véu.

⁴Teu pescoço é a torre de Davi,
construída com defesas;
dela pendem mil escudos
e armaduras dos heróis.

⁵Teus seios são dois filhotes,
filhos gêmeos de gazela,
pastando entre açucenas.

⁶Antes que sopre a brisa
e as sombras se debandem,
vou ao monte da mirra,
à colina do incenso.[e]

⁷És toda bela, minha amada,
e não tens um só defeito![f]

⁸Vem[g] do Líbano, noiva minha,[h]
Vem do Líbano
e faz tua entrada comigo.

---

a) Este estíquio recorda o título da coletânea de cantos de amor do papiro Chester Beatty I: "começo da grande alegria de seu coração".
b) Este elogio físico da amada é retomado parcialmente em 6,4-7 e mais longamente em 7,2-10; o elogio físico do amado aparecerá em 5,10-16. Comparar com o retrato da esposa perfeita (Pr 31,10-31). Um elogio bastante fraco da beleza de Sara figura no Apócrifo do Gênesis de Qumrã (Gn 12,15). Os cantos de amor egípcios contêm peças análogas. É um dos gêneros clássicos da poesia árabe: o *wasf* "descrição". As descrições do Cântico acumulam as metáforas tomadas de todo o domínio da natureza, com uma série, inesperada num canto de amor, de nomes geográficos líbano-palestinenses: Galaad, Líbano (Amaná, Sanir, Hermon), Tersa, Jerusalém, Hesebon, Bat-Rabim, Damasco, o Carmelo; o que permitiria entrever na amada uma personificação poética da Terra Santa e do reino salomônico.
c) A noiva era apresentada de véu ao seu esposo (cf. Gn 24,65; 28,23-25).
d) Esperaríamos antes "a tosquiar", pois é antes da tosquia que os animais eram lavados; mas o autor do Cântico procura somente uma imagem evocadora.
e) Retomada de 2,16-17. A dupla localização é identificada pelo Targum no monte Moriá, como para 2,17. Há um jogo de palavras entre Moriá e *mor*, "mirra" (3,6).
f) Comparar com o elogio de Absalão (2Sm 14,25). — A liturgia aplica este v. à Imaculada Conceição de Maria.
g) "Vem": *'etî*, versões; "comigo": *'ittî*, hebr. O mesmo no estíquio seguinte.
h) A jovem é chamada "noiva" somente neste poema de 4,8–5,1, em que a palavra aparece seis vezes.

Desce do alto do Amaná,
do cume do Sanir e do Hermon,
esconderijo dos leões,
montes onde rondam as panteras.[a]

⁹Roubaste meu coração,
minha irmã,[b] noiva minha,
roubaste meu coração
com um só dos teus olhares,
uma volta dos colares.

¹⁰Que belos são teus amores,   1,2,4
minha irmã, noiva minha;
teus amores são melhores do que o vinho,
mais fino que os outros aromas
é o odor dos teus perfumes.

¹¹Teus lábios são favo escorrendo,   Pr 5,3
ó noiva minha,   Os 14,7
tens leite e mel sob a língua,
e o perfume de tuas roupas
é como o perfume do Líbano.[c]

¹²És jardim fechado,[d]   6,2
minha irmã, noiva minha,   Pr 5,16
és jardim[e] fechado,
uma fonte lacrada.

¹³Teus brotos são pomar[f] de romãs
com frutos preciosos:
cachos de hena com nardos;

¹⁴nardo e açafrão,
canela, cinamomo
e árvores todas de incenso,
mirra e aloés,
e os mais finos perfumes.[g]

¹⁵A fonte do jardim   Pr 5,15-16
é poço de água viva
que jorra, descendo do Líbano!

A AMADA   ¹⁶Desperta, vento norte,
aproxima-te, vento sul,

a) É difícil explicar esta estrofe. Talvez seja o fragmento de poema mais longo. Ligada às estrofes seguintes, através das palavras-chave "noiva" (cinco vezes) e "Líbano" (vv. 11.15), ela poderia ser apelo para que a amada deixe um país difícil e perigoso para encontrar o amado e tornar-se seu "jardim" (cf. 6,2).
b) Também nos versículos 10.12; 5,1.2. A expressão talvez provenha do vocabulário das poesias de amor egípcias, nas quais ela é corrente. Estas poesias, porém, empregam "irmão" para designar o amado, coisa que não aparece no Ct (cf. em contraste 8,1).
c) O amado sente-se arrebatado pelos olhares de amor da noiva (v. 9), pelo gosto de seus beijos (v. 11), pelo perfume de suas roupas (vv. 10,11). Poder-se-iam citar paralelos tirados das poesias egípcias ou árabes; podem-se encontrar paralelos em todas as literaturas.
d) Como a vinha de 1,6; 2,15, o jardim com sua fonte e sua flora rara, um "paraíso" (v. 13; cf. Gn 2,9-10), é imagem dos encantos da amada. O tema da "Bela Jardineira" ou do "Pomar do Amor" encontra-se na poesia egípcia. Mas o jardim está fechado (v. 12), até o momento em que a noiva o abrir ao seu amado (v. 16) para as núpcias (5,1). Comparar com Pr 5,15-20 acerca do amor conjugal.
e) "jardim": *gan,* versões; "fonte": *gal,* hebr., em outros lugares sempre no plural; é simples erro de grafia.
f) Em hebr. *pardes,* como Ecl 2,5; Ne 2,8; palavra persa com o significado de "parque", que em nossas línguas deu "paraíso".
g) As plantas dos vv. 13-14 não podem viver juntas e, com exceção da romãzeira, não crescem na Palestina. É jardim imaginário que reúne os mais raros aromas, conforme tema frequente nestes poemas (1,2-3.12-14; 3,6; 5,5.13). Comparar com a Sabedoria em Eclo 24,12-21.

CÂNTICO 4-5

> soprai no meu jardim
> para espalhar seus perfumes.
> Entre o meu amado em seu jardim
> e coma de seus frutos saborosos!

O AMADO

5 ¹Já vim ao meu jardim,
minha irmã, noiva minha,
colhi minha mirra e meu bálsamo,
comi meu favo de mel,
bebi meu vinho e meu leite.

Is 55,1-2   CORO

Comei e bebei, companheiros,
embriagai-vos, meus caros amigos!

Sexto poema

2,7 +
Ap 3,20   A AMADA[a]

²Eu dormia,
mas meu coração velava
e ouvi o meu amado que batia:
"Abre, minha irmã, minha amada,
pomba minha sem defeito!
Tenho a cabeça molhada,
meus cabelos gotejam orvalho!"

³"Já despi a túnica,
e vou vesti-la de novo?
Já lavei meus pés,
e os sujarei de novo?"

⁴Meu amado põe a mão
pela fenda da porta:[b]
as entranhas me estremecem,
minha alma, ouvindo-o, se esvai.[c]

⁵Ponho-me de pé
para abrir ao meu amado:
minhas mãos gotejam mirra,
meus dedos são mirra escorrendo
na maçaneta da fechadura.[d]

3,1 +

⁶Abro ao meu amado,
mas o meu amado se foi...
Procuro-o e não o encontro.
Chamo-o e não me responde...

3,3 +

⁷Encontraram-me os guardas
que rondavam a cidade.

---

a) Ainda o tema da busca (cf. nota sobre 1,7). Esta encantadora cena tem o mesmo cenário que 3,1-4: a noite, a corrida através da cidade, os guardas; mas o movimento é diferente: o amado está à porta e quer entrar (cf. 2,9), a amada se importuna e apresenta pretextos fúteis, desmentidos pela sua pressa em abrir, mas ele desapareceu e ela não o encontra! Se o amado representa no Cântico o novo Salomão, o príncipe messiânico impacientemente esperado depois da volta do Exílio, essa procura vã pode evocar o desaparecimento rápido de Zorobabel, acolhido como o "Germe" (Zc 6,12), e a espera ansiosa, na época do segundo Templo, do messias davídico, o novo Salomão, sempre presente no coração de Israel.
b) O amado tenta forçar a porta, mexendo na taramela que era levantada de fora com chave de madeira (Jz 3,25; Is 22,22). Traduz-se também "a lucarna".
c) Esta última linha é transposta do v. 6 para cá, onde encontra melhor contexto.
d) Para fazê-la deslizar sem ruído. Ou então, o amado só deixou esse traço de sua tentativa, e é tudo o que ela encontra dele!

Bateram-me, feriram-me,
tomaram-me o manto
as sentinelas das muralhas!ª

⁸ Filhas de Jerusalém,
eu vos conjuro:
se encontrardes o meu amado,
que lhe direis?... Dizei
que estou doente de amor!

= 2,7; 3,5

Sétimo poema

CORO^b

⁹ Que é teu amado mais que os outros,
ó mais bela das mulheres?
Que é teu amado mais que os outros,
para assim nos conjurares?

A AMADA^c

¹⁰ Meu amado é branco e rosado,
saliente entre dez mil.
¹¹ Sua cabeça é ouro puro,
uma copa de palmeira seus cabelos,
pretos como o corvo.
¹² Seus olhos... são pombas
à beira de águas correntes:
banham-se no leite
e repousam na margem.
¹³ Suas faces^d são canteiros de bálsamo,
colinas de ervas perfumadas;
seus lábios são lírios
com mirra, que flui
e se derrama.
¹⁴ Seus braços são torneados em ouro
incrustado com pedras de Társis.
Seu ventre é bloco de marfim
cravejado com safiras.
¹⁵ Suas pernas, colunas de mármore
firmadas em bases de ouro puro.
Seu aspecto é o do Líbano
altaneiro, como um cedro.
¹⁶ Sua boca é muito doce...
Ele todo é uma delícia!

Sl 133,2

a) Os guardas, como em 3,3, mas agora em outro papel: eles tomam a jovem por prostituta (cf. Pr 7,11-12).
b) O coro intervém para introduzir a descrição do amado e ligá-la à cena precedente.
c) Sobre o gênero literário, cf. nota sobre 4,1. Procurou-se ver aqui uma descrição do Templo de Jerusalém, sobretudo por causa dos vv. 11.14-15. Um modelo mais verossímil seria uma dessas estátuas criselefantinas (feitas de ouro ou marfim), produzidas na antiguidade oriental e clássica. Talvez haja aí simplesmente a expressão imaginária e hiperbólica da beleza masculina ideal (cf. Saul, 1Sm 9,2; Absalão, 2Sm 14,25-26): alta estatura, cabelos abundantes, boa tez e belo porte, o que é sobretudo o caso de Davi, evocado, sem dúvida, no v. 10: "Meu amado (*dodî*) é branco e rosado (*'admonî*)", alusão a 1Sm 16,12 e 17,42 (Davi é *'adôm*), assim como a menção dos "dez mil" relembra 1Sm 18,7 etc. e 2Sm 18,3. Davi é cognominado "dez mil" em Eclo 47,6. Comparar a descrição do sumo sacerdote Simão em Eclo 50,5s. A hipérbole é uma regra desse gênero literário.
d) A parte inferior da face, na qual nasce a barba, que é perfumada (cf. Sl 133,2).

>   Assim é meu amigo,
>   assim o meu amado,
>   ó filhas de Jerusalém.

CORO[a]

6

> ¹ Onde anda o teu amado,
> ó mais bela das mulheres?
> Aonde foi o teu amado?
> Iremos buscá-lo contigo!

A AMADA (4,12-16)

> ² Meu amado desceu ao seu jardim,
> aos terrenos perfumados,
> foi pastorear nos jardins
> e colher açucenas.

= 2,16

> ³ Eu sou do meu amado,
> e meu amado é meu,
> o pastor das açucenas.

Oitavo poema

O AMADO[b]

> ⁴ És formosa, minha amiga,
> és como Tersa,
> bela como Jerusalém,[c]
> és terrível como esquadrão
> com bandeiras desfraldadas.[d]

= 4,1-3

> ⁵ Afasta de mim teus olhares,
> pois teus olhares me perturbam![e]
> Teu cabelo é rebanho de cabras
> ondulando pelas faldas do Galaad;
> ⁶ teus dentes... rebanho tosquiado
> subindo após o banho,
> cada ovelha com seus gêmeos,
> nenhuma delas sem cria.
> ⁷ Metades de romã são tuas faces
> escondidas sob o véu.
>
> ⁸ Que sejam sessenta as rainhas,
> e oitenta as concubinas,
> e as donzelas, sem conta:[f]

Pr 4,3
Pr 31,28

> ⁹ uma só é minha pomba
> sem defeito,
> uma só a preferida
> pela mãe que a gerou.
> Vendo-a, felicitam-na as jovens,
> louvam-na rainhas e concubinas:

---

a) Nova intervenção do coro, que prepara a conclusão dos vv. 2 e 3: não é preciso procurar o amado, pois ele está presente no coração da amada, que é seu "jardim" (cf. 4,12+). A segurança do amor mútuo exprime-se no v. 3 em termos semelhantes aos de 2,16.

b) Os vv. 4-10 formam pequeno poema que delimita a repetição das mesmas palavras no fim do v. 4 e do v. 10. Os vv. 5b-7 retomam parcialmente 4,1-2.3b e talvez sejam adição. O amado proclama que a amada é a única que lhe interessa, vale mais do que todo um harém real (v. 8; cf. 1Rs 11,3; 2Cr 11,21; 13,21).

c) Jerusalém é "a formosura, a alegria do universo" (Lm 2,15; Sl 48,3). Tersa, primeira capital do reino do Norte (1Rs 14,17), é posta em paralelo porque seu nome significa que ela é "agradável, graciosa".

d) Sentido incerto.

e) Outros poetas falarão de "olhares assassinos".

f) Alusão ao harém de Salomão (1Rs 11,3), embora mais modesto (cf. Est 2,12s).

¹⁰"Quem é essa que desponta
como a aurora,
bela como a lua,
fulgurante como o sol,*a*
terrível como esquadrão
com bandeiras desfraldadas?"

Nono poema

¹¹Desci ao jardim das nogueiras
para ver os brotos dos vales,
ver se a videira florescia,
se os botões das romeiras se abriam.
¹²Eu não conhecia meu coração:
ele fez de mim os carros de Aminadib!*b*

CORO 7 ¹Volta-te, volta-te,
Sulamita,*c*
volta-te, volta-te...
queremos te contemplar!

Ah! Vós a contemplais, a Sulamita,
como uma dança em dois coros!*d*

O AMADO ²Os teus pés...
como são belos nas sandálias,
ó filha de nobres;
as curvas dos teus quadris,
que parecem colares,
obras de artista.
³Teu umbigo... essa taça redonda
em que o vinho nunca falta;
teu ventre, monte de trigo
rodeado de açucenas;
⁴teus seios, dois filhotes,
filhos gêmeos de gazela;
⁵teu pescoço, torre de marfim;
teus olhos, as piscinas de Hesebon,
junto às portas de Bat-Rabim.

---

a) Comparar com o elogio da esposa em Eclo 26,16-18. O sumo sacerdote Simão é comparado à lua e ao sol (Eclo 50,6-7). Um cântico de amor egípcio compara a amada, única e sem igual (cf. aqui e v. 9), a Sírio, a mais brilhante das estrelas.
b) A amada fala como em 7,13. Ela se diz semelhante a carros, o que faria alusão ao duplo transporte da Arca da Aliança levada por carros (1Sm 6; 2Sm 6; cf. Ez 37,27). A Arca permaneceu em Cariat-Iarim na casa de Abinadab (1Sm 7,1). A palavra *nadîb*, "nobre, príncipe", figura aqui em 7,2. O poeta modifica ligeiramente o nome de Abinadab, assim como para a Sulamita (7,1). Pensou-se também num equivalente do Príncipe Mehi que, nos poemas egípcios, anda de carro e se intromete nos amores dos outros.
c) "A Pacificada", nome simbólico derivado de *shalôm* (cf. 8,10), como o novo "Salomão" (3,7s) seu parceiro, e fazendo alusão à bela Abisag, a Sunamita (1Rs 1,3.15; 2,17.21).
d) Dança nupcial ou guerreira, em dois grupos ou dois parceiros, ritmada pelo coro. É por isso que a descrição da dançarina começa pelos pés; é simétrica à de 4,1-6, da qual retoma certos elementos (os filhotes gêmeos, a torre), mas ela é mais sensual e a ordem é diferente: vai de baixo para cima. Os termos de comparação são disparatados: colar, taça, trigo, filhotes, torre, e particularidades geográficas inesperadas que sugerem ler aqui uma descrição alegórica da Terra Santa: a amada tem os olhos na Transjordânia (Hesebon, cf. Nm 21,26), o nariz no Líbano e a cabeça no Carmelo. A porta de Bat-Rabim, a porta "dos numerosos", é desconhecida.

Teu nariz, como a torre do Líbano
voltada para Damasco;
⁶tua cabeça que se alteia como o Carmelo,
e teus cabelos cor de púrpura,
enlaçando um rei nas tranças.ᵃ

⁷Como és bela,
quão formosa,
que amor delicioso!ᵇ
⁸Tens o talhe da palmeira,ᶜ
e teus seios são os cachos.
⁹Pensei: "Subirei à palmeira
para colher dos seus frutos!"
Sim, teus seios são cachos de uva,
e o sopro das tuas narinas perfuma
como o aroma das maçãs.
¹⁰Tua boca é delicioso vinho

A AMADAᵈ

Gn 3,16

que se derrama na minha,
molhando-me lábios e dentes.ᵉ
¹¹Eu sou do meu amado,
seu desejo o traz a mim.ᶠ

Décimo poema

¹²Vem, meu amado,
vamos ao campo,ᵍ
pernoitemos nas aldeias,ʰ
¹³madruguemos pelas vinhas,
vejamos se a vinha floresce,
se os botões se abrem,
se as romeiras florescem:
lá te darei meu amor...ⁱ
¹⁴As mandrágoras exalam seu perfume;
à nossa porta há de todos os frutos:
frutos novos, frutos secos,
que eu tinha guardado,
meu amado, para ti.

---

a) Lit.: "rego em que a água circula". O Carmelo e a púrpura evocam o litoral fenício. Pensa-se em Hiram de Tiro que se ligou por um tratado a Davi e a Salomão (2Sm 5,11; 1Rs 5,15s; 9,10s; 2Cr 2,2s). Aproxima-se também um canto egípcio de amor: "Com seus cabelos ela lançou contra mim suas redes".
b) Lit.: "filha de delícias", sir. e Áquila; "nas delícias", hebr. — Os vv. 7-10 exprimem movimento apaixonado para a posse física da amada.
c) Três mulheres na Bíblia (Gn 38,6; 2Sm 13,1; 14,27) têm o nome de Tamar, "palmeira", símbolo da beleza feminina, como o explicitam as duas últimas referências.
d) A amada encadeia com a última palavra do amado (vinho) e afirma a reciprocidade de seu amor.
e) Sentido incerto. O grego traz: "sobre meus lábios e dentes" (*safatay weshinay*).
f) Alusão a Gn 3,16, em que a mesma palavra, muito rara, significa a atração da mulher por seu marido.
g) Este poema começa como o precedente (6,11). Evocação da primavera como em 2,10-14, mas aqui o convite parte da amada. Os jardins são o ambiente favorito das cenas de amor egípcias.
h) "nas aldeias" ou "entre os cachos de hena": é a mesma palavra em hebraico (cf. 1,14; 4,13).
i) É preciso dar à palavra o seu sentido mais realista, desenvolvido no estíquio seguinte: a mandrágora servia para excitar o amor e produzir a fecundidade (cf. Gn 30,14-16); os frutos reservados para o amado evocam não a primavera, mas o outono, o tempo do amor consumado.

8 ¹ Ah! Se fosses meu irmão,
amamentado aos seios da minha mãe!*ª*
Encontrando-te fora, eu te beijaria,
sem ninguém me desprezar;
² eu te levaria, te introduziria
na casa de minha mãe,
e tu me ensinarias;
dar-te-ia a beber vinho perfumado
e meu licor de romãs.

³ Sua mão esquerda
está sob minha cabeça,
e com a direita me abraça.

= 2,6

⁴ Filhas de Jerusalém,
eu vos conjuro:
não desperteis, não acordeis o amor,
até que ele o queira!

= 2,7
= 3,5

*Epílogo*ᵇ

CORO
⁵ Quem é essa que sobe do deserto
apoiada em seu amado?

3,6
2,7; 3,5;
5,2; 8,4

A AMADA
Sob a macieira te despertei,
lá onde tua mãe te concebeu,
concebeu e te deu à luz.

⁶ Coloca-me,
como sinete*ᶜ* sobre teu coração,
como sinete em teu braço.
Pois o amor é forte, é como a morte,
o ciúme*ᵈ* é inflexível como o Xeol.*ᵉ*
Suas chamas são chamas de fogo
uma faísca de Iahweh!*ᶠ*

Dt 6,6.8
11,18
Jr 31,33
Pr 3,3
Dt 4,24

⁷ As águas da torrente jamais poderão
apagar o amor,
nem os rios afogá-lo.
Quisesse alguém dar tudo o que tem
para comprar o amor...
Seria tratado com desprezo.*ᵍ*

Is 43,2

---

a) A jovem retoma em termos análogos o desejo que ela expressava no início do Cântico (1,2). O trecho termina com o refrão alternado de 2,6-7; cf. também 3,4-5, que corresponde a 8,2 e 4.

b) Os dois pequenos pares do v. 5 não estão ligados ao que segue e são independentes um do outro. Parecem ser o início de dois pequenos poemas que não foram transcritos, como mais adiante o v. 13. Esta ausência de contexto torna inútil qualquer tentativa de interpretação; pode-se apenas notar à margem contatos com os outros poemas. Os pronomes sufixos do v. 5b são masculinos no hebr.; segundo a versão sir. foram corrigidos para sufixos femininos.

c) Ela se apoia sobre seu amado (cf. v. 5; 2,6). O sinete era levado suspenso ao pescoço (Gn 38,18.25) e repousando sobre o peito, ou colocado num dedo da mão (Gn 41,42; Jr 22,24; Ag 2,23). Um cântico egípcio diz: "Ah! Se eu fosse o sinete que ela traz no dedo!"

d) Trata-se do amor-paixão, sentimento nobre e exigente: Deus é Deus "ciumento" (Ex 20,5; 34,14; 1Rs 19,10 etc.).

e) Habitação subterrânea dos mortos; aqui é o equivalente de "morte", no estíquio precedente.

f) O amor consome como o raio do céu e como a faísca (Nm 11,1.3; 1Rs 8,38; 2Rs 1,12; Jó 1,16). É o único emprego do nome de Iahweh em todo o Cântico.

g) O Cântico não definira ainda o amor. A amada o faz aqui nos termos mais belos e fortes, falando do seu poder invencível, do seu caráter fatal, do seu valor sem igual. Compreende-se que este poema tenha sido

Apêndices

Dois epigramas ⁸Nossa irmã é pequenina
e ainda não tem seios;
que faremos à nossa irmãzinha
quando vierem pedi-la?ᵃ

⁹Se é muralha,
nela faremos ameias de prata,
e se é porta,
nela poremos pranchas de cedro.

¹⁰Eu sou muralha
e meus seios são torres,
aos seus olhos, porém, sou
aquela que encontrou a paz.ᵇ

¹¹Salomão tinha uma vinha
em Baal-Hamon:ᶜ
deu a vinha aos meeiros
e cada um lhe traz de seu fruto
mil siclos de prata.ᵈ

¹²Minha vinha é só minha;
para ti, Salomão, os mil siclos,
e duzentos aos que guardam seu fruto.

Últimas adições ¹³Tu que habitas nos jardins,
companheiros te ouvem atentos:
faze-me ouvir tua voz!

¹⁴Foge logo, ó meu amado,
como um gamo,
um filhote de gazela
pelos montes perfumados!ᵉ

---

colocado, como uma coroa, no fim da coleção. O que segue é adicional.
a) Os irmãos se preocupam com o momento em que casarão sua irmãzinha; esta replica que já é grande o bastante para guardar a si mesma. A alusão ao matrimônio favoreceu a ligação com o Cântico.
b) Alusão ao nome da Sulamita, a "Pacificada" (7,1).
c) Isto é, "Possuidor de multidão" ou "de riqueza", o que se aplica a Salomão. — Localidade desconhecida.
d) Cf. Is 7,23. É reminiscência das mil mulheres de 1Rs 11,3? A vinha talvez seja um símbolo da amada (1,6).
e) V. inspirado por 2,17.

SABEDORIA DE SALOMÃO

Introdução

Muitas vezes chamado simplesmente Livro da Sabedoria *na tradição latina*, este livro foi escrito inteiramente em grego, mesmo seus primeiros capítulos, para os quais alguns supuseram erradamente um original hebraico ou aramaico. Ele não faz portanto parte do cânon hebraico. Os Padres o utilizaram desde o século II e, apesar das hesitações e certas oposições, em particular a de são Jerônimo, ele foi incluído no cânon da Igreja católica.

Em uma primeira parte (1-6), o autor anônimo convida seus leitores a buscar a Sabedoria fugindo do mal, pois o homem foi criado para a imortalidade de que ela é garantia (1; 6). Duas vezes ele dá a palavra aos ímpios; estes expõem primeiro sua concepção da existência e seu projeto de uma vida de fruição que os levará a perseguir o justo (2), mas, para além da morte, eles confessarão seu erro quando virem a glória do justo, antes de serem aniquilados pelo Senhor (5). A felicidade final dos justos, a quem faltara cá embaixo a tríplice bênção da felicidade, da fecundidade ou de uma longa vida, é comparada à sorte infeliz dos ímpios (3-4). Este longo prólogo literariamente muito trabalhado toma emprestado mais de um elemento à investigação judiciária e aos processos.

Anunciada no fim da primeira parte (6,22-25), a segunda dá a palavra a Salomão, atrás do qual o autor se esconde; ele explica por que e como desejou em sua juventude obter a Sabedoria e quais benefícios dela recebeu (7,1-22a; 8,2-21). No centro desta parte (7,22b-8,1), o autor procede então ao elogio da Sabedoria da qual canta a natureza de uma pureza absoluta, a origem em Deus e a ação benéfica. Mas, uma vez que a Sabedoria só pode ser recebida de Deus, ele renova a prece que Salomão dirigiu ao Senhor no início de seu reinado (9; cf. 1Rs 3,6-14).

Atraída pelo fim da prece, a terceira parte recorda inicialmente como a Sabedoria salvou os heróis do Gênesis e do Êxodo (10). Segue então uma longa meditação em forma de prece na qual as pragas infligidas aos egípcios são comparadas aos benefícios que o Senhor concedeu a seu povo no deserto (11,1-14; 16-19). Sete paralelos, procedimento grego visando a convencer, são assim estabelecidos. Entretanto as diversas pragas provocadas por animais dão ao autor a ocasião de meditar sobre a misericórdia universal do Senhor (11,15-12,27), até para aqueles que praticavam a zoolatria, a mais abjeta das religiões pagãs (13-14).

Dessa forma, a unidade de composição acompanha a da língua, ágil e rica, para se verter com arte nas formas da retórica acadêmica do mundo greco-romano, utilizando, sobretudo na terceira parte, procedimentos próprios ao midraxe da tradição judaica.

O autor é considerado ser Salomão. Dirige-se, sem se denominar, a seus colegas na realeza (1,1; 6,1-11.21); chegando ao ápice de sua glória, evoca o tempo em que ainda jovem, assumindo a realeza, pediu ao Senhor coração sábio e inteligente para governar; fala então como um rei (7,5; 8,9-15), e relembra sua vocação de rei, de juiz e de construtor do Templo (9,7-8.12). Mas é artifício literário evidente, que coloca este escrito de sabedoria, como o Eclesiastes ou o Cântico dos Cânticos, sob o patronato do mais célebre dos sábios de Israel.

O autor real é certamente judeu, cheio de fé no "Deus dos Pais" (9,1), orgulhoso de pertencer ao "povo santo", à "raça irrepreensível" (10,15), mas é judeu helenizado. Sua insistência nos acontecimentos do Êxodo, a antítese que constrói entre egípcios e israelitas, sua crítica à zoolatria, provam que morava em Alexandria, que se tornara ao mesmo tempo capital do helenismo sob os Ptolomeus e grande cidade judaica da Diáspora. Cita a Escritura segundo a tradução da Setenta, feita naquele meio: ele, portanto, lhe é posterior, mas não conhece a obra de Fílon de Alexandria (20 a.C. — 54 d.C.). Por sua vez, este filósofo grego não parece inspirar-se nunca na Sabedoria de

Salomão. *Todavia, alguns termos utilizados em* Sabedoria, *não eram correntes senão a partir do reinado do imperador Augusto e 14,22 ironiza provavelmente sobre a Pax romana. O livro pode, portanto, ter sido escrito durante os últimos decênios do século I antes de nossa era: é o mais recente dos livros do Antigo Testamento.*

O autor se dirige aos seus compatriotas judeus, e muito particularmente à juventude judaica que amanhã deverá governar a comunidade. A evocação do jovem Salomão toma então todo o seu sentido. A fidelidade desta juventude corre perigo, com efeito, de ser abalada pelos prestígios da civilização alexandrina: o esplendor das escolas filosóficas, o desenvolvimento das ciências, o apelo das religiões mistéricas, da astrologia, da magia, ou a atração sensível dos cultos populares, como o de Ísis.

Dado o ambiente, a cultura e as intenções do autor, não é estranho que se observem em seu livro numerosos contatos com o pensamento grego. À sua formação helenística, deve certamente um vocabulário abstrato e aquela facilidade de raciocinar que o léxico e a sintaxe hebraica não permitiriam; deve-lhe também esquemas de classificação, temas acadêmicos e até um gênero literário que toma de empréstimo à retórica. Mas tais empréstimos são limitados e não significam adesão a uma doutrina intelectual; eles veiculam um pensamento que se alimenta da Bíblia. Dos sistemas filosóficos ou especulações da astrologia nada mais sabe do que um homem culto de sua época, enquanto, nele, o pensamento bíblico marca progressos reais.

A primeira parte do livro afirma que Deus criou o homem incorruptível (2,23): a imortalidade é seu destino, a morte é o fruto do mal. Daí uma vida terrestre de sofrimento, mas vivida santamente, terá sua recompensa junto do Senhor, enquanto a impiedade levará seus partidários à aniquilação de seus sonhos e à sua destruição. Assim a questão da retribuição, que preocupava tantos sábios, recebe aqui uma solução. O autor não fala de ressurreição corporal, mas talvez a vise implicitamente.

A segunda parte trata da Sabedoria e do sábio. A Sabedoria é compreendida como a presença imanente do Deus transcendente da revelação bíblica, presença benfazeja no mundo do qual assegura a coerência, ao qual dá sentido, presença de graça no coração dos que a desejam, os profetas e os amigos de Deus. Esta Sabedoria de Deus, assimilada a seu espírito (9,17), deve ser desejada pelo sábio (7,7-10), e ele deve já vibrar de amor em relação a ela (8,2.9.18), mas ela, da qual ele experimenta a necessidade, só pode ser recebida de Deus; é preciso, pois, pedi-la a ele (8,21): daí a prece (9), na qual o pedido reiterado da Sabedoria justifica-se pela grandeza da vocação comum a todo homem e da própria do sábio, enquanto a fraqueza e nosso corpo nos deixam pesados. O passo para a frente é feito aqui no sentido da interioridade e de uma espiritualização, ainda inábil, do conceito de Sabedoria. As fórmulas de 7,25-26 serão frequentemente retomadas pelos Padres a propósito de Cristo, Verbo encarnado.

A terceira parte liga-se sobretudo ao acontecimento fundador de Israel, o Êxodo. O Senhor aí se manifestou salvador de seu povo: ele o libertou dos ímpios e até de suas próprias faltas por meio de realidades tangíveis, cósmicas, sendo o maná a mais nobre (16,24-29). É assim que fez seus fiéis passarem da morte para a vida (16,13-14). Resumindo essa experiência inicial de Israel (19,10-12.18-21), o autor reconhece no maná um alimento de imortalidade (19,21+). Ora, o que o Senhor fez nas origens de seu povo, utilizando as forças deste mundo para salvá-lo, ele não deixa jamais de fazer de novo (19,22). Daí esta terceira parte esclarecer a primeira: o Êxodo funda a fé do autor em um Deus que salvará os justos, assegurando-lhes a vida; nessa vida, os elementos do mundo renovado constituem uma criação nova (16,24; 19,6), que deixa entrever a ideia de uma ressurreição corporal.

Nesta obra, tão solidamente pensada, a fidelidade na prova e a busca apaixonada da Sabedoria apoiam-se sobre a meditação orante do Êxodo para afirmar a felicidade dos justos junto de Deus para além da morte. Este livro atrai cada vez mais os leitores atuais; até os últimos capítulos, tão diferentes de nossos modos de pensar, chamam atualmente a atenção dos leitores familiares aos processos midráxicos do judaísmo antigo.

O texto grego do manuscrito Vaticano, do século IV, serviu de base para a presente tradução; é aquele que é indicado pela expressão "texto recebido". A sigla La. *representa a antiga versão latina* Ítala, *passada para a Vulgata, mas não revista por são Jerônimo.*

SABEDORIA DE SALOMÃO

I. A Sabedoria e o destino humano

Procurar a Deus e fugir do pecado

1 ¹ Amai a justiça,[a] vós que julgais a terra,[b]
 pensai no Senhor com retidão,
 procurai-o[c] com simplicidade de coração,
² porque ele se deixa encontrar por aqueles que não o tentam,
 ele se revela[d] aos que não lhe recusam a fé.
³ Pois os pensamentos tortuosos afastam de Deus
 e o Poder,[e] posto à prova, confunde os insensatos.
⁴ A Sabedoria não entra numa alma maligna,
 ela não habita num corpo devedor ao pecado.[f]
⁵ Pois o espírito santo, o educador,[g] foge da duplicidade,
 ele se retira diante dos pensamentos sem sentido,
 ele se ofusca[h] quando sobrevém a injustiça.
⁶ A Sabedoria é um espírito amigo dos homens,
 não deixa impune o blasfemo por seus propósitos;
 porque Deus é a testemunha de seus rins,
 perscruta seu coração[i] segundo a verdade
 e ouve o que diz a sua língua.
⁷ O espírito do Senhor enche o universo,[j]
 e ele, que mantém unidas[k] todas as coisas,
 não ignora nenhum som.[l]

Referências marginais: Mt 6,33; 6,1-21; 2Cr 15,2; Pr 8,17; Sl 95,9; Ex 33,13; Rm 7,24; 8,2; Rm 8,14; 7,23; Pr 8,31; Tt 3,4; Jr 11,20; Sl 139,7-12; Pr 22,12; Eclo 39,19

---

a) A mesma fórmula grega no Sl 44 (45),8 e 1Cr 29,17. Por "justiça" é preciso entender o pleno acordo do pensamento e da ação com a vontade divina, tal como ela se exprime nos preceitos da Lei e nas injunções da consciência.

b) Cf. Sl 2,10. "Julgar" é o ato essencial do governo. O autor que, por uma ficção literária, se apresentará como Salomão (7,7-11; 9,7-8.12), dirige-se aparentemente a seus colegas de realeza (cf. 6,1-11). Na realidade ele quer atingir os judeus ameaçados pelo paganismo que os cerca.

c) "Procurar Deus" para "o encontrar", convite constante da literatura profética e sapiencial (cf. Am 5,4+). A influência de 1Cr 28,9 parece, porém, mais direta. Sobre a "simplicidade de coração", cf. 1Cr 29,17; Ef 6,5; Cl 3,22.

d) Mesma expressão grega em Jr 29 (LXX: 36),13-14 e Is 65,1.

e) O *Poder divino que age no mundo* e que aos poucos será identificado com o Espírito ou sua Sabedoria.

f) O corpo não é mau por si mesmo. Mas pode tornar-se instrumento do pecado, tornando-se assim o tirano da alma. São Paulo (Rm 7,14-24) e são João (Jo 8,34) darão a esse pensamento sua expressão definitiva.

g) "o educador", lit.: "da educação"; var.: "da sabedoria". — A educação israelita, tradicionalmente realizada pelos sábios, é posta sob a influência de um "espírito santo" (cf. Sl 51,13; Is 63,10-11); certos textos já haviam apresentado o Espírito divino como o guia de Israel no passado (Ne 9,20.30; Is 63,10-11); ou como força interior (Sl 51,13; Ez 11,19; 36,26-27); por outro lado, às vezes a Sabedoria assumia a função dos mestres de sabedoria (Pr 1-9), ou tendia a se identificar com o Espírito (cf. vv. 6-7; 7,22; 9,17).

h) Texto difícil; lit.: "é confundido", "levado ao fracasso".

i) Os "rins" são a sede das paixões e dos impulsos inconscientes (Jó 19,27; Sl 16,7; 73,21; Pr 23,16); o "coração" é a sede da atividade consciente, tanto intelectual quanto afetiva (Gn 8,21+). "Coração" e "rins" são frequentemente associados (Sl 7,10; 26,2; Jr 11,20; 17,10; 20,12; Ap 2,23) para designar o conjunto das potências interiores do homem.

j) A onipresença de Deus, afirmada em Jr 23,24 (cf. também Am 9,2-3; 1Rs 8,27), é encarada em função de seu Espírito, segundo Sl 139,7 e os textos que lhe atribuem atividade vivificante universal (Jt 16,14; Jó 34,14-15; Sl 104,30). Cf. 12,1.

k) O termo traduzido por esta expressão é tomado do vocabulário estóico. Com força, ele marca o papel do espírito do Senhor na coesão do universo. Mas o termo, transposto, designa o poder imanente de um Deus transcendente.

l) O Espírito une tão intimamente os seres que ele percebe imediatamente cada palavra proferida. Em virtude de acomodação, a liturgia de Pentecostes aplica este texto ao "dom das línguas" (At 2,2-4).

SABEDORIA DE SALOMÃO 1-2

11,20	⁸Por isso quem fala iniquamente não tem desculpa, não poderá eludir a Justiça vingadora. ⁹Indagar-se-á sobre os planos do ímpio, o barulho de suas palavras irá até o Senhor, como prova de seus crimes.
Dt 29,19	¹⁰Um ouvido cioso ouve tudo, nem o rumor dos murmúrios lhe escapa.
Ex 15,24 + Sl 78,19	¹¹Guardai-vos, pois, do murmúrio inútil, poupai à vossa língua a maledicência;[a] não há frase furtiva que caia no vazio, a boca caluniadora mata a alma.
Pr 1,32	¹²Não procureis a morte com vossa vida extraviada, não vos proporcioneis a ruína com as obras de vossas mãos.
2,23-24 11,23-12,1 Ez 18,32; 33,11	¹³Pois Deus não fez a morte[b] nem tem prazer em destruir os viventes. ¹⁴Tudo criou para que subsista;[c] são salutares as gerações no mundo: nelas não há veneno destruidor, e o Hades[d] não reina sobre a terra.
3,4+	¹⁵Porque a justiça é imortal.[e]

A vida segundo os ímpios

5,1-23 Pr 8,36	¹⁶Mas os ímpios[f] a chamam com gestos e com vozes, por ela se consomem, crendo-a sua amiga, fazem pacto com ela, pois merecem ser de seu partido.[g]
Is 28,15 Eclo 14,12	

2

¹Dizem entre si, em seus falsos raciocínios:

Jó 14,1-2 + Sl 39,5-7 Ecl 8,8 Jó 7,9	"Breve e triste é nossa vida,[h] o remédio não está no fim do homem, não se conhece quem tenha voltado[i] do Hades. ²Nós nascemos do acaso[j] e logo passaremos como quem não existiu;

---

a) Contra Deus e o próximo.

b) O autor visa ao mesmo tempo à morte física e à morte espiritual, ligadas uma à outra: o pecado é a causa da morte e, para o homem pecador, a morte física é também a morte espiritual e eterna. O autor remete à narração de Gn 2-3 para daí tirar as intenções do Criador: o homem foi feito para a imortalidade e nada na criação pode obstruir a vontade divina; ao contrário, as gerações sucessivas perpetuam a vida. — São Paulo (Rm 5,12-21+) retomará a doutrina da morte introduzida pelo pecado, opondo ao primeiro Adão-pecador o novo Adão-salvador.

c) Deus, "Aquele que é" (Ex 3,14+) criou todas as coisas para que elas "sejam", para que elas tenham vida real, sólida, durável.

d) O "Hades" — o *Xeol* dos hebreus (Nm 16,33+) — representa, aqui, não a morada dos mortos, mas o poder da Morte personificada (cf. Mt 16,18; Ap 6,8; 20,14).

e) Ao que pratica a "justiça" (cf. 1,1) está assegurada a imortalidade. Mss latinos acrescentam: "Mas a injustiça é a aquisição da morte". Esta adição, mal documentada, não deve representar o texto grego original.

f) Os "ímpios" aqui são antes de tudo judeus renegados, cínicos e gozadores, que chegam até a perseguir seus irmãos e a desafiar a Deus. Mas não são excluídos os pagãos materialistas, com os quais eles se confundem e cujas normas de vida seguem.

g) Lit.: "ser da parte dela" (cf. 2,9.24). Os ímpios são a parte da morte, como Israel é a parte de Deus (Dt 32,9; 2Mc 1,26; Zc 2,16) e como Deus é a parte do fiel (Sl 16,5; 73,26; 142,6).

h) Essa apreciação pessimista da vida se repete em outras partes da Bíblia (cf. Gn 47,9; Jó 14,1-2; Sl 39,5-7; 90,9-10; Ecl 2,23; Eclo 40,1-2); ela se encontra ainda na literatura grega, mas com desatino mais profundo ou nota melancólica mais acentuada.

i) Ou talvez "quem foi libertado". O Hades designa aqui, como em Ap 1,18, a morada dos mortos (Nm 16,33+), de onde não se pode sair (Jó 7,9+), e não mais o poder da Morte personificada, como em 1,14. Os ímpios não creem sequer na sua existência e a negam a partir da experiência.

j) A reunião fortuita de elementos ou de átomos explica a origem de cada indivíduo e essa reunião desfaz-se inteiramente com a morte. Em seguida (2c-d) o sopro vital é reduzido a um fenômeno de aquecimento e de combustão do ar, e o pensamento a uma centelha que faz brotar a "pulsação do coração". Essa explicação

fumo é o sopro de nosso nariz,
e o pensamento, centelha do coração que bate.

Sl 102,4

³ Extinta ela, o corpo se tornará cinza
e o espírito se dispersará como o ar inconsistente.

⁴ Com o tempo, nosso nome cairá no esquecimento*a*
e ninguém se lembrará de nossas obras;
nossa vida passará como uma nuvem — sem traços —,
se dissipará como a neblina
expulsa pelos raios do sol
e, por seu calor, abatida.

Ecl 1,11;
2,16; 9,5s;
Jó 18,17-19;
7,9

⁵ Nossa vida é a passagem de uma sombra,
e nosso fim, irreversível;
o selo lhe é aposto, não há retorno.*b*

Sl 39,7;
144,4
Jó 8,9; 14,2
Ecl 6,12; 8,13;
1Cr 29,15

⁶ Vinde, pois, desfrutar dos bens presentes
e gozar das criaturas com ânsia juvenil.

Is 22,13;
1Cor 15,32

⁷ Inebriemo-nos com o melhor vinho e com perfumes,
não deixemos passar a flor da primavera,*c*

⁸ coroemo-nos com botões de rosas, antes que feneçam;
⁹ nenhum prado*d* ficará sem provar da nossa orgia,
deixemos em toda parte sinais de alegria
pois esta é a nossa parte e nossa porção!

1,6; 2,24
Is 57,6

¹⁰ Oprimamos o justo pobre,*e*
não poupemos a viúva
nem respeitemos as velhas cãs do ancião.*f*

Lv 25,35-37
Ex 22,21 +

Lv 19,32

¹¹ Que nossa força seja a lei da justiça,*g*
pois o fraco, com certeza, é inútil.

¹² Cerquemos o justo, porque nos incomoda*h*
e se opõe às nossas ações,
nos censura as faltas contra a Lei,
nos acusa de faltas contra a nossa educação.

Jr 11,19;
20,10-13
Jo 5,16.18
Mt 26,3-4
Mt 23

¹³ Declara ter o conhecimento de Deus*i*
e se diz filho do Senhor;

Mt 11,27

12,7; 19,6

¹⁴ ele se tornou acusador de nossos pensamentos,
basta vê-lo para nos importunarmos;

¹⁵ sua vida se distingue da dos demais
e seus caminhos são todos diferentes.*j*

Est 3,8.13d-13e

¹⁶ Ele nos tem em conta de bastardos;
de nossas vias se afasta,
como se contaminassem.

mecanicista enriquece certas teorias gregas para melhor pulverizar a realidade da alma; ao mesmo tempo retoma a contrapartida de doutrinas bíblicas, com alusão irônica ao "sopro das narinas" (Gn 2,7; Jó 27,3).
a) Na Bíblia esse esquecimento é frequentemente apresentado como o castigo dos ímpios (cf. Dt 9,14; Jó 18,17; Sl 9,6-7; Eclo 44,9 etc.), mas alguns textos o aplicam a todos os mortos sem distinção (Sl 31,13; Ecl 2,16; 9,5).
b) Ou: "não há quem faça voltar".
c) "da primavera", mss gregos, sir, hex., arm.; "do ar" texto recebido e sir.
d) "nenhum prado": *medeis leimon*, conj. segundo o lat.; "nenhum de nós": *medeis hemôn*, grego.
e) Sarcasmo: o "justo" é "pobre", apesar das promessas formais da Escritura (Sl 37,25; 112,3; Pr 3,9-10; 12,21 etc.).

f) Aqueles aos quais a Escritura prescreve o respeito e a proteção.
g) Esta norma que acarreta o desprezo pelos fracos se substitui à Lei que traça o caminho da justiça. A Bíblia conhece o primado da força (Jó 12,6; Hab 1,7.11) e frequentemente o mostra em ação; certas teorias gregas justificavam o direito do mais forte como sendo conforme à natureza. Cf., ao contrário, 12,16+.
h) Influência literária de Is 3,10 (LXX), a menos que a dependência se faça em sentido contrário.
i) Não somente o conhecimento do Deus único, mas o de suas vontades (Rm 2,17-20), postas em prática, talvez também o de seus misteriosos desígnios sobre o homem (cf. 2,22).
j) Os ímpios retomam as ofensas frequentemente formuladas contra o povo judeu, separado do resto dos homens por suas crenças e práticas.

Proclama feliz o destino dos justos[a]
e se gloria de ter a Deus por pai.
[17] Vejamos se suas palavras são verdadeiras,
experimentemos o que será do seu fim.[b]
[18] Pois se o justo é filho de Deus,[c] ele o assistirá
e o libertará das mãos de seus adversários.
[19] Experimentemo-lo pelo ultraje e pela tortura,
a fim de conhecer sua serenidade
e pôr à prova sua resignação.
[20] Condenemo-lo a uma morte vergonhosa,
pois diz que há quem o visite."[d]

Erro dos ímpios

[21] Assim raciocinam, mas se enganam,
porque sua maldade os cega.
[22] Eles ignoram os segredos de Deus,[e]
não esperam o prêmio pela santidade,
não creem na recompensa das almas puras.
[23] Deus criou o homem para a incorruptibilidade
e o fez imagem de sua própria natureza;[f]
[24] foi por inveja do diabo que a morte entrou no mundo:[g]
experimentam-na aqueles que lhe pertencem.

Comparação entre a sorte dos justos e a dos ímpios

3 [1] A vida dos justos está nas mãos de Deus,[h]
nenhum tormento os atingirá.
[2] Aos olhos dos insensatos pareceram mortos;
sua partida foi tida como uma desgraça,
[3] sua viagem para longe de nós como um aniquilamento,
mas eles estão em paz.[i]
[4] Aos olhos humanos pareciam cumprir uma pena,
mas sua esperança estava cheia de imortalidade;[j]
[5] por um pequeno castigo receberão grandes favores.

---

a) Possível alusão à história de Jó (42,12-15) se o horizonte for limitado às retribuições temporais. Mas a expressão evoca talvez, da parte do justo, a segurança de recompensa no além, cuja dimensão era deformada pelos ímpios.
b) Lat. acrescenta: "e saberemos qual será sua sorte final". É uma segunda tradução do texto grego.
c) Na Bíblia a expressão "filho de Deus" designa frequentemente Israel ou os israelitas (Ex 4,22-23; Dt 14,1; Is 1,2; Os 11,1). Mas nota-se em seguida a tendência de reservá-la somente aos justos ou ao povo do futuro (cf. já Os 2,1). Às vezes ela recebe aplicação individual (2Sm 7,14; Sl 2,7; Eclo 4,10). Mas se acontece a israelita invocar a Deus como pai (Eclo 23,1.4; 51,10; cf. também Sl 89,27), nenhum deles se designa a si mesmo como "seu filho". No resto do livro, o título é atribuído aos israelitas do passado, membros de um povo santo (9,7; 12,19.21; 16,10.26; 18,4.13).
d) Lit.: "haverá uma visita (de Deus) para ele". Sobre esta "visita", cf. 3,7+. — As correspondências com a paixão de Cristo, condenado a "morte vergonhosa" porque se declarava "filho de Deus", impressionaram as primeiras gerações cristãs (cf. Mt 27,43), e muitos Padres consideraram esta passagem como profética. O autor tem diretamente em vista os judeus fiéis de Alexandria, escarnecidos e perseguidos pelos renegados e seus aliados pagãos. Mas ele é levado a descrever uma perseguição ideal ou típica. Seu texto convém também ao Justo por excelência (Hb 12,3).
e) Os desígnios secretos de Deus concernentes ao destino imortal do homem.
f) Lit.: "de sua própria propriedade"; var.: "de sua própria eternidade", ou: "de sua própria semelhança". — O autor retoma aqui, de modo original, o tema do homem criado à imagem de Deus (Gn 1,26), com expressão rebuscada que parece insistir na eternidade divina.
g) "Diabo" traduz, na LXX, o hebraico *satan* (cf. Jó 1,6+). O autor interpreta aqui Gn 3 (cf. Jo 8,44; 1Jo 3,8; Ap 12,9; 20,2). A morte que o diabo faz entrar no mundo é a morte espiritual, com sua consequência, a morte física (cf. 1,13+; Rm 5,12s).
h) Isto é, sob sua proteção (cf. Dt 33,3; Is 51,16; Jó 10,28-29) e sua dependência (cf. Jó 12,10).
i) A "paz" não significa apenas a ausência de todo mal (Is 57,2; Jó 3,17-18), e sim estado de segurança e felicidade sob a proteção (v. 1) ou na intimidade (v. 9) de Deus.
j) A esperança (Rm 5,2+) desempenha papel capital na vida dos justos e tem por objeto a imortalidade,

Deus os submeteu à prova*ᵃ*
e os achou dignos de si.
⁶Examinou-os como o ouro no crisol
e aceitou-os como perfeito holocausto.
⁷No tempo de sua visita*ᵇ* resplandecerão
e correrão como fagulhas no meio da palha.*ᶜ*
⁸Julgarão as nações, dominarão os povos,
e o Senhor reinará sobre eles para sempre.
⁹Os que nele confiam compreenderão a verdade,*ᵈ*
e os que são fiéis permanecerão junto a ele no amor,*ᵉ*
pois graça e misericórdia são para seus santos,
e sua visita é para seus eleitos.

¹⁰Mas os ímpios serão castigados segundo os seus raciocínios:
desprezaram o justo*ᶠ* e se afastaram do Senhor.
¹¹Desgraçados os que desprezam a sabedoria e a disciplina:*ᵍ*
sua esperança é vã,
suas fadigas sem proveito,
suas obras inúteis,
¹²suas mulheres insensatas,
seus filhos depravados,
sua posteridade maldita!

A esterilidade vale mais que uma posteridade ímpia

¹³Feliz a estéril*ʰ* imaculada
que desconhece a união pecaminosa:*ⁱ*
obterá seu fruto na visita das almas.*ʲ*
¹⁴Feliz também o eunuco*ᵏ* que não cometeu crimes
com suas mãos,

athanasia. Essa palavra, até aqui inusitada no AT, mas familiar aos gregos, designava, quer a imortalidade da lembrança (cf. 8,13), quer a da alma. O autor a emprega aqui no segundo sentido, mas para significar a imortalidade bem-aventurada na sociedade de Deus, como recompensa pela justiça (1,15; 2,23). Deste modo ele precisa as esperanças do Salmista, que não se resignava a perder, pela morte, a intimidade de Deus (Sl 16,10+).
a) A respeito da prova, pedra de toque e meio de purificação do justo, cf. Gn 22,1; Tb 12,13; Jó 1,2; Sl 66,10; Eclo 2; 1Pd 1,6-7.
b) A palavra (cf. Ex 3,16+) designa aqui uma intervenção favorável de Deus, suscetível de coincidir com um julgamento geral ou parcial. A própria expressão, que reproduz lit. Jr 6,15; 10,15 (LXX; cf. também Is 44,22), indica uma fase ulterior na condição das almas justas. O verbo seguinte deve significar sua glorificação definitiva: se a noção de "resplendência" se aplica em outros lugares aos eleitos ressuscitados (Dn 12,3; Mt 13,43), esta doutrina de uma ressurreição corporal não se explicita em nenhuma parte do livro.
c) Em muitos textos bíblicos (cf. Is 1,31; 5,24; Na 1,10; Ab 18; Zc 12,6; Ml 3,19) a imagem simboliza os efeitos da cólera vingadora de Deus ou a desforra de Israel sobre os inimigos. Aqui ela é transposta e significa talvez a participação dos justos glorificados no extermínio do mal, como prelúdio ao estabelecimento do reino de Deus, ao qual estão associados (v. 8).

d) Uma "verdade" que justificará sua confiança e lhes revelará todo o desígnio de Deus.
e) Ou então, separando a frase de outra maneira: "e os que são fiéis no amor permanecerão junto a ele". Segundo a tradução adotada, a felicidade dos eleitos é feita ao mesmo tempo de conhecimento e de amor.
f) Ou: "o que é justo".
g) Fórmula tomada de Pr 1,7. A palavra "sabedoria" designa a sabedoria prática que faz viver segundo a virtude; a palavra "disciplina", traduzida em outro lugar por "educação" (1,5; 2,12), ou "instrução" (6,17; 7,14), resume os meios necessários para adquiri-la.
h) A esterilidade era considerada desonra ou castigo, e a fecundidade era o sinal da bênção divina. À mulher estéril, mas fiel, reconhece-se aqui uma fecundidade espiritual.
i) Lit.: "que não conheceu o parto na infidelidade". O autor visa antes de tudo ao caso de judia fiel, casada com judeu fiel, conforme as prescrições da Lei. Ele afasta, pois, não somente o adultério e a fornicação (cf. Hb 13,4), mas também as relações conjugais em casamentos mistos (Dt 7,3; Esd 9,1-2).
j) Var. de numerosos mss lat.: "de suas almas" ou "das almas santas". — Esta "visita" deve ser a mesma mencionada no v. 7.
k) O eunuco era excluído da assembleia cultual de Israel (Dt 23,2), mas Isaías (Is 56,3-5) anunciara sua reabilitação no tempo messiânico, se ele observasse

Sl 16,5-6

não teve maus desejos contra o Senhor:
por sua fidelidade receberá graça especial
e um quinhão apetecível no Templo do Senhor.ᵃ

1,15;2,23

¹⁵Pois o fruto dos trabalhos honestos é cheio de glória,
imperecível é a raiz da inteligência.ᵇ
¹⁶Os filhos dos adúlterosᶜ permanecem imaturos,
desaparecerá a posteridade de uma união ilegítima.
¹⁷Ainda que tenham vida longa, ninguém deles fará caso
e, no fim, sua velhice será sem honra;
¹⁸se morrem cedo, não terão esperança
nem consolação no dia da decisão,

Eclo 16,4

¹⁹pois o fim de uma geração perversa é cruel!ᵈ

Eclo 16,3
Pr 10,7

4

¹É melhor possuir a virtude,ᵉ mesmo sem filhos;
a imortalidade se perpetua na sua memória:ᶠ
Deus e os homens a conhecem.
²Presente, a imitam;
ausente, a deploram;

5,16

na eternidade, triunfa
— coroada, vitoriosa —
por ter vencido numa competição de lutas sem mancha.ᵍ
³A posteridade numerosa dos ímpios não prosperará;

Eclo 23,25;
40,15

nascida de ramos bastardos,
não se arraigará profundamente
nem terá bases firmes.
⁴Se por algum tempo reverdecem os seus ramos,

Sl 58,10

sem solidez, será sacudida pelo vento,
desenraizada pelo fragor dos furacões.
⁵Os ramos, nem bem desenvolvidos, serão quebrados,
seu fruto será inútil, intragável,
de nenhuma serventia.
⁶Pois os filhos que nascem de sonos ilegítimos
são testemunhas da perversidade de seus pais
quando elesʰ forem julgados.

---

fielmente a Lei de Deus. O autor prolonga e transpõe aqui este último texto.
a) Isto é, no céu (Sl 11,4; 18,7; Mq 1,2-3 etc.; Ap 3,12; 7,15), onde se participa da sociedade de Deus.
b) A "inteligência" designa o sábio discernimento dos verdadeiros bens, que faz viver segundo a virtude e assegura a conformidade às exigências divinas (cf. 4,9; 6,15; 7,7; 8,6.18.21). É raiz estável (Pr 12,3) e fecunda, produzindo frutos para a eternidade (1,15; 2,23).
c) No uso bíblico, a palavra "adultério" é aplicada a Israel e aos israelitas infiéis a Deus (cf. Is 57,3; Jr 9,1; Ez 23,37; Os 3,1). Pode-se então aplicá-la a judeus apóstatas ou a judeus que realizam casamento com uma parte pagã (cf. v. 13+), e não somente a adúlteros, no sentido preciso do termo (cf. ainda 4,3.6).
d) Neste desenvolvimento (cf. já o v. 12) concernente à sorte miserável de descendência ímpia, o autor reúne antigos motivos bíblicos: os pais são punidos em seus filhos, e estes, tornados solidários no mal e no castigo (cf. entretanto Ez 18,14-20), morrerão subitamente ou não conhecerão velhice honrosa (cf. entretanto Jó 21,7-33). A perspectiva de julgamento severo (v. 18), quando Deus decidirá em última instância, torna o quadro ainda mais sombrio (cf. 4,3-5).
e) A maioria dos mss lat. trazem para este hemistíquio: "Oh! como é bela a raça casta com brilho!" Essa leitura não deve ser a tradução primitiva, e sim testemunha a tendência de reencontrar no texto grego o elogio da castidade, e uma antiga tradição patrística relaciona-a com a virgindade. Essa interpretação não se impõe, pois o autor continua aparentemente a opor a esterilidade virtuosa (cf. 3,13) à fecundidade ímpia.
f) A imortalidade na memória prolonga-se em imortalidade pessoal conferida por Deus (cf. 3,4+).
g) Ou: "numa luta cujos preços são sem mancha". Esta imagem é tomada dos jogos atléticos gregos, nos quais o vencedor recebia uma coroa e nos quais se fazia a ele um cortejo de honra. Cf. 1Cor 9,24+.
h) Trata-se do julgamento (cf. 1,9; 3,18) ao qual serão submetidos os filhos; mas "eles" pode se referir igualmente aos pais.

A morte prematura do justo[a]

⁷O justo, ainda que morra prematuramente, terá repouso.   3,3+; Is 57,1-2

⁸Velhice venerável não é longevidade,   Eclo 25,4-6
nem é medida pelo número de anos;

⁹as cãs do homem são a inteligências,   Pr 16,31; Sl 119,100
e a velhice, uma vida imaculada.

¹⁰Agradou a Deus, Deus o amou;
vivia entre pecadores, Deus o transferiu.[b]   Gn 5,24; Eclo 44,16; Hb 11,5

¹¹Arrebatou-o para que a malícia
não lhe pervertesse o julgamento
e a perfídia não lhe seduzisse a alma;

¹²pois o fascínio do que é vil obscurece o bem
e o turbilhão da cobiça perverte um espírito sem maldade.

¹³Amadurecido em pouco tempo,
atingiu a plenitude de uma vida longa.

¹⁴Sua vida era agradável ao Senhor,
por isso saiu às pressas[c] do meio da perversidade.

As multidões[d] o veem, mas não entendem,   Is 57,1
nada disso lhes ocorre à mente:

¹⁵que graça e misericórdia são para seus eleitos   3,9
e sua visita para seus santos.

¹⁶O justo que morre condena os ímpios que vivem,
e a juventude em breve consumada,
a velhice longa do injusto.

¹⁷Eles veem o fim do sábio   3,2
sem compreender a vontade de Deus a respeito dele
e por que o pôs em segurança.

¹⁸Viram-no com desprezo,
mas o Senhor se rirá deles.   Sl 37,13; 59,9; Pr 1,26

¹⁹Logo se converterão num cadáver desprezado,
numa ignomínia entre os mortos para sempre.[e]
Ele os jogará cabeça abaixo, mudos, prostrados,   At 1,18
sacudirá seus fundamentos,
serão devastados até o fim,
viverão na aflição,
desaparecerá sua memória.

Os ímpios comparecerão em julgamento[f]

²⁰Quando tiverem de prestar contas de seus pecados
virão cheios de terror
e seus delitos os acusarão frontalmente.

---

a) A recompensa terrestre do justo consistia numa longa vida (cf. Dt 4,40; 5,16; Jó 5,26; Sl 91,16; Pr 3,2.16; 4,10; Eclo 1,12.20 etc.), enquanto o ímpio era votado à morte repentina ou violenta (Jó 15,20-23; 18,5-20; Sl 37; 73,18-20 etc.), mas estas afirmações eram frequentemente desmentidas pelos fatos (cf. 2Rs 23,29; Jó 21,7; Ecl 8,12-14). O autor refere-se aqui a um caso extremo, a morte de justo em sua juventude (cf. v. 16b), e identifica a longevidade com maturidade interior que atinge o verdadeiro fim da vida humana e predispõe à imortalidade bem-aventurada.
b) A expressão inspira-se na narrativa do arrebatamento de Henoc (Gn 5,24; Eclo 44,16; Hb 11,5).
c) Ou: "ele (o justo) saiu às pressas"; ou: "(Deus) a retirou às pressas".
d) "as multidões", lit.: "os povos" (var.: "os outros"): esta palavra, retomada mais adiante por "ímpios" (v. 16), espanta um pouco. De outro lado, a construção da frase é complicada por anacoluto. É possível que a ordem primitiva dos vv. nesta secção tenha sido alterada.
e) Porque ele não terá recebido as honras de uma sepultura, o que é terrível castigo (cf. Is 14,19; Jr 22,19; 36,30; Ez 29,5).
f) É cena de julgamento o tempo em que Deus "acertará as contas" dos pecados ou quando deles for preciso "prestar contas". Mas esse julgamento concerne

5

^{Mt 13,43}
^{2,10-20}

¹ De pé, porém, estará o justo,ᵃ em segurança,
na presença dos que o oprimiram
e dos que desprezaram seus sofrimentos.
² Vendo-o, serão tomados de terrível pavor,
atônitos diante da salvação imprevista;
³ dirão entre si, arrependidos,
entre soluços e gemidosᵇ de angústia:
⁴ "Este é aquele de quem outrora nos ríamos,
de quem fizemos alvo de ultraje, nós insensatos!

^{2,15}
^{2,20}

Considerávamos a sua vida uma loucura
e seu fim infame.

^{2,13}
^{Cl 1,12}

⁵ Como agora o contam entre os filhos de Deus
e partilha a sorte dos santos?ᶜ

^{Pr 21,16}
^{Sl 119,30.105}
^{Ml 3,20}

⁶ Sim, extraviamo-nos do caminho da verdade;
a luz da justiça não brilhou sobre nós,
para nós não nasceu o sol.
⁷ Cansamo-nos nas veredas da iniquidade e perdição,
percorremos desertos intransitáveis,
mas não conhecemos o caminho do Senhor!
⁸ Que proveito nos trouxe o orgulho?
De que nos serviram riqueza e arrogância?

^{2,5}
^{Jó 9,25-26}

⁹ Tudo isso passou como uma sombra,
como notícia fugaz,

^{Pr 30,19}

¹⁰ como o navio que singra as águas ondulosas
sem deixar rastro de sua travessia
nem, nas ondas, a esteira de sua quilha.
¹¹ Ou como o pássaro que voa pelos ares
sem deixar vestígios de seu curso;
o leve ar, fustigado pelas penas,
fendido pelo vigoroso silvo,
é aberto em estrada pelas asas,
sem que se encontre algum sinal de sua rota.
¹² Ou como a flecha disparada para o alvo:
cicatriza num instante o ar ferido,
ignorando-se o rumo que tomou.
¹³ Assim conosco: mal nascemos, já desaparecemos,ᵈ
sem mostrarmos nenhum traço de virtude;
na malícia nos deixamos consumir!"ᵉ

^{Sl 1,4}
^{Is 29,5}

¹⁴ Sim,ᶠ a esperança do ímpio é como a palha levada pelo vento,
como a espumaᵍ miúda que a tempestade espalha;

---

somente aos ímpios, pois os justos já estão admitidos junto de Deus (cf. 5,4-5). O autor se interessa menos pela decisão da sentença do que pelo estado de alma dos pecadores, torturados pela consciência culpável (cf. 17,10). Sua confissão (5,4-13) contrasta com os propósitos feitos outrora (2,1-20).
a) O termo deve ter a mesma dimensão que em 2,12s (cf. 2,20+). Parece até generalizar mais ainda. Entretanto certos críticos indicam em seguida correspondências com o Servo (Is 53) e mesmo com o Mestre de Justiça dos textos de Qumrã. O desenvolvimento faz pensar numa figura exemplar, representando todos os que sofrem provas semelhantes e conhecerão a mesma desforra no além.
b) "entre gemidos", lat., copta; "eles gemerão", grego.
c) "filhos de Deus" e "santos" podem designar os anjos: cf., de um lado, Jó 1,6; Sl 29,1; 82,1; 89,7; de outro lado, Jó 5,1; 15,15; Sl 89,6.8; Eclo 42,17; Dn 4,14; Zc 14,5. Mas por causa de 2,18 muitos identificam os "filhos de Deus" com os eleitos que participam, no céu, da intimidade de Deus e que podem igualmente ser chamados "santos" (cf. Sl 16,3; 34,10; Is 4,3; Dn 7,18.21.22; 8,24).
d) Entre esses dois extremos sua existência não preencheu nenhum valor durável.
e) A maioria dos mss latinos, acrescenta: "Eis o que dizem no inferno os que pecaram". Essa antiga glosa, passada para o texto, é incluída na Vulgata como v. 14.
f) O autor conclui agora essa confissão dos condenados com outras imagens: o ímpio vê sua esperança de felicidade (cf. 3,11.18) frustrada para sempre, pois ele se apegou a bens inconsistentes.
g) "espuma", lat., sir.; "geada", grego (exceção para alguns mss que leem: "teia de aranha").

Destino glorioso dos justos e castigo dos ímpios[a]

¹⁵ Mas os justos vivem para sempre,[b]
recebem do Senhor sua recompensa,[c]
cuida deles o Altíssimo.
¹⁶ Receberão a magnífica coroa real,
e, das mãos do Senhor, o diadema de beleza;
com sua direita ele os protegerá,
com seu braço os escudará.
¹⁷ Tomará a armadura[d] de seu ciumento ardor,
armará a criação para vingar os inimigos;
¹⁸ vestirá a couraça da justiça,
cingirá como capacete um julgamento irrevogável;
¹⁹ usará o escudo da invencível santidade;
²⁰ afiará a espada de sua ira implacável;[e]
a seu lado, contra os insensatos,
pelejará o universo:[f]
²¹ certeiras, surgirão rajadas de raios,[g]
voarão para o alvo do teso arco das nuvens;
²² sua funda lançará furiosa saraivada,[h]
contra eles lufarão as ondas do mar,
sem piedade os rios os afogarão.[i]
²³ Um sopro poderoso se levantará contra eles
e os dispersará qual furacão.
A iniquidade fará deserta a terra inteira
e a malícia derribará dos tronos os poderosos!

Os reis, portanto, procurem a Sabedoria

6 ¹ʲEscutai, reis, e entendei![k]
Instruí-vos, juízes dos confins da terra!
² Prestai atenção, vós que dominais a multidão
e vos orgulhais das multidões dos povos!

---

a) O autor evoca, por contraste, a vida dos justos, garantidos por recompensa eterna (vv. 15-16a-b), protegidos por Deus (v. 16c-d) contra os flagelos desencadeados para o castigo final dos ímpios (vv. 17-23). Esse castigo é descrito em termos apocalípticos, com a retomada das imagens de grande combate (Ez 38-39; Is 24-26) e de transtornos cósmicos (Am 8,8-9+). Esta seção talvez aluda a acontecimento escatológico distinto.
b) A verdadeira vida na intimidade com Deus. Começada na terra, essa vida nunca termina.
c) Ou: "sua recompensa está no Senhor", que é sua "parte" (Sl 16,5-6; 73,26).
d) Essa "armadura", inspirada em Is 59,16-17, simboliza os atributos do Deus justiceiro que se encerra em sua vontade de castigar e a executa desencadeando os mesmos.
e) Acerca dessa "espada" divina, cf. Dt 32,41; Is 66,16; Ez 21.
f) Na Bíblia, Deus utiliza frequentemente a natureza para exercer seus julgamentos. O autor acentua aqui esta ideia, e o fará mais ainda reportando-se aos acontecimentos do Êxodo (cf. particularmente os capítulos 16 e 19). A descrição seguinte retoma diversos motivos antigos, já transpostos em contexto escatológico.
g) A tempestade é a representação tradicional da intervenção divina (cf. Ex 19,16+). A respeito dos "raios", cf. Sl 18,15; Hab 3,11; Zc 9,14.
h) Como no tempo do Êxodo (Ex 9,23-25) e de Josué (Js 10,11), e como nos julgamentos de Deus anunciados pelos profetas (Is 28,17; Ez 13,13; 38,22; cf. Ap 8,7; 11,19; 16,21).
i) Como o mar dos Juncos submergiu os egípcios (Ex 14,26s) e como o Quison arrastou os cadáveres dos soldados de Sísara (Jz 5,21). O desencadeamento das águas é o símbolo das grandes calamidades (Sl 18,5+).
j) Lat. começa o capítulo com adição que, sem dúvida, é título: "A sabedoria é melhor que a força, e o homem prudente melhor que o forte". Esta adição é o v. 1 da Vulgata.
k) Diferentemente de 1,1, a atenção se fixa sobre a condição dos soberanos e sobre suas responsabilidades. O horizonte é nitidamente universalista.

³O domínio vos vem do Senhor
e o poder,ᵃ do Altíssimo;
que examinará vossas obras,
perscrutará vossos desígnios.
⁴ ⁴Se, pois, sendo servos de seu reino,ᵇ
não governastes retamente,
não observastes a leiᶜ
nem seguistes a vontade de Deus,
⁶ ⁵ele cairá sobre vós, terrível, repentino.
Um julgamento implacável se exerce
contra os altamente colocados.
⁷ ⁶Ao pequeno, por piedade, se perdoa,
mas os poderosos serão provados com rigor.
⁸ ⁷Pois o Senhor do universo a ninguém teme.
Não se deixa impressionar pela grandeza;
pequenos e grandes, foi ele quem os fez:
com todos se preocupa por igual,
⁹ ⁸mas aos poderosos reserva um julgamento severo.
¹⁰ ⁹A vós, portanto, soberanos, me dirijo,
para que aprendais a ser sábios e não pequeis;
¹¹ ¹⁰santos serão os que santamente observam as coisas santas,ᵈ
e aqueles que se deixam instruir encontrarão do que se justificar.
¹² ¹¹Ansiai, pois, por minhas palavras,
desejai-as e recebereis a instrução.

*A Sabedoria se deixa encontrar*ᵉ

¹³ ¹²A Sabedoria é radiante, não fenece,
facilmente é contemplada por aqueles que a amam
e se deixa encontrar por aqueles que a buscam.
¹⁴ ¹³Ela mesma se dá a conhecer aos que a desejam.
¹⁵ ¹⁴Quem por ela madruga não se cansa:
encontra-a sentada à porta.
¹⁶ ¹⁵Meditá-la é, com efeito, a perfeição da inteligência;
quem vigia por ela
logo se isenta de preocupações;
¹⁷ ¹⁶ela mesma busca, em toda parte, os que a merecem;
benigna, aborda-os pelos caminhos
e a cada pensamentoᶠ os precede.
¹⁸ ¹⁷ᵍSeu princípio é o desejo autêntico de instrução,ʰ
o afã da instrução é o amor,

---

a) Esta doutrina da origem divina do poder já fora afirmada pela Escritura sob diferentes formas, em particular por Pr 8,15-16; Dn 2,37; 5,18; 1Cr 29,12; Eclo 10,4. O autor lhe dá maior rigor ainda (cf. também Rm 13,1; Jo 19,11) e a prolonga fazendo de todos os príncipes sem exceção "servos" da realeza de Deus (v. 4).
b) Ou: "de sua realeza".
c) Primeiro a lei natural, de que a consciência é intérprete (cf. Rm 2,14), mas, sem dúvida, também as diferentes legislações positivas que a precisam e que os reis pagãos devem observar para se distinguir dos tiranos.
d) Isto é, os que observam religiosamente a vontade divina e que serão reconhecidos "santos" na hora do julgamento (2,20).
e) A palavra "sabedoria" designa agora não somente uma doutrina (v. 9), mas também a verdade divina que brilha através dela e apela para o interior do homem (v. 13; cf. Jo 6,44; Fl 2,13; 1Jo 4,19).
f) Ou: "por toda sorte de invenções".
g) Os vv. 17-20 imitam livremente o raciocínio grego chamado "sorites", no qual o atributo de cada proposição torna-se o sujeito da seguinte, e a conclusão (v. 20) religa o sujeito inicial (aqui: "o desejo da Sabedoria") ao penúltimo atributo (aqui: "a proximidade de Deus", retomado por "realeza").
h) Ou: "Seu autêntico princípio é o desejo da instrução".

¹⁹ ¹⁸ o amor é a observância de suas leis,ᵃ
o respeito das leis é garantiaᵇ de incorruptibilidade
²⁰ ¹⁹ e a incorruptibilidade aproxima de Deus.
²¹ ²⁰ Portanto, o desejo da Sabedoria eleva à realeza.
²² ²¹ Chefes dos povos: se vos agradam tronos e cetros,
honrai a Sabedoria e reinareis para sempre.ᶜ

Salomão descreve a Sabedoria

²³ ²² Vou dizer-vos o que é a Sabedoria e qual a sua origem;
não vos esconderei os mistérios,
vou-me reportar ao começo da criação,
dando-a a conhecer claramente,ᵈ
sem me afastar da verdade.
²⁴ ²³ Não caminharei junto com a inveja corrosiva
que com a Sabedoria não comunga.
²⁴ Uma multidão de sábios, ao contrário,
é a salvação do mundo,
um rei sábio, para o povo, é bem-estar.
²⁶ ²⁵ Deixai-vos, pois, instruir por minhas palavras
e nelas encontrareis proveito.

II. Salomão e a busca da Sabedoria

Salomão era apenas homem

7 ¹ Também eu sou homemᵉ mortal, igual a todos,
filho do primeiro que a terra modelou,
cinzelado em carne, no ventre de uma mãe,
² onde, por dez meses,ᶠ no sangue me solidifiquei,
de viril semente e do prazer, companheiro do sono.
³ Ao nascer, também eu respirei o ar comum.
E, ao cair na terra que a todos recebe igualmente,
estreei minha voz chorando, igual a todos.
⁴ Criaram-me com mimo, entre cueiros.
⁵ Nenhum rei começou de outra maneira;
⁶ idêntica é a entrada de todos na vida, e a saída.

Estima de Salomão pela Sabedoria

⁷ Por isso supliquei, e inteligência me foi dada;
invoquei, e o espírito da Sabedoria veio a mim.
⁸ Eu a preferi aos cetros e tronos,ᵍ
julguei, junto dela, a riqueza como um nada.

---

a) O amor implica a obediência (Ex 20,6; Dt 5,10; 11,1; Eclo 2,15; Jo 14,15 etc.). As "leis" da *Sabedoria* identificam-se com as grandes obrigações religiosas e morais contidas na Revelação; talvez ainda com leis não escritas, ditadas pela consciência e iluminadas pela Sabedoria divina.
b) A palavra é empregada aqui no sentido jurídico. Aplicar-se à observância das leis da Sabedoria não basta para tornar-se incorruptível, mas cria título real e incontestável para obter de Deus a incorruptibilidade bem-aventurada ou a imortalidade (cf. 2,23; 3,4).
c) Bom número de mss latinos acrescentam aqui: "amai a luz da Sabedoria, vós todos que estais à frente dos povos". Este v., suplementar na Vulg. (23), é glosa marginal, ou duplicata.
d) Alusão ao segredo ciosamente guardado nas religiões de mistério e nas doutrinas esotéricas: a revelação era comunicada somente aos iniciados.
e) "um homem", omitido por dois dos principais mss (B e S).
f) Modo antigo de exprimir que a melhor gestação dura nove meses (2Mc 7,27) e começa o décimo. Sobre o modo com que se representava a formação do embrião, cf. Jó 10,10+.
g) Este desenvolvimento apoia-se na notícia de 1Rs 3,11 e nos textos sapienciais que exaltam a Sabedoria acima dos

⁹ Não a equiparei à pedra mais preciosa,
  pois todo o ouro, ao seu lado, é um pouco de areia;
  junto dela a prata vale quanto o barro.
¹⁰ Amei-a mais que a saúde e a beleza
  e me propus tê-la como luz,
  pois seu brilho não conhece o ocaso.
¹¹ Com ela me vieram todos os bens,
  de suas mãos, riqueza incalculável.
¹² De todos eles gozei, pois é a Sabedoria quem os traz,
  mas ignorava que ela fosse a mãe*ª* de tudo.
¹³ O que aprendi sem fraude, eu o comunicarei sem ciúme,
  sua riqueza não escondo:
¹⁴ é um tesouro inesgotável para os homens;
  os que a adquirem atraem a amizade de Deus,
  recomendados pelos dons da instrução.*ᵇ*

Apelo à inspiração divina

¹⁵ Que Deus me conceda falar conforme ouço
  e um pensar semelhante a este dom,
  pois ele não só mostra o caminho da Sabedoria,
  mas também dirige os sábios;
¹⁶ nas suas mãos estamos nós, nossas palavras,
  toda a inteligência e a perícia do agir.
¹⁷ Ele me deu um conhecimento infalível dos seres
  para entender a estrutura do mundo,
  a atividade dos elementos,
¹⁸ o começo, o meio e o fim dos tempos,
  as alternâncias dos solstícios, as mudanças de estações,
¹⁹ os ciclos do ano,*ᶜ* a posição dos astros,
²⁰ a natureza dos animais, a fúria das feras,
  o poder dos espíritos, os pensamentos dos homens,
  a variedade das plantas, as virtudes das raízes.
²¹ Tudo conheço, oculto ou manifesto,*ᵈ*
²² pois a Sabedoria, artífice do mundo, mo ensinou!

Elogio da Sabedoria*ᵉ*

Nela há um espírito inteligente, santo,
  único, múltiplo, sutil,
  móvel, penetrante, imaculado,
  lúcido, invulnerável, amigo do bem, agudo,

---

bens mais preciosos (Jó 28,15-19; Pr 3,14-15; 8,10-11.19). O autor explicita aqui valores apreciados sobretudo pelos gregos (v. 10): a saúde (cf. entretanto Eclo 1,18; 30,14-16), a beleza (cf. Sl 45,3); Eclo 26,16-17; 36,27) e a luz do dia (cf. Ecl 11,7) ver a luz é viver.
a) "a mãe", lit.: "a genitora", mss gregos, lat.; "a origem", texto recebido.
b) "a adquirem", mss gregos, sir.; "a usam", texto recebido, lat. A imagem subjacente é a de presentes oferecidos à alta personagem para granjear sua amizade. Estes presentes "provêm da instrução" (cf. 3,11+; 6,17), isto é, de ensino que regula a vida inteira segundo autêntica educação moral e religiosa.
c) "do ano", mss gregos, lat.; "dos anos", texto recebido.
d) Modernizando a notícia de 1Rs 5,9-14, o autor atribui a Salomão o saber procurado sobretudo pela cultura helênica de seu tempo. Nesse contexto, Deus aparece como a fonte de toda verdade, e as ciências humanas são postas sob a dependência de sua sabedoria.
e) O autor prolonga aqui, de modo original, as personificações anteriores da Sabedoria (cf. Pr 8,22+). Como o anunciou (6,22), ele precisa ao mesmo tempo sua natureza e origem, primeiramente enumerando as características do espírito divino que a Sabedoria possui como próprias e que já informam sobre sua natureza (vv. 22-24; contam-se 21 atributos, e esse número, 3 x 7, parece intencional para significar uma perfeição eminente); em seguida, determinando a relação da Sabedoria com Deus (vv. 25-26), com a

²³ incoercível, benfazejo, amigo dos homens,   6,12-16
 firme, seguro, sereno,
 tudo podendo, tudo abrangendo,   1,6-10
 que penetra todos os espíritos
 inteligentes, puros, os mais sutis.
²⁴ A Sabedoria é mais móvel que qualquer movimento
 e, por sua pureza, tudo atravessa e penetra.
²⁵ Ela é eflúvio do poder de Deus,   Eclo 24,3
 uma emanação puríssima da glória do Onipotente,   Ex 24,16 +
 pelo que nada de impuro nela se introduz.
²⁶ Pois ela é reflexo da luz eterna,ᵃ   Hb 1,3 / Jó 1,9
 espelho nítido da atividade de Deus
 e imagem de sua bondade.   Cl 1,15
²⁷ Por outro lado, sendo só, ela tudo pode;
 sem nada mudar, tudo renova   Sl 102,27.28; 104,30
 e, entrando nas almas santas de cada geração,
 delas fez amigos de Deusᵇ e profetas;ᶜ
²⁸ pois Deus ama só quem habita com a Sabedoria.   7,14
²⁹ Ela é mais bela que o sol,   7,10
 supera todas as constelações:
 comparada à luz do dia, sai ganhando,
³⁰ pois a luz cede lugar à noite,
 ao passo que sobre a Sabedoria não prevalece o mal.   Jo 1,5; 16,33

8
¹ Ela se estende com vigor de um extremo ao outro do mundo
 e governa o universo com bondade.

A Sabedoria, esposa ideal para Salomãoᵈ

² Eu a quis, e a busquei desde a minha juventude,   6,12-16 / Pr 7,4 / Eclo 15,2
 pretendi tomá-la como esposa,
 enamorado de sua formosura.
³ Ela faz brilhar sua nobre origem vivendo
 na intimidade de Deus,
 pois o Senhor de tudo a amou.
⁴ Ela é iniciada na ciência de Deus,
 ela é quem decide o que ele faz.   Pr 8,27.30
⁵ Se, na vida, a riqueza é um bem apetecível,
 quem mais rico que a Sabedoria, que tudo opera?   7,22 +
⁶ E se é a inteligência quem opera,
 quem mais do que ela é artífice do que existe?

ajuda de imagens que indicam ao mesmo tempo proveniência e participação íntima. Realizando numerosos empréstimos de vocábulos da filosofia grega, o autor sublinha, a seguir, as atividades características da Sabedoria (7,27-8,1) terminando por identificá-la com a providência divina (8,1). Esse elogio da Sabedoria que participa da intimidade de Deus (8,3), que possui sua onipotência (7,23.25.27) e que colabora com sua obra criadora (7,12.22; 8,4.6) já anuncia toda uma teologia do Espírito, que a habita (7,22), e ao qual ela é assimilada (1,5+; 9,17+), e do qual recebe as funções tradicionais (cf. Is 11,2+, mas sobretudo a cristologia, notadamente a de são João, bem como a de são Paulo — cf. Ef e Cl — e da Epístola aos Hebreus.

a) A "luz eterna" identifica-se com Deus, designado por este aspecto. Certos textos anteriores já sugeriam a ideia de luz transcendente que emana de Deus (Hab 3,4), aclara seus fiéis ou seu povo (Sl 27,1; Is 2,5), constitui o brilho de sua glória (Is 60,1.19-20; Br 5,9) ou reside junto dele (Dn 2,22+). Mas somente 1Jo 1,5 dirá explicitamente que "Deus é luz".

b) Como Abraão (Is 41,8; 2Cr 20,7; Tg 2,23) e Moisés (Ex 33,11).

c) Não somente os grandes profetas ou os escribas inspirados (Eclo 24,33), mas ainda todos os que por sua vida de santidade e intimidade com Deus, penetram mais no conhecimento de suas exigências ou de seus mistérios e tornam-se seus "intérpretes" autorizados, capazes de iluminar os outros homens.

d) A Sabedoria aparece agora ao jovem como esposa ideal, que possui não somente a beleza (v. 2), mas também nobreza divina, enfim (vv. 4-8), a própria fonte do saber, da riqueza, da eficiência, da virtude e da experiência.

⁷Ama alguém a justiça?
As virtudes*a* são seus frutos;
ela ensina a temperança e a prudência,
a justiça e a fortaleza,
que são, na vida, os bens mais úteis aos homens.
⁸E se alguém ambiciona uma rica experiência?
Ela conhece o passado e adivinha o futuro,
conhece o torneio*b* das máximas, a solução dos enigmas,
prevê sinais e prodígios
e o desenrolar*c* das épocas e dos tempos.

A Sabedoria é indispensável aos governantes

⁹Decidi, pois, unir nossas vidas,
sabendo que me seria conselheira para o bem
e alívio nas agruras e tristeza.
¹⁰"Por causa dela me louvarão as assembleias;
e, embora jovem, me honrarão os anciãos.
¹¹Nos julgamentos há de luzir minha agudeza,
excitarei a admiração dos soberanos.
¹²Se calo, ficarão em expectativa;
se falo, prestarão atenção;
se me alongo no discurso, colocarão a mão sobre a boca.*d*
¹³Por causa dela alcançarei a imortalidade,
à posteridade legarei lembrança eterna.
¹⁴Governarei povos, submeterei nações,
¹⁵terríveis tiranos se assustarão ao ouvirem falar de mim;
com o povo me mostrarei bom
e, na guerra, valoroso.
¹⁶Ao entrar em casa repousarei ao seu lado,
seu convívio não provoca amargura,
sua intimidade não causa sofrimento,
mas regozija e alegra."

1Rs 3,7s
1Rs 3,16-28
1Rs 5,14.21;
10,4-9.24

Sl 112,6
Eclo 39,9

1Rs 5,1

Ecl 1,18
Pr 3,17-18

Salomão pede a Sabedoria

¹⁷Refletindo assim, de mim para comigo,
e meditando em meu coração
que a imortalidade está no parentesco*e* com a Sabedoria,
¹⁸que na sua afeição existe alegria excelente,
na obra de suas mãos, riqueza inesgotável,
na assiduidade de sua companhia, inteligência,
no entreter-se com ela, celebridade,
andava eu por toda parte a ver como tomá-la para mim.

a) O autor retoma talvez uma interpretação alegórica de Pr 31,10-31 aplicada à Sabedoria (cf. Pr 31,30+). Enumera em seguida as quatro grandes virtudes dos filósofos gregos, que mais tarde se tornarão as "virtudes cardeais" da teologia cristã.
b) Ou: "a interpretação", "máximas", e "enigmas" significam sentenças morais expressas em termos propositalmente obscuros (cf. Jz 14,12; Pr 1,6; Eclo 39,2-3; Ez 17,2). Salomão nelas sobressaía (1Rs 5,12; 10,1-3; Ecl 12,9; Eclo 47,15-17). Os termos associados — "sinais" e "prodígios" — remetem sobretudo aos milagres do Êxodo (cf. 10,16). Segundo o uso grego, eles designariam sobretudo fenômenos naturais e extraordinários ou excepcionais, considerados de difícil previsão.
c) Ou: "os resultados, as saídas". O texto visa, pois, quer o desenrolar da história, quer os tempos favoráveis às iniciativas ou empreendimentos humanos (cf. Ecl 3,1-8). — Essa descrição dos atributos da Sabedoria completa o quadro de 7,17-21.
d) Atitude de silêncio (Pr 30,32; Eclo 5,12), sob o efeito, seja do estupor ou da confusão (Mq 7,16; Jó 21,5; 40,4), seja da admiração (Jó 29,9).
e) Um "parentesco" oriundo da graça (cf. v. 21). A imortalidade que daí resulta é primeiramente a da lembrança (cf. v. 13), mas, sem dúvida, também a imortalidade pessoal (cf. 4,1), pois a Sabedoria deve comunicar o que ela possui por natureza.

¹⁹ Eu era jovem de boas qualidades,
  coubera-me, por sorte, uma boa alma;
²⁰ ou antes, sendo bom, tinha vindo num corpo sem mancha.*a*   7,1-2; 15,11
²¹ Ao me dar conta de que somente a ganharia,   Eclo 1,1
  se Deus ma concedesse
  — e já era sinal de entendimento saber a origem
  deste favor —,
  dirigi-me ao Senhor e rezei,   7,7
  dizendo de todo meu coração:

Oração para obter a Sabedoria*b*   1Rs 3,6-9

9 ¹ "Deus dos Pais, Senhor de misericórdia,*c*
  que tudo criaste com tua palavra   Eclo 42,15 +
² e com tua Sabedoria formaste o homem
  para dominar as criaturas que fizeste,   Gn 1,28 +
³ governar o mundo com justiça e santidade   1Rs 3,6
  e exercer o julgamento com retidão de vida,
⁴ dá-me a Sabedoria contigo entronizada   Pr 8,27.30
  e não me excluas do número de teus filhos.   Eclo 1,1
⁵ Pois sou teu servo, filho de tua serva,   Sl 86,16
  homem frágil, de vida efêmera,   116,16
  incapaz de compreender a justiça e as leis.
⁶ Por mais perfeito que seja alguém entre os filhos dos homens,
  se lhe falta a Sabedoria que vem de ti, de nada valerá.

⁷ Escolheste-me*d* como rei de teu povo,
  como juiz de teus filhos e de tuas filhas.   1Rs 3,16-28
⁸ Mandaste-me construir um Templo em teu santo monte   2Sm 7,13
  e um altar na cidade onde fixaste a tua tenda,   1Rs 5,19
  cópia da tenda santa que preparaste desde a origem.*e*   Eclo 47,13
⁹ Contigo está a Sabedoria que conhece tuas obras,   9,4; 8,4
  estava presente quando fazias o mundo;   7,21
  ela sabe o que é agradável a teus olhos   Pr 8,22-31 +
  e o que é conforme aos teus mandamentos.
¹⁰ Dos céus sagrados, envia-a,
  manda-a de teu trono de glória
  para que me assista nos trabalhos,
  ensinando-me o que de fato te agrada.
¹¹ E ela, que tudo sabe e compreende,   7,23
  prudentemente me guiará em minhas ações
  e me protegerá com a sua glória.*f*   Ex 24,16 +

---

a) Este texto não ensina a preexistência da alma como se poderia crer, se fosse isolado do contexto. Ele corrige a expressão do v. 19, que parecia dar prioridade ao corpo como sujeito pessoal, e sublinha a proeminência da alma.
b) Esta oração inspira-se livremente na oração de 1Rs 3,6-9 e 2Cr 1,8-10. Nela Salomão lembra, por diversos traços, sua condição histórica (vv. 5c.7-8.12), mas o horizonte é ampliado à condição humana, à qual pertence Salomão (vv. 1-3.5b.6.13-17). Esta oração compreende três seções (vv. 1-6; 7-12; 13-18), com correspondências mútuas e a tríplice menção (vv. 4.10.17) do envio da Sabedoria.
c) "de misericórdia", mss, versões; "de tua misericórdia", texto recebido. — Os "Pais" são todos os antepassados de Israel, especialmente os Patriarcas (Gn 32,10; 2Cr 20,6), sem omitir Davi (1Rs 3,6; 1Cr 28,9; 2Cr 1,9).
d) De preferência a Adonias e a seus outros irmãos (1Rs 1; 1Cr 28,5-6).
e) A palavra "cópia" refere-se ao mesmo tempo ao Templo e ao altar (trata-se do altar dos holocaustos, visível por todos — 1Rs 8,22.54.62-64). Identifica-se a "tenda santa", preparada pelo próprio Deus, quer com o Templo celeste de Deus (Sl 18,7; 96,6; Hb 8,2; 9,11; Ap 3,12 etc.; para um altar celeste, cf. Ap 6,9; 8,3-4; 14,18), quer com o exemplar divino do Templo de Jerusalém (Ex 15,17; 1Cr 28,19), quer ainda com o santuário do Êxodo (Eclo 24,10) executado segundo um modelo dado por Deus (cf. Ex 25,9.40; At 7,44; Hb 8,5).
f) Por seu poder (cf. Rm 6,4). Ou: "ela me guardará na sua glória" guiando-me à sua luz (cf. Is 60,1-3; Br 5,7.9), ou envolvendo-me como uma nuvem protetora (cf. Eclo 14,27).

¹²Minhas obras serão assim bem acolhidas,
  julgarei o teu povo com justiça,
  serei digno do trono de meu pai.
¹³Pois, que homem conhece o desígnio de Deus?
  Quem pode conceber o que deseja o Senhor?
¹⁴Os pensamentos dos mortais são tímidos
  e falíveis os nossos raciocínios;
¹⁵um corpo corruptível pesa sobre a alma
  e esta tenda de argila faz o espírito
  pesar com muitas preocupações.ᵃ
¹⁶A custo conjeturamos o terrestre,
  com trabalho encontramos o que está à mão:
  mas quem rastreará o que há nos céus?
¹⁷Quem conhecerá tua vontade, se não lhe deste Sabedoria
  e não enviaste do alto teu espírito santo?ᵇ
¹⁸Somente assim foram retos os caminhos dos terrestres,
  e os homens aprenderam o que te agrada,
  e a Sabedoria os salvou."ᶜ

III. A ação da Sabedoria na história

De Adão a Moisés

10 ¹Foi ela que protegeu o primeiro modelado,
  pai do mundo,
  que fora criado em solidão;ᵈ
  levantou-o de sua quedaᵉ
²e lhe deu poder de tudo dominar.
³Dela se afastou, em sua cólera, um injusto,ᶠ
  arruinou-se em sua sanha fratricida.
⁴Por sua culpa a terra foi submersa,
  e outra vez a Sabedoria a salvou,
  pilotando o justoᵍ numa frágil embarcação.

---

a) Os termos empregados neste v. recordam a oposição estabelecida pela filosofia grega entre o corpo e a alma ou o espírito (cf. Rm 7,25+); entretanto o autor julga normal a união entre alma e corpo. No AT a imagem da "tenda" evoca a precariedade da existência humana (Jó 4,21; Is 33,20; 38,12); o epíteto "de argila" (lit.: "de terra") pode remeter a Jó 4,19 ou Gn 2,7. No NT pode-se aproximar de 2Cor 4,7; 5,1-4; 2Pd 1,13-14 e também da oposição assinalada por Gl 5,17; Rm 7,14-15.
b) Cf. 7,22+. Assimilada ao Espírito divino (Ez 36,25-27+; Sl 51,8.10s+), a Sabedoria é forma interior que põe o pecador no caminho reto (10,1), e o sustenta no cumprimento da Lei (Br 4,4). Esse dom de Deus já encontrara na antiga Aliança uma primeira realização (10).
c) Dos perigos temporais e espirituais. Esta ação salutar da Sabedoria é ilustrada pelo desenvolvimento seguinte, que serve de transição para a terceira parte. — Numerosos mss latinos acrescentam aqui: "todos aqueles, Senhor, que te agradaram desde a origem".
d) Adão, sozinho no mundo, como Deus é só no céu.
e) Certos mss latinos trazem aqui: "e ela o tirou do limo da terra, e ela o arrancou da sua falta". A primeira leitura provém, sem dúvida, de uma glosa explicativa sobre "primeiro modelado". — O tema do arrependimento e do soerguimento de Adão (uma opinião judaica frequentemente retomada pelos Padres da Igreja) é posto em relação com a influência misericordiosa da Sabedoria, que permite a Adão manter, depois da falta, seu domínio sobre o mundo e lhe dá forças para o exercer.
f) Caim (cf. Gn 4,8-13). — Por seu crime, ou condenou-se a si mesmo a uma vida miserável (terminada tragicamente, segundo certas lendas judaicas), ou foi a causa do extermínio de sua raça pelo dilúvio (v. 4), ou se entregou voluntariamente à verdadeira morte (cf. 1,11d-12.16).
g) Noé (cf. Gn 6,9).

⁵ Quando os povos, concordes na malícia, foram confundidos, Gn 11,1-9
    ela reconheceu o justo^a Gn 12,1-3
    e o guardou imaculado diante de Deus, Gn 22,1-19
    conservando-o forte, sem abrandar-se diante de seu filho.
⁶ Na ruína dos ímpios, foi ela que salvou o justo,^b Gn 19
    fugitivo do fogo que descia sobre a Pentápolis. 2Pd 2,6-8
⁷ Testemunho daquela maldade,
    resta ainda um ermo fumegante,
    árvores frutíferas de frutos malogrados Dt 32,32
    e, memorial à alma incrédula,
    ergue-se uma coluna de sal! Gn 19,26
⁸ Pois, desprezando a sabedoria,
    não só se mutilaram ignorando o bem,
    mas também deixaram aos vivos um memorial Gn 19,1 +
    de sua insensatez,
    para que suas faltas não ficassem ocultas.

⁹ Mas a Sabedoria livrou das provações os seus fiéis.
¹⁰ Ela guiou, por caminhos planos, Gn 27,43
    o justo^c que fugia da ira do irmão;
    ela lhe mostrou o reino de Deus Gn 28,10-22
    e lhe deu a conhecer as coisas santas;^d
    deu êxito às suas tarefas Gn 29,1-31,16
    e recompensa aos seus trabalhos;
¹¹ assistiu-o contra opressores cobiçosos
    e o enriqueceu;
¹² guardou-o de seus inimigos, Gn 31,22,42; 32-33
    defendeu-o de quantos o assediavam;
    deu-lhe um prêmio numa áspera batalha, Gn 32,25-31
    para ensinar-lhe que a piedade é mais forte do que tudo.^e Os 12,4-5
                                                                1Tm 4,8

¹³ Não abandonou o justo vendido,^f Gn 37,39
    mas o preservou do pecado;
¹⁴ desceu com ele na cova
    e não o deixou em suas cadeias, Sl 105,17-22
    até trazer-lhe o cetro real Gn 41,40-44
    e o poder sobre seus tiranos;
    desmascarou os que o difamavam
    e deu-lhe uma glória eterna.

O Êxodo

¹⁵ Ao povo santo, raça irrepreensível,^g 18,1
    libertou de uma nação de opressores. Ex 19,6 +
¹⁶ Entrou na alma de um servo do Senhor,
    com prodígios e sinais enfrentou reis temíveis.^h Ex 7-12
                                                       Sl 135,9-10

---

a) Abraão (cf. Gn 22).
b) Ló (cf. Gn 19).
c) Jacó (cf. Gn 27,41-45; 28,5-6).
d) Ou: "dos santos", isto é, dos anjos (Gn 28,12). As "coisas santas" podem designar as revelações concernentes à corte celeste, ou ser entendidas como promessas feitas a Jacó (Gn 28,13-15).
e) Na sua "luta com Deus", Jacó teria vencido não pela força física, e sim pelo vigor de sua piedade. Somente a piedade pode forçar a Deus e obter a segurança de sua bênção. O episódio é, pois, interpretado no sentido de experiência espiritual.

f) José (cf. Gn 37,12-36; 39-41).
g) O povo do Êxodo é "santo" e "irrepreensível" em razão de sua vocação (Ex 19,6; Lv 19,2) e dos valores religiosos que encarna. Ao mesmo tempo, o autor idealiza o passado e continuará a fazê-lo na terceira parte; sua finalidade é tríplice: ilustrar, pela história, o tratamento diferente dos justos e dos ímpios; exaltar a superioridade religiosa e moral do judaísmo; e, enfim, mostrar que o passado prefigura o futuro apocalíptico.
h) Generalização oratória: trata-se do Faraó.

SABEDORIA DE SALOMÃO 10-11

¹⁷ Aos santos deu a paga de suas penas,
guiou-os por um caminho maravilhoso:
de dia, serviu-lhes de sombra
e à noite,*a* de luz de astros.
¹⁸ Fê-los passar o mar Vermelho,
conduziu-os por águas caudalosas;
¹⁹ ela afogou seus inimigos
e os vomitou das profundezas do abismo.
²⁰ Assim os justos despojaram os ímpios*b*
e cantaram, Senhor, teu santo Nome;
unânimes, celebraram teu braço que tinha lutado por eles.
²¹ Porque a Sabedoria abriu a boca dos mudos,
tornou eloquente a voz dos pequeninos.*c*

11 ¹ De êxito coroou as suas obras
pelas mãos de um santo profeta.*d*
² Eles atravessaram um deserto inabitado,
armaram suas tendas em lugares inacessíveis,
³ resistiram aos inimigos, rechaçaram os adversários.*e*

Primeira antítese: o milagre da água*f*

⁴ Tiveram sede e te invocaram:
uma rocha áspera lhes deu água,
uma pedra dura os dessedentou.
⁵ Aquilo que serviu de castigo aos seus inimigos
tornou-se para eles benefício na penúria.
⁶ Enquanto os primeiros tinham apenas o curso inesgotável
de um rio turvado de sangue e lodo
⁷ — castigo de um decreto infanticida,*g* —
deste-lhes, inesperadamente, água abundante,
⁸ para que aprendessem, com a sede que sentiram,
como foram castigados os adversários.
⁹ Quando sentiam, com efeito, provações
que não eram senão correção de misericórdia,
compreendiam os tormentos dos ímpios*h*
sentenciados com cólera;
¹⁰ pois aos teus provaste como pai que repreende,
mas a eles castigaste como rei severo que condena.

---

a) O autor atribui à Sabedoria o que o Ex diz de Deus, presente na Nuvem.
b) Segundo a tradição judaica, os israelitas despojaram de suas armas os egípcios mortos.
c) Outrora Deus desatara a língua de Moisés, para que falasse ao Faraó (Ex 4,10; 6,12.30). Dessa vez ele intervém para que todos os israelitas sem exceção possam associar-se ao seu louvor. O autor segue aqui uma tradição judaica que vai se amplificando nos textos rabínicos.
d) Moisés (cf. Nm 12,7+; Dt 18,15).
e) A longa marcha pelo deserto é resumida em algumas frases para preparar desenvolvimento diferente. A sabedoria não é mais mencionada, salvo em 14,2.5, e o autor dirige-se a Deus numa espécie de meditação sobre os acontecimentos do Êxodo. Por sua liberdade em relação às fontes bíblicas anteriores, todo esse desenvolvimento aparenta-se ao "Midraxe" ou comentário rabínico da Escritura.
f) Doravante, o autor oporá constantemente o tratamento dos israelitas considerados povo de justos (cf. 10,15), e o dos egípcios, tornados símbolo do endurecimento dos ímpios. Essa comparação, bem grega, fundamenta-se sobre dois princípios (11.5.16). Sete antíteses assim se sucederão. Entretanto, a segunda e a terceira (cf. 16,1-14), cederão de início o lugar a duas digressões (11,15-12,27 e 13-15).
g) Segundo Ex 7,14-25, foi para forçar o Faraó a deixar partir os israelitas que Iahweh mudou as águas do Nilo em sangue. Aqui o autor faz desse milagre o castigo do decreto de Ex 1,15s. Cf. também 18,5.
h) A sede e talvez os outros sofrimentos que os israelitas padeceram no deserto deviam fazê-los entender o castigo dos egípcios.

¹²¹¹ Ausentes e presentes se consumiam por igual,
¹³¹² pois dupla aflição os colheu,
e gemiam recordando o passado;*a*
¹⁴¹³ quando souberam que suas próprias penas
redundavam em benefício para os outros,*b*
reconheceram o Senhor.*c*
¹⁵¹⁴ Porque aquele que outrora, exposto, com escárnio rejeitaram,*d*   Ex 1,22-23
ao termo dos eventos, admiravam,
ao sofrerem uma sede diferente da dos justos.

Primeira digressão.
Moderação divina para com o Egito*e*

¹⁶¹⁵ Seus pensamentos insensatos e iníquos   12,24-25
os extraviaram a ponto de prestarem culto   Rm 1,21
a répteis irracionais e bichos miseráveis;
tu lhes enviaste por castigo uma multidão
de animais irracionais,*f*
¹⁷¹⁶ para que compreendessem que no pecado está o castigo.*g*
¹⁸¹⁷ Bem que não teria sido difícil à tua mão onipotente,
que criara o mundo de matéria informe,*h*
soltar contra eles manadas de ursos e leões indomáveis,
¹⁹¹⁸ ou espécies novas de animais recém-criados, ferocíssimos,
expirando hálito de fogo,   Ap 9,17
expelindo turbilhões de vapor infecto,*i*
cujos olhos lançassem relâmpagos terríveis,   Jó 41,10-13
²⁰¹⁹ capazes não apenas de aniquilá-los com sua maldade,
mas de exterminá-los somente com seu aspecto repelente.
²⁰ Sem nada disso, poderiam sucumbir só com um sopro,   Jó 4,9
perseguidos pela Justiça,   Is 11,4
varridos pelo fragor de teu poder.
Mas tudo dispuseste com medida, número e peso.   Is 40,12
                                                                              Jó 28,25
                                                                              Eclo 1,9

Razões desta moderação

²²²¹ Pois teu grande poder está sempre a teu serviço,
e quem pode resistir à força de teu braço?
²³²² O mundo inteiro está diante de ti   Is 40,15
como esse nada na balança,*j*
como a gota de orvalho que de manhã cai sobre a terra.   Os 6,4; 13,3

a) "recordando o passado", corr. segundo certos mss; "lembranças passadas", texto recebido.
b) A água tirada dos egípcios e miraculosamente dada aos israelitas (11,4).
c) Numerosos mss latinos acrescentam aqui: "cheios de admiração no final dos acontecimentos", adição proveniente de 14b.
d) Moisés exposto sobre as águas (Ex 1,22; 2,3) e repelido pelo Faraó (Ex 5,2-5; 7,13.22 etc.).
e) À guisa de introdução à sua releitura das diferentes pragas provocadas por animais (16,1-14), o autor, apresentando-as juntas (11,15-16; 12,23-27; cf. 15,18-19), abre uma primeira digressão (11,47): o culto de animais "répteis" (crocodilo, serpente, largato, rã), "miseráveis animaizinhos" (escaravelho), era muito honrado no Egito dos Ptlomeus; todavia, essa aberração cultual foi castigada com moderação: a pedagogia divina visa de fato à conversão do pecador (11,23; 12,2.10).
f) Rãs (Ex 8,1-2), mosquitos (8,13-14), moscas (8,20), gafanhotos (10,12-15).
g) Que o instrumento da falta torna-se o do castigo (cf. 12,23.27; 16,1; 18,4), é princípio diferente do talião (Ex 21,23-25), e dos que estão implicados em textos como Gn 9,6; Jz 1,6-7; 1Sm 15,23; 2Mc 4,26; 13,8; Pr 5,22 etc.
h) Expressão filosófica, parcialmente inspirada em Platão (*Timeu* 51 A) e corrente na época para designar o estado indiferenciado da matéria, suposta eterna. O autor não tem nenhuma razão para subtrair a matéria à atividade criadora e pensa, sem dúvida, na organização do mundo a partir da massa caótica (Gn 1,1).
i) "turbilhões de vapor infecto", lit.: "um mau cheiro de fumaça"; "mau cheiro", mss, versões; "estrondo", texto recebido. Nessas descrições, o autor inspira-se em monstros fabulosos da Grécia, quimeras, górgonas etc.
j) Pode-se também compreender: "que não inclina a balança".

²⁴ ²³ Mas te compadeces de todos,*a* pois tudo podes,
fechas os olhos diante dos pecados dos homens,
para que se arrependam.
²⁵ ²⁴ Sim, tu amas tudo o que criaste,
não te aborreces com nada do que fizeste;
se alguma coisa tivesses odiado, não a terias feito.
²⁶ ²⁵ E como poderia subsistir alguma coisa,
se não a tivesses querido?
Como conservaria sua existência, se não a tivesses chamado?
²⁶ Mas a todos poupas, porque são teus:
Senhor, amigo da vida!

12

¹ Todos levam teu espírito incorruptível!*b*
² Por isso, pouco a pouco corriges os que caem,
e os admoestas, lembrando-lhes as faltas,
para que, tendo-se afastado do mal, creiam em ti, Senhor.

Moderação de Deus para com Canaã

³ Aos antigos habitantes*c* de tua terra santa,
⁴ tu os aborreceste por causa de suas práticas detestáveis,
ritos execráveis, atos de magia;
⁵ esses cruéis infanticídios,
banquetes canibalescos de vísceras e sangue humanos,
esses iniciados membros de confraria*d*
⁶ e pais assassinos de vidas sem defesa,
decidiste eliminá-los pelas mãos de nossos antepassados,
⁷ para que tua terra predileta
recebesse uma digna colônia de filhos de Deus.
⁸ Mas mesmo a eles, homens que eram,
tu os trataste com indulgência,*e*
mandando-lhes vespas como precursoras do teu exército,
para os exterminar pouco a pouco.*f*
⁹ Bem que podias ter entregue os ímpios às mãos dos justos
numa batalha,
ou tê-los aniquilado de uma só vez,
com animais ferozes ou uma palavra inexorável;
¹⁰ mas exercendo teus julgamentos, pouco a pouco,
tu lhes davas ocasião de conversão,

---

a) O pensamento dos vv. 23s não é novo em Israel, mas jamais se exprimiram com tanta força e na forma de raciocínio a universalidade da piedade de Deus pelos pecadores (cf. Jn 3-4), o papel determinante do amor na criação e conservação dos seres.
b) É o sopro vital derramado por Deus nas criaturas (Gn 2,7; 6,3; Sl 104,29-30; Jó 27,3; 34,14-15). Parece que o autor alude ao espírito da filosofia estoica ou à alma do mundo. — A Vulgata e numerosos mss latinos traduziram (erroneamente): "Como é bom e suave, Senhor, teu espírito em todos os seres!"
c) Uma lista é dada por Dt 7,1, mas o autor visa principalmente aos cananeus.
d) "(banquetes) canibalescos de vísceras", 3 mss; "comedores de vísceras", lat.: "(banquetes) de comedores de vísceras", texto recebido. — "membros de confraria", lit.: "do meio de orgias rituais *(thiasos)*", muitos mss; no texto recebido a expressão está corrompida e não tem sentido. Esse canibalismo não é atestado em Canaã, mas encontra-se entre outros povos da Antiguidade. O autor serve-se de traços dos "mistérios" helenísticos e alude a alguns de seus ritos de má reputação.
e) Esta característica insiste menos na fragilidade do homem (Gn 8,31; Sl 78,39; 103,14-15 etc.) do que em sua dignidade essencial (Gn 1,26-27; Sl 8,5-7) autorizando relações privilegiadas com a Sabedoria divina (Pr 8,31). Essa dignidade era também reconhecida pelo estoicismo, mas com insistência particular sobre a noção comum de humanidade.
f) O autor transforma o sentido dado ao episódio das "vespas" (Ex 23,28; Dt 7,20) pelos textos antigos, preocupados em explicar o atraso que houve na exterminação dos cananeus. Em vez de se preocupar somente com Israel, Deus exercia assim sua misericórdia para com os cananeus pecadores.

muito embora não ignorasses que fossem de má origem,
de malícia congênita,
e que sua mentalidade não mudaria jamais.*ª* 19,1

¹¹ Eram, desde a origem, uma raça maldita. Gn 9,25
Sb 3,12.19

Razões desta moderação

Se lhes anistiaste as faltas, 6,7
não foi porque tiveras medo de alguém.
¹² Pois quem pode dizer-te: "Que fizeste?" Jó 9,12
Ou quem se oporia à tua sentença? Rm 9,19-23
Jó 9,19
Quem te denunciaria por teres feito perecer
nações que tu criaste?
Ou quem pleitearia contra ti
como vingador de homens injustos?
¹³ Pois não há, fora de ti, Deus que cuide de todos, Dt 32,39
para que devesses mostrar que teus julgamentos Jó 34,13 +
não são injustos.
¹⁴ Não há rei nem soberano que possa desafiar-te
por tê-los castigado.
¹⁵ Justo, governas o universo com justiça Gn 18,25
e estimas incompatível com o teu poder
condenar a quem não merece castigo.*ᵇ*
¹⁶ Pois a tua força é o princípio da justiça*ᶜ*
e, por seres o senhor de todos, a todos perdoas. 11,23.26
¹⁷ Demonstras tua força a quem não crê 12,23-27
na perfeição de teu poder,
e confundes a audácia dos que a reconhecem;
¹⁸ mas tu, dominando a força, julgas com moderação
e nos*ᵈ* governas com muita indulgência;
fazer uso do poder
está a teu alcance quando queres. Sl 115,3;
135,6

Lições dadas por Deus a Israel

¹⁹ Assim procedendo, ensinaste a teu povo
que o justo deve ser amigo dos homens,*ᵉ* 11,23
e a teus filhos deste a esperança
de que, após o pecado, dás a conversão. 12,8
²⁰ Pois se os inimigos de teus filhos, réus de morte,
com tanta atenção e indulgência*ᶠ* castigaste,
dando-lhes tempo e lugar para se afastarem de sua malícia,*ᵍ*

---

a) Não em virtude de uma predestinação positiva para o mal, mas em razão de sua recusa ao arrependimento. Deus sabia que, como o Faraó, eles se "endureceriam", o que é ilustrado pela evocação da maldição de Canaã (Gn 9,25), transposta para um plano moral (cf. 3,12.19; 4,3-6).
b) Em consequência de antiga alteração do verbo "condenar" e de corte infeliz, quase todos os mss latinos trazem: "condenas também aquele que não deve ser punido".
c) Porque possui a plenitude da força e não tem razão alguma para dela abusar (cf., ao contrário, 2,11), Deus exerce sua justiça com total imparcialidade e liberdade; seu domínio soberano sobre todos os seres igualmente o autoriza e o convida a usar de clemência para com todos.

d) Ou o autor se identifica com todos os homens, ou já acena (cf. vv. 21-22) a ideia de tratamento especial reservado aos israelitas.
e) A exemplo da Sabedoria (1,6; 7,23). Essa atitude corresponde ao universalismo de fundo dos escritos de sabedoria e encontrará expressão nova no NT (cf. Mt 5,43-48).
f) "indulgência", uma parte dos mss; "pedido", texto recebido, sir.; "tu os salvaste" alguns mss, lat., arm.; outros testemunhos omitem a palavra.
g) Cf. 12,2. A ideia de que Deus tenta arrancar seu povo do pecado através de provas e castigos é frequente no AT (cf. Am 4,6+). O autor a estende deliberadamente a todos os homens pecadores (cf. já Jó 33,14-22; 34,29-32; Jn 3-4).

²¹ com que precaução julgaste os teus filhos,
a cujos pais, com juramentos e alianças,
tão belas promessas fizeste?
²² Assim, nos instruis quando castigas
nossos inimigos com medida*ᵃ*
para que, ao julgar, nos lembremos da tua bondade
e, ao sermos julgados, contemos com tua misericórdia.

Gn 12,7 +

Mt 5,7; 7,2

Ainda os egípcios. Seu castigo progressivo

²³ Eis por que também os que levavam, na injustiça,
uma vida insensata,
com suas próprias abominações*ᵇ* os torturaste;
²⁴ pois se extraviaram tão longe nas veredas do erro,
tomando por deuses os mais vis e repugnantes animais,*ᶜ*
deixando-se enganar como crianças sem juízo...
²⁵ Por isso, como as crianças sem juízo,
tu os submeteste a um burlesco julgamento.
²⁶ Mas os que não se deixaram emendar
por reprimenda derrisória
iriam experimentar um julgamento digno de Deus.
²⁷ Ao serem castigados por aqueles mesmos
que tomaram por deuses
— que os fizeram sofrer e irritar-se —,
viram claro e reconheceram como Deus verdadeiro
aquele que outrora recusaram conhecer.
Por isso, sobre eles se abateu a última condenação.*ᵈ*

11,16

11,15

15,14

11,15

Segunda digressão.
O processo dos cultos pagãos.*ᵉ*
Divinização da natureza

13 ¹ Sim, naturalmente vãos foram todos os homens
que ignoraram a Deus
e que, partindo dos bens visíveis,
não foram capazes de conhecer Aquele que é,
nem, considerando as obras, de reconhecer o Artífice.*ᶠ*
² Mas foi o fogo, ou o vento, ou o ar sutil,
ou a abóbada estrelada, ou a água impetuosa,
ou os luzeiros do céu, príncipes do mundo,
que eles consideraram como deuses!

Ex 3,14 +
At 14,17
Eclo 17,8

Dt 4,19; 17,3
Jó 31,26-28

---

a) "com medida": *en metrioteti*, conj.; "com uma miríade (de golpes)": *en myrioteti*, texto recebido.
b) Designação bíblica dos falsos deuses e dos ídolos (cf. Dt 7,26; 27,15 etc.). O culto aos animais, aqui visado, é ligado pelo autor a 11,15-16.
c) "aos mais vis e repugnantes animais", lit.: "os que mesmo entre os animais são desprezados entre os vis"; "entre os vis", mss; "entre os animais dos inimigos" ou "entre os hostis", texto recebido.
d) O Faraó reconheceu enfim a ação de Deus (Ex 12,31-32), depois de tê-la recusado longamente (Ex 7-11), mas não deixou de continuar a desafiá-la. Isso continuará até o afogamento no mar Vermelho (Ex 14,25-28; Sb 19,1.4s).
e) A menção da zoolatria (11,15; 12,24), leva o autor a criticar as religiões do paganismo ambiente: a divinização do mundo, defendida pelos filósofos helenísticos (13,1-9); a idolatria, com seus fabricantes e seu comércio (13,10-19; 15,7-13), sua origem e suas consequências (14,11-31), com a experiência bíblica em contraste (14,1-10; 15,1-6); enfim, os cultos egípcios culminando na zoolatria (15,14-19); as pragas provocadas por animais por ocasião do Êxodo (11,15; 16,1s), encontram-se assim justificadas. Cf. Dt 4,16-19; Jr 7,1-8,3; Ez 8; Dn 14; esquemas análogos circulavam no judaísmo helenizado.
f) O espetáculo e o estudo da natureza deveriam conduzir o espírito humano a um Deus transcendente e criador de tudo.

³ Se, fascinados por sua beleza, os tomaram por deuses,
aprendam quanto lhes é superior o Senhor dessas coisas,
pois foi a própria fonte da beleza que as criou.ᵃ
⁴ E se os assombrou sua força e atividade,
calcule quanto mais poderoso é Aquele que as formou, 13,1+
⁵ pois a grandeza e a beleza das criaturas
fazem, por analogia, contemplar seu Autor.

⁶ Estes, contudo, não merecem senão breveᵇ repreensão, Rm 1,19-20
pois talvez se extraviem
buscando a Deus e querendo encontrá-lo. At 17,27
⁷ Vivendo no meio de suas obras, exploram-nas,
mas sua aparência os subjuga, tanto é belo o que veem!
⁸ Entretanto, nem estes sequer são perdoáveis:
⁹ pois se foram capazes de conhecer tanto,
para postular a unidade do mundo,
como não descobriram antes o seu Senhor?

A idolatria. Os fabricantes de ídolosᶜ

¹⁰ São uns desgraçados, põem sua esperança em seres mortos,
estes que chamam deuses a obras de mãos humanas, Dt 4,28
ouro, prata, lavrados com arte, 2Rs 19,18
figuras de animais, Is 40,18-20
ou uma pedra inútil, obra de mão antiga.
¹¹ Eis um carpinteiro: ele serra uma árvore fácil de manejar, Is 40,20+
raspa-lhe cuidadosamente toda a casca, Jr 10,3-5
convenientemente a trabalha
e dela faz um utensílio para os usos da vida. 15,7-13
¹² Quanto às sobras de seu trabalho,
emprega-as no preparo da comida que o sacia.
¹³ A sobra de tudo que para nada serve,
um pau retorcido e nodoso:
ele o toma e o esculpe nos momentos de lazer, Gn 1,26;
modela-o com capricho para distrair-se Is 40,18s
e dá-lhe figura de um homem;
¹⁴ ou então torna-o semelhante a um animal desprezível,
cobre-o de vermelho, enrubesce-lhe a superfície,
fazendo desaparecer todas as manchas.
¹⁵ Depois faz-lhe um nicho digno dele Is 46,7
e o coloca na parede, prendendo-o com um prego! Jr 10,4
¹⁶ Toma precauções para que não caia,
sabendo que ele não pode valer-se a si mesmo:
é uma imagem e necessita de ajuda!ᵈ Br 6,25-27
¹⁷ Entretanto, se quer rezar por seus bens, casamento e filhos,
não se envergonha de dirigir sua palavra Is 44,17
a este ser sem vida: Jr 2,27
para a saúde, ele invoca o que é fraco;

---

a) Toque grego (cf. também vv. 5.7; Eclo 43,9-12). O AT frequentemente celebra a grandeza e o poder de Deus na criação (Jó 36.22-26; Sl 19,2; Is 40,12-14 etc.), mas não a beleza do universo concebido como uma obra de arte refletindo seu autor.
b) ou "menor", em comparação com os idólatras do v. 10.

c) A polêmica contra os ídolos, que aparece nos filósofos gregos, era um lugar comum nos escritos bíblicos (cf. sobretudo Is 44,9-20; Jr 10,1-16; Br 6 etc.).
d) Descrição estudada para lançar o ridículo sobre o ídolo: a matéria é madeira sem valor, o artista um vulgar artesão, o trabalho é feito sem cuidado e o objeto nem mesmo ficará de pé.

¹⁸ para a vida, implora o que é morto;
para uma ajuda, solicita o que não tem experiência;
para uma viagem, dirige-se a quem não pode dar um passo
¹⁹ e, para ter lucro e êxito em seus trabalhos e empresas,
pede vigor ao que nenhum vigor tem em suas mãos!

Providência e Sabedoria

14 ¹ Outro, dispondo-se a navegar e singrar ondas indomáveis,
invoca madeira mais frágil
do que o barco que o transporta.ᵃ
² A este, concebeu-o a ânsia do lucro
e construiu-o a perícia técnica;ᵇ
³ mas é a tua Providência,ᶜ ó Pai, que o pilota,
pois abriste um caminho até no mar
e uma rota seguraᵈ entre as ondas,
⁴ mostrando que podes salvar de tudo,
de sorte que, mesmo sem experiência, se possa embarcar.
⁵ Tu não queres que as obras de tua Sabedoria sejam estéreis;
é por isso que os homens confiam sua vida
a um lenho minúsculo
e, atravessando as vagas numa balsa, são libertos.
⁶ Pois quando, nas origens, pereciam os gigantes orgulhosos,ᵉ
a esperança do mundo se refugiou numa jangadaᶠ
que, pilotada por tua mão,
aos séculos futuros deixou o germe de uma geração nova.
⁷ Bendito seja o lenho pelo qual vem a justiça,ᵍ
⁸ mas o ídolo fabricadoʰ seja maldito, ele e quem o fez;
este porque o fez; aquele porque, corruptível,
foi chamado deus.
⁹ Pois Deus detesta igualmente o ímpio e sua impiedade.
¹⁰ Sim, a obra será punida com o seu autor.

Origem do culto aos ídolos

¹¹ Haverá uma visita até para os ídolos das nações
porque, na criação de Deus,
eles se tornaram uma abominação,
um escândalo para as almas dos homens
e uma armadilha para os pés dos insensatos.
¹² A ideia de fazer ídolos foi a origem da fornicação,
sua descoberta corrompeu a vida.ⁱ

---

a) Figura de proa ou de popa, à imitação de uma divindade protetora da navegação (cf. At 28,11).
b) A habilidade técnica do artesão, fruto da Sabedoria (8,6; cf. Ex 31,3; 35,31).
c) O termo, que aparece aqui pela primeira vez na LXX, é tomado de empréstimo à filosofia e à literatura gregas. Entretanto a ideia é bíblica (Jó 10,12; Sl 145,8s.15s; 147,9 etc.).
d) Retomando dois textos que aludem à passagem do mar Vermelho (Sl 77,20; Is 43,16), o autor quer ilustrar o senhorio de Deus sobre o mar e seu poder de proteger eficazmente os navegadores.
e) Esses gigantes têm lugar de destaque nas tradições ou lendas judaicas (cf. Gn 6,4; Eclo 16,7; Br 3,26 e o apócrifo que se chama terceiro livro dos Macabeus — 3Mc 2,4), bem como em certas lendas gregas.
f) A arca de Noé (cf. 10,4).
g) Servindo para o cumprimento dos desígnios de Deus. Muitos Padres aplicaram esse texto ao madeiro da Cruz.
h) Lit.: "a coisa feita a mão", isto é, de mão humana, mas essa palavra composta designa frequentemente os ídolos na LXX.
i) A "fornicação" deve ser entendida no sentido de infidelidade religiosa (cf. Os 1,2+), mas o erro do espírito acarretou o desregramento dos costumes (cf. Rm 1,24-32; Ef 4,17-19).

¹³ Porque nem existiam desde o princípio
e nem existirão eternamente:
¹⁴ é por uma ilusão humana que elas entraram no mundo,ᵃ
por isso, um rápido fim lhes foi decretado.

14,11

¹⁵ Um pai,ᵇ desconsolado por um luto prematuro,
manda fazer uma imagem de seu filho tão cedo arrebatado,
e honra agora como deus o que antes era um homem morto,
e para seus súditos institui mistérios e ritos.
¹⁶ Depois, com o tempo, o costume ímpio fortificou-se,
foi observado como lei, e sob as ordens dos soberanos,
as imagens esculpidas receberam culto:
¹⁷ como os homens, vivendo longe,
não podiam honrá-los em pessoa,
representaram sua longínqua figura,
fazendo uma imagem visível do rei que honravam,
para assim, mediante esse zelo,
adular o ausente como presente.
¹⁸ A ambição do artista promoveu esse culto,
atraindo mesmo os que não o conheciam;
¹⁹ pois querendo este, talvez, agradar ao soberano,
forçou sua arte a fazê-lo mais belo que a natureza,
²⁰ e a multidão, atraída pelo encanto da obra,
considera agora objeto de adoração
a quem antes honravam apenas como homem.

Dn 3,1-7

²¹ E isso se tornou uma cilada para a vida:
homens, escravos ou da desgraça ou do poder,
impuseram o Nome incomunicávelᶜ à pedra e à madeira.

Ex 3,14 +

Consequências do culto aos ídolos

Rm 1,24-32

²² Não lhes bastou somente errar acerca
do conhecimento de Deus,
pois vivendo na grande guerraᵈ da ignorância,
a tais males proclamam paz!
²³ Com seus ritos infanticidas, seus mistérios ocultos
ou suas frenéticas orgias de estranho ritual,ᵉ

12,5
Lv 18,21 +

²⁴ já não conservam pura nem a vida nem o casamento,
um elimina o outro insidiosamente
ou o aflige pelo adultério.
²⁵ Por toda parte, sem distinção, sangue e crime, roubo e fraude,
corrupção, deslealdade, revolta, perjúrio,

Ex 20,13s;
Os 4,1-2

²⁶ perseguição dos bons, esquecimento da gratidão,
impureza das almas, inversão sexual,ᶠ
desordens no casamento, adultério e despudor.ᵍ

---

a) Muitos bons mss trazem aqui "a morte entrou", sob influência de 2,24. — Para nosso autor, o monoteísmo precedeu o politeísmo. Mesma concepção em Gn.
b) Dois exemplos mostrarão como a "ilusão" humana inventou os ídolos, insistindo mais sobre o culto idolátrico prestado a homens divinizados do que sobre a própria divinização. O primeiro exemplo é esclarecido pelo costume grego de elevar os filhos mortos ao nível de "heróis protetores", costume aliás lembrado e imitado por Cícero depois da morte de sua filha Túlia. O segundo, a divinização do soberano ainda vivo, visa a um costume helenístico, depois romano.
c) O nome revelado a Moisés (Ex 3,14) ou o próprio nome de "Deus".
d) Guerra interior pelo desencadeamento das paixões, exterior pelas desordens que essas paixões provocam na sociedade. Alusão possível à *Pax Romana*.
e) Alusão às bacanais dos mistérios dionisíacos, ou às violências e imoralidades dos mistérios frígios.
f) Lit.: "inversão da geração".
g) Reflexão sobre a sociedade, abalada em seus fundamentos pelo desprezo da vida e dos direitos dos outros, pela profanação do casamento, pela deslealdade e sobretudo pela constante violação do juramento (cf.

²⁷ O culto aos ídolos inomináveis[a]
é princípio, causa e fim de todo o mal:
²⁸ com efeito, ou entregam-se a divertimentos até o delírio,
ou profetizam a mentira,
ou vivem na injustiça, ou perjuram com facilidade.
²⁹ Pois confiando em ídolos sem vida,
não esperam nenhum prejuízo de seus falsos juramentos.
³⁰ Por dupla razão, porém, a sentença os atingirá:
pensaram mal de Deus, inclinando-se para os ídolos,
e juraram contra a verdade e a justiça,
desprezando a santidade.
³¹ Pois não é o poder daqueles por quem se jura,
mas o castigo devido aos pecadores
que persegue sempre a transgressão dos injustos.

Israel não é idólatra

15 ¹ Mas tu, nosso Deus, és bom e verdadeiro;
lento para a ira, governas o universo com misericórdia.
² Mesmo pecando somos teus,
pois reconhecemos tua soberania,[b]
mas não pecaremos, sabendo que te pertencemos.
³ Conhecer-te é a justiça integral,
e reconhecer tua soberania é a raiz da imortalidade.[c]
⁴ Não nos extraviaram as perversas artes, invenções humanas,
nem o trabalho estéril dos pintores
— figuras besuntadas com cores disparadas —,
⁵ cuja vista desperta a paixão dos insensatos,
que se entusiasmam com a forma sem vida de uma imagem morta.
⁶ Enamorados do mal e dignos de tais esperanças,
tanto os autores como os entusiastas e adoradores!

Loucura dos fabricantes de ídolos[d]

⁷ Eis um oleiro que laboriosamente amassa uma terra mole
e modela cada objeto para nosso uso.
Da mesma argila modelou
os vasos que servem às ações puras,
como também, do mesmo modo, a usos contrários;
qual deva ser o uso de cada um desses,
o juiz é o oleiro.
⁸ E depois — esforço mal empregado! —
da mesma argila modela uma divindade vazia,
ele que pouco antes nascera da terra

vv. 29-31). Esse desequilíbrio radical é relacionado imediatamente não com o simples desconhecimento do verdadeiro Deus, mas com os cultos idolátricos. Cf. Rm 1,22-31, próxima desta passagem: o erro em matéria religiosa gera a imoralidade.
a) Isto é, inexistentes. Talvez seja preciso entender: "que não se deve nomear" (cf. Ex 23,13).
b) Os israelitas continuam a reconhecer nele o único Senhor, que se comprometeu solenemente com seus Pais e permanece fiel (12,19.21-22; 15,1); ou ainda, mesmo pecadores, como no episódio do bezerro de ouro (Ex 32), não deixam de pertencer a Deus, pois sabem que ele exerce seu poder sobre todos com bondade e misericórdia, oferecendo a todos a possibilidade do arrependimento (11,23-12,2; 12,16-18).
c) Trata-se de conhecimento vital (cf. Jr 9,23) que está no princípio da verdadeira justiça. A noção de imortalidade, com a imagem da raiz (cf. 3,15), prolonga a de justiça (cf. 1,1.15; 3,1-9). Para uma ideia de conjunto, cf. Jo 17,3.
d) O autor ataca os fabricantes de ídolos e põe em cena um oleiro modelador de estatuetas, como tantos que havia no mundo helenístico. A descrição é paralela à do carpinteiro (13,11-19).

e que em breve voltará à terra donde foi tirado,   Gn 3,19
quando se lhe pedirá conta da vida que lhe foi emprestada.   15,16

⁹ Não o preocupa o fato de que vai se esgotar
e que sua vida seja efêmera;
compete[a] com os ourives e os que lavram a prata,
plagia os fundidores de bronze,
vangloriando-se de fabricar réplicas.
¹⁰ Cinzas, o seu coração!   Is 44,20
Sua esperança: mais vil que a terra!
Sua existência: mais desprezível que o barro!
¹¹ Pois desconheceu Aquele que o modelou,
infundiu-lhe uma alma ativa   Gn 2,7
e inspirou-lhe um sopro vital.[b]
¹² Mas ele considerou a nossa vida como um jogo
e a existência uma feira de negócios: At 19,24
"É preciso ganhar — diz ele — por todos os meios,
mesmo maus!"[c]
¹³ Sim, este, mais que todos, sabe que peca:
o que fabrica, de matéria terrena,
frágeis vasos e estátuas de ídolos.

O cúmulo: da idolatria à zoolatria

¹⁴ Mas muito insensatos e mais infelizes
que a alma de uma criança[d]   12,24
são os inimigos de teu povo, que o oprimiram,[e]
¹⁵ pois eles consideraram como deuses
todos os ídolos dos pagãos,
cujo uso dos olhos não lhes serve para ver,   Sl 115,4-7
nem o nariz para respirar o ar,   Sb 13,18
nem os ouvidos para ouvir,
nem os dedos da mão para apalpar,
e seus pés são inúteis para caminhar.
¹⁶ Pois foi um homem quem os fez,
modelou-os um ser de espírito emprestado: Gn 2,7
nenhum homem pode plasmar um deus semelhante a si;   Sl 104,29-30
¹⁷ mortal, suas mãos ímpias produzem um cadáver.
Ele é melhor do que os objetos que adora:
ele pelo menos teve vida, eles jamais!
¹⁸ Adoram até os animais mais odiosos   11,15;
que, comparados com os demais, são os mais estúpidos;   12,24
¹⁹ não têm nenhuma beleza que os faça atraentes
— coisa que sucede à vista com outros animais —,
ao contrário, eles escaparam ao elogio de Deus
e à sua bênção.[f]

---

a) Em lugar de pensar no seu derradeiro fim, recordado pela argila com que trabalha (Gn 3,19), este oleiro se dá ao ridículo de rivalizar com os artistas que empregam seu talento em matérias nobres.
b) "alma ativa" e "sopro vital" são sinônimos.
c) O oleiro vê atribuir a si essas expressões proverbiais correntes no mundo greco-romano.
d) A criança pode ser facilmente enganada.
e) O autor volta aos egípcios "opressores" de seu povo antes do Êxodo e ainda sob o reinado dos Ptolomeus (cf. 12,23-27; 13,1+).
f) No começo da criação, Deus abençoara sua obra dotada de vida (Gn 1,22.28; 2,3). Depois da queda a serpente fora amaldiçoada (Gn 3,14-15). Os animais-deuses dos egípcios merecem a mesma reprovação.

Segunda antítese:[a] rãs e codornizes

16 ¹ Por isso receberam, por semelhantes animais,
o castigo merecido,
torturados por uma praga de animalejos.
² Em vez de tal castigo, beneficiaste o teu povo
e, para satisfazer-lhe o ardente apetite,
proporcionaste-lhe codornizes, alimento extraordinário!
³ Assim, enquanto aqueles, famintos,
perdiam o apetite natural
pelo desgosto do que lhes fora enviado,
estes, depois de passar um pouco de necessidade,
entre si repartiam um alimento extraordinário.
⁴ Pois era preciso que sobre aqueles — os opressores —
se abatesse uma penúria inevitável;
a estes bastava que se lhes mostrasse
como eram torturados seus inimigos.

margin: 11,15-16; 12,23.27 · 11,5.13 · Ex 16,9-13 · Nm 11,10-32 · 11,8-9

Terceira antítese: gafanhotos e serpente de bronze

⁵ Mesmo quando lhes sobreveio a terrível fúria das feras
e pereciam mordidos por serpentes tortuosas,
tua cólera não durou até o fim;
⁶ para que se advertissem, foram assustados um pouco,
mas tinham um sinal[b] de salvação
para lhes recordar o mandamento da tua Lei,
⁷ e quem se voltava para ele era salvo,
não em virtude do que via,
mas graças a ti, o Salvador de todos![c]
⁸ Assim convenceste nossos inimigos
de que és tu quem livra de todo mal;[d]
⁹ pois eles morreram a picadas de gafanhotos e de moscas,
não se achou remédio para a vida deles,
porque mereciam semelhante castigo.[e]

¹⁰ Quanto aos teus filhos,
não os venceram sequer
as presas de serpentes venenosas,
pois interveio a tua misericórdia e os salvou.
¹¹ Para que se recordassem de teus oráculos,
eram aguilhoados, e logo curados,
para não caírem num profundo esquecimento
e serem excluídos de tua ação benéfica.[f]

margin: Nm 21,4-9 · Nm 21,9 + Jo 3,14-17 · Is 45,14 + · Ex 10,4-15; 8,16-20 · 11,15-16

---

a) Depois das duas digressões, o fim do livro (16-19) retoma o paralelo entre egípcios e israelitas (cf. 11,4+). A segunda e terceira antíteses foram remotamente preparadas pela menção geral das pragas causadas pelos animais (11,15-16; 12,23-27). O autor continua a acrescentar muitos pormenores às antigas narrativas bíblicas (como no v. 3), interpretando-as livremente segundo o gênero do Midraxe.
b) No lugar de "sinal", muitos mss importantes trazem "conselheiro".
c) O autor interpreta Nm 21,4-9 no sentido da misericórdia. Afirma também que a serpente de bronze não tinha nenhum poder por si mesma. Vê nela a recordação da Lei e o sinal de salvação oferecida a todos por Deus, o que não resulta do texto antigo. — Serpente de bronze e desígnio salvífico universal de Deus aparecem num mesmo contexto em Jo 3,14-17.
d) Os inimigos são supostamente informados destes acontecimentos (cf. 11,13), a menos que o autor pense num ensinamento sempre válido no presente.
e) O autor parece querer associar, com termo bastante vago, as moscas (Ex 8,16-20) e os mosquitos (Ex 8,12-15) à praga dos gafanhotos (Ex 10,4-15). A ideia de lhes conferir ação mortífera pode resultar de ampliação de Ex 10,17 ("flagelo mortal") e do Sl 78,45 ("moscas que devoravam"); faz-se também a aproximação, para transposição apocalíptica dessas pragas, do texto de Ap 9,3-12.
f) Ou: "não se tornarem insensíveis aos teus benefícios".

¹² Não os curou nem erva nem unguento,
mas a tua palavra, Senhor, que tudo cura!

Sl 107,20
Is 55,10-11

¹³ Porque tu tens poder sobre a vida e a morte,
fazes descer às portas do Hades e de lá subir.[a]

Dt 32,39;
1Sm 2,6 +

¹⁴ O homem, ainda que em sua maldade possa matar,
não pode fazer voltar o espírito exalado
nem libertar a alma no Hades recolhida.[b]

Quarta antítese: granizo e maná

¹⁵ É impossível escapar de tua mão.

Tb 13,2

¹⁶ Aos ímpios, que recusavam conhecer-te,
açoitaste com teu braço vigoroso:
perseguiam-nos chuvas insólitas, granizo,
tormentas implacáveis
e o fogo os devorou.[c]

Ex 9,24.25
Sl 78,47-49

¹⁷ O mais surpreendente: na água, que tudo apaga,
mais ainda ardia o fogo;
é que o universo combate pelos justos.

5,17-20

¹⁸ Ora a chama se abrandava
para não queimar os animais enviados contra os ímpios,[d]
para que, vendo-os, compreendessem
que o julgamento de Deus os perseguia;
¹⁹ ora, mesmo no seio da água, ardia mais forte que o fogo,
para destruir os produtos de uma terra iníqua.
²⁰ A teu povo, ao contrário,
nutriste com um alimento de anjos,
proporcionando-lhe,[e] do céu, sem fadiga,
um pão de mil sabores, ao gosto de todos.[f]

Ex 16
Sl 78,25
Sl 105,40

²¹ Este sustento manifestava a teus filhos tua doçura,
pois servia ao desejo de quem o tomava
e se convertia naquilo que cada qual queria.
²² Neve e gelo[g] resistiam ao fogo sem derreter-se:
soube-se assim que o fogo
— ardendo no meio do granizo
e lampejando nos aguaceiros —
destruía os frutos dos inimigos;

16,19

²³ mas o mesmo, noutra ocasião,
esqueceu-se de sua própria força,
para que os justos se alimentassem.

---

a) O autor ensina aqui o poder absoluto de Deus sobre a vida e a morte, não somente enquanto pode livrar a quem quiser do perigo da morte (cf. Sl 9,14; 107,17-19; Is 38,10-17), mas ainda, parece, num sentido mais profundo: ele pode fazer tornar à vida corporal a alma que desceu ao Xeol (cf. 1Rs 17,17-23; 2Rs 4,33-35; 13,21).
b) "Hades" não está expresso (lit.: "a alma que foi recebida"), mas o sentido não dá margem à dúvida.
c) As características dessa enumeração relembram a praga do granizo (Ex 9,13-35), mas o autor explora à maneira do Midraxe todas as indicações bíblicas: para as "chuvas", cf. Ex 9,29(LXX).33.34; para o "fogo" cf. Ex 9,23-24; Sl 78,47-49; 105,32 (onde se encontra também a "chuva").

d) O autor parece pensar que as primeiras pragas duravam ainda quando a sétima, a do granizo (Ex 9,13-35), se abateu sobre o Egito.
e) Var. atestada por bons mss: "enviando-lhe".
f) O maná, "pão dos anjos" (Sl 78,25) ou "pão do céu" (Sl 105,40), que tinha o "gosto de bolo de mel" (Ex 16,31), torna-se alimento capaz de satisfazer a todos os paladares, tomando todos os sabores desejáveis: o próprio símbolo da doçura de Deus (v. 21). Essa característica encontra paralelos bem concretos em textos rabínicos e já atesta a existência de lenda judaica sobre o maná. A liturgia cristã aplica essa passagem à Eucaristia.
g) É ainda o maná, que Ex 16,14 compara ao orvalho, e Nm 11,7 (LXX) ao gelo (cf. 19,21).

	²⁴ Pois a criação, submissa a ti, seu Criador,
5,17; 19,6	inflama-se para castigar os injustos
	e abranda-se para beneficiar os que confiam em ti.ᵃ
19,18	²⁵ Eis por que, também então, mudando-se em tudo,ᵇ
Sl 104,27 - 28; 136,25; 145,16	colocava-se a serviço de tua liberalidade, nutriz universal, segundo o desejo dos necessitados.ᶜ
	²⁶ Assim teus filhos queridos aprenderam, Senhor:
	não é a produção de frutos que alimenta os homens,
Dt 8,3 +	mas a tua palavra que sustenta os que creem em ti.
	²⁷ Pois o que o fogo não devorou
Ex 16,21	logo se derretia ao calor de um leve raio de sol,
	²⁸ para que se soubesse que é preciso
	madrugar mais que o sol para te dar graças
Sl 5,4 Eclo 39,5	e, desde o raiar do dia, te encontrar;ᵈ
	²⁹ a esperança do ingrato se desfaz como a geada do inverno
Sl 58,8	e, como água inútil, se escoa...

Quinta antítese: trevas e coluna de fogoᵉ

17

Ex 6,6; 7,4 Sl 92,6.7 Rm 11.33-35 2,21 Ex 10,21-23 14,3	¹ Sim, teus julgamentos são grandes e difíceis de compreender, é por isso que as almas sem instrução se extraviaram. ² Os ímpios, persuadidos de poderem oprimir uma nação santa, jaziam cativos das trevas, nos entraves de uma longa noite, reclusos sob seus tetos, excluídos da eterna providência.
Is 29,15 LXX	³ Pensavam permanecer ocultos com seus pecados cometidos em segredo,
2,4	sob o sombrio véu do esquecimento;
	foram dispersos, imersos em terrível aturdimento, apavorados por alucinações.ᶠ
	⁴ Pois o antro que os detinha não os preservava do medo: ao seu redor retumbavam assustadores ruídos,
Jó 33,15-17	apareciam-lhes tétricos espectros de lúgubres rostos.
	⁵ Nenhum fogo tinha força sequer para iluminá-los, nem os cintilantes luzeiros dos astros logravam aclarar aquela noite infernal.
	⁶ Luzia-lhes somente uma massa de fogo — acesa por si mesma, semeando horror — e, quando não viam aquela aparição, terrificados, estimavam ainda pior o que viam.
	⁷ Os artifícios da magia haviam fracassado,ᵍ
2,16; 5,8	seu alarde de ciência foi vergonhosamente confundido,

a) "inflama-se... abranda-se", lit.: "estica... relaxa", imagem tomada dos instrumentos de corda (cf. 19,18).
b) O autor tenta explicar essa particularidade do maná (cf. vv. 20c.21c) com a ajuda da física da época, pela mutação dos elementos ou pela permuta de suas propriedades. Mas insiste menos sobre o caráter extraordinário do fato do que sobre o ensinamento que dele decorre.
c) Ou: "daqueles que pediam", ou "estavam na penúria".
d) Esta leitura, apoiada na interpretação muito livre de Ex 16,21, registra o uso de fazer coincidir a oração da manhã com a aurora ou os primeiros raios do sol.
e) À praga das trevas (Ex 10,21-23; Sl 105,28) o autor opõe a luz que continuava a iluminar o mundo inteiro e os israelitas (v. 18 e 18,1), depois a luz da Lei (18,4); mas a antítese propriamente dita faz intervir a "coluna de fogo" (18,3).

f) O autor dramatizará estranhamente a praga das trevas. A descrição a seguir aumenta em diversos sentidos o relato bíblico e aparenta-se ao Midraxe helenístico, utilizando talvez lendas judaicas e especulações rabínicas encontradas em Fílon de Alexandria. Salienta-se ao mesmo tempo a orientação apocalíptica do conjunto: as trevas do Egito tornam-se a antecipação ou a imagem das trevas infernais (cf. sobretudo vv. 14.21). O autor critica a magia (17,7+) e os mistérios do ambiente alexandrino. Analisa também a psicologia do medo (sobretudo em 17,12+; cf. 5,2); os discursos dos ímpios (2; 5) estão subjacentes.
g) Depois de êxito temporário (Ex 7,11.22; 8,3), fracassaram (Ex 8,14) e até mesmo trouxeram infelicidade aos seus autores (Ex 9,11). Parece que através dos

⁸ pois os que prometiam expulsar,
da alma enferma, terrores e quebrantos
caíam vítimas, eles mesmos, de apreensão ridícula.
⁹ Mesmo que nada de inquietante os amedrontasse,
sobressaltavam-se com a passagem de animalejos e sibilos
de répteis,
¹⁰ sucumbiam tremendo, negando-se a olhar este ar,
do qual de modo algum se pode fugir.
¹¹ Com efeito, a maldade é singularmente covarde
e condena-se por seu próprio testemunho;
pressionada pela consciência, imagina sempre o pior,ᵃ

¹² porque o medo não é outra coisa
senão o desamparo dos auxílios da reflexão;ᵇ
¹³ menos contamos interiormente com eles
e mais alarmante parece ser a causa oculta do tormento.ᶜ
¹⁴ Para eles, durante essa noite saída dos antros do Hades
impotente, adormecidos de um mesmo sono,
¹⁵ eles eram ora perseguidos por espectros monstruosos,
ora paralisados pelo torpor de sua alma,
inundadosᵈ por repentino e inesperado temor.

¹⁶ Assim, todo aquele que ali caísse, quem quer que fosse,
permanecia encarcerado,
trancado numa prisão sem trancas;
¹⁷ agricultor fosse, ou pastor,
ou ocupado a penar no deserto,
surpreendido, sofria a inelutável necessidade;
¹⁸ todos acorrentados à mesma cadeia de trevas.
O vento que assobiava,
o canto melodioso dos pássaros na ramagem frondosa,
a cadência de uma água fluindo impetuosa,
¹⁹ o surdo fragor de rochas caindo em avalanches,
a invisível carreira de animais saltitantes,
o rosnar das feras mais selvagens,
o eco retumbante das cavernas das montanhas,
tudo os estarrecia e enchia de pavor.
²⁰ Pois o mundo inteiro, iluminado por uma luz radiante,
se entregava livremente a seus trabalhos;
²¹ somente sobre eles se estendia uma pesada noite,
imagem das trevas que os deviam receber.
Mais que as trevas, porém,
eram eles cargas para si mesmos.

18

¹ Mas para os teus santos havia plena luz;
os outros, que ouviam suas vozes,
mas não viam sua figura,ᵉ

magos do Faraó o autor ataca os magos de seu tempo. Cf. 12,4; 18,13.
a) Primeira menção da "consciência" na Bíblia grega (cf. At 23,1+); a palavra designa aqui a consciência moral que reprova os pecados cometidos. — A reflexão elimina as causas imaginárias do medo. Mas a consciência pesada a tolhe e impede de realizar sua obra.
b) Essa definição do medo, única na Bíblia, inspira-se em textos helenísticos que também salientam como a razão desfalece e trai; a originalidade do autor consiste em ligar o medo à má consciência dos pecados cometidos e, mais ainda, ao desconhecimento de Deus (17,1).
c) Pode-se também compreender: "a incapacidade de prever interiormente (os males) exagera a ignorância da causa…".
d) "inundados", mss; "abatidos", texto recebido.
e) Supõe-se aqui que os hebreus estivessem misturados com os egípcios (cf. Ex 11,4-7; 12,12-13.29-36).

proclamavam-nos felizes por não terem sofrido;*a*
² rendiam-lhes graças por não lhes terem feito mal,
apesar de maltratados,
e lhes pediam perdão pela atitude hostil.*b*

Ex 13,21-22 +
10,17
Sl 121,6

³ Em lugar de trevas, deste aos teus uma coluna de fogo
para os guiar num caminho desconhecido,
qual sol inofensivo, em sua gloriosa migração.

11,16

⁴ Os outros mereciam ficar sem luz,
prisioneiros das trevas,
pois haviam mantido presos os teus filhos,

Is 2,3.5

que ao mundo iam transmitir a luz incorruptível de tua Lei.

Sexta antítese: morte dos primogênitos e praga mortal afastada^c

Ex 1,22-2,10

⁵ Quando decidiram matar os filhos dos santos,
e tendo sido exposto e salvo um só menino,

Ex 12,29-30
Ex 14,26-28

como castigo, arrebataste uma multidão de filhos*d*
e os eliminaste, todos juntos, pela violência das águas.*e*
⁶ Aquela noite fora de antemão conhecida por nossos pais,*f*
para que tivessem ânimo, sabendo com certeza
em que promessas haviam crido.
⁷ Teu povo esperava já
a salvação dos justos e a ruína dos inimigos;
⁸ pois enquanto punias os nossos adversários,
tu nos cobrias de glória, chamando-nos a ti.*g*
⁹ Os santos filhos dos bons*h*
ofereciam sacrifícios ocultos
e, de comum acordo, estabeleceram esta lei divina:
que os santos compartilhassem igualmente bens e perigos,
e começaram a entoar os hinos dos Pais.*i*

Ex 11,6;
12,30

¹⁰ Ecoavam os gritos discordantes dos inimigos
e repercutia um clamor queixoso, lamentando seus filhos;

Ex 11,5;
12,29

¹¹ igual castigo atingia escravo e senhor,
tanto sofria o rei como o plebeu,
¹² e todos juntos, sob uma só forma de morte,
tinham mortos incontáveis.

a) "por não terem", mss, lat.; "ainda que tenham (eles próprios sofrido)", texto recebido.
b) Poder-se-ia traduzir também: "pedindo-lhes por favor que se fossem" (cf. Ex 10,24; 11,8; 12,33; Sb 19,2).
c) Alegando outro exemplo de correspondência entre falta e castigo (cf. 11,16), o autor anuncia ao mesmo tempo o extermínio dos primogênitos e o desastre do mar Vermelho (v. 5). Mas, em seguida, sua atenção se fixa sobre o primeiro episódio; este é inserido em sua moldura da noite pascal (18,6-19), antes de ser comparado à intercessão de Aarão que deteve a praga mortal que atingiu o povo hebreu revoltado no deserto (18,20-25).
d) Esta correspondência apoia-se talvez em Ex 4,22-23. Anteriormente (11,6-7), o decreto infanticida fora *invocado* para *justificar* a praga do Nilo transformado em sangue.
e) Este outro episódio, desenvolvido em 19,1-9, é igualmente relacionado com o decreto infanticida pelo livro dos Jubileus (48,14) e por comentário rabínico.

f) Quer os israelitas do tempo do Êxodo (Ex 11,4-7), quer sobretudo os patriarcas, cujos descendentes Deus prometera livrar da servidão do Egito (Gn 15,13-14; 46,3-4). Cf. 18,23-24.
g) O extermínio dos primogênitos do Egito, a celebração da Páscoa e o Êxodo designavam definitivamente Israel como o povo de Deus (cf. Dt 7,6+).
h) Isto é, os descendentes de boa estirpe, de uma linhagem santa; pode-se traduzir também: "os santos filhos dos bens", isto é, os herdeiros dos bens prometidos aos Pais. — A Páscoa é chamada sacrifício (Ex 12,27; Dt 16,2.5). Esse sacrifício é denominado "oculto" porque celebrado no interior das casas (Ex 12,46).
i) O autor interpreta a refeição pascal conforme era feita em seu tempo. Páscoa e aliança estão ligadas (cf. Jr 31,32; 2Cr 30,1-27; 34,31-35,1; Lc 22,20). A solidariedade entre os participantes, os "santos", fundamenta-se provavelmente na circuncisão exigida por Ex 12,43-49; cf. Jo 13,34. A refeição pascal termina com o canto do Hallel (Sl 113-118; cf. Mt 26,30).

Os vivos não bastavam para os funerais: Nm 33,4
num só instante pereceu o melhor de sua raça.
¹³ Antes, absolutamente incrédulos por causa dos sortilégios,
à vista da morte de seus primogênitos,
confessavam que aquele povo era filho de Deus.ᵃ   Ex 4,22; Dt 1,31 + Os 11,1
¹⁴ Quando um silêncio profundo envolvia todas as coisas
e a noite mediava o seu rápido percurso,   Ex 11,4; 12,29
¹⁵ tua Palavra onipotente lançou-se, guerreiro inexorável,   Ap 19,11-13
do trono real dos céus para o meio
de uma terra de extermínio.ᵇ
Trazendo a espada afiada de tua ordem irrevogável,   Ap 19,15
¹⁶ deteve-se e encheu de morte o universo:
de um lado tocava o céu, de outro pisava a terra.
¹⁷ Então,ᶜ de repente, sobressaltaram-nos alucinantes pesadelos,   Jó 4,13-15
deles se apoderaram improvisos temores.
¹⁸ Tombando, semimortos, por aqui, por ali,
manifestavam a causa de sua morte,
¹⁹ pois seus turbulentos pesadelos os tinham prevenido,
para que não morressem sem saber a razão de sua desgraça.

Ameaça de extermínio no deserto

²⁰ Também aos justosᵈ a experiência da morte atingiu,   Nm 17,6-15; 1Cor 10,8
e uma multidão foi massacrada no deserto.
Mas a cólera não durou muito,
²¹ pois um homem irrepreensívelᵉ se lançou em sua defesa.
Manejando as armas de seu ministério,
oração e incenso expiatório,ᶠ   Nm 17,11-12
enfrentou a cólera e pôs fim ao flagelo,
mostrando que ele era teu servidor.
²² Ele venceu a Indignação,ᵍ não pelo vigor do corpo,
nem pelo poder das armas:
pela palavraʰ suplantou aquele que castigava,
recordando as promessas feitas aos Pais e as alianças.   Ex 32,11-13
²³ Quando já se empilhavam os cadáveres,
uns sobre os outros,
ele se interpôs, deteve a Cólera,
cortando-lhe o caminho aos que ainda tinham vida.
²⁴ Pois em sua veste talar estava o mundo inteiro;
em quatro fileiras de pedras preciosas

---

a) Acreditando nos sortilégios, os egípcios esperavam até então que seus magos vencessem Moisés (cf. Ex 7,11-13; 8,3.14; 9,11), que parecia agir com magia rival. Desta vez Deus intervém diretamente.
b) A morte dos primogênitos, atribuída por Ex 11,4s; 12,12.23.27.29 diretamente a Deus, acompanhado pelo Exterminador (Ex 12,23), torna-se obra da Palavra divina. Esta já era representada como executora de julgamentos por Is 11,4; 55,11; Jr 23,29; Os 6,5. Nessa evocação dramática, o autor se inspira, no v. 16b, em 1Cr 21,15-27, e talvez também em Homero (*Ilíada*, IV, 443). O conjunto assume significação apocalíptica, e a Palavra de julgamento prefigura não a Encarnação do Verbo (contrariamente ao uso que a liturgia fez deste texto), mas o aspecto temível de sua segunda vinda. Aproxima-se de 1Ts 5,2-4; Ap 19,11-21.

c) O que segue não tem nenhuma ligação com o relato do Êxodo.
d) Em punição da revolta que seguiu o castigo de Coré, Datã e Abiram (Nm 17,6-15).
e) Aarão, "irrepreensível" porque, escolhido por Iahweh, permaneceu-lhe fiel.
f) Lit.: "o sacrifício expiatório do incenso". Acrescentando a "oração", não mencionada pela narrativa bíblica, o texto transforma o sumo sacerdote em intercessor (cf. 2Mc 3,31; 15,12; Sl 99,6; Hb 7,25).
g) "a Indignação": *ton colon*, conj.; "a multidão": *ton oclon*, texto recebido.
h) Palavra litúrgica de intercessão cujos motivos são indicados na sequência da frase. Essa palavra que salva do Exterminador contrasta com a Palavra que feria (18,15).

estavam as glórias dos Pais
e, sobre o diadema de sua cabeça, havia a tua Majestade.[a]
²⁵ Diante disso, atemorizado, recuou o Exterminador.[b]
Fora suficiente a simples experiência da Cólera.

Sétima antítese: o mar Vermelho[c]

19 ¹ Mas sobre os ímpios abateu-se até o fim
uma cólera implacável,
porque Ele sabia de antemão o que iriam fazer:
² que os deixariam partir e urgiriam para que se fossem,[d]
mas logo, mudando de parecer, os perseguiriam.
³ De fato, ainda tinham em suas mãos os instrumentos de luto,
chorando junto às tumbas dos mortos,
quando conceberam outra ideia absurda:
aos que haviam expulsado com súplicas,
perseguiam agora como fugitivos.
⁴ Um merecido destino[e] os arrastou a tal extremo
e os fez esquecer o que se passara,
arrematando com suas torturas o castigo que faltava;[f]
⁵ e enquanto teu povo experimentava uma viagem maravilhosa,
eles mesmos encontrariam uma morte insólita.
⁶ Pois a criação inteira, obedecendo às tuas ordens,[g]
em sua natureza tomava novas formas
para guardar incólumes os teus filhos.
⁷ Viu-se a nuvem cobrir de sombra o acampamento,
a terra enxuta emergir onde era água,
o mar Vermelho convertido num caminho praticável
e as ondas violentas qual planície verdejante;[h]
⁸ por ali passaram, como um só povo,
os que eram protegidos por tua mão,
contemplando prodígios admiráveis.
⁹ Como poldros na pastagem, como ovelhas traquinavam,
celebrando-te a ti, Senhor, seu libertador.

---

a) O autor se representa Aarão vestido com uma túnica descendo até ao calcanhar, com o efod e o peitoral de doze pedras gravadas com o nome dos "Pais" (os doze filhos de Jacó, cf. Ex 28,6s; 39,2s), tendo sobre a cabeça a flor de ouro do "diadema" com a inscrição: "consagrado a Iahweh" (Ex 28,36s; 39,30s). Essas insígnias da dignidade do sumo sacerdote recebem aqui simbolismo cósmico que devia ser habitual nos meios judaicos helenizados.
b) Talvez um anjo, como o de 1Cr 21,15-16 (cf. Ex 12,23 e 1Cor 10,10). — "atemorizado", mss, versões; "atemorizados", texto recebido.
c) Preparada por considerações sobre o endurecimento final dos ímpios entregues à cólera sem piedade, a antítese torna-se explícita no v. 5. De resto, o autor insiste sobre a travessia maravilhosa dos israelitas (vv. 6-9), enfeitando livremente a tradição antiga (cf. Ex 14,15+).
d) "que os deixariam", numerosos mss; "que decidiriam", texto recebido, lat., sir. — "partir", mss; "ausentar-se", texto recebido. — "urgiriam para que se fossem", lit.: "despedi-los-iam às pressas".
e) Lit.: "Uma necessidade digna". O autor transcreve com termo grego o motivo do endurecimento do Faraó (Ex 14,4.8) para, na realidade, designar não o cego e desapiedado Destino antigo, mas um castigo merecido.
f) O tema de uma medida previamente determinada por Deus — e que não é senão o tempo de sua paciência ou de sua misericórdia — volta frequentemente nos escritos apocalípticos.
g) Texto obscuro. O autor deve remeter à criação inicial (Gn 1) e querer dizer que, para a passagem do mar Vermelho, a natureza criada recebeu nova forma ou foi modificada. Primitivamente, as "trevas cobriam o abismo" e a terra surgira da água (Gn 1,1.6): de novo assiste-se a um fenômeno semelhante, mas desta vez a atividade extraordinária do ar, da terra e da água afasta-se da ordem estabelecida pelo Criador. Não se sabe se o autor visa à transmutação dos elementos ou a uma permuta de suas propriedades (cf. 16,25 e 19,18).
h) Is 63,14 fala igualmente de uma "planície", mas só a título de comparação. O Midraxe palestinense fala não somente de erva abundante, mas de árvores frutíferas que ornavam o caminho que fora aberto. Os "prodígios" mencionados no v. seguinte provêm do mesmo processo de idealização. A tradição rabínica enumerará dez milagres para a passagem do mar Vermelho.

Epílogo

¹⁰ Lembravam-se ainda dos acontecimentos do exílio: como a terra, em vez de animais, produziu moscas, e o Rio, em vez de peixes, vomitou multidão de rãs.
¹¹ Mais tarde viram também uma nova espécie de pássaros quando, levados pelo apetite, pediam delicadas iguarias;
¹² para satisfazê-los, pois, do mar subiram codornizes.[a]

16,9
Ex 8,12-15
16,3
Ex 8,2
Nm 11,31
16,2
Ex 16,13

O Egito mais culpado que Sodoma

¹³ Aos pecadores sobrevieram castigos, não sem a advertência de raios estrondosos;[b] sofriam, justamente, por suas próprias maldades, por ter, cruelmente, odiado os estrangeiros.
¹⁴ Houve quem[c] não recebesse os visitantes desconhecidos, mas eles escravizaram hóspedes benfazejos.
¹⁵ Mais ainda: certamente para aqueles haverá um castigo,[d] pois receberam os estrangeiros de modo hostil...
¹⁶ Mas estes, depois de terem recebido em festas aqueles que partilhavam seus mesmos direitos,[e] maltrataram-nos com terríveis trabalhos.
¹⁷ Por isso foram feridos de cegueira,[f] como aqueles às portas do justo[g] quando, envoltos em trevas espantosas, tateavam a entrada de sua porta.

Gn 19
Gn 45,17-20; 47,1-12
Ex 1,8-14
5,4-18
Gn 19,11

Uma nova harmonia[h]

16,17-22

¹⁸ Assim, os elementos entre si se harmonizavam, como na harpa, em que as notas modificam a natureza do ritmo, conservando, todavia, o mesmo tom; é o que se pode representar, olhando os fatos:
¹⁹ enquanto seres terrestres transformavam-se em aquáticos,[i] os que nadam[j] saltavam para a terra;
²⁰ na água, o fogo aumentava a sua força e a água esquecia seu poder de extinção;
²¹ as chamas, ao contrário, não abrasavam as carnes

16,18-19

---

a) O autor toma à letra Nm 11,31: as codornizes saíram do mar (como as moscas da terra e as rãs do rio).
b) Esta adição ao relato do Êxodo é sugerida, quer pelo Sl 77,18-19, quer por uma antiga interpretação de Ex 14,24 ilustrada pelos Targuns.
c) Os habitantes de Sodoma, habitualmente vistos como os maiores criminosos. O autor mostrará que os egípcios violaram mais gravemente as leis da hospitalidade.
d) Texto difícil, que pode ser dividido e pontuado de diversos modos; com a interpretação adotada aqui, a construção é quebrada. Ou o autor continua a desculpar os habitantes de Sodoma, ou recorda que uma "visita" punitiva (cf. 14,11) lhes está reservada, e então poder-se-ia traduzir: "certamente ser-lhes-ão pedidas contas". É possível que o castigo se refira igualmente aos egípcios.
e) Alusão verossímil a uma reivindicação atual dos judeus de Alexandria.
f) Apresentação oratória da praga das trevas.
g) Ló (10,6; cf. Gn 19,11).
h) Os escritos gregos frequentemente ilustram com comparação musical o jogo dos elementos constitutivos do universo. O autor retoma aqui semelhante comparação e a aplica aos principais milagres do Êxodo para sugerir uma explicação deles, seja pela mudança de ritmo dos elementos (cf. 16,24), seja pela combinação diferente de suas propriedades. A natureza criada está aqui inteiramente a serviço do povo de Deus (cf. v. 6).
i) Os israelitas e seu rebanho, por ocasião da passagem do mar Vermelho.
j) As rãs (Ex 8,2).

dos frágeis animais que ali perambulavam;
nem derretiam — cristalino e solúvel —
aquela espécie de manjar divino!ᵃ

Conclusão

²² Senhor, em tudo engrandeceste e glorificaste o teu povo;
sem deixar de assisti-lo, em todo tempo e lugar o socorreste!

---

a) Lit.: "um alimento ambrosíaco". Trata-se do maná (16,22). A ambrosia é manjar delicioso que, segundo os gregos, assegura aos heróis e aos deuses a imortalidade.

Toda essa releitura do Êxodo (11-19) orienta para a escatologia, e o maná prefigura o dom da imortalidade de que tratava o início do livro (1-6).

ECLESIÁSTICO

Introdução

Este livro foi transmitido nas bíblias grega, latina e siríaca, mas não figura no cânon hebraico. Entretanto, ele foi composto em hebraico; Jerônimo diz tê-lo conhecido em sua língua original e alguns rabinos, até o século IV, o citaram: o Talmude conserva seu testemunho. Aproximadamente dois terços desse texto hebraico, perdido há séculos, foram reencontrados, desde 1896, em seis manuscritos medievais fragmentários, provenientes de uma antiga sinagoga do Cairo. Mais recentemente, alguns fragmentos saíram das grutas de Qumrã e, em 1964, foi descoberta em Massada uma cópia igualmente fragmentária (39,27-44,17) numa escritura do início do século I a.C. As variantes de um testemunho para outro e em relação às traduções grega, latina e siríaca indicam que o livro muito cedo conheceu diversas recensões.

No início do século II a.C., Jesus Ben Sirá, mestre de sabedoria em Jerusalém — ver as subscrições de 50,27 e 51,30 — reuniu em um livro o melhor de seu ensinamento, ver Prólogo 7-14. Seu neto, que chegou ao Egito muito provavelmente em 132 a.C., empreendeu a tradução em grego da obra de seu avô, ver Prólogo 27s. Esta tradução continua sendo o melhor testemunho do livro de Ben Sirá; ela foi transmitida pelos três principais manuscritos, o Vaticano, o Sinaítico e o Alexandrino, que formam o que se chama de "texto recebido".

Entretanto, o livro conheceu, provavelmente desde o século I a.C., uma revisão e a inserção de numerosas adições. Esta segunda edição, com efeito, deixou marcas nos fragmentos hebraicos reencontrados e na versão siríaca Peshitta, mas ela é sobretudo transmitida em muitos manuscritos gregos, que são designados aqui pela sigla Gr II, e na antiga versão latina que passou na Vulgata.

A Igreja recebeu e conservou as duas edições do livro de Ben Sirá: os Padres gregos citam tanto uma como a outra, os Padres latinos utilizam normalmente o texto longo. A Igreja reconhece este livro como canônico, sem precisar sua língua e sem excluir a segunda edição.

A tradução que é dada aqui segue a versão grega estabelecida pelo neto de Ben Sirá: é atualmente o testemunho mais seguro do original. As notas indicam as passagens onde nos separamos dela. Todavia, seguindo a edição crítica de J. Ziegler em 1965, inserimos em seu lugar no texto, mas em caracteres itálicos, as adições da segunda edição transmitidas pelos manuscritos gregos. Algumas outras adições e variantes transmitidas em hebraico, em latim ou em siríaco são trazidas em notas. A ordem dos capítulos é a do texto hebraico e das versões latina e siríaca, enquanto todos os manuscritos gregos colocam 33,16b-36,13a antes de 30,25-33,16a: na margem foi indicada a numeração grega desses capítulos.

O título do livro em grego é dado na subscrição de 51,30: "Sabedoria de Jesus, filho de Sirá". Seu título latino Ecclesiasticus (Liber) aparece já em são Cipriano no século III: ele salienta sem dúvida o uso oficial que a Igreja dele fazia; esse título foi mantido aqui.

O autor se chama em hebraico Ben Sirá e, em grego o Sirácida, segundo a forma grega Sirac. Nascido provavelmente no meio do século III a.C., ele viu Jerusalém passar da dominação dos Lágidas à dos Selêucidas em 198 a.C.; conheceu o sumo sacerdote Simão, o Justo (50,1-20) que morreu após 200 a.C.

Nessa época, a helenização, com a adoção de costumes estrangeiros, era favorecida por uma parte da classe dirigente; a essas novidades ameaçadoras, Ben Sirá opõe todas as forças da tradição. Ele é escriba que une o amor da Sabedoria ao amor da Lei (24): para ele, a revelação bíblica é sabedoria autêntica que não deve se envergonhar diante da sabedoria da Grécia. Está cheio de fervor pelo Templo e suas cerimônias, cheio de respeito pelos sacerdócio herdado de Aarão e de Sadoc, mas também está alimentado pelos livros santos, sobretudo os livros sapienciais anteriores.

Quando seu neto traduz sua obra, a situação já havia mudado. O sacerdócio não é mais hereditário, mas é comprado (2Mc 4). Pior ainda, Antíoco IV Epífanes (175-163) quis impor o helenismo pela força e o Templo foi profanado, provocando a revolta dos Macabeus (2Mc 5-6). O tradutor leva em conta esse novo estado de coisas (cf. 50,24).

Menos de um século mais tarde, sob a pressão dos acontecimentos, certas ideias religiosas evoluíram, especialmente no que se refere ao destino humano e à retribuição. Ben Sirá e seu neto têm as mesmas incertezas que Jó e o Eclesiastes (cf. 7,17+.36; 17,23; 40,3-4; 50,24). Eles creem na retribuição, sentem a importância trágica da morte, mas não sabem ainda de que modo Deus devolverá a cada um segundo seus atos. A nova luz aparece em algumas adições, cujos autores são desconhecidos; sua teologia se assemelha à dos fariseus e dos essênios (cf. 12,6; 16,22; 19,19; os acréscimos latinos a 24,22.32 e o acréscimo siríaco a 1,22). O amor para com o Senhor faz também mais explicitamente parte da atitude religiosa (1,10.18; 11,15; 17,18; 24,18; 25,12).

Em sua forma, o livro está na linha de seus predecessores e de seus modelos. Seu estilo põe em ação todos os recursos da poética dos sábios. Encontra-se em Ben Sirá o provérbio ou uma sequência de provérbios sem clara ligação entre si, como nas coletâneas antigas do livro dos Provérbios (10s). Mais frequentemente, porém, expõe seu ensinamento em passagens mais desenvolvidas nas quais uma argumentação serve de arcabouço; nisso se aproxima de Pr 1-9, de Jó e de Ecl. Embora não dê a seu livro estrutura fechada, como Jó, Ecl ou Sb, reúne frequentemente diversas perícopes que formam assim verdadeiros pequenos tratados; assim 14,11-16,23 e 16,24-18,14, sobre a liberdade, o pecado, a conversão e a entrega à misericórdia divina; 22,27-23,6 é prece que abre uma lição sobre o bom uso da palavra e sobre a luxúria; 25-26 refere-se ao matrimônio; 34,18-36,17 trata do ato cultual autêntico e da prece do pobre; 36,18-37,26 insiste no discernimento na escolha de relações privilegiadas.

Ademais, a maior parte da obra não oferece estrutura fechada; damos-lhe aqui o título de coleção de sentenças (1,1-42,14).

Entretanto, algumas passagens consagradas à Sabedoria (1,1-10; 4,11-19; 6,18-26; 14,20-15,10; 24), dão o ritmo à primeira metade, enquanto outras, centradas no sábio (24,30-24; 37,16-26; 39,1-11), escandem a segunda. Os últimos capítulos do livro cantam de modo bem mais homogêneo a Glória de Deus na natureza (42,15-43,33), e na história (44-50). O capítulo final une uma ação de graças depois da provação (51,1-12; cf. 2), e o último retrato do sábio (51,13s, cujo início foi reencontrado em hebraico em Qumrã); cf. 1.

A doutrina de Ben Sirá é uma retomada, mas sapiencial, de toda a tradição bíblica anterior (cf. 39,1). A Sabedoria é o seu centro: dom de Deus sempre oferecido aos que escolheu e experimentou, ela cumula de bens aquele que a acolhe docilmente e faz do sábio um portador de Sabedoria. De fato, a Sabedoria de Deus se manifestou em Israel, e a Lei, compreendida como a revelação bíblica, é sua melhor expressão (24,23). A condição para receber a Sabedoria é o temor de Deus, atitude de veneração e até de amor (2,15-16), pela qual o homem se abre ao dom de Deus e se submete aos apelos de sua Lei (1,11-30; 2; 10,19-25; 25,7-11; 40,18-27).

Sobre estas bases, Ben Sira salienta tudo o que faz o homem realizado. O domínio de si é característica fundamental, de início nas relações interpessoais. Insistirá no controle necessário da palavra (18,15-20,21; 21,1-22,26; 22,27-23,1.7-15; 28,13-26). Escrevendo para jovens, recorda os perigos da luxúria que destroem o matrimônio (9,1-9; 23,2-6.16-27; 36,27-31; 42,12-14); aprecia a harmonia conjugal, mas também descreve com severidade as misérias do casal mal combinado (25,1-26,27). Elogia a amizade e relembra suas condições (6,5-17; 12,8-18; 22,19-26; 27,16-21; 37,1-6). Com mais sensibilidade, ele convida a ajudar o próximo, em particular os pobres (3,30-4,10; 7,32-36; 18,15-18; 29,1-20). Para ele, o orgulho não é digno (3,26-28; 10,7-18); a riqueza tem seus riscos e, de per si, não torna sábio (5,1-7; 31,1-11). Entre as virtudes, recomenda a humildade (3,17-24; 10,26-11,6), a confiança apenas em Deus (2; 11,12-28), ele chama à conversão (17,25-32; 21,1-3), ao perdão (27,28-28,7). Para ele, o ato cultual, o sacrifício, caminha a par da justiça (34,18-35,24), e na provação somente o Senhor salva (2; 36,1-22).

Ben Sirá mostrou a ligação que une a Sabedoria à revelação bíblica (24). Nesta linha, é o primeiro a reler a História santa, de Adão a Neemias, aos quais acrescenta o sumo sacerdote Simão (44-50). Essa galeria dos antepassados, segundo sua ordem cronológica, oferece apenas modelos: com exceção de Davi, Ezequias e Josias, os reis são condenados, como já o fazia 1-2 Rs. Por outro lado, o lugar de honra volta ao sacerdócio aaronita. Nesses heróis vê os que asseguraram até sua época a permanência da Sabedoria autêntica. A respeito de um ponto, todavia, a tradição antiga não encontra nele nenhum eco: ele conhece a promessa feita a Davi (45,25; 47,11), mas a espera do messias não o anima (cf. 24,24+; 36,20-22).

Ben Sirá é o último testemunho canônico da sabedoria bíblica na Terra Santa. É o representante por excelência dos hassidim, esses "piedosos" do judaísmo (cf. 1Mc 2,42+), que logo defenderão sua fé na perseguição de Antíoco IV Epífanes e que manterão em Israel núcleos fiéis em que germinará a pregação de Cristo.

ECLESIÁSTICO

Prólogo do tradutor[a]

¹Visto que a Lei, os Profetas ²e os outros escritores, que se seguiram[b] a eles, deram-nos tantas e tão grandes lições, ³pelas quais convém louvar Israel por sua instrução e sua sabedoria, ⁴e como, além do mais, é um dever não apenas adquirir ciência pela leitura, ⁵mas, ainda, uma vez instruído, pôr-se a serviço dos de fora, ⁶por palavras e por escritos: ⁷meu avô Jesus, depois de dedicar-se intensamente à leitura ⁸da Lei, ⁹dos Profetas e ¹⁰dos outros livros dos antepassados, ¹¹e depois de adquirir neles uma grande experiência, ¹²ele próprio sentiu necessidade de escrever algo sobre a instrução e a sabedoria, ¹³a fim de que os que amam a instrução, submetendo-se a essas disciplinas, ¹⁴progridam muito mais no viver segundo a Lei.

¹⁵Sois, portanto, convidados ¹⁶a ler ¹⁷com benevolência e atenção ¹⁸e a serdes indulgentes ¹⁹onde, a despeito do esforço de interpretação, parecermos ²⁰enfraquecer algumas das expressões: ²¹é que não tem a mesma força, ²²quando se traduz para outra língua, aquilo que é dito originariamente em hebraico; ²³não só este livro, ²⁴mas a própria Lei, os Profetas ²⁵e os outros livros ²⁶têm grande diferença nos originais.

Ora, no trigésimo oitavo ano do falecido rei Evergetes,[c] ²⁷indo ao Egito e sendo-lhe contemporâneo, ²⁸encontrei uma vida segundo uma alta sabedoria,[d] ²⁹e eu julguei muito necessário dedicar cuidado e esforço para traduzir este livro. ³⁰Dediquei muitas vigílias e ciência ³¹durante este período, ³²a fim de levar a bom termo o trabalho e publicar o livro ³³para os que, fora da pátria, desejam instruir-se, ³⁴reformar os costumes e viver conforme a Lei.

I. Coleção de sentenças

A origem da sabedoria[e]

11,15;
Pr 2,6

Sb 9,4
Jo 1,1

1 ¹Toda sabedoria vem do Senhor,[f]
 ela está junto dele desde sempre.
² A areia do mar, os pingos da chuva,
 os dias da eternidade, quem os poderá contar?
³ A altura do céu, a amplidão da terra,
 a profundeza do abismo,[g] quem as poderá explorar?

---

a) Este prólogo do tradutor grego não faz parte do livro do Eclesiástico propriamente dito e não costuma ser considerado como canônico.
b) É a divisão tripartida da Bíblia Hebraica (cf. 1Mc 12,9+ e o Índice). Mesma coisa nos vv. 8-10.24-25. Mas não é certo que naquela época (fim do séc. II a.C.) essas três partes tenham tido exatamente o mesmo conteúdo que hoje, sobretudo no que diz respeito à terceira.
c) Provavelmente Ptolomeu VII Evergetes Físcon (170-117). A data corresponderia, portanto, a 132 a.C.
d) "uma vida segundo uma", lit.: "uma cópia de": tradução incerta. Pode-se compreender também: "... percebi que a instrução (religiosa) estava longe de se igualar (à nossa)"; ou ainda: "encontrei uma cópia contendo uma instrução não medíocre". Segundo a interpretação adotada, Ben Sirá, apresentando ao público grego o livro de seu avô, quer satisfazer a uma comunidade já desenvolvida e digna deste enriquecimento.
e) Este capítulo aborda dois temas fundamentais do livro, a sabedoria que vem de Deus e o temor do Senhor, necessário para acolher o dom do alto.
f) O termo "Senhor" (*Kyrios*) traduz em geral, na LXX, o nome de "Iahweh". O tradutor de Ben Sirá usa-o com muita freqüência, também para traduzir os outros nomes divinos.
g) "a profundeza do abismo", lat., cf. sir.; "o abismo e a sabedoria", grego.

⁴ Antes de todas essas coisas foi criada a Sabedoria,
  a inteligência prudente existe desde sempre.
⁵ *A fonte da sabedoria é a palavra de Deus nos céus;*
  seus caminhos são as leis eternas.[a]
⁶ A quem foi revelada a raiz da sabedoria?
  Seus recursos, quem os conhece?
⁷ *A ciência da sabedoria a quem apareceu?*
  E a riqueza de seus caminhos quem a compreendeu?[b]
⁸ Só um é sábio, sumamente terrível
  quando se assenta em seu trono: é o Senhor.[c]
⁹ Ele a criou,[d] a viu, a enumerou
  e a difundiu em todas as suas obras,
¹⁰ em toda carne segundo sua generosidade,
  e a doou aos que o amam.
  O amor do Senhor é sabedoria digna de honra;
  ele a concede como partilha àqueles que o temem.[e]

O temor de Deus[f]

¹¹ O temor do Senhor é glória e honra,
  alegria e coroa de exultação.
¹² O temor do Senhor alegra o coração,
  dá contentamento, alegria e vida longa.
  O temor do Senhor é dom que vem do Senhor;
  com efeito, ele o estabeleceu sobre os caminhos do amor.
¹³ Para o que teme o Senhor tudo terminará bem,
  no dia de sua morte será abençoado.
¹⁴ O princípio da sabedoria é temer o Senhor,
  e para os fiéis, ela foi criada com eles no seio.
¹⁵ Entre os homens, ela fez um ninho, fundação eterna,
  e com a sua raça ela vive fielmente.
¹⁶ A plenitude da sabedoria é temer o Senhor,
  ela os inebria com os seus frutos;
¹⁷ ela enche toda a sua casa de coisas desejáveis
  e os celeiros com seus produtos.
¹⁸ A coroa da sabedoria é o temor do Senhor,
  ela faz florescer o bem-estar e a saúde.
  Ambos são dons de Deus, em vista do bem-estar
  e para aqueles que o amam a firmeza se alarga.
¹⁹ [g]Ele fez chover a ciência e a inteligência,
  exaltou a glória daqueles que a possuem.

---

a) As passagens impressas em itálico provêm da segunda *edição do texto grego,* cf. Introdução; os principais testemunhos serão frequentemente indicados em notas: para 1,5, Gr II e Lat.
b) Gr II e Lat. duplicata de 1,6?
c) O autor insiste na unicidade e transcendência de Deus. Atributo de Deus, qualidade do mundo por ele criado, dom de Deus aos homens, e muitas vezes personificada pelos livros sapienciais (Pr 8,22+), a sabedoria permanece, entretanto, aqui criatura, que não se pode identificar com Deus.
d) Lat. acrescenta: "no Espírito Santo", interpolação cristã.
e) Gr II e Lat. (1,14-15); "temem": conj.; lit.: "àqueles a quem apareceu ele concede como partilha em sua visão": confusão entre os verbos originais hebraicos "temer", *yr'*, e "ver", *r'h*.
f) O temor do Senhor, para o judeu, é a religião ou a piedade. Percebe-se, desde o começo deste trecho, que a ideia de temor físico, de terror diante do poder terrível de Deus, praticamente desapareceu da teologia judaica.
g) O texto recebido e Lat. acrescentam: "o Senhor a viu e enumerou", retomado de 1,9.

²⁵ ²⁰ A raiz da sabedoria é temer ao Senhor,
   os seus ramos são uma vida longa.
²¹ O temor do Senhor tira os pecados;
   aquele que persevera desvia toda cólera.ᵃ

Paciência e domínio de si

²⁸ ²² A paixão do ímpio não poderá justificá-lo,ᵇ
   porque o peso de sua paixão é sua ruína.
²⁹ ²³ O paciente resistirá até o momento oportuno,
   mas depois a alegria brotará para ele.
³⁰ ²⁴ Até o momento oportuno calará suas razões,
   mas os lábios de muitos narrarão sua inteligência.

Sabedoria e retidão

³⁵ ²⁵ Nos tesouros da sabedoria estão as máximas da ciência,
³²   mas para o pecador a religião é execrável.
³³ ²⁶ Desejas a sabedoria? Guarda os mandamentosᶜ
   e o Senhor a dar-te-á em profusão;
³⁴ ²⁷ porque o temor do Senhor é sabedoria e instrução,
³⁵   e seu agrado é fidelidade e mansidão.
³⁶ ²⁸ Não desobedeças ao temor do Senhor
   e não vás a ele com coração fingido.
³⁹ ²⁹ Não sejas hipócrita diante do mundoᵈ
   e cuida de teus lábios.
³⁸ ³⁰ Não te eleves para não caíres
   e atraíres sobre ti a vergonha,
³⁹   porque o Senhor revelará os teus segredos
   e, no meio da assembleia, te precipitará,
⁴⁰   pois não te aproximaste do temor do Senhor,
   e o teu coração está cheio de fraude.

O temor de Deus na provaçãoᵉ

2 ¹ Meu filho, se te ofereceres para servir o Senhor,
   prepara-te para a prova.
² Endireita teu coração e sê constante,
   não te apavores no tempo da adversidade.
³ Une-te a ele e não te separes,
   a fim de seres exaltado no teu último dia.

---

a) Lat.: "²⁶O temor do Senhor é a piedade no conhecimento, ²⁷mas a sabedoria é detestada pelos pecadores. O temor do Senhor expulsa o pecado".
b) "a paixão do ímpio", conj.; "a paixão má", grego. Em lugar de 1,22-27, a versão siríaca Peshitta insere:

Feliz o homem que a medita,
   pois a sabedoria lhe é preferível a todos os tesouros.
Feliz o homem que dela se aproxima
   e se ocupa de seus mandamentos.
Ela lhe prepara uma coroa eterna
   e uma vitória perpétua entre os santos.
Ele se alegra com ela e ela se alegra com ele
   e não o rejeita para sempre.
Os anjos do Senhor se alegram com ele
   e proclamam todos os louvores do Senhor.
Este livro é inteiramente cheio de vida.
Feliz o homem que o escuta e age em conformidade.
Escutai-me, vós que temeis a Deus,
   dai ouvidos e compreendei minhas palavras.
Quem quer herdar a vida
   como herança eterna e grande alegria?
Dá ouvidos às minhas palavras e põe-nas em prática
   e serás inscrito no livro de vida.
Ama o temor do Senhor,
   fixa nele teu coração e nada terás a temer.
Aproxima-te dela e não tardes,
   pois encontrarás a vida para teu espírito.
E quando te aproximares dela,
   sê como herói e valente!

c) Para Ben Sirá, receber de Deus a sabedoria supõe atitude de acolhida e de veneração, o temor do Senhor, manifestado na Lei (19,20; cf. Ecl 12,13).
d) "diante (do mundo)", mss, versões; "na boca (do mundo)", grego.
e) Tema frequente no AT, particularmente nos Sl.

⁴ Tudo o que te acontecer, aceita-o,
   e nas vicissitudes que te humilharem*ª* sê paciente,   Rm 5,3 / Tg 1,2-4
⁵ pois o ouro se prova no fogo,
   e os eleitos, no cadinho da humilhação.   Sb 3,5-6
Na doença e na indigência, conserva tua confiança.
⁶ Confia no Senhor, ele te ajudará,   Pr 3,5-6
   endireita teus caminhos e espera nele.
⁷ Vós que temeis ao Senhor, contai com sua misericórdia
   e não vos afasteis para não cairdes.
⁸ Vós que temeis ao Senhor, tende confiança nele
   e a recompensa não vos faltará.
⁹ Vós que temeis ao Senhor, esperai bens,
   alegria eterna e misericórdia.
Pois sua recompensa é dom eterno na alegria.
¹⁰ Considerai as gerações passadas e vede: Jó 4,7 / Sl 22,5-6 / Sl 37,25
   quem confiou no Senhor e ficou desiludido?
   Ou quem perseverou no seu temor e foi abandonado?
   Ou quem clamou por ele e ele o desprezou?
¹¹ Porque o Senhor é compassivo e misericordioso,   Sl 145,8s / Ex 34,6-7
   perdoa os pecados e salva no dia da tribulação.
¹² Ai dos corações covardes e das mãos fracas,*ᵇ*
   e do pecador que segue dois caminhos.
¹³ Ai do coração fraco, pois não acredita,
   por isso não será protegido.
¹⁴ Ai de vós que perdestes a paciência:
   que fareis quando o Senhor vos visitar?
¹⁵ Os que temem ao Senhor não desobedecem às suas palavras,
   os que o amam observam seus caminhos.
¹⁶ Os que temem ao Senhor procuram o seu beneplácito,   Jo 14,15. 21.23
   os que o amam saciam-se com a lei.*ᶜ*
¹⁷ Os que temem o Senhor preparam os seus corações
   e diante dele se humilham.
¹⁸ Caiamos nas mãos do Senhor e não nas dos homens,   2Sm 24,14
   pois tal como é sua grandeza, assim é sua misericórdia.   16,19

Deveres para com os pais

3 ¹ Filhos, escutai-me, sou vosso pai,
   e fazei o que eu vos digo para serdes salvos.   Ex 20,12 + / Ef 6,1-3
² Pois o Senhor glorifica o pai nos filhos
   e fortalece a autoridade da mãe sobre a prole.
³ Aquele que respeita o pai obtém o perdão dos pecados,
⁴ o que honra sua mãe é como quem ajunta um tesouro.
⁵ Aquele que respeita o pai encontrará alegria nos filhos
   e no dia de sua oração será atendido.
⁶ Aquele que honra o pai viverá muito,*ᵈ*
   e o que obedece ao Senhor alegrará sua mãe.

---

a) Ou: "vicissitudes de tua pobre condição"; lit.: "de tua humilhação".

b) O autor parece apelar à resistência em tempo de perseguição. Condena a apostasia, ainda que apenas exterior (vv. 12b.15; cf. 2Mc 6,21-28).

c) Assim Ben Sirá, longe de opor amor e obediência, os identifica. O amor é desinteressado; não se fala, senão secundariamente, da recompensa esperada. Tal atitude, característica de Ben Sirá, não é inédita no pensamento judaico. Cf., por exemplo, *Pirqê Abôt*, 1,3: "Não sejais como escravos que servem a seu patrão para dele receber recompensa. Sede como escravos que servem a seu patrão sem pensar na recompensa".

d) Gr II e lat.

⁷Aquele que teme o Senhor honra seu pai.
Ele servirá a seus pais como ao seu Senhor.ᵃ
⁸Em atos e palavras respeita teu pai,
a fim de que venha sobre ti sua bênção.
⁹Porque a bênção do pai consolida a casa dos filhos,
mas a maldição da mãe desenraíza os alicerces.
¹⁰Não te glories com a desonra de teu pai,
porque não é nenhuma glória para ti a desonra do pai.
¹¹Pois a glória do homem está na honra de seu pai,
e é vergonha para os filhos a mãe desprezada.
¹²Filho, cuida de teu pai na velhice,
não o desgostes em vida.
¹³Mesmo se a sua inteligência faltar, sê indulgente com ele,
não lhe faltes com o respeito, tu que estás em pleno vigor.
¹⁴Pois a caridade feita a um pai não será esquecida,
e no lugar dos teus pecados ela valerá como reparação.
¹⁵No dia de tua provação, Deus lembrar-se-á de ti,
como a geada ao sol,
assim os teus pecados serão dissolvidos.
¹⁶É como um blasfemador, aquele que despreza seu pai,
um amaldiçoado pelo Senhor aquele que irrita a sua mãe.

A humildade

¹⁷Filho, conduze teus negócios com doçura
e serás amado mais do que um homem generoso.ᵇ
¹⁸Quanto mais fores importante, tanto mais humilha-te
para achares graça diante do Senhor.
¹⁹*Numerosas são as pessoas altivas e famosas,
mas é aos humildes que ele revela seus segredos.*ᶜ
²⁰Pois grande é a potência do Senhor,
mas ele é glorificado pelos humildes.ᵈ
²¹Não procures o que é muito difícil para ti,
não investigues o que vai além de tuas forças.ᵉ
²²Aplica-te àquilo que te é acessível
e não te ocupes com coisas misteriosas.
²³Não te aflijas com aquilo que te ultrapassa,ᶠ
pois foi mostrado a ti mais
do que o homem pode compreender.
²⁴Porque muitos se extraviaram em suas concepções,ᵍ
uma opinião errônea desviou seus pensamentos.
²⁵*Por falta de pupila és carente de luz;
se és desprovido de ciência não faças declaração.*ʰ

a) "seu Senhor", conj.; "senhores", grego.
b) "generoso", lit. "doador de presentes", hebr.; "agradável", grego.
c) Gr. II e sir.
d) Assim se sublinha a condescendência de Deus, que se põe ao alcance dos mais humildes. Mas o hebr., "pois grande é a misericórdia de Deus, aos humildes ele revela seus segredos", exprime ideia mais frequente no AT: Deus cumula de graça aquele que se humilha (Pr 3,34; Sl 25,14; cf. Mt 11, 25; Lc 1,52).
e) Contra a curiosidade (vv. 21-24): a Lei deve bastar para o estudo do sábio. Ben Sirá talvez se ponha em guarda contra as especulações do helenismo.
f) "com aquilo que te ultrapassa", hebr.; "com tuas obras supérfluas", grego.
g) Hebr.: "Pois numerosos são os pensamentos dos homens".
h) Gr. II; hebr.: "²⁵Por falta de pupila, falta a luz; por falta de saber, falta a sabedoria."

O orgulho

²⁷ ²⁶ O coração obstinado terá mau fim
e o que ama o perigo nele cairá.ᵃ

²⁸ ²⁷ O coração obstinado acumula sofrimentos,
o pecador acrescenta pecado a pecado.

²⁹ ²⁸ Para a desgraça do orgulhoso não existe remédio,
³⁰ porque a árvore da perversidade enraizou-se nele.

³¹ ²⁹ O coração prudente medita a parábola,
o ouvido que o escuta é o sonho do sábio.

Caridade para com os pobres

³³ ³⁰ A água apaga a chama,
a esmola expia os pecados.

³⁴ ³¹ Quem retribui com favoresᵇ pensa no futuro,
no dia de sua queda encontrará apoio.

4 ¹ Meu filho, não recuses ao pobre a sua subsistência,
e não faças enfraquecer os olhos do miserável.

² Não faças sofrer aquele que tem fome,
não irrites o homem na sua indigência.

³ Não agites mais um coração exasperado,
não recuses teu dom ao necessitado.

⁴ Não rejeites o pedinte oprimido,
não desvies teu rosto do pobre.

⁵ Do que pede não desvies teu olhar,
não lhe dês motivo para te amaldiçoar,

⁶ pois amaldiçoando-te em sua amargura,
o seu Criador atenderá seu clamor.

⁷ Faz com que a comunidade te ame,
diante do grande abaixa a tua cabeça.

⁸ Inclina teu ouvido ao pobre
e responde-lhe à saudação com afabilidade.

⁹ Arranca o injustiçado da mão do injusto
e não sejas medroso no teu julgar.

¹⁰ Sê para os órfãos pai
e marido para sua mãe.ᶜ

¹¹ E serás como filho do Altíssimo,
ele, mais do que tua mãe, amar-te-á.

A Sabedoria educadoraᵈ

¹² ¹¹ A Sabedoria eleva os seus filhos
e cuida dos que a procuram.

¹³ ¹² Os que a amam, amam a vida,
os que a procuram desde a manhã ficarão cheios de alegria.

¹⁴ ¹³ Aquele que se apega a ela herdará a glória;
por onde for, o Senhor o abençoa.

¹⁵ ¹⁴ Aqueles que a servem prestam um culto ao Santo,
e o Senhor ama os que a amam.

---

a) Hebr.: "e quem ama a felicidade será conduzido por ele".
b) O texto não precisa se se trata de responder aos benefícios com benefícios, ou ao mal com o bem. Hebr.: "Quem pratica o bem o encontrará em seus caminhos."
c) Hebr.: "as viúvas", a viúva e o órfão eram o tipo daqueles para com os quais a caridade é recomendada (cf. Dt 10,18; 14,29; 24,19 etc.; Sl 68,6; 146,9; Ez 22,7 etc.
d) A Sabedoria é aqui personificada, como em Pr 1,23-25; 8,12-21; 9,1-6. Seus "filhos" são os que a estudam e a praticam (cf. Lc 7,35).

¹⁶ ¹⁵ Aquele que a ouve julgará as nações,
    o que a ela se aplica habitará em segurança.
¹⁷ ¹⁶ Se alguém nela confia, a possuirá em herança
    e no seu gozo estará a sua descendência.
¹⁸ ¹⁷ Pois, primeiro, caminhará com ele
    em sentido inteiramente contrário
¹⁹ e lhe incutirá temor e tremor,
    e o provará com sua disciplina até que confie nela
    e ela o tente com suas exigências,
²⁰ ¹⁸ depois, voltará a ele em linha reta, o alegrará
²¹ e lhe desvendará seus segredos.
²² ¹⁹ Se ele se desviar, ela o abandonará
    e o entregará às mãos da própria ruína.*ᵃ*

Pudor e respeito humano*ᵇ*

²³ ²⁰ Leva em conta a ocasião e guarda-te do mal,
²⁴   não te envergonhes de ti mesmo.
²⁵ ²¹ Pois há uma vergonha que conduz ao pecado
    e há uma vergonha que é glória e graça.
²⁶ ²² Não sejas muito severo contigo
²⁷   nem te envergonhes de tua queda.
²⁸ ²³ Não retenhas a palavra quando ela pode salvar,
    e não ocultes a tua sabedoria.ᶜ
²⁹ ²⁴ Porque é pelo discurso que se conhece a sabedoria
    e pela palavra, a instrução.
³⁰ ²⁵ Não contradigas a verdade,
    mas cora-te de tua ignorância.
³¹ᵃ ²⁶ Não te envergonhes de confessar teus pecados,
³²ᵇ   não resistas à correnteza do rio.*ᵈ*
³¹ᵇ ²⁷ Não te submetas a um insensato,
³²ᵃ   não sejas parcial em favor do poderoso.
³³ ²⁸ Até à morte luta pela verdade
    e o Senhor Deus combaterá por ti.
³⁴ ²⁹ Não sejas atrevido com a tua língua,
    preguiçoso e indolente em teus atos.
³⁵ ³⁰ Não sejas como leão*ᵉ* em tua casa
    e covarde com teus domésticos.
³⁶ ³¹ Que a tua mão não seja aberta para receber
    e fechada para retribuir.

Riqueza e presunção

5 ¹ Não confies em tuas riquezas
    e não digas: "Sou autossuficiente."
² Não deixes teu desejo e tua força te arrastarem
    indo atrás das paixões do coração.

---

a) O hebr. e o sir. fazem desta passagem (vv. 15-19) "discurso da Sabedoria" na primeira pessoa, à semelhança de Pr 1,22s; 8,1s.
b) Esta passagem talvez aluda à tentação, à qual estavam expostos os judeus, de dissimular sua fé e suas observâncias perante o helenismo (cf. 1Mc 1,12-15; 2Mc 4,11-16).
c) "quando ela pode salvar", lit.: "no tempo da salvação", sentido incerto (hebr.: "em seu tempo"). — "não ocultes a tua sabedoria", hebr., Gr II 248, lat. que acrescentam: "para (sua) beleza"; omitido pelo grego.
d) Seria mais fácil detê-la que ocultar de Deus os pecados cometidos. A confissão dos pecados não era desconhecida no judaísmo (Lv 5,5; Nm 5,7; 2Sm 12,13; 1Rs 21,27; Sl 32,5; 51,6 etc.).
e) Var. (hebr. e sir.): "um cão"; os dois membros da frase seriam paralelos em vez de opostos.

³ Não digas: "Quem tem poder sobre mim?",ᵃ
    porque o Senhor, que pune, te punirá.
⁴ Não digas: "Pequei: o que me aconteceu?",ᵇ
    porque o Senhor é paciente.
⁵ Não sejas tão seguro do perdão
    para acumular pecado sobre pecado.
⁶ Não digas: "Sua misericórdia é grande
    para perdoar meus inúmeros pecados",
porque há nele misericórdia e cólera
    e sua ira pousará sobre os pecadores.
⁷ Não demores a voltar para o Senhor
    e não adies de um dia para o outro,
porque, de repente, a cólera do Senhor virá
    e no dia do castigo perecerás.
⁸ Não confies nas riquezas injustas,
    porque não te servirão para nada no dia da desgraça.

Firmeza e autocontrole

⁹ Não joeires a todos os ventos,
    nem te metas por qualquer trilha
    (assim faz o pecador de palavra dúplice).ᵉ
¹⁰ Sê firme em teu sentimento
    e seja uma a tua palavra.
¹¹ Sê pronto para escutar,
    mas lento para dar a resposta.
¹² Se sabes algo, responde a teu próximo;
    se não, põe a tua mão sobre a boca.
¹³ Honra e confusão acompanham o loquaz,
    e a língua do homem é a sua ruína.
¹⁴ Não te faças chamar de caluniador,
    não armes uma emboscada com tua língua;
porque se para o ladrão existe a vergonha,
    para o fingido existe uma sentença pior.
¹⁵ Evita as faltasᵈ tanto nas grandes como nas pequenas coisas,
    e de amigo não te tornes inimigo.

6 ¹ Porque herdarás má fama, vergonha, opróbrio;
    assim acontece com o pecador de palavra dúplice.
² Não te exaltes em tua paixão,
    para que tua forçaᵉ não seja despedaçada como um touro;
³ não devores as tuas folhas e não destruas os teus frutos:
    ficarás como árvore seca.
⁴ Uma paixão perversa é a perda do homem,
    e faz dele objeto de zombaria para seus inimigos.

A amizade

⁵ Uma boca agradável multiplica os amigos,
    uma língua afável multiplica a afabilidade.
⁶ Sejam numerosas as tuas relações,ᶠ
    mas os teus conselheiros, um entre mil.

---

a) Como o "insensato" que nega, se não a existência de Deus, pelo menos sua providência (Sl 53,2).
b) Desafio do cético à justiça divina, aparentemente inativa.
c) Este estíquio poderia ser glosa proveniente de 6,1b.
d) "Evita as faltas", hebr.; "Não te enganes", grego.
e) "tua força", hebr. e lat.; "tua paixão", grego.
f) Lit.: "os que estão em paz contigo", ou talvez "os que te desejam a paz". Cf. hebr.: "os homens de tua saudação".

⁷ Se queres um amigo, adquire-o pela prova
  e não te apresses em nele confiar.
⁸ Porque há amigo de ocasião:
  ele não será fiel no dia de tua tribulação.
⁹ Há amigo que se torna inimigo
  e que revelará querelas para tua vergonha.
¹⁰ Há amigo que é companheiro de mesa
  mas que não será fiel no dia de tua tribulação.
¹¹ Na tua prosperidade é como se fosse outro tu,
  falando livremente a teus servos;ᵃ
¹² se és humilhado, estará contra ti
  e se esconderá da tua presença.
¹³ Afasta-te de teus inimigos
  e acautela-te com teus amigos.
¹⁴ Amigo fiel é poderoso refúgio,
  quem o descobriu, descobriu um tesouro.
¹⁵ Amigo fiel não tem preço,
  é imponderável o seu valor.
¹⁶ Amigo fiel é bálsamo vital
  e os que temem o Senhor o encontrarão.
¹⁷ Aquele que teme ao Senhor regra bem suas amizades,
  pois tal como ele é, assim é seu amigo.ᵇ

Aprendizagem da sabedoria

¹⁸ Filho, desde a tua mocidade aplica-te à disciplina
  e até com cabelos brancos encontrarás a sabedoria.
¹⁹ Como o lavrador e o semeador, cultiva-a,ᶜ
  e espera pacientemente seus bons frutos,
  porque te cansarás um pouco em seu cultivo,
  mas em breve comerás de seus frutos.
²⁰ Ela é tão árdua para os insensatos,
  e o sem-juízo não permanecerá nela.
²¹ Será pesada sobre ele como pedra de toque,
  e não tardará em desfazer-se dela.
²² Porque a sabedoria merece bem seu nome,ᵈ
  ela não é acessível a grande número.
²³ Escuta, filho, e aceita meu parecer,
  não rejeites meu conselho:
²⁴ mete teus pés nos seus grilhões
  e teu pescoço no seu jugo.
²⁵ Abaixa o teu ombro e carrega-a
  e não te irrites com seus liames.
²⁶ Com toda a tua alma aproxima-te dela
  e com toda a tua força segue-lhe os caminhos.
²⁷ Coloca-te na sua pista e procura-a, ela se dará a conhecer a ti;
  possuindo-a, não a deixes mais,
²⁸ Porque, no fim, encontrarás nela o repouso
  e ela se transformará, para ti, em alegria.

---

a) Hebr.: "na tua desgraça, ele se afasta de ti".
b) O temor de Deus deve ser cimento de amizade autêntica.
c) "cultiva-a", lit.: "aproxima-te dela". Esta instrução propõe três conselhos: 6,18-22, a paciência do agricultor; 6,23-31, a submissão do escravo unida à persistência do caçador; 6,32-37, a convivência com os mestres de valor.
d) Jogo de palavras sobre *mûsâr*, que significa tanto "disciplina" quanto "afastado".

³⁰ ²⁹ Seus grilhões serão para ti possante proteção; _{Pr 1,9}
   seu jugo, enfeite precioso.
³¹ ³⁰ Seu jugo^a será ornamento de ouro; _{Ex 39}
   seus grilhões, fitas de púrpura.
³² ³¹ Tu a vestirás qual manto de glória, _{Pr 4,9}
   tu a cingirás qual diadema de alegria.
³³ ³² Se quiseres, filho, tu te instruirás;
   e tua docilidade te proporcionará a habilidade.
³⁴ ³³ Se gostares de ouvir, aprenderás; _{8,8}
   se deres ouvido, serás sábio. _{Pr 13,20}
³⁵ ³⁴ Fica na reunião dos anciãos:
   E se vês um sábio, apega-te a ele.
   ³⁵ Escuta de boa vontade toda palavra que vem de Deus,^b
   e não te escapem os provérbios sutis.
   ³⁶ Se vires um sensato, madruga para estar com ele,
   e que o teu pé desgaste as soleiras de sua porta.
   ³⁷ Medita os preceitos do Senhor _{Sl 1,2}
   e ocupa-te continuamente com seus mandamentos.
   Ele consolidará o teu coração
   e a sabedoria que desejas ser-te-á dada.

Conselhos diversos

7 ¹ Não faças o mal e o mal não será teu dono; _{Gn 4,7}
   ² afasta-te da injustiça e ela se desviará de ti.
   ³ Filho, não semeies nos sulcos da injustiça, _{Jó 4,8}
   para não colheres sete vezes mais. _{Pr 22,8}
   _{Gl 6,7-8}
   _{Gn 4,15.24}
   ⁴ Não peças ao Senhor poder algum, _{13,9-10}
   nem ao rei lugar de honra. _{Pr 25,6-7}
   _{Gn 3,12s; 4,9}
   ⁵ Não pretendas passar por justo diante do Senhor,
   nem por sábio diante do rei.
   ⁶ Não procures tornar-te juiz _{Lv 19,15}
   se não tens força para extirpar a injustiça;
   do contrário te intimidarás diante do poderoso
   e mancharás a tua integridade.
   ⁷ Não te tornes culpado para com a assembleia da cidade
   e não te precipites diante da multidão.

   ⁸ Não repitas duas vezes um pecado,
   porque já do primeiro não sairás impune.
¹¹ ⁹ Não digas: "Ele olhará a quantidade de minhas oferendas _{Pr 21,27}
   e quando eu as apresentar ao Deus Altíssimo, _{Am 5,21 +}
   ele as receberá." _{Sl 50,8}

⁹ ¹⁰ Não sejas hesitante na oração _{Tg 1,6}
¹⁰   e não negligencies o dar esmola. _{Eclo 3,30 +}

¹² ¹¹ Não zombes de um homem que está na aflição, _{1Sm 2,7}
   pois aquele que humilha pode pôr de pé. _{Lc 1,52}

¹³ ¹² Não maquines a mentira contra teu irmão,
   nem faças algo semelhante contra um amigo.

---

a) "seu jugo", de acordo com o hebr.; "sobre ela", grego: o tradutor deve ter lido *'aleah* em lugar de *'ullah*. O que parecia escravidão revela-se adorno de rei ou de sumo sacerdote.

b) Lit.: "todo discurso divino". O adjetivo falta no hebr. e no sir.

¹⁴ ¹³Não queiras mentir de nenhum modo,
porque daí não pode sair nada de bom.ᵃ

¹⁵ ¹⁴Não sejas loquaz na assembleia dos anciãos
e não repitas as tuas palavras na oração.

¹⁶ ¹⁵Não desprezes os trabalhos difíceis,
nem o trabalho do campo criado pelo Altíssimo.

¹⁷ ¹⁶Não te enumeres entre os da assembleia dos pecadores,
¹⁸ lembra-te que a Cólera não tardará.

¹⁹ ¹⁷Humilha-te profundamente,
porque a punição do ímpio é o fogo e o verme.ᵇ

²⁰ ¹⁸Não troques um amigo por nenhum preço,
nem um irmão verdadeiro pelo ouro de Ofir.

²¹ ¹⁹Não te afastes de esposa sábia e boa,ᶜ
porque a sua graça vale mais do que o ouro.

²² ²⁰Não maltrates o escravo que trabalha fielmente,
nem o assalariado que se devota.

²³ ²¹Ama em teu coraçãoᵈ o escravo inteligente
e não lhe negues a liberdade.

Os filhos

²⁴ ²²Tens animais? Cuida deles;
se te servem, conserva-os.

²⁵ ²³Tens filhos? Educa-os,
e desde a infância faze-os dobrar o pescoço.ᵉ

²⁶ ²⁴Tens filhas? Cuida dos seus corpos
e a elas não mostres face indulgente.

²⁷ ²⁵Casa a tua filha e terás concluído uma grande tarefa,
mas entrega-a a homem sensato.

²⁸ ²⁶Tens mulher segundo o teu coração? Não a repudies;
contudo, se não a amas, nela não confies.ᶠ

Os pais

²⁹ ²⁷Honra teu pai de todo o coração
e não esqueças as dores de tua mãe.

³⁰ ²⁸Lembra-te de que foste gerado por eles.
O que lhes darás pelo que te deram?ᵍ

Os sacerdotes

³¹ ²⁹De todo o teu coração teme ao Senhor
e venera os seus sacerdotes.ʰ

³² ³⁰Com todas as tuas forças ama o que te criou
e não abandones os seus ministros.

---

a) Lit. "sua continuidade (?) não é para o bem". Sentido incerto mas confirmado pelo hebr.: "o resultado não é agradável".
b) Hebr.: "pois a esperança do homem é o verme", cf. Jó 25,6. Vermes e fogo acham-se juntos em Is 66,24 (que será retomado por Mc 9,48) e em Jt 16,17.
c) Ou talvez: "Não hesites em desposar uma mulher sábia e boa" (cf. v. 26).
d) Lit.: "Que tua alma ame": o tradutor, sem dúvida, compreendeu mal o hebr. "ama como a tua alma", isto é, "como a ti mesmo".
e) Hebr.: "e desde a infância casa-os".
f) Ou talvez: "não confies naquela que é detestada", alusão possível à bigamia (cf. Gn 29,31; Dt 21,15; 1Sm 1,2; Eclo 37,11).
g) Esses dois vv. são omitidos pelo hebr.
h) Ben Sirá venera o culto e seus ministros (cf. cap. 50). Aqui, o respeito pelo sacerdote é posto diretamente em paralelo com a adoração do Senhor, segundo o espírito dos textos aos quais o v. 31 faz alusão: Nm 18,11-18 (primícias); Lv 5,6 (sacrifícios de reparação, ou "pelo pecado"); Ex 29,27; Lv 7,32; Dt 18,3 (oferta das espá-

³³ ³¹Teme ao Senhor e honra o sacerdote
³⁴ e dá-lhe a sua parte, como é prescrito:
primícias, sacrifício de reparação, a oferenda das espáduas,
³⁵ o sacrifício de santificação e as primícias das coisas santas.

Os pobres e os provados

3,30; 4,10;
29,8-13

³⁶ ³²Estende tua mão ao pobre
para que tua bênção^a seja perfeita.

Dt 14,29
Sl 41,2

³⁷ ³³Que tua generosidade atinja todos os viventes,
mesmo aos mortos não recuses a tua piedade.^b

³⁸ ³⁴Não fujas dos que choram,
aproxima-te dos que estão aflitos.

37,12
Rm 12,15

³⁹ ³⁵Não temas visitar doentes,
porque serás amado por isso.

Mt 25,35

⁴⁰ ³⁶Em tudo o que fazes, lembra-te de teu fim
e jamais pecarás.^c

Prudência e reflexão

8 ¹Não lutes com um grande,
para não caíres em suas mãos.
²Não contendas com um rico,
para que não oponha a ti o seu peso,

Pr 10,15

³ porque o ouro perdeu a muitos
e seduziu o coração dos reis.

⁴ ³Não disputes com o falador,
não amontoes lenha sobre seu fogo.

⁵ ⁴Não brinques com o mal-educado,
para que os teus antepassados não sejam desonrados.^d

⁶ ⁵Não desprezes homem que abandonou o pecado,
lembra-te de que todos somos culpáveis.^e

Mt 7,1-5p
Rm 3,9-20
1Jo 1,8-10
Lv 19,32

⁷ ⁶Não desprezes homem algum em sua velhice,
porque muitos de nós envelheceremos.

⁸ ⁷Não te alegres com uma morte:
lembra-te de que todos morrerão.

A tradição^f

⁹ ⁸Não desprezes o discurso dos sábios,
volta sempre às suas sentenças,

Pr 13,20
Pr 14,35;
16,13s

¹⁰ pois é deles que aprenderás a disciplina
e a arte de servir os poderosos.

---

duas). O "sacrifício de santificação" (hebr. "de justiça") é provavelmente a oblação de Lv 2,1-16.
a) A que o Senhor concederá.
b) Sobre o dever de dar aos mortos sepultura decente, cf. 2Sm 21,10-14; Jr 22,19; Is 34,3; Tb 1,17-18; 12,12. Mais tarde, surgiu também a preocupação de oferecer por eles preces e sacrifícios (2Mc 12,38-46). Mas certas práticas pagãs do culto aos mortos parecem ter sido proibidas pela Lei (Dt 26,14; cf. Br 6,26; Eclo 30,18). Ben Sirá não explicita.
c) "o que fazes", hebr.; "tuas palavras", grego. — Mesmo não tendo ainda ideia clara e certa da retribuição depois da morte, Ben Sirá sublinha, diversas vezes, a importância da última hora (cf. 11,26-28). Aliás pode ter havido progresso do hebraico à tradução grega: o hebraico diz simplesmente: "em todas as tuas ações considera o fim", quer dizer: toma cuidado com as consequências dos teus atos. Explicitando "o teu fim", o grego visa claramente os fins últimos.
d) Pelas maldições, tão frequentes no estilo oriental.
e) "culpáveis", hebr.; "nos castigos", grego.
f) Ben Sirá não ignora que a sabedoria é questão de tradição, e que ela era outrora, em Israel como no Egito, atributo do funcionário, constituindo para ele uma "arte de servir os poderosos".

¹¹ ⁹ Não te afastes do discurso dos anciãos,
 porque eles mesmos estiveram na escola de seus pais,ᵃ
¹² e é deles que aprenderás o entendimento,
 para responderes no tempo oportuno.

A prudência

¹³ ¹⁰ Não acendas o carvão do pecador,
 para não seres queimado na sua chama.
¹⁴ ¹¹ Não te deixes exaltar pelo homem insolente,
 para que não seja armada uma emboscada à tua boca.
¹⁵ ¹² Não emprestes a homem mais forte do que tu:
 se emprestaste, considera-o como perdido.
¹⁶ ¹³ Não te tornes fiador além dos teus recursos:
 se já o és, pensa como pagarás.
¹⁷ ¹⁴ Não litigues contra um juiz,
 porque decidirão a favor dele.
¹⁸ ¹⁵ Não caminhes pela estrada com aventureiro,
 para que não te sobrecarregue de males;
 porque ele agirá segundo a sua vontade
 e te perderás com ele por causa de sua loucura.
¹⁹ ¹⁶ Não disputes com violento,
 não andes com ele pelo deserto,
 pois, a seus olhos, o sangue é como nada
 e lá onde não há socorro ele te matará.
²⁰ ¹⁷ Não confidencies com ingênuo,
 pois ele não é capaz de guardar uma só palavra.
²¹ ¹⁸ Diante de estranho não faças nada que deva ficar oculto,
 porque não sabes o que ele divulgará.
²² ¹⁹ Não abras teu coração a quem quer que seja
 e não pretendas obter suas boas graças.ᵇ

As mulheres

9

¹ Não tenhas ciúmes de tua amada esposa,
 para não lhe ensinares o mal contra ti.
² Não te entregues a uma mulher,
 para que ela não usurpe tua autoridade.
³ Não vás ao encontro de cortesã,
 para que não caias em suas ciladas.
⁴ Não te entretenhas com bailarina,
 para que não sejas seduzido por suas artimanhas.
⁵ Não fites uma jovem,
 para não ser pego na armadilha quando ela espiar.ᶜ
⁶ Não te entregues às prostitutas,
 para não perderes o teu patrimônio.
⁷ Não gires o teu olhar pelas ruas da cidade
 e não vagueies por seus lugares desertos.

---

a) Os rabinos têm alto conceito da tradição, que eles denominam "a lei oral" (cf. já Dt 4,9; 11,19; Sl 44,2; 78,3s; Jó 8,8; 12,12). A maior parte dos livros bíblicos existiram na condição de tradição oral antes de serem escritos. Isto é verdade em particular dos provérbios e das máximas de sabedoria.
b) Hebr.: "e não afastes de ti a felicidade".
c) Isto é, ser punido com ela (cf. Lv 20,10; Dt 22,22).

⁸ Desvia teu olho de mulher formosa,
 não fites beleza alheia.
⁹ Muitos se perderam por causa da beleza de mulher,
 por sua causa o amor se inflama como o fogo.
⁹Não te assentes nunca à mesa com mulher casada,
 não banqueteies com ela tomando vinho,
 a fim de que o desejo não te desvie para ela,ᵃ
 e, na tua paixão, escorregues para a perdição.

Relacionamento com os homens

¹⁰Não abandones um velho amigo,
 visto que o novo não é igual a ele.
 Vinho novo, amigo novo;
 deixa-o envelhecer, e o beberás com prazer.
¹¹Não invejes o sucesso do pecador,
 porque não sabes qual será o seu fim.
¹²Não sintas prazer com a felicidade dos ímpios:
 lembra-te de que neste mundo não ficarão impunes.ᵇ
¹³Conserva-te afastado do homem que tem o poder de matar,
 e não experimentarás o temor da morte.
 Se o aproximas, guarda-te de um passo em falso,
 para que ele não te tire a vida.
 Saibas que caminhas entre laços
 e avanças sobre as muralhas.ᶜ
¹⁴O quanto puderes, frequenta o teu próximo
 e aconselha-te com os sábios.
¹⁵A tua conversa seja com homens sensatos
 e todo o teu assunto seja a lei do Altíssimo.
¹⁶Homens justos sejam os teus comensais
 e a tua glória seja o temor do Senhor.
¹⁷Obra feita pela mão hábil do artesão merece louvor,
 o chefe do povo deve ser sábio em seus discursos.ᵈ
¹⁸O homem falador é temido em sua cidade
 e o fogoso no falar é detestado.

O governo

10 ¹Governante sábio educa o seu povo,
 e a autoridade de homem inteligente é bem estabelecida.
²Qual o governante do povo, tais os seus ministros;
 qual o que governa a cidade, tais todos os seus habitantes.
³Rei sem instrução arruinará seu povo,
 uma cidade será construída graças à inteligência dos chefes.
⁴Nas mãos do Senhor está o governo do mundo:
 ele suscita, no tempo oportuno, o homem que convém.
⁵O sucesso do homem está nas mãos do Senhor,
 é ele que dá ao escriba a sua glória.

---

a) Hebr.: "que teu coração não se incline para ela".
b) "neste mundo", lit.: "até o Xeol". — A respeito do problema da retribuição temporal, cf. Introdução aos livros sapienciais.
c) Portanto exposto às flechas dos inimigos, mas o texto é duvidoso. Hebr.: "sobre laços".
d) Esta máxima põe em paralelo o operário, cujo valor consiste na habilidade manual, e o chefe de Estado que se impõe por sua eloquência.

Contra o orgulho

⁶Não guardes rancor de teu próximo,
  sejam quais forem seus erros,
  e nunca reajas com atos de arrogância.

⁷O orgulho é odioso tanto ao Senhor como aos homens,
  e ambos olham a injustiça como uma falta.

⁸A soberania passa de uma nação a outra
  pela injustiça, pela arrogância e pelo dinheiro.

*Nada de mais ímpio que aquele que gosta do dinheiro:
até sua alma ele vende!*

⁹De que se orgulha quem é terra e cinza,
  ¹⁰ᵇ um ser que, vivendo, tem já as vísceras repugnantes?ᵃ

¹⁰Uma longa doença zomba do médico,
  quem hoje é rei, amanhã morrerá.ᵇ

¹¹Quando um homem morre, herda
  insetos, feras e vermes.

¹²O princípio do orgulho humano é abandonar o Senhor
  e ter o coração longe do Criador.

¹³Porque o princípio do orgulho é o pecado
  e o que o possui difunde abominação.

Por isso, o Senhor tornou brilhante sua miséria
  e o reduziu a nada.

¹⁴O Senhor derruba o trono dos poderosos
  e assenta os mansos em seus lugares.

¹⁵O Senhor arranca a raiz dos orgulhososᶜ
  e planta os humildes em seu lugar.

¹⁶O Senhor destrói o território das nações
  e aniquila-as até o subsolo.

¹⁷Ele as extirpa, as aniquila
  e elimina do mundo as suas lembranças.

¹⁸O orgulho não foi feito para o homem,
  nem o furor para os nascidos de mulher.

As pessoas dignas de honra

¹⁹Qual a raça digna de honra? A raça dos homens.
  Qual a raça digna de honra? A dos que temem ao Senhor.
  Qual a raça digna de menosprezos? A raça dos homens.
  Qual a raça digna de menosprezos?
  A dos que violam os preceitos.

²⁰Entre os irmãos, é honrado o seu chefe,
  os que temem ao Senhor são honrados por ele.

²¹*Ser aceito por Deus encontra seu princípio no temor do Senhor,
mas o princípio da rejeição é o endurecimento e o orgulho.*

²²Prosélito, estrangeiroᵈ ou pobre,
  seu orgulho está no temor do Senhor.

---

a) Texto corrigido de acordo com sir., hex. e alguns comentários; o grego é obscuro ("um ser que, vivo, lança (?) seus intestinos"); o hebr., corrompido, é ininteligível.
b) O texto parece afirmar a inutilidade dos esforços humanos para salvar o homem destinado à morte, mas cf. cap. 38.
c) "dos orgulhosos", conj.; "das nações", grego (os dois termos são graficamente muito próximos em hebr., mas falta o v. 15); "das nações orgulhosas", lat.
d) Hebr.: "Rico, carregado de honras", grego.

²⁶ ²³ Não é justo desprezar o pobre inteligente,
   não convém honrar o pecador.
²⁷ ²⁴ O nobre, o juiz, o poderoso são dignos de honra,
   mas nenhum deles é maior do que aquele que teme o Senhor. <small>Pr 17,2</small>
²⁸ ²⁵ Homens livres serão súditos de escravo sensato
   e o homem sábio não se queixa disso.ᵃ

Humildade e verdade

²⁹ ²⁶ Não te julgues muito hábil para o teu trabalho, <small>Lc 17,10</small>
   nem te glories no tempo de tua penúria.
³⁰ ²⁷ É melhor um homem que trabalha e vive na abundância <small>Pr 12,9</small>
   que aquele que se gloria e carece de alimento.
³¹ ²⁸ Filho, honra-te com a modéstia <small>Jr 9,22; 1Cor 1,31</small>
   e aprecia-te segundo o teu valor.
³² ²⁹ Quem justificará aquele que prejudica a si próprio?
   E quem estimará aquele que se menospreza?
³³ ³⁰ O pobre é honrado por seu saber <small>11,1; 10,23</small>
   e o rico, por suas riquezas.
³⁴ ³¹ O que foi honrado na pobreza quanto não o será na riqueza?
   O que foi menosprezado na riqueza quanto não o será na pobreza?

Não confies nas aparências

11 ¹ A sabedoria do pobre levanta a sua cabeça
   e ele se assenta entre os grandes.

² Não elogies um homem por sua beleza <small>1Sm 16,7; 2Cor 10,10-11</small>
   e não detestes uma pessoa por sua aparência.

³ Pequena é a abelha entre os alados, <small>Mt 13,31-32</small>
   mas o seu produto é o primeiro em doçura.

⁴ Não te envaideças com as vestes que usas
   e não te orgulhes quando te honram;ᵇ
   pois as obras do Senhor são admiráveis,
   mas aos homens elas são ocultas.ᶜ

⁵ Frequentemente soberanos acabaram na sarjeta,ᵈ <small>10,14; Ecl 4,14; 10,6-7</small>
   e um desconhecido recebeu o diadema.
⁶ Frequentemente poderosos foram duramente humilhados
   e homens célebres foram entregues às mãos de outros.

Reflexão e vagar

⁷ Não reproves antes de teres examinado;
   indaga primeiro, depois julga.
⁸ Não respondas antes de teres escutado <small>Pr 18,13</small>
   e não intervenhas no meio dos discursos.

⁹ Não te exaltes por assunto que não te diz respeito
   e não te intrometas nas querelas dos pecadores.

---

a) Compare-se esta máxima com as declarações de são Paulo sobre a escravidão (Gl 3,28; Cl 3,11; Fm 16).
b) Hebr.: "Não zombes de quem está em andrajos, não escarneças de quem está na aflição".
c) Isto é, invisíveis e imprevisíveis. Um lance da sorte pode modificar todas as situações. (Cf. Sl 113,7s; 1Sm 2,8; Jó 12,17-19). Esta máxima é ilustrada pelas máximas seguintes.
d) Pode-se compreender também: "foram postos na calçada" (depois de terem reinado); o paralelismo seria então antitético, mas o hebr.: "muitos humilhados assentaram-se no trono" apoia a interpretação proposta.

38,24 ¹⁰Filho, não sejam muitos os teus afazeres;
se os multiplicares, não ficarás impune;
mesmo se correres, não alcançarás
e não poderás escapar pela fuga.ᵃ

Pr 11,24;
21,5
Sl 127,1-2
¹¹Há quem trabalha, cansa-se e se apressa,
e está cada vez mais para trás.

Confiança só em Deus

Sf 2,3 +
¹²Há fracos que procuram ajuda,
carentes de bens e ricos de misérias,
mas o Senhor os observa com benevolência
e os reergue de sua miséria.

¹³Ele levanta a sua cabeça
e muitos se admiram.

Is 45,7
Jó 1,21; 2,10
¹⁴Bem e mal, vida e morte,
pobreza e riqueza, tudo vem do Senhor.

1,1-10;
24,18
¹⁵*A sabedoria, a ciência e o conhecimento da Lei vêm do Senhor,
dele vêm o amor e a prática das boas obras.*

¹⁶*A loucura e as trevas são criadas para os pecadores;
para aqueles que se comprazem no mal,
o mal acompanha a velhice.*ᵇ

¹⁷O dom do Senhor permanece com os piedososᶜ
e a sua benevolência os conduzirá para sempre.

Jó 27,16-23
Sl 49,17-18
Ecl 2,21-23
Lc 12,16-21
¹⁸Há quem se enriquece por avareza;
esta será a sua recompensa:

¹⁹Quando ele disser: "Encontrei descanso,
agora comerei dos meus bens",

²⁰ não sabendo quando virá aquele dia,
deixará tudo a outros e morrerá.ᵈ

²¹ ²⁰Permanece firme na tua tarefa, ocupa-te bem delaᵉ
e envelhece na tua profissão.

Pr 3,31;
23,17
Eclo 9,11
²² ²¹Não te espantes com as obras do pecador,
mas confia no Senhor e permanece no teu trabalho.

²³ Pois é fácil aos olhos do Senhor
enriquecer um pobre subitamente, num átimo.

²⁴ ²²A bênção do Senhor é a recompensa do piedoso,
num instante floresce a sua bênção.

Mt 6,25-26
²⁵ ²³Não digas: "De que coisa tenho necessidade?
De agora em diante quais serão os meus bens?"

5,1
Lc 12,15-21
²⁶ ²⁴Não digas: "Tenho o suficiente;
de agora em diante que desgraça me atingirá?"

18,25
Jo 16,21
²⁷ ²⁵No dia da felicidade, ninguém se lembra dos males,
e no dia da desgraça, ninguém se lembra da felicidade.ᶠ

²⁸ ²⁶Pois é fácil para o Senhor, no dia da morte,
retribuir a cada um segundo seus atos.

---

a) O hebr. acrescenta segunda forma, conhecida do sir.: "se não correres, não atingirás; se não buscares, não encontrarás".

b) Hebr., Gr II, lat. e sir.

c) Assim o grego traduz o hebr. "justos"; o mesmo no v. 22, em 12,2 e em 13,17.

d) Tem-se perguntado se Jesus não se teria inspirado neste v. ao compor a parábola de Lc 12,16-21 (note-se sobretudo o v. 19). Trata-se, efetivamente, da mesma ideia da inutilidade dos bens ajuntados com grande esforço e dos quais o dono será privado no dia de sua morte.

e) "tua tarefa", hebr.; "tua aliança", grego. "ocupa-te bem dela", var.; hebr.: "põe nela tua alegria" (cf. Ecl 2,24; 3,13).

f) Ou talvez: "Esquecem-se os males (que podem sobrevir)... Não se recorda da felicidade (com a qual se pode ser contemplado)". Assim aplicado ao futuro, esse v. seria mais conforme ao contexto. A interpretação, no entanto, parece menos provável.

²⁹ ²⁷ O tempo de desventura faz esquecer as delícias
 e é na sua última hora que as obras
 do homem são desveladas.
³⁰ ²⁸ Antes da morte não beatifiques ninguém,
 pois em seu fim é que se conhece o homem.*ᵃ*

Desconfiar dos maus

³¹ ²⁹ Não introduzas qualquer pessoa em tua casa,
 porque numerosas são as insídias do pérfido.
³² ³⁰ Como perdiz presa na gaiola,
 assim é o coração do orgulhoso;
 como o espião, ele espreita tua ruína.*ᵇ*
³³ ³¹ Insídia mudando o bem em mal,
 nas melhores qualidades põe defeito.
³⁴ ³² Uma centelha acende um grande braseiro,
 o homem perverso insidia para derramar sangue.
³⁵ ³³ Guarda-te do malvado, porque trama o mal,
 não aconteça que te inflija infâmia eterna.
³⁶ ³⁴ Introduze em casa um estrangeiro e ele transtornar-te-á
 e te separará dos teus.

Os benefícios

12 ¹ Se queres fazer o bem, saibas a quem o fazes
 e teus benefícios não serão perdidos.
² Faze o bem a homem piedoso e terás a recompensa,
 se não dele, pelo menos do Altíssimo.
³ Não haja benefícios para quem persevera no mal
 e nem para o que não dá esmola.*ᶜ*
⁴ Dá ao homem piedoso
 e não ajudes o pecador.*ᵈ*
⁵ Faze o bem ao humilde
 e não dês nada ao ímpio.
 Recusa-lhe o pão, não lhe dês nada,
 para que ele não te domine.
 Porque encontrarás o dobro de males
 por todos os benefícios que lhe fizeres.
⁶ Pois o próprio Altíssimo detesta os pecadores
 e aos ímpios infligirá castigo.
 Ele os conserva até o dia do seu castigo.
⁷ Dá ao homem bom
 e não ajudes o pecador.

---

a) "em seu fim", hebr.; "em seus filhos", grego. — Esses três vv. (cf. 7,36) exprimem a confiança com a qual o autor espera, no dia da morte, um julgamento no qual serão desvelados os méritos e as faltas. Mas ele não se detém em descrever a retribuição, nem em precisar se ela será eterna.

b) entre 11,30a e 11,30b, 1 ms hebraico insere: "Como o lobo que se põe de tocaia para devorar. Como são numerosos os malefícios do violento! Ele é como um cão entre aqueles que comem em casa e devora tudo; o violento traz e põe a querela em todo o seu bem. O maledicente, como urso, fica de tocaia junto à casa dos escarnecedores".

c) Hebr.: "Nenhum proveito há para quem faz bem ao mau; nem sequer ele faz uma boa ação".

d) Este v. falta no hebr.; duplicata de 12,7. O lat. dá a sequência 12,4.6bc.4. Deve-se opor Mt 5,43-48; Lc 6,27-36; Rm 12,20. — Santo Agostinho, chocado com esse conselho, tentou atenuá-lo comentando: "Não dês ao pecador enquanto pecador, dá-lhe enquanto homem".

Verdadeiros e falsos amigos

⁸ Na prosperidade não se pode reconhecer o verdadeiro amigo,
 na adversidade o inimigo não pode se esconder.
⁹ Quando um homem é feliz, seus inimigos ficam na tristeza;*ª*
 na sua adversidade até o amigo desaparece.
¹⁰ Não confies nunca em teu inimigo;
 como o cobre cria ferrugem, assim é a sua malícia.
¹¹ Ainda que se humilhe e caminhe curvado,
 observa-o e guarda-te dele.
 Age com ele como quem limpa um espelho:
 saibas que sua ferrugem não permanecerá até o fim.*ᵇ*
¹² Não o admitas ao teu lado,
 para que não te derrube e se ponha em teu lugar.
 Não o assentes à tua direita,
 para que não procure obter a tua cadeira
 e então, tarde demais, compreenderás minhas palavras
 e gemerás sob meu discurso.
¹³ Quem terá dó do encantador que se faz morder pela serpente
 e de todos os que se aproximam das feras?
¹⁴ Assim acontece com o que se associa ao pecador,
 com o que se deixa envolver nos seus pecados.
¹⁵ Por uma hora ele ficará contigo,
 mas, se caíres, ele não se conterá mais.
¹⁶ O inimigo só tem doçura nos lábios,
 mas no seu coração maquina jogar-te no abismo.
 O inimigo tem lágrimas nos olhos,
 mas, se tiver ocasião, o teu sangue não o saciará.
¹⁷ Se te ocorre um infortúnio, tu o encontrarás ali contigo
 e como quem socorre agarrar-te-á pelo calcanhar.
¹⁸ Sacudirá a cabeça, baterá palmas,*ᶜ*
 porém, murmurando muito, mudará de semblante.

Frequentar seus semelhantes

13 ¹ O que toca no piche sujar-se-á,
 o que convive com o orgulhoso ficará como ele.
² Não te sobrecarregues com fardo demasiadamente pesado,
 não convivas com alguém mais forte e mais rico do que tu.
 Que tem em comum a panela de barro com a panela de ferro?
 Esta esbarrará naquela e ela se quebrará.*ᵈ*
³ O rico comete uma injustiça e ainda se mostra altivo;
 o pobre é injustiçado e ainda se desculpa.
⁴ Se és útil para ele, servir-se-á de ti;
 se não tiveres mais recursos, abandonar-te-á.
⁵ Se tiveres alguma coisa, ele conviverá contigo
 e despojar-te-á sem compaixão.
⁶ Enquanto precisar de ti, enganar-te-á,
 sorrir-te-á e dar-te-á esperanças,
 dirigir-te-á belas palavras
 e dirá: "De que tens necessidade?"

---

a) O hebr.: "Mesmo aquele que o odeia é seu amigo" respeita melhor o paralelismo.
b) Hebr.: "Age para com ele como (com) aquele que revela um segredo: ele não será capaz de te prejudicar; e saberás a consequência da inveja".
c) Sacudir a cabeça, gesto de zombaria (Sl 22,8; 109,25; Jó 16,4; cf. Mt 27,39). Bater palmas: Ez 25,6; Na 3,19; Lm 2,15.
d) Comparação clássica, que já se acha em Esopo.

8   ⁷Humilhar-te-á em seus banquetes
       até despojar-te por duas ou três vezes,
       por fim rir-se-á de ti.
    Depois disso, vendo-te, passará adiante
       e sacudirá a cabeça por tua causa.

11 ⁸Cuida-te para não seres enganado,
       para não seres humilhado em tua tolice.ᵃ
12 ⁹Quando um grande te convidar, esquiva-te,
       e ele te convidará com maior insistência.
13 ¹⁰Não te precipites e não serás afastado,
       mas não te afastes muito para não seres esquecido.ᵇ
14 ¹¹Não te dirijas a ele de igual para igual,
       não confies em sua eloquência.
    Porque, com seu palavreado, provar-te-á;
       rindo, sondar-te-á.

15 ¹²O ímpio não conserva em segredo as tuas palavras,
       não te poupará maus tratos nem correntes.
16 ¹³Cuida-te e presta bem atenção,
       pois caminhas com a tua ruína.
    ¹⁴Quando ouvires isso em teu sono, desperta;
       por toda a tua vida ama o Senhor
       *e invoca-o para tua salvação.*ᶜ
18 ¹⁵Todo ser vivo ama o seu semelhante
       e todo homem, o seu próximo.
19 ¹⁶Toda carne se junta segundo sua espécie,
       e o homem se associa ao seu semelhante.
21 ¹⁷O que pode haver de comum entre o lobo e o cordeiro?
       O mesmo acontece entre o pecador e o piedoso.
22 ¹⁸Que paz pode haver entre a hiena e o cão?
       Que paz pode haver entre o rico e o pobre?ᵈ
23 ¹⁹A caça dos leões são os asnos selvagens,
       assim a presa dos ricos são os pobres.
24 ²⁰Para o orgulhoso a humildade é humilhação;
       assim, para o rico, o pobre é detestável.
25 ²¹Quando um rico dá um passo em falso,
       seus amigos o sustentam;
       porém, quando o pobre cai, seus amigos o rejeitam.
26 ²²Quando o rico tropeça,ᵉ muitos o recebem em seus braços,
       se diz tolices o aprovam.
27   Quando o pobre vacila, censuram-no,
       ele diz coisas sábias e não há lugar para ele.
28 ²³Quando o rico fala, todos se calam
       e elevam até às nuvens a sua palavra.

---

a) "em tua tolice", lat., sir.; "em tua alegria", grego. — Hebr.: "Toma cuidado para não seres por demais insolente (?), não te assemelhes aos insensatos".
b) Expressão surpreendente da moderação refletida e não desprovida de malícia que caracteriza Ben Sirá. — O conselho evangélico de Lc 14,8-10, que seríamos tentados a ligar com esta máxima, de fato não tem exatamente o mesmo conteúdo nem o mesmo motivo.
c) Gr II e lat.

d) Para Ben Sirá, o preceito de só frequentar pessoas da mesma condição está em continuidade com a harmonia da natureza e é portanto conforme à ordem divina. A condenação da riqueza não é absoluta (cf. v. 24), mas o autor quer impedir o pobre de se deixar seduzir pelo rico, que pode chegar a ponto de esmagá-lo.
e) Este v. deve, sem dúvida, ser tomado metaforicamente; "tropeçar" pode ter o sentido de "dizer tolices" (hebr.: "fala"), cf. 14,1, e a sequência mostra que se trata sobretudo de palavras.

²⁹ Quando o pobre fala, dizem: "Quem é esse?",
e se tropeça, fazem-no cair.

³⁰ ²⁴ A riqueza é boa quando nela não há pecado,
a pobreza é má na boca do ímpio.ᵃ

Pr 15,13

³¹ ²⁵ O coração do homem modela o seu rosto
tanto para o bem como para o mal.

³² ²⁶ Um rosto alegre é vestígio de coração satisfeito.
A invenção de provérbios supõe penosas reflexões.ᵇ

A verdadeira felicidade

19,16; 25,8

14 ¹ Feliz o homem que não pecouᶜ com sua boca
e que não foi ferido pelo remorso dos pecados.
² Feliz aquele cuja consciência não o acusa
e aquele que não perdeu sua esperança.

Ecl 5,9; 6,2

Inveja e avareza

³ Ao homem mesquinho não convém a riqueza,
e para que grandes bens ao invejoso?

Lc 12,16-21
Jó 27,16-17
Pr 13,22

⁴ Quem ajunta, privando-se, ajunta para os outros
e com os seus bens outros regalar-se-ão.

⁵ Quem é duro consigo mesmo com quem será bom?
Não goza sequer dos próprios bens.

Pr 11,17

⁶ Não há homem pior do que aquele que se deprecia,
e isto é a recompensa de sua maldade.
⁷ Se faz o bem, é por esquecimento,
no fim deixa transparecer a sua maldade.
⁸ Mau é o homem de olhar invejoso,
que vira o rostoᵈ e despreza a vida dos outros.

Sb 6,23

⁹ Aos olhos do ávido a sua porção não o sacia,
a cupidezᵉ seca a alma.

¹⁰ Com inveja, o olho do avaro fixa-se no pão,
e na sua mesa há penúria.

¹¹ Filho, na medida do que tens, trata-te bem
e apresenta ao Senhor as oferendas, como convém.

Nm 16,33
Eclo 18,9

¹² Lembra-te de que a morte não tarda
e o pacto do Xeolᶠ não te foi revelado.

¹³ Antes de morrer faze o bem aos amigos
e dá-lhes segundo os teus recursos.

Ecl 2,24

¹⁴ Não te prives da felicidade presente,
não deixes escapar nada de um legítimo desejo.

---

a) Ou talvez: "na medida da impiedade" (hebr.: "na medida da insolência"). — A riqueza não é tara, mas apenas perigo.

b) "coração satisfeito" ou "bom coração", hebr.: isto é, boa pessoa. — Vê-se mal como, em grego, o segundo estíquio se liga ao precedente. Hebr.: "isolamento e ar pensativo: cogitação de miséria", em que o contraste sobressai.

c) Lit.: "não tropeçou". — Muitos Sl cantam assim a felicidade dos corações puros (cf. Sl 1; 32; 41; 119; 128), em oposição aos "felizes" deste mundo. É já o anúncio das bem-aventuranças evangélicas (Mt 5, 1-12).

d) Daqueles que precisam do seu socorro.

e) "a cupidez", lit.: "o olho mau", conj.: "a iniquidade má", grego (confusão entre 'ayin e 'awon, mas o texto hebr. que conhecemos é diferente).

f) Provavelmente o decreto que fixa a data da morte (cf. Is 28,15.18).

¹⁵ Não deixarás a outro os teus recursos,
  e o fruto de teu trabalho à decisão da sorte?
¹⁶ Dá e recebe, faze divagar a tua alma,
  pois não há no Xeol quem procure algum prazer.
¹⁷ Como uma roupa, toda carne vai envelhecendo,
  porque a morte é lei eterna.
¹⁸ Como folhagem verdejante em árvore frondosa
  tanto cai como brota,
  assim a geração de carne e sangue:
  esta morre, aquela nasce.
¹⁹ Toda obra corruptível perece
  e aquele que a fez irá com ela.ᵃ

Felicidade do sábio

²⁰ Feliz o homem que se ocupa da sabedoria
  e que raciocina com inteligência,
²¹ que reflete, em seu coração, nos caminhos da sabedoria
  e medita em seus segredos.ᵇ
²² Sai atrás dela como caçador,
  põe-se à espreita nos seus caminhos.
²³ Inclina-se para olhar por suas janelas,
  escuta às suas portas.
²⁴ Detém-se junto à sua casa,
  fixa o prego nas suas paredes.ᶜ
²⁵ Coloca a sua tenda junto a ela,
  acampará num lugar de felicidade.
²⁶ Porá seus filhos sob a sua proteção,
  será abrigado por seus ramos.
²⁷ Por ela será protegido do calor
  e acampará em sua glória.ᵈ

15 ¹ O que teme ao Senhor assim faz,
  o que se torna mestre da leiᵉ conseguirá a sabedoria.
² Sairá ao seu encontro como mãe,
  como esposa virgem ela o acolherá.
³ Nutri-lo-á com o pão da prudência
  e o saciará com a água da sabedoria.
⁴ Apoiar-se-á nela e não cambaleará,
  confiará nela e não se envergonhará.
⁵ Ela o elevará acima de seus companheiros
  e na assembleia lhe abrirá a boca.

---

a) Hebr.: "Todas as ações do homem estão destinadas à corrupção, e a obra de suas mãos o seguirá", quer dizer, o seguirá na corrupção. Ap 14,13 transpõe esse pensamento: as obras seguem o fiel no esplendor da vida nova. Essas reflexões são para Coélet motivo de espanto e até mesmo de escândalo. Ben Sirá não vê nisso senão uma lição de desapego.

b) Cf. Sl 119, em particular os vv. 15.23.148, sobre a felicidade que a meditação da Lei proporciona. Aqui o objeto do estudo é a sabedoria, que se descobre sobretudo nos provérbios e nas máximas dos sábios.

c) Para aí erguer sua própria tenda. — Diversas imagens são empregadas para caracterizar a procura da sabedoria: a do caçador que a persegue, a do espião que tenta surpreender suas palavras, a do nômade que acampa à sua sombra.

d) Essa "glória" (hebr. "refúgio") designa talvez a nuvem que manifestava a presença de Iahweh (cf. Ex 16,10; 24,16+). É a *shekinah* ("Presença") da literatura rabínica.

e) Jr 2,8 conhece quatro funções oficiais: o sacerdote, o legista, o chefe, o profeta. "O que se torna mestre da lei" liga-se ao segundo desses ofícios, o do "escriba", do "doutor da Lei", que se tornou cada vez mais importante no judaísmo (cf. Esd 7,6+).

⁶Encontrará alegria e coroa de júbilo
 e herdará renome eterno.
⁷Os insensatos não a conseguirão,
 os homens pecadores jamais a verão.
⁸Ela está longe do orgulhoso
 e os mentirosos nem se lembram dela.
⁹O louvor não é belo na boca do pecador,
 pois não lhe foi concedido pelo Senhor.
¹⁰Porque é na sabedoria que se exprime o louvor,
 e é o Senhor quem o guia.

Liberdade humana

¹¹Não digas: "É o Senhor que me faz pecar",
 porque ele não faz aquilo que odeia.ᵃ
¹²Não digas: "É ele que me faz errar",
 porque ele não tem necessidade de homem pecador.
¹³O Senhor odeia toda espécie de abominação
 e nenhuma é amável para os que o temem.
¹⁴Desde o princípio ele criou o homem
 e o abandonou nas mãos de sua própria decisão.ᵇ
¹⁵Se quiseres, observarás os mandamentos
 para permanecer fiel ao seu prazer.ᶜ
¹⁶Ele colocou diante de ti o fogo e a água;
 para o que quiseres estenderás tua mão.
¹⁷Diante dos homens está a vida e a morte,
 ser-te-á dado o que preferires.
¹⁸É grande, pois, a sabedoria do Senhor,
 ele é todo-poderoso e vê tudo.
¹⁹Seus olhos veem os que o temem,
 ele conhece todas as obras do homem.
²⁰Não ordenou a ninguém ser ímpio,
 não deu a ninguém licença de pecar.

Maldição dos ímpios

16

¹Não desejes uma descendência numerosa e inútil,
 nem te alegres com filhos ímpios.
²Ainda que se multipliquem, não te alegres
 se neles não existe o temor do Senhor.
³Não contes com eles para vida longa,
 não esperes que eles durem,ᵈ
 pois tu gemerás com luto prematuro,
 de repente conhecerás seu fim.
 Sim, é melhor um sóᵉ do que mil,
 e morrer sem filho do que ter filhos ímpios.
⁴Porque por um só homem inteligente povoa-se uma cidade,
 porém uma tribo de ímpios a tornará deserta.

---

a) "ele não faz", hebr. e 1 ms grego; "não faças", grego.
b) Este v. é muitas vezes invocado para sustentar a doutrina da liberdade. O hebr.: "...ele o entregou a seu inimigo e o deixou à sua inclinação", torna esse texto, antes de tudo, uma explicação da origem do mal, mas a primeira frase é acréscimo fora de propósito; para Ben Sirá, a "inclinação" não é má em si, como o será nos textos rabínicos, mas designa a orientação livre da vontade para o bem ou para o mal: "se quiseres", diz 15,15.
c) Sir. e hebr. acrescentam: "se tiveres fé nele, tu também viverás" (cf. Hab 2,4; Jo 11,25).
d) O hebr. acrescenta: "pois não terão um futuro feliz".
e) O hebr. e testemunhos gregos acrescentam: "fazendo o prazer de Deus (ou: do Senhor)"; lat.: "temendo a Deus".

⁶ ⁵Meu olho já viu vários casos assim
e meu ouvido ouviu alguns mais fortes ainda.
⁷ ⁶Na assembleia dos pecadores acende-se um fogo,
na raça desobediente acende-se a Cólera.
⁸ ⁷Deus não perdoou os gigantes de outrora
que se rebelaram, prevalecendo-se de suas forças.
⁹ ⁸Não poupou os concidadãos de Ló,
abominou-os por causa de seu orgulho.
¹⁰ ⁹Não teve piedade da raça maldita:
aqueles que se prevaleciam[a] de seus pecados.
Tudo isso ele o faz para nações de coração duro,
e com a multidão de seus santos ele não se comove.
¹¹ ¹⁰Assim aconteceu com os seiscentos mil soldados,
que se uniram na dureza de seus corações.[b]
Ele flagela e se compadece, fere e cura:
o Senhor vela compadecendo-se e castigando.
¹² ¹¹Se um único homem se tivesse mostrado obstinado,
seria milagre ter ficado impune,
porque piedade e cólera vêm do Senhor,
que é potente no perdão e derrama a cólera.
¹³ ¹²Tão grande como a sua misericórdia é sua reprovação,
ele julgará os homens segundo suas obras.
¹⁴ ¹³Não deixará impune o pecador com o seu furto
e nem a paciência do piedoso ficará frustrada.
¹⁵ ¹⁴Ele terá em conta todo ato de caridade,[c]
cada um é tratado segundo suas obras.
¹⁵*O Senhor endureceu o coração do Faraó*
para que ele não o reconhecesse,
a fim de tornar conhecidas suas ações sob o céu.
¹⁶*Sua piedade se manifesta a toda a criação,*
ele partilhou sua luz e sua sombra entre os homens.[d]

A retribuição é certa

¹⁶ ¹⁷Não digas: "Do Senhor me esconderei,
lá em cima quem se lembrará de mim?
¹⁷ No meio do povo não serei reconhecido,
quem sou eu na imensa criação?"[e]
¹⁸Vê: o céu, o mais alto dos céus,
o abismo e a terra, quando de sua visita, tremerão.
Todo o universo foi produzido e existe por sua vontade.
¹⁹Igualmente os montes e os fundamentos da terra,
quando ele os olha, abalam-se de pavor.
²⁰Mas a mente não pensa nisto;
quem terá refletido sobre seus caminhos?
²¹O homem não vê a tempestade,
a maior parte de suas obras está oculta.[f]

---

a) Os antigos habitantes de Canaã.
b) Pode-se pensar em Ex 12,37 ou em Nm 11,21. Esses homens morreram no deserto e não entraram em Canaã (Nm 14,20-23).
c) Lit.: "toda esmola", grego; hebr., "Para todo homem que pratica a justiça, (isto é, a esmola), há um salário".
d) Hebr., Gr II, sir.; cf. 12,6 e Mt 5,45.
e) Assim Adão e Caim tentaram ocultar-se da face do Senhor (Gn 3,10; 4,9).
f) Hebr.: "²⁰Tampouco a mim ele presta atenção, quem se interessa por meus caminhos? ²¹Se peco nenhum olho me vê, e si minto em completo segredo, quem fica sabendo?" As palavras do pecador continuam assim até o v. 22, sendo os vv. 18 e 19 apenas um parêntese.

²²"As obras da justiça, quem as anunciará?
　　Ou quem as esperará? Pois o decreto está distante."ᵃ
　Uma investigação sobre tudo será feita no fim.ᵇ
²³É curto de sentido aquele que tem tais reflexões;
　o insensato, desviado, sonha apenas loucuras.

O homem na criação

²⁴Escuta-me, filho, e aprende o conhecimento,
　aplica o teu coração às minhas palavras.ᶜ
²⁵Com medida revelarei a disciplina,
　com precisão anunciarei o conhecimento.
²⁶Quando, no princípio, o Senhor criou suas obras,ᵈ
　assim que foram feitas, atribuiu um lugar a cada uma.
²⁷Ordenou para sempre a sua atividade
　e suas tarefas pelas suas gerações.
　Elas não sentem fome nem cansaço
　e não abandonam suas atividades.
²⁸Nenhuma delas jamais se choca com a outra
²⁹　e jamais desobedecem à sua palavra.ᵉ
³⁰ ²⁹Depois disso, o Senhor olhou para a terra
　e a encheu com seus bens.
³¹ ³⁰Cobriu-lhe a superfície com toda espécie de animais
　e estes retornarão para a terra.

17

¹ˢ ¹O Senhor tirou o homem da terraᶠ
²ˢ　e a ela o faz voltar novamente.
　³ ²Deu aos homens número preciso de dias e tempo determinado,
　deu-lhes poder sobre tudo o que está sobre a terra.
²ᵇ ³Revestiu-os de força como a si mesmo,
¹ᵇ　criou-os à sua imagem.
　⁴A toda carne inspirou o temor do homem,
　para que ele domine feras e pássaros.
　⁵*Eles receberam o uso de cinco poderes do Senhor,*
　como sexto, a inteligência lhes foi dada em partilha
　*e como sétimo a razão, intérprete de seus poderes.*ᵍ
　⁵ ⁶Deu-lhes o julgamento, uma língua, olhos,
　ouvidos e coração para pensar.ʰ
　⁶ ⁷Encheu-os de conhecimento e inteligência
　e mostrou-lhes o bem e o mal.
　⁷ ⁸Pôs seu temorⁱ em seu coração
　para lhes mostrar a grandeza de suas obras.
　*E concedeu-lhes celebrar eternamente suas maravilhas.*ʲ
　⁸ ¹⁰Eles louvarão o seu santo nome,
　⁹narrando a grandeza de suas obras.

---

a) O objetante parece querer dizer que a retribuição se faz esperar e não é certa. Sobre o sentido do termo "decreto", *diateke*, cf. 14,12+.
b) Gr II e lat.
c) Aqui é o escriba *que fala, e não a sabedoria personificada.
d) "criou": *en ktisei*, conj. de acordo com o hebr.; "no julgamento": *en krisei*, grego.
e) Trata-se dos astros, cujo curso regular impressionou Ben Sirá (cf. 42,23; Br 3,33-35).

f) Ben Sirá segue a ordem do relato de Gn 1: criação dos astros, das plantas e animais, do homem.
g) Percebe-se neste texto uma influência estoica, talvez por intermédio de Aristóbulo, judeu alexandrino do séc. II a.C., que liga Gn 1 a especulações de tipo pitagórico sobre o número 7.
h) Na antropologia hebraica, o coração é a sede da inteligência e do discernimento (cf. Gn 8,1+).
i) "seu temor", mss gregos; "seu olho", texto recebido.
j) Gr II e lat.

⁹ ¹¹ Concedeu-lhes, ainda, o conhecimento,
  ele os gratificou com a lei da vida,
  *para que compreendam que são mortais aqueles
  que existem no presente.*
¹⁰ ¹²Fez com eles aliança eterna
  e deu-lhes a conhecer seus julgamentos.[a]

Dt 30,15-20

¹¹ ¹³Seus olhos viram a grandeza de sua majestade,
  seus ouvidos ouviram a magnificência de sua voz.

Ex 34,10s
Dt 4,11-12

¹² ¹⁴E disse-lhes: "Guardai-vos de toda injustiça",
  deu a cada um mandamentos para com o próximo.

O juiz divino

¹³ ¹⁵Seus caminhos estão sempre diante dele,
  não podem ficar ocultos aos seus olhos.
  *¹⁶Desde a juventude seus caminhos os levam ao mal
  e eles não puderam mudar seus corações
  de pedra em coração de carne,
    ¹⁷pois na repartição dos povos e de toda a terra,[b]*

Gn 8,21

¹⁴ para cada povo estabeleceu um príncipe;
¹⁵   mas Israel é a porção do Senhor,
  *¹⁸seu primogênito que ele alimenta de disciplina,
  ao qual dispensa a luz de seu amor, sem abandoná-lo.[c]*

Dt 7,6 +

¹⁶ ¹⁹Todas as suas ações são para ele como o sol,
  os seus olhos observam continuamente os seus caminhos.
¹⁷ ²⁰ As suas injustiças não lhe são ocultas,
  e todos os seus pecados estão diante do Senhor.
  *²¹Mas o Senhor é bom e conhece sua criatura,
  não as destrói nem as abandona, mas as poupa.[d]*
¹⁸ ²² A esmola de um homem é para ele como um sinete,
  ele conserva a boa obra como a pupila do olho,
  dispensando a seus filhos e a suas filhas o arrependimento.[e]
¹⁹ ²³ Levantar-se-á depois para dar-lhes a recompensa,
  recairá sobre suas cabeças o merecido.[f]
²⁰ ²⁴ Mas aos que se arrependem ele concede o retorno,
  reconforta os que perderam a resistência.

Convite à penitência

²¹ ²⁵Converte-te ao Senhor e abandona os pecados,
²²   suplica diante de sua face e atenua a ofensa.
²³ ²⁶Volta para o Altíssimo, desvia-te da injustiça,
  pois é ele que te guiará das trevas à iluminação da salvação[g]
  e odeia profundamente a iniquidade.

Sl 34,15

(26) ²⁷Quem louvará o Altíssimo no Xeol,
  se os vivos não lhe dão glória?

Sl 6,6;
115,17

---

a) Trata-se da lei de Moisés: os vv. seguintes descrevem a revelação do Sinai.
b) Talvez inspirada em Ez 11,19; 36,26, essa adição afirma a impossibilidade para o homem de fazer o bem. Em seu texto, Ben Sirá é menos pessimista.
c) Na época de Ben Sirá, nenhuma dinastia reinava sobre Israel. Além do mais, a oposição à realeza, muito antiga (1Sm 8), deve com maior razão ter existido por ocasião da restauração macabaica.
d) Cf. Dt 31,6-8.
e) Cf. Sb 12,19.
f) Aqui não se vê exatamente quando e em que forma terá lugar a retribuição.
g) Uma perspectiva escatológica está aqui subjacente. Cf. 1Pd 2,9.

(27) ²⁸ Para o morto, como se não existisse mais nada, o louvor acabou;
o que tem vida e saúde glorifica o Senhor.

Sl 111,4

²⁸ ²⁹ Como é grande a misericórdia do Senhor
e seu perdão para aqueles que se voltam para ele.

²⁹ ³⁰ Porque no homem não podem existir todas as coisas,
pois o filho do homem não é imortal.

³⁰ ³¹ Que há de mais luminoso que o sol?
E, contudo, ele desaparece.

Sb 7,29-30
Gn 6,5; 8,21
Jó 15,14-16

A carne e o sangue desejam só maldade.

Gn 18,27
Eclo 10,9

³¹ ³² Ele passa revista ao exército do mais alto dos céus,[a]
e os homens são apenas terra e cinza.

A grandeza de Deus

18

¹ Aquele que vive eternamente criou todas as coisas juntas.
² Só o Senhor será proclamado justo,
e não existem outros além dele.

24,24; 36,5 +

³ Ele governa o mundo com a palma de sua mão,
e tudo obedece à sua vontade,
pois ele, o rei do universo, por seu poder,
nele separa as coisas sagradas das profanas.

² ⁴ A ninguém foi dado o poder de anunciar suas obras
³   e quem investigará as suas grandezas?

⁴ ⁵ Quem poderá medir a potência de sua majestade,
e quem poderá detalhar suas misericórdias?

Eclo 42,21

⁵ ⁶ Aí não há nada a tirar nem a acrescentar,
e ninguém é capaz de investigar as maravilhas do Senhor.

Sl 139,17s

⁷ Quando o homem acabou, então é que começa,
e quando para, fica perplexo.[b]

O nada do homem

Sl 8,5

⁷ ⁸ Que é o homem? Para que é útil?
Qual é seu bem e qual é seu mal?

Sl 90,10
Eclo 17,2

⁸ ⁹ A duração de sua vida: cem anos quando muito.
Ninguém pode prever a hora do último sono para cada um.

¹⁰ Como uma gota do mar, um grão de areia,
assim são seus poucos anos perante um dia da eternidade.

⁹ ¹¹ Por isso o Senhor os trata com paciência
e sobre eles derrama a sua misericórdia.

¹⁰ ¹² Vê e reconhece como é miserável o seu fim,
¹¹   por isso, multiplica o perdão.

¹² ¹³ A misericórdia do homem é para com o seu próximo,
mas a do Senhor é para com toda carne:
¹³   admoesta, corrige, ensina,
reconduz, como o pastor, o seu rebanho.[c]

¹⁴ Ele tem piedade dos que recebem a disciplina
e se apressam a procurar seus julgamentos.

---

a) Sem dúvida, os astros (cf. 16,28; Is 24,21-23).
b) Quando o homem tiver esgotado suas possibilidades para conhecer a Deus e suas maravilhas, ele não está senão no começo. Essas constatações recordam as de Coélet, mas a conclusão é totalmente diversa: para Ben Sirá, a fraqueza do homem não faz senão sublinhar a grandeza de Deus.

c) Cf. 2Mc 6,13-16; Sb 12,19-22. O judaísmo tardio preocupava-se com justificar as intervenções divinas para punição dos homens. A misericórdia universal de Deus e seu caráter pedagógico, aqui sublinhados, são uma novidade no AT.

A maneira de dar[a]

¹⁵ Filho, não mistures a repreensão com teus benefícios,
    nem palavras tristes com teus presentes.
¹⁶ Porventura o orvalho não abranda o calor?
    Assim, a palavra é melhor do que o presente.
¹⁷ Não é isso? Uma palavra não vale mais do que um rico presente?
    Mas o homem caridoso une as duas coisas.
¹⁸ O insensato não dá nada e faz afronta,
    e o presente do invejoso queima os olhos.

Reflexão e previsão

¹⁹ Antes de falar, informa-te;
²⁰   diante da doença, cuida-te.
²⁰ Diante do julgamento, examina-te a ti mesmo,
    na hora do veredicto encontrarás perdão.
²¹ Antes de adoeceres, humilha-te;[b]
    quando pecares dá sinal de arrependimento.
²² Nada te impeça de cumprir o teu voto a seu tempo,
    não esperes até a morte para o cumprires.
²³ Antes de fazeres um voto, prepara-te,
    e não sejas como homem que tenta o Senhor.
²⁴ Lembra-te da ira dos últimos dias,
    da hora da vingança, quando Deus virar a sua face.[c]
²⁵ No tempo da abundância, lembra-te do tempo da fome;
    da pobreza e da miséria, nos dias de riqueza.
²⁶ Entre a manhã e a tarde o tempo muda,
    tudo é rápido diante do Senhor.
²⁷ O homem sábio age cautelosamente em tudo,
    nos dias do pecado[d] guarda-se de faltas.
²⁸ Todo homem inteligente conhece a sabedoria
    e presta homenagem àquele que a encontrou.
²⁹ Pessoas falaram inteligentemente e eram sábios:
    fizeram chover máximas excelentes.[e]
    Mais vale a confiança no único Mestre
    do que ligar-se com coração morto a um morto.[f]

Domínio de si mesmo

³⁰ Não te deixes levar por tuas paixões
    e refreia os teus desejos.
³¹ Se cedes ao desejo da paixão,
    ela fará de ti objeto de alegria para teus inimigos.
³² Não te deleites em existência voluptuosa,
    não te ligues a tal sociedade.[g]
³³ Não te empobreças banqueteando com dinheiro emprestado,
    quando nada tens no bolso.
    Pois isso seria maquinar contra tua própria vida.[h]

---

a) Aqui recomeçam os conselhos referentes à conduta. O trecho sobre a magnanimidade de Deus traz consigo a primeira coleção de máximas sobre a beneficência.
b) Com frequência a doença é apresentada como castigo do pecado. Assim, a conversão e o arrependimento são meio de evitar a doença.
c) O dia da morte (cf. 1,13), mais que o dia do julgamento. Em geral Ben Sirá pouco se preocupa com a escatologia.
d) Quer dizer, nos dias em que o pecado atrai o sábio.
e) Alusão às coleções de sabedoria, tais como os Provérbios.
f) Os ídolos são mortos (cf. Sb 13,18).
g) Hebr.: "Não te regozijes com um bem-estar sem valor (?), para que não te tornes duas vezes mais pobre".
h) Gr II e lat.

19

¹ O operário beberrão jamais enriquecerá,
  o que menospreza o pouco aos poucos cairá na miséria.
² Vinho e mulheres desencaminham os homens sensatos
  e o que frequenta prostitutas perde todo o pudor.
³ Larva e verme o herdarão,
  o homem temerário nisso perderá a vida.[a]

Contra o falatório

⁴ O que confia rapidamente é coração leviano,
  o que peca prejudica-se a si mesmo.
⁵ O que se deleita com o mal[b] será condenado,
  o que odeia a tagarelice escapa do mal,
  e aquele que resiste aos prazeres coroa a própria vida.
⁶ *Aquele que refreia sua língua viverá sem disputas,*
  aquele que odeia o palavreado escapa do mal.
⁷ Não repitas jamais um boato
  e não serás em nada diminuído.
⁸ Não contes nada de amigo nem de um inimigo,
  e, se não incorres em culpa, nada reveles.
⁹ Pois o que ouviu não confiará mais em ti
  e chegado o momento, te odiará.
¹⁰ Ouviste alguma coisa? Sê como túmulo.[c]
  Coragem, não te arrebentarás.
¹¹ Por uma palavra o insensato se agita,
  como mulher ao dar à luz a criança.
¹² Como flecha fincada na coxa,
  assim é uma palavra nas entranhas do insensato.

Verificar o que se ouve dizer

¹³ Interroga o teu amigo: ele pode não ter feito nada,
  e, se o fez, pode não o repetir.
¹⁴ Interroga o teu próximo: ele pode não ter dito nada,
  e, se o disse, pode não o repetir.
¹⁵ Interroga o teu amigo, porque frequentemente se calunia;
  não acredites em tudo o que se diz.
¹⁶ Há quem deslize, mas sem intenção;
  quem nunca pecou com a própria língua?
¹⁷ Interroga o teu próximo antes de o ameaçares,
  dá lugar à lei do Altíssimo.

Verdadeira e falsa sabedoria

¹⁸ *O temor do Senhor é o princípio de sua acolhida*
  e a sabedoria ganha sua afeição.
¹⁹ *O conhecimento dos mandamentos do Senhor*
  é a disciplina de vida; os que fazem o que lhe agrada
  colherão os frutos da árvore de imortalidade.
²⁰ Toda sabedoria é temor do Senhor,
  em toda sabedoria há cumprimento da Lei,[d]
  e reconhecimento de sua onipotência.

---

a) Quer dizer que a morte prematura será seu castigo.
b) "com o mal", mss gregos (entre os quais o Sinaítico); "com o seu coração", texto recebido.
c) Lit.: "Que isso morra em ti".
d) Cf. 1,16.18 etc.; Jó 28,28; Sl 111,10; Pr 1,7; 9,10; 15,33.

²¹ *O doméstico que diz a seu senhor: "Não farei o que te agrada",
também se depois ele o faz, irrita aquele que o alimenta.*ᵃ

²² O conhecimento do mal não é sabedoria,
nem é prudência o conselho dos pecadores.

²³ Há uma astúcia que é abominação;
é insensato aquele a quem falta a sabedoria.

²⁴ É melhor ser pouco inteligente com temor
do que rico em prudência mas transgressor da lei.ᵇ

²⁵ Há uma astúcia hábil a serviço da injustiça,
e para demonstrar a sua sentença usa de esperteza,
mas é sábio quem pratica o direito com justiça.

²⁶ Há quem caminha curvado sob a tristeza,ᶜ
mas o seu íntimo está cheio de dolo:

²⁷ inclinando a cabeça e fazendo-se de surdo,
quando não for percebido, ele te surpreenderá.

²⁸ Se é impedido de pecar por falta de força,
praticará o mal se encontrar ocasião.

²⁹ Pelo seu aspecto se conhece o homem
e pelo semblante se conhece o homem sensato.

³⁰ A veste de um homem, seu sorriso
e o seu andar revelam o que ele é.

Silêncio e palavra

20

¹ Há repreensão que não é oportuna,
há quem se cale e se mostre prudente.

² É melhor repreender do que irritar-se.
³ Aquele que se acusa de uma falta evita a pena.

⁴ Como eunuco que tenta violar uma jovem,
assim é o que quer fazer justiça pela força.

⁵ Há quem se cala e passa por sábio,
há quem se torna antipático de tanto falar.

⁶ Há quem se cala por não ter resposta
e há quem se cala sabendo que é oportuno.

⁷ O homem sábio calará até o momento oportuno,
mas o loquaz e o insensato desprezam o momento oportuno.

⁸ Quem fala muito se torna detestável
e aquele que se arroga autoridade será odiado.

*Como é belo, quando te repreendem,
manifestar arrependimento:
escaparás assim de falta voluntária.*ᵈ

Paradoxos

⁹ Na desgraça um homem pode encontrar salvação
e a fortuna pode provocar a ruína.

¹⁰ Há presente que não te serve para nada
e há presente que rende o dobro.

---

a) Cf. Mt 21,28-32.
b) Nem toda inteligência é sabedoria. Há uma inteligência depravada e uma prudência de má qualidade.
c) "caminha", alguns mss; "faz o mal", texto recebido.
d) Gr II e lat.

¹¹ Às vezes a glória traz a humilhação
e há quem da humilhação levanta a cabeça.^a

¹² Há quem compre muitas coisas por preço baixo
e há quem pague sete vezes mais.

¹³ O sábio com as suas palavras torna-se amável,
mas as gentilezas do estulto são derramadas em vão.

¹⁴ O presente do insensato não te serve para nada,
como o do ciumento quando a isso é constrangido,
porque seus olhos são ávidos de receber sete vezes.^b

¹⁵ Ele dá pouco e censura muito,
abre a boca como leiloeiro.

¹⁶ Empresta hoje, amanhã pede de volta.
É homem odioso.

¹⁶ O estulto diz: "Não tenho amigo,
ninguém me é grato pelos meus benefícios;

¹⁷ os que comem o meu pão são falsos no falar."
Quantas e quantas vezes se riem dele!
Pois ele não o acolheu com retidão, e o seu ter, assim como não ter, não muda sua atitude.^c

Palavras inábeis

¹⁸ É melhor escorregar no chão do que na língua,
assim virá rápida a queda dos maus.

¹⁹ Homem grosseiro é como zombaria
repetida por imbecis.^d

²⁰ Vindo da boca de estulto o provérbio não é aceito,
porque não o diz a seu tempo.

²¹ Há quem é preservado de pecar devido à pobreza,
e no seu repouso não terá remorso.

²² Há quem se perde por respeito humano,
perde-se por causa de um insensato.

²³ Há quem por timidez faz promessas ao amigo,
e conquista gratuitamente um inimigo.

A mentira

²⁴ A mentira para o homem é nódoa vergonhosa,
está sempre na boca dos mal-educados.

²⁵ É melhor o ladrão do que o homem que sempre mente;
ambos, porém, terão por herança a perdição.

²⁶ O hábito de mentir desonra
e a infâmia do mentiroso acompanha-o sem cessar.

---

a) O sentido é incerto. A interpretação dada aqui parece concordar com o contexto: afirma a aproximação dos contrários: *a glória produz a humilhação*, o rebaixamento produz a exaltação. Podemos pensar no Magnificat: "Depôs os poderosos de seus tronos e elevou os humildes".
b) De acordo com sir. e lat.; "pois seus olhos são muitos em vez de um", grego.
c) Sentido incerto. Exceto as últimas palavras, esse acréscimo se encontra também no lat. Por contraste, cf. Jó 1,21.
d) Interpretação incerta de texto pouco seguro. Pode-se preferir o sir.: "Como uma cauda gorda de ovelha, intragável sem sal, assim é uma palavra intempestiva".

Sobre a sabedoria

²⁹ ²⁷ O sábio por suas palavras torna-se estimado
    e o homem sensato agrada aos grandes.ᵃ   20,13

³⁰ ²⁸ Aquele que cultiva a terra obtém boa colheita,   Pr 14,35
    o que agrada aos grandes
    encontra perdão para a injustiça.

³¹ ²⁹ Dádivas e presentes cegam os olhos dos sábios   Dt 16,19
    e, como mordaça na boca, retêm as repreensões.   Pr 17,8; 18,16; 21,14

³² ³⁰ Sabedoria oculta e tesouro invisível,   = 41,14-15
    para que servem ambos?   Mt 5,14-16

³³ ³¹ É melhor o homem que oculta a sua loucura
    do que o homem que oculta a sua sabedoria.ᵇ

    ³² *Mais vale a perseverança inflexível na busca do Senhor*
    *do que a agitação anárquica de sua própria vida.*ᶜ

Diferentes pecados

21

¹ Filho, pecaste? Não tornes a pecar,
    e pede perdão pelas culpas passadas.
² Foge do pecado como da serpente,
    porque, se te aproximares, ela te morderá;
³ seus dentes são dentes de leão
    que aos homens tiram a vida.

⁴ ³ Toda transgressão é como espada de dois gumes,   Pr 5,4
    sua ferida não tem cura.

⁵ ⁴ O terror e a violência devastam a riqueza,
    assim será devastada a casa do orgulhoso.

⁶ ⁵ A oração do pobre vai direta aos ouvidos de Deus
    e o seu julgamento virá sem demora.   35,16-22

⁷ ⁶ O que odeia a repreensão segue as pegadas do pecador,   Pr 12,1; Eclo 20,8
    porém o que teme ao Senhor converter-se-á de coração.

⁸ ⁷ De longe é conhecido o falador,
    mas o sábio conhece quando ele tropeça.

⁹ ⁸ Construir a própria casa com dinheiro de outros
    é como amontoar pedras para a própria sepultura.ᵈ

¹⁰ ⁹ A assembleia dos pecadores é monte de estopa,   16,6 +
    seu fim será a chama e o fogo.

¹¹ ¹⁰ O caminho dos pecadores é bem pavimentado,   Mt 7,13
    mas seu fim é o abismo do Xeol.ᵉ

---

a) Em 20,13, como aqui, em lugar de "por seus discursos", *logois*, propõe-se, com o apoio seja do sir. seja do hebr. "em poucas palavras", *oligois*, conj. — A sabedoria do escriba é primeiramente uma habilidade que lhe permite ter sucesso na vida, especialmente pelo favor dos grandes.
b) A sabedoria é feita para brilhar e iluminar os homens; ocultá-la é pôr obstáculo à sua vocação.
c) A imagem é de um carro lançado na corrida sem condutor.
d) "para a própria sepultura", grego 248, sir.; "para o inverno" (em lugar de lenha, para se aquecer?) grego.
e) Esses dois vv. exprimem claramente a fé numa retribuição e fazem pensar nas penas do inferno (cf. também Is 50,11; 66,24). De fato, é assim que o lat. interpreta: "mas, no fim, são os infernos, as trevas e os tormentos".

O sábio e o insensato

Gn 4,7

¹² ¹¹O que guarda a lei controla sua inclinação,[a]
¹³ a perfeição do temor do Senhor é a sabedoria.

¹⁴ ¹²Não conseguirá instruir-se quem não for sagaz,
¹⁵ porém há sagacidade cheia de amargor.

24,29
Pr 13,14;
18,4;
22,9

¹⁶ ¹³A ciência do sábio é abundante como dilúvio
e o seu conselho é como fonte viva.

¹⁷ ¹⁴O coração do insensato é como vaso rachado,
não retém saber algum.

¹⁸ ¹⁵Se o inteligente ouve uma palavra sábia,
aprecia-a e acrescenta-lhe algo de seu;
o folgazão, ouvindo-a, despreza-a
e a joga para trás das costas.

¹⁹ ¹⁶A explicação do insensato é como fardo pelo caminho,
porém nos lábios do inteligente encontra-se a graça.

²⁰ ¹⁷A palavra do sensato é procurada na assembleia
e suas palavras são meditadas no coração.

²¹ ¹⁸A sabedoria do estulto é como casa devastada
e a ciência do insensato é discurso incoerente.

6,24.29

²² ¹⁹A disciplina para o estulto é como peias nos pés,
como algemas na mão direita.

²³ ²⁰O insensato, ao rir, levanta a voz,
mas o riso do homem sagaz é raro e discreto.

²⁴ ²¹A disciplina é como enfeite de ouro para o sábio,
como bracelete no braço direito.[b]

²⁵ ²²O pé do estulto se apressa para entrar numa casa,
o homem experiente toma atitude modesta.[c]

²⁶ ²³Da porta o estulto curva-se para olhar dentro da casa,
mas o educado fica do lado de fora.

14,23

²⁷ ²⁴É falta de educação ouvir à porta
e o prudente envergonha-se de o fazer.

²⁸ ²⁵Os lábios do falador tagarelam do que não lhe diz respeito,[d]
mas as palavras dos sábios são cuidadosamente pesadas.

²⁹ ²⁶Na boca dos estultos está seu coração,
mas o coração do sábio é sua boca.

³⁰ ²⁷Quando o ímpio maldiz Satã,[e]
ele maldiz a si próprio.

³¹ ²⁸O murmurador faz mal a si mesmo
e é detestado pela vizinhança.

---

a) "sua inclinação", sir., cf. 15,14+; "seu pensamento", grego.
b) Este v. corresponde ao v. 19. O v. 20, que os separa, não está em seu lugar.
c) "Toma uma atitude modesta", lit.: "tem vergonha diante de um semblante"; a interpretação adotada é sustentada pelo sir.
d) De acordo com grego 248; "os lábios dos estrangeiros ficam penalizados com isso", texto recebido. Lat.: "os lábios dos estultos falam asneiras".
e) O autor identifica Satã (o tentador, cf. Jó 1-2) com o instinto mau, que é interior. Julgando maldizer a um ser exterior, é a sua própria vontade perversa que o homem maldiz.

O preguiçoso

22 ¹ O preguiçoso é semelhante a uma pedra suja de lodo,
todos zombam dele para sua infâmia.
² O preguiçoso é semelhante a um monte de esterco,
todo aquele que o tocar sacudirá a mão.

Os filhos degenerados

³ É vergonha para um pai ter um filho malcriado,
e se for uma filha, ela causa prejuízo.ᵃ
⁴ Uma filha sensata encontrará um marido,
mas a desavergonhada causa tristeza àquele que a gerou.
⁵ Uma filha audaciosa envergonha o pai e o marido,
por ambos será desprezada.

⁶ Uma palavra inoportuna é música em dia de luto;
mas chicote e disciplina, em todo tempo,
são obras da sabedoria.ᵇ
⁷ Filhos que levam uma vida honesta,
não sentindo falta de nada,
fazem esquecer a origem obscura de seus pais.
⁸ Filhos desdenhosos, mal-educados, inchados de orgulho,
desonram a nobreza de sua família.

Sabedoria e loucura

⁹ Ensinar ao estulto é como colar cacos,
é acordar alguém que dorme profundamente.
¹⁰ Explicar a um estulto é como explicar a um sonolento,
no fim dirá: "O que foi?"
¹¹ Chora por um morto porque perdeu a luz,
chora por um estulto porque perdeu a inteligência.ᶜ
Chora mais docemente por um morto, pois repousa;
porém, a vida do estulto é pior do que a morte.
¹² O luto por um morto dura sete dias;
pelo estulto e pelo ímpio, todos os dias de sua vida.

¹³ Com o insensato não multipliques palavras,
não caminhes em direção a um estulto,
pois, insensível, ele te cobrirá de desprezo,
guarda-te dele para não teres aborrecimento
e para não te sujares ao seu contato.
Evita-o e encontrarás repouso
e não te desencorajes com a sua loucura.

¹⁴ O que é mais pesado do que o chumbo?
E que outro nome dar-lhe senão o de insensato?
¹⁵ Areia, sal, uma bola de ferro
são mais fáceis de se transportar do que o homem estulto.

¹⁶ O madeiramento incrustado na construção
não se desligará com um terremoto;

---

a) Seja uma filha malcriada como o filho da primeira parte do v., seja talvez toda filha, conforme a mentalidade ainda frequente entre os árabes.
b) Os escribas eram a favor dos castigos corporais na educação (Pr 13,24; 19,18; 22,15; 23,13-14; 29,15.17).

Eles são sempre eficazes, ao passo que as advertências exigem circunstâncias favoráveis.
c) O insensato não é o que é louco, mas o que é revoltado, cético ou libertino.

²⁰ assim, o coração firmado por desígnio da vontade
    não temerá em nenhuma ocasião.
¹⁷ Um coração apoiado sobre uma sábia reflexão
    é como ornamento cinzelado*ᵃ* sobre parede limpa.
²¹ ¹⁸ Cascalho no alto da parede*ᵇ*
    não resiste ao vento;
²² assim, o coração tímido, por causa de seus pensamentos tolos,
    não resiste ao temor.

A amizade

6,18-22

²⁴ ¹⁹ Aquele que fere o olho faz cair lágrimas;
    ferindo o coração, faz aparecer os sentimentos.
²⁵ ²⁰ Quem joga uma pedra nos passarinhos afugenta-os,
    quem insulta o amigo desfaz a amizade.

19,13-17

²⁶ ²¹ Ainda que tenhas desembainhado a espada contra o amigo
    não desesperes, porque existe retorno.

Pr 11,13;
20,19; 25,9
Eclo 27,16s

²⁷ ²² Se abriste a boca contra teu amigo,
    não temas, porque existe reconciliação,
    exceto em caso de ultraje, desprezo,
    traição de segredo, golpe pérfido:
    nesses casos qualquer amigo irá embora.

²⁸ ²³ Ganha a confiança do próximo na sua pobreza,
    para que, na prosperidade, gozes com ele.
²⁹ Sê fiel a ele no tempo da provação,
    para receber, se ele herdar, tua parte na herança.

*Pois não se deve jamais desprezar os contornosᶜ
nem admirar um rico privado de sensatez.*

³⁰ ²⁴ Antes do fogo vêm o vapor da fornalha e a fumaça;
    assim, antes do sangue, vêm as ofensas.
³¹ ²⁵ Não me envergonharei de proteger um amigo,
    dele não me esconderei,
³² ²⁶ e se por causa dele me sobrevier algum mal,
    todo aquele que ouvir isso dele se acautelará.

Vigilância*ᵈ*

23

Sl 141,3
Eclo 28,25

³³ ²⁷ Quem me porá um guarda na boca
    e sobre os lábios o selo do discernimento,
    para que eu não caia por sua falta
    e minha língua não me arruíne?

51,10 +

¹ Senhor, pai e soberano de minha vida,*ᵉ*
    não me deixes cair por eles.

Sl 141,4-5

² Quem dará chicotadas nos meus pensamentos
    e a meu coração imporá a disciplina da sabedoria,
    a fim de que os meus erros não sejam poupados
    e a sua culpa não seja afastada?

---

a) "cinzelado", conj.; "de areia", texto recebido.
b) "cascalho", mss gregos; "estacas", texto recebido. — Talvez haja aí uma alusão ao costume palestinense de colocar sobre os muros que cercavam as vinhas pequenas pedras que os chacais, ao passarem, derrubavam, causando um barulho que chamava a atenção do vigia.
c) Isto é, a aparência miserável de certas pessoas.
d) Note-se a profundidade religiosa deste trecho. Cada um dos desejos formulados pelo homem que quer progredir termina com uma oração.
e) Com o lat. e o sir., transpõe-se 23,1b depois de 23,4a.

³ De maneira que meus erros não se multipliquem,
   nem aumentem os meus pecados,
   e eu, assim, não caia diante do meu adversário
   e meu inimigo não caçoe de mim.
   Está longe deles a esperança de tua misericórdia.
⁴ Senhor, pai e Deus de minha vida,
   não me abandones aos seus caprichos,
   não me dês olhar altivo, Jó 31,1; Pr 6,25
   ⁵afasta de mim a cobiça,
   ⁶não me dominem o apetite sexual e a luxúria,
   não me entregues ao desejo impudico.

Os juramentos

⁷ Escutai, meus filhos, uma instrução sobre a boca,*ᵃ*
   aquele que a guarda não será confundido.
⁸ O pecador será apanhado por seus próprios lábios,
   o maledicente e o orgulhoso neles tropeçam.
⁹ Não habitues tua boca a fazer juramento, Mt 5,34s; 23,20s; Tg 5,12
(10) não fiques habituado a proferir o Santo Nome.
¹⁰ Pois como escravo continuamente vigiado
   não escapará dos golpes,*ᵇ*
   assim aquele que, a torto e a direito, jura e nomeia seu Nome
   não ficará isento de pecado.
¹¹ Um homem dado a juramentos encher-se-á de falta
   e o chicote não se afastará de sua casa.
   Se peca,*ᶜ* seu pecado estará sobre ele;
   se despreza, peca duplamente;
   se jurou em vão, não será justificado
   e sua casa se encherá de males.

As palavras impuras*ᵈ*

¹² Há maneira de falar semelhante à morte:
   não se encontre isso entre os descendentes de Jacó,
   porque essas coisas deverão estar longe de homens piedosos,
   e assim não se engolfarão no pecado.
¹³ Não habitues tua boca à grosseria impura,
   porque nela há linguagem pecaminosa.
¹⁴ Lembra-te de teu pai e de tua mãe
   quando te achares no meio dos grandes,
   para que não te esqueças de ti mesmo na sua presença*ᵉ*
   e, pelo hábito, não te tornes estulto,
   não desejes não ter nascido
   e não maldigas o dia do teu nascimento.
¹⁵ Um homem habituado a palavras injuriosas
   não se corrigirá em toda a sua vida.

---

a) Mais que "instrução de minha boca", sir. e 1 ms grego.
b) Tradução incerta. Pode-se compreender também: "Um escravo submetido continuamente à tortura, necessariamente dela trará as cicatrizes".
c) Não cumprindo seu juramento. O autor considera três casos de gravidade crescente: juramento feito com sinceridade mas não observado, juramento feito levianamente, juramento falso.
d) Conforme o contexto, trata-se de impureza em palavras. Mas o texto permanece vago e não permite precisar com exatidão a falta em questão.
e) "quando", conj.; "pois", grego. — "não te esqueças", sir.; "não (o) esqueças", grego. "Deus não te esqueça", lat.

O homem depravado

21 ¹⁶Duas espécies de coisas multiplicam os pecados[a]
e uma terceira acarreta a cólera:
22 a paixão ardente como fogo aceso:
não se apaga enquanto tiver o que devorar;
23 o homem que deseja a sua própria carne:
não cessa enquanto o fogo não o consumir;
24 ¹⁷para o homem sensual todo alimento é doce,
não se acalma enquanto não morrer.
25 ¹⁸O homem que peca no seu próprio leito
diz em seu coração: "Quem me vê?
26 As trevas me envolvem, as paredes me escondem,
ninguém me vê, o que temerei?
O Altíssimo não se lembrará de meus pecados."
27 ¹⁹O seu temor são os olhos dos homens
28 e não sabe que os olhos do Senhor
são infinitamente mais luminosos do que o sol,
veem todos os caminhos dos homens
e penetram os lugares mais secretos.
29 ²⁰Antes de serem criadas, ele já conhecia todas as coisas,[b]
depois de acabadas também as conhece.[c]
30 ²¹Tal homem será castigado na praça da cidade,
será preso quando menos espera.

Jó 24,15 (margin)
Pr 15,3.11; 17,3; 24,12 (margin)
Pr 8,22s (margin)

A mulher adúltera

Pr 2,16; 5,2-20; 6,24-35; 7,5 (margin)

32 ²²Assim também será da mulher que abandona seu marido
e, por herdeiro, lhe dá um filho de outro.
33 ²³Pois, em primeiro lugar, ela desobedeceu à lei do Altíssimo;
em segundo lugar, pecou contra o seu marido;
e, em terceiro lugar, manchou-se com o adultério
e concebeu filhos de estranho.
34 ²⁴Ela será levada diante da assembleia
e seus filhos serão examinados.
35 ²⁵Seus filhos não lançarão raiz
e seus ramos não darão fruto.
36 ²⁶Deixará lembrança de maldição
e sua infâmia não se apagará jamais.
37 ²⁷Os sobreviventes saberão que nada é melhor
do que o temor do Senhor e que nada é mais doce
do que seguir os mandamentos do Senhor.
²⁸Seguir a Deus é grande honra;
ser acolhido por ele é prolongar teus dias.[d]

40,15; Sb 4,3-5 (margin)

Discurso da sabedoria[e]

Pr 1,20-33; 8,1-36; 9,1-6; Jó 28; Br 3,9-4,4 (margin)

24 ¹A Sabedoria faz o seu próprio elogio,
ela se exalta no meio de seu povo.
²Na assembleia do Altíssimo abre a boca,
ela se exalta diante do seu Poder.

---

a) Provérbio numérico (cf. Pr 30,15+), mas sua estrutura não é muito clara.
b) Este conhecimento anterior à criação é precisamente a sabedoria divina (Pr 8,22+).
c) Deus continua velando sobre o mundo depois da criação.
d) Gr II e lat.
e) "Elogio da Sabedoria", subtítulo grego. Compare-se este trecho com os outros discursos da Sabedoria personificada (Pr 1,20-33; 8,1-36; 9,1-6) e com os elogios da sabedoria (Jó 28; Br 3,9-4,4). Este é o capítulo central do livro, em que a doutrina da sabedoria é apresentada

⁵ ³"Saí da boca do Altíssimo*ᵃ*   Gn 1,2
⁶   e como a neblina cobri a terra.
⁷ ⁴Armei a minha tenda nas alturas   Ex 13,21-22
      e meu trono era coluna de nuvens.*ᵇ*
⁸ ⁵Só eu rodeei a abóbada celeste,   Pr 8,27
      eu percorri a profundeza dos abismos,   Jó 22,14
⁹ ⁶as ondas do mar, a terra inteira,
¹⁰   reinei*ᶜ* sobre todos os povos e nações.
¹¹ ⁷Junto de todos estes procurei onde pousar
      e em qual herança pudesse habitar.
¹² ⁸Então o criador de todas as coisas deu-me uma ordem,   Sl 132,8.
      aquele que me criou armou a minha tenda   13-14;
                                                  Br 3,37s
¹³   e disse: 'Instala-te em Jacó,
      em Israel recebe a tua herança.'
¹⁴ ⁹Criou-me antes dos séculos, desde o princípio,   Pr 8,23;
      e para sempre não deixarei de existir.   Eclo 1,1.4
   ¹⁰Na Tenda Santa, em sua presença, oficiei;*ᵈ*
¹⁵   deste modo, estabeleci-me em Sião   36,17-19
   ¹¹e na cidade amada encontrei repouso,
      meu poder está em Jerusalém.
¹⁶ ¹²Enraizei-me num povo cheio de glória,   Os 14,6-9
      no domínio do Senhor se encontra minha herança.
¹⁷ ¹³Cresci como o cedro do Líbano,
      como o cipreste no monte Hermon.
¹⁸ ¹⁴Cresci como a palmeira em Engadi,*ᵉ*
      como roseira em Jericó,
¹⁹   como formosa oliveira na planície,
      cresci como plátano.
²⁰ ¹⁵Como a canela e o acanto aromático exalei perfume,   Ex 30,7s.34s
      como a mirra escolhida exalei bom odor,
²¹   como o gálbano, o ônix, o estoraque,*ᶠ*
      como o vapor do incenso na Tenda.
²² ¹⁶Estendi os meus ramos como o terebinto,
      meus ramos, ramos de glória e graça.
²³ ¹⁷Eu, como a videira, fiz germinar graciosos sarmentos   Is 5,1 +
      e minhas flores são frutos de glória e riqueza.
   ¹⁸Eu sou a mãe do belo amor e do (belo) temor,   Pr 2,5
      do conhecimento e da santa esperança.
      A todos os meus filhos concedo
      *bens eternos àqueles que ele escolheu.*ᵍ

no seu conjunto, com numerosas reminiscências dos livros bíblicos anteriores: é interpretação do passado proposta pelo autor. Mais ainda que nos Provérbios, fica-se admirado com certas expressões que anunciam teologia da Trindade: a Sabedoria é ao mesmo tempo *intimamente unida* a Deus e *distinta* dele, características que mais tarde serão aplicadas seja à pessoa do Verbo, seja à do Espírito (cf. Jo 1,1+). Para o autor, entretanto, a Sabedoria de que já falou em 1,1-10; 4,11-19; 6,18-36; 14,20-15,10, é a Presença universal de Deus que se revela e cresce em Israel, assim como a árvore de vida, e se oferece sempre a ele.
a) O lat. acrescenta: "primogênita antes de toda criatura, fui eu que fiz elevar no céu a luz indefectível"; cf. Gn 1,3-5; Pr 8,22; Cl 1,15.
b) A coluna de nuvem do deserto, que nos textos antigos é a manifestação da presença de Iahweh.
c) "reinei", 1 ms grego, sir., lat.; "adquiri", grego.
d) Para Ben Sirá, também o culto do Templo de Jerusalém é obra da Sabedoria, seja simplesmente porque, como a ordem do mundo, ele é expressão da perfeição divina, seja mais precisamente porque ele se acha codificado na Lei, expressão perfeita da Sabedoria (24,23).
e) "Engadi", 2 mss gregos; "sobre as ribeiras", texto recebido.
f) Depois dos diversos perfumes naturais que entram na composição do óleo da unção (Ex 30,23), é ao incenso litúrgico (Ex 30,34), que Ben Sirá a compara. — Gálbano e estoraque são gomas-resina aromáticas como a mirra; o ônix é secreção de certos moluscos, utilizado na fabricação do incenso.
g) O texto deste v. é incerto; pode-se compreender também: "fui dada eternamente…" ou: "dou meus produtos

ECLESIÁSTICO 24

²⁶ ¹⁹Vinde a mim todos os que me desejais,
   fartai-vos de meus frutos.
²⁷ ²⁰Porque a minha lembrança é mais doce do que o mel,
²⁸   minha herança mais doce do que o favo de mel.
²⁹ ²¹Os que me comem terão ainda fome,
   os que me bebem terão ainda sede.
³⁰ ²²Quem me obedece não se envergonhará,
   os que trabalham por mim não pecarão".[a]

A sabedoria e o sábio[b]

³² ²³Tudo isto é o livro da Aliança do Deus Altíssimo,
³³   a Lei que Moisés promulgou,
   a herança para as assembleias de Jacó.
²⁴*Não cesseis de ser fortes no Senhor,*
   ligai-vos a ele para que ele vos consolide.
   O Senhor todo-poderoso é o único Deus
   e não há outro salvador além dele.[c]
³⁵ ²⁵Como o Fison,[d] ela está cheia de sabedoria,
   como o Tigre na estação dos frutos.
³⁶ ²⁶Como o Eufrates, ela está repleta de inteligência,
   como o Jordão no tempo da ceifa.
³⁷ ²⁷Como o Nilo, ela faz correr a disciplina,[e]
   como o Geon no tempo da vindima.
³⁸ ²⁸O primeiro não acabou de conhecê-la,
   nem mesmo o último a explorou completamente.
³⁹ ²⁹Pois seus pensamentos são mais vastos que o mar
   e seus desígnios maiores que o abismo.
⁴⁰ ³⁰Quanto a mim,[f] sou como canal de rio,
⁴¹   como aqueduto que vai ao paraíso.
⁴² ³¹Eu disse: "Irrigarei o meu jardim,
   regarei os meus canteiros."
⁴³   Eis que meu canal tornou-se rio
   e o meu rio tornou-se mar.[g]
⁴⁴ ³²Ainda farei a disciplina resplandecer como a aurora,
   levarei longe sua luz.[h]

---

eternos àqueles...". O lat. substitui este v. por: "em mim tudo é graça de caminho e de verdade, em mim tudo é esperança de vida e força" (cf. Jo 14,6).
a) O lat. acrescenta: "aqueles que me põem em luz terão a vida eterna" (cf. Dn 12,3).
b) Terminado o discurso, o autor o interpreta: a Sabedoria tem sua melhor expressão na Lei, compreendida como revelação de Deus.
c) O lat. acrescenta texto diferente: "O Senhor prometeu a Davi seu servo fazer surgir dele um rei muito valente que se sentará para sempre num trono de glória" (cf. 2Sm 7,12; 1Cr 28,5-7; Sl 89,37-38; 132,11; Lc 1,32-33).
d) Em toda esta passagem, o autor pensa no paraíso *terrestre* e nos seus quatro rios (Gn 2,10s), símbolos da fertilidade.
e) "Como o Nilo (*ye'ôr*)... correr...", conforme sir.; "Como uma luz (*'ôr*)... brilhar...", grego.
f) O lat. e o ms grego 248 especificam erroneamente: "Eu, a Sabedoria." Com efeito, é o autor que se põe em cena para definir seu papel de sábio (cf. 33,16s; 39,1-11), continuando a explorar a imagem dos vv. precedentes. Se a Sabedoria é vasto curso d'água que irriga todo Israel, este, por sua vez, é canal que daquele procede e rega seu modesto jardim.
g) Pela graça do Senhor, as águas se tornam cada vez mais abundantes. O escriba se torna profeta que se dirige a todas as gerações (v. 33). O autor se inspira provavelmente em imagens análogas, tais como Ez 47,1-12; Is 11,9 etc.
h) O lat. acrescenta: "Penetrarei as profundezas da terra, visitarei todos os que dormem e iluminarei todos os que esperam no Senhor". Como os outros acréscimos do lat. neste capítulo, este pode ser compreendido em relação ao Cristo (cf. 1Pd 3,19), identificado com a Sabedoria; entretanto, não é absolutamente seguro que tais edições sejam de origem cristã. As especulações judaicas sobre a Sabedoria podem muito frequentemente compreendê-las.

ECLESIÁSTICO 24-25

⁴⁶ ³³Ainda derramarei a instrução como profecia
e a transmitirei às gerações futuras.
⁴⁷ ³⁴Vede: não trabalhei só para mim,
mas para todos os que a procuram.

33,18

Provérbios

25

¹Há três coisas que encantam minha alma,
que são agradáveis a Deus e aos homens:ᵃ
² a concórdia entre irmãos, a amizade entre vizinhos,
marido e mulher que vivam bem.

³ ²Mas minha alma detesta três tipos de pessoa;
irrito-me profundamente com o seu viver:
o pobre orgulhoso, o rico mentiroso,
⁴ o ancião adúltero e estulto.

Os anciãos

⁵ ³Se não acumulaste na juventude,
como queres encontrar em tua velhice?
⁶ ⁴Como é belo para os cabelos brancos saber julgar
e para os anciãos conhecer o conselho!
⁷ ⁵Como é bela a sabedoria dos anciãos
e nas pessoas honradas a reflexão e o conselho!
⁸ ⁶A coroa dos anciãos é rica experiência;
a sua glória, o temor do Senhor.

Sb 4,8-9

Provérbio numérico

⁹ ⁷Há nove coisas que considero felizes em meu coração
e a décima que declaro com a língua:
¹⁰ um homem que encontra alegria em seus filhos,
o que vive e vê a ruína de seus inimigos;
¹¹ ⁸feliz o que vive com uma mulher sensata,
o que não trabalha com o boi e o burro,ᵇ
aquele que não peca por palavra,
aquele que não serve alguém indigno dele;
¹² ⁹feliz o que encontrou a prudência
e que fala para quem escuta;
¹³ ¹⁰como é grande o que encontrou a sabedoria,
mas ninguém ultrapassa o que teme ao Senhor.
¹⁴ ¹¹O temor do Senhor excede tudo,
¹⁵ a quem será comparado aquele que o possui?
¹²É temendo o Senhor que se começa a amá-lo
e pela confiança se começa a ligar-se a ele.ᶜ

14,1

3,29

1,14-20

As mulheres

¹⁷ ¹³Qualquer ferida, menos a do coração;
qualquer malícia, menos a da mulher;
¹⁸ ¹⁴qualquer miséria, menos a causada pelo adversário;
¹⁹ qualquer injustiça, menos a que vem do inimigo.

---

a) Conforme sir. e lat.; grego: "Em três coisas eu era grande e permaneci grande diante do Senhor e dos homens". Este seria discurso da Sabedoria (cf. 24,30+).
b) Seja no sentido próprio (cf. Lv 19,19; Dt 22,10), seja, antes, no sentido metafórico (cf. 2,10; 6,14):
imagem de casal mal ajustado. — Este estíquio, omitido pelo grego, é restabelecido de acordo com o hebr. e o sir.
c) Gr II e lat. (cf. 1,12).

²² ¹⁵ Não há pior veneno que o veneno da serpente,
²³   não há pior cólera que a cólera de mulher.ᵃ
¹⁶ Prefiro morar com leão ou dragão
    a morar com mulher perversa.
²⁴ ¹⁷ A perversidade da mulher muda a sua fisionomia,
    obscurece-lhe o rosto como o de urso.ᵇ
²⁵ ¹⁸ O seu marido senta-se entre amigos
    e contra a vontadeᶜ geme amargamente.
²⁶ ¹⁹ Pouca maldade é comparada com a da mulher,
    caia sobre ela a sorte dos pecadores.
²⁷ ²⁰ Como ladeira arenosa para os pés de velho,
    assim é mulher faladeira para marido tranquilo.
²⁸ ²¹ Não te deixes prender pela beleza da mulher,
    não te apaixones por mulher.
²⁹ ²² É motivo de ira, descaramento e grande vergonha
    mulher que sustenta o seu marido.
³¹ ²³ Coração abatido, semblante triste, coração ferido:
    eis a obra de mulher má.
³²   Mãos inertes, joelhos vacilantes,
    assim é a mulher que não proporciona felicidade ao marido.
³³ ²⁴ Foi pela mulher que começou o pecado,
    por sua culpa todos morremos.ᵈ
³⁴ ²⁵ Não dês saída à água,
    nem liberdade de falar à mulher má.
³⁵ ²⁶ Se ela não obedece ao dedo e ao olho,
³⁶   separa-te dela.ᵉ

26

¹ Feliz o marido que tem mulher excelente:
    o número de seus dias será dobrado.
² Mulher perfeita alegra o seu marido,
    ele passará em paz os anos de sua vida.
³ Mulher excelente é boa sorte
    e será dada aos que temem o Senhor:
⁴ rico ou pobre, tem o coração satisfeito,
    tem sempre semblante alegre.
⁵ Com três coisas preocupa-se meu coração
    e a quarta me apavora:ᶠ
⁶   calúnia na cidade, revolta do povo,
⁷   falsa acusação, tudo isso é pior que a morte.
⁸ ⁶ Mas a mulher ciumenta causa ao coração sofrimento e aflição,
⁹   e o flagelo da língua é isto tudo acumulado.ᵍ

---

a) "veneno", sir.; "cabeça", grego e lat. (a palavra hebr. *rôsh* significa "cabeça" e "veneno"). — "cólera de mulher", sir., lat. e mss gregos; "cólera do inimigo", texto recebido, que repete 14b.
b) Hebr.: "muda o semblante de seu marido e o faz *assemelhar-se a um urso*".
c) "contra a vontade", 1 ms grego, hebr., sir.; "ao ouvi-los", grego.
d) Alusão ao primeiro pecado. São Paulo sublinha também a culpabilidade de Eva (2Cor 11,3; 1Tm 2,14; mas cf. Rm 5,12).

e) Lit.: "Se ela não caminhar segundo tua mão, separa-a de tua carne" (cf. Gn 2,24; Ef 5,31). É sabido que a lei mosaica permitia o divórcio (Dt 24,1-4; Mt 19,3-9p).
f) "e a quarta me apavora", mss gregos, lat., cf. sir.; "e diante de uma quarta ponho-me a suplicar" ou "e a uma quarta eu fui entregue", texto recebido.
g) "e o flagelo... acumulado", sir.; "e o flagelo da língua que atinge todo o mundo", grego.

⁷Mulher má é canga de bois desajustada,ᵃ
quem a subjuga é como quem pega um escorpião.

⁸Motivo de grande indignação é mulher embriagada,
ela não poderá ocultar a sua inconveniência.

⁹A libertinagem da mulher é vista na excitação dos olhos   Pr 6,25
é conhecida nos seus olhares.

¹⁰Reforça a tua vigilância em torno da filha audaciosa,
a fim de que, achando-se mal vigiada,
ela não se aproveite disso.

¹¹Guarda-te bem da desavergonhada no olhar
e não te espantes se ela pecar contra ti.

¹²Como viajante sedento ela abre a boca,
bebe toda a água que encontra;
ela se assenta diante de qualquer estaca
e abre a aljava a toda flecha.

¹³A graça da esposa alegra o seu marido
e sua ciência é força para ele.ᵇ

¹⁴Mulher silenciosa é dom do Senhor,
não existe preço para a que é bem-educada.

¹⁵Graça sobre graça é mulher recatada,
aquela que é casta é de valor inestimável.

¹⁶Como o sol levantando-se sobre as montanhas do Senhor,
assim é o encanto da mulher na sua casa bem-arrumada.

¹⁷Uma lâmpada reluzindo sobre o candelabro sagrado,ᶜ
assim é a beleza de seu rosto em corpo bem-acabado.

¹⁸Colunas de ouro sobre base de prata,
assim são as belas pernas sobre calcanhares sólidos.ᵈ

¹⁹*Meu filho, conserva sadia a flor da idade*   Pr 5,9-10
e não entregues tua força a estrangeiros.   Ne 13,26-27

²⁰*Depois de teres procurado o campo mais fértil do país,*
semeia teu próprio grão,
confiando na nobreza de tua raça.

²¹*Assim os rebentos que deixares depois de ti,*
seguros de sua nobreza, se orgulharão.

²²*A mulher que se vende não vale um escarro,*
a mulher legítima é fortaleza que mata os que a assaltam.

²³*A mulher ímpia será dada em partilha ao pecador,*
a mulher piedosa, a quem teme o Senhor.

²⁴*A mulher desavergonhada não se compraz*
senão na desonra,
a mulher pudica é delicada até com seu marido.

²⁵*A mulher ousada não é mais respeitada que um cão,*   26,15
mas a que é modesta teme o Senhor.

²⁶*A mulher que honra seu esposo passa por sábia*
aos olhos de todos,
mas a que o desonra é considerada ímpia no seu orgulho.

Feliz o marido de mulher excelente,
pois o número de seus dias será dobrado.   = 26,1

---

a) Que escorrega e esfrega o pescoço dos animais, provocando dores e feridas.
b) Lit.: "engorda os ossos".
c) Provável alusão ao candelabro de sete braços (1Mc 4,49-50).
d) "sobre calcanhares sólidos", Sinaítico (=S), cf. lat.; "sobre o peito de uma (mulher) firme", grego.

²⁷ A mulher gritadeira e tagarela
  é uma trombeta que toca ao ataque;
  todo homem, nessas condições,
  passa a vida no tumulto da guerra.ᵃ

Coisas contristadoras

²⁴ ²⁸ Duas coisas entristecem meu coração
  e a terceira me encoleriza:
²⁵ guerreiro reduzido à miséria,
  homens sensatos votados ao desprezo,
²⁶ aquele que passa da justiça ao pecado;
  o Senhor o destinará à espada.

O comércio

27

²⁸ ²⁹ Dificilmente o negociante afasta-se da culpa
  e o comerciante não está isento de pecado.
¹ Muitos pecam por amor ao lucro,ᵇ
  quem procura enriquecer-se mostra-se implacável.ᶜ
² Uma estaca é fincada entre duas pedras unidas,
  entre a venda e a compra introduz-seᵈ o pecado.
⁴ ³ Quem não se apodera firmemente do temor do Senhor
  rapidamente terá sua casa destruída.

A palavra

⁵ ⁴ Quando se sacode a peneira ficam os restos,
  como os defeitos do homem no seu falar.
⁶ ⁵ O forno põe à prova as vasilhas de barro,
  a prova do homem está no seu falar.
Mt 7,16
⁷ ⁶ O fruto mostra o cultivo da árvore,
  assim a palavra do homem,
  os pensamentos do seu coração.ᵉ
⁸ ⁷ Não elogies a um homem antes de ele falar,
  porque esta é a pedra de toque.

A justiça

6,27.31
⁹ ⁸ Se perseguires a justiça, tu a encontrarás
  e te vestirás dela como de veste de glória.
13,15-16
¹⁰ ⁹ Os passarinhos pousam junto de seus semelhantes,
  a verdade voltará para aqueles que a praticam.
¹¹ ¹⁰ O leão está à espreita da presa:
  assim está o pecado para aqueles que praticam a injustiça.
¹² ¹¹ A exposição do homem piedoso é sempre sábia;
  o insensato, porém, muda como a lua.
¹³ ¹² Para ires ter com os estultos, espera a ocasião,ᶠ
  mas junto às pessoas ponderadas sê assíduo.
Ecl 7,3-6
¹⁴ ¹³ A exposição dos estultos é horror,
  o seu riso é orgia pecaminosa.

---

a) Gr II e sir. Este acréscimo é o único que trata da prostituta de modo injurioso, mas é também o único a revelar as qualidades religiosas da esposa.
b) "por amor ao lucro", S; "por coisa indiferente", texto recebido.
c) Lit.: "desvia os olhos", quer dizer: recusa compadecer-se (cf. Pr 28,27).
d) "introduz-se": *synthlibésetai*, conj.; "é triturada": *syntribésetai*, grego.
e) Texto corrigido; grego: "assim a palavra vem do sentimento do coração do homem".
f) Tradução incerta; pode-se também compreender: "Entre os insensatos, espreita as ocasiões", quer dizer: sê precavido.

¹⁵ ¹⁴ A conversa do que vive jurando arrepia os cabelos,
  sua disputa obstrui os ouvidos.

¹⁶ ¹⁵ A disputa dos orgulhosos faz derramar sangue
  e sua injúria é penosa de se ouvir.

Os segredos

¹⁷ ¹⁶ Quem revela segredo perde seu crédito
  e não encontrará mais amigo segundo o seu coração.
¹⁸ ¹⁷ Ama ternamente o amigo e sê-lhe fiel,
¹⁹   porém, se revelaste seus segredos, não vás mais atrás dele;
²⁰ ¹⁸ porque como um homem morre,
  assim morreu a amizade de teu próximo.
²¹ ¹⁹ Como passarinho que soltaste de tua mão,
  assim deixaste ir teu amigo, não o capturarás mais.
²² ²⁰ Não o persigas, ele está longe,
  fugiu de armadilha como a gazela.
²³ ²¹ Pois a ferida pode cicatrizar, a injúria se perdoa,
²⁴   mas o que revelou segredos perdeu toda esperança.

Hipocrisia

²⁵ ²² Aquele que pisca os olhos maquina o mal
  e ninguém o afastará disso.*a*
²⁶ ²³ Na tua presença tem a boca doce,
  admira tuas palavras;
  no entanto, por detrás, muda a linguagem
  e faz de tuas palavras pedra de tropeço.
²⁷ ²⁴ Odeio muitas coisas, mas nada tanto quanto ele,
  e o Senhor o odeia também.
²⁸ ²⁵ Aquele que joga pedra para o ar joga-a sobre sua cabeça,
  quem fere traiçoeiramente recebe o contragolpe.*b*
²⁹ ²⁶ Quem cava um buraco nele cairá,
  quem arma um laço, nele se amarrará.
³⁰ ²⁷ Aquele que faz o mal, sobre ele o mal recairá,
  sem mesmo saber de onde lhe vem.
³¹ ²⁸ Para o soberbo: sarcasmo e ultraje,
  mas a vingança o espreita como leão.
³² ²⁹ Serão presos na armadilha os que se alegram
  com a queda dos piedosos,
  a dor os consumirá antes de sua morte.*c*

O rancor

28

³³ ³⁰ O rancor e a cólera, também esses são abomináveis,
  o pecador os possui.
¹ Aquele que se vinga encontrará a vingança do Senhor,
  que pedirá minuciosa conta de seus pecados.
² Perdoa ao teu próximo seus erros,
  e então, ao rezares, ser-te-ão perdoados os teus pecados.
³ Um homem guarda rancor contra outro:
  do Senhor pedirá cura?

---

a) Outros mss dão: "quem o conhece mantém distância".
b) Lit.: "e um golpe desleal faz repartir as feridas".
c) Perspectiva de retribuição terrestre conforme às ideias tradicionais (cf. Jó 21,20-21).

⁴ Para com o seu semelhante não tem misericórdia,
e pede o perdão de seus pecados?
⁵ Ele, que é só carne, guarda rancor:
quem lhe obterá o perdão dos seus pecados?
⁶ Lembra-te do fim e deixa o ódio,
da corrupção e da morte, e observa os mandamentos.
⁷ Lembra-te dos mandamentos
e não tenhas ressentimento do próximo;
da Aliança do Altíssimo, e não consideres a ofensa.

As querelas

⁸ Fica longe das discussões e evitarás o pecado,
porque o homem colérico atiça a discussão.
⁹ O homem pecador perturba os amigos,
entre os que vivem em paz lança a desavença.
¹⁰ O fogo eleva a chama conforme o combustível,
a discussão aumenta conforme a teimosia;
o furor de um homem depende do seu poder,
sua ira desenvolve-se conforme sua riqueza.
¹¹ Uma luta repentina acende o fogo,
uma discussão precipitada derrama sangue.
¹² Se soprares uma fagulha, ela se acenderá;
se cuspires nela, ela se apagará;
uma e outra coisa saem de tua boca.

A língua

¹³ Maldito o murmurador e o velhaco,
porque arruínam a muitos que vivem em paz.
¹⁴ A terceira língua[a] agitou a muitos,
dispersou-os de nação em nação;
destruiu fortes cidades
e devastou as casas dos grandes.
¹⁵ A terceira língua expulsou de casa mulheres excelentes,
despojou-as do fruto de seus trabalhos.
¹⁶ Aquele que a atende não encontrará mais descanso
nem terá morada tranquila.
¹⁷ Um golpe de chicote deixa marca,
mas um golpe de língua quebra os ossos.
¹⁸ Muitos caíram pelo fio da espada,
porém muito mais foram os que caíram por causa da língua.
¹⁹ Feliz do que se protege contra ela,
que não passou pelo seu furor,
que não arrastou o seu jugo
e não foi amarrado pelas suas cadeias.
²⁰ Porque o seu jugo é jugo de ferro,
e as suas cadeias são cadeias de bronze.
²¹ A sua morte é morte dura,
e o Xeol a ela é preferível.
²² Ela não tem poder sobre os justos,
estes não se queimarão em sua chama.[b]

---

a) Seja a que se intromete como terceira nas disputas, seja a que faz três vítimas: o caluniador, o ouvinte e o caluniado (assim o Talmude).

b) A comparação da língua com o fogo será retomada por Tg 3,5-6. Mas pergunta-se se Ben Sirá, que se pusera a descrever a calúnia personificada, não esquece

²⁷ ²³ Os que abandonam o Senhor caem nela
  e ela os consumirá sem se apagar;
 como leão, será lançada contra eles,
  e como pantera os despedaçará.
²⁸ ²⁴ Vê: circunda com espinheiros a tua propriedade,
  fecha bem a tua prata e o teu ouro.
²⁹ ²⁵ Faze para as tuas palavras balança e peso;
  para a tua boca, porta e ferrolho.
³⁰ ²⁶ Vela para não dares passo em falso com a língua,
  cairias diante daquele que te espreita.

O empréstimo[a]

29

¹ Pratica a misericórdia o que empresta ao próximo,[b]
  o que vem em sua ajuda cumpre os mandamentos.
² Empresta ao próximo por ocasião de sua necessidade;
  por sua vez, restitui ao próximo no tempo combinado.
³ Cumpre tua palavra e sê-lhe fiel
  e em toda ocasião acharás o que te é necessário.
⁴ Muitos consideram um empréstimo como fortuna inesperada[c]
  e põem em dificuldade aqueles que os socorreram.
⁵ Antes de receber, beijam-lhe a mão,
  abaixam a voz por causa da riqueza do próximo.
⁷ ⁶ No dia do vencimento adiam a data,
  à guisa de restituição, explicam que estão aborrecidos,[d]
  desculpam-se com as circunstâncias.
 Se o devedor pode pagar, com dificuldade
  o credor receberá a metade,
  e o pode contar como achado.
⁸ Em caso contrário, será espoliado de seus bens
  e adquiriu, sem tê-lo merecido,[e] um inimigo;
⁹ pagar-lhe-á com imprecações e injúrias
  e, em vez de honra, dar-lhe-á desprezo.
¹⁰ ⁷ Muitos, sem malícia,[f] se recusam a emprestar,
  temem ser defraudados sem nenhum proveito.

A esmola

¹¹ ⁸ Tu, porém, sê indulgente para com os humildes,
  não os faças esperar tuas esmolas.
¹² ⁹ Por causa do mandamento, socorre o pobre;
  em sua necessidade, não o despeças sem nada.
¹³ ¹⁰ Sacrifica teu dinheiro por um irmão e um amigo,
  não se enferruje ele, à toa, debaixo de uma pedra.
¹⁴ ¹¹ Acumula um tesouro segundo os preceitos do Altíssimo,
  ser-te-á mais útil do que o ouro.

---

mais ou menos o objeto preciso de seu discurso, para descrever o inimigo em geral.
a) O empréstimo (sem juros) era prescrito pela Lei com relação aos israelitas (Ex 22,24; Lv 25,35-36; Dt 15,7-11. Cf. Mt 5,42; Sl 37,21.26).
b) De acordo com sir.; o grego inverte os termos.
c) Lit.: "como um objeto achado".
d) Sentido incerto: aborrecidos por não poder restituir, que se lamentam, que se desculpam; ou então:

responde-se com palavras evasivas. O lat. acrescenta: "e recriminações".
e) "sem tê-lo merecido", mss gregos, sir., lat.; "não sem razão", texto recebido.
f) "sem malícia", mss gregos, sir., lat.; "em consequência da maldade (dos que pedem emprestado)", texto recebido.

¹⁵ ¹²Fecha a tua esmola nos teus celeiros,
  ela te livrará de todo mal.
¹⁶ ¹³Mais do que forte escudo e lança poderosa,
  por ti ela combaterá o inimigo.

A fiança

¹⁹ ¹⁴O homem de bem dá fiança por seu próximo,
  aquele que perdeu toda vergonha o abandona.
²⁰ ¹⁵Não esqueças o favor do fiador,
  ele deu a sua vida por ti.
²² ¹⁶O pecador desconhece a bondade do fiador,
  ¹⁷o ingrato esquece quem o salvou.
²⁴ ¹⁸Uma fiança arruinou a muitos que prosperavam
  e os agitou como as ondas do mar.
²⁵ Ela exilou homens poderosos
  que andaram errantes por nações estrangeiras.
²⁶ ¹⁹O pecador que se precipita para ser fiador,
  perseguindo lucro, precipita-se para a ruína.
²⁷ ²⁰Ajuda o teu próximo conforme tua possibilidade,
  acautela-te, não caias tu também.

A hospitalidade

²⁸ ²¹Para viver, as primeiras coisas são água, pão, vestuário
  e casa para abrigar a própria nudez.
²⁹ ²²Vale mais vida de pobre sob abrigo de tábuas
  do que alimentos finos em casa alheia.
³⁰ ²³Com pouco ou muito, mostra-te contente,
  e não ouvirás reprovação dos que te rodeiam.*ᵃ*
³¹ ²⁴Triste vida é andar de casa em casa,
  aí és forasteiro, não poderás abrir a boca;
³² ²⁵és um estranho, darás de beber sem receber um obrigado
  e, além disso, ouvirás palavras amargas:
³³ ²⁶"Vem cá, forasteiro, põe a mesa;
  se tens alguma coisa, dá-me de comer."
³⁴ ²⁷"Retira-te, forasteiro, cede lugar a um mais digno,
  hospedarei meu irmão, preciso da casa."
³⁵ ²⁸Estas coisas são pesadas para o homem sensato:
  a censura do hospedeiro*ᵇ* e a injúria do credor.

A educação

30 ¹Aquele que ama seu filho usará com frequência o chicote,
  para, no seu fim, alegrar-se.
²Aquele que educa seu filho terá nele motivo de satisfação
  e entre os conhecidos dele se gloriará.
³Aquele que instrui seu filho causará inveja ao inimigo
  e entre os amigos se mostrará feliz.

⁴O pai morre, é como se não morresse
  porque deixa depois de si alguém semelhante a ele.
⁵Durante a vida, ele o vê e se alegra
  e ao morrer não se entristece.

---

a) Var. de lat.: "e não te faças tratar como estrangeiro".   *b)* Lit.: "ouvir uma repreensão de estrangeiro", lat.; "ouvir uma repreensão da casa", grego.

⁶Para os inimigos deixa um vingador,ᵃ
   alguém que retribuirá generosamente
   aos amigos os benefícios.
⁷Aquele que mima o filho cuidará de suas feridas,ᵇ
   e a cada grito suas entranhas se comoverão.
⁸Cavalo não domado torna-se intratável,
   filho entregue a si mesmo torna-se atrevido.
⁹Mima teu filho e ficarás estupefato,
   brinca com ele e ele te fará chorar.
¹⁰Não rias com ele se não quiseres chorar com ele:
   acabarás por ranger os dentes.
¹¹Não lhe dês liberdade na juventude
   e não feches os olhos diante de suas tolices.
¹²*Obriga-o a curvar a espinha na sua juventude,*
   bate-lhe nos flancos enquanto é menino;
   do contrário, uma vez obstinado, te desobedecerá
   *e tu experimentarás o sofrimento.*ᶜ
¹³Educa teu filho e forma-o bem
   para que não te aborreças com a sua insolência.

7,23

A saúde

¹⁴É melhor o pobre são e vigoroso
   do que o rico flagelado em seu corpo.
¹⁵Saúde e boa constituição valem mais
   do que todo o ouro do mundo,
   corpo vigoroso é melhor do que enorme fortuna.
¹⁶Não existe riqueza que valha mais do que o corpo sadio,
   nem maior satisfação do que a alegria do coração.
¹⁷É melhor a morte do que a vida cruel,
   o repouso eterno do que a doença constante.
¹⁸Abundantes iguarias colocadas diante de boca fechada
   são como ofertas de alimento sobre um túmulo.ᵈ
¹⁹Para que levar oferenda de frutas ao ídolo?
   Ele não come nem cheira.
²⁰ Assim é aquele a quem o Senhor persegue:ᵉ
   ²⁰ele vê e suspira,
²¹ é como o eunuco que abraça a virgem e suspira.

Tb 4,17 +
Dt 4,28
Sl 115,4-7
Is 40,20 +

20,4

A alegria

²² ²¹Não te deixes dominar pela tristeza
   e nem te aflijas com teus pensamentos.
²³ ²²A alegria do coração é a vida do homem,
   a alegria do homem aumenta seus dias.
²⁴ ²³Ilude tuas inquietações,ᶠ consola teu coração,
   afasta para longe a tristeza:
²⁵ porque a tristeza matou a muitos
   e nela não há utilidade alguma.

38,20

---

a) No sentido hebraico (*go'el*): aquele que tem "direito de resgate" (cf. Rt 2,20+; 4,4), mas também aquele que é o defensor dos oprimidos.
b) Interpretação incerta; seja as feridas de seu filho, que este receberá durante uma vida agitada, seja suas próprias feridas, que um filho ingrato lhe infligirá.
c) Os vv. 11b-12a-12d, omitidos pelo grego, são restituídos, segundo Gr II, hebr. e lat. (+ sir. para 12a: cf. 7,23).
d) "sobre um túmulo"; var. hebr.: "diante de um ídolo".
e) Trata-se do doente, incapaz de se alimentar; cf. o hebr.: "Assim é aquele que tem fortuna e dela não pode gozar", mas o texto provavelmente está alterado.
f) "Ilude tuas inquietações", S, hebr., sir.; "Ama tua alma", texto recebido.

²⁶ ²⁴Inveja e cólera abreviam os dias,
a preocupação traz a velhice antes da hora.ᵃ

Pr 15,15 ²⁷ ²⁵Ao coração generoso, bom apetite:ᵇ
ele cuida do que come.

As riquezas

LXX 34

31

¹A insônia por causa da riqueza consome a carne,
a sua preocupação afugenta o sono.
²As preocupações do dia não deixam dormir,ᶜ
doença grave afasta o sono.
³O rico se afadiga em amontoar bens,
e, se descansa, é para saciar-se de prazeres.
⁴O pobre trabalha não tendo do que viver
e quando para cai na miséria.

Pr 28,20 ⁵Quem ama o ouro não escapa do pecado,
quem persegue o lucro ilude-se.ᵈ
⁶Muitas foram as vítimas do ouro,
a sua ruína era inevitável.ᵉ
⁷Pois é laçoᶠ para os que lhe sacrificam,
e todos os insensatos nele caem.
⁸Feliz o rico que foi encontrado irrepreensível
e que não correu atrás do ouro.ᵍ
⁹Quem é este para que o felicitemos?
Porque fez maravilhas no meio de seu povo.
¹⁰Quem sofreu tal prova e se revelou perfeito?
Isto será para ele motivo de glória.
Quem podia pecar e não pecou,
fazer o mal e não o fez?
¹¹Seus bens serão consolidados
e a assembleia publicará seus benefícios.ʰ

Pr 23,1-3.6-8 ## Os banquetes

¹²Assentaste-te à mesa de um grande?
Nela não abras demais a boca,
¹³ não digas: "Que abundância!"
¹⁴ ¹³Lembra-te de que olhar maldoso é coisa má:
¹⁵ pior do que o olho, o que foi criado?
Por isso ele chora por qualquer motivo.ⁱ
¹⁶ ¹⁴Não estendas a mão para onde teu hospedeiro olha,
não te encontres com ele no mesmo prato.

---

a) Todos os mss gregos colocam 33,16b-36,13a antes de 30,25-33,16a. As versões siríaca e latina conservaram a ordem primitiva, testemunhada também pelos fragmentos hebraicos. Cf. Introdução.
b) Sentido incerto. Hebr.: "O sono de coração feliz faz as vezes de manjar".
c) "não deixam (dormir)", hebr.; "reclamam (o sono)", grego. O texto de 31,1-2 é incerto; 31,1b parece duplicata de 42,9b.
d) "(o que persegue) o lucro será por ele logrado", hebr.; "(o que persegue) a corrupção será cheio dela", grego.
e) Hebr.: "Eles confiaram nas pérolas, não conseguiram escapar da desgraça nem ser salvos no dia da cólera".

f) Lit.: "madeira do tropeço". Gramaticalmente, trata-se do ouro, mas o autor pensa talvez em ídolo, o que justifica a leitura "sacrificam" de 2 mss e lat. (texto recebido: "os que são loucos"); hebr.: "é armadilha para o tolo".
g) Em hebraico: "a riqueza", *mammôn,* palavra de origem aramaica frequente nos escritos rabínicos (e cf. Mt 6,24; Lc 16,9.11.13).
h) Provável alusão ao costume de proclamar nas sinagogas os nomes dos benfeitores da comunidade. — Lat.: "toda a assembleia *(ecclesia)* dos santos publicará seus benefícios".
i) "por qualquer motivo", hebr.; "de todo semblante", grego.

¹⁵ Compreende o próximo a partir de ti mesmo
e reflete sobre essas coisas.ᵃ
¹⁶ Como homem bem-educado,ᵇ
come o que te é apresentado
e não sejas voraz, não te tornes odioso.
¹⁷ Acaba primeiro por educação,
não sejas insaciável; caso contrário, serás excluído.
¹⁸ Se tiveres sentado em meio a muitos,
não estendas a tua mão antes deles.
¹⁹ Pouca coisa é suficiente a um homem bem-educado; _{Pr 13,25}
por isso, em seu leito, ele não fica sem ar. _{Dn 14,1-22}
²⁰ Sono saudável tem aquele de estômago moderado,
levanta-se cedo e com boa disposição.
Insônia, vômitos, cólicas
são tributos do homem insaciável.
²¹ Mas se foste forçado a comer muito,
levanta-te e vomita,ᶜ isso te aliviará.
²² Escuta-me, filho, e não me desprezes,
depois compreenderás as minhas palavras.
Em todas as tuas ações sê moderado,ᵈ
e não serás atingido por nenhuma doença.
²³ Todos os lábios bendizem o que é pródigo em banquetes,
e é fiel o testemunho de sua generosidade.
²⁴ Toda a cidade murmura contra aquele
que é mesquinho em banquetes,
e é exato o testemunho de sua mesquinhez.

O vinho

Pr 20,1;
23,20-21.29-35;
31,4-7
Is 5,22
28,1-4

²⁵ Não te faças de valente com o vinho,
porque o vinho arruinou a muita gente.
²⁶ A fornalha põe à prova a têmpera do aço,
assim o vinho prova os corações
nas disputas dos arrogantes.
²⁷ O vinho é vida para o homem,
quando o bebe com moderação.
Que vida se vive quando falta o vinho?
Ele foi criado para a alegria dos homens. _{Sl 104,15}
²⁸ Gozo do coração e alegria da alma: eis o que é o vinho, _{Jz 9,13}
bebido a seu tempo e o necessário. _{1Tm 5,23}
²⁹ Amargura para a alma: eis o que é o vinho,
bebido em excesso, por vício e por desafio.ᵉ
³⁰ O excesso de bebida aumenta o furor do insensato
para sua perda, diminui a sua força e provoca feridas.
³¹ Em um banquete não repreendas teu vizinho,
não o desprezes na sua alegria,
não lhe digas palavras de reprovação,
não o irrites com reclamações.

---

a) Hebr.: "sobre tudo o que detestas, reflete".
b) "bem-educado", hebr.; omitido pelo grego.
c) "vomita", mss gregos, hebr.; "no meio da refeição (?)", texto recebido.
d) "moderado", hebr.: "rápido", grego.
e) "por desafio", de acordo com hebr. (tradução incerta); "por um passo falso (?)", grego.

Os banquetes

32 ¹Puseram-te como presidente?[a] Não te envaideças,
 mas sê com os convivas como um dentre eles,
 ocupa-te deles e depois senta-te.
²Provê a cada um o necessário e acomoda-te,
 para te regozijares com eles
 e receber a coroa pela boa ordem.[b]

³Fala, ó ancião, pois isso convém a ti,
 mas discrição! Não impeças a música.[c]
⁴Durante uma audição não sejas pródigo em palavras,
 não admoestes em tempo inoportuno.
⁵Como uma pedra de rubi numa corrente de ouro,
 assim é um concerto musical num banquete.
⁶Como uma pedra de esmeralda num engaste de ouro,
 assim é o som da música com as delícias do vinho.

⁷Fala, ó jovem, se te é necessário,
 se fores interrogado ao menos duas vezes.
⁸Sê conciso em teu discurso, dize muito em poucas palavras,
 sê como alguém que sabe e ao mesmo tempo cala-se.
⁹Em meio aos grandes não te iguales a eles,
 se outro fala não tagareles muito.
¹⁰O relâmpago antecipa-se ao raio,
 a graça precede a modéstia.
¹¹Chegada a hora, levanta-te e não sejas o último a sair,
 corre para casa e não vagueies.
¹²Lá diverte-te, faze o que te aprouver,
 mas não peques falando com insolência.[d]
¹³Por tudo isso bendize o teu Criador,
 o que te cumulou com seus bens.

O temor de Deus

¹⁴Aquele que teme ao Senhor aceita a correção,
 os que o procuram encontram seu favor.
¹⁵O que procura conhecer a lei será saciado com ela,
 mas para o hipócrita ela é um escândalo.
¹⁶Aqueles que temem o Senhor encontram a boa decisão,
 fazem brilhar como luz suas boas ações.[e]

¹⁷O pecador foge da repreensão,
 encontra justificativa[f] para seguir sua vontade.
¹⁸O homem sensato não despreza os conselhos,
 o estrangeiro e o orgulhoso não conhecem o temor.[g]

---

a) A instituição de banquetes suntuosos com um "coordenador" escolhido por sorte ou por eleição (cf. 2Mc 2,27; Jo 2,8) parece ter-se difundido na Palestina sob a influência dos gregos ou dos romanos; aí o vinho era honrado: lit.: "banquete de vinho" (31,31; 32,5; 49,1; Est 7,7). Os rabinos porão os judeus piedosos de sobreaviso contra tais costumes; Ben Sirá recomenda somente as boas maneiras.
b) A respeito das coroas nos banquetes, cf. Is 28,1-4; Sb 2,8.
c) O termo pode designar, quer a música ou o canto, quer toda manifestação de arte: poesia, representação dramática etc.
d) Hebr.: "no temor de Deus e não na desnudez".
e) Hebr.: "compreendem a justiça e fazem sair da obscuridade seu pensamento".
f) Hebr.: "faz violência à lei".
g) Hebr.: "O sábio não oculta a sabedoria; o orgulhoso e o ímpio não guardam a Lei".

ⁱ⁹ Não faças nada sem conselho:
não te arrependerás de teus atos.ᵃ
²⁰ Não andes por caminho acidentado
e não tropeçarás em pedras.
²¹ Não confies num caminho não explorado
²²e desconfia de teus filhos.
²³ Em todas as ações vela sobre ti mesmo,ᵇ
porque isso é observar os mandamentos.

²⁴ Quem confia na lei observa os mandamentos
quem põe sua confiança no Senhor não sofrerá dano.

33

¹ Quem teme ao Senhor não incorrerá em mal algum
e mesmo da prova sairá salvo.
² Aquele que odeia a lei não é sábio,ᶜ
mas o que finge observá-la é como navio na tempestade.
³ Um homem sensato confia na lei,ᵈ
a lei para ele é digna de fé como oráculo.

⁴ Prepara tuas palavras e serás ouvido,ᵉ
reúne o teu saber e responde.
⁵ Os sentimentos do estulto são como roda de carro,
o seu raciocínio é como eixo que gira.
⁶ Cavalo no cio é como amigo adulador,
relincha debaixo de qualquer cavaleiro.

Desigualdade de condições

⁷ Por que um dia prevalece sobre o outro,ᶠ
enquanto a luz, todo o ano, vem do sol?
⁸ No pensamento do Senhor é que foram separados,
ele diversificou as estações e as festas.
⁹ Elevou e santificou alguns dias,
colocou outros no número dos dias comuns.
¹⁰ Todos os homens também vêm do solo,
da terra é que Adão foi formado.
¹¹ Em sua grande sabedoriaᵍ o Senhor os distinguiu,
diversificou os seus caminhos.

¹² Abençoou alguns,
consagrou-os, colocou-os junto de si.
Amaldiçoou outros, humilhou-os
e os rejeitou de seu lugar.
¹³ Como a argila na mão do oleiro,
que a amolda a seu bel-prazer,ʰ
assim são os homens na mão de seu Criador,
que lhes retribui segundo o seu julgamento.

---

a) Ou: "e não te arrependas quando estás para fazer alguma coisa".
b) "vela sobre ti mesmo", conforme o hebr.; "confia em ti mesmo", grego.
c) Com o hebr.; "o sábio não odeia a lei", grego.
d) Hebr.: "compreende a palavra de Iahweh".
e) Hebr.: "e depois agirás".
f) O problema proposto parece ser não de cosmologia, diferença de duração dos dias, mas de religião, diferença de dignidade entre dias de festa e dias profanos. Pelo menos, é o que sugere o v. 9.
g) "sabedoria", hebr.; "ciência", grego.
h) "que a amolda a seu", 2 mss gregos, lat.; "todos os seus caminhos (são) segundo", grego.

¹⁴ Diante do mal está o bem;
diante da morte, a vida;
diante do piedoso, o pecador.ᵃ
¹⁵ Contempla, pois, todas as obras do Altíssimo,
duas a duas estão todas uma diante da outra.
¹⁶ Também eu, o último a chegar, velei
como o que colhe atrás dos vindimadores.
¹⁷ Com a bênção do Senhor progredi
e como o ceifador enchi o lagar.
¹⁸ Observai que eu não trabalhei só para mim,
mas para todos os que procuram a instrução.
¹⁹ Escutai-me, ó grandes do povo;
presidentes da assembleia,ᵇ ouvi-me.

A independência

²⁰ Ao filho, à mulher, à filha e ao amigo
não dês poder sobre ti durante a tua vida.
Não dês a outro os teus bens,
para que não te arrependas
e tenhas que pedir-lhe a devolução.
²¹ Enquanto estiveres vivo e em ti houver alento,
não te abandones ao poder de quem quer que seja.
²² Pois é melhor que teus filhos peçam a ti
do que teres tu de olhar para as suas mãos.
²³ Em tudo o que fizeres sê tu o senhor,
não manches a tua reputação.
²⁴ No último dia dos dias de tua vida,
na hora de tua morte, distribui a tua herança.

Os escravosᶜ

²⁵ Para o asno forragem, chicote e carga;
para o servo pão, correção e trabalho.
²⁶ Faze teu escravo trabalhar e encontrarás descanso;
deixa livres as suas mãosᵈ e ele procurará a liberdade.
²⁷ Jugo e rédea dobram o pescoço,
e ao escravo mau torturas e interrogatório.
²⁸ Manda-o para o trabalho, para que não fique ocioso,ᵉ
²⁹ porque a ociosidade ensina muitos males.
³⁰ Emprega-o em trabalhos, como lhe convém,
e, se não obedecer, prende-o ao grilhão.
³¹ Mas não sejas muito exigente com as pessoas
e não faças nada de injusto.
Tens um só escravo? Que ele seja como tu mesmo,
pois o adquiriste com sangue.ᶠ

---

a) Hebr. e sir. acrescentam: "e diante da luz, as trevas".
b) A sinagoga, onde os judeus piedosos se reuniam para sua instrução.
c) Relativamente à severidade para com os escravos: Ex 21,20-21; cf. Mt 18,34; Lc 12,46. Contudo, os escravos não eram abandonados ao arbítrio dos senhores. Seus direitos eram determinados pela Lei: Ex 21,1-6.26-27; Lv 25,46; Dt 15,12-18; cf. aqui, vv. 30-33. Compare-se com a atitude de são Paulo (Ef 6,9; Cl 4,1; Fm 16).
d) "encontrarás descanso"; var. hebr.: "a fim de que ele não peça o descanso". — "deixa livres as suas mãos"; hebr.: "e se ele ergue a cabeça".
e) Hebr.: "para que ele não se revolte".
f) Quer dizer: tu o adquiriste com teus bens, com dinheiro ganho a duras penas. Mas o texto é incerto.

³²Tens um só escravo? Trata-o como a irmão,
   pois necessitas dele como de ti mesmo.
³³Se o maltratas e ele foge,
   por que caminho o procurarás?

Os sonhos[a]

34

¹As esperanças vãs e mentirosas são para o homem insensato,
   os sonhos dão asas aos estultos.
²Pegar sombras e perseguir vento,
   assim é quem atende a sonhos.
³Espelho e sonhos são coisas semelhantes;
   diante de um rosto aparece a sua imagem.[b]
⁴Do impuro que se pode tirar de puro?
   Da mentira que verdade se pode tirar?
⁵Adivinhações, augúrios, sonhos são coisas vãs,
   são como o devaneio de uma mulher grávida.[c]
⁶Se eles não foram enviados pelo Altíssimo,
   numa de suas visitas não lhes dês atenção.
⁷Pois os sonhos extraviaram a muitos,
   os que neles esperavam caíram.
⁸É sem mentira que se cumprirá a Lei
   e a sabedoria é perfeita na boca do fiel.[d]

As viagens

⁹Conhece muitas coisas aquele que muito viajou,
   aquele que tem muita experiência fala com inteligência.
¹⁰Quem não foi provado conhece poucas coisas,
   ¹¹mas quem muito viaja aumenta sua sagacidade.
¹²Muita coisa vi em minhas viagens,
   meu conhecimento é maior que muitas palavras.
¹³Muitas vezes estive em perigo de morte,
   eis como fui salvo:[e]
¹⁴viverá o espírito daqueles que temem o Senhor,
   ¹⁵porque a sua esperança está em quem os pode salvar.
¹⁶O que teme ao Senhor nada receia,
   nem se aterroriza, pois o Senhor é sua esperança.
¹⁷A alma do que teme o Senhor é feliz:
   ¹⁸Sobre quem se apoia ele? E quem é seu sustentáculo?
¹⁹Os olhos do Senhor estão fixos sobre aqueles que o amam,
   possante proteção, sustentáculo cheio de força,
  abrigo contra o vento do deserto,
   sombra contra o ardor do meio-dia,
   proteção contra os obstáculos, socorro contra as quedas.
²⁰Ele eleva a alma, ilumina os olhos,
   dando saúde, vida e bênção.

---

a) No AT, Deus às vezes usa dos sonhos para instruir os homens: Gn 28,10-17; 31,10-13.24; 37,5-11; 41,1-36 etc. Cf. Nm 12,6; Ver também Mt 1,20-23; 2,13.22. Mas o recurso aos sonhos como meios ordinários de adivinhação é censurado pelos profetas e pelos legisladores: Jr 29,8; Ecl 5,6; Lv 19,26; Dt 13,2-6; 18,9-14. Ben Sirá adota essa última atitude, embora reconheça a possibilidade de sonhos autenticamente divinos (v. 6).
b) "espelho e sonhos", conj. (cf. a sequência); "visões de sonhos", grego. — O sonho, como o espelho, não faz aparecer senão uma imagem irreal; ou ainda: o sonho não faz senão refletir o que o sonhador traz em si, sem lhe ensinar mais nada e sem mais garantia (cf. v. 4).
c) Lit.: "assim imagina o coração de mulher em trabalhos de parto".
d) Aos sonhos enganadores Ben Sirá opõe a Lei e a sabedoria que não decepcionam.
e) Pode-se compreender também: "e fui salvo graças ao que acabo de dizer, minha experiência"; observa-se com efeito a progressão no valor daquilo que pode salvar: os sonhos, a experiência, o temor do Senhor.

Sacrifícios

²¹ Sacrificar um bem mal adquirido é oblação do escárnio,
²² os dons dos maus não são agradáveis.
²³ O Altíssimo não se agrada com as oferendas dos ímpios
e nem é pela abundância das vítimas
que ele perdoa os pecados.
²⁴ Como o que imola o filho na presença de seu pai,
assim é o que oferece um sacrifício com os bens dos pobres.
²⁵ Escasso alimento é o sustento do pobre,
quem dele o priva é homem sanguinário.
²⁶ Mata o próximo o que lhe tira o sustento,
²⁷ derrama sangue o que priva do salário o diarista.
²⁸ Um constrói, outro destrói;
que outro proveito tira além da fadiga?
²⁹ Um abençoa, outro maldiz:
de qual dos dois o Senhor escutará a voz?
³⁰ Quem se purifica do contato com morto e de novo o toca,
que proveito tira de sua ablução?
³¹ Assim é o homem que jejua por seus pecados,
depois vai-se e comete-os de novo;
quem ouvirá a sua oração?
que proveito tirou em humilhar-se?

Lei e sacrifícios[a]

35 ¹ Observar a lei é multiplicar as oferendas,
² cumprir os mandamentos é oferecer sacrifícios de comunhão.
³ Mostrar-se generoso é fazer oblação de flor de farinha,
⁴ dar esmola é oferecer sacrifício de louvor.
⁵ O que agrada ao Senhor é o afastar-se do mal,
o afastar-se da injustiça é sacrifício expiatório.
⁶ Não te apresentes diante do Senhor de mãos vazias,
⁷ porque tudo isso se faz por causa de preceito.
⁸ A oferenda do justo alegra o altar,[b]
seu perfume sobe ao Altíssimo.
⁹ O sacrifício do justo é agradável,
a sua memória não será esquecida.
¹⁰ Glorifica o Senhor com generosidade,
não regateies as tuas primícias.
¹¹ Em todas as tuas oferendas mostra semblante alegre,
consagra o dízimo com alegria.
¹² Dá ao Altíssimo conforme ele te deu,
com generosidade, segundo as tuas posses.[c]
¹³ Pois o Senhor retribui a dádiva,
dar-te-á em troca sete vezes mais.

A justiça divina

¹⁴ Não tentes corrompê-lo com presentes, porque ele não os
¹⁵ receberá, não te apóies em sacrifício injusto.
Pois o Senhor é juiz
que não faz acepção de pessoas.

---

a) Ben Sirá é ao mesmo tempo fervoroso ritualista muito apegado ao culto e moralista preocupado em observar a Lei em todos os seus preceitos de justiça e de caridade. Essas duas tendências associam-se aqui: segundo Ben Sirá, a prática da Lei é por si mesma um culto.

b) Lit.: "unta o altar".

c) O hebr. acrescenta na margem: "Quem dá a um pobre empresta a Deus; quem lho retribuirá senão ele?" (cf. Pr 19,17).

¹⁶ Ele não considera as pessoas em detrimento do pobre,
  ele ouve o apelo do oprimido.
¹⁷ Não despreza a súplica do órfão,
  nem da viúva que derrama o seu pranto.
¹⁸ Não correm as lágrimas da viúva pelas faces
  ¹⁹ e o seu grito não é contra aquele que as provoca?
²⁰ Aquele que serve a Deus[a] de todo o seu coração é acolhido
  e o seu apelo sobe até as nuvens.
²¹ A oração do humilde penetra as nuvens[b]
  e, enquanto não chega lá, ele não se consola.[c]
  Não se retirará daí enquanto o Altíssimo
    não puser nele os olhos,
  ²²fizer justiça aos justos, restabelecer a equidade.
²² O Senhor não tarda e nem tem paciência com eles,
  enquanto não quebrar os rins das pessoas sem piedade
  ²³e tomar vingança das nações,
  enquanto não exterminar a multidão dos orgulhosos
  e quebrar o cetro dos injustos,
²⁴ enquanto não retribuir a cada um segundo suas obras
  e julgar as obras humanas segundo suas intenções,
²⁵ enquanto não fizer justiça a seu povo
  e alegrá-lo com a sua misericórdia.
²⁶ Oportuna é a sua misericórdia por ocasião da tribulação,
  é como a nuvem de chuva no tempo da seca.

Referências: Ex 22,21-23; Pr 23,10-11; Lc 18,1-8; Jó 16,18+

Oração para a libertação e restauração de Israel[d]

36 ¹ Tem piedade de nós, Senhor, Deus do universo, e olha,
  ²derrama o teu temor sobre todas as nações.
³ Levanta a tua mão contra as nações estrangeiras,
  que elas vejam a tua potência.
⁴ Como, diante delas, te mostraste santo em nós,
  assim, diante de nós, mostra nelas a tua grandeza.
⁵ Que elas te conheçam, como nós te conhecemos,
  que não há outro Deus senão tu, Senhor.

⁶ Renova os prodígios, faze outras maravilhas,
  ⁷glorifica a tua mão e o teu braço direito.
⁸ Desperta o teu furor e derrama a tua cólera,
  ⁹destrói o adversário e aniquila o inimigo.
¹⁰ Apressa o tempo e lembra-te do juramento,
  sejam celebrados os teus grandes feitos.[e]
¹¹ Que um fogo vingador devore os sobreviventes,
  que os opressores de teu povo encontrem a ruína.
¹² Esmaga a cabeça dos chefes dos inimigos,
  que dizem: "Não há ninguém além de nós."

Referências: Sl 79; LXX 33; Jr 10,25; Sl 79,6; Ez 28,22; 36,23; 38,23; Dt 32,39; Is 45,14; 1Rs 8,43; 1Cr 17,20; Sl 79,6; Is 47,8-10

---

a) Ou: "que presta serviço (ao próximo)".
b) Onde Deus habita (cf. Sl 68,35; 104,3 etc.).
c) "ele não se consola"; var. hebr.: "ela não cessa".
d) Embora preparada por 35,23-26, esta oração divide-se com seu tom o resto do livro geralmente sereno. A autenticidade desse texto é frequentemente posta em dúvida. Aproximam-no do acréscimo hebraico depois de 51,12+. Composto cuidadosamente com quatro quadras (o v. 11 falta em hebr.), esta oração supõe forte emoção (36,6-12); pensou-se no assunto de Heliodoro (2Mc 3), em 175. O texto, animado por grande esperança, não denota entretanto claramente ideias messiânicas (cf. 36,20+).
e) Hebr.: "apressa o fim, lembra-te do término. Pois quem te dirá: Que fazes?"

ECLESIÁSTICO 36

Sl 106,47

¹³ ¹³Reúne todas as tribos de Jacó,
¹⁶dá-lhes a herança como no princípio.ᵃ

Ex 4,22
24,10-12
Dt 7,6 +

¹⁴ ¹⁷Tem piedade, Senhor, do povo que traz o teu nome,
de Israel, a quem fizeste teu primogênito.

2Sm 5,9 +

¹⁵ ¹⁸Compadece-te da tua cidade santa,
Jerusalém, lugar de teu repouso.

¹⁶ ¹⁹Enche Sião de teu louvor
e o teu santuário com a tua glória.ᵇ

¹⁷ ²⁰Dá testemunho à primeira de tuas criaturas,ᶜ
realiza as profecias feitas em teu nome.

¹⁸ ²¹Dá a recompensa aos que esperam em ti,
que sejam acreditados os teus profetas.

Nm 6,22-27

²²Ouve, Senhor, a oração dos teus servos,ᵈ
segundo a bênção de Aarão sobre teu povo.

¹⁹ E que todos, sobre a terra, conheçam
que tu és o Senhor, o Deus eterno.

Discernimento

²⁰ ²³O estômago recebe todo tipo de alimento,
mas um alimento é melhor do que outro.

²¹ ²⁴O paladar distingue o gosto da caça,
também o coração sensato discerne as palavras mentirosas.

²² ²⁵O coração perverso causa tristeza,
o homem experiente o acalma.

Pr 5,15 +

Escolha de uma mulher

²³ ²⁶A mulher aceita todo tipo de marido,
mas uma jovem é melhor do que outra.ᵉ

²⁴ ²⁷A beleza da mulher alegra o olhar
e excede a todos os desejos do homem.

Pr 15,4

²⁵ ²⁸Se a bondade e a doçura estão nos seus lábios,
o seu marido é o mais feliz dos homens.

Gn 2,18

²⁶ ²⁹O que adquire uma mulher inicia a fortuna,
auxiliar semelhante a ele,ᶠ coluna de apoio.

Gn 4,12

²⁷ ³⁰Faltando cerca, a propriedade é devastada;
faltando a mulher, o homem geme e vaga.

²⁸ ³¹Quem confia num ágil ladrão
que salta de cidade em cidade?
Assim é o homem a quem falta ninho:
repousa onde a noite o surpreende.

---

a) Esta esperança de reunião das tribos, particularmente viva no tempo do Exílio, perpetuou-se no judaísmo bem depois da volta dos exilados; os judeus sempre consideraram a dispersão no exterior como situação provisória e lamentável, à qual a vinda do Messias deve pôr fim.
b) "de teu louvor"; var. hebr.: "de tua majestade". — "teu santuário" (*naon*), com o hebr.; "teu povo" (*laon*), grego.
c) Trata-se do povo de Israel em seu conjunto, ou dos patriarcas, que um antigo midraxe situa entre as sete coisas criadas antes do mundo? Ou da sabedoria criada, primícias da criação (Pr 8,22)? Ou o autor considera que o messias ou o reino messiânico, criados antes de todas as coisas, vão em breve se manifestar sobre a terra? É difícil precisar o pensamento.
d) "teus servos", mss grego, hebr.: "os que te suplicam", texto recebido.
e) Tem-se perguntado, com base no paralelismo, se não seria necessário ler de preferência: "O marido desposa qualquer mulher, mas..." Contudo o hebr. dá a mesma construção que o grego. Tal como se apresenta, o texto parece sublinhar a vantagem do homem, que pode escolher sua mulher, ao passo que esta não tem escolha.
f) Hebr.: "uma cidade fortificada".

Falsos amigos

37 ¹Todo amigo diz: "Eu também sou teu amigo", mas há amigo que o é só de nome.
²Não é, porventura, uma tristeza mortal o companheiro ou amigo que se torna inimigo?
³Ó perversa inclinação, por que foste criada,*a* para cobrir a terra de malícia?
⁴O companheiro se alegra com o amigo na prosperidade, no momento de aflição se volta contra ele.*b*
⁵O companheiro sofre com o amigo por interesse*c* e no momento da luta ele toma o escudo.
⁶Não te esqueças do amigo em teu coração, não percas a sua lembrança em meio às riquezas.

Os conselheiros

⁷Todo conselheiro dá conselho, mas há os que aconselham em benefício próprio.
⁸Guarda-te daquele que dá conselhos: primeiro toma conhecimento do que ele tem necessidade — porque ele dá seus conselhos em seu próprio interesse — caso contrário, lança contra ti a sua sorte;*d*
⁹que ele não te diga: "Estás num bom caminho", e fique à distância para ver o que te acontecerá.
¹⁰Não te aconselhes com quem te olha com desconfiança, esconde teus desígnios daqueles que te invejam.
¹¹Nem te aconselhes com uma mulher a respeito de sua rival*e* e nem com medroso sobre a guerra, nem com negociante sobre comércio, e nem com comprador sobre venda, nem com um invejoso sobre a gratidão e nem com impiedoso sobre a bondade, nem com preguiçoso sobre qualquer trabalho e nem com empreiteiro sobre o acabamento de uma tarefa, nem com servo indolente sobre grande trabalho. Não te apóies sobre essa gente para nenhum conselho.
¹²Mas dirige-te sempre a homem piedoso,*f* que tu conheces por observar os mandamentos, que tem a alma conforme à tua e que, se tropeçares, sofrerá contigo.
¹³Atende, ainda, ao conselho de teu coração, porque nada te pode ser mais fiel do que ele.

---

a) "criada", lit.: "rolada (em alguma coisa)"; o termo, talvez mal transcrito ou alterado por correção teológica, é interpretado de acordo com o hebr.: "infeliz do mau que diz: Por que fui criado?" — A "má inclinação", que arrasta o homem para o mal, é elemento importante da teologia rabínica. Cf. 15,14+.
b) Hebr.: "Mau é o amigo que aproveita da mesa e no momento da adversidade se mantém distante".
c) Lit.: "no interesse de seu ventre". — Os vv. 4-5 apresentam o contraste entre dois companheiros: um foge por ocasião do perigo, o outro permanece fiel. O v. 5 hebr. torna mais claro o contraste: "o bom amigo combate contra o inimigo, e contra os adversários empunha as armas".
d) Texto incerto; hebr.: "por que isto acontece?"
e) O trecho seguinte ilustra os vv. 7-8, dando o exemplo de conselheiros que têm interesse pessoal nos conselhos que possam dar.
f) Hebr.: "àquele que está no temor (de Deus)" (cf. Pr 1,7+). Para Ben Sirá, o temor de Deus prevalece sobre todas as sabedorias profanas.

¹⁸ ¹⁴ Pois a alma do homem o informa muitas vezes melhor
  do que sete sentinelas colocadas num lugar alto.
¹⁹ ¹⁵ E além de tudo isso, pede ao Altíssimo
  para dirigir os teus passos na verdade.

Verdadeira e falsa sabedoria

²⁰ ¹⁶ O princípio de toda obra é a palavra,ᵃ
  antes de qualquer empresa é preciso reflexão.
²¹ ¹⁷ A raiz do pensamento é o coração,
  ¹⁸ dele nascem quatro ramos:ᵇ
  o bem e o mal, a vida e a morte,
  e o que os domina sempre é a língua.
²² ¹⁹ O homem é sagaz e mestre de muitos,
  mas para si próprio é inútil.
²³ ²⁰ O homem falador é detestado,
  acabará morrendo de fome,ᶜ
²⁴ ²¹ porque o Senhor não lhe concede o seu favor,
  pois ele é desprovido de toda sabedoria.
²⁵ ²² Há o sábio que é só para si e os frutos de sua inteligência,
  a acreditar no que diz, são garantidos.ᵈ
²⁶ ²³ O verdadeiro sábio ensina o seu próprio povo
  e os frutos de sua inteligência são garantidos.ᵉ
²⁷ ²⁴ O homem sábio será repleto de bênçãos,
  todos os que o veem proclamam-no feliz.
²⁸ ²⁵ A vida humana tem os dias contados,
  mas os dias de Israel são incontáveis.
²⁹ ²⁶ No meio de seu povo, o sábio herdará confiança:
  seu nome viverá para sempre.

A temperança

³⁰ ²⁷ Filho, durante tua vida prova o teu temperamento,
  vê o que te é nocivo e não o concedas a ti.
³¹ ²⁸ Porque nem tudo convém a todos
  e nem todos se comprazem com tudo.
³² ²⁹ Não sejas ávido de toda delícia,
  nem te precipites sobre iguarias,
³³ ³⁰ porque na alimentação demasiada está a doença
  e a intemperança provoca cólicas.
³⁴ ³¹ Muitos morreram por intemperança,
  mas aquele que se cuida prolonga a vida.

Medicina e doençaᶠ

38 ¹ Honra o médicoᵍ por seus serviços,
  pois também ele o Senhor criou.
² Pois é do Altíssimo que vem a cura,
  como presente que se recebe do rei.ʰ

---

a) A palavra talvez seja interior, a do projeto, seja a decisão de empreender.
b) Conforme o hebr.; grego: "Como sinal de conversão do coração, *quatro partes aparecem*".
c) Hebr. "¹⁹ Há sábio que age sabiamente para muitos, e que para si mesmo é tolo. ²⁰ Há sábio que é desprezado por suas palavras, ele será privado de todo alimento agradável".
d) Hebr.: "são para seu corpo".
e) Hebr.: "Há sábio que é sábio para as pessoas de seu povo, e os frutos de sua inteligência são para eles"ᶜᶜ (lit.: para seus corpos)".
f) Talvez certos judeus piedosos considerassem o recurso aos médicos como falta de fé em Iahweh (cf. 2Cr 16,12). Ben Sirá corrigirá essa opinião.
g) Hebr.: "Sê amigo do médico".
h) Lit.: "que ele recebe"; trata-se, quer do doente, quer do médico (v. 1), que não é senão intermediário.

³ A ciência do médico o faz trazer a fronte erguida,
 ele é admirado pelos grandes.
⁴ Da terra o Senhor criou os remédios,
 o homem sensato não os despreza.
⁵ As águas não foram adoçadas com um lenho   Ex 15,23-25
 para mostrar assim a sua virtude?ᵃ
⁶ Ele é quem deu a ciência aos homens,
 para ser glorificado em suas obras poderosas.
⁷ Por eles, ele curou e aliviou,
 ⁸o farmacêutico fez com eles misturas.
E assim suas obras não têm fim,ᵇ
 e por ele o bem-estar se difunde sobre a terra.
⁹ Filho, não te revoltes na tua doença,   2Rs 20,1-5
 mas reza ao Senhor e ele te curará.
¹⁰ Evita as faltas, conserva as mãos puras,
 purifica o coração de todo pecado.
¹¹ Oferece incenso e um memorial de flor de farinha,   35,2-5
 faze ricas oferendas conforme tuas posses.ᶜ
¹² Depois dá lugar ao médico, porque o Senhor também o criou,
 não o afastes de ti, porque dele tens necessidade.
¹³ Há ocasião em que o êxito está entre suas mãos.
 ¹⁴Pois eles também rezam ao Senhor,
 para que lhes conceda o favor de um alívio
 e a cura para salvar-te a vida.ᵈ
¹⁵ O que peca contra o seu Criador,
 que caia nas mãos do médico.ᵉ

O lutoᶠ

¹⁶ Filho, derrama tuas lágrimas por um morto,
 entoa um lamento fúnebre para mostrar a tua dor,
depois enterra o cadáver segundo o cerimonial
 e não deixes de honrar a sua sepultura.ᵍ   Tb 4,17
¹⁷ Chora amargamente, bate no peito,ʰ
 observa o luto segundo merece o morto,
um ou dois dias, por causa da maledicência do povo,ⁱ   22,12
 depois consola-te de tua tristeza.
¹⁸ Porque a tristeza leva à morte,
 e o coração abatido perde todo seu vigor.
¹⁹ Com a desgraça persiste a dor,
 uma vida triste é insuportável.ʲ
²⁰ Não abandones teu coração à tristeza,   30,21; 7,36; 28,6
 afasta-a. Lembra-te de teu próprio fim.ᵏ

Hebr.: "De Deus o médico obtém sua arte, e do rei ele recebe presentes".
a) A virtude da madeira ou talvez o poder de Deus: o hebr. e o grego são ambíguos.
b) As obras de Deus, que ele continua após a criação, dando aos homens e às coisas participação no seu poder, espalhando assim o bem sobre a terra.
c) "conforme tuas posses", hebr.; "como não sendo (?)", grego.
d) Cf. Tg 5,14s, onde o conselho tem, todavia, outro alcance.
e) Quer dizer: caia doente. Não parece que a expressão queira ser descortês em relação aos médicos, mas talvez seja necessário corrigir de acordo com o hebraico:
"Peca diante do seu Criador aquele que quer mostrar-se valente diante do médico".
f) As cerimônias fúnebres eram, entre os judeus como entre os orientais em geral, espetaculares e sujeitas a regras bem determinadas. Ver diversos pormenores em Jr 9,17.18; Am 5,16; Ez 24,15-24; Mt 9,23; Mc 5,38.
g) Hebr.: "e não te esquives quando ele expira".
h) Lit.: "torna abrasador o golpe": batia-se no peito em sinal de luto. — Hebr.: "cumpre o luto".
i) Sete dias, conforme 22,12, mas podia haver diversos ritos segundo os lutos.
j) "uma vida triste", conj.; "uma vida de pobre", grego.
k) Ou simplesmente: "Pensa no futuro". A expressão ta eschata (7,36; 26,6; 48,24) é difícil de traduzir.

²² ²¹ Não esqueças: não há volta,
de nada servirias ao morto e ainda te prejudicarias.
²³ ²² "Lembra-te de minha sentença^a que será também a tua:
eu ontem, tu hoje!"^b
²⁴ ²³ Desde que o morto repousa, deixe repousar a sua memória,
consola-te quando seu espírito partir.

Profissões manuais^c

²⁵ ²⁴ A sabedoria do escriba se adquire em horas de lazer,
e quem está livre de afazeres torna-se sábio.
²⁶ ²⁵ Como se tornará sábio o que maneja o arado,
aquele cuja glória consiste em brandir o aguilhão,
o que guia bois e o que não abandona o trabalho
e cuja conversa é só sobre gado?
²⁷ ²⁶ O seu coração está ocupado com os sulcos que traça;
as suas vigílias com a forragem das bezerras.
²⁸ ²⁷ Igualmente todo carpinteiro e construtor,
qualquer que trabalha dia e noite,
aqueles que fazem os entalhes dos selos,
sua tenacidade está em variar o desenho;
têm em mente reproduzir o modelo,
a sua preocupação está em concluir o trabalho.
²⁹ ²⁸ Igualmente o ferreiro sentado à bigorna:
ele observa a fadiga do ferro;
a chama de fogo cresta-lhe a carne,
debate-se ao calor da forja;
³⁰ o barulho do martelo o ensurdece,^d
seus olhos estão fixos no modelo do utensílio;
³¹ aplica o seu coração em rematar o trabalho,
suas vigílias em trabalhá-lo com perfeição.
³² ²⁹ Igualmente o oleiro sentado ao seu trabalho,
o que gira o torno com os pés,
dedica total cuidado à sua obra,
todos os seus gestos são contados;^e
³³ ³⁰ com o braço amolda a argila,
com os pés a compele,
³⁴ aplica o seu coração em terminar o envernizamento
e as suas vigílias em limpar a fornalha.
³⁵ ³¹ Todos esses depositam confiança em suas mãos
e cada um é hábil^f na sua profissão.
³⁶ ³² Sem eles nenhuma cidade seria construída,
³⁷ não se poderia nem instalar-se nem viajar.
Mas eles não se encontram no conselho do povo
³³ e na assembleia não sobressaem.

---

a) "minha sentença" (é o morto que fala), ou "a sentença", S, ou "sua sentença", Vaticano, hebr. Mas seja qual for a leitura adotada, trata-se da sentença que condena todo homem a morrer (Gn 2,17; 3,3.4).
b) Quer dizer: eu estava vivo ontem como tu o estás hoje. — Hebr.: "ele ontem".
c) Tem-se comparado esta passagem com um antigo texto egípcio, conhecido sob o nome de "Sátira dos ofícios". Note-se que Ben Sirá limita sua descrição aos ofícios tipicamente palestinenses.

d) "ensurdece", conj. que supõe o hebr. *yeherash*, lido pelo tradutor grego *yehaddesh* (confusão frequente entre *resh* e *dalet*), "renova".
e) Tradução incerta; lit.: "sua atividade é calculada" ou "numerada", talvez porque ele deva fornecer determinado número de peças no final do dia.
f) Lit.: "sábio". É forma elementar de sabedoria essa da habilidade manual (cf. Ex 35,30-36,1; 1Rs 5,20; 7,13-14). Mas ela não pode ser comparada com a do escriba (cf. Eclo 39,1-11).

⁳⁸ Não sentam na cadeira do juiz
　　e não meditam na lei.ᵃ
　Não brilham nem pela cultura nem pelo julgamento,
　　não se encontram entre os criadores de máximas.ᵇ
³⁹ ³⁴ Mas asseguram uma criação eterna,
　　e sua oração tem por objeto os problemas de sua profissão.

O escriba

39

　　Diferente é aquele que aplica a sua alma,
　　　o que medita na lei do Altíssimo.
¹ ¹ Ele investiga a sabedoria de todos os antigos,　　　Sl 1,2
　　ocupa-se das profecias.ᶜ
² Conserva as narrações dos homens célebres,
　　penetra na sutileza das parábolas.ᵈ
³ Investiga o sentido obscuro dos provérbios,　　　Pr 1,6
　　deleita-se com os segredos das parábolas.
⁴ Presta serviços no meio dos grandes
　　e é visto diante dos que governam.
⁵ Percorre países estrangeiros,ᵉ　　　Pr 34,9s
　　fez a experiência do bem e do mal entre os homens.
⁶ ⁵ Desde a manhã, de todo coração,　　　Sb 16,28
　　volta-se para o Senhor, seu Criador.
　Suplica diante do Altíssimo,
⁷　　abre sua boca em oração.
　Suplica o perdão de seus pecados.
⁸ ⁶ Se for da vontade do supremo Senhor,　　　Is 11,2
　　ele será repleto do espírito de inteligência.
⁹ Ele mesmo fará chover abundantemente
　　suas palavras de sabedoria
　　e na sua oração dará graças ao Senhor.
¹⁰ ⁷ Adquirirá a retidão do julgamento e do conhecimento,
　　meditará seus mistérios ocultos.
¹¹ ⁸ Ele mesmo manifestará a instrução recebida,
　　gloriar-se-á da lei da Aliança do Senhor.
¹² ⁹ Muitos louvarão a sua inteligência
　　e jamais será esquecido.
¹³ Sua lembrança não se apagará,
　　seu nome viverá de geração em geração.
¹⁴ ¹⁰ As nações proclamarão a sua sabedoria　　　= 44,15
　　e a assembleia proclamará os seus louvores.
¹⁵ ¹¹ Se vive muito, seu nome será mais glorioso do que mil outros,
　　e se morre, isto lhe basta.ᶠ

a) Lit.: "o decreto (*diateke*) do direito" (cf. 45,17+). Para o tradutor de Ben Sirá, a palavra grega *diateke* não designa a aliança, mas ordenação do direito bíblico.
b) Possível confusão do tradutor: duas palavras hebraicas semelhantes significam uma "provérbios", e outra "chefes". Pode-se, portanto, compreender também: "não é encontrado entre os chefes".
c) Lei, sabedoria, profecias são — ao que parece — as três partes da Escritura segundo a ordem da LXX (cf. Prólogo 1.8-10.24-25).
d) O escriba é, em primeiro lugar, o *conservador* das Escrituras, mas é também o encarregado de explicá-las ao povo, (cf. Esd 7,6+). Sobre a parábola ou *mashal*, cf. Introdução.
e) O escriba, em geral, é funcionário, ministro, embaixador.
f) "isto lhe basta": *ekpoiei*, conj.; "ele produz para si (?)": *empoiei*, grego. — Texto difícil. O sentido parece ser que se o escriba morrer sem ter tido tempo de atingir a glória humana, não deve lamentar seus esforços.

Convite ao louvor a Deus

¹⁶ ¹²Ainda exporei detalhadamente as minhas reflexões,
  pois estou repleto delas como a lua cheia.
¹⁷ ¹³Escutai-me, filhos piedosos, e germinai
  como a rosa plantada à margem do regato úmido.
¹⁸ ¹⁴Como o incenso exalai um bom odor,
¹⁹ florescei como o lírio, dai vosso perfume,
 entoai um cântico,
  bendizei ao Senhor por todas as suas obras.
²⁰ ¹⁵Dai glória ao seu nome,
  publicai os seus louvores,
 por vossos cânticos, com as vossas cítaras,
  assim direis em seu louvor:
²¹ ¹⁶Todas as obras do Senhor são magníficas,
  todas as suas ordens são executadas pontualmente.
 ¹⁷Não é preciso dizer: "O que é isto? Por que aquilo?"
  Porque tudo deve ser estudado a seu tempo.[a]

²² À sua palavra a água para e se ajunta,
  à sua voz são formados reservatórios de água.[b]
²³ ¹⁸Sob sua ordem tudo o que deseja é realizado
  e não há quem limite seu gesto de salvação.
²⁴ ¹⁹Diante dele estão todas as obras dos homens,
  nada estará oculto a seus olhos.
²⁵ ²⁰Vê de eternidade a eternidade,
  nada é extraordinário para ele.
²⁶ ²¹Não é preciso dizer: "O que é isto? Por que aquilo?"
  Porque tudo foi criado para uma destinação.

²⁷ ²²A sua bênção transborda como um rio[c]
²⁸ e inunda a terra como um dilúvio,
⁽²⁹⁾ ²³assim também ele dá às nações a sua cólera em herança,
  como mudou as águas em sal.
 ²⁴Para os piedosos os seus caminhos são retos,
  mas para os maus são cheios de obstáculos.
³⁰ ²⁵Desde o começo as coisas boas foram criadas para os bons,
  assim como os males[d] para os pecadores.
³¹ ²⁶Para a vida do homem as coisas mais necessárias
  são a água, o fogo, o ferro e o sal,
 a farinha de trigo, o leite e o mel,
  o suco da uva, o óleo e a veste.
³² ²⁷Tudo isso é bem para os bons,
  para os pecadores isso é mal.

³³ ²⁸Há ventos que foram criados para castigo
  e em seu furor reforçam seus flagelos,[e]

---

a) Esses dois estíquios, que só se encontram no grego, são parcialmente repetição do v. 21. Parecem significar: é inútil levantar prematuramente questões sobre a ordem do mundo. Mais cedo ou mais tarde, pela recompensa ou pelo castigo, Deus fará ver a utilidade de tal elemento que suscitava perguntas (vv. 21.34). Então o sábio que estudar "a seu tempo" entenderá. Pode haver nesta passagem a tentativa de retificação de certas páginas pessimistas do Eclesiastes.

b) Alusão aos numerosos milagres referentes à água: criação (Gn 1,9), dilúvio (Gn 7,11), passagem do mar (Ex 14,21-22) e do Jordão (Js 3,16), e talvez também ao mistério das nuvens, reservatórios inesgotáveis (cf. Sl 104,6-13).
c) O autor pensa nas enchentes benfazejas do Nilo. O hebr. traz "como um Nilo".
d) "os males"; var. Hebr.: "o bem ou o mal".
e) Gr II e sir.: "e em furor ele reforça seus flagelos"; trata-se então de Deus.

³⁴ no momento final desencadeiam a sua violência,
e saciam o furor do seu Criador.
³⁵ ²⁹Fogo e granizo, fome e morte,
tudo isso foi criado para punição.ᵃ
³⁶ ³⁰Os dentes das feras, os escorpiões e as víboras,
a espada vingadora para ruína dos ímpios,
³⁷ ³¹à sua ordem, alegram-se:
foram postos na terra em caso de necessidade,
no momento oportuno não transgridem a sua ordem.
³⁸ ³²Por isso desde o princípio me decidi;
refleti e escrevi:ᵇ
³⁹ ³³"Todas as obras do Senhor são boas,
ele supre toda necessidade na hora devida.
⁴⁰ ³⁴Não se pode dizer: 'Isto é pior do que aquilo',
porque tudo, no seu tempo, será reconhecido bom.
⁴¹ ³⁵E agora, de todo coração, a toda voz, cantai,
bendizei o nome do Senhor."

Sl 145,21

A miséria do homemᶜ

40

¹Enorme dificuldade foi criada para todos os homens,
pesado jugo para os filhos de Adão,
desde o dia em que saíram do ventre materno,
até o dia em que voltaremᵈ para a mãe comum.

Gn 3,16-19
Jó 7,1s
Jó 14,1-2 +
Jó 1,21 +

²O objeto de seus pensamentos, o temor de seu coração,
é a espera angustiante do dia da morte.

Ecl 7,2

³Desde o que está sentado no trono, na glória,
até o miserável sentado na terra e na cinza,
⁴desde o que traz a púrpura e a coroa,
até o que se veste com o linho cru,
não é senão furor, inveja, perturbação, agitação,
medo da morte, ressentimento, lutas.
⁵E na hora do repouso, no leito,
o sono da noite apenas muda as preocupações:ᵉ

Dt 28,65-67
Jó 7,4
Ecl 2,23
8,16

⁶apenas iniciado o repouso,
imediatamente, ao dormir, como em pleno dia,ᶠ
ele é agitado por pesadelos,
como quem fugiu da linha de batalha.
⁷No momento de salvar-se acorda,
admira-se de que nada havia para temer.
⁸Assim sucede com toda criatura, do homem ao animal,
mas para o pecador é sete vezes pior,
⁹a morte, o sangue, a luta e a espada,
a miséria, a fome, a tribulação, a calamidade!

---

a) Testamento dos XII Patriarcas: "Ele (o céu inferior) contém o fogo, a neve e o gelo, prontos para o dia do julgamento, no justo julgamento de Deus. Pois é lá que estão os espíritos de vingança para o castigo dos homens" (Levi 3,2). Ben Sirá considera também os flagelos como guardados em reserva, mas sua perspectiva não parece ser propriamente escatológica.
b) É o anúncio solene da conclusão otimista: tudo é querido por Deus para um fim. Tudo está em ordem e o homem não tem razão de se queixar; ele não sofre a não ser que o tenha merecido.
c) Este trecho sobre a miséria universal contrasta com o capítulo precedente. Não se trata de incoerência no pensamento de Ben Sirá. Esta miséria se explica, pois é a consequência do pecado (v. 10).
d) "voltarem", grego II, hebr.; "sepultura", texto recebido.
e) De acordo com o hebr. (incerto) e o contexto, pode-se compreender: o sono lhe traz outras ideias não menos penosas (cf. Ecl 2,22-23).
f) "como em pleno dia", conj.; "como no dia da observação", grego.

ECLESIÁSTICO 40

¹⁰Tudo isso foi criado para os pecadores
e foi por causa deles que houve o dilúvio.
¹¹Tudo o que vem da terra volta à terra
e o que vem das águas volta ao mar.*ᵃ*

Máximas diversas

¹²Toda corrupção e injustiça desaparecerão,
mas a fidelidade permanece para sempre.
¹³A riqueza mal adquirida, como uma torrente, secar-se-á,
é como um raio que ressoa na tempestade.
¹⁴Quando abre as mãos, ele se alegra,*ᵇ*
assim os pecadores irão para a ruína.
¹⁵Os rebentos dos ímpios não são abundantes em ramos,
as raízes impuras estão sobre a rocha dura.
¹⁶O junco que abunda em todas as águas e nas margens do rio
será arrancado primeiro.*ᶜ*
¹⁷A caridade é como um paraíso de bênçãos
e a esmola permanece para sempre.*ᵈ*
¹⁸Doce é a vida do homem independente e do trabalhador;
melhor do que a dos dois é a vida daquele
que encontra um tesouro.
¹⁹Filhos e cidade fundada perpetuam um nome;
mais do que isso vale uma mulher irrepreensível.*ᵉ*
²⁰O vinho e a arte alegram o coração;
melhor do que ambos é o amor da sabedoria.*ᶠ*
²¹Flauta e harpa tornam agradável o canto;
melhor do que ambas é uma voz melodiosa.
²²Graça e beleza deleitam os olhos;
melhor do que ambas é o verdor dos campos.
²³Amigo e companheiro encontram-se no momento oportuno;
melhor do que ambos é a mulher com o homem.
²⁴Irmão e auxiliar são úteis no tempo da tribulação;
mais do que ambos a esmola preserva do perigo.
²⁵Ouro e prata tornam a caminhada firme;
melhor do que ambos é estimado o conselho.
²⁶Riqueza e força engrandecem o coração;
melhor do que ambas é o temor do Senhor.
²⁷ No temor do Senhor nada falta,
com ele não é preciso buscar outra ajuda.
^{28 27}O temor do Senhor é como paraíso de bênçãos,
melhor do que qualquer glória ele protege.

A mendicância

^{29 28}Filho, não vivas mendigando,
é melhor morrer do que mendigar.
^{30 29}O homem que olha para a mesa alheia,
a sua vida não é para ser contada como vida.

---

a) Hebr.: "e o que vem do alto volta para o alto" (cf. Ecl 12,7).
b) Texto difícil. Trata-se talvez do justo, cuja generosidade é fonte de alegria.
c) Lit.: "antes de toda erva"; hebr.: "antes de toda chuva".
d) Hebr.: "A piedade jamais será abalada e a justiça permanece para sempre".
e) Hebr. e sir. acrescentam entre os dois estíquios: "melhor ainda o achado da sabedoria. Gado e plantação dão notoriedade".
f) Hebr.: "Vinho e bebidas põem alegria no coração; porém, mais que estas duas coisas, o afeto entre amigos (sir.; ou: entre esposos)".

Ele suja a garganta com o alimento alheio,
31   mas o homem instruído e educado guarda-se disso.ᵃ Jó 20,12-14
32 ³⁰Na boca do desavergonhado a mendicância é doce,
    mas nas suas entranhas queima como fogo.

A morte

41

¹Ó morte, quão amarga é a tua lembrança Jó 14,1-2 +
    para o homem que vive feliz e no meio de seus bens,
2 para o homem sereno a quem tudo é bem-sucedido
    e ainda com forças para saborear alimentos.ᵇ

3 ²Ó morte, tua sentença é bem-vinda Jo 3,20s
    para o miserável e privado de suas forças,
4 para quem chegou a velhice avançada,
    agitado por preocupações, descrente e sem paciência.

5 ³Não temas a sentença da morte,
    lembra-te dos que te precederam e dos que te seguirão.
6 ⁴É sentença do Senhor para toda carne; Gn 3,19; 6,3
    por que recusares a vontade do Altíssimo? Ecl 6,6; 9,10
7 Sejam dez ou cem ou mil anos,
    no Xeol não se lamenta a respeito da vida.ᶜ

Destino dos ímpios

8 ⁵Infames são os filhos dos pecadores
    e os que habitam as casas dos ímpios.
9 ⁶A herança dos filhos dos pecadores acaba em ruína,
    com a sua posteridade estará sempre a desonra.
10 ⁷Os filhos insultam pai ímpio,
    pois é por sua causa que eles sofrem a desonra.
11 ⁸Ai de vós, ímpios,
    que abandonastes a lei do Deus Altíssimo.
12 *⁹Se vos multiplicais, é para a perdição;ᵈ*
    se sois gerados, é para a maldição;
    e se morreis, a maldição será vossa parte.
13 ¹⁰Tudo o que vem da terra retorna à terra, = 40,11
    assim os ímpios vão da maldição à ruína.
14 ¹¹O luto dos homens se dirige aos seus despojos,
    mas o nome maldito dos pecadores se apaga.ᵉ
15 ¹²Cuida do teu nome, porque ele te acompanha, Pr 22,1
    é mais do que milhares de tesouros preciosos. Ecl 7,1
16 ¹³Os bens da vida duram certo número de dias,
    ao passo que o nome honrado permanece para sempre.

A vergonha

17 ¹⁴Filhos, guardai em *paz minhas instruções*. = 20,30-31
                                                    Mt 5,14-16;
Sabedoria escondida e tesouro invisível,   25,18
    para que servem ambos?

---

a) Hebr.: "é uma tortura interior para o homem sensato".
b) "alimentos"; hebr.: "o prazer".
c) Já que o final é o mesmo para todos, não se faz censura aos que viveram por mais tempo.
d) O hebr. dá para 41,9-10: "se vos multiplicais, é para a perdição; se gerais, é para a aflição; se tropeçais, é para a alegria eterna (sir.: 'para a alegria do povo'); se morreis, é para a maldição. Tudo o que vem do nada volta ao nada; assim, o ímpio que vem do nada, volta ao nada".
e) Hebr.: "Em seu corpo o homem é vaidade, mas o renome da bondade não se apaga".

¹⁵ Vale mais o homem que esconde a sua loucura
  do que o homem que esconde a sua sabedoria.
¹⁶ Assim, pois, envergonhai-vos conforme o que vou dizer,
  porque não é bom cultivar toda espécie de vergonha
  e nem toda ela é apreciada exatamente por todos.
¹⁷ Envergonhai-vos da libertinagem
  diante de um pai e de uma mãe,
  da mentira diante de um chefe e de um governante;
¹⁸ de delito diante de juiz e de magistrado,
  da impiedade diante da assembleia do povo;
  da deslealdade diante de companheiro e de amigo,
  ¹⁹do roubo diante do lugar onde moras;
diante da verdade de Deus e da Aliança,
  envergonha-te de apoiar o cotovelo à mesa,*a*
da afronta ao receber e ao dar,
  ²⁰do silêncio diante do cumprimento,
de olhar a prostituta,
  ²¹de repelir o compatriota,
de tirar a parte de alguém ou o seu presente,
  de olhar a mulher casada,
  ²²de ter intimidades com uma serva
  — não te aproximes de seu leito —,
de palavras ofensivas diante de amigos
  — não injuries depois de teres dado alguma coisa —,

42

¹de repetir a palavra ouvida,
  de revelar os segredos.
Assim terás a verdadeira vergonha
  e acharás favor diante de todos os homens.
Porém, do que se segue não te envergonhes*b*
  e não faças acepção de pessoas para não pecares:
² não te envergonhes da lei do Altíssimo e da Aliança,
  do julgamento que faz justiça aos ímpios,*c*
³ de contar com companheiro de viagem,*d*
  de distribuir tua herança a teus amigos,
⁴ de examinar as balanças e os pesos,
  de obter pequenos e grandes lucros,
⁵ de contratar o preço com o mercador,*e*
  de corrigir severamente os filhos,
  de ensanguentar os flancos do escravo viciado.
⁶ Com mulher curiosa é bom usar selo;
  onde há muitas mãos, fecha com chave.
⁷ Para depósitos, contas e pesos são necessários,
  e tudo o que deres e receberes seja escrito.

---

a) "à mesa", lit.: "sobre os pães"; trata-se de regra de civilidade? Isto parece concordar pouco com o contexto. O hebr. é também pouco inteligível: "de violar juramento e aliança, de estender os cotovelos para o pão, de recusar dar o que pedem"; o hebr. dá a seguir uma ordem diferente, mais satisfatória: 41,21ab.20a.21c.20b.22.
b) Ben Sirá proclama a liceidade e até a conveniência de certos atos, aos quais se opunham o respeito humano ou os preconceitos.
c) Os ímpios são talvez os estrangeiros: o autor recomendaria fazer-lhes justiça como aos israelitas.
d) "contar": lendo *logismou*, de acordo com o hebr., em vez de *logou*. — "companheiro de viagem", conj.; "um companheiro e viajantes", grego.
e) Cf., em sentido contrário, 26,29 e 27.2. O comércio é legítimo, mas é cheio de tentações.

⁸ Não te envergonhes de corrigir o insensato, o estulto
e o velho decrépito que discute com os jovens.*ᵃ*

Assim te mostrarás instruído de verdade
e serás aprovado por todos os viventes.

Pr 10,13;
19.25.29;
26,3

Cuidados do pai para com sua filha

⁹ Sem o saber, a filha causa ao pai inquietações,*ᵇ*
o cuidado por ela tira-lhe o sono:
se jovem, que ela não passe do tempo de se casar;
se casada, que ela não se torne odiosa;

Dt 22,13s; 24,1

¹⁰ se virgem, que ela não seja profanada
e não fique grávida na casa paterna.

Ex 22,15s;
Dt 22,18s

Tendo marido, que ela não erre;
casada, que ela não seja estéril.

Dt 22,23s

¹¹ Fortifica a vigilância sobre filha audaciosa,
a fim de que ela não faça de ti motivo de irrisão
para teus inimigos,
o assunto da cidade, a chacota do povo,
e não te desonre na assembleia pública.

22,3

As mulheres

¹² Diante de quem quer que seja, não te detenhas na beleza
e não te sentes com mulheres.*ᶜ*

9,8-9

¹³ Porque das vestes sai a traça
e da mulher, a malícia feminina.

¹⁴ É melhor a malícia do homem
do que a bondade da mulher:
a mulher causa vergonha e censuras.*ᵈ*

Ecl 7,26-28

II. A glória de Deus

I. NA NATUREZA

¹⁵ Quero recordar agora as obras do Senhor,
o que vi contarei.

Gn 1,3s
Sb 9,1

Por suas palavras*ᵉ* o Senhor fez suas obras
e seu decreto se realiza segundo sua vontade.ᶠ

Br 6,59-61

¹⁶ O sol que brilha contempla todas as coisas
e a obra do Senhor está cheia de sua glória.

Nm 14,21; Is 6,3

---

a) Hebr.: "que peca por fornicação".
b) Hebr.: "Uma filha é para seu pai tesouro enganador".
c) Antes de 42,12, hebr. e sir. acrescentam: "No lugar em que ela habita não haja janela nem abertura com visão de acesso ao redor" (cf. 2Mc 3,19). Em hebr. 42,12 continua a passagem precedente: "Que ela não mostre a nenhum homem sua beleza, que ela não tagarele com as mulheres".
d) Ben Sirá é mais severo do que os Provérbios, que todavia não são nada indulgentes em relação às mulheres. Leve-se em conta o paradoxo, mas note-se também que o rabinismo posterior manifesta a mesma tendência. Não é julgamento absoluto sobre as mulheres, mas lembrança dos perigos da libertinagem. O hebr. discutível poderia significar: "e uma jovem que teme mais que toda ignomínia".
e) Hebr.: "Por sua palavra": — É uma das primeiras manifestações da doutrina da Palavra criadora (cf. 43,26; Gn 1; Sl 33,6; Sb 9,1.2; Jo 1,1+). No conjunto da literatura sapiencial, é antes a Sabedoria que é considerada criadora (cf. Pr 8,22+).
f) Este acréscimo de Gr II remonta provavelmente a Ben Sirá: hebr. discutível e sir.: "e a criação obedece à sua vontade".

ECLESIÁSTICO 42-43

¹⁷Os Santos do Senhor^a não são capazes
de contar todas as suas maravilhas,
¹⁹ o que o Senhor todo-poderoso estabeleceu firmemente
para que tudo subsista em sua glória.^b

Pr 15,11

¹⁸Ele sondou as profundezas do abismo e do coração humano,
penetrou os seus segredos.
Porque o Altíssimo possui toda a ciência
e vê o sinal dos tempos.^c

Is 48,5-6

¹⁹É ele que anuncia o passado e o futuro
e revela o fundo dos segredos.

Sl 139,1-4
Sb 1,8-9

²⁰Nenhum pensamento lhe escapa
e nenhuma palavra lhe é escondida.

²¹Dispõe em ordem as maravilhas de sua sabedoria,
porque ele existe desde a eternidade para sempre,

16,24-29
18,6
Ecl 3,14
Is 40,13s

²² sem que nada lhe seja acrescentado ou tirado,
e não necessita do conselho de ninguém.

²³ ²²Quão desejáveis são as suas obras!
O que delas se vê é como uma centelha!

33,14-15
Ecl 3,1-8

²⁴ ²³Tudo isso vive e permanece para sempre,
e em todas as circunstâncias tudo lhe obedece.

²⁵ ²⁴Todas as coisas formam dupla, uma diante da outra,
e ele não fez nada incompleto.^d

²⁶ ²⁵Uma coisa consolida a excelência da outra:
quem se fartará de contemplar sua glória?

O sol^e

Sl 19,2-7

Gn 1,14-18
Sl 8,4

43

¹Orgulho das alturas, firmamento de claridade,
assim aparece o céu em seu espetáculo de glória.
²O sol, em espetáculo, proclama ao surgir:
"Quão admirável é a obra do Altíssimo!"
³Ao meio-dia ele seca a terra:
quem pode resistir ao seu calor?
⁴Atiça-se a fornalha para trabalhar a quente,
⁴ o sol queima três vezes mais as montanhas;
soprando vapores quentes,
dardejando seus raios, deslumbra os olhos.
⁵Grande é o Senhor que o fez
e com sua palavra apressa o seu curso.

A lua

Sl 89,38;
104,19

⁶Também a lua, sempre exata
a mostrar os tempos, é sinal eterno.
⁷É a lua que marca as festas,
astro que decresce depois de sua cheia.^f

---

a) Quer dizer, aos anjos (Jó 5,1+).
b) Hebr. (em lugar de 17c-d): "O Senhor concedeu a seus exércitos a força de subsistir perante a sua glória".
c) Os astros são "sinais dos tempos", não só porque dividem regularmente o tempo (43,6; Gn 1,14-18), mas também porque, segundo a concepção mais divulgada, o futuro já estava inscrito no céu (cf. Jr 10,2). Mas o hebr. diz simplesmente: "...o que deve acontecer até a eternidade", e o sir.: "...o que deve acontecer ao mundo".

d) Hebr.: "Todas as coisas são diferentes uma da outra, e ele não fez nenhuma delas em vão".
e) Comparar estes trechos líricos com os de Dn 3,52-90 e Sl 19,5s; 104; 147; 148; Jó 36,22-37,24; 38,1-38. — O texto é difícil e o hebr., muito diferente, não presta grande auxílio.
f) As duas grandes festas judaicas, a da Páscoa e a das Tendas (cf. Ex 23,14+), começavam no dia da lua cheia (dia 14 do mês) e duravam oito dias.

⁸ É dela que o mês tira o seu nome;*ª*
   ela cresce espantosamente em sua evolução,
⁹ insígnia das milícias celestes
   brilhando no firmamento do céu.

As estrelas

Br 3,33-35

⁹ A glória dos astros faz a beleza do céu;
   ornam brilhantemente as alturas do Senhor.
¹⁰ À palavra do Santo permanecem nos seus lugares
   e não se cansam de suas rondas.

O arco-íris

Gn 9,13
Eclo 50,7
Ez 1,28

¹¹ Contempla o arco-íris e bendize o seu Autor,
   ele é magnífico em seu esplendor.
¹² Forma no céu um círculo de glória,
   as mãos do Altíssimo o estendem.

Maravilhas da natureza

¹³ Por sua ordem ele faz cair a neve,
   lança relâmpagos segundo seus decretos.

Sl 147,16-18
Jó 37,6;
38,22s

¹⁴ Para isso abrem-se os depósitos
   e as nuvens voam como pássaros.
¹⁵ Com sua potência condensa as nuvens
   que se fragmentam em granizo;
¹⁷ª à voz de seu trovão a terra treme;

Sl 29,8

¹⁶ à sua vista os montes se abalam;
   por sua vontade sopra o vento sul,
¹⁷ᵇ como o furacão do norte e os ciclones.*ᵇ*
   Como pássaros que pousam, ele faz descer a neve,
   a sua queda é como a de gafanhotos.
¹⁸ O olho se maravilha diante da beleza de sua brancura
   e o espírito se extasia ao vê-la cair.
¹⁹ Como o sal, ele ainda derrama sobre a terra
   a geada, a qual congelando, torna-se pontas de espinhos.
²⁰ O vento frio do norte sopra,
   o gelo se forma sobre a água;

Sl 147,16s

   pousa sobre toda a água parada,
   reveste-a como de uma couraça.
²¹ Devora os montes, queima o deserto
   e, como o fogo, extermina a erva verdejante.
²² A nuvem é pronto remédio,
   e após o calor, o orvalho alegra.

²³ Segundo seu plano, ele subjugou o abismo,
   nele plantou as ilhas.

Jó 7,12 +
Sl 104,5s

²⁴ Os que percorrem o mar contam os seus perigos,
   e nós nos admiramos com o que ouvimos:

Sl 107,23s

²⁵ ali existem coisas estranhas e maravilhosas,
   animais de toda espécie e monstros marinhos.

Sl 104,25s

²⁶ Graças a Deus, seu mensageiro chega a bom porto
   e tudo se arranja segundo a sua palavra.

---

a) Seja porque o mesmo termo hebraico (*yerah*) designava a lua e o mês, seja porque o outro termo que designa o mês (*hôdesh*) significa "novidade" (lua nova).
b) Seguimos a ordem do hebr.

²⁹ ²⁷ Poderíamos nos estender sem esgotar o assunto;
   numa palavra: "Ele é o todo."ᵃ

Sl 96,4
Sl 145,3

³⁰ ²⁸ Onde encontrar força para o glorificar?
   Porque ele é grande, acima de todas as suas obras,
³¹ ²⁹ Senhor temível e soberanamente grande,
   sua potência é admirável.
³² ³⁰ Que vossos louvores exaltem o Senhor,
³³   conforme podeis, porque ele vos excede.
³⁴   Para o exaltar desdobrai vossas forças,
   não vos canseis, porque nunca chegareis ao fim.

Jo 1,18

³⁵ ³¹ Quem o viu para que o possa descrever?
   Quem o pode glorificar como ele merece?

Jó 26,14

³⁶ ³² Ainda há muitos mistérios maiores do que esses,
   pois não vimos senão um pouco de suas obras.

Eclo 1,9-10

³⁷ ³³ Porque foi o Senhor que criou tudo
   e aos homens piedosos deu a sabedoria.

II. NA HISTÓRIA

1Mc 2,51-64
Hb 11

Elogio dos Paisᵇ

44

¹ Elogiemos os homens ilustres,ᶜ
   nossos antepassados, em sua ordem de sucessão.
² O Senhor criou imensa glóriaᵈ
   e mostrou sua grandeza desde os tempos antigos.
³ Homens exerceram autoridade real,
   ganharam nome por seus feitos;
   outros foram ponderados nos conselhos
   e exprimiram-se em oráculos proféticos.
⁴ Outros regeram o povo com seus conselhos,
   inteligência da sabedoria popular
   e os sábios discursos de seu ensinamento;ᵉ
⁵ outros cultivaram a música
   e escreveram poesias;
⁶ outros foram ricos e dotados de recursos,
   vivendo em paz em suas habitações.
⁷ Todos esses foram honrados por seus contemporâneos
   e glorificados já em seus dias.
⁸ Alguns deles deixaram um nome
   que ainda é citado com elogios.
⁹ Outros não deixaram nenhuma lembrança
   e desapareceram como se não tivessem existido.

---

a) A fórmula encontra-se também em hebr. Não certamente em sentido panteísta. Para Ben Sirá, tudo vem de Deus, cuja transcendência sempre afirmou (cf. aqui, v. 28), e tudo lhe pertence.
b) Este "elogio dos Pais", título hebraico e grego, nos mostra como o judeu piedoso do século II a.C. compreendia a história de Israel (cf. 1Mc 2,51-64).
c) Cf. 44,10, onde se encontra, no hebr., a mesma expressão: homem de piedade (*hesed*), que deu origem ao termo "assideus" (*Hasidîm*; cf. 1Mc 2,42; 7,13), aqueles judeus que na época da revolta macabaica se distinguiam por sua fidelidade a Deus e à Lei. Se o tradutor não traduziu com exatidão a expressão, é talvez porque ele a julgava, em sua época, carregada de sentido por demais preciso.
d) Os vv. 2-9 podem ser ou uma descrição das glórias profanas conhecidas fora de Israel, às quais o autor oporia (vv. 1 e 10s) os antepassados dos judeus, ou uma visão de conjunto das glórias de Israel que o autor pormenorizará a seguir.
e) Hebr.: "príncipes da nação por seus projetos, guias por seus decretos, hábeis em falar graças à sua competência escriturística (?), intendentes do serviço cultual (?)".

>   Existiram como se não tivessem existido,
>   assim como seus filhos depois deles.
>
> ¹⁰ Mas eis os homens de bem,
>   cujos benefícios não foram esquecidos.ᵃ
> ¹¹ Na sua descendência eles encontram
>   rica herança, sua posteridade.
> ¹² Os seus descendentes ficam fiéis aos mandamentos
>   e também, graças a eles, os seus filhos.
> ¹³ Para sempre dura sua descendência
>   e a sua glória não acabará jamais.
> ¹⁴ Seus corpos foram sepultados em paz
>   e seus nomes vivem por gerações.
> ¹⁵ Os povos proclamarão sua sabedoria,
>   a assembleia anunciará seus louvores.

Henoc

> ¹⁶ Henoc agradou ao Senhor e foi arrebatado,
>   exemplo de conversãoᵇ para as gerações.

Noé

> ¹⁷ Noé foi reconhecido como o perfeito justo,
>   no tempo da cólera tornou-se rebento:
> ¹⁸   graças a ele ficou um resto na terra,ᶜ
>   quando houve o dilúvio.ᵈ
> ¹⁸ Com ele foram estabelecidas alianças eternas,ᵉ
>   para que ninguém mais seja aniquilado por dilúvio.

Abraão

> ¹⁹ Abraão, ilustre pai de multidão de nações,
>   ninguém foi reconhecido como ele em glória.ᶠ
> ²⁰ Observou a lei do Altíssimo
>   e entrou em aliança com ele.
>   Estabeleceu essa aliança na sua carne
>   e foi reconhecido fielᵍ na prova.
> ²¹ Por isso, com juramento Deus lhe prometeu
>   abençoar todas as nações em sua descendência,
>   multiplicá-lo como o pó da terra
>   e exaltar sua posteridade como as estrelas,
>   dar-lhe em herança o país,
>   de um mar a outro,
>   desde o Rio até às extremidades da terra.

Isaac e Jacó

> ²² A Isaac renova a promessa
>   por causa de Abraão, seu pai.
>   A bênção de todos os homens e a aliança,
> ²³ ele as fez repousar sobre a cabeça de Jacó.

---

a) O hebr. de Massada (contra o do Cairo: "sua esperança") confirma o grego.
b) Quer dizer, motivo para se converterem. A leitura do hebr. "exemplo de ciência" faz talvez alusão aos mistérios dos quais Henoc foi testemunha e que revelou aos homens *(Livro dos segredos de Henoc)*. Lat.: "para levar a conversão às nações".
c) "rebento", de acordo com hebr. (termo incerto); "troca", grego; "reconciliação", lat. — É aplicação, à história de Noé, da doutrina profética do "resto", do qual sairá a salvação (cf. Is 4,3+).
d) Hebr.: "por causa de sua aliança, o dilúvio cessou".
e) As alianças "noáquicas" do código sacerdotal. Mas o hebr. fala somente de "sinal eterno" (o arco-íris, Gn 9,12-13).
f) Hebr.: "ninguém infligirá mancha à sua glória".
g) A respeito da fé de Abraão, cf. Gn 12,1+; 15,6 +; 22,1+; Gl 3,6-14; Rm 4,1-25.

²⁶ Confirmou-o com suas bênçãos^a
e lhe deu o país em herança;
dividiu-o em partes
e o distribuiu entre as doze tribos.

Moisés

²⁷ Fez sair dele um homem de bem
que encontrou favor aos olhos de todo o mundo,^b

45 ¹ amado por Deus e pelos homens,
Moisés, cuja memória é bênção.
² Equiparou-o em glória aos santos
e tornou-o poderoso para o terror dos inimigos.
³ Pela palavra de Moisés fez cessar^c os prodígios
e glorificou-o em presença dos reis;
deu-lhe mandamentos para o seu povo
e fez-lhe ver algo de sua glória.
⁴ Na fidelidade e doçura ele o santificou,
escolheu-o entre todos os viventes;
⁵ fez-lhe ouvir a sua voz
e o introduziu nas trevas;
⁶ deu-lhe face a face os mandamentos,
uma lei de vida e de inteligência,
para ensinar a Jacó suas prescrições
e seus decretos a Israel.

Aarão

⁷ ⁶ Elevou Aarão, santo semelhante a Moisés,
seu irmão, da tribo de Levi.
⁸ ⁷ Ele o instalou por decreto eterno
e deu-lhe o sacerdócio do povo.
Fê-lo feliz com o seu ornamento
⁹ e cobriu-o com veste gloriosa.^d
⁸ Revestiu-o de glória perfeita
e preparou-lhe ricos ornamentos,
¹⁰ calções, túnicas e efod.
⁹ Para circundar sua veste, deu-lhe romãs
e numerosas campainhas de ouro, em todo redor,
¹¹ para tinir a cada passo seu,
e fazer ouvir, no Templo, um eco,
como memorial para os filhos de seu povo;
¹² ¹⁰ e veste sagrada de ouro, de púrpura violeta,
de escarlate, obra de bordador;
o peitoral do julgamento, o Urim e o Tummim,^e
¹³ ¹¹ de carmesim retorcido, obra de tecelão;

---

a) Hebr.: "sobre a cabeça de Israel" (cf. Gn 32,28). Glosa marginal substitui o termo "bênção" *(berakah)* por "direito de primogenitura" *(bekorah;* cf. Gn 25,29s; 1Cr 5,1, em que o termo "direito de primogenitura" do hebr. é lido "bênção" pelo grego).
b) Tais como são conservados aqui, esses dois versos se aplicam bem a Moisés, mas tem-se perguntado se, primitivamente, eles não se refeririam a José, do qual não se faz menção. Seriam, então, o vestígio de trecho desaparecido.

c) Acrescentando uma só letra ao grego, ler-se-ia: "ele precipitou", como em hebr.
d) Já nos referimos ao gosto de Ben Sirá pelas cerimônias do culto e pelas vestes litúrgicas (cf. 35,1-10; 50, 1-21).
e) Lit.: "as sortes de verdade"; é mais ou menos assim que a LXX traduz Urim e Tummim em Ex 28,30. Mas o hebr.: "o efod e o cíngulo", parece melhor, cf. verso seguinte.

pedras preciosas gravadas em forma de selo,
em engaste de ouro, obra de joalheiro,
por memorial, uma inscrição gravada,
segundo o número das tribos de Israel;
¹⁴ ¹²e diadema de ouro sobre o turbante, — Ex 28,36-39
trazendo, gravada, a inscrição de consagração,
decoração soberba, trabalho magnífico,
delícia para os olhos são esses ornamentos.
¹⁵ ¹³Nada de semelhante houve antes dele
¹⁶e jamais estrangeiro os vestiu,
mas somente os seus filhos
e seus descendentes para sempre.
¹⁷ ¹⁴Seus sacrifícios se consumiram inteiramente — Ex 29,38-42; Nm 28,3-8
duas vezes por dia, sem interrupção.
¹⁸ ¹⁵Moisés o consagrou — Lv 8,1-13
e o ungiu com o óleo santo.
¹⁹ Foi para ele aliança eterna, — 45,7
assim como para a sua raça, enquanto durarem os céus,*ª*
para que ele presida o culto, exerça o sacerdócio
e abençoe o povo em nome do Senhor. — Lv 2,2.9.16; Lv 9,22; Nm 6,22-27
²⁰ ¹⁶Ele o escolheu entre todos os viventes
para oferecer o sacrifício do Senhor,
o incenso e o perfume, como memorial,
para fazer a expiação por seu povo. — Lv 16,1 +
²¹ ¹⁷Deu-lhe os seus mandamentos,
confiou-lhe as prescrições da lei,*ᵇ*
para que ensine a Jacó seus testemunhos
e esclareça Israel sobre sua lei.
²² ¹⁸Os estrangeiros coligaram-se contra ele, — Nm 16,1-17,15
eles o invejaram no deserto,
homens de Datã e de Abiram,
o bando de Coré, odioso e violento.
²³ ¹⁹O Senhor os viu e irritou-se,
eles foram exterminados em sua cólera.
²⁴ Por eles fez prodígios,
consumindo-os pelo seu fogo em chamas.
²⁵ ²⁰Ele aumentou a glória de Aarão, — Nm 18,12-13
deu-lhe um patrimônio,
destinou-lhe as oferendas das primícias,
²⁶ em primeiro lugar pão em abundância.
²¹E que comessem também dos sacrifícios do Senhor, — Ex 29,28.31s; Lv 6,9-11; Lv 7,9-10.32-36
deu-os a ele e à sua posteridade.
²⁷ ²²Mas na terra não terá herança, — Nm 18,20; Sl 16,5 +
não tem porção no meio do povo,
"Porque sou eu a tua parte de herança".

Fineias

²⁸ ²³Quanto a Fineias, filho de Eleazar, é o terceiro em glória, — Nm 25,7s
²⁹ por seu zelo no temor do Senhor,
por ter ficado firme diante da revolta do povo
com nobre coragem;
assim ele obteve o perdão para Israel.

---

a) "enquanto durarem os céus", hebr.; "nos dias do céu", grego.

b) Lit.: "as alianças do julgamento". Para o tradutor, as alianças designam sempre as "disposições". O sumo

ECLESIÁSTICO 45-46

³⁰ ²⁴Por isso foi celebrada com ele aliança de paz,
que o fazia chefe do santuário*ª* e do povo,
de sorte que a ele e à sua descendência
pertencesse a dignidade de sumo sacerdote para sempre.
³¹ ²⁵Houve aliança com Davi,
filho de Jessé, da tribo de Judá,
sucessão real, passando de filho para filho somente.*ᵇ*
Mas a de Aarão passa a todos os seus descendentes.
²⁶Que o Senhor dê a vossos corações a sabedoria*ᶜ*
para julgardes seu povo com justiça,
a fim de que as virtudes dos antepassados
não desapareçam em nada,
e que a sua glória passe a seus descendentes.

Josué

46

¹Valente na guerra, assim foi Josué, filho de Nun,
sucessor de Moisés*ᵈ* no ofício profético,
ele que, fazendo jus ao nome,*ᵉ*
² mostrou-se grande para salvar os eleitos,
para castigar os inimigos revoltados
e instalar Israel em seu território.
³ ²Como era majestoso quando, de braços levantados,
brandia a espada contra a cidade!
⁴ ³Quem antes dele tinha a sua firmeza?
Ele próprio conduziu as guerras do Senhor.*ᶠ*
⁵ ⁴Não foi por sua ordem que o sol foi parado
e que um só dia tornou-se dois?
⁶ ⁵Invocou o Altíssimo,*ᵍ* o Poderoso,
quando os inimigos o apertaram por todas as partes
e o grande Senhor o ouviu,
lançando pedras de granizo com poder extraordinário.
⁷ ⁶Caiu sobre a nação inimiga*ʰ*
e na encosta destruiu os assaltantes:
⁸ para fazer conhecer às nações todas as suas armas
e que ele fazia guerra diante do Senhor.*ⁱ*

Caleb

Porque ele afeiçoou-se ao Todo-poderoso,
⁹ ⁷no tempo de Moisés manifestou sua piedade,
assim como Caleb, filho de Jefoné,
opondo-se à multidão,

---

sacerdote tinha, pois, a função de jurisconsulto (cf. Lv 10,11; Dt 33,10).
a) "do santuário", hebr.; "dos santos", grego.
b) Texto difícil; lit.: "sucessão do rei, do filho a partir de um só filho". O hebr. corrigido daria: "herança de um homem a seu filho somente", isto é, herança individual, passando a um só filho.
c) Voto dirigido aos atuais descendentes de Aarão. O hebr., neste v., é muito diferente: "E agora bendizei a Iahweh que é bom, que vos coroa de glória: que ele vos dê a sabedoria de coração, a fim de que não sejam esquecidas vossas boas ações e vossos grandes feitos pelas gerações futuras".
d) "Josué, filho de Nun"; o grego traz: "Jesus, filho de Navé", de acordo com a tradição da LXX (cf. Js 1,1). — "sucessor"; hebr.: "servo" (cf. Ex 33,11).

e) Josué significa "Iahweh salva". — O hebr. traz: "que foi formado para ser no seu tempo grande salvação para seus eleitos".
f) "conduziu...", variante e hebr.: "pois o próprio Senhor entregou os inimigos", texto recebido.
g) É a tradução do hebr. *Elyôn* ou *El Elyôn*, que se encontra catorze vezes em Eclo a partir do cap. 41. Em toda a primeira parte encontra-se "Deus" ou "Iahweh", em grego *Kyrios*.
h) Texto corr. de acordo com lat.; grego: "ele desencadeou a guerra contra a nação". — Possível alusão à vitória sobre os amorreus em Gabaon (Js 10,10-15; cf. a "encosta" ou a "descida" de Bet-Horon, vv. 10-11).
i) Var. (Vêneto): "sua guerra (era contra o Senhor)". Lat.: "que não é fácil lutar contra o Senhor".

impedindo o povo de pecar,ª
 fazendo cessar a murmuração maligna.
⁸Só eles dois foram poupados
 entre seiscentos mil homens de infantaria,
para serem introduzidos na sua porção da herança,
 na terra onde correm leite e mel.
⁹E o Senhor deu a Caleb força,
 com a qual ficou até a velhice.
Subiu as colinas do país
 que a sua descendência guardou em herança,
¹⁰a fim de que todos os israelitas vissem
 como é bom seguir o Senhor.

Os Juízes

¹¹Os Juízes, cada um segundo sua convocação,
 todos homens cujo coração não foi infiel
e que não se afastaram do Senhor,
 que a sua lembrança seja uma bênção!
¹²Que seus ossos refloresçamᵇ de seu sepulcro
 e que seus nomes, tomados de novo,
 convenham aos filhos destes homens ilustres.

Samuel

¹³Samuel foi amado pelo seu Senhor;
 profeta do Senhor, ele estabeleceu a realezaᶜ
e ungiu os chefes estabelecidos sobre seu povo.
¹⁴Na lei do Senhor julgou a assembleia
 e o Senhor visitou Jacó.
¹⁵Por sua fidelidade ele foi reconhecido como profeta,
 por seus discursos mostrou-se vidente verídico.
¹⁶Invocou o Senhor todo-poderoso,
 quando seus inimigos o pressionavam de todos os lados,
oferecendo tenro cordeiro.
¹⁷E do céu o Senhor trovejou,
 com forte estrondo fez ouvir a sua voz.
¹⁸Aniquilou os chefes do inimigoᵈ
 e todos os príncipes dos filisteus.
¹⁹Antes da hora de seu eterno repouso
 deu testemunho diante do Senhor e seu ungido:
"De meus bens nem mesmo um par de minhas sandálias
 tomei de quem quer que seja."
E ninguém o acusou.
²⁰Até depois de morrer profetizou,
 anunciou ao rei seu fim;
do seio da terra elevou a voz,
 profetizando para apagar a iniquidade do povo.

---

a) Hebr.: "para desviar da assembleia a cólera".
b) Lit.: "tornem a brotar", como o tronco de árvore que produz rebento (cf. 49,10; Is 66,14). Mais que testemunho explícito a favor da crença na ressurreição, parece que é preciso ver aqui desejo: que os Juízes tenham na época contemporânea dignos descendentes. Bem Sirá escreve às vésperas da revolta macabaica.

c) Hebr.: "Amigo de seu povo e caro ao seu Criador foi aquele que foi oferecido desde o seio de sua mãe, nazir de Iahweh no cargo de profeta, Samuel, juiz e sacerdote; pela palavra de Deus estabeleceu a realeza".
d) "do inimigo", hebr.; "de Tiro", grego (confusão entre *çar* e *çôr*).

Natã

^{2Sm 7; 12}

47

¹ Depois dele surgiu Natã
 para profetizar no tempo de Davi.

Davi

^{Lv 4,8} ² Como se separa a gordura do sacrifício de comunhão,
 assim Davi foi escolhido entre os israelitas.

^{1Sm 17,34-37} ³ Brincou com o leão como cabrito,
 com o urso como cordeiro.

^{1Sm 17} ⁴ Jovem ainda, não matou o gigante
 e tirou a humilhação do povo,

^{46,5.16} ⁵ lançando com a funda a pedra
 que abateu a arrogância de Golias?

⁵ Porque invocou o Senhor Altíssimo,
 que deu forças à sua direita
 para derrubar valente guerreiro
 e exaltar o vigor^a de seu povo.

^{1Sm 18,7}
^{2Sm 5,1-3} ⁶ Como se fosse dez mil, glorificaram-no
 e cantaram-no nas bênçãos do Senhor,
 oferecendo-lhe uma coroa de glória.

⁷ Porque ele destruiu os inimigos em todo o redor,
 aniquilou os filisteus, seus adversários,
 quebrando até hoje o seu vigor.^{b}

^{2Sm 23,1} ⁸ Em todas as suas obras ele rendeu homenagem
 ao Santo Altíssimo com palavras de glória;^{c}
 cantou de coração,
 mostrando seu amor por seu Criador.

^{1Cr 16,4s} ⁹ Instalou diante do altar tocadores de harpa,
 a fim de tornar doce a melodia de seus cânticos;
 e cada dia eles louvarão com seus cantos.

¹⁰ Deu esplendor às festas,
 um brilho perfeito às solenidades,
 fazendo louvar o santo nome do Senhor,
 fazendo ressoar o santuário desde o amanhecer.

^{2Sm 12,13.24-25}
^{42,25}
^{2Sm 7,1 +} ¹¹ O Senhor apagou suas faltas,
 elevou o seu poder para sempre,
 concedeu-lhe aliança real,^{d}
 trono glorioso em Israel.

Salomão

¹² Sucedeu-lhe filho sábio,
 o qual, graças a ele,^{e} viveu feliz.

^{1Rs 5,17-19}
^{1Rs 6} ¹³ Salomão reinou em tempo de paz
 e Deus lhe concedeu tranquilidade nos arredores,
 a fim de que construísse casa para o seu nome
 e preparasse santuário eterno.

---

a) Lit.: "o chifre", metáfora bíblica corrente sobretudo nos Salmos para exprimir a força física ou moral.
b) Hebr.: "⁶Por isso as jovens cantaram para ele e o apelidaram com o nome de 'dez mil'. Depois de cingir o diadema, combateu ⁷e por toda a redondeza subjugou o inimigo. Estabeleceu cidades entre os filisteus e quebrou-lhes o poderio até ao dia de hoje".
c) Os salmos (cf. 2Sm 23,1).
d) "real", Gr II, hebr., lat.: "dos reis"; texto recebido.
e) A ideia não é apenas profana: Salomão lucrou com as realizações de seu antecessor; mas ela é também religiosa: Deus conservou a Salomão seu favor por causa de Davi, seu pai (cf. vv. 20.22; 1Rs 11,12).

¹⁴ Como eras sábio em tua juventude,
cheio de inteligência como um rio! 　　　　　1Rs 3,4-28;
　　　　　　　　　　　　　　　　　　　　　　　5,9-14
　　　　　　　　　　　　　　　　　　　　　　　Eclo 24,26.31
¹⁵ Teu espírito cobriu a terra,
tu a encheste de sentenças enigmáticas.
¹⁶ Teu nome chegou até às ilhas longínquas
e foste amado na tua paz.ᵃ 　　　　　　　　　2Sm 12,24-25
¹⁷ Por teus cânticos, provérbios, sentenças
e respostasᵇ todo mundo te admira. 　　　　　1Rs 10,1-10
¹⁸ Em nome do Senhor Deus
daquele que se chama Deus de Israel,ᶜ 　　　　1Rs 10,11s.27
amontoaste ouro como estanho,
multiplicaste a prata como o chumbo.
¹⁹ Entregaste teus flancos às mulheres, 　　　　1Rs 11,1-13
deste-lhes poder sobre teu corpo. 　　　　　　Ne 13,26
²⁰ Manchaste a tua glória,
profanaste a tua raça,
a ponto de fazer vir a cólera contra teus filhos
e a aflição até à loucura:ᵈ
²¹ erigiu-se duplo poder, 　　　　　　　　　　1Rs 12
surgiu de Efraim reino rebelde.
²² Porém o Senhor nunca renuncia à sua misericórdia, 　1Sm 7,1 +
não cancela nenhuma de suas palavras, 　　　Sl 89,31-38
não recusa a seu eleito posteridade
e não extingue a raça daquele que o amou.
Assim deu a Jacó um resto 　　　　　　　　　Is 4,3 +
e a Davi uma raiz dele nascida.

Roboão

²³ E Salomão repousou com seus pais, 　　　　1Rs 12
deixando atrás de si alguém de sua raça,
o mais louco do povo e pouco inteligente:
Roboão, que instigou o povo à revolta.ᵉ

Jeroboão

Quanto a Jeroboão, filho de Nabat, foi ele quem fez Israel pecar
e ensinou a Efraim o caminho do mal.
²⁴ Os seus pecados se multiplicaram tanto 　　1Rs 12,26-33
que foram exilados para longe de seu país. 　1Rs 13,33-34
　　　　　　　　　　　　　　　　　　　　　　　2Rs 17,21-23
²⁵ Pois eles procuraram toda sorte de mal
até vir o castigo sobre eles.

Elias

48

¹ Então o profeta Elias surgiu como fogo,
sua palavra queimava como tocha.
² Fez vir sobre eles a fome 　　　　　　　　　1Rs 17,1
e em seu zelo os dizimou. 　　　　　　　　　　1Rs 18,2
　　　　　　　　　　　　　　　　　　　　　　　1Rs 19,10.14

---

a) Este v. falta em hebr. "Amado na tua paz": alusão aos dois nomes do filho de Davi: *Yedidya,* (cf. v. 18+), e Salomão (o "pacífico"; cf. v. 13).

b) "teus cânticos": o Cântico dos cânticos. Sobre a sabedoria e a atividade literária de Salomão, cf. 1Rs 5,9-14. Sobre as "respostas", cf. 1Rs 10,1-10 (a rainha de Sabá).

c) O hebr.: "eras chamado com o nome glorioso invocado sobre Israel" talvez aluda ao primeiro nome de Salomão, *Yedidya,* "bem-amado de Iahweh" (2Sm 12,25).

d) Hebr.: "o castigo sobre teu leito" (isto é, tua posteridade).

e) Hebr.: "largo de loucura, curto de inteligência". Parece haver aí jogo de palavras sobre o nome de Roboão, interpretado a partir de *rahab*, "largo" e de *'am*, "povo". A leitura do grego e a do hebr. teriam guardado cada uma um elemento dessa etimologia.

³ À palavra do Senhor ele fechou o céu,
  por três vezes fez descer fogo.
⁴ Como tu eras glorioso, Elias, em teus prodígios!
  Quem pode em seu orgulho igualar-se a ti?
⁵ Tu que arrancaste um homem à morte
  e ao Xeol pela palavra do Altíssimo.
⁶ Tu que fizeste descer reis à ruína
  e homens ilustres de seus leitos,
⁷ que ouviste no Sinai a repreensão^a
  e no Horeb decretos de vingança,
⁸ que ungiste reis como vingadores
  e profetas para suceder-te,
⁹ que foste arrebatado num turbilhão de fogo,
  num carro puxado por cavalos de fogo,
¹⁰ tu que foste designado nas ameaças do futuro,
  para apaziguar a cólera antes do furor,
  para reconduzir o coração dos pais aos filhos
  e restabelecer as tribos de Jacó.
¹¹ Felizes os que te virem
  e os que adormecerão no amor,
¹² porque nós também possuiremos a vida.^{b}

Eliseu

¹² Tal foi Elias, que foi envolvido num turbilhão.
  Eliseu ficou repleto do seu espírito;
  durante sua vida nenhum chefe o pôde abalar,
  ninguém o pôde subjugar.
¹³ Nada era muito difícil para ele:
  até morto profetizou.^{c}
¹⁴ Em vida fez prodígios;
  morto, ações maravilhosas.

Infidelidade e castigo

¹⁵ Apesar de tudo isso, o povo não se converteu,
  nem renunciou a seus pecados,
  até que foi deportado de sua pátria
  e disperso por toda a terra.
  Restou um povo pouco numeroso
  e um chefe da casa de Davi.
¹⁶ Alguns deles fizeram o bem,
  outros multiplicaram as faltas.

Ezequias

¹⁷ Ezequias fortificou a sua cidade
  e conduziu a água para o seu centro.
  Com ferro cavou a rocha
  e construiu cisternas.

---

a) Esta "repreensão" está talvez simbolicamente na visão de 1Rs 19,9-14.
b) V. difícil, de sentido incerto. O grego pode ser compreendido também: "felizes os que te viram e que adormeceram no amor". A tradução proposta, aceitável em grego, convém melhor ao contexto, a volta de Elias (cf. Ml 3,23s), e pode corresponder ao hebr.: "feliz aquele que te vir antes de morrer". A motivação exprime em grego uma esperança; o hebr., mutilado: "pois tu darás a vida e ele viverá" (?).
c) Após sua morte, o profeta ainda ressuscitou um morto (2Rs 13,20-21). Mas o texto é confuso. Hebr.: "debaixo dele seu corpo foi criado".

²⁰ ¹⁸No seu tempo, Senaquerib pôs-se em guerra
  e enviou Rabsaces,ᵃ
    ele levantou a mão contra Sião,
      na insolência de seu orgulho.
²¹ ¹⁹Então seu coração e suas mãos tremeram,
    sofreram como as parturientes.
²² ²⁰Invocaram o Senhor misericordioso,
    estendendo suas mãos para ele.
  Do céu o Santo os escutou imediatamente
²³   e livrou-os pela mão de Isaías.
²⁴ ²¹Ele feriu o acampamento dos assírios
    e o seu anjo os exterminou.

Isaías

²⁵ ²²Porque Ezequias fez o que agrada ao Senhor
    e se mostrou forteᵇ seguindo seu pai Davi,
  como lhe ordenou o profeta Isaías,
    o grande, o fiel em suas visões.
²⁶ ²³No seu tempo o sol recuou;
    ele prolongou a vida do rei.
²⁷ ²⁴Com o poder do espírito ele viu o fim dos tempos,
    consolou os aflitos de Sião.
²⁸ ²⁵Revelou o futuro até a eternidade
    e as coisas ocultas antes que sucedessem.ᶜ

Josias

49

¹ A lembrança de Josias é mistura de incenso,
    preparada pelos cuidados de perfumista;
² é como mel, doce em todas as bocas,
    como a música em meio a banquete.
³ ²Ele mesmo tomou o bom caminho, o de converter o povo,ᵈ
    extirpou a impiedade abominável.
⁴ ³Encaminhou seu coração para o Senhor,
    em dias de impiedade fez prevalecer a piedade.

Últimos reis e últimos profetas

⁵ ⁴Exceto Davi, Ezequias e Josias,
    todos multiplicaram as transgressões
⁶ porque abandonaram a lei do Altíssimo:
    os reis de Judá desapareceram.
⁷ ⁵Porque eles entregaram seu vigor a outros
    e sua glória a nação estrangeira.ᵉ
⁸ ⁶Os inimigos incendiaram a cidade santa eleita,
    reduziram suas ruas a deserto,
⁹ ⁷segundo a palavra de Jeremias.ᶠ
  Porque eles o maltrataram,
    a ele, consagrado profeta desde o seio materno,

---

a) O tradutor de Ben Sirá fez de *rab shaqé*, "copeiro-mor", nome próprio. O grego acrescenta aqui: "e partiu".
b) Jogo de palavras sobre o nome de Ezequias: "Iahweh fortifica".
c) Pode-se pensar nos oráculos sobre o fim do Exílio, Is 40-55, ou nos caps. 24-27 ou no cap. 61.
d) Hebr.: "ficou amargurado com nossa perversão".
e) Quer apoiando-se em alianças estrangeiras, quer simplesmente provocando o Exílio como punição de seus pecados; cf. o hebr.: "Ele (Deus) entregou", em vez de "eles entregaram".
f) Lit.: "pela mão de Jeremias".

> *para erradicar, destruir e arruinar,*
> *mas também para construir e para plantar.*

Ez 1-3; 9-10   ¹⁰ ⁸Ezequiel contemplou uma visão de glória,
que Deus lhe mostrou sobre o carro dos querubins,
¹¹ ⁹porque ele fez menção de inimigos na tempestade[a]
para favorecer os que seguiam o caminho reto.

46,12 +   ¹² ¹⁰Quanto aos doze profetas,[b]
que seus ossos refloresçam de seu sepulcro,
porque eles consolaram Jacó,
eles o resgataram na fé e na esperança.

Zorobabel e Josué

Ag 2,23
Ag 1,1

¹³ ¹¹Como fazer o elogio de Zorobabel?
Ele é como selo na mão direita,
¹⁴ ¹²e como Josué, filho de Josedec,
os quais, nos seus dias, construíram o Templo
e elevaram ao Senhor um templo santo,
destinado a uma glória eterna.

Neemias

¹⁵ ¹³De Neemias a lembrança é grande,
ele que reergueu para nós os muros em ruína,
assentou portas e ferrolhos
e reergueu nossas habitações.

Recapitulação

44,16   ¹⁶ ¹⁴Ninguém sobre a terra foi criado igual a Henoc,
ele que foi arrebatado da terra.
Gn 50,25-26   ¹⁷ ¹⁵Também não se viu nascer homem como José,
chefe dos irmãos, sustentáculo do povo;
¹⁸ seus ossos foram visitados.
Gn 5,3-8.12;
1Cr 1,1   ¹⁹ ¹⁶Sem e Set foram glorificados entre os homens
mas acima de todo ser vivente está Adão.[c]

O sacerdote Simão

50 ¹Simão, filho de Onias,[d] o sumo sacerdote,
em sua vida reparou o Templo,
durante seus dias fortificou o santuário.
²O alicerce do edifício duplo foi feito por ele,
o alto contraforte da muralha do Templo.[e]
³No seu tempo foi cavado[f] o reservatório das águas,
tanque grande como o mar.

---

a) Talvez seja alusão à profecia contra Gog (Ez 38-39; cf. em particular 38,22), mas o texto é incerto e a menção dos "inimigos" poderia provir de confusão entre o hebr. *'iyôb* ("Jó") e *'oyeb* ("inimigo"). Hebr.: "⁸Ezequiel viu uma visão, revelou os aspectos do carro, ⁹e também fez menção de Jó que seguiu todos os caminhos direitos" (cf. Ez 14,14.20).
b) Os doze profetas menores que, segundo a ordem do cânon hebraico, vêm depois dos três grandes. Vê-se que quanto aos livros proféticos, a Bíblia de Ben Sirá era completa.
c) Hebr.: "e acima de todo vivente, houve a glória de Adão".

d) Trata-se de Simão, o Justo, filho de Onias II, cerca de 220-195.
e) Não se pode precisar o que são o "edifício duplo" e o "alto contraforte". — Hebr.: "No seu tempo foram construídos o muro e os ângulos de moradia no palácio do rei". — Nenhum outro texto bíblico fala desses trabalhos, mas sabe-se por Flávio Josefo que Antíoco III (223-187) deu dinheiro para a manutenção do Templo, o que confirmaria a afirmação de Ben Sirá.
f) "foi cavado", hebr.; "foi diminuído", grego.

⁴ Preocupado em evitar a ruína de seu povo,
 fortificou a cidade para o caso de assédio.
⁵ Como ele era majestoso, cercado de seu povo,
 quando saía de detrás do véu,ᵃ
⁶ como a estrela da manhã em meio às nuvens,
 como a lua na cheia,ᵇ
⁷ como o sol radiante sobre o Templo do Altíssimo,ᶜ
 como o arco-íris brilhando nas nuvens de glória,
⁸ como a rosa na primavera,ᵈ
 como o lírio junto de uma fonte,
 como um broto do Líbano no verão,
⁹ o fogo e o incenso no incensório,ᵉ
 como vaso de ouro maciço,
 ornado de toda espécie de pedras preciosas,
¹⁰ como a oliveira carregada de frutos,
 como o cipreste elevando-se até as nuvens;
¹¹ quando tomava sua veste de gala
 e revestia-se de seus soberbos ornamentos,
 quando subia ao altar sagrado
 e enchia de glória o recinto do santuário;
¹² quando recebia das mãos dos sacerdotes
 as porções do sacrifício,
 ele próprio, estando de pé junto à fornalha do altar,
 cercado de coroa de irmãos,
 como de seus rebentos, os cedros do Líbano,
 cercavam-no como troncos de palmeiras,
¹³ quando todos os filhos de Aarão em seu esplendor,
 tendo nas mãos as oferendas do Senhor,
 diante de toda a assembleia de Israel,
¹⁴ enquanto ele realizava o culto dos altares,
 apresentando com nobreza a oferenda
 ao Altíssimo todo-poderoso.
¹⁵ Estendia a mão sobre a taça,ᶠ
 fazia correr um pouco do sumo de uva
 e o derramava ao pé do altar,
 perfume agradável ao Altíssimo, rei do mundo.
¹⁶ Então os filhos de Aarão gritavam,
 soavam suas trombetas de metal maciço
 e faziam ouvir um possante som,
 como memorial diante do Altíssimo.
¹⁷ Então, imediatamente, à uma,
 todo o povo caía com a face por terra:
 adoravam o seu Senhor,
 o Todo-poderoso, o Deus Altíssimo.
¹⁸ Os cantores também faziam ouvir os seus louvores,
 todo esse ruído formava uma doce melodia.

---

a) Lit.: "da casa do véu". Não se trata, parece, do *Debir* ou Santo dos Santos, separado por um véu (Ex 36,35-38), atrás do qual somente o sumo sacerdote penetrava uma vez por ano, no dia da expiação (Lv 16). Ben Sirá parece descrever o sumo sacerdote no momento em que sai do *Hekal* ou Santo, depois da oferta matutina do incenso, para oferecer em seguida o holocausto cotidiano (Ex 29,38-30,9).
b) Hebr. acrescenta: "nos dias de festa".
c) "sobre o Templo do Altíssimo"; hebr.: "sobre o palácio real".
d) Hebr.: "como a flor nos ramos no tempo da festa".
e) "no incensório"; var. hebr.: "para a oblação".
f) Este v. falta em hebr., mas existe também em sir. Sobre esta libação, cf. Ex 29,40; Nm 28,7.

²¹ ¹⁹ E o povo suplicava ao Senhor Altíssimo,
dirigia preces ao Misericordioso
até que terminasse o serviço*ᵃ* do Senhor
e acabasse a cerimônia.
²² ²⁰ Então ele descia e levantava as mãos
sobre toda a assembleia dos israelitas,
para dar, em alta voz, a bênção do Senhor
e ter a honra de pronunciar seu nome.*ᵇ*
²³ ²¹ Então, pela segunda vez, o povo se prostrava
para receber a bênção do Altíssimo.

Exortação

²⁴ ²² E agora, bendizei o Deus do universo*ᶜ*
que por toda parte fez grandes coisas,
que exaltou os nossos dias desde o seio materno,
que agiu conosco segundo a sua misericórdia.
²⁵ ²³ Que nos dê coração alegre,
que conceda a paz aos nossos dias,
em Israel, pelos séculos dos séculos.
²⁶ ²⁴ Que suas graças fiquem fielmente conosco
e que em nossos dias nos resgate.*ᵈ*

Provérbio numérico

²⁷ ²⁵ Há duas nações que minha alma detesta
e terceira que nem sequer é nação:
²⁸ ²⁶ os habitantes da montanha de Seir,*ᵉ* os filisteus
e o povo estúpido que habita em Siquém.*ᶠ*

Conclusão

²⁹ ²⁷ Uma instrução de sabedoria e ciência,
eis o que gravou neste livro
Jesus, filho de Sirá, de Eleazar, de Jerusalém,*ᵍ*
que derramou como chuva a sabedoria de seu coração.
³⁰ ²⁸ Feliz o homem que a medita,
o que a puser no seu coração será sábio.
³¹ ²⁹ Se ele a puser em prática,
será forte em todas as circunstâncias,
porque a luz do Senhor é a sua senda.*ʰ*
E aos homens piedosos ele dá a sabedoria.
Bendito seja o Senhor para sempre. Amém. Amém.

Hino de ação de graças

51 ¹ Eu te dou graças, Senhor, Rei,
e louvo-te, Deus meu Salvador.
² Eu rendo graças a teu nome.

---

a) "serviço", hebr.; "ornamento", grego.
b) Na época de Simão, o nome inefável era ainda pronunciado a cada dia sobre o povo, a modo de bênção. Mais tarde, só o foi na festa da Expiação.
c) Hebr.: "Iahweh, Deus de Israel".
d) Hebr.: "Que sua graça permaneça fielmente com Simão, que ele realize nele a aliança de Finéias, que ela não seja retirada nem a ele nem à sua posteridade, enquanto durar o céu".

e) "de Seir", hebr., lat.; "de Samaria", grego.
f) Os samaritanos. Portanto no v. precedente deve-se ler "Seir", quer dizer, os edomitas, e não "Samaria", o que seria repetição.
g) Hebr.: "Sábia instrução e provérbios ponderados de Simeão, filho de Jesus, filho de Eleazar, filho de Sirá".
h) Hebr.: "o temor de Iahweh é a vida".

²Porque foste para mim protetor e sustentáculo
e livraste meu corpo da ruína,ᵃ
do laço da língua caluniadora
e dos lábios que fabricam a mentira;
na presença dos que me rodeiam,ᵇ
foste meu sustentáculo ³e me livraste,
segundo a abundância de tua misericórdia e de teu nome,ᶜ
das mordeduras dos que estão prestes a me devorar,
das mãos dos que querem a minha vida,
das inumeráveis provas que sofri,
⁴do sufocamento do fogo que me rodeava,
do meio de um fogo que eu não acendi,
⁵das profundas entranhas do Xeol,
da língua impura, da palavra mentirosa,
— ⁶e das flechas de uma língua injusta.ᵈ
Minha alma esteve perto da morte,
minha vida desceu às portas do Xeol.
⁷Rodeavam-me por todos os lados,
mas não havia quem me ajudasse;
procurei pelo socorro dos homens e nada.
⁸Então lembrei-me de tua misericórdia, Senhor,
e de teu benefício, desde toda eternidade,
sabendo que tu livras os que esperam em ti,
que tu os salvas das mãos de seus inimigos.
⁹E fiz subir da terra a minha oração,
pedi para ser livre da morte.ᵉ
¹⁰Invoquei o Senhor, pai de meu Senhor:ᶠ
"Não me abandones no dia da provação,
no tempo dos orgulhosos e do abandono.
¹¹Eu louvarei o teu nome continuamente
e o cantarei no meu agradecimento."
E minha oração foi ouvida,
¹²tu me salvaste da ruína,
livraste-me no tempo mau.
Por isso eu te dou graças e te louvo
e bendirei o nome do Senhor.ᵍ

---

a) Hebr.: "fortaleza de minha vida, pois livraste minha alma da morte, poupaste à minha carne o fosso, e do Xeol salvaste meu pé, protegeste-me da calúnia do povo ...".
b) Gr II e hebr.: "diante de meus adversários".
c) "e de teu nome", acréscimo grego.
d) Conj. segundo o hebr.: "calúnia de língua injusta junto ao rei", texto recebido.
e) Hebr.: "e das portas do Xeol eu orei".
f) Esta expressão faz pensar numa tradução cristã introduzida no texto grego. Mas talvez não seja mais que uma tradução fantasiosa de texto mal conservado. Cf., entretanto, Sl 2,7; 110,1 (LXX). Hebr.: "Eu proclamei: Iahweh, tu és meu pai, pois tu és o herói de minha salvação".
g) O hebr. insere aqui um salmo de louvor, análogo ao Sl 136 e aos *Shemoné esré* (dezoito bênçãos em uso no judaísmo; cf. também Eclo 36,1-17):
"Louvai a Iahweh, pois ele é bom, porque o seu amor é para sempre.
Louvai ao Deus dos louvores, porque o seu amor é para sempre.
Louvai o guardião de Israel, porque o seu amor é para sempre.
Louvai o criador do universo, porque o seu amor é para sempre.
Louvai ao que resgata Israel, porque o seu amor é para sempre.
Louvai ao que congrega os dispersos de Israel, porque o seu amor é para sempre.
Louvai ao que constrói sua cidade e seu Templo, porque o seu amor é para sempre.
Louvai ao que faz florescer o poder da casa de Davi, porque o seu amor é para sempre.
Louvai ao que escolheu como sacerdotes os filhos de Sadoc, porque o seu amor é para sempre.
Louvai o escudo de Abraão, porque o seu amor é para sempre.
Louvai o rochedo de Isaac, porque o seu amor é para sempre.

*Poema sobre a procura da sabedoria*ᵃ

¹⁸ ¹³Em minha juventude, antes de minhas viagens,
procurei abertamente a sabedoria na oração;
¹⁹ ¹⁴diante do santuário, eu a pedi,
e até meu último dia a procurarei.
¹⁵Na sua flor, como uva amadurecida,
²⁰ meu coração nela depositava sua alegria.
Meu pé avançou no caminho reto
e desde a minha juventude a procurei.
²¹ ¹⁶O pouco que inclinei meu ouvido, eu a recebi
²² e encontrei muita instrução.
¹⁷Graças a ela progredi,
²³ glorificarei aquele que me deu a sabedoria.ᵇ
²⁴ ¹⁸Porque decidi pô-la em prática,
procurei ardentemente o bem, não serei confundido.ᶜ
²⁵ ¹⁹Minha alma lutou para a possuir,
observei atentamente a lei,
²⁶ estendi minhas mãos para o céu
e deplorei minhas faltas para com ela por ignorância.ᵈ
²⁷ ²⁰Dirigi minha alma para ela
e na pureza a encontrei;
²⁸ desde o princípio apliquei meu coração a ela,
por isso não serei abandonado.ᵉ
²⁹ ²¹Minhas entranhas se agitaram para a procurar,
por isso fiz uma boa aquisição.
³⁰ ²²O Senhor, em recompensa, deu-me uma língua
com a qual o cantarei.
³¹ ²³Aproximai-vos de mim, ignorantes,
³² entrai para a escola.
²⁴Por que pretendeis vos privar destas coisas,
quando vossa garganta está sedenta?
³³ ²⁵Abro a boca para falar:
³⁴ comprai-a sem dinheiro,

Louvai o poderoso de Jacó, porque o seu amor é para sempre.
Louvai ao que escolheu Sião, porque o seu amor é para sempre.
Louvai o rei dos reis dos reis, porque o seu amor é para sempre. Ele engrandece o poder de seu povo e o louvor de todos os seus fiéis, os israelitas, o povo que dele está perto. Aleluia".

a) O texto hebraico deste poema encontrado no Cairo é retradução segundo o sir.; nas notas seguintes serão dadas as principais passagens. O hebr. encontrado em Qumrã conserva os vv. 13-20 deste poema alfabético (cf. Pr 31,10+):

¹³Quando eu era jovem,
antes de errar, a procurei.
¹⁴Ela veio a mim em sua beleza
e até o fim eu buscarei.
¹⁵Que a flor murche quando amadurecerem os cachos,
o coração está alegre.
Meu pé caminhe sobre o solo úmido,
pois desde minha juventude a conheci.
¹⁶Inclinei um pouco meu ouvido
e encontrei a doutrina em abundância.
¹⁷Ela foi para mim jugo (glorioso)
e a quem me ensina eu presto homenagem.
¹⁸Propunha-me com prazer ser zeloso para o bem
e a isso não renunciarei.
¹⁹Inflamei meu desejo por ela
e dela não desvio minha face.
Excitei meu desejo por ela
e sobre sua altura não me distenderei.
Minha mão abriu (seu portal)
e tive o entendimento de seus segredos.
²⁰Purifiquei minhas palmas (para ela)
(e em sua pureza a encontrei)
(com ela desde o início, recebi a inteligência)
é por isso (que não serei abandonado).

b) Hebr.: "Seu jugo era para mim honra, àquele que me instrui eu renderei graças".

c) Hebr.: "e dela não me afastarei quando a tiver encontrado".

d) Hebr.: "Minha alma a abraçou e não afastei dela meu semblante. Minha mão abriu suas portas, eu... e olhei para ela".

e) Hebr.: "por isso não a abandonarei".

²⁶ colocai o vosso pescoço sob o jugo,
 recebam vossas almas a instrução,
³⁵ ela está perto, ao vosso alcance.ᵃ
²⁷ Vede com os vossos olhos: como estou pouco cansado
³⁶ para conseguir tanto repouso.
²⁸ Comprai a instrução a preço de muito dinheiro,ᵇ
 graças a ela ganhareis muito ouro.
³⁷ ²⁹ Que a vossa alma encontre sua alegria
 na misericórdia do Senhor,
 não vos envergonhareis de o louvar.
³⁸ ³⁰ Fazei a vossa obra antes do tempo fixado,
 e no dia fixado ele vos dará a vossa recompensa.ᶜ

[Assinatura:ᵈ] Sabedoria de Jesus, filho de Sirá.

Eclo 6,24.30
Dt 30,11-14

6,28
Pr 4,7; 16,16
Mt 13,44-46

50,27

---

a) Hebr. lê "o fardo" em vez de "a instrução" e acrescenta no fim: "e quem a ela se aplica, a encontrará".
b) Este v. parece em contradição com o v. 25. Aliás, os antigos sábios faziam questão de ensinar gratuitamente. Quer dizer que o texto provavelmente está mal conservado. Infelizmente o hebr., em péssimo estado, em nada nos ajuda.
c) Hebr. acrescenta: "Bendito seja Iahweh para sempre e que seu nome seja louvado de geração em geração".
d) Hebr.: "Até aqui: palavras de Simeão, filho de Jesus, chamado Ben Sirá. Sabedoria de Simeão, filho de Jesus, filho de Eleazar, filho de Sirá. Que o nome de Iahweh seja bendito desde agora e para sempre".

PROFETAS

Introdução

A Bíblia hebraica agrupa os livros de Isaías, Jeremias, Ezequiel e o dos doze Profetas sob o título de "Profetas posteriores" e os coloca após o conjunto Josué-Reis, ao qual dá o nome de "Profetas anteriores". A Bíblia grega apresenta os livros proféticos depois dos Hagiógrafos, numa ordem diferente da do hebraico, e, além disso, variável, associando-lhes as Lamentações e Daniel, que a Bíblia hebraica punha na última parte de seu cânon, e acrescentando textos que não foram escritos ou não foram conservados em hebraico: o livro de Baruc depois de Jeremias, a Carta de Jeremias depois das Lamentações e as adições ao livro de Daniel. Na Igreja latina, a Vulgata conservou o essencial desta disposição, mas voltou à ordem hebraica, colocando os doze Profetas "menores" após os quatro "maiores" e incorporou a Carta de Jeremias ao livro de Baruc, por ela colocado após as Lamentações.

O profetismo

Em graus diversos e sob formas variadas, as grandes religiões da Antiguidade tiveram pessoas inspiradas que pretendiam falar em nome de seu deus. Em especial, entre os povos vizinhos de Israel, um caso de êxtase profético é relatado em Biblos no século XI a.C.; é atestada a existência de videntes e de profetas em Hama no Orontes no século VIII e diversas vezes em Mari, no Eufrates, no século XVIII a.C. Quanto à forma e ao conteúdo, suas mensagens, dirigidas ao rei, parecem-se com as dos mais antigos profetas de Israel mencionados na Bíblia. A própria Bíblia dá testemunho sobre o vidente Balaão, que o rei de Moab mandou vir de Aram (Nm 22-24), e sobre os 450 profetas de Baal, chamados por Jezabel de Tiro e confundidos por Elias no monte Carmelo (1Rs 18,19-40). Isso leva logo a pensar nos 400 profetas consultados por Acab (1Rs 22,5-12), os quais, como os primeiros, eram um grupo numeroso de extáticos turbulentos, mas falavam em nome de Iahweh. Embora, neste caso, sua pretensão fosse falsa, é certo que o javismo antigo reconheceu como legítima esta instituição. Confrarias de inspirados aparecem com Samuel (1Sm 10,5; 19,20) e, na época de Elias (1Rs 18,4), grupos de "irmãos profetas" mantêm contato com Eliseu (2Rs 2,3-18; 4,38s; 6,1s; 9,1), desaparecendo depois, salvo uma alusão em Am 7,14. Excitados pela música (1Sm 10,5), estes profetas entravam em transe coletivo, que contagiava os presentes (1Sm 10,10; 10,20-24) ou então exprimiam, através de mímicas, ações simbólicas (1Rs 22,11).

Assim também, aconteceu uma vez que Eliseu se serviu da música antes de profetizar (2Rs 3,15). Mais frequentes são as ações simbólicas nos profetas: Aías de Silo (1Rs 11,29s), mas também Isaías (Is 20,2-4), Jeremias com frequência (Jr 13,1s; 19,1s; 27,2s) e sobretudo Ezequiel (4,1-5,4; 12,1-7.18; 21,23s; 37,15s). No momento dessas ações ou fora delas, eles assumem, às vezes, comportamentos estranhos e podem passar por estados psicológicos anormais; essas manifestações extraordinárias, porém, não são jamais o essencial nos profetas, cuja ação e palavras a Bíblia conservou. Eles se distinguem claramente dos exaltados das antigas confrarias.

Todavia, têm o mesmo nome: nabî. É verdade que o verbo derivado desta palavra pode significar "delirar" (1Sm 18,10 e em outras passagens), por causa do comportamento de certos "profetas", mas esse sentido secundário não prejudica o sentido original do substantivo, o qual, com toda probabilidade, deriva duma raiz que significa "chamar, anunciar". O nabî seria aquele que é chamado ou então aquele que anuncia, e por meio de ambos os sentidos atinge-se desta vez o essencial do profetismo israelita. O profeta é um mensageiro e intérprete da palavra divina. Isso é expresso claramente por duas passagens paralelas: Ex 4,15-16 (Aarão será o intérprete de Moisés, como se fosse sua "boca", e como se Moisés fosse "*o deus que o inspira*") e 7,1 (*Moisés será um deus para o Faraó*" e Aarão será seu "*profeta*", nabî). A isto faz eco a palavra de Iahweh a Jeremias: "*Ponho em tua boca minhas palavras*" (Jr 1,9). Os profetas têm consciência da origem divina de sua mensagem: introduzem-na, dizendo — "*Assim fala Iahweh*", ou "*Palavra de Iahweh*", ou "*Oráculo de Iahweh*".

Essa palavra que lhes veio impõe-se-lhes e não a podem calar: "*O Senhor Iahweh fala, quem não profetizaria?*", exclama Amós (3,8), e Jeremias luta em vão contra este domínio (Jr 20,7-9). Em certo momento da vida, eles foram chamados por Deus dum modo irresistível (Am 7,15; Is 6; sobretudo Jr 1,4-10), foram escolhidos como seus mensageiros (Is 6,8), e o começo da história de Jonas mostra quanto custa furtar-se a esta missão. Foram enviados para manifestar a vontade de Deus e para serem eles próprios "*sinais*". Não apenas suas palavras, mas suas ações, sua vida, tudo é profecia. O matrimônio real e infeliz de Oseias é um símbolo (Os 1-3); Isaías deve andar nu para servir de presságio (Is 20,3); ele mesmo e seus filhos são "*sinais prodigiosos*" (Is 8,18); a existência de Jeremias é um ensinamento (Jr 16), e quando Ezequiel executa as estranhas ordens de Deus, ele é um "*sinal para a casa de Israel*" (Ez 4,3; 12,6.11; 24,24).

A mensagem divina pode chegar ao profeta de muitas maneiras: numa visão, como a de Is 6, ou as de Ez 1; 2; 8 etc., de Dn 8-12; Zc 1-6; raramente numa visão noturna (cf. Nm 12,6), como em Dn 7; Zc 1,8s; pelo ouvido, mas na maioria dos casos por uma inspiração interior (assim se podem entender geralmente as fórmulas: "*A palavra de Iahweh me foi dirigida*", "*Palavra de Iahweh a...*"), seja de improviso, seja por ocasião duma circunstância banal, como a vista dum ramo de amendoeira (Jr 1,11) ou de dois cestos de figos (Jr 24), ou uma visita ao oteiro (Jr 18,1-4). A mensagem recebida é transmitida pelo profeta em formas igualmente variadas: em trechos líricos ou em relatos em prosa, em parábolas ou às claras, no estilo breve dos oráculos, mas também utilizando as formas literárias da objurgação, da diatribe, do sermão, do processo, dos escritos de sabedoria, ou dos salmos cultuais, das canções de amor, da sátira, das lamentações fúnebres...

Esta variedade na recepção e expressão da mensagem depende, em grande parte, do temperamento pessoal e dos dons naturais de cada profeta, mas ela encobre uma identidade fundamental: todo verdadeiro profeta tem viva consciência de não ser mais que instrumento, de que as palavras que profere são ao mesmo tempo suas e não suas. Tem a convicção inabalável de que recebeu uma palavra de Deus e de que deve comunicá-la. Esta convicção se funda na experiência misteriosa, digamos mística, dum contato imediato com Deus. Pode acontecer, como dissemos, que este influxo divino provoque exteriormente manifestações "*anormais*", mas se trata apenas de algo acidental, como nos grandes místicos. Por outro lado, como acontece também com os místicos, deve-se afirmar que esta intervenção de Deus na alma do profeta coloca-o num estado psicológico "*supranormal*". Negá-lo seria rebaixar o espírito profético ao nível da inspiração do poeta, ou das ilusões dos pseudo-inspirados.

A mensagem profética raramente se dirige a um indivíduo (Is 22,15s), ou o faz num contexto mais amplo (Jr 20,6; Am 7,17). Deve-se excetuar o rei, que é chefe do povo: Natã com Davi, Elias com Acab, Isaías com Acaz e Ezequias, Jeremias com Sedecias, bem como o sumo sacerdote, chefe da comunidade após o retorno do Exílio (Zc 3). Mas, feitas estas exceções, o que distingue os grandes profetas, cujas obras foram conservadas, dos seus predecessores em Israel e de seus semelhantes no mundo oriental, é que sua mensagem se dirige ao povo todo. Em todos os relatos de vocação, é ao povo que o profeta é enviado (Am 7,15; Is 6,9; Ez 2,3), e até a todos os povos, no caso de Jeremias (Jr 1,10).

Sua mensagem refere-se ao presente e ao futuro. O profeta é enviado a seus contemporâneos, transmite-lhes as ordens divinas. Mas, na medida que é o intérprete de Deus, transcende o tempo, e suas "*predições*" vêm confirmar e prolongar suas "*pregações*". Pode anunciar um acontecimento próximo como sinal, cuja realização justificará suas palavras e sua missão (1Sm 10,1s; Is 7,14; Jr 28,15s; 44,29-30); prevê o castigo como punição das faltas contra as quais ele brada, e a salvação como recompensa da conversão que pede. Nos profetas mais recentes, o véu pode-se descerrar até aos últimos tempos, até ao triunfo final de Deus, mas sempre resulta daí um ensinamento para o presente. No entanto, como o profeta não é mais que um instrumento, a mensagem que ele transmite pode ultrapassar as circunstâncias em que foi pronunciada e até mesmo a consciência do profeta, permanecendo envolta em mistério até que o futuro a explicite realizando-a.

Jeremias é enviado "para exterminar e demolir, para construir e plantar". A mensagem profética tem duplo caráter: é severa e consoladora. E, sem dúvida, ela é frequentemente dura, repleta de ameaças e de censuras, a ponto de esta severidade poder aparecer como um sinal da verdadeira profecia (Jr 28,8-9; cf. Jr 26,16-19; 1Rs 22,8). É que o pecado, obstáculo aos desígnios de Deus, preocupa o espírito do profeta. Mas as perspectivas de salvação jamais foram fechadas. O livro da Consolação (Is 40-55) é um dos ápices da profecia, e não há razão para eliminar das profecias mais antigas os anúncios de alegria, que se encontram já em Am 9,8-15; Os 2,16-25; 11,8-11; 14,2-9. No comportamento de Deus com relação a seu povo, graça e castigo são complementares.

O profeta é enviado ao povo de Israel, mas seu horizonte é mais vasto, como o poder de Deus, cujas obras ele anuncia. Os profetas maiores têm grupos de oráculos contra as nações (Is 13-23; Jr 46-51; Ez 25-32). Amós começa com julgamentos contra os vizinhos de Israel; Abdias profere um oráculo sobre Edom; de Naum possuímos um oráculo contra Nínive; e é a esta cidade que Jonas é enviado para pregar.

O profeta tem certeza de falar em nome de Deus, mas como reconhecerão seus ouvintes que ele é profeta autêntico? Pois existem falsos profetas, que aparecem com frequência na Bíblia. Podem ser homens sinceros que se iludem ou podem ser simuladores, mas seu comportamento exterior não os distingue dos verdadeiros profetas. Enganam o povo, e os verdadeiros profetas devem polemizar contra eles: Miqueias Ben Jemla contra os profetas de Acab (1Rs 22,8s), Jeremias contra Hananias (Jr 28), ou contra os falsos profetas em geral (Jr 23), Ezequiel contra profetas e profetisas (Ez 13). Como saber que a mensagem provém realmente de Deus? Como distinguir a verdadeira profecia? Há, segundo a Bíblia, dois critérios: o cumprimento da profecia (Jr 28,9; Dt 18,22 e cf. os textos citados acima sobre o anúncio de acontecimentos próximos como "sinais" da verdadeira profecia), mas sobretudo a conformidade do ensinamento com a doutrina javista (Jr 23,22; Dt 13,2-6).

Os textos citados do Deuteronômio indicam que a profecia era uma instituição reconhecida pela religião oficial. Às vezes o profeta aparece ao lado dos sacerdotes (Jr 8,1; 23,11; 26,7s etc.; Zc 7,3), e Jeremias nos informa que havia, no Templo de Jerusalém, um "quarto de Ben-Joanã, — homem de Deus", provavelmente um profeta. Destes fatos e da semelhança de algumas de suas profecias com peças litúrgicas, autores recentes concluíram que os profetas, mesmo os maiores, faziam parte do pessoal do santuário e desempenhavam um papel no culto. A teoria vai muito além dos textos sobre os quais se apoia e basta reconhecer certo vínculo entre os profetas e os centros da vida religiosa, e uma influência da liturgia sobre a composição de alguns de seus oráculos, sobretudo de Habacuc, Zacarias e Joel.

A ideia fundamental que se depreende da complexidade dos fatos e dos textos relativos ao profetismo parece ser esta: o profeta é um homem que tem uma experiência imediata de Deus, que recebeu a revelação de sua santidade e de seus desígnios, que julga o presente e vê o futuro à luz de Deus e que é enviado por Deus para recordar aos homens suas exigências e conduzi-los pelo caminho de sua obediência e de seu amor. Assim entendido, não obstante as semelhanças que se podem apontar com fenômenos religiosos em outras religiões e entre os povos vizinhos, o profetismo é um fenômeno próprio de Israel, um dos modos de a Providência divina dirigir o povo eleito.

O movimento profético

Se tais são o caráter e a função do profeta, não é de estranhar que a Bíblia ponha Moisés no início da linhagem dos profetas (Dt 18,15.18) e o considere como o maior de todos (Nm 12,6-8; Dt 34,10-12) pois conheceu Iahweh face a face, falou com ele pessoalmente e transmitiu sua Lei ao povo. Herdeiros de seus dons jamais faltaram em Israel, começando por seu sucessor Josué, "em quem habita o espírito" (Nm 27,18; cf. 34,9). Na época dos Juízes aparecem a profetisa Débora (Jz 4-5) e um profeta anônimo (Jz 6,8), surgindo a seguir a grande figura de Samuel, profeta e vidente (1Sm 3,20; 9,9; cf. 2Cr 35,18). Então o espírito profético se difunde em grupos de inspirados, cujo comportamento estranho mencionamos acima (1Sm 10,5; 19,20); encontramos depois as comunidades mais sensatas dos "irmãos profetas" (2Rs 2 etc.); tais confrarias desaparecem a seguir, mas, até depois do retorno do Exílio, a Bíblia menciona profetas no plural (Zc 7,3). Fora dessas comunidades, cujo influxo sobre a vida religiosa do povo não é possível precisar, aparecem personalidades marcantes: Gad, profeta de Davi (1Sm 22,5; 2Sm 24,11), Natã, junto ao mesmo rei (2Sm 7,2s; 12,1s; 1Rs 1,11s). Aías, no tempo de Jeroboão (1Rs 11,29s; 14,2s), Jeú, filho de Hanani, no tempo de Baasa (1Rs 16,7), Elias e Eliseu no tempo de Acab e seus sucessores (1Rs 17 até 2Rs 13 passim), Jonas no tempo de Jeroboão II (2Rs 14,25), a profetisa Hulda no tempo de Josias (2Rs 22,14s), Urias no tempo de Joaquim (Jr 26,20). A esta lista, os livros das Crônicas acrescentam Semeías no tempo de Roboão (2Cr 12,5s), Ado no tempo de Roboão e de Abias (2Cr 12,15; 13,22), Azarias no tempo de Asa (2Cr 15,1s), Oded no tempo de Acaz (2Cr 28,9s) e alguns anônimos.

Só por meio de alusões é que conhecemos a maioria destes profetas. Entretanto, há algumas figuras de maior relevo. Natã anuncia a Davi a permanência de sua dinastia em que Deus se compraz: é a primeira da série de profecias que irão explicitando-se, sobre o Messias filho de Davi (2Sm 7, 1-17). Mas é o mesmo Natã que repreende com veemência a Davi por seu pecado com Betsabeia e que, em vista do seu arrependimento, assegura-lhe o perdão de Deus (2Sm 12,1-25). Estamos bem informados sobre Elias e Eliseu pelos relatos dos livros dos Reis. Num momento em que a invasão dos cultos estrangeiros punha em perigo a religião de Iahweh, Elias se ergue como o defensor do verdadeiro Deus, e alcança no alto do Carmelo uma brilhante vitória sobre os profetas de Baal (1Rs 18). Seu encontro com Deus no Horeb, onde a Aliança fora concluída, relaciona-o diretamente com Moisés (1Rs 19). Elias, defensor da fé, o é também da moral e fulmina a condenação divina contra Acab que assassinou Nabot para tomar-lhe a vinha (1Rs 21). Seu fim misterioso (2Rs 2,1-18) circunda de um halo sua figura que não cessou de crescer na tradição judaica. Ao contrário de Elias, o profeta solitário, Eliseu se imiscui muito na vida de seu tempo. Intervém no curso da guerra moabita (2Rs 3) e das guerras arameias (2Rs 6-7), interfere na usurpação de Hazael em Damasco (2Rs 8,7-15) e na de Jeú em Israel (2Rs 9,1-3), é consultado pelos grandes, como Joás de Israel (2Rs 13,14-19), Ben-Adad de Damasco (2Rs 8,7-8), Naamã, o sírio (2Rs 5). Mantém relações também com os grupos de "irmãos profetas", que contavam a seu respeito histórias maravilhosas (2Rs 4,1-7.38-44; 6,1-7).

Como é sobre os profetas canônicos que possuímos informações mais completas, apresentaremos cada um deles quando tratarmos do livro que traz o seu nome. Por enquanto, basta indicar seu lugar no movimento profético e dizer o que constitui sua novidade em relação à época precedente. Eles intervêm em períodos de crise que precedem ou acompanham as grandes encruzilhadas da história nacional: a ameaça assíria e a ruína do reino do Norte, a ruína do reino de Judá e a partida para o Exílio, o fim do Exílio e o retorno. Não se dirigem ao rei, e sim ao povo e, porque sua mensagem tem este alcance geral, foi conservada por escrito e continua atuando. O primeiro desses profetas, Amós, exerce seu ministério nos meados do século VIII a.C., mais ou menos cinquenta anos após a morte de Eliseu, e o grande movimento profético durará até o Exílio, isto é, menos de dois séculos, que são dominados pelas grandes figuras de Isaías e de Jeremias, mas onde se situam também Oseias, Miqueias, Naum, Sofonias e Habacuc. O final do ministério de Jeremias coincide com o início do de Ezequiel. Contudo, com este profeta do Exílio, a tonalidade muda: menos espontaneidade e calor, visões grandiosas, mas complicadas, descrições minuciosas, preocupação crescente com os últimos tempos, numa palavra, traços que anunciam a literatura apocalíptica. Todavia, a grande corrente isaiana se perpetua então, enriquecida, no livro da Consolação (Is 40-55). Os profetas do Retorno, Ageu e Zacarias, têm um horizonte mais limitado: seu interesse se concentra na restauração do Templo. Depois deles, Malaquias censura os defeitos da nova comunidade. A seguir, o pequeno livro de Jonas, que preludia o gênero midráxico, utiliza as Escrituras antigas para um ensinamento novo. A fonte apocalíptica, aberta por Ezequiel, jorra de novo em Joel e na segunda parte de Zacarias; invade o livro de Daniel, onde as visões do passado e do futuro se conjugam num quadro extratemporal da destruição do Mal e do advento do Reino de Deus. Nesta época, a grande inspiração profética parece esgotada, apela-se aos "profetas de antanho" (Dn 9,6.10; Zc 7,7.12), e Zc 13,2-6 prevê o desaparecimento da instituição profética comprometida pelos falsos profetas. Mas Jl 3,1-5 anuncia uma efusão do Espírito nos tempos messiânicos. Realizar-se-á no Pentecostes, conforme At 2,16s. Trata-se, com efeito, do começo dos tempos novos, inaugurados pela pregação de João Batista, o último dos profetas da Antiga Lei, "profeta e mais que profeta" (Mt 11,9; Lc 7,26).

A doutrina dos profetas

Os profetas desempenharam um papel considerável no desenvolvimento religioso de Israel. Não só mantiveram e guiaram o povo no caminho do javismo autêntico, mas foram também os órgãos principais do progresso da Revelação. Nesta ação multiforme, cada qual teve sua função própria, cada qual contribuiu com sua pedra para o edifício doutrinal. Suas contribuições, porém, se conjugam e se combinam segundo três linhas mestras, aquelas precisamente que distinguem a religião do Antigo Testamento: o monoteísmo, a moral e a espera da Salvação.

O monoteísmo. Só lentamente é que Israel chegou a uma definição filosófica do monoteísmo: afirmação da existência de um Deus único, negação da existência de qualquer outro deus. Durante muito tempo, aceitou-se a ideia de que os outros povos podiam ter outros deuses, mas isso não era motivo de preocupação: Israel não reconhecia senão Iahweh, que era o mais poderoso dos deuses e exigia um culto exclusivo. A passagem dessa consciência e dessa prática monoteísta a uma definição abstrata foi fruto da pregação dos profetas. Quando o mais antigo deles, Amós, apresenta Iahweh como o Deus que impera sobre as forças da natureza e que é o senhor dos homens e da história, não faz mais que recordar verdades antigas, que dão todo o seu peso às ameaças que ele profere. Mas o conteúdo e as consequências desta fé antiga vão se afirmando cada vez mais claramente. A revelação do Deus do Sinai tinha sido vinculada à eleição do povo e à conclusão da Aliança, e em consequência Iahweh aparecia como o Deus próprio de Israel vinculado à terra e aos santuários de Israel. Sem deixar de sublinhar fortemente os vínculos que unem Iahweh a seu povo, os profetas mostram que ele dirige também os destinos dos outros povos (Am 9,7). Ele julga os pequenos Estados e os grandes impérios (Am 1-2 e todas as profecias contra as nações), concede-lhes e retira-lhes o poder (Jr 27,5-8), serve-se deles como instrumentos de suas vinganças (Am 6,11; Is 7,18-19; 10,6; Jr 5,15-17), mas detém-nos quando quer (Is 10,12). Embora proclamem que a terra de Israel é a de Iahweh (Jr 7,7) e que o Templo é sua morada (Is 6; Jr 7,10-11), predizem a destruição do santuário (Mq 3,12; Jr 7,12-14; 26) e Ezequiel vê a Glória de Iahweh deixar Jerusalém (Ez 10,18-22; 11,22-23).

Iahweh, senhor da terra inteira, não deixa lugar para outros deuses. Lutando contra a influência dos cultos pagãos e as tentações do sincretismo, que ameaçavam a fé de Israel, os profetas afirmam a impotência dos falsos deuses e a vaidade dos ídolos (Os 2,7-15; Jr 2,5-13.27-28; 5,7; 16,20). Durante o Exílio, no momento em que o desmoronar das esperanças nacionais poderia suscitar dúvidas quanto ao poder de Iahweh, a polêmica contra os ídolos se torna mais incisiva e mais racional no Dêutero-Isaías (Is 40,19-20; 41,6-7.21-24; 44,9-20; 46,1-7; Jr 10,1-16) e mais tarde na Carta de Jeremias (= Br 6) e em Dn 14. A esta crítica se opõe a expressão triunfante do monoteísmo absoluto (Is 44,6-8; 46,1-7.9).

Este Deus é transcendente, e é esta transcendência que os profetas exprimem sobretudo dizendo que ele é "santo", um dos temas favoritos da pregação de Isaías (Is 6 e em muitos outros lugares: 1,4; 5,19.24; 10,17.20 etc., mas também Os 11,9; Is 40,25; 41,14.16.20 etc.; Jr 50,29; 51,5; Hab 1,12; 3,3). Ele está rodeado de mistério (Is 6; Ez 1), infinitamente acima dos "filhos de homem", expressão que Ezequiel repete sem cessar para sublinhar a distância que separa o profeta do seu interlocutor divino. Todavia, ele está perto pela bondade e até pela ternura que testemunha a seu povo, sobretudo em Oseias e Jeremias, com a alegoria do matrimônio entre Iahweh e Israel (Os 2; Jr 2,2-7; 3,6-8), longamente desenvolvida por Ezequiel (Ez 16 e 23).

A moral. À *Santidade de Deus se opõe a impureza do homem* (Is 6,5) e neste contraste os profetas adquirem uma consciência aguda do pecado. Se o monoteísmo não era nenhuma inovação, tampouco o foi esta moral: ela estava inscrita já no Decálogo, e motivou a intervenção de Natã junto a Davi (2Sm 12) e a de Elias junto de Acab (1Rs 21). Mas os profetas canônicos inculcam-na constantemente: é o pecado que separa o homem de Deus (Is 59,2). O pecado é, com efeito, um atentado contra o Deus de justiça (Amós), contra o Deus de amor (Oseias), contra o Deus de santidade (Isaías). Quanto a Jeremias, pode-se dizer que o pecado ocupa o centro de sua visão; ele se estende à nação inteira, que parece corrompida definitivamente, incapaz de converter-se (Jr 13,23). É este transbordamento do mal que atrai o castigo de Deus, o grande julgamento do "Dia de Iahweh" (Is 2,6-22; 5,18-20; Os 5,9-14; Jl 2,1-2; Sf 1,14-18), e o anúncio da desgraça é para Jeremias um sinal da verdadeira profecia (Jr 28,8-9). O pecado, que é o pecado da massa, provoca esta sanção coletiva; contudo, a ideia da retribuição individual começa a aparecer em Jr 31,29-30 (cf. Dt 24,16) e se afirma em Ez 18 (cf. 33,10-20).

Mas o assim chamado "monoteísmo ético" dos profetas não é um antilegalismo. Sua moral está fundada no direito promulgado por Deus, que é transgredido ou desconhecido; veja-se, por exemplo, o discurso de Jr 7,5-10 e seus contatos com o Decálogo.

Paralelamente, a concepção da vida religiosa se aprofunda. Para fugir do castigo, é preciso "buscar a Deus" (Am 5,4; Jr 50,4; Sf 2,3), isto é, — explica Sofonias — cumprir seus mandamentos, seguir o direito, viver na humildade (cf. Is 1,17; Am 5,24; Os 10,12; Mq 6,8). O que Deus pede é uma religião interior, que para Jeremias é uma condição da nova Aliança (Jr 31,31-34). Este espírito deve animar toda a vida religiosa e as manifestações exteriores do culto, e os profetas protestam contra um ritualismo alheio a toda preocupação moral (Is 1,11-17; Jr 6,20; Os 6,6; Mq 6,6-8). Mas seria erro apresentá-los como adversários do culto como tal; este e o Templo estarão entre as preocupações maiores de Ezequiel, Ageu e Zacarias.

A espera da Salvação. Contudo, o castigo não é a última palavra de Deus, que, longe de querer a ruína total do seu povo, continua a realizar suas promessas, não obstante todas as apostasias. Deus poupará um "Resto" (Is 4,3+). Esta noção aparece em Amós (5,15), evolui e se precisa em seus sucessores. Na visão dos profetas, os dois planos, o do castigo iminente e o do juízo final de Deus, se sobrepõem, e o Resto é ao mesmo tempo o que escapará ao perigo presente e o que gozará da salvação final. Estes dois planos se distinguem pelo desenrolar da História; depois de cada provação, o Resto é o grupo que sobreviveu: os habitantes deixados em Israel ou em Judá após a queda de Samaria ou a invasão de Senaquerib (Am 5,15; Is 37,31-32), os exilados de Babilônia depois da ruína de Jerusalém (Jr 24,8), a comunidade que volta à Palestina depois do Exílio (Zc 8,6.11.12; Esd 9,8.13-15). Mas esse grupo é, ao mesmo tempo, em cada época, o germe, o tronco dum povo santo, ao qual está prometido o futuro (Is 11,10; 37,31; Mq 4,7; 5,5-7; Ez 37,12-14; Zc 8,11-13).

Será uma era de felicidade inaudita; os dispersos de Israel e de Judá (Is 11,12-13; Jr 30-31) voltarão para a Terra Santa, que será prodigiosamente próspera (Is 30,23-26; 32.15-17) e o povo de Deus tomará vingança de seus inimigos (Mq 4,11-13; 5,6-8). Mas estas perspectivas de prosperidade e de poder materiais não constituem o essencial; simplesmente acompanham o advento do Reino de Deus. Ora, este supõe todo um clima espiritual: justiça e santidade (Is 29,19-24), conversão interior e perdão divino (Jr 31,31-34), conhecimento de Deus (Is 2,3; 11,9; Jr 31,34), paz e alegria (Is 24; 9,6; 11,6-8; 29,19).

Para estabelecer e governar seu reino sobre a terra, o Rei Iahweh terá um representante, cuja unção o fará um vassalo seu: ele será o "ungido" de Iahweh, em hebraico seu "messias". Foi um profeta, Natã, que, ao prometer a Davi a permanência da sua dinastia (2Sm 7), apresentou a primeira expressão deste messianismo régio, cujo eco reencontramos em certos Salmos. Entretanto, os fracassos e a má conduta da maioria dos sucessores de Davi pareciam desmentir esse messianismo "dinástico", e a esperança concentrou-se num rei particular, cuja vinda era esperada para futuro próximo ou longínquo. É este salvador que vislumbram os profetas, sobretudo Isaías, mas também Miqueias e Jeremias. O Messias (podemos agora escrever com maiúscula) será da estirpe davídica (Is 11,1; Jr 23,5 = 33,15) e sairá como ela de Belém de Éfrata (Mq 5,1). Receberá os mais magníficos títulos (Is 9,5), e o Espírito de Iahweh repousará sobre ele com todo o cortejo de seus dons (Is 11,1-5). Para Isaías, ele é o Emmanuel, "Deus conosco" (Is 7,14); para Jeremias, Iahweh çideqenu, "Iahweh é nossa justiça" (Jr 23,6), dois nomes que resumem o puro ideal messiânico.

Esta esperança sobreviveu ao desmoronamento dos sonhos de dominação terrestre e à dura lição do Exílio, mas as perspectivas mudaram. Apesar das esperanças que por um momento Ageu e Zacarias colocaram no davidida Zorobabel, o messianismo régio sofreu um eclipse: nenhum descendente de Davi estava mais no trono e Israel estava submetido à dominação estrangeira. Ezequiel, sem dúvida, espera a vinda dum novo Davi, mas chama-o de "príncipe" e não de "rei", e descreve-o antes como mediador e pastor do que como soberano poderoso (Ez 34,23-24; 37,24-25); Zacarias anunciará a vinda dum rei, mas ele será humilde e pacífico (Zc 9,9-10). Para o Segundo Isaías, o Ungido de Iahweh não é um rei davídico mas Ciro, rei da Pérsia (Is 45,1), instrumento de Deus para a libertação de seu povo; mas o mesmo profeta coloca em cena outra figura da salvação, o Servo de Iahweh, que é o mestre do seu povo e a luz das nações, pregando com toda a mansidão o direito de Deus; não terá projeção humana, será rejeitado pelos seus, mas alcançará a salvação deles ao preço de sua própria vida (Is 42,1-7; 49,1-9; 50,4-9 e principalmente 52,13-53,12). Enfim, Daniel vê chegar sobre as nuvens do céu um como que Filho de homem, que recebe de Deus o domínio sobre todos os povos, um reino que não passará (Dn 7). Houve, entretanto, uma reaparição da antiga corrente: nas vésperas da nossa era, a espera dum Messias régio estava largamente difundida, mas certos meios esperavam também um Messias sacerdotal, e outros um Messias transcendente.

A primeira comunidade cristã aplicou a Jesus todas essas passagens proféticas, cujas divergências ele conciliava na sua pessoa. Ele é Jesus, isto é, o Salvador, o Cristo, isto é, o Messias, descendente de Davi, nascido em Belém, o Rei pacífico de Zacarias e o Servo sofredor do Segundo Isaías, o menino Emanuel anunciado por Isaías e também o Filho do homem de origem celeste visto por Daniel. Mas estas referências aos antigos anúncios não diminuem a originalidade deste messianismo cristão que deriva da pessoa e da vida de Jesus. Se ele cumpriu as profecias, foi ultrapassando-as, e ele próprio rejeitou a noção política tradicional do messianismo régio.

Os livros proféticos

Chamam-se comumente "profetas escritores" aqueles aos quais se atribui um livro no cânon da Bíblia. O que foi dito do ministério profético mostra que esta denominação é inexata: o profeta não é escritor, ele é antes de tudo orador, pregador. A mensagem profética, em sua origem, é falada, mas resta explicar como, desta palavra pronunciada, passou-se ao livro escrito.

Encontram-se nestes livros três espécies de elementos: 1° "ditos proféticos", que são oráculos onde, umas vezes, é o próprio Deus quem fala, e outras, é o profeta quem fala em nome de Deus, ou peças poéticas que contêm ensinamento, anúncio, ameaça ou promessa...; 2° relatos na primeira pessoa, em que o profeta narra a sua experiência, em particular sua vocação; 3° relatos na terceira pessoa, que descrevem acontecimentos da vida do profeta ou as circunstâncias do seu ministério. Estes três gêneros podem combinar-se e acontece, com frequência, que os relatos incluem oráculos ou discursos.

As passagens na terceira pessoa indicam outro redator, distinto do profeta. Temos um claro testemunho disso no livro de Jeremias. O profeta ditou a Baruc (Jr 36,4) todas as palavras que ele havia pronunciado em nome de Iahweh nos últimos vinte e três anos (cf. Jr 25,3). Tendo sido queimado o rolo pelo rei Joaquim (Jr 36,23) um novo rolo foi escrito pelo mesmo Baruc (Jr 36,32). A relação destes fatos só pode provir do próprio Baruc, a quem se atribuirão também os relatos biográficos que se seguem (Jr 37-44), e que, de fato, se encerram com uma palavra de consolo dirigida a Baruc por Jeremias (Jr 45,1-5). De passagem, somos informados de que no segundo rolo de Baruc "muitas palavras do mesmo gênero foram acrescentadas" (por Baruc ou por outros, Jr 36,32).

Circunstâncias análogas podem explicar a composição dos outros livros. É provável que os profetas mesmos tenham escrito ou ditaram uma parte de suas profecias ou o relato de suas experiências (cf. Is 8,1; 30,8; Jr 30,2; 51,60; Ez 43,11; Hab 2,2). Parte desta herança pode também ter sido conservada fielmente só pela tradição oral do círculo dos profetas ou dos seus discípulos (parece haver alusão aos discípulos de Isaías, Is 8,16). Estes mesmos grupos conservaram recordações da vida do profeta as quais também incluíam oráculos, como as tradições sobre Isaías, recolhidas nos livros dos Reis (2Rs 18-20) e daí transferidas para o livro de Isaías (Is 36-39), ou o relato do conflito entre Amós e Amasias (Am 7,10-17).

A partir desses elementos, formaram-se coleções, que reúnem os oráculos do mesmo estilo ou as peças que tratam dum mesmo tema (por exemplo, as secções contra as nações em Isaías, Jeremias, Ezequiel), ou contrabalançam os anúncios de infortúnio com promessas de salvação (por exemplo, Miqueias). Estes escritos foram lidos e meditados e contribuíram para perpetuar as correntes espirituais originadas dos profetas: os contemporâneos de Jeremias citam uma profecia de Miqueias (Jr 26,17-18); é frequente a alusão aos antigos profetas (Jr 28,8), que é como que um estribilho em Jr 7,25; 25,4; 26,5 etc.; depois em Zc 1,4-6; 7,7.12; Dn 9,6.10; Esd 9,11. Nos círculos fervorosos que alimentavam sua fé e sua piedade com as profecias, os profetas permaneceram como algo vivo e, como aconteceu com o rolo de Baruc (Jr 36,32), "acrescentaram-se àquelas palavras, outras do mesmo gênero" sob inspiração de Deus, para adaptá-las às necessidades presentes do povo ou para enriquecê-las e, em certos casos, como veremos nos livros de Isaías e de Zacarias, tais acréscimos podem ter sido extensos. Fazendo isso, os herdeiros dos profetas tinham a convicção de estarem preservando e fazendo frutificar o tesouro que receberam deles.

Os livros dos quatro Profetas "maiores" estão colocados no cânon segundo sua ordem cronológica, que é a que seguiremos. A sequência dos doze Profetas "menores" é mais arbitrária. Tentaremos apresentá-los, enquanto possível, pela ordem cronológica.

Isaías

O profeta Isaías nasceu por volta de 765 a.C. Em 740, ano da morte do rei Ozias, ele recebeu, no Templo de Jerusalém, sua vocação profética, a missão de anunciar a ruína de Israel e de Judá como castigo das infidelidades do povo (6,1-13). Exerceu o ministério durante quarenta anos, dominados pela ameaça crescente que a Assíria fazia pesar sobre Israel e Judá. Distinguem-se quatro períodos entre os quais se pode, com maior ou menor certeza, distribuir os oráculos do profeta. — 1° Os primeiros datam do período de poucos anos entre sua vocação e a subida de Acaz ao trono em 736. Isaías preocupava-se então sobretudo com a corrupção moral que a prosperidade tinha provocado em Judá (1-5 em boa parte). — 2° O rei de Damasco, Rason, e o rei de Israel, Faceia, quiseram arrastar o jovem Acaz a uma coligação contra Teglat Falasar III, rei da Assíria. Diante de sua recusa, atacaram Acaz, o qual recorreu à Assíria. Isaías interveio então e debalde tentou opor-se a esta política por demais humana. Desta época data o "livrinho do Emanuel" (7,1-11,9 em grande parte, mas também 5,26-29 [?]; 17,1-6; 28,1-4). Após a falência de sua missão junto a Acaz, Isaías retirou-se da cena pública (cf. 8,16-18). — 3° O recurso de Acaz a Teglat Falasar colocou Judá sob a tutela da Assíria e precipitou a ruína do reino do Norte. Depois da anexação duma parte do seu território em 734, a pressão estrangeira se agravou e, em 721, Samaria caiu em poder dos assírios. Em Judá, Ezequias sucedeu a Acaz. Era um rei piedoso, animado do espírito de reforma. Mas as intrigas políticas renasceram e desta vez buscaram o apoio do Egito contra a Assíria. Isaías, fiel a seus princípios, queria que recusassem toda aliança militar e que confiassem em Deus. Com este começo do reinado de Ezequias estão relacionados 14,28-32; 18; 20; 28,7-22; 29,1-14; 30,8-17. Após a repressão da revolta e a tomada de Azoto por Sargon (20), Isaías voltou ao silêncio. — 4° Voltou a pregar em 705, quando Ezequias deixou-se levar a uma revolta contra a Assíria. Senaquerib assolou a Palestina em 701, mas o rei de Judá quis defender Jerusalém. Isaías sustentou-o em sua resistência e prometeu o socorro de Deus; a cidade foi salva efetivamente. Deste último período datam pelo menos os oráculos de 1,4-9 (?); 10,5-15. 27b-32; 14,24-27 e as passagens de 28-32 que não foram associadas ao período precedente. Nada mais sabemos da carreira de Isaías depois de 700. Conforme uma tradição judaica, ele teria sido martirizado no tempo de Manassés.

Esta participação ativa nos assuntos de seu país faz de Isaías um herói nacional. É também poeta genial. O brilho do estilo, a novidade das imagens fazem dele o grande "clássico" da Bíblia. Suas composições têm força concisa, majestade e harmonia que jamais serão igualadas. Mas sua grandeza é antes de tudo religiosa. Isaías foi marcado para sempre pela cena de sua vocação no Templo, na qual teve a revelação da transcendência de Deus e da indignidade do homem. Sua ideia de Deus tem algo de triunfal e também de pavoroso: Deus é o Santo, o Forte, o Poderoso, o Rei. O homem é um ser manchado pelo pecado, do qual Deus pede reparação, pois Deus exige a justiça nas relações sociais e também a sinceridade no culto que se lhe tributa. Quer que o homem seja fiel. Isaías é o profeta da fé e, nas graves crises que a nação atravessa, pede que confiem só em Deus: é a única oportunidade de salvação. Sabe que a provação será dura, mas espera que sobreviva um "resto", do qual o Messias será o rei. Isaías é o maior dos profetas messiânicos. O Messias que ele anuncia é um descendente de Davi, que fará reinar sobre a terra a paz e a justiça, e difundirá o conhecimento de Deus (2,1-5; 7,10-17; 9,1-6; 11,1-9; 28,16-17).

Gênio religioso tão grande, marcou profundamente sua época e fez escola. Suas palavras foram conservadas e sofreram acréscimos. O livro que traz seu nome é o resultado de um longo processo de composição, impossível de reconstruir em todas as suas etapas. O plano definitivo faz pensar no de Jeremias (segundo o texto grego) e no de Ezequiel: 1-12, oráculos contra Jerusalém e Judá; 13-23, oráculos contra as nações; 24-35, promessas. Mas este plano não é rígido; por outro lado, a análise demonstrou que o livro não segue senão imperfeitamente a ordem cronológica da carreira de Isaías. Foi formado a partir de diversas coleções de oráculos. Certos conjuntos remontam ao próprio profeta (cf. 8,16; 30,8). Seus discípulos, imediatos ou longínquos, reuniram outros conjuntos, glosando às vezes as palavras do mestre ou juntando-lhe acréscimos. Os oráculos contra as nações, agrupados em 13-23, incorporaram trechos posteriores, em particular 13-14, contra Babilônia (do tempo do Exílio). São acréscimos mais extensos: "o Apocalipse de Isaías" (24-27), que por seu gênero literário e por sua doutrina não pode ser situado antes do século V a.C.; uma liturgia profética posterior ao Exílio (33); um "pequeno Apocalipse" (34-35), que depende do Segundo Isaías. Enfim, é tido como apêndice o relato da atuação de Isaías durante a campanha de Senaquerib (36-39), tomado de 2Rs 18-19, com a inserção de um salmo pós-exílico atribuído a Ezequias (38,9-20).

O livro recebeu acréscimos mais consideráveis ainda. Os caps. 40-55 não podem ser obra do profeta do século VIII. Não só nunca é mencionado aí o seu nome, mas também o contexto histórico é posterior cerca de dois séculos: Jerusalém foi tomada, o povo se acha cativo em Babilônia, Ciro já está em cena e será o instrumento da libertação. Sem dúvida, a onipotência divina poderia transportar um profeta a um futuro longínquo, retirá-lo do presente e alterar suas imagens e seus pensamentos. Mas isso supõe o desdobramento da sua personalidade e o esquecimento dos contemporâneos — para os quais ele foi enviado — os quais não têm paralelo na Bíblia e são contrários à própria noção de profecia, a qual não faz intervir o futuro senão como ensinamento para o presente. Esses capítulos contêm a pregação dum anônimo, continuador de Isaías e grande profeta, como ele, o qual, na falta de um nome melhor, chamamos de Dêutero-Isaías ou de Segundo Isaías. Pregou em Babilônia entre as primeiras vitórias de Ciro, em 550 a.C. — que levam a adivinhar a ruína do império babilônico — e o edito libertador de 538, que permitiu os primeiros retornos. A coletânea, sem ser efetivamente compósita, apresenta mais unidade que os caps. 1-39. Ela começa com o equivalente de uma narração de vocação profética (40,1-11) e termina com uma conclusão (55,6-13). Por causa das primeiras palavras: "Consolai, consolai meu povo" (40,1), deu-se-lhe o nome de "livro da Consolação de Israel".

Com efeito, é esse seu tema principal. Os oráculos dos caps. 1-39 eram geralmente ameaçadores e cheios de alusões aos acontecimentos dos reinados de Acaz e de Ezequias; os dos caps. 40-55 estão desligados deste contexto histórico e são consoladores. O julgamento cumpriu-se na ruína de Jerusalém, o tempo da restauração está próximo. Será uma renovação completa e este aspecto é sublinhado pela importância dada ao tema de Deus criador, unido ao de Deus salvador. Um novo êxodo, mais maravilhoso do que o primeiro, reconduzirá o povo a uma nova Jerusalém, mais bela que a primeira. Esta distinção entre dois tempos, o das "coisas passadas" e o das "coisas vindouras", marca o começo da escatologia. Comparando-se com o primeiro Isaías, o pensamento é mais teologicamente construído. O monoteísmo é afirmado doutrinalmente e a vaidade dos falsos deuses é demonstrada por sua impotência. A sabedoria e a providência insondáveis de Deus são postas em relevo. O universalismo religioso exprime-se claramente pela primeira vez. Essas verdades são anunciadas num tom inflamado e com um ritmo breve, que manifestam a urgência da salvação.

No livro estão inseridas quatro peças líricas, os "cânticos do Servo" (42,1-4 [5-9]; 49,1-6; 50,4-9 [10-11]; 52,13-53,12). Eles apresentam um perfeito servo de Iahweh, que reúne o seu povo e é a luz das nações, que prega a verdadeira fé, expia por sua morte os pecados do povo e é glorificado por Deus. Essas passagens estão incluídas entre as mais estudadas do Antigo Testamento, e não existe acordo nem quanto à sua origem nem quanto ao seu significado. A atribuição dos três primeiros cânticos ao Segundo Isaías é muito verossímil; é possível que o quarto seja obra de um dos seus discípulos. A identificação do Servo é muito discutida. Muitas vezes se tem visto nele uma figura da comunidade de Israel, à qual outras passagens do Segundo Isaías dão, de fato, o título de "servo". Mas os traços individuais são marcados demais e é por isso que outros exegetas, que formam atualmente a maioria, reconhecem no Servo uma personagem histórica do passado ou do presente; nesta perspectiva, a opinião mais atraente é a que identifica o Servo com o próprio Segundo Isaías; o quarto cântico teria sido acrescentado após sua morte. Combinaram-se assim as duas interpretações, considerando o Servo como um indivíduo que incorporava os destinos do seu povo.

Seja como for, uma interpretação que se limitasse ao passado ou ao presente não explicaria suficientemente os textos. O Servo é o mediador da salvação que virá e isso justifica a interpretação messiânica, que uma parte da tradição judaica dava destas passagens, afora o aspecto do sofrimento.

São, ao contrário, os textos sobre o Servo sofredor e sua expiação vicária que Jesus utilizou, aplicando-os a si próprio e à sua missão (Lc 22,19-20.37; Mc 10,45); e a primeira pregação cristã reconheceu nele o Servo perfeito anunciado pelo Segundo Isaías (Mt 12,17-21; Jo 1,29).

A última parte do livro (caps. 56-66) tem sido considerada como obra de outro profeta, denominado "Trito-Isaías", Terceiro Isaías. Hoje, geralmente, reconhece-se que é uma coletânea diversificada. O Salmo de 63,7-64,11 parece anterior ao fim do Exílio; o oráculo de 66,1-4 é contemporâneo da reconstrução do Templo, por volta de 520 a.C. O pensamento e o estilo dos caps. 60-62 aparentam-nos muito estreitamente com o Segundo Isaías. Os caps. 56-59, em seu conjunto, podem datar do século V a.C. Os caps. 65-66 (exceto 66,1-4), que têm forte sabor apocalíptico, foram datados da época grega por certos exegetas, mas outros os situam no tempo imediatamente posterior ao retorno do Exílio. Considerada globalmente, essa terceira parte do livro apresenta-se como obra dos continuadores do Segundo Isaías; é o último produto da tradição isaiana, que prolonga a ação do grande profeta do século VIII.

Foi encontrado numa gruta, à beira do mar Morto, um manuscrito completo de Isaías, que data provavelmente do século II antes de nossa era, o qual se afasta do texto massorético por sua ortografia particular e por determinadas variantes, algumas das quais são úteis para estabelecer o texto. São indicadas nas notas pela sigla 1QIs[a].

Jeremias

Pouco mais de um século após Isaías, por volta de 650 a.C., Jeremias nascia de uma família sacerdotal instalada nas vizinhanças de Jerusalém. Sua vida e caráter nos são conhecidos melhor do que os de qualquer outro profeta pelos relatos biográficos na terceira pessoa disseminados por seu livro e cuja ordem cronológica é a seguinte: 19,1-20,6; 26; 36; 45; 28-29; 51,59-64; 34,8-22; 37-44. As "Confissões de Jeremias" (11,18-12,6; 15,10-21; 17,14-18; 18,18-23; 20,7-18) provêm do próprio profeta. Não chegam a ser uma autobiografia, mas um testemunho comovente das crises interiores que ele atravessou, e são descritas no estilo dos Salmos de lamentação.

INTRODUÇÃO A JEREMIAS

Chamado por Deus muito jovem ainda, em 626, no décimo terceiro ano de Josias (1,2), viveu o período trágico em que se preparou e se consumou a ruína do reino de Judá. A reforma religiosa e a restauração nacional de Josias despertaram esperanças que foram frustradas pela morte do rei em Meguido, em 609, pela reviravolta do mundo oriental, pela queda de Nínive em 612 e pela expansão do império caldeu. Em 605, Nabucodonosor impôs seu domínio à Palestina, depois Judá se rebelou por instigação do Egito, que intrigaria até o fim e, em 597, Nabucodonosor conquista Jerusalém e deporta uma parte dos seus habitantes. Uma nova revolta fez voltar os exércitos caldeus e, em 587, Jerusalém é tomada e o Templo incendiado, e verifica-se a segunda deportação. Jeremias atravessou esta dramática história, pregando, ameaçando, anunciando a ruína e advertindo em vão os reis ineptos que se sucediam no trono de Davi; foi acusado de derrotismo pelos militares, perseguido e encarcerado. Depois da tomada de Jerusalém, embora visse nos exilados a esperança do futuro, preferiu permanecer na Palestina junto de Godolias, nomeado governador pelos caldeus. Mas este foi assassinado e um grupo de judeus, receando represálias, fugiu para o Egito, levando consigo Jeremias. Foi provavelmente lá que ele morreu.

O drama da vida de Jeremias não consiste apenas nos acontecimentos nos quais ele se viu envolvido, mas está também no próprio profeta. De uma alma terna, feita para amar, foi enviado para "arrancar e destruir, para exterminar e demolir" (1,10), para predizer sobretudo a desgraça (20,8). Ansioso de paz, teve de estar sempre em luta, contra os seus, contra os reis, os sacerdotes, os falsos profetas, contra o povo todo, "homem de disputa e homem de discórdia para toda terra" (15,10). Viu-se torturado pela sua missão à qual não podia fugir (20,9). Seus diálogos interiores com Deus estão cheios de gritos de dor: "Por que a minha dor é contínua?" (15,18); do mesmo modo a passagem pungente que antecipa Jó: "Maldito o dia em que nasci..." (20,14 e seguintes).

Mas esse sofrimento purificou sua alma e abriu-a ao contato com Deus. O que nos torna Jeremias tão caro e tão próximo, é a religião interior e cordial que ele praticou, antes de formulá-la no anúncio da Nova Aliança (31,31-34). Essa religião pessoal levou-o a aprofundar o ensino tradicional: Deus sonda os rins e os corações (11,20), retribui a cada um segundo seus atos (31,29-30); a amizade com Deus (2,2) se rompe pelo pecado, que provém do coração mau (4,4; 17,9; 18,12). Este lado afetivo assemelha-o a Oseias, cujo influxo ele sofreu; esta interiorização da Lei, este papel do coração nas relações com Deus, esta preocupação com a pessoa individual aproxima-o do Deuteronômio. Jeremias certamente viu com bons olhos a reforma de Josias, que se inspirava nesse livro, mas ficou cruelmente decepcionado com sua ineficácia para transformar a vida moral e religiosa do povo.

A missão de Jeremias faliu durante sua vida, mas sua figura não cessou de crescer após a morte. Por sua doutrina de uma Aliança nova, fundada sobre a religião do coração, tornou-se ele o pai do judaísmo em sua linha mais pura, e seu influxo é perceptível em Ezequiel, na segunda parte de Isaías e em vários Salmos. A época dos Macabeus enumera-o entre os protetores do povo (2Mc 2,1-8; 15,12-16). Ao colocar em primeiro plano os valores espirituais, ao manifestar o relacionamento íntimo que a alma deve ter com Deus, ele preparou a Nova Aliança cristã; e sua vida de abnegação e de sofrimento a serviço de Deus, que bem pode ter fornecido alguns traços para a imagem do Servo em Is 53, faz dele uma figura de Cristo.

Esta influência duradoura supõe que os ensinamentos de Jeremias foram muitas vezes lidos, meditados e comentados. A atividade de toda uma descendência espiritual se manifesta na composição do livro, que está longe de se apresentar como uma obra escrita de uma só vez. Além de oráculos poéticos e relatos biográficos, contém discursos em prosa em estilo semelhante ao do Deuteronômio. A autenticidade destes tem sido contestada, e eles têm sido atribuídos a redatores "deuteronomistas" posteriores ao Exílio. De fato, o estilo é o da prosa judaica do século VII e começos do século VI a.C.; a teologia é a da corrente religiosa à qual pertencem tanto Jeremias como o Deuteronômio. São o eco autêntico da pregação de Jeremias, recolhida por seus ouvintes. Nem toda essa tradição jeremiana foi transmitida numa forma única. A versão grega oferece uma recensão notavelmente mais curta (uma oitava parte) que o texto massorético e várias diferenças nos pormenores; as descobertas de Qumrã provam que ambas as recensões existiam no hebraico. Além disso, o grego coloca os oráculos contra as nações após 25,13 e em outra ordem que o hebraico, o qual os põe no fim do livro (46-51). Talvez essas profecias tenham formado de início uma coleção particular e não provenham todas de Jeremias: pelo menos os oráculos contra Moab e Edom foram profundamente reelaborados, e o longo oráculo contra Babilônia (50-51) data do fim do Exílio. O cap. 52 se nos apresenta como um apêndice histórico, que é paralelo a 2Rs 24,18-25,30. Outros complementos menores foram inseridos no meio do livro e testemunham o uso que dele era feito e a estima que por ele tinham os cativos de Babilônia e a comunidade renascente depois do Exílio. Há também abundância de duplicatas, que supõem trabalho redacional. Enfim, as indicações cronológicas, que são numerosas, não se sucedem com ordem. A desordem atual do livro é o resultado de longo trabalho de composição, do qual é bem difícil reconstruir todas as etapas.

O cap. 36, porém, nos fornece indicações preciosas: em 605, Jeremias ditou a Baruc os oráculos que ele tinha pronunciado desde o início do seu ministério (36,2), a saber, desde 626. Esse rolo, queimado por Joaquim, foi reescrito e completado (36,32). Sobre o conteúdo desta coletânea, só podemos fazer hipóteses. Parece que tinha como introdução 25,1-12 e reunia as peças anteriores a 605, que se encontram nos caps. 1-18, e que continha também, de acordo com 36,2, oráculos antigos, contra as nações, aos quais se refere 25,13-38. Os complementos que lhe foram acrescentados depois são, nas mesmas secções, peças posteriores a 605 e outros oráculos contra as nações. Foram incluídos aí os trechos das "Confissões", cuja característica foi exposta mais acima. Também foram acrescentados dois livrinhos, um sobre os reis (21,11-23,8) e outro sobre os profetas (23,9-40) que podem ter existido antes em separado.

Assim, já se distinguem no livro duas partes: uma contendo ameaças contra Judá e Jerusalém (1,1-25,13) e a outra, profecias contra as nações (25,13-38 e 46-51). Uma terceira parte é formada por 26-35, onde foram reunidos, numa ordem arbitrária, trechos de tom mais otimista. Tais peças são quase todas em prosa e provêm, em grande parte, de uma biografia de Jeremias, atribuída a Baruc. Grupo à parte formam os caps. 30-31, que são um livrinho poético de consolação. A quarta parte, 36-44, em prosa, continua a biografia de Jeremias e relata seus sofrimentos durante e após o cerco de Jerusalém; termina com 45,1-5, que é como que a assinatura de Baruc.

Lamentações

A Bíblia hebraica classifica este opúsculo entre os Hagiógrafos e o conta entre os cinco megillôt, os rolos que eram lidos nas grandes festas. A Bíblia grega e a Vulgata colocam-no depois de Jeremias, com um título que atribui a este profeta a sua composição. A tradição fundava-se em 2Cr 35,25 e era apoiada pelo conteúdo dos poemas, que efetivamente quadram bem com a época de Jeremias. Mas essa atribuição não pode ser mantida. Jeremias, tal como o conhecemos por seus oráculos autênticos, não pode ter dito que a inspiração profética se havia esgotado (2,9), nem louvar Sedecias (4,20), nem esperar no socorro egípcio (4,17). Seu gênio espontâneo dificilmente teria podido sujeitar-se ao gênero erudito desses poemas, dos quais os quatro primeiros são alfabéticos, começando cada estrofe por uma das letras do alfabeto, tomadas em sua ordem, e o quinto tem justamente 22 versos, o número das letras do alfabeto.

Lamentações 1; 2 e 4 pertencem ao gênero literário dos cantos fúnebres, 3 é uma lamentação individual, 5 é uma lamentação coletiva (no latim: Oração de Jeremias). Provavelmente foram compostas na Palestina após a ruína de Jerusalém em 587. São certamente obra de um só autor que descreve em termos pungentes o luto da cidade e de seus habitantes, mas desses cantos fúnebres brota sentimento de confiança invencível em Deus e de arrependimento profundo que constitui o valor permanente do livrinho. Os judeus o recitam no grande jejum comemorativo da destruição do Templo, e a Igreja faz uso dele durante a Semana Santa, para relembrar o drama do Calvário.

Baruc

O livro de Baruc é um dos livros deuterocanônicos ausentes da Bíblia hebraica. A Bíblia grega coloca-o entre Jeremias e as Lamentações, e a Vulgata, depois das Lamentações. Segundo a introdução (1,1-14), teria sido escrito por Baruc, secretário de Jeremias, na Babilônia, depois da deportação, e enviado a Jerusalém para ser lido nas assembleias litúrgicas. Contém: uma oração de confissão e de esperança (1,15-3,8), um poema sapiencial (3,9-4,4), no qual a Sabedoria é identificada com a Lei, um trecho profético (4,5- 5,9), onde Jerusalém personificada se dirige aos exilados e onde o profeta a encoraja com a evocação das esperanças messiânicas.

A introdução foi escrita diretamente em grego; a oração de 1,15-3,8, que desenvolve a de Dn 9,4-19, remonta certamente a um original hebraico, e a mesma conclusão é provável com relação aos outros dois trechos. A data de composição mais verossímil é meados do século I a.C.

A Bíblia grega conserva à parte a Carta de Jeremias, que a Vulgata acrescenta ao livro de Baruc, cap. 6, com título especial. Trata-se de dissertação apologética contra o culto dos ídolos, desenvolvendo em estilo popular os temas já abordados por Jr 10,1-16 e Is 44,9-20. A idolatria a que o texto se refere é a de Babilônia em época tardia. A Carta pode ter sido escrita em hebraico e data do período grego, mas não é possível precisar mais; 2Mc 2,1-3 parece referir-se a ela.

Um pequeno fragmento do texto grego foi descoberto numa das grutas de Qumrã; a paleografia lhe atribui a data de 100 a.C., aproximadamente.

O interesse da coleção heterogênea que traz o nome de Baruc é o de nos introduzir nas comunidades da Dispersão e de nos mostrar como a vida religiosa era mantida nelas pelo relacionamento com Jerusalém, pela oração, pelo culto da Lei, pelo espírito de desforra e pelos sonhos messiânicos. Ao lado das Lamentações, ela é também um testemunho da grande recordação deixada por Jeremias, pois os dois opúsculos foram relacionados com o profeta e seu discípulo. A lembrança de Baruc se perpetuou; no século II da nossa era, foram postos sob seu nome dois Apocalipses que nos foram conservados, um em grego e o outro em siríaco (com fragmentos gregos).

Ezequiel

À diferença do livro de Jeremias, o de Ezequiel se apresenta como um todo bem ordenado. Depois de uma introdução (1-3), em que o profeta recebe de Deus sua missão, o corpo do livro divide-se claramente em quatro partes: 1º os caps. 4-24 contêm quase unicamente censuras e ameaças contra os israelitas antes do cerco de Jerusalém; 2º os caps. 25-32 são oráculos contra as nações, nos quais o profeta estende a maldição divina aos cúmplices e aos provocadores da nação infiel; 3º nos caps. 33-39, durante e após o cerco, o profeta consola seu povo, prometendo-lhe um futuro melhor; 4º ele prevê enfim (caps. 40-48) o estatuto político e religioso da comunidade futura, restabelecida na Palestina.

No entanto, esta lógica da composição dissimula sérias falhas. Há numerosas duplicatas; por exemplo: 3,17-21 = 33,7-9; 18, 25-29 = 33,17-20 etc. As indicações sobre a mudez com que Deus fere Ezequiel (3,26; 24,27; 33,22) são separadas por longos discursos. A visão do carro divino (1,4-3,15) é interrompida pela do livro (2,1-3,9). Igualmente, a descrição dos pecados de Jerusalém (11,1-21) é continuação do cap. 8 e interrompe claramente o relato da partida do carro divino, que de 10,22 passa a 11,22. As datas fornecidas nos caps. 26-33 não se sucedem em ordem. Estas incongruências dificilmente se podem imputar a um autor que escrevesse sua obra de uma só vez. É muito mais verossímil que elas se devam a discípulos que trabalhassem a partir de escritos ou recordações, combinando-os e completando-os. O livro de Ezequiel passou, pois, de certa forma, pela mesma trajetória dos outros livros proféticos. Mas a igualdade da forma e da doutrina garantem-nos que esses discípulos nos conservaram fielmente o pensamento e, em geral, até mesmo a palavra de seu mestre. O trabalho redacional deles é perceptível sobretudo na última parte do livro (40-48), cujo núcleo, entretanto, remonta ao próprio Ezequiel.

De acordo com o estado atual do texto, Ezequiel exerceu toda a sua atividade no meio dos exilados de Babilônia entre 593 e 571, que são as datas extremas apresentadas pelo texto (1,2 e 29,17). Alguns estranharam que, nestas condições, os oráculos da primeira parte pareçam dirigidos aos habitantes de Jerusalém e que às vezes Ezequiel pareça estar fisicamente presente na cidade (sobretudo 11,13). Surgiu assim a hipótese de um duplo ministério de Ezequiel: ele teria residido na Palestina e lá teria pregado até depois da queda de Jerusalém em 587. Somente então ter-se-ia unido aos cativos de Babilônia. A visão do rolo em 2,1-3,9 marcaria a vocação do profeta na Palestina, a do carro divino (1,4-28 e 3,10-15) marcaria a chegada junto aos exilados. A transposição desta visão para o começo do livro teria modificado toda a sua perspectiva. Essa hipótese ajuda a responder a certas dificuldades, mas suscita outras, pois supõe sérias reestruturações do texto, e deve admitir que, mesmo durante seu ministério "palestinense", Ezequiel vivia ordinariamente fora da cidade, pois é "transportado" para lá (8,3); e não deixa de ser curioso que, se Ezequiel e Jeremias pregaram juntos em Jerusalém, nem um nem outro faça alusão ao ministério do colega. Por outro lado, não se devem exagerar as dificuldades da tese tradicional: as censuras dirigidas ao povo de Jerusalém serviam de lição para os exilados e, quando Ezequiel parece achar-se na Cidade Santa, o texto diz explicitamente que ele é transportado para lá "em visão" (8,3), como também foi trazido de lá "em visão" (11,24). A hipótese do duplo ministério está reduzida a poucos partidários.

Seja qual for a solução adotada, a mesma grande figura se manifesta no livro. Ezequiel é sacerdote (1,3). O Templo é a sua preocupação principal, quer se trate do Templo presente maculado por ritos impuros (8) e que a glória de Iahweh abandona (10), quer se trate do Templo futuro, cujo plano descreve minuciosamente (40-42) e para o qual ele vê Deus voltar (43). Guarda o culto da Lei e, na história das infidelidades de Israel (20), a censura de ter "profanado os sábados" volta como um refrão. Tem horror às impurezas legais (4,14) e uma grande preocupação por separar o sagrado do profano (45,1-6). Na sua qualidade de sacerdote, resolvia casos de direito ou de moral, e por isso seu ensinamento assume um tom casuístico (18). Seu pensamento e vocabulário assemelham-se à Lei de Santidade (Lv 17-26). Contudo, não se pode demonstrar nem que ele se tenha inspirado nela, nem que a Lei de Santidade dependa dele; os contatos mais notáveis se encontram em passagens redacionais. É fato que estas duas obras foram transmitidas em círculos de pensamento muito próximos uns dos outros. A obra de Ezequiel integra-se na corrente "sacerdotal" como a de Jeremias pertence à corrente "deuteronomista". Mas esse sacerdote é também profeta de ação. Mais que nenhum outro, multiplicou os gestos simbólicos. Representou com mímica o cerco de Jerusalém (4,1-5,4), a partida dos emigrantes (12,1-7), o rei de Babilônia na encruzilhada dos caminhos (21,23s), a união de Judá com Israel (37,15s). Até nas provações pessoais que Deus lhe envia, ele é um "sinal" para Israel (24,24), como o tinham sido Oseias, Isaías e Jeremias. Mas a complexidade de suas ações simbólicas contrasta com a simplicidade dos gestos dos seus predecessores.

Ezequiel é sobretudo homem de visões. Seu livro contém apenas quatro visões propriamente ditas, mas elas ocupam espaço considerável: 1-3; 8-11; 37; 40-48. Manifestam um mundo fantástico: os quatro seres vivos do carro de Iahweh, a sarabanda cultual do Templo, com seu pulular de animais e de ídolos, a planície dos ossos que se reanimam, um Templo futuro desenhado como numa planta de arquiteto, donde brota um rio de sonho numa geografia utópica. Este poder de imaginação estende-se aos quadros alegóricos que o profeta descreve: as duas irmãs Oola e Ooliba (23), o naufrágio de Tiro (27), o Faraó-crocodilo (29 e 32), a árvore gigante (31) e a descida aos infernos (32).

Em contraste com esta potência visual, talvez como preço dela, como se a intensidade das imagens sufocasse a expressão, o estilo de Ezequiel é monótono e pálido, frio e diluído, duma pobreza estranha quando comparado com o dos grandes clássicos, com a vigorosa pureza de Isaías, com o calor apaixonado de Jeremias. A arte de Ezequiel se impõe por suas dimensões e seu relevo, que criam como que uma atmosfera de horror sagrado diante do mistério do divino.

Já se vê que, embora unido a seus predecessores por muitos traços, Ezequiel abre um caminho novo, o que é verdade também a respeito de sua doutrina. Ele rompe com o passado de sua nação. A lembrança das promessas feitas aos antepassados e da Aliança concluída no Sinai aparece esporadicamente; mas, se até aqui Deus salvou seu povo manchado desde o nascimento (16,3s), não foi para cumprir as promessas, mas sim para defender a honra do seu nome (20); se ele substituirá a Aliança antiga por uma Aliança eterna (16,60; 37,26s), não será em recompensa duma "volta" do povo para ele, mas por pura benevolência, por graça preveniente; o arrependimento virá depois (16,62-63). O messianismo de Ezequiel, aliás pouco explícito, já não é régio e glorioso: sem dúvida anuncia ele um futuro Davi, o qual será, porém, apenas o "pastor" do seu povo (34,23; 37,24), "príncipe" (24,24) e não rei, pois para reis não há lugar na visão teocrática do futuro (45,7s). Rompe com a tradição da solidariedade no castigo e afirma o princípio da retribuição individual (18; cf. 33). Solução teológica provisória que, demasiadas vezes contestada pelos fatos, conduzirá lentamente à ideia de uma retribuição no além-túmulo. Não obstante fosse um sacerdote muito ligado a seu Templo, rompe, como já fizera Jeremias, com a ideia de que Deus esteja ligado a seu santuário. Em Ezequiel se conciliam o espírito profético e o espírito sacerdotal, que tantas vezes tinham sido adversários: os ritos — que subsistem — são valorizados pelos sentimentos que os inspiram. Toda a doutrina deste profeta tem por núcleo a renovação interior: é preciso criar para si um coração novo e um espírito novo (18,31), ou melhor, o próprio Deus dará "outro" coração, um coração "novo", e infundirá no homem um espírito "novo" (11,19; 36,26). Como no caso da benevolência divina que previne o arrependimento, estamos aqui nos umbrais da teologia da graça, que são João e são Paulo desenvolverão.

Esta espiritualização de todos os dados religiosos é a grande contribuição de Ezequiel. Quando se lhe dá o nome de pai do judaísmo, muitas vezes se faz referência à sua preocupação de separação do profano, de pureza legal, às suas minúcias rituais, e se pensa nos fariseus. Isso é absolutamente injusto: Ezequiel, tanto quanto Jeremias, mas de outra forma, está na origem daquela corrente espiritual puríssima que atravessa o judaísmo e desemboca no Novo Testamento. Jesus é o Bom Pastor que Ezequiel anunciara, e ele inaugurou o culto em espírito que o profeta propugnara.

Sob outro aspecto, Ezequiel dá origem à corrente apocalíptica. Suas grandiosas visões já anunciam as de Daniel, e não é nada estranho que no Apocalipse de são João encontremos tantas vezes a sua influência.

Daniel

Por seu conteúdo, o livro de Daniel divide-se em duas partes. Os caps. 1-6 são relatos: Daniel e seus três companheiros a serviço de Nabucodonosor (1); o sonho de Nabucodonosor: a estátua composta de elementos diversos (2); a adoração da estátua de ouro e os três companheiros de Daniel na fornalha (3); a loucura de Nabucodonosor (4); o festim de Baltazar (5); Daniel na cova dos leões (6). Em todos estes casos, Daniel ou seus companheiros saem triunfantes de uma provação da qual depende a vida ou pelo menos a reputação deles, e os pagãos glorificam a Deus, que os salvou. As cenas se passam em Babilônia, nos reinados de Nabucodonosor, de seu "filho" Baltazar e do sucessor deste, "Dario, o Medo". Os caps. 7-12 são visões com que Daniel é favorecido: as quatro feras (7); o bode e o carneiro (8); as setenta semanas (9); a grande visão do Tempo da cólera e do Tempo do fim (10-12). São datadas dos reinados de Baltazar, de Dario, o Medo, e de Ciro, rei da Pérsia, e têm como cenário a Babilônia.

Dessa divisão, deduziu-se às vezes a existência de dois escritos de épocas diferentes, combinados por um editor. Mas outros indícios contradizem esta distinção. As narrações estão na terceira pessoa e as visões são contadas pelo próprio Daniel, mas a primeira visão (7) está situada entre uma introdução e uma conclusão na terceira pessoa. O começo do livro está em hebraico, mas em 2,4 passa-se bruscamente ao aramaico, que continua até o fim de 7, reunindo assim a parte das visões; os últimos capítulos estão de novo em hebraico. Foram propostas diversas explicações para esta dualidade de língua, mas nenhuma é convincente. Assim, a divisão segundo o estilo (1ª ou 3ª pessoa) e a divisão segundo a língua (hebraico ou aramaico) não correspondem à que se deduz do conteúdo (narrativas ou visões). Por outro lado, o cap. 7 é comentado pelo 8, mas é paralelo ao cap. 2; seu aramaico é o mesmo que o dos caps. 2-4, mas traços de seu estilo reaparecem nos caps. 8-12, embora esses estejam escritos em hebraico. O cap. 7, portanto, constitui o nexo entre as duas partes do livro e assegura-lhe unidade. Além disso, Baltazar e Dario, o Medo, aparecem em ambas as partes do livro, causando as mesmas dificuldades aos historiadores. Enfim, as formas literárias e as linhas de pensamento são as mesmas de uma extremidade à outra do livro, e essa igualdade é o argumento mais forte em favor da unidade de sua composição.

A data desta é fixada pelo testemunho claro fornecido pelo cap. 11. As guerras entre

Selêucidas e Lágidas e uma parte do reinado de Antíoco Epífanes nele são narradas com grande luxo de pormenores insignificantes para o propósito do autor. Este relato não se parece com nenhuma profecia do Antigo Testamento e apesar de seu estilo profético, relata acontecimentos já ocorridos. Mas a partir de 11,40 muda o tom: o "Tempo do fim" é anunciado de um modo que recorda os outros profetas. O livro teria sido composto, portanto, durante a perseguição de Antíoco Epífanes e antes da morte dele, antes mesmo da vitória da insurreição macabaica, isto é, entre 167 e 164.

Nada há no resto do livro que contradiga esta data. Os relatos da primeira parte situam-se na época caldeia, mas certos sinais mostram que o autor está bastante longe dos acontecimentos. Baltazar é filho de Nabônides e não de Nabucodonosor, como diz o texto, e nunca teve o título de rei. Dario, o Medo, é desconhecido dos historiadores e não há lugar para ele entre o último rei caldeu e Ciro, o Persa, que já havia vencido os medos. O ambiente neobabilônico é descrito com termos de origem persa; até mesmo os instrumentos da orquestra de Nabucodonosor trazem nomes transcritos do grego. As datas apresentadas no livro não concordam entre si, nem com a história tal como a conhecemos, e parecem ter sido postas no início dos capítulos sem grande preocupação com a cronologia. O autor utilizou tradições, orais ou escritas, que circulavam em sua época. Os manuscritos do mar Morto contêm fragmentos dum ciclo de Daniel, que tem semelhanças com o livro canônico, em particular uma prece de Nabônides, que recorda Dn 3,31-4,34, em que o nome de Nabucodonosor substitui o de Nabônides. O autor, ou suas fontes, apresentou como herói destas histórias piedosas certo Daniel ou Dan'el, que Ez 14,14-20 e 28,3 cita como justo e sábio dos tempos antigos e que é mencionado também nos poemas de Râs Shamra, escritos no século XIV antes da nossa era.

Essa data tão recente do livro explica sua posição na Bíblia hebraica. Foi admitido após a fixação do cânon dos Profetas e foi colocado, entre Ester e Esdras, no grupo heterogêneo dos "outros escritos", que forma a última parte do cânon hebraico. As Bíblias grega e latina o colocam entre os profetas e lhe acrescentam algumas partes deuterocanônicas: o salmo de Azarias e o cântico dos três jovens (3,24-90), a história de Susana, na qual brilha o candor clarividente do jovem Daniel (13) e as histórias de Bel e da serpente sagrada, que são sátiras da idolatria (14). A tradução grega da Setenta difere muito da de Teodocião, que se conserva muito próxima do texto massorético.

O livro destina-se a sustentar a fé e a esperança dos judeus perseguidos por Antíoco Epífanes. Daniel e seus companheiros foram submetidos às mesmas provas: abandono das prescrições da Lei (1) e tentações de idolatria (3 e 6); saíram vencedores delas e os antigos perseguidores tiveram de reconhecer o poder do verdadeiro Deus. O perseguidor moderno é descrito com traços mais terríveis, mas quando a ira divina estiver satisfeita (8,19; 11,36), virá o Tempo do fim (8,17; 11,40), no qual o perseguidor será abatido (8,25; 11,45). Será o fim das desgraças e do pecado, e o advento do Reino dos santos, governado por um "Filho de homem", cujo império jamais passará (7).

Esta expectativa do Fim, esta esperança do Reino está presente no livro todo (2,44; 3,33; 4,31; 7,14). Deus se encarregará de fazê-lo chegar dentro dum prazo que ele fixou, mas que abrange toda a duração da humanidade. Os momentos da história do mundo se tornam momentos do desígnio divino dentro do plano eterno. O passado, o presente, o futuro, tudo se torna profecia, porque tudo é visto à luz de Deus, que "muda tempos e estações" (2,21). Com esta visão simultaneamente temporal e extratemporal, o autor revela o sentido profético da história. Este segredo de Deus (2,18 etc.; 4,6) é revelado por intermédio de seres misteriosos, mensageiros e agentes do Altíssimo; a doutrina dos anjos se afirma no livro de Daniel como no de Ezequiel e sobretudo em Tobias. A revelação versa sobre o desígnio oculto de Deus a respeito de seu povo e dos demais povos. Interessa tanto às nações como aos indivíduos. Um texto importante sobre a ressurreição anuncia o despertar dos mortos para uma vida ou um opróbrio eternos (12,2). O Reino esperado se estenderá a todos os povos (7,14), será sem fim, será o Reino dos santos (7,18), o Reino de Deus (3,33; 4,31), o Reino do Filho de homem, a quem foi conferido todo o poder (7,13-14).

Esse misterioso Filho de homem, que 7,18 e 21-27 identificam com a comunidade dos santos, é também seu cabeça, o chefe do reino escatológico, mas não é o Messias davídico. Esta interpretação individual tornou-se corrente no judaísmo e foi retomada por Jesus, que aplicou a si próprio o título de Filho do homem para sublinhar o caráter transcendente e espiritual do seu messianismo (Mt 8,20+).

O livro de Daniel já não representa a verdadeira corrente profética. Não contém mais a pregação dum profeta enviado por Deus em missão junto de seus contemporâneos; foi composto e imediatamente escrito por um autor que se oculta por detrás dum pseudônimo, como já sucedera no opúsculo de Jonas. As histórias edificantes da primeira parte assemelham-se a uma categoria de escritos de sabedoria, da qual temos um exemplo antigo na história de José, no Gênesis, e um exemplo recente no livro de Tobias, escrito pouco antes de Daniel. As visões da segunda parte comunicam a revelação dum segredo divino, explicado pelos anjos, para os tempos futuros, num estilo propositadamente enigmático; este "livro selado" (12,4) inaugura plenamente o gênero apocalíptico que fora preparado por Ezequiel e que se difundirá na literatura judaica. O Apocalipse de são João é o seu equivalente no Novo Testamento, mas então são rompidos os selos do livro fechado (Ap 5-6), as palavras não são mais mantidas em segredo, pois "o tempo está próximo" (Ap 22,10) e espera-se a vinda do Senhor (Ap 22,20; 1Cor 16,22).

Os Doze Profetas

O último livro do cânon hebraico dos Profetas denomina-se simplesmente "os Doze". Agrupa, com efeito, doze opúsculos atribuídos a diferentes profetas. A Bíblia grega o intitula o Dodekaprophéton. A Igreja cristã considera-o como a coleção dos doze Profetas Menores, o que denota a brevidade dos livros e não um valor inferior ao dos profetas "maiores". A coleção já estava formada na época do Eclesiástico (Eclo 49,10). A Bíblia hebraica, seguida pela Vulgata, ordena estes opúsculos segundo a sucessão histórica que a tradição lhes atribuía. A colocação é um pouco diferente na Bíblia grega, que, aliás, os põe antes dos Profetas Maiores.

Nossa tradução obedece à disposição tradicional da Vulgata (e do hebraico), mas os livros são apresentados aqui segundo a ordem histórica mais verossímil.

Amós

Amós era pastor em Técua, nos limites do deserto de Judá (1,1); alheio às confrarias de profetas, foi tomado por Iahweh de trás do seu rebanho e enviado a profetizar a Israel (7,14). Após um curto ministério que teve como ambiente principal o santuário cismático de Betel (7,10s) e foi exercido provavelmente também em Samaria (cf. 3,9; 4,1; 6,1), foi ele expulso de Israel e retomou suas ocupações anteriores.

Prega no reinado de Jeroboão II (783-743), época gloriosa, humanamente falando, em que o reino do Norte se estende e se enriquece, mas na qual o luxo dos grandes insulta a miséria dos oprimidos, e na qual o esplendor do culto disfarça a ausência de uma religião verdadeira. Com a rudeza simples e altiva e com a riqueza de imagens dum homem do campo, Amós condena em nome de Deus a vida corrupta das cidades, as injustiças sociais, a falsa segurança posta em ritos, nos quais a alma não se compromete (5,21-22). Iahweh, soberano Senhor do mundo, que castiga todas as nações (1-2), punirá duramente a Israel, obrigado por sua eleição a uma justiça moral maior (3,2). O "Dia de Iahweh" (a expressão aparece aqui pela primeira vez) será trevas e não luz (5,18s), a vingança será terrível (6,8s), executada por um povo que Deus chama (6,14); trata-se da Assíria, que não é mencionada, mas ocupa o horizonte do profeta. Todavia, Amós abre uma pequena esperança, a perspectiva duma salvação para a casa de Jacó (9,8), para o "resto" de José (5,15: primeiro uso profético deste termo). Essa doutrina profunda sobre Deus, senhor universal e Todo-poderoso, defensor da justiça, é expressa com uma segurança absoluta, sempre como se o profeta não dissesse nada de novo: sua novidade está na força com a qual relembra as exigências do javismo puro.

O livro chegou até nós com certa desordem; em particular, o relato em prosa (7,10-17), que separa duas visões, estaria mais bem colocado no fim dos oráculos. Pode-se hesitar sobre a atribuição ao próprio Amós de algumas passagens curtas. As doxologias (4,13; 5,8-9; 9,5-6) talvez tenham sido acrescentadas para a leitura litúrgica. Os curtos oráculos contra Tiro, Edom (1,9-12) e Judá (2,4-5) parecem datar do Exílio. Mais discutidos são 9,8b-10 e sobretudo 9,11-15. Não há razão séria para suspeitar da primeira dessas passagens, mas é provável que a segunda tenha sido acrescentada: não se deve argumentar partindo das promessas de salvação que ela contém e que, desde o início, foram um tema da pregação dos profetas, como aqui em 5,15 e no contemporâneo Oseias; mas o que é dito da tenda arruinada de Davi, da vingança contra Edom, dum retorno e restabelecimento de Israel, supõe a época do Exílio e pode ser atribuído, com alguns outros retoques, a uma edição deuteronomista do livro.

Oseias

Oriundo do reino do Norte, Oseias é contemporâneo de Amós, pois começou a pregar no tempo de Jeroboão II; seu ministério se prolongou pelos reinados dos sucessores deste rei, mas não parece ter ele presenciado a ruína de Samaria em 721. Foi um período sombrio para Israel: conquistas assírias de 734-732, revoltas interiores — quatro reis assassinados em quinze anos — corrupção religiosa e moral.

Da vida de Oseias durante esse período turbulento só conhecemos seu drama pessoal (1-3), o qual foi decisivo para a sua ação profética. O sentido desses primeiros capítulos é discutido. Eis a interpretação mais verossímil: Oseias casara com uma mulher que ele amava e que o abandonou; mas ele continuou amando-a e recebeu-a de novo, depois de pô-la à prova. A experiência dolorosa do profeta torna-se símbolo do comportamento de Iahweh para com seu povo e a consciência deste simbolismo pode ter modificado a apresentação dos fatos. O cap. 2 faz a aplicação e dá ao mesmo tempo a chave de todo o livro: Israel foi desposada por Iahweh, portou-se como uma mulher infiel, como uma prostituta, e provocou a ira e o ciúme de seu esposo divino, o qual não deixa de amá-la, e a castigará, mas com o fito de reconduzi-la a si e devolver-lhe as alegrias do seu primeiro amor.

Com uma audácia surpreendente e uma paixão que impressiona, a alma terna e violenta de Oseias exprimiu pela primeira vez as relações entre Iahweh e Israel nos termos de um matrimônio. Toda a sua mensagem tem por tema fundamental o amor de Deus desprezado por seu povo. Com exceção de um curto idílio no deserto, Israel correspondeu aos carinhos de Iahweh somente com a traição. Oseias repreende sobretudo as classes dirigentes da sociedade. Os reis, escolhidos contra a vontade de Iahweh, rebaixaram, com sua política mundana, o povo eleito ao nível dos outros povos. Os sacerdotes, ignorantes e cobiçosos, levaram o povo à ruína. Como Amós, Oseias condena as injustiças e as violências, porém fustiga mais que aquele a infidelidade religiosa: em Betel, Iahweh é objeto de um culto idolátrico e é associado a Baal e a Astarte no culto licencioso dos lugares altos. Oseias protesta contra o título de Baal, no sentido de "Senhor", que era dado a Iahweh (2,18) e reivindica para o Deus de Israel a ação benfazeja que o povo era tentado a atribuir a Baal, deus da fertilidade (2,7.10); Iahweh é um Deus ciumento, que deseja possuir sem partilha o coração dos seus fiéis: "É amor que eu quero e não sacrifício, conhecimento de Deus mais do que holocaustos" (6,6). O castigo é, pois, inevitável; mas Deus não castiga senão para salvar. Israel, despojado e humilhado, lembrar-se-á do tempo em que era fiel, e Iahweh acolherá seu povo arrependido, que gozará de felicidade e paz.

Após ter querido retirar do livro todo anúncio de felicidade e tudo o que se referia a Judá, a crítica retorna a juízos mais moderados. Fazer de Oseias apenas um profeta de desgraças seria falsificar toda a sua mensagem, e é natural que seu olhar se tenha estendido sobre o reino vizinho de Judá. É forçoso, no entanto, admitir que a coleção dos oráculos de Oseias, reunida em Israel, foi recolhida em Judá e foi objeto de uma ou duas revisões. As marcas deste trabalho editorial se encontram no título (1,1) e em certas passagens, por exemplo 1,7; 5,5; 6,11; 12,3. O versículo final (14,10) é a reflexão de um sábio da época exílica ou pós-exílica sobre o ensinamento principal do livro e sobre sua profundidade. A dificuldade de interpretar a obra torna-se maior, para nós, devido ao estado deplorável do texto hebraico, que é um dos mais corrompidos do Antigo Testamento.

O livro de Oseias teve ressonâncias profundas no Antigo Testamento e encontramos seu eco nos profetas seguintes quando exortam a uma religião do coração, inspirada no amor de Deus. Jeremias foi profundamente influenciado por ele. Não é de estranhar que o Novo Testamento cite Oseias ou nele se inspire com frequência. A imagem matrimonial das relações entre Iahweh e seu povo foi retomada por Jeremias, Ezequiel e a segunda parte de Isaías. O Novo Testamento e a comunidade que dele surgiu aplicaram-na às relações entre Jesus e sua Igreja. Os místicos cristãos a estenderam a todas as almas fiéis.

Miqueias

O profeta Miqueias (que não deve ser confundido com Miqueias Ben-Jemla, que viveu no reinado de Acab (1Rs 22) era judaíta, oriundo de Morasti, a oeste de Hebron. Exerceu sua atividade durante os reinados de Acaz e Ezequias, isto é, antes e depois da tomada de Samaria em 721 e talvez até da invasão de Senaquerib em 701. Foi, portanto, em parte, contemporâneo de Oseias e, por mais tempo, de Isaías. Por sua origem camponesa tem semelhanças com Amós, com quem compartilha a aversão pelas grandes cidades, a linguagem concreta e por vezes brutal, o gosto pelas imagens rápidas e pelos jogos de palavras.

O livro se divide em quatro partes, nas quais se alternam ameaça e promessa: 1,2-3,12, processo de Israel; 4,1-5,14, promessas a Sião; 6,1-7,7, novo processo de Israel; 7,8-20, esperanças. As promessas a Sião contrastam violentamente com as ameaças que as emolduram e esta composição equilibrada é um arranjo dos editores do livro. É difícil determinar a extensão das modificações que ele sofreu no meio espiritual em que se conservava a lembrança do profeta. Os autores concordam em reconhecer que 7,8-20 situa-se claramente na época do retorno do Exílio. É neste tempo também que melhor se situaria o oráculo de 2,12-13, perdido entre ameaças, e os anúncios de 4,6-7 e 5,6-7. Por outro lado, 4,1-5 reaparece quase textualmente em Is 2,2-5 e não parece ser original em nenhum dos dois contextos. Mas não se deve argumentar com estas possíveis adições para se cancelar da mensagem autêntica de Miqueias todas as promessas para o futuro. A coleção de oráculos dos caps. 4-5 foi constituída durante ou após o Exílio, mas contém trechos autênticos e, em particular, não há razão decisiva para se eliminar de Miqueias o anúncio messiânico de 5,1-5, que concorda com o que Isaías fazia esperar na mesma época (Is 9,1s; 11,1s).

Nada sabemos da vida de Miqueias, nem como ele foi chamado por Deus. Mas tinha viva consciência de sua vocação profética e é por isso que, à diferença dos pseudoinspirados, anuncia com segurança a desgraça (2,6-11; 3,5-8). É portador da palavra de Deus a qual é antes de tudo uma condenação. Iahweh instaura o processo do seu povo (1,2; 6,1s) e acha-o culpado: pecados religiosos, sem dúvida, mas sobretudo faltas morais, e Miqueias fustiga os ricos açambarcadores, os credores sem compaixão, os comerciantes fraudulentos, as famílias divididas, os sacerdotes e os profetas gananciosos, os chefes tirânicos e os juízes venais. É o contrário do que Iahweh exigia: "praticar o direito, gostar do amor e caminhar humildemente com o teu Deus" (6,8), fórmula admirável, que resume as reivindicações espirituais dos profetas e relembra sobretudo Oseias. O castigo está decidido: no meio duma catástrofe mundial (1,3-4), Iahweh virá julgar e punir seu povo; anuncia-se a ruína de Samaria (1,6-7), a das cidades da Planície em que vive Miqueias (1,8-15), e até mesmo a ruína de Jerusalém, que se transformará num montão de escombros (3,12).

Não obstante isso, o profeta guarda uma esperança (7,7). Retoma a doutrina do Resto, esboçada por Amós, e anuncia o nascimento em Éfrata do Rei pacífico, que apascentará o rebanho de Iahweh (5,1-5).

A influência de Miqueias foi duradoura: os contemporâneos de Jeremias conheciam e citavam um oráculo dele contra Jerusalém (Jr 26,18). O Novo Testamento conservou sobretudo o texto sobre a origem do Messias em Belém de Éfrata (Mt 2,6; Jo 7,42).

Sofonias

De acordo com o título do seu livro, Sofonias profetizou no tempo de Josias (640-609). Seus ataques contra as modas estrangeiras (1,8) e os cultos dos falsos deuses (1,4-5), suas repreensões aos ministros (1,8) e seu silêncio a respeito do rei indicam que ele pregou antes da reforma religiosa e durante a menoridade de Josias, entre 640 e 630, ou seja, imediatamente antes de começar o ministério de Jeremias. Judá, privado por Senaquerib de uma parte do seu território, viveu sob o domínio assírio e os reinados ímpios de Manassés e de Amon favoreceram a desordem religiosa. Mas o enfraquecimento da Assíria suscita agora a esperança de restauração nacional, que será acompanhada de reforma religiosa.

O livro divide-se em quatro breves secções: o Dia de Iahweh (1,2-2,3); contra as nações (2,4-15); contra Jerusalém (3,1-8); promessas (3,9-20). Sem razão suficiente, alguns quiseram eliminar certos oráculos contra as nações e todas as promessas da última secção; como todas as coletâneas proféticas, a de Sofonias passou por retoques e acréscimos, mas são pouco numerosos: em particular, os anúncios da conversão dos pagãos (2,11 e 3,9-10), estranhos ao contexto, inspiram-se no Segundo Isaías, a autenticidade dos pequenos salmos 3,14-15 e 16-18a é muito discutida e os exegetas concordam em atribuir ao tempo do Exílio os últimos versículos (3,18b-20).

A mensagem de Sofonias resume-se num anúncio do Dia de Iahweh (ver Amós), catástrofe que atingirá tanto as nações como Judá, condenado por suas falhas religiosas e morais, inspiradas pelo orgulho e pela revolta (3,1.11). Sofonias possui uma noção profunda do pecado, que anuncia a de Jeremias: é um atentado pessoal contra o Deus vivo. O castigo das nações é uma advertência (3,7), que deveria reconduzir o povo à obediência e à humildade (2,3), e a salvação só é prometida a um "resto" humilde e modesto (3,12-13). O messianismo de Sofonias se reduz a este horizonte, que é, sem dúvida, limitado, mas que descobre o conteúdo espiritual das promessas.

O livro de Sofonias teve influência restrita e só uma vez é utilizado no Novo Testamento (Mt 13,41). Mas a descrição do Dia de Iahweh (1,14-18) inspirou a de Joel e forneceu à Idade Média as palavras iniciais do Dies Irae.

Naum

O livro de Naum começa com um salmo sobre a ira de Iahweh contra os maus e com sentenças proféticas que contrapõem o castigo da Assíria à salvação de Judá (1,2-2,3), mas o tema principal, indicado pelo título, é a ruína de Nínive, anunciada e descrita com poder de evocação tal que faz de Naum um dos grandes poetas de Israel (2,4-3,19). Não há razão para subtrair-lhe o salmo e os oráculos do começo, que formam uma boa introdução a este quadro terrível.

Houve quem afirmasse, mas sem provas suficientes, que essa introdução (ou todo o livro) teria origem cultual ou, pelo menos, seria utilizada na liturgia do Templo.

A profecia é pouco anterior à tomada de Nínive em 612. Sente-se vibrar aqui toda a paixão de Israel contra o inimigo hereditário, o povo da Assíria, e ouvem-se cantar as esperanças que sua queda desperta. Mas, através deste nacionalismo violento, que ainda não vislumbra o Evangelho nem mesmo o universalismo da segunda parte de Isaías, exprime-se um ideal de justiça e de fé: a ruína de Nínive é um julgamento de Deus, que pune o inimigo do plano divino (1,11; 2,1), o opressor de Israel (1,12-13) e de todos os povos (3,1-7).

O opúsculo de Naum parece ter alimentado as esperanças humanas de Israel por volta de 612, mas a alegria foi efêmera e a ruína de Jerusalém seguiu de perto a de Nínive. O sentido da mensagem então se ampliou e se aprofundou, e Is 52,7 retoma a imagem de Na 2,1 para descrever a chegada da salvação. Foram achados em Qumrã fragmentos dum comentário de Naum, que aplicava arbitrariamente os ditos do profeta aos inimigos da comunidade.

Habacuc

O curto livro de Habacuc é muito diligentemente composto. Começa com um diálogo entre o profeta e seu Deus: às duas queixas do profeta respondem dois oráculos divinos (1,2-2,4). O segundo oráculo fulmina cinco imprecações contra a opressão iníqua (2,5-20). A seguir o profeta canta, num salmo, o triunfo final de Deus (cap. 3). Tem sido contestada a autenticidade deste último capítulo, mas sem ele a composição ficaria defeituosa. As indicações musicais que o enquadram e o pontilham atestam apenas que o salmo serviu para a liturgia. É duvidoso que esse uso cultual se deva estender a todo o livro; seu estilo explica-se suficientemente pela imitação de peças litúrgicas. Isso não basta para fazer de Habacuc um profeta cultual, um membro do pessoal do Templo. O comentário de Habacuc que provém de Qumrã não vai além do cap. 2, mas isso nada significa contra a autenticidade do cap. 3.

Discute-se sobre as circunstâncias da profecia e a identificação do opressor. Pensou-se nos assírios, ou nos caldeus, ou até mesmo no rei de Judá, Joaquim. A última hipótese é insustentável; as outras duas se apoiam em bons argumentos. Se se aceita que os opressores representam os assírios, é contra eles que Deus suscita os caldeus (1,5-11) e a profecia situar-se-ia antes da queda de Nínive em 612. Pode-se também admitir que os opressores são, do começo ao fim, os caldeus, mencionados em 1,6. Eles foram os instrumentos de Deus para castigar seu povo, mas serão castigados por sua vez, em razão da sua violência iníqua, pois Iahweh saiu em guerra para salvar seu povo, e o profeta espera esta intervenção divina com angústia que, enfim, transforma-se em alegria. Se esta interpretação é válida, o livro foi escrito entre a batalha de Carquemis em 605, que deu a Nabucodonosor o Oriente Médio, e o primeiro cerco de Jerusalém em 597. Habacuc seria assim pouco posterior a Naum e, como ele, contemporâneo de Jeremias.

No quadro da doutrina dos profetas, Habacuc apresenta uma nota nova: ousa pedir a Deus contas do seu governo do mundo. Certamente Judá pecou, mas por que Deus, que é santo (1,12), que tem olhos demasiado puros para ver o mal (1,13), escolhe os bárbaros caldeus para exercer sua vingança? Por que faz que seja punido o mau por alguém pior do que ele? Por que parece colaborar para o triunfo da força injusta? É o problema do Mal colocado ao nível das nações, e o escândalo de Habacuc é também o de muita gente de nosso tempo. A ele e a estas dirige-se a resposta divina: por caminhos paradoxais, o Deus onipotente prepara a vitória final do direito, e *"o justo viverá por sua fidelidade"* (2,4b), pérola deste livro, que são Paulo vai inserir na sua doutrina da fé (Rm 1,17; Gl 3,11; Hb 10,38).

Ageu

Com Ageu começa o último período profético, o posterior ao Exílio. A mudança é impressionante. Antes do Exílio, a palavra de ordem dos profetas fora Castigo. Durante o Exílio, passou a ser Consolação. Agora é Restauração. Ageu chega num momento decisivo para a formação do judaísmo: o nascimento da nova comunidade da Palestina. Suas breves exortações datam exatamente do final de agosto a meados de dezembro do ano 520. Os primeiros judeus que regressaram da Babilônia para reconstruir o Templo logo perderam a coragem. Mas os profetas Ageu e Zacarias reavivaram as energias e induziram o governador Zorobabel e o sumo sacerdote Josué a recomeçarem os trabalhos do Templo, o que foi feito em setembro de 520 (1,15; cf. Esd 5,1).

É apenas este o objetivo dos quatro pequenos discursos que compõem o livro: Iahweh dizimou os produtos da terra porque o Templo continua em ruínas, mas a sua reconstrução trará uma era de prosperidade; apesar de sua aparência modesta, este novo Templo eclipsará a glória do antigo, e o poder é prometido a Zorobabel, o eleito de Deus.

A construção do Templo é apresentada como a condição da vinda de Iahweh e do estabelecimento do seu reino; a era da salvação escatológica vai ser inaugurada. Assim se cristaliza em torno do santuário e do descendente de Davi a esperança messiânica, que Zacarias vai exprimir mais claramente.

Zacarias

O livro de Zacarias compõe-se de duas partes bem distintas: 1-8 e 9-14. Depois de uma introdução, datada de outubro/novembro de 520, dois meses após a primeira profecia de Ageu, o livro refere oito visões do profeta, datadas de fevereiro de 519 (1,7-6,8), seguidas da coroação simbólica de Zorobabel (os revisores substituíram-no pelo nome do sumo sacerdote Josué, ao se desvanecer a esperança que fora posta em Zorobabel e quando o sacerdócio detinha todo o poder, 6,9-14). O cap. 7 é um retrospecto do passado nacional, e o cap. 8 abre perspectivas de salvação messiânica, ambos a propósito de um problema sobre o jejum, suscitado em novembro de 518.

Este conjunto bem datado e de pensamento homogêneo é certamente autêntico; todavia, traz as marcas de uma revisão, feita pelo próprio profeta ou por seus discípulos. Por exemplo, os anúncios universalistas de 8,20-23 foram acrescentados depois de 8,18-19, que é conclusão.

Como Ageu, também Zacarias se preocupa com a reconstrução do Templo. Mas dá maior destaque à restauração nacional e às suas exigências de pureza e de moralidade, e à expectativa escatológica é mais premente. Essa restauração deve abrir uma era messiânica na qual o sacerdócio representado por Josué será exaltado (3,1-7), mas na qual a realeza será exercida pelo "Germe" (3,8), termo messiânico que 6,12 *aplica a Zorobabel. Os dois Ungidos (4,14) governarão em perfeita harmonia (6,13). Assim Zacarias ressuscita a velha ideia do messianismo régio, mas associa-o às preocupações sacerdotais de Ezequiel, cuja influência se percebe em diversos pontos: papel preponderante das visões, tendência apocalíptica e preocupação pela pureza. Os mesmos traços e a importância atribuída aos anjos são uma antecipação de Daniel.*

A segunda parte (9-14), que aliás começa com um título novo (9,1), é completamente diferente. As peças não têm data e são anônimas. Já não se fala nem de Zacarias, nem de Josué, nem de Zorobabel, nem da construção do Templo. O estilo é diferente e utiliza com frequência livros anteriores, sobretudo Jr e Ez. O horizonte histórico não é mais o mesmo: Assíria e Egito aparecem como nomes simbólicos de todos os opressores.

Estes capítulos foram, com muita probabilidade, compostos nos últimos decênios do século IV a.C., após a conquista de Alexandre. Apesar dos esforços renovados recentemente para provar sua unidade, é forçoso admitir que são heterogêneos. Distinguem-se duas seções introduzidas cada uma por um título (9-11 e 12-14); a primeira é quase toda em verso, a segunda é quase toda em prosa. Fala-se num Dêutero-Zacarias e num Trito-Zacarias. De fato, são duas coleções que também são heterogêneas. A primeira utiliza talvez trechos poéticos, pré-exílicos e refere-se a fatos da história, difíceis de precisar (a aplicação de 9,1-8 à conquista de Alexandre permanece a mais verossímil). A segunda parte (12-14) descreve em termos de apocalipse as provações e as glórias da Jerusalém dos últimos tempos. Mas a escatologia não está ausente da primeira parte e certos temas se encontram em ambas as seções, como, por exemplo, o dos "pastores" do povo (10,2-3; 11,4-14; 13,7-9).

Essa parte do livro é importante sobretudo por sua doutrina messiânica, aliás pouco unificada: ressurgimento da casa de Davi (12 passim), expectativa de um Rei messias humilde e pacífico (9,9-10), mas anúncio misterioso do Traspassado (12,10), teocracia guerreira (10,3-11,3), mas também cultual no estilo de Ezequiel (14). Esses traços se harmonizarão na pessoa do Cristo, e o Novo Testamento cita muitas vezes estes capítulos de Zacarias ou pelo menos alude a eles; por exemplo: Mt 21,4-5; 27,9 (combinado com Jeremias); 26,31 = Mc 14,27; Jo 19,37.

Malaquias

O livro chamado de "Malaquias" era provavelmente anônimo, pois este nome significa "meu mensageiro" e parece tirado de 3,1. Compõe-se de seis trechos construídos conforme um mesmo tipo: Iahweh, ou seu profeta, lança uma afirmação, que é discutida pelo povo ou pelos sacerdotes e que é desenvolvida num discurso em que se juntam ameaças e promessas de salvação. Há dois grandes temas: as faltas cultuais dos sacerdotes e também dos fiéis (1,6-2,9 e 3,6-12), o escândalo dos matrimônios mistos e dos divórcios (2,10-16). O profeta anuncia o Dia de Iahweh, que purificará os membros do sacerdócio, devorará os maus e assegurará o triunfo dos justos (3,1-5.13-21). O trecho 3,22-24 é acréscimo e talvez também 2,11b-13a.

O conteúdo do livro permite determinar-lhe a data: é posterior ao restabelecimento do culto no Templo reconstruído (515) e anterior à proibição dos matrimônios mistos no tempo de Neemias (445), provavelmente bastante próximo desta última data. O impulso que Ageu e Zacarias haviam dado estava esgotado e a comunidade estava desnorteada. Inspirando-se no Deuteronômio, e também em Ezequiel, o profeta afirma que de Deus não se zomba; Deus exige do seu povo religião interior e pureza. O povo espera a vinda do Anjo da Aliança, preparada por um misterioso enviado (3,1), no qual Mt 11,10 (cf. Lc 7,27 e Mc 1,2) reconheceu João Batista, o Precursor. Esta era messiânica verá o restabelecimento da ordem moral (3,5) e da ordem cultual (3,4), que culminará no sacrifício perfeito oferecido a Deus por todas as nações (1,11).

Abdias

É o mais curto dos "livros" proféticos (21 versículos) e contudo suscita numerosos problemas para os exegetas, que discutem sobre a sua unidade e seu gênero literário e fazem sua data oscilar desde o século IX a.C. até à época grega. A situação se complica pelo fato de quase a metade do livro (vv. 2-9) se encontrar equivalentemente em Jr 49,7-22, mas numa outra ordem e como adições a um oráculo cuja origem jeremiana chega a ser discutida. A profecia de Abdias desenvolve-se em dois planos: o castigo de Edom, anunciado em vários pequenos oráculos (1b-14, com 15b como conclusão); o Dia de Iahweh, em que Israel se desforrará de Edom (15a + 16-18), com a conclusão: "Iahweh falou". As promessas escatológicas dos vv. 19-21 são adicionais. O trecho assemelha-se às maldições contra Edom, que encontramos a partir de 587 em Sl 137,7; Lm 4,21-22; Ez 25,12s; 35,1s; Ml 1,2s e Jr 49,7s já citado: os edomitas tinham aproveitado a ruína de Jerusalém para invadir a Judeia meridional. A lembrança desses acontecimentos está ainda muito viva e a profecia parece ter sido composta na Judeia antes do retorno do Exílio. Não é preciso situar mais tarde e atribuir a outro autor a passagem sobre o Dia de Iahweh; apenas a adição dos últimos versículos seria pós-exílica.

É um grito apaixonado de vingança, cujo espírito nacionalista contrasta com o universalismo da segunda parte de Isaías, por exemplo. Mas o opúsculo exalta também a justiça terrível e o poder de Iahweh, que age como defensor do direito; e não se deve isolá-lo do movimento profético total, de que ele não representa mais que um momento passageiro.

Joel

O livro de Joel divide-se naturalmente em duas partes. Na primeira, uma invasão de gafanhotos, que assola Judá, provoca uma liturgia de luto e súplica; Iahweh responde prometendo o fim da praga e a volta da abundância (1,2-2,27). A segunda parte descreve em estilo apocalíptico o julgamento das nações e a vitória definitiva de Iahweh e de Israel (3-4). A unidade entre as duas partes é assegurada pela referência ao Dia de Iahweh, que é propriamente o tema dos caps. 3-4, mas que aparece já em 1,15; 2,1-2.10-11. Os gafanhotos são o exército de Iahweh, lançado para executar seu julgamento, um Dia de Iahweh, do qual a pessoa pode ser salva pela penitência e pela oração; a praga torna-se o tipo do grande julgamento final, o Dia de Iahweh, que inaugurará os tempos escatológicos. Não há razão para distinguir dois autores nem duas épocas de composição. Ainda recentemente se defendeu uma data no fim da época monárquica. A maioria dos exegetas opta pelo período pós-exílico,

pelos seguintes argumentos: ausência de referência a um rei, alusões ao Exílio, mas também ao Templo reconstruído, contatos com o Deuteronômio e os profetas posteriores, Ezequiel, Sofonias, Malaquias, Abdias, citado em 3,5. O livro teria sido composto cerca do ano 400 a.C.

São evidentes suas relações com o culto. Os caps. 1-2 têm o caráter duma liturgia penitencial, que se encerra com a promessa profética do perdão divino. Por isso, Joel foi considerado como um profeta cultual, ligado ao serviço do Templo. Entretanto, estes traços podem-se explicar pela imitação literária de formas litúrgicas. O opúsculo não é o resumo duma pregação feita no Templo: é uma composição escrita, feita para ser lida. Situa-se no final da corrente profética.

A efusão do espírito profético sobre todo o povo de Deus na era escatológica (3,1-5) responde ao anseio de Moisés em Nm 11,29. O Novo Testamento considera que este anúncio se realizou quando veio o Espírito sobre os apóstolos de Cristo, e são Pedro citará toda esta passagem: At 2,16-21; Joel é o profeta do Pentecostes. É também o profeta da penitência, e seus apelos ao jejum e à oração, tomados das cerimônias do Templo ou redigidos segundo o modelo delas, entrarão naturalmente na liturgia cristã da Quaresma.

Jonas

Este livro difere de todos os outros livros proféticos. É uma narração: conta a história dum profeta desobediente que quer a princípio furtar-se à sua missão e que depois se queixa a Deus do sucesso inesperado de sua pregação. O herói a quem é atribuída esta aventura um tanto ridícula é um profeta contemporâneo de Jeroboão II, mencionado em 2Rs 14,25. Mas o livro não se apresenta como sendo obra dele e de fato não pode ser. A "grande cidade" de Nínive, destruída em 612, não é mais que uma lembrança longínqua, o pensamento e a expressão devem muito aos livros de Jeremias e de Ezequiel, à linguagem é tardia. Tudo convida a colocar a composição depois do Exílio, no decurso do século V. O salmo (2,3-10), que é de gênero literário diferente e que não tem relação alguma com a situação concreta de Jonas nem com o ensinamento do livro, foi acrescentado depois.

Esta data tardia deve acautelar-nos contra uma interpretação histórica, que fica excluída também por outros argumentos: Deus pode transformar os corações, mas a conversão súbita ao Deus de Israel do rei de Nínive e de todo o seu povo teria deixado traços nos documentos assírios e na Bíblia. Deus é também senhor das leis da natureza, mas os prodígios são aqui acumulados como outras tantas "brincadeiras" que Deus faz com o profeta: a tempestade súbita, Jonas designado pela sorte, o peixe monstruoso, o arbusto que cresce numa noite e que seca numa hora, e além disso tudo é contado com ironia não disfarçada, bem estranha ao estilo de gênero literário.

O livro se propõe agradar e também instruir: é uma narração didática e seu ensinamento marca um dos ápices do Antigo Testamento. Rompendo com uma interpretação estreita das profecias, afirma que as ameaças, mesmo as mais categóricas, são a expressão de uma vontade misericordiosa de Deus, que só espera a manifestação do arrependimento para conceder seu perdão. Se o oráculo de Jonas não se realiza, é que de fato os decretos de destruição são sempre condicionais. O que Deus quer é a conversão, e a missão do profeta, portanto, atingiu perfeitamente o objetivo (cf. Jr 18,7-8).

Rompendo com o particularismo no qual a comunidade pós-exílica era tentada a encerrar-se, o livro prega um universalismo extraordinariamente aberto. Aqui, todo mundo é simpático: os marinheiros pagãos do naufrágio, o rei, os habitantes e até os animais de Nínive — todos — exceto o único israelita que está em cena, e trata-se de um profeta, Jonas! Deus será indulgente para com seu profeta rebelde, mas sobretudo, sua misericórdia se estende mesmo ao inimigo mais odiado de Israel.

Estamos a um passo do Novo Testamento: Deus não é somente o Deus dos judeus, é também o Deus dos pagãos, pois não há senão um só Deus (Rm 3,29). Em Mt 12,41 e Lc 11,29-32, nosso Senhor apresentará como exemplo a conversão dos ninivitas, e Mt 12,40 verá em Jonas encerrado no ventre do monstro uma figura da permanência de Cristo no sepulcro. Este uso da história de Jonas não deve ser tomado como prova de sua historicidade: Jesus utiliza este apólogo do Antigo Testamento como os pregadores cristãos se servem das parábolas do Novo; em ambos os casos existe a mesma preocupação de ensinar por meio de imagens familiares aos ouvintes, sem emitir nenhum juízo sobre a realidade dos fatos.

ISAÍAS

I. *Primeira parte do livro de Isaías*

1. ORÁCULOS ANTERIORES À GUERRA SIRO-EFRAIMITA

1 *Título*[a] — ¹Visão que teve Isaías, filho de Amós, a respeito de Judá e de Jerusalém, nos dias de Ozias, Joatão, Acaz e Ezequias, reis de Judá.

Mq 1,1

Contra um povo ingrato

Dt 4,26;
32,1 +
Mq 1,2
Dt 32,5-6.10
Br 4,8

²Ouvi, ó céus, presta atenção, ó terra, porque Iahweh está falando:[b]
Criei filhos e os fiz crescer,
mas eles se rebelaram contra mim.

Jr 8,7

³O boi conhece o seu dono,
e o jumento, a manjedoura de seu senhor,
mas Israel é incapaz de conhecer,
meu povo não é capaz de entender.

30,9
Jr 2,13
Lv 17,1 +

⁴Ai da nação pecadora! do povo cheio de iniquidade!
Da raça dos malfeitores, dos filhos pervertidos!
Eles abandonaram a Iahweh, desprezaram o Santo de Israel,[c]
e afastaram-se dele.

Lv 26,14-33
Am 4,6-12
Jr 5,3

⁵Onde podereis ser feridos ainda, vós que perseverais na rebelião?
Com efeito, toda a cabeça está contaminada pela doença, todo o coração está enfermo;

Jr 30,12-15
Lc 10,34

⁶desde a planta dos pés até a cabeça, não há lugar são.[d]
Tudo são contusões, machucaduras e chagas vivas,
que não foram espremidas, não foram atadas nem cuidadas com óleo.

Gn 19,1 +

⁷Vossa terra está desolada e vossas cidades estão incendiadas,
vosso solo é devorado por estrangeiros sob vossos olhos,
é a desolação como devastação de estrangeiros.[e]

⁸A filha de Sião[f] foi deixada só como choça em vinha,
como telheiro em pepinal,
como cidade sitiada.

Rm 9,29
Is 4,3 +
Gn 18,16-33
19,1-29

⁹Não tivesse Iahweh dos Exércitos nos deixado alguns sobreviventes,
estaríamos como Sodoma, seríamos semelhantes a Gomorra.

---

a) Este título mostra o quadro cronológico de toda a atividade do profeta, sendo, porém, difícil decidir se ele introduz todo o livro em sua forma final (caps. 1-66), ou apenas aos caps. 1-39, ou só mesmo aos caps. 1-12. Em todo caso, "Judá e Jerusalém" não deve ser tomado em sentido geográfico; é designação do povo eleito para cuja instrução são pronunciados todos os oráculos, inclusive os concernentes ao reino do Norte e aos povos estrangeiros.
b) O céu e a terra são tomados como testemunhas no processo que Deus instaura com seu povo (cf. Dt 4,26; 30,19; 32,1; Sl 50,4). O poema que segue refere-se à devastação do território e ao cerco de Jerusalém no tempo de Senaquerib em 701 (cf. 36,1s; 2Rs 18,13s), ou por ocasião da guerra siroefraimita em 735 (cf. 7,1-2 e 2Rs 16,5-9).

c) Expressão favorita de Isaías para designar Iahweh (cf. 6,3+).
d) Estes versos que, de acordo com o sentido literal, visam ao povo de Judá, pecador e castigado, foram aplicados à paixão de Cristo, como os textos análogos acerca do Servo Sofredor (Is 53,3s).
e) Assim em hebr., mas isto nada acrescenta ao que precede, e o termo hebr. traduzido por "devastação" designa sempre o castigo de Sodoma e Gomorra, que será evocado nos vv. 9 e 10 e em 3,9. É por isso que geralmente se corrige "estrangeiros", *zarîm*, para Sodoma, *sedom*, mas esta correção não é apoiada por nenhuma versão.
f) Personificação da cidade de Jerusalém (10,32; 16,1 etc.); ou de sua população (37,22; Sf 3,14; Lm 4,22).

ISAÍAS 1

Contra a hipocrisia[a]

29,13-14

10 Ouvi a palavra de Iahweh, chefes de Sodoma,
prestai atenção à instrução do nosso Deus, povo de Gomorra!

Dt 32,32

11 Que me importam os vossos inúmeros sacrifícios?, diz Iahweh.
Estou farto de holocaustos de carneiros e da gordura de bezerros cevados;
no sangue de touros, de cordeiros e de bodes não tenho prazer.

Am 5,21 +

12 Quando vindes à minha presença,
quem vos pediu que pisásseis meus átrios?

13 Basta de trazer-me oferendas vãs:
elas são para mim incenso abominável.
Lua nova, sábado e assembleia,
não posso suportar falsidade e solenidade!

14 Vossas luas novas e vossas festas, minha alma as detesta:
elas são para mim um fardo; estou cansado de carregá-lo.

15 Quando estendeis vossas mãos, desvio de vós meus olhos;
ainda que multipliqueis a oração não vos ouvirei.
Vossas mãos estão cheias de sangue:[b]

Jr 14,12
Mq 3,4
59,2-3
Jr 2,34

16 lavai-vos, purificai-vos!
Tirai da minha vista vossas más ações!
Cessai de praticar o mal,

Am 5,14-15

17 aprendei a fazer o bem!
Buscai o direito, corrigi o opressor!
Fazei justiça ao órfão, defendei a causa da viúva![c]

Ex 22,21 -
22 +

18 Então, sim, poderemos discutir, diz Iahweh:
Ainda que vossos pecados sejam como escarlate,
tornar-se-ão alvos como a neve;
ainda que sejam vermelhos como carmesim,
tornar-se-ão como a lã.[d]

43,26
Sl 32,1 +
Sl 51,9

19 Se quiserdes obedecer, comereis o fruto precioso da terra.

20 Mas se vos recusardes e vos rebelardes,
sereis devorados pela espada!
Eis o que a boca de Iahweh falou.[e]

Lv 26,3-12
Dt 28,1-14
Lv 26,14-39
Dt 28,15s
= 40,5; 58,14;
|| Mq 4,4

Lamentações sobre Jerusalém[f]

21 Como se transformou em prostituta, a cidade fiel?
Sião, onde prevalecia o direito, onde habitava[g] a justiça,
mas agora, povoada de assassinos.

Jr 2,20
Ez 16; 23

"Sião" era o nome da cidadela dos jebuseus tornada "Cidade de Davi" (cf. 2Sm 5,9+).

a) O oráculo data provavelmente do primeiro período do ministério de Isaías, antes de 735. Como Am 5,21-27, o profeta luta contra o ritualismo ao qual não corresponde um sentimento interior; voltará a este assunto em 29,13-14 em termos que Jesus aplicará aos fariseus (Mt 15,8-9).

b) Do sangue dos inocentes misturado com o das vítimas sacrificadas.

c) O órfão e a viúva estão entre as pessoas economicamente fracas que a lei protege (Ex 22,21-22; Dt 10,18; 14,29; 27,19 etc.) e por quem os profetas intercedem (Jr 7,6; 22,3. Cf., por contraste, Is 1,23; 9,16; Jr 49,10-11; Ez 22,7).

d) Como o julgamento (Sl 9,9), o perdão dos pecados é obra divina (Ex 34,6+; Os 11,8-9). Em sua misericórdia, Deus põe fim ao pecado do homem que é, deste modo, restabelecido em sua verdadeira relação com ele. Não existe falta que esgote o perdão divino (Sl 130). A condição exigida por Deus é a confissão com arrependimento (57,15; Sl 19,13; 25,11.18; 32,5; 51,19-20 etc.) e a mudança interior que ele supõe (Jr 3,14; Ez 18,30-32; 33,1; cf. Is 31,18; Lm 5,21). O perdão das culpas é também um dos traços do reino messiânico (Jr 31,31+; cf. Ez 36,25-26) e Jesus exercê-lo-á (Mc 2,5-11p).

e) A "espada", isto é, a invasão com todos os seus males, não é mais que ameaça, a qual pode ser afastada pela submissão a Deus (v. 19).

f) Este poema adota no começo o ritmo assimétrico da qîna ou lamentação (3+2 ou 4+3 apoios rítmicos).

g) "Sião", grego, Vet. Lat.; omitido pelo hebr. — O tema de Jerusalém prostituída lembra a pregação de Oseias e anuncia as alegorias de Jr 3,6-13 e Ez 16 e 23. Esta degradação está em contraste com a fidelidade primordial de Jerusalém, fidelidade que ela reencontrará após ter sido purificada pelo castigo (v. 26).

²²Tua prata transformou-se em escória, tua bebida foi misturada
 com água.
²³Teus príncipes são rebeldes, companheiros de ladrões;
 todos são ávidos por subornos e correm atrás de presentes.
 Não fazem justiça ao órfão, a causa da viúva não os atinge.
²⁴Por isso mesmo — oráculo do Senhor Iahweh dos Exércitos,
 o Forte de Israel —
 ai de ti! Eu me divertirei à custa de meus adversários;
 vingar-me-ei de meus inimigos.
²⁵Voltarei a minha mão contra ti,
 purificarei tuas escórias com potassa,
 removerei todas as tuas impurezas.
²⁶Farei que teus juízes voltem a ser o que foram antes
 e que teus conselheiros sejam o que eram outrora.
 Quando isso se der, então sim, te chamarão Cidade da Justiça
 e Cidade Fiel.^a
²⁷Sião será redimida pelo direito,
 e os seus retornantes, pela justiça.
²⁸Será a destruição dos ímpios e dos pecadores, todos juntos!
 Os que abandonam Iahweh perecerão.^b

Contra as árvores sagradas^c

²⁹Com efeito, vos envergonhareis dos terebintos, que constituem
 vossas delícias,
 tereis vergonha dos jardins que tanto desejáveis.
³⁰Pois sereis como terebinto cujas folhas estão murchas,
 como jardim sem água.
³¹O homem forte virá a ser como a estopa, e a sua obra será como centelha:
 ambos arderão juntos, e não haverá ninguém que os possa apagar.

2 *A paz perpétua*

¹Visão que teve Isaías,^d filho de Amós, a respeito de Judá e de Jerusalém.^e
²Dias virão em que o monte da casa de Iahweh
 será estabelecido no mais alto das montanhas
 e se alçará acima de todos os outeiros.
 A ele afluirão todas as nações,
³muitos povos virão, dizendo:
 "Vinde, subamos ao monte de Iahweh,
 à casa do Deus de Jacó,

---

a) O nome próprio define o ser que o usa e fixa-lhe o destino (cf. os nomes de Jacó, Gn 25,26; 27,36, e de seus filhos, Gn 29,31-30,24 etc.). Alteração de nome significa uma alteração de vocação (cf. Abraão, Gn 17,5; Israel, Gn 32,29 etc.). Os nomes dados pelos profetas a pessoas são sinais eficazes em Isaías: 7,3 (cf. 10,21); 7,14; 8,1-3 (cf. 8,18), e em Oseias: 1,4.6.9; 2,1-3.25. A Jerusalém futura receberá outros nomes proféticos (Is 60,14; 62,4.12; Ez 48,35). Aqui os novos nomes de Jerusalém, retomando o v. 21, são "*fidelidade*" e "*justiça*". Para Isaías, como para Amós, a justiça é, em primeiro lugar, a equidade na aplicação do direito, porém, mais profundamente, é participação na justiça de Deus, no que se revela a sua santidade (cf. 5,16+).

b) Estes dois vv., comentário bastante prosaico do que precede, poderiam ter sido acrescentados por um discípulo de Isaías.

c) Isaías raramente ataca práticas propriamente pagãs (cf. 2,6-8). Estas árvores não eram, diretamente, objeto de culto, mas abrigavam as práticas religiosas assumidas dos cananeus (cf. Dt 12,2+, onde as citadas referências indicam que esse abuso se estendia ao reino de Judá assim como ao de Israel).

d) Este oráculo se encontra, quanto ao essencial, em Mq 4,1-3. Sua origem é discutida. A opinião mais provável é que Mq depende aqui de Is; os argumentos contra a autenticidade isaiana do texto (particularmente de seu universalismo) não são decisivos.

e) Este novo título introduz a pequena coleção de oráculos dos caps. 2-5.

para que ele nos instrua a respeito dos seus caminhos
e assim andemos nas suas veredas."
Com efeito, de Sião sairá a Lei,
e de Jerusalém, a palavra de Iahweh.
⁴ Ele[a] julgará as nações,
corrigirá muitos povos.
Estes quebrarão as suas espadas, transformando-as em relhas,
e suas lanças, a fim de fazerem podadeiras.
Uma nação não levantará a espada contra a outra,
e nem se aprenderá mais a fazer guerra.
⁵ Casa de Jacó, vinde, andemos na luz de Iahweh!

O esplendor da majestade de Iahweh[b]

⁶ Com efeito, tu rejeitaste o teu povo, a casa de Jacó,
porque ele desde tempos antigos está cheio de adivinhos,
    como os filisteus,[c]
no seu meio há muitos filhos de estrangeiros.
⁷ Sua terra está cheia de prata e de ouro: não há fim para seus tesouros;
sua terra está cheia de cavalos: não há fim para seus carros;
⁸ sua terra está cheia de ídolos,
e adoram a obra das suas mãos,
aquilo que seus dedos fizeram.
⁹ O homem se rebaixa, o varão se humilha: mas tu não lhes perdoes!
¹⁰ Busca refúgio entre as rochas, esconde-te no pó,
diante do terror de Iahweh e diante do esplendor da sua majestade,
quando ele se levantar para fazer tremer a terra.[d]
¹¹ O olhar altivo do homem se abaixará,
a altivez do varão será humilhada;
naquele dia só Iahweh será exaltado.

¹² Porque haverá um dia de Iahweh dos Exércitos[e]
contra tudo o que é orgulhoso e altivo,
contra tudo o que se exalta, para que seja humilhado;
¹³ contra todos os cedros do Líbano, altaneiros e elevados,
e contra todos os carvalhos de Basã;
¹⁴ contra todos os montes altaneiros
e contra todos os outeiros elevados;
¹⁵ contra toda a torre alta
e contra toda a muralha fortificada;
¹⁶ contra todos os navios de Társis
e contra tudo o que parece precioso.[f]

---

a) Iahweh.
b) Este poema, cuja unidade é marcada pelo retorno *das mesmas fórmulas (vv. 9.11.17 e 10.19.21)*, data do primeiro período da atividade de Isaías, quando Judá termina um longo período de prosperidade, sob Ozias e Joatão, mas ele poderia também visar a Samaria, que não caíra ainda na anarquia e decadência que logo mais conheceria. O profeta anuncia intervenção fulgurante de Iahweh.
c) Muitas vezes se corrige "desde tempos antigos", *miqqedem*, para "de adivinhos", *qosemîm*, ou "de adivinhação", *miqsam*. Esta correção não tem o apoio das versões; ela justifica, no entanto, o "e" posto antes de "adivinhos", que a nossa tradução tem que suprimir. — A adivinhação foi muito praticada no Oriente antigo e igualmente o foi em Israel (1Sm 28,3s; Is 8,19), não obstante as condenações de Ex 22,17; Lv 19,31; 20,27; Dt 18,10-11.14. Nada se sabe acerca da adivinhação entre os filisteus, mas os seus adivinhos são mencionados em 1Sm 6,2.
d) "quando ele... a terra", grego; om. no hebr. Todo o v. e as últimas palavras, talvez corrompidas, do v. 9, faltam em 1QISᵃ. O v. é retomado nos vv. 19 e 21.
e) Sobre o "Dia de Iahweh", cf. Am 5,18+. Aqui, a intervenção divina é descrita como um terremoto (vv. 10.19.21).
f) Texto incerto. Corrige-se muitas vezes para "barcos", que dá um bom paralelismo.

¹⁷ O orgulho do homem será humilhado,
a altivez dos varões se abaterá,
e só Iahweh será exaltado naquele dia.

¹⁸ Os ídolos desaparecerão inteiramente,
¹⁹ refugiar-se-ão nas cavidades das rochas
e nas cavernas da terra,
diante do terror de Iahweh e diante do esplendor de sua majestade,
quando ele se levantar para fazer tremer a terra.

²⁰ Naquele dia, o homem atirará aos ratos e aos morcegos os ídolos de prata
e os ídolos de ouro que lhe fizeram para a sua adoração,
²¹ refugiando-se nas cavernas das rochas e nas fendas dos penhascos,
diante do terror de Iahweh e diante do esplendor de sua majestade,
quando ele se levantar para fazer tremer a terra.

²² Desisti do homem, que tem seu fôlego no seu nariz!
Com efeito, que pode ele valer?ᵃ

3 A anarquia em Jerusalémᵇ

¹ Com efeito, o Senhor Iahweh dos Exércitos
privará Jerusalém e Judá do seu apoio e arrimo,
— de toda a provisão de pão e de toda a provisão de água —,
² do herói e do homem de guerra, do juiz e do profeta, do adivinho
e do ancião,
³ do comandante do esquadrão e do homem respeitável, do conselheiro,
do artífice hábil e do encantador inteligente.
⁴ Dar-lhe-ei adolescentes por príncipes,
meninosᶜ governarão sobre eles.
⁵ No seio do povo haverá choques violentos,
de indivíduo contra indivíduo, de vizinho contra vizinho;
o adolescente desafiará o ancião
e o homem simples ao nobre.
⁶ Um homem qualquer agarrará seu irmão em casa do pai, dizendo-lhe:
"Tu tens uma capa, podes ser nosso chefe,
esta ruína ficará sob teu mando."
⁷ O outro levantará a voz, naquele dia, para dizer-lhe:
"Não sou curador de feridas;
ademais, em minha casa não há nem pão nem capa,
não queiras fazer de mim chefe do povo."
⁸ Com efeito, Jerusalém tropeçou, Judá caiu,
porque suas palavras e seus atos são contra Iahweh,
insultam seu olhar majestoso.
⁹ A expressão do seu olhar testifica contra eles,
ostentam seu pecado como Sodoma;
não o dissimulam.
Ai deles, porque fazem o mal a si mesmos!
¹⁰ Feliz o justo, porque tudo lhe vai bem!
Com efeito, colherá o fruto do seu procedimento.
¹¹ Mas ai do ímpio, do homem mau!
Porque será tratado de acordo com suas obras.ᵈ

---

a) O v. 22, ausente do grego e estranho ao contexto, é provavelmente glosa.
b) Data-se este poema do início do reinado de Acaz, cerca de 735. Com o rei ainda jovem e sob ameaça de intervenção estrangeira (cf. 2Rs 15,37), o país corre o risco de afundar na anarquia. Este texto parece composto de duas peças originariamente independentes (vv. 1-9a e 12-15); os vv. 9b-11 são acréscimo.
c) Poderia ser também plural de abstração; seria preciso, neste caso, compreender "o capricho".
d) Os vv. 10-11, de conteúdo sapiencial, interrompem a descrição da anarquia; o v. 10 é muito diferente no grego.

¹² Quanto ao meu povo, os seus opressores o saqueiam,
exatores governam sobre ele.ᵃ
Ó meu povo, os teus condutores te desencaminham,
baralham as veredas em que deves andar.

¹³ Iahweh levantou-se para acusar,   Mq 6,1-5
está em pé para julgar os povos.   Os 4,1-5
¹⁴ Iahweh entra em julgamento   5,1-7
contra os anciãos e os príncipes de seu povo:

"Fostes vós que pusestes fogo à vinha;
o despojo tirado ao pobre está nas vossas casas.
¹⁵ Que direito tendes de esmagar o meu povo   Am 2,7
e moer a face dos pobres?"
Oráculo do Senhor Iahweh dos Exércitos.

As mulheres de Jerusalém

¹⁶ Disse Iahweh: 32,9-14
Visto que as filhas de Sião estão emproadas   Am 4,1-3
e andam de pescoço erguido e com olhos cobiçosos,
visto que caminham a passos miúdos, fazendo tilintar as argolas
    dos pés,
¹⁷ o Senhor cobrirá de tinha a cabeça das filhas de Sião,   Am 8,10
Iahweh lhes desnudará a fronte.

¹⁸ Naquele dia, o Senhor as despojará do adorno dos anéis dos seus tornozelos, das testeiras e das lunetas, ¹⁹ dos pingentes, dos braceletes e dos véus, ²⁰ dos diademas, dos chocalhos, dos cintos, das caixinhas de perfumes e dos amuletos, ²¹ dos anéis e dos pendentes do nariz, ²² dos vestidos de festa, das capas, dos xales e das bolsas, ²³ dos espelhinhos, das camisas, dos turbantes e das mantilhas.ᵇ

²⁴ em lugar de bálsamo haverá mau cheiro;   Am 8,10
em lugar de cinto, uma corda;
em lugar do cabelo encrespado, a calvície;
em lugar de veste fina, pano de saco;ᶜ
em lugar da beleza ficará a marca do ferro em brasa.

A miséria em Jerusalém

²⁵ Teus homens cairão à espada,
teus heróis tombarão na guerra.
²⁶ Suas portas se encherão de lamentação e de luto;
ela, despojada, sentar-se-á no chão.

4 ¹ E naquele dia, sete mulheres lançarão mão de um homem e lhe dirão: *"Comeremos do nosso pão e nos vestiremos às nossas custas, contanto que nos seja permitido usar o teu nome. Livra-nos da nossa humilhação."*ᵈ

---

a) "o saqueiam", conj.; singular, hebr.; "exatores", versões; "mulheres", hebr.
b) Este catálogo de vestes e adornos femininos (vv. 18-23) talvez seja acréscimo. O sentido preciso de muitos destes termos é incerto.
c) Em hebr., *saq*, tela grosseira de que se faziam "sacas" (Gn 42,25 etc.), mas também veste de penitência ou de luto, usada sobre o corpo nu (20,2; Gn 37,34; 1Rs 20,31; 21,27; Am 8,10 etc.).
d) Na cidade dizimada pela guerra (3,25-26) várias mulheres pedirão a um mesmo homem para "usarem seu nome", isto é, que ele seja seu senhor, de acordo com o sentido da expressão em hebraico. As orgulhosas filhas de Jerusalém tornar-se-ão concubinas.

O rebento de Iahweh[a]

^{Jr 23,5-6}
^{Zc 3,8; 6,12}
^{52,1; 60,21}

²Naquele dia, o rebento de Iahweh se cobrirá de beleza e de glória,
o fruto da terra será motivo de orgulho e esplendor
  para os sobreviventes de Israel.

^{Sf 3,13}
^{Dn 12,1 +}

³Então o resto de Sião e o remanescente de Jerusalém
    serão chamados santos,
  a saber, o que está inscrito para a vida em Jerusalém.[b]
⁴Quando o Senhor tiver lavado a imundície das filhas de Sião
  e o sangue de Jerusalém do meio dela,
  pelo sopro do seu julgamento, sopro de fogo abrasador.

^{Ex 13,21-22 +}
^{Ap 7,15-16}

⁵Iahweh criará sobre todos os pontos
  do monte Sião e sobre todos os ajuntamentos de povo
  uma nuvem de dia
  e um fumo acompanhado de clarão de fogo durante a noite.[c]
Com efeito, sobre todas as coisas sua glória será abrigo

^{25,4-5}

⁶e choupana,
  para servir de sombra de dia contra o calor,
  e para ser refúgio e esconderijo da tempestade e da chuva.

5 O cântico da vinha[d]

^{Os 10,1}
^{Jr 2,21;}
^{Jr 5,10; 6,9;}
^{12,10}
^{Ez 15,1-8;}
^{17,3-10;}
^{19,10-14}
^{Sl 80,9-19}
^{Is 27,2-5}
^{Mt 21,33-44 +}
^{Mt 21,18-19 +}
^{Jo 15,1-2 +}

¹Cantarei ao meu amado
o cântico do meu amigo para a sua vinha.
Meu amado tinha uma vinha
  numa encosta fértil.
²Ele cavou-a, removeu as pedras e plantou nela uma vinha
    de uvas vermelhas.[e]
No meio dela construiu uma torre e cavou um lagar.
Com isto, esperava que ela produzisse uvas boas, mas só produziu uvas
    azedas.

^{Mq 6,1-5}
^{Jr 2,4-7}

³Agora, moradores de Jerusalém e homens de Judá,
  sede juízes entre mim e minha vinha.
⁴Que me restava ainda fazer à minha vinha que não tenha feito?
Por que, quando esperava que ela desse uvas boas,
  deu apenas uvas azedas?

---

a) O "rebento" e o "fruto da terra" designam, quer o Messias (Jr 23,5 = Jr 33,15; Zc 3,8; 6,12), quer o "resto" de Israel (cf. a nota seguinte), comparado a uma árvore que renasce no solo da Palestina. Os vv. 2-6, ou apenas 4-6, são geralmente considerados composição pós-exílica.

b) Israel infiel será castigado. Contudo, porque Deus ama o seu povo, um pequeno "resto" escapará da espada dos invasores. Já conhecido de Amós (3,12; 5,15; 9,8-10), o tema é retomado por Isaías (6,13; 7,3 e 10,19-21; 28,5-6; 37,4 [= 2Rs 19,4]; 37,31-32, cf. Mq 4,7; 5,2; Sf 2,7.9; 3,12; Jr 3,14; 5,18; Ez 5,3; 9). Havendo permanecido em Jerusalém, este resto, purificado e doravante fiel, tornar-se-á nação poderosa. Após a catástrofe de 587, surge nova ideia: o Resto encontrar-se-á entre os deportados (Ez 12,16; Br 2,13). É no Exílio que ele se converterá (Ez 6,8-10; cf. Dt 30,1-2), e Deus reuni-lo-á para a restauração messiânica (Is 11,11.16; Jr 23,3; 31,7; 50,20; Ez 20,37; Mq 2,12-13). Depois do regresso do Exílio, o Resto, de novo infiel, será ainda dizimado e purificado (Zc 1,3; 8,11; Ag 1,12; Ab 17 = Jl 3,5; Zc 13,8-9; 14,2). Com efeito, Cristo será o verdadeiro rebento do novo e santificado Israel (Is 11,1.10; cf. 4,2; Jr 23,3-6). — Contrariamente a Israel, as nações pagãs não terão "resto" (Is 14,22.30; 15,9; 16,14; Ez 21,37; Am 1,8; Ab 18).

c) Evocação da coluna de nuvem ou de fogo que guiou os israelitas na saída do Egito. Esta alusão ao Êxodo confirma a data tardia do poema: cf. 10,26, que é acréscimo, 11,15-16, que é exílico, e a apresentação da volta do Exílio como novo êxodo, na segunda parte do livro de Isaías (40,3+).

d) Poema composto por Isaías no começo de seu ministério, talvez a partir de canção de vindima. O tema da vinha Israel, escolhida e depois rejeitada, já aflorado em Oseias (10,1), será retomado por Jeremias (2,21; 5,10; 6,9; 12,10) e por Ezequiel (15,1-8; 17,3-10; 19,10-14. Cf. Sl 80,9-19; Is 27,2-5). Jesus o transporá para a parábola dos vinhateiros homicidas (Mt 21,33-44p). Cf. igualmente a figueira estéril (Mt 21,18-19p). Em Jo 15,1-2, ele revelará o mistério da "verdadeira" vinha. Outros aspectos do tema da vinha em Dt 32,32-33 e Eclo 24,17.

e) Hebr., *soreq*, nome de bacelo seleto (16,8; Jr 2,21; cf. Gn 49,11), designado pela cor de suas uvas.

⁵Agora vos farei saber o que farei da minha vinha!
  Arrancarei a cerca para que sirva de pasto,
  derrubarei o muro para que seja pisada;
⁶reduzi-la-ei a matagal: não será mais podada nem cavada: 32,13
  espinheiros e ervas daninhas nela crescerão. 2Sm 1,21
  Quanto às nuvens, ordenar-lhes-ei que não derramem a sua chuva
    sobre ela.
⁷Pois bem, a vinha de Iahweh dos Exércitos é a casa de Israel,
  e os homens de Judá são sua plantação preciosa.
  Deles esperava o direito, mas o que produziram foi a transgressão;
  esperava a justiça, mas o que apareceu foram gritos de desespero.

*Ameaças*ᵃ

⁸Ai dos que juntam casa a casa, Am 6,1-7
  dos que acrescentam campo a campo até que não haja Mq 2,1-5
    mais espaço disponível, Jr 22,13-19
  até serem eles os únicos moradores da terra. Ez 7,5-26
⁹Iahweh dos Exércitos jurou aos meus ouvidos: Hab 2,6-20
  certamente muitas casas serão reduzidas a ruína, Lc 6,24-26
  grandes e belas, não haverá quem nelas habite. Mt 23,13-32
¹⁰Dez jeiras de vinha produzirão apenas uma metreta,ᵇ 7,23
  um coro de semente renderá apenas um almude. 28,1.7-8
¹¹Ai dos que madrugam cedo para correr atrás de bebidas fortes, 56,12; 22,13
  e à tarde se demoram até que o vinho os aqueça. Am 4,1
¹²Seus banquetes não têm senão cítaras e harpas, tamborins e flautas, Mq 2,11
  e vinho para as suas bebedeiras. Jl 1,5
  Mas para os feitos de Iahweh não têm um olhar sequer, Sb 2,7-9
  eles não veem a obra das suas mãos. Sl 28,5
¹³Eis por que meu povo foi exilado: por falta de conhecimento;
  seus ilustres são homens famintos!
  Seus plebeus estão mortos de sede!
¹⁴ᶜPor isso o Xeol alarga sua goela; sua boca se abre desmesuradamente.
  Para lá descem sua nobreza, sua plebe e seu tumulto,
  e lá exultam!
¹⁵O homem curvou-se, o varão humilhou-se; = 2,9-11
  os olhos dos soberbos estão humilhados.
¹⁶Iahweh dos Exércitos é exaltado no julgamento 1,26 +; 6,3 +
  e o Deus santo mostra sua santidade pela justiça.ᵈ
¹⁷Os cordeiros pastarão em seus pastos, 7,25
  os cabritos comerão o resto dos pastos devastados pelos cevados.ᵉ

a) Estas ameaças datam igualmente do início do ministério de Isaías, mas talvez não tenham sido todas pronunciadas na mesma ocasião. Há quem proponha acrescentar às seis ameaças de 5,2-24 a sétima (10,1-4), que teria sido deslocada por acidente. A ameaça é um dos gêneros da pregação profética (cf. as ref. marginais). Aqui, Isaías está bastante próximo de Amós.
b) Dez jeiras, *semed*, correspondem mais ou menos a dois hectares e meio; metreta, *bat*, a quarenta litros; coro, *epha*, à mesma capacidade para o grão, e o almude, *homer*, vale dez vezes mais.
c) Os vv. 14-16 parecem fora de contexto e podem ser ligados ao poema de 2,6-22 cujo "refrão" (vv. 9 e 11) se encontra aqui (v. 15).
d) A "santidade" de Deus (cf. 6,3+) o "separa" de todas as criaturas: acima delas, ele não é maculado por elas. Mas esta santidade transcendente de Deus exprime-se em suas relações com os homens por sua "justiça", que lhe sublinha o caráter moral: Deus recompensa o bem e pune o mal, por ocasião de seu "julgamento". A esta justiça não se opõe a bondade misericordiosa, pois é ainda sua "justiça", que Deus fiel às suas promessas executa perdoando a Israel ou ao pecador arrependido (Mq 7,9; Sl 51,16). A justiça será a virtude por excelência do reino messiânico, quando Deus houver transmitido a seu povo algo de sua santidade (Is 1,26; 4,3; cf. Mt 5,48).
e) "cevados", grego; "estrangeiros", hebr.

¹⁸ Ai dos que se apegam à iniquidade, arrastando-a com as cordas da mentira,
e o pecado com os tirantes de um carro;
¹⁹ dos que dizem: "Avie-se ele, faça depressa a sua obra,ᵃ
para que a vejamos;
apareça, realize-se o conselho do Santo de Israel,
para que o conheçamos!"

²⁰ Ai dos que ao mal chamam bem e ao bem mal,
dos que transformam as trevas em luz e a luz em trevas,
dos que mudam o amargo em doce e o doce em amargo!
²¹ Ai dos que são sábios a seus próprios olhos
e inteligentes na sua própria opinião!
²² Ai dos que são fortes para beber vinho
e dos que são valentes para misturar bebidas,
²³ que absolvem o ímpio mediante suborno
e negam ao justo sua justiça!

²⁴ Por isso, como a chama devora a palha,
como o feno se incendeia e se consome,
assim sua raiz se reduzirá a mofo,
sua flor será levada como o pó.
Com efeito, eles rejeitaram a lei de Iahweh dos Exércitos,
desprezaram a palavra do Santo de Israel.

A ira de Iahwehᵇ

²⁵ Por esta razão inflamou-se a ira de Iahweh contra o seu povo;
ele estendeu sua mão e o feriu,
os montes tremeram
e seus cadáveres jazem no meio das ruas como lixo.
Com tudo isto não se amainou a sua ira,
a sua mão continua estendida.

Chamado dirigido aos invasoresᶜ

²⁶ Ele deu sinal a um povoᵈ distante,
assobiou-lhe desde os confins da terra;
ei-lo que vem chegando apressado e ligeiro.
²⁷ No meio dele não há cansados nem claudicantes,
não há nenhum sonolento, ninguém que dormite,
ninguém que desate o cinto dos seus lombos,
ninguém que rompa a correia de suas sandálias.
²⁸ Suas flechas estão aguçadas e todos os seus arcos retesados,
os cascos dos seus cavalos parecem sílex,
as rodas dos seus carros lembram o furacão.
²⁹ Seu rugido é como o da leoa,
ruge como o leão novo:

---

a) É o "Dia de Iahweh" que o profeta anunciou (2,12), e que os céticos chamam contra si em desafio.
b) Liga-se 5,25-30 ao poema de 9,7-20, cujo refrão se encontra aqui.
c) Poder-se-ia ligar este poema a uma das grandes invasões assírias no tempo de Isaías: a de Teglat Falasar III em 735 ou 732, a de Salmanasar em 722, a de Sargon em 711 ou a de Senaquerib em 701. O invasor, porém, não é nomeado, o que pode ser a expressão de tema geral: Deus chama uma nação poderosa como instrumento de sua vingança (cf. Dt 28,49-52 e, mais abaixo, Is 10,6+).
d) "um povo", conj. conforme o contexto; hebr., plural.

ruge enquanto agarra sua presa,
arrebata-a e não há quem consiga tomar-lha;
³⁰ naquele dia, rugirá contra ele^a com rugido semelhante ao do mar. 8,20-22
Olha para a sua terra: eis que tudo são trevas angustiantes,
a luz se transformou em trevas por efeito das nuvens.^b

2. O LIVRO DO EMANUEL

6 *Vocação de Isaías*^c — ¹No ano em que faleceu o rei Ozias,^d vi o Senhor Ap 4,2
sentado sobre um trono alto e elevado. A cauda da sua veste enchia o
santuário.^e
²Acima dele, em pé, estavam serafins,^f cada um com seis asas: com duas Ez 1,11; 10,21
cobriam a face,^g com duas cobriam os pés^h e com duas voavam.
³Eles clamavam uns para os outros e diziam: Ap 4,8
Nm 14,21

"Santo, santo, santo^i é Iahweh dos Exércitos,
a sua glória enche toda a terra".

⁴À voz dos seus clamores os gonzos das portas oscilavam enquanto o Ex 19,16 +;
Templo se enchia de fumaça.^j ⁵Então disse eu: 40,34-35
1Rs 8,10-12
Jo 12,41
Ex 33,20 +

"Ai de mim, estou perdido!
Com efeito, sou homem de lábios impuros,
e vivo no meio de um povo de lábios impuros,
E meus olhos viram o Rei, Iahweh dos Exércitos".

⁶Nisto, um dos serafins voou para junto de mim, trazendo na mão uma
brasa que havia tirado do altar com uma tenaz. ⁷Com ela tocou-me os lábios Jr 1,9
e disse: Dn 10,16

"Vê, isto te tocou os lábios,^k
tua iniquidade está removida,
teu pecado está perdoado."

⁸Em seguida ouvi a voz do Senhor que dizia: Ex 4,10.13
Jr 1,6

"Quem hei de enviar? Quem irá por nós?",
ao que respondi: "Eis-me aqui, envia-me a mim".^l

⁹Ele me disse: Mt 13,14-15p
At 28,26-27

---

a) Não o invasor, mas o país de Judá (cf. a sequência do v.).
b) As trevas do "Dia de Iahweh" (Am 5,18.20).
c) Esta visão deveria normalmente encontrar-se no começo do livro, mas este foi composto de coleções independentes (cf. Introdução aos Profetas), e esta visão está bem inserida antes do *Livro do Emanuel* que agrupa os oráculos relativos à guerra siro-efraimita, na qual se cumprem as ameaças dos vv. 11-13.
d) Provavelmente em 740.
e) O *Hekal*, sala que precedia o *Debir* ou "Santo dos Santos" (cf. 1Rs 6,1-38).
f) Etimologicamente: os "abrasadores". Estes seres alados só o nome têm em comum com as serpentes abrasadoras de Nm 21,6.8; Dt 8,15, ou voadoras de Is 14,29; 30,6. São figuras humanas, munidas, porém, de seis asas, que lembram os seres misteriosos que conduzem o carro de Iahweh em Ez 1, e que Ez 10 chama "querubins", como as figuras análogas fixadas na arca (Ex 25,18+). A tradição posterior deu o nome de serafins e de querubins a duas categorias de anjos.

g) Por medo de ver a Iahweh (cf. Ex 33,20+).
h) Eufemismo para designar o sexo.
i) A santidade de Deus é tema central da pregação de Isaías, que chama muitas vezes Iahweh de "o Santo de Israel" (1,4; 5,19.24; 10,17.20; 41,14.16.20 etc.). Esta santidade de Deus exige do homem que ele mesmo seja santificado, quer dizer, separado do profano (Lv 17,1+), limpo do pecado (aqui vv. 5-7), participante da "justiça" de Deus (cf. 1,26+ e 5,16+).
j) Sinal da presença de Deus no Sinai (Ex 19,16+), na tenda do deserto (Ex 40,34-35) e no Templo de Jerusalém (1Rs 8,10-12; Ez 10,4).
k) O profeta é o mensageiro da palavra de Deus, e sua "boca" (cf. Ex 4,16). Da mesma forma, Iahweh toca a boca de Jeremias (Jr 1,9), e Ezequiel come o rolo que contém a palavra de Deus (Ez 3,1-3). O fogo é purificador (Jr 6,29; cf. Mt 3,11+), com maior razão o fogo do altar.
l) A prontidão de Isaías lembra a fé de Abraão (Gn 12,1-4) e contrasta com as hesitações de Moisés (Ex 4,10-12) e sobretudo de Jeremias (Jr 1,6).

"Vai e dize a este povo:
Podeis ouvir certamente, mas não entendereis;
podeis ver certamente, mas não compreendereis.
¹⁰ Embota o coração deste povo,
torna-lhe pesados os ouvidos,
tapa-lhe os olhos,
para que não veja com os olhos,
não ouça com os ouvidos,
seu coração não compreenda,
não se converta e não seja curado."[a]

¹¹A isto perguntei: "Até quando, Senhor?"[b]
Ele respondeu: "Até que as cidades fiquem desertas, por falta de habitantes, e as casas vazias, por falta de moradores; até que o solo se reduza a ermo, a desolação; ¹²até que Iahweh remova para longe seus homens e no seio da terra reine uma grande solidão.

¹³E, se nela ficar um décimo, este tornará a ser desbastado como o terebinto e o carvalho, que, uma vez derrubados, deixam apenas um toco; esse toco será uma semente santa."[c]

7

Primeira intervenção de Isaías — ¹No tempo de Acaz, filho de Joatão, filho de Ozias, rei de Judá, subiram contra Jerusalém Rason,[d] rei de Aram, e Faceia, filho de Romelias, rei de Israel, a fim de tomá-la de assalto, mas não conseguiram atacá-la.[e] ²Um aviso foi dado à casa de Davi de que Aram acampara no território de Efraim. Com isto agitou-se o seu coração e o coração do seu povo, como se agitam as árvores do bosque impelidas pelo vento.

³Então disse Iahweh a Isaías: Vai ao encontro de Acaz, tu juntamente com o teu filho Sear-Iasub.[f] Encontrá-lo-ás no fim do canal da piscina superior, na estrada do campo do pisoeiro. ⁴Tu lhe dirás: Toma as tuas precauções, mas conserva a calma e não tenhas medo nem vacile o teu coração diante desses dois tições fumegantes, isto é, por causa da cólera de Rason, de Aram, e do filho de Romelias, ⁵pois Aram, Efraim e o filho de Romelias tramaram o mal contra ti, dizendo: ⁶"Subamos contra Judá e provoquemos a cisão e a divisão em seu seio em nosso benefício e estabeleçamos como rei sobre ele o filho de Tabeel."[g]

⁷Assim diz o Senhor Iahweh:
Tal não se realizará, tal não há de suceder,

---

a) A pregação do profeta embaterá na incompreensão de seus ouvintes. Os imperativos aqui usados não devem causar ilusão, equivalem a indicações (cf. 29,9): Deus não quer essa incompreensão, ele a prevê, e ela serve aos seus desígnios. Ela desvela o pecado do coração e precipita o julgamento; comparar com o endurecimento do Faraó (Ex 4,21; 7,3 etc.). — Este texto de Isaías será citado várias vezes no NT (Mt 13,14-15p; Jo 12,40; At 28,26-27), com aplicação especial nas parábolas (Mt 13,13).

b) O profeta não quer admitir que a condenação seja *definitiva. Sem contradizer* esta esperança, a resposta de Deus insiste na gravidade das provações que precederão a salvação.

c) Versículo difícil. A última frase falta no grego, mas deve ser mantida: desse toco desbastado deve renascer nova árvore (cf. 4,2-3 e a nota).

d) "Rason", de acordo com o grego e os documentos assírios; "Resin", hebr.

e) É a guerra siroefraimita: o rei de Aram e o rei de Israel queriam arrastar Judá para uma coligação contra a Assíria. Não obstante as advertências de Isaías, Acaz pediu auxílio a Teglat Falasar, que atacou Damasco e a Samaria, mas reduziu Judá à condição de vassalo. Acaz abrirá à Assíria a porta do seu país (cf. 2Rs 16,5-16).

f) Este nome profético (cf. 1,26+) significa "um resto voltará", quer dizer, se converterá a Iahweh, escapando assim ao castigo (cf. 4,3+; 10,20-23).

g) Provavelmente um arameu da corte de Damasco. O nome significa "Deus é bom", mas o hebr. massorético vocalizou-o *Tabal*, "não presta".

⁸ porque a cabeça de Aram é Damasco, e a cabeça de Damasco é Rason;
dentro de sessenta e cinco anos Efraim deixará de ser povo.
⁹ A cabeça de Efraim é Samaria e a cabeça de Samaria   28,16; 30,15
é o filho de Romelias.
Se não o crerdes, não vos mantereis firmes.ᵃ

Segunda intervenção

¹⁰ Iahweh tornou a falar a Acaz, dizendo-lhe:
¹¹ Pede um sinal a Iahweh, teu Deus,
ou nas profundezas do Xeol, ou nas alturas.
¹² Acaz, porém, respondeu: Não pedirei nada, não tentarei a Iahweh.   Dt 6,16
¹³ Então disse ele:
Ouvi vós, casa de Davi!
Parece-vos pouco o fatigardes os homens,
e quereis fatigar também a meu Deus?
¹⁴ Pois sabei que o Senhor mesmo vos dará um sinal:ᵇ   Mt 1,23; Mq 5,2
Eis que a jovemᶜ está grávida
e dará à luz um filho
e dar-lhe-á o nome de Emanuel.
¹⁵ Ele se alimentará de coalhada e de mel   9,5 + 7,22
até que saiba rejeitar o mal e escolher o bem.
¹⁶ Com efeito, antes que o menino saiba rejeitar o mal e escolher o bem,   Dt 1,39; 1Rs 3,9
a terra, por cujos dois reis tu te apavoras,ᵈ ficará reduzida a ermo.
¹⁷ Iahweh trará sobre ti, sobre o teu povo e sobre a casa de teu pai
dias tais como não existiram desde o dia
em que Efraim se separou de Judáᵉ (o rei da Assíria).

a) Texto difícil. Alguns propõem se transfira 8b para depois de 9a e se corrija "65 anos" para "5 ou 6 anos" (de fato, Samaria cairá em 722). Como se apresenta, o texto supõe comparação tácita entre Judá, cuja capital é Jerusalém e cujo verdadeiro "chefe" é Iahweh, e os seus inimigos, que não têm os mesmos privilégios. Além disso, o profeta anuncia o desaparecimento do reino do Norte, mas propõe como condição ato de fé em Deus. A fé, na pregação dos profetas, é menos a crença abstrata de que Deus existe e é único do que a confiança nele, fundada na eleição: Deus escolheu Israel, é *seu* Deus (Dt 7,6+) e só ele pode salvá-lo. Esta confiança absoluta, penhor de salvação (Is 28,16), exclui o recurso a qualquer outro apoio, dos homens ou, com mais forte razão, dos falsos deuses (cf. 30,15; Jr 17,5; Sl 52,9).
b) O sinal que o rei Acaz recusou pedir é-lhe dado, no entanto, por Deus. É o nascimento de um menino cujo nome, Emanuel, isto é, "Deus conosco" (cf. *8,8.10*) é profético (cf. *1,26+*) e anuncia que Deus protegerá e abençoará Judá. Noutros textos (9,1-6; 11,1-9), Isaías desvendará com mais precisão determinados aspectos da salvação trazida por esse menino. Estas profecias são a expressão do messianismo real, já esboçado pelo profeta Natã (2Sm 7), e que será retomado mais tarde por Mq 4,14; Ez 34,23; Ag 2,23 (cf. Sl 2; 45; 72; 110). Será por meio de um rei, descendente de Davi, que Deus dará a salvação ao povo; é na permanência da linhagem davídica que repousa a esperança dos fiéis de Iahweh. Ainda que Isaías tenha em vista, de imediato, o nascimento de um filho de Acaz, por exemplo, Ezequias (o que parece provável a despeito das incertezas da cronologia, e que o texto grego aparenta haver compreendido lendo, v. 14, "*tu* lhe darás o nome..."), pressente-se, pela solenidade dada ao oráculo e pelo forte significado do nome simbólico dado ao menino, que Isaías entrevê nesse nascimento real, para além das presentes circunstâncias, uma intervenção de Deus com vista ao reino messiânico definitivo. A profecia do Emanuel ultrapassa deste modo sua realização imediata, e foi legitimamente que os evangelistas (Mt 1,23 citando Is 7,14; Mt 4,15-16 citando Is 8,23-9,1), depois toda a tradição cristã, nela reconheceram o anúncio do nascimento de Cristo.
c) A tradução grega traz "a virgem", precisando assim o termo hebraico ʽ*almah* que designa, quer a donzela, quer uma jovem casada recentemente, sem explicitar mais. O texto da Setenta é, porém, testemunho precioso da interpretação judaica antiga, que será consagrada pelo Evangelho. Mt 1,23 encontra aqui o anúncio da concepção virginal de Cristo.
d) É, como no oráculo precedente (7,7-9), o anúncio dos reveses que vão se abater sobre os reinos de Samaria e Damasco, vingança prometida por Deus ao reino de Judá, atualmente ameaçado.
e) Quer dizer, uma época de prosperidade e glória como a que Israel conheceu sob os reinados de Davi e Salomão. É com esta visão de esperança que termina o segundo episódio do oráculo do Emanuel. — "o rei da Assíria" é glosa baseada em interpretação errônea.

Anúncio de uma invasão[a]

¹⁸ Naquele dia, acontecerá
que Iahweh assobiará às moscas que vivem nas regiões remotas dos rios do Egito
e às abelhas que vivem na terra da Assíria.
¹⁹ Elas virão e pousarão todas
nos vales íngremes dos penhascos e nas fendas das rochas,
sobre todos os espinheiros e sobre todos os bebedouros.
²⁰ Naquele dia,
o Senhor rapará, com navalha alugada além do Rio,
(com o rei da Assíria)
a cabeça e o pelo das pernas;
até a barba arrancará.
²¹ E sucederá, naquele dia,
que cada pessoa conservará em vida uma novilha e duas ovelhas.
²² Em virtude da produção abundante de leite
(todos se alimentarão de coalhada),
todos os que forem deixados na terra se alimentarão de coalhada e de mel.
²³ Sucederá, então, naquele dia,
que todo o lugar onde existem atualmente mil videiras,
no valor de mil moedas de prata,
se transformará em espinheiros e matagal.
²⁴ Só armado de arco e flecha se entrará ali,
porque a terra inteira estará coberta de espinheiros e matagal.
²⁵ Em todos os montes atualmente lavrados à enxada,
já não se poderá entrar,
de medo dos espinheiros e do matagal;
os bois andarão soltos neles e as ovelhas os pisarão.

8 Nascimento de um filho de Isaías[b]

— ¹Iahweh me disse: Toma uma tabuinha de bom tamanho e nela escreve com estilete comum: para Maer-Salal Has-Baz. ²E toma como testemunhas dignas de fé o sacerdote Urias e o filho de Baraquias, Zacarias.

³Em seguida me acheguei à profetisa e ela concebeu e deu à luz um filho. Então Iahweh me disse: Dá-lhe o nome de Maer-Salal Has-Baz, ⁴porque, antes que a criança saiba dizer "papai" e "mamãe", as riquezas de Damasco e os despojos de Samaria serão levados para o rei da Assíria.

Siloé e o Eufrates[c]

— ⁵Tornou Iahweh a falar-me e disse:
⁶Visto que este povo rejeitou as águas de Siloé que correm mansamente, apavorado[d] diante de Rason e do filho de Romelias, ⁷o Senhor trará contra

---

a) No desenvolvimento que segue, não mais se trata da guerra siroefraimita, mas do Egito e da Assíria. Não é mais oráculo de bênçãos, e sim o anúncio de devastação do país pela Assíria. Temos aí, plausivelmente, um oráculo posterior, datando dos últimos anos da atividade de Isaías, antes da intervenção de Senaquerib. Teria sido inserido aqui por causa da menção do leite e do mel (v. 22, relacionado com o v. 15). Mas, enquanto no v. 15 era alimento gratuito (cf. Ex 3,8.17 etc.; Dt 6,3; 11,9 etc.), no v. 22 é o único alimento de um país devastado, que voltou à vida pastoril elementar.

b) Apesar do paralelismo com 7,16, este pequeno oráculo tem alcance muito diferente daquele do Emanuel: não se trata mais do messianismo real. O nome profético do segundo filho de Isaías é sinal e presságio (cf. 1,26+; 7,3; 8,18); significa "Pronto-saque-próxima-pilhagem" e anuncia o saque iminente de Damasco e de Samaria pelos assírios. Cf. os nomes simbólicos dos filhos de Oseias (Os 1,4.6.9).

c) As águas de Siloé (v. 6, cf. 7,3) simbolizam a proteção divina à qual o povo preferiu o auxílio da Assíria ("o Rio", v. 7, isto é, o Eufrates), que se voltará contra ele (cf. 7,1+).

d) "apavorado (lit.: fundido) diante", conj.; o hebr. "exultação" (?) é ininteligível, a menos que seja preciso procurar a relação desta palavra com o verbo da mesma raiz "regozijar-se", e ver aí alusão a partido pró-sírio, que se teria constituído em Judá. As versões entenderam "escolhido (para rei)", que é historicamente impossível.

ele as águas impetuosas e abundantes do Rio, a saber, o rei da Assíria com todo o seu poderio. Ele encherá todos os seus leitos e transbordará por todas as suas ribanceiras; ⁸ele se espalhará por Judá; com a sua passagem inundará tudo e chegará até o pescoço, e as suas asas abertas cobrirão toda a largura da tua terra, ó Emanuel!ᵃ ⁹Ó povos, sabei-oᵇ e espantai-vos; prestai atenção, todos os confins da terra.

> Por mais que vos prepareis para
> a luta haveis de ficar apavorados.

¹⁰ Por mais planos que façais, eles serão frustrados,
por mais que pronuncieis a vossa decisão, ela não se manterá,
porque "Deus está conosco".

*A missão de Isaías*ᶜ

¹¹Com efeito, assim me falou Iahweh, tomando-me pela mão
e admoestando-me a que não andasse no caminho deste povo. Disse-me:
¹²"Não chamareis conspiração tudo o que este povo chama conspiração;
não participareis do seu medo nem vos aterrorizareis.
¹³ A Iahweh dos Exércitos é que devereis proclamar santo;
ele é que deverá ser objeto do vosso temor e do vosso terror.
¹⁴Ele será santuário,ᵈ pedra de tropeço e rocha de escândalo
para ambas as casas de Israel,
armadilha e laço para os habitantes de Jerusalém.
¹⁵Muitos tropeçarão nelas, cairão e se despedaçarão,
serão apanhados no laço e ficarão presos.
¹⁶Conserva fechado o testemunho, sela a instrução
entre os meus discípulos."
¹⁷ Aguardo a Iahweh, que esconde a sua face da casa de Jacó,
nele ponho minha esperança.
¹⁸Eis que eu e os filhos que Iahweh me deu
nos tornamos, em Israel, sinais e presságios
da parte de Iahweh dos Exércitos, que habita no monte Sião.
¹⁹Se vos disserem: "Ide consultar os espíritos e os adivinhos,
cochichadores e balbuciadores",
não consultará o povo os seus deuses,
e os mortos a favor dos vivos?
²⁰ À instrução e ao testemunho!
Se eles não falarem de acordo com esta palavra,
certamente não nascerá para eles a aurora.ᵉ

*A marcha durante a noite*ᶠ

²¹Ele transitará pela terra, oprimido e faminto;
e sucederá que ao ter fome, ficando enfurecido,
amaldiçoará seu rei e seu Deus; olhará para o céu,

---

a) A evocação deste nome profético (cf. 7,14) aqui e, com clareza, no v. 10, sublinha a unidade deste grupo de oráculos: os castigos anunciados preparam o cumprimento das promessas.
b) "sabei-o", grego; "aliai-vos" (?), hebr.
c) Isaías parece exprimir aqui, talvez por causa de seus discípulos (v. 16), algumas confidências sobre os motivos de sua atitude. Foi o próprio Iahweh que lhe ensinou a opor-se ao povo de Judá e a não ter confiança senão em Deus — atitude difícil, em circunstâncias às vezes ambíguas (vv. 14.15), destinada a fazer aparecer a verdadeira fidelidade.

d) Em lugar de "santuário", *miqdash*, o Targ. leu "laço", *moqesh*, como no final do v. O texto atual parece ser erro ou correção de escriba.
e) Os vv. 19-20, que talvez estejam fora de seu contexto, são muito obscuros. Isaías refere as palavras de seus adversários, que reivindicam para o povo o direito de praticar a adivinhação (cf. 2,6+). A resposta (v. 19b) talvez seja irônica, e o profeta parece concluir (v. 20) constatando que tais propósitos conduzem a impasse. Mas tudo isto repousa num texto mal estabelecido.
f) Aqui, mais uma vez, parece tratar-se de fragmento de oráculo deslocado. Por alto, adivinha-se a descrição

²² em seguida voltará os olhos para a terra: por toda parte só vê angústia, escuridão, noite de aflição, trevas dissolventes. ²³ Com efeito, não está mergulhada em trevas a terra que está em apertura?

Mt 4,13-16

A libertação — Como no passado ele menosprezou a terra de Zabulon e a terra de Neftali, assim no tempo vindouro cobrirá de glória o caminho do mar, o Além do Jordão, o distrito das nações.[a]

Jo 8,12 +

9 ¹O povo que andava nas trevas viu uma grande luz,
uma luz raiou para os que habitavam uma terra sombria.

Sl 126

² Multiplicaste o povo, deste-lhe grande alegria;
eles alegram-se na tua presença como se alegram os ceifadores na ceifa,
como se regozijam os que repartem os despojos.

*10,25-26;
14,25*

³ Porque o jugo que pesava sobre eles,
o bastão posto sobre seus ombros, a vara do opressor,
tu os despedaçaste como no dia de Madiã.

Jz 7,15-25

⁴ Com efeito, todo calçado que pisa ruidosamente no chão,[b] toda veste que se revolve no sangue
serão queimadas, serão devoradas pelo fogo.

*7,14 +
Gn 3,15;
49,10
Nm 24,17
Mq 5,1-3
Zc 9,9
2Sm 7,12-16*

⁵ Porque um menino nos nasceu, um filho nos foi dado,
ele recebeu o poder sobre seus ombros, e lhe foi dado este nome:
Conselheiro-maravilhoso, Deus-forte,
Pai-para-sempre, Príncipe-da-paz,[c]

*Lc 2,14
1,32-33*

⁶ para que se multiplique o poder, assegurando o estabelecimento de uma
paz sem fim
sobre o trono de Davi e sobre o seu reino,
firmando-o, consolidando-o
sobre o direito e sobre a justiça.
Desde agora e para sempre,
o amor ciumento de Iahweh dos Exércitos fará isto.[d]

As provações do reino do Norte[e]

55,10-11

⁷ O Senhor enviou uma palavra a Jacó,
ela caiu em Israel.

9

⁸ Todo o povo teve dela conhecimento, isto é, Efraim
e os habitantes de Samaria,
que no orgulho e na altivez do seu coração dizem:

10

⁹ "Os tijolos caíram, mas construiremos com pedras lavradas,
os sicômoros foram derrubados, substituí-los-emos por cedros."

---

de um homem atravessando o país devastado e exprimindo sua angústia. Não se vê, porém, como ligar este curto poema ao contexto imediato. Talvez seja preciso relacioná-lo com 5,26-30, que ele continuaria bastante bem.
a) Este v. que opõe, para as regiões do norte da Palestina, glorioso porvir a passado de humilhações, parece aludir às campanhas de Teglat Falasar na Galileia e à deportação de 732 (cf. 2Rs 15,29). No oráculo que segue, Isaías anuncia um "Dia de Iahweh" que trará a libertação aos deportados; ele anuncia ao mesmo tempo o reinado pacífico de um menino de estirpe real, o Emanuel de 7,14. O aparecimento do Messias na Galileia dará a esta profecia sua plena realização (cf. Mt 4,13-16). O "distrito das nações" (hebr. *gelîl ha-goyim*) designa a Galileia.
b) Lit.: "calçado do estrépito". — A destruição do equipamento guerreiro anuncia época de paz que será descrita simbolicamente a seguir (11,6-9; cf. já 2,4).

c) Estes títulos são comparáveis ao protocolo que era preparado para o Faraó quando de sua coroação. O menino de estirpe real terá a sabedoria de Salomão, a bravura e a piedade de Davi e as grandes virtudes de Moisés e dos patriarcas (cf. 11,2). A tradição cristã, que se exprime na liturgia do Natal, ao dar estes títulos a Cristo mostra que ele é o verdadeiro Emanuel.
d) O amor ciumento de Iahweh por seu povo impele-o simultaneamente a castigar-lhe as infidelidades (cf. Ex 20,5; Dt 4,24) e a proporcionar-lhe a salvação.
e) Este poema, cadenciado por refrão (vv. 11b.20b; 10,4b), foi pronunciado contra o reino do Norte, em 739, na ocasião em que se preparava a guerra contra Acaz (2Rs 15,37); seja em 734, após esta guerra, quando o reino do Norte se tornava presa da Assíria (2Rs 15,29).

¹⁰ Mas Iahweh sustentou contra este povo seu adversário Rason,ᵃ
incitou contra ele seus inimigos,
¹¹ Aram do lado do oriente e os filisteus do lado do ocidente:
eles devoraram Israel de um só trago.ᵇ
Com tudo isso a sua ira não se amainou,
sua mão continua estendida.

¹² Nem por isso o povo voltou para aquele que o feria,
não buscou a Iahweh dos Exércitos.
¹³ Então Iahweh, em um só dia, decepou
de Israel cabeça e cauda, palma e junco.ᶜ
¹⁴ (O ancião e o dignitário são a cabeça,
o profeta que ensina a mentira é a cauda.)
¹⁵ Os condutores deste povo o desencaminham;
assim, os seus conduzidos estão transviados.ᵈ
¹⁶ Por esta razão o Senhor já não tem prazer nos seus jovens,
não tem compaixão dos seus órfãos nem das suas viúvas.
Com efeito, são todos ímpios e malfeitores,
toda boca profere loucuras.
Com tudo isto a sua ira não se amainou,
a sua mão continua estendida.

¹⁷ Porque a impiedade ardeu como o fogo,
devorando espinheiros e matagais,
incendiou a espessura da floresta:
esta subiu em turbilhões de fumaça.
¹⁸ Em virtude do furor de Iahweh dos Exércitos a terra foi queimadaᵉ
e o povo se tornou presa do fogo.
Ninguém tem compaixão do seu próximo;
¹⁹ o homem corta à direita, mas continua
com fome, come à esquerda, mas não consegue saciar-se.
Todos comem até a carne do seu braço.
²⁰ Manassés devora Efraim e Efraim a Manassés,
e ambos juntos se viram contra Judá.
Com tudo isto sua ira não se amainou,
sua mão continua estendida.

10

¹ Ai dos que promulgam leis iníquas,
os que elaboram rescritos de opressão
² para desapossarem os fracos do seu direito
e privar da sua justiça os pobres do meu povo,
para despojar as viúvas e saquear os órfãos.
³ Pois bem, que fareis no dia do castigo,
quando a ruína vier de longe?
A quem correreis em busca de socorro,
onde deixareis as vossas riquezas,
⁴ para não terdes de vos arrastar humildemente entre os prisioneiros,
para não cairdes entre os cadáveres?
Com tudo isto sua ira não se amainou,
e sua mão continua estendida.

---

a) "seu adversário Rasin", conj.; "os adversários de Rason", hebr., que não dá nenhum sentido.
b) Esta hostilidade conjugada dos filisteus e arameus contra Israel é possível, mas não é atestada por nenhum texto histórico.
c) "cabeça e cauda, palma e junco" parece designar os chefes e os súditos (cf. 19,15; Dt 28,13.44). O v. seguinte seria glosa explicativa.
d) Talvez seja aqui o lugar em que seria preciso intercalar 5,25, que se supõe separado acidentalmente.
e) "queimada", grego; hebr. ininteligível.

Contra o rei da Assíria[a]

14,24-27 ⁵ Ai da Assíria, vara da minha ira;
   ela é o bastão do meu furor posto nas suas mãos.

47,6
Zc 1,15 ⁶ Contra uma nação ímpia a enviei;
   a respeito de um povo contra o qual eu estava enfurecido lhe dei ordens,
   para que o saqueasse e o despojasse,
   para que o pisasse como a lama das ruas.

⁷ Mas ela não tinha essa intenção; seu coração não se ateve a esse plano.
   Antes, o que estava em seu propósito era
   exterminar e destruir grande número de nações.

36,18-20 ⁸ Com efeito, ela dizia:
   "Porventura não são reis todos os meus chefes?

⁹ Não sucedeu a Calane o mesmo que a Carquemis,
   a Emat o mesmo que a Arfad, à Samaria o mesmo que a Damasco?[b]

¹⁰ Ora, se a minha mão alcançou os reinos dos falsos deuses,[c]
   com imagens mais numerosas do que as de Jerusalém
      e de Samaria,

¹¹ não hei de fazer a Jerusalém e às suas imagens
   como fiz a Samaria e aos seus falsos deuses?"

¹² Pois bem, quando o Senhor concluir toda a sua obra no monte Sião, e em Jerusalém, ele dará ao rei da Assíria os castigos[d] do fruto do seu coração arrogante e da soberba dos seus olhos altivos.

Dt 8,17 + ¹³ Pois disse:
   "Com a força das minhas mãos o fiz
   e com minha sabedoria, pois agi com inteligência.
   Pus de lado as fronteiras dos povos;
   saqueei os seus tesouros;
   como um forte submeti seus habitantes.

¹⁴ Minha mão, como em um ninho, apanhou as riquezas dos povos,
   como se colhem ovos abandonados, assim colhi a terra inteira:
   não houve ninguém que batesse as asas, ninguém que desse um pio."

45,9
Rm 9,20-21 ¹⁵ Por acaso se gloria o machado contra aquele que o empunha?
   Por acaso exalta-se a serra contra aquele que a maneja?
   Como se o bastão pudesse manejar aquele que o ergue,
   como se a vara pudesse erguer aquilo que não é madeira!

¹⁶ Eis por que o Senhor Iahweh dos Exércitos enviará magreza
      à sua gordura;
   em lugar da sua glória lavrará um incêndio como o incêndio provocado
      por fogo.

37,36 ¹⁷ A luz de Israel se transformará em fogo, e o seu Santo
   se tornará uma chama:

---

a) Trata-se, provavelmente, de Senaquerib e da invasão de 701. Comparar os vv. 8-11 com 36,18-20. Sem o saber, o rei da Assíria é instrumento que executa os julgamentos de Deus contra o povo rebelde (cf. 13,5; 5,26; 7,18; 8,7). Do mesmo modo, para Jeremias, Nabucodonosor será flagelo nas mãos de Iahweh (Jr 51,20; 50,23); será até seu servo (Jr 25,9; 27,6; 43,10). Mas esta missão da qual o invasor não tem consciência não suprime a sua responsabilidade. O orgulho e a crueldade dele serão castigados no dia escolhido por Deus (v. 12).
b) Isaías cita as cidades poderosas que foram devastadas pelos assírios por ocasião das campanhas precedentes: Calane, na Síria do Norte, tomada em 738 por Teglat Falasar; Carquemis, às margens do Eufrates, tomada por Sargon em 717; Emat, às margens do Orontes, tomada por Sargon, em 720; Arfad, perto de Alepo, sitiada e tomada já por Teglat Falasar antes da guerra siroefraimita; Samaria, caída em 721 e Damasco, em 732.
c) Isaías faz este rei assírio falar como bom javista para quem os deuses estrangeiros eram "coisa nenhuma", *elilim*, designação frequente dos ídolos em Isaías.
d) "ele dará os castigos", grego; "eu darei os castigos", hebr. — Este v. inteiro em prosa deve ser um acréscimo.

ela queimará e consumirá seu matagal
e os seus espinheiros em um só dia.
¹⁸ O majestoso viço da sua floresta e do seu vergel,
ele o extinguirá corpo e alma, como perece um doente.
¹⁹ O que restar das árvores da sua floresta constituirá um número insignificante:
até um menino poderá contá-las.ᵃ

O pequeno restoᵇ

²⁰ Naquele dia, o resto de Israel, os sobreviventes da casa de Jacó
não continuarão a apoiar-se sobre aquele que o fere;
apoiar-se-ão sobre Iahweh, o Santo de Israel, com fidelidade.
²¹ Um resto, o resto de Jacó, voltará ao Deus forte. — 4,3+
²² Com efeito, ó Israel, ainda que o teu povo seja como a areia do mar, — Rm 9,27; Rm 5,20-21
só um resto dele voltará,
pois a destruição está decidida: a justiça transborda!
²³ Sim, a destruição está decidida;
o Senhor Iahweh dos Exércitos a fará executar no meio de toda a terra.

Confiança em Deusᶜ

14,24-27; 30,27-33; 31,4-9; 37,22-29

²⁴ Por isso, assim diz o Senhor Iahweh dos Exércitos:
Povo meu, que habitas em Sião, não tenhas medo da Assíria!
Ela te fere com a sua vara, ela levanta contra ti o seu bastão
(no caminho do Egito).ᵈ
²⁵ Só mais um pouco de tempo e o furor chegará ao fim:
minha ira causará sua destruição.
²⁶ Iahweh dos Exércitos brandirá o açoite contra ela, — 9,3; Jz 7,25; Ex 14,16
como fez ao ferir Madiã junto à rocha de Oreb;
sua vara se erguerá contra o mar,
como a ergueu no caminho do Egito.ᵉ
²⁷ Naquele dia, a carga será removida
dos teus ombros, e o seu jugo, de sobre o teu pescoço,
e o jugo será destruído (...)ᶠ

A invasãoᵍ

Mq 1,10-15

²⁸ Ele chegou a Aiat, passou por Magron, — 1Sm 14,5
em Macmas depositou a bagagem.
²⁹ Passou o desfiladeiro, Gaba será nosso acampamento noturno, — 1Sm 14,2.16; 1Sm 1,19; 1Sm 15,34
Ramá estremeceu, Gabaá de Saul fugiu.
³⁰ Ergue a tua voz, Bat-Galim, toda atenção, ó Laísa! — Jr 1,1
Responde-lhe, Anatot!ʰ

---

a) Alguns pensam que os vv. 16-19 não visam mais ao rei da Assíria, e sim a Judá.

b) Este breve oráculo parece ser comentário do nome dado por Isaías ao seu filho mais velho Sear-Iasub, "um resto voltará" (cf. 7,3). A teologia do "resto", cara a Isaías (cf. 4,3+), é resumida aqui em seus dois aspectos: anúncio de castigo exemplar que não deixará subsistir mais do que pequeno resto (vv. 22-23), e promessa, para este resto, de conversão (*yashûb*, "ele voltará") acompanhada de perdão e de novas bênçãos (vv. 20-21).

c) Oráculo que parece ter sido pronunciado no tempo que precedeu o ataque de Senaquerib em 701.

d) Glosa tirada do v. 26.

e) O v. inteiro é adição que interrompe o desenvolvimento. Cf. 4,5+.

f) As últimas palavras do v. são incompreensíveis (lit.: "adiante da gordura"). Foi proposto ligar "será destruído" à frase precedente e ler, corrigindo: "ele subiu defronte de Samaria", que seria o começo do desenvolvimento seguinte.

g) Os vv. 28-32 descrevem a marcha do invasor. Se se trata do ataque de Senaquerib (cf. 10,5), essa rota não é a seguida por seu exército (cf. 2Rs 18,17), mas a descrição ideal de uma invasão procedente do Norte (cf. Is 14,31). Nem todas as cidades são localizadas; a última, Nob, fica no cimo do monte Escopo, de onde se domina Jerusalém.

h) "Responde-lhe", *‘anîha*, sir.; "Infeliz", *‘arîyyah*, hebr.

³¹ Madmena fugiu;
os habitantes de Gabim procuraram abrigo.
1Sm 21,2 ³² Ainda hoje, detendo-se em Nobe,
meneará a mão contra o monte da filha de Sião,
contra o outeiro de Jerusalém.
³³ Eis que o Senhor Iahweh dos Exércitos desbastará a ramagem
com terrível violência,
os que atingem o cimo serão cortados, os mais altos serão abatidos.
³⁴ A espessura da floresta será arrasada a ferro,
e o Líbano virá abaixo sob a mão de um Forte.

O descendente de Davi[a]

42,1-12
Sl 72
Jr 23,5 +
Rm 15,12
Ap 22,16
Mt 3,16 +
1Pd 4,14
9,5

11 ¹Um ramo sairá do tronco de Jessé,[b]
um rebento brotará de suas raízes.
² Sobre ele repousará o espírito de Iahweh,[c]
espírito de sabedoria e de inteligência,
espírito de conselho e de fortaleza,
espírito de conhecimento e de temor de Iahweh:
³ no temor de Iahweh estará a sua inspiração.[d]
Ele não julgará segundo a aparência.
Ele não dará sentença apenas por ouvir dizer.

Ap 19,11
Ap 19,15
2Ts 2,8

⁴ Antes, julgará os fracos com justiça,
com equidade pronunciará sentença em favor dos pobres da terra.
Ele ferirá a terra com o bastão da sua boca,
e com o sopro dos seus lábios matará o ímpio.
⁵ A justiça será o cinto dos seus lombos
e a fidelidade, o cinto dos seus rins.

65,25 ⁶ Então o lobo morará com o cordeiro,[e]
e o leopardo se deitará com o cabrito.

a) Poema messiânico, que define determinados traços essenciais do Messias vindouro: ele é do tronco davídico (v. 1), será cheio de espírito profético (v. 2), fará reinar entre os homens a justiça, reflexo terreno da santidade de Iahweh (vv. 3s; cf. 1,26+; 5,16+) e restabelecerá a paz paradisíaca (vv. 6-8), fruto do conhecimento de Iahweh (v. 9).
b) Pai de Davi (1Sm 16,1s; cf. Rt 4,22) e antepassado de todos os reis de Judá e do Messias (cf. Mt 1,6-16).
c) O "espírito de Iahweh", ou o "santo espírito de Iahweh" (42,1; 61,1s; 63,10-13; Sl 51,13; Sb 1,5; 9,17), seu "sopro" ("sopro" e "espírito" traduzem a mesma palavra *ruah*) atua através de toda a história bíblica. Ainda antes da criação ele repousa sobre o caos (Gn 1,2) e dá a vida a todos os seres (Sl 104,29-30; 33,6; Gn 2,7; cf. Ez 37,5-6.9-10). É ele que suscita os juízes (Jz 3,10; 6,34; 11,29) e Saul (1Sm 11,6). É ele que dá a habilidade aos artífices (Ex 31,3; 35,31). O discernimento aos juízes (Nm 11,17), a sabedoria a José (Gn 41,38). Enfim e acima de tudo, ele inspira os profetas (Nm 11,17 [Moisés].25-26; 24,2; 1Sm 10,6.10; 19,20; 2Sm 23,2 [Davi]; 2Rs 2,9 [Elias]; Mq 3,8; Is 48,16; 61,1; Zc 7,12; 2Cr 15,1; 20,14; 24,20), enquanto os falsos profetas seguem seu próprio espírito (Ez 13,3, cf. ainda Dn 4,5.15; 5,11-12.14). O texto presente ensina que esse espírito dos profetas será dado ao Messias; Jl 3,1-2 anunciará para os tempos messiânicos sua efusão universal (cf. At 2,16-18). Como a doutrina da sabedoria (cf. Pr 8,22+; Sb 7,22+), a doutrina do espírito encontrará sua expressão definitiva no Novo Testamento (cf. Jo 1,33+; 14,16+ e 26+; At 1,8+; 2+; Rm 5,5+).
d) O espírito profético confere ao Messias as virtudes eminentes de seus grandes antepassados: sabedoria e inteligência de Salomão, prudência e bravura de Davi, conhecimento e temor de Iahweh dos patriarcas e dos profetas, Moisés, Jacó e Abraão (cf. 9,5). A enumeração desses dons pela Setenta e pela Vulg. (que acrescentam a "piedade" por desdobramento do "temor de Iahweh") tornou-se a nossa lista dos "sete dons do Espírito Santo".
e) A revolta do homem contra Deus (Gn 3) rompera a harmonia entre o homem e a natureza (Gn 3,17-19), entre o homem e o homem (Gn 4). Os profetas anunciam guerras e invasões como castigo das infidelidades de Israel. Ao invés, trazendo o perdão dos pecados, a reconciliação com Deus e o reino da justiça, a era messiânica estabelece a paz que é sua consequência: fertilidade do solo (Am 9,13-14; Os 2,20.23-24); desarmamento geral (Is 2,4; 9,4; Mq 4,3-4; 5,9-10; Zc 9,10); paz perpétua (Is 9,6; 32,17; 60,17-18; Sf 3,13; Zc 3,10; Jl 4,17). A Nova Aliança é aliança de paz (Ez 34,25; 37,26). O reino messiânico é reino de paz (Zc 9,8-10; Sl 72,3-7). Esta paz estende-se ao reino animal, até à serpente, responsável pela primeira falta: a era messiânica é descrita aqui simbolicamente como retorno à paz paradisíaca.

O bezerro, o leãozinho e o gordo novilho andarão juntos
e um menino pequeno os guiará.
⁷ A vaca e o urso pastarão juntos,
juntas se deitarão as suas crias.
O leão se alimentará de forragem como o boi.
⁸ A criança de peito poderá brincar junto à cova da áspide, Sl 91,13
a criança pequena porá a mão na cova da víbora.
⁹ Ninguém fará o mal nem destruição nenhuma ↗ Hab 2,14
Jl 31,33-34
Is 40,5
em todo o meu santo monte,
porque a terra ficará cheia do conhecimento de Iahweh,
como as águas cobrem o fundo mar.

A volta dos dispersos[a]

¹⁰ Naquele dia, a raiz de Jessé, que se ergue como um sinal para os povos, ↗ Rm 15,12
↗ Ap 22,16
será procurada pelas nações, e a sua morada se cobrirá de glória.
¹¹ Naquele dia, o Senhor tornará a estender a sua mão
para resgatar o resto do seu povo,
a saber, aquilo que restar na Assíria
e no Egito, em Patros, em Cuch e no Elam,
em Senaar, em Emat, nas ilhas do mar.[b]
¹² Ele erguerá um sinal para as nações 49,22
e reunirá os banidos de Israel.
Ajuntará os dispersos de Judá
dos quatro cantos da terra.
¹³ Cessará o ciúme de Efraim, Jr 3,18 +
os adversários de Judá serão exterminados.
Efraim não tornará a ter ciúme de Judá,
e Judá não voltará a hostilizar a Efraim.[c]
¹⁴ Ambos atirar-se-ão sobre os filisteus ao ocidente, Jr 49,2
juntos despojarão os filhos do oriente.
Edom e Moab se sujeitarão ao seu domínio
e os filhos de Amon se lhes submeterão.
¹⁵ Iahweh secará[d] a baía do mar do Egito,
ele agitará a sua mão contra o Rio,
com a violência do seu sopro.
Dividi-lo-á em sete canais,
permitindo que seja atravessado até com sandálias.
¹⁶ Haverá um caminho para o resto do seu povo, para o que restar da Assíria, 35,8; 40,3;
43,19;
49,11; 57,14;
62,10
Br 5,7
Ex 14,22
como houve um caminho para Israel no dia em que subiu da terra
do Egito.[e]

Salmo[f]

12 ¹ E dirás naquele dia: Louvo-te, ó Iahweh, porque, embora
tivesses estado encolerizado contra mim,
a tua ira cessou e agora me deste o teu consolo.

---

a) Este poema, que data do fim do Exílio babilônico, foi ligado a este ponto do livro de Isaías por causa da menção da raiz de Jessé (v. 10; cf. v. 1).
b) Enumeração dos países por onde foram dispersos os judeus no tempo do Exílio: Patros no Alto Egito, Cuch, ou seja, Etiópia; Elam, a Pérsia; Senaar, o país de Babilônia; Emat na Síria; as ilhas designam a Grécia e, em geral, as paragens longínquas.
c) Na perspectiva messiânica, os profetas anunciam frequentemente o fim do cisma e a reconciliação de Israel e Judá (Os 2,2; Mq 2,12; Jr 3,18; 23,5-6; 31,1; Ez 37,15-27; Zc 9,10).
d) "secará", versões; "lançará mão do anátema", hebr.; "o Rio" é o Eufrates (cf. v. 16).
e) Os milagres anunciados são a repetição dos de Moisés e Josué, passagens do mar e do Jordão. A volta dos exilados é descrita como novo êxodo (cf. 40,3+).
f) Este salmo, de data e origem incertas, foi inserido aqui para concluir o livro do Emanuel. É hino de

‖ Ex 15,2

² Ei-lo, o Deus da minha salvação:
sinto-me inteiramente confiante, de nada tenho medo,
porque Iahweh é minha força e meu canto.ª
Ele foi minha salvação.

55,1
Jo 4,1 +
‖ Sl 105,1

³ Com alegria tirareis água das fontes da salvação.
⁴ E direis naquele dia:
Louvai a Iahweh, invocai o seu nome;
proclamai entre os povos os seus feitos,
fazei saber que o seu nome é excelso.
⁵ Salmodiai a Iahweh, porque ele fez coisas sublimes;
seja isto proclamado no mundo inteiro.
⁶ Ergue alegres gritos, exulta, ó moradora de Sião,
porque grande no meio de ti é o Santo de Israel.

3. ORÁCULOS SOBRE OS POVOS ESTRANGEIROS[b]

Contra Babilônia[c]

21,1-10;
47,1-15
Jr 50-51
Ap 17-18

13 ¹ Oráculo que Isaías, filho de Amós, viu a respeito da Babilônia.
² Alçai um sinal sobre um monte escalvado,
erguei a voz para eles,
acenai-lhes com a mão para que venham
às portas dos Nobres.
³ Quanto a mim, dei ordens aos meus santos guerreiros,[d]
eu mesmo chamei os meus valentes para o serviço da minha ira,
os que se regozijam na minha grandeza.
⁴ Eis o tumulto nos montes,
semelhante ao de povo imenso
vozerio agitado de reinos, de nações reunidas:
é Iahweh dos Exércitos a passar revista
ao exército para a guerra.
⁵ Ei-los que vêm de terra distante,
da extremidade dos céus,
Iahweh e os instrumentos da sua ira,
para devastar toda a terra.

Jl 1,15
Ez 30,2-3
Am 5,18 +
Gn 17,1 +

⁶ Uivai, porque está próximo o dia de Iahweh,
ele chega como devastação de Shaddai.
⁷ Eis por que todas as mãos desfalecem,
todos os corações humanos se derretem;

Jr 4,31 +
Is 21,3
26,17

⁸ estão apavorados,
convulsões e dores lancinantes se apoderam deles;
contorcem-se como parturiente,
olham espantados uns para os outros
os seus rostos estão abrasados.

---

gratidão de aflito que Deus socorreu e libertou. A segunda parte, em tom mais lírico, canta a glória de Iahweh.

a) "Iahweh é minha força e meu canto", grego; 1QIsª (cf. Ex 15,2); "e o canto e Iah (é) Iahweh", TM.

b) Os caps. 13 a 23 são oráculos contra as nações estrangeiras, agrupados como nos livros de Jeremias (46-51) e de Ezequiel (25-32). A coleção acolheu fragmentos posteriores a Isaías, particularmente os oráculos contra Babilônia, em 13-14.

c) Este poema data do final do Exílio: Babilônia, ainda em seu esplendor (v. 19), cairá sob os ataques dos medos (v. 17, cf. v. 5). É *qîna*, ou lamentação (cf. 1,21+).

d) Lit.: "aos meus santificados", comparar com Jr 51,27.28 (contra Babilônia); Jr 6,4; 22,7; Jl 4,9 (contra Jerusalém). Esta consagração dos guerreiros é aspecto da guerra santa (Js 3,5). Porém, estas novas guerras de Iahweh não são mais conduzidas em favor de Israel, podendo mesmo ser dirigidas contra ele.

⁹ Eis o dia de Iahweh, que vem implacável,
e com ele o furor ardente da ira,
reduzindo a terra a desolação
e dela extirpando os pecadores.
¹⁰ Com efeito, as estrelas do céu e Órion não darão a sua luz.
O sol se escurecerá ao nascer,
e a lua não dará a sua claridade.
¹¹ Punirei o mundo por causa da sua maldade
e os ímpios por causa da sua iniquidade;
porei fim à arrogância dos soberbos,
humilharei a altivez dos tiranos.
¹² Farei com que os homens sejam mais raros que o ouro fino,
os mortais, mais raros que o ouro de Ofir.
¹³ Por isso farei estremecer os céus,
a terra tremerá sobre suas bases,
em virtude do furor de Iahweh dos Exércitos,
no dia em que arder a sua ira.
¹⁴ Sucederá então o que sucede com a gazela perseguida,
com ovelhas que ninguém reúne:
cada um voltará para seu povo,
cada um fugirá para sua terra.
¹⁵ Todo aquele que for encontrado será trespassado;
todo aquele que for pego cairá à espada.
¹⁶ Suas crianças serão despedaçadas sob seus olhos,
suas casas serão saqueadas e suas mulheres violentadas.
¹⁷ Eis que suscitarei contra eles os medos
que não fazem caso de prata, nem dão valor ao ouro.
¹⁸ Os arcos prostrarão os meninos;
eles não terão pena das criancinhas,
seus olhos não pouparão os filhinhos.
¹⁹ Assim Babilônia, a pérola dentre os reinos,
o adorno e o orgulho dos caldeus,
será como Sodoma e como Gomorra,
que foram reduzidas a ruína por Deus.
²⁰ Nunca mais será habitada,
de geração em geração não será povoada.
Ali não acampará mais o árabe,
e os pastores não farão repousar ali os seus rebanhos.
²¹ Antes, ali farão o seu pouso os animais do deserto,
e as suas casas ficarão cheias de bufos;
ali habitarão os avestruzes,
os bodes ali dançarão.
²² As hienas uivarão nas suas torres,*ᵇ*
os chacais, nos seus palácios suntuosos.
Com efeito, o seu tempo está próximo
e seus dias não serão prorrogados.

14 *Fim do Exílio*ᶜ — ¹Com efeito, Iahweh mostrará compaixão para com Jacó; ele voltará a escolher a Israel. Estabelecê-los-á em seu território. O estrangeiro se unirá a eles, fazendo parte da casa de Jacó. ²Povos os toma-

---

a) Tribos guerreiras indoeuropeias que foram primeiro aliadas da Babilônia contra a Assíria. Mais tarde, porém, unidas aos persas, sob Ciro, elas provocarão a ruína da Babilônia em 539.

b) "torres" sir.; Vulg.; Targ.; "viúvas", hebr.
c) Este anúncio do regresso dos exilados e da conversão das nações não está no lugar devido, nesta coleção de oráculos contra os povos estrangei-

rão e os trarão à sua terra. A casa de Israel os submeterá na terra de Iahweh, fazendo deles servos e servas. Reduzirão ao cativeiro aqueles que os tinham feito cativos e dominarão aqueles que os tinham oprimido.

A morte do rei da Babilônia[a] — ³E sucederá, no dia em que Iahweh te der descanso do teu sofrimento, da tua inquietude e da dura servidão a que foste sujeitado, ⁴que entoarás esta sátira a respeito do rei da Babilônia:

Jr 50,23-24
Ap 18,9-19

Como terminou o opressor? Como terminou a arrogância?[b]
⁵ Iahweh quebrou o bastão dos ímpios,
a vara dos dominadores,
⁶ daquele que feria os povos com furor,
que feria com golpes intermináveis,
que com ira dominava as nações,
perseguindo-as sem que o pudessem deter.
⁷ O mundo inteiro repousa, está tranquilo;
todos rompem em gritos de alegria.

Jr 51,48
Ap 19,1-2;
18,20

⁸ Até os ciprestes se regozijam por causa de ti,
bem como os cedros do Líbano:
"Depois que jazes caído,
ninguém mais sobe até aqui para pôr-nos abaixo!"[c]

Ez 32,18-32
Nm 16,33 +

⁹ Nas profundezas, o Xeol se agita por causa de ti,
para vir ao teu encontro;
para receber-te despertou os mortos,
todos os potentados da terra,
fez erguerem-se dos seus tronos todos os reis das nações.
¹⁰ Todos eles te interpelam e te dizem:
"Então, também tu foste abatido como nós,
acabaste igual a nós.
¹¹ O teu fausto foi precipitado no Xeol,
juntamente com a música das tuas harpas.
Sob o teu corpo os vermes formam como um colchão,
os bichos te cobrem como um cobertor.

Lc 10,18
Ap 8,10
9,1; 12,9
Jo 12,31

¹² Como caíste do céu,
ó estrela d'alva, filho da aurora![d]
Como foste atirado à terra,
vencedor das nações!

Lc 10,15
Sl 48,3 +

¹³ E, no entanto, dizias no teu coração:
'Subirei até o céu,
acima das estrelas de Deus colocarei meu trono,
estabelecer-me-ei na montanha da Assembleia,
nos confins do norte.

Ez 28,2
Dn 11,3-6
2Ts 2,4
Dn 10,13 +
Gn 3,5
Ez 31,16-18;
32,18-32

¹⁴ Subirei acima das nuvens,
tornar-me-ei semelhante ao Altíssimo.'
¹⁵ E, contudo, foste precipitado ao Xeol,
nas profundezas do abismo".

---

ros. Deve ser aproximado de Is 49,22; 66,20 (cf. 46, 14+).

a) Este *mashal*, sátira contra tirano destronado, visa a um rei da Babilônia, sem dúvida, Nabucodonosor ou Nabônides, e situa-se, portanto, no contexto dos oráculos do Exílio. Mas houve quem perguntasse se não se trataria de fato de fragmento de texto mais antigo, dirigido contra um rei da Assíria, Sargon ou Senaquerib, e mais tarde retocado para adaptá-lo à época do Exílio.

b) "arrogância", versões, IQIsa; TM corrompido.

c) Os reis da Assíria e da Babilônia exploravam as florestas do Líbano para suas construções.

d) Os vv. 12-15 parecem inspirar-se em modelo fenício. Em todo caso, apresentam vários pontos de contato com os poemas de Râs-Shamra: a estrela d'alva e a aurora são duas figuras divinas; a montanha da Assembleia é aquela em que os deuses se reuniam, como no Olimpo dos gregos. Os Padres interpretaram a queda da estrela d'alva (Vulg., "Lúcifer") como a do príncipe dos demônios.

¹⁶Os que te veem fitam os olhos em ti,
  e te observam com toda atenção, perguntando:
  "Porventura é este o homem que fazia tremer a terra,
  que abalava reinos?
¹⁷Que reduziu o mundo a um deserto,
  arrasou-lhe as cidades
  e nunca permitiu que os seus prisioneiros voltassem para a sua pátria?
¹⁸Todos os reis das nações repousam com honra,
  cada um no seu jazigo.
¹⁹Tu, porém, foste lançado fora da tua sepultura, Jr 22,19
  como um ramo*ᵃ* abominável,
  rodeado de gente imolada, trespassada à espada,
  atirada sobre as pedras da fossa,
  como carcaça pisada aos pés.
²⁰Tu não te reunirás àqueles na sepultura,
  pois arruinaste a tua terra, fizeste perecer o teu povo.
  Nunca mais se nomeará
  essa raça de malvados.
²¹Por causa da maldade dos pais
  promovei a matança dos filhos.
  Não tornem eles a se levantar para submeter a terra
  e encher de cidades a face do mundo."

²²Levantar-me-ei contra eles, oráculo de Iahweh dos Exércitos, e extirparei 4,3+
da Babilônia o seu nome e o seu resto, a sua descendência e a sua posteridade,
oráculo de Iahweh. ²³Farei dela morada de ouriços e brejo. Varrê-la-ei com a
vassoura do extermínio, oráculo de Iahweh dos Exércitos.*ᵇ*

*Contra a Assíria*ᶜ 10,24+

²⁴Iahweh dos Exércitos jurou, dizendo:
  Certamente o que projetei se cumprirá,
  aquilo que decidi se realizará:

²⁵Desmantelarei a Assíria na minha terra, 9,3
  pisá-la-ei nos meus montes.
  Seu jugo será removido do meu povo,
  seu fardo será removido dos seus ombros.
²⁶Este é o projeto que ele decidiu contra a terra inteira,
  e esta é a mão estendida contra todas as nações.
²⁷Com efeito, Iahweh dos Exércitos tomou uma decisão, quem a anulará?
  Sua mão está estendida, quem a fará recuar?

Contra os filisteus

²⁸No ano em que morreu o rei Acaz,*ᵈ* foi pronunciado este oráculo:
²⁹Não te alegres, ó Filisteia toda,
  por ter sido partido o bastão que te feria,

---

a) "ramo", em hebr. *neçer*, alusão ao nome de Nabucodonosor, em hebr. *Nebukadneççar*. — A privação de sepultura era a maldição suprema (cf. 1Rs 13,21-22; Jr 22,19).
b) Estes dois vv. em prosa parecem ter sido acrescentados ao poema para lhe sublinhar a conclusão.
c) Oráculo de Isaías, provavelmente proferido quando da invasão de Senaquerib em 701 (cf. 10,24-27; 30,27-33; 31,4-9; 37,22-29).

d) Oráculo que pode datar dos anos que precedem a invasão de Senaquerib. O "bastão que feria" a Filisteia seria Sargon II que ali interveio diversas vezes, por último em 711 (cf. 20,1s). Sargon morreu em 705, porém seu sucessor, Senaquerib, "víbora" ou "serpente voadora", será adversário mais temível ainda. Se esta interpretação for exata, a referência à morte de Acaz, dada pelo título, deve ser acréscimo: ter-se-ia reconhecido na "víbora" e na "serpente voadora"

porque da raiz da serpente sairá uma víbora,
e seu fruto será como serpente voadora.
³⁰ Os primogênitos dos fracos terão pastagem,
os indigentes repousarão em segurança,
mas farei perecer pela fome tua raiz
e darei a morte*ᵃ* ao que resta de ti.

20,1
Jr 1,13s
³¹ Uiva, ó porta! Grita, ó cidade!
Tu cambaleias toda, ó Filisteia!
Com efeito, do norte*ᵇ* vem uma nuvem de fumaça;
ninguém deserta do seu posto.
³² Que resposta se dará aos mensageiros desta nação?*ᶜ*
Que Iahweh fundou Sião
e ali se refugiarão os pobres do seu povo.

15 A respeito de Moab*ᵈ*

|| Jr 48
Ez 25,8-11
Am 2,1-3
¹ Oráculo a respeito de Moab.
Porque numa noite foi devastada,*ᵉ*
Ar-Moab calou-se;
porque numa noite foi devastada,

|| Jr 48,37-38
Quir-Moab calou-se.
² A filha de Dibon subiu*ᶠ*
aos lugares altos para chorar.
Sobre o Nebo e em Medaba, Moab se lamenta,
todas as cabeças estão raspadas,
toda barba está cortada.
³ Nas suas ruas o povo está cingido de saco;
nos telhados e nas praças
todos se lamentam,

|| Jr 48,34
Nm 21,23
desfazendo-se em lágrimas.
⁴ Hesebon e Eleale levantam seu clamor,
até Jasa se ouve a sua voz.
Eis por que os soldados de Moab se sentem vacilantes,
a sua alma está vacilante diante do que ocorre.

|| Jr 48,36
|| Jr 48,34
Gn 19,22
⁵ Meu coração grita por Moab:
seus fugitivos já estão em Segor, em Eglat-Selisia.*ᵍ*
Com efeito, a multidão sobe a ladeira de Luit a chorar,
pelo caminho de Horonaim ergue-se um pranto aflitivo,
⁶ porque as águas de Nemrim estão reduzidas a desolação:
a erva secou, a relva pereceu,
já não há nenhuma verdura.
⁷ Eis a razão por que reuniram o que ainda
conseguiram salvar dos seus bens
e o transportaram para além da torrente dos Salgueiros.

Ezequias, filho de Acaz, que, de acordo com 2Rs 18,18 devastou a Filisteia.
a) "darei a morte", Vulg., 1QIsᵃ; "ele dará a morte", TM.
b) É do norte que vinham as invasões assírias e babilônicas (cf. Jr 1,3; 4,6; 6,1.22; Ez 26,7).
c) Talvez os mensageiros enviados pelos filisteus para atrair Judá à coligação contra a Assíria; o texto, porém, não é seguro. Seja como for, a resposta afirma a inviolabilidade de Sião, protegida por Iahweh.
d) A origem isaiana do longo poema concernente a Moab dos caps. 15-16 é debatida. Alguns pensam em oráculos anteriores a Isaías, que teriam sido retomados por ele e aplicados à sua época (cf. a conclusão em prosa dos vv. 13-14). Outros datam esses poemas, ou parte deles, de época posterior a Isaías. Aí se encontram numerosos paralelos com o oráculo acerca de Moab de Jr 48.
e) A devastação atingiu todo o país de Moab cujas principais cidades são mencionadas nos vv. 1-4, indo por alto do sul para o norte, de Quir (Kerak) até Hesebon e Eleale, a norte do Nebo e de Medaba (Madaba). Os vv. 5-9 descrevem a fuga dos habitantes em direção ao sul: Segor (cf. Gn 19,22) e a torrente dos Salgueiros, fronteiras meridionais de Moab.
f) "A filha de Dibon subiu", conj. de acordo com Targ. e Sir.; "Ele sobe ao templo e a Dibon", hebr.
g) "meu coração" hebr. e cf. 16,11; mas o grego e Targ. leram "seu coração", — "seus fugitivos", 1QIsᵃ; "seus ferrolhos", hebr.

⁸ Com efeito, o seu clamor espalhou-se por todo o território de Moab,
até Eglaim chegam seus lamentos,
até Beer-Elim chegam eles.
⁹ Com efeito, as águas de Dimon*ᵃ* estão tingidas de sangue,
mas eu imporei a Dimon ainda uma desgraça:
um leão aos sobreviventes de Moab,
aos que restam no seu solo.

16 *O pedido dos moabitas*
¹ Enviai o cordeiro do senhor da terra,
de Sela, situada junto do deserto,
ao monte da filha de Sião.*ᵇ*
² Como pássaros em fuga,
como ninhada dispersa,
tais são as filhas de Moab, junto aos vaus do Arnon.
³ "Formai um conselho;*ᶜ* tomai uma decisão.
Em pleno meio-dia estende tua sombra como a da noite,
esconde os dispersos, não reveles os fugitivos.
⁴ Possam viver em teu seio os dispersos de Moab,
sê para eles refúgio contra o devastador.
Quando a opressão tiver cessado,*ᵈ*
quando a devastação tiver terminado
e os que espezinham a terra tiverem desaparecido,
⁵ o trono se firmará sobre a misericórdia,
e sobre ele, na tenda de Davi,
sentar-se-á um juiz fiel, que buscará o direito e zelará pela justiça."
⁶ Ouvimos falar a respeito da arrogância de Moab, da sua altivez desmedida,
do seu orgulho, da sua arrogância, da sua raiva
e da sua tagarelice vã.*ᵉ*

Lamentação de Moab

|| Jr 48,29-33

⁷ Eis por que Moab se lamenta sobre Moab,
todo se lamenta.
Por causa dos bolos de passas de Quir-Hareset,*ᶠ*
gemeis profundamente consternados.
⁸ E que os terraços cultivados de Hesebon definham,
bem como os vinhedos de Sábama,
cujas uvas vermelhas subjugavam os príncipes das nações.
Chegavam até Jazer,
espalhavam-se pelo deserto,
os seus sarmentos pululavam
e se estendiam além do mar.

---

a) "Dimon" é talvez variante dialetal de "Dibon" (cf. v. 2); escolhida por evocar a ideia de sangue, hebr. *dam*.
b) Texto difícil e diversamente interpretado. Parece que os moabitas, ameaçados pela invasão, procuram se pôr sob a proteção do rei de Judá e lhe encontrar refúgio em seu país. O cordeiro enviado seria sinal de submissão (cf. 2Rs 3,4). Traduzindo: "Envia, Senhor, o cordeiro soberano da terra", são Jerônimo propõe para esta passagem uma interpretação messiânica. — Sela (a Rocha) foi por vezes identificada com a atual Petra, situada no país de Edom, mas devia haver outras "Rochas" em Moab ou no deserto circundante.
c) Os vv. 3-4a relatam a súplica dos refugiados de Moab que pedem aos habitantes de Judá que os acolham. Para apoiarem sua petição, exprimem nos vv. seguintes (4b-5) sua confiança no futuro de Israel, notadamente na estabilidade do trono de Davi, fundada nas promessas de que Isaías se fez muitas vezes arauto.
d) É-se tentado a compreender "até que a opressão..." e a ligar esta proposição à precedente, mas nenhum dos testemunhos do texto favorece esta interpretação.
e) Este v. parece referir a resposta dos habitantes de Judá aos moabitas.
f) Quir-Hareset, como Quir-Hares (v. 11), deve ser identificado com Quir-Moab (Kerak, 15,1; cf. 2Rs 3,25). — Os nomes geográficos que seguem, de Hesebon a Eleale, estão agrupados na região norte de Moab, propícia à vinha.

⁹Por isto choro juntamente com Jazer
o vinhedo de Sábama;
rego-te com as minhas lágrimas,
Hesebon, e a ti, Eleale,
pois os gritos desapareceram*a*
das tuas colheitas e das tuas ceifas.
¹⁰O contentamento e a alegria dos teus vergéis desapareceram,
nos teus vinhedos já não há canções alegres nem gritos de júbilo;
já não há quem pise o vinho no lagar,
os gritos alegres cessaram.
¹¹Eis por que minhas entranhas vibram
por Moab como cítara,
e meu coração, por Quir-Hares.
¹²Ver-se-á Moab a fatigar-se sobre o lugar alto
e a entrar no seu santuário para orar,
mas nada conseguirá.

¹³Essa é a palavra que Iahweh dirigiu outrora a Moab. ¹⁴E agora Iahweh lhe falou assim: Dentro de três anos, anos como de mercenário, a glória de Moab será reduzida a nada, não obstante a sua imensa multidão. O que restar será insignificante*b* e impotente.

Jr 49,23-27
Am 1,3-6

17 Contra Damasco e Israel

¹Oráculo a respeito de Damasco.*c*
Damasco deixará de ser cidade;
reduzir-se-á a montão de ruínas.
²Suas cidades,*d* abandonadas para sempre,
pertencerão aos rebanhos:
eles se deitarão ali sem que ninguém os espante.

4,3 +

³Efraim deixará de ser fortaleza,
Damasco deixará de ser reino.
O que restar de Aram terá glória
semelhante à glória de Israel.
Oráculo de Iahweh dos Exércitos.

⁴Naquele dia, sucederá que a glória de Jacó definhará
e a gordura do seu corpo se esvairá.

Js 15,8;
18,16

⁵Tudo se passará como quando o ceifeiro*e* colhe o trigo,
quando os seus braços apanham as espigas;
tudo se passará como quando alguém anda a respigar espigas
no vale dos rafaim.
⁶Sobrará algum restolho,
como quando se vareja a oliveira:
ficam duas ou três azeitonas nos ramos mais altos,
quatro ou cinco nos demais galhos.
Oráculo de Iahweh, Deus de Israel.

---

a) Lit.: "o grito caiu". Trata-se do grito de alegria dos vindimadores. Outros entendem: "o grito (de guerra) se abateu", mas o paralelismo com os vv. seguintes é favorável à primeira interpretação.

b) Este acréscimo em prosa pode ser a confirmação de oráculo antigo, cujo cumprimento muito próximo se anuncia (cf. 15,1+). Os "anos como de mercenário" estão estritamente contados.

c) Apesar deste título, Damasco apenas é visada na primeira estrofe, e ainda em paralelo com Israel, que será tema das estrofes seguintes. O oráculo pode datar das proximidades de 735, quando Damasco e Israel eram aliados contra Judá (cf. 7,1+). Damasco será tomada por Teglat Falasar em 732, e Samaria por Sargon em 721.

d) Seguimos o gr. No lugar de "Suas cidades, abandonadas para sempre...", o hebr. tem "As cidades de Aroer (serão) abandonadas", mas não se conhecem mais que dois Aroer: um em Moab, às margens do Arnon, o outro no território de Gad, muito longe, portanto, de Damasco.

e) "o ceifeiro", conj.; "a ceifa", hebr.

⁷Naquele dia o homem atentará para o seu criador e os seus olhos se voltarão para o Santo de Israel. ⁸Ele não tornará a atentar para os altares, obra das suas mãos, objeto que os seus dedos fabricaram; ele não voltará a olhar para as estelas sagradas, nem para os altares de incenso.ᵃ

Ex 34,13+

⁹Naquele dia as suas cidades de refúgio serão abandonadas,
   como outrora as florestas e os matagais,
   diante dos israelitas:ᵇ
   será uma desolação.
¹⁰Visto que te esqueceste do Deus da tua salvação
   e não te lembraste da rocha da tua fortaleza,
   pões-te a formar plantações de deleiteᶜ
   e a plantar sarmentos estranhos.
¹¹No dia em que os plantas, os fazes crescer,
   na manhã seguinte fazes com que eles floresçam,
   mas a colheita se esvai no dia da doença,
   da dor incurável.

44,8
Dt 32,4

¹²Ai! Alvoroço de uma multidão de povos,ᵈ
   como o rugir dos mares agitados,
   de povos em tumulto como o tumultuar de grandes águas!
¹³(De povos em tumulto como o tumultuar de águas poderosas.)
   Ele as ameaça e elas fogem para longe,
   arrastadas como a palha dos montes pelo vento,
   como as hastes secas pelo tufão.
¹⁴Ao entardecer sobrevém o susto;
   antes do amanhecer não há mais nada.
   Tal a porção daqueles que nos despojam,
   a sorte daqueles que nos saqueiam.

18 Contra Cuchᵉ

¹Ai da terra dos grilos alados,
situada além dos rios de Cuch!
²Que envia mensageiros pelo mar,
   em barcos de papiro, sobre as águas!
Ide, mensageiros velozes,ᶠ a uma nação de gente de alta estatura
   e de pele bronzeada,
a um povo temido por toda parte,
a uma nação poderosa e dominadora,
cuja terra é sulcada de rios.
³Todos vós, habitantes do mundo
   vós, moradores da terra,
quando se erguer um estandarte nos montes, vereis,
quando ressoar a trombeta, ouvireis.
⁴Com efeito, eis o que me disse Iahweh:ᵍ

|| Jl 2,1 +

---

a) Os vv. 7-8, que anunciam a conversão, parecem ser acréscimo a este oráculo de desgraça.
b) Em vez das florestas e dos matagais, o grego fala dos amorreus e heveus vencidos pelos israelitas por ocasião da conquista de Canaã. É possível que seja este o texto primitivo. Em qualquer caso, a invasão atual é posta em paralelo com a gloriosa conquista da terra, sob o comando de Josué.
c) Alusões aos "jardins de Adônis", plantações efêmeras que se faziam brotar em honra do deus da vegetação, Adônis-Tamuz (cf. Ez 8,14).
d) Os vv. 12-14 devem referir-se à invasão de Senaquerib e à libertação de Jerusalém, em 701 (comparar 29,5-7 com 37,36).
e) Cuch, antigo nome da Etiópia (norte do Sudão), designa aqui o Egito, que passou no tempo de Isaías a ser governado por dinastia etíope.
f) Os mensageiros do Faraó, convidados pelo profeta a voltarem para sua pátria e a cessarem de intrigar em favor de uma coligação contra a Assíria.
g) O profeta anuncia que uma invasão vai assolar o Egito. De fato, ele será invadido, pilhado e submetido

Conservar-me-ei tranquilo no meu posto a contemplar
como calor ardente em plena luz do dia,
como cerração no calor da ceifa.

Jo 15,2 ⁵Pois que antes da vindima, ao chegar o fim da florada,
quando a flor se transforma em uva que vai amadurecendo,
aparam-se os sarmentos com a podadeira,
removem-se os ramos luxuriantes, desbasta-se.
⁶Mas tudo será abandonado às aves de rapina dos montes
e aos animais selvagens;
as aves de rapina veranearão ali,
ali passarão o outono os animais selvagens.

56,4-7
Sf 3,10
At 8,27s ⁷Naquele tempo um povo de alta estatura e de pele bronzeada, um povo temido por toda parte, uma nação poderosa e dominadora, cuja terra é sulcada de rios, trará dons a Iahweh dos Exércitos, ao lugar onde reside o nome de Iahweh, ao monte Sião.ᵃ

Jr 46
Ez 29-32
Sl 68,5 + ## 19 *Contra o Egito*

¹Oráculo a respeito do Egito.ᵇ
Iahweh, montado em nuvem veloz, vai ao Egito.
Os deuses do Egito tremem diante dele
e o coração dos egípcios se derrete no peito.
²Excitarei egípcios contra egípcios;
eles lutarão entre si, irmãos contra irmãos,
cada um contra o seu próximo,
cidade contra cidade e reino contra reino.
³O espírito dos egípcios será aniquilado no seu íntimo,
confundirei o seu conselho.
Eles irão em busca dos seus deuses vãos,
dos encantadores e dos adivinhos.
⁴Entregarei o Egito
nas mãos de senhor cruel;
um rei prepotente os dominará.
Oráculo do Senhor Iahweh dos Exércitos.

⁵As águas se esvairão do mar,ᶜ
o rio se esgotará e ficará seco;
⁶os canais acabarão cheirando mal,
as correntes do Egito minguarão e secarão;
a cana e o junco se cobrirão de praga.
⁷Os caniços do Nilo — das margens do Nilo —
e toda planta cultivada do Nilo
secarão, se dispersarão e se extinguirão.
⁸Os pescadores se lamentarão e se cobrirão de luto:
todos aqueles que lançam o anzol no Nilo,
aqueles que estendem a rede sobre as suas águas se desencorajarão.
⁹Aqueles que preparam o linho cardado se sentirão frustrados,
bem como os que tecem alvos panos;

---

a Asaradon e a Assurbanipal, na primeira metade do século VII.
a) Conclusão em prosa anunciando a conversão da Etiópia que, chocada por estes acontecimentos, envia seus presentes ao Templo de Jerusalém.
b) Isaías opõe-se a qualquer aliança com o Egito (cf. 30,1s; 31,1s); descreve-o aqui como que dilacerado pela anarquia que pode levar a uma ditadura ou à dominação estrangeira (v. 4). Nada se pode esperar dele, por conseguinte.
c) Nos vv. 5-10, o profeta anuncia nova "praga do Egito": a secagem do Nilo que faz a riqueza do país.

¹⁰ acabarão arrasados os seus tecelões,
desconsolados ficarão todos os seus assalariados.
¹¹ Na verdade, os príncipes de Soã,ᵃ
os mais sábios conselheiros do Faraó
formam um conselho estulto.
Como vos atreveis a dizer ao Faraó:
"Sou filho de sábios, filho de reis antigos"?
¹² Onde estão os teus sábios?
Que anunciem então, para que se saiba,
o que decidiu Iahweh dos Exércitos a respeito do Egito!
¹³ Portam-se como loucos os príncipes de Soã,
os príncipes de Nofᵇ estão iludidos,
aqueles que constituíam a elite dos seus nomos desencaminharam o Egito.
¹⁴ Iahweh espalhou entre eles
um espírito de confusão;
de modo que desencaminham o Egito em todos os seus empreendimentos,
como se desencaminha um embriagado que vai vomitando.
¹⁵ Nenhum empreendimento conseguirá realizar o Egito,
seja obra da cabeça ou da cauda, da palma ou do junco.

Conversão do Egitoᶜ — ¹⁶Naquele dia, os egípcios serão como mulheres: tremerão e sentirão pavor diante do gesto da mão de Iahweh dos Exércitos quando ele a mover contra eles. ¹⁷A terra de Judá será motivo de vergonha para o Egito: toda vez que alguém lha lembrar, ele se sentirá apavorado à vista da decisão que Iahweh dos Exércitos tomou a seu respeito. ¹⁸Naquele dia haverá no Egito cinco cidades que falarão a língua de Canaã e prestarão juramento a Iahweh dos Exércitos; uma delas se chamará "cidade do sol". ¹⁹Naquele dia, haverá um altar dedicado a Iahweh no meio do Egito e uma estela consagrada a Iahweh junto da sua fronteira. ²⁰Esses servirão de sinal e testemunho de Iahweh dos Exércitos na terra do Egito: quando eles clamarem a Iahweh por causa dos seus opressores, este lhes enviará um salvador e defensor que os livrará. ²¹Iahweh se dará a conhecer aos egípcios e os egípcios, naquele dia, conhecerão a Iahweh e o servirão com sacrifícios e oblações e farão votos a Iahweh e os cumprirão. ²²Iahweh ferirá os egípcios, feri-los-á, mas lhes dará a cura. Então eles se converterão a Iahweh e ele os atenderá e lhes dará a cura. ²³Naquele dia, haverá uma vereda do Egito até a Assíria: os assírios irão ao Egito e os egípcios irão à Assíria e os egípcios servirão juntamente com a Assíria. ²⁴Naquele dia, Israel será o terceiro, ao lado do Egito e da Assíria, uma bênção no meio da terra, ²⁵bênção que pronunciará Iahweh dos Exércitos: "Bendito meu povo, o Egito e a Assíria, obra das minhas mãos, e Israel, minha herança".

20

A propósito da tomada de Azotoᵈ — ¹No mesmo ano em que o comandante enviado por Sargon, rei da Assíria, veio a Azoto, atacando-a e tomando-a, ²falou Iahweh por intermédio de Isaías, filho de Amós, e disse: "Eia, tira o pano de saco de sobre os teus lombos e descalça as sandálias dos teus pés". Ele assim fez, andando nu e descalço.ᵉ ³Então disse Iahweh: "Da

---

a) Ou seja, Tânis, cidade do Delta.
b) Mênfis, perto do Cairo, capital do Baixo Egito.
c) Este trecho em prosa é tardio; supõe uma instalação judaica no Egito (vv. 18-19; cf. Jr 44,1). Ele anuncia a conversão do Egito e sua reconciliação com a Assíria e Israel; os três povos serão abençoados por Iahweh, e o Egito e a Assíria terão os mesmos privilégios de Israel (cf. vv. 24-25). Este amplo universalismo não se encontra antes do Segundo Isaías.
d) Azoto, cidade filisteia, foi tomada por Sargon II em 711. A cidade havia se rebelado por instigação do Egito, e este acontecimento teria dado a Isaías ocasião de anunciar a vitória assíria sobre o Egito. Este passo é de tradição a respeito de Isaías, como os caps. 36-39, mas não se encontra no livro dos Reis.
e) É a única profecia em ação a ser atribuída a Isaías; pelo contrário, Jeremias e Ezequiel empregam frequentemente este modo de pregação (cf. a Introd. aos

mesma maneira que o meu servo Isaías andou nu e descalço durante três anos — sinal e presságio que diz respeito ao Egito e a Cuch —, ⁴dessa mesma maneira o rei da Assíria levará os cativos do Egito e os exilados de Cuch — jovens e velhos — nus e descalços, com as nádegas descobertas — vergonha do Egito! ⁵Eles ficarão apavorados e envergonhados por causa de Cuch, a sua esperança, e por causa do Egito, o seu orgulho. ⁶Naquele dia dirão os habitantes destas costas:ᵃ 'Eis o que ficou da nossa esperança, à qual recorremos para o nosso socorro, a fim de nos livrarmos do rei da Assíria. Como havemos de nos salvar agora?'"

2Sm 10,4

30,3-7

21 A queda da Babilôniaᵇ

13-14
47,1-15
Jr 50-51
Ap 17-18

¹Oráculo a respeito do deserto do mar.ᶜ
Como os furacões que percorrem o Negueb,
assim esta calamidade vem do deserto,
de terra onde domina o terror.

↗ Ap 17,3

²Uma visão sinistra foi-me revelada:
"O traidor trai e o devastador devasta.
Sobe, Elam, sitia, ó Média!"ᵈ
Pus fim a todo gemido.

³Eis por que as minhas entranhas se contorcem,
contorções se apoderam de mim como as de parturiente;
estou tão confuso que não consigo ouvir,
estou tão fora de mim que não consigo ver.

⁴Meu coração está desvairado, o terror me subjuga;
a hora do crepúsculo, tão desejada,
se me torna em pavor.

Dn 5

⁵A mesa está posta, os lugares estão dispostos; come-se e bebe-se.ᵉ
De pé, príncipes! Untai os escudos!

⁶Com efeito, assim me falou o Senhor:
"Vai, põe de prontidão um espia! Ele anunciará o que vir!
⁷Ele verá carros e cavaleiros aos pares,
caravanas de jumentos e caravanas de camelos;ᶠ
ele que preste atenção, muita atenção."

⁸E o espiaᵍ gritou:
"No posto de vigia do Senhor estou de prontidão o dia todo,
no meu posto de guarda estou em pé a noite inteira.

↗ Ap 14,8;
18,2

⁹Pois bem, o que vem vindo são homens em caravanas e cavaleiros
    aos pares."
Ele acrescentou:
"Caiu, caiu Babilônia!
E todas as imagens dos seus deuses ele as despedaçou no chão!"

---

profetas). — Sobre o pano de saco, veste de penitência, cf. 3,24+.

a) Os filisteus ou os israelitas, sempre tentados a se apoiarem no Egito e firmarem com ele coligações contra a Assíria.

b) Como os dois caps. 13-14, este oráculo anuncia a ruína de Babilônia (v. 9) pelos persas e medos de Ciro em 612, sob o ataque conjugado dos medos e babilônios; este poema não seria, pois, de Isaías, mesmo em sua forma primitiva.

c) A expressão talvez traduza o assírio *mât tâmti*, "país do mar", que designa o sul da Babilônia.

d) O Elam é o país situado a leste da Mesopotâmia, de onde saíram os medos e persas que, no século VI, derrubaram o império babilônico.

e) Segundo uma tradição referida por Daniel (cap. 5) e Heródoto, foi no decurso de uma noite de orgia que Babilônia caiu nas mãos dos persas.

f) Não o exército dos invasores, mas os velozes mensageiros, a seguir as caravanas que vêm dar a notícia (cf. v. 9).

g) "o espia", lit.: "aquele que observa", *haro'eh*, 1QIsᵃ; "o leão", *'aryeh*, TM.

¹⁰ Ó tu que foste malhado, produto da minha eira,ᵃ
aquilo que ouvi da parte de Iahweh dos Exércitos, Deus de Israel,
isto te anuncio.

A respeito de Edomᵇ

¹¹ Oráculo a respeito de Duma.
De Seir chamam por mim:
"Guarda, que resta da noite? Guarda, que resta da noite?"
¹² O guarda responde:
"A manhã vem chegando, mas ainda é noite.
Se quereis perguntar, perguntai!
Vinde de novo!"

Contra os árabes

¹³ Oráculo na estepe.ᶜ   Jr 49,8; Gn 10,7; 25,3
No matagal, na estepe passais a noite,
caravanas de dadanitas.
¹⁴ Vinde com água ao encontro dos sedentos!
Os habitantes de Tema vieram
ao encontro dos fugitivos, trazendo pão.
¹⁵ Pois que estes estão fugindo diante das espadas,
diante das espadas desembainhadas, diante dos arcos retesados,
e diante da veemência da guerra.
¹⁶ Porque assim me falou o Senhor: 16,14; Jr 49,28s
Ainda um ano — ano como de um assalariado — e acabou-se toda a glória
de Cedar. ¹⁷E do grande número dos valentes flecheiros, dos filhos de Cedar,
sobrará apenas um resto insignificante, pois Iahweh, Deus de Israel, falou.

22 Contra a alegria de Jerusalémᵈ

¹ Oráculo referente ao vale da Visão.ᵉ
Que tens tu, afinal, que todos os teus habitantes sobem aos telhados
² cheios de júbilo, cidade ruidosa, cidade vibrante?
Os teus trespassados não foram trespassados à espada,
nem foram mortos na guerra.
³ Os teus comandantes fugiram todos juntos,
sem arcos, foram capturados,
todos juntos foram capturados;
eles tinham fugido para longe.
⁴ Diante disso, eu disse: Jr 31,15

---

a) Lit.: "meu esmagado, filho de minha eira". Estas palavras designam os israelitas exilados na Babilônia e cuja libertação está próxima.

b) É duvidoso que este pequeno oráculo sobre Seir = Edom seja de Isaías. — A questão levantada, nenhuma resposta clara foi dada; o fim pode ser apelo à conversão. A menção de Duma causa embaraço: é oásis do norte da Arábia, fora de Edom; o nome reaparece entre os dos filhos de Ismael (Gn 25,14). Mas a palavra significa também "silêncio" e pode ser alusão à obscuridade deste oráculo (cf. os títulos dos oráculos dos mesmos caps., vv. 1 e 13).

c) O título "na estepe" dado a este oráculo é simplesmente assumido do primeiro verso. Trata-se de tribos árabes vítimas de invasão que não pode vir senão do Norte. Os habitantes de Tema (atual Teimá, Gn 25,15; Jr 25,23) são convidados a acolher os fugitivos de Dadã (atual oásis de El Elá, Gn 10,17; Jr 49,8; Ez 25,13; 27,20). Cedar é nome mais vago para as mesmas regiões (Gn 25,13; Jr 49,28; Ez 27,21). Em 715, Sargon exercerá pressão até ao interior do noroeste da Arábia, no prosseguimento de sua campanha na Transjordânia; Judá podia sentir-se então ameaçado.

d) Este oráculo situa-se depois da libertação de Jerusalém em 701, que pôs fim à campanha até ali vitoriosa de Senaquerib (cf. 2Rs 18,13+; 19,9+; Is 36,1s; 37,8s). Isaías, que anunciara esta libertação, protesta contra a alegria exagerada que ela suscitou e lembra que o castigo permanece ameaçador.

e) Este título é tomado do v. 5 (comparar com 21,11). Não se conhece nenhum vale com este nome nos arredores de Jerusalém. A corr. "vale de Enom" (a Geena) foi proposta, mas não tem nenhum apoio nas versões.

"Desviai de mim os vossos olhos, que eu choro amargamente;
não insistais em consolar-me
da ruína sofrida pela filha do meu povo."

⁵Na verdade, este dia é dia de inquietude, de derrota e de confusão,
obra do Senhor Iahweh dos Exércitos, no vale da Visão.
O muro é minado, gritos de socorro se elevam para o monte.
⁶Elam trouxe a aljava,
juntamente com carros montados e cavaleiros;
Quir prepara os escudos.ᵃ
⁷Os teus vales mais belos estão cobertos de carros
e os cavaleiros estão postados junto à porta:
⁸com isto a defesa de Judá ficou exposta.
Naquele dia, voltastes os olhos
para as armas da Casa da Floresta.
⁹Então vistes que eram muitas as brechas da cidade de Davi!
Tratastes de coletar as águas da piscina inferior;
¹⁰contastes as casas de Jerusalém,
demolistes as casas para reforçar a muralha.
¹¹Fizestes um reservatório entre os dois muros
para as águas da piscina antiga.ᵇ
Mas não voltastes os olhos para aquele que fez estas coisas,
não vistes aquele que há muito as planejou.
¹²E no entanto, naquele dia fez o Senhor Iahweh dos Exércitos
uma convocação
para o choro, para o luto,
para que raspásseis a cabeça e vos vestísseis com pano de saco.
¹³Em lugar disto, o que houve foi exultação e alegria,
matança de bois e degola de ovelhas:
come-se carne e bebe-se vinho, dizendo:
"Comamos e bebamos porque amanhã morreremos!"
¹⁴Mas Iahweh dos Exércitos disse aos meus ouvidos:
"Certamente esta perversidade não vos será perdoada até que morrais",
disse o Senhor Iahweh dos Exércitos.

Contra Sobnaᶜ

¹⁵Assim disse o Senhor Iahweh dos Exércitos:
Vai procurar esse intendente,
Sobna, intendente do palácio, e dize-lhe:
¹⁶"Que possuis aqui? Que tens aqui
para quereres talhar para ti neste lugar um sepulcro?"
Pois ele talha para si um sepulcro no alto,
e cava na rocha um sepulcro para si mesmo.
¹⁷Mas Iahweh te lançará para longe, ó homem!
Sim, ele te apanhará

---

a) Os elamitas e arameus (? Quir;, cf. Am 1,5; 9,7) são mencionados aqui talvez como aliados ou mercenários de Senaquerib.
b) Obras de Ezequias na previsão do ataque de Senaquerib, ou entre suas duas campanhas, se se aceitar esta hipótese. — Sobre a "Casa da Floresta", cf. 1Rs 7,2+; sobre a reparação das muralhas, cf. 2Rs 20,20; sobre o reservatório, cf. 2Rs 20,20; Eclo 48,17.
c) Único oráculo de Isaías concernente a particular. Este Sobna era recém-chegado, talvez estrangeiro, que ascendera ao mais alto cargo, o de intendente do palácio de Ezequias. Isaías é o único a mencionar sua destituição e substituição por Eliacim, mas o livro dos Reis dá o resultado dessa medida: Eliacim é intendente do palácio e Sobna não é mais que secretário (2Rs 18,26.37; 19,2 = Is 36,3.11.22; 37,2). É possível que o túmulo dele tenha sido encontrado, numa das necrópoles de Jerusalém, em Siloé.

¹⁸ e te fará rolar como uma bola
  em terreno espaçoso.
  Ali perecerás juntamente com teus carros suntuosos,
  como uma vergonha da casa do teu senhor.
¹⁹ Afastar-te-ei do teu cargo,
  remover-te-ei[a] do teu posto.
²⁰ Naquele mesmo dia chamarei o meu servo
  Eliacim, filho de Helcias.
²¹ Vesti-lo-ei com a tua túnica,
  cingi-lo-ei com o teu cinto,
  porei nas suas mãos as tuas funções;
  ele será pai para os habitantes de Jerusalém
  e para a casa de Judá.
²² Pôr-lhe-ei sobre os ombros a chave da casa de Davi:
  quando abrir, ninguém fechará;
  quando fechar, ninguém abrirá.[b]
²³ Cravá-lo-ei como cavilha em lugar firme:
  será trono de glória
  para a casa de seu pai.

↗ Ap 3,7
Mt 16,19

²⁴Nele suspenderão toda a glória da casa de seu pai, os seus rebentos e os seus ramos, todos os objetos miúdos, desde as taças até os jarros. ²⁵Nesse dia, oráculo de Iahweh dos Exércitos, será removida a cavilha cravada em lugar firme, ela será cortada e cairá; então se desprenderá o fardo que pesava sobre ele, porque Iahweh falou.[c]

23 Contra Tiro

¹Oráculo a respeito de Tiro.[d]
  Uivai, navios de Társis, porque tudo está destruído:
  já não há casas nem entrada para o porto!
  Da terra de Cetim[e] chegou a nova.
² Calai-vos, vós, habitantes da costa,
  mercadores de Sidônia, cujos mensageiros[f] percorriam os mares,
³ de águas volumosas.
  As searas do Canal, as colheitas do Nilo, eram a sua fonte de renda.
  Ela constituía o mercado das nações.
⁴ Cobre-te de vergonha, Sidônia (fortaleza dos mares),[g]
  porque o mar te disse:
  "Não tive dores de parto, nem dei à luz,
  não criei meninos, nem eduquei meninas".
⁵ Ao chegar esta notícia ao Egito,
  ele se afligirá com a sorte de Tiro.

Ez 26-28
Am 1,9-10
Zc 9,2-4
2,16 +
Sl 48,8 +

---

a) "remover-te-ei", versões; "remover-te-á", hebr.
b) A abertura e o fechamento das portas da "casa do rei" era função do vizir egípcio, cujo equivalente em *Israel é o intendente do palácio*. Será a função de Pedro na Igreja, povo de Deus (Mt 16,19). Este texto será citado por Ap 3,7 e aplicado ao Messias, como faz a liturgia na antífona do Magnificat nas vésperas de 20 de dezembro: "O clavis David et sceptrum domus Israel".
c) Este acréscimo em prosa anuncia a desgraça do próprio Eliacim, arrastando na queda toda a sua família, que auferira vantagens da elevação dele.
d) Oráculo difícil que anuncia a ruína inesperada e espetacular da cidade inexpugnável de Tiro, e descreve o efeito produzido por este acontecimento. Tiro, construída numa ilha a pequena distância da costa, foi atacada ou sitiada por inúmeros conquistadores, Salmanasar, Senaquerib, Nabucodonosor (cerco de 13 anos cf. Ez 26-28). Será destruída por Alexandre em 322. É difícil dizer qual acontecimento preciso o profeta tem aqui em vista. — A menção de Sidônia (vv. 2.4.12) não significa necessariamente que tenham sido combinados dois oráculos; o nome de Sidônia pode designar a Fenícia em geral (cf. 1Rs 16,31+).
e) A ilha de Chipre, onde os fenícios tinham colônias. — Sobre Társis, cf. 1Rs 10,22+.
f) "cujos mensageiros": *mal'akayk*, 1QIs^a; "te enchiam": *mil'uk*, TM.
g) Glosa destinada a Sidônia e acidentalmente deslocada no hebr. para depois de "o mar".

⁶Habitantes da costa, dirigi-vos a Társis, uivai.
⁷É ela o vosso orgulho,
 ela, cujas origens vêm de épocas antigas,
 cujas andanças resultavam
 em longas peregrinações?

Ap 18,23 ⁸Quem decidiu isto a respeito de Tiro, a distribuidora de coroas,
 cujos mercadores eram príncipes,
 cujos negociantes eram nobres do mundo?
⁹Foi Iahweh dos Exércitos quem o decidiu,
 a fim de humilhar o orgulho de toda a majestade,
 a fim de rebaixar os nobres da terra.
¹⁰Lavra^a a tua terra como o Nilo, ó filha de Társis,
 porque o teu porto acabou.
¹¹Ele estendeu a mão sobre o mar,
 fez tremer os reinos;
 quanto a Canaã, Iahweh decidiu destruir-lhe as suas fortalezas.
¹²E disse-lhe: Não continues na tua exultação pretensiosa,
 ó virgem oprimida, filha de Sidônia!
 Ergue-te, vai-te a Cetim,
 mas também ali não haverá repouso para ti.
¹³Vede a terra dos caldeus, esse povo que não existia.
 Os assírios a estabeleceram para os animais do deserto;
 erigiram suas torres de vigia,
 demoliram seus palácios
 e a transformaram em ruínas.^b
¹⁴Uivai, ó navios de Társis, porque a vossa fortaleza foi destruída.

Jr 25,11-12 ¹⁵Naquele dia, sucederá que Tiro ficará esquecida por setenta anos, isto é, o equivalente aos dias da vida de um rei. Ao fim dos setenta anos, acontecerá a Tiro como na canção da prostituta:

¹⁶"Toma a cítara, perambula pela cidade,
 prostituta esquecida!
 Toca a flauta o melhor que puderes, repete a canção,
 para que se lembrem de ti!"

¹⁷Então, ao fim dos setenta anos, Iahweh visitará Tiro. Esta voltará ao seu ofício de prostituta e se prostituirá com todos os reinos existentes sobre a face da terra. ¹⁸Mas o seu lucro e o seu salário acabarão consagrados a Iahweh. Eles não serão amontoados nem guardados; antes, o seu ganho pertencerá àqueles que habitam na presença de Iahweh, para o seu alimento e a sua saciedade e para que se vistam ricamente.^c

4. APOCALIPSE^d

24 O julgamento de Iahweh
¹Eis que Iahweh vai assolar a terra e devastá-la,
 porá em confusão a sua superfície e dispersará os seus habitantes.

---

a) "Lavra", grego, 1QIs^a; "atravessa", TM. — "Ó filha de *Társis*" é difícil de explicar: esperar-se-ia "ó filha de Tiro", em paralelo com "filha de Sidônia" do v. 12.
b) O v. inteiro parece corrompido e sua tradução é muito incerta.
c) Estes vv. em prosa (exceto a canção citada no v. 16) são adição tardia, comparável às de 18,7 e 19,16-25. Tiro reencontrará a sua prosperidade; e o lucro de seu comércio, de suas "prostituições", outrora oferecido aos falsos deuses será doravante consagrado a Iahweh.
d) Os caps. 24-27 visam, para além dos próximos acontecimentos, a um julgamento final de Deus, do qual eles dão descrição poética intercalada de salmos

² O mesmo sucederá ao sacerdote e ao povo,
   ao servo e ao seu senhor,
   à serva e à sua senhora,
   ao comprador e ao vendedor,
   ao que empresta e ao que toma emprestado,
   ao devedor e ao credor.
³ Certamente a terra será devastada,
   certamente ela será despojada,
   pois foi Iahweh quem pronunciou esta sentença.
⁴ A terra cobre-se de luto, ela perece;
   o mundo definha, ele perece;
   a nata do povo da terra[a] definha.
⁵ A terra está profanada sob os pés dos seus habitantes;
   com efeito, eles transgrediram as leis,
   mudaram o decreto e romperam a aliança eterna.[b]
⁶ Por este motivo a maldição devorou a terra
   e os seus habitantes recebem o castigo;
   por esse motivo os habitantes
   da terra foram consumidos:
   poucos são os que restam.

Os 4,3 +

Gn 9,16

Cântico sobre a cidade destruída[c]

⁷ O vinho novo se lamenta, a videira perece,
   gemem todos os que estavam alegres.
⁸ O som alegre dos tambores calou-se,
   o estrépito das pessoas em festa cessou;
   cessou o som alegre das cítaras.
⁹ Já não se bebe vinho ao som do cântico,
   a bebida forte tem sabor amargo para os que a bebem.
¹⁰ A cidade da desolação está arruinada,
   todas as suas casas estão fechadas, ninguém pode entrar nelas.
¹¹ Nas ruas clama-se por vinho,
    toda a alegria acabou:
    o júbilo foi desterrado da terra.
¹² Na cidade só ficou a desolação,
    a porta ficou reduzida a ruínas.
¹³ O que se passa na terra, entre os povos,
    é algo semelhante ao varejar da oliveira,
    à respiga do fim da vindima.
¹⁴ Estes elevam a voz, gritam de alegria.
    Desde o Ocidente proclamam ruidosamente a glória de Iahweh:

Jr 7,34;
16,9; 25,10
Ez 26,13
Ap 18,22

17,6

---

de súplica ou de ação de graças. Anunciam já, embora não apresentem todos os caracteres, a literatura apocalíptica que se exprimirá em Dn, Zc 9-14 e no livro apócrifo de Henoc. Esta é, sem dúvida, uma das partes mais tardias do livro de Isaías: não pode ser posta antes do século V.

a) Lit.: "a elevação do povo da terra"; grego: "os grandes da terra".

b) Parece que se trata aqui não da aliança com Abraão ou da aliança mosaica, mas de aliança universal de Deus com a humanidade como foi, segundo a tradição sacerdotal do Gênesis, a aliança com Noé (Gn 9,9-17). Rompida esta aliança sobrévem o julgamento contra toda a terra (v. 6).

c) A destruição da "cidade da desolação" (v. 10) constitui a oportunidade deste apocalipse (cf. 25,2; 26,5; 27,10-11). É certamente cidade pagã oposta a Jerusalém (26,1-6) e cuja destruição se torna símbolo do julgamento divino. Foi identificada com Babilônia, destruída por Xerxes I em 485, ou com Tiro, destruída por Alexandre em 332, ou ainda com Samaria, destruída por Hircano em 110 a.C. No entanto, a menção explícita de Moab em 25,10, a citação em 24,17-18 de Jr 48,43-44 sobre Moab, assim como a alusão aos vinhedos (24,7-9) que lembra as vinhas de Moab de 16,7-10, tudo isto faz pensar que se trata da ruína de cidade moabita, provavelmente da capital, numa época que não é possível determinar.

¹⁵ "Por isto glorificai a Iahweh no Oriente,
o nome de Iahweh, Deus de Israel, nas ilhas do mar".
¹⁶ Desde as extremidades da terra ouvimos ressoar o cântico
"glória ao Justo".

Os últimos combates*a*

Mas eu disse: "Que desgraça para mim! Que desgraça para mim!
Ai de mim!"
Os traidores traíram; sim, os traidores cometeram traição!
¹⁷ O pavor, a cova e a armadilha te ameaçam, ó habitante da terra!
¹⁸ Aquele que fugir ao grito de pavor cairá na cova,
aquele que conseguir subir da cova
será apanhado na armadilha.
Com efeito, as cataratas do alto se abriram,
os fundamentos da terra se abalaram.
¹⁹ A terra será toda arrasada,
a terra será sacudida violentamente,
a terra será fortemente abalada.
²⁰ A terra cambaleará como o embriagado,
ele oscilará como a cabana,
seu crime pesará sobre ela,
ela cairá e não mais se levantará.
²¹ E acontecerá naquele dia,
que Iahweh visitará o exército do alto, no alto,
e os reis da terra, na terra.
²² Eles serão reunidos, como bando de prisioneiros destinado à cova;
serão encerrados no cárcere;
depois de longo tempo, serão chamados a contas.
²³ A lua ficará confusa, o sol se cobrirá de vergonha,
porque Iahweh dos Exércitos reina no monte Sião e em Jerusalém,
e a Glória resplandece diante dos anciãos.

25 *Hino de ação de graças*b

¹ Iahweh, tu és o meu Deus,
eu te exaltarei, louvarei teu nome,
porque realizaste os teus desígnios maravilhosos de outrora,
com toda a fidelidade.
² Sim, da cidade fizeste um entulho,
a cidade fortificada está uma ruína.
A cidadela dos estrangeiros deixou de ser uma cidade,
nunca mais será reconstruída.
³ Eis por que um povo forte te glorifica,
a cidade das nações tirânicas teme a ti.
⁴ Porque foste o refúgio para o fraco,
o refúgio para o indigente na sua angústia,
o abrigo contra a chuva e a sombra contra o calor.
Pois o sopro dos tiranos é como a chuva de inverno.*c*
⁵ Como o calor em terra árida,
assim tu abates o tumulto dos estrangeiros:
o calor se abranda sob a sombra das nuvens;
assim o canto dos tiranos se cala.

---

a) Retomada da descrição do julgamento, interrompida pelo cântico sobre a cidade destruída.
b) Este cântico refere-se aos acontecimentos narrados precedentemente, destruição da cidade (v. 2; cf. 24,10), conversão dos povos longínquos (v. 3; cf. 24,15), vitória sobre os orgulhosos (vv. 2.4; cf. 24,21.22).
c) "de inverno": *qor*, conj.; "de um muro": *qîr*, hebr.

O banquete divino[a]

⁶ Iahweh dos Exércitos prepara para todos os povos, sobre esta montanha,
um banquete de carnes gordas, um banquete de vinhos finos,
de carnes suculentas, de vinhos depurados.
⁷ Ele destruiu sobre esta montanha
o véu que envolvia todos os povos
e a cortina que se estendia sobre todas as nações.
⁸ Ele fez desaparecer a morte para sempre.
O Senhor Iahweh enxuga as lágrimas de todos os rostos;
ele removerá de toda a terra o opróbrio do seu povo,
porque Iahweh o disse.
⁹ Nesse dia se dirá:
Vede, este é o nosso Deus,
nele esperávamos, certos de que nos salvaria;
este é Iahweh, em quem esperávamos.
Exultemos, alegremo-nos na sua salvação.
¹⁰ Com efeito, a mão de Iahweh repousará neste monte,
mas Moab[b] será pisado sob os pés,
como se pisa a palha na cova de esterco.
¹¹ Estende as mãos no meio da montanha,
como faz o nadador para nadar,
mas acabará pondo por terra a sua própria altivez,
apesar da habilidade das suas mãos.
¹² A fortaleza inacessível dos teus muros,
ele a abateu, rebaixou e fê-la lamber o pó da terra.

26 Hino de ação de graças

¹ Naquele dia, cantar-se-á este cântico na terra de Judá:
Temos uma cidade forte;[c]
para nos proteger ele nos deu muro e antemuro.
² Abri as portas da cidade, para que entre uma nação justa,
que observa a fidelidade!
³ Está decidido: tu manterás a paz,
pois a paz foi confiada a ti.
⁴ Ponde a vossa confiança em Iahweh para todo o sempre,
porque Iahweh é rocha eterna.
⁵ Com efeito, ele abateu os habitantes das alturas, a cidade inacessível;
ele fê-la vir abaixo, vir abaixo até o chão,
fê-la lamber o pó.
⁶ Ela será pisada aos pés:
pisá-la-ão os pés dos pobres e os passos dos fracos.

Salmo[d]

⁷ A vereda do justo é reta,
tu aplanas o trilho reto do justo.
⁸ Sim, Iahweh, na vereda dos teus julgamentos

---

a) Retomando e ampliando concepções universalistas já difundidas nos profetas anteriores (Is 2,2-3; 56, 6-8; 60,11-14; Zc 8,20; 14,16 etc.), o autor descreve a afluência dos povos a Jerusalém como imenso festim. A partir deste texto, a ideia de festim messiânico se tornou corrente no judaísmo e encontra-se no NT (Mt 22,2-10; Lc 14,14.16-24).
b) Cf. a nota sobre 24,7. A menção de Moab surpreendeu, pois é o único nome próprio do poema, que até evitou "Moab" na citação de Jr 48,43-44 em 24,17-18. Por isso, foi proposto corrigir para 'oyeb, "inimigo", mas esta correção não tem nenhum apoio textual.
c) Jerusalém, fortificada por Iahweh e servindo de refúgio aos justos, é oposta à "cidade inacessível" (v. 5), a cidade destruída dos caps. 24-25 (cf. 24,7+).
d) O julgamento de Iahweh executa-se de acordo com a justiça (vv. 7-10) e assegura a libertação e a glória de seu povo (vv. 11-15); as provações atuais preparam o

pomos a nossa esperança;
o teu nome e a lembrança de ti resumem
todo o desejo da nossa alma.

⁹Minha alma suspira por ti de noite,
sim, no meu íntimo, meu espírito te busca,
pois quando teus julgamentos se manifestam na terra,
os habitantes do mundo aprendem a justiça.
¹⁰De fato, se o ímpio recebe graça, sem que aprenda a justiça,
mesmo na terra da retidão, ele pratica o mal,
sem ver a majestade de Iahweh.
¹¹Iahweh, tua mão está levantada,
mas eles não a veem!
Eles verão o teu zelo pelo teu povo e se confundirão;
sim, o fogo preparado para teus adversários os consumirá.
¹²Iahweh, tu nos asseguras a paz;
na verdade, todas as nossas obras tu as realizas para nós.
¹³Ó Iahweh, nosso Deus, ao teu lado tivemos outros senhores,
mas, apegados a ti, só ao teu nome invocamos.
¹⁴Os mortos não reviverão,
as sombras não ressurgirão,
porque tu as visitaste e as exterminaste,
tu destruíste toda a sua memória.
¹⁵Expandiste a nossa nação, Iahweh,
expandiste a nossa nação e te cobriste de glória.
Alargaste todas as fronteiras da terra.
¹⁶Iahweh, na angústia eles te buscaram,
entregaram-se à oração,*a*
porque o teu castigo os atingiu.
¹⁷Como a mulher grávida,
ao aproximar-se a hora do parto,
se contorce e, nas suas dores, dá gritos,
assim nos encontrávamos na tua presença, Iahweh:
¹⁸Concebemos e tivemos as dores de parto,
mas quando demos à luz, eis que era vento:
não asseguramos a salvação para a terra;
não nasceram novos habitantes para o mundo.
¹⁹Os teus mortos tornarão a viver, os teus cadáveres ressurgirão.
Despertai e cantai, vós os que habitais o pó,
porque teu orvalho será orvalho luminoso,
e a terra dará à luz sombras.

A passagem do Senhor*b*

²⁰Eia, povo meu, entra nos teus aposentos
e fecha tuas portas sobre ti;
esconde-te por um pouco de tempo,
até que a cólera tenha passado.
²¹Porque Iahweh está para sair do seu domicílio,
a fim de punir o crime dos habitantes da terra;
e a terra descobrirá seus crimes de sangue,
ela não continuará a esconder seus cadáveres.

---

renascimento (vv. 16-19). As dores de parto tornaram-se a imagem das tribulações que deviam preceder a vinda do Messias (cf. Mt 24,8; Mc 13,8; Jo 16,20-22).

a) Sentido incerto.
b) O povo é convidado a pôr-se em segurança enquanto Iahweh executar sua sentença contra os maus.

27 ¹Naquele dia, punirá Iahweh,
com a sua espada dura, grande e forte,
Leviatã, serpente escorregadia,
Leviatã, serpente tortuosa,
matará o monstro que habita o mar.ᵃ

A vinha de Iahwehᵇ

²Naquele dia, haveis de cantar a vinha graciosa.
³Eu, Iahweh, sou o seu guarda,
rego-a continuamente;
para que não a danifiquem,
vigio-a noite e dia.

⁴ — Eu não estou mais irado.
Quem me reduzirá a um espinheiro ou a um sarçal?ᶜ

— Na guerra, hei de pisá-la e de pôr-lhe fogo.
⁵Ou então que busquem a minha proteção,
façam as pazes comigo,
sim, façam as pazes comigo.

Graça e castigoᵈ

⁶Nos dias vindouros Jacó criará raízes,
Israel brotará e se cobrirá de flores,
o mundo inteiro terá uma grande colheita.
⁷Porventura ele o feriu como o feriram aqueles que o feriam?
Porventura matou, como os seus assassinos mataram?
⁸Ao tocá-la, ao rejeitá-la, tu exerceste um julgamento;
ele expeliu-a com o seu sopro violento, como o vento oriental.
⁹Porque, com isto, será expiada a iniquidade de Jacó.
Este será o fruto que ele há de recolher da renúncia ao seu pecado,
quando reduzir todas as pedras do altar a pedaços,
como pedras de calcário,
quando as Aserás e os altares de incenso
já não permanecerem de pé.
¹⁰Com efeito, a cidade fortificada ficou reduzida a solidão,
a campina largada e abandonada como deserto,
onde pastarão os novilhos e aí se deitarão,
destruindo o seus ramos.
¹¹Ao secarem, os galhos são quebrados;
vêm mulheres e os levam para queimar.
Este povo não é inteligente,
por isto o seu criador não tem compaixão dele;
aquele que o modelou não lhe mostrou misericórdia.

Jó 3,8 +;
40,25s

5,1-7 +

17,8
Ex 34,13 +

---

a) Sobre Leviatã, cf. Jó 3,8+. — O texto é influenciado por um poema de Râs-Shamra (século XIV a.C.) no qual se lê: "Tu esmagarás Leviatã, serpente esquiva, destruirás a serpente tortuosa, com sua força de sete cabeças".
b) Como em 5,1-7, Israel é representado como vinha sobre a qual Deus vigia com amor, se a ele houver apelo.
c) "Quem... sarçal", incerto. O TM, muito obscuro, se traduziria, lit.: "Quem me dará sarças e espinheiros na (pela?) guerra?"; o texto é talvez corrompido. Compreende-se este v. como uma resposta da vinha personificada.
d) A interpretação deste passo é embaraçada pela aparente desordem e pelo estado corrompido do texto. Parece que os vv. 7-8.10-11 dizem respeito ao castigo dos opressores de Israel, identificados com a "cidade fortificada" deste apocalipse (v. 10). Os vv. 6 e 9, que são uma promessa a Israel, cuja iniquidade está sendo expiada, poderiam estar preparando o oráculo de 12-13.

Retorno dos israelitas[a]

¹² Sucederá que naquele dia Iahweh fará uma debulha,
desde a corrente do Rio até o canal do Egito,
e vós, israelitas, sereis respigados um por um.

Jl 2,1+ ¹³ Sucederá que naquele dia se tocará uma grande trombeta,[b]
e os que andam perdidos na terra da Assíria,
bem como os que estão desterrados na terra do Egito, virão
e adorarão Iahweh no monte santo, em Jerusalém.

5. POEMAS A RESPEITO DE ISRAEL E DE JUDÁ

28 Contra Samaria[c]

5,11-13+ ¹ Ai da coroa orgulhosa dos bêbados de Efraim,
da flor murcha do seu magnífico esplendor
que está no cume do vale da fertilidade, e dos que estão prostrados
pelo vinho!
² Eis um homem forte e vigoroso a serviço do Senhor:
como uma chuva de pedras e uma tempestade devastadora,
como uma chuva torrencial que tudo inunda,
ele os atira ao solo com a sua mão.
³ Sim, a orgulhosa coroa dos bêbados de Efraim
será calcada aos pés,
⁴ bem como a flor murcha do seu magnífico esplendor
que está no cume do vale da fertilidade.
É como um figo temporão:
quem o vê, devora-o mal o tem na mão.

4,3+ ⁵ Naquele dia,[d] Iahweh dos Exércitos
é que será coroa de esplendor e grinalda magnífica
para o resto do seu povo,
11.2-4+ ⁶ e espírito de justiça para aquele que exerce o julgamento,
e a força daqueles que repelem o ataque na porta.

Contra os falsos profetas[e]

5,11-13+ ⁷ Também estes se puseram a cambalear por efeito do vinho,
andam a divagar sob a influência da bebida.
Sacerdote e profeta ficaram confusos pela bebida,
ficaram tomados pelo vinho,
divagaram sob o efeito da bebida,
ficaram confusos nas suas visões, divagaram nas suas sentenças.
⁸ Com efeito, todas as suas mesas estão cheias de vômito e de imundície:
já não há um lugar limpo.

a) Este "oráculo", posto aqui como uma conclusão, anuncia o retorno a Jerusalém de todos os israelitas dispersos.
b) A trombeta *(shofar)* que tem muitos usos (cf. Jl 2,1+) toca aqui para a reunião do dia final. Convinha que este apocalipse terminasse ao toque da trombeta do julgamento (cf. Mt 24,31; 1Cor 15,52; 1Ts 4,16).
c) Oráculo proferido pouco tempo antes da queda de Samaria (721). A cidade de Samaria, edificada sobre uma colina, é comparada à coroa de flores com que se enfeitava a cabeça dos convivas nos festins antigos. Outros profetas (Os 7,5-7; Am 3,9.15; etc.) fizeram alusão à riqueza e à corrupção de Samaria.
d) Os vv. 5-6 opõem à coroa murcha de Samaria a coroa de glória que será o próprio Iahweh para o resto de seu povo. Esta menção do "resto" faz pensar que esta passagem é posterior (cf. 4,3+); a semelhança das imagens tê-la-ia feito aproximar do oráculo precedente.
e) Os oráculos dos vv. 7-22 são um pouco anteriores à campanha de Senaquerib em 701, num momento em que Ezequias pensava em participar de uma coligação antiassíria. O primeiro visa a participantes em banquetes religiosos no Templo, que classificam de balbuciar de criança as palavras de Isaías que eles não compreendem. Mas tampouco compreenderão a linguagem dos soldados assírios que Iahweh lançará contra eles.

⁹ A quem ensinará ele o conhecimento?
A quem fará ele entender o que foi dito?
As crianças apenas desmamadas, apenas tiradas do seio,
¹⁰ quando diz: *çav laçav, çav laçav; qav laqav, qav laqav;
ze'êr sham, ze'êr sham,*ᵃ
¹¹ Com efeito, é com lábios gaguejantes e em uma língua estranha
que ele falará a este povo.
¹² Ele lhes dissera: "Este é o repouso! Dai repouso ao cansado:
este é lugar tranquilo," mas não quiseram escutar.
¹³ Diante disso a palavra de Iahweh para eles será:
*çav laçav, çav laçav; qav laqav, qav laqav;
ze'êr sham, ze'êr sham,*
a fim de que ao caminharem caiam para trás,
e se despedacem, ao serem apanhados no laço e aprisionados.

Contra os maus conselheiros

¹⁴ Ouvi a palavra de Iahweh, homens insolentes,
vós, governadores deste povo que está em Jerusalém.
¹⁵ Pois que dizeis: "Firmamos uma aliança com a morte,
e com o Xeol fizemos um pacto:
quanto ao flagelo ameaçador, ele passará sem atingir-nos,
porque fizemos da mentira o nosso refúgio
e atrás da falsidade nos escondemos."ᵇ
¹⁶ É por esta razão que assim diz o Senhor Iahweh:ᶜ
Eis que porei em Sião uma pedra,
uma pedra de granito, pedra angular e preciosa,
uma pedra de alicerce bem firmada:
aquele que nela puser a sua confiança não será abalado.
¹⁷ Porei o direito como regra e a justiça como nível.

Mas quanto ao refúgio da mentira, o granizo o levará
e o seu esconderijo, as águas o submergirão.
¹⁸ A vossa aliança com a morte será rompida,ᵈ
o vosso pacto com o Xeol não subsistirá.
Quanto ao flagelo destruidor, ao passar,
ele vos calcará aos pés.
¹⁹ Toda vez que passar, ele lançará mão de vós.
Com efeito, ele passará de manhã em manhã, de dia e de noite.
Em suma, só o medo fará entender a mensagem,
²⁰ porque a cama será muito curta para que alguém se deite nela,
e o cobertor muito estreito para que alguém possa nele se envolver.ᵉ
²¹ Certamente, Iahweh se erguerá como no monte Farasim,
inflamar-se-á como no vale de Gabaon,
a fim de realizar a sua obra, a sua obra estranha,
a fim de executar a sua tarefa insólita.

---

a) Lit.: "ordem sobre ordem... medida sobre medida... um pouco aqui um pouco além". Mas não é preciso procurar traduzir estas palavras, que são escolhidas apenas por sua sonoridade.

b) A aliança contra a Assíria, que os dirigentes do povo aconselhavam, é aliança com a morte e o inferno.

c) Os vv. 16-17a formam um curto oráculo que rompe o desenvolvimento. O divino arquiteto da nova Jerusalém põe sobre o direito e a justiça a pedra de alicerce que talvez tenha o nome de "Aquele que a ela se confia não será abalado", equivalente dos nomes simbólicos "cidade da justiça, cidade fiel" de 1,26. No NT, a imagem da pedra de alicerce ou da pedra angular será aplicada a Cristo (Mt 21,42; Ef 2,20; 1Pd 2,4-8) ou a Pedro (Mt 16,18).

d) "rompida": *tupar,* Targ.; "coberta": *kuppar,* hebr.

e) O profeta deve estar citando provérbio popular.

⁲² Agora não continueis a zombar,
para que não se reforcem as vossas cadeias.
Com efeito, ouvi falar de destruição — e é coisa decidida
pelo Senhor Iahweh dos Exércitos — que atingirá toda a terra.

*Parábola*ᵃ

²³ Prestai atenção e ouvi a minha voz;
estai atentos e ouvi as minhas palavras.
²⁴ Porventura o lavrador passa o tempo todo a arar para a semeadura?
A preparar e a arrotear o seu solo?
²⁵ Antes, depois de nivelar a sua superfície,
não semeia ele a nigela? Não espalha ele o cominho?
Não lança na terra o trigo, o painço e a cevada (...)ᵇ
e a espelta em uma faixa marginal?
²⁶ O seu Deus mostrou-lhe o modo de fazê-lo. Ele lhe ensinou.
²⁷ Não se debulha a nigela com o trilho,ᶜ
nem se passam as rodas de um carro sobre o cominho.
Antes, é com o bastão que se bate a nigela
e com a vara o cominho.
²⁸ Quando se trilha o trigo,
não se debulha continuamente.
Antes, põem-se em movimento as rodas de um carro e os seus animais,
mas não se trituram os grãos.
²⁹ Tudo isto vem de Iahweh dos Exércitos,
maravilhoso nos seus conselhos, grandioso nos seus feitos.

29 *A respeito de Jerusalém*ᵈ

¹ Ai de Ariel, de Ariel, a cidade em que Davi acampou!
Ajuntai ano a ano,
completem as festas anuais o seu ciclo,
² mas eu porei Ariel em aperto; haverá gemidos e luto,
e ela será para mim como Ariel.
³ Eu te farei um sítio ao teu redor,
estabelecerei postos contra ti
e levantarei trincheiras contra ti.
⁴ Serás abatida: desde o chão passarás a falar;
a tua palavra virá abafada pelo pó da terra,
a tua voz será como a de espírito que se encontra debaixo da terra;
o teu falar será murmúrio que brota do chão.
⁵ A horda dos teus inimigos será como o pó,
a horda dos tiranos, como a palha que voa.

De repente, em um instante,
⁶ serás visitada por Iahweh dos Exércitos
com trovões, com estrondos e com grande rugido,
com tufões e tempestades, com chamas de fogo devorador.

---

a) A sabedoria do cultivador que lança as sementes e as malha conforme suas espécies é imagem da sabedoria de Deus na condução do seu povo.

b) Depois de "a cevada", o hebr. acrescenta uma palavra desconhecida, talvez o nome de outro cereal.

c) O trilho, provido de rodas cortantes ou de sílex, que serve para debulhar o trigo.

d) Este oráculo parece datar do período que precede o assédio de Jerusalém em 701. O nome simbólico de Ariel que designa Jerusalém, aqui e em 33,7 (corrigido), é explicado de diversas maneiras. Na maior parte das vezes, se lhe aproxima o nome *har'el* ou *'ari'eyl* dado por Ezequiel à parte superior do altar, o forno, onde se queimavam as vítimas: isto exprimiria o caráter sagrado da cidade. Esta interpretação parece confirmada no final do v. 1 que se refere ao culto regular do Templo de Jerusalém.

⁷ Será como em sonho, como em visão noturna:
a horda de todas as nações a guerrear contra Ariel,
de todos os que a combatem, a sitiam e a põem em aperto.
⁸ E suceder-lhes-á como ao faminto,
o qual sonha que está comendo,
mas ao acordar está com o estômago vazio,
ou como ao sedento, o qual sonha
que está bebendo, mas, quando acorda, se sente exaurido
e com a garganta seca.
É o que sucederá à horda de todas as nações em guerra
contra o monte Sião.

⁹ Enchei-vos de pasmo; sim, pasmai;ᵃ
cegai-vos; sim, cegai-vos;
embriagai-vos, mas não com vinho,
cambaleai, mas não por causa da bebida forte,
¹⁰ pois Iahweh derramou sobre vós espírito de torpor,
fechou vossos olhos (os profetas),
cobriu vossa cabeça (os videntes).ᵇ
¹¹ Toda visão é para vós como
as palavras de um livro lacrado
que se dê a uma pessoa que sabe ler, dizendo-lhe: "Lê isto, por favor",
ao que ela responde: "Impossível, pois o livro está lacrado".
¹² Em seguida se dá o livro a uma pessoa que não sabe ler,
dizendo-lhe: "Lê isto, por favor".
A isto responde ela: "Eu não sei ler".ᶜ

Oráculoᵈ

¹³ O Senhor disse:
Visto que este povo se chega junto a mim com palavras
e me glorifica com os lábios,
mas o seu coração está longe de mim
e a sua reverência para comigo não passa de mandamento humano,
de coisa aprendida por rotina,
¹⁴ o que me resta é continuar
a assustar este povo com prodígios e maravilhas;
a sabedoria dos seus sábios perecerá
e o entendimento dos seus entendidos se desfará.

O triunfo do direitoᵉ

¹⁵ Ai dos que procuram refugiar-se nas profundezas, a fim de ocultar
a Iahweh
os seus desígnios, e realizam as suas obras nas trevas
e dizem: "Quem nos verá? Quem nos conhecerá?"
¹⁶ Que perversão é a vossa!
Tratar o oleiro como a argila!

---

a) A tradução tenta dar a aliteração do hebr., que, aliás, sacrifica a este efeito literário o sentido preciso do primeiro verbo que é "atrasar-se".
b) As palavras entre parênteses são glosas que esclarecem as expressões figuradas.
c) Os vv. 11-12 talvez sejam acréscimo pretendendo explicitar os vv. 9-10.
d) Oráculo difícil de datar. O profeta insurge-se contra o culto hipócrita, como em 1,10-20.
e) A clarividência de Iahweh descobre os maus desígnios (vv. 15-16). Ele libertará os humildes de seus inimigos e fará reinar a justiça (vv. 17-21). Os v. 22-24 parecem ser acréscimo. Não é do estilo de Isaías falar da "casa de Jacó" nem reportar-se à história do passado (aqui Abraão).

Com efeito, ousará a obra dizer àquele que a fez: "Ele não me fez",
e um vaso a respeito do oleiro que o moldou:
"Ele nada entende do ofício"?*ª*

¹⁷ Porventura não sucederá dentro de muito pouco tempo
que o Líbano se transformará em vergel,
e o vergel será tido como floresta?

¹⁸ Naquele dia, os surdos ouvirão o que se lê,
e os olhos dos cegos, livres da escuridão e das trevas, tornarão a ver.

¹⁹ Os pobres terão maior alegria em Iahweh,
os indigentes da terra se regozijarão no Santo de Israel.

²⁰ Porque já não haverá tirano e o escarnecedor será destruído,
todos os que andam à espreita para fazer o mal serão extirpados:

²¹ os que cobrem os homens de culpa com as suas palavras,
que armam ciladas ao juiz junto à porta
e, sem razão, privam do direito o justo.

²² Por isto mesmo, assim diz Iahweh, Deus da casa de Jacó,
ele que resgatou Abraão:
Jacó não mais ficará envergonhado,
a sua face já não se cobrirá de palidez,

²³ porque, ao ver os filhos,*ᵇ* obra das minhas mãos, no seu seio,
ele santificará o meu nome, santificará o Santo de Jacó
e temerá o Deus de Israel.

²⁴ Os que estão com o espírito confuso terão entendimento
e os murmuradores aceitarão a instrução.

30 *Contra a embaixada enviada ao Egito*ᶜ

¹ Ai dos filhos rebeldes — oráculo de Iahweh.
Eles fazem projetos, mas não vindos de mim!
Eles formam alianças, mas não sugeridas pelo meu espírito,
e acumulam pecado sobre pecado!

² Eles partem para descer ao Egito,
sem me consultar, buscando a proteção do Faraó,
procurando abrigo à sombra do Egito.

³ Mas o socorro do faraó se vos tornará em vergonha
e o abrigo à sombra do Egito, em ultraje.

⁴ Com efeito, os seus príncipes estiveram em Soã,
os seus embaixadores chegaram até Hanes.*ᵈ*

⁵ Todos se desmoralizam por causa de um povo que não os pode socorrer,
que não pode trazer-lhes ajuda nem proveito, mas antes, vergonha e opróbrio.

*Outro oráculo contra uma embaixada*ᵉ

⁶ Oráculo sobre as feras do Negueb.
Pela terra da penúria e da aflição,
de leoa e do leão rugidor.*ᶠ*

---

a) Já o velho relato da criação (Gn 2,7) representava Iahweh moldando o homem com terra, à maneira de oleiro. A imagem será frequentemente retomada pelos profetas, depois de Isaías, e finalmente por são Paulo, a fim de sublinharem a total dependência do homem e sua fragilidade nas mãos de Deus.
b) "os filhos": provavelmente glosa das palavras seguintes.
c) Oráculo pronunciado à partida de embaixada enviada por Ezequias ao Faraó, cerca de 703-702, para solicitar o auxílio do Egito contra os assírios.
d) Soã é Tânis, e Hanes, a Anúsis de Heródoto (Heracleopolis Magna dos romanos), duas cidades do Delta.
e) Provavelmente a mesma embaixada que foi alvo do oráculo precedente. O título inspira-se nas primeiras palavras do oráculo como em 21,13+. O profeta opõe as fadigas e os perigos da viagem à vacuidade do resultado.
f) "rugidor": *nohem*, conj.; "deles": *mehem*, hebr.

da víbora e da serpente voadora,
vão eles levando as suas riquezas sobre os dorsos dos jumentos,
seus tesouros sobre as gibas dos camelos,
a um povo que não lhes pode valer.
⁷ Sim, o auxílio do Egito é inútil e vão.
Eis por que lhe chamei "Raab, a decaída".*a*

Testamento*b*

⁸ Vai agora e escreve-o em uma tabuinha,
grava-o em um livro
que se conserve para dias futuros,
para todo o sempre,
⁹ porque este povo é rebelde,   1,2-4
constituído de filhos desleais,
de filhos que se recusam a ouvir a Lei de Iahweh,
¹⁰ e dizem aos videntes: Am 2,12; 7,13
"Não queirais ver",   Jr 11,21
e aos seus profetas: 1Rs 22,8-27
"Não procureis ter visões que nos revelem o que é reto.
Dizei-nos antes coisas agradáveis, procurai ter visões ilusórias.
¹¹ Afastai-vos do caminho, apartai-vos da vereda,
fazei desaparecer da nossa presença o Santo de Israel".
¹² Por isto, assim diz o Santo de Israel: Sl 62,11
Visto que rejeitastes esta palavra
e pusestes a vossa confiança na fraude e na tortuosidade
e vos estribais nelas,
¹³ este comportamento perverso será para vós como brecha
que forma saliência em um alto muro,
cujo desmoronamento acontece de repente,
¹⁴ ou como a quebra de um vaso de oleiro,
despedaçado sem piedade:
dele não se consegue encontrar um caco entre os fragmentos,
com que se possa tirar uma brasa da lareira
ou com que se possa tirar água da cisterna.
¹⁵ Com efeito, assim diz o Senhor Iahweh, o Santo de Israel: 6,3 + 7,9 +
Na conversão e na calma estava a vossa salvação,
na tranquilidade e na confiança estava a vossa força,
mas vós não o quisestes!*c*
¹⁶ Mas dissestes: Os 1,7 +
"Não, antes, fugiremos a cavalo!"
Pois bem, haveis de fugir.
E ainda: "Montaremos sobre cavalos velozes!"
Pois bem, os vossos perseguidores serão velozes.

---

a) "decaída": *hammoshbat*, conj.; *hemshebet*, hebr., ininteligível. Raab é como Leviatã (cf. 27,1), monstro do caos primitivo (51,9; Jó 2,6; 12,13; cf. 9,13; Sl 89,11). Aqui e no Sl 87,4, é designação do Egito. Conservando a mesma correção, poder-se-ia traduzir também "Raab, a domada": o monstro foi tornado inofensivo (comparar com Jó 40,25-26 a propósito de Leviatã, o crocodilo do Egito).
b) O poema dos vv. 9-17 data do início do reinado de Ezequias. É composto de três oráculos bem distintos (vv. 9-11.12-14.15-17) que retomam os agravos de Isaías contra os seus contemporâneos. Estes não o escutaram, e o profeta escreve suas ameaças: o futuro lhe dará razão (v. 8). Isto parece marcar o começo de período de silêncio, do qual o profeta sairá antes da invasão de Senaquerib. Outro período de silêncio talvez fora marcado por Is 8,16-18, após a guerra siroefraimita (cf. Introd. aos Profetas).
c) O que Deus exigia era, como já no tempo da guerra siroefraimita (cf. 7,9), a confiança nele (cf. 28,16), em lugar da busca de uma aliança estrangeira, neste caso, a do Egito.

^{Dt 32,30} ¹⁷Mil tremerão^a diante da ameaça de um;
diante da ameaça de cinco haveis de fugir,
até que sejais deixados como um mastro no alto de um monte,
como uma bandeira sobre uma colina.

Deus perdoará[b]

^{54,8}
^{Sl 2,12} ¹⁸Mas Iahweh espera a hora de poder mostrar-vos a sua graça,
ele se ergue para mostrar-vos a sua compaixão,
porque Iahweh é Deus de justiça:
bem-aventurado todo aquele que nele espera.
¹⁹Sim, povo de Sião, que habitas Jerusalém,
certamente tu não tornarás a chorar.
À voz do teu clamor, ele fará sentir a sua graça;
ao ouvi-lo, ele te responderá;
²⁰dar-vos-á o pão da angústia e água racionada;
aquele que te instrui não tornará a esconder-se,
sim, os teus olhos verão aquele que te instrui.
²¹Teus ouvidos ouvirão uma palavra atrás de ti:
"Este é o caminho, segui-o,
quer andeis à direita quer à esquerda".
²²Os teus ídolos revestidos de prata, tu os terás por impuros,
e tuas imagens cobertas de ouro,
lançá-las-ás fora como coisa imunda
e lhes dirás: "Fora daqui!"
²³Ele enviará chuva à sementeira que semeaste em teu solo,
e o pão — produto do solo — será rico e nutritivo.
Naquele dia o teu gado terá pastos espaçosos.
²⁴Os bois e os jumentos que lavram o solo
comerão uma forragem fermentada,
joeirada com a pá e com o forcado.
^{Jl 4,18} ²⁵Sobre todo monte alto e sobre todo outeiro elevado,
haverá cursos d'água e mananciais, no dia da grande matança,
ao ruírem as fortalezas.
²⁶Então a luz da lua será igual à luz do sol,
e a luz do sol será sete vezes mais forte,
como a luz de sete dias reunidos,
no dia em que Iahweh pensar a ferida do seu povo
e curar a chaga resultante dos golpes que sofreu.

Contra a Assíria[c]

²⁷Eis que o nome de Iahweh vem de longe;
ardente é sua ira, e grave é sua ameaça.
Seus lábios transpiram indignação,
sua língua é como fogo devorador.
^{Sb 5,23} ²⁸Seu sopro é como torrente transbordante,
que chega até o pescoço,
sacudindo as nações com sacudida fatal,
impondo aos povos freio que os desencaminha.

---

a) "tremerão": *yeharad*, conj.; "um": *ehad*, hebr.
b) Trecho de ritmo incerto. À pobreza da forma corresponde a do conteúdo: é compilação de temas que se encontra de novo na segunda e na terceira partes de Isaías (cf., por exemplo, 44,9; 60,20; 65, 10). Esta composição é posterior ao Exílio, e o v. 18 serve de ligação com os oráculos autênticos que precedem.
c) Oráculo que foi provavelmente proferido quando Senaquerib ameaçava Jerusalém. O caráter terrificante da intervenção de Iahweh é expresso aqui com força não igualada.

²⁹ O cântico se apoderará de vós como em noite de festa,
e a alegria inundará vossos corações
como a alegria de quem marcha ao som da flauta,
ao dirigir-se ao monte de Iahweh, à rocha de Israel.
³⁰ Iahweh fará ouvir sua voz majestosa,
ele fará sentir o peso do seu braço,
no ardor de sua cólera acompanhada de um fogo devorador,
de raios, de chuva e de granizo.
³¹ Com efeito, à voz de Iahweh, a Assíria ficará apavorada;
com o bastão ele a ferirá.
³² A cada passagem de Iahweh, virá o bastão do castigo[a]
que ele lhe imporá;
ao som de tambores e de cítaras,
em guerra sagrada a combaterá.
³³ Com efeito, já há muito Tofet[b] está preparada —
aprestada também para o rei —,
profunda e larga a sua fogueira;
fogo e lenha em abundância!
Como uma torrente de enxofre, o sopro de Iahweh a incendiará.

31 *Contra a aliança egípcia*[c]

¹ Ai dos que descem ao Egito,
à busca do socorro.
Procuram apoiar-se em cavalos,
põem a sua confiança nos carros, porque são muitos,
e nos cavaleiros, porque são de grande força,
mas não voltam os olhares para o Santo de Israel,
não buscam Iahweh.
² Pois bem, também ele tem sabedoria e pode trazer a desgraça;
ele não deixa de cumprir a palavra;
assim, levantar-se-á contra a corja dos malfeitores
e contra o socorro dado aos que praticam a iniquidade.
³ Pois o egípcio é homem e não deus,
seus cavalos são carne e não espírito.
Quando Iahweh estender a mão,
aquele que socorre tropeçará e o socorrido cairá,
e perecerão ambos juntos.

Contra a Assíria[d]

⁴ Porque assim me disse Iahweh:
Como ruge o leão — o leão novo — sobre a presa,
quando se convocam contra ele todos os pastores,
sem que ele se apavore com os gritos,
nem se assuste com seu tumulto,
assim descerá Iahweh dos Exércitos
para guerrear sobre o monte Sião, sobre seu outeiro.[e]

---

a) "castigo", algs. mss; "alicerce", hebr. — O final do v. é difícil. Pode-se traduzir, lit.: "e em combates de mão erguida, combaterá contra ele". A palavra traduzida por "mão erguida" significa, por outro lado, o gesto de balanço das mãos pelo qual o sacerdote consagra as oferendas, mas em Is 19,16 é gesto de ameaça.
b) "Tofet", que pode significar "torrador", é o ponto do vale de Ben-Enom onde se sacrificavam crianças pelo fogo a "Moloc" (cf. Lv 18,21+), a que pode fazer alusão o "rei" (*melek*) da linha seguinte, se é que não se trata do rei da Assíria.
c) Oráculo pronunciado provavelmente nas mesmas circunstâncias dos de 30,1-5 e 6-7.
d) Provavelmente por ocasião do ataque de Senaquerib.
e) Também pode-se traduzir "contra o monte Sião e contra seu outeiro"; tratar-se-ia então de oráculo independente contra Jerusalém. Mas o que segue (cf. v. 5) é a favor da tradução adotada.

ISAÍAS 31-32

⁵Como aves que voam,
  assim Iahweh dos Exércitos velará sobre Jerusalém,
  velará sobre ela e a livrará,
  protegê-la-á e a libertará.
⁶Voltai para aquele contra o qual se rebelaram tão profundamente
  os israelitas.
⁷Porque naqueles dias todos porão fora
  seus ídolos de prata e seus ídolos de ouro,
  que vossas mãos pecaminosas fizeram para vós.
⁸Então a Assíria cairá à espada, mas não de homem;
  por uma espada, mas não de mortal, ela será devorada.
  Sim, ela fugirá diante da espada,
  e os seus jovens serão submetidos a trabalho forçado.
⁹No seu terror, ela abandonará a sua rocha,
  os seus príncipes, apavorados, desertarão o estandarte.
  Oráculo de Iahweh, cujo fogo está em Sião
  e cuja fornalha está em Jerusalém.

32 O rei justo[a]

¹Um rei reinará de acordo com a justiça,
  seus príncipes[b] governarão de acordo com o direito.
²Cada um deles será como um refúgio contra o vento,
  como abrigo contra a tempestade,
  como ribeiros de água em terra seca,
  como a sombra de grande rochedo em terra desolada.
³Os olhos dos que veem já não estarão vendados,
  os ouvidos dos que ouvem perceberão distintamente.
⁴O coração dos irrefletidos procurará adquirir o conhecimento,
  a língua dos gagos falará com desembaraço e com clareza.
⁵Já não se chamará nobre ao tolo
  nem se dirá ilustre àquele que é trapaceiro.

O tolo e o nobre[c]

⁶Porque o tolo diz tolices e seu coração pratica a iniquidade,
  agindo impiedosamente e proferindo disparates contra Deus,
  deixando o faminto sem comer
  e privando de bebida o sedento.
⁷Quanto ao trapaceiro, perversas são as suas trapaças,
  faz tramas indignas, a fim de arruinar os pobres com palavras mentirosas,
  quando os indigentes defendem seu direito.
⁸Quanto ao nobre, nobres são seus desígnios;
  firme se mantém ele na sua nobreza.

Contra as mulheres de Jerusalém[d]

⁹Vós, mulheres descuidadas, ponde-vos de pé e ouvi a minha voz;
  filhas cheias de soberba, dai ouvidos às minhas palavras.
¹⁰Vós que estais tão seguras de vós mesmas, dentro de um ano e alguns dias
  haveis de tremer,

---

a) É descrição do governo ideal, apresentada em termos messiânicos (cf. 29,18; 35,5), contudo menos acentuados que em 9,1-6 e 11,1-9.
b) "seus príncipes", conj.; "para seus príncipes", hebr.
c) Esta descrição está no tom de certos passos do livro dos Provérbios. Ela poderia provir da pena de Sábio, e ter sido introduzida como comentário do v. 5, no qual são mencionados o tolo e o nobre.
d) Advertência às mulheres no estilo de 3,16-24, mas talvez mais tardia. A indicação cronológica do v. 10 lembra 29,1; talvez seja preciso, também aqui, entendê-la de forma bastante ampla.

porque a vindima estará arruinada,
a colheita nada renderá.
¹¹ Estremecei, ó descuidadas,
tremei, vós que estais tão cheias de soberba;
despojai-vos, despi-vos, cingi os lombos.
¹² Batei no peito, por causa dos campos ridentes,
por causa das vinhas carregadas de frutos.
¹³ Sarças e espinhos crescerão nos campos do meu povo,
bem como sobre todas as casas alegres da cidade delirante.
¹⁴ Com efeito, a cidadela ficará deserta
e o tumulto da cidade cessará.
Ofel e a Torre de Vigia[a] reduzidos a colinas escalvadas,
alegria dos jumentos selvagens e pasto dos rebanhos,

A efusão do Espírito[b]

11,2-9

¹⁵ até que seja derramado sobre nós o Espírito do alto.
Então o deserto se transformará em vergel,
e o vergel será tido como floresta.

Jl 3,1

¹⁶ O direito habitará no deserto
e a justiça morará no vergel.
¹⁷ O fruto da justiça será a paz,
e a obra da justiça consistirá na tranquilidade e na segurança para sempre.

11,6 +

¹⁸ Meu povo habitará em moradas de paz,
em mansões seguras e em lugares tranquilos.
¹⁹ Embora a floresta venha abaixo,[c]
embora a cidade seja humilhada,
²⁰ sereis felizes, semeando junto de águas abundantes,
deixando andar livres os bois e os jumentos.

33 A salvação esperada[d]

¹ Ai de ti que destróis quando não foste destruído,
que ages traiçoeiramente, quando não foste traído!
Quando tiveres acabado de devastar, serás devastado;
quando acabares[e] tua traição, serás traído.
² Iahweh, tem misericórdia de nós, pois em ti esperamos.
Sê nosso braço[f] de manhã em manhã;
sim, sê a nossa salvação no tempo da angústia.

Sl 32,10;
33,22
Sl 46,2

³ À voz do teu tumulto fogem os povos;
quando te ergues, dispersam-se as nações.

Nm 10,35
Sl 68,2
48,5-8

⁴ Vosso despojo é amontoado como se amontoam lagartas;
atiram-se todos sobre ele como se atiram os gafanhotos.
⁵ Iahweh é exaltado, pois está entronizado nas alturas;
ele assegura abundantemente a Sião o direito e a justiça.

Sl 57,6;
97,9;
83,19

---

a) Ofel é a zona da antiga Jerusalém ao sul do Templo (cf. 2Cr 27,3; Ne 3,27). A "Torre de Vigia": tradução incerta de palavra única; é provavelmente o equivalente da grande torre de Ne 3,26-27.
b) Este poema pós-exílico junta às ameaças do oráculo precedente o anúncio da vinda do Espírito (cf. Jl 3,1-2). A coincidência de vocabulário entre os vv. 9-11 e 18 talvez haja facilitado sua inserção aqui.
c) "venha abaixo": *weyarad*, conj.; "cairá granizo": *ûbarad*, hebr.

d) Apesar de numerosas referências a temas isaianos, o estilo e o vocabulário de todo este cap. não permitem atribuí-lo ao grande profeta. Os paralelos frequentes com os Salmos autorizam a ver nele liturgia profética posterior ao exílio. A ausência de nomes próprios e de alusões claras impede que se lhe precise a data.
e) "acabares", 1QIsᵃ; TM ininteligível.
f) "nosso braço", versões; "braço deles", hebr.

⁶Nisto estará a segurança dos teus dias:
a sabedoria e o conhecimento são a riqueza capaz de salvar-te,
o temor de Iahweh, eis o seu tesouro.

29,1 ⁷Vede! Ariel grita por socorro nas ruas,*ᵃ*
os mensageiros da paz choram amargamente.
⁸As estradas estão desertas, não há transeuntes nos caminhos.
Rompeu-se a aliança, as testemunhas*ᵇ* são desprezadas,
a pessoa humana não é levada em nenhuma conta.

Am 1,2; 35,2 ⁹A terra, coberta de luto, fenece,
o Líbano, coberto de vergonha, está tomado pela praga,
o Saron se tornou como a estepe,
Basã e o Carmelo perdem a sua folhagem.

Sl 12,6 ¹⁰Agora me erguerei, diz Iahweh,
agora me levantarei, agora serei exaltado.
¹¹Concebeis feno e dais à luz palha;
meu sopro,*ᶜ* como o fogo, vos consumirá.
¹²Os povos serão como que calcinados;
como espinhos cortados serão queimados no fogo.

¹³Vós que estais longe, ouvi o que fiz,
vós que estais perto, conhecei o meu poder.
¹⁴Em Sião, os pecadores ficaram apavorados:
o tremor se apoderou dos ímpios.
Quem dentre nós poderá permanecer junto ao fogo devorador?
Quem dentre nós poderá manter-se junto aos braseiros eternos?

Sl 15 ¹⁵Aquele que pratica a justiça e fala o que é reto,
que despreza o ganho explorador, que se recusa a aceitar o suborno,
que tapa os ouvidos para não ouvir falar em crimes de sangue,
que fecha os olhos para não ver o mal,
¹⁶este habitará nas alturas,
os rochedos inacessíveis serão seu refúgio.
O pão de que necessita lhe será dado, e a água para a subsistência
lhe será assegurada.*ᵈ*

A volta a Jerusalém

¹⁷Os teus olhos contemplarão o rei na sua beleza,
eles verão uma terra distante.
1Cor 1,20 ¹⁸Teu coração relembrará os sustos de outrora:
"Onde está aquele que contava?
Onde está aquele que pesava?
Onde está aquele que contava as torres?"
28,11 ¹⁹Não tornarás a ver o povo insolente,
um povo de linguagem ininteligível,
de fala bárbara e sem sentido.
54,2 ²⁰Olha para Sião, cidade das nossas festas solenes,
vejam teus olhos Jerusalém,
morada tranquila, tenda que não será mudada,
cujas estacas jamais serão arrancadas,
cujas cordas nunca serão rompidas.

---

a) "Ariel", conj. (cf. 29,1); *'er'ellam,* hebr., ininteligível. — A recordação das desgraças de Jerusalém é tema habitual dos salmos de súplica.
b) "testemunhas", 1QIsᵃ; "cidades", TM.
c) "meu sopro", Targ.; "vosso sopro", hebr.
d) Os vv. 14-16, com sua interrogação, à qual responde a enumeração das virtudes exigidas para se aproximar de Deus, têm a forma de liturgia dialogada, comparável aos Sl 15 e 24,3-5.

²¹ É ali que Iahweh mostra seu poder,
em lugar de rios e de largos canais,
mas onde não navegarão barcos de remo,
nem passará nenhum navio suntuoso,[a]
(²²Com efeito, Iahweh é nosso juiz, é nosso legislador,
Iahweh é nosso rei: ele é nosso salvador.)
²³ Tuas cordas estão frouxas: não conseguem segurar o mastro,
elas não içam mais a bandeira.
Então o grande despojo foi repartido:
os coxos se entregaram ao saque.
²⁴ Nenhum habitante seu tornará a dizer: "Estou doente."
O povo que nela morar alcançará o perdão das suas transgressões.

34 *O julgamento de Edom*[b]

¹ Aproximai-vos, nações, a fim de ouvir;
povos, atenção!
Ouça a terra e tudo o que há nela,
o mundo e os que o povoam,
² porque a cólera de Iahweh atinge todas as nações,
seu furor, todo o seu exército.
Anatematizou-as,
entregou-as à matança.
³ Seus mortos são lançados fora,
o mau cheiro dos seus cadáveres se espalha,
os montes se inundam com seu sangue,
⁴ todo o exército dos céus se desfaz;
os céus se enrolam como um livro,
todo o seu exército fenece,
como fenecem as folhas da videira,
como fenecem as folhas da figueira.

⁵ Porque minha espada se embriagou nos céus:
Eis que se precipita sobre Edom,[c]
sobre o povo que anatematizei, entregando-o ao julgamento.
⁶ A espada de Iahweh está cheia de sangue,
e besuntada de gordura:
cheia do sangue de cordeiros e de bodes,
besuntada da gordura dos rins dos carneiros;
porque em Bosra se realiza um sacrifício a Iahweh,
uma grande matança na terra de Edom.
⁷ Juntamente com eles tombam bois selvagens, novilhos
juntamente com touros.

63,1-6
Jr 49,7-22
Dt 32,1

↗ Ap 6,14

63,1

---

a) Alguns compreendem que, para Israel, Iahweh fará às vezes de rios que, no Egito e na Assíria, garantem a riqueza e a defesa da *terra*. *Pode-se também compreender* que Iahweh dará à terra de Israel completa rede fluvial, fonte de bênçãos; mas esses cursos de água não terão navios inimigos. — A fabricação de imagens do v. 21 prossegue no v. 23; o v. 22 deve ser uma sobrecarga.
b) Dá-se às vezes aos caps. 34-35 de Isaías o nome de Pequeno Apocalipse. Contêm efetivamente a descrição dos últimos e terríveis combates que Iahweh deve empreender contra as nações em geral, e contra Edom em particular (cap. 34), seguida do anúncio do juízo final, que restabelecerá Jerusalém em sua glória total. A intenção e o estilo deste conjunto, que depende da segunda parte do livro de Isaías, são comparáveis aos dos caps. 24-27 (o "Apocalipse de Isaías") e pertencem, como estes, à última etapa de composição do livro.
c) Quando da queda de Jerusalém em 587, os edomitas mostraram-se particularmente hostis ao reino de Judá e tiraram proveito de suas desgraças. Por isso os profetas e os escritores posteriores são geralmente severos contra Edom (cf. Sl 137,7; Lm 4,21-22; Ez 25,12; 35,15; Ab 10-16; Is 63,1). Aqui, a ruína de Edom ilustra o julgamento geral de Iahweh contra as nações. Comparar a "cidade da desolação" (cidade de Moab) com o apocalipse dos caps. 24-27 (cf. 24,10+).

Sua terra está encharcada de sangue,
o pó do seu chão está besuntado de gordura.
⁸Com efeito, Iahweh tem um dia de vingança,
um ano de retribuição em prol da causa de Sião.

⁹Suas torrentes se convertem em pez,
o pó do seu chão, em enxofre;
sua terra ficará reduzida a pez ardente,
¹⁰que não se apagará noite e dia:
sua fumaça subirá para sempre;
de geração em geração subsistirá a ruína;
pelos séculos dos séculos não haverá quem passe por ela.
¹¹O pelicano e o ouriço a possuirão;
a coruja e o corvo farão nela morada.
Iahweh estenderá sobre ela o cordel do caos
e o prumo do vazio.

¹²Já não haverá nobres
para proclamar a realeza;
seus príncipes desaparecerão.
¹³Nos seus palácios crescerão espinhos,
urtigas e cardos, nas suas fortalezas:
ela servirá de morada para os chacais,
de habitação para os avestruzes.
¹⁴Os gatos selvagens conviverão aí com as hienas,
os sátiros chamarão seus companheiros.
Ali descansará Lilit,ᵃ
e achará um pouso para si.
¹⁵Ali a serpente fará o seu ninho, porá os seus ovos,
chocá-los-á e recolherá à sua sombra a sua ninhada.
Também ali se encontrarão as aves de rapina,
cada uma com sua companheira.
¹⁶Buscai no livro de Iahwehᵇ e lede:
nenhum deles faltará,
nenhum deles ficará sem seu companheiro,
porque assim ordenou sua boca;ᶜ
seu espírito os ajuntou.
¹⁷Ele mesmo lançou a sorte para eles,
sua mão distribuiu-lhes, com o cordel, a porção de cada um.
Eles a possuirão para sempre,
de geração em geração a habitarão.ᵈ

35 *O triunfo de Jerusalém*ᵉ

¹Alegrem-se o deserto e a terra seca,
rejubile-se a estepe e floresça; como o narciso,
²cubra-se de flores,
sim, rejubile-se com grande júbilo e exulte.

---

a) "sátiros" ou "bodes selvagens" (cf. 13,21) mas o paralelo leva a preferir aqui seres mitológicos (cf. Lv 17,7+). Lilit é demônio feminino que frequenta as ruínas.
b) Nele se reconheceu o livro autêntico de Isaías, ou uma coletânea de profecias que se lhe atribuíam; trata-se efetivamente dos mesmos animais bravios de 13,20-22. Mas pode-se também ver nele o livro dos decretos de Iahweh respeitantes à sua criação (vv. 16b-17; cf. Sl 139,16).
c) "sua boca", 1QIsᵃ; "minha boca", TM.
d) Continua tratando-se dos animais selvagens dos vv. 11s. O território devastado de Edom (cf. v. 11) lhe é repartido em herança, como a Terra Prometida o foi entre os israelitas.
e) Ao julgamento pronunciado contra Edom se opõem as bênçãos reservadas a Jerusalém. Os contactos com o Segundo Isaías são particularmente numerosos.

A glória do Líbano lhe será dada,
bem como a beleza do Carmelo e do Saron.
Eles verão a glória de Iahweh,
o esplendor do nosso Deus.
³Fortalecei as mãos abatidas,   40,29-31
revigorai os joelhos cambaleantes.
⁴Dizei aos corações conturbados: 40,10
"Sede fortes, não temais.
Eis que vosso Deus
vem para vingar-vos,
trazendo a recompensa divina.
Ele vem para vos salvar."
⁵Então se abrirão os olhos dos cegos,   ⟋ Mt 11,5
e os ouvidos dos surdos se desobstruirão.
⁶Então o coxo saltará como o cervo,   ⟋ At 3,8
e a língua do mudo cantará canções alegres,   41,18; 43,20;
porque a água jorrará do deserto, e rios, da estepe.   48,21
⁷A terra seca se transformará em brejo,   Jo 4,1 +
e a terra árida em mananciais de água.
Onde repousavam os chacais
surgirá campo de juncos e de papiros.

⁸Ali haverá uma estrada — um caminho   11,16 +
que será chamado caminho sagrado.
O impuro não passará por ele.
Ele mesmo andará por esse caminho,ᵃ
de modo que até os estultos não se desgarrarão.
⁹Ali não haverá leão;
o mais feroz dos animais selvagens não o trilhará,
nele não será encontrado.
Antes, por ele trilharão os redimidos.
¹⁰Assim voltarão os que foram libertados por Iahweh,   = 51,11
chegarão a Sião gritando de alegria,   Sl 126
trazendo consigoᵇ alegria eterna;
o gozo e a alegria os acompanharão,
a dor e os gemidos cessarão.

APÊNDICESᶜ

36 *A invasão de Senaquerib* — ¹No décimo quarto ano do rei Ezequias,   2Rs 18,13-37
subiu Senaquerib, rei da Assíria, contra todas as cidades fortificadas   ‖ Is 37,10s
de Judá e as ocupou. ²De Laquis, o rei da Assíria enviou ao rei Ezequias o seu   7,3
copeiro-mor, a Jerusalém, com um grande exército. Este postou-se junto ao
aqueduto da piscina superior, na estrada que conduz ao campo do Pisoeiro.

---

a) "Ele", referindo-se a Iahweh; alguns, porém, consideram este verso uma glosa porque sobrecarrega o ritmo.

b) Lit.: "sobre sua cabeça"; é preciso compreender que eles carregam sua alegria como a bagagem de um viajante.

c) Os caps. 36-39 reproduzem, à parte algumas variantes, 2Rs 18,(13)17-20,19 (ver as notas a 2Rs). Estes caps. foram copiados do livro dos Reis e colocados no fim da primeira parte de Isaías, para completar a compilação das tradições relativas ao profeta. Nos caps. 36-37, o redator combinou duas fontes: 36,1-37,9a.37-38 provém, como os caps. 38-39, dos círculos proféticos, talvez de uma biografia de Isaías; uma narração paralela (37,9b-36) insiste na piedade de Ezequias e na intervenção de Isaías, ao qual são atribuídos diversos oráculos, que, se forem autênticos, foram pelo menos retocados por seus discípulos, dos quais parece provir esta narrativa. Termina com toque de maravilhoso (37,36).

³O prefeito do palácio, Eliacim, filho de Helcias, o secretário Sobna e o arauto Joaé, filho de Asaf, saíram ao seu encontro. ⁴O copeiro-mor lhes disse: "Ide dizer a Ezequias: Assim diz o grande rei, o rei da Assíria: Que confiança é esta em que te apoias? ⁵Pensas*ᵃ* que simples palavras podem proporcionar conselho e força para a guerra? Em quem puseste a tua confiança, para te rebelares contra mim? ⁶No mínimo, estás confiando no apoio dessa cana quebrada que é o Egito, a qual penetra e fura a mão daquele que nela se apoia. Tal é o Faraó, rei do Egito para todos os que nele confiam. ⁷Ou, talvez, me direis: 'Nós confiamos em Iahweh, nosso Deus.' Ora, não foram os seus lugares altos e os seus altares que Ezequias suprimiu, dizendo a Judá e a Jerusalém: 'Este é o único altar diante do qual haveis de prostrar-vos'? ⁸Pois bem, faze uma aposta com o meu senhor, o rei da Assíria: eu te darei dois mil cavalos, se fores capaz de arranjar cavaleiros para montá-los. ⁹Como então poderás repelir um só*ᵇ* dos menores servos do meu senhor? Mas tu pões a tua confiança no Egito, esperando obter dele carros e cavaleiros! ¹⁰Mas, por acaso foi sem a vontade de Iahweh que subi a esta terra, a fim de devastá-la? Antes, foi Iahweh que me disse: 'Sobe a esta terra e devasta-a'."

¹¹Então Eliacim, Sobna e Joaé disseram ao copeiro-mor: "Por favor, fala em aramaico aos teus servos, pois nós o entendemos; não nos fales em língua aramaica aos ouvidos do povo que está sobre as muralhas." ¹²Mas o copeiro-mor respondeu: "Por acaso foi ao teu senhor ou a ti que o meu senhor me enviou a dizer essas coisas? Não foi antes aos homens que estão assentados sobre a muralha, condenados a comerem o seu excremento e a beberem a sua urina juntamente convosco?"

¹³Então o copeiro-mor se pôs de pé e, falando na língua judaica, clamou em alta voz: "Ouvi as palavras do grande rei, do rei da Assíria! ¹⁴Assim diz o rei: Não vos engane Ezequias, pois ele não será capaz de livrar-vos. ¹⁵Não tente Ezequias vos levar a confiar em Iahweh, dizendo: 'Certamente Iahweh nos livrará: esta cidade não será entregue nas mãos do rei da Assíria.' ¹⁶Não deis ouvidos a Ezequias. Com efeito, eis o que diz o rei da Assíria: Fazei as pazes comigo, chegai-vos a mim e coma cada um o fruto da sua videira e da sua figueira, beba cada um da sua cisterna, ¹⁷até que eu venha para vos conduzir a uma terra semelhante à vossa, terra de trigo e de mosto, terra de pão e de vinhedos. ¹⁸Cuidado, não deixeis Ezequias seduzir-vos, dizendo: 'Iahweh nos livrará.' Por acaso os deuses das demais nações livraram cada um a sua terra das mãos do rei da Assíria? ¹⁹Onde estão os deuses de Emat e de Arfad? Onde estão os deuses de Sefarvaim? Onde estão os deuses da terra de Samaria?*ᶜ* Conseguiram eles livrar Samaria das minhas mãos? ²⁰Quem dentre todos os deuses dessas terras livrou a sua terra da minha mão? Como livrará Iahweh da minha mão a Jerusalém?"

²¹O povo conservou-se calado, não lhe respondendo palavra, porque o rei dera esta ordem: "Não lhe repondais." ²²O prefeito do palácio, Eliacim, filho de Helcias, o secretário Sobna e o arauto Joaé, filho de Asaf, dirigiram-se a Ezequias, com as vestes rasgadas, e relataram-lhe as palavras do copeiro-mor.

37 Recurso ao profeta Isaías —

¹Ao ouvir isto, o rei Ezequias rasgou as vestes, cobriu-se de pano de saco e dirigiu-se ao Templo de Iahweh. ²Ao mesmo tempo, enviou o prefeito do palácio, Eliacim, o secretário Sobna, e os anciãos dentre os sacerdotes, vestidos de pano de saco, ao profeta Isaías,

---

a) "pensas", lit.: "dizes" (2Rs 18,20); "digo", hebr.
b) "um só", conj.; "um só governador"; hebr.; glosa ou ditografia.

c) "onde os deuses da terra de Samaria", conj. de acordo com 2Rs 18,34 grego e Vet. Lat.; cf. a sequência.

filho de Amós, ³os quais lhe disseram: "Eis o recado de Ezequias: Este dia é um dia de angústia, de castigo e de humilhação. Com efeito, os filhos chegaram ao ponto de nascer, mas não há força para dar à luz. ⁴Oxalá o teu Deus tenha ouvido as palavras do copeiro-mor enviado pelo rei da Assíria, seu senhor, para insultar o Deus vivo, e Iahweh, teu Deus, castigue as palavras que ouviu! Eleva uma prece em prol do resto que ainda subsiste."

⁵Ao chegarem os ministros do rei Ezequias à presença de Isaías, ⁶este lhes disse: "Aqui está o que haveis de dizer ao vosso senhor: Assim diz Iahweh: Não te apavores diante das palavras que ouviste, das blasfêmias que os oficiais do rei da Assíria lançaram contra mim. ⁷Eu farei vir sobre ele um espírito de alucinação; ele ouvirá um boato e voltará para a sua terra, onde o farei cair à espada."

Partida do copeiro-mor — ⁸O copeiro-mor voltou, indo encontrar o rei da Assíria que combatia contra Lebna. Com efeito, aquele tinha ouvido dizer que o rei havia abandonado Laquis, ⁹por ter recebido um recado a respeito de Taraca, rei de Cuch, dizendo: "Ele partiu para a guerra contra ti."

Segundo relato a respeito da intervenção de Senaquerib — Senaquerib tornou a*ᵃ* enviar mensageiros a Ezequias com este recado: ¹⁰"Direis a Ezequias, rei de Judá: Não te engane o teu Deus, em quem confias, dizendo: 'Jerusalém não será entregue nas mãos do rei da Assíria.' ¹¹Sem dúvida, ouviste o que os reis da Assíria fizeram a todas as terras entregando-as ao anátema. Como haverás tu de escapar? ¹²Por acaso conseguiram libertá-las os deuses das nações que os meus pais destruíram, a saber, de Gozã, de Harã, de Resef e dos edenitas estabelecidos em Telassar?*ᵇ* ¹³Onde estão o rei de Emat, o rei de Arfad, o rei de Lair,*ᶜ* de Sefarvaim, de Ana e de Ava?" ¹⁴Ezequias tomou a carta das mãos dos mensageiros, leu-a e subiu ao Templo de Iahweh e aí a abriu na presença de Iahweh. ¹⁵Ezequias orou a Iahweh com estas palavras: ¹⁶"Ó Iahweh dos Exércitos, Deus de Israel, que te assentas sobre os querubins, tu és o único Deus de todos os reinos da terra; tu criaste os céus e a terra.

¹⁷Inclina os ouvidos, ó Iahweh, e ouve,
abre os olhos, ó Iahweh, e vê.
Ouve todas as palavras de Senaquerib,
que ele enviou para insultar o Deus vivo.

¹⁸É verdade, Iahweh, que os reis da Assíria destruíram todas as nações (e as suas terras) ¹⁹e lançaram os seus deuses ao fogo, porque não eram deuses, mas sim obra de mãos humanas, feitos de madeira e de pedra, que eles destruíram. ²⁰Mas agora, Iahweh nosso Deus, salva-nos da sua mão, eu te suplico, a fim de que todos os reinos da terra saibam que só tu, Iahweh, és Deus."

Intervenção de Isaías — ²¹Então Isaías, filho de Amós, mandou dizer a Ezequias: "Assim diz Iahweh, o Deus de Israel, a respeito da oração que me dirigiste referente a Senaquerib, rei da Assíria. ²²Eis a palavra que Iahweh pronunciou contra ele:

A virgem, a filha de Sião,
te despreza e zomba de ti;
ela meneia a cabeça por trás de ti,
a filha de Jerusalém.

²³A quem insultaste e injuriaste?

---

a) "tornou a", 2Rs 19,19 e 1QIsᵃ; omitido pelo TM.
b) Provavelmente "Telbasar", sobre o Eufrates, cf. 2Rs 19,12 +.
c) Ou "um rei por cidade", que seria glosa.

Contra quem levantaste a voz
e ergueste o teu olhar altivo?
Contra o Santo de Israel!
²⁴ Por meio dos teus oficiais insultaste o Senhor,
dizendo: 'Com a multidão dos meus carros
subi ao cume dos montes,
aos recessos mais remotos do Líbano.
Cortei seus cedros mais altos
e seus mais belos zimbros.
Cheguei até seu cume mais elevado,
até seu vergel frondoso.
²⁵ Cavei águas estrangeiras[a]
e as bebi;
com as plantas dos meus pés sequei
todos os rios do Egito.'
²⁶ Não o ouviste? Já de há muito
tracei este desígnio;
desde tempos antigos o planejei.
Agora o executo.
Teu papel era reduzir cidades fortificadas
a montões de ruínas.
²⁷ Seus habitantes, impotentes,
amedrontados e confundidos,
tornaram-se como a relva do campo,
como a verdura dos prados,
como a erva dos telhados
exposta ao vento oriental.[b]

Sl 139,2 ²⁸ Conheço o teu levantar e o teu sentar,
teu sair e teu entrar,
(bem como teu furor contra mim).[c]
²⁹ Visto que te enfureceste contra mim
e a tua insolência subiu até os meus ouvidos,
porei a minha argola nas tuas narinas
e meu freio nos teus lábios,
e te farei retornar pelo caminho
pelo qual vieste.

|| 2Rs 19, 29-31

O sinal dado a Ezequias

³⁰ E isto te servirá de sinal:
este ano comereis do que nasceu por si, de grãos caídos,
e no ano próximo, daquilo que daí nasceu,
mas no terceiro ano semeareis e ceifareis,
plantareis vinhas e comereis os seus frutos.
4,3+ ³¹ O resto que escapou da casa de Judá
tornará a lançar raízes em terra e a produzir frutos em cima.
³² Com efeito, de Jerusalém sairá um resto
e do monte Sião os sobreviventes.
O zelo de Iahweh dos Exércitos fará isto.

---

a) "estrangeiras", 2Rs 19,24; omitido pelo hebr.
b) "ao vento oriental", 1QIsᵃ; TM lê "antes do crescimento" (?) e omite "Conheço o teu levantar", no início do v. seguinte.

c) O último hemistíquio, omitido pelo grego, é provavelmente duplicata de 29a.

Oráculo a respeito da Assíria

‖ 2Rs 19, 32-34

³³ Quanto ao rei da Assíria, eis o que diz Iahweh:
Ele não entrará nesta cidade,
não atirará contra ela uma flecha,
não a atacará com escudos,
não a cercará de trincheiras.
³⁴ Pelo mesmo caminho por que veio, voltará;
ele não entrará nesta cidade, oráculo de Iahweh.
³⁵ Eu protegerei esta cidade, e a salvarei,
por causa de mim e do meu servo Davi."

Castigo de Senaquerib — ³⁶O Anjo de Iahweh saiu*a* e feriu cento e oitenta e cinco mil homens no acampamento dos assírios. De manhã, ao despertar, só havia cadáveres.

‖ 2Rs 19, 35-37

³⁷Senaquerib, rei da Assíria, levantou acampamento e partiu. Voltou para Nínive e ali ficou. ³⁸Aí sucedeu que, estando ele prostrado no templo de Nesroc, seu deus, seus filhos Adramelec e Sarasar o feriram a espada e fugiram para a terra de Ararat. Em seu lugar reinou o seu filho Asaradon.

38 Doença e cura de Ezequias

¹Por aquele tempo, adoeceu Ezequias de uma enfermidade mortal. O profeta Isaías, filho de Amós, veio procurá-lo e lhe disse: "Assim diz Iahweh: Dá as tuas últimas ordens à tua casa porque hás de morrer; não te recuperarás." ²Ezequias voltou-se para a parede e orou a Iahweh ³e disse: "Ah, Iahweh, lembra-te de que tenho andado na tua presença com fidelidade e de coração inteiro, e fiz o que é agradável aos teus olhos." E Ezequias verteu abundantes lágrimas.

‖ 2Rs 20, 1-11

⁴Então veio a palavra de Iahweh a Isaías: ⁵"Vai dizer a Ezequias: Assim diz Iahweh, Deus de teu pai Davi: Ouvi a tua oração e vi as tuas lágrimas.*b* Acrescentarei quinze anos à tua vida. ⁶Eu te livrarei, tu e esta cidade, das mãos do rei da Assíria e protegerei esta cidade. ⁷*c*Eis o sinal da parte de Iahweh de que ele cumprirá a palavra que pronunciou. ⁸Eu farei recuar dez degraus a sombra que o sol*d* avançou sobre os degraus da câmara alta de Acaz — dez degraus para trás." O sol recuou dez degraus sobre os degraus que tinha avançado.

Cântico de Ezequias*e*

Sl 116

⁹Cântico*f* de Ezequias, rei de Judá, por ocasião da sua enfermidade e da sua cura:
¹⁰Disse eu: No meio dos meus dias
me vou.
Para o resto dos meus anos
ficarei postado às portas do Xeol.
¹¹Eu disse: Não tornarei a ver Iahweh
na terra dos viventes,
já não contemplarei a ninguém
entre os habitantes do mundo.*g*

Sl 27,13

---

a) O texto paralelo de 2Rs 19,35 precisa: "Nesta mesma noite".
b) 2Rs 20,5 acrescenta: "vou curar-te; em três dias subirás ao Templo de Iahweh"; omitido pelo hebr., mas cf. v. 22.
c) Seria tentador inserir os vv. 21-22 entre os vv. 6 e 7 para reconstituir um relato mais lógico, correspondendo melhor ao de 2Rs 20. Mas nenhum testemunho antigo dá o exemplo dessa transposição.
d) "o sol", versões, Targ.; hebr.: lit. "com o sol", deslocado para depois de "degraus". — "da câmara alta de Acaz", 1QIs*a*; "de Acaz", TM.
e) Nada no texto relaciona com Ezequias este cântico, ausente do relato paralelo de Reis. Trata-se de salmo pós-exílico exprimindo a queixa de fiel afetado por grave e súbita doença. O texto apresenta-se em mau estado e a inserção é desajeitada (ver v. 7 e v. 21).
f) "Cântico", ou "poema", lit.: "escrito".
g) "do mundo": *haled*, mss hebr., Targ.; *hadel*, hebr., ininteligível.

¹² Minha morada foi arrancada, removida para longe de mim,
como tenda de pastores;*a*
como tecelão enrolei a minha vida,
da urdidura ele me separou.
Dia e noite me consumiste.
¹³ Clamei*b* até o amanhecer,
como leão ele quebra todos os meus ossos;
dia e noite tu me consumias.
¹⁴ Pipilo como a andorinha,
gemo como a pomba;*c*
os olhos se cansam de olhar para o alto.
Senhor, estou oprimido, socorre-me!
¹⁵ Como falarei para que ele me responda?*d*
Foi ele que o fez.
Caminharei todos os anos da minha vida
curtindo a amargura da minha alma.
¹⁶ O Senhor está sobre eles; eles vivem
e tudo o que está neles é vida do seu espírito.*e*
Tu me curarás, faze-me viver.
¹⁷ Com isto a minha amargura se transforma em bem-estar.
Tu preservaste a minha alma
do abismo do nada.
Lançaste atrás de ti todos os meus pecados.
¹⁸ Com efeito, não é o Xeol que te louva,
nem a morte que te glorifica,
pois já não esperam em tua fidelidade
aqueles que descem à cova.
¹⁹ Os vivos, só os vivos é que te louvam,
como faço hoje.
O pai dá a conhecer aos filhos
a tua fidelidade.
²⁰ Iahweh, salva-me,
e faremos ressoar nossas harpas
todos os dias da nossa vida
no Templo de Iahweh.

²¹Isaías disse: "Trazei um pão de figos, aplicai-o sobre a úlcera e ele viverá". ²²Ezequias disse: "Por meio de qual sinal reconhecerei que subirei no Templo de Iahweh?"

39 Embaixada da Babilônia

¹Por esse tempo, Merodac-Baladã, filho de Baladã, rei da Babilônia, enviou cartas e um presente a Ezequias, pois soubera que tinha estado doente e se restabelecera. ²Ezequias alegrou-se com isto e mostrou aos mensageiros a sua sala do tesouro, a saber, a prata, o ouro, os perfumes, o óleo fino, bem como todo o seu arsenal, tudo o que

---

a) "de pastores", versões; "de meu pastor", hebr.
b) "Clamei": *shiwa'tî*, conj.; cf. Targ. "apazigüei": *shiwwîti*, hebr.; 1QIsª: *shappotî* "Estou desnudado".
c) Depois da palavra traduzida por "pomba", o hebr. acrescenta o nome de um outro pássaro: duplicata que sem dúvida tem por objeto precisar que é necessário ler *sîs* "pomba", e não *sûs* "cavalo", como o faz o TM (cf. Jr 8,7).
d) "Para que ele me responda", TM; "e que lhe direi?" 1QIsª e Targ.

e) "neles", 1QIsª; "nelas", TM. — "seu espírito", 1QIsª; "meu espírito", TM. Trata-se talvez de uma "releitura da época macabaica, em função da crença na ressurreição.
f) Os vv. 21-22 devem ter sido deslocados por ocasião da inserção do cântico de Ezequias (ver v. 7). O paralelo dos Reis parece menos confuso e testemunha talvez a existência de duas recensões.

se encontrava entre os seus tesouros. Nada houve em seu palácio e no seu domínio que Ezequias não lhes mostrasse.

³Então o profeta Isaías foi ter com o rei Ezequias e lhe perguntou: "Que disseram estes homens e de onde vieram ter contigo?" Ezequias respondeu-lhe: "Vieram de uma terra distante, da Babilônia." ⁴Tornou Isaías a perguntar: "Que viram eles no teu palácio?" A isto respondeu Ezequias: "Viram tudo o que há no meu palácio: nada há entre os meus tesouros que eu deixasse de mostrar-lhes."

⁵Disse então Isaías a Ezequias: "Ouve a palavra de Iahweh dos Exércitos: ⁶Dias virão em que tudo o que há no teu palácio, o que os teus pais entesouraram até este dia, será levado para a Babilônia: nada será deixado, disse Iahweh. ⁷Dentre os teus filhos, nascidos de ti, dos que tu geraste, tomarão eles para serem eunucos no palácio do rei da Babilônia." ⁸Então Ezequias respondeu a Isaías: "Boa é a palavra de Iahweh, que acabas de pronunciar. Com efeito, — dizia ele de si para consigo — nos meus dias haverá paz e segurança."

II. Livro da consolação de Israel[a]

40 Anúncio da libertação[b]

¹"Consolai, consolai meu povo,
diz vosso Deus,
²falai ao coração de Jerusalém e dizei-lhe em alta voz
que seu serviço está cumprido,
que sua iniquidade foi expiada,
que ela recebeu da mão de Iahweh paga dobrada
por todos os seus pecados".[c]
³Uma voz[d] clama: "No deserto, abri
um caminho para Iahweh;
na estepe, aplainai
uma vereda para o nosso Deus.[e]
⁴Seja entulhado todo vale,
todo monte e toda colina sejam nivelados;
transformem-se os lugares escarpados em planície,
e as elevações, em largos vales.
⁵Então a glória de Iahweh há de revelar-se
e toda carne, de uma só vez, o verá,
pois a boca de Iahweh o afirmou".

52,7-12

↗ Mt 3.3p
Ml 3.1.
Eclo 48,10
↗ Lc 1,76
Is 45,2
Lc 3,4-6

Br 5,7

Ex 24,16 +
35,2; 58,8;
60,1
Jo 1,14
1,20; 58,14

---

a) Título dado a esta segunda parte do livro de Isaías (caps. 40-55) e inspirado nos primeiros vv. A "consolação" é, com efeito, o principal tema destes caps., contrastando com os oráculos geralmente ameaçadores dos caps. 1-39. Este livro é atribuído ao "Segundo Isaías", profeta anônimo do final do Exílio (cf. Introdução aos livros proféticos).
b) Esta cantata a diversas vozes serve de abertura ao livro: terminou a escravidão do povo, e se prepara novo Êxodo, conduzido por Deus. O tema, que percorre todo o livro, será retomado na conclusão (55,12-13).
c) Jerusalém esteve submetida a "serviço" de mercenário ou de escravo; ela pagou sua falta em dobro, como ladrão (cf. Ex 22).
d) O profeta deixa deliberadamente anônima e misteriosa esta voz, que obedece à ordem do v. 2. Os evangelistas (cf. Mt 3,3; Jo 1,23), citando esse texto segundo a Setenta ("voz do que clama no deserto"), aplicaram-no a João Batista, que anuncia a próxima chegada do Messias.
e) Textos babilônicos falam em termos análogos de caminhos processionais ou triunfais preparados para o deus ou para o rei vitorioso. Trata-se aqui do caminho pelo qual Iahweh conduzirá seu povo através do deserto, em novo Êxodo. Já Is 10,25-27 evocara os prodígios do Êxodo como penhor da proteção divina. Os profetas do Exílio desenvolvem o tema. Como outrora, Deus virá salvar o seu povo (Jr 16,14-15; 31,2; Is 46,3-4 e 63,9 — que retomam Ex 19,4). O primeiro Êxodo, com seus prodígios (Mq 7,14-15), a passagem do mar Vermelho (Is 11,15-16+; 43,16-21; 51,10; 63,11-13), a água miraculosa (48,21), a nuvem luminosa (52,12; cf. 4,5-6) e a marcha pelo deserto (neste passo, vv. 3s; cf. Br 5,7-9), torna-se, ao mesmo tempo, o tipo e o penhor do novo Êxodo, da Babilônia para Jerusalém. — No tocante ao tema do Êxodo, ver ainda Os 2,16+:

⁶Eis uma voz que diz: "Clama", ao que pergunto: "Que hei de clamar?"ᵃ
— "Toda carne é erva
e toda a sua graça como a flor do campo.
⁷Seca a erva e murcha a flor,
quando o vento de Iahweh sopra sobre elas;
(com efeito, o povo é erva)
⁸seca a erva, murcha a flor,
mas a palavra do nosso Deus subsiste para sempre".

⁹Sobe a um alto monte,
mensageira de Sião;
eleva tua voz com vigor,
mensageira de Jerusalém;
eleva a voz, não temas; dize às cidades de Judá:
"Eis aqui o vosso Deus!"
¹⁰Eis aqui o Senhor Iahweh: ele vem com poder,
seu braço assegura a sua autoridade;
eis com ele o seu salário,
diante dele a sua recompensa.
¹¹Como o pastor ele apascenta seu rebanho,ᵇ
com o braço reúne os cordeiros,
carrega-os no regaço,
conduz carinhosamente as ovelhas que amamentam.

A grandeza divinaᶜ

¹²Quem pôde medir as águas do mar na concha da mão?ᵈ
Quem conseguiu avaliar a extensão dos céus a palmos,
medir o pó da terra com o alqueire
e pesar os montes na balança
e os outeiros nos seus pratos?
¹³Quem dirigiu o espírito de Iahweh
ou, como conselheiro, o instruiu?
¹⁴Com quem se aconselhou para que o fizesse compreender,
para que o instruísse na vereda da justiça,
para que lhe ensinasse o conhecimento,
para que o fizesse conhecer o caminho do entendimento?
¹⁵Para ele as nações não passam de uma gota que cai do balde,
são reputadas como o pó depositado nos pratos da balança.
As ilhasᵉ pesam tanto como um grão de areia!
¹⁶O Líbano não bastaria para o seu fogo,
nem a sua fauna para um holocausto.
¹⁷Todas as nações são como nada diante dele,
não passam de coisa vã e nada.ᶠ
¹⁸A quem comparar Deus?
E que imagem poderíeis dele fazer?ᵍ

---

a) A voz celeste substitui as teofanias das vocações proféticas (Is 6,8-13; Jr 1,4-10; Ez 1-2), talvez índice de sentimento mais agudo da transcendência divina. Neste, como nos demais casos, o profeta pede e obtém esclarecimentos acerca da missão que lhe é confiada.
b) É o tema do bom pastor, enunciado por Jr 23,1-6, desenvolvido por Ez 34 e retomado por Jesus (Mt 18,12-14p; Jo 10,11-18).
c) A exaltação da grandeza divina comparada à fraqueza do homem é tema frequente nos escritos sapienciais (Jó 28; 38-39; Pr 8,22s; 30,4). Todavia, os livros sapien-

ciais atribuem mais explicitamente à sabedoria divina toda essa atividade criadora e ordenadora (Jó 28,23-27; Pr 8,22-31; Eclo 1,2-3).
d) "as águas do mar", 1QIsᵃ; "as águas", TM.
e) As "ilhas", mencionadas com frequência no Livro da Consolação, são os arquipélagos e litorais distantes do Mediterrâneo, e é neste sentido que a palavra é aqui posta em paralelo com "as nações".
f) "como nada", 1QIsᵃ; "menos que nada" (?), TM.
g) Este v. exprime a incomparabilidade do verdadeiro Deus (cf. 25,1) que fundamenta a interdição das imagens

¹⁹ O artífice funde uma imagem,
 o ourives a reveste de ouro,
 para ela funde cadeias de prata.
²⁰ Aquele que faz oferenda de pobre*ᵃ*
 escolhe madeira que não apodreça,
 busca um artífice perito,
 capaz de erigir um ídolo que não vacile.

²¹ Não o sabeis? Não ouvistes dizer?
 Não vos foi anunciado desde o princípio?
 Não compreendestes a fundação da terra?
²² Ele está entronizado sobre o círculo da terra,
 cujos habitantes são como gafanhotos;
 ele estende os céus como uma tela, abre-os como uma tenda
  que sirva de habitação.
²³ Ele reduz os príncipes a nada
 e faz dos juízes da terra uma coisa vã.
²⁴ Mal foram plantados, mal foram semeados,
 mal o seu caule deita raízes,
 já o sopro de Deus cai sobre eles
 e eles secam;
 a tempestade os leva como a palha.
²⁵ A quem me haveis de comparar?
 A quem me assemelharei?,
 pergunta o Santo.*ᵇ*
²⁶ Elevai os olhos para o alto e vede:
 Quem criou estes astros?*ᶜ*
 É ele que faz sair o seu exército
 em número certo e fixo;
 a todos chama pelo nome.
 Tal é o seu vigor, tão grande a sua força
 que nenhum deles deixa de apresentar-se.
²⁷ Por que dizes tu, Jacó, e por que afirmas, Israel:
 "Meu caminho está oculto a Iahweh;
 o meu direito passa despercebido a Deus"?*ᵈ*
²⁸ Não o sabes? Não ouviste dizer?
 Iahweh é Deus eterno,
 criador das extremidades da terra.
 Ele não se cansa nem se fatiga,
 sua inteligência é insondável.
²⁹ Ele dá força ao cansado,
 que prodigaliza vigor ao enfraquecido.
³⁰ Mesmo os jovens se cansam e se esgotam;
 até os moços vivem a tropeçar,

---

a partir do Decálogo. Mais tarde, foram inseridos os vv. 19-20, que prosseguem em 41,6-7 e dizem respeito à fabricação de ídolos (cf. a longa ad. de 44,9-20). Por outro lado, a polêmica contra os deuses pagãos é tema frequente da segunda parte de Isaías (cf. 41,21+; 42,8.17; 45,16.20; 46,5-7; ver também Jr 10,1-6; 51,15-19; Br 6; Sl 115,3-8; Sb 13,11-15).
a) Tradução duvidosa. Este hemistíquio entende-se como sendo oposição ao v. precedente.
b) O Segundo Isaías retoma o título (cf. 41,14 etc.)

que Isaías dava preferencialmente ao Deus de Israel (cf. 6,3+).
c) Lit.: "estas coisas", mas o sentido é explicitado pelo que precede e segue imediatamente. Os astros constituem o "exército dos céus" (cf. 34,4; Dt 17,3; 2Rs 17,16; Jr 8,2 etc.). Eram divinizados na Babilônia, onde este oráculo foi escrito.
d) Jacó-Israel representa o povo eleito, aqui os exilados da Babilônia, que indagam se Iahweh esqueceu o seu povo (cf. já Ez 37,11).

Sl 103,5 ^(31)mas os que põem a sua esperança em Iahweh renovam as suas forças,
abrem asas como as águias,
correm e não se esgotam,
caminham e não se cansam.

41 Ciro, instrumento de Iahweh[a]

45,1-8 ^(1)Ilhas, calai-vos, para escutar,
renovem os povos as forças,
aproximem-se e então falem,
juntos apresentemo-nos para o julgamento.

40,23 ^(2)Quem suscitou do Oriente
aquele que a justiça chama para segui-la,[b]
a quem ele entrega as nações
e sujeita os reis?
Sua espada os reduz a pó,
seu arco os torna como a palha levada pelo vento.
^(3)Ele os persegue e avança tranquilamente
por uma vereda que os seus pés mal tocam.[c]

44,6 + ^(4)Quem o fez e cumpriu?
Aquele que desde o princípio chamou à existência as gerações.
Eu, Iahweh, sou o primeiro,
e com os últimos ainda estarei.[d]

^(5)As ilhas viram e sentiram medo,
os confins da terra tremeram,
eles se aproximam, eles vêm chegando.

40,19-20 ^(6)Cada um ajuda o seu companheiro,
e diz ao seu irmão: "Coragem!"
^(7)O artífice dá coragem ao ourives;
aquele que alisa com o martelo, ao que bate na bigorna,
dizendo a respeito da solda: "Ela está boa";
ele firma-a com pregos para que não se abale.[e]

43,1-7 Israel escolhido e protegido por Iahweh

Dt 7,6 +
2Cr 20,7
Tg 2,23
^(8)E tu, Israel, meu servo,[f]
Jacó, a quem escolhi,
descendência de Abraão, meu amigo,
^(9)tu, a quem tomei desde os confins da terra,
a quem chamei desde os seus recantos longínquos
e te disse: "Tu és o meu servo,
eu te escolhi, não te rejeitei".

---

a) Em resposta às dúvidas do povo (cf. 40,27), este grande poema anuncia a vinda de um libertador. Trata-se de Ciro, que não será mencionado antes de 44,28, mas que, para os contemporâneos do Segundo Isaías, era claramente designado aqui (cf. vv. 2-3 e 25). O poema foi composto na ocasião em que o avanço fulminante de Ciro levava a prever a queda da Babilônia. Ciro foi suscitado por Iahweh, não para ferir, como Senaquerib ou Nabucodonosor, mas para libertar. — S. Jerônimo, que traduziu no v. 2: "Quem suscitou do oriente o Justo", aplicou este texto ao Messias, do qual Ciro, que será chamado "ungido de Iahweh" (45,1), é de certo modo figura.

b) A palavra hebraica traduzida por "justiça" implica o restabelecimento da ordem querida por Iahweh, podendo assim tomar o significado de "vitória" (cf. também v. 10; 54,17).

c) "mal tocam", lit.: "ele não pisa *(yabûs)* com seus pés", conj.: "ele não vem *(yabo)*...", hebr. — A imagem evoca a rapidez do avanço de Ciro.

d) Esta expressão da eternidade de Iahweh será retomada por Ap 1,8.17; 21,6; 22,13.

e) Os vv. 6-7 são interpolação que se liga a 40,19-20 (cf. a nota).

f) Aparece aqui, pela primeira vez, o tema do "servo", que ocupa importante lugar na pregação do Segundo Isaías; o tema está ligado ao da eleição (cf. 43,10.20; 44,1.2; 45,4), a qual remonta ao chamado de Abraão. Israel-Jacó, "descendência de Abraão", foi escolhido para ser testemunha de Iahweh (43,10); embora tenha sido infiel (42,19), Deus o perdoará e o salvará (44,1-5; 48,20). Mais que relacionamento do senhor-escravo, esta noção do "servo" implica relação de confiança e de

¹⁰ Não temas, porque estou contigo,
  não te apavores, pois eu sou o teu Deus;
  eu te fortaleci, sim, eu te ajudei;
  eu te sustentei com a minha destra justiceira.

¹¹ Serão envergonhados e humilhados
  todos os que se inflamam contra ti.
  Serão reduzidos a nada e perecerão,
  aqueles que querelavam contigo.

¹² Tu os procurarás, e não os encontrarás,
  os que te combatiam;
  serão reduzidos a nada, serão aniquilados
  aqueles que te faziam guerra.

¹³ Com efeito, eu, Iahweh, teu Deus,
  te tomei pela mão direita
  e te digo: "Não temas,
  sou eu que te ajudo".

¹⁴ Não temas, vermezinho de Jacó,
  e vós, pobres pessoas de Israel.
  Eu mesmo te ajudarei, oráculo de Iahweh;
  o teu redentor[a] é o Santo de Israel.

¹⁵ Eis que fiz de ti um trilho capaz de malhar,
  novo e bem cortante.
  Trilharás os montes, reduzindo-os a pó,
  dos outeiros farás um montão de palha.

¹⁶ Tu os joeirarás e o vento os levará;
  o furacão os dispersará.
  Tu, porém, regozijarás em Iahweh,
  no Santo de Israel te gloriarás.

¹⁷ Os pobres e os indigentes buscam água, e nada!
  Sua língua está seca de sede,
  mas eu, Iahweh, os atenderei,
  eu, o Deus de Israel, não os abandonarei.

¹⁸ Farei jorrar rios[b] por entre montes desnudos,
  e fontes no meio dos vales.
  Transformarei o deserto em pântanos
  e a terra seca em nascentes de água.

¹⁹ No deserto estabelecerei o cedro,
  a acácia, o mirto e a oliveira;
  na estepe colocarei o zimbro,
  o cipreste e o plátano,

²⁰ a fim de que vejam e saibam,
  a fim de que prestem atenção e compreendam
  que a mão de Iahweh fez isto,
  e o Santo de Israel o criou.

---

amor. — Sobre os "Cânticos do Servo", cf. Introdução aos livros proféticos.
a) Em hebr. *go'el*: é, em primeiro lugar, o parente próximo, vingador do sangue (Nm 35,19+); aquele que resgata o prisioneiro por dívidas, o que deve defender a viúva (Rt 2,20+). A palavra designa, portanto, Deus como protetor do oprimido e libertador do povo. Neste sentido, é muito frequente nos Salmos (cf. 19,15+) e na segunda parte de Isaías (43,14; 44,6.24; 47,4; 48,17; cf. 59,20; Jr 50,34). O NT e a teologia cristã retomarão a ideia para aplicá-la a Jesus, que é também o "redentor".
b) Como outrora Moisés fizera jorrar água da rocha para dessedentar o povo (Ex 17,1-7), quando da próxima volta os rios brotarão das montanhas e transformarão o deserto numa planície fértil. Através das maravilhas do regresso do Exílio, o profeta entrevê determinados traços da era messiânica (cf. 11,6; Ez 47,1-12).

A nulidade dos ídolos[a]

^{43,8-13}
^{44,7-11}
²¹ Trazei vossa querela, diz Iahweh,
apresentai vossas razões, diz o rei de Jacó.
²² Tragam-nos e mostrem-nos
o que há de acontecer.
Mostrai-nos as coisas passadas,
para que meditemos sobre elas
e conheçamos o seu fim.
Ou então anunciai-nos o que está por vir,
²³ mostrai-nos o que há de vir em seguida,
e saberemos que sois deuses.
Ao menos, fazei algo de bom ou de mau,
de modo que sintamos pavor e respeito!

^{41,29} ²⁴ Mas vós sois menos do que nada e a vossa obra é menos do que zero;[b]
escolher-vos é apenas uma abominação!
²⁵ Suscitei-o do Norte e ele veio,
desde o Oriente foi chamado pelo seu nome.[c]
Ele pisa[d] governadores como o lodo,
da mesma maneira que o oleiro amassa a argila.
²⁶ Quem o anunciou desde o princípio, para que o soubéssemos,
desde os tempos antigos para que disséssemos: É justo?
Mas não havia quem o anunciasse, não havia quem o fizesse ouvir,
nem quem ouvisse vossas palavras.
²⁷ Primícias de Sião, ei-las, ei-las aqui,
a Jerusalém envio um mensageiro.[e]
²⁸ Olho, mas não há ninguém!
Entre eles ninguém que dê um conselho,
a quem eu possa perguntar e que me responda!

^{41,24} ²⁹ Sim, todos eles nada são,[f]
suas obras não são coisa alguma,
seus ídolos não passam de sopro e de vazio.

Mt 12,
18-21
11,1-9
Jo 1,32-34
Mt 3,16 +

42 *Primeiro cântico do Servo*[g]

¹ Eis o meu servo que eu sustento,
o meu eleito, em quem tenho prazer.
Pus sobre ele o meu Espírito,[h]
ele trará o direito às nações.

---

a) Da mesma forma que se apresenta em processo com as nações (v. 1), Iahweh intima aqui os falsos deuses a comparecerem a sua presença. A incapacidade de predizer o futuro e de agir sobre o mundo é a prova de sua nulidade. É no Segundo Isaías que, pela primeira vez, se exprime o monoteísmo absoluto (cf. 43,8-13; 44,6-8; 45,5), preparado pelo monoteísmo prático que era representado pela adoração exclusiva de Iahweh, Deus de Israel (cf. 42,8+ e Introdução aos Profetas). Sobre a polêmica contra os ídolos, cf. 40,18+.
b) "zero": '*epes*, conj.; '*apa'*, hebr., ininteligível.
c) "foi chamado pelo seu nome", conj. (cf. 45,3); "chama (ou proclama) o meu nome", hebr. — Esta fórmula significa a designação de alguém para missão especial (*Ex 31,2; Nm 1,17*), ao mesmo tempo que exprime relacionamento privilegiado de Iahweh com aquele que "chama pelo seu nome" (cf. 43,1; 45,3-4).
d) "ele pisa": *yabûs*, conj.; "ele caminha": *yabo'*, hebr.
e) Texto talvez corrompido, trad. lit. Vê-se aqui, como no v. 25, uma alusão ao anúncio feito por Iahweh da libertação por Ciro, enquanto os falsos deuses permanecem mudos (v. 28).
f) "nada", 1QIsª, Targ.; "miséria", TM.
g) Este é o primeiro dos quatro "cânticos do Servo" (42,1-4.5-9; 49,1-6; 50,4-9.10-11; 52,13-53,12); sobre eles, ver Introdução aos Profetas. Alguns colocam o término deste primeiro cântico no v. 7, outros até no v. 4. Neste poema, o Servo é apresentado como profeta, objeto de missão e predestinação divina (v. 6; cf. v. 4; Jr 1,5), animado pelo Espírito (v. 1), para ensinar à terra inteira (vv. 1 e 3), com discrição e firmeza (vv. 2-4), não obstante as oposições. Porém, sua missão excede a dos outros profetas, pois ele próprio é aliança e luz (v. 6) e executa tarefa de libertação e salvação (v. 7).
h) A eleição do Servo é acompanhada da efusão do Espírito, como para os chefes carismáticos dos tempos passados, os Juízes (cf. Jz 3,10+) e primeiros reis, Saul (1Sm 9,17; cf. 10,9-10) e Davi (1Sm 16,12-13; comparar com Is 11,1-2). — O relato do batismo de Jesus (cf. Mt 3,16-17p) associa à descida

²Ele não clamará, não levantará a voz,
  não fará ouvir a voz nas ruas;
³não quebrará a cana rachada,
  não apagará a mecha bruxuleante,
  com fidelidade trará o direito.
⁴Não vacilará nem desacorçoará*ª*
  até que estabeleça o direito na terra,
  e as ilhas aguardem seu ensinamento.
⁵Assim diz Deus, Iahweh,
  que criou os céus e os estendeu,
  que firmou a terra e o que ela produz,
  que deu o alento aos que a povoam
  e o sopro da vida aos que se movem sobre ela.
⁶"Eu, Iahweh, te chamei para o serviço da justiça,
  tomei-te pela mão e te modelei,*ᵇ*
  eu te constituí como aliança do povo,
  como luz das nações,
⁷a fim de abrires os olhos dos cegos,
  a fim de soltares do cárcere os presos,
  e da prisão os que habitam nas trevas."
⁸Eu sou Iahweh;*ᶜ* este é o meu nome!
  Não cederei a outrem a minha glória,
  nem a minha honra aos ídolos.
⁹As primeiras coisas já se realizaram,
  agora vos anuncio outras, novas;
  antes que elas surjam,
  eu vo-las anuncio.

Jo 8,45;
14,6

Jo 8,12 +

Lc 7,22
Jo 9
Jo 8,32
Sl 107,10
Lc 1,79

48,11

Canto de vitória

¹⁰Cantai a Iahweh um cântico novo,*ᵈ*
  cantem o seu louvor desde as extremidades da terra,
  os que descem ao mar e tudo o que o povoa,
  as ilhas e os seus habitantes.
¹¹Levantem a sua voz o deserto e as suas cidades,
  os acampamentos habitados por Cedar;
  exultem os habitantes da Rocha,*ᵉ*
  do alto dos montes deem gritos de alegria.
¹²Rendam glória a Iahweh,
  proclamem seu louvor nas ilhas.
¹³Iahweh sai como herói,
  como guerreiro seu zelo se inflama,

Sl 96,1
Ap 5,9

Iz 5,4
Nm 10,35
Sf 1,14

do Espírito uma citação que combina este v. e Sl 2,7; os vv. 1-4 são aplicados a Jesus por Mateus (Mt 12,17-21). Ao esclarecer "*Jacó, meu servo,... Israel, meu eleito*", *a versão grega testemunha, como a glosa* de 49,3, a tradição judaica que reconhecia no Servo a comunidade de Israel, assim designada em outros textos do Segundo Isaías (cf. 41,8+).
a) "não desacorçoará", grego, Targ.; "não correrá", hebr.
b) Mesmo termo utilizado em Gn 2,7 para descrever como Iahweh "modela" o corpo do primeiro homem.
c) É o nome revelado a Moisés (Ex 3,14+), o do único Existente. Não há outro Deus além dele (cf. Is 40,25; 43,10-12; 44,6-8; 45,3.5-6.14-15.18.20-22; 46,5-7.9; 48,11; cf. 41,21-29). Ele é o criador

universal (40,12s.21s.28; 42,5; 43,1; 44,24; 45,9-12.18; 48,13; 51,13; 54,5), eterno (41,4; 44,6; 48,12). Ele "não cederá a outro a sua glória" (aqui e em 48,11). Este monoteísmo triunfante do "Livro da Consolação" retoma, assim, desenvolvendo-o com a afirmação explícita da transcendência divina, o tema anterior do "ciúme" de Iahweh (Dt 4,24+: cf. Ex 20,3).
d) Este "cântico novo" (v. 10; cf. Sl 96,1; 98,1; 149,1) é celebração lírica da vitória de Iahweh, da qual a terra inteira é convidada a participar.
e) Cedar, tribo nômade (cf. 21,16-17); Rocha (hebr., Sela; grego, Petra), cidade do deserto, no país de Edom (cf. 16,1; 2Rs 14,7).

ele ergue o grito de guerra, sim, ele grita,
atira-se vitoriosamente sobre os seus inimigos.

¹⁴ "Há muito que me calei,
guardei silêncio e me contive.
Como mulher que está de parto eu gemia,
suspirava, respirando ofegante.

⁴⁴,²⁷; ⁵⁰,² ¹⁵ Reduzirei a ruínas montes e outeiros,
Sl 107,33 farei definhar toda a sua verdura;
mudarei as correntes de água em terra seca*ᵃ*
e secarei os pântanos.

⁴²,¹⁹⁺ ¹⁶ Conduzirei os cegos por caminho que não conhecem,
fá-los-ei andar por veredas que não conhecem:
na sua frente mudarei as trevas em luz,
e os terrenos escabrosos em terreno plano.
Estas coisas farei eu, nada omitirei.

¹⁷ Cobertos de vergonha, recuarão
aqueles que confiam em ídolos,
que dizem às suas imagens fundidas: Vós sois os nossos deuses."

6,9-10   *A cegueira de Israel*ᵇ

¹⁸ Ouvi, ó surdos! Olhai e vede, ó cegos!
⁴¹,⁸⁺ ¹⁹ Mas quem é cego senão o meu servo?
Mt 13,9-15 Quem é surdo como o mensageiro que envio?
(Quem é cego como aquele do qual fiz meu amigo
e surdo como o servo de Iahweh?)*ᶜ*
²⁰ Viste muitas coisas, mas não as retiveste.
Abriste os ouvidos, mas não ouviste.*ᵈ*
²¹ Aprouve a Iahweh, por causa da sua justiça,
tornar a lei grande e majestosa.
²² Entretanto, este povo foi despojado e saqueado;
todos eles estão presos em cavernas,
estão retidos em calabouços.
Foram submetidos ao saque, e não há quem os liberte;
foram levados como despojo,
e não há quem reclame a sua devolução.
²³ Quem dentre vós dará ouvidos a isto?
Quem prestará atenção e dará ouvidos daqui por diante?
²⁴ Quem entregou Jacó ao saque,
e Israel aos despojadores?
Não foi Iahweh, aquele contra quem pecamos,
aquele em cujos caminhos não quiseram andar,
nem deram ouvidos à sua Lei?

⁹,¹⁷-¹⁸ ²⁵ Assim derramou ele sobre Israel a sua ira
Am 4,6⁺ e o furor da guerra;
ela ardeu por todo lado, mas ele não compreendeu;
ela chegou a queimá-lo, mas ele não se impressionou.

---

a) Lit.: "em ilhas". — O v. 15 está em paralelismo antitético com 41,18, mas não é ameaça; é a expressão da soberania absoluta de Iahweh sobre a natureza.
b) Não é Deus que, surdo e cego à sorte de Israel, atrai sobre ele a desgraça; é Israel que é surdo e cego: não compreende o que acontece com ele, nem a razão por que isto lhe acontece. Este oráculo é paralelo às diretrizes dadas a Isaías quando de sua vocação (cf. 6,10+). — Os vv. 21 e 24b parecem adições.
c) "amigo": significado incerto; a palavra hebr., aliás, quer dizer "retribuído", mas pode entender-se no sentido de "aceito em amizade". — "surdo", Sim. e 2 mss; hebr. repete "cego". — Toda a repetição de 19a deve ser glosa.
d) "não ouviste", conj.; "não ouvia", hebr.

43 Deus protetor e libertador de Israel[a]

¹ Mas agora, diz Iahweh, aquele que te criou, ó Jacó, aquele que te modelou, ó Israel:
Não temas, porque eu te resgatei,
chamei-te pelo teu nome: tu és meu.
² Quando passares pela água, estarei contigo,
quando passares por rios, eles não te submergirão.
Quando andares pelo fogo, não te queimarás,
a chama não te atingirá.
³ Com efeito, eu sou Iahweh, o teu Deus,
o Santo de Israel, o teu Salvador.
Por teu resgate dei o Egito; Cuch e Sebá, dei-os em teu lugar.[b]
⁴ Pois que és precioso aos meus olhos,
és honrado e eu te amo,
entrego pessoas no teu lugar
e povos pela tua vida.
⁵ Não temas, porque estou contigo,
do Oriente trarei a tua raça,
e do Ocidente te congregarei.
⁶ Direi ao Norte: Entrega-o!,
e ao Sul: Não o retenhas!
Reconduze os meus filhos de longe
e as minhas filhas dos confins da terra,
⁷ todos os que são chamados pelo meu nome,
os que criei para a minha glória,
os que formei e fiz.

Iahweh é o único Deus[c]

⁸ Faze com que apareça este povo que é cego, embora tenha olhos,
este povo de surdos, apesar de ter ouvidos.
⁹ Congreguem-se todas as nações,
reúnam-se todos os povos!
Quem dentre eles anunciou isto,
trazendo aos nossos ouvidos acontecimentos antigos?
Apresentem suas testemunhas e se justifiquem,
sejam ouvidos e seja-lhes dito: O que dizeis é verdade!
¹⁰ As minhas testemunhas sois vós — oráculo de Iahweh —
vós sois o servo que escolhi,
a fim de que saibais e creiais em mim
e que possais compreender que eu sou:
antes de mim nenhum Deus foi formado
e depois de mim não haverá nenhum.
¹¹ Eu, eu sou Iahweh,
e fora de mim não há nenhum Salvador.
¹² Fui eu que revelei, que salvei e falei,
nenhum outro Deus houve jamais entre vós.

---

a) Oráculo de salvação, paralelo ao de 41,8-20. Israel nada tem a recear (vv. 1 e 5) pois sua antiga eleição por Iahweh é penhor da libertação próxima.
b) Cuch e Sebá (distinta de Sabá, na Arábia do Norte) são duas regiões da África, ao sul do Egito (cf. 45,14). Não é alusão histórica precisa, mas apenas evocação de povos distantes (cf. v. 4). Iahweh é o senhor supremo de todas as nações, e a libertação próxima de Israel forma parte do seu plano universal.
c) Embora seja surdo e cego aos acontecimentos de sua história (cf. 42,18+), Israel, por esta mesma história, serve de testemunha a Iahweh contra as nações e seus deuses. É mais uma demonstração do monoteísmo através da impotência dos falsos deuses (cf. 41,21+).

Vós sois as minhas testemunhas
— oráculo de Iahweh —, eu sou Deus,
¹³ desde toda a eternidade*ᵃ* eu o sou;
não há ninguém que possa livrar da minha mão;
quando faço, quem poderá desfazer?

Contra a Babilônia

41,14+ ¹⁴ Assim diz Iahweh, vosso Redentor, o Santo de Israel:
Por vossa causa enviei alguém à Babilônia
e mandei pôr abaixo todos os seus ferrolhos.
Os caldeus mudarão os gritos em lamentações.*ᵇ*

Lv 17,1+
Is 6,3+ ¹⁵ Eu sou Iahweh, vosso Santo,
o criador de Israel, vosso rei.

Os prodígios do novo Êxodo

40,3+
Ex 14,21-29

¹⁶ Assim diz Iahweh, aquele que abre um caminho pelo mar,
uma vereda por meio das águas impetuosas,
¹⁷ que conduziu para a luta carros e cavalos,
um exército de homens de valor, todos unidos.
Ei-los prostrados, para não tornarem a levantar-se;
extinguiram-se, foram apagados como mecha.

65,17 ¹⁸ Não fiqueis a lembrar coisas passadas,
não vos preocupeis com acontecimentos antigos.*ᶜ*

⇾2Cor 5,17
⇾Ap 21,5
11,16+ ¹⁹ Eis que farei uma coisa nova,
ela já vem despontando: não a percebeis?
Com efeito, estabelecerei um caminho no deserto,
e rios em lugares ermos.

35,6-7
Ex 17,1-7 ²⁰ Os animais selvagens me honrarão,
sim, os chacais e os avestruzes,
porque fiz jorrar água no deserto, e rios nos lugares ermos,
a fim de dar de beber ao meu povo, o meu eleito.

⇾1Pd 2,9 ²¹ O povo que formei para mim
proclamará o meu louvor.

A ingratidão de Israel*ᵈ*

²² Mas tu não me invocaste, Jacó,
porque te cansaste de mim, Israel.
²³ Não me trouxeste os cordeiros dos teus holocaustos,
não me honraste com os teus sacrifícios.
Não te obriguei a servir-me com tuas oblações,
nem te cansei com pedidos de oferendas de incenso,
²⁴ não me compraste por dinheiro cana aromática,*ᵉ*
não me saciaste com a gordura dos teus sacrifícios.
Antes, com teus pecados fizestes de mim um escravo,
cansaste-me com tuas iniquidades.

---

a) "desde toda a eternidade", versões; "a partir deste dia", hebr. Este curto oráculo pode ser a continuação de 43,1-7.
b) "ferrolhos": *berîhîm,* cf. Vulg.; "fugitivos": *barihîm,* hebr. — "em lamentações": *ba'aniyyot,* conj.; "em barcos": *ba'oniyyot,* hebr. O texto do fim do v. é incerto.
c) Os prodígios do passado, travessia do mar e destruição do exército egípcio, serão ofuscados pelas maravilhas ainda maiores que Deus operará por ocasião do novo Êxodo.

d) Este oráculo de repreensão, excepcional no Segundo Isaías, joga com as palavras "cansar" e "escravizar". Em vez de ter sido Deus quem cansou e escravizou Israel mediante deveres cultuais, foi Israel quem escravizou e cansou a Deus com seus pecados. Mas se Israel reconhecer as próprias faltas, Deus perdoará (vv. 25-26).
e) A cana aromática era apreciada como perfume no uso profano e religioso (Ez 27,19; Ct 4,14).

²⁵ Eu sou o que apaga tuas transgressões por amor de mim,
e já não me lembro dos teus pecados.
²⁶ Aviva-me a memória; juntos entremos em processo;
enumera as tuas razões, a fim de seres justificado.
²⁷ Já o teu primeiro pai pecou,*ᵃ*
os teus porta-vozes se rebelaram contra mim.*ᵇ*
²⁸ Destituí então os chefes do santuário,
entreguei Jacó ao anátema
e Israel aos ultrajes.

44 Bênção sobre Israel

¹ E agora ouve, Jacó, meu servo, Israel, a quem escolhi.
² Assim diz Iahweh, aquele que te fez,
que te modelou desde o ventre materno e te sustenta.
Não temas, Jacó, meu servo,
Jesurun,*ᶜ* a quem escolhi,
³ porque derramarei água sobre o solo sedento
e torrentes sobre a terra seca.
Derramarei o meu espírito sobre a tua raça
e a minha bênção sobre os teus descendentes.
⁴ Eles brotarão por entre a erva
como os salgueiros junto a correntes de água.
⁵ Este dirá: Eu pertenço a Iahweh,
aquele se chamará pelo nome de Jacó,
enquanto aquele outro escreverá na sua mão:
"De Iahweh",*ᵈ*
e receberá o nome de Israel.

Só há um Deus

⁶ Assim diz Iahweh, o rei de Israel,
Iahweh dos Exércitos, o seu redentor:
Eu sou o primeiro e o último,
fora de mim não há Deus.
⁷ Quem é como eu? Que clame,
que anuncie, que o declare na minha presença;
desde que estabeleci um povo eterno,
diga ele*ᵉ* o que se passa,
e anuncie o que deve acontecer.
⁸ Não vos apavoreis, não temais;
não vo-lo dei a conhecer há muito tempo e não o anunciei?
Vós sois minhas testemunhas.
Porventura existe um Deus fora de mim?
Não existe outra Rocha: eu não conheço nenhuma!

Os ídolos são nada*ᶠ* — ⁹ Os que modelam ídolos nada são, as suas obras preciosas não lhes trazem nenhum proveito! Elas são as suas testemunhas, elas

---

a) Trata-se, certamente, de Jacó (cf. v. 22), que aqui é julgado desfavoravelmente, segundo uma tradição que não é a do Gn, mas a de Os 12,3-4.
b) Trata-se dos profetas. Cf., por exemplo, 1Rs 13,11-32; 19,2-4 e os falsos profetas que o povo escutou.
c) Este nome poético de Israel, que apenas se encontra em Dt 32,15; 33,5.26 e Eclo 37,25 hebr., é de significado duvidoso: pode ser "leal", de *yashar* "direito", "justiça", em oposição a Jacó, "aquele que suplanta".

d) Isso significa pertencer a Iahweh, como o nome da Besta gravado em seus adeptos em Ap 13,16-17+, ou como as tatuagens dos cultos helenísticos. Trata-se dos convertidos ao javismo, integrados em Jacó-Israel. — Em 49,16, Iahweh grava Sião nas palmas das mãos para não esquecê-la.
e) "diga ele" acrescentado com 1QIsª. Os dois últimos hemistíquios são incertos.
f) Esta sátira contra os fabricantes de ídolos, em que não são nomeados nem Iahweh nem Israel, é adição

que nada veem e nada sabem, para a sua própria vergonha. ¹⁰Quem fabrica um deus e fundiu um ídolo que de nada lhe pode valer? ¹¹Certamente, todos os seus devotos ficarão envergonhados, bem como os seus artífices, que não passam de seres humanos. Reúnam-se todos eles e apresentem-se; todos eles se encherão de espanto e de vergonha!

¹²O ferreiro faz o machado na brasa, trabalha-o a martelo, fá-lo com a força do seu braço. Acaba faminto e sem forças; por não ter bebido água, sente-se esgotado. ¹³O carpinteiro estende o cordel, esboça a imagem com o giz, trabalha-a com o cinzel e a desenha com o compasso, dá-lhe a forma humana, a beleza de um ser humano, a fim de que habite uma casa. ¹⁴Cortou cedros, escolheu o terebinto e um carvalho, permitindo que crescessem vigorosos entre as árvores da floresta; plantou um abeto que a chuva fez crescer. ¹⁵Os homens o empregam para queimar; ele mesmo tomou dele para aquecer-se; pôs-lhe fogo e assou pães. Com outra parte fez um deus e o adorou, fabricou um ídolo e se prostrou diante dele. ¹⁶Uma metade ele queimou ao fogo; com ela fez um assado, que come*ᵃ* até saciar-se. Aquece-se ao fogo e diz: "Que delícia! Aqueci-me e vi a luz." ¹⁷Com o resto faz um deus — o seu ídolo —, prostra-se diante dele e o adora e lhe dirige súplicas, dizendo: "Salva-me, porque tu és o meu deus."*ᵇ*

¹⁸Eles nada sabem nem entendem, porque os seus olhos são incapazes de ver e os seus corações não conseguem compreender. ¹⁹Nenhum deles tem conhecimento ou inteligência para dizer: "A metade queimei ao fogo, com ela assei pão sobre a brasa, assei carne e a comi; com o resto faria uma coisa abominável, prostrando-me diante de um pedaço de lenha?" ²⁰Ele que se apascenta de cinzas, o seu coração ludibriado o desencaminha: ele não consegue salvar a sua vida nem é capaz de dizer: "Aquilo que tenho na minha mão não será apenas uma mentira?"

*Fidelidade a Iahweh*ᶜ

⁴⁶,⁸
⁴¹,⁸ +
⁴⁹,¹⁴⁻¹⁶

²¹Lembra-te destas coisas, Jacó,
e tu, Israel, pois és o meu servo.
Eu te modelei, tu és para mim um servo,
Israel, tu não serás esquecido.
²²Dissipei tuas transgressões como névoa,
e os teus pecados como nuvem;
volta-te para mim, porque te redimi.
²³Exultai ó céus, porque Iahweh o fez!
Erguei altos gritos, ó profundezas da terra!
Dai gritos de alegria, ó montes
e florestas e todas as árvores
que aí se encontram,
porque Iahweh resgatou Jacó
e se glorificou em Israel.

*Deus criador do mundo e senhor da história*ᵈ

⁴⁴,² +

²⁴Assim diz Iahweh, o teu redentor,
aquele que te modelou desde o ventre materno:
eu, Iahweh, é que tudo fiz,

---

do mesmo punho de 42,6-7. Comparar com Jr 10,1-16, que igualmente é inautêntico.

a) "Com ela fez um assado, que come", grego (cf. v. 19); o hebr. inverte os dois verbos.

b) Além de Sb 13,11s, cita-se o paralelo de Horácio, *Sát.* I, 8,1s.

c) Os vv. 21-23 ligam-se a 44,1-8 sobre a inserção de 44,9-20. O v. 23 pode ser a *conclusão* da seção que começa em 42,10.

d) Retomada do tema da onipotência divina, que muito particularmente se manifestará na reconstrução de Jerusalém e no papel de Ciro, explicitamente nomeado

e sozinho estendi os céus
e firmei a terra (com efeito, quem estava comigo?);
²⁵ sou eu que frustro os sinais dos áugures
e faço delirar o espírito dos adivinhos,
que confundo os sábios
e converto a sua ciência em loucura;
²⁶ que confirmo a palavra do meu servo
e asseguro o êxito do conselho dos meus mensageiros;
que digo a Jerusalém: "Tu serás reabitada",
e às cidades de Judá: "Vós sereis reconstruídas,
e reerguerei as ruínas de Jerusalém",
²⁷ que digo ao oceano: "Seca-te,
eu farei secar os teus rios",
²⁸ que digo a Ciro: "Meu pastor."
Ele cumprirá toda a minha vontade,
dizendo a Jerusalém: "Tu serás reconstruída",
e ao Templo: "Tu serás restabelecido."ᵃ

45 Ciro, instrumento de Deusᵇ

¹ Assim diz Iahweh ao seu ungido, a Ciro, que tomei pela destra,
a fim de subjugar a ele nações
e desarmar reis,ᶜ
a fim de abrir portas diante dele,
a fim de que os portões não sejam fechados.
² Eu mesmo irei na tua frente e aplainarei lugares montanhosos,
arrebentarei as portas de bronze,
despedaçarei as barras de ferro
³ e dar-te-ei tesouros ocultos
e riquezas escondidas,
a fim de que saibas que eu sou Iahweh,
aquele que te chama pelo teu nome,
o Deus de Israel.
⁴ Foi por causa do meu servo Jacó, por causa de Israel, meu escolhido,
que eu te chamei pelo teu nome,
e te dou um nome ilustre, embora não me conhecesses.
⁵ Eu sou Iahweh, e não há nenhum outro,
fora de mim não há Deus.
Embora não me conheças, eu te cinjo,
⁶ a fim de que se saiba desde o nascente do sol até o poente
que, fora de mim, não há ninguém:
eu sou Iahweh e não há nenhum outro!
⁷ Eu formo a luz e crio as trevas,
asseguro o bem-estar e crio a desgraça:
sim eu, Iahweh, faço tudo isso.

---

pela primeira vez no v. 28 (cf. 41,1-5) e ao qual será dirigido o oráculo de 45,1-7.

a) A segunda parte do v. talvez seja adição: retoma 26b e menciona a reconstrução do Templo, do qual não é feita mais nenhuma referência no Segundo Isaías. Todavia, esta adição é antiga e as versões se ofuscaram com a atribuição destas palavras a Ciro; traduziram: "sou eu que digo" (cf. v. 26).

b) É oráculo real de entronização, como os dos Sl 2 e 110: Ciro é chamado "pelo seu nome" (vv. 3.4; cf. 41,25+) e recebe o título de "Ungido de Iahweh", que era reservado aos reis de Israel e que se tornou o título do rei-salvador esperado (cf. Introdução aos Profetas). O paradoxo consiste em que esse título é dado aqui a soberano estrangeiro que não conhece Iahweh (vv. 4-5). O oráculo é curiosamente paralelo de texto babilônico, o "cilindro de Ciro", no qual Marduc, que não é deus persa, "proferiu o nome de Ciro e chamou-o para dominar toda a terra". O texto, redigido pelos sacerdotes da Babilônia, foi escrito, como o oráculo do Segundo Isaías, por ocasião da marcha vitoriosa de Ciro, em 538.

c) Lit.: "descingirei os rins de reis"; comparar com 1Rs 20,11, e a fórmula inversa "cingir os rins": "cingir a espada".

Prece[a]

Sl 85,11-12
Dt 32,2
51,5; 56,1;
61,11

⁸ Gotejai, ó céus, lá do alto,
derramem as nuvens a justiça,
abra-se a terra e produza a salvação,
ao mesmo tempo faça a terra brotar a justiça![b]
Eu, Iahweh, criei isto.

O poder soberano de Iahweh

29,16+
Rm 9,20

⁹ Ai daquele que contende com o que o modelou,
vaso entre os vasos de terra!
Por acaso dirá a argila àquele que a molda:
"Que estás fazendo?
A tua obra não tem mãos!"[c]
¹⁰ Ai daquele que diz a um pai:
"Por que geras?"
E a uma mulher: "Por que dás à luz?"
¹¹ Assim diz Iahweh,
o Santo de Israel, seu criador:
Pedem-me sinais[d] a respeito dos meus filhos,
querem dar-me ordens a respeito da obra das minhas mãos!
¹² Ora, fui eu que fiz a terra
e criei o homem sobre ela!
Foram as minhas mãos que estenderam os céus,
eu é que dei ordens a todo o seu exército.
¹³ Fui eu que suscitei este homem[e] para assegurar a implantação da justiça
e aplainarei todos os seus caminhos.
Ele reconstruirá a minha cidade
e reconduzirá os meus exilados, sem preço e sem indenização,
diz Iahweh dos Exércitos.

Conversão das nações pagãs[f]

1Rs 10,1 +

¹⁴ Assim diz Iahweh:
Os produtos do Egito e a riqueza de Cuch,
bem como os sabeus, homens de grande estatura,
passarão para o teu domínio e te pertencerão.
Caminharão atrás de ti, seguindo-te em cadeias,
prostrar-se-ão diante de ti e com voz súplice dirão:
"Só contigo Deus está!
Fora dele não há nenhum Deus".
¹⁵ Entretanto, tu és um Deus que se esconde, ó Deus de Israel, o salvador.[g]

---

a) Esta prece (latim: *Rorate coeli desuper...*) visa, em primeiro lugar, à libertação e à "justiça" que Ciro trará proximamente, mas que são criação de Iahweh (cf. 41,2+). Com a substituição dos termos abstratos do hebr. por "justo" e "salvador", são Jerônimo faz sobressair o alcance messiânico do oráculo.

b) O Primeiro Isaías já comparava o príncipe messiânico a "rebento" que brotou da cepa de Davi (4,2; 6,13; 11,1; cf. Jr 23,5 = 33,15). Em Zc 3,8, a palavra "germe" torna-se título messiânico.

c) Quer dizer, talvez: "não está completa" ou "não tem utilidade". A comparação com o oleiro, inspirada em Is 29,16 (cf. Jr 18,1-12; 19,1-11), foi retomada por são Paulo (Rm 9,20).

d) "sinais": *'otôt*, conj.; "as coisas que vêm": *otiyyôt*, hebr. — "seu criador", lit.: "seu modelador" (cf. Gn 2,7.8).

e) Continua se tratando de Ciro (cf. 41,2).

f) O universalismo, que vê no futuro a reunião em torno de Jerusalém de todas as nações para servir ao Deus de Israel, encontra-se igualmente em Is 2,2-4 (= Mq 4,1-3); 19,16-25; Jr 12,15-16; 16,19-21; Sf 3,9-10. É um dos principais temas do Livro da Consolação (Is 42, 1-4.6; 45,14-16.20-25; 49,6; 55,3-5; cf. 60). Exprimir-se-á ainda após o Exílio (Zc 2,15; 8,20-23; 14,9.16; cf. também Sl 87 e o livro de Jonas).

g) Este v. isolado encerra uma lição teológica: Iahweh já não age diretamente na História como outrora, oculta-se atrás de seus instrumentos (Ciro); porém, continua sendo para seu povo o salvador cuja onipotência se torna patente mediante sua obra criadora (vv. 18-19).

¹⁶Todos juntos, eles estão envergonhados e humilhados;
  estão sujeitos à humilhação os que fabricam ídolos.
¹⁷Mas Israel será salvo por Iahweh, com salvação eterna;
  não sereis confundidos nem humilhados, por todo o sempre.
¹⁸Com efeito, assim diz Iahweh, o criador dos céus,
  — ele é Deus, o que modelou a terra e a fez,
  ele a estabeleceu;
  não a criou como deserto,
  antes modelou-a para ser habitada.
  Eu sou Iahweh; não há nenhum outro.
¹⁹Não falei em segredo, em recanto obscuro da terra.
  Eu não disse à descendência de Jacó:
  Procurai-me no caos!
  Eu sou Iahweh que proclamo a justiça,
  que revelo o que é reto.

Deus, Senhor de todo o universo^a

²⁰Reuni-vos e vinde! Chegai-vos todos juntos,
  vós os que escapastes às nações!
  Não têm conhecimento os que carregam
  os seus ídolos de madeira,
  os que dirigem as suas súplicas a um deus que não pode salvar.
²¹Anunciai, trazei vossas provas,
  — sim, tomem conselho entre si!
  Quem proclamou isto desde os tempos antigos?
  Quem o anunciou desde há muito tempo?
  Não fui eu, Iahweh?
  Não há outro Deus fora de mim,
  Deus justo e salvador não existe, a não ser eu.
²²Voltai-vos para mim e sereis salvos,
  todos os confins da terra,
  porque eu sou Deus e não há nenhum outro!
²³Eu juro por mim mesmo,
  o que sai da minha boca é a verdade,
  uma palavra que não voltará atrás:
  Com efeito, diante de mim se dobrará todo o joelho,
  toda a língua jurará por mim,
²⁴dizendo: Só em Iahweh^b
  há justiça e força.
  A ele virão, cobertos de vergonha,
  todos os que se irritaram contra ele.
²⁵Em Iahweh alcançará a justiça e nele se gloriará
  toda a descendência de Israel.

46 Queda da Babilônia^c

¹Bel caiu por terra, Nebo ficou prostrado,
seus ídolos estão entregues aos animais selvagens e às bestas de carga,
esta carga que leváveis é fardo para a besta cansada.

---

a) A polêmica contra os deuses pagãos, já encontrada diversas vezes no Segundo Isaías (cf. 40,12-31+), atinge aqui tal universalismo que ainda não fora tão claramente afirmado (cf. v. 14).
b) "dizendo: só em Iahweh", grego, Vulg.; "só em Iahweh ele me disse", hebr.
c) O profeta entrevê a tomada da Babilônia por Ciro. Os deuses do panteão assiro-babilônico, Bel (deus do céu) e Nebo (deus da sabedoria), são esmagados. Os babilônios fogem, levando seus deuses, isto é, os ídolos que os representam.

² Todos juntos ficaram prostrados,
  caíram por terra,
  já não conseguem salvar o seu fardo,
  eles mesmos foram conduzidos ao cativeiro.

63,9
Ex 19,4
Sl 22,11
³ Ouvi-me, vós, da casa de Jacó,
  tudo o que resta da casa de Israel,
  vós, a quem carreguei desde o seio materno,
  a quem levei desde o berço.ᵃ

⁴ Até a vossa velhice continuo o mesmo,
  até vos cobrirdes de cãs continuo a carregar-vos:
  eu vos criei e eu vos conduzirei,
  eu vos carregarei e vos salvarei.

44,7
⁵ A quem haveis de assemelhar-me?
  Quem igualareis a mim?ᵇ
  A quem haveis de comparar-me,
  como se fôssemos semelhantes?

40,20 +
⁶ Há os que tiram ouro da bolsa
  e pesam prata na balança,ᶜ
  contratam um ourives para lhes fazer um deus,
  prostram-se diante dele e o adoram.

⁷ Em seguida, põem-no sobre os ombros e carregam-no,
  colocam-no no seu lugar para que aí fique,
  sem afastar-se da sua posição.
  Por mais que alguém o chame, não responde,
  da sua tribulação não salva.

44,21
⁸ Lembrai-vos disto e sede homens;ᵈ
  caí em vós mesmos, vós, infiéis.

⁹ Lembrai-vos das coisas passadas há muito tempo,
  porque eu sou Deus e não há outro!
  Sim, sou Deus e não há quem seja igual a mim.

45,21 +
41,26-27
Sl 33,11
Ef 1,11
¹⁰ Desde o princípio anunciei o futuro,
  desde a antiguidade,
  aquilo que ainda não acontecera.
  Eu digo: o meu projeto será realizado,
  cumprirei aquilo que me apraz.

Is 41,2.5;
45,13
¹¹ Chamo do oriente uma ave de rapina,ᵉ
  de terra distante o homem da minha escolha.
  Eu o disse, eu o executarei,
  eu o delineei, eu o cumprirei.

¹² Dai-me ouvidos, homens de coração empedernido,
  que estais longe da justiça.

¹³ A minha justiça eu a trouxe para perto,
  ela não está longe;
  a minha salvação não há de tardar.
  Estabelecerei em Sião a salvação
  e darei a Israel a minha glória.

---

a) Ao invés dos idólatras que "carregam" seus deuses na fuga, foi Iahweh quem "carregou" Israel desde as origens. — "desde o seio materno,... desde o berço": lit.: "desde as entranhas,... desde o seio".

b) A oposição entre os deuses babilônicos vencidos e Iahweh, Deus de Israel triunfante, induz o profeta a retomar o argumento do poder incomparável do verdadeiro Deus (cf. 44,7; 41,21-29; 42,8; 43, 8-13).

c) "balança", lit.: "cana", quer dizer, travessão da balança.

d) Sentido incerto. Corrige-se, por vezes, para "sede confusos", mas o grego "sede firmes" parece abonar a tradução proposta.

e) Ciro, que cai sobre seus inimigos como ave de rapina. A expressão não é pejorativa.

47 *Lamentação sobre a Babilônia*[a]

¹Desce e assenta-te no pó, virgem, filha da Babilônia,[b]
senta-te no chão — já não tens trono —,
filha dos caldeus,
porque nunca mais te chamarão meiga e delicada.
²Toma a mó e mói a farinha;
tira o teu véu,
ergue a cauda da tua veste e descobre as tuas pernas,
atravessa os rios.
³Apareça a tua nudez,
seja vista a tua vergonha;
eu tomo vingança de ti:
ninguém se oporá[c] a isto.

⁴O nosso redentor — Iahweh dos Exércitos é o seu nome —,
o Santo de Israel, disse:[d]
⁵Senta-te em silêncio, refugia-te nas trevas,
filha dos caldeus,
porque nunca mais tornarão a chamar-te
senhora dos reinos.
⁶Eu estava irritado contra o meu povo,
reduzi a minha herança à humilhação,
entreguei-a nas tuas mãos,
mas tu não usaste de compaixão para com ela:
até sobre os velhos impuseste o duro peso do teu jugo.
⁷Certamente dizias: "Por todo o sempre serei senhora".
Estas coisas não puseste no teu coração,
não te preocupaste com o que viria depois.

⁸Ouve isto, agora, ó voluptuosa!
Tu que te sentas despreocupada e dizes no teu coração:
"Eu sou, e fora de mim não há nada![e]
Não me tornarei viúva,
nem ficarei desfilhada!"
⁹Pois bem, justamente estas duas desgraças te sobrevirão,
de repente em um só dia.
Sim, desfilhamento e viuvez
te sobrevirão repentinamente,
apesar dos teus inúmeros sortilégios,
apesar do poder dos teus encantamentos.
¹⁰Puseste a tua confiança na tua maldade
e disseste: "Não há quem me veja."
A tua sabedoria e o teu conhecimento é o que te transtornaram,
e assim disseste no teu coração: "Eu sou, fora de mim não há nada."
¹¹Uma desgraça te sobrevirá,
tu não saberás como conjurá-la;
uma ruína se desencadeará sobre ti
e tu não poderás afastá-la.

---

a) Este poema é *qîna*, ou seja, lamentação em ritmo dessimétrico. É o único exemplo, no Segundo Isaías, de um desses oráculos contra as nações que encontramos nos demais profetas; seu estilo lembra os oráculos de castigos contra Jerusalém.
b) Lit.: "virgem da filha da Babilônia"; expressão frequente para designar cidade ou país personificados — cf. 37,22; 2Rs 19,21; Lm 2,13 (Sião); Is 23,12 (Sidônia); Jr 46,11 (Egito); Lm 1,15 (Judá); Jr 14,17 ("meu povo").
c) "ninguém se oporá", conj.; o hebr. apresenta a primeira pessoa.
d) Este v., sem predicado no hebr., pode ser glosa; mas o grego, aqui seguido, acrescenta "disse".
e) Babilônia parece pretender equiparar-se a Iahweh (cf. 42,8; 45,14; 46,9). Será castigada por seu orgulho.

Repentinamente virá sobre ti
a calamidade, sem que o saibas.
¹² Persiste, pois, nos teus encantamentos e na multidão dos teus sortilégios,
com os quais te fatigaste desde a tua juventude.
Talvez consigas tirar deles algum proveito,
talvez consigas inspirar medo.
¹³ Estás cansada de tuas inúmeras consultas;
apresentem-se, pois, e te salvem
aqueles que praticam a astrologia,
que observam as estrelas,
que te dão a conhecer de mês em mês o que há de sobrevir-te.
¹⁴ Eles são como o restolho,
o fogo os queimará;
não conseguirão salvar a sua vida do poder das chamas,
pois não se tratará de um braseiro próprio para aquentar-se,
ou de um fogo próprio para sentar-se junto dele!
¹⁵ Tais serão os teus adivinhos,ᵃ
com os quais te fatigaste desde a tua juventude:
todos eles se desgarraram do seu caminho,
nenhum conseguiu salvar-te.

48 *Iahweh tinha predito tudo*ᵇ

¹ Ouvi isto vós, casa de Jacó,
vós que sois chamados pelo nome de Israel,
que brotastes das águas de Judá,ᶜ
que jurais pelo nome de Iahweh,
que invocais o Deus de Israel,
mas não com fidelidade e com justiça.
² Com efeito, o seu nome, eles o derivam da cidade santa,
apoiam-se sobre o Deus de Israel
— Iahweh dos Exércitos é o seu nome —.

³ As coisas antigas, proclamei-as há muito tempo;
elas saíram da minha boca, eu as proclamei,
de repente passei à ação e elas se realizaram.
⁴ Porque eu sabia que tu és obstinado,ᵈ
que o músculo do teu pescoço é de ferro,
e que tua testa é de bronze.
⁵ Eu to anunciei há muito,
proclamei-o antes que acontecesse,
para que não dissesses:
"Meu ídolo fez estas coisas,
a minha imagem esculpida ou minha imagem fundida o determinaram."

---

a) O termo habitualmente significa "mercadores" (etimologicamente: "os que vão e vêm"?); aproximando-o, porém, de uma palavra idêntica em acádico, pode ser entendido no sentido de "adivinho", "encantador" (cf. vv. 9.12-13).
b) Deus predissera com muito tempo de antecedência ao seu povo incrédulo e revoltado as "coisas antigas" (v. 3), isto é, os acontecimentos passados da história da salvação; agora lhe anuncia as "coisas novas" (v. 6), isto é, a libertação que está em vias de realizar para honra do seu nome. O tom severo deste oráculo é surpreendente no profeta da Consolação.
c) Imagem obscura. O Targum interpreta "da semente de Judá". O grego tem simplesmente "provindos de Judá".
d) O tema do endurecimento de Israel é frequente nos profetas e nos livros históricos. Israel "endureceu sua nuca" (Ex 32,9; Dt 9,13; 2Rs 17,14; Jr 7,26 etc.), tornou-se cego e surdo (Is 6,9-10; 42,19-20; 43,8) ao recusar servir a Deus e quebrar o jugo de sua Lei (Jr 2,20; 5,5). É castigado e tem que curvar a nuca sob o jugo de um povo estrangeiro (Dt 28,48; cf. Jr 27,8.11.28; 30,8; Is 9,3; 10,27). Contudo, Iahweh não rejeitou o seu povo (vv. 9-11), e a revelação de sua salvação triunfará sobre a cegueira dos rebeldes (42,7.16.18; 43,8-12).

⁶ Ouviste e viste tudo isto,
  e vós, não haveis de anunciá-lo?
  Desde agora te faço ouvir coisas novas,
  coisas ocultas, que não conhecias.
⁷ Foram criadas agora, e não em tempos antigos,
  até o dia de hoje nada tinhas ouvido a respeito delas,
  para que não dissesses: "Ora, isto eu já sabia."
⁸ Mas tu não só não tinhas ouvido; antes, também não o sabias;
  de há muito que os teus ouvidos não estavam atentos.
  Com efeito, eu sabia que agias com muita perfídia
  e que desde o berço te chamavam rebelde.
⁹ Mas por causa do meu nome retardo a minha ira,
  por causa da minha honra procuro conter-me,
  a fim de não exterminar.
¹⁰ Vê que te comprei,ᵃ mas não por dinheiro,
  escolhi-te quando estavas no cadinho da aflição.
¹¹ Por causa de mim mesmo, só de mim mesmo, é que agirei;
  com efeito, como haveria de ser profanado meu nome?ᵇ
  Minha glória, não a darei a outrem.

Iahweh escolheu Ciro

¹² Ouve-me, Jacó, Israel, a quem chamei,
  eu sou; sou o primeiro
  e sou também o último.
¹³ Minha mão fundou a terra,
  minha destra estendeu os céus;
  eu chamo-os
  e todos juntos se apresentam.
¹⁴ Reuni-vos todos e ouvi:
  quem dentre vós anunciou estas coisas?
  Iahweh o ama; ele realizará aquilo que lhe apraz
  a respeito da Babilônia e da raça dos caldeus.ᶜ
¹⁵ Eu, eu é que lhe falei, sim, eu o chamei,
  eu o trouxe; eis por que o seu empreendimento se cobrirá de êxito.

O destino de Israel

¹⁶ Chegai-vos a mim e ouvi isto:ᵈ
  desde o princípio não vos falei às escondidas,
  quando estas coisas aconteceram eu estava lá,
  e agora o Senhor Iahweh me enviou com o seu espírito.
¹⁷ Assim diz Iahweh, o teu redentor, o Santo de Israel:
  Eu sou Iahweh teu Deus, aquele que te ensina para o teu bem,
  aquele que te conduz pelo caminho que deves trilhar.
¹⁸ Se ao menos tivesses dado ouvidos aos meus mandamentos!
  Então a tua paz seria como um rio
  e a tua justiça como as ondas do mar.

---

a) "comprei", grego; "purifiquei", hebr. — Seria tentador ler: "eu te purifiquei... te provei no cadinho..." (com 1QIsᵃ), mas seria preciso corrigir "não por dinheiro" para "como dinheiro", o que nenhum testemunho apoia.
b) "meu nome" acrescentado com o grego e o latim; o hebr. tem apenas: "como seria ele profanado?", talvez glosa de leitor.
c) "raça dos caldeus", grego; "seu braço (são) os caldeus", hebr. — O amado de Iahweh ou é Israel, ou então Ciro, do qual, por certo, se trata no v. seguinte. No entanto, o texto talvez esteja corrompido.
d) Aparentemente, é o profeta que retoma a palavra para anunciar novo oráculo (vv. 17-19), meditação sobre o que teria sido o destino de Israel se houvesse sido fiel. As promessas são aquelas feitas por Iahweh a Abraão

^{Gn 15,5;}
^{22,17}
¹⁹Tua raça seria como a areia;
os que saíram das tuas entranhas, como os seus grãos!
Seu nome não seria cortado nem extirpado diante de mim.

O fim do Exílio^a

Jr 50,8;
51,6.45
Ap 18,4;
41,8 +
²⁰Saí da Babilônia, fugi do meio dos caldeus,
com voz de júbilo anunciai, proclamai isto,
espalhai-o até os confins da terra.
Dizei: Iahweh redimiu seu servo Jacó.

40,3 +
Sl 78,15-16
Ex 17,1-7
²¹Eles não tiveram sede quando os conduziu pelo deserto,
porque fez brotar água da rocha para seu uso,
fendeu a rocha e a água jorrou.

57,21 ²²Mas para os maus não há paz, diz Iahweh.

42,1 +
41,1
Sl 2,7
Jr 1,5
Gl 1,15
Hb 4,12
Ap 1,16;
19,15
49 *Segundo cântico do Servo*^b
¹Ilhas, ouvi-me!
Povos distantes, prestai atenção!
Desde o seio materno Iahweh me chamou,
desde o ventre de minha mãe pronunciou o meu nome.^c
²De minha boca fez uma espada cortante,
abrigou-me à sombra da sua mão;
fez de mim seta afiada,
escondeu-me na sua aljava.

Mt 3,17 + ³Disse-me: "Tu és meu servo, Israel,^d
em quem me glorificarei."

53,10-12 ⁴Mas eu disse: "Foi em vão que me fatiguei,
debalde, inutilmente, gastei as minhas forças."
E no entanto meu direito está com Iahweh,
meu salário está com o meu Deus.

Fl 2,8-11
Jo 17,5
⁵Mas agora disse Iahweh,
aquele que me modelou desde o ventre materno para ser seu servo,
para reconduzir Jacó a ele,
para que a ele se reúna^e Israel;
assim serei glorificado aos olhos de Iahweh,
meu Deus será a minha força!

At 13,47
Lc 2,32
⁶Sim, ele disse: "Pouca coisa é que sejas o meu servo
para restaurar as tribos de Jacó e reconduzir os sobreviventes de Israel.
Também te estabeleci como luz das nações,
a fim de que a minha salvação chegue até as extremidades da terra."

41,14 +
60,10
⁷Assim diz Iahweh, o redentor, o Santo de Israel^f

(Gn 13,16; 15,5+; 17,6s; 22,17), retomadas ao longo de toda a Bíblia, em especial no Dt e nos oráculos dos profetas (cf. 1Rs 4,20; Os 2,1).

a) É chegado o dia da libertação. Este cântico de triunfo é a conclusão de todo o conjunto (47-48).

b) Nem todos os autores estão de acordo quanto à extensão deste cântico, que alguns fazem terminar no v. 6, enquanto outros nele incluem ainda os vv. 7-9. Este segundo cântico retoma o tema do primeiro (42,1-8) mas insistindo em certos aspectos da missão do Servo (predestinação — vv. 1.5; missão ampliada não só a Israel que ele deve congregar — v. 5. —, mas também às nações, para iluminá-las — v. 6; pregação nova e contundente — v. 2 — que traz luz e salvação — v. 6). Acrescenta ainda a menção de insucesso (vv. 4.7a), de sua confiança em Deus somente (vv. 4.5) e de triunfo final (v. 7). O terceiro e o quarto cânticos juntarão novos esclarecimentos a respeito da pessoa e a missão do Servo.

c) O profeta foi predestinado, como Jeremias (cf. Jr 1,5).

d) Esta palavra é geralmente considerada glosa inspirada em 44,21 e incompatível com os vv. 5-6, que distinguem entre o Servo e Jacó-Israel. Entretanto, a palavra encontra-se em todos os testemunhos do texto. Talvez se justifique pela ambivalência da figura do Servo, que ora é Israel, ora seu chefe e salvador.

e) "a ele se reúna", versões, 1QIs^a; "não se reúna", TM.

f) Se este v. ainda forma parte do segundo cântico do Servo (cf. 49,1+), ele anuncia suas humilhações e glorificação, que serão amplamente descritas no decorrer do 4º cântico. Se, pelo contrário, este v. deve ser ligado

àquele cuja alma é desprezada, vilipendiada[a] pela nação,
ao servo dos tiranos:
reis o verão e se erguerão, príncipes o verão e se prostrarão,
por causa de Iahweh, que é fiel, do Santo de Israel, que te escolheu.

A alegria do retorno

⁸ Assim diz Iahweh:
No tempo do meu favor te respondi,
no dia da salvação te socorri.
Modelei-te e te pus por aliança do povo
a fim de restaurar a terra,
a fim de redistribuir as propriedades devastadas,
⁹ a fim de dizer aos cativos: "Saí",
aos que estão nas trevas: "Aparecei."
Eles apascentarão junto aos caminhos,
sobre todos os montes escalvados encontrarão pastagem.[b]
¹⁰ Não terão fome nem sede,
a canícula e o sol não os molestarão,
porque aquele que se compadece deles os guiará,
conduzi-los-á aos mananciais.
¹¹ De todos os meus montes farei caminhos,
as minhas estradas serão elevadas.
¹² Ei-los que vêm de longe,
uns do norte e do ocidente,
outros da terra de Sinim.[c]
¹³ Ó céus, dai gritos de alegria, ó terra, regozija-te,
os montes rompam em alegres cantos,
pois Iahweh consolou o seu povo,
ele se compadece dos seus aflitos.
¹⁴ Sião dizia: "Iahweh me abandonou;
o Senhor se esqueceu de mim."
¹⁵ Por acaso uma mulher se esquecerá da sua criancinha de peito?
Não se compadecerá ela do filho do seu ventre?
Ainda que as mulheres se esquecessem
eu não me esqueceria de ti.[d]
¹⁶ Eis que te gravei nas palmas da mão,
teus muros estão continuamente diante de mim.
¹⁷ Teus reedificadores[e] se apressam,
os que te arrasaram e te devastaram vão-se embora.
¹⁸ Levanta os olhos em torno e vê:
todos se reúnem e vêm a ti.
Por minha vida, oráculo de Iahweh,
todos eles são como um adorno com que te cobres,
tu te cingirás deles como uma noiva.
¹⁹ Com efeito, tuas ruínas, teus escombros,
tua terra desolada

---

ao trecho seguinte, trata-se de Israel humilhado por quarenta anos de exílio e que será prodigiosamente restabelecido por Deus.
a) "desprezada", "vilipendiada", se lermos particípios passados com as versões e 1QIs[a]; TM tem particípios presentes.
b) Os vv. 9-11 retomam o tema do caminho maravilhoso do Retorno (cf. 35,5-10; 41,17-20; 43,19-20).
c) Provavelmente Siene, Elefantina dos gregos e Assuã dos árabes, no sul do Egito, onde alguns israelitas se estabeleceram.
d) Estes versos lembram a mensagem de Oseias, de Jeremias e do Deuteronômio (cf. 54,8+).
e) "teus reedificadores", 1QIs[a], versões; "os teus filhos", TM.

são agora estreitos demais^a para os teus habitantes,
e teus devoradores estão longe.

^{54,1-3}
^{Jr 31,27}
^{Zc 2,8}

²⁰ Teus filhos, de que estavas privada,
ainda dirão aos teus ouvidos:
"O espaço é muito estreito para mim,
arranja-me lugar para que tenha onde morar."

²¹ Então dirás no teu coração:
"Quem me deu à luz todos estes?
Pois eu estava desfilhada e estéril,
exilada e rejeitada!
Estes, quem os criou?
Eu fora deixada só.
Onde, então, estavam estes?"

^{11,12}
^{60,4.9}
^{Br 5,6}

²² Assim diz o Senhor Iahweh:
Eis que levantarei a mão para as nações,
darei um sinal aos povos
e eles trarão os teus filhos nos braços,^b
as tuas filhas serão carregadas nos ombros.

^{60,16}
^{60,14}
^{30,18}
^{Ex 25,3}

²³ Reis serão os teus tutores,
suas princesas serão tuas amas de leite.
Prostrar-se-ão diante de ti com o rosto em terra
e lamberão o pó dos teus pés.
Então saberás que eu sou Iahweh:
aqueles que esperam em mim não serão confundidos.

^{Lc 11,21-22p}
^{Jr 31,11}

²⁴ Por acaso pode alguém arrancar ao valente a presa?
Pode alguém libertar o prisioneiro de um tirano?^c

²⁵ Pois bem, assim diz Iahweh:
Sim, o prisioneiro será arrancado ao valente,
e a presa do tirano será libertada.
Eu mesmo contenderei com aqueles que contendem contigo;
eu mesmo trarei a salvação aos teus filhos.

^{9,19}
^{Ap 16,6}
^{60,16}
^{41,14 +}

²⁶ Obrigarei teus opressores a comerem a sua própria carne!
Eles embriagar-se-ão com o seu sangue como com vinho novo.
E toda carne saberá que eu, Iahweh, sou teu salvador,
que teu redentor é o Poderoso de Jacó.

50 A punição de Israel^d

^{Dt 21,1-4}
^{Os 2,4-9}
^{Jr 3,6-8}
^{Is 52,3}
^{Br 4,6}

¹ Assim diz Iahweh:
Onde está a carta de divórcio de vossa mãe
pela qual eu a repudiei?
Ou ainda: A qual dos meus credores vos vendi?^e
Antes, pelas vossas transgressões fostes vendidos;
pelas vossas maldades vossa mãe foi repudiada.

---

a) "são agora estreitos demais", versões; "tu és estreito demais", hebr. — O povo do Retorno é muito mais numeroso do que antes, engrossado ainda por todos quantos a ele se juntam (vv. 22-23).
b) Lit.: "no seu seio", atitude particularmente carinhosa para carregar os filhos.
c) "de um tirano", 1QIs^a sir., Vulg.; "de um justo", hebr. — A libertação parece impossível, mas Deus a executará (v. seguinte).
d) Poema difícil e talvez incompleto. Não é seguro que constitua a sequência do poema precedente, mas parece retomar o tema de 49,24-26: é resposta aos israelitas que não querem acreditar na libertação próxima.
e) As duas perguntas aguardam resposta negativa: não é possível fazer a prova jurídica de que Deus repudiou Israel (cf. Dt 24,1-4 e as imagens de Os 2,4-9) e de que vendeu seus filhos (Ex 21,7). Deus permanece fiel. Os responsáveis são os próprios israelitas (cf. o final do v.). É aplicação particular do tema da esposa infiel (Os 2,4-9; Jr 3,1; Ez 16).

²Por que vim e não havia ninguém?
Por que chamei e ninguém respondeu?
Por acaso minha mão é muito curta para resgatar?
Ou não tenho força para libertar?
É sabido que, com uma ameaça, seco o mar,
reduzo os rios a deserto.
Seus peixes se deterioram por falta de água,
eles morrem de sede.
³Revisto os céus de negrume
e dou-lhes saco como veste.ᵃ

Terceiro cântico do Servoᵇ

⁴O Senhor Iahweh me deu língua de discípulo
para que soubesse trazer ao cansado uma palavra de conforto.
De manhã em manhã ele me desperta, sim, desperta o meu ouvido
para que eu ouça como os discípulos.
⁵O Senhor Iahweh abriu-me os ouvidos
e eu não fui rebelde,
não recuei.
⁶Ofereci o dorso aos que me feriam
e as faces aos que me arrancavam os fios da barba;
não ocultei o rosto às injúrias e aos escarros.ᶜ
⁷O Senhor Iahweh virá em meu socorro,
eis por que não me sinto humilhado,
eis por que fiz do meu rosto uma pederneira
e tenho a certeza de que não ficarei confundido.
⁸Perto está aquele que defende a minha causa.
Quem ousará mover ação contra mim? Compareçamos juntos!
Quem é meu adversário? Ele que se apresente!
⁹É o Senhor Iahweh que me socorrerá,
quem será aquele que me condenaria?
Certamente todos eles se desgastarão como uma veste:
a traça os devorará.
¹⁰Quem dentre vós teme a Iahweh e ouve a voz do seu servo?
Aquele que caminhou nas trevas, sem nenhuma luz,
ponha a sua confiança no nome de Iahweh,
tome como arrimo o seu Deus.ᵈ
¹¹Mas todos vós que acendeis um fogo,
que vos munisᵉ de setas incendiárias,
atirai-vos às chamas do vosso fogo
e às setas que acendestes.
Por minha mão isto vos há de sobrevir:
deitar-vos-eis no meio dos tormentos.

---

a) A natureza desolada (cf. 42,15; 44,27) e o céu de temporal (cf. Ex 13,22; 19,16) anunciam a vinda de Deus para o julgamento.
b) Neste terceiro cântico, o Servo surge menos como profeta do que como sábio, discípulo fiel de Iahweh (vv. 4-5), incumbido, por seu turno, de ensinar aos "tementes a Deus", quer dizer, a todos os judeus piedosos (v. 10), mas também aos desgarrados ou infiéis "que caminham nas trevas". Graças à sua coragem e ao auxílio divino (vv. 7-9), ele suportará as perseguições (vv. 5-6) até que Deus lhe conceda triunfo definitivo (vv. 9-11).
— Até o v. 9 inclusive, é o Servo quem fala.

c) Esta descrição dos sofrimentos do Servo será retomada e desenvolvida no quarto cântico (52,13-53,12). Ela já evoca Mt 26,67; 27,30p.
d) O profeta retoma aqui a palavra convidando os israelitas e talvez também as nações pagãs (os que "caminham nas trevas"; cf. 49,6) a pôr sua esperança em Deus, pois ele condena os que "acendem um fogo" (v. 11), talvez os semeadores de discórdia.
e) Lit.: "que cingis": prendiam-se fiapos de estopa na ponta das flechas incendiárias. A interpretação é duvidosa.

51 Eleição e bênção de Israel[a]

^{Mt 5,6; 6,33}
¹Ouvi-me, vós, que estais à procura da justiça,
vós, que buscais a Iahweh.
Olhai para a rocha da qual fostes talhados,
para a cova de que fostes extraídos.

<sup>Gn 12,1-3
Ex 33,24</sup>
²Olhai para Abraão, vosso pai,
e para Sara, aquela que vos deu à luz.
Ele estava só quando o chamei,
mas eu o abençoei e o multipliquei.

<sup>Gn 2,8-17
Ap 2,7;
22,1-2
Ex 36,35</sup>
³Iahweh consolou Sião,
consolou todas as suas ruínas;
ele transformará seu deserto em um Éden
e suas estepes em jardim de Iahweh.
Nela se encontrarão gozo e alegria,
cânticos de ações de graças e som de música.

O reino da justiça de Deus[b]

⁴Atende-me, povo meu, dá-me ouvidos, gente minha!
Porque de mim sairá uma lei,
farei brilhar meu direito como luz entre os povos.
⁵Breve chegará minha justiça, surgirá minha salvação.
Meu braço executará o julgamento sobre os povos.
Em mim as ilhas esperarão,
na proteção do meu braço porão a sua confiança.

<sup>|| Sl 102,
26-27
Mt 24,35p
Ap 20,11
2Pd 3,7-12
56,1</sup>
⁶Erguei ao céu os olhos,
olhai para a terra cá em baixo,
porque os céus se desfarão como a fumaça,
e a terra se desgastará como uma veste;
seus habitantes perecerão como mosquitos;
mas a minha salvação será eterna
e a minha justiça não terá fim.

⁷Ouvi-me, vós que conheceis a justiça,
povo que tens a minha lei no coração.
Não temais a injúria dos homens;
não fiqueis apavorados com os seus insultos.

<sup>50,9
Jó 13,28</sup>
⁸Com efeito, a traça os devorará como a um vestido;
as larvas os devorarão como à lã,
porém minha justiça durará para sempre
e minha salvação de geração em geração.

O despertar de Iahweh[c]

<sup>30,7 +
Jó 3,8 +;
7,12 +
Ex 14,5-31
Is 63,13
40,3+</sup>
⁹Desperta, desperta!
Mune-te de força, ó braço de Iahweh!
Desperta como nos dias antigos,
nas gerações de outrora.

---

a) Começa aqui o grande poema da restauração de Sião, que prossegue até 52,12. Pode ter sido composto de uma só vez, como pode ser a reunião de poemetos que aliam o mesmo tema de salvação e as mesmas exortações a "ouvir" (51,1.4.7) e a "despertar" (51,9.17; 52,1). — O primeiro trecho é evocação das bênçãos de outrora, notadamente da bênção concedida a Abraão (Gn 12,1-3; cf. Ez 33,24), que está na origem do dom da Terra Prometida, onde o povo exilado será proximamente restabelecido (v. 5).

b) Não podemos coibir-nos de estabelecer a aproximação entre esse programa e a obra atribuída ao Servo, especialmente nos dois primeiros cânticos. O Servo também será luz das nações (v. 4; cf. 49,6), estabelecerá o direito e a salvação (vv. 4.5.6; cf. 42,1.4; 49,6); em suma, é o Servo que vai estabelecer o Reino de Deus no mundo.

c) Iahweh é solicitado a repetir as maravilhas do passado, sua vitória sobre as forças do caos primordial e a passagem do mar, para reconduzir os exilados a Sião.

Por acaso não és tu aquele que despedaçou Raab,
que trespassou o Dragão?
¹⁰ Não és tu aquele que secou o mar,
as águas do Grande Abismo?ª
E fez do fundo do mar um caminho,
a fim de que os resgatados passassem?
¹¹ Assim voltarão os que foram libertados por Iahweh.
Chegarão a Sião gritando de alegria,
trazendo consigo alegria eterna;
gozo e alegria os acompanharão,
dor e gemidos cessarão.ᵇ

35,10

Iahweh, o consolador ͨ

¹² Eu, eu mesmo sou aquele que te consola;
quem te julgas tu para teres medo do homem, que há de morrer,
do filho do homem, cujo destino é o da erva?
¹³ E te esqueces de Iahweh, aquele que te criou,
aquele que estendeu os céus e fundou a terra?
Viveste apavorado o tempo todo
diante da cólera do opressor,
enquanto ele estava armado para destruir-te;
mas onde está agora a cólera do opressor?
¹⁴ Aquele que estava em cadeias logo será solto,
ele não descerá morto à cova,
nem terá falta de pão.
¹⁵ Eu sou Iahweh teu Deus, que agito o mar
e as suas ondas se tornam tumultuosas;
Iahweh dos Exércitos é meu nome.
¹⁶ Pus as minhas palavras na tua boca,
na sombra da minha mão te escondi,
para estenderᵈ os céus e fundar a terra,
para dizer a Sião: "Tu és meu povo."

40,7 +

Dt 32,5.15

|| Jr 31,35

59,21 +

O despertar de Jerusalém ͤ

¹⁷ Desperta, desperta,
levanta-te! Jerusalém,
tu que da mão de Iahweh bebeste
a taça da sua ira,
foi cálice, taça de vertigem,
que bebeste e esvaziaste.
¹⁸ Dentre todos os filhos que deu à luz,
não há nenhum que a conduza;

52,1

---

a) As cosmologias orientais representavam a criação como a vitória do deus criador sobre os monstros do caos, que são chamados Raab (cf. Sl 89,11; Jó 9,15; 26,12) ou Dragão (Tannin ou Leviatã; cf. Sl 74,13; Jó 7,12; Is 27,1; Ez 29,3) ou ainda de Abismo (Tehom; cf. Tiamat da cosmologia babilônica; cf. Gn 1,2; Hab 3,10; Sl 104,6-8 etc.). Na época do Segundo Isaías, estes nomes mitológicos não são mais que evocações poéticas.
b) Este v. reproduz literalmente 35,10, mas é necessário aqui, sendo preparado pelos vv. 9-10.
c) Iahweh toma a palavra para reconfortar Israel (cf. 40,1), o qual não deve temer nenhum mortal, embora seja mais forte, pois Iahweh, senhor da criação, protege o seu povo.
d) "estender", sir. (cf. v. 13); "plantar", hebr.
e) Jerusalém, prostrada na tristeza, é convidada a reerguer-se, como Babilônia recebera ordem de assentar-se no pó (47,1). Mas o profeta lembra em primeiro lugar a Jerusalém a profundidade de sua angústia. A imagem da "taça da ira" que será transmitida aos perseguidores (v. 22) encontra-se em Jr 13,13; 25,15-18; 48,26; 49,12; 51,7; Ez 23,32-34; Hab 2,15-16; Ab 16; Zc 12,2; Sl 75,9; Lm 4,21.

nenhum que a tome pela mão,
dentre todos os filhos que criou.

^{Jr 15,5}
^{Na 3,7} ¹⁹ Esta dupla desgraça te sobreveio,*ᵃ*
quem se condoerá de ti?
A devastação e a ruína, a fome e a espada;
quem te consolará?*ᵇ*
²⁰ Teus filhos jazem desmaiados nos cantos de todas as ruas,
como o antílope apanhado na rede,
atingidos em cheio pela cólera de Iahweh,
pela repreensão do teu Deus.
²¹ Assim, ouve isto, ó infeliz,
que estás embriagada, mas não de vinho:
²² Eis o que diz teu Senhor Iahweh,
teu Deus, o que pleiteia a causa do seu povo:
Certamente tirarei das tuas mãos a taça da vertigem,
isto é, o cálice, a taça da minha cólera.
Tu não tornarás a bebê-la jamais.
²³ Antes, pô-la-ei na mão dos teus opressores,
daqueles que te diziam: Deita-te, para que passemos por cima de ti!
Assim fazias das tuas costas chão batido,
rua que serve de passagem*ᶜ* aos transeuntes.

52 Libertação de Jerusalém*ᵈ*

^{51,9}
^{Ap 21,27} ¹ Desperta, desperta,
reveste a tua força, ó Sião!
Põe os teus vestidos de gala,
Jerusalém, cidade santa,
pois nunca mais tornarão a entrar em ti
o incircunciso e o impuro.
² Sacode de ti o pó, levanta-te, Jerusalém cativa!*ᵉ*
Desatadas estão as cadeias do teu pescoço,
filha de Sião cativa!

^{45,13} ³ Com efeito, assim diz Iahweh:
Sem paga fostes vendidos,
sem dinheiro haveis de ser resgatados,
⁴ pois assim diz o Senhor Iahweh:
Em tempos antigos foi ao Egito que meu povo desceu e peregrinou ali.
Mais tarde a Assíria o oprimiu.

^{Ex 36,20-22}
^{Rm 2,24} ⁵ Mas agora que tenho a fazer aqui?*ᶠ* — oráculo de Iahweh —
porque meu povo foi levado sem paga,
seus dominadores cantam vitória — oráculo de Iahweh —
e continuamente, durante todo o tempo, meu nome é desonrado.

---

a) Quer no sentido de punição superabundante, quer os flagelos do verso seguinte, contados dois a dois.
b) "Quem te consolará", versões, 1QIsᵃ; "eu te consolarei" (?), TM.
c) Lit.: "como terra", sobre a qual se caminha, humilhação muitas vezes imposta aos vencidos.
d) As primeiras palavras retomam as de 51,9, mas o profeta dirige-se aqui a Jerusalém, cujo cativeiro terminará. Os vv. 3-6 são frequentemente considerados adição em prosa, mas o pensamento é de fato o do Segundo Isaías.
e) "(Jerusalém) cativa", lendo *shebiyah* em vez de *shebî*, "cativeiro". — "Desatadas estão as cadeias", hebr. *ketib*, 1QIsᵃ; "manda desatar as cadeias", *qerê*, versões.
f) Ou, seguindo o *ketib*, "que existe aqui para mim?". Nos dois casos, a interpretação é difícil. Parece que Deus insiste na gratuidade da salvação por ele trazida ao seu povo. Este não tirou proveito de sua provação e não se converteu; por isso, seus opressores triunfam e o nome de Iahweh é desonrado (v. 5; cf. 48,11; Ez 20,9.14; 36,25). Porém, concedendo gratuitamente a salvação, Iahweh levará Israel a se converter e a salvar a honra do seu nome (v. 6).

⁶Por isso meu povo conhecerá meu nome,
por isso ele saberá, naquele dia,
que eu sou o que diz: "Eis-me aqui."

Anúncio da salvação[a]

⁷Como são belos, sobre os montes, — Na 2,1; Rm 10,15; Mc 16,15-16
os pés do mensageiro que anuncia a paz,
do que proclama boas novas e anuncia a salvação,
do que diz a Sião: "O teu Deus reina."
⁸Eis a voz das tuas sentinelas; ei-las que levantam a voz, — Ez 43,1-5; Ex 33,20 +
juntas lançam gritos de alegria,
porque com os seus próprios olhos veem Iahweh que volta a Sião.
⁹Regozijai-vos, juntas lançai gritos de alegria,
ruínas de Jerusalém!
Porque Iahweh consolou o seu povo,
ele redimiu Jerusalém.
¹⁰Iahweh descobriu o braço santo
aos olhos de todas as nações,
e todas as extremidades da terra
viram a salvação do nosso Deus.
¹¹Ide-vos! Ide-vos! Saí daqui! — 2Cor 6,17; Jr 51,45; Ap 18,4
Não toqueis nada do que seja impuro,
saí do meio dela, purificai-vos,
vós que levais os utensílios de Iahweh.
¹²Mas não saireis apressadamente, — Ex 12,31-34.39; Ex 13,21; 14,19
não deveis partir como fugitivos,
porque Iahweh irá à vossa frente,
o Deus de Israel[b] será a vossa retaguarda.

Quarto cântico do Servo[c]

— 42,1 +; Sl 22; Sb 2,12-24; Fl 2,9; Ef 1,20-21; Jo 12,32 +

¹³Eis que meu Servo prosperará,
ele se elevará, será exaltado, será posto nas alturas.
¹⁴Exatamente como multidões ficaram pasmadas à vista dele — Mt 27,29-31; Jo 19,5
— pois ele não tinha mais figura humana[d]
e sua aparência não era mais a de homem —
¹⁵assim, agora nações numerosas ficarão estupefactas[e] a seu respeito, — Rm 15,21
reis permanecerão silenciosos,
ao verem coisas que não lhes haviam sido contadas
e ao tomarem consciência de coisas que não tinham ouvido.

---

a) O Livro da Consolação é "evangelho", anuncia a Boa Nova (cf. 40,9). Os mensageiros que acorrem ao país e as sentinelas que os avistam anunciam a alegria, isto é, a inauguração do reinado pessoal de Iahweh em Sião. Esse reinado, que substituirá o dos reis terrestres, tinha sido há muito *anunciado pelos profetas* (cf. 43,15; Jr 3,17; 8,19; Ez 20,33; 34,11-16; Mq 2,13; 4,7; Sf 3,15). É celebrado pelos "salmos do reino" (Sl 47; 93; 96; 97; 98; 99; 145; 146).
b) O novo Êxodo realiza-se sob a proteção de Deus, como o primeiro (Ex 14,19). Contudo, não será mais saída apressada (Ex 12,11), fuga (Ex 14,5). Será cortejo em que não mais se carregarão joias tomadas dos egípcios, mas os vasos sagrados do Templo restituídos por Ciro.
c) Este quarto cântico do Servo retoma o tema do sofrimento (cf. Sl 22). As perseguições que o Servo sofrerá com grande paciência (53,7) são escândalo para os espectadores (52,14-15; 53,2-3.7-9), mas, na realidade, constituem intercessão e expiação dos pecados (53,4.6.8.10-12). — Este cântico parece dialogado: Iahweh pronuncia um oráculo (vv. 13-15); os reis ou os povos tomam seguidamente a palavra (53,1-10), para descrever os sofrimentos do Servo e talvez se desculpar de não haverem compreendido seu significado; finalmente, Deus proclama a conclusão a favor do Servo (53,11-12).
d) Lit.: "sua aparência (estava) tão desfigurada (a ponto de) não ser mais homem". A expressão é difícil, mas garantida pelo paralelismo. — "à vista dele", Targ., sir.; "à vista de ti", hebr.
e) "ficarão estupefactas", grego; "ele aspergirá" (?), hebr.

53

Jo 12,38
Rm 10,16

¹ Quem creu naquilo que ouvimos,
e a quem se revelou*ᵃ* o braço de Iahweh?

² Ele cresceu diante dele como renovo,
como raiz*ᵇ* em terra árida;
não tinha beleza nem esplendor que pudesse atrair o nosso olhar,
nem formosura capaz de nos deleitar.

Sl 22,7-8

³ Era desprezado e abandonado pelos homens,
homem sujeito à dor, familiarizado com o sofrimento,
como pessoa de quem todos escondem o rosto;
desprezado, não fazíamos caso nenhum dele.

Mt 8,17
Hb 2,10

⁴ E no entanto, eram nossos sofrimentos que ele levava sobre si,
nossas dores que ele carregava.
Mas nós o tínhamos como vítima do castigo,
ferido por Deus e humilhado.

2Cor 5,21
Gl 3,13
Rm 4,25
1Pd 2,24

⁵ Mas ele foi trespassado por causa das nossas transgressões,
esmagado por causa das nossas iniquidades.
O castigo que havia de trazer-nos a paz, caiu sobre ele,
sim, por suas feridas fomos curados.

Ex 34
1Pd 2,25
2Cor 5,21

⁶ Todos nós como ovelhas, andávamos errantes,
seguindo cada um o seu próprio caminho,
mas Iahweh fez cair sobre ele
a iniquidade de todos nós.

Mt 26,63
1Pd 2,23
At 8,32-33
Jo 1,29 +
Jr 11,19

⁷ Foi maltratado, mas livremente humilhou-se e não abriu a boca,
como cordeiro conduzido ao matadouro;*ᶜ*
como ovelha que permanece muda na presença
 dos tosquiadores
ele não abriu a boca.

⁸ Após detenção e julgamento, foi preso.
Dentre os contemporâneos,*ᵈ* quem se preocupou
com o fato de ter sido cortado da terra dos vivos,
de ter sido ferido pela transgressão do seu povo?*ᵉ*

Mt 27,38p
Mt 27,60
1Pd 2,22

⁹ Deram-lhe sepultura com os ímpios,
seu túmulo está com os ricos,*ᶠ*
embora não tivesse praticado violência
nem houvesse engano em sua boca.

¹⁰ Mas Iahweh quis esmagá-lo pelo sofrimento.
Porém, se ele oferece*ᵍ* a sua vida como sacrifício expiatório,
certamente verá uma descendência, prolongará seus dias,
e por meio dele o desígnio de Deus triunfará.

---

a) É a comunidade quem fala e anuncia o destino do Servo, revelação nova e quase inacreditável. Todavia, a surpresa e a incompreensão iniciais (vv. 3b,4b.6.8) darão lugar a inteligência melhor: tais sofrimentos não têm outra finalidade a não ser a salvação de muitos (vv. 11-12).

b) Em Is 11,1.10, as imagens do renovo e da raiz acompanhavam o anúncio festivo do Messias davídico. Aqui, elas apenas evocam o aspecto humilde e mísero do Servo.

c) É provavelmente a este v., conjugado com o v. 4, que alude João Batista quando apresenta Jesus como "o Cordeiro de Deus, que tira o pecado do mundo" (Jo 1,29). Observou-se que em aramaico a mesma palavra *talya'* designa cordeiro e servo. É possível que o Precursor haja empregado intencionalmente a palavra, mas o evangelista, que escreve em grego, teve de escolher.

d) A palavra hebraica significa "geração" enquanto período de uma vida e, por extensão, os que vivem durante esse período. Nunca significa nascimento ou origem; o sentido sugerido pelo grego e pelo latim ("Quem relatará sua geração") e aplicado pelos Padres da Igreja à geração eterna do Verbo ou à concepção miraculosa de Jesus não é tradução exata do hebraico. Propôs-se corrigir o texto, mas ele é sustentado por todos os testemunhos.

e) "seu povo", 1QIsᵃ; "meu povo", TM.

f) "seu túmulo": *bômatô*, 1QIsᵃ; "em sua morte": be-*môtaw*, TM. — A pregação cristã viu aqui o anúncio do sepulcro de José de Arimateia, "homem rico" (Mt 27,57-60). O texto é difícil e muitos corrigem *'ashîr*, "rico", para *'ôsê ra'*, "malfeitor".

g) "se ele oferece", Vulg.; "se tu ofereces" ou "se (sua) alma) oferece (um sacrifício)", hebr.

¹¹ Após o trabalho fatigante da sua alma
  verá a luz*ᵃ* e se fartará.
  Pelo seu conhecimento, o justo, meu Servo, justificará a muitos
  e levará sobre si as suas transgressões.
¹² Eis por que lhe darei um quinhão entre as multidões;
  com os fortes repartirá os despojos,
  visto que entregou a si mesmo à morte
  e foi contado entre os criminosos,
  mas na verdade levou sobre si o pecado de muitos
  e pelos criminosos fez intercessão.

Rm 3,26

Sl 2,8
Cl 2,15
Mc 15,28
Lc 22,37
1Pd 2,24
Jo 1,29 +
Rm 4,25

54 *A compensação de Jerusalém*ᵇ

¹ Entoa alegre canto, ó estéril,
  que não deste à luz;
  ergue gritos de alegria, exulta, tu que não sentiste as dores de parto,
  porque mais numerosos são os filhos da abandonada
  do que os filhos da esposa, diz Iahweh.
² Alarga o espaço da tua tenda,
  estende*ᶜ* as cortinas das tuas moradas, não te detenhas,
  alonga as cordas, reforça as estacas,
³ pois transbordarás para a direita e para a esquerda,
  a tua descendência se apoderará de outras terras
  e repovoará cidades abandonadas.
⁴ Não temas, porque não tornarás a envergonhar-te;
  não te sintas humilhada, porque não serás confundida.
  Com efeito, esquecerás a condição vergonhosa da tua mocidade,
  não tornarás a lembrar o opróbrio da tua viuvez,
⁵ porque o teu esposo será teu criador,
  Iahweh dos Exércitos é seu nome.
  O Santo de Israel é teu redentor.
  Ele se chama o Deus de toda a terra.
⁶ Como a uma esposa abandonada e acabrunhada,
  Iahweh te chamou;
  como à mulher da sua mocidade, que teria sido repudiada,
  diz teu Deus.
⁷ Por um pouco de tempo te abandonei,
  mas agora com grande compaixão, te unirei a mim.
⁸ Em momento de cólera
  escondi de ti o rosto,
  mas logo me compadeci de ti, levado por amor eterno,*ᵈ*
  diz Iahweh, o teu redentor.
⁹ Como nos dias de Noé,
  quando jurei que as águas de Noé

Gl 4,27
1Sm 2,5
Sl 113,9
Jr 10,20

33,20
49,20

26,15

Os 1,2 +

49,14-15

Sl 30,6
60,10
41,14 +

Gn 9,11

---

a) "a luz". grego. 1QIsᵃ; omitido pelo hebr. — É Iahweh quem retoma a palavra para explicar o mistério do sofrimento do "justo Servo": ele não sofre por suas próprias faltas, mas carrega-se com os crimes da multidão e intercede por ela.
b) Para descrever os contrastes entre as provações passadas de Jerusalém e o seu próximo restabelecimento, o profeta emprega imagens tradicionais, a da esposa estéril que se torna fecunda (cf. 1Sm 2,5; Sl 113,9) e a esposa repudiada e a seguir chamada de volta (cf. Os 1,16-17), mas insiste na recuperação da amizade, enquanto os antigos profetas viam sobretudo o castigo (cf. Os 1-3; Jr 3,1.6-12; Ez 16; 23). São Paulo (Gl 4,27) aplica este primeiro v. à Igreja, nova Jerusalém.
c) "estende", versões; "que alguém estenda", hebr.
d) O "amor eterno" de Deus por seu povo (cf. 43.4; Dt 4,37; 10,15; Jr 31,3; Sf 3,17; Ml 1,2), semelhante ao amor de pai por seus filhos (Is 1,2; 49,14-16; Jr 31,20; Os 2,25; 11,1s) e à paixão de um homem por uma mulher (Is 62,4-5; Jr 2,2; 31,21-22; Ez 16,8.60; Os 2,16-17.21-22; 3,1), é aqui expresso em toda a sua gratuidade (cf. 1Jo 4,10.19), fidelidade indefectível (cf. Rm 11,29) e poder criador (cf. 1Jo 3,1-2).

nunca mais inundariam a terra,
do mesmo modo juro agora que nunca mais me encolerizarei contra ti,
que não mais te ameaçarei.
¹⁰ Os montes podem mudar de lugar
e as colinas podem abalar-se,
porém meu amor não mudará,
minha aliança de paz não será abalada,
diz Iahweh, aquele que se compadece de ti.

A nova Jerusalém[a]

¹¹ Ó aflita, batida de tempestades, desconsolada,
certamente revestirei de carbúnculo as tuas pedras,
estabelecerei teus alicerces sobre a safira.
¹² Farei de rubi tuas ameias
e de berilo tuas portas,
de pedras preciosas todas as tuas muralhas.
¹³ Todos os teus filhos serão discípulos de Iahweh;
grande será a paz dos teus filhos.
¹⁴ Serás edificada sobre a justiça;
livre da opressão, nada terás a temer;
estarás livre do terror; com efeito, ele não te atingirá.
¹⁵ Se fores atacada, não será com o meu consentimento:
aquele que te atacar, cairá nas tuas mãos.
¹⁶ Sabe que fui eu quem criou o ferreiro,
que sopra as brasas no fogo
e tira delas o instrumento para o seu uso;
também fui eu quem criou o exterminador,
com a sua função de criar ruínas.
¹⁷ Nenhum instrumento forjado contra ti terá êxito.
Toda língua que se levantar contra ti em julgamento
   tu a provarás culpada.
Tal será a sorte dos servos de Iahweh,
a justiça que de mim obterão.
Oráculo de Iahweh.

55 Convite final[b]

¹ Ah! todos que tendes sede, vinde à água,
Vós, os que não tendes dinheiro, vinde,
comprai e comei; comprai, sem dinheiro
e sem pagar, vinho e leite.
² Por que gastais dinheiro com aquilo que não é pão,
e o produto do vosso trabalho com aquilo que não pode satisfazer?
Ouvi-me com toda atenção e comei o que é bom;
deleitar-vos-ei com manjares revigorantes.
³ Escutai-me e vinde a mim,
ouvi-me e vivereis.
Farei convosco uma aliança eterna,
assegurando-vos as graças prometidas a Davi.[c]

---

a) Já não se trata de descrição realista como em Ez 40-48, mas de visão simbólica dos esplendores futuros, tema que será retomado com matizes na última parte do livro (Is 60; 62; 65,16-25) e, com alcance bem diferente, no Apocalipse de são João (21,2.10-27).
b) Última exortação a participar dos bens da nova aliança (vv. 1-5) e a se converter enquanto é tempo (vv. 6-11). Os vv. 1-2 lembram o convite para o banquete da Sabedoria (Pr 9,1-6).
c) Sobre esta aliança eterna (59,21; 61,8), que é também a Nova Aliança, cf. Jr 31,31+. A recordação das promessas feitas a Davi (2Sm 7,5-16) é única no Dêutero-Isaías, que jamais sonha com a restauração da monarquia.

⁴ Com efeito, eu o pus como testemunha aos povos,
 como regente e comandante de povos.
⁵ Assim, tu chamarás por uma nação que não conheces,
 sim, uma nação que não te conhece acorrerá a ti,
 por causa de Iahweh teu Deus, à busca do Santo de Israel,
 porque ele te cobriu de esplendor.

⁶ Procurai Iahweh enquanto ele se deixa encontrar,
 invocai-o enquanto está perto.
⁷ Abandone o ímpio seu caminho,
 e o homem mau seus pensamentos,
 e volte a Iahweh, pois terá compaixão dele,
 ao nosso Deus, porque é rico em perdão.
⁸ Com efeito, meus pensamentos não são vossos pensamentos,
 e vossos caminhos não são meus caminhos,
 oráculo de Iahweh.
⁹ Quanto os céus estão acima da terra,
 tanto meus caminhos estão acima dos vossos caminhos,
 e meus pensamentos acima dos vossos pensamentos.
¹⁰ Como a chuva e a neve descem do céu
 e para lá não voltam, sem terem regado a terra,
 tornando-a fecunda e fazendo-a germinar,
 dando semente ao semeador e pão ao que come,
¹¹ tal ocorre com a palavra que sai da minha boca:
 ela não volta a mim sem efeito;
 sem ter cumprido o que eu quis,
 realizado o objetivo de sua missão.[a]

Conclusão[b]

¹² Saireis com alegria e em paz sereis reconduzidos.
 Na vossa presença, montes e outeiros romperão em canto,
 e todas as árvores do campo baterão palmas.
¹³ Em lugar do espinheiro crescerá o zimbro,
 em lugar da urtiga crescerá o mirto;
 isto trará renome a Iahweh
 e um sinal eterno, que nunca será extirpado.

III. Terceira parte do livro de Isaías[c]

56 Promessa aos estrangeiros[d]

¹ Assim diz Iahweh:
 Observai o direito e praticai a justiça,
 porque minha salvação está prestes a chegar
 e minha justiça, a se revelar.

---

a) A palavra de Iahweh é semelhante a mensageiro que não regressa senão após haver cumprido sua missão. É personificada como noutros livros a Sabedoria (Pr 8,22+; Sb 7,22+) ou o Espírito (Is 11,2+).
b) Conclusão de todo o Livro da Consolação. É a retomada do tema do novo Êxodo: alegria do regresso e transformação do deserto em terra fértil (cf. 43,19; 44,3-4 etc).
c) Ver introdução aos Profetas.
d) Oráculo em prosa ritmada, provavelmente composto depois do retorno do Exílio. Fiel às tradições de vários grandes profetas (cf. 45,14+), o autor anuncia que logo serão admitidos no judaísmo prosélitos estrangeiros, com a condição de serem "fiéis à aliança" (vv. 4.6), o que deve incluir a circuncisão, sinal dessa aliança. As restrições previstas em Dt 23,2-9 são abolidas, epecialmente a que atingia os eunucos (aqui vv. 3-4).

^{58,13s}
^{Ex 20,8 +}
² Feliz o homem que assim procede,
o filho de homem que nisto se firma,
que guarda o sábado e não o profana
e que guarda sua mão de praticar o mal.

^{Ex 12,48 +}
³ Não diga o estrangeiro que se entregou a Iahweh:
"Naturalmente Iahweh vai excluir-me do seu povo",
nem diga o eunuco:
"Não há dúvida, eu não passo de árvore seca",

^{Sb 3,14-15}
⁴ pois assim diz Iahweh aos eunucos que guardam meus sábados
e optam por aquilo que me é agradável,
permanecendo fiéis à minha aliança:

^{1Sm 1,8}
^{Ap 2,17; 3,5}
⁵ Eu lhes darei, na minha casa e dentro dos meus muros,
monumento e nome mais preciosos do que teriam
com filhos e filhas;
dar-lhes-ei^a um nome eterno, que não será extirpado.

^{18,7 +}
⁶ Quanto aos estrangeiros, ligados a Iahweh para servi-lo,
para amar o nome de Iahweh e tornar-se servos seus,
todos aqueles que observam o sábado sem profaná-lo,
firmemente ligados à minha aliança,

^{Sl 15,1}
^{1Rs 8,41-43}
^{↗ Mt 21,13p}
⁷ trá-los-ei ao meu monte santo e os cobrirei de alegria
na minha casa de oração.
Seus holocaustos e seus sacrifícios serão bem aceitos no meu altar.
Com efeito, minha casa será chamada
casa de oração para todos os povos.^b

⁸ Oráculo do Senhor Iahweh, que reúne os dispersos de Israel:
Reunirei ainda outros àqueles que já foram reunidos.^c

⁹ Vós, todos os animais do campo, vinde refestelar-vos,
e todos vós, animais do bosque.

Indignidade dos chefes^d

^{3,12; 9,15}
¹⁰ Todas as sentinelas são cegas, nada percebem;
todas elas são cães mudos, incapazes de latir;
sonham, ficam deitados, gostam de dormir.

^{Ex 34,2}
^{Jr 10,21;}
^{12,10; 23,1-2}
¹¹ Os cães são vorazes: desconhecem a saciedade,
são pastores incapazes de compreender.
Todos seguem o seu próprio caminho:
cada um deles, até o último,
volta-se para o seu interesse, dizendo:

^{5,11 +}
^{28,7s}
¹² "Vinde, buscarei vinho, embriaguemo-nos com bebida forte;
amanhã será como hoje, um dia incomparavelmente grandioso!"

^{Sb 4,11}
57 ¹ O justo perece e ninguém se incomoda,
os homens piedosos são ceifados,
sem que ninguém tome conhecimento.
Sim, o justo foi ceifado,
vítima da maldade,

---

a) "dar-lhes-ei", 1QIs^a, versões; "eu lhe darei", TM.
b) Esta palavra, citada por Jesus em circunstâncias graves de sua vida (Mt 21,13p), anuncia dupla novidade: a oração equipara-se aos sacrifícios, também no Templo, e todos os povos a ele são convidados.
c) O pequeno oráculo deste v., com sua introdução particular, é confirmação do que precede: os "outros" são os prosélitos e os eunucos, e ao invés da Diáspora fora da Babilônia.

d) O profeta parece opor aqui os chefes do povo (os "pastores" que são como cães preguiçosos) aos subalternos (os "cães" que são como verdadeiros pastores, mas vorazes e egoístas). — Este oráculo, talvez anterior ao Exílio, desenvolve o tema que encontramos também em Jeremias (2,8.26-27; 5,4-5.31; 10,21; 23,1-2.11-12; cf. igualmente Ez 8,11-13; 34), o da indignidade dos chefes de Judá durante os anos que precederam o Exílio.

²mas ele alcançará a paz:
os que trilham*ᵃ* o caminho reto
repousarão no seu leito.

*Contra a idolatria*ᵇ

³ Quanto a vós, filhos de feiticeira, chegai-vos aqui,
geração adúltera, que te prostituíste!
⁴ De quem zombais?
Para quem fazeis caretasᶜ
e mostrais a língua?
Porventura não sois filhos da revolta,
estirpe da mentira?
⁵ Vós que vos deixais inflamar pela incontinência sob os terebintos, _{Dt 12,2 +}
debaixo de toda árvore verdejante, _{Jr 2,20}
que imolais crianças junto às torrentes _{Lv 18,21 +}
e sob as fendas das rochas.ᵈ
⁶ As pedras lisas da correnteza são a tua porção;
são elas que te cabem por sorte.
Foi a elas que fizeste libações,
que ofereceste oblações.
Devo eu satisfazer-me com isto?
⁷ Sobre um monte alto e elevado _{Dt 23,19 +}
puseste o teu leito: ali subiste
para oferecer sacrifícios.ᵉ
⁸ Atrás da porta e das ombreiras _{Ez 16,15s}
puseste o teu memorial.ᶠ
Longe de mim te descobriste,
subiste ao teu leito, alargaste-o.
Praticaste o teu comércio
com aqueles cujo leito te atraía,
enquanto contemplavas o monumento.
⁹ Procuraste Melecᵍ com dádivas de óleo,
prodigalizaste os teus unguentos;
enviaste para longe os teus mensageiros,
fizeste-os descer até o Xeol.
¹⁰ De tanto andar ficaste cansada,
mas nem por isto disseste:
"Isto é de desanimar!"
Recuperaste o vigor da tua mão,
e por isso não baqueaste.

---

a) "os que trilham", conj.; o hebr. tem o singular, mas o resto do v. ("repousarão, "seu leito") está no plural.
b) Oráculo, como o anterior, que pode datar dos últimos tempos da monarquia, quando as práticas idolátricas estavam espalhadas em Jerusalém. Todavia, elas continuaram na Palestina durante e após o Exílio (66,3-4.17). O poema apresenta o estilo vigoroso dos profetas dos séculos VII-VI (Jr 1,16; 7,8; etc.; cf. Ez 8; Is 2,6-8). Certas alusões a ritos idolátricos particulares permanecem obscuras para nós.
c) Lit.. "Para quem fazeis boca grande?" O paralelismo faz pensar num gesto de troça e não de voracidade.
d) Não é certo que tais sacrifícios de crianças fossem idênticos aos sacrifícios a Moloc (a respeito destes cf. Lv 18,21+).
e) Alusão à prostituição sagrada dos cultos naturalistas de Canaã (Nm 25), cuja prática se introduz por vezes em Israel (1Rs 14,24; 22,47; 2Rs 23,7; Os 4,14), não obstante as interdições (Dt 23,18-19). Porém, em suas invectivas contra a idolatria, os profetas empregam o vocabulário da prostituição, tanto para evocar simbolicamente a infidelidade de Israel ao seu Deus como para descrever com realismo alguns atos dos cultos pagãos.
f) Este "memorial" ou "monumento" (final do v.) deve ser símbolo cultual, mas parece obscuro o sentido de todo o v.
g) "O Rei", título dado a numerosas divindades semitas. Aqui, talvez Melcart de Tiro, divindade do mundo subterrâneo (cf. o fim do v.).

¹¹ De quem tiveste receio ou medo,
pois que mentiste e não te lembraste de mim,
nem te preocupaste comigo?
Por acaso não estava eu silencioso há muito tempo,
e por isto não me tinhas medo?
¹² Anunciarei essa tua justiça e tuas obras,
mas certamente isto nada te aproveitará.

Sl 37,9
Is 56,7;
60,21; 65,9

¹³ Quando clamares para que te livrem
aqueles que estão junto de ti,
o vento os arrebatará a todos, um sopro os levará embora,
mas aquele que põe a sua confiança em mim herdará a terra,
possuirá o meu santo monte.

A salvação para os fracos[a]

11,16 +
Sl 68,5 +

¹⁴ Então se dirá: Aterrai, aterrai, abri um caminho,
removei os tropeços do caminho do meu povo,

Lv 17,1 +
Sl 51,19

¹⁵ porque assim diz aquele que está nas alturas, em lugar excelso,
que habita a eternidade
e cujo nome é santo:
"Eu habito em lugar alto e santo,
mas estou junto com o humilhado e desamparado,
a fim de animar os espíritos desamparados,
a fim de animar os corações humilhados.

Sl 130,3

¹⁶ Com efeito, não contenderei para sempre,
nem estarei perpetuamente encolerizado,
pois à minha presença enfraqueceria o espírito,
a alma que eu criei.

54,8 +
Ex 15,26

¹⁷ Fiquei irritado contra a sua cupidez criminosa,
enquanto me escondia[b] eu o feri, em minha irritação;
e ele se foi, rebelde, segundo sua fantasia.
¹⁸ Vi seu caminho e o curarei,
conduzi-lo-ei, prodigalizar-lhe-ei consolação,
a ele e a seus enlutados.

Ef 2,17

¹⁹ Farei brotar o louvor dos seus lábios:
"Paz! Paz ao que está longe e ao que está perto,[c]
diz Iahweh, eu o curarei."

Jd 13

²⁰ Mas os ímpios são como um mar agitado
que não pode acalmar-se,
cujas águas revolvem sargaço e lodo.
²¹ "Para os ímpios não há paz", diz o meu Deus.

58 O jejum que agrada a Deus[d]

¹ Grita a plenos pulmões, não te contenhas,
levanta tua voz como trombeta
e faze ver ao meu povo a sua transgressão,
à casa de Jacó o seu pecado.

48,22

² É a mim que eles buscam todos os dias,
mostram interesse em conhecer os meus caminhos

---

a) Poema posterior ao Exílio, que mostra Iahweh cuidando dos pobres e oprimidos. Sobre esta espiritualidade dos "pobres de Iahweh", cf. Sf 2,3+.
b) Quer dizer, ou "ocultando minha face", expressão da desgraça divina, ou então "sem revelar minha intervenção".

c) Cf. Ef 2,17, em que são Paulo aplica estas palavras a Jesus e à pregação do Evangelho.
d) Oráculo pós-exílico, que reclama a interiorização das práticas religiosas segundo o espírito dos grandes profetas (cf. Is 1,10+; Am 5,21+). Trata-se aqui do jejum: os vv. 5-7 são o núcleo do oráculo.

como se fossem uma nação que pratica a justiça,
que não abandona o direito estabelecido pelo seu Deus.
Pedem-me leis justas,
mostram interesse em estar junto de Deus!

³ E perguntam: "Por que jejuamos e tu não o vês?ᵃ
Mortificamo-nos e tu não tomas conhecimento disso?"
A razão está em que, no dia mesmo do vosso jejum,
 correis atrás dos vossos negócios
e explorais os vossos trabalhadores;
⁴ a razão está em que jejuais para entregar-vos a contendas e rixas,
para ferirdes com punho perverso.
Não continueis a jejuar como agora,
se quereis que a vossa voz seja ouvida nas alturas!
⁵ Por acaso é este o jejum que escolhi,
o dia em que o homem se mortifique?
Por acaso a esse inclinar de cabeça como um junco,
a esse fazer a cama sobre pano de saco e cinza,
acaso é a isso que chamas jejum
e dia agradável a Iahweh?

⁶ Por acaso não consiste nisto o jejum que escolhi:
em romper os grilhões da iniquidade,
em soltar as ataduras do jugo
e pôr em liberdade os oprimidos
e despedaçar todo o jugo?
⁷ Não consiste em repartir o teu pão com o faminto,
em recolheres em tua casa os pobres desabrigados,
em vestires aquele que vês nu
e em não te esconderes daquele que é tua carne?
⁸ Se fizeres isto, a tua luz romperá como a aurora,
a cura das tuas feridas se operará rapidamente,
a tua justiça irá à tua frente
e a glória de Iahweh irá à tua retaguarda.
⁹ Então clamarás e Iahweh responderá,
clamarás por socorro e ele dirá:
"Eis-me aqui!"
Isto, se afastares do meio de ti o jugo,
o gesto ameaçador e a linguagem iníqua;
¹⁰ se tu te privares para o faminto,
e se tu saciares o oprimido,ᵇ
tua luz brilhará nas trevas,
a escuridão será para ti como a claridade do meio-dia.
¹¹ Iahweh será teu guia continuamente
e te assegurará a fartura, até em terra árida;
ele revigorará os teus ossos,ᶜ
e tu serás como um jardim regado,

Mt 6,18
Ml 3,14

Am 5,21 +
Mt 25,34-40
Jr 34,8-9

52,12

Jo 8,12 +

Jo 4,14

---

a) O jejum só era prescrito na Lei para a festa da Expiação (Lv 23,26-32), mas, em determinadas épocas, multiplicaram-se os dias de jejum, quer para comemorar aniversários de luto (Zc 7,1-5; 8,18-19), quer para implorar a misericórdia divina (Jr 36,6.9; Jn 3,5; cf. 1Rs 21,9.12).
b) Lit.: "se deres ao faminto a tua alma (grego: o pão da tua alma), e saciares a alma do oprimido". Contudo, a palavra *nefesh*, geralmente traduzida por "alma", designa também "desejo", "apetite", embora sejam possíveis diversas conotações, entre as quais é difícil optar.
c) Sentido duvidoso; o verbo *halaç* aqui empregado parece ser da família do substantivo *halâç*, "guerreiro", mas existem outras possibilidades, sem falar das correções propostas.

como uma fonte borbulhante
cujas águas nunca faltam.

^{61,4}
^{Ne 3s} ¹²Teus escombros antigos serão reconstruídos;
reerguerás os alicerces dos tempos passados
e serás chamado Reparador de brechas,
Restaurador de caminhos, para que se possa habitar.*ᵃ*

O sábado*ᵇ*

^{56,2+} ¹³Se te abstiveres de violar o sábado,
de cuidar dos teus negócios em meu dia santo,
chamando ao sábado "deleitoso"
e "venerável" ao dia santo de Iahweh,
se o honrares, abstendo-te de viagens,
de correres atrás dos teus negócios, de fazeres planos,

^{Dt 32,13}
^{1,20; 40,5} ¹⁴então te deleitarás em Iahweh,
e eu te farei levar em triunfo sobre as alturas da terra,
eu te nutrirei com a herança de Jacó, teu pai,
porque a boca de Iahweh o falou.

59 *Salmo de penitência*ᶜ

^{50,2+} ¹Não, a mão de Iahweh não é
muito curta para salvar,
nem seu ouvido tão duro que não possa ouvir.

^{Dt 31,17}
^{1,15} ²Antes, foram as vossas iniquidades que criaram um abismo
entre vós e vosso Deus.
Por causa dos vossos pecados ele escondeu de vós o seu rosto,
para não vos ouvir.
³Com efeito, vossas mãos estão manchadas de sangue
e vossos dedos, de iniquidade;
vossos lábios falam mentira
e vossa língua profere maldade.

^{Sl 7,15}
^{Jó 15,35}
^{Mt 3,7+} ⁴Não há quem acuse com justiça,
não há quem mova uma causa com lealdade.
Todos põem a confiança em coisas vãs e pronunciam falsidade,
concebem a fadiga e dão à luz iniquidade.
⁵Chocam ovos de víbora
e tecem teias de aranha.
Quem come seus ovos morre;
esmagados, sai deles serpente.
⁶Suas teias não darão vestido,
não poderão vestir-se do seu próprio trabalho;
seus trabalhos são trabalhos iníquos,
ações violentas estão nas suas mãos.

^{Pr 1,16}
^{Rm 3,15-17} ⁷Seus pés correm atrás do mal;
eles apressam-se a derramar sangue inocente.
Seus pensamentos são pensamentos iníquos;
ruína e devastação estão nas suas veredas.

---

a) Estamos ainda no início da restauração, com certeza antes da reconstrução das muralhas sob Neemias, talvez mesmo antes da reconstrução do Templo, que não é mencionado.
b) Esta legitimação do sábado parece ter sido acrescentada ao oráculo precedente. Sobre o sábado, cf. Ex 20,8+.
c) Esta liturgia penitencial está na linha do cap. anterior e deve datar da mesma época: a salvação prometida tarda a cumprir-se; a culpa não é de Deus, mas dos pecados dos homens. É o que dizem os vv. 1-2, e o restante do poema desenvolve. Este começa com um ato de acusação (vv. 3-8).

⁸ Não conhecem o caminho da paz,
  não há julgamento reto nos seus trilhos;
  fazem para si sendas tortuosas,
  todo aquele que por elas caminha não conhece a paz.

⁹ Por isto o julgamento reto está longe de nós;
  a justiça não está ao nosso alcance.
  Esperávamos a luz, e o que veio foram trevas;
  a claridade, e, no entanto, caminhamos na escuridão.ᵃ

¹⁰ Como cegos que andam a apalpar um muro,
  sim, como os que não têm olhos, andamos às apalpadelas.
  Tropeçamos ao meio-dia como se fosse no crepúsculo;
  somos como mortos entre pessoas sadias.ᵇ

¹¹ Todos rugimos como ursos,
  vivemos a gemer como pombas;
  esperamos o direito, e nada!
  a salvação, mas ela ficou distante!

¹² Porque são numerosas nossas transgressões contra ti,
  e nossos pecados testificam contra nós.
  Com efeito, nossas trangressões nos estão presentes;
  conhecemos nossas iniquidades:

¹³ rebelar-nos, negar a Iahweh,
  afastar-nos do nosso Deus;
  proferir violência e revolta,
  conceber e meditar a mentira.

¹⁴ O direito foi expelido,
  mantém-se a justiça a distância,
  porque a verdade desfaleceu na praça
  e a retidão não pode apresentar-se.

¹⁵ Com isto a verdade desapareceu
  e aquele que renuncia ao mal ficou despojado.
  Iahweh viu e lhe pareceu mau
  que não houvesse direito.ᶜ

¹⁶ Viu que não havia ninguém,
  espantou-se de que ninguém interviesse.
  Então seu próprio braço veio em seu socorro,
  sua justiça o sustentou.

¹⁷ Vestiu-se da justiça como de uma couraça,
  pôs na cabeça o capacete da salvação,
  cobriu-se de vestes de vingança
  — como de uma túnica —,
  vestiu-se de zelo como de uma capa.

¹⁸ Conforme as obras de cada um, tal a recompensa;
  para os adversários a ira, para os inimigos o castigo merecido;
  às ilhas recompensará de acordo com suas obras.

¹⁹ Assim, desde o ocidente se temerá o nome de Iahweh,
  e desde o oriente, a sua glória,
  pois ele virá como torrente impetuosa,
  conduzido pelo espírito de Iahweh.

---

a) À palavra profética sucede a confissão da comunidade, que se explicita mais a partir do v. 12 até o v. 15a.
b) Sentido discutido. A palavra traduzida por "pessoas sadias" parece derivada de *shemen*, "gordura"; porém, muitos tradutores propõem correções. O grego omitiu esta palavra.
c) Trata-se agora da vinda de Iahweh como juiz e redentor (vv. 15b-20). O passo foi aproximado do apocalipse de Is 24-27.

ISAÍAS 59-60

Rm 11,26
Is 41,14 +

²⁰Virá um redentor a Sião,
  aos que se converterem da sua rebelião em Jacó.
  Oráculo de Iahweh.

55,3 +
Rm 11,27
51,16
2Sm 23,2
Jr 1,9

Oráculo[a] — ²¹Quanto a mim, esta é a minha aliança com eles, diz Iahweh: O meu Espírito está sobre ti e as minhas palavras que pus na tua boca não se afastarão dela, nem da boca dos teus filhos, nem da boca dos filhos dos teus filhos, diz Iahweh, desde agora e para sempre.

Ap 21,9-27
Is 45,14 +

60 *Esplendor de Jerusalém*[b]
¹Põe-te em pé, resplandece,
  porque tua luz é chegada,
  a glória de Iahweh raia sobre ti.

9,1 +
Ex 24,16 +

²Com efeito, as trevas cobrem a terra,
  a escuridão envolve as nações,
  mas sobre ti levanta-se Iahweh
  e sua glória aparece sobre ti.

Ap 21,24

³As nações caminharão na tua luz,
  e os reis, no clarão do teu sol nascente.

49,18-22
Br 5,5-6

⁴Ergue os olhos em torno e vê:
  todos eles se reúnem e vêm a ti.
  Teus filhos vêm de longe,
  tuas filhas são carregadas sobre as ancas.

Sl 72,10

⁵Então verás e ficarás radiante;
  o teu coração estremecerá e se dilatará,
  porque as riquezas do mar afluirão a ti,
  a ti virão os tesouros das nações.

Ex 2,15
1Rs 10,1 +
Mt 2,11

⁶Uma horda de camelos te inundará,
  os camelinhos de Madiã e Efa;
  todos virão de Sabá,
  trazendo ouro e incenso
  e proclamando os louvores de Iahweh.[c]

Gn 25,13

⁷Todas as ovelhas de Cedar se reunirão em ti,
  os carneiros de Nabaiot estarão a teu serviço,[d]
  subirão ao meu altar em sacrifício agradável,
  e cobrirei de esplendor a minha casa.

⁸Quem são estes que vêm deslizando como nuvens,
  como pombas de volta aos seus pombais?

Sl 48,8 +
|| 55,5

⁹Em mim esperam as ilhas,[e]
  os navios de Társis vêm à frente,
  trazendo os seus filhos de longe,
  com sua prata e seu ouro,

---

a) Oráculo em prosa que anuncia a perenidade da aliança de Iahweh com Israel, marcada pela efusão do Espírito e pela atividade profética (cf. 40,7-8; 51,16; 61,1; Jr 1,9). Por vir após a fórmula de conclusão do v. 20, ele é adição.

b) Os caps. 60-62 são ligados pelo estilo e pelas ideias e aparentados com os caps. 40-55. Se não forem do Segundo Isaías, pelo menos são obra de discípulo, que repete a mensagem consoladora do Senhor à comunidade do Retorno, cuja esperança e fé devem ser sustentadas.

c) Os tesouros do mar vêm do Oeste, em barcos fenícios ou gregos; as riquezas do Oriente e do Egito vêm com as caravanas dos desertos da Síria e do Sinai. Madiã, Efa e Sabá são povos da Arábia (cf. 45,14; Gn 25,1-4). — As alusões aos tesouros do Oriente e a perspectiva universalista de 60,6 levaram a liturgia a aplicar este texto ao mistério da Epifania.

d) Cedar, cf. 21,16-17+. Nabaiot, tribo árabe (cf. Gn 25,13; 28,9; 36,3).

e) Ou, com a correção (*çiyyîm yiqqawû* em vez de *'iyyîm yeqawû*): "os navios se juntam", o que daria paralelismo melhor com o verso seguinte. No entanto, o grego também lê "as ilhas".

por causa do nome de Iahweh teu Deus,
por causa do Santo de Israel, pois ele te glorificou.

¹⁰ Estrangeiros reedificarão teus muros — 49,17 ; 54,8
e os seus reis te servirão,
pois, se na minha cólera te feri,
agora, na minha graça, me compadeci de ti.

¹¹ Tuas portas estarão sempre abertas, — Ap 21,25-26
não se fecharão nem de dia nem de noite,
a fim de que se traga a ti a riqueza das nações
e seus reis sejam conduzidos a ti.

¹² Com efeito, a nação e o reino que não te servirem perecerão,
sim, essas nações serão reduzidas à ruína.ᵃ

¹³ A glória do Líbanoᵇ virá a ti, — 35,2 ; 1Rs 5,19-20
o zimbro, o plátano e o cipreste, todos juntos,
para inundarem de brilho o lugar do teu santuário,
e assim glorificarei o lugar em que pisam meus pés.

¹⁴ Os filhos dos teus opressores se dirigirão a ti humildemente; — 49,23 ; ↗ Ap 3,9 ; 1,26+
prostrar-se-ão aos teus pés todos os que te desprezavam,
e te chamarão "Cidade de Iahweh",
"Sião do Santo de Israel."ᶜ

¹⁵ Em vez de seres abandonada e odiada, — 62,4.12
sem pessoa que passe pelo meio de ti,
farei de ti eterno motivo de orgulho,
motivo de alegria, de geração em geração.

¹⁶ Sugarás o leite das nações, — 49,23 ; 49,26
amamentar-te-ás das riquezasᵈ dos reis.
E saberás que sou eu, Iahweh, que te salvo,
que teu redentor é o Poderoso de Jacó.

¹⁷ Em lugar de bronze, trarei ouro; — 1,26
em lugar de ferro, trarei prata;
em lugar de madeira, bronze;
em lugar de pedra, ferro.
Farei da Paz a tua administradora,
e da Justiça a tua autoridade suprema.

¹⁸ Na tua terra não se tornará a falar em violência,
nem em devastação e destruição nas tuas fronteiras.
Aos teus muros chamarás "Salvação"
e às tuas portas, "Louvor".ᵉ

¹⁹ Não terás mais o sol como luz do dia, — ↗ Ap 21,23 ; 22,5
nem o clarão da lua te iluminará,
porque Iahweh será tua luz para sempre,
e teu Deus será teu esplendor.

²⁰ Teu sol não voltará a pôr-se,
e tua lua não minguará,

---

a) Este v., que rompe o contexto, é muito provavelmente adição.
b) São os cedros. Serão utilizados na construção da nova Jerusalém, como outrora na do Templo de Salomão (1Rs 5,15s).
c) É novo nome, como o que Isaías dava a Jerusalém (1,26+). Da mesma forma, mais adiante, os nomes dos muros e das portas (60,18), os de Sião e seu território (62,4), os do povo e da cidade (62,12).
d) Lit.: "das mamas". O grego já interpretava esta audaciosa imagem como "as riquezas": não é seguro que haja lido um texto diferente.
e) Os muros e as portas de Jerusalém tinham nomes (cf. Ne 2,13-15). São nomes simbólicos (cf. v. 14 e 1,2+). O Apocalipse dará nomes análogos às portas e alicerces da nova Jerusalém (Ap 21,12.14).

porque Iahweh te servirá de luz eterna
e os dias do teu luto cessarão.

57,13 ²¹ Teu povo, todo constituído de justos, possuirá a terra para sempre,
como um renovo de minha plantação,ᵃ
como obra das minhas mãos, para a minha glória.

²² O menor deles chegará a mil,
o mais fraco, a nação poderosa.
Eu, Iahweh, no tempo devido apressarei a realização destas coisas.

61 *Vocação de um profeta*ᵇ

Lc 4,18-19
Is 42,1; 11,2
Mt 3,16 +
Lc 7,22

¹ O espírito do Senhor Iahweh está sobre mim,
porque Iahweh me ungiu;
enviou-me a anunciar a boa novaᶜ aos pobres,
a curar os quebrantados de coração
e proclamar a liberdade aos cativos,
a libertação aos que estão presos,

Lv 25,10 +
Mt 5,5

² a proclamar um ano aceitável a Iahweh
e um dia de vingança do nosso Deus,
a fim de consolar todos os enlutados
³ (a fim de pôr aos enlutados de Sião...),
a fim de dar-lhes um diadema em lugar de cinza
e óleo de alegria em lugar de luto,
veste festiva em lugar de espírito abatido.
Chamar-lhes-ão terebintos de justiça,
plantação de Iahweh para a sua glória.ᵈ

58,12 ⁴ Eles reedificarão as ruínas antigas,
recuperarão as regiões despovoadas de outrora;
repartirão as cidades devastadas,
as regiões que ficaram despovoadas por muitas gerações.

14,2 ⁵ Estrangeiros estarão aí para apascentar vossos rebanhos;
imigrantes serão vossos lavradores e vossos vinhateiros.

Ex 19,6 +
Ap 1,6

⁶ Quanto a vós, sereis chamados sacerdotes de Iahweh;
sereis chamados ministros do nosso Deus;
alimentar-vos-eis das riquezas das nações;
e as sucedereis em sua glória.

⁷ Em lugar da vergonha que tendes sofrido, tereis porção dobrada;ᵉ
em lugar de humilhação, tereis gritos de júbilo como vossa porção.
Eis por que terão porção dobrada em sua terra
e gozarão de alegria eterna.

55,3 + ⁸ Com efeito, eu, Iahweh, que amo o direito
e detesto o roubo e a injustiça,ᶠ
lhes darei fielmente a sua recompensa
e estabelecerei com eles aliança eterna.

---

a) "minha plantação", *qerê*, versões; "sua plantação", *ketib*; "as plantações de Iahweh", 1QIsᵃ.

b) O profeta, muito provavelmente autor dos caps. 60 e 62, anuncia que recebeu de Deus uma mensagem de consolação (vv. 1-3): reconstruir-se-á (v. 4); os estrangeiros assegurarão as necessidades materiais de Israel, transformado em povo de sacerdotes e cumulado de glória (vv. 5-7); Deus toma a palavra para estabelecer aliança eterna (vv. 8-9). Os vv. 10-11 são uma ação de graças do profeta que fala em nome de Sião. Este poema repercute os cânticos do Servo (cf. 42,1; 42,7; 49,9, e também 50,4-11, onde quem fala é o Servo, como aqui).

c) Lucas nos mostrará Jesus, na sinagoga de Nazaré, partindo deste texto para explicar sua própria missão (Lc 4,16-30).

d) Este verso, que parece duplicata, deve ter sido introduzido como glosa explicativa.

e) Ou, segundo outros, "vergonha dobrada", à qual corresponde "porção dobrada" e que lembra a "paga dobrada" de 40,2. Porém, o texto não é seguro.

f) "injustiça", versões; "holocausto", hebr. (simples mudança de vocalização).

⁹ Sua posteridade será conhecida entre as nações, sua descendência no meio dos povos.
Todos aqueles que os virem reconhecerão
que são a raça que Iahweh abençoou.

Ação de graças

¹⁰ Transbordo de alegria em Iahweh,
minha alma se regozija no meu Deus,
porque me vestiu com vestes de salvação,
cobriu-me com o manto de justiça,
como o noivo que se adorna[a] com o diadema,
como a noiva que se enfeita com as joias.
¹¹ Com efeito, como a terra faz brotar a vegetação,
e o jardim faz germinar as sementes,
assim o Senhor Iahweh faz germinar a justiça e o louvor
na presença de todas as nações.

62 Esplendor de Jerusalém[b]

¹ Por amor de Sião não me calarei,
por amor de Jerusalém não descansarei,
até que sua justiça raie como clarão
e a sua salvação arda como tocha.
² Então as nações verão tua justiça,
e todos os reis, tua glória.
Receberás nome novo,
que a boca de Iahweh designará.
³ Serás coroa gloriosa nas mãos de Iahweh,
turbante real na palma do teu Deus.
⁴ Já não te chamarão "Abandonada",
nem chamarão à tua terra "Desolação".
Antes, serás chamada "Meu prazer está nela",
e tua terra, "Desposada".[c]
Com efeito, Iahweh terá prazer em ti
e se desposará com tua terra.
⁵ Como o jovem desposa uma virgem,
assim te desposará o teu edificador.[d]
Como a alegria do noivo pela sua noiva,
tal será a alegria que teu Deus sentirá em ti.
⁶ Sobre teus muros, Jerusalém, postei guardas;
eles não se calarão de dia nem de noite.
Para vós, que vos lembrais de Iahweh, não há descanso.
⁷ Não lhe concedais descanso enquanto ele não estabelecer
firmemente Jerusalém
e não fizer dela objeto de louvor na terra.
⁸ Iahweh jurou pela sua destra e pelo seu braço vigoroso:

---

a) "que se adorna": *yakin*, conj.; "exercer o cargo de sacerdote": *yekahen*, hebr.
b) Novo poema à glória de Jerusalém (como o cap. 60). Mas aqui o tema dos esponsais assume maior relevo: o triunfo de Jerusalém e do território que a circunda é tornar-se esposa de Iahweh (cf. 50,1; 54, 6-7+).
c) "Abandonada" (*Azubah*), "Meu prazer está nela" (*Hepçibah*): estes nomes aqui dados a Jerusalém e ao país de Judá por causa de sua significação são nomes próprios atestados noutros passos da Bíblia (cf. 1Rs 22,42; 2Rs 21,1). Nesta atribuição de nomes próprios, reconhece-se o uso profético inaugurado por Os 1,5s; 2,25; Is 1,26; cf. 60,14; 62,12.
d) "te desposará o teu edificador" (*yib'alek bonek*), conj., e cf. 54,5; "teus filhos te desposarão" (*yib'alûk banayk*), hebr.

"Não tornarei a dar o teu trigo como alimento aos teus inimigos,
nem os estrangeiros tornarão a beber do teu vinho,
   aquele com que tu te afadigaste.
⁹ Antes, aqueles que ceifaram o trigo o comerão, louvando Iahweh,
aqueles que fizeram a vindima beberão o vinho
   nos meus átrios sagrados".

Conclusão[a]

¹⁰ Passai, passai pelas portas,
preparai um caminho para o meu povo;
construí, construí a estrada, removei as pedras.
Erguei um sinal para os povos.
¹¹ Certamente, Iahweh faz ouvir a sua voz até os confins da terra:
Dizei à filha de Sião:
Eis que a tua salvação está chegando,
eis com ele o seu salário:
   diante dele a sua recompensa.
¹² Eles serão chamados "O povo santo",
"Os redimidos de Iahweh".
Quanto a ti, serás chamada "Procurada",
"Cidade não abandonada".

63 O julgamento dos povos[b]

¹ Quem é este que vem de Edom,
de Bosra com vestes fulgurantes,
que vem majestoso no seu traje,
marchando[c] na plenitude do seu vigor?
"Sou eu, que promovo a justiça,
que sou poderoso para salvar".
² — E por que essa cor vermelha do teu traje?
Por que as tuas vestes se parecem com as de alguém
   que tenha pisado a uva no lagar?
³ — Sozinho pisei a dorna;
do meu povo[d] ninguém estava comigo.
Pisei as uvas na minha ira,
na minha cólera as esmaguei.
Seu sangue[e] salpicou as minhas vestes;
com isto sujei toda a minha roupa.
⁴ Com efeito, decidi-me por um dia de vingança:
chegou o ano da minha retribuição.
⁵ Olhei, mas não havia ninguém para me ajudar!
Eu estava consternado, mas não havia quem me sustentasse!
Contudo, meu braço veio em meu socorro
e minha cólera me sustentou.

---

a) Este curto poema parece servir de conclusão ao conjunto 60-62. Retoma vários temas do Livro da Consolação (cf. 40,3-5.10; 49,22; 57,14).
b) Este fragmento de poema apocalíptico é concebido como diálogo entre Iahweh e o inspirado. Iahweh apresenta-se como vinhateiro com vestes manchadas de mosto. Mas aqueles que ele pisou no lagar são os povos inimigos de Israel, cujo tipo é Edom, o inimigo tradicional (cf. 34,1-7). Houve tentativas de tradução, corrigindo as palavras "Edom" e "Bosra": "Que chega muito afogueado, com vestes fulgurantes como um vinhateiro", interpretação que favorecia a aplicação do texto ao Messias sofredor.
c) "marchando": ço'ed, conj.; "inclinando-se": ço'eh, hebr.
d) "do meu povo", 1QIsᵃ; "dos povos", TM.
e) Lit.: "seu sumo": continua a metáfora da vinha. Notar que, numa imagem contrária, o sumo é às vezes chamado de "sangue" da uva (Gn 49,11; Dt 32,14).

⁶Na minha ira calquei aos pés os povos,
  na minha cólera os despedacei*ᵃ*
  e derramei por terra seu sangue.

*Meditação sobre a história de Israel*ᵇ

⁷Celebrarei as graças de Iahweh, {Sl 89,2}
  os louvores de Iahweh,
  por tudo o que Iahweh fez por nós,
  por sua grande bondade para com a casa de Israel,
  pelo que fez na sua compaixão,
  segundo a grandeza do seu amor.

⁸Com efeito, ele disse: Sem dúvida, eles são o meu povo, {Dt 32,5}
  filhos que não me trairão;
  assim ele se fez seu salvador.
⁹Em todas as suas agruras, {Ex 19,4 + Is 46,3s}
  não foi mensageiroᶜ ou anjo,
  mas a própria face que os salvou.
  No seu amor e na sua misericórdia, ele mesmo os resgatou;
  ergueu-os e carregou-os,
  durante todo o tempo passado.
¹⁰Mas eles se rebelaram {Dt 32,15 Ef 4,30}
  e magoaram o seu Espírito santo.
  Foi então que ele se transformou em seu inimigo
  e guerreou contra eles.
¹¹Mas depois lembrou-se dos tempos antigos, {Ex 2,1-10 Nm 11,17 Ne 9,20}
  de Moisés, seu servo.*ᵈ*
  Onde está aquele que os fez subir do mar,
  o pastor do seu rebanho?
  Onde está aquele que pôs o seu Espírito santo
  no seio do povo?
¹²Aquele que acompanhou a destra de Moisés {Ex 14,5-31 Sl 135,13}
  com seu braço glorioso,
  que fendeu as águas diante deles,
  assegurando para si mesmo renome eterno;
¹³que os fez trilhar pelos abismos {51,10}
  como o cavalo trilha o deserto
  sem tropeçar;
¹⁴como o gado que desce para o vale, {Sl 77,21}
  assim o Espírito de Iahweh os conduziu para o repouso.
  Assim conduziste teu povo,
  fazendo para ti nome glorioso.*ᵉ*

¹⁵Olha desde o céu e vê,*ᶠ* {64,7-11 Os 11,8}
  desde a tua morada santa e gloriosa,

---

a) "os despedacei": *wa'ashabberem,* mss hebr.; "os inebriei": *wa'ashakkerem,* TM.
b) O longo poema (63,7-64,11) tem a forma de salmo de súplica coletiva (cf. especialmente Sl 44 e 89 e Lamentações). As referências de 63,18 e 64,9-10 à ruína de Jerusalém e do Templo em 587 indicam que a lembrança da catástrofe está ainda muito próxima. O poema data do início do Exílio. A evocação da história passada (63,7-14) é conforme à teologia deuteronomista: Deus castiga o seu povo revoltado, depois salva-o.
c) "mensageiro": *çir,* grego; "angústia": *çar,* hebr.
d) "seu servo", mss, sir.; "seu povo", hebr.
e) Os vv. 11-14 recordam o primeiro grande ato salvador de Deus, a libertação do Egito, como penhor da salvação que há de vir.
f) Começa aqui propriamente a súplica, enquadrada pelos dois apelos de 63,15 e 64,11 que se correspondem. Entre os dois, os temas comuns das súplicas sucedem-se sem plano definido. Notar a insistência na paternidade divina (63,16; 64,7).

ISAÍAS 63-64

> Onde estão teu zelo e teu valor?
> O frêmito das tuas entranhas
> e a tua compaixão para comigo se recolheram?

Dt 1,31 +
41,14 +

16 Com efeito, tu és nosso pai.
Ainda que Abraão não nos reconhecesse
e Israel não tomasse conhecimento de nós,
tu, Iahweh, és nosso pai,
nosso redentor: tal é teu nome desde a antiguidade.

Dt 32,9

17 Por que fazes com que nos desviemos dos teus caminhos?
Por que endureces nossos corações para que não te temamos?
Volta, por amor dos teus servos
e das tribos da tua herança.

18 Por pouco tempo teu povo santo possuiu sua herança;
então nossos inimigos pisaram o teu santuário.

Ap 19,11²
Sl 144,5

19 Há muito que somos um povo sobre o qual não exerces o teu domínio,
sobre o qual não se invoca teu nome.

64¹ Oxalá fendesses o céu e descesses,[a]
— diante da tua face os montes se abalariam;

Sl 18,8s;
50,3

64 ¹como o fogo faz arder os gravetos,
como o fogo ferve a água —
para dares a conhecer o teu nome aos teus adversários;
as nações tremeriam diante de tua face

3 ²ao fazeres prodígios que não esperávamos.
(Tu desceste: diante de tua face os montes se abalaram.)[b]

1Cor 2,9

³Desde os tempos antigos nunca se ouviu,
nunca se havia sabido, o olho não tinha visto[c]
um Deus que agisse
em prol dos que esperam nele, exceto a ti.

5 ⁴Tu te chegaste àquele que, cheio de alegria
pratica a justiça;
aos que, seguindo pelos teus caminhos, se lembram de ti.
Sim, tu te irritaste contra nós e, com efeito, nós pecamos,
mas permaneceremos para sempre em teus caminhos
e assim seremos salvos.[d]

6
Lv 15,19-24

⁵Todos nós éramos como pessoas impuras,
e nossas boas ações como pano imundo.
Murchamos[e] todos como folhas que secam,
nossas transgressões nos levam como o vento.

7 ⁶Não há ninguém que invoque teu nome,
que se erga, firmando-se em ti,
porque escondeste de nós tua face
e nos abandonaste[f] ao capricho das nossas transgressões.

8
29,16 +

⁷E no entanto, Iahweh, tu és nosso pai,
nós somos a argila e tu és nosso oleiro,
todos nós somos obras das tuas mãos.

---

a) A frase continua em 64,1b. Este apelo à vinda de Iahweh é interrompido pela evocação dos traços ordinários das teofanias (cf. Sl 18,6-7; 144,5; etc.).
b) Glosa que repete 63,19.
c) São Paulo (1Cor 2,9) parece citar este texto numa fórmula de melhor ritmo: "o que os olhos não viram, os ouvidos não ouviram...". É difícil afirmar se ele cita por alto ou se possuía um texto de Isaías diferente do nosso.

d) Lit. "neles estamos para sempre..."; a expressão pode referir-se aos "caminhos" do início do v., mas outros interpretam de maneira muito diferente: "Em nossas faltas estamos para sempre e seríamos salvos!" Seria então um grito de desânimo. Fica-se na dúvida, diante da possibilidade de que o texto esteja corrompido.
e) "Murchamos", grego; hebr. incerto.
f) "nos abandonaste", versões; "nos fizeste tremer" (?), hebr.

⁸ Não te irrites, Iahweh, excessivamente,
  não conserves para sempre a lembrança do pecado.
  Olha, pois, para nós: somos todos teu povo.
⁹ Tuas cidades santas estão desertas;
  em deserto se transformou Sião,
  Jerusalém está reduzida a uma desolação.
¹⁰ Nosso Templo santo e nosso esplendor,
  onde nossos pais te louvavam,
  foi queimado pelo fogo.
  Tudo o que tínhamos de mais precioso foi reduzido a ruínas.
¹¹ Porventura podes manter-te insensível diante de tudo isto?
  Calar-te seria humilhar-nos demasiadamente.

65 O julgamento futuro[a]

¹ Consenti em ser buscado por aqueles
  que não perguntavam por mim,
  consenti em ser encontrado por aqueles que não me procuravam.
  A uma nação que não invocava o meu nome[b]
  eu disse: "Eis-me aqui! Eis-me aqui!"
² Todos os dias estendi as mãos
  a um povo rebelde,
  que andava por caminho que não era bom,
  correndo atrás de seus próprios pensamentos;
³ a um povo que me provoca de frente sem cessar,
  sacrificando nos jardins,
  queimando incenso sobre lajes,
⁴ que habita nos sepulcros,
  passando a noite nos escaninhos,
  comendo carne de porco,
  pondo nos seus pratos postas impuras.[c]
⁵ Eles dizem: "Fica-te aí onde estás,
  não me toques, porque eu te infundiria a minha santidade".[d]
  Essas palavras são como fumaça no meu nariz,
  como fogo a arder o dia todo.
⁶ Pois bem, tudo está gravado diante de mim:
  não me calarei, enquanto não lhes tiver pago tudo plenamente,
  enquanto não tiver pago no seu regaço.[e]
⁷ Sim, enquanto não tiver pago vossas iniquidades
  e as iniquidades de vossos pais, diz Iahweh;
  a eles que queimaram perfumes sobre os montes
  e me ultrajaram sobre as colinas
  deste modo os recompensarei, com medida plena,
    pelas suas obras antigas.

⁸ Assim diz Iahweh:
  Como quando se encontra o suco em um cacho de uva,

---

a) Os caps. 65-66 constituem compilação apocalíptica que pode datar, no conjunto, da época pós-exílica. O ritmo é por vezes indeciso e pode considerar-se que alguns trechos estavam escritos em prosa.
b) "que não invocava o meu nome", versões; "que não se chamava com o meu nome", hebr.
c) Lit.: "migalhas (coletivo) de iguarias impuras" ou, lendo com o *qerê* e 1QIsᵃ, "molho de iguarias impuras". — Como em 66,17 e cf. Ez 8,7-13, trata-se de ritos pagãos que se praticaram clandestinamente em Jerusalém durante o Exílio e que a comunidade teve de combater quando regressou. Não são ainda as religiões de mistérios da época helenística.
d) Palavras postas nos lábios dos iniciados, que se consideravam portadores de "santidade", que simples contacto poderia transmitir.
e) Lit.: "em seu seio" (cf. Jr 32,18; Sl 79,12). As dobras do manto serviam de sacola de provisões (comp. com 2Rs 4,39; Rt 3,15; Lc 6,38). A expressão é repetida no final do v. 7.

se diz: "Não o destruas,
pois ele contém uma bênção",
do mesmo modo agirei em prol dos meus servos,
não os destruirei de todo.

57,13 ⁹Farei surgir de Jacó uma raça,
e de Judá, herdeiros dos meus montes.
Meus eleitos os possuirão,
meus servos ali habitarão.

¹⁰Saron servirá de pasto de ovelhas
e o vale de Acor, de acampamento de bois
para o meu povo que me buscar.

¹¹Mas, quanto a vós que abandonais a Iahweh,
que vos esqueceis do meu monte santo,
que preparais uma mesa para Gad,
que ofereceis misturas em taças cheias a Meni,[a]

50,2; 66,4
Jr 7,13
¹²vos destinarei à espada;
todos dobrareis as costas para a matança,
visto que chamei e não respondestes,
falei e não ouvistes;
antes, fizestes o que é mau aos meus olhos
e escolhestes aquilo que não é do meu agrado.

Lc 6,20-26 ¹³Eis por que, assim diz o Senhor Iahweh:
Certamente meus servos comerão,
enquanto vós passareis fome;
certamente meus servos beberão,
enquanto vós tereis sede;
certamente meus servos terão alegria,
enquanto vós vos cobrireis de vergonha;

¹⁴certamente meus servos exultarão
na alegria dos seus corações,
enquanto vós, na dor dos vossos corações, lamentareis
e uivareis, quebrantados no vosso espírito.

1,26 +
56,5; 62,2
Ap 2,17; 3,12
¹⁵Fareis do vosso nome uma fórmula de maldição para os meus eleitos:
"Que o Senhor Iahweh te faça perecer!",[b]
mas aos seus servos dará ele outro nome.

¹⁶Aqueles que se bendisserem na terra se bendirão no nome
  do Deus da verdade,
aqueles que jurarem na terra jurarão pelo Deus da verdade,
porque as angústias de outrora serão esquecidas,
desaparecerão de diante dos meus olhos.

51,6; 66,22
Ap 21,1
43,18
¹⁷Com efeito, criarei novos céus e nova terra;[c]
as coisas de outrora não serão lembradas,
nem tornarão a vir ao coração.

¹⁸Alegrai-vos, pois, e regozijai-vos para sempre
com aquilo que estou para criar:
eis que farei de Jerusalém um júbilo
e do meu povo uma alegria.

---

a) Gad, deus arameu da fortuna. Meni, deus desconhecido, talvez uma divindade do destino. O hebr. parece fazer jogo de palavras entre este nome e a primeira palavra do v. seguinte, *manîtî*, "destinarei".
b) Subentendido: "como esses maus".
c) Nos profetas antigos, a felicidade messiânica anunciada para o futuro era mais ou menos descrita como o retorno ao paraíso (cf. Is 11,6+). Nas obras apocalípticas, porém, sem absolutamente repudiar as antigas representações (cf. 65,25 citando Is 11,7.9), o profeta encara a renovação total. É mundo novo o que é anunciado e descrito ao longo de toda a literatura apocalíptica (cf. Ap 21,1; 2Pd 3,13).

¹⁹ Sim, regozijar-me-ei em Jerusalém,
  sentirei alegria em meu povo.
  Nela não se tornará a ouvir choro nem lamentação.
²⁰ Já não haverá ali criancinhas que vivam apenas alguns dias,   Zc 8,4
  nem velho que não complete a sua idade;
  com efeito, o menino morrerá com cem anos;
  o pecador só será amaldiçoado aos cem anos.
²¹ Os homens construirão casas e as habitarão,   62,8
  plantarão videiras e comerão os seus frutos.   Dt 28,30-33
                                            Jr 31,5
²² Já não construirão para que outro habite a sua casa,   Am 9,14
  não plantarão para que outro coma o fruto,
  pois a duração da vida do meu povo será como os dias de uma árvore,
  meus eleitos consumirão eles mesmos o fruto do trabalho
    das suas mãos.
²³ Não se fatigarão inutilmente, nem gerarão filhos para a desgraça;
  porque constituirão a raça dos benditos de Iahweh,
  juntamente com os seus descendentes.
²⁴ Acontecerá então que antes de me invocarem, eu já lhes terei respondido;
  enquanto ainda estiverem falando, eu já os terei atendido.
²⁵ O lobo e o cordeiro pastarão juntos   11,7
  e o leão comerá feno como o boi.   Gn 3,14
                                            11,9
  Quanto à serpente, o pó será o seu alimento.
  Não se fará mal nem violência em todo o meu monte santo, diz Iahweh.

66 Oráculo sobre o Templo[a]

¹ Assim diz Iahweh: Mt 5,34s
  O céu é meu trono, e a terra o escabelo dos meus pés.   At 7,49-55
  Que casa me haveis de fazer,   1Rs 8,27
  que lugar, para o meu repouso?
² Tudo isto foi a minha mão que fez,   Sl 24,1-2
  tudo isto me pertence,[b] oráculo de Iahweh!
  Eis para quem estão voltados meus olhos, para o pobre e para o abatido,
  para aquele que treme diante da minha palavra.
³ O que mata um boi ou fere um homem,[c]
  o que sacrifica um cordeiro ou destronca o pescoço de um cão,
  o que oferece uma oblação
    — isto é, sangue de porco —,
  o que apresenta incenso como um memorial, o que bendiz um ídolo,
  todos eles escolheram os seus próprios caminhos;
  sua alma se deleitou nas suas abominações!
⁴ Também eu zombarei deles[d]   50,2; 65,12
  e trarei sobre eles aquilo de que têm pavor,
  pois chamei e ninguém respondeu,
  falei, mas eles não deram ouvidos;
  antes, fizeram o que é mau aos meus olhos
  e optaram por aquilo que não me apraz.

---

a) Este oráculo não tem ligação com o contexto. Condena o Templo, cuja reconstrução se empreendeu após o Exílio, como fizera Natã no tempo de Davi (2Sm 7,5-7), como fará Estêvão (At 7,48s, citando este passo de Is). É o repúdio de uma religião demasiado material, em proveito da religião dos "pobres" (v. 2b; cf. Sf 2,3+).
b) "me pertence", grego, sir.; "foi meu", hebr.
c) Texto que põe em paralelo quatro ações do culto legítimo e quatro ações dos cultos pagãos: sacrifícios humanos, abate do cão, manducação do porco, saudação aos ídolos. Isto não significa que aquele que imola um boi tenha mais valor do que o que sacrifica um homem etc.; condenação tão radical do culto exterior não aparece em nenhuma outra passagem do AT. Quer isto dizer que os que realizam esses atos do culto legítimo cumprem também ritos pagãos. É, portanto, a condenação do sincretismo, praticado pelos mesmos círculos visados em 65,3-5 e 66,17.
d) Texto duvidoso. A palavra é a mesma de 3,4 ("meninos", cf. a nota). O grego traduz por "zombaria", o que se ajusta bem ao contexto, mas alguns tradutores modernos preferem "mau trato", "infortúnio" etc.

Julgamento sobre Jerusalém[a]

⁵Ouvi a palavra de Iahweh,
  vós que tendes reverência à sua palavra.
Vossos irmãos, que vos odeiam,
  que vos repelem por causa do meu nome, dizem:
"Manifeste Iahweh a sua glória[b]
  e vejamos a vossa alegria".
Eles é que ficarão envergonhados!

↗ Ap 16,17 ⁶Uma voz, um rumor que vem da cidade,
  uma voz que vem do Templo: é a voz de Iahweh
  pagando o seu salário aos seus inimigos!

↗ Ap 12,5 ⁷Antes de sentir as dores de parto ela deu à luz,
  antes de lhe sobrevirem as contrações ela pôs no mundo um menino![c]

⁸Quem já ouviu tal coisa?
Quem já viu acontecimento semelhante?
Por acaso uma terra pode nascer em um dia?
Pode uma nação ser gerada de uma só vez?
Pois Sião, assim que sentiu as dores de parto,
  deu à luz os seus filhos!

⁹Por acaso eu que abro o seio não farei nascer?, diz Iahweh.
Se sou eu que faço nascer, impedirei de dar à luz?, diz o teu Deus.

Jo 16,20 ¹⁰Alegrai-vos com Jerusalém,
  exultai nela, todos os que a amais;
  regozijai-vos com ela,
  todos os que por ela estáveis de luto,
¹¹pois sereis amamentados e saciados
  pelo seu seio consolador,
  pois sugareis e vos deleitareis
  no seu peito fecundo.
¹²Com efeito, assim diz Iahweh:
Eis que trarei a paz como um rio
  e a glória das nações como uma torrente transbordante.
Sereis amamentados, sereis carregados sobre as ancas
  e acariciados sobre os joelhos.
¹³Como a uma pessoa que a sua mãe consola,
  assim eu vos consolarei;
  sim, em Jerusalém sereis consolados.

Jo 16,22 ¹⁴Vós o vereis e vosso coração se regozijará:
  vossos membros serão viçosos como a erva;
  a mão de Iahweh se revelará aos seus servos,
  mas a sua cólera, aos seus inimigos.
¹⁵Com efeito, Iahweh virá no fogo,
  com seus carros de guerra, como um furacão,
  para acalmar com ardor sua ira
  e sua ameaça com chamas de fogo.
¹⁶Sim, por meio do fogo Iahweh executa o julgamento,
  com sua espada, sobre toda a carne;
  muitas serão as vítimas de Iahweh.

---

a) Aparentemente, é a continuação do apocalipse do cap. 65, mas com tema novo que exprime as esperanças do povo de Deus.
b) "manifeste a sua glória", grego; "glorifique", hebr.
c) Imagem que exprime o caráter intempestivo e prodigioso do advento do mundo novo (cf. 26,17-18, no qual se encontra a imagem do parto, com matiz algo diferente).

¹⁷ Quanto aos que se santificam e purificam
para o rito de consagração dos jardins,[a]
atrás daquele que está no meio,
que comem carne de porco, outras coisas abomináveis e ratos,
estes cessarão de uma só vez, oráculo de Iahweh,
os seus atos e os seus pensamentos.[b]

Discurso escatológico[c] — ¹⁸Eu virei, a fim de reunir todos os povos e línguas; elas virão e verão a minha glória. ¹⁹Porei um sinal no meio deles e enviarei sobreviventes[d] dentre eles às nações: a Társis, a Fut, a Lud, a Mosoc, a Tubal e a Javã,[e] às ilhas distantes que nunca ouviram falar a meu respeito, nem viram a minha glória. Estes proclamarão a minha glória entre as nações, ²⁰e de todas as nações trarão todos os vossos irmãos como uma oferenda a Iahweh, montados em cavalos, em quadrigas, em liteiras, em mulos e em camelos, à minha montanha santa, Jerusalém, diz Iahweh, exatamente como os israelitas costumam trazer a oblação à casa de Iahweh em vasos puros. ²¹Dentre estes tomarei alguns para sacerdotes e levitas, diz Iahweh.[f]

²²Sim, da mesma maneira que os novos céus e a nova terra que eu estou para criar subsistirão na minha presença — oráculo de Iahweh — assim subsistirá a vossa descendência e o vosso nome.

²³ De lua nova em lua nova
e de sábado em sábado,
toda carne virá se prostrar
na minha presença, diz Iahweh.

²⁴Eles sairão para ver
os cadáveres dos homens que se rebelaram contra mim,
porque o seu verme não morrerá
e o seu fogo não se apagará:
eles serão uma abominação para toda a carne.[g]

---

a) Este v. está isolado no contexto e poderia ser ligado a 65,3-5. Faz alusão a cerimônias de culto secreto, presidido por sacerdote (ou sacerdotisa, lendo o feminino com o *qerê* e 1QIsa) — cf. Ez 8,11. O paralelo indica que o texto pode ser explicado sem recorrer aos mistérios helenísticos, mais tardios.

b) "coisas abomináveis", cf. Lv 7,21; 11,10-42. Inútil *corrigir esta palavra para entender* "répteis" (*shereç* em vez de *sheqeç*, cf. Gn 1,20 etc.). — "Os seus atos e os seus pensamentos" é tomado do começo do v. 18, onde estas palavras não estão ligadas a nada.

c) Os vv. 18-24 provavelmente foram acrescentados como conclusão dos caps. 40-66, ou até mesmo do livro inteiro. Todo o trecho devia ser em verso e possivelmente foi desfigurado pela inserção da lista de nações do v. 19 e da dos meios de transporte do v. 20. Todas as nações serão convertidas e reconduzirão os dispersos de Israel a Jerusalém em oferenda a Deus, mas é Israel que recebe as promessas eternas. Em nenhum outro passo do AT o universalismo e o particularismo se encontram tão justapostos.

d) Os "sobreviventes" das nações (cf. 45,20-25) são os convertidos. Eles são também enviados a pregar a fé por todo o mundo. É notável que estes primeiros "missionários" de que se fala sejam pagãos convertidos.

e) Esta lista é adição que toma seus elementos de Ez 27,10-13. As identificações prováveis são: Társis — Espanha; Fut (assim o grego; Pul, hebr.) — Líbia; Lud — Lídia; Mosoc (assim o grego; "arqueiros", *moshke qeshet*, hebr.) — Frígia; Tubal — Cilícia; Javã — jônios e, mais geralmente, gregos.

f) Pagãos convertidos terão acesso as funções do culto. A mesma extraordinária abertura do v. 19.

g) Ao culto perpétuo que prestarão os adoradores de Iahweh (vv. 22-23) é oposto o castigo sem fim que atingirá seus inimigos (v. 24). Para não terminar a leitura do livro com esta terrível advertência, era uso da sinagoga repetir em seguida a promessa do v. 23.

JEREMIAS

1 *Título —* ¹Palavras de Jeremias, filho de Helcias, um dos sacerdotes que residiam em Anatot,ᵃ no território de Benjamim. ²Foi-lhe dirigida a palavra de Iahweh nos dias de Josias, filho de Amon, rei de Judá, no décimo terceiro ano do seu reinado; ³além disso, nos dias de Joaquim, filho de Josias, rei de Judá, até o fim do décimo primeiro ano de Sedecias, filho de Josias, rei de Judá, até à deportação de Jerusalém, no quinto mês.ᵇ

1Rs 2,26-27
Sf 1,1

I. Oráculos contra Judá e Jerusalém

1. NO TEMPO DE JOSIAS

Vocação de Jeremias

⁴ A palavra de Iahweh me foi dirigida nos seguintes termos:

⁵ Antes mesmo de te modelar no ventre materno, eu te conheci;
antes que saísses do seio, eu te consagrei.ᶜ
Eu te constituí profeta para as nações.

Is 49,1-5
Lc 1,15
Gl 1,15
Rm 8,29

⁶ Mas eu disse: "Ah! Senhor Iahweh,
eis que eu não sei falar,
porque sou ainda criança!"

Ex 4,10
Is 6,8 +

⁷ Mas Iahweh me disse:
Não digas: "Eu sou ainda criança!"
Porque a quem eu te enviar, irás,
e o que eu te ordenar falarás.

⁸ Não temas diante deles,
porque eu estou contigo para te salvar,
oráculo de Iahweh.

Ez 2,6

⁹ Então Iahweh estendeu a sua mão e tocou-me a boca.
E Iahweh me disse:
Eis que ponho as minhas palavras em tua boca.

Is 6,6-7
Ez 3,1-3
2Sm 23,2
Is 59,21

¹⁰ Vê! Eu te constituo, hoje,
sobre as nações e sobre os reinos,
para arrancar e para destruir,
para exterminar e para demolir,
para construir e para plantar.

Os 6,5
Jr 18,7.9
31,28;
45,4

¹¹Foi-me dirigida a palavra de Iahweh nos seguintes termos: "O que estás vendo, Jeremias?" Eu respondi: "Vejo um ramo de amendoeira". ¹²Então Iahweh me disse: "Viste bem, porque eu estou vigiandoᵈ sobre a minha palavra para realizá-la".

Ez 12,28
Is 55,10-11
Dn 9,14

---

a) Hoje *Anata*, aldeia 6 km a nordeste de Jerusalém, para onde foi exilado, por Salomão, o sacerdote Abiatar (cf. 1Rs 2,26).

b) Os vv. 2-3 nos levam de 626 até julho de 587. Não incluem, pois, os caps. 40 a 44 (ver no fim do volume a cronologia da época).

c) "conhecer", da parte do Senhor equivale a escolher e predestinar (Am 3,2; Rm 8,29). "Consagrar" indica mais separação para o ministério profético do que santificação interior.

d) O termo *sheqed* "amendoeira", que aguarda a primavera para florescer em primeiro lugar, evoca o vigilante (*shôqed*), o Deus sempre alerta.

¹³E a palavra de Iahweh foi-me dirigida, uma segunda vez, nestes termos: "O que estás vendo?" Respondi: "Vejo uma panela fervendo, cuja boca está voltada a partir do Norte."ᵃ

⁴,⁵⁻³¹

¹⁴E Iahweh me disse:
Do Norte derramar-se-á a desgraça
sobre todos os habitantes da terra.
¹⁵Porque eis que convocarei
todas as tribos dos reinos do Norte,
oráculo de Iahweh.
Eles virão e cada um deles colocará o seu trono
à entrada das portas de Jerusalém,
em redor de suas muralhas
e contra todas as cidades de Judá.
¹⁶Pronunciarei contra eles os meus julgamentos,
por toda a sua maldade:
porque eles me abandonaram,
queimaram incenso a deuses estrangeiros
e prostraram-se diante da obra de suas mãos.

4,6; 6,1.22

¹⁷Mas tu cingirás os teus rins,
levantar-te-ás e lhes dirás
tudo o que eu te ordenar.
Não tenhas medo deles,
para que eu não te faça ter medo deles.

1,7-8

¹⁸Quanto a mim, eis que te coloco, hoje,
como uma cidade fortificada,
como uma coluna de ferro,
como uma muralha de bronze,
diante de toda a terra:
os reis de Judá, os seus príncipes,
os seus sacerdotes e todo o povo da terra.
¹⁹Eles lutarão contra ti,
mas nada poderão contra ti,
porque eu estou contigo
— oráculo de Iahweh —
para te libertar.

15,20

2 As pregações mais antigas: a apostasia de Israelᵇ

— ¹A palavra de Iahweh me foi dirigida nos seguintes termos:

²Vai e grita aos ouvidos de Jerusalém:
Assim disse Iahweh:
Eu me lembro, em teu favor, do amorᶜ de tua juventude,
do carinho do teu tempo de noivado,
quando me seguias pelo deserto,
em uma terra não cultivada.
³Israel era santo para Iahweh,
as primícias de sua colheita;

Os 2,16-17
Jr 11,15
Ap 14,4 +
Ex 13,17 +

Ex 19,6 +

---

a) Lit.: "sua face (a partir) do lado do norte". Pode-se também compreender "seu conteúdo (lit.: sua superfície) pende a partir do norte".
b) Salvo raras exceções, o conjunto 2-6 representa a primeira atividade de Jeremias, antes da reforma de Josias (621). Este conjunto reencontrará sua atualidade sob Joaquim, com a recaída na idolatria e a ameaça de Nabucodonosor.
c) A palavra *hesed* (cf. Os 2,21+) designa aqui, com coloração afetiva, a lealdade de relações, dentro da Aliança, entre a nação israelita e Deus, seu esposo.

todos aqueles que o devoravam tornavam-se culpados,
a desgraça caía sobre eles
— oráculo de Iahweh.

⁴ Ouvi a palavra de Iahweh, casa de Jacó
e todas as tribos da casa de Israel.
⁵ Assim disse Iahweh:
O que encontraram os vossos pais em mim de injusto,
para que se afastassem de mim
e corressem atrás do vazio,ᵃ
tornando-se eles mesmos vazios?
⁶ Eles não perguntaram: "Onde está Iahweh,
que nos fez sair da terra do Egito
e nos conduziu pelo deserto,
por uma terra de estepes e barrancos,
uma terra seca e escura,
uma terra que ninguém atravessa,
e na qual o homem não habita?"
⁷ Eu vos introduzi em uma terra de vergéis,ᵇ
para que saboreásseis os seus frutos e os seus bens;
mas vós entrastes e profanastes a minha terra,
e tornastes a minha herança abominável.
⁸ Os sacerdotes não perguntaram:
"Onde está Iahweh?"
Os depositários da Lei não me conheceram,
os pastores rebelaram-se contra mim,
os profetas profetizaram por Baal
e, assim, correram atrás do que não vale nada.ᶜ
⁹ Por isso, novamente, entrarei em processo contra vós
— oráculo de Iahweh —,
contra os filhos de vossos filhos entrarei em processo.
¹⁰ Passai, pois, às ilhas de Cetim e vede,
mandai inquirir em Cedar e considerai atentamenteᵈ
e vede se aconteceu coisa semelhante!
¹¹ Acaso um povo troca de deuses?
— e esses não são deuses!
Mas meu povo trocou a sua Glóriaᵉ
pelo que não vale nada.
¹² Espantai-vos disso, ó céus,
horrorizai-vos e abalai-vos profundamente
— oráculo de Iahweh.
¹³ Porque meu povo cometeu dois crimes:
Eles me abandonaram, a mim, fonte de água viva,
para cavar para si cisternas,
cisternas furadas, que não podem conter água.
¹⁴ Por acaso é Israel escravo,
ou servo nascido em casa
para que se torne uma presa?

---

a) Um ídolo, como em 10,15; 16,19; 51,18. Aquele que o adora torna-se semelhante a ele (cf. Os 9,10).
b) Hebr., *karmel*: o nome do monte Carmelo.
c) Sempre os ídolos, que até mesmo os responsáveis da nação, incluídos os "pastores", guias políticos e religiosos do povo, seguem.
d) "Cetim": os habitantes de *Citium*, em Chipre (Gn 10,4; Nm 24,24); aqui globalmente, os insulanos do Mediterrâneo ocidental. A palavra virá a designar os romanos (cf. Dn 11,30). — "Cedar": tribo nômade da Transjordânia (Gn 25,13; Is 21,16).
e) Isto é, seu Deus Iahweh. "Sua Glória" é correção dos escribas (*tiqqun soferîm*) em vez de "minha glória", que devia parecer chocante demais.

¹⁵ Os leões rugiram contra ele,
  lançaram rugidos;
  reduziram à desolação a sua terra,
  suas cidades foram queimadas, deixadas sem habitantes.
¹⁶ Até mesmo os filhos de Nof e de Táfnis
  raspam-te a cabeça!*ᵃ*

Is 3,17; 7,20

¹⁷ Não te aconteceu isto
  por teres abandonado a Iahweh, teu Deus,
  no tempo em que te conduzia pelo teu caminho?

Jr 4,18; 6,19

¹⁸ Agora, pois, que te adiantará ir ao Egito,
  beber as águas do Nilo?
  Que te adiantará ir à Assíria,
  beber as águas do Rio?*ᵇ*

Is 30,1-3

¹⁹ Que a tua maldade te castigue
  e as tuas infidelidades te punam!
  Compreende e vê
  como é mau e amargo
  abandonar a Iahweh, teu Deus,
  e não me temer —
  oráculo do Senhor Iahweh dos Exércitos.

²⁰ Desde tempos remotos quebraste o teu jugo,
  rompeste as tuas cadeias
  e dizias: "Não servirei".
  Contudo, em toda colina elevada
  e sob toda árvore verde, te deitavas
  como uma prostituta.*ᶜ*

Mt 11,28-30

Dt 12,2 +
Ez 16,16
1Rs 14,23 +
Dt 23,19 +
Is 5,1 +
Jr 5,10; 6,9;
8,13

²¹ Mas eu te plantara como uma vinha excelente,
  toda de cepas legítimas.
  Como te transformaste para mim em ramos degenerados
  de vinha bastarda?
²² Ainda que te laves com salitre
  e aumentes para ti a potassa,
  a mancha de tua culpa permanecerá diante de mim
  — oráculo do Senhor Iahweh.
²³ Como ousas dizer: "Não me profanei,
  não corri atrás dos ídolos"?
  Observa o teu caminho no Vale,*ᵈ*
  reconhece o que fizeste.
  Camela ágil, que anda errante,
²⁴ jumenta selvagem, acostumada ao deserto,
  que no ardor de seu cio sorve o vento;
  quem freará a sua paixão?
  Quem a quiser procurar não terá dificuldade,
  ele a encontra no seu mês.

---

a) "raspam-te": *ye'arûk*, conj.; "apascentaram-te" *yir'uk*, hebr. — Nof (ou Mof, Os 9,6) é Mênfis, capital do Baixo Egito. Táfnis ou Dafne, hoje *Tell Defenneh*, é cidade na parte leste do Delta. — Alusão à intervenção egípcia de 608-605.
b) "Nilo", lit.: "Sior", um dos braços do Nilo. O "Rio" é o Eufrates. Estas metáforas designam o apelo às grandes potências, contra o que os profetas se opuseram constantemente.
c) Recusando o serviço de Deus, Israel se enterra no serviço dos ídolos. A "prostituição" indica a idolatria (cf. Os 1,2+), acompanhada, aqui, efetivamente, da prostituição sagrada (cf. Dt 23,19+).
d) Sem dúvida o vale de Ben-Enom ou Geena, onde Tofet se situava (cf. 7,31; Lv 18,21+).

JEREMIAS 2

^{Am 2,4}
^{Os 2,7}
²⁵ Evita que teus pés fiquem desnudos
e a tua garganta sedenta.
Mas tu dizes: "É inútil! Não!
Porque eu amo os estrangeiros
e corro atrás deles."

²⁶ Como se envergonha o ladrão que é surpreendido,
assim se envergonha a casa de Israel,
eles, seus reis, seus príncipes,
seus sacerdotes e seus profetas,
²⁷ que dizem à madeira: "Tu és meu pai!",
e à pedra: "Tu me geraste!"
Porque eles voltam para mim as costas
e não a face,
mas no tempo da desgraça gritam:
"Levanta-te! Salva-nos!"

^{Dt 32,37-38}
^{= 11,13}
²⁸ Onde estão os deuses, que fabricaste para ti?
Levantem-se eles, se te podem salvar
no tempo da tua desgraça!
Porque tão numerosos como as tuas cidades
são os teus deuses, ó Judá!*ᵃ*
²⁹ Por que pleiteais comigo?
Vós todos vos rebelastes contra mim,
oráculo de Iahweh.

^{Am 4,6}
^{Mt 23,37}
³⁰ Em vão feri os vossos filhos:
eles não aceitaram a lição;
vossa espada devorou os vossos profetas,
como um leão destruidor.

^{2,23}
³¹ Vós, desta geração, vede a palavra de Iahweh:
Sou eu deserto para Israel,
ou terra tenebrosa?
Por que o meu povo diz:
"Vagueamos, não voltaremos mais a ti"?
³² Acaso se esquece a virgem de seus adornos,
a noiva de seu cinto?
Mas o meu povo se esqueceu de mim,
por dias sem conta.

³³ Como dispuseste bem o teu caminho
para procurar o amor!
Por isso, também com os crimes
familiarizaste os teus caminhos.

^{Is 1,15}
³⁴ Até nas orlas de tua roupa encontra-se
o sangue dos cadáveres dos pobres inocentes,
não surpreendidos no ato de roubar!*ᵇ*
Mas apesar de tudo isto
³⁵ dizes: "Eu sou inocente,
certamente a sua ira vai afastar-se de mim".
Eis que te julgarei,
porque dizes:
"Eu não pequei".

---

a) Aqui o grego e a Vet. Lat. acrescentam: "e tanto quanto Jerusalém tem de ruas, tanto tem de altares para Baal", 11,13.

b) A única escusa do homicídio era o flagrante delito de arrombamento (Ex 22,1).

³⁶ Quão pouco te custa*ᵃ* mudar o teu caminho!
  Terás, também, vergonha do Egito,
  como tiveste vergonha da Assíria.
³⁷ Dali, também, sairás
  com as mãos sobre a cabeça,
  porque Iahweh desprezou aqueles em que confias,
  não terás sorte com eles.

3 *A conversão*ᵇ

¹ Se um homem repudia a sua mulher,   Dt 24,1-4
  e ela se separa dele
  e se casa com outro,
  terá ele, por acaso, direito de voltar a ela novamente?*ᶜ*
Porventura, não está totalmente profanada esta terra?
E tu, que te prostituíste com inúmeros amantes,
  queres voltar a mim!
  Oráculo de Iahweh.
² Levanta os teus olhos para os cumes e olha: 2,20
  Onde não foste profanada?   Dt 12,2 +
  Nos caminhos te assentavas para eles,
  como o árabe no deserto.
  Profanaste a terra
  com tuas prostituições e com tuas maldades.
³ As chuvas foram suprimidas,   5,24; 14,4
  não houve chuvas tardias.   Lv 26,19
  Mas tu mostravas face de prostituta,
  recusando envergonhar-te.
⁴ Mas não gritas a mim, agora mesmo:
  "Meu Pai!
  Tu és o amigo de minha juventude!
⁵ Guardará para sempre seu rancor,
  ou conservará sua irritação eternamente?"
  Assim falas, cometendo teus crimes,
  porque és obstinada.

O reino do Norte convidado à conversãoᵈ — ⁶ Disse-me Iahweh no tempo do   Ez 23
rei Josias: Viste o que fez a renegada Israel? Ela se dirigia a todo monte elevado   Dt 12,2 +
e sob toda árvore frondosa e ali se prostituía. ⁷ E eu me dizia: "Depois de ter
feito tudo isto, ela voltará a mim". Mas ela não voltou! Judá, sua irmã infiel,
viu. ⁸ Ela viu*ᵉ* que eu repudiei por causa de todos os seus adultérios a renegada   Dt 24,1
Israel e dei-lhe o libelo de repúdio. Mas Judá, sua irmã infiel, não teve medo e
foi, também, prostituir-se. ⁹ E com o seu prostituir-se leviano profanou a terra;
ela cometeu adultério com a pedra e com a madeira. ¹⁰ Apesar de tudo isto,
Judá, a sua irmã infiel, não voltou a mim de todo o seu coração, mas apenas
de mentira — oráculo de Iahweh.

¹¹ E Iahweh me disse: A renegada Israel é mais justa do que a infiel Judá.
¹² Vai, pois, proclamar estas palavras *no norte;* tu dirás:

---

a) Mudando ligeiramente a vocalização, com as versões. TM, lit.: "como te custa?", que se poderia, rigorosamente, compreender: "Como estás longe de mudar de caminho".
b) Este poema, interrompido pelos dois trechos, 3,6-13 e 3,14-18, continua em 3,19-4,4. — No início do v. 1 foi suprimido "nestes termos" com grego e sir.
c) Dt 24,1-4 proíbe recasamento desse gênero. Para que Israel, a esposa infiel de Iahweh, retorne a ele e seja reassumida, é necessário milagre da graça (cf. vv. 19s; 31,23; Os 1-3).
d) Trecho que data do reinado de Josias e deve ser situado após a reforma de 621. Atesta a esperança que Jeremias sempre conservou em relação ao reino do Norte (cf. 30,1-31,22). Provavelmente terá inspirado Ez 23.
e) Com um ms hebr.; mss grego e o sir.: "eu vi", hebr.

Volta, renegada Israel
— oráculo de Iahweh.
Não farei cair sobre vós a minha ira,
porque sou misericordioso
— oráculo de Iahweh,
não guardo rancor para sempre.
¹³Reconhece, apenas, a tua falta:
Tu te rebelaste contra Iahweh teu Deus,
esbanjaste os teus caminhos com os estrangeiros[a]
debaixo de toda árvore verde;
mas não escutastes a minha voz
— oráculo de Iahweh.

O povo messiânico em Sião[b]

¹⁴Voltai, filhos rebeldes — oráculo de Iahweh — porque eu sou o vosso Senhor. Eu vos tomarei, um de uma cidade, dois de uma família, para vos conduzir a Sião. ¹⁵E vos darei pastores conforme o meu coração, que vos apascentarão com conhecimento e prudência. ¹⁶Quando vos multiplicardes e frutificardes na terra, naqueles dias — oráculo de Iahweh — não se dirá mais: "Arca da Aliança de Iahweh"; ela não voltará à memória, não se lembrarão mais dela, não a procurarão e nem será reconstruída.[c] ¹⁷Naquele tempo, chamarão a Jerusalém: "Trono de Iahweh"; para ela convergirão todos os povos em nome de Iahweh, em Jerusalém, e não seguirão mais a dureza de seus corações malvados.

¹⁸Naqueles dias, a casa de Judá irá à casa de Israel; juntos virão da terra do Norte para a terra que dei como herança a vossos pais.[d]

Continuação do poema sobre a conversão[e]

¹⁹E eu dizia:
Como te situarei entre os filhos?
Dar-te-ei uma terra agradável,
a herança mais preciosa das nações.
E eu dizia: Vós me chamareis "Meu Pai",
e não vos afastareis de mim.
²⁰Mas como a mulher que trai o seu companheiro,
assim vós me traístes, casa de Israel,
oráculo de Iahweh.

²¹Um grito foi ouvido[f] sobre os montes:
as lágrimas e as súplicas dos filhos de Israel;
porque perverteram o seu caminho,
esqueceram Iahweh, o seu Deus.
²² — Voltai, filhos rebeldes,
curar-vos-ei de vossas rebeliões!
— Eis que voltamos a ti,
pois tu és Iahweh, nosso Deus.
²³Na verdade, são mentirosas[g] as colinas
e o tumulto das montanhas.

---

a) Sempre os falsos deuses; alusão ao sincretismo religioso nos reinados de Manassés e de Amon.
b) Passagem que supõe os acontecimentos de 587.
c) A Arca foi queimada pelos caldeus, provavelmente em 587. Mas a Jerusalém futura será toda "trono de Iahweh", como o era a Arca (Ex 25,10+; 2Sm 6,7).
d) Com a restauração messiânica, os profetas anunciaram a unidade futura do Reino, renovando a tradição de Davi e de Salomão (Jr 23,5-6; 31,1; Is 11,13-14; Ez 37,15-27; Os 2,2; Mq 2,12; Zc 9,10).
e) Sequência dos vv. 1-5. O que era juridicamente impossível, v. 1, torna-se possível pela graça.
f) Em contraste com 3,2.
g) Seguindo o texto grego, sir. e Vulg.; hebr., corrompido, lit.: "para a mentira do além das colinas, tumulto das montanhas".

Na verdade, em Iahweh nosso Deus
está a salvação de Israel.
²⁴ A vergonha[a] devorou o fruto do trabalho de nossos pais
desde a nossa juventude:
as suas ovelhas, as suas vacas, os seus
filhos e as suas filhas.
²⁵ Deitemo-nos em nossa vergonha,
cubra-nos a nossa confusão!
Pois pecamos contra Iahweh nosso Deus,
nós e os nossos pais, desde nossa juventude e até o dia de hoje,
e não obedecemos a Iahweh nosso Deus.

4 ¹ Se te converteres, Israel
— oráculo de Iahweh —,
se te converteres a mim,
se afastares teus horrores de minha presença
e não vagares mais,
² se jurares pela vida de Iahweh   Gn 12,3 +
na verdade, no direito e na justiça,
então se abençoarão nele as nações
e nele se glorificarão!
³ Porque assim disse Iahweh   Os 10,12
aos homens de Judá e a Jerusalém: Mt 13,22 +
Arroteai para vós um campo novo
e não semeeis entre espinhos.
⁴ Circuncidai-vos para Iahweh[b]   Dt 10,16
e tirai o prepúcio de vosso coração,   = 21,12
homens de Judá e habitantes de Jerusalém,
para que a minha cólera não irrompa como fogo,
queime e não haja ninguém para apagar,
por causa da maldade de vossas obras.

A invasão vinda do Norte[c]   1,13-15

⁵ Anunciai em Judá,   Jl 2,1 +
fazei ouvir em Jerusalém, dizei-o!   = 8,14
Tocai a trombeta na terra,
gritai em voz alta, dizei:
Reuni-vos!
Entremos nas cidades fortificadas!
⁶ Levantai um sinal em direção a Sião!
Fugi! Não fiqueis parados!
Porque eu trago desgraça do Norte,
ruína enorme.

a) Designação de Baal (cf. 11,13); o que segue visa aos sacrifícios que lhe eram oferecidos.
b) A circuncisão (Gn 17,10+) era em Israel o sinal da Aliança. Para Jeremias, este sinal nada significa, se não corresponde à fidelidade interior, a "circuncisão do coração" (cf. Dt 10,16). Israel recusa ouvir Iahweh, tem "ouvidos incircuncisos" (Jr 6,10); recusa converter-se, tem o "coração incircunciso" (9,24-25; cf. Lv 26,41). É Iahweh que, convertendo Israel, circuncidar-lhe-á o coração (Dt 30,6). Os estrangeiros são incircuncisos de coração e de carne (Ez 44,7). O NT retomará esta imagem (At 7,51) e S. Paulo ensinará que a verdadeira circuncisão, a que faz o verdadeiro Israel, é a circuncisão do coração (Rm 2,25-29; cf. 1Cor 7,19; Gl 5,6; 6,15; Fl 3,3; Cl 2,11; 3,11).
c) Como em 1,15, o inimigo do Norte não é povo determinado. Talvez evoque ao mesmo tempo os citas (que apareceram na região costeira da Síria-Palestina entre 630 e 625) e o exército assírio. O oráculo receberá em 605 atualidade aterrorizante, aplicando-se aos caldeus.

⁷ O leão subiu de seu covil,
  o destruidor das nações se pôs em marcha,
  saiu de sua moradia,
  para transformar tua terra em solidão;
  tuas cidades serão destruídas,
  até ficar sem habitantes.
⁸ Por isso, vesti-vos de saco,
  lamentai-vos e gemei,
  porque não se afastou de nós
  o ardor da ira de Iahweh.
⁹ Naquele dia — oráculo de Iahweh —,
  perecerá o coração do rei
  e o coração dos chefes,
  os sacerdotes serão perturbados
  e os profetas se espantarão.

14,13 ¹⁰ E eu disse: "Ai! Senhor Iahweh,
  tu, verdadeiramente,
  enganaste esse povo e Jerusalém
  quando dizias:*a* 'Vós tereis paz',
  enquanto a espada atingia até à garganta!"

51,2 ¹¹ Naquele tempo, será dito
  a esse povo e a Jerusalém:
  vento ardente das colinas
  vem do deserto sobre a filha do meu povo.
  — Não é nem para aventar, nem para limpar! —
¹² Vento impetuoso vem a mim lá debaixo.
  Agora eu mesmo proferirei
  o julgamento sobre eles!

¹³ Eis que ele avança como nuvens,
  seus carros são como um furacão,
  seus cavalos são mais velozes do que águias.
  Ai de nós que estamos perdidos!
¹⁴ Purifica teu coração da maldade, Jerusalém,
  para que sejas salva.
  Até quando abrigarás em teu seio
  teus pensamentos culpáveis?
¹⁵ Porque uma voz se levanta de Dã
  e anuncia a calamidade*b* desde a montanha de Efraim.
¹⁶ Relatai às nações,
  anunciai contra Jerusalém:
  inimigos*c* chegam de terra longínqua
  e lançam seus gritos de guerra
  contra as cidades de Judá.
¹⁷ Como guardas de um campo, eles a cercam
  porque ela se rebelou contra mim,
  oráculo de Iahweh.
¹⁸ Teu procedimento e tuas obras trouxeram-te estas coisas.
  Esta é tua maldade, como é amarga!
  Como atinge até teu coração!

---

a) Alusão às promessas dos falsos profetas (14,13 e 23,17; cf. 28,8-9).
b) Dã, na fronteira setentrional da Palestina (Gn 14,14; Js 19,47; Jz 18,29; 20,1+ etc.). Efraim designa, aqui, a parte montanhosa, de Siquém a Betel, onde se tinham estabelecido os descendentes da tribo de Efraim, filhos de José (Js 16,1s; 17,15; 1Sm 1,1).
c) "inimigos": *çarîm*, conj.; "os guardas": *noçrîm*, hebr.

¹⁹ Minhas entranhas! Minhas entranhas!
Devo me contorcer!ª
Paredes do meu coração!
Meu coração se perturba em mim!
Não posso calar-me,
pois eu mesmo ouvi o som da trombeta,
o grito de guerra.
²⁰ Anuncia-se desastre sobre desastre:
pois toda a terra foi devastada,
de repente foram devastadas as minhas tendas,
em um instante os meus abrigos.
²¹ Até quando eu verei o sinal,
ouvirei o som da trombeta?

²² — Sim, meu povoᵇ é tolo,
eles não me conhecem,
são filhos insensatos,
não têm inteligência;
são sábios para o mal,
mas não sabem fazer o bem!

²³ Eu olhei a terra: eis que era vazia e disforme;
os céus: mas sua luz não existia.
²⁴ Olhei as montanhas: eis que tremiam
e todas as colinas se abalavam.
²⁵ Olhei e eis que não havia mais homens;
e todos os pássaros do céu tinham fugido.
²⁶ Olhei e eis que o Carmelo era deserto,
e todas as suas cidades haviam sido destruídas
diante de Iahweh,
diante do ardor de sua ira.
²⁷ Porque assim disse Iahweh:
Toda a terra será devastada,
mas não a aniquilarei completamente.

²⁸ Por causa disso a terra está de luto
e o céu, lá em cima, se escurecerá!
Porque falei, decidi,
e não me arrependerei nem voltarei atrás.
²⁹ Ao grito do cavaleiro e do arqueiro,
toda a cidade fugiu:
entraram no matagal,
escalaram as rochas;
toda cidadeᶜ foi abandonada
e mais ninguém nela habita.
³⁰ E tu, devastada, que farás?
Por mais que te vistas de púrpura,
por mais que te enfeites com adornos de ouro,
por mais que alargues os teus olhos com pintura,
em vão te embelezarás!
Os teus amantes te desprezam,
atentam, apenas, contra a tua vida.

---

a) Lamentos de Jeremias, que se identifica com sua terra.
b) Iahweh retoma a palavra.
c) "toda cidade" grego; hebr. repete "toda a cidade".

³¹ Sim, ouço um grito como o de parturiente,
aflição como a da que dá à luz pela primeira vez;
é o grito da filha de Sião, que geme, e que estende as mãos:
"Ai de mim, que desfaleço
sob os golpes dos assassinos!"

5 Os motivos da invasão[a]

¹Percorrei as ruas de Jerusalém,
olhai, constatai,
procurai nas praças
se encontrais um homem
que pratique o direito,
que procure a verdade:
e eu a perdoarei,
diz Iahweh.
²Mas se dizem "Pela vida de Iahweh",
na verdade juram falso.
³Iahweh, não é para a verdade que teus olhos se dirigem?
Tu os feriste: eles nada sentiram.
Tu os consumiste: eles recusaram a lição.
Tornaram a sua face mais dura do que a rocha,
recusaram converter-se.
⁴Então eu pensava: "Pobre gente,
eles agem tolamente
porque não conhecem o caminho de Iahweh,
nem o direito de seu Deus.
⁵Dirigir-me-ei aos grandes
e falarei com eles,
porque conhecem o caminho de Iahweh
e o direito de seu Deus!"
Mas também eles quebraram o jugo,
romperam os laços!
⁶Por isso o leão da floresta os fere,
o lobo da estepe os dizima,
a pantera está à espreita em suas cidades:
todo aquele que sair delas será despedaçado.
Pois seus crimes são numerosos,
inúmeras as suas rebeldias.
⁷Por que deveria eu perdoar-te?
Teus filhos me abandonaram,
jurando por deuses que não o são.[b]
Eu os saciei e eles se tornaram adúlteros
e correram para a casa da prostituta.
⁸São cavalos cevados e vagabundos,
cada qual relincha pela mulher de seu próximo.
⁹Acaso não castigarei por causa destas coisas,
— oráculo de Iahweh —
ou não me vingarei
de nação como esta?

---

a) Ao ponto essencial, que é a contaminação idolátrica do culto de Iahweh, Jeremias acrescenta o ateísmo prático e a indocilidade (vv. 3.12-13), a luxúria (vv. 7-8), a opressão social (vv. 26-29), e denuncia a responsabilidade das classes dirigentes (vv. 4-5), dos sacerdotes e dos profetas (v. 31).
b) Enquanto dizem do Deus verdadeiro: "Ele não existe" (v. 12).

¹⁰ Escalai os seus terraços! Destruí!
  Mas não aniquileis completamente!
  Arrancai os seus sarmentos,
  porque eles não são de Iahweh!
¹¹ Sim, realmente me traíram,
  a casa de Israel e a casa de Judá,ᵃ
  — oráculo de Iahweh.
¹² Eles renegaram a Iahweh
  e disseram: "Ele não existe!ᵇ
  Nenhum mal nos atingirá,
  não veremos nem espada nem fome!
¹³ Seus profetas não são senão vento,
  a palavra não está neles;
  assim lhes aconteça!"
¹⁴ Por isso, assim disse Iahweh,
  o Deus dos Exércitos:
  Porque falastes esta palavra,
  eis que farei de minhas palavras
  fogo em tua boca,
  e, desse povo,
  lenha que o fogo devorará.
¹⁵ Eis que trago contra vós
  uma nação de longe,
  ó casa de Israel,
  oráculo de Iahweh.
  É nação duradoura,
  é nação antiga,
  nação cuja língua
  não conheces
  e não compreendes o que ela fala.
¹⁶ Sua aljava é como sepulcro aberto,
  todo os seus homens são heróis.
¹⁷ Devorará tua messe e teu pão,
  devorará teus filhos e tuas filhas,
  devorará tuas ovelhas e tuas vacas,
  devorará tua vinha e tua figueira;
  destruirá pela espada
  tuas cidades fortificadas
  em que depositas a tua confiança.ᶜ

A pedagogia do castigo — ¹⁸ Contudo, mesmo naqueles dias — oráculo de Iahweh — não vos aniquilarei completamente.

¹⁹ E quando perguntardes: "Por que Iahweh nosso Deus nos fez tudo isto?", tu lhes responderás: "Assim como me abandonastes para servir, em vossa terra, a deuses estrangeiros, assim também servireis a estrangeiros em terra *que não é a vossa*".

---

a) O nome "casa de Israel" designa provavelmente o reino do Sul (cf. cap. 2), e "casa de Judá" poderia ser glosa. Esse termo conheceu diversos significados: inicialmente designou as doze tribos do povo da Aliança (Js 24); depois, tomando significado profano, serviu para designar o reino do Norte (2Sm 5,5). Contudo, seu valor religioso não foi esquecido, e Isaías fala das "duas casas de Israel" (Is 8,14); após a queda do reino da Samaria (721) esse nome é aplicado ao reino do Sul (cf. Is 5,7; Mq 2,1; Ez 4,3; 5,4).
b) Lit.: "não ele". O ímpio não afirma ateísmo teórico, mas segundo ele, Iahweh não agirá; praticamente não existe a seus olhos (cf. Sl 14,1+). Pode-se ainda compreender: "não o (queremos)".
c) O oráculo continuará no v. 26.

O povo desconhece a obra de Deus[a]

²⁰ Anunciai isto na casa de Jacó,
fazei-o ouvir em Judá:
²¹ Ouvi isto,
povo insensato e sem inteligência![b]
Eles têm olhos mas não veem,
têm ouvidos mas não ouvem.
²² A mim não temeis?,
— oráculo de Iahweh.
Não tremeis diante de mim,
que coloquei a areia como limite ao mar,
barreira eterna que ele não poderá transpor:
suas ondas se agitam, mas são impotentes,
elas rugem, mas não poderão ultrapassar.
²³ Mas este povo tem
coração indócil e rebelde;
eles se afastaram e desertaram.
²⁴ Não disseram em seus corações:
"Temamos a Iahweh nosso Deus,
que nos dá a chuva de outono
e a da primavera a seu tempo
e que nos reserva
semanas fixas para a colheita."
²⁵ Vossos delitos afastaram esta ordem,
e vossos pecados vos privaram destes bens.

Retomada do tema

²⁶ Sim, encontram-se ímpios em meu povo,
eles estão à espreita, como passarinheiros que se agacham,[c]
eles montam armadilhas,
e caçam homens.
²⁷ Como gaiola cheia de pássaros,
assim suas casas estão cheias de rapina.
Por isso tornaram-se grandes e ricos,
²⁸ gordos e reluzentes.
Ultrapassaram até os limites do mal;
não respeitam o direito,
o direito dos órfãos e, todavia, têm êxito!
E não fazem justiça aos indigentes.
²⁹ Acaso não castigarei por causa destas coisas
— oráculo de Iahweh —
ou não me vingarei de nação como esta?
³⁰ Coisa horrível e abominável
aconteceu nesta terra:
³¹ os profetas profetizam mentiras,
os sacerdotes procuram proveitos.[d]
E meu povo gosta disto!
Mas que fareis quando chegar o fim?

---

a) Pergunta-se a ocasião destas reprovações; não seria a conduta do povo por ocasião de uma fome (8,18-23; 14).
b) Lit.: "sem coração" (cf. Os 7,11; Gn 8,21+).
c) No plural, conforme o contexto; no hebr., o singular. — "como passarinheiros à espreita", trad. incerta: o verbo significa normalmente "humilhar-se", donde, talvez, "abaixar-se, agachar-se" (para a espreita).
d) Lit.: "recolher em suas mãos" com o verbo *radah* II, empregado em Jz 14,9, de preferência a "governam" (*radah* I) para suas mãos, i.é: em seu proveito.

6 Ainda a invasão

¹ Fugi, benjaminitas,
do meio de Jerusalém!
Em Técua tocai a trombeta!
Levantai um sinal sobre Bet-Acarem!*ª*
Porque uma desgraça se ergue do norte,
um desastre enorme.

² A bela, a delicada,
eu a destruo, a filha de Sião!

³ Pastores entram nela com seus rebanhos!
Lançam tendas em seu redor,
e apascenta cada um sua parte.

⁴ Preparai contra ela uma guerra santa!*ᵇ*
Levantai-vos, subamos em pleno meio-dia!
Ai de nós, que o dia declina,
que as sombras da tarde se estendem!

⁵ Levantai-vos, subamos de noite ao assédio
e destruamos os seus palácios!

⁶ Porque assim fala Iahweh dos Exércitos:
Cortai árvores,
levantai contra Jerusalém um muro de assédio.
Ela é a cidade que foi visitada;*ᶜ*
em seu seio tudo é opressão.

⁷ Como um poço faz brotar as suas águas,
assim ela faz brotar a sua maldade.
Violência e devastação é o que nela se ouve;
há continuamente diante de mim doenças e ferimentos.

⁸ Emenda-te, Jerusalém,
para que não me desvie de ti,
para que não te reduza a ruínas,
a terra não habitada.

⁹ Assim disse Iahweh dos Exércitos:
Rebuscarão, como a uma vinha, o resto de Israel;*ᵈ*
repassa a tua mão, como o vindimador, sobre os sarmentos.

¹⁰ — A quem falarei e testemunharei*ᵉ*
para que eles ouçam?
Eis que seus ouvidos são incircuncisos
e não podem atender.
Eis que a palavra de Iahweh foi para eles objeto de escárnio,
eles não gostam mais dela!

¹¹ Mas eu estou repleto da cólera de Iahweh,
não posso contê-la!
— Derrama-a sobre o menino na rua
e, também, sobre o grupo dos jovens.

---

a) Os benjaminitas instalados no norte de Judá são, talvez, considerados como refugiados em Jerusalém. — Técua, terra natal de Amós, 8 km ao sul de Belém; Bet-Acarem (cf. Ne 3,14) é de localização incerta, talvez *Ramat Rahel*, 5 km ao sul de Jerusalém.
b) Lit.: "santificai contra ela a guerra", que até então era considerada dever sagrado (cf. 22,7). Mas, apesar do vocabulário, tem-se aqui o oposto do ideal da guerra santa, na qual Iahweh combate com seu povo (cf. Dt 1,30; 20,4; Is 31,4), ou, ao menos, contra seus inimigos (Is 13,3). Para Jeremias, a guerra não é mais ato religioso, porque Iahweh deixou o acampamento de Israel, que decidiu castigar (cf. 21,5; 34,22).
c) A "visita" de Deus, quer para libertar (15,15; Ex 3,16; Lc 1,68), quer para castigar (6,15; 8,12; 9,24; cf. Is 10,3 etc.).
d) A expressão aqui, como em 8,3, não é ainda técnica. Sê-lo-á em 23,3 e 31,7, para designar o povo fiel, beneficiário da salvação (cf. Is 4,3+).
e) Jeremias, convidado a recolher os restos, declara, nos vv. 10-11a, não encontrar mais ouvintes atentos. Deus lhe responde.

Porque serão aprisionados o homem com a mulher,
o velho com aquele que está repleto de dias.

= 8,10-12   ¹² Suas casas passarão a outros,
seus campos juntamente com suas mulheres.
Sim, estenderei a mão
sobre os habitantes da terra, oráculo de Iahweh.

23,11   ¹³ Porque desde o menor até o maior,
todos são gananciosos;
e desde o profeta até o sacerdote,
todos praticam a mentira.

¹⁴ Eles cuidam da ferida do meu povo superficialmente,
dizendo: "Paz! Paz!", quando não há paz.ᵃ

¹⁵ Deveriam envergonhar-se, porque
praticaram coisas abomináveis,
mas não se envergonham
e nem sabem ficar vexados.
Por isso cairão entre os que caem,
no tempo em que eu os visitar, tropeçarão,
disse Iahweh.

18,15
Mt 11,29   ¹⁶ Assim disse Iahweh:
Parai sobre os vossos caminhos e vede,
perguntai sobre as sendas de outrora:ᵇ
qual era o caminho do bem? Caminhai nele!
Então alcançareis repouso para vós.
Mas eles disseram: "Não caminharemos nele!"

Os 9,8 +
Ez 3,17   ¹⁷ Estabeleci sobre vós sentinelas:
"Atendei ao sinal da trombeta!"
Mas eles disseram: "Não atenderemos!"

¹⁸ Por isso escutai, nações,
conhece, ó assembleia, o que te irá acontecer!

Pr 1,29-31   ¹⁹ Escuta, terra!
Eis que farei vir a desgraça sobre este povo,
fruto de suas cogitações,
porque não atenderam às minhas palavras
e desprezaram a minha lei.

1Rs 10,1 +
Am 5,21 +   ²⁰ Que me importa o incenso que vem de Seba,ᶜ
e a cana aromática de países longínquos?
Vossos holocaustos não me agradam
e vossos sacrifícios não me comprazem.

²¹ Por isso assim disse Iahweh:
Eis que porei para este povo
obstáculos, e tropeçarão neles.
Pais e filhos, todos juntos,
vizinho e amigo, perecerão.

= 50,41-43   ²² Assim disse Iahweh:
Eis que virá um povo do Norte,
e uma grande nação se levantará dos confins da terra;

---

a) Promessas mentirosas dos falsos profetas (cf. 4,10), com quem Jeremias entrará em violento conflito por causa de seus anúncios de desgraça. Eles anunciam a "paz" (*shalôm*), termo que exprime não apenas a ausência de perigo externo (sentido que aparece em primeiro plano no tempo de Jeremias), mas todo um ideal de felicidade na prosperidade individual e coletiva, na boa relação para com Deus e na harmonia social. É o ideal que deve realizar a paz messiânica (cf. Is 11,6+).
b) Às vezes, as dos antepassados pecadores (Jó 22,15), outras vezes, como aqui, as dos antepassados fiéis (cf. 18,15; Sl 139,14).
c) Ou Sabá (1Rs 10,1+).

²³ eles manejam o arco e o dardo,
são bárbaros e sem piedade;
seu ruído é como o bramido do mar; montam cavalos,
estão preparados para o combate, como um só homem,
contra ti, filha de Sião.
²⁴ Logo que ouvimos a sua notícia,
as nossas mãos desfaleceram,
a angústia se apoderou de nós,
uma dor como a da parturiente.
²⁵ Não saiais para o campo,
nem andeis pelo caminho,
porque o inimigo carrega a espada,
terror de todos os lados!
²⁶ Filha de meu povo, veste-te de saco,
revolve-te no pó,
lamenta-te como por filho único;
lamentação amarga,
porque, de repente, chega
sobre nós o devastador.
²⁷ Eu te estabeleci em meu povo como observador,ᵃ
para que conheças e proves o seu caminho.
²⁸ Eles são todos completamente rebeldes,
semeadores de calúnias,
duros como bronze e ferro,ᵇ
são todos eles destruidores.
²⁹ O foleiro sopra,
pelo fogo o chumbo é devorado,ᶜ
em vão trabalha o fundidor,
as escórias não se desprendem.
³⁰ "Prata de refugo", chamam-nos
porque Iahweh os rejeitou!

4,31+

20,10+

Am 8,10
Zc 12,10

Is 1,22
Jr 9,6
Ez 22,17-22
Mt 3,2-3

2. ORÁCULOS PROFERIDOS SOBRETUDO NO TEMPO DE JOAQUIM

7 *O culto verdadeiro.*ᵈ *a) O ataque contra o Templo*ᵉ — ¹Palavra que foi dirigida a Jeremias da parte de Iahweh: ²Posta-te à porta do Templo de Iahweh e anuncia ali esta palavra e dize: Escutai a palavra de Iahweh, vós todos, judeus, que entrais por estas portas para adorardes Iahweh. ³Assim disse Iahweh dos Exércitos, o Deus de Israel: Melhorai os vossos caminhos e as vossas obras, e eu vos farei habitar neste lugar. ⁴Não vos fieis em palavras

26,1-19+

Is 1,16-17

---

a) O hebr. acrescenta "(como uma) fortaleza": a palavra de 1,18.
b) Lit.: "(eles são) bronze e ferro".
c) Comparação tirada da purificação de metais e, aqui, especialmente do tratamento da galena, da qual é necessário extrair, separadamente, chumbo e prata. Mas Israel, posto no crisol da prova, não se purifica.
d) Os discursos que seguem, próximos uns dos outros por sua relação com o culto, devem ser datados do reinado de Joaquim.
e) O Templo santificado pela presença de Iahweh (1Rs 8,10s; cf. Dt 4,7+), poderia aparecer como inviolável, e o desastre de Senaquerib em 701 diante dos muros de Jerusalém ilustrara a proteção de Iahweh sobre a Cidade Santa (2Rs 19,32-34; Is 37,33-35). Deste fato tirou-se, com segurança exagerada, a conclusão de que Iahweh protegeria novamente sua cidade. Jeremias escandalizará o povo, afirmando, depois de Miqueias (3,12), que tal confiança é ilusória: Deus pode abandonar seu Templo. Ezequiel verá até mesmo a Glória de Iahweh deixar o santuário (cf. Ez 11,23). O cap. 26 narra os incidentes que esta diatribe provocará. Ela data do começo do reinado de Joaquim, pelo ano 608.

mentirosas dizendo: "Este é o Templo de Iahweh, Templo de Iahweh, Templo de Iahweh!" ⁵Porque, se realmente melhorardes os vossos caminhos e as vossas obras, se realmente praticardes o direito cada um com o seu próximo, ⁶se não oprimirdes o estrangeiro, o órfão e a viúva, se não derramardes sangue inocente neste lugar e não correrdes atrás dos deuses estrangeiros para vossa desgraça, ⁷então eu vos farei habitar neste lugar, na terra que dei a vossos pais há muito tempo e para sempre. ⁸Eis que vós vos fiais em palavras mentirosas, que não podem ajudar. ⁹Não é assim? Roubar, matar, cometer adultério, jurar falso, queimar incenso a Baal, correr atrás de deuses estrangeiros, que não conheceis, ¹⁰depois virdes e vos apresentardes diante de mim, neste Templo, onde o meu nome é invocado, e dizer: "Estamos salvos", para continuar cometendo estas abominações! ¹¹Este Templo, onde o meu Nome é invocado, será porventura um covil de ladrões a vossos olhos? Mas eis que eu também vi, oráculo de Iahweh.

¹²Ide, pois, ao meu lugar, em Silo,ᵃ onde eu, outrora, fiz habitar o meu Nome, e vede o que eu lhe fiz por causa da maldade do meu povo, Israel. ¹³Mas agora, visto que praticastes todos esses atos — oráculo de Iahweh —, visto que não escutastes quando eu vos falava com instância e sem me cansar, e não respondestes aos meus apelos, ¹⁴tratarei o Templo, onde meu Nome é invocado, e em que pondes a vossa confiança, o lugar que dei a vós e a vossos pais, como tratei Silo. ¹⁵Eu vos expulsarei de minha presença, como expulsei todos os vossos irmãos e toda a raça de Efraim.

b) Os deuses estrangeiros — ¹⁶Mas tu, não intercedas por este povo e não eleves em seu favor nem lamentos nem preces, e não insistas junto a mim porque não te ouvirei. ¹⁷Não vês o que fazem nas cidades de Judá e nas ruas de Jerusalém? ¹⁸Os filhos ajuntam a lenha, os pais acendem o fogo e as mulheres preparam a massa para fazerem tortas à rainha dos céus;ᵇ depois fazem libações a deuses estrangeiros para me ofenderem. ¹⁹Mas será a mim que eles ofendem?, oráculo de Iahweh. Não será a eles mesmos, para a sua própria vergonha? ²⁰Por isso, assim disse o Senhor Iahweh: Eis que minha ira ardente se derramará sobre este lugar, sobre os homens, sobre os animais, sobre as árvores do campo e sobre os frutos da terra. Ela arderá e não se extinguirá.

c) O culto sem fidelidade — ²¹Assim disse Iahweh dos Exércitos, Deus de Israel: Acrescentai os vossos holocaustos aos vossos sacrifícios e comei a carne! ²²Porque eu não disse e nem prescrevi nada a vossos pais, no dia em que vos fiz sair da terra do Egito, em relação ao holocausto e ao sacrifício.ᶜ ²³Mas eu lhes ordenei isto: Escutai a minha voz, e eu serei o vosso Deus e vós sereis o meu povo. Andai em todo caminho que eu vos ordeno para que vos suceda o bem. ²⁴E não escutaram nem prestaram ouvido; andaram conforme os seus desígnios, na dureza de seu coração perverso, e deram as costas em vez da face. ²⁵Desde o dia em que vossos pais saíram da terra do Egito até hoje, enviei-vos todos os meus servos, os profetas; cada dia eu os enviei,ᵈ incansavelmente. ²⁶E eles não me escutaram, nem prestaram ouvidos, mas endureceram a sua cerviz e foram piores do que seus pais. ²⁷Tu

---

a) O santuário de Silo, residência da Arca, fora destruído pelos filisteus (1Sm 4); evitava-se falar deste luto nacional (o Sl 78,60 é o único a fazê-lo depois de Jeremias), — Silo encontra-se cerca de 40 km ao norte de Jerusalém.

b) *Ishtar* (Astarte), deusa da fecundidade no panteão mesopotâmico; era identificada com o planeta Vênus. — A palavra "rainha" não é normal e não se encontra a não ser em Jr (cf. Jr 44,17-25).

c) É exato que o Decálogo, carta da Aliança, não contém nenhuma prescrição ritual. Certamente, não se trata de condenar pura e simplesmente os sacrifícios de animais (cf. 33,11), contudo Jeremias se une a uma corrente profética para a qual o culto não é o elemento essencial da religião (cf. Os 6,6; Am 5,21+; Mq 6,6-8).

d) "cada dia", sir.; "dia", hebr.

lhes dirás todas estas palavras, mas eles não te escutarão. Tu os chamarás, e eles não te responderão. ²⁸Tu lhes dirás: Esta é a nação que não escutou a voz de Iahweh seu Deus, e não aceitou o ensinamento. A fidelidade pereceu: foi eliminada de sua boca.

Is 7,9 +

d) Novamente o culto ilegítimo; ameaça de exílio — ²⁹Corta os teus cabelos consagrados e lança-os fora.

19,1-13

> Entoa sobre os montes secos uma lamentação.
> Porque Iahweh desprezou e repudiou
> a geração que o provoca ao furor!

³⁰Sim, os filhos de Judá praticaram o mal diante de meus olhos, oráculo de Iahweh. Eles puseram suas Abominações*ᵃ* no Templo, no qual o meu Nome é invocado, para profaná-lo. ³¹Construíram os lugares altos de Tofet*ᵇ* no vale de Ben-Enom, para queimar os seus filhos e as suas filhas, o que eu não tinha ordenado e nem sequer pensado. ³²Por isso, eis que dias virão — oráculo de Iahweh — em que não se dirá mais Tofet nem vale de Ben-Enom, mas sim vale da Matança. Enterrarão em Tofet por falta de lugar. ³³Os cadáveres desse povo serão alimento para as aves do céu e para os animais da terra, e ninguém os expulsará. ³⁴Farei cessar nas cidades de Judá e nas ruas de Jerusalém a voz de júbilo e a voz de alegria, a voz do noivo e a voz da noiva, porque a terra tornar-se-á uma ruína.

= 32,34-35

Lv 18,21 +

= 19,6

16,4; 34,20

16,9; 25,10
↗ Br 2,23

8 ¹Naquele tempo — oráculo de Iahweh — tirarão de seus sepulcros os ossos dos reis de Judá, os ossos de seus príncipes, os ossos dos sacerdotes, os ossos dos profetas e os ossos dos habitantes de Jerusalém. ²Eles os espalharão diante do sol, da lua e de todo o exército celeste, que amaram, serviram, seguiram e consultaram e diante dos quais se prostraram.*ᶜ* Não serão mais reunidos e sepultados; serão esterco sobre a terra. ³E a morte será preferida à vida por todos os que restarem desta geração perversa em todos os lugares*ᵈ* para onde eu os tiver expulsado, oráculo de Iahweh dos Exércitos.

Ez 6,4-5

= 25,33;
16,4
2Rs 9,37

Ameaças, lamentações, instruções. Desvio de Israel*ᵉ*

⁴Tu lhes dirás: Assim disse Iahweh.
Acaso eles caem sem se levantar?
Se se desviam, não retornarão?
⁵Por que este povo é rebelde,
por que Jerusalém é, continuamente, rebelde?
Firmaram-se na falsidade
e recusam converter-se.
⁶Prestei atenção e ouvi:
Eles não falam assim.
Ninguém se arrepende de sua maldade,
dizendo: "O que foi que eu fiz?"
Todos retornam ao seu caminho,
como um cavalo que se lança ao combate.
⁷Até a cegonha no céu
conhece o seu tempo;

Is 1,3

---

a) Sempre os falsos deuses.
b) Sobre o "Tofet", "grelha", onde as crianças eram sacrificadas em honra de Moloc (32,35) cf. Lv 18,21+; Is 30,33+.
c) Os cultos astrais foram grandemente favorecidos por Manassés e Amon.
d) O hebr. repete "que restarão", om. pelo grego e sir.

e) Este conjunto 8,4-10,25 reúne oráculos pronunciados no começo do reinado de Joaquim, por volta de 605. Os três poemas 8,4-7.13-17; 9,1-8 continuam e estendem as repreensões contra Israel. A lamentação 9,9-21 continua em 10,17-22 e termina com uma prece de Jeremias 10,23-24; foram acrescentados, ainda, outros poemas de Jeremias: 8,8-9.10-12.18-23; 9,22-23.24-25. O fragmento 10,1-16 parece ser de outra mão.

a pomba, a andorinha e o grou
observam o tempo de sua migração.
Mas o meu povo não conhece
o direito de Iahweh.

A lei na mão dos sacerdotes

2,8
↗ Mt 23
⁸ Como podeis dizer: "Nós somos sábios
e a Lei de Iahweh está conosco!"
Sim, eis que a transformou em mentira
o cálamo mentiroso do escriba!ᵃ
⁹ Os sábios serão envergonhados,
ficarão perturbados e serão capturados.
Eis que desprezaram a palavra de Iahweh!
O que é a sabedoria para eles?

Retomada de um fragmento de ameaçaᵇ

= 6,12-15
¹⁰ Por isso darei as suas mulheres a outros,
seus campos a conquistadores.
Porque, desde o menor até o maior,
todos são ávidos de rapinas;
do profeta ao sacerdote,
todos praticam a falsidade.
¹¹ Curam a desgraça da filha do meu povo
de modo superficial,
dizendo: "Paz! Paz!",
quando não há paz.
¹² Eles deviam envergonhar-se, porque praticaram a abominação,
mas, na verdade, não se envergonharam,
não sabem mais sentir vergonha.
Por isso cairão com os que caem,
no tempo de minha visita vacilarão,
disse Iahweh.

Ameaças à Vinha-Judá

Is 5,1 +
Lc 13,6-9
21,18-22 +
¹³ Eu os suprimirei
— oráculo de Iahweh —
não mais uvas na videira, não mais figos na figueira,
a folhagem está seca:
dei-lhes quem os devaste!
= 4,5
9,14
¹⁴ "Por que permanecemos tranquilos?
Reunamo-nos!ᶜ
Vamos para as cidades fortificadas
para sermos ali reduzidos ao silêncio,ᵈ
pois Iahweh nosso Deus nos reduzirá ao silêncio
e nos fará beber água envenenada,
porque pecamos contra Iahweh.
Is 59,9
= Jr 14,19
¹⁵ Esperamos a paz: nada de bom!
o tempo da cura: eis o terror!

---

a) Os sacerdotes, guardas da tradição incorporada nos textos. A "palavra", no v. 9, designa, sem dúvida, a mensagem dos profetas e a lei em forma oral e talvez já parcialmente escrita.

b) Este fragmento, duplicata de 6,12-15, não é transmitido pelo grego.
c) O mesmo verbo hebraico significa "reunir" e "suprimir", v. 13.
d) Trata-se do silêncio da morte.

¹⁶ De Dã ouve-se
 o resfolegar de seus cavalos;
 pelo relinchar de seus ginetes
 treme toda a terra:
 eles vieram para devorar a terra e os seus bens,
 a cidade e os seus habitantes".
¹⁷ — Sim, eis que envio contra vós
 serpentes venenosas,
 contra as quais não há encantamento,
 e elas vos morderão,
 oráculo de Iahweh.

Lamentação do profeta por ocasião da fome

¹⁸ Sem remédio, a dor me invade,[a]
 meu coração está doente!
¹⁹ Eis o grito por socorro da filha de meu povo,
 de uma terra longínqua.
 "Não está mais Iahweh em Sião?
 Seu Rei não está nela?
 (Por que eles me irritaram com os seus ídolos,
 com deuses estrangeiros?)
²⁰ A colheita passou, o verão acabou,
 e nós não fomos salvos!"
²¹ Por causa da ferida da filha do meu povo eu fui ferido,
 fiquei triste, o pavor me dominou.
²² Não há bálsamo em Galaad?[b]
 Não há lá um médico?
 Por que não progride
 a cura da filha de meu povo?
²³ Quem fará de minha cabeça um manancial de água,
 e de meus olhos fonte de lágrimas,
 para que chore dia e noite
 os mortos da filha do meu povo!

9 *Corrupção moral de Judá*

¹ Quem me dará no deserto
 um refúgio de viajantes,
 para que possa deixar o meu povo
 e ir para longe deles?
 Porque todos são adúlteros,
 uma quadrilha de traidores.
² Retesam as suas línguas como um arco;
 é a mentira e não a verdade
 que prevalece[c] na terra.
 Porque avançam de crime em crime,
 mas a mim não conhecem,
 oráculo de Iahweh!
³ Que cada um se guarde de seu próximo,
 e não confieis em nenhum irmão;

---

a) "sem remédio", grego; "minha alegria" (?), hebr. — "(a dor) me invade", lit.: "sobe (em mim)" (*'alah*), conj.: "sobre (a dor, sobre mim)" (*'aley*), hebr. A rigor, poder-se-ia compreender com a segunda correção apenas: "uma fonte de alegria e para mim a dor".

b) Galaad, a leste do Jordão e ao norte do Jaboc, terra de bálsamos e aromas (Gn 37,25; 43,11; cf. também Jr 46,11).

c) "e não a verdade que prevalece", grego; "e não para a verdade, eles são fortes", hebr.

porque todo irmão só quer suplantar,ᵃ
e todo próximo anda caluniando.

⁴Cada um zomba de seu próximo,
não dizem a verdade,
habituaram suas línguas à mentira,
cansam-se de agir mal.

⁵A tua habitação está no meio da falsidade!
Por causa da falsidade recusam conhecer-me,
oráculo de Iahweh!

⁶Por isso assim disse Iahweh dos Exércitos:
Eis que os acrisolarei e os provarei.
Pois como poderia eu agir com a filha do meu povo?

⁷A sua língua é uma flecha mortífera,
falsa é a palavra de sua boca;
ele diz paz ao seu próximo,
mas, dentro de si, lhe prepara uma cilada.

⁸Não deveria castigá-los por isto?
— oráculo de Iahweh —
Contra uma nação como esta
não deveria vingar-me?

Tristeza em Sião

⁹Sobre as montanhas, elevo gemidos e prantos;
sobre as pastagens da estepe, um canto de lamentação.
Porque elas estão queimadas,ᵇ ninguém passa por ali,
e não ouvem o grito dos rebanhos.
Desde os pássaros do céu até os animais domésticos
todos fugiram, foram embora.

¹⁰ — Eu farei de Jerusalém um monte de pedras,
abrigo de chacais;
e das cidades de Judá farei uma desolação,
sem habitantes.

¹¹Quem é o sábio que compreenderá estas coisas?
A quem a boca de Iahweh falou para que ele anuncie?
Por que a terra está arruinada,
queimada como o deserto, sem nenhum passante?

¹²E Iahweh disse: Porque eles abandonaram a minha Lei, que eu lhes dera, e não obedeceram à minha voz, não a seguiram; ¹³mas seguiram a obstinação de seu coração e os baais que os seus pais lhes fizeram conhecer. ¹⁴Por isso, assim disse Iahweh dos Exércitos, o Deus de Israel: Eis que farei esse povo comer absinto, e lhes darei a beber água envenenada. ¹⁵Eu os dispersarei entre as nações que não conheceram, nem eles nem seus pais, e enviarei atrás deles a espada, até que os tenha exterminado.

¹⁶Assim disse Iahweh dos Exércitos:
Atendei! Chamai as carpideiras, para que venham!
Mandai procurar as mulheres hábeis, para que venham!

¹⁷Que elas se apressem e cantem sobre nós uma lamentação!
Que nossos olhos derramem lágrimas,
e nossas pálpebras deixem correr água.

---

a) Lit.: "suplantando, suplanta", hebr.: *'aqob ya'eqob*, que fez jogo de palavras com *Ya'aqob*, Jacó, e alude ao papel de "suplantador" (Gn 25,26+). Poder-se-ia traduzir: "todo irmão faz o papel de Jacó".

b) Trata-se, talvez, do ano 605, na primeira campanha de Nabucodonosor (2Rs 24,1). Jerusalém está ameaçada.

¹⁸ Sim, foi ouvida uma lamentação em Sião:
"Como estamos aniquilados, cobertos de vergonha!
Porque tivemos de abandonar a terra,
porque destruíram as nossas moradias".
¹⁹ Escutai, pois, mulheres, a palavra de Iahweh,
que vosso ouvido receba a palavra de sua boca;
ensinai a vossas filhas o pranto,
e cada uma à sua vizinha o canto de lamentação:
²⁰ "A morte subiu por nossas janelas,
entrou em nossos palácios,
para ferir a criança na rua
e os jovens nas praças.
²¹ Fala: Assim é o oráculo de Iahweh:
Os cadáveres dos homens caem
como esterco sobre o campo
e como gavela atrás do segador,
e não há quem a recolha!"

A verdadeira sabedoria

²² Assim disse Iahweh:
Que o sábio não se glorie de sua sabedoria,
que o valente não se glorie de sua valentia,
que o rico não se glorie de sua riqueza!
²³ Mas aquele que queria gloriar-se, glorie-se disto:
De ter a inteligência e me conhecer,[a]
porque eu sou Iahweh que pratico o amor,[b]
o direito e a justiça na terra.
Porque é disto que eu gosto,
oráculo de Iahweh!

A circuncisão na carne, falsa garantia — ²⁴Eis que dias virão — oráculo de Iahweh — em que visitarei todos os circuncisos no prepúcio: ²⁵Egito, Judá, Edom, os filhos de Amon, Moab, todos os que têm as têmporas raspadas,[c] que moram no deserto. Porque todas estas nações[d] e toda a casa de Israel são incircuncisas de coração!

10

Ídolos e o verdadeiro Deus[e] — ¹Escutai a palavra que vos fala Iahweh, ó casa de Israel!
² Assim disse Iahweh:
Não aprendais o caminho das nações,
não vos espanteis com os sinais do céu,
ainda que as nações se espantem com eles.
³ Sim, os costumes[f] dos povos são vaidade,
apenas madeira cortada da floresta,
obra da mão de um artista com o cinzel.

---

a) O "conhecimento de Iahweh" no qual se resume a verdadeira religião (cf. Os 2,22+), é dos grandes temas da pregação de Jeremias (cf. 2,8; 22,15-16; 24,7; 31,34).
b) A *hésed* (cf. Os 2,21+).
c) Os árabes.
d) "estas nações": *haggôyim ha'elleh,* conj.; "estas nações (são) incircuncisas": *haggôyim 'arelîm,* hebr., mas cf. v. 24.

e) Esta passagem, que não parece ser da mão do profeta, desenvolve temas próximos dos da segunda parte de Isaías: o nada dos falsos deuses (cf. Is 40,20+), exaltação de Iahweh criador (cf. Is 42,8+). O texto está sobrecarregado. Os vv. 6-8 e 10 faltam no grego, cuja ordem é diferente. O v. 11 é glosa aramaica do v. 12. Os vv. 12-16 são retomados em 51,15-19.
f) Lit.: "os decretos", ou "as leis", mas o termo é tomado, aqui, em sentido negativo: são as normas, às quais os povos pagãos obedecem (cf. 2Rs 17,8).

JEREMIAS 10

⁴Eles a enfeitam com prata e ouro.
Com pregos e com martelos a firmam,
para que não balance.
⁵São espantalho em campo de pepinos.
Não podem falar; devem ser carregados,
porque não podem caminhar!
Não tenhais medo deles, porque não podem fazer o mal
e nem o bem tampouco.

Is 42,8 +;
40,18
Sl 86,8 +
⁶Ninguém é como tu, Iahweh,
tu és grande,
teu Nome é grande em poder!

Ap 15,4
⁷Quem não te temerá, rei das nações?
Porque isto te é devido!
Porquanto, entre todos os sábios das nações
e em todos os seus reinos,
ninguém é como tu!

⁸Eles todos são ignorantes e insensatos:
o ensinamento das vaidades é madeira!
⁹Prata batida, importada de Társis
e ouro de Ofir,*ᵃ*
obra de escultor e das mãos de ourives;
sua veste é púrpura violeta e escarlate,
tudo obra de mestres.
¹⁰Mas Iahweh é o Deus verdadeiro,
é o Deus vivo e o Rei eterno.
Diante de sua ira a terra treme
e as nações não podem suportar o seu furor.

¹¹(Assim vós lhes falareis: "Os deuses que não criaram o céu e a terra desaparecerão da terra e de debaixo dos céus".)

= 51,15-19
Sl 104
Jó 38
Pr 8,27-31
¹²Ele fez a terra por sua potência,
por sua sabedoria estabeleceu o mundo
e por sua inteligência estendeu os céus.

Sl 135,7
¹³Quando faz ressoar o trovão,
há um bramido de águas no céu;
faz subir as nuvens do extremo da terra,
produz os raios para a chuva
e faz sair o vento de seus reservatórios.
¹⁴Então todo homem se torna estúpido, sem compreender,
todo ourives se envergonha dos ídolos,
porque o que ele fundiu é mentira,
não há sopro neles!
¹⁵São vaidade, obra ridícula;
no tempo de seu castigo, desaparecerão.
¹⁶A Porção de Jacó não é como eles,
porque ele é o que formou o universo,
e Israel é a tribo de sua herança.
Iahweh dos Exércitos é o seu nome.

---

a) Hebr., "*'uphaz*"; este termo reaparece em Dn 10,5, mas trata-se, sem dúvida, de grafia errada de Ofir, lido pelo sir. e Targ. Ofir, localização incerta nas costas ocidentais da Arábia, é a terra do ouro (Gn 10,29; 1Rs 9,28 etc.). A respeito de Társis, que tentaram, às vezes, identificar com Tartessos, no sul da Espanha, cf. 1Rs 10,22+.

Pânico na terra

¹⁷ Recolhe da terra a tua bagagem,
  tu que te encontras sitiada!ᵃ   Ex 12,3
¹⁸ Porque assim disse Iahweh:
  Eis que, desta vez, expulsarei
  os habitantes da terra,
  e os afligirei,
  para que eles me encontrem.ᵇ
¹⁹ — "Ai de mimᶜ por causa de minha ferida!   4,31
  É incurável o meu ferimento.
  Mas eu dizia: É só isto o meu sofrimento?
  Eu o suportarei!
²⁰ A minha tenda está devastada   4,20
  e todas as minhas cordas estão cortadas.   Is 54,1-2
  Meus filhos deixaram-me:
  não existem mais;
  não há ninguém que possa estender
  novamente a minha tenda
  e levantar a lona".
²¹ — Porque os pastores foram estúpidos,   Ez 34,1 +
  não procuraram Iahweh.
  Por isso não tiveram sucesso,
  e todo o rebanho foi disperso.
²² Atenção: Uma notícia, eis que ela chega!
  Grande ruído vem da terra do Norte
  para transformar as cidades de Judá em solidão,
  em abrigo de chacais.
²³ Eu sei, Iahweh,   Pr 20,24
  que não pertence ao homem o seu caminho,
  que não é dado ao homem que caminha
  dirigir os seus passos!
²⁴ Corrige-me, Iahweh, mas em justa medida,   ‖ Sl 6,2;
  não em tua ira, para não me reduzir demais.   38,2
²⁵ Derrama teu furor sobre as nações   ‖ Sl 79,6-7
  que não te conhecem,   Is 9,11
  e sobre as famílias   Jr 30,16
  que não invocam teu nome.
  Porque elas devoraram Jacó,
  devoraram-no e acabaram com ele,
  devastaram o seu território.

11 Jeremias e as palavras da Aliançaᵈ

¹ Palavra que foi dirigida a Jeremias por Iahweh: ² Escutai as palavras desta aliança! Vós as direis aos homens de Judá e aos habitantes de Jerusalém. ³ E lhes dirás: Assim disse   7,21-28
    Dt 27,26

---

a) A nação israelita personificada é, novamente, interpelada. A ameaça parece mais próxima do que em 9,9-21.
b) "eles me encontrem", sir.; "encontrem", hebr. Uma correção na vocalização permitiria ler "para que eles sejam encontrados", i.é, atingidos por seus inimigos, mas o tema do retorno a Deus provocado pelo sofrimento é corrente nos profetas (cf. 29,12-13; 31,16-19; Is 17,4-7; 30,20; Br 2,30-32; Os 5,14-15; Mq 4,10-11; Zc 10,9; cf. também Dt 4,29).
c) Lamentação da nação personificada.
d) Em 622, o rei Josias empreendeu a reforma religiosa (2Rs 22,3-23,27), apoiado pelos partidos sacerdotal e profético. Jeremias parece ter participado dela ativamente. Esta passagem conserva a lembrança desta participação. Contém numerosas expressões próprias do Deuteronômio, cuja descoberta (2Rs 22,8) serviu de base para a reforma. O núcleo formado pelos vv. 6.8b.9-12 deve ser atribuído a Jeremias; o resto representa acréscimos secundários; os vv. 7-8 faltam no grego.

Iahweh, o Deus de Israel: Maldito o homem que não escuta as palavras desta aliança, ⁴que prescrevi a vossos pais, no dia em que vos tirei da terra do Egito, da fornalha de ferro, dizendo: Escutai a minha voz e fazei tudo como vos ordenei; então sereis o meu povo e eu serei o vosso Deus, ⁵para cumprir o juramento que fiz a vossos pais, de lhes dar uma terra, onde corre leite e mel, como hoje. E eu respondi: Amém, Iahweh! ⁶E Iahweh me disse: Proclama todas estas palavras nas cidades de Judá e nas ruas de Jerusalém, dizendo: Escutai as palavras desta aliança e praticai-as. ⁷Porque adverti constantemente os vossos pais no dia em que os fiz subir da terra do Egito, e, até hoje, os adverti, dizendo: Obedecei-me! ⁸Mas eles não escutaram nem prestaram atenção; cada qual seguiu a obstinação de seu coração perverso. Então fiz cair sobre eles todas as palavras desta aliança, que lhes ordenara que observassem e eles não observaram.

⁹E Iahweh me disse: Existe uma conspiração entre os homens de Judá e entre os habitantes de Jerusalém. ¹⁰Eles retornaram às faltas de seus pais, que se recusaram a escutar as minhas palavras: correram atrás de deuses estrangeiros, para servi-los. A casa de Israel e a casa de Judá romperam a minha aliança, que havia concluído com seus pais. ¹¹Por isso assim disse Iahweh: Eis que trarei sobre eles uma desgraça, da qual não poderão escapar; clamarão a mim, mas não os escutarei. ¹²Então as cidades de Judá e os habitantes de Jerusalém clamarão aos deuses, aos quais queimam incenso, mas não poderão, de maneira alguma, salvá-los, no tempo de sua desgraça!

¹³Pois tão numerosos como tuas cidades
são os teus deuses, ó Judá!
Tão numerosos como as ruas de Jerusalém
são os altares que erigistes à Vergonha,
altares para oferecerdes incenso a Baal.

¹⁴Mas tu não intercedas por este povo e não eleves por eles nem lamentações nem preces. Sim, não quero escutá-los, quando clamarem a mim por causa de sua desgraça!

Repreenda aos frequentadores do Templo^a

¹⁵Que procura a minha amada em minha Casa?
Ela realizou os seus planos perversos.
Poderão os teus votos^b e a carne sagrada
afastar de ti o teu mal,^c
para que possas exultar?

¹⁶"Uma oliveira verdejante,
ornada de frutos belos",
assim chamou-te Iahweh.
Com grande ruído
ele lhe ateou fogo
e seus ramos foram estragados.

¹⁷Iahweh dos Exércitos, que te plantou, decretou contra ti a desgraça por causa do mal que a casa de Israel e a casa de Judá fizeram a si mesmas, para me irritar, queimando incenso a Baal.

---

a) Oráculo proferido, provavelmente, no Templo, na mesma época dos do cap. 7. O v. 17 retoma 11,1-14.
b) "minha amada", grego; "meu amado", hebr.; "os votos", grego; "os numerosos", hebr.
c) "afastar de ti o teu mal" (lit.: "farão passar o teu mal de cima de ti"), grego; "passarão de cima de ti porque teu mal", hebr.

Jeremias perseguido em Anatot[a] — ¹⁸Iahweh mo fez conhecer e assim eu o conheci; naquela ocasião, tu me fizeste ver os seus atos.

¹⁹Mas como cordeiro manso que é levado ao matadouro, não sabia que eles tramavam planos contra mim: "Destruamos a árvore em seu vigor,[b] arranquemo-la da terra dos vivos, e seu nome não será mais lembrado!"

²⁰Iahweh dos Exércitos, que julgas com justiça,
 que perscrutas os rins e o coração,
 verei a tua vingança contra eles,
 porque a ti expus a minha causa.

²¹Por isso, assim disse Iahweh contra os homens de Anatot que atentam contra a minha vida,[c] dizendo: "Não profetizarás em nome de Iahweh, senão morrerás por nossa mão!" ²²Por isso, assim disse Iahweh dos Exércitos: Eis que os castigarei. Os seus jovens morrerão pela espada, e seus filhos e suas filhas pela fome. ²³E ninguém restará, porque trarei a desgraça sobre os homens de Anatot no ano de seu castigo.

12 *A felicidade dos maus*[d] — ¹Tu és justo demais, Iahweh, para que eu entre em processo contigo.
Contudo, falarei contigo sobre questões de direito:
Por que prospera o caminho dos ímpios?
Por que os apóstatas estão em paz?

²Tu os plantaste, eles criaram raízes,
vão bem e produzem fruto.
Estás perto de sua boca,
mas longe de seus rins.

³Mas tu, Iahweh, me conheces e me vês,
provaste o meu coração, que está contigo.
Arranca-os como ovelhas para o matadouro,
consagra-os para o dia do massacre.

⁴(Até quando se lamentará a terra, e ficará seca a erva de todo campo? Por causa da maldade de seus habitantes perecem os animais e os pássaros.)

Pois eles dizem:
Ele[e] não vê o nosso futuro.

⁵ — Se a corrida com os caminhantes te cansa,
como queres competir com cavalos?
Em uma terra de paz te sentes seguro,
mas como farás no matagal do Jordão?[f]

⁶Porque até os teus irmãos e a casa de teu pai, até eles te traíram! Até eles gritaram atrás de ti. Não confies neles quando te falarem coisas boas.

---

a) *Tornando-se fomentador da reforma*, que exigia a supressão do santuário local (Dt 12,5; cf. 2Rs 23), Jeremias separou-se de seus compatriotas.
b) "em seu vigor": *belehô*, conj.; "em seu pão": *belahmô*, hebr.; grego: "nós queremos pôr madeira (i.é, veneno, conforme Targ.) em seu pão". Este v. foi aplicado pela liturgia cristã à paixão do Cristo.
c) "Contra a minha vida", grego; "contra a tua vida", hebr. (talvez passagem desajeitada ao estilo direto).
d) O problema é proposto aqui pela primeira vez no AT. Veja a Introdução aos livros sapienciais.
e) "Ele": o grego precisa "Deus".
f) Lit.: "a altura", i.é, as encostas recobertas de vegetação e perigosas porque servem de esconderijo a toda espécie de animais. Pode-se, também, compreender "a elevação" (lit.: "a subida"), mas cf. 49,19; 50,44. — Em vez de conceder a vingança pedida, esta resposta de Iahweh anuncia ao profeta outras perseguições; em lugar de responder à sua questão, ela deixa em seu mistério a retribuição dos bons e dos maus (cf. Jó 38,1s; 40,1-5; 42,1-6).

Lamentações de Iahweh sobre sua herança invadida

7,14 ⁷Eu abandonei a minha casa,
rejeitei a minha herança,
entreguei a minha amada
nas mãos de seus inimigos.
⁸Minha herança foi para mim
como um leão na floresta,
levantou contra mim a sua voz:
por isso a odiei.
⁹Será a minha herança uma ave de rapina colorida,
para que a cerquem as aves de rapina?*ᵃ*
Ide! Reuni todos os animais selvagens,
trazei-os para comer!
6,3 ¹⁰Pastores em grande número destruíram a minha vinha,
pisaram a minha propriedade,
transformaram a minha propriedade preferida
em deserto de desolação.
¹¹Fizeram dela*ᵇ* uma região devastada,
ela está de luto, devastada diante de mim.
Toda a terra está devastada
e não há ninguém que ponha isto em seu coração!
¹²Sobre todas as colinas do deserto
chegaram os devastadores
(porque Iahweh tem espada devoradora):
de uma à outra extremidade da terra,
não há paz para toda carne.
¹³Eles semearam trigo, colheram espinhos,
cansaram-se sem resultado.
Têm vergonha de suas colheitas,*ᶜ*
por causa da ardente ira de Iahweh.

Julgamento e salvação dos povos vizinhos — ¹⁴Assim disse Iahweh a respeito de todos os meus maus vizinhos, que tocaram na herança que eu dei a meu povo, Israel: Eis que os arrancarei de seu solo. (Mas a casa de Judá, eu a arrancarei do meio deles). ¹⁵Mas depois que eu os tiver arrancado, terei novamente pena deles, e os reconduzirei cada um à sua herança e cada um à sua terra. ¹⁶E se realmente aprenderem os caminhos do meu povo, de modo a jurar em meu nome: "Por Iahweh Vivo", como ensinaram meu povo a jurar por Baal, então serão edificados no meio do meu povo. ¹⁷Mas se não escutarem, arrancarei essa nação e a exterminarei, oráculo de Iahweh.

4,2
Is 45,14 +

13 *O cinto que de nada serve*ᵈ

¹Assim me disse Iahweh: "Vai e compra um cinto de linho e cinge-o sobre os teus rins, mas não o molharás na água". ²Comprei o cinto, conforme a ordem de Iahweh, e o coloquei sobre os meus rins. ³Então me foi dirigida a palavra de Iahweh, uma segunda vez: ⁴"Toma o cinto que compraste e que está sobre teus rins. Levanta-te, vai ao Eufrates e esconde-o lá na fenda de um rochedo." ⁵E fui escondê-lo no Eu-

---

a) Alusão às incursões dos moabitas, amonitas e edomitas na Palestina após 602 (cf. 2Rs 24,1-2).
b) "Fizeram dela", versões; "ele fez dela", hebr.
c) "suas colheitas", *mittebû 'oteykem* conj.; "vossas colheitas", *mittebû 'oteyhem* hebr.
d) Ação simbólica (cf. 18,1+; Is 20; Ez 4; 12; 24,15s etc.). Se não for interpretada como visão, a ação se

desenrola no Wadi Fara, 6 km ao norte de Anatot (cf. a cidade de Fara, Js 18,23) cujo nome evoca o do Eufrates (em hebraico *Perat*). O significado é, em todo caso, claro: Israel, que Iahweh ligara a si como um cinto nos rins (Sl 76,11+), afastou-se dele e foi apodrecer em contato com a idolatria babilônica.

frates, como Iahweh me mandara. ⁶Depois de muitos dias, disse-me Iahweh: "Levanta-te, vai ao Eufrates e retoma o cinto que te mandei esconder lá". ⁷Fui ao Eufrates, procurei e apanhei o cinto do lugar onde o escondera. Eis que o cinto estava estragado, não servindo para mais nada. ⁸Então a palavra de Iahweh me foi dirigida: ⁹"Assim disse Iahweh. Desta maneira destruirei o orgulho de Judá, o grande orgulho de Jerusalém. ¹⁰Este povo mau, que se recusa a escutar as minhas palavras, que segue a obstinação de seus corações, que corre atrás dos deuses estrangeiros para servi-los e prostrar-se diante deles: será como este cinto que não serve para nada. ¹¹Porque, do mesmo modo como um cinto adere aos rins de um homem, assim eu fiz aderir a mim toda a casa de Israel e toda a casa de Judá — oráculo de Iahweh — para que fossem meu povo, meu renome, minha honra e meu esplendor, mas eles não escutaram".

Sl 76,11 + Sl 109,19

Os odres de vinho que se entrechocam — ¹²Tu lhes dirás esta palavra: Assim disse Iahweh, o Deus de Israel. "Todo odre pode ser enchido de vinho!" E se eles te responderem:ᵃ "Porventura não sabemos que todo odre pode ser enchido de vinho?" ¹³Tu lhes dirás: "Assim disse Iahweh. Eis que enchereí de embriaguez todos os habitantes desta terra, os reis que estão sentados no trono de Davi, os sacerdotes, os profetas e todos os habitantes de Jerusalém. ¹⁴Então eu os quebrarei, cada um contra o seu irmão, pais contra filhos, oráculo de Iahweh. Sem piedade, sem pena, sem misericórdia os destruirei".

Is 51,17 +

Perspectivas de exílio

¹⁵Escutai, prestai ouvidos,
não sejais orgulhosos,
porque Iahweh falou!
¹⁶Dai glória a Iahweh vosso Deus,
antes que escureça,
antes que vossos pés se choquem
contra os montes do crepúsculo.
Vós contais com a luz,
mas ele fará dela escuridão,
transformá-la-á em sombra espessa.
¹⁷Mas se não escutardes,
chorarei em segredo pelo vosso orgulho;
chorarão abundantemente
e deixarão correr lágrimas os meus olhos,
porque o rebanho de Iahweh é conduzido para o exílio.

Jo 12,35-36
Am 5,18

*Ameaças a Joaquin*ᵇ

¹⁸Dize ao rei e à rainha-mãe:
Sentai-vos bem embaixo,
porque caiu de vossas cabeças
a vossa coroa de esplendor.
¹⁹As cidades do Negueb estão fechadasᶜ
e não há quem possa abri-las.
Todo Judá foi deportado,
deportado completamente.

---

a) "se eles te respondem", grego; "eles te responderão", hebr.
b) Joaquin reinou apenas três meses e foi deportado com sua mãe para a Babilônia em 598.
c) Sem dúvida, pelos edomitas cujas incursões eram contínuas após 602.

Admoestações a Jerusalém que não se converte

²⁰ Levanta os olhos e vê*ᵃ*
aqueles que vêm do Norte.
Onde está o rebanho que te foi confiado,
as tuas magníficas ovelhas?

²¹ Que dirás quando te castigarem,
a ti, que os ensinaste,
a esses amigos que estão à frente contra ti?
Não te dominarão, então, dores
como as de mulher no parto?

²² E se dizes em teu coração:
Por que me aconteceram estas coisas?
Foi por causa da imensidade de tua falta que as tuas vestes foram levantadas
e te violentaram.*ᵇ*

²³ Pode o etíope mudar a sua pele?
O leopardo as suas pintas?
Podeis vós, também, fazer o bem,
vós que estais acostumados ao mal?

²⁴ Eu vos*ᶜ* dispersarei como uma palha que voa
ao vento do deserto.

²⁵ Esta é tua porção, a parte que te toca,
que te dei — oráculo de Iahweh —,
porque te esqueceste de mim
e confiaste na mentira.

²⁶ Eu mesmo levanto as tuas vestes
até o teu rosto,
para que a tua vergonha seja vista.

²⁷ Oh! Os teus adultérios e os teus gritos de prazer,
tua vergonhosa prostituição!
Sobre as colinas e no campo
eu vi os teus horrores.*ᵈ*
Ai de ti, Jerusalém, que não te purificas!
Quanto tempo ainda?

14 A grande seca*ᵉ*
¹ Palavra de Iahweh que foi dirigida a Jeremias por ocasião da seca.

² Judá está de luto
e suas cidades*ᶠ* se enfraquecem:
elas se inclinam para a terra,
o grito de Jerusalém se levanta.

³ Os nobres enviam seus servos a procurar água:
eles chegam às cisternas,
não encontram água,
retornam com suas vasilhas vazias.
Ficam envergonhados e humilhados e cobrem a cabeça.

---

a) Com o grego que acrescenta "Jerusalém"; hebr., *ketib:* "levanta vossos olhos e olha"; *qerê:* "levantai vossos olhos e olhai!"
b) Lit.: "violentaram os teus calcanhares", eufemismo.
c) "vos", conj.; "os", hebr.
d) "mentira", v. 25 e "horrores" designam sempre os falsos deuses.
e) Sem dúvida sob Joaquim. O diálogo do profeta com Iahweh apresenta elementos de liturgia de lamentação (cf. Jl 1-2; Sl 74 e 79): descrição da desgraça (14,2-6); lamentação do povo (7-9); resposta de Iahweh (10-12); defesa de Jeremias (13-16); nova descrição da desgraça (17-18); nova lamentação do povo (19-22); nova resposta de Iahweh (15,1-4). Mas Iahweh opõe à confissão coletiva e à intercessão de Jeremias uma resposta negativa e ajunta à ameaça da fome a ameaça da invasão.
f) Lit.: "suas portas" (cf. Dt 12,17; 16,5 etc.).

⁴Por causa do solo ressequido,
  pois não há chuva na terra,
  os camponeses estão envergonhados e cobrem a cabeça. — Jr 3,3
⁵Sim, até a gazela no campo
  dá à luz e abandona a cria,
  porque não há erva.
⁶Os onagros estão nas alturas,
  anseiam por ar como chacais,
  seus olhos se obscurecem,
  porque não há capim.

⁷Se nossas faltas testemunham contra nós,
  age, Iahweh, por causa do teu Nome! — Is 59,12
  Porque nossas rebeliões foram inúmeras,
  nós pecamos contra ti.
⁸Esperança de Israel, Iahweh,ᵃ — 17,13
  seu salvador no tempo da desgraça,
  por que és como estrangeiro na terra,
  como viajante que passa uma noite?
⁹Por que és como homem consternado, — 7,30; 15,16; Dt 28,10
  como guerreiro que não pode salvar?
  Mas tu estás em nosso meio, Iahweh,
  e teu Nome é invocado sobre nós.
  Não nos abandones!

¹⁰Assim disse Iahweh a respeito desse povo: Eles gostam de correr para todos os lados, não poupam os seus pés! Mas Iahweh não se compraz deles; agora se lembrará de sua falta e castigará o seu pecado. ‖ Os 8,13

¹¹E Iahweh me disse: "Não intercedas em favor desse povo, pela sua felicidade. ¹²Se eles jejuarem, eu não escutarei a sua súplica; se oferecerem holocaustos e oblações, não terei complacência com eles, porque pela espada, pela fome e pela peste eu os exterminarei". — 7,16

¹³E eu disse: "Ah! Senhor Iahweh! Eis que os profetas lhes dizem: Vós não vereis a espada, e a fome não vos atingirá; mas eu vos darei neste lugar uma paz verdadeira". — 23,9-40 +

¹⁴E Iahweh me disse: "É mentira o que os profetas profetizaram em meu nome; não os enviei, não lhes ordenei nada, eu não lhes falei. Visão mentirosa, adivinhação vã e fantasias de seu coração é o que eles vos profetizam. — 5,31; 27,10; 29,9

¹⁵Por isso assim disse Iahweh contra os profetas que profetizam em meu Nome, sem que eu os tenha enviado, e que afirmam que não haverá nessa terra espada nem fome, pela espada e pela fome perecerão esses profetas! ¹⁶Quanto ao povo, ao qual eles profetizaram, será lançado nas ruas de Jerusalém, vítima da fome e da espada; não haverá ninguém para enterrá-los, nem a eles nem às suas mulheres, nem aos seus filhos, nem às suas filhas. Derramarei sobre eles as suas perversidades!"

¹⁷E lhes dirás esta palavra:ᵇ
  Que os meus olhos derramem lágrimas,
  noite e dia, e não se tranquilizem,
  porque a virgem, filha do meu povo, foi ferida
  com ferimento grave,
  com ferida incurável.

---

a) "Iahweh", 13 mss, grego, Vet. Lat., omitido pelo TM.

b) Acréscimo redacional que serve desajeitadamente de introdução ao que segue.

¹⁸ Se saio para o campo,
   eis os feridos pela espada;
   se entro na cidade,
   eis as vítimas da fome;
   pois até o profeta e o sacerdote
   atravessam a terra e não compreendem!
¹⁹ — Rejeitaste, deveras, Judá?
   Por acaso te desgostaste de Sião?
   Por que nos feriste de tal modo que não há cura para nós?
   Esperava-se a paz: nada de bom!
   O tempo de cura: e eis o pavor!
²⁰ Nós reconhecemos, Iahweh, nossa maldade,
   a falta de nossos pais:
   porque pecamos contra ti.
²¹ Não nos desprezes por causa do teu Nome.
   Não desonres o trono de tua glória.ᵃ
   Lembra-te! Não rompas a tua aliança conosco.
²² Há entre os ídolos das nações quem faça chover?
   Ou é o céu que nos dá os aguaceiros?
   Não és tu Iahweh, nosso Deus?
   Nós em ti esperamos,
   porque fazes todas estas coisas.

15

¹ E Iahweh me disse: Ainda que Moisés e Samuelᵇ estivessem diante de mim, não teria piedade desse povo. Expulsa-os da minha presença, que eles saiam! ² E se te disserem: Para onde iremos?, tu lhes dirás: Assim disse Iahweh:

   Aquele que é da morte, para a morte!
   aquele que é da espada, para a espada!
   aquele que é da fome, para a fome!
   aquele que é do cativeiro, para o cativeiro!

³ Eu os visitarei com quatro coisas — oráculo de Iahweh —: a espada para matar; os cães para dilacerar; as aves do céu e os animais selvagens para devorar e para destruir. ⁴ Eu os porei como objeto de horror para todos os reinos da terra, por causa de Manassés,ᶜ filho de Ezequias e rei de Judá, pelo que fez em Jerusalém.

As desgraças da guerraᵈ

⁵ Quem terá misericórdia de ti, Jerusalém?
   Quem mostrará compaixão?
   Quem voltará para perguntar como estás?
⁶ Tu me rejeitaste — oráculo de Iahweh —,
   viraste-me as costas.
   Então estendi a minha mão e te destruí:
   Estou cansado de ter piedade!
⁷ Joeirei-os com uma pá,
   nas portas do país.
   Privei de filhos, destruí o meu povo;
   mas não retornaram de seus caminhos.

---

a) Sião.
b) Os grandes intercessores (cf. Ex 32,11+; 1Sm 7,8-12; Sl 99,6). A tradição posterior ajuntará a eles Jeremias (2Mc 15,14+).
c) O principal responsável pela contaminação idolátrica que atingiu o culto javista durante quase três quartos de século (cf. 2Rs 21).
d) Poema que deve ter sido proferido antes do cerco de 598.

⁸ Suas viúvas tornaram-se mais numerosas
que a areia do mar.
Eu trouxe sobre a mãe do jovem guerreiro
o destruidor em pleno meio-dia,
fiz cair sobre ela, de repente,
medo e terror.
⁹ Esmorece aquela que gerou sete filhos,
sua alma desfalece!
Seu sol se põe antes do fim do dia,
ela está envergonhada e consternada;
o que resta deles eu o entregarei à espada
diante de seus inimigos, oráculo de Iahweh.

A vocação renovada[a]

14,10.17-19

¹⁰ Ai de mim, minha mãe, porque tu me geraste
homem de disputa e homem de discórdia para toda a terra!
Não emprestei e nem me emprestaram,
mas todos me amaldiçoam.

Lc 2,34

¹¹ Na verdade, Iahweh, não te servi do melhor modo possível?
Não me aproximei de ti
no tempo da desgraça e no tempo da tribulação?[b]
¹² [c]Pode o ferro romper o ferro do Norte e o bronze?
¹³ Tua riqueza e teus tesouros eu entregarei à pilhagem, gratuitamente,
por causa de todos os teus pecados,
em todo o teu território.

= 17,3-4

¹⁴ Eu te farei servir a teus inimigos[d]
em terra que não conheces.
Porque minha cólera acendeu um fogo
que queimará sobre vós.

¹⁵ Agora tu sabes, Iahweh!
Lembra-te de mim, visita-me
e vinga-me de meus perseguidores.
Na lentidão de tua ira, não me destruas.
Reconhece que suporto humilhação por tua causa.

Sl 69,8

¹⁶ Quando se apresentavam palavras tuas, as devorava:
tuas palavras eram para mim contentamento
e alegria de meu coração.
Pois teu Nome era invocado sobre mim,[e]
Iahweh, Deus dos Exércitos.

14,9 +

a) Novo diálogo com Deus (cf. 11,18-12,5), que atesta uma crise interior durante o ministério do profeta. Aqui, como em 12,5, Iahweh não tranquiliza a luta interior do profeta, antes a condena como "vil" e exige do profeta nova "conversão", que ele sanciona, renovando, quase nos mesmos termos, as ordens e as promessas da vocação, vv. 19-20 (cf. 1,9.17-19). Sobre estas "confissões de Jeremias" ver 11,18-12,6; 15,10-21; 17,14-18; 18,18-23; 20,7-18 e Introdução.
b) "Na verdade": 'amen, grego; "(Iahweh) disse": 'amar, hebr. — "servir": sherattika, conj.; "fortifiquei": sharatika, hebr., ketib; "deixei": sheritika, qerê. O hebr. acrescenta no fim do v. "o inimigo" que pode ser uma glosa explicando o "tempo da desgraça". O v. é muito obscuro. Seguindo o grego, deve-se pô-lo na boca de Jeremias, o que concorda melhor com o contexto. O hebr. poderia, rigorosamente, ser traduzido: Iahweh disse: "Eu não te libertei para o teu bem? Não fiz que o inimigo viesse te implorar no tempo da desgraça e do desastre?" Neste caso, seria necessário, sem dúvida, compreender o v. 12 não como ameaça contra Israel, ligando-o ao que segue, e sim como uma promessa de dar a Jeremias a solidez do bronze (cf. 1,18; 15,20), ligando-o ao v. 11.
c) Os vv. 12-14 (ou 13-14, cf. nota precedente), em grande parte duplicata de 17,3-4, estão, aqui, fora de seu contexto.
d) Com diversos mss hebr., sir. Vet. Lat. e de acordo com 17,4; hebr.: "eu farei passar teus inimigos".
e) Expressão usada em relação ao Templo (7,10s; cf. 1Rs 8,43).

16,8 ¹⁷Nunca me assentei em grupo de gente alegre*ª*
 para me divertir.
 Por causa de tua mão, me assentei sozinho,
 pois tu me encheste de cólera.
¹⁸Por que a minha dor é contínua,
 e minha ferida é incurável e se recusa a ser tratada?
 Tu és para mim como lago enganador,
 águas nas quais não se pode confiar!

1,9 ¹⁹Por isso assim disse Iahweh:
 Se te convertes, eu te faço retornar*ᵇ*
 e estarás diante de mim.
 Se separas o que é valioso do que é vil,
 tu serás como a minha boca.
 Eles retornarão a ti,
 mas tu não retornarás a eles!
1,18-19 ²⁰Eu te farei, para esse povo,
 muralha de bronze, fortificada.
 Eles lutarão contra ti,
 mas nada poderão contra ti,
 porque estou contigo
 para te salvar e te livrar,
 oráculo de Iahweh.
²¹Eu te livrarei da mão dos perversos
 e te resgatarei do punho dos violentos.

16

*A vida do profeta como sinal*ᶜ — ¹A palavra de Iahweh me foi dirigida nestes termos: ²Não tomes para ti mulher e não tenhas filhos e filhas neste lugar. ³Porque assim disse Iahweh a respeito dos filhos e das filhas que nascerão neste lugar, e a respeito de suas mães que os conceberão e a respeito 8,2 de seus pais que os gerarão nesta terra. ⁴Eles morrerão de doenças mortais, não serão lamentados nem enterrados; servirão de esterco sobre o solo. Perecerão pela espada e pela fome, e seus cadáveres serão alimento para as aves do céu e para os animais selvagens.*ᵈ*

⁵Porque assim disse Iahweh: Não entres em casa de luto, não vás lamentar e não lhes apresentes o teu pesar, porque retirararei a minha paz deste povo — oráculo de Iahweh —, o amor e a compaixão. ⁶Grandes e pequenos morrerão nesta terra, não serão enterrados, nem lamentados; por eles não se fará incisão nem tonsura.*ᵉ* ⁷Não partirão o pão ao que está de luto para consolá-lo por um morto; não lhe oferecerão o cálice de consolação por seu pai e por sua mãe.*ᶠ*

⁸Não entres, também, em uma casa em festa para te assentares com 7,34;25,10 eles a comer e a beber. ⁹Porque assim disse Iahweh dos Exércitos, o

---

a) Gozadores, ricos e orgulhosos são igualados: é a categoria maldita pelos salmos, escritos sapienciais e pelo Evangelho (Lc 6,25; Mt 5,3s).

b) Expressão típica do estilo jeremiano (cf. 17,14; 20,7). O profeta sublinha, assim, a ligação estreita entre ação humana e ação divina. Pode-se igualmente traduzir: "Se retornas, eu te farei retornar". Cf. igualmente 1,17; é a mesma ideia, mas com maior insistência sobre a boa vontade do homem que torna possível a ação de Deus nele. Por outro lado, o homem deve reconhecer que se Deus não age nele, sozinho nada pode (cf. 31,18).

c) Não somente ações simbólicas (cf. 18,1+) reforçam a pregação dos profetas, mas às vezes a sua própria vida torna-se símbolo e sinal (cf. Os 1 e 3; Is 8,18; Ez 24,15-24).

d) A ausência de ritos funerários e de sepultura representa maldição terrível (22,18-19; 1Rs 14,11; Ez 29,5).

e) Ritos funerários proibidos pela Lei (cf. Lv 19,27-28; Dt 14,1), contudo, praticados em Israel (Jr 7,29; 41,5).

f) "o pão", grego; "para eles", hebr.; — "para o que está de luto", Vulg.; "para o luto", hebr. — "lhe" (oferecendo), grego; "lhes", hebr. Trata-se, sem dúvida, do banquete fúnebre.

Deus de Israel: Eis que farei cessar neste lugar, aos vossos olhos e em vossos dias, o grito de júbilo e o grito de alegria, o grito do noivo e o grito da noiva.

¹⁰Quando tiveres anunciado a esse povo todas estas palavras e eles te disserem: "Por que anunciou Iahweh, contra nós, toda esta grande desgraça? Qual é a nossa falta? Que pecado cometemos contra Iahweh, nosso Deus?" ¹¹Então tu lhes dirás: "Porque vossos pais me abandonaram — oráculo de Iahweh —, seguiram outros deuses, os serviram e se prostraram diante deles. Mas a mim eles abandonaram e não guardaram a minha Lei! ¹²Mas vós fizestes pior que vossos pais. Eis que cada um de vós seguiu a obstinação de seu coração perverso, sem me ouvir. ¹³Eu vos lançarei para fora desta terra, numa terra que vós e vossos pais não conhecestes; servireis lá a outros deuses,ᵃ de dia e de noite, pois não usarei mais misericórdia convosco".

5,19 +

Dt 29,24

A volta dos dispersos de Israel — ¹⁴Por isso, eis que dias virão — oráculo de Iahweh — em que não se dirá mais: "Viva Iahweh, que fez subir os israelitas da terra do Egito!" ¹⁵Mas sim: "Viva Iahweh, que fez subir os israelitas da terra do Norte e de todas as regiões, para onde os tinha dispersado." Eu os reconduzirei à terra que dera a seus pais.

= 23,7-8
Ex 20,2

Anúncio da invasãoᵇ — ¹⁶Eis que enviarei muitos pescadores — oráculo de Iahweh —, e os pescarão; depois muitos caçadores, e os caçarão de todas as montanhas, de todas as colinas e das fendas dos rochedos. ¹⁷Porque meus olhos estão em todos os seus caminhos: eles não podem esconder-se de mim, e a sua falta não se oculta a meus olhos. ¹⁸Eu retribuirei em dobro a sua falta e o seu pecado, porque eles profanaram a minha terra com o cadáver de seus horrores e encheram a minha herança com suas abominações.ᶜ

➚ Ap 18,6

A conversão das naçõesᵈ

¹⁹Iahweh, minha força e minha fortaleza,
meu refúgio no dia da tribulação!
Para ti acorrem as nações
das extremidades da terra.
Elas dirão:
Nossos pais não herdaram senão mentira,
vazio que não serve para nada.
²⁰Pode um homem fazer para si deuses?
Eles não são deuses!
²¹Por isso, eis que os farei conhecer,
desta vez eu os farei conhecer
minha mão e o meu poder,
e eles conhecerão que meu Nome é Iahweh.

Is 45,14 +

Is 40,20 +

42,8 +

17 ***Faltas cultuais de Judá***ᵉ — ¹O pecado de Judá está escrito com estilete de ferro;
com ponta de diamante ele está gravado

Dn 7,10 +
Jr 31,33
Pr 3,3; 7,3

---

a) "Servir a outros deuses": locução antiga que significa, às vezes, "estar exilado" (1Sm 26,19; cf. 2Rs 5,17) fora da Palestina, considerada como o único território de Iahweh.
b) Profecia proferida antes de 598.
c) Horrores e abominações: os deuses falsos, que profanam a Terra Santa como se fossem cadáveres (cf. Lv 18,25s; 26,30).
d) Este trecho, próximo do Segundo Isaías, não é, provavelmente, do profeta Jeremias.
e) Os vv. 1-4 faltam no grego.

na tabuinha de seu coração
e nas extremidades de seus altares,ª
Dt 12,2 + ² para que seus filhos se lembrem
de seus altares e de seus postes sagrados[b]
perto das árvores verdejantes,
sobre as colinas elevadas.
= 15,13-14 ³ Ó minha montanha no campo,
tua riqueza e todos os teus tesouros
entregarei à pilhagem,
por causa do pecado de teus lugares altos[c]
em todo o teu território.
⁴ Tu deverás renunciar[d] a tua herança
que eu te havia dado;
far-te-ei escravo de teus inimigos
em terra que não conheces.
Porque o fogo que acendestes em minha ira
queimará para sempre.[e]

Sentenças de sabedoria

Sl 146,3-4 ⁵ Assim disse Iahweh:
Maldito o homem que confia no homem,
que faz da carne a sua força,
mas afasta seu coração de Iahweh!
⁶ Ele é como cardo na estepe:
não vê[f] quando vem a felicidade,
habita os lugares secos no deserto,
terra salgada, onde ninguém mora.
|| Sl 40,5 ⁷ Bendito o homem que se fia em Iahweh,
cuja confiança é Iahweh.
Sl 1,3
Ez 47,12 ⁸ Ele é como uma árvore plantada junto da água,
que lança suas raízes para a corrente:
não teme quando chega o calor,
sua folhagem permanece verde;
em ano de seca
não se preocupa
e não para de produzir frutos.

Mc 7,21 ⁹ O coração é falso como ninguém,
é incorrigível; quem poderá conhecê-lo?
Pr 17,3
Jr 11,20 +
32,19
Sl 62,13
↗ Mt 16,27 ¹⁰ Eu, Iahweh, perscruto o coração,
sondo os rins,
para retribuir ao homem conforme o seu caminho,
conforme o fruto de suas obras.
¹¹ Uma perdiz choca o que ela não pôs.
Assim aquele que ajunta riqueza injusta:
no meio de seus dias, ela o abandonará
e, no fim, ele é idiota.

---

a) "seus altares", Vulg.; "os altares", hebr.
b) Lit.: "suas aserás" (cf. Ex 34,13+; Jz 2,13+).
c) Cf. 15,13. Antes de "teus lugares altos" é colocado "por causa do pecado". No hebr. está invertido.
d) "deverás renunciar", lit.: "soltar tua mão" (*yadeka*), conj.; "soltar e em ti" (*ûbeka*), hebr.

e) Variante em relação a 15,14.
f) Lit.: "ele não vê nada", verbo graficamente muito semelhante ao usado no paralelo do v. 8 "ele não teme nada", o que ocasionou para este último erro na vocalização.

Confiança no Templo e em Iahweh[a]

¹²Um trono de glória, sublime desde a origem,
é o lugar de nosso santuário.
¹³Esperança de Israel, Iahweh,
todos os que te abandonam serão envergonhados,
os que se afastam de ti serão escritos na terra,[b]
porque abandonaram a fonte de água viva, Iahweh.

Prece de vingança

¹⁴Cura-me, Iahweh, e serei curado,
salva-me e serei salvo,
porque tu és meu louvor!
¹⁵Eis que eles me dizem:
Onde está a palavra de Iahweh? Que ela se realize.[c]
¹⁶Eu não me acheguei a ti para o mal[d]
e não desejei o dia fatal,
tu o sabes;
o que sai de meus lábios está aberto diante de ti.
¹⁷Não sejas para mim motivo de pavor,
tu que és meu refúgio no dia da tribulação.
¹⁸Que se envergonhem os meus perseguidores,
mas que eu não me envergonhe!
Que eles sejam amedrontados, mas que eu não seja amedrontado!
Faze vir sobre eles o dia da tribulação;
com dupla destruição, destrói-os!

A observância do sábado[e] — ¹⁹Assim me disse Iahweh: Vai, posta-te à porta dos Filhos do povo, pela qual entram e saem os reis de Judá, e em todas as portas de Jerusalém. ²⁰E tu lhes dirás: Escutai a palavra de Iahweh, vós, reis de Judá, todo Judá e todos os habitantes de Jerusalém que passais por estas portas. ²¹Assim disse Iahweh: Guardai-vos, por vossas vidas, e não carregueis peso no dia de sábado e não o façais entrar pelas portas de Jerusalém. ²²Não façais sair um peso de vossas casas no dia de sábado e não façais trabalho algum, mas santificai o dia de sábado, como ordenei a vossos pais. ²³Mas eles não escutaram nem inclinaram seu ouvido, antes endureceram sua cerviz para não escutarem e nem receberem o ensinamento. ²⁴Se realmente me escutardes — oráculo de Iahweh — e não fizerdes entrar peso pelas portas desta cidade em dia de sábado e santificardes o dia de sábado e não fizerdes nele trabalho algum, ²⁵então entrarão pelas portas desta cidade reis e príncipes, que se sentarão sobre o trono de Davi, e entrarão em carros e cavalos, eles e seus príncipes, o homem de Judá e os habitantes de Jerusalém, e esta cidade será habitada para sempre. ²⁶E das cidades de Judá, dos arredores de Jerusalém, da terra de Benjamim, da planície, da montanha e do Negueb virão oferecer holocaustos, sacrifícios, oblações e incenso, oferecer ação de graças na casa de Iahweh. ²⁷Mas se não me escutardes para santificardes o dia de sábado, sem carregardes peso ao entrardes pelas portas de Jerusalém no dia de sábado, então atearei fogo em suas portas: ele devorará os palácios de Jerusalém e não se apagará.

---

a) Estes dois vv. não parecem ser de Jeremias (cf. 7,1-15).
b) "(os que se afastam) de ti", conj.; "de mim", hebr. — "inscritos na terra", i.é, no Xeol, entre os mortos.
c) As ameaças de Jeremias não se realizam. Trata-se, pois, da época antes de 598.
d) "(eu não me acheguei a ti) para o mal", lit.: "eu não insisti junto a ti para a desgraça" (*lera'ah*), conj. "eu não urgi mais que um pastor (*mero'eh*) atrás de ti", hebr.
e) A importância dada ao sábado, não habitual em Jeremias, leva, geralmente, a rejeitar a autenticidade desta passagem.

18 Jeremias junto do oleiro[a]

¹Palavra que foi dirigida por Iahweh a Jeremias: ²"Levanta-te e desce à casa do oleiro: lá te farei ouvir minhas palavras." ³Eu desci à casa do oleiro, e eis que ele estava trabalhando no torno.[b] ⁴E estragou-se o vaso que ele estava fazendo, como acontece à argila[c] na mão do oleiro. Ele fez novamente outro vaso, como pareceu bom aos olhos do oleiro. ⁵Então a palavra de Iahweh me foi dirigida nestes termos: ⁶Não posso eu agir convosco como este oleiro, ó casa de Israel?, oráculo de Iahweh. Eis que, como a argila na mão do oleiro, assim sereis vós na minha mão, ó casa de Israel! ⁷Ora, eu falo sobre uma nação ou contra um reino, para arrancar, para arrasar, para destruir; ⁸mas se esta nação, contra a qual falei, se converte de sua perversidade, então me arrependo do mal que jurara fazer-lhe. ⁹Ora, falo sobre uma nação ou um reino, para construir e para plantar; ¹⁰mas se ela faz o mal a meus olhos não escutando minha voz, então me arrependo do bem que prometera fazer-lhe. ¹¹E agora dize aos homens de Judá e aos habitantes de Jerusalém: "Assim disse Iahweh. Eis que preparo contra vós uma desgraça e formulo contra vós um plano. Converta-se, pois, cada um de seu caminho perverso, melhorai vossos caminhos e vossas obras." ¹²Mas eles dirão: "É inútil! Nós seguiremos nossos planos; cada um agirá conforme a obstinação de seu coração malvado."

Israel esquece-se de Iahweh[d]

¹³Por isso assim disse Iahweh:
Perguntai entre as nações,
quem ouviu algo semelhante?
Coisas horríveis demais
praticou a virgem de Israel.
¹⁴Por acaso se afasta do rochedo do campo
a neve do Líbano?
Ou secam as águas estrangeiras,
águas frescas e correntes?[e]

---

a) De acordo com o v. 12 esta parábola em ação situa-se antes da chegada da catástrofe, portanto, antes de 598. — Já os antigos profetas, como Samuel (1Sm 15,27-28), Aías de Silo (1Rs 11,29-33), ou o falso profeta Sedecias (1Rs 22,11-12), acompanhavam sua profecia com gestos simbólicos, não tanto por necessidade de expressividade, e sim pela exigência de realismo religioso: estabelece-se um liame entre o gesto significativo e a realidade da qual é sinal, de modo que a realidade anunciada torna-se, então, tão irrevogável como o gesto realizado. Este procedimento encontra-se entre os grandes profetas: em Oseias cuja missão se confunde com uma ação simbólica, que é seu drama pessoal (Os 1-3); mais raramente em Isaías (cf. contudo Is 20 e os nomes simbólicos que ele dá a seus filhos, Is 7,3; cf. 10,21; 8,1-4.18, cf. 1,16+). Jeremias realiza ou interpreta diversos gestos simbólicos: já o ramo de amendoeira e a panela (1,11-14); o cinto escondido no Eufrates (13,1-11, embora esta ação pareça ter sido realizada em visão); o oleiro (18,1-12); a bilha (cap. 19); os figos (cap. 24); o jugo (caps. 27-28); a compra do campo (cap. 32). Pode-se ainda acrescentar que a sua própria vida era símbolo (16,1-8), e que a sua "paixão" (embora ele não o acentue) o identifica por antecedência à nação castigada, fazendo dele uma figura do Servo sofredor (cf. Is 42,1+). Mais tarde, Ezequiel realizará ainda gestos simbólicos: o tijolo cercado (Ez 4,1-3); o alimento racionado (4,9-17); os cabelos (cap. 5); a imitação do deportado (12,1-20), a panela (24,3-14); os dois bastões (37,15-28), e, à maneira de Oseias, ele interpretará como acontecimentos simbólicos suas próprias provações: a doença (4,4-8), a morte de sua mulher (24,15-24), a mudez e sua cura (24,27; 33,22). Ações simbólicas encontram-se, também, no NT: a figueira amaldiçoada pelo Senhor (Mt 21,18-19p), a profecia de Ágabo (At 21,10-14).

b) Lit.: "nas duas rodas": o torno era formado por duas placas circulares montadas sobre um eixo vertical, que o artesão movia com os pés.

c) "como (acontece à) argila": *kahomer*, conforme alguns mss; "com a argila": *bahomer*, TM.

d) O redator inseriu, aqui, como comentário de 18,12, este desenvolvimento característico dos começos de Jeremias (cf. Jr 2,10-32), mas bem atual no tempo de Joaquim, quando a idolatria refloresceu.

e) "secam": *'im yinnashetû*, conj.; "são elas arrancadas": *'im yinnateshû*, hebr. — O texto de todo este v. é incerto e foram propostas diversas correções; em lugar de "do campo" (*saday*), Áquila lê "do Todo-poderoso" (*Shaddai*); em vez de "águas frescas da terra estrangeira" propôs-se, às vezes, ler, com pequena correção, "as fontes do Egito", mas isso é apenas conjectura que não se apoia em nenhum testemunho antigo do texto. — Essas águas estrangeiras podem representar os grandes rios da Mesopotâmia e do Egito.

¹⁵ Meu povo, contudo, esqueceu-se de mim!
Eles oferecem incenso ao Nada;
eles os fazem tropeçar em seus caminhos,ᵃ
nas veredas de outrora,
para caminhar por sendas,
por caminho não traçado.
¹⁶ para fazer de sua terra objeto de pavor,
zombaria perpétua.
Todos os que passam por ele se admiram
e meneiam a cabeça.
¹⁷ Como o vento do Oriente eu os dispersarei
diante do inimigo.
Eu lhes mostrareiᵇ as costas e não a face,
no dia de sua ruína.

Por ocasião de um atentado contra Jeremias — ¹⁸ Eles disseram: "Vinde! Maquinemos planos contra Jeremias, pois a Lei não faltará ao sacerdote, nem o conselho ao sábio, nem a palavra ao profeta.ᶜ Vinde! Firamo-lo com a língua e não atendamos a nenhuma de suas palavras."

¹⁹ Atende-me, Iahweh,
e escuta o grito de meus adversários.
²⁰ Acaso se retribui o bem com o mal?
Porque eles cavaram uma cova para mim.
Lembra-te que eu estava diante de ti
para falar bem em favor deles
e para afastar deles a tua cólera.
²¹ Por isso entrega seus filhos à fome
e entrega-os ao fio da espada!
Que suas mulheres sejam estéreis e viúvas,
seus maridos sejam mortos pela peste
e seus jovens sejam feridos pela espada no combate!
²² Que se ouçam gritos de suas casas,
quando trouxeres, de repente, contra eles um bando de ladrões.
Porque abriram uma cova para me pegar
e esconderam armadilhas para os meus pés.
²³ Mas tu, Iahweh, conheces todos os seus planos de morte contra mim.
Não perdoes a sua falta,
não apagues o seu pecado de diante de ti.
Que eles sejam derrubados diante de ti;
no tempo de tua ira, age contra eles!

19

A bilha quebrada e a altercação com Fassurᵈ — ¹ Assim disse Iahweh a Jeremias: Vai e compra uma bilha de oleiro. Toma contigoᵉ anciãos do povo e anciãos dos sacerdotes. ² Sai em direção do vale de Ben-Enom, que

---

a) Os chefes do povo conduziram-no ao erro — a menos que se leia com o grego: "eles (as pessoas do povo) tropeçaram".
b) Lit.: "eu lhes farei ver", versões; "eu os verei", hebr.
c) A atividade normal das três categorias de chefes espirituais, sacerdotes, sábios e profetas não será paralisada pelo desaparecimento de um agitador.
d) Este trecho não parece ser de proveniência única. Compreende: 1) uma ação simbólica que se realiza diante de algumas testemunhas junto da porta dos Cacos, comentada, em seguida, no Templo, donde as disputas com Fassur: 19,1.2b-c.10-11a.14-15; 20,1-6; o acontecimento deve ser situado pelo ano 605, antes dos fatos relatados no cap. 36; 2) um discurso pronunciado em Tofet e dirigido aos reis de Judá e aos habitantes de Jerusalém: 19,2a.3-9.11b-13; ele retoma velhos temas jeremianos, tornados atuais no reinado de Joaquim, e faz alusão no v. 7, ao trecho precedente.
e) "Assim", hebr.; "Então", grego — "a Jeremias", conj.: "a mim", grego; omitido pelo hebr. — "Toma contigo", sir., Targ.; omitido pelo hebr.

está à entrada da porta dos Cacos.ᵃ Lá proclamarás as palavras que eu te disser. ³E dirás: Escutai a palavra de Iahweh, reis de Judá e habitantes de Jerusalém. Assim disse Iahweh dos Exércitos, Deus de Israel: Eis que trarei uma desgraça sobre este lugar, que fará zunir os ouvidos de quem ouvir! ⁴Porque eles me abandonaram, desvirtuaram este lugar, ofereceram nele incenso a deuses estrangeiros, que nem eles nem seus pais nem os reis de Judá tinham conhecido, e encheram este lugar com o sangue dos inocentes. ⁵Eles construíram lugares altos a Baal, para queimarem os seus filhos em holocausto a Baal, o que eu não tinha ordenado nem falado e nem jamais pensado! ⁶Por isso, eis que dias virão — oráculo de Iahweh — em que não se chamará mais a este lugar Tofet ou vale de Ben-Enom, mas sim vale da Matança. ⁷Esvaziareiᵇ os planos de Judá e de Jerusalém neste lugar e os farei cair pela espada diante de seus inimigos, pela mão daqueles que atentam contra a sua vida, e darei os seus cadáveres como alimento às aves do céu e aos animais selvagens. ⁸Eu farei desta cidade um objeto de pavor e de burla; cada um que passar por ela ficará estupefato e assobiará, por causa de todos os seus ferimentos. ⁹Farei que eles devorem a carne de seus filhos e a carne de suas filhas: eles se devorarão mutuamente na angústia e na necessidade com que os oprimem os seus inimigos e aqueles que atentam contra a sua vida.

¹⁰Tu quebrarás a bilha diante dos olhos dos homens que foram contigo ¹¹e lhes dirás: Assim disse Iahweh dos Exércitos: Eu quebrarei este povo e esta cidade como se quebra o vaso do oleiro, que não pode ser mais consertado.

Enterrarão em Tofet, por falta de lugar para enterrar. ¹²Assim farei a este lugar — oráculo de Iahweh — e os seus habitantes, para tornar esta cidade como Tofet. ¹³As casas de Jerusalém e as casas dos reis de Judá serão impuras,ᶜ como o lugar de Tofet: todas as casas em cujos terraços eles ofereceram incenso a todo o exército dos céus e derramaram libações a deuses estrangeiros!

¹⁴Jeremias retornou de Tofet, aonde Iahweh o tinha enviado para profetizar, e pôs-se no pátio do Templo de Iahweh e disse a todo o povo: ¹⁵"Assim disse Iahweh dos Exércitos, Deus de Israel: Eis que trarei sobre esta cidade e todas as suas povoações todas as desgraças com as quais a ameacei, porque eles endureceram a sua cerviz e não ouviram as minhas palavras."

20 ¹O sacerdote Fassur, filho de Emer, que era o chefe da guarda no Templo de Iahweh, ouviu Jeremias que profetizava estas palavras. ²Fassur bateu no profeta Jeremias e colocou-o no tronco que está na porta alta de Benjamim, no Templo de Iahweh. ³No dia seguinte, Fassur tirou Jeremias do tronco, e Jeremias lhe disse: "Iahweh não te chama mais Fassur, mas sim 'Terror de todos os lados'. ⁴Porque assim disse Iahweh: Eis que eu te entregarei ao terror, a ti e a todos os teus amigos; eles cairão pela espada de seus inimigos: teus olhos verão! Entregarei toda Judá nas mãos do rei da Babilônia, que deportará seus habitantes para a Babilônia e os ferirá com a espada. ⁵Eu entregarei todas as riquezas desta cidade, todos os seus bens, todas as suas preciosidades, todos os tesouros dos reis de Judá: entregá-los-ei nas mãos de seus inimigos, que o saquearão, tomarão e levarão para a Babilônia. ⁶Mas tu, Fassur e todos os habitantes de tua casa, ireis para o exílio; tu irás para a Babilônia, lá morrerás e lá serás enterrado, tu e todos os teus amigos, aos quais profetizaste falsamente."

---

a) A porta dos Cacos ou porta da Cerâmica não pode ser situada com certeza. A direção indicada (Geena) leva a pensar que poderia encontrar-se ao leste da porta do Esterco, talvez não longe do "jardim do rei" (cf. 39,4), mas tentou-se, diversas vezes, identificar essas duas portas.
b) "esvaziar": *baqaq*, faz jogo de palavras com "bilha": *baqbuq*.
c) Impureza devida aos cadáveres (Lv 18,25s; 26,30).

Extratos diversos das "Confissões"

15,10 +

⁷ Tu me seduziste, Iahweh, e eu me deixei seduzir;
 tu te tornaste forte demais para mim, tu me dominaste.ᵃ
 Sirvo de escárnio todo o dia,
 todos zombam de mim.
⁸ Porque sempre que falo devo gritar,
 devo proclamar: "Violência e opressão!"
 Porque a palavra de Iahweh tornou-se para mim
 opróbrio e ludíbrio todo dia.
⁹ Quando pensava: "Não me lembrarei dele,
 já não falarei em seu Nome",
 então isto era em meu coração como fogo devorador,
 encerrado em meus ossos.
 Estou cansado de suportar,
 não aguento mais!

23,29
Jó 32,19-20
Sl 39,4

¹⁰ Eu ouvi a calúnia de muitos:
 "Terror de todos os lados".ᵇ
 Denunciai! Denunciemo-lo".
 Todo aquele que estava em paz comigo
 aguarda a minha queda:
 "Talvez ele se deixe seduzir!
 Nós o dominaremos
 e nos vingaremos dele!"
¹¹ Mas Iahweh está comigo como poderoso guerreiro;
 por isso os meus perseguidores tropeçarão,
 não prevalecerão.
 Eles se envergonharão profundamente,
 porque não tiveram êxito;
 vergonha eterna, inesquecível.
¹² Iahweh dos Exércitos, que perscrutas os justos,ᶜ
 que vês rins e coração,
 verei a tua vingança contra eles,
 porque a ti expus a minha causa.
¹³ Cantai a Iahweh,
 louvai a Iahweh,
 porque livrou a vida do pobreᵈ
 da mão dos perversos.
¹⁴ Maldito o dia em que nasci!
 O dia em que minha mãe me gerou não seja abençoado!ᵉ
¹⁵ Maldito o homem que deu a meu pai a boa nova:
 "Nasceu-te um filho homem!"
 e lhe causou grande alegria.
¹⁶ Que este homem seja como as cidades
 que Iahweh destruiu sem compaixão;

|| Sl 31,14

= 11,20 +

↗ Jó 3
Jr 1,5; 15,10

Gn 19,24-25

---

a) Estas imagens de sedução e de luta marcam o poder de Iahweh sobre o profeta, o qual parece aqui revoltar-se contra um Deus que ele tem como responsável por sua desgraça. Expressão de desespero desse gênero é rara na Bíblia (cf., contudo, Jó 3,1s; Sl 88). Mas Jeremias conserva a certeza de que Iahweh é o Deus da graça, e do íntimo de sua angústia, lança um grito de esperança (vv. 11-13).
b) Expressão cara a Jeremias, que seus adversários terão parodiado (cf. 6,25; 20,3; 46,5; 49,29).

c) Ou também: "com justiça", se se seguem dois mss hebr., sir., árabe (cf. 11,20).
d) O indigente (*'ebión*) ou o pobre (*'anaw*) (cf. 22,16), aqui com significado religioso: provado entre os homens, confiante em Deus. Os "pobres de Iahweh" (cf. Sf 2,3+) serão a posteridade espiritual de Jeremias.
e) Jeremias, chamado desde o seio de sua mãe (1,5), maldiz o dia de seu nascimento. Esta maldição, que será retomada por Jó 3, marca o ponto culminante da desolação interior do profeta.

que ouça o clamor pela manhã
e o grito de guerra ao meio-dia,
¹⁷ porque não me matou desde o seio materno,
para que minha mãe fosse para mim
o meu sepulcro
e suas entranhas estivessem grávidas para sempre,
¹⁸ Por que saí do seio materno
para ver trabalhos e penas
e terminar os meus dias na vergonha?

3. ORÁCULOS PROFERIDOS PRINCIPALMENTE DEPOIS DE JOAQUIM

21 *A resposta aos enviados de Sedecias*[a] — ¹Palavra que foi dirigida a Jeremias, da parte de Iahweh, quando o rei Sedecias lhe enviou Fassur, filho de Melquias, e o sacerdote Sofonias, filho de Maasias, para lhe dizer: ²"Consulta, pois, a Iahweh para nós, porque Nabucodonosor, rei da Babilônia, combate contra nós; talvez Iahweh repita em nosso favor todos os seus milagres, para que se afaste de nós". ³E Jeremias lhes disse: "Assim direis a Sedecias: ⁴Assim disse Iahweh, o Deus de Israel. Eis que farei voltar as armas que estão em vossas mãos, com as quais combateis o rei da Babilônia e os caldeus, que vos cercam; de fora dos muros os reunirei dentro desta cidade. ⁵E eu mesmo combaterei contra vós com mão estendida e com braço forte, com ira, com furor e com grande indignação. ⁶Ferirei os habitantes desta cidade, homens e animais, com uma grande peste, e eles morrerão. ⁷Depois disto — oráculo de Iahweh — entregarei Sedecias, rei de Judá, seus servos, o povo e aqueles, nesta cidade, que escaparem da peste, da espada e da fome, nas mãos de Nabucodonosor, rei da Babilônia, nas mãos de seus inimigos e nas mãos daqueles que procuram a sua vida; ele os passará ao fio da espada, não os poupará, não terá pena, não terá compaixão".

⁸E a este povo dirás: "Assim disse Iahweh: Eis que colocarei diante de vós o caminho da vida e o caminho da morte. ⁹Quem permanecer nesta cidade morrerá pela espada, pela fome ou pela peste; mas aquele que sair e se entregar aos caldeus, que vos cercam, viverá e terá a sua vida como despojo. ¹⁰Porque me voltarei contra esta cidade para sua desgraça, não para sua felicidade — oráculo de Iahweh. Ela será entregue nas mãos do rei da Babilônia e ele a incendiará".

Advertência geral à Casa real — ¹¹À Casa do rei de Judá.[b] Escutai a palavra de Iahweh, ¹²casa de Davi! Assim disse Iahweh:

Julgai pela manhã o direito
e arrancai o explorado da mão do opressor,
para que a minha cólera não saia como o fogo
e queime sem que ninguém possa apagar,
por causa da maldade de vossas ações.
¹³Eis que venho a ti, moradora do vale,
Rocha da planície[c]
— oráculo de Iahweh —

---

a) É episódio do cerco de Jerusalém em 588. Pode ter sido incluído aqui por causa do contraste entre o Fassur do v. 1 e o de 20,1. O grego apresenta diversas omissões.
b) Este título (cf. 23,9) cobre a seção 21,11-23,8 e indica uma coleção que pode ter existido separadamente.
c) Jerusalém é interpelada, com o seu vale (Cedron ou Tiropeon) e a rocha que a domina, o Ofel, base do palácio real. A imagem da floresta (v. 14) é retomada em 22,6s, em que se aplica às madeiras preciosas do palácio (cf. 1Rs 7,2).

ó vós que dizeis: "Quem poderá vir contra nós?
Quem penetrará em nossas residências?"
¹⁴Eu vos castigarei conforme os frutos de vossas obras
— oráculo de Iahweh.
Atearei fogo em sua floresta,
e ele devorará todos os seus arredores!

= 50,32

22

¹Assim disse Iahweh: Desce[a] à casa do rei de Judá e profere lá esta palavra: ²Dize: Escuta a palavra de Iahweh, rei de Judá, que te assentas sobre o trono de Davi, tu, os teus servos e o teu povo, que entram por estas portas. ³Assim disse Iahweh: Praticai o direito e a justiça; arrancai o explorado da mão do opressor; não oprimais estrangeiro, órfão ou viúva, não os violenteis e não derrameis sangue inocente neste lugar. ⁴Porque, se realmente cumprirdes esta palavra, então entrarão pelas portas desta casa reis, que se sentam sobre o trono de Davi, montados em carros e cavalos, eles, seus servos e seu povo. ⁵Mas, se não escutardes estas palavras, juro por mim mesmo — oráculo de Iahweh — que esta casa se tornará uma ruína.

17,24-25

⁶Porque, assim disse Iahweh a respeito da casa do rei de Judá:

Tu és para mim Galaad
e o cume do Líbano.
Mas, na verdade, farei de ti um deserto,
cidades sem habitantes.
⁷Prepararei[b] contra ti devastadores,
cada um com seus instrumentos;
eles cortarão os melhores dos teus cedros
e os lançarão ao fogo.

22,23
Ez 17,3

21,13 +

⁸Passarão numerosas nações por esta cidade e cada um dirá ao seu companheiro: "Por que Iahweh tratou desta maneira esta grande cidade?" ⁹Responderão: "Porque abandonaram a Aliança de Iahweh, seu Deus, prostraram-se diante de deuses estrangeiros e os serviram".

5,19 +; 16,10s
1Rs 9,7-9

Oráculo contra diversos reis. Contra Joacaz

¹⁰Não choreis aquele que está morto,
e não o lamenteis!
Chorai, antes, aquele que partiu,
porque ele não voltará mais
para rever a sua terra natal.[c]

2Rs 23,29-30
2Rs 23,34

¹¹Porque assim disse Iahweh a respeito de Selum, filho de Josias, rei de Judá, que reinou em lugar de seu pai Josias, que saiu deste lugar: Ele não voltará mais para cá, ¹²mas morrerá no lugar para onde o exilaram, e não reverá mais esta terra.

Contra Joaquim

¹³Ai daquele que constrói a sua casa sem justiça
e seus aposentos sem direito,
que faz o seu próximo trabalhar de graça
e não lhe dá o seu salário,

Am 6,8
Dt 24,15

---

a) Do Templo, que dominava o palácio (cf. 26,10; 36,12).
b) Lit.: "Eu santifico" (cf. 6,4+).
c) "Aquele que está morto": Josias; morto em 609 (cf. 2Rs 23,29); "aquele que partiu": Joacaz (chamado também Selum, v. 11), deportado para o Egito no mesmo ano (cf. 2Rs 24,33-34).

¹⁴que diz: "Construirei para mim uma casa espaçosa
com vastos aposentos",
e lhe abre janelas,
recobre-a com cedro e pinta-a de vermelho.
¹⁵Pensas reinar só porque competes pelo cedro?
Teu pai, porventura,
não comeu e bebeu?
Mas ele praticou o direito e a justiça!
E corria tudo bem para ele!

9,23 + ¹⁶Ele julgou a causa do pobre e do indigente.
Então tudo corria bem.
Não é isto conhecer-me?,
— oráculo de Iahweh.
¹⁷Mas tu não tens olhos nem coração
senão para o teu lucro,
para o sangue inocente a derramar,
para a opressão e para a violência a praticar.

34,5
1Rs 13,30
¹⁸Por isso assim disse Iahweh
a respeito de Joaquim,
filho de Josias, rei de Judá.
Não o lamentarão:
"Ai meu irmão! Ai minha irmã!"
Não o lamentarão:
"Ai Senhor! Ai Majestade!"

Is 14,18-19
Jr 36,30
2Cr 36,5-6
¹⁹Será sepultado como jumento!
Será arrastado e lançado
para fora das portas de Jerusalém!

Contra Joaquim[a]

²⁰Sobe o Líbano e grita,
sobre o Basã ergue a tua voz,
grita do alto dos Abarim,[b]
porque foram esmagados todos os teus amantes.[c]

2,25.31
3,25; 7,23s
11,7s
²¹Eu te falei no tempo de tua segurança;
tu disseste:
"Eu não quero escutar!"
Este foi o teu caminho desde
a tua juventude:
não escutar a minha voz.
²²O vento se apascentará de todos os teus pastores
e os teus amantes partirão para o exílio;
então enrubescerás e terás vergonha
de toda a tua maldade.

21,13; 22,6
4,31 +
²³Tu que habitas no Líbano,
que colocas o teu ninho nos cedros,
como gemerás[d] quando vierem a ti dores,
temores como os da que dá à luz!

---

a) Jeremias dirige-se primeiramente à Jerusalém personificada (vv. 20-23) e interpreta duramente os acontecimentos de 598, dos quais ela se lamenta.
b) O Líbano ao norte; o Basã, a nordeste, além do Jordão (cf. Dt 3,10); os Abarim a leste, tendo por cume o monte Nebo (Nm 33,47).
c) Aqui não propriamente os falsos deuses (cf. 3,13), nem os aliados (cf. 4,30), mas os reis e os chefes de Judá (cf. v. 22).
d) Como o grego, sir., Vulg. O hebr. tem a forma passiva, inusitada, do verbo "ter piedade", que poderia, rigorosamente, ser traduzido: "como tu és digna de pena".

²⁴Por minha vida — oráculo de Iahweh —, ainda que Conias*ª* filho de Joaquim, rei de Judá, fosse um anel em minha mão direita, eu te arrancaria de lá! ²⁵Eu te entregarei nas mãos daqueles que procuram a tua vida, nas mãos daqueles que tu temes, nas mãos de Nabucodonosor, rei da Babilônia, e nas mãos dos caldeus. ²⁶Lançarei a ti e a tua mãe, que te gerou, para uma terra estrangeira, onde não nascestes, mas onde morrereis. ²⁷Mas para a terra para onde eles desejam retornar, não retornarão!

Ag 2,23

²⁸ É porventura vaso sem valor, quebrado
esse homem, esse Conias,
ou utensílio que ninguém quer?
Por que foram expulsos ele e a sua raça,
e lançados numa terra
que eles não conheciam?
²⁹Terra! Terra! Terra!
Escuta a palavra de Iahweh.
³⁰Assim disse Iahweh:
Inscrevei*ᵇ* esse homem: "Sem filhos,
alguém que não teve sucesso nos seus dias."
Porque ninguém de sua raça conseguirá
sentar-se no trono de Davi*ᶜ*
e governar de novo em Judá.

23 Oráculos messiânicos. O rei do futuro —

¹Ai dos pastores que perdem e dispersam as ovelhas do meu rebanho — oráculo de Iahweh! ²Por isso, assim disse Iahweh, Deus de Israel, contra os pastores que apascentam o meu povo: Vós dispersastes as minhas ovelhas, as expulsastes e não cuidastes delas. Eis que vos castigarei pela maldade de vossas ações, oráculo de Iahweh! ³Eu mesmo reunirei o resto de minhas ovelhas de todas as terras para as quais as dispersei e as farei retornar às suas pastagens: elas serão férteis e se multiplicarão. ⁴Estabelecerei pastores para elas, que as apascentarão; elas não terão mais medo, não terão pavor e não se perderão, — oráculo de Iahweh!

Ez 34,1 +

31,10

Is 4,3 +

3,15

⁵Eis que dias virão — oráculo de Iahweh —
em que suscitarei a Davi um germe justo;*ᵈ*
um rei reinará e agirá com inteligência
e exercerá na terra o direito e a justiça.
⁶Em seus dias, Judá será salvo
e Israel habitará em segurança.
Este é o nome com que o chamarão:
"Iahweh, nossa justiça."*ᵉ*

= 33,15-16
Is 4,2
Zc 3,8; 6,12

3,18 +

⁷Por isso, eis que dias virão — oráculo de Iahweh — em que não dirão mais: "Vive Iahweh, que fez subir os filhos de Israel da terra do Egito", ⁸mas "Vive Iahweh, que fez subir e retornar a raça da casa de Israel da terra do Norte e de todas as terras para onde ele os tinha dispersado,*ᶠ* para que habitem em seu território."

+ 16,14-15

---

a) Outro nome de Joaquin.
b) Sobre os registros genealógicos dos reis cf. Is 4,3.
c) De fato, Zorobabel, neto de Joaquin, foi apenas governador de Judá depois da volta do exílio.
d) "germe" será, um dia, nome próprio, designação do Messias (cf. Zc 3,8; 6,12).

e) Este nome simbólico dado ao Messias (cf. Is 1,26+), contrasta com o de Sedecias, que significa "Iahweh-minha-justiça".
f) "ele os tinha", grego; "eu os tinha", hebr.

Opúsculo contra falsos profetas

14,13-16
Dt 13,2-6

⁹ Sobre os profetas.*ᵃ*

Meu coração está quebrado dentro de mim,*ᵇ*
estremeceram todos os meus ossos.
Sou como bêbado,
como homem que o vinho dominou
por causa de Iahweh e por causa de suas santas palavras.

¹⁰ Porque a terra está cheia de adúlteros;
sim, por causa de uma maldição, a terra está de luto
e as pastagens do deserto estão secas;
o seu caminho é a maldade,
e sua força a injustiça.

6,13 ¹¹ Porque até mesmo o profeta e o sacerdote são ímpios,
até mesmo em minha casa encontrei a sua maldade,
oráculo de Iahweh.

¹² Por isso seu caminho será para eles como lugares escorregadios;
engajados aí, nas trevas,
eles cairão.
Porque farei vir sobre eles a desgraça,
o ano de seu castigo,
oráculo de Iahweh.

2,8; 5,31 ¹³ Nos profetas da Samaria
vi uma loucura:
profetizaram em nome de Baal
e levaram ao erro o meu povo, Israel.

Gn 19 ¹⁴ Mas nos profetas de Jerusalém
vi coisa horrorosa:
adultério e obstinação na mentira.
Eles fortalecem as mãos dos perversos,
para que ninguém se converta de sua maldade.
Todos são para mim como Sodoma,
e seus habitantes, como Gomorra!

= 9,14 ¹⁵ Por isso assim disse Iahweh dos Exércitos a respeito dos profetas:
Eis que os farei comer absinto
e lhes farei beber água envenenada,
porque dos profetas de Jerusalém
saiu a impiedade para toda a terra.

¹⁶ Assim disse Iahweh dos Exércitos:
Não ouçais as palavras dos profetas que vos profetizam:
enganam-vos,
relatam-vos visões de seu coração,
não da boca de Iahweh;

¹⁷ eles ousam dizer àqueles que me desprezam:
"Iahweh falou; a paz estará convosco!";
e a todos que seguem a obstinação de seu coração,
dizem: "Não vos acontecerá nenhuma desgraça!"

---

a) Título (como 21,11) de livrinho composto e aumentado (vv. 9-40). O primeiro trecho (vv. 9-12), onde Jeremias parece descobrir a perversidade dos falsos profetas, pode ser do tempo de Josias. Os trechos seguintes podem ser tanto do tempo de Joaquim como do de Sedecias. Sobre esta polêmica contra os falsos profetas, veja Introdução aos profetas.
b) É Jeremias quem fala, mas nos vv. 10-12 a palavra é do próprio Iahweh.

¹⁸Quem, pois, esteve presente no conselho de Iahweh, para ver e ouvir a sua palavra? Quem prestou atenção à sua palavra e a ouviu?ᵃ 1Cor 2,16

¹⁹Eis uma tempestade de Iahweh, seu furor se desencadeia, = 30,23-24
  uma tempestade esbraveja,
  irrompe sobre a cabeça dos ímpios;
²⁰ a ira de Iahweh não se apartará
  até que execute, até que realize
  os desígnios de seu coração:
  no fim dos dias, compreendereis isto claramente!
²¹ Eu não enviei esses profetas,
  mas eles correram!
  Eu não lhes falei,
  mas profetizaram!
²² Se estivessem presentes no meu conselho, 28,9 +
  teriam feito o meu povo ouvir a minha palavra
  e o teriam feito retornar de seu caminho mau
  e da maldade de suas ações!ᵇ
²³ Sou, por acaso, Deus apenas de perto
  — oráculo de Iahweh —
  e não Deus de longe?
²⁴ Pode alguém esconder-se em lugares secretos Sl 139,7-12
  sem que eu o veja?, — oráculo de Iahweh. Am 9,2-3
  Não sou eu que encho o céu e a terra? Eclo 16,17
  Oráculo de Iahweh. Sb 1,7

²⁵Eu ouvi o que dizem os profetas que profetizam mentiras em meu nome, dizendo: "Eu tive um sonho! Eu tive um sonho!"ᶜ ²⁶Até quando haverá entre os profetas os que profetizam mentiras e os que profetizam embustes de seu coração? ²⁷Eles que tentam fazer o meu povo esquecer o meu Nome, por meio de seus sonhos que contam uns aos outros, como seus pais esqueceram o meu nome por causa de Baal! ²⁸O profeta que teve um sonho, que conte o sonho! E o que tem uma palavra minha, que fale fielmente a minha palavra!

  Que tem a palha em comum com o grão?
  — Oráculo de Iahweh.
²⁹ Não é a minha palavra como fogo? 5,14; 20,9
  — oráculo de Iahweh.
  E como martelo que arrebenta a rocha?

³⁰Por isso, eis que estou contra os profetas — oráculo de Iahweh — que roubam um do outro a minha palavra. ³¹Eis que estou contra os profetas — oráculo de Iahweh — que usam a sua língua para proferir oráculos. ³²Eis que estou contra os profetas que profetizam sonhos mentirosos — oráculo de Iahweh —, que os contam e seduzem o meu povo com suas mentiras e com seus enganos. Mas não os enviei, não lhes dei ordens, e não são de nenhuma utilidade para este povo, oráculo de Iahweh.

³³E quando este povo — ou um profeta ou um sacerdote — te perguntar: "Qual é a carga de Iahweh?", tu lhes dirás: "Vós sois a carga, e eu vos rejeitarei, oráculo de Iahweh!"ᵈ

---

a) Este v. é provavelmente glosa ao v. 22, mal inserida.
b) Sobre os critérios do verdadeiro profetismo, veja a Introdução aos profetas.
c) Os sonhos podem, sem dúvida, ser o meio de comunicação divina (Nm 12,6); mas é preciso discernir-lhes o conteúdo e a origem.

d) "Vós sois a carga", grego; "Que carga", hebr. (vocalização e corte das palavras erradas). Jeremias refuta o termo recebido *massa'*, "carga", "fardo" e, em sentido figurado "oráculo" (pesando sobre alguém) (cf. Is 13,1; 14,28; 19,1; Zc 9,1; 12,1; Ml 1,1).

³⁴E o profeta, o sacerdote ou alguém do povo que disser "Carga de Iahweh", eu castigarei esse homem e a sua casa. ³⁵Assim direis um ao outro, um homem a seu irmão: "O que Iahweh respondeu?", ou "O que falou Iahweh?" ³⁶E não mencionareis mais "Carga de Iahweh", porque a carga de Iahweh para cada um é a sua própria palavra. Vós perverteis as palavras do Deus vivo, Iahweh dos Exércitos, nosso Deus! ³⁷Dirás assim ao profeta: "O que te respondeu Iahweh?" ou "O que falou Iahweh?"

³⁸Mas se dizeis "Carga de Iahweh", então assim disse Iahweh: Visto que empregais esta expressão "Carga de Iahweh", quando eu vos proibi de dizer mais "Carga de Iahweh", ³⁹por causa disso vos levantarei*ᵃ* e lançarei, a vós e a Cidade que dei a vós e a vossos pais, para longe da minha face. ⁴⁰Infligir-vos-ei opróbrio eterno, vergonha eterna que não será esquecida!

24

*Os dois cestos de figos*ᵇ — ¹Iahweh me fez ver dois cestos de figos colocadosᶜ diante do Templo de Iahweh. Foi depois que Nabucodonosor, rei da Babilônia, desterrou de Jerusalém Jeconias, filho de Joaquim, rei de Judá, os príncipes de Judá, bem como os ferreiros e os serralheiros, e os levou para a Babilônia. ²Um cesto tinha ótimos figos, como os figos da primeira sazão; o outro cesto tinha figos estragados, tão estragados que não podiam ser comidos. ³E disse-me Iahweh: "Que vês, Jeremias?" E eu disse: "Figos. Os bons são muito bons, e os estragados são tão estragados que não podem ser comidos". ⁴Então a palavra de Iahweh me foi dirigida nos seguintes termos: ⁵Assim disse Iahweh, o Deus de Israel. Como a estes figos bons, assim olharei com bondade os exilados de Judá que mandei deste lugar para a terra dos caldeus. ⁶Porei meus olhos sobre eles para o bem e os farei retornar a esta terra. Reconstituí-los-ei e não os demolirei, plantá-los-ei e não os arrancarei.

⁷Dar-lhes-ei um coração para que me conheçam, que eu sou Iahweh. Eles serão o meu povo e eu serei o seu Deus, porque eles retornarão a mim de todo coração. ⁸Mas como os figos estragados que, de tão estragados, não podem ser comidos — sim, assim disse Iahweh —, assim tratarei a Sedecias, rei de Judá, os seus príncipes e o resto de Jerusalém: aqueles que restarem nesta terra e os que habitam na terra do Egito.ᵈ ⁹Farei deles um objeto de horror, uma calamidade para todos os reinos da terra; uma vergonha, uma fábula, um escárnio e uma maldição em todos os lugares para onde os expulsar. ¹⁰Enviarei contra eles a espada, a fome e a peste, até que desapareçam do solo que dei a eles e a seus pais.

4. BABILÔNIA, FLAGELO DE IAHWEHᵉ

25

¹Palavra que foi dirigida a Jeremias, relativa a todo o povo de Judá, no quarto ano de Joaquim, filho de Josias, rei de Judá (que é o primeiro ano de Nabucodonosor, rei da Babilônia), ²palavra que o profeta Jeremias anunciou a todo o povo de Judá e a todos os habitantes de Jerusalém.

---

a) Com as versões e 5 mss hebr.; este verbo (em hebr., *nasa'*, donde vem *massa'*) continua o jogo de palavras com carga. O TM tem o verbo *nasha'*, "esquecer", ou "emprestar com caução".
b) A visão (cf. 13,1+) lembra a de Amós (8,1-2). Pode ser datada pelo ano 593, no reinado de Sedecias. Ao julgamento de Jeremias (cf. ainda 29,1-23), corresponde o de Ezequiel 11,14-21: é entre os exilados que Deus formará de novo um povo que o procure (cf. Is 4,3+).
c) "colocados", grego; "designados", hebr. — Os camponeses traziam ao Templo as primícias de suas colheitas.
d) Provavelmente os companheiros de cativeiro de Joacaz (2Rs 23,34), ou os israelitas refugiados no Egito.
e) Trecho que recapitula o ministério profético de Jeremias desde a sua vocação, e anuncia o perigo caldeu iminente, que dá atualidade nova a todas as ameaças anteriores. Pode ser considerado como o sumário recapitulativo (cf. v. 13) do rolo ditado por Jeremias a Baruc em 605 (cf. 36,2), mais tarde reescrito e completado (36,32; cf. Introdução aos profetas.) — O hebr. e o grego apresentam grandes diferenças. Aqui seguimos, em geral, o hebr. Os parênteses indicam texto que não parece primitivo (muitas vezes omitido pelo grego).

³Desde o décimo terceiro ano de Josias, filho de Amon, rei de Judá, até o dia de hoje, há vinte e três anos, a palavra de Iahweh me foi dirigida e vos falei, sem cessar (mas vós não escutastes. ⁴E Iahweh vos enviou, constantemente, todos os seus servos, os profetas, mas vós não escutastes e nem inclinastes os vossos ouvidos para ouvir). ⁵Essa palavra dizia: Convertei-vos, cada um de vosso caminho mau e da perversidade de vossas ações; então habitareis o território que Iahweh deu a vós e a vossos pais, desde sempre e para sempre. ⁶(Não sigais os deuses estrangeiros para servi-los e para prostrar-vos diante deles; não me irriteis pelas obras de vossas mãos e então eu não vos farei mal algum.) ⁷Mas vós não me escutastes (— oráculo de Iahweh — de modo que me irritastes com as obras de vossas mãos para vossa desgraça).

⁸Por isso, assim disse Iahweh dos Exércitos: Porque não ouvistes as minhas palavras, ⁹eis que mandarei buscar todas as tribos do Norte (— oráculo de Iahweh! ao redor de Nabucodonosor, rei da Babilônia, meu servo)ᵃ e trazê-las contra esta terra e seus habitantes (e contra todas estas nações em redor); eu os ferirei com anátema e farei deles objeto de horror, de escárnio, e uma ruína perpétua. ¹⁰Farei cessar entre eles a voz de júbilo e de alegria, a voz do noivo e da noiva, o ruído da mó e a luz da lâmpada. ¹¹Toda esta terra será reduzida à ruína e desolação e estas nações servirão o rei da Babilônia durante setenta anos.ᵇ ¹²(Mas passados os setenta anos, visitarei o rei da Babilônia e esta nação — oráculo de Iahweh — por causa de seus crimes, bem como a terra dos caldeus, e farei dela uma desolação eterna.) ¹³Farei vir sobre esta terra todas as minhas palavras que disse contra ela, tudo que está escrito neste livro.

II. Introdução aos oráculos contra as nações

*A visão da taça*ᶜ — O que Jeremias profetizou contra todas as nações. ¹⁴(Porque elas também servirãoᵈ a numerosas nações e a reis poderosos, eu lhes retribuirei conforme os seus atos, conforme a obra de suas mãos.)

¹⁵Porque assim me disse Iahweh, Deus de Israel: Toma de minha mão esta taça do vinho da cólera e faze beber dela todas as nações, às quais eu te enviarei; ¹⁶elas beberão, cambalearão e enlouquecerão diante da espada que mandarei para o meio delas. ¹⁷Tomei a taça da mão de Iahweh e fiz beber dela todas as nações, às quais Iahweh me enviara:ᵉ ¹⁸(a Jerusalém e às cidades de Judá, a seus reis e a seus príncipes, para convertê-los em ruína, em objeto de pavor, em escárnio e em maldição como hoje). ¹⁹Ao Faraó, rei do Egito, a seus servos, a seus príncipes e a todo seu povo, ²⁰bem como a todos os estrangeiros (todos os reis da terra de Hus);ᶠ a todos os reis da terra dos filisteus, a Ascalon, a Gaza, a Acaron e ao resto de Azoto; ²¹a Edom, a Moab e aos filhos

---

a) Conforme a concepção religiosa da história, comum aos profetas, os próprios pagãos estão a serviço de Deus (cf. 42,9; Is 10,5+).

b) Número arredondado da duração do exílio, retomado em 29,10 e numa outra forma em 27,7. O tema se encontra em 2Cr 36,21 e fundamenta Dn 9.

c) É uma espécie de prefácio aos oráculos contra as nações, (46-51), os mais antigos dos quais deviam fazer parte do rolo ditado em 605. O grego situa esses oráculos em seguida ao cap. 25, o hebr. os coloca no fim do livro. — Aqui ainda o hebraico e o grego apresentam diferenças.

d) "servirão", conj.; "serviram", hebr.

e) A lista dos povos ameaçados compreende quatro grupos nomeados aqui na ordem em que aparecem em 46-51: 1° Egito; 2° a oeste, os filisteus; 3°, a leste, Edom, Moab, Amon; 4°, a sudeste, Dadã, Tema e Buz. Os vv. 18-29 ficaram sobrecarregados, à medida que a coleção de oráculos contra as nações tomava a sua feição atual, com o acréscimo de: os fenícios (cf. 47,4); Elam (cf. 49,34); a Babilônia (cf. 50-51). — Aquilo que não parece primitivo e é omitido pelo grego é colocado entre parênteses.

f) Hus, entre a Arábia do noroeste e a terra de Edom (cf. Gn 36,28; Jó 1,1).

de Amon; ²²a (todos) os reis de Tiro e a (todos) os reis da Sidônia, aos reis da ilha que está do outro lado do mar;*ᵃ* ²³a Dadã, a Tema, a Buz e a todos os homens de têmporas raspadas,*ᵇ* ²⁴a todos os reis da Arábia (a todos os reis dos estrangeiros) que habitam no deserto. ²⁵(A todos os reis de Zambri,*ᶜ* a todos os reis de Elam, a todos os reis da Média; ²⁶a todos os reis do Norte, próximos ou distantes, um depois do outro, e a todos os reinos que estão sobre a terra. (Mas o rei Sesac*ᵈ* beberá depois deles.)

²⁷Tu lhes dirás: Assim disse Iahweh dos Exércitos, o Deus de Israel: Bebei! Embriagai-vos! Vomitai! Caí e não vos levanteis diante da espada que enviarei para o meio de vós. ²⁸E se se recusarem a tomar a taça da tua mão para beberem, tu lhes dirás: Assim disse Iahweh dos Exércitos: Vós bebereis! ²⁹Porque, eis que pela cidade sobre a qual foi invocado o meu nome, começarei a desgraça; e vós sereis, acaso, poupados? Não sereis poupados, porque convoco a espada contra todos os habitantes da terra, oráculo de Iahweh dos Exércitos.

- 1Pd 4,17

Am 1,2 +
Is 63,3-6

³⁰Mas tu lhes profetizarás e lhes dirás todas estas palavras:
Iahweh ruge do alto,
de sua santa morada ele levanta a sua voz.
Ele ruge contra a sua pastagem,
entoa um hurra como os dos que pisam a uva,
contra todos os habitantes da terra.
³¹O estrondo chega até os confins da terra.
Porque Iahweh entra em processo com as nações,
julga toda carne;
os ímpios, os entrega à espada,
oráculo de Iahweh.*ᵉ*
³²Assim disse Iahweh dos Exércitos:
Eis que a desgraça passa
de nação em nação,
e uma grande tempestade se levanta
das extremidades da terra.

= 8,2

³³E haverá, naquele dia, vítimas de Iahweh de uma à outra extremidade da terra; eles não serão chorados, nem recolhidos e nem sepultados. Serão como esterco sobre a superfície da terra.

³⁴Gemei, pastores, e gritai,
revolvei-vos no pó, chefes do rebanho,
porque completaram-se os vossos dias para a matança
e para vossa dispersão
e caireis como um vaso precioso.
³⁵Não há refúgio para os pastores
nem escapatória para os chefes do rebanho.
³⁶Gritos dos pastores,
gemidos dos chefes do rebanho!

a) Chipre, mas as outras colônias fenícias estão, talvez, subentendidas.
b) Dadã, tribo árabe do Norte, nos confins de Edom (cf. 49,8; Is 21,13); Tema, clã aparentado (Is 21,14); Buz, igualmente a noroeste da península arábica, tem parentesco com Hus (Gn 22,21): "os homens de têmporas raspadas" são outros árabes (cf. 9,25).
c) Talvez *Zimki*, que em escrita criptográfica designaria Elam (sendo essa escrita posterior a Jeremias,

tratar-se-ia de glosa). A menos que se leia *Gimrî*, para aproximar de Gomer, filho de Jafé (Gn 10,2-3); seriam, então, os cimerianos.
d) Sem dúvida, escrita criptográfica para a Babilônia.
e) Os vv. 30-31 que descrevem o julgamento universal de Deus, como Is 66, são, provavelmente, pós-exílicos.

Porque Iahweh devastou a sua pastagem,
³⁷ foram destruídos os prados da paz
diante do ardor da ira de Iahweh!
³⁸ O leão[a] abandona o seu esconderijo
porque a sua terra tornou-se objeto de horror
por causa do ardor devastador,
por causa do ardor de sua ira.

III. As profecias de felicidade

1. INTRODUÇÃO: JEREMIAS É O VERDADEIRO PROFETA

26 *Prisão e julgamento de Jeremias*[b] — ¹No começo do reinado de Joaquim, filho de Josias, rei de Judá, esta palavra foi dirigida a Jeremias[c] da parte de Iahweh: ²Assim disse Iahweh. Coloca-te no átrio da Casa de Iahweh e diz contra todos os habitantes das cidades de Judá, que vêm prostrar-se na Casa de Iahweh, todas as palavras que te ordenei dizer-lhes; não omitas palavra alguma. ³Talvez escutem e se convertam cada um de seu caminho perverso: então me arrependerei do mal que pensava fazer-lhes por causa da perversidade de seus atos. ⁴Tu lhes dirás: Assim disse Iahweh. Se não me escutardes para seguirdes a minha Lei, que vos dei, ⁵para atenderdes às palavras de meus servos, os profetas, que vos envio sem cessar, mas vós não escutais, ⁶tratarei este Templo como Silo e farei desta cidade maldição para todas as nações da terra.

⁷Sacerdotes, profetas e todo povo ouviram Jeremias pronunciar estas palavras no Templo de Iahweh. ⁸E quando Jeremias terminou de falar tudo o que Iahweh o mandara dizer a todo o povo, os sacerdotes, os profetas e todo o povo prenderam-no dizendo: "Tu morrerás! ⁹Por que profetizaste em nome de Iahweh, dizendo: 'Este Templo será como Silo e esta cidade será ruína sem habitantes'?" E todo o povo amotinou-se contra Jeremias no Templo de Iahweh. ¹⁰Quando os príncipes de Judá ouviram estas palavras, subiram do palácio do rei ao Templo de Iahweh e se assentaram à entrada da porta Nova do Templo de Iahweh.[d]

¹¹Os sacerdotes e os profetas disseram, então, aos príncipes e a todo o povo: "Este homem merece a morte, porque profetizou contra esta cidade, como ouvistes com os vossos ouvidos!" ¹²E Jeremias disse a todos os príncipes e a todo o povo: "Iahweh enviou-me a profetizar contra o Templo e contra esta cidade todas as palavras que ouvistes. ¹³Mas, agora, melhorai os vossos caminhos e os vossos atos e escutai o apelo de Iahweh, vosso Deus, e Iahweh se arrependerá do mal que anunciou contra vós. ¹⁴Quanto a mim eis-me em vossas mãos. Fazei de mim o que parece bom e justo a vossos olhos. ¹⁵Sabei, porém, que, se me matardes, é sangue inocente que poreis sobre vós, sobre esta cidade e seus habitantes. Porque, na verdade, Iahweh me enviou a vós para anunciar-vos todas estas palavras".

---

a) "O leão", conj.; "Como o leão", hebr. O termo pode designar Iahweh (cf. Is 31,4), ou o inimigo (Nabucodonosor) prestes a devastar a região (cf. 2,15). A menos que se deva entender: "Como um leão, deixam o seu esconderijo, porque a terra...", mas a passagem do singular para o plural não favorece esta interpretação.

b) Baruc, a quem se atribuem as passagens biográficas, resume aqui a discussão contra o Templo (7,1-15), cujas consequências ele relata.

c) "a Jeremias", sir.; Vet. Lat.; om. pelo hebr. e grego.

d) "A porta Nova do Templo de Iahweh", mss, versões "a porta de Iahweh", hebr. Trata-se de julgamento regular pelos funcionários reais.

¹⁶Os príncipes e todo o povo disseram, então, aos sacerdotes e aos profetas: "Este homem não merece a morte, pois ele nos falou em nome de Iahweh nosso Deus". ¹⁷E levantaram-se alguns dos anciãos da terra e disseram à assembleia do povo: ¹⁸"Miqueias de Morasti, que profetizava nos dias de Ezequias, rei de Judá, disse a todo o povo de Judá: 'Assim disse Iahweh dos Exércitos:

Mq 3,12

> Sião será um campo arado,
> Jerusalém um monte de ruínas
> e a montanha do Templo um lugar alto
> da floresta!'ᵃ

¹⁹Por acaso Ezequias, rei de Judá e todo Judá o fizeram morrer? Não temeram, antes, a Iahweh e não imploraram a Iahweh, de modo que Iahweh se arrependeu do mal que tinha anunciado contra eles? E nós, poderemos arcar com a responsabilidade de crime tão grande?"

²⁰Houve, ainda, um homem que profetizava em nome de Iahweh: Urias, filho de Semeías, proveniente de Cariat-Iarim. Ele profetizou contra esta cidade e contra esta terra nos mesmos termos de Jeremias. ²¹E o rei Joaquim ouviu, com todos os seus guerreiros e com todos os seus príncipes, as suas palavras e procurou matá-lo. Mas Urias ouviu, teve medo, fugiu e foi para o Egito. ²²Mas o rei Joaquim enviouᵇ Elnatã, filho de Acobor, acompanhado de alguns homens ao Egito. ²³Eles tiraram Urias do Egito e o trouxeram ao rei Joaquim, que o mandou matar pela espada e lançar o seu cadáver nas sepulturas da plebe. ²⁴Jeremias, contudo, foi protegido por Aicam, filho de Safã,ᶜ de modo que não foi entregue nas mãos do povo para ser morto.

2. O LIVRINHO PARA OS EXILADOSᵈ

27 *A ação simbólica do jugo e a mensagem aos reis do ocidente* — ¹(No começo do reinado de Sedecias,ᵉ filho de Josias, rei de Judá, esta palavra foi dirigida a Jeremias da parte de Iahweh.) ²Assim me disse Iahweh: Faze para ti cordas e canzis e coloca-os sobre o teu pescoço. ³Envia-os depois ao rei de Edom, ao rei de Moab, ao rei dos amonitas, ao rei de Tiro e ao rei de Sidônia, por intermédio dos seus mensageiros que vieram a Jerusalém, junto de Sedecias, rei de Judá.ᶠ ⁴Encarrega-os de dizer a seus senhores: "Assim disse Iahweh dos Exércitos, Deus de Israel. Falai assim a vossos senhores: ⁵Eu fiz a terra, o homem e os animais que estão sobre a terra, por minha grande força e com meu braço estendido e os dei a quem me aproupe. ⁶Mas agora eu entreguei todas essas terras nas mãos de Nabucodonosor, rei da Babilônia, meu servidor; eu lhe entreguei, também, todos os animais do campo para servi-lo. ⁷(Todas as nações o servirão, bem como seus filhos e seus netos até que chegue o tempo determinado para sua terra; então numerosas nações e grandes reis o subjugarão.) ⁸A nação ou o reino que recusar servir a Nabucodonosor, rei da Babilônia, e não entregar o seu pescoço ao jugo do rei da Babilônia,

18,1 +
LXX: 34

Lc 4,5-6
Ap 13,2,4
Rm 13,1
Jt 11,7
Br 3,16-17

---

a) A profecia de Miqueias era ameaça condicional. Talvez influenciou a reforma de Ezequias (2Rs 18,4s).
b) Depois de "enviou" o hebr. acrescenta: "homens ao Egito".
c) A família de Safã, que sustentara a reforma de Josias (2Rs 22,8s), foi sempre amiga de Jeremias. O neto de Safã, Godolias, o protegerá ainda (cf. 40,5-6).
d) Particularidades linguísticas fazem dos caps. 27-29 um conjunto bem característico. Esses capítulos formaram, provavelmente, uma coleção destinada aos exilados. — O cap. 27, marcadamente mais curto na versão grega, recebeu a adição de numerosas glosas.
e) "Sedecias", conj. de acordo com os vv. 3,12 e 28,1; "Joaquim". hebr.
f) O advento de Psamético II no Egito levou a uma coalizão contra a Babilônia (593-592) de todos esses pequenos estados, aos quais se juntou Judá.

eu castigarei essa nação pela espada, pela fome e pela peste — oráculo de Iahweh — até que eu a consuma por sua mão.*ª* ⁹Quanto a vós, não ouçais os vossos profetas, os vossos adivinhos, os vossos sonhadores,*ᵇ* encantadores e mágicos, que vos dizem: 'Vós não servireis o rei da Babilônia.' ¹⁰Porque é mentira o que eles vos profetizam para afastar-vos de vossa terra, para que eu vos disperse e vós pereçais. ¹¹Mas a nação que submeter o seu pescoço ao jugo do rei da Babilônia e o servir, eu a farei repousar em seu solo — oráculo de Iahweh — para que o cultive e nele habite."

14,14; 28,8-9
29,9

¹²E a Sedecias, rei de Judá, eu disse estas mesmas palavras: "Submetei o vosso pescoço ao jugo do rei da Babilônia; servi a ele e a seu povo, e vivereis. ¹³(Por que quereis morrer, tu e teu povo, pela espada, pela fome e pela peste, como anunciou Iahweh à nação que não servir o rei da Babilônia?) ¹⁴Não ouçais as palavras dos profetas que vos dizem: 'Não servireis o rei da Babilônia'. Sim, é mentira o que eles vos profetizam. ¹⁵Porque eu não os enviei — oráculo de Iahweh; eles profetizam mentiras em meu nome para que eu vos expulse e pereçais vós e os profetas que profetizam para vós".

¹⁶E aos sacerdotes e a todo este povo eu disse: "Assim disse Iahweh: Não ouçais as palavras dos profetas que vos profetizam, dizendo: 'Eis que os objetos do Templo de Iahweh serão trazidos, em breve, da Babilônia', porque é mentira o que eles vos profetizam. ¹⁷(Não os ouçais, servi o rei da Babilônia para que possais viver. Por que deveria esta cidade tornar-se uma ruína?) ¹⁸Se eles são profetas e se têm com eles a palavra de Iahweh que intercedam junto a Iahweh dos Exércitos para que os objetos que restaram no Templo de Iahweh, no palácio do rei de Judá e em Jerusalém não sejam levados para a Babilônia! ¹⁹Porque assim disse Iahweh dos Exércitos a respeito (das colunas, do mar, das bases e) dos outros objetos que restaram nesta cidade, ²⁰aqueles que Nabucodonosor, rei da Babilônia, não carregou quando levou cativo de Jerusalém para a Babilônia a Jeconias, filho de Joaquim, rei de Judá (com todos os notáveis de Judá e de Jerusalém). ²¹Porque assim disse Iahweh dos Exércitos, Deus de Israel, a respeito dos objetos que restaram no Templo de Iahweh e no palácio do rei de Judá e em Jerusalém: ²²Eles serão levados para a Babilônia (e ali ficarão até o dia em que eu os visitar), oráculo de Iahweh. (Eu os farei, então, subir e voltar para este lugar!)"

2Rs 24,8-17

28 *A altercação com o profeta Hananias*ᶜ —

¹Neste mesmo ano, no começo do reinado de Sedecias, rei de Judá, no quarto ano, no quinto mês, o profeta Hananias, filho de Azur, natural de Gabaon, disse assim a Jeremias*ᵈ* no Templo de Iahweh, na presença dos sacerdotes e de todo o povo: ²"Assim disse Iahweh dos Exércitos, Deus de Israel. Quebrei o jugo do rei da Babilônia! ³Ainda dois anos, e farei retornar a este lugar todos os objetos do Templo de Iahweh que Nabucodonosor, rei da Babilônia, carregou daqui e levou para a Babilônia. ⁴Também Jeconias, filho de Joaquim, rei de Judá, e todos os deportados de Judá que foram para a Babilônia farei retornar a este lugar — oráculo de Iahweh — porque quebrarei o jugo do rei da Babilônia!"

14,13-16;
23,9-40
LXX: 35

⁵E o profeta Jeremias disse ao profeta Hananias diante dos sacerdotes e de todo o povo que estavam no Templo de Iahweh. ⁶O profeta Jeremias disse: "Amém! Que assim faça Iahweh! Que Iahweh realize as palavras que profetizaste, trazendo da Babilônia para este lugar os objetos do Templo de Iahweh e todos os deportados. ⁷Contudo, escuta esta palavra que direi aos

---

a) Fórmula não habitual; é necessário, talvez, corrigir, com sir. e Targ., para ler "até que eu o tenha entregue em sua mão".
b) "sonhadores", grego, Vul.; "sonhos", hebr.
c) Este novo capítulo biográfico relata fatos contemporâneos aos do cap. precedente. É o ano 593.
d) "a Jeremias", conj. de acordo com o contexto; "a mim", hebr.

teus ouvidos e aos ouvidos de todo povo: ⁸Os profetas que existiram antes de mim e antes de ti, desde tempos imemoráveis, profetizaram a muitas terras e a grandes reinos, a guerra, a desgraça e a peste; ⁹o profeta que profetiza a paz, só quando se realizar a palavra do profeta é que será reconhecido como profeta que Iahweh realmente enviou!"ᵃ

¹⁰O profeta Hananias tomou, então, os canzis do pescoço do profeta Jeremias e os quebrou. ¹¹E disse Hananias diante de todo o povo: "Assim disse Iahweh. Desta maneira eu quebrarei o jugo de Nabucodonosor, rei da Babilônia, dentro de dois anos, de sobre o pescoço de todas as nações". E o profeta Jeremias foi-se embora. ¹²Mas aconteceu que depois que o profeta Hananias quebrou os canzis do pescoço do profeta Jeremias, a palavra de Iahweh foi dirigida a Jeremias: ¹³"Vai dizer a Hananias: Assim disse Iahweh: Tu quebraste os canzis de madeira! Mas colocarás em lugar deles canzis de ferro! ¹⁴Porque assim disse Iahweh dos Exércitos, Deus de Israel: Eu colocarei um jugo de ferro no pescoço de todas estas nações, para servirem a Nabucodonosor, rei da Babilônia. (E o servirão e eu lhe entregarei até mesmo os animais do campo.)"

¹⁵E o profeta Jeremias disse ao profeta Hananias: "Escuta, Hananias: Iahweh não te enviou e tu levas este povo a confiar na mentira. ¹⁶Por isso, assim disse Iahweh. Eis que te retirarei da face da terra: neste ano morrerás (porque anunciaste a revolta contra Iahweh.)"

¹⁷E o profeta Hananias morreu neste mesmo ano, no sétimo mês.ᵇ

29 A carta aos exilados

— ¹Eis os termos da carta que o profeta Jeremias enviou, de Jerusalém, ao resto dos anciãos no exílio, aos sacerdotes, aos profetas e a todo o povo que Nabucodonosor deportara de Jerusalém para a Babilônia. ²Foi depois que o rei Jeconias saiu de Jerusalém com a rainha-mãe, os eunucos, os príncipes de Judá e de Jerusalém, os ferreiros e os serralheiros. ³Ela foi levada por intermédio de Elasa, filho de Safã, e de Gamarias, filho de Helcias, que Sedecias, rei de Judá, enviara à Babilônia junto a Nabucodonosor, rei da Babilônia:ᶜ

⁴"Assim disse Iahweh dos Exércitos, Deus de Israel, a todos os exilados, deportados de Jerusalém para a Babilônia: ⁵Construí casas e instalai-vos; plantai pomares e comei os seus frutos. ⁶Casai-vos e gerai filhos e filhas, tomai esposas para os vossos filhos e dai as vossas filhas em casamento, que eles gerem filhos e filhas; multiplicai-vos aí e não diminuais! ⁷Procurai a paz da cidade, para onde eu vos deportei; rogai por ela a Iahweh, porque a sua paz será a vossa paz. ⁸Porque assim disse Iahweh dos Exércitos, Deus de Israel: Não vos deixeis enganar por vossos profetas que estão no meio de vós, nem por vossos adivinhos, e não escuteis os sonhos que sonhais. ⁹Pois eles vos profetizam mentiras em meu Nome. Eu não os enviei, oráculo de Iahweh. ¹⁰Porque assim disse Iahweh: Quando se completarem, para a Babilônia, setenta anos eu vos visitarei e realizarei a minha promessa de vos fazer retornar a este lugar. ¹¹Sim, eu conheço os desígnios que formei a vosso respeito — oráculo de Iahweh —, desígnios de paz e não de desgraça, para vos dar um futuro e uma esperança. ¹²Vós me invocareis, vireis e rezareis a mim, e eu vos escutarei. ¹³Vós me procurareis e me encontrareis, porque me procurareis de todo coração; ¹⁴eu me deixarei encontrar por vós (— oráculo de Iahweh. Eu trarei vossos cativos, reunir-vos-ei de todas as nações e de todos os lugares

---

a) Afirmando que o verdadeiro profeta anuncia a desgraça, Jeremias evoca, implicitamente, o fato do pecado, que é a causa desta desgraça e que os profetas sempre denunciaram. Sobre os critérios do profetismo, cf. Introdução aos profetas.

b) A realização de uma profecia, dentro de prazo breve, é sinal que autentica a mensagem de um profeta (cf. 20,6; 29,32; 44,29-30; 45,5; Dt 18,21+).

c) É provavelmente a mesma missão de 51,59.

para onde vos dispersei, oráculo de Iahweh. Eu vos farei retornar ao lugar de onde vos deportei).

¹⁵Porque dissestes: 'Iahweh suscitou para nós profetas na Babilônia, —.
¹⁶Assim disse Iahweh*ª* a respeito do rei que está sentado sobre o trono de Davi e a respeito de todo o povo que habita nesta cidade, vossos irmãos que não foram deportados convosco. ¹⁷Assim disse Iahweh dos Exércitos: Eis que lhes enviarei a espada, a fome e a peste; e os farei semelhantes a figos podres que não podem ser comidos, de tão ruins que são. ¹⁸Persegui-los-ei pela espada, pela fome e pela peste. Farei deles um objeto de horror para todos os reinos da terra, uma maldição, um objeto de espanto, de escárnio e de vergonha, em todas as nações onde os dispersei. ¹⁹Porque não escutaram as minhas palavras — oráculo de Iahweh —, embora lhes tenha enviado sem cessar meus servos, os profetas, mas eles não os escutaram,*ᵇ* oráculo de Iahweh. ²⁰Mas vós, escutai a palavra de Iahweh, todos os deportados que enviei de Jerusalém para a Babilônia.

²¹Assim disse Iahweh dos Exércitos, Deus de Israel, acerca de Acab, filho de Colias, e de Sedecias, filho de Maasias, que vos anunciam mentiras em meu nome: Eis que os entregarei nas mãos de Nabucodonosor, rei da Babilônia, que os matará diante dos vossos olhos. ²²E será tirada deles a maldição que estava sobre todos os deportados de Judá que estão em Babilônia: 'Que Iahweh te trate como a Sedecias e a Acab, que o rei da Babilônia queimou pelo fogo!' ²³Porque eles haviam cometido uma infâmia em Israel, adulteraram com as mulheres de seus próximos e falaram mentiras em meu nome sem que eu tivesse dado ordem. Mas eu sei e sou testemunha, oráculo de Iahweh'.

Profecia contra Semeías — ²⁴E a Semeías de Naalam dirás assim: ²⁵Assim disse Iahweh dos Exércitos, Deus de Israel: Já que enviaste, em teu nome, uma carta a todo o povo que está em Jerusalém e ao sacerdote Sofonias, filho de Maasias (e a todos os sacerdotes) dizendo: ²⁶"Iahweh te constituiu sacerdote em lugar do sacerdote Joiada, para exercer vigilância no Templo de Iahweh sobre todo homem exaltado e que profetiza. Deves pô-lo no cepo e na corrente. ²⁷Por que, pois, não repreendeste Jeremias, de Anatot, que se faz de profeta entre vós? ²⁸Ele até nos enviou a Babilônia com a seguinte mensagem: 'Será longo! Construí casas e instalai-vos; plantai pomares e comei os seus frutos'."...*ᶜ*
²⁹(Mas o sacerdote Sofonias lera esta carta ao profeta Jeremias.) ³⁰A palavra de Iahweh foi, então, dirigida a Jeremias: ³¹Envia esta mensagem a todos os deportados: "Assim disse Iahweh acerca de Semeías de Naalam. Uma vez que Semeías vos profetizou sem que eu o tivesse enviado e vos fez confiar em mentiras, ³²por isso assim disse Iahweh: Eis que castigarei Semeías de Naalam e à sua descendência. Nenhum deles habitará no meio deste povo e não verá o bem que farei ao meu povo (— oráculo de Iahweh — porque ele pregou a revolta contra Iahweh)."

3. O LIVRO DA CONSOLAÇÃO

30 ***A restauração prometida a Israel*ᵈ** — ¹Palavra que foi dirigida a Jeremias da parte de Iahweh nestes termos: ²Assim disse Iahweh, o Deus de Israel: Escreve para ti num livro todas as palavras que te dirigi.

---

a) Os vv. 16-20, que faltam no grego, são certamente uma adição, já que a continuação do v. 15 se encontra no v. 21.
b) "mas eles não os escutaram", conj. de acordo com o contexto; "vós não os escutastes", hebr.
c) A frase que começa o v. 25, por "Já que" permanece em suspenso. Os vv. 24-25 parecem alterados. O grego,

bastante diferente, parece ter sido perturbado por este texto e não satisfaz.
d) A maior parte do "Livro da Consolação" (30,1-31,22), foi escrita entre a reforma de 622 e a morte de Josias (609). A reforma deuteronômica (cf. 2Rs 22,3-23,24), fizera ressurgir simultaneamente a fé javista,

³Porque eis que virão dias — oráculo de Iahweh — em que trarei de volta os cativos de meu povo Israel (e Judá), disse Iahweh, e os farei regressar à terra que dei a seus pais, e tomarão posse dela. ⁴Estas são as palavras que Iahweh disse a Israel (e Judá):

⁵ Assim disse Iahweh:
Ouvimos grito de pavor,
há o terror e não a paz!
⁶ Interrogai e averiguai.
Pode um homem dar à luz?
Por que vejo todos os homens
com as mãos nos quadris, como a mulher em trabalhos de parto?
Por que todos os rostos se tornaram lívidos?
⁷ Ai! Porque este é o grande dia!
Não há outro semelhante a ele!
É tempo de angústia para Jacó,
mas ele será salvo!

⁸(Neste dia — oráculo de Iahweh dos Exércitos — quebrarei o jugo que pesa sobre o teu pescoço e romperei as tuas cadeias. Então os estrangeiros não mais te dominarão, ⁹mas Israel e Judá servirão a Iahweh, seu Deus, e a Davi, o rei que suscitarei para eles.)ᵃ

¹⁰ E tu, Jacó, meu servo, não temas
— oráculo de Iahweh —,
não te apavores, Israel.
Porque eis que te salvarei de terras distantes,
e teus descendentes da terra de seu cativeiro.
Jacó voltará e terá paz,
estará sereno, sem que ninguém o inquiete.
¹¹ Porque eu estou contigo para te salvar
— oráculo de Iahweh —,
destruirei todas as nações em que os dispersei;
a ti, entretanto, não quero destruir,
mas castigar-te-ei conforme o direito,
não te deixando impune.

¹² Sim, assim disse Iahweh.
Incurável é a tua ferida,
e a tua chaga não tem remédio.
¹³ Não há ninguém para defender a tua causa;
para uma úlcera há remédios,
mas para ti não existe cura.

---

rompendo com o sincretismo religioso inaugurado por Manassés, e a esperança nacional: o declínio da Assíria permitira a Josias levar a cabo a reconquista da Samaria e da Galileia (2Rs 23,15.19; 2Cr 35,18). Nasceu a esperança da volta dos exilados de 721 ao reino de Davi restaurado. Os poemas que seguem expressam esta esperança: Iahweh ainda ama Israel do Norte (31,3.15-20; cf. Os 11,8-9); ele fará voltar os exilados às suas terras (30,3; 31,2-14; cf. Os 10,11), na *unidade religiosa reencontrada em torno de Sião* (31,6; cf. Is 11, 10-16). O anúncio do retorno foi em seguida estendido a Judá, por sua vez conquistada e deportada. Os oráculos posteriores (30,8-9; 31,1.23-26.27-28) e as glosas (em 30,3,4; 31,31) associam Judá a Israel, dando assim ao "Livro da Consolação" de Jeremias seu alcance definitivo e messiânico: Israel e Judá serão reunidos (cf. 3,18+) para que sirvam na terra a "Iahweh, seu Deus, e a Davi, o seu rei" (30,9). Essa reunião de Israel disperso tornar-se-á um dos temas maiores dos profetas do exílio (Is 43,5s; 49,5-6.12.18-23 etc.; Ez 11,17; 20,34; 28,25; 34,12-13 etc.), e depois do exílio (Zc 10,6-12; cf. ainda Jo 11,52).

a) "o jugo", grego, Vet. lat.; "seu jugo", hebr. — "te dominarão", conj.; "o dominarão", hebr.; "os dominarão", grego (que lê "seu pescoço"... "suas cadeias"). — "Israel e Judá": é acrescentado; em hebr. o sujeito está subentendido. – Esses dois vv. são acréscimo, que, assim como a expressão "e Judá" dos vv. 3 e 4 tende a estender a todo o povo as promessas messiânicas (cf. a menção de um novo Davi).

¹⁴ Todos os teus amantes*ᵃ* se esqueceram de ti,
  não te procuram mais!
  Porque te feri com golpe de inimigo,
  com castigo terrível
  (por tua falta, que é grande, e por teus pecados, que são numerosos).
¹⁵ Por que gritas por causa de tua ferida?
  Tua chaga é incurável!
  Porque a tua falta é grande e os teus pecados numerosos
  é que te tratei dessa maneira!
¹⁶ Mas*ᵇ* todos os que te devoravam serão devorados,
  todos os teus adversários irão para o cativeiro,
  os que te despojavam serão despojados,
  e todos os que te saqueavam serão saqueados.
¹⁷ Porque te trarei o remédio, curarei as tuas feridas
  — oráculo de Iahweh —,
  porque te chamaram "Repudiada",
  "Sião, por quem ninguém pergunta".*ᶜ*
¹⁸ Assim disse Iahweh:
  Eis que mudarei a sorte das tendas de Jacó,
  terei compaixão de suas moradas;
  a cidade será reconstruída sobre a sua colina,
  e o palácio será restaurado em seu verdadeiro lugar.
¹⁹ Deles sairão a ação de graças e gritos de alegria.
  Multiplicá-los-ei: não diminuirão mais.
  Glorificá-los-ei: não mais serão humilhados.
²⁰ Seus filhos serão como outrora,
  sua assembleia será estável diante de mim,
  castigarei a todos os seus opressores.
²¹ Surgirá dela o seu chefe,
  seu soberano sairá de seu meio.*ᵈ*
  Fá-lo-ei aproximar-se e ele se chegará a mim;
  com efeito, quem teria coragem
  de aproximar-se de mim? — oráculo de Iahweh.
²² Sereis o meu povo e eu serei o vosso Deus.*ᵉ*
²³ Eis a tempestade de Iahweh: o furor que saiu,
  é furacão que se agita,
  que se abate sobre a cabeça dos ímpios.
²⁴ A ardente ira de Iahweh não se afastará
  sem realizar os desígnios de seu coração.
  No fim dos dias compreendereis estas coisas!

31 ¹ Naquele tempo — oráculo de Iahweh —
  serei o Deus de todas as famílias de Israel, e elas serão o meu povo.
² Assim disse Iahweh:
  Encontrou graça no deserto,*ᶠ*
  o povo que escapou à espada.
  Israel caminha para o seu descanso.

---

a) As nações sobre as quais se apoiava Israel (cf. Ez 16 e 23).
b) "Mas", conj.; "eis porque", hebr.
c) Lit.: "é Sião pela qual ninguém pergunta"; trata-se, sem dúvida, de releitura, fazendo de Israel deste capítulo o conjunto do povo de Deus, e não simplesmente o reino do Norte. Em lugar de "Sião", o grego traz "vosso despojo", sem dúvida por "nosso despojo", e que poderia refletir o texto primitivo (*çâdenû*, corrigido por *çîyôn*).
d) Por oposição ao período de dominação assíria, em que o governador representava o poder estrangeiro.
e) Este v., que é acréscimo, contém a fórmula da Aliança (cf. Dt 26,17-18; 27,9; 28,9 etc.) muitas vezes relembrada por Jeremias (cf. 31,31+).
f) Sobre a conversão no deserto cf. Os 2,16+. O tema do novo Êxodo, que trará Israel de volta do Exílio, aparece indicado aqui e nos vv. 8-9.21, e será retomado e desenvolvido na 2ª parte de Isaías (cf. Is 40,3+).

JEREMIAS 31

<small>Os 11,1-9
Is 54,8 +</small>
³ De longe Iahweh me apareceu:
Eu te amei com amor eterno,
por isso conservei para ti o amor.
⁴ Eu te construirei de novo e serás reconstruída,
Virgem de Israel.
De novo te enfeitarás
com os teus tamborins,
sairás em meio a danças alegres.

<small>Is 65,21-22
Am 9,14</small>
⁵ De novo plantarás vinhas
sobre as montanhas da Samaria
(os plantadores plantarão e colherão).
⁶ Sim, virá o dia em que os vigias gritarão
sobre a montanha de Efraim:
"De pé! Subamos a Sião, a Iahweh nosso Deus!"ᵃ

⁷ Porque assim disse Iahweh:
Gritai de alegria por Jacó,
aclamai a primeira das nações!
Fazei-vos escutar! Louvai! Proclamai:
<small>Is 4,3 +</small>
"Iahweh salva seuᵇ povo,
o resto de Israel!"
⁸ Eis que os trago da terra do Norte,
reúno-os dos confins da terra.
Entre eles há o cego e o aleijado,
a mulher grávida e a que dá à luz,
todos juntos: é grande assembleia que volta!

<small>Sl 126,5-6
Is 40,3 +
Jo 4,1 +
Dt 1,31 +
2Cor 6,18</small>
⁹ Em lágrimas voltam,
em súplicas eu os trago de volta.ᶜ
Conduzi-los-ei às torrentes de água,
por caminho reto, em que não tropeçarão.
Porque sou pai para Israel
e Efraim é o meu primogênito.

<small>23,3
Ez 34,1 +
Jo 10,16</small>
¹⁰ Nações, escutai a palavra de Iahweh!
Anunciai-a às ilhas longínquas, dizei:
"Aquele que dispersou Israel o reunirá.
Ele o guardará como pastor a seu rebanho".
<small>Is 49,25
Lc 11,21-22</small>
¹¹ Porque Iahweh resgatou Jacó,
libertou-o da mão do mais forte.
¹² Eles virão gritando de alegria sobre os altos de Sião,
afluirão aos bens de Iahweh:
o trigo, o mosto e o azeite,
as ovelhas e os bois;
serão como um jardim bem regado,
não voltarão a desfalecer.
<small>Sl 30,12;
90,15
Jo 16,22</small>
¹³ Então a virgem terá prazer na dança,
e, juntos, os jovens e os velhos;
converterei o seu luto em alegria,
consolá-los-ei, alegrá-los-ei depois dos sofrimentos.

---

a) Unidade religiosa reencontrada em torno do santuário de Sião.
b) "salva seu", grego, Targ.; "salva teu", hebr.
c) Texto surpreendente. Poderíamos cair na tentação de corrigi-lo, como fez o grego para ler "partiram em lágrimas, e na consolação os trago de volta" (cf. Sl 126,5-6), mas seria, sem dúvida, correção fácil. Pode-se inferir que no caso seriam lágrimas de arrependimento.

¹⁴ Alimentarei os sacerdotes com gordura
e meu povo se saciará com meus bens,
— oráculo de Iahweh.

¹⁵ Assim disse Iahweh:
Em Ramá se ouve uma voz,
lamentação, choro amargo;
Raquel[a] chora seus filhos,
ela não quer ser consolada por seus filhos,
porque eles já não existem.[b]

¹⁶ Assim disse Iahweh:
Reprime o teu pranto
e as lágrimas de teus olhos!
Porque existe recompensa para a tua dor:
— oráculo de Iahweh —
eles voltarão da terra inimiga.

¹⁷ Há esperança para o teu futuro:
— oráculo de Iahweh —
teus filhos voltarão para o seu território.

¹⁸ Escutei os gemidos de Efraim:
"Tu me corrigiste, eu fui corrigido,
como novilho indômito.
Faze-me voltar e voltarei,
porque tu és Iahweh, meu Deus!

¹⁹ Porque, depois de me afastar, me arrependi,
depois que compreendi, bati no peito.[c]
Estava cheio de vergonha e enrubescia;
sim, trazia sobre mim o opróbrio de minha juventude!"

²⁰ — Será Efraim para mim filho tão querido,
criança de tal forma preferida,
que cada vez que falo nele
quero ainda lembrar-me dele?
É por isso que minhas entranhas se comovem por ele,
que por ele transborda minha ternura,
oráculo de Iahweh.

²¹ Levanta marcos para ti,
coloca indicadores de caminho,
presta atenção ao percurso,
no caminho por onde caminhaste.
Volta, Virgem de Israel!
Volta para estas tuas cidades!

²² Até quando irás de cá para lá,
filha rebelde?
Porque Iahweh cria algo de novo na terra:
A Mulher corteja seu Marido.[d]

---

a) Raquel, esposa de Jacó, mãe de José — que por sua vez gerou Efraim e Manassés — e de Benjamim. Sua sepultura estava em Ramá (1Sm 10,2), hoje er-Ram, 9 km ao norte de Jerusalém, não longe de uma Éfrata (cf. Gn 35,19), nas fronteiras de Benjamim (Js 18,25). Belém, possuindo um clã de efrateus, era também chamada Éfrata (Mq 5,1), donde a tradição que quis situar perto de Belém a sepultura de Raquel (cf. a glosa sobre Gn 35,19) e que levou Mateus a aplicar ao massacre dos inocentes o texto de Jr 31,15 (cf. Mt 2,17-18).
b) "eles já não existem", versões; "nós já não somos" ou "ele já não é", hebr.
c) Lit.: "na coxa", gesto de desprezo, tristeza, dor ou remorso (cf. Ez 21,17).
d) Retomada das relações de amor entre Israel e seu esposo Iahweh (cf. Os 1,2+). Este texto tem o mesmo alcance messiânico que Is 54,5s.

Restabelecimento prometido a Judá[a] — ²³Assim disse Iahweh dos Exércitos, o Deus de Israel. Ainda se dirá esta palavra na terra de Judá e em suas cidades, quando eu trouxer de volta os seus cativos:

> Is 11,1

Que Iahweh te abençoe,
morada da justiça,
montanha santa!

> Sl 23,2-3

²⁴Nela habitarão Judá e todas as suas cidades juntas, os lavradores e os que conduzem o rebanho. ²⁵Porque darei abundância àquele que estava esgotado e saciarei todo aquele que desfalecia.

²⁶Neste ponto, despertei e vi
que meu sonho tinha sido agradável.[b]

> Zc 2,8
> Is 49,19-20
> 1,10

Israel e Judá — ²⁷Eis que dias virão — oráculo de Iahweh — em que semearei a casa de Israel e a casa de Judá com uma semente de homens e semente de animais. ²⁸E assim como velei sobre eles para arrancar, para arrasar, para demolir, para exterminar e para afligir, assim também velarei sobre eles para construir e para plantar, oráculo de Iahweh.

> Dt 24,16 +

A retribuição pessoal[c]

> ‖ Ez 18,2

²⁹Nesses dias já não se dirá:
Os pais comeram uvas verdes
e os dentes dos filhos se embotaram.

³⁰Mas cada um morrerá por sua própria falta. Todo homem que tenha comido uvas verdes terá os dentes embotados.

> Hb 8,8-12

A Nova Aliança[d] — ³¹Eis que dias virão — oráculo de Iahweh — em que concluirei com a casa de Israel (e com a casa de Judá) uma aliança nova. ³²Não como a aliança que concluí com seus pais, no dia em que os tomei pela mão para fazê-los sair da terra do Egito — minha aliança que eles próprios romperam, embora eu fosse o seu Senhor, oráculo de Iahweh! ³³Porque esta é a aliança que concluirei com a casa de Israel depois desses dias, oráculo de Iahweh. Porei minha lei no fundo do seu ser e a escreverei em seu coração. Então serei seu Deus e eles serão meu povo. ³⁴Eles não terão mais que instruir seu próximo ou seu irmão, dizendo: "Conhecei a Iahweh!" Porque todos me

> Lc 22,20p
> Ex 19,1 +
> Hb 10,16
> 24,7;
> 32,39-40
> 2Cor 3,3
> Os 2,22 +
> 1Jo 2,27
> Hb 10,17

---

a) Este oráculo e o seguinte foram pronunciados por volta de 587 (cf. 30,1+).

b) Observação do profeta, que talvez se utilize de refrão conhecido.

c) Jeremias toma aqui a contrapartida de um ditado (o qual é suposto também por Ezequiel, cf. 18,2) que expressava o velho princípio da responsabilidade coletiva: aqui, a solidariedade na pena dos membros de uma mesma família. Ele anuncia para o futuro a aplicação de um princípio novo, que Ezequiel reivindicará para o imediato, o princípio do castigo pessoal do pecador (cf. Ez 14,12+; 18).

d) Os vv. 31-34 são o ápice espiritual do livro de Jeremias. Depois do fracasso da antiga aliança (v. 32; Ez 16,59), e a tentativa fracassada de Josias para restaurá-la, o desígnio de Deus aparece sob nova luz. Depois de catástrofe que não deixará subsistir senão um "Resto" (Is 4,3+), uma aliança eterna será novamente concluída (v. 31), como nos dias de Noé (Is 54,9-10). As antigas perspectivas permanecem: fidelidade dos homens à Lei e presença divina, que assegura aos homens a paz e a prosperidade material (Ez 36,29-30), ideal que se expressa na fórmula "Eu serei vosso Deus e vós sereis meu povo" (v. 33; 7,23; 11,4; 30,22; 31,1; 32,38; Ez 11,20; 36,28; 37,27; Zc 8,8; cf. Dt 7,6+). A novidade da Aliança decorre de três aspectos: 1º a iniciativa divina do perdão dos pecados (v. 34; Ez 36,25.29; Sl 51,3-4.9); 2º a responsabilidade e a retribuição pessoais (v. 29; cf. Ez 14,12+); 3º a interiorização da religião: a Lei deixa de ser carta puramente exterior para tornar-se inspiração que atinge o "coração" do homem (v. 33; 24,7; 32,39), sob a influência do Espírito de Deus, que dá ao homem coração novo (Ez 36,26-27; Sl 51,12; cf. Jr 4,4+), capaz de "conhecer" a Deus (Os 2,22+). Esta aliança nova e eterna, proclamada novamente por Ezequiel (Ez 36,25-28), pelos últimos capítulos de Isaías (Is 55,3; 59,21; 61,8; cf. Br 2,35) e vivida no Sl 51, será inaugurada pelo sacrifício do Cristo (Mt 26,28p) e sua realização será anunciada pelos apóstolos (2Cor 3,6; Rm 11,27; Hb 8,6-13; 9,15s; 1Jo 5,20+).

conhecerão, dos menores aos maiores, — oráculo de Iahweh — porque perdoarei sua culpa e não me lembrarei mais de seu pecado.

Permanência de Israel

³⁵ Assim disse Iahweh,
 ele que estabelece o sol para iluminar o dia
 e ordena*ᵃ* à lua e às estrelas que iluminem de noite,
 que agita o mar, e as suas ondas rugem,
 ele cujo nome é Iahweh dos Exércitos:
³⁶ Quando estas leis falharem
 diante de mim — oráculo de Iahweh —
 então a raça de Israel deixará, também,
 de ser nação diante de mim para sempre!
³⁷ Assim disse Iahweh:
 Se se puder medir o céu nas alturas
 e sondar nas profundezas os fundamentos da terra,
 então rejeitarei toda a raça de Israel
 por tudo o que fizeram, oráculo de Iahweh.

Reconstrução e grandeza de Jerusalém*ᵇ*
— ³⁸Eis que virão dias — oráculo de Iahweh — em que a cidade será reconstruída para Iahweh, desde a torre de Hananeel até a porta do Ângulo. ³⁹A corda de medir será ainda estendida diretamente sobre a colina do Gareb, e de lá em direção a Goa. ⁴⁰E todo o vale dos cadáveres e das cinzas, e todos os terrenos até a torrente*ᶜ* do Cedron, até o ângulo da porta dos Cavalos, a oriente, serão consagrados a Iahweh. E nunca mais será arrasada ou demolida.

4. ANEXOS AO LIVRO DA CONSOLAÇÃO

32. A compra de um terreno, penhor de um futuro feliz*ᵈ*
— ¹Palavra que foi dirigida a Jeremias, da parte de Iahweh, no décimo ano de Sedecias, rei de Judá, ou seja, no décimo oitavo ano de Nabucodonosor. ²O exército do rei da Babilônia cercava, então, Jerusalém, e o profeta Jeremias encontrava-se preso no pátio da guarda, no palácio do rei de Judá, ³onde Sedecias, rei de Judá, o havia feito prender, dizendo-lhe: "Porque profetizas nestes termos: Assim disse Iahweh: Eis que entregarei esta cidade nas mãos do rei da Babilônia para que a conquiste; ⁴Sedecias, rei de Judá, não escapará ao poder dos caldeus, mas certamente será entregue nas mãos do rei da Babilônia, e ele lhe falará face a face e seus olhos verão os seus olhos; ⁵ele levará Sedecias para a Babilônia, e ali permanecerá (até que eu o visite, oráculo de Iahweh. Se combaterdes os caldeus, não tereis êxito!)"

---

a) "ordena": *hoqeq*, conj.; "as leis de": *huqqot*, hebr.
b) As ruínas deixadas pelos babilônios serão restauradas: a torre de Hananeel, a noroeste das muralhas (Ne 31,1); a porta do Ângulo, a nordeste (2Rs 14,13); a porta dos Cavalos, a sudeste (Ne 3,28). Gareb não aparece em outros trechos. Goa, que também só é citada aqui, poderia encontrar-se na junção dos três vales: Geena, Tiropeon e Cedron; o vale dos cadáveres e das cinzas (lit.: da "cinza gordurosa" das vítimas, cf. Lv 1,16; 4,12; 6,3-4) é a Geena (Jr 7,31; 19,6), que se encontra a sudeste de Jerusalém, enquanto o Cedron se encontra a leste. Esta apresentação de Jerusalém reconstruída é anunciada por Ezequiel.
c) "até a torrente": *'ad*, hebr.; ou: "atingindo a torrente": *'al*, conj.
d) Este episódio, que recebe alcance simbólico (cf. 18,1+), situa-se em 587, depois que o sítio foi retomado (vv. 2.24, anunciado em 34,21-22). A compra do campo se relaciona, sem dúvida, com a partilha para a qual Jeremias quisera ir a Anatot (37,12). O texto primitivo, autobiográfico (vv. 6b-17a 24-29a 42-44), parece ter sido desenvolvido por introdução vv. 1-6a), oração (vv. 17b-23), que lembra Ne 9, e por desenvolvimento messiânico (vv. 29b-41), que retoma os temas próprios de Jeremias.

⁶Jeremias disse: A palavra de Iahweh me foi dirigida nestes termos: ⁷Eis Hanameel, filho de teu tio Selum, que virá ao teu encontro para dizer: "Compra o meu campo de Anatot porque tu tens o direito de resgate para adquiri-lo". ⁸Meu primo Hanameel veio, pois, ao meu encontro, conforme a palavra de Iahweh, no pátio da guarda, e me disse: "Compra o meu campo de Anatot, no território de Benjamim, porque tu tens o direito à herança e o direito de resgate, compra-o." Reconheci, então, que era ordem de Iahweh. ⁹Comprei, pois, o campo de Hanameel, meu primo, em Anatot, e lhe pesei a prata, dezessete siclos de prata. ¹⁰Redigi, então, o contrato e o selei, tomei testemunhas e pesei a prata na balança. ¹¹Depois eu tomei o contrato de compra, o exemplar selado (com as estipulações e as cláusulas) e o exemplar aberto, ¹²e entreguei o contrato de compra a Baruc, filho de Nerias, filho de Maasias, em presença de meu primo[a] Hanameel e das testemunhas que assinaram o contrato de compra, e em presença de todos os judeus que se encontravam no pátio da guarda. ¹³Diante deles dei esta ordem a Baruc: ¹⁴"Assim disse Iahweh dos Exércitos, Deus de Israel. Toma esses documentos, esse contrato de compra, o exemplar selado e a cópia aberta, e coloca-os num vaso de argila para que se conservem por muito tempo. ¹⁵Porque assim disse Iahweh dos Exércitos, o Deus de Israel: Ainda se comprarão casas, campos e vinhas nesta terra."

¹⁶Depois de entregar o contrato de compra a Baruc, filho de Nerias, dirigi esta oração a Iahweh: ¹⁷"Ah! Senhor Iahweh, eis que fizeste o céu e a terra por teu grande poder e teu braço estendido. A ti nada é impossível! ¹⁸Tu fazes misericórdia a milhares, mas punes a falta dos pais, em plena medida,[b] em seus filhos. Deus grande e forte, cujo nome é Iahweh dos Exércitos, ¹⁹grande em conselho, poderoso em ações, cujos olhos estão abertos sobre todos os caminhos dos homens para retribuir a cada um segundo a sua conduta e segundo o fruto de seus atos! ²⁰Tu que fizeste sinais e prodígios na terra do Egito e até hoje em Israel e entre os homens. Tu fizeste para ti um nome como hoje se vê. ²¹Fizeste sair teu povo da terra do Egito com sinais e prodígios, com mão forte e braço estendido e com grande terror. ²²Tu lhes deste esta terra que tinhas prometido por juramento a seus pais, terra em que corre o leite e o mel. ²³Eles vieram e dela tomaram posse, mas não escutaram a tua voz e não caminharam segundo a tua Lei: não praticaram nada do que tinhas ordenado; fizeste, então, cair sobre eles toda esta desgraça. ²⁴Eis que as trincheiras chegam à cidade, para tomá-la; pela espada, pela fome e pela peste a cidade será entregue às mãos dos caldeus, que combatem contra ela. O que disseste aconteceu, e tu o vês. ²⁵E tu, Senhor Iahweh, me disseste: 'Compra para ti o campo ao preço de prata e toma testemunhas', agora que a cidade foi entregue às mãos dos caldeus!"

²⁶E a palavra de Iahweh foi dirigida[c] a Jeremias nestes termos: ²⁷Eis que sou Iahweh, o Deus de toda a carne; há para mim algo impossível?

²⁸Por isso, assim disse Iahweh: Eis que entregarei esta cidade nas mãos dos caldeus e nas mãos de Nabucodonosor, rei da Babilônia, que a tomará; ²⁹os caldeus que combatem contra esta cidade, entrarão e incendiá-la-ão. Eles a queimarão juntamente com as casas, em cujos telhados se queimava incenso a Baal e se faziam libações a deuses estrangeiros, para me irritar. ³⁰Porque os filhos de Israel e os filhos de Judá não fizeram, desde a sua juventude, senão o que é mau a meus olhos (sim, os filhos de Israel não fizeram senão irritar-

---

a) "meu primo" (lit.: "o filho de meu tio"), mss grego, sir. (cf. vv. 7-9); "meu tio", hebr. — Baruc é o secretário de Jeremias (cf. 36,45).
b) Lit.: "sobre o seio", parece que esta expressão deve ser compreendida levando-se em conta o hábito de transportar provisões nas pregas da roupa (2Rs 4,39; Rt 3,15; Cf. Is 65,6+). Outra tradução possível: "com coração pleno".
c) "foi dirigida a Jeremias", hebr., ou: "me foi dirigida", grego, Vet. lat.; cf. v. 16.

-me pelas obras de suas mãos, oráculo de Iahweh). ³¹Porque esta cidade foi para mim causa de ira e de furor, desde o dia em que foi construída até hoje, a ponto de afastá-la de minha presença, ³²por causa de todo mal que os filhos de Israel e os filhos de Judá cometeram para irritar-me eles, seus reis, seus príncipes, seus sacerdotes, seus profetas, os homens de Judá e os habitantes de Jerusalém. ³³Eles me deram as costas e não a face, e, quando eu os instruía,ᵃ constantemente, ninguém me escutava para aceitar a lição. ³⁴Instalaram as suas abominações na Casa, sobre a qual o meu nome é invocado, para profaná--la. ³⁵Construíram lugares altos a Baal no vale de Ben-Enom, para fazerem passar pelo fogo seus filhos e suas filhas, em honra de Moloc, o que eu nunca ordenei, o que eu jamais pensei: cometerem abominação desse gênero para fazerem Judá pecar!

³⁶E agora, por isso, assim disse Iahweh, Deus de Israel, sobre esta cidade, de quem acabasᵇ de dizer: "Pela espada, pela fome e pela peste ela será entregue nas mãos do rei da Babilônia." ³⁷Eis que eu os reunirei de todas as regiões em que os dispersei, em minha ira, em meu furor e em minha grande indignação: eu os trarei de volta a este lugar e os farei habitar em segurança. ³⁸E eles serão o meu povo e eu serei o seu Deus. ³⁹Eu lhes darei um coração único e um caminho único para que me temam, todos os dias, para o seu bem e o de seus filhos, depois deles. ⁴⁰Selarei com eles uma aliança eterna, pela qual eu não deixarei de segui-los para fazer-lhes o bem: colocarei o meu temor em seu coração, para que não se afastem mais de mim. ⁴¹Terei minha alegria em fazer-lhes o bem e os plantarei de verdade, nesta terra, de todo o meu coração e de toda a minha alma. ⁴²Porque assim disse Iahweh: Assim como eu trouxe sobre este povo toda essa grande desgraça, assim eu trarei todo o bem que lhes prometo. ⁴³Ainda se comprarão campos nesta terra, da qual acaba de dizer: "É um ermo, sem homens nem animais, foi entregue às mãos dos caldeus." ⁴⁴Comprarão campos a preço de prata, redigirão um contrato, selá-lo-ão e tomarão testemunhas, no território de Benjamim, nas proximidades de Jerusalém, nas cidades de Judá, nas cidades da Montanha, nas cidades da Planície e nas cidades do Negueb. Porque eu trarei de volta seus cativos — oráculo de Iahweh.

33 *Outra promessa de restauração*ᶜ

¹Enquanto Jeremias estava ainda preso no pátio da guarda, a palavra de Iahweh lhe foi dirigida uma segunda vez, nestes termos: ²Assim disse Iahweh, que fez a terraᵈ e lhe deu forma para consolidá-la — Iahweh é seu nome! — ³Invoca-me e eu te responderei e te anunciarei coisas grandes e inacessíveis, que tu não conheces. ⁴Porque assim disse Iahweh, o Deus de Israel, a respeito das casas desta cidade e das casas dos reis de Judá, destruídas pelas trincheiras e pela espada; ⁵a respeito daqueles que vêm para combater os caldeus e encher a cidadeᵉ de cadáveres, que eu feri em minha cólera e em meu furor, aqueles cuja maldade me fez ocultar o meu rosto a esta cidade. ⁶Eis que vou lhes trazerᶠ remédio e cura; vou curá-los e revelar-lhes as riquezas da paz e da fidelidade. ⁷Trarei de volta os cativos de Judá e os cativos de Israel, e os restabelecerei como antes. ⁸Eu os purificarei de todas as suas faltas com que pecaram contra mim, perdoarei todas as suas faltas com que pecaram contra mim e se revoltaram contra mim. ⁹Jerusalémᵍ será para mim nome cheio de alegria, honra, esplendor para todas as nações do mundo: quando ouvirem todo o bem que lhes farei,

---

a) "eu os instruía", versões; "de instruir", hebr.
b) "acabas", grego; "acabais", hebr. O mesmo no v. 43.
c) Esta profecia data da mesma época da que aparece no capítulo 32.
d) "que fez a terra", grego; "que a fez; Iahweh", hebr.

e) "encher a cidade", a partir do grego ("para enchê--la"); "enchê-las", hebr.
f) "vou lhes trazer", versões; "lhe trago (à cidade)", hebr.
g) Lit.: "ela".

elas serão tomadas de temor e tremor, por causa de toda a felicidade e de toda a paz que lhes darei. ¹⁰Assim disse Iahweh: Neste lugar do qual dizeis: "É uma ruína, sem homens nem animais", nas cidades de Judá e nas ruas desoladas de Jerusalém, onde não há nem homens nem animais, escutar-se-ão de novo ¹¹gritos de alegria e gritos de júbilo, a voz do noivo e a voz da noiva, a voz daqueles que dizem, trazendo ao Templo de Iahweh sacrifícios de ação de graças: "Dai graças a Iahweh dos Exércitos, porque Iahweh é bom, porque o seu amor é para sempre!" Porque trarei de volta os cativos da terra como antes, disse Iahweh.

^{25,10}
^{1Cr 16,34}
^{Esd 3,11}
^{Sl 106,1;}
^{107,1}

¹²— Assim disse Iahweh dos Exércitos. Haverá ainda neste lugar que está em ruínas, sem homens e animais, e em todas as suas cidades, pastagens onde os pastores farão repousar as suas ovelhas. ¹³Nas cidades da Montanha, nas cidades da Planície, nas cidades do Negueb, no território de Benjamim, nos arredores de Jerusalém e nas cidades de Judá, as ovelhas passarão pela mão daquele que as conta, disse Iahweh.

As instituições do futuro[a] — ¹⁴Eis que dias virão — oráculo de Iahweh — em que cumprirei a promessa que fiz à casa de Israel e à casa de Judá.

= 23,5-6
Is 4,2 +

¹⁵Naqueles dias, naquele tempo,
farei germinar para Davi um germe de justiça
que exercerá o direito e a justiça na terra.

2Sm 7,1 +
Lc 1,32-33

¹⁶Naqueles dias Judá será salvo
e Jerusalém habitará em segurança.
E este é o nome[b] com que a chamarão:
"Iahweh, nossa Justiça."

¹⁷Porque assim disse Iahweh: Não faltará a Davi um descendente que se sente no trono da casa de Israel. ¹⁸E aos sacerdotes e levitas não faltará descendente diante de mim que ofereça o holocausto, queime as oferendas e ofereça todos os dias o sacrifício.

Hb 7,17
1Pd 2,5-6
Ap 1,6
Zc 4,14 +

¹⁹E a palavra de Iahweh foi dirigida a Jeremias nestes termos: ²⁰Assim disse Iahweh. Se puderes romper minha aliança com o dia e a minha aliança com a noite, de maneira que não haja mais dia e noite em seu tempo determinado, ²¹então será também rompida a minha aliança com Davi, meu servo, de forma que já não haverá filho seu que reine sobre o seu trono, assim como com os levitas, os sacerdotes que me servem. ²²Como o exército dos céus que não pode ser enumerado, como a areia do mar que não pode ser contada, assim multiplicarei a posteridade de Davi, meu servo, e os levitas que me servem.

31,35-36
Sl 89,34-38

2Sm 7,1 +

Gn 15,5

²³A palavra de Iahweh foi dirigida a Jeremias nos seguintes termos: ²⁴Não viste o que disse esse povo: "Iahweh rejeitou as duas famílias que havia eleito!" E assim despreza o meu povo, como se ele não fosse mais uma nação diante dele. ²⁵Assim disse Iahweh: Se não criei o dia[c] e a noite e não estabeleci as leis do céu e da terra, ²⁶então rejeitarei a descendência de Jacó e de Davi, meu servo, e deixarei de tomar entre seus descendentes os que governarão a posteridade de Abraão, de Isaac e de Jacó! Porque trarei de volta os seus cativos e deles terei piedade.

---

a) Esta passagem, que não é de Jeremias, descreve as instituições do povo messiânico da mesma forma que Jr 4,1-14; 6,13. No tempo da salvação os poderes reais e sacerdotais serão associados.
b) "o nome", Teod., Vulg.; omitido pelo hebr. (salvo 5 mss). Os vv. 15-16 retomam 23,4-6, mas o final glorifica Jerusalém. A respeito do nome messiânico de Jerusalém cf. Ez 48,35; Is 1,26+.
c) "criei o dia": *bara'tî yôm*, conj.; "minha aliança de dia": *berîtî yômam*, hebr.

5. DIVERSOS

34 A sorte final de Sedecias[a] — ¹Palavra dirigida a Jeremias da parte de Iahweh, na época em que Nabucodonosor, rei da Babilônia, e todo o seu exército, todos os reis da terra submetidos à sua dominação e todos os povos estavam em guerra contra Jerusalém e contra todas as suas cidades. ²Assim disse Iahweh, Deus de Israel: Vai e dize a Sedecias, rei de Judá: Assim disse Iahweh. Eis que entregarei esta cidade nas mãos do rei da Babilônia e ele a incendiará. ³E tu não escaparás à sua mão, mas serás capturado e entregue em suas mãos. Os teus olhos verão os olhos do rei da Babilônia e sua boca falará à tua boca; tu irás para a Babilônia. ⁴Mas escuta a palavra de Iahweh, Sedecias, rei de Judá! Assim disse Iahweh a teu respeito: Não morrerás pela espada, ⁵é em paz que morrerás. Assim como se queimaram perfumes para teus pais, os reis de antanho, que existiram antes de ti, assim também queimar-se-ão perfumes em tua honra e recitar-se-á por ti a lamentação: "Ah! Senhor!" Sou eu quem o declara — oráculo de Iahweh.

⁶O profeta Jeremias disse todas estas palavras a Sedecias, rei de Judá, em Jerusalém; ⁷o exército do rei da Babilônia travava, então, combate contra Jerusalém e contra todas as cidades de Judá que ainda resistiam, contra Laquis e Azeca, pois estas continuavam entre as cidades de Judá, cidades fortificadas.[b]

O caso da libertação dos escravos[c] — ⁸Palavra que foi dirigida a Jeremias da parte de Iahweh, depois que o rei Sedecias concluíra uma aliança[d] com todo o povo de Jerusalém, para proclamar uma libertação: ⁹cada um libertaria seu escravo hebreu e sua escrava hebreia, de modo que ninguém entre eles tivesse como escravo um judeu, seu irmão. ¹⁰Todos os príncipes e todo o povo que tinham participado desta aliança aceitaram libertar cada um seu escravo e sua escrava, de maneira a não tê-los mais como escravos. Aceitaram e os libertaram. ¹¹Depois disso, porém, voltaram atrás e retomaram os escravos e as escravas que tinham libertado, e os reduziram novamente a escravos e escravas. ¹²Então a palavra de Iahweh foi dirigida a Jeremias nestes termos: ¹³Assim disse Iahweh, Deus de Israel: Concluí da parte de Iahweh uma Aliança com vossos pais, quando os tirei da terra do Egito, da casa da escravidão, dizendo: ¹⁴"Ao cabo de sete anos, cada um de vós libertará seu irmão hebreu, que se tiver vendido a ti; por seis anos ele te servirá, depois lhe devolverás a liberdade". Mas vossos pais não me deram ouvidos. ¹⁵Ora, hoje vos tínheis convertido e fazíeis o que é reto a meus olhos, proclamando cada um a libertação de seu próximo; havíeis concluído uma aliança diante de mim, na Casa, onde o meu nome é invocado. ¹⁶Mas voltastes atrás e profanastes o meu nome, retomou cada qual o seu escravo e a sua escrava, a quem havíeis devolvido a liberdade, e os reduzistes outra vez a escravos e escravas.

¹⁷Por isso, assim disse Iahweh: Não me escutastes, proclamando cada qual a libertação de seu irmão, de seu próximo. Eis que vou proclamar contra vós

---

a) Este episódio deve datar do início do assédio de 588-587, já que a guerra não estava ainda concentrada em Jerusalém, mas continuava no sul e no sudoeste (v. 7). Sedecias poderia portanto evitar a catástrofe pela submissão, como Joaquim em 605.
b) Azeca, localizada em *Tell Zakariah,* uns 30 km a sudoeste de Jerusalém, e Laquis, *Tell ed-Duweir,* 20 km a sudoeste de Azeca, foram efetivamente as duas cidades fortificadas que resistiram por mais tempo a Nabucodonosor. Um documento da época encontrado em *Tell ed-Duweir* atesta esta resistência.
c) O episódio situa-se durante a interrupção do cerco (cf. vv. 21-22).
d) Ou melhor, um "pacto" ou um "tratado", mas o mesmo termo hebraico, *berît,* é empregado para simples acordo entre duas partes acerca de questão qualquer. Cf., por exemplo, 2Rs 11,4; Jó 31,1 e para a Aliança entre Deus e seu povo, tomada aqui como termo de comparação, v. 13.

a libertação — oráculo de Iahweh — pela espada, pela peste e pela fome, e farei de vós um objeto de espanto para todos os reinos da terra. ¹⁸E aos homens que violaram a minha Aliança, que não observaram os termos da aliança por eles concluída na minha presença, eu os tornarei como o bezerro que cortaram em duas metades para passarem entre as suas partes. ¹⁹Os príncipes de Judá e os príncipes de Jerusalém, os eunucos, os sacerdotes e todo o povo da terra que passaram entre as partes do bezerro[a] ²⁰eu os entregarei nas mãos de seus inimigos e nas mãos daqueles que procuraram a sua vida: seus cadáveres servirão de alimento às aves do céu e aos animais da terra. ²¹Entregarei, também, Sedecias, rei de Judá, e seus príncipes nas mãos de seus inimigos, nas mãos dos que procuram a sua vida, e nas mãos do exército do rei da Babilônia, que acaba de afastar-se para longe de vós. ²²Eis que darei uma ordem — oráculo de Iahweh — e os trarei a esta cidade para que a ataquem, a tomem e a incendeiem. E farei das cidades de Judá lugar desolado, em que ninguém habite.

35 O exemplo dos recabitas[b] —

¹Palavra que foi dirigida a Jeremias da parte de Iahweh, no tempo de Joaquim, filho de Josias, rei de Judá: ²"Vai à casa dos recabitas, fala com eles e leva-os ao Templo de Iahweh, a uma de suas salas, para fazê-los beber vinho". ³Tomei, pois, Jezonias, filho de Jeremias, filho de Habsanias, bem como seus irmãos e todos os seus filhos e toda a casa dos recabitas; ⁴levei-os ao Templo de Iahweh, à sala de Ben-Joanã,[c] filho de Jegdalias, homem de Deus, que está junto à sala dos príncipes e em cima da sala de Maasias, filho de Selum, o guarda do pórtico. ⁵Eu coloquei diante dos filhos da casa dos recabitas ânforas cheias de vinho, assim como taças, e lhes disse: "Bebei vinho!"

⁶Eles, porém, disseram: "Nós não bebemos vinho, pois nosso pai Jonadab, filho de Recab, nos deu esta ordem: 'Não bebereis jamais vinho, nem vós, nem vossos filhos; ⁷da mesma forma não construireis casas, nem semeareis, nem plantareis vinhas, nem possuireis nenhuma dessas coisas; mas durante toda a vossa vida habitareis em tendas, para que vivais longos dias na terra em que residis.' ⁸Nós obedecemos a tudo o que nos ordenou nosso pai Jonadab, filho de Recab, nunca bebendo vinho, nem nós, nem nossas mulheres, nossos filhos e nossas filhas, ⁹e não construindo casas para morar, nem possuindo vinhas, campos nem sementeiras; ¹⁰mas vivemos em tendas.[d] Obedecemos e fizemos tudo o que nos ordenou nosso pai Jonadab. ¹¹Mas quando Nabucodonosor, rei da Babilônia, invadiu esta região, dissemos: 'Vinde! Entremos em Jerusalém para escapar do exército dos caldeus e do exército de Aram!' E permanecemos em Jerusalém".

¹²Então a palavra de Iahweh foi dirigida a Jeremias nestes termos: ¹³Assim disse Iahweh dos Exércitos, Deus de Israel. Vai e diz aos homens de Judá e aos habitantes de Jerusalém: Não aprendereis a lição e não obedecereis às minhas palavras? — Oráculo de Iahweh. ¹⁴As palavras de Jonadab, filho de Recab, foram observadas; ele proibiu que seus filhos bebessem vinho, e até hoje não beberam, obedecendo à ordem de seu pai. E eu falei-vos incessantemente e vós não me escutastes. ¹⁵Eu vos enviei, sem cessar, meus servos, os profetas, para dizer-vos: Converta-se cada qual de seu mau ca-

---

a) A respeito deste antigo rito de aliança, segundo o qual os contratantes passam entre as partes de uma vítima, cf. Gn 15,17 +.

b) O episódio situa-se no final do reinado de Joaquim e no momento em que Jerusalém será sitiada pela primeira vez pelos babilônios (598); a partir de 602, aproximadamente, as incursões de bandos armados na Palestina foram praticamente incessantes (cf. 2Rs 24,2), tanto assim que muitos abandonaram o campo e se refugiaram em Jerusalém (cf. Jr 35,11).

c) "de Ben-Joanã", segundo 1 ms. hebr., 1 ms. grego, árabe e Targ.; "dos filhos de Hanã", hebr.

d) O grupo recabita representa uma reação contra a civilização urbana e um apelo à antiga religião do deserto (cf. Os 2,16+).

minho, corrigi vossas ações, não sigais deuses estrangeiros para servi-los, e habitareis na terra que dei a vós e a vossos pais. Vós, porém, não me destes ouvidos e não me escutastes. ¹⁶Na verdade, os filhos de Jonadab, filho de Recab, observaram a ordem que lhes deu seu pai, mas o meu povo não me escutou! ¹⁷Por isso, assim disse Iahweh, Deus dos Exércitos, Deus de Israel. Eis que trarei sobre Judá e sobre todos os habitantes de Jerusalém toda a desgraça com que os ameacei. Porque falei e não me escutaram, chamei-os e não me responderam. ¹⁸Então Jeremias disse à casa dos recabitas: "Assim disse Iahweh dos Exércitos, o Deus de Israel. Já que obedecestes à ordem de vosso pai Jonadab, observastes todas as suas ordens e pusestes em prática tudo o que vos ordenou, ¹⁹por isso, assim disse Iahweh dos Exércitos, o Deus de Israel: Não faltará a Jonadab, filho de Recab, um descendente, que estará diante de mim[a] todos os dias!"

IV. Os sofrimentos de Jeremias

36 *O rolo de 605-604*[b] — ¹No quarto ano de Joaquim,[c] filho de Josias, rei de Judá, foi dirigida esta palavra a Jeremias da parte de Iahweh: ²Toma um rolo e escreve nele todas as palavras que te dirigi a respeito de Israel, de Judá e todas as nações, desde o dia em que comecei a falar-te, no tempo de Josias, até hoje. ³Talvez, ao escutar todo o mal que tenciono fazer-lhes, os da casa de Judá, retorne cada um de seu mau caminho; então poderei perdoar-lhes sua iniquidade e seu pecado. ⁴Jeremias chamou, então, Baruc, filho de Nerias, que escreveu em um rolo, conforme o ditado de Jeremias, todas as palavras que Iahweh lhe dirigira.[d]

⁵Então Jeremias deu a Baruc esta ordem: "Estou impedido, não posso entrar na Casa de Iahweh. ⁶Mas tu irás e lerás para o povo no rolo que escreveste, ditado por mim, todas as palavras de Iahweh, no Templo de Iahweh, no dia do jejum. Lerás, também, a todos os judeus vindos de suas cidades. ⁷Talvez sua súplica chegue diante de Iahweh e eles se convertam, cada qual, de seu mau caminho; porque são grandes a ira e o furor com que Iahweh ameaçou este povo". ⁸Baruc, filho de Nerias, fez como lhe ordenara o profeta Jeremias, lendo no livro as palavras de Iahweh, no Templo de Iahweh. ⁹No quinto ano de Joaquim, filho de Josias, rei de Judá, no nono mês,[e] foi convocado um jejum diante de Iahweh, para todo o povo de Jerusalém e para todo o povo que vinha das cidades de Judá. ¹⁰Então Baruc leu no livro as palavras de Jeremias para todo o povo; estavam no Templo de Iahweh, na sala de Gamarias, o filho do escriba Safã, no pátio superior, à entrada da porta Nova do Templo de Iahweh.

¹¹Ora Miqueias, filho de Gamarias, filho de Safã, tendo escutado as palavras de Iahweh tiradas do livro, ¹²desceu ao palácio real, à sala do escriba. Ali todos os príncipes estavam reunidos: Elisama, o escriba; Dalaías, filho de Semeías; Elnatã, filho de Acobor; Gamarias, filho de Safã; Sedecias, filho de Hananias, e todos os *outros príncipes*. ¹³*Miqueias* lhes narrou todas as palavras que ouvira quando Baruc leu no livro aos ouvidos do povo. ¹⁴Todos os príncipes enviaram a Baruc, Judi, filho de Natanias, e Selemias,[f] filho de Cusi, para

---

a) A expressão designa normalmente o serviço cúltico do sacerdote, mas pode ser aplicada ao simples fiel. Quem vive na terra está na presença de Iahweh.
b) Acerca deste rolo que continha os oráculos ditados por Jeremias a seu secretário Baruc, cf. Introdução aos profetas.
c) 605. Joaquim, que acabava de submeter-se a Nabucodonosor, sentia-se em segurança.
d) Alguns críticos propõem a transposição para aqui do v. 9.
e) Dezembro de 604.
f) "e Selemias", conj.; "filho de Selemias", hebr.

dizer-lhe: "Toma o rolo que leste para o povo e vem!" Baruc, filho de Nerias, tomou então o rolo e aproximou-se deles. ¹⁵Eles lhe disseram: "Senta-te e lê para nós". E Baruc leu para eles. ¹⁶Depois de escutar todas as palavras, eles se apavoraram e disseram entre si: "É absolutamente necessário que informemos ao rei todas essas palavras". ¹⁷E perguntaram a Baruc: "Diz-nos como escreveste todas estas palavras."ᵃ ¹⁸Baruc lhes respondeu: "Jeremias ditou-me todas essas palavrasᵇ e eu as escrevi à tinta no livro." ¹⁹Os príncipes disseram, então, a Baruc: "Vai, esconde-te, tu e Jeremias; que ninguém saiba onde estais". ²⁰Depois foram ao rei, no pátio do palácio, deixando o rolo guardado na sala do escriba Elisama. E informaram ao rei todas essas coisas.

²¹O rei enviou Judi para buscar o rolo, e ele o tomou da sala do escriba Elisama e leu-o diante do rei e diante de todos os príncipes que estavam de pé, em torno do rei. ²²O rei estava sentado em sua casa de inverno — estava-se no nono mês — e o fogo de um braseiro ardia diante dele.ᶜ ²³E assim que Judi lia três ou quatro colunas, o rei as cortava com a faca do escriba e as lançava no fogo do braseiro, até que todo o rolo foi consumido pelo fogo do braseiro. ²⁴Mas nem o rei nem nenhum de seus servidores que escutavam estas palavras amedrontaram-se ou rasgaram as suas vestes. ²⁵Ainda que Elnatã, Dalaías e Gamarias tivessem insistido com o rei para que não queimasse o rolo, ele não os escutou. ²⁶O rei ordenou a Jeremiel, filho do rei,ᵈ a Saraías, filho de Azriel, e a Selemias, filho de Abdeel, que prendessem Baruc, o escriba, e Jeremias, o profeta. Mas Iahweh os tinha escondido.

²⁷Então a palavra de Iahweh foi dirigida a Jeremias, depois que o rei queimara o rolo com as palavras escritas por Baruc, ditadas por Jeremias: ²⁸"Toma outro rolo, escreve nele todas as palavras que estavam no primeiro rolo, que Joaquim, rei de Judá, queimou. ²⁹Contra Joaquim, rei de Judá, dirás: Assim disse Iahweh. Tu queimaste este rolo, dizendo: 'Por que escreveu nele: Certamente o rei da Babilônia virá, saqueará esta terra e dela fará desaparecer homens e animais'? ³⁰Por isso assim disse Iahweh contra Joaquim, rei de Judá. Ele não terá mais ninguém para sentar-se no trono de Davi, e seu cadáver ficará exposto ao calor do dia e ao frio da noite. ³¹Eu castigarei nele, na sua descendência e nos seus servos as suas faltas; atrairei sobre eles, sobre os habitantes de Jerusalém e os homens de Judá toda a desgraça com que os ameacei sem que me escutassem".

³²Jeremias tomou outro rolo e o deu ao escriba Baruc, filho de Nerias, que nele escreveu, ditadas por Jeremias, todas as palavras do livro que Joaquim, rei de Judá, tinha queimado. E ainda foram acrescentadas muitas palavras como estas.

2Rs 24,17-20
LXX: 44
22,20-30
13,18-19

37 *Julgamento de conjunto sobre Sedecias* — ¹O rei Sedecias, filho de Josias, reinou no lugar de Conias, filho de Joaquim, a quem Nabucodonosor, rei da Babilônia, havia estabelecido como rei na terra de Judá. ²Mas nem ele, nem seus servos, nem o povo da terra escutaram as palavras que Iahweh pronunciou por intermédio do profeta Jeremias.

Sedecias consulta Jeremias durante a interrupção do assédio em 588 — ³O rei Sedecias enviou Jucal, filho de Selemias, e o sacerdote Sofonias, filho de Maasias, ao profeta Jeremias, para dizer: "Intercede por nós junto a Iahweh

---

a) O hebr. acrescenta "de sua boca", om. pelo grego; trata-se provavelmente de ditografia (cf. a nota sobre o v. seguinte).

b) Lit.: "ele me dizia todas essas palavras de sua boca". São ao mesmo tempo "palavras de Jeremias" (v. 10), e "palavras de Iahweh" (vv. 6.8.11; cf. v. 4). O profeta é verdadeiramente

a "boca de Deus" (1,9; 15,19. Cf. Ex 4,15-16).

c) "O fogo de um braseiro", versões; "e com um braseiro", hebr.

d) O título "filho do rei" (cf. 38,6; 1Rs 22,26-27), indica uma função na corte, talvez, neste contexto, a de oficial de polícia.

nosso Deus!" ⁴Ora, Jeremias ia e vinha entre o povo: não o tinham ainda colocado na prisão. ⁵Entretanto, o exército do Faraó tinha saído do Egito; ao ouvir esta notícia, os caldeus, que sitiavam Jerusalém, tiveram de suspender o cerco.

⁶Então a palavra de Iahweh foi dirigida ao profeta Jeremias nestes termos: ⁷Assim disse Iahweh, Deus de Israel. Assim direis ao rei de Judá, que vos enviou para consultar-me: Eis que o exército do Faraó[a] que saiu para vos ajudar voltará para a sua terra, o Egito! ⁸Os caldeus voltarão a lutar contra esta cidade, conquistá-la-ão e a incendiarão. ⁹Assim disse Iahweh. Não vos enganeis, dizendo: "Certamente os caldeus partirão para longe de nós!" porque eles não partirão! ¹⁰Ainda que derrotásseis todo o exército dos caldeus que vos combate e não restassem senão feridos, eles se levantariam, cada um em sua tenda, para incendiar esta cidade.

Prisão de Jeremias. Melhoria de sua sorte — ¹¹Na época em que o exército dos caldeus levantou o cerco de Jerusalém por causa do exército do Faraó, ¹²saiu Jeremias de Jerusalém e foi ao território de Benjamim receber uma herança no meio do povo.[b] ¹³Quando ele estava na porta de Benjamim, estava lá um chefe da guarda, chamado Jerias, filho de Selemias, filho de Hananias; ele prendeu o profeta Jeremias, dizendo: "Tu passas para os caldeus!" ¹⁴Jeremias respondeu: "É falso! Eu não passo para os caldeus!" Mas sem ouvi-lo, Jerias prendeu Jeremias e o levou aos príncipes. ¹⁵Os príncipes se irritaram contra Jeremias, bateram nele e o aprisionaram na casa do escriba Jônatas, que eles tinham transformado em prisão. ¹⁶Assim Jeremias entrou num calabouço abobadado e ali permaneceu por muito tempo.

¹⁷O rei Sedecias mandou buscá-lo. Secretamente, em sua casa, o rei perguntou-lhe: "Há uma palavra de Iahweh?" Jeremias respondeu: "Sim!" E acrescentou: "Entre as mãos do rei da Babilônia serás entregue!" ¹⁸Depois disse Jeremias ao rei Sedecias: "Em que pequei contra ti, contra os teus servos ou contra este povo, para que me pusésseis na prisão? ¹⁹Onde estão os vossos profetas que vos anunciavam: 'O rei da Babilônia não virá contra vós nem contra esta terra'? ²⁰Agora, pois, ó rei, meu senhor, digna-te escutar, que a minha súplica chegue diante de ti: não me faças voltar para a casa do escriba Jônatas, para que eu não morra ali". ²¹Então o rei Sedecias ordenou que custodiassem Jeremias no pátio da guarda e, cada dia, lhe dessem uma broa de pão, vinda da rua dos padeiros, até que não houvesse mais pão na cidade. E Jeremias permaneceu no pátio da guarda.

38 ***Jeremias na cisterna. Intervenção de Ebed-Melec*** — ¹Safatias, filho de Matã, Gedalias, filho de Fassur, Jucal, filho de Selemias, e Fassur, filho de Melquias, escutaram as palavras que Jeremias dirigiu a todo o povo: ²"Assim disse Iahweh. Quem permanecer nesta cidade morrerá pela espada, pela fome e pela peste; quem, porém, se entregar aos caldeus viverá e terá a sua vida como despojo: ele viverá! ³Assim disse Iahweh: Esta cidade, certamente, será entregue às mãos do exército do rei da Babilônia, que a tomará!"

⁴Os príncipes disseram, então, ao rei: "Que este homem seja condenado à morte! Na verdade, ele desencoraja os guerreiros que permaneceram nesta cidade, e todo o povo, fazendo-lhes semelhantes propostas. Sim, este homem não busca, em absoluto, a paz para este povo, mas a sua desgraça". ⁵O rei Sedecias respondeu: "Ei-lo em vossas mãos, pois o rei não tem nenhum poder diante de vós!"[c] ⁶Agarraram, então, Jeremias e o lançaram na cisterna de Melquias,

---

a) Hofra (cf. 44,30), que reinou de 589 a 569.
b) É sem dúvida o mesmo caso do qual se ocupará Jeremias algum tempo mais tarde, e que é narrado no cap. 32.
c) "diante de vós": *'ittekem*, conj.; "(a saber) vós": *'etkem*, hebr.

filho do rei, no pátio da guarda; fizeram-no descer por meio de cordas. Nesta cisterna não havia água, mas lodo, e Jeremias atolou-se no lodo.

⁷Ora, Ebed-Melec, o cuchita,ᵃ um eunuco ligado ao palácio real, soube que tinham posto Jeremias na cisterna. Como o rei se encontrava à porta de Benjamim, ⁸Ebed-Melec saiu do palácio real e dirigiu-se ao rei: ⁹"Meu senhor e rei, estes homens agiram mal tratando assim o profeta Jeremias; atiraram-no na cisterna: ali morrerá de fome, pois não há mais pão na cidade." ¹⁰Então o rei ordenou ao cuchita Ebed-Melec: "Toma contigo trinta homens e tira da cisterna o profeta Jeremias antes que morra." ¹¹Ebed-Melec tomou consigo os homens, entrou no palácio real, no vestiárioᵇ do Tesouro; tomou de lá pedaços de pano rasgados e pedaços de pano velho, que fez chegar a Jeremias na cisterna por meio de cordas. ¹²Ebed-Melec, o cuchita, disse a Jeremias: "Coloca estes pedaços de pano rasgados e estes pedaços de pano velho debaixo dos braços sob as cordas". Jeremias fez isso. ¹³Então suspenderam Jeremias por meio das cordas e tiraram-no da cisterna. E Jeremias ficou no pátio da guarda.

Último encontro de Jeremias com Sedecias — ¹⁴O rei Sedecias mandou buscar o profeta Jeremias na terceira entrada do Templo de Iahweh. O rei disse a Jeremias: "Quero fazer-te uma pergunta. Não me ocultes nada!" ¹⁵Jeremias respondeu a Sedecias: "Se eu te respondo, não me farás morrer? E se eu te aconselho, não me escutarás!" ¹⁶Então o rei Sedecias fez, em segredo, um juramento a Jeremias: "Por Iahweh vivo, que nos deu esta vida, não te farei morrer nem te entregarei nas mãos dos que te querem matar". ¹⁷Então disse Jeremias a Sedecias: "Assim disse Iahweh, o Deus dos Exércitos, o Deus de Israel. Se, realmente, te entregares aos oficiais do rei da Babilônia, salvarás a tua vida e esta cidade não será incendiada; tu e tua família sobrevivereis. ¹⁸Mas se não te entregares aos príncipes do rei da Babilônia, esta cidade será entregue às mãos dos caldeus, que a incendiarão: quanto a ti, não escaparás de suas mãos". ¹⁹Então o rei Sedecias disse a Jeremias: "Tenho medo dos judeus que passaram para o lado dos caldeus. Poderiam entregar-me entre as mãos deles e eles me maltratariam". ²⁰Jeremias respondeu: "Não te entregarão! Escuta a voz de Iahweh, conforme eu te falei, e então estarás bem e salvarás a tua vida. ²¹Se, no entanto, te recusas a sair, vê o que Iahweh me mostrou. ²²Eis que todas as mulheres que ainda estão no palácio do rei de Judá serão levadas aos príncipes do rei da Babilônia e dirão:

> Eles te seduziram, enganaram-te
> os teus bons amigos.ᶜ
> Teus pés chafurdam no lodaçal,
> e eles partiram!

²³Sim, todas as tuas mulheres e teus filhos serão levados aos caldeus. E tu não escaparás às suas mãos, mas serás prisioneiro nas mãos do rei da Babilônia. Quanto a esta cidade, será incendiada".ᵈ

²⁴Sedecias disse a Jeremias: "Que ninguém venha a conhecer estas palavras, e não morrerás. ²⁵Se os príncipes souberem do meu encontro contigo, virão e dir-te-ão: 'Faze-nos saber o que disseste ao rei e o que te disse o rei;ᵉ não nos escondas nada, e não te faremos morrer'. ²⁶Tu lhes responderás: 'Eu fiz ao rei este pedido: que não me envie outra vez à casa de Jônatas, para ali morrer'."

---

a) Ou seja, etíope.
b) "no vestiário": *meltahat*, conj. (cf. 2Rs 10,22); "embaixo": *tahat*, hebr.
c) Lit.: "os homens de tua paz". Estas estrofes devem ter sido tomadas de canção popular.
d) "será incendiada", alguns mss hebraicos e grego; "tu incendiarás" (masc.), ou "ela (a mão de Nabucodonosor) incendiará", hebr.
e) "e o que te disse o rei" é rejeitado pelo hebr. no final do v.; seguimos a versão sir.

²⁷E vieram todos os príncipes a Jeremias para interrogá-lo. Ele lhes respondeu conforme o rei ordenara. Então o deixaram em paz, pois a conversa não fora ouvida. ²⁸Jeremias permaneceu no pátio da guarda até a tomada de Jerusalém. Ele estava ali quando Jerusalém foi tomada.

39

Sorte de Jeremias na queda de Jerusalém[a] — ¹No nono ano de Sedecias, rei de Judá, no décimo mês,[b] Nabucodonosor, rei da Babilônia, atacou Jerusalém com todo seu exército, e sitiaram-na. ²No décimo primeiro ano de Sedecias, no quarto mês,[c] no nono dia, foi aberta uma brecha na cidade.

LXX: 46
‖ 2Rs 25,1-21

³E entraram todos os príncipes do rei da Babilônia e se estabeleceram na porta do Meio: Nergalsareser, Samgar-Nabu, Sar-Saquim, alto dignitário, Nergalsareser, grande mago, e todos os outros oficiais do rei da Babilônia.[d]

⁴No momento em que os viram, Sedecias, rei de Judá, e todos os seus soldados, fugiram e saíram da cidade, de noite, em direção ao jardim do rei, pela porta entre os dois muros, e tomaram o caminho da Arabá.[e] ⁵O exército dos caldeus, no entanto, os perseguiu e alcançou Sedecias nas planícies de Jericó. Depois de aprisioná-lo, levaram-no a Rebla, na terra de Emat,[f] diante de Nabucodonosor, rei da Babilônia, que o submeteu a julgamento. ⁶O rei da Babilônia mandou degolar, em Rebla, os filhos de Sedecias, diante de seus olhos. Mandou, também, degolar todos os notáveis de Judá. ⁷Vazou, então, os olhos de Sedecias e pôs-lhe grilhões para levá-lo a Babilônia. ⁸Os caldeus incendiaram o palácio real e as casas particulares;[g] destruíram os muros de Jerusalém. ⁹Nabuzardã, comandante da guarda, deportou para a Babilônia o resto da população deixada na cidade, os fugitivos que tinham se entregado e o resto dos artesãos.[h] ¹⁰Nabuzardã, comandante da guarda, deixou no território de Judá aqueles dentre o povo que eram pobres e não possuíam nada, e, naquele dia, distribuiu-lhes vinhas e campos.

¹¹Quanto a Jeremias, Nabucodonosor, rei da Babilônia, tinha dado esta ordem a Nabuzardã, comandante da guarda: ¹²"Toma-o e vigia-o; não lhe faças mal algum, mas trata-o como ele te pedir."

¹³Ele confiara[i] esta missão a (Nabuzardã, comandante da guarda), Nabusezbã, alto dignitário, a Nergalsareser, grande mago, e a todos os oficiais do rei da Babilônia.

---

a) O texto desta passagem é formado por elementos díspares e mal relacionados entre si: 38,28b e 39,4-13 faltam no grego. Parece que à biografia primitiva de Jeremias, 38,28b; 39,3.14 acrescentou-se primeiramente 39,1-2, que é a narração do assédio desde seu começo até a abertura da brecha, que retoma 2Rs 25,1-4a (Jr 52,4-7a) e que se encontra também no grego; depois 39,4-10, que conta o final do reino e suas conseqüências, abreviando 2Rs 25,4b.7.9-12 (Jr 52,7b-16) e 39,11-13 que apresenta pormenores sobre a libertação do profeta.
b) Dezembro de 589-janeiro de 588, fim do 9º ano de *Sedecias*.
c) Junho-julho de 587.
d) V. difícil; o texto parece incoerente; a repetição do nome de Nergalsareser é suspeita; o "alto dignitário" (lit. "grande eunuco", mas o termo é empregado muitas vezes no sentido amplo de funcionário da corte) chama-se Nabusezbã no v. 13. Por outro lado, os nomes de Samgar-Nabu e Sar-Saquim, que aparecem somente aqui, são duvidosos. Foi proposta a substituição de Samgar por "príncipe de Sin-Magir" (com base em uma lista babilônica) e de Nabu por Nabusezbã, assim como a supressão de Sar-Saquim (que poderia ser título, repetição de "alto funcionário") bem como de uma das referências a Nergalsareser. Estas correções, no entanto, que dariam maior coerência ao trecho, não contam com nenhum apoio textual.
e) "tomaram", sir., Vulg. (cf. 52,7); o hebr. traz o sing. — O jardim do rei está próximo à piscina de Siloé (cf. Ne 3,15; 2Rs 25,4+), a sudeste de Jerusalém. A Arabá (lit.: "a estepe") é a depressão do Jordão ao sul do mar Morto, até o golfo de Ácaba; aqui, num sentido mais genérico, é região de estepe, ou planície, próxima do mar Morto (cf. v. 5).
f) Hoje *Rablé*, 75 km ao sul de Emat, hoje *Hama*, cidade síria à margem do Orontes.
g) Lit.: "casas do povo", sir.; "casa do povo", hebr.; talvez seja o caso da leitura "a Casa (de Iahweh e as casas) do povo", de acordo com 52,13 e 2Rs 25,9.
h) "dos artesãos", conj. 52,15; "do povo", hebr. que acrescenta "que tinha sido deixado".
i) Trad. incerta; lit.: "ele enviou", mas talvez seja o caso de compreender "Nabuzardã... Nabusezbã, etc... enviaram (pessoas)". Seria concordância inadequada com o v. 14, que primitivamente deveria seguir o v. 3 — Nabuzardã na realidade só entrou em Jerusalém um mês após sua queda (cf. 2Rs 25,8).

¹⁴Mandaram retirar Jeremias do pátio da guarda e confiaram-no a Godolias, filho de Aicam, filho de Safã, para conduzi-lo à casa, e Jeremias permaneceu no meio do povo.

Oráculo de salvação para Ebed-Melec[a] — ¹⁵Enquanto Jeremias estava fechado no pátio da guarda, a palavra de Iahweh lhe foi dirigida nestes termos: ¹⁶"Vai e diz ao cuchita Ebed-Melec: Assim disse Iahweh dos Exércitos, o Deus de Israel. Eis que cumprirei contra esta cidade as minhas palavras, para desgraça e não para salvação. Naqueles dias elas se realizarão diante de teus olhos. ¹⁷Mas eu te livrarei neste dia — oráculo de Iahweh — e não serás entregue nas mãos dos homens, diante dos quais tu tremes. ¹⁸Sim, certamente eu te farei escapar e não cairás sob a espada, terás a tua vida como despojo, pois em mim puseste a tua confiança — oráculo de Iahweh".

40 Ainda a sorte de Jeremias

¹Palavra dirigida a Jeremias, da parte de Iahweh, depois que Nabuzardã, comandante da guarda, o enviou de volta de Ramá, de onde o tinha retirado quando ele estava acorrentado no meio dos cativos de Judá e de Jerusalém, que estavam sendo deportados para a Babilônia.[b]

²O comandante da guarda tomou Jeremias e disse-lhe: "Iahweh, teu Deus, predisse esta desgraça para este lugar ³e a realizou. E fez Iahweh conforme falou, porque pecastes contra Iahweh e não escutastes a sua voz: assim esta coisa vos aconteceu. ⁴E agora, eis que eu te liberto, hoje, dos grilhões que tens em tuas mãos. Se te parece bom vir comigo para a Babilônia, vem e eu terei os meus olhos sobre ti. Se não te parece bom vir comigo para a Babilônia, deixa. Vê: tens diante de ti toda a terra, vai para onde te parecer bom e justo ir." ⁵E como ele não se voltasse ainda (acrescentou): "Podes voltar para junto de Godolias, filho de Aicam, filho de Safã, que o rei da Babilônia nomeou governador das cidades de Judá, e ficar com ele no meio do povo, ou então podes ir para qualquer lugar que te pareça bom". Depois de dar-lhe víveres e um presente, o comandante da guarda despediu-o. ⁶Jeremias foi então para Masfa, onde estava Godolias,[c] filho de Aicam, e permaneceu com ele, entre o povo que ficara na terra.

Godolias governador; seu assassínio — ⁷Todos os oficiais do exército que, com seus homens, estavam no campo, souberam que o rei da Babilônia tinha instituído Godolias, filho de Aicam, como governador da terra e lhe tinha confiado homens, mulheres e crianças, e os do povo humilde que não tinham sido deportados para a Babilônia. ⁸Foram a Godolias em Masfa: Ismael, filho de Natanias, Joanã e Jônatas, filhos de Carea, Saraías, filho de Taneumet, os filhos de Ofi, o netofatita, Jezonias, filho de Maacati, eles e seus homens. ⁹Godolias, filho de Aicam, filho de Safã, lhes fez um juramento a eles e a seus homens, dizendo: "Não temais servir aos caldeus, permanecei na terra e servi o rei da Babilônia, e será bom para vós. ¹⁰Quanto a mim, eis que fiquei em Masfa, responsável diante dos caldeus que vêm a nós. Mas fazei a colheita do vinho, das frutas e do azeite, enchei vossos jarros e permanecei em vossas cidades, que ocupais". ¹¹Da mesma forma, todos os judeus que estavam em Moab, entre os filhos de Amon e em Edom e em todas as regiões ouviram que o rei da Babilônia deixara um resto em Judá e colocara à frente deles Godolias, filho

---

a) Esta passagem se refere a 38,13.
b) O conjunto de narrações sobre a sorte de Jeremias deve apresentar lacunas. Libertado em Jerusalém, 39,14, aqui é apresentado como formando parte do grupo dos cativos em Ramá (cf. 31,15+). É preciso aproximar esta segunda narração de 39,11-12.
c) Masfa (provavelmente a atual Tell en-Nasbeh), 13 km ao norte de Jerusalém, antigo santuário de Israel (cf. Jz 20,1; 1Sm 7,5; 10,17). Godolias pertence a uma família de altos funcionários judeus, amiga de Jeremias (cf. 26,24+).

de Aicam, filho de Safã. ¹²Voltaram, pois, todos os judeus de todos os lugares em que estavam dispersos e entraram na terra de Judá, junto de Godolias, em Masfa, e fizeram uma colheita muito abundante de vinho e de frutas.

¹³Joanã, filho de Carea, e todos os oficiais do exército, que estavam no campo, vieram até Godolias, em Masfa. ¹⁴Eles lhe disseram: "Sabes, porventura, que Baalis, rei dos amonitas, mandou Ismael, filho de Natanias, para te matar?"ᵃ Mas Godolias, filho de Aicam, não acreditou neles. ¹⁵Joanã, filho de Carea, disse secretamente a Godolias, em Masfa: "Irei matar Ismael, filho de Natanias, sem que ninguém o saiba. Por que atentaria contra a tua vida, e por que todos os judeus, que se reuniram em torno de ti, seriam dispersados? Por que seria destruído o resto de Judá?" ¹⁶Godolias, filho de Aicam, no entanto, respondeu a Joanã, filho de Carea: "Não faças isso, pois o que dizes sobre Ismael é falso!"

41 ¹No sétimo mês, Ismael, filho de Natanias, filho de Elisama, que era de linhagem real, veio com os grandes do reino e dez homens em busca de Godolias, filho de Aicam, em Masfa. E enquanto comiam juntos sua refeição, lá em Masfa, ²Ismael, filho de Natanias, levantou-se com seus dez homens e feriram com a espada Godolias, filho de Aicam, filho de Safã. Assim mataram aquele a quem o rei da Babilônia tinha posto como governador da terra. ³Ismael matou,ᵇ também, todos os judeus que estavam com ele, Godolias, em Masfa, bem como os caldeus — homens de guerra que estavam lá.

⁴No segundo dia depois do assassínio de Godolias, quando ainda ninguém estava ciente, ⁵chegaram homens de Siquém, Silo e Samaria, em número de oitenta, com a barba raspada, as vestes rasgadas e o corpo marcado por incisões; tinham em suas mãos oblações e incenso para apresentar na Casa de Iahweh.ᶜ ⁶Ismael, filho de Natanias, saiu de Masfa ao seu encontro, e avançava chorando. Quando os alcançou, disse-lhes: "Vinde aonde está Godolias, filho de Aicam". ⁷Mas quando entraram no meio da cidade, Ismael, filho de Natanias, estrangulou-os, ele e os homens que estavam com ele, e ordenouᵈ que os atirassem no fundo de uma cisterna. ⁸Havia, contudo, entre esses homens, dez que disseram a Ismael: "Não nos mates, pois temos no campo provisões escondidas, trigo, cevada, azeite e mel". Ele parou e não os matou com os seus irmãos. ⁹A cisterna em que Ismael tinha lançado os cadáveres dos homens que matou era uma grande cisterna,ᵉ aquela que o rei Asa construíra contra Baasa, rei de Israel. Foi esta que Ismael, filho de Natanias, encheu de homens assassinados. ¹⁰Depois Ismael aprisionou todo o resto do povo que estava em Masfa, as filhas do rei e todo o povo que permaneceu em Masfa e que Nabuzardã, comandante da guarda, confiara a Godolias, filho de Aicam. Ismael, filho de Natanias, levou-os como prisioneiros e se pôs em marcha para passar aos amonitas.

¹¹Quando Joanã, filho de Carea, e todos os oficiais que se encontravam com ele tomaram conhecimento de todos os crimes praticados por Ismael, filho de Natanias, ¹²reuniram todos os seus homens e partiram para atacar Ismael, filho de Natanias. Alcançaram-no junto às Grandes Águas de Gabaon.ᶠ ¹³Ao

---

a) Baalis resistia ainda a Nabucodonosor, e a submissão de Godolias deveria perturbá-lo. Ismael, oficial de ascendência davídica (cf. v. 8), não poderia deixar de considerar Godolias arrivista da política.

b) O aniversário deste dia (setembro de 587) foi celebrado nos anos seguintes (cf. Zc 7,5; 8,19).

c) Jerusalém, portanto, permanecera, ou voltara a ser, depois da reforma de Josias (2Rs 23,19-20), o grande santuário para muitos dos israelitas do Norte. Apesar do desastre, ali se dava continuidade ao culto.

d) "ordenou que os atirassem", sir.; omitido pelo hebr., mas cf. v. 9 — O motivo do assassínio não aparece claramente: talvez o roubo (cf. v. 8), ou o desejo de ocultar os últimos acontecimentos.

e) "uma grande cisterna", *bôr gadôl* grego; "pela mão de Godolias", *beyad gedaliadu*, hebr.

f) Atualmente *El-Djib*, uma dezena de km a noroeste de Jerusalém.

ver Joanã, filho de Carea, e todos os oficiais que o acompanhavam, todo o povo que estava com Ismael se alegrou. ¹⁴Todo o povo que Ismael trouxera de Masfa deu meia volta, partiu e foi para o lado de Joanã, filho de Carea. ¹⁵Quanto a Ismael, filho de Natanias, escapou de Joanã, com oito homens, e foi para os amonitas. ¹⁶Então Joanã, filho de Carea, e todos os oficiais que estavam com ele, reuniram todo o resto do povo que Ismael, filho de Natanias, trouxera prisioneiro*ᵃ* de Masfa, depois que matou Godolias, filho de Aicam; homens guerreiros, mulheres e crianças, bem como eunucos, trazidos por eles de Gabaon. ¹⁷Puseram-se em marcha e fizeram etapa no refúgio de Camaã, perto de Belém, para chegar, depois, ao Egito, ¹⁸longe dos caldeus, que eram temidos, pois Ismael, filho de Natanias, tinha matado Godolias, filho de Aicam, que o rei da Babilônia pusera à frente da terra.

2Rs 25,26

42 *A fuga para o Egito* —

¹Então todos os oficiais, juntamente com Joanã, filho de Carea, Azarias,*ᵇ* filho de Osaías, e com todo o povo, pequenos e grandes, foram ²dizer ao profeta Jeremias: "Que nossa súplica chegue a ti. Intercede*ᶜ* junto a Iahweh, teu Deus, por nós e por esse resto, pois de muitos sobramos poucos, como teus olhos comprovam. ³Que Iahweh, teu Deus, nos indique o caminho que devemos tomar e o que devemos fazer!" ⁴O profeta Jeremias lhes disse: "Eu ouvi! Eis que intercederei junto a Iahweh, vosso Deus, como pedis, e toda palavra que Iahweh responder eu vo-la farei saber, e não vos esconderei nada." ⁵E eles disseram a Jeremias: "Que Iahweh seja contra nós testemunha verdadeira e fiel, se não agirmos conforme a palavra que Iahweh, teu Deus, nos manda por teu intermédio. ⁶Se for bom ou se for mau, obedeceremos à voz de Iahweh, nosso Deus, a quem te enviamos: para que nos aconteça o bem, se obedecermos à voz de Iahweh, nosso Deus".

LXX: 49

⁷Ao cabo de dez dias, a palavra de Iahweh foi dirigida a Jeremias. ⁸Então ele convocou Joanã, filho de Carea, e todos os oficiais que estavam com ele, assim como todo o povo, pequenos e grandes. ⁹Ele lhes disse: "Assim disse Iahweh, Deus de Israel, junto a quem me delegastes para apresentar-lhe a vossa súplica. ¹⁰Se, verdadeiramente, permanecerdes*ᵈ* nesta terra, vos edificarei e não vos destruirei, vos plantarei e não vos arrancarei. Pois estou arrependido do mal que vos fiz. ¹¹Não tenhais medo do rei da Babilônia, diante de quem tendes medo. Não tenhais medo — oráculo de Iahweh — pois estou convosco para vos salvar e vos livrar das suas mãos. ¹²Eu vos concederei a misericórdia, e ele terá misericórdia de vós e vos fará voltar à vossa terra. ¹³Mas se dizeis: 'Não permaneceremos nesta terra!', desobedecendo assim à voz de Iahweh, vosso Deus, ¹⁴dizendo: 'Não! É para o Egito que nós iremos, lá onde não mais veremos a guerra, nem ouviremos a voz da trombeta, nem nos faltará mais pão: é lá que queremos ficar', ¹⁵então, ouvi a palavra de Iahweh, ó resto de Judá! Assim disse Iahweh dos Exércitos, o Deus de Israel. Se decidis partir para o Egito e se lá entrardes para ficar, ¹⁶a espada que temeis vos atingirá lá, na terra do Egito, e a fome que vos inquieta seguirá vossos passos no Egito: lá morrereis! ¹⁷E todos os homens decididos a partir para o Egito e lá permanecer, lá morrerão pela espada, pela fome e pela peste: não haverá entre eles nem sobreviventes nem fugitivos, diante da desgraça que atrairei sobre eles.

1,10

24,9

¹⁸Porque assim disse Iahweh dos Exércitos, o Deus de Israel. Assim como minha ira e minha fúria se derramaram sobre os habitantes de Jerusalém, assim também se derramará a minha fúria sobre vós, à vossa entrada no Egito.

---

a) "que (Ismael) trouxera prisioneiro": *'asher shabah 'otam*, conj.: (cf. vv. 10s); "que ele (Joanã) trouxera de junto (de Ismael)": *'asher heshib me'et*, hebr.

b) "Azarias", grego e 43,2; "Jeconias", hebr., mas talvez deva ser identificado com Jezonias de 40,8.

c) Jeremias retoma aqui (cf. 15,11), o papel dos grandes intercessores, principalmente de Moisés (Ex 32,11+; cf. 2Mc 15,14).

d) Lit.: "se (para) permanecer vós permaneceis", grego, Vulg., Targ.; "se de novo permaneceis", hebr.

Sereis objeto de execração, de estupefação, de maldição e de zombaria, e não tornareis a ver este lugar. [19]ªResto de Judá, Iahweh vos declarou: 'Não entreis no Egito!' Sabei que eu, hoje, vos adverti solenemente. [20]Vós vos enganastes a vós mesmos quando me delegastes junto a Iahweh, vosso Deus, dizendo: 'Intercede por nós junto a Iahweh, nosso Deus, e tudo o que Iahweh nosso Deus ordenar, anuncia-o para que possamos fazê-lo'. [21]Eu vo-lo anuncio, hoje, mas não escutareis a voz de Iahweh, vosso Deus, em nada do que vos enviou por mim. [22]E agora sabei com clareza: Morrereis pela espada, pela fome e pela peste, no lugar onde quisestes entrar e vos estabelecer".

43

[1]Quando Jeremias terminou de dizer a todo povo todas as palavras de Iahweh, seu Deus — todas essas palavras que Iahweh, seu Deus, lhe enviou, [2]Azarias, filho de Osaías, Joanã, filho de Carea, e todos esses homens insolentes disseram a Jeremias: "É mentira o que dizes. Iahweh, nosso Deus, não te enviou para dizer-nos: 'Não entreis no Egito para ali permanecer'. [3]Mas é Baruc, filho de Nerias, que te instiga contra nós, a fim de nos entregar nas mãos dos caldeus para nos fazer morrer e para nos deportar para a Babilônia".

[4]Assim, nem Joanã, filho de Carea, nem nenhum dos oficiais, nem ninguém do povo escutou a voz de Iahweh, permanecendo na terra de Judá. [5]Joanã, filho de Carea, e todos os oficiais do exército tomaram, pois, todo resto de Judá, aqueles que haviam regressado de todos os povos, em que estavam dispersos, para habitarem na terra de Judá: [6]homens, mulheres e crianças, bem como as filhas do rei e todas as pessoas que Nabuzardã, comandante da guarda, deixara com Godolias, filho de Aicam, filho de Safã, e, também, o profeta Jeremias e Baruc, filho de Nerias, [7]Eles entraram na terra do Egito, porque não escutaram a voz de Iahweh, e chegaram a Táfnis.[b]

Jeremias prediz a invasão do Egito por Nabucodonosor — [8]A palavra de Iahweh foi dirigida a Jeremias, em Táfnis, nestes termos: [9]"Toma em tuas mãos (algumas) pedras grandes e, na presença dos judeus, enterra-as no cimento do terraço que se encontra à entrada da casa do Faraó, em Táfnis.[c] [10]Depois lhes dirás: "Assim disse Iahweh dos Exércitos, Deus de Israel. Eis que mandarei buscar Nabucodonosor, rei da Babilônia, meu servo; ele instalará[d] seu trono sobre estas pedras que enterrei e estenderá sobre elas seu dossel. [11]Ele virá e ferirá a terra do Egito:

Quem é para a morte, a morte!
Quem é para o cativeiro, o cativeiro!
Quem é para a espada, a espada!

[12]Ele ateará fogo[e] nos templos dos deuses do Egito, queimá-los-á e os deportará; ele se envolverá com a terra do Egito como o pastor se envolve com o seu manto, e sairá dali em paz. [13]Quebrará os obeliscos do Templo do sol, que está na terra do Egito,[f] e incendiará os templos dos deuses do Egito.

44

Último ministério de Jeremias: Os judeus no Egito e a rainha do Céu — [1]Palavra que foi dirigida a Jeremias para todos os judeus instalados na terra do Egito, residentes em Magdol, Táfnis, Nof e na terra de Patros.[g]

---

a) Os vv. 19-22 pareceriam mais bem colocados depois de 43,3 (supondo-se uma ligação "Jeremias respondeu" e traduzindo-se mais normalmente a primeira palavra do v. 4 por "mais"), no entanto, nenhum testemunho do texto é favorável a esta transposição.
b) Cidade fronteiriça, a leste do Delta egípcio (cf. 2,16+).
c) Jeremias coloca, simbolicamente (cf. 18,1+), a base do trono de Nabucodonosor.
d) "ele instalará", grego, sir.; "eu instalarei", hebr.
e) "Ele ateará fogo", versões; "eu incendiarei", hebr.
f) Aqui o grego tem "que está em On" (Gn 41,45.50; 46,20). On, nome egípcio, corresponde no grego a "Heliópolis", a "cidade do sol", não longe do Cairo. Esta cidade possuía efetivamente um templo dedicado a Ra, o deus Sol.
g) Magdol, a leste de Táfnis (43,7+); Nof ou Mênfis (2,16+); Patros traduz o egípcio "terra do sul" e se refere

²Assim disse Iahweh dos Exércitos, Deus de Israel: Vós vistes toda a desgraça que fiz vir sobre Jerusalém e sobre todas as cidades de Judá: ei-las hoje em ruínas e sem habitantes! ³Foi por causa das maldades que cometeram para me irritar, indo incensar e servir deuses estrangeiros, que nem eles, nem vós, nem vossos pais conheciam. ⁴E eu vos enviei, constantemente, todos os meus servos, os profetas, para dizer: "Não façais essa coisa abominável que detesto!" ⁵Mas não escutaram nem deram ouvidos para se converterem de sua maldade e não mais incensarem deuses estrangeiros. ⁶Então minha fúria e minha cólera transbordaram e abrasaram as cidades de Judá e as ruas de Jerusalém, que se tornaram ruína e solidão, como hoje. ⁷Agora, assim disse Iahweh, Deus dos Exércitos, o Deus de Israel: Por que causais a vós mesmos um mal tão grande? Iríeis exterminar do meio de Judá homens e mulheres, crianças e lactentes, sem que vos subsista um resto, ⁸visto que me teríeis irritado com as obras de vossas mãos, incensando deuses estrangeiros na terra do Egito, onde entrastes para nela morardes, trabalhando assim para o vosso extermínio e tornando-vos um objeto de maldição e zombaria entre todas as nações da terra? ⁹Vós vos esquecestes das maldades de vossos pais, das maldades dos reis de Judá e da maldade de vossos príncipes,ᵃ de vossas maldades e das maldades de vossas mulheres, cometidas na terra de Judá e nas ruas de Jerusalém? ¹⁰Eles não se deixaram abater até o dia de hoje, não temeram e não caminharam conforme a minha Lei e conforme as prescrições que apresentei diante de vós e diante de vossos pais. ¹¹Por isso, assim disse Iahweh dos Exércitos, Deus de Israel: Eis que volto minha face contra vós para vossa desgraça, para exterminar todo Judá. ¹²Tomarei o resto de Judá que decidiu entrar na terra do Egito para ali morar: eles perecerão todos, na terra do Egito cairão, perecerão pela espada e pela fome, do menor ao maior morrerão pela espada e pela fome, e serão objeto de escárnio, estupefação, desprezo e opróbrio. ¹³Castigarei aqueles que se instalaram na terra do Egito, como castiguei Jerusalém: pela espada, pela fome e pela peste. ¹⁴Não haverá quem escape ou fuja, do resto de Judá, daqueles que entraram na terra do Egito para lá morarem. Quanto a voltar para a terra de Judá, para onde desejam voltar, a fim de lá habitarem, certamente não voltarão, a não ser alguns fugitivos.

¹⁵Todos os homens que sabiam que suas mulheres incensavam deuses estrangeiros e todas as mulheres presentes — uma grande assembleia — (e todo o povo que habitava na terra do Egito e em Patros) responderam a Jeremias, dizendo: ¹⁶"A palavra que nos falaste em nome de Iahweh, nós não a queremos escutar. ¹⁷Porque continuaremos a fazer tudo o que prometemos: oferecer incenso à rainha do Céuᵇ e fazer-lhe libações, como fazíamos, nós e nossos pais, nossos reis e nossos príncipes, nas cidades de Judá e nas ruas de Jerusalém; tínhamos, então, fartura de pão, éramos felizes e não víamos a desgraça. ¹⁸Mas desde que cessamos de oferecer incenso à rainha do Céu e de fazer-lhe libações, tudo nos faltou e nós perecemos pela espada e pela fome. ¹⁹Por outro lado,ᶜ quando oferecemos incenso à rainha do Céu e quando lhe fazemos libações é, por acaso, sem que saibam nossos maridos que lhe fazemos bolos que a representam e lhe fazemos libações?"

²⁰Jeremias disse, então, a todo o povo, aos homens e às mulheres, a todo o povo que lhe tinha dado esta resposta: ²¹"O incenso que oferecestes nas cidades de Judá e nas ruas de Jerusalém vós e vossos pais, vossos reis e vossos príncipes, assim como o povo da região, não foi dele que Iahweh se lembrou

---

ao Alto Egito. Esta introdução faz, portanto, que o discurso de Jeremias se dirija a toda a Diáspora israelita no Egito (em Elefantina, uma das ilhas em frente de Assuã existia já uma colônia judaica. Cf. 2Mc 1,1+).

a) "vossos príncipes", grego; "suas mulheres", hebr.
b) Ishtar (7,18+); os bolos feitos em sua honra (v. 19), representavam a deusa nua.
c) As mulheres tomam aqui a palavra.

e lhe subiu ao coração? ²²Iahweh já não se pôde conter diante da maldade de vossos atos, diante das coisas abomináveis que fizestes: assim vossa terra tornou-se ruína, objeto de espanto e maldição, sem habitantes, como é hoje. ²³Porque oferecestes incenso e pecastes contra Iahweh e não escutastes a voz de Iahweh nem andastes segundo a sua Lei, suas prescrições e suas ordens, por isso esta desgraça vos atingiu, como é o caso de hoje".

26,4

²⁴Depois disse Jeremias a todo povo e a todas as mulheres: "Escutai a palavra de Iahweh, vós todos, judeus, que estais na terra do Egito: ²⁵Assim disse Iahweh dos Exércitos, o Deus de Israel. Vós e vossas mulheres não só dissestes com vossas bocas, mas também realizastes com vossas mãos: 'Cumpriremos exatamente os votos que fizemos: oferecer incenso à rainha do Céu e fazer-lhe libações.' Pois bem, confirmai os vossos votos, cumpri, exatamente, vossos votos! ²⁶Contudo, escutai a palavra de Iahweh, vós todos, judeus que habitais na terra do Egito; eis que juro por meu grande Nome, disse Iahweh, que em toda a terra do Egito meu Nome não será mais invocado pela boca de nenhum homem de Judá, dizendo: 'Pela vida do Senhor Iahweh!'ᵃ ²⁷Eis que velarei sobre eles para a sua desgraça, e não para a sua felicidade: todos os homens de Judá que se encontram na terra do Egito morrerão pela espada e pela fome, até a sua extinção total. ²⁸No entanto, os que escaparem da espada — um pequeno número — voltarão da terra do Egito para a terra de Judá. Então todo o resto de Judá vindo à terra do Egito para ali habitar reconhecerá qual a palavra que se realiza: a minha ou a deles!

²⁹Este será para vós — oráculo de Iahweh — o sinal de que vos visitarei neste lugar: então reconhecereis que minhas palavras de ameaça contra vós se realizarão. ³⁰Assim disse Iahweh: Eis que entregarei o Faraó Hofra,ᵇ rei do Egito, nas mãos de seus inimigos e dos que querem matá-lo, assim como entreguei Sedecias, rei de Judá, nas mãos de Nabucodonosor, rei da Babilônia, seu inimigo, que queria matá-lo".

45 Palavra de consolo para Barucᶜ

¹Palavra que o profeta Jeremias dirigiu a Baruc, filho de Nerias, quando este escreveu num livro estas palavras, ditadas por Jeremias, no quarto ano de Joaquim,ᵈ filho de Josias, rei de Judá. ²Assim disse Iahweh, o Deus de Israel, a teu respeito, Baruc: ³Tu disseste: "Ai de mim, pois Iahweh acumula aflição à minha dor! Estou cansado de gemer e não encontro repouso!" ⁴Assim lhe dirás: Assim disse Iahweh. Eis que demolirei o que construí, e o que plantei arrancarei, e isto para toda a terra! ⁵E tu procuras para ti grandes coisas! Não procures! Porque eis que trarei a desgraça sobre toda a carne, oráculo de Iahweh. Mas a ti concederei a vida em recompensa, em todos os lugares para onde fores.

39,15-18
LXX: 51,31-35

1,10

21,9; 38,2;
39,18

V. Oráculos contra as naçõesᵉ

46

¹Palavra de Iahweh que foi dirigida ao profeta Jeremias a respeito das nações.

Is 19
LXX: 26

Oráculos contra o Egito. A derrota de Carquemis — ²Sobre o Egito. Contra o exército do Faraó Necao, rei do Egito, que se encontrava perto do rio Eufrates,

---

a) Os que veneravam *Ishtar* pretendiam invocar também Iahweh.
b) Em grego *Apriés* (589-569), cf. 37,7; sucessor de Necao, será assassinado por Amasis, príncipe da Líbia. Este assassínio próximo é dado por Jeremias como sinal (cf. 28,17+) para confirmar o anúncio da invasão de Nabucodonosor em 568-567 (cf. 43,12+).

c) Este trecho, que conserva a lembrança de oráculo pessoalmente dirigido a Baruc, é como a assinatura do secretário do profeta, a quem, ao que parece, devem ser atribuídos os fragmentos biográficos dos caps. 26-44.
d) Em 605 (cf. 36,1).
e) Os oráculos contra as nações, reunidos pelo hebr. no final do livro (46-51), conservam, na versão grega, seu

em Carquemis,*ᵃ* quando Nabucodonosor, rei da Babilônia, o derrotou, no quarto ano de Joaquim, filho de Josias, rei de Judá.

³ Preparai pequenos e grandes escudos,
aproximai-vos para o combate!
⁴ Selai os cavalos
e montai, cavaleiros!
Alinhai-vos, com os capacetes,
afiai as lanças,
vesti as couraças!

Am 2,14-16
⁵ Por que os vi
tomados de pânico,
voltando as costas?
Seus guerreiros, derrotados,
fugiram, sem olhar para trás.
Há terror por toda parte
— oráculo de Iahweh.

⁶ Que o mais veloz não fuja
e o mais valente não escape!
Ao norte, nas margens do Eufrates,
eles vacilaram e caíram.

Is 8,7-8
⁷ Quem era o que subia como o Nilo
e como rios agitava as águas?
⁸ É o Egito que subia como o Nilo
e como rios agitava as águas.
Ele dizia: "Subirei, cobrirei a terra,
destruirei a cidade e os seus habitantes!
⁹ Avante, cavalos!
Correi a toda pressa, carros!
Que os guerreiros avancem,
Cuch e Fut que maneja o escudo,
e os ludianos que retesam o arco!"*ᵇ*

¹⁰ Este dia é, para o Senhor Iahweh dos Exércitos,
um dia de vingança, para se vingar de seus adversários:
a espada devora e se sacia,
embriaga-se de seu sangue.
Porque é sacrifício, para o Senhor Iahweh dos Exércitos,
na terra do Norte, junto ao rio Eufrates.

8,22
¹¹ Sobe a Galaad e toma contigo bálsamo,
virgem, filha do Egito!
Em vão multiplicas os teus remédios:
não há cura para ti!
¹² As nações souberam da tua desonra,
a terra encheu-se do teu clamor,
pois o guerreiro tropeçou contra o guerreiro
e ambos caíram.

lugar primitivo, em continuidade com a introdução do cap. 25. A coletânea primitiva desses oráculos parece ter sofrido acréscimos (cf. 25,17+).
a) Atualmente a vila síria de *Djerablus,* a nordeste de Alepo, às margens do Eufrates. Situada num vão que liga a Síria à Mesopotâmia, esta cidade foi, em 605, palco da batalha entre Necao (609-594) — que viera socorrer o império assírio agonizante (e que no caminho matara Josias em Meguido, 2Cr 35,19-25; cf. Jr 22,10) — e Nabucodonosor (605-562). A vitória deste último fez com que a Síria e a Palestina passassem às suas mãos (cf. 2Rs 24,7+).
b) Antes de "que retesam" o hebr. acrescenta "que levais", provavelmente uma ditografia. — Cuch é a Etiópia; Fut, a Somália; Lud um povoado africano, geralmente citado com Fut (cf. Is 66,19; Ez 27,10; 30,5).

A invasão do Egito[a] — ¹³Palavra que Iahweh dirigiu ao profeta Jeremias, quando Nabucodonosor, rei da Babilônia, veio para ferir a terra do Egito.

42,15-22;
43,8-13

¹⁴Anunciai no Egito,
fazei ouvir em Magdol,
fazei ouvir em Nof e em Táfnis!
Dizei: Levanta-te e prepara-te,
porque a espada devora à tua volta.

44,1

¹⁵Por que Ápis fugiu?
Por que o teu Poderoso não resistiu?[b]
Porque Iahweh o derrubou!

Is 46,1-2

¹⁶Ele multiplica aquele que tropeça,
cada um cai sobre seu companheiro;
eles dizem: "De pé! Voltemos ao nosso povo
e à nossa terra natal,
longe da espada devastadora".

¹⁷Eles chamarão o Faraó, rei do Egito, com este nome:[c]
"Barulho! Ele deixou passar o momento!"

¹⁸Por minha vida
— oráculo do Rei — cujo nome é Iahweh dos Exércitos.
Sim, como o Tabor entre os montes
e o Carmelo sobre o mar, ele virá.

¹⁹Prepara para ti a bagagem da deportação,
habitante, filha do Egito;
porque Nof[d] se transformará em desolação,
destruída e sem habitantes.

²⁰O Egito era uma gazela toda bela,
mas um moscardo do Norte veio e pousou sobre ela.

²¹Também seus mercenários em seu meio
eram como novilhos cevados:
mas eles também viraram as costas,
fugiram todos juntos, não resistiram.
Porque veio sobre eles o dia de sua ruína,
o tempo de seu castigo.

²²Sua voz é como a da serpente que silva,[e]
porque marcham em massa
e com machados vêm contra ela,
como cortadores de árvores.

²³Eles cortam a sua floresta
— oráculo de Iahweh —
porque era impenetrável;
pois eles são mais numerosos que gafanhotos,
inumeráveis.

²⁴Ficou envergonhada a filha do Egito,
entregue às mãos de um povo do Norte.

---

a) Oráculo posterior ao precedente. A invasão anunciada aconteceu sob o Faraó Amasis, em 568/567 (cf. 43,12+).

b) "Ápis fugiu", grego; "foi derrubado", hebr. — "teu Poderoso", no sing. com 65 mss hebr., grego e Vulg.; o TM traz o plural. O touro Ápis, encarnação do deus Ptah, era o protetor de Mênfis; vivo, era alimentado num templo. Morto, tornava-se um Osíris-Ápis, ou *Osar-Ápi*, de onde provém o nome Serapeum, necrópole onde era embalsamado e enterrado. Em face deste ídolo, o único Deus verdadeiro é precisamente o "Poderoso de Jacó" (cf. Gn 42.5,24; Sl 132,9; Is 1,24; 49,26 e 60,16).

c) Lit.: "foi chamado por esse nome", grego e Vulg.; "lá foi chamado", hebr. O Faraó é Hofra, que, em 588, dera a Sedecias falsa esperança (cf. cap. 37).

d) Trata-se de Mênfis (cf. 2,16+; 44,1).

e) "que silva", grego, "que vem" (cf. hemistíquio seguinte), hebr.

²⁵Disse Iahweh dos Exércitos, o Deus de Israel: Eis que castigarei Amon de Nô,ª o Faraó, o Egito, seus deuses e seus reis, o Faraó e todos os que nele confiam. ²⁶Eu os entregarei nas mãos dos que procuram a sua morte, nas mãos de Nabucodonosor, rei da Babilônia, e nas mãos de seus servos. Mais tarde, porém, o Egito será habitado como nos dias de outrora — oráculo de Iahweh.ᵇ

= 30,10-11

²⁷Tu, porém, não temas, meu servo Jacó,
  não te aterrorizes, Israel!ᶜ
Porque eis-me aqui para livrar-te das terras distantes,
  e teus descendentes, da terra de seu cativeiro.
Jacó voltará e habitará em paz,
  tranquilo, sem que ninguém o inquiete.
²⁸Tu não temas, meu servo Jacó,
  — oráculo de Iahweh — porque estou contigo:
quando exterminar todas as nações
  nas quais te dispersei,
não te exterminarei:
  eu te corrigirei conforme o direito,
não te deixarei impune de lado.

47 Oráculo contra os filisteus —

LXX: 29
Am 1,6-8
Sf 2,4-7
Ez 25,15-17

¹Palavra de Iahweh que foi dirigida ao profeta Jeremias sobre os filisteus, antes que o Faraó atacasse Gaza:ᵈ ²Assim disse Iahweh.

Eis as águas que sobem do Norte
  e se tornam torrente inundante;
elas inundam a terra e o seu conteúdo,
  as cidades e os que nelas habitam.
Os homens gritam, e gemem
  todos os habitantes da terra,
³ao barulho dos cascos de seus cavalos,
  ao ruído de seus carros, ao estrondo de suas rodas.
Os pais não se voltam para os filhos,
  dado o enfraquecimento de suas mãos,

Js 13,2 +

⁴por causa do dia que chegou
  para arrasar todos os filisteus,
para cortar de Tiro e Sidônia
  todo resto de auxiliar.
Porque Iahweh arrasou os filisteus,
  o resto da ilha de Cáftor.ᵉ
⁵Impuseram a tonsura a Gaza,
  Ascalon foi aniquilada.
Tu, que restas de seu vale,
  até quando farás incisões em ti?ᶠ

---

a) Amon, o deus-carneiro de Tebas; é esta a cidade cujo nome egípcio aparece transcrito como Nô (cf. Na 3,8; Ez 30,14-16).
b) O mesmo anúncio de restauração futura dos povos castigados por Iahweh aparece em 48,47; 49,6.39 (cf. Is 19,21s).
c) Os vv. 27-28, que formam a contrapartida em favor de Israel do anúncio da restauração do Egito no v. 26, utilizam novamente 30,10-11. No entanto, "Jacó" e "Israel" já não designam o reino do Norte, mas todo o povo de Iahweh, na perspectiva do Segundo Isaías.
d) Ou o Faraó Necao, segundo Heródoto (História II, 159, segundo o qual *Magdolos* seria *Meguido*, e *Kadytis*, Gaza); ou o Faraó Hofra que, sempre segundo Heródoto (II, 161), combateu Tiro e Sidônia e nesta ocasião atacou talvez seus aliados filisteus.
e) Creta. Acreditava-se ser esta a origem dos filisteus (Dt 2,23; Am 9,7). Sobre as cidades dos filisteus, ver 25,20.
f) No lugar de "seu vale", uma ligeira correção permitiria ler, como no grego "dos enacim" (cf. Js 11,22). A tonsura e as incisões eram ritos do luto (cf. Lv 21,5; Mq 1,16 etc.).

⁶ Ah! espada de Iahweh,
até quando estarás sem repouso?
Volta à tua bainha,
basta, acalma-te!
⁷ — Como poderá repousar,ᵃ
se Iahweh lhe deu ordens?
Para Ascalon e as margens do mar,
para lá ele a convocou.

48 Oráculos contra Moabᵇ

¹ A respeito de Moab.ᶜ Assim disse Iahweh dos Exércitos, o Deus de Israel.
Ai de Nebo, porque ele foi devastado,
Cariataim ficou envergonhada, foi tomada,
ficou envergonhada a cidadela, está aterrorizada.
² Já não existe a fama de Moab!
Em Hesebon eles tramaram a desgraça contra ela:
"Vamos! Eliminemo-la de entre as nações!"
Tu também, Madmena,
serás reduzida ao silêncio,
a espada te persegue.
³ Um ruído de gritos de Oronaim:
"Devastação! Um imenso desastre!"
⁴ Moab foi esmagada,
seus pequenos fizeram ouvir um grito.
⁵ Sim, a subida de Luit
em lágrimas ele a sobe;ᵈ
e à descida de Oronaim,
ouve-se um clamor de desastre!
⁶ "Fugi, salvai vossa vida,
sede como o burro selvagemᵉ no deserto!"
⁷ Porque confiaste em tuas obras e em teus tesouros,
também tu serás tomada.
Camosᶠ partirá para o exílio
juntamente com seus sacerdotes e seus príncipes.
⁸ Virá um devastador contra toda cidade
e nenhuma cidade escapará:
o Vale perecerá e o Planalto será saqueado,
conforme disse Iahweh.
⁹ Dai asasᵍ a Moab,
para que possa voar!

---

a) "Como poderá repousar", versões, cf. a continuação do v.; "como poderás repousar", hebr.
b) É difícil discernir o núcleo primitivo deste oráculo, cujo texto retoma várias passagens bíblicas: Is 15-16; Nm 21,27-30; 24,17. Ele pode ter sido pronunciado depois de 605 (cf. 25,21); ou depois de 593 (cf. 27,3) ou então depois de 587 (cf. Ez 25,8-11).
c) Moab se situa ao sul de Amon, na Transjordânia; é possível reconhecer aqui: o monte Nebo (Dt 34,1); Cariataim, talvez na direção de *Khirbet el-Quraiyat*, a sudoeste de Madaba; Hesebon, hoje *Hesbân*, 12 km ao norte de Madaba e cujo nome forma aqui um jogo de palavras com *hashab* "maquinar"; Madmena hoje *Khirbet Dimna*, 12 km ao norte de *Kérak*, que faz jogo de palavras com *damam*, "estar reduzido ao silêncio"; Oronaim, provavelmente a leste da região, nos confins do deserto; Luit, mal localizada, deve situar-se mais a oeste; enfim, se de acordo com o grego lemos o v. 4b: "anunciai-o até Segor" (ao sul do mar Morto, cf. Gn 14,2.8), é fácil perceber que o terror provocado pela invasão tomou toda a região.
d) "ele a sobe", *bô*, conj. (cf. Is 15,5); o hebr. repete a palavra "pranto": *beké*.
e) "burro selvagem" (hebr. *arod*), grego; "Aroer", hebr.
f) Deus nacional dos moabitas: vv. 13 e 46 (cf. Nm 21,29; 1Rs 11,7 e 33).
g) A palavra hebr. (*çiç*) significa normalmente "flor"; talvez, esteja aqui com sentido inusitado, a menos que seja necessário corrigir por *noçah*, "plumagem", "asas" (cf. Ez 17,3; Jó 39,13). O grego interpretou como *çiyûn*, "sepultura", e traduziu: "dai uma sepultura a Moab, pois está devastada".

Suas cidades se transformarão em desolação,
ninguém mais as habitará.
¹⁰(Maldito o que faz com negligência o trabalho de Iahweh!
E maldito o que priva de sangue sua espada!)

¹¹Moab estava tranquilo desde
a sua juventude
e repousava em sua borra,
nunca fora transvasado,
nunca partira para o exílio;
por isso mantinha o seu sabor
e seu perfume não se tinha alterado.ᵃ

¹²Por causa disso, eis que dias virão, — oráculo de Iahweh — em que lhe enviarei transvasadores que o transvasarão; esvaziarão seus vasos e quebrarão as suas ânforas. ¹³Então Moab se envergonhará de Camos, como a casa de Israel se envergonhou de Betel,ᵇ que era a sua segurança.

1Rs 12,29
Os 10,5
Am 5,5

¹⁴Como podeis dizer: "Somos heróis,
homens aptos para a guerra"?
¹⁵Moab está devastado, escalaram as suas cidades,
a elite de sua juventude desceu para a matança
— oráculo do Rei, cujo nome é Iahweh dos Exércitos.
¹⁶A ruína de Moab está prestes a vir
e sua desgraça vem com muita pressa.
¹⁷Condoei-vos dele, vós todos que estais ao seu redor,
e todos os que conheceis o seu nome
dizei: "Como está quebrada a vara poderosa,
o cetro magnífico!"

22,18+

¹⁸Desce de tua glória, assenta-te em solo sedento,
habitante, filha de Dibon,ᶜ
porque o destruidor de Moab subiu contra ti,
ele destruiu tuas fortalezas.
¹⁹Posta-te no caminho e espreita,
habitante de Aroer,
interroga o fugitivo e àquele que escapou.
Dize: "O que aconteceu?"ᵈ
²⁰"Moab está envergonhado, porque foi destruído;
gemei e gritai!
Anunciai sobre o Arnon que Moab foi devastado!"

Js 13,17-19
Nm 33,46

²¹O julgamento veio contra a Planície, contra Helon, Jasa, Mefaat, ²²Dibon, Nebo, Bet-Deblataim, ²³Cariataim, Bet-Gamul, Bet-Maon, ²⁴Cariot, Bosra e contra todas as cidades da região de Moab, as longínquas e as próximas.ᵉ

²⁵"Está abatida a força de Moab
e seu braço está quebrado — oráculo de Iahweh".

---

a) Moab, região vinícola (cf. vv. 32-33), era famosa por seu vinho.
b) É o nome de grande santuário do Norte, que após o cisma, rivalizou com o de Jerusalém (cf. 1Rs 18,29; Am 7,13), mas é também nome divino no culto heterodoxo da colônia judaica de Elefantina.
c) Lit.: "senta-te na sede". — Dibon, hoje *Dibân*, aproximadamente 5 km a noroeste de Aroer (v. 19), hoje *Araír*, às margens do Arnon. Em Dibân foi descoberta a estela de Mesa, rei de Moab (2Rs 3,4+).
d) "àquele que escapou", versões; "a que conseguiu escapar", hebr. — A resposta está nos vv. 20.25 (em que "oráculo de Iahweh", omitido pelo grego, talvez seja acréscimo) e v. 28; os trechos em prosa são comentários.
e) A maioria das cidades aqui citadas são de identificação incerta. O objetivo desta longa enumeração é simplesmente expressar o alcance do desastre.

²⁶Embriagai-o, porque se exaltou contra Iahweh: que Moab se revolva em seu vômito! Que ele se torne objeto de zombaria! ²⁷Israel não foi para ti objeto de zombaria? Acaso foi encontrado entre ladrões, para que meneies a cabeça cada vez que falas dele?

²⁸"Abandonai as cidades, morai nos rochedos,
 habitantes de Moab!
 Sede como a pomba que faz seu ninho nas bordas do abismo!"
²⁹Soubemos do orgulho de Moab,
 que ele é muito arrogante,
 de sua soberba, de seu orgulho, de sua arrogância
 e da altivez de seu coração.
³⁰ — Eu conheço — oráculo de Iahweh — a sua presunção,
 sua tagarelice sem consistência,
 seus atos sem consistência!
³¹ — Por isso gemo sobre Moab,
 a respeito de Moab todo inteiro eu grito;
 pelos homens de Quir-Hares suspira-se.
³²Por ti choro mais do que por Jazer,
 ó vinha de Sábama.ᵃ
 Teus sarmentos ultrapassaram o mar,
 eles atingiram até Jazer.
 Sobre a tua colheita
 e a tua vindima caiu o devastador.
³³Desapareceram a alegria e o contentamento
 das vinhas e da terra de Moab.
 Acabei com o vinho dos lagares,
 o pisoeiro não pisa mais,
 não ressoa mais o grito de alegria.ᵇ

³⁴Os gritos de Hesebon e de Eleale vão até Jasa. Eleva-se a voz de Segor até Oronaim e Eglat-Salisia, porque mesmo as águas do Nemrim estão destinadas à desolação.ᶜ

³⁵Farei desaparecer de Moab — oráculo de Iahweh — aquele que faz oferenda nos altos e aquele que incensa seus deuses.

³⁶Por isso meu coração ulula sobre Moab como flautas, meu coração ulula sobre os homens de Quir-Hares como flautas, porque o ganho que ajuntou perdeu-se. ³⁷Sim, toda cabeça foi raspada, toda barba cortada, em todas as mãos há incisões, sobre todos os rins um saco! ³⁸Sobre todos os terraços de Moab e em todas as suas praças, tudo é lamentação, porque eu quebrei Moab como vaso que não se quer mais — oráculo de Iahweh. ³⁹Como está destruído! Gemei! Como Moab, vergonhosamente, voltou as costas! Moab tornou-se objeto de zombaria e de espanto para todos que o cercam.

⁴⁰Porque assim disse Iahweh:
 (Eis como uma águia que voa
 e estende suas asas sobre Moab.)

---

a) Quir-Hares, "muro de cacos", é um cognome para Quir-Moab, antiga capital dos moabitas, hoje *Kerak*. Jazer é provavelmente *Khirbet Jazzir*, ao norte da região de Moab Sábama, entre Hesebon (v. 2) e o Nebo; o mar que atingiria esta vinha seria o mar Morto, a oeste.
b) "pisoeiro", versões (cf. 1Sm 16,10); "o grito de alegria", hebr., ditografia; "ressoa": *herîm* ou *yehuddad*, supondo forma não segura da palavra "grito de alegria", *hêdad*, que repete o hebr.
c) "os gritos", conj.; "por causa dos gritos", hebr. — "e de Eleale", conj. (cf. 1Sm 15,4); "até Eleale", hebr. — Apenas Segor, ao sul, e Hesebon e Eleale, alguns km de distância uma da outra no Norte (cf. v. 1+), podem ser identificadas com certeza. As "águas do Nemrim" devem ser buscadas, sem dúvida, ao norte do mar Morto (mas foi proposto também o *Wadi Numeira*, a sudeste).

JEREMIAS 48-49

⁴¹ As cidades são tomadas,
as fortalezas capturadas.
(O coração dos guerreiros de Moab será, naquele dia,
como o coração de mulher em dores de parto.)
⁴² Moab foi exterminado, não é mais povo,
porque se exaltou contra Iahweh.

|| Is 24,17-18

⁴³ Terror, fossa e rede
contra ti, habitante de Moab!
— Oráculo de Iahweh.
⁴⁴ Quem fugir diante do terror
cairá na fossa,
e quem subir da fossa
será aprisionado pela rede.
Porque trarei tudo isto*ᵃ* sobre Moab,
no ano de seu castigo
— oráculo de Iahweh.

Nm 21,28-29
Nm 24,17

⁴⁵ À sombra de Hesebon pararam,
sem forças, os fugitivos,
quando o fogo saiu de Hesebon,
uma labareda do palácio de Seon,*ᵇ*
que devorou as têmporas de Moab
e o crânio dos filhos do tumulto.
⁴⁶ Ai de ti, Moab!
O povo de Camos se perdeu!
Pois os teus filhos foram levados para o exílio
e as tuas filhas para o cativeiro.

46,26 +

⁴⁷ Mas trarei de volta os cativos de Moab,
no fim dos dias — oráculo de Iahweh.

Até aqui o julgamento de Moab.*ᶜ*

49 *Oráculo contra Amon*ᵈ

LXX: 30
Dt 2,19 +
Am 1,13-15
Ez 25,1-7
Sf 2,8-11

¹ Aos filhos de Amon.
Assim disse Iahweh:
Israel não tem filhos,
não tem ele herdeiro?
Por que Melcom herdou Gad
e seu povo habitou em suas cidades?*ᵉ*
² Por isso, eis que dias virão,
— oráculo de Iahweh —
em que farei ressoar em Rabá dos filhos de Amon
o grito de guerra.
Ela se tornará lugar de desolação,
suas filhas*ᶠ* serão incendiadas

---

a) "tudo isto", grego, sir.; "sobre ela", hebr.
b) "do palácio"; *mibbet*, segundo 3 mss hebr.: "do meio": *mibbên*, TM. — Seon é o rei dos amorreus, cuja capital era Hesebon (Nm 21,27-28; Dt 2,26-37).
c) Nota de escriba (cf. 51,64).
d) Oráculo autêntico, com exceção do v. 2, sem dúvida, mais tardio.
e) O território dos amonitas, na Transjordânia, ao norte de Moab, tinha como capital Rabá (v. 2) ou Rabat-Amon,

hoje Amã. Durante a conquista, este território fora atribuído à tribo de Gad (cf. Nm 32; Js 13,24-28); tomando-o dos israelitas depois de 734 e novamente em 721, os amonitas, e com eles Melcom, seu deus nacional, tinham usurpado um direito. — Aqui e no v. 3 lê-se "Melcom" com as versões e 1Rs 11,5.7.33; 2Rs 23,13, em vez de *malkam*, "seu rei", do hebr.
f) As cidades que dependem de Rabá, sua metrópole.

e Israel herdará de seus herdeiros,
disse Iahweh.

³ Geme, Hesebon, porque Ar foi devastada.ᵃ   Nm 21,25s
Gritai, filhas de Rabá,
vesti-vos de saco, lamentai,
errai pelos muros,
porque Melcom irá para o exílio
juntamente com os seus sacerdotes e os seus príncipes.
⁴ Como te glorias de teu Vale,ᵇ
filha rebelde,
que confiavas em teus tesouros!
"Quem virá contra mim?"
⁵ Eis que trarei contra ti o pavor
— oráculo do Senhor Iahweh dos Exércitos —
de todos os teus arredores;
vós sereis dispersos, cada um diante de si,
e não haverá quem reúna os fugitivos.

⁶(Mas depois disto mudarei a sorte dos filhos de Amon, — oráculo de   46,26
Iahweh.)

Oráculo contra Edomᶜ

⁷ A Edom.

Assim disse Iahweh dos Exércitos.   Dt 2,1 +
Não há mais sabedoria em Temã,   Sl 137,7
perdeu-se o conselho dos inteligentes,ᵈ   Am 1,11-12
desapareceu a sua sabedoria?   Ez 25,12-14
⁸ Fugi! Dai as costas! Escondei-vos bem, || Ab 1-9
habitantes de Dadã,   Br 3,22
porque a ruína de Esaú eu trarei contra ele,ᵉ   Ml 1,2-5
no tempo de seu castigo.
⁹ Se os vindimadores vierem a ti, || Ab 5-6
não deixarão sobras;
se são ladrões à noite,
eles destruirão à vontade.
¹⁰ Porque eu mesmo desnudo Esaú,
descubro os seus esconderijos:
ele não pode mais esconder-se.
Sua raça foi aniquilada,
assim como seus irmãos e seus vizinhos; ele não existe mais!
¹¹ Deixa os teus órfãos, eu os farei viver,
e que as tuas viúvas confiem em mim!

¹²Porque assim disse Iahweh: Eis que aqueles que não deveriam beber da   25,28-29
taça certamente beberão dela, e tu ficarás impune? Não ficarás impune, porque   Is 51,17 +
certamente beberás! ¹³Pois, por mim mesmo juro — oráculo de Iahweh — que

---

a) Hesebon, cidade moabita (cf. 48,1), provavelmente conquistada pelos amonitas. — Ar (na Transjordânia, cf. Nm 21,28), conj.: o hebr. tem "Ai", cidade da Cisjordânia.
b) "de teu Vale", conj.: "dos vales, teu vale flui", hebr. O vale principal da região amonita é o do Jaboc.
c) Este oráculo deve ser situado por volta de 605. Notar o paralelo com Ab 1-9.
d) "inteligentes", grego; "filhos", hebr. (simples correção vocálica). A sabedoria edomita era célebre (cf. 1Rs 5,10-11; Jó 2,11; Br 3,22-23 etc.).
e) Dadã, o oásis de *El-Ela* na Arábia; em Ez 25,13 Temã (talvez a atual *Tawilân,* perto de Petra) e Dadã parecem representar os limites (norte e sul) do Edom. — Sobre Esaú ou Edom; cf. Gn 36,8.

Bosra[a] se tornará objeto de espanto, de zombaria, ruína e maldição; todas as suas cidades se tornarão ruínas perpétuas.

|| Ab 1-4

¹⁴Ouvi uma mensagem de Iahweh,
um arauto foi enviado entre as nações:
"Reuni-vos! Marchai contra ela!
Levantai-vos para a guerra!"
¹⁵Porque, eis que te faço pequeno entre as nações,
desprezado entre os homens.

51,53
Hab 2,9

¹⁶O teu terror te seduziu,
a arrogância de teu coração,
a ti, que moras nos cumes da Rocha,[b]
que te agarras ao alto da montanha!
Ainda que construas teu ninho tão alto como a águia
de lá te derrubarei — oráculo de Iahweh.

= 50,40

¹⁷Edom se tornará objeto de espanto; todos os que passarem por ela ficarão estupefatos e assobiarão diante de todas as suas feridas. ¹⁸Como na destruição de Sodoma e Gomorra, e das cidades vizinhas, disse Iahweh, ninguém morará mais ali, homem algum habitará nela.

= 50,44-46
Jó 9,19
Sb 12,12

¹⁹Eis que como leão que sobe da espessura do Jordão
para os pastos sempre verdes,
assim, de repente, eu os expulsarei dali
e estabelecerei ali quem for escolhido.
Quem é, pois, como eu?
Quem poderá me desafiar?
Quem é o pastor
que resiste diante de mim?
²⁰Por isso escutai o desígnio que Iahweh formulou contra Edom
e o plano que formou
contra os habitantes de Temã:
Em verdade, serão arrastados como os menores do rebanho!
Em verdade, se espantarão diante deles as suas pastagens!
²¹Ao ruído de sua queda, treme a terra.
O seu grito se ouve até no mar dos Caniços.[c]
²²Eis como que uma águia que sobe e paira
e estende suas asas sobre Bosra.
O coração dos guerreiros de Edom será, naquele dia,
como o coração de mulher em dores de parto.

Oráculo contra as cidades sírias[d]

Is 17,1-3
Am 1,3-5

²³A Damasco.

Emat e Arfad estão envergonhadas
porque ouviram uma notícia má.
Elas se agitam de aflição
como o mar,[e] que não pode acalmar-se.

---

a) Diferente da Bosra de Moab (48,24). Bosra, capital de Edom, deve ser identificada com a atual Buseira uns 40 km ao sul do mar Morto.
b) A "Rocha" de Edom (cf. 2Rs 14,7; Is 16,1) durante muito tempo identificada com a cidade de Petra, deve ser procurada mais ao norte, na região de Bosra.
c) O hebr. repete aqui "seu ruído" omitido pelo grego. — Trata-se do mar Vermelho.

d) Este oráculo, que não é anunciado em 25,13-26, pode relacionar-se com o pânico que se levantou na Síria, então possessão egípcia, quando da derrota do Egito em Carquemis no ano 605 (cf. 46,2+).
e) "como o mar": *kayyam*, conj.; "no mar": *bayyam* hebr. — Emat cf. 39,5. Arfad, atualmente Tell Erfad, no norte de Alepo.

²⁴ Damasco está sem coragem, volta-se para a fuga, 4,31 +
terror se apoderou dela
(angústia e dores se apoderaram dela como da parturiente).
²⁵ Como não será abandonada a cidade famosa,
a vila alegre?ᵃ

²⁶ Por isso tombarão seus jovens em suas praças e todos os homens de guerra perecerão, naquele dia — oráculo de Iahweh dos Exércitos.

²⁷ Eu atearei fogo às muralhas de Damasco
e ele devorará os palácios de Ben-Adad.ᵇ

Oráculo contra as tribos árabes — ²⁸ A Cedar e aos reinos de Hasor,ᶜ que Nabucodonosor, rei da Babilônia, derrotou. Assim disse Iahweh: 25,23-24
Is 21,13-17

Levantai-vos, subi contra Cedar,
aniquilai os filhos do Oriente!
²⁹ Tomem as suas tendas e os seus rebanhos,
suas lonas, todos os seus utensílios;
carreguem os seus camelos
e gritem contra eles: "Terror de todos os lados!"
³⁰ Fugi, apressai-vos, escondei-vos bem,
habitantes de Hasor — oráculo de Iahweh — porque Nabucodonosor,
rei da Babilônia, planejou contra vós,
formou contra vós um plano:
³¹ "Levantai-vos! Subi contra uma nação tranquila,
que habita em segurança — oráculo de Iahweh —
que não tem portas nem ferrolhos,
eles habitam sozinhos.
³² Seus camelos se tornarão presa
e a multidão de seus rebanhos, despojo!"
Eu os dispersarei para todos os ventos,
esses têmporas-raspadas,
e de todos os lados eu trarei sua ruína,
oráculo de Iahweh.
³³ Hasor se tornará abrigo de chacais,
deserto para sempre.
Ninguém morará mais ali,
homem algum nela habitará.

*Oráculo contra Elam*ᵈ — ³⁴ Palavra de Iahweh que foi dirigida ao profeta Jeremias, a respeito de Elam, no começo do reinado de Sedecias, rei de Judá. LXX: 25, 14-20
³⁵ Assim disse Iahweh dos Exércitos:

Eis que vou quebrar o arco de Elam,
o melhor de sua fortaleza.
³⁶ Eu trarei sobre Elam quatro ventos,
dos quatro cantos do céu.
Eu os dispersarei na direção de todos esses ventos,
de modo que não haverá nação aonde não cheguem os expulsos de Elam.

---

a) "vila alegre", sir., Targ., Vulg.; "cidade de minha alegria", hebr.
b) Ben-Adad III, filho de Hazael e rei de Damasco, pelo ano 840 (cf. 2Rs 13,24; Am 1,4).
c) Hasor, nome coletivo designando os árabes semissedentários por oposição aos beduínos do deserto. — "reino" deve ser tomado aqui em sentido amplo de agrupamento sob a autoridade de um chefe de tribo.
d) Elam é o nome dos planaltos situados a leste da Mesopotâmia, de onde partiram as invasões medas e persas. Jeremias podia, desde 597, pressentir a conquista do Elam pelos persas.

⁣⁣⁣³⁷ Farei os elamitas tremer diante de seus inimigos,
diante daqueles que atentam contra a sua vida.
Trarei sobre eles a desgraça,
o ardor de minha ira — oráculo de Iahweh.
Mandarei a espada atrás deles,
até que os tenha exterminado.
³⁸ Estabelecerei meu trono em Elam
e exterminarei ali reis e príncipes
— oráculo de Iahweh.

46,26 +

³⁹ Mas no fim dos dias trarei Elam de volta, oráculo de Iahweh.

50 Oráculo contra a Babilônia[a] — ¹ Palavra que Iahweh falou contra a Babilônia, contra a terra dos caldeus, por intermédio do profeta Jeremias.

Is 13; 14; 47
Ap 18
LXX: 27
Is 46,1

Queda da Babilônia, libertação de Israel

² Anunciai entre as nações, fazei ouvir,
levantai um sinal, fazei ouvir,
não o oculteis, dizei:
Babilônia foi tomada, Bel envergonhado, Merodac arrasado.[b]
(Seus ídolos estão envergonhados,
suas imagens arrasadas.)
³ Porque subiu contra ela uma nação do Norte
que fará de sua terra uma desolação;
e nela não haverá mais habitante,
homens e animais fugiram, foram embora.

⁴ Naqueles dias, naquele tempo — oráculo de Iahweh —
os filhos de Israel voltarão,
(eles juntamente com os filhos de Judá),[c]
eles caminharão chorando
e procurarão a Iahweh, seu Deus.
⁵ Perguntarão por Sião,
em direção a ela estará a sua face:
"Vinde! Unamo-nos[d] a Iahweh
por uma aliança eterna, que não será esquecida!"

Mt 9,36 +
Ez 34,1 +

⁶ Ovelhas perdidas era o meu povo.
Seus pastores as fizeram errar, as montanhas as desorientaram,
elas foram de montanha em colina,
esqueceram o seu redil.
⁷ Todos os que as encontravam as devoravam,
seus inimigos diziam: "Não somos culpados,
porque eles pecaram contra Iahweh, morada da justiça,
e contra a esperança de seus pais, Iahweh!"

51,6.45
Is 48,20
52,11
Ap 18,4

⁸ Fugi do meio da Babilônia e saí da terra dos caldeus![e]
Sede como bodes à testa de um rebanho.

---

a) Nos oráculos que seguem, retornam sobretudo dois temas: a queda da Babilônia e a volta do Exílio. Jeremias *esperava estes eventos, mas não imediatamente* (cf. 27,7; 29,10.28). Aqui a perspectiva da queda da Babilônia (538) parece próxima como no Dêutero-Isaías.
b) Bel, "o Mestre" (cf. Baal) nome usual de Marduc (ou Merodac), deus principal da Babilônia (cf. 51,44; Is 46,1; Br 6,40; Dn 14).
c) Aqui, como no v. 33 e em 51,5, foram, sem dúvida, glosadores que ajuntaram a menção de Judá ao lado de Israel (cf. 31,3.4.31). De fato, essas glosas são inúteis porque "Israel" representa aqui o conjunto do povo de Deus.
d) "Unamo-nos", sir.; "eles se unem", hebr.
e) "saí", qerê, versões; "eles saíram", ketib.

⁹Porque eis que suscitarei e farei subir contra Babilônia
um grupo de grandes nações;
da região Norte elas se postarão em ordem de combate contra ela;
por lá ela será tomada;
suas flechas são como as de guerreiro hábil,
que jamais volta de mãos vazias.
¹⁰ A Caldeia será entregue ao saque,
todos os que a pilharem serão saciados
— oráculo de Iahweh.

¹¹ Ah! Regozijai-vos! Triunfai,
ó devastadores de minha herança!
Saltai como uma novilha na relva!ᵃ
Relinchai como garanhões!
¹²Vossa mãe está profundamente envergonhada,
aquela que vos gerou, coberta de vergonha!
Ei-la, a última das nações:
deserto, solo árido e estepe.
¹³Por causa da cólera de Iahweh ela não será habitada,
será uma devastação total.
Quem passar pela Babilônia se espantará
e assobiará diante de todas as suas feridas.

¹⁴Ponde-vos em ordem de combate em redor contra a Babilônia,
vós todos que manejais o arco!
Atirai contra ela, não poupeis as flechas,
porque ela pecou contra Iahweh!
¹⁵Gritai contra ela de todos os lados!
Ela estendeu sua mão, seus baluartes caíram,
suas muralhas foras destruídas.
Porque esta é a vingança de Iahweh! Vingai-vos dela!
Fazei-lhe o que ela fez!
¹⁶Eliminai da Babilônia aquele que semeia
e o que maneja a foice
no tempo da colheita!
Longe da espada devastadora,
cada um volte para o seu povo,
cada um fuja para a sua terra.

¹⁷Israel era ovelha desgarrada,
que os leões afugentaram.

O primeiro que o devorou foi o rei da Assíria, e aquele que, por último, lhe quebrou os ossos foi Nabucodonosor, rei da Babilônia. ¹⁸Por isso assim disse Iahweh dos Exércitos, o Deus de Israel: Eis que castigarei o rei da Babilônia e a sua terra, como castiguei o rei da Assíria.

¹⁹Farei Israel retornar ao seu prado
para que paste no Carmelo e em Basã;
na montanha de Efraim e em Galaadᵇ
ele será saciado.

---

a) "na relva": *baddeshe'*, cf. grego ("novilhos na relva"); "que pisa": *dashah*, hebr.
b) Galaad e Basã na Transjordânia eram afamadas por suas pastagens (cf. Nm 32; Am 4,1+; Mq 7,14);
o Carmelo (cujo nome significa "vergel") e as colinas cobertas de vegetação de Efraim (cf. Js 17,18) evocam, sem dúvida, para os exilados a imagem de uma terra fértil e acolhedora.

Is 4,3 + ²⁰Naqueles dias e naquele tempo — oráculo de Iahweh —
procurar-se-á a iniquidade de Israel:
  ela não existirá mais,
e os pecados de Judá,
  mas não serão encontrados,
porque perdoarei o que deixei como resto.

A queda da Babilônia anunciada em Jerusalém

Is 14,4-6
Jr 51,8-20
= 51,41

²¹"Contra a terra de Merataim!
Sobe contra ela e contra os habitantes de Facud:ᵃ
massacra-os, extermina-os até o último*b*
  — oráculo de Iahweh —
e age como eu te ordenei!"
²²Ruído de guerra na terra!
Um grande desastre!

²³Como foi quebrado, feito em pedaços,
  o martelo de toda a terra?
Como se tornou Babilônia objeto de espanto
  entre as nações?
²⁴Coloquei-te uma armadilha e foste presa, Babilônia,
  mas tu não percebeste.
Tu foste surpreendida e dominada,
  porque te insurgiste contra Iahweh!

²⁵Iahweh abriu o seu arsenal
  e fez sair as armas de sua cólera,
porque há trabalho para o Senhor Iahweh dos Exércitos,
  na terra dos caldeus!

Is 6,17 +

²⁶ — "Vinde a ela de todos os cantos da terra,ᶜ
abri os seus celeiros,
amontoai-a como feixes, exterminai-a,
  que ela não tenha resto!
²⁷Massacrai todos os seus touros,
  que eles desçam para o matadouro!
Ai deles, porque chegou o seu dia,
  o tempo de seu castigo".
²⁸Voz dos que fugiram
  e dos que escaparam da terra da Babilônia
para anunciar em Sião
  a vingança de Iahweh, nosso Deus,
  a vingança de seu Templo!

O pecado de insolênciaᵈ

Ex 21,25 +
Ap 18,6
Sl 28,4
Is 14,13-14

²⁹Convocai arqueiros contra a Babilônia,
  todos os que manejam o arco!
Acampai em redor contra ela,
  que ninguém escape!

---

a) A ordem é dada ao povo que ataca os babilônios. Merataim equivale ao termo babilônico *marâtu*, "lagunas", e designa a região da embocadura do Tigre e do Eufrates. Facud (cf. Ez 23,23), é o nome de população a leste da Babilônia.
b) "até o último" (lit.: seu último): *'aharîtam*, Targ.; "atrás deles": *'aharêhem*, hebr.

c) Significado incerto. A palavra significa normalmente "fim", "extremidade", mas pode, às vezes, designar conjunto, totalidade ("sem exceção", "de todos os lados").
d) É o pecado de orgulho e de desmesuramento (a *hybris* em grego) (cf. Gn 3; 11,1-9; Is 14,12-13; Ez 28; Am 4).

Tratai-a conforme as suas obras,
tudo o que ela fez, fazei-lhe.
Porque ela foi arrogante contra Iahweh,
contra o Santo de Israel.
³⁰ Por isso tombarão os seus jovens
em suas praças e todos os seus
guerreiros serão destruídos,
naquele dia — oráculo de Iahweh!

³¹ Eis-me aqui contra ti, "Arrogância",
— oráculo do Senhor Iahweh dos Exércitos —
porque teu dia chegou,
o tempo de teu castigo.
³² "Arrogância" tropeçará e cairá,
e ninguém a levantará;
incendiarei as suas cidades,
e o fogo devorará todos os seus arredores.

Iahweh, redentor de Israel

³³ Assim disse Iahweh dos Exércitos:
Os filhos de Israel são oprimidos
(e juntamente com eles os filhos de Judá),
todos os que os deportaram os retêm,
eles recusam deixá-los partir.
³⁴ Mas o seu Redentor é poderoso,
seu nome é Iahweh dos Exércitos;
certamente ele pleiteará a sua causa,
para tranquilizar a terra
e fazer tremer os habitantes da Babilônia.

³⁵ Espada contra os caldeus
— oráculo de Iahweh —;
contra os habitantes da Babilônia,
contra os seus príncipes e os seus sábios!
³⁶ Espada contra os seus adivinhos:
que eles se tornem insensatos!
Espada contra seus heróis:
que eles sejam aterrorizados!
³⁷ Espada contra seus cavalos e seus carros,
e contra todo o amontoado de gente que nela está;
sejam como mulheres!
Espada contra seus tesouros:
que sejam saqueados!
³⁸ Aridez sobre suas águas:
que elas sequem!
Porque é terra de ídolos,
eles se agarram obstinadamente a horrores!

³⁹ Por isso os gatos selvagens ali morarão com chacais,
nela morarão os avestruzes.
Ela não será nunca mais habitada,
e de geração em geração não será mais povoada.
⁴⁰ Como quando Deus destruiu Sodoma,
Gomorra e as cidades vizinhas — oráculo de Iahweh —
ninguém habitará mais ali,
nem residirá nela um filho de homem.

JEREMIAS 50-51

O povo do Norte e o leão do Jordão[a]

= 6,22-23
⁴¹ Eis que um povo vem do Norte,
uma grande nação e reis numerosos
levantam-se dos confins da terra.
⁴² Eles retêm firmemente arco e dardo,
são cruéis e não têm compaixão;
o seu ruído é como o bramido do mar;
montam cavalos,
estão prontos para o combate como um só homem,
contra ti, filha da Babilônia.
⁴³ O rei da Babilônia ouviu a notícia,
suas mãos desfaleceram,
a angústia se apoderou dele,
uma dor como a da parturiente.

= 49,19-21
⁴⁴ Eis que, como leão,
ele sobe do matagal do Jordão
para a pastagem sempre verde.
Porque em um momento eu os expulsarei de lá
e estabelecerei nela aquele que for escolhido.
Pois quem é como eu?
Quem poderá me citar em juízo?
Quem é o pastor que poderá pôr-se diante de mim?
⁴⁵ Por isso escutai o desígnio
que Iahweh formou contra a Babilônia,
e o plano que ele montou
contra a terra dos caldeus:
Em verdade eles serão arrastados
como os mais pequenos do rebanho!
Em verdade serão devastadas
diante deles as suas pastagens!
⁴⁶ Ao ruído da tomada da Babilônia, tremerá a terra
e um grito será ouvido entre as nações.

LXX: 28
51 *Iahweh contra a Babilônia*
¹ Assim disse Iahweh:
Eis que suscitarei contra a Babilônia
e contra os habitantes de Leb-Camai[b]
vento destruidor.

4,11
² Enviarei à Babilônia joeiradores[c] para joeirá-la.
Eles assolarão a sua terra,
porque surgirão contra ela de todos os lados,
no dia da desgraça.

Js 6,17 +
³ — Que o arqueiro não maneje o seu arco!
Que ele não se vanglorie de sua couraça![d]
— Não tenhais compaixão de seus jovens,
exterminai todo o seu exército!

---

a) Este oráculo retoma contra a Babilônia a ameaça de inimigo vindo do Norte proferida contra Judá (6,22-24); e o oráculo contra Edom (49,19-21).
b) Anagrama de *Kasdîm* (caldeus) na mesma escrita criptográfica de 25,25-26.
c) "joeiradores", hebr. *zorîm* Áq., Sím., Vulg.; "estrangeiros", *zarîm*, hebr.

d) Esta dupla interdição (*'al... 'al*), lida com 15 mss hebr. e as versões, enquanto o TM tem *'el... 'el*: "para... para", se dirige aos assediadores. A seguinte, ao contrário, interpela os assediadores. — O hebr. (*ketib*) repete a palavra "maneja", ditografia omitida pelo *qerê* e pelas versões.

⁴ Os feridos cairão na terra dos caldeus
e os transpassados nas ruas de Babilônia.
⁵ Porque Israel e Judá não são viúvas
de seu Deus, Iahweh dos Exércitos,
ainda que a sua terra esteja cheia de pecados
contra o Santo de Israel.

⁶ Fugi do meio de Babilônia 50,8
(e salvai cada um a vossa vida); ↗ Ap 18,4
não pereçais por seu crime, 50,15
porque é o tempo da vingança para Iahweh,
ele mesmo lhe dará a paga!
⁷ Babilônia era taça de ouro na mão de Iahweh: 25,15-29
ela embriagava a terra inteira; Is 51,17 +
de seu vinho bebiam as nações, Ap 18,3
por isso se tornaram loucas.ᵃ
⁸ Mas de repente caiu Babilônia e se quebrou: ↗ Ap 18,2
gemei sobre ela! Jr 50,23
Tomai bálsamo para a sua dor,
talvez ela seja curada!
⁹ — "Nós queríamos curar Babilônia, mas ela não foi curada. 50,16
Deixai-a! Vamos-nos daqui cada um para a sua terra!"
— Sim, o seu julgamento atinge o céu,
ele se eleva até às nuvens.
¹⁰ Iahweh fez aparecer a nossa justiça. 50,34
Vinde! Narremos em Sião
a obra de Iahweh, nosso Deus.
¹¹ Afiai as setas, Is 13,17
enchei as aljavas!

Iahweh suscitou o espírito dos reis dos medos,ᵇ porque o seu plano contra a Babilônia é destruí-la: Sim, esta é a vingança de Iahweh, a vingança de seu Templo.

¹² Levantai a bandeira contra a muralha da Babilônia!
Reforçai a guarda!
Postai sentinelas!
Armai emboscadas!

Porque Iahweh não só planeja, mas também executa tudo o que disse contra os habitantes da Babilônia.

¹³ Tu que habitas as margens das grandes águas, ↗ Ap 17,1.15
tu, rica de tesouros, Jr 50,37-38
teu fim chegou
à medida de tuas rapinas.
¹⁴ Iahweh dos Exércitos jurou por si mesmo:
Eu te encherei de homens como de gafanhotos,
eles soltarão contra ti um grito de guerra.

¹⁵ Foi ele que fez a terra por seu poder, = 10,12-16
estabeleceu o mundo por sua sabedoria,
e por sua inteligência estendeu os céus.

---

a) O hebr. repete "as nações", omitido pelas versões.
b) "aljavas", grego; "escudos", hebr. O poema falava de inimigo do Norte (50,3.9.41; 51,48). O glosador precisa: os medos, identificados com os persas como em Is 13,17.

| Sl 135,7 ¹⁶Quando ressoa a sua voz,
há um barulho de águas no céu.
Faz subir as nuvens dos confins da terra;
ele produz os raios para a chuva
e tira o vento de seus reservatórios.
¹⁷Todo homem se torna estúpido, sem compreender,
todo ourives se envergonha de seus ídolos
porque sua escultura é mentirosa,
não há nela sopro vital.
¹⁸Eles são vaidade, obra de zombaria
no tempo de seu castigo eles desaparecerão.
¹⁹A "Porção de Jacó" não é como eles,
porque ele formou o universo,
e Israel*a* e a tribo de sua herança.
Seu nome é Iahweh dos Exércitos.

O martelo de Iahweh

50,23 ²⁰Tu foste para mim um martelo, arma de guerra.
Contigo martelei nações,
contigo destruí reinos,
²¹contigo martelei cavalo e cavaleiro,
contigo martelei carro e condutor,
²²contigo martelei homem e mulher,
contigo martelei velho e criança,
contigo martelei jovem e virgem,
²³contigo martelei pastor e rebanho,
contigo martelei camponês e junta,
contigo martelei governadores e magistrados,
²⁴mas retribuirei à Babilônia e a todos os habitantes da Caldeia todo o mal que eles fizeram em Sião, diante dos vossos olhos — oráculo de Iahweh.
²⁵Eis-me contra ti,
montanha da destruição
— oráculo de Iahweh —,
destruição de toda a terra!
Estenderei contra ti a minha mão
e te farei rolar do alto dos rochedos,
transformando-te em montanha em chamas.
50,40 ²⁶Não tirarão mais de ti uma pedra angular
nem uma pedra fundamental,
porque tu te tornarás uma desolação eterna
— oráculo de Iahweh.

Em direção ao fim!

²⁷Levantai uma bandeira na terra,
tocai a trombeta entre as nações!
Consagrai contra ela as nações,
convocai contra ela reinos
— Ararat, Meni e Asquenez*b* — estabelecei contra ela
um oficial de alistamento.
Fazei subir cavalos, como gafanhotos eriçados.

---

a) Grego. luc., Vulg., Targ. e mss hebr. acrescentam "Israel (é)" antes de "a tribo".

b) Povos do Norte, habitantes da região armênia e seus confins: Ararat ou Urartu; Meni em volta do lago de Van; Asquenez ou os citas.

⁲⁸ Consagrai contra ela as nações:
os reis da Média, seus governadores,
todos os seus magistrados
e toda a terra em seu domínio.
²⁹ A terra tremeu e se agitou,
quando se realizou contra Babilônia o plano de Iahweh
de transformar a Babilônia
em desolação, sem habitantes.
³⁰ Os heróis da Babilônia cessaram de combater,
eles se instalaram em suas cidadelas;
esgotou-se a sua virilidade, eles se tornaram mulheres.
Incendiaram as suas habitações,
quebraram os seus ferrolhos.
³¹ O estafeta corre ao encontro do estafeta,
o mensageiro ao encontro do mensageiro,
para anunciar ao rei da Babilônia
que a sua cidade foi capturada de todos os lados;
³² as passagens foram ocupadas,
nos baluartes atearam fogo
e os homens de guerra foram tomados pelo pânico.
³³ Porque assim disse Iahweh dos Exércitos, o Deus de Israel:
A filha da Babilônia é como eira,
no tempo em que se pisa nela;
ainda um pouco, e chegará para ela
o tempo da colheita.

A vingança de Iahweh

³⁴ Devorou-me, consumiu-me Nabucodonosor, o rei da Babilônia,
ele me deixou como um prato vazio,
engoliu-me como um dragão,
encheu o seu ventre de minhas melhores partes,
ele me expulsou.*ᵃ*
³⁵ "Caiam sobre a Babilônia a violência
e as feridas que eu sofri!",*ᵇ*
diz o habitante de Sião.
"Caia sobre os habitantes da Caldeia o meu sangue!",
diz Jerusalém.
³⁶ Por isso, assim disse Iahweh:
Eis que eu pleitearei a tua causa
e me encarregarei da tua vingança.
Eu secarei o seu rio
e estancarei a sua fonte.
³⁷ Babilônia se tornará monte de pedras,
um refúgio de chacais,
um objeto de espanto e de zombaria,
sem habitantes.
³⁸ Rugem juntos como leões,
urram como filhotes de leão.
³⁹ Quando estão quentes, eu preparo as suas bebidas,
eu os faço beber para que se tornem bêbados,

---

a) "de minhas melhores partes": *ma'adannay,* conj.; "fora de minhas delícias": *me'adanay,* hebr. — pode-se, também, compreender "de meu Éden ele me expulsou", mudando ligeiramente a vocalização e a ligação das palavras. — É Jerusalém que fala.
b) Lit.: "minha violência, minha carne sangrenta".

durmam um sono eterno
e não despertem mais
— oráculo de Iahweh.
⁴⁰ Eu os farei descer como cordeiros ao matadouro,
como carneiros e bodes.

Elegia sobre a Babilônia

⁴¹ Como Sesac foi tomada,
como foi conquistada,
a glória de toda a terra?
Como se tornou a Babilônia um lugar desolado,
entre as nações?
⁴² Subiu o mar contra a Babilônia,
na torrente de suas ondas ela foi submergida.
⁴³ Suas cidades se tornaram lugar desolado,
terra seca, estepe,
terra onde ninguém habita
e onde não passa mais o filho do homem.

A visita de Iahweh aos ídolos

⁴⁴ Eu visitarei Bel na Babilônia
e tirarei de sua boca o que engoliu.
As nações não afluirão mais a ele.
Mesmo a muralha da Babilônia cairá.
⁴⁵ Sai de seu meio, meu povo!
Salve cada qual a sua vida
diante do ardor da ira de Iahweh!

⁴⁶ Que o vosso coração não desfaleça! Não temais pela notícia que se propala na terra: em um ano tal boato, e outro ano, tal outro; a violência triunfa sobre a terra e tirano sucede a tirano.

⁴⁷ Por isso, eis que dias virão
em que visitarei os ídolos da Babilônia.
Toda a sua terra se envergonhará
e todos os seus traspassados cairão em seu meio.
⁴⁸ Então soltarão gritos de alegria sobre a Babilônia
os céus e a terra e todos os que estão neles,
porque do Norte chegam
contra ela os devastadores
— oráculo de Iahweh!

⁴⁹ Babilônia deve cair,
ó traspassados de Israel,
da mesma maneira que pela Babilônia caíram,
os traspassados de toda terra.
⁵⁰ Vós que escapastes da espada,
parti! Não vos detenhais!
De longe pensai em Iahweh,
que Jerusalém esteja em vosso coração!
⁵¹ — "Nós nos envergonhamos,
porque ouvimos o insulto,
a ignomínia cobre o nosso rosto
porque vieram estrangeiros
aos santuários do Templo de Iahweh."

⁵² — Por isso, eis que dias virão,
— oráculo de Iahweh —
em que visitarei os seus ídolos
e em toda sua terra gemerá o ferido.
⁵³ Ainda que a Babilônia suba até os céus,
ainda que ela torne inacessível a altura de sua cidadela,
ao meu comando virão a ela os devastadores
— oráculo de Iahweh.
⁵⁴ Um ruído de gritaria vem da Babilônia,
de um grande desastre da terra dos caldeus!
⁵⁵ Porque Iahweh devasta a Babilônia
e acaba com o seu grande ruído,
ainda que suas ondas bramam como grandes águas
e ressoe o fragor de sua voz.
⁵⁶ Porque veio contra ela,
contra a Babilônia, um devastador,
seus heróis foram feitos prisioneiros,
seus arcos foram quebrados.
Sim, Iahweh é o Deus das represálias,
ele certamente retribuirá!
⁵⁷ Eu farei beber a seus príncipes e a seus sábios,
a seus governadores,
a seus magistrados e a seus heróis;
eles dormirão um sono eterno
e não despertarão mais
— oráculo do Rei, cujo nome é Iahweh dos Exércitos!

Is 14,13
Jr 49,16

= 51,39

Babilônia arrasada

⁵⁸ Assim disse Iahweh dos Exércitos:
A larga muralha da Babilônia
será completamente arrasada
e atearão fogo em suas altas portas.
Assim em vão penam os povos
e as nações se cansam para o fogo.

|| Hab 2,13

Oráculo jogado no Eufrates[a] — ⁵⁹Eis a ordem que o profeta Jeremias deu a Saraías, filho de Nerias, filho de Maasias, quando este partiu com Sedecias, rei de Judá, para a Babilônia, no quarto ano de seu reinado. Saraías era o camareiro-mor. ⁶⁰Jeremias escrevera em um só livro toda desgraça que devia sobrevir à Babilônia, todas estas palavras que tinham sido escritas contra a Babilônia. ⁶¹Jeremias disse, pois, a Saraías: "Quando chegares à Babilônia, terás o cuidado de ter todas estas palavras. ⁶²Dirás: 'Iahweh, tu mesmo disseste a respeito deste lugar que ele seria destruído, de sorte que não ficasse nele habitante, nem homem nem animal, porque devia tornar-se uma desolação perpétua.' ⁶³Logo que acabares de ler esse livro, atarás a ele uma pedra e o lançarás no meio do Eufrates, ⁶⁴dizendo: 'Assim afunde Babilônia e não se levante mais, por causa da desgraça que eu fiz cair sobre ela.' "
Até aqui as palavras de Jeremias.[b]

51,26

↗ Ap 18,21

---

a) Esta ação simbólica (cf. 18,1+), que devia permanecer secreta, foi realizada pelo ano 593. Ela atesta a fé do profeta na irrevogabilidade da parte divina e também sua perfeita lucidez: no momento mesmo em que Jeremias prega a submissão à Babilônia, ele não dissimula os crimes dos babilônios.

b) Esta frase, omitida pelo grego, devia encontrar-se primitivamente depois do v. 58. Ela é precedida pela última palavra deste v. 58, "se cansam", repetida aqui acidentalmente.

VI. Apêndices[a]

52 *A catástrofe de Jerusalém e o favor concedido a Joaquin* — ¹Sedecias tinha vinte e um anos quando começou a reinar e reinou onze anos em Jerusalém. O nome de sua mãe era Hamital, ela era filha de Jeremias, de Lebna.[b] ²Ele fez o que é mau aos olhos de Iahweh, como tudo que fizera Joaquim. ³Assim aconteceu a Jerusalém e Judá, por causa da ira de Iahweh, a ponto de as rejeitar de sua presença.

Sedecias revoltou-se contra o rei da Babilônia. ⁴E aconteceu no nono ano de seu reinado, no décimo mês,[c] no décimo dia do mês, que Nabucodonosor, rei da Babilônia, veio, ele e todo o seu exército, contra Jerusalém. Eles acamparam diante da cidade e construíram uma trincheira ao redor dela. ⁵A cidade ficou sitiada até o undécimo ano do rei Sedecias. ⁶No quarto mês,[d] no nono dia do mês, a fome dominou na cidade e não havia pão para o povo da terra. ⁷E uma brecha foi aberta na muralha da cidade. Então o rei[e] e todos os homens de guerra fugiram e saíram da cidade, de noite pelo caminho da porta entre os dois muros que está perto do jardim do rei — os caldeus estavam em volta da cidade — e tomaram o caminho da Arabá. ⁸Mas o exército dos caldeus perseguiu o rei e alcançou Sedecias nas planícies de Jericó, e todo o seu exército o abandonou e debandou. ⁹Aprisionaram, então, o rei e o fizeram subir ao rei da Babilônia, em Rebla, na terra de Emat, e este o submeteu a julgamento. ¹⁰E o rei da Babilônia matou os filhos de Sedecias diante de seus olhos; e também os príncipes de Judá ele matou em Rebla. ¹¹Vazou então os olhos de Sedecias e atou-o com correntes de bronze. E o rei da Babilônia o conduziu à Babilônia e o colocou no cárcere, até o dia de sua morte.

¹²No quinto mês,[f] no décimo dia do mês — era o décimo nono ano do reinado de Nabucodonosor, rei da Babilônia — Nabuzardã, chefe da guarda, funcionário do rei da Babilônia, entrou em Jerusalém. ¹³Ele incendiou o Templo de Iahweh, a casa do rei e todas as casas de Jerusalém.[g] ¹⁴Todo o exército dos caldeus que estava com o chefe da guarda derrubou todas as muralhas em torno de Jerusalém.

¹⁵Nabuzardã, chefe da guarda, deportou (uma parte dos pobres do povo[h]) o resto do povo que tinha ficado na cidade, os desertores que tinham passado ao rei da Babilônia e o resto dos artesãos. ¹⁶Mas Nabuzardã, chefe da guarda, deixou ficar uma parte dos pobres da terra, como vinhateiros e lavradores.

¹⁷Os caldeus quebraram as colunas de bronze que estavam no Templo de Iahweh, os suportes e o mar de bronze que estavam no Templo de Iahweh, e carregaram todo o bronze para a Babilônia. ¹⁸Eles tomaram, também, as panelas, as pás, as facas, as bacias para a aspersão, as bandejas e todos os utensílios de bronze, que serviam no culto. ¹⁹O chefe da guarda tomou, ainda, as taças, os braseiros, as bacias para a aspersão, as panelas, os lustres, as bandejas e as taças, tanto de ouro como de prata. ²⁰Quanto às duas colunas, ao mar único, aos doze bois de bronze que estavam debaixo do mar[i] e aos suportes que o

---

a) Este cap. retoma, com algumas complementações, 2Rs 24,18-25,30 (ver as notas) e corresponde, também, a Jr 39,1-10; uma mesma fonte está na origem das três passagens. Ele foi acrescentado ao livro de Jeremias como Is 36-39 ao livro de Isaías. Ele mostra a realização das ameaças do profeta e termina como 2Rs, com perspectivas de esperança, igualmente vislumbradas por Jeremias.

b) Lebna, cidade da tribo de Judá (Js 15,42), que deve ser localizada, provavelmente, em *Tell es-Sâfi*, ao norte da cidade filisteia de Gat.

c) Fim de dezembro de 589.
d) Junho-julho de 587.
e) "o rei", conj. conforme 39,4 e v. 8; om. pelo hebr.
f) Julho-agosto de 587.
g) Glosa acrescenta aqui e em 2Rs 25,9: "ele ateou fogo também em toda casa de grande personagem".
h) As palavras entre parênteses, ausentes em 2Rs 25,11 e 39,5, devem provir do v. 16.
i) Esta última menção falta em 2Rs; esses bois de bronze já haviam sido tirados no tempo de Acaz (2Rs 16,17).

rei Salomão fizera para a Casa de Iahweh, não se podia calcular o que pesava o bronze de todos esses utensílios. ²¹Quanto às colunas, uma tinha dezoito côvados de altura, sua circunferência doze côvados, sua espessura quatro dedos e ela era oca; ²²um capitel de bronze estava sobre ela, a altura do capitel era de cinco côvados; tinha ao redor uma grade e romãs, e tudo era de bronze. Como esta, era a segunda coluna.ᵃ ²³Havia noventa e seis romãs dos lados;ᵇ todas as romãs eram cem em redor da grade.

²⁴E o chefe da guarda tomou, também, Saraías, o sacerdote chefe, Sofonias, o segundo sacerdote, e os três guardas da porta. ²⁵Da cidade tomou um eunuco que era comandante dos homens de guerra, sete homens do serviço pessoal do rei que se encontravam na cidade, o escrivão-mor do exército que alistava o povo da região, bem como sessenta homens do povo da região que se encontravam no meio da cidade. ²⁶Nabuzardã, chefe da guarda, tomou-os e os conduziu ao rei da Babilônia em Rebla, ²⁷e o rei da Babilônia os mandou matar em Rebla, na terra de Emat. Assim foi Judá deportado para longe de sua terra.

²⁸Este foi o povo que Nabucodonosor deportou.ᶜ No sétimo ano: três mil e vinte e três judeus; ²⁹no décimo oitavo ano de Nabucodonosor: oitocentos e trinta e duas pessoas; ³⁰no vigésimo terceiro ano de Nabucodonosor, Nabuzardã, chefe da guarda, deportou setecentos e quarenta e cinco judeus. Ao todo: quatro mil e seiscentas pessoas.ᵈ

³¹Mas no trigésimo sétimo ano da deportação de Joaquin, rei de Judá, no décimo segundo mês, no vigésimo quinto (dia) do mês, Evil-Merodac, rei da Babilônia, no ano em que começou a reinar,ᵉ concedeu graça a Joaquin, rei de Judá, e o fez sair do cárcere. ³²Falou-lhe com bondade e lhe concedeu um assento superior ao dos outros reis que estavam com ele na Babilônia. ³³Ele trocou as suas vestes de preso, e ele comeu sempre na mesa do rei durante toda a sua vida. ³⁴Seu sustento lhe foi dado, constantemente, pelo rei da Babilônia, dia após dia, até o dia de sua morte, todos os dias de sua vida.ᶠ

---

a) O hebr. acrescenta aqui "e as romãs".
b) Sentido incerto. A palavra deve ser relacionada com a raiz que significa "vento", "sopro". Pode-se compreender, também "que pendiam livremente" ou "em relevo" (lit.: no ar), mas "os ventos" designam também os "lados", Ez 42,20 (cf. Ez 39,7, onde se trata dos pontos cardeais, os quatro "lados" do mundo).
c) Esta breve notícia (vv. 28-30), própria de Jeremias, deve reproduzir documento babilônico. Parece ter em conta apenas os adultos. Os anos de reinado são contados conforme o cômputo babilônico, que desconhece o ano incompleto do acontecimento.
d) As datas destas três deportações são, pois: 598; 587 e enfim 582. A última teve lugar, talvez, durante a revolta amonita-moabita, que poderia ter encontrado cumplices em Judá.
e) Em 562.
f) É com a graça concedida a Joaquin, símbolo do fim do cativeiro, que se encerra o livro de Jeremias.

LAMENTAÇÕES

Primeira lamentação[a]

<small>Br 4,12</small> **Alef**

1 ¹ Quão solitária está
  a Cidade populosa!
Tornou-se viúva
  a primeira entre as nações;
a princesa das províncias,
  em trabalhos forçados.

<small>2,18
Jr 9,17
Sl 69,21
Jr 30,14
Jo 13,18</small> **Bet**

² Passa a noite chorando,
  pelas faces correm-lhe lágrimas.
Não há quem a console
  entre os seus amantes;[b]
todos os seus amigos a traíram,
  tornaram-se seus inimigos.

Guimel

³ Judá foi exilada,[c] submetida à opressão,
  à dura servidão;
hoje habita entre as nações,
  sem encontrar repouso;
os que a perseguiam alcançaram-na
  em lugares sem saída.

<small>Jr 14,2
Is 3,26</small> **Dalet**

⁴ Os caminhos de Sião estão de luto,
  ninguém vem às suas festas;
todas as suas portas desertas,
  gemem seus sacerdotes;
suas virgens estão tristes,
  ela mesma cheia de amargura.

<small>2,17
Dt 28,25
Sl 89,43</small> **Hê**

⁵ Venceram-na seus opressores,
  seus inimigos estão felizes,
porque Iahweh a castigou
  por seus numerosos crimes;
suas criancinhas partiram cativas
  diante do opressor.

<small>Ez 10,18s;
11,22s</small> **Waw**

⁶ A filha de Sião perdeu
  toda a sua formosura;
seus príncipes estavam como cervos
  que não acham pasto;
caminhavam desfalecidos
  diante de quem os caçava.

---

a) O poeta descreve o estado miserável de Jerusalém. *Sião* personificada toma a palavra no v. 9, depois no v. 11, para uma queixa (vv. 12-16), depois para uma oração (vv. 18s) que é ao mesmo tempo confissão, esperança e imprecação. — Gr. e Vulg. inserem aqui esta introdução: "Aconteceu que, depois da redução de Israel ao cativeiro e de Jerusalém a deserto, o profeta Jeremias sentou-se chorando; ele proferiu esta lamentação sobre Jerusalém e disse".
b) Os antigos aliados de Judá (cf. Jr 4,30; 30,14; Ez 16,37-40; 23,22-29).
c) Contrariamente ao costume, Judá é aqui personificada no feminino.

LAMENTAÇÕES 1

Záin
⁷ Jerusalém se lembra
   de seus dias de miséria e aflição,*a*
quando seu povo caía nas mãos do adversário
   e ninguém o socorria.
Ao vê-la, seus adversários
   riam de sua ruína.

Het
⁸ Jerusalém pecou gravemente
   e tornou-se impura;
os que antes a honravam, desprezam-na,
   vendo-lhe a nudez,
e ela, entre gemidos,
   volta as costas.

Ez 16,37
Is 47,3

Tet
⁹ Leva sua impureza nas vestes
   sem pensar no futuro.
Tão baixo caiu!
   Não há quem a console.
"Vê, Iahweh, minha miséria
   e o triunfo do inimigo."

1,2

Yod
¹⁰ O adversário estendeu a mão
   sobre todos os seus tesouros:*b*
ela viu os pagãos
   entrarem no seu santuário,
aos quais havias proibido
   entrar em sua assembleia.

2Rs 24,13
Dt 23,4
Ez 44,7-9
At 21,28

Kaf
¹¹ Todo o seu povo, entre gemidos,
   procura pão;
deram seus tesouros para comer,
   para reencontrar a vida.
"Vê, Iahweh, olha
   como me tornei desprezível!

Dt 28,51s

Lamed
¹² Vós*c* todos que passais pelo caminho,
   olhai e vede:
se há dor semelhante
   à dor que me atormenta,
com que Iahweh me afligiu
   no dia de sua ardente ira.

Dn 9,12;
12,1
Mt 24,21

Mem
¹³ Do alto enviou um fogo,
   que fez descer até os meus ossos;
armou uma rede sob meus pés
   e me fez retroceder,
deixou-me desolada,
   doente o dia inteiro.

Nun
¹⁴ Ele fez um fardo com minhas culpas,
   atou-o com sua mão,

Dt 28,48

---

a) O hebr. acrescenta: "de todos os seus tesouros que existiam desde os dias antigos", glosa que rompe o ritmo.

b) Os do Templo (cf. Js 6,24; 1Rs 14,26; 2Rs 24,13), mas sem dúvida, também os fundos privados nele depositados (cf. 2Mc 4,3s).

c) "Vós", Vulg.: "Não para vós", hebr.

elas pesam sobre meu pescoço,
ele faz vacilar minha energia;
o Senhor me entregou em suas mãos,
não me posso mais levantar!ᵃ

Is 63,3
Jl 4,13 **Samec** ¹⁵O Senhor expulsou todos os meus valentes
do meio de mim;
convocou contra mim uma assembleia
para triturar meus jovens;
o Senhor pisou no lagar
a virgem, filha de Judá.

1,2 **Áin** ¹⁶Por isso estou chorando,
meus olhos se desfazem em lágrimas;ᵇ
não tenho perto quem me console,
quem me reanime;
meus filhos estão arruinados
pois o inimigo venceu."

1,8 **Pê** ¹⁷Sião estende as mãos,
não há quem a console.
De todas as partes Iahweh manda
contra Jacó seus opressores;
no meio deles Jerusalém
tornou-se uma imundície.

Çade ¹⁸"Iahweh é justo,
pois me rebelei contra sua palavra.
Ouvi, todos os povos,
e vede minha dor.
Minhas virgens e meus jovens
partiram para o cativeiro.

1,2
1,11 **Qof** ¹⁹Chamei os meus amantes:
eles me traíram.
Meus sacerdotes e anciãos
morreram na cidade,
buscando um alimento
que lhes devolvesse a vida.

Jr 4,19
Dt 32,35
Jr 9,10 **Resh** ²⁰Vê, Iahweh, minha angústia
e o tremor de minhas entranhas!
Dentro, se me transtorna o coração:
como fui rebelde!
Na rua a espada me deixa sem filhos;
em casa é como a morte.

Am 5,18+ **Shin** ²¹Ouve como gemo,
sem ninguém que me console!

---

a) Este v. foi corrigido segundo a Vulg., grego luc. e sir. O hebraico, corrompido, traduzir-se-ia, lit.: "está ligado, o jugo de meus crimes, em sua mão eles se enlaçam, subiram sobre o meu pescoço, ele faz vacilar minha energia. O Senhor me entregou em mãos... que não me posso levantar". Aqui e em várias retomadas em seguida "o Senhor" representa a leitura massorética do nome sagrado "Iahweh" (pronunciado *Adonai*, lit.: "meu Senhor"), que passou para o texto escrito em lugar do nome próprio. A grafia primitiva, *YHWH*, foi conservada por alguns mss.
b) Lit.: "meu olho, meu olho..."; a repetição poderia ser efeito de estilo (cf. 3,20), mas também pode simplesmente exprimir o plural.

| | Os inimigos souberam e se alegraram
de minha desgraça, que tu mesmo executaste;
mas faze que chegue o Dia anunciado
e serão como eu.[a] | |
|---|---|---|
| **Taw** | ²² À tua presença chegue toda a sua maldade,
e trata-os
como me trataste,
por todos os meus crimes!
Multiplicam-se meus gemidos,
meu coração desfalece." | Jr 51,35 |

Segunda lamentação[b]

| **Alef** | **2** ¹ O Senhor, em sua ira, escureceu
a filha de Sião!
Do céu, precipitou sobre a terra
a glória de Israel!
No dia de sua ira
esqueceu-se do estrado de seus pés.[c] | Ex 43,7 |
|---|---|---|
| **Bet** | ² O Senhor destruiu sem piedade
todas as moradas de Jacó.
Em seu furor demoliu
as fortalezas da filha de Judá.
Lançou por terra, desonrados,
o reino e seus príncipes. | Dt 28,52 |
| **Guimel** | ³ No furor de sua ira abateu
toda a força de Israel,
recolheu sua destra para trás,
na presença do inimigo;
ardeu contra Jacó como fogo flamejante,
consumindo tudo ao redor. | Sl 75,5 + 4,11 |
| **Dalet** | ⁴ Como um inimigo[d] retesou seu arco,
firmou sua direita,
massacrou, inimizado,
todos os que encantavam os olhos.
Sobre a tenda da filha de Sião,
como um fogo, derramou o seu furor. | Jr 21,5.6 |
| **Hê** | ⁵ O Senhor se comportou como inimigo,
destruindo Israel:
destruiu todos os seus palácios,
arrasou suas fortalezas
e, para a filha de Judá, multiplicou
a lamentação e o lamento. | |

a) "Ouve", sir.; "ouviram", hebr. — "Faze que chegue", sir.; "fizeste vir", hebr. — O Dia de Iahweh, desastroso para Israel na ótica pré-exílica (cf. Am 5,18; Sf 1,14), efetivamente o será para as nações (cf. Jl 3,14).
b) Depois de ter descrito o desastre e a sorte dos reis, dos sacerdotes, dos profetas, dos anciãos, das crianças (vv. 1-12), o poeta interpela Sião (vv. 13-17), recordando-lhe a mentira dos falsos profetas, e a convida à lamentação (vv. 18-22).
c) O Templo (cf. Ez 43,7; Sl 99,5; 132,7).
d) Como em Jr 12,7; 30,14, Iahweh é apresentado tragicamente como o inimigo de seu povo.

| | Waw | ⁶Como um jardim, forçou sua habitação,ᵃ
abateu seu lugar de reunião.
Iahweh, em Sião, fez esquecer
festas e sábados;
indignado, irado, rejeitou
rei e sacerdote. |

2Cr 36,19
Jr 52,13
1,4
Os 2,13
Is 1,13
Sf 3,18

Ez 24,21 **Záin**

⁷O Senhor rejeitou seu altar,
execrou seu santuário,
entregou nas mãos do inimigo
os muros de seus palácios;
gritaram no Templo de Iahweh
como num dia de festa!ᵇ

Jr 5,10
2Rs 21,13
Is 34,11 **Het**

⁸Iahweh tencionou destruir
o muro da filha de Sião:
estendeu o prumo, não retirou
sua mão destruidora;
enlutou baluarte e muro:
juntos desmoronaram.

Dt 28,36
2Rs 25,7
Dt 4,6-8
Ez 7,26
Sl 74,9 **Tet**

⁹Por terra derrubou suas portas,
destruiu e quebrou seus ferrolhos;
seu rei e seus príncipes estão entre os pagãos:
não há Lei!
E seus profetas já não recebem
visão de Iahweh.

Jr 6,26 **Yod**

¹⁰Estão sentados por terra, silenciosos
os anciãos da filha de Sião,
lançam pó sobre sua cabeça,
revestidos de sacos;
humilham até à terra sua cabeça
as virgens de Jerusalém.

Kaf

¹¹De lágrimas consomem-se meus olhos,
de tremor minhas entranhas,
por terra derrama-se meu fígado
por causa da ruína da filha de meu povo,
enquanto pelas ruas da cidade
desfalecem meninos e lactentes.

1,11 **Lamed**

¹²Perguntam às suas mães:
"Onde há pão?"ᶜ
Enquanto, como feridos, desfalecem
pelas ruas da Cidade,
exalando sua vida
no regaço de sua mãe.

1,12
Jr 30,12 **Mem**

¹³A quem te comparar? Quem se te assemelha,
filha de Jerusalém?
Quem te poderá salvar e consolar-te,ᵈ
virgem, filha de Sião?

---

a) No lugar de "como um jardim" *(gan)* a leitura primitiva era, talvez, "como um ladrão" *(gannab)*, corrigida por respeito a Deus.
b) Mas era o grito de guerra do inimigo.
c) O hebr. acrescenta "e vinho".
d) "A quem te comparar", Vulg.; "Que testemunharei eu por ti", hebr. — "Quem te poderá... consolar-te", grego; "A quem te igualar para consolar-te", hebr.

> Grande como o mar é teu desastre:
> quem te curará?

Nun ¹⁴Teus profetas viram para ti
vazio e aparência;
não revelaram tua falta
para mudar tua sorte,
serviram-te oráculos
de vazio e sedução.[a]

Jr 5,31; 29,8
Ez 13,10

Samec ¹⁵Todos os que vão pelo caminho
batem suas mãos ao ver-te,
assobiam e meneiam a cabeça
contra a filha de Jerusalém:
"É esta a cidade chamada a mais bela,
a alegria de toda a terra?"

Jr 19,8
Mt 27,39p

Pê ¹⁶Escancaram a boca, contra ti,
todos os teus inimigos,
assobiam, rangem os dentes,
dizendo: "Nós a engolimos!
Eis o dia que esperávamos:
nós o conseguimos, nós o vemos!"

Am 5,18

Áin ¹⁷Iahweh realizou o seu desígnio,
executou sua palavra
decretada desde os dias antigos;
destruiu sem piedade;
fez o inimigo alegrar-se às tuas custas,
exaltou o vigor de teus adversários.

Dt 28,15

Çade ¹⁸Deixa teu coração gritar[b] ao Senhor,
muro da filha de Sião!
Deixa derramar torrentes de lágrimas,
dia e noite,
não te concedas repouso,
não descanse a pupila de teus olhos!

1,2

Qof ¹⁹Levanta-te, grita de noite,
no começo das vigílias;
derrama teu coração como água
diante da face de Iahweh;
eleva a ele tuas mãos,
pela vida de teus filhinhos
(que desfalecem de fome
na entrada de todas as ruas).[c]

Resh ²⁰"Vê, Iahweh, e considera:
a quem trataste assim?
Irão as mulheres comer o seu fruto,
os filhinhos que elas mimam?

4,10
Dt 28,53
Jr 19,9

---

a) "aparência", lit.: "reboco", alusão a Ez 13,10. — "mudar tua sorte", expressão frequente em Jeremias, que significa, igualmente, "fazer voltar os cativos". — "serviram-te", lit.: "viram para ti".
b) "Deixa teu coração gritar": ça'aqî lâk, conj.; "Seu coração grita" ça'aqi libban hebr. — A imagem do muro, na sequência do v., não parece muito coerente e às vezes propõe-se ler "geme, filha de Sião" (hemî, no lugar de homat), mas esta conj. não tem apoio textual.
c) Os dois últimos hemistíquios, que quebram o ritmo, são adição inspirada no v. 11; ela se acha igualmente no grego.

Acaso se matará no santuário do Senhor
 sacerdote e profeta?

Shin ²¹ Jazem por terra, nas ruas,
 jovens e velhos,
 minhas virgens e meus jovens
 caíram sob a espada;
 tu os mataste, no dia de tua ira,
 sem piedade os imolaste.

Jr 20,10 + **Taw** ²² Convocaste, como para um dia de festa,
 os terrores*ᵃ* que me cercam:
 no dia da ira de Iahweh não houve
 quem escapasse ou quem ficasse:
 os que amimei e alimentei,
 aniquilou-os meu inimigo."

*Terceira lamentação*ᵇ

Alef 3 ¹ Eu sou o homem que conheceu a miséria
 sob a vara de seu furor.
Jo 8,12 + ² Ele me guiou e me fez andar
 na treva e não na luz;
³ só contra mim está ele volvendo e revolvendo
 sua mão o dia inteiro.

Jó 30,30 **Bet** ⁴ Consumiu minha carne e minha pele,
 despedaçou os meus ossos.
⁵ Elevou contra mim construções
 envolveu minha cabeça de tormento.ᶜ
⁶ Fez-me habitar nas trevas
 como os que estão mortos para sempre.

Jó 3,23; 19,8 **Guimel** ⁷ Cercou-me com um muro, não posso sair;
 tornou pesadas minhas cadeias.
⁸ Por mais que eu grite por socorro
 ele abafa minha oração.
⁹ Barrou meus caminhos com pedras lavradas,
 obstruiu minhas veredas.

Jó 10,16 **Dalet** ¹⁰ Ele foi para mim como urso à espreita,
 como leão de emboscada.
¹¹ Afastou-me de meu caminho, despedaçou-me,
 fez de mim horror.
Jó 16,12-13 ¹² Retesou seu arco e me visou
 como alvo para a flecha.

Hê ¹³ Cravou em meus rins
 as flechas de sua aljava.

---

a) "os terrores", conj.; "meus terrores", hebr.
b) Este poema é análogo a muitos salmos em que uma queixa individual se amplia (aqui vv. 40-47) em lamentação coletiva. As considerações bastante gerais dos vv. 22-39 retomam certo número de temas da literatura sapiencial.

c) "minha cabeça de tormento": *rôshî tela'ah*, conj.; "de fel e de tormento": *rôsh utela'ah*, hebr. — V. difícil. Depois da evocação da doença, parece que aqui temos a imagem de uma cidade contra a qual erguem-se máquinas de assédio, mas o texto é incerto.

¹⁴Tornei-me a irrisão de todo o meu povo,ᵃ
  sua canção todo o dia.
¹⁵Saciou-me de amargura,
  inebriou-me de absinto.

Waw ¹⁶Ele quebrou meus dentes com cascalho,
  alimentou-me de cinza.ᵇ
¹⁷A minha vida foi excluídaᶜ da paz,
  esqueci a felicidade!
¹⁸Eu disse: Minha existência terminou,
  minha esperança que vinha de Iahweh.

Záin ¹⁹Lembra-te de minha miséria e de minha angústia:
  absinto e fel!
²⁰Eu me lembro, sempre me lembro,
  transido dentro de mim.
²¹Eis o que recordarei a meu coração
  e por que eu espero:

Het ²²Os favores de Iahweh não terminaram,
  suas compaixões não se esgotaram;
²³elas se renovam todas as manhãs,
  grande é a sua fidelidade!ᵈ
²⁴Eu digo: Minha porção é Iahweh!
  Eis por que nele espero.

Tet ²⁵Iahweh é bom para quem nele confia,
  para aquele que o busca.
²⁶É bom esperar em silêncio
  a salvação de Iahweh.
²⁷É bom para o homem suportar
  o jugo desde sua juventude.

Yod ²⁸Que esteja solitário e silencioso
  quando o Senhor o impuser sobre ele;
²⁹que ponha sua boca no pó:
  talvez haja esperança!
³⁰Que dê sua face a quem o fere
  e se sacie de opróbrios.

Kaf ³¹Pois o Senhor não rejeita
  os humanos para sempre:
³²se ele aflige, ele se compadece
  segundo sua grande bondade.
³³Pois não é de bom grado que ele humilha
  e que aflige os filhos do homem!

Lamed ³⁴Quando se esmagam debaixo dos pés
  todos os prisioneiros de um país,
³⁵quando se desvia o direito de um homem
  diante da face do Altíssimo,

---

a) Muitos mss hebr. e o sir. leram "a irrisão de todos os povos", o que indica releitura identificando o homem do v. 1 com Israel.
b) "alimentou-me de cinza", grego; "revirou-me na cinza", hebr.
c) "foi excluída", sir.; Vulg.; "excluíste", hebr.;
d) "sua fidelidade", conj.; "tua fidelidade", hebr. — Faltam no grego os vv. 22-24.

LAMENTAÇÕES 3

³⁶ quando se lesa um homem em um processo,
   não o veria o Senhor?

Mem ³⁷ Quem fala, e as coisas acontecem?
   Não é o Senhor quem decide?
³⁸ Não é da boca do Altíssimo que saem
   os males e os bens?
³⁹ Por que se queixa o homem,
   o homem que vive apesar de seus pecados?^a

Gn 1
Sl 33,9
Is 45,7

Nun ⁴⁰ Examinemos nossos caminhos, exploremo-los
   e voltemos a Iahweh.
⁴¹ Elevemos nosso coração e nossas mãos^b
   para o Deus que está nos céus.
⁴² Nós pecamos, fomos rebeldes
   e tu não nos perdoaste.

Is 55,7

Samec ⁴³ Envolto em ira, tu nos perseguiste,
   matando sem piedade.
⁴⁴ Tu te envolveste com tua nuvem
   para que não passe a oração.
⁴⁵ Fazes de nós imundície, refugo
   no meio dos povos.

3,8
Dt 28,27
1Cor 4,13

Pê ⁴⁶ Abriram sua boca contra nós
   todos os nossos inimigos.
⁴⁷ Terrores e espanto foram para nós,
   ruína e desastre!
⁴⁸ Meus olhos derramam torrentes de lágrimas
   por causa da destruição da filha de meu povo.

Áin ⁴⁹ Meus olhos choram e não se estancam,
   não há sossego,
⁵⁰ até que Iahweh olhe
   e veja do alto dos céus.
⁵¹ Meus olhos doem-me
   por causa de todas as filhas de minha Cidade.

Is 63,15

Çade ⁵² Caçaram-me como se eu fosse ave,
   meus inimigos, sem razão.
⁵³ No fosso precipitaram minha vida
   e atiraram pedras sobre mim.
⁵⁴ As águas submergiram minha cabeça;
   eu dizia: "Estou perdido!"

Sl 35,9;
69,5

Qof ⁵⁵ Eu invoquei teu nome, Iahweh,
   do mais profundo do fosso.
⁵⁶ Ouviste o meu grito, não feches teus ouvidos
   à minha oração,^c a meu apelo.
⁵⁷ Aproximaste-te no dia em que te invoquei,
   disseste: "Não temas!"

Sl 130,2

---

a) "o homem que vive", lit.; "que ele seja homem" lendo *yehi (geber)* no lugar de *hay* ("vivo") que o hebr. liga ao primeiro hemistíquio.
b) "e nossas mãos", Vulg.; "para nossas mãos", hebr.
c) "à minha oração", grego (que omite a palavra seguinte, provável glosa); "à minha libertação", hebr.

Resh	⁵⁸ Defendeste, Senhor, a minha causa, redimiste a minha vida.*ᵃ* ⁵⁹ Viste, Iahweh, o dano que me é feito: julga o meu direito! ⁶⁰ Viste toda a sua vingança, todas as suas maquinações contra mim.	
Shin	⁶¹ Ouviste seus insultos, Iahweh, todas as suas maquinações contra mim, ⁶² os lábios de meus adversários e seus cochichos contra mim o dia todo. ⁶³ Olha-os, sentados ou de pé: eu sou a sua cantilena...	3,14
Taw	⁶⁴ Retribui-lhes, Iahweh, segundo a obra de suas mãos. ⁶⁵ Dá-lhes um coração endurecido, sobre eles a tua maldição. ⁶⁶ Persegue-os com ira, extirpa-os de debaixo de teus céus!*ᵇ*	Jr 51,56

Quarta lamentação

Alef	**4** ¹ Como se escureceu o ouro, alterou-se o mais puro ouro! As pedras sagradas foram espalhadas pela esquina de todas as ruas.*ᶜ*	Jr 6,27-30
Bet	² Os mais preciosos filhos de Sião, avaliados a preço de ouro fino, são reputados como vasos de argila, obra das mãos de oleiro!	Jr 19,11
Guimel	³ Até os chacais dão o peito, amamentam suas crias. A filha de meu povo tornou-se cruel como os avestruzes do deserto.	Jó 39,13-17
Dalet	⁴ A língua do lactente colou-se, de sede, ao seu palato; as criancinhas pedem pão: ninguém que lho parta!	2,11-12
Hê	⁵ Os que comiam iguarias desfalecem pelas ruas; os que se criaram na púrpura, *apertam-se no lixo*.	
Waw	⁶ A falta da filha de meu povo é maior do que os pecados de Sodoma, que foi arrasada num momento, sem que as mãos se cansassem.	Gn 19

---

a) Deus é o *go'el* de seu povo (cf. Rt 2,20+; Is 41,20+).
b) "teus céus"; mss gregos, sir.; "os céus de Iahweh", hebr.
c) O ouro e as pedras sagradas simbolizam a população de Jerusalém.

	Záin	⁷ Seus jovens[a] eram mais alvos que a neve,
		   mais brancos que o leite,
		mais rubros de corpo que os corais,
		   sua tez era de safira.

	Het	⁸ O seu aspecto escureceu-se mais que a fuligem,
		   não são reconhecidos nas ruas;
		sua pele se lhes colou aos ossos,
		   ela é seca como lenha.

	Tet	⁹ Mais felizes foram as vítimas da espada
		   do que as da fome,
		que sucumbem, esgotadas,[b]
		   por falta dos frutos do campo.

2,20	*Yod*	¹⁰ As mãos de mulheres compassivas
		   fazem cozer seus filhos;
		eles serviram-lhes de alimento
		   na ruína da filha de meu povo.

2,3	*Kaf*	¹¹ Iahweh saciou sua ira,
		   derramou o ardor de sua cólera,
		acendeu um fogo em Sião
		   que devorou seus fundamentos.

	Lamed	¹² Não criam, os reis da terra
		   e todos os habitantes do mundo,
		que entrassem o opressor e o inimigo
		   pelas portas de Jerusalém.

Jr 6,13
Ez 7,23
	Mem	¹³ Por causa dos pecados de seus profetas,
		   das faltas de seus sacerdotes,
		derramou-se, no meio dela,
		   o sangue dos justos!

Nm 35,32-33	*Nun*	¹⁴ Erram como cegos pelas ruas,
		   manchados de sangue,
		de tal sorte que não se podia tocar
		   em suas roupas.

Lv 13,45	*Samec*	¹⁵ "Para trás! Impuro!", gritavam-lhe.
		   "Para trás! Para trás! Não me toqueis!";
		enquanto fugiam, errantes, para as nações,
		   onde não podiam permanecer.[c]

	Pê	¹⁶ A Face de Iahweh os dispersou,
		   ele não os olha mais;
		não há respeito pelos sacerdotes,
		   não há compaixão pelos anciãos.

Ez 29,6 Jr 37,7	*Áin*	¹⁷ Nossos olhos se consumiam sempre esperando um socorro: ilusão!

---

a) "Seus jovens": *ne'arêka*, conj.; "Seus nazireus": *nezîrêka*, hebr. — No último hemistíquio, traduz-se "sua tez" segundo a Siro-hexaplar e Orígenes; a palavra hebr. *gizerah* (de raiz que significa "cortar", "separar") permanece aqui inexplicada.

b) Lit.: "que se derramam, traspassadas", talvez no sentido de tornadas como transparentes pela fome.

c) Os culpados são tratados como leprosos. — Depois de "fugiam", o hebr. acrescenta "dizia-se". Pode-se também entender: "dizia-se entre as nações: eles não poderão permanecer".

De nossas espias, espiávamos
uma nação[a] que não pode salvar.

Çade   ¹⁸ Não podíamos andar em nossas ruas
porque espreitavam nossos passos.
Nosso fim estava próximo, nossos dias terminados,
sim, chegou o nosso fim!

Qof   ¹⁹ Nossos perseguidores eram rápidos,
mais que as águias do céu;
nas montanhas eles nos acuam,
no deserto armam-nos ciladas.

Resh   ²⁰ O sopro de nossas narinas, o ungido de Iahweh,[b]   2Rs 25,5-6
foi preso nas suas fossas;
dele dizíamos: "À sua sombra
viveremos entre as nações".

Shin   ²¹ Exulta, alegra-te, filha de Edom,   Jr 25,16
que habitas no país de Hus![c]   Is 51,17 +
Também a ti se passará o cálice: Gn 9,21
embriagada, desnudar-te-ás!   Hab 2,15s

Taw   ²² Terminou tua falta, filha de Sião.   Is 40,2
Ele não mais te exilará!   Sl 137,7
Ele castigará tua falta, filha de Edom,
revelará teus pecados!

Quinta lamentação[d]

5 ¹ Lembra-te, Iahweh, do que nos sucedeu,
vê e considera o nosso opróbrio!

² Nossa herança passou a estrangeiros,
nossas casas a desconhecidos.

³ Somos órfãos, já não temos pai;
nossas mães são como viúvas.

⁴ Nossa água por dinheiro a bebemos,
nossa lenha entra com pagamento.

⁵ O jugo[e] está sobre nosso pescoço, empurram-nos;
estamos exaustos, não nos dão descanso.

⁶ Estendemos a mão ao Egito,   Jr 2,18
à Assíria para nos fartarmos de pão.[f]

---

a) O Egito, aliado da última guerra.
b) Sedecias (cf. 2Rs 25,6). — "O sopro de nossas narinas", isto é, nossa própria vida.
c) Hus (cf. Gn 36,28; Jó 1,1); os povos vizinhos, Moab, Amon e sobretudo Edom, longe de sustentar Israel vencido, aproveitaram-se de sua derrota (cf. Is 34,5+), donde os frequentes anátemas contra Edom na literatura profética pós-exílica (cf. Is 34; Ez 25).

d) Intitulada pela Vulg. "Oração de Jeremias".
e) "O jugo" restituiu-se: *'ol* caiu por haplografia diante de "sobre" (*'al*).
f) Para sua subsistência, Israel está doravante à mercê de seus inimigos tradicionais. — "Assíria", *Assur*, expressão estereotipada, designa de fato a Babilônia (cf. Jr 2,18).

Ez 18,2

⁷Nossos pais pecaram: já não existem;
quanto a nós, carregamos as suas faltas.ᵃ

⁸Escravosᵇ dominam sobre nós,
ninguém nos liberta de sua mão!

⁹Arriscamos nossas vidas por nosso pão
por causa da espada no deserto.

¹⁰Nossa pele queima como um fornoᶜ
por causa dos ardores da fome.

¹¹Violaram as mulheres em Sião,
as virgens nas cidades de Judá.

¹²Com suas mãos enforcaram os príncipes,
não foi honrada a face dos anciãos.

¹³Os adolescentes levam a mó,
os jovens tropeçam sob a lenha.

¹⁴Os anciãos cessaram de ir à porta,
os jovens cessaram sua música.

¹⁵A alegria desapareceu de nosso coração,
converteu-se em luto a nossa dança.

¹⁶Caiu a coroa de nossa cabeça.
Ai de nós, porque pecamos!

¹⁷Eis por que nosso coração está doente,
eis por que se escureceram nossos olhos:

Is 34,13-15

¹⁸porque o monte Sião está desolado,
nele passeiam os chacais!

Sl 102,13;
145,13
146,10

¹⁹Mas tu, Iahweh, permaneces para sempre;
teu trono subsiste de geração em geração.ᵈ

²⁰Por que nos esquecerias para sempre,
nos abandonarias até o fim dos dias?

Jr 31,18

²¹Faze-nos voltar a ti Iahweh, e voltaremos.
Renova nossos dias como outrora.

²²Ou será que nos rejeitaste totalmente,
irritado, sem medida, contra nós?

---

a) A economia da retribuição coletiva permanece válida para o presente, aos olhos do autor, e somente no futuro dá lugar ao princípio da retribuição individual (cf. Ez 14,12+).
b) Os funcionários caldeus, designados habitualmente sob o nome de "servos", aqui tomados no sentido pejorativo.
c) "queima", grego, Vulg.; "queimam", hebr.
d) Apesar da ruína de seu Templo terrestre, Iahweh, sempre glorioso e poderoso, impera no céu.

BARUC

Introdução

1 ***Baruc e a assembleia dos judeus em Babilônia**[a]* — ¹Eis as palavras do livro, escritas em Babilônia por Baruc, filho de Nerias, filho de Maasias, filho de Sedecias, filho de Asadias, filho de Helcias, ²no quinto ano, no sétimo dia do mês,[b] na época em que os caldeus tomaram Jerusalém e a fizeram passar pelo fogo.

³Baruc fez a leitura das palavras deste livro na presença de Jeconias,[c] filho de Joaquim, rei de Judá, e diante de todo o povo que acorrera a ouvir a leitura: ⁴diante dos dignitários e dos príncipes,[d] diante dos anciãos e de todo o povo, diante de todos os que residiam em Babilônia, às margens do rio Sud, do menor ao maior. ⁵E eles choraram e jejuaram, orando diante do Senhor. ⁶E fizeram uma coleta em dinheiro, segundo as posses de cada um, ⁷enviando-a depois a Jerusalém, ao sacerdote Joaquim,[e] filho de Helcias, filho de Salom, bem como aos outros sacerdotes e a todo o povo que com ele se achava em Jerusalém. ⁸Foi então que Baruc recuperou os utensílios da casa do Senhor, arrebatados ao Templo, para mandá-los de volta[f] à terra de Judá, no décimo dia do mês de Sivã. Eram os utensílios que tinham sido mandados fazer por Sedecias, filho de Josias, rei de Judá, ⁹depois de Nabucodonosor, rei da Babilônia, ter deportado Jeconias, conduzindo-o de Jerusalém para Babilônia junto com os chefes, os serralheiros,[g] os dignitários e o povo da terra.

¹⁰Eis o que escreveram: Estamos vos enviando dinheiro. Com o montante comprai vítimas para os holocaustos e oblações pelo pecado, além de incenso. Preparai as oferendas e apresentai-as sobre o altar do Senhor nosso Deus. ¹¹Orai pela vida de Nabucodonosor, rei da Babilônia, bem como pela vida de Baltazar, seu filho, para que seus dias sobre a terra sejam como os dias do céu. ¹²E o Senhor nos dará força e iluminará nossos olhos, a fim de vivermos à sombra de Nabucodonosor, rei da Babilônia, e à sombra de Baltazar, seu filho, servindo-os por muitos dias, para encontrarmos graça diante deles. ¹³Rezai também por nós ao Senhor nosso Deus, porque pecamos contra o Senhor, nosso Deus, e até o dia de hoje o furor e a ira do Senhor não se afastaram de nós. ¹⁴Enfim, lede este livro que vos remetemos, para que façais sua leitura pública na casa do Senhor, no dia da Festa[h] e nos dias oportunos. ¹⁵Eis o que direis:

---

a) Sobre os diferentes textos que compõem o livro de Baruc, ver a Introdução aos profetas.

b) Em 582, sem dúvida no quinto mês, aniversário da queda de Jerusalém. A data era comemorada provavelmente também no Exílio, como na Palestina (cf. Zc 7,3), razão da assembleia indicada nos vv. 3-4.

c) Ou Joaquin.

d) São os funcionários e membros da corte (cf. Jr 36,26; 38,6).

e) Talvez um sacerdote de posição inferior (cf. 2Rs 25,18) que continuou no Santuário semidestruído de Jerusalém, onde um culto é sempre atestado (Jr 41,5). Com efeito, o sumo sacerdote Josedec fora levado ao Exílio (1Cr 5,41). Entretanto, a genealogia dada a Joaquim é a da linhagem dos sumos sacerdotes (1Cr 5,39), embora somente um século mais tarde se fale de um sumo sacerdote com o nome de Joaquim (cf. Ne 12,10.12.26).

f) Os livros históricos mencionam a volta dos vasos sagrados somente no tempo de Ciro (Esd 1,7-11).

g) "serralheiros", ou "artesãos", conforme Jr 24,1; "cativos", grego.

h) A festa das Tendas (cf. Ex 23,14+), que comportava duas assembleias: no primeiro e no oitavo dia (cf. Lv 23,35-36).

I. Oração dos exilados

A confissão dos pecados — Ao Senhor nosso Deus a justiça, mas a nós a vergonha no rosto, como acontece hoje. A nós, homens de Judá e habitantes de Jerusalém, ¹⁶aos nossos reis e chefes, aos nossos sacerdotes e profetas e aos nossos pais, ¹⁷porque pecamos diante do Senhor. ¹⁸Fomos desobedientes para com ele; não escutamos a voz do Senhor nosso Deus, para andarmos segundo os preceitos que o Senhor havia dado aos nossos olhos. ¹⁹Desde o dia em que o Senhor fez sair nossos pais da terra do Egito, até o dia de hoje, temos sido indóceis para com o Senhor nosso Deus e rebeldes,ᵃ recusando-nos a ouvir sua voz. ²⁰Por isso, como acontece hoje, acompanham-nos as desgraças e a maldição que o Senhor anunciou a seu servo Moisés, no dia em que fez sair do Egito nossos pais a fim de nos dar uma terra que mana leite e mel. ²¹Não escutamos a voz do Senhor nosso Deus, segundo todas as palavras dos profetas que nos enviou; ²²mas nos entregamos, cada um seguindo a inclinação do seu perverso coração, a servir outros deuses, fazendo o que é mau aos olhos do Senhor nosso Deus.

2 ¹Então o Senhor cumpriu a sua palavra, que ele pronunciara contra nós e contra nossos juízes, que governaram Israel, contra nossos reis e nossos chefes, e contra os homens de Israel e de Judá. ²Sob a imensidão do céu não aconteceu jamais algo semelhante ao que fez em Jerusalém, segundo o que estava escrito na lei de Moisés: ³chegamos a ponto de devorar cada um a carne de seu filho, cada um a carne de sua filha. ⁴Além disso, submeteu-os ao poder de todos os reinos que nos cercam para servirem de opróbrio e de execração entre todos os povos vizinhos para onde o Senhor os dispersou. ⁵Assim passaram a ser súditos e não senhores, porque pecamos contra o Senhor nosso Deus, não dando ouvidos à sua voz.

⁶Ao Senhor nosso Deus a justiça, mas a nós e a nossos pais a vergonha no rosto, como acontece hoje. ⁷Todas essas desgraças, que o Senhor havia pronunciado contra nós, vieram sobre nós. ⁸E não suplicamos a face do Senhor, para que afastasse cada um de nós dos pensamentos do seu perverso coração. ⁹Então o Senhor ficou atento às desgraças e desencadeou-as contra nós; porque o Senhor é justo em todas as obras que faz e que nos prescreveu, ¹⁰mas nós não escutamos sua voz para andarmos segundo os preceitos que o Senhor havia dado aos nossos olhos.

A súplica — ¹¹Agora, Senhor, Deus de Israel, tu que fizeste sair da terra do Egito o teu povo com mão poderosa, com sinais e prodígios, com grande poder e com braço estendido, adquirindo assim uma fama que perdura até hoje, ¹²nós pecamos, agimos impiamente, temos sido injustos, ó Senhor nosso Deus, contra todos os teus mandamentos. ¹³Afaste-se de nós a tua ira, porque não somos mais do que um resto no meio das nações para onde nos dispersaste. ¹⁴Escuta, Senhor, a nossa prece e a nossa súplica: livra-nos por causa de ti mesmo, e faze-nos encontrar graça diante dos que nos deportaram. ¹⁵Então saberá a terra inteira que tu és o Senhor nosso Deus, porque Israel e sua descendência levam o teu Nome. ¹⁶Senhor, olha do alto da tua morada santa e pensa em nós; inclina, Senhor, o teu ouvido e escuta; ¹⁷abre, Senhor, os teus olhos e vê. Pois não são os mortos no Xeol, aqueles cujo espírito foi retirado de suas entranhas, que darão glória e justiça ao Senhor. ¹⁸Mas o ser vivo, embora cumulado de aflição, o que caminha

---

a) "e rebeldes", lit.: "nos rebelamos", restituindo conforme Dn 9,5 *maradnu*, que deve ter sido corrompido em *miharnu*, "apressamo-nos", de onde o grego "agimos precipitadamente" (ou: levianamente).

curvado e enfraquecido, com o olhar desfalecido e a alma faminta,*a* eis quem te dará glória e justiça, ó Senhor.

¹⁹Não é apoiando-nos nas obras de justiça de nossos pais e de nossos reis que depomos nossa súplica diante de tua face, ó Senhor nosso Deus. ²⁰Pois sobre nós desencadeaste o teu furor e a tua ira segundo o que havias falado por intermédio dos teus servos os profetas, nestes termos: ²¹"Assim diz o Senhor: *Curvai vosso pescoço e servi o rei da Babilônia;* assim ficareis na terra que eu dei a vossos pais. ²²Mas se não escutardes a voz do Senhor, para servirdes o rei da Babilônia, ²³*farei com que a voz da alegria e a voz do prazer, a voz do noivo e a voz da noiva cessem nas cidades de Judá e saiam de Jerusalém, e todo o país se tornará uma desolação, sem habitantes."* ²⁴Nós, porém, não ouvimos teu apelo para servirmos o rei da Babilônia. Por isso, puseste em execução as palavras que havias pronunciado por intermédio dos teus servos, os profetas: os ossos de nossos reis e os ossos de nossos pais seriam arrancados do seu lugar. ²⁵Na verdade, eles foram *lançados fora, ao calor do dia e ao frio da noite.* E morreram em meio a horríveis sofrimentos, à fome, à espada, à peste. ²⁶Quanto a esta Casa, sobre a qual foi invocado o teu Nome, tu a reduziste ao estado em que está hoje, por causa da maldade da casa de Israel e da casa de Judá.

²⁷Entretanto, Senhor nosso Deus, tu agiste para conosco segundo toda a tua indulgência e toda a tua imensa ternura, ²⁸segundo o que havias falado por intermédio do teu servo Moisés, no dia em que o mandaste escrever a Lei diante dos israelitas, dizendo: ²⁹"Se não escutardes a minha voz, esta multidão imensa e inumerável será reduzida a uma insignificância entre as nações para onde os dispersarei. ³⁰Bem sei que não me escutarão, pois são um povo de dura cerviz. Mas na terra do seu exílio reentrarão em si mesmos, ³¹e reconhecerão que eu sou o Senhor seu Deus. Eu lhes darei um coração e ouvidos que ouçam, ³²e me louvarão na terra do seu exílio, lembrados do meu Nome. ³³Eles se converterão do seu pescoço enrijecido e de suas ações perversas, porque se recordarão do que sucedeu a seus pais que pecaram contra o Senhor. ³⁴Então os reconduzirei para a terra que com juramento prometi a seus pais Abraão, Isaac e Jacó, e ela terão a posse. Então os multiplicarei, e nunca mais serão diminuídos. ³⁵Estabelecerei para eles uma aliança eterna: eu serei seu Deus e eles serão o meu povo. E jamais removerei o meu povo, Israel, da terra que lhe dei."

3 ¹Senhor Todo-poderoso, Deus de Israel, é uma alma angustiada, um espírito perturbado que clama a ti: ²Escuta, Senhor, e tem piedade, porque nós pecamos contra ti. ³Tu, sim, permaneces eternamente em teu trono; enquanto nós, para sempre estamos perdidos. ⁴Senhor Todo-poderoso, Deus de Israel, escuta pois a súplica dos mortos de Israel,*b* dos filhos dos que pecaram contra ti, que não escutaram a voz do Senhor seu Deus: por isso, acompanham-nos as desgraças. ⁵Não te recordes das injustiças de nossos pais; mas sim, nesta hora, lembra-te da tua mão e do teu Nome. ⁶Pois tu és o Senhor nosso Deus e havemos de louvar-te, Senhor! ⁷É por isso que infundiste o teu temor em nossos corações: para que invocássemos o teu Nome. E nós te louvaremos, mesmo em nosso exílio, porque removemos de nosso coração toda a injustiça de nossos pais, que pecaram contra ti. ⁸Eis-nos hoje em nosso exílio, onde nos dispersaste para sermos um opróbrio, uma maldição e uma condenação, segundo todas as injustiças de nossos pais, que se afastaram do Senhor nosso Deus.

---

a) Esta passagem é indício da espiritualidade dos "pobres", a quem a salvação é prometida (cf. Sf 2,3+).

b) Os israelitas, próximos da morte (cf. Is 59,10; Lm 3,6; Ez 37,11s).

II. A sabedoria, prerrogativa de Israel

^{Pr 4,20-22} ⁹Escuta, Israel, os preceitos de vida;
presta ouvidos, para conheceres a prudência.
¹⁰Por que, Israel, por que te encontras na terra dos teus inimigos,
envelhecendo em terra estrangeira?
¹¹Por que te contaminaste*ª* com os mortos,
e te puseste no número dos que vão para o Xeol?
¹²É porque abandonaste a fonte da Sabedoria!
^{Jr 2,13
Eclo 1,5
Is 48,18} ¹³Se tivesses prosseguido no caminho de Deus,
habitarias na paz para sempre.
¹⁴Aprende, pois, onde está a prudência, onde a força
e a inteligência, para conheceres ao mesmo tempo
onde se encontra a longevidade e a vida,
a luz dos olhos e a paz.
^{Jó 28,12-20} ¹⁵Entretanto, quem é que descobriu seu paradeiro
e quem penetrou em seus tesouros?*ᵇ*
^{Jr 27,6} ¹⁶Onde estão os governantes das nações
e os domadores das feras sobre a terra,
¹⁷os que se divertem com as aves do céu
e os que acumulam a prata e o ouro,
no qual os homens confiam,
e cujas posses são sem limites,
¹⁸os que trabalham a prata e se afligem,
e no entanto suas obras não deixam traço?
¹⁹Desapareceram e desceram ao Xeol,
enquanto outros surgiram em seu lugar:
²⁰uma nova geração viu a luz e habitou sobre a terra,
mas não conheceram o caminho da ciência;
²¹nem sequer entenderam suas veredas,
nem mesmo lhe deram atenção:
e seus filhos ficaram longe do seu caminho.*ᶜ*
^{Ez 28,4-5
Zc 9,2
Jó 2,11 +} ²²Não se ouviu falar dela em Canaã
nem alguém a viu em Temã.
^{Gn 25,12
Ex 2,15 +} ²³Mesmo os filhos de Agar, que procuram a inteligência sobre a terra,
os negociantes de Madiã*ᵈ* e de Temã,
os contadores de fábulas e os desejosos de inteligência
não chegaram a conhecer o caminho da sabedoria
nem se recordam de suas veredas.
²⁴Como é grande, Israel, a morada de Deus,*ᵉ*
e como é vasta a extensão do seu domínio,
²⁵grande e sem fim,
elevado e sem medidas!
^{Gn 6,4
Dt 1,28 +} ²⁶É lá que nasceram os gigantes, famosos desde as origens,
descomunais na estatura e adestrados na guerra.
^{1Sm 16,7} ²⁷Mas não foi a eles que Deus escolheu,
nem a eles indicou o caminho do conhecimento.

---

a) O tradutor grego pode ter lido por engano *nitmeta:* "tu te manchaste", *em lugar de nidmeta:* "tu és semelhante".
b) A esta pergunta, como em Jó 28,13-28, dá-se primeiro resposta negativa: nenhum esforço humano consegue a sabedoria (vv. 16-31); depois a resposta positiva: é Deus quem a possui e ele a outorgou a Israel com a Lei (3,24-4,4).
c) "seu caminho", mss, grego e sir.; "caminho deles", grego.
d) "Madiã", conj.; "Merrã", grego.
e) O universo.

²⁸ Por isso pereceram, por não terem a prudência;
pereceram por sua irreflexão.
²⁹ Quem subiu ao céu e apoderou-se dela, Dt 30,11 +
Eclo 24,4
Sb 9,4
e a fez descer do alto das nuvens?
³⁰ Quem atravessou o mar e a encontrou,
quem a trará a preço de ouro refinado?
³¹ Não há quem conheça o seu caminho, Jó 28,13-14
nem quem se dê conta da sua vereda.

³² Aquele que sabe todas as coisas, porém, a conhece, Jó 28,23
pois descobriu-a com a sua inteligência;
aquele que preparou a terra para duração eterna
e a encheu de animais quadrúpedes;
³³ aquele que envia a luz e ela parte,
que a chama de volta e ela, tremendo, obedece;
³⁴ brilham em seus postos as estrelas, palpitantes de alegria:
³⁵ ele as chama e elas respondem: Is 40,26
Jó 38,35
Sl 147,4
"Aqui estamos",
cintilando com alegria para aquele que as fez.
³⁶ É ele o nosso Deus,
e nenhum outro se contará ao lado dele.
³⁷ Escavou todo o caminho do conhecimento Sl 147,19
Eclo 24,8.10s
e o mostrou a Jacó, seu servo,
e a Israel, seu bem-amado.
³⁸ Depois disso ela apareceu sobre a terra Pr 8,31
Sb 9,10
Jo 1,14
e no meio dos homens conviveu.[a]

4 ¹ Ela é o livro dos preceitos de Deus, Eclo 24,23
Pr 1,32-33;
8,35-36
a Lei que subsiste para sempre;
todos os que a ela se agarram destinam-se à vida,
e os que a abandonarem perecerão.
² Volta-te, Jacó, para recebê-la; Pr 6,23
caminha para o esplendor, ao encontro de sua luz!
³ Não cedas a outrem a tua glória,
nem a um povo estrangeiro os teus privilégios.
⁴ Felizes somos nós, Israel, Dt 4,8.32-37
Sb 9,18
pois aquilo que agrada a Deus a nós foi revelado.

III. Queixas e esperanças de Jerusalém[b]

⁵ Coragem, povo meu,
memorial[c] de Israel!
⁶ Fostes vendidos às nações, Is 50,1; 52,3
mas não para vossa perdição.
Por terdes excitado a ira de Deus
fostes entregues a vossos adversários,
⁷ pois havíeis exasperado a quem vos fez Dt 32,17
sacrificando a demônios e não a Deus.

---

a) Encarnando-se na Lei judaica: não é pensamento universalista.
b) Após preâmbulo (vv. 5-9a), Jerusalém personificada dirige-se às cidades vizinhas e a seus filhos dispersos (vv. 9b-29): o poeta responde-lhe anunciando a restauração messiânica (4,30-5,9).
c) Os que mantêm o nome de Israel.

BARUC 4

⁸Esquecestes-vos de quem vos alimentou, o Deus eterno,
 e entristecestes também Jerusalém, que por vós se desvelou!
⁹Ela viu desabar sobre vós
 a ira, vinda de Deus,
 e disse:

Escutai, vizinhas de Sião,
Deus fez vir sobre mim aflição imensa.
¹⁰Eu vi o cativeiro de meus filhos e de minhas filhas,
 que a eles infligiu o Eterno.
¹¹Eu os havia nutrido com alegria,
 mas no pranto e na aflição os vi partir.
¹²Que ninguém se alegre comigo,
 agora viúva e abandonada de tantos:
 fiquei deserta por causa dos pecados de meus filhos,
 porque se desviaram da Lei de Deus;
¹³não reconheceram os seus preceitos
 e não andaram pelos caminhos dos mandamentos de Deus,
 nem palmilharam as veredas da disciplina segundo a sua justiça.
¹⁴Aproximem-se as vizinhas de Sião!
 Lembrai-vos do cativeiro de meus filhos e filhas,
 que o Eterno lhes infligiu!
¹⁵Pois fez vir contra eles uma nação vinda de longe,
 nação insolente e de língua estranha,
 que não teve respeito pelo ancião
 nem piedade para com a criança;
¹⁶e arrebataram os filhos queridos da viúva
 e deixaram-na sozinha, privada de suas filhas.
¹⁷Mas eu, como poderia vir em vosso socorro?
¹⁸Aquele que vos infligiu estes males
 vos arrancará à mão dos vossos inimigos.
¹⁹Caminhai, meus filhos, caminhai!
 Quanto a mim, deixaram-me deserta:
²⁰depus a vestimenta da paz
 e revesti-me do manto humilde de suplicante:
 gritarei ao Eterno por todos os meus dias.
²¹Coragem, meus filhos, clamai a Deus:
 ele vos arrancará ao domínio, à mão dos inimigos.
²²Eu, porém, espero do Eterno vossa salvação,
 e do Santo recebi uma alegria:
 a misericórdia virá logo para vós
 da parte do Eterno, vosso Salvador.
²³Vi que partíeis na tristeza e no pranto,
 mas Deus vos restituirá a mim na alegria e no júbilo para sempre.
²⁴Pois como agora veem as vizinhas de Sião o vosso cativeiro,
 assim elas verão em breve da parte de Deus a vossa salvação,
 a qual vos sobrevirá com a glória grandiosa e o esplendor do Eterno.
²⁵Meus filhos, suportai a ira que sobre vós se abateu da parte de Deus.
 Teu inimigo te perseguiu,
 mas tu verás em breve a sua ruína
 e sobre suas nucas calcarás os pés.
²⁶Meus filhos, alvo de tantos desvelos, caminharam por ásperos caminhos,
 arrebatados, como rebanho assaltado pelo inimigo.
²⁷Mas coragem, meus filhos, e clamai a Deus:
 Aquele que vos infligiu estas coisas lembrar-se-á de vós.

⁲⁸ Assim como tivestes o pensamento de andar errantes,
   longe de Deus,
   esforçai-vos, tendo voltado para ele,
   dez vezes mais em procurá-lo.
²⁹ Pois aquele que vos infligiu estes males
   fará vir sobre vós, com a vossa salvação,
   a eterna alegria.
³⁰ Coragem, Jerusalém:
   consolar-te-á Aquele que te deu um nome.*ᵃ*
³¹ Infelizes os que te maltrataram
   e se rejubilaram com a tua queda!
³² Infelizes as cidades das quais teus filhos foram escravos,
   infeliz aquela que recebeu teus filhos!
³³ Porquanto, assim como se rejubilou com a tua queda
   e se alegrou com a tua ruína,
   da mesma forma se afligirá com a sua própria devastação.
³⁴ Eu lhe arrebatarei a alegria da sua numerosa população
   e a sua insolência se mudará em tristeza,
³⁵ pois um fogo lhe advirá da parte do Eterno por longos dias, — Is 34,9-10,14; Lv 16,8+; 17,7+
   e ela será habitada por demônios durante muito tempo.
³⁶ Dirige teu olhar para o Oriente, Jerusalém, — Is 60,4-5
   e vê a alegria que te vem da parte de Deus!
³⁷ Olha: estão chegando teus filhos, a quem viste partir;
   eles vêm, reunidos do nascente ao poente sob a ordem do Santo,
   jubilando com a glória de Deus.

5 ¹ Despe, Jerusalém, a veste da tua tristeza e desgraça, — Is 52,1
   e reveste para sempre a beleza da glória que vem de Deus.
² Cobre-te com o manto da justiça que vem de Deus, — Is 61,10
   e cinge-te a cabeça com o diadema da glória do Eterno.
³ Pois Deus mostrará o teu esplendor a toda criatura debaixo do céu,
⁴ e te chamará com o nome que vem de Deus para sempre:
   "Paz-da-justiça e Glória-da-piedade".*ᵇ*
⁵ Levanta-te, Jerusalém, posta-te sobre o alto
   e olha na direção do Oriente:
   vê teus filhos, reunidos desde o pôr do sol
     até o nascente, à ordem do Santo,
   alegres por Deus ter-se lembrado deles.
⁶ Eles saíram de ti a pé, — Is 49,22; 60,4
   arrastados por seus inimigos,
   mas Deus os reconduz a ti,
   carregados de glória, como para um trono real.*ᶜ*
⁷ Pois Deus ordenou que sejam abaixadas — Is 40,3-4; 40,5; Is 42,16
   toda alta montanha e as colinas eternas,
   e se encham os vales para se aplanar a terra,
   a fim de que Israel possa caminhar com segurança,
   na glória de Deus.
⁸ Também as florestas e todas as árvores aromáticas darão sombra — Is 41,19
   a Israel, por ordem de Deus.
⁹ Pois Deus conduzirá Israel com alegria, na luz de sua glória,
   com a misericórdia e a justiça que dele procedem.

---

a) Para fazer dela a sua cidade (Sl 46,5; Is 60,14).
b) Cf. os outros nomes messiânicos de Jerusalém: Is 1,26+; 60,14+; Jr 33,16; Ez 48,35.
c) É o tema do novo Êxodo (cf. Is 40,3+).

IV. Carta de Jeremias

Cópia da carta que Jeremias enviou aos que iam ser levados para Babilônia como prisioneiros pelo rei dos babilônios, a fim de lhes dar a conhecer o que lhe fora ordenado por Deus.

6 ¹É por causa dos pecados que cometestes diante de Deus, que sereis levados para Babilônia como prisioneiros por Nabucodonosor, rei dos babilônios. ²Quando chegardes, pois, a Babilônia, aí estareis por muitos anos e por longo tempo, até sete gerações. Depois disso, porém, vos farei sair de lá em paz. ³Em Babilônia vereis deuses de prata, ouro e madeira, carregados aos ombros*ᵃ* e inspirando temor às nações. ⁴Tomai cuidado, portanto, para não procederdes semelhantemente, assemelhando-vos aos estrangeiros: que o temor diante deles não se apodere de vós ⁵ao virdes a multidão, diante e atrás deles, adorando-os. Dizei então em vosso íntimo: "É a ti que se deve adorar, Senhor!" ⁶Pois o meu Anjo está convosco, e pediria contas de vossa vida.

⁷A língua deles foi polida por um artesão. Mas, apesar de cobertos de ouro e de prata, são enganosos e não podem falar. ⁸Como para uma moça apaixonada por enfeites, eles tomam ouro e fabricam coroas para as cabeças de seus deuses. ⁹Acontece, porém, que os sacerdotes roubam de seus deuses o ouro e a prata para suas despesas particulares, e com essas riquezas presenteiem até as prostitutas do terraço.*ᵇ* ¹⁰Eles ataviam com vestidos, como se fossem seres humanos, esses deuses de prata, ouro e madeira, os quais não se salvam a si próprios nem da ferrugem nem dos vermes. ¹¹Tendo-os revestido de um manto de púrpura, devem espanar seus rostos por causa do pó do recinto, que se acumula sobre eles. ¹²Um empunha um cetro, como se fosse o governador de uma província, embora não possa matar quem o ofenda. ¹³Outro ostenta na mão uma espada e um machado, mas não é capaz de proteger-se nem da guerra nem dos salteadores. ¹⁴Por isso, é manifesto que não são deuses: portanto, não os temais.

¹⁵Assim como o vaso de alguém, quando quebrado, perde a utilidade, da mesma forma são os seus deuses, uma vez instalados nos templos. ¹⁶Seus olhos estão cheios da poeira levantada pelos pés dos que entram. ¹⁷E assim como se trancam de todos os lados as portas sobre um homem que ofendeu o rei e que vai ser conduzido à morte, da mesma forma os sacerdotes trancam os seus templos com portas reforçadas, fechaduras e ferrolhos, a fim de que seus deuses não sejam depredados pelos salteadores. ¹⁸Também acendem luminárias, em número maior do que o suficiente para si próprios, e das quais esses deuses não podem ver uma sequer. ¹⁹Dá-se com eles o que se dá com qualquer das vigas do templo, cujo cerne dizem que está corroído: enquanto os vermes que saem da terra os carcomem, assim como às suas vestes, eles nem o percebem. ²⁰Seus rostos estão enegrecidos por causa da fumaça que se desprende do templo. ²¹Sobre seus corpos e suas cabeças esvoaçam morcegos, andorinhas e outros voláteis, como também os gatos. ²²De tudo isso concluireis que não são deuses: portanto, não os temais.

²³Quanto ao ouro, do qual se revestem para sua beleza, se ninguém lhes limpa o ofuscamento, não são eles que o tornarão brilhante. Aliás, nem sentiram quando foram fundidos. ²⁴Por preços exorbitantes foram comprados, e neles não há sopro algum de vida. ²⁵Não tendo pés, são carregados aos ombros, revelando aos homens a sua ignomínia. Passam vergonha também os que os *servem, pois é pela ajuda destes que eles se repõem em pé*, no caso de virem

---

a) Aqui e no v. 5, alusão às procissões babilônicas, durante as quais as estátuas divinas saíam de seus templos.

b) As prostitutas sagradas dos templos babilônicos.

a cair por terra. ²⁶Se alguém os coloca direito em pé, eles não podem mover-se por si mesmos; se se inclinam, não podem reerguer-se. De fato, é como a mortos que lhes são apresentadas as oferendas. ²⁷Quanto às vítimas oferecidas, seus sacerdotes as revendem e delas tiram proveito; da mesma forma, suas mulheres deixam uma parte em salmoura, sem nada distribuir ao pobre e ao inválido. A própria mulher em estado de impureza e a que recentemente deu à luz tocam em seus sacrifícios. ²⁸Concluindo, pois, de todos esses fatos, que eles não são deuses, não os temais.

Lv 12,4; 15,19s; 20,18

²⁹Como poderiam eles ser chamados deuses, se são mulheres*ᵃ* que apresentam oferendas a esses deuses de prata, ouro e madeira? ³⁰Nos seus templos os sacerdotes se mantêm sentados tendo as túnicas rasgadas, cabeça e barba raspadas, e nada sobre suas cabeças. ³¹Vociferam e gritam diante dos seus deuses como se faz nos banquetes fúnebres.*ᵇ* ³²Com as vestimentas que deles retiram para si, os sacerdotes vestem suas mulheres e seus filhos. ³³Eles são incapazes de retribuir, quer sofram o mal, quer recebam o bem de alguém; da mesma forma, são incapazes de entronizar um rei ou de destroná-lo. ³⁴De igual modo, não podem dar riqueza nem dinheiro; e se alguém, tendo-lhes feito um voto, não o cumprir, eles não lhe irão pedir contas. ³⁵Não salvarão a ninguém da morte, nem livrarão o mais fraco das mãos do poderoso. ³⁶Não restaurarão o cego em sua visão, nem acudirão ao homem necessitado. ³⁷Não terão compaixão da viúva, nem beneficiarão o órfão. ³⁸Pois se assemelham às pedras extraídas da montanha esses pedaços de madeira recobertos de ouro e de prata, e os que os servem serão cumulados de vergonha! ³⁹Como então pensar ou proclamar que são deuses?

Sl 68,6
146,7-8

⁴⁰Tanto mais que os próprios caldeus os desonram. Com efeito, ao verem um mudo que não pode falar, eles o apresentam a Bel, suplicando que o homem fale, como se o deus pudesse ouvir. ⁴¹Mas são incapazes de refletir nisso e de abandonar esses deuses, pois não têm bom senso. ⁴²Quanto às mulheres, elas se cingem de uma corda e se sentam nos caminhos, queimando flor de farinha como incenso; ⁴³quando, pois, uma delas é recolhida por um dos passantes e com ele dorme, zomba da vizinha por não ter sido escolhida como ela o foi, nem ter sido desatada a sua corda.*ᶜ* ⁴⁴Tudo o que concerne a eles é mentira: como então pensar ainda ou proclamar que são deuses?

⁴⁵Fabricados por operários e ourives, eles não serão outra coisa senão o que seus artífices querem que eles sejam. ⁴⁶Ora, aqueles que os fabricam não terão longo tempo de vida. Como, pois, poderão ser deuses as coisas por eles fabricadas? ⁴⁷Assim é que eles deixam a seus descendentes mentira e desonra. ⁴⁸Depois, quando sobrevém uma guerra ou outras calamidades, entram em conselho os sacerdotes para saberem onde se ocultar junto com eles; ⁴⁹como então não se percebe que não são deuses, se não são capazes de salvar-se a si mesmos da guerra nem de outras calamidades? ⁵⁰Sendo apenas objetos de madeira e peças revestidas de ouro e de prata, reconhecer-se-á, depois disto, que são apenas mentira. E a todas as nações e aos reis será manifesto que eles não são deuses, mas apenas obras das mãos dos homens, e que nenhuma ação divina se encontra neles. ⁵¹A quem, pois, não deve ser notório que não são deuses?

⁵²E eles não suscitarão um rei a um país nem darão a chuva aos homens. ⁵³Não defenderão sua própria causa nem livrarão um injustiçado. Pois não têm poder algum, assemelhando-se a gralhas entre o céu e a terra. ⁵⁴E se o fogo irromper no templo desses deuses de madeira, cobertos de ouro e de prata,

---

a) A Lei judaica não o permitia.
b) Alusão a cultos que celebravam a morte e ressurreição anual de certas divindades (cf. Ez 8,14).
c) Costume em relação com a prostituição sagrada. As fumigações com flor de farinha parecem processo mágico com finalidade afrodisíaca.

seus sacerdotes fugirão e se porão a salvo, enquanto eles serão inteiramente consumidos como vigas em meio ao incêndio. ⁵⁵Eles não podem resistir a um rei nem a inimigos. ⁵⁶Como então se poderia admitir ou pensar que sejam deuses?

⁵⁷Nem de ladrões nem de salteadores poderão escapar esses deuses de madeira, cobertos de prata ou ouro. Os que são mais fortes do que eles arrebatar-lhes-ão o ouro e a prata e sairão, tendo em mãos o manto que os cobria, sem que eles possam socorrer-se a si próprios. ⁵⁸Dessa forma, vale mais ser um rei que pode mostrar a sua coragem, ou um utensílio que é útil em casa e do qual se serve seu dono, do que ser esses falsos deuses; ou ainda, numa casa, uma porta que protege o que dentro da casa se encontra, do que esses falsos deuses; ou ainda, uma coluna de madeira em palácios reais, do que esses falsos deuses. ⁵⁹Pois o sol, a lua e as estrelas, sendo brilhantes e destinando-se à utilidade dos homens, de boa mente cumprem sua missão. ⁶⁰Da mesma forma o relâmpago, quando refulge, é belo de ver-se; igualmente o vento, que sopra em cada região da terra; ⁶¹também as nuvens, quando lhes é ordenado por Deus que percorram toda a terra, executam o que lhes foi mandado; de igual modo o fogo, enviado do alto para devastar montes e florestas, cumpre o que lhe foi ordenado. ⁶²Ora, esses ídolos não são sequer comparáveis nem à beleza nem ao poder dessas criaturas. ⁶³Donde se conclui que não se deve considerar nem proclamar que sejam deuses, uma vez que não são capazes de pronunciar um julgamento nem de fazer bem aos homens. ⁶⁴Sabendo, pois, que não são deuses, não os temais!

⁶⁵Eles não amaldiçoarão como também não abençoarão os reis; ⁶⁶e não poderão entre as nações mostrar sinais no céu, nem brilhar como o sol nem iluminar como a lua. ⁶⁷Os animais selvagens valem mais que eles, uma vez que podem, refugiando-se num abrigo, socorrer-se a si mesmos. ⁶⁸De modo algum, pois, é manifesto que sejam deuses. Por isso, não os temais!

⁶⁹Como um espantalho em campo de pepinos, que nada protege, assim são os seus deuses de madeira, cobertos de ouro ou de prata. ⁷⁰Da mesma forma, esses deuses de madeira, cobertos de ouro ou de prata, são ainda comparáveis ao espinheiro no jardim, sobre o qual toda espécie de aves vem pousar, ou a um cadáver lançado à escuridão. ⁷¹Pela púrpura e pelo linho*ᵃ* que sobre eles apodrecem reconhecereis que não são deuses. Acabarão, enfim, devorados, tornando-se uma ignomínia em seu país. ⁷²É melhor, pois, a condição do homem justo, que não tem ídolos: ele estará longe do opróbrio!

---

a) Grego: "mármore", mas esta palavra pode traduzir o hebr. *shesh* que significa normalmente "linho" mas também "alabastro". Vulg.: "escarlate".

EZEQUIEL

Introdução

1 ¹No trigésimo ano, no quinto dia do quarto mês, quando me encontrava entre os exilados, junto ao rio Cobar, eis que os céus se abriram e tive visões de Deus. ²No quinto dia do mês — isto é, no quinto ano do exílio do rei Joaquin — ³veio a palavra de Iahweh ao sacerdote Ezequiel, filho de Buzi, na terra dos caldeus, junto ao rio Cobar.*ᵃ* Ali pousou sobre ele a mão de Iahweh.*ᵇ*

Visão do "carro de Iahweh"ᶜ — ⁴Eu olhei: havia um vento tempestuoso que soprava do norte, uma grande nuvem e um fogo chamejante; em torno, de uma grande claridade e no centro algo que parecia electro, no meio do fogo. ⁵No centro, algo com forma semelhante a quatro seres vivos, mas cuja aparência fazia lembrar uma forma humana. ⁶Cada qual tinha quatro faces e quatro asas. ⁷As suas pernas eram retas e os seus cascos como cascos de novilho, mas luzentes, lembrando o brilho do latão polido. ⁸Sob as suas asas havia mãos humanas voltadas para as quatro direções, como as faces e as asas dos quatro. ⁹As asas se tocavam entre si; eles não se voltavam ao caminharem; antes, todos caminhavam para a frente; ¹⁰quanto às suas faces, tinham forma semelhante à de um homem, mas os quatro apresentavam face de leão do lado direito e todos os quatro apresentavam face de touro do lado esquerdo. Ademais, todos os quatro tinham face de águia.*ᵈ* ¹¹Suas asas*ᵉ* abriam-se para cima. Cada qual tinha duas asas que se tocavam e duas que cobriam o corpo; ¹²todos moviam-se diretamente para frente, seguindo a direção em que o espírito os conduzia; enquanto se moviam, nunca se voltavam para o lado.

¹³Eles se assemelhavam a seres vivos. Seu aspecto era o de brasas ardentes, com a aparência de tochas, indo e vindo entre os seres vivos. O fogo era brilhante e do fogo saíam relâmpagos. ¹⁴Os seres vivos iam e vinham à semelhança de um relâmpago.*ᶠ*

¹⁵Olhei para os seres vivos e eis que junto aos seres vivos de quatro faces havia, no chão, uma roda. ¹⁶O aspecto das rodas e a sua estrutura tinham o brilho do crisólito. Todas as quatro eram semelhantes entre si. Quanto ao seu aspecto e à sua estrutura, davam a impressão de que uma roda estava no meio da outra. ¹⁷Moviam-se nas quatro direções*ᵍ* e ao se moverem, nunca se voltavam para os lados. ¹⁸A sua circunferência era alta

---

a) Os vv. 1-3 parecem justapor duas introduções distintas. Uma, vv. 2-3a, impessoal, anuncia o conjunto do livro de Ezequiel e data a primeira visão do profeta no 5º ano do exílio de Joaquin, ou seja, 593-592. A outra, v. 1, talvez estivesse ligada à visão do carro de *Iahweh quando este ainda não havia encontrado o seu* lugar atual (cf. Introdução aos profetas). Mas nesse caso a data (30º ano) é difícil de ser interpretada, a menos que se corrija para "13º ano" (do exílio de Joaquin), isto é, no verão de 585.
b) Expressão frequente em Ezequiel para designar o êxtase (cf. 3,22; 8,1; 33,22; 37,1; 40,1). — As versões leem "sobre mim" em vez de "sobre ele"; deve-se então ligar 3b a 4.
c) Esta visão é destinada, por certo, aos exilados. Alguns pormenores são obscuros, porém o sentido geral é claro; trata-se da "mobilidade" espiritual de Iahweh,

que não está preso ao Templo de Jerusalém, mas pode acompanhar seus fiéis até mesmo em seu exílio.
d) Esses seres vivos estranhos lembram os Karibu assírios (cujo nome corresponde ao dos Querubins da Arca, cf. Ex 25,18+), seres com cabeça humana, corpo de leão, patas de touro e asas de águia, cujas estátuas guardavam os palácios da Babilônia. Esses servos dos deuses pagãos são aqui atrelados ao carro do Deus de Israel: expressão chocante da transcendência de Iahweh. Os "quatro Seres vivos" do Apocalipse (Ap 4,7-8 etc.) retomam os traços dos quatro animais de Ezequiel. A tradição cristã fez deles os símbolos dos quatro evangelistas.
e) "Suas asas", grego; "Suas faces e suas asas", hebr.
f) Este v., ausente do grego, talvez seja glosa.
g) Texto incerto. Lit.: "para os quatro lados destes, ao mover-se, elas avançavam".

e formidável, e sua circunferência estava cheia de reflexos*a* em torno, isso em todas as quatro rodas. ¹⁹Quando os seres vivos se moviam, as rodas se moviam junto com eles; quando os seres vivos se levantavam do chão, as rodas se levantavam com eles. ²⁰As rodas se moviam*b* na direção em que o espírito as conduzia e se levantavam com ele, porque o espírito do ser vivo estava nas rodas. ²¹Ao se moverem eles, elas se moviam; ao pararem, elas paravam; ao se levantarem do chão, também as rodas se levantavam com eles, pois o espírito do ser vivo estava nas rodas. ²²Sobre as cabeças do ser vivo havia algo que parecia uma abóbada, brilhante como o cristal,*c* estendido sobre as suas cabeças,*d* por cima delas. ²³Sob a abóbada, as suas asas ficavam voltadas uma em direção à outra e cada um tinha duas que lhe cobriam o corpo.*e* ²⁴Eu ouvia o ruído de suas asas, semelhante ao ruído de grandes águas, semelhante à voz de Shaddai; quando se moviam, havia um ruído como de uma tempestade, como de um acampamento; quando paravam, abaixavam as asas. ²⁵Houve um ruído.*f* ²⁶Por cima da abóbada que ficava sobre suas cabeças havia algo que tinha aparência de uma pedra de safira em forma de trono, e sobre esta forma de trono, bem no alto, havia uma forma com aparência humana.

²⁷Vi um brilho como de electro, uma aparência como de fogo junto dele, e em redor dele, a partir do que pareciam ser os quadris e daí para cima; a partir do que pareciam ser os quadris e daí para baixo, vi algo que tinha a aparência de fogo e um brilho em torno dele; ²⁸a aparência desse brilho, ao redor, era como a aparência do arco que, em dia de chuva, se vê nas nuvens. Era algo semelhante à Glória de Iahweh.*g* Ao vê-la, caí com o rosto em terra e ouvi a voz de alguém que falava comigo.

2 Visão do livro*h*

¹Ele me disse: "Filho do homem,*i* põe-te de pé que vou falar contigo". ²Enquanto falava, entrou em mim o espírito e me pôs de pé. Então ouvi aquele que falava comigo. ³Com efeito, ele me disse: "Filho do homem, enviar-te-ei aos israelitas, a esses rebeldes*j* que se rebelaram contra mim. Sim, eles e os seus pais se revoltaram contra mim até o dia de hoje. ⁴Os filhos são insolentes e de coração empedernido.*k* Envio-te a eles para que lhes digas: 'Assim diz o Senhor Iahweh': ⁵Quer escutem, quer deixem de escutar — com efeito, são uma casa de rebeldes —, saberão, ao menos, que um profeta esteve com eles. ⁶Quanto a ti, filho do homem, não tenhas medo

---

a) "de reflexos", lit. "de olhos"; mas deve-se interpretar esta palavra segundo o seu uso figurado no qual ela tem o sentido de "brilho" (cf. vv. 4.7.16.22.27; 8,2; 10,9). — Aqui, essa menção dos "reflexos" talvez seja glosa inspirada em 10,12.
b) Após "se moviam", o hebr. acrescenta: "para o espírito a fim de avançar", omitido por mss, grego e sir.
c) Depois de "cristal", o hebr. acrescenta "atemorizador"; omitido pelo grego.
d) Os seres vivos, dessa forma, mais carregam o trono de Iahweh do que o arrastam. Compare-se com a Arca da Aliança (Ex 25,10+, onde "Iahweh toma assento por cima dos querubins"; 1Sm 4,4 etc.).
e) O hebr. repete: "cada um tinha duas que o cobriam", ditografia omitida pelos mss e pelo grego.
f) O hebr. acrescenta: "por cima da abóbada que estava sobre suas cabeças, quando paravam eles abaixavam as asas", ditografia omitida por diversos mss e versões.
g) Os israelitas temiam ver a face de Iahweh; por isso, a maioria das vezes, Deus mostrava-lhes sua "Glória", isto é, os sinais exteriores que envolvem e revelam sua pessoa (cf. Ex 33,18.22 etc.). A Glória de Iahweh, por conseguinte, é o sinal da sua presença. Habitualmente, ela tem a aparência de nuvem luminosa (Ex 16,10; Ez 43,1-5); aqui a nuvem é acompanhada de espécie de silhueta humana brilhante e radiosa.
h) A visão do carro de Iahweh prossegue mais adiante (3,12). Aqui é interrompida pela visão do livro, que provavelmente é a primeira visão de Ezequiel, em 593, a de sua vocação (cf. Introdução aos profetas).
i) A expressão "filho do homem", aplicada por Deus ao seu profeta, é específica de Ezequiel (exceto Dn 8,17). Ela sublinha a distância entre Deus e o homem. Em Dn 7,13, a mesma expressão tornar-se-á título messiânico, que Jesus retomará (cf. Mt 8,20+).
j) "a esses rebeldes", 1 ms hebr., grego; "a essas nações, as rebeldes", hebr.
k) Em hebraico, toda uma série de fórmulas serve para exprimir a obstinação; lit.: "nuca", "rosto" ou "coração inflexível", "cabeça dura", "coração duro". Porém, a expressão "coração duro", em português, evoca o egoísmo, e não a revolta ou teimosia; traduzir-se-á, então, por "coração empedernido", embora o mesmo termo seja traduzido em outros lugares por "inflexível", "duro" ou "endurecido".

deles nem das suas palavras. Não tenhas medo porque eles se opõem a ti e te menosprezam ou porque estás sentado sobre escorpiões. Não tenhas medo das suas palavras, nem fiques apavorado com o seu olhar, pois são uma casa de rebeldes. ⁷Transmitir-lhes-ás as minhas palavras, quer escutem, quer não escutem, pois são uma casa de rebeldes.ᵃ

⁸Tu, filho do homem, ouve o que te digo, não sejas rebelde como esta casa de rebeldes. Abre a boca e come o que te entrego".

⁹Olhei e eis uma mão que se estendia para mim e nela um volume enrolado. ¹⁰Ele abriu-o na minha presença. Estava escrito no verso e no reverso. Nele estava escrito:ᵇ "Lamentações, gemidos e prantos".

↗ Ap 5,1; 10,2

3 ¹Então disse-me: "Filho do homem, come o que tens diante de ti, come este rolo e vai falar com a casa de Israel". ²Abri a boca e ele me deu o rolo para comer. ³Em seguida, disse-me: "Filho do homem, ingere este rolo que te estou dando e sacia-te com ele". Eu o comi. Na boca parecia-me doce como o mel.ᶜ

↗ Ap 10,8-11

⁴Então me disse: "Filho do homem, dirige-te à casa de Israel e transmite-lhe as minhas palavras. ⁵Não é a um povo de fala ininteligível ou de língua difícil que és enviado, mas à casa de Israel, ⁶não a uma porção de povos de fala ininteligível ou de língua difícil, cujas palavras não entenderias — se te enviasse a estes, eles te escutariam —, ⁷mas a casa de Israel não quer escutar-te, porque não quer escutar a mim. Com efeito, toda a casa de Israel tem a fronte inflexível e o coração empedernido. ⁸Mas eu tornarei tua face tão inflexível como a deles e tua fronte tão inflexível como a deles. ⁹Farei a tua fronte semelhante ao diamante que é mais duro do que uma rocha. Não tenhas medo deles, nem te apavores diante deles, pois são uma casa de rebeldes".

Jr 7,27
Is 28,9-13
33,19
Jn 3
Mt 13,38-42;
11,21-24

Is 50,7

¹⁰Em seguida disse-me: "Filho do homem, tudo quanto te disser, recolhe-o no teu coração, ouve-o com toda atenção, ¹¹e dirige-te aos exilados, aos filhos do teu povo e lhes dirás: 'Assim diz o Senhor Iahweh', quer ouçam, quer deixem de ouvir".

¹²O espírito ergueu-me, enquanto eu ouvia um ruído, um ribombar tremendo atrás de mim, o qual dizia: "Bendita seja a Glória de Iahweh desde a sua morada!" ¹³Era o ruído das asas dos seres vivos que se tocavam umas nas outras e o ruído das rodas que ficavam ao lado deles, o ruído de um ribombar tremendo. ¹⁴O espírito ergueu-me e me levou; fui, mas amargurado, com o espírito em fogo, enquanto a mão de Iahweh pesava sobre mim. ¹⁵Cheguei aos exilados de Tel Abib, que habitavam junto ao rio Cobar — era aí que eles estavam — e demorei ali por sete dias, consternado, no meio deles.

1Rs 18,12 +
Lc 2,13-14

O profeta como espiaᵈ — ¹⁶Ora, ao cabo de sete dias, a palavra de Iahweh foi-me dirigida nestes termos: ¹⁷"Filho do homem, eu te constituí atalaia para a casa de Israel. Quando ouvires uma palavra da minha boca, adverti-los-ás de minha parte. ¹⁸Se digo ao ímpio: 'Tu morrerás' e tu não o advertires, se não lhe falares a fim de desviá-lo do seu caminho mau, para que viva, ele morrerá, mas o seu sangue, requerê-lo-ei da tua mão. ¹⁹Por outro lado, se tu advertires o ímpio, mas ele não se arrepender do seu caminho mau, morrerá *na sua iniquidade*, mas tu terás salvo a tua vida.

33,1-9
Is 21,6.8.11

---

a) "são uma casa de rebeldes", mss: e versões; cf. v. 5; "são rebeldes", hebr.

b) "nele (estava escrito)" *'alêha*, conj.; "para ele": *'eleha*, hebr.

c) Um serafim tocara a boca de Isaías (Is 6,5-7), o próprio Iahweh a de Jeremias, e "pusera suas palavras na boca" do profeta (Jr 1,9). Ezequiel exprime esta última ideia ainda com mais realismo.

d) Em 33,1-9, o mesmo tema é desenvolvido de modo mais coerente; pôde ser aqui reproduzido, com pouca modificação, por exprimir o próprio programa de atividade profética. Sublinha a responsabilidade pessoal de cada ouvinte (cf. 14,12+).

²⁰Também se o justo se afastar da sua justiça, praticando a injustiça, e eu puser um tropeço diante dele e ele vier a morrer, porque não o advertiste, morrerá certamente em virtude do seu pecado, e a justiça que praticou antes já não será lembrada, mas o seu sangue eu o requererei da tua mão. ²¹Por fim, se tu advertiste o justo para que não pecasse e ele não pecou, viverá porque deu ouvidos à advertência, e tu terás salvo a tua vida."

I. Antes do cerco de Jerusalém

Ezequiel privado da palavra — ²²Ali mesmo veio sobre mim a mão de Iahweh, e ele me disse: "Levanta-te, vai para o vale e ali falarei contigo". ²³Levantei-me e saí para o vale e eis que ali estava a Glória de Iahweh semelhante à Glória que eu vira junto ao rio Cobar. Prostrei-me com o rosto em terra. ²⁴Então o espírito entrou em mim e me pôs de pé; falou-me e disse: "Vai, tranca-te em tua casa, ²⁵porque a ti te imporão cordas,ᵃ filho do homem, e te atarão, de modo que não possas sair para o meio deles. ²⁶Pregarei a tua língua ao teu palato, ficarás mudo e não poderás servir-lhes de repreensão, pois são uma casa de rebeldes. ²⁷Mas, quando eu falar contigo e abrir a tua boca, então lhes dirás: Assim diz o Senhor Iahweh: Quem quiser ouvir ouça, mas quem não quiser ouvir não ouça, pois são uma casa de rebeldes".

4 ***Anúncio do cerco de Jerusalém*** — ¹Mas tu, filho do homem, toma um tijolo, coloca-o na tua frente e grava nele uma cidade, a saber, Jerusalém. ²Põe cercoᵇ a ela, constrói contra ela trincheiras, levanta um aterro, forma um acampamento e rodeia-a de aríetes. ³Em seguida, toma uma panela de ferro, fazendo dela uma muralha de ferro entre ti e a cidade. Depois, fixa o teu olhar sobre ela e ela ficará cercada. Com efeito, tu a terás cercado. Isto será um sinal para a casa de Israel.

⁴Deita-te sobre o teu lado esquerdo e toma sobre tiᶜ a falta da casa de Israel. Levarás a falta de Israel durante todos os dias em que ficares deitado sobre o teu lado. ⁵Eu mesmo indiquei os anos da sua falta, de acordo com os dias — isto é, trezentos e noventa dias — em que carregarás a culpa da casa de Israel. ⁶Ao terminá-los, tornarás a deitar-te, mas agora sobre o lado direito, carregando a falta da casa de Judá por quarenta dias, como te indiquei, isto é, um dia para cada ano.ᵈ ⁷Em seguida fixa o teu olhar sobre o cerco de Jerusalém; erguerás o teu braço descoberto e profetizarás contra ela. ⁸Eis que te atei com cordas, de modo que não possas voltar-te de um lado para outro até cumprires os dias da tua reclusão.

⁹Toma, pois, trigo, cevada, favas, lentilhas, painço e espelta: põe-nos todos em uma mesma vasilha e faze-te pães com eles, de acordo com o número de dias em que houveres de estar deitado sobre o teu lado e os comerás durante os trezentos e noventa dias. ¹⁰A porção que deverás comer cada dia terá o peso de vinte siclos. Tomá-la-ás em várias porções por dia. ¹¹Mede também a água que deves beber, isto é, beberás um sexto de um hin, de tempo em tempo.ᵉ

---

a) Tais "cordas" foram por vezes interpretadas como uma espécie de paralisia (cf. 4,4s), recebendo essa provação física, por revelação, um significado simbólico, que a incorpora à mensagem profética (cf. Jr 18,1+).

b) O profeta recebe ordem de prefigurar através de mímica expressiva (tijolo sitiado, imobilidade do profeta, comida fraca e racionada, cabelos queimados e espalhados) o próximo cerco de Jerusalém. Acerca desses gestos simbólicos, particularmente desenvolvidos em Ezequiel, cf. Jr 18,1+.

c) "sobre ti", conj.; "sobre ele", hebr.

d) Tentou-se inutilmente interpretar em sentido estrito esses números como anunciadores da duração respectiva do exílio de Israel e de Judá. Sem dúvida, não se deve procurar neles mais do que o anúncio de cerco, cuja duração não é revelada, como castigo da prolongada apostasia de ambos os reinos.

e) Ou seja, aproximadamente 200 gramas de pão e um litro de água.

¹²Este alimento tu o comerás sob a forma de pães de cevada, assados à vista deles com excrementos humanos secos. ¹³E Iahweh acrescentou: "É assim que os israelitas comerão o seu pão impuro entre as nações pelas quais os espalharei". ¹⁴Então eu disse: "Ah!, Senhor Iahweh, a minha alma não é impura. Desde a minha infância até agora não comi animal morto por acaso ou despedaçado por fera, nem jamais carne avariada entrou na minha boca". ¹⁵Ao que me respondeu: "Está bem, dar-te-ei excremento de boi*a* em lugar de excremento humano e cozerás os teus pães com eles". ¹⁶Em seguida, disse-me: "Filho do homem, eis que acabarei com a reserva do pão*b* em Jerusalém; o povo comerá com angústia o pão minguado e beberá apavorado a sua água medida. ¹⁷Com efeito, o pão e a água faltarão; todos ficarão pasmados na presença uns dos outros e definharão em virtude da sua falta".

5 ¹E tu, filho do homem, toma uma espada afiada, usa-a como navalha de barbeiro, passando-a na cabeça e na barba. Em seguida, toma uma balança e reparte os pelos assim cortados.*c* ²Destes queimarás um terço dentro da cidade, quando se cumprirem os dias do seu cerco. Outro terço tomarás e o ferirás à espada em torno da cidade. Quanto ao último terço, espalhá-lo-ás ao vento, e eu desembainharei a espada atrás deles.*e* ³Ainda, deles tirarás alguns,*d* que atarás à aba da tua veste. ⁴Dentre estes últimos tirarás ainda uns poucos, que atirarás ao fogo para queimá-los. É daí que sairá o fogo,*e* que atingirá toda a casa de Israel.

⁵Assim diz o Senhor Iahweh: Foi esta a Jerusalém que coloquei no meio dos povos e, em torno dela, as nações. ⁶Mas ela se rebelou contra as minhas normas, com uma perversidade maior do que os outros povos, e contra os meus estatutos, mais do que as nações que estão em torno dela. Com efeito, os seus habitantes rejeitaram as minhas normas e não andaram nos meus estatutos.

⁷Eis por que, assim diz o Senhor Iahweh, visto ser a vossa rebeldia pior do que a dos povos que vos cercam, visto não andardes nos meus estatutos e não observardes as minhas normas, nem mesmo observardes as normas dos povos que vos cercam, ⁸eis o que diz o Senhor Iahweh: Também eu me ponho contra ti; executarei os meus julgamentos*f* no meio de ti, aos olhos das nações. ⁹Farei no meio de ti o que nunca fiz e como não tornarei a fazer, isto por causa de todas as tuas abominações. ¹⁰Por esta razão os pais devorarão os filhos, no meio de ti, e os filhos devorarão os pais. Assim executarei contra ti os meus julgamentos e espalharei para todos os ventos o que restar de ti. ¹¹Eis porque — por minha vida, oráculo do Senhor Iahweh — visto que profanaste o meu santuário com todos os ritos detestáveis e com todas as abominações, também eu te rejeitarei;*g* também eu não te pouparei. ¹²A terça parte dos teus habitantes morrerá pela peste e perecerá de fome no meio de ti; outra terça parte cairá à espada em torno de ti; finalmente, a outra terça parte a espalharei a todos os ventos e desembainharei a espada atrás deles.*h* ¹³Assim se

---

a) O excremento seco é usado como combustível no Oriente.
b) Lit.: "o bastão do pão": os pães deixados como reserva eram enfiados num bastão (cf. 5,16; 14,13; Lv 26,26; Sl 105,16).
c) O profeta, mediante alegoria transparente, exprime pela mímica os massacres que assinalarão o fim do cerco.
d) O "resto" poupado e, após nova provação, salvo (cf. Is 4,3+).
e) Esta última frase permanece misteriosa. Talvez seja glosa inspirada em 19,14.
f) Corrige-se muitas vezes "executarei os meus julgamentos", 'asîtî mishpatîm, para "farei justiça", 'asîtî shepatîm, fórmula muito frequente em Ez. Mas o termo hebraico significa igualmente "normas", aparecendo neste sentido no v. anterior. Portanto, podemos ver aqui um jogo de palavras: "Vós não observastes as minhas normas (lit.: não executastes os meus *mishpatîm*); pois bem, quanto a mim, executarei os meus julgamentos contra vós".
g) "rejeitarei", versões; "rasparei", hebr.
h) Esta enumeração dos flagelos — fome, peste e guerra — muito frequente em Jeremias (14,12; 21,7.9; 24,10; 27,8.13; 29,17.18; 32,24.36; 34,17; 38,2; 42,17.22; 44,13), encontra-se diversas vezes, com poucas variantes, em Ezequiel (6,11-12; 7,15; 12,16; 14,21; cf. 33,27).

cumprirá a minha ira, saciarei a minha cólera neles e ficarei satisfeito. Então saberão que eu, Iahweh, falei no meu zelo, cumprindo a minha ira contra eles. ¹⁴Reduzir-te-ei a ruína, a objeto de ludíbrio entre as nações que te cercam, aos olhos de todos os que passam. ¹⁵Sim, serás objeto de ludíbrio e de insultos, advertência e motivo de horror para as nações que te cercam, ao cumprir eu em ti os meus julgamentos, com cólera e com ira, e com castigos terríveis. Eu, Iahweh, o disse. ¹⁶Atirando contra eles as flechas malignas da fome — com efeito, atirá-las-ei para a vossa destruição e acrescentarei ainda a fome —, reduzirei a vossa reserva de pão. ¹⁷Sim, atirarei a fome e animais ferozes que vos desfilharão; a peste e o sangue passarão pelo meio de ti; trarei a espada contra ti. Eu, Iahweh, o disse.

6 *Contra os montes de Israel* — ¹A palavra de Iahweh me foi dirigida nestes termos: ²Filho do homem, volta a tua face para os montes de Israel e profetiza contra eles.ᵃ ³Dir-lhes-ás: Montes de Israel, ouvi a palavra do Senhor Iahweh. Eis o que diz o Senhor Iahweh aos montes, às colinas, às ravinas e aos vales: Eu estou para trazer contra vós a espada para destruir os vossos lugares altos. ⁴Os vossos altares ficarão devastados, os vossos altares de incenso serão despedaçados: farei cair os vossos trespassados perante os vossos ídolos imundos,ᵇ ⁵porei os cadáveres dos israelitas diante dos seus ídolos imundos e espalharei os seus ossos ao redor de vossos altares. ⁶Em todos os lugares onde habitais, as cidades serão arrasadas e os lugares altos ficarão desertos, a fim de que os vossos altares sejam destruídos e fiquem desertos,ᶜ e os vossos ídolos imundos sejam despedaçados e desapareçam, e os vossos altares de incenso sejam reduzidos a pedaços e as vossas ações aniquiladas. ⁷Muitos dentre vós cairão trespassados e sabereis que eu sou Iahweh.ᵈ

⁸Mas para que entre vós haja sobreviventes da espada no meio das nações, espalhados em meio às nações, deixar-vos-ei um resto. ⁹Então os vossos sobreviventes no meio das nações por onde tiverem sido levados cativos — quando eu tiver quebradoᵉ o seu coração prostituído que me abandonara, e os seus olhos prostituídos com ídolos imundos — se lembrarão de mim. Sentirão asco de si mesmos pelo mal que fizeram, por todas as suas abominações. ¹⁰Saberão então que eu sou Iahweh e que não foi em vão que lhes falei que havia de infligir-lhes todo este mal.

Os pecados de Israel — ¹¹Assim diz o Senhor Iahweh: Bate as mãos, pateia com os pés, lamenta todas as abominações da casa de Israel, a qual há de cair pela espada, pela fome e pela peste! ¹²Os que estão longe morrerão pela peste, enquanto os que estão perto hão de cair à espada; os que sobreviverem e forem poupados morrerão de fome. Deste modo cumprirei a minha ira contra eles. ¹³Ficareis sabendo que eu sou Iahweh, quando os seus trespassados forem encontrados entre os seus ídolos imundos, em torno dos seus altares, sobre toda a colina elevada, no cume de todos os montes, debaixo de toda árvore viçosa, debaixo de todo carvalho frondoso, nos lugares em que costumam oferecer o perfume destinado a apaziguar todos os seus ídolos imundos. ¹⁴Estenderei a mão contra eles e reduzirei a terra a um ermo e a

---

a) "contra": *'al*, conj.; "para": *'el*, hebr., mas o emprego destas preposições é bastante descurado em Ez. Talvez seja o traço de um dialeto popular.
b) Em hebraico, *gillûlîm*. O termo parece ter sido forjado por Ezequiel (que o emprega 38 vezes), talvez por analogia com *shiqqûçîm* "horrores", já utilizado por Jeremias, e influenciado por *'elîlîm* "falsos deuses", "nadas", usado por Isaías. E aparentado com a raiz *galal*, "rolar", e com o substantivo *gelal*, "imundície",
"excremento", e devia exprimir o caráter repugnante dos ídolos.
c) "desertos", versões; "culpados", hebr.
d) "sabereis que eu sou Iahweh": expressão frequente em Ezequiel. As obras de Iahweh obrigarão os homens, queiram ou não, a reconhecerem a sua onipotência (cf. Is 42,8+).
e) "eu tiver quebrado", versões; "eu tiver sido quebrado", hebr.

uma solidão desde o deserto até Rebla,*a* enfim, onde quer que habitem, e saberão que eu sou Iahweh.

7 *O fim próximo* —
¹A palavra de Iahweh me foi dirigida nestes termos: ²Filho do homem, dize:*b* Assim fala o Senhor Iahweh à terra de Israel: O fim chegou! O fim para os quatro cantos da terra. ³Agora chegou o teu fim: desencadearei a minha ira contra ti e te julgarei de acordo com o teu comportamento; farei cair sobre ti as tuas abominações. ⁴Já não terei um olhar de compaixão para ti; não te pouparei; antes, farei cair sobre ti o teu comportamento e as tuas abominações ficarão expostas no meio de ti. Então sabereis que eu sou Iahweh.

⁵Assim diz o Senhor Iahweh: Eis que a desgraça chegou, uma desgraça sem igual. ⁶Chegou o fim, chegou o fim; ele desperta contra ti, ei-lo que chega! ⁷A aurora*c* chegou para ti que habitas o país. O tempo está chegando, o dia está próximo.*d* Será a ruína e não mais o júbilo nos montes. ⁸Agora mesmo, dentro de um instante derramarei a minha ira sobre ti e satisfarei em ti a minha cólera. Com efeito, hei de julgar-te segundo o teu comportamento, e farei vir sobre ti todas as tuas abominações. ⁹O meu olhar não se compadecerá; eu não pouparei, antes, pagar-te-ei de acordo com o teu comportamento. As tuas abominações serão exibidas publicamente e sabereis que eu sou Iahweh, aquele que fere.

¹⁰Eis o dia, eis que chega a tua vez; ela chegou e cresceu; o cetro*e* floresceu, a presunção desabrochou. ¹¹A violência cresceu até tornar-se um cetro de impiedade, mas não vindo mais deles, nem de sua riqueza, nem de seu tumulto. Nunca mais a opressão para eles.*f* ¹²O tempo vem, o dia se aproxima. Não se alegre o comprador, não fique desolado o vendedor, porque o furor está contra toda a sua riqueza.*g* ¹³O vendedor não voltará ao seu vendido mesmo que estejam ainda vivos, pois a visão contra toda a riqueza não será revogada, e aqueles cuja vida está no pecado não se restabelecerão.*h* ¹⁴Tocam a trombeta, tudo está preparado, mas ninguém marcha para o combate, porque o meu furor atinge a todos.

Os pecados de Israel — ¹⁵Por fora a espada, por dentro a peste e a fome. Aquele que estiver no campo morrerá pela espada, enquanto aquele que estiver na cidade, a fome e a peste o devorarão. ¹⁶Haverá sobreviventes que escaparão para os montes, como as pombas queixosas,*i* todos gemendo, cada um por sua falta. ¹⁷Todas as mãos se debilitarão e todos os joelhos se molharão. ¹⁸Cingir-se-ão de sacos, o sobressalto se apoderará deles. A vergonha estará em todos os rostos e todas as cabeças estarão raspadas.*j* ¹⁹Atirarão às ruas a sua prata; o seu ouro será tratado como imundície. Com efeito, a sua prata e o seu ouro não poderão salvá-los no dia do furor de Iahweh. Não conseguirão saciar-se; o seu ventre não se encherá, pois será uma ocasião de crise, resultante da sua iniquidade. ²⁰Da beleza dos seus enfeites fizeram um motivo de orgulho. Com

---

a) "o deserto até Rebla", mss; "o deserto de Dablata", hebr. — Rebla (cf. 2Rs 23,33; 25,6s) designa aqui o ponto mais setentrional da Palestina, e "o deserto", a sua fronteira meridional (cf. Jz 20,1+).
b) "dize", grego, sir.; omitido pelo hebr.
c) "A aurora", compreendendo a palavra *çephira*, obscura, seguindo o aram., o acádico e o hebr. recente.
d) O "dia de Iahweh" (cf. Am 5,18+).
e) Lit.: "o bastão" (da mesma forma v. 11), cf. Nm 17,23.
f) Trad. conj. de texto provavelmente corrompido. "Nunca mais a opressão", *lô' yoneh*, conj. hebr. *lô' noah* é incompreensível. O grego interpreta todo o v.: "mas ele quebrará o sustentáculo do ímpio, sem tumulto nem pressa".
g) A palavra significa igualmente "multidão". Pode-se então igualmente compreender "contra todo mundo" (como o v. 14); mas o conteúdo é o do comércio.
h) Texto duvidoso.
i) "pombas queixosas", *yônim hôgôt*, conj.; "pombas dos vales", *yônê hagge'ayôt*, hebr. — O grego suprime a comparação e traduz: "e eu os (os sobreviventes) farei todos morrer".
j) Sinal de desonra.

eles fizeram as suas imagens abomináveis — objetos detestáveis! Eis por que as reduzirei a uma imundície. ²¹Entregá-las-ei às mãos dos estrangeiros, para serem saqueadas, como despojo à escória da terra, e eles as profanarão. ²²Desviarei deles o meu rosto. O meu tesouro será profanado:[a] salteadores penetrarão nele e o profanarão.

²³Faze uma cadeia,[b] pois que a terra está cheia de execuções sangrentas, a cidade está cheia de violência. ²⁴Trarei as nações mais cruéis, que se apoderarão das suas casas. Porei fim ao orgulho dos valentes; os seus santuários serão profanados. ²⁵Sobrevirá a angústia. Eles buscarão a paz, mas nada! ²⁶Os desastres se sucederão; haverá boato sobre boato. Buscar-se-á uma visão de profeta, mas a lei fará falta ao sacerdote, e o conselho aos anciãos. ²⁷O rei estará de luto,[c] o príncipe se cobrirá de desolação, as mãos do povo da terra tremerão de pavor. Agirei com eles de acordo com o seu comportamento; julgá-los-ei de acordo com os seus julgamentos, e saberão que eu sou Iahweh.

8 Visão dos pecados de Jerusalém

¹Sucedeu no ano sexto, no quinto dia do sexto mês,[d] que eu estava sentado em minha casa e os anciãos de Judá estavam sentados na minha presença, quando ali mesmo veio sobre mim a mão do Senhor.

²Olhei, e eis alguma coisa que tinha a aparência de um homem.[e] Do que pareciam ser os seus lombos e daí para baixo era fogo; a partir dos lombos e daí para cima, algo que parecia um brilho semelhante ao electro.[f] ³Ele estendeu o que parecia ser a forma de uma mão e me segurou por um tufo de cabelo. O espírito me levantou entre o céu e a terra e me trouxe a Jerusalém, em visões divinas[g] à entrada do pórtico interior que dá para o norte, onde está colocado o ídolo do ciúme, isto é, aquele que provoca ciúme.[h] ⁴Ali estava a Glória do Deus de Israel, semelhante àquilo que eu vira no vale. ⁵Ele me disse: "Filho do homem, ergue os olhos na direção do norte". Ergui os olhos na direção do norte e eis que para o norte do pórtico do altar estava o ídolo do ciúme, junto à entrada. ⁶Disse-me ainda: "Filho do homem, tu vês o que estão fazendo? As monstruosas abominações que se cometem aqui a fim de afastar-me do meu santuário? Mas verás ainda outras abominações monstruosas".

⁷Trouxe-me então à porta do átrio. Olhando, vi um buraco na parede. ⁸Ele me disse: "Filho do homem, abre uma fenda na parede". Abri uma fenda e vi ali uma porta. ⁹Disse-me: "Entra e verás as abominações que praticam aqui". ¹⁰Entrei e fixei o olhar: havia ali toda sorte de imagens de répteis, de animais repugnantes e todos os ídolos imundos da casa de Israel gravados na parede ao redor. ¹¹Em pé, diante deles, estavam setenta homens, anciãos da casa de Israel, entre os quais Jezonias, filho de Safã, também em pé, cada um com o seu incensório na mão, do qual se elevava o perfume de nuvem de incenso. ¹²Disse-me: "Filho do homem, viste o que os anciãos da casa de Israel fazem no escuro, cada um na sua câmara revestida de pintura? Dizem: 'Iahweh não nos vê, Iahweh abandonou a terra'." ¹³E acrescentou: "Tu verás abominações ainda mais graves, que eles cometem".

---

a) Talvez a cidade de Jerusalém.
b) Possível alusão à futura deportação. Em lugar de "cadeia", *harattôq*, deve-se talvez supor um original *habbattôq*, "extermínio", que teria sido atenuado.
c) Estas palavras, ausentes do grego, poderiam ser adição tardia: em Ezequiel, nunca se fala em rei; só Deus reina em Israel (cf. 20,23), e o soberano, que não é mais que seu delegado, denomina-se "príncipe".
d) Setembro-outubro de 592.
e) "de um homem", grego; "do fogo", hebr.

f) Como em 1,26-28, é o próprio Iahweh que aparece ao profeta. No v. 4 não é mais do que "a Glória de Iahweh" (cf. ainda 1,28).
g) Ela mostrará ao profeta a culpabilidade de Jerusalém, mas não devido aos pecados passados ou em virtude de solidariedade jurídica com pecadores: são os seus próprios pecados e os seus pecados presentes que provocam o castigo iminente (cf. 14,12+).
h) O ciúme de Iahweh, irritado por toda prática idolátrica. Esse "ídolo do ciúme" talvez seja a estátua de Astarte, que Manassés introduzira no Templo (2Rs 21,7).

¹⁴Conduziu-me então à entrada do portal do Templo de Iahweh, que dá para o norte, e eis ali as mulheres sentadas a chorar por Tamuz.ᵃ ¹⁵E disse-me: "Viste, filho do homem? Mas verás abominações ainda mais graves do que estas".

¹⁶Dali conduziu-me para o átrio interior do Templo de Iahweh e eis, junto à entrada do santuário de Iahweh, entre o vestíbulo e o altar, cerca de vinte e cinco homens com as costas voltadas para o santuário de Iahweh e os seus rostos voltados para o oriente. Estavam prostrados para o oriente, diante do sol. ¹⁷Então me disse: "Por acaso reparaste, filho do homem? Por acaso é pouco para a casa de Judá cometer as abominações que ocorrem aqui? Mas eles ainda enchem a terra de violência, provocando a minha ira. Ei-los a chegar o ramo ao nariz.ᵇ ¹⁸Pois bem, também eu agirei com furor: os meus olhos não terão pena, eu não pouparei. Eles clamarão aos meus ouvidos em alta voz, mas eu não os escutarei".

9 O castigoᶜ —
¹Então gritou aos meus ouvidos em alta voz: "Os flagelos da cidade se aproximam, cada um com o seu instrumento exterminador na mão". ²E eis que seis homens vinham do caminho do pórtico superior, o qual dá para o norte, cada um com a sua arma de destruição na mão. Entre eles estava um homem vestido de linho, o qual trazia um estojo de escriba na cintura. Chegaram-se e puseram-se de pé junto ao altar de bronze. ³A Glória do Deus de Israel se ergueu de acima do querubim sobre o qual se encontrava, veio para o limiar do Templo e chamou o homem vestido de linho, que trazia na cintura o estojo de escriba, ⁴e Iahweh lhe disse: "Percorre a cidade, a saber, Jerusalém, e assinala com um sinalᵈ a testa dos homens que gemem e choram por causa de todas as abominações que se fazem no meio dela". ⁵Ouvi que dizia aos outros: "Percorrei a cidade atrás dele e feri. Não mostreis olhar de compaixão nem poupeis a ninguém. ⁶Velhos, moços, virgens, crianças, mulheres, matai-os, entregai-os ao exterminador. Mas não toqueis ninguém daqueles que trouxerem o sinal na fronte. Começai pelo meu santuário". Assim, começaram pelos velhos que estavam diante do Templo. ⁷E disse-lhes: "Profanai o Templo, enchei o átrio de mortos e saí". Eles saíram e puseram-se a ferir pela cidade.

⁸Pois bem, enquanto estavam ferindo, fui deixado só. Então caí com o rosto em terra e clamei, dizendo: "Ah, Senhor Iahweh, destruirás todo o resto de Israel, derramando o teu furor sobre Jerusalém?" ⁹A isto ele me disse: "A maldade da casa de Israel e de Judá é enorme; a terra está cheia de sangue e a cidade cheia de perversidade. Com efeito, eles dizem: 'Iahweh abandonou a terra, Iahweh não está vendo'. ¹⁰Eis por que também não lhes mostro olhar de compaixão nem os pouparei. Antes, farei cair sobre a sua cabeça os frutos do seu comportamento". ¹¹Nisto, o homem vestido de linho, que trazia o estojo de escriba na cintura, vinha de volta para dar contas do realizado, dizendo: "Agi de acordo com o que me ordenaste".

10
¹Olheiᵉ e eis sobre a abóbada que estava por cima da cabeça dos querubins, sim, por cima deles surgiu algo semelhante a uma pedra de safira, que tinha a aparência de um trono. ²Disse ele então ao homem vestido de linho: "Põe-te no meio das rodas, sob o querubim, enche a mão de brasas apanha-

---

a) Divindade assírio-babilônica de origem popular, célebre, sob o nome semítico de Adônis ("Meu senhor"), na mitologia mediterrânea. Todo ano, no mês de Tamuz (junho-julho), por ocasião da residência do deus nos infernos, celebrava-se o seu luto.
b) Não é possível definir com segurança o rito ao qual se faz alusão aqui.
c) A visão mostrará que o castigo não atingirá a todos indistintamente. Ele poupará os inocentes (cf. 14,12+).
d) Lit.: "com um *tav*" (última letra do alfabeto hebraico), conforme traduz a Vulg.
e) Após o extermínio dos habitantes, o aniquilamento da cidade.

das dentre os querubins e espalha-as por sobre a cidade". Ele assim fez sob a minha vista.

³Os querubins estavam em pé do lado direito do Templo quando o homem entrou, e a nuvem enchia o átrio interior. ⁴A Glória de Iahweh ergueu-se de sobre o querubim, movendo-se em direção ao limiar do Templo. Ao quê o Templo se encheu com a nuvem e o átrio ficou cheio do resplendor da Glória de Iahweh. ⁵O ruído das asas dos querubins podia ser ouvido até o átrio exterior, como a voz de El Shaddai quando ele fala.

⁶Ao dar esta ordem ao homem vestido de linho, dizendo: "Toma fogo do meio do carro, do meio dos querubins", este foi e se postou junto às rodas. ⁷O querubim estendeu a mão dentre os querubins, para o fogo que estava no meio dos querubins; ele o tomou e o colocou na mão do homem vestido de linho. Este o pegou e saiu. ⁸Então apareceu, sob as asas dos querubins, algo que tinha a forma de mão humana. ⁹Enquanto eu olhava, vi ali quatro rodas junto aos querubins, uma roda junto a cada um deles. O aspecto das rodas lembrava o brilho do crisólito. ¹⁰As quatro tinham o mesmo aspecto, como se uma estivesse no meio da outra. ¹¹Ao se moverem, caminhavam nas quatro direções, não se voltavam; antes, moviam-se na direção para a qual estava voltada a cabeça: não se voltavam enquanto caminhavam. ¹²O seu corpo todo, o dorso, as mãos, as asas, bem como as rodas, estavam cheios de olhos em torno (as quatro rodas). ¹³A estas rodas se deu o nome de "galgal",ᵃ conforme eu entendi. ¹⁴Cada uma tinha quatro faces, a primeira era face de querubim; a segunda, face de homem;ᵇ a terceira, face de leão; e a quarta, face de águia. ¹⁵Os querubins se erguiam: eram os mesmos animais que eu vira junto ao rio Cobar. ¹⁶Quando os querubins se moviam, as rodas moviam-se ao lado deles; quando os querubins levantavam as asas para se erguerem do solo, as rodas não se afastavam de junto deles. ¹⁷Quando paravam, elas paravam; quando se erguiam, elas se erguiam com eles, porque o espírito do animal estava nelas.

A Glória de Iahweh deixa o Templo — ¹⁸Em seguida a Glória de Iahweh saiu de sobre o limiar do Templo e pousou sobre os querubins. ¹⁹Os querubins levantaram as asas e se ergueram do solo, à minha vista. Ao saírem, as rodas estavam com eles. Detiveram-se junto à porta orientalᶜ do Templo de Iahweh, e a Glória do Deus de Israel estava sobre eles. ²⁰Este era o animal que eu vira sob o Deus de Israel, junto ao rio Cobar e conheci que eram querubins. ²¹Cada um tinha quatro faces e quatro asas, com formas semelhantes a mãos humanas sob as asas. ²²A forma das suas faces era semelhante às que eu vira junto ao rio Cobar.ᵈ Cada um deles se movia na direção da sua face.

11 *Ainda os pecados de Jerusalém*ᵉ

¹O espírito ergueu-me e trouxe-me para junto do pórtico oriental do Templo de Iahweh — aquele que dá para o oriente. Ora, ali junto da entrada do pórtico se encontravam vinte e cinco homens. Entre eles vi Jezonias, filho de Azur, e Feltias, filho de Banaías, príncipes do povo. ²Eleᶠ me disse: "Filho do homem, estes são os homens que tramam o mal e aconselham o mal nesta cidade, ³os quais dizem: 'O tempo de construir casas não está próximo! Isto aqui é uma panela e nós

---

a) Significação incerta; talvez "carro" (cf. 10,2.6), ou "turbilhão".
b) "a primeira", "a segunda", sir.; "a face do primeiro", "a face do segundo", hebr.
c) "Detiveram-se", versões; "ele se deteve", hebr. — A porta oriental é a que dá para o vale do Cedron e o monte das Oliveiras (cf. 11,23).
d) O hebr. acrescenta aqui "sua aparência e eles" (?), omitido pelo grego.
e) Trecho (11,1-21) que deve ser ligado ao cap. 8 (antes da aniquilação da cidade), a menos que ele seja repetição de 8,7s. A visão da partida de Iahweh (10,18-22) continua normalmente em 11,22-23.
f) Iahweh, como precisam o grego e sir.

somos a carne'.*a* ⁴Profetiza, pois, contra eles, sim, profetiza, filho do homem". ⁵Então o espírito de Iahweh pousou sobre mim e me disse: Fala! Eis o que diz Iahweh: É isto que andais dizendo, casa de Israel. Conheço as vossas maquinações. ⁶Multiplicastes os vossos mortos nesta cidade, sim, enchestes as ruas de mortos. ⁷Pois bem, assim fala o Senhor Iahweh: Os mortos que semeastes no seu meio são a carne e ela é a panela, mas eu vos farei sair dela. ⁸Tendes medo da espada? Pois é a espada que eu trarei sobre vós, oráculo do Senhor Iahweh. ⁹Eu vos farei sair dela e vos entregarei nas mãos de estrangeiros e executarei justiça contra vós. ¹⁰Caireis à espada no território de Israel; eu vos julgarei e sabereis que sou Iahweh. ¹¹Não será esta cidade que será para vós uma panela, nem vós sereis a carne no meio dela. Antes, será no território de Israel que executarei o meu julgamento sobre vós. ¹²Sabereis assim que sou Iahweh, em cujos estatutos não andastes e cujos costumes não observastes; antes, observastes os costumes dos povos que vos cercam.

Dt 12,29-30

¹³Ora, enquanto eu profetizava, Feltias, filho de Banaías, morreu. A isto caí com o rosto em terra e clamei em alta voz, dizendo: "Ah! Senhor Iahweh, extinguirás todo o resto de Israel?"

9,8 +

A nova aliança prometida aos exilados — ¹⁴A palavra de Iahweh me foi dirigida nestes termos: ¹⁵"Filho do homem, os moradores de Jerusalém dizem aos teus irmãos, aos teus parentes e a toda a casa de Israel: "Vós estais longe de Iahweh; foi a nós que Deus deu a terra como patrimônio".*b* ¹⁶Portanto, dize: Eis o que diz o Senhor Iahweh: É verdade, afastei-os para longe entre as nações, espalhei-os por terras estrangeiras, mas, por esse pouco de tempo, tenho sido para eles um santuário, nas terras para as quais eles se mudaram. ¹⁷Dirás, portanto: Eis o que diz o Senhor Iahweh a eles: Eu vos ajuntarei de entre os povos, reunir-vos-ei das terras, nas quais fostes espalhados e vos darei a terra de Israel. ¹⁸Chegando aí, removerão dela todos os objetos detestáveis do culto pagão e todas as abominações. ¹⁹Eu lhes darei um só coração, porei no seu íntimo*c* um espírito novo: removerei do seu corpo o coração de pedra, e lhes darei um coração de carne, ²⁰a fim de que andem de acordo com os meus estatutos e guardem as minhas normas e as cumpram. Então serão o meu povo e eu serei o seu Deus. ²¹Quanto àqueles cujo coração*d* se entrega a um culto detestável e a abominações, farei cair sobre as suas cabeças o seu pecado, oráculo do Senhor Iahweh.

Jr 24

33,24

36,19

Dt 30,3-5
Ez 36,24-25

18,31; 36,26
Sl 5,12-14
Jr 4,4 +

Dt 30,6-8
Ez 44,7;
36,27
Jr 31,31 +

A Glória de Iahweh deixa Jerusalém — ²²Então os querubins ergueram as asas, enquanto com eles, ao seu lado, iam as rodas, e a Glória do Deus de Israel estava por cima, sobre eles. ²³A Glória de Iahweh elevou-se do meio da cidade e pousou em cima do monte que ficava para o oriente.

1,28 +
Ex 24,16 +

---

a) V. de interpretação difícil. Se seguirmos o grego, lendo a primeira frase como interrogação, podemos compreender que Ezequiel denuncia a falsa segurança dos que acreditam ter escapado ao desastre e sonham em se instalar. A imagem da carne na panela, retomada e desenvolvida em 24,1-4, representaria, por sua vez, a segurança enganosa dos que agora se creem abrigados, como a carne protegida das chamas. Conservando o TM, vê-se, pelo contrário, a denúncia por Ezequiel de derrotismo exagerado. O desenvolvimento pelo profeta, da imagem da panela, nos vv. seguintes, aumentaria então esse pessimismo ao anunciar todas as desgraças provocadas por tal falta de confiança (cf. v. 8). Pode se tratar, enfim, da reação egoísta dos que pensam tirar proveito da situação criada pela primeira deportação: inútil construir casas, basta ocupar as que foram abandonadas; inútil doravante inquietar-se, a desgraça não atingirá mais os que puderam ficar em Jerusalém. Seja como for, Ezequiel lembra que o perigo não está afastado.

b) Os habitantes de Jerusalém, poupados pela deportação, julgavam-se a elite do povo. Já antes, Jeremias combatia essa presunção ao anunciar (Jr 24) que os deportados seriam preferidos por Iahweh. Ezequiel acrescenta que a posse do Templo pouco importa, pois Iahweh pode ser para os exilados "um santuário" em terra estrangeira (cf. 1,3+).

c) "no seu", versões; "em vós", hebr. — "um só coração", ou talvez "um outro coração", grego, ou "um coração novo", sir. (cf. 18,31; Jr 4,4+).

d) "àqueles cujo coração", Vulg., Targ.; "e para o coração que", hebr.

³,¹² ²⁴O espírito ergueu-me e trouxe-me para junto dos caldeus, aos exilados, em uma visão enviada pelo espírito de Deus, enquanto a visão de que eu fora testemunha se afastou de mim. ²⁵Aí contei aos exilados*ᵃ* tudo aquilo que Iahweh me mostrara.

12 A mímica do emigrante*ᵇ*

Jr 18,1
2,5-7
Is 6,10
Jr 5,21

— ¹A palavra de Iahweh me foi dirigida nestes termos: ²Filho do homem, tu habitas no meio de uma casa de rebeldes, que têm olhos para ver, mas não veem, têm ouvidos para ouvir, mas não ouvem. Com efeito, são uma casa de rebeldes. ³Pois bem, tu, filho do homem, arruma a tua bagagem de exilado e em pleno dia, sob os seus olhares, parte para o exílio, parte, sob os seus olhares, de um lugar para outro. Talvez, desse modo percebam que são uma casa de rebeldes. ⁴Arrumarás a tua bagagem como a bagagem de um exilado, em pleno dia, sob os seus olhares, e ao anoitecer sairás, sob os seus olhares como os que saem para o exílio. ⁵Ainda, sob os seus olhares, abrirás um buraco no muro e sairás por ele.*ᶜ* ⁶Sob os seus olhares, porás a tua carga sobre os ombros e sairás quando já estiver escuro, cobrindo o rosto para não veres a terra, porque te ponho como presságio para a casa de Israel.

Is 8,18 +
Jr 18,1 +

⁷Agi de acordo com a ordem que recebi. Tirei para fora a bagagem, como a bagagem de um exilado, em pleno dia, e ao anoitecer furei o muro com a mão. Em seguida, saí*ᵈ* no escuro, pondo sobre os ombros a carga, sob os seus olhares.

⁸De manhã, me foi dirigida a palavra de Iahweh, nestes termos: ⁹Filho do homem, a casa de Israel, esta casa de rebeldes, não te perguntou: "Que fazes aí?" ¹⁰Pois tu lhes dirás: Eis o que diz o Senhor Iahweh:*ᵉ* Este oráculo se refere a Jerusalém e a toda a casa de Israel que reside no meio deles. ¹¹Dize: Eu sou um presságio para vós: como fiz, assim será feito a eles; irão para o exílio, para o cativeiro. ¹²O príncipe que está entre eles porá sobre os ombros sua carga, no escuro, e sairá pelo muro em que se tiver aberto um buraco para a sua saída. Ele cobrirá o rosto, a fim de não ver com os seus olhos a terra.*ᶠ*

= 17,20

¹³Estenderei a minha rede sobre ele, de modo que seja apanhado nas minhas malhas, e o conduzirei para Babilônia, para a terra dos caldeus, mas ele não chegará a vê-la, e morrerá ali.

Lv 26,33

¹⁴Todo o seu cortejo, a sua guarda e as suas tropas, espalhá-los-ei a todos os ventos e desembainharei atrás deles a espada. ¹⁵Saberão assim que eu sou Iahweh, quando os dispersar pelas nações

Is 4,3 +

e os espalhar por muitas terras. ¹⁶Deixarei, contudo, dentre eles certo número dos que escaparem à espada, à fome e à peste, a fim de que contem entre as nações, pelas quais se dispersarem, todas as suas abominações e elas saberão que sou Iahweh.

4,16

¹⁷A palavra de Iahweh me foi dirigida nestes termos: ¹⁸Filho do homem, tu comerás o teu pão com tremor e beberás a tua água com inquietude e angústia.*ᵍ* ¹⁹E dirás ao povo da terra: Assim diz o Senhor Iahweh aos habitantes de Jerusalém espalhados pela terra de Israel: Eles comerão o seu pão com angústia e beberão a sua água com pavor, a fim de que a terra e os que

---

a) Os vv. 24-25 correspondem a 8,3: o profeta, que fora transportado para Jerusalém a fim de ali ter as visões dos caps. 8-11, é reconduzido pelo espírito ao seu local de exílio.

b) Esta nova ação simbólica, executada em silêncio, anuncia a próxima deportação do povo de Jerusalém.

c) "sairás", versões; "levarás", hebr.; da mesma forma no v. 6.

d) "saí", versões; "levei", hebr.

e) Antes de "Este oráculo" (*hammassa'*), omite-se "o príncipe" (*hannasi'*), ditografia.

f) Há talvez aqui, ao mesmo tempo, o anúncio da saída que será tentada por Sedecias e seu exército através de brecha da muralha (2Rs 25,4s), e o do cativeiro do rei, ao qual serão vazados os olhos antes de ser levado para Babilônia (2Rs 25,7).

g) Talvez nova ação simbólica: imitar, com o ato de comer, o tremor e o pavor.

nela se encontrem sejam libertados[a] da violência dos seus habitantes. ²⁰As cidades povoadas ficarão devastadas e a terra se reduzirá a uma desolação. Então sabereis que eu sou Iahweh.

Provérbios populares — ²¹A palavra de Iahweh me foi dirigida nestes termos: ²²Filho do homem, que provérbio é este que repetis na terra de Israel e que diz:

"Os dias vão passando, cessa toda a visão"?[b] ²³Pois bem, dize-lhes: Assim diz o Senhor Iahweh: Farei cessar este provérbio: já não o repetirão em Israel. Dize-lhes ainda:

2Pd 3,3-4

Aproximam-se os dias em que toda visão há de se cumprir. ²⁴Com efeito, já não haverá visão vã nem presságio mentiroso na casa de Israel, ²⁵porque eu mesmo, Iahweh, falarei: O que eu disser estará dito e se cumprirá; não tardará, porque será nos vossos dias, ó casa de rebeldes, que pronunciarei uma palavra e a cumprirei, oráculo do Senhor Iahweh.

²⁶A palavra de Iahweh me foi dirigida nestes termos: ²⁷Filho do homem, eis que a casa de Israel diz: "A visão que ele tem é para dias remotos; ele profetiza para tempos distantes". ²⁸Pois bem, podes dizer-lhes: Assim diz o Senhor Iahweh: Nenhuma das minhas palavras demorará para se realizar. O que eu disser estará dito e será cumprido, oráculo do Senhor Iahweh.

Ap 10,6
Jr 1,11-12

13 ***Contra os falsos profetas*** — ¹A palavra de Iahweh me foi dirigida nestes termos: ²Filho do homem, profetiza contra os profetas de Israel; profetiza[c] e dize aos que profetizam segundo o seu próprio coração: Ouvi a palavra de Iahweh: ³Assim fala o Senhor Iahweh: Ai dos profetas insensatos, que andam segundo o seu próprio espírito e nada veem. ⁴Os teus profetas, ó Israel, são como raposas no meio de ruínas.

Jr 14,13-16;
23,9-40;
27,9-10.
16-18; 28

⁵Não subistes às brechas, não construístes uma muralha, a fim de que a nação de Israel pudesse resistir na guerra, no dia de Iahweh. ⁶Têm visões vãs e um presságio mentiroso aqueles que dizem: "Oráculo de Iahweh", quando Iahweh não os enviou e, no entanto, esperam que a sua palavra se confirme! ⁷Não é assim que tendes visões vãs e fazeis presságios mentirosos, ao dizerdes: "Oráculo de Iahweh", apesar de eu não vos ter falado?

Am 5,18 +

⁸Pois bem, assim diz o Senhor Iahweh: Por causa das vossas palavras vãs e das vossas visões mentirosas, certamente estou contra vós, oráculo do Senhor Iahweh. ⁹Estenderei a minha mão contra os profetas que têm visões vãs e presságios mentirosos: Eles não serão admitidos no conselho do meu povo, nem serão inscritos no livro da casa de Israel, nem voltarão à terra de Israel, e sabereis que eu sou o Senhor Iahweh. ¹⁰Com efeito, eles desencaminham o meu povo, ao dizerem: "Paz"[d] e não há paz. Enquanto ele constrói uma parede, ei-los a rebocá-la com argamassa.[e] ¹¹Dize aos que rebocam com argamassa:[f] Basta que haja uma chuva torrencial, que caia uma chuva de pedra,[g] que se desencadeie um vento tempestuoso, ¹²e o muro irá ao chão! Porventura não vos dirão: "Onde está a argamassa com que rebocastes?" ¹³Pois bem, assim diz o Senhor Iahweh: Eu farei desencadear um vento tempestuoso; uma chu-

Jr 6,14 +

22,28

---

a) "a terra e os que nela se encontrem (lit.: o que a enche) sejam libertados", grego; "a terra seja libertada do que a enche", hebr.
b) Os oráculos ameaçadores de Ezequiel, portanto, eram ouvidos com ceticismo. Ezequiel inverterá o provérbio: o castigo iminente.
c) "profetiza", grego; "que profetizavam", hebr.
d) A "paz" não é somente a ausência de ameaças externas, mas também a prosperidade e a concórdia na sociedade (cf. Jr 6,14+).
e) Ezequiel reprova aos falsos profetas seu otimismo falacioso. Jerusalém é como casa ameaçada pelos elementos desencadeados; quando seria necessário reparar a sério o edifício, alguns se limitariam a disfarçar as rachaduras com simples reboco.
f) O hebr. acrescenta "ele cairá", ditografia.
g) Após "que caia", o hebr. acrescenta "enviei" (?).

va torrencial sobrevirá em virtude da minha ira, e chuva de pedra em minha fúria devastadora. ¹⁴Arrasarei o muro que rebocastes de argamassa e o porei à terra. Os seus alicerces ficarão à vista. Ele cairá e vós perecereis debaixo dele e sabereis que eu sou Iahweh.

¹⁵Quando tiver saciado minha ira no muro e nos que o rebocaram de argamassa, então vos direi: "O muro já não existe, nem aqueles que o rebocavam", ¹⁶isto é, os profetas de Israel que profetizam a respeito de Jerusalém, tendo visões de paz sobre ela, quando não há paz, oráculo do Senhor Iahweh.

As falsas profetisas — ¹⁷Agora, filho do homem, volta-te contra as filhas do teu povo que profetizam segundo o seu próprio coração. Profetiza contra elas,*ᵃ* ¹⁸dizendo: Assim diz o Senhor Iahweh: Ai das que cosem faixas em todos os punhos*ᵇ* e fabricam véus para a cabeça de pessoas de toda estatura, a fim de seduzir almas! Seduzis as almas do meu povo, mas não conseguis assegurar a vida das vossas próprias almas? ¹⁹Vós me desonrais perante o meu povo por um punhado de cevada, por alguns pedaços de pão, entregando à morte pessoas que não devem morrer e poupando a vida aos que não devem viver, com as vossas mentiras dirigidas ao meu povo que dá ouvidos à mentira.

²⁰Pois bem, assim diz o Senhor Iahweh: Eis que tomarei as faixas com que seduzis as almas como pássaros e arrancá-las-ei de sobre os vossos braços e soltarei as almas que seduzistes como pássaros.*ᶜ* ²¹Rasgarei os vossos véus e libertarei o meu povo de vossas mãos para que não torne a ser presa nas vossas mãos e sabereis que eu sou Iahweh.

²²Por terdes intimidado o coração do justo com mentiras, quando eu não o afligi, e por terdes fortalecido as mãos do ímpio, para que ele não se tivesse voltado do seu mau caminho a fim de buscar a vida, ²³por tudo isso não continuareis a ter visões vãs, nem a fazer presságios. Antes, libertarei o meu povo das vossas mãos e sabereis que eu sou Iahweh.

14 *Contra a idolatria* — ¹Alguns anciãos de Israel vieram ter comigo e puseram-se sentados na minha presença. ²A palavra de Iahweh me foi dirigida nestes termos: ³Filho do homem, estes homens deram lugar de honra no seu coração aos seus ídolos imundos e puseram diante de si o tropeço da sua iniquidade. Hei de permitir ainda que me consultem? ⁴Antes, fala com eles e dize-lhes: Assim diz o Senhor Iahweh: Todo homem da casa de Israel que der lugar de honra no seu coração aos seus ídolos imundos e puser diante de si o tropeço da sua iniquidade vier procurar o profeta, serei eu mesmo, Iahweh, que lhe responderei, por causa dos seus muitos ídolos imundos, ⁵a fim de apoderar-me do coração da casa de Israel, a qual se alienou de mim por causa de todos os seus ídolos imundos.

⁶Portanto, dize à casa de Israel: Assim diz o Senhor Iahweh: Voltai, desviai-vos dos vossos ídolos imundos, desviai os vossos rostos de todas as vossas abominações, ⁷porque a todo homem da casa de Israel ou dentre os estrangeiros que vivem em Israel,*ᵈ* que se afastar de mim, dando lugar de honra no seu coração aos seus ídolos imundos, e pondo diante da sua face o tropeço da sua iniquidade, e que vier ao profeta para me consultar, serei eu, Iahweh,

---

a) Às censuras já feitas aos falsos profetas acrescentam-se aqui alusões, obscuras para nós, a práticas, sem dúvida, mágicas ou idolátricas.
b) "todos os punhos", versões; "todos os meus punhos", hebr.
c) O termo hebraico *leporehot*, repetido no fim do v., é muito difícil. A ideia de "broto", "brotar", evocada pela raiz *parah*, não dá nenhum sentido. A ideia de "voar", "volátil", sugerida pelo aramaico e induzida pelo verbo, é mais satisfatória. Deve-se tratar ainda de práticas mais ou menos mágicas, que nos escapam. No grego, essa palavra, que falta na primeira vez, é traduzida, no fim do v., "para a dispersão". — Antes do segundo "como pássaros", omite-se "as almas" (sob forma anormal); provável ditografia.
d) O estrangeiro estabelecido em Israel (cf. Ex 12,48+) é juridicamente assimilado ao israelita, segundo a legislação de Ezequiel (47,22).

que lhe responderei.[a] ⁸Porei o meu rosto contra esse homem, farei dele sinal e provérbio, riscando-o do seio do meu povo, e sabereis que eu sou Iahweh. ⁹E se o profeta se deixar seduzir e pronunciar uma palavra, eu, Iahweh, seduzirei esse profeta[b] e estenderei a minha mão contra ele, exterminando-o do seio do meu povo, Israel. ¹⁰Ambos levarão sobre si a sua iniquidade. Como será a iniquidade do consultante, tal será a iniquidade do profeta. ¹¹Deste modo a casa de Israel não tornará a desviar-se de mim, nem se contaminará mais com todas as suas transgressões. Serão então o meu povo e eu serei o seu Deus, oráculo do Senhor Iahweh.

***Responsabilidade pessoal*[c]** — ¹²A palavra de Iahweh me foi dirigida nestes termos: ¹³Filho do homem, se uma terra pecar contra mim, agindo com infidelidade, e eu estender a minha mão contra ela para destruir a sua reserva de pão, trazendo sobre ela a fome e exterminando dela homens e animais, ¹⁴ainda que estejam ali estes três homens, a saber, Noé, Danel e Jó,[d] eles, em virtude de sua justiça, salvarão as suas almas, oráculo de Iahweh. ¹⁵Mas, se eu soltasse na terra animais ferozes, e a privasse dos seus filhos e ela se reduzisse a uma solidão, não havendo ninguém que pudesse passar por ela, por causa dos animais ferozes, ¹⁶e esses três homens se encontrassem nela, por minha vida — oráculo do Senhor Iahweh — certamente eles não conseguiriam salvar os seus filhos e as suas filhas. Antes, só eles seriam salvos, enquanto a terra seria reduzida a uma solidão. ¹⁷Se eu trouxesse a espada contra esta terra e dissesse: "Uma espada há de atingir a terra e com ela hei de ferir homens e animais", ¹⁸e esses três homens estivessem nela, por minha vida — oráculo do Senhor Iahweh — eles não conseguiriam salvar nem seus filhos nem suas filhas; antes, só eles seriam salvos. ¹⁹Ou ainda, caso eu enviasse uma peste a esta terra e derramasse a minha cólera com sangue sobre eles, extirpando dela homens e animais, ²⁰e Noé, Danel e Jó se encontrassem aí, por minha vida — oráculo do Senhor Iahweh — certamente

18; 33,10-20

Gn 18,22-33

---

a) Iahweh recusa-se a responder por meio do seu profeta às consultas dos israelitas infiéis. Responder-lhes-á "em pessoa": castigando-os.

b) Quer dizer: se o profeta se deixar seduzir, é porque eu o deixei sucumbir à sedução, visto que decidira a sua perda.

c) Este texto, com os caps. 18 e 33,10-20, marca progresso decisivo no desenvolvimento da doutrina moral do AT. Os antigos textos consideravam sobretudo o indivíduo como integrado à família, à tribo, mais tarde à nação. Noé (Gn 6,18) é salvo junto com os seus. Abraão, chamado por Deus (Gn 12), arrasta consigo para Canaã o seu clã inteiro. Essa concepção também se aplicava à responsabilidade e à retribuição. Se Abraão (Gn 18,22-23) intercede por Sodoma, não é para que os justos sejam separados e poupados, mas para que, atuando a solidariedade em sentido contrário, eles evitem até aos maus *o merecido castigo*. Parecia normal que uma cidade ou nação fosse castigada em bloco, os justos com os pecadores, e que a sorte dos filhos correspondesse à conduta dos pais (Ex 20,5; Dt 5,9; 7,10, cf. Jr 31,29 = Ez 18,2). Porém, a pregação dos profetas tinha que dar ênfase ao individual e aplicar assim um corretivo aos velhos princípios. Embora Jeremias apenas entrevê no futuro a superação da solidariedade das gerações na culpa e na sanção (Jr 31,29-30), já o Deuteronômio protesta contra o castigo dos filhos por causa dos pais (Dt 24,16; cf, 2Rs 14,6). Enfim, Ezequiel (havendo recebido, na visão dos caps. 8-10, a certeza de que o castigo iminente de Jerusalém corresponde aos seus pecados presentes) torna-se o campeão e como que o teórico da responsabilidade pessoal. A salvação de um homem ou sua perda não dependem dos seus antepassados nem dos seus próximos, sequer do seu próprio passado. Só as disposições atuais do coração entram em linha de conta diante de Iahweh. Tais afirmações radicalmente individualistas serão, por sua vez, corrigidas pelo princípio de solidariedade expresso pelo 4º cântico do Servo (Is 52,13-53,12; cf. Is 42,1+). Por outro lado, aplicadas com rigor numa perspectiva puramente temporal, elas deviam ser contraditadas pela experiência cotidiana (cf. Jó), e essa contradição chama novo progresso, que será traduzido pela revelação de retribuição além-túmulo (cf. Introdução aos livros sapienciais). Enfim, o NT (em especial são Paulo), ao fundamentar a esperança do cristão na solidariedade pela fé com o Cristo ressuscitado, satisfará ao mesmo tempo à reivindicação individualista de Ezequiel e a lei da solidariedade, no pecado e na redenção da humanidade criada e salva por Deus.

d) Três heróis populares, que a tradição israelita conhecia bem: Noé, cuja lembrança é conservada pelos relatos de Gn 6-9; Jó, cuja lenda devia inspirar um dos mais belos poemas bíblicos; finalmente Danel, desconhecido da Bíblia (exceto Ez 28,3), mas cuja sabedoria e justiça eram celebradas pelos poemas de Ras-Shamra.

em virtude da sua justiça não conseguiriam salvar nem filho, nem filha, mas apenas as próprias vidas.

²¹Com efeito, assim diz o Senhor Iahweh: Do mesmo modo, ainda que eu envie a Jerusalém meus quatro castigos terríveis, a saber, a espada, a fome, os animais ferozes e a peste, a fim de extirpar dela homens e animais, ²²sobrará nela um resto que conseguirá escapar — filhos e filhas —, trazidos para fora. Eis que saem a ter convosco e podereis ver o seu comportamento e os seus atos. Certamente vos consolareis do mal que eu trouxe sobre Jerusalém, sim, de tudo quanto eu trouxe contra ela. ²³Eles vos consolarão, quando virdes o seu comportamento e os seus atos, e sabereis que não foi em vão que fiz tudo quanto nela fiz — oráculo do Senhor Iahweh.

Is 5,1 +

15 Parábola da vinha —
¹A palavra de Iahweh me foi dirigida nestes termos:
²Filho do homem, por que a parreira seria mais preciosa
do que todas as plantas sarmentosas que se encontram
entre as árvores do bosque?
³Por acaso se tira dela madeira para fazer alguma coisa?
Ou tira-se dela uma estaca que possa servir para pendurar alguma coisa?
⁴Ei-la lançada no fogo para ser consumida.
O fogo consome-lhe as duas extremidades.
A parte média fica queimada; porventura servirá ainda
para alguma coisa?[a]
⁵Já quando estava intacta, nada se podia fazer com ela;
quanto mais agora que o fogo a consumiu
e ela ficou queimada, que se pode fazer ainda com ela?
⁶Pois bem, assim diz o Senhor Iahweh:
Como aconteceu com a parreira entre as árvores do bosque,
a qual pus no fogo para ser consumida,
assim tratei os habitantes de Jerusalém.
⁷Voltei a minha face contra eles.
Escaparam do fogo, mas o fogo há de consumi-los,
e sabereis que eu sou Iahweh, quando puser a minha face contra eles.
⁸Farei da terra uma desolação, visto que cometeram infidelidades,
oráculo do Senhor Iahweh.

23
Os 1-3
Is 12,1
Jr 2,2; 3,6s
Mt 28,2-14;
25,1-13
Jo 3,29
Ef 5,25-33
Ap 17

16 História simbólica de Jerusalém[b] —
¹A palavra de Iahweh me foi dirigida nestes termos: ²Filho do homem, mostra a Jerusalém todas as suas abominações. ³Tu lhe dirás: Assim diz o Senhor Iahweh a Jerusalém: Por tua origem e por teu nascimento, tu procedeste da terra de Canaã. Teu pai era amorreu e tua mãe, heteia. ⁴Por ocasião do teu nascimento, ao vires ao mundo, não cortaram teu cordão umbilical, não foste lavada para a tua purificação, não foste esfregada com sal, nem foste enfaixada. ⁵Nenhum olhar de piedade pousou sobre ti, disposto a fazer-te qualquer dessas coisas por compaixão de ti. No dia em que nasceste foste atirada ao pleno campo, tal era a indiferença que te mostravam.

---

a) Condensando a comparação: Israel foi amputado do território da Samaria em 720, e o de Judá em 597. A própria Jerusalém (a "parte média") não está mais intacta, pois já sofreu um cerco e uma deportação.
b) Israel, esposa infiel de Iahweh, "prostituída" aos deuses estrangeiros: imagem corrente, desde Oseias, na literatura profética (cf. Os 1,2+). Ezequiel desenvolve-a em extensa alegoria (retomada no cap. 23 sob outra forma), que reproduz toda a história de Israel (o cap. 20, cf. 22, narra em linguagem clara os mesmos acontecimentos). Ela termina (vv. 60-63), como em Oseias, pelo perdão gratuito do esposo que firma nova aliança. Assim se anunciam as núpcias messiânicas, cuja imagem será retomada pelo NT.

⁶Ao passar junto de ti, eu te vi a estrebuchar no teu próprio sangue. Vendo-te envolta em teu sangue, eu te disse: "Vive!"*a* ⁷Fiz com que crescesses como a erva do campo. Cresceste, te fizeste grande, chegaste à idade núbil.*b* Os teus seios se firmaram, a tua cabeleira tornou-se abundante, mas estavas inteiramente nua. ⁸Passei junto de ti e te vi. Era o teu tempo, tempo de amores, estendi a aba da minha capa sobre ti e ocultei a tua nudez; comprometi-me contigo por juramento e fiz aliança contigo — oráculo do Senhor Iahweh — e te tornaste minha. ⁹Banhei-te com água, lavei o teu sangue e te ungi com óleo. ¹⁰Eu te cobri com vestes bordadas, te calcei com sapatos de couro fino, eu te cingi com uma faixa de linho e te cobri com seda. ¹¹Eu te cobri de enfeites: pus braceletes nos teus punhos e um colar no teu pescoço; ¹²pus uma argola no teu nariz e brincos nas tuas orelhas e um belo diadema na tua cabeça. ¹³Tu te enfeitaste de ouro e prata; teus vestidos eram de linho, seda e bordados. Alimentavas-te de flor de farinha, mel e azeite. Assim te tornavas cada vez mais bela, até assumires ares de realeza. ¹⁴Tua fama se espalhou entre as nações, por causa da tua beleza que era perfeita, devido ao esplendor com que te cobrias, oráculo do Senhor Iahweh.

Os 2,5

Dt 23,1 +
Ex 19,1 +

Dt 32,13

¹⁵Puseste tua confiança na tua beleza e, segura de tua fama, te prostituíste, prodigalizando as tuas prostituições a todos os que apareciam.*c* ¹⁶Tomaste dentre os teus vestidos e com eles fizeste lugares altos e de várias cores*d* e aí te prostituíste.*e* ¹⁷Tomaste teus enfeites de ouro e prata, que eu te dera, e com eles fabricaste imagens de homens, com os quais te prostituíste. ¹⁸Tomaste também teus vestidos bordados e as cobriste. Ofereceste o meu azeite e meu incenso diante delas. ¹⁹O pão que te dei — a flor de farinha —, o azeite e o mel com que te alimentei, tu os ofereceste diante delas como um perfume destinado a apaziguá-las.

Dt 31,16;
32,15
Is 57,8

Os 2,10
Ex 32,2s

Sucedeu — oráculo do Senhor Iahweh — ²⁰que tomaste teus filhos e tuas filhas que me tinhas dado à luz e os imolaste a elas, a fim de que os comessem. Seria isto menos grave do que as tuas prostituições? ²¹Mataste meus filhos e os fizeste passar pelo fogo, oferecendo-os a elas. ²²No meio de todas as tuas abominações e prostituições não te lembraste da tua juventude, quando estavas completamente nua, a debater-te no teu sangue.

Lv 18,21 +

²³Mas para acúmulo de toda a tua maldade — ai! ai de ti! — oráculo do Senhor Iahweh — ²⁴edificaste para ti uma colina, fizeste para ti lugares altos por toda parte. ²⁵Por todas as tuas ruas ergueste lugares altos, a fim de profanares tua beleza e exibires tuas coxas a todos os passantes. Deste modo multiplicaste tuas prostituições. ²⁶Tu te prostituíste com os egípcios, teus vizinhos corpulentos, multiplicando as tuas prostituições para me encheres de mágoa. ²⁷Então estendi a minha mão contra ti, reduzi o teu alimento e entreguei-te aos caprichos das filhas dos filisteus,*f* as quais te odeiam, que se envergonham do teu comportamento despudorado. ²⁸Por não te teres saciado, te prostituíste com os assírios. Sim, tu te prostituíste com eles, mas nem assim te saciaste;*g* ²⁹multiplicaste as tuas prostituições com os caldeus, com a terra dos mercadores, mas nem assim ficaste saciada.

Dt 12,2 +

Is 30; 31

2Rs 21,1-18
2Cr 33,1-10

---

a) O hebr. repete por ditografia "e eu te disse...: Vive!" — A criança permanece manchada de sangue e cresce como selvagem, até a aliança do Sinai, descrita sob a figura de casamento (vv. 8s).
b) "Fiz com que crescesses", lit.: "fiz de ti multidão". — "à idade núbil" *beʿet ʿiddîm*, conj.: "com as mais belas joias": *baʿadî ʿadayîm*, hebr.
c) O hebr. acrescenta aqui: "que isso lhe aconteça" (?), omitido por uma parte do grego e pelo sir.
d) Talvez se deva compreender: "tendas em lugares altos".
e) O hebr. acrescenta aqui quatro palavras de sentido incerto; lit.: "não entrando, e isso não acontecerá", glosa de texto embaraçoso.
f) As cidades da costa filisteia aproveitaram-se dos reveses de Judá para engrandecer-se à custa dele, sob Acaz, de acordo com 1Cr 28,18, sob Ezequias, de acordo com os Anais de Senaquerib, e talvez depois da primeira deportação (cf. Jr 13,19 e aqui, 25,15-17).
g) Em especial sob o reinado de Manassés, quando as alianças estrangeiras provocavam o desenvolvimento da idolatria.

³⁰Como era fraco o teu coração^a — oráculo do Senhor Iahweh — fazendo tudo isso, ação própria de uma prostituta insaciável! ³¹Contudo, ao edificares tuas^b colinas por todas as ruas, ao fazeres teus lugares altos por toda parte, não agias como uma prostituta, pois que desprezavas a paga. ³²A mulher adúltera acolhe estranhos em lugar do marido. ³³É costume dar um presente a todas as prostitutas, mas, quanto a ti, tu és que dás presentes a todos os teus amantes, presenteando-os, a fim de que venham de todos os lugares em torno buscando as tuas prostituições. ³⁴Assim, contigo sucedia o contrário do que costuma suceder com as demais mulheres: ninguém corria atrás de ti; antes, eras tu quem lhes dava a paga, não eram eles que a davam a ti. Nisto eras diferente das outras.

³⁵Pois bem, prostituta, ouve a palavra de Iahweh: ³⁶Assim fala o Senhor Iahweh: Visto que dilapidaste o teu dinheiro^c e descobriste a tua nudez em tuas prostituições com os teus amantes e com todos os teus ídolos imundos, e pelo sangue^d dos teus filhos que lhes deste, ³⁷por tudo isso hei de reunir todos os teus amantes, aos quais agradaste, todos aqueles que amaste e todos aqueles que odiaste, reuni-los-ei a todos e descobrirei a tua nudez, para que a vejam toda. ³⁸Impor-te-ei o castigo das adúlteras e das que derramam sangue: entregar-te-ei em sangue, com furor e ciúme,^e ³⁹entregar-te-ei às suas mãos e eles deitarão por terra a tua colina, arrasarão os teus lugares altos, despir-te-ão de teus vestidos, tomarão os teus adornos e te deixarão totalmente nua. ⁴⁰Então excitarão contra ti a assembleia, te apedrejarão e te trespassarão à espada, ⁴¹porão fogo às tuas casas e executarão juízo contra ti, sob o olhar de uma multidão de mulheres, pondo fim às tuas prostituições, e não voltarás a distribuir paga. ⁴²Assim saciarei a minha ira contra ti e o meu zelo se desviará de ti, acalmar-me-ei e já não sentirei mágoa contra ti. ⁴³Visto que não te lembraste dos dias da tua juventude, antes, me irritaste com todas essas coisas, também eu farei com que caia sobre a tua cabeça o teu comportamento — oráculo do Senhor Iahweh. Porventura não cometeste esta infâmia ignóbil, além de todas as tuas abominações?

⁴⁴Eis que todo compositor de provérbios dirá a teu respeito este provérbio: "Tal mãe, tal filha".

⁴⁵Tu és bem a filha da tua mãe, que detestava o marido e os filhos; tu és bem a irmã das tuas irmãs,^f que detestavam os maridos e os filhos. Vossa mãe era heteia e o vosso pai, amorreu.

⁴⁶Tua irmã mais velha é Samaria, que, junto com as suas filhas, mora à tua esquerda. Tua irmã mais nova, que mora à tua direita,^g é Sodoma, com suas filhas. ⁴⁷Tu não deixaste de imitar o comportamento delas, nem de cometer suas abominações.^h Antes, te mostraste mais corrupta do que elas no teu comportamento. ⁴⁸Por minha vida — oráculo do Senhor Iahweh — Sodoma, tua irmã, e suas filhas não agiram como tu e tuas filhas. ⁴⁹Eis em que consistia a iniquidade de Sodoma, tua irmã: na voracidade com que comia o seu pão, na despreocupação tranquila com que ela e suas filhas usufruíam os seus bens, enquanto não davam nenhum amparo ao pobre e

---

a) Texto incerto. O termo hebraico *libbah*, no qual se vê uma forma de *leb* ou *lebab*, "coração", poderia compreender-se conforme o assírio-babilônico no sentido de "cólera". Conviria então traduzir (corrigindo-se a vocalização): "Estou cheio de cólera contra ti".
b) "ao edificares tuas": *bibenôtek*, versões; "em tuas filhas", *bibenôtayik*, hebr.
c) "dilapidaste o teu dinheiro", lit.: "espalhaste o teu bronze", alusão aos presentes que acabam de ser mencionados, a não ser que se deva compreender "desvelado o teu sexo". Mas muitos comentadores consideram esse texto corrompido.
d) "pelo sangue", versões; "como o sangue", hebr.
e) Lit.: "entregar-te-ei o sangue do furor e do ciúme"; texto incerto.
f) "das tuas irmãs", 2 mss e versões; "da tua irmã", hebr.
g) A esquerda e a direita são as do espectador voltado para leste.
h) Tradução conjetural de texto que parece corrompido.

ao indigente. ⁵⁰Eram altivas e cometeram abominação na minha presença. Por isso as eliminei, como viste.ᵃ ⁵¹Quanto a Samaria, ela não cometeu a metade dos teus pecados.

Tu multiplicaste as tuas abominações mais do que ela. Com todas as tuas abominações justificaste tuas irmãs. ⁵²Mas tu levas sobre ti o opróbrio de que inocentaste tuas irmãs em virtude dos teus pecados e por te teres tornado mais abominável do que elas, elas alcançaram uma justiça superior à tua. Envergonha-te, pois, e toma sobre ti o teu opróbrio, inocentando assim tuas irmãs.ᵇ

⁵³Eu restabelecerei sua condição, a condição de Sodoma e de suas filhas, a condição de Samaria e de suas filhas, e também a tua condição no meio delas, ⁵⁴a fim de que tomes sobre ti teu opróbrio, a fim de que te envergonhes de tudo o que fizeste, para o consolo daquelas. ⁵⁵Assim as tuas irmãs, Sodoma e suas filhas, serão restabelecidas à condição anterior; como também Samaria e suas filhas serão restabelecidas à mesma condição, como também tu e as tuas filhas. ⁵⁶Não foi Sodoma, tua irmã, motivo de teus vitupérios no dia do teu orgulho, ⁵⁷enquanto não foi revelada tua nudez? Como ela, és agora objeto do escárnio das filhas de Edomᶜ e de todas as vizinhas, das filhas dos filisteus, que de todos os lados te desprezam. ⁵⁸Tuas infâmias e tuas abominações, tu mesma as levas sobre ti, oráculo de Iahweh.

⁵⁹Com efeito, assim diz o Senhor Iahweh: Agirei contigo como tu agiste: desprezaste um juramento imprecatório e violaste uma aliança. ⁶⁰Contudo, lembrar-me-ei da aliança que fiz contigo na tua juventude e estabelecerei contigo uma aliança eterna. ⁶¹E tu te lembrarás do teu comportamento e ficarás envergonhada, ao receberes tuas irmãs mais velhas, juntamente com as mais jovens, ao dá-las a ti como filhas, embora não seja obrigado a isso em virtude da minha aliança contigo. ⁶²Desta maneira, serei eu que restabelecerei a minha aliança contigoᵈ e saberás que eu sou Iahweh, ⁶³a fim de que te lembres e te cubras de vergonha, e na tua humilhação já não tenhas disposição de falar, quando eu tiver perdoado tudo quanto fizeste, oráculo do Senhor Iahweh.

Os 2,16-25
Jr 31,3.
31-34
Ex 36,31

17 Alegoria da águia —
¹A palavra de Iahweh me foi dirigida nestes termos: ²Filho do homem, propõe à casa de Israel um enigma, sugere-lhe uma parábola. ³Eis o que deves dizer-lhe: Assim fala o Senhor Iahweh:

A grande águiaᵉ de grandes asas,
de larga envergadura,
coberta de rica plumagem,
veio ao Líbano
e apanhou o cimo de um cedro;
⁴colhendo o mais alto dos seus ramos,
trouxe-o para a terra dos mercadores,
onde o depôs em uma cidade de negociantes.
⁵Em seguida apanhou uma dentre as sementes da terra
e a plantou em terra preparada,
*junto a corrente de águas abundantes,*ᶠ
plantando-a como um salgueiro.

16,29

---

a) "como viste", versões; "como vi", hebr.
b) "tuas irmãs" (bis), 2 mss e versões; "a tua irmã", hebr.
c) "tua nudez", 3 mss (cf. v. 37); "tua maldade", hebr. — "Como ela", grego; "como o tempo", hebr. — "Edom", mss, sir.; "Aram", hebr. (confusão frequente entre *dalet* e *resh*, quase idênticos).
d) A insistência de Ezequiel na gratuidade dos benefícios de Deus, concedidos a Israel não em razão do seu arrependimento (que virá após a nova aliança), mas por mera benevolência, prepara a revelação do NT (cf. 1Jo 4,10 etc.).
e) Nabucodonosor, que, em 597, pôs no trono de Jerusalém Sedecias, depois de haver deportado Joaquin (cf. vv. 12s).
f) Antes de "junto a", o hebr. acrescenta "toma"; omitido pelas versões.

⁶Ela brotou e transformou-se em videira luxuriante,
embora de estatura modesta,
com a sua copa voltada para a águia,
enquanto as suas raízes estavam debaixo dela.
Tornou-se assim uma vinha,
produziu sarmentos e lançou renovos.
⁷Ao lado desta, existiu outra grande águia,[a]
também de grandes asas e de plumagem abundante.
Prontamente a videira estendeu para ela as raízes,
voltou para ela a copa
desde o canteiro em que estava plantada,
a fim de que esta a regasse.
⁸Estava plantada
em campo fértil,
junto a águas abundantes,
para formar ramos e produzir frutos,
tornando-se uma videira magnífica.
⁹Dize-lhe que assim fala o Senhor Iahweh:
Acaso ela vingará?[b]
Acaso a águia não arrancará as suas raízes?
Não estragará os seus frutos,
fazendo secar todos os seus brotos novos,
de modo que não haja necessidade de braço forte e de muita gente
para arrancá-la pelas raízes?
¹⁰Ei-la que está plantada; vingará?
Acaso não murchará ao sopro do vento oriental,
no mesmo canteiro em que brotou?
¹¹Então a palavra de Iahweh me foi dirigida nestes termos:

¹²Assim falarás a essa casa de rebeldes: Por acaso não sabeis o que significam estas coisas? Dize mais: Como sabeis, o rei da Babilônia veio a Jerusalém, tomou o seu rei e os seus príncipes, conduzindo-os para a Babilônia. ¹³Dentre os descendentes da casa real tomou um e fez aliança com ele, obrigando-o a prestar juramento e levando consigo os grandes da terra, ¹⁴a fim de que o reino permanecesse submisso, incapaz de rebelar-se e, por isso, disposto a cumprir a aliança, observando-a com fidelidade. ¹⁵Mas este príncipe acabou por rebelar-se contra ele, enviando mensageiros ao Egito, a fim de que este lhe fornecesse cavalos e gente em grande número. Por acaso terá êxito? Por acaso escapará aquele que faz tais coisas? Escapará, apesar de violar a aliança? ¹⁶Por minha vida — oráculo do Senhor Iahweh — certamente ele morrerá na terra do rei que lhe deu o trono, cujo juramento desprezou e cuja aliança violou, isto é, morrerá na Babilônia. ¹⁷Quanto ao Faraó, mesmo com o seu grande exército, com suas tropas imensas, não conseguirá salvá-lo[c] pela guerra, embora levante trincheiras e construa fortalezas para a destruição de tantas vidas humanas. ¹⁸Sim, ele desprezou o juramento e violou a aliança. Depois de assumir um compromisso, fez tudo isso! Ele não escapará.

¹⁹Portanto, assim diz o Senhor Iahweh: Por minha vida o afirmo: certamente farei cair sobre sua cabeça meu juramento, que desprezou e a minha aliança, que violou. ²⁰Estenderei sobre ele a minha rede e será apanhado nas minhas malhas e conduzido por mim a Babilônia, onde o submeterei a julgamento

---

a) "outra", versões; "uma só", hebr. — É o Egito, sobre o qual Sedecias sempre teve a tentação de apoiar-se contra a Babilônia (cf. v. 15).

b) "ela vingará?", mss, versões; "ela vingará", hebr.

c) "conseguirá salvá-lo": *yoshîa'*, conj.; "fará"; *ya'aseh*, hebr.

em virtude da sua infidelidade para comigo. ²¹Quanto à elite[a] das suas tropas, cairá toda à espada e seus sobreviventes serão espalhados para todos os ventos. Então sabereis que eu, Iahweh, é que falei. ²²Assim diz o Senhor Iahweh:[b]

Tomarei do cimo do cedro,[c] da extremidade dos seus ramos um broto
e plantá-lo-ei eu mesmo sobre monte alto e elevado.
²³Plantá-lo-ei sobre o alto monte de Israel.
Ele deitará ramos
e produzirá frutos, tornando-se cedro magnífico,
de modo que à sua sombra habitará toda espécie de pássaros,
à sombra dos seus ramos habitará toda sorte de aves.
²⁴E saberão todas as árvores do campo que eu, Iahweh,
é que abaixo a árvore alta e exalto a árvore baixa,
que seco a árvore verde e faço brotar a árvore seca.
Sim, eu, Iahweh, o disse e o faço.

18 *Responsabilidade pessoal* — ¹A palavra de Iahweh me foi dirigida nestes termos: ²Que vem a ser este provérbio que vós usais na terra de Israel:

"Os pais comeram uvas verdes
e os dentes dos filhos ficaram embotados"?

³Por minha vida, oráculo do Senhor Iahweh, não repetireis jamais este provérbio em Israel. ⁴Todas as vidas me pertencem, tanto a vida do pai, como a do filho. Pois bem, aquele que pecar, esse morrerá.

⁵Se um homem é justo[d] e pratica o direito e a justiça, ⁶não come sobre os montes[e] e não eleva os seus olhos para os ídolos imundos da casa de Israel, nem desonra a mulher do seu próximo, nem se une com uma mulher durante a sua impureza, ⁷nem explora a ninguém, se devolve o penhor de uma dívida, não comete furto, dá o seu pão ao faminto e veste ao que está nu, ⁸não empresta com usura, não aceita juros, abstém-se do mal, julga com verdade entre homens e homens; ⁹se age de acordo com os meus estatutos e observa as minhas normas, praticando fielmente a verdade: este homem será justo e viverá, oráculo do Senhor Iahweh.

¹⁰Contudo se tiver filho violento e sanguinário, que pratique uma destas faltas,[f] ¹¹quando ele não cometeu nenhuma, isto é, um filho que chegue a comer nos montes, que desonre a mulher do seu próximo, ¹²que explore o pobre e o necessitado, que cometa furto, que não devolva o penhor, que eleve os seus olhos para os ídolos imundos e cometa abominação, ¹³que empreste com usura e aceite juros, certamente não viverá,[g] por ter praticado todas estas abominações: ele morrerá e seu sangue cairá sobre ele.

¹⁴Mas se este, por sua vez, tiver filho que vê todos os pecados cometidos pelo seu pai, os vê, mas não os imita, ¹⁵isto é, não come sobre os montes e não eleva os seus olhos para os ídolos impuros da casa de Israel, não desonra a mulher do seu próximo, ¹⁶não explora ninguém, não exige penhor e não comete furto, antes, dá o seu pão ao faminto e veste aquele que está nu, ¹⁷se abstém da injustiça,[h] não aceita usura nem juros, observa as minhas normas

---

a) "à elite": *mibeharayw*, mss, Targ., e sir.; "seus fugitivos": *miberahayw*, hebr.
b) Após a explicação em prosa, o poema continua para anunciar o restabelecimento futuro, apresentado como era messiânica.
c) O hebr. acrescenta "e eu darei", omitido pelas versões e por diversos mss.
d) A enumeração que segue lembra as confissões ou "profissões" que deviam ser associadas a determinadas solenidades litúrgicas.
e) Comer (a refeição sagrada) em lugares altos era prática dos cultos idolátricos.
f) "uma destas (faltas)", sir., Vulg.; "um irmão de uma destas (faltas)", hebr.
g) "não viverá", lit.: "para viver, ele não viverá" (fórmula frequente), grego; "e vivendo, ele não viverá", hebr.
h) "da injustiça", grego (cf. v. 8); "do infeliz", hebr.

e anda nos meus estatutos, este não morrerá pelas iniquidades de seu pai, antes, certamente viverá. ¹⁸O seu pai, visto que agiu com violência e praticou o furto,ᵃ visto que não se comportou bem no seio do seu povo, este, sim, morrerá por causa da sua iniquidade. ¹⁹E vós dizeis: "Por que o filho não há de levar a iniquidade de seu pai?" Ora, o filho praticou o direito e a justiça, observou todos os meus estatutos e os praticou! Por tudo isso, certamente viverá. ²⁰Sim, a pessoa que peca é a que morre! O filho não sofre o castigo da iniquidade do pai, como o pai não sofre o castigo da iniquidade do filho: a justiça do justo será imputada a ele, exatamente como a impiedade do ímpio será imputada a ele.

²¹Mas quanto ao ímpio, se ele se converter de todos os pecados que cometeu e passar a guardar os meus estatutos e a praticar o direito e a justiça, certamente viverá: ele não morrerá.ᵇ ²²Nenhum dos crimes que praticou será lembrado. Viverá como resultado da justiça que passou a praticar. ²³Porventura tenho eu prazer na morte do ímpio? — oráculo do Senhor Iahweh. — Porventura não alcançará ele a vida se se converter de seus maus caminhos?

²⁴Por outra parte, se o justo renunciar à sua justiça e fizer o mal, à imitação de todas as abominações praticadas pelo ímpio, poderá viver, fazendo isto? Não! Toda a justiça que praticou já não será lembrada! Antes, em virtude da infidelidade que praticou e do pecado que cometeu, morrerá. ²⁵Entretanto dizeis: "O modo de agir do Senhor não é justo". Pois ouvi-me, ó casa de Israel: será o meu modo de proceder errado? Não será antes o vosso modo de proceder que não está certo? ²⁶Com efeito, ao renunciar o justo à sua justiça e ao fazer o mal,ᶜ é em virtude do mal que praticou que ele morre. ²⁷E se o ímpio renunciar à sua impiedade, passando a praticar o direito e a justiça, salva a sua vida. ²⁸Caiu em si e renunciou a toda a iniquidade que tinha cometido. Certamente viverá e não morrerá. ²⁹E no entanto a casa de Israel diz: "O modo de proceder do Senhor não está certo". Será meu procedimento que não está certo, ó casa de Israel? Não será antes o vosso procedimento que não está certo? ³⁰Por isso mesmo eu vos julgarei, a cada um conforme o seu procedimento, ó casa de Israel, oráculo do Senhor Iahweh. Convertei-vos e abandonai todas as vossas transgressões. Não torneis a buscar pretexto para fazerdes o mal. ³¹Lançai fora todas as transgressões que cometestes, formai um coração novo e um espírito novo. Por que haveis de morrer, ó casa de Israel? ³²Eu não tenho prazer na morte de quem quer que seja, oráculo do Senhor Iahweh. Convertei-vos e vivereis!

19 Lamentação sobre os príncipes de Israelᵈ

— ¹E tu, entoa uma lamentação sobre os príncipes de Israel ²e dize:
Que era a tua mãe? Uma leoa entre leões;
deitada entre leõezinhos,
cuidava da sua ninhada.ᵉ
³Um dos leõezinhos ela criou,
de modo que acabou sendo leão feito.
Aprendeu a despedaçar presas
e devorou homens.

---

a) "furto", conj. (cf. vv. 7.12.16); "os furtos do seu irmão" (?), hebr.

b) Não somente o homem não é esmagado pelos crimes dos seus antepassados, como também pode subtrair-se *ao peso do seu próprio passado.* A noção de conversão (e também de perversão), não coletiva, mas estritamente pessoal, é valorizada. A atitude presente da alma é a única coisa a determinar o julgamento de Deus (cf. 14,12+ e Mt 3,2+).

c) O hebr. acrescenta: "por causa deles", omitido pelo grego e sir.

d) Este poema é *qîna*, isto é, lamentação, com ritmo característico, compondo-se cada verso de dois estíquios desiguais (cf. Ez 26,17-18; 27,3-9.25-36). A forma é alegórica, mas não é fácil interpretar todos os elementos.

e) A leoa é a nação israelita, cujos filhos são os reis.

⁴ Nações ouviram falar dele,
   mas por fim apanharam-no em seus laços;
   e conduziram-no arpeado para a terra do Egito.ᵃ

⁵ Vendo ela que seus planos se haviam desfeito,
   que perdera a esperança,
   tomou outro dos seus leõezinhos,
   e transformou-o em leão feito.

⁶ Este movia-se entre os leões,
   como leão feito;
   aprendeu a despedaçar a presa,
   devorou homens.

⁷ Demoliu seus palácios,ᵇ
   destruiu suas cidades;
   a terra e os seus habitantes ficaram apavorados
   ao som do seu rugido.

⁸ Juntaram-se contra ele os povos,
   as regiões circunvizinhas,
   estenderam sobre ele a rede:
   ele foi apanhado na fossa;

⁹ prendendo-o com ganchos, acabaram por engaiolá-lo
   e o conduziram ao rei da Babilônia,
   levaram-no a lugares escarpados,
   para que não se tornasse a ouvir o seu rugido
   sobre os montes de Israel.ᶜ

¹⁰ Tua mãe era semelhante a uma vinhaᵈ
    plantada junto às águas.
    Era fecunda e viçosa,
    graças à água abundante.

¹¹ Tinha cepas vigorosas
    que se tornaram cetros reais.
    O seu porte elevou-se atingindo as nuvens.
    Distinguia-se pela sua altura
    e pelo número de seus ramos.

¹² Mas acabou por ser desarraigada com furor
    e lançada à terra;
    o vento oriental secou-lhe os frutos,
    ela foi quebrada e seu tronco vigoroso secou,ᵉ
    o fogo a devorou.

¹³ Agora está plantada no deserto,
    em terra seca e árida.

¹⁴ Fogo saiu do seu tronco
    e devorou os ramos e os frutos:
    ela já não terá seu cetro poderoso,
    seu cetro real.

Isto é uma lamentação e servirá de lamentação.

---

a) Alusão a Joacaz, deposto e levado para o Egito por Necao em 609.
b) "demoliu seus palácios": *wayyaroa' 'armenôtayw*, versões; "conheceu as suas viúvas": *wayyeda' 'almenôtayw*, hebr.
c) "a lugares escarpados", grego, Vulg.; "a ciladas" (?), hebr. — Trata-se, ao que parece, de Joaquin, levado para a Babilônia em 597. O profeta não menciona o reinado de Joaquim, o qual, tendo morrido de morte natural, não apresenta uma lição para Sedecias e seus contemporâneos.
d) "semelhante a", Targ.; hebr., ininteligível (lit.: "no teu sangue"). — Nova alegoria: a vinha é a nação que foi um tempo próspera e que será destruída.
e) "ela foi quebrada", "secou", grego; "eles foram quebrados", "eles secaram", hebr.

20

História das infidelidades de Israel — ¹No sétimo ano, no quinto mês, no décimo dia do mês,ᵃ vieram alguns dentre os anciãos de Israel para consultarem Iahweh e sentaram-se diante de mim. ²A palavra de Iahweh me foi dirigida nestes termos: ³Filho do homem, fala aos anciãos de Israel e dize-lhes: Eis as palavras do Senhor Iahweh. É para me consultardes que vindes? Por minha vida! Não consentirei em ser consultado por vós, oráculo do Senhor Iahweh. ⁴Julgá-los-ás tu? Julgarás, filho do homem? Então dá-lhes a conhecer as abominações de seus pais. ⁵Tu lhes dirás: Eis o que diz o Senhor Iahweh: No dia em que escolhi Israel, em que levantei minha mão para a estirpe da casa de Jacó, revelei-me a eles na terra do Egito, levantei a mão para elesᵇ e disse: "Eu sou Iahweh, vosso Deus". ⁶Sim, naquele dia levantei a mão para eles com o juramento de fazê-los sair da terra do Egito em busca de uma terra que explorara para eles, terra que mana leite e mel, a mais bela entre todas as nações. ⁷Nessa ocasião eu lhes disse: Lançai fora todas as coisas abomináveis que seduzem vossos olhos; não vos contamineis com os ídolos imundos do Egito, porque eu sou Iahweh, o vosso Deus. ⁸Mas eles se rebelaram contra mim; recusaram-se a ouvir-me: nenhum deles lançou fora as coisas abomináveis que seduziam os seus olhos, nem abandonaram os ídolos imundos do Egito. Então propus-me derramar a minha cólera sobre eles, executar contra eles a minha ira na terra do Egito. ⁹Mas por consideração ao meu nome, a fim de não profaná-lo aos olhos das nações, no meio das quais se encontravam,ᶜ e aos olhos dos quais eu me revelara a eles, para tirá-los da terra do Egito. ¹⁰E os tirei da terra do Egito e os trouxe para o deserto. ¹¹Ali dei-lhes os meus estatutos, revelei-lhes as minhas normas, as quais o homem deve praticar, se quiser alcançar a vida. ¹²Também lhes dei os meus sábados para que servissem de sinal entre mim e eles, a fim de saberem que eu, Iahweh, é que os santifico. ¹³Contudo, a casa de Israel se rebelou contra mim no deserto: não andaram segundo os meus estatutos, rejeitaram as minhas normas, as quais o homem deve praticar, se quiser alcançar a vida, e profanaram os meus sábados. Então me propus derramar o meu furor sobre eles no deserto, a fim de destruí-los. ¹⁴Contudo, em consideração ao meu nome, a fim de não profaná-lo aos olhos das nações, diante das quais os tirei do Egito, agi de outro modo. ¹⁵Ainda uma vez jurei de mão levantada para eles, no deserto, que não os conduziria para a terra que lhes dera, terra que mana leite e mel — a mais bela entre as nações — ¹⁶pois que rejeitaram as minhas normas e não andaram de acordo com os meus estatutos e profanaram os meus sábados, porquanto os seus corações foram após os ídolos imundos. ¹⁷Mas ainda me compadeci deles, não os destruí nem os exterminei no deserto.

¹⁸Antes, disse aos seus filhos no deserto: Não andeis segundo os estatutos dos vossos pais; não guardeis suas normas, nem vos contamineis com seus ídolos imundos. ¹⁹Eu sou Iahweh, vosso Deus. Andai segundo meus estatutos, observai minhas normas e praticai-as. ²⁰Deveis santificar meus sábados, de modo que sejam um sinal entre mim e vós, para que se saiba que eu sou Iahweh, vosso Deus. ²¹Mas também os filhos se rebelaram contra mim, não andando segundo meus estatutos, nem observando minhas normas, as quais o homem deve praticar, se quiser alcançar a vida, e profanaram meus sábados. Então me propus derramar a minha cólera sobre eles e saciar contra eles a minha ira, no deserto. ²²Mas acabei desviando a minha mão em consideração ao meu nome, a fim de não profaná-lo aos olhos das nações, diante das quais os tirei do Egito. ²³Contudo, mais uma vez tornei a jurar de mão levantada para *eles, no deserto*, que os dispersaria entre as nações, e os espalharia por terras

---

a) Julho-agosto de 591.
b) Num gesto de juramento.

c) Aqui a longanimidade de Iahweh para com o seu povo, não obstante os seus pecados, é explicada

estranhas, ²⁴porque não praticaram minhas normas e rejeitaram meus estatutos, profanaram meus sábados e seus olhos foram após os ídolos imundos dos seus pais. ²⁵Dei-lhes então estatutos que não eram bons e normas pelas quais não alcançariam a vida.ᵃ ²⁶Contaminei-os com suas oferendas, levando-os a sacrificarem todo primogênito, a fim de confundi-los, de modo que ficassem sabendo que eu sou Iahweh.

²⁷Pois bem, filho do homem, fala à casa de Israel e dize-lhe: Eis o que diz o Senhor Iahweh. Ainda nisto me ultrajaram os vossos pais, ao agirem com infidelidade para comigo. ²⁸E no entanto eu os trouxe à terra a respeito da qual jurara de mão levantada que daria a eles. Viram aí toda sorte de colinas elevadas, toda espécie de árvore frondosa e aí ofereceram os seus sacrifícios, aí apresentaram as suas oferendas irritantes e depuseram perfumes agradáveis e derramaram as suas libações. ²⁹Diante disso eu lhes disse: Que lugar alto é este que procurais? E o nome do lugar alto foi Bamaᵇ até o dia de hoje. ³⁰Por isso, falarás à casa de Israel: Assim diz o Senhor Iahweh: Também vós vos contaminais com o modo de viver dos vossos pais e vos prostituís com as suas abominações, ³¹trazendo os vossos dons, fazendo passar pelo fogo os vossos filhos? Continuais a contaminar-vos com todos os vossos ídolos imundos até o dia de hoje! E eu consentirei, ó casa de Israel, em ser consultado por vós? Por minha vida, oráculo do Senhor Iahweh, eu não consentirei em ser consultado por vós! ³²O sonho que alimentais não se realizará nunca, ao dizerdes: "Seremos como as nações, como os povos de outras terras, servindo à madeira e à pedra". ³³Por minha vida, oráculo do Senhor Iahweh, juro certamente com mão forte e com braço estendido — derramando sobre vós a minha cólera — hei de reinar sobre vós. ³⁴Sim, com mão forte e com braço estendido, derramando sobre vós a minha cólera, hei de tirar-vos de entre os povos e reunir-vos de entre as nações pelas quais fostes espalhados. ³⁵Conduzir-vos-ei ao deserto dos povosᶜ e ali face a face convosco julgarei. ³⁶Como julguei vossos pais no deserto na terra do Egito, assim vos julgarei a vós, oráculo do Senhor Iahweh. ³⁷Far-vos-ei passar sob o cajadoᵈ e vos reconduzirei ao respeito à aliança. ³⁸Excluirei do meio de vós os rebeldes, os sublevadores, fazendo com que saiam da terra da sua peregrinação, mas não voltarão à terra de Israel. Então sabereis que eu sou Iahweh. ³⁹Quanto a vós, ó casa de Israel, assim diz o Senhor Iahweh: Ande cada um de vós após os seus ídolos imundos, mas depois, se não me ouvis, haveis de ver! Não tornareis a profanar o meu santo nome com as vossas oferendas e os vossos ídolos imundos. ⁴⁰Com efeito, no meu santo monte, sobre o alto monte de Israel — oráculo do Senhor Iahweh — é que me servirá toda a casa de Israel, toda ela na sua terra. Ali terei prazer neles, ali buscarei as vossas ofertas e o melhor dos vossos dons, juntamente com as vossas coisas santas. ⁴¹Terei prazer em vós como em um perfume agradável, quando eu vos fizer sair dentre os povos e vos reunir do meio das terras em que estivestes espalhados e serei santificado por vós aos olhos das nações. ⁴²Então sabereis que eu sou Iahweh, ao trazer-vos à terra de Israel, à terra a respeito da qual jurei de mão levantada que a daria aos vossos pais. ⁴³Ali vos lembrareis dos vossos caminhos e de todas as ações com que vos contaminastes, e sentireis asco de vós mesmos por causa de todas as maldades que praticastes.

---

exclusivamente pelo motivo da honra do nome divino.

a) A teologia primitiva atribui a Iahweh as instituições e deformações pelas quais os responsáveis, na realidade, são os homens. Ezequiel parece visar aqui à prescrição de oferecer os recém-nascidos (Ex 22,28-29), da qual os israelitas deram muitas vezes interpretação de materialismo escandaloso (cf. Lv 18,21+).

b) Jogo de palavras. Iahweh pergunta: "Que lugar alto é este (*habbamah*) que procurais (*habba'îm*)?" Daí o nome de *Bama*.

c) A expressão designa o deserto da Síria.

d) Como o pastor faz passar diante de si as suas ovelhas para contá-las (cf. Lv 27,32; Ez 34,1+).

⁴⁴Então sabereis que eu sou Iahweh, quando agir em consideração ao meu nome e não de acordo com vossos caminhos maus e vossas ações perversas, ó casa de Israel, oráculo do Senhor Iahweh.

21 *A espada de Iahweh* —

¹A palavra de Iahweh me foi dirigida nestes termos: ²Filho do homem, volta-te para a direita, profere tua palavra em direção ao sul, profetiza contra o bosque da região do Negueb. ³Dize ao bosque do Negueb: Ouve a palavra de Iahweh. Assim diz o Senhor Iahweh: Eis que acenderei um fogo no meio de ti, o qual consumirá no teu seio toda árvore verde e toda árvore seca. A sua chama não se apagará e todos os rostos ficarão crestados desde o Negueb até o norte. ⁴Toda carne verá que fui eu, Iahweh, que o acendi, visto que não se apagará. ⁵A isto disse eu: Ah! Senhor Iahweh! Eles estão a dizer de mim: "Não está ele a repetir parábolas?" ⁶Então a palavra de Iahweh me foi dirigida nestes termos: ⁷Filho do homem, volta a tua face contra Jerusalém, profere a tua palavra na direção do santuário*ᵃ* e profetiza contra a terra de Israel. ⁸Eis o que dirás à terra de Israel: Assim diz Iahweh: Eis que estou contra ti; hei de tirar da bainha a minha espada e extirparei do meio de ti tanto o justo como o ímpio;*ᵇ* ⁹A fim de extirpar do meio de ti o justo e o ímpio, a minha espada sairá da sua bainha, atingindo toda carne desde o Negueb até o norte. ¹⁰Assim toda carne saberá que fui eu, Iahweh, que tirei a minha espada da sua bainha e que ela não voltará atrás.

¹¹E tu, filho do homem, geme com o coração partido e com amargura, geme aos seus olhos. ¹²E sucederá que, se te disserem: "Para que estes gemidos?", tu lhes responderás: "Porque uma notícia está para chegar, com a qual todo coração se derreterá, toda mão ficará desfalecida, todo espírito quebrantar-se-á e todo joelho se desfará em água. Eis que ela se confirma, oráculo do Senhor Iahweh".

¹³A palavra de Iahweh me foi dirigida nestes termos: ¹⁴Filho do homem, profetiza e dize:

Eis a palavra pronunciada pelo Senhor! Dize:*ᶜ*

A espada! A espada está afiada e polida!
¹⁵Afiada, para executar a matança.
"Farei tropeçar*ᵈ* o cetro de
meu filho, refugo de toda madeira"
para lançar relâmpagos ela está polida.
¹⁶Ela foi polida, a fim de poder ser segurada na mão;
a espada foi afiada e polida para ser posta na mão do matador.
¹⁷Clama, uiva, filho do homem,
porque ela se dirige contra o meu povo,
contra todos os príncipes de Israel,
que foram entregues à espada, juntamente com o meu povo.
Por isso, bate no peito,*ᵉ*
¹⁸pois se trata de uma prova e tanto!
Quando não há mais sequer cetro de refugo.*ᶠ*
Oráculo do Senhor Iahweh.

---

a) "santuário", grego, sir.; "os santuários", hebr.
b) Ezequiel exprime aqui, mais uma vez, o velho princípio da solidariedade no castigo, ao qual opõe em outro passo (14,12+) o da responsabilidade *pessoal*.
c) Este poema canta, num ritmo arquejante, a espada de Iahweh, que ele entrega às mãos do "matador", isto é, dos babilônios, para executar os seus julgamentos. Mas o poema está mal conservado. Os pormenores são muitas vezes de interpretação difícil.

d) "farei tropeçar", *'anoses,* conj.; "ou então nós nos alegraremos", *'onasîs,* hebr., que poderia ser uma releitura atenuada; Deus anuncia a queda próxima da monarquia judaica.
e) Em hebraico, lit.: "bate em tua coxa", mas traduze-se pelo seu equivalente em português esta expressão de luto e dor.
f) Alusão ao fim do reinado de Sedecias, cujo cetro não passa de madeira podre.

¹⁹ E tu, filho do homem, profetiza e bate palmas.
Vibre a espada duas vezes, três vezes,ᵃ
a espada dos mortos,
a grande espada dos mortos que os cerca.ᵇ
²⁰ Para que o coração desfaleça e os tropeços se multipliquem,
junto a todas as portas pus o banqueteᶜ da espada
feita para relampejar, polida para o morticínio.ᵈ
²¹ Sê afiadaᵉ à direita, põe-te do lado esquerdo,
onde o teu gume é requisitado.
²² Também eu baterei palmas
e saciarei a minha cólera.
Eu, Iahweh, o disse.

O rei da Babilônia na encruzilhada — ²³A palavra de Iahweh me foi dirigida nestes termos: ²⁴Tu, filho do homem, traça dois caminhos, para que por eles venha a espada do rei da Babilônia. Ambos partirão da mesma terra. Em seguida põe um sinal, colocando-o no começo do caminho da cidade. ²⁵traça o caminho para que a espada chegue a Rabá dos amonitas e a Judá, à sua fortaleza de Jerusalém. ²⁶Com efeito, o rei da Babilônia se deteve na encruzilhada, no começo dos dois caminhos, a fim de recorrer à sorte. Agitou as flechas, consultou os terafim e observou o fígado. ²⁷Em sua mão direita está a sorte de Jerusalém, a fim de dispor aríetes, dar a ordem de matar, soltar o grito de guerra e dispor os aríetes contra as portas, levantar baluartes, construir trincheiras.ᶠ ²⁸Mas isto lhes pareceu presságio vão. Houve juramento por parte deles, mas ele trouxe à sua memória a iniquidade deles, que os conduzirá ao cativeiro. ²⁹Portanto, assim diz o Senhor Iahweh: Visto que trazeis à memória as vossas iniquidades, revelando as vossas rebeliões a fim de que os vossos pecados sejam vistos em tudo quanto fazeis, pois que sois lembrados, sereis conduzidos ao cativeiro. ³⁰Quanto a ti, príncipe de Israel, ímpio e perverso, cujo dia se aproxima com o tempo da iniquidade final, ³¹assim diz o Senhor Iahweh: Tirai-lhe o diadema, removei a sua coroa. Nada continuará como era. O que é baixo será elevado e o que é elevado será abaixado. ³²Ruína, ruína, ruína! Eis o que eu farei, como não existiu antes de vir aquele a quem pertence o julgamento e a quem eu o entregarei.ᵍ

O castigo de Amonʰ — ³³E tu, filho do homem, profetiza e dize: Assim fala o Senhor Iahweh aos amonitas e ao seu opróbrio. Sim, dize-lhes: A espada, a espada está desembainhada para o morticínio, está polida para a destruição, para relampejar, — ³⁴enquanto cultivas visões vãs, lanças sortes mentirosas — para degolarⁱ os culpados cujo dia se aproxima no tempo da iniquidade final.

---

a) "três vezes", sir., Vulg.; "seu terço", hebr.
b) "a grande espada dos mortos", conj.; "a espada de um grande morto" (Sedecias?), hebr.
c) "banquete", *'aruhat*, conj.; hebr. *'ibhat*, desconhecido; grego e Targ. traduziram "morticínio". Texto atenuado?
d) "polida", *meruttah*, conj., cf. vv. 14s; "coberta (?) diminuída (?)" *me'uttah*, hebr. Texto atenuado?
e) "Sê afiada", grego; "sê única", hebr.
f) A primeira menção dos aríetes é provavelmente errônea, mas ela também se encontra nas versões. — Ao marchar contra Jerusalém, de preferência a fazê-lo contra Rabá (capital dos amonitas, hoje Amã), Nabucodonosor não obedeceu à "adivinhação vã", mas testemunha a falta cometida por Israel, que se revoltou contra ele e apelou ao Egito (cf. v. 28).
g) "como não existiu", lit.: "mesmo esta não foi". — As últimas palavras do v. lembram as da profecia de Jacó a respeito de Judá (Gn 49,10), que alguns corrigem de forma a ler: "(o cetro não se afastará de Judá, nem o bastão de comando dentre seus pés) até que venha aquele a quem ele pertence"; porém, o texto está corrompido e permanece muito obscuro.
h) Tendo a sorte caído sobre Jerusalém (v. 27), os amonitas podem acreditar que escaparam ao perigo. Mas também eles terão seu castigo.
i) "para degolar", lit.: "para pôr sobre a garganta", conj.; "para te pôr sobre a garganta", hebr. As duas palavras seguintes são gramaticalmente incorretas.

⁳⁵Repõe-na na bainha. Na terra em que foste criado, na terra de tua origem, é que hei de julgar-te. ³⁶Derramarei sobre ti a minha cólera, soprarei sobre ti o fogo do meu furor e entregar-te-ei nas mãos de homens abrutalhados, hábeis na arte de destruir. ³⁷Servirás de pasto para o fogo, o teu sangue correrá no meio da terra, e já não haverá lembrança de ti, porque eu, Iahweh, o disse.

22 Os crimes de Jerusalém[a]

¹A palavra de Iahweh me foi dirigida nestes termos: ²Tu, filho do homem, hás de julgar? Hás de julgar a cidade sanguinária? Dá-lhe a conhecer todas as suas abominações. ³Dize: Assim diz o Senhor Iahweh: Cidade que derramas sangue no teu seio, fazendo com que se apresse a tua hora, que te contaminas com os ídolos imundos que fabricas, ⁴pelo sangue que derramaste tornaste culpada e pelos ídolos que fabricaste te contaminaste e fizeste com que se apresse o teu dia, chegaste ao termo dos teus anos. Eis por que fiz de ti um motivo de opróbrio entre as nações e um objeto de escárnio para todos os povos. ⁵Próximos ou distantes, eles zombarão de ti, cidade de reputação infame, cheia de pânico. ⁶Com efeito, os príncipes de Israel, cada um conforme as suas forças,[b] estão ocupados, no meio de ti, a derramar sangue. ⁷No meio de ti se desprezam pai e mãe, em teu seio o estrangeiro sofre opressão, o órfão e a viúva são oprimidos. ⁸Desprezaste os meus santuários, profanaste os meus sábados. ⁹Houve em teu seio homens prontos a caluniar com o fim de derramar sangue e que costumavam comer sobre os montes e que no meio de ti praticavam a infâmia. ¹⁰No meio de ti se descobre a nudez do pai e se violenta a mulher em estado de impureza. ¹¹Enquanto este praticou a abominação com a mulher do próximo, aquele desonrou a nora, praticando a luxúria, aquele outro, também no meio de ti, violou a sua própria irmã, filha do seu pai. ¹²No meio de ti há quem tenha recebido presentes a fim de derramar sangue. Aceitaste juro e usura; exploraste o teu próximo com violência e de mim te esqueceste, oráculo do Senhor Iahweh.

¹³Mas eu baterei palmas por causa do lucro que fizeste e contra o sangue que corre no teu seio. ¹⁴Poderá o teu coração resistir e as tuas mãos poderão manter-se firmes no dia em que eu acertar contas contigo? Eu, Iahweh, o disse e o farei. ¹⁵Espalhar-te-ei entre as nações, dispersar-te-ei por terras estrangeiras e removerei de ti a tua imundície. ¹⁶Por causa da tua falta,[c] serás profanada aos olhos das nações e saberás que eu sou Iahweh.

¹⁷A palavra de Iahweh me foi dirigida nestes termos: ¹⁸Filho do homem, a casa de Israel se tornou escória para mim; são todos escória de cobre, estanho, ferro e chumbo em uma fornalha.[d] ¹⁹Com efeito, assim diz o Senhor Iahweh: Pois que todos vós vos tornastes escória, eis que vou reunir-vos no meio de Jerusalém.[e] ²⁰Como se reúnem prata, cobre, ferro, chumbo e estanho em uma fornalha, para atiçar fogo sobre eles, a fim de fundi-los, assim vos reunirei na minha ira e na minha cólera e vos farei fundir. ²¹Juntar-vos-ei e soprarei sobre vós o fogo da indignação, fundindo-vos no meio da cidade. ²²Como se funde a prata na fornalha, assim sereis fundidos no meio dela e sabereis que eu, Iahweh, derramei a minha cólera sobre vós.

---

a) O tema lembra os caps. 16; 20; 23. Porém, aqui o profeta fala sem parábola. Além disso, ele viu mais as faltas presentes, especificadas nos vv. 1-12, do que as faltas das gerações passadas.
b) Lit.: "cada um conforme o seu braço".
c) "por causa da tua falta", lit.: "por ti". Propôs-se corrigir para "serei profanado (ou desonrado) por ti", segundo o grego, mas este não compreendeu bem e fez provir o verbo halal ("profanar") da raiz nahal ("herdar", "possuir").
d) O hebr. acrescenta "de prata", termo talvez deslocado acidentalmente (cf. v. 20). — Esta imagem, já utilizada por Isaías (Is 1,21.25) e Jeremias (Jr 6,28s), é aqui mais desenvolvida. Ela caracteriza a invasão e o cerco de Jerusalém.
e) O oráculo pôde ser pronunciado quando o povo de Judá afluía a Jerusalém para ali buscar refúgio, isto é, pouco antes do cerco de 589-587.

²³A palavra de Iahweh me foi dirigida nestes termos:*a* ²⁴Filho do homem, dize-lhe: Tu és uma terra que não recebeu chuva,*b* nem rega no dia da ira, ²⁵cujos príncipes*c* no meio dela são como os leões rugidores ao despedaçarem a sua presa. Devoram homens, arrebatam riquezas e objetos de valor, e multiplicam as viúvas no meio dela. ²⁶Os seus sacerdotes violam a minha lei e profanam os meus santuários, não fazem distinção entre o sagrado e o profano, não ensinam a diferença que há entre o impuro e o puro, desviam os olhos dos meus sábados e eu mesmo sou desonrado entre eles. ²⁷Os chefes, no meio dela, são como lobos que despedaçam a presa, derramando sangue e destruindo vidas, a fim de obterem lucro. ²⁸Os profetas têm mascarado*d* tudo isto sob visões vãs e presságios mentirosos, ao dizerem: "Assim disse o Senhor Iahweh", quando Iahweh nada disse. ²⁹O povo da terra exerce a extorsão e pratica o roubo; ele oprime o pobre e o indigente, sujeita o estrangeiro à extorsão, contra seu direito. ³⁰Busquei entre eles um homem capaz de construir um muro e capaz de pôr-se na brecha em prol da nação, para que não a destruísse, mas não o encontrei. ³¹Então derramei sobre eles a minha cólera; exterminei-os no fogo da minha indignação. Fiz com que seu comportamento caísse sobre sua cabeça, oráculo do Senhor Iahweh.

23 *História simbólica de Jerusalém e de Samaria*[e] — ¹A palavra de Iahweh me foi dirigida nestes termos: ²Filho do homem, houve certa vez duas mulheres, filhas da mesma mãe. ³Ambas se prostituíram no Egito durante a sua mocidade. Ali estranhos acariciaram-lhes os peitos, ali apalparam-lhes os seios virginais. ⁴Os seus nomes eram Oola, a mais velha, e Ooliba, a sua irmã.*f* Elas foram minhas e deram à luz filhos e filhas. Seus nomes eram Oola, isto é, Samaria, e Ooliba, isto é, Jerusalém. ⁵Oola se prostituiu enquanto minha, deixando-se seduzir pelos seus amantes, os assírios, seus vizinhos, ⁶vestidos de púrpura, governadores e oficiais, todos jovens encantadores, montados a cavalo. ⁷Ela entregou-se à fornicação com eles — com toda a elite dos assírios — e com todos aqueles pelos quais se deixou seduzir, contaminando-se com todos os seus ídolos imundos. ⁸Não abandonou suas fornicações, que vinham desde o Egito, onde já dormiam com ela na sua infância, apalpando-lhe os seios virginais e entregando-se à fornicação com ela. ⁹Por isso entreguei-a nas mãos dos seus amantes, nas mãos dos assírios, com quem ela se deixou seduzir. ¹⁰Estes descobriram a sua nudez, apoderando-se dos seus filhos e das suas filhas, mas a ela mataram-na à espada. O seu caso ficou famoso entre as mulheres, porque ela sofreu castigo.

¹¹Ora, sua irmã, Ooliba viu o que acontecera com ela, mas se revelou ainda mais despudorada do que ela, suas fornicações foram mais graves do que as da irmã. ¹²Deixou-se seduzir pelos assírios, por governadores e oficiais, seus vizinhos, magnificamente vestidos, montados a cavalo, todos jovens encantadores. ¹³Vi que o comportamento de ambas havia sido igualmente desonroso, ¹⁴mas esta praticou fornicações mais graves. Com efeito, ao ver gravadas sobre o muro imagens de caldeus tingidos com vermelhão, ¹⁵com lombos cingidos de cinturões, com turbantes pendentes da cabeça, todos com o aspecto de

---

a) Esta terceira parte do oráculo talvez tenha sido escrita após a tomada da cidade.
b) "que não recebeu chuva", grego; "que não foi purificada", hebr.
c) "cujos príncipes", *asher nesi'êah*, segundo o grego; "a conspiração dos seus profetas", *qesher nebi'êah*, hebr.
d) Lit.: "coberto de reboco" (cf. 13,10-16).

e) A história simbólica de Israel (cf. 16,1+) é aqui retomada e desenvolvida por meio de um paralelo entre Samaria e Jerusalém.
f) Ohola: "sua tenda" (dela). *Oholiba:* "minha tenda (está) nela". Esta etimologia parece opor o culto cismático da Samaria ao culto autêntico de Jerusalém. Contudo, talvez se deva ver nisso alusões a fatos ou costumes que ignoramos. Pode-se pensar nas tendas que se levantavam nos lugares altos.

escudeiros, semelhantes a babilônios, originários da Caldeia, ¹⁶deixou-se seduzir por elas, desde que as viu ali gravadas, e enviou-lhes mensageiros à Caldeia.ᵃ ¹⁷Então os babilônios a procuraram a fim de participarem do seu leito e a contaminaram com suas fornicações. Ela se contaminou com eles e depois virou-lhes as costas com aversão. ¹⁸Mas exibiu sua fornicação e descobriu sua nudez, até que minha alma se afastou dela com aversão, como eu me tinha enojado da sua irmã. ¹⁹Suas fornicações se multiplicaram, fazendo lembrar os dias da sua juventude, quando fornicava na terra do Egito, ²⁰deixando-se seduzir pelos seus libertinos, cujo sexo é como o sexo dos jumentos, cujo orgasmo é como o orgasmo dos cavalos.

²¹É que sentias falta das impudicícias da tua mocidade, quando no Egito te apalpavam os seios e levavam as mãos sobre o teu peito juvenil.ᵇ ²²Por isto, Ooliba, assim diz o Senhor Iahweh, eis que levantarei contra ti os teus amantes, de que te enojaste, e os trarei contra ti de todos os lados, ²³a saber, os babilônios e os caldeus todos, os de Facud, de Soa e de Coa,ᶜ e com eles todos os assírios, jovens e encantadores, governadores e oficiais, todos, todos escudeiros de renome, montados a cavalo. ²⁴Do norteᵈ virão contra ti carros e carroças, trazendo uma multidão de povos, que te cercarão com pavês, escudo e capacete. A eles confiarei o teu julgamento e te julgarão de acordo com o seu direito. ²⁵Descarregarei contra ti meu zelo e te tratarão com cólera, cortarão teu nariz e tuas orelhas. O que restará de ti cairá à espada. Tomarão os teus filhos e as tuas filhas e o que restar de ti será destruído pelo fogo. ²⁶Despojar-te-ão de tuas vestes e apoderar-se-ão dos teus adornos. ²⁷Assim porei fim à tua impudicícia e às tuas fornicações, que vinham desde a terra do Egito, de modo que não tornes a pôr os olhos sobre eles nem voltes a lembrar-te do Egito. ²⁸Com efeito, assim diz o Senhor Iahweh: Eis que te entregarei às mãos daqueles que detestas, às mãos daqueles de quem te enojaste. ²⁹Eles te tratarão com ódio. Apoderar-se-ão de todo o fruto do teu trabalho, deixando-te nua e despida. Assim será descoberta a vergonha das tuas luxúrias, tua impudicícia e tuas fornicações. ³⁰Assim se haverão contigo por causa das tuas prostituições com as nações, contaminando-te com os seus ídolos imundos. ³¹Pois que andaste no caminho da tua irmã, porei sua taça nas tuas mãos. ³²Assim diz o Senhor Iahweh:

Tu beberás a taça da tua irmãᵉ
— taça funda e larga —.
Tornar-te-ás objeto de escárnio e zombaria,
tão grande será o seu conteúdo.
³³Ficarás cheia de vexame e de embriaguez.
Receberás uma taça de horror e desolação,
a taça de tua irmã Samaria!
³⁴Bebê-la-ás e a sorverás toda,
roerás os seus cacos
e dilacerarás teus peitos,
porque eu o disse,
oráculo do Senhor Iahweh.

---

a) Alusão talvez às relações entre Ezequias e Merodac-Baladã (cf. Is 39).
b) "apalpavam": *be'assôt*, conj. (cf. v. 3); "faziam": *ba'asôt*, hebr. — "no Egito", versões; "do Egito", hebr. — "levavam as mãos": *uma'ek* (cf. v. 3); "a fim de": *lema'an*, hebr.
c) Facud, já mencionado por Jr 50,21, é tribo aramaica no leste da Babilônia, conhecida pelas inscrições cuneiformes. Identificou-se Soa e Coa com os sutu e os qutu, outras tribos da mesma região, mas a identificação é incerta.
d) "Do norte", grego; o hebr. tem uma palavra desconhecida.
e) Este pequeno poema é talvez canção ou epigrama que Ezequiel aplicaria a Jerusalém. A imagem da taça é comum desde Jeremias.

³⁵Portanto, assim diz o Senhor Iahweh: Visto que te esqueceste de mim e me atiraste para trás das costas, também tu colherás os frutos da tua infâmia e das tuas prostituições. ³⁶Disse-me ainda Iahweh: Filho do homem, julgarás tu Oolá e Oolibá? Mostrar-lhes-ás as suas abominações? ³⁷Sim, porque elas cometeram adultério e as suas mãos estão manchadas de sangue: adulteraram com os seus ídolos imundos. Mais ainda: Quanto aos seus filhos que elas me deram à luz, fizeram-nos passar pelo fogo para devorá-los.[a] ³⁸Ainda isto me fizeram naquele dia: contaminaram o meu santuário e violaram os meus sábados. ³⁹Ao imolarem os seus filhos aos seus ídolos imundos, no mesmo dia entraram no meu santuário, a fim de profaná-lo e aí está o que fizeram dentro da minha casa.

⁴⁰Ainda mais:[b] Mandaram buscar homens vindos de longe, aos quais tinham enviado um mensageiro. Eles vieram. Para recebê-los, tu te lavaste, pintaste os olhos e te enfeitaste. ⁴¹Então, te sentaste em um canapé magnífico, com uma mesa posta diante deles, na qual depuseste o meu incenso e o meu óleo. ⁴²Ali se ouvia o vozerio de uma multidão despreocupada, provindo de muitos homens, de beberrões trazidos do deserto,[c] os quais colocavam braceletes nas mãos das mulheres e uma esplêndida coroa sobre as suas cabeças. ⁴³Eu dizia comigo: Esta mulher, acostumada ao adultério, agora usam das suas prostituições.[d] ⁴⁴Sim, procuram-na como a uma prostituta. É assim que procuram a Oolá e a Oolibá, estas mulheres depravadas. ⁴⁵Mas homens justos hão de julgá-las, segundo o direito das adúlteras e segundo o direito das que derramam sangue, pois que elas são adúlteras e as suas mãos estão manchadas de sangue.

⁴⁶Assim diz o Senhor Iahweh: Convocai uma assembleia contra elas e sejam entregues ao terror e ao saque: ⁴⁷apedreje-as a assembleia, ferindo-as à espada e matem os seus filhos e as suas filhas e que as suas casas sejam incendiadas. ⁴⁸Assim extirparei da terra a depravação, e todas as mulheres receberão uma advertência para que não ajam de acordo com a vossa depravação. ⁴⁹E farão cair sobre vós a vossa depravação e levareis sobre vós os pecados cometidos com os vossos ídolos e sabereis que eu sou o Senhor Iahweh.

24 Anúncio do cerco de Jerusalém —

¹No nono ano, no décimo mês, no décimo dia do mês,[e] a palavra de Iahweh me foi dirigida nestes termos: ²Filho do homem, anota este dia, este dia exatamente, porque exatamente no dia de hoje o rei da Babilônia atacou[f] Jerusalém. ³Pronuncia, pois, uma parábola a esta casa de rebeldes, dize-lhes: Assim diz o Senhor Iahweh:

Põe no fogo a panela,
põe-na e deita-lhe água.[g]

⁴Junta-lhe pedaços,
tudo quanto é pedaço bom, como coxa e espádua,
enche-a de ossos escolhidos,

⁵toma o que há de mais escolhido do rebanho.

---

a) "pelo fogo", grego, sir.; "para elas", hebr. — Acerca destes sacrifícios de crianças, cf. 20,25-26; Jr 7,31; 19,5; 32,35. Ver Lv 18,21+.
b) Agora o profeta dirige-se diretamente aos seus contemporâneos e censura-lhes as faltas recentes, donde o uso da segunda pessoa. O trecho deve conter muitas alusões a eventos políticos precisos e recentes; todavia, o texto está corrompido, sendo dificilmente inteligível.
c) Tradução incerta de um texto corrompido. — Depois de "despreocupada", omitimos "e na direção dos homens".
d) Texto incerto.
e) Dezembro de 589-janeiro de 588.
f) De acordo com os dados de 2Rs 25,1; Jr 52,4 (cf. 39,1), trata-se do começo do cerco de Jerusalém. Se o profeta está então em Babilônia, esta data que ele registra deve servir mais tarde para verificar a exatidão das suas revelações.
g) Ação simbólica. O profeta, ironicamente, põe em ação o ditado que elogiava a segurança de Jerusalém (11,3). É difícil interpretar todos os pormenores, mas o sentido geral é claro: a cidade está tão corrompida que nada poderá salvá-la, sequer uma provação passageira. Ela será destruída. Os seus habitantes não serão protegidos por suas muralhas. Serão expulsos para que se espalhem pelo exterior.

Por baixo amontoa lenha,*a*
ferve muito bem,
até que fiquem cozidos os ossos que ela contém.

⁶Portanto, assim diz o Senhor Iahweh:

Ai da cidade sanguinária,
da panela toda enferrujada,
cuja ferrugem não sai!
Tira dela pedaço por pedaço, mas não lances sorte sobre ela.
⁷Com efeito, o seu sangue está no meio dela;
ela o pôs sobre a rocha descalvada,
não o derramou sobre a terra para que o cobrisse a poeira.
⁸A fim de excitar a ira, a fim de tirar vingança,
pus o seu sangue sobre a rocha descalvada e não o cobri.
⁹Por isso, assim diz o Senhor Iahweh:
Ai da cidade sanguinária!
Também eu farei uma grande pilha.
¹⁰Amontoa lenha bastante, acende o fogo.
Cozinha bem a carne, prepara as especiarias.
Fiquem os ossos bem queimados.
¹¹Coloca a panela vazia sobre as brasas,
para que fique quente
e seu cobre chegue a arder,
de modo que se derretam suas impurezas
e sua ferrugem se consuma.

¹²*b*Mas a sua ferrugem não sairá com o fogo. ¹³As suas impurezas*c* são uma infâmia. Com efeito, procurei purificar-te, mas tu não ficaste pura das tuas impurezas. Pois bem, agora não ficarás pura, enquanto não acalmar a minha cólera contra ti. ¹⁴Eu, Iahweh, o disse e certamente há de acontecer. Eu agirei, não desistirei, não terei dó nem me arrependerei. De acordo com os teus caminhos e com as tuas ações te julgarão, oráculo do Senhor Iahweh.

Provações do profeta — ¹⁵A palavra de Iahweh me foi dirigida nestes termos: ¹⁶"Filho do homem, vê, privar-te-ei daquilo que é o desejo dos teus olhos,*d* mas não deves fazer lamentação, nem deves chorar, nem permitir que te corram as lágrimas. ¹⁷Geme em silêncio, não ponhas luto por mortos. Cobre-te com o teu turbante e usa as tuas sandálias, não cubras a barba, nem comas o pão ordinário".*e* ¹⁸De manhã falei ao povo e de tarde morreu a minha mulher. Na manhã seguinte agi de acordo com o que me fora mandado. ¹⁹Então me perguntaram: "Porventura não nos explicarás o que significam estas coisas?" ²⁰A isso respondi: "Eis o que me falou o Senhor Iahweh: ²¹Isto dirás à casa de Israel: Assim diz o Senhor Iahweh: Eis que estou para profanar o meu santuário, orgulho da vossa força, desejo dos vossos olhos e paixão de vossas vidas. E quanto aos vossos filhos e às vossas filhas que abandonastes, cairão à espada. ²²Então agireis como eu agi:*f* não cobrireis a barba nem comereis pão ordinário. ²³Conservareis os turbantes na cabeça e as sandálias nos pés, não

---

a) "lenha": *ha'eçim*, conj. (cf. v. 10); "ossos": *ha'açamîn*, hebr.
b) O hebr. acrescenta no início: "ela me fatigou (com) seus labores" (?), omitido pelo grego. — No fim do v., omitimos a palavra "ferrugem", acidentalmente repetida.
c) "As suas impurezas", conj.; "nas suas impurezas", hebr.
d) Expressão de ternura que designa aqui a esposa do profeta (v. 18).
e) São cerimônias de luto. O "pão ordinário" (lit.: "pão dos homens") faz alusão a costume que nos escapa.
f) Ezequiel não proíbe os habitantes de Jerusalém de se lamentarem e chorarem sua culpa, mas os acontecimentos serão tão súbitos e brutais que eles não terão essa possibilidade.

vos lamentareis, nem chorareis. Definhareis por causa das vossas iniquidades e gemereis uns com os outros. ²⁴Ezequiel vos servirá de presságio; agireis como ele agiu. Quando isto se der, sabereis que eu sou o Senhor Iahweh.

²⁵E tu, filho do homem, acaso não acontecerá naquele dia, em que eu os privar da sua força, da alegria da sua glória, do desejo dos seus olhos e do desejo da sua alma, a saber, dos seus filhos e das suas filhas, ²⁶sim, naquele dia virá a ti um dos fugitivos que, conseguindo escapar, trará a notícia. ²⁷Naquele dia se abrirá a tua boca, para falar ao fugitivo. Então voltarás a falar e não continuarás mudo. Eis como lhes servirás de presságio e saberão que eu sou Iahweh.

II. Oráculos contra as nações[a]

25 Contra os amonitas[b] — ¹A palavra de Iahweh me foi dirigida nestes termos: ²Filho do homem, volta a tua face em direção dos amonitas e profetiza contra eles. ³Eis o que dirás aos amonitas: Ouvi a palavra do Senhor Iahweh. Assim diz o Senhor Iahweh:

Uma vez que dizes[c] "Viva!" porque o meu santuário foi profanado e porque a terra de Israel ficou deserta e porque a casa de Judá foi para o exílio, ⁴por tudo isso te entregarei ao domínio dos filhos do Oriente:[d] eles estabelecerão os seus acampamentos no meio de ti e em ti farão a sua morada. Comerão teus frutos e beberão teu leite. ⁵De Rabá farei um pasto de camelos e as cidades[e] de Amon um aprisco de ovelhas. Assim sabereis que eu sou Iahweh.

⁶Com efeito, assim diz o Senhor Iahweh:

Uma vez que bateste as mãos e sapateaste com os pés, em sinal de regozijo — com a alma cheia de desprezo diante do que ocorreu à terra de Israel, ⁷também eu estendo minha mão contra ti, a fim de entregar-te ao saque das nações, extirpando-te dentre os povos e fazendo-te perecer dentre as terras. Sim, eu te destruirei e saberás que eu sou Iahweh.

Contra Moab — ⁸Assim diz o Senhor Iahweh:

Uma vez que Moab e Seir[f] dizem: "Afinal a casa de Judá é semelhante a todas as nações", ⁹exporei as alturas de Moab e suas cidades deixarão inteiramente de ser cidades, sim, estas joias da terra, a saber, Bet-Jesimot, Baal-Meon e Cariataim,[g] ¹⁰entregá-las-ei ao domínio dos filhos do Oriente, junto com os amonitas, a fim de não serem mais lembradas entre as nações. ¹¹Deste modo executarei julgamento em Moab e saberão que eu sou Iahweh.

---

a) Como em Am 1-2; Is 13-23; Jr 47-51, os oráculos de Ezequiel contra as nações estão agrupados nos caps. 25-32. Os caps. 25-28 referem-se aos vizinhos imediatos de Israel, Amon, Moab, Edom e os filisteus (25), Tiro e Sidônia (26-28), depois o Egito, contra o qual são dirigidos os oráculos dos caps. 29-32. As datas especificadas em 26,1; 29,1; 30,20; 31,1; 32,1.17 se escalonam de 587 a 585 a.C., durante e após o cerco de Jerusalém; é o mesmo pano de fundo histórico dos caps. 24 e 33, que enquadram esses oráculos. O pequeno oráculo contra Tiro (29,17-21), datado de 571, foi acrescentado à compilação.

b) Os amonitas (Dt 2,19+) haviam participado de diversos levantes contra Nabucodonosor. Depois abandonaram os seus aliados e tiraram proveito dos infortúnios de Jerusalém.

c) Este oráculo dirige-se a Amon personificado.

d) Os árabes nômades (cf. Is 11,14; Jr 49,28; Nm 24,21+).

e) "cidades", conj.; "filhos", hebr.

f) Seir designa o planalto montanhoso situado a sudeste do mar Morto, em território edomita (mas cf. Dt 2,1+); o termo é frequentemente usado como sinônimo de Edom (cf. Gn 32,4; Jz 5,4; Nm 24,18; Ez 35,2 etc.). Surpreende encontrá-lo mencionado aqui, pois um oráculo será consagrado a Edom. A palavra, ausente do grego, deve ser glosa tardia.

g) "suas cidades", conj.; "mais suas cidades" (ou "desde suas cidades"), hebr. — Todo esse v. é obscuro e sua tradução é incerta.

Contra Edom — ¹²Assim diz o Senhor Iahweh:
Uma vez que Edom se vingou contra a casa de Judá e, vingando-se dela, incorreu em culpa grave, ¹³por esta razão — assim diz o Senhor Iahweh — também eu estenderei a minha mão e extirparei dela homens e animais, reduzindo-a a uma desolação. Desde Temã até Dadã*ª* cairão à espada. ¹⁴Porei a minha vingança contra Edom nas mãos do meu povo Israel. Ele agirá em Edom, de acordo com a minha ira e com a minha cólera, conhecerão a minha vingança, oráculo do Senhor Iahweh.

Contra os filisteus — ¹⁵Assim diz o Senhor Iahweh:
Uma vez que os filisteus se entregam à vingança e praticam a vingança com a alma cheia de desprezo, procurando destruir com ódio eterno, ¹⁶também eu — diz o Senhor Iahweh — estenderei a minha mão contra os filisteus e extirparei os cereteus*ᵇ* e farei perecer o resto dos habitantes da costa. ¹⁷Exercerei contra eles uma grande vingança e os castigarei violentamente, para que saibam que eu sou Iahweh quando lhes impuser a minha vingança.

26

Contra Tiro*ᶜ* — ¹No undécimo ano, no primeiro dia do mês,*ᵈ* a palavra de Iahweh me foi dirigida nestes termos:

²Filho do homem, visto que Tiro disse sobre Jerusalém:
Viva! A porta dos povos está quebrada;
ela voltou-se para mim, sua riqueza*ᵉ* está destruída.

³Pois bem! Assim diz o Senhor Iahweh:
Eu me porei contra ti, ó Tiro,
levantarei contra ti muitas nações
como o mar levanta as suas ondas.

⁴Elas destruirão os muros de Tiro,
arrasarão suas torres.
Varrerei a sua poeira
e a reduzirei a uma rocha descalvada.*ᶠ*

⁵Ela será um enxugadouro de redes no meio do mar,
porque eu o disse, oráculo do Senhor Iahweh.
Ela será saqueada pelas nações.

⁶Quanto às suas filhas que se encontram no campo,
serão mortas à espada
e saberão que eu sou Iahweh.

⁷Com efeito, assim diz o Senhor Iahweh:
Eis que trarei a Tiro, vindo do norte,
Nabucodonosor, rei da Babilônia, rei dos reis,
com carros e cavaleiros,
com uma multidão imensa.*ᵍ*

---

a) Temã é região meridional de Edom, mas os dois termos são com frequência empregados simplesmente como sinônimos (cf. Jr 49,20); Dadã, atual oásis de El Elá, é região árabe situada a sudeste de Edom (cf. Is 21,13; Jr 49,8).
b) Povo vizinho dos filisteus (cf. Js 13,2+), e aparentado com eles (cf. 2Sm 8,18+). Aqui, os dois nomes são praticamente sinônimos.
c) No início do século VI, Tiro era poderosa cidade comercial. Teve participação importante em todas as tentativas antibabilônicas que precederam os eventos de 587, mas abandonou Jerusalém, sua aliada, e regozijou-se com sua queda.
d) No ano 587-586. O grego lê "no duodécimo ano" e "no primeiro mês", ou seja, em abril de 586.
e) "sua riqueza", lit.: "o que a enche", *hammele'ah*, conj.: "eu me acabarei de encher", *'mmale'ah*, hebr.
f) Tiro, *Çor*, era construída sobre uma rocha, *çur*, a pouca distância da costa.
g) O cerco de Tiro, empreendido por Nabucodonosor em 585, durou treze anos e terminou sem grande vantagem para o vencedor (29,17-21). A destruição pela raiz que aqui é anunciada só mais tarde será cumprida por Alexandre Magno.

⁸ As tuas filhas que se encontram no campo,
  matá-las-á à espada.
  Levantará trincheiras contra ti,
  contra ti erguerá terrapleno,
  contra ti alçará pavês.
⁹ Aplicará os golpes dos seus aríetes contra teus muros
  e derribará tuas torres com suas máquinas.
¹⁰ Em virtude da multidão dos seus cavalos,
  sua poeira te cobrirá;
  por causa do ruído dos seus cavalos, das suas carroças e dos seus carros
  tremerão teus muros, ao entrar pelas tuas portas,
  como quem entra em uma cidade por uma brecha.
¹¹ Pisará todas as tuas ruas com as patas dos seus cavalos,
  matará teu povo à espada,
  porá por terra tuas estelas colossais.
¹² Saquearão tua riqueza e despojarão tuas mercadorias;
  porão por terra teus muros,
  demolirão tuas casas luxuosas
  e atirarão à água tuas pedras, tua madeira e tua caliça.
¹³ Farei cessar o ruído dos teus cantos,
  os sons das tuas cítaras já não se ouvirão.
¹⁴ Reduzir-te-ei a uma rocha descalvada,
  serás enxugadouro de redes,
  nunca mais serás reconstruída,
  porque eu, Iahweh, o disse, oráculo do Senhor Iahweh.

Lamentação sobre Tiro — ¹⁵Assim diz o Senhor Iahweh a Tiro: Porventura não tremerão as ilhas[a] ao ruído da tua queda, ao gemido dos teus feridos, ao consumar-se a matança no meio de ti? ¹⁶Então todos os príncipes do mar descerão dos seus tronos, tirarão suas capas e despirão suas vestes matizadas. Vestir-se-ão de temor, sentar-se-ão em terra, estremecerão a todo instante, por causa de ti. ¹⁷Farão uma lamentação[b] a teu respeito e te dirão:

  Ei-la destruída, desaparecida dos mares,
  a cidade tão célebre,
  que foi poderosa no mar,
  ela e seus habitantes,
  que enchiam de respeito todo o continente.[c]
¹⁸ Agora, no dia da sua queda
  as ilhas sentem um arrepio,
  as ilhas do mar estão apavoradas com o teu fim.
¹⁹ Portanto, assim diz o Senhor Iahweh:

  Quando te reduzir a uma cidade deserta, igual às cidades desabitadas, quando fizer subir contra ti o abismo, e águas abundantes te cobrirem, ²⁰então te precipitarei juntamente com os que descem para a cova, para junto do *povo de outrora*. Far-te-ei habitar nas profundezas da terra, como as ruínas de outrora, com os que descem para a cova, de modo que não voltes a ser restabelecida na terra dos viventes.[d] ²¹Reduzir-te-ei a um objeto de terror e

---

a) As "ilhas" designam todas as costas distantes.
b) Uma *qîna* (cf. 19,1+).
c) "desaparecida", *nishbat*, grego; "habitada", *noshebet*, hebr. (simples diferença de vocalização). — "o continente": *hayyabasha* segundo sir.; "os seus habitantes": *yoshebêha*, hebr.

d) A "cova", sinônimo de "Xeol", não representa o túmulo, e sim o lugar subterrâneo onde são reunidas as almas dos mortos (cf. Nm 16,33+). — "não voltes": *tashubî*, conj.; "não habites": *teshebî*, hebr. — "a ser restabelecida", *wetityaççebî*, grego; "para que eu dê um ornamento", *wenatattî çebî*, hebr.

já não existirás. Serás procurada, mas nunca mais serás encontrada, oráculo do Senhor Iahweh.

27 Segunda lamentação sobre a queda de Tiro[a] — ¹A palavra de Iahweh me foi dirigida nestes termos: ²Tu, filho do homem, pronuncia sobre Tiro uma lamentação. ³Dirás a Tiro, a que está instalada junto à saída do mar, que negocia com os povos de muitas ilhas e costas: assim diz o Senhor Iahweh:

Tu, Tiro, dizias: "Eu sou navio[b] de beleza perfeita".
⁴ As tuas fronteiras estão postas em pleno mar,
  os teus edificadores te dotaram de beleza perfeita.
⁵ De zimbro do Sanir[c] fabricaram
  as tábuas das tuas naus,
  tomaram um cedro do Líbano
  para construírem um mastro.
⁶ De carvalhos de Basã
  fizeram os teus remos,
  fizeram para ti um convés de marfim incrustado no cipreste
  trazido das ilhas de Cetim;[d]
⁷ tuas velas eram de linho bordado do Egito,
  servindo-te de pavilhão.
  Tua cobertura era de púrpura e escarlate
  das ilhas de Elisa.
⁸ Os habitantes de Sidônia e de Arvad[e]
  eram os teus remadores.
  Teus sábios, ó Tiro,
  eram teus pilotos.
⁹ Os anciãos de Gebal[f] e os seus sábios estavam a teu serviço
  para repararem as tuas avarias.

Jr 46,9+ Todos os navios[g] do mar estavam aí para mercadejarem contigo. ¹⁰Os habitantes da Pérsia, de Lud e Fut serviam como guerreiros no teu exército: penduravam no meio de ti escudos e capacetes; eles faziam o teu esplendor. ¹¹Os filhos de Arvad e o seu exército se postavam ao longo dos teus muros; os gamadenses estavam nas tuas torres e penduravam os escudos ao longo dos Is 23,1+ teus muros, completando a tua beleza. ¹²Társis era teu cliente, em virtude da abundância de todos os bens; permutavam a prata, o ferro, o estanho e o chumbo 38,2 pelas tuas mercadorias. ¹³Javã, Tubal e Mosoc[h] comerciavam contigo, trazen-38,6 do escravos e objetos de bronze em troca de teus víveres. ¹⁴De Bet-Togorma[i] 25,13 traziam-te cavalos, cavaleiros e mulos como mercadorias. ¹⁵Também os filhos de Dadã faziam comércio contigo; muitas ilhas eram tuas clientes, trazendo como tributo dentes de marfim e ébano. ¹⁶Cliente teu era Edom[j] em virtude da abundância das suas mercadorias: trazia-te turquesa, púrpura, escarlate, bisso, Jz 11,33 coral e rubis em troca das tuas mercadorias. ¹⁷Judá e a terra de Israel exerciam comércio contigo, trazendo o trigo de Minit, panag,[k] mel, azeite e bálsamo em

---

a) Esta descrição simbólica de naufrágio serve-se de vocabulário técnico cuja tradução é por vezes incerta.
b) "Eu sou navio": *'oniyyah 'anî*, conj.; "eu sou" *'anî*, hebr.
c) Nome amorreu do Hermon (cf. Dt 3,9).
d) "no cipreste": *bite'ashurîm*, Targ.; "filha dos assírios": *bat'ashurîm*, hebr. — Cetim designa aqui não somente os habitantes de Chipre, mas também os das outras ilhas e costas do Mediterrâneo.
e) Estas duas cidades da costa fenícia reconheciam mais ou menos a supremacia econômica de Tiro.
f) É Biblos, outra cidade fenícia.
g) O poema é interrompido por enumeração pormenorizada das relações comerciais de Tiro, que não faz parte do oráculo primitivo.
h) Javã, isto é, a Jônia, designava os gregos, ou mesmo os ocidentais em geral. Sobre Tubal e Mosoc, cf. 38,2+.
i) Provavelmente a Armênia (cf. 38,6).
j) "Edom", mss e versões; "Aram", hebr.
k) "panag": palavra desconhecida, talvez um tipo de doce. Segundo outros, painço (segundo o sir.) ou bálsamo (Vulg.). — Minit é localidade da terra de Amon.

troca das tuas mercadorias. ¹⁸Damasco era tua cliente, por causa da abundância das tuas mercadorias, da abundância de todos os bens; ela te fornecia vinho de Helbon e lã de Saar.ª ¹⁹Dã e Javã, desde Uzal,ᵇ em troca das tuas mercadorias forneciam ferro trabalhado, cássia e cana. ²⁰Dadã comerciava contigo em artigos de montaria. ²¹A Arábia e todos os príncipes de Cedar eram teus clientes, negociando contigo em cordeiros, carneiros e bodes. ²²Os comerciantes de Sabá e de Rama comerciavam também contigo, fornecendo-te toda a variedade de perfumes e de pedras preciosas e de ouro como mercadorias. ²³Harã, Quene e Éden, os comerciantes de Sabá, da Assíria e de Quelmadᶜ comerciavam contigo; ²⁴comerciavam vestes finas, mantos de púrpura e tecidos bordados, cordões sólidos e bem entretecidos, em teus mercados.

²⁵Os navios de Társis formavam caravanas a serviço do teu comércio.
 Tu estavas cheia e pesadaᵈ no coração dos mares.
²⁶Os teus remadores te conduziam por vastos mares.
 O vento oriental te partiu no coração dos mares.
²⁷Tuas riquezas, teus produtos, tuas mercadorias,
 teus marinheiros e teus pilotos,
 os reparadores das tuas brechas, os autores do teu tráfico,
 todos os homens de guerra
 que estão contigo e toda a multidão que levas a bordo
 tombarão no coração dos mares no dia da tua ruína.
²⁸Ao grito dos teus pilotos
 tremerão as praias.ᵉ
²⁹Então descerão dos seus navios
 todos os que manejam o remo.
 Os marinheiros, todos os homens do mar,
 ficarão em terra.
³⁰Farão ouvir a sua voz a respeito de ti,
 e clamarão amargamente.
 Lançarão pó sobre as suas cabeças
 e se revolverão na cinza.
³¹Raparão a cabeça por tua causa
 e se cingirão de sacos.
 Por ti chorarão com amargura d'alma,
 em amargo pranto.
³²Por ti levantarão lamento,
 sim, lamentar-te-ão, dizendo:
 "Quem era semelhante a Tiroᶠ no meio do mar?
³³Com as mercadorias trazidas dos mares
 saciavas muitos povos;

---

a) O vinho de Helbon, ao norte de Damasco, era famoso; é citado por documentos assírios. — Saar é desconhecido, e talvez não seja nome de lugar: propõe-se compreender "lã bruta".
b) Tribo árabe, como Sabá e Reema (vv. 22-23; cf. Gn 10,27; 1Rs 10,1+), porém cujo nome parece representar aqui uma região. — Dã e Javã surpreendem aqui: Javã já foi citada (v. 13) e Dã, tribo de Israel, não tem qualquer razão de sê-lo (cf. v. 17). Trata-se talvez de tribos árabes (desconhecidas por outras vias) próximas a Uzal. Entretanto, o texto talvez esteja corrompido e alguns propõem ler, suprimindo "Dã" (que falta no grego) e corrigindo *Yavan* para *yayin*: "(eles te fornecem...) vinho de Uzal".
c) Harã fica no alto Eufrates. Quene e Éden parecem corresponder a Kannu e Bit Adini dos textos assírios, cidades do médio Eufrates. Sabá (cf. 1Rs 10,1+). Quelmad é cidade desconhecida, provavelmente próxima de Assur.
d) Pode-se também compreender "rica e gloriosa", mas parece que o profeta procura sugerir ao mesmo tempo a abundância da carga desse esplêndido navio e o seu próximo naufrágio.
e) Trad. incerta de palavra desconhecida. Hebr. recente "subúrbio, terrreno baldio".
f) "semelhante (a Tiro)", *nidmah*, versões; ("como Tiro) a silenciosa" (?), *qedumah*, hebr. Propõe-se "como uma fortaleza", segundo o acádico *dintu*, "torre fortificada".

com as tuas riquezas, as tuas mercadorias e os teus produtos
enriqueceste os reis da terra.
³⁴Agora estás despedaçada em pleno mar,
nas profundezas das águas.
Tua carga e todos os teus passageiros soçobraram contigo.
³⁵Todos os habitantes das costas e ilhas
ficaram apavorados por causa de ti.
Seus reis ficaram de cabelos arrepiados,
com o rosto confuso.
³⁶Os que se dedicam ao comércio entre os povos
te esconjuram:
tu te tornaste um objeto de pavor,
nunca mais voltarás a existir, para sempre!"

28

Contra o rei de Tiro — ¹A palavra de Iahweh me foi dirigida nestes termos: ²Filho do homem, dize ao príncipe de Tiro: Assim diz o Senhor Iahweh:

Pois que teu coração se exalta orgulhosamente
e dizes: "Eu sou deus,
ocupo trono divino no coração do mar".
Apesar de seres homem e não Deus,
alimentas, em teu coração, pretensões divinas.
³Certo, és mais sábio do que Danel,
nenhum segredo te desconcerta.
⁴Por tua sabedoria e inteligência adquiriste riqueza
e acumulaste ouro e prata nos teus tesouros.
⁵Tão notável é tua sabedoria nos negócios
que multiplicaste tua riqueza
e teu coração se orgulhou dela.
⁶Por isso, assim fala o Senhor Iahweh:
Visto que em teu coração te igualaste a Deus,
⁷também eu trarei contra ti estrangeiros,
a mais terrível das nações.
Desembainharão a espada contra a beleza de tua sabedoria,
e profanarão o teu esplendor.
⁸Far-te-ão descer à cova
e morrerás de morte violenta no coração dos mares.
⁹Então ainda dirás na presença dos teus assassinos:
"Eu sou deus"?
Com efeito, tu és homem e não deus
nas mãos dos que hão de trespassar-te.
¹⁰Terás a morte de incircunciso
pela mão de estrangeiros,
pois eu o disse, oráculo de Iahweh.

A queda do rei de Tiro[a] — ¹¹A palavra de Iahweh me foi dirigida nestes termos: ¹²Filho do homem, pronuncia um lamento[b] contra o rei de Tiro e dize: Assim diz o Senhor Iahweh:

---

a) Era então Etbaal II. Contudo, o poema dirige-se menos à personagem histórica do que à personificação da potência da cidade. Por acomodação espontânea, a tradição cristã aplicou com frequência este poema à queda de Lúcifer (cf. 28,2; Is 14,13).

b) Mais uma *qîna* (cf. 19,1+), mas o trecho não apresenta o ritmo próprio da *qîna*. A palavra deve ser empregada em sentido lato.

Tu eras modelo de perfeição,^a
cheio de sabedoria,
de beleza perfeita.
¹³ Estavas no Éden, jardim de Deus.
Engalanavas-te com toda sorte de pedras preciosas:
rubi, topázio, diamante, crisólito, cornalina,
jaspe, lazulita, turquesa, berilo;
de ouro eram feitos teus discos e teus pingentes;^b
todas essas coisas foram preparadas nos dias em que foste criado.
¹⁴ Fiz de ti o querubim cintilante, o protetor;
estavas no monte santo de Deus
e movias-te por entre brasas ardentes.^c
¹⁵ Desde o dia da tua criação foste íntegro em todos os teus caminhos
até o dia em que se achou maldade em ti.
¹⁶ Em virtude do teu comércio intenso
te encheste de violência e caíste em pecado.
Então te lancei do monte de Deus como profano
e te exterminei, ó querubim protetor, dentre as pedras de fogo.
¹⁷ Teu coração se exaltou com tua beleza.
Perverteste tua sabedoria por causa do teu esplendor.
Assim te atirei por terra
e fiz de ti um espetáculo à vista dos reis.
¹⁸ Em virtude da tua grande iniquidade,
por causa da desonestidade do teu comércio,
profanaste teus santuários.
Assim, fiz sair fogo do meio de ti,
um fogo que te devorasse.
Eu te reduzi a cinzas sobre a terra,
aos olhos de todos os que te contemplavam.
¹⁹ Todos os que te conhecem dentre os povos
estão apavorados por causa de ti.
Motivo de espanto te tornaste
e deixaste de existir para sempre.

Gn 3,24
Is 14,13
Ez 10,2

10,2.7

Contra Sidônia^d — ²⁰ A palavra de Iahweh me foi dirigida nestes termos:
²¹ Filho do homem, volta o teu rosto contra Sidônia e profetiza contra ela.
²² Dize: Eis a palavra do Senhor Iahweh:

Estou contra ti, Sidônia,
serei glorificado dentro de ti
e saberão que eu sou Iahweh,
quando executar julgamento sobre ela
e nela revelar minha santidade.

---

a) "*modelo de perfeição*". lit.: "um selo de perfeição", grego; "selando o modelo", hebr.
b) "discos" e "pingentes": tradução conjetural. O primeiro termo designa normalmente tamboril; o segundo, de forma não habitual (único exemplo de substantivo formado sobre essa raiz que normalmente significa "vazar", "furar"), deve ser termo técnico de ourivesaria. Pode-se também compreender "teus tamborins e tuas flautas".
c) "cintilante", traduzido segundo o acádico; Jerônimo traduz "de asas abertas", segundo um verbo homônimo, "medir, estender". — Estes vv. parecem inspirar-se, não apenas em reminiscências bíblicas do paraíso terrestre, mas também em diversos elementos da mitologia oriental: monte dos deuses, localizado no extremo norte (cf. Sl 48,2-3; Is 14,13), alusão ao Querub protetor (cf. Gn 3,24) e os carvões ardentes (Ez 10,2), queda e aniquilamento (v. 16), fogueira de Melkart, do deus de Tiro; todavia, alguns pormenores continuam obscuros para nós.
d) Sidônia, cidade fenícia importante, porém inferior a Tiro antes da época persa. Segundo Jr 27,3, Sidônia participou da política que levou Judá à ruína, o que explica o ataque de Ezequiel.

EZEQUIEL 28-29

²³ Enviar-lhe-ei uma peste e o sangue correrá nas suas ruas,
mortos cairão dentro dela
pela espada, que a atingirá de todos os lados,
e saberão que eu sou Iahweh.

Israel libertado das nações — ²⁴E não haverá mais para a casa de Israel acúleo que fira, nem espinho que cause dor da parte de todos os vizinhos que a desprezam e saberão que eu sou Iahweh.

= 37,25
Gn 28,13

²⁵Assim diz o Senhor Iahweh: Quando eu ajuntar a casa de Israel dentre as nações por onde foram espalhados, revelarei entre eles a minha santidade aos olhos das nações e habitarão na terra que dei ao meu servo Jacó. ²⁶Nela habitarão em segurança, edificarão casas e plantarão vinhas. Sim, habitarão em segurança, quando eu executar o julgamento contra todos os que os desprezam dentre os seus vizinhos e saberão que eu sou Iahweh, o seu Deus.

Is 19
Jr 46

29 ***Contra o Egito*** — ¹No décimo ano, no décimo mês, no décimo segundo dia do mês,*ᵃ* a palavra de Iahweh me foi dirigida nestes termos: ²Filho do homem, volta o teu rosto contra o Faraó, rei do Egito,*ᵇ* profetiza contra ele e contra todo o Egito. ³Fala e dize-lhe: Assim diz o Senhor Iahweh:

32
Jó 40,25
41,26

Eis que estou contra ti, Faraó, rei do Egito,
grande dragão deitado no meio do Nilo,
tu que dizes: "O Nilo é meu, fui eu que o fiz".*ᶜ*
⁴Porei o arpão no teu queixo
e farei com que os peixes dos teus canais se preguem às tuas escamas,
e te removerei do meio dos canais
com todos os seus peixes pregados nas tuas escamas.

Jr 25,33

⁵Abandonar-te-ei no deserto, a ti e a todos os peixes de teus canais.
Cairás em pleno campo,
não serás recolhido nem sepultado.*ᵈ*
Dar-te-ei por pasto
aos animais do campo e às aves do céu.

Is 36,6
2Rs 18,21

⁶Saberão assim todos os habitantes do Egito que eu sou Iahweh,
por terem sido eles um apoio como cana para a casa de Israel.
⁷Quando se apegavam a ti, tu te rompias na sua mão,
e lhes fendias a mão.
Quando se apoiavam em ti, tu te quebravas e fazias cambalear
os seus rins.*ᵉ*

⁸Com efeito, assim diz o Senhor Iahweh: Eis que trarei sobre ti a espada e de ti extirparei homens e animais. ⁹A terra do Egito será uma desolação e uma ruína, e assim saberão que eu sou Iahweh. Visto que ele disse: "O Nilo é meu, eu é que o fiz", ¹⁰eu sou contra ti e contra os teus canais, reduzindo a terra do Egito a uma ruína e a uma desolação desde Magdol até Siene e até as fronteiras de Cuch.*ᶠ* ¹¹Por ela não passará pé de homem, nem passará aí pé de animais. Ela ficará desabitada por quarenta anos. ¹²Reduzirei a terra do Egito a uma desolação no meio das terras desoladas e as suas cidades a uma desolação no meio das cidades em ruína durante quarenta anos, e espalharei os egípcios entre os povos e os dispersarei entre as nações. ¹³Portanto,

---

a) Dezembro de 588 janeiro de 587.
b) Hofra (Apriés), 588-570, junto de quem Judá intrigou para obter socorros.
c) "que o fiz", versões, cf. v. 9; "que me fiz", hebr. (talvez tradução de fórmula egípcia clássica).
d) "sepultado", *tiqqaber*, Targ.; "reunido", *tiqqabeç*, hebr.

e) "mão", *kaph*, grego, sir.; "ombro", *kateph*, hebr. — "fazias tropeçar", sir.; "firmavas", hebr. (interversão de duas letras).
f) "uma ruína", versões; "ruínas de destruição", hebr. — Magdol, fortaleza do norte do Egito. Siene, atualmente Assuã, cidade do extremo sul, junto à fronteira etíope. Cuch é a Núbia.

assim diz o Senhor Iahweh: Ao cabo de quarenta anos reunirei os egípcios dentre os povos no meio dos quais foram espalhados.^a ¹⁴Reconduzirei os cativos do Egito e tornarei a reinstalá-los na terra de Patros,^b na sua terra de origem, onde constituirão um reino insignificante. ¹⁵O Egito será o mais insignificante dos reinos e nunca mais se elevará acima das nações; eu o reduzirei a um pequeno número, para que não volte a dominar sobre outras nações. ¹⁶Ele nunca mais dará motivo de segurança à casa de Israel. Antes, trará à memória o erro de ter-se voltado para ele em busca de auxílio. Assim saberão que eu sou o Senhor Iahweh.

¹⁷Ora, sucedeu que no vigésimo sétimo ano, no primeiro mês, no primeiro dia do mês,^c a palavra de Iahweh me foi dirigida nestes termos:

¹⁸Filho do homem, Nabucodonosor, rei da Babilônia, impôs ao seu exército uma grande empresa contra Tiro. Toda cabeça ficou calva e todo ombro esfolado, mas nenhuma recompensa conseguiu nem para si, nem para o seu exército como resultado da grande empresa a que se submeteu contra Tiro. ¹⁹Por este motivo — diz o Senhor Iahweh — eis que entregarei a Nabucodonosor, rei da Babilônia, a terra do Egito. Ele levará a sua riqueza, despojá-la-á e a saqueará. Isto servirá de recompensa para ele e para o seu exército. ²⁰Como paga pelo trabalho que realizou, entregar-lhe-ei a terra do Egito (pois que ele trabalhou para mim), oráculo do Senhor Iahweh.

²¹Naquele dia suscitarei um novo rebento^d para a casa de Israel e permitirei que se abra a boca no meio dela^e e saberão que eu sou Iahweh.

30 O dia de Iahweh contra o Egito

¹A palavra de Iahweh me foi dirigida nestes termos:^f ²Filho do homem, profetiza e dize: Assim diz o Senhor Iahweh: Dai uivos: "Ai! Que dia!" ³Com efeito, está próximo o dia, está próximo o dia de Iahweh. Será um dia de nuvens, será o tempo marcado para as nações.

⁴A espada atingirá o Egito, haverá angústia em Cuch, quando caírem os trespassados no Egito, quando forem levadas suas riquezas e seus alicerces ficarem arrasados. ⁵Cuch, Fut e Lud, toda a Arábia, Cub^g e os filhos da terra da aliança cairão com eles à espada.

⁶Assim diz Iahweh:

Os sustentáculos do Egito cairão e sua força presunçosa ruirá por terra, desde Magdol até Siene muitos cairão à espada, oráculo do Senhor Iahweh.

⁷E serão uma desolação no meio de terras desoladas e as suas cidades estarão entre cidades reduzidas a ruínas. ⁸Assim saberão que eu sou Iahweh, quando eu puser fogo no Egito e forem despedaçados todos os seus sustentáculos.

⁹Naquele dia partirão mensageiros enviados por mim, em navios, para assustarem Cuch em sua tranquilidade. Haverá angústia entre os seus habitantes no dia do Egito, porque ele certamente virá.

---

a) Os exilados egípcios recebem assim a mesma promessa de volta que foi feita a Israel (cf. 11,16-17 etc.). Mas aqui eles não são associados ao povo eleito no culto renovado de Iahweh, como na segunda parte de Isaías (cf. Is 45,14+).

b) Patros, o "oásis do sul", isto é, o Alto Egito.

c) Março-abril de 571. É cronologicamente o último dos oráculos de Ezequiel, que completa ou retoca os seus oráculos anteriores: em compensação do seu meio fracasso contra Tiro (v. 18, cf. 26,7+). Nabucodonosor recebe licença para saquear o Egito (somente invadi-lo-á em 568; cf. Jr 43,12). Executor dos castigos divinos, ele merece o seu salário.

d) Lit.: "farei germinar um chifre"; este símbolo da força tem, às vezes, alcance messiânico (cf. Sl 132,17).

e) Trata-se várias vezes no livro de Ezequiel de períodos de mutismo e de autorizações para abrir a boca para falar em nome de Iahweh (cf. 3,26; 24,26-27; 33,21-22). Aqui, tem-se a impressão de que o profeta, reduzido ao silêncio por sua confusão (cf. 16,63), poderá enfim exprimir o seu reconhecimento.

f) Este oráculo é complemento, quiçá tardio, do oráculo do cap. 29.

g) "a Arábia", lendo *ha'arab* (com sir.; Áq., Sím.) em vez de *ha'ereb*, "a união". — Cub é desconhecido, e talvez se deva ler Lub (com o grego), ou seja, a Líbia.

¹⁰Assim diz o Senhor Iahweh: Aniquilarei a multidão do Egito pela mão de Nabucodonosor, rei da Babilônia. ¹¹Ele e o seu povo com ele — a mais terrível das nações — serão trazidos para devastarem a terra. Eles desembainharão suas espadas contra o Egito e encherão a terra de mortos. ¹²Reduzirei os canais do Nilo a um deserto e venderei a terra a homens maus. Transformarei a terra e tudo o que nela há em uma desolação pela mão de estrangeiros. Eu, Iahweh, o disse.

¹³Assim diz o Senhor Iahweh: Farei perecer os ídolos imundos, extirparei de Nof[a] os deuses falsos, e nunca mais haverá um príncipe na terra do Egito. Encherei de medo a terra do Egito. ¹⁴Reduzirei Patros a uma desolação, porei fogo a Soã e executarei julgamento em Nô. ¹⁵Derramarei o meu furor sobre Sin, a fortaleza do Egito, e exterminarei a horda de Nô. ¹⁶Porei fogo ao Egito, e Sin ficará toda convulsionada; Nô será fendida e as águas a submergirão.[b] ¹⁷Os jovens de On e de Pi-Beset cairão à espada e as cidades irão para o cativeiro. ¹⁸Em Táfnis o dia se tornará em trevas quando eu quebrar ali o cetro do Egito e cessar a sua força presunçosa. Quanto a ela, uma nuvem a cobrirá e suas filhas irão para o cativeiro. ¹⁹Assim executarei julgamento no Egito e saberão que eu sou Iahweh.

²⁰Aconteceu que no undécimo ano, no primeiro mês, no sétimo dia do mês[c] a palavra de Iahweh me foi dirigida nestes termos: ²¹Filho do homem, quebrei o braço do Faraó, rei do Egito, mas ele não foi enfaixado, não lhe aplicaram remédio nem lhe puseram atadura, para que pudesse recobrar a sua força e assim manejar a espada.[d] ²²Portanto, eis o que diz o Senhor Iahweh: Eu estou contra o Faraó, rei do Egito. Quebrarei seus braços, tanto o que está são, como o que está quebrado, e farei cair a espada da sua mão.[e] ²³Espalharei os egípcios por entre os povos, sim, dispersá-los-ei por entre as nações. ²⁴Fortalecerei os braços do rei da Babilônia, porei a minha espada na sua mão e quebrarei os braços do Faraó, fazendo com que dê gemidos de trespassado na presença daquele. ²⁵Assim, fortalecerei os braços do rei da Babilônia, mas os braços do Faraó desfalecerão, e saberão que eu sou Iahweh, quando puser a minha espada na mão do rei da Babilônia e ele a estender contra a terra do Egito. ²⁶Espalharei os egípcios por entre os povos e os dispersarei por entre as nações. Então saberão que eu sou Iahweh.

31

O cedro — ¹No décimo primeiro ano, no terceiro mês, no primeiro dia do mês,[f] a palavra de Iahweh me foi dirigida nestes termos: ²Filho do homem, dize ao Faraó, rei do Egito e à multidão do seu povo:[g]

Com quem te assemelhas na tua grandeza?
³Eis, tu és como um cipreste, um cedro no Líbano[h]
de bela ramagem — uma brenha sombria —, de alto porte,
com seu cimo entre as nuvens.[i]
⁴As águas lhe deram crescimento, o abismo lhe assegurou altura,
fazendo jorrar suas águas abundantes em torno dele,
ao conduzir os seus regatos a todas as árvores do campo.

---

a) Nof é Mênfis, no Baixo Egito. Patros: cf. 29,14+. Soã é Tânis, cidade do Delta. Nô é Tebas, capital do Alto Egito (cf. Jr 46,25+). Sin é fortaleza do Delta. On é Heliópolis, Pi-Beset é Bubasto, duas cidades do Baixo Egito. Táfnis é cidade fronteiriça a leste do Delta.

b) "e as águas a submergirão", *wenafôçû mayîm*, conj. segundo o grego; "e Nof, os inimigos de seu dia", hebr. corrompido.

c) Março-abril de 587.

d) O Egito tentou intervir para fazer levantar o cerco de Jerusalém, mas fracassou (cf. Jr 37,5-8).

e) Anúncio de nova derrota, que destruirá o resto das forças do Egito.

f) Maio-junho de 587.

g) A alegoria do cap. 17 utiliza as mesmas imagens, com significação diferente. Trata-se aqui de descrição do esplendor do Egito que logo será destruído pelo castigo divino.

h) "um cipreste", *te'ashshûr*, conj. (cf. 27,6); *'ashshûr*, Assur (?), hebr.

i) "nuvens", *'abôt,* grego, cf. vv. 10.14; "ramos", *'abotîm,* hebr.

⁵ Por isso seu porte era mais elevado do que o
   de todas as árvores do campo,
  seus ramos se multiplicaram,
  seus galhos se alongaram,
  por causa das águas abundantes que lhe davam crescimento.*ᵃ*
⁶ Em seus ramos faziam ninho todas as aves do céu,
  sob os seus galhos todos os animais do campo tinham suas crias,
  à sua sombra sentavam-se pessoas de nações variadas.

17,23

⁷ Era belo no seu grande porte, com os longos ramos
  porque as raízes mergulhavam em águas abundantes.
⁸ Os cedros do jardim de Deus não se igualavam a ele,
  nem os zimbros se assemelhavam à ramagem.
  Nenhum plátano tinha galhos como os seus.
  Nenhuma árvore do jardim de Deus era igual a ele em beleza.
⁹ É que eu o tinha feito belo com a ramagem abundante,
  de modo que todas as árvores do Éden —
  as que estavam no jardim de Deus — tinham inveja dele.

Gn 2,8

¹⁰Pois bem, assim diz o Senhor Iahweh:
Visto que, por se ter tornado tão alto, elevando seu cume por entre as nuvens, seu coração se encheu de orgulho devido ao seu porte, ¹¹também eu o entregarei nas mãos do dominador das nações*ᵇ* a fim de que aja com ele de acordo com a sua maldade: eu o rejeitei. ¹²Estrangeiros, os mais cruéis dos povos, o mutilaram e o deixaram abandonado. Seus ramos jazem caídos nas montanhas e nos vales; seus galhos jazem partidos por todas as correntezas da terra. Todos os povos da terra fugiram*ᶜ* da sua sombra e o abandonaram. ¹³Sobre seus restos habitam todas as aves do céu, em seus galhos se instalam todos os animais do campo, ¹⁴a fim de que nenhuma árvore bem regada se torne muito alta nem eleve o seu cimo por entre as nuvens, a fim de que nenhuma árvore bem regada chegue até elas, pois que todas estão destinadas à morte, às regiões subterrâneas, juntamente com os filhos dos homens, com os que descem à cova.

¹⁵Assim diz o Senhor Iahweh: No dia em que ele desceu ao Xeol, decretei luto, cobri-o com o abismo, paralisei seus rios, de modo que suas águas abundantes ficaram retidas. Por causa dele o Líbano se cobriu de sombra e todas as árvores do campo definharam. ¹⁶Com o ruído da sua queda estarreci as nações, quando o precipitei no Xeol juntamente com os que descem à cova. Com isso se consolaram, nas regiões subterrâneas, todas as árvores de Éden, o escol do Líbano, todas árvores bem regadas. ¹⁷A sua descendência*ᵈ* — ela habitava à sua sombra, entre as nações — desceu com ele ao Xeol para junto dos que foram trespassados à espada.*ᵉ*

Nm 16,33 +

32,18-31
Is 14,15

¹⁸A quem te igualas na tua glória e na tua grandeza entre as árvores de Éden? Entretanto foste precipitado juntamente com as árvores de Éden nas regiões subterrâneas, entre os incircuncisos, onde hás de habitar com os trespassados à espada. Tal é o Faraó juntamente com toda a multidão do seu povo, oráculo do *Senhor Iahweh*.

---

a) "que lhe davam crescimento", tradução conjetural de *beshallehô*, omitido pelo grego. O verbo significa normalmente "tender", "estender", de onde "brotar", "crescer", mas a forma gramatical é anormal aqui (lit.: "no fato de crescer para ele"), e poder-se-ia também compreender: "por causa das águas que se estendiam para ele".
b) Nabucodonosor (cf. 29,19; Jr 43,12+), que invadirá o Egito em 568. Não é necessário pensar na conquista do Egito por Cambises, em 525.
c) "fugiram": *yiddedû*, conj.; "desceram": *yiredû*, hebr.
d) "a sua descendência": *zare'ô*, conj.; "o seu braço": *zero'ô*, hebr.
e) Sendo o Faraó o cedro, os outros reis são como as outras árvores do paraíso terrestre (cf. vv. 7-9). Todas essas "árvores", descidas ao Xeol, vão se consolar com a chegada do Faraó (32,17s).

32 O crocodilo —

¹Sucedeu que no décimo segundo ano, no décimo segundo mês, no primeiro dia do mês,ᵃ a palavra de Iahweh me foi dirigida nestes termos: ²Filho do homem, ergue uma lamentação sobre o Faraó, rei do Egito e dize:

> 29,3-5
> Jó 40,25-41,26

Leãozinho das nações, eis que estás reduzido ao silêncio!
Eras como um crocodilo em pleno mar,
revolvias-te nos teus rios,
turvavas a água com os teus pés,
agitavas as suas vagas.

> 31,12-16

³Assim diz o Senhor Iahweh:

Estenderei sobre ti a minha rede em um ajuntamento de povos,
os quais te apanharão com a minha rede.
⁴Deixar-te-ei largado no chão, atirar-te-ei à superfície da terra,
farei pousar sobre ti todas as aves do céu
e saciarei de ti todos os animais do campo.
⁵Depositarei a tua carne sobre os montes,
encherei os vales com os teus restos.
⁶Regarei a terra com o sangue
que corre de ti por sobre os montes,
de tal modo que as ravinas fiquem inundadas de ti.

> Am 8,9 +
> Mt 24,29

⁷Ao morreres, cobrirei os céus e escurecerei as suas estrelas,
cobrirei o sol com as nuvens e a lua não dará a sua luz.
⁸Escurecerei todos os astros do céu por tua causa
e espalharei as trevas sobre a tua terra,
oráculo do Senhor Iahweh.

⁹Trarei tristeza ao coração de muitos povos, quando eu causar a tua ruína entre as nações, em terras que não conheces.ᵇ ¹⁰Deixarei estarrecidos muitos povos por causa de ti: os seus reis ficarão apavorados por tua causa, quando eu brandir a minha espada diante deles; tremerão a cada momento no dia da sua queda, cada um por sua vida. ¹¹Com efeito, assim diz o Senhor Iahweh: A espada do rei da Babilônia te alcançará. ¹²Pela espada de guerreiros — todos eles dos mais terríveis entre as nações — farei cair a multidão do teu povo e destruirei o orgulho do Egito e toda a multidão do seu povo será exterminada. ¹³Bem junto às suas águas abundantes farei perecer todo o seu gado. Nenhum pé de homem tornará a turvá-las, nem as turvará o casco do gado. ¹⁴Então abaixarei as águas e os rios escorrerão como o óleo, oráculo do Senhor Iahweh.

¹⁵Quando eu reduzir o Egito a uma desolação, de modo que a terra fique despojada da sua abundância, quando eu ferir todos os seus habitantes, então saberão que eu sou Iahweh.

¹⁶Eis a lamentação que entoarão as filhas das nações. Entoá-la-ão sobre o Egito e sobre a multidão do seu povo. Certamente a entoarão, oráculo do Senhor Iahweh.

> 31,16-18
> Is 14,9-11.15

Descida do Faraó ao Xeol — ¹⁷No décimo segundo ano, no primeiro mês, no décimo quinto dia do mês,ᶜ a palavra de Iahweh me foi dirigida nestes termos: ¹⁸Filho do homem, faze uma lamentação sobre o povo do Egito. Faze com

---

a) Fevereiro-março de 585.
b) A sequência (vv. 10-15) parece ser adição tardia, na qual já não se trata tanto do Faraó quanto dos seus súditos e aliados. A conclusão (v. 16) primitivamente devia ser continuação do v. 9.

c) "no primeiro mês", grego; omitido pelo hebr. — A data indicada é março-abril de 586, anteriormente, portanto, ao oráculo precedente, se é que estas datas estão bem conservadas.

que ele desça, juntamente com as filhas das nações — majestosas — para as regiões subterrâneas, com os que descem à cova.*ᵃ*

¹⁹*ᵇ*A quem tu sobrepujas em beleza? Desce, deita-te com os incircuncisos, ²⁰entre os trespassados à espada. A espada caiu: arrastai-a, com toda a sua multidão.*ᶜ* ²¹Do fundo do Xeol lhe dirão os guerreiros valorosos, seus aliados: "Os incircuncisos, trespassados à espada,*ᵈ* já desceram, já dormem".

²²Ali estão a Assíria e todo o seu exército, com os seus túmulos em torno, todos trespassados, caídos à espada. ²³Puseram os seus túmulos nas partes mais profundas da cova e os seus exércitos em torno do seu túmulo, todos trespassados, caídos à espada, eles que espalhavam o terror pela terra dos viventes.

²⁴Ali está Elam com toda a sua multidão em torno dos seus túmulos, todos trespassados, caídos à espada. Desceram incircuncisos à região subterrânea, eles que tinham espalhado o terror na terra dos viventes, mas agora levaram sobre si o seu opróbrio com os que descem à cova. ²⁵Foi-lhes dado um jazigo entre os trespassados, juntamente com a sua multidão ao redor do seu túmulo, todos incircuncisos, trespassados à espada, porque espalharam o seu terror na terra dos viventes. Levaram sobre si o seu opróbrio juntamente com os que descem à cova. Foram colocados entre os trespassados.

²⁶Ali estão Mosoc, Tubal e toda a sua multidão com seus túmulos ao redor dela, todos incircuncisos, trespassados à espada por terem espalhado seu terror na terra dos viventes. ²⁷Não repousam na companhia dos heróis tombados outrora, os quais desceram ao Xeol com suas armas, cujas espadas foram colocadas sob sua cabeça e cujos escudos*ᵉ* repousam sobre seus ossos, porque o terror dos heróis reinava na terra dos viventes. ²⁸Mas tu serás despedaçado no reino dos incircuncisos e jazerás com os trespassados à espada.

27,13
38,2.3; 39,1
Is 66,19

²⁹Ali estão Edom, seus reis e todos os seus príncipes, os quais foram colocados junto com os trespassados à espada, apesar do seu heroísmo. Ali jazem com os incircuncisos e com os que descem à cova.

³⁰Ali estão todos os príncipes do norte e todos os sidônios, que desceram juntamente com os trespassados, em virtude do terror causado pela sua valentia. Jazem envergonhados, incircuncisos que são, com os trespassados à espada, levando sobre si o seu opróbrio juntamente com os que descem à cova.

³¹O Faraó os verá e se consolará vendo essa multidão trespassada à espada, sim, o Faraó e todo o seu exército, oráculo do Senhor Iahweh. ³²Pois que ele espalhou*ᶠ* o terror na terra dos viventes, ele jazerá entre os incircuncisos, juntamente com os trespassados à espada, sim, o Faraó com toda a sua multidão, oráculo do Senhor Iahweh.

III. Durante e após o cerco de Jerusalém*ᵍ*

33

O profeta como atalaia — ¹A palavra de Iahweh me foi dirigida nestes termos:*ʰ* ²Filho do homem, dirige a palavra aos filhos do teu povo e dize-lhes: Quando trago a espada sobre uma terra qualquer, o seu povo toma

3,17-21

---

a) "faze com que ele desça... majestosas", conj.; o hebr., corrompido, é gramaticalmehte incorreto.
b) O texto dos três vv. que seguem está em péssimo estado. — Talvez este v. 19 deva ser transposto, seguindo o grego, para depois do v. 21a, e o v. 21b, exceto as duas últimas palavras, poderia ser repetição acidental do 19b.
c) Tradução incerta de texto muito obscuro, provavelmente corrompido.
d) O Faraó é acolhido no Xeol por todos os príncipes bárbaros caídos antes dele nas batalhas.
e) "outrora", *meʿôlam*, grego, "entre os incircuncisos", *meʿarelîm*, hebr. — "cujos escudos", *çinnôtam*, conj.; "cujas faltas", *ʿawônotam*, hebr.
f) "espalhou", grego luc., Targ.: "eu espalhei", hebr.
g) A terceira parte do livro contém os oráculos pronunciados desde a invasão da Palestina por Nabucodonosor, com exceção dos poemas contra as nações, reunidos na segunda parte.
h) No início de novo período do seu ministério, o profeta recebe, em termos quase idênticos, a mesma

uma pessoa dentre os seus e a põe como atalaia. ³Se este vê a espada que vem contra a terra, dá o sinal com a trombeta, advertindo o povo. ⁴Se alguém, apesar de ouvir o som da trombeta, não presta atenção, a espada virá e o apanhará; seu sangue cairá sobre sua própria cabeça. ⁵Portanto, ele ouviu o som da trombeta, mas não prestou atenção: seu sangue cairá sobre ele, enquanto aquele que deu atenção ao aviso salvará sua vida.

⁶Por outra parte, se o atalaia vê a espada que vem, mas não dá sinal com a trombeta, de modo que o povo não receba o aviso, e a espada sobrevenha e leve uma pessoa dentre o povo, esta será apanhada na sua iniquidade, mas eu requererei o seu sangue do atalaia.

⁷Ora, a ti, filho do homem, te pus como atalaia para a casa de Israel. Assim, quando ouvires uma palavra da minha boca, hás de avisá-los de minha parte. ⁸Quando eu disser ao ímpio: "Ímpio, certamente hás de morrer" e tu não o desviares do seu caminho ímpio, o ímpio morrerá por causa da sua iniquidade, mas seu sangue o requererei de ti. ⁹Por outra parte, se procurares desviar o ímpio do seu caminho, para que se converta, e ele não se converter do seu caminho, ele morrerá por sua iniquidade, mas tu terás salvo tua vida.

Conversão e perversão — ¹⁰Tu, filho do homem, dize à casa de Israel: Vós afirmais: "Nossas transgressões e nossos pecados pesam sobre nós. Por eles perecemos. Como poderemos viver?"ᵃ ¹¹Dize-lhes: "Por minha vida, oráculo do Senhor Iahweh; certamente não tenho prazer na morte do ímpio; mas antes, na sua conversão, em que ele se converta do seu caminho e viva. Convertei-vos, convertei-vos dos vossos maus caminhos. Por que haveis de morrer, ó casa de Israel?"

¹²Tu, filho do homem, dize aos filhos do teu povo: A justiça do justo não o libertará no dia em que cometer transgressão, e a impiedade do ímpio não o arruinará no dia em que se converter da sua impiedade. Assim o justo não poderá viver pela sua justiça no dia em que pecar. ¹³Se eu disser ao justo: "Tu viverás",ᵇ mas ele, confiado em sua justiça, praticar o mal, toda a sua justiça não será lembrada, e ele morrerá pela maldade que praticou. ¹⁴Se eu disser ao ímpio: "Tu morrerás", mas ele se converter do seu pecado e praticar o direito e a justiça, ¹⁵devolvendoᶜ o penhor recebido, restituindo o furtado e observando os preceitos que dão vida, não praticando a iniquidade, certamente viverá, não morrerá. ¹⁶Todos os pecados que cometeu já não serão lembrados: ele praticou o direito e a justiça, portanto, viverá.

¹⁷Os filhos do teu povo dizem: "A maneira de agir do Senhor não está certa". Ao contrário, é vossa maneira de agir que não está certa. ¹⁸Com efeito, ao desviar-se o justo da sua justiça e praticar o mal, ele morrerá por esta causa. ¹⁹Por outra parte, quando o ímpio se converter de sua impiedade, praticando o direito e a justiça, viverá por estas coisas. ²⁰Mas vós dizeis: "Não está certa a maneira de agir do Senhor". Certamente, ó casa de Israel, eu julgarei cada um de acordo com o vosso comportamento.

A tomada da cidade — ²¹Sucedeu que no décimo segundo ano, no décimo mês, no quinto dia do mês do nosso exílio,ᵈ veio ter comigo um fugitivo de

---

missão que recebera após a sua visão inaugural (3,17-21).
a) O povo, desanimado, declara-se esmagado pelo peso dos seus pecados e incapaz de escapar a essa situação. Ezequiel afirma em resposta a possibilidade de conversão. Este desenvolvimento (vv. 10-20) é a retomada do tema já tratado em 18,21-31.
b) "Tu viverás", versões; "Ele viverá", hebr.
c) O hebr. acrescenta "o ímpio", omitido pelas versões.

d) Dezembro de 586-janeiro de 585, mas esta data é suspeita: a tomada da cidade ocorreu no quarto mês do undécimo ano de Sedecias (2Rs 25,3; Jr 39,2). A notícia teria levado, portanto, dezessete meses para chegar a Ezequiel; ora, uma caravana precisava de cerca de quatro meses para fazer esse trajeto (cf. Esd 7,9; 9,31). A leitura correta talvez haja sido conservada por alguns mss hebraicos e gregos e pelo sir., que leem: "no undécimo mês".

Jerusalém para dizer-me: "A cidade foi tomada". ²²Ora, na tarde anterior do dia em que veio o fugitivo, a mão de Iahweh viera sobre mim e abriu-me a boca de manhã, quando aquele veio ter comigo. Abriu-se-me a boca e fiquei livre da minha mudez.ᵃ

A devastação da terra — ²³Então a palavra de Iahweh me foi dirigida nestes termos: ²⁴Filho do homem, os habitantes daquelas ruínas do solo de Israel dizem: "Abraão era um só quando tomou posse da terra. Ora, a nós que somos muitos, a terra foi dada como patrimônio".ᵇ

²⁵Dize-lhes, pois: Assim diz o Senhor Iahweh: Vós devorais sobre o sangueᶜ e elevais os olhos para os vossos ídolos imundos, derramais sangue e tereis a posse da terra?

²⁶Vós vos apoiais em vossas espadas, cometeis abominação, cada um profana a mulher do seu próximo e tereis a posse da terra? ²⁷Assim lhes dirás: Eis o que diz o Senhor Iahweh: Por minha vida, certamente uns cairão à espada no meio das ruínas, enquanto outros em pleno campo, serão dados a comer às feras, enquanto outros ainda, refugiados nas montanhas e nas cavernas, morrerão de peste. ²⁸Farei da terra uma solidão e um deserto, e assim cessará o orgulho da sua força e os montes de Israel ficarão abandonados por falta de quem passe por eles. ²⁹Desse modo saberão que eu sou Iahweh, quando reduzir a terra a uma desolação e a um deserto, por causa de todas as abominações que praticaram.

Resultados da pregação — ³⁰Quanto a ti, filho do homem, os filhos do teu povo põem-se a conversar a teu respeito, junto aos muros e junto às portas das casas, dizendo entre si, cada um com o seu irmão: "Vamos ouvir qual a palavra que vem da parte de Iahweh". ³¹Dirigem-se a ti em bando, sentam-se na tua presença e ouvem tua palavra, mas não a põem em prática. O que eles praticam é a mentiraᵈ que está na sua boca; o que o seu coração busca é o seu lucro. ³²Tu és para eles como uma canção suave, bem cantada ao som de instrumentos de corda: eles ouvem tuas palavras, mas ninguém as pratica. ³³Ora, quando isso acontecer — e certamente acontecerá — saberão que um profeta esteve no meio deles.

34 *Os pastores de Israel*ᵉ — ¹A palavra de Iahweh me foi dirigida nestes termos: ²Filho do homem, profetiza contra os pastores de Israel, profetiza e dize-lhes: Pastores,ᶠ assim diz o Senhor Iahweh: Ai dos pastores de

---

a) Ezequiel, por conseguinte, fora privado, pela "mão de Iahweh", do uso da fala (cf. 3,24-27; 24,27).
b) Reflexão que mostra a dedicação do povo à sua terra, mas também presunçosa confiança no futuro, mesmo depois da catástrofe de 587.
c) Era comungar com os demônios e os espíritos dos mortos (cf. Lv 19,26; 1Sm 14,32).
d) "em bando", lit.: "como uma irrupção de povo". — "a mentira": *kezabîm*, grego: "a paixão": *'agabîm*, hebr. (termo empregado no v. seguinte no sentido de [canto] de amor).
e) A imagem do rei-pastor é antiga no patrimônio literário do Oriente. Jeremias aplicou-a aos reis de Israel, para lhes reprovar o mau cumprimento das suas funções (Jr 2,8; 10,21; 23,1-3), e para anunciar que Deus dará ao seu povo novos pastores, que o apascentarão na justiça (Jr 3,15; 23,4), e entre esses pastores um "germe" (Jr 23,5-6), o Messias. Ezequiel retoma o tema de Jr 23,1-6, que ainda será retomado mais tarde por Zc 11,4-17; 13,7. Ele reprova os pastores (aqui os reis e chefes leigos do povo) por seus crimes (vv. 1-10). Iahweh lhes tirará o rebanho que eles maltratam e será ele próprio o pastor do seu povo (cf. Gn 48,15; 49,24; Is 40,11; Sl 80,2; 95,7 e Sl 23); é o anúncio de uma teocracia (vv. 11-16): de fato, na volta do Exílio, a realeza não será restabelecida. É mais tarde que Iahweh dará ao seu povo (cf. 17,22; 21,32) pastor da sua escolha (vv. 23-24), "príncipe" (cf. 45,7-8.17; 46,8-10.16-18), novo Davi. A descrição do reinado desse príncipe (vv. 25-31) e o nome de Davi, que lhe é dado (ver 2Sm 7,1+; cf. Is 11,1+; Jr 23,5), sugerem uma era messiânica, quando o próprio Deus, por meio do seu Messias, reinará sobre o seu povo na justiça e na paz. Encontra-se neste texto de Ezequiel o esboço da parábola da ovelha perdida (Mt 18,12-14; Lc 15,4-7) e sobretudo da alegoria do Bom Pastor (Jo 10,11-18) que, aproximada de Ezequiel, aparece como reivindicação messiânica de Jesus. O Bom Pastor será um dos temas iconográficos mais antigos do cristianismo.
f) "Pastores", sir. (cf. v. 9); "Aos pastores", hebr.

Israel que se apascentam a si mesmos! Não devem os pastores apascentar o seu rebanho? ³Vós vos alimentais com leite,ᵃ vos vestis de lã e sacrificais as ovelhas mais gordas, mas não apascentais o rebanho! ⁴Não restaurastes o vigor das ovelhas abatidas, não curastes a que está doente, não tratastes a ferida da que sofreu fratura, não reconduzistes a desgarrada, não buscastes a perdida, mas dominastes sobre elas com dureza e violência. ⁵Por falta de pastor, elas dispersaram-se e acabaram por servir de presa para todos os animais do campo; e se dispersaram. ⁶O meu rebanho dispersou-se por todos os montes, por todos os outeiros elevadosᵇ e por toda a superfície da terra dispersou-se o meu rebanho. Não há quem o procure ou quem vá em sua busca.

⁷Portanto, pastores, ouvi a palavra de Iahweh. ⁸Por minha vida, oráculo do Senhor Iahweh, eu vos asseguro: Visto que o meu rebanho é objeto de saque e servia de presa a todos os animais do campo, por não terem pastor, pois que os meus pastores não se preocupam com o meu rebanho, porque apascentam a si mesmos, mas não apascentam o meu rebanho, ⁹por isso, ó pastores, ouvi a palavra de Iahweh. ¹⁰Assim diz o Senhor Iahweh: Eis-me contra os pastores. Das suas mãos requererei prestação de contas a respeito do rebanho e os impedirei de apascentar meu rebanho. Deste modo os pastores não tornarão a apascentar-se a si mesmos. Livrarei minhas ovelhas da sua boca e não continuarão a servir-lhes de presa.

¹¹Com efeito, assim diz o Senhor Iahweh: Certamente eu mesmo cuidarei do meu rebanho e dele me ocuparei. ¹²Como o pastor cuida do seu rebanho, quando está no meio das suas ovelhas dispersas, assim cuidarei das minhas ovelhas e as recolherei de todos os lugares por onde se dispersaram em dia de nuvem e de escuridão. ¹³Trá-las-ei dentre os povos, reuni-las-ei dentre as nações estrangeiras e reconduzi-las-ei para o seu solo, apascentando-as sobre os montes de Israel, nas margens irrigadas dos seus ribeiros e em todas as regiões habitadas da terra. ¹⁴Apascentá-las-ei em um bom pasto, sobre os altos montes de Israel terão as suas pastagens. Aí repousarão em bom pasto e encontrarão forragem rica sobre os montes de Israel. ¹⁵Eu mesmo apascentarei o meu rebanho, eu mesmo lhe darei repouso, oráculo do Senhor Iahweh. ¹⁶Buscarei a ovelha que estiver perdida, reconduzirei a que estiver desgarrada, pensarei a que estiver fraturada e restaurarei a que estiver abatida. Quanto à gorda e vigorosa, guardá-la-ei.ᶜ Eu as apascentarei com justiça.

¹⁷Quanto a vós, minhas ovelhas, assim diz o Senhor Iahweh: Eis que julgarei entre ovelha e ovelha, entre carneiros e bodes. ¹⁸Porventura vos parece pouco o pastardes no melhor pasto, mas ainda pisais o resto do pasto com vossos pés, ou beberdes a água límpida, mas ainda turvais o resto com vossos pés? ¹⁹E as minhas ovelhas hão de pastar o pisado pelos vossos pés e beber o turvado pelos vossos pés? ²⁰Pois bem, assim diz o Senhor Iahweh: Eis que julgarei entre a ovelha gorda e a ovelha magra. ²¹Visto que empurrastes com os ombros e com os lados, escorneastes as ovelhas abatidas, a ponto de afugentá-las para longe, ²²eu mesmo trarei salvação ao meu rebanho, de modo que não mais sejam saqueadas. Sim, eu mesmo julgarei entre uma ovelha e outra.

²³Suscitarei para eles um pastor que os apascentará, a saber, o meu servo Davi: ele os apascentará, ele lhes servirá de pastor. ²⁴E eu, Iahweh, serei o seu Deus e meu servo Davi será príncipe entre eles. Eu, Iahweh, o disse. ²⁵Concluirei com eles uma aliança de paz e extirparei da terra as feras, de modo que habitem no deserto em segurança e durmam nos seus bosques.

---

a) "leite", grego, Vulg.; "gordura", hebr. (simples diferença de vocalização).
b) Provável alusão ao culto dos lugares altos.
c) "guardá-la-ei", *'eshmor*, versões; "fá-la-ei perecer", *'ashmîd*, hebr.

²⁶Deles e dos arredores de minha colina, eu farei uma bênção.*ª* Farei cair uma chuva no tempo certo, uma chuva abençoada. ²⁷A árvore do campo dará o seu fruto, a terra produzirá a sua safra, e eles estarão seguros em sua terra e saberão que eu sou Iahweh, quando eu quebrar as varas do jugo e os libertar da mão dos que os sujeitavam. ²⁸Eles não voltarão a servir de presa às nações e as feras não os devorarão. Habitarão tranquilos, sem que ninguém os amedronte. ²⁹Proporcionar-lhes-ei uma lavoura famosa, de modo que não voltem a ser colhidos pela fome na terra, nem voltarão a sofrer a afronta das nações. ³⁰Então saberão que eu, Iahweh, estou com eles, e que eles constituem o meu povo, a casa de Israel, oráculo do Senhor Iahweh. ³¹E vós, minhas ovelhas, vós sois o rebanho humano do meu pasto e eu sou o vosso Deus, oráculo do Senhor Iahweh.

35 Contra os montes de Edom*ᵇ*

— ¹A palavra de Iahweh me foi dirigida nestes termos: ²Filho do homem, dirige a tua face contra o monte de Seir e profetiza contra ele. ³Dize-lhe: Assim diz o Senhor Iahweh: Eis que me oponho a ti, monte de Seir. Estenderei a minha mão contra ti e te reduzirei a uma solidão e a um deserto. ⁴Das tuas cidades farei uma ruína. Assim, serás uma solidão e saberás que eu sou Iahweh. ⁵Por teres cultivado um ódio eterno e teres entregue à espada*ᶜ* os israelitas, no tempo da sua calamidade, no tempo do crime final. ⁶Por isso, pela minha vida, oráculo do Senhor Iahweh, cobrir-te-ei de sangue e o sangue te perseguirá. Tu tornaste culpado, derramando sangue.*ᵈ* Pois agora o sangue te perseguirá. ⁷Farei do monte de Seir uma desolação e um deserto. Extirparei dele todo aquele que percorre a terra. ⁸Encherei os seus montes de trespassados: Trespassados à espada cairão em seus outeiros, vales e barrancos. ⁹Reduzir-te-ei a uma desolação eterna. As tuas cidades não serão mais habitadas e assim sabereis que eu sou Iahweh.

¹⁰Visto que disseste: "As duas nações e as duas terras serão minhas. Nós teremos a posse delas", apesar de Iahweh estar ali.*ᵉ* ¹¹Por isso mesmo, por minha vida, oráculo do Senhor Iahweh, agirei contigo de acordo com a ira e o ciúme com que te manifestaste contra eles em virtude do teu ódio. Serei conhecido entre eles pela maneira por que eu te julgar. ¹²E saberás que eu, Iahweh, ouvi todos os insultos que pronunciaste contra os montes de Israel, dizendo: "Eles estão reduzidos a desolação; foram-nos dados para que os devorássemos". ¹³Levantaste tua voz contra mim: muitos foram teus discursos contra mim. Eu ouvi tudo. ¹⁴Assim diz o Senhor Iahweh: Para a alegria de toda a terra, farei de ti uma desolação. ¹⁵Como tu te alegraste, porque a herança da casa de Israel ficou desolada, far-te-ei o mesmo. Ficarás desolado, ó monte de Seir, bem como todo o Edom, e saberão que eu sou Iahweh.

36 Oráculo sobre os montes de Israel*ᶠ*

— ¹Tu, filho do homem, profetiza aos montes de Israel e dize: Montes de Israel, ouvi a palavra de Iahweh. ²Assim diz o Senhor Iahweh: Pois que o inimigo disse, referindo-se a vós:

---

a) Texto incerto. Gr.: "eu os colocarei nos arredores de minha colina". — A colina é a de Sião.
b) Este oráculo contra o "monte de Seir", isto é, Edom, teria encontrado o seu lugar natural entre os oráculos contra as nações. Aqui, porém, ele emparelha com o oráculo que segue, dirigido aos montes de Israel.
c) Lit.: "atacado (verbo *grh*) com a espada"; ou ainda "fez jorrar o sangue (verbo *ngr*) pela força da espada".
d) "Tu te tornaste culpado, derramando sangue", *ledam 'ashamta*, grego (cf. 22,4); "tu odiaste o sangue", *dam sane'ta*, hebr.
e) Depois de 587, Edom apenas ocupou o sul da Palestina (Iduméia), e exceto talvez algumas incursões episódicas, jamais tentou invadir todo Judá e Israel, as "duas terras" (cf. 37,22). Todavia, os exilados interpretaram a notícia da invasão edomita como ameaça contra toda a terra de Israel.
f) Este oráculo anuncia a desforra dos montes de Israel contra o monte de Edom, objeto do oráculo anterior. Deve ter sido pronunciado pouco depois de 587, quando das incursões dos povos vizinhos na Palestina (cf. v. 6).

"Viva! Estes lugares altos eternos nos são dados como possessão". ³Profetiza e dize: Assim diz o Senhor Iahweh: Visto que vos devastaram e vos apanharam de todos os lados, a fim de que viésseis a ser propriedade do resto das nações, expostos ao falatório e à difamação dos povos, ⁴por esta razão, montes de Israel, ouvi a palavra do Senhor Iahweh. Assim diz o Senhor Iahweh aos montes, aos outeiros, aos despenhadeiros e aos vales, às ruínas em desolação e às cidades abandonadas, entregues ao saque e à zombaria das demais nações ao redor de vós. ⁵Pois bem, assim fala o Senhor Iahweh. Certamente no ardor do meu ciúme falei a respeito do resto das nações e a respeito de todo o Edom, que distribuíram entre si a minha terra como possessão, com alegria de coração e desprezo da alma, a fim de saquearem os seus pastos.

⁶Portanto, profetiza a respeito da terra de Israel e dize às montanhas, aos outeiros, aos despenhadeiros e aos vales: Assim diz o Senhor Iahweh: Eis que falo no meu ciúme e na minha cólera: pois que suportais o opróbrio das nações, ⁷assim diz o Senhor Iahweh: Estendi a minha mão e asseguro solenemente que as nações que vos cercam terão de suportar — elas mesmas — o seu opróbrio.

⁸E vós, montes de Israel, produzireis para o meu povo de Israel os vossos ramos e os vossos frutos, pois que ele há de voltar em breve.ᵃ ⁹Com efeito, eu venho ter convosco, volto para vós e vós sereis lavrados e semeados. ¹⁰Multiplicarei os homens que hão de habitar sobre vós, a saber, toda a casa de Israel. As cidades serão habitadas e as ruínas, reedificadas. ¹¹Multiplicarei sobre vós os homens e o gado: eles se multiplicarão e frutificarão. Farei com que sejais habitados como antes e vos assegurarei condições melhores do que as de outrora, e sabereis que eu sou Iahweh. ¹²Farei com que os homens tomem posse de vós, ó meu povo, Israel. Eles te possuirão e tu serás a sua herança e não tornarás a privá-los dos seus filhos.

¹³Assim diz o Senhor Iahweh: Dizem de ti: "Tu és devoradora de homens, tu privaste de filhosᵇ tua nação". ¹⁴Pois bem, não voltarás a devorar os homens e não tornarás a desfilhar tua nação,ᶜ oráculo do Senhor Iahweh. ¹⁵Farei com que não voltes a ouvir os insultos das nações, não tornarás a suportar a zombaria dos povos, nem voltarás a privar a nação dos seus filhos, oráculo do Senhor Iahweh.

¹⁶A palavra de Iahweh me foi dirigida nestes termos: ¹⁷Filho do homem, a casa de Israel, que habitava a sua terra, contaminou-a com o seu comportamento e com as suas ações, como a impureza de uma mulher no seu incômodo. Tal foi o seu comportamento diante de mim. ¹⁸Então, derramei sobre eles a minha cólera, em virtude do sangue que derramaram na terra e em virtude dos ídolos imundos com os quais a contaminaram. ¹⁹Espalhei-os por entre as nações e eles foram dispersos por terras estrangeiras. Puni-os de acordo com o seu comportamento e com as suas ações. ²⁰ᵈE nas nações para onde se dirigiram, profanaram o meu santo nome, pois se dizia deles: "Este é o povo de Iahweh. Eles tiveram que sair da sua terra". ²¹Mas eu tive consideração com o meu santo nome, que a casa de Israel profanou entre as nações para as quais se dirigiu. ²²Por isso dirás à casa de Israel: Assim diz o Senhor Iahweh: Não é em consideração a vós que ajo assim, ó casa de Israel, mas sim por causa do meu santo nome, que vós profanastes entre as nações para

---

a) Esta fé em próximo retorno é impressionante numa época de entorpecimento e desânimo (cf. 37; Is 40-55).

b) A expressão pode ser explicada, quer pela pobreza do solo palestinense, que será mudada (v. 30) para uma fecundidade maravilhosa, quer pela prática dos sacrifícios de crianças (Lv 18,21+). O profeta pode ter em vista simultaneamente as duas aplicações.

c) "não tornarás a desfilhar (tua nação)": *lo' teshakkelî*, mss, versões; "(e tua nação) não tropeçarás mais": *lo' tekashshelî*, hebr. Por conjetura, faz-se a mesma correção no v. seguinte.

d) No início do v., omite-se "Ele veio".

as quais vos dirigistes. ²³Santificarei o meu grande nome, que foi profanado entre as nações, no meio das quais vós o profanastes, e saberão as nações que eu sou Iahweh — oráculo do Senhor Iahweh, — quando eu for santificado em vós aos seus olhos, ²⁴quando vos tomar dentre as nações e vos reunir de todas as terras, reconduzindo-vos à vossa terra. ²⁵Borrifarei água sobre vós e ficareis puros; sim, purificar-vos-ei de todas as vossas imundícies e de todos os vossos ídolos imundos. ²⁶Dar-vos-ei coração novo, porei no vosso íntimo espírito novo, tirarei do vosso peito o coração de pedra e vos darei coração de carne. ²⁷Porei no vosso íntimo o meu espírito e farei com que andeis de acordo com os meus estatutos e guardeis as minhas normas e as pratiqueis.*ᵃ* ²⁸Então habitareis na terra que dei a vossos pais: sereis o meu povo e eu serei o vosso Deus; ²⁹libertar-vos-ei de todas as vossas impurezas. Chamarei o trigo e o multiplicarei e não vos imporei mais à fome. ³⁰Multiplicarei os frutos das árvores e o produto do campo, a fim de não voltardes a sofrer o opróbrio da fome entre as nações. ³¹Então vos lembrareis dos vossos maus caminhos e das vossas ações que não eram boas e sentireis asco de vós mesmos em virtude das vossas maldades e abominações. ³²Agirei assim, não por consideração para convosco — oráculo do Senhor Iahweh — sabei-o bem e envergonhai-vos. Deveis sentir pejo do vosso mau caminho, ó casa de Israel.

³³Assim diz o Senhor Iahweh: No dia em que vos purificar de todas as iniquidades, farei com que sejam habitadas as vossas cidades e reconstruídas as vossas ruínas. ³⁴E a terra desolada voltará a ser cultivada, em lugar da solidão que havia antes aos olhos de todos os que passavam. ³⁵Então dirão: "Esta terra que era uma desolação está agora como o jardim de Éden, e as suas cidades, antes em ruína, desoladas e arrasadas, constituem agora fortalezas habitadas". ³⁶As nações que sobrarem em torno de vós saberão que eu, Iahweh, reconstruí essas cidades arrasadas e replantei esses desertos. Eu, Iahweh, o disse e o faço.

³⁷Assim diz o Senhor Iahweh: Ainda isto farei por eles: Eu me deixarei procurar pela casa de Israel e os multiplicarei como rebanho humano. ³⁸Como rebanho consagrado, como rebanho em Jerusalém por ocasião das assembleias solenes, tais serão as cidades arrasadas, cheias de rebanho humano, e saberão que eu sou Iahweh.

37 Os ossos secos

¹A mão de Iahweh veio sobre mim e me conduziu para fora pelo espírito de Iahweh e me pousou no meio de um vale*ᵇ* que estava cheio de ossos. ²E aí fez com que me movesse em torno deles de todos os lados. Os ossos eram abundantes na superfície do vale e estavam completamente secos. ³Ele me disse: "Filho do homem, porventura tornarão a viver estes ossos?" Ao que respondi: "Senhor Iahweh, tu o sabes". ⁴Então me disse: "Profetiza a respeito destes ossos e dize-lhes: Ossos secos, ouvi a palavra de Iahweh. ⁵Assim fala o Senhor Iahweh a estes ossos: Eis que vou fazer com que sejais penetrados pelo espírito*ᶜ* e vivereis. ⁶Cobrir-vos-ei

---

a) O Espírito (sopro) de Deus que cria e anima os seres (Gn 1,2; 2,7+; 6,17+) apodera-se dos homens, especialmente dos profetas (Jz 3,10), para dotá-los de poder sobre-humano (Gn 41,38; Ex 31,3; 1Sm 16,13). Os tempos messiânicos serão caracterizados pela efusão extraordinária do Espírito (Zc 4,6; 6,8), atingindo todos os homens para lhes comunicar carismas especiais (Nm 11,29; Jl 3,1-2; At 2,16-21+). Porém, mais misteriosamente, o Espírito será, para cada um, princípio de renovação interior que o tornará apto a observar fielmente a Lei divina (Ez 11,19; 36,26-27; 37,14; Sl 51,12s; Is 32,15-19; Zc 12,10); ele será assim o princípio da Nova Aliança (Jr 31,31+; cf. 2Cor 3,6+); como água fecundante, fará germinar frutos de justiça e de santidade (Is 44,3; Jo 4,1+), que garantirão aos homens o favor e a proteção de Deus (Ez 39,24.29). Esta efusão do Espírito efetuar-se-á por intermédio do Messias, que será o seu primeiro beneficiário em vista do cumprimento da sua obra de salvação (Is 11,1-3; 42,1; 61,1; cf. Mt 3,16+).

b) O vale já citado em 3,22-23 e 8,4.

c) Em hebraico, a mesma palavra *ruah* significa "espírito", "sopro", e "vento".

de tendões, farei com que sejais cobertos de carne e vos revestirei de pele. Porei em vós o meu espírito e vivereis. Então sabereis que eu sou Iahweh". ⁷Profetizei, de acordo com a ordem que recebi. Enquanto eu profetizava, houve um ruído e depois um tremor e os ossos se aproximaram*ᵃ* uns dos outros. ⁸Vi então que estavam cobertos de tendões, estavam cobertos de carne e revestidos de pele por cima, mas não havia espírito neles. ⁹Então me disse: "Profetiza ao espírito, profetiza, filho do homem, e dize-lhe: Assim diz o Senhor Iahweh: Espírito, vem dos quatro ventos e sopra sobre estes mortos para que vivam". ¹⁰Profetizei de acordo com o que ele me ordenou, o espírito penetrou-os e eles viveram, firmando-se sobre os seus pés como um imenso exército.*ᵇ*

Gn 2,7
Sl 104,30
Ap 11,11;
20,4 +
Rm 8,11

¹¹Então ele me disse: Filho do homem, estes ossos representam toda a casa de Israel, que está a dizer: "Os nossos ossos estão secos, a nossa esperança está desfeita. Para nós está tudo acabado".*ᶜ* ¹²Pois bem, profetiza e dize-lhe: Assim diz o Senhor Iahweh: Eis que abrirei os vossos túmulos e vos farei subir dos vossos túmulos, ó meu povo, e vos reconduzirei para a terra de Israel. ¹³Então sabereis que eu sou Iahweh, quando abrir vossos túmulos e vos fizer subir de dentro deles, ó meu povo. ¹⁴Porei o meu espírito dentro de vós e vivereis: eu vos reporei em vossa terra e sabereis que eu, Iahweh, falei e hei de fazer, oráculo de Iahweh.

Judá e Israel reunidos em um só reino — ¹⁵A palavra de Iahweh me foi dirigida nestes termos: ¹⁶E tu, filho do homem, toma uma acha de lenha e escreve nela: "Judá e os israelitas*ᵈ* que estão com ele". Em seguida tomarás outra acha de lenha e escreverás sobre ela: "José (acha de Efraim) e toda a casa de Israel que está com ele".*ᵉ* ¹⁷Aproxima-as uma da outra, de modo que formem uma só acha de lenha; que elas formem uma só na tua mão. ¹⁸Ora, quando os filhos do teu povo te perguntarem: "Não nos explicarás o que queres dizer com isto?" ¹⁹Tu lhes dirás: Assim diz o Senhor Iahweh: Tomarei a acha de lenha que é José (a qual está na mão de Efraim), e as tribos de Israel que estão com ele, e as juntarei à acha de lenha que é Judá, e farei delas uma só acha de lenha, de modo que sejam uma só acha em minha mão.

Zc 11,7.14

²⁰As achas de lenha sobre as quais escreveste estarão em tua mão diante dos seus olhos. ²¹Dize-lhes: Assim diz o Senhor Iahweh: Eis que tomarei os israelitas dentre as nações, para as quais foram levados, e reuni-los-ei de todos os povos e os reconduzirei para a sua terra, ²²e farei deles uma só nação na terra, nos montes de Israel, e haverá um só rei para todos eles. Já não constituirão duas nações, nem tornarão a dividir-se em dois reinos. ²³Não voltarão a contaminar-se com seus ídolos imundos, com suas abominações e com todas as suas transgressões. Salvá-los-ei das suas apostasias*ᶠ* com que pecaram e os purificarei, para que sejam o meu povo e eu seja o seu Deus.

Jr 3,18 +

34,23
Jo 10,16

²⁴O meu servo Davi será rei sobre eles, e haverá um só pastor para todos, e andarão de acordo com as minhas normas e guardarão os meus estatutos e os praticarão. ²⁵Habitarão na terra que dei ao meu servo Jacó, terra em que habitaram os vossos pais. Nela habitarão eles, seus filhos e os filhos

= 28,26
Jr 17,25
Jl 4,20

---

a) "os ossos se aproximaram", grego; "aproximastes de vós os ossos", hebr.
b) Como em Os 6,2; 13,14 e Is 26,19, Deus anuncia aqui a restauração messiânica de Israel, após os sofrimentos do Exílio (cf. Ap 20,4+). Contudo, pelos símbolos utilizados, ele já orientava os espíritos para a ideia de ressurreição individual da carne, entrevista em Jó 19,25+, explicitamente afirmada em Dn 12,2; 2Mc 7,9-14.23-26; 12,43-46; cf. 2Mc 7,9+. Para o NT, ver Mt 22,29-32 e sobretudo 1Cor 15.
c) Esta reflexão permite-nos situar a visão na Babilônia, no meio dos deportados desanimados.
d) O termo não se opõe aqui a "judaítas", mas designa toda a população do reino do Sul.
e) Quer dizer, todo o reino do Norte desaparecido desde a tomada da Samaria e a deportação de 721.
f) "apostasias": *meshûbôt*, mss, Sím.; "habitações": *môshebôt*, hebr.

dos seus filhos para sempre, e Davi, o meu servo, será o seu príncipe para sempre. ²⁶Concluirei com eles uma aliança de paz, a qual será uma aliança eterna. Estabelecê-los-ei e os multiplicarei, e porei o meu santuário no meio deles para sempre. ²⁷A minha Habitação estará no meio deles: eu serei o seu Deus e eles serão o meu povo. ²⁸Assim saberão as nações que eu sou Iahweh, aquele que santifica Israel, quando o meu santuário estiver no meio deles para sempre.

Jr 31,31 +

38 Contra Gog, rei de Magog[a]

— ¹A palavra de Iahweh me foi dirigida nestes termos: ²Filho do homem, volta o teu rosto para Gog, na terra de Magog, príncipe e cabeça de Mosoc e Tubal,[b] e profetiza contra ele, ³dizendo: Assim fala o Senhor Iahweh: Eis que estou contra ti, Gog, príncipe e cabeça de Mosoc e de Tubal. ⁴Far-te-ei mudar de rumo, porei arpões no teu queixo[c] e farei com que saias com todo o teu exército, cavalos e cavaleiros, todos eles magnificamente equipados, uma grande assembleia, toda ela trazendo pavês e escudo, manejando a espada. ⁵Com eles, a Pérsia, Cuch e Fut, todos trazendo escudo e capacete. ⁶Gomer com todas as suas tropas; Bet-Togorma, situada no extremo norte, com todas as suas tropas,[d] povos numerosos contigo. ⁷Apronta-te, pois, e prepara-te, com toda a assembleia que se junta a ti, põe-te a meu serviço.[e]

Ap 20,7-10
Gn 10,2

27,13
29,4

27,10 +

⁸Após muitos dias serás convocada. Após muitos anos virás a uma terra recuperada da espada, que veio dentre muitos povos sobre os montes de Israel, reduzidos a ruínas por longo tempo.[f] Saídos dentre os povos, habitam em segurança todos eles. ⁹Subirás como uma tempestade, virás como uma nuvem que vai cobrindo a terra, tu com todas as tuas tropas e muitos povos contigo.

¹⁰Assim diz o Senhor Iahweh: Naquele dia um pensamento mau invadirá o teu coração e tu farás um plano iníquo.[g] ¹¹Dirás: "Subirei contra uma terra indefesa, marcharei contra homens tranquilos, que habitam em segurança, vivendo todos em cidades não muradas, sem ferrolhos e sem portas". ¹²O teu propósito será fazer despojo e realizar um saque, levando a tua mão contra ruínas habitadas e contra um povo reunido dentre as nações, dedicando-se ao seu gado e às suas terras, residindo no centro da terra.[h] ¹³Sabá, Dadã, os negociantes de Társis e todos os seus leõezinhos te dirão: "É para fazer despojo que vieste? É para realizar um saque que reuniste tuas tropas? É para levar prata e ouro? Para te apoderares de gado e bens, para fazer um grande despojo?"

1Rs 10,1 +
Ez 25,13 +

---

a) Sem ser meramente apocalipse, este poema apresenta já muitos traços apocalípticos. Enquanto as antigas profecias eram sobretudo prédicas morais respeitantes ao presente, às quais se mistura, aqui ou ali, a perspectiva de futuro melhor, o apocalipse é, na maioria das vezes, escrito ou discurso de consolação, em que um profeta narra as visões de que foi testemunha. Essas visões revelam futuro que fará esquecer os sofrimentos presentes. Revelam também, com frequência, os triunfos do julgamento e abrem perspectivas escatológicas, ao mesmo tempo que desvendam os mistérios do além. Embora esse gênero literário se tivesse desenvolvido sobretudo no judaísmo tardio, há muito tempo já fora preparado e representado na Bíblia (cf. a Introdução aos profetas). Ez 38-39, assinala o seu primeiro tratamento. Reencontra-se em Is 24-27; Dn 7-12; Zc 9-14. Desenvolveu-se principalmente no século II a.C. (livro de Henoc etc.). Está representado no NT pelo Apocalipse de são João.

b) Mosoc e Tubal são países da Ásia Menor (cf. 27,13; Is 66,19+). A "terra de Magog", somente aqui e em 39,6, é criação artificial: o nome em si quer dizer "terra de Gog". Quanto a Gog, parece inútil tentar identificá-lo. Tomando, talvez, alguns traços de várias personagens contemporâneas, ele é apresentado como tipo de conquistador bárbaro que, em futuro distante e impreciso, deve trazer as derradeiras provações a Israel.
c) Iahweh toma posse de Gog, e forçá-lo-á à obediência.
d) Provavelmente os cimérios, ainda hordas vindas do Norte.
e) "a meu serviço", grego; "a serviço deles", hebr.
f) Muito tempo, portanto, após a volta à Palestina.
g) Gog não sabe que é o instrumento de Iahweh: ele crê agir por conta própria (cf. Is 10,4+).
h) Jerusalém, centro do mundo.

¹⁴Profetiza, pois, filho do homem, e dize a Gog: Assim diz o Senhor Iahweh: Não é assim que, quando o meu povo, Israel, estiver habitando em segurança, tu te porás em movimento?*ᵃ* ¹⁵Sim, virás da tua terra, do extremo norte, tu e povos numerosos contigo, todos eles montados em cavalos, uma tropa enorme e um exército imenso! ¹⁶Subirás contra o meu povo Israel, como uma nuvem que cobrirá a terra. Isto acontecerá no fim dos dias. Naquele tempo te trarei contra a minha terra, a fim de que as nações me conheçam, quando manifestar minha santidade aos olhos deles, por meio de teu intermediário, Gog.

¹⁷Assim diz o Senhor Iahweh: Tu és aquele*ᵇ* de que falei nos dias antigos por intermédio dos meus servos, os profetas de Israel, os quais profetizaram naqueles dias, anunciando que havia de trazer-te contra eles.*ᶜ* ¹⁸Sucederá naquele dia, em que Gog vier contra a terra de Israel, — oráculo do Senhor Iahweh — que a minha cólera transbordará.*ᵈ* Na minha ira, ¹⁹no meu ciúme, no ardor da minha indignação o digo. Com efeito, naquele dia haverá grande tumulto na terra de Israel. ²⁰Diante de mim tremerão os peixes do mar, as aves do céu, os animais do campo, todo réptil que rasteja sobre a terra e todo homem que vive sobre a face da terra. Os montes serão arrasados, as rochas íngremes, bem como todos os muros ruirão por terra. ²¹Chamarei contra ele toda espada,*ᵉ* oráculo do Senhor Iahweh; será a espada de todos contra todos. ²²Castigá-lo-ei com a peste e o sangue; farei chover uma chuva torrencial, saraiva, fogo e enxofre sobre ele e as suas tropas e os muitos povos que vierem com ele. ²³Engrandecer-me-ei, me santificarei e me darei a conhecer aos olhos de muitas nações e elas saberão que eu sou Iahweh.

39 *ᶠ*
¹Tu, filho do homem, profetiza contra Gog e dize: Assim diz o Senhor Iahweh: Eis que estou contra ti, Gog, príncipe e chefe de Mosoc e de Tubal. ²Far-te-ei voltar e conduzir-te-ei, fazendo com que subas desde as extremidades do norte e te trarei aos montes de Israel. ³Aí quebrarei o teu arco na tua mão esquerda e farei cair as tuas flechas da tua mão direita. ⁴Sobre os montes de Israel cairás tu, juntamente com tuas tropas e os povos que te acompanham. Entregar-te-ei às aves de rapina de toda espécie e aos animais selvagens para seres devorado. ⁵Cairás em pleno campo, pois eu o disse, oráculo do Senhor Iahweh. ⁶Enviarei fogo a Magog e aos que habitam as ilhas em segurança e saberão que eu sou Iahweh. ⁷Farei com que o meu nome santo seja conhecido no seio do meu povo Israel e não consentirei na profanação do meu santo nome. Então as nações saberão que eu sou Iahweh, santo em Israel.*ᵍ*

⁸Certamente isto há de sobrevir, pois que está decidido, oráculo do Senhor Iahweh: Este é o dia de que falei.

⁹Então sairão os habitantes das cidades de Israel a queimar, a fazer fogo com armas, com escudos e paveses, com arcos e flechas, com bastões e lanças. Com eles farão fogo durante sete anos. ¹⁰Não terão necessidade de catar lenha no campo, nem de apanhá-la nas florestas, pois será com as armas aí deixadas que farão fogo, e assim despojarão aqueles que os despo-

---

a) "tu te porás em movimento", *te'or,* grego; "tu o saberás", *teda'*, hebr.

b) "Tu és", versões; "És tu?", hebr.

c) Após "naqueles dias", o hebr. acrescenta "alguns anos", omitido pelo grego. — Encontram-se nos antigos profetas alusões à invasão futura (ver, por ex., Jr 3-6). Mas Ezequiel parece pensar aqui em profetas mais antigos que Jeremias.

d) Até então, Gog foi o instrumento de Iahweh. Iahweh, porém, volta-se contra ele para lhe infligir derrota terrificante.

e) "toda espada": *lekol hereb,* conj.: "todos os meus montes, a espada": *lekol haray hereb,* hebr.

f) Mais que repetição do cap. 38, o cap. 39 é o desenvolvimento dos últimos vv. do cap. anterior: o re-lato minucioso da derrota de Gog e de suas conseqüências.

g) Ou talvez, com as versões e alguns mss hebr.: "santo de Israel", fórmula bastante freqüente em Isaías, mas por isso mesmo suspeita aqui.

javam e saquearão aqueles que os saqueavam, oráculo do Senhor Iahweh.

¹¹Naquele dia darei a Gog uma região célebre de Israel como sepultura, a saber, o vale dos Oberim, a leste do mar, o vale que barra os passantes,ᵃ e sepultarão ali a Gog com toda a sua multidão e o vale se chamará "vale de Hamon-Gog".ᵇ ¹²Durante sete meses a casa de Israel os sepultará, com o fim de purificar a terra. ¹³Todos os habitantes da terra cooperarão no serviço de sepultá-los e isto será para eles causa de renome no dia em que manifestarei a minha glória, oráculo do Senhor Iahweh. ¹⁴Constituir-se-á um grupo permanente de homens encarregados de percorrer a terra, sepultando os que foram deixados no chão, a fim de purificá-la. Será no fim dos sete mesesᶜ que empreenderão a sua busca. ¹⁵Ao percorrer a terra, se um deles vir ossos humanos, marcará o lugar com um poste junto deles, até que os encarregados do sepultamento os enterrem no vale de Hamon-Gog, ¹⁶(mas Hamona é também o nome de uma cidade)ᵈ e assim purifiquem a terra.

Dt 21,23
Nm 19,16

¹⁷E tu, filho do homem — assim diz o Senhor Iahweh — dize a toda espécie de aves e a todos os animais selvagens: Ajuntai-vos, vinde e congregai-vos de todas as bandas para o sacrifício que vos ofereço, um grande sacrifício sobre os montes de Israel. Comereis carne e bebereis sangue. ¹⁸Comereis a carne de heróis e bebereis o sangue dos príncipes da terra: todos eles carneiros, cordeiros, bodes e touros cevados de Basã. ¹⁹Comereis tutano até vos fartardes e bebereis sangue até vos embriagardes com o sacrifício que vos ofereço. ²⁰Saciai-vos à minha mesa, de cavalos e cavaleiros, de heróis e de tudo quanto é homem de guerra, oráculo do Senhor Iahweh.

Ap 19,17-18

***Conclusão**ᵉ* — ²¹Manifestarei a minha glória às nações. Todas as nações verão o castigo que executarei, e minha mão, que farei cair sobre elas. ²²E a casa de Israel saberá que eu sou Iahweh seu Deus, desde aquele dia e daí em diante. ²³Também as nações saberão que foi por sua maldade que a casa de Israel foi exilada, que foi por ela me ter sido infiel que dela escondi a minha face e os entreguei nas mãos dos seus opressores, e todos eles caíram à espada. ²⁴Tratei-os de acordo com as suas imundícies, de acordo com as suas transgressões, escondendo deles a minha face. ²⁵Por esta razão — assim diz o Senhor Iahweh — reconduzirei os exilados de Jacó e me compadecerei de toda a casa de Israel, zelando pelo meu santo nome.

Ex 14,4

²⁶Eles se esquecerão da humilhação sofrida e de todas as apostasias que praticaram contra mim, quando moravam em sua terra em segurança e não havia quem lhes incutisse medo. ²⁷Quando os reconduzir de entre os povos e os ajuntar das terras de seus inimigos e manifestar neles a minha santidade aos olhos de muitas nações, ²⁸saberão que eu sou Iahweh seu Deus, por tê-los conduzido cativos entre as nações e por reuni-los de novo em sua terra, sem deixar ali um sequer. ²⁹Não tornarei a esconder deles a minha face, porque derramarei o meu espírito sobre a casa de Israel, oráculo do Senhor Iahweh.

37,14
11,19 +

---

a) "célebre", *shem*, versões; "lá", *sham*, hebr. — Em vez de "vale dos Oberim" ou "vale dos Passantes", talvez deva-se ler com o copta: "vale dos Abarim", podendo o jogo de palavras com a sequência do v. ter provocado esse erro de vocalização. São conhecidos os montes Abarim, na terra de Moab (cf. Nm 27,12); o vale "que barra os passantes" poderia ser o do Arnon, profundo e escarpado.

b) Ou seja, "o vale da Horda de Gog".

c) Depois de "sepultando", o hebr. acrescenta "os passantes", omitido pelo grego. — Há tantos mortos que serão necessários sete meses para sepultá-los (v. 12), e somente no fim desses sete meses é que serão designados emissários para irem certificar-se de que não restam mais cadáveres para enterrar, pois um só bastaria para macular a terra.

d) Glosa sobre Hamon, mas não se conhece cidade com esse nome, e o texto não é seguro.

e) Esta conclusão não é do oráculo contra Gog, mas de toda a seção; é resumo do ensino de Ezequiel, já expresso em 5,8.10; 28,26; 34,30 etc.

IV. A "Torá" de Ezequiel[a]

40 *O templo futuro* — ¹No vigésimo quinto ano do nosso exílio, no começo do ano, no décimo dia do mês, no décimo quarto ano, após a tomada da cidade,[b] exatamente no mesmo dia, a mão de Iahweh pousou sobre mim e conduziu-me até lá. ²Em visões, Deus me conduziu à terra de Israel e colocou-me sobre um monte bastante alto, sobre o qual erguia-se uma cidade, construída do lado sul.[c] ³Conduziu-me para lá e eis aí um homem,[d] cujo aspecto era como o de bronze, e que tinha na mão um cordel de linho e uma cana de medir. Ele estava em pé no pórtico. ⁴O homem me disse: "Filho do homem, sê todo olhos e todo ouvidos, presta atenção a tudo o que vou mostrar-te, pois para isto foste conduzido aqui, a fim de que eu te mostrasse tudo. Contarás à casa de Israel tudo o que vires".

O muro exterior — ⁵Ora, o Templo tinha um muro exterior que o cercava de todos os lados. Quanto ao homem, tinha na mão uma cana de medir de seis côvados, de côvados equivalentes a um côvado e um palmo[e] cada um. Com ela mediu a espessura do edifício — de uma cana — e a sua altura — de uma cana.

O pórtico oriental[f] — ⁶Veio para o pórtico, cuja frente olha para o oriente, subiu os seus degraus e mediu o limiar do pórtico: uma cana de profundidade.[g] ⁷Quanto ao cubículo, tinha uma cana de comprimento e uma cana de largura, e o pilar[h] entre os cubículos: cinco côvados, e o limiar do pórtico, junto ao vestíbulo do pórtico, para o lado de dentro, uma cana.[i] ⁹Em seguida, mediu o vestíbulo do pórtico: oito côvados, e o seu pilar: dois côvados. O vestíbulo do pórtico ficava do lado de dentro. ¹⁰Os cubículos do pórtico oriental eram três de um lado e três do outro, os três com a mesma medida. Também os pilares tinham medida igual, de um lado e de outro. ¹¹Mediu então a largura da entrada do pórtico: dez côvados, e o comprimento do pórtico: treze côvados. ¹²Diante dos cubículos havia um parapeito: cada parapeito tinha um côvado de um lado e de outro, enquanto o cubículo tinha seis côvados de cada lado. ¹³Mediu também o pórtico: do fundo de um cubículo até o fundo do outro,[j] a

---

a) A última parte do livro de Ezequiel (40-48) apresenta plano minucioso de reconstrução religiosa e política da nação israelita na Palestina. O profeta inspira-se no passado, que ele bem conheceu, mas esforça-se por adaptar a legislação antiga às novas condições e tirar proveito das experiências recentes, a fim de evitar a Israel as tentações e os abusos que o conduziram à ruína. Ezequiel aparece daqui em diante como organizador que pretende dar corpo às reformas há muito entrevistas e desejadas. As suas promessas anteriores de restauração e aliança espiritual postulavam organização nova da comunidade. Tendo vivido numa época em que tudo em Israel estava por reconstruir, ele pode dotar o judaísmo nascente de uma carta de fundação que servirá de base a todos os esforços e a todas as esperanças futuras, desde Esdras até à Jerusalém celeste do Apocalipse. O leitor cristão gostará de ouvir tudo isso do ideal de santidade (44,23; 43,7), e de presença de Deus (48,35), que é o da Igreja.
b) Portanto, em setembro-outubro de 573: o ano religioso começava na primavera, mas o início do ano civil coincidia com o primeiro mês do outono.
c) Evidentemente Jerusalém, mas uma Jerusalém engrandecida e idealizada.
d) Esse "homem" é, evidentemente, um anjo, que explica ao profeta as visões. O papel de intérprete, devolvido aos anjos, é traço do profetismo tardio (cf. Dn 8,16; 9,21s; 10,5s; Zc 1,8s; 2,2; Ap 1,1; 10,1-11 etc.).
e) Existiam, segundo parece, dois valores para o côvado: o côvado comum de 6 palmos e o "grande côvado" mais antigo, de 7 palmos. Ezequiel precisa que se serve do último, que vale "um côvado (comum) e um palmo". Ver a tabela das medidas no fim do volume.
f) Os três pórticos do átrio exterior são semelhantes: apenas o pórtico oriental será minuciosamente descrito. Mas alguns pormenores nos escapam, estando o texto muitas vezes corrompido e a descrição bastante confusa. Entretanto, o plano desses pórticos é o das portas fortificadas de Meguido, Hasor e Gazer, construídas a partir de Salomão. Há aqui recordação visual da Jerusalém pré-exílica.
g) O hebr. repete: e o limiar, uma cana de profundidade; ditografia omitida pelo grego.
h) "o pilar", grego; omitido pelo hebr.
i) Omitimos o v. 8: "Mediu o vestíbulo do pórtico, do lado de dentro: uma cana", que é ditografia ausente das versões.
j) "do fundo do cubículo até o fundo do outro": *miggaw... legaw*, conj.; "do teto de um cubículo até o seu teto": *miggag... legaggô*, hebr.

largura: vinte e cinco côvados, com uma entrada em frente à outra. [14]Mediu o vestíbulo, que tinha vinte côvados. O átrio cercava o pórtico de todos os lados.[a] [15]Desde a fachada do pórtico, junto à entrada, até a frente do vestíbulo do pórtico interior: cinquenta côvados. [16]Havia janelas com grades[b] nos cubículos e sobre os seus pilares, voltadas para o interior do pórtico, ao redor; e do mesmo modo, no vestíbulo havia janelas em torno e palmeiras[c] sobre os pilares.

O átrio exterior — [17]Conduziu-me para o átrio exterior, onde havia câmaras abertas e um pavimento em torno do átrio, a saber, trinta câmaras para todo o pavimento. [18]O pavimento ficava ao lado dos pórticos, correspondendo à profundidade dos pórticos. Este era o pavimento inferior. [19]Em seguida mediu a largura do pavimento,[d] desde a fachada do pórtico inferior até a fachada do átrio interior, pelo lado de fora: cem côvados (para o oriente e para o norte).

O pórtico setentrional — [20]Do pórtico que olha para o norte, junto ao átrio exterior, mediu o comprimento e a largura. [21]Os seus cubículos eram três de cada lado. Quanto aos seus pilares e os seus vestíbulos tinham a mesma dimensão que o primeiro pórtico, a saber, cinquenta côvados de comprimento e vinte e cinco de largura. [22]As suas janelas e o seu vestíbulo e as suas palmeiras tinham as mesmas dimensões que os do pórtico que olhava para o oriente. Subia-se até ele por sete degraus, e o seu vestíbulo ficava voltado para dentro.[e] [23]O átrio interior tinha um pórtico fronteiro ao pórtico que olhava para o norte e ao pórtico que olhava para o oriente.[f] Mediu a distância que havia de um pórtico para outro: cem côvados.

O pórtico meridional — [24]Conduziu-me para o lado sul e eis ali um pórtico voltado para o sul. Ele mediu os seus cubículos,[g] os seus pilares e os seus vestíbulos, que tinham a mesma dimensão. [25]O pórtico, assim como o vestíbulo, tinha janelas ao redor, as quais apresentavam a mesma dimensão que as outras, a saber: cinquenta côvados de comprimento e vinte e cinco de largura. [26]A sua escada tinha sete degraus. Quanto ao vestíbulo, ficava para dentro, com palmeiras — uma de cada lado — nos pilares. [27]Havia um pórtico no átrio interior, voltado para o sul. Medindo a distância de pórtico a pórtico na direção sul: cem côvados.

O átrio interior. Pórtico meridional — [28]Conduziu-me então para o átrio interior, pelo pórtico meridional, e mediu o pórtico, que tinha a mesma medida. [29]Os cubículos, os pilares e o vestíbulo tinham as medidas daqueles. Tanto o pórtico como os seus vestíbulos tinham janelas em torno; o seu comprimento era de cinquenta côvados e a sua largura vinte e cinco [30]e seus vestíbulos, ao redor, vinte e cinco côvados de comprimento e cinco de largura.[h] [31]O átrio exterior tinha um vestíbulo, o qual tinha palmeiras sobre os pilares, e a sua escada possuía oito degraus.

O pórtico oriental — [32]Conduziu-me então ao átrio interior que dava para o oriente[i] e mediu o pórtico, obtendo a mesma medida dos outros. [33]Os cubículos, os pilares e o vestíbulo apresentavam a mesma medida. O pórtico e o

---

a) Este v. é ininteligível no hebr. No início, conjetura-se "mediu" (*wayyammad*) em vez de "fez" (*wayya'as*); a continuação é traduzida conforme o grego.
b) Tradução incerta; lit.: "janelas tapadas".
c) Esses pórticos complicados, únicas aberturas do recinto, devem permitir rigorosa vigilância das entradas. Para Ezequiel, o Templo deve ser mantido limpo de estrangeiros e de ímpios.
d) "do pavimento", grego; omitido pelo hebr.

e) "para dentro", *liphnîmah*, grego; "diante deles", *liphnêhem*, hebr.; o mesmo no v. 26.
f) "e ao pórtico que olhava para o oriente", grego; "e para o oriente", hebr.
g) "os seus cubículos", grego; omitido pelo hebr.
h) O v. 30, ausente do grego parece simples repetição.
i) Talvez se deva ler com o grego: "ele me levou para o pórtico que dá para o oriente"; de qualquer forma, o sentido geral é claro.

seu vestíbulo tinham janelas ao redor e o seu comprimento era de cinquenta côvados, e a sua largura, vinte e cinco. ³⁴O seu vestíbulo dava para o átrio exterior e tinha palmeiras nos seus pilares, de um lado e do outro, e a sua escada tinha oito degraus.

O pórtico setentrional — ³⁵Em seguida conduziu-me para o pórtico setentrional e mediu-o, obtendo as mesmas dimensões. ³⁶Os cubículos, os pilares*ᵃ* e o vestíbulo tinham a mesma dimensão. O pórtico tinha janelas ao redor; seu comprimento era de cinquenta côvados, e a largura, vinte e cinco. ³⁷O seu vestíbulo dava para o átrio exterior e tinha palmeiras nos seus pilares, de um lado e do outro, e a sua escada tinha oito degraus.*ᵇ*

<small>Lv 1,9
2Cr 4,6</small> *Anexos dos pórticos* — ³⁸Havia uma câmara com a sua entrada no vestíbulo do pórtico.*ᶜ* Ali lavavam o holocausto. ³⁹No vestíbulo do pórtico encontravam-se duas mesas de um lado e duas do outro para a imolação do holocausto, do sacrifício pelo pecado e do sacrifício de expiação. ⁴⁰Do lado de fora de quem subia pela entrada do pórtico, em direção ao norte, estavam duas mesas e do outro lado do vestíbulo também havia duas mesas. ⁴¹Havia assim quatro mesas de um lado e quatro do outro, junto ao pórtico, ou seja, ao todo oito mesas em que se fazia a imolação. ⁴²Ademais, havia quatro mesas do holocausto, feitas de pedra de cantaria, cujo comprimento era de um côvado e meio, e a sua largura, de um côvado e meio, enquanto a altura era de um côvado. Sobre estas depositavam-se os instrumentos com que eram imolados o holocausto e o sacrifício. ⁴³Pelo lado de dentro, em torno, estavam as cavilhas, de um palmo de comprimento e sobre as mesas a carne da oblação.

⁴⁴Conduziu-me depois para o átrio interior. Havia neste átrio duas câmaras, uma do lado do pórtico setentrional, a qual olhava para o sul, outra do lado <small>Nm 3,27-32</small> do pórtico meridional que olhava para o norte.*ᵈ* ⁴⁵Ele me disse: "Esta câmara, que faz face para o sul, é reservada aos sacerdotes que fazem o serviço do <small>44,15 +</small> Templo, ⁴⁶enquanto a câmara que faz face para o norte pertence aos sacerdotes que fazem o serviço do altar. São eles os filhos de Sadoc os quais, dentre os filhos de Levi, se aproximam de Iahweh, para o servirem".

O átrio interior — ⁴⁷Ele mediu o átrio: cem côvados de comprimento e também cem côvados de largura. Era, portanto, quadrado e o altar estava diante do Templo.

<small>1Rs 6,3
2Cr 3,4</small> *O Templo.ᵉ O Ulam* — ⁴⁸Conduziu-me ao Ulam do Templo, onde mediu os pilares do Ulam.*ᶠ* Tinha cinco côvados de um lado e cinco côvados de outro, enquanto a largura do pórtico era de três côvados de um lado e do outro. ⁴⁹O comprimento do Ulam era de vinte côvados e a sua largura, doze côvados. <small>1Rs 7,21
2Cr 3,15-17</small> Havia dez degraus para subir a ele,*ᵍ* e junto dos pilares havia colunas, uma de cada lado.

---

a) Plural com o *qerê* e o grego; singular no hebr., *ketib*.
b) "o seu vestíbulo", grego; (cf. vv. 31.34); "o seu pilar", hebr. — O v. 37 continua no v. 47. Entre os dois, o texto recebeu adições: vv. 38-43, as instalações para a preparação das vítimas, junto do pórtico setentrional que acaba de ser descrito (vv. 35-37); depois (vv. 44-46), as duas sacristias dos pórticos norte e sul.
c) "no vestíbulo do pórtico", *be'ûlam hashsha'ar*, grego; "nos pilares", "os pórticos", *be'elim hashshe'arim*, hebr.
d) "Conduziu-me... câmaras", grego; "No lado de fora do átrio interior, havia câmaras de cantores", hebr. — "uma", grego; "que (é)", hebr. — "meridional", grego; "oriental", hebr.

e) O Templo propriamente dito, com as suas três partes, *Ulam* ou Vestíbulo, *Hekal* ou Sala (o "Santo"), Debir ou Santuário (o "Santo dos Santos"), é a reprodução quase exata do Templo de Salomão (1Rs 6). É por isso que Ezequiel se demora menos aí do que nas demais partes, cuja disposição representa verdadeira reforma.
f) "os pilares do Ulam": *'elê ha'ulam*, conj. (cf. grego); "para o Ulam": *'el 'ulam*, hebr.
g) "dez degraus (para subir)", grego; "os degraus que (sobem)", hebr.

41 ***O Hekal*** — ¹Conduziu-me ainda para o Hekal, onde mediu os pilares: seis côvados de largura de um lado e seis côvados de largura do outro.*a* ²A largura da entrada era de dez côvados, enquanto as ombreiras da entrada tinham cinco côvados de ambos os lados. Mediu também o seu comprimento, que era de quarenta côvados, e a sua largura, de vinte côvados.

1Rs 6,3
2Cr 3,5-7

O Debir — ³Dirigiu-se para dentro e mediu o pilar da entrada: dois côvados, e a entrada: seis côvados; em seguida as ombreiras da entrada: sete côvados. ⁴Mediu então o seu comprimento, que era de vinte côvados, e a sua largura, também de vinte côvados, do lado do Hekal, e comentou: "Este é o Santo dos Santos".

1Rs 6,20
2Cr 3,8-9

As celas laterais[b] — ⁵Em seguida mediu a parede do Templo, a qual tinha seis côvados. A largura da ala lateral era de quatro côvados, ao redor do Templo. ⁶As celas ficavam superpostas em três andares de trinta celas cada um.[c] As celas se ajustavam à parede do Templo, isto é, as celas que ficavam em torno, servindo de suportes, mas não existiam suportes nas paredes do Templo. ⁷A largura das celas ia aumentando de andar em andar, conforme o aumento que recebia sobre o muro, de andar em andar, em torno do Templo.[d]
⁸Vi que o Templo tinha, ao redor, uma rampa de uma cana inteira na base das celas laterais: um embasamento de seis côvados. ⁹A espessura da parede exterior das celas laterais era de cinco côvados. Havia uma passagem entre as celas do Templo ¹⁰e as câmaras, de uma largura de vinte côvados, em torno de todo o Templo. ¹¹Como entrada das celas laterais na passagem havia uma entrada para o lado norte e outra para o lado sul. A largura da entrada em torno era de cinco côvados.

1Rs 6,5-6

O edifício ocidental[e] — ¹²O edifício que limitava com o pátio do lado ocidental tinha setenta côvados de largura, enquanto a parede do edifício que ficava em torno tinha cinco côvados de espessura e noventa côvados de comprimento. ¹³Mediu também o Templo; comprimento: cem côvados; o pátio, o edifício e as suas paredes, comprimento: cem côvados. ¹⁴Depois, a largura da fachada do Templo e do pátio para o oriente, também cem côvados. ¹⁵Por fim, mediu o comprimento do edifício, junto do pátio, por trás, bem como a sua galeria de um lado e do outro, obtendo ainda cem côvados.

Ornamentação interior — O interior do Hekal e os vestíbulos dos átrios, ¹⁶os limiares, as janelas de grades e as galerias dos três lados, em frente ao limiar, estavam revestidos de madeira em torno, desde o chão até as janelas,[f] e as janelas eram gradeadas. ¹⁷Desde a entrada até o interior do Templo, bem como por fora, sobre toda a parede em torno — tanto por dentro como por

1Rs 6,15-18

1Rs 6,29-30

---

a) O hebr. acrescenta: "largura da tenda", glosa omitida por alguns mss e pelo grego.
b) Essas celas existiam igualmente no Templo de Salomão (1Rs 6,5-6). A sua disposição parece-nos aqui obscura, não se indicando o destino delas. Às vezes são consideradas como o "tesouro" do Templo. — A diferença de estilo levou a considerar os vv. 5-15a uma adição; contudo, eles parecem ter seu lugar necessário na descrição do Templo.
c) O hebr. é muito obscuro; lit.: "as celas, celas sobre celas, três e trinta vezes". Traduzimos com a ajuda das versões.
d) "ia aumentando": *nôsepah*, conj.; "girava": *nasebah*, hebr. — "conforme o aumento que recebia sobre o muro", segundo o grego; "pois elas contornavam o Templo", hebr., que acrescenta, lit.: "é por essa razão que a largura do Templo para o alto, e assim, o fundo subia para o alto pelo meio (?)". Há que renunciar a traduzir esse texto, mas pode-se captar a ideia geral: o muro exterior desse edifício das celas devia ir diminuindo de espessura de um andar para outro, em escada, para o interior, aumentando proporcionalmente a largura das celas.
e) Este "edifício", sem dúvida amplo átrio não coberto, cujo destino nos escapa, não existia, ao que parece, no Templo de Salomão. Cf., entretanto, 2Rs 23,11 e 1Cr 26,18.
f) "dos três lados", tradução incerta; lit.: "deles três". — "desde o chão", conj.; "e o chão", hebr.

fora — fora deixado um espaço ¹⁸para aí fazer querubins e palmeiras, uma palmeira entre dois querubins. Cada querubim tinha duas faces: ¹⁹uma face de homem voltada para a palmeira de um lado e uma face de leão voltada para a palmeira do outro lado, isso em torno do Templo. ²⁰Os querubins e as palmeiras estavam esculpidos sobre o muro,ª desde o chão até em cima da entrada. ²¹As ombreiras da porta do Hekal eram quadradas.

<small>1Rs 6,20-21
Ex 30,1-3</small> ***O altar de madeira*** — Diante do santuário havia algo com o aspecto ²²de um altar de madeira, e tinha três côvados de altura, dois côvados de comprimento e dois côvados de largura.*ᵇ* Tinha cantos, base e lados de madeira. Ele me disse: "Esta é a mesa que fica na presença de Iahweh".

<small>1Rs 6,31-35</small> ***As portas*** — ²³O Hekal tinha duas portas, e o santuário ²⁴duas portas, e ambas as portas eram de dois batentes: dois batentes pertenciam a uma das portas e dois à outra. ²⁵Sobre elas (sobre as portas do Hekal) estavam esculpidos querubins e palmeiras, como os que se encontravam sobre os muros. Do lado de fora, na frente do Ulam, havia um anteparo, ²⁶bem como janelas gradeadas e palmeiras, de um lado e do outro, sobre os lados do Ulam, nas celas do Templo e nos anteparos.*ᶜ*

42 Dependências do Templo*ᵈ*

¹Então fez-me sair para o átrio exterior, para o lado norte e trouxe-me para a câmara que fica em frente ao pátio, em frente ao edifício do lado norte. ²Na fachada tinha ela cem côvados de comprimento para o lado norte, e cinquenta côvados de largura. ³Em frente aos vinte côvados do átrio interior e em frente ao pavimento do átrio exterior havia uma galeria em frente à galeria tríplice ⁴e, em frente às câmaras, uma passagem que tinha dez côvados de largura para dentro e cem côvados de comprimento.*ᵉ* As suas entradas davam para o norte. ⁵As câmaras superiores eram menores do que as de baixo e do meio, porque as galerias tomavam maior espaço do que as de baixo e as do meio. ⁶Com efeito, elas se dividiam em três andares e não tinham colunas como o átrio. Eis por que eram mais estreitas do que as de baixo e as do meio (a partir do chão). ⁷O muro do lado de fora, junto às câmaras, voltadas para o átrio exterior, fronteiro às câmaras, tinha cinquenta côvados de comprimento. ⁸Portanto, o comprimento das câmaras do átrio exterior era de cinquenta côvados, ao passo que o das que ficavam em frente ao Hekal era de cem côvados. ⁹Por baixo destas câmaras estava a entrada do lado oriental, pela qual se tinha acesso desde o átrio exterior.

¹⁰Junto à largura do muro do átrio, do lado sul,*ᶠ* em frente ao pátio e em frente ao edifício, havia câmaras. ¹¹Fronteiro a elas ficava um caminho, como para as câmaras que estavam no lado norte. Tinham elas comprimento e largura idênticos, bem como saídas, disposição e entradas iguais. ¹²Por baixo das*ᵍ* câmaras que ficavam para o lado sul havia uma entrada, no começo de cada caminho, em frente ao muro correspondente, do lado do oriente, junto à <small>Lv 2,3 +</small> entrada. ¹³Ele me disse: "As câmaras do norte e as câmaras do sul, que ficam fronteiras ao pátio, são as câmaras do santuário, onde os sacerdotes que se

---

a) "sobre o muro", conj. (cf. v. 25); "e o muro do Hekal", hebr. *ketib;* "Hekal" está expontuado (marcado com pontos a fim de que não possa ser lido).

b) "e dois côvados de largura", grego; omitido pelo hebr.

c) Recorremos ao grego para todo este passo, que é dificílimo: o estilo é elíptico, e o texto está provavelmente corrompido.

d) Os vv. 1-14 reúnem elementos díspares e provêm dos meios sacerdotais do Exílio, que completaram a descrição de Ezequiel. O texto encontra-se em mau estado e alguns versículos permanecem dificilmente inteligíveis. — Os vv. 15-20 são a conclusão do levantamento de medidas do Templo, começado no cap. 40.

e) "cem côvados de comprimento", versões; "um caminho de um côvado", hebr.

f) "sul", grego; "oriente", hebr., mas cf. vv. 12-13.

g) "por baixo das", conj.; "idênticas a", hebr., ditografia. — A continuação do v. é muito obscura e as versões não são de grande ajuda.

aproximam de Iahweh comem as coisas santíssimas. Aí depositarão as coisas santíssimas, a oblação e a oferta pelo pecado e a oferta de expiação, porque o lugar é santo. ¹⁴Depois de entrarem aí, os sacerdotes não sairão diretamente do santuário para o átrio exterior, mas depositarão primeiro ali as vestes com que exerceram as suas funções litúrgicas, porque são santas, e porão outras vestes e só então poderão dirigir-se ao local destinado ao povo." Lv 17,1 +

Dimensões do átrio — ¹⁵Tendo acabado de medir o interior do Templo, conduziu-me para fora em direção ao pórtico que dá para o oriente e mediu todo o átrio ao redor. ¹⁶Mediu todo o lado do oriente com a cana de medir: quinhentos côvados,ª com a cana de medir, ao redor. ¹⁷Em seguida, mediu todo o lado norte: quinhentos côvados, com a cana de medir, ao redor. ¹⁸Depois mediu todo o lado sul: também quinhentos côvados, com a cana de medir, ¹⁹ao redor. Finalmente, mediu todo o lado ocidental, ainda quinhentos côvados, com a cana de medir. ²⁰Pelos quatro lados mediu todo o muro ao redor. O seu comprimento era de quinhentos côvados e a sua largura era de quinhentos côvados, separando a parte sagrada da profana. 45,2

43

*A volta de Iahweh*ᵇ — ¹Levou-me então para o pórtico, a saber, para o pórtico que conduz para o oriente, ²e eis que sobreveio a Glória do Deus de Israel da parte do oriente. O seu ruído era como o ruído de muitas águas, e a terra resplandecia com a sua Glória. ³A aparência que vi era igual à aparência que vira quando vim para a destruição da cidade e igual à aparência que vira junto ao rio Cobar. Então prostrei-me com o rosto em terra. 10,18-19 11,22-23

⁴A Glória de Iahweh chegou ao Templo pelo pórtico que dá para o oriente. ⁵O espírito ergueu-me e trouxe-me para o átrio interior e eis que a Glória de Iahweh enchia o Templo. ⁶Ouvi então alguém que falava comigo e dentro do Templo,ᶜ enquanto o homem estava em pé junto de mim. ⁷Disse-me: Filho do homem, este é o lugar do meu trono e o lugar da planta dos meus pés, onde habitarei no meio dos israelitas para sempre e onde a casa de Israel — ela e os seus reis — não tornarão a profanar o meu nome santo com as suas prostituições e com os cadáveres dos seus reis com seus túmulos, ⁸pondo o limiar destes junto do meu limiar e as ombreiras destes ao lado das minhas ombreiras e limitando-se a levantar um muro entre mim e eles,ᵈ onde profanaram o meu nome santo com as abominações que praticavam, razão por que os consumi na minha ira. ⁹Contudo, agora vão afastar para longe de mim as suas prostituições e os cadáveres dos seus reis, pelo que habitarei no meio deles para sempre. 1Rs 8,10-11 Ez 25,8 + Ez 37,26-27 + Ap 21,3 Ex 19,12 +

¹⁰E tu, filho do homem, revela à casa de Israel o plano do Templo e eles ficarão envergonhados das suas iniquidades (poderão medir o seu plano). ¹¹Sim, se ficarem envergonhados de tudo o que fizeram, então lhes darás a conhecer a forma do Templo, suas disposições, suas saídas e suas entradas, suas formas e todas as suas ordenações, todas as suas formas e todas as suas leis. Escreve, descreve-as aos seus olhos, de modo que guardem sua forma e suas ordenações e as pratiquem. ¹²Esta é a lei do Templo, sobre o cume do monte: todo o espaço em torno será santíssimo (tal será a lei para o Templo).

O altarᵉ — ¹³Aqui estão as medidas do altar em côvados, em côvados iguais a um côvado e um palmo: a base tinha um côvado de altura por um côvado Ex 27,1-8 1Rs 8,64 2Cr 4,1; 7,7

---

a) "quinhentos côvados", versões; "cinco côvados de canas", hebr.
b) A visão da volta de Iahweh corresponde estreitamente à da sua partida (10,18-19; 11,22-23).
c) O próprio Iahweh, e não o anjo que acompanha o profeta.
d) O antigo Templo era contíguo ao palácio de Davi (1Rs 7,8). Ezequiel relega o palácio para outro bairro, e reserva exclusivamente para o Templo a colina oriental de Jerusalém.
e) Os vv. 13-27 constituem duas adições feitas sucessivamente, que dizem respeito ao altar e à sua dedicação.

de largura; o espaço junto ao rego que contornava o altar era de um palmo. Tal era a base do altar. ¹⁴Desde a base até o pedestal inferior, dois côvados, e de largura um côvado; e desde o pedestal menor até o pedestal maior, quatro côvados por um côvado de largura. ¹⁵A lareira tinha quatro côvados e acima da lareira havia quatro chifres. ¹⁶A lareira tinha doze côvados de comprimento por doze de largura, sendo toda quadrada. ¹⁷O pedestal era de quatorze côvados de comprimento por quatorze de largura, e também quadrado. A borda em torno dele tinha meio côvado, e a base em torno, um côvado. Os degraus davam para o oriente.

Consagração do altar — ¹⁸Disse-me ele: Filho do homem, assim fala o Senhor Iahweh: Estes são os estatutos referentes ao altar no dia em que o construírem para oferecer sobre ele o holocausto e espargir sobre ele o sangue. ¹⁹Darás aos sacerdotes levitas, aos da família de Sadoc, que se aproximam de mim para me servirem — oráculo do Senhor Iahweh — um novilho para o sacrifício pelo pecado. ²⁰Então tomarás do seu sangue e o porás sobre os quatro chifres, sobre os quatro cantos do pedestal e sobre a borda em torno: com isso tirarás o pecado dele e farás expiação por ele. ²¹Em seguida, tomarás o novilho da oferta pelo pecado e o queimarás no lugar do Templo a isto destinado, fora do santuário. ²²No segundo dia oferecerás um bode perfeito como oferta pelo pecado e com ele se purificará de pecado o altar como se fez purificação com o novilho. ²³Acabando de fazer a purificação do pecado, oferecerás um novilho perfeito e um carneiro perfeito. ²⁴Oferecê-los-ás perante Iahweh e sobre eles os sacerdotes jogarão sal, oferecendo-os em holocausto a Iahweh. ²⁵Durante sete dias diariamente sacrificarás um bode pelo pecado e, além disto, sacrificarão também um novilho e um carneiro do rebanho, todos perfeitos, ²⁶durante sete dias. Assim farão expiação pelo altar, purificá-lo-ão e o consagrarão. ²⁷Chegados ao fim deste período, do oitavo dia em diante, os sacerdotes oferecerão sobre o altar vossos holocaustos e vossos sacrifícios de comunhão, e eu vos serei propício, oráculo do Senhor Iahweh.

44

Uso do pórtico oriental — ¹Conduziu-me então para o pórtico exterior do santuário, que dava para o oriente, o qual estava fechado. ²Iahweh me disse: Este pórtico ficará fechado. Não se abrirá e ninguém entrará por ele, porque por ele entrou Iahweh, o Deus de Israel, pelo que permanecerá fechado. ³O príncipe, contudo, se sentará aí para comer pão na presença de Iahweh.ᵃ Ele entrará pelo lado do vestíbulo do pórtico e sairá pelo mesmo lado.

Regras de admissão no Templo — ⁴Trouxe-me depois para o lado do pórtico do norte, para a frente do Templo. Aí olhei e eis que a Glória de Iahweh enchia o Templo, ao que me prostrei com o rosto em terra. ⁵Iahweh me disse: Filho do homem, presta atenção, fixa os olhos e sê todo ouvidos para quanto te direi. Presta atenção a todos os estatutos do Templo de Iahweh, a todas as suas leis, às condições de admissão ao Templo e às de exclusão do santuário.ᵇ ⁶E dirás a esses rebeldes, à casa de Israel: Assim fala o Senhor Iahweh: Bastem-vos todas estas abominações, ó casa de Israel:ᶜ ⁷o terdes introduzido estrangeiros,

---

Elas não exigem que o altar de Zorobabel já tenha sido restabelecido.
a) Cf. 46,1-2. Trata-se, evidentemente, de refeição cultual, sem dúvida, aquela que acompanha os sacrifícios de comunhão (Lv 7,15; Dt 12,7.18).
b) Tradução incerta; lit.: "à entrada do Templo e a todas as saídas do santuário".
c) Os vv. 6-31 sobre o clero do Templo são adição, que pode ser ainda anterior ao fim do Exílio: ela torna institucional a distinção de fato que se estabelecera, desde a reforma deuteronomista, entre os antigos levitas dos santuários de província, reduzidos a estatuto inferior, e os sacerdotes filhos de Sadoc, que formavam o clero de Jerusalém. Isso explica que os levitas, assim distinguidos dos sacerdotes, tenham-se mostrado pouco dispostos a voltar do Exílio (Esd 2,40; 8,18-19).

incircuncisos de coração e incircuncisos de corpo, permitindo que se instalassem em meu santuário e que profanassem o meu Templo, quando ofereceste o meu pão, a gordura e o sangue, o terdes rompido a minha Aliança.ᵃ Por todas as vossas abominações! ⁸Ao invés de exercerdes o ministério do santuário, encarregastes qualquer um de exercer o ministério do meu santuário em vosso lugar.ᵇ ⁹Assim diz o Senhor Iahweh: Nenhum estrangeiro, incircunciso de coração e incircunciso de corpo entrará no meu santuário, dentre todos os estrangeiros que vivem entre os israelitas.ᶜ

Os levitas — ¹⁰Quanto aos levitas que se afastaram de mim, quando Israel se desviou de mim para ir após os seus ídolosᵈ imundos, eles levarão sobre si sua culpa. ¹¹Continuarão no meu santuário, encarregados dos serviços de guarda das portas do Templo e farão o serviço do Templo. Matarão as vítimas para o holocausto e para o sacrifício pelo povo e estarão postados junto dele para o seu serviço. ¹²Contudo, visto que estiveram a seu serviço diante dos seus ídolos imundos, tornando-se motivo de tropeço para a casa de Israel, jurei solenemente — oráculo do Senhor Iahweh — que levarão sobre si sua culpa. ¹³Com efeito, não tornarão a aproximar-se de mim para exercerem o meu sacerdócio, nem tocarão em nenhuma das minhas coisas santas, nem das coisas santíssimas: levarão antes sobre si o opróbrio e as abominações que praticaram. ¹⁴Farei deles ministros encarregados do serviço do Templo, confiando-lhes as tarefas que nele se executam.

Os sacerdotes — ¹⁵Quanto aos sacerdotes levitas, filhos de Sadoc,ᵉ eles realizaram o serviço do meu santuário quando os israelitas se desviavam de mim, pelo que se chegarão a mim para exercerem o meu ministério e estarão em pé na minha presença, a fim de me oferecerem a gordura e o sangue — oráculo do Senhor Iahweh. ¹⁶Entrarão no meu santuário e se chegarão à minha mesa para me servirem, exercerão o meu ministério. ¹⁷Sempre que entrarem pelas portas do átrio interior, porão vestes de linho e não se vestirão com nada de lã, enquanto estiverem exercendo o seu ministério junto aos pórticos do átrio interior e no Templo. ¹⁸Usarão tiaras de linho na cabeça e calções de linho sobre os quadris: não se cingirão de nada que faça transpirar.ᶠ ¹⁹Quando passarem ao átrio exterior,ᵍ para junto do povo, despirão as vestes com que serviram e as deporão nas câmaras do santuário, pondo outras vestes, a fim de não transmitirem ao povo nenhuma influência sagrada.ʰ ²⁰Não raparão a cabeça, nem deixarão crescer à vontade o cabelo,ⁱ mas usarão o cabelo bem aparado. ²¹Nenhum sacerdote beberá vinho nas ocasiões em que penetrar no átrio interior. ²²Não se casarão com viúva ou repudiada, mas somente com virgem

---

a) "rompido", versões; "romperam", hebr.
b) Alusão ao fato de ter-se utilizado, no próprio serviço do Templo de Jerusalém, estrangeiros mais ou menos assimilados (Js 9,27; Dt 29,10).
c) Lia-se ainda no Templo de Herodes, no tempo de Jesus, a seguinte inscrição gravada em grego, *da qual foram encontrados dois* exemplares: "Que nenhum estrangeiro penetre no interior da balaustrada e do recinto que cercam o santuário. Aquele que venha a ser apanhado só a si próprio deverá culpar pela morte que será seu castigo".
d) Os levitas estavam frequentemente ligados aos santuários dos lugares altos. Quando esses santuários foram abolidos pelo Deuteronômio e pela reforma de Josias, eles perderam sua posição social e tiveram que passar a viver da caridade pública (Dt 12,12.18 etc):), ou integrar-se ao santuário de Jerusalém (Dt 18,6-8). Ezequiel ratifica esta última solução, mas atribuindo-lhes uma situação inferior: passarão a substituir no serviço do Templo os estrangeiros que acabam de ser excluídos.
e) Os sacerdotes levitas (cf. Dt 18,1-5) são os que permaneceram ligados ao santuário de Jerusalém. Pertencem à descendência de Sadoc, o sacerdote designado por Salomão após a destituição de Abiatar (1Rs 2,27-35).
f) Lit.: "eles não se cingirão de suor". A transpiração devia ser considerada impura, a não ser que a palavra tenha aqui outra significação que nos escapa.
g) O hebr. repete "para o átrio exterior", omitido pelas versões.
h) O contato com as coisas consagradas é interdito aos profanos. Ele poderia "santificá-(los)" (Lv 17,1+).
i) O cabelo abundante e em desalinho era sinal ou de voto (Nm 6,5), ou de luto (cf. 24,17.23).

da linhagem de Israel. Poderão, contudo, casar-se com a viúva de sacerdote. ²³Deverão ensinar o meu povo a distinguir entre o sagrado e o profano e lhe farão conhecer a diferença entre o puro e o impuro. ²⁴No caso de contenda, estarão presentes para julgar, julgando de acordo com meu direito. Em toda as minhas assembleias solenes observarão meus estatutos e minhas leis e santificarão os meus sábados. ²⁵Não se chegarão*ᵃ* a um morto, a fim de não se tornarem impuros. Mas podem tornar-se impuros pelo pai, pela mãe, por um filho ou por uma filha, por um irmão ou por uma irmã, desde que não seja casada. ²⁶Após purificar-se da sua contaminação, contar-se-ão sete dias. ²⁷Em seguida, no dia em que entrar no Santo, no átrio interior para servir, oferecerá seu sacrifício pelo pecado — oráculo do Senhor Iahweh. ²⁸Eles terão uma herança,*ᵇ* porque eu serei a sua herança. Não lhes darei propriedades em Israel: a sua propriedade serei eu. ²⁹A oblação, o sacrifício pelo pecado e o sacrifício de expiação, eles os comerão. A eles pertence tudo quanto é consagrado como anátema em Israel. ³⁰Ainda dos sacerdotes será a primeira porção de todas as primícias, bem como de todas as vossas oferendas, quaisquer que sejam, e também a primeira porção da vossa massa de pão dareis ao sacerdote, a fim de que repouse sobre a vossa casa a bênção, ³¹mas os sacerdotes não comerão nenhum animal que tenha morrido por si ou que tenha sido dilacerado por uma fera, seja ave, seja outro animal qualquer.*ᶜ*

45 *Partilha da terra.ᵈ A parte de Iahweh* — ¹Ao distribuirdes a posse da terra por sorte ao povo, oferecereis como dádiva a Iahweh uma parte sagrada da terra, que terá vinte e cinco mil côvados de comprimento e vinte mil de largura. Esta parte será sagrada em toda a sua extensão. ²Dela um quadrado de quinhentos côvados ficará reservado para o santuário, tendo um terreno marginal de cinquenta côvados em torno dele,*ᵉ* destinado à pastagem. ³Desta área separarás também vinte e cinco mil côvados de comprimento por dez mil de largura, onde ficarão o santuário e o Santo dos Santos. ⁴Esta área constituirá a porção sagrada da terra, reservada aos sacerdotes que ministram no santuário, que se aproximam de Iahweh para o servirem. Ela se destinará às suas casas e ao santuário. ⁵Outros vinte e cinco mil côvados de comprimento por dez mil de largura pertencerão aos levitas, encarregados do serviço do Templo, juntamente com as cidades para a sua residência.*ᶠ* ⁶Como patrimônio da cidade deixareis uma área de cinco mil côvados de largura por vinte e cinco mil de comprimento, junto à porção reservada para o santuário, a qual pertencerá a toda a casa de Israel.

A porção do príncipe — ⁷Quanto ao príncipe, caber-lhe-á uma área de um lado e do outro da porção reservada para o santuário e do patrimônio da cidade fronteira à porção reservada para o santuário e ao patrimônio reservado para a cidade, do lado ocidental, para o ocidente, e do lado oriental, para o oriente, uma área de comprimento igual a cada uma das partes, desde o extremo ocidental até o extremo oriental ⁸da terra. Tal será a sua propriedade em Israel, para que os meus príncipes não voltem a explorar o meu povo, mas deixem a terra à casa de Israel e às suas tribos.

⁹Assim diz o Senhor Iahweh: Basta, príncipes de Israel! Afastai-vos da extorsão e da exploração; praticai o direito e a justiça; parai com as vio-

---

a) "não se chegarão", versões; singular, hebr.
b) Texto incerto; Vulg.: "Eles não terão herança".
c) Segundo Lv 7,24, essa interdição concerne a todos os israelitas.
d) Os caps. 45-46 pertencem à última redação do livro. Compõem-se de uma sequência de adições que se atraem mutuamente; a primeira (vv. 1-8), sobre as partes do território reservadas a Iahweh e ao príncipe, antecipa 48,8-22; ela foi chamada pela menção, com o mesmo termo hebraico, da parte de rendas reservada aos sacerdotes em 44,30.
e) São as dimensões do Templo (cf. 42,16-20).
f) "com as cidades para a sua residência", *'arim leshabet*, grego; "vinte câmaras", *'esrim leshakot*, hebr.

lências praticadas contra o meu povo, oráculo do Senhor Iahweh. ¹⁰Usai balanças justas, efá justo e bat justo. ¹¹O efá e o bat terão a mesma medida, equivalendo o bat a um décimo de homer, e o efá a um décimo de um homer. A medida de ambos se fixará a partir do homer.ᵃ ¹²Quanto ao siclo deverá equivaler a vinte geras. Vinte siclos mais vinte e cinco siclos mais quinze siclos farão uma mina.

Lv 19,35-36

Oferendas para o culto — ¹³Eis a oferenda que devereis apresentar: Um sexto de um efá por homer de trigo e um sexto de efá por homer de cevada. ¹⁴A norma para o óleo será: um bat de óleo por dez bat, isto é, por um coro de dez bat ou de um homer, porque dez bat equivalem a um homer. ¹⁵Um cordeiro de cada duzentos dos rebanhos de Israel será destinado à oblação, ao holocausto e ao sacrifício de comunhão, para fazer expiação por vós, oráculo do Senhor Iahweh. ¹⁶Todo o povo de Israel fica obrigado a esta oferenda ao príncipe em Israel. ¹⁷Quanto ao príncipe, ficará encarregado dos holocaustos, da oblação e da libação durante as festas, nas neomênias,ᵇ nos sábados. Por ocasião de todas as assembleias solenes ele fará o sacrifício pelo pecado, a oblação, o holocausto e os sacrifícios de comunhão, a fim de fazer expiação pela casa de Israel.

Ex 30,13-16
Mt 23,23

Lv 1,1 +;
2,1 +; 3,1 +

Ex 23,14 +
Lv 23,24 +

A festa da Páscoa — ¹⁸Assim diz o Senhor Iahweh: No primeiro mês, no primeiro dia do mês, tomarás um novilho perfeito para remover o pecado do santuário. ¹⁹O sacerdote tomará do sangue da vítima oferecida pelo pecado e com ele cobrirá as ombreiras da porta do Templo, os quatro cantos do pedestal do altar e as ombreiras dos pórticosᶜ do átrio interior. ²⁰Assim também farás no sétimo dia do mês pelo homem que tiver pecado por inadvertência ou irreflexão. Deste modo fareis a expiação pelo Templo. ²¹No primeiro mês, no décimo quarto dia do mês, realizareis a festa da Páscoa: durante sete dias comer-se-ão pães ázimos. ²²Naquele dia o príncipe oferecerá um novilho como sacrifício pelo pecado, por si e por todo o povo. ²³E durante os sete dias de festa oferecerá diariamente, como holocausto a Iahweh, sete novilhos, sete carneiros perfeitos e também diariamente um bode como sacrifício pelo pecado. ²⁴Oferecerá ainda como oblação um efá por novilho, um efá por carneiro e um hin de azeite por efá.

Ex 12,1 +

A festa das Tendas — ²⁵No sétimo mês, no décimo quinto dia do mês, por ocasião da festa, durante os sete dias oferecerá o sacrifício pelo pecado, o holocausto, a oblação e o azeite.

Ex 23,14 +

46

*Regulamentos diversos*ᵈ — ¹Assim diz o Senhor Iahweh: O pórtico do átrio interior que dá para o oriente permanecerá fechado nos seis dias de trabalho, mas no sábado ficará aberto, bem como no dia da neomênia, ²quando o príncipe entrará pelo vestíbulo do pórtico exterior e se postará junto às ombreiras, enquanto os sacerdotes oferecerão o seu holocausto e os seus sacrifícios de comunhão. Então se prostrará no limiar do pórtico, saindo depois, mas o pórtico não se fechará até de tarde. ³Também o povo da terra se prostrará à entrada *desse pórtico, diante de* Iahweh, tanto nos sábados como nos dias de neomênia. ⁴O holocausto que o príncipe deve oferecer no dia do sábado consistirá de seis cordeiros e de um carneiro, todos perfeitos, ⁵em uma oblação

Ex 20,8 +
Nm 28,9-14
Ez 45,17

---

a) Ver a tabela de medidas no fim do volume.
b) Festa da lua nova (cf. Nm 28,8-14).
c) "ombreiras" (bis), versões; singular, hebr. — "pórticos", conj.; singular, hebr.
d) O cap. é heterogêneo. Compreende: 1-12, normas sobre a utilização dos pórticos pelo príncipe e pelo povo e sobre os sacrifícios do príncipe, com um apêndice (13-15) sobre o sacrifício perpétuo; adição sobre o caráter inalienável dos bens do príncipe (16-18); suplemento acerca das cozinhas do Templo (19-24).

de uma efá por carneiro, uma oblação, de acordo com as suas possibilidades, pelos cordeiros e um hin de azeite por efá. ⁶No dia da neomênia deverão ser um novilho perfeito, seis cordeiros e um carneiro, todos perfeitos. ⁷Quanto à oblação, oferecerá um efá pelo novilho e um efá pelo carneiro e, quanto aos cordeiros, o que lhe for possível. O azeite será um hin por efá.

⁸Ao entrar, o príncipe deve fazê-lo pelo vestíbulo do pórtico e por ele deverá sair.

⁹Mas quanto ao povo da terra, ao entrar para comparecer na presença de Iahweh por ocasião das assembleias solenes, aqueles que entraram pelo pórtico do norte para se prostrarem, sairão pelo pórtico do sul, ao passo que os que entraram pelo pórtico do sul sairão pelo pórtico do norte: ninguém voltará pelo pórtico pelo qual entrou; antes, deverá sair pelo lado oposto. ¹⁰O príncipe estará no meio deles: entrará com eles e com eles sairá.

¹¹Nos dias de festa e nas assembleias solenes a oblação consistirá de um efá por novilho e um efá por carneiro e, pelos cordeiros, quanto puder dar. Quanto ao azeite, um hin por efá. ¹²Sempre que o príncipe oferecer um holocausto voluntário ou um sacrifício de comunhão a Iahweh, abrir-se-lhe-á a porta que dá para o oriente, e aí oferecerá o seu holocausto e o seu sacrifício de comunhão, conforme costuma fazer no dia do sábado. Em seguida sairá, após o quê será fechado o pórtico. ¹³Diariamente, a saber, cada manhã, oferecerá[a] em holocausto um cordeiro de um ano, perfeito. ¹⁴Juntamente com ele oferecerá em oblação um sexto de um efá, um terço de um hin de azeite, a fim de umedecer a farinha. Será uma oblação a Iahweh, de acordo com um estatuto perpétuo, que durará para sempre. ¹⁵O cordeiro, a oblação e o azeite se oferecerão cada manhã, para sempre.[b] ¹⁶Assim diz o Senhor Iahweh: Se o príncipe fizer um presente que seja da sua herança a um dos seus filhos, este será propriedade dele como herança. ¹⁷Mas se fizer um presente a um dos seus servos, este lhe pertencerá até o ano da sua alforria, voltando para o príncipe nessa data.[c] Com efeito, a sua herança só caberá aos seus filhos. ¹⁸O príncipe não poderá tomar nada da herança do povo, desapropriando-o do que é propriedade sua; antes, daquilo que é propriedade sua é que ele deverá dar herança aos seus filhos, a fim de que o meu povo não venha a ser desapropriado daquilo que lhe pertence.

¹⁹Trouxe-me[d] pela entrada que fica junto ao pórtico, às câmaras do Lugar Santo que pertencem aos sacerdotes e que dão para o norte, atrás das quais havia um lugar que dava para o ocidente. ²⁰E disse-me: "Este é o lugar em que os sacerdotes cozerão as vítimas destinadas ao sacrifício de expiação e ao sacrifício pelo pecado, no qual assarão a oblação, sem que tenham de levá-las para o átrio exterior, expondo o povo à contaminação do sagrado".

²¹Em seguida, conduziu-me para fora, para o átrio exterior, fazendo-me passar junto aos quatro cantos do átrio, e havia aí outro átrio em cada canto do átrio, ²²isto é, quatro átrios menores nos quatro cantos do átrio principal, os quais tinham quarenta côvados de comprimento e trinta de largura, os quatro de igual medida.[e] ²³Um muro de pedra os cercava todos, bem como fornos construídos em torno, ao pé do muro. ²⁴Explicou-me: "Estes são os fornos nos quais os servidores do Templo cozem os sacrifícios do povo".

---

a) "oferecerá", mss, versões; "oferecerás", hebr.; mesma corr. no v. seguinte.
b) O sacrifício cotidiano foi, na verdade, retomado com fervor pelo judaísmo pós-exílico. Cessou apenas depois do ano 70 d.C., nos últimos dias do cerco de Jerusalém.
c) "voltando", *weshaba*, grego; "cessando", *weshabat*, hebr. — "o ano da sua alforria" é provavelmente o ano jubilar, que ocorre de cinquenta em cinquenta anos (cf. Lv 25,1+).
d) Este passo liga-se logicamente a 42,12.
e) "átrios menores", *qeçurôt*, conj., conf. 42,5; "átrios para incenso" *qeturôt*, hebr. — No final, o hebr. *ketib* acrescenta "dos ângulos", *mehuqça'ôt*, omitido pelas versões e expontuado.

47 *A fonte do Templo*[a] — ¹Reconduziu-me então para a entrada do Templo e vi ali água que escorria de sob o limiar do Templo para o lado do oriente, pois a frente do Templo dava para o oriente. A água escorria de sob o lado direito do Templo, do sul do altar. ²Em seguida, fez-me sair pelo pórtico do norte e rodear por fora até o pórtico exterior que dá para o oriente, onde a água estava escorrendo do lado direito. ³O homem dirigiu-se para o lado do oriente com um cordel na mão, medindo mil côvados, e me fez atravessar a água, que dava pelos tornozelos. ⁴Tornou a medir mil côvados e fez-me atravessar outra vez a água, que agora dava pelos joelhos. De novo mediu mil côvados e de novo me fez atravessar a água, que agora dava pelos quadris. ⁵Mediu outros mil côvados, e agora era uma torrente que eu já não podia atravessar, pois a água tinha subido tanto que formava um rio, que só se podia atravessar a nado. ⁶Disse-me então: "Viste, filho do homem?" E fez-me voltar para a margem da torrente. ⁷Quando voltei, eis que havia ali na margem da torrente árvores abundantes de um lado e de outro. ⁸Disse-me: "Esta água que escorre para o lado oriental desce para a Arabá[b] e entra no mar. Ao entrar no mar, a sua água se torna salubre. ⁹Resultará daí que em todo lugar por onde passar a torrente,[c] os seres vivos que o povoam terão vida. Haverá abundância de peixe, já que onde quer que esta água chegue, ela levará salubridade, de modo que haverá vida em todo lugar que a torrente atingir. ¹⁰À sua margem existirão pescadores. Desde Engadi até En-Eglaim haverá lugares para estender as redes. Os peixes serão da mesma espécie que os do Grande Mar[d] e muito abundantes. ¹¹Mas quanto aos seus brejos e pântanos, estes não serão salubrificados; antes, serão deixados como reservas de sal. ¹²Junto à torrente, em sua margem, de um lado e do outro, encontrar-se-á toda sorte de árvores de frutos comestíveis, cujas folhas não murcharão e cujos frutos não se esgotarão: produzirão novos frutos de mês em mês, porque a sua água provém do santuário, pelo quê os seus frutos servirão de alimento e as suas folhas de remédio.

Limites da terra[e] — ¹³Assim diz o Senhor Iahweh: Eis os limites da terra que haveis de repartir como herança entre as doze tribos de Israel, dando duas porções[f] a José. ¹⁴Reparti-la-eis dando a todos porção igual da terra que jurei solenemente dar aos vossos pais, de modo que ela coubesse a vós como herança. ¹⁵Eis os limites da terra: do lado do norte, desde o Grande Mar: o caminho de Hetalon até a entrada de Emat,[g] Sedada, ¹⁶Berota, Sabarim, que fica entre os limites de Damasco e os de Emat, Haser-Ticon, junto à fronteira de Aurã. ¹⁷Os limites irão desde o mar até Haser-Enã, tendo ao norte o território de Damasco e o território de Emat. Isto[h] quanto ao limite setentrional. ¹⁸Do lado leste, entre Aurã e Damasco, entre Galaad e a terra de Israel, o Jordão servirá de fronteira até o mar oriental e até Tamar.[i] Tal será o limite oriental. ¹⁹Do lado sul, em direção do meio-dia, desde Tamar até as águas de Meriba de Cades, em direção à torrente até o Grande Mar. Este será o limite

---

a) Os vv. 1-12 devem ser aproximados de 43,1s: esse rio maravilhoso manifesta a bênção trazida à terra pela habitação renovada de Deus no meio do seu povo. A imagem será retomada por Ap 22,1-2.
b) O termo designa aqui o baixo vale do Jordão. O mar é o mar Morto, cujas águas serão tornadas salubres.
c) "a torrente", versões; "as duas torrentes", hebr.
d) O Mediterrâneo.
e) Esta descrição da Terra Prometida vem da mesma tradição que a de Nm 34,1-12 (cf. 34,1+). Alguns nomes geográficos são difíceis de localizar, mas a fronteira setentrional parece passar ao norte de Trípoli e incluir o território de Damasco (vv. 15-16; 48,1), o que representa uma fronteira meramente ideal. O Jordão marca a fronteira oriental (v. 18).
f) "Eis": *zeh*, versões; hebr.: *geh*, corrompido. — "dando duas porções a José", Targ., Vulg.; "José, porções", hebr. — As duas porções são para Efraim e Manassés, filhos de José, contados entre as doze tribos de Israel, ao passo que a tribo de Levi é posta de lado.
g) "Emat", transposto do v. 16 com o grego.
h) "Isto", *zo't*, mss e sir.; "e", *we'et*, hebr., o mesmo no v. 18.
i) "até Tamar", versões; hebr., *tamoddû*, corrompido.
— O "mar oriental" é o mar Morto.

meridional. ²⁰Do lado oeste, até em frente à entrada de Emat, o Grande Mar servirá de limite. Tal será o limite ocidental. ²¹Esta será a terra que repartireis entre vós, entre as tribos de Israel. ²²Reparti-la-eis como herança entre vós e entre os estrangeiros residentes no meio de vós e que geraram filhos no meio de vós. Haveis de tratá-los como os nativos da terra, os israelitas. Convosco receberão por sorte a sua herança, no meio das tribos de Israel. ²³Na tribo, no meio da qual o estrangeiro estiver residindo, aí lhe dareis a sua herança, oráculo do Senhor Iahweh.

48

A partilha da terra[a] — ¹Estes são os nomes das tribos. No extremo norte, em direção a Hetalon, junto à entrada de Emat e Haser-Enã, limitando com Damasco ao norte, bem junto de Emat, desde o extremo oriental até o extremo ocidental:[b] Dã, uma porção. ²Junto ao território de Dã, desde o extremo oriental até o extremo ocidental: Aser, uma porção. ³Junto ao território de Aser, desde o extremo oriental até o extremo ocidental: Neftali, uma porção. ⁴Junto ao território de Neftali, desde o limite oriental até o limite ocidental: Manassés, uma porção. ⁵Junto ao território de Manassés, desde o extremo oriental até o extremo ocidental: Efraim, uma porção. ⁶Junto ao território de Efraim, desde o extremo oriental até o extremo ocidental: Rúben, uma porção. ⁷Junto ao território de Rúben, desde o extremo oriental até o extremo ocidental: Judá, uma porção. ⁸Junto ao território de Judá, desde o extremo oriental até o extremo ocidental, estará a porção que separareis como reserva, tendo vinte e cinco mil côvados de largura e de comprimento, o mesmo que qualquer uma das outras porções, desde o extremo oriental até o extremo ocidental. No meio dela ficará o santuário.

⁹A reserva que separareis para Iahweh terá vinte e cinco mil côvados de comprimento e dez mil de largura. ¹⁰Aos sacerdotes pertencerá a porção sagrada, que medirá vinte e cinco mil côvados de extensão do lado norte, dez mil côvados de largura para o oeste e dez mil de largura para o oriente, e vinte e cinco mil côvados de comprimento do lado sul. No centro ficará o santuário de Iahweh. ¹¹Pertencerá aos sacerdotes consagrados dentre os filhos de Sadoc, os quais guardaram fielmente o meu ministério, não se desviando com os israelitas, como fizeram os levitas. ¹²A eles caberá uma porção da porção reservada mais santa da terra, junto ao território dos levitas. ¹³Quanto aos levitas, o seu território, exatamente como o dos sacerdotes, terá vinte e cinco mil côvados de comprimento e dez mil de largura — comprimento total: vinte e cinco mil côvados; largura: dez mil côvados. ¹⁴Dele nada poderão vender nem permutar, nem as primícias da terra poderão ser transferidas a outrem, porque são consagradas a Iahweh. ¹⁵Quanto à sobra de cinco mil côvados de largura, restante dos vinte e cinco mil, constituirá uma porção profana destinada à cidade, servindo para moradias e pastagens. No centro dela ficará a cidade. ¹⁶Eis as suas dimensões: do lado norte, quatro mil e quinhentos côvados; do lado sul, quatro mil e quinhentos côvados; do lado leste, quatro mil e quinhentos côvados; do lado oeste, quatro mil e quinhentos côvados. ¹⁷O pasto da cidade terá, do lado norte, duzentos e cinquenta côvados, do lado sul,

---

a) É a parte mais utópica do plano de Ezequiel. Ele divide a terra em faixas paralelas que vão da fronteira oriental até o Mediterrâneo, sem levar em conta as realidades geográficas ou demográficas. De acordo com os limites dados à Terra Prometida no cap. 47, as tribos da Transjordânia são reunidas a oeste do Jordão. Há sete tribos ao norte e cinco tribos ao sul do território sagrado, que é a parte de Iahweh e onde se encontra Jerusalém. Esta parte reservada é dividida entre os sacerdotes (com o Templo) e os levitas, e o que sobra é deixado para a cidade e suas pastagens; o território do príncipe estende-se a leste e oeste dessa parte sagrada (vv. 9-22, reutilizados em 45,1-8).

b) Depois de "bem junto de Emat", omite-se "serão dele". — "desde o extremo oriental até o extremo ocidental", grego (cf. vv. 3s); "do lado oriental, o mar", hebr.

duzentos e cinquenta, do lado leste, duzentos e cinquenta e do lado oeste, duzentos e cinquenta. ¹⁸Ao longo da parte consagrada, restará uma extensão de dez mil côvados para o oriente e dez mil para o ocidente, cujo produto servirá para o sustento dos trabalhadores da cidade. ¹⁹Os trabalhadores da cidade, vindos de todas as tribos de Israel, o cultivarão. ²⁰Ao todo, a parte reservada terá vinte e cinco mil por vinte e cinco mil côvados. Da parte sagrada separareis um quadrado que pertencerá à cidade. ²¹O que restar de um lado e do outro da porção sagrada e da propriedade reservada para a cidade, pertencerá ao príncipe, tendo vinte e cinco mil côvados para o oriente,ᵃ até o extremo oriental e vinte e cinco mil para o ocidente, até o extremo ocidental. Esta parte, paralela às demais, pertencerá ao príncipe. No seu centro estará a reserva sagrada e o santuário do Templo. ²²Assim, desde a propriedade dos levitas e desde a propriedade da cidade, que ficam no meio da porção pertencente ao príncipe, entre os limites de Judá e Benjamim estará a porção do príncipe.

²³Quanto às demais tribos, desde o extremo oriental até o extremo ocidental: Benjamim, uma porção. ²⁴Junto ao território de Benjamim, desde o extremo oriental até o extremo ocidental: Simeão, uma porção. ²⁵Junto ao território de Simeão, desde o extremo oriental até o extremo ocidental: Issacar, uma porção. ²⁶Junto ao território de Issacar, desde o extremo oriental até o extremo ocidental: Zabulon, uma porção. ²⁷Junto ao território de Zabulon, desde o extremo oriental até o extremo ocidental: Gad, uma porção. ²⁸Junto ao território de Gad, no extremo sul, a fronteira irá de Tamar às águas de Meriba de Cades, a torrente, até o Grande Mar. ²⁹Esta é a terra que repartireis em herança às tribos de Israel, estas serão as suas porções, oráculo do Senhor Iahweh.

As portas de Jerusalémᵇ — ³⁰Quanto às saídas da cidade, ei-las: do lado norte, medir-se-ão quatro mil e quinhentos côvados. ³¹As portas da cidade terão os nomes das tribos de Israel. Três portas ficarão ao norte: a porta de Rúben, uma; a porta de Judá, uma; a porta de Levi, uma. ³²Do lado leste, a extensão será de quatro mil e quinhentos côvados, tendo três portas: a porta de José, uma; a porta de Benjamim, uma; e a porta de Dã, uma. ³³Do lado sul, medir-se-á a extensão de quatro mil e quinhentos côvados, também com três portas: a porta de Simeão, uma; a porta de Issacar, uma; e a porta de Zabulon, uma. ³⁴Do lado oeste, a extensão será também de quatro mil e quinhentos côvados, igualmente com três portas: a porta de Gad, uma; a porta de Aser, uma; e a porta de Neftali, uma. ³⁵O contorno todo será, pois, de dezoito mil côvados.

E o nome da cidade, a partir deste dia será: "Iahweh está ali".ᶜ

Ap 21,12-13

Is 26 +

---

a) "para o oriente": *qedîmah*, conj.; "adiantamento": *terumah*, hebr.; omitido pelo grego.

b) Os vv. 30-35, que dão sua atenção à cidade e não mais ao Templo, constituem uma adição ao livro.

c) Em hebraico *Yahweh-sham*, palavra cuja assonância talvez lembre a de Jerusalém, mas cujo significado é como que o resumo de toda a obra religiosa e cultual de Ezequiel.

DANIEL

Os jovens hebreus na corte de Nabucodonosor

2Rs 24,1s
2Cr 36,5-7
Gn 10,10

1 ¹No terceiro ano do reinado de Joaquim, rei de Judá, o rei da Babilônia, Nabucodonosor, marchou contra Jerusalém e pôs-lhe cerco. ²O Senhor entregou-lhe nas mãos Joaquim, rei de Judá, assim como boa parte dos utensílios do Templo de Deus. Ele os transportou à terra de Senaar,*ᵃ* depositando esses utensílios na sala do tesouro de seus deuses.

³Depois, o rei ordenou a Asfenez, chefe dos seus eunucos, que escolhesse dentre os israelitas alguns moços, quer de sangue real, quer de famílias nobres, ⁴nos quais não devia haver defeito algum: deviam ter boa aparência, ser instruídos em toda sabedoria, conhecedores da ciência e subtis no entendimento,*ᵇ* tendo também o vigor físico necessário para servirem no palácio do rei. Asfenez

2Rs 25,29-30

lhes ensinaria a escrita e a língua dos caldeus. ⁵O rei lhes destinava uma parte diária das iguarias reais e do vinho de sua mesa. Eles seriam educados durante três anos, depois dos quais deveriam tomar lugar no serviço do rei. ⁶Entre eles encontravam-se Daniel, Ananias, Misael e Azarias, que eram judeus. ⁷O chefe dos eunucos deu-lhes outros nomes: Daniel se chamaria Baltassar; Ananias, Sidrac; Misael, Misac; e Azarias, Abdênago.*ᶜ*

Jt 12,2

⁸Ora, Daniel havia resolvido em seu coração não se contaminar com as iguarias do rei nem com o vinho de sua mesa. Por isso pediu ao chefe dos eunucos para deles se abster.*ᵈ*

Gn 39,4.21
Est 2,9

⁹E Deus permitiu que Daniel alcançasse a benevolência e a simpatia do chefe dos eunucos. ¹⁰Este, porém, disse a Daniel: "Eu temo o rei, meu senhor, que determinou vossa comida e vossa bebida. Se ele vier a notar vossas fisionomias mais abatidas que as dos outros jovens de vossa idade, poreis em perigo minha cabeça diante do rei". ¹¹Então Daniel disse ao despenseiro a quem o chefe dos eunucos havia confiado Daniel, Ananias, Misael e Azarias:

Ap 2,10

¹²"Por favor, põe os teus servos à prova durante dez dias: sejam-nos dados apenas legumes para comer e água para beber. ¹³Comparem-se depois, na tua presença, o nosso aspecto e o dos jovens que comem das iguarias do rei: conforme o que notares, assim procederás com os teus servos". ¹⁴Ele atendeu-os nesse pedido e os submeteu à prova durante dez dias. ¹⁵Depois dos dez dias, o aspecto deles parecia melhor e eles se apresentavam mais bem nutridos que todos os jovens que se alimentavam das iguarias do rei. ¹⁶Desde então, o despenseiro passou a retirar os alimentos e o vinho que lhes eram destinados, fornecendo-lhes só legumes.

Gn 41,12

¹⁷A esses quatro jovens Deus concedeu a ciência e a instrução nos domínios da literatura e da sabedoria. Além disso, Daniel era capaz de interpretar qualquer sonho ou visão. ¹⁸Passado o tempo fixado pelo rei para a sua apresentação, o chefe dos eunucos os introduziu à presença de Nabucodonosor, ¹⁹o qual se entreteve com eles. Entre todos os jovens não houve outros que se comparassem a Daniel, Ananias, Misael e Azarias. Estes, pois, entraram para

1Rs 10,3-4

o serviço do rei. ²⁰Ora, em todas as questões de sabedoria e discernimento

---

a) Depois de "à terra de Senaar" (grego "a Babilônia", cf. Js 7,21), o hebr. acrescenta: "ao templo de seus deuses".

b) Nas cortes orientais educavam-se desde pequenos os que se destinavam à carreira das "letras": escribas, tradutores, cronistas, sábios, adivinhos de toda espécie. Não se tratava de formar pagens.

c) O copista provavelmente deformou de propósito o nome pagão de Abdênago, "servidor de Nabu". Nabu é o mesmo deus babilônico recordado no nome real de Nabucodonosor. Cf. idêntico tratamento do nome de Baal em prenomes tais como Isbaal e Meribaal, deformados em Isboset e Mefiboset (2Sm 2,8; 4,4).

d) Nos tempos da helenização forçada, sob Antíoco Epífanes, a infração das proibições alimentares constantes na Lei era equivalente à apostasia (cf. 2Mc 6,18-7,42).

sobre as quais os consultava, o rei os achava dez vezes superiores a todos os magos e adivinhos do seu reino inteiro. ²¹Daniel permaneceu assim até o primeiro ano do rei Ciro.

O sonho de Nabucodonosor: a estátua compósita

2 *O rei interroga seus adivinhos* — ¹No segundo ano do seu reinado, Nabucodonosor teve sonhos que lhe perturbaram o espírito.ª E isso a tal ponto que o sono o abandonou. ²O rei ordenou que convocassem os magos e adivinhos, os encantadores e os caldeus,ᵇ a fim de que interpretassem os seus sonhos. Eles vieram, pois, e se apresentaram diante do rei. ³O rei lhes disse: "Eu tive um sonho, e o meu espírito está ansioso por compreender-lhe o significado". ⁴Os caldeus responderam ao rei (em aramaico):

"Ó rei, vive para sempre!ᶜ Narra o sonho a teus servos e nós te daremos a interpretação". ⁵Retrucou o rei e disse aos caldeus: "Seja-vos conhecida a minha decisão: Se não me fizerdes conhecer o sonho, bem como a sua interpretação, sereis feitos em pedaços e vossas casas ficarão reduzidas a um amontoado de escombros. ⁶Ao contrário, se me descobrirdes o sonho e a sua interpretação, recebereis de mim presentes, gratificações e grandes honras. Portanto, relatai-me o sonho, com a sua interpretação". ⁷Eles tornaram a dizer: "Queira o rei contar o sonho a seus servos, e nós lhe daremos a interpretação". ⁸Mas o rei insistiu: "Vejo bem que procurais ganhar tempo, sabendo que minha palavra está dada. ⁹Se não me dais a conhecer o sonho, uma só sentença vos espera. Estais, pois, combinados para inventar explicações falsas e funestas diante de mim, enquanto o tempo vai passando. Portanto, relatai-me o sonho, e saberei que podeis dar-me também a sua interpretação". ¹⁰Os caldeus responderam ao rei: "Não há homem algum sobre a terra que possa descobrir o segredo do rei. Por isso mesmo, jamais nenhum rei, governador ou chefe propôs tal problema a um mago, adivinho ou caldeu. ¹¹O problema que o rei propõe é difícil e ninguém pode resolvê-lo diante do rei senão os deuses, cuja morada não se encontra entre os seres de carne". ¹²A essas palavras encolerizou-se o rei furiosamente e mandou trucidar todos os sábios de Babilônia. ¹³Promulgado o decreto da execução dos sábios, procuraram também Daniel e seus companheiros, a fim de executá-los.

Intervenção de Daniel — ¹⁴Mas Daniel dirigiu-se com palavras prudentes e sábias a Arioc, chefe da guarda real, que havia saído para executar os sábios da Babilônia. ¹⁵Assim falou ele a Arioc, oficial do rei: "Por que motivo promulgou o rei uma sentença tão premente?" Arioc explicou o caso a Daniel, ¹⁶o qual foi logo ter com o rei para pedir-lhe um prazo: ele mesmo daria ao rei a interpretação. ¹⁷Daniel voltou para sua casa e comunicou o fato a Ananias, Misael e Azarias, seus companheiros, ¹⁸pedindo-lhes que implorassem a misericórdia do Deus do céuᵈ sobre esse mistério,ᵉ a fim de que Daniel e seus companheiros

---

a) Os sonhos sobrenaturais se prestam às comunicações de Deus com o homem (cf. os caps. 4 e 7). Comparar com os sonhos de Abraão (Gn 15,12), Abimelec (Gn 20,3), Jacó (Gn 28,10-22 etc. Mas cf. Gn 37,5+ e Mt 1,20+).
b) O termo "caldeu" aqui designa todo aquele que pratica a arte da adivinhação, supostamente originária da Caldeia. Os diversos termos empregados na enumeração de 1,20; 2,2.10.27; 4,4; 5,7.11.15 não têm, aliás, significado técnico preciso.
c) Fórmula de saudação frequente nos textos acádicos e mantida na corte da Pérsia até a época islâmica.
d) Expressão que geralmente designa o Deus dos judeus em ambiente não judaico (cf. 2,37.44; Jt 5,8; Esd 5,11; 6,9.10 etc; Ne 1,4; 2,4.20; Tb 7,12). Ver também a expressão "Senhor do céu" em 5,23 e Tb 7,11; e "Rei do céu" em 4,34; e o "grande Deus" em 2,45; Esd 5,8.
e) Raz: vocábulo de origem persa, encontrado na Bíblia só em Dn, mas empregado também nos textos de Qumrã. Designa antes de tudo o "segredo", o "enigma",

não perecessem junto com os outros sábios da Babilônia. ¹⁹Então foi revelado a Daniel, numa visão noturna, o mistério. E Daniel bendisse^a o Deus do céu, ²⁰tomando a palavra nestes termos:

Sl 41,14
Ne 9,5
Jó 12,13
Ap 5,12

"Que o nome de Deus seja bendito
de eternidade em eternidade,
pois são dele a sabedoria e a força.

Ap 1,7+
Rm 13,1
Pr 2,6+

²¹É ele quem muda tempos e estações,
quem depõe reis e entroniza reis,
quem dá aos sábios a sabedoria
e a ciência aos que sabem discernir.

Jó 12,22
Sl 139,11s

²²Ele revela as profundezas e os segredos,
ele conhece o que está nas trevas
e junto dele habita a luz.^b

²³A ti, Deus de meus pais, dou graças e te louvo
por me teres concedido a sabedoria e a força:
tu me fazes conhecer agora o que de ti havíamos implorado,
e o enigma do rei no-lo dás a conhecer".

²⁴A seguir, foi Daniel ter com Arioc a quem o rei havia incumbido de executar os sábios da Babilônia. E falou-lhe assim: "Não mandes matar os sábios da Babilônia. Faze-me comparecer diante do rei e eu darei ao rei a interpretação". ²⁵Arioc apressou-se a fazer Daniel comparecer diante do rei, ao qual disse: "Encontrei, entre os deportados de Judá, um homem que dará ao rei a interpretação desejada". ²⁶Dirigiu-se o rei a Daniel (que tinha o nome de Baltassar): "És realmente capaz de dar-me a conhecer o sonho que tive e a sua interpretação?" ²⁷Em resposta, diante do rei, Daniel falou: "O mistério que o rei procura desvendar, nem os sábios nem os adivinhos nem os magos nem os astrólogos podem dá-lo a conhecer ao rei. ²⁸Mas há um Deus no céu que revela os mistérios, e que dá a conhecer ao rei Nabucodonosor o que deve acontecer no fim dos dias. Teu sonho, e as visões da tua mente sobre o teu leito, ei-los aqui:^c

1Cor 2,10-11
Ap 1,1.19;
4,1

²⁹Enquanto estavas sobre o teu leito, ó rei, acorriam-te os pensamentos sobre o que deveria acontecer no futuro, e aquele que revela os mistérios te deu a conhecer o que deve acontecer. ³⁰Quanto a mim, este mistério me foi desvendado, não porque eu tenha mais sabedoria que os outros viventes, mas para se manifestar ao rei a sua interpretação, a fim de que possas conhecer os pensamentos do teu coração.

³¹Tiveste, ó rei, uma visão. Era uma estátua. Enorme, extremamente brilhante, a estátua erguia-se diante de ti, de aspecto terrível. ³²A cabeça da estátua era de ouro fino; de prata eram seu peito e os braços; o ventre e as coxas eram de bronze; ³³as pernas eram de ferro; e os pés, parte de ferro e parte de argila.

---

mas parece já antecipar o sentido tão rico do grego *mystérion* em s. Paulo (cf. Rm 16,25+).
a) A "bênção" judaica se compõe de invocação a Deus ou ao seu Nome, seguida de comemoração dos seus benefícios. Na liturgia termina-se pela repetição da invocação à qual se acrescenta, de forma abreviada, a menção do benefício particular.
b) O AT fala de Deus cercado de luz (Ex 24,17; Ez 1,27; Hab 3,4), ele mesmo sendo luz (Is 60,19-20; Sb 7,26), como o fará, ainda mais explicitamente, o NT. (Ver, p. ex., 1Jo 1,5-7; 1Tm 6,16; Tg 1,17 e, ainda, Jo 8,12+). Antigos comentadores judeus invocam este versículo para deduzir que um dos nomes do Messias é "Luz".
c) É o anúncio da primeira das alegorias de Dn, que descrevem misteriosamente a sucessão dos grandes impérios históricos (neobabilônios, medos e persas, e gregos, herdeiros do império asiático de Alexandre), aqui representados por metais de valor decrescente, segundo as antigas especulações sobre as idades do mundo. Em último lugar aparece o reino messiânico. Todos os impérios terrestres desmoronarão para dar lugar a um reino novo, eterno, porque estabelecido em Deus: é o Reino dos Céus, do qual fala Mt 4,17+. Jesus, que designará a si mesmo como o Filho do Homem (cf. Dn 7,13+ e Mt 8,20+), aplicará também a si (cf. Mt 21,42-44; Lc 20,17-18) a imagem da pedra angular, antes rejeitada, do Sl 118,22, e da pedra basilar de Is 28,16, com clara alusão à pedra destacada da rocha, a qual esmaga aquele sobre quem ela cair (cf. os vv. 34 e 44-45).

³⁴Estavas olhando, quando uma pedra, sem intervenção de mão alguma,*ᵃ* destacou-se e veio bater na estátua, nos pés de ferro e de argila, e os triturou. ³⁵Então se pulverizaram ao mesmo tempo o ferro e a argila, o bronze, a prata e o ouro, tornando-se iguais à palha miúda na eira de verão: o vento os levou sem deixarem traço algum. E a pedra que havia atingido a estátua tornou-se uma grande montanha, que ocupou a terra inteira. ³⁶Tal foi o sonho. E agora exporemos a sua interpretação, diante do rei. ³⁷Tu, ó rei, rei dos reis, a quem o Deus do céu concedeu o reino, o poder, a força e a honra;*ᵇ* ³⁸em cujas mãos ele entregou, onde quer que habitem, os filhos dos homens, os animais do campo e as aves do céu, fazendo-te soberano deles todos, és tu que és a cabeça de ouro. ³⁹Depois de ti se levantará outro reino, inferior ao teu, e depois ainda um terceiro reino, de bronze, que dominará a terra inteira. ⁴⁰Haverá ainda um quarto reino, forte como o ferro, como o ferro que reduz tudo a pó e tudo esmaga; como o ferro que tritura, este reduzirá a pó e triturará todos aqueles. ⁴¹Os pés*ᶜ* que viste, parte de argila de oleiro e parte de ferro, designam um reino que será dividido: haverá nele parte da solidez do ferro, uma vez que viste ferro misturado à argila de oleiro. ⁴²Como os pés são parcialmente de ferro e parcialmente de argila de oleiro, assim esse reino será parcialmente forte e, também, parcialmente fraco. ⁴³O fato de teres visto ferro misturado à argila de oleiro indica que eles se misturarão por casamentos,*ᵈ* mas não se fundirão um com o outro, da mesma forma que o ferro não se funde com a argila. ⁴⁴No tempo desses reis o Deus do céu suscitará um reino que jamais será destruído, um reino que jamais passará a outro povo. Esmagará e aniquilará todos os outros reinos, enquanto ele mesmo subsistirá para sempre. ⁴⁵Foi o que pudeste ver na pedra que se destacou da montanha, sem que mão alguma a tivesse tocado, e reduziu a pó o ferro, o bronze, a argila, a prata e o ouro. O grande Deus manifestou ao rei o que deve acontecer depois disso. O sonho é verdadeiramente este, e digna de fé é a sua interpretação".

Profissão de fé do rei — ⁴⁶Então o rei Nabucodonosor prostrou-se com o rosto por terra e inclinou-se diante de Daniel. Ordenou que lhe oferecessem oblação e sacrifício de agradável odor. ⁴⁷A seguir dirigiu-se o rei a Daniel, dizendo-lhe: "Em verdade o vosso Deus é o Deus dos deuses e o senhor dos reis e o revelador dos mistérios, pois tu pudeste revelar este mistério". ⁴⁸E o rei exaltou em dignidade a Daniel e o distinguiu com muitos e magníficos presentes, constituindo-o também governador de toda a província da Babilônia, além de chefe supremo de todos os sábios da Babilônia. ⁴⁹Daniel pediu então que o rei designasse Sidrac, Misac e Abdênago para a administração dos negócios da província da Babilônia. Entretanto ele mesmo, Daniel, permaneceria na corte do rei.

Adoração da estátua de ouro

3 ***Nabucodonosor levanta uma estátua de ouro*** — ¹O rei Nabucodonosor mandou fazer uma estátua de ouro*ᵉ* com a altura de sessenta côvados e a largura de seis, e levantou-a na planície de Dura, na província da Babilônia. ²A seguir o rei Nabucodonosor ordenou aos sátrapas, magistrados, governa-

---

a) Lit.: "sem as mãos" (cf. Is 31,8).
b) O poder de Nabucodonosor vem-lhe de Deus, e não do seu pretenso caráter divino (cf. c. 3; também Jt 3,8; 6,2; 11,7).
c) Aram. acrescenta: "e os dedos". Da mesma forma no v. seguinte, em vez de "os dedos dos pés" leremos "os pés".
d) Lit.: "por semente de homens". Alusão provável aos casamentos entre Selêucidas e Ptolomeus, que praticamente não conseguiram consolidar a unidade entre os sucessores de Alexandre.
e) LXX e Teod. acrescentam: "em seu décimo oitavo ano". E ainda LXX: "depois de ter submetido cidades,

dores, conselheiros, tesoureiros, juízes e juristas, e a todas as autoridades da província, que se reunissem e estivessem presentes à cerimônia de inauguração da estátua erigida pelo rei Nabucodonosor. ³Então reuniram-se os sátrapas, magistrados, governadores, conselheiros, tesoureiros, juízes e juristas, e todas as autoridades da província, para a inauguração da estátua que o rei Nabucodonosor havia levantado, e permaneceram de pé diante da estátua erigida pelo rei Nabucodonosor. ⁴O arauto proclamava em alta voz: "Povos, nações e línguas, eis a ordem que vos é dada: ⁵no instante em que ouvirdes soar a trombeta, a flauta, a cítara, a sambuca, o saltério, a cornamusa e toda espécie de instrumentos musicais,ᵃ devereis prostrar-vos para adorar a estátua de ouro erigida pelo rei Nabucodonosor. ⁶Aquele que não se prostrar e não adorar será imediatamente atirado à fornalha acesa!" ⁷Assim, no momento em que todos os povos ouviram o som da trombeta, da flauta, da cítara, da sambuca, do saltério, da cornamusa e de toda espécie de instrumentos musicais, prostraram-se todos os povos, nações e línguas, adorando a estátua de ouro levantada pelo rei Nabucodonosor.

Denúncia e condenação dos judeus — ⁸Entretanto, alguns caldeus se aproximaram para denunciar os judeus. ⁹E, pedindo a palavra, disseram ao rei Nabucodonosor: "Ó rei, vive para sempre! ¹⁰Tu, ó rei, promulgaste um decreto pelo qual todo homem que ouvisse o som da trombeta, da flauta, da cítara, da sambuca, do saltério, da cornamusa e de toda espécie de instrumentos musicais devia prostrar-se e prestar culto de adoração à estátua de ouro, ¹¹e todos os que não se prostrassem e se recusassem a adorar seriam precipitados na fornalha acesa. ¹²Ora, aí estão alguns judeus, a quem confiaste a administração da província da Babilônia, a saber, Sidrac, Misac e Abdênago. Esses homens não tomaram conhecimento do teu decreto, ó rei: não servem a teu deus e não adoram a estátua de ouro que levantaste". ¹³Então, ardendo em cólera, Nabucodonosor ordenou que lhe trouxessem à presença Sidrac, Misac e Abdênago. Conduzidos esses homens imediatamente perante o rei, ¹⁴disse-lhes Nabucodonosor: "É verdade, ó Sidrac, Misac e Abdênago, que não servis a meus deuses e não rendeis adoração à estátua de ouro que eu erigi? ¹⁵Pois bem. Estais prontos, ao ouvirdes o som da trombeta, da flauta, da cítara, da sambuca, do saltério, da cornamusa e de toda espécie de instrumentos de música, a vos prostrar e a prestar culto de adoração à estátua que fiz? Se não a adorardes, sereis imediatamente precipitados na fornalha acesa. E qual é o deus que poderia livrar-vos das minhas mãos?" ¹⁶Em resposta, disseram Sidrac, Misac e Abdênago ao rei Nabucodonosor: "Não há necessidade alguma de replicar-te neste assunto. ¹⁷Se assim for, o nosso Deus, a quem servimos, tem o poder de nos livrar da fornalha acesa e nos livrará também, ó rei, da tua mão. ¹⁸Mas se ele não o fizer, fica sabendo, ó rei, que não serviremos o teu deus, nem adoraremos a estátua de ouro que levantaste". ¹⁹Então Nabucodonosor encheu-se de cólera, e a expressão do seu rosto alterou-se contra Sidrac, Misac e Abdênago. E, tomando a palavra, deu ordem para que se aquecesse a fornalha sete vezes mais que de costume. ²⁰Depois ordenou aos homens mais fortes do seu exército que amarrassem Sidrac, Misac e Abdênago e os precipitassem na fornalha acesa. ²¹Eles foram, pois, amarrados com suas túnicas, seus calções, seus barretes e suas outras vestes, e arremessados à fornalha acesa. ²²Entretanto, porque a ordem do rei era peremptória e a fornalha estava excessivamente acesa, os homens que

---

províncias e todos os habitantes da terra, da Índia à Etiópia" (cf. Est 1,1; 8,9).

a) A sambuca era pequena harpa triangular com quatro cordas; o saltério, uma espécie de cítara; e a cornamusa, gaita de foles.

nela arremessaram Sidrac, Misac e Abdênago foram mortalmente atingidos pelas chamas. ²³Quanto aos três homens, Sidrac, Misac e Abdênago, caíram amarrados no meio da fornalha acesa.

Cântico de Azarias na fornalhaᵃ — ²⁴Mas começaram a andar no meio das chamas, louvando a Deus e bendizendo o Senhor. ²⁵Azarias, em pé, orava assim, abrindo a boca em meio ao fogo, nestes termos:

²⁶ – "*Bendito és tu, Senhor, Deus dos nossos pais, tu és digno de louvor
e o teu nome é glorificado eternamente.*
²⁷ *Porque és justo em tudo o que nos fizeste
e todas as tuas obras são verdadeiras,
retos os teus caminhos
e verdade todos os teus julgamentos.*
²⁸ *Tomaste decisões conforme a verdade
em todas as coisas que fizeste cair sobre nós
e sobre a cidade santa de nossos pais, Jerusalém.
Pois é segundo a verdade e o direito
que nos fizeste sobrevir todas estas coisas,
por causa dos nossos pecados.*
²⁹ *Sim, nós pecamos, cometendo a iniquidade ao afastar-nos de ti;
sim, pecamos gravemente em tudo.
Não obedecemos aos teus mandamentos*
³⁰ *nem os observamos,
nem agimos segundo o que nos ordenavas
para que tudo nos corresse bem.*
³¹ *Por isso, tudo o que nos fizeste sobrevir,
tudo o que tu mesmo nos fizeste,
foi num julgamento verdadeiro que o fizeste.*
³² *Entregaste-nos às mãos de nossos inimigos,
gente sem lei, os piores dos ímpios,
e a um rei injusto, o mais malvado sobre toda a terra.*
³³ *E agora, não podemos sequer abrir a boca:
a vergonha e o opróbrio caíram sobre os teus servos e os que te adoram.*
³⁴ *Oh, não nos entregues para sempre, por causa do teu nome,
não repudies a tua aliança;*
³⁵ *não retires de nós a tua misericórdia por amor de Abraão, teu amigo,ᵇ
e de Isaac, teu servo,
e de Israel, teu santo,*
³⁶ *aos quais falaste, prometendo-lhes
que a sua descendência seria tão numerosa
como as estrelas do céu
e como a areia que se encontra à beira do mar.*
³⁷ *No entanto, ó Senhor,
fomos reduzidos a bem pouco entre todos os povos,
e encontramo-nos hoje humilhados em toda a terra
por causa dos nossos pecados.*
³⁸ *Não há mais, nestas circunstâncias,
nem chefe, nem profeta, nem príncipe,
nem holocausto, nem sacrifício, nem oblação, nem incenso,
nem lugar onde oferecermos as primícias diante de ti*

---

a) A longa adição que segue, vv. 24-90 (em itálico), conservada somente nas traduções grega e siríaca, teve certamente original hebraico ou aramaico. Seguimos Teodocião. A LXX apresenta algumas variantes ou inversões. O v. 24 do aramaico coincide com o v. 91 do grego.
b) É o mais belo título de Abraão, conservado ainda hoje nas tradições árabe e muçulmana.

³⁹ *para encontrarmos misericórdia.*
Contudo, com a alma quebrantada e o espírito humilhado
possamos encontrar acolhida,
⁴⁰ *tal como se viéssemos com holocaustos de carneiros e de touros,*
e com miríadas de cordeiros gordos.
Tal se torne o nosso sacrifício hoje diante de ti,
e se complete junto a ti,
porque não serão confundidos os que confiam em ti.
⁴¹ *E agora, é de todo o coração que vamos seguir-te,*
vamos temer-te e procurar a tua face.
⁴² *Não nos cubras de confusão,*
mas age conosco segundo a tua benignidade
e segundo a abundância da tua misericórdia.
⁴³ *Livra-nos segundo as tuas maravilhas*
e dá glória ao teu nome, ó Senhor!
⁴⁴ *Sejam, ao contrário, confundidos*
os que demonstram maldade contra os teus servos;
que eles sejam recobertos de vergonha,
privados de todo o seu poder,
e quebrantada a sua força.
⁴⁵ *Saibam, assim, que tu, Senhor, és o único Deus,*
glorioso sobre toda a terra".

⁴⁶Entretanto, os servos do rei que os haviam atirado na fornalha não cessavam de alimentar o fogo com nafta, pez, estopa e lenha miúda. ⁴⁷Tanto assim que a chama projetou-se para o alto até quarenta e nove côvados acima da fornalha ⁴⁸e, estendendo-se, atingiu a quantos dentre os caldeus se encontravam perto da fornalha. ⁴⁹Quanto a Azarias e seus companheiros, o Anjo do Senhor desceu para junto deles na fornalha e expeliu para fora a chama do fogo, ⁵⁰fazendo soprar, no meio da fornalha, um como vento de orvalho refrescante. E assim o fogo não os tocou de modo algum, nem os afligiu, nem lhes causou qualquer incômodo.

Cântico dos três jovens — ⁵¹Então todos os três, a uma só voz, puseram-se a cantar, glorificar e bendizer a Deus no meio da fornalha, dizendo:

⁵² "Bendito és tu Senhor, Deus de nossos pais,
digno de louvor e exaltado para sempre.
Bendito é o nome santo de tua glória,
digno de louvor e exaltado para sempre.
⁵³ *Bendito és tu no templo de tua glória santa,*
cantado e sumamente glorificado para sempre.
⁵⁴ *Bendito és tu sobre o trono do teu reino,*
cantado acima de tudo e glorificado para sempre.
⁵⁵ *Bendito és tu, que sondas os abismos, sentado sobre os querubins,^a*
digno de louvor e cantado acima de tudo para sempre.
⁵⁶ *Bendito és tu no firmamento do céu,*
cantado e glorificado para sempre.

⁵⁷ *Vós todas, obras do Senhor, bendizei o Senhor:*
cantai-o e exaltai-o para sempre!
⁵⁸ *Anjos do Senhor, bendizei o Senhor:*
cantai-o e exaltai-o para sempre!

---

a) Maneira de invocar Iahweh diante da Arca da Aliança (cf. 1Sm 4,4). Sobre os querubins do Templo de Jerusalém cf. Ex 25,18+; 1Rs 6,22-28; 2Cr 3,10-13.

⁵⁹ *Ó céus, bendizei o Senhor:*
   cantai-o e exaltai-o para sempre!   Sl 148,4
⁶⁰ *E vós, todas as águas acima dos céus, bendizei o Senhor:*
   cantai-o e exaltai-o para sempre!
⁶¹ *Vós, todas as potências, bendizei o Senhor:*   Sl 103,21
   cantai-o e exaltai-o para sempre!
⁶² *Sol e lua, bendizei o Senhor:*   Sl 148,3
   cantai-o e exaltai-o para sempre!
⁶³ *Estrelas do céu, bendizei o Senhor:*
   cantai-o e exaltai-o para sempre!
⁶⁴ *Todas as chuvas e orvalhos, bendizei o Senhor:*
   cantai-o e exaltai-o para sempre!
⁶⁵ *Todos os ventos, bendizei o Senhor:*   Sl 148,8
   cantai-o e exaltai-o para sempre!
⁶⁶ *Fogo e calor, bendizei o Senhor:*
   cantai-o e exaltai-o para sempre!
⁶⁷ᵃ *Frio e ardor, bendizei o Senhor:*
   cantai-o e exaltai-o para sempre!
⁶⁸ *Orvalhos e aguaceiros, bendizei o Senhor:*
   cantai-o e exaltai-o para sempre!
⁶⁹ *Gelo e frio, bendizei o Senhor:*
   cantai-o e exaltai-o para sempre!
⁷⁰ *Geadas e neves, bendizei o Senhor:*
   cantai-o e exaltai-o para sempre!
⁷¹ *Noites e dias, bendizei o Senhor:*
   cantai-o e exaltai-o para sempre!
⁷² *Luz e trevas, bendizei o Senhor:*
   cantai-o e exaltai-o para sempre!
⁷³ *Relâmpagos e nuvens, bendizei o Senhor:*
   cantai-o e exaltai-o para sempre!
⁷⁴ *Que a terra bendiga o Senhor:*
   que ela o cante e o exalte para sempre!
⁷⁵ *E vós, montanhas e colinas, bendizei o Senhor:*   Sl 148,9
   cantai-o e exaltai-o para sempre!
⁷⁶ *Tudo o que germina sobre a terra, bendizei o Senhor:*
   cantai-o e exaltai-o para sempre!
⁷⁷ *Vós, ó fontes, bendizei o Senhor:*
   cantai-o e exaltai-o para sempre!
⁷⁸ *Mares e rios, bendizei o Senhor:*
   cantai-o e exaltai-o para sempre!
⁷⁹ *Grandes peixes e tudo o que se move nas águas, bendizei o Senhor:*
   cantai-o e exaltai-o para sempre!
⁸⁰ *Vós, todos os pássaros do céu, bendizei o Senhor:*
   cantai-o e exaltai-o para sempre!
⁸¹ *Todos os animais, selvagens e domésticos, bendizei o Senhor:*   Sl 148,10
   cantai-o e exaltai-o para sempre!
⁸² *E vós, ó filhos dos homens, bendizei o Senhor:*
   cantai-o e exaltai-o para sempre!
⁸³ *Tu, Israel, bendize o Senhor:*   Sl 135,19
   canta-o e exalta-o para sempre!
⁸⁴ *Vós, sacerdotes, bendizei o Senhor:*
   cantai-o e exaltai-o para sempre!

---

a) Os vv. 67-68 encontram-se apenas na LXX e em um só ms de Teod.

Sl 134,1 ⁸⁵*Vós, servos do Senhor, bendizei o Senhor:*
cantai-o e exaltai-o para sempre!
⁸⁶*Vós, espíritos e almas dos justos, bendizei o Senhor:*
cantai-o e exaltai-o para sempre!
Sf 2,3+ ⁸⁷*Vós, santos e humildes de coração, bendizei o Senhor:*
cantai-o e exaltai-o para sempre!
⁸⁸*Ananias, Azarias e Misael, bendizei o Senhor:*
cantai-o e exaltai-o para sempre!
Porque ele nos livrou do Abismo
e nos salvou da mão da morte,
libertou-nos da chama da fornalha ardente
e retirou-nos do meio do fogo.
Sl 106,1; ⁸⁹*Dai graças ao Senhor, porque ele é bom,*
136,1-2 *porque o seu amor é para sempre.*
⁹⁰*E vós todos que o temeis, bendizei o Senhor, Deus dos deuses:*
cantai-o e dai-lhe graças,
porque o seu amor é para sempre".

91 **Reconhecimento do milagre** — ²⁴Então o rei Nabucodonosor ficou perturbado e levantou-se às pressas. E, tomando a palavra, perguntou a seus conselheiros: "Não foram três os homens que atiramos ao meio do fogo, amarrados?"
92 Em resposta, disseram ao rei: "Certamente, ó rei". ²⁵E ele prosseguiu: "Mas estou vendo quatro homens sem amarras, os quais passeiam no meio do fogo sem sofrerem dano algum, e o quarto deles tem o aspecto de um filho dos
93 deuses".*ᵃ* ²⁶A seguir, Nabucodonosor aproximou-se da abertura da fornalha acesa. E, tomando a palavra, clamou: "Sidrac, Misac e Abdênago, servos do Deus Altíssimo,*ᵇ* saí para fora e vinde!" Então Sidrac, Misac e Abdênago
94 saíram do meio do fogo. ²⁷Os sátrapas, os magistrados, os governadores e os conselheiros do rei acorreram logo para ver esses homens: o fogo não tinha exercido poder algum sobre seus corpos, os cabelos de sua cabeça não tinham sido consumidos, seus mantos não tinham sido alterados, e nenhum odor de
95 fogo se apegara a eles. ²⁸Exclamou então Nabucodonosor: "Bendito seja o Deus de Sidrac, Misac e Abdênago, que enviou o seu anjo e libertou os seus servos, os quais, confiando nele, desobedeceram à ordem do rei e preferiram expor os seus corpos*ᶜ* a servir ou a adorar qualquer outro deus senão o seu
6,27 Deus. ²⁹Eis, pois, o decreto que eu promulgo: Todo aquele que falar com irreverência contra o Deus de Sidrac, Misac e Abdênago, pertença ele a que povo, nação ou língua pertencer, seja feito em pedaços e sua casa seja reduzida a escombros, pois não há outro deus que possa libertar dessa maneira!"
97 ³⁰Então o rei constituiu em novas dignidades Sidrac, Misac e Abdênago na província da Babilônia.

O sonho premonitório e a loucura de Nabucodonosor

98 ³¹O rei Nabucodonosor, a todos os povos, nações e línguas que habi-
99 tam sobre toda a terra: Que vossa paz se multiplique! ³²Pareceu-me bem tornar-vos conhecidos os sinais e maravilhas que fez, em meu favor, o Deus Altíssimo:

---

a) Trata-se de um anjo protetor (cf. v. 28 [95]).
b) A expressão encontra-se nos salmos. Em outras passagens, ela é sempre posta na boca de um não judeu, p. ex., Gn 14,18; Nm 24,16; Is 14,14.

c) Teod. acrescenta: "ao fogo", leitura que inspirou são Paulo na 1Cor 13,3.

³³ Quão grandiosos seus sinais!
Quão portentosas suas maravilhas!
Seu reino é reino eterno
e seu domínio vai de geração em geração!

100
2,44; 4,31

4 *Nabucodonosor relata seu sonho* — ¹Eu, Nabucodonosor,ᵃ estava tranquilo em minha casa, vivendo prosperamente em meu palácio. ²Tive, porém, um sonho que me aterrou. E as angústias, sobre o meu leito, e as visões de minha cabeça me atormentaram. ³Por isso decretei que trouxessem à minha presença todos os sábios da Babilônia, a fim de que me dessem a conhecer a interpretação do sonho. ⁴Acorreram magos, adivinhos, caldeus e astrólogos: eu lhes contei meu sonho, mas eles não me deram a interpretação. ⁵Apresentou-se então diante de mim Daniel, cognominado Baltassar, segundo o nome do meu deus,ᵇ em quem está o espírito dos deuses santos.ᶜ A ele narrei meu sonho:

5,11.14;
13,45

⁶"Baltassar, chefe dos magos, eu sei que em ti reside o espírito dos deuses santos e que nenhum segredo é embaraçoso para ti. Eis,ᵈ pois, o sonho que tive: dá-me a interpretação. ⁷Sobre o meu leito, ao contemplar as visões da minha cabeça, eu vi:

Ex 31,3-14

Havia uma árvoreᵉ
no centro da terra,
e sua altura era enorme.
⁸ A árvore cresceu e tornou-se forte,
sua altura atingiu o próprio céu
e sua vista abrangeu os confins da terra inteira.
⁹ Sua folhagem era bela, e abundante o seu fruto.
Nela cada um encontrava alimento:
ela dava sombra aos animais dos campos,
nos seus ramos se aninhavam os pássaros do céu
e dela se alimentava toda carne.
¹⁰ Eu continuava a contemplar as visões da minha cabeça, sobre o meu leito,
quando vi um Vigilante,ᶠ um santo que descia do céu
¹¹ e que bradava com voz possante:
'Derrubai a árvore, cortai seus ramos,
arrancai suas folhas, jogai fora seus frutos,
fujam os animais do seu abrigo
e os pássaros deixem seus ramos.
¹² Mas fiquem na terra o toco e as raízes,
com cadeias de ferro e de bronze
por entre a relva dos campos.
Seja ela banhada pelo orvalho do céu
e que a erva da terra seja sua parte com os animais do campo.

Ez 17,23
↗ Mt 13,31-32

---

a) O grego determina: "No décimo oitavo ano do seu reinado, Nabucodonosor falou". — Apesar das omissões, este cap. é, na LXX, *mais longo que o texto massorético em cerca de um quarto da sua extensão*.
b) O nome do deus Bel, como em Baltazar (cf. 5,1+).
c) Isto é, a inspiração divina que, p. ex., o Faraó discerne em José, por causa da sabedoria dos seus conselhos (Gn 41,38; cf. Is 11,2+; 63,10-11+). — Não é preciso corrigir o plural do aram. para o singular, como o faz Teod.: Nabucodonosor fala ainda como pagão, o que não ocorre em 4,34. Ver também as palavras de Baltazar em 5,11.14.
d) "Eis": *hazi*, conj.; "as visões (do meu sonho)": *hezwê*, aram.
e) Para o simbolismo da árvore, que representa o poder crescente de uma nação, comparar com Ez 17,1-10 e 22-24 e sobretudo 31,3-14, bem como com Is 10,33-11,1.
f) Isto é, um anjo, sempre em vigília para o serviço de Deus. Comparar com as rodas "cheias de olhos (ou de 'reflexos') ao redor", Ez 1,18; e o título de "olhos do Senhor" dado aos anjos em Zc 4,10b. O termo "Vigilante", exclusivo de Dn na Bíblia, é bastante frequente nos apócrifos, notadamente no *Livro de Henoc*, nos *Jubileus* e nos *Testamentos dos Patriarcas*, bem como no "Documento de Damasco": ele designa os arcanjos, e muitas vezes os arcanjos decaídos. Na tradição posterior, os Vigilantes são os anjos da guarda.

¹³Seu coração se afastará dos homens,ª
coração de fera ser-lhe-á dado
e sete tempos*b* passarão sobre ela!

¹⁴Eis a sentença que pronunciam os Vigilantes,
a questão decidida pelos santos,*c*
a fim de que todo ser vivo saiba
que o Altíssimo é quem domina sobre o reino dos homens:
ele o concede a quem lhe apraz
e pode a ele exaltar o mais humilde entre os homens!'

¹⁵Tal é o sonho que eu, o rei Nabucodonosor, tive. Tu, Baltassar, dá-me agora a sua interpretação. Pois nenhum dos sábios do meu reino foi capaz de me fazer conhecer a interpretação; mas tu bem o podes, pois em ti se encontra o espírito dos deuses santos".

Daniel interpreta o sonho — ¹⁶Então Daniel, cognominado Baltassar, ficou desconcertado por alguns instantes e seus pensamentos o perturbaram. O rei, tomando a palavra, falou-lhe: "Baltassar, não te perturbe o sonho nem a interpretação!" Baltassar, porém, respondeu-lhe: "Meu senhor, que este sonho seja para os que te odeiam e a interpretação para os teus adversários! ¹⁷Esta árvore que viste, grande e vigorosa, cuja altura chegava até o céu e cuja vista abrangia a terra inteira, ¹⁸com uma bela folhagem e frutos abundantes, e com alimento para todos, sob a qual se acolhiam os animais do campo e em cujos ramos se aninhavam as aves do céu, ¹⁹esta árvore és tu, ó rei, que te tornaste grande e poderoso, e cuja grandeza cresceu até chegar ao céu, estendendo-se teu império até os confins da terra.

²⁰Quanto ao fato de o rei ter visto um Vigilante, um santo, descido do céu, que dizia: 'Derrubai a árvore e destroçai-a, mas deixai o toco e as raízes na terra, com cadeias de ferro e de bronze por entre a relva dos campos, e que ela seja banhada, pelo orvalho do céu, e sua parte seja a dos animais dos campos até que passem sete tempos sobre ela' ²¹ — eis aqui a interpretação, ó rei, eis o decreto do Altíssimo que se refere ao rei, meu senhor:

²²Tu serás expulso de entre os homens,
e com os animais dos campos
será a tua morada.
Hás de alimentar-te de erva como os bois
e serás banhado pelo orvalho do céu.
Passarão, enfim, sete tempos sobre ti,
até que tenhas aprendido
que o Altíssimo domina sobre o reino dos homens
e ele o dá a quem lhe apraz.

²³Quanto à ordem de deixar o toco e as raízes da árvore, ela significa que o teu reino será preservado para ti até que hajas reconhecido que os Céus é que detêm o domínio de tudo. ²⁴Eis por que, ó rei, aceita meu conselho: repara teus pecados pelas obras de justiça e tuas iniquidades pela prática da misericórdia para com os pobres, a fim de que se prolongue a tua segurança".*d*

---

a) Ou talvez: "seu coração deixará de ser um coração de homem".
b) Os "tempos", em geral períodos mal determinados, são aqui muito provavelmente anos.
c) Os Vigilantes, os santos, apenas transmitem a sentença divina.
d) O verbo traduzido por "reparar" originou um substantivo aramaico significando "salvação, redenção".

Poder-se-ia traduzir por "resgata teus pecados". As "obras de justiça" correspondem a todo o conjunto das "justas" relações entre Deus e os homens, que engloba e ultrapassa infinitamente a justiça legal ou as justiças puramente humanas. Em sentido restrito, o termo designa as obras pias, principalmente a esmola, como em Tb 12,9; 14,11.

O sonho torna-se realidade — ²⁵Tudo isto aconteceu ao rei Nabucodonosor. ²⁶Doze meses mais tarde, passeando sobre o terraço do palácio real da Babilônia, ²⁷o rei tomou a palavra, dizendo: "Não é esta a grande Babilônia[a] que eu construí, para fazer dela a minha residência real, pela força do meu poder e para a majestade da minha glória?" ²⁸Essas palavras estavam ainda na boca do rei, quando uma voz caiu do céu:

"É a ti que se fala, ó rei Nabucodonosor!
A realeza foi tirada de ti;
²⁹serás expulso da convivência dos homens
e com as feras do campo será a tua morada.
De erva, como os bois, te nutrirás,
e sete tempos passarão sobre ti
até que reconheças
que o Altíssimo domina sobre o reino dos homens
e ele o dá a quem lhe apraz".

³⁰No mesmo instante cumpriu-se a palavra em Nabucodonosor: ele foi expulso da convivência dos homens; comeu erva como os bois; seu corpo foi banhado pelo orvalho do céu; seus cabelos cresceram como penas de águia e suas unhas como garras de pássaros.

³¹"No tempo marcado,[b] eu, Nabucodonosor, ergui os olhos para o céu. A razão voltou-me e eu então bendisse o Altíssimo,

louvando e glorificando aquele que vive para sempre:
seu domínio é domínio eterno
e seu reino subsiste de geração em geração.
³²Todos os habitantes da terra são contados como nada,
e ele dispõe a seu bel-prazer do exército dos céus
e dos habitantes da terra.
Não há ninguém que possa deter-lhe a mão
ou perguntar-lhe: 'Que fizeste?'

³³Nesse instante, pois, a razão me voltou. E, para honra de minha realeza, voltaram-me também a glória e o resplendor. Meus conselheiros e dignitários vieram procurar-me; fui restabelecido em meu reino e minha grandeza foi ainda acrescida. ³⁴E agora, eu, Nabucodonosor,

louvo, exalto e glorifico o Rei do céu,
cujas obras todas são verdade,
e cujos caminhos são justiça,
ele que sabe rebaixar os que procedem com soberba".

O festim de Baltazar

5 ¹O rei Baltazar[c] deu um grande banquete a seus altos dignitários, que eram em número de mil, e diante desses mil pôs-se a beber vinho. ²Sob o influxo do vinho, Baltazar ordenou que lhe trouxessem as taças de ouro e prata

---

a) Babilônia era uma das maravilhas do mundo antigo. Seu nome tornou-se o símbolo das coisas humanas magníficas, mas frágeis e, além disso, o símbolo do orgulho humano e demoníaco, antítese da Jerusalém celeste, que é a cidade de Deus (cf. Ap 14,8; 16,19; 17,5; 18,2.10.21, que retoma o tema dos profetas; Is 21,9 etc.). Todo este cap. quer mostrar a humilhação desse orgulho: Nabucodonosor não recuperou seu estado normal senão ao converter-se ao verdadeiro Deus.

b) Lit.: "terminados aqueles dias". Na LXX, a cura do rei é atribuída à sua contrição e súplica: um anjo lhe aparece em sonho para anunciar-lhe que o reino ser-lhe-á restituído.

c) O nome babilônico é *Bel-shar-uçur* "Bel proteja o rei". A personagem histórica que traz este nome não é filho de Nabucodonosor mas de Nabônides. Ele não tinha o título de rei (cf. Introdução aos profetas).

que seu pai Nabucodonosor havia tirado do Templo de Jerusalém, para nelas beberem o rei, seus dignitários, suas concubinas e suas cantoras. ³Trouxeram-lhe, pois, as taças de ouro e prata arrebatadas ao santuário do Templo de Deus em Jerusalém, e nelas beberam o rei e seus dignitários, suas concubinas e suas cantoras. ⁴Eles bebiam vinho e entoavam louvores aos deuses de ouro e de prata,ᵃ de bronze e de ferro, de madeira e de pedra. ⁵De repente, apareceram dedos de mão humana que se puseram a escrever, por detrás do lampadário, sobre o estuque da parede do palácio real, e o rei viu a palma da mão que escrevia. ⁶Então o rei mudou de cor, seus pensamentos se turbaram, as juntas dos seus membros se relaxaram e seus joelhos puseram-se a bater um contra o outro. ⁷E logo, aos gritos, mandou chamar os adivinhos, os caldeus e os astrólogos. E disse o rei aos sábios da Babilônia: "Aquele que souber ler esta inscrição, e dela me der a interpretação, será revestido de púrpura, receberá um colar de ouro ao redor do pescoço e ocupará o terceiro lugar no governo do meu reino".ᵇ ⁸Então acorreram todos os sábios do rei, mas não conseguiram sequer ler a inscrição nem muito menos dar a conhecer a sua interpretação ao rei. ⁹O rei Baltazar ficou ainda mais perturbado, mudou de cor e seus dignitários ficaram consternados. ¹⁰A rainha, ao ouvir as palavras do rei e de seus dignitários, entrara na sala do banquete. E, tomando a palavra, disse: "Ó rei, vive para sempre! Que teus pensamentos não se perturbem e não se mude a tua cor! ¹¹Há um homem, no teu reino, no qual habita o espírito dos deuses santos. Nos dias de teu pai, nele encontrou-se luz, inteligência e sabedoria igual à sabedoria dos deuses. O rei Nabucodonosor, teu pai, nomeou-o chefe dos magos, adivinhos, caldeus e astrólogos.ᶜ ¹²Portanto, uma vez que nesse Daniel, que o rei cognominou Baltassar, constatou-se um espírito extraordinário, conhecimento, inteligência e arte de interpretar os sonhos, de resolver os enigmas e de desfazer os nós, manda comparecer Daniel e ele te dará a conhecer a interpretação".

¹³Assim foi Daniel introduzido à presença do rei. E disse o rei a Daniel: "És tu Daniel, um dos exilados de Judá, que o rei meu pai trouxe de Judá? ¹⁴Ouvi dizer que o espírito dos deuses habita em ti e que em ti se encontra luz, inteligência e sabedoria extraordinária. ¹⁵Já foram introduzidos à minha presença os sábios e adivinhos, para ler esta inscrição e me dar a conhecer a sua interpretação, mas eles são incapazes de me oferecer o significado da coisa. ¹⁶Ouvi, porém, dizer que tu és capaz de dar interpretações e de desfazer os nós. Se, pois, és capaz de ler esta inscrição e de me propor a sua interpretação, serás revestido de púrpura e trarás um colar de ouro ao pescoço, e ocuparás o terceiro lugar no governo do meu reino".

¹⁷Daniel tomou a palavra e falou, diante do rei: "Fiquem para ti os teus presentes, e oferece a outrem os teus dons. Quanto a mim, lerei esta inscrição para o rei e dar-lhe-ei a sua interpretação. ¹⁸Ó rei, o Deus Altíssimo concedeu o reino, a grandeza, a majestade e a glória a Nabucodonosor, teu pai. ¹⁹ᵈPor essa grandeza que Deus lhe dera, tremiam de medo diante dele todos os povos, nações e línguas: ele tirava a vida a quem queria e deixava viver a quem queria; a quem queria exaltava, a quem queria humilhava. ²⁰Mas, quando seu coração se exaltou e seu espírito se endureceu até à arrogância, ele foi deposto do seu trono real e arrebataram-lhe a glória. ²¹Foi expulso do convívio humano e seu coração tornou-se igual ao dos animais; passando a conviver com os asnos,

---

a) "e de prata", Teod. e Vulg.; om. pelo aram.
b) O título de "segundo" em relação ao rei foi constatado em Babilônia, embora não o de "terceiro". A locução, obscura em aramaico, deve significar, aqui como em 5,29 e 6,3, que Daniel faria parte de triunvirato ministerial, e não que ele ocuparia o terceiro lugar em relação ao rei.
c) Aram. acrescenta: "teu pai, ó rei", om. pelas versões.
d) Daniel resumirá o episódio narrado no cap. 4.

ele se alimentou de erva como os bois; e seu corpo foi banhado do orvalho do céu até ele reconhecer que o Deus Altíssimo é quem tem o domínio do reino dos homens, no qual ele estabelece a quem lhe apraz. ²²Mas tu, Baltazar, seu filho, não humilhaste o teu coração, embora tenhas sido ciente de tudo isso: ²³tu te levantaste contra o Senhor do Céu, tu mandaste buscar as taças do seu Templo e tu, teus dignitários, tuas concubinas e tuas cantoras nelas bebestes vinho e entoastes louvores aos deuses de ouro e de prata, de bronze e de ferro, de madeira e de pedra, os quais não veem, não compreendem; mas o Deus que detém teu respiro entre suas mãos e de quem dependem todos os teus caminhos, tu não o glorificaste! ²⁴Por isso, foi por ele enviada a extremidade dessa mão e traçada esta inscrição. ²⁵A inscrição, assim traçada, é a seguinte: Menê, Menê, Teqel, Parsin.ᵃ ²⁶E esta é a interpretação da coisa: Mane — Deus mediu o teu reino e deu-lhe fim; ²⁷Tecel — tu foste pesado na balança e foste julgado deficiente; ²⁸Parsin — teu reino foi dividido e entregue aos medos e aos persas".

²⁹Então Baltazar ordenou que revestissem Daniel de púrpura e lhe pusessem ao pescoço uma corrente de ouro e proclamassem que ele ocuparia o terceiro lugar no governo do seu reino.

³⁰Nessa mesma noite, o rei Baltazar foi assassinado

6 ¹e Dario, o medo, tomou o poder, estando já com a idade de sessenta e dois anos.ᵇ

Daniel na cova dos leões

Inveja dos sátrapas — ²Aprouve a Dario estabelecer sobre o seu reino cento e vinte sátrapas, os quais se distribuiriam por todo o reino ³e estariam submetidos a três ministros — um dos quais era Daniel — a quem os sátrapas deveriam prestar contas. Isso, a fim de que o rei não fosse defraudado. ⁴Ora, Daniel distinguia-se tanto entre os ministros e os sátrapas, porque nele havia um espírito extraordinário, que o rei se propôs colocá-lo à frente de todo o reino. ⁵Então os ministros e os sátrapas se puseram a procurar um motivo de acusação contra Daniel nos negócios do Estado. Mas não puderam encontrar motivo ou falta alguma, porque ele era fiel e nada de faltoso ou repreensível se encontrava nele. ⁶Foi quando esses homens começaram a dizer: "Não encontraremos nenhuma falta contra Daniel, a não ser nalguma coisa referente à lei do seu Deus". ⁷Ministros e sátrapas dirigiram-se então em grupo à presença do rei e assim lhe falaram: "Ó rei Dario, vive para sempre! ⁸Os ministros do reino e os magistrados, sátrapas, conselheiros e governadores, reuniram-se em conselho para estabelecer um decreto real e dar força de lei ao interdito seguinte: Todo aquele que, no decurso de trinta dias, dirigir uma prece a quem quer que seja, deus ou homem, exceto a ti, ó rei, seja lançado na cova dos leões. ⁹Agora, pois, ó rei, dá força de lei ao interdito assinando

---

a) O texto aram. repete *Menê* (contra LXX, Teod., Vulg., Josefo e os vv. 26-28 que parecem supor três termos e não quatro) e tem a forma *Parsin* em vez de *Farés*. Na forma desses vocábulos misteriosos reencontram-se os nomes de três pesos ou moedas orientais: a mina, o siclo e a meia-mina (*parás*), e os termos se prestariam à série de trocadilhos dos vv. 26-28, *menê* sugerindo o verbo *maná* (medir), *teqel*, o verbo *shaqal* (pesar), e *parás*, ao mesmo tempo o verbo *paraç,* (dividir) e o nome dos persas. Não há unanimidade sobre o sentido da sequência: alusão ao valor decrescente dos três impérios que se sucedem (babilônios, "medos", persas), ou dos três reis: Nabucodonosor, Evil-Merodac e Baltazar (ou ainda: Nabucodonosor, Baltazar e os reis dos "medos e persas") ou, enfim, algum provérbio antigo cuja pista se perdeu.

b) "Dario, o medo", é desconhecido dos historiadores. Aliás, Ciro, o persa, já havia submetido os medos antes de tomar Babilônia. Ver Introdução aos profetas.

o documento, de sorte que nada se mude no seu teor, de acordo com a lei dos medos e dos persas, a qual não pode ser alterada". ¹⁰Diante disso, o rei Dario assinou o documento com o interdito.

Oração de Daniel — ¹¹Ao saber que o documento havia sido assinado, Daniel subiu para sua casa. As janelas do seu aposento superior estavam orientadas para Jerusalém,ᵃ e três vezes por dia ele se punha de joelhos, orando e confessando o seu Deus: justamente como havia feito até então. ¹²E aqueles homens, acorrendo apressadamente, encontraram Daniel orando e suplicando a seu Deus. ¹³Então, introduzindo-se na presença do rei, recordaram-lhe o interdito real: "Porventura não assinaste o interdito segundo o qual todo aquele que, no decurso de trinta dias, dirigisse uma prece a quem quer que seja, deus ou homem, exceto a ti, ó rei, seria lançado na cova dos leões?" Respondeu o rei: "A questão está decidida segundo a lei dos medos e dos persas, a qual não pode ser revogada". ¹⁴A essas palavras eles retrucaram, dizendo ao rei: "Este Daniel, um dos deportados de Judá, não tem consideração por ti, ó rei, nem pelo interdito que promulgaste: três vezes por dia continua a fazer a sua oração". ¹⁵Então o rei, ao ouvir essa informação, ficou muito contristado consigo mesmo e decidiu, no seu coração, salvar Daniel. De fato, até o pôr do sol esforçou-se por livrá-lo. ¹⁶Mas aqueles homens reuniram-se em tumulto junto ao rei e disseram-lhe: "Lembra-te, ó rei, que a lei dos medos e dos persas determina que nenhum decreto ou interdito, promulgado pelo rei, pode ser revogado".

Daniel atirado aos leões — ¹⁷Então o rei deu ordem de trazerem Daniel e de o lançarem na cova dos leões. Disse, porém, o rei a Daniel: "Teu Deus, a quem serviste com perseverança, ele te salvará". ¹⁸Trouxeram uma pedra, que foi colocada à entrada da cova, e o rei lhe apôs o seu sinete e o dos seus dignitários. Desse modo, nada poderia ser modificado a respeito de Daniel. ¹⁹O rei voltou para o seu palácio, onde passou a noite sem comer. Também não quis que lhe trouxessem as concubinas,ᵇ e o sono o deixou. ²⁰De madrugada, ao raiar da aurora, o rei levantou-se e dirigiu-se ansiosamente à cova dos leões. ²¹Aproximando-se da cova, gritou a Daniel com voz angustiada: "Daniel, servo do Deus vivo, o teu Deus, a quem serves com tanta constância, foi capaz de te livrar dos leões?" ²²Daniel respondeu ao rei: "Ó rei, vive para sempre! ²³Meu Deus enviou-me seu anjo e fechou a boca dos leões, de tal modo que não me fizeram mal. Pois eu fui considerado inocente diante dele, e também diante de ti, ó rei, não fiz mal algum". ²⁴Então o rei sentiu uma grande alegria por sua causa e ordenou que retirassem Daniel da cova. E Daniel foi retirado da cova, nele não se encontrando ferimento algum, porque tivera fé em seu Deus. ²⁵O rei mandou então trazer os homens que tinham caluniado Daniel e os fez precipitar na cova dos leões: eles, seus filhos e suas mulheres. E antes mesmo que tocassem o fundo da cova, os leões já se tinham apoderado deles, esmagando-lhes os ossos.

Profissão de fé do rei — ²⁶E o rei Dario escreveu a todos os povos, nações e línguas que habitam sobre toda a terra: "Que a vossa paz se multiplique! ²⁷Eis o decreto que eu promulgo: Em todo o domínio do meu reino, todos devem tremer e temer diante do Deus de Daniel.
 Ele é o Deus vivo, que permanece para sempre —
 seu reino não será jamais destruído
 e seu império nunca terá fim —

---

a) O costume de orar na direção de Jerusalém é conhecido ao menos desde o Exílio.

b) Tradução conjectural. Outros entendem: "instrumentos de música".

²⁸ele salva e liberta, e realiza sinais e maravilhas
no céu e na terra;
ele salvou Daniel das garras dos leões".

²⁹Foi assim que Daniel prosperou durante o reinado de Dario e também no reinado de Ciro, o persa.*ª*

Sonho de Daniel: as quatro feras

7 *A visão das feras*[b] — ¹No primeiro ano de Baltazar, rei da Babilônia, Daniel, estando em seu leito, teve um sonho, e visões lhe assomaram à sua mente. Ele redigiu o sonho por escrito. Eis o começo da narrativa: ²Tomou a palavra Daniel, dizendo: Eu estava contemplando a minha visão noturna, quando vi os quatro ventos do céu que agitavam o grande mar. ³E quatro feras monstruosas subiam do mar, uma diferente da outra. ⁴A primeira[c] era semelhante a um leão com asas de águia. Enquanto eu o contemplava, suas asas lhe foram arrancadas e ele foi erguido da terra e posto de pé sobre suas patas como um ser humano, e um coração humano lhe foi dado. ⁵Apareceu a segunda fera,[d] completamente diferente, semelhante a um urso, erguido de um lado e com três costelas na boca, entre os dentes. E a este diziam: "Levanta-te, devora muita carne!" ⁶Depois disso, continuando eu a olhar, vi ainda outra fera,[e] semelhante a um leopardo, que trazia sobre os flancos quatro asas de ave; tinha também quatro cabeças e foi-lhe dado o poder. ⁷A seguir, ao contemplar essas visões noturnas, vi a quarta fera,[f] terrível, espantosa, e extremamente forte: com enormes dentes de ferro, comia, triturava e calcava aos pés o que restava. Muito diferente das feras que a haviam precedido, tinha esta dez chifres.

⁸Enquanto considerava esses chifres, notei que surgia entre eles ainda outro chifre, pequeno,[g] diante do qual foram arrancados três dos primeiros chifres pela raiz. E neste chifre havia olhos como olhos humanos, e uma boca que proferia palavras arrogantes.[h]

Visão do Ancião e do Filho de Homem

⁹Eu continuava contemplando,
quando foram preparados alguns tronos[i]
e um Ancião sentou-se.
Suas vestes eram brancas como a neve;
e os cabelos de sua cabeça, alvos como a lã.

---

a) "prosperou", lit.: "floresceu", aram.: "foi estabelecido sobre o reino", LXX. — Na LXX, o cap. termina com a morte de Dario e a subida ao trono de Ciro, o persa.
b) A visão é paralela ao sonho de Nabucodonosor no cap. 2. Os quatro reinos que desaparecerão diante do *"Filho de Homem"* correspondem aos quatro metais da estátua derrubada pela pedra misteriosa (cf. 2,28+). O sentido escatológico profundo desta visão histórica é indicado mais claramente ainda pelo uso que dela faz Ap 13.
c) O império de Babilônia.
d) O reino dos medos: segundo as concepções históricas do livro, os medos sucedem imediatamente aos babilônios (cf. 6,1+).
e) O reino dos persas.
f) O reino de Alexandre (falecido em 323) e de seus sucessores (cf. 2,40; 8,5; 11,3). Os dez chifres são os reis da dinastia Selêucida. O "chifre" é frequentemente empregado como símbolo de força e de poder (cf. Sl 75,5; 89,18; 92,11; Dt 33,17; 1Rs 22,11 etc.).
g) Antíoco IV Epífanes (175-163), que só adquiriu preeminência ao se desembaraçar de certo número de seus concorrentes.
h) Traços que indicam ao mesmo tempo a eloquência hábil e a arrogância blasfematória de Antíoco (cf. v. 25; 11,36; 1Mc 1,21.24.45 e Ap 13,5).
i) Os tronos dos juízes: os santos de Deus são convocados para julgar com ele, já segundo a tradição judaica (Henoc) e mais claramente segundo as promessas de Jesus (Mt 19,28; Lc 22,30; Ap 3,21 e 20,4). O trono de Deus com suas rodas, ardente e deslumbrante, recorda o carro divino de Ez 1.

Seu trono eram chamas de fogo
com rodas de fogo ardente.
¹⁰Um rio de fogo corria,
irrompendo diante dele.
Mil milhares o serviam,
e miríades de miríades o assistiam.
O tribunal tomou assento
e os livros foram abertos.ᵃ

¹¹Eu continuava olhando, então, por causa do ruído das palavras arrogantes que proferia aquele chifre, quando vi que a fera fora morta, e seu cadáver destruído e entregue ao abrasamento do fogo. ¹²Das outras feras também foi retirado o poder, mas elas receberam um prolongamento de vida,ᵇ até uma data e um tempo determinados.

¹³Eu continuava contemplando, nas minhas visões noturnas,
quando notei, vindo sobre as nuvens do céu, um como Filho de Homem.ᶜ
Ele adiantou-se até ao Ancião
e foi introduzido à sua presença.
¹⁴A ele foi outorgado o poder,
a honra e o reino,
e todos os povos, nações e línguas o serviram.
Seu império é império eterno
que jamais passará,
e seu reino jamais será destruído.

Interpretação da visão — ¹⁵Eu, Daniel,ᵈ fiquei inquieto no meu espírito, e as visões de minha cabeça me perturbavam. ¹⁶Aproximei-me de um dos que estavam ali presentes e pedi-lhe que me dissesse a verdade a respeito de tudo aquilo. E ele me respondeu, fazendo-me conhecer a interpretação dessas coisas: ¹⁷"Essas feras enormes, em número de quatro, são quatro reis que se levantarão da terra. ¹⁸Os que receberão o reino são os santosᵉ do Altíssimo, e eles conservarão o reino para sempre, de eternidade em eternidade". ¹⁹Quis, então, saber a verdade acerca da quarta fera, que era diferente de todas as outras, extremamente terrível, com dentes de ferro e garras de bronze, que comia e triturava, e depois calcava aos pés o que restava; ²⁰e também sobre os dez chifres que estavam na sua cabeça — e o outro chifre que surgiu e diante do qual três dos primeiros caíram, esse chifre que tinha olhos e boca que proferia palavras arrogantes, e cujo aspecto era mais majestoso que o dos outros chifres... ²¹Estava eu contemplando: e este chifre movia guerra aos santos e prevalecia sobre eles, ²²até o momento em que veio o Ancião e foi

---

a) Os livros onde se inscrevem todos os atos humanos, bons e maus (cf. Jr 17,1; Ml 3,16; Sl 40,8; 56,9; Lc 10,20; Ap 20,12+). A imagem é retomada no *Dies Irae*. Sobre o Livro da Vida, cf. 12,1+.
b) A sobrevivência dos outros impérios, com duração indeterminada, não oferece mais perigo direto para a fé, uma vez que o povo de Deus não lhes está mais submisso.
c) O aram. *bar nasha'*, como o hebr. *ben' adam*, equivale, antes de tudo, a "ser humano", "homem", como no Sl 8,5. Em Ez é assim que Deus interpela o profeta (*também em* Dn 8,17). Mas a expressão tem aqui um sentido particular, eminente, no qual ela designa um homem que ultrapassa misteriosamente a condição humana. Sentido pessoal, como o testemunham antigos textos judaicos apócrifos, inspirados nesta passagem: *Henoc* e *IV Esdras*, como também a interpretação rabínica mais constante, e sobretudo o uso que dela faz Jesus aplicando-a a si mesmo (cf. Mt 8,20+). Mas também sentido coletivo, fundado sobre o v. 18 (e o v. 22), em que o Filho de Homem se identifica de algum modo com os santos do Altíssimo; mas o sentido coletivo (igualmente messiânico) prolonga o sentido pessoal, sendo o Filho de Homem ao mesmo tempo o chefe, o representante e o modelo do povo dos santos. É assim que santo Efrém pensava ao dizer que a profecia visa em primeiro lugar aos judeus (os Macabeus) e depois, ultrapassando-os de maneira perfeita, o próprio Jesus.
d) Depois de "eu, Daniel" suprimimos, com LXX e Vulg., dois vocábulos aramaicos incompreensíveis.
e) "os santos" em vez de "o povo santo", como em 8,24; Sl 34,10; Is 4,3; Nm 16,3; cf. Ex 19,6+.

feito o julgamento em favor dos santos do Altíssimo.[a] E chegou o tempo em que os santos entraram na posse do reino. [23]E ele continuou:

"A quarta fera
será o quarto reino na terra,
diferente de todos os reinos.
Ela devorará a terra inteira,
calcá-la-á aos pés e a esmagará.
[24]Quanto aos dez chifres: são dez reis
que surgirão desse reino,
e outro se levantará depois deles;
este será diferente dos primeiros
e abaterá três reis;
[25]proferirá insultos contra o Altíssimo
e porá à prova os santos do Altíssimo;
ele tentará mudar os tempos e a Lei,[b]
e os santos serão entregues em suas mãos
por um tempo, tempos e metade de um tempo.[c]
[26]Mas o tribunal dará audiência e o domínio lhe será arrebatado,
destruído e reduzido a nada até o fim.
[27]E o reino e o poder
e as grandezas dos reinos sob todos os céus
serão entregues ao povo dos santos do Altíssimo.
Seu reino é um reino eterno,
e todos os poderes o servirão e lhe prestarão obediência".

[28]Aqui termina a narrativa.
Eu, Daniel, fiquei muito perturbado em meus pensamentos, e a cor do meu rosto mudou. E conservei tudo isto em meu coração.

Visão de Daniel: o carneiro e o bode

8 *A visão* — [1]No terceiro ano do reinado do rei Baltazar, tive uma visão, eu, Daniel, depois daquela que já tivera anteriormente.[d] [2]Eu contemplava a visão. E enquanto contemplava, encontrava-me em Susa,[e] a praça-forte situada na província de Elam; enquanto contemplava a visão, encontrava-me na porta do Ulai.[f] [3]Levantando os olhos para ver, deparei com um carneiro,[g] de pé, diante da porta. Ele tinha dois chifres: os dois chifres eram altos, mas um era mais alto que o outro, e esse mais alto foi o que apareceu por último.[h]

---

a) Poder-se-ia também traduzir: "e o julgamento foi entregue aos santos".
b) Alusão à política de helenização de Antíoco Epífanes, notadamente à sua interdição do sábado e das festas (cf. *1Mc 1,41-52*).
c) Segundo 4,13 é preciso entender aqui por "tempo" um ano. São três anos e meio, a meia semana de anos de 9,27, correspondendo mais ou menos à duração da perseguição de Antíoco. Este número, expresso equivalentemente por quarenta e dois meses (de trinta dias) ou mil duzentos e sessenta dias, é retomado, com sentido típico, em Ap 11,2-3; 12,14; 13,5 (cf. também Lc 4,25 e Tg 5,17). Exprime, pois, e numa perspectiva constantemente presente em Dn, um período de calamidades permitidas por Deus, mas cuja duração, para consolo dos aflitos, será limitada.

d) É a visão do cap. 7, retomada de maneira mais explícita.
e) Uma das residências reais sob os Aquemênidas. Não se sabe se é preciso entender que Daniel estava realmente em Susa, ou se isso faz parte da visão.
f) Ulai é o rio que atravessa Susa. "Porta" é tradução conjectural, apoiada pelas versões, de vocábulo que aparece somente aqui e nos vv. 3 e 6. Outros compreendem "margem" ou "torrente".
g) Sobre o simbolismo dos carneiros e dos bodes, cf. Ez 34,17s e Zc 10,3.
h) O mais alto dos chifres é o poderio persa, que prevalece sobre a potência dos medos (v. 20), unindo-a a si antes de suceder-lhe.

⁴E eu vi o carneiro dar chifradas para oeste, para o norte e para o sul. Nenhum animal podia resistir-lhe, e ninguém conseguia livrar-se do seu poder. Ele fazia o que bem lhe aprazia e tornou-se poderoso.

⁵Eu considerava com atenção quando vi um bode*a* que vinha do ocidente e havia percorrido a terra inteira, sem sequer tocá-la. E o bode tinha um chifre "magnífico"*b* entre os olhos. ⁶Ele aproximou-se do carneiro com dois chifres, que eu vira de pé diante da porta, e atirou-se contra ele no ardor de sua força. ⁷Eu o vi aproximar-se do carneiro e afrontá-lo com fúria. Ele feriu o carneiro e quebrou-lhe ambos os chifres, sem que o carneiro tivesse a força de resistir-lhe. E atirou-o por terra e o calcou aos pés, sem que ninguém pudesse livrar o carneiro de sua mão. ⁸Então o bode tornou-se muito poderoso. Mas, embora estivesse em pleno vigor, seu grande chifre se quebrou e em lugar dele ergueram-se quatro outros "magníficos" na direção dos quatro ventos do céu.*c*

⁹De um deles saiu um pequeno chifre que depois cresceu muito, tanto na direção do sul como na do oriente como na do país do Esplendor.*d* ¹⁰Ele ergueu-se até contra o exército dos céus, derrubando por terra parte do exército e das estrelas*e* e calcando-as aos pés. ¹¹E chegou até a exaltar-se contra o Príncipe*f* do exército, abolindo o sacrifício perpétuo e arrasando o lugar do seu santuário ¹²e o exército; sobre o sacrifício ele pôs a iniquidade;*g* derrubou por terra a verdade e teve êxito naquilo que empreendeu.

¹³Então ouvi um santo*h* a falar. E outro santo disse àquele que falava:*i* "Até quando irá a visão do sacrifício perpétuo,*j* da desolação da iniquidade, e do Santuário e da legião calcados aos pés?" ¹⁴E ele respondeu-lhe:*k* "Até duas mil e trezentas tardes e manhãs.*l* Então será feita justiça ao Santuário".*m*

O anjo Gabriel explica a visão — ¹⁵Enquanto contemplava esta visão, eu, Daniel, procurava o seu significado. Foi quando, de pé diante de mim, vi uma como aparência de homem. ¹⁶E ouvi uma voz humana sobre*n* o Ulai gritando e dizendo: "Gabriel, explica a este a visão!" ¹⁷Ele dirigiu-se para o lugar onde eu estava. À sua chegada, fui tomado de terror e caí com a face por terra. Então ele me disse: "Filho de homem, saiba que a visão se refere ao tempo do Fim". ¹⁸Ele falava ainda quando desmaiei, com a face por terra. Mas ele me tocou e me fez reerguer no lugar onde eu estava. ¹⁹E disse-me: "Dar-te-ei a conhecer o que acontecerá no término da ira,*o* porque isto diz respeito à época fixada para o Fim. ²⁰O carneiro que viste, com seus dois chifres, são os reis da Pérsia e da Média. ²¹O bode peludo é o rei de Javã, e o grande chifre que havia entre seus olhos é o primeiro rei. ²²Quebrado este, os quatro chifres

---

a) Alexandre. Cf. v. 21 e 2,40; 7,7; 11,3.
b) Tradução conjectural; talvez, simplesmente, "saliente".
c) Morte de Alexandre e partilha de seu império: em 7,7 o autor passa imediatamente para a dinastia dos Selêucidas, embora especificando os predecessores de Antíoco Epífanes, de quem se falará aqui imediatamente no v. 9.
d) A Palestina.
e) As estrelas são o povo de Deus, cf. 12,3 (e Mt 13,43).
f) O próprio Deus.
g) Tradução aproximativa. Pode-se compreender que a iniquidade (isto é, a "abominação da desolação"), substituiu o sacrifício no Santuário; ou ainda: o perseguidor quis que o sacrifício fosse considerado como iniquidade.
h) Provavelmente um anjo (cf. 4,10).
i) Lit.: "a um tal que falava". Esta apresentação de revelação em diálogo misterioso, cujas perguntas são as mesmas que preocupam o vidente, encontra-se também em Zc 1,8-17.
j) LXX acrescenta: "abolido".
k) "lhe", versões; "me", hebr.
l) Portanto, dois mil e trezentos dias, ou então, mil, cento e cinquenta dias, se a expressão visa aos dois sacrifícios cotidianos suspensos durante o tempo da perseguição. No entanto, ambos os números se afastam notavelmente dos três anos e meio (1260 dias) de 7,25, e o sentido permanece obscuro.
m) "será feita justiça", isto é, o Santuário será reintegrado em seu direito: a expressão implica sentido messiânico para além do sentido histórico.
n) Hebr. "entre", o que talvez se entenda dos batentes da porta (cf. v. 2).
o) Visto pelo ângulo da presciência e da vontade divinas, o tempo da desgraça é o da ira de Deus (cf. 11,36; Is 10,25; 26,20; 1Mc 1,64).

que surgiram em seu lugar são quatro reinos que saíram de sua nação, mas não terão a sua força.

²³ E no fim desses reinos, quando chegarem ao cúmulo os seus pecados,ª
levantar-se-á um rei de olhar arrogante, capaz de penetrar os enigmas.
²⁴ Seu poder crescerá em força,
mas não por sua própria força;ᵇ
ele tramará coisas inauditas
e prosperará em suas empresas,
arruinando poderosos
e o próprio povo dos santos.
²⁵ Por sua habilidade,
a perfídia terá êxito em suas mãos.
Ele se exaltará em seu coração
e, surpreendendo-os, destruirá a muitos.
Opor-se-á mesmo ao Príncipe dos príncipes
mas, sem que mão humana interfira,ᶜ será esmagado.
²⁶ A visão das tardes e das manhãs, tal como foi dita, é verídica.
Mas tu, guarda silêncio sobre a visão, pois ela se refere
a dias longínquos".ᵈ

²⁷ Então eu, Daniel, desfaleci e fiquei doente por vários dias. Depois levantei-me, para ocupar-me dos negócios do rei. E guardava silêncio sobre a visão, ficando sem compreendê-la.

A profecia das setenta semanas

9 *Oração de Daniel* — ¹No primeiro ano de Dario, filho de Artaxerxes, da raça dos medos, que assumiu o controle do reino dos caldeus, ²no primeiro ano do seu reinado, eu, Daniel, esforçava-me por entender, nas Escrituras, o número dos anos que, segundo a palavra do Senhor ao profeta Jeremias, haveriam de completar-se sobre as ruínas de Jerusalém, isto é, setenta anos. ³E voltei minha face para o Senhor Deus, implorando-o em oração e súplicas, no jejum, no cilício e na cinza. ⁴Então, suplicando a Iahweh, meu Deus, fiz minha confissão nestes termos:ᵉ

"Ah, meu Senhor, Deus grande e terrível, que guardas a Aliança e o amor para os que te amam e observam os teus mandamentos, ⁵Nós pecamos, cometemos iniquidades, agimos impiamente e rebelamo-nos, afastando-nos dos teus mandamentos e normas. ⁶Não atendemos a teus servos, os profetas, que falavam em teu nome a nossos reis, nossos príncipes, nossos pais e a todo o povo da terra. ⁷A ti, Senhor, a justiça; e a nós a vergonha no rosto, como acontece hoje para os homens de Judá, para os habitantes de Jerusalém e para todo Israel, os de perto e os de longe, em todos os países para onde os dispersaste por causa das infidelidades que cometeram contra ti. ⁸Sim, ó Iahweh, a nós a vergonha no rosto, a nossos reis, a nossos prín-

---

a) Lit.: "como a cumprimento de seus pecados", isto é, quando a medida se encher.
b) O perseguidor é instrumento da ira de Deus.
c) Há talvez aqui dupla alusão: ao fim não violento de Antíoco, que morreu de tristeza (1Mc 6,8-16; 2Mc 9); e à ideia de que a morte dos perseguidores, como os seus sucessos (v. 24), está inteiramente nas mãos de Deus (cf. 2,34).

d) Diversamente das duas profecias de Ez 12,21-28, cumpridas quase imediatamente, as visões de Daniel se cumprirão depois de um prazo revelado de maneira obscura (cf. 12,4.9-13).
e) A oração que segue incorpora uma série de reminiscências bíblicas. É bom compará-la com a oração de Azarias (3,25-45) e também com Br 1 e 2, a quem serviu de modelo.

cipes e a nossos pais, porque pecamos contra ti. ⁹Ao Senhor, nosso Deus, a compaixão e o perdão, porque nos rebelamos contra ele ¹⁰e não escutamos a voz de Iahweh nosso Deus, para andarmos segundo as leis que ele nos deu por meio de seus servos, os profetas. ¹¹Na verdade, todo Israel transgrediu a tua lei e desviou-se para não escutar a tua voz. Por isso derramaram-se sobre nós a maldição e a imprecação inscritas na lei de Moisés, o servo de Deus — porque pecamos contra ele. ¹²E ele pôs em execução as palavras que havia proferido contra nós e contra os chefes que nos governavam:*a* de fazer vir sobre nós uma calamidade tão grande, que não se verificaria outra igual debaixo de todos os céus, como a que de fato sucedeu a Jerusalém. ¹³Segundo o que está escrito na lei de Moisés, toda esta calamidade veio sobre nós. E, apesar de tudo, não nos empenhamos em aplacar a face de Iahweh nosso Deus, convertendo-nos de nossas iniquidades e aplicando-nos à tua verdade. ¹⁴Iahweh esteve atento*b* a esta calamidade e atraiu-a sobre nós. Porque ele, Iahweh nosso Deus, é justo em todas as obras que faz, ao passo que nós não temos atendido à sua voz. ¹⁵E agora, Senhor nosso Deus, que por tua mão poderosa fizeste sair o teu povo da terra do Egito, e assim adquiriste uma fama que perdura até hoje, nós pecamos, nós cometemos o mal. ¹⁶Senhor, por todos os teus atos de justiça,*c* afasta, por favor, a tua ira e a tua indignação de Jerusalém, tua cidade e tua montanha santa! Pois é por causa de nossos pecados e das culpas dos nossos pais, que Jerusalém e o teu povo tornaram-se alvo do escárnio de todos os nossos vizinhos. ¹⁷E agora escuta, ó nosso Deus, a prece do teu servo e as suas súplicas.*d* Faze brilhar a tua face sobre o teu Santuário devastado, em atenção a ti mesmo,*e* Senhor! ¹⁸Inclina o teu ouvido, ó meu Deus, e escuta! Abre os teus olhos e vê nossas desolações e a cidade sobre a qual é invocado o teu nome! Não é em razão de nossas obras justas que expomos diante de ti as nossas súplicas, mas em razão de tuas muitas misericórdias. ¹⁹Senhor, escuta! Senhor, perdoa! Senhor, fica atento e entra em ação! Não demores mais, ó meu Deus, por ti mesmo, porque teu nome é invocado sobre a tua cidade e o teu povo."

O anjo Gabriel explica a profecia — ²⁰Eu estava ainda falando, proferindo minha oração, confessando meus pecados e os pecados do meu povo, Israel, e apresentando a minha súplica diante de Iahweh meu Deus, pela santa montanha do meu Deus; ²¹eu estava ainda falando, em oração, quando Gabriel, aquele homem que eu tinha notado antes, na visão, aproximou-se de mim, num voo rápido,*f* pela hora da oblação da tarde. ²²Ele veio*g* para falar-me, e disse: "Daniel, eu saí para vir instruir-te na inteligência. ²³Desde o começo da tua súplica uma palavra foi pronunciada e eu vim para comunicá-la a ti, porque és o homem das predileções.*h* Presta, pois, atenção à palavra e recebe a compreensão da visão:*i*

---

a) Lit.: "aos juízes que nos julgavam".
b) Em Jr 1,11-12 (cf. 31,28 e 44,27) o símbolo da amendoeira (*sheqed*) evoca o oráculo de Iahweh que vigia (*shoqed*) pelo cumprimento de sua Palavra, tanto para o bem como para o mal.
c) Lit.: "segundo todas as tuas justiças", isto é: em nome da justiça manifestada nos atos pelos quais tu "tomaste a defesa" de teu povo.
d) Cf. 1Rs 8,28; Ne 1,6.11; Sl 130,2.
e) "em atenção a ti mesmo", Teod. e v. 19; "em atenção a meu Senhor", hebr.
f) Lit.: "voando num voo, me tocou".
g) "ele veio", LXX e sir.; "deu-me a entender", hebr.
h) "homem" está aqui subentendido (cf. 10,11.19). A Vulg. traduz "homem de desejos", mas trata-se, antes, das complacências divinas acerca de Daniel, e não dos desejos do seu coração.
i) A profecia que segue, paralela às dos caps. vizinhos, visa aos acontecimentos da perseguição de Antíoco. Isso, porém, em estilo literário alusivo e misterioso (ausência de nomes próprios, números convencionalmente arredondados), que assinala ter o texto alcance mais alto. Como o anúncio do reino messiânico (2,28+ e 7,13+), ela terá, para os cristãos sua realização definitiva no tempo do Cristo e da Igreja. A era de plenitude, descrita no v. 24, ultrapassa infinitamente um retorno qualquer à paz. Mas o pormenor dos vv. 25-27, que descrevem os períodos precedentes, permanece obscuro.

DANIEL 9

²⁴ Setenta semanas*ᵃ* foram fixadas
   para o teu povo e a tua cidade santa
   para fazer cessar a transgressão
   e apagar os pecados,
   para expiar a iniquidade
   e instaurar uma justiça eterna,
   para sigilar*ᵇ* visão e profecia
   e para ungir o santo dos santos.*ᶜ*

²⁵ Fica sabendo, pois, e compreende isto:
   Desde a promulgação do decreto
   'sobre o retorno e a reconstrução de Jerusalém'
   até um Príncipe Ungido,*ᵈ*
   haverá sete semanas.
   Durante sessenta e duas semanas
   serão novamente restauradas,
   reconstruídas, praças e muralhas,*ᵉ*
   embora em tempos calamitosos.

²⁶ Depois das sessenta e duas semanas
   um Ungido*ᶠ* será eliminado,
   embora ele não tenha...*ᵍ*
   E a cidade e o Santuário serão destruídos
   por um príncipe que virá.
   Seu fim será num cataclismo
   e, até o fim, a guerra
   e as desolações decretadas.*ʰ*

²⁷ Ele confirmará uma aliança com muitos*ⁱ*
   durante uma semana;
   e pelo tempo de meia semana
   fará cessar o sacrifício e a oblação.*ʲ*
   E sobre a nave do Templo*ᵏ*
   estará a abominação da desolação*ˡ*
   até o fim, até o termo fixado para o desolador".

Is 53,11
Rm 3,24-26
1Cr 23,13
At 10,38
Mt 3,16 +

Esd 3,1-3

1Mc 1,45
11,31; 12,11
1Mc 1,54
Mt 24,15p
Dn 11,36

a) Trata-se de número perfeito de semanas de anos. O ponto de partida do cálculo é a data da revelação feita a Jeremias, cf. v. 25. O término visado é a restauração de Jerusalém e a volta dos exilados, que 2Cr 36,22-23 (= Esd 1,1-3) vê realizados pelo decreto libertador de Ciro em 538.
b) "Sigilar" (verbo hebr. igual a "lacrar") significa "pôr fim a" e também "garantir". Aqui tem o sentido pleno de "cumprir".
c) Seja o altar ou o Templo, seja o sumo sacerdote (cf. 1Cr 23,13): a restauração do sacerdócio santo coincide com a do altar e do Templo, e são ambas visadas na mesma perspectiva profética.
d) Ungido ou Messias (cf. Ex 30,22+; 1Sm 9,26+; Is 45,1). Os mais antigos Padres da Igreja não estão de acordo sobre a identidade desse Príncipe-Messias, como também não o estão para afirmar que o v. 26 vise à morte de Jesus. Alguns deles transpunham a última semana para o fim dos tempos.
e) É o período da reconstrução sob o regime persa.
f) Podemos, com Teod., identificar este Ungido com o sumo sacerdote Onias III (cf. 2Mc 4,30-38), deposto por volta de 175 e assassinado por homens de Antíoco Epífanes: ele seria também o "Príncipe da Aliança" de 11,22.

g) Um vocábulo deve ter caído do texto. Teod. completa: "pecado". Outros propõem: "sucessor".
h) "decretadas" por Deus (cf. 8,25+).
i) Esta passagem se esclarece talvez à luz de 11,30-32: a "aliança" designaria aqui a reunião dos ímpios em torno do tirano que os atraiu para violarem a Aliança sagrada (cf. 1Mc 1,21.43.52; 2Mc 4,10s).
j) A abolição do sacrifício antigo não significa aqui a sua substituição pelo sacrifício da nova aliança; as passagens paralelas e o contexto mostram que se trata de obra dos ímpios.
k) "do Templo" não é precisado no hebr., mas o sentido é evidente.
l) Lit.: "a abominação horripilante" ou "desoladora". Esta expressão (*shiqqûçîm meshomem*), da qual conservamos a tradução consagrada pelo uso, deve evocar, de um lado, os antigos baais, objetos da idolatria outrora reprovada a Israel por seus profetas. De fato, *Shiqquç* era um equivalente desdenhoso de *Baal*; e *shomem* fazia trocadilho com o título desses baais fenícios "reis dos céus", *baal shamem*. De outro lado, a expressão evocava o Zeus Olímpico, ao qual Antíoco dedicou o Templo de Jerusalém (cf. 2Mc 6,2).

A grande visão

O TEMPO DA CÓLERA

10 *Visão do homem vestido de linho* — ¹No terceiro ano de Ciro, rei da Pérsia, uma palavra foi revelada a Daniel, cognominado Baltassar. A palavra era verídica, e referia-se a uma grande luta.*ᵃ* Ele compreendeu a palavra, e teve dela o entendimento em visão. ²Nesses dias, eu, Daniel, mortifiquei-me por três semanas: ³não comi nenhum alimento saboroso, carne e vinho não entraram em minha boca, nem me ungi de maneira alguma até se completarem três semanas. ⁴No vigésimo quarto dia do primeiro mês, estando às margens do grande rio, o Tigre, ⁵levantei os olhos para observar. E vi:

Um homem revestido de linho, com os rins cingidos de ouro puro,
⁶seu corpo tinha a aparência do crisólito
e seu rosto o aspecto do relâmpago,
seus olhos como lâmpadas de fogo,
seus braços e suas pernas como o fulgor do bronze polido,
e o som de suas palavras como o clamor de uma multidão.

⁷Somente eu, Daniel, vi esta aparição. Os homens que estavam comigo não viam a visão, e no entanto um grande tremor se abateu sobre eles, a ponto de fugirem para se esconder. ⁸Fiquei sozinho, pois, a contemplar esta grande visão: não restou força alguma em mim, a bela cor do meu rosto mudou-se em lividez, perdi todo o vigor.

Aparição do anjo — ⁹Ouvi, então, o som de suas palavras. Ao ouvir o som de suas palavras, desfaleci, e caí com o rosto por terra. ¹⁰Mas eis que uma mão me tocou e me fez levantar, tremendo, sobre os joelhos e as palmas de minhas mãos. ¹¹E ele disse-me: "Daniel, homem das predileções, compreende as palavras que te direi. Põe-te de pé no teu lugar, porque é para ti que fui enviado". Ao dizer-me ele essas palavras, levantei-me, todo trêmulo. ¹²E prosseguiu: "Não temas, Daniel. Pois desde o primeiro dia em que aplicaste o teu coração a compreender, mortificando-te diante do teu Deus, tuas palavras foram ouvidas. E é por causa de tuas palavras que eu vim. ¹³O Príncipe do reino da Pérsia me resistiu durante vinte e um dias, mas Miguel,*ᵇ* um dos primeiros Príncipes, veio em meu auxílio. Eu o deixei*ᶜ* afrontando os reis da Pérsia ¹⁴e vim para fazer-te compreender o que sucederá a teu povo, no fim dos dias, porque há ainda uma visão para esses dias".

¹⁵Tendo-me ele falado essas coisas, inclinei o rosto para o chão e emudeci. ¹⁶Foi quando alguém, com a semelhança de filho de homem, tocou-me os lábios. E abri a boca para falar, e disse ao que estava diante de mim: "Meu senhor, angústias me sobrevieram por causa da aparição e não tenho mais forças. ¹⁷Como, pois, este servo do meu senhor poderá falar com o meu senhor, quando não há mais força em mim e sequer me resta o próprio alento?" ¹⁸De novo uma como aparência de homem tocou-me e me reconfortou. ¹⁹E

---

a) Lit.: "grande legião" (ou exército). Sem dúvida trata-se da guerra empreendida pelos anjos, descrita nos vv. 12-21.

b) O anjo de Iahweh que, em Zc 3,1-2, se opõe a Satã, recebe o nome de Miguel ("Quem é como Deus?") em Jd 9; ele transfere a Deus o encargo de reprimir o demônio. O mesmo combate é descrito em Ap 12,7-12. Miguel é o anjo protetor do povo de Deus (v. 21 e 12,1; cf. Ex 23,20+). O Príncipe da Pérsia aparece como um dos anjos protetores das nações inimigas de Israel. Este misterioso conflito entre os anjos acentua a ideia de que o destino das nações permanece um segredo, mesmo para os anjos, dependendo de revelação de Deus.

c) "Eu o deixei", grego; "Fui deixado", hebr., forma insólita.

disse: "Não temas, homem das predileções! A paz seja contigo! Toma força e coragem!" Enquanto ele falava comigo me senti reanimar e disse: "Que fale o meu senhor, pois tu me reconfortaste!"

***O anúncio profético**[a]* — ²⁰ᵃEntão ele disse: "Sabes por que vim ter contigo? ²¹ᵃEu te anunciarei o que está escrito no Livro da Verdade. ²⁰ᵇTenho de voltar para combater o Príncipe da Pérsia: quando eu tiver terminado, deverá vir o Príncipe de Javã.[b] ²¹ᵇNinguém me presta auxílio para estas coisas senão Miguel, vosso Príncipe,

11 ¹e eu, no primeiro ano de Dario, o medo, me mantive firme para ajudá-lo e sustentá-lo.[c] ²E agora, te anunciarei a verdade.

Primeiras guerras entre Selêucidas e Lágidas — Surgirão ainda três[d] reis na Pérsia. Depois o quarto acumulará mais riquezas que todos eles. E, quando se tiver tornado poderoso por suas riquezas, levantar-se-á contra todos os reinos de Javã. ³Surgirá então um rei guerreiro, o qual dominará um vasto império e fará o que bem lhe aprouver. ⁴Logo, porém, que se tiver estabelecido, seu reino será destroçado e dividido entre os quatro ventos do céu, e não em proveito de sua descendência.[e] E não será mais governado como ele o havia feito, porque seu reino será extirpado e entregue a outros, e não a seus descendentes.

⁵O rei do sul tornar-se-á poderoso. Mas um de seus príncipes o ultrapassará em poder e seu império será maior que o dele.[f] ⁶Alguns anos mais tarde, eles celebrarão uma aliança,[g] e a filha do rei do sul virá para junto do rei do norte para se ratificarem os acordos. Mas a força do seu braço não a sustentará, nem a sua descendência subsistirá; ela será entregue, ela com os da sua comitiva e o seu filho,[h] bem como o que teve poder sobre ela.[i] A seu tempo, ⁷um rebento de suas raízes se levantará em seu lugar. Ele marchará contra as muralhas e penetrará na fortaleza do rei do norte; e os tratará como vencedor.[j] ⁸Até seus deuses, suas estátuas e seus objetos preciosos de ouro e prata, serão o espólio que ele arrebatará para o Egito.[k] Depois, por alguns anos manterá distância do rei do norte. ⁹Este, por sua vez, virá contra o reino do rei do sul e depois retornará para o seu território. ¹⁰Seus filhos[l] levantar-se-ão e reunirão uma multidão de forças poderosas, e um deles[m] avançará,

---

a) A ordem dos vv. que seguem é duvidosa.
b) "Javã" (a Jônia) designa a Grécia.
c) Texto incerto, o início do v. ("e eu... medo) é frequentemente considerado como acréscimo.
d) Sem dúvida três reis persas, excluído "Dario, o medo". O "quarto" não é, talvez, o último Aquemênida, Dario III Codomano (336-331), vencido por Alexandre, mas antes Xerxes, o Grande (486-465), que empreendeu a expedição contra a Grécia em 480.
e) O império de Alexandre foi dividido, por ocasião de sua morte, não entre seus filhos, mas entre seus generais, os *diádocos* ("sucessores"; cf. 2,40s; 7,7; 8,8).
f) "que o dele", lit.: "que o seu império", *mimemshaltô* conj.; "seu império", *memshaltô*, hebr. — O "rei do sul" é Ptolomeu I Soter (306-285), primeiro soberano da dinastia helenística do Egito. O "príncipe" é Seleuco I Nicátor (301-281), que se aliou a Ptolomeu I para vencer Antígono (batalha de Gaza em 312, marcando o início da era dos Selêucidas) e logo depois formou para si na Ásia um imenso império.
g) Por volta de 252, Antíoco II Teós (261-246), tendo feito uma aliança com Ptolomeu II Filadelfo (285-247), desposou a filha deste, Berenice. Sua primeira mulher (e meia-irmã), Laodice, começou por retirar-se. Mas depois, recebida de volta por seu marido, envenenou-o; e envenenou também Berenice, o filho que esta tivera de Antíoco e os membros da sua comitiva. O filho de Laodice, Seleuco II Calínico (246-226) foi logo atacado por Ptolomeu III Evergetes (247-221), o qual trouxe para o Egito um espólio considerável, mas não soube explorar plenamente a sua brilhante vitória. O v. 9 faz alusão a uma contraofensiva de Seleuco, mal atestada pelos historiadores.
h) "sua descendência" (hebr. *zar'ô*) Teod., Símaco, Vulg.; "seu braço", (*zero'ô*) hebr. — "seu filho": *hayyaledah*, conj.; "seu progenitor": *hayyoledah*, hebr.; "seus filhos", sir. e Vulg.
i) Seu marido.
j) Lit. "e agirá contra eles e terá êxito".
k) Primeira menção explícita, no hebr., do que até aqui vem sendo designado como "o sul". A LXX substitui sempre "o sul" por "o Egito".
l) Seleuco III Ceraúno (227-223) e Antíoco III, o Grande (223-187).
m) Os vv. que seguem relatam os feitos de Antíoco, o Grande, o "rei do norte". Desde 220 ele começa a

desdobrar-se-á, passará e levará o ataque até a sua fortaleza. ¹¹Então o rei do sul, exasperado, partirá em guerra contra o rei do norte, o qual recrutará imensa multidão; mas a multidão será entregue em suas mãos. ¹²Sendo aniquilada essa multidão, seu coração se exaltará: ele fará cair dezenas de milhares, mas não crescerá em força. ¹³O rei do norte voltará, depois de recrutar multidões mais numerosas que as primeiras: após alguns anos ele irromperá, com um grande exército e abundante equipamento. ¹⁴Nesses tempos, muitos se insurgirão contra o rei do sul, e os violentos dentre o teu povo se levantarão para cumprirem a visão, mas eles hão de cair. ¹⁵Virá então o rei do norte, o qual construirá terraplenos e se apoderará da cidade fortificada. As forças do sul não o deterão, e nem mesmo a elite do seu povo terá a força de resistir-lhe. ¹⁶O invasor fará o que bem quiser, pois ninguém poderá detê-lo; e se estabelecerá no país do Esplendor, levando em suas mãos a destruição. ¹⁷Ele terá em mente conquistar todo o seu reino: fará um pacto com ele e lhe oferecerá uma dentre suas filhas*ᵃ* para arruiná-lo,*ᵇ* mas isto não dará resultado e ele não o conseguirá. ¹⁸Então se voltará para as ilhas*ᶜ* e conquistará diversas delas. Mas um magistrado porá fim à sua arrogância, sem que ele possa revidar-lhe o ultraje.

¹⁹Ele voltará ainda seus olhares para as cidades fortificadas do seu próprio país, mas vacilará, cairá e não mais será encontrado.*ᵈ* ²⁰Em seu lugar surgirá outro,*ᵉ* o qual fará passar um exator pelo Esplendor do seu reino: em poucos dias ele será eliminado, mas não à vista de todos nem na guerra.*ᶠ*

Antíoco Epífanes — ²¹Em seu lugar levantar-se-á um miserável,*ᵍ* a quem não se dariam as honras da realeza. Mas ele se insinuará sorrateiramente e, à força de intrigas, apossar-se-á do reino. ²²As forças de guerra serão dispersadas diante dele e até aniquiladas, o mesmo sucedendo a um príncipe da Aliança.*ʰ* ²³A despeito de pactos firmados, ele agirá com perfídia. E crescerá e se fortificará, embora com poucos partidários. ²⁴Sorrateiramente penetrará nas regiões mais férteis da província e fará o que não haviam feito seus pais nem os pais de seus pais: distribuirá despojos, lucros e riquezas entre os seus,*ⁱ* maquinando planos contra as cidades fortificadas, mas isto até certo tempo.

empreender a conquista da Palestina. Ptolomeu IV Filopátor (221-203) logo recrutou tropas de mercenários e de egípcios e, avançando para a fronteira, infligiu a Antíoco perdas imensas (batalha de Ráfia, v. 11); vitória sem futuro (v. 12): durante oito anos Antíoco batalhou sem cessar para recompor o seu império asiático. Quando subiu ao trono Ptolomeu V Epífanes (205-181), Antíoco voltou com novas forças (v. 13), sustentado pela aliança de Filipe V da Macedônia e ajudado pelas revoltas internas que haviam estourado no Egito. O v. 15 alude ao longo cerco de Gaza. Uma contra-ofensiva egípcia na Judeia apenas retardou a entrada de Antíoco em Jerusalém (vv. 15-16).
a) "fará um pacto com ele", conj., hebr., corrompido. — Pressentindo a intervenção romana, Antíoco resolve entender-se com Ptolomeu dando-lhe em casamento sua filha Cleópatra. O casamento realizou-se em Ráfia, em 194.
b) O objeto está no feminino em hebr., mas não se poderia entendê-lo de Cleópatra; da mesma forma, os dois verbos que seguem. O final deste v. obscuro deve aludir ao reinício das hostilidades causadas pela justa desconfiança dos egípcios.

c) As cidades marítimas: Antíoco, aproveitando a trégua com o Egito, voltou-se para a Ásia Menor, apoderando-se de cidades gregas e egípcias, sem preocupar-se com as advertências dos romanos, até o dia em que, em 190, em Magnésia do Sipilo, foi definitivamente derrotado pelo cônsul Lúcio Cornélio Cipião (aqui: o "magistrado").
d) Pressionado por enorme dívida de guerra, Antíoco intentara apoderar-se do tesouro de um templo de Bel na Elimaida; morreu nessa expedição (187).
e) É Seleuco IV Filopátor (187-175), filho de Antíoco, o Grande, que mandou seu ministro Heliodoro apossar-se do tesouro do Templo de Jerusalém, no que foi impedido por uma aparição sobrenatural (cf. 2Mc 3). — A sequência da frase é difícil e a tradução é conjectural.
f) Morreu assassinado, por instigação de Heliodoro.
g) Antíoco IV Epífanes (175-165), o qual se apoderou do trono suplantando o jovem Demétrio, filho do seu irmão Seleuco IV.
h) Talvez o sumo sacerdote Onias III (cf. 9,26+).
i) Lit.: "eles", isto é, os amigos de Antíoco, beneficiários da sua cobiça.

²⁵Dirigirá então sua força e o seu coração contra o rei do sul,ᵃ com um grande exército. O rei do sul por sua vez entrará na guerra com um exército extremamente grande e poderoso, mas não poderá resistir, porque se urdirão conjurações contra ele. ²⁶Os que comem à sua mesa o arruinarão; seu exército será destroçado, e muitos cairão mortalmente feridos.
²⁷Ambos esses reis, com o coração voltado para o mal, falarão mentirosamente à mesma mesa. Mas nada conseguirão, porque ainda há um prazo antes do tempo marcado. ²⁸Ele voltará para o seu país com grandes riquezas, tendo no coração más intenções contra a Aliança sagrada. Ele as realizará, e então retornará à sua terra. ²⁹No tempo fixado voltará em campanha contra o sul,ᵇ mas o fim não será como o começo. ³⁰Pois navios dos Cetimᶜ virão contra ele, tirando-lhe a coragem. Por isso, ao voltar, ele enfurecer-se-á contra a Aliança sagrada e, de novo, agirá de acordo com os que abandonam a Aliança sagrada.ᵈ

2Mc 5,11

³¹Tropas enviadas por ele virão profanar o Santuário-cidadelaᵉ e abolirão o sacrifício perpétuo, ali introduzindo a abominação da desolação. ³²Os que transgridem a Aliança, ele os perverteráᶠ com suas lisonjas; mas aqueles que conhecem o seu Deus agirão com firmeza. ³³Os homens esclarecidos dentre o povo darão a compreensão a muitos; mas serão prostradosᵍ pela espada e pelo fogo, pelo cativeiro e pela pilhagem — durante longos dias. ³⁴Ao serem oprimidos, pequeno será o auxílio que de fato receberão;ʰ muitos, porém, pretenderão associar-se a eles por intrigas. ³⁵Entre esses homens esclarecidos alguns serão prostrados a fim de que entre eles haja os que sejam acrisolados, purificados e alvejados — até o tempo do Fim, porque o tempo marcado ainda está por vir.

8,11

9,27 +

12,3

12,10

³⁶O rei agirá a seu bel-prazer, exaltando-se e engrandecendo-se acima de todos os deuses.ⁱ Proferirá coisas inauditas contra o Deus dos deuses e no entanto prosperará, até que a cólera chegue a seu cúmulo — porque o que está decretado se cumprirá. ³⁷Sem consideração para com os deuses de seus pais, sem consideração para com o favorito das mulheres ou para com qualquer outro deus, é a si mesmo que ele exaltará acima de tudo.ʲ ³⁸Mas cultuará em seu lugar o deus das fortalezas; cultuará com ouro e prata, pedras preciosas e jóias, um deus que seus pais não conheceram. ³⁹Como defensores das fortalezas tomará o povo desse deus estrangeiro.ᵏ E dará grandes honras àqueles que ele reconhecer, conferindo-lhes autoridade sobre a multidão e concedendo-lhes a terra em arrendamento.ˡ

⟶ 2Ts 2,4
Dn 2,47
Ap 13,5
Dn 8,19

---

a) Trata-se da primeira campanha de Antíoco contra Filométor do Egito (filho de sua irmã Cleópatra) o qual, mal aconselhado, caiu nas mãos do seu agressor, que o tratou com fingida amizade e entregou o Egito ao saque. Foi ao voltar que ele enfureceu-se contra os judeus (v. 28).
b) A segunda expedição contra o Egito devia terminar por fracasso humilhante. Vindo ao encontro de Antíoco nos arredores de Alexandria, o cônsul Gaio Pompílio Lenas notificou-lhe, da parte do Senado romano, que devia retirar-se.
c) A Vulg. traduz o vocábulo por "romanos". Cetim designa, na origem, Chipre; mas também, na Bíblia, as regiões marítimas, notadamente do ocidente. (Cf. Gn 10,4; Nm 24,24; Is 23,1.12; Jr 2,10; Ez 27,6 [Vulg. "Itália"]). Aqui se trata certamente dos romanos.
d) Isto é, os judeus infiéis às suas práticas religiosas e conquistados pelos atrativos da vida helenística (cf. 1Mc 1,11-15.43.52).
e) Cf. a "cidadela do Templo" em Ne 2,8 (ver 1Mc 1,31.33).
f) Lit.: "tornará hipócritas".

g) Trocadilho no hebr. entre "esclarecidos" e "prostrados"; igualmente no v. 35.
h) Possível alusão aos primeiros feitos de Judas Macabeu, que reuniu ao seu redor elementos de resistência.
i) Como Alexandre (em 8,4 e 11,3), bem como Antíoco, o Grande, em 11,16, mas contrariamente aos Aquemênidas, os quais, em suas inscrições, atribuem constantemente sua fortuna à vontade de *Ahura Mazdah*. Em sua velhice, Antíoco mandou cunhar a própria efígie, nas suas moedas, com os traços de Zeus Olímpico.
j) Os sucessores de Seleuco I honravam sobretudo Apolo, enquanto Antíoco prestava culto especial a Zeus Olímpico (cf. v. 36), identificado com Júpiter Capitolino (v. 38). O "favorito das mulheres" é Adônis Tamuz (cf. Ez 8,14).
k) Alusão à guarnição de sírios e judeus renegados que o rei havia instalado na nova cidadela, a "Acra" (cf. 1Mc 1,33-34).
l) Lit.: "por um preço": pode-se pensar numa instituição de regime agrário e fiscal imposto pelos Selêucidas aos territórios conquistados.

O TEMPO DO FIM

Fim do perseguidor — ⁴⁰No tempo do Fim, entrará em luta com ele o rei do sul, contra o qual o rei do norte se lançará com seus carros de guerra, seus cavaleiros e seus numerosos navios. Ele entrará em suas terras e, invadindo, as atravessará. ⁴¹E penetrará no país do Esplendor, onde muitos cairão. Estes, porém, hão de escapar de suas mãos: Edom, Moab e os sobreviventes[a] dos filhos de Amon.

⁴²Ele continuará a estender a mão sobre outras terras, e a terra do Egito não lhe escapará. ⁴³Tornar-se-á dono dos tesouros de ouro e prata e de todas as preciosidades do Egito, e os líbios e cuchitas[b] pôr-se-ão a seus pés. ⁴⁴Mas virão perturbá-lo notícias provindas do Oriente e do Norte, e ele partirá com grande furor para destruir e exterminar a muitos. ⁴⁵Armará as tendas do seu palácio entre o mar e a montanha do santo Esplendor. E chegará a seu termo,[c] sem que ninguém lhe venha em auxílio.

12 ¹Nesse tempo levantar-se-á Miguel, o grande Príncipe, que se conserva junto dos filhos do teu povo. Será um tempo de tal angústia qual jamais terá havido até aquele tempo, desde que as nações existem. Mas nesse tempo o teu povo escapará, isto é, todos os que se encontrarem inscritos no Livro.[d]

Ressurreição e retribuição — ²E muitos dos que dormem no solo poeirento acordarão, uns para a vida eterna e outros para o opróbrio, para o horror eterno.[e] ³Os que são esclarecidos resplandecerão, como o resplendor do firmamento; e os que ensinam a muitos a justiça[f] serão como as estrelas, por toda a eternidade.

⁴Quanto a ti, Daniel, guarda em segredo estas palavras e mantém lacrado o livro até o tempo do Fim. Muitos andarão errantes,[g] e a iniquidade[h] aumentará".

A profecia lacrada — ⁵Estava olhando, eu, Daniel, quando vi dois outros que se mantinham de pé, um sobre um lado, à margem do rio, outro do outro lado, também à margem do rio. ⁶E um deles disse ao homem vestido de linho, que se achava contra a correnteza do rio: "Até quando, o tempo das coisas inauditas?" ⁷Ouvi o homem vestido de linho, que se achava contra a correnteza do rio, o qual ergueu para o céu a mão direita e a mão esquerda, jurando por Aquele que vive eternamente: "Será por um tempo, tempos e metade de um tempo. E quando se completar o esmagamento da força do povo santo, essas coisas todas se consumarão!" ⁸Eu ouvi, mas sem compreender. Então perguntei: "Meu senhor, e como será a consumação dessas coisas?" ⁹Ele respondeu: "Vai, Daniel, pois estas palavras estão fechadas e lacradas até o tempo do Fim. ¹⁰Muitos serão purificados, alvejados e acrisolados. Os maus agirão com maldade, e todos os maus ficarão sem compreender. Os que são esclarecidos, porém, compreenderão. ¹¹A contar do momento em que tiver sido abolido o

---

a) Lit.: "restantes": *she'erit*, conj.: "primícias" ou "chefes": *re'shit*, hebr.
b) São os povos situados a oeste e ao sul do Egito.
c) Morte de Antíoco (cf. 8,25).
d) O livro dos predestinados ou livro da Vida (cf. Ex 32,32-33; Sl 69,29; 139,16; Is 4,3; Lc 10,20; Ap 20,12+. Ver também Dn 7,10+).
e) Este é um dos grandes textos do AT sobre a ressurreição da carne (cf. 2Mc 7,9+).
f) Lit.: "os que tornaram justos", portanto, "mestres de Justiça". O v. precedente faz pensar que não se trata aqui somente do renome póstumo dos santos, como em Sb 3,7 (cf. Is 1,31), mas de uma transfiguração escatológica que atinge o seu corpo, doravante "glorioso".
g) Sem dúvida, em busca da verdade (cf. Am 8,12).
h) "a iniquidade", LXX; "o conhecimento", hebr. Mas, sem corrigir pode-se talvez compreender (com Teod.). "Muitos ficarão perplexos, mas o conhecimento aumentará".

sacrifício perpétuo e for instalada a abominação da desolação, haverá mil, 7,25+
duzentos e noventa dias. ¹²Bem-aventurado aquele que perseverar, chegando
a mil, trezentos e trinta e cinco dias.ᵃ ¹³Quanto a ti, vai tomar o teu repouso.
Depois te levantarás para receber a tua parte, no fim dos dias".ᵇ

Susana e o julgamento de Danielᶜ

13 ¹Havia um homem que morava na Babilônia, chamado Joaquim. ²Ele havia desposado uma mulher chamada Susana, filha de Helcias, muito bela e temente a Deus. ³Seus pais também eram justos e haviam educado a filha na lei de Moisés. ⁴Joaquim era muito rico e possuía um jardim contíguo à sua casa. A ele acorriam os judeus, porque era o mais ilustre deles todos. ⁵Naquele ano haviam sido designados como juízes dois anciãos do povo, a respeito dos quais falou o Senhor:ᵈ "A iniquidade saiu da Babilônia, dos anciãos, que só aparentemente guiavam o povo". ⁶Esses dois frequentavam a casa de Joaquim, e todos os que tinham alguma questão a julgar vinham a eles. ⁷E acontecia que, ao retirar-se o povo pelo meio-dia, Susana costumava entrar para um passeio no jardim do seu esposo. ⁸Os dois anciãos, que a observavam diariamente enquanto ela entrava e passeava, começaram a desejá-la. ⁹Perverteram assim a sua mente e desviaram seus próprios olhos, de modo a não olharem para o Céu e não se lembrarem dos seus justos julgamentos. ¹⁰Ambos ardiam de paixão por causa dela, mas não comunicavam um ao outro o seu tormento. ¹¹Eles sentiam vergonha de revelar a própria paixão, isto é, o fato de quererem deitar-se com ela. ¹²Mas diariamente se escondiam, com avidez, procurando vê-la. ¹³Certa feita, disseram um ao outro: "Vamos para casa, pois é hora do almoço". De fato, saindo, separaram-se. ¹⁴Mas, tendo ambos voltado, encontraram-se no mesmo lugar e, perguntando um ao outro o motivo, confessaram a própria paixão. Então, de comum acordo, combinaram o momento em que poderiam surpreendê-la sozinha. ¹⁵E sucedeu que, enquanto esperavam um dia favorável, ela entrou, como fizera nos dias anteriores, acompanhada apenas de duas meninas. E pensou em tomar banho no jardim, porque fazia calor. ¹⁶Não havia ninguém ali, exceto os dois anciãos que, escondidos, a espreitavam. ¹⁷Ela disse então às meninas: "Trazei-me óleo e bálsamo, e fechai a porta do jardim, porque vou banhar-me". ¹⁸Elas fizeram como lhes fora dito: fecharam cuidadosamente as portas do jardim e saíram por uma porta lateral a fim de buscar o que lhes fora ordenado. E não perceberam a presença dos anciãos, que se achavam escondidos.

¹⁹Apenas saíram as meninas, levantaram-se os dois e correram para ela, ²⁰dizendo: "As portas do jardim estão fechadas, ninguém nos vê, e nós te desejamos. Por isso, consente e deita-te conosco! ²¹Se recusares, testemunharemos contra ti que um moço esteve contigo, e que foi por isso que afastaste de ti as meninas". ²²Susana gemeu, dizendo: "Estou cercada Lv 20,10 por todos os lados: se fizer isso, aguarda-me a morte;ᵉ e se não o fizer, não Jo 8,4-5 escaparei de vossas mãos. ²³Mas é melhor para mim cair inocente em vossas mãos, do que pecar diante do Senhor". ²⁴Gritou então Susana em alta voz,

---

a) A diferença entre as cifras de 8,14 (mil cento e cinquenta) e, neste cap., do v. 11 (mil, duzentos e noventa) e do v. 12 (mil, trezentos e trinta e cinco) continua sem explicação.
b) Trata-se da recompensa final (Mq 2,5; cf. Sl 1,5).
c) Aqui começam as adições gregas (cf. Introdução aos profetas).
d) Não se sabe qual o texto bíblico a que se refere aqui.
e) O adultério era punido com a pena de morte (Lv 20,10 e Dt 22,22; cf. Jo 8,4-5).

mas os dois anciãos também gritaram contra ela, ²⁵enquanto um deles corria para abrir as portas do jardim. ²⁶Ao ouvirem a gritaria no jardim, os familiares precipitaram-se pela porta lateral para ver o que acontecera com ela. ²⁷Quando, porém, os anciãos deram a sua versão dos fatos, os empregados sentiram-se profundamente envergonhados, porque jamais se dissera algo semelhante a respeito de Susana.

²⁸No dia seguinte, ao reunir-se o povo na casa de Joaquim, vieram também os dois anciãos, cheios de iníquo propósito contra Susana, pretendendo condená-la à morte. ²⁹E assim falaram, diante do povo: "Mandai chamar Susana, filha de Helcias, a que é mulher de Joaquim". Chamaram-na, pois, ³⁰e ela compareceu. Vieram também seus pais, seus filhos e todos os seus parentes. ³¹Ora, Susana era muito delicada e bela de rosto. ³²Como estivesse velada, aqueles malvados ordenaram que lhe retirassem o véu, a fim de poderem fartar-se da sua beleza. ³³Entretanto, choravam os que estavam com ela e todos os que a viam. ³⁴Então, levantando-se no meio do povo, os dois anciãos impuseram-lhe as mãos sobre a cabeça.*a* ³⁵Ela, chorando, olhava para o céu, porque o seu coração tinha confiança no Senhor. ³⁶Falaram então os anciãos: "Enquanto passeávamos sozinhos no jardim, esta mulher entrou com duas servas. Depois, fechou as portas do jardim e despediu as servas. ³⁷Nesse momento aproximou-se dela um jovem, que estava oculto, o qual deitou-se com ela. ³⁸Nós, que estávamos em um canto do jardim, ao vermos a iniquidade, corremos sobre eles, ³⁹chegando a vê-los juntos. Quanto a ele, não conseguimos agarrá-lo porque era mais forte do que nós e, tendo aberto as portas, saltou para fora. ⁴⁰A ela, porém, agarramos e perguntamos quem era o jovem, ⁴¹mas não quis dizê-lo a nós. Disto somos testemunhas".

A assembleia creu neles, pois eram anciãos do povo e juízes. E julgaram-na ré de morte. ⁴²Susana clamou então em alta voz, dizendo: "Deus eterno, que conheces as coisas ocultas, que sabes todas as coisas antes de sua origem, ⁴³tu sabes que é falso o testemunho que levantaram contra mim. Eis, pois, que morrerei, não tendo feito nada do que estes maldosamente inventaram a meu respeito".

⁴⁴E o Senhor escutou a sua voz. ⁴⁵Enquanto a levavam para fora, a fim de ser executada, suscitou Deus o espírito santo de um jovem adolescente, chamado Daniel, ⁴⁶o qual clamou em alta voz: "Eu sou inocente do sangue desta mulher!" ⁴⁷Voltou-se então todo o povo para ele, dizendo: "Que palavra é esta que acabas de proferir?" ⁴⁸E ele, de pé no meio deles, respondeu: "Tão insensatos sois vós, israelitas? Sem julgamento e sem conhecimento claro condenastes uma filha de Israel? ⁴⁹Voltai ao lugar do julgamento, pois é falso o testemunho que esses homens levantaram contra ela".

⁵⁰E o povo todo voltou, apressadamente. E os outros anciãos lhe disseram: "Senta-te no meio de nós e expõe-nos o teu pensamento, pois Deus te deu o que é próprio da ancianidade". ⁵¹Disse-lhes então Daniel: "Separai-os bastante um do outro, e eu os julgarei". ⁵²Tendo sido separados um do outro, chamou o primeiro deles e disse-lhe: "Tu que envelheceste no mal! Agora aparecem os teus pecados, que cometeste no passado: ⁵³fazendo julgamentos injustos, condenavas os inocentes e absolvias os culpados, apesar de o Senhor dizer: 'Tu não farás morrer o inocente e o justo!' ⁵⁴Agora, pois, se é que a viste, dize-nos debaixo de qual árvore os viste juntos". E ele respondeu: "Debaixo de um lentisco".*b* ⁵⁵Retrucou-lhe Daniel: "Mentiste

---

a) A lapidação, precedida pela imposição das mãos, era um fato assumido pela comunidade inteira.
b) Aqui e nos vv. 58-59 encontram-se no texto grego aliterações que estabelecem trocadilhos entre as árvores e o castigo: *schínos* e *schísei* (vv. 54-55) e *prínos* e *kataprísê* (vv. 58-59). Seria, em português, algo como lentisco e, se houvesse o verbo, "lentiscar"; da mesma forma, nos vv. 58-59, carvalho e "carvalhar".

perfeitamente, contra a tua própria cabeça! Pois o anjo de Deus, já tendo recebido a sentença da parte de Deus, te rachará pelo meio". ⁵⁶Mandando sair este, ordenou que trouxessem o outro. E disse-lhe: "Raça de Canaã e não de Judá, a beleza te extraviou e o desejo perverteu o teu coração. ⁵⁷Assim procedíeis com as filhas de Israel, e elas, por medo, se entregavam a vós. Mas uma filha de Judá não se submeteu à vossa iniquidade. ⁵⁸Agora, pois, dize-me debaixo de qual árvore os surpreendeste entretendo-se juntos". E ele respondeu: "Debaixo de um carvalho". ⁵⁹Retrucou-lhe Daniel: "Mentiste perfeitamente, tu também, contra a tua própria cabeça. Pois o anjo de Deus está esperando, com a espada na mão, para te cortar pelo meio, a fim de acabar convosco."

⁶⁰Então a assembleia inteira prorrompeu num clamor em alta voz, bendizendo ao Deus que salva os que nele esperam. ⁶¹E levantaram-se contra os dois anciãos porque Daniel, por sua própria boca, os havia convencido de falso testemunho. E fizeram com eles da maneira como haviam maquinado perversamente contra o próximo, ⁶²agindo segundo a Lei de Moisés. Mataram-nos, portanto, e assim foi poupado o sangue inocente, naquele dia. ⁶³Então Helcias e sua mulher elevaram um hino a Deus por causa de sua filha Susana, com Joaquim seu marido e todos os seus parentes, porque nada de torpe havia sido encontrado nela.

Dt 19,16-21

⁶⁴Quanto a Daniel, desse dia em diante tornou-se grande aos olhos do povo.

Bel e a serpente[a]

14 *Daniel e os sacerdotes de Bel* — ¹ᵇO rei Astíages reuniu-se a seus pais, e Ciro, o persa, tomou posse do seu reino. ²Daniel vivia na intimidade do rei e era o mais honrado entre os seus amigos.[c] ³Ora, os babilônios tinham um ídolo, chamado Bel,[d] em honra do qual eram consumidas diariamente doze artabas de flor de farinha, quarenta ovelhas e seis metretas de vinho. ⁴Também o rei o venerava e ia diariamente prostrar-se diante dele. Daniel, porém, prostrava-se diante do seu Deus. ⁵Disse-lhe, um dia, o rei: "Por que não te prostras diante de Bel?" E ele respondeu: "Eu não adoro ídolos feitos por mão humana, mas sim o Deus vivo, que criou o céu e a terra e tem o senhorio sobre toda carne". ⁶Perguntou-lhe então o rei: "Não te parece que Bel seja um deus vivo? Acaso não vês tudo o que ele come e bebe dia por dia?" ⁷Retrucou Daniel a rir: "Não te enganes, ó rei! Por dentro ele é de barro e por fora é de bronze, e jamais comeu ou bebeu coisa alguma!" ⁸Encolerizado, o rei fez chamar seus sacerdotes e lhes disse: "Se não me disserdes quem é que consome essas provisões, morrereis. Ao contrário, se provardes que é Bel que as consome, será Daniel quem morrerá, pois ele blasfemou contra Bel". ⁹Disse Daniel ao rei: "Seja feito segundo a tua palavra!"[e] Ora, os sacerdotes de Bel eram em número de setenta, sem contar as mulheres e as crianças. ¹⁰O rei dirigiu-se então com Daniel ao templo de Bel.[f] ¹¹e os sacerdotes de Bel disseram: "Vê, nós vamos sair daqui. Tu, porém, ó rei, oferece os manjares e apresenta o vinho misturado. Fecharás depois a porta, lacrando-a com o teu sinete. Quando vieres amanhã cedo,

---

a) As narrativas que seguem são apólogos dirigidos contra o culto dos ídolos, no espírito de Sb 15 e 16. Indicaremos as variantes mais notáveis do texto da LXX, completamente independente.
b) Título na LXX: "Da profecia de Habacuc, filho de Josué, da tribo de Levi" (cf. v. 33).
c) LXX: "Havia um homem que era sacerdote, chamado Daniel, filho de Abal, amigo do rei da Babilônia".
d) Bel é um dos nomes de Marduc, patrono divino da Babilônia (cf. Is 46,1; Jr 50,2; 51,44).
e) LXX: Daniel mesmo propõe o seu próprio castigo.
f) A LXX abrevia o que segue.

se não constatares que tudo foi consumido por Bel, morreremos nós. Caso contrário, é Daniel quem morrerá, por estar mentindo contra nós". ¹²Falavam eles com tal leviandade, porque haviam feito uma entrada secreta debaixo da mesa: por ela introduziam-se diariamente e surripiavam as coisas. ¹³Sucedeu, então, que eles saíram e o rei depositou os alimentos diante de Bel. ¹⁴Daniel ordenou então a seus servos que trouxessem cinza e salpicassem com ela todo o santuário, tendo só o rei por testemunha. Depois saíram, fecharam a porta à chave e lacraram-na com o sinete do rei, e retiraram-se. ¹⁵Os sacerdotes vieram durante a noite, segundo o seu costume, eles com suas mulheres e filhos, e comeram e beberam tudo. ¹⁶O rei levantou-se muito cedo, e Daniel com ele. ¹⁷E o rei perguntou: "Estão intactos os sinetes, Daniel?" — E este respondeu: "Intactos, ó rei!" ¹⁸Ora, tendo lançado um olhar sobre a mesa logo que abrira as portas, o rei prorrompeu num clamor em alta voz: "Tu és grande, ó Bel, e não há em ti engano, nem sequer um só!" ¹⁹Daniel, porém, sorriu. E, detendo o rei para que não entrasse mais para dentro, falou: "Olha, pois, o pavimento e reconhece de quem são estas pegadas!" ²⁰E o rei disse: "Eu vejo pegadas de homens, de mulheres e de crianças". ²¹Encolerizado, o rei mandou então prender os sacerdotes com suas mulheres e seus filhos, os quais lhe mostraram as portas secretas por onde entravam e consumiam o que estava sobre a mesa. ²²E o rei mandou-os matar, enquanto entregou Bel ao arbítrio de Daniel. Este o destruiu, assim como ao seu templo.

Daniel mata a serpente — ²³Havia também uma grande serpente, que os babilônios veneravam.*ᵃ* ²⁴E o rei disse a Daniel: "Acaso irás dizer que também esta é de bronze? Olha! Ela vive, come, bebe: tu não dirás que esta não é um deus vivo. Portanto, adora-a!" ²⁵Mas Daniel respondeu: "É ao Senhor meu Deus que adorarei, porque ele é o Deus vivo. Tu, porém, ó rei, dá-me a licença e eu matarei a serpente, sem espada nem bastão". ²⁶E o rei lhe disse: "Concedo-te a licença". ²⁷Daniel tomou pez, gordura e pelos, e cozinhou tudo junto. Depois fez uma espécie de bolos e atirou-os à boca da serpente. E a serpente, tendo-os engolido, estourou. Então Daniel pôs-se a clamar: "Vede o que adorais!" ²⁸Quando os babilônios souberam disso, ficaram extremamente indignados e revoltaram-se contra o rei, dizendo: "O rei se tornou judeu! Bel, ele o deixou destruir; a serpente, deixou que a matassem; e os sacerdotes, mandou-os trucidar!" ²⁹Dirigiram-se então ao rei e disseram-lhe: "Entrega-nos Daniel! Se não, mataremos a ti e à tua família!" ³⁰O rei viu que o pressionavam gravemente e, cedendo à necessidade, entregou-lhes Daniel.

Daniel na cova dos leõesᵇ — ³¹Eles o atiraram na cova dos leões, onde esteve durante seis dias. ³²Ora, havia na cova sete leões, aos quais se davam diariamente dois corpos e duas ovelhas. Então, porém, não se lhes deu nada, a fim de que devorassem Daniel.

³³Entretanto, o profeta Habacuc estava na Judeia. Ele havia acabado de cozinhar um caldo e de colocar pães em pedaços numa cesta, e se dispunha a ir ao campo a fim de os levar aos ceifeiros. ³⁴Disse então o anjo do Senhor a Habacuc: "Leva a refeição que tens até Babilônia, à cova dos leões, para Daniel". ³⁵Retrucou Habacuc: "Senhor, nunca vi Babilônia, e não conheço essa cova!" ³⁶Mas o anjo do Senhor, segurando-o pelo alto da cabeça, transportou-o pelos cabelos até Babilônia, à beira da cova, na impetuosidade do seu espírito. ³⁷Gritou então Habacuc, dizendo: "Daniel, Daniel, toma a refeição que Deus te

---

a) Nada se sabe do culto de uma serpente divinizada em Babilônia. A narrativa da serpente estourado pelo alimento que Daniel lhe prepara é conhecida também de antigos autores judeus, que a referem comentando Jr 51,44.

b) Temos aqui uma espécie de duplicata do episódio do cap. 6. A intervenção de Habacuc "arrebatado pelos cabelos" poderia ser inspirada por Ez 8,3.

enviou!" ³⁸E Daniel disse: "Tu te recordaste de mim, ó Deus, e não abandonaste os que te amam". ³⁹Depois, levantando-se, Daniel comeu. Entretanto, o anjo do Senhor imediatamente reconduziu Habacuc ao seu lugar.

⁴⁰No sétimo dia, o rei veio chorar Daniel. Chegou à beira da cova e olhou, e eis que Daniel estava sentado tranquilamente. ⁴¹Clamando então com voz forte, exclamou: "Tu és grande, ó Senhor, Deus de Daniel, e não há outro além de ti!" ⁴²E mandou retirá-lo. Quanto aos culpados pelo perigo em que incorrera, ele os fez precipitar na cova. E foram devorados num instante, diante dele.

OSEIAS

1 **Título** — ¹Palavra de Iahweh que foi dirigida a Oseias, filho de Beeri, no tempo de Ozias, Joatão, Acaz e Ezequias, reis de Judá, e no tempo de Jeroboão, filho de Joás, rei de Israel.[a]

I. Casamento de Oseias e seu valor simbólico[b]

Casamento e filhos de Oseias — ²Começo das palavras de Iahweh por intermédio de Oseias. Disse Iahweh a Oseias: "Vai, toma para ti uma mulher que se entrega à prostituição[c] e filhos da prostituição,[d] porque a terra se prostituiu constantemente, afastando-se de Iahweh".

³Ele foi e tomou Gomer, filha de Deblaim, que concebeu e lhe gerou um filho. ⁴E Iahweh lhe disse: "Dá-lhe o nome[e] de Jezrael,[f] porque ainda um pouco de tempo e eu castigarei a casa de Jeú pelo sangue de Jezrael e destruirei o reinado da casa de Israel. ⁵E acontecerá, naquele dia: eu quebrarei o arco de Israel no vale de Jezrael".[g]

⁶Ela concebeu novamente e deu à luz uma filha. Iahweh lhe disse: "Dá-lhe o nome de Lo-Ruhamah, porque doravante não mais terei piedade da casa de Israel, para ainda lhe perdoar.[h] ⁷Mas terei piedade da casa de Judá e os salvarei por Iahweh, seu Deus. Não os salvarei nem

1Rs 18,45 +
2Rs 9,1-10;
10,1-17;
17,2-6

---

a) E também no tempo de seus sucessores até o fim do reino do Norte.
b) Na linha dos atos simbólicos dos profetas (Jr 18,1+), é aqui a própria vida de Oseias que revela o mistério do desígnio de Deus. Oseias amou e ama ainda uma mulher que lhe responde a esse amor apenas com a traição. Assim também Iahweh ama sempre Israel, esposa infiel, e após tê-la provado dar-lhe-á novamente as alegrias do primeiro amor e tornará o amor de sua esposa inquebrantável e indefectível (caps. 1-3). Já antes de Oseias qualificava-se, sem dúvida, de prostituição o culto que os cananeus prestavam aos seus ídolos, por causa das práticas de prostituição sagrada que lhe estavam associadas (Ex 34,15). Imitando sua idolatria, Israel também se prostituía (Ex 34,16). Oseias, contudo, é o primeiro a representar sob a imagem da união conjugal as relações de Iahweh com o seu povo desde a Aliança do Sinai, e a qualificar a traição idolátrica de Israel, não apenas de prostituição, mas de adultério. Depois dele o tema será retomado pelos profetas (Is 1,21; Jr 2,2; 3,1; 3,6-12). Ezequiel desenvolve o tema em duas grandes alegorias (caps. 16 e 23). O Dêutero-Isaías apresentará a restauração de Israel como a reconciliação com uma esposa infiel (Is 50,1; 54,6-7, cf. Is 62,4-5). É necessário, também, ver as relações de Iahweh e de Israel expressas com imagens nupciais do Cântico dos Cânticos e do Sl 45. Finalmente, no NT, Jesus, representando a era messiânica como núpcias (Mt 22,1-14; 25,1-13), e sobretudo revelando-se como o esposo (Mt 9,15; cf. Jo 3,29), mostra que a aliança nupcial entre Iahweh e seu povo realiza-se plenamente em sua pessoa. S. Paulo utilizará igualmente esse tema (2Cor 11,2; Ef 5,25-33; cf. 1Cor 6,15-17), que será retomado pelo Apocalipse 21,2. — Os caps. 1-3 formam, no livro de Oseias, uma unidade claramente definida. Eles podem ser divididos em três seções, compreendendo cada uma, uma parte relativa ao tempo presente, na qual Deus censura Israel pelo seu pecado, e uma parte anunciando a salvação futura, 1,2-9; 2,1-3; 2,4-15; 2,16-25; 3,1-4; 3,5.
c) Lit.: "uma mulher de prostituição" (cf. 4,12; 5,4), ou seja Gomer era desde o começo conhecida como tal, ou mais provavelmente, porque ela se mostrou tal mais tarde.
d) Não que eles devam nascer do adultério, mas porque sua mãe lhes transmite sua natureza: tal mãe, tais filhos (Ez 16,44; Eclo 41,5).
e) Os nomes que Oseias recebe a ordem de dar a seus filhos são nomes proféticos (cf. Is 1,26+).
f) Jezrael ("Deus semeia"; cf. 2,24-26) é também o nome de uma residência dos reis de Israel. Foi lá que Jeú massacrou a mulher e os descendentes de Acab (2Rs 9,15-10,14). Ao contrário de 2Rs 10,30, Oseias condena esta ação.
g) O vale de Jezrael, e particularmente Meguido, no fim da passagem que vem do litoral, considerada como meio normal de comunicação entre o Egito e a Assíria, constitui o campo de batalha clássico da Terra Santa (cf. Jz 4,12-16; 6,33; 1Sm 28,4; 2Rs 23,29). Ele representa o lugar do combate escatológico (Zc 12,11; Ap 16,16). Mas, ao mesmo tempo, sua fertilidade, indicada por seu nome ("Deus semeia"), lembra as promessas do nascimento de novo povo (2,24-25). Este será o "dia de Jezrael" (2,2).
h) Ou: "eu não terei mais piedade da casa de Israel; eu lha retirarei completamente". — O nome *Lo-Ruhamah* significa "Não-Amada" ou "Aquela de quem não se tem piedade".

pelo arco, nem pela espada, nem pela guerra, nem pelos cavalos, nem pelos cavaleiros."*a*

⁸Ela deixou de amamentar Lo-Ruhamah, depois engravidou e deu à luz um filho. ⁹Iahweh disse: "Dá-lhe o nome de Lo-Ammi,*b* porque não sois o meu povo, e eu não existo para vós".*c*

2 *Perspectivas do futuro* —
¹O número dos israelitas será como a areia do mar*d* que não se pode medir nem contar;
no mesmo lugar*e* onde se lhes dizia: "Não sois meu povo",
se lhes dirá: "Filhos do Deus vivo".
²Os filhos de Judá e os israelitas se reunirão,
constituirão para si um único chefe
e se levantarão da terra,*f*
porque será grande o dia de Jezrael.
³Dizei aos vossos irmãos:
"Meu povo", e às vossas irmãs: "Amada".*g*

Iahweh e sua esposa infiel*h*

⁴Processai vossa mãe, processai.*i*
Porque ela não é minha esposa,
e eu não sou seu esposo.*j*
Que ela afaste do seu rosto as suas prostituições
e de entre os seios seus adultérios.*k*
⁵Senão eu a despirei completamente,*l*
deixá-la-ei como no dia de seu nascimento,
torná-la-ei semelhante a um deserto,*m*
transformá-la-ei numa terra seca,
fá-la-ei morrer de sede.
⁶Não amarei seus filhos,
porque são filhos da prostituição.
⁷Sim, sua mãe se prostituiu,
cobriu-se de vergonha aquela que os concebeu,

---

a) Este versículo é provavelmente adição dos discípulos de Oseias refugiados em Judá após a queda de Samaria, atualizando para o reino do Sul a mensagem dirigida ao reino do Norte.

b) O nome significa "Não-Meu-Povo". Os nomes dos três filhos indicam severidade crescente de Iahweh. Desta vez a ruptura é completa.

c) Lit.: "E eu, não 'Eu sou' para vós". Alusão à revelação do sentido do nome de Iahweh (Ex 3,14): "Eu sou aquele que é". Nota-se que para Oseias essa fórmula tem o sentido de presença protetora e salvífica do Deus da Aliança ("Eu sou" corresponde a "meu povo".) Alguns manuscritos gregos trazem: "Eu não sou vosso Deus", leitura facilitante.

d) Retomada da antiga promessa, atestada pelas tradições javista (Gn 32,13) e eloísta (Gn 22,17).

e) Jezrael, lugar simbólico do Dia de Iahweh (cf. Am 5,18+), chamado aqui intencionalmente dia de Jezrael (v. 2; cf. 1,5).

f) Tradução incerta. Outros compreendem: "eles apoderar-se-ão do país"; "eles conquistarão o país"; "eles retornarão de seu país" (do Exílio).

g) Nomes simbólicos novos opostos aos de 1,6 e 1,9. Não há um nome de oposição ao de Jezrael, primeiro filho de Oseias, cujo significado é duplo: ele é sinal, ao mesmo tempo, de desgraça e de felicidade (cf. 1,5+).

h) Iahweh fala, aqui, com Israel a linguagem do amor ultrajado que não se resigna a odiar, mas que, por uma série de castigos, tenta reconduzir a infiel; conseguindo-o, ele a põe à prova, retoma-a com o amor do tempo do noivado e a enche de bens.

i) O processo é forma literária frequente nos profetas (cf. 4,1; Is 3,13; Mq 6,1; Jr 2,9 etc.). Mas nestes textos, é Deus quem processa o seu povo infiel. O convite dirigido aos filhos, tão culpados como a mãe (1,2), a falarem contra ela é convite para se distanciarem dela.

j) Estas expressões são atestadas na Mesopotâmia como fórmula jurídica do divórcio. Provavelmente serviam como tal também em Israel.

k) Por "prostituições" e "adultérios" deve-se, provavelmente, compreender aqui amuletos, tatuagens e outros sinais distintivos da prostituição (cf. Pr 7,10; Gn 38,15).

l) O uso jurídico de despojar das vestes a esposa culpada é igualmente atestado no Oriente Próximo (cf. Ez 16,37-39; Is 47,2-3; Jr 13,22; Na 3,5; Ap 17,16).

m) Passa-se da esposa para a terra, que ela simboliza. As riquezas de Canaã, causa do pecado de Israel (10,1; 13,6), devem desaparecer (4,3; 5,7; 9,6; 13,15).

OSEIAS 2

quando dizia: Quero correr atrás de meus amantes,*a*
daqueles que me dão o meu pão e a minha água,
a minha lã e o meu linho, o meu óleo e a minha bebida.

Jr 2,23 ⁸Por isso cercarei o seu caminho*b* com espinhos
e o fecharei com uma barreira, para que não encontre suas sendas.

7
Jr 3,22
Os 6,1-3
Lc 15,17-18
⁹Perseguirá seus amantes, sem os alcançar,
procurá-los-á, mas não os encontrará.
Dirá então: Quero voltar ao meu primeiro marido,
pois eu era outrora mais feliz do que agora.

8
Dt 7,13;
8,11-18
Sl 144,12s
¹⁰Mas ela não reconheceu que era eu
quem lhe dava o trigo, o mosto e o óleo,
quem lhe multiplicava a prata e o ouro
que eles usavam para Baal!*c*

9 ¹¹Por isso retomarei o meu trigo a seu tempo
e o meu mosto na sua estação,
retirarei a minha lã e o meu linho,
que deviam cobrir a sua nudez.

Ez 16,37
Jo 10,29
¹²Agora descobrirei sua vergonha aos olhos dos seus amantes,
e ninguém a livrará de minha mão.

Am 5,21-23
Is 1,13-14
Jr 7,34
¹³Acabarei com sua alegria,
com suas festas, suas luas novas e seus sábados
e com todas as suas assembleias solenes.

Sl 80,13-14
Is 5,5-6
¹⁴Devastarei sua vinha e sua figueira,*d*
das quais dizia:
Este é o pagamento que me deram os meus amantes.
Farei delas um matagal,
e os animais selvagens as devorarão.

13
Jr 2,32
¹⁵Eu a castigarei pelos dias*e* dos baais,
aos quais queimava incenso.
Enfeitava-se com seu anel e seu colar
e corria atrás de seus amantes,
mas de mim ela se esquecia!
Oráculo de Iahweh.

¹⁶Por isso, eis que, eu mesmo, a seduzirei,*f*
conduzi-la-ei ao deserto*g*
e falar-lhe-ei ao coração.

Is 65,10
Js 7,24-26
Jr 2,2
Ex 13,17+
¹⁷Dali lhe restituirei suas vinhas,
e o vale de Acor será uma porta de esperança.*h*

a) "correr atrás", lit.: "ir atrás de, seguir" no sentido de se ligar a. — Os "amantes" são as divindades cananeias.
b) "seu caminho", grego e sir.; "teu caminho", hebr. A passagem brutal da 3ª para 2ª pessoa, como no v. 18, parece definitiva aqui, pois não continua até o fim do v.
c) Para fazer deles objetos destinados ao culto de Baal.
d) "vinha e figueira", expressão tradicional da paz, da tranquilidade e da facilidade que reinou no tempo de Salomão (1Rs 5,5) e que existirá novamente nos tempos messiânicos (Mq 4,4; Zc 3,10). Aqui se trata da prosperidade que desvia o povo de Iahweh (cf. Dt 8,11-20), e o leva ao culto dos ídolos, aos quais essa prosperidade era atribuída (vv. 7-14).
e) Dias de festas cúlticas (cf. 9,5; Sl 118,24; Ne 8,9).
f) É preciso compreender a palavra em seu sentido forte: é a atitude de alguém que afasta seu parceiro

do caminho que devia seguir (cf. Jz 14,15). A mesma expressão é empregada a respeito do homem que seduz uma virgem (Ex 22,15. Cf. também Jr 20,1).
g) A vida no deserto, durante o Êxodo, aparecia como ideal perdido (já Am 5,25; Os 12,10); Israel, ainda criança (Os 11,1-4), não conhecia os deuses estrangeiros e seguia fielmente Iahweh presente na nuvem (Os 2,16-17; Jr 2,2-3). Sobre a utilização profética do tema do Êxodo, ver ainda Is 40,3+.
h) O vale de Acor (um dos vales dos arredores de Jericó, que dão acesso ao interior do país) foi o lugar de ato de infidelidade severamente punido por Iahweh (Js 7,24-26). Seu nome significa vale da desgraça, segundo Jz 7,26+. Ele se tornará porta de esperança, dando acesso a uma Terra Santa renovada.

Ali ela responderá como nos dias de sua juventude,
como no dia em que subiu da terra do Egito.
¹⁸ Acontecerá, naquele dia,
— oráculo de Iahweh —
que me chamarás "Meu marido",
e não mais me chamarás "Meu Baal."ᵃ
¹⁹ Afastarei de seus lábios os nomes dos baais,
para que não sejam mais lembrados por seus nomes.
²⁰ Farei em favor deles, naquele dia, um pacto
com os animais do campo, com as aves do céu e com os répteis da terra.
Exterminarei da face da terra o arco, a espada e a guerra;
fá-los-ei repousar em segurança.ᵇ
²¹ Eu te desposarei a mimᶜ para sempre,
eu te desposarei a mim na justiça e no direito,
no amorᵈ e na ternura.
²² Eu te desposarei a mim na fidelidade
e conhecerás a Iahweh.ᵉ

²³ Naquele dia, eu responderei
— oráculo de Iahweh —
eu responderei ao céu e ele responderá à terra.
²⁴ A terra responderá ao trigo, ao mosto
e ao óleo e eles responderãoᶠ a Jezrael.

a) O nome baal ("senhor") era dado ao marido. Este nome se encontrava, em tempos mais antigos, na composição de numerosos nomes de pessoa (cf. 1Sm 14,49+; 2Sm 2,8 etc.; 1Cr 8,33; 9,39-40 etc.), sem que isso implicasse idolatria: é Iahweh que era o "senhor" a quem o nome consagrava seu portador. Mas, em época mais recente, o termo *baal* foi considerado como ímpio, por referir-se aos baais cananeus (cf. Jz 2,13+). É por isso que Oseias condena o seu uso (v. 19). A passagem de "meu senhor" para "meu marido" insinua que o acento é posto mais na intimidade do vínculo conjugal do que na subordinação da esposa ao esposo (cf. Jo 15,15).

b) A restauração messiânica se efetuará na justiça e na santidade (vv. 21-22). Deus voltará então a habitar no meio do seu povo para enchê-lo de seus benefícios (cf. Lv 26,3-13; Dt 28,1-14). O céu dará a chuva a seu tempo e a terra seus produtos em abundância (Os 2,23-24; 14,8-9; Am 9,13; Jr 31,12.14; Ez 34,26-27.29; 36,29-30; Is 30,23-26; 49,10; Jl 2,19.22-24; 4,18; Zc 8,12). Não temerão mais que outros venham a se apoderar deles (Am 9,15; Is 65,21-23; cf. Dt 28,30-33), porque Israel não sofrerá mais a invasão estrangeira (Mq 5,4; Is 32,17-18; Jl 2,20; Jr 46,27; cf. Is 4,5-6, explicado por 25,4-5); Deus fará para ele um pacto com os animais ferozes (Os 2,20; Ez 34,25-28). A paz se estenderá a todos *os povos* (Is 2,4 = Mq 4,3; cf. Is 11,6-8+; 65,25), sob a égide do Rei-Messias (Is 9,5-6; Zc 9,10). A própria morte desaparecerá (Is 25,7-8) e a alegria substituirá o sofrimento e as lágrimas (Is 65,18-19; Jr 31,13; Br 4,23.29; cf. Ap 21,4).

c) Este verbo é usado na Bíblia somente referindo-se a uma jovem virgem. Deus suprime, assim, totalmente o passado adúltero de Israel, que é como criatura nova. Na expressão "eu te desposarei a mim na (justiça)", o que segue a preposição "na" designa o dote que o noivo oferece a sua noiva (mesma construção em 2Sm 3,14). O que Deus dá a Israel nessas novas núpcias não são mais os bens materiais da aliança antiga (2,10), mas as disposições interiores requeridas para que o povo seja agora fiel à Aliança. Temos aqui, já em germe, tudo aquilo que será desenvolvido por Jeremias e Ezequiel: a nova e eterna Aliança ("para sempre", v. 21), a lei gravada no coração, o coração novo, o espírito novo (Jr 31,31-34; Ez 36,26-27. Cf. Ez 36,27+).

d) A palavra *(hésed)* exprime primeiramente a ideia de vínculo, de empenhamento. Na esfera profana designa a amizade, a solidariedade, a lealdade, sobretudo quando essas virtudes procedem de pacto. Em Deus esse termo exprime a fidelidade à sua Aliança, e a bondade que dela decorre em favor do povo escolhido ("a graça" em Ex 34,6); em outras palavras (e este termo convém, a partir de Oseias, pela referência à comparação da união conjugal), exprime o amor de Deus por seu povo (Sl 136,1-26; Jr 31,3 etc.) e os benefícios que dele decorrem (Ex 20,6; Dt 5,10; 2Sm 22,51; Jr 32,18; Sl 18,51). Mas este *hésed* de Deus requer no homem, também, o *hésed*, isto é: o dom da alma, a amizade confiante, o abandono, a ternura, a "piedade", em uma palavra, o amor que se traduz por uma submissão alegre à vontade de Deus e pelo amor ao próximo (Os 4,2; 6,6). Este ideal, que numerosos salmos exprimem, será o dos *hasidim* ou *"assideus"* (1Mc 2,42+).

e) Em Oseias o "conhecimento de Iahweh" acompanha o *hésed*, aqui vv. 21-22 e 4,2; 6,6. Não se trata, pois, de simples conhecimento intelectual. Do mesmo modo como Deus "se faz conhecer" ao homem unindo-se a ele por aliança, manifestando-lhe por seus benefícios seu amor *(hésed)*, assim o homem "conhece a Deus" pela atitude que implica a fidelidade à sua Aliança, o reconhecimento de seus benefícios, o amor (cf. Jó 21,14; Pr 2,5; Is 11,2; 58,2). Na literatura sapiencial, o "conhecimento" é quase sinônimo de "sabedoria".

f) Notar a repetição do verbo responder: Deus responderá à expectativa de sua criação, e a criação responderá ao

²⁵ Eu a semearei^a para mim na terra,
amarei a Lo-Ruhamah
e direi a Lo-Ammi: "Tu és meu povo",
e ele dirá: "Meu Deus".^b

Oseias retoma a esposa infiel e a põe à prova. Explicação do símbolo

3 — ¹ Disse-me Iahweh: "Vai novamente, ama uma mulher amada^c por outro e que comete adultério, como Iahweh ama os israelitas, embora estes se voltem para os deuses estrangeiros e gostem dos bolos de passa." ² Comprei-a por quinze siclos de prata e um homer e meio de cevada^d ³ e lhe disse: "Por muitos dias ficarás em casa^e para mim, não te prostituirás nem te entregarás a homem algum, e eu farei o mesmo contigo."
⁴ Porque, por muitos dias ficarão os israelitas sem rei, sem chefe, sem sacrifício, sem estela, sem efod e sem terafim. ⁵ Depois disso os israelitas voltarão e procurarão a Iahweh, seu Deus, e a Davi, seu rei;^f voltarão tremendo a Iahweh e a seus bens no fim dos dias.

II. *Crimes e castigo de Israel*

4 *Corrupção geral* — ¹ Ouvi a palavra de Iahweh, israelitas,
pois Iahweh abrirá um processo contra os habitantes da terra,
porque não há fidelidade nem amor,
nem conhecimento de Deus na terra.
² Mas perjúrio e mentira, assassínio e roubo,
adultério e violência,
e o sangue derramado soma-se ao sangue derramado.
³ Por isso a terra se lamentará, desfalecerão todos os seus habitantes
e desaparecerão os animais dos campos, as aves dos céus
e até os peixes do mar.^g

Contra os sacerdotes

⁴ Sim, que ninguém abra um processo e que ninguém julgue!
Pois, na realidade, é contigo, sacerdote, que estou em processo!^h
⁵ Tropeçarás de dia,
e contigo tropeçará, de noite, também o profeta;
farei perecer a tua mãe.^i

---

que os homens esperam dela de acordo com o plano divino. É o contrário do estado atual de desordem devido ao pecado (cf. 4,3; Gn 3,17s; Is 11,6+; Rm 8,19+).
a) É o significado do nome Jezrael (cf. 1,4+; 1,5+).
b) O amor de Deus por seu povo contradirá os nomes de desventura ("Não-Amada", "Não-Meu-Povo"), que desaparecem com a maldição que eles pressagiavam. Em 2,1.3 eles são substituídos por seus opostos.
c) Gr. e sir. leram "que ama". Trata-se, sem dúvida, sempre de Gomer, que Oseias amou e ainda ama, mas que o traiu e continua a traí-lo. A magnanimidade do profeta para com a infiel é o símbolo do amor perseverante de Iahweh por seu povo.
d) Oseias resgata Gomer junto ao seu atual senhor, ou no santuário, onde se fizera heródula. O preço é aproximadamente o do resgate de um escravo (Ex 21,32; Lv 27,4).
e) Um tempo de prova, como será explicado no v. 4 (cf. 2,8-9.16), precederá a retomada da Aliança entre Iahweh e Israel.

f) Cf. Jr 30,9; Ez 34,23; 37,24. — Os vv. 4-5 são frequentemente considerados adição pós-exílica. — "e a Davi, seu rei" é, sem dúvida, releitura judaica (cf. 1,7+).
g) Oseias descreve a situação atual tomando o contrário da situação ideal, que será a do povo renovado (2,21-25); nem sinceridade, nem amor, nem conhecimento de Deus (v. 1; cf. 2,21s); em vez da harmonia entre o homem e a criação (2,20.23s), o desaparecimento e a morte dos animais (4,3. Cf. 2,24+).
h) "é contigo que estou em processo", *'immeka merîbî*, conj.; "Teu povo é como aqueles que teriam um processo" *'ammeka kimrîbê* (ditografia do *kaf*) hebr. — Trata-se aqui de toda a corporação sacerdotal culpada de ignorância, de negligência, de avidez e até de extorsão (6,9). Outros ataques contra o sacerdócio (Jr 2,8; 6,13; Mq 3,11; Sf 3,4, sobretudo Ml 1,6-2,9).
i) O princípio da responsabilidade individual só será conhecido um século mais tarde (cf. Gn 18,24+; Ez

⁶ Meu povo será destruído por falta de conhecimento.
  Porque tu rejeitaste o conhecimento,ᵃ
  eu te rejeitarei do meu sacerdócio;
  porque esqueceste o ensinamento de teu Deus,
  eu também me esquecerei dos teus filhos.
⁷ Quanto mais numerosos se tornaram,
  tanto mais pecaram contra mim,
  eu mudarei sua Glória em Ignomínia.ᵇ
⁸ Eles se alimentam dos pecados do meu povo
  e anseiam por sua falta.ᶜ
⁹ Como ao povo, assim acontecerá ao sacerdote:
  eu o castigarei por seu procedimento
  e farei recair sobre ele as suas obras.
¹⁰ Comerão, mas não ficarão saciados,
  prostituir-se-ão,ᵈ mas não se multiplicarão,
  porque abandonaram Iahweh
  para se entregarem ¹¹à prostituição.

Jr 5,4
Ml 2,1-9

Jr 2,11 +

Mq 6,14

O culto de Israel é somente idolatria e desordem

O vinho e o mosto abafam a razão.ᵉ
¹² Meu povo consulta o seu pedaço de madeira,
  e o seu bastão faz-lhe revelações;ᶠ
  porque um espírito de prostituição os desviou,
  eles se prostituíram, afastando-se de seu Deus.
¹³ Nos cimos das montanhas oferecem sacrifícios,
  e sobre as colinas queimam incenso,
  debaixo do carvalho, do choupo e do terebinto,
  pois a sua sombra é boa.
  Por isso as vossas filhas se prostituem
  e as vossas noras cometem adultério.ᵍ
¹⁴ Não castigarei as vossas filhas porque se prostituem,
  nem as vossas noras porque cometem adultério,
  pois eles próprios afastam-se com as prostitutas
  e sacrificam com as hieródulas.
  Um povo que não tem entendimento caminha para a perdição.

Jr 2,27
1,2; 2,6

Dt 12,2 +

Dt 23,19 +

Advertência a Judá e a Israel

¹⁵ Se tu te prostituis, Israel,
  que Judá não se torne culpado!
  Não vos dirijais a Guilgal,
  não subais a Bet-Ávenʰ
  e não jureis: "Pela vida de Iahweh..."

Js 4,19 +
Am 4,4 +
5,8
Js 7,2 +
Am 8,14
Jr 31,18

14,12+). No tocante aos *profetas indignos*, cf. Jr 23,13-32; Mq 3,5.11 etc.
a) A Lei, a respeito da qual os sacerdotes deviam instruir o povo (Dt 33,10; Ml 2,5-8).
b) "sua Glória" é correção de escriba; — o texto primitivo tinha "minha Glória". Targ. e sir. traduziram: "eles mudaram sua glória em ignomínia".
c) O sacerdote, recebendo uma parte vantajosa nos sacrifícios pelo pecado (Lv 6,19-22), e nos sacrifícios de reparação (Lv 7,7), tirava vantagem dos pecados do povo. (Cf. 1Sm 2,12-17).

d) Trata-se, indubitavelmente, da prostituição sagrada dos cultos cananeus de fertilidade.
e) Não é constatação banal sobre os efeitos do vinho, mas repreensão a Israel por ter atitude religiosa insensata, provocada pelo desejo de ter boa colheita de vinho (cf. 7,14).
f) Trata-se de práticas divinatórias por meio de objetos sagrados de madeira.
g) Sua falta é menos grave, porque elas são arrastadas pelo exemplo de seus maridos e de seus pais.
h) Bet-Áven ("casa do pecado"), epíteto depreciativo de Betel (Bet-El: "casa de Deus").

¹⁶ Sim, Israel é rebelde
como uma novilha indomável.
Agora deverá Iahweh apascentá-los
como um cordeiro em campo aberto?
¹⁷ Efraim aliou-se aos ídolos. Deixai-o!
¹⁸ Terminada a bebedeira,
entregam-se à prostituição;
seus chefes preferem a ignomínia.ᵃ
¹⁹ Um vento os envolverá em suas asas, e eles
terão vergonha de seus sacrifícios.

14,9
Am 2,8;
6,4-6
4,7

Jr 4,11-13
Am 1,14

5 *Os sacerdotes, os grandes e os reis levam o povo à perdição*

¹ Ouvi isto, sacerdotes,
atende, casa de Israel,
escuta, casa do rei,
pois o direito é para todos vós.
Fostes um laço para Masfáᵇ
e uma rede estendida sobre o Tabor,
² a cova de Sitim,ᶜ que eles cavaram.
Mas sou eu quem castiga a todos.
³ Eu conheço Efraim
e Israel não pode ocultar-se de mim.
Porque tu, Efraim, te prostituíste,
Israel está manchado.
⁴ Suas obras não lhe permitem voltar para o seu Deus,
pois um espírito de prostituição está em seu seio
e eles não conhecem a Iahweh.
⁵ O orgulho de Israel testemunha contra ele,
Israel e Efraim tropeçam em sua iniquidade.
Judá também tropeça com eles.
⁶ Com suas ovelhas e seus bois eles irão em busca de Iahweh,
mas não o encontrarão.
Ele afastou-se deles.
⁷ Traíram a Iahweh, pois geraram bastardos.
Por isso agora a lua novaᵈ lhes devorará os campos.

Jr 13,23 +
1,2

Am 6,8
14,2

Am 5,4 +;
8,11-12
Pr 1,28
Jo 7,36;
8,21
Is 55,6
Os 2,6

*A guerra fratricida*ᵉ

⁸ Tocai a trombeta em Gabaá,
a tuba em Ramá,
dai alarme em Bet-Áven,
perseguem-te,ᶠ Benjamim.
⁹ Efraim será uma ruína no dia do castigo,
entre as tribos de Israel anuncio uma coisa certa.ᵍ

Jl 2,1 +
4,15 +

---

a) "seus chefes", lit.: "seus escudos"; são os defensores, os reis (cf. Sl 47,10; 84,10; 89,19). Cf. v. 7. — "preferem", sentido incerto, cf. 8,13.
b) Na Bíblia são mencionadas várias localidades com este nome. É difícil dizer qual a mencionada aqui. Como no caso do Tabor, se trata, fora de dúvida, de lugar de culto, cujos sacerdotes desviaram o povo para a idolatria. Pode-se compreender também: "Contra vós é a sentença, porque fostes... ", mas cf. o paralelo em Mq 3,1.
c) "a cova de Sitim", *shahat hashshittim*, conj.; "os infiéis (? *setim*) aprofundaram a cova", hebr. Sobre Setim, cf. Js 2,17. — Há aqui, talvez, alusão ao episódio de Baalfegor (9,10; cf. Nm 25).
d) Seja que o dia da festa se tornará um dia de castigo, seja que se quer acentuar a sua iminência (na próxima lua nova).
e) Este trecho todo — e provavelmente os seguintes até 6,6 — parece referir-se à guerra siroefraimita (735-734). (Cf. 2Rs 16,5+).
f) "perseguem-te", lit.: "atrás de ti", incerto.
g) Ou seja: os males que virão: deportação, desmembramento (2Rs 15,29), queda de Samaria e destruição do reino de Israel (2Rs 17,5-6).

¹⁰ Os príncipes de Judá são como os que deslocam os marcos;*a*
  sobre eles derramarei, como água, o meu furor.
¹¹ Efraim está oprimido, esmagado pelo julgamento,*b*
  porque persistiu em correr atrás do nada.*c*
¹² Mas eu serei como a traça para Efraim
  e como a cárie para a casa de Judá.

Dt 19,14;
27,17

Is 50,9 +

Ineficácia das alianças com o estrangeiro

¹³ Quando Efraim viu a sua doença
  e Judá sua ferida,
  foi então Efraim à Assíria
  e enviou mensageiros ao grande rei;*d*
  mas ele não poderá curar-vos,
  nem sarar a vossa ferida.
¹⁴ Pois eu sou para Efraim como um leão,
  como um filhote de leão para a casa de Judá.
  Eu mesmo despedaço e vou embora,
  carrego minha presa e ninguém salva.
¹⁵ Vou-me embora, voltarei ao meu lugar,
  até que se reconheçam culpados*e* e procurem a minha face;
  na sua angústia, eles me procurarão.

7,11;
8,9;
12,2
2Rs 15,19;
16,7-9

Os 13,7
Am 3,12
Is 5,29
2,12

Dt 4,29-31 +
Jr 29,13
Am 5,4 +

6 Conversão efêmera a Iahweh*f*

¹ "Vinde, retornemos a Iahweh.
  Porque ele despedaçou, ele nos curará;
  ele feriu, ele nos ligará a ferida.
² Depois de dois dias nos fará reviver,
  no terceiro dia nos levantará,*g*
  e nós viveremos em sua presença.
³ Conheçamos, corramos atrás do conhecer a Iahweh;
  certa, como a aurora, é sua vinda,
  ele virá a nós como a chuva,
  como o aguaceiro que ensopa a terra".
⁴ Que te farei, Efraim?
  Que te farei, Judá?
  O vosso amor é como a nuvem da manhã,
  como o orvalho que cedo desaparece.

2
3
Ez 37

Sl 72,6;
63,2; 143,6
Dt 11,14

= 13,3

a) Alusão ao avanço do exército de Judá em território de Israel, talvez também aos antigos ataques do reino do Sul (1Rs 15,16-22). O código deuteronômico (Dt 19,14; cf. 27,17) condena os que deslocam os marcos "postos pelos antigos", porque a repartição dos territórios da Terra Prometida foi feita segundo as ordens de Deus (cf. Js 13,6).
b) Foi seguido o hebr., mas deve-se, talvez, ler com o grego: "Efraim é opressor, viola o direito", tendo em vista sua aliança com Damasco e sua invasão do reino irmão (guerra siroefraimita).
c) Hebr.: *çav*, hapax próximo de *shawe'* ("falsidade", cf. 12,12); o grego identifica os dois termos.
d) "ao grande rei": *'el melek rab*, conj.; "ao rei Jareb" ou "ao rei vingador": *'el melek yareb*, hebr. — Alusão ao tributo pago por Manaém a Teglat-Falasar III em 738 (cf. 2Rs 15,19), e ao apelo lançado por Acaz ao mesmo Teglat-Falasar em 735 (cf. 2Rs 16,7-9).
e) Ou: "que eles tenham expiado".

f) O profeta imagina uma liturgia penitencial. Os termos os tira, provavelmente, de alguma cerimônia expiatória (1Rs 8,31-53; Jr 3,21-25; Jl 1-2; Sl 85): o povo, atemorizado pelo anúncio do castigo e pelo abandono de Iahweh (5,14-15), exorta a si mesmo a voltar a Iahweh (vv. 1-3). Mas este retorno é efêmero, sem conversão interior (vv. 4-6).
g) A expressão "depois de dois dias", "no terceiro dia" (cf. Am 1,3: "por três crimes de Damasco e por quatro") designa breve lapso de tempo. Desde Tertuliano a tradição cristã aplicou este texto à ressurreição de Cristo no terceiro dia. Mas o NT não o cita jamais; neste contexto é lembrada a estada de Jonas no ventre do peixe (Jn 2,1 = Mt 12,40). Contudo, é possível que a menção da ressurreição no terceiro dia "conforme as escrituras" (1Cor 15,4; cf. Lc 24,46) do querigma primitivo e dos símbolos de fé se refira ao nosso texto interpretado de acordo com as regras exegéticas da época.

⁵Por isso eu os feri por intermédio dos profetas,ᵃ
matei-os pelas palavras de minha boca,
e meu julgamento surgirá como a luz.ᵇ
⁶Porque é amor que eu quero e não sacrifício,
conhecimento de Deus mais do que holocaustos.ᶜ

Crimes passados e presentes de Israel

⁷Mas eles, em Adam, transgrediram a Aliança.ᵈ
Lá eles me traíram.
⁸Galaadᵉ é uma cidade de malfeitores,
com marcas de sangue.
⁹Como bandidos em emboscada,
assim é um bando de sacerdotes assassinos
no caminho que leva a Siquém;
sim, eles praticam a ignomínia!
¹⁰Em Betelᶠ vi uma coisa horrível:
ali se prostitui Efraim,
contamina-se Israel.
¹¹Para ti também, Judá,
está destinada uma colheita,
quando eu restabelecer o meu povo.ᵍ

7 ¹Quando eu queria curar Israel,
então aparecia a culpa de Efraim
e as maldades de Samaria,
porque eles praticaram a mentira.
Um ladrão entra em casa,ʰ
enquanto fora, a quadrilha saqueia.
²Não dizem em seus corações
que eu levo em conta toda a sua maldade!
Agora seus próprios atos os cercaram,
eles estão diante de mim.
³Com sua maldade eles alegram o rei,
e com suas mentiras, os chefes.ⁱ
⁴Todos eles são adúlteros,
são semelhantes a um fogo aceso,
que o padeiro deixa de atiçar
desde que amassou até que fermente a massa.
⁵No dia de nosso rei,ʲ
os chefes adoecem pelo calor do vinho,
e ele estende a sua mão ⁶aos petulantes quando se aproximam.

---

a) A palavra de Deus transmitida pelos profetas é eficaz: ela realiza o que anuncia (aqui, o castigo).
b) "meu julgamento como a luz", *mishpatî ka'or;* "teu julgamento à luz", hebr. mal dividido.
c) Cf. 2,21+; 2,22+; Am 5,21+; 1Sm 15,22. Em 14,3 Oseias chega a dizer que o único sacrifício válido é a conversão sincera.
d) "Em Adam", conj.; "como um homem" ou "como Adão", hebr. (a não ser que se deva ler "como Adama", cf. 11,8; Dt 29,22-24). — Alusão enigmática. Talvez houvesse em Adam (junto da embocadura do Jaboc) um santuário idolátrico. Talvez o texto signifique simplesmente que a infidelidade de Israel remonte às origens do estabelecimento na Palestina (cf. Js 3,16. Nesta linha cf. 9,10). — A Aliança é a do Sinai.
e) Galaad, sobre o planalto do mesmo nome, na Transjordânia, cf. Gn 31,46-48.
f) "Em Betel", conj.; "na casa de Israel" *(bebêt yisra'el),* hebr.
g) Este verso é acréscimo posterior (cf. 1,7+).
h) "em casa", gr.
i) Desde as origens do reino do Norte até o ano 737 (morte de Faceias), foram assassinados sete reis. O profeta evoca uma conspiração: os conjurados dissimulam suas intenções, em seguida, depois de uma noite de orgia, eles massacram rei e chefes, dominados pelo vinho. Assim morreu Elá (1Rs 16,9-10).
j) Sem dúvida, um dia de festa em honra do rei.

Seu coração é como um forno em suas insídias,
a noite inteira dorme a sua ira,
pela manhã ela arde como uma fogueira.*ª*
⁷Todos eles estão quentes como um forno,
devoram seus juízes.
Todos os seus reis caíram.
Não há entre eles quem me invoque!

Israel arruinado por apelar ao estrangeiro

⁸Efraim mistura-se com os povos,
Efraim é uma fogaça que não foi virada.*ᵇ*
⁹Os estrangeiros devoram o seu vigor,
mas ele não se dá conta!
Até mesmo os cabelos brancos se espalham nele,
mas ele não se dá conta.
¹⁰(O orgulho de Israel testemunha contra ele,
mas eles não se convertem a Iahweh seu Deus,
e não o procuram,*ᶜ* apesar de tudo isso!)
¹¹Efraim é como uma pomba ingênua, sem inteligência,
pedem auxílio ao Egito, vão à Assíria.
¹²Enquanto vão,*ᵈ* lanço sobre eles a minha rede,
eu os abato como pássaros do céu,
desde que ouvi dizer de sua reunião.*ᵉ*

Ingratidão e castigo de Israel

¹³Ai deles, que fugiram de mim!
Desolação para eles,
que se rebelaram contra mim!
Eu os queria libertar,
mas eles proferem mentiras contra mim!
¹⁴Eles não clamam a mim em seus corações,
quando se lamentam em seus leitos.*ᶠ*
Eles frequentam Dagã e Tiros,
mas se rebelam contra mim.*ᵍ*
¹⁵Eu tinha dirigido,*ʰ* fortificado o seu braço,
mas eles maquinam o mal contra mim.
¹⁶Eles se voltam, mas não para o alto,*ⁱ*
são como um arco frouxo.
Seus príncipes tombarão pela espada,
por causa da insolência de sua língua.
Isso é motivo de escárnio para eles na terra do Egito...

5,12
Ap 3,17

Am 4,6-11 +

5,13 +

7,1

11,7

Sl 78,57

a) Ligamos o começo do v. 6 ao v. precedente numa tentativa de darmos sentido a esta passagem bastante difícil, cujo texto parece *corrompido*. — "sua ira": *'appehem* conj.; "seu padeiro": *'opehem*, hebr.
b) Queimado de um lado e mal cozido do outro, este pão não presta.
c) Este v. é um centão, fora de contexto.
d) Ou "quantas vezes eles forem", ou ainda "da mesma forma que eles vão até lá".
e) Em vez de *'adatam*, "sua reunião" (mesma palavra em Jz 14,8 para designar um enxame), o grego deve ter lido *ra'atam*, "sua maldade". Mas pode-se supor que a comparação com os pássaros continue até o fim do v.

f) Trata-se, quer do leito propriamente dito, quer dos tapetes ou dos mantos, sobre os quais se prostravam para orar (cf. Sl 4,5; 149,5).
g) "Eles frequentam (lit.: 'eles são hóspedes', *yitgorarû*) Dagã e Tiros". Dagã e Tiros eram os deuses dos cereais e do vinho entre os cananeus. Ou: "Eles se laceram *yitgodadû*, (conj.) pelo trigo e pelo vinho novo". A respeito das lacerações rituais cf. 1Rs 18,28; Jr 16,6; 41,5. — "se rebelam": *yasôru* conj.; "se afastam": *yasûrû*, TM.
h) O grego omite este verbo.
i) Cf. 11,7, mas o hebr. é incerto; grego "para o que é nada"; propõe-se corrigir *lo' 'al* em *labba'al*, "para Baal".

8 Alarme

1 Põe em tua boca a trombeta!
É como uma águia sobre a casa de Iahweh![a]
Porque eles transgrediram a minha Aliança
e se rebelaram contra a minha Lei.[b]
2 Eles clamam a mim: "Meu Deus, nós, Israel, te conhecemos".
3 Israel rejeitou o bem,
o inimigo[c] o perseguirá.

Anarquia política e idolatria

4 Eles instituíram reis sem o meu consentimento,[d]
escolheram príncipes, mas eu não tive conhecimento.
De sua prata e de seu ouro fizeram ídolos para si,
para que sejam destruídos.
5 Rejeita[e] o teu bezerro, Samaria!
Minha ira inflamou-se contra eles.
Até quando serão incapazes de pureza?
6 Porque ele é de Israel,
um artista o fez, ele não é Deus.[f]
Sim, o bezerro de Samaria será desfeito em pedaços!
7 Porque semeiam vento, colherão tempestade!
Haste sem espiga,
que não produz farinha;
mas ainda que produza, estrangeiros a devorarão.

Israel perdido por apelar ao estrangeiro[g]

8 Israel foi devorado.
Agora estão entre as nações
como um objeto sem valor!
9 Quando eles subiram à Assíria,
Efraim, um asno selvagem solitário,
contratou amantes para si.[h]
10 Ainda que eles os contratem entre as nações,
eu os reunirei[i] agora,
e eles tremerão em breve sob o fardo do rei dos príncipes.[j]

Contra o culto puramente exterior

11 Quando Efraim multiplicou os altares,
eles só lhe serviram para pecar.[k]
12 Ainda que eu lhe escreva um grande número de minhas leis,
elas são consideradas como algo estranho.

---

a) Sobre a águia, imagem da desgraça, cf. Jr 48,40; 49,22. — A casa de Iahweh designa, não templo, mas a Terra Santa, propriedade de Iahweh (cf. 9,15).
b) Este paralelismo estreito, sinonímico, entre Aliança e Lei, encontra-se na tradição eloísta (Ex 24,8), deuteronomista (Dt 4,13) e sacerdotal (Lv 26,15). Oseias pertence ao círculo da tradição deuteronomista.
c) A Assíria.
d) Oseias não parece querer condenar a instituição da realeza nem o reino da Samaria oposto à dinastia davídica legítima de Jerusalém. Ele condena os sucessivos golpes de Estado inspirados por preocupações alheias às da fidelidade a Iahweh.
e) "Rejeita", *zenah*, versões; "ele rejeita", TM.
f) Este ataque contra os ídolos será seguido de muitos outros na literatura profética (cf. Is 40,20+; 41,21+).
g) Esta passagem deve ser posterior à deportação que seguiu à guerra siroefraimita (734; 2Rs 15,29).
h) Alusão ao tributo pago ao rei da Assíria (5,13; 7,11) e talvez também aos presentes enviados ao Egito. Aqui os amantes não são mais as divindades cananeias como em 1-3, mas as potências estrangeiras. Contudo, é sempre em relação à Aliança com Iahweh que as ligações com potências pagãs são consideradas adultério, já que favoreciam o culto dos deuses desses povos e também indicavam falta de confiança em Iahweh, único salvador de Israel (cf. Is 30,1-5; 31,1-3). — "asno", *pere'*, jogo de palavras com Efraim, cf. 9,16.
i) Pela deportação.
j) O rei da Assíria.
k) O hebr. acrescenta "altares para pecar", ditografia (omitida pelo grego luc.).

¹³ Eles me oferecem em sacrifício ofertas assadas,ᵃ
  eles comem sua carne,
  mas Iahweh não os aceitará.
  Agora ele se lembrará de suas faltas
  e castigará os seus pecados:
  eles voltarão ao Egito.
¹⁴ Israel esqueceu aquele que o fez
  e construiu palácios.
  Judá multiplicou as cidades fortificadas.
  Mas eu mandarei fogo sobre suas cidades,
  o qual consumirá as suas cidadelas.

9 *Tristezas do Exílio*ᵇ — ¹ Não te alegres, Israel:
  não exultes como os povos!ᶜ
  Porque tu te prostituíste longe de teu Deus,
  amaste o salário de prostituta em todas as eiras de trigo.ᵈ
² A eira e o lagar não os alimentarão
  e o mosto os enganará.ᵉ
³ Eles não habitarão na terra de Iahweh.
  Efraim voltará ao Egito,
  na Assíria comerão coisas impuras.ᶠ
⁴ Não derramarão vinho em libação a Iahweh
  e não lhe oferecerão os seus sacrifícios.
  Será para eles como o pão de luto,
  todos os que o comerem se tornarão impuros.ᵍ
  Porque o seu pão chegará apenas para o seu sustento,
  mas não entrará na Casa de Iahweh.ʰ
⁵ Que fareis para o dia da assembleia
  e para o dia da festa de Iahweh?ⁱ
⁶ Pois eis que eles fugiram por causa da devastação!
  O Egito os reunirá, Mênfis os sepultará,
  seus objetos preciosos de prata, a erva daninha os herdará,
  espinhos estarão em suas tendas.

O anúncio de castigo é causa de perseguição ao profeta

⁷ Chegaram os dias do castigo,
  chegaram os dias da retribuição.
  Que Israel o saiba!
  — O profeta é tolo,
  o inspirado é louco!
  — Por causa da gravidade de tua falta,
  grande é a hostilidade.

---

a) Tradução incerta de texto difícil, talvez corrompido.
b) Oráculo pronunciado, provavelmente, *durante festa agrícola*.
c) "Não exultes", grego; "para a exultação", hebr., a não ser que se deva compreender "até o delírio".
d) Os bens da terra são considerados como o salário das prostituições de Israel, porque o povo os considera o resultado do seu culto prestado aos baais com suas práticas imorais (cf. 2,7).
e) A sequência explica por que: eles não estarão mais lá para gozá-los, pois serão deportados. Outros os comerão, 8,7. — "os enganará", mss hebr. e versões; "a enganará", texto recebido.
f) Todo país estrangeiro é impuro, maculado pela presença dos ídolos (cf. Am 7,17; 1Sm 26,19). No Exílio não haverá possibilidade de abster-se de alimentos impuros.
g) A presença de morto tornava impuros os alimentos preparados na casa do morto.
h) O Exílio tornou impossível o oferecimento das primícias no Templo (Dt 26,2).
i) Trata-se, sem dúvida, da festa das Tendas, que não podia ser celebrada no Exílio, pois era necessário apresentar-se diante de Iahweh (Ex 23,16s).

⁸O atalaia de Efraim junto ao meu Deus é o profeta,
uma rede está estendida em todos os seus caminhos,
há hostilidade na Casa de seu Deus.^a

⁹Eles agiram de modo profundamente corrupto,
como nos dias de Gabaá.
Ele se lembrará da falta deles
e castigará os seus pecados.

Castigo do crime de Baalfegor

¹⁰Como uvas no deserto,
assim eu encontrei Israel;
como um fruto em uma figueira nova,
assim eu vi os vossos pais.
Eles, porém, logo que chegaram a Baalfegor,^b
consagraram-se à Vergonha^c
e tornaram-se tão abomináveis
como o objeto de seu amor!

¹¹Efraim é como um pássaro, a sua glória voará:
não há mais nascimento, não há mais gravidez,
não há mais concepção.

¹²Ainda que eles criem seus filhos,
eu os privarei deles antes que se tornem adultos.
Sim, ai deles, quando eu me afastar deles!

¹³Efraim, quando eu o vi,
era como Tiro, plantado em um prado;^d
contudo, Efraim deverá entregar os seus filhos ao carrasco.

¹⁴Dá-lhes, Iahweh... Que darás?
Dá-lhes entranhas estéreis e seios secos.

Castigo do crime de Guilgal

¹⁵Toda a sua maldade mostrou-se em Guilgal,^e
Foi lá que eu comecei a detestá-los.
Por causa da perversidade de seus atos,
expulsá-los-ei de minha casa.
Não os amarei mais!
Todos os seus príncipes são rebeldes.

¹⁶Efraim está ferido:
suas raízes estão secas,
não poderão mais produzir fruto.^f
Ainda que eles gerem filhos,
farei morrer o fruto querido do seu seio.

¹⁷Meu Deus os rejeitará, porque não o escutaram.
Eles serão errantes entre as nações.

---

a) Texto muito obscuro, provavelmente corrompido, mas as diversas correções propostas não satisfazem.
b) O episódio relatado em Nm 25 aparece situado na planície da margem oriental do Jordão (cf. Nm 25,1; Js 2,1+). A infidelidade de Israel já se manifestou às portas da Terra Prometida e pesou sobre toda sua história.
c) Hebr. *boshet*, denominação depreciativa dos baais (cf. 2Sm 4,4+).
d) V. muito difícil, provavelmente corrompido; lit.: "Efraim, como eu vejo para Tiro, plantada em um prado." O profeta quer, provavelmente, comparar o esplendor de Efraim com o de Tiro (cf. Is 23,7s; Ez 27), mas a palavra é incerta. O grego leu *çaíd*, "caça", em lugar de *çor*, "Tiro".
e) Trata-se, por certo, da desobediência de Saul em Guilgal (1Sm 13,7-14; 15,12-33), continuada atualmente pela rebeldia dos chefes (fim do v.).
f) "fruto", *perî*, jogo de palavras com Efraim (cf. também 8,9; 13,15; 14,9).

10 Destruição dos símbolos idolátricos de Israel

¹Israel era uma vinha exuberante,
que dava frutos.
Quanto mais se multiplicava seu fruto,
tanto mais multiplicava os altares;
quanto mais bela se tornava sua terra,
tanto mais embelezava as estelas.
²Seu coração é falso,[a]
agora eles vão expiar.
Ele mesmo quebrará os seus altares
e destruirá as suas estelas.
³Então dirão:
"Não temos rei,[b]
porque não tememos a Iahweh.
Mas, até o rei,
que poderia fazer por nós?"
⁴Eles proferem discursos, juram falso,
concluem pactos;
e o direito prospera como planta venenosa[c]
nos sulcos dos campos!
⁵Por causa do bezerro[d] de Bet-Áven
tremem os habitantes de Samaria;
sim, o seu povo está de luto por ele,
bem como os seus sacerdotes,
que se alegravam de sua glória:
porque ela foi deportada para longe de nós!
⁶Ele mesmo será levado para a Assíria
como tributo ao grande rei.[e]
Efraim colherá vergonha,
e Israel se envergonhará de sua decisão.
⁷Samaria está destruída.
Seu rei é como um galho quebrado
sobre a superfície da água.
⁸Os lugares altos de Áven serão devastados,
o pecado de Israel;
espinhos e cardos crescerão sobre seus altares.
Eles dirão às montanhas:
"Cobri-nos!",
e às colinas:
"Caí sobre nós!"[f]
⁹Desde os dias de Gabaá[g] tu pecaste, Israel!
Ali eles ficaram.
Não os atingirá em Gabaá
a guerra contra os filhos da injustiça?

---

a) Ele parece estar ligado a Iahweh, mas de fato está com os baais.
b) A instabilidade do poder e a tutela assíria tiram toda eficácia da instituição real.
c) Irônico: o que prospera é a perversão do direito, que se tornou planta venenosa (cf. Am 6,12).
d) "do bezerro", grego e sir., "os bezerros", hebr. O nome Bet-Áven significa "casa da falsidade".
e) "grande rei", conj.; "rei Jareb" ou "rei vingador", hebr. (cf. 5,13+).
f) Diante da dimensão da catástrofe que lhes tira toda a razão de viver, eles desejarão o fim do mundo. É no mesmo sentido que Jesus cita esta palavra (Lc 23,30; cf. Ap 6,16).
g) Para o profeta, há continuidade entre o crime de Gabaá (Jz 19) e os crimes atuais. E a mesma continuidade encontra-se também no castigo.

¹⁰Exijo*ᵃ* castigá-los!
Os povos se reunirão contra eles,
quando forem castigados por suas duas faltas.*ᵇ*

Israel decepcionou a expectativa de Iahweh*ᶜ*

_{4,16}
_{Mt 11,29-30}
_{Jr 2,20;}
_{5,5}
¹¹Efraim é novilha adestrada,
que gosta de pisar a eira,
mas eu passei o jugo em seu pescoço soberbo!
Eu atrelarei Efraim,
Judá lavrará
e Jacó gradeará.

_{2,21 +}
_{Mq 6,8}
_{Jr 4,3}
¹²Semeai para vós segundo a justiça,*ᵈ*
colhei conforme o amor,
arroteai para vós um terreno novo:
é tempo de procurar Iahweh,
até que ele venha e faça chover a justiça sobre vós.

_{Is 31,1}
¹³Vós cultivastes a perversidade,
colhestes a injustiça,
comestes o fruto da mentira.
Porque confiaste em teus carros*ᵉ* e na multidão de teus guerreiros.

_{14,1}
¹⁴Levantar-se-á um tumulto em teu povo,
e todas as tuas fortalezas serão destruídas,
como Sálmana*ᶠ* devastou Bet-Arbel
no dia do combate,
quando a mãe foi esmagada sobre os filhos.*ᵍ*

_{11'}
¹⁵Eis o que vos fez Betel,
por causa de vossa enorme perversidade.
Ao amanhecer, o rei de Israel será totalmente destruído.*ʰ*

11 Iahweh vingará o seu amor desprezado*ⁱ*

_{Jr 2,1-9}
_{Mt 2,15}
¹Quando Israel era menino, eu o amei
e do Egito chamei meu filho.*ʲ*
²Mas quanto mais os chamavam, tanto mais eles se afastavam de mim.*ᵏ*
Eles sacrificavam aos baais
e queimavam incenso aos ídolos.

---

a) "Exijo", lit.: "em minha exigência", *be'awati*. Propõe-se ler com o grego: *ba'tî* "eu venho".
b) Lendo *be'usseram* em lugar de TM *be'asram*. — As "duas faltas": o crime de Gabaá (Jz 19) e o que Oseias denuncia aqui.
c) Os vv. 11-12 indicam o desígnio que Iahweh formara para Efraim: é-lhe confiada uma missão, descrita por meio da metáfora do trabalho e da semeadura (v. 11), a qual, na realidade, pertence a outra ordem: fazer reinar a justiça e o amor, procurar Iahweh (v. 12). Entretanto ele fez o contrário, v. 13.
d) "justiça" no sentido religioso de conformidade com a vontade divina expressa em sua Lei (8,12).
e) "teus carros", *berikbeka*, grego; "teu caminho", *bedarkeka*, hebr.
f) Provavelmente o rei moabita Salamanu, contemporâneo de Teglat-Falasar III (745-727), por ocasião de uma incursão em Galaad, onde se encontrava Bet-Arbel ou Irbid.
g) Ou "com seus filhos". Tais horrores acompanhavam, então, a tomada das cidades (cf. 14,1; 2Rs 8,12; Is 13,16; Na 3,10; Sl 137,9).
h) A aurora é, muitas vezes, o momento em que o combate começa (Jz 9,34-37; Sl 46,6; Is 17,14), e portanto em que Deus concede a salvação ou castiga pela derrota.
i) Este capítulo está em paralelismo estreito com 1-3. Depois da analogia do amor conjugal desonrado, eis a do amor paterno desprezado. Deve-se, contudo, notar que nos três primeiros capítulos do livro, os filhos já estavam estreitamente associados à mãe (2,1.4). Já desde o início, (1,2), as duas perspectivas estão unidas.
j) Encontra-se, aqui, o primeiro testemunho do tema do amor de Deus como causa da eleição de Israel, doutrina esta que será abundantemente desenvolvida pelo Deuteronômio (Dt 4,37; 7,7-9; 10,15 etc.). Para Oseias a verdadeira história de Israel começa com a saída do Egito. Toda esta passagem descreve a idade de ouro do deserto (cf. 2,16+). Da história dos Patriarcas Oseias parece ter conhecido — ou conservado — apenas alguns traços desfavoráveis (12,4-5.13).
k) O sujeito do verbo "chamavam" não é especificado; com ligeira correção se poderia ler: "quanto mais eu os chamava, tanto mais eles se afastavam de mim".

³ Fui eu, contudo, quem ensinou Efraim a caminhar, Dt 1,31 +
  eu os tomei pelos braços,
  mas não reconheceram que eu cuidava deles!
⁴ Com vínculos humanos eu os atraía, Dt 8,16
  com laços de amor
  eu era para eles como os que levantam uma criancinha
  contra o seu rosto,ᵃ
  eu me inclinava para ele e o alimentava.ᵇ
⁵ Ele não voltará à terra do Egito,ᶜ 8,13 +
  mas a Assíria será o seu rei.
  Uma vez que recusaram converter-se,
⁶ a espada devastará em suas cidades,
  aniquilará os seus ferrolhos
  e devorará por causa de seus planos.

Mas Iahweh perdoa

⁷ Meu povo está obstinado em sua apostasia.
  Chamam-no do alto,
  mas ninguém se levanta!ᵈ
⁸ Como poderia eu abandonar-te, ó Efraim, Dt 32,36
  entregar-te, ó Israel? Jr 31,20
  Como poderia eu abandonar-te como a Adama, Is 54,8
  tratar-te como a Seboim?ᵉ
  Meu coração se contorceᶠ dentro de mim,
  minhas entranhas comovem-se.
⁹ Não executarei o ardor de minha ira, Nm 23,19 +
  não tornarei a destruir Efraim,
  porque eu sou Deus e não um homem,
  eu sou santoᵍ no meio de ti,
  não retornarei com furor.

Volta do Exílioʰ

¹⁰ Eles caminharão atrás de Iahweh. Am 1,2 +
  Ele rugirá como um leão, Jr 25,30
  e quando ele rugir,
  os filhos virão tremendo do ocidente.
¹¹ Como um pássaro eles virão tremendo do Egito, 12
  como pombas, da terra da Assíria.
  E eu os farei habitar em suas casas,
  oráculo de Iahweh.

---

a) "criancinha": *'ûl*, conj.; "jugo": *'ol*, hebr.
b) Toda esta passagem (vv. 3-4) mostra Iahweh educando Israel, menino: tema da pedagogia divina retomada pelo *Deuteronômio* (Dt 8,5-6).
c) Em vez de serem cativos no Egito, eles o serão na Assíria. Mas a situação será idêntica. A contradição com 8,13 é apenas aparente.
d) Texto incerto. — "do alto", cf. 7,16+.
e) Adama e Seboim são duas das cinco cidades da Pentápole (Gn 10,19; 14,2-8; Dt 29,22) que ocupava, sem dúvida, na tradição "eloísta" o lugar de Sodoma e Gomorra na tradição "javista" (Is 1,9-10).
f) O termo é muito forte; exatamente o mesmo que se emprega a propósito da destruição de cidades culpadas (Gn 19,25; Dt 29,22). Oseias parece entender que o castigo previsto é como que vivido previamente no coração de Deus. (Cf. o grito de Davi na morte de Absalão, 2Sm 19,1).
g) A transcendência de Deus é fortemente sublinhada, mas, ao contrário de outros textos mais antigos (Ex 19,2+; 2Sm 6,6-8 etc.) ou mais recentes do que estes (Is 6,3+), ela é, aqui, despojada de todo caráter terrificante e exprime-se em termos de amor. A santidade divina manifesta-se pela misericórdia que perdoa, enquanto o homem, habitualmente, dá livre curso à sua cólera.
h) Os vv. 10-11 são, provavelmente, uma releitura tardia, da época do exílio babilônico; eles desenvolvem nesta perspectiva as ideias dos vv. 8-9.

12 Perversão religiosa e política de Israel

¹ᵃEfraim cercou-me de mentira,
e a casa de Israel, de impostura.
(Mas Judá está ainda com Deus^b e é fiel ao Santo).
² Efraim alimenta-se de vento
e corre o dia inteiro atrás do vento do oriente;^c
ele multiplica mentira e violência.
Eles concluem um pacto com a Assíria
e levam óleo para o Egito.

Contra Jacó e Efraim

³ Iahweh está em processo contra Judá,^d
para castigar Jacó segundo a sua conduta;
conforme os seus atos ele lhe retribuirá.
⁴ No seio materno ele suplantou seu irmão,
e em seu vigor lutou com Deus.^e
⁵ Ele lutou contra um anjo e o venceu,
ele chorou e lho implorou.^f
Em Betel o reencontrou.
Ali ele nos falou.^g
⁶ Iahweh, Deus dos Exércitos,
Iahweh é o seu nome.
⁷ Tu, graças a teu Deus, voltarás.
Guarda o amor e o direito
e espera sempre^h em teu Deus.
⁸ Canaã tem em sua mão uma balança falsa,
ele gosta de extorquir.^i
⁹ Efraim disse:
"Em verdade tornei-me rico,
consegui uma fortuna";
mas de todos os meus ganhos,
não se encontrará em mim uma falta que seja pecado.

Perspectivas de reconciliação

¹⁰ Eu sou Iahweh teu Deus, desde a terra do Egito.
Eu te farei novamente morar em tendas
como nos dias do Encontro.^j

---

a) Cap. difícil no qual se misturam o relato de fatos contemporâneos e a lembrança de certos episódios da vida patriarcal. Para o profeta e para os seus contemporâneos o conjunto de gerações sucessivas saídas dos patriarcas era considerado uma só pessoa. O patriarca continuava, de alguma forma, a viver em seus descendentes, os quais já estavam presentes nele (cf. Hb 7,9s).
b) Releitura judaíta (cf. 1,7+). — O grego lê: "Mas eles ainda são conhecidos de Deus. Texto incerto.
c) Vento calcinante, aqui símbolo da invasão assíria (cf. 13,15; Jr 18,17; Ez 17,10).
d) No lugar de "Judá" havia originariamente, por certo, "Israel". Esta mudança explica-se pelo desejo de atualizar a profecia de Oseias para o reino do Sul (cf. 1,7+).
e) Presunção e orgulho. Pecador desde o seio de sua mãe, Jacó continua a pecar na idade adulta. Os episódios da vida de Jacó são retomados, aqui e nos vv. 13-14, por Oseias em seu aspecto negativo.
f) Gn 32,24-28 não diz nada a respeito dessas lágrimas e súplicas de Jacó, em que Oseias vê provavelmente apenas astúcia.
g) Alguns corrigem o texto de acordo com Gn 35,15 e leem "falou com ele", mas esta correção é inútil: Oseias aplica a todo o povo de Israel o que foi dito de Jacó (cf. v. 7).
h) Sempre a mesma perspectiva: estas palavras de Iahweh a Jacó dirigem-se, ao mesmo tempo, ao povo saído dele.
i) Israel é comparado a Canaã, maldito por Iahweh (Gn 9,25), e cujo nome é sinônimo de traficante (Ez 17,4; Is 23,8; Zc 14,21 etc.).
j) Alusão provável à "Tenda de Encontro" (Ex 33,7 etc.) e à estada no Sinai, onde Deus marcara encontro com seu povo (Ex 3,12 etc.).

¹¹ Eu falarei aos profetas,
multiplicarei as visões*ᵃ*
e por meio dos profetas
falarei em parábolas.

Novas ameaças

¹² Se Galaad é iniquidade,
eles não são senão falsidade;
em Guilgal eles sacrificam touros,
por isso mesmo seus altares serão como montes de pedras,
sobre os sulcos dos campos.
¹³ Jacó fugiu para os campos de Aram,
Israel serviu por uma mulher
e por uma mulher guardou rebanhos.
¹⁴ Mas Iahweh fez Israel subir do Egito
por intermédio de um profeta
e por intermédio de um profeta ele foi guardado.
¹⁵ Efraim ofendeu-o amargamente,
Iahweh descarregará sobre ele seu sangue,
e seu Senhor retribuirá seus ultrajes.

13 *Castigo da idolatria* — ¹Quando Efraim falava, era o terror,
ele era sublime em Israel,*ᵇ*
mas tornou-se culpado por causa de Baal e morreu.
² E agora continuam pecando:
eles constroem para si uma imagem de metal fundido,
com sua prata, ídolos de acordo com sua habilidade:
tudo isso não é senão obra de um artesão!
A propósito deles, dizem: "Homens sacrificam,*ᶜ*
eles abraçam bezerros."*ᵈ*
³ Por isso, serão como a nuvem da manhã,
como o orvalho que cedo desaparece,
como a palha que voa fora da eira
e como a fumaça que sai pela janela.

Castigo da ingratidão

⁴ Mas eu sou Iahweh teu Deus, desde a terra do Egito.*ᵉ*
Não deves reconhecer outro Deus além de mim,
não há salvador que não seja eu.
⁵ Eu te conheci no deserto,
em uma terra árida.
⁶ Estando na pastagem,*ᶠ*
eles se saciaram;
uma vez saciados, seu coração se exaltou;
por isso eles se esqueceram de mim.

---

a) Profetas e visões são sinal do favor de Iahweh (Dt 18,9-22; Sl 74,9; Lm 2,9; Nm 12,2-8; Ex 33,11).
b) Sobre a antiga importância política de Efraim ver Js 24,30; Jz 8,1-3; 12,1-6. Em lugar de *retat*, "terror", o grego leu *tôrôt*, "leis"; a metátese pode ser devida a uma correção antissamaritana.
c) "sacrificam", *zobehîm*, corr.; "(aqueles que) sacrificam homens", *zobehê*, hebr. Texto incerto.
d) Em sinal de adoração (cf. 1Rs 19,18).

e) O grego tem neste hemistíquio: "Eu sou o Senhor teu Deus, que fixou o céu e fundou a terra; minhas mãos criaram todo o exército do céu, e eu não os mostrei a ti para que caminhes atrás deles. Fui eu quem te fez subir do Egito". — Por ocasião da instalação dos bezerros de Dã e de Betel, Jeroboão dissera ao povo: "Eis teu Deus, que te fez subir do Egito" (1Rs 12,28).
f) Texto incerto. Propõe-se "eu os fiz pastar".

⁷E eu me tornei para eles como um leão,
como uma pantera no caminho
eu estava à espreita.
⁸Eu os ataco como uma ursa despojada de seus filhotes,
rasgo-lhes o peito e aí os devoro
como uma leoa,
as feras selvagens os despedaçarão.

Fim da realeza

⁹É tua destruição,ᵃ
pois só em mim está o teu auxílio.
¹⁰Onde está, pois, o teu rei para que te salveᵇ
em todas as tuas cidades,
e os teus juízes a quem dizias:
"Dá-me um rei e um príncipe"?
¹¹Eu te dou um rei em minha ira,
eu o retomo em meu furor.

A ruína inevitável

¹²A falta de Efraim está guardada,
seu pecado está conservado.
¹³As dores de parto lhe sobrevêm,
mas é filho néscio,
porque, chegado o momento,
ele não sai do seio materno.ᶜ
¹⁴Deveria eu livrá-los do poder do Xeol?
Deveria eu resgatá-los da morte?
Onde estão, ó morte, as tuas calamidades?
Onde está, ó Xeol, o teu flagelo?ᵈ
A compaixão se esconde de meus olhos.
¹⁵Ainda que Efraimᵉ prospere entre seus irmãos,
virá um vento do oriente:
um vento de Iahweh subindo do deserto,
secará o seu manancial
e a sua fonte se esgotará.
Eleᶠ saqueará o tesouro
de todos os objetos preciosos.

14 ¹Samaria deverá expiar,
porque se revoltou contra o seu Deus.
Cairão pela espada,
seus filhos serão esmagados,
às suas mulheres grávidas serão abertos os ventres.

---

a) Texto incerto.
b) Talvez uma alusão irônica ao rei Oseias (732-724), cujo nome significa "Iahweh salva".
c) Primeiro testemunho da metáfora utilizando as dores de parto para descrever a calamidade que ameaça o povo (cf. Jr 6,24; 22,23; Is 26,17; 66,6-7 etc.). Aqui a comparação *sugere* que a calamidade é destinada, no plano divino, a provocar a conversão que seria a fonte de vida nova (= o nascimento da criança). Mas Efraim, recusando nascer, condena-se.
d) O contexto exige que o v. 14 seja interpretado como ameaça. As duas primeiras questões pedem resposta negativa, as duas seguintes são apelo convidando a morte e o Xeol a enviarem suas "maldições" sobre o povo rebelde. Paulo cita este texto para anunciar que a morte foi vencida (1Cor 15,55); mas ele o interpreta conforme o costume de seu tempo, quando não se tinha escrúpulo de isolar uma frase de seu contexto.
e) "Efraim" não está no texto, que tem apenas "ele". Mas o nome é evocado por "frutificar" *(yapherî)*, que corresponde à explicação do nome Efraim dada em Gn 41,52.
f) "ele": o vento do oriente, que representa a Assíria.

III. Conversão e renovação de Israel[a]

Retorno sincero de Israel a Iahweh

² Volta, Israel, a Iahweh teu Deus,
   pois tropeçaste em tua falta.
³ Tomai convosco palavras[b]
   e voltai a Iahweh;
   dizei-lhe: "Perdoa toda culpa,
   aceita o que é bom.
   Em lugar de touros
   nós queremos oferecer nossos lábios.
⁴ A Assíria não nos salvará,
   não montaremos a cavalo
   e não diremos mais 'Nosso Deus!'
   à obra de nossas mãos,[c]
   porque é em ti que o órfão encontra misericórdia".
⁵ Eu curarei a sua apostasia,
   eu os amarei com generosidade,
   pois a minha ira afastou-se dele.
⁶ Eu serei como o orvalho para Israel,
   ele florescerá como o lírio,
   lançará suas raízes como o Líbano;
⁷ seus galhos se espalharão,
   seu esplendor será como o da oliveira
   e seu perfume como o do Líbano.
⁸ Voltarão aqueles que habitavam à sua sombra;
   farão reviver o trigo,
   florescerão como videira,
   sua lembrança será como a do vinho do Líbano.
⁹ Efraim! Que tenho ainda a ver com os ídolos?
   Sou eu quem lhe responde e quem olha para ele.
   Eu sou como um cipreste verdejante,
   é de mim que procede o teu fruto.[d]

Advertência final[e]

¹⁰ Quem é sábio compreenda isto,
   quem é inteligente reconheça-o!
   Porque os caminhos de Iahweh são retos
   e os justos caminharão neles.
   Mas os rebeldes neles tropeçarão.

---

a) As ameaças não são a última palavra do profeta; cf. acima 2,16-25; 3,5; 11,8-11; 12,10. Em liturgia de verdadeira penitência, que contrasta com 6,1-6, ela anuncia a salvação definitiva.
b) Palavras de arrependimento sincero (diferentes de 6,1-3) e não de sacrifícios (6,6).
c) A rejeição dos ídolos implicará a recusa dessas formas de idolatria que é a confiança nas alianças estrangeiras (Assíria) e na potência militar (cavalos, isto é, carros de guerra), que substituíam a confiança em Iahweh, único salvador (cf. 8,9+; Is 30,1-5; 31,1-3).
d) O "fruto" faz novamente alusão à etimologia de Efraim (cf. 13,15+) — o cipreste verdejante simboliza a vida, cuja única fonte é Iahweh. Depois de ter condenado os cultos idólatras sob as árvores sagradas (4,13), Iahweh dá a entender que ele é a realidade, os cultos da fertilidade não são senão uma caricatura.
e) Acréscimo em estilo sapiencial.

JOEL

1 **Título** — ¹Palavra de Iahweh que foi dirigida a Joel, filho de Fatuel.

I. A praga de gafanhotos

1. LITURGIA DE LUTO E DE SÚPLICA

Lamentação sobre a desolação do país

²Ouvi isto, anciãos,
escutai vós, todos os habitantes da terra!
Sucedeu, acaso, tal coisa em vossos dias,
ou nos dias de vossos pais?
³Contai-o a vossos filhos,
vossos filhos a seus filhos,
e seus filhos à geração seguinte.

<sub>Dt 28,38
Am 4,9; 7,1s
Ml 3,11
Sl 105,34-35</sub>
⁴O que o *gazam* deixou, o gafanhoto o devorou!ᵃ
O que o gafanhoto deixou, o *yeleq* o devorou!
O que o *yeleq* deixou, o *hasîl* o devorou!

<sub>Is 5,11 +
Dt 28,39</sub>
⁵Despertai, vós bêbedos, e chorai!
Lamentai-vos, todos os bebedores de vinho,
por causa do mosto, pois ele é arrancado de vossa boca!

<sub>Jr 46,23
Ap 9,8</sub>
⁶Porque um povo subiu contra a minha terra,
poderoso e inumerável;
seus dentes são dentes de leão,
ele tem mandíbulas de leoa.

<sub>Is 5,1 +
Na 2,3</sub>
⁷Ele transformou a minha vinha em um deserto,
e a minha figueira em pedaços;
descascou-a completamente e a abateu,
seus ramos tornaram-se brancos!

_{Jr 3,4}
⁸Lamenta-teᵇ como uma virgem, vestida de saco,ᶜ
sobre o esposo de tua juventude.

⁹Oblação e libação foram suprimidasᵈ
da casa de Iahweh.
Estão de luto os sacerdotes,
servidores de Iahweh.

_{Os 4,3 +}
¹⁰O campo está devastado,
a terra está de luto,
porque o grão está devastado,
o mosto falta,
o óleo seca.

---

a) Trata-se de invasão de gafanhotos. Eles são designados aqui por meio de quatro termos, dos quais o mais usado para o "gafanhoto" em geral é *arbeh*, o "destruidor". O significado dos três outros termos é discutido. Eles designam, quer espécies diferentes de gafanhotos, quer, talvez, mais provavelmente, as fases sucessivas do desenvolvimento do inseto: larva (*yeleq*, "saltador"), ninfa (*hasîl*, o "descascador"), e o inseto jovem (*gazam*, o "cortador").
b) O profeta dirige-se à comunidade.
c) Veste de luto e de penitência.
d) A oblação (cf. Lv 2), e a libação cotidianas consistiam em produtos da terra: farinha, vinho, óleo (cf. Ex 29,38-42; Nm 28,3-8).

¹¹ Envergonhai-vos, agricultores,
   lamentai-vos, viticultores,
   por causa do trigo e da cevada,
   pois a colheita do campo está perdida.
¹² A vinha está seca
   e a figueira está murcha;
   romãzeira, tamareira, macieira,
   todas as árvores do campo secaram.
   Sim, a alegria falta
   do meio dos homens.

Am 4,7-9
Is 6,10
Jr 25,10

Apelo à penitência e à oração

¹³ Cingi-vos e lamentai-vos, sacerdotes,
   chorai ministros do altar!
   Vinde,ᵃ passai a noite vestidos de saco,
   ministros do meu Deus!
   Porque foram afastadas da casa de vosso Deus
   a oblação e a libação.
¹⁴ Ordenaiᵇ um jejum,
   convocai uma assembleia,
   reuni os anciãos,
   todos os habitantes da terra,
   na casa de Iahweh vosso Deus,
   e clamai a Iahweh:
¹⁵ Ai! Que dia!
   Sim, está próximo o dia de Iahweh,
   ele chega como uma devastação vinda de Shaddai.ᶜ

1,8 +

2,15

Ez 30,2-3
Is 13,6

¹⁶ Não desapareceu o alimento
   aos nossos olhos,
   a alegria e o júbilo
   da casa de nosso Deus?
¹⁷ Os grãos ressecaram
   sob as suas glebas,ᵈ
   os silos foram devastados,
   os celeiros demolidos,
   porque falta o trigo.
¹⁸ Como geme o gado!
   Os rebanhos de bois andam errantes,
   porque não há pasto para eles.
   Até mesmo os rebanhos de ovelhas padecem.

Os 4,3 +

¹⁹ A ti, Iahweh, eu clamo,
   porque o fogoᵉ devorou as pastagens da estepe
   e a chama consumiu todas as árvores do campo.

---

a) Ao Templo (cf. 2,17).
b) Lit. "Santificai". Os mesmos apelos à penitência e à oração em 2,12-13.15-17; cf. Jn 3,5-9. O interesse que Joel tem por essas manifestações religiosas como pelos elementos do culto (1,9.13.16; 2,14) está em vivo contraste com a atitude de Amós, Oseias, Miqueias e Jeremias (cf. Am 5,21+). Joel pensa, naturalmente, na conversão do coração (2,13).
c) Jogo de palavras entre "devastação" (*shôd*) e o nome divino Shaddai (cf. Gn 17,1+). O flagelo dos gafanhotos é anunciador do "dia de Iahweh", dia terrível (cf. 2,1-2.11; Am 5,18+), também se no contexto de Jl 3-4 (cf. Ab 15), ele traz consigo o triunfo final de Israel.
d) Sentido incerto: três das quatro palavras hebraicas desta frase só aparecem aqui.
e) O fogo (cf. 2,3) e a chama: imagem da seca (cf. Am 7,4).

²⁰ Até mesmo os animais selvagens gritam a ti,
porque secaram os ribeiros
e o fogo devorou as pastagens da estepe.

2 Alarme no dia de Iahweh[a] —
Am 5,18+; 1,15

¹Tocai a trombeta em Sião,[b]
dai alarme em minha montanha santa!
Tremam todos os habitantes da terra,
porque está chegando o dia de Iahweh!
Sim, está próximo

|| Sf 1,15
Jo 8,12+; 1,6

²um dia de trevas e de escuridão,
um dia de nuvens e de obscuridade![c]
Como a aurora espalha-se sobre as montanhas
um povo numeroso e poderoso,
não existiu jamais outro como ele,
e nem tornará a existir, depois dele,
de geração em geração.

A invasão dos gafanhotos

1,19
Gn 2,8

³Diante dele o fogo devora,
atrás dele a chama consome.
Antes dele, a terra era como um jardim de Éden,
depois dele será um deserto desolado!
Nada lhe escapa!

Ap 9,7.9

⁴Seu aspecto é como o de cavalos,
galopam como ginetes.[d]
⁵É como o ruído de carros de guerra,
que saltam sobre os cumes das montanhas,
como o crepitar do fogo, que devora o restolho,
como um povo poderoso, preparado para a batalha.

Is 13,8
Na 2,11

⁶Diante dele os povos tremem de medo,
todas as faces perdem sua cor.[e]
⁷Como heróis eles avançam,
como guerreiros escalam a muralha.
Cada qual segue o seu caminho,
sem se afastar de sua rota.
⁸Ninguém empurra o seu vizinho,
cada qual segue a sua via;
por entre os dardos eles se lançam,
sem romper a fila.
⁹Assaltam a cidade,
correm sobre a muralha,
escalam as casas e entram,
como ladrões, pelas janelas.

---

a) Os vv. 1-11 retomam, em função do dia de Iahweh, 1,15, a descrição da invasão de gafanhotos, sob a imagem de exército, cujo ataque é irresistível.
b) Advertência de perigo iminente (Am 3,6; Os 5,8; Ez 33.3-6), o toque da trombeta ou da corneta anuncia o castigo de Israel (Is 18,3; Os 8,1; Jr 4,5; 6,1), e a vinda do Dia da ira (Jl 2,1; Sf 1,16; cf. Ap 8,6-9,21). Serve também para convocar as assembleias religiosas (Nm 10,2-10; Jl 2,15); ele dará, pois, o sinal da grande reunião dos eleitos no último dia (Is 27,13; 1Ts 4,16-17; 1Cor 15,52).
c) Estas imagens referem-se à aproximação das nuvens de gafanhotos que obscurecem o céu (cf. Ap 9,2). A aurora, v. 2c, evoca quer a rapidez da invasão, quer os reflexos avermelhados das nuvens de gafanhotos sob o sol.
d) A comparação dos gafanhotos com os cavalos é corrente. Ela é desenvolvida aqui (vv. 4-9) em descrição do avanço dos gafanhotos com os traços de invasão armada (cf. Na 2,4-7.11; 3,2-3.15-17), em contexto apocalíptico.
e) "perdem sua cor"; traduz-se também "são avermelhadas ou ruborizadas".

Visão do dia de Iahweh

¹⁰ Diante dele a terra se comove,
os céus tremem,
o sol e a lua escurecem
e as estrelas perdem o seu brilho!ᵃ
¹¹ Iahweh levanta a sua vozᵇ
diante do seu exército!
Sim, seu acampamento é muito grande,
o executor de sua palavra é poderoso.
Sim, o dia de Iahweh é grande,
extremamente terrível!
Quem poderá suportá-lo?

Apelo à penitência

¹²"Agora, portanto,
— oráculo de Iahweh —
retornai a mim de todo vosso coração,
com jejum, com lágrimas e gritos de luto".
¹³ Rasgai os vossos corações,
e não as vossas roupas,
retornai a Iahweh, vosso Deus,
porque ele é bondoso e misericordioso,
lento para a ira e cheio de amor,
e se compadece da desgraça.
¹⁴ Quem sabe?
Talvez ele volte atrás, se arrependa
e deixe atrás de si uma bênção,
oblação e libação para Iahweh, vosso Deus.ᶜ

¹⁵ Tocai a trombeta em Sião!
Ordenai um jejum,
proclamai uma reunião sagrada!
¹⁶ Reuni o povo,
convocaiᵈ a comunidade,
congregai os anciãos,
reuni os jovens e os lactentes!
Que o esposo saia de seu quarto
e a esposa de seu aposento!
¹⁷ Entre o pórtico e o altarᵉ chorem
os sacerdotes, ministros de Iahweh
e digam:
"Iahweh, tem piedade do teu povo!
Não entregues à vergonha a tua herança,
para que as nações zombem deles!
Porque dirão entre os *povos*:
Onde está o seu Deus?"

---

a) Tais fenômenos cósmicos marcam o dia de Iahweh (cf. Am 8,9+).
b) O trovão (cf. 4,16; Ex 19,16+; Am 1,2; Sl 18,14; 29,3-9; Jó 37,4-5). O exército são os gafanhotos.
c) Restabelecimento da prosperidade agrícola (cf. Dt 7,13-14; 16,10.15.17 etc.; cf. Ag 2,15-19) que permitirá a retomada do culto (cf. 1,9).
d) "ordenai" e "convocai": lit.: "santificai" (cf. 1, 14).
e) Isto é, no átrio da parte oriental do Templo (cf. 1Rs 6,3; Ez 8,16; 40,48-49), entre o pórtico (*Ulam*) e o grande altar dos holocaustos (1Rs 8,64; 2Cr 8,12). Os sacerdotes oravam voltados para o santuário.

2. RESPOSTA DE IAHWEH

^{Dt 4,24+} ¹⁸ Iahweh encheu-se de zelo por sua terra
e teve piedade de seu povo.

Fim do flagelo e libertação

^{Dt 11,14} ¹⁹ Iahweh respondeu e disse a seu povo:
"Eis que vos envio
trigo, vinho e óleo.
Saciar-vos-eis deles.
Não mais farei de vós
uma vergonha entre as nações.

^{Am 4,10}
^{Is 34,3} ²⁰ Afastarei de vós aquele que vem do norte,[a]
expulsá-lo-ei para uma terra árida e desolada,
sua vanguarda para o mar oriental,
sua retaguarda para o mar ocidental.
O seu fedor se levantará,
o seu mau cheiro se levantará!"
(Porque ele foi longe demais!)

Visão da abundância

²¹ Não temas, terra,
exulta e alegra-te,
porque Iahweh fez grandes coisas!

²² Não temais, animais do campo!
Porque reverdeceram as pastagens da estepe.
Sim, a árvore carrega o seu fruto,
a figueira e a vinha dão a sua riqueza.

^{Dt 11,14} ²³ Filhos de Sião, exultai,
alegrai-vos em Iahweh, vosso Deus!
Porque ele vos deu
a chuva do outono, conforme a justiça,[b]
e fez cair sobre vós a chuva,
a chuva do outono e a chuva da primavera, como outrora.[c]
²⁴ As eiras se encherão de trigo,
as tinas transbordarão de vinho e de óleo novo.

^{1,4+} ²⁵ "Eu vos devolverei os anos
que o gafanhoto devorou,
o *yeleq*, o *hasîl* e o *gazam*,
meu grande exército,
que enviei contra vós".

²⁶ Comereis até fartar-vos,
louvareis o nome de Iahweh vosso Deus,

---

a) O exército de gafanhotos (vv. 1-11), comparado, aqui, ao inimigo que "vem do norte" para executar os julgamentos de Iahweh, imagem clássica na literatura profética (cf. Jr 1,13-15+; Ez 26,7 etc.).
b) Texto incerto. "conforme a justiça", lit.: "para a justiça", talvez glosa: ao povo arrependido Iahweh dá a chuva "conforme a sua justiça", isto é, sua lealdade para com o povo em razão da Aliança; ou então "em medida justa", ou ainda "em vista da justiça", como sinal da entrada do povo em graça. A Vulg. deu a este texto um significado messiânico traduzindo: "o mestre de justiça", o doutor que ensina a justiça (cf. Os 10,12 hebr. e Jr 23,6; 33,15). Esta denominação se encontra nos textos de Qumrã para designar o personagem principal da seita da Aliança.
c) "como outrora", mss hebr., versões; "em primeiro lugar", hebr.

que vos tratou de modo maravilhoso.
(Meu povo não se envergonhará nunca mais!)

²⁷"E sabereis que eu estou no meio de Israel,
eu, Iahweh, vosso Deus, e não outro!
Meu povo não se envergonhará nunca mais!"

Is 42,8 +
44,6 +

II. A nova era e o dia de Iahweh

1. EFUSÃO DO ESPÍRITO^a

3 ¹"Depois disto,
derramarei o meu Espírito sobre toda carne.
Vossos filhos e vossas filhas profetizarão,
vossos anciãos terão sonhos,
vossos jovens terão visões.
² Até sobre os escravos e sobre as escravas,
naqueles dias, derramarei o meu Espírito.^b
³ Porei sinais^c nos céus e na terra,
sangue, fogo e colunas de fumaça".
⁴ O sol se transformará em trevas,
a lua em sangue,
antes que chegue o dia de Iahweh,
grande e terrível!
⁵ Então, todo aquele que invocar o nome de Iahweh, será salvo.
Porque no monte Sião e em Jerusalém haverá ilesos
— como Iahweh falou —,
entre os sobreviventes que Iahweh chama.

28
At 2,17-21
Nm 11,25-30
Is 32,15

29

30

31
Ap 6,12
Jl 2,11

Rm 10,13
Ab 17
Ap 14,1

2. O JULGAMENTO DOS POVOS^d

4 **Temas gerais** — ¹"Pois, eis que, naqueles dias e naquele tempo, quando eu mudar o destino de Judá e de Jerusalém,^e
² reunirei todas as nações,
e as farei descer ao vale de Josafá,^f
ali entrarei em processo contra elas,
por causa de Israel,^g meu povo e minha herança,

Vulg. 3
Zc 12

Ap 16,13-16

---

a) O oráculo dos vv. 1-3, cuja realização os vv. 4-5 situam no dia de Iahweh, anuncia para esse dia a efusão universal do Espírito (cf. Ez 36,27+). O discurso de Pedro (At 2,16-21+), mostra no milagre de Pentecostes as primícias desse dom do Espírito.
b) O Espírito de Deus é derramado sobre todos, sem distinção de classes, conforme o desejo de Moisés (Nm 11,29). Este é, ao mesmo tempo, o espírito de profecia, caracterizado aqui pelos sonhos e pelas visões (cf. Nm 12,6), e a causa da renovação interior (cf. Ez 11,19-20; 36,26-27).
c) Anunciadores do juízo final, no dia de Iahweh (cf. 1,15; 2,1-2.10; Am 8,9+).
d) A restauração de Israel implica o castigo dos povos que lhe fizeram mal (cf. Ab 15-21). O dia de Iahweh destina-se, agora, às nações inimigas. Como nos caps. precedentes, este entrelaça as palavras de Iahweh (1-8.12-13.17.[21a?]) com as do profeta (9-11.14-16.18-20.21b).
e) Pode-se também compreender: "quando eu fizer retornar os cativos de Judá e de Jerusalém".
f) Josafá, "Iahweh julga" (cf. v. 12), é o nome simbólico do lugar em que Iahweh julgará as nações (cf. Jr 25,31; Is 66,16), designado no v. 14 como "vale da Decisão". O v. 16 (cf. v. 11) convida-nos a situá-lo perto de Jerusalém, sem que seja necessário identificá-lo com o atual "vale de Josafá" (o vale do Cedron, a sudeste do Templo), cujo nome aparece apenas no século IV d.C.
g) Não o reino do Norte, mas todo o povo de Iahweh, conforme 2,23.27; 4,1.

porque o dispersaram entre as nações
e repartiram a minha terra.*ᵃ*
³Lançaram sorte sobre o meu povo,
trocaram jovens por prostitutas,
venderam donzelas por vinho e beberam."

Am 1,6-10 ## Ataques contra os fenícios e os filisteus*ᵇ*

⁴"Mas vós, Tiro, Sidônia
e todos os distritos da Filisteia,
que sois para mim?
Quereis vingar-vos de mim?
Mas, se tirardes vingança contra mim,
logo farei recair a vingança sobre vossas cabeças!*ᶜ*
⁵Vós que tomastes minha prata e meu ouro,
vós que carregastes para os vossos templos os melhores tesouros,
Ex 27,13 ⁶vós que vendestes aos filhos de Javã*ᵈ*
os filhos de Judá e de Jerusalém,
para afastá-los de seu território!
⁷Eis que eu os arranco do lugar
onde vós os vendestes,
e farei recair vossos atos sobre vossas cabeças!
Is 22,25
Ab 18 ⁸Venderei vossos filhos e vossas filhas
pelas mãos dos filhos de Judá,
e eles os venderão aos sabeus,*ᵉ*
a uma nação longínqua,
porque Iahweh falou!"

Zc 14,2
Ez 38,39 ## Convocação dos povos*ᶠ*

⁹Proclamai isto entre as nações:
Preparai*ᵍ* uma guerra,
concitai os fortes!
Que se aproximem, que subam
todos os guerreiros!
Is 2,4
Mq 4,3 ¹⁰Forjai de vossas relhas espadas,
e de vossas podadeiras, lanças.*ʰ*
Que o fraco diga: "Eu sou um herói!"
¹¹Apressai-vos e vinde depressa para o auxílio,
todas as nações dos arredores,
reuni-vos lá!
(Iahweh, faz descer teus heróis.)*ⁱ*

---

a) Alusão ao exílio de 597 e 586 e ao modo como os caldeus e certos povos vizinhos de Judá trataram Jerusalém e o país (Ez 21,23-37; 25; Ab 11-14; cf. Na 3,10).
b) Estes dois povos são, desta vez, nominalmente acusados de saque (v. 5) e de tráfico de escravos judeus (talvez por ocasião dos acontecimentos de 597 e 586).
c) Conforme a lei do talião (Ex 21,25+), que vai ser aplicada (vv. 5-8; cf. Ab 15; Sl 7,15-17).
d) Javã, isto é, a Jônia, designa os gregos.
e) População comerciante do Sul da Arábia (Jr 6,20; Jó 6,19; cf. 1Rs 10,1+).
f) Retomada do tema do julgamento (vv. 1-3). Que os povos declarem guerra a Iahweh e marchem contra Sião (cf. Zc 14,2; 12,3-4); no vale da Decisão (vv. 11-14), eles terão seu julgamento e sua derrota final (vv. 15-17).
g) Lit.: "Santificai" — a guerra é operação santa (cf. 2,16; Is 13,3; Jr 6,4; 22,7).
h) Inversão das perspectivas paradisíacas (Is 2,4; 11,6+), que reaparecerão depois do julgamento (vv. 18.21).
i) "Vinde depressa para o auxílio", *'ûshû*, hapax, traduzido segundo o árabe e o hebr. moderno; é possível a confusão auditiva com *hûshû*, "apressai-vos". — O último estíquio pode ser uma adição inspirada pelo v. 9 e Dn 4,10; os "heróis" são então os anjos (cf. Zc 14,5).

¹²"Que partam e subam, as nações,
 ao vale de Josafá!
Sim, ali eu me sentarei para julgar
 todas as nações dos arredores.
¹³Lançai a foice,
 porque a messe está madura;
vinde, pisai,
 porque o lagar está cheio,
 as tinas transbordam,
 pois grande é a sua malícia!"
¹⁴Turbas e turbas,
 no vale da Decisão!*ᵃ*
Sim, está próximo o dia de Iahweh,
 no vale da Decisão!

Mc 4,29
Ap 14,14-20
Is 17,5;
63,1-6

Is 17,12
Jl 4,2 +

O dia de Iahweh

¹⁵O sol e a lua se obscurecem
 e as estrelas perdem o seu brilho.
¹⁶Iahweh ruge de Sião,
 e de Jerusalém levanta a sua voz:
 os céus e a terra tremem!

Mas Iahweh é refúgio para o seu povo
 e fortaleza para os israelitas!

¹⁷E reconhecereis então que eu sou Iahweh, vosso Deus,
 que habita em Sião, minha montanha santa!
Jerusalém será santa,*ᵇ*
 e os estrangeiros não mais passarão por ela!"

= 2,10

|| Am 1,2 +
Jr 25,30
Sl 46,2-3

2,27
Ez 38,23
Ap 21,27

3. ERA PARADISÍACA DA RESTAURAÇÃO DE ISRAEL

¹⁸Naquele dia,
 as montanhas gotejarão vinho novo,
 e das colinas escorrerá leite,
 os ribeiros de Judá conduzirão água.
Da casa de Iahweh sairá uma fonte
 e regará o vale das Acácias.*ᶜ*
¹⁹O Egito será uma desolação,
 e Edom será um deserto desolado,
 por causa da violência contra os filhos de Judá,
 cujo sangue inocente eles derramaram na terra.
²⁰Judá será habitada para sempre,
 e Jerusalém, de geração em geração.
²¹"Eu teria deixado seu sangue impune?*ᵈ*
 Não, eu não o deixei impune."
E Iahweh habitará em Sião.

Am 9,13
Is 30,25
Ez 47,1 +
Zc 14,8
Jo 4,1 +

Jr 17,25
Ez 37,25

---

a) O termo pode significar o aparelho munido de pontas que serve para debulhar o trigo (cf. Is 28,27; 41,15; Am 1,3; Jó 41,22); a imagem é evocada pela messe do v. 13; poderíamos traduzi-lo então por "vale do Rastelo"; a mesma palavra significa também o veredicto, a Decisão, que resolve uma questão.

b) Inviolável (cf. Is 51,23; 52,1; Jr 31,40; Na 2,1; Ab 17; Zc 9,8; 14,21).
c) Localização incerta, neste contexto apocalíptico, no qual a Terra Santa será renovada.
d) Interrogação implícita, frequente em hebr. Este v. 21 talvez seja uma adição.

AMÓS

1 **Título** — ¹Palavras de Amós, um dos criadores de Técua,[a] O que ele viu contra Israel, no tempo de Ozias, rei de Judá, e no tempo de Jeroboão,[b] filho de Joás, rei de Israel, dois anos antes do terremoto.[c]

Exórdio

²Ele disse:
Iahweh rugirá de Sião,[d]
de Jerusalém levantará a sua voz,
e murcharão as pastagens dos pastores
e secará o cimo do Carmelo.

I. Julgamento das nações vizinhas de Israel e do próprio Israel[e]

Damasco

³Assim falou Iahweh:
Por três crimes de Damasco,
e por quatro,[f] eu o decidi sem retorno![g]
Porque esmagaram Galaad com debulhadoras de ferro,[h]
⁴eu enviarei fogo à casa de Hazael
e devorará os palácios de Ben-Adad;[i]
⁵eu quebrarei o ferrolho de Damasco,
exterminarei o habitante de Biceat-Áven,
e de Bet-Éden,[j] aquele que segura o cetro,
o povo de Aram será deportado para Quir,[k]
disse Iahweh.

---

a) Não era simples guardião de rebanhos (cf. 7,14; 2Rs 3,4). — Técua é uma aldeia de Judá, a 9 km a sudeste de Belém.
b) Jeroboão II, rei de Israel.
c) Esse terremoto é, talvez, atestado pelas escavações arqueológicas de Hasor, na Galileia superior; deve ser situado nos meados do século VIII a.C. De acordo com Zc 14,5 (LXX), em consequência desse sismo, os vales foram obstruídos. Não se trata, apenas, de simples nota cronológica: os editores do livro, responsáveis por esta notícia, viram nele, por certo, manifestação divina confirmando a mensagem de Amós (cf. 9,5; Sl 75,4; Mq 1,4 etc.).
d) Quer provenha do próprio Amós, quer seja releitura judaica (cf. Os 1,7+), este texto mostra que, apesar do cisma, Jerusalém, o lugar em que Iahweh habita, é o centro unificador do povo de Deus.
e) Esta seção resume os oráculos pronunciados em épocas diferentes contra sete nações (mais o oráculo contra Judá, certamente, posterior). Os oráculos são de estrutura idêntica e retomam as mesmas formas estereotipadas. Acentuam a justiça de Iahweh, que castiga em todos os povos qualquer tipo de injustiça. Israel vem em último lugar, para mostrar que o castigo,

"que ele não esperava", o atingirá, como os outros, e será a manifestação suprema da justiça divina.
f) Os dois números consecutivos designam quantidade indeterminada, pequena ou grande conforme o contexto (cf. 4,8; Is 17,6; Jr 36,23, e os "provérbios numéricos", Pr 30,15+).
g) Lit.: "eu não o revogarei", o pronome "o" refere-se ao decreto de castigo.
h) Instrumento utilizado para debulhar o grão sobre a eira. A imagem é, frequentemente, usada para descrever o aniquilamento do vencido (Is 21,10; 41,15; Mq 4,12s; cf. o anúncio profético de Eliseu, 2Rs 8,12).
i) Hazael e Ben-Adad III, seu filho, reis arameus, que foram os inimigos inconciliáveis de Israel.
j) Biceat-Áven, "vale da Iniquidade", seria a Beka'a, entre o Líbano e o Antilíbano (cf. Js 11,17); Bet-Éden é o pequeno reino de Bit-Adini, sobre o Eufrates, com Til-Barsip como capital (cf. 2Rs 19,12; Ez 27,23).
k) Donde é originário, segundo 9,7. Conforme 2Rs 16,9, a profecia realizou-se após a campanha de Teglat-Falasar em 733-732. Segundo Is 22,6, Quir está próxima de Elam; esta palavra significa "betume" em acádico: tratar-se-ia de Ur, na Caldeia, chamada em árabe el-Muqayir.

Gaza e a Filisteia

⁶ Assim falou Iahweh:
Por três crimes de Gaza,
e por quatro, não o revogarei!
Porque deportaram populações inteiras,
para entregá-las a Edom,
⁷ enviarei fogo contra as muralhas de Gaza,
e ele devorará os seus palácios;
⁸ exterminarei o habitante de Azoto,
e de Ascalon, aquele que segura o cetro.
Voltarei a minha mão contra Acaron^a
e perecerá o resto^b dos filisteus,
disse o Senhor Iahweh.

Tiro e a Fenícia

⁹ Assim falou Iahweh:
Por três crimes de Tiro,
e por quatro, não o revogarei!
Porque entregaram populações inteiras de cativos a Edom
e não se lembraram da aliança de irmãos,^{c}
¹⁰ enviarei fogo contra as muralhas de Tiro,
e ele devorará os seus palácios.

Edom

¹¹ Assim falou Iahweh:
Por três crimes de Edom,
e por quatro, não o revogarei!
Porque perseguiu à espada o seu irmão^d
e sufocou a sua misericórdia,
guardou para sempre a sua ira^e
e conservou seu furor eternamente,
¹² enviarei fogo contra Temã,^{f}
e ele devorará os palácios de Bosra.

Amon

¹³ Assim falou Iahweh:
Por três crimes dos filhos de Amon,
e por quatro, não o revogarei!
Porque abriram o ventre das mulheres grávidas de Galaad,
para alargar o seu território,
¹⁴ atearei fogo nas muralhas de Rabá,^{g}
e ele devorará os seus palácios,
com grito, no dia da batalha,
com tempestade no dia da borrasca;

---

a) Gat, a quinta cidade Filisteia, não é nomeada. Destruída por Hazael (2Rs 12,18), ela não era mais levada em conta (cf. Am 6,2).
b) Esta palavra, que terá em seguida sentido teológico profundo (cf. Is 4,3+), é utilizada aqui em seu significado primitivo: aquilo que sobra de grupo dizimado por catástrofe.
c) Trata-se, sem dúvida, das boas relações que existiam, desde Salomão, entre Tiro e Israel (1Rs 5,26 e 9,13 em que Hiram de Tiro chama Salomão de seu "irmão") e que haviam sido reforçadas pelo casamento de Acab com Jezabel (1Rs 16,31), filha de Etbaal, que reinou em Tiro e Sidônia.
d) Israel, "irmão" de Edom (Gn 25,21-24.29-30).
e) "guardou para sempre a sua ira", sir., Vulg.; "sua ira rasga para sempre", hebr.
f) Designação poética de Edom (cf. Jr 49,7.20; Ab 9; Hab 3,3).
g) Cidade principal do país, hoje Amã (cf. 2Sm 11-12).

¹⁵o seu rei irá para o exílio,
    ele juntamente com os seus príncipes,
    disse Iahweh.

Nm 22,36 +
Is 15-16
Jr 48
Ez 25,5-11
Sf 2,8-11

2 *Moab* — ¹Assim falou Iahweh:
    Por três crimes de Moab,
    e por quatro, não o revogarei!
    Porque queimou os ossos do rei de Edom[a] até calciná-los,
    ²enviarei fogo contra Moab,
    e ele devorará os palácios de Cariot.
    Então, morrerá Moab em meio ao barulho,
    em meio ao grito de guerra, ao som da trombeta.
    ³Exterminarei o juiz de seu meio,
    e com ele matarei todos os seus príncipes,
    disse Iahweh.[b]

Judá[c]

Is 5,24
Jr 7,28
Lv 26,14-15

⁴Assim falou Iahweh:
    Por três crimes de Judá,
    e por quatro, não o revogarei!
    Porque desprezaram a lei de Iahweh
    e não guardaram os seus decretos,
    suas Mentiras[d] os seduziram,
    aquelas atrás das quais os seus pais correram,

Os 8,14

⁵enviarei fogo contra Judá,
    e ele devorará os palácios de Jerusalém.

Israel[e]

= 8,6

⁶Assim falou Iahweh:
    Por três crimes de Israel,
    e por quatro, não o revogarei!
    Porque vendem o justo por dinheiro
    e o indigente por um par de sandálias.[f]

Is 3,15
Dt 27,20;
23,19

⁷Eles esmagam sobre o pó da terra a cabeça dos fracos[g]
    e tornam torto o caminho dos pobres;
    um homem e seu pai vão à mesma jovem
    para profanar o meu santo nome.[h]

Dt 24,12-13

⁸Eles se estendem sobre vestes penhoradas,
    ao lado de qualquer altar,

---

a) A incineração, que devia tornar a alma infeliz na outra vida, era para o semita crime abominável.

b) Iahweh censura em Moab sua conduta em relação a um pagão. Israel não está, de modo algum, incluído neste crime. Pode-se deduzir daí, que nos outros oráculos, o comportamento criminoso é condenado em si mesmo e não porque Israel é a vítima. Para Amós a mesma lei moral impõe-se a todos os homens.

c) Este oráculo de estilo deuteronômico é provavelmente uma releitura judaica (cf. Os 1,7+). Muitos pensam a mesma coisa dos oráculos contra Tiro e Edom.

d) Isto é.: seus ídolos.

e) Os oráculos contra as nações são elemento habitual da pregação profética (Is 13-23; Jr 46-51; Ez 25-32). Incluindo Israel, Amós provocava, por certo, a estupefação e a cólera de seus ouvintes, indignados por serem igualados aos pagãos.

f) Os profetas protestam, muitas vezes, contra a venalidade da justiça (cf. 5,7; 6,12; Is 1,23; Mq 3,1-3.9-11; 7,1-3 etc.).

g) "Eles esmagam", com o grego e ligando a palavra à raiz *shûp* (cf. 8,4; Gn 3,15), antes que a raiz *sha'ap*, "aspirar", "ser ávido de", mais bem conhecida. — Antes de "a cabeça", omitimos "por" ou "com". — "sobre o pó da terra", omitido pelo grego, é, às vezes, considerado como adição. — A avidez dos grandes: outro tema profético (Am 8,5-6; Is 1,17.23; 3,14; Mq 2,1-2.8-11; 3,9-11; 6,9-12; Sf 1,9; Jr 2,34; Ez 22,29).

h) Trata-se, por certo, não de prostituta sagrada, mas de escrava da casa tomada como objeto de prazer pelo pai e pelo filho. O que é condenado não é tanto a aparência de incesto, como a degradação infligida a um ser humano. O que atinge a dignidade do homem atinge a Deus.

e bebem vinho daqueles que estão sujeitos a multas,
na casa de seu deus.*a*

⁹ Mas eu destruíra diante deles o amorreu, Dt 7,1+;
9,1-2
Os 9,16
Jó 18,16
cuja altura era como a altura dos cedros,
e que era forte como os carvalhos!
Destruí seu fruto por cima,
e suas raízes por baixo!*b*

¹⁰ E eu vos fiz subir da terra do Egito Dt 2,7
e vos conduzi pelo deserto, durante quarenta anos,
para tomar posse da terra do amorreu!

¹¹ Suscitei de vossos filhos, profetas, Dt 18,18 +
Nm 6,1 +
e de vossos jovens, nazireus!
Não foi, realmente, assim, israelitas?
Oráculo de Iahweh.

¹² Mas vós fizestes os nazireus beber vinho
e ordenastes aos profetas:
"Não profetizeis!"*c*

¹³ Pois bem! Eu vos taxarei no lugar
como é taxado um carro cheio de feixes!*d*

¹⁴ A fuga será impossível ao ágil, 9,1
o homem forte não empregará a sua força
e o herói não salvará a sua vida.

¹⁵ Aquele que maneja o arco não ficará de pé, Jr 46,5
Mc 14,52
o homem ágil não se salvará com os seus pés,
o cavaleiro não salvará a sua vida,

¹⁶ e o mais corajoso entre os heróis fugirá nu, naquele dia,
oráculo de Iahweh.*c*

II. Advertências e ameaças a Israel

3 *Eleição e castigo* — ¹ Ouvi esta palavra que Iahweh falou contra vós, israelitas, contra toda a família que eu fiz subir da terra do Egito:*e*
² Só a vós eu conheci*f* de todas as famílias da terra, Dt 7,6+
Mt 11,20-24p
por isso eu vos castigarei por todas as vossas faltas.

A vocação profética é irresistível*g*

³ Caminham duas pessoas juntas
sem que antes tenham combinado?

⁴ Ruge o leão na floresta
sem que tenha uma presa?

---

a) No banquete sagrado que sucede aos sacrifícios. — "seu deus": trata-se, sem dúvida, de Iahweh, mas ele é rebaixado ao nível de ídolo quando é honrado com bens tirados aos infelizes sob a aparência de legalidade: multa ou confisco dos bens de devedor que não pode pagar (cf. Eclo 34,20).
b) Imagem que indica destruição total.
c) Neste oráculo contra Israel, a falta do povo é apresentada, não apenas como violação de leis, mas principalmente como recusa ao apelo e à solicitude de Deus.
d) Imagem de um povo assediado, incapaz de resistir ao inimigo; mas a interpretação do verbo *'uq*, que aparece apenas aqui (hapax), "taxar", é incerta.
e) Na última parte do versículo, o profeta parece dirigir-se às doze tribos. Talvez seja releitura judaica destinada a aplicar, depois do desaparecimento do reino do Norte, a palavra de Amós ao reino de Judá (cf. 2,4s+).
f) No significado bíblico de escolher, discernir, amar (Gn 18,19; Dt 9,24; Sb 10,5; Jr 1,5; Os 13,4). Aos olhos de Amós a eleição de Israel não é privilégio (9,7), mas significa para o povo exigência de fidelidade e de justiça, responsabilidade.
g) Toda esta perícope justifica a intervenção do profeta. Não há efeito sem causa (vv. 3-5b), nem causa sem efeito (vv. 5c-6.8a). Se o profeta profetiza, foi Iahweh

Levanta o filhote do leão a sua voz, em seu esconderijo,
sem que tenha capturado algo?
⁵Cai um pássaro por terra na rede
sem que haja uma armadilha para ele?
Levanta-se uma rede do solo
sem capturar alguma coisa?

^{Jl 2,1 +}
^{Is 45,7}
⁶Se uma trombeta soa na cidade,
não ficará a população apavorada?
Se acontece uma desgraça na cidade,
não foi Iahweh quem agiu?

^{Gn 18,17}
^{Jr 7,25}
⁷Pois o Senhor Iahweh não faz coisa alguma
sem antes revelar o seu segredo a seus servos, os profetas.ᵃ

^{Ap 10,3}
^{7,14-15}
^{Jr 20,7-9}
⁸Um leão rugiu: quem não temerá?
O Senhor Iahweh falou: quem não profetizará?

A corrupta Samaria perecerá

^{Sf 3,8}
^{2,6-8}
⁹Proclamai nos palácios de Azoto
e nos palácios da terra do Egito;ᵇ
dizei: reuni-vos nas montanhas da Samaria,
e vede as numerosas desordens em seu seio,
as violências em seu meio!
¹⁰Não sabem agir com retidão,
— oráculo de Iahweh —
aqueles que amontoam opressão e rapina em seus palácios.

^{2Rs 17,3-6}
¹¹Por isso assim falou o Senhor Iahweh:
Um inimigo cercará a terra,ᶜ
arrancará de ti o teu poder,
e os teus palácios serão saqueados.

^{Ex 22,12}
^{Gn 31,39}
¹²Assim falou Iahweh:
Como o pastor salva da boca do leão
duas patas ou um pedaço da orelha,
assim serão salvos os israelitas,ᵈ
aqueles que estão instalados em Samaria,
na beira de um leito e sobre um divã de Damasco.ᵉ

Contra Betel e as habitações luxuosas

¹³Ouvi e testemunhai contra a casa de Jacó:
— oráculo do Senhor Iahweh, Deus dos Exércitos —

^{1Sm 1,3 +}
^{1Rs 12,29-}
^{30 +;}
^{13,1-5}
^{Ex 27,2 +}
¹⁴no dia em que eu castigar os crimes de Israel,
castigarei os altares de Betel;ᶠ
os chifres do altar de Betel serão cortados
e cairão por terra.

---

quem falou, e se Deus fala, o profeta não pode deixar de profetizar (vv. 7-8b). A escolha das comparações deixa pressentir mensagem de calamidade.
a) Este v. pode ser glosa.
b) "Azoto", hebr.; "Assíria", grego. — Seríamos tentados a corrigir Azoto em Assíria, com o grego, por causa do paralelismo com o Egito; os dois grandes vizinhos e inimigos de Israel seriam então tomados como testemunhas de suas faltas (cf. Dt 30,19).
c) O assírio, que nunca é nomeado, mas cuja ameaça paira sobre toda a profecia de Amós. — "cercará": *yesobeb*, conj.; "ao redor": *ûsebîb*, hebr.
d) Não se trata de pequeno resto de redimidos; Amós anuncia ironicamente que em caso de salvação, o que restará do rebanho serão "pedaços" que testemunharão a inocência do pastor: Iahweh e seu profeta (cf. Ex 22,12).
e) Palavra incerta. Propõe-se compreender: "sobre o Damasco de um divã". A palavra "Damasco" evoca, provavelmente, um tecido luxuoso, como atualmente em português.
f) A respeito de Betel; cf. 4,4+.

¹⁵Eu abaterei a casa de inverno com a casa de verão, 1Rs 22,39
as casas de marfim*ᵃ* serão destruídas,
e muitas casas desaparecerão,
oráculo de Iahweh.

4 *Contra as mulheres de Samaria* —
¹Ouvi esta palavra, vacas de Basã,*ᵇ* Is 3,16-24;
que estais sobre o monte de Samaria, 32,9-14
que oprimis os fracos, esmagais os indigentes Is 5,11-12 +
e dizeis aos vossos maridos:
"Trazei-nos o que beber!"
²O Senhor Iahweh jurou por sua santidade: Lv 17,1 +
sim, eis que virão dias sobre vós Sl 89,36
em que vos carregarão com ganchos,
e, o que sobrar de vós, com arpões.
³E saireis pelas brechas que cada uma tem diante de si,
e sereis empurradas em direção ao Hermon,*ᶜ*
oráculo de Iahweh.

Ilusão, impenitência, castigo de Israel

⁴Entrai em Betel e pecai! 2Rs 2,1 +
Em Guilgal, e multiplicai os pecados!*ᵈ*
Oferecei, pela manhã, os vossos sacrifícios,
e ao terceiro dia, os vossos dízimos!*ᵉ*
⁵Queimai pão fermentado como sacrifício de louvor, Lv 7,11 +
proclamai vossas oferendas voluntárias, anunciai-as, Mt 6,2;
porque é assim que gostais, israelitas,*ᶠ* 23,5p
oráculo do Senhor Iahweh.

⁶Eu mesmo*ᵍ* vos dei dentes limpos*ʰ* Lv 26,14-39
em todas as vossas cidades,
e falta de pão em todos os vossos lugarejos,
mas não voltastes a mim!
Oráculo de Iahweh.

⁷Eu também vos privei da chuva, Jr 14,1-6
quando ainda faltavam três meses para a colheita;
fiz chover sobre uma cidade,
e sobre a outra cidade eu não fiz chover;

---

a) Refere-se a casas, cujo mobiliário ou paredes tinham incrustações de marfim. Foram encontrados tais ornamentos nas escavações de Samaria.
b) Basã, na Transjordânia, era célebre por suas pastagens e seus rebanhos. No Sl 22,13, os touros de Basã são o símbolo da força violenta; aqui as vacas são o símbolo do espírito gozador das mulheres de Samaria.
c) "sereis empurradas", *wehoshlaktenah*, grego; "vós lançareis", *wehishlaktenah*, hebr. "Hermon", corrig.; hebr. *harmona*.
d) O pecado não consiste em frequentar santuários, onde o culto está corrompido por práticas idolátricas, mas em aliar à recusa de obedecer a vontade divina o ardor de celebrá-lo no culto (5,21+). Sobre Betel, cf. Gn 12,8; 1Rs 12,28-13,10; sobre Guilgal, cf. Js 4,19+.
e) "ao terceiro dia" (sem dúvida, depois da chegada), ou: "todos os três dias". O profeta parece ironizar a abundância de atos cúlticos. A oferta do dízimo (Dt 14,22+), é costume religioso muito antigo; em Betel, sua origem era relacionada com Jacó (Gn 28,22).
f) A insistência do profeta: "vossos" sacrifícios, "vosso" dízimo, "vossas" ofertas, "é assim que gostais" é destinada a frisar que os peregrinos do santuário *realizam os seus próprios desejos e não a vontade de Iahweh*.
g) O trecho seguinte, vv. 6-12, é pequeno poema em refrão que acentua a pedagogia divina. Como um pai castiga seu filho (Dt 8,5+), Deus, por meio de uma série de sete calamidades apresentadas em ordem crescente de severidade (Am 4,6-11; Lv 26,14-39; Dt 28,15-68), tenta, em vão, reconduzir a si o seu povo (Is 9,12; 42,25; Jr 2,30; 5,3; Os 7,10; Sf 3,2.7; Ag 2,17; cf. Ap 9,20.21; 16,9.11; Ex 7-11). Israel está fixado em seu pecado, Deus castigá-lo-á.
h) Pela fome.

um campo era regado pela chuva,
e o outro campo, sobre o qual não chovia, secava.
⁸ Então duas, três cidades iam vacilantes
a outra cidade para beber água
e não podiam saciar-se,
mas não voltastes a mim!
Oráculo de Iahweh.

1Rs 8,37
Dt 28,22

⁹ Eu vos feri pela alforra e pelo amarelecer do trigo,
tantas vezes vossos jardins e vossas vinhas,
vossas figueiras e vossas oliveiras
o gafanhoto devorou,
mas não voltastes a mim!
Oráculo de Iahweh.

Ex 9,1-7
Dt 7,15;
28,27
Is 34,2-3

¹⁰ Eu vos enviei uma peste como a peste do Egito;
matei pela espada os vossos jovens,
enquanto os vossos cavalos eram capturados;
fiz subir às vossas narinas
o mau cheiro de vossos acampamentos,
mas não voltastes a mim!
Oráculo de Iahweh.

Gn 19,1 +
Zc 3,2

¹¹ Eu vos derrubei como Deus derrubou Sodoma e Gomorra,ᵃ
fostes como um tição arrancado do incêndio,
mas não voltastes a mim!
Oráculo de Iahweh.

Ml 3,1-2

¹² Por isso, te tratarei assim, Israel!
E, porque te tratarei assim, Israel,
prepara-te para o confronto com o teu Deus!ᵇ

Doxologiaᶜ

3,7
5,8.27; 9,6
Os 12,6
Jr 32,18

¹³ Porque é ele quem forma as montanhas e quem cria o vento,
quem revela ao homem seu pensamento,ᵈ
quem faz da aurora trevas*e*
e quem caminha sobre os altos da terra:*f*
Iahweh, Deus dos Exércitos, é o seu nome.

5 *Lamentação sobre Israel* —
¹ Ouvi esta palavra, que eu profiro sobre vós,
como lamentação, casa de Israel.
² Caiu e não se levantará mais,
a virgem de Israel:ᵍ
ela foi atirada ao chão,
não há quem a levante!

---

a) Alusão provável a tremor de terra (cf. 1,1).
b) Anúncio misterioso do castigo definitivo. "porque te tratarei assim", é, talvez, glosa.
c) Esta doxologia (cf. 5,8-9; 9,5-6), pode ter sido acrescentada por razões de uso litúrgico. No atual contexto reforça a ameaça.
d) Ou "que revela o pensamento do homem" (cf. 2Rs 5,25-26; Jr 11,20; Sl 94,11 etc.).

e) Alusão aos eclipses ou às tempestades matutinas; a menos que se leia com o grego "quem fez a aurora e as trevas".
f) Alusão à tempestade (Sl 18,8-16), ou melhor, expressão simbólica da onipotência de Iahweh (Dt 32,13; Jó 9,8; Sl 18,34; Is 58,14; Mq 1,3-6).
g) A nação é comparada a virgem levada pela morte em plena juventude, sem ter podido realizar sua vocação de mulher: o casamento e a maternidade (cf. Jz 11,39).

³ Porque assim falou o Senhor Iahweh:
A cidade que sai com mil ficará com cem,
e a que sai com cem
ficará com dez,ᵃ para a casa de Israel.

Sem conversão não há salvação

⁴ Porque assim falou Iahweh à casa de Israel:
Procurai-me e vivereis!ᵇ

⁵ Mas não procureis Betel,
não entreis em Guilgal
e não passeis por Bersabeia;ᶜ
pois Guilgal será deportada
e Betel se tornará uma iniquidade!ᵈ

⁶ Procurai Iahweh e vivereis!
Para que ele não penetre como fogo na casa de José
e a devore, sem que haja alguém em Betel para apagá-lo!

⁷ Eles que transformam o direito em veneno
e lançam por terra a justiça.ᵉ

Doxologia

⁸ Ele que faz as Plêiades e o Órion,
que transforma as trevas em manhã,
que escurece o dia em noite,
que convoca as águas do mar
e as despeja sobre a face da terra,ᶠ
Iahweh é o seu nome!

⁹ Ele faz cair devastação sobre aquele que é forte,
e a devastação virá sobre a cidadela.ᵍ

Ameaças

¹⁰ Eles odeiam aquele que repreende à Porta
e detestam aquele que fala com sinceridade.

¹¹ Por isso: porque oprimis o fraco
e tomais dele um imposto de trigo,

---

a) O desastre será grande. Se sobrar um "resto" indica antes a extensão da catástrofe (cf. 1,8+; 3,12+), do que propriamente a esperança de salvação (cf. Is 4,3+), que não é considerada aqui (cf. 5,2).

b) Frequentar os santuários pode, também, ser chamado "procurar a Deus" (cf. 5,5; Dt 12,5; 2Cr 1,5). Mas Amós proclama que a única procura autêntica de Deus é a que procura o bem e evita o mal (5,14). Ela conduz à vida (5,3.6). — Em outros textos do AT o homem "procura" Deus, ele o "consulta" (verbo *darash*) interrogando-o (cf. 1Sm 14,41+), por meio de um homem de Deus (Gn 25,22; Ex 18,15; 1Sm 9,9; 1Rs 22,8); ou ainda "procurando a palavra" (1Rs 22,5; cf. 14,5), quer em livro (Is 34,16), quer por intermédio de profeta (1Rs 22,7). Outra expressão (habitualmente verbo *biqqesh*) indica, antes, que o homem procura "a face", isto é, a presença de Iahweh (Os 5,15; 2Sm 21,1; 1Cr 16,11 [= Sl 105,4]; Sl 24,6; 27,8, e, provavelmente com o mesmo significado Sf 1,6; Os 3,5; 5,6; Ex 33,7+ etc.). Mas as duas expressões são vizinhas: se se procura a "face" de Iahweh, é para conhecer sua vontade, e sua presença manifesta-se, frequentemente, por seus oráculos. Esta "procura de Iahweh" é atitude religiosa fundamental no AT. No NT é necessário, equivalentemente, "procurar o Reino" (Mt 6,33).

c) Célebre como lugar de culto dos patriarcas (Gn 21,31-33; 26,23-25).

d) Há uma aliteração entre o nome Guilgal e a definição do destino que a espera ("ser deportada", *galoh yigeleh*) e um jogo de palavras com o nome de Betel, "casa de Deus", que se transforma em "casa da iniquidade" (*awen*, cf. Os 4,15).

e) Deve-se, talvez, corrigir o texto e ler, em vez de "Eles que transformam", "Ai daqueles que transformam" (cf. 5,18 e 6,1). Em todo caso a doxologia dos vv. 8-9 (que foi acrescentada mais tarde, provavelmente para fins litúrgicos, e que é fragmento de hino, como 4,13 e 9,5-6) separa desajeitadamente os vv. 7 e 10 que, primitivamente, seguiam.

f) Seja para inundar a terra (Jó 12,15) e reconduzi-la ao estado primitivo (Sl 104,5-9), seja para dar-lhe a chuva fecundante (Jó 36,27-28).

g) O texto deste versículo é incerto, mas pode-se reconhecer aqui o tema da humilhação dos poderosos (cf. 1Sm 2,4.7; Lc 1,51-52).

construístes casas de cantaria,
mas não as habitareis;
plantastes vinhas esplêndidas,
mas não bebereis o seu vinho.
¹²Pois conheço vossos inúmeros delitos
e vossos enormes pecados!
Eles hostilizam o justo, aceitam suborno,
e repelem os indigentes à porta.
¹³Por isso o sábio se cala neste tempo,*ª*
porque é tempo de desgraça.

Admoestações

¹⁴Procurai o bem e não o mal
para que possais viver,
e, deste modo, Iahweh,
Deus dos Exércitos, estará convosco,
como vós o dizeis!*ᵇ*
¹⁵Odiai o mal e amai o bem,
estabelecei o direito à porta;
talvez Iahweh, Deus dos Exércitos,
tenha compaixão do resto de José.*ᶜ*

Iminência do castigo

¹⁶Por isso, assim disse Iahweh,
Deus dos Exércitos, o Senhor:
Em todas as praças haverá lamentação
e em todas as ruas dirão:
"Ai! Ai!"
Convocarão o camponês para o luto
e para a lamentação aqueles que sabem gemer;*ᵈ*
¹⁷e em todas as vinhas haverá lamentação,
porque passarei no meio de ti,
disse Iahweh.

O dia de Iahweh

¹⁸Ai daqueles que desejam o dia de Iahweh!*ᵉ*
Para que vos servirá o dia de Iahweh?
Ele será trevas e não luz.

---

a) Para não ser perseguido pelos dirigentes sem escrúpulos. O verso é, possivelmente, glosa.
b) Israel crê que sua eleição lhe garante proteção incondicionada de Iahweh (5,18; 9,10; Mq 3,11).
c) Isto é: do reino do Norte, diminuído por todos os castigos que Iahweh lhe infligiu (4,6-11) e vai ainda infligir (5,3). Primeiro uso profético da doutrina do resto salvo (cf. Is 4,3+). Mas enquanto para Isaías esta salvação é certa, ela permanece, aqui, muito hipotética, e Amós fala dela com ceticismo. Ele será mais categórico em 9,8-9.
d) Restituição da ordem das palavras perturbada no hebr. (lit.: "as lamentações, para aqueles que sabem gemer").
e) Israel, confiante em sua prerrogativa de povo escolhido (Dt 7,6+), espera intervenção de Deus, que só pode ser favorável. O profeta opõe a este esperado "dia de Iahweh" a concepção profética do "dia de Iahweh", dia de ira (Sf 1,15; Ez 22,24; Lm 2,22) contra Israel endurecido em seu pecado: trevas, lágrimas, massacres, terror (Am 5,18-20; 2,16; 8,9-10.13; Is 2,6-21; Jr 30,5-7; Sf 1,14-18, cf. Jl 1,15-20; 2,1-11). Todos esses textos mostram a ameaça de invasão devastadora (assírios, caldeus). Durante o Exílio, o dia de Iahweh torna-se objeto de esperança; a ira de Deus volta-se contra todos os opressores de Israel: Ab 15; Babilônia: Is 13,6.9; Jr 50,27; 51,2; Lm 1,21; Egito: Is 19,16; Jr 46,10.21; Ez 30,2; Filisteia: Jr 47,4; Edom: Is 34,8; 63,4. Este dia marca, portanto, a restauração de Israel, já em 9,11, também em Is 11,11; 12,1; 30,26; cf. Jl 3,4; 4,1. Depois do Exílio, o "dia de Iahweh" tende a tornar-se "julgamento" que assegura o triunfo dos justos e a ruína dos pecadores (Ml 3,19-23; Jó 21,30; Pr 11,4) em perspectiva claramente universalista (Is 26,20-27,1; 33,10-16. Cf. tb. Mt 24,1+). — Sobre os sinais cósmicos que acompanham o dia de Iahweh (cf. Am 8,9+).

¹⁹ Como alguém que foge de um leão,
e um urso cai sobre ele!
Ou que entra em casa, coloca a mão na parede
e a serpente o morde!
²⁰ Não é o dia de Iahweh trevas e não luz?
Sim, ele é escuridão, sem claridade!

Contra o culto formal[a]

²¹ Eu odeio, eu desprezo as vossas festas
e não gosto de vossas reuniões. 4,4-5
²² Porque, se me ofereceis holocaustos...,[b]
não me agradam as vossas oferendas
e não olho para o sacrifício de vossos animais cevados. Sl 50,9-13; 51,18 Os 8,13 Is 1,11 + Lv 3,1
²³ Afasta de mim o ruído de teus cantos,
eu não posso ouvir o som de tuas harpas![c]
²⁴ Que o direito corra como a água
e a justiça como um rio caudaloso!
²⁵ Por acaso oferecestes-me sacrifícios e oferendas no deserto,
durante quarenta anos, ó casa de Israel?[d] At 7,42-43
²⁶ Suportareis Sacut, vosso rei,
e a estrela de vosso deus, Caivã,
imagens que fabricastes para vós.[e]
²⁷ Eu vos deportarei para além de Damasco,[f]
disse Iahweh. — Deus dos Exércitos é o seu nome. 4,13 +

6 Contra a falsa segurança dos grandes

¹ Ai daqueles que estão tranquilos em Sião,[g] Lc 6,24 Jr 5,12-13
e daqueles que se sentem seguros na montanha da Samaria,
os nobres da primeira das nações,
a quem a casa de Israel recorre.[h]
² Passai em Calane e vede,
de lá ide a Emat, a grande,
depois descei a Gat dos filisteus:
serão eles melhores do que estes reinos?
Será o seu território maior do que o vosso território?[i]

---

a) Os profetas levantaram-se, muitas vezes, contra a hipocrisia religiosa: muitos acreditavam estar em paz com Deus, porque realizavam certos ritos cúlticos (sacrifícios, jejuns), desprezando, contudo, os preceitos mais elementares de justiça social e de amor ao próximo (1Sm 15,22; Is 1,10-16; 29,13-14; 58,1-8; Os 6,6; Mq 6,5-8; Jr 6,20; Jl 2,13; Zc 7,4-6; cf. Sl 40,7-9; 50,5-15; 51,18-19). Os salmistas, acentuando os sentimentos interiores que deviam inspirar o sacrifício: obediência, ação de graças, contrição, e o Cronista, insistindo na função do canto litúrgico, expressão da *disposição da alma*, no culto sacrifical, reagirão também contra o formalismo do culto. O NT dará as fórmulas definitivas (Lc 11,41-42; Mt 7,21; Jo 4,21-24).
b) Falta uma parte do versículo ou o começo do v. 22 é glosa incompleta.
c) As cerimônias religiosas incluíam cantos e música (1Sm 10,5; 2Sm 6,5.15).
d) Amós, como Oseias (2,16-17; 9,10 e Jr 2,2-3), vê, pois, no tempo do deserto a época ideal das relações de Iahweh com seu povo (cf. Os 2,16+). As condições da vida nômade e a legislação rudimentar davam ao culto importância bem relativa, cf. Jr 7,22. Podia-se, pois, agradar a Iahweh com culto pobre, mas sincero.
e) "Sacut e Caivã": esses nomes de divindades babilônicas são vocalizados como *shiqquç* "abominação, ídolo". Trata-se de Sakkut (*sag-kud*), o deus Ninurta, associado a Saturno, e de Kayamanu "permanente", um dos títulos de Saturno. Esses cultos astrais podem ter sido introduzidos no reino do Norte pelos arameus. O hebr. desloca "a estrela de vosso deus" (glosa possível) para depois de "imagens".
f) Isto é: para a Assíria.
g) "daqueles que estão tranquilos em Sião" é, provavelmente, releitura judaica (cf. 3,1+; Os 1,7+).
h) Para render homenagem, procurar conselho e pedir justiça.
i) Este v. pode ser compreendido qual apóstrofe dos nobres de Samaria aos que os consultam: vós sois mais poderosos do que estes reinos, nada tendes a temer. Mas o texto é incerto e, corrigindo a última parte do v. pode-se, também, compreender: "valeis mais do que esses reinos, vosso território será maior do que o deles?" O declínio dessas cidades serve, neste caso, de sinal para

³ Quereis afastar o dia da desgraça,
mas apressais o domínio da violência!ᵃ

⁴ Eles estão deitados em leitos de marfim,
estendidos em seus divãs,
comem cordeiros do rebanho
e novilhos do curral,
⁵ improvisamᵇ ao som da harpa,
como Davi, inventam para si instrumentos de música,
⁶ bebem crateras de vinho
e se ungem com o melhor dos óleos,
mas não se preocupam com a ruína de José.ᶜ
⁷ Por isso, agora, eles serão exilados à frente dos deportados,
e terminará a orgia daqueles que estão estendidos.

O castigo será terrível

⁸ O Senhor Iahweh jurou por si mesmo
— oráculo de Iahweh, Deus dos Exércitos —.
Eu detesto o orgulho de Jacó,
odeio seus palácios:
entregarei a cidadeᵈ e o que nela se encontra.
⁹ E acontecerá que, se dez homens restarem em uma casa, eles morrerão!
¹⁰ E quando um parente e um embalsamadorᵉ
levarem os ossos de casa,
perguntarão ao que está no interior da casa:
"Há alguém contigo?"
E ele dirá: "Fim". E dirá: "Silêncio"!
Porque não se deve pronunciar o nome de Iahweh!ᶠ

¹¹ Porque eis que Iahweh ordena:
ele fará cair em ruínas a casa grande,
e em pedaços a casa pequena!
¹² Correm, por acaso, cavalos sobre a rocha,
ou ara-se o marᵍ com bois?
Vós, porém, transformastes o direito em veneno
e o fruto da justiça em absinto!
¹³ Aqueles que se alegram a respeito de Lo-Dabarʰ
dizem: "Não foi por nossa força que tomamos Carnaim?"
¹⁴ Sim, eis que vou suscitar contra vós, casa de Israel,
— oráculo de Iahweh, Deus dos Exércitos —
uma naçãoⁱ que vos oprimirá
desde a entrada de Emat até a torrente da Arabá.ʲ

Israel. Mas Calane (cf. Is 10,9), ao norte de Alepo, só foi tomada pelos assírios em 738; Emat, no Orontes, em 720; e Gat, na Filisteia, em 711.
a) A da ocupação inimiga.
b) Significado incerto.
c) O fim iminente do reino de Israel.
d) Quer Samaria, quer qualquer outra cidade do reino do Norte.
e) "embalsamador", compreendendo esse particípio de verbo inusitado (hapax), segundo o aram. *seraf* "resina, bálsamo" (cf. 2Cr 16,14).
f) Por respeito religioso, ou talvez, por temor diante da calamidade, cujo autor é Iahweh. A passagem é obscura, mas o significado geral é claro: ela descreve a catástrofe que se abate sobre a cidade e os mortos que enchem as casas, bem como o terror que domina o pequeno grupo dos que escaparam, sobre os quais recai a obrigação de se ocuparem dos cadáveres.
g) Texto ligeiramente corrigido (pela separação diferente das palavras e pela mudança de vocalização). TM: "Trabalha-se com bois?" (plural em lugar do singular coletivo).
h) Jogo de palavras com Lo-Dabar que significa "nada", substituído por Lodbar (Js 13,26; 2Sm 9,4), identificado com Tell el-Hamme, ao norte de Galaad. Carnaim "os dois chifres" (1Mc 5,26) é identificada com Sheikh es-Sa'ad, em Basã. Essas cidades pertenciam às cidades reconquistadas por Jeroboão II e por seu pai Joás (cf. 2Rs 13,25 e 14,25).
i) A Assíria.
j) A torrente da Arabá não é, aqui, idêntica à torrente do Egito, que designa com a Entrada de Emat os limites

III. As visões

7 Primeira visão: os gafanhotos

¹Assim me fez ver o Senhor Iahweh:
Ele produzia gafanhotos,
quando começava a crescer o feno tardio,
é o feno tardio, depois da ceifa do rei.ᵃ
²E quando acabaram de devorar toda a erva da terra,
eu disse: "Senhor Iahweh, perdoa,ᵇ eu te peço!
Como poderá Jacó subsistir?
Ele é tão pequeno!"
³Então Iahweh compadeceu-se:ᶜ
"Isto não acontecerá", disse Iahweh.

Jl 1,4-7;
2,3-9
Dt 28,38

Segunda visão: a seca

⁴Assim me fez ver o Senhor Iahweh:
O Senhor Iahweh intentava um processo pelo fogo:ᵈ
este devorou o grande abismo,ᵉ
depois devorou o campo.
⁵Eu disse: "Senhor Iahweh, para, eu te peço!
Como poderá Jacó subsistir?
Ele é tão pequeno!"
⁶Iahweh compadeceu-se:
"Também isto não acontecerá",
disse o Senhor Iahweh.

Terceira visão: o fio de prumo

⁷Assim me fez ver:
Eis que o Senhor estava de pé sobre um muro de chumboᶠ
e tinha em sua mão um fio de prumo.
⁸E Iahweh me disse: "Que vês, Amós?"
Eu disse: "Um fio de prumo".
O Senhor disse: "Eis que porei um fio de prumo
no meio do meu povo, Israel,
não tornarei a perdoá-lo.ᵍ
⁹Os lugares altos de Isaac serão devastados,
os santuários de Israel serão arrasados
e eu me levantarei com a espada contra a casa de Jeroboão".

Dt 12,2 +
2Rs 15,8-10

sul e norte da Terra Prometida (1Rs 8,65). Trata-se de um dos *wadis* que se lançam no vale inferior do Jordão (a "Arabá") perto do mar Morto. O território assim delimitado é o do reino do Norte depois das conquistas de Jeroboão II (cf. 2Rs 14,25).

a) "produzia", *yôçer;* corrige-se frequentemente em "uma eclosão", *yeçer,* suposto pelo grego. — Em lugar do hebr. "é o feno tardio", o grego especifica "larvas sem asas". O rei certamente tomava uma parte do primeiro corte.
b) A intercessão era uma das funções específicas do ministério profético (Gn 20,7. Cf. tb. 2Mc 15,14; Jr 15,1.11; 18,20; Ez 9,8; Dn 9,15-19); sobre a intercessão de Moisés, cf. Ex 32,11+. Mas quando o povo se obstina em seu pecado, Deus não aceita mais a intercessão do profeta (cf. Jr 14,7-11). Aqui Amós intervém apenas nas duas primeiras visões e cala-se nas três seguintes.
c) Isto é: renunciou a executar o seu desígnio.
d) O fogo é a seca (1,2; 4,6-8), que devora tudo (cf. Jl 1,19-20; 2,3). Pensa-se também no fogo celeste, que destruiu Sodoma e Gomorra (Gn 19,24-25.28).
e) O oceano subterrâneo, de onde provêm as águas.
f) O chumbo (*anak*, palavra única explicada pelo acádico *annaku* "chumbo") é um metal mole; o muro está pouco sólido, em contraposição a um muro de bronze (Jr 1,18; 15,20) ou de ferro (Ez 4,3). Mas *anak* significa em árabe o prumo. De onde a tradução tradicional "fio de prumo". Deus vai destruir e arrasar tudo (cf. 2Rs 21,13; Is 34,11; Lm 2,8). É preciso então omitir em hebr. a palavra *anak* depois de "um muro". Chumbo é *bedîl* em Zc 4,10, e o prumo, *'opheret* (Zc 5,7).
g) Lit.: "eu não passarei mais" (subentendido: sobre sua falta. Cf. Mq 7,18). — É o novo refrão (cf. 8,2), que substitui o das duas primeiras visões (7,3.6).

Conflito com Amasias. Amós expulso de Betel[a] — ¹⁰Então Amasias, sacerdote de Betel, mandou dizer a Jeroboão, rei de Israel: "Amós conspira contra ti, no seio da casa de Israel: a terra não pode mais suportar todas as suas palavras. ¹¹Porque assim disse Amós: 'Jeroboão morrerá pela espada e Israel será deportado para longe de sua terra'." ¹²Amasias disse então a Amós: "Vidente,[b] vai, foge para a terra de Judá; come lá o teu pão e profetiza lá. ¹³Mas em Betel não podes mais profetizar, porque é santuário do rei, um templo do reino".[c] ¹⁴Amós respondeu e disse a Amasias: "Não sou um profeta, nem filho de profeta; eu sou vaqueiro e cultivador de sicômoros.[d] ¹⁵Mas Iahweh tirou-me de junto do rebanho e Iahweh me disse: 'Vai, profetiza a meu povo, Israel!' ¹⁶E agora ouve a palavra de Iahweh: Tu dizes: 'Não profetizarás contra Israel, e não vaticinarás contra a casa de Isaac.' ¹⁷Por isso, assim disse Iahweh:

'Tua mulher se prostituirá na cidade,
teus filhos e tuas filhas cairão pela espada,
a tua terra será dividida com a trena
e tu morrerás em uma terra impura,[e]
Israel será deportado para longe de sua terra'."

8 *Quarta visão:*[f] *o cesto de frutos maduros*

¹Assim me fez ver o Senhor Iahweh:
Eis um cesto de frutos maduros!
²E ele disse: "Que vês, Amós?"
Eu disse: "Um cesto de frutos maduros!"
E Iahweh me disse:
"Israel, meu povo, está maduro para seu fim,[g]
não tornarei mais a perdoá-lo.
³Os cantos do palácio serão gemidos naquele dia.
— Oráculo do Senhor Iahweh —
Numerosos serão os cadáveres,
lançados em todos lugares. Silêncio!"[h]

Contra os defraudadores e exploradores[i]

⁴Ouvi isto, vós que esmagais o indigente
e quereis eliminar os pobres da terra,
⁵vós que dizeis: "Quando passará a lua nova,[j]
para que possamos vender o grão,

---

a) Este relato em prosa, que provém do grupo de discípulos de Amós, é intercalado entre a terceira e a quarta visão. Ele vem imediatamente depois da profecia contra a casa real (7,9) e descreve as reações que este anúncio provocou.
b) O termo comporta provavelmente matiz de desprezo ("visionário").
c) Amasias iguala Amós aos profetas profissionais que viviam de sua profissão (cf. 1Sm 9,7+), mas não o acusa de ser falso profeta; ao contrário, por sua intervenção e sua acusação de conspiração (v. 10), mostra que ele teme as consequências da pregação do profeta: a palavra de Amós, eficaz, é considerada como a causa direta das desgraças que ele anuncia.
d) O termo "profeta", bem como "filho de profeta", lit.: "filho de Nabi", semitismo para indicar a pertença a algum grupo (cf. 2Rs 2,3+), eram, provavelmente, no tempo de Amós, termos técnicos que indicavam os membros de corporação profética. — "vaqueiro", lit.: "que se ocupa do gado", com termo que designa normalmente o gado graúdo (cf. 1,1+, onde há um termo diferente). — Amarrando-se a haste dos frutos do sicômoro que servem de forragem, apressa-se-lhes o amadurecimento.
e) Toda terra estrangeira, manchada pela presença dos ídolos, é impura (Os 9,3-4); a terra de Israel, em que habita Iahweh (Os 8,1; Zc 9,8; Jr 12,7) é pura (2Rs 5,17) e "santa" (Ex 19,12+; Zc 2,16; 2Mc 1,7).
f) Esta quarta visão está intimamente ligada, pela semelhança de estrutura e de pensamento, à terceira (7,7-9). Na redação atual o episódio de Betel (7,10-17) interrompe a sucessão de visões.
g) Lit.: "Chegou o fim para meu povo, Israel". A tradução procura mostrar o jogo de palavras entre "fim" (*qeç*) e "frutos maduros" (lit.: "frutos de verão": *qayiç*).
h) "lançados", *hoshlak*, conj.; "ele lança", *hishlik*, TM.
i) Os oráculos que seguem foram intercalados entre a quarta e a quinta visão. Foram inseridos neste contexto porque precisam, justificam e desenvolvem o anúncio do fim, contido na quarta visão.
j) A lua nova (Lv 23,24+) e o sábado (Ex 20,8+) interrompiam as transações comerciais.

e o sábado, para que possamos vender o trigo,
para diminuirmos o efá, aumentarmos o siclo
e falsificarmos as balanças enganadoras,
⁶ para comprarmos o fraco com dinheiro
e o indigente por um par de sandálias
e para vendermos o resto do trigo?"
⁷ Iahweh jurou pelo orgulho de Jacó:*a*
Não esquecerei jamais nenhuma de suas ações.
⁸ Não tremerá por causa disso a terra?
Não estará de luto todo aquele que a habita?
Toda ela se levanta como o Nilo,
é revolvida e depois desce como o Nilo do Egito!*b*

= 2,6

1,1
= 9,5

Anúncio do castigo: escuridão e luto

⁹ Acontecerá naquele dia,
— oráculo do Senhor Iahweh —
que eu farei o sol declinar em pleno meio-dia
e escurecerei a terra em um dia de luz.*c*
¹⁰ Transformarei vossas festas em luto
e todos os vossos cantos em lamentação;
colocarei um saco em todos os rins
e em cada cabeça uma tonsura.*d*
Eu a colocarei como em luto pelo filho único,
seu fim será como um dia de amargura.

↗ Tb 2,6
Os 2,13
1Mc 9,41
Is 3,24
Jr 6,26
Zc 12,10

Fome e sede da palavra de Deus

¹¹ Eis que virão dias,
— oráculo do Senhor Iahweh —
em que enviarei fome à terra,
não fome de pão, nem sede de água,
mas de ouvir a palavra de Iahweh.*e*
¹² Cambalearão de um mar a outro mar,
errarão do norte até o levante,
à procura da palavra de Iahweh,
mas não a encontrarão!

4,2
Mt 5,6
Dt 8,3 +

Os 5,6 +

Novo anúncio de castigo

¹³ Naquele dia definharão pela sede
as belas virgens e os jovens.
¹⁴ Aqueles que juram pelo Pecado*f* de Samaria

Zc 9,17

---

a) O "orgulho de Jacó" pode designar, quer um atributo de Iahweh (1Sm 15,29), quer, como em 6,8, a arrogância de Israel, tão firme que pode servir de base a um juramento, quer ainda a terra de Iahweh, a Palestina (Sl 47,5).
b) O profeta compara o terremoto (cf. 1,1+) às enchentes e vazantes do Nilo. Há nesta comparação e descrição mais imaginação poética do que observação. — "como o Nilo", versões; "como uma luz", hebr. — "desce", *qerê;* "será bebido", *ketib* (cf. 9,5).
c) O dia de Iahweh (5,18+) é acompanhado de sinais cósmicos: tremores de terra (8,8; Is 2,10; Jr 4,24) e eclipses solares (8,9; Jr 4,23). Os profetas posteriores ampliam a descrição, usando imagens estereotipadas, que não devem ser tomadas ao pé da letra (Sf 1,15; Is 13,10.13; 34,4; Ez 32,7.8; Hab 3,6; Jl 2,10.11; 3,3.4; 4,15.16; cf. Mt 24,29; Ap 6,12-14 e Mt 24,1+).
d) Sinal de luto e de aflição nos povos vizinhos (Is 15,2) e em Israel (Jr 7,29; Mq 1,16).
e) "a palavra", mss e versões "as palavras", hebr. — O profeta não anuncia conversão, caracterizada por fome de ouvir a palavra de Deus para obedecer-lhe, mas castigo. Cansado de falar sem ser ouvido, Deus cala-se. Ele não suscita mais profetas.
f) Trata-se, quer de uma deusa, *Ashima* (cf. 2Rs 17,30), cujo nome o profeta muda propositalmente em *ashema* "pecado", quer de uma designação depreciativa de um santuário de Samaria. Cf. Dt 9,21, onde Aarão chama o bezerro de ouro "vosso Pecado".

e aqueles que dizem:
"Viva o teu Deus, Dã!"[a]
e "Viva o caminho[b] de Bersabeia!"
cairão e não mais se levantarão.

9 Quinta visão: a queda do santuário[c]

[2,13-16; 6,9-10]

¹ Vi o Senhor, que estava de pé junto ao altar[d]
e ele disse: "Bate no capitel para que tremam os umbrais!
Quebra-os na cabeça deles todos:[e]
o que sobrar deles, eu os matarei à espada;
nenhum deles poderá fugir,
nenhum deles poderá escapar!

[Sl 139,7-12; Jr 23,23-24]

² Se penetrarem no Xeol,
lá minha mão os prenderá;
se subirem aos céus,
de lá os farei descer;

[Sl 135,6; Jó 3,8+; 7,12+]

³ se se esconderem no cume do Carmelo,
lá os procurarei e prenderei;
se se ocultarem a meus olhos no fundo do mar,
lá[f] ordenarei à serpente para que os morda;
⁴ se forem levados ao exílio diante de seus inimigos,
lá ordenarei à espada que os mate:
porei sobre eles os meus olhos,
para a desgraça e não para o bem".

Doxologia[g]

[4,13; 5,8]

[= 8,8]

⁵ O Senhor Iahweh dos Exércitos...
aquele que toca a terra e ela vacila,
e ficam de luto todos os que habitam nela;
toda ela se levanta como o Nilo,
e depois desce como o Nilo do Egito.

[Sl 104,3 = 5,8 4,13+]

⁶ Aquele que constrói nos céus suas altas moradas[h]
e funda na terra a sua abóbada;
aquele que chama às águas mar
e as derrama sobre a face da terra,
Iahweh é seu nome!

Todos os pecadores perecerão

[Js 13,2+]

⁷ Não sois para mim como os cuchitas,[i]
ó israelitas? — oráculo de Iahweh —.
Não fiz Israel subir da terra do Egito,
os filisteus de Cáftor e os arameus de Quir?[j]

[3,12+ Is 4,3+]

⁸ Eis que os olhos do Senhor Iahweh
estão sobre o reino pecador.

---

a) Onde se encontrava um dos dois bezerros de ouro de Jeroboão (1Rs 12,30).
b) Isto é: a peregrinação.
c) Trata-se, certamente, do santuário de Betel, mas a falta de localização precisa mostra que Amós quer atingir através dele todos os santuários do reino.
d) Ou "sobre o altar".
e) A ordem é dirigida, talvez, a um anjo.
f) "lá", conj.; "de lá", hebr.
g) Fragmento de hino, introduzido posteriormente para fins litúrgicos (cf. 4,13+). O começo do v. ("O Senhor Iahweh dos Exércitos") é, por certo, glosa, explicitando o sujeito da frase.
h) "suas altas moradas"; *'aliyyataw*, conj.; "os seus degraus": *ma'alôtaw, qerê;* "o seu degrau": *ma'alotô,* hebr., *ketib*.
i) Isto é, os núbios, povo perdido nos confins do mundo (o atual Sudão). Israel não tem, pois, motivo para considerar-se o "primeiro dos povos" (9,1).
j) Os israelitas não devem prevalecer-se de sua eleição (cf. Dt 7,6+). Ela não é privilégio, mas sim exigência (3,2+), e Deus cuida também dos outros povos (cf. Is 19,22-25).

Eu o suprimirei da face da terra,
contudo não quero suprimir totalmente
a casa de Jacó — oráculo de Iahweh.*ª*

⁹ Porque eis que eu mesmo ordenarei
e sacudirei a casa de Israel entre todas as nações,*ᵇ*
como se sacode com a peneira,
sem que caia um grão por terra.*ᶜ*

¹⁰ Pela espada morrerão
todos os pecadores do meu povo,*ᵈ*
aqueles que diziam:
"A calamidade não avançará,
não nos atingirá!"*ᵉ*

IV. Perspectivas de restauração e de fecundidade paradisíaca*ᶠ*

¹¹ Naquele dia levantarei a tenda desmoronada de Davi,
repararei as suas brechas,
levantarei as suas ruínas*ᵍ*
e a reconstruirei como nos dias antigos,
¹² para que conquistem o resto de Edom
e todas as nações,
sobre as quais o meu nome for proclamado,*ʰ*
oráculo de Iahweh,
que realiza estas coisas.

¹³ Eis que virão dias
— oráculo de Iahweh —
em que aquele que semeia estará próximo daquele que colhe,
aquele que pisa as uvas, daquele que planta;
as montanhas destilarão mosto,
e todas as colinas derreter-se-ão.
¹⁴ Mudarei o destino de meu povo, Israel;*ⁱ*
eles reconstruirão as cidades devastadas e as habitarão,
plantarão vinhas e beberão o seu vinho,
cultivarão pomares e comerão os seus frutos.
¹⁵ Eu os plantarei em sua terra
e não serão mais arrancados de sua terra, que eu lhes dei,
disse Iahweh teu Deus.

---

a) A salvação de um "resto" (cf. Is 4,3+), é aqui claramente afirmada, depois de ter sido prevista em 5,15.
b) Este oráculo data talvez da época da primeira deportação israelita (734). (Cf. 2Rs 15,29).
c) A peneira retém os grãos (os justos) enquanto a palha é eliminada. A menos que se trate de peneira que retenha as pedras (os pecadores) e deixe passar os grãos (os justos).
d) Amós afirma com segurança que os pecadores serão castigados e os justos salvos. Ele concebe esta retribuição sob a forma de catástrofe que atingirá apenas os pecadores, concepção que o futuro desmentirá. Esta certeza e este desmentido serão utilizados pelo Espírito para suscitar, seis séculos mais tarde, a fé na retribuição após a morte (cf. Dn 12,2-3).
e) A tradução acima segue o texto grego. Hebr.: "Tu não farás a calamidade se aproximar e nos atingir".
f) As promessas do futuro compreendem: a restauração do reino davídico (vv. 11-12), a prosperidade material (vv. 13-14) e a ocupação sem fim da pátria reconquistada (v. 15). No tocante a esta felicidade messiânica, cf. Os 2,20+. — Essa passagem parece de origem tardia (cf. Introdução aos profetas).
g) "suas brechas", "suas ruínas", grego; "suas (fem.: delas) brechas, suas (masc: deles) ruínas", hebr.
h) Lit.: "sobre os quais o meu nome foi nomeado" (cf. 2Sm 12,28). Trata-se, sem dúvida, das nações vassalas de Davi (2Sm 8). A LXX interpreta o texto em perspectiva muito mais universalista, adotada por At 15,16-17.
i) Ou "eu farei voltar os cativos de meu povo, Israel".

ABDIAS

Título

Dt 2,1 +
|| Jr 49,14

¹ Visão de Abdias.
Assim fala o Senhor Iahweh a respeito de Edom.

Prólogo

¹ Ouvimos uma mensagem da parte de Iahweh,
um mensageiro foi enviado entre as nações:ᵃ
"De pé! Marchemos contra ele! Ao combate!"

A sentença contra Edom*b*

|| Jr 49,15-16

² Eis que vou tornar-te pequeno entre as nações,
tu serás profundamente desprezado!

Is 14,13s

³ A arrogância de teu coração te enganou,
a ti que moras nas fendas do rochedo,ᶜ
tendo as alturas como habitação,
que dizes em teu coração:
"Quem me fará descer à terra?"
⁴ Quando te elevares como uma águia
e teu ninho for colocado entre as estrelas,
eu daí te precipitaria
— oráculo de Iahweh.

O aniquilamento de Edom

|| Jr 49,9

⁵ Se ladrões vêm a ti,
ou assaltantes noturnos,
ficarias tranquilo?
Não roubarão à vontade?
Se vindimadores vêm a ti,
não deixarão restos?
Como foste devastado!

|| Jr 49,10

⁶ Como Esaú foi revolvido,
explorados os seus tesouros escondidos!

Jr 38,22
Sl 41,10

⁷ Caçam-te até à fronteira
todos os teus aliados;
zombam de ti, teus bons amigos!
Aqueles que comiam teu pãoᵈ armam-te ciladas:
Não há nele inteligência!ᵉ

Jr 49,7
Is 19,11-15; 29,14
Jr 8,8-9

⁸ Não é verdade? Naquele dia*f*
— oráculo de Iahweh —

---

a) Descrição simbólica de uma liga que se forma contra Edom. (Cf. Jr 4,5; 50,2).
b) Edom será por sua vez desprezado, vv. 2 e 10 por *ter zombado de Israel*, v. 12: sua ruína castiga-lhe a arrogância. A respeito desta doutrina, cf. Pr 16,18; 29,23 e no que se refere às nações: Is 14; Jr 50-51; Ez 26-28; 29-32; Zc 10,11.
c) Talvez o "rochedo" (*sela*), onde Edom se esconde, evoque o nome da capital edomita *Ha-Sela*, "A Rocha" (cf. 2Rs 14,7); o nome grego Petra conserva bem o sentido.
d) "Aqueles que comiam teu pão" *lohamêka*, versões; "teu pão", *lahmeka*, hebr.
e) Reflexão irônica dos falsos amigos de Edom.
f) O dia do julgamento de Edom, em correlação com o dia de Iahweh, v. 15 (cf. Am 5,18+), no qual Deus castiga Edom e os outros países (vv. 16-17), mas restaura e salva Israel (vv. 17-21).

aniquilarei os sábios de Edom
e a inteligência da montanha de Esaú!*ª*
⁹ Teus guerreiros se acovardarão, Temã,*ᵇ* ‖ Jr 49,22
de modo que será exterminado
todo homem da montanha de Esaú.

A falta de Edom*ᶜ*

Por causa do morticínio, Am 1,11-12
¹⁰ por causa da violência Jl 4,19
contra teu irmão Jacó,*ᵈ*
a vergonha te cobrirá
e tu serás exterminado para sempre!
¹¹ No dia em que estavas longe, Sl 137,7
no dia*ᵉ* em que estrangeiros
levavam suas riquezas,
quando os bárbaros transpunham sua porta
e lançavam sorte sobre Jerusalém,
tu também eras como um deles!
¹² Não te deleites à vista do dia de teu irmão
no dia de sua desgraça!
Não te alegres à custa dos filhos de Judá,
no dia de sua perdição!
Não sejas insolente,
no dia da angústia!
¹³ Não entres pela porta de meu povo
no dia de sua ruína!
Não te deleites também à vista de sua calamidade
no dia da sua ruína!
Não lances a mão em sua riqueza
no dia de sua ruína!
¹⁴ Não te postes sobre a brecha
para exterminar os seus fugitivos!
Não entregues os seus sobreviventes
no dia da angústia!
¹⁵ Porque está próximo o dia de Iahweh
sobre todas as nações!
Como fizeste,
assim te será feito:
teus atos recairão sobre a tua cabeça!*ᶠ*

---

a) Aqui e nos vv. 9.19.21 designação do país montanhoso de Edom (chamado também "monte Seir", cf. Gn 32,4; 33,14.16; 36,8-9; Dt 2,4.5.12). É a Transjordânia meridional. Acerca da reputação de sabedoria que Edom tinha, cf. Jó 2,11+.
b) Distrito ao norte de Edom, mas aqui e em outros lugares esse nome designa todo o país.
c) A conduta de Edom por ocasião da queda de Jerusalém lhe é censurada na tradição bíblica (Ez 25,12-14; 35; Lm 4,21-22; Sl 137,7). De acordo com Ez 35,5-12 e 36,2.5 parece que Edom ocupou então Judá, pelo menos em parte. Censuras análogas são movidas contra os amonitas (Ez 25,1-7; cf. 21,23-27), e aos filisteus (Ez 25,15-17).
d) Relativamente ao parentesco e às discórdias de Edom e Israel, cf. Gn 25,22-28; 27,27-29; 32,4-33,16; Dt 23,8; Nm 20,23+. "Jacó" designa o país de Judá (cf. v. 18; Jl 4,19) em contraposição a "José".
e) O "dia de Jerusalém" (Sl 137,7): aquele em que os caldeus penetraram na cidade (2Rs 25,3-4); ou o do incêndio do Templo (2Rs 25,8-9), em 586.
f) É a lei do talião (Ex 21,25+), que se aplica a Edom. Mesma pena evocada sobre a Babilônia (Jr 50,15. 29; cf. Ap 18,6-7), sobre os inimigos de Jerusalém (Lm 3,64), sobre Tiro, Sidônia e os filisteus (Jl 4, 4.7).

No dia de Iahweh, desforra de Israel sobre Edom[a]

Lm 4,21
[16] Porque assim como bebeste em minha montanha santa,
assim beberão todas as nações sem cessar;[b]
elas beberão e sorverão
e serão como se nunca tivessem existido!

Jl 3,5
[17] Mas no monte Sião haverá refugiados,[c]
— ele será um lugar santo —
a casa de Jacó espolia aqueles que a espoliaram.[d]

[18] A casa de Jacó será um fogo,
e a casa de José[e] uma labareda,
mas a casa de Esaú será uma palha!
Eles a incendiarão e a devorarão,
e não haverá sobreviventes da casa de Esaú,
porque Iahweh o disse!

O novo Israel

Am 9,12
[19] Os do Negueb tomarão posse da montanha de Esaú,
os da Planície, da Filisteia;
eles tomarão posse do campo de Efraim e do campo da Samaria,
e Benjamim tomará posse de Galaad.

[20] Os exilados (era o início[f] dos israelitas,
tomarão posse do país de Canaã até Sarepta,[g]
e os exilados de Jerusalém, que estão em Safarad,
tomarão posse das cidades do Negueb.

Mq 4,7
‖ Sl 22,29
[21] Os salvos[h] subirão a montanha de Sião
para julgar a montanha de Esaú.
Então o reino pertencerá a Iahweh.[i]

---

a) A perspectiva se alarga: no "dia" de Iahweh, que julga todas as nações (cf. Am 5,18+), Sião oprimida torna-se o lugar de salvação e o poder passa para as suas mãos. Seus inimigos (as nações pagãs) foram destruídos e, entre eles Edom foi arruinado para sempre. — O profeta dirige-se agora aos israelitas.
b) Da taça da ira divina (cf. Is 51,17+). — "sorverão": significado incerto (cf. Is 24,20; 29,9).
c) Texto citado em Jl 3,5 como palavra de Deus. Ao "resto" salvo de Judá (cf. Is 4,3), o dia de Iahweh não traz mais terror, mas a segurança da salvação no monte Sião, santuário inviolável, por onde "os estrangeiros não passarão mais" (Jl 4,17).
d) "aqueles que a espoliaram", *môrîshêhem*, texto hebr. de Murabba'at e versões; "suas possessões", *môrashêhem*, hebr.

e) A "casa de Jacó" (cf. 9) é Judá, a "casa de José", o reino do Norte (cf. Am 5,6; Zc 10,6), associado a Judá por ocasião da salvação final (cf. Jr 3,18+). Os dois reinos reconquistarão (vv. 19-20) as fronteiras ideais do império de Davi (cf. 1Rs 8,65; 2Rs 14,25).
f) O primeiro exílio, o do povo do reino do Norte. — Sarepta (Sarafand) está entre Tiro e Sidônia; Safarad é identificada com Sardes, na Lídia, onde a presença judaica é atestada.
g) "tomarão posse": *yireshû*, corrig.; cf. a sequência do v.; "que": *'asher*, hebr.
h) "Os salvos", hebr.; "salvadores" (falsa vocalização).
i) Grito de triunfo da escatologia israelita (Sl 22,29; 103,19; 145,11-13; cf. Sl 10,16; 47,9; 93,1; 97,1; 99,1). O reino de Israel é o reino de Iahweh, consumação da história.

JONAS

1 ***Jonas rebelde à sua missão*** — ¹A palavra de Iahweh foi dirigida a Jonas, filho de Amati: ²"Levanta-te, vai a Nínive, a grande cidade, e anuncia contra ela que a sua maldade chegou até mim". ³E Jonas levantou-se para fugir para Társis,[a] para longe da face de Iahweh. Ele desceu a Jope e encontrou um navio que ia para Társis, pagou a passagem e embarcou para ir com eles para Társis, para longe da face de Iahweh. ⁴Mas Iahweh lançou sobre o mar um vento violento, e houve no mar uma grande tempestade, e o navio estava a ponto de naufragar. ⁵Os marinheiros tiveram medo e começaram a gritar cada qual para o seu deus.[b] Lançaram ao mar a carga para aliviar o navio. Jonas, porém, havia descido para o fundo do navio, tinha-se deitado e dormia profundamente. ⁶O comandante do navio aproximou-se dele e lhe disse: "Como podes dormir? Levanta-te, invoca o teu Deus! Talvez Deus se lembre de nós e não pereceremos". ⁷E eles diziam uns aos outros: "Vinde, lancemos sortes para saber por causa de quem nos acontece esta desgraça". Eles lançaram as sortes e a sorte caiu sobre Jonas.[c] ⁸E lhe disseram então: "Conta-nos qual é a tua missão,[d] donde vens, qual a tua terra, a que povo pertences". ⁹Ele lhes disse: "Sou hebreu e venero a Iahweh, o Deus do céu, que fez o mar e a terra". ¹⁰Então os homens foram tomados por grande temor e lhe disseram: "Que é isto que fizeste?" Pois os homens sabiam que ele fugia para longe da face de Iahweh, porque lhes tinha contado. ¹¹Eles lhe disseram: "Que te faremos para que o mar se acalme em torno de nós?" Pois o mar se tornava cada vez mais tempestuoso. ¹²Ele lhes disse: "Tomai-me e lançai-me ao mar e o mar se acalmará em torno de vós, porque eu sei que é por minha causa que esta grande tempestade se levantou contra vós". ¹³Então os homens remaram para atingir a terra, mas não puderam, pois o mar se tornava cada vez mais tempestuoso contra eles. ¹⁴Eles invocaram então a Iahweh e disseram: "Ah! Iahweh, não queremos perecer por causa da vida deste homem! Mas não ponhas sobre nós o sangue inocente, pois tu agiste como quiseste". ¹⁵E tomaram Jonas e o lançaram ao mar e o mar cessou o seu furor. ¹⁶Os homens foram então tomados por um grande temor para com Iahweh, ofereceram um sacrifício a Iahweh e fizeram votos.[e]

2 ***Jonas salvo*** — ¹E Iahweh determinou que surgisse um peixe grande para engolir Jonas. Jonas permaneceu nas entranhas do peixe três dias e três noites.[f] ²Então orou Jonas a Iahweh, seu Deus, das entranhas do peixe. ³Ele disse:[g]

Sl 139,7s

Sl 107,23-30
At 27,18
Mt 8,24-25p

1,3

Jr 26,15

Mt 12,40

Sl 120,1;
130,1
Lm 3,55

---

a) "Társis" (cf. 1Rs 10,22+; Sl 48,8+) representava aos olhos dos hebreus o fim do mundo. Jonas quer subtrair-se à sua missão fugindo para o lugar mais longe possível.

b) Os marinheiros são de nacionalidades diferentes; cada um tem o seu deus, mas crê no poder dos outros deuses.

c) Encontra-se em outros lugares, na antiguidade, esta ideia de que a presença de culpado em navio é perigo para todos.

d) Depois de "conta-nos...", o hebr. acrescenta "por causa de quem nos vem este mal", glosa tomada do v. precedente e omitida no grego. — "tua missão", isto é, "a finalidade de tua viagem".

e) O autor insiste na retidão dos marinheiros pagãos: eles se escandalizam com a rebelião de Jonas a Iahweh (v. 10); temem ofender Iahweh, sacrificando Jonas (v. 14); finalmente, reconhecendo seu poder, rendem-lhe culto.

f) A respeito deste peixe e em geral sobre os prodígios enumerados pelo autor do livro de Jonas, cf. a Introdução aos profetas.

g) Este cântico, mosaico de elementos tirados de diversos salmos, tem a estrutura habitual dos salmos de ação de graças: menção das angústias passadas, relato da libertação. Os salmistas comparam os grandes perigos com a morte, e a libertação com uma ressurreição; o mesmo faz o autor aqui (vv. 6.7.8). O mar, inimigo de Deus desde a origem (cf. Jó 7,12+), é visto, quer como o reino da morte, quer pelo menos, como o caminho que a ela conduz. Compreendem-se, portanto, as expressões tão fortes deste cântico, e também que a aventura de

De minha angústia clamei a Iahweh,
e ele me respondeu;
do seio do Xeol pedi ajuda,
e tu ouviste a minha voz.

‖ Sl 42,8 ⁴Lançaste-me nas profundezas, no seio dos mares,
e a torrente me cercou,
todas as tuas ondas e as tuas vagas
passaram sobre mim.

Sl 31,23
Sl 5,8 ⁵E eu dizia: Fui expulso
de diante de teus olhos.
Todavia, continuo a contemplar*ᵃ*
o teu santo Templo!

Sl 69,2 ⁶As águas me envolveram até o pescoço,
o abismo cercou-me,
e a alga enrolou-se em volta de minha cabeça.

Sl 30,4;
16,10 ⁷Eu desci até às raízes das montanhas,*ᵇ*
à terra cujos ferrolhos estavam atrás de mim para sempre.
Mas tu fizeste subir da fossa a minha vida,
Iahweh, meu Deus.

⁸Quando minha alma desfalecia em mim,
eu me lembrei de Iahweh,
e minha prece chegou a ti,
até o teu santo Templo.

⁹Aqueles que veneram vaidades mentirosas
abandonam o seu amor.

Sl 22,26
‖ Sl 3,9 ¹⁰Quanto a mim, com cantos de ação de graças,
oferecer-te-ei sacrifícios
e cumprirei os votos que tiver feito:
a Iahweh pertence a salvação!

¹¹Então Iahweh falou ao peixe, e este vomitou Jonas sobre a terra firme.

3 *Conversão de Nínive e perdão divino* —

¹A palavra de Iahweh foi dirigida a Jonas a segunda vez: ²"Levanta-te, vai a Nínive, a grande cidade, e anuncia-lhe a mensagem que eu te disser". ³Jonas levantou-se e foi a Nínive, conforme a palavra de Iahweh. Nínive era uma cidade muito grande,*ᶜ* de três dias de marcha. ⁴Jonas entrou na cidade e a percorreu durante um dia. Pregou então, dizendo: "Ainda quarenta dias,*ᵈ* e Nínive será destruída". ⁵Os homens de
Lc 11,30.32
Mt 12,41 Nínive creram em Deus, convocaram um jejum e vestiram-se de panos de saco,
Ez 26,16 desde o maior até o menor.*ᵉ* ⁶A notícia chegou ao rei de Nínive. Ele levantou-se do seu trono, tirou o seu manto, cingiu-se com um pano de saco e assentou-se sobre a cinza.*ᶠ* ⁷Em seguida, fez proclamar em Nínive como decreto do rei e de seus grandes: "Homens e animais, gado graúdo e miúdo, não provarão

---

Jonas tenha sido apresentada por Jesus (Mt 12,40; Lc 11,30) como figura de sua própria estada "no coração da terra" (o Xeol, e o túmulo, cf. Jn 2,2-3). O reino da morte aparece, então, como monstro voraz que não pode reter Jesus e o liberta por ocasião de sua ressurreição. A analogia entre o batismo do cristão e a ressurreição de Cristo levou a utilizar, no mesmo sentido, a figura de Jonas na tipologia batismal.
a) Ou, com pequena corr. segundo Teod. (*'eyk* em vez de *'ak*): "Como contemplarei?"
b) "as raízes das montanhas" designa, sem dúvida, o fundo do mar (sobre o qual se pensava repousar a terra).

c) Lit.: "grande em relação a Deus", a expressão mais forte de superlativo em hebraico. Os "três dias de marcha" são outra hipérbole para acentuar as dimensões fabulosas da cidade.
d) Os "quarenta dias" lembram os quarenta dias do dilúvio ou os quarenta anos do Êxodo (cf. tb. 1Rs 19,8). O grego lê: "ainda três dias" (cf. 2,1).
e) A conversão exemplar dos ninivitas será lembrada por Jesus em Mt 12,41; Lc 11,32.
f) Esta cena de penitência e de conversão é a antítese de Jr 36 (cf. a Introdução aos profetas); além disso está cheia de expressões caras a Jeremias.

nada! Eles não pastarão e não beberão água. ⁸Cobrir-se-ão de panos de saco,ᵃ invocarão a Deus com vigor e se converterá cada qual de seu caminho perverso e da violência que está em suas mãos. ⁹Quem sabe? Talvez Deus volte atrás, arrependa-se e revogue o ardor de sua ira, de modo que não pereçamos!" ¹⁰E Deus viu as suas obras: que eles se converteram de seu caminho perverso, e Deus arrependeu-se do mal que ameaçara fazer-lhes e não fez.

Ez 27,30-31
Jt 4,10
Jl 2,14
Am 5,15
Gn 6,6 +
Jr 26,3

4 *Desgosto do profeta e resposta divina* — ¹Mas isso trouxe a Jonas um grande desgosto e ele ficou irado. ²Orou então a Iahweh, dizendo: "Ah! Iahweh, não era justamente isso que eu dizia quando estava ainda em minha terra? Por isso fugi apressadamente para Társis; pois eu sabia que tu és um Deus de piedade e de ternura, lento para a ira, e rico em amor e que se arrepende do mal. ³Mas agora, Iahweh, toma, eu te peço, a minha vida, pois é melhor para mim a morte do que a vida". ⁴Iahweh disse: "Tens, por acaso, motivo para te irar?" ⁵Jonas saiu da cidade e instalou-se a leste da cidade. Lá construiu uma tenda e assentou-se à sua sombra para ver o que aconteceria na cidade. ⁶Iahweh Deus fez crescer uma mamoneira sobre Jonas, para dar sombra à sua cabeça e libertá-lo do seu mal. Jonas alegrou-se grandemente por causa da mamoneira. ⁷No outro dia, ao surgir da aurora, Deus mandou um verme que picou a mamoneira, a qual secou. ⁸Quando o sol se levantou, Deus mandou um vento oriental que açoita;ᵇ o sol bateu na cabeça de Jonas e ele desfalecia. Então pediu a morte e disse: 'É melhor para mim morrer do que viver". ⁹Deus disse a Jonas: "Está certo que te aborreças por causa da mamoneira?" Ele disse: "Está certo que eu me aborreça até a morte". ¹⁰Iahweh disse: "Tu tens pena da mamoneira, que não te custou trabalho e que não fizeste crescer, que em uma noite existiu e em uma noite pereceu. ¹¹E eu não terei pena de Nínive, a grande cidade, onde há mais de cento e vinte mil seres humanos, que não distinguem entre direita e esquerda, assim como muitos animais!"ᶜ

Lc 15,28
Lc 1,3
Ex 34,6-7 +

1Rs 19,4

---

a) Omitimos aqui "homens e animais", repetido, por engano, do v. precedente.

b) "que açoita", sentido incerto: lit.: "esfola". O grego tem "ardente".

c) Este último capítulo destaca a universalidade da misericórdia divina. Deus teve piedade de seu profeta engolido pelo peixe (2,7) e de Nínive arrependida; tem também piedade de Jonas afligido pelo seu egoísmo.

E sua resposta (4,10-11) está cheia de ironia doce e benevolente; a solicitude divina estende-se até aos animais; com muito mais razão, portanto, preocupa-se ele com os homens, inclusive com as criancinhas, "que não distinguem entre direita e esquerda". O livro todo prepara, assim, a revelação evangélica e particularmente o evangelho de Lucas.

MIQUEIAS

1 ¹Palavra de Iahweh que foi dirigida a Miqueias de Morasti, nos dias de Joatão, Acaz e Ezequias, reis de Judá, e o que ele viu a respeito de Samaria e de Jerusalém.

I. O processo de Israel

AMEAÇAS E CONDENAÇÕES

O julgamento de Samaria[a]

² Ouvi, povos todos,
presta atenção, terra, e o que a habita!
Que Iahweh[b] seja testemunha contra vós,
o Senhor saiu de seu santo Templo!
³ Porque eis que Iahweh sai de seu lugar santo,
ele desce e pisa sobre os cumes da terra.
⁴ Debaixo dele os montes se derretem
e os vales se desfazem
como a cera junto do fogo,
como a água derramada em uma encosta.

⁵ Tudo isso por causa do crime de Jacó,
por causa dos pecados da casa de Israel.
Qual é o crime de Jacó?
Não é Samaria?
Qual é o pecado da casa de Judá?[c]
Não é Jerusalém?
⁶ Farei de Samaria um campo de ruínas,
uma plantação de vinhas.
Lançarei as suas pedras para o vale
e desnudarei os seus fundamentos.
⁷ Todas as suas estátuas serão quebradas,
todos os seus salários[d] serão queimados pelo fogo,
e arruinarei todas as suas imagens,
já que elas foram ajuntadas com o salário da prostituição
tornar-se-ão de novo salário da prostituição.

Lamentação sobre as cidades da Planície[e]

⁸ Por isso eu me lamentarei e gemerei,
andarei descalço e nu,
lançarei lamentos como os chacais,
e gemidos como os filhotes de avestruz.

---

a) Este oráculo contra Samaria, anterior à destruição da cidade, em 721, foi aplicado mais tarde a Jerusalém.
b) "Iahweh", mss gregos; "o Senhor Iahweh", hebr.
c) "o pecado da casa de Judá", grego, Targ.; "os lugares altos de Judá", hebr., releitura.

d) O salário das prostitutas sagradas ligadas ao culto de Samaria (Am 2,7-8; Os 4,14; cf. Dt 23,19+). Samaria inteira é para Miqueias uma prostituta, como Israel para Oseias, Jeremias e Ezequiel (cf. Os 1,2+).
e) Esta lamentação anuncia a desgraça a doze cidades, sete das quais conhecidas, a sudoeste de Judá: Gat,

⁹ Porque é incurável o golpe de Iahweh,ᵃ
   sim, ele chegou até Judá,
   bateu até à porta do meu povo,
   até em Jerusalém!
¹⁰ Em Gat não anuncieis,ᵇ   2Sm 1,20
   em Socoᶜ não choreis!   Jr 25,34
   Em Bet-Leafra
   revolvei-vos no pó!
¹¹ Passa, vai,ᵈ   Jr 15,37
   tu que moras em Safir,
   envergonhada e nua!
   Não saiu de sua cidade,
   aquela que habita em Saanã!
   Luto para Bet-Esel,
   seu sustentáculo vos é retirado.
¹² Poderá esperar o bemᵉ   Rt 1,20
   aquela que habita em Marot?
   Porque a desgraça desceu de Iahweh
   até à porta de Jerusalém.
¹³ Atrela ao carro o cavalo,   Js 15,39
   habitante de Laquis!   2Rs 14,19
   Este foi o começo do pecado para a filha de Sião,
   porque em ti foram encontrados os crimes de Israel.ᶠ
¹⁴ Por isso darás um dote   Js 15,44
   a Morasti-Gat.
   Bet-Aczib será uma decepção
   para os reis de Israel.
¹⁵ De novo, farei voltar o conquistador sobre ti,   Js 15,44
   habitante de Maresa!   1Sm 22,1
   A glória de Israel   2Sm 23,13
   irá até Odolam!ᵍ
¹⁶ Corta os cabelos, raspa-os   Jr 7,29
   pelos filhos da tua alegria!   Is 22,12
   Alarga a tua calva como a águia,
   porque eles foram exilados para longe de ti!

2 Contra os usurários — ¹Ai daqueles que planejam iniquidade   Sl 36,5
   e que tramam o mal em seus leitos!
   Ao amanhecer, eles o praticam,
   porque está no poder de sua mão.
² Se cobiçam campos, eles os roubam,   Is 5,8
   se casas, eles as tomam;

Morasti-Gat, Saanã, Laquis, Aczib, Maresa, Odolam (cf. Js 15,35-44; o nome de uma cidade desapareceu, v. 10); as quatro últimas devem ser procuradas na mesma região. O sentido geral é claro: uma invasão que atinge a terra natal do profeta serve, aqui, de advertência para Jerusalém. Deve tratar-se da incursão de Senaquerib contra a Filisteia e Judá em 701.
a) "o golpe de Iahweh", conj.; "a seus golpes", hebr.
b) Citação de 2Sm 1,17; aliteração entre Gat e *taggîdû*, "anuncieis".
c) "em Soco", *besoko*, conj.; "choreis", *beko*, hebr. — Nos vv. seguintes o texto continua a jogar com os nomes de cidades: aliterações entre *Bet-Leafra* e *'aphar*, "pó"; entre *Saanã* e *yace'a*, "ela sai"; entre *Laquis* e *rekesh*, "cavaleiro"; *Marot* significa "amargura"; o nome de *Morasti* (terra do profeta, 1,1) evoca a noiva *me'orasha*; *Aczib* joga com *akzab* "decepção", e *Maresa* é aproximada de *yoresh*, "conquistador".
d) "vai", *leki;* "para vós", *lakem*, hebr.
e) "esperar", *yihaleh*, cf. Targ.; "ela está doente", *halah*, hebr.
f) Acréscimo deuteronômico.
g) Odolam foi o abrigo de Davi fugitivo (1Sm 22,1; 2Sm 23,13).

oprimem o varão e sua casa,
o homem e sua herança.*ᵃ*

∥ Am 5,13 ³ Por isso, assim disse Iahweh:
Eis que eu planejo
contra essa tribo uma desgraça,
da qual não podereis livrar os vossos pescoços,
e não podereis caminhar de cabeça erguida,
porque este será tempo de desgraça!

Dt 28,30-33 ⁴ Naquele dia, entoarão sobre vós uma sátira,
cantarão uma lamentação — chegou*ᵇ* — e dirão:
"Fomos completamente devastados,
uma parte de meu povo passará a outros,
e ninguém lha devolverá;
nossos campos são divididos em favor do infiel."*ᶜ*

⁵ Por isso não tereis
quem meça uma parte
na assembleia de Iahweh.*ᵈ*

O profeta da desgraça*ᵉ*

Am 2,12
Is 30,10
⁶ Não vaticineis, eles vaticinam,
eles não devem vaticinar assim!
O opróbrio*ᶠ* não se afastará.
⁷ Pode-se dizer isso, casa de Israel?
Perdeu Iahweh, por acaso, a paciência?
É este o seu modo de agir?
Não são boas as suas palavras*ᵍ*
com quem caminha retamente?

Dt 24,12-13 ⁸ Ontem meu povo se levantava contra um inimigo;
de cima da túnica, tirais o manto
daqueles que passam em segurança, voltando da guerra.

2Rs 4,1 ⁹ As mulheres do meu povo vós expulsais
cada qual da casa que amava.
De seus filhos tirais,
para sempre, a honra que vem de mim.*ʰ*

Ex 22,23 ¹⁰ Levantai-vos e ide!
Não é mais tempo de repouso!
Por tua impureza provocas a ruína,
e a ruína será aguda.

Jr 5,31 ¹¹ Se há um homem que corre atrás do vento
e inventa mentira:
"Eu te vaticino por vinho e bebida embriagadora!",
eu profetizaria para esse povo.

---

a) Trata-se da prisão por dívidas, do que os credores aproveitavam para aumentarem as suas posses.
b) "chegou", glosa ou ditografia.
c) V. difícil, provavelmente corrompido; sentido incerto. — O castigo, obra de invasor estrangeiro, cai sobre o povo. Assonância entre "nossos campos": *sadênû*, "ao que nos pilha": *shobênû*, e "nós somos devastados": *neshaddunu*.
d) Os usurários serão excluídos da nova divisão de terras no reino restaurado.
e) Os ouvintes do profeta protestam, em nome da Aliança, contra suas ameaças (vv. 6-7). Miqueias responde (vv. 8-10) que esta Aliança foi violada pela injustiça dos falsos devotos, que não querem ouvir de seus profetas senão promessas materiais (v. 11).
f) "O opróbrio", *kelimmût* (Jr 23,40), TM *kelimmôt* (plural, mas o verbo está no singular). — O verbo traduzido por "vaticinar", e "profetizar" no v. 11, significa literalmente "pingar", "babar", e é tomado, geralmente, em sentido pejorativo.
g) "suas palavras", grego; "minhas palavras", hebr.
h) A honra da condição livre ou direito de herança.

Promessas de restauração[a]

12 Reunir-te-ei todo inteiro, Jacó,
    congregarei o resto de Israel!
    Eu os colocarei junto como ovelhas de Bosra,[b]
    como rebanho no meio de sua pastagem.
    Elas farão barulho por causa dos homens.[c]

13 Subiu aquele que abre a brecha;
    diante deles abriu[d] a brecha;
    passaram pela porta e saíram por ela;
    seu rei passou diante deles
    e Iahweh estava na frente deles.

Jr 3,18 +
Is 4,3 +
Ez 34,1 +;
37,15-28

Jo 10,4

3 Contra os chefes que oprimem o povo

1 E eu digo:
    Ouvi, pois, chefes de Jacó
    e dirigentes da casa de Israel!
    Por acaso não cabe a vós conhecer o direito,
2 a vós que odiais o bem e amais o mal,
    que lhes arrancais a pele, e a carne de seus ossos?

Is 5,20.23

3 Aqueles que comeram a carne de meu povo,
    arrancaram-lhe a pele,
    quebraram-lhe os ossos,
    cortaram-no como carne[e] na panela
    e como vianda dentro do caldeirão,

4 então eles clamarão a Iahweh,
    e ele não lhes responderá.
    Ele lhes esconderá a sua face naquele tempo,
    porque os seus atos foram maus!

Jr 11,11 +

Contra os profetas mercenários[f]

5 Assim disse Iahweh aos profetas
    que seduzem o meu povo:
    Aqueles que, se têm algo para morder em seus dentes,
    proclamam: "Paz".
    Mas a quem não lhes põe nada na boca,
    eles declaram a guerra!
6 Por isso a noite será para vós sem visão,
    e as trevas para vós sem oráculo.
    Pôr-se-á o sol para os profetas
    e o dia obscurecer-se-á para eles.
7 Os videntes se envergonharão,
    os adivinhos serão confundidos
    e cobrirão todos a barba,
    porque não há resposta de Deus.
8 Eu, contudo, estou cheio de força,
    (do espírito de Iahweh)

7,16;
Lv 13,45
Ez 24,17

---

a) A atribuição a Miqueias destas promessas de reunião e de retorno é discutida. Elas parecem datar do Exílio e teriam sido colocadas, aqui, para compensar os oráculos terríveis que as cercam.
b) Bosra: Gn 36,33; Am 1,12; grego "na angústia".
c) Ou: "longe dos homens"; é talvez glosa.
d) "abriu, sir., Vulg.; "eles abriram", hebr.
e) "como carne", *kishe'er;* "como", *ka'asher,* hebr.
f) Sobre os presentes aos profetas, cf. 1Sm 9,7-8; 1Rs 14,3; 2Rs 4,42; 5,15.22; 8,8-9; Am 7,12. — Miqueias não contesta a inspiração desses profetas, mas os acusa de serem interesseiros.

Aos responsáveis: anúncio da ruína de Sião

Am 5,7 ⁹Ouvi, pois, isto, chefes da casa de Jacó
e dirigentes da casa de Israel,
vós que execrais a justiça,
que torceis o que é direito,
Hab 2,12 ¹⁰vós que edificais Sião com o sangue
e Jerusalém com injustiça!*a*
Is 1,23
1Sm 9,7 + ¹¹Seus chefes julgam por suborno,
Jr 7,3-4 seus sacerdotes decidem*b* por salário
e seus profetas vaticinam por dinheiro.
E eles se apoiam em Iahweh, dizendo:
"Não está Iahweh em nosso meio?
Não virá sobre nós a desgraça!"
Jr 26,18
Mq 1,6 ¹²Por isso, por culpa vossa,
Sião será arada como um campo,
Jerusalém se tornará lugar de ruínas,
e a montanha do Templo, cerro de brenhas!

II. Promessas a Sião

O reino futuro de Iahweh em Sião*c*

‖ Is 2,2-4 + **4** ¹E acontecerá, no fim dos dias,
que a montanha da casa de Iahweh
estará firme no cume das montanhas
e se elevará acima das colinas.
Então, povos afluirão para ela,
²virão numerosas nações e dirão:
"Vinde, subamos a montanha de Iahweh,
para a Casa do Deus de Jacó.
Ele nos ensinará os seus caminhos
e caminharemos pelas suas vias.
Porque de Sião sairá a Lei,
e de Jerusalém a palavra de Iahweh".
³Ele julgará entre povos numerosos
e será o árbitro de nações poderosas.*d*
Eles forjarão de suas espadas arados,
e de suas lanças, podadeiras.
Uma nação não levantará a espada contra outra nação
e não se prepararão mais para a guerra.
‖ Is 1,20 ⁴Cada qual se sentará debaixo de sua vinha e debaixo de sua figueira,
e ninguém o inquietará,
porque a boca de Iahweh dos Exércitos falou!

---

a) "vós que edificais", versões; o hebr. tem particípio singular. — Diante das grandes construções da capital, Miqueias pensa, primeiramente, na injustiça, o preço pelo qual elas foram construídas (assim Am 3,10.15; 5,11; 6,8; Jr 22,13-15).
b) Trata-se aqui das decisões sacerdotais: *tôrôt* (cf. Ex 22,8; Dt 17,8-13; Jr 18,18; Ez 7,26; Ag 2,11-14; Ml 2,7).
c) A origem deste oráculo que se encontra em Is 2,2-4 é incerta. Como Is 60, ele descreve a vinda a Sião dos pagãos convertidos (cf. Is 45,14+). Este tema é estranho ao pensamento de Miqueias, ao menos se se julga a partir de seus oráculos incontestados.
d) O hebraico acrescenta "até longe", ausente em Is 2,4.

⁵ Sim, todos os povos caminham, cada qual em nome do seu deus:
nós, porém, caminhamos
em nome de Iahweh, nosso Deus, para sempre e eternamente![a]

Is 2,5

A reunião em Sião do rebanho disperso[b]

⁶ Naquele dia — oráculo de Iahweh —
reunirei as estropiadas,
congregarei as dispersas
e as que maltratei.
⁷ Farei das estropiadas um resto,
e das dispersas uma nação poderosa.
E Iahweh reinará sobre elas
no monte Sião,
desde agora e para sempre.
⁸ E tu, Torre do Rebanho,
Ofel da filha de Sião,[c]
em ti entrará a autoridade antiga,
a realeza da filha de Jerusalém.

Ez 34,1 +
Sf 3,19

Is 4,3 +

Assédio, exílio e libertação de Sião[d]

⁹ Agora por que gritas?
Não tens um rei contigo?
Teu conselheiro se perdeu
para que a dor se apodere de ti como de uma parturiente?
¹⁰ Contorce-te de dor e uiva,[e]
filha de Sião, como uma parturiente,
porque agora sairás da cidade
e habitarás no campo.
Irás para Babel
e lá serás libertada;
lá Iahweh te resgatará
da mão de teus inimigos.

As nações pisadas na eira[f]

¹¹ Mas agora reúnem-se contra ti
numerosas nações,
que dizem: "Seja profanada!
Que os nossos olhos se saciem de Sião!"
¹² Mas elas não conhecem os planos de Iahweh
e não compreendem o seu desígnio:
ele as ajunta como o feixe na eira.
¹³ Levanta-te e pisa o grão, filha de Sião,
porque farei de ferro os teus chifres

Is 55,8-9

a) Adição litúrgica (como Is 2,5).
b) Sob a imagem do bom Pastor (cf. Ez 34,1+), promessa de restauração de Israel em Sião, depois do castigo. Os vv. 6-7 estão muito próximos de 2,12-13 e têm provavelmente a mesma origem.
c) "Torre do Rebanho", em hebraico *Migdal-Eder;* este antigo nome de lugar (cf. Gn 35,21) designa, aqui, Jerusalém como lugar de pastoreio. O Ofel é o quarteirão da residência real (Is 32,14; 2Cr 27,3).
d) Este oráculo anuncia a deportação. A menção de Babel no v. 10 visa ao exílio de 587.

e) "uiva" e *ge'î*, conj.; "e jorra", *gohî*, hebr.
f) De modo diferente do antecedente, este oráculo descreve uma libertação realizada na própria Sião, cercada pelos povos. Na mesma época de Miquéias, Isaías apresentava predições semelhantes (Is 10,24-27.32-34; 14,24-27; 29,1-8; 30,27-33; 31,4-9). Trata-se, provavelmente, em todos estes oráculos, da invasão de Senaquerib em 701 e de seu misterioso desastre. Mais tarde, o ataque de Jerusalém pelas nações (e o esmagamento destas) tornou-se tema escatológico importante (Ez 38-39; Jl 4; Zc 14).

e teus cascos farei de bronze,
para que esmagues numerosos povos.
Consagrarás[a] a Iahweh os seus despojos,
e sua riqueza ao Senhor de toda a terra.

Desastre e glória da dinastia de Davi[b]

5¹ ¹⁴Agora, reúne-te em tropa, filha de tropa![c]
Colocaram o cerco contra nós.
Com uma vara eles ferem na face
o juiz de Israel.

5 ¹E tu, Belém-Éfrata,
pequena[d] entre os clãs de Judá,
de ti sairá para mim
aquele que governará Israel.
Suas origens são de tempos antigos,
de dias imemoráveis.[e]

²Por isso ele[f] os abandonará
até o tempo em que a parturiente dará à luz.[g]
Então o resto de seus irmãos
voltará para os israelitas.

³Ele se erguerá e apascentará o rebanho
pela força de Iahweh,
pela glória do nome de seu Deus.
Eles se estabelecerão,
pois então ele será grande
até os confins da terra.

O futuro vencedor da Assíria[h]

⁴E este será a paz!
Se a Assíria invadir a nossa terra,
e se pisar nosso território,[i]
levantaremos contra ela sete pastores,
oito chefes de homens.

⁵Eles apascentarão a terra da Assíria pela espada
e a terra de Nemrod pelo seu punhal.[j]
Ele nos libertará da Assíria,
se ela invadir a nossa terra
e se pisar nosso território.

---

a) "Consagrarás", corrig.; "eu consagrarei", hebr.
b) O oráculo contrapõe o rei "juiz de Israel" atualmente humilhado (por Senaquerib, 2Rs 18,13-16) e o rei-messias, cujo nascimento inaugura a nova era de glória e de paz (como em Is 9,5). O profeta concebe esse messias do modo tradicional dos profetas de Judá, como rei triunfante em Sião (assim Gn 49,10-12; Nm 24,15-19; Sl 110; Is 9,1-6; 11,1-9; 32,1).
c) "reúne-te...", cf. sir., Targ.; traduz-se também com jogo de palavras: "Faze-te incisões..." (cf. Jr 48,37; 1Rs 18,28).
d) Depois de "pequena", hebr. e grego acrescentam: "para ser", duplicata do fim do v.
e) O nome de Éfrata, "a fecunda", é colocado aqui em relação com o nascimento do Messias; designou inicialmente um clã aliado a Caleb (1Cr 2,19.24.50) e instalado na região de Belém (1Sm 17,12; Rt 1,2). O nome passou em seguida à cidade (Gn 35,19; 48,7; Js 15,59; Rt 4,11). — Miqueias pensa nas origens antigas da dinastia de Davi (1Sm 17,12s; Rt 4,11.17.18-22). Os evangelistas reconhecerão em Belém de Éfrata a designação do lugar de nascimento do Messias.
f) Trata-se de Iahweh.
g) Trata-se da mãe do Messias. Talvez o profeta pense no célebre oráculo da *'alma*, (Is 7,14), pronunciado por Isaías uns trinta anos antes.
h) Este fragmento anuncia uma vitória futura sobre a Assíria. Ele a atribui ao filho de Davi (começo do v. 4, fim do v. 5) e aos chefes de Judá (vv. 4b-5a, elemento primitivo reempregado).
i) "nosso território", *be'admatenû*, grego e sir.; "nossos palácios", *be'armenotênû*, hebr.
j) "pelo seu punhal", *baptîhah*, ms grego (cf. Sl 55,22); "em suas portas", *biptahêha*, hebr.

O futuro papel do Resto entre as nações[a]

⁶ O resto de Jacó será,
no meio de numerosos povos,
como um orvalho vindo de Iahweh,
como gotas de chuva sobre a erva,
que não espera no homem
e não conta com o filho do homem.
⁷ O resto de Jacó será,[b]
no meio de numerosos povos,
como um leão entre os animais da floresta,
como um leãozinho em rebanhos de ovelhas,
que quando passa, esmaga,
despedaça e não há quem salve.

Iahweh suprimirá todas as tentações[c]

⁸ Que a tua mão se eleve contra teus adversários
e que todos os teus inimigos sejam aniquilados!
⁹ E acontecerá, naquele dia,
— oráculo de Iahweh —
que eu aniquilarei teus cavalos no meio de ti
e farei desaparecer teus carros;
¹⁰ aniquilarei as cidades da tua terra
e destruirei todas as tuas fortalezas;
¹¹ aniquilarei os sortilégios de tua mão,
e não terás mais adivinhos;
¹² aniquilarei tuas estátuas
e tuas estelas de teu meio,
e não te prostrarás mais
diante da obra de tuas mãos,
¹³ arrancarei do teu seio teus postes sagrados
e destruirei as tuas cidades.
¹⁴ Com ira e com furor tomarei vingança
das nações que não obedeceram!

III. Novo processo de Israel

REPREENSÕES E AMEAÇAS

Iahweh processa o seu povo[d]

6 ¹ Ouvi, pois, o que diz Iahweh:
"Levanta-te, abre um processo contra as montanhas,
e que as colinas ouçam a tua voz!"[e]

---

a) Este oráculo, em duas estrofes simétricas, anuncia o papel do "Resto" na salvação das nações (cf. 5,1-4; 7,12) e em seu castigo (4,13; 5,8.14). O primeiro tema, que aparece apenas no fim do Exílio, sugere uma data posterior a Miqueias.
b) O hebr. acrescenta "entre as nações".
c) O oráculo dos vv. 9-13 anuncia que Iahweh "arrancará" de seu povo todos os falsos apoios humanos (cf. Os 3,4; 8,14; Is 2,7-8; 30,1-3.15-16; 31,1-3): poderio bélico, material de adivinhação e do culto dos lugares altos. Esta ameaça contém a promessa de era de paz e de fé. Os vv. 8 e 14 aplicam este oráculo aos povos pagãos inimigos de Iahweh; é remanejamento do texto original.
d) Depois da requisitória de Iahweh recordando seus benefícios (vv. 3-5), segue a pergunta do fiel arrependido sobre as exigências de seu Deus (vv. 6-7), e a resposta do profeta (v. 8).
e) As montanhas, lugares por excelência dos encontros de Deus e seu povo (Sinai, Nebo, Ebal e Garizim, Sião, Carmelo etc...) e testemunhas imutáveis, são frequentemente personificadas (Gn 49,26; 2Sm 1,21; Ez 35-36; Sl 68,16-17 etc.).

² Ouvi, montanhas, o processo de Iahweh,
e vós, inabaláveis fundamentos da terra,
porque Iahweh está em processo com seu povo,
e contra Israel ele pleiteia.
³ "Meu povo, que te fiz eu?
Em que te cansei? Responde-me!

Dt 5,6;
7,8
1Sm 12,6

⁴ Sim, eu te fiz subir da terra do Egito,ᵃ
resgatei-te da casa da escravidão
e enviei diante de ti Moisés,
Aarão e Maria.

Nm 22-24

⁵ Meu povo, lembras-te
do que maquinava Balac, rei de Moab?
O que lhe respondeu Balaão, filho de Beor?
Desdeᵇ Setim até Guilgal,
para que conheças as justas obras de Iahweh".
⁶ — "Com que me apresentarei a Iahweh,
e me inclinarei diante do Deus do céu?
Porventura me apresentarei com holocaustos
ou com novilhos de um ano?

8
Lv 18,21 +
1R 16,34

⁷ Terá Iahweh prazer nos milhares de carneiros
ou nas libações de torrentes de óleo?
Darei eu meu primogênito pelo meu crime,
o fruto de minhas entranhas pelo meu pecado?"ᶜ

Am 5,21 +
Am 5,24
Os 2,21 +
Is 7,9; 30,15

⁸ — "Foi-te anunciado, ó homem, o que é bom,
e o que Iahweh exige de ti:
nada mais do que praticar a justiça,
amar a bondade
e te sujeitares a caminharᵈ com teu Deus!"

Contra os defraudadores na cidade

⁹ É a voz de Iahweh!
Ela grita à cidade:
— teu nome verá o sucesso.ᵉ

Am 8,5 +

Escutai, tribo e assembleia ¹⁰da cidade.ᶠ
Posso suportarᵍ uma medida falsa,
— tesouros iníquos —
um efá diminuído, abominável?
¹¹ Posso considerar quitesʰ as balanças falsas,
uma bolsa de pesos falsificados?

---

a) Assonâncias entre "eu te cansei": *hele'etîka* e "te fiz subir": *he'elitîka*. — Iahweh lembra ao povo, que se lamenta de ter sido abandonado por Deus, os benefícios passados. Este texto foi retomado nos "Impropérios" de Sexta-feira Santa.
b) O hebr. parece ter aqui uma lacuna ("da passagem" desde Setim?). — As "justas obras" de Iahweh são os grandes feitos da História santa, pelos quais Iahweh correspondeu aos seus compromissos de aliado. Do mesmo modo como a Aliança é iniciativa divina, assim esta "justiça" é pura graça.
c) A lamentação de Iahweh a seu povo é o fiel que responde à queixa de Iahweh a seu povo, o que mostra bem o aspecto pessoal da religião para o profeta. O fiel propõe sacrifícios legítimos ou não; o profeta refutá-los-á (v. 8), para substituí-los por uma religião espiritual marcada pelas exigências que já "foram anunciadas" ao homem: o direito (Amós), a fidelidade (Oseias), a humildade diante de Deus (Isaías).
d) Traduz-se também "caminhar humildemente" (cf. Pr 11,8); mas esse verbo hapax significa mais "aplicar-se em", como o compreenderam as versões.
e) Glosa interpretada pelas versões: "é sabedoria temer teu nome".
f) "assembleia da cidade", *ûmo'ed ha'îr*, corrig. "e que a determinou ainda", *ûmî ye'adah 'od*, hebr.
g) "Posso suportar", *ha'eshshe bat rasha'*, corrig.; "o homem, a casa do ímpio", *ha'îsh beit rasha'*, hebr. — 10c é uma releitura.
h) "Posso considerar quites", *ha'azakkeh*, corrig.; "estarei quite", *ha'ezqeh*, hebr.

¹²Ela, cujos ricos estão cheios de violência
e cujos habitantes proferem a mentira.
Sua língua é mentirosa em sua boca.
¹³Então eu, eu te tornei doente*ª*
ferindo-te,
devastando-te por causa de teus pecados.
¹⁴Tu, tu comerás,
mas não poderás saciar-te,
— e te abaixarão*ᵇ* —
em tua casa, porás de lado,
mas sem nada poder guardar;
— o que guardades,
eu o entregarei à espada.
¹⁵Tu semearás, mas não poderás colher,
pisarás a azeitona,
mas não te ungirás com o óleo,
o mosto, mas não beberás o vinho.

Sl 120,2-3

Os 4,10

Dt 28,30-33 +
Am 5,11

O exemplo de Samaria

¹⁶Tu observas*ᶜ* as leis de Omri,
todas as práticas da casa de Acab.
Vós vos conduzis segundo seus princípios,
para que eu faça de ti um objeto de estupor,
de teus habitantes uma zombaria,
e que carregueis o opróbrio dos povos.*ᵈ*

7 A injustiça universal

¹Infeliz de mim!
Estou com as messes de verão,
como os rebuscos da vindima:
mais um cacho para comer,*ᵉ*
mais um figo precoce de que tanto gosto!
²O fiel desapareceu da terra,
não há um justo entre as pessoas!
Todos estão à espreita para derramar o sangue,
eles cercam cada qual seu irmão com a rede.
³Suas mãos são para o mal,
para fazer o bem, o príncipe exige,
assim como o juiz, uma gratificação;
o grande expressa a própria cupidez.*ᶠ*
⁴O melhor entre eles é como um espinheiro,
o mais justo entre eles,
uma sebe de espinhos.*ᵍ*
No dia de teus espias,
teu castigo chegou,
agora, é sua confusão.

Sl 12,1-2
Sl 14,1-3
Jr 5,1

Jr 4,22

---

a) "eu te tornei doente", *heḥelêtî*, hebr.; "comecei", *haḥillôtî*, versões.
b) Acréscimo pós-exílico; da mesma forma 14d.
c) Lit.: "guardas", versões; "ele se guarda", hebr.
d) "teus habitantes", corr.; "seus habitantes", hebr.
— "povos", grego (Ez 36,15); "de meu povo", hebr., correção antissamaritana. — As "práticas" e os "princípios" que o profeta denuncia são, talvez, o culto de Baal, porém, mais provavelmente o luxo dos grandes e a injustiça social.
e) Assonância entre "cacho", *'eshkol*, e "comer", *'ekol*.
f) O hebr. acrescenta: "ele, e eles o torcem" (?).
g) "o mais justo...", corr.; "o justo, mais do que uma sebe", hebr. mal dividido.

MIQUEIAS 7

^{Jr 9,3;}
^{12,6}
⁵ Não confieis no próximo,
não ponhais a vossa confiança em amigo;
diante daquela que dorme em teu seio,
guarda-te de abrir a tua boca.

Mt 10,35-36p
⁶ Porque o filho insulta o pai,
a filha levanta-se contra a sua mãe,
a nora contra a sua sogra,
os inimigos do homem são as pessoas de sua casa.
⁷ Mas eu olho confiante para Iahweh,
espero no Deus meu Salvador,
meu Deus me ouvirá.*a*

IV. Esperanças

Sião sob os insultos da inimiga*b*

Jo 8,12 +
⁸ Não te alegres por minha causa, minha inimiga:
se caí, levantar-me-ei;
6,5 +
se habito nas trevas,
Iahweh é a minha luz.
⁹ Devo carregar a ira de Iahweh,
porque pequei contra ele,
até que ele julgue a minha causa
e restabeleça o meu direito;
ele me fará sair à luz,
e eu contemplarei a sua justiça.
Sl 42,4.11
Jl 2,17
¹⁰ Minha inimiga verá,
e a vergonha a cobrirá,
a ela que me dizia: "Onde está Iahweh, teu Deus?"
Meus olhos a verão,
quando for pisoteada
como a lama das ruas.

Oráculo de restauração*c*

¹¹ Dia de reconstruir as tuas muralhas!
Dia esse em que estenderão as tuas fronteiras,
¹² dia esse em que virão a ti
desde a Assíria até o Egito,
desde o Egito até o Rio,
do mar ao mar, da montanha à montanha.*d*
¹³ O país se tornará uma desolação,
por causa de seus habitantes,
como fruto de suas ações.*e*

a) Este v., no qual o profeta proclama sua fé na salvação pode ter servido de conclusão a seu livro; ele ofereceu um ponto de ligação para o acréscimo dos poemas de esperança seguintes, que datam, provavelmente, do Exílio.
b) Esta *inimiga parece ter sido E*dom, e não Babel (cf. Ez 25,12-14; 35; Ab 10-15; Sl 137,7; Is 34,5-8 etc.).
c) Este oráculo, que pode ser datado da época persa (a partir de 538), anuncia a restauração das muralhas de Jerusalém e o alargamento das fronteiras para acolherem uma multidão, seja de israelitas dispersos, seja de pagãos convertidos.
d) "Egito" (repetição provavelmente defectiva); "Tiro", grego — "da montanha...", *ûmehar hahar*, Vulg.; "a montanha da montanha", *wehar hahar*, hebr.
e) V. isolado, que era, talvez, uma ameaça a Judá. No contexto atual, esta ameaça visa aos povos pagãos, primeiramente, sem dúvida, "os povos da terra", vizinhos imediatos dos judeus, hostis à comunidade retornada do Exílio.

Oração pela confusão das nações

¹⁴ Apascenta o teu povo com o teu cajado,
o rebanho de tua herança,
que mora sozinho na floresta,
em meio a uma terra frutífera.ᵃ
Que pastem em Basã e em Galaad,
como nos dias antigos!
¹⁵ Como nos dias de tua saída da terra do Egito,
eu lhe farei ver maravilhas!ᵇ
¹⁶ Que as nações vejam e se envergonhem,
apesar de todo o seu poderio,
que ponham a mão na boca,
e seus ouvidos fiquem surdos.
¹⁷ Que lambam o pó como a serpente,
como os animais que rastejam sobre a terra.
Elas sairão tremendo de seus abrigos
para Iahweh, nosso Deus.

Apelo ao perdão divinoᶜ

¹⁸ Qual é o deus como tu, que tira a falta,
que perdoa o crime?
Em favor do resto de sua herança,
ele não exaspera sempre sua cólera,
mas tem prazer em conceder graça.
¹⁹ Mais uma vez ele terá piedade de nós,
pisará aos pés nossas faltas,
lançará no fundo do mar
todos os nossos pecados.ᵈ
²⁰ Concederás a Jacó tua fidelidade,
a Abraão tua graça,
que juraste a nossos pais
desde os dias de outrora.ᵉ

---

a) O povo está isolado em território pobre. É a situação dos judeus de volta do Exílio, no distrito de Jerusalém.
b) "faz-nos ver", conj.; "eu lhe farei ver", hebr.
c) Esta prece é salmo semelhante aos encontrados nos escritos proféticos (Is 12; 25,1-5; 26,1-6.7-15.16-19; 63,7 - 64,11 etc.).
d) "nossos pecados", versões; "seus pecados" hebr.
e) A salvação de Israel é a realização da Aliança e da Promessa, fundamentos de toda esperança, objeto primeiro da fé do povo de Deus.

NAUM

1 ¹Oráculo sobre Nínive. Livro da visão de Naum de Elcós.

Prelúdio

*Salmo. A ira de Iahweh*ᵃ

Alef
Dt 4,24 +
Ex 20,5-6
²Iahweh é um Deus ciumento e vingador!
Iahweh é vingador e cheio de furor!
Iahweh se vinga de seus adversários
ele guarda rancor de seus inimigos.

Ex 34,6-7 + ³Iahweh é lento para a ira, mas grande em poder.
Mas a nada deixa Iahweh impune.ᵇ

Bet Na tormenta e na tempestade é o seu caminho,
a nuvem é a poeira de seus pés.

Guimel
Is 50,2
Sl 106,9
⁴Ameaça o mar e o seca,
e a todos os rios ele faz secar.

(Dalet) Murchamᶜ Basã e o Carmelo,
e murcha a verdura do Líbano!

He
Jr 4,24
⁵As montanhas tremem por causa dele,
as colinas estremecem

Waw e a terra é devastadaᵈ diante dele,
o universo e todos os seus habitantes.

Záin
Ap 6,17
⁶Diante de sua cólera quem subsistirá?
Quem se levantará diante do ardor de sua ira?

Het Seu furor derrama-se como o fogo,
e os rochedos se fendem diante dele.

Tet ⁷Iahweh é bom;
ele é abrigo no dia da tribulação.

Yod Ele conhece aqueles que nele se refugiam,
Gn 6,7s; 8,1 ⁸mesmo quando sobrévem uma inundação.ᵉ

Kaf Reduzirá a nada os que se levantam contra ele,ᶠ
perseguirá os inimigos até nas trevas.

Sentenças proféticas contra Judá e contra Nínive

(a Judá)
1Sm 2,6 ⁹Que meditais sobre Iahweh?ᵍ
É ele que reduz ao nada;
a opressão não se levanta duas vezes.

---

a) Este salmo alfabético (cf. Pr 31,10+; mas a série alfabética é incompleta), desenvolve o tema tradicional da ira de Iahweh (Nm 11,33; 2Sm 6,7; 21,14; Sl 2,12; 60,3; 79,5; 110,5 etc.) e forma, assim, um prelúdio ao oráculo contra Nínive.
b) Os quatro últimos hemistíquios, que não fazem parte da série alfabética, parecem ser comentário ulterior do v. 2a, visando a explicar o sentido da ira divina.
c) "Murcham", *'umlal*, hebr.; propõe-se *dalelû*, "eles são abaixados", que as versões supõem e que permite restabelecer uma estrofe *Dalet*.
d) "é devastada": *wattishsha'*, versões; "levanta-se": *wattissa'*, hebr. Para descrever a ira de Deus, o poeta utiliza, ao mesmo tempo, temas das cosmogonias antigas (a criação, vitória divina sobre as águas, Jó 7,12+), e da história sagrada (mar Vermelho e Sinai, Sl 114,3-8; Is 51,10 etc.).
e) Alusão provável ao dilúvio (Noé era, como Naum, "consolador", de acordo com Gn 5,29). A ira divina tem sentido, vv. 7-8: não é fúria cega, mas julgamento que distingue os fiéis dos ímpios.
f) "os que se levantam contra ele", grego; "seu lugar" *meqômâh*, (o de Nínive; releitura), hebr.
g) Poder-se-ia também traduzir: "Que ideia fazeis para vós de Iahweh?" Ou: "Como deveis contar com Iahweh!"

¹⁰ Como uma brenha de espinhos,
  e como plantas entrelaçadas,ᵃ
  eles foram devorados como a palha seca.
  Não éᵇ ¹¹de ti que saiu
  o que medita contra Iahweh,
  o homem com os desígnios de Belial.
¹² Assim disse Iahweh:
  Ainda que eles sejam intatos e numerosos,
  serão aniquilados e desaparecerão.
  Eu te humilhei,
  mas não te humilharei novamente.
¹³ Mas agora eu quebrarei o seu jugo, que pesa sobre ti,
  e romperei as tuas cadeias.

(ao rei de Nínive: oráculo)
¹⁴ E Iahweh decretou contra ti:
  Ninguém mais de teu nome terá descendência!
  do templo de teus deuses eu destruirei
  imagens esculpidas e imagens fundidas;
  preparo teu túmulo porque és tão fraco.

(a Judá)
2 ¹Eis sobre as montanhas os pés
  de um mensageiro,
  que anuncia: "Paz!"
  Celebra, Judá, as tuas festas,
  cumpre os teus votos,
  porque não tornará a passar por ti Belial,
  ele foi totalmente destruído.

A ruína de Nínive

O assalto

² Um destruidor sobe contra ti.
  Vigia a fortaleza, guarda o caminho,
  cinge os rins, reúne toda a tua força.
³ Pois Iahweh restaura a ufania de Jacó,
  assim como a ufania de Israel.
  Porque saqueadores os saquearam
  e quebraram os seus sarmentos.
⁴ O escudo de seus heróis está avermelhado,
  os guerreiros estão vestidos de escarlate;
  como o fogo são as ferragens dos carros
  no dia em que estão postos em linha de batalha;
  os cavaleiros se agitam.ᶜ
⁵ Nas ruas os carros correm loucamente,
  precipitam-se sobre as praças;
  sua aparência é como a de tochas,
  como relâmpagos correm para cá e para lá.

---

a) "Como uma brenha": *keya'ar*, corr.; "Porque até": *kî'ad* hebr. "plantas entrelaçadas", corr.; "como bêbados, embriagados" hebr. (confusão de duas raízes *sb'*).
b) "Não é", *halo'*, corr.; "inteiramente", *male'*, hebr. (mal dividido). — Trata-se de Senaquerib (cf. 2Rs 18-19).
c) "cavaleiros", grego, sir.; "cipreste", "lanças (?)", hebr.

⁵ ⁶Ele chama*ᵃ* os seus capitães,
  tropeçam em sua marcha,
  correm apressadamente para a muralha
  e o abrigo*ᵇ* é preparado.

⁶ ⁷As portas que dão para o Rio são abertas,
  e o palácio se abala em todos os sentidos.

3,4 ⁸A Beleza foi exilada, levada embora,*ᶜ*
7 suas servas gemem como o arrulho das pombas
  e batem em seu coração.

⁸ ⁹Nínive é como tanque d'água
  cujas águas escapam.*ᵈ*
  "Parai, parai!"
  Mas ninguém olha para trás.

⁹ ¹⁰"Saqueai a prata! Saqueai o ouro!"
  O tesouro não tem fim,
  uma abundância de todos os objetos preciosos!

10
Is 13,7-8   ¹¹Desolação, destruição, devastação!*ᵉ*
Jr 30,6;   O coração definha, os joelhos vacilam,
4,31+   há calafrio em todos os rins
  e todas as faces perdem a cor.*ᶠ*

Sentenças sobre o leão da Assíria

Os 5,14   ¹²Onde está o covil do leão?
Mq 5,7   Era uma manjedoura para os leõezinhos;
Jr 4,7   quando o leão saía, a leoa ficava.
  Ninguém assustava o jovem leão.

12   ¹³O leão despedaçava para os seus filhotes,
  estrangulava para as suas leoas;
  enchia de presas seus antros,
  e seus covis de despojos.

13=3,5   ¹⁴Eis-me contra ti
  — oráculo de Iahweh dos Exércitos.
  Reduzirei a fumo tua multidão;*ᵍ*
  a espada devorará os teus leõezinhos.
  Farei desaparecer da terra a tua presa
  e não se ouvirá mais a voz de teus mensageiros.

3 *Sentença sobre Nínive, a prostituta*ʰ
¹Ai da cidade sanguinária,
toda cheia de mentira,
repleta de despojos,
onde não cessa a rapina!

²Estalido de chicotes,
estrépito de rodas,

---

a) "Ele chama", o sujeito é o rei da Assíria (3,18); as versões têm plural.
b) Esse abrigo é uma espécie de escudo coletivo, como se vê em baixos-relevos assírios.
c) "A Beleza": *wehaççebî*, corr.; "está colocado". *wehuççab*, hebr. O grego leu um substantivo.
d) "cujas águas", *mêmêha*, conforme o grego; "desde os dias deste, e eles", *mimê hî'*, hebr.
e) Assonância : *buqah, umebuqqah, umebullaqah*.
f) Traduz-se também: "tornam-se avermelhadas" (cf. Is 13,8).

g) "tua multidão", *robek*, 4Qp Na (comentário de Naum descoberto em Qumrã), grego, sir.; "seus carros", *rikbah*, hebr.
h) Um quadro novo da ruína de Nínive, acompanhada de um julgamento sobre os pecados que provocaram este castigo. Ao representar Nínive como uma prostituta, Naum visa não tanto à sua idolatria (Nínive não é como Israel a esposa de Iahweh) e sua prostituição sagrada, mas antes à avidez e à habilidade com que impunha sobre os povos o seu poder para despojá-los.

cavalos a galope,
carros que pulam,
³ ginetes que empinam,
reluzir de espadas,
cintilar de lanças,
multidão de feridos,
mortos em massa,
cadáveres sem fim,
tropeça-se em seus cadáveres!

⁴ Por causa das inúmeras prostituições da prostituta
formosa, hábil feiticeira,
que subjugava as nações*ᵃ* por sua devassidão,
e os povos por suas feitiçarias.

⁵ Eis-me contra ti
— oráculo de Iahweh dos Exércitos.
Levantarei tua roupa até à face,
mostrarei às nações a tua nudez
e aos reinos a tua ignomínia.

⁶ Jogarei sobre ti imundície,
desonrar-te-ei e farei de ti um espetáculo.*ᵇ*

⁷ Então, todo aquele que te vir
fugirá de ti e dirá:
Nínive está devastada!
Quem terá compaixão dela?
Onde posso procurar consoladores para ti?

O exemplo de Tebas

⁸ És, porventura, melhor do que No-Amon,*ᶜ*
que está sentada entre os canais do Nilo,
(cercada de águas)
cujo baluarte é o mar
e cujas muralhas as águas?*ᵈ*

⁹ Cuch era a sua força,
e o Egito também sem limite.
Fut e os líbios eram os seus auxiliares.*ᵉ*

¹⁰ Pois também ela foi para o exílio,
em cativeiro;
suas crianças foram esmagadas
nas esquinas de todas as ruas;
sobre seus nobres lançaram a sorte,
todos os seus grandes
foram presos em grilhões.

¹¹ Tu, também, te embriagarás,
serás aquela que se esconde,
tu, também, procurarás
um refúgio contra o inimigo.

---

a) "subjugava", lit.: "vendia"; propõe-se *hakkomeret*, "tomava em suas redes, seduzia" (simples troca de consoantes).

b) O castigo de Nínive é o das adúlteras (cf. Os 2,5; Ez 16,36-43; 23,25-30).

c) Sem dúvida, Tebas, no Alto Egito, a "cidade de Amon", saqueada em 663 pelos exércitos de Assurbanipal que já a tinham atingido em 667.

d) "cujo baluarte", 4Qp Naum (comentário de Naum descoberto em Qumrã); "baluarte", TM. — "as águas": *mayim*, 4Qp Naum; "do mar": *miyyam*, TM. — Esta descrição poética foi glosada pela expressão "cercada de águas".

e) "seus auxiliares", grego, sir.; "teus auxiliares", hebr.

A inutilidade dos preparativos de Nínive[a]

¹²Todas as tuas fortalezas são figueiras
com figos temporãos,
se os sacodem, caem
na boca de quem os come.
¹³Eis o teu povo:
são mulheres que estão em teu seio;
as portas da tua terra
estão escancaradas
aos teus inimigos;
o fogo consome os teus ferrolhos.
¹⁴Tira água para o tempo do cerco,
restaura as tuas fortalezas,
entra no barro e pisa na argila,
toma a forma para tijolos.
¹⁵Ali o fogo te devorará,
a espada te exterminará.[b]

O envio de gafanhotos[c]

Multiplica-te como o *yeleq*,
multiplica-te como o gafanhoto!
¹⁶Multiplica os teus mercadores mais que as estrelas do céu,[d]
— o *yeleq* sai do casulo e voa —,
¹⁷teus guardas, como gafanhotos,
e teus escribas como um enxame de insetos.
Eles pousam sobre os muros
em dia de frio.
O sol aparece:
eles desaparecem e ninguém sabe para onde.
Onde estão eles?[e]

Lamentação fúnebre

¹⁸Eles dormem, teus pastores, rei da Assíria,
teus capitães repousam.
Teu povo foi disperso sobre as montanhas,
ninguém mais poderá reuni-los.
¹⁹Não há cura para a tua ferida,
tua praga é incurável!
Todos os que ouvem notícias sobre ti
batem palmas a teu respeito;
pois, sobre quem não passou
continuamente a tua maldade?

---

a) Este oráculo parece aludir aos reveses já sofridos pelos exércitos assírios (tomada da Assíria em 614).
b) O hebr. acrescenta "ele te devorará como o *yeleq*," glosa inspirada pelo que segue.
c) A invasão dos assírios nos países ocupados (comerciantes, soldados, funcionários) é comparada à de nuvem de gafanhotos. A mesma imagem serve para anunciar o seu desaparecimento súbito e completo.
d) "Multiplica", lit.: "Multiplicas". — Seríamos tentados a ler o v. 16b no meio do v. 17; mas nenhum testemunho antigo faz essa transposição.
e) Em lugar de *'ayyam*, "onde estão eles?", o grego leu *'oy mah*, "infeliz! Como…", ligado ao que segue.

HABACUC

1 Título — ¹Oráculo^a que o profeta Habacuc recebeu em visão.

I. Diálogo entre o profeta e o seu Deus

Primeira lamentação do profeta: a derrota da justiça^b

² Até quando, Iahweh, pedirei socorro
    e não ouvirás,
 gritarei a ti: "Violência!",
    e não salvarás?

³ Por que me fazes ver a iniquidade
    e contemplas a opressão?
 Rapina e violência estão diante de mim,
    há disputa, levantam-se contendas!

⁴ Por isso a lei se enfraquece,
    e o direito jamais aparece!
 Sim, o ímpio cerca o justo,
    por isso o direito aparece torcido!

Primeiro oráculo: os caldeus, flagelo de Deus^c

⁵ Olhai entre os povos e contemplai,
    espantai-vos, admirai-vos!
 Porque realizo, em vossos dias, uma obra,^d
    vós não acreditaríeis, se fosse contada.

⁶ Sim, eis que suscitarei os caldeus,
    esse povo cruel e impetuoso,^e
 que percorre vastas extensões da terra
    para conquistar habitações que não lhe pertencem.

⁷ Ele é terrível e temível,
    dele procede seu direito e sua grandeza!^f

⁸ Seus cavalos são mais rápidos do que panteras,
    mais ferozes do que lobos da tarde.

---

a) Lit.: "carga", "fardo" (cf. Is 13,1 etc., e Jr 23,33-40).
b) Em nome de seu povo (cf. Jr 10,23-25; 14,2-9.19-22; Is 59,9-14), o profeta queixa-se a Iahweh das calamidades públicas. Este texto, paralelo às lamentações do saltério e de Jeremias, considerado isoladamente, poderia ser relacionado com desordens internas de uma sociedade; mas no contexto dos vv. 12-17, visa, sem dúvida alguma, à opressão caldeia. Por que a justiça e a bondade de Iahweh (e sua santidade, v. 13) toleram o triunfo do ímpio? Pois é um pagão que domina, e Judá, ainda que pecador, permanece "justo", que conhece o verdadeiro Deus. Iahweh deve responder a isso (cf. 2,1).
c) Primeira resposta. É o próprio Iahweh quem suscita o flagelo caldeu. Esses pagãos são o instrumento de sua justiça, por algum tempo (cf. Am 3,11; Is 10,5-27; Jr 5,14-19; 25,1-13; 27,6-22; 51,20-23; Dt 28,47s; 2Rs 24,2-4. Cf. Nabucodonosor, "meu servo", Jr 25,9; 27,6; 43,10).
d) Com o grego; o hebr. pode também ser compreendido: "(uma obra) se realiza".
e) As imagens, que compõem uma descrição épica da invasão, encontram-se diversas vezes nos profetas (cf. Is 5,26-29; 13,17-18; Jr 4,5-7.13.16-17; 5,15-17; 6,22-24; Na 3,2-3; Ez 23,22-26; 28,7-10).
f) Lit.: "de si mesmo saem". Esse povo não reconhece nem Deus nem senhor, e só atribui a si mesmo seus êxitos (cf. v. 11b).

Os seus cavaleiros galopam,
seus cavaleiros chegam de longe,
eles voam como a águia que se precipita para devorar.
⁹Acorrem todos para a violência,
sua face ardente é como um vento do oriente;*ᵃ*
eles amontoam prisioneiros como areia!

¹⁰Ele zomba dos reis,
príncipes são para ele motivo de riso.
Ele se ri de toda fortaleza;
ele amontoa terra*ᵇ* e a toma!

<small>1,7
Is 10,13</small>
¹¹Então o vento virou e passou...*ᶜ*
É culpado aquele cuja força é seu deus!

Segunda lamentação do profeta: as extorsões do opressor*ᵈ*

<small>Dt 33,27
Sl 90,1-2
Lv 17,1 +</small>
¹²Não és tu, Iahweh, desde o início*ᵉ*
o meu Deus, o meu santo, que não morre?*ᶠ*
Iahweh, tu o estabeleceste para exercer o direito,
ó Rochedo,*ᵍ* tu o constituíste para castigar!*ʰ*

<small>1,3
Sl 5,5-6
Sl 35,22s</small>
¹³Teus olhos são puros demais para ver o mal,
tu não podes contemplar a opressão.
Por que contemplas os traidores,
silencias quando um ímpio devora alguém mais justo do que ele?

<small>Jr 16,16
Ez 12,13;
17,20; 29,4s;
32,3</small>
¹⁴Tu tratas o homem como os peixes do mar,
como répteis que não têm chefe!

¹⁵Ele*ⁱ* os tira a todos com o anzol,
puxa-os com a sua rede
e os recolhe em sua nassa;
por isso ele ri e se alegra!

¹⁶Por isso ele oferece sacrifícios à sua rede,
incenso à sua nassa;
pois por causa delas a sua porção foi abundante
e o seu alimento copioso.*ʲ*

¹⁷Esvaziará ele, sem cessar, a sua rede,*ᵏ*
massacrando os povos sem piedade?

---

a) Texto incerto; "face ardente", conj.; "o ardor (ou: a avidez) de suas faces", hebr. — "um vento do oriente", 1Qp Hab (esta sigla designa o comentário de Habacuc descoberto em Qumrã em 1947) e Vulg.; "para o oriente", hebr. O "vento do oriente", um vento seco do deserto, é, às vezes, símbolo das invasões vindas do oriente (cf. Os 12,2; 13,15; Jr 18,17; Ez 17,10s). — Traduz-se também: "a direção de suas faces para o levante".
b) Aterros usados nos assédios.
c) Como o furacão, a invasão vem e vai, deixando em seu caminho apenas ruínas. — Outros compreendem: "Então o espírito passou e se foi" (encerrando uma fase da inspiração profética); ou também: "Então ele (o invasor) mudou de ideia e transgrediu (sua missão?)".
d) Esta nova lamentação retoma a primeira (vv. 2-4): já que o triunfo dos caldeus tem como causa última a vontade de Iahweh (vv. 5-6), é a Iahweh que se deve interrogar. Como pode ele, justo e santo e guardião do direito (vv. 12a-b.13), tratar assim as nações e o povo eleito (v. 14)? Permitira ele ao ímpio engolir o justo (v. 13; cf. vv. 4 e 15-17)?
e) Desde o tempo do Êxodo, que o cap. 3 relembrará. Aqui está para Habacuc o motivo da esperança.
f) "que não morre": *lo' tamut*, conj.; "nós não morremos": *lo' namût*, hebr., mas isso é correção do escriba. A tradução restabelece o que devia ser o texto primitivo.
g) Lit.: "e uma rocha"; ou "o Rochedo" (cf. Dt 32,4).
h) O povo caldeu foi suscitado para uma missão de justiça, que ele não devia ultrapassar (cf. 1,5+). Para outros, trata-se de Israel, que devia ser o árbitro dos povos, ou o rei de Judá, Joaquim, infiel à sua missão: 1,2-4.12-17 e 2,6-19 seriam dirigidos contra ele.
i) O invasor caldeu.
j) "copioso", lendo masculino em lugar do feminino hebr.
k) "rede", *hermo*, poderia ser uma repetição defectiva do v. 16. 1Qp Hab lê "espada", *herbo*, e suprime a interrogação: "é porque puxará sem cessar sua espada".

2 Segundo oráculo: o justo viverá por sua fidelidade

¹Ficarei de pé em meu posto de guarda,
me colocarei sobre minha muralha
e espreitarei para ver o que ele me dirá
e o que responderá à minha queixa.*ᵃ*

Nm 23,1-6

²Então Iahweh respondeu-me, dizendo:
"Escreve a visão, grava-a claramente sobre tábuas,
para que se possa ler facilmente.
³Porque é ainda visão para tempo determinado:*ᵇ*
ela aspira*ᶜ* por seu termo e não engana;
se ela tarda, espera-a,
porque certamente virá, não falhará!
⁴Eis inflado de orgulho aquele cuja alma não é reta,*ᵈ*
mas o justo viverá por sua fidelidade".*ᵉ*

Is 8,1
Jr 30,2
Ap 1,19

2Pd 3,4-10
Nm 23,19

Rm 1,17
Gl 3,11
Hb 10,38

II. Maldições contra o opressor

Prelúdio

⁵Verdadeiramente a riqueza engana!*ᶠ*
Um homem arrogante não permanecerá,
ainda que escancare suas fauces como o Xeol,
e, como a morte, seja insaciável;
ainda que reúna para si todas as nações
e congregue a seu redor todos os povos!
⁶Não entoarão, todos eles, uma sátira contra ele?
não dirigirão epigramas a ele?*ᵍ*
Eles dirão:

Is 5,14
Pr 27,20

Is 14,4
Mq 2,4

As cinco imprecações

I

Ai*ʰ* daquele que acumula o que não é seu,
(até quando?)
e se carrega de penhores!

Ap 8,13 +
Is 5,8 +
Lc 6,24-26

---

a) "minha muralha", 1Qp Hab; "sobre a muralha", TM; — "responderá": *yashîb,* conj., cf. a Peshitta; "eu responderei": *'ashîb,* hebr. — O profeta vela pelo seu povo como a sentinela nas muralhas (cf. Os 9,8+; Is 21,6-12; Jr 6,17; Ez 3,17; 33,1-9; Sl 5,4).
b) Por isso a ordem de escrevê-la. A revelação se realizará no "tempo determinado" (cf. Dn 8,19.26; 10,14; 11,27.35), e o documento escrito compromete para esse tempo a palavra de Iahweh (cf. 2Pd 3,2), cuja veracidade ele provará mais tarde (cf. Is 8,1.3; 30,8).
c) A visão é dotada de energia própria, pois expressa uma palavra de Deus que tende à sua realização (cf. Is 55,10-11). A liturgia do Advento utiliza este v., em sua tradução grega divergente, para exprimir a espera do Messias. (Ver também Hb 10,37).
d) "inflado de orgulho...", lit.: "ela é inchada, ela não é reta, sua alma nele". Vulg.: "aquele que é incrédulo, sua alma não será direita nele". Gr.: "Se ele falha, minha alma não se comprazerá nele; mas o justo viverá da fé em mim."
e) Esta sentença, formulada em termos universais (cf. Is 3,10-11), exprime o conteúdo da visão. A "fidelidade" (cf. Os 2,22; Jr 5,1.3; 7,28; 9,2 etc.) a Deus, isto é, à sua palavra e à sua vontade, caracteriza o "justo" e lhe garante segurança e vida (cf. Is 33,6; Sl 37,3; Pr 10,25 etc.). O ímpio, a quem falta esta "retidão", perder-se-á. Neste contexto (1,2-4.12-17; 2,5-18) trata-se respectivamente do caldeu e de Judá: o justo Judá viverá, o opressor perecerá. No texto da LXX, no qual "fidelidade" se torna "fé", são Paulo lerá a doutrina da justificação pela fé.
f) "a riqueza", *hon,* 1Qp Hab; "o vinho", *yaîn,* TM. Propõe-se corrigir por *hawwam,* "o presunçoso (é um traidor)", cf. grego e Dt 1,41.
g) "Não dirigirão epigramas": *ûmelîçah yahûdû,* conj.; "e um epigrama, enigmas": *ûmelîçah hîdôt* hebr. — "eles dirão", 1Qp Hab e grego; "ele dirá", TM. — A sátira, *mashal,* é caçoada que emprega a metáfora. O epigrama, *melîçah,* é enigma, e por isso deve ser interpretado. Esses termos caracterizam o gênero literário das cinco imprecações: em forma solene de profecias, são ameaças proferidas de modo velado.
h) Contra a avidez do conquistador. O pensamento possui a sutileza dos discursos em parábolas. O caldeu que se apo-

⁷Não se levantarão, de repente, os teus credores,
não despertarão os teus exatores?
Tu serás a sua presa.

⁸Porque saqueaste numerosas nações,
tudo o que resta dos povos te saqueará,
por causa do sangue humano, pela violência feita à terra,
à cidade e a todos os seus habitantes!

II

⁹Ai^a daquele que ajunta ganhos injustos para a sua casa,
para colocar bem alto o seu ninho,
para escapar à mão da desgraça!
¹⁰Decidiste a vergonha para a tua casa:
destruindo^b muitas nações,
pecaste contra ti mesmo.

¹¹Sim, da parede a pedra gritará,
e do madeiramento as vigas responderão.^c

III

¹²Ai^d daquele que constrói uma cidade com sangue
e funda uma capital na injustiça!
¹³Isto não vem de Iahweh dos Exércitos;^e
que os povos trabalhem para o fogo
e que as nações se esgotem para o nada;
¹⁴*porque a terra ficará repleta do conhecimento da glória de Iahweh,*
como as águas recobrem o fundo do mar!

IV

¹⁵Ai^f daquele que faz beber seu vizinho!
Tu misturas seu veneno até embriagá-lo,
para ver a sua nudez!
¹⁶Tu te saciaste de ignomínia e não de glória!

Bebe, pois, tu também, e mostra o teu prepúcio!^g
Volta-se contra ti a taça da direita de Iahweh,
e a infâmia cobrirá a tua glória!

¹⁷Porque a violência contra o Líbano^h te cobrirá,
e a matança de animais te causará terror,
por causa do sangue humano, pela violência feita à terra,
à cidade e a todos os seus habitantes!ⁱ

dera de bens alheios torna-se devedor deles. Deste modo ele será, por sua vez, presa dos povos espoliados, que se tornaram seus credores. É a lei do talião (Ex 21,25+).
a) O caldeu terá a sorte do homem que se enriqueceu por meio de ganhos ilícitos: nada lhe restará.
b) "destruindo", versões, "destruir", hebr.
c) "casa" construída com bens mal adquiridos: pedra e madeira gritam vingança contra o injusto possuidor.
d) Contra a política de violência.
e) Esta fórmula introduz duas citações (cf. 2Cr 25, 26).
f) Cinismo do conquistador, que age como homem que em orgia embriaga os seus vizinhos para os aviltar; a ignomínia deles será a sua. No tocante ao papel atribuído à Babilônia, cf. Jr 51,7; a Nínive, cf. Na 3,4-7.
g) Ignomínia e vergonha do caldeu incircunciso, agora também embriagado.
h) O Líbano devastado (cf. Is 37,24), cujos cedros Nabucodonosor emprega em suas construções (cf. Is 14,8), pode ser também símbolo de Israel (cf. Is 33,9; Jr 21,14; 22,6-7.20-23).
i) O v. 18 é colocado depois do v. 19, como o sentido parece exigir.

V

¹⁹ Ai[a] daquele que diz à madeira: "Desperta!"
 À pedra silenciosa: "Acorda!"
 Ela ensinará!
 Ei-lo revestido de ouro e prata,
 mas não há sopro de vida em seu seio.

Is 40,20 +

¹⁸ De que serve uma escultura para que seu artista a esculpa?
 Um ídolo de metal, um mestre de mentira,
 para que nele confie o seu artista,
 construindo ídolos mudos?

Os 3,4
Ez 21,26
Zc 10,2

²⁰ Mas Iahweh está em seu Santuário sagrado:[b]
 Silêncio em sua presença, terra inteira![c]

Sf 1,7
Zc 2,17
Ap 8,1

III. Apelo à intervenção de Iahweh

3 *Título* — ¹Uma oração[d] do profeta Habacuc[e] no tom das lamentações.

Prelúdio. Súplica

² Iahweh, ouvi a tua fama,[f]
 temi, Iahweh, a tua obra![g]
 Em nosso tempo faze-a reviver,
 em nosso tempo manifesta-a,[h]
 na cólera lembra-te de ter compaixão!

Dt 2,25
Sl 8,2.10
76,2
Is 51,9
Is 54,8

Teofania. A chegada de Iahweh

³ Eloá vem de Temã,
 e o Santo, do monte Farã.[i]
 A sua majestade cobre os céus,
 e a terra está cheia de seu louvor.

Pausa

Dt 33,2
Jz 5,4
Nm 14,21 +
Sl 72,19

⁴ Seu brilho é como a luz,
 raios saem de sua mão,[j]
 lá está o segredo de sua força.

---

a) A última das cinco imprecações se dirige não mais ao conquistador (v. 6+) mas ao fabricante de ídolos, o "artesão" do v. 18.
b) O Templo de Jerusalém, mas sobretudo o palácio celeste, donde Iahweh sairá (cf. 3,3s).
c) Este silêncio prepara a teofania de 3,3-15 (cf. Is 41,1; Sl 79,9-10).
d) Esta prece, como numerosos salmos, junta à súplica um hino ao poder divino. O título, a presença de "pausas" e a indicação do v. 19d mostram uma utilização litúrgica. — Todo este capítulo falta no comentário de Hab encontrado em Qumrã (cf. Introdução aos profetas).
e) Como nos salmos, esta menção pode indicar não a origem literária, mas, simplesmente, a pertinência a uma coleção, aqui, ao livro de Habacuc.
f) Lit.: "o que tu fazes ouvir".
g) O conjunto de intervenções de Iahweh por seu povo nos tempos mosaicos (cf. 1,12. Cf. tb. Sl 44,2-9; 77,12-13; 95,9; Jz 2,7; Dt 11,7).
h) "Em nosso tempo", lit.: "no meio dos anos". Nestes dois últimos hemistíquios o grego tem: "No meio de dois animais tu te manifestarás; quando estiverem próximos os anos tu serás conhecido; quando vier o tempo tu aparecerás", texto que, com Is 1,3, deu origem à tradição dos dois animais no presépio de Belém.
i) "Eloá": nome divino arcaico. Temã: distrito do norte do país de Edom ou Seir. Farã: montanha situada em Edom. — Aqui começa a teofania (cf. Ex 19,16+), compreendendo a chegada (vv. 3-7) e o combate (vv. 8-15) de Iahweh. Esta visão épica evoca em vários pontos a marcha triunfal de Iahweh à frente de seu povo por ocasião do Êxodo, tipo (cf. Is 40,3+) da libertação futura. Iahweh ("o Santo", cf. Dt 33,3; Is 6,3+) avança do Sinai (cf. Ex 24,9-11) para Canaã (cf. Nm 20,14s), pelo sudoeste da Palestina, região donde vêm, também, as tempestades. Sua aproximação é descrita (vv. 3s) sob o aspecto de nuvem de tempestade (cf. Sl 18,8s; 29). As expressões designam, quer a nuvem, quer Iahweh, que nela se manifesta.
j) "Seu brilho", versões, "o brilho", hebr. — "raios", lit.: "chifres", mas cf. Ex 34,29-30.35.

^{Ap 6,8} ⁵ Diante dele caminha a peste,
e a febre*ª* segue os seus passos.

^{Sl 104,32}
^{Ex 15,14-16} ⁶ Ele para e faz tremer a terra,
olha e faz vacilar as nações.
As montanhas eternas são destroçadas,
desfazem-se as colinas antigas,
seus caminhos de sempre.*ᵇ*

⁷ Vi em aflição as tendas de Cusã,
estão agitadas as tendas da terra de Madiã.*ᶜ*

O combate de Iahweh

^{Dt 33,26 +} ⁸ Será contra os rios, Iahweh,*ᵈ* que a tua cólera se inflama,
ou o teu furor contra o mar*ᵉ*
para que montes em teus cavalos,
em teus carros vitoriosos?

⁹ Tu desnudas o teu arco,
sacias de flechas o Amorreu.*ᶠ*   *Pausa*

Cavas o solo com torrentes.*ᵍ*
¹⁰ Ao ver-te as montanhas tremem;
uma tromba d'água passa,
o abismo*ʰ* faz ouvir a sua voz,
lá em cima, ¹¹ o sol retirou suas mãos,
a lua permaneceu em sua morada,
diante da luz de tuas flechas que partem,
diante do brilho do relâmpago de tua lança.

¹² Com cólera percorres a terra,
com ira pisas as nações.

^{2,9-11} ¹³ Tu saíste para salvar o teu povo,
para salvar o teu ungido,*ⁱ*
destroçaste o teto da casa do ímpio,
desnudando os fundamentos até à rocha.   *Pausa*
¹⁴ Traspassaste com seus dardos o chefe de seus guerreiros*ʲ*
que escoiceavam para nos dispersar,
gabando-se de devorar o pobre em segredo.

---

a) A mesma palavra *reshef*, derivada do nome do deus fenício do raio, designa o raio, o granizo, a calamidade e, aqui (em paralelismo com "a peste" e cf. Dt 32,24), a febre ardente.
b) As expressões "montanhas eternas", "colinas antigas", tomam aqui significado cósmico (cf. Sl 90,2; Pr 8,25; Jó 15,7); elas designam os lugares de estada dos patriarcas em Gn 49,26; Dt 33,15.
c) Madiã, cf. Ex 2,15+; Cusã é, sem dúvida, designação arcaica da mesma região.
d) O hebr. acrescenta aqui: "ou contra os rios".
e) Como em Jz 5,4-5; Sl 77,17-20; 114,3-7, a intervenção de Iahweh é acompanhada de comoções cósmicas (cf. Am 8,9+). Há, talvez, aqui a utilização poética de antigas tradições sobre a criação, concebida como uma luta de Deus contra os elementos revoltados (o Abismo, o Mar, o Rio etc., cf. Jó 7,12+). O combate termina com a derrota do "ímpio", isto é, do caldeu (vv. 13-15).

f) "sacias o Amorreu", *sibba'ta 'emorî*, conj. TM "os juramentos são as flechas da palavra", releitura litúrgica para a festa de Pentecostes, na qual se celebrava o dom da Lei e se jurava cumpri-la. O texto primitivo faz alusão a Js 10,11.13 como o mostra a sequência (tempestade com parada do sol e da lua). — As flechas são os raios, cf. v. 4 e Sl 29,7; 77,18; Iahweh comparado ao arqueiro, cf. Dt 32,23; Ez 5,16 etc. O arco símbolo da força: cf. Gn 49,24; Jó 29,20 etc.
g) Chuva diluviana da tempestade (cf. Sl 77,17-19; Jz 5,4).
h) O abismo subterrâneo, o oceano primordial, que junta suas águas às da chuva do céu.
i) Aqui, mais o povo (cf. Sl 28,8; Ex 19,6) do que o rei. A sequência do v. é muito difícil e sua tradução incerta: "rocha", *çûr*, conj.; "garganta", *çawwa'r*, hebr.
j) Texto incerto; "seus guerreiros", Vulg.; "seus chefes", grego; o hebr. tem uma palavra ininteligível. — "nos dispersar", conj.; "me dispersar", hebr.

¹⁵ Pisaste o mar com teus cavalos,
o turbilhão das grandes águas!

Conclusão: temor humano e fé em Deus

¹⁶ Eu ouvi!ª Minhas entranhas tremeram.
A esse ruído meus lábios estremeceram,
a cárie penetra em meus ossos,
e os meus passos tropeçam.ᵇ

Espero tranquilo o dia da angústia
que se levantará contraᶜ o povo que nos assalta!

¹⁷ (Porque a figueira não dará fruto,
e não haverá frutos nas vinhas.
Decepcionará o produto da oliveira,
e os campos não darão de comer,
as ovelhas desaparecerão do aprisco
e não haverá gado nos estábulos).ᵈ
¹⁸ Eu, porém, me alegrarei em Iahweh,
exultarei no Deus de minha salvação!
¹⁹ Iahweh, meu Senhor, é a minha força,
torna meus pés semelhantes aos das gazelas,
e faz-me caminhar nas alturas.ᵉ
Ao mestre de canto. Para instrumentos de corda.ᶠ

---

a) Cf. v. 2 e Is 21,3-4; Jr 23,9; Dn 8,18.27; 10,8. O terror religioso e a angústia do profeta diante do combate de Iahweh e dos males que o acompanham (vv. 16-17) cedem lugar à alegria da salvação e da segurança em Iahweh (vv. 18-19, cf. 16e).
b) "meus passos tropeçam", *yirgezû 'ashshurî*, conj., cf. grego; *'asher*, "que", hebr. — Traduz-se também: "para subir contra um povo que nos assalta".
c) Ou "para subir contra...".

d) Este quadro da miséria agrícola, no contexto de combate cósmico, é, talvez glosa (reforçando a lição de esperança em Iahweh), salvo que ele queira descrever os estragos causados em Judá pela guerra.
e) "nas alturas", grego; "minhas alturas", hebr.
f) "Para instrumentos", conj.; "meus instrumentos" hebr. — Estas indicações figuram ordinariamente no começo dos salmos.

SOFONIAS

^{Jr 1,2} **1** ¹Palavra de Iahweh, que foi dirigida a Sofonias, filho de Cusi, filho de Godolias, filho de Amarias, filho de Ezequias, nos dias de Josias, filho de Amon, rei de Judá.

I. O dia de Iahweh em Judá

Prelúdio cósmico

² Na verdade suprimirei tudo
da face da terra,
oráculo de Iahweh.

Os 4,3 + ³ Suprimirei homens e gado,
suprimirei os pássaros do céu e os peixes do mar,
farei tropeçar*ª* os perversos
e aniquilarei os homens da face da terra,
oráculo de Iahweh.

Contra o culto dos deuses estrangeiros

2Rs 23,4s.12 ⁴ Estenderei minha mão contra Judá
e contra todos os habitantes de Jerusalém,
aniquilarei deste lugar
o resto de Baal,
o nome dos sacerdotes dos ídolos,*ᵇ*

Dt 4,19
2Rs 21,3-5
1Rs 11,7.33
2Rs 23,13
⁵ os que se prostram nos telhados
diante do exército dos céus,
os que se prostram diante de Iahweh,*ᶜ*
mas juram por Melcom,*ᵈ*
⁶ os que se afastam de Iahweh,
que não procuram a Iahweh
nem o consultam.

Hab 2,20
Zc 2,17
Ap 8,1
⁷ Silêncio diante do Senhor Iahweh,
pois o dia de Iahweh está próximo!
Sim, Iahweh preparou um sacrifício,
ele santificou os seus convidados.*ᵉ*

Contra os altos dignitários da corte*ᶠ*

Ex 3,16 + ⁸ Acontecerá que, no dia do sacrifício de Iahweh,
visitarei os príncipes,
os filhos do rei

---

a) "farei tropeçar": *hammakshilôt*, corr.: "Os escândalos": *hammakshelôt*, hebr.
b) O termo é próprio do sacerdócio idolátrico. O hebr. acrescenta: "com os sacerdotes", glosa omitida pelo grego.
c) O hebr. acrescenta: "e que juram", ditografia.
d) "Melcom", mss gregos, sir. e Vulg.; "seu rei", hebr. (cf. Is 57,9). — Com as sobrevivências cananeias, v. 4, Sofonias denuncia o culto astral da Assíria e o culto dos deuses vizinhos (Melcom, deus amonita) misturado com o culto de Iahweh.
e) Este v. abre-se com apelo litúrgico. Apresenta o dia de Iahweh como um sacrifício (Is 34,6; Jr 46,10; Ez 39,17), cujas vítimas serão os judeus. Os convidados são "consagrados" para a imolação como em Jr 12,3.
f) As pessoas da corte, sujeitas à Assíria, exercem a regência durante a menoridade de Josias.

e os que se vestem
com roupas estrangeiras.
⁹ Visitarei, naquele dia,
todos os que saltam o Degrau,ᵃ
todos os que enchem a casa de seu senhor
com violência e com fraude.ᵇ

Contra os comerciantes de Jerusalém

¹⁰ Naquele dia — oráculo de Iahweh —
um grito se levantará da porta dos Peixes,
urros da cidade nova,
e grande ruído dos montes!
¹¹ Urrai, habitantes de Mactes,
porque todo o povo de Canaã está destruído
e aniquilados todos os que pesam a prata.ᶜ

Ne 3,3

Contra os incrédulos

¹² E acontecerá, naquele tempo,
que eu esquadrinharei Jerusalém com lanternas
e castigarei os homens
que, concentrados em sua borra,ᵈ
dizem em seu coração:
"Iahweh não pode fazer
nem o bem nem o mal".
¹³ Sua riqueza será saqueada,
suas casas devastadas;
eles construíram casas, mas não as habitarão,
plantaram vinhas, mas não beberão do seu vinho.

Jr 48,1
Jr 5,12 +
Sl 10,4;
14,1

Dt 28,30-33 +
Mq 6,15

O dia de Iahwehᵉ

¹⁴ Está próximo o grande dia de Iahweh!
Ele está próximo, iminente!
O clamor do dia de Iahweh é amargo,
nele até mesmo o herói grita.ᶠ
¹⁵ Um dia de ira, aquele dia!
Dia de angústia e de tribulação,
dia de devastação e de destruição,
dia de trevas e de escuridão,
dia de nuvens e de negrume,
¹⁶ dia da trombeta e do grito de guerra
contra as cidades fortificadas
e contra as ameias elevadas.
¹⁷ Afligirei os homens
e eles caminharão como cegos

Am 5,18 +

Is 42,13
Nm 10,35

|| Jl 2,2

Jl 2,1 +

Jr 9,21

---

a) "os que saltam o Degrau" prática supersticiosa (cf. 1Sm 5,5). Traduz-se também "aqueles que sobem o degrau", talvez o pedestal do altar ou do trono.
b) A "visita" de Iahweh é toda intervenção especial, favorável ou desfavorável; aqui para o castigo.
c) "Mactes" (Maktesh = a bacia) é quarteirão de Jerusalém (centro?, sul?). — "Cananeu" designa frequentemente os mercadores (cf. Os 12,8; Is 23,8; Pr 31,24 etc.).

d) Lit.: "tornam espesso" como o vinho que não foi trasfegado.
e) Como em Am 5,18-20 e Is 2,6-22, o "dia" é manifestação terrificante do poder de Iahweh; Deus aparece como guerreiro (cf. Ex 15,3; 2Sm 5,24; Sl 18,8-15 etc.), mas é contra seu povo pecador que ele volta as suas armas. Este poema inspirou Jl 2,1-11, e o autor medieval do Dies irae.
f) Ou também: "o corajoso lança gritos de medo".

SOFONIAS 1-2

(porque pecaram contra Iahweh);
o seu sangue será derramado como o pó,
e suas entranhas como o esterco.
^{Ez 7,19}
^{Dt 4,24 +} ¹⁸Nem sua prata nem seu ouro
poderão salvá-los.

No dia da cólera de Iahweh,
no fogo de seu zelo toda a terra será devorada.
Pois ele destruirá, sim, ele exterminará
todos os habitantes da terra.

2 **Conclusão: apelo à conversão**^a
¹Amontoai-vos, amontoai-vos,^b
ó nação sem pudor,
^{Os 13,3} ²antes que sejais espalhados,
como a palha que desaparece em um dia,^c
antes que venha sobre vós
a ardente ira de Iahweh
(antes que venha sobre vós
o dia da ira de Iahweh).
^{Am 5,4 +}
^{Is 57,15} ³Procurai a Iahweh
vós todos, os pobres da terra,^d
que realizais o seu julgamento.
Procurai a justiça,
procurai a humildade:
talvez sejais protegidos
no dia da ira de Iahweh.

II. Contra as nações

^{Js 13,2 +}
^{Am 1,6-8} **Inimigo no ocidente: os filisteus**^e
^{Is 14,28-32}
^{Jr 47} ⁴Sim, Gaza será abandonada,
^{Ez 25,15-17} Ascalon será um deserto.
Azoto, em pleno meio-dia, será expulsa,
Acaron será desarraigada.
^{Am 9,7}
^{Dt 2,23} ⁵Ai dos habitantes da liga do mar,
^{Jr 47,4} da nação dos cereteus!

a) A ameaça do dia de Iahweh deixa aberta a esperança da conversão. A salvação é prometida aos humildes (ou "pobres": v. 3).
b) Verbo raro, interpretado diversamente: "Reuni-vos", "Reentrai em vós mesmos", "Curvai-vos". A semelhança com a palavra que significa "talo de palha" convida a ver aqui a imagem do amontoamento da palha sobre a eira, para bater (cf. v. 2).
c) "que sejais espalhados": *lo' tiddahqû*, conj.; "o nascimento do decreto": *ledet hoq*, hebr.
d) "pobres" ou "humildes", em hebraico *'anawîm*. Os pobres ocupam um lugar especial na Bíblia. Se a literatura sapiencial considera, às vezes, a pobreza, *rêsh*, como consequência da preguiça, Pr 10,4 (mas cf. Pr 14,21; 18,12), os profetas sabem que os pobres são antes de tudo oprimidos, *'aniyyîm*, e reclamam justiça para os fracos e os pequenos, *dallîm*, e para os indigentes, *'ebyônîm* (Am 2,6s; Is 10,2; cf. Jó 34,28s;

Eclo 4,1s; Tg 2,2s). O Deuteronômio, na linha de Ex 22,20-26; 23,6, lhes faz eco com sua legislação humanitária (Dt 24,10s). Com Sofonias, o vocabulário da pobreza toma coloração moral e escatológica (3,11s); cf. Is 49,13; 57,14-21; 66,2; Sl 22,27; 34,3s; 37,11s; 69,34; 74,19; 149,4; ver também Mt 5,3+; Lc 1,52; 6,20; 7,22). Os *'anawîm* são, em resumo, os israelitas submissos à vontade divina. Na época da Setenta, o termo *'anaw* (ou *'anî*) exprimia cada vez mais uma ideia de altruísmo (Zc 9,9; cf. Eclo 1,27). Aos "pobres" será enviado o Messias (Is 61,1; cf. 11,4; Sl 72,12s; Lc 4,18). Ele mesmo será humilde e manso (Zc 9,9; cf. Mt 11,29; 21,5) e até será oprimido (Is 53,4; Sl 22,25).
e) Sofonias enumera (com exceção de Gat, talvez já destruída) as cidades filisteias confederadas, a "liga do mar". Retomando o procedimento de Is 10,29-31 e de Mq 1,10-15, ele tira, com um jogo de palavras, do nome Gaza e Acaron presságios de desgraça.

A palavra de Iahweh contra vós:
"Canaã, terra dos filisteus,
eu te destruirei até que não haja mais habitante!"
⁶ A liga do mar será transformada em pastagens,
em prado para os pastores
e em aprisco para as ovelhas.
⁷ E a liga pertencerá
ao resto da casa de Judá;
ali eles apascentarão,
à tarde repousarão nas casas de Ascalon:
porque Iahweh, o seu Deus, os visitará
e mudará o seu destino.

Inimigos no oriente: Moab e Amon

⁸ Eu ouvi o insulto de Moab
e os sarcasmos dos filhos de Amon,
quando insultavam o meu povo
e se vangloriavam por causa de seu território.
⁹ Por isso, por minha vida, oráculo de Iahweh dos Exércitos,
Deus de Israel:
"Sim, Moab será como Sodoma,
e os filhos de Amon como Gomorra:[a]
um terreno de cardos, um montão de sal,
um deserto para sempre.
O resto do meu povo os saqueará,
e o que sobrar de minha nação será o seu herdeiro".
¹⁰ Isto lhes acontecerá por causa do seu orgulho,
porque lançaram insultos e se vangloriaram
contra o povo de Iahweh dos Exércitos.
¹¹ Iahweh será terrível contra eles!
Quando ele suprimir todos os deuses da terra,
prostrar-se-ão diante dele,
cada uma em seu lugar,
todas as ilhas das nações.[b]

Nm 22,36 +
Dt 2,19 +
Am 1,13-2,3
Is 15-16
Jr 48,1-49,6
Ez 25,1-11

Gn 19,1 +
Is 14,2
Zc 2,13

Inimigo no sul: Cush[c]

¹² Vós, também, cushitas:
"Eles serão os traspassados pela minha espada".

2Rs 19,9
Is 18-20
Jr 46
Ez 29-32

Inimigos ao norte: Assíria[d]

¹³ Ele estenderá a sua mão contra o Norte
e destruirá a Assíria;
fará de Nínive uma devastação,
uma terra árida como o deserto.
¹⁴ Em seu seio repousarão os rebanhos,
animais de toda espécie,
até o pelicano, até o ouriço
passarão a noite entre os seus capitéis,

---

a) Conforme Gn 19,30-38, Amon e Moab descendem de Ló, que escapou de Sodoma.
b) Esta promessa de conversão das "ilhas", que vai além de Moab e Amon, é, sem dúvida, adição que parece depender de Is 41,1.5; 42,4.10.12; 49,1; 51,5.
c) Cush (a Núbia) designa, aqui, o Egito, onde reinaram os faraós núbios pouco antes de Sofonias (de 715 a 663, 25ª Dinastia). O oráculo parece incompleto.
d) O inimigo por excelência, que oprimiu Judá por quase um século.

a coruja gritará na janela,
e o corvo na soleira,
porque o cedro foi arrancado.*ª*

‖ Is 47,8.10
Jr 18,16;
19,8; 49,17

¹⁵ Esta é a cidade alegre
que habitava em segurança,
que dizia em seu coração:
"Eu e mais ninguém!"
Como se tornou desolação,
um abrigo para animais selvagens?
Quem passa por ela assobia,
agita a mão.

III. Contra Jerusalém

3 Contra os dirigentes da nação

¹ Ai da rebelde, da manchada,
da cidade opressora!

Am 4,6s

² Ela não ouviu o chamado,
não aceitou a lição;
não confiou em Iahweh,
não se aproximou de seu Deus.

Ez 22,25-26

³ Seus príncipes, em seu seio,
são leões que rugem;

Hab 1,8

seus juízes são lobos da tarde,
que não guardam nada para a manhã;
⁴ seus profetas são aventureiros,
homens da traição;
seus sacerdotes profanam o que é santo,
violam a Lei.

Dt 32,4
Sl 101,8+

⁵ Iahweh é justo no meio dela,
ele não pratica a iniquidade,
manhã após manhã ele promulga o seu direito,
à aurora ele não falta.
(Mas o iníquo não conhece a vergonha.)

A lição das nações

⁶ Eu aniquilei as nações,
suas ameias foram arrasadas;
tornei desertas as suas ruas,
sem um passante!
Suas cidades foram devastadas,
sem um homem, sem um habitante!

Am 4,6s

⁷ Eu dizia:
"Ao menos tu me temerás,
aceitarás a lição;
e não se apagará de seus olhos*ᵇ*
todas as visitas que lhe fiz".

---

a) "a coruja": *kôs*, conj.; "uma voz": *qôl*, hebr. "o corvo", *'oreb* grego; "a ruína", *horeb* hebr. "o palácio de cedro", lit. "o cedro"; com o palácio em ruínas o corvo não pode mais se empoleirar em nenhum lugar: esta explicação é glosa que quebra o ritmo da passagem.
b) "de seus olhos", *me'ênêha*, grego, sir.; "sua morada", *me'ônah*, hebr.

Mas, não!
Eles continuaram a perverter todas as suas obras!
⁸ Por isso, esperai-me — oráculo de Iahweh —
no dia em que me levantar como testemunha;
porque é minha ordem reunir as nações,
congregar os reinos,
para derramar sobre vós a minha cólera,
todo o ardor de minha ira.
(Pois pelo fogo de meu zelo
será consumida toda a terra.)ᵃ

IV. Promessas

Conversão dos povos

⁹ Sim, então darei aos povos lábios puros,
para que todos possam invocar o nome de Iahweh
e servi-lo sob o mesmo jugo.ᵇ

Ml 1,11

¹⁰ Do outro lado dos rios da Etiópia,
os meus adoradores trarão a minha oferenda.ᶜ

Is 18,7

O humilde Resto de Israelᵈ

2,3 +

¹¹ Naquele dia,
não mais terás vergonha de todas as tuas más ações,
pelas quais te revoltaste contra mim,
porque, então, afastarei de teu seio
teus orgulhosos fanfarrões;
e não continuarás mais a te orgulhar
em minha montanha santa.
¹² Deixarei em teu seio
um povo humilde e pobre,
e procurará refúgio no nome de Iahweh
¹³ o Resto de Israel.
Eles não praticarão mais a iniquidade,
não dirão mentiras;
não se encontrará em sua boca
língua dolosa.
Sim, eles apascentarão e repousarão
sem que ninguém os inquiete.

Is 53,9
Ap 14,5

Salmos de alegria em Siãoᵉ

¹⁴ Rejubila, filha de Sião,
solta gritos de alegria, Israel!
Alegra-te e exulta de todo coração,
filha de Jerusalém!

Is 12,6;
54,1
Zc 2,14

---

a) "como testemunha", *le'ed*, grego, sir.; "para o saque" (ou "para sempre"), *le'ad*, hebr. — "sobre vós", conj.; "sobre eles", hebr. Releitura anunciando o castigo das nações; o texto primitivo devia ser "sobre vós", isto é, sobre Judá (cf. Am 3,9-11). O fim do v. 8 parece retomada de 1,18 para introduzir a sequência.
b) Assim grego e sir.; hebr., lit.: "com um único ombro".
c) Depois de "meus adoradores", o hebr. acrescenta "minha dispersão". — Esta promessa de conversão dos etíopes (cf. Is 18,7; 19,18-25; 45,14) não é, provavelmente, autêntica; como a de 2,11, pode ser pós-exílica; a glosa do hebr. a transforma em promessa aos judeus dispersos.
d) Este oráculo anuncia a realização do ideal proposto em 2,3, e oferece uma das descrições mais perfeitas do espírito de pobreza no AT.
e) Estes dois salmos, ou pelo menos o segundo, foram acrescentados para formar a conclusão da coleção.

SOFONIAS 3

Is 40,2
¹⁵ Iahweh revogou a tua sentença,
eliminou o teu inimigo.
Iahweh, o rei de Israel, está no meio de ti,
não verás mais a desgraça.
¹⁶ Naquele dia, será dito a Jerusalém:
Não temas, Sião!
Não desfaleçam as tuas mãos!

Jr 32,41
Is 62,5
¹⁷ Iahweh, o teu Deus, está no meio de ti,
um herói que salva!
Ele exulta de alegria por tua causa,
estremece*ª* em seu amor,
ele se regozija por tua causa com gritos de alegria.

A volta dos dispersos*ᵇ*

¹⁸ Os aflitos longe da festa, eu os reúno,*ᶜ*
eles estavam longe de ti,
para que não carregues mais o opróbrio.*ᵈ*
¹⁹ Eis-me em ação
contra todos os teus opressores.
Naquele tempo, salvarei os coxos,*ᵉ*
reunirei os dispersos,
atrairei para eles louvor e renome
em toda a terra,
quando realizar a sua restauração.

Mq 4,6
²⁰ Naquele tempo vos conduzirei,
no tempo em que vos reunir;
então vos darei renome e louvor
entre todos os povos da terra,
quando realizar a vossa restauração, aos vossos olhos,
disse Iahweh.

---

a) "estremece", *yirhash*, conj.; "ele se calará", *yaharish*, hebr.; "ele renovará", *yehaddesh*, grego, sir.
b) O v. 20 é variante do v. 19; este depende de Mq 4,6. Estes oráculos datam, provavelmente, do Exílio.
c) Texto confuso. Em lugar de "os aflitos longe da festa", grego sir. leram "no dia da festa", palavras ligadas ao v. 17. — "para que não carregues mais o opróbrio" *misse'et 'alaik* corr. segundo as versões; "fardo sobre ela, a vergonha", *nas'et 'alêha*, hebr.
d) Subentendido: as ovelhas que Deus reúne como pastor (cf. Sl 23,1; Jr 31,10).
e) ou "quando eu reconduzir vossos cativos".

AGEU

1 *A reconstrução do Templo* — ¹No segundo ano do rei Dario, no sexto mês, no primeiro dia do mês,ᵃ a palavra de Iahweh foi dirigida, por intermédio do profeta Ageu, a Zorobabel, filho de Salatiel, governador de Judá, e a Josué, filho de Josedec, grão-sacerdote, nos seguintes termos: ²Assim disse Iahweh dos Exércitos. Este povo disse: "Ainda não chegou o momentoᵇ de reconstruir o Templo de Iahweh". ³(E a palavra de Iahweh foi dirigida por intermédio do profeta Ageu nos seguintes termos:) ⁴É para vós tempo de habitar em casas revestidas, enquanto esta casa está em ruínas? ⁵Agora, pois, assim disse Iahweh dos Exércitos: Pensai bem em vossos caminhos! ⁶Semeastes muito e colhestes pouco, comestes, mas não vos saciastes, bebestes, mas não até a embriaguez, vestistes-vos, mas não vos aquecestes, e o assalariado coloca o seu salário em uma bolsa furada. ⁷Assim disse Iahweh dos Exércitos. Pensai bem em vossos caminhos!ᶜ ⁸Subi a montanha,ᵈ trazei madeira e reconstruí a casa! Nela eu porei a minha complacência e serei glorificado, disse Iahweh. ⁹Esperastes muito e eis que veio pouco. O que recolhíeis, eu, soprando, o espalhava. Por que isto? — oráculo de Iahweh dos Exércitos. Por causa de minha Casa que está em ruínas, enquanto vós correis cada um para a sua casa. ¹⁰Por isso, acima de nós, os céus retiveram seu orvalho, e a terra reteve os seus frutos. ¹¹Convoquei uma seca sobre a terra e sobre os montes, sobre o trigo, sobre o mosto e sobre o óleo novo, sobre tudo o que o solo produz, sobre os homens e sobre o gado, sobre todo o trabalho de vossas mãos.

¹²Ora, Zorobabel, filho de Salatiel, Josué, filho de Josedec, grão-sacerdote e todo o resto do povoᵉ ouviram a voz de Iahweh seu Deus, e as palavras do profeta Ageu, como lhe ordenara Iahweh seu Deus, e o povo temeu a Iahweh. ¹³Disse Ageu, o mensageiro de Iahweh, ao povo, conforme a mensagem de Iahweh: "Eu estou convosco, oráculo de Iahweh". ¹⁴Iahweh suscitou o espírito de Zorobabel, filho de Salatiel, governador da Judeia, o espírito de Josué, filho de Josedec, grão-sacerdote, e o espírito do resto do povo: eles vieram e se entregaram ao trabalho no Templo de Iahweh dos Exércitos, seu Deus. ¹⁵Era o vigésimo quarto dia do sexto mês.

2 *A glória do Templo* — No segundo ano do rei Dario, ¹no sétimo mês, no vigésimo primeiro dia,ᶠ a palavra de Iahweh foi dirigida por intermédio do profeta Ageu, nos seguintes termos: ²Fala, pois, assim a Zorobabel, filho de Salatiel, governador de Judá, e a Josué, filho de Josedec, grão-sacerdote, e ao resto do povo. ³Quem é entre vós o sobrevivente que viu este Templo em sua glória primeira? E como o vedes agora? Ele não é como nada a vossos olhos? ⁴Agora, pois, sê forte, Zorobabel, oráculo de Iahweh. Sê forte, Josué, filho de Josedec, grão-sacerdote, sê forte, todo o povo da terra, oráculo de Iahweh, e trabalhai, porque eu estou convosco — oráculo de Iahweh dos Exércitos — ⁵conforme o compromisso que concluí convosco na saída do Egito,ᵍ e uma vez

---

a) Agosto de 520.
b) "ainda chegou", '*atta ba*', versões; "o momento de vir", '*et bo*', hebr.
c) Este v. parece estar fora de lugar. Os vv. 1-11 reúnem, talvez, dois conjuntos distintos, ambos autênticos: vv. 1-6.8 e vv. 7.9-11.
d) Sem dúvida, a montanha de Judá.
e) A expressão "resto do povo" designa em Ageu e Zacarias o povo fiel agrupado em redor de Jerusalém (cf. Is 4,3+).
f) Outubro de 520, no último dia da festa das Tendas.
g) Provável acréscimo, omitido pelo grego.

que o meu espírito permanece no meio de vós, não temais! ⁶Porque assim disse Iahweh dos Exércitos. Ainda um pouco de tempo e eu abalarei o céu, a terra, o mar e o continente.ᵃ ⁷Abalarei todas as nações, então afluirão as riquezas de todas as naçõesᵇ e eu encherei este Templo de glória, disse Iahweh dos Exércitos. ⁸A mim pertence a prata! A mim pertence o ouro! Oráculo de Iahweh dos Exércitos. ⁹A glória futura deste Templo será maior do que a passada, disse Iahweh dos Exércitos, e neste lugar eu darei a paz, oráculo de Iahweh dos Exércitos.ᶜ

Hb 12,26
Is 60,7-11

Consulta aos sacerdotes — ¹⁰No vigésimo quarto dia do nono mês, no segundo ano de Dario,ᵈ a palavra de Iahweh foi dirigida ao profeta Ageu nestes termos: ¹¹Assim disse Iahweh dos Exércitos. Pede aos sacerdotes um ensinamento nos seguintes termos: ¹²"Se alguém leva carne santificada na orla de sua veste e toca, com a sua orla, em pão, comida, vinho, óleo ou qualquer alimento, tornar-se-á isto, por acaso, santo?" Os sacerdotes responderam: "Não!" ¹³E disse Ageu: "Se alguém impuro pelo contato com um cadáver tocar em todas estas coisas, isto se tornará impuro?" Os sacerdotes responderam: "Isto se tornará impuro!"ᵉ ¹⁴Então Ageu respondeu: "Assim é esse povo! Assim é essa nação diante de mim!, oráculo de Iahweh. Assim é o trabalho de suas mãos,ᶠ e o que eles oferecem aqui é impuro!"ᵍ

Lv 22,4-7

Promessa de prosperidade agrícolaʰ — ¹⁵Mas agora pensai em vosso coração, a partir deste dia e para o futuro. Antes de colocar pedra sobre pedra no Santuário de Iahweh, ¹⁶o que vos tornais?ⁱ Vinha-se a um monte de grão de vinte medidas, e havia apenas dez; vinha-se ao lagar tirar de uma cubaʲ cinquenta medidas, e havia apenas vinte. ¹⁷Eu feri pela ferrugem, pela mela e pelo granizo todo trabalho de vossas mãos, mas não voltastes para mim, oráculo de Iahweh! ¹⁸Pensai bem a partir deste dia e para o futuro (pensai bem a partir do vigésimo quarto dia do nono mês, a partir do dia em que foi colocado o fundamento do Santuário de Iahweh),ᵏ ¹⁹resta ainda grão no celeiro? Também a vinha, a figueira, a romãzeira e a oliveira nada deram. A partir deste dia eu darei a minha bênção!

Os 4,3 +
Am 4,9

Promessa a Zorobabel — ²⁰A palavra de Iahweh foi dirigida, segunda vez, a Ageu, no vigésimo quarto dia do mês, nos seguintes termos: ²¹Fala assim a Zorobabel, governador de Judá: Eu abalarei o céu e a terra. ²²Derrubarei o trono dos reinos e destruirei o poder dos reinos das nações. Derrubarei os carros e

---

a) Aos olhos de Ageu, só Deus dirige a história. No momento em que o profeta anuncia a catástrofe (cf. Am 5,18+; 8,9+), que deve inaugurar a nova era, o mundo está em paz sob o reinado de Dario. O próximo abalo mundial e a reconstrução do Templo serão os prelúdios da era messiânica.
b) "riquezas", lit.: "o que é precioso", "o que é desejável" (singular com significado coletivo). A Vulg. viu aqui alusão ao Messias e traduziu: "Et veniet Desideratus cunctis gentibus".
c) O Templo (cf. 2Sm 7,13+) tornou-se, com Ezequiel, tema messiânico central. De fato, foi neste segundo Templo, restaurado por Herodes, que Cristo esteve. — O grego acrescenta: "e a paz da alma, para preservar todos os que lançarem os fundamentos para erigir este Templo".
d) Dezembro de 520.
e) A "impureza" parece mais contagiosa do que a "santidade": a perspectiva é ritual.
f) Isto é, as colheitas (cf. Dt 24,10; 28,12; 30,9).
g) O culto continuava no lugar do Templo, onde o altar dos holocaustos havia sido restabelecido desde 538. Ageu tira a lição da decisão dada no v. 13. O povo é impuro, e impuras as suas oferendas sacrificais. Esta admoestação, cuja dureza contrasta com 2,1-9, visa, talvez, aos samaritanos (cf. Esd 4,1-5). — O grego acrescenta: "por causa de seus ganhos precoces, eles suportarão os seus trabalhos, e vós odiáveis junto às portas daqueles que censuravam". Cf. Am 5,10.
h) Este trecho que completa 1,1-15 deve ser lido, talvez, depois de 1,15a.
i) "o que vos tornais?", *mah-heyitem*, grego; "antes do seu futuro", *miheyôtam*, hebr.
j) "de uma cuba", *mippûrah*, corr.; "uma cuba", *pûrah*, hebr.
k) Glosa em parte inexata (cf. 1,15+).

aqueles que os montam; os cavalos e seus cavaleiros cairão, cada qual pela espada de seu irmão. ²³Naquele dia — oráculo de Iahweh dos Exércitos — eu tomarei*ª* Zorobabel, filho de Salatiel, meu servo — oráculo de Iahweh — e farei de ti como um sinete.*ᵇ* Porque foi a ti que eu escolhi, oráculo de Iahweh dos Exércitos.

Zc 6,12-13

---

a) A expressão implica uma escolha divina para uma missão importante para a história da salvação. Assim, Iahweh tomou Abraão (Js 24,3), os levitas (Nm 3,12), Davi (2Sm 7,8). Zorobabel, sucessor de Davi, renova a ligação com o antigo messianismo real (cf. 2Sm 7,1+; Is 7,14+), e cristaliza em sua pessoa a esperança da Lei (cf. Zc 6,12).

b) O sinete que servia para assinar as cartas e documentos (1Rs 21,8), era guardado como objeto precioso ao pescoço (Gn 38,18) ou no dedo (Jr 22,24).

ZACARIAS

Primeira parte

1 ***Exortação à conversão*** — ¹No oitavo mês, no segundo ano de Dario,[a] a palavra de Iahweh foi dirigida ao profeta Zacarias (filho de Baraquias),[b] filho de Ado, nestes termos: ²Iahweh esteve profundamente irritado contra vossos pais. ³Tu lhes dirás: Assim disse Iahweh dos Exércitos: Retornai a mim — oráculo de Iahweh dos Exércitos — e eu retornarei a vós, disse Iahweh dos Exércitos. ⁴Não sejais como vossos pais, a quem os antigos profetas anunciaram: Assim disse Iahweh dos Exércitos: Convertei-vos de vossos caminhos perversos e de vossas ações perversas. Mas eles não ouviram e não me deram atenção — oráculo de Iahweh. ⁵Onde estão os vossos pais? E os profetas vivem para sempre? ⁶Mas as minhas palavras e os meus decretos, que proclamei por intermédio de meus servos, os profetas, acaso não atingiram os vossos pais?[c] Então eles se converteram e disseram: "Iahweh dos Exércitos agiu conosco como tinha determinado fazer, conforme os nossos caminhos e as nossas ações".

Primeira visão: os cavaleiros — ⁷No dia vigésimo quarto do décimo primeiro mês (o mês de Sabat), no segundo ano de Dario,[d] a palavra de Iahweh foi dirigida ao profeta Zacarias (filho de Baraquias), filho de Ado, nestes termos: ⁸Eu tive uma visão durante a noite. Eis: Um homem montando um cavalo vermelho estava parado entre as murtas que havia num vale profundo; atrás dele estavam cavalos vermelhos, alazões e brancos.[e] ⁹E eu disse: "Quem são eles, meu Senhor?" Disse-me o anjo que falava comigo: "Vou mostrar-te quem são eles". ¹⁰E o homem que estava entre as murtas respondeu: "Estes são os que Iahweh enviou para percorrerem a terra". ¹¹Então eles se dirigiram ao Anjo de Iahweh,[f] que estava entre as murtas e lhe disseram: "Acabamos de percorrer a terra e eis que toda a terra repousa e está tranquila!"[g] ¹²Então falou o Anjo de Iahweh: "Iahweh dos Exércitos, até quando demorarás ainda a ter piedade de Jerusalém e das cidades de Judá, contra as quais estás irado, há setenta anos?" ¹³E Iahweh respondeu ao anjo, que falava comigo, com boas palavras, com palavras consoladoras.

¹⁴Então o anjo que falava comigo me disse: "Proclama: Assim disse Iahweh dos Exércitos. Eu tenho um grande ciúme de Jerusalém e de Sião, ¹⁵e estou sumamente irritado contra as nações tranquilas;[h] porque enquanto eu estava apenas um pouco irritado, elas colaboravam com o mal. ¹⁶Por isso assim disse Iahweh: Eu me volto para Jerusalém com misericórdia, a minha Casa

---

a) Outubro-novembro de 520, dois meses após a primeira profecia de Ageu.
b) Glosa conforme Is 8,2. De acordo com Esd 5,1; 6,14; Ne 12,16, Zacarias era filho de Ado.
c) O homem é mortal, mas a palavra de Deus (personificada como em Sl 147,15; Is 55,11; Sb 18,14-15) permanece (cf. Is 40,7-8).
d) Meados de fevereiro de 519.
e) A visão utiliza, em perspectiva monoteísta, elementos de origem, provavelmente, mitológica. As murtas parecem ter, aqui, suas raízes na profundidade do abismo. O homem que está de pé é o Anjo de Iahweh (v. 11). Os cavalos, designação simbólica dos anjos inspetores do mundo, formam, provavelmente, quatro grupos, cf. 6,2s (talvez seja preciso, como o grego, acrescentar "pretos" na lista de cavalos), em relação com os quatro pontos cardeais ou os quatro ventos; conforme o v. 11, eles têm condutores.
f) O "Anjo de Iahweh" não é mais, como nos textos antigos (cf. Gn 16,7+), a forma visível de Iahweh, mas personagem autônoma: homens e anjos podem, ao que parece, apenas por meio dele, ter acesso a Deus.
g) Em fevereiro de 519, o universo está em paz sob o reinado de Dario. Esta calma inquieta Israel, que espera (cf. Ag 2,6+) o abalo anunciador dos novos tempos.
h) Trata-se, sobretudo, dos vizinhos de Judá.

será ali reconstruída — oráculo de Iahweh dos Exércitos — e o cordel
será estendido sobre Jerusalém. ¹⁷Proclama ainda. Assim disse Iahweh dos
Exércitos. Minhas cidades terão abundância de bens. Iahweh consolará Sião
novamente, ele elegerá novamente Jerusalém".

13,9; 2,15

2 Segunda visão: chifres e ferreiros
— ¹Levantei os olhos e vi: e eis quatro chifres.ᵃ ²Eu disse ao anjo que falava comigo: "Que são eles?" E ele me disse: "Estes são os chifres que dispersaram Judá (Israel) e Jerusalém".ᵇ ³Depois Iahweh fez-me ver quatro ferreiros.ᶜ ⁴E eu disse: "O que é que eles vêm fazer?" Ele me disse: "(Estes são os chifres que dispersaram Judá, de tal modo que ninguém podia levantar a cabeça), eles vieram para amedrontá-los, para abater os chifres das nações, que levantaram o chifre contra a terra de Judá, para dispersá-lo".

Dt 33,17
Dn 7,8

Jr 48,25

Terceira visão: o medidor
— ⁵Levantei os olhos e vi: Eis um homem que tinha em sua mão um cordel de medir. ⁶Eu disse: "Aonde vais?" Ele me disse: "Medir Jerusalém para ver qual a sua largura e qual o seu comprimento".ᵈ ⁷Eis que o anjo que falava comigo adiantou-se e outro anjo veio-lhe ao encontro. ⁸Ele lhe disse: "Corre, diz àquele jovem:ᵉ Jerusalém deverá ficar sem muros, por causa da multidão de homens e de animais em seu interior. ⁹Mas eu serei para ela — oráculo de Iahweh — uma muralha de fogo ao redor e serei a sua glória".ᶠ

2¹
Jr 31,38-39
Ez 41,13
Ap 11,1;
21,15
Jr 31,27
Is 49,19-20;
54,2-3
Ap 21,23;
22,3

Dois apelos aos exilados

¹⁰Eh! Eh! Fugi da terra do Norte
— oráculo de Iahweh —
porque eu vos dispersei aos quatro ventos do céu,
oráculo de Iahweh!

Is 48,20
Jr 50,8;
51,6
6,5

¹¹Eh! Sião,ᵍ salva-te,
tu que habitas com a filha de Babilônia.

7

¹²Porque assim disse Iahweh dos Exércitos,
depois que a Glória me enviou,
a propósito das nações que vos despojam:
"Quem vos toca, toca na pupila de meu olho.ʰ

8
Dt 32,10
Sl 17,8

¹³Eis que levanto minha mão contra elas,
para que sejam presa de seus escravos".
Então reconhecereis que Iahweh dos Exércitos me enviou!

Is 14,2
Sf 2,9

¹⁴Exulta, alegra-te, filha de Sião,
porque eis que venho
para morar em teu meio, oráculo de Iahweh.

Sf 3,14

¹⁵Numerosas nações aderirão
a Iahweh, naquele dia,
elas serão para ele um povo.ⁱ
Elash habitarão no meio de ti
e tu reconhecerás que Iahweh dos Exércitos me enviou.

Is 45,22

---

a) Os "chifres", símbolos de poder (Sl 75,5+), são as nações inimigas de Judá. O número 4 significa sua universalidade.
b) "Israel" parece ser acréscimo (cf. v. 4).
c) Símbolo de potências angélicas.
d) Como em Ez 41,13, a medição é feita com o objetivo de restauração. O medidor é anjo.
e) O anjo medidor.
f) A Jerusalém messiânica será defendida pelo próprio Iahweh que retornou a seu Templo (cf. Ez 43,1s).
g) Sião designa os exilados, como em Is 51,16.
h) O hebr. tem "seu olho", mas é correção do escriba para eliminar o antropomorfismo do texto primitivo, que a tradução restitui.
i) "para ele", grego; "para mim", hebr. — "Elas habitarão", grego, "Eu habitarei", hebr. — A Aliança é estendida aqui a todos os povos: Jerusalém será a metrópole religiosa do universo (cf. Is 45,14+).

¹⁶E Iahweh possuirá Judá,
sua herança na Terra Santa.ᵃ
Ele elegerá novamente Jerusalém.
¹⁷Silêncio! toda carne diante de Iahweh!
Sim, ele se levanta em sua morada santa.

3 Quarta visão: a veste de Josué

— ¹Ele*ᵇ* me fez ver Josué, sumo sacerdote, que estava de pé diante do Anjo de Iahweh, e Satã, que estava de pé à sua direita para acusá-lo.*ᶜ* ²O Anjo de Iahweh*ᵈ* disse a Satã: "Que Iahweh te reprima, Satã, reprima-te Iahweh, que elegeu Jerusalém. Este não é, por acaso, um tição tirado do fogo?"*ᵉ* ³Josué, de pé diante do anjo, estava vestido de roupas sujas.*ᶠ* ⁴Tomando a palavra, este falou nestes termos aos que estavam diante dele: "Tirai dele as roupas sujas." Depois disse-lhe: "Vê, eu tirei de ti teu pecado e serás vestido com vestes suntuosas." ⁵E ele retomou: "Seja colocada sobre sua cabeça uma tiara limpa!" Eles lhe colocaram sobre a cabeça uma tiara limpa e o revestiram de vestes. O anjo de Iahweh mantinha-se de pé. ⁶Então o anjo de Iahweh fez a Josué esta declaração: ⁷"Assim disse Iahweh dos Exércitos: Se andares pelos meus caminhos e guardares os meus preceitos, então tu governarás a minha casa e administrarás os meus pátios e eu te darei acesso entre os que estão aqui de pé.*ᵍ*

A vinda do "Rebento" — ⁸*ʰ*Ouve, pois, Josué, sumo sacerdote, tu e teus companheiros que estão sentados diante de ti porque eles são homens de presságio: Eis que vou introduzir o meu servo 'Rebento'.*ⁱ* ⁹Pois eis a pedra que coloquei diante de Josué; sobre essa única pedra há sete olhos; eis que vou gravar sua inscrição,*ʲ* oráculo de Iahweh dos Exércitos". Eu afastarei a iniquidade desta terra em um único dia. ¹⁰Naquele dia — oráculo de Iahweh dos Exércitos — convidar-vos-eis uns aos outros debaixo da vinha e debaixo da figueira.

4 Quinta visão: o lampadário e as oliveiras

— ¹O anjo que falava comigo retornou e despertou-me, como um homem que é despertado de seu sono. ²Ele me disse: "Que vês?" E eu disse: "Vejo um lampadário todo de ouro com um reservatório em sua parte superior; sete lâmpadas estão sobre ele e sete canais para as lâmpadas que estão em sua parte superior. ³E junto dele estão duas oliveiras, uma à direita do reservatório, e outra à sua esquerda". ⁴Então eu perguntei ao anjo que falava comigo: "O que significam estas coisas, meu Senhor?" ⁵E o anjo que falava comigo respondeu-me: "Não sabes o que significam estas coisas?" Eu disse: "Não, meu Senhor!" ⁶ᵃE ele respondeu-me:*ᵏ* ¹⁰ᵇ"Estes sete são os olhos de Iahweh,*ˡ* que percorrem toda a terra". ¹¹E eu lhe perguntei: "Que são estas duas oliveiras à direita do lampadário e à sua

---

a) A expressão aparece aqui, pela primeira vez, na literatura bíblica (cf. 2Mc 1,7).

b) Iahweh.

c) Na entrada do céu, o Anjo de Iahweh preside a uma corte de justiça. À direita do sumo sacerdote Josué está um anjo mau, "Satã" ("o Acusador"), inimigo do homem (cf. Jó 1,6+).

d) "o Anjo de Iahweh", sir.; "Iahweh", hebr.

e) Josué representa o povo judeu.

f) Sinal de luto, seja por um morto, seja por ocasião de *uma catástrofe nacional:* o luto implica, então, o reconhecimento de pecado (cf. v. 4). Aqui, o luto nacional, que dura desde 587, terminará.

g) Aqui Josué não representa mais o povo judaico. O texto dirige-se ao próprio Josué bem como ao sacerdócio futuro, que ele anuncia (cf. 3,8). Este sacerdócio participará da função mediadora dos anjos (cf. Ml 2,7).

h) Seríamos tentados a inserir o v. 8 no meio do v. 9, mas essa transposição não tem o apoio de nenhum testemunho antigo.

i) Este nome messiânico (cf. Jr 23,5+) não parece aplicado aqui a Zorobabel como em 6,12. Em lugar de "Rebento", o grego tem "sol que se levanta" (cf. Lc 1,78).

j) Esta única pedra designa, por certo, o Templo. Os sete olhos simbolizam a presença vigilante de Iahweh (4,10). A inscrição ("consagrado a Iahweh"?) não foi ainda gravada: a construção do Templo não foi concluída.

k) Os vv. 6b-10a estão inseridos após o v. 14, como parece exigir o sentido da passagem: a resposta anunciada em 6a é, com efeito, dada em 10b-14.

l) Símbolo da onisciência e da vigilância divina.

esquerda?" ¹²(E eu lhe perguntei de novo: "O que significam os dois ramos de oliveira que entre os dois bicos de ouro deitam ouro?")ᵃ ¹³Ele me disse: "Não sabes o que significam estas coisas?" E eu disse: "Não, meu Senhor!" ¹⁴Ele disse: "Estes são os dois Ungidos que estão de pé diante do Senhor de toda a terra".ᵇ

Três palavras relativas a Zorobabel — ⁶ᵇEsta é a palavra de Iahweh a Zorobabel:
Não pelo poder, não pela força, mas sim por meu espírito — disse Iahweh dos Exércitos. ⁷Quem és tu, grande montanha?ᶜ Diante de Zorobabel és uma planície! Ele tirará a pedra de remate aos gritos: "Graça, graça a ela!"

⁸E a palavra de Iahweh me foi dirigida nestes termos: ⁹As mãos de Zorobabel lançaram os fundamentos deste Templo: suas mãos o terminarão. (E vós reconhecereis que Iahweh dos Exércitos me enviou a vós.) ¹⁰ᵃPois quem desprezou o dia de pequenos acontecimentos?ᵈ Que eles se alegrem vendo a pedra de chumboᵉ na mão de Zorobabel.

5 *Sexta visão: o livro que voa* — ¹Levantei novamente os olhos e vi: Eis um rolo que voava. ²E o anjo que falava comigo disse-me: "Que vês?" Eu disse: "Vejo um livro que voa; seu comprimento é de vinte côvados, sua largura de dez".ᶠ ³Ele me disse: "Esta é a Maldição que se espalha sobre a superfície de toda a terra. Porque todo aquele que rouba será expulso daqui, de acordo com ela, e todo aquele que jura falso em meu nome será expulso daqui.ᵍ ⁴Eu a espalharei — oráculo de Iahweh dos Exércitos — para que entre na casa do ladrão e na casa daquele que jura falsamente em meu nome, para que se estabeleça no seio de sua casa e a destrua com as suas madeiras e as suas pedras".

Sétima visão: a mulher no alqueire — ⁵E o anjo que falava comigo aproximou-se e disse-me: "Levanta os olhos e olha essa coisa que se aproxima". ⁶E eu disse: "O que é isto?" E ele disse: "Isto é um alqueireʰ que se aproxima". E acrescentou: "Esta é a sua iniquidadeⁱ em toda a terra". ⁷E eis que um disco de chumbo foi levantado: havia uma mulher sentada dentro do alqueire. ⁸E disse: "Esta é a Iniquidade. E recolocou-a no interior do alqueire, em cuja boca colocou o peso de chumbo. ⁹Levantei os olhos e vi: Eis que apareceram duas mulheres. Um vento soprava em suas asas; elas tinham asas como as da cegonha; elas levantaram o alqueire entre a terra e o céu. ¹⁰Eu disse ao anjo que falava comigo: "Para onde estão elas levando o alqueire?" ¹¹Ele respondeu-me: "Para construir-lhe uma casa no país de Senaar e preparar-lhe um pedestal, onde a colocarão".ʲ

---

a) Este v. é acréscimo.
b) O homem é comparado muitas vezes a uma árvore (Jr 11,19; Sl 1,3; Jó 29,19; Ez 31). Os dois Ungidos (literalmente: "filhos do óleo") são Josué, que representa o poder espíritual, e Zorobabel, que representa o poder temporal. O primeiro tem a unção sacerdotal (Lv 4,3.5.16); o segundo receberá, espera-se, a unção real. Assim realizar-se-á Jr 33,14-18: os dois poderes estarão associados nos tempos da salvação.
c) Talvez a montanha de escombros, donde se extrairá a antiga cumeeira de remate do Templo (cf. vv. 9-10).
d) O da refundação do Templo por Zorobabel (Ag 2,3). Este mesmo Zorobabel terminará o Templo colocando a pedra do v. 7.
e) Trata-se de uma barra que serve de pedra de fundamento do Santuário.
f) O livro é enorme rolo. Suas dimensões são as do pórtico do Templo de Salomão (1Rs 6,3).
g) A maldição é concebida como eficaz. Ela atingirá todos os pecadores; na época da salvação a Terra Santa estará livre deles.
h) Lit.: "um efá" (cerca de 40 litros). Mas o efá não tem aqui seu valor convencional.
i) "sua iniquidade", grego; "seus olhos", hebr.
j) "e preparar-lhe... colocarão", *wehinnihuha*, versões; "e ela será colocada", *wehunnihah*, hebr. — A Terra Santa será, na época da salvação, libertada da Iniquidade (o desprezo de Deus personificado). A Iniquidade torna-se falsa divindade, a quem será construído templo em Senaar (Babilônia), o centro simbólico do mundo pagão.

ZACARIAS 6-7

6 **Oitava visão: os carros** — ¹Levantei novamente os olhos e vi: Eis quatro carros que saíam dentre duas montanhas; e as montanhas eram montanhas de bronze.ᵃ ²No primeiro carro havia cavalos vermelhos, no segundo carro cavalos pretos, ³no terceiro carro cavalos brancos e no quarto carro cavalos malhados vigorosos. ⁴E eu perguntei ao anjo que falava comigo: "Quem são eles, meu Senhor?" ⁵E o anjo respondeu-me: "Estes são os quatro ventos do céu, que saem, depois de terem estado diante do Senhor de toda a terra. ⁶Onde estão os cavalos pretos, saem para a terra do Norte, os cavalos brancos saem atrás deles e os malhados saem para a terra do Sul".ᵇ ⁷Vigorosos eles saíam, impacientes por percorrerem a terra. Ele disse: "Ide percorrer a terra". E eles percorreram a terra. ⁸Ele me chamou e disse-me: "Vê! Aqueles que saem para a terra do Norte, farão descer o meu espíritoᶜ na terra do Norte".ᵈ

A coroa ex-voto — ⁹A palavra de Iahweh me foi dirigida nestes termos: ¹⁰"Faze uma coleta junto aos exilados, Heldai, Tobias e Idaías e (vai, tu, neste dia) vai à casa de Josias, filho de Sofonias,ᵉ que chegaram da Babilônia. ¹¹Tomarás a prata e o ouro e farás uma coroaᶠ e a colocarás na cabeça de Josué, filho de Josedec, o sumo sacerdote. ¹²E lhe dirás: Assim disse Iahweh dos Exércitos: Eis um homem cujo nome é Rebento; de onde ele está, alguma coisa germinaráᵍ (e ele reconstruirá o Templo de Iahweh). ¹³Ele reconstruirá o Santuário de Iahweh; ele carregará insígnias reais. Sentará em seu trono e dominará. Haverá um sacerdote à sua direita.ʰ Entre os dois haverá perfeita paz. ¹⁴E a coroa será para Heldai,ⁱ Tobias, Idaías e para o filho de Sofonias, em memorial de graça no Santuário de Iahweh. ¹⁵Os que estão longe virão para reconstruir o Santuário de Iahweh, e reconhecereis que Iahweh dos Exércitos me enviou a vós. Isto acontecerá se ouvirdes a voz de Iahweh vosso Deus".

7 **Questão sobre o jejum** — ¹No quarto ano do rei Dario a palavra de Iahweh foi dirigida a Zacarias, no quarto dia do nono mês, o mês de Casleu.ʲ ²Betel-Sarasar, grande oficial do rei,ᵏ e seus homens enviaram uma delegação para aplacar a face de Iahweh ³e dizer aos sacerdotes, que estão na casa de Iahweh dos Exércitos, e aos profetas: "Devo chorar no quinto mês, jejuando, como tenho feito já tantos anos?"ˡ

*Retrospecção sobre o passado nacional*ᵐ — ⁴E a palavra de Iahweh dos Exércitos me foi dirigida nos seguintes termos: ⁵Dize a todo o povo da terra

---

a) Na mitologia babilônica estas montanhas marcavam a entrada da residência dos deuses. Trata-se, aqui, de simples imagem.
b) Seria tentador ler "em direção ao país do ocidente" em vez de "atrás deles", e acrescentar "os cavalos vermelhos avançam em direção ao país do oriente" para encontrar a direção dos "quatro ventos do céu", mas esta conjectura não tem o apoio de nenhum testemunho.
c) Agora é o próprio Iahweh quem fala.
d) Onde estão os exilados. Impelidos pelo espírito de Iahweh, eles retornarão e reconstruirão o Templo, cf. v. 15, que alguns tradutores transferem para cá, o que oferece, talvez, um sentido mais satisfatório.
e) Talvez o sacerdote, amigo de Jeremias (2Rs 25,18; Jr 29,25).
f) "uma coroa", mss hebr., versões; "coroas", TM, mas o que segue está no singular como no v. 14. — Conforme o que é dito nos vv. 12-13, o texto devia ter aqui, originariamente, o nome de Zorobabel, substituído mais tarde pelo nome do sumo sacerdote Josué, por causa da promoção do sacerdócio em Jerusalém.
g) Jogo de palavras. Zorobabel terá descendentes. O profeta entrevê o futuro da Realeza e, sem dúvida, também o do Templo. "Rebento" é título messiânico (Jr 23,5+); Zorobabel reassume o messianismo real de 2Sm 7 (cf. Ag 2,23+).
h) "à sua direita", grego; "sobre seu trono", hebr.
i) "a coroa", grego; "as coroas", hebr. — "Heldai", sir. (cf. v. 10); "Helem", hebr.
j) Novembro de 518.
k) Esse Israelita, grande oficial do rei (*rab-mugi;* cf. Jr 39,3.13), traz um nome babilônico. Mas o texto não é seguro, e pode-se também compreender: "Betel enviou Sarasar, Regem-Melec e seus homens para aplacar...".
l) Este jejum de julho lembrava a destruição de Jerusalém e do Templo em 587. Depois que se começou a reconstruir, ele parece fora de propósito. Por isso é proposta a questão à autoridade de Jerusalém. A resposta parece dada apenas em 8,18-19.
m) Este oráculo foi ligado artificialmente ao episódio da embaixada de Betel por causa da menção dos jejuns (v. 5). O jejum de setembro comemorava o assassínio de Godolias (2Rs 25,25; Jr 41,1s).

e aos sacerdotes: "Quando jejuastes e gemestes no quinto e no sétimo mês, e isso durante setenta anos, foi, acaso, por mim que vós jejuastes? ⁶E quando comeis e bebeis, não sois, acaso, vós que comeis e bebeis?*ᵃ* ⁷Não são estas as palavras que Iahweh proclamou por intermédio dos antigos profetas, quando Jerusalém era habitada e estava tranquila, com as cidades ao seu redor, quando o Negueb e a Planície eram ainda habitadas? ⁸(A palavra de Iahweh foi dirigida a Zacarias nestes termos: ⁹Assim fala Iahweh dos Exércitos): Fazei um julgamento verdadeiro, praticai o amor e a misericórdia, cada um com o seu irmão. ¹⁰Não oprimais a viúva, o órfão, o estrangeiro e o pobre, não trameis o mal em vossos corações, um contra o outro. ¹¹Mas eles se recusaram a atender e me deram as costas rebeldes; endureceram os seus ouvidos para não escutar. ¹²E fizeram de seus corações um diamante, para não escutarem o ensinamento e as palavras que Iahweh dos Exércitos enviara com seu Espírito, por intermédio dos antigos profetas. E houve, por isso, grande cólera da parte de Iahweh dos Exércitos. ¹³E acontecerá que, visto como ele chamou e eles não escutaram, assim eles chamarão e eu não ouvirei, disse Iahweh dos Exércitos. ¹⁴Eu os dispersei por todas as nações que eles não conheciam; atrás deles a terra foi devastada de modo que ninguém passa ou volta. De uma terra de delícias eles fizeram um deserto!"

Is 1,17

Ex 22, 20-21 +
Mq 2,1 +
Ex 32,9 +
Is 48,4
Ez 11,19

Dt 4,27

8*ᵇ* Perspectivas de salvação messiânica — ¹A palavra de Iahweh dos Exércitos foi dirigida nos seguintes termos:

²Assim disse Iahweh dos Exércitos.
Experimento por Sião grande ciúme,
e em seu favor grande ardor.

1,14

³Assim disse Iahweh.
Voltarei a Sião
e habitarei no meio de Jerusalém.
Jerusalém será chamada Cidade-da-Fidelidade
e a montanha de Iahweh dos Exércitos,
Montanha-Santa.

Is 1,26 +

⁴Assim disse Iahweh dos Exércitos.
Velhos e velhas ainda se sentarão
nas praças de Jerusalém,
cada um com o seu bastão na mão
por causa da idade avançada.
⁵E as praças da cidade encher-se-ão
de meninos e meninas
que brincarão em suas praças.

Is 65,20
Dt 4,40

⁶Assim disse Iahweh dos Exércitos.
Porque isto parece impossível aos olhos
do resto deste povo (naqueles dias),
será, por isso, impossível aos meus olhos?
Oráculo de Iahweh dos Exércitos!

Jr 32,27

⁷Assim disse Iahweh dos Exércitos.
Eis que salvo o meu povo
da terra do Levante e da terra do Poente.

---

a) Quer jejuem, quer festejem, eles procuram sempre o seu interesse.
b) Este capítulo agrupa pequenos oráculos independentes, exceto 8,16-17, que é instrução. Todos eles se referem à salvação messiânica, descrita como era de felicidade simples e tranquila, sob a bênção de Iahweh, presente em Sião. As perspectivas tornam-se universalistas nos vv. 20s.

⁸Eu os trarei de volta
para que habitem no seio de Jerusalém.
Eles serão o meu povo
e eu serei o seu Deus em fidelidade e em justiça.ᵃ

⁹Assim disse Iahweh dos Exércitos. Que vossas mãos se revigorem, vós que escutais, nestes dias, estas palavras da boca dos profetas, que profetizaram no dia em que foram lançados os fundamentos da Casa de Iahweh dos Exércitos para a reconstrução do Santuário. ¹⁰Porque antes destes dias o salário dos homens não existia e o salário dos animais era nulo. Para o que saía e voltava não havia paz por causa do inimigo; eu tinha lançadoᵇ os homens todos uns contra os outros. ¹¹Mas agora não sou para o resto desse povo como nos dias passados, oráculo de Iahweh dos Exércitos. ¹²Porque a semeadura será em paz, a vinha dará o seu fruto, a terra dará os seus produtos, o céu dará o seu orvalho. Eu darei tudo isto em herança ao resto deste povo. ¹³Assim como fostes uma maldição entre as nações, casa de Judá e casa de Israel, do mesmo modo eu vos salvarei e sereis uma bênção. Não temais! Que vossas mãos se revigorem!

¹⁴Porque assim disse Iahweh dos Exércitos. Assim como resolvi fazer-vos mal, quando vossos pais me irritaram — disse Iahweh dos Exércitos —, e não me arrependi, ¹⁵assim também resolvi, outra vez, nestes dias, fazer o bem a Jerusalém e à casa de Judá. Não temais!

¹⁶Estas são as coisas que deveis fazer: falai a verdade uns com os outros; fazei em vossas portas um julgamento de paz; ¹⁷não maquineis, uns contra os outros, o mal em vossos corações; não ameis juramentos falsos. Porque tudo isto eu odeio, oráculo de Iahweh.

Resposta à questão do jejum — ¹⁸A palavra de Iahweh dos Exércitos me foi dirigida nos seguintes termos: ¹⁹"Assim disse Iahweh dos Exércitos. O jejum do quarto mês, o jejum do quinto, o jejum do sétimo e o jejum do décimo serão para a casa de Judá alegria, contentamento e felizes dias de festa.ᶜ Mas amai a fidelidade e a paz!"

Perspectivas de salvação messiânica — ²⁰Assim disse Iahweh dos Exércitos. Virão, novamente, povos e habitantes de cidades grandes. ²¹E os habitantes de uma cidade irão à outra, dizendo: "Vamos aplacar a face de Iahweh e procurar Iahweh dos Exércitos. Eu também irei!" ²²E virão muitos povos e nações poderosas procurar Iahweh dos Exércitos em Jerusalém e aplacar a face de Iahweh. ²³Assim disse Iahweh dos Exércitos. Naqueles dias, dez homens de todas as línguas das nações agarrarão um Judeuᵈ pelas vestes, dizendo: "Nós iremos contigo, porque ouvimos que Deus está convosco!"

Segunda parte

9 ¹Proclamação.

A nova terraᵉ

A palavra de Iahweh
está na terra de Hadrac,
Damasco é o seu lugar de repouso.

---

a) Não apenas, como em 2,10s, os cativos da Babilônia, *mas todos os judeus dispersos*. Sua volta será seguida da renovação da Aliança (cf. Jr 31,31+).
b) "eu tinha lançado", grego; "eu lançarei", hebr.
c) Aos jejuns do quinto e do sétimo mês (cf. 7,3 e 7,5), são acrescentados os jejuns do quarto e do décimo mês, que comemoravam a brecha aberta nos muros de Jerusalém e o começo do cerco (2Rs 25,1.4).
d) "Judeu", lit.: "homem judaíta", habitante da tribo de Judá.
e) A Terra Prometida compreenderá, além do território de Israel (cf. Jz 20,1+), as cidades aramaicas, fenícias

Porque Iahweh vigia os homens[a]
e todas as tribos de Israel.
²Também Emat, que confina com ela,
(Tiro) e Sidônia cuja sabedoria é grande.
³Tiro construiu para si uma fortaleza
e amontoou prata como pó
e ouro como lama das ruas.
⁴Eis que o Senhor se apoderará dela,
precipitará no mar a sua força,
e ela será devorada pelo fogo.
⁵Ascalon verá e terá medo,
também Gaza, que se contorcerá de dor,
e Acaron verá sua esperança confundida.
O rei desaparecerá de Gaza,
Ascalon não será habitada,
⁶e um bastardo[b] habitará em Azoto.
Eu destruirei o orgulho dos filisteus,
⁷tirarei o seu sangue de sua boca
e as suas abominações dentre os seus dentes.[c]
Ele também será um resto para o nosso Deus,
será como uma família em Judá,
e Acaron como um jebuseu.[d]
⁸Acamparei como um posto avançado
junto a minha casa[e]
contra aqueles que vão e vêm;
o opressor não passará mais sobre eles,
porque agora meus olhos estão abertos.

Dt 23,3

Is 4,3 +

O Messias

⁹Exulta muito, filha de Sião!
Grita de alegria, filha de Jerusalém!
Eis que o teu rei vem a ti:
ele é justo[f] e vitorioso,
humilde, montado sobre um jumento,
sobre um jumentinho, filho da jumenta.[g]
¹⁰Ele eliminará os carros de Efraim[h]
e os cavalos de Jerusalém;
o arco de guerra será eliminado.

Mt 21,5
Mt 11,29

Mq 5,9
Os 2,20
Is 11,6 +
Sl 72,8

e filisteias. O oráculo alude a uma marcha bélica de conquista, interpretada como ação de Iahweh (v. 4), que prenunciará a era messiânica. Na origem deste trecho está, provavelmente, a ação de Alexandre depois de Issus (333).
a) É um sentido possível do hebr. e é o que compreenderam o grego, o sir. e o Targ. Lendo *'aram* em lugar de *'adam*, "homem" (confusão possível do *resh* e do *dalet*, quase idênticos), pode-se compreender: "a Iahweh pertence a fonte (ou "a pérola" = a capital, Damasco) de Aram", que parece mais coerente com o que precede; mas a menção dos "olhos abertos" no v. 8 (e cf. 12,4) favorece a tradução adotada.
b) A população misturada resultante da colonização.
c) Alusão aos costumes pagãos de comer a carne com o sangue (cf. Lv 1,5+) e de comer alimentos proibidos, como a carne de porco (cf. Is 65,4; 66,17).
d) Que foi incorporado ao antigo Israel.
e) "posto avançado", *maççaba*, grego (cf. 1Sm 14,12); "contra um exército", *miççaba*, hebr.
f) Não no sentido de que ele faça justiça (cf. Is 11,3-5), mas no sentido de que ele será objeto da justiça de Iahweh, isto é: de sua poderosa proteção (cf. Is 45,21-25).
g) O Messias será "humilde" (*'ani*), qualidade que Sf 3,12 atribuía ao povo do futuro (cf. Sf 2,3+). Renunciando aos ornamentos dos reis históricos (Jr 17,25; 22,4), o rei messiânico terá a antiga montaria dos príncipes (Gn 49,11; Jz 5,10; 10,4; 12,14). Comparar, também, 1Rs 1,38 com 1Rs 1,5. Cristo realizou esta profecia no dia de Ramos.
h) "Ele eliminará", grego; "Eu eliminarei", hebr. — O reino messiânico reencontrou a antiga unidade: as tribos do Norte farão parte dele.

Ele anunciará a paz às nações.
O seu domínio irá de mar a mar
e do Rio às extremidades da terra.ᵃ

O restabelecimento de Israel

^{Ez 24,4-8}
^{Mt 26,28}
¹¹ Quanto a ti, pelo sangue de tua aliança,ᵇ
libertarei os teus cativos da cisterna
onde não há água.ᶜ
¹² Voltai para a fortaleza,
cativos da esperança.
Hoje mesmo eu o declaro:
eu te restituirei o dobro.
¹³ Porque eu reteso para mim Judá,
armo o arco com Efraim;
suscitarei os teus filhos, Sião,
contra os filhos de Javã,ᵈ
farei de ti como a espada de um valente.

^{Sl 18,15}
^{Dt 33,2}
^{Hab 3,4}
¹⁴ Então Iahweh aparecerá sobre eles
e sua flecha sairá como um raio.
O Senhor Iahweh tocará a trombeta
e virá nas tempestades do sul.

^{Ex 27,2 +}
¹⁵ Iahweh dos Exércitos os protegerá,
eles devorarão e calcarão aos pés pedras de arremessar,
beberão sangue como se fosse vinho,ᵉ
ficarão cheios como um vaso de libação,
como os cantos do altar.

^{Ez 34,1 +}
¹⁶ Iahweh, seu Deus, os salvará neste dia,
como ovelhas de seu povo;
como pedras de um diadema
que brilham em sua terra.

^{Jr 31,12-13}
¹⁷ Que riqueza! Que beleza a sua!
O trigo fará crescer os jovens,
e o mosto, as virgens.

10 Fidelidade a Iahweh

^{Dt 11,14}
^{Sl 135,7}
¹ Pedi a Iahweh a chuva
no tempo das chuvas tardias.
É Iahweh quem faz as tempestades.
Ele lhes dará o aguaceiro,
a cada um a erva no campo.

^{1Sm 15,22 +}
^{Ez 34,5}
^{Mt 9,36}
² Porque os terafim predizem a falsidade
e os adivinhos veem mentiras,ᶠ
os sonhos falam coisas sem fundamento
e consolam em vão.
Por isso eles partiram como ovelhas
que sofrem porque não têm pastor.

---

a) Isto é: do Mediterrâneo ao mar Morto e do Eufrates ao extremo sul. O Pentecostes dará a esta expressão o seu significado pleno.
b) Alusão, quer à cerimônia do Sinai (Ex 24,5s), quer aos sacrifícios do Templo.
c) Uma cisterna serve de prisão: é o símbolo da Babilônia.
d) Os gregos. O Império Persa desmorona sob os golpes de Alexandre.

e) "sangue": *dam*, mss gregos; "eles farão barulho", *hamû*, hebr. Talvez uma correção eufemística. Pode-se compreender também: "eles beberão, farão barulho como (sob o efeito) do vinho", o que evocaria o barulho do rebanho (cf. Mq 2,12; Ez 34,36-38).
f) Adivinhos e terafim encontram-se também em 1Sm 15,23. Os terafim são instrumentos de adivinhação (cf. Ez 21,26). A atividade dos adivinhos é atestada, depois do Exílio, por Ml 3,5, cf. Lv 19,31; 20,6.

Libertação e retorno de Israel[a]

³ Contra os pastores se inflamou a minha ira, e os bodes eu vou castigar.[b] Quando Iahweh dos Exércitos visitar o seu rebanho, a casa de Judá, ele os fará como o seu cavalo de glória no combate. ⁴ Dele sairá a pedra angular, dele a estaca,[c] dele o arco de guerra, dele todos os chefes. Juntos ⁵eles serão como heróis que pisam a lama das ruas na guerra. Eles combaterão porque Iahweh está com eles, ao passo que serão confundidos aqueles que montam cavalos. ⁶ Eu fortalecerei a casa de Judá e salvarei a casa de José. Reconduzi-los-ei porque tenho compaixão deles, eles serão como se eu não os tivesse rejeitado, porque eu sou Iahweh, o seu Deus, e eu lhes responderei. ⁷ Efraim será como um herói, seu coração se alegrará como se estivesse sob o efeito do vinho; seus filhos verão e se alegrarão, seu coração exultará em Iahweh. ⁸ Assobiarei para reuni-los porque eu os resgatei: eles serão tão numerosos como eram. ⁹ Eu os semearei entre os povos, mas de longe se lembrarão de mim, permanecerão vivos[d] com seus filhos e retornarão. ¹⁰ Eu os reconduzirei do país do Egito e da Assíria os reunirei; eu os farei entrar na terra de Galaad[e] e no Líbano, e não lhes bastará. ¹¹ Atravessarão o mar do Egito[f] (ele ferirá as ondas do mar), e todas as profundezas do Nilo serão secas, será abatido o orgulho da Assíria e afastado o cetro do Egito. ¹² Eu os fortalecerei em Iahweh, em seu nome eles marcharão, oráculo de Iahweh.

11 ¹Abre tuas portas, ó Líbano, que o fogo devore os teus cedros.[g] ²Lamenta-te, cipreste, porque caiu o cedro, porque os majestosos foram devastados.

---

a) Esta passagem difícil, unificada sob este título, entrelaça, curiosamente, trechos em que Iahweh fala (3a.6.8-11) e outros em que se fala de Iahweh na terceira pessoa (3b-5.7.12; 11,1-3).
b) Ou "visitar" (*paqad* como no verso seguinte): visita punitiva contra os monarcas estrangeiros que dominam o povo santo. O termo "pastor" lhes é aplicado em Jr 25,34s; Na 3,18 (cf. Is 44,28), em paralelismo com "bode" em Dn 8,5s. A segunda visita ao rebanho é, ao contrário, favorável.
c) Os chefes que vão sair do povo.
d) Lit.: "eles viverão"; o grego traduz "eles elevarão".
e) Assíria e Egito designam os países opressores em geral. — Galaad foi o primeiro território conquistado após o Êxodo (cf. Is 40,3+).
f) "atravessarão", grego; "ele atravessará", hebr. — do Egito: *miçrayim*, conj. conforme a seqüência do v.; "da miséria" ou "angústia", grego; *çarah*, hebr.
g) Símbolos das grandes potências (cf. Is 10,33s; Ez 31) ou de seus reis.

Lamentai-vos, carvalhos de Basã,
  porque foi abatida a floresta impenetrável.
³Ouvem-se os gemidos dos pastores,
  porque a sua magnificência foi devastada.
Ouvem-se os rugidos dos leõezinhos,
  porque o orgulho do Jordão foi devastado.

Os dois pastores[a] — ⁴Assim disse Iahweh, meu Deus: "Apascenta as ovelhas destinadas ao matadouro, ⁵aquelas cujos compradores matam, sem serem castigados, e cujos vendedores dizem: 'Bendito seja Iahweh, eu sou rico,' e cujos pastores não as poupam.[b] ⁶Porque não pouparei mais os habitantes da terra — oráculo de Iahweh! — Eis que eu mesmo entregarei cada homem na mão de seu próximo e na mão de seu rei. Eles destroçarão a terra, e eu não os livrarei de suas mãos".[c] ⁷Então apascentei as ovelhas destinadas ao matadouro, que pertenciam aos vendedores[d] de ovelhas. Eu tomei para mim dois bastões, chamei a um "Benevolência" e ao outro chamei "União" e apascentei as ovelhas. ⁸Eu destruí os três pastores em um só mês.[e] Mas perdi a paciência com eles, e eles também se aborreceram comigo. ⁹Então eu disse: "Não vos apascentarei mais. O que deve morrer que morra, o que deve desaparecer que desapareça, e os restantes que se devorem mutuamente". ¹⁰Tomei, então, o meu bastão "Benevolência" e quebrei-o para romper a minha aliança, que concluíra com todos os povos. ¹¹E ela foi rompida, naquele dia, e os vendedores de ovelhas, que me observavam, reconheceram que esta era uma palavra de Iahweh. ¹²E eu lhes disse: "Se isto é bom aos vossos olhos, dai-me o meu salário; se não, deixai!" E eles pesaram o meu salário: trinta siclos de prata.[f] ¹³E Iahweh me disse: "Lança-o ao fundidor, esse preço esplêndido com que fui avaliado por eles!" Tomei os trinta siclos de prata e os lancei na Casa de Iahweh para o fundidor. ¹⁴Quebrei, então, o meu segundo bastão, "União", para romper a fraternidade entre Judá e Israel.[g]

¹⁵Disse-me ainda Iahweh: "Toma os apetrechos de um pastor insensato, ¹⁶porque eis que suscitarei um pastor na terra; ele não cuidará da que desapareceu, ele não procurará aquela que vagueia,[h] não tratará aquela que está ferida, não sustentará aquela que está de pé; antes, devorará a carne dos animais gordos e arrancará os seus cascos.

---

a) O pequeno livro dos pastores (cf. Ez 34,1+) terminará (Zc 13,7-9) como profecia messiânica. Aqui os vv. 4-14 são um retorno alegórico aos acontecimentos recentes, retorno que constitui uma espécie de apologia da Providência. O profeta exerce o papel de Iahweh, de cujo pastoreio eminente ele está, de certo modo, revestido. Mas Israel não compreendeu o bem que lhe queria o seu Deus. Assim, Iahweh suscitará um pastor mau, que o profeta está encarregado de arremedar. Os vv. 15-17 figuram a volta aos erros antigos.
b) "dizem", "não as poupam", conj.; o hebr. tem o singular. — Compradores e vendedores são as classes dirigentes judaicas; suas intrigas e seu dinheiro os transformam em dominadores dos pastores do povo.
c) Este v. é considerado muitas vezes como glosa, relacionado com o termo "poupar", mas estranho à perspectiva do trecho. Pode-se, contudo, ver nele uma alusão aos acontecimentos relatados em 1Rs 12,19 e 24. Esta passagem poderia ser alusão aos começos *da realeza, os três pastores rejeitados* (v. 8) representando então Salomão, culpado de idolatria, Roboão, que provocou o cisma e Jeroboão que inaugurou culto heterodoxo. Mas cf. v. 8+.
d) "aos vendedores" (lit.: "os cananeus") grego; "os mais pobres", hebr.; a mesma observação vale para o v. 11.
e) Se não se trata de reis culpados (cf. v. 6+); talvez seja alusão à sequência de sumos sacerdotes que Iahweh, representado aqui pelo profeta, destitui de seu cargo. Sabe-se que, após o Exílio, os sacerdotes eram os chefes da comunidade judaica. — O "mês" simboliza o tempo de salvação que o povo não quis aproveitar.
f) Um governador tem direito a ordenado (cf. Ne 5,15). Aqui o ordenado pago alegoricamente pelas classes dirigentes ao profeta (representando Iahweh) é irrisório, o preço de um escravo (Ex 21,32). Em resumo, zombam de Iahweh! — Mt 27,3-10 aplicou vv. 12-13 a Cristo, do qual o profeta, tomando o lugar de Iahweh desprezado, aparece aqui como o "tipo".
g) Esta passagem poderia constituir o mais antigo testemunho do cisma samaritano. Foi pelo ano 328, conforme o testemunho de Josefo, que os samaritanos teriam construído no monte Garizim um templo rival do de Jerusalém. Assim a quebra dos dois bastões simboliza a opressão estrangeira que renasce (v. 10) e o cisma interior consumado.
h) "aquela que vagueia", *na'ah*, corr.; "jovem", *na'ar*, hebr.

¹⁷ Ai do pastor insensato,
  que abandona as ovelhas!
  Que a espada esteja sobre o seu braço
  e sobre o seu olho direito!
  Que seu braço seque completamente
  e que seu olho direito se obscureça totalmente!"

12 Libertação e renovação de Jerusalém — ¹Proclamação.
Palavra de Iahweh sobre Israel. Oráculo de Iahweh, que estendeu o céu e fundou a terra, que formou o espírito do homem dentro dele. ²Eis que faço de Jerusalém uma taça de vertigem para todos os povos em redor. (Acontecerá o mesmo com Judá, por ocasião do cerco contra Jerusalém.)ᵃ ³E acontecerá, naquele dia, que eu farei de Jerusalém uma pedra a levantar para todos os povos; todos aqueles que a levantarem se ferirão gravemente. Contra ela se reunirão todas as nações da terra. ⁴Naquele dia — oráculo de Iahweh —, ferirei de confusão todos os cavalos, e de loucura seus cavaleiros mas sobre a casa de Judá abrirei os olhosᵇ— todos os cavalos dos povos eu ferirei de cegueira. ⁵Então os chefes de Judá dirão em seu coração: "A força para os habitantesᶜ de Jerusalém está em Iahweh dos Exércitos, seu Deus". ⁶Naquele dia, farei dos chefes de Judá como uma bacia de fogo entre a madeira e como um facho ardente entre a palha. Eles devorarão à direita e à esquerda todos os povos ao redor. Jerusalém habitará novamente em seu lugar (em Jerusalém). ⁷Iahweh salvará primeiro as tendas de Judá, para que o orgulho da casa de Davi e o orgulho dos habitantes de Jerusalém não se exaltem acima de Judá. ⁸Naquele dia, Iahweh protegerá o habitante de Jerusalém; naquele dia, até o que tropeça entre eles será como Davi, a casa de Davi será como Deus, como o Anjo de Iahweh diante deles.ᵈ

⁹E acontecerá, naquele dia, que eu procurarei destruir todas as nações que avançam contra Jerusalém. ¹⁰Derramarei sobre a casa de Davi e sobre todo habitante de Jerusalém um espírito de graça e de súplica, e eles olharão para mim a respeito daquele que eles transpassaram,ᵉ eles o lamentarão como se fosse a lamentação por um filho único; eles o chorarão como se chora sobre o primogênito. ¹¹Naquele dia, será grande a lamentação em Jerusalém, como a lamentação de Adad-Remon, na planície de Meguidon. ¹²E a terra se lamentará, clã por clã.
  O clã da casa de Davi à parte,
  com suas mulheres à parte.
  O clã da casa de Natã à parte,ᶠ
  com suas mulheres à parte.
¹³O clã da casa de Levi à parte,
  com suas mulheres à parte.
  O clã da casa de Semei à parte,ᵍ
  com suas mulheres à parte.
¹⁴E todos os restantes clãs, clã por clã, à parte,
  com suas mulheres à parte.

---

a) Esta frase é, sem dúvida, um acréscimo.
b) Inciso a ser posto antes do v. 5.
c) "para os habitantes", Targ.; "para mim, os habitantes", hebr.
d) Na época da salvação a casa de Davi será restabelecida.
e) Segundo o hebr. e o grego, Deus se indentifica com seu representante. Teodocião compreendeu: "para aquele que eles traspassaram", e esta leitura foi retomada por João. A morte do Traspassado situa-se em contexto escatológico: levantamento do cerco de Jerusalém, luto nacional e abertura de fonte salutar. Haverá, pois, sofrimento e morte misteriosos que terão lugar na realização da salvação. É um paralelo, mais nacionalizado e reduzido, da figura do Servo de Is 52,13-53,12 (cf. tb. Sl 69,27; Ez 37; Jo 19,37 viu aqui uma profecia da paixão de Cristo).
f) Trata-se de Natã, filho de Davi (2Sm 5,14s).
g) Semei, descendente de Gérson, filho de Levi (Nm 3,21).

13 ¹Naquele dia haverá para a Casa de Davi e para os habitantes de Jerusalém uma fonte aberta, para lavar o pecado e a mancha.*ᵃ* ²E acontecerá, naquele dia — oráculo de Iahweh dos Exércitos —, que eu exterminarei da terra os nomes dos ídolos: eles não serão mais lembrados. Também os profetas e o espírito de impureza eu expulsarei da terra.*ᵇ* ³Se alguém profetizar novamente, seu pai e sua mãe, que o geraram, dir-lhe-ão: "Tu não viverás, porque falaste mentiras em nome de Iahweh," e seu pai e sua mãe, que o geraram, o transpassarão enquanto profetizar. ⁴E acontecerá, naquele dia, que os profetas terão vergonha de suas visões, quando profetizarem; e não vestirão o manto de pele para mentir. ⁵Cada um dirá: "Não sou profeta, sou homem que trabalha a terra, pois a terra é minha propriedade desde a minha juventude".*ᶜ* ⁶E se lhe disserem: "Que são essas feridas em teu peito?", ele responderá: "Aquelas que recebi na casa de meus amigos".*ᵈ*

Prosopopeia da espada: o novo povo*ᵉ*

⁷Espada, levanta-te contra o meu pastor
e contra o homem, meu companheiro,
oráculo de Iahweh dos Exércitos.
Fere o pastor, que as ovelhas sejam dispersadas!
Eu voltarei a minha mão contra os pequenos.
⁸E acontecerá em toda a terra
— oráculo de Iahweh —
que dois terços serão exterminados (perecerão)
e que o outro terço será deixado nele.
⁹Farei esse terço entrar no fogo,
purificá-lo-ei como se purifica a prata,
prová-lo-ei como se prova o ouro.
Ele invocará o meu nome,
e eu lhe responderei;
direi:*ᶠ* "É meu povo!"
e ele dirá: "Iahweh é meu Deus!"

14 O combate escatológico; esplendor de Jerusalém*ᵍ* — ¹Eis que vem o dia de Iahweh, quando em teu seio serão repartidos os teus despojos. ²Reunirei todas as nações contra Jerusalém para o combate; a cidade será tomada, as casas serão saqueadas, as mulheres violentadas; a metade da cidade sairá para o exílio, mas o resto do povo não será eliminado da cidade. ³Então Iahweh sairá e combaterá essas nações, como quando combate no dia

---

a) Lit.: "para o pecado e a mancha". — A respeito da fonte ou nascente que regará a Jerusalém da era messiânica, cf. Is 12,3; Ez 47,1. Aqui, diferente de 14,8, ela serve para a purificação do povo (cf. Ez 36,25).
b) Desaparecimento da instituição profética, condenada pelos abusos dos falsos profetas (cf. Jr 23,9s; Ez 13).
c) "a terra é minha propriedade": *'adamah qinyanî*, conj.; "um homem me adquiriu": *'adam hiqnanî*, hebr.
d) "em teu peito", lit.: "entre tuas mãos". — Os antigos profetas faziam incisões no corpo (cf. 1Rs 18,28 etc.). O homem que tem tais cicatrizes é acusado de ser profeta; ele defende-se alegando rixa com companheiros.
e) Texto messiânico, provavelmente, independente. O "pastor", aqui, não é o bom pastor de 11,4-14, nem o mau de 11,15-16, mas, sem precisões, o chefe do povo, representante de Iahweh. A espada, que o ferirá, livrará o povo inteiro da prova definitiva que deve preceder o tempo da salvação. Esta prova é descrita com as imagens clássicas do rebanho sem pastor (Ez 34,5), do resto (Is 4,3+), do terço (Ez 5,1-4), do fogo que purifica (Jr 6,29-30). Então o povo estará preparado para a Nova Aliança (cf. Jr 31,31+).
f) "direi", grego, sir.; "disse", hebr. (*waw* inicial omitido).
g) O cap. 14 anuncia que o monoteísmo terá repercussão, que se estenderá até o cosmos, unificando os tempos (dia único), transformando os lugares (nivelamento de Jerusalém), fazendo desaparecer as ocasiões e até as lembranças da idolatria e adivinhação (astros, estações, Geena e Tofet, monte do Escândalo etc.) e também unificando o culto e seus participantes, pagãos e israelitas: Deus será tudo em todos. Os desenvolvimentos sobre o combate escatológico (vv. 1-5.12-15) são interrompidos ou completados por descrições do novo estado de coisas que lhe sucederá.

da batalha. ⁴Naquele dia, estarão os seus pés sobre o monte das Oliveiras, que está diante de Jerusalém, na parte oriental. O monte das Oliveiras se rachará pela metade, e surgirá do oriente para o ocidente um enorme vale. Metade do monte se desviará para o norte, e a outra para o sul. ⁵Fugireis do vale de minhas montanhas, pois o vale das montanhas atingirá Jasol;*a* fugireis como fugistes por causa do terremoto nos dias de Ozias, rei de Judá. E Iahweh, meu Deus, virá, todos os santos com ele.*b*

⁶E acontecerá, naquele dia, que não haverá mais luz, nem frio, nem gelo.*c* ⁷Haverá um único dia — Iahweh o conhece —, sem dia e sem noite, mas à tarde haverá luz. ⁸E acontecerá, naquele dia, que sairá água viva de Jerusalém, metade para o mar oriental, metade para o mar ocidental, no verão e no inverno. ⁹Então Iahweh será rei sobre todo país; naquele dia, Iahweh será o único, e seu Nome o único.*d* ¹⁰Toda a terra será transformada em uma estepe, desde Gaba até Remon, ao sul de Jerusalém. Esta será elevada e habitada em seu lugar, desde a porta de Benjamim até o lugar da antiga porta, até a porta dos Ângulos e desde a torre de Hananeel até os lagares do rei.*e* ¹¹Habitarão nela, não haverá mais anátema, e Jerusalém será habitada em segurança.

¹²E esta será a praga com que Iahweh ferirá todos os povos que combateram contra Jerusalém: ele fará apodrecer a sua carne, enquanto estão ainda de pé, os seus olhos apodrecerão em suas órbitas, e a sua língua apodrecerá em sua boca.*f* ¹³E acontecerá, naquele dia, que haverá entre eles uma grande confusão provocada por Iahweh. Cada qual segurará a mão de seu companheiro, e a mão de um se levantará contra a do outro. ¹⁴Judá também combaterá em Jerusalém. Será ajuntada a riqueza de todas as nações ao redor: ouro, prata e roupas em grande quantidade. ¹⁵Assim será a praga dos cavalos, das mulas, dos camelos, dos asnos e de todos os animais que estão nesses acampamentos: uma praga como essa.

¹⁶Então acontecerá que todos os sobreviventes de todas as nações que marcharam contra Jerusalém subirão, ano após ano, para prostrar-se diante do rei Iahweh dos Exércitos e para celebrar a festa das Tendas.*g* ¹⁷E acontecerá que aquele das famílias da terra que não subir a Jerusalém para prostrar-se diante do rei, Iahweh dos Exércitos, para ele não haverá chuva. ¹⁸E se a família do Egito não subir e não vier, haverá*h* contra ela a praga com que Iahweh ferirá as nações que não subirem para celebrar a festa das Tendas. ¹⁹Tal será o castigo do Egito e o castigo de todas as nações que não subirem para celebrar a festa das Tendas.

²⁰Naquele dia, estará sobre as campainhas dos cavalos: "consagrado a Iahweh", e as panelas da casa de Iahweh serão como vasos de aspersão diante do altar. ²¹Toda panela em Jerusalém e em Judá será consagrada a Iahweh dos Exércitos, todos aqueles que oferecem sacrifícios virão, tomá-las-ão e cozinharão nelas. Não haverá mais vendedor na casa de Iahweh dos Exércitos, naquele dia.*i*

---

a) "Jasol", grego; "Asel", hebr. É o *Wadi Yasoul*, pequeno afluente do *Cedron*, ao sul de Jerusalém. Amós 1,1 também se refere a esse terremoto, mencionado por Flávio Josefo. A tradução grega é muito diferente; duas formas verbais de *nûs* "fugir" e de *satam* "encher" foram confundidas.
b) "com ele", grego; "contigo", hebr. — Os "santos" são os seres celestes que rodeiam o trono divino (cf. Jó 1,2).
c) "nem frio nem gelo", *weqarôt weqippa'ôn*, versões; "as coisas preciosas se contrairão", *yeqarôt yeqippa'ôn*, hebr.
d) Repetição solene: O "Nome" de Iahweh é o próprio Iahweh. A extensão do monoteísmo a toda a terra é um dos traços da era messiânica (cf. Ml 1,11).
e) Gaba encontra-se na fronteira norte do reino de Judá, no território de *Benjamim*. Remon deve ser Umm er-Rammanin, 15 km ao nordeste de Bersabeia mas foram propostas outras localizações nessa região.
f) Seríamos tentados a ler aqui o v. 15, como o sentido parece exigir.
g) A festa das Tendas é escolhida aqui sem dúvida porque nela era celebrada a realeza de Iahweh.
h) "haverá", mss hebr., grego; "não haverá", hebr.
i) O autor, lembrando-se de Ezequiel, prevê, para os tempos messiânicos, uma sacralização de todas as coisas em Israel.

MALAQUIAS

1 ¹Oráculo.
Palavra de Iahweh a Israel por intermédio de Malaquias.ᵃ

_{Os 11,1}
_{Dt 7,7s; 4,37}
_{Ez 16}
_{Is 54,8 +}
_{Rm 9,13}
_{Gn 25,23}

O amor de Iahweh por Israel — ²Eu vos amei, disse Iahweh. — Mas vós dizeis: Em que nos amaste? — Não era, por acaso, Esaúᵇ irmão de Jacó? — oráculo de Iahweh. Contudo, eu amei Jacó ³e odiei Esaú. Entreguei suas montanhas à desolação e sua herança aos chacais do deserto. ⁴Se Edom disser: "Fomos destruídos, mas reconstruiremos as ruínas", assim disse Iahweh dos Exércitos: Eles construirão, e eu demolirei! Chamá-los-ão: "Território da impiedade" e "O povo contra quem Iahweh está irado para sempre". ⁵Vossos olhos verão isso e direis: Iahweh é grande, muito além das fronteiras de Israel!

_{Ex 20,12}
_{Dt 1,31;}
_{32,6}
_{Is 29,13}

Acusação contra os sacerdotes — ⁶Um filho honra seu pai, um servo teme o seu senhor. Mas se eu sou pai, onde está a minha honra? Se eu sou senhor, onde está o meu temor? Disse Iahweh dos Exércitos a vós, os sacerdotes que desprezais o meu Nome. — Mas vós dizeis: Em que desprezamos o teu Nome? — ⁷Ofereceis sobre o meu altar alimentos impuros. — Mas dizeis:

_{Lv 22,18-25}

Em que te profanamos? — Quando dizeis: A mesa de Iahweh é desprezível. ⁸Quando trazeis um animal cego para sacrificar, isto não é mal? Quando trazeis um animal coxo ou doente, isto não é mal? Oferece-os ao teu governador, acaso ficará contente contigo ou receber-te-á amigavelmente? Disse Iahweh dos Exércitos. ⁹E agora quereis aplacar a Deus, para que tenha piedade de nós (e, contudo, de vossas mãos vêm estas coisas): acaso vos receberá amigavelmente? Disse Iahweh dos Exércitos! ¹⁰Quem entre vós, pois, fechará as portas para que não acendam o meu altar em vão? Não tenho prazer algum em

_{Am 5,21 +}
_{Jr 6,20}

vós, disse Iahweh dos Exércitos, e não me agrada a oferenda de vossas mãos. ¹¹Sim, do levantar ao pôr do sol, meu Nome será grande entre as nações, e em todo lugar será oferecido ao meu Nome um sacrifício de incenso e uma oferenda pura.ᶜ Porque o meu Nome é grande entre os povos! Disse Iahweh dos Exércitos. ¹²Vós, contudo, o profanais,ᵈ dizendo: A mesa do Senhor está

_{Sf 3,9}

suja, e desprezíveis seus alimentos. ¹³Vós dizeis: Eis, que canseira! e me

_{Lv 22,18-25}

desprezais, diz Iahweh dos Exércitos. Trazeis o animal roubado, o coxo ou o doente e o trazeis como oferenda. Posso eu recebê-lo com agrado de vossas mãos? Diz Iahweh dos Exércitos. ¹⁴Maldito o embusteiro que tem em seu rebanho um animal macho, mas consagra e sacrifica ao Senhor um animal defeituoso. Pois eu sou um grande rei, diz Iahweh dos Exércitos, e o meu

_{Sl 102,16}

Nome é temido entre as nações.

_{Dt 28,15}

2 ¹Mas agora, é para vós esta ordem, ó sacerdotes! ²Se não escutardes, se não levardes a sério dar glória ao meu Nome — disse Iahweh dos Exércitos —, mandarei contra vós a maldição e amaldiçoarei a vossa bênção.ᵉ Sim,

---

a) "Malaquias" significa "meu mensageiro" e foi assim que o grego traduziu, acrescentando "ponde, pois, (isto) em vosso coração". Targ.: "meu mensageiro, cujo nome é Esdras, o escriba".
b) Esaú é o epônimo de Edom (cf. Gn 36,1; Dt 2, 1.5+).
c) *Malaquias* pensa aqui não no culto do "Deus do Céu" (Ne 1,4s; 2,4.20; Esd 1,2; 5,11s; 6,9s; 7,12.21.23; Dn 2,18; 4,34; 5,23), espalhado pelo império persa (cf. Esd 1,2+), culto que ele consideraria dirigido a Iahweh, mas no sacrifício perfeito da era messiânica. O concílio de

Trento adotou esta interpretação.
d) Em lugar de "vós o profanais", o texto primitivo devia ter "vós me profanais", que os escribas corrigiram por respeito à grandeza divina. Assim também no v. seguinte, no qual foi restabelecido "vós me desprezais" em lugar do hebr. "vós o desprezais". Outro exemplo de correção dos escribas (*tiqqun sopherîm*) em Zc 2,12. — Antes de "desprezível", omitimos "e seu fruto" (?).
e) "vossa bênção", gr.; cf. a sequência do v.; "vossas bênções", hebr. Trata-se, concretamente, dos bens materiais distribuídos aos levitas.

eu a amaldiçoarei, porque não levais isso a sério! ³Eis que quebrarei vosso braço,ᵃ jogarei imundície em vossos rostos — a imundície de vossas festas — vos afastareis com elas. ⁴Reconhecereis, então, que eu vos envio esta ordem, para que a minha aliança com Levi permaneça, disse Iahweh dos Exércitos. ⁵Minha aliança estava com ele; era isso vida e paz, e eu lhas concedia; temor, ele me temia e diante do meu Nome tinha respeito. ⁶Em sua boca estava um ensinamento verdadeiro, em seus lábios não se encontrava perversão; em paz e retidão caminhava comigo, e fazia retornar a muitos da iniquidade. ⁷Porque os lábios do sacerdote guardam o conhecimento, e de sua boca procura-se ensinamento: pois ele é o mensageiro de Iahweh dos Exércitos. ⁸Mas vós vos afastastes do caminho, fizestes tropeçar a muitos pelo ensinamento; destruístes a aliança com Levi, disse Iahweh dos Exércitos. ⁹Eu também vos tornei desprezíveis e vis a todo o povo, do mesmo modo como vós não guardastes o meu caminho e fizestes acepção de pessoas no ensinamento.

Dt 18,1-18; 33,8-11 Nm 25,12s

Dt 21,5 Mt 23,13.15

Casamentos mistos e divórcios — ¹⁰Não temos todos um único pai? Não foi um único Deus que nos criou? Por que agimos perfidamente uns com os outros, violando a aliança de nossos pais? ¹¹Judá agiu perfidamente: uma abominação foi perpetrada em Israel e em Jerusalém. Pois Judá profanou o Santuário que Iahweh ama,ᵇ desposando a filha de um deus estrangeiro.ᶜ ¹²Que Iahweh suprima, para o homem que assim age, o protetor e o defensorᵈ das tendas de Jacó e do grupo daqueles que apresentam uma oferenda a Iahweh dos Exércitos. ¹³Vós fazeis, também, outra coisa: cobris de lágrimas o altar de Iahweh, com choro e gemidos, porque ele não se inclina mais para a oferenda a fim de recebê-la benignamente de vossas mãos. ¹⁴E perguntais: Por quê? — Porque Iahweh é testemunha entre ti e a mulher de tua juventude, que traíste, embora ela seja a tua companheira e a mulher de tua aliança. ¹⁵Ele não fez um único ser, que tenha carne e sopro vital?ᵉ O que procura esse único ser? Uma descendência de Deus! Guardai-vos, pois, no que diz respeito às vossas vidas; não traias a mulher de tua juventude! ¹⁶Porque repudiar por ódio (diz Iahweh, o Deus de Israel), é estender a violência sobre sua veste,ᶠ diz Iahweh dos Exércitos. Respeitai, portanto, vossa vida, e não cometais essa traição!

Dt 1,31 + Ef 4,6

Gn 2,24 Mt 5,31-32p Ef 5,24-32

O dia de Iahweh — ¹⁷Vós cansais a Iahweh com vossas palavras! — Mas vós dizeis: Em que o cansamos? — Quando dizeis: Quem pratica o mal é bom aos olhos de Iahweh, nestes ele se compraz! Ou, então: Onde está o Deus da Justiça?ᵍ

Jó 21,7-8

3 ¹Eis que enviarei o meu mensageiro para que prepare um caminho diante de mim.ʰ Então, de repente, entrará em seu Templo o Senhor que vós procurais; o Anjo da Aliança,ⁱ que vós desejais, eis que ele vem, disse

Mt 11,10 + At 13,24-25 Lc 1,17-76

---

a) "quebrar o braço", *godea' hazzeroa'*, gr.; "censurar vossa semente", *go'er hazzera'*, hebr.
b) As faltas do povo mancham o Templo.
c) "Judá", inicialmente tomado em sentido coletivo, e agora tomado em sentido distributivo: aquele que faz parte de Judá esposa a "filha" de um deus estrangeiro, uma idólatra.
d) "protetor" e "defensor", sentido incerto. Propõe-se ler *'ed*, "testemunha" (segundo 1 ms e gr.) em lugar de *'er*, hebr.
e) Texto difícil. "Ele não...?", *halo'*, conj.; "E não", *welo'*, hebr. "carne e sopro": *she'er werûah*, conj.; "um resto de sopro", *she'ar rûah*, hebr. — "a mulher de sua juventude", lit.: "a mulher de tua juventude".
f) "por ódio", *sone'*, conj.; "ele odeia", *sane'*, hebr. — "é estender", *kekasseh*, conj.; "ele estende", *wekissah*,

hebr. — "diz Iahweh, o Deus de Israel" é provavelmente um acréscimo.
g) Sobre o escândalo que a prosperidade dos maus causava, na perspectiva de retribuição terrestre, cf. Jó; Sl 37 e 73 e a Introdução aos livros sapienciais.
h) O precursor de Iahweh (cf. já Is 40,3) será identificado com Elias (Ml 3,23). Mt 11,10 aplica esse texto a João Batista, novo Elias (Mt 11,14+; Mc 1,2; Lc 1,17.76).
i) O Anjo da Nova Aliança não é o precursor, de que se fala acima, pois sua chegada ao Templo coincide com a de Iahweh. Trata-se, sem dúvida, de designação misteriosa do próprio Iahweh, com referência implícita a Ex 3,2; 23,20; cf. Gn 16,7+. Mt 11,10 convida a interpretá-lo em relação a Cristo.

Iahweh dos Exércitos. ²Quem poderá suportar o dia da sua chegada? Quem poderá ficar de pé, quando ele aparecer? Porque ele é como o fogo do fundidor e como a lixívia dos lavadeiros. ³Ele virá para fundir e purificar a prata. Ele purificará os filhos de Levi e os acrisolará como ouro e prata, e eles se tornarão para Iahweh aqueles que apresentam a oferenda conforme a justiça. ⁴A oferenda de Judá e de Jerusalém será, então, agradável a Iahweh como nos dias antigos, como nos anos passados. ⁵Eu me aproximarei de vós para o julgamento e serei uma testemunha rápida contra os adivinhos, contra os adúlteros, contra os perjuros, contra os que oprimem o assalariado, a viúva, o órfão, e que violam o direito do estrangeiro, sem me temer, disse Iahweh dos Exércitos.

*Os dízimos para o Templo*ᵃ — ⁶Sim, eu, Iahweh, não mudei, e vós, vós não deixais de serᵇ os filhos de Jacó. ⁷Desde os dias de vossos pais vos afastastes de meus decretos e não os guardastes. Voltai a mim e eu voltarei a vós! Disse Iahweh dos Exércitos. — Mas vós dizeis: Como voltaremos? — ⁸Pode um homem enganar a Deus? Pois vós me enganais! — E dizeis: Em que te enganamos?ᶜ Em relação ao dízimo e à contribuição.ᵈ ⁹Vós estais sob a maldição e continuais a me enganar, vós todo o povo. ¹⁰Trazei o dízimo integral para o Tesouro, a fim de que haja alimento em minha casa. Provai-me com isto, disse Iahweh dos Exércitos, para ver se eu não abrirei as janelas do céu e não derramarei sobre vós bênção em abundância. ¹¹Por vós, eu ameaçarei o gafanhoto, para que não destrua os frutos de vosso campo, e para que a vinha não fique estéril no campo, disse Iahweh dos Exércitos. ¹²Todas as nações vos proclamarão felizes, porque sereis uma terra de delícias, disse Iahweh dos Exércitos.

O triunfo dos justos no dia de Iahweh — ¹³As vossas palavras a meu respeito são duras, disse Iahweh. Mas vós dizeis: Que falamos contra ti? — ¹⁴Vós dissestes: é inútil servir a Deus; e que lucro temos por ter observado os seus preceitos e andado de luto diante de Iahweh dos Exércitos? ¹⁵Agora, pois, vamos felicitar os arrogantes: aqueles que praticam a iniquidade prosperam; eles tentam a Deus e saem ilesos! ¹⁶Mas aqueles que temem a Iahweh dirão, um ao outro: Iahweh prestou atenção e ouviu. Foi escrito diante dele um livro memorial em favor daqueles que temem a Iahweh e pensam em seu Nome. ¹⁷Eles serão — disse Iahweh dos Exércitos — minha propriedade, no dia em que eu agir. Eu terei compaixão deles, como um homem tem compaixão de seu filho que o serve. ¹⁸Então vereis, novamente, a diferença entre o justo e o ímpio, entre aquele que serve a Deus e aquele que não o serve. ¹⁹Porque eis que vem o dia, que queima como um forno. Todos os arrogantes e todos aqueles que praticam a iniquidade serão como palha; o dia que vem os queimará — disse Iahweh dos Exércitos — de modo que não lhes restará nem raiz nem ramo.ᵉ ²⁰Mas para vós que temeis o meu Nome, brilhará o sol de justiça,ᶠ que tem a cura em seus raios.ᵍ Vós saireis e saltareis como bezerros de engorda.

---

a) Esta passagem deve ser ligada provavelmente a 1,2-5: assim ela daria resposta aos céticos que falam em 1,2.
b) Subentendido: "de ser o filho daquele que suplantou e enganou seu irmão" (cf. vv. 8-9).
c) "enganar" (as 3 vezes): *'aqab*, gr.: "roubar": *qaba'*, hebr. mas trata-se de correção do escriba para eliminar a alusão a Jacó, "o enganador". A mesma coisa no v. 9.
d) Sobre o dízimo, cf. Dt 14,22+. Conforme os escritos sacerdotais (Lv 27,30s; Nm 18,21-31), é imposto para o sustento do clero, centralizado no santuário único (ver também Ne 10,36s; 12,44).
e) Acerca do fogo no dia de Iahweh, cf. Is 10,16s; 30,27; Sf 1,18; 3,8; Jr 21,14.
f) "justiça" implica aqui poder e vitória, como em Is 41,2+. O título "Sol de Justiça", aplicado a Cristo, influenciou na formação das festas litúrgicas do Natal e da Epifania.
g) Lit.: "em suas asas".

²¹Pisareis os ímpios, pois eles serão poeira debaixo da sola de vossos pés, no dia em que eu agir, disse Iahweh dos Exércitos.

Apêndices — ²²Lembrai-vos da Lei de Moisés, meu servo, a quem eu prescrevi, no Horeb, para todo Israel, estatutos e normas.

²³Eis que vos enviarei Elias, o profeta, antes que chegue o dia de Iahweh, grande e terrível. ²⁴Ele fará voltar o coração dos pais para os filhos e o coração dos filhos para os pais, para que eu não venha ferir a terra com anátema.*ᵃ*

---

a) Elias, arrebatado ao céu (2Rs 2,11-13), voltará. Esse retorno, anunciado aqui, permanecerá traço importante da escatologia judaica (cf. o livro de Henoc). Jesus explicou que Elias veio na pessoa de João Batista (Mt 11,14; 17,10-13+; Mc 9,11-13).

NOVO TESTAMENTO

EVANGELHOS SINÓTICOS

Introdução

Dos quatro livros canônicos que relatam a "Boa Nova" (sentido do termo "evangelho") trazida por Jesus Cristo, os três primeiros apresentam entre si tais semelhanças que podem ser colocados em colunas paralelas e abarcados "com um só olhar", de onde seu nome de "Sinóticos". Mas eles oferecem também entre si numerosas divergências. Como explicar ao mesmo tempo tais semelhanças e divergências? Isso equivale a perguntar: como se constituíram?

Para compreender isso, é preciso admitir em primeiro lugar que antes de ter sido colocados por escrito, os evangelhos, ou ao menos grande número dos materiais que eles contêm, foram transmitidos oralmente. No princípio houve a pregação oral dos apóstolos, centrada em torno do "querigma" que anuncia a morte redentora e a ressurreição do Senhor. Ela se dirige aos judeus, aos quais era necessário provar, graças ao testemunho dos apóstolos a respeito da ressurreição, que Jesus era de fato o Messias anunciado pelos profetas de outrora; ela terminava com o apelo à conversão. Desta pregação, os discursos de Pedro nos Atos dos Apóstolos fornecem resumos típicos (At 4,8-12, mais desenvolvidos em 3,12-26; 2,14-36 e sobretudo 13,16-41) como também Paulo em 1Cor 15,3-7. Conforme Lc 24,44-48, este "querigma" fundamental se enraizaria já nas ordens de Cristo ressuscitado. Mas, àqueles que se convertiam, era preciso dar, antes que recebessem o batismo, ensinamento mais completo a respeito da vida e do ensinamento de Jesus. Um resumo desta catequese pré-batismal nos é dado em At 10,37-43, cujo esquema anuncia já a estrutura do evangelho de Mc: batismo dado por João durante o qual Jesus recebeu o Espírito, atividade taumatúrgica de Cristo na terra dos judeus, sua crucifixão seguida de sua ressurreição e de suas aparições a alguns discípulos privilegiados, sendo o todo garantido pelo testemunho dos apóstolos. Tudo isso, segundo os Atos, provém ainda da pregação oral. Muito cedo ainda, para ajudar os pregadores e os catequistas cristãos, foram reunidas por temas comuns as principais "palavras" de Jesus. Delas temos ainda resquícios em nossos evangelhos atuais: tais "palavras" estão frequentemente ligadas entre si por palavras-gancho a fim de favorecer a sua memorização. Na Igreja primitiva, havia também narradores especializados, como os "evangelistas" (At 21,8; Ef 4,11; 2Tm 4,5) que relatavam as lembranças evangélicas sob uma forma que tendia a se fixar pela repetição. Sabemos também, graças a dois testemunhos independentes (cf. abaixo), que o segundo evangelho foi pregado por Pedro antes de ter sido escrito por Mc. E Pedro não foi a única testemunha ocular a anunciar Cristo; os outros não tinham certamente necessidade de documentos escritos para ajudar sua memória. Mas é claro que o mesmo acontecimento devia ser relatado por eles segundo formas literárias diferentes. Um caso típico nos é fornecido pelo relato da instituição da Eucaristia. Antes de o escrever aos fiéis de Corinto, Paulo certamente o relatou oralmente conforme uma tradição particular (1Cor 11,23-26) conhecida também por Lucas (22,19-20). Mas o mesmo relato nos foi transmitido, com variantes importantes, em uma outra tradição conhecida por Mt (26,26-29) e por Mc (14,22-25). É, portanto, na tradição oral que é preciso procurar a causa primeira das semelhanças e das divergências entre os Sinóticos. Mas essa tradição oral não deveria ser a única a explicar semelhanças tão numerosas e espantosas, tanto nas minúcias dos textos como na ordem das perícopes, que ultrapassam as possibilidades da memória, até a memória antiga e oriental. É necessário recorrer a uma documentação escrita que estaria na origem de nossos evangelhos.

O mais antigo testemunho que temos sobre a composição dos evangelhos canônicos é o de Pápias, bispo de Hierápolis, na Frígia, que compôs por volta de 130 uma "Interpretação (exegese) dos Oráculos do Senhor", em cinco livros. Esta obra se perdeu há muito tempo, mas o historiador Eusébio de Cesareia dela reportou as duas passagens seguintes: "E o Ancião dizia: Marcos, que foi o intérprete de Pedro, cuidadosamente escreveu tudo aquilo de que se lembrava, sem todavia respeitar a ordem do que foi dito ou realizado pelo Senhor. Com efeito, não fora o Senhor que ele tinha ouvido ou acompanhado, mas Pedro, mais tarde, conforme eu disse. Este agia conforme o que exigia seu ensinamento e não como se quisesse dar a ordem dos oráculos do Senhor. Assim, não se pode reprovar a Marcos por tê-los escrito do modo pelo qual ele os lembrava. Sua única preocupação foi a de nada omitir daquilo que ouvira, sem aí introduzir mentira". Eusébio acrescentou, logo depois, o testemunho de Pápias sobre Mateus: "Mateus então colocou em ordem os oráculos, em língua hebraica; cada um os interpretou como podia" (Hist. Ecl., III, 39, 15-16). — O segundo testemunho a respeito da composição dos evangelhos no-lo dá Clemente de Alexandria (citado por Eusébio de Cesareia): "Nos mesmos livros ainda, Clemente cita uma tradição dos Anciãos a respeito da ordem dos evangelhos; é a seguinte: ele dizia que os evangelhos que compreendem as genealogias foram escritos em primeiro lugar e que o evangelho segundo são Marcos o foi nas seguintes circunstâncias: tendo Pedro pregado a doutrina publicamente em Roma e tendo exposto o evangelho pelo Espírito, seus ouvintes, que eram numerosos, exortaram Marcos, uma vez que ele o havia acompanhado há tempo e se lembrava de suas palavras, a transcrever o que Pedro havia dito; ele o fez e transcreveu o evangelho para os que lhe haviam pedido. Quando Pedro soube disso, nada fez por meio de seus conselhos para o impedir disso ou para forçá-lo a isso" (Hist. Ecl., IV, 14, 5-7). Como o de Pápias, esse testemunho remonta aos Anciãos, isto é, a homens da segunda geração cristã. Toda a tradição posterior, grega, latina ou até siríaca (Efrém), não fará mais que retomar, acrescentando algumas minúcias, esse testemunhos fundamentais. Que conclusão podemos tirar disso?

Pápias e Clemente estão de acordo em atribuir a composição de um dos evangelhos a Marcos, discípulo de Pedro (cf. 1Pd 5,13), cuja pregação ele havia escrito. Vindo de duas fontes arcaicas diferentes, esta informação pode ser considerada como certa. Conforme Clemente, Marcos teria escrito enquanto Pedro ainda vivia, uma vez que este estava por outro lado mais ou menos desinteressado desse empreendimento. Pápias não nos dá nenhuma informação explícita sobre este ponto. Seu texto permite ao contrário pensar que Marcos havia escrito depois da morte de Pedro, e é neste sentido que o interpretarão Ireneu de Lião e o mais antigo Prólogo evangélico que nos chegou (fim do séc. II). Pápias não nos diz onde Marcos escreveu seu evangelho. Clemente precisa que foi em Roma, onde Pedro exercia seu ministério. Este pormenor, retomado na tradição posterior, parece exato, pois o evangelho de Marcos contém certo número de termos gregos que são apenas transcrição do latim. — Clemente não nos dá nenhuma informação sobre Mateus, a não ser que seu evangelho continha uma genealogia de Cristo (Mt 1,1-17). Conforme Pápias, ele teria escrito em hebraico, termo que podia se aplicar também ao aramaico, e depois sua obra teria sido traduzida em grego. Tal pormenor será retomado unanimemente pela tradição posterior. Um fato poderia confirmá-lo. Nas duas notícias fundamentais citadas acima, as informações referentes a Marcos são muito mais extensas que as que se referem a Mateus, do qual não nos é dito sequer que se tratasse do publicano de Mt 9,9. Não seria isso um indício de que o evangelho de Marcos, escrito em grego, ter-se-ia espalhado rapidamente no mundo cristão até que o de Mateus, que o substituirá como evangelho de base, tivesse sido traduzido do hebraico (ou do aramaico) para o grego? Mas Pápias e Clemente não estão mais de acordo quando se trata de estabelecer a ordem na qual teriam sido escritos os evangelhos. Pápias parece dizer que Mateus teria colocado em ordem os "oráculos" de Cristo que Marcos nos havia transmitido em desordem. É provável que esta informação não deva ser tomada literalmente. Permanece que, para Pápias, Mateus teria escrito depois de Marcos; segundo Clemente, Marcos teria escrito depois de Mateus e de Lucas, cujos evangelhos contêm uma genealogia de Cristo (Mt 1,1-17; Lc 3,23-38). A tradição posterior, desde Ireneu, conservará a ordem Mt, Mc e Lc; mas isso não se deveria ao fato de Mt ter-se tornado o evangelho fundamental? Os dados tradicionais são, portanto, contraditórios no que se refere à ordem de produção dos três sinóticos. Eusébio de Cesareia não nos conservou o testemunho de Pápias sobre Lucas, se é que de fato houve algum. Desde Ireneu e os antigos Prólogos evangélicos, a tradição atribuirá sua redação a Lucas, o médico discípulo de Paulo (Cl 4,14; Fm 24; 2Tm 4,11).

Estes dados, que nem sempre estão de acordo, estão longe de resolver o problema sinótico. Por exemplo, Pápias fala de um evangelho de Mateus escrito "em língua hebraica", perdido há muito tempo, mas nada nos diz sobre a forma grega, sem dúvida mais desenvolvida, do evangelho segundo Mateus que utilizamos atualmente. Esta forma grega pôde, por outro lado, receber variantes, como o atestam, entre outras, as citações deste evangelho feitas pelos Padres antigos, especialmente o apologista Justino. Quanto a Marcos, ainda que seja tributário de Pedro, pode-se perguntar por que permanece tão sóbrio a respeito do ensinamento de Jesus. Seu evangelho teria sido o primeiro a ser escrito, como parece admitir Pápias, ou, ao contrário, o último dos três, como o diz explicitamente Clemente? E de onde Lucas conseguiu as tradições que lhe são próprias? Em quais medidas compreendeu a mensagem de Paulo, do qual foi discípulo? Finalmente, os evangelhos escritos por Marcos, Mateus e Lucas não teriam recebido complementos, até modificações mais ou menos profundas, entre o momento em que foram compostos e o momento em que foram definitivamente recebidos nas Igrejas?

Todavia, em que data aproximativa foram recebidos? Para responder a esta questão, é preciso tomar o problema remontando no tempo. Conhecemos atualmente mais de 2000 manuscritos gregos escritos em pergaminho que nos dão o texto dos evangelhos sinóticos, escalonando-se entre o quarto e o décimo quarto séculos. Todos esses manuscritos oferecem entre si variantes inevitáveis, mas que permanecem variantes de minúcias. Os textos que usamos atualmente, seja para estudar os Sinóticos, seja para traduzi-los nas línguas modernas, são os dois mais antigos desses manuscritos: o Sinaítico, proveniente do mosteiro de Santa Catarina do Sinai, hoje conservado no Museu Britânico, e sobretudo o Vaticano, conservado na Biblioteca Vaticana. Ambos são datados de meados do séc. IV. Mas a autenticidade do texto que eles nos oferecem pode ser testada de diferentes modos. Desde o início do século, numerosos textos em papiro foram descobertos no Egito. Citemos dois dos mais importantes. Um códice que contém ainda cerca de quatro quintos de Lucas (e importantes fragmentos de João) foi datado do início do séc. III. Ele é propriedade da biblioteca Bodmer, em Cologny, em Genebra. Seu texto é muito próximo daquele que nos dá o Vaticano. Por outro lado, numerosos fragmentos muito importantes dos quatro evangelhos, pertencendo a um códice datado do meio do séc. III, são conservados na coleção Chester Beatty, de Dublin. Menos próximo do Vaticano que o precedente, seu texto dele não difere a não ser em variantes de minúcia. Quatro outros fragmentos, muito mais modestos, pois não contêm mais que alguns versículos mateanos, são ainda datados, seja do séc. III, seja até, para o mais antigo, dos limites dos séc. II e III. A este testemunho dos manuscritos gregos, é preciso acrescentar o das versões antigas. Desde o fim do séc. II, os evangelhos foram traduzidos para o latim na África do Norte (provavelmente Cartago) assim como em siríaco. A versão copta remonta ao séc. III. Isso para não falar senão dos mais importantes e mais antigos. É preciso levar em conta, finalmente, numerosas citações evangélicas feitas pelos Padres antigos: Ireneu de Lião, Clemente de Alexandria e Orígenes para os gregos, Tertuliano e Cipriano para os africanos, Afraates e Efrém para os sírios. Tudo isso forma um conjunto de testemunhos concordantes, repartidos no conjunto do mundo cristão, e que nos permite constatar que, apesar de variantes inevitáveis que não concernem à substância dos evangelhos, estes já estavam constituídos desde a metade do séc. II, e até provavelmente em data mais antiga, sob a forma em que agora os conhecemos. Menção especial deve ser feita ao apologista Justino, que escrevia por volta de 150 seu Diálogo com Trifão e suas duas Apologias do cristianismo. Se frequentemente cita os evangelhos, nunca o faz sob o nome de Mateus, de Lucas ou de Marcos, mas sob o nome muito geral de "Memória dos apóstolos". Alguns acreditaram poder disso concluir que Justino ignorava a divisão em quatro evangelhos, afirmada fortemente por Ireneu mais ou menos trinta anos mais tarde. Um estudo de suas citações permite pensar que Justino de fato utilizava uma harmonia evangélica composta a partir dos três Sinóticos, e provavelmente também de João.

O problema sinótico coloca-se, portanto, para o período que se estende entre a composição dos primeiros evangelhos por Mateus, Marcos e Lucas, e a forma em que agora os conhecemos, a qual, para o essencial, poderia remontar ao primeiro início do séc. II. Como explicar ao mesmo tempo as semelhanças e as divergências que existem entre os três evangelhos sinóticos tais como hoje os conhecemos? Este problema suscitou muitas controvérsias há dois séculos, e aqui não é o caso de entrar em minúcias demasiadamente técnicas. Indiquemos simplesmente as tendências gerais da exegese moderna. A teoria mais satisfatória é a das Duas Fontes. Elaborada pela metade do século XIX, ela é aceita hoje com mais ou menos convicção pela grande maioria dos exegetas, tanto católicos como protestantes. Uma das duas fontes em questão seria Mc (tradição tríplice). Porém Mt e Lc oferecem também numerosas seções, especialmente "palavras" de Cristo (como o sermão inaugural de Jesus), desconhecidas de Mc (dupla tradição). Como, segundo a teoria das Duas Fontes, estes dois evangelhos são independentes um do outro, seria necessário admitir que eles tenham bebido em outra fonte que se costuma chamar Q (inicial do termo alemão "Quelle", fonte). Quanto às seções próprias, seja de Mt, seja de Lc, elas proviriam de fontes secundárias conhecidas por esses dois evangelhos.

Apresentada sob esta forma, a teoria das Duas Fontes expõe-se a uma séria objeção. Mesmo nas seções que provêm da tradição tríplice, Mt e Lc oferecem entre si numerosas concordâncias contra Mc, positivas ou negativas, mais ou menos importantes. Se é fato que certo número dessas concordâncias podem se explicar como reações naturais de Mt ou de Lc esforçando-se por melhorar o texto um pouco infeliz de Mc, resta certo número delas que é difícil explicar. Alguns exegetas aperfeiçoaram então a teoria, supondo que Mt e Lc dependeriam, não do Mc tal qual chegou até nós, mas de uma forma anterior (proto-Mc), ligeiramente diferente do Mc atual. Apesar deste último ponto, é certo que a teoria das Duas Fontes, relativamente simples, permite justificar grande número de fatos "sinóticos". Por outro, ela está em parte de acordo com o dado tradicional herdado de Pápias: a prioridade é dada a Marcos. Os relatos deste evangelho, vivos e ricos em minúcias concretas, poderiam muito bem ser eco da pregação de Pedro. Alguns chegaram até a propor a identificação da fonte Q (coletânea sobretudo de "palavras" de Jesus) com o Mt cujos "oráculos" do Senhor, Pápias diz que Mateus colocou em ordem. Todavia, Pápias emprega a mesma expressão para designar o evangelho de Mc (ver também o título de sua obra) e nada permite pensar que o Mt do qual ele fala só tinha contido logia. Permanece verdadeiro que a existência de uma coletânea de "palavras" de Jesus, servindo às necessidades da catequese, é muito verossímil; o evangelho (não canônico) de Tomé seria um bom exemplo disso.

Há alguns decênios, alguns exegetas, sobretudo na Inglaterra e nos Estados Unidos, quiseram retomar uma teoria proposta há pouco mais de dois séculos por Griesbach e que teria a vantagem, na opinião deles, de evitar o recurso a uma fonte hipotética como o Q. Ela se apoia sobre a tradição dos Anciãos noticiada por Clemente de Alexandria: o evangelho primeiro seria o de Mt, Lc dependeria de Mt, e Mc, vindo por último, dependeria tanto de Mt como de Lc, os quais ele teria simplificado. É fato que Mc parece frequentemente ter fundido os textos paralelos de Mt e de Lc (fato que a teoria das Duas Fontes tem dificuldade para justificar). Mas o que se fez do dado tradicional (Pápias e Clemente) de Marcos escrevendo a pregação de Pedro? E como supor que Marcos teria deliberadamente omitido os evangelhos da infância como também a maioria das "palavras" do Senhor, particularmente a quase totalidade do discurso inaugural de Jesus?

Outros exegetas por fim permanecem persuadidos de que a teoria das Duas Fontes, apesar de suas vantagens, é demasiadamente simples para poder explicar a totalidade dos fatos sinóticos. Sem dúvida Mc aparece frequentemente mais primitivo que Mt e Lc, mas o inverso é igualmente verdadeiro: acontece que ele apresenta traços tardios, tais como paulinismos ou ainda adaptações para os leitores do mundo greco-romano, enquanto Mt ou Lc, mesmo nos textos da tradição tríplice, conservam pormenores arcaicos, de expressão semítica ou de ambiência palestina. Apresenta-se então a hipótese de que seria preciso considerar as relações entre os Sinóticos, não mais em nível dos evangelhos tais como os possuímos agora, mas em nível de redações mais antigas que se poderiam chamar de pré-Mt, pré-Lc, e até de pré-Mc, visto que todos esses documentos intermediários poderiam por outro lado depender de uma fonte comum que não seria outra que o Mt escrito em aramaico, depois traduzido em grego de diferentes modos, de que falava Pápias. De onde a possibilidade de considerar inter-reações entre as diversas tradições evangélicas mais complexas, mas também mais flexíveis, que poderiam melhor explicar todos os fatos sinóticos. Esta hipótese levaria em conta também um fato notado desde o fim do século XIX: certos autores antigos, o apologista Justino em particular e outros depois dele, citam os evangelhos de Mt e de Lc sob uma forma um pouco diferente daquela que conhecemos, e por vezes mais arcaica. Não teriam eles conhecido esses pré-Mt e pré-Lc mencionados acima? Estudos precisos mostraram igualmente que Lc e Jo oferecem entre si contatos muito estreitos, sobretudo (mas não exclusivamente) no que se refere aos relatos da paixão e da ressurreição, que poderiam ser explicados pela utilização de uma fonte comum ignorada por Mc e Mt.

É muito difícil precisar a data da redação dos Sinóticos, e esta datação dependerá forçosamente da ideia que se tem do problema sinótico. Na hipótese da teoria das Duas fontes, colocar-se-á a composição de Mc um pouco antes (Clemente de Alexandria) ou um pouco depois (Ireneu) da morte de Pedro, portanto, entre 64 e 70, não depois desta data, pois ele não parece supor que a ruína de Jerusalém já tenha sido consumada. As obras de Mt grego e de Lc seriam posteriores a ele, por hipótese; isto seria confirmado pelo fato de que, com toda probabilidade, Mt grego e Lc supõem que a ruína de Jerusalém é fato realizado (Mt 22,7; Lc 19,42-44; 21,20-24). Deveríamos então datá-los entre 75 e 90. Mas é preciso reconhecer que este último argumento não é o único. Ao contrário, por que não dizer que Ezequiel teria profetizado a ruína de Jerusalém pelos caldeus depois da tomada desta cidade (comparar Ez 4,1-2 e Lc 19,42-44), o que é manifestamente falso? Para uma datação tardia do Mt grego, seria mais oportuno invocar certas minúcias que denotam uma polêmica contra o judaísmo rabínico originado da assembleia de Jâmnia, que se realizou pelos anos 80. E se admitirmos que os Sinóticos foram compostos por etapas sucessivas, a datação de sua última redação deixa a possibilidade de datas mais antigas para as redações intermediárias, a fortiori para o Mt aramaico que estaria na origem da tradição sinótica.

De qualquer modo, a origem apostólica, direta ou indireta, e a gênese literária dos três sinóticos justificam seu valor histórico, permitindo apreciar como é preciso entendê-lo. Derivados da pregação oral que remonta aos inícios da comunidade primitiva, eles têm na sua base a garantia de testemunhas oculares (Lc 1,1-2). Seguramente, nem os apóstolos nem os outros pregadores e narradores evangélicos procuraram fazer "história" no sentido técnico e atual deste termo. Seu propósito era mais teológico e missionário: falaram para converter e edificar, inculcar e esclarecer a fé, defendê-la contra os adversários (2Tm 3,16). Mas fizeram isso com o auxílio de testemunhos verídicos, garantidos pelo Espírito (Lc 24,48-49; At 18; Jo 15,26-27), exigidos tanto pela probidade de sua consciência quanto pela preocupação de não se tornar presa de refutações hostis. Os redatores evangélicos que consignaram e reuniram seus testemunhos fizeram-no com o mesmo cuidado de honesta objetividade que respeita as fontes, como o provam a simplicidade e o arcaísmo de suas composições em que se misturam um pouco as elaborações teológicas posteriores. Em comparação com alguns evangelhos apócrifos que formigam de criações legendárias e inverossímeis, são bem mais sóbrios. Se os três sinóticos não são biografias modernas, oferecem-nos entretanto muitas informações históricas a respeito de Jesus e a respeito dos que o seguiram. Pode-se compará-los às Vidas helenísticas populares, por exemplo, as de Plutarco, simpatizando com seu assunto, mas sem apresentar um desenvolvimento psicológico que poderia satisfazer o gosto contemporâneo. Mas há modelos mais próximos no AT, como as histórias de Moisés, de Jeremias, de Elias. Os evangelhos se distinguem dos modelos pagãos por sua ética séria e sua finalidade religiosa, dos modelos veterotestamentários por sua convicção da superioridade messiânica de Jesus (para não dizer mais). Isso não significa entretanto que cada um dos fatos ou dos ditos que eles noticiam possa ser tomado como reprodução rigorosamente exata do que aconteceu na realidade. As leis inevitáveis de todo testemunho humano e de sua transmissão dissuadem de esperar tal exatidão material, e os fatos contribuem para esta precaução, pois vemos o mesmo acontecimento ou a mesma palavra de Cristo transmitida de modo diferente pelos diferentes evangelhos. Isso, que vale para o conteúdo dos diversos episódios, vale com mais forte razão para a ordem segundo a qual eles se encontram organizados entre si. Tal ordem varia segundo os evangelhos, e é o que deveríamos esperar de sua gênese complexa: elementos, transmitidos de início isoladamente, pouco a pouco se amalgamaram e agruparam, se aproximaram ou se dissociaram, por motivos mais lógicos e sistemáticos do que cronológicos. É necessário reconhecer que muitos fatos ou "palavras" evangélicas perderam sua ligação primeira com o tempo e o lugar, e frequentemente erraríamos caso tomássemos literalmente conexões redacionais tais como "então", "em seguida", "naquele dia", "naquele tempo" etc.

Essas constatações, porém, não acarretam nenhum preconceito no que se refere à autoridade dos livros inspirados. Se o Espírito Santo não concedeu a seus intérpretes alcançar perfeita uniformidade no pormenor, é porque não dava à precisão material importância para a fé. Mais ainda, é porque queria esta diversidade no testemunho. "Mais vale acordo tácito que manifesto", disse Heráclito. Do ponto de vista puramente histórico, um fato que nos é atestado por tradições diversas e até discordantes reveste, em sua substância, riqueza e solidez que não poderia lhe dar uma atestação perfeitamente coerente, mas do mesmo teor. Assim, certos "ditos" de Jesus se encontram duplamente atestados: conforme a tradição tríplice em Mc 8,34-35 = Mt 16,24-25 = Lc 9,23-24, e segundo a dupla tradição em Mt 10,37-39 = Lc 14,25-27. Há aqui uma variação entre formulação negativa e positiva, mas o sentido permanece o mesmo. Pode-se salientar uns trinta casos análogos, o que lhe dá um sólido fundamento histórico. O mesmo princípio vale para as ações de Jesus; por exemplo, o relato da multiplicação dos pães nos foi transmitido segundo duas tradições diferentes (Mc 6,35-44 e p.; 8,1-9 e p.). Não se poderia, portanto, pôr em dúvida que Jesus tenha curado doentes sob pretexto de que as minúcias de cada relato de cura variam segundo o narrador. Os relatos do processo e da morte de Jesus, como os das aparições do Ressuscitado, são casos mais delicados, mas os mesmos princípios se aplicam para apreciar seu valor histórico.

Quando a diversidade dos testemunhos não vem somente das condições de sua transmissão mas resulta de modificações intencionais, isso é ainda um ganho. Não há dúvida de que, em muitos casos, os redatores evangélicos quiseram apresentar as coisas de modos diferentes. Analisar as tendências próprias de cada evangelista é o que se chama de "crítica da redação", crítica que pressupõe que os evangelistas eram verdadeiros autores e teólogos totalmente devotados. E, antes deles, a tradição oral de que eles são os herdeiros não transmitiu as lembranças evangélicas sem interpretá-las e adaptá-las às necessidades da fé viva de que eles eram portadores. É útil para nós conhecer, não somente a vida de Jesus, mas ainda as preocupações das primeiras comunidades cristãs, e a dos próprios evangelistas. São estas três etapas da tradição que os evangelhos nos dão, com a condição de que sejam lidos segundo estas três camadas sucessivas. Os três níveis são inspirados, e todos os três provêm da Igreja antiga, cujos responsáveis representavam o primeiro magistério.

O Espírito Santo, que devia inspirar os autores evangélicos, presidia já todo esse trabalho de elaboração prévia e o guiava no desdobramento da fé, garantindo seus resultados com esta verdadeira inerrância que não se refere tanto à materialidade dos fatos quanto à mensagem de salvação de que eles são portadores.

O evangelho segundo são Mateus

As grandes linhas da vida de Jesus que encontramos em são Marcos se encontram no evangelho de são Mateus, mas o acento é posto de modo diferente. O plano em primeiro lugar é outro. Relatos e discursos se alternam: 1-4, relato: infância e início do ministério; 5-7, discurso: sermão sobre a montanha (bem-aventuranças, entrada no Reino); 8-9, relato: dez milagres mostrando a autoridade de Jesus, convite aos discípulos; 10, discurso missionário; 11-12, relato: Jesus rejeitado por "esta geração"; 13, discurso: sete parábolas sobre o Reino; 14-17, relato: Jesus reconhecido pelos discípulos; 18, discurso: a vida comunitária na

Igreja; 19-22, relato: autoridade de Jesus, último convite; 23-25, discurso apocalíptico: desgraças, vinda do Reino; 26-28, relato: morte e ressurreição. Devemos notar a correspondência dos relatos (natividade e vida nova, autoridade e convite, rejeição e reconhecimento), e a relação entre o primeiro e o quinto discurso, e entre o segundo e o quarto; o terceiro discurso forma o centro da composição. Como, por outro lado, Mateus reproduz muito mais completamente que Marcos o ensinamento de Jesus (que ele tem em grande parte em comum com Lucas) e insiste sobre o tema do "Reino dos Céus" (3,2; 4,17+) pode-se caracterizar seu evangelho como uma instrução narrativa sobre a vinda do Reino dos Céus.

Este Reino de Deus (= dos Céus), que deve restabelecer entre os homens a autoridade soberana de Deus como Rei por fim reconhecido, servido e amado, havia sido preparado e anunciado pela Antiga Aliança. Também Mateus, escrevendo para uma comunidade de cristãos vindos do judaísmo e talvez discutindo com os rabinos, aplica-se particularmente a mostrar o cumprimento das Escrituras na pessoa e na obra de Jesus. A cada passo de sua obra ele se refere ao AT para provar como a Lei e os Profetas são "cumpridos", isto é, não somente realizados em sua expectativa, mas ainda levados a uma perfeição que os coroa e os ultrapassa. Ele o faz para a pessoa de Jesus, confirmando com textos escriturísticos sua raça davídica (1,1-17), seu nascimento de uma virgem (1,23), em Belém (2,6), sua estada no Egito, seu estabelecimento em Cafarnaum (4,14-16), sua entrada messiânica em Jerusalém (21,5.16); ele o faz quanto à sua obra, suas curas milagrosas (11,4-5), seu ensinamento que "realiza" a Lei (5,17), dando-lhe uma interpretação nova e mais interior (5,21-48; 19,3-9.16-21). E Mateus não salienta menos fortemente como a humildade dessa pessoa e o aparente fracasso dessa obra também são cumprimento das Escrituras: o massacre dos Inocentes (2,17s), a infância escondida em Nazaré (2,23), a mansidão compassiva do "Servo" (12,17-21; cf. 8,17; 11,29; 12,7); o abandono dos discípulos (26,31), o preço vergonhoso da traição (27,9-10), a prisão (26,54), o sepultamento durante três dias (12,40), tudo isso era o desígnio de Deus anunciado pela Escritura. E também a incredulidade das multidões (13,13-15), e sobretudo dos discípulos dos fariseus ligados a suas tradições humanas (15,7-9) e aos quais não pode ser dado mais que um ensinamento misterioso em parábolas (13,14-15.35), também isto anunciado pelas Escrituras. Sem dúvida os outros sinóticos utilizam também este argumento escriturístico, porém Mateus o reforça notavelmente, a ponto de fazer dele um traço marcante de seu evangelho. Isso, unido à construção sistemática de sua exposição, faz de sua obra a carta da nova economia que realiza os desígnios de Deus em Cristo.

Para Mateus Jesus é o Filho de Deus e Emanuel, Deus conosco desde o início. No fim do evangelho, Jesus enquanto Filho do homem é dotado de toda autoridade divina sobre o Reino de Deus, tanto nos céus como na terra. O título de Filho de Deus reaparece nos momentos decisivos do relato: o batismo (3,17); a confissão de Pedro (16,16); a transfiguração (17,5); o processo de Jesus e sua crucifixão (26,63; 27,40.43.54). Ligado a este título, encontra-se o de Filho de Davi (dez vezes, como em 9,27), em virtude do qual Jesus é o novo Salomão, curador e sábio. Com efeito, Jesus fala como a Sabedoria encarnada (11,25-30 e 23,37-39). O título de Filho do homem, que percorre o evangelho, culminando na última cena majestosa (28,18-20), vem de Dn 4,17 e 7,13-14, onde se encontra em estreita relação com o tema do Reino.

O anúncio da vinda do Reino acarreta uma conduta humana que em Mateus se exprime sobretudo pela busca da justiça e pela obediência à Lei. A justiça, tema preferido de Mateus (3,15; 5,6.10.20; 6,1.33; 21,32), é aqui a resposta humana de obediência à vontade do Pai, mais que o dom divino do perdão que ela significa para são Paulo. A validade da Lei (Torah) mosaica é afirmada (5,17-20), mas seu desenvolvimento pelos fariseus é rejeitado em favor de sua interpretação por Jesus, que insiste sobretudo nos preceitos éticos, no Decálogo e nos grandes mandamentos do amor de Deus e do próximo, e que fala de outros assuntos (o divórcio [5,31-32; 19,1-10]) à medida que eles revestem aspecto moral.

Entre os evangelistas, Mateus se distingue também por seu interesse explícito pela Igreja (16,18; 18,17 [duas vezes]). Ele procura dar à comunidade dos fiéis *princípios de conduta e chefes autorizados. Estes princípios são evocados nos grandes discursos, sobretudo no cap. 18, que contém princípios em vista de tomar decisões e de resolver conflitos: a solicitude pela ovelha extraviada e pelos pequeninos, o perdão e a humildade. Mateus não tem o tríplice ministério dos bispos, dos presbíteros e dos diáconos, mas menciona os sábios ou os chefes instruídos, e particularmente os apóstolos, com Pedro à sua frente (10,2), que participam da autoridade do próprio Jesus (10,40; 9,8); menciona também os profetas, os escribas, os sábios (10,41; 13,52; 23,34). Como juiz de última instância existe Pedro (16,19). Uma vez que o poder, embora necessário, é perigoso, os chefes têm necessidade da humildade (18,1-9). Mateus não tem ilusões a respeito da Igreja. Qualquer um pode fracassar (até Pedro: 26,69-75); os profetas podem dizer coisas falsas (7,15); na Igreja santos e pecadores estão misturados até o último momento (13,36-43; 22,11-14; 25). Apesar de tudo, a Igreja é enviada em missão ao mundo inteiro (28,18-20). O estilo de vida, apostólico ou missionário, é descrito em 9,36-11,1. Todo o evangelho é emoldurado pelo formulário segundo o qual Deus está unido com seu povo por meio de Jesus Cristo (1,23 e 28,18-20). Os rejeitados pelo antigo Israel (21,31-32), unidos aos pagãos convertidos, tornam-se de novo o povo de Deus (21,43). Compreendemos então que este evangelho tão completo e tão bem organizado, redigido em uma língua menos saborosa, porém mais correta que a de Marcos, tenha sido recebido e utilizado pela Igreja nascente com notável predileção.*

O evangelho segundo são Marcos

O evangelho de Marcos se divide em duas partes complementares. Na primeira (1,2-9,10), ficamos sabendo quem é Jesus de Nazaré: o Cristo, o Rei do novo povo de Deus, de onde a profissão de fé de Pedro em 8,29. Mas como Jesus pode ser este Rei, uma vez que foi morto por instigação dos chefes do povo judeu? É que ele era "filho de Deus", o que implicava uma proteção de Deus sobre ele para arrancá-lo da morte. A segunda parte (9,14-16,8) nos orienta pouco a pouco para a morte de Jesus, mas culmina na profissão de fé do centurião: "Verdadeiramente este homem era filho de Deus" (15,39), confirmada pela descoberta do túmulo vazio, prova da ressurreição de Jesus. Este plano é indicado desde a primeira frase escrita por Marcos:

"Princípio do Evangelho de Jesus Cristo, filho de Deus".

Afora algumas peças mais ou menos aberrantes, a primeira parte do evangelho é muito bem construída. Como em uma espécie de prólogo (1,2-20), o leitor assiste em primeiro lugar à investidura régia de Jesus, depois que o Batista anunciou sua vinda (1,2-11). A voz celeste se dirige a ele misturando Sl 2,7 e Is 42,1; Jesus é constituído Rei (Sl 2,6) e recebe a missão do Servo de Deus, ou seja, ensinar o direito às nações (Is 42,1-4). Toda a primeira parte do evangelho será condicionada por estes dois temas (cf. abaixo). Para completar a cena, Jesus recebe o Espírito, e como Rei (1Sm 16,13) e como Servo de Deus (Is 42,1+), ele é "ungido" do Espírito (Is 61,1; At 10,38), ele é o "Cristo" por excelência (Sl 2,2). Mas Satanás exercia já seu poder maléfico sobre o mundo (cf. 1Jo 5,19). Consequentemente, Jesus deverá entrar em luta com ele para estabelecer sua própria realeza; ele o faz desde o dia seguinte ao batismo, conduzido ao combate pelo Espírito (Mc 1,12-13). Enquanto Servo de Deus, Jesus irá ensinar as multidões; para estabelecer sua realeza, irá exorcizar os espíritos impuros, agentes de Satanás. Este duplo tema vai percorrer todo o evangelho (1,27; 1,39; 2,2 e 3,11; 3,14-15; 6,2; 6,12-13; 6,34). Para encerrar este prólogo, Marcos descreve, de um modo bem geral, o ministério de Jesus: ele proclama o Evangelho, a Boa Nova (cf. Is 61,1), anuncia que o Reino de Deus está próximo (1,14-15); pregação e realeza, esta é a perspectiva das cenas precedentes. Finalmente, Jesus chama ao seu seguimento seus quatro primeiros discípulos (1,16-20). Que ele seja o Cristo, Jesus é o único a sabê-lo (com os espíritos impuros), como o deixa entender a cena do batismo. Ele deverá, portanto, persuadir os outros a respeito disso. Será difícil e em parte voltado ao fracasso, como a sequência do evangelho o irá mostrar. — Mc 1,21-39 descreve uma "jornada típica" de Jesus em Cafarnaum. Como Servo de Deus, ele ensina na sinagoga. Como Rei, ele expulsa seus adversários, os espíritos impuros. Este segundo aspecto de sua missão é desenvolvido no relato da cura da sogra de Pedro (toda enfermidade era devida à influência dos espíritos maus, cf. Lc 4,39) e no sumário de 1,32-34. Ensinamento e *exorcismos provocam a admiração* das multidões e propõem o problema da verdadeira identidade de Jesus (1,27; Jo 15,22.24). As multidões são conquistadas (1,28.37). Mas Jesus ensinará e exorcizará os demônios em toda a Galileia (1,38-39). — Em contraste com o entusiasmo das multidões (cf. 1,45), Marcos nos apresenta um primeiro grupo de pessoas que recusam crer em Jesus: os escribas e os fariseus. É o bloco das cinco controvérsias contadas em 2,1-3,6, que termina com a decisão de acabar com Jesus. Este conjunto começa por um apelo do ensinamento de Cristo (2,2.13) e se prolonga por um sumário que mostra Jesus expulsando os espíritos impuros (3,7-12). Escribas e fariseus odeiam Cristo por causa de seu ensinamento e de seus exorcismos: são ciumentos (cf. 1,22). — Na seção seguinte (3,13-35), Marcos de novo oporá dois grupos de personagens: os Doze, aos quais transmite seu poder de ensinar e de expulsar os demônios (3,13-19), e seus familiares que o consideram como um iluminado (3,20-21; cf. Jo 7,5) e aos quais Cristo opõe sua verdadeira parentela: os que fazem a vontade de Deus (3,31-35). Em 3,22-29, Marcos faz intervir os escribas que acusam Jesus de praticar os exorcismos graças a Beelzebu, a fim de lembrar que é o Espírito Santo que faz Jesus agir (3,29). Encontramos ainda aqui as duas componentes da atividade de Cristo: os exorcismos e o ensinamento (cf. 3,31-35; mais claro em Lc 8,21). — O centro desta primeira parte é formado pela longa seção que vai de 4,1 a 5,43. Até aqui, Marcos mostrou Cristo ensinando e expulsando os demônios, mas sem dar muitas minúcias. Fá-lo-á aqui. Explica em primeiro lugar como Cristo ensinava (4,1-2): sob forma de parábolas que se referem ao Reino de Deus, do qual dá cinco exemplos (4,3-34). Estende-se a seguir sobre quatro milagres realizados por Jesus: a tempestade acalmada (4,35-41) assimilada a um exorcismo (comparar 4,39.41 e 1,25. 27), o exorcismo do possesso de Gerasa (5,1-20), a ressurreição da filha de Jairo, episódio no qual se insere o relato da cura da hemorroíssa (5,21-43). Estes milagres provocam o espanto e obrigam a se propor o problema da verdadeira identidade de Jesus (4,41; cf. 5,20.42). Notar-se-á uma primeira "farpa" contra os discípulos: eles têm falta de fé (4,40), contrariamente à hemorroíssa (5,34) e a Jairo (5,36). — A seção seguinte (6,1-30) retoma, em ordem inversa, os temas de 3,13-35: Marcos aí salienta a oposição entre a falta de fé dos conterrâneos de Jesus, malgrado seu ensinamento e seus exorcismos (6,1-5; cf. 3,20-21.31-35) e o grupo dos verdadeiros discípulos que ele envia para pregar e expulsar os espíritos impuros (6,7-13; cf. 3,13-19). A volta dos discípulos será mencionada em 6,30: eles contam tudo o que fizeram (exorcismos e curas) e o que ensinaram. Para preencher o intervalo de tempo entre sua partida e sua volta, Marcos apresenta aqui a opinião de Herodes a respeito de Jesus (6,17-20), o que lhe proporciona a ocasião de salientar que, mesmo que as multidões estivessem admiradas com a atividade de Jesus, elas não tinham mais que uma opinião aproximativa de sua verdadeira personalidade. O relato da execução do Batista por Herodes é inserido aqui (6,21-29) como um excurso. — O duplo episódio da multiplicação dos pães (6,35-44) e da tempestade acalmada (6,45-52) é emoldurado pelas duas notícias que relembram a dupla atividade de Cristo: ensina as multidões que a ele acorrem (6,31-34) e cura seus doentes (6,53-56). Pela segunda vez, Marcos nota a incompreensão dos discípulos apesar do milagre da multiplicação dos pães (6,52). — A seção seguinte (7,1-8,9) abre um horizonte novo: a difusão do evangelho junto aos pagãos. Eles eram considerados como impuros pelos judeus. Contra os fariseus, Jesus afirma que aos olhos de Deus conta somente a pureza do coração (7,1-23). Vai em seguida para a região de Tiro onde cura a filha de uma siro-fenícia (7,24-30), depois para a Decápole, onde cura um surdo-gago (7,32-37). No relato da segunda multiplicação dos pães (8,1-9), alguns pormenores evocam o mundo pagão convidado ao banquete messiânico. Como quase todas as seções precedentes, esta salienta uma oposição fundamental. Começa e termina por um ataque dos fariseus contra Jesus (7,5 e 8,11-13; cf. 2,1-3,6), o qual responde a eles fustigando sua hipocrisia (7,6-13). A esta cegueira Marcos opõe a confiança de uma pagã e depois a cura de um surdo-gago, provavelmente pagão também. Isto insinua que, diante da atitude das autoridades judaicas, são os pagãos que serão chamados à salvação. — A última seção (8,14-9,10) é dramática. Pela terceira vez (cf. 6,52; 7,18), Jesus constata a incompreensão de seus discípulos (8,14-21): eles não compreenderam o sentido dos prodígios que ele realizou, nem o sentido de seu ensinamento (8,18). Eles, portanto, não o reconhecem nem como o Rei anunciado pelo Sl 2,7 nem como o Servo de que fala Is 42,1-4. Deveria então desesperar de todos? Não, pois, contra toda expectativa, Pedro se separa da opinião da multidão (8,27-28; cf. 6,14-16) para reconhecer: "Tu és o Cristo" (8,29). Ele não o pôde fazer a não ser em virtude de uma revelação do Pai, como o compreenderá Mateus (Mt 16,17). É para preparar esta "conversão" de Pedro que Marcos conta, imediatamente antes, a cura de um cego (8,22-26) à qual ele parece dar um porte simbólico: Pedro não seria cego também (cf. 8,18)? Esta profissão de fé vai ser confirmada pela cena da transfiguração (9,2-10), assim como, no fim da segunda parte, a profissão de fé do centurião romano (15,39) será confirmada pela descoberta do túmulo vazio (16,1-8). Esta cena da transfiguração responde à do batismo de Cristo: Jesus ouvira a voz celeste que lhe dizia: "Tu és o meu filho amado, em ti me comprazo" (1,11); aqui são Pedro, Tiago e João que ouvem: "Este é o meu filho amado; ouvi-o" (9,7). Sobre o pequeno bloco constituído por 8,31-9,1, cf. abaixo.

A estrutura desta primeira parte forma um quiasmo um pouco distorcido:

   A) Testemunho do Batista: 1,2-8
      Batismo de Cristo: 1,9-11
         [Ensinamento e exorcismos: 1,21-39]
   B) Controvérsia com os fariseus: 2,1-3,6
   C) Chamado dos Doze: 3,13-19
   D) Incredulidade da família de Jesus: 3,20-35
   E) Ensinamento e exorcismos: 4,1-5,43
   D') Incredulidade dos conterrâneos de Jesus: 6,1-6
   C') Missão dos Doze: 6,7-13,30
         [Multiplicação dos pães: 6,34-44]
   B') Hostilidade dos fariseus: 7,5-13; 8,11-13
      Os pagãos chamados à salvação: 7,14-8,9
   A') Profissão de fé de Pedro: 8,27-30
      Transfiguração: 9,2-10

A segunda parte do evangelho não é tão bem estruturada. Ela procede mais por toques sucessivos para desenvolver dois temas interligados: o paradoxo de Jesus que deve passar pela morte antes de reinar; as condições requeridas para entrar no Reino. Ela se liga à primeira parte por meio de duas "seções-gancho". Uma é inserida no final da primeira parte, em 8,31-9,1, e contém em germe os temas essenciais da segunda: Jesus deverá morrer antes de reinar (primeiro anúncio da paixão: 8,31), mas seu reino é iminente (9,1); para dele participar, é necessário "seguir" a Jesus, renunciando a si próprio (8,34-38). Para anunciar sua paixão e sua ressurreição, tanto aqui como em 9,31-32 e 10,33-34, Cristo se identifica com o "Filho do homem" de Dn 7,13-14. Segundo este texto, com efeito, este Filho do homem receberá a investidura régia de Deus, mas em um contexto de perseguição. A segunda "seção-gancho" se lê depois do relato da transfiguração. A voz celeste prescrevia "ouvir" o ensinamento de Cristo (9,7; cf. Dt 18,18); Jesus realiza agora um exorcismo para expulsar o espírito mau que atormenta um menino (9,14-29). Ensinamento e exorcismo eram as duas atividades essenciais de Cristo na primeira parte do evangelho. — Na seção seguinte (9,30-49) Cristo se dedica ao ensinamento de seus discípulos (9,30-31a). Anuncia-lhes de novo que deve morrer e ressuscitar (9,31b-32), depois lhes dá certo número de ordens éticas: tornar-se o servo de todos, evitar escandalizar aqueles que nele creem, se um membro é ocasião de queda, cortá-lo a fim de poder "entrar na vida" ou "no Reino". — Ensina de novo as multidões a partir de 10,1. É para dar algumas ordens éticas: a respeito do divórcio (10,2-12), a necessidade de receber o Reino como uma criança (10,13-16) e sobretudo a necessidade de renunciar a suas riquezas para entrar no Reino (10,17-31). — A seção que vai de 10,32 a 11,10 descreve a viagem de Jesus para Jerusalém. Ela é cada vez mais centrada sobre a realeza de Cristo. O terceiro anúncio da paixão (10,32b-34) recorda o paradoxo fundamental: Jesus deve morrer antes de reinar. Tiago e João gostariam de ser ministros de Cristo, mas Jesus lembra-lhes a necessidade de segui-lo bebendo o mesmo cálice que ele (10,35-45). O cego de Jericó é curado porque ele o reconhece como o "filho de Davi", título régio por excelência (10,46-52). Finalmente, Jesus faz sua entrada em Jerusalém conforme o rito das entradas régias (11,1-10). — Jesus será sagrado "rei" em Jerusalém? Não, pois ele morrerá. O drama e, portanto, o paradoxo, se formará durante os dias seguintes. Os chefes dos sacerdotes e os escribas decidem a morte de Jesus, feridos pela expulsão dos vendilhões do Templo (11,15-18). Jesus recusa responder-lhes quando lhe perguntam em virtude de qual poder ele age assim (11,27-33). A parábola dos enviados à vinha suscita de novo a ira deles (12,1-12). Os fariseus procuram de novo sua morte, tanto aos olhos do poder romano, quanto junto à multidão, perguntando-lhe se é permitido pagar o tributo a César (12,13-17). Nova controvérsia com os saduceus a respeito da ressurreição (12,18-27). Uma calmaria na tempestade que ruge: um dos escribas (os inimigos ferrenhos de Jesus) dialoga com Cristo sobre o maior mandamento e ouve-o dizer-lhe que ele não está longe do Reino de Deus (12,28-34). Mas é uma exceção, e Jesus discute com eles ridicularizando seu ensinamento (12, 35-37) e fustigando seus vícios (12,38-40). — Anunciando a ruína do Templo (13,1-2), isto é, a ruptura da Aliança entre Deus e seu povo, Jesus apenas precipita os acontecimentos trágicos (cf. 14,58). Mas dá também a solução do paradoxo: o Filho do homem voltará para reunir os eleitos em vista de formar o novo reino (13,24-27). Para contar os acontecimentos que levarão Cristo à cruz, Marcos segue a tradição comum (14-15) mas salienta como Jesus será abandonado por todos. As autoridades judaicas temem a multidão que lhe era favorável (11,18; 12,12.37), mas conseguem fazê-la mudar graças ao episódio de Barrabás (15,6-15). Os discípulos, que nada compreenderam diante do paradoxo da morte de Jesus (8,32-33; 9,9-10; 9,32), espantam-se com a aproximação de Jerusalém (10,32) e finalmente, por ocasião da prisão de Cristo, põem-se todos em fuga (14,50; cf. 14,27) depois de um simulacro de resistência (14,47). — É como um rei de fantasia que Jesus é entregue à morte por Pilatos (cf. 15,2.9.12.17-20), e, vergonha suprema, morre sobre a cruz enquanto uma inscrição o proclama "Rei dos judeus" (15,26). Deus não ridiculariza aquele que havia sagrado rei por ocasião do batismo no Jordão? Não, o centurião romano o proclama justo depois que expirou: "Verdadeiramente este homem era Filho de Deus" (15,39). Como Lucas bem compreendeu (23,47), é alusão a Sb 2,18: "Se o justo é filho de Deus, ele o assistirá e o libertará da mão de seus adversários". No dia da Páscoa, o anjo confirmará esta profissão de fé do centurião: Jesus ressuscitou (Mc 16,6). Uma vez que é o Filho do homem, recebeu a investidura régia junto de Deus (Dn 7,13-14) e voltará para reunir os eleitos (Mc 13,26) no Reino de Deus.

É nesse contexto geral que se deve interpretar o "segredo messiânico" caro a Marcos, que Jesus impõe, tanto aos espíritos impuros (1,25.34; 3,11-12), como aos discípulos depois da transfiguração (9,9), como também às pessoas que ele cura (1,44; 5,43; 7,36; 8,26). Os judeus esperavam um Cristo que os libertasse da ocupação romana; Jesus quer então evitar ser a ocasião de uma revolta popular contra os romanos, que seria contrária à missão que ele recebeu de Deus (cf. Jo 6,14-15).

Esta análise do evangelho de Mc põe de novo em questão a notícia de Pápias: Marcos teria escrito a catequese de Pedro, tal como ele a dava conforme as circunstâncias, e, portanto, sem ordem. Não seria portanto ele que teria composto um evangelho tão bem estruturado, sobretudo em sua primeira parte. Mas o problema é sem dúvida mais complexo. Constata-se com efeito em Mc duplicatas notadas há tempo. Ensinamento de Jesus em Cafarnaum (1,21-22.27) e "em sua pátria" (6,1-2) contados em termos análogos. Dois relatos de multiplicação dos pães (6,35-44; 8,1-9) seguidos pela observação de que os discípulos não compreenderam seu sentido (6,52; 8,14-20). Dois anúncios da paixão seguidos pela ordem de se tornar o servo de todos (9,31.35; 10,33-34.43). Dois relatos da tempestade acalmada (4,35-41; 6,45-52). Duas observações sobre a atitude de Jesus para com as crianças (9,36; 10,16). O Mc atual teria, portanto, ou misturado dois documentos diferentes, ou completado um documento primitivo por meio de tradições paralelas. O Mc de que fala Pápias poderia ser então um dos dois documentos de base, consideravelmente remanejado no Mc atual.

O evangelho segundo são Lucas

O mérito particular do terceiro evangelho lhe é dado pela personalidade cativante de seu autor, que nele transparece sem cessar. São Lucas é escritor de grande talento e alma delicada. Realizou sua obra de modo original, com preocupação pela informação e pela ordem (1,3). Isso não significa dizer que tenha podido dar aos materiais recebidos da tradição um arranjo mais "histórico" que Mateus e Marcos. Seu respeito pelas fontes e seu modo de justapô-las não lho permitiam. Seu plano retoma as grandes linhas do de Marcos com algumas transposições ou omissões. Alguns episódios são deslocados (3,19-20; 4,16-30; 5,1-11; 6,12-19; 22,31-34 etc.), ora por preocupação de clareza e de lógica, ora por influência de outras tradições, entre as quais deve-se notar a que se reflete igualmente no quarto evangelho. Outros episódios são omitidos, seja como menos interessantes para os leitores pagãos (cf. Mc 9,11-13), seja para evitar duplicatas (cf. Mc 12,28-34 em comparação com Lc 10,25-28). Notar-se-á sobretudo a ausência de um correspondente de Mc 6,45-8,26. A diferença mais notável em relação ao segundo evangelho é a longa seção mediana formada por 9,51-18,14, que é apresentada sob a forma de subida para Jerusalém com o auxílio de notações repetidas (9,51; 13,22; 17,11; cf. Mc 10,1), e onde se verá menos a lembrança real de diferentes viagens do que a insistência proposital sobre uma ideia teológica cara a Lucas: a Cidade Santa é o lugar em que se deve realizar a salvação (9,31; 13,33; 18,31; 19,11); foi nela que o Evangelho começou (1,5s) e é lá que deve terminar (24,52s) — por meio de aparições e conversas que não têm lugar na Galileia (24,13-51; comparar 24,6 com Mc 16,7; Mt 28,7.16-20) — e é de Jerusalém que deve partir a evangelização do mundo (24,47; At 1,8). Em sentido mais largo, é a subida de Jesus (e do cristão) para Deus.

Outros traços literários de Lucas são o emprego dos gêneros do simpósio (7,36-50; 11,37-54; 14,1-24) e do discurso de despedida (22,14-38), seu gosto pelos paralelismos (João Batista e Jesus: 1,5-2,52) e pelas inclusões, e o esquema promessa-cumprimento que pontua seu relato.

Se prosseguirmos em minúcia a comparação de Lucas com Marcos e Mateus, observamos diretamente a atividade sempre desperta de escritor que sobressai em apresentar as coisas de um modo que lhe é próprio, evitando ou atenuando aquilo que pode chocar a sua sensibilidade ou a dos seus leitores (8,43 comp. com Mc 5,26; om. de Mc 9,43-48; 13,32 etc.), ou então evitando o que possa ser pouco compreensível (om. de Mt 5,21s.33s; Mc 15,34 etc.), poupando as pessoas dos apóstolos (om. de Mc 4,13; 8,32s; 9,28s; 14,50) ou desculpando-os (Lc 9,45; 18,34; 22,45), interpretando os termos obscuros (6,15) ou precisando a geografia (4,31; 19,28s.37; 23,51) etc. Por meio destes numerosos e finos retoques, e sobretudo pela rica contribuição devida à sua pesquisa pessoal, Lucas nos revela as reações e as tendências de sua alma; ou antes, por meio deste instrumento precioso, o Espírito Santo nos apresenta a mensagem evangélica de um modo original, rico de doutrina. Trata-se menos de grandes teses teológicas (as ideias mestras são as mesmas de Marcos e Mateus) do que de uma psicologia religiosa onde se encontram, misturadas com uma influência muito discreta de seu mestre Paulo, as inclinações próprias do temperamento de Lucas. Como verdadeiro "scriba mansuetudinis Christi" (Dante), ele gosta de salientar a misericórdia de seu Mestre para com os pecadores (15,1s.7.10), e de contar cenas de perdão (7,36-50; 15,11-32; 19,1-10; 23,34.39-43). Insiste com prazer sobre a ternura de Jesus para com os humildes e os pobres, enquanto os orgulhosos e os ricos gozadores são severamente tratados (1,51-53; 6,20-26; 12,13-21; 14,7-11; 16,15.19-31; 18,9-14). Entretanto, mesmo a justa condenação só será feita depois de pacientes prazos da misericórdia (13,6-9; comp. com Mc 11,12-14). É preciso apenas que a pessoa se arrependa, renuncie a si mesma, e aqui a generosidade exigente de Lucas se aplica a repetir a exigência de um desapego decidido e absoluto (14,25-34), principalmente pelo abandono das riquezas (6,34s; 12,33; 16,9-13). Notar-se-ão ainda as passagens próprias ao terceiro evangelho sobre a necessidade da oração (11,5-8; 18,1-8) e sobre o exemplo que dela deu Jesus (3,21; 5,16; 6,12; 9,28). Finalmente, como em são Paulo e nos Atos, o Espírito Santo ocupa um lugar de primeiro plano que somente Lucas salienta (1,15.35.41.67; 2,25-27; 4,1.14.18; 10,21; 11,13; 24,49). Isto, com a atmosfera de reconhecimento pelos benefícios divinos e de alegria espiritual, que envolve todo o terceiro evangelho (2,14; 5,26; 10,17; 13,17; 18,43; 19,37; 24,51s), acaba por dar à obra de Lucas este fervor que toca e aquece o coração.

O estilo de são Marcos é áspero, penetrado de aramaísmos e frequentemente incorreto, mas impulsivo e de uma vivacidade popular cheia de encanto. O de são Mateus é ainda aramaizante mas melhor polido, menos pitoresco mas mais correto. O de são Lucas é complexo: de excelente qualidade quando depende apenas de si mesmo, aceita ser menos bom por respeito para com as fontes, das quais conserva certas imperfeições apesar de melhorá-las; por fim, imita voluntariamente e de forma maravilhosa o estilo bíblico da Setenta. Nossa tradução se esforçou para respeitar essas nuanças na medida do possível, como também se aplicou a refletir no português o pormenor das semelhanças e das diferenças em que se traem, nos originais gregos, as relações literárias que os três evangelhos sinóticos têm entre si.

A DIVISÃO DAS TRIBOS SOB JOSUÉ

PARTE SUL DA 5ª SATRAPIA
(Transeufratênia)

M. Celle

EVANGELHO SEGUNDO SÃO MATEUS

I. O nascimento e a infância de Jesus

1 *Ascendência de Jesus* — ¹Livro da origem de Jesus Cristo, filho de Davi, filho de Abraão:*ᵃ*

² Abraão gerou Isaac,
Isaac gerou Jacó,
Jacó gerou Judá e seus irmãos,
³ Judá gerou Farés e Zara, de Tamar,
Farés gerou Esrom,
Esrom gerou Aram,
⁴ Aram gerou Aminadab,
Aminadab gerou Naasson,
Naasson gerou Salmon,
⁵ Salmon gerou Booz, de Raab,
Booz gerou Jobed, de Rute,
Jobed gerou Jessé,
⁶ Jessé gerou o rei Davi.

Davi gerou Salomão, daquela que foi mulher de Urias,
⁷ Salomão gerou Roboão,
Roboão gerou Abias,
Abias gerou Asa,*ᵇ*
⁸ Asa gerou Josafá,
Josafá gerou Jorão,
Jorão gerou Ozias,
⁹ Ozias gerou Joatão,
Joatão gerou Acaz,
Acaz gerou Ezequias,
¹⁰ Ezequias gerou Manassés,
Manassés gerou Amon,*ᶜ*
Amon gerou Josias,
¹¹ Josias gerou Jeconias e seus irmãos
por ocasião do exílio na Babilônia.

¹² Depois do exílio na Babilônia,
Jeconias gerou Salatiel,
Salatiel gerou Zorobatel,

---

a) A genealogia de Mt, embora sublinhe influências estrangeiras do lado feminino (vv. 3.5.6) limita-se à ascendência israelita de Cristo. Ela tem por objetivo *relacioná-lo* com os principais depositários das promessas messiânicas, Abraão e Davi, e com os descendentes reais deste último (2Sm 7,1+; Is 7,14+). A genealogia de Lc, mais universalista, remonta a Adão, cabeça de toda a humanidade. De Davi a José, as duas listas só têm dois nomes em comum. Essa divergência pode explicar-se, seja pelo fato de Mt ter preferido a sucessão dinástica à descendência natural, seja por admitir-se a equivalência entre a descendência legal (lei do levirato, Dt 25,5+) e a descendência natural. Por outro lado, o caráter sistemático da genealogia de Mt é realçado pela distribuição dos antepassados de Cristo em três séries de duas vezes sete nomes (cf. 6,9+), o que leva à omissão de três nomes entre Jorão e Ozias e à contagem de Jeconías (vv. 11-12), como dois (esse nome grego pode traduzir os dois nomes hebraicos *Iehoiaqim e Iehoiakin*, muito semelhantes entre si). As duas listas terminam com José, que é apenas o pai legal de Jesus: a razão está em que, aos olhos dos antigos, a paternidade legal (por adoção, levirato etc.) bastaria para conferir todos os direitos hereditários, aqui os da linhagem davídica. Naturalmente não se está excluindo a possibilidade de Maria também ter pertencido a essa linhagem, embora os evangelistas não o afirmem.

b) Var.: Asaf.

c) Var.: Amós.

¹³Zorobabel gerou Abiud,
Abiud gerou Eliacim,
Eliacim gerou Azor,
¹⁴Azor gerou Sadoc,
Sadoc gerou Aquim,
Aquim gerou Eliud,
¹⁵Eliud gerou Eleazar,
Eleazar gerou Matã,
Matã gerou Jacó,
¹⁶Jacó gerou José, o esposo de Maria,
da qual nasceu Jesus*a* chamado Cristo.

¹⁷Portanto, o total das gerações é: de Abraão até Davi, quatorze gerações; de Davi até o exílio na Babilônia, quatorze gerações; e do exílio na Babilônia até Cristo, quatorze gerações.

José assume a paternidade legal de Jesus — ¹⁸A origem de Jesus Cristo foi assim: Maria, sua mãe, comprometida em casamento com José,*b* antes que coabitassem, achou-se grávida pelo Espírito Santo. ¹⁹José, seu esposo, sendo justo e não querendo denunciá-la publicamente, resolveu repudiá-la em segredo.*c* ²⁰Enquanto assim decidia, eis que o Anjo do Senhor*d* manifestou-se a ele em sonho,*e* dizendo: "José, filho de Davi, não temas receber Maria, tua mulher, pois o que nela foi gerado vem do Espírito Santo. ²¹Ela dará à luz um filho e tu o chamarás com o nome de Jesus, pois ele salvará*f* o seu povo dos seus pecados". ²²Tudo isso aconteceu para que se cumprisse o que o Senhor havia dito pelo profeta:*g*

²³*Eis que a virgem conceberá e dará à luz um filho*
e o chamarão com o nome de Emanuel,

o que traduzido significa: "Deus está conosco". ²⁴José, ao despertar do sono, agiu conforme o Anjo do Senhor lhe ordenara e recebeu em casa sua mulher. ²⁵Mas não a conheceu até o dia em que ela deu à luz um filho.*h* E ele o chamou com o nome de Jesus.

---

a) Diversos documentos gregos e latinos disseram de modo mais preciso: "José, com o qual se desposou a Virgem Maria, que gerou a Jesus". É certamente dessa leitura mal compreendida que resulta a lit. sin.: "José, com o qual estava desposada a Virgem Maria, gerou a Jesus".
b) Trata-se de um compromisso de casamento, isto é, um noivado, mas o noivado judaico era um compromisso tão real que o noivo já se dizia "marido" e não podia desfazê-lo senão por um "repúdio" (v. 19).
c) A justiça de José consiste certamente em que ele não quer acobertar com o seu nome uma criança cujo pai ignora, mas também em que, por compaixão, se recusa entregar Maria ao processo rigoroso da Lei, a lapidação (Dt 22,29); "em segredo": em contraste com o ordálio prescrito em Nm 5,11-31. Convencido da virtude de Maria, se recusa a expor às formalidades processuais da Lei (Dt 22,20s) esse mistério que ele não compreende.
d) Nos textos antigos (Gn 16,7+), o "Anjo do Senhor" representava primeiro o próprio Iahweh. Com o progresso da angelologia, houve melhor diferenciação entre Deus e o "Anjo do Senhor" (cf. Tb 5,4+), tendo este ficado como o tipo do mensageiro celeste, aparecendo frequentemente como tal nos Evangelhos da Infância (Mt 1,20.24; 2,13.19; Lc 1,11; 2,9; cf. ainda Mt 28,2; Jo 5,4; At 5,19; 8,26; 12,7.23).
e) Como no AT (Eclo 34,1+), pode acontecer que Deus revele o seu desígnio por um sonho: Mt 2,12.13.19.22; 27,19; cf. At 16,9; 18,9; 23,11; 27,23 e as visões paralelas de At 9,10s; 10,3s.11s.
f) Jesus (hebraico *Yehoshú'a*) significa "Iahweh salva".
g) Essa fórmula e outras semelhantes se encontram frequentemente em Mt: 2,15.17.23; 8,17; 12,17; 13,35; 21,4; 26,54.56; 27,9; cf. 3,3; 11,10; 13,14 etc. Mas Mt não é o único a pensar que as Escrituras se cumprem em Jesus. O próprio Jesus declara que elas falam dele (Mt 11,4-6; Lc 4,21; 18,31+; 24,4; Jo 5,39+; 8,56; 17,12 etc.). Já no AT a realização das palavras dos profetas era um dos critérios da sua missão (Dt 18,20-22+). Para Jesus e seus discípulos, Deus anunciou os seus desígnios, quer por meio de palavras, quer por meio de acontecimentos, e a fé descobre que o cumprimento "literal" dos textos na pessoa de Jesus Cristo ou na vida da Igreja revela o cumprimento real dos desígnios de Deus (Jo 2,22; 20,9; At 2,23+; 2,31.34-35; 3,24+; Rm 15,4; 1Cor 10,11; 15,3-4; 2Cor 1,20; 3,14-16).
h) O texto considera o período ulterior e por si não afirma a virgindade perpétua de Maria, mas o resto do Evangelho, bem como a tradição da Igreja, a supõem. Sobre os "irmãos" de Jesus, cf. 12,46+.

2 A visita dos magos

— ¹ᵃTendo Jesus nascido em Belém da Judeia, no tempo do rei Herodes,[b] eis que vieram magos do Oriente[c] a Jerusalém, ²perguntando: "Onde está o rei dos judeus recém-nascido? Com efeito, vimos sua estrela no seu surgir[d] e viemos homenageá-lo". ³Ouvindo isso, o rei Herodes ficou alarmado e com ele toda Jerusalém. ⁴E, convocando todos os chefes dos sacerdotes e os escribas do povo,[e] procurou saber deles onde havia de nascer o Cristo. ⁵Eles responderam: "Em Belém da Judeia, pois é isto que foi escrito pelo profeta:

⁶ *E tu, Belém*, terra *de Judá,*
de modo algum és o menor entre os clãs de Judá,
pois de ti sairá um chefe
que apascentará Israel, o meu povo".

⁷Então Herodes mandou chamar secretamente os magos e procurou certificar-se com eles a respeito do tempo em que a estrela tinha aparecido. ⁸E, enviando-os a Belém, disse-lhes: "Ide e procurai obter informações exatas a respeito do menino e, ao encontrá-lo, avisai-me, para que também eu vá homenageá-lo". ⁹A essas palavras do rei, eles partiram. E eis que a estrela que tinham visto no seu surgir ia à frente deles até que parou sobre o lugar onde se encontrava o menino.[f] ¹⁰Eles, revendo a estrela, alegraram-se imensamente. ¹¹Ao entrar na casa, viram o menino com Maria, sua mãe, e, prostrando-se, o homenagearam. Em seguida, abriram seus cofres e ofereceram-lhe presentes: *ouro, incenso* e *mirra*.[g] ¹²Avisados em sonho que não voltassem a Herodes, regressaram por outro caminho para a sua região.

Fuga para o Egito e massacre dos inocentes

— ¹³Após sua partida, eis que o Anjo do Senhor manifestou-se em sonho a José e lhe disse: "Levanta-te, toma o menino e sua mãe e foge para o Egito. Fica lá até que eu te avise, porque Herodes procurará o menino para o matar". ¹⁴Ele se levantou, tomou o menino e sua mãe, durante a noite, e partiu para o Egito. ¹⁵Ali ficou até a morte de Herodes, para que se cumprisse o que dissera o Senhor por meio do profeta:

Do Egito chamei o meu filho.[h]

¹⁶Então Herodes, percebendo que fora enganado pelos magos,[i] ficou enfurecido e mandou matar, em Belém e em todo seu território, todos os meninos

---

a) Depois de ter apresentado no cap. 1 a pessoa de Jesus, filho de Davi e filho de Deus, Mt, no cap. 2, define a sua missão como salvação oferecida aos pagãos, cujos sábios ele atrai para a sua luz (vv. 1-12), e como sofrimento no seio do seu próprio povo, cujas experiências dolorosas revive: o primeiro exílio no Egito (13-15), o segundo cativeiro (16-18), a volta humilde do pequeno "Resto", *naçur* (19-23; cf. v. 23+). Essas narrativas de caráter hagádico ensinam, por meio de acontecimentos, aquilo que Lc 2,30-34 ensina pelas palavras proféticas de Simeão (cf. Lc 2,34+).
b) Por volta do ano 5 ou 4 a.C. Por um erro antigo, a *era cristã* começa alguns anos depois do nascimento de Cristo (cf. Lc 2,2+; 3,1+). Herodes reinou de 37 a 4 a.C. O seu reino acabou por abranger a Judeia, a Iduméia, a Samaria, a Galileia, a Pereia e outras regiões para o lado de Aurã.
c) Semelhante narrativa exige essa designação vaga e muito geral: a região por excelência dos sábios astrólogos, como são os "magos". Pode-se pensar na Pérsia, na Babilônia ou na Arábia do Sul.
d) Outra tradução (Vulg.): "no Oriente". O mesmo no v. 9.
e) Também chamados "doutores da Lei" (Lc 5,17;

At 5,34), ou ainda "legistas" (Lc 7,30; 10,25 etc.), os escribas tinham a função de intérpretes das Escrituras, particularmente da Lei mosaica, para tirar daí as regras de comportamento da vida judaica (cf. Esd 7,6+.11; Eclo 39,2+). Esse papel lhes assegurava prestígio e influência no seio do povo. Eram recrutados sobretudo, embora não exclusivamente, dentre os fariseus (3,7+). Juntamente com os chefes dos sacerdotes e com os anciãos, constituíam o Grande Sinédrio.
f) Evidentemente, o evangelista pensa num astro miraculoso, para o qual é inútil buscar uma explicação natural.
g) Riquezas e perfumes da Arábia (Jr 6,20; Ez 27,22). Para os Padres da Igreja simbolizam a realeza (o ouro), a divindade (o incenso) e a paixão (a mirra) de Cristo. A adoração dos magos era o cumprimento dos oráculos messiânicos a respeito da homenagem que as nações prestariam ao Deus de Israel (Nm 24,17; Is 49,23; 60,5s; Sl 72,10-15).
h) Israel, o "filho", do texto profético, era, pois, uma figura do Messias.
i) Essa narrativa tem um paralelo anterior na infância de Moisés, descrita pelas tradições rabínicas: segundo estas, quando o nascimento da criança foi

de dois anos para baixo, conforme o tempo de que havia se certificado com os magos. ¹⁷Então cumpriu-se o que fora dito pelo profeta Jeremias:*a*

Jr 31,15
Gn 35,19

¹⁸*Ouviu-se uma voz em Ramá,*
choro e grande lamentação:
Raquel chora seus filhos;
e não quer consolação,
porque eles já não existem.

1,20 +
Ex 4,19-20

Retorno do Egito e estabelecimento em Nazaré — ¹⁹Quando Herodes morreu, eis que o Anjo do Senhor manifestou-se em sonho a José, no Egito, ²⁰e lhe disse: "Levanta-te, toma o menino e sua mãe e vai para a terra de Israel, pois os que buscavam tirar a vida ao menino já morreram". ²¹Ele se levantou, tomou o menino e sua mãe e entrou na terra de Israel. ²²Mas, ouvindo que Arquelau*b* era rei da Judeia em lugar de seu pai Herodes, teve medo de ir para lá. Tendo recebido um aviso em sonho, partiu para a região da Galileia*c*

Lc 2,39.51;
4,16;
18,37;
24,19
At 2,22;
3,6;
6,14;
22,8;
24,5;
26,9

²³e foi morar numa cidade chamada Nazaré, para que se cumprisse o que foi dito pelos profetas:

*Ele será chamado Nazoreu.*ᵈ

II. A promulgação do Reino dos Céus

1. PARTE NARRATIVA

Mc 1,1-8
Lc 3,1-18
Jo 3,23
Mc 1,15
At 2,38 +
Is 56,1
Mt 4,17 +;
10,7
Is 40,3 + (LXX)
Jo 1,23

3 **Pregação de João Batista** — ¹Naqueles dias,*e* apareceu João Batista pregando no deserto da Judeia*f* ²e dizendo: Arrependei-vos,*g* porque o Reino dos Céus*h* está próximo". ³Pois foi dele que falou o profeta Isaías, ao dizer:

Voz do que grita no deserto:
Preparai o caminho do Senhor,
tornai retas suas veredas.

anunciado, por meio de visões, ou por intermédio dos mágicos, o Faraó mandou chacinar as crianças recém-nascidas.
a) No sentido primitivo do texto, trata-se dos homens de Efraim, Manassés e Benjamim, chacinados ou exilados pelos assírios, os quais Raquel, sua avó, chora. A aplicação feita aqui por Mt poderia ter sido sugerida por uma tradição que localizava o túmulo de Raquel no território de Belém (Gn 35,19s).
b) Arquelau, filho de Herodes e de Maltace (como Herodes Antipas), foi etnarca da Judeia de 4 a.C. a 6 d.C.
c) Governada por Herodes Antipas (cf. Lc 3,1+).
d) "Nazoreu" (*nazôraios* forma usada por Mt, Jo e At) e o seu sinônimo "nazareno" (*nazarênos*, forma usada por Mc; Lc tem as duas formas) são duas transcrições correntes do mesmo adjetivo aramaico (*nasraya*), derivado do nome da cidade de Nazaré (*Nasrath*). Aplicado primeiro a Jesus — indicando sua origem (26,69.71) — e depois aos seus sequazes (At 24,5), esse termo ficou como designativo dos discípulos de Jesus no mundo semítico, enquanto no mundo greco-romano prevaleceu o nome "cristão" (At 11,26). — Não se percebe claramente a que oráculos proféticos Mt alude aqui; pode-se pensar em *nazîr* (Jz 13,5.7), ou em *neçer*, i.é., "rebento" (Is 11,1), ou de preferência em *naçar*, "guardar" (Is 42,6; 49,8), de onde *naçur* = o Resto.
e) Expressão estereotipada, que tem simples valor de transição.
f) Região montanhosa e deserta que se estende entre a cadeia central da Palestina e a depressão do Jordão e do mar Morto.
g) A *metanoia*, etim., mudança de sentimentos, designa a renúncia ao pecado, o "arrependimento". Esse pesar, que se refere ao passado, vem normalmente acompanhado de uma "conversão" (verbo grego *epistrephein*), pela qual o homem se volta para Deus e empreende uma vida nova. Esses dois aspectos complementares de um mesmo impulso da alma não se distinguem sempre no vocabulário (cf. At 2,38+; 3,19+). Arrependimento e conversão constituem a condição necessária para receber a salvação trazida pelo Reino de Deus. O apelo ao arrependimento, proclamado por João Batista (cf. ainda At 13,24; 19,4), foi retomado por Jesus (Mt 4,17p; Lc 5,32; 13,3.5), pelos seus discípulos (Mc 6,12; Lc 24,47) e por Paulo (At 20,21; 26,20).
h) O mesmo que "Reino de Deus" (cf. 4,17+): a expressão é própria de Mt; em sua origem está a preocupação judaica de substituir o Nome terrível por uma metáfora.

⁴João usava uma roupa de pelos de camelo e um cinturão de couro em torno dos rins. Seu alimento consistia em gafanhotos e mel silvestre. ⁵Então vieram até ele Jerusalém, toda a Judeia e toda a região vizinha ao Jordão. ⁶E eram batizados por ele no rio Jordão, confessando os pecados.*ᵃ* ⁷Como visse muitos fariseus*ᵇ* e saduceus*ᶜ* que vinham ao batismo, disse-lhes: "Raça de víboras, quem vos ensinou a fugir da ira que está para vir?*ᵈ* ⁸Produzi, então, fruto digno de arrependimento ⁹e não penseis que basta dizer: 'Temos por pai a Abraão'. Pois eu vos digo que mesmo destas pedras Deus pode suscitar filhos a Abraão. ¹⁰O machado já está posto à raiz das árvores e toda árvore que não produzir bom fruto será cortada e lançada ao fogo. ¹¹Eu vos batizo com água para o arrependimento, mas aquele que vem depois de mim é mais forte do que eu. De fato, eu não sou digno nem ao menos de tirar-lhe as sandálias. Ele vos batizará com o Espírito Santo e com fogo.*ᵉ* ¹²A pá está na sua mão: limpará sua eira e recolherá seu trigo no celeiro: mas, quanto à palha, a queimará num fogo inextinguível".*ᶠ*

Batismo de Jesus — ¹³Nesse tempo, veio Jesus da Galileia ao Jordão até João, a fim de ser batizado por ele. ¹⁴Mas João tentava dissuadi-lo, dizendo: "Eu é que tenho necessidade de ser batizado por ti e tu vens a mim?" ¹⁵Jesus, porém, respondeu-lhe: "Deixa estar por enquanto, pois assim nos convém cumprir toda a justiça".*ᵍ* E João consentiu.*ʰ*

a) O rito da imersão, símbolo de purificação e de renovação, era conhecido das religiões antigas e do judaísmo (batismo dos prosélitos e dos essênios). Embora se inspirasse nesses precedentes, o batismo de João distinguia-se por três traços importantes: tinha um objetivo já não ritual, porém moral (3,2.6.8.11; Lc 3,10-14); não se repetia, o que lhe dava o caráter de iniciação; finalmente, tinha caráter escatológico, introduzindo o batizado no grupo dos que professavam a espera diligente do Messias, que estava para vir, e que constituíam, por antecipação, sua comunidade (3,2.11; Jo 1,19-34). Sua eficácia era real, mas não sacramental, pois dependia do julgamento de Deus, que ainda estava por vir na pessoa do Messias, cujo fogo havia de purificar ou de consumir, segundo a atitude de acolhimento ou de resistência de cada um, e que seria o único a batizar "com o Espírito Santo" (3,7.10-12; Jo 1,33+). O batismo de João foi também praticado pelos discípulos de Cristo (Jo 4,1-2) até o dia em que foi absorvido no novo rito instituído por Cristo ressuscitado (Mt 28,19; At 1,5+; Rm 6,4+).
b) Seita judaica constituída por observantes zelosos da Lei, muito apegados à tradição oral dos seus doutores, o que levava a uma casuística cheia de excessos e afetação. A liberdade de Jesus no que dizia respeito à Lei e a sua convivência com os pecadores não podiam deixar de despertar entre eles a oposição de que os evangelhos, sobretudo Mt, conservaram muitos vestígios (cf. Mt 9,11p; 12,2p.14p.24; 15,1p; 16,1p.6p; 19,3p; 21,45; 22,15p.34.41; 23p; Lc 5,21; 6,7; 15,2; 16,14s; 18,10s; Jo 7,32; 8,13; 9,13s; 11,47s). A polêmica lançada por Mt contra os sucessores dos fariseus influenciou muito negativamente o julgamento contra eles. Jesus teve, contudo, relações amistosas com certos fariseus (Lc 7,36+; Jo 3,1+), e os discípulos encontraram neles aliados contra os saduceus (At 23,6-10). Não se pode negar o seu zelo (cf. Rm 10,2) e mesmo a sua integridade (At 5,34s). O próprio Paulo se gloriava do seu passado como fariseu (At 23,6; 26,5; Fl 3,5).
c) Estes, em contraposição aos fariseus, rejeitavam toda tradição, exceto a Lei escrita (cf. At 23,8+). Menos piedosos do que aqueles e mais preocupados com a política, recrutavam-se principalmente dentre as grandes famílias sacerdotais (cf. 21,23). O partido dos sumos sacerdotes era composto sobretudo de saduceus; também eles entraram em choque com Jesus (Mt 16,1.6; 22,23p) e com os seus discípulos (At 4,1+; 5,17).
d) A ira (Nm 11,1+) do dia de Iahweh (Am 5,18+), que devia inaugurar a era messiânica (cf. Rm 1,18).
e) O fogo, instrumento de purificação menos material e mais eficaz do que a água, simboliza já no AT (cf. Is 1,25; Zc 13,9; Ml 3,2.3; Eclo 2,5 etc.) a intervenção soberana de Deus e do seu Espírito, que purifica as consciências.
f) O fogo da geena (18,9+), que consome para sempre o que não pode ser purificado (Is 66,24; Jt 16,17; Eclo 7,17; Sf 1,18; Sl 21,10 etc.).
g) A igreja nascente depressa se convenceu de que Jesus era sem pecado (Jo 8,46; Hb 4,15). Queria explicar por quê Jesus havia se submetido ao batismo de João (em que Jesus reconhece uma etapa querida por Deus, cf. Lc 7,29-30, preparação última da era messiânica, cf. Mt 3,6+). De forma concisa, Mt 3,15 diz: a) que, por seu batismo, Jesus satisfazia a justiça salvífica de Deus que preside o plano da salvação, b) que ele próprio era justo agindo assim, c) que era preciso que ele se identificasse com os pecadores (cf. 2Cor 5,21), d) que ele preparasse assim o futuro batismo dos cristãos (28,19), apresentando-se como modelo deles (notar o plural "nós").
h) Aqui uma lenda apócrifa infiltrou-se em dois mss da Vet. Lat.: "Enquanto ele era batizado, uma luz intensa se espalhou fora da água, a ponto de encher de medo todos os presentes".

MATEUS 3-4

¹⁶Batizado, Jesus subiu imediatamente da água e logo os céus se abriram*ª*
e ele viu o Espírito de Deus descendo como uma pomba e vindo sobre ele.*ᵇ*
¹⁷Ao mesmo tempo, uma voz vinda dos céus dizia: "Este é o meu Filho amado,
em quem me comprazo".*ᶜ*

4 **Tentação no deserto***ᵈ* — ¹Então Jesus foi levado pelo Espírito*ᵉ* ao deserto,
para ser tentado pelo diabo.*ᶠ* ²Por quarenta dias e quarenta noites esteve jejuando. Depois teve fome. ³Então, aproximando-se o tentador, disse-lhe:
"Se és Filho de Deus,*ᵍ* manda que estas pedras se transformem em pães". ⁴Mas
Jesus respondeu: "Está escrito:

> Não só de pão vive o homem,
> mas de toda palavra que sai da boca de Deus."

⁵Então o diabo o levou à Cidade Santa e o colocou sobre o pináculo do
Templo ⁶e disse-lhe: "Se és Filho de Deus, atira-te para baixo, porque está
escrito:

---

a) Ad.: "para ele", isto é, aos seus olhos.

b) O Espírito que pairava sobre as águas da primeira criação (Gn 1,2) aparece aqui no prelúdio da nova criação. Por um lado, ele unge Jesus para a sua missão messiânica (At 10,38), que de ora em diante há de dirigir (Mt 4,1p; Lc 4,14.18; 10,21; Mt 12,18.28); por outro lado, como o entenderam os Padres da Igreja, santifica a água e prepara o batismo cristão (cf. At 1,5+).

c) Essa visão interpretativa designa, antes de tudo, Jesus como o verdadeiro Servo anunciado por Isaías. Entretanto, o termo "Filho", que acaba por substituir o termo "Servo" (graças ao duplo sentido da palavra grega *pais*), salienta o caráter messiânico e propriamente filial da sua relação com o Pai (cf. 4,3+).

d) Jesus é levado ao deserto para aí ser tentado durante 40 dias, como outrora Israel durante 40 anos (Dt 8,2.4; cf. Nm 14,34). Aí conhece três tentações destacadas por três citações tomadas de Dt 6-8, capítulos dominados (conforme a ética de Mt) pelo mandamento de amar a Deus: Dt 6,5. As três tentações, à primeira vista enigmáticas, podem ser compreendidas à luz da tradição judaica que interpreta Dt 6,5 como tentações contra o amor de Deus, valor supremo. a) Não amar a Deus "de todo o teu coração", isto é, não submeter os próprios desejos interiores a Deus, é rebelar-se contra o alimento divino, o maná. b) Não amar a Deus "de toda a tua alma", isto é, com tua vida, teu corpo físico, até o martírio, caso necessário. c) Não amar a Deus "com toda a tua força", isto é, com tuas riquezas, aquilo que possues, teus bens exteriores. No fim, Jesus aparece como aquele que ama Deus perfeitamente.

e) O Espírito Santo. "Sopro" e energia criadora de Deus, que dirigia os profetas (Is 11,2+; Jz 3,10+), dirigirá o próprio Jesus no cumprimento da sua missão (cf. 3,16+; Lc 4,1+), como mais tarde dirigirá a Igreja no seu início (At 1,8+).

f) Esse nome, que significa "acusador", "caluniador", traduz às vezes o hebraico *satan*, "adversário" (Jó 1,6+; cf. Sb 2,24+). O portador desse nome — visto que se dedica a levar os homens à transgressão — é considerado como responsável por tudo aquilo que se opõe à obra de Deus e de Cristo (13,39p; Jo 8,44; 13,2; At 10,38; Ef 6,11; 1Jo 3,8 etc.). A sua derrota assinalará a vitória final de Deus (Mt 25,41; Hb 2,14; Ap 12,9.12; 20,2.10).

g) O título bíblico "Filho de Deus" não indica necessariamente filiação natural; antes, pode sugerir simplesmente filiação adotiva, que resulta da escolha divina, estabelecendo relações de intimidade especial entre Deus e a criatura. Assim, a expressão se aplica aos anjos (Jó 1,6), ao povo eleito (Ex 4,22; Sb 18,13), aos israelitas (Dt 14,1; Os 2,1; cf. Mt 5,9.45 etc.), aos seus chefes (Sl 82,6). Segue-se que, quando usado a respeito do Rei-Messias (1Cr 17,13; Sl 2,7; 89,27), não se conclui necessariamente que ele seja mais do que humano; e não há necessidade de ver mais do que isso no pensamento de Satanás (Mt 4,3.6), dos endemoninhados (Mc 3,11; 5,7; Lc 4,41) e, com muito mais razão, do centurião (Mc 15,39; cf. Lc 23,47). Também a voz ouvida no batismo de Jesus (Mt 3,17) e na transfiguração (17,5) por si só não sugeriria mais do que o favor especial concedido ao Messias-Servo; e a pergunta do sumo sacerdote (26,63) não se certamente além desse sentido messiânico. Entretanto, o título "Filho de Deus" pode ter o sentido mais elevado de filiação propriamente dita. Ora, Jesus sugeriu claramente essa significação especial ao designar-se como "o Filho" (21,37), superior aos anjos (24,36), tendo Deus por "Pai", em sentido todo especial (Jo 20,17; e cf. "meu Pai", Mt 7,21 etc.), pois mantinha com ele relações únicas de conhecimento e de amor (Mt 11,27). Essas declarações, reforçadas por outras a respeito da natureza divina do Messias (22,42-46) e a respeito da origem celeste do "Filho do Homem" (8,20+), confirmadas finalmente pelo triunfo da ressurreição, deram à expressão "Filho de Deus" o sentido propriamente divino que se encontra, por exemplo, em são João (Jo 1,18+). Se os discípulos não tiveram consciência bem clara do fato durante a vida de Jesus (entretanto Mt 14,33 e 16,16, acrescentando essa expressão ao texto mais primitivo de Mc, refletem, sem dúvida, uma fé mais evoluída), nem por isso a fé que alcançaram definitivamente após a Páscoa, com o auxílio do Espírito Santo, apoia-se menos realmente sobre as palavras históricas do Mestre, que revelou — até onde podiam suportá-lo os seus contemporâneos — a consciência de ser ele o próprio Filho do Pai.

*Ele dará ordem a seus anjos a teu respeito,
e eles te tomarão pelas mãos,
para que não tropeces em nenhuma pedra."*

⁷Respondeu-lhe Jesus: "Também está escrito:
Não tentarás ao Senhor teu Deus."

⁸Tornou o diabo a levá-lo, agora para um monte muito alto. E mostrou-lhe todos os reinos do mundo com o seu esplendor ⁹e disse-lhe: "Tudo isto te darei, se, prostrado, me adorares". ¹⁰Aí Jesus lhe disse: "Vai-te, Satanás, porque está escrito:

*Ao Senhor teu Deus adorarás
e a ele só prestarás culto."*

¹¹Com isso, o diabo o deixou. E os anjos de Deus se aproximaram e puseram-se a servi-lo.

Retorno à Galileia — ¹²Ao ouvir que João havia sido preso, ele voltou para a Galileia ¹³e, deixando Nazara,ᵃ foi morar em Cafarnaum, à beira-mar, nos confins de Zabulon e Neftali, ¹⁴para que se cumprisse o que foi dito pelo profeta Isaías:

¹⁵ *Terra de Zabulon, terra de Neftali,
caminho do mar, região além do Jordão,
Galileia das nações!*
¹⁶ *O povo que jazia nas trevas
viu uma grande luz;
aos que jaziam na região sombria da morte,
surgiu uma luz.*

¹⁷A partir desse momento, começou Jesus a pregar e a dizer: "Arrependei-vos, porque está próximo o Reino dos Céus".ᵇ

Chamado dos quatro primeiros discípulos — ¹⁸Estando ele a caminhar junto ao mar da Galileia, viu dois irmãos: Simão, chamado Pedro, e seu irmão André, que lançavam a rede ao mar, pois eram pescadores. ¹⁹Disse-lhes: "Segui-me, e eu farei de vós pescadores de homens". ²⁰Eles, deixando imediatamente as redes, o seguiram.

²¹Continuando a caminhar, viu outros dois irmãos: Tiago, filho de Zebedeu, e seu irmão João, no barco com o pai Zebedeu, a consertar as redes. E os chamou. ²²Eles, deixando imediatamente o barco e o pai, o seguiram.

---

a) Nazara, forma muito rara, atestada por excelentes autoridades: B Z Orígenes k, cf. Lc 4,16; a imensa maioria dos documentos voltou à forma comum *Nazaré*.
b) A realeza de Deus sobre o povo eleito, e por meio dele sobre o mundo, ocupa o centro da pregação de *Jesus, como o ocupava no ideal teocrático do AT.* Ela admite um Reino de "santos", dos quais Deus será realmente o Rei, porque o seu reinado será reconhecido por eles no conhecimento e no amor. Essa realeza, comprometida em virtude da revolta do pecado, deve ser restabelecida por uma intervenção soberana de Deus e do seu Messias (Dn 2,28+; Dn 7,13-14). É essa intervenção que Jesus, depois de João Batista (3,2), comunica como iminente (4,17.23; Lc 4,43). Antes da sua realização escatológica definitiva, na qual os eleitos viverão junto do Pai na alegria do banquete celeste (8,11+; 13,43; 26,29), o reino aparece com início humilde (13,31-33), misterioso (13,11), e contraditório (13,24-30), como uma realidade já começada (12,28; Lc 17,20-21), em relação com a Igreja (Mt 16,18+). Pregado no universo pela missão apostólica (Mt 10,7; 24,14; At 1,3+), será definitivamente estabelecido e entregue ao Pai (1Cor 15,24), pelo retorno glorioso de Cristo (Mt 16,27; 25,31), por ocasião do julgamento final (13,37-42.47-50; 25,31-46). Esperado, torna-se presente como grande graça (20,1-16; 22,9-10; Lc 12,32), aceita pelos humildes (Mt 5,3; 18,3-4; 19,14.23-24), e pelos desapegados (13,44-46; 19,12; Mc 9,47; Lc 9,62; 18,29s), rejeitada pelos soberbos e pelos egoístas (21,31-32.43; 22,2-8; 23,13). Só se entra nele com a veste nupcial (22,11-13), da vida nova (Jo 3,3.5); há excluídos (Mt 8,12; 1Cor 6,9-10; Gl 5,21). É preciso vigiar para estar pronto quando ele chegar de improviso (Mt 25,1-13).

MATEUS 4-5 1710

|| Mc 1,39;
3,7-8
|| Lc 4,14-15,
44; 6,17-18
= Mt 9,35
Is 35,5

Jesus ensina e cura — ²³Jesus percorria toda a Galileia, ensinando em suas sinagogas, pregando o Evangelho do Reino e curando toda e qualquer doença ou enfermidade do povo.ᵃ ²⁴Sua fama espalhou-se por toda a Síria,ᵇ de modo que lhe traziam todos os que eram acometidos por doenças diversas e atormentados por enfermidades, bem como endemoninhados, lunáticosᶜ e paralíticos. E ele os curava. ²⁵Seguiam-no multidões numerosas vindas da Galileia, da Decápole,ᵈ de Jerusalém, da Judeia e da Transjordânia.

2. DISCURSO: O SERMÃO SOBRE A MONTANHAᵉ

Lc 6,20-23

5 **As bem-aventuranças** — ¹Vendo ele as multidões, subiu à montanha.ᶠ Ao sentar-se, aproximaram-se dele os seus discípulos. ²E pôs-se a falar e os ensinava, dizendo:

Sb 2,16
Sl 14,20
25,7-12

³"Felizesᵍ os pobres no espírito,ʰ
  porque deles é o Reino dos Céus.

Gn 13,15
Sl 37,11
Lv 25,23

⁴Felizes *os mansos*ⁱ
  porque *herdarão a terra*.

Sl 126,5
Is 61,2-3
40,1

⁵Felizes *os aflitos*,
  porque serão consolados.

Tb 13,14
Eclo 48,24
Is 51,1
Am 8,11-12
Pr 9,5
Eclo 24,21
Sl 107,5-8s
Lc 1,53
Sl 37,19b
Jo 6,35

⁶Felizes os que têm fome
  e sede da justiça,
  porque serão saciados.

⁷Felizes os misericordiosos,
  porque alcançarão misericórdia.

a) As curas miraculosas são o sinal privilegiado do advento messiânico (cf. 10,1.7s; 11,4s).
b) Este termo designa vasto território dividido em três grandes províncias, entre as quais as "Sírio-Palestina". Mt quer aqui mostrar que a palavra de Jesus se espalha largamente.
c) Hoje, dizemos "epiléticos" (cf. 17,15).
d) Decápole era agrupamento de 10 cidades livres com o seu território, espalhadas principalmente a leste e ao nordeste do Jordão, até Damasco inclusive.
e) Jesus expôs o espírito novo do Reino de Deus (4,17+) em discurso inaugural, que Mc omitiu (Mc 3,19+) e do qual Mt e Lc (6,20.49) apresentam duas redações diferentes. Lc suprimiu, como menos interessante para os seus leitores, o que dizia respeito às leis ou às práticas judaicas (Mt 5,17 — 6,18); Mt, ao contrário, incluiu palavras pronunciadas em outras ocasiões (ver os seus paralelos em Lc), a fim de obter um programa mais completo. Estrutura de base: 1º Introdução (5,1-16); 2º Nova interpretação da lei moral bíblica (o decálogo, os grandes mandamentos do amor ao Deus e ao próximo, os deveres de piedade) (5,17-7,12); 3º Conclusão (7,13-29). Esta interpretação nova representa o aprofundamento e a interiorização.
f) Uma das colinas próximas de Cafarnaum.
g) O AT às vezes empregava fórmulas de felicitações como essas, falando de piedade, de sabedoria, de prosperidade (Sl 1,1-2; 33,12; 127,5-6; Pr 3,3; Eclo 31,8 etc.). Felicitações similares de caráter sapiencial foram descobertas em Qumrã. No espírito dos profetas, Jesus lembra que também os pobres participam das suas "bênçãos": as três primeiras bem-aventuranças (Mt 5,3-5; Lc 6,20-21+) declaram que pessoas comumente tidas como infelizes e amaldiçoadas são felizes, pois estão aptas para receber a bênção do Reino. As bem--aventuranças seguintes se referem mais diretamente à atitude moral do homem. Outras bem-aventuranças de Jesus: Mt 11,6; 13,16; 16,17; 24,46; Lc 11,27-28 etc. (Ver também Lc 1,45; Ap 1,3; 14,13 etc.).
h) Cristo retoma a palavra "pobre" com o matiz moral que já se percebe em Sofonias (cf. Sf 2,3+), explicitada aqui pela expressão "no espírito", que não ocorre em Lc 6,20. Despojados e oprimidos, os "pobres" ou os "humildes" estão disponíveis para o Reino dos Céus, eis o tema das bem-aventuranças (cf. Lc 4,18; 7,22 = Mt 11,5; Lc 14,13; Tg 2,5). A "pobreza" sugere a mesma ideia que a "infância espiritual", necessária para entrar no Reino (Mt 18,1s = Mc 9,33s; cf. Lc 9,46; Mt 19,13sp; 11,25sp), o mistério revelado aos "pequeninos", *népioi* (cf. Lc 12,32; 1Cor 1,26s). Aos "pobres", *ptochói*, correspondem ainda os "humildes", *tapeinói* (Lc 1,48.52; 14,11; 18,14; Mt 23,12; 18,4), os "últimos" em oposição aos "primeiros" (Mc 9,35), os "pequenos" em oposição aos "grandes" (Lc 9,48; cf. Mt 19,30p; 20,26p; cf. 17,10). Embora a fórmula de Mt 5,3 enfatize o *espírito* de pobreza, tanto no rico como no pobre, o que Cristo quer salientar em geral é pobreza efetiva, particularmente para os seus discípulos (Mt 6,19s; cf. Lc 12,33s; Mt 6,25p; 4,18sp; cf. Lc 5,1s; 9,9p; 19,21p; 19,27; cf. Mc 10,28p; cf. At 2,44s; 4,32s). Ele mesmo dá o exemplo de pobreza (Lc 2,7; Mt 8,20p) e de humildade (Mt 11,29; 20,28p; Mt 21,5; Jo 13,12s; cf. 2Cor 8,9; Fl 2,7s). Identifica-se com os pequeninos e com os infelizes (Mt 25,45; cf. 18,5sp).
i) Ou "os humildes", termo tomado do Saltério na forma grega. O v. 4 poderia ser simplesmente glosa do v. 3; a sua omissão reduziria o número das bem-aventuranças a sete (cf. 6,9+).

⁸Felizes *os puros no coração*,
  porque verão a Deus.
⁹Felizes os que promovem a paz,
  porque serão chamados filhos de Deus.
¹⁰Felizes os que são perseguidos
  por causa da justiça,
  porque deles é o Reino dos Céus.

¹¹Felizes sois, quando vos injuriarem e vos perseguirem e, mentindo, disserem todo o mal contra vós por causa de mim. ¹²Alegrai-vos e regozijai-vos, porque será grande a vossa recompensa nos céus, pois foi assim que perseguiram os profetas, que vieram antes de vós.ᵃ

Sal da terra e luz do mundo — ¹³Vós sois o sal da terra. Ora, se o sal se tornar insosso, com que o salgaremos? Para nada mais serve, senão para ser lançado fora e pisado pelos homens.

¹⁴Vós sois a luz do mundo. Não se pode esconder uma cidade situada sobre um monte. ¹⁵Nem se acende uma lâmpada e se coloca debaixo do alqueire,ᵇ mas na luminária, e assim ela brilha para todos os que estão na casa. ¹⁶Brilhe do mesmo modo a vossa luz diante dos homens, para que, vendo as vossas boas obras, eles glorifiquem vosso Pai que está nos céus.

O cumprimento da Lei — ¹⁷Não penseis que vim revogar a Lei ou os Profetas. Não vim revogá-los, mas dar-lhes pleno cumprimento,ᶜ ¹⁸porque em verdadeᵈ vos digo que, até que passem o céu e a terra, não será omitido nem um só i, uma só vírgulaᵉ da Lei, sem que tudo seja realizado. ¹⁹Aquele, portanto, que violar um só desses menores mandamentos e ensinar os homens a fazerem o mesmo, será chamado o menor no Reino dos Céus. Aquele, porém, que os praticar e os ensinar, esse será chamado grande no Reino dos Céus.

A nova justiça é superior à antiga — ²⁰Com efeito, eu vos asseguro que se a vossa justiça não ultrapassar a dos escribas e a dos fariseus, não entrareis no Reino dos Céus.

²¹Ouvistesᶠ que foi dito aos antigos: *Não matarás*; aquele que matar terá de responder no tribunal. ²²Eu, porém, vos digo: todo aquele que se encolerizar contra seu irmão, terá de responder no tribunal; aquele que chamar ao seu irmão 'Cretino!'ᵍ estará sujeito ao julgamento do Sinédrio;ʰ aquele que lhe chamar 'renegado'ⁱ terá de responder na geena de fogo. ²³Portanto, se estive-

---

a) Os discípulos são os sucessores dos profetas (cf. 10,41; 13,17; 23,34).
b) Na Antiguidade, o alqueire era pequeno móvel de 3 ou 4 pés. Assim, aqui não se trataria apenas de não esconder a lâmpada debaixo desse móvel, um pouco como sob o leito, de Mc 4,21p, e não de apagá-la, cobrindo-a com um alqueire moderno.
c) Jesus não veio destruir a Lei (Dt 4,8+), e toda a economia antiga, nem consagrá-la como intangível, mas dar-lhe, pelo seu ensinamento e pelo seu comportamento, forma nova e definitiva, na qual se realiza, afinal, plenamente aquilo a que a Lei se encaminhava. Isso é verdade, sobretudo no que diz respeito à "justiça" (v. 20; cf. 3,15; Lv 19,15; Rm 1,16+), justiça "perfeita" (v. 42), da qual as afirmações antitéticas dos vv. 21-48 apresentam vários exemplos notáveis. O preceito antigo torna-se interior, atingindo o desejo e os motivos secretos (cf. 12,34; 23,25-28). Portanto, nenhum pormenor da Lei pode ser omitido, a não ser que tenha recebido esse remate (vv. 18-19; cf. 13,52). Trata-se menos de afrouxamento do que de aprofundamento (11,28). O amor, em que já se resumia a Lei antiga (7,12; 22,34-40p), torna-se o mandamento novo e inesgotável de Jesus (Jo 13,34) e o cumprimento de toda a Lei (Rm 13,8-10; Gl 5,14; cf. Cl 3,14+).
d) Introduzindo por *amen* (Sl 41,14+; Rm 1,25+) algumas das suas afirmações, Jesus salienta sua autoridade (6,2.5.16 etc. Jo 1,51 etc.). O termo hebraico que designava originalmente a firmeza evoluiu em duas direções: a da verdade e a da fidelidade; aqui significa simplesmente "de fato".
e) Lit.: "nem um iota, nem um risquinho".
f) O ensino tradicional se transmitia oralmente, sobretudo nas sinagogas.
g) A palavra *raqa*, traduzida do aramaico, significa "cabeça vazia, sem miolos".
h) Aqui o Grande Sinédrio, que tinha sua sede em Jerusalém, em oposição aos simples "tribunais" (vv. 21-22), espalhados no país.
i) Ao sentido primitivo do termo grego "insensato", o uso judaico juntava um matiz muito mais grave de impiedade religiosa.

res para trazer a tua oferta ao altar e ali te lembrares de que o teu irmão tem alguma coisa contra ti, ²⁴deixa a tua oferta ali diante do altar e vai primeiro reconciliar-te com teu irmão; e depois virás apresentar tua oferta. ²⁵Assume logo uma atitude conciliadora com o teu adversário, enquanto estás com ele no caminho, para não acontecer que o adversário te entregue ao juiz e o juiz ao guarda e, assim, sejas lançado na prisão. ²⁶Em verdade te digo: dali não sairás, enquanto não pagares o último centavo.

²⁷Ouvistes que foi dito: *Não cometerás adultério*. ²⁸Eu, porém, vos digo: todo aquele que olha para uma mulher com desejo libidinoso já cometeu adultério com ela em seu coração. ²⁹Caso o teu olho direito te leve a pecar, arranca-o e lança-o para longe de ti, pois é preferível que se perca um dos teus membros do que todo o teu corpo seja lançado na geena. ³⁰Caso a tua mão direita te leve a pecar, corta-a e lança-a para longe de ti, pois é preferível que se perca um dos teus membros do que todo o teu corpo vá para a geena.

³¹Foi dito: *Aquele que repudiar sua mulher, dê-lhe uma carta de divórcio*. ³²Eu, porém, vos digo: todo aquele que repudia sua mulher, a não ser por motivo de 'prostituição', faz com que ela adultere; e aquele que se casa com a repudiada comete adultério.

³³Ouvistes também que foi dito aos antigos: *Não perjurarás, mas cumprirás os teus juramentos para com o Senhor*. ³⁴Eu, porém, vos digo: não jureis em hipótese nenhuma; nem *pelo Céu*, porque é *o trono de Deus*, ³⁵nem *pela Terra*, porque é o *escabelo dos seus pés*, nem por Jerusalém, porque é a *Cidade do Grande Rei*, ³⁶nem jures pela tua cabeça, porque tu não tens o poder de tornar um só cabelo branco ou preto. ³⁷Seja o vosso 'sim', sim, e o vosso 'não', não.ᵃ O que passa disso vem do Maligno.

³⁸Ouvistes que foi dito: *Olho por olho e dente por dente*. ³⁹Eu, porém, vos digo: não resistais ao homem mau;ᵇ antes, àquele que te fere na face direita oferece-lhe também a esquerda; ⁴⁰e àquele que quer pleitear contigo, para tomar-te a túnica,ᶜ deixa-lhe também o manto; ⁴¹e se alguém te obriga a andar uma milha, caminha com ele duas. ⁴²Dá ao que te pede e não voltes as costas ao que te pede emprestado.

⁴³Ouvistes que foi dito: *Amarás o teu próximo e odiarás o teu inimigo*.ᵈ ⁴⁴Eu, porém, vos digo: amai os vossos inimigosᵉ e orai pelos que vos perseguem;ᶠ ⁴⁵desse modo vos tornareis filhos do vosso Pai que está nos Céus, porque ele faz nascer o seu sol igualmente sobre maus e bons e cair a chuva sobre justos e injustos. ⁴⁶Com efeito, se amais aos que vos amam, que recompensa tendes? Não fazem também os publicanosᵍ a mesma coisa? ⁴⁷E se saudais apenas os vossos irmãos, que fazeis de mais? Não fazem também os gentios a mesma coisa? ⁴⁸Portanto, deveis ser perfeitos como o vosso Pai celeste é perfeito.

---

a) Essa fórmula aparentemente bem conhecida (cf. 2Cor 1,17; Tg 5,12) pode-se explicar de diversas maneiras: 1. como veracidade: se é sim, dizei sim; se é não, dizei não; 2. como sinceridade: que o vosso sim (ou não) dos lábios corresponda ao sim (ou ao não) do coração; 3. como solenidade: a repetição do sim ou do não seria uma forma solene de afirmação ou de negação, que deveria bastar, dispensando o recurso a juramento que envolvia a divindade.
b) Jesus se refere à chamada "lei do talião". Proporcionando a punição ao dano causado ela representava uma restrição da vingança (cf. Gn 4,23-24). Com esta injunção de Jesus temos uma nova etapa da evolução dos costumes, da qual encontramos eco nos textos rabínicos posteriores. Notemos que todos os exemplos se referem a um mal pelo qual a própria pessoa é lesada. Jesus não proíbe opor-se dignamente aos ataques injustos (cf. Jo 18,22ss), nem, muito menos, combater o mal no mundo.
c) Como penhor (cf. Ex 22,25s; Dt 24,12s). A forma voluntariamente paradoxal do pensamento é evidente (cf. 19,24).
d) A segunda parte do mandamento não se encontra tal qual na Lei, nem se poderia encontrar. Essa expressão, exigida por uma língua pobre em matizes (o original aramaico) equivale a: "Tu não tens obrigação de amar o teu inimigo". Comparar Lc 14,26 e o passo paralelo Mt 10,37. Em Eclo 12,4-7 e nos escritos de Qumrã (1QS 1,10 etc.) encontra-se, entretanto, aversão tal aos pecadores que não está longe do ódio, e é nisso que Jesus podia estar pensando.
e) Ad.: "Fazei bem aos que vos odeiam".
f) Ad.: "e pelos que vos maltratam" (cf. Lc 6,27s).
g) Cobradores de impostos que, pela sua profissão, exercida com rapinagem, eram votados ao desprezo público (cf. 9,10; 18,17+).

6 ***A esmola em segredo*** — ¹Guardai-vos de praticar a vossa justiça[a] diante dos homens para serdes vistos por eles. Do contrário, não recebereis recompensa junto ao vosso Pai que está nos céus. ²Por isso, quando deres esmola, não te ponhas a trombetear em público, como fazem os hipócritas[b] nas sinagogas e nas ruas, com o propósito de ser glorificados pelos homens. Em verdade vos digo: já receberam sua recompensa. ³Tu, porém, quando deres esmola, não saiba tua mão esquerda o que faz tua direita, ⁴para que tua esmola fique em segredo; e o teu Pai, que vê no segredo, te recompensará.

Orar em segredo — ⁵E quando orardes,[c] não sejais como os hipócritas, porque eles gostam de fazer oração pondo-se em pé nas sinagogas e nas esquinas, a fim de serem vistos pelos homens. Em verdade vos digo: já receberam sua recompensa. ⁶Tu, porém, quando orares, *entra no teu quarto e, fechando tua porta, ora* a teu Pai que está lá, no segredo; e teu Pai, que vê no segredo, te recompensará.

A verdadeira oração. O Pai-nosso — ⁷Nas vossas orações não useis de vãs repetições, como os gentios, porque imaginam que é pelo palavreado excessivo que serão ouvidos. ⁸Não sejais como eles, porque vosso Pai sabe do que tendes necessidade antes de lho pedirdes. ⁹Portanto, orai desta maneira:[d]

Pai nosso que estás nos céus,
santificado seja o teu Nome,
¹⁰ venha o teu Reino,
seja feita a tua vontade
na terra, como no céu.
¹¹ O pão nosso de cada dia[e]
dá-nos hoje.
¹² E perdoa-nos as nossas dívidas
como também nós perdoamos aos nossos devedores.
¹³ E não nos submetas à tentação,[f]
mas livra-nos do Maligno.[g]

a) Lit.: "fazer a vossa justiça" (var.: "dar esmola"), isto é, praticar as boas obras que tornam o homem justo diante de Deus. Na opinião dos judeus, as principais eram a esmola (vv. 2-4), a oração (vv. 5-6) e o jejum (vv. 16-18).
b) No pensamento de Mateus, esse epíteto, que visa a todos os falsos devotos que apresentam uma piedade afetada e ruidosa, aplica-se especialmente à seita dos fariseus (ver 15,7; 22,18; 23,13-15).
c) Por seu exemplo (Mt 14,23), como por suas instruções, Jesus ensinou aos discípulos o dever da oração e a maneira de fazê-la. A oração deve ser humilde diante de Deus (Lc 18,10-14) e diante dos homens (Mt 6,5-6; Mc 12,40p), de coração mais do que com os lábios (Mt 6,7), confiante na bondade do Pai (Mt 6,8; 7,7-11p) e *insistente até a importunidade* (Lc 11,5-8; 18,1-8). Ela é atendida, se feita com fé (Mt 21,22p), no nome de Jesus (Mt 18,19-20; Jo 14,13-14; 15,7.16; 16,23-27) e se pede coisas boas (Mt 7,11), tais como o Espírito Santo (Lc 11,13), o perdão (Mc 11,25), o bem dos perseguidores (Mt 5,44p; cf. Lc 23,34), sobretudo a vinda do Reino de Deus e a preservação durante a provação escatológica (Mt 24,20p; 26,41p; Lc 21,36; cf. Lc 22,31-32); essa é toda a substância da oração modelo ensinada pelo próprio Jesus (Mt 6,9-15p).
d) Na redação de Mt, o Pai-nosso contém sete petições. Esse número é da predileção de Mateus: duas vezes sete gerações na genealogia (1,17); sete bem-aventuranças (5,3+); sete parábolas (13,3+); dever de perdoar não sete, mas setenta e sete vezes (18,22); sete maldições dos fariseus (23,13+). Talvez tenha sido com o objetivo de conseguir sete petições que Mateus acrescentou ao texto básico (Lc 11,2-4) a terceira (cf. 7,21; 21,31; 26,42) e a sétima (cf. o "Maligno", 13,19.38).
e) "de cada dia" é tradução tradicional e provável de uma palavra difícil. Outras foram propostas, como: "necessário à subsistência" e "de amanhã". Seja como for, a ideia fundamental é que devemos pedir a Deus o sustento indispensável à vida material, mas nada senão isso; portanto, nem a riqueza, nem a opulência. — Os Padres da Igreja aplicaram esse texto à nutrição da fé: o pão da palavra de Deus e o pão eucarístico (cf. Jo 6,22+).
f) A tradução proposta é equívoca. Deus nos submete à prova, mas não tenta ninguém (Tg 1,12; 1Cor 10,13). O sentido permitido do verbo aramaico, utilizado por Jesus, "deixar entrar" e não "fazer entrar", não foi traduzido pelo grego e pela Vulgata. Desde os primeiros séculos, muitos mss latinos substituem *Ne nos inducas* por *Ne nos patiaris induci*. Pedimos a Deus que nos livre do tentador e suplicamos a ele a fim de não entrar em tentação (cf. Mt 26,41p), isto é, a apostasia.
g) Ou "do mal". — Ad.: "Porque a ti pertencem o Reino e o Poder e a Glória pelos séculos. Amém".

¹⁴Pois, se perdoardes aos homens os seus delitos, também vosso Pai celeste vos perdoará; ¹⁵mas se não perdoardes aos homens, vosso Pai também não perdoará vossos delitos.

Jejuar em segredo — ¹⁶Quando jejuardes, não tomeis um ar sombrio como fazem os hipócritas, pois eles desfiguram seu rosto para que seu jejum seja percebido pelos homens. Em verdade vos digo: já receberam sua recompensa. ¹⁷Tu, porém, quando jejuares, unge tua cabeça e lava teu rosto, ¹⁸para que os homens não percebam que estás jejuando, mas apenas teu Pai, que está lá no segredo; e teu Pai, que vê no segredo, te recompensará.

O verdadeiro tesouro — ¹⁹Não ajunteis para vós tesouros na terra, onde a traça e o caruncho os corroem e onde os ladrões arrombam e roubam, ²⁰mas ajuntai para vós tesouros no céu, onde nem a traça, nem o caruncho corroem e onde os ladrões não arrombam nem roubam; ²¹pois onde está teu tesouro aí estará também teu coração.

O olho é a lâmpada do corpo — ²²A lâmpada do corpo é o olho. Portanto, se teu olho estiver são, todo teu corpo ficará iluminado; ²³mas se teu olho estiver doente, todo teu corpo ficará escuro. Pois se a luz que há em ti são trevas, quão grandes serão as trevas!ᵃ

Deus e o Dinheiro — ²⁴Ninguém pode servir a dois senhores. Com efeito, ou odiará um e amará o outro, ou se apegará ao primeiro e desprezará o segundo. Não podeis servir a Deus e ao Dinheiro.

Abandonar-se à Providência — ²⁵Por isso vos digo: não vos preocupeis com a vossa vida quanto ao que haveis de comer, nem com o vosso corpo quanto ao que haveis de vestir. Não é a vida mais do que o alimento e o corpo mais do que a roupa? ²⁶Olhai as aves do céu: não semeiam, nem colhem, nem ajuntam em celeiros. E, no entanto, vosso Pai celeste as alimenta. Ora, não valeis vós mais do que elas? ²⁷Quem dentre vós, com as suas preocupações, pode acrescentar um só côvado à duração da sua vida? ²⁸E com a roupa, por que andais preocupados? Observai os lírios do campo, como crescem, e não trabalham e nem fiam. ²⁹E, no entanto, eu vos asseguro que nem Salomão, em toda sua glória, se vestiu como um deles. ³⁰Ora, se Deus veste assim a erva do campo, que existe hoje e amanhã será lançada ao forno, não fará ele muito mais por vós, homens fracos na fé? ³¹Por isso, não andeis preocupados, dizendo: Que iremos comer? Ou, que iremos beber? Ou, que iremos vestir? ³²De fato, são os gentios que estão à procura de tudo isso: vosso Pai celeste sabe que tendes necessidade de todas essas coisas. ³³Buscai, em primeiro lugar, seu Reino e sua justiça, e todas essas coisas vos serão acrescentadas. ³⁴Não vos preocupeis, portanto, com o dia de amanhã, pois o dia de amanhã se preocupará consigo mesmo. A cada dia basta o seu mal.

7

Não julgar — ¹Não julgueis para não serdes julgados.ᵇ ²Pois com o julgamento com que julgais sereis julgados, e com a medida com que medis sereis medidos. ³Por que reparas no cisco que está no olho do teu irmão, quando não percebes a trave que está no teu? ⁴Ou como poderás dizer ao teu irmão: 'Deixa-me tirar o cisco do teu olho', quando tu mesmo tens uma trave

---

a) À luz material, cujo benefício o olho concede ou recusa ao corpo, conforme esteja são ou doente, compara-se a luz espiritual que se irradia da alma: se ela mesma está obscurecida, a cegueira será bem pior do que a que resulta da cegueira física.

b) Não julgueis *os outros*, para não serdes julgados por Deus. Do mesmo modo se entenda o v. seguinte (cf. Tg 4,12).

no teu? ⁵Hipócrita, tira primeiro a trave do teu olho, e então verás bem para tirar o cisco do olho do teu irmão.

Não profanar as coisas santas — ⁶Não deis aos cães o que é sagrado,ª nem atireis as vossas pérolas aos porcos, para que não as pisem e, voltando-se contra vós, vos estraçalhem.

Eficácia da oração — ⁷Pedi e vos será dado; buscai e achareis; batei e vos será aberto; ⁸pois todo o que pede recebe; o que busca acha e ao que bate se lhe abrirá. ⁹Quem dentre vós dará uma pedra a seu filho, se este lhe pedir pão? ¹⁰Ou lhe dará uma cobra, se este lhe pedir peixe? ¹¹Ora, se vós que sois maus sabeis dar boas dádivas aos vossos filhos, quanto mais vosso Pai que está nos céus dará coisas boas aos que lhe pedem!

A regra de ouro ᵇ — ¹²Tudo aquilo, portanto, que quereis que os homens vos façam, fazei-o vós a eles, pois esta é a Lei e os Profetas.

Os dois caminhos ᶜ — ¹³Entrai pela porta estreita, porque largo e espaçoso é o caminho ᵈ que conduz à perdição. E muitos são os que entram por ele. ¹⁴Estreita, porém, é a porta e apertado o caminho que conduz à Vida. E poucos são os que o encontram.

Os falsos profetas — ¹⁵Guardai-vos dos falsos profetas, ᵉ que vêm a vós disfarçados de ovelhas, mas por dentro são lobos ferozes. ¹⁶Pelos seus frutos os reconhecereis. Por acaso colhem-se uvas dos espinheiros ou figos dos cardos? ¹⁷Do mesmo modo, toda árvore boa dá bons frutos, mas a árvore má dá frutos ruins. ¹⁸Uma árvore boa não pode dar frutos ruins, nem uma árvore má dar bons frutos. ¹⁹Toda árvore que não produz bom fruto é cortada e lançada ao fogo. ²⁰É pelos seus frutos, portanto, que os reconhecereis.

Os verdadeiros discípulos — ²¹Nem todo aquele que me diz 'Senhor, Senhor' entrará no Reino dos Céus, mas sim aquele que pratica a vontade de meu Pai que está nos céus. ²²Muitos me dirão naquele dia: ᶠ 'Senhor, Senhor, não foi *em teu nome que profetizamos* e em teu nome que expulsamos demônios e em teu nome que fizemos muitos milagres?' ²³Então eu lhes declararei: 'Nunca vos conheci. *Apartai-vos de mim, vós que praticais a iniquidade*'.

²⁴Assim, todo aquele que ouve essas minhas palavras e as põe em prática será comparado ao homem sensato que construiu sua casa sobre a rocha. ²⁵Caiu a chuva, vieram as enxurradas, sopraram os ventos e deram contra aquela casa, mas ela não caiu, porque estava alicerçada na rocha. ²⁶Por outro lado, todo aquele que ouve essas minhas palavras, mas não as pratica, será comparado ao homem insensato que construiu a sua casa sobre a areia.

---

a) Porções de carne consagrada, alimentos santificados por terem sido oferecidos no Templo (cf. Ex 22,30; Lv 22,14). — Do mesmo modo, não se deve propor uma doutrina preciosa e santa a pessoas incapazes de recebê-la bem e que poderiam fazer mau uso dela. O texto não especifica de que tipo de pessoas se trata: seriam os judeus hostis? Ou os pagãos (cf. 15,26)?

b) Essa máxima de comportamento era bastante conhecida desde a Antiguidade, especialmente no judaísmo (cf. Tb 4,15; carta de Aristeu, Targum de Lv 19,18, Hilel, Fílon e outros), mas sob forma negativa, insistindo que não devemos fazer a outrem aquilo que não queremos que nos façam. Jesus e, depois dele, os escritos cristãos dão a essa máxima uma forma positiva, que é bem mais exigente.

c) A doutrina dos dois caminhos — o do bem e o do mal — entre os quais o homem deve escolher, é tema antigo e comum no judaísmo (cf. Dt 30,15-20; Sl 1; Pr 4,18-19; 12,28; 15,24; Eclo 15,17; 33,14). Ela está num tratado de moral que chegou até nós através da *Didaqué* e da sua tradução latina, *Doctrina Apostolorum*. Há quem creia perceber a sua influência em Mt 5,14-18; 7,12-14; 19,16-26; 22,34-40 e em Rm 12,16-21; 13,8-12.

d) Var.: "larga é a porta e espaçoso o caminho".

e) Doutores de mentira que seduzem o povo com falsas aparências de piedade, enquanto, no íntimo, buscam fins interesseiros (cf. 24,4s.24; Ez 22,28; Jr 23, 9-14).

f) No dia do juízo final.

²⁷Caiu a chuva, vieram as enxurradas, sopraram os ventos e deram contra aquela casa, e ela desmoronou. E foi grande sua ruína!"

Espanto da multidão — ²⁸Aconteceu que ao terminar Jesus essas palavras, as multidões ficaram extasiadas com o seu ensinamento, ²⁹porque as ensinava com autoridade e não como os seus escribas.ᵃ

III. A pregação do Reino dos Céus

1. PARTE NARRATIVA: DEZ MILAGRES

8 **Cura de um leproso** — ¹Ao descer da montanha, seguiam-no multidões numerosas, ²quando de repente um leproso se aproximou e se prostrou diante dele, dizendo: "Senhor, se queres, tens poder para purificar-me". ³Ele estendeu a mão e, tocando-o, disse: "Eu quero, sê purificado". E imediatamente ficou livre da sua lepra.ᵇ ⁴Jesus lhe disse: "Cuidado, não digas nada a ninguém, mas vai *mostrar-te ao sacerdote* e apresenta a oferta prescrita por Moisés, para que lhes sirva de prova".

Cura do servo de um centurião — ⁵Ao entrar em Cafarnaum, chegou-se a ele um centurião que o implorava e dizia: ⁶"Senhor, meu criado está deitado em casa paralítico, sofrendo dores atrozes". ⁷Jesus lhe disse: "Eu irei curá-lo". ⁸Mas o centurião respondeu-lhe: "Senhor, não sou digno de receber-te sob o meu teto; basta que digas uma palavra e meu criado ficará são. ⁹Com efeito, também eu estou debaixo de ordens e tenho soldados sob o meu comando, e quando digo a um 'Vai!', ele vai, e a outro 'Vem!', ele vem; e quando digo ao meu servo: 'Faze isto', ele o faz". ¹⁰Ouvindo isso, Jesus ficou admirado e disse aos que o seguiam: "Em verdade vos digo que, em Israel, não achei ninguém que tivesse tal fé.ᶜ ¹¹Mas eu vos digo que virão muitos *do oriente e*

---

a) Que baseavam todos os seus ensinamentos na "tradição" dos anciãos (cf. 15,2). — Ad.: "e os fariseus".

b) Por seus milagres Jesus manifesta seu poder sobre a natureza (8,23-27; 14,22-23p), particularmente sobre a doença (8,1-4.5-13.14-15; 9,1-8.20-22.27-31; 14,34-36; 15,30; 20,29-34 e p; Mc 7,32-37; 8,22-26; Lc 14,1-6; 17,11-19; Jo 5,1-16; 9,1-41), sobre a morte (Mt 9,23-26p; Lc 7,11-17; Jo 11,1-44) e sobre os demônios (Mt 8,29+). Os milagres de Jesus, diferentes dos prodígios maravilhosos do helenismo e do judaísmo rabínico em virtude da sua simplicidade, distinguem-se, sobretudo, por sua significação espiritual e simbólica: anunciam os castigos (21,18-22p) e os dons da era messiânica (11,5+; 14,13-21; 15,32-39p; Lc 5,4-11; Jo 2,1-11; 21,4-14) inauguram a vitória do Espírito sobre o império de Satanás (8,29+) e sobre as forças do mal, pecados (9,2+) e doenças (8,17+). Embora realizados às vezes por compaixão (20,34; Mc 1,41; Lc 7,13), destinam-se principalmente a confirmar a fé (8,10+; Jo 2,11+). Assim, Jesus os realiza com discrição, insistindo no segredo daqueles a quem atende (Mc 1,34+) e deixando para mais tarde a apresentação do milagre decisivo de sua própria ressurreição (12,39-40). Jesus transmite esse poder de cura aos seus apóstolos, ao enviá-los a pregar o Reino (10,1.8p); eis por que Mt apresenta como preâmbulo às instruções da missão (cap. 10) uma série de dez milagres (caps. 8 e 9) como sinais do missionário (Mc 16,17s; At 2,22; cf. At 1,8+).

c) Essa fé, que Jesus requer desde o princípio da sua atividade (Mc 1,15) e que continuará a requerer sempre, é sentimento de confiança e de abandono pelo qual o homem desiste de contar com seus próprios pensamentos e com suas forças, para entregar-se à palavra e ao poder daquele em quem crê (Lc 1,20.45; Mt 21, 25p.32). Jesus exige-a sobretudo por ocasião dos seus milagres (8,13; 9,2p.22p.28-29; 15,28; Mc 5,36p; 10,52p; Lc 17,19), que são menos atos de misericórdia do que sinais da sua missão e do Reino (8,3+; cf. Jo 2,11+); assim, ele não pode realizá-los quando não encontra a fé que lhes pode dar o verdadeiro sentido (12,38-39; 13,58p; 16,1-4). Exigindo um sacrifício do espírito e de todo o ser, a fé é difícil gesto de humildade (18,6p), que muitos se recusam a fazer, particularmente em Israel (8,10p; 15,28; 27,42p; Lc 18,8), ou o fazem pela metade (Mc 9,24; Lc 8,13). Os próprios discípulos demoram a crer (8,26p; 14,31; 16,8; 17,20p), mesmo depois da ressurreição (28,17; Mc 16,11-14; Lc 24,11.25.41). Até a fé mais sincera do seu chefe, a "Rocha" (16,16-18), será abalada pelo escândalo da paixão (26,69-75p), mas triunfará de novo (Lc 22,32). A fé, quando forte, opera maravilhas (17,20p; 21,21p; Mc 16,17), alcança tudo (21,22p; Mc 9,23), particularmente a remissão dos pecados (9,2p; Lc 7,50) e a salvação, da qual é a condição indispensável (Lc 8,12; Mc 16,16; cf. At 3,16+).

do ocidente e se assentarão à mesa[a] no Reino dos Céus, com Abraão, Isaac e Jacó, ¹²enquanto os filhos do Reino[b] serão postos para fora, nas trevas, onde haverá choro e ranger de dentes".[c] ¹³Em seguida, disse ao centurião: "Vai! Como creste, assim te seja feito!" Naquela mesma hora o criado ficou são.

Cura da sogra de Pedro — ¹⁴Entrando Jesus na casa de Pedro, viu a sogra dele, que estava de cama e com febre. ¹⁵Logo tocou-lhe a mão e a febre a deixou. Ela se levantou e pôs-se a servi-lo.

Diversas curas — ¹⁶Ao entardecer, trouxeram-lhe muitos endemoninhados e ele, com uma palavra, expulsou os espíritos e curou todos os que estavam enfermos, ¹⁷a fim de se cumprir o que foi dito pelo profeta Isaías:

*Tomou nossas enfermidades
e carregou nossas doenças*.[d]

Exigências da vocação apostólica — ¹⁸Vendo Jesus que estava cercado de grandes multidões, ordenou que partissem para a outra margem.[e] ¹⁹Então chegou-se a ele um escriba e disse: "Mestre, eu te seguirei para onde quer que vás". ²⁰Ao que Jesus respondeu: "As raposas têm tocas e as aves do céu, ninhos; mas o Filho do Homem[f] não tem onde reclinar a cabeça".

²¹Outro dos discípulos lhe disse: "Senhor, permite-me ir primeiro enterrar meu pai". ²²Mas Jesus lhe respondeu: "Segue-me e deixa que os mortos enterrem seus mortos".

A tempestade acalmada — ²³Depois disso, entrou no barco e os seus discípulos o acompanharam. ²⁴E, nisso, houve no mar uma grande agitação, de modo que o barco era varrido pelas ondas. Ele, entretanto, dormia. ²⁵Os discípulos então chegaram-se a ele e o despertaram, dizendo: "Senhor, salva-nos, estamos perecendo!" ²⁶Disse-lhes ele: "Por que tendes medo, homens fracos na fé?" Depois, pondo-se de pé, conjurou severamente os ventos e o mar. E houve grande bonança. ²⁷Os homens ficaram espantados e diziam: "Quem é este a quem até os ventos e o mar obedecem?"

---

a) Inspirando-se em Is 25,6; 55,1-2; Sl 22,27 etc., o judaísmo representou muitas vezes sob a imagem do festim a era messiânica (cf. 22,2-14; 26,29p; Lc 14,15; Ap 3,20; 19,9).
b) Isto é, os judeus, herdeiros naturais das promessas. Aqueles dentre eles que não crerem no Cristo verão os gentios tomarem seus lugares.
c) Imagem bíblica da cólera e do despeito dos ímpios em relação aos justos (cf. Sl 35,16; 37,12; 112,10; Jó 16,9). Em Mt ela descreve a condenação.
d) Para Isaías, o Servo "tomou" sobre si nossas dores pelo seu próprio sofrimento expiatório. Mt entende que Jesus as "tomou", removendo-as através de suas curas miraculosas. Essa interpretação, aparentemente forçada, encerra, na realidade, profunda verdade teológica: é justamente porque Jesus, o "Servo", veio tomar sobre si a expiação dos pecados, que pôde aliviar os homens dos seus males corporais que são a consequência e a pena do pecado.
e) A margem oriental do lago de Tiberíades.
f) Filho do Homem. Este semitismo enigmático tem dois sentidos: um sentido ordinário, "homem", "ser humano" (Ez 2,1; Sl 8,4); frequentemente simples equivalente de "eu", "mim", às vezes por modéstia, como no presente caso; um sentido teológico por referência a Dn 7,13-14, em que o título de Filho do Homem designa um ser celeste, transcendente, talvez angélico ou até divino, ao qual é dado o Reino de Deus. Este ser celeste é mais claramente delineado nos livros apócrifos (1 Henoc 46-9 etc.; 4 Esdras 13), em que é identificado com o Messias. Trata-se, portanto, de uma expressão que se refere paradoxalmente ao mesmo tempo à humildade e à exaltação divina, o que faz dele, apesar das possíveis confusões, uma chave cristológica. No NT a expressão só se encontra nos lábios de Jesus (exceto Jo 12,34; At 7,56; Ap 1,13; 14,14), mais frequentemente como uma referência à sua própria pessoa. Nos Sinóticos esta fórmula se refere: a) à vida presente, terrestre de Jesus (aqui por exemplo); b) às predições de seu sofrimento, morte e ressurreição (por exemplo, Mc 8,31; 9,31; 10,33-34); c) à sua vinda como Filho do Homem em futuro glorioso (por exemplo, Mc 8,38; 13,26; 14,62 e par.).

Os endemoninhados gadarenos — ²⁸Ao chegar ao outro lado, ao país dos gadarenos,*ᵃ* vieram ao seu encontro dois endemoninhados,*ᵇ* saindo dos túmulos. Eram tão ferozes que ninguém podia passar por aquele caminho. ²⁹E eis que puseram-se a gritar: "Que queres de nós, Filho de Deus? Vieste aqui para nos atormentar antes do tempo?"*ᶜ* ³⁰Ora, a certa distância deles, havia uma manada de porcos que pastavam. ³¹Os demônios lhe imploravam, dizendo: "Se nos expulsas, manda-nos para a manada de porcos". ³²Jesus lhes disse: "Ide". Eles, saindo, foram para os porcos e logo toda a manada se precipitou no mar, do alto de um precipício, e pereceu nas águas.*ᵈ* ³³Os que os apascentavam fugiram e, dirigindo-se à cidade, contaram tudo o que acontecera, inclusive o caso dos endemoninhados. ³⁴Diante disso, a cidade inteira saiu ao encontro de Jesus. Ao vê-lo, rogaram-lhe que se retirasse do seu território.

9 *Cura de um paralítico* — ¹E entrando em um barco, ele atravessou as águas e foi para a sua cidade.*ᵉ* ²Aí trouxeram um paralítico deitado numa cama. Jesus, vendo sua fé, disse ao paralítico: "Tem ânimo, meu filho; os teus pecados te são perdoados".*ᶠ* ³Ao ver isso alguns dos escribas diziam consigo: "Blasfema". ⁴Mas Jesus, conhecendo os sentimentos deles, disse: "Por que tendes esses maus sentimentos em vossos corações? ⁵Com efeito, que é mais fácil dizer 'Teus pecados são perdoados', ou dizer 'Levanta-te e anda'?*ᵍ* ⁶Pois bem, para que saibais que o Filho do Homem tem poder na terra de perdoar os pecados..." disse então ao paralítico: "Levanta-te, toma tua cama e vai para casa". ⁷Ele se levantou e foi para casa. ⁸Vendo o ocorrido, as multidões ficaram com medo e glorificaram a Deus, que deu tal poder aos homens.*ʰ*

Chamado de Mateus — ⁹Indo adiante, viu Jesus um homem chamado Mateus,*ⁱ* sentado na coletoria de impostos, e disse-lhe: "Segue-me". Este, levantando-se, o seguiu.

Refeição com os pecadores — ¹⁰Aconteceu que, estando ele à mesa em casa, vieram muitos publicanos e pecadores*ʲ* e se assentaram à mesa com Jesus

---

a) Habitantes da cidade de Gadara, situada ao sudeste do lago. A var. "gerasenos" (Mc, Lc e Vulg. de Mt) deriva do nome de outra cidade, Gerasa ou, talvez, Corsia; a var. "gergesenos" provém de uma conjectura de Orígenes.
b) Dois endemoninhados, em lugar de um só como em Mc e Lc; do mesmo modo, dois cegos em Jericó (20,30) e dois cegos em Betsaida (9,27), milagre que não passa de decalque do anterior. Esse desdobramento de personagens parece ser recurso de estilo de Mt.
c) Enquanto esperam o dia do julgamento, os demônios gozam de certa liberdade para exercerem suas sevícias na terra (Ap 9,5), o que eles fazem de preferência possuindo seres humanos (12,43-45+). Frequentemente essa possessão vem acompanhada de doença que, como resultado do pecado (9,2+), é outra manifestação da ação de Satanás (Lc 13,16). Assim, os exorcismos do evangelho que, em alguns casos, como aqui, se apresentam no estado puro (cf. 15,21-28p; Mc 1,23-28p; Lc 8,2), apresentam-se, muitas vezes, sob a forma de cura (9,32-34; 12,22-24p; 17,14-18p; Lc 13,10. 17). Por seu poder sobre os demônios, Jesus destrói o império de Satanás (12,28p; Lc 10,17-19; cf. Lc 4,6; Jo 12,31+) e inaugura o reino messiânico, do qual o Espírito Santo é a promessa distintiva (Is 11,2+; Jl 3,1s). Se os homens se recusam a entendê-lo (12,24-32), os demônios o conhecem bem, como aqui e ainda em Mc 1,24p; 3,11p; Lc 4,41; At 16,17; 19,15. Jesus comunica esse poder de exorcismo aos seus discípulos juntamente com o poder de cura miraculosa (10,1.8p), que se prende àquele (8,3+; 4,24; 8,16p; Lc 13,32).
d) Para auditório judaico-cristão, tal relato possuía um aspecto humorístico e outro aspecto pragmático utilitário, como a eliminação de ratos ou de percevejos.
e) Cafarnaum, cf. 4,13.
f) Jesus leva em conta primeiro a cura da alma, depois a do corpo e não realiza esta senão em vista daquela. Mas essa afirmação já encerrava a promessa de cura, pois que as enfermidades eram consideradas a consequência de pecado cometido pelo doente ou pelos seus pais (cf. 8,29+; Jo 5,14; 9,2).
g) Em si, perdoar os pecados da alma é mais difícil do que curar o corpo; mas é mais fácil *dizer*, porque isso não pode ser verificado exteriormente.
h) Notar o plural: certamente Mt pensa nos ministros da Igreja que receberam de Cristo esse poder (18,18).
i) O mesmo que se chama Levi em Mc e Lc.
j) Homens cujos costumes pessoais ou cuja profissão mal-afamada (cf. 5,46+) os tornavam "impuros" e indignos de convivência. Eram, sobretudo, suspeitos por não observarem muitas leis referentes à alimentação, e donde surgiam problemas de comensalidade (Mc 7,3-4.14.23p; At 10,15+; 15,20+; Gl 2,12; cf. 1Cor 8 e 9; Rm 14).

e seus discípulos. ¹¹Os fariseus, vendo isso, perguntaram aos discípulos: "Por que come o vosso Mestre com os publicanos e os pecadores?" ¹²Ele, ao ouvir o que diziam, respondeu: "Não são os que têm saúde que precisam de médico, e sim os doentes. ¹³Ide, pois, e aprendei o que significa: *Misericórdia quero, e não o sacrifício*.*a* Com efeito, eu não vim chamar justos, mas pecadores".

Discussão sobre o jejum — ¹⁴Por esse tempo, vieram procurá-lo os discípulos de João*b* com esta pergunta: "Por que razão nós e os fariseus jejuamos, enquanto os teus discípulos não jejuam?" ¹⁵Jesus respondeu-lhes: "Por acaso podem os amigos do noivo estar de luto enquanto o noivo*c* está com eles? Dias virão, quando o noivo lhes será tirado;*d* então, sim, jejuarão. ¹⁶Ninguém põe remendo de pano novo em roupa velha, porque o remendo repuxa a roupa e o rasgão torna-se maior. ¹⁷Nem se põe vinho novo em odres velhos; caso contrário, estouram os odres, o vinho se entorna e os odres ficam inutilizados. Antes, o vinho novo se põe em odres novos; assim ambos se conservam".*e*

Cura de uma hemorroíssa e ressurreição da filha de um chefe — ¹⁸Enquanto Jesus lhes falava sobre essas coisas, veio um chefe*f* e prostrou-se diante dele, dizendo: "Minha filha acaba de morrer. Mas vem, impõe-lhe a mão e ela viverá". ¹⁹Levantando-se, Jesus o seguia, juntamente com os seus discípulos. ²⁰Enquanto ia, certa mulher, que sofria de fluxo de sangue fazia doze anos, aproximou-se dele por trás e tocou-lhe a orla do manto, ²¹pois dizia consigo: "Será bastante que eu toque o seu manto e ficarei curada". ²²Jesus, voltando-se e vendo-a, disse-lhe: "Ânimo, minha filha, tua fé te salvou". Desde aquele momento, a mulher foi salva.
²³Jesus, ao entrar na casa do chefe, vendo os flautistas e multidão em alvoroço,*g* disse: ²⁴"Retirai-vos todos daqui, porque a menina não morreu: dorme". E caçoavam dele. ²⁵Mas, assim que a multidão foi removida para fora, ele entrou, tomou-a pela mão e ela se levantou. ²⁶A notícia do que aconteceu espalhou-se por toda aquela região.

Cura de dois cegos — ²⁷Partindo Jesus dali, puseram-se a segui-lo dois cegos, que gritavam e diziam: "Filho de Davi,*h* tem compaixão de nós!" ²⁸Quando entrou em casa, os cegos aproximaram-se dele. Jesus lhes perguntou: "Credes vós que tenho poder de fazer isso?" Eles responderam: "Sim, Senhor". ²⁹Então tocou-lhes os olhos e disse: "Seja feito segundo a vossa fé". ³⁰E os seus olhos se abriram. Jesus, porém, os admoestou com energia: "Cuidado, para que ninguém o saiba". ³¹Mas eles, ao saírem dali, espalharam sua fama por toda aquela região.

---

a) À prática rigorista e exterior da Lei, Deus prefere os sentimentos íntimos do coração sincero e compassivo. Eis um tema freqüente dos profetas (Am 5,21+).
b) João Batista. Os seus discípulos, como também os fariseus, praticavam jejuns supererrogatórios, a fim de, *por sua piedade, apressar a vinda do Reino* (cf. Lc 18,12).
c) O noivo é Jesus, cujos companheiros — a comitiva nupcial — não podiam jejuar, porque com ele os tempos messiânicos haviam começado.
d) Anúncio claro da morte de Jesus.
e) Mateus retoca ligeiramente Mc 2,21-22, a fim de salientar a continuidade entre a antiga economia da salvação e a nova, entre o que, para ele, é bom mas incompleto e o que é completo. O "remendo" (v. 16), em grego *pleroma* que significa também "plenitude" (cf. 4,17s), é um jogo de palavras, proposital.

f) Chefe de sinagoga que se chamava Jairo, segundo Mc e Lc.
g) Manifestações ruidosas do luto oriental.
h) Título messiânico (2Sm 7,1+; cf. Lc 1,32; At 2,30; Rm 1,3), comumente admitido no judaísmo (Mc 12,35; Jo 7,42) e cuja aplicação a Jesus é destacada sobretudo por Mt (1,1; 12,23; 15,22; 20,30p; 21,9.15). Entretanto Jesus não o aceitou, senão com reserva, porque ele estava comprometido com uma concepção puramente humana do Messias (Mt 22,41-46; cf. Mc 1,34+), preferindo a ele o título misterioso de "Filho do Homem" (8,20+). Por que dirigir-se ao "filho de Davi" para pedir uma cura? Davi não era um curador, mas Salomão, filho e sucessor de Davi, era visto como curador pelos judeus no tempo do evangelho (cf. *Testamento de Salomão*).

Cura de um endemoninhado mudo — ³²Logo que saíram, eis que lhe trouxeram um endemoninhado mudo. ³³Expulso o demônio, o mudo falou. A multidão ficou admirada e pôs-se a dizer: "Nunca se viu coisa semelhante em Israel!" ³⁴Os fariseus, porém, diziam: "É pelo príncipe dos demônios que ele expulsa os demônios".*ª*

Miséria das multidões — ³⁵Jesus percorria todas as cidades e povoados ensinando em suas sinagogas e pregando o Evangelho do Reino, enquanto curava toda sorte de doenças e enfermidades. ³⁶Ao ver a multidão teve compaixão dela, porque estava cansada e abatida como *ovelhas sem pastor*.*ᵇ* Então disse aos seus discípulos: ³⁷"A colheita é grande, mas poucos os operários! ³⁸Pedi, pois, ao Senhor da colheita que envie operários para a sua colheita".

2. DISCURSO APOSTÓLICO

10 Missão dos Doze — ¹Chamou os doze discípulos*ᶜ* e deu-lhes autoridade de expulsar os espíritos impuros e de curar toda sorte de males e enfermidades. ²Estes são os nomes dos doze apóstolos:*ᵈ* primeiro, Simão, também chamado Pedro, e André, seu irmão; Tiago, filho de Zebedeu, e João, seu irmão; ³Filipe e Bartolomeu; Tomé e Mateus, o publicano; Tiago, o filho de Alfeu, e Tadeu; ⁴Simão, o Zelota, e Judas Iscariotes, aquele que o entregou. ⁵Jesus enviou esses Doze com estas recomendações:

"Não tomeis o caminho dos gentios, nem entreis em cidade de samaritanos. ⁶Dirigi-vos, antes, às ovelhas perdidas da casa de Israel.*ᵉ* ⁷Dirigindo-vos a elas, proclamai que o Reino dos Céus está próximo. ⁸Curai os doentes, ressuscitai os mortos, purificai os leprosos, expulsai os demônios. De graça recebestes, de graça dai. ⁹Não leveis ouro, nem prata, nem cobre nos vossos cintos, ¹⁰nem alforje para o caminho, nem duas túnicas, nem sandálias, nem cajado, pois o operário é digno do seu sustento. ¹¹Quando entrardes numa cidade ou num povoado, procurai saber de alguém que seja digno e permanecei ali até vos retirardes do lugar. ¹²Ao entrardes na casa, saudai-a.*ᶠ* ¹³E se for digna, desça a vossa paz sobre ela. Se não for digna,

---

a) V. omitido por representantes do texto "ocidental".
b) Imagem bíblica (Nm 27,17; 1Rs 22,17; Jt 11,19; Ez 34,5; 2Cr 18,16).
c) Mt supõe já conhecida a escolha dos Doze, que Mc e Lc mencionam explicitamente, distinguindo-a da missão.
d) A lista dos doze apóstolos (cf. Mc 3,14+ e Lc 6,13+) chegou a nós sob quatro formas diferentes, a saber: de Mt, Mc, Lc e At. Divide-se sempre em três grupos de quatro nomes, sendo o primeiro de cada lista sempre o mesmo em todas elas: Pedro, Filipe e Tiago, filho de Alfeu. A ordem pode variar no interior de cada grupo. Assim, no primeiro grupo, e dos discípulos mais ligados a Jesus, Mt e Lc colocam juntos os irmãos Pedro e André e os irmãos Tiago e João, enquanto em Mc e At André passa para o quarto lugar, para dar lugar aos dois filhos de Zebedeu que, juntamente com Pedro, se tornaram os três íntimos do Senhor (cf. Mc 5,37+). Ainda mais tarde, já em At, Tiago, filho de Zebedeu, cederá seu lugar ao seu irmão mais moço, João, que se tornou mais importante (cf. At 1,13; 12,2+ e já Lc 8,51+; 9,28). No segundo grupo, ao que parece ter sido o dos que tinham afinidade especial com os não judeus, Mateus ocupa o último lugar nas listas de Mt e de At; e só em Mt é chamado "o publicano". Quanto ao terceiro grupo, o mais judaizante, Tadeu (var. Lebeu) de Mt e de Mc — se é que é o mesmo que Judas (filho) de Tiago, de Lc e de At — passa, nestes últimos, do segundo para o terceiro lugar. Simão, o Zelota, de Lc e At, não é senão a tradução grega do aramaico, Simão Qan'ana de Mt e Mc. Judas Iscariotes, o traidor, figura sempre em último lugar. O seu nome é interpretado frequentemente como "homem de Cariot" (cf. Js 15,25), mas poderia também ser um derivado do aramaico *sheqarya*, "o mentiroso, o hipócrita".
e) Hebraísmo bíblico: o povo de Israel. — Como herdeiros da eleição e das promessas, os judeus devem ser os primeiros a receber o oferecimento da salvação messiânica (mas cf. At 8,5; 13,5+).
f) A saudação oriental consistia em desejar a paz. Esse desejo é concebido (v. 13) como alguma coisa bem concreta, que não pode ficar infrutífera e, por isso, caso não possa realizar-se, volta àquele que a pronunciou.

volte a vós a vossa paz. ¹⁴Mas se alguém não vos recebe e não dá ouvidos às vossas palavras, saí daquela casa ou daquela cidade e sacudi o pó de vossos pés.ᵃ ¹⁵Em verdade vos digo: no Dia do Julgamento haverá menos rigor para Sodoma e Gomorra do que para aquela cidade. ¹⁶Eis que vos envio como ovelhas entre lobos. Por isso, sede prudentes como as serpentes e sem malícia como as pombas.

Os missionários serão perseguidosᵇ — ¹⁷Guardai-vos dos homens: eles vos entregarão aos sinédriosᶜ e vos flagelarão em suas sinagogas. ¹⁸E, por causa de mim, sereis conduzidos à presença de governadores e de reis, para dar testemunho perante eles e perante as nações. ¹⁹Quando vos entregarem, não fiqueis preocupados em saber como ou o que haveis de falar. Naquele momento vos será indicado o que deveis falar, ²⁰porque não sereis vós que falareis, mas o Espírito de vosso Pai é que falará em vós.

²¹O irmão entregará o irmão à morte e o pai entregará o filho. Os filhos se levantarão contra os pais e os farão morrer. ²²E sereis odiados por todos por causa do meu nome. Aquele, porém, que perseverar até o fim, esse será salvo.

²³Quando vos perseguirem numa cidade, fugi para outra. E se vos perseguirem nesta, tornai a fugir para terceira.ᵈ Em verdade vos digo que não acabareis de percorrer as cidades de Israel até que venha o Filho do Homem.ᵉ

²⁴O discípulo não está acima do mestre, nem o servo acima do seu senhor. ²⁵Basta que o discípulo se torne como o mestre e o servo como o seu senhor. Se chamaram Beelzebu ao chefe da casa, que não dirão de seus familiares!

Falar abertamente e sem medo — ²⁶Não tenhais medo deles, portanto. Pois nada há de encoberto que não venha a ser descoberto, nem de oculto que não venha a ser revelado. ²⁷O que vos digo às escuras, dizei-o à luz do dia: o que vos é dito aos ouvidos, proclamai-o sobre os telhados.ᶠ

²⁸Não temais os que matam o corpo, mas não podem matar a alma. Temei antes aquele que pode destruir a alma e o corpo na geena. ²⁹Não se vendem dois pardais por um asse? E, no entanto, nenhum deles cai em terra sem o consentimento do vosso Pai! ³⁰Quanto a vós, até mesmo os vossos cabelos foram todos contados. ³¹Não tenhais medo, pois valeis mais do que muitos pardais.

³²Todo aquele, portanto, que se declarar por mim diante dos homens, também eu me declararei por ele diante de meu Pai que está nos céus.ᵍ ³³Aquele, porém, que me renegar diante dos homens, também o renegarei diante de meu Pai que está nos céus.

---

a) Expressão de origem judaica. O pó de qualquer região que não fosse a Terra Santa era tido por impuro. Aqui se aplica a mesma noção às localidades que não acolhem a Palavra.
b) Os ensinamentos dos vv. 17-39 ultrapassam evidentemente o horizonte dessa primeira missão dos Doze e devem ter sido pronunciados mais tarde (ver o lugar que ocupam em Mc e Lc). Mateus os reuniu aqui, a fim de compor um breviário completo do missionário.
c) Os pequenos sinédrios de província e o Grande Sinédrio de Jerusalém (cf. 5,21-22).
d) Om.: "E se... uma terceira".
e) O acontecimento aqui anunciado refere-se, não ao mundo em geral, mas a Israel em particular: realizou-se quando Deus veio "visitar" o seu povo, que se tornara infiel, e pôs fim ao regime da antiga aliança pela ruína de Jerusalém e do seu Templo, em 70 d.C. (cf. 24,1+).
f) Jesus não podia transmitir sua mensagem senão de maneira velada, porque os seus ouvintes não podiam compreendê-la (Mc 1,34+) e porque ele mesmo não tinha ainda acabado a sua obra, morrendo e ressuscitando. Mais tarde, seus discípulos poderiam e deveriam proclamar tudo sem medo nenhum. O sentido das mesmas palavras em Lc é inteiramente diferente: os discípulos não devem imitar a hipocrisia dos fariseus; tudo o que quisessem ocultar acabaria por ser conhecido do mesmo modo. Assim, o que importava é que falassem abertamente.
g) Por ocasião do juízo final, quando o Filho entregar os eleitos ao Pai (cf. 25,34).

Jesus, causa de divisões[a]

⁣⁣⁣³⁴Não penseis que vim trazer paz à terra. Não vim trazer paz, mas espada. ³⁵Com efeito, vim contrapor *o homem ao seu pai, a filha à sua mãe e a nora à sua sogra*. ³⁶Em suma: os inimigos do homem serão seus próprios familiares.

Renunciar a si mesmo para seguir a Jesus

⁣⁣⁣³⁷Aquele que ama pai ou mãe mais do que a mim não é digno de mim. E aquele que ama filho ou filha mais do que a mim não é digno de mim. ³⁸Aquele que não toma sua cruz e não me segue não é digno de mim. ³⁹Aquele que acha a sua vida, a perderá, mas quem perde sua vida por causa de mim, a achará.[b]

Conclusão do discurso apostólico[c]

⁣⁣⁣⁴⁰Quem vos recebe, a mim me recebe, e quem me recebe, recebe o que me enviou.

⁴¹Quem recebe um profeta na qualidade de profeta, receberá recompensa de profeta. E quem recebe um justo na qualidade de justo, receberá recompensa de justo.[d]

⁴²E quem der, nem que seja um copo d'água fria a um destes pequeninos,[e] por ser meu discípulo, em verdade vos digo que não perderá sua recompensa."

IV. O mistério do Reino dos Céus

1. PARTE NARRATIVA

11 ¹Quando Jesus acabou de dar instruções a seus doze discípulos, partiu dali para ensinar e pregar nas cidades deles.[f]

Pergunta de João Batista e testemunho que lhe presta Jesus

⁣⁣⁣²João, ouvindo falar, na prisão, a respeito das obras de Cristo, enviou-lhe alguns dos seus discípulos[g] para lhe perguntarem: ³"És tu aquele que há de vir, ou devemos esperar outro?"[h] ⁴Jesus respondeu-lhes: "Ide contar a João o que ouvis e vedes: ⁵*os cegos recuperam a vista*, os coxos andam, os leprosos são purificados e os surdos ouvem, os mortos ressuscitam e os *pobres*[i] *são evangelizados*. ⁶E bem-aventurado aquele que não se escandalizar por causa de mim!"

⁷Ao partirem eles, começou Jesus a falar a respeito de João às multidões: "Que fostes ver no deserto? Um caniço agitado pelo vento? ⁸Mas que fostes ver? Um homem vestido de roupas finas? Mas os que vestem roupas finas

---

a) Jesus é "sinal de contradição" (Lc 2,34) que, embora não queira discórdias, as provoca necessariamente em virtude da escolha que exige.
b) Nesta afirmação, de forma mais arcaica do que Mc e Lc, "achar" deve ser entendido com o significado de "ganhar, obter, alcançar" (cf. Gn 26,12; Os 12,9; Pr 3,13; 21,21). Ver 16,25+.
c) Nestes três vv. encontramos provavelmente a estrutura da igreja mateana. No ápice a autoridade apostólica (v. 40), utilizando uma fórmula jurídica judaica para a transmissão de poderes, mas aqui posta em relação com Deus. Depois (v. 41), os mestres (cf. 13,52; 23,34 para mais precisões) e as testemunhas que resistiram heroicamente durante as perseguições (cf. 13,17; 23,29); por fim (v. 42), os pequenos (ver 18,10.14).
d) "Profeta" e "justo", termos bíblicos que vêm unidos também em 13,17 e 23,29, praticamente designam aqui o missionário e o cristão.
e) Aqui são os apóstolos que Jesus envia como missionários (cf. Mc 9,41 e Mt 18,1-6.10.14).
f) As cidades dos judeus.
g) Var.: "dois dos seus discípulos" (cf. Lc 7,18).
h) Embora não duvidasse absolutamente de Jesus, João Batista espantou-se de vê-lo realizar um tipo de Messias tão diferente daquele que ele esperava (cf. 3, 10-12).
i) (Cf. Mt 4,23+; Lc 1,19+). Por essa alusão aos oráculos de Isaías, Jesus mostra a João que as suas obras inauguram certamente a era messiânica, mas sob a forma de ações benéficas e de salvação, não de violência e de castigo (cf. Lc 4,17-21).

vivem nos palácios dos reis. ⁹Então, que fostes ver? Um profeta? Eu vos afirmo que sim, e mais do que um profeta. ¹⁰É dele que está escrito:

Eis que envio o meu mensageiro à tua frente;
ele preparará o teu caminho diante de ti.

¹¹Em verdade vos digo que, entre os nascidos de mulher, não surgiu nenhum maior do que João, o Batista, e, no entanto, o menor no Reino dos Céus é maior do que ele.ᵃ ¹²Desde os dias de João Batista até agora, o Reino dos Céus sofre violência,ᵇ e violentos se apoderam dele. ¹³Porque todos os profetas bem como a Lei profetizaram, até João. ¹⁴E, se quiserdes dar crédito, ele é o Elias que deve vir.ᶜ ¹⁵Quem tem ouvidos, ouça!

Julgamento de Jesus sobre sua geração — ¹⁶A quem compararei esta geração? Ela é como crianças sentadas nas praças, a desafiarem-se mutuamente:

¹⁷'Nós vos tocamos flauta
e não dançastes!
Entoamos lamentações
e não batestes no peito!'

¹⁸Com efeito, veio João, que não come nem bebe, e dizem: 'Um demônio está nele'. ¹⁹Veio o Filho do Homem, que come e bebe, e dizem: 'Eis aí um glutão e beberrão, amigo de publicanos e pecadores'. Mas a Sabedoria foi justificada pelas suas obras".ᵈ

Desgraça para as cidades às margens do lago — ²⁰Então começou a verberar as cidades onde havia feito a maior parte dos seus milagres, por não se terem arrependido; ²¹"Ai de ti, Corazin! Ai de ti, Betsaida! Porque se em Tiro e em Sidôniaᵉ tivessem sido realizados os milagres que em vós se realizaram, há muito se teriam arrependido, vestindo-se de cilício e cobrindo-se de cinza. ²²Mas eu vos digo: No Dia do Julgamento haverá menos rigor para Tiro e Sidônia do que para vós. ²³E tu, Cafarnaum, *por acaso te elevarás até o céu?* Antes, até o inferno descerás. Porque se em Sodoma tivessem sido realizados os milagres que em ti se realizaram, ela teria permanecido até hoje. ²⁴Mas eu vos digo que no Dia do Julgamento haverá menos rigor para a terra de Sodoma do que para vós".

---

a) Pelo simples fato de pertencer ao Reino, ao passo que João, como Precursor que era, parou à entrada. Essas palavras opõem duas épocas da obra divina, duas "economias", sem depreciar em nada a pessoa de João: os tempos do Reino transcendem inteiramente aqueles que os precederam e prepararam.
b) A expressão foi interpretada de vários modos. Pode-se tratar: 1. da santa violência daqueles que se apoderam do Reino à custa das mais duras renúncias; 2. da violência perversa dos que querem estabelecer o *Reino pelas armas (os zelotas)*; 3. da tirania dos poderes demoníacos, ou dos seus partidários terrestres, que pretendem conservar o domínio deste mundo e criar obstáculos ao progresso do Reino de Deus. Finalmente, há quem traduza: "O Reino dos Céus abre caminho com violência", isto é, se estabelece com poder, apesar de todos os obstáculos.
c) João veio pôr termo à economia da aliança antiga, tornando-se sucessor do último dos profetas, Malaquias, cuja última predição ele cumpre (Ml 3,23).
d) Var.: "pelos seus filhos" (cf. Lc 7,35). Como se fossem crianças mal-humoradas que se negassem a participar de todos os brinquedos que se lhes propõem (aqui os de casamento e de enterro), os judeus rejeitavam todas as ofertas divinas, tanto a penitência de João como a condescendência de Jesus. Uma e outra se justificam, contudo, pela situação diferente em que estavam João Batista e Jesus em relação à era messiânica (cf. 9,14-15; 11,11-13). — A despeito da má vontade dos homens, o sábio desígnio de Deus se realiza e se justifica pelo comportamento que inspira a João Batista e a Jesus. Sobretudo as "obras" deste último — isto é, os seus milagres (v. 2) — são o testemunho que convence ou condena (vv. 6 e 20-24). — Uma relação entre Jesus e a Sabedoria temos também em 11,28-30; 12,42; 23,34p; Jo 6,35+; 1Cor 1,24. — Outra exegese vê aqui apenas um provérbio, cuja aplicação aos incrédulos anuncia que a sua falsa sabedoria (cf. v. 25) colherá os frutos merecidos, a saber, os castigos divinos (vv. 20-24).
e) Cidades que, em virtude das ameaças frequentes dos profetas, se tornaram tipos da impiedade (Am 1,9-10; Is 23; Ez 26-28; Zc 9,2-4).

O Evangelho revelado aos simples. O Pai e o Filho — [25]Por esse tempo, pôs-se Jesus a dizer: "Eu te louvo, ó Pai, Senhor do céu e da terra, porque ocultaste estas coisas[a] aos sábios e doutores e as revelaste aos pequeninos. [26]Sim, Pai, porque assim foi do teu agrado. [27]Tudo me foi entregue por meu Pai, e ninguém conhece o Filho senão o Pai, e ninguém conhece o Pai senão o Filho e aquele a quem o Filho o quiser revelar.[b]

Jesus é o mestre com fardo leve — [28]Vinde a mim todos os que estais cansados sob o peso do vosso fardo[c] e vos darei descanso. [29]Tomai sobre vós o meu jugo e aprendei de mim, porque sou manso e humilde de coração,[d] *e encontrareis descanso para vossas almas,* [30]pois meu jugo é suave e meu fardo é leve".

12

As espigas arrancadas — [1]Por esse tempo, Jesus passou, num sábado, pelas plantações. Os seus discípulos, que estavam com fome, puseram-se a arrancar espigas e a comê-las. [2]Os fariseus, vendo isso, disseram: "Olha só! Os teus discípulos a fazerem o que não é lícito fazer num sábado!"[e] [3]Mas ele respondeu-lhes: "Não lestes o que fez Davi e seus companheiros quando tiveram fome? [4]Como entrou na Casa de Deus e como eles comeram *os pães da proposição,* que não era lícito comer, nem a ele, nem aos que estavam com ele, mas exclusivamente aos sacerdotes? [5]Ou não lestes na Lei que com os seus deveres sabáticos os sacerdotes no Templo violam o sábado e ficam sem culpa?[f] [6]Digo-vos que aqui está algo maior do que o Templo. [7]Se soubésseis o que significa: *Misericórdia é que eu quero e não sacrifício,* não condenaríeis os que não têm culpa. [8]Pois o Filho do Homem é senhor do sábado".[g]

Cura de um homem com a mão atrofiada — [9]Partindo dali, entrou na sinagoga deles. [10]Ora, ali estava um homem com a mão atrofiada. Então perguntaram-

---

a) Visto que esse trecho (vv. 25-27) não tem conexão mais estreita com o contexto em que Mt o inseriu (cf. o lugar diferente que ocupa em Lc), "estas coisas" não se refere ao que precede, mas deve ser entendido de um modo geral como se referindo aos "mistérios do Reino" (13,11), revelados aos "pequeninos", i.é., aos discípulos (cf. 10,42), mas escondidos aos "sábios", i.é., aos fariseus e aos seus doutores.
b) A afirmação de Jesus segundo a qual ele estava em relação íntima com Deus (vv. 26-27) e o seu convite ao discipulado (vv. 28-30) evocam muitos passos dos livros sapienciais (Pr 8,22-36; Eclo 24,3-9.19-20; Sb 8,3-4; 9,9-18 etc.). Jesus, desse modo, atribui a si mesmo o papel da Sabedoria (cf. Mt 11,19+), mas de maneira especial, não já como personificação, mas como pessoa, "o Filho" por excelência do "Pai" (cf. 4,3+). Esse passo de sabor joanino (cf. Jo 1,18; 3.11.35; 6,46; 10,15 etc.) denuncia, na base mais primitiva da tradição sinótica, exatamente como em João, a consciência clara que Jesus tinha da sua filiação divina. A estrutura desta passagem pode ter sido influenciada por Eclo 51 sobre este tema das relações privilegiadas com Deus (ver também Ex 33,12-23).
c) Alusão à Lei, cujo fardo é frequentemente sobrecarregado por certas observâncias acrescentadas (principalmente pelos fariseus). O "jugo da Lei" é metáfora corrente entre os rabinos (ver: Sf 3,9 [LXX]; Lm 3,27; Jr 2,20; 5,5; cf. Is 14,25). Eclo 6,24-30; 51,26-27 já a explora em contexto de sabedoria, com a ideia de trabalho fácil e repousante.

d) Epítetos clássicos dos "pobres" do AT (cf. Sf 2,3+; Dn 3,87). Jesus reivindica a atitude religiosa deles e por isso arroga a si a autoridade para ser seu mestre de sabedoria, como estava predito a respeito do "Servo" (Is 61,1-2 e Lc 4,18; ver também Mt 12,18-21; 21,5). De fato, foi para eles que pronunciou as bem-aventuranças (Mt 5,3+) e muitas outras instruções de sua boa nova.
e) Os discípulos não são censurados por colherem espigas ao passarem por um campo alheio (Dt 23,26 o permitia), mas por fazê-lo em dia de sábado. Os casuístas viam nisso um "trabalho" proibido pela Lei (Ex 34,21).
f) O sábado não suprimia, antes aumentava as atividades dos ministros do culto.
g) Nessa ocasião e por ocasião das curas que ele opera aos sábados (Mt 12,9-14p; Lc 13,10-17; 14,1-6; Jo 5,1-18 e 7,19.24 e cap. 9), Jesus afirma que nem mesmo uma instituição divina como a do repouso sabático tem valor absoluto, pelo que deve ceder à necessidade e à caridade, e mais, que ele mesmo tem poder de interpretar com autoridade a Lei mosaica (cf. 5,17+; 15,1-7p; 19,1-9p). Ele o tem enquanto "Filho do Homem", chefe do Reino Messiânico (8,20+) e encarregado desde aqui (9.6) de implantar sua nova economia (9,17+), superior à antiga porque "aqui há algo maior do que o Templo". — Os rabinos admitiam dispensas da observância do sábado, mas seus escrúpulos restringiam excessivamente essa liberdade.

-lhe, a fim de acusá-lo: "É lícito curar aos sábados?" ¹¹Jesus respondeu: "Quem haverá dentre vós que, tendo uma só ovelha e caindo ela numa cova em dia de sábado, não vai apanhá-la e tirá-la dali? ¹²Ora, um homem vale muito mais do que uma ovelha! Logo, é lícito fazer o bem aos sábados". ¹³Em seguida, disse ao homem: "Estende a mão". Ele a estendeu e ela ficou sã, como a outra. ¹⁴Então os fariseus, saindo dali, tramaram contra ele, sobre como acabariam com ele.

Jesus é o "Servo de Iahweh" — ¹⁵Ao saber disso, Jesus afastou-se dali. Muitos o seguiram, e ele os curou a todos. ¹⁶E os proibiu severamente de torná-lo manifesto, ¹⁷a fim de que se cumprisse[a] o que foi dito pelo profeta Isaías:

¹⁸ *Eis o meu Servo, a quem escolhi,*
 o meu Amado, em quem minha alma se compraz.
 Porei o meu Espírito sobre ele
 e ele anunciará o Direito[b] às nações.
¹⁹ *Ele não discutirá, nem clamará;*
 nem sua voz nas ruas se ouvirá.
²⁰ *Ele não quebrará o caniço rachado*
 nem apagará a mecha que ainda fumega,
 até que conduza o direito ao triunfo.
²¹ *E no seu nome as nações porão sua esperança.*

Jesus e Beelzebu — ²²Então trouxeram-lhe um endemoninhado cego e mudo. E ele o curou, de modo que o mudo podia falar e ver. ²³Toda multidão ficou espantada e pôs-se a dizer: "Não será este o Filho de Davi?" ²⁴Mas os fariseus, ouvindo isso, disseram: "Ele não expulsa demônios, senão por Beelzebu,[c] príncipe dos demônios".

²⁵Conhecendo os seus pensamentos, Jesus lhes disse: "Todo reino dividido contra si mesmo acaba em ruína e nenhuma cidade ou casa dividida contra si mesma poderá subsistir. ²⁶Ora, se Satanás expulsa a Satanás, está dividido contra si mesmo. Como, então, poderá subsistir seu reinado? ²⁷Se eu expulso os demônios por Beelzebu, por quem os expulsam os vossos adeptos?[d] Por isso, eles mesmos serão os vossos juízes. ²⁸Mas se é pelo Espírito de Deus que eu expulso os demônios, então o Reino de Deus já chegou a vós.

²⁹Ou como pode alguém entrar na casa de um homem forte e roubar os seus pertences, se primeiro não o amarrar? Só então poderá roubar a sua casa. ³⁰Quem não está a meu favor, está contra mim, e quem não ajunta comigo, dispersa. ³¹Por isso vos digo: todo pecado e blasfêmia serão perdoados aos homens, mas a blasfêmia contra o Espírito não será perdoada. ³²Se alguém disser uma palavra contra o Filho do Homem, ser-lhe-á perdoado, mas se disser contra o Espírito Santo, não lhe será perdoado, nem nesta era, nem na outra.[e]

As palavras manifestam o coração — ³³Ou declarais que a árvore é boa e o seu fruto é bom, ou declarais que a árvore é má e o seu fruto é mau. É pelo

---

a) Pela discrição de que Jesus cerca a sua atividade benéfica.
b) O "Direito" divino, que regula as relações de Deus com os homens e se exprime essencialmente pela Revelação e pela religião verdadeira dela deriva.
c) Divindade cananeia cujo nome significa "Baal, o príncipe" (e não "Baal do estrume", como se disse muitas vezes), o que explica como a ortodoxia monoteísta acabou fazendo dele o "príncipe dos demônios". A forma "Beelzebub" (sir. e Vulg.) nasce de um jogo de palavras de sentido depreciativo (cf. 2Rs 1,2s), que transforma esse título em "Baal das moscas".
d) Lit.: "vossos filhos", modismo semítico.
e) O homem tem desculpas quando se engana a respeito da dignidade divina de Jesus, oculta sob suas aparências humildes de "Filho do Homem" (8,20+); mas não se dá o mesmo quando fecha os olhos e o coração às obras notáveis do Espírito. Negando-as, rejeita a oferta suprema que Deus lhe faz e se exclui da salvação (cf. Hb 6,4-6; 10,26-31).

fruto que se conhece a árvore. ³⁴Raça de víboras, como podeis falar coisas boas, se sois maus? Porque a boca fala daquilo de que o coração está cheio. ³⁵O homem bom, do seu bom tesouro tira coisas boas, mas o homem mau, do seu mau tesouro tira coisas más. ³⁶Eu vos digo que de toda palavra sem fundamento*ᵃ* que os homens disserem, darão contas no Dia do Julgamento. ³⁷Pois por tuas palavras serás justificado e por tuas palavras serás condenado."

O sinal de Jonas — ³⁸Nisso, alguns escribas e fariseus tomaram a palavra dizendo: "Mestre, queremos ver um sinal*ᵇ* feito por ti". ³⁹Ele replicou: "Uma geração má e adúltera*ᶜ* busca um sinal, mas nenhum sinal lhe será dado, exceto o sinal do profeta Jonas.*ᵈ* ⁴⁰Pois, como *Jonas esteve no ventre do monstro marinho três dias e três noites,* assim ficará o Filho do Homem três dias e três noites*ᵉ* no seio da terra. ⁴¹Os habitantes de Nínive se levantarão no Julgamento, juntamente com esta geração, e a condenarão, porque eles se converteram pela pregação de Jonas. Mas aqui está algo mais do que Jonas! ⁴²A Rainha do Sul se levantará no Julgamento juntamente com esta geração e a condenará, porque veio dos confins da terra para ouvir a sabedoria de Salomão. Mas aqui está algo mais do que Salomão!

Retorno ofensivo do espírito impuro — ⁴³Quando o espírito impuro sai do homem, perambula por lugares áridos, procurando repouso,*ᶠ* mas não o encontra. ⁴⁴Então diz: 'Voltarei para a minha casa, de onde saí'. Chegando lá, encontra-a desocupada, varrida e arrumada. ⁴⁵Diante disso, vai e toma consigo outros sete espíritos piores do que ele, e vêm habitar aí. E, com isso, a condição final daquele homem torna-se pior do que antes. Eis o que acontecerá a esta geração má."

Os verdadeiros parentes de Jesus — ⁴⁶Estando ainda a falar às multidões, sua mãe e seus irmãos*ᵍ* estavam fora, procurando falar-lhe. ⁴⁷Eis que tua mãe e teus irmãos estão fora e procuram falar-te.*ʰ* ⁴⁸Jesus respondeu àquele que

---

a) Não se trata simplesmente de palavras "ociosas", mas de palavras perversas; em suma, de calúnia.
b) Um prodígio que exprime e justifica a autoridade que Jesus reivindica (cf. Is 2,11s; Lc 1,18+; Jo 2,11+). Jesus recusa-se a dar outro sinal que não seja o da sua ressurreição, que será o sinal decisivo, ao qual faz aqui alusão velada.
c) Imagem tirada da Bíblia (cf. Os 1,2+).
d) Em 16,4, Mt não precisa, como aqui no v. 40, o sentido do "sinal de Jonas", enquanto Lc 11,19s o entende como a pregação de Jesus, que era um sinal para seus contemporâneos, como Jonas o fora para os ninivitas. Essa última interpretação está, aliás, subentendida aqui no v. 41. Ora ela é menos verossímil, não só porque a pregação já atual de Jesus não pode ser anunciada como futura, mas ainda, e sobretudo, porque na tradição judaica Jonas era célebre pela sua libertação miraculosa, bem mais do que pela sua pregação aos pagãos, o que constituía antes um pormenor chocante. Ainda que a explicação do v. 40 seja tardia, a interpretação de Mt deve refletir melhor do que a de Lc o pensamento de Jesus: ele anuncia de modo velado o seu triunfo final. Quanto a Mc, suprime toda e qualquer alusão a Jonas (cf. Mc 8,12+).
e) Essa expressão feita, tirada literalmente de Jn 2,1+, não se aplica, senão aproximadamente, ao intervalo entre a morte e a ressurreição de Cristo.
f) Os antigos entendiam que os lugares desertos eram povoados de demônios (cf. Lv 16,8+; 17,7+; Is 13,21; 34,14; Br 4,35; Ap 18,2; Mt 8,28). Entretanto, estes preferem ainda habitar entre os homens (Mt 8,29+).
g) Há diversas menções de "irmãos" (e "irmãs") de Jesus (13,55; Jo 7,3; At 1,14; 1Cor 9,5; Gl 1,19). Embora tendo o sentido primeiro de "irmão de sangue", a palavra grega usada (*adelphos*), assim como a palavra correspondente em hebraico e aramaico, pode designar relações de parentesco mais amplas (cf. Gn 13,8; 29,15; Lv 10,4), e principalmente primo irmão (1Cr 23,22). O grego possui outro termo para "primo" (*anépsios*), ver Cl 4,10, único emprego deste termo no NT. Mas o livro de Tobias atesta que ambas as palavras podem ser indiferentemente usadas para falar da mesma pessoa: cf. 7,2 "nosso irmão Tobit" (*adelphos* ou *anépsios* conforme os manuscritos). Desde os Padres da Igreja, a interpretação predominante viu nesses "irmãos" de Jesus "primos", de acordo com a crença na virgindade perpétua de Maria. Além disso, isto concorda com Jo 19,26-27 o qual deixa supor que, na morte de Jesus, Maria estava sozinha.
h) O v. 47 é omitido por bons testemunhos, pelo fato de o escriba ter saltado do fim do v. 46 para o fim, idêntico, do v. 47 (= "homeoteleuton"). "Alguém lhe diz: "Eis que a tua mãe e teus irmãos estão fora e procuram falar-te", omitido por bons testemunhos, o v. 47 poderia ser apenas uma retomada do v. 46, imitado de Mc e Lc.

o avisou: "Quem é minha mãe e quem são meus irmãos?" [49]E apontando para os discípulos com a mão, disse: "Aqui estão minha mãe e meus irmãos, [50]porque aquele que fizer a vontade de meu Pai que está nos céus, esse é meu irmão, irmã e mãe".[a]

2. DISCURSO EM PARÁBOLAS

13 *Introdução* — [1]Naquele dia,[b] saindo Jesus de casa, sentou-se à beira-mar. [2]Em torno dele reuniu-se uma grande multidão. Por isso, entrou num barco e sentou-se, enquanto a multidão estava em pé na praia. [3]E disse-lhes muitas coisas em parábolas.[c]

Parábola do semeador — Ele dizia: "Eis que o semeador saiu para semear. [4]E ao semear, uma parte da semente caiu à beira do caminho e as aves vieram e a comeram. [5]Outra parte caiu em lugares pedregosos, onde não havia muita terra. Logo brotou, porque a terra era pouco profunda. [6]Mas, ao surgir o sol, queimou-se e, por não ter raiz, secou. [7]Outra ainda caiu entre os espinhos. Os espinhos cresceram e a abafaram. [8]Outra parte, finalmente, caiu em terra boa e produziu fruto, uma cem, outra sessenta e outra trinta. [9]Quem tem ouvidos, ouça!"[d]

Porque Jesus fala em parábolas — [10]Aproximando-se os discípulos, perguntaram-lhe: "Por que lhes falas em parábolas?" [11]Jesus respondeu: "Porque a vós foi dado conhecer os mistérios do Reino dos Céus, mas a eles não. [12]Pois àquele que tem, lhe será dado e lhe será dado em abundância, mas ao que não tem, mesmo o que tem lhe será tirado.[e] [13]É por isso que lhes falo em parábolas: porque veem sem ver e ouvem sem ouvir nem entender.[f] [14]E neles que se cumpre a profecia de Isaías, que diz:

Certamente haveis de ouvir,
e jamais entendereis.
Certamente haveis de enxergar,
e jamais vereis.
[15]*Porque o coração deste povo*
se tornou insensível.
E eles ouviram de má vontade,
e fecharam os olhos,
para não acontecer que vejam com os olhos,
e ouçam com os ouvidos,
e entendam com o coração, e se convertam,
e assim eu os cure.

[16]Mas felizes os vossos olhos, porque veem, e os vossos ouvidos, porque ouvem. [17]Em verdade vos digo que muitos profetas e justos[g] desejaram ver o que vedes e não viram, e ouvir o que ouvis e não ouviram.

---

a) Os liames do parentesco carnal são pospostos ao do parentesco espiritual (cf. 8,21s; 10,37; 19,29).
b) Essa expressão estereotipada constitui simples transição, sem valor cronológico.
c) Às duas parábolas que tem em comum com Mc, Mt acrescenta outras cinco, perfazendo sete (cf. 6,9+).
d) Ad.: "para entender". Do mesmo modo em 11,15 e 13,43.
e) Aqueles que têm o espírito aberto à verdade receberão, além dos tesouros da aliança antiga, a perfeição da nova (cf. 5,17.20); aos que têm má vontade, tirar-se-á até o que eles têm.

f) Endurecimento voluntário e culposo que determina e explica a retirada da graça. Todas as narrativas precedentes preparavam o discurso em parábolas, ilustrando esse endurecimento (11,16-19.20-24; 12,7.14.24-32.34.39.45). A esses espíritos obscurecidos, que a luz plena a respeito do caráter humilde e oculto do verdadeiro messianismo só poderia cegar ainda mais (Mc 1,34+), Jesus não poderá dar senão uma luz amortecida por símbolos: meia luz que será ainda graça, apelo para pedir melhor e receber mais.
g) Os da aliança antiga (23,29; cf. 10,41). São Paulo insistiu sobre o longo silêncio em que foi envolvido o

Explicação da parábola do semeador — ¹⁸Ouvi, portanto, a parábola do semeador. ¹⁹Alguém ouve a Palavra do Reino e não a entende; vem o Maligno e arrebata o que foi semeado no seu coração. Esse é o que foi semeado*ᵃ* à beira do caminho. ²⁰O que foi semeado em lugares pedregosos, é aquele que ouve a Palavra e a recebe imediatamente com alegria, ²¹mas não tem raiz em si mesmo, é de momento: quando surge uma tribulação ou uma perseguição por causa da Palavra, logo sucumbe. ²²O que foi semeado entre os espinhos é aquele que ouve a Palavra, mas os cuidados do mundo e a sedução da riqueza sufocam a Palavra e ela se torna infrutífera. ²³O que foi semeado em terra boa é aquele que ouve a Palavra e a entende. Esse dá fruto, produzindo à razão de cem, de sessenta e de trinta".

Parábola do joio — ²⁴Propôs-lhes outra parábola: "O Reino dos Céus é semelhante ao homem que semeou boa semente no seu campo. ²⁵Enquanto todos dormiam, veio seu inimigo e semeou o joio no meio do trigo e foi-se embora. ²⁶Quando o trigo cresceu e começou a granar, apareceu também o joio. ²⁷Os servos do proprietário foram procurá-lo e lhe disseram: 'Senhor, não semeaste boa semente no teu campo? Como então está cheio de joio?' ²⁸Ao que este respondeu: 'Um inimigo é que fez isso'. Os servos perguntaram-lhe: 'Queres, então, que vamos arrancá-lo?' ²⁹Ele respondeu: 'Não, para não acontecer que, ao arrancar o joio, com ele arranqueis também o trigo. ³⁰Deixai-os crescer juntos até a colheita. No tempo da colheita, direi aos ceifeiros: Arrancai primeiro o joio e atai-o em feixes para ser queimado; quanto ao trigo, recolhei-o no meu celeiro' ".

Parábola do grão de mostarda — ³¹Propôs-lhes outra parábola, dizendo: "O Reino dos Céus é semelhante a um grão de mostarda que um homem tomou e semeou no seu campo. ³²Embora seja a menor de todas as sementes, quando cresce é a maior das hortaliças e torna-se árvore, a tal *ponto que as aves do céu se abrigam nos seus ramos*".

Parábola do fermento — ³³Contou-lhes outra parábola: "O Reino dos Céus é semelhante ao fermento que uma mulher tomou e pôs em três medidas de farinha, até que tudo ficasse fermentado".*ᵇ*

As multidões só entendem parábolas — ³⁴Jesus falou tudo isso às multidões por parábolas. E sem parábolas nada lhes falava, ³⁵para que se cumprisse o que foi dito pelo profeta:

Abrirei a boca em parábolas;
*proclamarei coisas ocultas desde a fundação do mundo.*ᶜ

Explicação da parábola do joio — ³⁶Então, deixando as multidões, entrou em casa. E os discípulos chegaram-se a ele, pedindo-lhe: "Explica-nos a parábola do joio no campo". ³⁷Ele respondeu: "O que semeia a boa semente é o Filho do Homem. ³⁸O campo é o mundo. A boa semente são as pessoas do Reino. O joio são as pessoas do Maligno.*ᵈ* ³⁹O inimigo que o semeou é o Diabo. A colheita é o fim do mundo. Os ceifadores são os anjos. ⁴⁰Da mesma forma que

---

"mistério" (Rm 16,25; Ef 3,4-5; Cl 1,26; cf. também 1Pd 1,11-12).

a) Esta expressão estranha nasce de certa confusão na interpretação da parábola, identificando os homens ora com os diversos tipos de solo que recebem mais ou menos bem a Palavra, ora com a própria semente, de qualidade melhor ou pior, que produz ora trinta, ora sessenta, ora cem.

b) Como o grão de mostarda e o fermento, o Reino tem começo modesto, mas grande e repentino desenvolvimento.

c) Vários documentos omitem: "do mundo".

d) "os filhos do Reino" e "os filhos do Maligno": trata-se de semitismos.

se junta o joio e se queima no fogo, assim será no fim do mundo: [41]o Filho do Homem enviará seus anjos e eles apanharão do seu Reino *todos os escândalos e os que praticam a iniquidade* [42]e os lançarão na fornalha ardente. Ali haverá choro e ranger de dentes. [43]Então *os justos brilharão* como o sol no Reino de seu Pai.[a] O que tem ouvidos, ouça!

Parábolas do tesouro e da pérola[b] — [44]O Reino dos Céus é semelhante ao tesouro escondido num campo; um homem o acha e torna a esconder e, na sua alegria, vai, vende tudo o que possui e compra aquele campo.

[45]O Reino dos Céus é ainda semelhante ao negociante que anda em busca de pérolas finas. [46]Ao achar uma pérola de grande valor, vai, vende tudo o que possui e a compra.

Parábola da rede — [47]O Reino dos Céus é ainda semelhante à rede lançada ao mar, que apanha de tudo. [48]Quando está cheia, puxam-na para a praia e, sentados, juntam o que é bom em vasilhas, mas o que não presta, deitam fora. [49]Assim será no fim do mundo: virão os anjos e separarão os maus dos justos [50]e os lançarão na fornalha ardente. Ali haverá choro e ranger de dentes.

Conclusão — [51]Entendestes todas essas coisas?" Responderam-lhe: "Sim". [52]Então lhes disse: "Por isso, todo escriba que se tornou discípulo do Reino dos Céus é semelhante ao proprietário que do seu tesouro tira coisas novas e velhas".[c]

V. A Igreja, primícias do Reino dos Céus

1. PARTE NARRATIVA

Visita a Nazaré — [53]Quando Jesus acabou de contar essas parábolas, partiu dali [54]e, dirigindo-se para a sua pátria,[d] pôs-se a ensinar as pessoas que estavam na sinagoga, de tal sorte que elas se maravilhavam e diziam: "De onde lhe vêm essa sabedoria e esses milagres? [55]Não é ele o filho do carpinteiro? Não se chama a mãe dele Maria e os seus irmãos Tiago, José, Simão e Judas? [56]E as suas irmãs não vivem todas entre nós? Donde então lhe vêm todas essas coisas?" [57]E se escandalizavam dele. Mas Jesus lhes disse: "Não há profeta sem honra, exceto em sua pátria e em sua casa". [58]E não fez ali muitos milagres, por causa da incredulidade deles.

14 **Herodes e Jesus** — [1]Naquele tempo, Herodes, o tetrarca, veio a conhecer a fama de Jesus [2]e disse aos seus oficiais: "Certamente se trata de João Batista: ele foi ressuscitado dos mortos e é por isso que os poderes operam através dele!"

Execução de João Batista — [3]Herodes, com efeito, havia mandado prender, acorrentar e encarcerar João, por causa de Herodíades, a mulher de seu irmão

---

a) Ao Reino do Filho (reino messiânico) do v. 41 segue o Reino do Pai, ao qual o Filho entrega os eleitos que salvou (cf. Mt 25,34; 1Cor 15,24).
b) Quem encontra o Reino dos Céus deve deixar tudo para entrar nele (cf. 19,21; Lc 9,57-62).
c) O doutor judeu que se tornou discípulo de Cristo, possui e administra toda a riqueza antiga, acrescida das perfeições da nova (v. 12). Esse elogio do "escriba cristão" resume todo o ideal do evangelista Mateus e tem bem a aparência de ser a sua assinatura discreta. O v. convida os discípulos a ser também eles criadores de novas parábolas.
d) Nazaré, a cidade da sua infância (cf. 2,23).

Lv 18,16; 20,21; Mt 5,32; 19,9; 21,26 Filipe,*a* ⁴pois João lhe dizia: "Não te é permitido tê-la por mulher". ⁵Queria matá-lo, mas tinha medo da multidão, porque esta o considerava profeta. ⁶Ora, por ocasião do aniversário de Herodes, a filha de Herodíades*b* dançou ali e agradou a Herodes, ⁷por essa razão prometeu, sob juramento, dar-lhe qualquer coisa que pedisse. ⁸Ela, instruída por sua mãe, disse: "Dá-me, aqui num prato, a cabeça de João Batista". ⁹O rei se entristeceu. Entretanto, por causa do seu juramento e dos convivas presentes, ordenou que lha dessem. ¹⁰E mandou decapitar João no cárcere. ¹¹A cabeça foi trazida num prato e entregue à moça, que a levou à sua mãe. ¹²Vieram então os discípulos de João, pegaram o seu corpo e o sepultaram. Em seguida, foram anunciar o ocorrido a Jesus.

At 8,2

|| Mc 6,31-44
|| Lc 9,10-17
|| Jo 6,1-13
Mt 15,32-38p
2Rs 4,42-44
4,12
9,36; 15,32
8,3 +

2Rs 4,42 (LXX)
16,9
1Sm 21,4

Sl 123,1
Jo 11,41; 17,1
Sl 78,29

Primeira multiplicação dos pãesᶜ — ¹³Jesus, ouvindo isso, partiu dali, de barco, para lugar deserto, afastado.ᵈ Assim que as multidões o souberam, vieram das cidades, seguindo-o a pé.ᵉ ¹⁴Assim que desembarcou, viu uma grande multidão e, tomado de compaixão, curou seus doentes. ¹⁵Chegada a tarde, aproximaram-se dele seus discípulos, dizendo: "O lugar é deserto e a hora já está avançada. Despede as multidões para que vão aos povoados comprar alimento para si". ¹⁶Mas Jesus lhes disse: "Não é preciso que vão embora. Dai-lhes vós mesmos de comer". ¹⁷Ao que os discípulos responderam: "Só temos aqui cinco pães e dois peixes". Disse Jesus: ¹⁸"Trazei-os aqui". ¹⁹E, tendo mandado que as multidões se acomodassem na grama, tomou os cinco pães e os dois peixes, elevou os olhos ao céu e pronunciou a bênção. Em seguida, partindo os pães, deu-os aos discípulos, e os discípulos às multidões. ²⁰Todos comeram e ficaram saciados, e ainda recolheram doze cestos cheios dos pedaços que sobraram. ²¹Ora, os que comeram eram cerca de cinco mil homens, sem contar mulheres e crianças.

|| Mc 6,45-52
|| Jo 6,16-21
15,39
5,1
Jo 6,15
Mc 1,35 +

Jesus caminha sobre as águas e Pedro com eleᶠ — ²²Logo em seguida, forçou os discípulos a embarcar e aguardá-lo na outra margem, até que ele despedisse as multidões. ²³Tendo-as despedido, subiu ao monte, a fim de orarᵍ a sós. Ao

---

a) Om. (Vulg.): "Filipe"; este nome criava dificuldade. Não se trata do tetrarca da Itureia e de Traconítide (Lc 3,1; cf. Mt 16,13), mas de outro filho de Herodes Magno com Mariana II, portanto, irmão de Antipas por parte de pai e que Josefo chama de Herodes. A sua condição de homem comum não podia satisfazer a ambição de sua mulher Herodíades, que era também neta de Herodes Magno através de seu pai Aristóbulo, e, portanto, sobrinha de Antipas, e por isto preferiu o tio tetrarca da Galileia a esse tio demasiadamente modesto. — O crime de Antipas consistia menos em ter desposado a sua sobrinha do que em tê-la tomado ao seu irmão ainda vivo, aliás, não sem repudiar a sua primeira mulher.
b) Chamava-se Salomé, segundo Josefo.
c) Enquanto Lc 9,10-17 e Jo 6,1-13 falam de uma única multiplicação dos pães, Mt 14,13-21; 15,32-39 e Mc 6,30-44; 8,1-10 relatam duas. Certamente trata-se, no caso de Mt e de Mc, de duplicata da mesma multiplicação, aliás, bastante antiga (cf. 16,9s), que apresenta o mesmo acontecimento de acordo com duas tradições diferentes. A primeira, mais antiga, de origem palestinense, parece localizar o acontecimento na margem ocidental do lago (ver a nota seguinte) e fala de doze cestos grandes, número das tribos de Israel e dos apóstolos (Mc 3,14+). A segunda, que podia ter surgido em ambiente cristão de origem gentílica, situa o acontecimento na margem oriental do lago, habitada por gentios (cf. Mc 7,31), e fala de sete cestos, número das nações de Canaã (At 13,19) e dos diáconos helenistas (At 6,5; 21,8). As duas tradições descrevem o acontecimento à luz de precedentes veterotestamentários, particularmente a multiplicação do azeite e do pão por parte de Eliseu (2Rs 4,1-7.42-44) e o episódio do maná e das codornizes (Ex 16; Nm 11). Repetindo, com poder ainda maior, essas dádivas de alimentos celestes, o gesto de Jesus queria ser entendido — como de fato o foi desde a mais antiga tradição — como preparação do alimento escatológico por excelência, a eucaristia. É o que salientam a apresentação literária dos Sinóticos (comp. Mt 14,19; 15,36 e 26,26) e o discurso a respeito do pão da vida de Jo 6.
d) Nada obriga a pensar na margem oriental do lago. Jesus podia ter atravessado o lago de norte a sul ou de sul a norte, costeando a margem ocidental e ter assim atingido "a outra margem" (v. 22) da enseada.
e) Seguindo pela praia o barco que navegava ao largo da costa.
f) O relato, no qual podemos notar as reminiscências do Sl 107 (ver vv. 23-32), nos apresenta Jesus exercendo um controle divino sobre as águas que simbolizam o caos e os poderes do mal. Jesus tem o poder de salvar discípulos. A forma narrativa pode ter sido influenciada pelos *Testamentos dos 12 Patriarcas,* Neftali 6.
g) Os evangelistas, sobretudo Lc, observam muitas vezes que Jesus ora, na solidão ou de noite (Mt 14,23p;

chegar a tarde, estava ali, sozinho. ²⁴O barco, porém, já estava a uma distância de muitos estádios*ᵃ* da terra, agitado pelas ondas, pois o vento era contrário. ²⁵Na quarta vigília da noite,*ᵇ* ele dirigiu-se a eles, caminhando sobre o mar. ²⁶Os discípulos, porém, vendo que caminhava sobre o mar, ficaram atemorizados e diziam: "É um fantasma!" E gritaram de medo. ²⁷Mas Jesus lhes disse logo: "Tende confiança, sou eu, não tenhais medo". ²⁸Pedro,*ᶜ* interpelando-o, disse: "Senhor, se és tu, manda que eu vá ao teu encontro sobre as águas". ²⁹E Jesus respondeu: "Vem". Descendo do barco, Pedro caminhou sobre as águas e foi ao encontro de Jesus. ³⁰Mas, sentindo o vento, ficou com medo e, começando a afundar, gritou: "Senhor, salva-me!" ³¹Jesus estendeu a mão prontamente e o segurou, repreendendo-o: "Homem fraco na fé, por que duvidaste?" ³²Assim que subiram ao barco, o vento amainou. ³³Os que estavam no barco prostraram-se diante dele, dizendo: "Verdadeiramente, tu és o Filho de Deus!"

Curas na terra de Genesaré — ³⁴Terminada a travessia, alcançaram terra em Genesaré. ³⁵Quando os habitantes daquele lugar o reconheceram, espalharam a notícia de sua chegada por toda a região. E lhe trouxeram todos os doentes, ³⁶rogando-lhe somente tocar a orla da sua veste. E todos os que o tocaram foram salvos.

15 *Discussão sobre as tradições dos fariseus* — ¹Nesse tempo, chegaram--se a Jesus fariseus e escribas vindos de Jerusalém e disseram: ²"Por que os teus discípulos violam a tradição dos antigos?*ᵈ* Pois que não lavam as mãos quando comem".*ᵉ* ³Ele respondeu-lhes: "E vós, por que violais o mandamento de Deus por causa da vossa tradição? ⁴Com efeito, Deus disse: Honra*ᶠ* pai e mãe e *Aquele que maldisser pai ou mãe certamente deve morrer*. ⁵Vós, porém, dizeis: Aquele que disser ao pai ou à mãe 'Aquilo que de mim poderias receber foi consagrado*ᵍ* a Deus', ⁶esse não está obrigado a honrar pai ou mãe.*ʰ* E assim invalidastes a Palavra de Deus por causa da vossa tradição. ⁷Hipócritas! Bem profetizou Isaías a vosso respeito, quando disse:

⁸ *Este povo me honra com os lábios,*
   mas o coração está longe de mim.
⁹ *Em vão me prestam culto,*
   pois o que ensinam são apenas mandamentos humanos."

Ensinamento sobre o puro e o impuro*ⁱ* — ¹⁰Em seguida, chamando para junto de si a multidão, disse-lhes: "Ouvi e entendei! ¹¹Não é o que entra

---

a) Cf. Jo 6,19; var.: "no meio do mar" (cf. Mc 6,47).
b) Das três às seis horas da manhã.
c) Três episódios concernentes a Pedro, aqui, em 16,16-20 e em 17,24-27, balizam intencionalmente a parte histórica de Mt, o evangelho da Igreja.
d) Tradição oral que, sob o pretexto de assegurar a observância da lei escrita, ia mais longe do que ela. Os rabinos faziam-na remontar, através dos "antigos", a Moisés.
e) Lit.: "comem pão".
f) "Honra", mas por bons ofícios e serviços reais.
g) Vulg. compreendeu: "Toda dádiva que faço (a Deus) te é útil".
h) Porque os bens assim votados (*korbân*) passaram a revestir caráter "sagrado", que interditava aos pais pretenderem para si qualquer parte deles. Esse voto, aliás, fictício, não obrigando a nenhuma doação real, era meio odioso de livrar-se de dever sagrado. Os rabinos, embora reconhecendo o seu caráter imoral, consideravam válidos tais votos.
i) A propósito da impureza das mãos, a que os fariseus objetavam (v. 2), Jesus encarou a questão mais geral da impureza que a Lei atribuía a certos alimentos (Lv

(Nota Mc 1,35; Lc 5,16), na hora da refeição (14,19p; 15,36p; 26,26-27p) e por ocasião de acontecimentos importantes: no batismo (Lc 3,21), antes da escolha dos Doze (Lc 6,12), antes de ensinar o Pai-nosso (Lc 11,1; cf. Mt 6,5+) e da confissão de Cesareia (Lc 9,18), na transfiguração (Lc 9,28-29), no Getsêmani (Mt 26,36-44), na cruz (Mt 27,46p; Lc 23,46). Ele ora pelos seus carrascos (Lc 23,34), por Pedro (Lc 22,32), pelos seus discípulos e por aqueles que hão de segui-los (Jo 17,9-24). Ora também por si mesmo (Mt 26,39p; cf. Jo 17,1-5; Hb 5,7). Essas orações manifestam a intimidade constante com o Pai (Mt 11,25-27p) que nunca o deixa só (Jo 8,29) e o atende sempre (Jo 11,22.42; cf. Mt 26,53). Por seu exemplo, bem como pelo seu ensinamento, Jesus inculcou aos seus discípulos a necessidade e a maneira de orar (Mt 6,5+). Agora, na glória, continua a interceder pelos seus (Rm 8,34; Hb 7,25; 1Jo 2,1), como havia prometido (Jo 14,16).

pela boca que torna o homem impuro, mas o que sai da boca, isto sim o torna impuro".
¹²Então os discípulos, acercando-se dele, disseram-lhe: "Sabes que os fariseus, ao ouvirem o que disseste, ficaram escandalizados?" ¹³Ele respondeu-lhes: "Toda planta que não foi plantada por meu Pai celeste será arrancada. ¹⁴Deixai-os. São cegos conduzindo cegos! Ora, se um cego conduz outro cego, ambos acabarão caindo num buraco".
¹⁵Pedro, interpelando-o, pediu-lhe: "Explica-nos a parábola". ¹⁶Disse Jesus: "Nem mesmo vós tendes inteligência? ¹⁷Não entendeis que tudo o que entra pela boca vai para o ventre e daí para a fossa? ¹⁸Mas o que sai da boca procede do coração e é isto que torna o homem impuro. ¹⁹Com efeito, é do coração que procedem más intenções, assassínios, adultérios, prostituições, roubos, falsos testemunhos e difamações. ²⁰São essas coisas que tornam o homem impuro, mas o comer sem lavar as mãos não o torna impuro".

Cura da filha de uma mulher cananeia — ²¹Jesus, partindo dali, retirou-se para a região de Tiro e de Sidônia. ²²E eis que uma mulher cananeia, daquela região,*ᵃ* veio gritando: "Senhor, filho de Davi, tem compaixão de mim: a minha filha está horrivelmente endemoninhada". ²³Ele, porém, nada lhe respondeu. Então os seus discípulos se chegaram a ele e pediram-lhe: "Despede-a,*ᵇ* porque vem gritando atrás de nós". ²⁴Jesus respondeu: "Eu não fui enviado senão às ovelhas perdidas da casa de Israel".
²⁵Mas ela, aproximando-se, prostrou-se diante dele e pôs-se a rogar: "Senhor, socorre-me!" ²⁶Ele tornou a responder: "Não fica bem tirar o pão dos filhos e atirá-lo aos cachorrinhos".*ᶜ* ²⁷Ela insistiu: "Isso é verdade, Senhor, mas também os cachorrinhos comem das migalhas que caem da mesa dos seus donos!" ²⁸Diante disso, Jesus lhe disse: "Mulher, grande é tua fé! Seja feito como queres!" E a partir daquele momento sua filha ficou curada.

Numerosas curas junto ao lago — ²⁹Jesus, partindo dali, foi para as cercanias do mar da Galileia e, subindo a uma montanha, sentou-se. ³⁰Logo vieram até ele numerosas multidões trazendo coxos, cegos, aleijados, mudos e muitos outros, e os puseram aos seus pés e ele os curou, ³¹de sorte que as multidões ficaram espantadas ao ver os mudos falando, os aleijados, sãos,*ᵈ* os coxos andando e os cegos a ver. E deram glória ao Deus de Israel.

Segunda multiplicação dos pães — ³²Jesus, chamando os discípulos, disse: "Tenho compaixão da multidão, porque já faz três dias que está comigo e não tem o que comer. Não quero despedi-la em jejum, por receio de que possa desfalecer pelo caminho". ³³Os discípulos lhe disseram: "De onde tiraríamos, num deserto, tantos pães para saciar tal multidão?" ³⁴Jesus lhes disse: "Quantos pães tendes?" Responderam: "Sete e alguns peixinhos". ³⁵Então, mandando que a multidão se assentasse pelo chão, ³⁶tomou os sete pães e os peixes e, depois de dar graças, partiu-os e dava-os aos discípulos, e os discípulos à multidão. ³⁷Todos comeram e ficaram saciados, e ainda recolheram sete cestos cheios dos pedaços que sobraram. ³⁸Ora, os que comeram eram quatro mil homens, sem contar mulheres e

11) e ensinou a postergar a impureza legal à impureza moral, a única que realmente importava (cf. At 10,9-16.28; Rm 14,14s; cf. Ef 4,29; Tg 3,6).
a) A graça finalmente concedida por Jesus a esta mulher gentia se realizará, mesmo assim, em terras de Israel.
b) Os discípulos pedem ao Mestre que "a despeça", *atendendo-a*; o mesmo termo grego que ocorre em 18,27; 27,15.

c) Jesus deve ocupar-se com a salvação dos judeus, "filhos" de Deus e das promessas, antes de cuidar dos gentios, que aos olhos dos judeus eram apenas "cães". O caráter tradicional dessa imagem e a forma diminutiva atenuam, nos lábios de Jesus, o que esse epíteto tinha de desdenhoso.
d) Om.: "os aleijados, sãos".

crianças. ³⁹Tendo despedido as multidões, Jesus entrou no barco e foi para o território de Magadã.

16

Pede-se a Jesus um sinal no céu — ¹Os fariseus e os saduceus vieram até ele e pediram-lhe, para pô-lo à prova, que lhes mostrasse um sinal vindo do céu. ²Mas Jesus lhes respondeu: "Ao entardecer dizeis: Vai fazer bom tempo, porque o céu está avermelhado; ³e de manhã: Hoje teremos tempestade, porque o céu está de um vermelho sombrio. O aspecto do céu, sabeis interpretar, mas os sinais dos tempos,*ᵃ* não sois capazes!*ᵇ* ⁴Geração má e adúltera! Reclama um sinal e de sinal, não lhe será dado, senão o sinal de Jonas". E, deixando-os, foi-se embora.

O fermento dos fariseus e dos saduceus — ⁵Ao passarem para a outra margem do lago os discípulos esqueceram-se de levar pães. ⁶Como Jesus lhes dissesse: "Cuidado, acautelai-vos do fermento dos fariseus e dos saduceus!" ⁷puseram-se a refletir entre si: "Ele disse isso porque não trouxemos pães". ⁸Jesus, percebendo, disse: "Homens fracos na fé! Por que refletis entre vós por não terdes pães? ⁹Ainda não entendeis, nem vos lembrais dos cinco pães para cinco mil homens e de quantos cestos recolhestes? ¹⁰Nem dos sete pães para quatro mil homens e de quantos cestos recolhestes? ¹¹Como não entendeis que eu não falava de pães, quando vos disse: 'Acautelai-vos do fermento dos fariseus e dos saduceus'?" ¹²Então compreenderam que não dissera: Acautelai-vos do fermento do pão, mas sim do ensinamento dos fariseus e dos saduceus.*ᶜ*

***Profissão de fé e primado de Pedro*ᵈ** — ¹³Chegando Jesus ao território de Cesareia de Filipe, perguntou aos discípulos: "Quem dizem os homens ser o Filho do Homem?" ¹⁴Disseram: "Uns afirmam que é João Batista, outros que é Elias, outros, ainda, que é Jeremias ou um dos profetas".*ᵉ* ¹⁵Então lhes perguntou: "E vós, quem dizeis que eu sou?" ¹⁶Simão Pedro, respondendo, disse: "Tu és o Cristo, o filho do Deus vivo".*ᶠ* ¹⁷Jesus respondeu-lhe: "Bem-aventurado és tu, Simão, filho de Jonas, porque não foi carne ou sangue*ᵍ* que te revelaram isso, e sim meu Pai que está nos céus. ¹⁸Também eu te digo que tu és Pedro,*ʰ* e sobre esta pedra edificarei minha Igreja,*ⁱ* e as portas do

---

a) Dos tempos messiânicos. Esses sinais são os milagres que Jesus opera (cf. 11,3-5; 12,28).
b) Om.: "Ao entardecer... não sois capazes".
c) Como o fermento leveda a massa (13,33), mas pode também corrompê-la (cf. 1Cor 5,6; Gl 5,9), assim a doutrina falseada dos mestres judeus ameaça perverter todo o povo que eles dirigem (cf. 15,14).
d) Encontram-se no Pentateuco paralelos à instituição de um "alto funcionário".
e) O título "profeta", que Jesus não reivindicou senão de maneira indireta e velada (Mt 13,57p; Lc 13,33), mas que as multidões lhe deram sem hesitação (Mt 16,14p; 21,46; Mc 6,15p; Lc 7,16.39; 24,19; Jo 4,19; 9,17), tinha valor messiânico, pois que o espírito de profecia, extinto desde Malaquias, devia reaparecer, segundo a opinião dominante entre os judeus, como sinal da era messiânica, seja na pessoa de Elias (Mt 17,10-11p), seja sob a forma de uma efusão geral do Espírito (At 2,17-18.33). De fato, no tempo de Jesus surgiram muitos (falsos) profetas (Mt 24,11.24p; etc.). Quanto a João Batista, esse foi realmente profeta (Mt 11,9p; 14,5; 21,26p; Lc 1,76), mas como precursor vindo com o espírito de Elias (Mt 11,10p.14; 17,12p); ele negou (Jo 1,21+) ser "o Profeta" que Moisés havia predito (Dt 18,15). Este Profeta, a fé cristã só reconheceu na pessoa de Jesus (At 3,22-26+; Jo 6,14; 7,40). Contudo, por ter-se disseminado na Igreja primitiva o carisma da profecia, após o Pentecostes (At 11,27+), este título deixou, bem cedo, de ser aplicado a Jesus, cedendo o lugar a títulos mais específicos da cristologia.
f) A confissão da messianidade de Jesus, relatada por Mc e Lc, Mt acrescenta a da filiação divina (cf. 14,33 comparado com Mc 6,51s; cf. Mt 4,3+).
g) Essa expressão designa o homem, salientando o caráter material e limitado da sua natureza, por oposição ao mundo dos espíritos (Eclo 14,18; Rm 7,5+; 1Cor 15,50; Gl 1,16; Ef 6,12; Hb 2,14; cf. Jo 1,13).
h) Esta mudança de nome pode ter ocorrido mais cedo (cf. Jo 1,42; Mc 3,16; Lc 6,14; Gn 17,5). O termo grego *Petros* servia apenas como nome pessoal, antes de Jesus ter assim chamado o chefe dos apóstolos, para simbolizar seu papel na fundação da Igreja. Contudo, seu correspondente *Kepha* ("rocha") é atestado ao menos uma vez em um documento de Elefantina (416 a.C.).
i) O termo semítico que traduz *ekklesia* significa "assembleia" e encontra-se frequentemente no AT para designar a comunidade do povo eleito, principalmente no deserto (cf. Dt 4,10 etc.; At 7,38). Círculos judaicos

Hades*ᵃ* nunca prevalecerão contra ela. ¹⁹Eu te darei as chaves do Reino dos Céus e o que ligares na terra será ligado nos céus, e o que desligares na terra será desligado*ᵇ* nos céus". ²⁰Em seguida, proibiu severamente aos discípulos de falarem a alguém que ele era o Cristo.*ᶜ*

|| Mc 8,31-33
|| Lc 9,22
Mt 17,12.22-23;
20,17-19
Lc 13,33;
2,38 +
At 10,40 +
Os 6,2

Primeiro anúncio da paixão — ²¹A partir dessa época,*ᵈ* Jesus começou a mostrar aos seus discípulos ser necessário que fosse a Jerusalém e sofresse muito por parte dos anciãos, dos chefes dos sacerdotes e dos escribas, e que fosse morto e ressurgisse ao terceiro dia. ²²Pedro, tomando-o à parte, começou a repreendê-lo, dizendo: "Deus não o permita, Senhor! Isso jamais te acontecerá!" ²³Ele, porém, voltando-se para Pedro, disse: "Afasta-te de mim, Satanás! Tu me serves de pedra de tropeço,*ᵉ* porque não pensas as coisas de Deus, mas as dos homens!"

4,10
1Rs 11,14 (LXX)
Is 8,14
Mc 4,13 +

|| Mc 8,34-9,1
|| Lc 9,23-27
= 10,38-39
|| Lc 17,27
|| Lc 17,33
|| Jo 12,25-26

Condições para seguir a Jesus — ²⁴Então disse Jesus aos seus discípulos: "Se alguém quer vir após mim, negue-se a si mesmo, tome sua cruz e siga-me. ²⁵Pois aquele que quiser salvar a sua vida, a perderá, mas o que perder sua vida por causa de mim, a encontrará.*ᶠ* ²⁶De fato, que aproveitará ao homem ganhar o mundo inteiro mas arruinar sua vida? Ou que poderá o homem dar em troca de sua vida?

25,31s
Dn 7,13-14
2Ts 1,7
Sl 62,13 +
Ez 18,21-32 +
10,23;
24,30.34;
26,64

²⁷Pois o Filho do Homem há de vir na glória do seu Pai, com os seus anjos, e então *retribuirá a cada um de acordo com o seu comportamento*.*ᵍ* ²⁸Em verdade vos digo que alguns dos que aqui estão não provarão a morte até que vejam o Filho do Homem vindo em seu Reino."

---

que se consideravam como o Resto de Israel (Is 4,3+) dos últimos tempos, como os essênios de Qumrã, assim chamaram a sua reunião. Retomando o termo, Mateus designa a comunidade messiânica; empregando-o paralelamente ao de "Reino dos Céus" (Mt 4,17+), ele salienta que esta comunidade escatológica começará já na terra por meio de uma sociedade organizada da qual Jesus institui o chefe (cf. At 5,11+; 1Cor 1,2+).

a) Quanto a *Hades* (hebr. *Sheol*), que designa a morada dos mortos, cf. Nm 16,33+. Aqui, as suas "portas" personificadas evocam as potências do Mal que, depois de terem arrastado os homens à morte do pecado, os encadearão definitivamente na morte eterna. Seguindo o seu Mestre que morreu, "desceu aos Infernos" (1Pd 3,19+) e ressuscitou (At 2,27.31), a Igreja deverá ter por missão arrancar os eleitos ao império da morte temporal e, sobretudo, eterna, para conduzi-los ao Reino dos Céus (cf. Cl 1,3; 1Cor 15,26; Ap 6,8; 20,13).

b) Exatamente como a Cidade da morte, a Cidade de Deus tem portas, que não deixam entrar senão os que são dignos; comparar Mt 23,13p. Pedro recebe as suas chaves. Caber-lhe-á, pois, abrir ou fechar o acesso ao Reino dos Céus, por meio da Igreja. — "Ligar" e "desligar" são dois termos técnicos da linguagem rabínica que se aplicam primeiro ao domínio disciplinar da excomunhão com que se "condena" (ligar) ou "absolve" (desligar) alguém, e, mais tarde às decisões doutrinais ou jurídicas, com o sentido de "proibir" (ligar) ou "permitir" (desligar). Pedro como mordomo (cuja insígnia são as chaves, cf. Is 22,22) da casa de Deus, exercerá o poder disciplinar de admitir ou excluir quem ele bem julgar, e administrará a comunidade através de todas as decisões cabíveis em matéria de doutrina e de moral.

As sentenças e decisões serão ratificadas por Deus do alto dos céus. — A exegese católica afirma que essas promessas eternas valem não só para a pessoa de Pedro, mas também para os seus sucessores. Embora essa consequência não seja explicitamente indicada no texto, é legítima, entretanto, em virtude da intenção clara que Jesus tem de prover o futuro de sua Igreja com instituição que a morte de Pedro não podia tornar caduca. — Dois outros textos, Lc 22,31s e Jo 21,15s, deixarão claro que o primado de Pedro deve exercer-se particularmente na ordem da fé e que ele o torna chefe não só da Igreja futura, mas já dos demais apóstolos.

c) Vulg.: "Jesus Cristo".

d) Nesse momento crucial, em que Jesus acaba de ouvir dos seus discípulos a primeira profissão de fé expressa em sua messianidade, Jesus faz o primeiro anúncio da sua paixão; ao papel glorioso do Messias acrescenta o papel doloroso do Servo sofredor. Com essa pedagogia, reforçada alguns dias mais tarde pela transfiguração, seguida de ordem de guardar silêncio e do anúncio análogos (17,1-12), Jesus prepara a fé dos discípulos para a crise próxima da sua morte e da sua ressurreição.

e) Pedro, querendo pôr empecilho na estrada que o Messias devia trilhar, passa a ser "pedra de tropeço" (sentido primitivo do grego *skandalon*) e torna-se, sem dúvida, inconscientemente, fautor do próprio Satanás (cf. 4,1-10).

f) Este *logion* de forma paradoxal e os que o seguem giram em torno de duas etapas da vida humana: a presente e a futura. O grego *psyche*, aqui equivalente do hebr. *nefesh*, reúne três sentidos: vida, alma e pessoa (ver Gn 2,7+; Dt 6,5).

g) "o seu comportamento"; var.: "as suas obras".

17 A transfiguração[a]

1 Seis dias depois, Jesus tomou Pedro, Tiago e seu irmão João, e os levou para um lugar à parte sobre uma alta montanha.[b] **2** E ali foi transfigurado diante deles. Seu rosto resplandeceu como o sol e as suas vestes tornaram-se alvas como a luz.[c] **3** E eis que lhes apareceram Moisés e Elias conversando com ele. **4** Então Pedro, tomando a palavra, disse a Jesus: "Senhor, é bom estarmos aqui.[d] Se queres, levantarei[e] aqui três tendas: uma para ti outra para Moisés e outra para Elias". **5** Ainda falava, quando uma nuvem luminosa os cobriu com sua sombra e uma voz, que saía da nuvem, disse: *"Este é o meu Filho amado, em quem me comprazo, ouvi-o!"* **6** Os discípulos, ouvindo a voz, muito assustados, caíram com o rosto no chão. **7** Jesus chegou perto deles e, tocando-os, disse: "Levantai-vos e não tenhais medo". **8** Erguendo os olhos, não viram ninguém: Jesus estava sozinho.

Uma pergunta a respeito de Elias

9 Ao descerem do monte, Jesus ordenou-lhes: "Não conteis a ninguém essa visão, até que o Filho do Homem ressuscite dos mortos". **10** Os discípulos perguntaram-lhe: "Por que razão os escribas dizem que é preciso que Elias venha primeiro?"[f] **11** Respondeu-lhes Jesus: "Certamente *Elias* terá de vir *para restaurar tudo*. **12** Eu vos digo, porém, que Elias já veio, mas não o reconheceram. Ao contrário, fizeram com ele tudo quanto quiseram. Assim também o filho do Homem sofrerá da parte deles". **13** Então os discípulos entenderam que se referia a João Batista.

O endemoninhado epiléptico

14 Ao chegarem junto da multidão, aproximou-se dele um homem que, de joelhos, lhe pedia: **15** "Senhor, tem compaixão de meu filho, porque é lunático e sofre muito com isso. Muitas vezes cai no fogo e outras muitas na água. **16** Eu o trouxe aos teus discípulos, mas eles não foram capazes de curá-lo". **17** Ao que Jesus replicou: "Ó geração incrédula e perversa, até quando estarei convosco? Até quando vos suportarei? Trazei-o aqui". **18** Jesus o conjurou severamente e o demônio saiu dele. E o menino ficou são a partir desse momento. **19** Então os discípulos, procurando Jesus a sós, disseram: "Por que razão não pudemos expulsá-los?" **20** Jesus respondeu-lhes: "Por causa da fraqueza da vossa fé,[g] pois em verdade vos digo: se tiverdes fé como um grão de mostarda, direis a esta montanha: transporta-te daqui para lá, e ela se transportará, e nada vos será impossível".[h] [21]

Segundo anúncio da Paixão

22 Estando eles reunidos na Galileia, Jesus lhes disse: "O Filho do Homem será entregue às mãos dos homens **23** e eles o matarão, mas no terceiro dia ressuscitará". E eles ficaram muitos tristes.

---

a) Segundo a apresentação de Mt, diferente das de Mc 9,2+ e de Lc 9,28+, Jesus transfigurado se apresenta sobretudo como o novo Moisés (cf. 4,1+), que encontra a Deus sobre novo Sinai no meio da nuvem (v. 5; Ex 24,15-18), com o rosto luzente (v. 2; Ex 34,29-35; cf. 2Cor 3,7-4,6), assistido por duas personagens do AT que tiveram o privilégio de revelações sobre o Sinai (Ex 19,33-34; 1Rs 19,9-13) e personificavam a Lei e os Profetas que Jesus viera cumprir (Mt 5,17). A voz celeste ordenava que lhe dessem ouvidos como ao novo Moisés (Dt 18,15; cf. At 3,20-26), e os discípulos se prosternavam reverentes diante do Mestre (cf. Mt 28,17). Quando a aparição chegou ao fim, Jesus ficou só (v. 8), porque, como doutor da Lei perfeita e definitiva, sozinho bastava. É verdade que sua glória era transitória, porque era também o "Servo" (v. 5: Is 42,1; cf. Mt 3,16s+), que devia sofrer e morrer (16,21; 17,22-23), exatamente como o seu Precursor (vv. 9-13), antes de entrar definitivamente na glória pela ressurreição.

b) O Tabor, segundo a opinião tradicional. Alguns pensam no grande Hermon, ou no Carmelo, mas é sobretudo uma montanha simbólica, um novo Sinai, em que se realiza uma nova revelação escatológica.

c) Var.: "como a neve" (cf. 28,3).

d) Outra tradução: "como é bom para nós estarmos aqui".

e) Vulg.: "façamos" (cf. Mc e Lc).

f) Tendo visto o Messias já presente (16,16) e na sua glória (17,1-7), os discípulos se admiram de que Elias não tenha desempenhado o papel de precursor que lhe era atribuído por Malaquias. Ele já o fez — responde Jesus — mas na pessoa de João Batista, que não foi reconhecido. Ver Lc 1,17+.

g) Var.: "Por causa da vossa incredulidade".

h) Ad. v. 21: "Quanto a essa espécie (de demônios), não é possível expulsá-la senão pela oração e pelo jejum" (cf. Mc 9,29).

O tributo para o Templo pago por Jesus e por Pedro — ²⁴Quando chegaram a Cafarnaum, os coletores da didracma*ᵃ* aproximaram-se de Pedro e lhe perguntaram: "Vosso mestre não paga a didracma?" ²⁵Pedro respondeu: "Sim". Ao entrar em casa, Jesus antecipou-se-lhe, dizendo: "Que te parece, Simão? De quem recebem os reis da terra tributos ou impostos? Dos seus filhos*ᵇ* ou dos estranhos?" ²⁶Como ele respondesse "Dos estranhos", Jesus lhe disse: "Logo, os filhos estão isentos. ²⁷Mas, para que não os escandalizemos, vai ao mar e joga o anzol. O primeiro peixe que subir, segura-o e abre-lhe a boca. Acharás aí um estáter. Pega-o e entrega-o a eles por mim e por ti".

2. DISCURSO ECLESIÁSTICO

18 Quem é o maior? — ¹Nessa ocasião, os discípulos aproximaram-se de Jesus e lhe perguntaram: "Quem é o maior no Reino dos Céus?" ²Ele chamou perto de si uma criança, colocou-a no meio deles ³e disse: "Em verdade vos digo que, se não vos converterdes e não vos tornardes como as crianças, de modo algum entrareis no Reino dos Céus. ⁴Aquele, portanto, que se tornar pequenino como esta criança, esse é o maior no Reino dos céus.

O escândalo — ⁵E aquele que receber uma criança como esta*ᶜ* por causa do meu nome, recebe a mim. ⁶Caso alguém escandalize um destes pequeninos que creem em mim, melhor seria que lhe pendurassem ao pescoço uma pesada mó e fosse precipitado nas profundezas do mar. ⁷Ai do mundo por causa dos escândalos! É necessário que haja escândalos, mas ai do homem pelo qual o escândalo vem!

⁸Se tua mão ou teu pé te escandalizam,*ᵈ* corta-os e atira-os para longe de ti. Melhor é que entres mutilado ou manco para a Vida*ᵉ* do que, tendo duas mãos ou dois pés, seres atirado no fogo eterno. ⁹E, se teu olho te escandaliza, arranca-o e atira-o para longe de ti. Melhor é que entres com um olho só para a Vida do que, tendo dois olhos, seres atirado na geena de fogo.*ᶠ* ¹⁰Não desprezeis nenhum desses pequeninos, porque eu vos digo que os seus anjos nos céus veem continuamente a face*ᵍ* de meu Pai que está nos céus. [¹¹]*ʰ*

A ovelha desgarrada — ¹²Que vos parece? Se um homem possui cem ovelhas e uma delas se extravia, não deixa ele as noventa e nove nos montes para ir à procura da extraviada? ¹³Se consegue achá-la, em verdade vos digo, terá maior alegria com ela do que com as noventa e nove que não se extraviaram. ¹⁴Assim também, não é da vontade de vosso Pai, que está nos céus, que um destes pequeninos se perca.

---

a) Imposto anual e pessoal para cobrir as necessidades do Templo.
b) Isto é, "dos seus súditos" (cf. 13,38). Mas Jesus faz um trocadilho com a metáfora semítica do termo "filho" para referir-se a si mesmo, o Filho (cf. 3,17; 17,5 e 10,32s; 11,25-27 etc.), e com ele aos discípulos que são os seus irmãos (12,50) e os filhos do mesmo Pai (5,45 etc.; cf. Mt 4,3+).
c) Isto é, um homem que se tornou criança pela simplicidade (cf. v. 4).
d) O termo escândalo, segundo a sua acepção primitiva no grego, significava "causa de queda" (cf. 16,23+), que já não se exprime claramente no termo português correspondente. — Foi por associação verbal baseada nessa palavra que os vv. 8 e 9 (já utilizados em 5,29-30) foram inseridos aqui, não sem romper a continuidade do texto.
e) A vida eterna.
f) Hebr. *Gê-Hinnom*, nome de um vale de Jerusalém, profanado outrora pelos sacrifícios de crianças (Lv 18,21+), veio a designar mais tarde o lugar maldito reservado para o castigo dos maus, o nosso "inferno".
g) Expressão bíblica que indica a presença dos cortesãos diante do seu soberano (cf. 2Sm 14,24; 2Rs 15,19; Tb 12,15). Assim, aqui a ênfase está menos na contemplação dos anjos (cf. Sl 11,7+) do que na assiduidade e familiaridade das suas relações com Deus.
h) Ad. v. 11: "Porque o Filho do Homem veio salvar o que estava perdido" (cf. Lc 19,10).

Correção fraterna — ¹⁵Se o teu irmão pecar,ᵃ vai corrigi-lo a sós. Se ele te ouvir, ganhaste o teu irmão. ¹⁶Se não te ouvir, porém, toma contigo mais uma ou duas pessoas, para que toda *questão seja decidida pela palavra de duas ou três testemunhas*. ¹⁷Caso não lhes der ouvido, dizei-o à Igreja.ᵇ Se nem mesmo à Igreja der ouvido, trata-o como o gentio ou o publicano.ᶜ

¹⁸Em verdade vos digo: tudo quanto ligardes na terra será ligado no céu e tudo quanto desligardes na terra será desligado no céu.ᵈ

Oração em comum — ¹⁹Em verdade ainda vos digo: se dois de vós estiverem de acordo na terra sobre qualquer coisa que queiram pedir, isso lhes será concedido por meu Pai que está nos céus. ²⁰Pois onde dois ou três estiverem reunidos em meu nome, ali estou eu no meio deles."

Perdão das ofensasᵉ — ²¹Então Pedro chegando-se a ele, perguntou-lhe: "Senhor, quantas vezes devo perdoar ao irmão que pecar contra mim? Até sete vezes?" ²²Jesus respondeu-lhe: "Não te digo até sete, mas até setenta e sete vezes.ᶠ

Parábola do devedor implacável — ²³Eis porque o Reino dos Céus é semelhante a um rei que resolveu acertar contas com os seus servos. ²⁴Ao começar o acerto, trouxeram-lhe um que devia dez mil talentos.ᵍ ²⁵Não tendo este com que pagar, o senhor ordenou que o vendessem, juntamente com a mulher e com os filhos e todos os seus bens, para o pagamento da dívida. ²⁶O servo, porém, caiu aos seus pés e, prostrado, suplicava-lhe: 'Dá-me um prazo e eu te pagarei tudo'.

²⁷Diante disso, o senhor, compadecendo-se do servo, soltou-o e perdoou-lhe a dívida. ²⁸Mas, quando saiu dali, esse servo encontrou um dos seus companheiros de servidão, que lhe devia cem denáriosʰ e, agarrando-o pelo pescoço, pôs-se a sufocá-lo e a insistir: 'Paga-me o que me deves'. ²⁹O companheiro, caindo a seus pés, rogava-lhe: 'Dá-me um prazo e eu te pagarei'. ³⁰Mas ele não quis ouvi-lo; antes, retirou-se e mandou lançá-lo na prisão até que pagasse o que devia. ³¹Vendo os companheiros de serviço o que acontecera, ficaram muito penalizados e, procurando o senhor, contaram-lhe todo o acontecido. ³²Então o senhor mandou chamar aquele servo e lhe disse: 'Servo mau, eu te perdoei toda a tua dívida, porque me rogaste. ³³Não devias, também tu, ter compaixão do teu companheiro, como eu tive compaixão de ti?' ³⁴Assim, encolerizado, o seu senhor o entregou aos verdugos, até que pagasse toda a sua dívida. ³⁵Eis como meu Pai celeste agirá convosco, se cada um de vós não perdoar, de coração, ao seu irmão."

---

a) A expressão "contra ti", acrescentada por muitos documentos, provavelmente deve ser rejeitada. Aqui se trata de uma falta grave pública, não necessariamente cometida contra aquele que procura corrigi-la. O caso do v. 21 é diferente.
b) A *ekklesia*, isto é, a assembleia dos irmãos (cf. 16,18+).
c) Pessoas "impuras", com as quais judeus piedosos não podiam ter relações (cf. 5,46+ e 9,10+). Ver a excomunhão de 1Cor 5,11+.
d) Extensão aos ministros da Igreja (aos quais desde o princípio todo este discurso se dirige) de um dos poderes conferidos a Pedro.
e) Seguindo o exemplo de Deus e de Jesus (Lc 23,34+),
e assim como já faziam os israelitas entre si (Lv 19,18-19; cf. Ex 21,25+), os cristãos devem perdoar uns aos outros (5,39; 6,12p; cf. 7,2; 2Cor 2,7; Ef 4,32; Cl 3,13). No entanto, "o próximo" aplica-se a todos os homens, compreendendo também aqueles aos quais é preciso pagar o mal com o bem (5,44-45; Rm 12,17-21; 1Ts 5,15; 1Pd 3,9; cf. Ex 21,25+; Sl 5,11+). Assim, o amor cobre uma multidão de pecados (Pr 10,12 citado por Tg 5,20; 1Pd 4,8).
f) Traduz-se também: "até setenta vezes sete", registrando como variante a tradução acima (6,9+).
g) Mais de trezentas e quarenta toneladas de ouro; quantia exorbitante, escolhida intencionalmente.
h) Menos de trinta gramas de ouro.

VI. O advento próximo do Reino dos Céus

1. PARTE NARRATIVA

^{Mc 10,1-12}
^{Lc 9,51}
^{Mt 7,28; 12,15}
^{15,30}
^{16,1}
^{Lc 11,54}
^{Jo 8,6}
^{Gn 1,27}
^{Gn 2,24}
^{Ef 5,31}
^{1Cor 6,16;}
^{7,10}
^{Dt 24,1}

19 **Perguntas sobre o divórcio** — ¹Quando Jesus terminou essas palavras, partiu da Galileia e foi para o território da Judeia, além do Jordão. ²Acompanharam-no grandes multidões e ali as curou. ³Alguns fariseus se aproximaram dele, querendo pô-lo à prova. E perguntaram: "É lícito repudiar a própria mulher por qualquer motivo?" ⁴Ele respondeu: "Não lestes que desde o princípio o Criador *os fez homem e mulher*? ⁵e que disse: *Por isso o homem deixará pai e mãe e se unirá à sua mulher e os dois serão uma só carne*? ⁶De modo que já não são dois, mas uma só carne. Portanto, o que Deus uniu, o homem não deve separar".ᵃ ⁷Eles, porém, objetaram: "Por que, então, ordenou Moisés que se desse carta de divórcio quando repudiasse?" ⁸Ele disse: "Moisés, por causa da dureza dos vossos corações, vos permitiu repudiar vossas mulheres, mas no princípio não era assim. ⁹E eu vos digo que todo aquele que repudiar sua mulher — exceto por motivo de 'prostituição'ᵇ — e desposar outra, comete adultério".

^{= 5,32}
^{|| Lc 16,18}

^{Sb 3,14}
^{Is 56,3-5}
^{1Cor 7,1.}
^{7-8.32-34}

A continência voluntária — ¹⁰Os discípulos disseram-lhe: "Se é assim a condição do homem em relação à mulher, não vale a pena casar-se". ¹¹Ele acrescentou: "Nem todos são capazes de compreender essa palavra, mas só aqueles a quem é concedido. ¹²Com efeito, há eunucos que nasceram assim, do ventre materno. E há eunucos que foram feitos eunucos pelos homens. E há eunucos que se fizeram eunucos por causa do Reino dos Céus. Quem tiver capacidade para compreender, compreenda!"ᶜ

^{|| Mc 10,13-16}
^{|| Lc 18,15-17}
^{Lc 9,47}
^{1Tm 4,14 +}
^{18,3-4}
^{1Pd 2,1-2}

Jesus e as crianças — ¹³Naquele momento, foram-lhe trazidas crianças para que lhes impusesse as mãos e fizesse uma oração. Os discípulos, porém, as repreendiam. ¹⁴Jesus, todavia, disse: "Deixai as crianças e não as impeçais de vir a mim, pois delas é o Reino dos Céus". ¹⁵Em seguida impôs-lhes as mãos e partiu dali.

^{|| Mc 10,17-22}
^{|| Lc 18,18-23}
^{Lc 10,25-28}

O moço rico — ¹⁶Aí alguém se aproximou dele e disse: "Mestre,ᵈ que farei de bom para ter a vida eterna?" ¹⁷Respondeu: "Por que me perguntas sobre

---

a) Afirmação categórica da indissolubilidade do liame conjugal.

b) Dada a forma absoluta das passagens paralelas Mc 10,11s; Lc 16,18 e 1Cor 7,10s, é pouco verossímil que os três tenham suprimido uma cláusula restritiva de Jesus. É mais provável que um dos últimos redatores do primeiro evangelho a tenha acrescentado, a fim de responder a certa problemática rabínica (discussão entre Hilel e Shamai sobre os motivos que legitimavam o divórcio), sugerida aliás pelo contexto (v. 3) e que podia preocupar o meio judaico-cristão para o qual escrevia. Ter-se-ia assim aqui uma decisão eclesiástica de alcance local e temporário, como foi o do decreto de Jerusalém referente à região de Antioquia (At 15,23-29). O sentido de *porneia* orienta a pesquisa na mesma direção. Alguns querem ver aí a fornicação no casamento, isto é, o adultério, e assim acham aqui a permissão de divorciar em caso semelhante; é o que fazem as Igrejas ortodoxas e protestantes. Mas nesse sentido seria de esperar outro termo, *moicheia*. Ao contrário, no contexto, *porneia* parece ter o sentido técnico de *zenût* ou "prostituição", como se encontra nos escritos rabínicos, o qual se aplica a toda união tornada incestuosa em virtude de um grau de parentesco interdito pela Lei (Lv 18). Uniões semelhantes, legalmente contratadas entre pagãos ou toleradas pelos próprios judeus no caso de prosélitos, deviam ter criado dificuldades nos meios judaico-cristãos legalistas como o de Mateus, quando tais pessoas se convertiam: daí a ordem de romper essas uniões irregulares que não eram, em suma, senão falsos casamentos. — Outra solução sugere que a licença concedida pela cláusula restritiva não se refira ao divórcio, mas à "separação" sem novo casamento. Tal provisão era desconhecida do judaísmo, mas as exigências de Jesus levaram a mais de uma solução nova e esta já é claramente suposta por Paulo em 1Cor 7,11.

c) Jesus convida à continência perpétua aqueles que querem consagrar-se exclusivamente ao Reino dos Céus.

d) Var.: "Bom Mestre", cf. Mc e Lc.

o que é bom? O Bom*ª* é um só. Mas se queres entrar para a Vida, guarda os mandamentos". ¹⁸Ele perguntou-lhe: "Quais?" Jesus respondeu: "Estes: *Não matarás, não adulterarás, não roubarás, não levantarás falso testemunho;* ¹⁹*honra teu pai e tua mãe, e amarás o teu próximo como a ti mesmo*". ²⁰Disse-lhe então o moço: "Tudo isso tenho guardado.*ᵇ* Que me falta ainda?" ²¹Jesus lhe respondeu: "Se queres ser perfeito,*ᶜ* vai, vende o que possuis e dá aos pobres, e terás um tesouro nos céus. Depois, vem e segue-me". ²²O moço ouvindo essa palavra, saiu pesaroso, pois era possuidor de muitos bens.

O perigo das riquezas — ²³Então Jesus disse aos seus discípulos: "Em verdade vos digo que o rico dificilmente entrará no Reino dos Céus. ²⁴E vos digo ainda: é mais fácil o camelo entrar pelo buraco da agulha do que o rico entrar no Reino de Deus". ²⁵Ao ouvirem isso, os discípulos ficaram muito espantados e disseram: "Quem poderá então salvar-se?" ²⁶Jesus, fitando-os disse: "Ao homem isso é impossível, mas a Deus tudo é possível".

Recompensa prometida ao desprendimento — ²⁷Pedro, tomando então a palavra, disse: "Eis que nós deixamos tudo e te seguimos. Que receberemos?" ²⁸Disse-lhe Jesus: "Em verdade eu vos digo, a vós que me seguistes: quando as coisas forem renovadas,*ᵈ* e o Filho do Homem se assentar no seu trono de glória, vos assentareis, vós também, em doze tronos para julgar*ᵉ* as doze tribos de Israel. ²⁹E quem quer que tiver deixado casas, irmãos, irmãs, pai, mãe, filhos,*ᶠ* ou terras por causa do meu nome, receberá muito mais; e terá em herança a vida eterna.

³⁰Muitos dos primeiros serão últimos, e muitos dos últimos, primeiros".

20
*Parábola dos trabalhadores enviados à vinha*ᵍ — ¹Porque o Reino dos Céus é semelhante ao pai de família que saiu de manhã cedo para contratar trabalhadores para a sua vinha. ²Depois de combinar com os trabalhadores um denário por dia, mandou-os para a vinha. ³Tornando a sair pela hora terceira, viu outros que estavam na praça, desocupados, ⁴e disse-lhes: 'Ide, também vós para a vinha, e eu vos darei o que for justo'. ⁵Eles foram. Tornando a sair pela hora sexta e pela hora nona, fez a mesma coisa. ⁶Saindo pela hora undécima, encontrou outros que lá estavam e disse-lhes: 'Por que ficais aí o dia inteiro sem trabalhar?' ⁷Responderam: 'Porque ninguém nos contratou'. Disse-lhes: 'Ide, também vós, para a vinha'. ⁸Chegada a tarde, disse o dono da vinha ao seu administrador: 'Chama os trabalhadores e paga-lhes o salário começando pelos últimos até os primeiros'. ⁹Vindo os da hora undécima, receberam um denário cada um. ¹⁰E vindo os primeiros, pensaram que receberiam mais, mas receberam um denário cada um também eles. ¹¹Ao receber, murmuravam contra o pai de família, dizendo: ¹²Estes últimos fizeram

---

a) Isto é, Deus, como precisam Mc e Lc, e aqui Vulg. — Outra leitura, tomada de Mc e Lc: "Por que me chamas bom? Ninguém é bom senão só Deus".

b) Ad.: "desde a minha mocidade" (cf. Mc e Lc).

c) Jesus não institui aqui uma categoria de "perfeitos", superiores aos cristãos comuns. A "perfeição" de que se trata é da nova economia, que sobrepuja a antiga, cumprindo-a (cf. 5,17+). Todos igualmente são chamados a ela (cf. 5,48). Mas, para estabelecer o Reino, Jesus tem necessidade de colaboradores livres de quaisquer compromissos; é a eles que pede para que renunciem radicalmente às preocupações da família (19,12) e das riquezas (8,19-20).

d) Trata-se da renovação messiânica que há de manifestar-se no fim do mundo, mas que terá começo, sob uma forma espiritual, com a ressurreição de Cristo e com o seu reinado na Igreja (cf. At 3,21+).

e) No sentido bíblico: para "governar". As "doze tribos" designam o novo Israel, a Igreja.

f) Ad.: "ou mulher".

g) Ajustando até a tarde trabalhadores desocupados e pagando a todos o salário integral, o senhor da vinha deu provas de bondade que vai mais longe do que a justiça, mas sem ofendê-la. Assim é Deus, que admite no seu Reino os que chegaram tarde, como os pecadores e os pagãos. Os chamados da primeira hora (os judeus beneficiários da Aliança desde Abraão) não devem escandalizar-se com isso.

uma hora só e tu os igualaste a nós, que suportamos o peso do dia e o calor do sol'. ¹³Ele, então, disse a um deles: 'Amigo, não fui injusto contigo. Não combinamos um denário? ¹⁴Toma o que é teu e vai. Eu quero dar a este último o mesmo que a ti. ¹⁵Não tenho o direito de fazer o que quero com o que é meu? Ou estás com ciúme porque sou bom?' ¹⁶Eis como os últimos serão primeiros, e os primeiros serão últimos".ᵃ

Terceiro anúncio da paixão — ¹⁷Quando estavam para subir a Jerusalém, ele tomou os Doze a sós e lhes disse, enquanto caminhavam: ¹⁸"Eis que estamos subindo a Jerusalém e o Filho do Homem será entregue aos chefes dos sacerdotes e escribas. Eles o condenarão à morte ¹⁹e o entregarão aos gentios para ser escarnecido, açoitado e crucificado. Mas no terceiro dia ressuscitará".

Pedido da mãe dos filhos de Zebedeu — ²⁰Então a mãe dos filhos de Zebedeu, juntamente com seus filhos, dirigiu-se a ele, prostrando-se, para fazer-lhe um pedido. ²¹Ele perguntou: "Que queres?" Ao que ela respondeu: "Dize que estes meus dois filhos se assentem um à tua direita e o outro à tua esquerda, no teu Reino".ᵇ ²²Jesus, respondendo, disse: "Não sabeis o que pedis. Podeis beber o cáliceᶜ que hei de beber?" Eles responderam: "Podemos". ²³Então lhes disse: "Sim, bebereis de meu cálice.ᵈ Todavia, sentar à minha direita e à minha esquerda, não cabe a mim concedê-lo; mas é para aqueles aos quais meu Pai o destinou".ᵉ

Os chefes devem servir — ²⁴Ouvindo isso, os dez ficaram indignados com os dois irmãos. ²⁵Mas Jesus, chamando-os disse: "Sabeis que os governadores das nações as dominam e os grandes as tiranizam. ²⁶Entre vós não deverá ser assim. Ao contrário, aquele que quiser tornar-se grande entre vós seja aquele que serve, ²⁷e o que quiser ser o primeiro dentre vós, seja o vosso servo. ²⁸Desse modo, o Filho do Homem não veio para ser servido, mas para servir e dar sua vida como resgateᶠ por muitos".ᵍ

Os dois cegos de Jericó — ²⁹Enquanto saíam de Jericó, uma grande multidão o seguiu. ³⁰E eis dois cegos, sentados à beira do caminho. Ouvindo que Jesus passava, puseram-se a gritar: "Senhor, filho de Davi, tem compaixão de nós!" ³¹A multidão repreendeu-os para que se calassem. Mas eles gritavam ainda mais alto: "Senhor, filho de Davi, tem compaixão de nós!" ³²Jesus parou, chamou-os e disse: "Que quereis que vos faça?"

a) Ad.: "Porque muitos são chamados, mas poucos escolhidos", certamente por empréstimo tomado a 22,14.
b) Os apóstolos esperam uma manifestação imediata e gloriosa do Reino de Cristo, manifestação que pertence antes à sua segunda vinda (cf. Mt 4,17+; At 1,6+).
c) Metáfora bíblica (cf. Is 51,17+), que aqui designa a paixão próxima.
d) Tiago, filho de Zebedeu, foi morto por Herodes Agripa, por volta do ano 44 d.C. (At 12,2). Quanto a João, seu irmão, se não sofreu pessoalmente o martírio, nem por isso esteve menos associado aos sofrimentos do Mestre.
e) A missão de Cristo na terra não é de distribuir recompensas aos homens, mas de sofrer para salvá-los (cf. Jo 3,17; 12,47).
f) Os pecados humanos determinam uma dívida do homem para com a justiça divina, a pena de morte exigida pela Lei (cf. 1Cor 15,56; 2Cor 3,7.9; Gl 3,13; Rm 8,3-4 e as notas). A fim de libertá-los dessa servidão do pecado e da morte (Rm 3,24+), Jesus pagará o resgate e satisfará a dívida com o preço do seu sangue (1Cor 6,20; 7,23; Gl 3,13; 4,5 e as notas), isto é, morrendo em lugar dos culposos, como fora predito a respeito do "Servo de Iahweh" (Is 53). A palavra semítica traduzida por "muitos" (Is 53,11s) opõe o grande número dos resgatados ao Redentor único, sem sugerir que esse número seja limitado (Rm 5,6-21; cf. 26,28+).
g) Alguns documentos acrescentam aqui uma passagem que deve provir certamente de evangelho apócrifo: "Mas vós, de pequenos (que sois), procurais tornar-vos grandes e de grandes (que sois) vos tornais pequenos. Quando chegares a um banquete ao qual te convidaram, não ocupes os lugares de honra, para que não apareça alguém mais digno do que tu, e o mestre do banquete venha dizer-te: 'Fica ali mais em baixo', e te cubras de vergonha. Mas, se ocupares um lugar inferior e chegar uma pessoa menos digna do que tu, o mestre do banquete te dirá: 'Chega-te mais para cima', e isso será vantajoso para ti" (cf. Lc 14,8-10).

Responderam-lhe: ³³"Senhor, que os nossos olhos se abram!" ³⁴Movido de compaixão, Jesus tocou-lhes os olhos e, imediatamente, eles recuperaram a visão. E o seguiram.

21 *Entrada messiânica em Jerusalém* — ¹Quando se aproximaram de Jerusalém e chegaram a Betfagé, no monte das Oliveiras, Jesus enviou dois discípulos, ²dizendo-lhes: "Ide ao povoado aí em frente, e logo encontrareis uma jumenta amarrada e, com ela, um jumentinho. Soltai-a e trazei-mos. ³E se alguém vos disser alguma coisa, respondereis que o Senhor precisa deles, mas logo os devolverá". ⁴Isso aconteceu para se cumprir o que foi dito pelo profeta:

⁵ *Dizei à Filha de Sião:*
 eis que o teu rei vem a ti,
 modesto e montado em uma jumenta,
 *em um jumentinho, filho de um animal de carga.*ᵃ

⁶Os discípulos foram e fizeram como Jesus lhes ordenara: ⁷trouxeram a jumenta e o jumentinho e puseram sobre eles suas vestes. E ele sentou-se em cima. ⁸A numerosa multidão estendeu suas vestes pelo caminho, enquanto outros cortavam ramos das árvores e os espalhavam pelo caminho. ⁹As multidões que o precediam e os que o seguiam gritavam:

 *Hosana*ᵇ *ao Filho de Davi!*
 Bendito o que vem em nome do Senhor
 Hosana no mais alto dos céus!

¹⁰E, entrando em Jerusalém, a cidade inteira agitou-se e dizia: "Quem é este?" ¹¹A isso as multidões respondiam: "Este é o profeta Jesus, de Nazaré na Galileia".

Os vendedores expulsos do Templo — ¹²Então Jesus entrou no Templo e expulsou todos os vendedores e compradores que lá estavam. Virou as mesas dos cambistas e as cadeiras dos que vendiam pombas.ᶜ ¹³E disse-lhes: "Está escrito: *Minha casa será chamada casa de oração*. Vós, porém, fazeis dela um *covil de ladrões!*" ¹⁴Aproximaram-se dele, no Templo, cegos e coxos, e ele os curou. ¹⁵Os chefes dos sacerdotes e os escribas, vendo os prodígios que fizera e as crianças que exclamavam no Templo "Hosana ao Filho de Davi!", ficaram indignados ¹⁶e lhe disseram: "Estás ouvindo o que estão a dizer?" Jesus respondeu: "Sim. Nunca lestes que:

 'Da boca dos pequeninos e das criancinhas de peito
 preparaste um louvor para ti?'"

¹⁷Em seguida, deixando-os, saiu da cidade e dirigiu-se para Betânia. E ali pernoitou.

A figueira estéril e seca. Fé e oração — ¹⁸De manhã, ao voltar para a cidade, teve fome. ¹⁹E vendo uma figueira à beira do caminho, foi até ela, mas nada encontrou, senão folhas. E disse à figueira: "Nunca mais produzas fruto!" E a figueira secouᵈ no mesmo instante. ²⁰Os discípulos, vendo isso, diziam, espantados: "Como assim, a figueira secou de repente?" ²¹Jesus respondeu:

---

a) No pensamento do profeta, esse aparato modesto do Rei messiânico devia revelar o caráter humilde e pacífico do seu reinado. Mateus aplica esta profecia a Jesus, Messias humilde.

b) Palavra hebraica (em seu sentido primeiro "Salva, por favor") que veio a tornar-se forma de aclamação (cf. Sl 118,26+).

c) Uns forneciam a moeda, outros as vítimas necessárias para as oferendas dos peregrinos. Mas esse uso legítimo dava lugar a abusos.

d) "Não era tempo de figos", diz Mc, como fizeram os profetas (cf. Jr 18,1+), a fim de pôr Israel desobediente de sobreaviso (cf. Jr 8,13). Jesus quis realizar um gesto simbólico.

"Em verdade vos digo: se tiverdes fé, sem duvidar, fareis não só o que fiz com a figueira, mas até mesmo se disserdes a esta montanha: 'Ergue-te e lança-te ao mar', isso acontecerá. ²²E tudo o que pedirdes com fé, em oração, vós o recebereis".

Pergunta dos judeus sobre a autoridade de Jesus — ²³Vindo ele ao Templo, estava a ensinar, quando os chefes dos sacerdotes e os anciãos do povo se aproximaram e perguntaram-lhe: "Com que autoridade fazes estas coisas?ᵃ E quem te concedeu essa autoridade?" ²⁴Jesus respondeu: "Também eu vos proporei uma só questão. Se me responderdes, também eu vos direi com que autoridade faço estas coisas: ²⁵O batismo de João, de onde era? Do Céu ou dos homens?" Eles, porém, arrazoavam entre si, dizendo: "Se respondermos 'Do Céu', ele nos dirá: 'Por que então não crestes nele?' ²⁶Se respondermos 'Dos homens', temos medo da multidão, pois todos consideram João como profeta". ²⁷Diante disso, responderam a Jesus: "Não sabemos". Ao que ele também respondeu: "Nem eu vos digo com que autoridade faço estas coisas".

Parábola dos dois filhos — ²⁸Que vos parece? Um homem tinha dois filhos. Dirigindo-se ao primeiro, disse: 'Filho, vai trabalhar hoje na vinha'. ²⁹Ele respondeu: 'Não quero'; mas depois, pego pelo remorso, foi. ³⁰Dirigindo-se ao segundo, disse a mesma coisa. Este respondeu: 'Eu irei, senhor'; mas não foi. ³¹Qual dos dois realizou a vontade do pai?" Responderam-lhe: "O primeiro". Então Jesus lhes disse: "Em verdade vos digo que os publicanos e as prostitutas vos precederão no Reino de Deus. ³²Pois João veio a vós, num caminho de justiça,ᵇ e não crestes nele. Os publicanos e as prostitutas creram nele. Vós, porém, vendo isso nem sequer tivestes remorso para crer nele.

Parábola dos vinhateiros homicidasᶜ — ³³Escutai outra parábola. Havia um proprietário que *plantou uma vinha, cercou-a com uma sebe, abriu nela um lagar e construiu uma torre.* Depois disso, arrendou-a a vinhateiros e partiu para o estrangeiro. ³⁴Chegada a época da colheita, enviou seus servos aos vinhateiros, para receberem os seus frutos. ³⁵Os vinhateiros, porém, agarraram os servos, espancaram um, mataram outro e apedrejaram o terceiro. ³⁶Enviou de novo outros servos, em maior número do que os primeiros, mas eles os trataram da mesma forma. ³⁷Por fim, enviou-lhes o seu filho, imaginando: 'Respeitarão meu filho'. ³⁸Os vinhateiros, porém, vendo o filho, confabularam: 'Este é o herdeiro: vamos! matemo-lo e apoderemo-nos da sua herança'. ³⁹Agarrando-o, lançaram-no para fora da vinha e o mataram. ⁴⁰Pois bem, quando vier o dono da vinha, que fará com esses vinhateiros?" ⁴¹Responderam-lhe: "Certamente destruirá de maneira horrível esses infames e arrendará a vinha a outros vinhateiros, que lhe entregarão os frutos no tempo devido". ⁴²Disse-lhes então Jesus: "Nunca lestes nas Escrituras:

*'A pedra que os construtores rejeitaram tornou-se a pedra angular;
pelo Senhor foi feito isso e é maravilha aos nossos olhos'?*

⁴³Por isso vos afirmo que o Reino de Deus vos será tirado e confiado a um povo que o fará produzir seus frutos.ᵈ ⁴⁴Aquele que cair sobre esta pedra ficará em pedaços, e aquele sobre quem ela cair, ficará esmagado".

---

a) Isto é, os atos insólitos que Jesus ousa praticar no próprio Templo: o triunfo messiânico, a expulsão dos traficantes, as curas miraculosas.
b) Expressão bíblica. João praticava e pregava aquela conformidade com a vontade de Deus, que torna o homem "justo".
c) Não é bem uma "parábola", mas sim uma "alegoria", porque cada pormenor da narrativa tem sua significação: o proprietário é Deus; a vinha é o povo eleito, Israel (cf. Is 5,1+); os servos são os profetas; o filho é Jesus, morto fora dos muros de Jerusalém; os vinhateiros homicidas são os judeus infiéis; outro povo, a quem será entregue a vinha, são os pagãos e os judeus fiéis.
d) Este versículo está ausente nos mss ocidentais, talvez porque seus escribas viam nele a retomada de

⁴⁵Os chefes dos sacerdotes e os fariseus, ouvindo estas parábolas, perceberam que Jesus se referia a eles. ⁴⁶Procuravam prendê-lo, mas ficaram com medo das multidões, pois elas o consideravam profeta.

22 Parábola do banquete nupcial[a] —
¹Jesus voltou a falar-lhes em parábolas e disse: ²"O Reino dos Céus é semelhante a um rei que celebrou as núpcias do seu filho. ³Enviou seus servos para chamar os convidados às núpcias, mas estes não quiseram vir. ⁴Tornou a enviar outros servos, recomendando: 'Dizei aos convidados: eis que preparei meu banquete, meus touros e cevados já foram degolados e tudo está pronto. Vinde às núpcias'. ⁵Eles, porém, sem darem a menor atenção, foram-se, um para o seu campo, outro para o seu negócio, ⁶e os restantes, agarrando os servos, os maltrataram e os mataram. ⁷Diante disso, o rei ficou com muita raiva e, mandando as suas tropas, destruiu aqueles homicidas e incendiou-lhes a cidade. ⁸Em seguida, disse aos servos: "As núpcias estão prontas, mas os convidados não eram dignos. ⁹Ide, pois, às encruzilhadas e convidai para as núpcias todos os que encontrardes'. ¹⁰Esses servos, saindo pelos caminhos, reuniram todos os que encontraram, maus e bons, de modo que a sala nupcial ficou cheia de convivas. ¹¹Quando o rei entrou para examinar os convivas, viu ali um homem sem a veste nupcial ¹²e disse-lhe: 'Amigo, como entraste aqui sem a veste nupcial?' Ele, porém, ficou calado. ¹³Então disse o rei aos que serviam: "Amarrai-lhe os pés e as mãos e lançai-o fora, nas trevas exteriores. Ali haverá choro e ranger de dentes'. ¹⁴Com efeito, muitos são chamados, mas poucos escolhidos".[b]

O tributo a César — ¹⁵Então os fariseus foram reunir-se para tramar como apanhá-lo por alguma palavra. ¹⁶E lhe enviaram os seus discípulos, juntamente com os herodianos,[c] para lhe dizerem: "Mestre, sabemos que és verdadeiro e que, de fato, ensinas o caminho de Deus. Não dás preferência a ninguém, pois não consideras um homem pelas aparências. ¹⁷Dize-nos, pois, que te parece: é lícito pagar imposto a César, ou não?" ¹⁸Jesus, porém, percebendo a sua malícia, disse: "Hipócritas! Por que me pondes à prova? ¹⁹Mostrai-me a moeda do imposto". Apresentaram-lhe um denário. ²⁰Disse ele: "De quem é esta imagem e a inscrição?" ²¹Responderam: "De César". Então lhes disse: "Dai, pois, o que é de César a César, e o que é de Deus,[d] a Deus". ²²Ao ouvirem isso, ficaram surpresos e, deixando-o, foram-se embora.

A ressurreição dos mortos — ²³Naquele dia, aproximaram-se dele alguns saduceus, que dizem não existir ressurreição,[e] e o interrogaram: ²⁴"Mestre,

---

Lc 20,18. O versículo deve ser mantido porque torna mais explícita a alusão a Dn 2,34s.44s.
a) Parábola com abundantes traços alegóricos, como a precedente, e que transmite a mesma lição: o rei é Deus, o banquete nupcial representa a felicidade messiânica, enquanto o filho do rei é o Messias; os enviados são os profetas e os apóstolos; os convidados desatenciosos que os ultrajam são os judeus; os convocados das encruzilhadas são os pecadores e os pagãos; o incêndio da cidade contém uma referência à ruína de Jerusalém. — A partir do v. 11 muda a cena: trata-se agora do juízo final. Mt parece ter combinado duas parábolas: uma análoga à de Lc 14,16-24; a outra, de que temos a conclusão nos vv. 11s: o homem que atende ao convite deve vestir a roupa nupcial; as obras da justiça devem acompanhar a fé (cf. 3,8; 5,20; 7,21s; 13,47s; 21,28s).
b) Essa sentença parece referir-se à primeira parte da parábola antes que à segunda. Com efeito, não se trata dos eleitos em geral, mas dos judeus, os primeiros convidados. A parábola não afirma, mas também não exclui a possibilidade de que alguns dentre eles tenham atendido ao convite e, assim, tenham sido escolhidos (cf. 24,22+).
c) Partidários da dinastia de Herodes (Mc 3,6+), expressamente escolhidos para que fossem transmitir à autoridade romana a declaração hostil a César que, como esperavam, Jesus devia pronunciar.
d) Visto que aceitam praticamente a autoridade e os benefícios do poder romano, simbolizado por essa moeda, podem também e devem prestar-lhe a homenagem da sua obediência e a contribuição dos seus bens, sem prejuízo do que devem naturalmente à autoridade superior de Deus.
e) Essa seita (3,7+) atinha-se rigorosamente à tradição escrita, particularmente do Pentateuco, e afirmava não encontrar ali a doutrina da ressurreição da carne (cf. 2Mc 7,9+). Nesse ponto os fariseus se opunham a eles (cf. At 4,1+; 23,8+).

Moisés disse: *Se alguém morrer sem ter filhos, seu irmão se casará com a viúva e suscitará descendência para seu irmão.* ²⁵Ora, havia entre nós sete irmãos. O primeiro, tendo-se casado, morreu e, como não tivesse descendência, deixou a mulher para seu irmão. ²⁶O mesmo aconteceu com o segundo, com o terceiro, até o sétimo. ²⁷Por fim, depois de todos eles, morreu também a mulher. ²⁸Pois bem, na ressurreição, de qual dos sete será a mulher, pois que todos a tiveram?" ²⁹Jesus respondeu-lhes: "Estais enganados, desconhecendo as Escrituras e o poder de Deus. ³⁰Com efeito, na ressurreição, nem eles se casam e nem elas se dão em casamento, mas são todos como os anjos no céu. ³¹Quanto à ressurreição dos mortos, não lestes o que Deus vos declarou: ³²*Eu sou o Deus de Abraão, o Deus de Isaac e o Deus de Jacó*? Ora, ele não é Deus de mortos, mas sim de vivos".[a] ³³Ao ouvir isso, as multidões ficaram extasiadas com o seu ensinamento.

O maior mandamento — ³⁴Os fariseus, ouvindo que ele fechara a boca dos saduceus, reuniram-se em grupo ³⁵e um deles[b] — a fim de pô-lo à prova — perguntou-lhe: ³⁶"Mestre, qual é o maior mandamento da Lei?" ³⁷Ele respondeu: *Amarás ao Senhor teu Deus de todo o teu coração, de toda a tua alma e de todo o teu espírito.* ³⁸Esse é o maior e o primeiro mandamento. ³⁹O segundo é semelhante a esse: *Amarás o teu próximo como a ti mesmo.*[c] ⁴⁰Desses dois mandamentos dependem toda a Lei e os Profetas".

O Cristo, filho e Senhor de Davi — ⁴¹Estando os fariseus reunidos, Jesus interrogou-os: ⁴²"Que pensais a respeito do Cristo? ele é filho de quem?" Responderam-lhe: "De Davi". ⁴³Ao que Jesus lhes disse: "Como então Davi, falando sob inspiração, lhe chama Senhor, ao dizer:

⁴⁴*O Senhor disse ao meu Senhor:
senta-te à minha direita,
até que eu ponha os teus inimigos
debaixo dos teus pés?*

⁴⁵Ora, se Davi o chama Senhor, como pode ser seu filho?" ⁴⁶E ninguém podia responder-lhe nada.[d] E a partir daquele dia, ninguém se atreveu a interrogá-lo.

23

Hipocrisia e vaidade dos escribas e dos fariseus — ¹Jesus então dirigiu-se às multidões e aos seus discípulos: ²"Os escribas e fariseus estão sentados na cátedra de Moisés. ³Portanto, fazei e observai tudo quanto vos disserem.[e] Mas não imiteis suas ações, pois dizem mas não fazem. ⁴Amarram fardos pesados e os põem sobre os ombros dos homens, mas eles mesmos nem com um dedo se dispõem a movê-los. ⁵Praticam todas as suas ações com o fim

---

a) Quando Deus concede sua proteção a um indivíduo ou a um povo a ponto de tornar-se "o seu Deus", isso não pode suceder de um modo imperfeito e efêmero, que o deixe voltar ao nada. Essa exigência de eternidade como consequência do amor divino não foi claramente percebida na época inicial da revelação bíblica, de onde a crença em um Xeol sem ressurreição (Is 38,10-20; Sl 6,6; 88,11-13), à qual o tradicionalismo conservador dos saduceus (At 23,8+) pretendia permanecer fiel. Mas o progresso da Revelação compreendeu, pouco a pouco, essa exigência e a satisfez (Sl 16,10-11; 49,16; 73,24), anunciando a volta à vida (Sb 3,1-9) de todo homem salvo, mesmo no seu corpo (Dn 12,2-3; 2Mc 7,9s; 12,43-46; 14,46). E essa revelação última é a que Jesus sanciona por sua interpretação de Ex 3,6.

b) Ad.: "um legista", termo tomado certamente de Lc 10,25.
c) Esses dois preceitos, do amor a Deus e do amor ao próximo, encontram-se também associados na *Didaqué* 1,2, que poderia repetir aqui um tratado judaico sobre os Dois caminhos (cf. 7,13+).
d) A resposta certa teria sido que, embora descendendo de Davi pela sua origem humana (cf. 1,1-17), o Messias tinha também caráter divino, que o tornava superior a Davi e que este havia profetizado.
e) Enquanto transmitem a doutrina tradicional que receberam de Moisés. Isso não implica observar também as suas interpretações pessoais. Jesus mostrou em outra ocasião o que se deve pensar a respeito delas (cf. 15,1-20; 16,6; 19,3-9).

de serem vistos pelos homens. Com efeito, usam largos filactérios e longas franjas.*a* ⁶Gostam do lugar de honra nos banquetes, dos primeiros assentos nas sinagogas, ⁷de receber as saudações nas praças públicas e de que os homens lhes chamem 'Rabi'.*b*

⁸Quanto a vós,*c* não permitais que vos chamem 'Rabi', pois um só é o vosso Mestre e todos vós sois irmãos. ⁹A ninguém na terra chameis 'Pai',*d* pois só tendes o Pai Celeste. ¹⁰Nem permitais que vos chamem 'Guias',*e* pois um só é vosso guia, Cristo. ¹¹Antes, o maior dentre vós será aquele que vos serve. ¹²Aquele que se exaltar será humilhado, e aquele que se humilhar será exaltado.

Sete ameaças contra os escribas e os fariseus — ¹³Ai de vós, escribas e fariseus, hipócritas, porque bloqueais o Reino dos Céus diante dos homens! Pois vós mesmos não entrais, nem deixais entrar*f* os que o querem![¹⁴]*g*

¹⁵Ai de vós, escribas e fariseus, hipócritas, que percorreis o mar e a terra para fazer um prosélito,*h* mas, quando conseguis conquistá-lo, vós o tornais duas vezes mais digno da geena do que vós!

¹⁶Ai de vós, condutores cegos, que dizeis:*i* 'Se alguém jurar pelo santuário, seu juramento não o obriga, mas se jurar pelo ouro do santuário, seu juramento o obriga'. ¹⁷Insensatos e cegos! Que é maior, o ouro ou o santuário que santifica o ouro? ¹⁸Dizeis mais: 'Se alguém jurar pelo altar, não é nada, mas se jurar pela oferta que está sobre o altar, fica obrigado'. ¹⁹Cegos! Que é maior, a oferta ou o altar que santifica a oferta? ²⁰Pois aquele que jura pelo altar, jura por ele e por tudo o que nele está. ²¹E aquele que jura pelo santuário, jura por ele e por aquele que nele habita. ²²E, por fim, aquele que jura pelo céu, jura pelo trono de Deus e por aquele que nele está sentado.

²³Ai de vós, escribas e fariseus, hipócritas, que pagais o dízimo da hortelã, do endro e do cominho,*j* mas omitis as coisas mais importantes da lei: a justiça, a misericórdia e a fidelidade. Importava praticar estas coisas, mas sem omitir aquelas. ²⁴Condutores cegos, que coais o mosquito e engolis o camelo!

²⁵Ai de vós, escribas e fariseus, hipócritas, que limpais o exterior do copo e do prato, mas por dentro estais cheios de rapina*k* e de intemperança! ²⁶Fariseu cego, limpa primeiro o interior do copo e do prato, para que também o exterior fique limpo!

²⁷Ai de vós, escribas e fariseus, hipócritas! Sois semelhantes a sepulcros caiados, que por fora parecem belos, mas por dentro estão cheios de ossos de mortos e de toda podridão. ²⁸Assim também vós: por fora pareceis justos aos homens, mas por dentro estais cheios de hipocrisia e de iniquidade.

a) Filactérios: pequenos estojos que encerravam frases importantes da Lei e que os judeus traziam presos no braço ou na testa, procurando cumprir materialmente o prescrito em Ex 13,9.16; Dt 6,8; 11,18. Franjas: borlas presas às extremidades do manto (cf. Nm 15,38+; Mt 9,20).
b) Palavra hebraica que significa "meu mestre", "meu senhor", modelada sobre o aramaico "*ribboni, rabbini*", título respeitoso como "meu senhor". Depois de 70 d.C., título habitual dos doutores judeus, como aqui. Para o uso antigo, ver Mc 9,5p.
c) Os vv. 8-12, dirigidos exclusivamente aos discípulos, a princípio não deviam pertencer ao mesmo discurso.
d) Em aramaico *Abba*, também usado como título honorífico.
e) É possível que Jesus aluda ao chefe religioso da comunidade de Qumrã, o "Guia justo", comumente chamado "mestre de justiça".
f) As exigências da casuística rabínica tornavam difícil a observância da Lei.
g) Ad. v. 14: "Ai de vós, escribas e fariseus, hipócritas, que devorais os bens das viúvas, com o pretexto de fazer longas orações; por isso mesmo sofrereis condenação mais severa", interpolação tomada a Mc 12,40 e Lc 20,47, elevando a oito o número intencional de sete ameaças (cf. 6,9+).
h) Pagão convertido ao judaísmo. A propaganda judaica no mundo greco-romano era muito ativa (cf. At 2,11+).
i) Trata-se de votos: a fim de desobrigar aqueles que os tinham contraído imprudentemente, os rabinos recorriam a argúcias sutis.
j) O preceito mosaico do dízimo que se aplicava aos produtos da terra era estendido, por exagero dos rabinos, às plantas mais insignificantes.
k) Var.: "no interior estais cheios". — "Intemperança"; var.: "iniquidade", "impureza", "cupidez".

²⁹Ai de vós, escribas e fariseus, hipócritas, que edificais os túmulos dos profetas e enfeitais os sepulcros dos justos ³⁰e dizeis: 'Se estivéssemos vivos nos dias dos nossos pais, não teríamos sido cúmplices deles no derramar o sangue dos profetas'. ³¹Com isso testificais, contra vós, que sois filhos daqueles que mataram os profetas. ³²Completai, pois, a medida dos vossos pais!*a*

At 7,52
1Ts 2,16

Crimes e castigos iminentes — ³³Serpentes! Raça de víboras! Como haveis de escapar ao julgamento da geena? ³⁴Por isso vos envio profetas, sábios e escribas.*b* A uns matareis e crucificareis, a outros açoitareis em vossas sinagogas e perseguireis de cidade em cidade. ³⁵E assim cairá sobre vós todo o sangue dos justos derramado sobre a terra, desde o sangue do inocente Abel até o sangue de Zacarias, filho de Baraquias,*c* que matastes entre o santuário e o altar. ³⁶Em verdade vos digo: tudo isso sobrevirá a esta geração!

3,7;
12,34
|| Lc 11,49-51
2Sm 12,1
Jr 7,25s
25,4
Dn 12,3
1Ts 2,14-16
Mt 5,12
27,25
Ap 16,6;
18,24

Palavra sobre Jerusalém — ³⁷Jerusalém, Jerusalém, que matas os profetas*d* e apedrejas os que te são enviados, quantas vezes*e* quis eu ajuntar os teus filhos, como a galinha recolhe seus pintinhos debaixo das asas, e não o quiseste! ³⁸Eis que a vossa casa ficará abandonada*f* ³⁹pois eu vos digo: não me vereis mais até que digais:
*Bendito aquele que vem em nome do Senhor!*ᵍ

|| Lc 13,34-35
21,35;
22,6

1Rs 9,7s
Is 64,10s
Jr 7,14;
12,7;
26,4-6
Ez 11,23
Jo 2,19-21 +
Sl 118,26
At 2,33 +
Tb 14,3

2. DISCURSO ESCATOLÓGICO*h*

|| Mc 13,1-4
|| Lc 21,5-7
Jr 7,14; 9,11

24 **Introdução** — ¹Jesus saiu do Templo, e como se afastava, os discípulos o alcançaram para fazê-lo notar as construções do Templo. ²Mas ele respondeu-lhes: "Vedes tudo isto? Em verdade vos digo: não ficará aqui pedra sobre pedra: tudo será destruído". ³Estando ele sentado no monte das Oliveiras, os discípulos foram pedir-lhe, em particular: "Dize-nos quando vai ser isso, qual o sinal da tua vinda*i* e do fim desta época".*j*

13,39

a) Alusão à morte próxima do próprio Jesus (cf. 21,38s).
b) Termos de origem bíblica, mas aplicados aqui aos missionários cristãos (cf. 10,41; 13,52).
c) Trata-se provavelmente do Zacarias de 2Cr 24,20-22. O seu assassínio é o último narrado na Bíblia (2Cr era o último livro do Cânone judaico), enquanto o de Abel (Gn 4,8) é o primeiro. "Filho de Baraquias" deve vir da confusão com outro Zacarias (cf. Is 8,2 [LXX]; Zc 1,1). A expressão poderia ser glosa de copista.
d) Ver 1Rs 19,10.14; Jr 26,20-23; 2Cr 24,20-22; 1Ts 2,15; At 7,52; Hb 11,37 e as lendas judaicas apócrifas.
e) Alusão às visitas reiteradas a Jerusalém, de que os Sinóticos nada dizem, mas vêm relatadas em Jo.
f) Om.: "deserta". — O texto faz aqui alusão à destruição do Templo em 70.
g) Essas palavras, que Lc 13,35 parece ligar à entrada do dia de Ramos, no contexto atual de Mt referem-se, sem dúvida, a uma volta posterior de Cristo, talvez à do fim dos tempos. Os judeus saudarão essa volta, porque eles se terão convertido (cf. Rm 11,25s).
h) O discurso escatológico de Mt combina o anúncio da ruína de Jerusalém com a do fim da época. Eis por que o discurso de Mc, que concernia apenas ao primeiro desses eventos, vem completado de forma tríplice: 1. pela adição dos vv. 26-28.37-41, tomados do discurso sobre o Dia do Filho do Homem, que Lc, por sua vez, também usa (Lc 17,22-37); 2. com retoques que introduzem os temas da "parusia", vv. 3.27.37.39 (estes não ocorrem em nenhuma outra passagem dos evangelhos; cf. Mt 24,3+; 1Cor 15,23+), do "fim da época", v. 3 (cf. 13,39.40.49) e do "sinal do Filho do Homem", que diz respeito a todos os povos da terra (v. 30); 3. pela adição de várias parábolas sobre a vigilância na parte final do discurso (24,42-25,30), que preparam a volta de Jesus e o grande julgamento escatológico (25,31-46). A ruína de Jerusalém marca o fim de uma era e inaugura uma nova era da história.
i) A palavra grega *parusia*, que significa "presença", designava, no mundo greco-romano, a visita oficial e solene de um príncipe a lugar qualquer. Os cristãos adotaram-na como termo técnico para significar a vinda gloriosa de Cristo (cf. 1Cor 15,23+).
j) Era(s) do mundo, em grego, *aion*, éon, época, era. A ideia subjacente é que segundo o pensamento apocalíptico a história da salvação era dividida por uma série de períodos ou éons, por exemplo, da criação (Adão) até Abraão, de Abraão a Moisés, de Moisés a Davi, de Davi até o exílio, do exílio ao Messias (cf. Mt 1,1-14). A série de eras do mundo não estava rigidamente fixada. A inovação dos cristãos era a de focalizar duas vindas do Messias, uma na humildade, outra na glória. Com o Reino de Deus em sua plenitude, a primeira vinda já se realizou e inaugura o período da Igreja. A segunda está reservada para o futuro, e é a parusia propriamente dita. A ideia de segunda volta do Cristo está presente no NT, por exemplo, em Jo 14,3, mas a linguagem explícita não se encontra antes de são Justino Mártir (*deutera parusia*).

O princípio das dores — ⁴Jesus respondeu: "Atenção para que ninguém vos engane. ⁵Pois muitos virão em meu nome, dizendo: 'O Cristo sou eu',ᵃ e enganarão a muitos. ⁶Haveis de ouvir falar sobre guerras e rumores de guerras. Cuidado para não vos alarmardes. *É preciso que essas coisas aconteçam*, mas ainda não é o fim. ⁷Pois se levantará nação contra nação e reino contra reino. E haverá fomeᵇ e terremotosᶜ em todos os lugares. ⁸Tudo isso será o princípio das dores.ᵈ

⁹Nesse tempo, vos entregarão à tribulação e vos matarão, e sereis odiados de todos os povos por causa do meu nome. ¹⁰E então muitos sucumbirão, haverá traições e guerras intestinas. ¹¹E surgirão falsos profetas em grande número e enganarão a muitos. ¹²E pelo crescimento da iniquidade, o amor de muitos esfriará. ¹³Aquele, porém, que perseverar até o fim, esse será salvo.ᵉ

¹⁴E este Evangelho do Reino será proclamado no mundo inteiro,ᶠ como testemunho para todas as nações. E então virá o fim.ᵍ

A grande tribulação de Jerusalém — ¹⁵Quando, portanto, virdes a abominação da desolação, de que fala o profeta Daniel, instalada no lugar santoʰ — que o leitor entenda! — ¹⁶então, os que estiverem na Judeia fujam para as montanhas, ¹⁷aquele que estiver no terraço, não desça para apanhar as coisas da sua casa, ¹⁸e aquele que estiver no campo não volte atrás para apanhar a sua veste! ¹⁹Ai daquelas que estiverem grávidas e estiverem amamentando naqueles dias! ²⁰Pedi que a vossa fuga não aconteça no inverno ou num sábado. ²¹Pois naquele tempo haverá grande *tribulação, tal como não houve desde o princípio do mundo até agora*, nem tornará a haver jamais.ⁱ ²²E se aqueles dias não fossem abreviados, nenhuma vida se salvaria. Mas, por causa dos eleitos,ʲ aqueles dias serão abreviados.

²³Então, se alguém vos disser: 'Olha o Cristo aqui!' ou 'ali!', não creiais. ²⁴Pois hão de surgir falsos Cristos e *falsos profetas*, que *apresentarão* grandes *sinais e prodígios* de modo a enganar, se possível, até mesmo os eleitos. ²⁵Eis que vos preveni.

A vinda do Filho do Homem será manifesta — ²⁶Se, portanto, vos disserem: 'Ei-lo no deserto', não vades até lá; 'Ei-lo em lugares retirados', não creiais. ²⁷Pois assim como o relâmpago parte do oriente e brilha até o poente, assim será a vinda do Filho do Homem.ᵏ ²⁸Onde estiver o cadáver, aí se ajuntarão os abutres.ˡ

---

a) Antes do ano 70 d.C., houve aventureiros que se fizeram passar pelo Messias.
b) Ad.: "pestes" (cf. Lc 21,11).
c) Cf. Is 8,21; 13,13; 19,2; Jr 21,9; 34,17; Ez 5,12; Am 4,6-11; 8,8; 2Cr 15,6.
d) Cf. Is 13,8; 26,17; 66,7; Jr 6,24; 13,21; Os 13,13; Mq 4,9-10. No judaísmo a imagem foi aplicada ao período de grande angústia que devia preceder a vinda do reinado messiânico.
e) Os vv. 9-13 retomam os temas de 10,17-22 (que oferece um paralelo literal de Mc 13,9-13; Lv 21,12-19), mas introduzindo alguns elementos particulares que parecem fazer eco à perseguição dos cristãos em Roma sob Nero, depois do incêndio de 64 ("odiados de todos os povos por causa do meu nome") e as traições e ódio mútuo entre as próprias vítimas ("o amor de muitos esfriará"; cf. Tácito, *Ann.* XV 44.
f) O "mundo habitado" (*oikoumene*), isto é, o mundo greco-romano. É preciso que os judeus do Império tenham ouvido a Boa Nova (cf. At 1,8+; Rm 10,18). O Evangelho atingiu efetivamente todas as partes vitais do Império Romano desde antes da queda do Templo (cf. 1Ts 1,8; Rm 1,5.8; Cl 1,6.23).
g) Isto é, o fim da era presente e a chegada do Reino de Deus em sua plenitude, cujo sinal antecipatório é a queda de Jerusalém.
h) Ao que parece, Daniel designava com essa expressão um altar pagão que Antíoco Epífanes ergueu no Templo de Jerusalém em 168 a.C. (cf. 1Mc 1,54). A aplicação evangélica realizou-se quando a Cidade santa e o seu Templo foram atacados e depois ocupados pelos exércitos gentílicos de Roma (cf. Lc 21,20).
i) Cf. Ex 10,14; 11,6; Jr 30,7; Br 2,2; Jl 2,2; Dn 12,1; 1Mc 9,27; Ap 16,18.
j) Aqueles, dentre os judeus, que são chamados para entrar no Reino de Deus, o "Pequeno resto" (cf. Is 4,2+; Rm 11,5-7).
k) A vinda do Messias será visível como o relâmpago. Para a descrição, ver Ap 19,11-21. — O relâmpago é acessório clássico dos julgamentos divinos (cf. Is 29,6; 30,30; Zc 9,14; Sl 97,4 etc.).
l) Talvez um provérbio que exprima a mesma ideia de manifestação patente: um cadáver, mesmo escondido no deserto, é localizado prontamente pelo volteio dos abutres.

MATEUS 24

A amplitude cósmica desse acontecimento — ²⁹Logo após a tribulação daqueles dias, *o sol escurecerá, a lua não dará a sua claridade, as estrelas cairão do céu e os poderes dos céus serão abalados.*ᵃ ³⁰Então aparecerá no céu o sinal do Filho do Homemᵇ *e todas as tribos da terra baterão no peito e verão o Filho do Homem vindo sobre as nuvens do céu com poder e grande glória.*ᶜ ³¹Ele enviará os seus anjos que, *ao som da grande trombeta,*ᵈ reunirão os seus eleitos dos quatro ventos, de uma extremidade até a outra extremidade do céu.ᵉ

Parábola da figueira — ³²Aprendei da figueira esta parábola: quando o seu ramo se torna tenro e as suas folhas começam a brotar, sabeis que o verão está próximo. ³³Da mesma forma também vós, quando virdes todas essas coisas, sabei que eleᶠ está próximo, às portas. ³⁴Em verdade vos digo que esta geração não passará sem que tudo isso aconteça.ᵍ ³⁵Passarão o céu e a terra. Minhas palavras, porém, não passarão. ³⁶Daquele dia e da hora, ninguém sabe, nem os anjos dos céus, nem o Filho,ʰ mas só o Pai.

Vigiar para não ser surpreendido — ³⁷Como nos dias de Noé, será a Vinda do Filho do Homem. ³⁸Com efeito, como naqueles dias que precederam o dilúvio, estavam eles comendo, bebendo, casando-se e dando-se em casamento, até o dia em que *Noé entrou na arca,* ³⁹e não perceberam nada até que veio o dilúvio e os levou a todos. Assim acontecerá na Vinda do Filho do Homem. ⁴⁰E estarão dois homens no campo: um será tomado e o outro deixado. ⁴¹Estarão duas mulheres moendo no moinho: uma será tomada e a outra deixada. ⁴²Vigiai, portanto, porque não sabeis em que diaⁱ vem vosso Senhor. ⁴³Compreendei isto: se o dono da casa soubesse em que vigília viria o ladrão, vigiaria e não permitiria que sua casa fosse arrombada. ⁴⁴Por isso, também vós ficai preparados, porque o Filho do Homem virá numa hora que não pensais.

Parábola do mordomoʲ — ⁴⁵Quem é, pois, o servo fiel e prudente que o senhor constituiu sobre a criadagem, para dar-lhe o alimento em tempo oportuno? ⁴⁶Feliz aquele servo que o Senhor, ao chegar, encontrar assim ocupado. ⁴⁷Em verdade vos digo, ele o constituirá sobre todos os seus bens. ⁴⁸Se aquele mau servo disser em seu coração: 'Meu senhor tarda', ⁴⁹e começar a espancar

---

a) Cf. Jr 4,23-26; Ez 32,7s; Am 8,9; Mq 1,3-4; Jl 2,10; 3,4; 4,15 e, sobretudo, Is 13,9-10; 34,4, de que o nosso texto toma as expressões. Os "poderes dos céus" são os astros e as forças celestes em geral.
b) Os Padres da Igreja viram nesse sinal a cruz de Cristo. Poderia tratar-se do próprio Cristo.
c) Daniel anunciava dessa maneira o estabelecimento do reinado messiânico por um Filho do Homem que havia de vir sobre as nuvens. A nuvem é o cenário normal das teofanias no AT (Ex 13,22+; 19,16+; 34,5; Lv 16,2; 1Rs 8,10-11; Sl 18,12; 97,2; 104,3; Is 19,1; Jr 4,13; Ez 1,4; 10,3s; 2Mc 2,8), como no NT (Mt 17,5; At 1,9.11; 1Ts 4,17; Ap 1,7; 14,14).
d) Ad.: "e uma voz".
e) Fórmula combinada de elementos de Zc 2,10 e de Dt 30,4, textos nos quais se fala de reunião dos dispersos de Israel (cf. Ez 37,9 e Ne 1,9). Ver também Is 27,13. Os "eleitos" são, portanto, aqui, como nos vv. 22 e 24, aqueles dentre os judeus que Iahweh salvará do desastre do seu povo para admiti-los no seu Reino, juntamente com os pagãos (v. 30).
f) O Filho do Homem, vindo para instaurar o seu reinado.

g) Essa afirmação diz respeito à ruína de Jerusalém e não ao fim do mundo.
h) Om. (Vulg.): "nem o Filho", sem dúvida por escrúpulo teológico. Enquanto homem, Cristo recebeu do Pai o conhecimento de tudo o que interessava a sua missão, mas podia ignorar certos pontos do plano divino, como ele afirma aqui formalmente.
i) Vulg.: "a que hora". — Vigilância, que propriamente significa "abstenção do sono", é a atitude que Jesus recomenda aos que esperam sua vinda (25,13; Mc 13,33-37; Lc 12,35-40; 21,34-36). A vigilância nesse estado de alerta supõe a esperança firme e requer a presença de espírito sem desvanecimentos, que toma o nome de "sobriedade" (1Ts 5,6-8; 1Pd 5,8; cf. 1Pd 1,13; 4,7).
j) Ao discurso que anuncia a ruína de Jerusalém e a última vinda de Cristo no fim do mundo, Mt acrescenta três parábolas concernentes aos fins últimos dos indivíduos. — A primeira põe em cena um servo de Cristo encarregado de uma função na Igreja, como foram os apóstolos, e julgado de acordo com a maneira como cumpriu a sua missão.

seus companheiros, a comer e beber em companhia dos beberrões, ⁵⁰o senhor daquele servo virá em dia imprevisto e hora ignorada. ⁵¹Ele o partirá ao meio*a* e lhe designará seu lugar entre os hipócritas. Ali haverá choro e ranger de dentes.

25 Parábola das dez virgens*b* — ¹Então o Reino dos Céus será semelhante a dez virgens que, tomando suas lâmpadas, saíram ao encontro do noivo.*c* ²Cinco eram insensatas e cinco, prudentes. ³As insensatas, ao pegarem as lâmpadas, não levaram azeite consigo, ⁴enquanto as prudentes levaram vasos de azeite com suas lâmpadas. ⁵Atrasando o noivo, todas elas acabaram cochilando e dormindo. ⁶À meia-noite, ouviu-se um grito: 'O noivo vem aí! Saí ao seu encontro!' ⁷Todas as virgens levantaram-se, então, e trataram de aprontar as lâmpadas. ⁸As insensatas disseram às prudentes: 'Dai-nos do vosso azeite, porque as nossas lâmpadas apagam-se'. ⁹As prudentes responderam: 'De modo algum, o azeite poderia não bastar para nós e para vós. Ide antes aos que vendem e comprai para vós'. ¹⁰Enquanto foram comprar o azeite, o noivo chegou, e as que estavam prontas entraram com ele para o banquete de núpcias. E fechou-se a porta. ¹¹Finalmente, chegaram as outras virgens, dizendo: 'Senhor, senhor, abre-nos!' ¹²Mas ele respondeu: 'Em verdade vos digo: não vos conheço!' ¹³Vigiai, portanto, porque não sabeis nem o dia nem a hora.

Parábola dos talentos*d* — ¹⁴Pois será como um homem que, viajando para o estrangeiro, chamou seus servos e entregou-lhes seus bens. ¹⁵A um deu cinco talentos, a outro dois, a outro um. A cada um de acordo com a sua capacidade. E partiu. Imediatamente, ¹⁶o que recebera cinco talentos saiu a trabalhar com eles e ganhou outros cinco. ¹⁷Da mesma maneira, o que recebera dois ganhou outros dois. ¹⁸Mas aquele que recebera um só, tomou-o e foi abrir uma cova no chão. E enterrou o dinheiro do seu senhor. ¹⁹Depois de muito tempo, o senhor daqueles servos voltou e pôs-se a ajustar contas com eles. ²⁰Chegando aquele que recebera cinco talentos, entregou-lhe outros cinco, dizendo: 'Senhor, tu me confiaste cinco talentos. Aqui estão outros cinco que ganhei'. ²¹Disse-lhe o senhor: 'Muito bem, servo bom e fiel! Sobre o pouco foste fiel, sobre o muito te colocarei. Vem alegrar-te com o teu senhor!'*e* ²²Chegando também o dos dois talentos, disse: 'Senhor, tu me confiaste dois talentos. Aqui estão outros dois talentos que ganhei'. ²³Disse-lhe o senhor: 'Muito bem, servo bom e fiel! Sobre o pouco foste fiel, sobre o muito te colocarei. Vem alegrar-te com o teu senhor!' ²⁴Por fim, chegando o que recebera um talento, disse: 'Senhor, eu sabia que és homem severo, que colhes onde não semeaste e ajuntas onde não espalhaste. ²⁵Assim, amedrontado, fui enterrar o teu talento no chão. Aqui tens o que é teu'. ²⁶A isso respondeu-lhe o senhor: 'Servo mau e preguiçoso, sabias que colho onde não semeei e que ajunto onde não espalhei? ²⁷Pois então devias ter depositado o meu dinheiro com os banqueiros e, ao voltar, receberia com juros o que é meu. ²⁸Tirai-lhe o talento que tem e dai-o àquele que tem dez, ²⁹porque a todo aquele que tem será dado e terá em abundância, mas daquele que não tem, até o que

---

a) Palavra obscura que se deve tomar, sem dúvida, em sentido metafórico: "Separar-se-á dele" por uma espécie de excomunhão (cf. 18,17).
b) As virgens representam os cristãos à espera do esposo, Cristo. Ainda que ele tarde, a lâmpada da sua vigilância deve estar preparada.
c) Ad.: "e da noiva".
d) Os cristãos são servos aos quais seu mestre, Jesus, confia a tarefa de fazer frutificar seus dons para o desenvolvimento do seu Reino e que devem prestar-lhe contas da gestão que fizerem. — A parábola das minas (Lc 19,12-27) apresenta analogias de forma, mas comporta uma leitura muito diferente.
e) Essa alegria é a do banquete celeste (Mt 8,11+). — A expressão "sobre o muito te colocarei" designa a participação ativa no Reino de Cristo.

O último julgamento[a] — ³¹Quando o Filho do Homem vier em sua glória, e *todos os anjos com ele*, então se assentará no trono da sua glória. ³²E serão reunidas em sua presença todas as nações[b] e ele separará os homens uns dos outros, como o pastor separa as ovelhas dos bodes, ³³e porá as ovelhas à sua direita e os bodes à sua esquerda. ³⁴Então dirá o rei aos que estiverem à sua direita: 'Vinde, benditos de meu Pai, recebei por herança o Reino preparado para vós desde a fundação do mundo. ³⁵Pois tive fome e me destes de comer. Tive sede e me destes de beber. Era forasteiro e me acolhestes. ³⁶Estive nu e me vestistes, doente e me visitastes, preso e viestes ver-me'.[c] ³⁷Então os justos lhe responderão: 'Senhor, quando foi que te vimos com fome e te alimentamos, com sede e te demos de beber? ³⁸Quando foi que te vimos forasteiro e te recolhemos ou nu e te vestimos? ³⁹Quando foi que te vimos doente ou preso e fomos te ver?' ⁴⁰Ao que lhes responderá o rei: 'Em verdade vos digo: cada vez que o fizestes a um desses meus irmãos mais pequeninos, a mim o fizestes'. ⁴¹Em seguida, dirá aos que estiverem à sua esquerda: 'Apartai-vos de mim, malditos, para o fogo eterno preparado para o diabo e para os seus anjos. ⁴²Porque tive fome e não me destes de comer. Tive sede e não me destes de beber. ⁴³Fui forasteiro e não me recolhestes. Estive nu e não me vestistes, doente e preso, e não me visitastes'. ⁴⁴Então, também eles responderão: 'Senhor, quando é que te vimos com fome ou com sede, forasteiro ou nu, doente ou preso e não te socorremos?' ⁴⁵E ele responderá com estas palavras: 'Em verdade vos digo: todas as vezes que o deixastes de fazer a um desses mais pequeninos, foi a mim que o deixastes de fazer'. ⁴⁶E irão estes para o castigo eterno, enquanto *os justos irão para a vida eterna*".

VII. A paixão e a ressurreição

26 *Conspiração contra Jesus* — ¹Quando Jesus terminou essas palavras todas, disse aos discípulos: ²"Sabeis que daqui a dois dias será a Páscoa, e o Filho do Homem será entregue para ser crucificado". ³Então os chefes dos sacerdotes e os anciãos do povo reuniram-se no pátio do Sumo Sacerdote, que se chamava Caifás, ⁴e decidiram juntos que prenderiam a Jesus por um ardil e o matariam. ⁵Diziam, contudo: "Não durante a festa, para não haver tumulto no meio do povo".

A unção em Betânia[d] — ⁶Estando Jesus em Betânia, em casa de Simão, o leproso, ⁷aproximou-se dele uma mulher trazendo um frasco de alabastro de perfume precioso e pôs-se a derramá-lo sobre a cabeça de Jesus, enquanto ele

---

a) A expressão "os mais pequeninos dos irmãos" (v. 40) designa todos aqueles que estão em necessidade, pois o termo "irmão" não parece ter aqui o sentido restritivo segundo o qual designaria apenas os missionários cristãos (cf. Henoc 61,8; 62,25; 69,27). Esta poderosa cena dramática inclui elementos parabólicos (o pastor, as ovelhas e os bodes), mas não se pode minimizar a importância deste texto transformando-o em simples parábola; também não devemos tomá-lo como uma descrição "cinematográfica" do julgamento. O acento do texto recai sobre o amor ao próximo, valor moral supremo (cf. 22,34-40); contrariamente ao costume do autor, é o Filho que é apresentado como juiz e não Deus Pai.
b) Todos os homens de todos os tempos. A ressurreição dos mortos não é mencionada, mas deve ser subentendida (cf. 10,15; 11,22-24; 12,41s).
c) Os homens são julgados segundo suas obras de misericórdia (descritas de forma bíblica, cf. Is 58,7; Jó 22,6s; Eclo 7,32s etc.), não segundo suas ações excepcionais (cf. 7,22s).
d) A mulher é Maria, como se vê em Jo. O episódio narrado em Lc 7,36-50 é diferente.

estava à mesa. ⁸Ao verem isso, os discípulos ficaram indignados e diziam: "A troco do que esse desperdício? ⁹Pois isso poderia ser vendido bem caro e distribuído aos pobres". ¹⁰Mas Jesus, ao perceber essas palavras, disse-lhes: "Por que aborreceis a mulher? Ela, de fato, praticou uma boa ação[a] para comigo. ¹¹Na verdade, sempre tereis os pobres convosco, mas a mim nem sempre tereis. ¹²Derramando este perfume sobre o meu corpo, ela o fez para me sepultar. ¹³Em verdade vos digo que, onde quer que venha a ser proclamado o Evangelho, em todo o mundo, também o que ela fez será contado em sua memória".

A traição de Judas — ¹⁴Então um dos Doze, chamado Judas Iscariotes, foi até os chefes dos sacerdotes ¹⁵e disse: "O que me dareis se eu o entregar?" Fixaram-lhe, então, a quantia de *trinta moedas de prata*.[b] ¹⁶E a partir disso, ele procurava uma oportunidade para entregá-lo.

Preparativos para a ceia pascal — ¹⁷No primeiro dia dos ázimos,[c] os discípulos aproximaram-se de Jesus, dizendo: "Onde queres que te preparemos para comer a Páscoa?" ¹⁸Ele respondeu: "Ide à cidade, à casa de alguém e dizei-lhe: 'O Mestre diz: O meu tempo está próximo. Em tua casa irei celebrar a Páscoa com meus discípulos'". ¹⁹Os discípulos fizeram como Jesus lhes ordenara e prepararam a Páscoa.

Anúncio da traição de Judas — ²⁰Ao cair da tarde, ele pôs-se à mesa com os Doze ²¹e, enquanto comiam,[d] disse-lhes: "Em verdade vos digo que um de vós me entregará". ²²Eles, muito entristecidos, puseram-se — um por um — a perguntar-lhe: "Acaso sou eu, Senhor?" ²³Ele respondeu: "O que comigo põe a mão no prato, esse me entregará. ²⁴Com efeito, o Filho do Homem vai, conforme está escrito a seu respeito, mas ai daquele homem por quem o Filho do Homem for entregue! Melhor seria para aquele homem não ter nascido!" ²⁵Então Judas, seu traidor, perguntou: "Porventura sou eu, Rabi?" Jesus respondeu-lhe: "Tu o disseste".

Instituição da eucaristia — ²⁶Enquanto comiam,[e] Jesus tomou um pão e, tendo-o abençoado, partiu-o e, distribuindo-o aos discípulos, disse: "Tomai e comei, isto é o meu corpo". ²⁷Depois, tomou um cálice e, dando graças,[f]

---

a) Os judeus dividiam as "boas obras" em "esmolas" e "ações de caridade"; estas últimas eram tidas como superiores e compreendiam, entre outras coisas, o sepultamento dos mortos. Portanto, a mulher fez uma "obra" mais preciosa, do que a esmola, ao preparar Cristo para a sepultura.

b) Trinta siclos (e não trinta denários, como se afirma frequentemente). Era o preço que a Lei fixava para a vida de um escravo (Ex 21,32).

c) O "primeiro dia" da semana, em que se comiam *pães sem fermento* (ázimos, cf. Ex 12,1+; 23,14+), era normalmente aquele que se seguia à refeição pascal; usando esse termo para indicar o dia anterior, os Sinóticos denunciam uso mais laxo. Por outra parte, Jo 18,28 e outros pormenores da paixão parecem indicar que a ceia pascal naquele ano foi celebrada na tarde de sexta-feira (ou parasceve, Mt 27,62; cf. Jo 19,14.31.42). A ceia de Jesus que os Sinóticos colocam um dia antes, na tarde de quinta-feira, deve então explicar--se, seja pela antecipação do rito numa parte do povo judeu, seja, antes, por uma antecipação intencional do próprio Jesus: não podendo celebrar a páscoa no dia seguinte, a não ser em sua própria pessoa sobre a cruz (Jo 19,36; 1Cor 5,7), Jesus teria instituído o seu novo rito durante uma ceia que podia ter recebido por via indireta os traços da páscoa antiga. A opinião recente que coloca a ceia na tarde de terça-feira, de acordo com o calendário essênio, não parece cabível. — O dia 14 de Nisã (dia da ceia pascal) caiu numa sexta-feira, no ano 30 e no ano 33 d.C., o que leva os exegetas a optar por um ou outro desses dois anos como o da morte de Cristo, segundo coloquem o seu batismo no ano 28 ou 29 e segundo atribuam ao seu ministério duração maior ou menor.

d) Trata-se do primeiro serviço, que precedia a ceia pascal propriamente dita.

e) Estamos no meio da ceia pascal. É em gestos precisos e solenes do ritual judaico (ações de graças a Iahweh pronunciadas sobre o pão e sobre o vinho) que Jesus enxerta os ritos sacramentais do novo culto que instaura.

f) "Dar graças" traduz aqui o verbo grego *eucharistō*, cujo derivado *eucharistia*, "ação de graças", foi adotado pela linguagem cristã para designar a santa ceia.

deu-o a eles, dizendo: "Bebei dele todos, ²⁸pois isto é o meu sangue, o sangue da Aliança,ᵃ que é derramado por muitos para remissão dos pecados.ᵇ ²⁹Eu vos digo: Não beberei mais deste fruto da videira até o dia em que convosco beberei o vinho novo no Reino do meu Pai".ᶜ

A negação de Pedro é predita — ³⁰Depois de terem cantado o hino,ᵈ saíram para o monte das Oliveiras. ³¹Jesus disse-lhes então: "Essa noite todos vós vos escandalizareisᵉ por minha causa, pois está escrito: *Ferirei o pastor e as ovelhas do rebanho se dispersarão.* ³²Mas, depois que eu ressurgir, vos precederei na Galileia". ³³Pedro, tomando a palavra, disse-lhe: "Ainda que todos se escandalizem por tua causa, eu jamais me escandalizarei". ³⁴Jesus declarou: "Em verdade te digo que esta noite, antes que o galo cante, me negarás três vezes!". ³⁵Ao que Pedro disse: "Mesmo que tiver de morrer contigo, não te negarei". O mesmo disseram todos os discípulos.

No Getsêmani — ³⁶Então Jesus foi com eles a um lugar chamado Getsêmaniᶠ e disse aos discípulos: "Sentai-vos aí enquanto vou até ali para orar". ³⁷Levando Pedro e os dois filhos de Zebedeu, começou a entristecer-se e a angustiar-se. ³⁸Disse-lhes, então: "*Minha alma está triste até a morte.*ᵍ Permanecei aqui e vigiai comigo". ³⁹E, indo um pouco adiante, prostrou-se com o rosto em terra e orou: "Meu Pai, se é possível, que passe de mim este cálice: contudo, não seja como eu quero, mas como tu queres".ʰ ⁴⁰E, ao voltar para junto dos discípulos, encontrou-os adormecendo. E diz a Pedro: "Como assim? Não fostes capazes de vigiar comigo por uma hora! ⁴¹Vigiai e orai, para que não entreis em tentação, pois o espírito está pronto, mas a carne é fraca". ⁴²Afastando-se de novo pela segunda vez, orou: "Meu Pai, se não é possível que esta taça passe sem que eu a beba, seja feita a tua vontade!" ⁴³E ao voltar de novo, encontrou-os dormindo, pois seus olhos estavam pesados de sono. ⁴⁴Deixando-os, afastou-se e orou pela terceira vez, dizendo de novo as mesmas palavras. ⁴⁵Vem, então, para junto dos discípulos e lhes diz: "Dormi agora e repousai:ⁱ eis que a hora está chegando e o Filho do Homem está sendo entregue às mãos dos pecadores. ⁴⁶Levantai-vos! Vamos! Eis que meu traidor está chegando".

Prisão de Jesus — ⁴⁷E enquanto ainda falava, eis que veio Judas, um dos Doze, acompanhado de grande multidão com espadas e paus, da parte dos chefes dos sacerdotes e dos anciãos do povo. ⁴⁸Seu traidor dera-lhes um sinal, dizendo: "É aquele que eu beijar; prendei-o". ⁴⁹E logo, aproximando-se de

---

a) Ad. Vulg.: "nova" (cf. Lc 22,20; 1Cor 11,25; Jr 31,31-34).
b) Como outrora no Sinai, o sangue das vítimas selou a aliança de Iahweh com o seu povo (Ex 24,4-8+; cf. Gn 15,1+), assim, sobre a cruz, o sangue da vítima perfeita, Jesus, selaria a "nova" aliança entre Deus e os homens (cf. Lc 22,20), a qual os profetas tinham anunciado (Jr 31,31+). Jesus atribui a si a missão de redenção universal que Isaías havia atribuído ao "Servo de Iahweh" (Is 42,6; 49,6; 53,12; cf. 42,1+; cf. Hb 8,8; 9,15; 12,24). A ideia de nova aliança está presente também em Paulo, não só em 1Cor 11,25, mas em diversos outros contextos que mostram sua grande importância (2Cor 3,4-6; Gl 3,15-20; 4,24).
c) Alusão ao banquete escatológico (cf. 8,11; 22,1s). Acabam-se assim as refeições terrestres de Jesus com os seus discípulos.
d) Os salmos do Hallel, Sl 113-118, cuja recitação encerrava a ceia pascal.
e) O escândalo religioso de ver sucumbir sem resistência aquele que eles tinham como o Messias (16,16) e cujo triunfo próximo esperavam (20,21s). Diante disso, por um momento, os discípulos perderiam sua coragem e até sua fé (cf. Lc 22,31-32; Jo 16,1).
f) O nome significa "lagar de azeite". Situava-se no vale de Cedron, ao pé do monte das Oliveiras.
g) Expressão cuja forma literária evoca Sl 42,6.12; 43,5 e Jn 4,9.
h) Jesus sente em toda a sua força o pavor que a morte inspira ao homem; experimenta e exprime o desejo natural de escapar dela, embora o reprima pela aceitação da vontade do Pai (cf. 4,1+).
i) Ou: "Agora podeis dormir e repousar". Censura revestida de suave ironia: a hora em que devíeis vigiar comigo passou. O momento de prova chegou e Jesus a enfrentará sozinho; os discípulos podem dormir, se quiserem.

Jesus, disse: "Salve, Rabi!" e o beijou. ⁵⁰Jesus respondeu-lhe: "Amigo, para que estás aqui?"ᵃ Então, avançando, deitaram a mão em Jesus e o prenderam. ⁵¹E eis que um dos que estavam com Jesus, estendendo a mão, desembainhou a espada e, ferindo o servo do Sumo Sacerdote, decepou-lhe a orelha. ⁵²Mas Jesus lhe disse: "Guarda tua espada no seu lugar, pois todos os que pegam a espada pela espada perecerão. ⁵³Ou pensas tu que eu não poderia apelar para meu Pai, a fim de que ele pusesse à minha disposição, agora mesmo, mais de doze legiões de anjos? ⁵⁴E como se cumpririam então as Escrituras, segundo as quais isso deve acontecer?" ⁵⁵E naquela hora, disse Jesus às multidões: "Como ao ladrão, saístes para prender-me com espadas e paus! Eu sentava no Templo ensinandoᵇ todos os dias e não me prendestes". ⁵⁶Tudo isso, porém, aconteceu para se cumprirem os escritos dos profetas. Então todos os discípulos, abandonando-o, fugiram.

*Jesus diante do Sinédrio*ᶜ — ⁵⁷Os que prenderam Jesus levaram-no ao Sumo Sacerdote Caifás, onde os escribas e os anciãos estavam reunidos. ⁵⁸Pedro seguiu-o de longe até o pátio do Sumo Sacerdote e, penetrando no interior, sentou-se com os servidores para ver o fim.

⁵⁹Ora, os chefes dos sacerdotes e todo o Sinédrio procuravam um falso testemunho contra Jesus, a fim de matá-lo, ⁶⁰mas nada encontraram, embora se apresentassem muitas falsas testemunhas. Por fim, se apresentaram duas ⁶¹que afirmaram: "Este homem declarou: Posso destruir o Templo de Deus e edificá-lo depois de três dias".ᵈ ⁶²Levantando-se então o Sumo Sacerdote, disse-lhe: "Nada respondes? Que testemunham estes contra ti?"ᵉ ⁶³Jesus, porém, ficou calado. E o Sumo Sacerdote lhe disse: "Eu te conjuro pelo Deus Vivo que nos declares se tu és o Cristo, o Filho de Deus". ⁶⁴Jesus respondeu: "Tu o disseste. Aliás, eu vos digo que, de ora em diante, vereis o *Filho do Homem sentado à direita do Poder e vindo sobre as nuvens do céu*."ᶠ ⁶⁵O Sumo Sacerdote então rasgou suas vestes, dizendo: "Blasfemou!ᵍ Que necessidade temos ainda de testemunhas? Vede: vós ouvistes neste instante a blasfêmia. ⁶⁶Que pensais?" Eles responderam: É réu de morte". ⁶⁷E cuspiram-lhe no rosto e o esbofetearam. Outros lhe davam bordoadas, ⁶⁸dizendo: "Faze-nos uma profecia, Cristo: quem é que te bateu?"ʰ

---

a) Lit.: "Amigo, aquilo para que estás aqui". Antes que pergunta ("por que estás aqui?") ou uma censura ("que estás fazendo aqui?") deve tratar-se de uma expressão estereotipada que significa: "(faze) aquilo para que estás aqui", "ocupa-te da tua tarefa". Jesus põe termo a esses cumprimentos hipócritas: é hora de passar à ação (cf. Jo 13,27).
b) Var. Vulg.: "Eu estava assentado no meio de vós no Templo" (cf. Mc 14,49).
c) Com o auxílio de Lc e de Jo, pode-se distinguir: um primeiro comparecimento diante de Anás, durante a noite, e uma sessão solene do Sinédrio, de manhã (Mt 27,1). Mt e Mc contaram a cena da noite com os traços da cena matutina, a única sessão formal e decisiva.
d) O que Jesus realmente anunciara fora a destruição do Templo e do culto judaico que aquele simbolizava (cap. 24), e a sua substituição por um Templo novo: em primeiro lugar, o seu próprio corpo ressuscitado depois de três dias (16,21; 17,23; 20,19; Jo 2,19-22) e posteriormente a Igreja (16,18).
e) Vulg. vê aqui apenas uma única pergunta: "Nada respondes ao que estes atestam contra ti?".
f) Lit.: "O Poder". Trata-se de um equivalente de "Iahweh". Jesus, renunciando neste momento à or-

dem dada a respeito do "segredo messiânico" (cf. Mc 1,34+), reconhece categoricamente que é o Messias, como já aceitara antes a confissão dos seus íntimos (Mt 16,16); mas revela-se mais claramente, apresentando-se não como o Messias humano tradicional, mas como o "Senhor" do Sl 110 (cf. Mt 22,41s) e a personagem misteriosa, de origem celeste, entrevista por Daniel (cf. Mt 8,20+). Os judeus não tornariam a vê-lo daí em diante senão na sua glória, primeiro pelo triunfo da ressurreição, depois pelo triunfo do Reino (cf. 23,39 e 24,30).
g) A "blasfêmia" de Jesus consistia, não em apresentar-se como o Messias, mas em reivindicar a dignidade divina.
h) A redação de Mt é infeliz, porque não estando com os olhos vendados como em Lc 22,63, Jesus podia indicar sem dificuldade quem o tinha ferido. O importante a notar é que ele foi ridicularizado como "profeta", por causa das suas palavras a respeito do Templo, e talvez, com mais precisão, como "Messias-Profeta" (essa interpelação dirigida a Jesus com o vocativo "Cristo" é única nos evangelhos), isto é, como pretenso sumo sacerdote escatológico que vinha estabelecer o novo Templo.

Negações de Pedro — ⁶⁹Pedro estava sentado fora, no pátio. Aproximou-se dele uma criada, dizendo: "Também tu estavas com Jesus, o Galileu!" ⁷⁰Ele, porém, negou diante de todos, dizendo: "Não sei o que dizes." ⁷¹Saindo para o pórtico, outra viu-o e disse aos que ali estavam: "Ele estava com Jesus, o Nazareu".ᵃ ⁷²De novo ele negou, jurando que não conhecia o homem. ⁷³Pouco depois, os que lá estavam disseram a Pedro: "De fato, também tu és um deles; pois o teu dialetoᵇ te denuncia". ⁷⁴Então ele começou a praguejar e a jurar, dizendo: "Não conheço este homem!" E imediatamente um galo cantou. ⁷⁵E Pedro se lembrou da palavra que Jesus dissera: "Antes que o galo cante, três vezes me negarás". Saindo dali, chorou amargamente.

27 Jesus é conduzido à presença de Pilatos —

¹Chegada a manhã, todos os chefes dos sacerdotes e os anciãos do povo convocaram um conselho contra Jesus, a fim de levá-lo à morte. ²Assim, amarrando-o, levaram-no e entregaram-no a Pilatos,ᶜ o governador.

Morte de Judas — ³Então Judas, que o entregara, vendo que Jesus fora condenado, sentiu remorsos e veio devolver aos chefes dos sacerdotes e aos anciãos as trinta moedas de prata, ⁴dizendo: "Pequei, entregando sangue inocente".ᵈ Mas estes responderam: "Que temos nós com isso? O problema é teu". ⁵Ele, atirando as moedas no Templo, retirou-se e foi enforcar-se. ⁶Os chefes dos sacerdotes, tomando as moedas, disseram: "Não é lícito depositá-las no tesouro do Templo, porque se trata de preço de sangue". ⁷Assim, depois de deliberarem em conselho, compraram com elas o campo do Oleiro para o sepultamento dos estrangeiros. ⁸Eis por que até hoje aquele campo se chama "Campo de Sangue".ᵉ ⁹Com isso se cumpriu o oráculo do profeta Jeremias:ᶠ *E tomaram as trinta moedas de prata, o preço do Precioso, daquele que os filhos de Israel avaliaram,* ¹⁰*e deram-nas pelo campo do Oleiro, conforme o Senhor me ordenara.*ᵍ

Jesus diante de Pilatos — ¹¹Jesus foi posto perante o governador e o governador interrogou-o: "És tu o rei dos judeus?" Jesus declarou: "Tu o dizes".ʰ ¹²E ao ser acusado pelos chefes dos sacerdotes e anciãos, nada respondeu. ¹³Então lhe disse Pilatos: "Não ouves de quanta coisa te acusam?" ¹⁴Mas ele não lhe respondeu sequer uma palavra, de tal sorte que o governador ficou muito impressionado.

¹⁵Por ocasião da Festa, era costume o governador soltar um preso que a multidão desejasse. ¹⁶Nessa ocasião, tinham elesⁱ um preso famoso, chamado Barrabás.ʲ ¹⁷Como estivessem reunidos, Pilatos lhes disse: "Quem quereis que vos solte, Barrabás ou Jesus, que chamam Cristo?" ¹⁸Ele sabia, com efeito, que eles o haviam entregue por inveja.

---

a) Var. Vulg.: "Nazareno".
b) O dialeto galileu.
c) Var.: "Pôncio Pilatos" (cf. Lc 3,1+). Visto que Roma, tanto na Judeia como nas demais províncias do Império, reservava para si o direito de impor a pena de morte, os judeus tinham de recorrer ao governador para obter a confirmação e a execução da sentença por eles pronunciada.
d) Var.: "sangue justo" (cf. 23,35).
e) Em aramaico *Haqeldama* (cf. At 1,19 e aqui Vulg.). Uma tradição muito antiga e provavelmente autêntica localiza esse campo no vale de Enom.
f) Om.: "Jeremias". Trata-se, de fato, de uma citação livre de Zc 11,12-13, combinada com a ideia da compra de um campo sugerida por Jr 32,6-15. Isso juntamente com o fato de que Jeremias fala em oleiros (18,2s),
que se encontravam na região de Hacéldama (19,1s), explica que todo o texto podia ser-lhe atribuído por aproximação.
g) Iahweh queixava-se de ter recebido dos israelitas — na pessoa do seu profeta, Zacarias — apenas um salário irrisório; a venda de Jesus pelo mesmo preço mesquinho parece a Mt uma realização deste oráculo profético.
h) Com essas palavras, Jesus reconhece a exatidão — pelo menos em certo sentido — daquilo que, no entanto, ele mesmo não teria dito. Ver 26,25.64; e cf. Jo 18,33-37+.
i) Vulg.: "ele tinha".
j) Aqui e também no v. 17, var.: "Jesus Barrabás", o que dá à pergunta de Pilatos tom de surpresa mas essa variante parece provir de tradição apócrifa.

¹⁹Enquanto estava sentado no tribunal, sua mulher lhe mandou dizer: "Não te envolvas com esse justo, porque muito sofri hoje em sonho por causa dele".

²⁰Os chefes dos sacerdotes e os anciãos, porém, persuadiram as multidões a que pedissem Barrabás e que fizessem Jesus perecer. ²¹O governador respondeu-lhes: "Qual dos dois quereis que vos solte?" Disseram: "Barrabás". ²²Pilatos perguntou: "Que farei de Jesus, que chamam de Cristo?" Todos responderam: "Seja crucificado!" ²³Tornou a dizer-lhes: "Mas que mal ele fez?" Eles, porém, gritavam com mais veemência: "Seja crucificado!" ²⁴Vendo Pilatos que nada conseguia, mas ao contrário, a desordem aumentava, pegou água e, lavando as mãos*ᵃ* na presença da multidão, disse: "Estou inocente desse sangue.*ᵇ* A responsabilidade é vossa". ²⁵A isso todo o povo respondeu: "O seu sangue caia sobre nós e sobre nossos filhos".*ᶜ* ²⁶Então soltou-lhes Barrabás. Quanto a Jesus, depois de açoitá-lo,*ᵈ* entregou-o para que fosse crucificado.

Sl 27,12

Jr 26,15
At 5,28
Mt 26,28

A coroação de espinhos — ²⁷Em seguida, os soldados do governador, levando Jesus para o Pretório,*ᵉ* reuniram contra ele toda a coorte. ²⁸Despiram-no e puseram-lhe uma capa escarlate.*ᶠ* ²⁹Depois, tecendo uma coroa de espinhos, puseram-lhe na cabeça e um caniço na mão direita. E, ajoelhando-se diante dele, diziam-lhe, caçoando: "Salve, rei dos judeus!"*ᵍ* ³⁰E cuspindo nele, tomavam o caniço e batiam-lhe na cabeça. ³¹Depois de caçoarem dele, despiram-lhe a capa escarlate e tornaram a vesti-lo com suas próprias vestes, e levaram-no para o crucificar.

Mc 15,16-20
Jo 19,2-3

Jr 10,9
Sl 22,7-8;
69,11-12
109,25
Mt 27,11
Is 50,6

A crucifixão — ³²Ao saírem, encontraram um homem de Cirene, de nome Simão. E o requisitaram para que carregasse a cruz de Jesus. ³³Chegando ao lugar chamado Gólgota,*ʰ* isto é, lugar que chamavam de Caveira, ³⁴deram-lhe de beber vinho misturado com fel.*ⁱ* Ele provou, mas não quis beber. ³⁵E após crucificá-lo, repartiram entre si suas vestes, lançando a sorte.*ʲ* ³⁶E, sentando-se, ali montavam-lhe guarda. ³⁷E colocaram acima da sua cabeça, por escrito, o motivo da sua condenação: "Este é Jesus, o Rei dos judeus". ³⁸Com ele foram crucificados dois ladrões, um à direita, outro à esquerda.

Mc 15,21-27
Lc 23,26-34.38
Jo 19,17-24
Sl 69,22
Pr 31,6-7
Mt 26,29
Mc 14,25
Sl 22,29

Is 53,12.9
Lc 22,37

Jesus na cruz é escarnecido e injuriado — ³⁹Os transeuntes injuriavam-no, meneando a cabeça ⁴⁰e dizendo: "Tu que destróis o Templo e em três dias o reedificas, salva-te a ti mesmo, se és Filho de Deus, e desce da cruz!" ⁴¹Do

Mc 15,29-32
Lc 23,35-37
Sl 22,7;
109,25
Jr 18,16
Eclo 12,18 +;
13,7
Lm 2,15
26,61

a) Gesto expressivo que os judeus deviam compreender bem (cf. Dt 21,6s; Sl 26,6; 73,13).
b) Var.: "do sangue deste justo".
c) Expressão bíblica tradicional (2Sm 1,16; 3,29; At 5,28; 18,6), pela qual o povo aceita a responsabilidade da condenação que reclama.
d) Prelúdio normal da crucificação entre os romanos.
e) O Pretório, isto é, a residência do pretor, devia ser o antigo palácio do rei Herodes Magno, no qual se instalava regularmente o procurador quando subia de Cesareia para Jerusalém. Esse palácio, situado na parte ocidental da cidade, distinguia-se da residência familiar dos Asmoneus, que ficava perto do Templo e no qual Herodes Antipas recebeu Jesus, quando enviado a ele por Pilatos (Lc 23,7-12). Alguns buscam o Pretório na fortaleza Antônia, ao norte do Templo, mas essa localização não se coaduna nem com os hábitos dos procuradores, como os conhecemos dos textos antigos, nem com o uso da palavra "pretório", que não se pode deslocar assim, nem com os movimentos de Pilatos e da multidão judaica nas narrativas evangélicas da paixão sobretudo na de são João.
f) Manto de soldado romano (*sagum*). A sua cor vermelha evoca, por zombaria, a púrpura real.
g) Os judeus tinham caçoado de Jesus como "Profeta" (26,68p+), os romanos caçoam dele como "Rei"; essas duas cenas refletem muito bem os dois aspectos, o religioso e o político, do processo de Jesus.
h) Transcrição do termo aramaico *Gulgoltha*, "lugar de caveira", em latim *Calvaria*, de onde "Calvário".
i) Bebida inebriante que as mulheres judias, movidas de compaixão (cf. Lc 23,27s), costumavam oferecer aos supliciados para atenuar os sofrimentos. De fato esse vinho era misturado, de preferência, com "mirra" (cf. Mc 15,23), devendo o "fel" de Mt ser uma reminiscência do Sl 69,22 (como também a correção de "vinho" para "vinagre" da recensão antioquena). Jesus recusa esse entorpecente.
j) Ad.: "para cumprir-se o oráculo do profeta: repartiram entre si as minhas vestes e lançaram sorte sobre a minha roupa" (Sl 22,19), glosa tomada a Jo 19,24.

mesmo modo, também os chefes dos sacerdotes, juntamente com os escribas e anciãos, caçoavam dele: ⁴²"A outros salvou, a si mesmo não pode salvar! Rei de Israel que é, que desça agora da cruz e creremos nele! ⁴³*Confiou em Deus: pois que o livre agora, se é que se interessa por ele!* Já que ele disse: Eu sou filho de Deus". ⁴⁴E até os ladrões, que foram crucificados junto com ele, o insultavam.

A morte de Jesus — ⁴⁵Desde a hora sexta até a hora nona,ᵃ houve treva em toda a terra. ⁴⁶Por volta da hora nona, Jesus deu um grande grito: "*Eli, Eli, lamá sabachtháni?*", isto é: "*Deus meu, Deus meu, por que me abandonaste?*"ᵇ ⁴⁷Alguns dos que tinham ficado ali, ouvindo-o, disseram: "Está chamando Elias!"ᶜ ⁴⁸Imediatamente um deles saiu correndo, pegou uma esponja, embebeu-a em vinagreᵈ e, fixando-a numa vara, dava-lhe de beber. ⁴⁹Mas os outros diziam: "Deixa, vejamos se Elias vem salvá-lo!" ⁵⁰Jesus, porém, tornando a dar um grande grito, entregou o espírito.

⁵¹Nisso, o véu do Santuárioᵉ se rasgou em duas partes, de cima a baixo, a terra tremeu e as rochas se fenderam.ᶠ ⁵²Abriram-se os túmulos e muitos corpos dos santos falecidos ressuscitaram. ⁵³E, saindo dos túmulos após a ressurreição de Jesus, entraram na Cidade Santa e foram vistos por muitos.ᵍ ⁵⁴O centurião e os que com ele guardavam a Jesus, ao verem o terremoto e tudo mais que estava acontecendo, ficaram muito amedrontados e disseram: "De fato, este era filho de Deus!"

⁵⁵Estavam ali muitas mulheres, olhando de longe. Haviam acompanhado Jesus desde a Galileia, a servi-lo. ⁵⁶Entre elas, Maria Madalena, Maria, mãe de Tiago e de José, e a mãe dos filhos de Zebedeu.

O sepultamento — ⁵⁷Chegada a tarde, veio um homem rico de Arimateia, chamado José, o qual também se tornara discípulo de Jesus. ⁵⁸E dirigindo-se a Pilatos, pediu-lhe o corpo de Jesus. Então Pilatos mandou que lhe fosse entregue. ⁵⁹José, tomando o corpo, envolveu-o num lençol limpo ⁶⁰e o pôs em seu túmulo novo,ʰ que talhara na rocha. Em seguida, rolando uma grande pedra para a entrada do túmulo, retirou-se. ⁶¹Ora, Maria Madalena e a outra Maria estavam ali sentadas em frente ao sepulcro.

A guarda do túmulo — ⁶²No dia seguinte, um dia depois da Preparação,ⁱ os chefes dos sacerdotes e os fariseus, reunidos junto a Pilatos, ⁶³diziam: "Senhor, lembramo-nos de que aquele impostor disse, quando ainda vivo: 'Depois de

---

a) Do meio-dia até às três horas da tarde.
b) Grito de uma angústia real, mas não de desespero: essa queixa, tomada da Escritura, é uma oração a Deus e, no Salmo, é seguida pela certeza jubilosa do triunfo final.
c) Mau trocadilho, baseado na espera de Elias como precursor do Messias (cf. 17,10-13+), ou na crença judaica de que ele vinha em socorro dos justos em suas necessidades.
d) Bebida levemente ácida de que usavam os soldados romanos. Certamente foi um gesto de compaixão (cf. Jo 19,28s); os Sinóticos o consideraram malevolente (Lc 23,36) e o descreveram em termos que evocam o Sl 69,22.
e) Seja a cortina que fechava o lugar santo, seja, antes, a que separava o lugar santo do Santo dos Santos (cf. Ex 26,31s). Sob a inspiração de Hb 9,12; 10,20, a tradição cristã viu nesse rasgar do véu a supressão do velho culto mosaico e o acesso ao santuário escatológico franqueado por Cristo.

f) Essas manifestações extraordinárias, como já as trevas do v. 45, haviam sido anunciadas pelos profetas como sinais característicos do "dia de Iahweh" (cf. Am 8,9+).
g) Essa ressurreição de justos do AT é sinal da era escatológica (Is 26,19; Ez 37; Dn 12,2). Libertados do Hades pela morte de Cristo (cf. Mt 16,18+), esperam sua ressurreição para entrar com ele na Cidade Santa, isto é, Jerusalém. Temos aqui uma das primeiras expressões da fé na libertação dos mortos pela descida de Cristo aos infernos (cf. 1Pd 3,19+).
h) Lençol "limpo" e túmulo "novo" servem para salientar a piedade do sepultamento; o segundo traço explica também que isto tenha sido possível porque o cadáver de suliciado não podia ser posto em túmulo já ocupado, pois aí profanaria os ossos dos justos.
i) Em grego, Parasceve. O termo designava a sexta-feira, dia em que se faziam os preparativos para o sábado (cf. Jo 19,14+). Sobre o problema cronológico, ver Mt 26,17+.

três dias ressuscitarei!' ⁶⁴Ordena, pois, que o sepulcro seja guardado com segurança até o terceiro dia, para que os discípulos não venham roubá-lo e depois digam ao povo: 'Ele ressuscitou dos mortos!' e a última impostura será pior do que a primeira". ⁶⁵Pilatos respondeu: "Tendes uma guarda;ᵃ ide, guardai o sepulcro, como entendeis". ⁶⁶E, saindo, eles puseram em segurança o sepulcro, selando a pedra e montando guarda.

28 O túmulo vazio. A mensagem do Anjo

— ¹Após o sábado,ᵇ ao raiar do primeiro dia da semana, Maria Madalena e a outra Mariaᶜ vieram verᵈ o sepulcro. ²E eis que houve grande terremoto: pois o Anjo do Senhor, descendo do céu e aproximando-se, removeu a pedra e sentou-se sobre ela. ³O seu aspecto era como o do relâmpago e a sua roupa, alva como a neve. ⁴Os guardas tremeram de medo dele e ficaram como mortos. ⁵Mas o Anjo, dirigindo-se às mulheres, disse-lhes: "Não temais! Sei que estais procurando Jesus, o crucificado. ⁶Ele não está aqui, pois ressuscitou, conforme havia dito. Vinde ver o lugar onde eleᵉ jazia, ⁷e, depressa, ide dizer aos seus discípulos: 'Ele ressuscitou de entre os mortos, e eis que vos precede na Galileia; é lá que o vereis'. Vede bem, eu vo-lo disse!" ⁸Elas, partindo depressa do túmulo,ᶠ comovidas e com grande alegria, correram a anunciá-lo aos seus discípulos.

A aparição às santas mulheres — ⁹E eis que Jesus veio ao seu encontro e lhes disse: "Alegrai-vos". Elas, aproximando-se, abraçaram-lhe os pés, prostrando-se diante dele. ¹⁰Então Jesus disse: "Não temais! Ide anunciar a meus irmãos que se dirijam para a Galileia; lá me verão".ᵍ

A astúcia dos chefes judaicos — ¹¹Enquanto elas iam, eis que alguns da guarda foram à cidade e anunciaram aos chefes dos sacerdotes tudo o que acontecera. ¹²Estes, depois de se reunirem com os anciãos e deliberarem com eles, deram aos soldados uma vultosa quantia de dinheiro, ¹³recomendando: "Dizei que os seus discípulos vieram de noite, enquanto dormíeis, e o roubaram. ¹⁴Se isso chegar aos ouvidos do governador, nós o convenceremos e vos deixaremos sem complicação". ¹⁵Eles pegaram o dinheiro e agiram de acordo com as instruções recebidas. E espalhou-se essa história entre os judeus até o dia de hoje.

---

a) Ou então: "usai vossos guardas" (cf. Lc 22,4+); ou ainda: "ponho uma guarda à vossa disposição" (cf. Jo 18,3).
b) E não "na tarde do sábado" (Vulg.). — Visto que o sábado era o dia do repouso, o "primeiro dia da semana" judaica correspondia ao nosso "domingo" (Ap 1,10), isto é, "dia do Senhor", assim chamado em memória da ressurreição (cf. At 20,7+; 1Cor 16,2).
c) Isto é, "Maria de Tiago" (Mc 16,1; Lc 24,10; cf. Mt 27,56.61).
d) Visto que o túmulo estava selado e guardado, as mulheres não podiam pensar em ungir o corpo de Jesus, como em Mc e Lc, mas queriam apenas "ver" ou "visitar" o túmulo.
e) "ele"; var.: "o Senhor".
f) Var.: "saindo depressa do túmulo" (cf. Mc 16,8).
g) Se os quatro evangelhos concordam entre si em relatar a aparição inicial do anjo (ou dos anjos) às mulheres (Mt 28,5-7; Mc 16,5-7; Lc 24,4-7; Jo 20,13), divergem no que diz respeito às aparições do próprio Jesus. Não tomando em conta Mc, cuja conclusão abrupta apresenta um problema especial (cf. Mc 16,8+) e cuja longa parte final recapitula os dados dos outros evangelhos, observa-se uma distinção literária e doutrinalmente marcada entre: 1. aparições particulares destinadas a provar a ressurreição: a Maria Madalena só (Jo 20,14-17; cf. Mc 16,9) ou acompanhada (Mt 28,9-10); aos discípulos de Emaús (Lc 24,13-32; cf. Mc 16,12), a Simão (Lc 24,34), a Tomé (Jo 20,26-29); 2. uma aparição coletiva e missão apostólica (Mt 28,16-20; Lc 24,36-49; Jo 20,19-23; cf. Mc 16,14-18). Por outra parte, nota-se a existência de duas tradições quanto à localização: só na Galileia (Mc 16,7; Mt 28,10.16-20); só na Judeia (Lc e Jo 20); Jo 21 acrescenta, a modo de apêndice, uma aparição na Galileia que, embora apresente caráter particular (concernente, sobretudo, a Pedro e a João), vem acompanhada de uma missão (a Pedro). O querigma primitivo transcrito por Paulo em 1Cor 15,3-7 enumera cinco aparições (às quais se acrescenta a aparição ao próprio Paulo) que não se deixam harmonizar facilmente com as narrativas evangélicas; Paulo menciona especialmente uma aparição a Tiago, também narrada pelo *Evangelho aos Hebreus*. Sentem-se aí as tradições diferentes, devidas a grupos diversos, que são difíceis de distinguir com precisão. Mas essas divergências mesmas atestam, melhor do que uma uniformidade artificialmente construída, o caráter antigo e histórico dessas múltiplas manifestações do Cristo ressuscitado.

A aparição de Jesus na Galileia e a missão universal — ¹⁶Os onze discípulos caminharam para a Galileia, à montanha que Jesus lhes determinara. ¹⁷Ao vê-lo, prostraram-se diante dele. Alguns, porém, duvidaram.*ᵃ* ¹⁸Jesus, aproximando-se deles, falou:*ᵇ* "Todo poder foi me dado no céu e sobre a terra. ¹⁹Ide, portanto, e fazei que todas as nações se tornem discípulos, batizando-as em nome do Pai, do Filho e do Espírito Santo*ᶜ* ²⁰e ensinando-as a observar tudo quanto vos ordenei. E eis que eu estou convosco todos os dias, até a consumação dos séculos!"

8,10 +
2Cr 36,23
Dn 7,14
Jo 3,35 +
Dn 7,14
Mc 16,15-16
Lc 24,47
At 2,38 +;
1,8 +
Dt 34,9
Js 22,2
Nm 35,34
Mt 1,23; 18,20
Jo 14,18-21
Dn 2,44;
12,12 (LXX)

a) Outra tradução menos autorizada pela gramática: "eles que tinham duvidado". — Sobre essas dúvidas que Mt é forçado a mencionar aqui, por não ter narrado outra aparição aos discípulos, cf. Mc 16,11.14; Lc 24,11.41; Jo 20,24-29.
b) Nessas últimas instruções de Jesus, com a promessa que as acompanha, está condensada a missão da Igreja apostólica. Cristo glorificado exerce tanto na terra como no céu (6,10; cf. Jo 17,2; Fl 2,10; Ap 12,10) o poder sem limite (Mt 7,29; 9,6; 21,23 etc.), que recebeu de seu Pai (cf. Jo 3,35+). "Portanto" os seus discípulos exercerão esse poder em seu nome pelo batismo e pela formação dos cristãos. Sua missão é universal: depois de ter sido anunciada primeiro ao povo de Israel (10,5s+; 15,24), como exigia o plano divino, a salvação doravante devia ser oferecida a todas as nações (8,11; 21,41; 22,8-10; 24,14.30s; 25,32; 26,13; cf. At 1,8+; 13,5+; Rm 1,16+). Nessa obra de conversão universal, por mais demorada e laboriosa que seja, o Ressuscitado estará vivo e ativo com os seus.
c) É possível que, em sua forma precisa, essa fórmula reflita influência do uso litúrgico posteriormente fixado na comunidade primitiva. Sabe-se que o livro dos Atos fala em batizar "no nome de Jesus" (cf. At 1,5+; 2,38+). Mais tarde deve ter-se estabelecido a associação do batizado às três pessoas da Trindade. Quaisquer que tenham sido as variações nesse ponto, a realidade profunda permanece a mesma. O batismo une à pessoa de Jesus Salvador; ora, toda a sua obra salvífica procede do amor do Pai e se completa pela efusão do Espírito.

EVANGELHO SEGUNDO SÃO MARCOS

I. A preparação do ministério de Jesus

1 **Pregação de João Batista** — ¹Princípio do Evangelho*ª* de Jesus Cristo,*ᵇ* Filho de Deus.*ᶜ* ²Conforme está escrito no profeta Isaías:

Eis que eu envio o meu mensageiro
diante de ti
a fim de preparar o teu caminho;
³voz do que clama no deserto:
preparai o caminho do Senhor,
tornai retas suas veredas.

⁴João Batista esteve no deserto proclamando um batismo de arrependimento para a remissão dos pecados. ⁵E iam até ele toda a região da Judeia e todos os habitantes de Jerusalém, e eram batizados por ele no rio Jordão, confessando seus pecados.

⁶João se vestia de pelos de camelo*ᵈ* e se alimentava de gafanhotos e mel silvestre. ⁷E proclamava: "Depois de mim, vem aquele que é mais forte do que eu, de quem não sou digno de, abaixando-me, desatar a correia das sandálias. ⁸Eu vos batizei com água. Ele, porém, vos batizará com o Espírito Santo".

Batismo de Jesus*ᵉ* — ⁹Aconteceu, naqueles dias, que Jesus veio de Nazaré da Galileia e foi batizado por João no rio Jordão. ¹⁰E, logo ao subir da água, ele viu os céus se rasgando e o Espírito, como uma pomba, descer até ele, ¹¹e uma voz veio dos céus: "Tu és o meu Filho amado, em ti me comprazo".

Tentação no deserto*ᶠ* — ¹²E logo o Espírito o impeliu para o deserto. ¹³E ele esteve no deserto quarenta dias, sendo tentado por Satanás; e vivia entre as feras, e os anjos o serviam.

a) Transcrição de um termo grego que significa "Boa nova"; é a vinda, na pessoa de Cristo (1,1), do Reino de Deus (1,14-15; Mt 4,23), que vai substituir o de Satanás (Mt 4,17+), causa de todos os males que recaem sobre o mundo. Depois de Cristo, seus discípulos proclamaram o evangelho ao mundo inteiro (13,10; 14,9). Crer no evangelho exige arrependimento (1,15) e renúncia (8,35; 10,29). Primeiramente pregada, depois pouco a pouco escrita, esta Boa nova se fixou nos quatro evangelhos canônicos (cf. Introdução). — Termo técnico em Mc e Mt, que se transcreve sempre por "Evangelho", ele nunca é usado por Lc, que prefere o verbo que deriva, tomado de Is 61,1+; cf. Lc 4,17-19; 1,19+, e que é melhor traduzido por "anunciar a Boa Nova".

b) Transcrição de termo grego que significa "Ungido". Ele se aplica em primeiro lugar àquele que recebeu a unção para a realeza (Sl 2,2; Mc 1,9+). Os dois títulos, de "Cristo" e de "Messias", são equivalentes (Jo 1,41).

c) Este título não indica uma filiação de natureza, mas uma simples filiação adotiva (4,3+), que implica uma proteção de Deus sobre o homem que ele declara seu "filho" (Sb 2,18), especialmente sobre o rei que ele escolheu (2Sm 7,14-16; Sl 2,7). — Om.: "filho de Deus".

d) Var.: "João andava vestido de pelos de camelo e cingia os rins com cinturão de couro" (cf. Mt 3,4).

e) Recebendo o Espírito, Jesus é "ungido" (1,1+) como rei sobre o novo povo de Deus (1Sm 16,13; Jz 3,10). É o que a voz celeste lhe declara citando Sl 2,7; cf. Lc 3,22, completado por Is 42,1: Jesus é também o "servo" que ensinará o direito às nações. Para descrever a cena, Mc inspira-se em Is 63,11.19: Jesus é apresentado como um novo Moisés (cf. Ex 2,1ss; Nm 11,17). Em Mt 3,17, a voz celeste se dirige à multidão e não mais a Jesus. Conforme Jo 1,34-35, é o Batista que vê o Espírito descer do céu sobre Jesus e que proclama às multidões sua verdadeira personalidade.

f) Mc omite, ou ignora, o pormenor das três tentações, que Mt e Lc colheram nalguma outra fonte. A alusão às feras evoca o ideal messiânico, anunciado pelos profetas, de um retorno à paz paradisíaca (cf. Is 11,6-9+), associada ao tema do retiro no deserto (cf. Os 2,16+). O serviço dos anjos exprime a proteção divina (cf. Sl 91,11-13), texto, aliás, utilizado por Mt 4,6p.

II. O ministério de Jesus na Galileia

<small>Mt 4,12-17
Lc 4,14-15
Rm 1,1
Dn 7,22
Mt 3,2+;
8,10+</small> **Jesus inaugura sua pregação** — ¹⁴Depois que João foi preso, veio Jesus para a Galileia proclamando o Evangelho de Deus: ¹⁵"Cumpriu-se*ᵃ* o tempo e o Reino de Deus está próximo. Arrependei-vos e crede no Evangelho".

<small>Mt 4,18-22
Lc 5,1-11</small> **Vocação dos quatro primeiros discípulos**ᵇ — ¹⁶Caminhando junto ao mar da Galileia, viu Simão e André, o irmão de Simão. Lançavam a rede ao mar, pois eram pescadores. ¹⁷Disse-lhes Jesus: "Vinde em meu seguimentoᶜ e eu farei de vós pescadores de homens". ¹⁸E imediatamente, deixando as redes, eles o seguiram.

¹⁹Um pouco adiante, viu Tiago, filho de Zebedeu, e João, seu irmão, eles também no barco, consertando as redes. ²⁰E logo os chamou. E eles, deixando o pai Zebedeu no barco com os empregados, partiram em seu seguimento.

<small>Lc 4,31-37
Mt 7,28s</small> **Jesus ensina em Cafarnaum e cura um endemoninhado**ᵈ — ²¹Entraram em Cafarnaum e, logo no sábado, foram à sinagoga. E ali ele ensinava. ²²Estavam espantados com o seu ensinamento, pois ele os ensinava como quem tem autoridade e não como os escribas.

<small>Mt 8,29+
Mt 2,23+
At 3,14+
Mc 1,34+
Mt 8,29+
Mc 4,41</small> ²³Na ocasião, estava na sinagoga deles um homem possuído de um espírito impuro,ᵉ que gritava, ²⁴dizendo: "Que queres de nós,ᶠ Jesus Nazareno? Vieste para arruinar-nos?ᵍ Sei quem tu és: o Santo de Deus".ʰ ²⁵Jesus, porém, o conjurou severamente: "Cala-te e sai dele". ²⁶Então o espírito impuro, sacudindo-o violentamente e soltando grande grito, deixou-o. ²⁷Todos então se admiraram, perguntando uns aos outros: "Que é isto? Um novo ensinamento com autoridade! Até mesmo aos espíritos impuros dá ordens, e eles lhe obedecem!"ⁱ ²⁸Imediatamente a sua fama se espalhou por todo lugar, em toda a redondeza da Galileia.

<small>Mt 8,14-15
Lc 4,38-39
13,3</small> **Cura da sogra de Pedro** — ²⁹E logo ao sair da sinagoga, foiʲ à casa de Simão e de André, com Tiago e João. ³⁰A sogra de Simão estava de cama com febre,

---

a) Falar de cumprimento supõe uma continuidade ligando as fases do desígnio de Deus (1Rs 8,24; Sb 8,8; At 1,7+ etc.) e subentende que os homens têm conhecimento dele. Ao iniciar-se a última dessas fases (Rm 3,26+; Hb 1,2+ etc.), os tempos são cumpridos (Gl 4,4+; cf. 1Cor 10,11); não somente as Escrituras (Mt 1,22+) e a Lei (Mt 5,17+), porém toda a economia da Antiga Aliança é levada por Deus à sua plenitude (Mt 9,17; 26,28+; Rm 10,4; 2Cor 3,14-15; Hb 10,1.14 etc.). No final do último período da história (1Cor 10,11; 1Tm 4,1; 1Pd 1 5,20; 1Jo 2,18), que é o "fim dos tempos" (Hb 9,26), sobreviverá outro fim, o do "fim do tempo" (Mt 13,40.49; 24,3; 28,20), isto é, o dia (1Cor 1,8+; cf. Am 5,18+) da vinda de Cristo (1Cor 15,23+), da sua Revelação (1Cor 1,7+) e do Julgamento (Rm 2,6+; cf. Sl 9,5+).
b) Este relato inspira-se literariamente em 1Rs 19,19-21: chamado de Eliseu por Elias. Jesus é apresentado como novo Elias (cf. Lc 7,15 citando 1Rs 17,23).
c) Lit.: "Vinde após mim". Aqueles que Jesus chama para que o sigam (1,20; 2,14p; Mt 19,21p.27-28; Lc 9,57-62; cf. já Dt 13,3.5; 1Rs 14,8; 19,20 etc.) devem participar da sua sorte, abandonar tudo (10,21.28p), estar preparados para o sofrimento e para a cruz (Mt 10,38p; 16,24p; cf. Jo 12,24-26). Ideias paralelas serão expressas — para os discípulos que não conheceram Jesus antes da sua morte — em termos de comunhão (Fl 3,10; 1Jo 1,3+ etc.), ou de imitação (2Ts 3,7+).

d) Graças ao Espírito que ele recebeu no batismo, Jesus inaugura sua missão conforme ela foi prescrita pela voz celeste (1,9+). Ele ensina como o Servo de Is 42,1.4: expulsando os espíritos impuros, sequazes de Satanás, ele mostra que ele é o despojo de seu poder régio (cf. Lc 10,18-19; Jo 12,32+; Ap 12,9-11).
e) O judaísmo (cf. Zc 13,2) assim designava os demônios, alheios e mesmo hostis à pureza religiosa e moral que o serviço de Deus requer; ver ainda 3,11.30 etc.; Mt 10,1; 12,43; Lc 4,33.36 etc.
f) Lit.: "Que há entre nós e ti?" (cf. Jo 2,4+).
g) Estas palavras retomam as da viúva de Sarepta dirige a Elias (1Rs 17,18); Jesus é de novo comparado a este profeta (1,16+).
h) "Santo" significa "consagrado, separado". O espírito impuro reconhece em Jesus o profeta consagrado por Deus em vista de sua missão (Jr 1,5; Jo 6,69+; 10,35-36), graças ao Espírito que ele recebeu (Is 61,1ss; cf. Lc 1,35; At 2,27; 3,14; 4,27.30; Ap 3,7).
i) O ensinamento de Jesus e os milagres que ele realiza provocam admiração e obrigam os espectadores a se perguntarem: "Quem é este Jesus de Nazaré?" É a questão que volta ao longo de toda a primeira parte do evangelho (1,34; 2,12; 3,12; 4,41; 5,42; 6,2-3.14-16; 7,37; cf. 1,25.34; 3,11), e à qual Pedro finalmente dará a resposta: Ele é o Cristo (8,29+).
j) Var.: "eles foram".

e eles imediatamente o mencionaram a Jesus. ³¹Aproximando-se, ele a tomou pela mão e a fez levantar-se. A febre a deixou e ela se pôs a servi-los.

Diversas curas — ³²Ao entardecer, quando o sol se pôs, trouxeram-lhe todos os que estavam enfermos e endemoninhados. ³³E a cidade inteira aglomerou-se à porta. ³⁴E ele curou muitos doentes de diversas enfermidades e expulsou muitos demônios. Não consentia, porém, que os demônios falassem, pois eles sabiam quem era ele.ᵃ

Jesus deixa secretamente Cafarnaum e percorre a Galileia — ³⁵De madrugada, estando ainda escuro, ele levantou e retirou-se para um lugar deserto e ali orava. ³⁶Simão e os seus companheiros o procuravam ansiosos ³⁷e, quando o acharam, disseram-lhe: "Todos te procuram". ³⁸Disse-lhes: "Vamos a outros lugares, às aldeias da vizinhança, a fim de pregar também ali, pois foi para isso que eu saí".ᵇ ³⁹E foi por toda a Galileia, pregando em suas sinagogas e expulsando os demônios.

Cura de um leprosoᶜ — ⁴⁰Um leproso foi até ele, implorando-lhe de joelhos: "Se queres, tens o poder de purificar-me". ⁴¹Irado,ᵈ estendeu a mão, tocou-o e disse-lhe: "Eu quero, sê purificado". ⁴²E logo a lepra o deixou. E ficou purificado. ⁴³Advertindo-o severamente, despediu-o logo, ⁴⁴dizendo-lhe: "Não digas nada a ninguém; mas vai mostrar-te ao sacerdote e oferece por tua purificação o que Moisés prescreveu, para que lhes sirva de prova". ⁴⁵Ele, porém, assim que partiu, começou a proclamar ainda mais e a divulgar a notícia, de modo que Jesus já não podia entrar publicamente numa cidade: permanecia fora, em lugares desertos. E de toda parte vinham procurá-lo.

2

Cura de um paralítico — ¹Entrando de novo em Cafarnaum, depois de alguns dias souberam que ele estava em casa. ²E tantos foram os que se aglomeraram, que já não havia lugar nem à porta. E anunciava-lhes a Palavra. ³Vieram trazer-lhe um paralítico, transportado por quatro homens. ⁴E como não pudessem aproximar-se por causa da multidão, abriram o teto à altura do lugar onde ele se encontrava e, tendo feito um buraco, baixaram o leito em que jazia o paralítico. ⁵Jesus, vendo sua fé, disse ao paralítico: "Filho, teus pecados estão perdoados".ᵉ ⁶Ora, alguns dos escribas que lá estavam sentados refletiam em seu coração: ⁷"Por que está falando assim? Ele blasfema! Quem pode perdoar pecados a não ser Deus?" ⁸Jesus imediatamente percebeu em seu espírito o que pensavam em seu íntimo, e disse: "Por que pensais assim

---

a) Aos demônios (1,25.34; 3,12), como aos miraculados (1,44; 5,43; 7,36; 8,26) e mesmo aos apóstolos (8,30; 9,9), Jesus impõe, sobre sua identidade messiânica, uma recomendação de silêncio que só depois de sua morte será suspensa (Mt 10,27+). Como vulgarmente se fazia do Messias uma ideia nacionalista e guerreira, muito diferente daquela que *Jesus queria encarnar*, ele precisava usar de muita prudência, pelo menos nas terras de Israel (cf. 5,19), a fim de evitar infelizes mal-entendidos sobre sua missão (cf. Jo 6,15; Mt 13,13+). Essa recomendação do "segredo messiânico" não corresponde a uma tese artificial inventada extemporaneamente por Marcos, como alguns têm afirmado; corresponde, sim, a uma atitude histórica de Jesus, tema sobre o qual, de fato, Marcos tinha gosto em insistir. Com a exceção de Mt 9,30, só nas passagens paralelas a Mc essa recomendação ocorre em Mt e Lc; com frequência, chegam até a omiti-la.

b) Saí de Cafarnaum, v. 35: esse é o sentido imediato. Outro sentido mais profundo, porém, poderia referir-se à saída de Jesus de junto de Deus (Jo 8,42; 13,3; 16,27s.30; cf. Lc 4,43).

c) Mc parece ter completado, em função dos paralelos de Mt e de Lc, um relato mais antigo no qual Jesus, irado (v. 41), expulsa o leproso sem curá-lo (v. 43), porque ele havia infringido a ordem dada aos leprosos de evitar misturar-se com os outros (Lv 13,41-46; cf. 17-12).

d) Var.: "movido de compaixão".

e) Como o pecado é uma ofensa feita a Deus, cabe a Deus perdoar os pecados (Is 1,18+). Conforme um modo de falar corrente no mundo semítico, a forma passiva utilizada por Jesus no v. 5 indica que é Deus que perdoa os pecados do paralítico; Jesus apenas declara este perdão divino. Os judeus, erradamente, o reprovam de querer igualar-se a Deus, como Mt 9,8 salienta (cf. Jo 20,23; Mt 16,19; 18,18). Mesma acusação falsa por parte dos judeus em Jo 10,31-36.

em vossos corações? ⁹Que é mais fácil dizer ao paralítico: 'Os teus pecados estão perdoados', ou dizer: "Levanta-te, toma o teu leito e anda?' ¹⁰Pois bem, para que saibais que o Filho do Homem tem poder de perdoar pecados na terra, ¹¹eu te ordeno — disse ele ao paralítico — levanta-te, toma o teu leito e vai para tua casa". ¹²O paralítico levantou-se e, imediatamente, carregando o leito, saiu diante de todos, de sorte que ficaram admirados e glorificaram a Deus, dizendo: "Nunca vimos coisa igual!"

Chamado de Levi — ¹³E tornou a sair para a beira-mar,ᵃ e toda a multidão ia até ele; e ele os ensinava. ¹⁴Ao passar, viu Levi, o filho de Alfeu, sentado na coletoria, e disse-lhe: "Segue-me". Ele se levantou e o seguiu.

Refeição com os pecadores — ¹⁵Aconteceu que, estando à mesa, em casa de Levi, muitos publicanos e pecadores também estavam, com Jesus e os seus discípulos — pois eram muitos os que o seguiam. ¹⁶Os escribas dos fariseus, vendo-o comer com os pecadores e os publicanos, diziam aos discípulos dele: "Quê? Ele come com os publicanos e pecadores?" ¹⁷Ouvindo isso, Jesus lhes disse: "Não são os que têm saúde que precisam de médico, mas os doentes. Eu não vim chamar justos, mas pecadores".

Debate sobre o jejum — ¹⁸Os discípulos de João e os fariseus jejuavam, e vieram dizer-lhe: "Por que os discípulos de João e os discípulos dos fariseus jejuam, e teus discípulos não jejuam?" ¹⁹Jesus respondeu: "Podem os amigos do noivo jejuar enquanto o noivo está com eles? Enquanto o noivo estiver com eles, não podem jejuar. ²⁰Dias virão, porém, em que o noivo lhes será tirado; e então jejuarão naquele dia. ²¹Ninguém faz remendo de pano novo em roupa velha; porque a peça nova repuxa o vestido velho e o rasgo aumenta. ²²Ninguém põe vinho novo em odres velhos; caso contrário, o vinho estourará os odres, e tanto o vinho como os odres ficam inutilizados. Mas, vinho novo em odres novos!"

As espigas arrancadas — ²³Aconteceu que, ao passar num sábado pelas plantações, seus discípulos começaram a abrir caminho arrancando as espigas.ᵇ ²⁴Os fariseus disseram-lhe: "Vê! Como fazem eles o que não é permitido fazer no sábado?" ²⁵Ele respondeu: "Nunca lestes o que fez Davi e seus companheiros quando necessitavam e tiveram fome, ²⁶e como entrou na casa de Deus, no tempo do Sumo Sacerdote Abiatar,ᶜ e comeu dos pães da proposição, que só os sacerdotes podem comer, e os deu também aos companheiros?" ²⁷Então lhes dizia: "O sábado foi feito para o homem, e não o homem para o sábado;ᵈ ²⁸de modo que o Filho do Homem é senhor até do sábado".

3 *Cura do homem com a mão atrofiada* — ¹E entrou de novo na sinagoga, e estava ali um homem com uma das mãos atrofiada. ²E o observavam para ver se o curaria no sábado, para o acusarem. ³Ele disse ao homem da mão atrofiada: "Levanta-te e vem aqui para o meio". ⁴E perguntou-lhes: "É

---

a) O mar da Galiléia ou lago de Tiberíades.
b) Em Mc, a falta dos discípulos não consistiu, como em Mt e Lc, em colher as espigas para amenizar a fome, porém em arrancá-las para abrir um caminho. Apresentando as coisas dessa forma, talvez o evangelista tivesse pretendido tornar a atitude pela qual os discípulos foram censurados mais compreensível a leitores pouco familiarizados com a casuística judaica: do mesmo modo como era pouco compreensível que simplesmente o colher algumas espigas fosse interpretado como "ceifar", era, no entanto, evidente que não deveria danificar uma plantação pela simples razão que se pretendia atravessá-la! Esta nova apresentação combina mal com o resto da narrativa, que Mc deixou sem alteração.
c) O sumo sacerdote de 1Sm 21,2-7 era, de fato, Aquimelec. Ou, então, o seu filho Abiatar é aqui citado porque foi mais notável como sumo sacerdote do tempo de Davi (2Sm 20,25), ou então Mc segue uma tradição divergente que fazia de Abiatar o pai de Aquimelec (2Sm 8,17 hebr.).
d) Esse versículo, que não aparece em Mt e Lc, teria sido acrescentado por Mc numa época em que o novo espírito do cristianismo havia definitivamente relativizado a obrigação do sábado (cf. Lc 5,39+).

permitido, no sábado, fazer o bem ou fazer o mal? Salvar a vida ou matar?" Eles, porém, se calavam. ⁵Repassando então sobre eles um olhar de indignação, e entristecido pela dureza do coração deles, disse ao homem: "Estende a mão". Ele a estendeu, e sua mão estava curada. ⁶Ao se retirarem, os fariseus com os herodianos*a* imediatamente conspiraram contra ele sobre como o destruiriam.

As multidões seguem a Jesus — ⁷Jesus retirou-se com seus discípulos a caminho do mar, e uma grande multidão vinda da Galileia o seguiu. E da Judeia,*b* ⁸de Jerusalém, da Idumeia, da Transjordânia, dos arredores de Tiro e de Sidônia, uma grande multidão, ao saber de tudo o que fazia, foi até ele. ⁹E ele disse a seus discípulos que deixassem um pequeno barco à sua disposição, para que o povo não o apertasse. ¹⁰Pois havia curado muita gente. E todos os que sofriam de alguma enfermidade lançavam-se sobre ele para tocá-lo. ¹¹E os espíritos impuros, assim que o viam, caíam a seus pés e gritavam: "Tu és o Filho de Deus!" ¹²E ele os conjurava severamente para que não o tornassem manifesto.

Instituição dos Doze — ¹³Depois subiu à montanha, e chamou a si os que ele queria, e eles foram até ele. ¹⁴E constituiu Doze,*c* para que ficassem com ele, para enviá-los a pregar, ¹⁵e terem autoridade para expulsar os demônios. ¹⁶Ele constituiu, pois, os Doze, e impôs a Simão o nome de Pedro; ¹⁷a Tiago, o filho de Zebedeu, e a João, o irmão de Tiago, impôs o nome de Boanerges, isto é, filhos do trovão, ¹⁸depois André, Filipe, Bartolomeu, Mateus, Tomé, Tiago, o filho de Alfeu, Tadeu, Simão o zelota, ¹⁹e Judas Iscariot, aquele que o entregou.*d*

Providências da família de Jesus — ²⁰E voltou para casa. E de novo a multidão se apinhou, de tal modo que eles não podiam se alimentar. ²¹E quando os seus tomaram conhecimento disso, saíram para detê-lo, porque diziam: "Enlouqueceu!"

Calúnias dos escribas — ²²E os escribas que haviam descido de Jerusalém diziam: "Está possuído por Beelzebu", e também: "É pelo príncipe dos demônios que expulsa os demônios". ²³Chamando-os para junto de si, falou-lhes por parábolas: "Como pode Satanás expulsar Satanás? ²⁴Se um reino se dividir contra si mesmo, tal reino não poderá subsistir. ²⁵E se uma casa se dividir contra si mesma, tal casa não poderá se manter. ²⁶Ora, se Satanás se atira contra si próprio e se divide, não poderá subsistir, mas acabará. ²⁷Ninguém pode entrar na casa de um homem forte e roubar os seus pertences, se primeiro não amarrar o homem forte; só então poderá roubar sua casa.

²⁸Na verdade eu vos digo: tudo será perdoado aos filhos dos homens, os pecados e todas as blasfêmias que tiverem proferido. ²⁹Aquele, porém, que blasfemar contra o Espírito Santo, jamais será perdoado: é culpado de pecado eterno". ³⁰Isto porque eles diziam: "Ele está possuído por um espírito impuro".*e*

---

a) É preciso reconhecer nos herodianos algo mais do que simples funcionários; são judeus políticos, zelosos pela casa de Herodes Antipas, tetrarca da Galileia (cf. Lc 3,1+), e com influência junto a ele (cf. Mt 22,16+).
b) Pontuação incerta. Pode-se ligar "E da Judeia... e de Sidônia" com a frase anterior ou com a seguinte.
c) O número dos novos chefes do povo eleito deve ser doze, que foi outrora o número das tribos de Israel. Esse número será restabelecido depois da deserção de Judas (At 1,26), para ser conservado eternamente no céu (Mt 19,28p; Ap 21,12-14+).
d) Mc ignora o discurso registrado em Mt 5–7 e Lc 6,20-49, proveniente de fonte particular.
e) Atribuir ao demônio o que é obra do Espírito Santo é subtrair-se à luz da graça divina e ao perdão que dela emana. Tal atitude coloca, por sua própria natureza, fora da salvação. Mas a graça pode mudar essa atitude e então um retorno à salvação é possível (cf. nota sobre 1,23).

Os verdadeiros parentes de Jesus — ³¹Chegaram então sua mãe e seus irmãos e, ficando do lado de fora, mandaram chamá-lo. ³²Havia uma multidão sentada em torno dele. Disseram-lhe: "Eis que tua mãe, teus irmãos e tuas irmãs estão lá fora e te procuram". ³³Ele perguntou: "Quem é minha mãe e meus irmãos?" ³⁴E, repassando com o olhar os que estavam sentados ao seu redor, disse: "Eis a minha mãe e os meus irmãos. ³⁵Quem fizer a vontade de Deus, esse é meu irmão, irmã e mãe".

4 **Parábola do semeador** — ¹E começou de novo a ensinar junto ao mar. Veio até ele multidão muito numerosa, de modo que ele subiu e sentou-se num barco que estava no mar. E todo o povo estava na terra, junto ao mar. ²E ensinava-lhes muitas coisas por meio de parábolas. E dizia-lhes no seu ensinamento: ³"Escutai: Eis que o semeador saiu a semear. ⁴E ao semear, uma parte da semente caiu à beira do caminho, e vieram as aves e a comeram. ⁵Outra parte caiu em solo pedregoso e, não havendo terra bastante, nasceu logo, porque não havia terra profunda, ⁶mas, ao surgir o sol, queimou-se e, por não ter raiz, secou. ⁷Outra parte caiu entre os espinhos; os espinhos cresceram e a sufocaram, e não deu fruto. ⁸Outras caíram em terra boa e produziram fruto, subindo e se desenvolvendo,ᵃ e uma produziu trinta, outra sessenta e outra cem". ⁹E dizia: "Quem tem ouvidos para ouvir, ouça".

Por que Jesus fala em parábolas — ¹⁰Quando ficaram sozinhos, os que estavam junto dele com os Doze o interrogaram sobre as parábolas. ¹¹Dizia-lhes: "A vós foi dado o mistério do Reino de Deus; aos de fora, porém, tudo acontece em parábolas, ¹²a fim de queᵇ

por mais que olhem, não vejam;
por mais que escutem, não entendam;
para que não se convertam
e não sejam perdoados".

Explicação da parábola do semeador — ¹³E disse-lhes: "Se não compreendeis essa parábola, como poderei entender todas as parábolas?ᶜ ¹⁴O semeador semeia a Palavra. ¹⁵Os que estão à beira do caminho onde a Palavra foi semeada são aqueles que ouvem, mas logo vem Satanás e arrebata a Palavra que neles foi semeada. ¹⁶Assim também as que foram semeadas em solo pedregoso: são aqueles que, ao ouvirem a Palavra, imediatamente a recebem com alegria, ¹⁷mas não têm raízes em si mesmos, são homens de momento: caso venha uma tribulação ou uma perseguição por causa da Palavra, imediatamente sucumbem. ¹⁸E outras são as que foram semeadas entre os espinhos: estes são os que ouviram a Palavra, ¹⁹mas os cuidados do mundo, a sedução da riqueza e as ambições de outras coisas os penetram, sufocam a Palavra e a tornam infrutífera. ²⁰Mas há as que foram semeadas em terra boa: estes escutam a Palavra, acolhem-na e dão fruto, um trinta, outro sessenta, outro cem".

Como receber e transmitir o ensinamento de Jesusᵈ — ²¹E dizia-lhes: "Quem traz uma lâmpada para colocá-la debaixo do alqueire ou debaixo da cama?

---

a) Var. (Vulg.): "produziram fruto que subiu e se desenvolveu".
b) Essa conjunção (que Mt evita) exprime "finalidade escriturística": "a fim de que se cumprisse a Escritura que diz...".
c) Esse tema de os apóstolos não compreenderem as palavras ou os atos de Jesus é particularmente sublinhado por: Mc 6,52; 7,18; 8,17-18.21.33; 9,10.32; 10,38. Com exceção de alguns casos paralelos (Mt 15,16; 16,9.23; 20,22; Lc 9,45) e de Lc 18,34; 24,25.45, Mt e Lc, a maior parte das vezes, o omitem, ou até mesmo corrigem: comparar Mt 14,33 com Mc 6,51-52 e ver Mt 13,51. Cf. Jo 14,26+.
d) Mc, seguido por Lc, reuniu aqui (vv. 21-25) quatro pequenas parábolas do gênero *mashal*, que são suscetíveis de diversas interpretações, conforme os contextos nos quais elas são utilizadas. No presente contexto, podem todas ser relacionadas com o pró-

Ao invés, não a traz para colocá-la no lampadário? ²²Pois nada há de oculto que não venha a ser manifesto, e nada em segredo que não venha à luz do dia. ²³Se alguém tem ouvidos para ouvir, ouça!"

²⁴E dizia-lhes: "Cuidado com o que ouvis! Com a medida com que medis será medido para vós, e vos será acrescentado ainda mais. ²⁵Pois ao que tem, será dado e ao que não tem, mesmo o que tem lhe será tirado".

Parábola da semente que germina por si só — ²⁶E dizia: "Acontece com o Reino de Deus o mesmo que com o homem que lançou a semente na terra: ²⁷ele dorme e acorda, noite e dia, mas a semente germina e cresce, sem que ele saiba como. ²⁸A terra por si mesma produz fruto: primeiro a erva, depois a espiga e, por fim, a espiga cheia de grãos. ²⁹Quando o fruto está no ponto, imediatamente se lhe *lança a foice, porque a colheita chegou*".ᵃ

Parábola do grão de mostarda — ³⁰E dizia: "Com que compararemos o Reino de Deus? Ou com que parábola o apresentaremos? ³¹É como um grão de mostarda que, quando é semeado na terra — é a menor de todas as sementes da terra — ³²mas, quando é semeado, cresce e torna-se maior que todas as hortaliças, e deita grandes ramos, a tal ponto que as aves do céu se abrigam à sua sombra".

Conclusão sobre as parábolas — ³³Anunciava-lhes a Palavra por meio de muitas parábolas como essas, conforme podiam entender; ³⁴e nada lhes falava a não ser em parábolas. A seus discípulos, porém, explicava tudo em particular.

A tempestade acalmada — ³⁵E disse-lhes naquele dia, ao cair da tarde: "Passemos para a outra margem". ³⁶Deixando a multidão, eles o levaram, do modo como estava, no barco; e com ele havia outros barcos. ³⁷Sobreveio então uma tempestade de vento, e as ondas se jogavam para dentro do barco e o barco já estava se enchendo. ³⁸Ele estava na popa, dormindo sobre o travesseiro. Eles o acordam e dizem: "Mestre, não te importa que pereçamos?" ³⁹Levantando, conjurou severamente o vento e disse ao mar: "Silêncio! Quieto!" Logo o vento serenou, e houve grande bonança. ⁴⁰Depois, perguntou: "Por que tendes medo? Ainda não tendes fé?"ᵇ ⁴¹Então ficaram com muito medo e diziam uns ao outros: "Quem é este a quem até o vento e o mar obedecem?"

5

O endemoninhado geraseno — ¹Chegaram ao outro lado do mar, à região dos gerasenos.ᶜ ²Logo que Jesus desceu do barco, caminhou ao seu encontro, vindo dos túmulos, um homem possuído por um espírito impuro: ³habitava no meio das tumbas e ninguém podia dominá-lo, nem mesmo com correntes. ⁴Muitas vezes já o haviam prendido com grilhões e algemas, mas ele arrebentava os grilhões e estraçalhava as correntes, e ninguém conseguia subjugá-lo. ⁵E, sem descanso, noite e dia, perambulava pelas tumbas e pelas montanhas, dando gritos e ferindo-se com pedras. ⁶Ao ver Jesus, de longe, correu e prostrou-se diante dele, ⁷clamando em alta voz: "Que queres de mim, Jesus, filho do Deus Altíssimo? Conjuro-te por Deus que não me atormentes!" ⁸Com efeito, Jesus lhe disse: "Sai deste homem, espírito impuro!" ⁹E perguntou-lhe:

---

prio ensinamento de Jesus, luz que é preciso fazer brilhar e da qual os beneficiários são de certo modo responsáveis.
a) O Reino de Deus possui em si mesmo um princípio de desenvolvimento, uma força secreta, que o leva até à sua plena realização.
b) Var.: "Por que tendes medo assim?"
c) A aldeia de Gerasa, a atual Djerash, está situada a mais de 50 km do lago de Tiberíades, o que torna impossível o episódio dos porcos. É possível que Mc misture dois episódios distintos. Conforme o primeiro, Jesus teria realizado simples exorcismo, na região de Gerasa (vv. 1-8.18-20). Conforme o segundo (cf. Mt 8,28-34), Jesus manda os demônios para os porcos, que se precipitam no lago.

"Qual é o teu nome?" Respondeu: "Legião é meu nome, porque somos muitos". ¹⁰E rogava-lhe insistentemente que não os mandasse para fora daquela região. ¹¹Ora, havia ali, pastando na montanha, uma grande manada de porcos. ¹²Rogavam-lhe, então, os espíritos impuros, dizendo: "Manda-nos para os porcos, para que entremos neles". ¹³Ele o permitiu. E os espíritos saíram, entraram nos porcos e a manada — cerca de dois mil — se arrojou no precipício abaixo, e se afogaram no mar. ¹⁴Os que os apascentavam fugiram e contaram o fato na cidade e nos campos. E as pessoas acorreram a ver o que havia acontecido. ¹⁵Foram até Jesus e viram o endemoninhado sentado, vestido e em são juízo, aquele mesmo que tivera a Legião. E ficaram com medo. ¹⁶As testemunhas contaram-lhes o que acontecera com o endemoninhado e o que houve com os porcos. ¹⁷Começaram então a rogar-lhe que se afastasse do seu território. ¹⁸Quando entrou no barco, aquele que fora endemoninhado rogou-lhe que o deixasse ficar com ele. ¹⁹Ele não deixou, e disse-lhe: "Vai para tua casa e para os teus e anuncia-lhes tudo o que fez por ti o Senhor na sua misericórdia". ²⁰Então ele partiu e começou a proclamar na Decápole o quanto Jesus fizera por ele. E todos ficaram espantados.

Cura da hemorroíssa e ressurreição da filha de Jairo — ²¹E de novo, atravessando Jesus de barco para o outro lado, uma numerosa multidão o cercou, e ele se deteve à beira-mar. ²²Aproximou-se um dos chefes da sinagoga, cujo nome era Jairo, e vendo-o, caiu a seus pés. ²³Rogou-lhe insistentemente, dizendo: "Minha filhinha está morrendo. Vem e impõe nela as mãos para que ela seja salva e viva". ²⁴Ele o acompanhou e numerosa multidão o seguia, apertando-o de todos os lados.

²⁵Ora, certa mulher que havia doze anos tinha um fluxo de sangue ²⁶e que muito sofrera nas mãos de vários médicos, tendo gasto tudo o que possuía sem nenhum resultado, mas cada vez piorando mais, ²⁷ouvira falar de Jesus. Aproximou-se dele, por detrás, no meio da multidão, e tocou seu manto. ²⁸Porque dizia: "Se ao menos tocar suas roupas, serei salva". ²⁹E logo estancou a hemorragia. E ela sentiu no corpo que estava curada de sua enfermidade. ³⁰Imediatamente, Jesus, tendo consciência da força que dele saíra,ᵃ voltou-se para a multidão e disse: "Quem tocou minhas roupas?" ³¹Os discípulos disseram-lhe: "Vês a multidão que te comprime e perguntas: 'Quem me tocou?'" ³²Jesus olhava em torno de si para ver quem havia feito aquilo. ³³Então a mulher, amedrontada e trêmula,ᵇ sabendo o que lhe havia sucedido, foi e caiu-lhe aos pés e contou-lhe toda a verdade. ³⁴E ele disse-lhe: "Minha filha, a tua fé te salvou; vai em paz e fique curada desse teu mal".

³⁵Ainda falava, quando chegaram alguns da casa do chefe da sinagoga, dizendo: "Tua filha morreu. Por que perturbas ainda o Mestre?" ³⁶Jesus, porém, tendo ouvido a palavra que acabava de ser pronunciada, disse ao chefe da sinagoga: "Não temas; crê somente". ³⁷E não permitiu que ninguém o acompanhasse, exceto Pedro, Tiago e João, o irmão de Tiago.ᶜ ³⁸Chegaram à casa do chefe da sinagoga, e ele viu um alvoroço. Muita gente chorando e clamando em voz alta. ³⁹Entrando, disse: "Por que este alvoroço e este pranto? A criança não morreu; está dormindo". ⁴⁰E caçoavam dele. Ele, porém, ordenou que saíssem todos, exceto o pai e a mãe da criança e os que o acompanhavam, e com eles entrou onde estava a criança. ⁴¹Tomando a mão da criança, disse-lhe: *"Talítha kum"*ᵈ — o que significa: "Menina, eu te digo,

---

a) Essa força é concebida como uma emanação física que opera as curas (cf. Lc 6,19), mediante um contato (1,41; 3,10; 6,56; 8,22).
b) Além de humilhante, essa enfermidade punha a mulher em estado de impureza legal (Lv 15,25).

c) Os mesmos que virão a ser as testemunhas privilegiadas da transfiguração (9,2) da agonia (14,33; cf. 1,29; 13,3).
d) Essas palavras são do aramaico, língua que Jesus falava.

levanta-te". ⁴²No mesmo instante, a menina se levantou, e andava, pois já tinha doze anos. E ficaram extremamente espantados. ⁴³Recomendou-lhes então expressamente que ninguém soubesse o que tinham visto. E mandou que dessem de comer à menina.

6 **Visita a Nazaré**[a] — ¹Saindo dali, foi para a sua pátria e os seus discípulos o seguiram. ²Vindo o sábado, começou a ensinar na sinagoga e numerosos ouvintes ficavam admirados, dizendo: "De onde lhe vem tudo isto? E que sabedoria é esta que lhe foi dada? E como se fazem tais milagres por suas mãos? ³Não é este o carpinteiro,[b] o filho de Maria, irmão de Tiago, Joset,[c] Judas e Simão? E as suas irmãs não estão aqui entre nós?" E estavam chocados por sua causa. ⁴E Jesus lhes dizia: "Um profeta só é desprezado em sua pátria, em sua parentela e em sua casa". ⁵E não podia realizar ali nenhum milagre, a não ser algumas curas de enfermos, impondo-lhes as mãos. ⁶E admirou-se da incredulidade deles.

Missão dos Doze — E ele percorria os povoados circunvizinhos, ensinando. ⁷Chamou a si os Doze e começou a enviá-los dois a dois. E deu-lhes autoridade sobre os espíritos impuros. ⁸Recomendou-lhes que nada levassem para o caminho, a não ser um cajado apenas;[d] nem pão, nem alforje, nem dinheiro no cinto. ⁹Mas que andassem calçados com sandálias e não levassem duas túnicas. ¹⁰E dizia-lhes: "Onde quer que entreis numa casa, nela permanecei até vos retirardes do lugar. ¹¹E se algum lugar não vos receber nem vos quiser ouvir ao partirdes de lá, sacudi o pó de debaixo dos vossos pés em testemunho contra eles". ¹²Partindo, eles pregavam que todos se arrependessem. ¹³E expulsavam muitos demônios e curavam muitos enfermos, ungindo-os com óleo.

Herodes e Jesus — ¹⁴O rei Herodes ouviu falar dele. Com efeito, seu nome se tornara célebre, e diziam:[e] "João Batista foi ressuscitado dos mortos, e por isso os poderes operam através dele". ¹⁵Já outros diziam: "É Elias". E outros ainda: "É um profeta como os outros profetas". ¹⁶Herodes, ouvindo essas coisas, dizia: "É João, que eu mandei decapitar, que ressuscitou!"

Execução de João Batista — ¹⁷Herodes, com efeito, mandara prender João e acorrentá-lo no cárcere, por causa de Herodíades, a mulher de seu irmão Filipe, pois ele a desposara ¹⁸e, na ocasião, João dissera a Herodes: "Não te é lícito possuir a mulher de teu irmão". ¹⁹Herodíades então se voltou contra ele e queria matá-lo, mas não podia, ²⁰pois Herodes tinha medo de João e, sabendo que era homem justo e santo, o protegia. E quando o ouvia, ficava muito confuso[f] e o escutava com prazer.

²¹Ora, chegou um dia propício: Herodes, por ocasião do seu aniversário de nascimento, ofereceu um banquete aos seus magnatas, aos oficiais e às grandes personalidades da Galileia. ²²E a filha de Herodíades entrou e dançou. E agradou a Herodes e aos convivas. Então o rei disse à moça: "Pede-me o que bem quiseres, e te darei". ²³E fez um juramento: "Qualquer coisa que me pedires te darei, *até a metade do meu reino!*" ²⁴Ela saiu e perguntou à

---

a) Como episódio paralelo de Lc 4,16ss, este relato sofreu uma transformação: de favoráveis que eram, os ouvintes tornam-se bruscamente hostis. Ver a nota em Lc 4,16.
b) E não "o filho do carpinteiro" (Mt 13,55); a expressão de Mc corresponde melhor ao nascimento virginal de Jesus.
c) Var.: "José" ou "Joseph".
d) Segundo Mt e Lc, nem sequer um cajado. Em Mc, sandálias e cajado evocam o texto de Ex 12,11.
e) Var.: "ele dizia".
f) Var.: (Vulg.): "fazia muitas coisas". Outra tradução, menos provável, de toda a frase: "...protegia-o; ele o ouvia, propunha-lhe toda a sorte de perguntas e gostava de ouvi-lo".

mãe: "Que peço?" E ela respondeu: "A cabeça de João Batista". ²⁵Voltando logo, apressadamente, à presença do rei, fez o pedido: "Quero que, agora mesmo, me dês num prato a cabeça de João Batista". ²⁶O rei ficou profundamente triste. Mas, por causa do juramento que fizera e dos convivas, não quis deixar de atendê-la. ²⁷E imediatamente o rei enviou um executor, com ordens de trazer a cabeça de João. ²⁸E saindo, ele o decapitou na prisão. E trouxe a sua cabeça num prato. Deu-a à moça, e esta a entregou a sua mãe. ²⁹Os discípulos de João souberam disso, foram lá, pegaram o corpo e o colocaram num túmulo.

|| Mt 14,13-21
|| Lc 9,10-17
|| Jo 6,1-13
Mc 8,1-10
2,2

3,20

Mt 9,36

Primeira multiplicação dos pães — ³⁰Os apóstolos reuniram-se com Jesus e contaram-lhe tudo o que tinham feito e ensinado. ³¹Ele disse: "Vinde vós, sozinhos, a um lugar deserto e descansai um pouco". Com efeito, os que chegavam e os que partiam eram tantos que não tinham tempo nem de comer. ³²E foram de barco a um lugar deserto, afastado. ³³Muitos, porém, os viram partir e, sabendo disso, de todas as cidades, correram para lá a pé, e chegaram antes deles. ³⁴Assim que ele desembarcou, viu uma grande multidão e ficou tomado de compaixão por eles, pois estavam como ovelhas sem pastor. E começou a ensinar-lhes muitas coisas. ³⁵Sendo a hora já muito avançada, os discípulos aproximaram-se dele e disseram: "O lugar é deserto e a hora já muito avançada. ³⁶Despede-os para que vão aos campos e povoados vizinhos e comprem para si o que comer". ³⁷Jesus lhes respondeu: "Dai-lhes vós mesmos de comer". Disseram-lhe eles: "Iremos e compraremos duzentos denários de pão para dar-lhes de comer?" ³⁸Ele perguntou: "Quantos pães tendes? Ide ver". Tendo-se informado, responderam: "Cinco, e dois peixes". ³⁹Ordenou-lhes então que fizessem todos se acomodarem, em grupos de convivas, sobre a grama verde. ⁴⁰E sentaram-se no chão, repartindo-se em grupos de cem e de cinquenta. ⁴¹Tomando os cinco pães e os dois peixes, elevou ele os olhos ao céu, abençoou, partiu os pães e deu-os aos discípulos para que lhos distribuíssem. E repartiu também os dois peixes entre todos. ⁴²Todos comeram e ficaram saciados. ⁴³E ainda recolheram doze cestos cheios dos pedaços de pão e de peixes. ⁴⁴E os que comeram dos pães eram cinco mil homens.

|| Mt 14,22-23
|| Jo 6,16-21

4,13 +

Jesus caminha sobre as águas — ⁴⁵Logo em seguida, forçou seus discípulos a embarcarem e seguirem antes dele na outra margem, para Betsaida,ᵃ enquanto despedia a multidão. ⁴⁶E, deixando-os, foi à montanha para orar. ⁴⁷Ao cair da tarde, o barco estava no meio do mar e ele sozinho em terra. ⁴⁸Vendo que se fatigavam a remar, pois o vento lhes era contrário, pela quarta vigília da noite dirigiu-se a eles, caminhando sobre o mar. E queria passar adiante deles. ⁴⁹Vendo-o caminhar sobre o mar, julgaram que fosse um fantasma e começaram a gritar, ⁵⁰pois todos o viram e ficaram apavorados. Ele, porém, logo falou com eles, dizendo: "Tende confiança. Sou eu. Não tenhais medo". ⁵¹E subiu para junto deles no barco. E o vento amainou. Eles, porém, no seu íntimo estavam cheios de espanto, ⁵²pois não tinham entendido nada a respeito dos pães, mas seu coração estava endurecido.

|| Mt 14,34-36

5,27-28

Curas na região de Genesaré — ⁵³Terminada a travessia, alcançaram terra em Genesaré e aportaram. ⁵⁴Mal desceram do barco, os habitantes logo o reconheceram. ⁵⁵Percorreram toda aquela região e começaram a transportar os doentes em seus leitos, onde quer que descobrissem que ele estava. ⁵⁶Em todos os lugares onde entrava, nos povoados, nas

---

a) "na outra margem": talvez acréscimo conforme Mt 14,22.

cidades ou nos campos, colocavam os doentes nas praças, rogando que lhes permitisse ao menos tocar na orla de seu manto. E todos os que o tocavam eram salvos.

7 Discussão sobre as tradições farisaicas[a] — ¹Ora, os fariseus e alguns escribas vindos de Jerusalém se reúnem em volta dele. ²Vendo que alguns dos seus discípulos comiam os pães com mãos impuras, isto é, sem lavá-las — ³os fariseus, com efeito, e todos os judeus, conforme a tradição dos antigos, não comem sem lavar o braço até o cotovelo,[b] ⁴e, ao voltarem da praça pública, não comem sem antes se aspergir,[c] e muitos outros costumes que observam por tradição: lavação de copos, de jarros, de vasos de metal — ⁵os fariseus e os escribas o interrogam: "Por que não se comportam os teus discípulos segundo a tradição dos antigos,[d] mas comem o pão com mãos impuras?" ⁶Ele lhes respondeu: "Bem profetizou Isaías a respeito de vós, hipócritas, como está escrito:

|| Mt 15,1-9
Lc 11,38

> Este povo honra-me com os lábios,
> mas o seu coração está longe de mim.
> ⁷Em vão me prestam culto;
> as doutrinas que ensinam são apenas mandamentos humanos.

Is 29,13

⁸Abandonais o mandamento de Deus, apegando-vos à tradição dos homens". ⁹E dizia-lhes: "Sabeis muito bem desprezar o mandamento de Deus para observar a vossa tradição. ¹⁰Com efeito, Moisés disse: *Honra teu pai e tua mãe*, e: *Aquele que amaldiçoar pai ou mãe certamente deve morrer*. ¹¹Vós, porém, dizeis: Se alguém disser a seu pai ou a sua mãe: os bens com que eu poderia te ajudar são *Corban*,[e] isto é, oferta sagrada — ¹²vós não o deixareis fazer mais nada por seu pai ou por sua mãe. ¹³Assim, invalidais a Palavra de Deus pela tradição que transmitistes. E fazeis muitas outras coisas desse gênero".

Ex 20,12
Dt 5,16
Ex 21,17
Lv 20,9

Ensinamento sobre o puro e o impuro — ¹⁴E, chamando de novo para junto de si a multidão, disse-lhes: "Ouvi-me todos, e entendei! ¹⁵Nada há no exterior do homem que, penetrando nele, o possa tornar impuro; mas o que sai do homem, isso é o que o torna impuro. ¹⁶Se alguém tem ouvidos para ouvir, ouça!"[f] ¹⁷E quando, ao deixar a multidão, entrou em casa, seus discípulos o interrogaram sobre a parábola.[g] ¹⁸E ele disse-lhes: "Então, nem vós tendes inteligência? Não entendeis que tudo o que vem de fora, entrando no homem, não pode torná-lo impuro, ¹⁹porque nada disso entra no coração, mas no ventre, e sai para a fossa?" (Assim, ele declarava puros todos os alimentos.)[h] ²⁰Ele dizia: "O que sai do homem, é isso que o torna impuro. ²¹Com efeito, é de dentro, do coração dos homens que saem as intenções malignas: prostituições, roubos, assassínios, ²²adultérios, ambições desmedidas, maldades, malícia, devassidão, inveja, difamação, arrogância, insensatez. ²³Todas essas coisas más saem de dentro do homem e o tornam impuro".

|| Mt 15,10-20

4,10

4,13 +

At 10,9-16
Rm 14
Cl 2,16.21-22
Rm 1,29 +

---

a) A seção que vai de 7,1 até o segundo relato da multiplicação dos pães (8,1s), trata do chamado dos pagãos à salvação. Cf. Introdução.
b) Trad. incerta: Lit.: "com o punho".
c) Var.: "banharem", — Outra tradução: "Eles não comem o que vem do mercado antes de o ter aspergido".
d) A tradição dos antigos inclui estes preceitos e costumes que os rabinos haviam acrescentado à Lei de Moisés, pretendendo que tivessem vindo do grande legislador, por via oral.

e) *Corban*, palavra aramaica que significa "oferta" e especialmente oferta feita a Deus. Ver Mt 15,6+.
f) O v. 16 é omitido por certo número de mss. importantes.
g) Parábola no sentido do *mashal* hebraico, que pode apenas ser sentença lapidar e enigmática.
h) Lit.: "purificando todos os alimentos"; parte de frase obscura (talvez glosa) e interpretada de diferentes maneiras.

III. Viagens de Jesus fora da Galileia

Mt 15,21-28
9,33;
10,10;
1,29;
2,15

Mt 8,29+

Cura da filha de uma siro-fenícia[a] — ²⁴Saindo dali, foi para o território de Tiro.[b] Entrou numa casa e não queria que ninguém soubesse, mas não conseguiu permanecer oculto. ²⁵Pois logo em seguida, uma mulher cuja filha tinha um espírito impuro ouviu falar dele, veio e atirou-se a seus pés. ²⁶A mulher era grega,[c] siro-fenícia de nascimento, e lhe rogava que expulsasse o demônio para fora de sua filha. ²⁷Ele dizia: "Deixa que primeiro os filhos se saciem porque não é bom tirar o pão dos filhos e atirá-lo aos cachorrinhos". ²⁸Mas ela, respondendo, disse-lhe: "É verdade, Senhor; mas também os cachorrinhos comem, debaixo da mesa, as migalhas dos filhos!" ²⁹E ele disse-lhe: "Pelo que disseste, vai: o demônio saiu da tua filha". ³⁰Ela voltou para casa e encontrou a criança atirada sobre a cama. E o demônio tinha ido embora.

5,20

6,5
1Tm 4,14+

Mt 8,3+

1,34+
Is 35,5-6
9,25

Cura de um surdo-gago — ³¹Saindo de novo do território de Tiro, seguiu em direção do mar da Galileia, passando por Sidônia e atravessando a região da Decápole. ³²Trouxeram-lhe um surdo que gaguejava, e rogaram que impusesse as mãos sobre ele. ³³Levando-o a sós para longe da multidão, colocou os dedos nas orelhas dele e, com saliva, tocou-lhe a língua. ³⁴Depois, levantando os olhos para o céu, gemeu, e disse: *"Effatha"* que quer dizer: "Abre-te!" ³⁵Imediatamente abriram-se-lhe os ouvidos e a língua se lhe desprendeu, e falava corretamente. ³⁶Jesus os proibiu de contar o que acontecera; mas, quanto mais o proibia, tanto mais eles o proclamavam. ³⁷Maravilhavam-se sobremaneira, dizendo: "Ele fez tudo bem; faz tanto os surdos ouvirem como os mudos falarem."

|| Mt 15,32-39
6,30-44

Ex 15,22

Sl 78,29

8 **Segunda multiplicação dos pães**[d] — ¹Naqueles dias, novamente uma grande multidão se ajuntou e não tinha o que comer, por isso ele chamou os discípulos e disse-lhes: ²"Tenho compaixão da multidão, porque já faz três dias que está comigo e não têm o que comer. ³Se os mandar em jejum para casa, desfalecerão pelo caminho, pois muitos vieram de longe". ⁴Seus discípulos lhe responderam: "Como poderia alguém, aqui num deserto, saciar com pão a tanta gente?" ⁵Ele perguntou: "Quantos pães tendes?" Responderam: "Sete." ⁶Mandou que a multidão sentasse pelo chão e, tomando os sete pães, deu graças, partiu-os e deu-os aos seus discípulos para que eles os distribuíssem. E eles os distribuíram à multidão. ⁷Tinham ainda alguns peixinhos. Depois de os ter abençoado, mandou que os distribuíssem também. ⁸Eles comeram e ficaram saciados. Dos pedaços que sobraram, recolheram sete cestos. ⁹E eram cerca de quatro mil. E então os despediu. ¹⁰Imediatamente, subindo para o barco com seus discípulos, partiu para a região de Dalmanuta.[e]

|| Mt 16,1-4

Os fariseus pedem um sinal no céu — ¹¹Saíram os fariseus e começaram a discutir com ele. Para pô-lo à prova, pediam-lhe um sinal vindo do céu.

---

a) Este episódio é paralelo ao da cura do filho do centurião (Mt 8,5s e Lc 7,1s): Jesus realiza uma cura em benefício de pagão ou de pagã; mas ele cura à distância, pelo poder de sua palavra, porque não era permitido a judeu *entrar na casa de pagão.*
b) Ad.: "e de Sidônia" (cf. Mt 15,21).
c) "grega", não de raça, pois era siro-fenícia, mas de cultura; aqui significa "pagã" (cf. Jo 7,35; At 16,1).
d) Enquanto a primeira multiplicação dos pães (Mc 6,31-44) fora feita em benefício dos judeus, a segunda é feita para os pagãos (Mt 14,13+). Realiza-se na decápole (7,32). Os sete cestos evocam as nações de Canaã (At 13,19) e os setes diáconos helenistas (At 6,5). As pessoas, vindas "de longe" (v. 3), são os pagãos (At 2,39; 22,21; Ef 2,13.17; cf. Is 9,9). Eles não são reduzidos a comer as migalhas que caem da mesa dos filhos do reino (7,27-28).
e) Nome de localidade desconhecida, como "Magadá" de Mt 15,39; ou talvez transcrição de expressão aramaica mal identificada.

¹²Suspirando profundamente em seu espírito, ele disse: "Por que esta geração procura um sinal? Em verdade vos digo que a esta geração nenhum sinal[a] será dado". ¹³E deixando-os, embarcou de novo e foi para a outra margem.

O fermento dos fariseus e de Herodes — ¹⁴Eles haviam esquecido de levar pães e tinham apenas um pão no barco. ¹⁵Ele recomendou então: "Cuidado! Guardai-vos do fermento dos fariseus e do fermento de Herodes". ¹⁶Eles, no entanto, refletiam entre si, porque não tinham pães. ¹⁷Mas, percebendo, ele disse: "Por que pensais que é por não terdes pães? Ainda não entendeis e nem compreendeis? Tendes o coração endurecido? ¹⁸Tendes *olhos e não vedes, ouvidos e não ouvis*? Não vos lembrais ¹⁹de quando parti os cinco pães para cinco mil homens, quantos cestos cheios de pedaços recolhestes?" Disseram-lhe: "Doze". — ²⁰"E dos sete para quatro mil, quantos cestos de pedaços recolhestes?" Disseram: "Sete". ²¹Então lhes disse: "Nem assim compreendeis?"[b]

∥ Mt 16,5-12

4,13+

Jr 5,21
Ez 12,2
6,43-44

4,13+

Cura de um cego em Betsaida[c] — ²²E chegaram a Betsaida. Trouxeram-lhe então um cego, rogando que ele o tocasse. ²³Tomando o cego pela mão, levou-o para fora do povoado e, cuspindo-lhe nos olhos e impondo-lhe as mãos, perguntou-lhe: "Percebes alguma coisa?" ²⁴E ele, começando a ver,[d] disse: "Vejo as pessoas como se fossem árvores andando". ²⁵Em seguida, ele colocou novamente as mãos sobre os olhos do cego, que viu distintamente e ficou restabelecido e podia ver tudo nitidamente e de longe. ²⁶E mandou-o para casa, dizendo: "Não entres no povoado!"

5,30+

7,33
Jo 9,6
1Tm 4,14+

Mt 8,3+

1,34+

Profissão de fé de Pedro[e] — ²⁷Jesus partiu com seus discípulos para os povoados de Cesareia de Filipe e, no caminho, perguntou a seus discípulos: "Quem dizem os homens que eu sou?" ²⁸Eles responderam: "João Batista"; outros, Elias; outros ainda, um dos profetas". — ²⁹"E vós, perguntou ele, quem dizeis que eu sou?" Pedro respondeu: "Tu és o Cristo". ³⁰Então proibiu-os severamente de falar a alguém a seu respeito.

∥ Mt 16,13-20
Lc 9,18-21

1,34+

Primeiro anúncio da paixão — ³¹E começou a ensinar-lhes: "O Filho do Homem deve sofrer muito, ser rejeitado pelos anciãos, pelos chefes dos sacerdotes e pelos escribas, ser morto e, depois de três dias, ressuscitar". ³²Dizia isso abertamente. Pedro, chamando-o de lado, começou a recriminá-lo. ³³Ele, porém, voltando-se e vendo seus discípulos, recriminou a Pedro, dizendo: "Arreda-te de mim, Satanás, porque não pensas as coisas de Deus, mas as dos homens!"[f]

∥ Mt 16,21-23
Lc 9,22
Mt 21,42
9,9-10.31-32;
10,32-34

4,13+

Condições para seguir a Jesus — ³⁴Chamando a multidão, juntamente com seus discípulos, disse-lhes: "Se alguém quiser vir após mim, negue-se a si

∥ Mt 16,24-28
Lc 9,23-27

---

a) A recusa de qualquer sinal, em Mc, é comumente considerada como mais primitiva do que a promessa do "sinal de Jonas" em Mt e Lc. No entanto, pode ter acontecido que Mc intencionalmente omitisse uma evocação bíblica que correria o risco de ser ininteligível aos seus leitores, e que Jesus tivesse realmente prometido esse sinal, com o fim de anunciar a vitória de sua libertação definitiva, como deixou claramente explícito Mt (cf. Mt 12,39+).
b) É convite aos discípulos a irem além das suas preocupações materiais, para refletirem sobre o sentido da missão de Jesus iluminada pelos milagres.
c) Este episódio prepara o da profissão de fé de Pedro (8,27ss). A cura é lenta e é feita em duas etapas, para evocar a dificuldade que as pessoas têm para "ver" quem é realmente Jesus de Nazaré (Jo 9,39-41).

d) Também se traduz: "levantando os olhos".
e) Ao longo de toda a primeira parte do evangelho propõe-se a questão: Quem é Jesus de Nazaré? (1,27+). Por causa de seu ensinamento e dos prodígios que realiza, pressente-se a sua personalidade misteriosa (v. 28), mas só Pedro dá a verdadeira resposta (v. 29): "Tu és o Cristo", isto é, o Rei messiânico. Dada a incompreensão dos discípulos (4,13+), sublinhada pelo próprio Jesus (8,17-21), Pedro não pôde fazer esta profissão de fé a não ser em virtude de revelação divina (Mt 16,17).
f) A incompreensão dos discípulos não se refere à verdadeira personalidade de Jesus (4,13+), mas a respeito do mistério de sua morte. A ideia de um Cristo-Rei antes de morrer escandaliza-os porque ignoram o que é a ressurreição (9,10.32).

mesmo, tome a sua cruz e siga-me. ³⁵Pois aquele que quiser salvar sua vida, a perderá; mas, o que perder sua vida por causa de mim e do Evangelho, a salvará. ³⁶Com efeito, que aproveita ao homem ganhar o mundo inteiro e arruinar sua própria vida? ³⁷Pois, que daria o homem em troca da sua vida? ³⁸De fato, aquele que, nesta geração adúltera e pecadora, se envergonhar de mim e de minhas palavras, também o Filho do Homem se envergonhará dele, quando vier na glória de seu Pai com os santos anjos".

9 ¹E dizia ainda: "Em verdade vos digo que estão aqui presentes alguns que não provarão a morte até que vejam o Reino de Deus chegando com poder".

A transfiguração[a] — ²Seis dias depois, Jesus tomou consigo Pedro, Tiago e João, e os levou, sozinhos, para um lugar retirado sobre uma alta montanha. Ali foi transfigurado diante deles. ³Suas vestes tornaram-se resplandecentes, extremamente brancas, de alvura tal como nenhum lavadeiro na terra as poderia alvejar. ⁴E lhes apareceram Elias com Moisés, conversando com Jesus. ⁵Então Pedro, tomando a palavra, diz a Jesus: "Rabi, é bom estarmos aqui. Façamos, pois, três tendas: uma para ti, outra para Moisés e outra para Elias". ⁶Pois não sabia o que dizer, porque estavam atemorizados. ⁷E uma nuvem desceu, cobrindo-os com sua sombra. E da nuvem saiu uma voz: "Este é o meu Filho amado; ouvi-o". ⁸E de repente, olhando ao redor, não viram mais ninguém: Jesus estava sozinho com eles.

Questão sobre Elias — ⁹Ao descerem da montanha, ordenou-lhes que a ninguém contassem o que tinham visto, até quando o filho do Homem tivesse ressuscitado dos mortos. ¹⁰Eles observaram a recomendação perguntando-se que significaria "ressuscitar dos mortos". ¹¹E perguntaram-lhe: "Por que motivo os escribas dizem que é preciso que Elias venha primeiro?" ¹²Ele respondeu: "Elias certamente virá primeiro, para restaurar tudo. Mas como está escrito a respeito do Filho do Homem que deverá sofrer muito e ser desprezado? ¹³Eu, porém, vos digo: Elias já veio, e fizeram com ele tudo o que quiseram, como dele está escrito".

O epiléptico endemoninhado — ¹⁴E chegando junto aos outros discípulos, viram[b] uma grande multidão em torno deles e os escribas discutindo com eles. ¹⁵E logo que toda a multidão o viu, ficou admirada e correu para saudá-lo. ¹⁶Ele perguntou-lhes: "Que discutíeis com eles?" ¹⁷Alguém da multidão respondeu: "Mestre, eu te trouxe meu filho que tem um espírito mudo. ¹⁸Quando ele o toma, atira-o pelo chão. E ele espuma, range os dentes e fica rígido. Pedi aos teus discípulos que o expulsassem, mas não conseguiram". ¹⁹Ele, porém, respondeu: "Ó geração incrédula! Até quando estarei convosco? Até quando vos suportarei? Trazei-o a mim". ²⁰Levaram-no até ele. O espírito, vendo a Jesus imediatamente agitou com violência o menino que, caindo por terra, rolava espumando. ²¹Jesus perguntou ao pai: "Há quanto tempo lhe sucede isto?" — Desde pequenino, respondeu; ²²e muitas vezes o atira ao fogo ou

---

a) Este episódio encerra a primeira parte do evangelho e forma inclusão com a cena do batismo de Cristo (1,9-11+): ouve-se a mesma voz celeste, fazendo *alusão ao Sl 2,7 e a Is 42,1, mas, no batismo, dirigia-se apenas a Cristo;* aqui se dirige aos três discípulos presentes, como que para confirmar a profissão de fé de Pedro. Na cena do batismo, Jesus aparece como novo Moisés; da mesma forma aqui, o que destaca a voz celeste, dizendo: "Ouvi-o" (Dt 18,15). A "alta montanha" onde Cristo se "transfigura" (v. 2), evoca o Sinai, onde Moisés encontrou Deus e daí desceu, com o rosto iluminado pela glória divina (Ex 34,29-30). A nuvem que coloca os discípulos sob sua sombra evoca o texto de Ex 40,38. Compreendemos então por que, depois da transfiguração, Jesus se dedica à formação de seus discípulos (9,30-31), e lhes dá alguns princípios de uma ética cristã (9,35-10,45).

b) Var.: "ele viu".

na água para fazê-lo morrer. Mas, se tu podes, ajuda-nos, tem compaixão de nós". ²³Então Jesus lhe disse: "Se tu podes! ...Tudo é possível àquele que crê!" ²⁴Imediatamente, o pai do menino gritou: "Eu creio! Ajuda a minha incredulidade!" ²⁵Vendo Jesus que a multidão afluía, conjurou severamente o espírito impuro, dizendo-lhe: "Espírito mudo e surdo, eu te ordeno: deixa-o e nunca mais entre nele!" ²⁶E, gritando e agitando-o violentamente, saiu. E o menino ficou como se estivesse morto, de modo que muitos diziam que ele morrerá. ²⁷Jesus, porém, tomando-o pela mão ergueu-o, e ele se levantou. ²⁸Ao entrar em casa, perguntaram-lhe seus discípulos, a sós: "Por que não pudemos expulsá-lo?" ²⁹Ele respondeu: "Essa espécie não pode sair a não ser com oração".*ᵃ*

Mt 8,10 +
7,37

8,23
Mt 8,15 +

Segundo anúncio da paixão — ³⁰Tendo partido dali, caminhava através da Galileia, mas não queria que ninguém soubesse, ³¹pois ensinava aos seus discípulos e dizia-lhes: "O Filho do Homem será entregue às mãos dos homens e eles o matarão e, morto, depois de três dias ele ressuscitará". ³²Eles, porém, não compreendiam essa palavra e tinham medo de interrogá-lo.

∥ *Mt 17,22-23*
∥ *Lc 9,43-45*
Jo 7,1
1,34 +
8,31 +
4,13 +

Quem é o maior — ³³E chegaram a Cafarnaum. Em casa, ele lhes perguntou: "Sobre que discutíeis no caminho?" ³⁴Ficaram em silêncio, porque pelo caminho vinham discutindo sobre qual era o maior. ³⁵Então ele, sentou, chamou os Doze e disse: "Se alguém quiser ser o primeiro, seja o último de todos e o servo de todos". ³⁶Depois, tomou uma criança, colocou-a no meio deles e, pegando-a nos braços, disse-lhes: ³⁷"Aquele que receber uma destas crianças por causa do meu nome, a mim recebe; e aquele que me recebe, não é a mim que recebe, mas sim àquele que me enviou".

∥ *Mt 18,1-5*
∥ *Lc 9,46-48*
7,24 +

Mt 10,40 +

Uso do nome de Jesus — ³⁸Disse-lhe João: "Mestre, vimos alguém que não nos segue, expulsando demônios em teu nome, e o impedimos porque não nos seguia". ³⁹Jesus, porém, disse: "Não o impeçais, pois não há ninguém que faça milagre em meu nome e logo depois possa falar mal de mim. ⁴⁰Porque quem não é contra nós é por nós.

∥ *Lc 9,49-50*
Nm 11,28

At 3,16 +
1Cor 12,3
Mt 12,30p

Caridade para com os discípulos — ⁴¹De fato, quem vos der a beber um copo d'água por serdes de Cristo, em verdade vos digo que não perderá a sua recompensa.

Mt 10,42
1Cor 3,23 +

O escândalo — ⁴²Se alguém escandalizar um destes pequeninos que creem,*ᵇ* melhor seria que lhe prendessem ao pescoço a mó que os jumentos movem e o atirassem ao mar. ⁴³E se tua mão te escandalizar, corta-a: melhor é entrares mutilado para a Vida do que, tendo as duas mãos, ires para a geena, para o fogo inextinguível. [⁴⁴]*ᶜ* ⁴⁵E se teu pé te escandalizar, corta-o: melhor é entrares com um só pé para a Vida do que, tendo os dois pés, seres atirado na geena. [⁴⁶] ⁴⁷E se teu olho te escandalizar, arranca-o: melhor é entrares com um só olho no Reino de Deus do que, tendo os dois olhos, seres atirado na geena, ⁴⁸onde o *verme não morre* e onde *o fogo não se extingue*. ⁴⁹Pois todos serão salgados com fogo.*ᵈ* ⁵⁰O sal é bom. Mas se o sal se tornar insípido, como retemperá-lo? Tende sal em vós mesmos e vivei em paz uns com os outros".

∥ *Mt 18,6-9*
Lc 17,1-2

∥ *Mt 18,8-9*

Is 66,24 +
Lv 2,13 +
∥ *Mt 5,13*
Lc 14,34
Cl 4,6
Rm 12,18

---

a) Var.: "com oração e jejum".
b) Ad.: "em mim".
c) Os vv. 44 e 46 (Vulg.), simples repetições do v. 48, são omitidos nos melhores mss.
d) O fogo que salga pode significar o castigo que pune os pecadores enquanto os conserva; ou então, com mais probabilidade, o fogo que purifica os fiéis (provação, julgamento de Deus) para deles fazer vítimas agradáveis a Deus (cf. Lv 2,13, a que alude uma ad.: "e toda vítima será salgada com sal"). O v. 50 (cf. Mt 5,13) parece ter sido introduzido aqui pela simples aproximação causada pela palavra "sal".

MARCOS 10

||Mt 19,1-9

10 *Discussão sobre o divórcio* — ¹Partindo dali, ele foi para o território da Judeia e além do Jordão, e outra vez as multidões se reuniram em torno dele. E, como de costume, de novo as ensinava. ²Alguns fariseus aproximaram-se dele e, para pô-lo à prova, perguntaram-lhe: "É lícito ao marido repudiar a mulher?" ³Ele respondeu: "Que vos ordenou Moisés?" ⁴Eles disseram: "Moisés permitiu escrever carta de divórcio e repudiar". ⁵Jesus, então, lhes disse: "Por causa da dureza dos vossos corações ele escreveu para vós esse mandamento. ⁶Mas desde o princípio da criação *ele os fez homem e mulher.* ⁷*Por isso o homem deixará o seu pai e a sua mãe,*ᵃ *e os dois serão uma só carne.* ⁸De modo que já não são dois, mas uma só carne. ⁹Portanto, o que Deus uniu o homem não separe". ¹⁰E em casa, os discípulos voltaram a interrogá-lo a respeito desse ponto. ¹¹E ele disse: "Todo aquele que repudiar sua mulher e desposar outra, comete adultério contra a primeira; ¹²e se essa repudiar seu maridoᵇ e desposar outro, comete adultério".

Dt 24,1

Gn 1,27; 2,24

7,24+

||Mt 5,32
Lc 16,18

||Mt 19,13-15
||Lc 18,15-17
Lc 9,47

Jesus e as crianças — ¹³Traziam-lhe crianças para que as tocasse, mas os discípulos as repreendiam. ¹⁴Vendo isso, Jesus ficou indignado e disse: "Deixai as crianças virem a mim. Não as impeçais, pois delas é o Reino de Deus. ¹⁵Em verdade vos digo: aquele que não receber o Reino de Deus como uma criança, não entrará nele". ¹⁶Então, abraçando-as, abençoou-as, impondo as mãos sobre elas.

||Mt 19,16-22
||Lc 18,18-23

O homem rico — ¹⁷Ao retomar o seu caminho, alguém correu e ajoelhou-se diante dele, perguntando: "Bom Mestre, que farei para herdar a vida eterna?" ¹⁸Jesus respondeu: "Por que me chamas bom? Ninguém é bom senão só Deus. ¹⁹Tu conheces os mandamentos: Não mates, não cometas adultério, não roubes, não levantes falso testemunho, não defraudes ninguém, honra teu pai e tua mãe". ²⁰Então ele replicou: "Mestre, tudo isso eu tenho guardado desde minha juventude". ²¹Fitando-o, Jesus o amou e disse: "Uma só coisa te falta: vai, vende o que tens, dá aos pobres e terás um tesouro no céu. Depois, vem e segue-me". ²²Ele, porém, contristado com essa palavra saiu pesaroso, pois era possuidor de muitos bens.

Ex 20,12-16
Dt 5,16-20;
24,14

||Mt 19,23-26
||Lc 18,24-27

O perigo das riquezas — ²³Então Jesus, olhando em torno, disse a seus discípulos: "Como é difícil a quem tem riquezas entrar no Reino de Deus!" ²⁴Os discípulos ficaram admirados com essas palavras.ᶜ Jesus, porém, continuou a dizer: "Filhos, como é difícil entrar no Reino de Deus! ²⁵É mais fácil um camelo passar pelo fundo da agulha do que um rico entrar no Reino de Deus!" ²⁶Eles ficaram muito espantados e diziam uns aos outros: "Então, quem pode ser salvo?" ²⁷Jesus, fitando-os, disse: "Aos homens é impossível mas não a Deus, pois para Deus tudo é possível".

Zc 8,6-7

||Mt 19,27-30
||Lc 18,28-30

Recompensa prometida pelo desprendimento — ²⁸Pedro começou a dizer-lhe: "Eis que nós deixamos tudo e te seguimos". ²⁹Jesus declarou: "Em verdade vos digo que não há quem tenha deixado casa, irmãos, irmãs, mãe, pai, filhos ou terras por minha causa e por causa do Evangelho, ³⁰que não receba cem vezes mais desde agora, neste tempo, casas, irmãos e irmãs, mãe e filhos e terras, com perseguições; e, no mundo futuro, a vida eterna. ³¹Muitos dos primeiros serão últimos, e os últimos serão primeiros".

1,1+

---

a) Ad.: "para se unir à sua mulher" (cf. Gn 2,24 e Mt 19,5).
b) Essa cláusula reflete o direito romano, porquanto o judaico não reconhecia à mulher o privilégio do repúdio, o qual era concedido somente ao homem.

c) Riqueza e prosperidade eram tidos, nos livros sapienciais, como sinais da bênção divina. Cf. a introdução aos livros sapienciais.

Terceiro anúncio da paixão — ³²Estavam no caminho, subindo para Jerusalém. Jesus ia à frente deles. Estavam assustados e acompanhavam-no com medo. Tomando os Doze novamente consigo, começou a dizer o que estava para lhe acontecer: ³³"Eis que subimos para Jerusalém, e o Filho do Homem será entregue aos chefes dos sacerdotes e aos escribas; eles o condenarão à morte e o entregarão aos gentios, ³⁴zombarão dele e cuspirão nele, o açoitarão e o matarão, e três dias depois ele ressuscitará".

O pedido dos filhos de Zebedeu — ³⁵Tiago e João, filhos de Zebedeu, foram até ele e disseram-lhe: "Mestre, queremos que nos faças o que te pedimos". ³⁶Ele perguntou: "Que quereis que vos faça?" ³⁷Disseram: "Concede-nos, na tua glória,ᵃ sentarmo-nos, um à tua direita, outro à tua esquerda". ³⁸Jesus respondeu: "Não sabeis o que pedis. Podeis beber o cálice que eu beberei e ser batizados com o batismo com que serei batizado?"ᵇ ³⁹Eles disseram-lhe: "Podemos". Jesus replicou-lhes: "Do cálice que eu beber, vós bebereis, e com o batismo com que eu for batizado, sereis batizados. ⁴⁰Todavia, o assentar-se à minha direita ou à minha esquerda não cabe a mim concedê-lo, mas é para aqueles aos quais isso foi destinado".

Os chefes devem servir — ⁴¹Ouvindo isso, os dez começaram a indignar-se contra Tiago e João. ⁴²Chamando-os, Jesus lhes disse: "Sabeis que aqueles que vemos governar as nações as dominam, e os seus grandes as tiranizam. ⁴³Entre vós não será assim: ao contrário, aquele que dentre vós quiser ser grande, seja o vosso servidor, ⁴⁴e aquele que quiser ser o primeiro dentre vós, seja o servo de todos. ⁴⁵Pois o Filho do Homem não veio para ser servido, mas para servir e dar a sua vida em resgate por muitos".

O cego à saída de Jericó — ⁴⁶Chegaram a Jericó. Ao sair de Jericó com os seus discípulos e grande multidão, estava sentado à beira do caminho, mendigando, o cego Bartimeu, filho de Timeu. ⁴⁷Quando ouviu que era Jesus, o Nazareno, que passava, começou a gritar: "Filho de Davi, Jesus, tem compaixão de mim!" ⁴⁸E muitos o repreendiam para que se calasse. Ele, porém, gritava mais ainda: "Filho de Davi, tem compaixão de mim!" ⁴⁹Detendo-se, Jesus disse: "Chamai-o!" Chamaram o cego, dizendo-lhe: "Coragem! Ele te chama. Levanta-te". ⁵⁰Deixando o manto, deu um pulo e foi até Jesus. ⁵¹Então Jesus lhe disse: "Que queres que te faça? O cego respondeu: "*Rabbuni*!ᶜ Que eu possa ver novamente!" ⁵²Jesus lhe disse: "Vai, tua fé te salvou". No mesmo instante ele recuperou a vista e o seguia no caminho.

IV. O ministério de Jesus em Jerusalém

11 ***Entrada messiânica em Jerusalém*** — ¹Ao se aproximarem de Jerusalém, diante de Betfagé e de Betânia, perto do monte das Oliveiras, enviou dois dos seus discípulos, ²dizendo-lhes: "Ide ao povoado que está à vossa frente. Entrando nele, encontrareis imediatamente um jumentinho amarrado, que ninguém montou ainda. Soltai-o e trazei-o. ³E se alguém vos disser: 'Por que fazeis isso?', dizei: 'O Senhor precisa dele, e logo o mandará de volta' ". ⁴Foram, e acharam um jumentinho amarrado na rua junto a

---

a) Quando triunfares como Rei messiânico.
b) O batismo a receber, assim como o cálice a beber (cf. 14,36), é também imagem da paixão que se aproxima; de acordo com a força original do termo grego "batizar", Jesus será imerso num abismo de sofrimentos.
c) Em aramaico: "Meu Mestre" ou "Mestre" (cf. Jo 20,16).

uma porta, e o soltaram. ⁵Alguns dos que ali se encontravam disseram: "Por que soltais o jumentinho?" ⁶Responderam como Jesus havia dito, e eles os deixaram partir. ⁷Levaram a Jesus o jumentinho, sobre o qual puseram suas vestes. E ele o montou. ⁸Muitos estenderam as vestes pelo caminho, outros puseram ramos que haviam apanhado nos campos. ⁹Os que iam à frente dele e os que o seguiam clamavam: "*Hosana! Bendito o que vem em nome do Senhor!* ¹⁰Bendito o Reino que vem, do nosso pai Davi! *Hosana* no mais alto dos céus!" ¹¹Entrou no Templo, em Jerusalém e, tendo observado tudo, como fosse já tarde, saiu para Betânia com os Doze.

*A figueira estéril*ᵃ — ¹²No dia seguinte, quando saíam de Betânia, teve fome. ¹³Ao ver, à distância, uma figueira coberta de folhagem, foi ver se acharia algum fruto. Mas nada encontrou senão folhas, pois não era tempo de figos. ¹⁴Dirigindo-se à árvore, disse: "Ninguém jamais coma do teu fruto". E seus discípulos o ouviam.

Os vendedores expulsos do Templo — ¹⁵Chegaram a Jerusalém. E entrando no Templo, ele começou a expulsar os vendedores e os compradores que lá estavam: virou as mesas dos cambistas e as cadeiras dos que vendiam pombas, ¹⁶e não permitia que ninguém carregasse objetos através do Templo. ¹⁷E ensinava-lhes, dizendo: "Não está escrito: *Minha casa será chamada casa de oração para todos os povos?*ᵇ Vós, porém, fizestes dela *um covil de ladrões!*" ¹⁸Os chefes dos sacerdotes e os escribas ouviram isso e procuravam como fazê-lo perecer; eles o temiam, pois toda a multidão estava maravilhada com seu ensinamento. ¹⁹Ao entardecer, ele se dirigiu para fora da cidade.

A figueira seca. Fé e oração — ²⁰Passando por ali de manhã, viram a figueira seca até as raízes. ²¹Pedro se lembrou e disse-lhe: "Rabi, olha a figueira que amaldiçoaste: secou". ²²Jesus respondeu-lhes: "Tende fé em Deus. ²³Em verdade vos digo, se alguém disser a esta montanha: Ergue-te e lança-te ao mar, e não duvidar no coração, mas crer que o que diz se realiza, assim lhe acontecerá. ²⁴Por isso vos digo: Tudo quanto suplicardes e pedirdes, crede que já o recebestes, e assim será para vós. ²⁵E quando estiverdes orando, se tiverdes alguma coisa contra alguém, perdoai-lhe, para que também vosso Pai que está nos céus vos perdoe as vossas ofensas". [²⁶]ᶜ

Questão dos judeus sobre a autoridade de Jesus — ²⁷Foram de novo a Jerusalém, e enquanto ele circulava no Templo, aproximaram-se os chefes dos sacerdotes, os escribas e os anciãos, ²⁸e lhe perguntavam: "Com que autoridade fazes estas coisas? Ou, quem te concedeu esta autoridade para fazê-las?" ²⁹Jesus respondeu: "Eu vos proporei uma só questão. Respondei-

---

a) Os evangelhos sinóticos seguem nesse passagem uma ordem diferente que se pode explicar pela evolução literária da tradição. Por um lado, a entrada em Jerusalém e a expulsão dos comerciantes do Templo, que Mt e Lc inserem no mesmo dia, são separadas por Mc, cada uma num dia, e o episódio da figueira amaldiçoada é intercalado entre eles. Por outro lado, a figueira ressequida (e também sua maldição em Mt) é inserida por Mc entre a expulsão dos vendedores do *Templo* e o debate sobre a autoridade de Jesus, duas perícopes que deviam originalmente suceder-se sem interrupção (cf. Jo 2,14-22). Essas divergências se explicam se o episódio da figueira tiver sido introduzido posteriormente num esquema primitivo (note-se que não é mencionado em Lc). Isso ter-se-ia dado em duas fases: primeiramente, a maldição; depois a ressecação, acréscimo posterior que pretendeu tirar da maldição que se cumpriria um ensinamento sobre a eficácia da oração que se faz com fé. Só em Mc esse ensinamento levou a outro por associação verbal: um *logion* sobre o perdão das ofensas que Mt utiliza por ocasião do Pai-nosso (Mt 6,14).

b) Mc, o único dos sinóticos a fazê-lo, cita, sem dúvida propositalmente, as últimas palavras do texto de Isaías, que anunciam a extensão universal do culto messiânico.

c) Ad. v. 26: "Porém, se não perdoardes, também vosso Pai que está nos céus não vos perdoará vossas ofensas" (Mt 6,15).

-me, e eu vos direi com que autoridade faço estas coisas. ³⁰O batismo de João era do Céu ou dos homens? Respondei-me". ³¹Eles arrazoavam uns com os outros, dizendo: "Se respondermos 'Do Céu', ele dirá: 'Por que então não crestes nele?' Mas se respondermos 'Dos homens'?" ³²Temiam a multidão, pois todos pensavam que João era de fato profeta. ³³Diante disso, responderam a Jesus: "Não sabemos". Jesus então lhes disse: "Nem eu vos digo com que autoridade faço estas coisas".

Mt 16,14 +

12 Parábola dos vinhateiros homicidas —

¹Começou a falar-lhes em parábolas: "Um homem plantou uma vinha, cercou-a de uma sebe, abriu um lagar, construiu uma torre. Depois disso, arrendou-a a alguns vinhateiros e partiu de viagem. ²No tempo oportuno, enviou um servo aos vinhateiros para que recebesse uma parte dos frutos da vinha. ³Eles, porém, o agarraram e espancaram, e mandaram-no de volta sem nada. ⁴Enviou-lhes de novo outro servo. Mas bateram-lhe na cabeça e o insultaram. ⁵Enviou ainda outro, e a esse mataram. Depois mandou muitos outros. Bateram nuns, mataram os outros. ⁶Restava-lhe ainda alguém: o filho amado. Enviou-o por último, dizendo: 'Eles respeitarão meu filho'. ⁷Aqueles vinhateiros, porém, disseram entre si: 'Este é o herdeiro. Vamos, matemo-lo, e a herança será nossa'. ⁸E agarrando-o, mataram-no e o lançaram fora da vinha. ⁹Que fará o dono da vinha? Virá e destruirá os vinhateiros e dará a vinha a outros. ¹⁰Não lestes esta Escritura:

Mt 21,33-46
Lc 20,9-19
Is 5,1 +

*'A pedra que os construtores rejeitaram
tornou-se a pedra angular;*
¹¹ *isso é obra do Senhor,
e é maravilha aos nossos olhos'?"*

Sl 118,22-23

¹²Procuravam prendê-lo, mas ficaram com medo da multidão, pois perceberam que ele contara a parábola a respeito deles. E deixando-o, foram embora.

O imposto a César — ¹³Enviaram-lhe, então, alguns dos fariseus e dos herodianos para enredá-lo com alguma palavra. ¹⁴Vindo eles, disseram-lhe: "Mestre, sabemos que és verdadeiro e não dás preferência a ninguém, pois não consideras os homens pelas aparências, mas ensinas, de fato, o caminho de Deus. É lícito pagar imposto a César ou não? Pagamos ou não pagamos?" ¹⁵Ele, porém, conhecendo sua hipocrisia, disse: "Por que me pondes à prova? Trazei-me um denário para que o veja". ¹⁶Eles trouxeram. E ele disse: "De quem é esta imagem e a inscrição?" Responderam-lhe: "De César". ¹⁷Então Jesus disse-lhes: "O que é de César, dai a César: o que é de Deus, a Deus". E ficaram muito admirados a respeito dele.

Mt 22,15-22
Lc 20,20-26
Mc 3,6 +

A ressurreição dos mortos — ¹⁸Então foram até ele alguns saduceus — os quais dizem não existir ressurreição — e o interrogavam: ¹⁹"Mestre, Moisés deixou-nos escrito: Se alguém tiver irmão que morra deixando mulher sem filhos, tomará ele a viúva e suscitará descendência para o seu irmão. ²⁰Havia sete irmãos. O primeiro tomou mulher e morreu sem deixar descendência. ²¹O segundo tomou-a e morreu sem deixar descendência. E o mesmo sucedeu ao terceiro. ²²E os sete não deixaram descendência. *Depois de todos também a mulher morreu.* ²³Na ressurreição, quando ressuscitarem, de qual deles será a mulher? Pois que os sete a tiveram por mulher". ²⁴Jesus disse-lhes: "Não estais errados, desconhecendo tanto as Escrituras como o poder de Deus? ²⁵Pois quando ressuscitarem dos mortos, nem eles se casam, nem elas se dão em casamento, mas serão como anjos nos céus. ²⁶Quanto aos mortos que hão de ressurgir, não lestes no livro de Moisés, no trecho sobre a sarça,ᵃ como Deus lhe disse: *Eu sou o Deus*

Mt 22,23-33
Lc 20,27-40
Dt 25,5 +

---

a) Onde se narra o episódio da sarça ardente.

de Abraão, o Deus de Isaac e o Deus de Jacó? ²⁷Ora, ele não é Deus de mortos, mas sim de vivos. Estais muito errados!"

O primeiro mandamento — ²⁸Um dos escribas que ouvira a discussão, reconhecendo que respondera muito bem, perguntou-lhe: "Qual é o primeiro de todos os mandamentos?" ²⁹Jesus respondeu: "O primeiro é: *Ouve, ó Israel, o Senhor nosso Deus é o único Senhor,*[a] ³⁰*e amarás o Senhor teu Deus de todo teu coração, de toda tua alma, de todo teu entendimento, e com toda a tua força.* ³¹O segundo é este: *Amarás o teu próximo como a ti mesmo.* Não existe outro mandamento maior do que este". ³²O escriba disse-lhe:[b] "Muito bem, Mestre, tens razão de dizer que *Ele é o único e que não existe outro além dele*, ³³e *amá-lo de todo o coração, de toda a inteligência e com toda a força, e amar o próximo como a si mesmo* vale mais do que todos os holocaustos e todos os sacrifícios". ³⁴Jesus, vendo que ele respondera com inteligência, disse-lhe: "Tu não estás longe do Reino de Deus". E ninguém mais ousava interrogá-lo.

O Cristo, filho e Senhor de Davi — ³⁵E prosseguiu Jesus ensinando no Templo, dizendo: "Como podem os escribas dizer que o Messias é filho de Davi? ³⁶O próprio Davi disse, pelo Espírito Santo:

O Senhor disse ao meu Senhor:
Senta-te à minha direita
até que eu ponha teus inimigos
debaixo dos teus pés.

³⁷O próprio Davi o chama Senhor; como pode, então, ser seu filho?" E a numerosa multidão o escutava com prazer!

Os escribas julgados por Jesus — ³⁸E dizia no seu ensinamento: "Guardai--vos dos escribas que gostam de circular de toga, de ser saudados nas praças públicas, ³⁹e de ocupar os primeiros lugares nas sinagogas e os lugares de honra nos banquetes; ⁴⁰mas devoram as casas das viúvas e simulam fazer longas preces. Esses receberão condenação mais severa".

O óbolo da viúva — ⁴¹E, sentado frente ao Tesouro do Templo, observava como a multidão lançava pequenas moedas no Tesouro,[c] e muitos ricos lançavam muitas moedas. ⁴²Vindo uma pobre viúva, lançou duas moedinhas, isto é, um quadrante. ⁴³E chamando a si os discípulos, disse-lhes: "Em verdade eu vos digo que esta viúva que é pobre lançou mais do que todos os que ofereceram moedas ao Tesouro. ⁴⁴Pois todos os outros deram do que lhes sobrava. Ela, porém, na sua penúria, ofereceu tudo o que tinha, tudo o que possuía para viver".

13 Discurso escatológico.[d] Introdução — ¹Ao sair do Templo, disse-lhe um dos seus discípulos: "Mestre, vê que pedras e que construções!" ²Disse-lhe Jesus: "Vês estas grandes construções? Não ficará pedra sobre pedra que não seja demolida".

---

a) O monoteísmo é, no NT, tão intransigente como no judaísmo. Nesta passagem, nas palavras de Jesus, o monoteísmo se apoia no *Shemá* (Dt 6,4-5+). Paulo exortará os pagãos a "se converterem" ao único Deus vivo (At 14,15+; 1Ts 1,9+; cf. 1Cor 8,4-6; 1Tm 2,5). Segundo o apóstolo Paulo, toda a obra de Jesus Cristo provém de Deus e a ele se destina, porque ele a faz retornar à sua própria glória (Rm 8,28-30; 16,27; 1Cor 1,30; 15,28.57; Ef 1,3-12; 3,11; Fl 2,11; 4,19-20; 1Tm 2,3-5; 6,15-16; cf. Hb 1,1-13; 13,20-21 etc.). O evangelho de João trata do assunto de modo diverso:

Jesus vem do Pai (3,17+.31; 6,46 etc.) e vai ao Pai (7,33; 13,3; 14,6+).
b) Vv. 32-34: Esse complemento inesperado, no qual o escriba é felicitado por ter simplesmente repetido as palavras de Jesus, é acréscimo colhido de tradição paralela aos vv. 28-31 e cuja forma literária lembra mais Lc 10,25-28.
c) O lugar do tesouro, no recinto do Templo, tinha um gazofilácio (ou cofre) exterior para receber as ofertas.
d) Diversamente do discurso de Mt, que acrescenta à previsão da ruína de Jerusalém e do Templo a do fim

³Sentado no monte das Oliveiras, frente ao Templo, Pedro, Tiago, João e André lhe perguntavam em particular: ⁴"Dize-nos: quando será isso e qual o sinal de que todas essas coisas estarão para acontecer?"

O princípio das dores — ⁵Então Jesus começou a dizer-lhes: "Atenção para que ninguém vos engane. ⁶Muitos virão em meu nome, dizendo 'Sou eu', e enganarão a muitos. ⁷Quando ouvirdes falar de guerras e de rumores de guerras, não vos alarmeis: é preciso que aconteçam, mas ainda não é o fim. ⁸Pois levantar-se-á nação contra nação e reino contra reino. E haverá terremotos em todos os lugares, e haverá fome. Isso é o princípio das dores do parto.

⁹Ficai de sobreaviso. Entregar-vos-ão aos sinédrios e às sinagogas, e sereis açoitados, e vos conduzirão perante governadores e reis por minha causa, para dardes testemunho perante eles. ¹⁰É necessário que primeiro o Evangelho seja proclamado a todas as nações.

¹¹Quando, pois, vos levarem para vos entregar, não vos preocupeis com o que havereis de dizer; mas, o que vos for indicado naquela hora, isso falareis; pois não sereis vós que falareis, mas o Espírito Santo. ¹²O irmão entregará o irmão à morte, e o pai entregará o filho. Os filhos se levantarão contra os pais e os farão morrer. ¹³E sereis odiados por todos por causa do meu nome. Aquele, porém, que perseverar até o fim, será salvo.

A grande tribulação de Jerusalém — ¹⁴Quando virdes a *abominação da desolação* instalada onde não devia estar — que o leitor entenda — então os que estiverem na Judeia fujam para as montanhas, ¹⁵aquele que estiver no terraço não desça nem entre para apanhar alguma coisa em sua casa, ¹⁶aquele que estiver no campo não volte para trás a fim de apanhar sua veste. ¹⁷Ai daquelas que estiverem grávidas e amamentarem naqueles dias! ¹⁸Pedi para que isso não aconteça no inverno. ¹⁹Pois naqueles dias *haverá uma tribulação tal, como não houve* desde o princípio do mundo que Deus criou *até agora*, e não haverá jamais. ²⁰E se o Senhor não abreviasse esses dias, nenhuma vida se salvaria; mas, por causa dos eleitos que escolheu, ele abreviou os dias. ²¹Então, se alguém vos disser 'Eis o Messias aqui!' ou 'Ei-lo ali!', não creiais. ²²Hão de surgir falsos Messias e falsos profetas, os quais apresentarão sinais e prodígios para enganar, se possível, os eleitos. ²³Quanto a vós porém, ficai atentos. Eu vos preveni a respeito de tudo.

*Manifestação gloriosa do Filho do Homem*ᵃ — ²⁴Naqueles dias, porém, depois daquela tribulação, o sol escurecerá, a lua não dará sua claridade, ²⁵as estrelas estarão caindo do céu, e os poderes que estão nos céus serão abalados. ²⁶E verão o Filho do Homem vindo entre nuvens com grande poder e glória. ²⁷Então ele enviará os anjos e reunirá seus eleitos, dos quatro ventos, da extremidade da terra à extremidade do céu.

Parábola da figueira — ²⁸Aprendei, pois, a parábola da figueira. Quando o seu ramo se torna tenro e as suas folhas começam a brotar, sabeis que o verão

---

do mundo (cf. Mt 24,1+), o discurso de Mc conserva mais a orientação primitiva que se refere somente à destruição de Jerusalém. Numerosos críticos julgam reconhecer nesse trecho um pequeno apocalipse judaico inspirado em Daniel (vv. 7-8.14-20.24-27), completado pelas palavras de Jesus (vv. 5-6.9-13.21-23.28-37). Nada nessas palavras, nem no pequeno apocalipse judaico básico, anuncia outra coisa senão a crise messiânica iminente e a esperada libertação do povo eleito, que de fato se produziu pela ruína de Jerusalém, a ressurreição de Cristo e a sua realização na Igreja.

a) Os prodígios cósmicos servem, na tradicional linguagem dos profetas (ver as referências marginais, aqui e em Mt 24,29-31), para descrever as poderosas intervenções de Deus na história; aqui a crise messiânica, seguida do triunfo final do povo dos santos e de seu chefe, o Filho do Homem. Nada obriga a aplicar esses prodígios cósmicos ao fim do mundo, como frequentemente se procede, em geral em virtude do contexto que lhe dá Mt (cf. Mt 24,1+).

está próximo. ²⁹Da mesma forma, também vós, quando virdes essas coisas acontecerem, sabei que ele está próximo, às portas. ³⁰Em verdade vos digo que esta geração não passará enquanto não tiver acontecido tudo isto. ³¹Passará o céu e a terra. Minhas palavras, porém, não passarão. ³²Quanto à data e à hora, ninguém sabe, nem os anjos no céu nem o Filho, somente o Pai.

|| Mt 24,42;
25,13-15
|| Lc 19,12-13;
12,38.40

Vigiar para não ser surpreendido — ³³Atenção, e vigiai, pois não sabeis quando será o momento. ³⁴Será como um homem que partiu de viagem: deixou sua casa, deu autoridade a seus servos, distribuiu a cada um sua responsabilidade e ao porteiro ordenou que vigiasse. ³⁵Vigiai, portanto, porque não sabeis quando o senhor da casa voltará: à tarde, à meia-noite, ao canto do galo, ou de manhã,ᵃ ³⁶para que, vindo de repente, não vos encontre dormindo. ³⁷E o que vos digo, digo a todos: vigiai!"

V. A paixão e a ressurreição de Jesus

|| Mt 26,2-5
|| Lc 22,1-2
Mt 26,17 +

14 **Conspiração contra Jesus** — ¹A Páscoa e os Ázimos seriam dois dias depois, e os chefes dos sacerdotes e os escribas procuravam como prender Jesus por meio de ardil para matá-lo. ²Pois diziam: "Não durante a festa, para não haver tumulto entre o povo!"

|| Mt 26,6-13
|| Jo 12,1-8

A unção em Betânia — ³Em Betânia, quando Jesus estava à mesa em casa de Simão, o leproso, aproximou-se dele uma mulher, trazendo um frasco de alabastro cheio de perfume de nardo puro,ᵇ caríssimo; e, quebrando o frasco, derramou-o sobre a cabeça dele. ⁴Alguns dentre os presentes indignavam-se entre si: "Para que esse desperdício de perfume? ⁵Pois poderia ser vendido esse perfume por mais de trezentos denários e distribuído aos pobres". E a repreendiam. ⁶Mas Jesus disse: "Deixai-a. Por que a aborreceis? Ela praticou uma boa ação para comigo. ⁷Na verdade, sempre tereis os pobres convosco e, quando quiserdes, podeis fazer-lhes o bem, mas a mim nem sempre tereis. ⁸Ela fez o que podia: antecipou-se a ungir o meu corpo para a sepultura. ⁹Em verdade vos digo que, por toda parte onde for proclamado o Evangelho, ao mundo inteiro, também o que ela fez será contado em sua memória".

Dt 15,11

|| Mt 26,14-16
|| Lc 22,3-6

A traição de Judas — ¹⁰Judas Iscariot, um dos Doze, foi aos chefes dos sacerdotes para entregá-lo a eles. ¹¹Ao ouvi-lo, alegraram-se e prometeram dar-lhe dinheiro. E ele procurava uma oportunidade para entregá-lo.

|| Mt 26,17-19
|| Lc 22,7-13

1Sm 10,2-5

Preparativos para a ceia pascalᶜ — ¹²No primeiro dia dos Ázimos, quando se imolava a Páscoa, os seus discípulos lhe disseram: "Onde queres que façamos os preparativos para comeres a Páscoa?" ¹³Enviou então dois dos seus discípulos e disse-lhes: "Ide à cidade. Um homem levando uma bilha d'água virá ao vosso encontro. Segui-o. ¹⁴Onde ele entrar, dizei ao dono da casa: 'O Mestre te pergunta: Onde está a minha sala, em que poderei comer a Páscoa com os meus

---

a) Essas quatro vigílias, cada uma de três horas, dividiam a noite.
b) Mc precisa, com Jo 12,3, a qualidade do perfume: nardo, extraído de uma planta aromática da Índia. E só ele observa que a mulher quebrou o frasco a fim de derramá-lo mais abundantemente e mais depressa, gesto de comovente prodigalidade.
c) Segundo Mt, Jesus dera a conhecer o seu plano ao habitante de Jerusalém, em cuja casa se considerou convidado; segundo Mc, um sinal conduzirá os dois discípulos enviados a uma sala que eles encontrarão já preparada. Embora tanto o sinal como a preparação pudessem ter sido combinados com antecedência, a sua apresentação literária, inspirada em 1Sm 10,2-5, dá à cena um ar de previsão sobrenatural. Note-se, por outro lado, que a estrutura do episódio assemelha-se muito à da preparação para a entrada messiânica (Mc 11,1-6).

discípulos?". ¹⁵E ele vos mostrará, no andar superior, uma grande sala arrumada com almofadas. Fazei os preparativos ali para nós". ¹⁶Os discípulos partiram e foram à cidade. Acharam tudo como lhes fora dito e prepararam a Páscoa.

Anúncio da traição de Judas — ¹⁷Ao cair da tarde, ele foi para lá com os Doze. ¹⁸E quando estavam à mesa, comendo, Jesus disse: "Em verdade vos digo: um de vós que come comigo há de me entregar". ¹⁹Começaram a ficar tristes e a dizer-lhe, um após outro: "Acaso sou eu?" ²⁰Ele, porém, disse-lhes: "Um dos Doze, que põe a mão no mesmo prato comigo. ²¹Porque, na verdade, o Filho do Homem vai, conforme está escrito a seu respeito. Mas, ai daquele homem por quem o Filho do Homem for entregue! Melhor seria para esse homem não ter nascido!"

Instituição da eucaristia — ²²Enquanto comiam, ele tomou um pão, abençoou, partiu-o e lhes deu, dizendo: "Tomai, isto é o meu corpo". ²³Depois, tomou um cálice, rendeu graças, deu a eles, e todos dele beberam. ²⁴E disse-lhes: "Isto é o meu sangue, o sangue da Aliança, que é derramado em favor de muitos. ²⁵Em verdade vos digo, já não beberei do fruto da videira até aquele dia em que beberei o vinho novo no Reino de Deus".

Predição da negação de Pedro — ²⁶Depois de terem cantado o hino, saíram para o monte das Oliveiras. ²⁷Jesus disse-lhes: "Todos vós vos escandalizareis, porque está escrito: *Ferirei o pastor e as ovelhas se dispersarão*. ²⁸Mas, depois que eu ressurgir, eu vos precederei na Galileia". ²⁹Pedro lhe disse: "Ainda que todos se escandalizem, eu não o farei!" ³⁰Disse-lhe Jesus: "Em verdade te digo que hoje, esta noite, antes que o galo cante duas vezes, três vezes me negarás!" ³¹Ele, porém, reafirmou com mais veemência: "Mesmo que tivesse de morrer contigo, não te negarei". E todos diziam o mesmo.

No Getsêmani — ³²E foram a um lugar cujo nome é Getsêmani. E ele disse a seus discípulos: "Permanecei aqui enquanto vou orar". ³³E, levando consigo Pedro, Tiago e João, começou a apavorar-se e a angustiar-se. ³⁴E disse-lhes: "Minha alma está triste até a morte. Permanecei aqui e vigiai". ³⁵E, indo um pouco adiante, caiu por terra, e orava para que, se possível, passasse dele essa hora. ³⁶E dizia: "Abba*ᵃ*(Pai)! Tudo é possível para ti: afasta de mim este cálice; porém, não o que eu quero, mas o que tu queres". ³⁷Ao voltar, encontra-os dormindo e diz a Pedro: "Simão, dormes? Não foste capaz de vigiar por uma hora? ³⁸Vigiai e orai para não entrar em tentação: pois o espírito está pronto, mas a carne é fraca". ³⁹E, afastando-se de novo, orava dizendo a mesma coisa. ⁴⁰E, ao voltar, de novo encontrou-os dormindo, pois seus olhos estavam pesados de sono. E não sabiam que dizer-lhe. ⁴¹E, vindo pela terceira vez, disse-lhes: "Dormi agora e repousai. Basta! A hora chegou! Eis que o Filho do Homem é entregue às mãos dos pecadores. ⁴²Levantai-vos! Vamos! Eis que o meu traidor aproxima-se".

A prisão de Jesus — ⁴³E, imediatamente, enquanto ainda falava, chegou Judas, um dos Doze, com uma multidão trazendo espadas e paus, da parte dos chefes dos sacerdotes, escribas e anciãos. ⁴⁴O seu traidor dera-lhes uma senha, dizendo: "É aquele que eu beijar. Prendei-o e levai-o bem guardado". ⁴⁵Tão logo chegou, aproximando-se dele, disse: "Rabi!" E o beijou. ⁴⁶Eles lançaram a mão sobre ele e o prenderam. ⁴⁷Um dos que estavam presentes, tomando da espada, feriu o servo do Sumo Sacerdote e decepou-lhe a orelha.

---

a) Abba é termo aramaico que, nos lábios de Jesus, exprime a familiaridade do Filho com o Pai (cf. Mt 11,25-26p; Jo 3,35; 5,19-20; 8,28-29 etc.). Assim será na boca dos cristãos (Rm 8,15; Gl 4,6) aos quais o Espírito (Rm 5,5+) faz filhos de Deus (Mt 6,9; 17,25+; Lc 11,2 etc.).

⁴⁸Jesus, dirigindo-se a eles, disse: "Serei eu um ladrão? Saístes para prender-me com espadas e paus! ⁴⁹Eu estive convosco no Templo, ensinando todos os dias, e não me prendestes. Mas é para que as Escrituras se cumpram". ⁵⁰Então, abandonando-o, fugiram todos. ⁵¹Um jovem o seguia, e sua roupa era só um lençol enrolado no corpo. E foram agarrá-lo. ⁵²Ele, porém, deixando o lençol, fugiu nu.*ᵃ*

Jesus perante o Sinédrio — ⁵³Levaram Jesus ao Sumo Sacerdote, e todos os chefes dos sacerdotes, os anciãos e os escribas estavam reunidos. ⁵⁴Pedro seguira-o de longe, até o interior do pátio do Sumo Sacerdote, e, sentado junto com os criados, aquecia-se ao fogo.

⁵⁵Ora, os chefes dos sacerdotes e todo o Sinédrio procuravam um testemunho contra Jesus para matá-lo, mas nada encontravam. ⁵⁶Pois muitos davam falso testemunho contra ele, mas os testemunhos não eram congruentes. ⁵⁷Alguns, levantando-se, davam falso testemunho contra ele: ⁵⁸"Nós mesmos o ouvimos dizer: Eu destruirei este Templo feito por mãos humanas e, depois de três dias, edificarei outro, não feito por mãos humanas". ⁵⁹Mas nem quanto a essa acusação o testemunho deles era congruente.

⁶⁰Levantando então o Sumo Sacerdote no meio deles, interrogou Jesus, dizendo: "Nada respondes? Que testemunham estes contra ti?"*ᵇ* ⁶¹Ele, porém, ficou calado e nada respondeu. O Sumo Sacerdote o interrogou de novo: "És tu o Messias, o Filho do Deus Bendito?"*ᶜ* ⁶²Jesus respondeu: "Eu sou. E vereis o Filho do Homem sentado à direita do Poderoso e vindo com as nuvens do céu". ⁶³O Sumo Sacerdote, então, rasgando suas túnicas, disse: "Que necessidade temos ainda de testemunhas? ⁶⁴Ouvistes a blasfêmia. Que vos parece?" E todos julgaram-no réu de morte.

⁶⁵Alguns começaram a cuspir nele, a cobrir-lhe o rosto, a esbofeteá-lo e a dizer: "Dá uma de profeta!"*ᵈ* E os criados o esbofeteavam.

Negações de Pedro — ⁶⁶Quando Pedro estava embaixo, no pátio, chegou uma das criadas do Sumo Sacerdote. ⁶⁷E, vendo Pedro que se aquecia, fitou-o e disse: "Também tu estavas com Jesus Nazareno". ⁶⁸Ele, porém, negou, dizendo: "Não sei nem compreendo o que dizes". E foi para fora, para o pátio anterior. E um galo cantou.*ᵉ* ⁶⁹E a criada, vendo-o, começou de novo a dizer aos presentes: "Este é um deles!" ⁷⁰Ele negou de novo! Pouco depois, os presentes novamente disseram a Pedro: "De fato, és um deles; pois és galileu". ⁷¹Ele, porém, começou a maldizer e a jurar: "Não conheço esse homem de quem falais!" ⁷²E, imediatamente, pela segunda vez, um galo cantou. E Pedro se lembrou da palavra que Jesus lhe havia dito: "Antes que o galo cante duas vezes, tu me negarás três vezes". E começou a chorar.

15

Jesus perante Pilatos — ¹Logo de manhã, os chefes dos sacerdotes fizeram um conselho com os anciãos e os escribas e todo o Sinédrio. E manietando a Jesus, levaram-no e entregaram-no a Pilatos.

²Pilatos o interrogou: "És tu o rei dos judeus?" Respondendo, ele disse: "Tu o dizes". ³E os chefes dos sacerdotes acusavam-no de muitas

---

a) Pormenor só encontrado em Mc. Muitos comentadores entenderam que esse jovem é o próprio evangelista.
b) Como em Mt 26,62, traduz-se também: "Tu nada respondes a estas pessoas que atestam contra ti?"
c) Qualificativo que substitui o nome de Iahweh, que os judeus evitavam pronunciar. O mesmo se dá com "o Poderoso", no v. 62.
d) "...a cuspir-lhe no rosto" D (códice Beza), Vet. lat. (a f), texto de Cesaréia, Peshita; "a cuspir nele e a cobrir-lhe o rosto com um pano" a maioria, para harmonizar com Lc 22,64. — Ad.: "Quem te bateu?", documentos de valor secundário, harmonizando com Mt 26,68 e Lc 22,64. — Se Mc não menciona nem o pano nem a pergunta, a cena não tem o caráter divinatório e somente ilustra os ultrajes que Is 50,6 predissera que o profeta sofreria.
e) Esse primeiro canto do galo, que não despertou Pedro, e a falsa saída que segue, são estranhos e fazem supor uma narração primitiva que não continha outra

coisas. ⁴Pilatos o interrogou de novo: "Nada respondes? Vê de quanto te acusam!" ⁵Jesus, porém, nada mais respondeu, de sorte que Pilatos ficou impressionado.

⁶Por ocasião da Festa, ele lhes soltava um preso que pedissem. ⁷Ora, havia um, chamado Barrabás, preso com outros amotinadores que, numa revolta haviam cometido um homicídio. ⁸A multidão, tendo subido,ᵃ começou a pedir que lhes fizesse como sempre tinha feito. ⁹Pilatos, então, perguntou-lhes: "Quereis que eu vos solte o rei dos judeus?"ᵇ ¹⁰Porque ele sabia, com efeito, que os chefes dos sacerdotes o tinham entregue por inveja. ¹¹Os chefes dos sacerdotes, porém, incitavam o povo a pedirem, antes, que lhes soltasse Barrabás. ¹²Pilatos perguntou-lhes de novo: "Que farei de Jesus, que dizeis ser o rei dos judeus?" ¹³Eles gritaram de novo: "Crucifica-o!" ¹⁴Disse-lhes Pilatos: "Mas que mal ele fez?" Eles porém, gritaram com mais veemência: "Crucifica-o!" ¹⁵Pilatos, então, querendo contentar a multidão, soltou-lhes Barrabás e, depois de mandar açoitar Jesus, entregou-o para que fosse crucificado.

A coroação de espinhos — ¹⁶Os soldados o levaram ao interior do palácio, que é o Pretório, e convocaram toda a coorte. ¹⁷Em seguida, vestiram-no de púrpura e tecendo uma coroa de espinhos, lha impuseram. ¹⁸E começaram a saudá-lo: "Salve, rei dos judeus!" ¹⁹E batiam-lhe na cabeça com um caniço. Cuspiam nele e, de joelhos, o adoravam. ²⁰Depois de caçoarem dele, despiram-lhe a púrpura e tornaram a vesti-lo com as próprias vestes. ‖ Mt 27,27-31 ‖ Jo 19,1-3

O caminho da cruz — E levaram-no fora para que o crucificassem. ²¹Requisitaram certo Simão Cireneu, que passava por ali vindo do campo, para que carregasse a cruz. Era o pai de Alexandre e de Rufo.ᶜ ²²E levaram Jesus ao lugar chamado Gólgota, que, traduzido, quer dizer o lugar da Caveira. ‖ Mt 27,32-33 ‖ Lc 23,26 ‖ Jo 19,17

A crucifixão — ²³Deram-lhe vinho com mirra, que ele não tomou. ²⁴Então o crucificaram. E repartiram suas vestes, lançando sorte sobre elas, para saber com que cada um ficaria. ²⁵Era a terceira horaᵈ quando o crucificaram. ²⁶E acima dele estava a inscrição da sua culpa: "O Rei dos judeus". ²⁷Com ele crucificaram dois ladrões, um a sua direita, o outro à esquerda. [²⁸].ᵉ ‖ Mt 27,34-38 ‖ Lc 23,33-34 ‖ Jo 19,18-24 ‖ Sl 22,19 / Is 53,12 ‖ Lc 22,37

Jesus é escarnecido e injuriado na cruz — ²⁹Os transeuntes injuriavam-no, meneando a cabeça e dizendo: "Ah! tu, que destróis o Templo e em três dias o reedificas, ³⁰salva-te a ti mesmo, descendo da cruz!" ³¹Do mesmo modo, também os chefes dos sacerdotes, caçoando dele entre si e com os escribas, diziam: "A outros salvou, a si mesmo não pode salvar! ³²O Messias, o Rei de Israel... que desça agora da cruz, para que vejamos e creiamos!" E até os que haviam sido crucificados com ele o ultrajavam. ‖ Mt 27,39-44 ‖ Lc 23,35-37 ‖ Mc 14,58 / Jo 6,30 ‖ Lc 23,39-43

---

coisa a não ser a negação, o canto do galo e a saída. Sua composição, a partir de duas narrações paralelas, procedentes de outras tradições, produziu o número tradicional de três negações (14,30p.72p; cf. Jo 13,38; 21,15-17). A combinação dos textos, sensível em Mc, é velada em Mt e Lc, que suprimiram o primeiro canto do galo, e atenuaram (Lc omite) a primeira falsa saída, a qual, porém, permanece sugerida pela separação, em Jo, da primeira negação (18,17) e das outras duas (18,25-27).

a) Essa notação supõe que o Pretório se encontrava em lugar elevado, o que melhor se aplica à colina ocidental, onde estava o antigo palácio de Herodes Magno.

b) Em Mc, a multidão vai ao Pretório para pedir o indulto para um prisioneiro, sem pensar no caso de Jesus. É Pilatos quem aproveita esse pedido para propor o indulto em favor de Jesus e dessa forma se livrar de um caso incômodo; mas sua manobra foi frustrada pelos chefes dos sacerdotes, que lhe propuseram em seu lugar o nome de Barrabás. Mt 27,17 perdeu esses matizes, atribuindo ao próprio Pilatos a infelicidade de propor a escolha entre Barrabás e Jesus.

c) Alexandre e Rufo eram sem dúvida conhecidos da comunidade romana, na qual Mc escreveu o seu Evangelho (cf. Rm 16,13).

d) Nove horas da manhã, ou, mais genericamente, o tempo entre as nove horas da manhã e o meio-dia.

e) Ad. v. 28: "E cumpriu-se a Escritura que diz: E ele foi contado entre os malfeitores" (Is 53,12). Cf. Lc 22,37.

| Mt 27,45-54
| Lc 23,44-47
| Jo 19,28-30

Sl 22,2

A morte de Jesus — ³³À hora sexta, houve trevas sobre toda a terra, até a hora nona. ³⁴E, à hora nona, Jesus deu um grande grito, dizendo: "*Eloí, Eloí,*ᵃ *lemá sabachtháni*" que, traduzido, significa: "*Deus meu, Deus meu, por que me abandonaste?*" ³⁵Alguns dos presentes, ao ouvirem isso, disseram: "Eis que ele chama por Elias!" ³⁶E um deles, correndo, encheu uma esponja de vinagre e, fixando-a numa vara, dava-lhe de beber, dizendo: "Deixai! Vejamos se Elias vem descê-lo!" ³⁷Jesus, então, dando um grande grito, expirou. ³⁸E o véu do Santuário se rasgou em duas partes, de cima a baixo. ³⁹O centurião, que se achava bem defronte dele, vendo que havia expirado desse modo, disse: "Verdadeiramente este homem era filho de Deus!"ᵇ

Mt 4,3 +

| Mt 27,55-56
| Lc 23,49
| Jo 19,25

6,3

As santas mulheres no Calvário — ⁴⁰E também estavam ali algumas mulheres, olhando de longe. Entre elas, Maria de Magdala, Maria, mãe de Tiago, o Menor, e de Josef, e Salomé.ᶜ ⁴¹Elas o seguiam e serviam enquanto esteve na Galileia. E ainda muitas outras que subiram com ele para Jerusalém.

| Mt 27,57-61
| Lc 23,50-55
| Jo 19,38-42
| Mt 27,62 +

O sepultamento — ⁴²E, já chegada a tarde, sendo dia da Preparação, isto é, a véspera de sábado, ⁴³veio José, de Arimateia, ilustre membro do Conselho,ᵈ que também esperava o Reino de Deus. Ousando entrar onde estava Pilatos, pediu-lhe o corpo de Jesus. ⁴⁴Pilatos ficou admirado de que ele já estivesse morto, e, chamando o centurião, perguntou-lhe se fazia muito tempo que morrera.ᵉ ⁴⁵Informado pelo centurião, cedeu o cadáver, a José, ⁴⁶o qual, tendo comprado um lençol, desceu-o, enrolou-o no lençol e o pôs num túmulo que fora talhado na rocha. Em seguida, rolou uma pedra, fechando a entrada do túmulo. ⁴⁷Maria de Magdala e Maria, mãe de Josef, observavam onde ele fora posto.

| Mt 28,1-8
| Lc 24,1-10
| Jo 20,1-10

16 *O túmulo vazio. Mensagem do Anjo* — ¹Passado o sábado, Maria de Magdala e Maria, mãe de Tiago, e Salomé compraram aromas para ir ungir o corpo.ᶠ ²De madrugada, no primeiro dia da semana, elas foram ao túmulo ao nascer do sol.ᵍ

9,3

Mt 2,23 +

³E diziam entre si: "Quem rolará a pedra da entrada do túmulo para nós?" ⁴E erguendo os olhos, viram que a pedra já fora removida. Ora, a pedra era muito grande. ⁵Tendo entrado no túmulo, elas viram um jovem sentado à direita, vestido com uma túnica branca, e ficaram cheias de espanto. ⁶Ele, porém, lhes disse: "Não vos espanteis! Procurais Jesus de Nazaré, o Crucificado. Ressuscitou, não está aqui. Vede o lugar onde o puseram. ⁷Mas ide dizer aos seus discípulos e a Pedro que ele vos precede na Galileia. Lá o vereis, como vos tinha dito." ⁸Elas saíram e fugiram do túmulo, pois um temor e um estupor se apossaram delas. E nada contaram a ninguém,ʰ pois tinham medo...

14,28

---

a) Forma aramaica *Elahi*, transcrita *Eloi*, talvez por influência do hebraico *Elohim*. A forma *Eli*, registrada por Mt, é hebraica; é a do texto original do salmo e explica melhor o jogo de palavras dos soldados.

b) Lc faz o centurião dizer: verdadeiramente este homem era justo (23,47). Ele, portanto, viu em Marcos 15,39 uma alusão ao texto de Sb 2,18: "Se o justo é filho de Deus, ele o assistirá e o libertará das mãos de seus adversários". É anúncio velado da ressurreição, que será confirmada pela descoberta do túmulo vazio (16,1-8). A profissão de fé do centurião forma inclusão com a proclamação da voz celeste por ocasião do batismo de Cristo (1,11+; cf. 1,1+).

c) Provavelmente, a mesma que Mt 27,56 denomina a mãe dos filhos de Zebedeu.

d) Isto é, do Sinédrio.

e) Var.: "se ele já estava morto".

f) O objetivo das providências tomadas pelas mulheres, em Mc, seguido por Lc, é menos provável do que uma piedosa "visita" suposta por Mt 28,1 e Jo 20,1. Seja como for entendido o caso da guarda do túmulo, mencionado somente por Mt, teria sido pouco natural abrir o sepulcro depois de uma inumação de apenas um dia e meio e o plano de ungir o corpo de Jesus combina mal com o que Jo 19,39s diz dos cuidados diligenciados por José de Arimateia e Nicodemos. Mas Mt 26,12p e Jo 12,7 testemunham à sua maneira que o modo do enterro de Jesus preocupou a primeira comunidade e veio a ser explicado de diferentes formas.

g) Var.: "quando o sol nascia".

h) Conforme Mt 28,8; Lc 24,10.22s; Jo 20,18, elas contaram. Se não se imaginar que o próprio Mc o tenha registrado num trecho do seu evangelho que não chegou até nós (cf. a nota seguinte), é preciso admitir

Aparições de Jesus ressuscitado[a] — ⁹Ora, tendo ressuscitado na madrugada do primeiro dia da semana, ele apareceu primeiro a Maria de Magdala, de quem havia expulsado sete demônios. ¹⁰Ela foi anunciá-lo àqueles que haviam estado em companhia dele e que estavam aflitos e choravam. ¹¹Eles, ouvindo que ele estava vivo e que fora visto por ela, não creram.

¹²Depois disso, ele se manifestou de outra forma a dois deles, enquanto caminhavam para o campo. ¹³Eles foram anunciar aos restantes, mas nem nestes creram.

¹⁴Finalmente, ele se manifestou aos Onze, quando estavam à mesa, e censurou-lhes a incredulidade e a dureza de coração, porque não haviam dado crédito aos que o tinham visto ressuscitado.

¹⁵E disse-lhes: "Ide por todo o mundo, proclamai o Evangelho a toda criatura. ¹⁶Aquele que crer e for batizado será salvo; o que não crer será condenado. ¹⁷Estes são os sinais que acompanharão os que tiverem crido: em meu nome expulsarão demônios, falarão em novas línguas, ¹⁸pegarão em serpentes, e se beberem algum veneno mortífero, nada sofrerão; imporão as mãos sobre os enfermos, e estes ficarão curados".

¹⁹Ora, o Senhor Jesus, depois de lhes ter falado, foi arrebatado ao céu e sentou-se à direita de Deus. ²⁰E eles saíram a pregar por toda parte, agindo com eles o Senhor, e confirmando a Palavra por meio dos sinais que a acompanhavam.

---

que ele teria preferido calar sobre esse fato para não ser levado à narrativa das aparições que ele decidira não incluir no seu evangelho.
a) O trecho final de Mc (vv. 9-20) faz parte das Escrituras inspiradas; é tido como canônico. Isso não significa necessariamente que foi escrito por Mc. De fato, põe-se em dúvida que esse trecho pertença à redação do segundo evangelho. — As dificuldades começam na tradição manuscrita. Muitos mss, entre eles o do Vat. e o Sin., omitem o final atual. Em lugar da conclusão comum, um ms tem um final mais breve, que dá continuidade ao v. 8: "Elas narraram brevemente aos *companheiros de Pedro o que lhes tinha sido anunciado*. Depois, o mesmo Jesus os encarregou de levar, do Oriente ao Ocidente, a sagrada e incorruptível mensagem da salvação eterna". Quatro mss dão em seguida os dois finais, o breve e o longo. Por último, um dos mss que trazem o final longo intercala entre os vv. 14 e 15 o seguinte trecho: "E aqueles que alegaram em sua defesa: 'Este tempo de iniquidade e de incredulidade está sob o domínio de Satanás, que não permite que quem está debaixo do jugo dos espíritos imundos apreenda a verdade e o poder de Deus; revela, pois, desde agora, a tua justiça'. Foi o que disseram a Cristo, e ele lhes respondeu: 'O fim do tempo do poder de Satanás está no auge; e, entretanto, outros acontecimentos terríveis se aproximam. E eu fui entregue à morte por aqueles que pecaram, a fim de que se convertessem à verdade, e para que não pequem mais, a fim de que recebam a herança da glória de justiça espiritual e incorruptível que está no céu...' " A tradição patrística dá também testemunho de certa hesitação. — Acrescentemos que, entre os vv. 8 e 9, existe, nessa narrativa, solução de continuidade. Além disso é difícil admitir que o segundo evangelho, na sua primeira redação, terminasse bruscamente no v. 8. Donde a suposição de que o final primitivo desapareceu por alguma causa por nós desconhecida e de que o atual fecho foi escrito para preencher a lacuna. Apresenta-se como um breve resumo das aparições do Cristo ressuscitado, cuja redação é sensivelmente diversa da que Marcos habitualmente usa, concreta e pitoresca. Contudo, o final que hoje possuímos era conhecido, já no séc. II por Taciano e santo Ireneu, e teve guarida na imensa maioria dos mss gregos e outros. Se não se pode provar ter sido Mc o seu autor, permanece o fato de que ele constitui, nas palavras de Swete, "uma autêntica relíquia da primeira geração cristã".

EVANGELHO SEGUNDO SÃO LUCAS

1 *Prólogo*[a] — ¹Visto que muitos[b] já tentaram compor uma narração dos fatos que se cumpriram entre nós — ²conforme no-los transmitiram os que, desde o princípio, foram testemunhas oculares e ministros da Palavra — ³a mim também pareceu conveniente, após acurada investigação de tudo desde o princípio, escrever-te de modo ordenado, ilustre Teófilo, ⁴para que verifiques a solidez dos ensinamentos que recebeste.[c]

I. Nascimento e vida oculta de João Batista e de Jesus[d]

Anúncio do nascimento de João Batista — ⁵Nos dias de Herodes, rei da Judeia, houve um sacerdote chamado Zacarias, da classe de Abias; sua mulher, descendente de Aarão, chamava-se Isabel. ⁶Ambos eram justos diante de Deus e, de modo irrepreensível, seguiam todos os mandamentos e estatutos do Senhor. ⁷Não tinham filhos, porque Isabel era estéril e os dois eram de idade avançada.

⁸Ora, aconteceu que, ao desempenhar as funções sacerdotais diante de Deus, no turno de sua classe,[e] ⁹coube-lhe por sorte, conforme o costume sacerdotal, entrar no Santuário do Senhor para oferecer o incenso.[f] ¹⁰Toda a assembleia do povo estava fora, em oração, na hora do incenso.

¹¹Apareceu-lhe, então, o Anjo do Senhor, de pé, à direita do altar do incenso. ¹²Ao vê-lo, Zacarias perturbou-se e o temor apoderou-se dele.[g] ¹³Disse-lhe, porém, o Anjo: "Não temas, Zacarias, porque tua súplica foi ouvida, e Isabel, tua mulher, te dará um filho, ao qual porás o nome de João.[h] ¹⁴Terás alegria e regozijo, e muitos se alegrarão[i] com seu nascimento. ¹⁵Pois ele será grande diante do Senhor; não beberá vinho, nem bebida embriagante;[j] ficará pleno do Espírito Santo[k] ainda no seio de sua mãe ¹⁶e converterá muitos dos filhos de Israel ao Senhor, seu Deus. ¹⁷Ele caminhará à sua frente, com o espírito e o poder de Elias,[l] *a fim de converter os corações dos pais aos filhos* e os rebeldes

---

a) Esse prólogo, de vocabulário apurado e estilo clássico, assemelha-se aos dos historiadores da época helenística.

b) Enfático, com o sentido de "vários". A respeito dessas narrativas que Lc conhece e utiliza, ver a introdução ao evangelho de Lucas, p. 1699.

c) Ou, talvez, "das informações que te foram transmitidas". Nesse caso, Teófilo não seria cristão que se procura confirmar na fé, mas alto funcionário, que se deseja fique bem informado.

d) Até o cap. 3, Lc adota o grego de sabor semítico dos Setenta. São numerosas as alusões e reminiscências bíblicas. O conjunto é de colorido arcaico. Lc reconstitui a atmosfera do ambiente dos "pobres" (cf. Sf 2,3+), no qual viviam suas personagens e de onde, sem dúvida, hauriu o essencial de sua informação. Lc dispõe em díptico as narrativas concernentes ao nascimento e à infância de João e de Jesus. Narra do ponto de vista de Maria, enquanto Mt apresenta-as pelo prisma de José.

e) Cada "classe" desempenhava esse serviço durante uma semana (cf. 1Cr 24,19; 2Cr 23,8).

f) Esse ofício consistia em renovar as brasas e os aromas no altar do incenso que se encontrava diante do Santo dos Santos (cf. Ex 30,6-8). A oferta do incenso processava-se antes do sacrifício matutino e depois do vespertino.

g) Lc salienta de bom grado as manifestações do temor religioso: 1,29-30.65; 2,9-10; 4,36; 5,8-10.26; 7,16; 8,25.35-37.56; 9,34.43; 24,37; At 2,43; 3,10; 5,5.11; 10,4; 19,17. Cf. Ex 20,20+; Dt 6,2+; Pr 1,7+.

h) Esse nome significa "Iahweh é favorável".

i) Os caps. 1 - 2 estão impregnados de uma atmosfera de alegria: 1,28.46.58; 2,10. Cf. 10,17.20s; 13,17; 15,7.32; 19,6.37; 24,41.52; At 2,46+; Fl 1,4+.

j) Essas palavras se inspiram em vários textos do AT, em particular no estatuto do *nazir* (cf. Nm 6,1+).

k) Em Lc, essa expressão não significa plenitude de graça santificante, mas dom de profecia que faz com que se fale de forma inspirada (1,41.67; At 2,4; 4,8.31; 7,55; 9,17; 13,9). Esse dom manifestar-se-á em João desde o seio materno, por meio de um estremecimento profético (1,44).

l) Segundo Ml 3,23, pensava-se que a volta de Elias devia preceder e preparar o dia de Iahweh. João Batista será o "Elias que há de vir" (cf. Mt 17,10-13; Lc 9,30).

à prudência dos justos, para preparar ao Senhor um povo bem disposto". ¹⁸Zacarias perguntou ao Anjo: *"De que modo saberei disso?*ᵃ Pois eu sou velho e minha esposa é de idade avançada". ¹⁹Respondeu-lhe o Anjo: "Eu sou Gabriel; assisto diante de Deus e fui enviado para anunciar-teᵇ essa boa nova. ²⁰Eis que ficarás mudo e sem poder falar até o dia em que isso acontecer, porquanto não creste em minhas palavras, que se cumprirão no tempo oportuno". ²¹O povo esperava por Zacarias, admirado com sua demora no Santuário. ²²Quando saiu, não lhes podia falar;ᶜ e compreenderam que tivera alguma visão no Santuário. Falava-lhes com sinais e permanecia mudo.

²³Completados os dias do seu ministério, voltou para casa. ²⁴Algum tempo depois, Isabel, sua esposa, concebeu e se manteve oculta por cinco meses, ²⁵dizendo: "Isto fez por mim o Senhor, quando se dignou retirar o meu opróbrioᵈ perante os homens!"

*A anunciação*ᵉ — ²⁶No sexto mês,ᶠ o anjo Gabriel foi enviado por Deus a uma cidade da Galileia, chamada Nazaré, ²⁷a uma virgem desposada com um varão chamado José, da casa de Davi; e o nome da virgem era Maria. ²⁸Entrando onde ela estava, disse-lhe: "Alegra-te, cheia de graça,ᵍ o Senhor está contigo!" ²⁹Ela ficou intrigada com essa palavra e pôs-se a pensar qual seria o significado da saudação. ³⁰O Anjo, porém, acrescentou: "Não temas, Maria! Encontraste graça junto de Deus. ³¹Eis que conceberás no teu seio e darás à luz um filho, e o chamarás com o nome de Jesus. ³²Ele será grande, será chamado Filho do Altíssimo, e o Senhor Deus lhe dará o trono de Davi, seu pai; ³³ele reinará na casa de Jacó para sempre, e o seu reinado não terá fim".ʰ ³⁴Maria, porém, disse ao Anjo: "Como é que vai ser isso, se eu não conheço homem algum?"ⁱ ³⁵O Anjo lhe respondeu: "O Espírito Santo virá sobre ti e o poder do Altíssimo vai te cobrir com a sua sombra;ʲ por isso o Santo que vai nascer será chamado Filho de Deus. ³⁶Também Isabel, tua parenta, concebeu um filho na velhice, e este é o sexto mês para aquela que chamavam de estéril. ³⁷*Para Deus, com efeito, nada é impossível.*" ³⁸Disse, então, Maria: "Eu sou a serva do Senhor; faça-se em mim segundo tua palavra!" E o Anjo a deixou.

A visitação — ³⁹Naqueles dias, Maria pôs-se a caminho para a região montanhosa, dirigindo-se apressadamente a uma cidade de Judá.ᵏ ⁴⁰Entrou na casa de Zacarias e saudou Isabel. ⁴¹Ora, quando Isabel ouviu a saudação de Maria, a criança lhe estremeceu no ventre e Isabel ficou repleta do Espírito Santo.

a) Zacarias pede um "sinal" (cf. Gn 15,8; Jz 6,17; Is 7,11; 38,7). Mas permanece cético.
b) Primeiro emprego de um verbo caro a Lc: dez vezes no Evangelho, quinze vezes nos Atos, a maioria a propósito da Boa nova ou "Evangelho" do Reino; ver Mc 1,1+; At 5,42+; Gl 1,6+.
c) Para pronunciar a bênção usual.
d) A esterilidade era considerada desonra (Gn 30,23; 1Sm 1,5-8), e até *castigo* (2Sm 6,23; Os 9,11).
e) A representação deste acontecimento inspira-se em diversas passagens do AT, principalmente na aparição do anjo a Gedeão, Jz 6,11-24 (comparar com o anúncio do nascimento de Sansão, Jz 13,2-7). A dignidade do menino é evocada por alusões às promessas do AT, sobretudo às feitas a Davi e à sua descendência, 2Sm 7,1ss.
f) A contar da concepção de João.
g) "Alegra-te", melhor do que "Ave". Apelo à alegria messiânica, eco do convite dos profetas à Filha de Sião e motivado, como ele, pela vinda de Deus em meio a seu povo (cf. Is 12,6; Sf 3,14-15; Jl 2,21-27; Zc 2,14; 9,9). — "cheia de graça", lit.: "tu que foste e permaneces repleta do favor divino". — Ad.: "Bendita és tu entre as mulheres", por influência de 1,42.
h) As palavras do Anjo inspiram-se em várias passagens messiânicas do AT.
i) A "virgem" Maria é apenas noiva (v. 27) e não tem relações conjugais (sentido semítico de "conhecer", cf. Gn 4,1 etc.). Esse fato, que parece opor-se ao anúncio dos vv. 31-33, induz à explicação do v. 35. Nada no texto impõe a ideia de um voto de virgindade.
j) A expressão evoca, seja a nuvem luminosa, sinal da presença de Iahweh (cf. Ex 13,22+; 19,16+; 24,16+), seja as asas do pássaro que simbolizam o poder protetor (Sl 17,8; 57,2; 140,8) e criador (Gn 1,2) de Deus. Comparar Lc 9,34p. Na concepção de Jesus, tudo provém do poder do Espírito Santo.
k) Hoje identificada de preferência com Ain Karim, 6 km a oeste de Jerusalém.

⁴²Com um grande grito, exclamou: "Bendita és tu entre as mulheres e bendito o fruto de teu ventre! ⁴³Donde me vem que a mãe do meu Senhor*ᵃ* me visite? ⁴⁴Pois quando tua saudação chegou aos meus ouvidos, a criança estremeceu de alegria em meu ventre. ⁴⁵Feliz aquela que creu, pois o que lhe foi dito da parte do Senhor*ᵇ* será cumprido!"

O cântico de Maria — ⁴⁶Maria,*ᶜ* então, disse:

"Minha alma engrandece o Senhor,
⁴⁷e meu espírito *exulta em Deus, meu Salvador,*
⁴⁸porque *olhou para a humilhação de sua serva.*
Sim! Doravante as gerações todas
me chamarão de bem-aventurada,
⁴⁹pois o Todo-poderoso fez grandes coisas
em meu favor.
Seu nome é santo
⁵⁰e sua *misericórdia perdura de geração em geração,*
para aqueles que o temem.
⁵¹Agiu com a força de seu braço,
dispersou os homens de coração *orgulhoso.*
⁵²*Depôs poderosos de seus tronos,*
e a humildes exaltou.
⁵³*Cumulou de bens a famintos*
e despediu ricos de mãos vazias.
⁵⁴*Socorreu Israel, seu servo,*
lembrado de sua misericórdia
⁵⁵ — conforme prometera a nossos pais —
em favor de Abraão e de sua descendência, para sempre!"

⁵⁶Maria permaneceu com ela mais ou menos três meses e voltou para casa.*ᵈ*

Nascimento de João Batista e visita dos vizinhos — ⁵⁷Quanto a Isabel, completou-se o tempo para o parto, e ela deu à luz um filho. ⁵⁸Os vizinhos e os parentes ouviram dizer que Deus a cumulara com sua misericórdia e com ela se alegraram.

Circuncisão de João Batista — ⁵⁹No oitavo dia, foram circuncidar o menino. Queriam dar-lhe o nome*ᵉ* de seu pai, Zacarias, ⁶⁰mas a mãe, tomando a palavra, disse: "Não, ele se chamará João". ⁶¹Replicaram-lhe: "Em tua parentela não há ninguém que tenha este nome!" ⁶²Por meio de sinais, perguntavam ao pai como queria que se chamasse.*ᶠ* ⁶³Pedindo uma tabuinha, escreveu "Seu nome é João", e todos ficaram admirados. ⁶⁴E a boca imediatamente se lhe abriu, a língua desatou-se e falava, bendizendo a Deus. ⁶⁵O temor apoderou-se então de todos os seus vizinhos, e por toda a região montanhosa da Judeia

---

a) Título divino de Jesus ressuscitado (At 2,36+; Fl 2,11+), que Lucas lhe atribui desde a vida terrestre, com mais frequência que Mt-Mc: 7,13; 10,1.39.41; 11,39 etc.

b) De Deus. — Ou: "E bem-aventurada és tu que acreditaste, pois cumprir-se-á o que te foi prometido da parte do Senhor".

c) "Maria" e não "Isabel", var. sem fundamento suficiente. — O cântico de Maria inspira-se no cântico de Ana (1Sm 2,1-10) e em muitas outras passagens do AT. Além das principais semelhanças literárias, sublinhadas nas referências marginais, notem-se os dois grandes temas: 1. pobres e pequenos são socorridos, em detrimento de ricos e poderosos (Sf 2,3+; cf. Mt 5,3+); 2.

Israel, objeto da graça de Deus (cf. Dt 7,6+ etc.), desde a promessa feita a Abraão (Gn 15,1+; 17,1+). Lc deve ter encontrado esse cântico no ambiente dos "pobres", onde era talvez atribuído à Filha de Sião; julgou conveniente pô-lo nos lábios de Maria, inserindo-o em sua narrativa, que era em prosa.

d) Maria permaneceu provavelmente com Isabel até o nascimento e a circuncisão de João. Lc esgota o assunto antes de passar a outro (cf. 1,64-67; 3,19-20; 8,37-38).

e) Ordinariamente, a criança recebia o nome na circuncisão (cf. 2,21).

f) Amiúde, a surdez associa-se à mudez; e a mesma palavra grega *kôphos* pode significar "surdo" (7,22), ou "mudo" (11,14).

comentavam-se esses fatos. ⁶⁶E todos os que ouviam gravavam essas coisas no coração, dizendo: "Que virá a ser esse menino?" E, de fato, a mão do Senhor estava com ele.ᵃ

*O Benedictus*ᵇ — ⁶⁷Zacarias, seu pai, repleto do Espírito Santo, profetizou:ᶜ

⁶⁸ Bendito seja o Senhor Deus de Israel,
 porque visitouᵈ e *redimiu o seu povo*,
⁶⁹ e suscitou-nos uma forçaᵉ de salvação
 na casa de Davi, seu servo,
⁷⁰ como prometera desde tempos remotos
 pela boca de seus santos profetas,
⁷¹ salvação que nos liberta dos nossos *inimigos*
 e *da mão de* todos *os que nos odeiam*;
⁷² para fazer *misericórdia* com *nossos pais*,
 lembrado de sua aliança sagrada,
⁷³ do juramento que fez ao nosso pai Abraão,
 de nos conceder ⁷⁴que — sem temor,
 libertos da mão dos nossos inimigos —
 nós o sirvamos ⁷⁵com santidade e justiça,
 em sua presença, todos os nossos dias.
⁷⁶ Ora, tu também, menino,
 serás chamado profeta do Altíssimo,
 pois irás à *frente do Senhor*,
 para preparar-lhe os caminhos,ᶠ
⁷⁷ para transmitir ao seu povo o conhecimento da salvação,
 pela remissão de seus pecados.ᵍ
⁷⁸ Graças ao misericordioso coração do nosso Deus,
 pelo qual nos visitaʰ o Astroⁱ das alturas,
⁷⁹ para iluminar *os que jazem*
 nas trevas e na sombra da morte,
 para guiar nossos passos
 no *caminho da paz*".

Vida oculta de João Batista — ⁸⁰O menino crescia e se fortalecia em espírito.ʲ E habitava nos desertos, até o dia em que se manifestou a Israel.

2 *Nascimento de Jesus e visita dos pastores* — ¹Naqueles dias, apareceu um edito de César Augusto,ᵏ ordenando o recenseamento de todo o mundo habitado. ²Esse recenseamento foi o primeiroˡ enquanto Quirino era gover-

a) Isto é, protegia-o: expressão bíblica (1Cr 4,10; At 11,21).
b) Como o *Magnificat*, esse cântico é uma peça poética que Lc adota e põe nos lábios de Zacarias, acrescentando os vv. 76-77 para adaptá-lo à situação. Não o inseriu na narrativa em prosa (v. 64), mas depois dela.
c) No sentido pleno da palavra. Pois, se a primeira parte (vv. 68-75) é hino de ação de graças, a segunda (vv. 76-79) é visão do futuro.
d) Como é frequente no AT (Ex 3,16+), a visita de Deus no NT entende-se em sentido favorável (1,78; 7,16; 19,44; 1Pd 2,12).
e) Lit.: "um chifre" (Sl 75,5+).
f) De Deus, como em 1,16-17, e não do Messias.
g) Lc pinta o papel do Precursor com a ajuda dos textos que lhe eram tradicionalmente aplicados (cf. 3,4p; 7,27p) e descreve sua mensagem de acordo com a dos apóstolos nos Atos (cf. At 2,38; 5,31; 10,43; 13,38; 26,18).
h) Lit.: "entranhas de misericórdia" (cf. Cl 3,12). — "visita", var.: "visitará".
i) Anatolè: Título do Messias, Astro que traz a luz (cf. Nm 24,17; Ml 3,20; Is 60,1) e Rebento que surge do tronco de Davi (cf. Jr 23,5; 33,15; Zc 3,8; 6,12).
j) Espécie de estribilho: 2,40.52 (cf. 1,66 e comparar At 2,41+; 6,7+).
k) Imperador romano de 30 a.C. a 14 d.C. Um recenseamento de todo o império sob Augusto é desconhecido em outros lugares; o recenseamento que aconteceu quando Quirino era legado da Síria (2,2+) se referia somente à Judeia. Sem dúvida Lc transpõe uma questão local à escala mundial; cf. At 11,28.
l) Uma vez que Josefo data o recenseamento sob Quirino em 6 d.C., a cronologia do nascimento de

nador da Síria. ³E todos iam se alistar, cada um na própria cidade. ⁴Também José subiu da cidade de Nazaré, na Galileia, para a Judeia, à cidade de Davi, chamada Belém, por ser da casa e da família de Davi, ⁵para se inscrever com Maria, desposada com ele, que estava grávida. ⁶Enquanto lá estavam, completaram-se os dias para o parto, ⁷e ela deu à luz seu filho primogênito,ᵃ envolveu-o com faixas e reclinou-o numa manjedoura, porque não havia um lugar para eles na sala.ᵇ

⁸Na mesma região havia uns pastores que estavam nos campos e que durante as vigílias da noite montavam guarda a seu rebanho. ⁹O Anjo do Senhor apareceu-lhes e a glória do Senhor envolveu-os de luz; e ficaram tomados de grande temor. ¹⁰O Anjo, porém, disse-lhes: "Não temais! Eis que vos anuncio uma grande alegria, que será para todo o povo; ¹¹Nasceu-vos hoje um Salvador, que é o Cristo-Senhor,ᶜ na cidade de Davi. ¹²Isto vos servirá de sinal: encontrareis um recém-nascido envolto em faixas deitado numa manjedoura". ¹³E de repente juntou-se ao Anjo uma multidão do exército celeste a louvar a Deus, dizendo:

¹⁴"Glória a Deus no mais alto dos céus
e paz na terra aos homens que ele ama!"ᵈ

¹⁵Quando os anjos os deixaram, em direção ao céu, os pastores disseram entre si: "Vamos já a Belém e vejamos o que aconteceu e que o Senhor nos deu a conhecer". ¹⁶Foram então às pressas, e encontraram Maria, José e o recém-nascido deitado na manjedoura. ¹⁷Vendo-o, contaram o que lhes fora dito a respeito do menino; ¹⁸e todos os que os ouviam ficavam maravilhados com as palavras dos pastores. ¹⁹Maria, contudo, conservava cuidadosamente todos esses acontecimentos e os meditava em seu coração. ²⁰E os pastores voltaram, glorificando e louvando a Deusᵉ por tudo o que tinham visto e ouvido, conforme lhes fora dito.

Circuncisão de Jesus — ²¹Quando se completaram os oito dias para a circuncisão do menino, foi-lhe dado o nome de Jesus, conforme o chamou o Anjo, antes de ser concebido.

Apresentação de Jesus no Templo — ²²Quando se completaram os dias para a purificação deles, segundo a Lei de Moisés,ᶠ levaram-no a Jerusalém a fim de apresentá-lo ao Senhor, ²³conforme está escrito na Lei do Senhor: *Todo*

Jesus fornecida por Lc não se concilia com a de Mt, na qual Jesus nasceu antes da morte de Herodes Magno (4 a.C.), talvez desde o ano 8-6. Com efeito, o recenseamento da Judeia sob Quirino fez fama: sua ocasião foi a reorganização do país como província procuratorial depois da deposição do etnarca Arquelau, filho de Herodes, e provocou a insurreição de Judas Galileu, que é mencionada em At 5,37. — Para a "era cristã", ver 3,1+.
a) No grego bíblico, o termo não implica necessariamente a existência de irmãos mais novos, mas sublinha a dignidade e os direitos da criança.
b) Em vez de um albergue (*pandocheion*, Lc 10,34), a palavra grega *katalyma* pode designar uma sala (1Sm 1,18; 9,22; Lc 22,11p), onde morava a família de José. Se este possuía seu domicílio em Belém, explica-se melhor que ali tenha voltado para o recenseamento, levando também a jovem esposa, que estava grávida. O presépio, manjedoura de animais, estava colocado certamente numa parede do pobre alojamento, tão superlotado, que não se pôde encontrar lugar melhor que este para deitar a criança. Uma lenda piedosa guarneceu essa manjedoura com dois animais (cf. Hab 3,2+; Is 1,3).
c) É ele, pois, o Messias esperado; mas será "Senhor": título do AT ciosamente reservada para Deus. Inicia-se, portanto, uma era nova (cf. 1,43+).
d) A tradução corrente "Paz aos homens de boa vontade", baseada na Vulg., não reproduz o sentido usual do termo grego. — Outro modo de ler, menos seguro: "paz na terra e benevolência divina entre os homens".
e) Tema estimado por Lc: 1,64; 2,28.38; 5,25-26; 7,16; 13,13; 17,15.18; 18,43; 19,37; 23,47; 24,53. Cf. At 2,47+.
f) A purificação era imposta só à mãe; mas a criança devia ser resgatada. Lc nota cuidadosamente que os pais de Jesus, como os de João, cumpriram todas as prescrições da Lei. A apresentação da criança no santuário não era prescrita, mas era possível (Nm 18,15) e devia parecer conveniente às pessoas piedosas (cf. 1Sm 1,24-28). Lc centraliza a narrativa do primeiro ato cultual de Jesus na Cidade Santa, à qual dá grande importância, como lugar do acontecimento pascal e ponto de partida da missão cristã (cf. 2,38+; At 1,14+).

macho que abre o útero será consagrado ao Senhor, ²⁴e para oferecer em sacrifício, como vem dito na Lei do Senhor, *um par de rolas ou dois pombinhos.*ᵃ ²⁵E havia em Jerusalém um homem chamado Simeão que era justo e piedoso; ele esperava a consolação de Israel e o Espírito Santo estava nele. ²⁶Fora-lhe revelado pelo Espírito Santo que não veria a morte antes de ver o Cristo do Senhor.ᵇ ²⁷Movido pelo Espírito, ele veio ao Templo, e quando os pais trouxeram o menino Jesus para cumprir as prescrições da Lei a seu respeito, ²⁸ele o tomou nos braços e bendisse a Deus, dizendo:

O cântico de Simeão ᶜ

²⁹"Agora, Soberano Senhor, podes despedir
em paz o teu servo, segundo a tua palavra;
³⁰porque meus olhos viram tua salvação,
³¹que preparaste em face de todos os povos,
³²luz para iluminar as nações,
e glória de teu povo, Israel".

Profecia de Simeão — ³³Seu pai e sua mãe estavam admirados com o que diziam dele. ³⁴Simeão abençoou-os e disse a Maria, sua mãe: "Eis que este menino foi posto para a queda e para o soerguimento de muitos em Israel, e como um sinal de contradiçãoᵈ — ³⁵e a ti, uma espada traspassará tua alma! — para que se revelem os pensamentos íntimos de muitos corações".ᵉ

Profecia de Ana — ³⁶Havia também uma profetisaᶠ chamada Ana, de idade muito avançada, filha de Fanuel, da tribo de Aser. Após a virgindade, vivera sete anos com o marido; ³⁷ficou viúva e chegou aos oitenta e quatro anos. Não deixava o Templo, servindo a Deus dia e noite com jejuns e orações. ³⁸Como chegasse nessa mesma hora, agradecia a Deus e falava do menino a todos os que esperavam a libertação de Jerusalém.ᵍ

Vida oculta de Jesus em Nazaré — ³⁹Terminando de fazer tudo conforme a Lei do Senhor, voltaram à Galileia, para Nazaré, sua cidade. ⁴⁰E o menino crescia, tornava-se robusto, enchia-se de sabedoria; e a graça de Deus estava com ele.

Jesus entre os doutores — ⁴¹Seus pais iam todos os anos a Jerusalém para a festa da Páscoa. ⁴²Quando o menino completou doze anos, segundo o costume, subiram para a festa. ⁴³Terminados os dias, eles voltaram, mas o menino Jesus ficou em Jerusalém, sem que seus pais o notassem. ⁴⁴Pensando que estivesse na caravana, andaram o caminho de um dia, e puseram-se a procurá-lo entre

---

a) Era a oferenda dos pobres.
b) "O Cristo do Senhor" é aquele que o Senhor ungiu (cf. Ex 30,22+), isto é, consagrou para missão de salvação: assim, por exemplo, o rei de Israel, príncipe *escolhido por Iahweh;* enfim, a título eminente, o Messias, que há de instaurar o Reino de Deus.
c) Diversamente dos cânticos anteriores esse cântico parece ter sido composto pelo próprio Lc em particular com a ajuda de textos de Isaías. Depois do primeiro trístico, referente a Simeão e à sua morte próxima, o segundo define a salvação universal trazida pelo Messias Jesus: iluminação do mundo pagão que, partindo do povo eleito, reverterá em glória para este último.
d) Para Jesus, a missão de ser luz no mundo pagão será acompanhada de hostilidade e perseguições por parte de seu próprio povo (cf. Mt 2,1+).

e) Verdadeira Filha de Sião, Maria suportará em sua própria vida o destino doloroso de seu povo. Juntamente com seu Filho, estará no âmago dessa contradição pela qual os corações deverão revelar-se pró ou contra Jesus. O símbolo da espada pode ter-se inspirado em Ez 14,17, ou, segundo outros, em Zc 12,10.
f) Mulher consagrada a Deus e intérprete de seus desígnios (cf. Ex 15,20; Jz 4,4; 2Rs 22,14).
g) A libertação messiânica do povo eleito (1,68; 24,21) interessava em primeiro lugar à capital (cf. Is 40,2; 52,9 e ver 2Sm 5,9+). Para Lc, Jerusalém é o centro predestinado da obra da salvação: 9,31.51.53; 13,22-23; 17,11; 18,31; 19,11; 24,47-49.52; At 1,8+.

os parentes e conhecidos. ⁴⁵E não o encontrando, voltaram a Jerusalém à sua procura.

⁴⁶Três dias depois,ᵃ eles o encontraram no Templo, sentado em meio aos doutores, ouvindo-os e interrogando-os; ⁴⁷e todos os que o ouviam ficavam extasiados com sua inteligência e com suas respostas. ⁴⁸Ao vê-lo, ficaram surpresos, e sua mãe lhe disse: "Meu filho, por que agiste assim conosco? Olha que teu pai e eu, aflitos, te procurávamos". ⁴⁹Ele respondeu: "Por que me procuráveis? Não sabíeis que devo estar na casa de meu Pai?"ᵇ ⁵⁰Eles, porém, não compreenderam a palavra que ele lhes dissera.

Ainda a vida oculta em Nazaré — ⁵¹Desceu então com eles para Nazaré e era-lhes submisso. Sua mãe, porém, conservava a lembrança de todos esses fatos em seu coração. ⁵²E Jesus crescia em sabedoria, em estatura e em graça, diante de Deus e diante dos homens.

II. Preparação do ministério de Jesus

3 **Pregação de João Batista** — ¹No ano décimo quinto do império de Tibério César,ᶜ quando Pôncio Pilatosᵈ era governador da Judeia, Herodesᵉ tetrarca da Galileia, seu irmão Filipeᶠ tetrarca da Itureia e da Traconítide, Lisâniasᵍ tetrarca de Abilene, ²sob o pontificado de Anás e Caifás,ʰ a palavra de Deus foi dirigida a João, filho de Zacarias, no deserto. ³E ele percorreu toda a região do Jordão, proclamando um batismo de arrependimento para a remissão dos pecados, ⁴conforme está escrito no livro das palavras do profeta Isaías:

Voz do que clama no deserto:
Preparai o caminho do Senhor,
tornai retas suas veredas;
⁵*todo vale será aterrado,*
toda montanha ou colina será abaixada;
as vias sinuosas se transformarão em retas
e os caminhos acidentados serão nivelados.
⁶*E toda a carne verá a salvação de Deus.*ⁱ

---

a) Jesus "encontrado", "três dias depois", "na casa de seu Pai", outros traços que prefiguram o acontecimento da Páscoa.

b) Outros traduzem: "ocupar-me com as coisas de meu Pai". Seja como for, Jesus afirma, em presença de José (v. 48), ter Deus por Pai (cf. 10,22; 22,29; Jo 20,17), e reivindica para si relações com o Pai, as quais ultrapassam as da família humana (cf. Jo 2,16). Primeira manifestação de sua consciência de ser "o Filho" (cf. Mt 4,3+).

c) Como em 1,5 e 2,1-3, Lc estabelece um sincronismo entre a história profana e a história da salvação. Tibério sucedeu a Augusto (2,1) aos 19 de agosto do ano 14 d.C. O ano décimo quinto vai, pois, de 19 de agosto de 28 a 18 de agosto de 29, ou, segundo o modo de calcular os anos de reinado em uso na Síria, de setembro-outubro de 27 a setembro-outubro de 28. Jesus tem, portanto, no mínimo trinta e três anos, provavelmente até mesmo trinta e cinco ou trinta e seis. A indicação do v. 23 é aproximativa e talvez apenas sublinhe que Jesus tinha a idade requerida para exercer missão pública. A "era cristã" (fixada por Dionísio, o Pequeno, no séc. VI) resulta de se ter tomado estritamente o número de trinta anos: os 29 anos completos de Jesus, descontados do ano 782 de Roma (15° ano de Tibério), indicaram o ano 753 para início de nossa era.

d) Procurador da Judeia (da Idumeia e da Samaria) de 26 a 36 d.C.

e) Antipas, filho de Herodes Magno e de Maltace, foi tetrarca da Galileia (e da Pereia), de 4 a.C. a 39 d.C.

f) Filho de Herodes Magno e de Cleópatra, foi tetrarca de 4 a.C. a 34 d.C.

g) Conhecido por duas inscrições. Abilene estava situada no Antilíbano.

h) O sumo sacerdote em função era José, dito Caifás, que exerceu o pontificado de 18 a 36 e desempenhou papel preponderante na conspiração contra Jesus (cf. Mt 26,3; Jo 11,49; 18,14). Anás, seu sogro, que fora sumo sacerdote de 6 (?) a 15, foi-lhe associado e figura mesmo em primeiro lugar (cf. At 4,6 e Jo 18,13.24), pois gozava de tal prestígio que de fato era sumo sacerdote.

i) Lc prolonga mais do que Mt e Mc a citação de Isaías para estendê-la até o anúncio de uma salvação universal.

⁷Ele dizia às multidões que vinham para serem batizadas por ele: "Raça de víboras! Quem vos ensinou a fugir da ira que está para vir? ⁸Produzi, então, frutos dignos do arrependimento e não comeceis a dizer em vós mesmos: 'Temos por pai a Abraão'. Pois eu vos digo que até mesmo destas pedras Deus pode suscitar filhos a Abraão! ⁹O machado já está posto à raiz das árvores; e toda a árvore que não produzir bom fruto será cortada e lançada ao fogo".

¹⁰ᵃE as multidões o interrogavam: "Que devemos fazer?" ¹¹Respondia-lhes: "Quem tiver duas túnicas, reparta-as com aquele que não tem, e quem tiver o que comer, faça o mesmo". ¹²Alguns publicanos também vieram para ser batizados e disseram-lhe: "Mestre, que devemos fazer?" ¹³Ele disse: "Não deveis exigir nada além do que vos foi prescrito". ¹⁴Os soldados, por sua vez, perguntavam: "E nós, que precisamos fazer?" Disse-lhes: "A ninguém molesteis com extorsões; não denuncieis falsamente e contentai-vos com o vosso soldo".

At 2,37
12,33 +
Is 58,7
Mt 5,46 +

¹⁵Como o povo estivesse na expectativa e todos cogitassem em seus corações se João não seria o Cristo, ¹⁶João tomou a palavra e disse a todos: "Eu vos batizo com água, mas vem aquele que é mais forte do que eu, do qual não sou digno de desatar a correia das sandálias; ele vos batizará com o Espírito Santo e com o fogo. ¹⁷A pá está em sua mão; limpará a sua eira e recolherá o trigo em seu celeiro; a palha porém, ele a queimará num fogo inextinguível". ¹⁸E, com muitas outras exortações, continuava a anunciar ao povo a Boa Nova.

Jo 1,19-20;
3,28
At 13,25
Jo 1,25.27.33

Prisão de João Batista — ¹⁹O tetrarca Herodes, admoestado por causa de Herodíades, mulher de seu irmão, e por causa de todas as más ações que havia cometido, ²⁰acrescentou a tudo ainda isto: pôs João na prisão.ᵇ

Mt 14,3-12
Mc 6,17-29

Batismo de Jesus — ²¹Ora, tendo todo o povo recebido o batismo, e no momento em que Jesus, também batizado, achava-se em oração,ᶜ o céu se abriu ²²e o Espírito Santo desceu sobre ele em forma corporal, como pomba. E do céu veio uma voz: *"Tu és o meu Filho;ᵈ eu, hoje, te gerei".*

Mt 3,13-17
Mc 1,9-11

Jo 1,32-34
Sl 2,7

Genealogia de Jesusᵉ — ²³Ao iniciar o ministério, Jesus tinha mais ou menos trinta anos e era, conforme se supunha, filho de José, filho de Eli, ²⁴filho de Matat, filho de Levi, filho de Melqui, filho de Janai, filho de José, ²⁵filho de Matatias, filho de Amós, filho de Naum, filho de Esli, filho de Nagai, ²⁶filho de Maat, filho de Matatias, filho de Semein, filho de Josec, filho de Jodá, ²⁷filho de Joanã, filho de Ressa, filho de Zorobabel, filho de Salatiel, filho de Neri, ²⁸filho de Melqui, filho de Adi, filho de Cosã, filho de Elmadã, filho de Her, ²⁹filho de Jesus, filho de Eliezer, filho de Jorim, filho de Matat, filho de Levi, ³⁰filho de Simeão, filho de Judá, filho de José, filho de Jonã, filho de Elacim, ³¹filho de Meleia, filho de Mená, filho de Matatá, filho de Natã, filho de Davi, ³²filho de Jessé, filho de Obed, filho de Booz, filho de Salá, filho de Naasson, ³³filho de Aminadab, filho de Admin, filho de Arni, filho de Esron, filho de Farés, filho de Judá, ³⁴filho de Jacó, filho de Isaac, filho de Abraão, filho de Taré, filho de Nacor, ³⁵filho de Seruc, filho de Ragau, filho de Faleg, filho de Eber, filho de Salá, ³⁶filho de Cainã, filho de Arfaxad, filho de Sem,

Mt 1,1-17

---

a) Os vv. 10-14, peculiares a Lc, insistem no elemento positivo e humano da mensagem de João. Não há profissão que exclua da salvação; mas é preciso praticar a justiça e a caridade.
b) Lc expõe tudo o que concerne ao ministério de João antes de passar a Jesus (cf. 1,56+). Só em 9,7-9 aludirá brevemente à morte do Precursor.
c) A oração de Jesus é tema caro a Lc (cf. 5,16; 6,12; 9,18.28-29; 11,1; 22,41; cf. Mt 14,23+).
d) Var.: "Tu és meu Filho amado, em ti me comprazo", suspeita de harmonização com Mt e Mc. Provavelmente, o teor da voz celeste em Lc não faça referência a Is 42 como em Mt e Mc, mas ao Sl 2,7. Ao invés de reconhecer em Jesus o "Servo", prefere apresentá-lo como Rei-Messias do Salmo, entronizado no batismo para estabelecer o Reino de Deus no mundo.
e) Remontando, além de Abraão, até Adão, a genealogia de Lc tem cunho mais universalista do que a de Mt. Descendente de Adão e como este sem pai terrestre (1,35), Jesus inaugura uma nova raça humana: talvez Lucas, discípulo de Paulo, pense no Novo Adão (Rm 5,12+). Quanto às relações com a genealogia de Mt, cf. Mt 1,1+.

filho de Noé, filho de Lamec, ³⁷filho de Matusalém, filho de Henoc, filho de Jared, filho de Malaleel, filho de Cainã, ³⁸filho de Enós, filho de Set, filho de Adão, filho de Deus.

|| Mt 4,1-11
|| Mc 1,12-13

4 *Tentação no deserto*ª — ¹Jesus, pleno do Espírito Santo,ᵇ voltou do Jordão; era conduzido pelo Espírito através do deserto ²durante quarenta dias, e tentado pelo diabo. Nada comeu nesses dias e, passado esse tempo, teve fome. ³Disse-lhe, então, o diabo: "Se és Filho de Deus, manda que esta pedra se transforme em pão". ⁴Replicou-lhe Jesus: "Está escrito: *Não só de pão vive o homem*".

Dt 8,3

Ap 13,2.4

⁵O diabo, levando-o para mais alto, mostrou-lhe num instante todos os reinos da terra ⁶e disse-lhe: "Eu te darei todo este poder com a glória destes reinos, porque ela me foi entregue e eu a dou a quem eu quiser.ᶜ ⁷Por isso, se te prostrares diante de mim, toda ela será tua". ⁸Replicou-lhe Jesus: "Está escrito: *Adorarás ao Senhor teu Deus, e só a ele prestarás culto*".

Jr 27,5
Dt 6,13

⁹Conduziu-o depois a Jerusalém, colocou-o sobre o pináculo do Templo e disse-lhe: "Se és Filho de Deus, atira-te para baixo, ¹⁰porque está escrito:

Sl 91,11-12
*Ele dará ordem a seus anjos a teu respeito,
para que te guardem.*
¹¹E ainda:
*E eles te tomarão pelas mãos,
para que não tropeces em nenhuma pedra*".

Dt 6,16
¹²Mas Jesus lhe respondeu: "Foi dito:
Não tentarás ao Senhor, teu Deus".

22,3.53
Jo 13,2.27
¹³Tendo acabado toda a tentação, o diabo o deixou até o tempo oportuno.

III. Ministério de Jesus na Galileia

|| Mt 4,12-17.23
|| Mc 1,14-15.39
Mt 3,16 +
= Lc 4,44

Jesus inaugura sua pregação — ¹⁴Jesus voltou então para a Galileia, com a força do Espírito, e sua fama espalhou-se por toda a regiãoᵈ circunvizinha. ¹⁵Ensinava em suas sinagogas e era glorificado por todos.ᵉ

|| Mt 13,53-58
|| Mc 6,1-6
Lc 2,39.51

*Jesus em Nazaré*ᶠ — ¹⁶Ele foi a Nazaré,ᵍ onde fora criado, e, segundo seu costume, entrou em dia de sábado na sinagoga e levantou-se para fazer a

---

a) Lc une em sua narrativa os dados de Mc (quarenta dias de tentação) e os de Mt (três tentações depois de jejum de quarenta dias). Modifica a ordem de Mt de maneira que termine por Jerusalém (cf. Lc 2,38+). Quanto à natureza dessa tentação, cf. Mt 4,1+.

b) O interesse particular de Lc pelo Espírito Santo manifesta-se não só nos dois primeiros capítulos (1,15.35.41.67.80; 2,25.26.27), mas ainda no resto do evangelho, em que ele acrescenta diversas vezes, em relação ao texto dos outros sinóticos, a menção ao Espírito Santo (4,1.14.18; 10,21; 11,13). Também se refere a ele amiúde nos Atos (At 1,18+; cf. Mt 4,1+).

c) Ao introduzir no mundo o pecado e a morte, sua consequência (Sb 2,24+; Rm 5,12+), Satanás tornou o homem cativo de sua tirania (Mt 8,29+; Gl 4,3+; Cl 2,8+); estendeu ao mundo, do qual se tornou o "príncipe" (Jo 12,31+), o domínio que Jesus veio suprimir pela "redenção" (Mt 20,28+; Rm 3,24+; 6,15+; Cl 1,13-14; 2,15+; ver ainda: Ef 2,1-6; 6,12+; Jo 3,35+; 1Jo 2,14; Ap 13,1-18; 19,19-21).

d) Estribilho de Lc: 4,37; 5,15; 7,17; cf. estribilhos análogos em At 2,41+; 6,7; Lc 1,80+.

e) Jesus, admirado e louvado pelas massas, outro tema caro a Lc: 4,22; 8,25; 9,43; 11,27; 13,17; 19,48, ligado ao estribilho precedente (4,14+) e aos temas do louvor a Deus (2,20+) e do temor religioso (1,12+).

f) Essa narração surpreende pelas inexplicáveis reviravoltas da multidão, que passa da admiração (v. 22a) à animosidade (vv. 22b.28s). Essa anomalia é, sem dúvida, o resultado de uma evolução literária. A primeira narrativa contaria a visita a uma sinagoga com pregação coroada de êxito, no começo do ministério (cf. Mc 1,21s), em Nazaré (cf. Mt 4,13 com Nazara, como Lc 4,16). Essa narração foi retomada, recebeu acréscimos e foi inserida mais tarde na vida de Jesus (Mt 13,53-58; Mc 6,1-6), para assinalar a incompreensão e a recusa que seguiram à primitiva benevolência do povo. Desse texto complexo Lc soube extrair uma página admirável, que manteve no começo do ministério, como cena inaugural, e onde pinta, em resumo simbólico, a missão de Jesus em vista da graça e a recusa de seu povo.

g) Forma rara do nome de Nazaré (cf. Mt 4,13).

leitura.[a] ¹⁷Foi-lhe entregue o livro do profeta Isaías; desenrolou-o, encontrando o lugar onde está escrito:

¹⁸ *O Espírito do Senhor está sobre mim,*
porque ele me consagrou pela unção
para evangelizar os pobres;[b]
enviou-me para proclamar a libertação aos presos
e aos cegos a recuperação da vista,
para restituir a liberdade aos oprimidos
¹⁹ *e para proclamar um ano de graça do Senhor.*

²⁰Enrolou o livro, entregou-o ao servente e sentou-se. Todos na sinagoga olhavam-no, atentos. ²¹Então começou a dizer-lhes: "Hoje se cumpriu aos vossos ouvidos essa passagem da Escritura". ²²Todos testemunhavam a seu respeito, e admiravam-se das palavras cheias de graça que saíam de sua boca. E diziam: "Não é este o filho de José?" ²³Ele, porém, disse: "Certamente me citareis o provérbio: Médico, cura-te a ti mesmo. Tudo o que ouvimos dizer que fizeste em Cafarnaum,[c] faze-o também aqui em tua pátria". ²⁴Mas em seguida acrescentou: "Em verdade vos digo que nenhum profeta é bem recebido em sua pátria.

²⁵De fato, eu vos digo que havia em Israel muitas viúvas nos dias de Elias, quando por três anos e seis meses o céu permaneceu fechado e uma grande fome devastou toda a região; ²⁶Elias, no entanto, não foi enviado a nenhuma delas, exceto *a uma viúva, em Sarepta, na região de Sidônia*. ²⁷Havia igualmente muitos leprosos em Israel no tempo do profeta Eliseu; todavia, nenhum deles foi purificado, a não ser o sírio Naamã".

²⁸Diante dessas palavras, todos na sinagoga se enfureceram. ²⁹E, levantando-se, expulsaram-no para fora da cidade e o conduziram até um cimo da colina sobre a qual a cidade estava construída, com a intenção de precipitá-lo de lá. ³⁰Ele, porém, passando pelo meio deles, prosseguia seu caminho...

Jesus ensina em Cafarnaum e cura um endemoninhado — ³¹Desceu então a Cafarnaum, cidade da Galileia, e ensinava-os aos sábados. ³²Eles ficavam pasmados com seu ensinamento, porque falava com autoridade. ³³Encontrava-se na sinagoga um homem possesso de um espírito de demônio impuro, que se pôs a gritar fortemente: ³⁴"Ah! Que queres de nós, Jesus Nazareno? Vieste para arruinar-nos? Sei quem tu és: o Santo de Deus". ³⁵Mas Jesus o conjurou severamente: "Cala-te, e sai dele!" E o demônio, lançando-o no meio de todos, saiu sem lhe fazer mal algum. ³⁶O espanto apossou-se de todos, e falavam entre si: "Que significa isso? Ele dá ordens com autoridade e poder aos espíritos impuros, e eles saem!" ³⁷E sua fama se propagava por todo lugar da redondeza.

Cura da sogra de Simão — ³⁸Saindo da sinagoga, entrou na casa de Simão. A sogra de Simão estava com febre alta, e pediram-lhe por ela. ³⁹Ele se inclinou para ela, conjurou severamente a febre, e esta a deixou; imediatamente ela se levantou e se pôs a servi-los.

Diversas curas — ⁴⁰Ao pôr-do-sol, todos os que tinham doentes atingidos de males diversos traziam-nos, e ele, impondo as mãos sobre cada um, curava-os. ⁴¹De grande número também saíam demônios gritando: "Tu és o Filho de Deus!" Em tom ameaçador, porém, ele os proibia de falar, pois sabiam que ele era o Cristo.

---

a) Qualquer judeu adulto era admitido, com autorização do chefe da sinagoga, a fazer a leitura pública do texto sagrado.
b) Ad.: "curar os de coração ferido", cf. LXX.
c) Esses milagres serão contados, de fato, somente após a visita a Nazaré (v. 33 etc.). Ver a nota a Lc 4,16.

LUCAS 4-5

|| Mc 1,35-39 *Jesus deixa secretamente Cafarnaum e percorre a Judeia* — ⁴²Ao raiar do dia, saiu e foi para um lugar deserto. As multidões puseram-se a procurá-lo e, tendo-o encontrado, queriam retê-lo, impedindo-o que as deixasse. ⁴³Ele, porém, lhes disse: "Devo anunciar também a outras cidades a Boa Nova do
Mc 1,38 + Reino de Deus, pois é para isso que fui enviado". ⁴⁴E pregava pelas sinagogas da Judeia.ᵃ

|| Mt 4,18-22
|| Mc 1,16-20
Mc 4,1

5 *Vocação dos quatro primeiros discípulos*ᵇ — ¹Certa vez em que a multidão se comprimia ao redor dele para ouvir a palavra de Deus, à margem
Mc 1,16.19 do lago de Genesaré, ²viu dois pequenos barcos parados à margem do lago;
Mc 4,1-2 os pescadores haviam desembarcado e lavavam as redes. ³Subindo num dos barcos, o de Simão, pediu-lhe que se afastasse um pouco da terra; depois, sentando-se ensinava do barco às multidões.
Jo 21,1-6 ⁴Quando acabou de falar, disse a Simão: "Faze-te ao largo; lançai vossas
Mt 8,10 + redes para a pesca". ⁵Simão respondeu: "Mestre, trabalhamos a noite inteira
Mt 8,3 + sem nada apanhar; mas, porque mandas, lançarei as redes". ⁶Fizeram isso e apanharam tamanha quantidade de peixes que suas redes se rompiam. ⁷Fizeram então sinais aos sócios do outro barco para virem em seu auxílio. Eles vieram e encheram os dois barcos, a ponto de quase afundarem.
Ex 33,20 +
Lc 1,12 + ⁸À vista disso, Simão Pedroᶜ atirou-se aos pés de Jesus, dizendo: "Afasta-te de mim, Senhor, porque sou pecador!" ⁹O espanto, com efeito, se apoderara
Mc 1,17.20
Jo 21,15-17.19 dele e de todos os que estavam em sua companhia, por causa da pesca que haviam acabado de fazer; ¹⁰e também de Tiago e João, filhos de Zebedeu, que eram companheiros de Simão.ᵈ Jesus, porém, disse a Simão: "Não tenhas
12,33 + medo! Doravante serás pescador de homens". ¹¹Então, reconduzindo os barcos à terra e deixando tudo, eles o seguiram.

|| Mt 8,1-4
|| Mc 1,40-45 *Cura de um leproso* — ¹²Estava ele numa cidade, quando apareceu um homem cheio de lepra. Vendo Jesus, caiu com o rosto por terra e suplicou-lhe: "Senhor, se queres, tens poder para purificar-me". ¹³Ele estendeu a mão e, tocando-o, disse: "Eu quero. Sê purificado!" E imediatamente a lepra o
Mc 1,34 +
Lv 14,1-32 deixou. ¹⁴E ordenou-lhe que a ninguém o dissesse: "Vai, porém, mostrar-te ao sacerdote, e oferece por tua purificação conforme prescreveu Moisés, para que lhes sirva de prova".
+4,14 + ¹⁵A notícia a seu respeito, porém, difundia-se cada vez mais, e acorriam
3,21 + numerosas multidões para ouvi-lo e serem curadas de suas enfermidades. ¹⁶Ele, porém, permanecia retirado em lugares desertos e orava.

|| Mc 9,1-8
|| Mc 2,1-12 *Cura de um paralítico* — ¹⁷Certo dia, enquanto ensinava, achavam-se ali sentados fariseus e doutores da Lei, vindos de todos os povoados da Galileia, da Judeia e de Jerusalém; e ele tinha um poder do Senhorᵉ para operar curas. ¹⁸Vieram então alguns homens carregando um paralítico numa maca; tentavam levá-lo para dentro e colocá-lo diante dele. ¹⁹E como não encontravam jeito de introduzi-lo, por causa da multidão, subiram ao terraço e, através das

---

a) Mc usa "Galileia", Lc toma "Judeia" em sentido muito lato: todo o país de Israel. Igualmente 7,17; 23,5(?); At 10,37; 28,21.
b) Lc agrupou nessa narrativa: 1. uma descrição dos lugares e uma pregação de Jesus (vv. 1-3), que relembram Mc 4,1-2 e 1,16,19; 2. a história de uma pesca milagrosa (vv. 4-10a), que se assemelha a Jo 21,4-11; 3. o chamado de Simão (vv. 10b-11), aparentado com Mc 1,17.20. Ao narrar a vocação dos primeiros discípulos após um período de ensinamentos e milagres, Lc quis tornar mais verossímil sua resposta imediata ao chamado.

c) De fato, Jesus dará a Simão o apelido de Pedro somente mais tarde (6,14). É, pois, uma antecipação literária e caráter joanino (como a pesca miraculosa?), pois a expressão "Simão Pedro", exceto nesse caso de Lc e em Mt 16,16, só se encontra em Jo: 17 vezes (1,40; 6,8.68 etc.; 21,2.3.7.11).
d) Os "sócios" do v. 7. Se André não é nomeado, é porque está no barco de Simão (ver os plurais dos vv. 5.6.7) que retém toda a atenção de Lc.
e) Isto é, de Deus (cf. At 2,22; 10,38).

telhas,*ᵃ*desceram-no com a maca no meio dos assistentes, diante de Jesus. ²⁰Vendo-
-lhes a fé, ele disse: "Homem, teus pecados estão perdoados".

²¹Os escribas e os fariseus começaram a raciocinar: "Quem é este que diz blasfêmias? Não é só Deus que pode perdoar pecados?" ²²Jesus, porém, percebeu seus raciocínios e disse-lhes: "Por que raciocinais em vossos corações? ²³Que é mais fácil dizer: Teus pecados estão perdoados, ou: Levanta-te e anda? ²⁴Pois bem! Para que saibais que o Filho do Homem tem o poder de perdoar pecados na terra, eu te ordeno — disse ao paralítico — levanta-te, toma tua maca e vai para tua casa". ²⁵E no mesmo instante, levantando-se diante deles, tomou a maca onde estivera deitado e foi para casa, glorificando a Deus.

²⁶O espanto apoderou-se de todos e glorificavam a Deus. Ficaram cheios de medo e diziam: "Hoje vimos coisas estranhas!"

Vocação de Levi — ²⁷Depois disso, saiu, viu um publicano, chamado Levi, sentado na coletoria de impostos e disse-lhe: "Segue-me!" ²⁸E, levantando-se, ele deixou tudo e o seguia.

Refeição com os pecadores na casa de Levi — ²⁹Levi ofereceu-lhe então uma grande festa em sua casa, e com eles estava à mesa numerosa multidão de publicanos e outras pessoas. ³⁰Os fariseus e seus escribas murmuravam e diziam aos discípulos dele: "Por que comeis e bebeis com os publicanos e com os pecadores?" ³¹Jesus, porém, tomando a palavra, disse-lhes: "Os sãos não têm necessidade de médico e sim os doentes; ³²não vim chamar os justos, mas sim os pecadores, ao arrependimento".

Discussão sobre o jejum — ³³Disseram-lhe então: "Os discípulos de João jejuam frequentemente e recitam orações, os dos fariseus também, ao passo que os teus comem e bebem!" ³⁴Jesus respondeu-lhes: "Acaso podeis fazer que os amigos do noivo jejuem enquanto o noivo está com eles? ³⁵Dias virão, porém, em que o noivo lhes será tirado; e naqueles dias jejuarão".

³⁶Dizia-lhes ainda uma parábola: "Ninguém rasga um retalho de uma roupa nova para colocá-lo numa roupa velha; do contrário, rasgará a nova e o remendo tirado da nova ficará desajustado na roupa velha.

³⁷Ninguém põe vinho novo em odres velhos; caso contrário, o vinho novo estourará os odres, derramar-se-á, e os odres ficarão inutilizados. ³⁸Põe-se, antes, vinho novo em odres novos. ³⁹Mas ninguém, após ter bebido vinho velho, quer do novo. Pois diz: O velho é que é bom!"*ᵇ*

6 ***As espigas arrancadas*** — ¹Certo sábado, ao passarem pelas plantações, seus discípulos arrancavam espigas e as comiam, debulhando-as com as mãos. ²Alguns fariseus disseram: "Por que fazeis o que não é permitido em dia de sábado?" ³Jesus respondeu-lhes: "Não lestes o que fez Davi, ele e seus companheiros, quando tiveram fome? ⁴Entrou na casa de Deus, tomou os pães da proposição, comeu deles e deu também aos companheiros — esses pães que só aos sacerdotes é permitido comer". ⁵E dizia-lhes: "O Filho do Homem é senhor do sábado!"*ᶜ*

---

a) O terraço palestinense de Mc 2,4 torna-se em Lc o telhado de casa greco-romana.
b) O vinho novo que Jesus oferece não é do gosto daqueles que beberam o vinho velho da Lei. Essa última asserção, peculiar a Lc, reflete talvez a experiência de Lucas, discípulo de Paulo, conhecedor das dificuldades da missão junto aos judeus (cf. At 13,5+).
c) Um ms acrescenta aqui um episódio interessante, embora provavelmente não autêntico: "No mesmo dia, vendo alguém trabalhar em dia de sábado, disse-lhe: 'Amigo, se sabes o que estás fazendo, és feliz, mas se não o sabes, és maldito e transgressor da Lei'" (cf. Mc 2,27+).

Cura de um homem com a mão atrofiada

⁶Em outro sábado, entrou ele na sinagoga e começou a ensinar. Estava ali um homem com a mão direita atrofiada. ⁷Os escribas e os fariseus observavam-no para ver se ele o curaria no sábado, e assim encontrar com que o acusar. ⁸Ele, porém, percebeu seus pensamentos e disse ao homem da mão atrofiada: "Levanta-te e fica de pé no meio de todos". Ele se levantou e ficou de pé. ⁹Jesus lhes disse: "Eu vos pergunto se, no sábado, é permitido fazer o bem ou o mal, salvar uma vida ou arruiná-la". ¹⁰Correndo os olhos por todos eles, disse ao homem: "Estende a mão". Ele o fez, e a mão voltou ao estado normal. ¹¹Eles, porém, se enfureceram e combinavam o que fariam a Jesus.

Escolha dos Doze

¹²Naqueles dias, ele foi à montanha para orar e passou a noite inteira em oração a Deus. ¹³Depois que amanheceu, chamou os discípulos e dentre eles escolheu doze, aos quais deu o nome de apóstolos;[a] ¹⁴Simão, a quem impôs o nome de Pedro, seu irmão André, Tiago, João, Filipe, Bartolomeu, ¹⁵Mateus, Tomé, Tiago, filho de Alfeu, Simão, chamado Zelota, ¹⁶Judas, filho de Tiago,[b] e Judas Iscariot, que se tornou traidor.

As multidões seguem a Jesus

¹⁷Desceu com eles e parou num lugar plano, onde havia numeroso grupo de discípulos e imensa multidão de pessoas de toda a Judeia, de Jerusalém e do litoral de Tiro e Sidônia. ¹⁸Tinham vindo para ouvi-lo e ser curados de suas doenças. Os atormentados por espíritos impuros também eram curados. ¹⁹E toda a multidão procurava tocá-lo, porque dele saía uma força que a todos curava.

Discurso inaugural.[c] As bem-aventuranças[d]

²⁰Erguendo então os olhos para os seus discípulos, dizia:

"Felizes vós, os pobres, porque vosso é o Reino de Deus.
²¹Felizes vós, que agora tendes fome, porque sereis saciados.
Felizes vós, que agora chorais, porque haveis de rir.
²²Felizes sereis quando os homens vos odiarem, quando vos rejeitarem, insultarem e proscreverem vosso nome como infame, por causa do Filho do Homem.
²³Alegrai-vos naquele dia e exultai, porque no céu será grande a vossa recompensa; pois do mesmo modo seus pais tratavam os profetas.

As ameaças

²⁴Mas, ai de vós, ricos, porque já tendes a vossa consolação!
²⁵Ai de vós, que agora estais saciados, porque tereis fome!
Ai de vós, que agora rides, porque conhecereis o luto e as lágrimas!
²⁶Ai de vós, quando todos vos bendisserem, pois do mesmo modo seus pais tratavam os falsos profetas.

---

a) Apóstolo significa "enviado". O termo, já conhecido no mundo grego e no mundo judaico (*sheliah*), veio a designar no cristianismo os missionários "enviados" (cf. At 22,21+) como testemunhas de Cristo, de sua vida, morte e ressurreição (At 1,8+); primeiro os Doze (Mc 3,14+, este termo lhes é reservado nos Atos), mas também um círculo mais amplo de discípulos (cf. Rm 1,1+), que figuram em primeiro lugar nas listas de carismas (cf. 1Cor 12,28; Ef 4,11). — É bem possível que o *nome* de apóstolo tenha sido dado aos missionários só pela comunidade primitiva; mas não deixa de ser verdade que o próprio Jesus enviou os discípulos em missão, inicialmente às aldeias da Galileia (9,6), e depois da ressurreição, ao mundo inteiro (24,47; At 1,8; cf. Jo 3,11+; 4,34+).

b) Lit.: "Judas, de Tiago", que poderia significar também "irmão de Tiago" (cf. Mt 10,2+).
c) A forma deste discurso é mais breve do que em Mt, porque Lc não fez as mesmas adições que Mt, e até suprime aquilo que teria menos interesse para leitores não-judeus, principalmente com referência à Lei (cf. Mt 5,1+).
d) Em Mt há oito bem-aventuranças. Em Lc quatro bem-aventuranças e quatro ameaças. As de Mt (Mt 5,3-12+) traçam um programa de vida cristã com promessa de recompensa celeste; as de Lc anunciam a mudança de situações entre esta vida e a futura (cf. 16,25). Em Mt, Jesus usa a terceira pessoa, em Lc apostrofa o auditório.

O amor aos inimigos — ²⁷Eu, porém, vos digo, a vós que me escutais: Amai os vossos inimigos, fazei o bem aos que vos odeiam, ²⁸bendizei os que vos amaldiçoam, orai por aqueles que vos difamam. ²⁹A quem te ferir numa face, oferece a outra; a quem te arrebatar o manto, não recuses a túnica. ³⁰Dá a quem te pedir e não reclames de quem tomar o que é teu. ³¹Como quereis que os outros vos façam, fazei também a eles. ³²Se amais os que vos amam, que graça alcançais? Pois até mesmo os pecadores amam aqueles que os amam. ³³E se fazeis o bem aos que vo-lo fazem, que graça alcançais? Até mesmo os pecadores agem assim! ³⁴E se emprestais àqueles de quem esperais receber, que graça alcançais? Até mesmo os pecadores emprestam aos pecadores para receberem o equivalente. ³⁵Muito pelo contrário, amai vossos inimigos, fazei o bem e emprestai sem esperar coisa alguma em troca.ᵃ Será grande a vossa recompensa, e sereis filhos do Altíssimo, pois ele é bom para com os ingratos e com os maus.

‖ Mt 5,44
‖ Mt 5,39-40
‖ Mt 5,42
Lc 12,33 +
‖ Mt 7,12
Tb 4,15
‖ Mt 5,46
14,12-14
‖ Mt 5,45
Eclo 4,11

Misericórdia e gratuidade — ³⁶Sede misericordiosos como o vosso Pai é misericordioso. ³⁷Não julgueis, para não serdes julgados; não condeneis, para não serdes condenados; perdoai, e vos será perdoado. ³⁸Dai, e vos será dado; será derramada no vosso regaçoᵇ uma boa medida, calcada, sacudida, transbordante, pois com a medida com que medirdes sereis medidos também".

‖ Ex 34,6-7
‖ Mt 7,1
‖ Mt 7,2
Mc 4,24

Condições do zelo — ³⁹Disse-lhes ainda uma parábola: "Pode acaso um cego guiar outro cego? Não cairão ambos num buraco?ᶜ ⁴⁰Não existe discípulo superior ao mestre; todo o discípulo perfeito deverá ser como o mestre. ⁴¹Por que olhas o cisco no olho de teu irmão, e não percebes a trave que há no teu? ⁴²Como podes dizer a teu irmão: 'Irmão, deixa-me tirar o cisco do teu olho', quando não vês a trave em teu próprio olho?

‖ Mt 15,14
‖ Mt 10,24-25
Jo 13,16;
15,20

Hipócrita, tira primeiro a trave de teu olho, e então verás bem para tirarᵈ o cisco do olho de teu irmão.

⁴³Não há árvore boa que dê fruto mau, e nem árvore má que dê fruto bom; ⁴⁴com efeito, uma árvore é conhecida por seu próprio fruto; não se colhem figos de espinheiros, nem se vindimam uvas de sarças. ⁴⁵O homem bom, do bom tesouro do coração tira o que é bom, mas o mau, de seu mal tira o que é mau; porque a boca fala daquilo de que está cheio o coração.

‖ Mt 12,33-35
‖ Mt 7,16-18

Necessidade da prática — ⁴⁶Por que me chamais 'Senhor! Senhor!', mas não fazeis o que eu digo?

‖ Mt 7,21

⁴⁷Se alguém vem a mim,ᵉ escuta minhas palavras e as põe em prática, mostrar-vos-ei a quem é comparável. ⁴⁸Assemelha-se ao homem que, ao construir uma casa, cavou, aprofundou e lançou o alicerce sobre a rocha. Veio a enchente, a torrente deu contra essa casa, mas não a pôde abalar, porque estava bem construída. ⁴⁹Aquele, porém, que escutou e não pôs em prática é semelhante ao homem que construiu sua casa ao rés do chão, sem alicerce. A torrente deu contra ela, e imediatamente desabou; e foi grande sua ruína!"

‖ Mt 7,24-27

7

Cura do servo de um centurião — ¹Quando acabou de transmitir aos ouvidos do povo todas essas palavras, entrou em Cafarnaum. ²Ora, um centurião tinha um servo a quem prezava e que estava doente, à morte; ³Tendo ouvido falar de Jesus, enviou-lhe alguns dos anciãosᶠ dos judeus para pedir-lhe que fosse salvar o servo.

‖ Mt 8,5-10.13
Jo 4,46-54

---

a) Texto difícil e tradução baseada em conjeturas. Var.: "sem desanimar pessoa alguma (ou: de pessoa alguma)", "sem desanimar com coisa alguma".
b) Nas dobras da túnica ou do manto, sustentadas pelo cinto e que serviam de bolso ou de sacola de provisões (cf. Rt 3,15).
c) Lc aplica aos discípulos o que Mt 15,14 dizia dos fariseus. Mesma observação quanto aos vv. 43-45.
d) Ou: "e então enxergarás para tirar".
e) Expressão de estilo joanino (cf. Jo 6,35+).
f) Notáveis da localidade que não devem ser confundidos com os anciãos de Jerusalém, membros do Sinédrio.

⁴Estes, chegando a Jesus, rogavam-lhe insistentemente: "Ele é digno de que lhe concedas isso, ⁵pois ama nossa nação,ᵃ e até nos construiu a sinagoga". ⁶Jesus foi com eles. Não estava longe da casa, quando o centurião mandou alguns amigos lhe dizerem: "Senhor, não te incomodes, porque não sou digno de que entres em minha casa; ⁷nem mesmo me achei digno de ir ao teu encontro. Dize, porém, uma palavra, para que o meu criado seja curado.ᵇ ⁸Pois também eu estou sob uma autoridade, e tenho soldados às minhas ordens; e a um digo 'Vai!' e ele vai; e a outro 'Vem!' e ele vem; e a meu servo 'Faze isto!' e ele o faz". ⁹Ao ouvir tais palavras, Jesus ficou admirado e, voltando-se para a multidão que o seguia, disse: "Eu vos digo que nem mesmo em Israel encontrei tamanha fé". ¹⁰E, ao voltarem para casa, os enviados encontraram o servo em perfeita saúde.

Ressurreição do filho da viúva de Naimᶜ

— ¹¹Ele foi em seguida a uma cidade chamada Naim. Seus discípulos e numerosa multidão caminhavam com ele. ¹²Ao se aproximar da porta da cidade, coincidiu que levavam a enterrar um morto, filho único de mãe viúva; e grande multidão da cidade estava com ela. ¹³O Senhor, ao vê-la, ficou comovido e disse-lhe: "Não chores!" ¹⁴Depois, aproximando-se, tocou o esquife, e os que o carregavam pararam. Disse ele, então: "Jovem, eu te ordeno, levanta-te!" ¹⁵E o morto sentou-se e começou a falar. E Jesus *o entregou à sua mãe*. ¹⁶Todos ficaram com muito medo e glorificavam a Deus, dizendo: "Um grande profeta surgiu entre nós e Deus visitou o seu povo". ¹⁷E essa notícia difundiu-se pela Judeia inteira e por toda a redondeza.

Pergunta de João Batista e testemunho que lhe presta Jesus

— ¹⁸Os discípulos de João informaram-no de tudo isso. João, chamando dois deles, ¹⁹enviou-os ao Senhor, perguntando: "És tu aquele que há de vir ou devemos esperar outro?" ²⁰Os homens, chegando junto dele, disseram: "João Batista nos mandou perguntar: 'És aquele que há de vir ou devemos esperar outro?'" ²¹Nesse momento, ele curou a muitos de doenças, de enfermidades, de espíritos malignos, e restituiu a vista a muitos cegos. ²²Então lhes respondeu: "Ide contar a João o que vedes e ouvis: os cegos recuperam a vista, os coxos andam, os leprosos são purificados, os surdos ouvem, os mortos ressuscitam e aos pobres é anunciado o Evangelho; ²³e feliz aquele que não ficar escandalizado por causa de mim!"

²⁴Tendo partido os enviados de João, Jesus começou a falar às multidões a respeito de João: "Que fostes ver no deserto? Um caniço agitado pelo vento? ²⁵Mas que fostes ver? Um homem vestido com vestes finas? Ora, os que usam vestes suntuosas e vivem em delícias estão nos palácios reais. ²⁶Então, que fostes ver? Um profeta? Eu vos afirmo que sim, e mais do que profeta. ²⁷É dele que está escrito:

Eis que eu envio meu mensageiro à tua frente,
ele preparará o teu caminho diante de ti.

²⁸Digo-vos que dentre os nascidos de mulher não há maior do que João; mas o menor no Reino de Deus é maior do que ele." ²⁹Todo o povo que o ouviu, e os próprios publicanos, proclamaram a justiça de Deus, recebendo o batismo de João; ³⁰os fariseus e os legistas, porém, não querendo ser batizados por ele, aniquilaram para si próprios o desígnio de Deus.

---

a) Era, sem dúvida, como Cornélio (At 10,1-2+), pagão simpatizante do judaísmo.

b) Var.: "e meu criado será curado".

c) Narração peculiar a Lc, que prepara a resposta de Jesus aos enviados de João (7,22).

Julgamento de Jesus sobre sua geração — ³¹A quem, pois, compararei os homens desta geração? Com quem se parecem? ³²São como crianças sentadas numa praça, a se desafiarem mutuamente:

'Nós vos tocamos flauta,
mas não dançastes!
Nós entoamos lamentações,
mas não chorastes!'

³³Com efeito, veio João Batista, que não come pão e não bebe vinho, e dizeis: 'O demônio está nele!' ³⁴Veio o Filho do Homem, que come e bebe, e dizeis: 'Eis aí um glutão e beberrão, amigo de publicanos e pecadores'. ³⁵Mas a Sabedoria é justificada por todos os seus filhos".[a]

A pecadora perdoada e que ama[b] — ³⁶Um fariseu convidou-o a comer com ele. Jesus entrou, pois, na casa do fariseu e reclinou-se à mesa. ³⁷Apareceu então uma mulher da cidade, uma pecadora. Sabendo que ele estava à mesa na casa do fariseu, trouxe um frasco de alabastro com perfume.
³⁸E, ficando por detrás, aos pés dele, chorava; e com as lágrimas começou a banhar-lhe os pés, a enxugá-los com os cabelos, a cobri-los de beijos e a ungi-los com o perfume.
³⁹Vendo isso, o fariseu que o havia convidado pôs-se a refletir: "Se este homem fosse profeta, saberia bem quem é a mulher que o toca, porque é uma pecadora!" ⁴⁰Jesus, porém, tomando a palavra, disse-lhe: "Simão, tenho uma coisa a dizer-te". — "Fala, Mestre", respondeu ele. ⁴¹"Um credor tinha dois devedores; um lhe devia quinhentos denários e o outro cinquenta. ⁴²Como não tivessem com que pagar, perdoou a ambos. Qual dos dois o amará mais?" ⁴³Simão respondeu: "Suponho que aquele ao qual mais perdoou". Jesus lhe disse: "Julgaste bem".
⁴⁴E, voltando-se para a mulher, disse a Simão: "Vês esta mulher? Entrei em tua casa e não me derramaste água nos pés; ela, ao contrário, regou-me os pés com lágrimas e enxugou-os com os cabelos. ⁴⁵Não me deste um ósculo; ela, porém, desde que entrei,[c] não parou de cobrir-me os pés de beijos. ⁴⁶Não me derramaste óleo na cabeça; ela, ao invés, ungiu-me os pés com perfume. ⁴⁷Por essa razão, eu te digo, seus numerosos pecados lhe são perdoados, porque ela demonstrou muito amor".[d] Mas aquele a quem pouco foi perdoado mostra pouco amor". ⁴⁸Em seguida, disse à mulher: "Teus pecados são perdoados". ⁴⁹Logo os convivas começaram a refletir: "Quem é este que até perdoa pecados?" ⁵⁰Ele, porém, disse à mulher: "Tua fé te salvou; vai em paz".

8

A companhia feminina de Jesus — ¹Depois disso, ele andava por cidades e povoados, pregando e anunciando a Boa Nova do Reino de Deus. Os Doze o acompanhavam, ²assim como algumas mulheres que haviam sido curadas de espíritos malignos e doenças: Maria, chamada Madalena, da qual haviam saído sete demônios, ³Joana, mulher de Cuza, o procurador de Herodes, Susana e várias outras, que o serviam com seus bens.

---

a) Var.: "por suas próprias obras" (cf. Mt 11,19+). — Os filhos da Sabedoria, isto é, de Deus, soberanamente sábio (cf. Pr 8,22+), reconhecem e acolhem as obras de Deus.
b) Episódio peculiar a Lc, diferente da unção de Betânia (Mt 26,6-13p), que entretanto, poderia ter exercido influência sobre algumas minúcias do relato atual. A pecadora desse episódio não deve ser identificada nem com Maria de Betânia, irmã de Marta (10,39; cf. Jo 11,1s; 12,2s), nem tampouco com Maria Madalena (8,2).
c) Var.: "desde que ela entrou".
d) Na primeira parte desse versículo, o amor aparece como causa do perdão; na segunda, é o efeito dele. Essa antinomia se origina do texto complexo da perícope. Em 37-38.44-46, os gestos da mulher testemunham um grande amor, que lhe merece o perdão das faltas; daí a conclusão 47a. Mas, em 40-43, foi inserida uma parábola, cuja lição é inversa: maior perdão acarreta amor maior; donde a conclusão 47b.

LUCAS 8

Parábola do semeador — ⁴Reunindo-se numerosa multidão que de cada cidade vinha até ele, Jesus falou em parábola:

⁵"O semeador saiu a semear sua semente. Ao semeá-la, uma parte da semente caiu ao longo do caminho, foi pisada e as aves do céu a comeram. ⁶Outra parte caiu sobre a pedra e, tendo germinado, secou por falta de umidade. ⁷Outra caiu no meio dos espinhos, e os espinhos, nascendo com ela, abafaram-na. ⁸Outra parte, finalmente, caiu em terra fértil, germinou e deu fruto ao cêntuplo". E, dizendo isso, exclamava: "Quem tem ouvidos para ouvir, ouça!"

Por que Jesus fala em parábolas — ⁹Seus discípulos perguntavam-lhe o que significaria tal parábola. ¹⁰Ele respondeu: "A vós foi dado conhecer os mistérios do Reino de Deus; aos outros, porém, em parábolas, a fim de que *vejam sem ver e ouçam sem entender.*

Explicação da parábola do semeador — ¹¹Eis, pois, o que significa essa parábola: A semente é a Palavra de Deus. ¹²Os que estão ao longo do caminho são os que ouvem, mas depois vem o diabo e arrebata-lhes a Palavra do coração, para que não creiam e não sejam salvos. ¹³Os que estão sobre a pedra são os que, ao ouvirem, acolhem a Palavra com alegria, mas não têm raízes, pois creem apenas por um momento e na hora da tentação desistem. ¹⁴Aquilo que caiu nos espinhos são os que ouviram, mas, caminhando sob o peso dos cuidados, da riqueza e dos prazeres da vida, ficam sufocados e não chegam à maturidade. ¹⁵O que está em terra boa são os que, tendo ouvido a Palavra com coração nobre e generoso, conservam-na e produzem fruto pela perseverança.

Como receber e transmitir o ensinamento de Jesus — ¹⁶Ninguém acende uma lâmpada para a cobrir com um recipiente, nem para colocá-la debaixo da cama; ao contrário, coloca-a num candelabro, para que aqueles que entram vejam a luz. ¹⁷Pois nada há de oculto que não se torne manifesto, e nada em segredo que não seja conhecido e venha à luz do dia. ¹⁸Cuidai, portanto, do modo como ouvis! Pois ao que tem, será dado; e ao que não tem, mesmo o que pensa ter, lhe será tirado".

Os verdadeiros parentes de Jesusª — ¹⁹Sua mãe e seus irmãos chegaram até ele, mas não podiam abordá-lo por causa da multidão. ²⁰Avisaram-no então: "Tua mãe e teus irmãos estão lá fora, querendo te ver". ²¹Mas ele respondeu: "Minha mãe e meus irmãos são aqueles que ouvem a Palavra de Deus e a põem em prática".

A tempestade acalmada — ²²Certo dia, ele subiu a um barco com os discípulos e disse-lhes: "Passemos à outra margem do lago". E fizeram-se ao largo. ²³Enquanto navegavam, ele adormeceu. Desabou então uma tempestade de vento no lago; o barco se enchia de água e eles corriam perigo. ²⁴Aproximando-se dele, despertaram-no, dizendo: "Mestre, Mestre, perecemos!" Ele, porém, levantando-se, conjurou severamente o vento e o tumulto das ondas; apaziguaram-se e houve bonança. ²⁵Disse-lhes então: "Onde está a vossa fé?" Com medo e espantados, eles diziam entre si: "Quem é este, que manda até nos ventos e nas ondas, e eles lhe obedecem?"

O endemoninhado geraseno — ²⁶Navegaram em direção à região dos gerasenos,ᵇ que está do lado contrário da Galileia. ²⁷Ao pisarem terra firme, veio ao seu encontro um homem da cidade, possesso de demônios.

---

a) Lc inseriu aqui essa perícope, colocada mais acima por Mc 3,31-35, porque a considerou própria para conclusão de seu pequeno conjunto sobre o ensinamento em parábolas de Jesus; comparar os vv. 15 e 21.
b) Var.: "gergesenos", "gadarenos".

Havia muito que andava sem roupas e não habitava em casa alguma, mas em sepulturas. ²⁸Logo que viu a Jesus começou a gritar, caiu-lhe aos pés e disse em alta voz: "Que queres de mim, Jesus, filho do Deus Altíssimo? Peço-te que não me atormentes". ²⁹Jesus, com efeito, ordenava ao espírito impuro que saísse do homem, pois se apossava dele com frequência. Para guardá-lo, prendiam-no com grilhões e algemas, mas ele arrebentava as correntes e era impelido pelo demônio para os lugares desertos. ³⁰Jesus perguntou-lhe: "Qual é o teu nome?" — "Legião", respondeu, porque muitos demônios haviam entrado nele. ³¹E rogavam-lhe que não os mandasse ir para o abismo.ᵃ

³²Ora, havia ali, pastando na montanha, numerosa manada de porcos. Os demônios rogavam que Jesus lhes permitisse entrar nos porcos. E ele o permitiu. ³³Os demônios então saíram do homem, entraram nos porcos e a manada se arrojou pelo precipício, dentro do lago, e se afogou.

³⁴Vendo o acontecido, os que apascentavam os porcos fugiram, contando o fato na cidade e pelos campos. ³⁵As pessoas então saíram para ver o que acontecera. Foram até Jesus e encontraram o homem, do qual haviam saído os demônios, sentado aos pés de Jesus,ᵇ vestido e em são juízo. E ficaram com medo. ³⁶As testemunhas então contaram-lhes como fora salvo o endemoninhado. ³⁷E toda a população do território dos gerasenos pediu que Jesus se retirasse, porque estavam com muito medo. E ele, tomando o barco, voltou.

³⁸O homem do qual haviam saído os demônios pediu para ficar com ele; Jesus, porém, o despediu, dizendo: ³⁹"Volta para tua casa e conta tudo o que Deus fez por ti". E ele se foi proclamando pela cidade inteira tudo o que Jesus havia feito em seu favor.

Cura de uma hemorroíssa e ressurreição da filha de Jairo — ⁴⁰Ao voltar, Jesus foi acolhido pela multidão, pois todos o esperavam. ⁴¹Chegou então um homem chamado Jairo, chefe da sinagoga. Caindo aos pés de Jesus, rogava-lhe que entrasse em sua casa, ⁴²porque sua filha única, de mais ou menos doze anos, estava à morte. Enquanto ele se encaminhava para lá, as multidões se aglomeravam a ponto de sufocá-lo.

⁴³Certa mulher, porém, que sofria de fluxo de sangue, fazia doze anos, e que ninguém pudera curar,ᶜ ⁴⁴aproximou-se por detrás e tocou a extremidade de sua veste; no mesmo instante, o fluxo de sangue parou. ⁴⁵E Jesus perguntou: "Quem me tocou?" Como todos negassem, Pedro disse: "Mestre, a multidão te comprime e te esmaga". ⁴⁶Jesus insistiu: "Alguém me tocou; eu senti que uma força saía de mim". ⁴⁷A mulher, vendo que não podia se ocultar, veio tremendo, caiu-lhe aos pés e declarou diante de todos por que razão o tocara, e como ficara instantaneamente curada. ⁴⁸Ele disse: "Minha filha, tua fé te salvou; vai em paz".

⁴⁹Ele ainda falava, quando chegou alguém da casa do chefe da sinagoga e lhe disse: "Tua filha morreu; não perturbes mais o Mestre". ⁵⁰Mas Jesus, que havia escutado, disse-lhe: "Não temas; crê somente, e ela será salva". ⁵¹Ao chegar à casa, não deixou que entrassem consigo senão Pedro, João e Tiago,ᵈ assim como o pai e a mãe da menina. ⁵²Todos choravam e batiam no

---

a) Em vez de: "expulsasse do país" (Mc 5,10). Os demônios pedem a Jesus que não os mande de novo às profundezas da terra, sua morada normal e definitiva (Ap 9,1.2.11; 11,7; 17,8; 20,1.3).
b) Numa atitude de discípulo (8,38; cf. 10,39; At 22,3). Traço acrescentado por Lc.
c) Var.: "certa mulher que, tendo gasto com os médicos toda a fortuna, por nenhum pôde ser curada" (cf. Mc 5,26).
d) Cf. Mc 5,37+. Mas, aqui como em 9,28; At 1,13, João figura imediatamente depois de Pedro. Esse modo de associar Pedro a João é comum a Lc (22,8; At 3,1.3.11; 4,13.19; 8,14) e ao quarto evangelho (Jo 13,23-26; 18,15-16; 20,3-9; 21,7.20-23).

peito por causa dela. Ele disse: "Não choreis! Ela não morreu; dorme". ⁵³E caçoavam dele, pois sabiam que ela estava morta. ⁵⁴Ele, porém, tomando-lhe a mão, chamou-a dizendo: "Criança, levanta-te!" ⁵⁵O espírito dela voltou e, no mesmo instante, ela ficou de pé. E ele mandou que lhe dessem de comer. ⁵⁶Seus pais ficaram espantados. Ele, porém, ordenou-lhes que a ninguém contassem o que acontecera.

9

Missão dos Doze — ¹Convocando os Doze,ᵃ deu-lhes poder e autoridade sobre todos os demônios, bem como para curar doenças, ²e enviou-os a proclamar o Reino de Deus e a curar. ³E disse-lhes: "Não leveis para a viagem, nem bastão, nem alforje, nem pão, nem dinheiro; tampouco tenhais duas túnicas. ⁴Em qualquer casa em que entrardes, permanecei ali até vos retirardes do lugar. ⁵Quanto àqueles que não vos acolherem, ao sairdes da cidade sacudi a poeira de vossos pés em testemunho contra eles". ⁶Eles então partiram, indo de povoado em povoado, anunciando a Boa Nova e operando curas por toda a parte.

Herodes e Jesusᵇ — ⁷O tetrarca Herodes, porém, ouviu tudo o que se passava, e ficou muito perplexo por alguns dizerem: "É João que foi ressuscitado dos mortos"; ⁸e outros: "É Elias que reapareceu"; e outros ainda: "É um dos antigos profetas que ressuscitou". ⁹Herodes, porém, disse: "A João, eu o mandei decapitar. Quem é esse, portanto, de quem ouço tais coisas?" E queria vê-lo.

Volta dos apóstolos e multiplicação dos pãesᶜ — ¹⁰Ao voltarem, os apóstolos narraram-lhe tudo o que haviam feito. Tomou-os então consigo e retirou-se à parte, em direção a uma cidade chamada Betsaida. ¹¹As multidões, porém, percebendo isso, foram atrás dele. E, acolhendo-as, falou-lhes do Reino de Deus e aos necessitados de cura restituiu a saúde.

¹²O dia começava a declinar. Aproximaram-se os Doze e disseram-lhe: "Despede a multidão, para que vão aos povoados e campos vizinhos procurar pousada e alimento, pois estamos num lugar deserto". ¹³Ele, porém, lhes disse: "Dai-lhes vós mesmos de comer". Replicaram: "Não temos mais que cinco pães e dois peixes; a não ser que fôssemos comprar alimento para todo esse povo". ¹⁴Com efeito, eram quase cinco mil homens. Ele, porém, disse a seus discípulos: "Fazei-os acomodar-se por grupos de uns cinquenta". ¹⁵Assim fizeram, e todos se acomodaram. ¹⁶E tomando os cinco pães e os dois peixes, ele elevou os olhos para o céu, os abençoou, partiu-os e deu aos discípulos para que os distribuíssem à multidão. ¹⁷Todos comeram e ficaram saciados, e foi recolhido o que sobrou dos pedaços: doze cestos!

Profissão de fé de Pedroᵈ — ¹⁸Certo dia, ele orava em particular, cercado dos discípulos, aos quais perguntou: "Quem sou eu, no dizer das multidões?"

---

a) Ad.: "apóstolos".
b) Em vez de narrar o assassínio de João Batista, Lc prepara ("queria vê-lo", v. 9) o futuro encontro entre Herodes e Jesus (23,8-12).
c) Lc refere apenas uma multiplicação dos pães, como João, enquanto Mt e Mc narram duas. Pode ser que omitiu, ou ignorou, toda a seção de Mc 6,45-8,26, na qual se encontra a segunda multiplicação. Mas pode ser também, e melhor ainda, que evite uma duplicata de Mc e Mt, nos quais as duas narrativas multiplicação dos pães parecem provir de duas tradições paralelas do mesmo evento, uma nascida no ambiente palestiniano (margem ocidental do lago, cf. Mt 14,13+; doze cestos como as doze tribos de Israel), outra originária de um meio cristão derivado do paganismo (margem oriental, cf. Mc 7,31; sete cestos como as sete nações pagãs de Canaã antes da conquista: Dt 7,1; At 13,19. Cf. Mt 14,13+).
d) Também sem a adição de Mt "Filho de Deus" (cf. Mt 16,16+), essa confissão de Pedro, que fala em nome do grupo apostólico, é de grande importância e assinala guinada decisiva na carreira terrestre de Jesus. Enquanto a multidão se desvia em suas cogitações a respeito dele e se afasta cada vez mais, seus discípulos reconhecem pela primeira vez, de maneira explícita, que ele é o Messias (cf. 2,26+). Daí por diante, Jesus consagrará seus esforços a formar esse pequeno núcleo dos primeiros crentes e a purificar sua fé.

¹⁹Eles responderam: "João Batista; outros, Elias; outros, porém, um dos antigos profetas que ressuscitou". ²⁰Ele replicou: "E vós, quem dizeis que eu sou?" Pedro então respondeu: "O Cristo de Deus". ²¹Ele, porém, proibiu-lhes severamente anunciar isso a alguém.

*Primeiro anúncio da paixão*ᵃ — ²²E disse: "É necessário que o Filho do Homem sofra muito, seja rejeitado pelos anciãos, chefes dos sacerdotes e escribas, seja morto e ressuscite ao terceiro dia".

Condições para seguir a Jesus — ²³Dizia ele a todos: "Se alguém quer vir após mim, renuncie a si mesmo, tome sua cruz cada dia e siga-me. ²⁴Pois aquele que quiser salvar sua vida a perderá, mas o que perder sua vida por causa de mim, a salvará. ²⁵Com efeito, que aproveita ao homem ganhar o mundo inteiro, se se perder ou arruinar a si mesmo? ²⁶Pois quem se envergonhar de mim e de minhas palavras, o Filho do Homem dele se envergonhará, quando vier em sua glória e na do Pai e dos santos anjos.

A vinda próxima do Reino — ²⁷Eu vos digo, verdadeiramente, que alguns dos que aqui estão presentes não provarão a morte antes de terem visto o Reino de Deus".

*A transfiguração*ᵇ — ²⁸Mais ou menos oito dias depois dessas palavras, tomando consigo a Pedro, João e Tiago, ele subiu à montanha para orar. ²⁹Enquanto orava, o aspecto de seu rosto se alterou, suas vestes tornaram-se de fulgurante brancura. ³⁰E eis que dois homens conversavam com ele: eram Moisés e Eliasᶜ que, ³¹aparecendo envoltos em glória, falavam de seu êxodo que se consumaria em Jerusalém. ³²Pedro e os companheiros estavam pesados de sono. Ao despertarem,ᵈ viram sua glória e os dois homens que estavam com ele. ³³E quando estes iam se afastando, Pedro disse a Jesus: "Mestre, é bom estarmos aqui; façamos, pois, três tendas, uma para ti, outra para Moisés e outra para Elias", mas sem saber o que dizia. ³⁴Ainda falava, quando uma nuvem desceu e os cobriu com sua sombra; e ao entrarem na nuvem, os discípulos se atemorizaram. ³⁵Da nuvem, porém, veio uma voz, dizendo: "Este é o meu Filho, o Eleito;ᵉ ouvi-o". ³⁶Ao ressoar essa voz, Jesus ficou sozinho. Os discípulos mantiveram silêncio e, naqueles dias, a ninguém contaram coisa alguma do que tinham visto.

O endemoninhado epiléptico — ³⁷No dia seguinte, ao descerem da montanha veio ao seu encontro grande multidão. ³⁸E eis que um homem da multidão gritou: "Mestre, rogo-te que venhas ver o meu filho, porque é meu filho único. ³⁹Eis que um espírito o toma e subitamente grita, sacode-o com violência e o faz espumar; é com grande dificuldade que o abandona, deixando-o dilacerado.

---

a) Esse anúncio será seguido de vários outros (9,44; 12,50; 17,25; 18,31-33; cf. 24,7.25-27). — Lc omite a intervenção de Pedro e a repreensão de Jesus (Mc 8,32s).
b) Numerosos traços originais indicam em Lc fonte diversa da de Mc. Do conjunto destaca-se a apresentação da transfiguração diferente da que fazem Mt e Mc. Enquanto Mt valoriza a manifestação de Jesus como novo Moisés (cf. 17,1+) e Mc descreve a epifania do Messias oculto (cf. Mc 9,2+), Lc, ou ao menos a fonte que ele combina com Mc, pensa mais numa experiência pessoal de Jesus que, durante uma oração ardente e transformante, recebe a revelação sobre a "partida" (lit.: "êxodo"), isto é, a morte (cf. Sb 3,2; 7,6; 2Pd 1,15), que deve sofrer em Jerusalém, a cidade que mata os profetas (cf. 13,33-34).
c) Moisés e Elias são nomeados apenas para identificar os "dois homens" mencionados no início; pode-se pensar que, na fonte combinada por Lc com Mc, se tratava de dois anjos (cf. 24,4; At 1,10), que instruíam e confortavam Jesus (cf. 22,43). Quanto ao significado de Moisés e Elias na tradição de Mt, cf. Mt 17,1+.
d) Ou antes: "Tendo ficado, mesmo assim, acordados". Esse sono pesado dos discípulos, peculiar a Lc, lembra o do Getsêmani (22,45), onde é mais natural e de onde poderia provir.
e) Var.: "meu Filho amado" (cf. Mt e Mc). — O título de "Eleito" (cf. 23,35; Is 42,1) alterna com o de "Filho do Homem" nas *Parábolas de Henoc*.

⁴⁰"Pedi aos teus discípulos que o expulsassem mas eles não puderam". ⁴¹Jesus respondeu: "Ó geração incrédula e perversa, até quando estarei convosco e vos suportarei? Traze aqui teu filho". ⁴²Estava ainda se aproximando, quando o demônio o jogou por terra e agitou-o com violência. Jesus, porém, conjurou severamente o espírito impuro, curou a criança e a devolveu ao pai. ⁴³E todos se maravilhavam com a grandeza de Deus.

Segundo anúncio da paixão — Enquanto todos se admiravam de tudo o que ele fazia, disse aos discípulos: ⁴⁴"Quanto a vós, abri bem os ouvidos às seguintes palavras: o Filho do Homem será entregue às mãos dos homens". ⁴⁵Eles, porém, não compreendiam tal palavra; era-lhes velada para que não a entendessem; e tinham medo de interrogá-lo sobre isso.

Quem é o maior[a] — ⁴⁶Houve entre eles uma discussão: qual deles seria o maior? ⁴⁷Jesus, porém, conhecendo o pensamento de seus corações, tomou uma criança, colocou-a a seu lado ⁴⁸e disse-lhes: "Aquele que receber uma criança como esta por causa do meu nome, recebe a mim, e aquele que me receber recebe aquele que me enviou; com efeito, aquele que no vosso meio for o menor, esse será grande".

Uso do nome de Jesus — ⁴⁹João tomou a palavra e disse: "Mestre, vimos alguém expulsar demônios em teu nome e quisemos impedi-lo[b] porque ele não te segue conosco". ⁵⁰Jesus, porém, lhe disse: "Não o impeçais, pois quem não é contra vós está a vosso favor".

IV. A subida para Jerusalém[c]

Má acolhida num povoado da Samaria — ⁵¹Quando se completaram os dias de sua assunção,[d] ele tomou resolutamente o caminho de Jerusalém ⁵²e enviou mensageiros à sua frente. Estes puseram-se a caminho e entraram num povoado de samaritanos, a fim de preparar-lhe tudo. ⁵³Eles, porém, não o receberam, pois caminhava para Jerusalém.[e] ⁵⁴Em vista disso, os discípulos Tiago e João disseram: "Senhor, queres que ordenemos desça fogo do céu para consumi-los?"[f] ⁵⁵Ele, porém, voltando-se, repreendeu-os.[g] ⁵⁶E partiram para outro povoado.

---

a) A resposta tópica a essa questão dá-se no v. 48b, sob forma mais primitiva do que em Mt 18,3-4 ou Mc 9,35. O *logion* do v. 48a (cf. Mt 18,5; Mc 9,37) é tirado de outro contexto (cf. Mt 10,40).

b) Var.; "nós o impedimos".

c) De 9,51 a 18,14, Lc se afasta de Mc. Ele apresenta, no quadro literário fornecido por Mc 10,1, uma subida a Jerusalém (9,53.57; 10,1; 13,22.33; 17,11; cf. 2,38+). Apresenta aí materiais que hauriu de coleção igualmente utilizada por Mt e de outras tradições que lhe são próprias. Enquanto Mt desmembrou essa coleção para espalhar os fragmentos por todo o evangelho, Lc preferiu reproduzi-la em bloco, precisamente nesta seção 9,51-18,14, para a qual fornece a contribuição principal.

d) A "assunção" ou "arrebatamento" de Jesus (cf. 2Rs 2,9-11; Mc 16,19; At 1,2.10-11; 1Tm 3,16) compreende os últimos dias de seu destino de sofrimento e os primeiros dias de seu destino glorioso (paixão, morte, ressurreição e ascensão). João empregará, para o mesmo conjunto, o termo mais teológico "glorificar" (Jo 7,39; 12,16.23; 13,31s); a crucifixão será para ele uma "elevação" (Jo 12,32+).

e) Os samaritanos, sempre muito mal dispostos para com os judeus (Jo 4,9+), deviam mostrar-se particularmente hostis para com os peregrinos que se dirigiam a Jerusalém. Assim evitava-se geralmente a travessia de seu território (cf. Mt 10,5). Lc e Jo (4,1-42) são os únicos a mencionar a passagem de Jesus pelo território cismático (cf. 17,11.16). Logo em seguida, a Igreja primitiva imitará o Mestre (At 8,5-25).

f) Ad.: "como fez Elias". — Alusão a 2Rs 1,10-12. Tiago e João se mostram verdadeiros "filhos do trovão" (Mc 3,17).

g) Ad.: "Não sabeis de que espírito sois. Pois o Filho do Homem não veio para perder a vida dos homens, mas para salvá-la". Leitura que se suspeita ser de origem marcionita.

Exigências da vocação apostólica — ⁵⁷Enquanto prosseguiam viagem, alguém lhe disse na estrada: "Eu te seguirei para onde quer que vás". ⁵⁸Ao que Jesus respondeu: "As raposas têm tocas e as aves do céu, ninhos; mas o Filho do Homem não tem onde reclinar a cabeça". ⁵⁹Disse a outro: "Segue-me". Este respondeu:ᵃ "Permite-me ir primeiro enterrar meu pai". ⁶⁰Ele replicou: "Deixa que os mortos enterrem seus mortos;ᵇ quanto a ti, vai anunciar o Reino de Deus". ⁶¹Outro disse-lhe ainda: "Eu te seguirei, Senhor, mas permite-me primeiro despedir-me dos que estão em minha casa". ⁶²Jesus, porém, lhe respondeu: "Quem põe a mão no arado e olha para trás não é apto para o Reino de Deus".

10 *Missão dos setenta e dois discípulosᶜ* — ¹Depois disso, o Senhor designou outros setenta e dois, e os enviou dois a dois à sua frenteᵈ a toda cidade e lugar aonde ele próprio devia ir. ²E dizia-lhes: "A colheita é grande, mas os operários são poucos. Pedi, pois, ao Senhor da colheita que envie operários para sua colheita. ³Ide! Eis que vos envio como cordeiros entre lobos. ⁴Não leveis bolsa, nem alforje, nem sandálias, e a ninguém saudeis pelo caminho. ⁵Em qualquer casa em que entrardes, dizei primeiro: 'Paz a esta casa!' ⁶E se lá houver um filho de paz,ᵉ a vossa paz repousará sobre ele; senão, voltará a vós. ⁷Permanecei nessa casa, comei e bebei do que tiverem, pois o operário é digno do seu salário. Não passeis de casa em casa. ⁸Em qualquer cidade em que entrardes e fordes recebidos, comei o que vos servirem; ⁹curai os enfermos que nela houver e dizei ao povo: 'O Reino de Deus está próximo de vós'. ¹⁰Mas em qualquer cidade em que entrardes e não fordes recebidos, saí para as praças e dizei: ¹¹'Até a poeira da vossa cidade que se grudou aos nossos pés, nós a sacudimos para deixá-la para vós. Sabei, no entanto, que o Reino de Deus está próximo'. ¹²Digo-vos que, naquele Dia, haverá menos rigor para Sodoma do que para aquela cidade. ¹³Ai de ti, Corazim! Ai de ti, Betsaida! Pois se em Tiro e Sidônia tivessem sido realizados os milagres que em vós se realizaram, há muito teriam se convertido, vestindo-se de cilício e sentando-se sobre cinzas. ¹⁴Assim, no Julgamento, haverá menos rigor para Tiro e Sidônia do que para vós. ¹⁵E tu, Cafarnaum, *te elevarás até ao céu? Antes, até ao inferno descerás*! ¹⁶Quem vos ouve a mim ouve, quem vos despreza a mim despreza, e quem me despreza, despreza aquele que me enviou".

Qual é o motivo de alegria para os apóstolos — ¹⁷Os setenta e dois voltaram com alegria, dizendo: "Senhor, até os demônios se nos submetem em teu nome!" ¹⁸Ele lhes disse: "Eu via Satanás cair do céu como um relâmpago! ¹⁹Eis que vos dei o poder de *pisar serpentes*, escorpiões e todo o poder do Inimigo, e nada poderá vos causar dano. ²⁰Contudo, não vos alegreis porque os espíritos se vos submetem; alegrai-vos, antes, porque vossos nomes estão inscritos nos céus".

O Evangelho revelado aos simples. O Pai e o Filho — ²¹Naquele momento, ele exultou de alegria sob a ação do Espírito Santo e disse: "Eu te louvo,

---

a) Ad.: "Senhor" (cf. Mt 8,21).
b) O *logion* joga com o duplo sentido, físico e espiritual, da palavra "morto".
c) A coleção de *logia* usada por Mt e Lc continha um discurso de missão, paralelo ao de Mc 6,8-11. Enquanto Mt combinou essas duas versões num só discurso (10,7-16), Lc as manteve distintas em dois discursos: um dirigido aos Doze, número de Israel, o outro dirigido aos setenta e dois (ou setenta) discípulos, número

tradicional das nações pagãs. Comparar o caso das duas multiplicações dos pães (cf. Mt 14,13+).
d) Não como 9,52, para prepararem hospedagem e alimento, mas para lhe servirem de precursores espirituais.
e) Hebraísmo: alguém que é digno de "paz", isto é, o conjunto dos bens temporais e espirituais de que essa saudação é augúrio (cf. Jo 14,27).

ó Pai, Senhor do céu e da terra, porque ocultaste essas coisas aos sábios e entendidos, e as revelaste aos pequeninos. Sim, ó Pai, porque assim foi do teu agrado. ²²ᵃTudo me foi entregue por meu Pai e ninguém conhece quem é o Filho senão o Pai, e quem é o Pai senão o Filho e aquele a quem o Filho o quiser revelar".

O privilégio dos discípulos — ²³E, voltando-se para os discípulos, disse-lhes a sós: "Felizes os olhos que veem o que vós vedes! ²⁴Pois eu vos digo que muitos profetas e reis quiseram ver o que vós vedes, mas não viram, ouvir o que ouvis, mas não ouviram".ᵇ

O grande mandamento — ²⁵E eis que um legista se levantou e disse para experimentá-lo: "Mestre, que farei para herdar a vida eterna?" ²⁶Ele disse: "Que está escrito na Lei? Como lês?" ²⁷Ele, então, respondeu: "*Amarás o Senhor teu Deus, de todo o teu coração, de toda a tua alma, com toda a tua força e de todo o teu entendimento; e a teu próximo como a ti mesmo*". ²⁸Jesus disse: "Respondeste corretamente; faze isso e viverás".

Parábola do bom samaritano — ²⁹Ele, porém, querendo se justificar,ᶜ disse a Jesus: "E quem é meu próximo?" ³⁰Jesus retomou: "Um homem descia de Jerusalém a Jericó, e caiu no meio de assaltantes que, após havê-lo despojado e espancado, foram-se, deixando-o semimorto. ³¹Casualmente, descia por esse caminho um sacerdote; viu-o e passou adiante. ³²Igualmente um levita, atravessando esse lugar, viu-o e prosseguiu. ³³Certo samaritanoᵈ em viagem, porém, chegou junto dele, viu-o e moveu-se de compaixão. ³⁴Aproximou-se, cuidou de suas chagas, derramando óleo e vinho, depois colocou-o em seu próprio animal, conduziu-o à hospedaria e dispensou-lhe cuidados. ³⁵No dia seguinte, tirou dois denários e deu-os ao hospedeiro, dizendo: 'Cuida dele, e o que gastares a mais, em meu regresso te pagarei'. ³⁶Qual dos três, em tua opinião, foi o próximo do homem que caiu nas mãos dos assaltantes?" ³⁷Ele respondeu: "Aquele que usou de misericórdia para com ele". Jesus então lhe disse: "Vai, e também tu, faze o mesmo".

*Marta e Maria*ᵉ — ³⁸Estando em viagem, entrou num povoado, e certa mulher, chamada Marta, recebeu-o em sua casa. ³⁹Sua irmã, chamada Maria, ficou sentada aos pés do Senhor, escutando-lhe a palavra. ⁴⁰Marta estava ocupada pelo muito serviço. Parando, por fim, disse: "Senhor, a ti não importa que minha irmã me deixe assim sozinha a fazer o serviço? Dize-lhe, pois, que me ajude". ⁴¹O Senhor, porém, respondeu: "Marta, Marta, tu te inquietas e te agitas por muitas coisas; ⁴²no entanto, pouca coisa é necessária, até mesmo uma só.ᶠ Maria, com efeito, escolheu a melhor parte, que não lhe será tirada".

11 *O pai-nosso* — ¹Estando em certo lugar, orando, ao terminar, um de seus discípulos pediu-lhe: "Senhor, ensina-nos a orar, como João ensinou a seus discípulos". ²Respondeu-lhes: "Quando orardes, dizei:ᵍ

---

a) Ad.: "E voltando-se para os discípulos, disse".
b) São Paulo insistiu bastante nos prolongados silêncios que cercaram o "Mistério" (Rm 16,25+; ver também 1Pd 1,11-12).
c) Por ter feito a pergunta.
d) De um lado, quem estava em Israel, mais obrigado a observar a lei da caridade, de outro, o estrangeiro e o herege (Jo 8,48; cf. Lc 9,53+), do qual não se esperava normalmente senão ódio.

e) As duas irmãs reaparecem com os mesmos traços característicos no relato da ressurreição de Lázaro (Jo 11,1-44).
f) Var.: "no entanto, uma só coisa é necessária", "no entanto, pouca coisa é necessária", leituras que mutilam o texto e alteram o sentido. — Jesus passa da perspectiva da refeição ("pouca coisa é necessária") à do único necessário.
g) O texto de Mt contém sete petições, o de Lc apenas cinco. (Cf. Mt 6,9+).

Pai, santificado seja o teu Nome; ‖ Mt 6,9-13
venha o teu Reino;
³ o pão nosso cotidiano dá-nos a cada dia;ᵃ
⁴ perdoa-nos os nossos pecados,ᵇ
pois também nós perdoamos aos nossos
devedores;
e não nos deixes cair na tentação".ᶜ

O amigo importuno — ⁵Disse-lhes ainda: "Quem dentre vós, se tiver um 18,1-8
amigo e for procurá-lo no meio da noite, dizendo: 'Meu amigo, empresta-me
três pães, ⁶porque chegou de viagem um dos meus amigos e nada tenho para
lhe oferecer', ⁷e ele responder de dentro: 'Não me importunes; a porta já está
fechada, e meus filhos e eu estamos na cama; não posso me levantar para
dá-los a ti'; ⁸digo-vos, mesmo que não se levante para dá-los por ser amigo,
levantar-se-á ao menos por causa da sua insistência, e lhe dará tudo aquilo
de que precisa.

Eficácia da oração — ⁹Também eu vos digo: Pedi e vos será dado; buscai e ‖ Mt 7,7-11
achareis; batei e vos será aberto. ¹⁰Pois todo o que pede, recebe; o que busca, Jo 14,13-14 +
acha; e ao que bate, se abrirá. ¹¹Quem de vós, sendo pai, se o filho lhe pedir
um peixe, em vez do peixe lhe dará uma serpente?ᵈ ¹²Ou ainda, se pedir um
ovo, lhe dará um escorpião? ¹³Ora, se vós, que sois maus, sabeis dar coisas Jo 14,13-16
boas aos vossos filhos, quanto mais o Pai do céu dará o Espírito Santoᵉ aos
que o pedirem!"

Jesus e Beelzebu — ¹⁴Ele expulsava um demônio que era mudo. Ora, quando ‖ Mt 12,22-29
o demônio saiu, o mudo falou e as multidões ficaram admiradas. ¹⁵Alguns Mc 3,22-27
dentre eles, porém, disseram: "É por Beelzebu, o príncipe dos demônios, que
ele expulsa os demônios". ¹⁶Outros, para pô-lo à prova, pediam-lhe um sinal ‖ Mt 16,1
vindo do céu. ¹⁷Ele, porém, conhecendo-lhes os pensamentos, disse: "Todo Mc 8,11
reino dividido contra si mesmo acaba em ruínas, e uma casa cai sobre outra. = Lc 11,29
¹⁸Ora, até mesmo Satanás, se estiver dividido contra si mesmo, como subsistirá
seu reinado?... Vós dizeis que é por Beelzebuᶠ que eu expulso os demônios;
¹⁹ora, se é por Beelzebu que eu expulso os demônios, por quem os expulsam
vossos filhos? Assim, eles mesmos serão vossos juízes. ²⁰Contudo, se é pelo
dedo de Deusᵍ que eu expulso os demônios, então o Reino de Deus já chegou Ex 8,15
a vós. ²¹Quando um homem forte e bem armado guarda sua moradia, seus Mt 12,28
bens ficarão a seguro, ²²todavia, se um mais forte o assalta e vence, tira-lhe a Mt 8,29 +
armadura, na qual confiava, e distribui seus despojos. Mt 4,17 +
Lc 17,21
Is 49,25;
53,12

Intransigência de Jesus — ²³Quem não está a meu favor está contra mim, e ‖ Mt 12,30
quem não ajunta comigo, dispersa. Lc 9,50

Retorno ofensivo do espírito impuro — ²⁴Quando o espírito impuro sai do ‖ Mt 12,43-45
homem, perambula em lugares áridos, procurando repouso, mas não o encon-

---

a) Var. (que talvez se origine da liturgia batismal): -nos do Tentador, e pedimos para não entrar em tenta-
"vosso Espírito Santo venha sobre nós e nos purifique". ção (cf. Mt 26,41p), isto é, na apostasia.
b) Lc interpreta corretamente as "dívidas" de Mt, *d)* Ad.: "pão, e lhe daria uma pedra?" Harmonização
conservando o aspecto jurídico de Mt no hemistíquio com Mt 7,9.
seguinte ("nossos devedores"). *e)* Em vez de "boas coisas" de Mt 7,11. O Espírito
c) A tradução proposta é equívoca. Deus nos submete Santo é a "coisa boa" por excelência.
à prova, mas ele não tenta ninguém (Tg 1,12; 1Cor *f)* Var.: "Beezebul" ou "Beelzebub".
10,13). O sentido permissivo do verbo aramaico, usado *g)* Quanto à expressão, cf. Ex 8,15 e Sl 8,4. Da compor Jesus, "deixar entrar" e "não fazer entrar", não foi paração dessa passagem com o paralelo Mt 12,28
traduzido pelo grego e pela Vulgata. Desde os primeiros deriva o apelativo dado ao Espírito Santo de "Digitus
séculos, muitos mss latinos trocavam *Ne nos inducas* paternae dexterae".
por *Ne nos patiaris induci*. Nós pedimos a Deus livrar-

trando, diz: 'Voltarei para minha casa, de onde saí'. ²⁵Chegando lá, encontra-a varrida e arrumada. ²⁶Diante disso, vai e toma outros sete espíritos piores do que ele, os quais vêm habitar aí. E com isso a condição final daquele homem torna-se pior do que antes".

A verdadeira bem-aventurança — ²⁷Enquanto ele assim falava, certa mulher levantou a voz do meio da multidão e disse-lhe: "Felizes as entranhas que te trouxeram e os seios que te amamentaram!" ²⁸Ele, porém, respondeu: "Felizes, antes, os que ouvem a Palavra de Deus e a observam".

O sinal de Jonas — ²⁹Como as multidões se aglomerassem, começou a dizer: "Essa geração é geração má; procura um sinal,ᵃ mas nenhum sinal lhe será dado, exceto o sinal de Jonas. ³⁰Pois, assim como Jonas foi um sinal para os ninivitas, assim também o Filho do Homem será um sinal para esta geração.ᵇ ³¹A rainha do sul se levantará no Julgamento, juntamente com os homens desta geração e os condenará, porque veio dos confins da terra para ouvir a sabedoria de Salomão, mas aqui está algo mais do que Salomão! ³²Os habitantes de Nínive se levantarão no Julgamento juntamente com esta geração, e a condenarão, porque se converteram pela pregação de Jonas, e aqui está algo mais do que Jonas!

Dois ditos sobre a lâmpada — ³³Ninguém acende uma lâmpada para colocá-la em lugar escondido ou debaixo do alqueire, e sim sobre o candelabro, a fim de que os que entram vejam a luz. ³⁴A lâmpada do corpo é o teu olho. Se teu olho estiver são, todo o teu corpo ficará também iluminado; mas se ele for mau, teu corpo também ficará escuro. ³⁵Por isso, vê bem se a luz que há em ti não é treva. ³⁶Portanto, se todo o teu corpo está iluminado, sem parte alguma tenebrosa, estará todo iluminado como a lâmpada, quando te ilumina com seu fulgor".ᶜ

Contra os fariseus e os legistas — ³⁷Enquanto falava, um fariseu convidou-o para almoçar em sua casa. Entrou e pôs-se à mesa. ³⁸O fariseu, vendo isso, ficou admirado de que ele não fizesse primeiro as abluções antes do almoço. ³⁹O Senhor, porém, lhe disse:ᵈ "Agora vós, ó fariseus! Purificais o exterior do copo e do prato, e por dentro estais cheios de rapina e de perversidade! ⁴⁰Insensatos! Quem fez o exterior não fez também o interior? ⁴¹Antes, dai o que tendesᵉ em esmola e tudo ficará puro para vós! ⁴²Mas ai de vós, fariseus, que pagais o dízimo da hortelã, da arruda e de todas as hortaliças, mas deixais de lado a justiça e o amor de Deus! Importava praticar estas coisas sem deixar de lado aquelas. ⁴³Ai de vós, fariseus, que apreciais o primeiro lugar nas sinagogas e as saudações nas praças públicas! ⁴⁴Ai de vós, porque sois como esses túmulos disfarçados, sobre os quais se pode transitar, sem o saber!ᶠ

⁴⁵Um dos legistas tomou então a palavra: "Mestre, falando assim, tu nos insultas também!" ⁴⁶Ele respondeu: "Igualmente ai de vós, legistas, porque impondes aos homens fardos insuportáveis, e vós mesmos não tocais esses fardos com um dedo sequer!

---

a) Isto é, milagre que exprima e justifique a autoridade de Jesus (cf. Jo 2,11+; Lc 1,18+). Ver Mt 8,3+.
b) Essa interpretação do "sinal de Jonas" é menos provável que a de Mt 12,40 (cf. Mt 12,39+). Aliás, é apenas resultado da associação artificial de *logia* primitivamente distintos (Lc 11,29p; Mt 12,38-39 e Lc 11,30-32p; Mt 12,41-42).
c) O texto dos vv. 35-36, de transmissão pouco nítida, sem dúvida, está corrompido. O sentido do conjunto do *logion*, no entanto, é claro: a mensagem que Jesus dirige a todos pode ser compreendida por todos; basta, para tanto, possuir inteligência sadia, isto é, livre de preconceitos egoístas (cf. Jo 3,19-21).
d) Lc, tributário aqui de uma fonte comum a ele e a Mt, voltará ao mesmo assunto em 20,45-47, em dependência de Mc. Mt fundiu as duas fontes num só discurso (cap. 23; cf. Lc 10,1+; 17,22+).
e) Texto de interpretação difícil. Pode ser traduzido também por "o que está dentro".
f) Contraindo assim impureza ritual (Nm 19,16).

⁴⁷Ai de vós que edificais os túmulos dos profetas, enquanto foram vossos pais que os mataram! ⁴⁸Assim, vós sois testemunhas e aprovais os atos dos vossos pais: eles mataram e vós edificais!ᵃ ⁴⁹Eis por que a Sabedoria de Deusᵇ disse: Eu lhes enviarei profetas e apóstolos; eles matarão e perseguirão a alguns deles, ⁵⁰a fim de que se peçam contas a esta geração do sangue de todos os profetas que foi derramado desde a criação do mundo, ⁵¹do sangue de Abel até o sangue de Zacarias, que pereceu entre o altar e o Santuário. Sim, digo-vos, serão pedidas contas a esta geração! ⁵²Ai de vós, legistas, porque tomastes a chave da ciência! Vós mesmos não entrastes e impedistes os que queriam entrar!" ⁵³Quando ele saiu de lá, os escribas e os fariseus começaram a persegui--lo terrivelmenteᶜ e a cercá-lo de interrogatórios a respeito de muitas coisas, ⁵⁴armando-lhe ciladas para surpreenderem uma palavra de sua boca.

‖ Mt 23,29-31

‖ Mt 23,34-36

‖ Mt 23,13

12 *Falar abertamente e sem temor* —

¹Neste ínterim, havendo a multidão afluído aos milhares, a ponto de se esmagarem uns aos outros, ele começou a dizer, em primeiro lugar a seus discípulos:ᵈ "Acautelai-vos do fermento — isto é, da hipocrisia — dos fariseus. ²Nada há de encoberto que não venha a ser revelado, nem de oculto que não venha a ser conhecido. ³Portanto, tudo o que tiverdes dito às escuras, será ouvido à luz do dia, e o que houverdes falado aos ouvidos nos quartos, será proclamado sobre os telhados.

⁴Meus amigos, eu vos digo: não tenhais medo dos que matam o corpo e depois disso nada mais podem fazer. ⁵Mostrarei a quem deveis temer: temei Aquele que depois de matar tem o poder de lançar na geena; sim, eu vos digo, a Este temei. ⁶Não se vendem cinco pardais por dois asses? E, no entanto, nenhum deles é esquecido diante de Deus! ⁷Até mesmo os cabelos da vossa cabeça estão todos contados. Não tenhais medo: pois valeis mais do que muitos pardais...

⁸Eu vos digo: todo aquele que se declarar por mim diante dos homens, o Filho do Homem também se declarará por ele diante dos anjos de Deus; ⁹aquele, porém, que me houver renegado diante dos homens, será renegado diante dos anjos de Deus.

¹⁰E a todo aquele que disser uma palavra contra o Filho do Homem, ser-lhe-á perdoado; mas ao que houver blasfemado contra o Espírito Santo, não lhe será perdoado.

¹¹Quando vos conduzirem às sinagogas, perante os magistrados e perante as autoridades, não vos preocupeis como ou com o que vos defender, nem com o que dizer: ¹²pois o Espírito Santo vos ensinará naquele momento o que deveis dizer".

16,6.12
Mc 8,15

‖ Mt 10,26-27
Mc 4,22
= Lc 8,17

Jo 15,15
‖ Mt 10,28-31
Tg 4,12
Mt 3,12 +;
18,9 +

Mt 10,32 +

‖ Mt 10,32-33
Mc 8,38
9,26

‖ Mt 12,32
Mc 3,29

‖ Mt 10,17-20
Mc 13,11
= Lc 21,12-15
Jo 14,26 +

Não entesourar — ¹³Alguém da multidão lhe disse: "Mestre, dize a meu irmão que reparta comigo a herança". ¹⁴Ele respondeu: "Homem, quem me estabeleceu juiz ou árbitro da vossa partilha?" ¹⁵Depois lhes disse: "Precavei--vos cuidadosamente de qualquer cupidez, pois, mesmo na abundância, a vida do homem não é assegurada por seus bens".

¹⁶E contou-lhes uma parábola: "A terra de um rico produziu muito. ¹⁷Ele, então, refletia: 'Que hei de fazer? Não tenho onde guardar minha colheita'.

---

a) Irônico. Edificando sepulcros para os profetas, os legistas acreditam reparar as faltas de seus pais. Mas têm as mesmas disposições que eles.
b) Trata-se aqui dos decretos divinos interpretados por Jesus.
c) A oposição dos inimigos de Jesus vai aumentando: Lc marcou, melhor do que Mc, as etapas: 6,11; 11,53-54; 19,48; 20,19-20; 22,2.
d) Ou: "começou a dizer a seus discípulos: Em primeiro lugar, acautelai-vos..."

¹⁸Depois pensou: 'Eis o que farei: demolirei meus celeiros, construirei maiores, e lá recolherei todo o meu trigo e os meus bens. ¹⁹E direi à minha alma: Minha alma, tens uma quantidade de bens em reserva para muitos anos; repousa, come, bebe, regala-te'. ²⁰Mas Deus lhe diz: 'Insensato, nessa mesma noite ser-te-á reclamada a alma. E as coisas que acumulaste, de quem serão?' ²¹Assim acontece àquele que ajunta tesouros para si mesmo, e não é rico para Deus".

Abandonar-se à Providência — ²²Depois disse a seus discípulos: "Por isso vos digo: Não vos preocupeis com a vida, quanto ao que haveis de comer, nem com o corpo, quanto ao que haveis de vestir. ²³Pois a vida*ᵃ* é mais do que o alimento e o corpo mais do que a roupa. ²⁴Olhai os corvos: eles não semeiam nem colhem, não têm celeiro nem depósito; mas Deus os alimenta. Quanto mais valeis vós do que as aves! ²⁵Quem dentre vós, com as suas preocupações, pode prolongar por um pouco a duração de sua vida? ²⁶Portanto, se até as coisas mínimas ultrapassam o vosso poder, por que preocupar-vos com as outras? ²⁷Considerai os lírios, como não fiam, nem tecem.*ᵇ* Contudo, eu vos asseguro que nem Salomão, com todo o seu esplendor, se vestiu como um deles. ²⁸Ora, se Deus veste assim a erva do campo, que existe hoje e amanhã será lançada no forno, quanto mais a vós, homens fracos na fé! ²⁹Não busqueis o que comer ou beber; e não vos inquieteis! ³⁰Pois são os gentios deste mundo que estão à procura de tudo isso; vosso Pai sabe que tendes necessidade disso. ³¹Pelo contrário, buscai o seu Reino, e essas coisas vos serão acrescentadas. ³²Não tenhais medo, pequenino rebanho, pois foi do agrado do vosso Pai dar-vos o Reino!

Vender os bens e distribuir aos pobresᶜ — ³³Vendei vossos bens e dai esmola. Fazei bolsas que não fiquem velhas, um tesouro inesgotável nos céus, onde o ladrão não chega nem a traça rói. ³⁴Pois onde está o vosso tesouro, aí estará também o vosso coração.

Prontidão para o retorno do Mestre — ³⁵Tende os rins cingidos e as lâmpadas acesas. ³⁶Sede semelhantes a homens que esperam seu senhor voltar das núpcias, a fim de lhe abrir, logo que ele vier e bater. ³⁷Felizes os servos que o senhor à sua chegada encontrar vigilantes. Em verdade vos digo, ele se cingirá e os porá à mesa e, passando de um a outro, os servirá. ³⁸E caso venha pela segunda ou pela terceira vigília, felizes serão se assim os encontrar! ³⁹Compreendei isto: se o dono da casa soubesse em que hora viria o ladrão, não deixaria que sua casa fosse arrombada. ⁴⁰Vós também, estai preparados, porque o Filho do Homem virá numa hora que não pensais".

⁴¹Então Pedro disse: "Senhor, é para nós que estás contando essa parábola ou para todos?" ⁴²O Senhor respondeu: "Qual é, então, o administrador*ᵈ* fiel e prudente que o senhor constituirá sobre o seu pessoal para dar em tempo oportuno a ração de trigo? ⁴³Feliz aquele servo que o senhor, ao chegar, encontrar assim ocupado! ⁴⁴Verdadeiramente, eu vos digo, ele o constituirá sobre todos os seus bens. ⁴⁵Se aquele servo, porém, disser em seu coração: 'O meu senhor tarda a vir', e começar a espancar servos e servas, a comer, a beber e a se embriagar, ⁴⁶o senhor daquele servo virá em dia imprevisto e em hora ignorada; ele o partirá ao meio e lhe imporá a sorte dos infiéis.

---

a) Lit.: "a alma", no sentido bíblico, como no v. 19.
b) Var.: "não se afadigam, nem fiam" (cf. Mt 6,28).
c) O perigo das riquezas, unido ao conselho de se desfazer delas e de dar esmolas, é traço característico da religião de Lc: cf. 3,11; 5,11.28; 6,30; 7,5; 11,41; 12,33-34; 14,13.33; 16,9; 18,22; 19,8; At 9,36; 10,2.4.31.
d) Trata-se, pois, de servo que tem autoridade sobre os demais, em resposta exata à pergunta de Pedro, na qual "nós" se refere aos apóstolos.

⁴⁷Aquele servo que conheceu a vontade de seu senhor, mas não se preparou e não agiu conforme sua vontade, será açoitado muitas vezes. ⁴⁸Todavia, aquele que não a conheceu e tiver feito coisas dignas de chicotadas, será açoitado poucas vezes. Àquele a quem muito se deu, muito será pedido, e a quem muito se houver confiado, mais será reclamado.

Jesus diante de sua paixão — ⁴⁹Eu vim trazer fogo*ᵃ* à terra, e como desejaria que já estivesse aceso! ⁵⁰Devo receber um batismo, e como me angustio até que esteja consumado! _{Mt 3,11 +} _{Mc 10,38 +;} _{Lc 9,22 +}

Jesus, causa de divisões — ⁵¹Pensais que vim para estabelecer a paz sobre a terra? Não, eu vos digo, mas a divisão. ⁵²Pois doravante, numa casa com cinco pessoas, estarão divididas três contra duas e duas contra três; ⁵³ficarão divididos: pai contra filho e *filho contra pai*, mãe contra filha e filha contra mãe, sogra contra nora e *nora contra sogra*". _{|| Mt 10,34-36} _{2,34} _{Mq 7,6}

Discernir os sinais dos temposᵇ — ⁵⁴Dizia ainda às multidões: "Quando vedes levantar-se uma nuvem no poente, logo dizeis: 'Vem chuva', e assim acontece. ⁵⁵E quando sopra o vento do sul, dizeis: 'Fará calor', e isso sucede. ⁵⁶Hipócritas, sabeis discernir o aspecto da terra e do céu; e por que não discernis o tempo presente? ⁵⁷Por que não julgais por vós mesmos o que é justo? ⁵⁸Com efeito, enquanto te diriges com teu adversário em busca do magistrado, esforça-te por entrar em acordo com ele no caminho, para que ele não te arraste perante o juiz, o juiz te entregue ao executor, e o executor te ponha na prisão. ⁵⁹Eu te digo, não sairás de lá antes de pagares o último centavo".*ᶜ* _{|| Mt 16,2-3} _{Mt 5,25-26}

13

Convites providenciais à penitência — ¹Nesse momento, vieram algumas pessoas que lhe contaram o que acontecera com os galileus, cujo sangue Pilatos havia misturado com o das suas vítimas.*ᵈ* ²Tomando a palavra, ele disse: "Acreditais que, por terem sofrido tal sorte, esses galileus eram mais pecadores do que todos os outros galileus? ³Não, eu vos digo; todavia, se não vos arrependerdes, perecereis todos do mesmo modo. ⁴Ou os dezoito que a torre de Siloé matou em sua queda, julgais que a sua culpa tenha sido maior do que a de todos os habitantes de Jerusalém? ⁵Não, eu vos digo; mas, se não vos arrependerdes, perecereis todos de modo semelhante". _{Jo 5,14 +} _{Jo 8,24}

Parábola da figueira estérilᵉ — ⁶Contou ainda esta parábola: "Um homem tinha uma figueira plantada em sua vinha. Veio a ela procurar frutos, mas não encontrou. ⁷Então disse ao vinhateiro: 'Há três anos*ᶠ* que venho buscar frutos nesta figueira e não encontro. Corta-a; por que há de tornar a terra infrutífera?' ⁸Ele, porém, respondeu: 'Senhor, deixa-a ainda este ano para que cave ao redor e coloque adubo. ⁹Depois, talvez, dê frutos... Caso contrário, tu a cortarás'". _{Mt 21,19s}

---

a) Esse fogo, evidentemente simbólico, pode assumir significados diferentes, *conforme os contextos*: o Espírito Santo, ou ainda o fogo que purificará e abrasará os corações e que deve ser aceso na cruz. O v. 50 favoreceria essa última interpretação, mas os vv. 51-53 sugerem antes o estado de guerra espiritual que o aparecimento de Jesus suscita.
b) Os tempos messiânicos chegaram e urge compreender isso, pois o julgamento está próximo (vv. 57-59).
c) Lit.: "lepta", moeda grega de valor ínfimo. — Em Mt 5,25-26, o *logion* recebia do contexto uma aplicação social: como os irmãos da comunidade devem reconciliar-se e normalizar suas contendas.
Em Lc reveste alcance escatológico: o julgamento de Deus está próximo. É preciso apressar-se para pôr tudo em ordem.
d) Episódio totalmente desconhecido, bem como o acidente mencionado no v. 4. O ensinamento é claro: os ouvintes de Jesus mereceram por seus próprios pecados uma sorte semelhante, isto é, sofrerão certamente se não fizerem penitência.
e) O episódio da figueira que secou (Mt 21,18-22p) é uma medida drástica; Lc preferiu àquela esta parábola sobre a paciência.
f) Talvez alusão à duração do ministério de Jesus, como se deduz do quarto evangelho.

Cura da mulher encurvada, em dia de sábado — ¹⁰Ora, ele estava ensinando numa das sinagogas aos sábados. ¹¹E eis que se encontrava lá uma mulher, possuída havia dezoito anos por um espírito que a tornava enferma; estava inteiramente recurvada e não podia de modo algum endireitar-se.[a] ¹²Vendo-a, Jesus chamou-a e disse: "Mulher, estás livre de tua doença", ¹³e lhe impôs as mãos. No mesmo instante, ela se endireitou e glorificava a Deus.

¹⁴O chefe da sinagoga, porém, ficou indignado por Jesus ter feito uma cura no sábado[b] e, tomando a palavra, disse à multidão: "Há seis dias nos quais se deve trabalhar; portanto, vinde nesses dias para serdes curados, e não no dia de sábado!" ¹⁵O Senhor, porém, replicou: "Hipócritas! Cada um de vós, no sábado, não solta seu boi ou seu asno do estábulo para levá-lo a beber? ¹⁶E esta filha de Abraão que Satanás prendeu há dezoito anos, não convinha soltá-la no dia de sábado?" ¹⁷Ao falar assim, todos os adversários ficaram envergonhados, enquanto a multidão inteira se alegrava com todas as maravilhas que ele realizava.

Parábola do grão de mostarda — ¹⁸Dizia, portanto: "A que é semelhante o Reino de Deus e a que hei de compará-lo? ¹⁹É semelhante a um grão de mostarda que um homem tomou e lançou em sua horta; ele cresce, torna-se árvore, e as aves do céu se abrigam em seus ramos".

Parábola do fermento — ²⁰Disse ainda: "A que compararei o Reino de Deus? ²¹É semelhante ao fermento que uma mulher tomou e escondeu em três medidas de farinha, até que tudo ficasse fermentado".

A porta estreita, a rejeição dos judeus infiéis e o chamado dos pagãos[c] — ²²Jesus atravessava cidades e povoados, ensinando e encaminhando-se para Jerusalém. ²³E alguém lhe perguntou: "Senhor, é pequeno o número dos que se salvam?" Ele respondeu: ²⁴"Esforçai-vos por entrar pela porta estreita, pois eu vos digo que muitos procurarão entrar e não conseguirão. ²⁵Uma vez que o dono da casa houver se levantado e tiver fechado a porta, e vós, de fora, começardes a bater à porta, dizendo: 'Senhor, abre-nos', ele vos responderá: 'Não sei de onde sois'. ²⁶Então começareis a dizer: 'Nós comíamos e bebíamos em tua presença, e tu ensinaste em nossas praças'. ²⁷Ele, porém, vos responderá: 'Não sei de onde sois; *afastai-vos de mim, vós todos, que cometeis injustiça!*' ²⁸Lá haverá choro e ranger de dentes, quando virdes Abraão, Isaac, Jacó e todos os profetas no Reino de Deus, e vós, porém, lançados fora. ²⁹Eles virão do oriente e do ocidente, do norte e do sul, e tomarão lugar à mesa no Reino de Deus. ³⁰Eis que há últimos que serão primeiros, e primeiros que serão últimos".

Herodes, uma raposa — ³¹Na mesma hora, aproximaram-se alguns fariseus que lhe disseram: "Parte e vai-te daqui, porque Herodes[d] quer te matar". ³²Ele respondeu: "Ide dizer a essa raposa: Eis que eu expulso demônios e realizo curas hoje e amanhã e no terceiro dia[e] terei consumado!'[f] ³³Mas hoje, amanhã

---

a) Ou: "não podia levantar inteiramente a cabeça".
b) Ele viu nessa cura um "trabalho" proibido pela Lei.
c) A fonte utilizada por Lc e Mt reuniu aqui *logia* que Mt disseminou por seu evangelho (cf. 9,51+). A ideia mestra desse agrupamento, respeitado por Lc, *parece* ter sido a rejeição de Israel e o chamado dos pagãos à salvação; aos primeiros, nada servirão as ligações raciais com Jesus para evitar a exclusão merecida por sua conduta (vv. 25-27; cf. 3,7-9p; Jo 8,33s). Assim, muitos não poderão encontrar acesso à salvação (vv. 23-24), de primeiros que eram se tornarão os últimos (v. 30; cf. Mt 20,16) e verão os pagãos tomarem seus lugares no banquete messiânico (vv. 28-29).
d) Herodes Antipas (cf. Lc 3,1+). Talvez quisesse, com esta ameaça, desembaraçar-se de Jesus; a essa manobra aludiria o epíteto de "raposa".
e) A expressão indica um intervalo de tempo bastante curto.
f) Palavra rica de sentido que inclui ao mesmo tempo o fim e a consumação de Jesus, "perfeito" por seus sofrimentos e morte (Hb 2,10; 5,9. Cf. Jo 19,30).

e depois de amanhã, devo prosseguir o meu caminho, pois não convém que um profeta pereça fora de Jerusalém."

Palavra sobre Jerusalém — ³⁴Jerusalém, Jerusalém, que matas os profetas e apedrejas os que te foram enviados, quantas vezes quis reunir teus filhos como a galinha recolhe seus pintainhos debaixo das asas, mas não quiseste! ³⁵Eis que vossa casa ficará abandonada. Sim, eu vos digo, não me vereis até o dia em que direis:
Bendito aquele que vem em nome do Senhor!"

14

Cura de um hidrópico em dia de sábado — ¹Certo sábado, ele entrou na casa de um dos chefes dos fariseus para tomar uma refeição, e eles o espiavam. ²Eis que um hidrópico estava ali, diante dele. ³Tomando a palavra, Jesus disse aos legistas e os fariseus: É lícito ou não curar no sábado?" ⁴Eles, porém, ficaram calados. Tomou-o então, curou-o e despediu-o. ⁵Depois perguntou-lhes: "Qual de vós, se seu filho^b ou seu boi cai num poço, não o retira imediatamente em dia de sábado?" ⁶Diante disso, nada lhe puderam replicar.

A escolha dos lugares — ⁷Em seguida contou uma parábola aos convidados, ao notar como eles escolhiam os primeiros lugares. Disse-lhes: ⁸"Quando alguém te convidar para uma festa de casamento, não te ponhas no primeiro lugar; não aconteça que alguém mais importante do que tu tenha sido convidado por ele, ⁹e quem convidou a ti e a ele venha a te dizer: 'Cede-lhe o lugar'. Deverás, então, todo envergonhado, ocupar o último lugar. ¹⁰Pelo contrário, quando fores convidado, ocupa o último lugar, de modo que, ao chegar quem te convidou, te diga: 'Amigo, vem mais para cima'. E isso será para ti uma honra em presença de todos os convivas. ¹¹Pois todo aquele que se exalta será humilhado, e quem se humilha será exaltado".

A escolha dos convidados — ¹²Em seguida disse àquele que o convidara: "Ao dares um almoço ou jantar, não convides teus amigos, nem teus irmãos, nem teus parentes, nem os vizinhos ricos; para que não te convidem por sua vez e te retribuam do mesmo modo.^{c} ¹³Pelo contrário, quando deres uma festa, chama pobres, estropiados, coxos, cegos; ¹⁴feliz serás, então, porque eles não têm com que te retribuir. Serás, porém, recompensado na ressurreição dos justos".

Os convidados que recusam o banquete — ¹⁵Ouvindo isso, um dos comensais lhe disse: "Feliz aquele que tomar refeição no Reino de Deus!" ¹⁶Mas ele respondeu: "Um homem dava um grande jantar e convidou a muitos. ¹⁷À hora do jantar, enviou seu servo para dizer aos convidados: 'Vinde, já está tudo pronto'. ¹⁸Mas todos, unânimes, começaram a se desculpar. O primeiro disse-lhe: 'Comprei um terreno e preciso vê-lo; peço-te que me dês por escusado'. ¹⁹Outro disse: 'Comprei cinco juntas de bois e vou experimentá-las; rogo-te que me dês por escusado'. ²⁰E outro disse: 'Casei-me, e por essa razão não posso ir'.
²¹Voltando, o servo relatou tudo ao seu senhor. Indignado, o dono da casa disse ao seu servo: 'Vai depressa pelas praças e ruas da cidade, e introduz

---

a) Significado provável: Minha tarefa estará em breve terminada; agora, ainda não. Tenho ainda que expulsar demônios e curar, e isto, a caminho de Jerusalém, onde se consumará meu destino (cf. 2,38+). Igualmente em Jo 7,30; 8,20 (cf. 8,59; 10,39; 11,54), os inimigos de Jesus não podem atentar contra sua vida enquanto "não chegar a sua hora".
b) "seu filho"; var.: "seu asno".
c) Ou: "e seja esta a tua recompensa".

aqui os pobres, os estropiados, os cegos e os coxos'.*ᵃ* ²²Disse-lhe o servo: 'Senhor, o que mandaste já foi feito, e ainda há lugar'. ²³O senhor disse então ao servo: 'Vai pelos caminhos e trilhas*ᵇ* e obriga as pessoas a entrarem, para que a minha casa fique repleta. ²⁴Pois eu vos digo que nenhum daqueles que haviam sido convidados provará o meu jantar'".

Renunciar ao que temos de mais caro — ²⁵Grandes multidões o acompanhavam. Jesus voltou-se e disse-lhes: ²⁶"Se alguém vem a mim e não odeia*ᶜ* seu próprio pai e mãe, mulher,*ᵈ* filhos, irmãos, irmãs e até a própria vida, não pode ser meu discípulo. ²⁷Quem não carrega sua cruz e não vem após mim, não pode ser meu discípulo.

Renúncia a todos os bens — ²⁸Quem de vós, com efeito, querendo construir uma torre, primeiro não se senta para calcular as despesas e ponderar se tem com que terminar? ²⁹Não aconteça que, tendo colocado o alicerce e não sendo capaz de acabar, todos os que virem comecem a caçoar dele, dizendo: ³⁰'Esse homem começou a construir e não pôde acabar!' ³¹Ou ainda, qual o rei que, partindo para guerrear com outro rei, primeiro não se senta para examinar se, com dez mil homens, poderá confrontar-se com aquele que vem contra ele com vinte mil? ³²Do contrário, enquanto o outro ainda está longe, envia uma embaixada para perguntar as condições de paz. ³³Igualmente, portanto, qualquer de vós, que não renunciar a tudo o que possui, não pode ser meu discípulo.*ᵉ*

Não se tornar insosso — ³⁴O sal, de fato, é bom. Porém, se até o sal se tornar insosso, com que se há de temperar? ³⁵Não presta para a terra, nem é útil para esterco: jogam-no fora. Quem tem ouvidos para ouvir, ouça!"

15 **As três parábolas da misericórdia** — ¹Todos os publicanos e pecadores aproximavam-se para ouvi-lo. ²Os fariseus e os escribas, porém, murmuravam: "Esse homem recebe os pecadores e come com eles!" ³Contou-lhes, então, esta parábola:

A ovelha perdida — ⁴"Qual de vós, tendo cem ovelhas e perder uma, não abandona as noventa e nove no deserto e vai em busca daquela que se perdeu, até encontrá-la? ⁵E achando-a, alegre a põe sobre os ombros ⁶e, de volta para casa, convoca os amigos e os vizinhos, dizendo-lhes: 'Alegrai-vos comigo, porque encontrei a minha ovelha perdida!' ⁷Eu vos digo que do mesmo modo haverá mais alegria no céu por um só pecador que se arrepende, do que por noventa e nove justos que não precisam de arrependimento.

A dracma perdida — ⁸Ou qual a mulher que, tendo dez dracmas e perder uma, não acende a lâmpada, varre a casa e procura cuidadosamente até encontrá-la? ⁹E encontrando-a, convoca as amigas e vizinhas, e diz: 'Alegrai-vos comigo, porque encontrei a dracma que havia perdido!' ¹⁰Eu vos digo que, do mesmo modo, há alegria diante dos anjos de Deus por um só pecador que se arrepende".*ᶠ*

---

a) Nos escritos de Qumrã, estes enfermos eram excluídos do combate escatológico e do banquete que o seguiria.
b) Após "as praças e ruas da cidade" do v. 21, "os caminhos e trilhas" do v. 23 parecem ser fora da cidade; lá se aglomeram duas categorias diferentes: de uma parte, os pobres e os "impuros" em Israel; de outra parte, os pagãos. A "força" empregada para introduzir esses míseros quer apenas exprimir o triunfo da graça sobre sua falta de preparação, e não uma violação de sua consciência. É bem conhecido o abuso feito, no decurso da história, deste *compelle intrare*.
c) Hebraísmo. Jesus não exige ódio, mas desapego completo e imediato (cf. 9,57-62).
d) "mulher", peculiar a Lc que assim exprime sua tendência ascética (cf. 1Cor 7). Igualmente 18,29.
e) Lc não parece estabelecer distinção entre os discípulos. A advertência vale para todos (cf. Mc 1,17+).
f) Lc apresenta diversas parábolas bastante desenvolvidas, que são próprias do terceiro evangelho. As parábolas de Mc visam sobretudo à natureza e à vinda

O filho perdido e o filho fiel: "o filho pródigo" — ¹¹Disse ainda: "Um homem tinha dois filhos. ¹²O mais jovem disse ao pai: 'Pai, dá-me a parte da herança que me cabe'. E o pai dividiu os bens entre eles. ¹³Poucos dias depois, ajuntando todos os seus haveres, o filho mais jovem partiu para uma região longínqua e ali dissipou sua herança numa vida devassa.

¹⁴E gastou tudo. Sobreveio àquela região uma grande fome e ele começou a passar privações. ¹⁵Foi, então, empregar-se com um dos homens daquela região, que o mandou para seus campos cuidar dos porcos. ¹⁶Ele queria matar a fome com as bolotas que os porcos comiam, mas ninguém lhas dava. ¹⁷E caindo em si, disse: 'Quantos empregados de meu pai têm pão com fartura, e eu aqui, morrendo de fome! ¹⁸Vou-me embora, procurar meu pai e dizer--lhe: Pai, pequei contra o Céu e contra ti; ¹⁹já não sou digno de ser chamado teu filho. Trata-me como um dos teus empregados'. ²⁰Partiu, então, e foi ao encontro de seu pai. Is 55,7 Jr 3,12s

Ele estava ainda ao longe, quando seu pai viu-o, encheu-se de compaixão, correu e lançou-se-lhe ao pescoço, cobrindo-o de beijos. ²¹O filho, então, disse--lhe: 'Pai, pequei contra o Céu e contra ti; já não sou digno de ser chamado teu filho'.*ᵃ* ²²Mas o pai disse aos seus servos: 'Ide depressa, trazei a melhor túnica e revesti-o com ela, ponde-lhe um anel no dedo e sandálias nos pés. ²³Trazei o novilho cevado e matai-o; comamos e festejemos, ²⁴pois este meu filho estava morto e tornou a viver; estava perdido e foi reencontrado!' E começaram a festejar. Is 49,14-16 Jr 31,20 Zc 3,4

²⁵Seu filho mais velho*ᵇ* estava no campo. Quando voltava, já perto de casa, ouviu músicas e danças. ²⁶Chamando um servo, perguntou-lhe o que estava acontecendo. ²⁷Este lhe disse: 'É teu irmão que voltou e teu pai matou o novilho cevado, porque o recuperou com saúde'. ²⁸Então ele ficou com muita raiva e não queria entrar. Seu pai saiu para suplicar-lhe. ²⁹Ele, porém, respondeu a seu pai: 'Há tantos anos que te sirvo, e jamais transgredi um só dos teus mandamentos, e nunca me deste um cabrito para festejar com meus amigos. ³⁰Contudo, veio esse teu filho, que devorou teus bens com prostitutas, e para ele matas o novilho cevado!'

³¹Mas o pai lhe disse: 'Filho, tu estás sempre comigo, e tudo o que é meu é teu. ³²Mas era preciso que festejássemos e nos alegrássemos, pois esse teu irmão estava morto e tornou a viver; ele estava perdido e foi reencontrado!'" Jo 17,10 1,14 +

16*ᶜ* *O administrador infiel* — ¹Dizia ainda a seus discípulos: "Um homem rico tinha um administrador que foi denunciado por dissipar os seus bens. ²Mandou chamá-lo e disse-lhe: 'Que é isso que ouço dizer de ti? Presta contas da tua administração, pois já não podes ser administrador!' ³O administrador então refletiu: 'Que farei, uma vez que meu senhor me retire a administração? Cavar? Não tenho força. Mendigar? Tenho vergonha... ⁴Já sei o que farei para que, uma vez afastado da administração, tenha quem me receba na própria casa'.

⁵Convocou então os devedores do seu senhor um a um, e disse ao primeiro: 'Quanto deves ao meu senhor?' ⁶'Cem barris de óleo', respondeu ele. Disse

---

do Reino. As que são próprias de Mt se referem em grande parte do julgamento final ou às relações fraternas na comunidade. As parábolas de Lc ocupam-se de indivíduos e da moral pessoal; em primeiro plano, encontra-se frequentemente um anti-herói, cujo solilóquio torna-se o eixo do relato, ver 12,17; 15,17; 16,3.24; 18,4.11.
a) Ad.: "Trata-me como um dos teus empregados" (cf. v. 19).

b) À atitude misericordiosa do pai, que simboliza a misericórdia divina, opõe-se, no filho mais velho, a dos fariseus e dos escribas, que se gabam de serem "justos" porque não transgridem nenhum preceito da Lei (v. 29; cf. 18,9s).
c) Esse capítulo reúne duas parábolas e vários *logia* de Jesus concernentes ao bom e ao mau uso do dinheiro. Os vv. 16-18, que se referem a três assuntos diferentes, estorvam a composição desse capítulo.

então: 'Toma tua conta, senta e escreve depressa cinquenta'. ⁷Depois, disse a outro: 'E tu, quanto deves?' 'Cem medidas de trigo', respondeu. Ele disse: 'Toma tua conta e escreve oitenta'.

⁸E o senhor louvou o administrador desonesto por ter agido com prudência.ᵃ Pois os filhos deste século são mais prudentes com sua geração do que os filhos da luz.

O bom emprego do dinheiro — ⁹E eu vos digo: fazei amigos com o Dinheiro da iniquidade,ᵇ a fim de que, no dia em que faltar o dinheiro, estes vos recebam nas tendas eternas. ¹⁰Quem é fiel nas coisas mínimas, é fiel também no muito, e quem é iníquo no mínimo, é iníquo também no muito. ¹¹Portanto, se não fostes fiéis quanto ao Dinheiro iníquo, quem vos confiará o verdadeiro bem? ¹²Se não fostes fiéis em relação ao bem alheio,ᶜ quem vos dará o vosso?ᵈ

¹³Ninguém pode servir a dois senhores: com efeito, ou odiará um e amará o outro, ou se apegará a um e desprezará o outro. Não podeis servir a Deus e ao Dinheiro".

Contra os fariseus, amigos do dinheiro — ¹⁴Os fariseus, amigos do dinheiro, ouviam tudo isso e zombavam dele. ¹⁵Jesus lhes disse: "Vós sois os que querem passar por justos diante dos homens, mas Deus conhece os corações; o que é elevado para os homens, é abominável diante de Deus.

Assalto ao Reino — ¹⁶A Lei e os Profetas até João! Daí em diante, é anunciada a Boa Nova do Reino de Deus, e todos se esforçam para entrar nele, com violência.

Perenidade da Lei — ¹⁷É mais fácil passar céu e terra do que uma só vírgula cair da Lei.

Indissolubilidade do matrimônio — ¹⁸Todo aquele que repudiar sua mulher e desposar outra comete adultério, e quem desposar uma repudiada por seu marido comete adultério.

O mau rico e o pobre Lázaroᵉ — ¹⁹Havia um homem rico que se vestia de púrpura e linho fino e cada dia se banqueteava com requinte. ²⁰Um pobre, chamado Lázaro, jazia à sua porta, coberto de úlceras. ²¹Desejava saciar-se do que caía da mesa do rico...ᶠ E até os cães vinham lamber-lhe as úlceras. ²²Aconteceu que o pobre morreu e foi levado pelos anjos ao seio de Abraão.ᵍ Morreu também o rico e foi sepultado.ʰ

²³Na mansão dos mortos, em meio a tormentos, levantou os olhos e viu ao longe Abraão e Lázaro em seu seio. ²⁴Então exclamou: 'Pai Abraão, tem

---

a) Segundo o costume tolerado na Palestina naquela época, o administrador tinha o direito de conceder empréstimos com os bens do seu senhor. E, como não era remunerado, ele se indenizava aumentando, no recibo, a importância dos empréstimos. Assim, na hora do reembolso, ficava com a diferença como um acréscimo que era o seu juro. No presente caso, não havia emprestado, na realidade, senão cinquenta barris de óleo e oitenta medidas de trigo. Pondo no recibo a quantia real, privava-se apenas do benefício — para dizer a verdade, usurário — que havia subtraído. Sua "desonestidade" (v. 8) não consiste, pois, na redução dos recibos — o que não é senão um sacrifício de seus interesses imediatos, manobra hábil que o senhor pode louvar — mas antes nas malversações anteriores que motivaram a sua demissão (v. 1).

b) O vosso, evidentemente. O dinheiro é chamado "da iniquidade" não só porque aquele que o possui o adquiriu mal, mas ainda, de maneira mais geral, porque na origem de quase todas as fortunas há alguma desonestidade.
c) Quer dizer, um bem exterior ao homem: a riqueza.
d) "o vosso"; var.: "o nosso". — Trata-se de bens espirituais que podem pertencer ao homem.
e) História-parábola, sem qualquer nexo histórico.
f) Ad.: "mas ninguém lho dava" (cf. 15,16).
g) Expressão judaica que corresponde à antiga locução bíblica "reunir-se a seus pais", isto é, aos patriarcas (Jz 2,10; cf. Gn 15,15; 47,30; Dt 31,16). A imagem exprime intimidade (Jo 1,18) e proximidade com Abraão no banquete messiânico (cf. Jo 13,23; Mt 8,11+).
h) Vulg.: "foi sepultado no inferno".

piedade de mim e manda que Lázaro molhe a ponta do dedo para me refrescar a língua, pois estou atormentado nesta chama'. ²⁵Abraão respondeu: 'Filho, lembra-te de que recebeste teus bens durante tua vida, e Lázaro por sua vez os males; agora, porém, ele encontra aqui consolo e tu és atormentado. ²⁶E além do mais, entre nós e vós existe um grande abismo,ᵃ a fim de que aqueles que quiserem passar daqui para junto de vós não o possam, nem tampouco atravessem de lá até nós'. {6,24-25}

²⁷Ele replicou: 'Pai, eu te suplico, envia então Lázaro até a casa de meu pai, ²⁸pois tenho cinco irmãos; que leve a eles seu testemunho, para que não venham eles também para este lugar de tormento'. ²⁹Abraão, porém, respondeu: 'Eles têm Moisés e os Profetas; ouçam-nos'. ³⁰Disse ele: 'Não, pai Abraão, mas se alguém dentre os mortos for procurá-los, eles se arrependerão'. ³¹Mas Abraão lhe disse: 'Se não escutam nem a Moisés nem aos Profetas, mesmo que alguém ressuscite dos mortos, não se convencerão'". {24,44 / Jo 5,46-47}

17
O escândalo — ¹Depois, disse a seus discípulos: "É inevitável que haja escândalos, mas ai daquele que os causar! ²Melhor lhe fora ser lançado ao mar com uma pedra de moinho enfiada no pescoço do que escandalizar um só destes pequeninos. ³Acautelai-vos! {Mt 18,6-7 / Mc 9,42}

Correção fraternaᵇ — Se teu irmão pecar, repreende-o, e se ele se arrepender, perdoa-lhe. ⁴E caso ele peque contra ti sete vezes por dia e sete vezes retornar, dizendo 'Estou arrependido', tu lhe perdoarás". {Mt 18,15.21-22}

A fé do servidorᶜ — ⁵Os apóstolos disseram ao Senhor: "Aumenta em nós a fé!" ⁶O Senhor respondeu: "Com a fé que tendes, como um grão de mostarda, se disséssseis a esta amoreira: 'Arranca-te e replanta-te no mar', e ela vos obedeceria.ᵈ {Mt 8,10 + / Mt 17,20; 21,21 / Mc 11,23}

Servir com humildade — ⁷Quem de vós, tendo um servo que trabalha a terra ou guarda os animais, lhe dirá quando volta do campo: 'Tão logo chegues, vem para a mesa'? ⁸Ou, ao contrário, não lhe dirá: 'Prepara-me o jantar, cinge-te e serve-me, até que eu tenha comido e bebido; depois, comerás e beberás por tua vez'?ᵉ ⁹Acaso se sentirá obrigado para com esse servo por ter feito o que lhe fora mandado?ᶠ ¹⁰Assim também vós, quando tiverdes cumprido todas as ordens, dizei: Somos simples servos,ᵍ fizemos apenas o que devíamos fazer". {Jó 22,3; 35,7}

Os dez leprosos — ¹¹Como ele se encaminhasse para Jerusalém, passava através da Samaria e da Galileia.ʰ ¹²Ao entrar num povoado, dez leprosos vieram-lhe ao encontro. Pararam a distância ¹³e clamaram: "Jesus, Mestre, tem compaixão de nós!" ¹⁴Vendo-os, ele lhes disse: "Ide mostrar-vos aos sacerdotes". E aconteceu que, enquanto iam, ficaram purificados. ¹⁵Um den- {9,51 + / Lv 13,45-46 / Mt 8,4 / Mc 1,44 / Lc 5,14 / Lv 14,1-32 / 2,20 +}

---

a) O abismo simboliza a impossibilidade, tanto para os eleitos como para os condenados, de modificar o próprio destino.

b) Lc parece visar a ofensa entre dois irmãos, enquanto Mt trata de falta mais geral. Lc omite o recurso à comunidade.

c) Este conjunto segue um raciocínio *a fortiori*. Se, com o pouco de fé de que vos queixais, podeis obter o impensável, com muito mais razão podeis realizar vossa tarefa de simples servidores, encontrando nela toda a vossa sastifação, sem exigir garantias especiais do Mestre.

d) Lit.: "Se tendes a fé como um grão de mostarda, diríeis a esta amoreira: 'Desenraíza-te e replanta-te no mar', e ela vos obedeceria". Lc visa não à fé ideal, que se deveria ter (como em Mt e Mc), mas àquela que os apóstolos têm realmente.

e) Comparar com essa regra humana o paradoxo evangélico (12,37; 22,27; Jo 13,1-16).

f) A questão de Jesus permanece aberta, criando uma ambiguidade que faz pensar mais do que num direito ao reconhecimento do Senhor: sua benevolência não se adquiriria com a realização da tarefa? Ou ela acompanha desde o início?

g) Mais que "servos inúteis", o adjetivo qualifica o estatuto de servos, e não suas disposições morais; cf. 2Sm 6,22 LXX.

h) Para alcançar o vale do Jordão e descer até Jericó (18,35), de onde subirá a Jerusalém.

tre eles, vendo-se curado, voltou atrás, glorificando a Deus em alta voz, ¹⁶e lançou-se aos pés de Jesus com o rosto por terra, agradecendo-lhe. Pois bem, era samaritano. ¹⁷Tomando a palavra, Jesus lhe disse: "Os dez não ficaram purificados? Onde estão os outros nove? ¹⁸Não houve, acaso, quem voltasse para dar glória a Deus senão este estrangeiro?" ¹⁹Em seguida, disse-lhe: "Levanta-te e vai; a tua fé te salvou".

A vinda do Reino de Deus — ²⁰Interrogado pelos fariseus sobre quando chegaria o Reino de Deus, respondeu-lhes: "A vinda do Reino de Deus não é observável. ²¹Não se poderá dizer: 'Ei-lo aqui! Ei-lo ali!', pois eis que o Reino de Deus está no meio de vós".*ᵃ*

*O Dia do Filho do Homem*ᵇ — ²²Disse ainda a seus discípulos. "Dias virão em que desejareis ver apenas um dos dias do Filho do Homem,*ᶜ* mas não o vereis. ²³E vos dirão: 'Ei-lo aqui! Ei-lo ali!' — não saiais, não sigais. ²⁴De fato, como o relâmpago relampeja de um ponto do céu e fulgura até o outro, assim acontecerá com o Filho do Homem em seu Dia. ²⁵Mas será preciso primeiro que ele sofra muito e seja rejeitado por esta geração.
²⁶Como aconteceu nos dias de Noé, assim também ocorrerá nos dias do Filho do Homem.*ᵈ* ²⁷Comiam, bebiam, casavam e davam-se em casamento até o dia em que Noé entrou na arca; então veio o dilúvio, que os fez perecer a todos. ²⁸Do mesmo modo como aconteceu nos dias de Ló: comiam, bebiam, compravam, vendiam, plantavam, construíam, ²⁹mas no dia em que Ló saiu de Sodoma, Deus fez chover do céu fogo e enxofre, eliminando a todos, ³⁰Será desse modo o Dia em que o Filho do Homem for revelado.
³¹Naquele Dia, quem estiver no terraço e tiver utensílios em casa, não desça para pegá-los; igualmente quem estiver no campo, não volte atrás. ³²Lembrai-vos da mulher de Ló. ³³Quem procurar ganhar sua vida, vai perdê-la, e quem a perder vai conservá-la. ³⁴Digo-vos, naquela noite dois estarão num leito; um será tomado e o outro deixado; ³⁵duas mulheres estarão moendo juntas; uma será tomada e a outra deixada".*ᵉ* [³⁶] ³⁷Tomando a palavra, perguntaram-lhe então: "Onde, Senhor?" Jesus lhes respondeu: "Onde estiver o corpo, aí também se reunirão os abutres".

18 *O juiz iníquo e a viúva importuna* — ¹Contou-lhes ainda uma parábola para mostrar a necessidade de orar sempre, sem jamais esmorecer.*ᶠ* ²"Havia numa cidade um juiz que não temia a Deus e não tinha consideração para com os homens. ³Nessa mesma cidade, existia uma viúva que vinha a ele, dizendo: 'Faz-me justiça contra o meu adversário!' ⁴Durante muito tempo ele se recusou. Depois pensou consigo mesmo: 'Embora eu não tema a Deus, nem respeite os homens, ⁵contudo, já que essa viúva está me dando fastio, vou fazer-lhe justiça, para que não venha por fim esbofetear-me' ".

---

a) Como uma realidade já atuante. Costuma-se traduzir também: "Dentro de vós", o que não parece diretamente indicado pelo contexto.
b) Esse discurso é peculiar a Lc, que distinguiu nitidamente nas predições de Jesus o que concerne à ruína de Jerusalém (21,6-24) e o que se refere à volta gloriosa de Jesus no fim dos tempos (17,22-37). — Certas passagens encontram-se no grande discurso escatológico de Mt 24,5-41, que combinou aqui, como em outros lugares (cf. Lc 10,1+; 11,39+), duas fontes, distintas em Lc (cf. Mt 24,1+). — "Dia" é mais bíblico ("Dia de Iahweh", cf. Am 5,18+) do que o termo de Mt 24,3 "Parusia" (Vinda), tributário do vocabulário helenístico (cf. 1Cor 1,8+).
c) Os discípulos não desejarão rever um dos dias de sua existência terrestre ou contemplar o primeiro dia de sua manifestação gloriosa, mas gozar de um só dos dias que a seguirão.
d) Na época de sua manifestação gloriosa.
e) Ad. v. 36: "Dois estarão no campo; um será tomado, o outro deixado" (cf. Mt 24,40).
f) Pensamento e vocabulário paulinos (cf. Rm 1,10; 12,12; 1Ts 5,17+).

⁶E o Senhor acrescentou: "Escutai o que diz esse juiz iníquo. ⁷E Deus não faria justiça a seus eleitos que clamam a ele dia e noite, mesmo que os faça esperar?ᵃ ⁸Digo-vos que lhes fará justiça muito em breve. Mas quando o Filho do Homem voltar, encontrará a fé sobre a terra?"

O fariseu e o publicano — ⁹Contou ainda esta parábola para alguns que, convencidos de serem justos, desprezavam os outros: ¹⁰"Dois homens subiram ao Templo para orar; um era fariseu e o outro publicano. ¹¹O fariseu, de pé, orava interiormente deste modo: 'Ó Deus, eu te dou graças porque não sou como o resto dos homens, ladrões, injustos, adúlteros, nem como este publicano; ¹²jejuo duas vezes por semana, pago o dízimo de todos os meus rendimentos'. ¹³O publicano, mantendo-se à distância, não ousava sequer levantar os olhos para o céu, mas batia no peito dizendo: 'Meu Deus, tem piedade de mim, pecador!' ¹⁴Eu vos digo que este último desceu para casa justificado, o outro não. Pois todo o que se exalta será humilhado, e quem se humilha será exaltado".

*Jesus e as criancinhas*ᵇ — ¹⁵Traziam-lhe até mesmo as criancinhas para que as tocasse; vendo isso, os discípulos as reprovavam. ¹⁶Jesus, porém, chamou-as, dizendo: "Deixai as criancinhas virem a mim e não as impeçais, pois delas é o Reino de Deus. ¹⁷Em verdade vos digo, aquele que não receber o Reino de Deus como uma criancinha, não entrará nele".

O rico notável — ¹⁸Certo homem de posição lhe perguntou: "Bom Mestre, que devo fazer para herdar a vida eterna?" ¹⁹Jesus respondeu: "Por que me chamas bom? Ninguém é bom, senão só Deus! ²⁰Conheces os mandamentos: *Não cometas adultério, não mates, não roubes, não levantes falso testemunho; honra teu pai e tua mãe*". ²¹Ele disse: "Tudo isso tenho guardado desde a minha juventude". ²²Ouvindo, Jesus disse-lhe: "Uma coisa ainda te falta. Vende tudo o que tens, distribui aos pobres e terás um tesouro nos céus; depois vem e segue-me". ²³Ele, porém, ouvindo isso, ficou cheio de tristeza, pois era muito rico.

O perigo das riquezas — ²⁴Vendo-o assim, Jesus disse: "Como é difícil aos que têm riquezas entrar no Reino de Deus! ²⁵Com efeito, é mais fácil o camelo entrar pelo buraco de uma agulha do que o rico entrar no Reino de Deus!" ²⁶Os ouvintes disseram: "Mas então, quem poderá salvar-se?" ²⁷Jesus respondeu: "As coisas impossíveis aos homens são possíveis a Deus".

Recompensa prometida ao desapego — ²⁸Disse, então, Pedro: "Eis que deixamos nossos bens e te seguimos!" ²⁹Jesus lhes disse: "Em verdade vos digo, não há quem tenha deixado casa, mulher, irmãos, pais ou filhos por causa do Reino de Deus, ³⁰sem que recebaᶜ muito mais neste tempo e, no mundo futuro, a vida eterna".

Terceiro anúncio da paixão — ³¹Tomando consigo os Doze, disse-lhes: "Eis que subimos a Jerusalém e se cumprirá tudo o que foi escrito pelos Profetasᵈ a respeito do Filho do Homem. ³²De fato, ele será entregue aos gentios, escarnecido, ultrajado, coberto de escarros; ³³depois de o açoitar, eles o matarão. E

---

a) Em Eclo 35,18-19, onde esse versículo parece ter-se inspirado, é dito que Deus não esperará, nem tardará a fazer justiça aos pobres oprimidos; aqui é dito que usa de paciência. Talvez essa adaptação reflita o cuidado de explicar a demora da Parusia. Comparar uma atitude análoga também em 2Pd 3,9; Ap 6,9-11.

b) Aqui Lc reassume a narrativa de Mc que abandonara em 9,50 (cf. 9,51+).
c) Ad.: "em troca".
d) Lc afirma muitas vezes ter sido a paixão predita pelos profetas: Lc 24,25.27.44; At 2,23+; 3,18.24+; 8,32-35; 13,27; 26,22s.

no terceiro dia ressuscitará". ³⁴Mas eles não entenderam nada. Essa palavra era obscura para eles e não compreendiam o que ele dizia.

O cego na entrada de Jericó — ³⁵Quando ele se aproximava de Jericó, havia um cego, mendigando, sentado à beira do caminho. ³⁶Ouvindo os passos da multidão que transitava, perguntou o que era. ³⁷Informaram-no que Jesus, o Nazoreu, passava. ³⁸E ele pôs-se a gritar: "Jesus, filho de Davi, tem compaixão de mim!" ³⁹Os que estavam à frente repreendiam-no, para que ficasse em silêncio; ele, porém, gritava mais ainda: "Filho de Davi, tem compaixão de mim!" ⁴⁰Jesus se deteve e mandou que lho trouxessem. Quando chegou perto, perguntou-lhe: ⁴¹"Que queres que eu faça?" Ele respondeu: "Senhor, que possa ver novamente!" ⁴²Jesus lhe disse: "Vê de novo; tua fé te salvou". ⁴³No mesmo instante, recuperou a vista, e seguia a Jesus, glorificando a Deus. E, vendo o acontecido, todo o povo celebrou os louvores de Deus.

19

Zaqueu — ¹E, tendo entrado em Jericó, ele atravessava a cidade. ²Havia lá um homem chamado Zaqueu, que era rico e chefe dos publicanos. ³Procurava ver quem era Jesus, mas não o conseguia por causa da multidão, pois era de baixa estatura. ⁴Correu então à frente e subiu num sicômoro para ver Jesus que passaria por ali. ⁵Quando Jesus chegou ao lugar, levantou os olhos e disse-lhe: "Zaqueu, desce depressa, pois hoje devo ficar em tua casa". ⁶Ele desceu imediatamente e recebeu-o com alegria. ⁷À vista do acontecido, todos murmuravam, dizendo: "Foi hospedar-se na casa de pecador!" ⁸Zaqueu, de pé, disse ao Senhor: "Senhor, eis que dou a metade de meus bens aos pobres, e se defraudei a alguém, restituo-lhe o quádruplo",ᵃ ⁹Jesus lhe disse: "Hoje a salvação entrou nesta casa, porque ele também é um filho de Abraão.ᵇ ¹⁰Com efeito, o Filho do Homem veio procurar e salvar o que estava perdido".

*Parábola das minas*ᶜ — ¹¹Como eles ouvissem isso, Jesus acrescentou uma parábola, porque estava perto de Jerusalém, e eles pensavam que o Reino de Deus se manifestaria imediatamente. ¹²Disse então: "Um homem de nobre origem partiu para uma região longínqua a fim de ser investido na realeza e voltar.ᵈ ¹³Chamando dez de seus servos, deu-lhes dez minas e disse-lhes: 'Fazei-as render até que eu volte'. ¹⁴Ora, seus cidadãos o odiavam. E enviaram atrás dele uma embaixada para dizer: 'Não queremos que este reine sobre nós'.

¹⁵Quando ele regressou, após ter recebido a realeza, mandou chamar aqueles servos aos quais havia confiado dinheiro, para saber o que cada um tinha feito render. ¹⁶Apresentou-se o primeiro e disse: 'Senhor, tua mina rendeu dez minas'. ¹⁷'Muito bem, servo bom', disse ele, 'uma vez que te mostraste fiel no pouco, recebe autoridade sobre dez cidades'. ¹⁸Veio o segundo e disse: 'Senhor, tua mina produziu cinco minas'. ¹⁹Também a este ele disse: 'Tu também, fica à frente de cinco cidades'.

---

a) A lei judaica (Ex 21,37) só previa a restituição ao quádruplo para um caso; a lei romana a impunha para todos os furtos manifestos. Zaqueu amplia para si mesmo essa obrigação a todos os prejuízos que tenha podido causar.
b) Apesar da profissão desprezada que exerce. Nenhum estado é incompatível com a "salvação" (cf. 3,12-14). — A qualidade de "filho de Abraão" é que conferia ao judeus todos os privilégios (cf. 3,8; Rm 4,11s; Gl 3,7s).
c) Apesar das divergências consideráveis que separam a parábola das minas da parábola dos talentos (Mt 25,14-30), a maioria dos exegetas conclui em favor da identidade, tendo cada evangelista livremente modificado e desenvolvido o tema inicial. Além disso, parece necessário distinguir em Lc duas parábolas fundidas numa só, a das minas (vv. 12-13.15-26) e a do pretendente à realeza (vv. 12.14.17.19.27).
d) Alusão provável à viagem de Arquelau a Roma, no ano 4 a.C., para consolidar em seu favor o testamento de Herodes Magno. Seguiram-no alguns judeus, com o fito de fazerem malograr os trâmites (cf. 14).

²⁰Veio o outro e disse: 'Senhor, eis aqui a tua mina, que depositei num lenço, ²¹pois tive medo de ti, porque és homem severo, tomas o que não depositaste e colhes o que não semeaste'. ²²Então ele disse: 'Servo mau, julgo-te pela tua própria boca. Sabias que sou homem severo, que tomo o que não depositei e colho o que não semeei. ²³Por que, então, não confiaste o meu dinheiro ao banco? À minha volta eu o teria recuperado com juros.' ²⁴E disse aos que lá estavam: 'Tirai-lhe a mina e dai-a ao que tem dez minas.' ²⁵Responderam--lhe: 'Senhor, ele já tem dez minas...' ²⁶'Digo-vos, a quem tem, será dado; mas àquele que não tem, será tirado até mesmo o que tem.

²⁷Quanto a esses meus inimigos, que não queriam que eu reinasse sobre eles, trazei-os aqui e trucidai-os em minha presença' ".

V. Ministério de Jesus em Jerusalém

Entrada messiânica em Jerusalém — ²⁸E, dizendo tais coisas, Jesus caminhava à frente, subindo para Jerusalém. ²⁹Ao se aproximar de Betfagé e de Betânia, perto do monte chamado das Oliveiras, enviou dois discípulos, ³⁰dizendo: "Ide ao povoado da frente e, ao entrardes, encontrareis um jumentinho amarrado que ninguém ainda montou: soltando-o, trazei-o. ³¹E se alguém vos perguntar: 'Por que o soltais?', respondereis: 'O Senhor precisa dele' ". ³²Tendo partido, os enviados encontraram as coisas como ele lhes dissera. ³³Enquanto desamarravam o jumentinho, os donos perguntaram: "Por que soltais o jumentinho?" ³⁴Responderam: "O Senhor precisa dele".

³⁵Levaram-no então a Jesus e, estendendo as suas vestes sobre o jumentinho, fizeram com que Jesus montasse. ³⁶Enquanto ele avançava, o povo estendia suas próprias vestes no caminho. ³⁷Já estava perto da descida do monte das Oliveiras, quando toda a multidão dos discípulos começou, alegremente, a louvar a Deus com voz forte por todos os milagres que eles tinham visto. ³⁸Diziam:

"Bendito aquele que vem,
o Rei, *em nome do Senhor!*
Paz no céu
e glória no mais alto dos céus!"

Jesus aprova as aclamações de seus discípulos — ³⁹Alguns fariseus da multidão lhe disseram: "Mestre, repreende teus discípulos". ⁴⁰Ele, porém, respondeu: "Eu vos digo, se eles se calarem, as pedras gritarão".

Lamentação sobre Jerusalém — ⁴¹E, como estivesse perto, viu a cidade e chorou sobre ela, ⁴²dizendo: "Ah! Se neste dia também tu conhecesses a mensagem de paz!ᵃ Agora, porém, isso está escondido a teus olhos. ⁴³Pois dias virão sobre ti, e os teus inimigos te cercarão com trincheiras, te rodearão e te apertarão por todos os lados. ⁴⁴Deitarão por terra a ti e a teus filhos no meio de ti, e não deixarão de ti pedra sobre pedra, porque não reconheceste o tempo em que foste visitada!"ᵇ

---

a) Trata-se aqui da paz messiânica (cf. Is 11,6+; Os 2,20+).

b) Esse oráculo, inteiramente tecido de reminiscências bíblicas (perceptíveis sobretudo no texto grego, v. 43: cf. Is 29,3; 37,33; Jr 52,4-5; Ez 4,1-3; 21,27[22]; v. 44: Os 10,14; 14,1; Na 3,10; Sl 137,9), evoca a ruína de Jerusalém em 587 a.C., tanto e mais ainda que a de 70 d.C., da qual não descreve nenhum traço característico. Não é possível concluir desse texto, portanto, que esta já se tenha realizado (cf. 17,22+; 21,20+).

LUCAS 19-20

Os vendedores expulsos do Templo — ⁴⁵E, entrando no Templo, começou a expulsar os vendedores, ⁴⁶dizendo-lhes: "Está escrito: *Minha casa será uma casa de oração*. Vós, porém, fizestes dela *um covil de ladrões*!"

Ensinamento no Templo — ⁴⁷E ensinava diariamente no Templo. Os chefes dos sacerdotes e os escribas procuravam fazê-lo perecer, bem como os chefes do povo. ⁴⁸Mas não encontravam o que fazer, pois o povo todo o ouvia, enlevado.

20ª Questão dos judeus sobre a autoridade de Jesus — ¹Aconteceu que, certo dia, enquanto ele ensinava o povo no Templo, anunciando a Boa Nova, os chefes dos sacerdotes, os escribas e os anciãos se apresentaram, ²dizendo-lhe: "Dize-nos com que autoridade fazes estas coisas, ou quem é que te concedeu esta autoridade?" ³Ele respondeu: "Também eu vos proporei uma questão. Dizei-me: ⁴O batismo de João era do Céu ou dos homens?" ⁵Eles, porém, raciocinavam entre si, dizendo: "Se respondermos 'Do Céu', ele dirá: 'Por que não crestes nele?' ⁶Se respondermos 'Dos homens', o povo todo nos apedrejará, porque está convicto de que João é profeta". ⁷E responderam que não sabiam de onde era. ⁸Jesus lhes disse: "Nem eu vos digo com que autoridade faço estas coisas".

Parábola dos vinhateiros homicidas — ⁹E começou a contar ao povo esta parábola: "Um homem plantou uma vinha, depois arrendou-a a vinhateiros e partiu para o estrangeiro por muito tempo. ¹⁰No tempo oportuno, enviou um servo aos vinhateiros, para que lhe entregassem uma parte do fruto da vinha; os vinhateiros, porém, o despediram sem nada, depois de o terem espancado. ¹¹Enviou de novo outro servo; e a este também espancaram, insultaram e despediram sem nada. ¹²Enviou ainda terceiro; a este igualmente feriram e o lançaram fora. ¹³Disse então o dono da vinha: 'Que vou fazer?... Enviarei o meu filho amado. Quem sabe vão poupá-lo'. ¹⁴Ao vê-lo, porém, os vinhateiros raciocinavam: 'Este é o herdeiro; matemo-lo, para que a herança fique para nós'. ¹⁵E, lançando-o para fora da vinha, o mataram.

Pois bem, que lhes fará o dono da vinha? ¹⁶Virá e destruirá esses vinhateiros, e dará a vinha a outros". Ouvindo isso, disseram: "Que isso não aconteça!" ¹⁷Jesus, porém, fixando neles o olhar, disse: "Que significa então o que está escrito:

*A pedra que os edificadores tinham rejeitado
tornou-se a pedra angular?*

¹⁸Aquele que cair sobre essa pedra se quebrará todo, e aquele sobre quem ela cair, o esmagará".

¹⁹Os escribas e os chefes dos sacerdotes procuravam deitar a mão sobre ele naquela hora. Tinham percebido que ele contara essa parábola a respeito deles. Mas ficaram com medo do povo.

O tributo a César — ²⁰E ficaram de espreita. Enviaram espiões que se fingiram de justos, para surpreendê-lo em alguma palavra sua, a fim de entregá-lo ao poder e à autoridade do governador. ²¹E o interrogaram: "Mestre, sabemos que falas e ensinas com retidão, e, sem levar em conta a posição das pessoas, ensinas de fato o caminho de Deus. ²²É lícito a nós pagar o tributo a César ou não?" ²³Ele, porém, penetrando-lhes a astúcia, disse: ²⁴"Mostrai-me um

---

a) De 20,1 a 21,5, Lc segue muito de perto Mc. Omite a ação simbólica da figueira seca (Mc 11,12-14.20-25), que ele substitui pela parábola da figueira estéril (Lc 13,6-9); omite também a discussão sobre o primeiro mandamento (Mc 12,28-34), que já hauriu de outra fonte (Lc 10,25-28).

denário. De quem traz a imagem e a inscrição?" Responderam: "De César". ²⁵Ele disse então: "Entregai, pois, o que é de César a César, e o que é de Deus a Deus".

²⁶E foram incapazes de surpreendê-lo em alguma palavra diante do povo e, espantados com sua resposta, ficaram em silêncio.

A ressurreição dos mortos — ²⁷Aproximando-se alguns dos saduceus — que negam existir ressurreição — ²⁸interrogaram-no: "Mestre, Moisés deixou-nos escrito: *Se alguém tiver um irmão* casado e este morrer sem filhos, tomará a viúva e suscitará descendência para seu irmão. ²⁹Ora, havia sete irmãos. O primeiro tomou mulher e morreu sem filhos. ³⁰Também o segundo, ³¹e depois o terceiro a tomaram; e assim os sete morreram sem deixar filhos. ³²Por fim, também a mulher morreu. ³³Essa mulher, na ressurreição, de qual deles vai se tornar mulher? Pois todos os sete a tiveram por mulher". ∥ Mt 22,23-33 Mc 12,18-27 Dt 25,5 +

³⁴Jesus lhes respondeu: "Os filhos deste mundo*ᵃ* casam-se e dão-se em casamento; ³⁵mas os que forem julgados dignos de ter parte no outro mundo e na ressurreição dos mortos,*ᵇ* não tomam nem mulher nem marido; ³⁶como também não podem morrer;*ᶜ* são semelhantes aos anjos e são filhos de Deus, sendo filhos da ressurreição.*ᵈ* ³⁷Ora, que os mortos ressuscitam, também Moisés o indicou na passagem da sarça, quando diz: o Senhor *Deus de Abraão, Deus de Isaac e Deus de Jacó*. ³⁸Ora, ele não é Deus de mortos, mas sim de vivos; todos, com efeito, vivem para ele". Fl 3,11

Ex 3,6

Rm 6,10-11 Gl 2,19

³⁹Tomando então a palavra, alguns escribas*ᵉ* disseram-lhe: "Mestre, falaste bem". ⁴⁰E já ninguém ousava interrogá-lo sobre coisa alguma. ∥ Mt 22,46 Mc 12,34

Cristo, filho e Senhor de Davi — ⁴¹Disse-lhes então: "Como se pode dizer que o Cristo é filho de Davi? ⁴²Se o próprio Davi diz no livro dos Salmos: ∥ Mt 22,41-45 Mc 12,35-37

O Senhor disse ao meu Senhor:
Senta-te à minha direita,
⁴³*até que eu ponha teus inimigos*
como escabelo para teus pés.

Sl 110,1

⁴⁴Davi, portanto, o chama Senhor; então, como pode ser seu filho?"

Jesus julga os escribas — ⁴⁵Como todo o povo o escutasse, ele disse aos discípulos: ⁴⁶"Cuidado com os escribas que sentem prazer em circular com togas, gostam de saudações nas praças públicas, dos primeiros lugares nas sinagogas e de lugares de honra nos banquetes, ⁴⁷que devoram as casas das viúvas e simulam fazer longas orações. Esses receberão uma sentença mais severa!" ∥ Mt 23,6-7 Mc 12,38-40 = Lc 11,43

21

A oferta da viúva — ¹Levantando os olhos, ele viu os ricos lançando ofertas no Tesouro do Templo. ²Viu também uma viúva indigente, que lançava duas moedinhas, ³e disse: "De fato, eu vos digo que esta pobre viúva lançou mais do que todos, ⁴pois todos aqueles deram do que lhes sobrava para as ofertas; esta, porém, na sua penúria, ofereceu tudo o que possuía para viver". ∥ Mc 12,41-44

Discurso sobre a ruína de Jerusalém.ᶠ Introdução — ⁵Como alguns dissessem a respeito do Templo que era ornado de belas pedras e de ofertas ∥ Mt 24,1-3 Mc 13,1-4

---

a) Semitismo: aqueles que pertencem a este mundo.
b) Aqui é questão somente da ressurreição dos justos.
c) Var.: "nem mesmo devem".
d) Semitismo: ressuscitados.
e) Os escribas, na maioria fariseus, acreditavam na ressurreição dos mortos (cf. At 23,6-9).

f) Em 17,22-37, Lc, utilizando uma das suas fontes, havia tratado da volta gloriosa de Jesus no fim dos tempos. Aqui, como Mc que ele segue e combina com outra fonte, trata da ruína de Jerusalém, sem confundi-la com o fim do mundo, conforme faz Mt (cf. Mt 24,1+; Lc 19,44+).

votivas, ele disse: ⁶"Contemplais essas coisas... Dias virão em que não ficará pedra sobre pedra que não seja demolida!" ⁷Perguntaram-lhe então: "Quando será isso, Mestre, e qual o sinal de que essas coisas estarão para acontecer?"

Os sinais precursores — ⁸Respondeu: "Atenção para não serdes enganados, pois muitos virão em meu nome, dizendo 'Sou eu!' e ainda: 'O tempo está próximo!' Não os sigais! ⁹Quando ouvirdes falar de guerras e subversões, não vos atemorizeis; pois é preciso que primeiro aconteça isso, mas não será logo o fim". ¹⁰Disse-lhes então: "Levantar-se-á nação contra nação e reino contra reino. ¹¹E haverá grandes terremotos e pestes e fomes em todos os lugares; aparecerão fenômenos pavorosos e grandes sinais vindos do céu.

¹²Antes de tudo isso, porém, hão de vos prender, de vos perseguir, de vos entregar às sinagogas e às prisões, de vos conduzir a reis e governadores por causa do meu nome, ¹³e isso vos será ocasião de testemunho. ¹⁴Tende presente em vossos corações não premeditar vossa defesa; ¹⁵pois eu*ᵃ* vos darei eloquência e sabedoria, às quais nenhum de vossos adversários poderá resistir, nem contradizer. ¹⁶Sereis traídos até por vosso pai e mãe, irmãos, parentes, amigos, e farão morrer pessoas do vosso meio, ¹⁷e sereis odiados de todos por causa de meu nome. ¹⁸Mas nem um só cabelo de vossa cabeça se perderá. ¹⁹É pela perseverança que mantereis vossas vidas!

O cerco — ²⁰Quando virdes Jerusalém cercada de exércitos,*ᵇ* sabei que está próxima a sua devastação. ²¹Então, os que estiverem na Judeia fujam para os montes, os que estiverem dentro da cidade saiam e os que estiverem nos campos não entrem nela, ²²porque serão dias de punição, nos quais deverá cumprir-se tudo o que foi escrito.*ᶜ* ²³Ai daquelas que estiverem grávidas e estiverem amamentando naqueles dias!

A catástrofe e os tempos dos pagãos — Com efeito, haverá uma grande angústia na terra e cólera contra este povo. ²⁴E cairão ao fio da espada, levados cativos para todas as nações, e *Jerusalém será pisada por nações* até que se cumpram os tempos das nações.*ᵈ*

As catástrofes cósmicas e a manifestação gloriosa do Filho do Homem — ²⁵Haverá sinais no sol, na lua e nas estrelas; e na terra, as nações estarão em angústia, inquietas pelo bramido do mar e das ondas; ²⁶os homens desfalecerão de medo, na expectativa do que ameaçará o mundo habitado, pois os poderes dos céus serão abalados. ²⁷E então verão o Filho do Homem vindo numa nuvem com poder e grande glória. ²⁸Quando começarem a acontecer essas coisas, erguei-vos e levantai a cabeça, pois está próxima a vossa libertação".*ᵉ*

Parábola da figueira — ²⁹Em seguida, contou-lhes uma parábola: "Vede a figueira e as árvores todas. ³⁰Quando brotam, olhando-as, sabeis que o verão já está próximo. ³¹Da mesma forma também vós, quando virdes essas coisas acontecerem, sabei que o Reino de Deus*ᶠ* está próximo. ³²Em verdade vos

a) Lc atribui aqui a Jesus a iniciativa que Mt 10,20; Mc 13,11; Lc 12,12 reservam ao Espírito do Pai (Mt) ou ao Espírito Santo (Mc e Lc); cf. At 6,10; Jo 16,13-15).
b) Como em 19,43-44, as expressões são bíblicas e nada têm de uma descrição feita depois do acontecimento.
c) Talvez alusão a Dn 9,26s.
d) Ver os setenta anos de Jr 25,11; 29,10; 2Cr 36,20-21; Dn 9,1-2, retomados na profecia das setenta semanas de anos de Dn 9,24-27: cifras simbólicas e misteriosas do tempo concedido por Deus às nações pagãs para castigar Israel culpado, depois do quê este receberá a libertação.
e) Ou "redenção", termo paulino (cf. Rm 3,24+).
f) Não na fase inicial já inaugurada (17,21), mas na fase de desenvolvimento e de conquista, iniciada com a ruína de Jerusalém (cf. 9,27p).

digo que esta geração não passará sem que tudo aconteça. ³³O céu e a terra passarão; minhas palavras, porém, não passarão.

Vigiar para não ser surpreendido — ³⁴Cuidado para que vossos corações não fiquem pesados pela devassidão, pela embriaguez, pelas preocupações da vida, e não se abata repentinamente sobre vós aquele Dia, ³⁵como um laço; pois ele sobrevirá*ᵃ* a todos os habitantes da face de toda a terra. ³⁶Ficai acordados, portanto, orando em todo momento, para terdes a força de escapar de tudo o que deve acontecer e de ficar de pé diante do Filho do Homem".

Os últimos dias de Jesus — ³⁷Durante o dia ele ensinava no Templo, mas passava as noites ao relento, no monte chamado das Oliveiras. ³⁸E todo o povo madrugava junto com ele no Templo, para ouvi-lo.*ᵇ*

VI. A paixão*ᶜ*

22 ***Conspiração contra Jesus e traição de Judas*** — ¹Aproximava-se a festa dos Ázimos, chamada Páscoa. ²E os chefes dos sacerdotes e os escribas procuravam de que modo eliminá-lo, pois temiam o povo.*ᵈ* ³Satanás entrou em Judas, chamado Iscariotes, do número dos Doze. ⁴Ele foi conferenciar com os chefes dos sacerdotes e com os chefes da guarda*ᵉ* sobre o modo de lho entregar. ⁵Alegraram-se e combinaram dar-lhe dinheiro. ⁶Ele aceitou, e procurava uma oportunidade para entregá-lo a eles, escondido da multidão.

Preparativos da ceia pascal — ⁷Veio o dia dos Ázimos, quando devia ser imolada a páscoa. ⁸Jesus então enviou Pedro e João, dizendo: "Ide preparar-nos a páscoa para comermos". ⁹Perguntaram-lhe: "Onde queres que a preparemos?" ¹⁰Respondeu-lhes: "Logo que entrardes na cidade, encontrareis um homem levando uma bilha de água. Segui-o até à casa em que ele entrar. ¹¹Direis ao dono da casa: 'O Mestre te pergunta: onde está a sala em que comerei a páscoa com os meus discípulos?' ¹²E ele vos mostrará, no andar superior, uma grande sala, provida de almofadas; preparai ali". ¹³Eles foram, acharam tudo como dissera Jesus, e prepararam a páscoa.

A ceia pascal — ¹⁴Quando chegou a hora, ele se pôs à mesa com seus apóstolos ¹⁵e disse-lhes:*ᶠ* "Desejei ardentemente comer esta páscoa convosco antes de sofrer; ¹⁶pois eu vos digo que já não a comerei até que ela se cumpra*ᵍ* no Reino de Deus". ¹⁷Então, recebendo uma taça,*ʰ* deu graças e disse: "Tomai isto e reparti entre vós; ¹⁸pois eu vos digo que doravante não beberei do fruto da videira, até que venha o Reino de Deus".

---

a) Var.: "pois ele sobrevirá como um laço".
b) O contato literário com Jo 8,1-2 é evidente. A perícope da mulher adúltera (Jo 7,53-8,11), que tantas razões convidam a atribuir a Lc, encontraria aqui excelente contexto.
c) Em toda a narrativa da paixão, Lc depende muito menos que anteriormente de Mc. Em compensação, há numerosos pontos de contato com Jo; sem dúvida, dispõem de uma fonte comum.
d) Lc não narra a unção de Betânia; em 7,36-50 já apresentou um fato do mesmo gênero.
e) Oficiais da polícia do Templo. Eram recrutados entre os levitas (cf. At 4,1).

f) Lc adota a convenção helenística da refeição de despedida do Mestre com seus discípulos. As palavras pronunciadas por Jesus na ceia têm em Lc lugar mais importante do que em Mt e Mc; os discursos de Jo 13,31-17,26 serão ainda mais desenvolvidos. Lc parece ter concebido esses discursos à luz das primitivas assembleias eucarísticas.
g) Cumprir-se-á de maneira inicial pela instituição da Eucaristia, centro da vida espiritual do Reino fundado por Jesus, porém de maneira total, e sem véus, no fim dos tempos.
h) Lc distingue a páscoa e a taça dos vv. 15-18 do pão e da taça dos vv. 19-20, para pôr em paralelo o rito

Instituição da Eucaristia[a] — ¹⁹E tomou um pão, deu graças, partiu e deu-o a eles, dizendo: "Isto é o meu corpo que é dado por vós. Fazei isto em minha memória". ²⁰E, depois de comer, fez o mesmo com a taça, dizendo: "Essa taça é a Nova Aliança em meu sangue, que é derramado por vós.[b]

Anúncio da traição de Judas — ²¹Eis, porém, que a mão do que me trai está comigo, sobre a mesa. ²²O Filho do Homem vai, segundo o que foi determinado, mas ai daquele homem por quem ele for entregue!" ²³Começaram então a indagar entre si qual deles faria tal coisa.

Quem é o maior?[c] — ²⁴Houve também uma discussão entre eles: qual seria o maior? ²⁵Jesus lhes disse: "Os reis das nações as dominam, e os que as tiranizam são chamados Benfeitores. ²⁶Quanto a vós, não deverá ser assim; pelo contrário, o maior dentre vós torne-se como o mais jovem, e o que governa como aquele que serve. ²⁷Pois, qual é o maior: o que está à mesa, ou aquele que serve? Não é aquele que está à mesa? Eu, porém, estou no meio de vós como aquele que serve!

Recompensa prometida aos apóstolos — ²⁸Vós sois os que permanecestes constantemente comigo em minhas tentações; ²⁹também eu disponho para vós o Reino, como meu Pai o dispôs para mim, ³⁰a fim de que comais e bebais à minha mesa em meu Reino, e vos senteis em tronos para julgar as doze tribos de Israel.

Anúncio da negação e da conversão de Pedro — ³¹[d]Simão, Simão, eis que Satanás pediu insistentemente para vos peneirar como trigo; ³²eu, porém, orei por ti, a fim de que tua fé não desfaleça. Quando, porém, te converteres, confirma teus irmãos".[e] ³³Disse ele: "Senhor, estou pronto a ir contigo à prisão e à morte". ³⁴Ele, porém, replicou: "Pedro, eu te digo: o galo não cantará hoje sem que por três vezes tenhas negado conhecer-me".

A hora do combate decisivo — ³⁵E disse-lhes: "Quando vos enviei sem bolsa, nem alforje, nem sandálias, faltou-vos alguma coisa?" — "Nada", responderam. ³⁶Ele continuou: "Agora, porém, aquele que tem uma bolsa tome-a, como também aquele que tem um alforje; e quem não tiver uma espada, venda seu manto para comprar uma.[f] ³⁷Pois eu vos digo, é preciso que se cumpra em mim o que está escrito: *Ele foi contado entre os iníquos*. Pois também o que me diz respeito tem um fim". ³⁸Disseram eles: "Senhor, eis aqui duas espadas". Ele respondeu: "É suficiente!"

---

antigo da páscoa judaica e o rito novo da Eucaristia cristã. Sem compreender esta construção teológica e admirados de encontrar duas taças, documentos antigos omitem o v. 20, ou mesmo o fim do v. 19 (a partir de "que será dado por vós").
a) Observar a afinidade do texto de Lc com o de Paulo.
b) Poder-se-á compreender: "que vai ser dado/derramado" ou "que deve ser dado/derramado".
c) Lucas transpõe aqui, aliás sob forma bastante diferente, palavras que Mt-Mc situam após a pergunta *dos filhos de Zebedeu* (Mt 20,25-28; Mc 10,42-45). No novo contexto, esses ensinamentos de Jesus esclarecem as questões acerca da precedência e do serviço às mesas, que certamente se apresentavam nas primitivas assembleias litúrgicas (cf. At 6,1; 1Cor 11,17-19; Tg 2,2-4).

d) Ad.: "E o Senhor disse".
e) Essa palavra confere a Pedro, em relação aos outros apóstolos, um papel de direção na fé. Seu primado no próprio seio do colégio apostólico afirma-se aqui mais claramente do que em Mt 16,17-19, onde poderia passar simplesmente por porta-voz e representante dos Doze. Ver também Jo 21,15-17, onde os "cordeiros" e as "ovelhas" que ele deve apascentar parecem incluir "estes", seus companheiros apostólicos, os quais ele supera no amor.
f) Uma bolsa para comprar e um alforje para guardar víveres, que doravante não mais serão dados livremente aos discípulos; uma espada para se proteger num mundo que se tornou hostil.

No monte das Oliveiras — ³⁹Ele saiu e, como de costume, dirigiu-se ao monte das Oliveiras. Os discípulos o acompanharam. ⁴⁰Chegando ao lugar, disse-lhes: "Orai para não entrardes em tentação".

⁴¹E afastou-se deles mais ou menos a um tiro de pedra, e, dobrando os joelhos,*ᵃ* orava: ⁴²"Pai, se queres, afasta de mim este cálice! Contudo, não a minha vontade, mas a tua seja feita!" ⁴³Apareceu-lhe um anjo do céu, que o confortava. ⁴⁴E, cheio de angústia, orava com mais insistência ainda, e o suor se lhe tornou semelhante a espessas gotas de sangue que caíam por terra.*ᵇ*

⁴⁵Erguendo-se após a oração, veio para junto dos discípulos e encontrou-os adormecidos de tristeza. ⁴⁶E disse-lhes: "Por que estais dormindo? Levantai--vos e orai, para que não entreis em tentação!"

Prisão de Jesus — ⁴⁷Enquanto ainda falava, eis que chegou uma multidão. À frente estava o chamado Judas, um dos Doze, que se aproximou de Jesus para beijá-lo. ⁴⁸Jesus lhe disse: "Judas, com um beijo entregas o Filho do Homem?" ⁴⁹Vendo o que estava para acontecer, os que se achavam com ele disseram-lhe: "Senhor, e se ferirmos à espada?" ⁵⁰E um deles feriu o servo do Sumo Sacerdote, decepando-lhe a orelha direita. ⁵¹Jesus, porém, tomou a palavra e disse: "Deixai! Basta!" E tocando-lhe a orelha, curou-o.

⁵²Depois, Jesus dirigiu-se àqueles que vieram de encontro a ele, chefes dos sacerdotes, chefes da guarda do Templo e anciãos: "Como a um ladrão saístes com espadas e paus? ⁵³Eu estava convosco no Templo todos os dias e não pusestes a mão sobre mim. Mas é a vossa hora, e o poder das Trevas".

Negações de Pedro — ⁵⁴Prenderam-no*ᶜ* e levaram-no, introduzindo-o na casa do Sumo Sacerdote. Pedro seguia de longe. ⁵⁵Tendo eles acendido uma fogueira no meio do pátio, sentaram-se ao redor, e Pedro sentou-se no meio deles. ⁵⁶Ora, uma criada viu-o sentado perto do fogo e, encarando-o, disse: "Este também estava em companhia dele!" ⁵⁷Ele, porém, negou: "Mulher, eu não o conheço". ⁵⁸Pouco depois, outro, tendo-o visto, afirmou: "Tu também és um deles!" Mas Pedro declarou: "Homem, não sou". ⁵⁹Decorrida mais ou menos uma hora, outro insistia: "Certamente, este também estava com ele, pois é galileu!" Pedro disse: ⁶⁰"Homem, não sei o que dizes". Imediatamente, enquanto ele ainda falava, um galo cantou, ⁶¹e o Senhor, voltando-se, fixou o olhar em Pedro. Pedro então lembrou-se da palavra que o Senhor lhe dissera: "Antes que o galo cante hoje, tu me terás negado três vezes". ⁶²E saindo para fora, chorou amargamente.

Primeiros ultrajes*ᵈ* — ⁶³Os guardas caçoavam de Jesus, espancavam-no, ⁶⁴cobriam-lhe o rosto e o interrogavam: "Faze uma profecia: quem é que te bateu?" ⁶⁵E proferiam contra ele muitos outros insultos.

---

a) A oração se fazia normalmente de pé (cf. 1Rs 8,22; Mt 6,5; Lc 18,11); *mas também de joelhos, quando se tornava mais intensa ou mais humilde* (cf. Sl 95,6; Is 45,23; Dn 6,11; At 7,60; 9,40; 20,36; 21,5).

b) Embora omitidos por alguns bons documentos, os vv. 43-44 devem ser mantidos. Atestados no séc. II por numerosos documentos, eles têm o estilo e o cunho de Lc. Sua omissão se explica pelo cuidado de evitar um rebaixamento de Jesus, julgado demasiadamente humano.

c) Em Mt, a tropa prende Jesus logo que Judas o beijou; segue o episódio da orelha decepada; o discurso de Jesus vem em último lugar. Igualmente em Mc. A ordem que Lc adota, fazendo a prisão seguir o discurso de Jesus, sublinha como Jesus domina o acontecimento (cf., nesse sentido, Jo 10,18+; 18,4-6).

d) Os ultrajes, colocados durante a espera da noite antes da sessão do Sinédrio, e não depois dela, como em Mt-Mc, não provêm, em Lc, dos sinedritas, mas da criadagem. Além disso, ao contrário ainda de Mt 26,68; Mc 14,65 (ver as notas), Jesus tem o rosto coberto, de modo que em Lc os ultrajes tornam-se um jogo de adivinhação, bem conhecido no mundo antigo e mesmo em todos os tempos. Sobre esses pontos, o relato de Lc tem sem dúvida mais verossimilhança que os de Mt e Mc.

LUCAS 22-23

Jesus diante do Sinédrio[a] — ⁶⁶Quando se fez dia, reuniu-se o conselho dos anciãos do povo,[b] chefes dos sacerdotes e escribas, e levaram-no para o Sinédrio,[c] ⁶⁷dizendo: "Se tu és o Cristo, dize-nos!" Ele respondeu: "Se eu vos disser, não acreditareis, ⁶⁸e se eu vos interrogar, não respondereis. ⁶⁹Mas, doravante, *o Filho do Homem estará sentado à direita*[d] *do Poder de Deus!*" ⁷⁰Todos então disseram: "És, portanto, o Filho de Deus?"[e] Ele lhes declarou: "Vós o dizeis: eu sou!" ⁷¹Replicaram: "Que necessidade temos ainda de testemunho? Nós o ouvimos de sua própria boca!"[f]

23 ¹Toda a multidão se levantou; e conduziram-no a Pilatos.

Jesus perante Pilatos[g] — ²Começaram então a acusá-lo, dizendo: "Encontramos este homem subvertendo nossa nação, impedindo que se paguem os impostos a César e pretendendo ser Cristo Rei". ³Pilatos o interrogou: "És tu o rei dos judeus?". Respondendo, ele declarou: "Tu o dizes". ⁴Pilatos disse, então, aos chefes dos sacerdotes e às multidões: "Não encontro nesse homem motivo algum de condenação". ⁵Eles, porém, insistiam: "Ele subleva o povo, ensinando por toda a Judeia, desde a Galileia, onde começou, até aqui". ⁶A essas palavras, Pilatos perguntou se ele era galileu. ⁷E certificando-se de que pertencia à jurisdição de Herodes, transferiu-o a Herodes que, naqueles dias, também se encontrava em Jerusalém.

Jesus perante Herodes[h] — ⁸Vendo a Jesus, Herodes ficou muito contente; havia muito tempo que queria vê-lo, pelo que ouvia dizer dele; e esperava ver algum milagre feito por ele. ⁹Interrogou-o com muitas perguntas; ele, porém, nada lhe respondeu. ¹⁰Entretanto, os chefes dos sacerdotes e os escribas lá se achavam, e acusavam-no com veemência. ¹¹Herodes, juntamente com a sua escolta, tratou-o com desprezo e escárnio; e, vestindo-o com uma veste brilhante,[i] o mandou novamente a Pilatos. ¹²E nesse mesmo dia Herodes e Pilatos ficaram amigos entre si, pois antes eram inimigos.

Jesus novamente diante de Pilatos — ¹³Depois de convocar os chefes dos sacerdotes, os chefes e o povo, Pilatos ¹⁴disse-lhes: "Vós me apresentastes este homem como agitador do povo; ora, eu o interroguei diante de vós e não encontrei neste homem motivo algum de condenação, como o acusais. ¹⁵Tampouco Herodes, uma vez que ele o enviou novamente a nós. Como vedes, este homem nada fez que mereça a morte. ¹⁶Por isso eu o soltarei, depois de o castigar".[j] [¹⁷] ¹⁸Eles, porém, vociferaram todos juntos: "Morra esse homem! Solta-nos Barrabás!" ¹⁹Este último havia sido preso por um motim na cidade e por homicídio.

---

a) Em vez dos dois comparecimentos de Mt e Mc, Lc refere um só, na manhã, e sem dúvida no edifício do "Tribunal", perto do Templo (cf. Mt 26,57+).
b) "Anciãos" não designa aqui um dos três elementos do Sinédrio (os anciãos), mas o Sinédrio inteiro, do qual Lc indica os dois elementos mais importantes (chefes dos sacerdotes e escribas).
c) O termo deve designar aqui, mais do que as pessoas que compõem o Sinédrio, o local oficial de suas reuniões. Esse local encontrava-se, ao menos em parte, na esplanada do Templo, na região sudoeste. As portas abriam-se somente de manhã cedo, como o supõe o v. 66.
d) Lc omite o "vereis" de Mt e de Mc, bem como a alusão a Dn. Talvez tenha querido evitar a expectativa de Parusia próxima, à qual poderia se prestar essa palavra, se fosse mal entendida.
e) Lc distingue melhor do que Mt-Mc os dois títulos, "Cristo" (v. 67) e "Filho de Deus" (v. 70); comparar Jo 10,24-39.
f) Lc não fala de falsas testemunhas (mas cf. At 6,11-14), nem de explícita sentença de morte. Parece depender de outra fonte além de Mc-Mt.
g) A narração de Lc, mais circunstanciada, mais dramática que a de Mc e Mt, preludia a longa cena de Jo.
h) Trata-se, bem entendido, de Antipas, filho de Herodes, o Grande, e tetrarca da Galileia; cf. 3,1+. Tal consulta a terceira pessoa, por parte de magistrado romano, nada tem de inverossímil. A cena não pode ter sido inventada, como o pretendem certos críticos, de acordo com o Sl 2,1-2, texto vago demais; antes, é sua aplicação acomodatícia, em At 4,27, que exige fato real.
i) Veste de gala, como usavam os príncipes. Herodes quis zombar das pretensões de Jesus à realeza (v. 3).
j) Ad. v. 17: "Mas devia, por ocasião da festa, soltar-lhes alguém", parece glosa explicativa (cf. Mt 27, 15p).

²⁰Pilatos, querendo soltar Jesus, dirigiu-lhes de novo a palavra. ²¹Mas eles gritavam: "Crucifica-o! Crucifica-o!" ²²Pela terceira vez,*ᵃ* disse-lhes: "Que mal fez este homem? Nenhum motivo de morte encontrei nele! Por isso o solto depois de o castigar".*ᵇ* ²³Eles, porém, insistiam com grandes gritos, pedindo que fosse crucificado; e seus clamores aumentavam.

²⁴Então Pilatos sentenciou que se atendesse ao pedido deles. ²⁵Soltou aquele que fora posto na prisão por motim e homicídio, e que eles reclamavam. Quanto a Jesus, entregou-o ao arbítrio deles.

A caminho do Calvário — ²⁶Enquanto o levavam, tomaram certo Simão de Cirene, que vinha do campo, e impuseram-lhe a cruz para levá-la atrás de Jesus. ²⁷Grande multidão do povo o seguia, como também mulheres*ᶜ* que batiam no peito e se lamentavam por causa dele. ²⁸Jesus, porém, voltou-se para elas e disse: "Filhas de Jerusalém, não choreis por mim; chorai, antes, por vós mesmas e por vossos filhos! ²⁹Pois, eis que virão dias em que se dirá: Felizes as estéreis, as entranhas que não conceberam e os seios que não amamentaram! ³⁰Então começarão a *dizer às montanhas: Caí sobre nós!* e *às colinas: Cobri-nos!* ³¹Porque se fazem assim com o lenho verde, o que acontecerá com o seco?"*ᵈ* ³²Eram conduzidos também dois malfeitores para serem executados com ele.

Mt 27,31b-32
Mc 15,20b-22
Jo 19,17
14,27

11,27
Os 9,14

Os 10,8
Ez 21,3.8;
23,31
Is 53,12
Lc 22,37

*A crucifixão*ᵉ — ³³Chegando ao lugar chamado Caveira, lá o crucificaram, bem como aos malfeitores, um à direita e outro à esquerda. ³⁴*ᶠ*Jesus dizia: "Pai, perdoa-lhes: não sabem o que fazem".*ᵍ* Depois, repartindo suas vestes, sorteavam-nas.

Mt 27,35-38
Mc 15,24-28
Jo 19,17-24
Mt 18,21s,35
Sl 22,19

Jesus na cruz, sujeito à zombaria e ultrajes — ³⁵O povo permanecia lá, olhando. Os chefes, porém, zombavam, e diziam: "A outros salvou, que salve a si mesmo, se é o Cristo de Deus, o Eleito!" ³⁶Os soldados também caçoavam dele; aproximando-se, traziam-lhe vinagre, ³⁷e diziam: "Se és o rei dos judeus, salva-te a ti mesmo". ³⁸E havia uma inscrição acima dele:
"Este é o Rei dos judeus".

Mt 27,39-43
Mc 15,29-32a
2,26 +
9,35 +

O "bom ladrão" — ³⁹Um dos malfeitores suspensos à cruz o insultava, dizendo: "Não és tu o Cristo?*ʰ* Salva-te a ti mesmo e a nós". ⁴⁰Mas o outro, tomando a palavra, o repreendia: "Nem sequer temes a Deus, estando na mesma condenação? ⁴¹Quanto a nós, é de justiça; pagamos por nossos atos; mas ele não fez nenhum mal". ⁴²E acrescentou: "Jesus, lembra-te de mim, quando vieres com teu reino".*ⁱ* ⁴³Ele respondeu: "Em verdade, eu te digo, hoje estarás comigo no Paraíso".

Mt 27,44
Mc 15,32b

a) Lc insiste, como Jo, no "desejo (de Pilatos) de libertar Jesus" e menciona três vezes a declaração da inocência de Jesus feita pelo procurador (cf. Jo 18,38; 19,4.6).
b) Cf. v. 16. Lc não descreve esse castigo, que corresponde à flagelação de Mt 27,27-31p. Ao contrário de Mt e de Mc, vê nele, como Jo, um castigo preventivo, anterior à sentença e tendo por finalidade evitá-la.
c) Segundo uso mencionado no Talmud, mulheres distintas, de Jerusalém, preparavam bebidas sedativas para levá-las aos condenados.
d) Se é queimado o *lenho verde*, que não deveria ser queimado (alusão ao suplício de Jesus), o que não se fará ao lenho seco (os verdadeiros culpados)?
e) A comparação com Mc e Mt mostra como Lc soube fazer passar pelo Calvário uma brisa de doçura: a multidão (vv. 27.35.48) é mais curiosa que hostil, e no final se arrepende (v. 48); Jesus não pronuncia as palavras de aparente desespero: "Meu Deus, meu Deus, por que me abandonaste?"; continua até o fim a exercer o ministério do perdão (vv. 34.39-43); expira, "entregando o espírito nas mãos" do "Pai".
f) Este v. deve ser mantido, apesar de sua omissão por bons documentos.
g) Essas palavras de Jesus relembram Is 53,12. A mesma apreciação das causas da morte reaparece em At 3,17; 13,27; 1Cor 2,8. Estêvão orará no mesmo espírito (At 7,60), segundo o exemplo deixado pelo Mestre a todos os discípulos (1Pd 2,23; cf. Mt 18,21-22+).
h) O "mau ladrão" interpela a Jesus como "Cristo" (v. 39); o "bom ladrão" o reconhece como "Rei" (v. 42): são os dois títulos, religioso e político, em redor dos quais girou todo o processo de Jesus, primeiro perante os judeus, depois diante de Pilatos.
i) "Com (isto é, de posse de) teu reino". — Var.: "quando vieres em teu reino", isto é, para inaugurá-lo.

A morte de Jesus — ⁴⁴Era já mais ou menos a hora sexta, e houve treva sobre a terra inteira até à hora nona,ᵃ ⁴⁵tendo desaparecido o sol. O véu do Santuário rasgou-se ao meio, ⁴⁶e Jesus deu um forte grito: "Pai, *em tuas mãos entrego o meu espírito*". Dizendo isso, expirou.

Após a morte de Jesus — ⁴⁷O centurião, vendo o que acontecera, glorificava a Deus, dizendo: "Realmente, este homem era justo!" ⁴⁸E toda a multidão que havia acorrido para o espetáculo, vendo o que havia acontecido, voltou, batendo no peito.

⁴⁹Todos os seus amigos, bem como as mulheres que o haviam acompanhado desde a Galileia, permaneciam à distância, observando essas coisas.

O sepultamento — ⁵⁰Eis que havia um homem chamado José, membro do Conselho, homem bom e justo, ⁵¹que não concordara nem com o desígnio, nem com a ação deles. Era de Arimateia, cidade dos judeus, e esperava o Reino de Deus. ⁵²Indo procurar Pilatos, pediu o corpo de Jesus. ⁵³E, descendo-o, envolveu-o num lençol e colocou-o numa tumba talhada na pedra, onde ninguém ainda havia sido posto. ⁵⁴Era o dia da Preparação, e o sábado começava a luzir.ᵇ

⁵⁵As mulheres, porém, que vieram da Galileia com Jesus, haviam seguido a José; observaram o túmulo e como o corpo de Jesus fora ali depositado.

⁵⁶Em seguida, voltaram e prepararam aromas e perfumes. E, no sábado, observaram o repouso prescrito.

VII. Após a ressurreição

24 *O sepulcro vazio. Mensagem dos anjos* — ¹No primeiro dia da semana, muito cedo ainda, elas foram ao sepulcro, levando os aromas que tinham preparado. ²Encontraram a pedra do túmulo removida, ³mas, ao entrar, não encontraram o corpo do Senhor Jesus. ⁴E aconteceu que, estando perplexas com isso, dois homens se postaram diante delas, com veste fulgurante. ⁵Cheias de medo, inclinavam o rosto para o chão; eles, porém, disseram: "Por que procurais entre os mortos aquele que vive? ⁶Ele não está aqui; ressuscitou. Lembrai-vos de como vos falou, quando ainda estava na Galileia:ᶜ ⁷'É preciso que o Filho do Homem seja entregue às mãos dos pecadores, seja crucificado, e ressuscite ao terceiro dia' ". ⁸E elas se lembraram de suas palavras.

Os apóstolos recusam o testemunho das mulheres — ⁹Ao voltarem do túmulo, anunciaram tudo isso aos Onze, bem como a todos os outros. ¹⁰Eram Maria Madalena, Joana e Maria, mãe de Tiago. As outras mulheres que estavam com elas disseram-no também aos apóstolos; ¹¹essas palavras, porém, lhes pareceram desvario, e não lhes deram crédito.

Pedro junto ao túmulo — ¹²ᵈPedro, contudo, levantou-se e correu ao túmulo. Inclinando-se, porém, viu apenas os lençóis. E voltou para casa, muito surpreso com o que acontecera.

---

a) Prodígios cósmicos, característicos do "Dia de Iahweh" (cf. Mt 27,51+).
b) "começava a luzir": provável alusão ao costume judaico de acender as lâmpadas no começo do sábado (ao anoitecer). Outra tradução: "o sábado já despontava".
c) Lc, não querendo falar das aparições na Galileia, modifica Mc 16,7, como omitira Mc 14,28.

d) Apesar da omissão por alguns documentos, esse versículo deve ser mantido. Está no estilo de Lc, ao mesmo tempo que no de Jo, e representa uma tradição comum ao terceiro e ao quarto evangelhos. Lc 24,24 faz-lhe eco e dá a entender que Pedro não estava sozinho nessa corrida.

Os dois discípulos de Emaús — ¹³Eis que dois deles viajavam nesse mesmo dia para um povoado chamado Emaús, a sessenta estádios*ᵃ* de Jerusalém; ¹⁴e conversavam sobre todos esses acontecimentos. ¹⁵Ora, enquanto conversavam e discutiam entre si, o próprio Jesus aproximou-se e pôs-se a caminhar com eles; ¹⁶seus olhos, porém, estavam impedidos de reconhecê-lo.*ᵇ* ¹⁷Ele lhes disse: "Que palavras são essas que trocais enquanto ides caminhando?" E eles pararam, com o rosto sombrio.*ᶜ*

¹⁸Um deles, chamado Cléofas, lhe perguntou: "Tu és o único forasteiro em Jerusalém que ignora os fatos que nela aconteceram nestes dias?" — ¹⁹"Quais?", disse-lhes ele. Responderam: "O que aconteceu a Jesus, o Nazareno,*ᵈ* que foi profeta poderoso em obras e em palavras, diante de Deus e diante de todo o povo: ²⁰como nossos Sumos Sacerdotes e nossos chefes o entregaram para ser condenado à morte e o crucificaram. ²¹Nós esperávamos que fosse ele quem redimiria Israel; mas, com tudo isso, faz três dias que todas essas coisas aconteceram! ²²É verdade que algumas mulheres, que são dos nossos, nos assustaram. Tendo ido muito cedo ao túmulo ²³e não tendo encontrado o corpo, voltaram dizendo que haviam tido uma visão de anjos a declararem que ele está vivo. ²⁴Alguns dos nossos*ᵉ* foram ao túmulo e encontraram as coisas tais como as mulheres haviam dito; mas não o viram!"

²⁵Ele, então, lhes disse: "Insensatos e lentos de coração para crer tudo o que os profetas anunciaram! ²⁶Não era preciso que o Cristo sofresse tudo isso e entrasse em sua glória?" ²⁷E, começando por Moisés e percorrendo todos os Profetas, interpretou-lhes em todas as Escrituras o que a ele dizia respeito.

²⁸Aproximando-se do povoado para onde iam, Jesus simulou que ia mais adiante. ²⁹Eles, porém, insistiram, dizendo: "Permanece conosco, pois cai a tarde e o dia já declina". Entrou então para ficar com eles. ³⁰E, uma vez à mesa com eles, tomou o pão, abençoou-o, depois partiu-o e deu-o a eles. ³¹Então seus olhos se abriram e o reconheceram; ele, porém, ficou invisível diante deles. ³²E disseram um ao outro: "Não ardia o nosso coração quando ele nos falava pelo caminho, quando nos explicava as Escrituras?"

³³Naquela mesma hora, levantaram-se e voltaram para Jerusalém. Acharam aí reunidos os Onze e seus companheiros, ³⁴que disseram: "É verdade! O Senhor ressuscitou e apareceu a Simão!" ³⁵E eles narraram os acontecimentos do caminho e como o haviam reconhecido na fração do pão.*ᶠ*

Jesus aparece aos apóstolos — ³⁶Falavam ainda, quando ele próprio se apresentou no meio deles e disse: "A paz esteja convosco!" ³⁷Tomados de espanto e temor, imaginavam ver um espírito. ³⁸Mas ele disse: "Por que estais perturbados e por que surgem tais dúvidas em vossos corações? ³⁹Vede minhas mãos e meus pés: sou eu! Apalpai-me e entendei que um espírito não tem carne, nem ossos, como estais vendo que eu tenho". ⁴⁰*ᵍ*Dizendo

---

a) Var. menos garantida: "cento e sessenta". — A identificação deste povoado é discutida. O relato que segue *distingue-se de outros que contam as aparições do Ressuscitado*, e se assemelha à história de Filipe e do eunuco, At 8,26-40: nos dois casos, a perplexidade inicial é resolvida pela instrução, e cada relato termina com ação sacramental.
b) Nas aparições narradas por Lc e Jo, os discípulos não reconhecem o Senhor no primeiro instante, mas somente após uma palavra ou um sinal (cf. Lc 24,30s.35.37.39-43; Jo 20,14.16.20; 21,4.6-7; comparar Mt 28,17). A razão disso é que, permanecendo inteiramente idêntico a si mesmo, o corpo do Ressuscitado encontra-se num estado novo, que modifica sua forma exterior (Mc 16,12) e o liberta das condições sensíveis deste mundo (Jo 20,19). Quanto ao estado dos corpos gloriosos, cf. 1Cor 15,44+.
c) Var.: "A respeito de que conversais assim pelo caminho, que tendes o rosto sombrio?"
d) Var.: "o Nazareu".
e) Ou plural de generalização (v. 12), ou alusão à visita feita por Pedro e João juntos, narrada por Jo 20, 3-10.
f) Ao empregar aqui o termo técnico que retomará nos Atos (At 2,42+), Lc pensa sem dúvida na Eucaristia.
g) Este v. deve ser conservado, apesar de sua omissão por bons documentos.

isso, mostrou-lhes as mãos e os pés.*ª* ⁴¹E como, por causa da alegria, não podiam acreditar ainda e permaneciam surpresos, disse-lhes: "Tendes o que comer?" ⁴²Apresentaram-lhe um pedaço de peixe assado. ⁴³Tomou-o, então, e comeu-o diante deles.

Últimas instruções aos apóstolos — ⁴⁴Depois*ᵇ* disse-lhes: "São estas as palavras que eu vos falei, quando ainda estava convosco: era preciso que se cumprisse tudo o que está escrito sobre mim na Lei de Moisés, nos Profetas e nos Salmos". ⁴⁵Então abriu-lhes a mente para que entendessem as Escrituras, ⁴⁶e disse-lhes: "Assim está escrito que o Cristo devia sofrer e ressuscitar dos mortos ao terceiro dia, ⁴⁷e que, em seu Nome, fosse proclamado o arrependimento para a remissão dos pecados a todas as nações, a começar por Jerusalém. ⁴⁸Vós sois testemunhas disso.
⁴⁹Eis que eu enviarei sobre vós o que meu Pai prometeu.*ᶜ* Por isso, permanecei na cidade até serdes revestidos da força do Alto".

A ascensão — ⁵⁰Depois, levou-os até Betânia e, erguendo as mãos, abençoou-os. ⁵¹E enquanto os abençoava, distanciou-se deles e era elevado ao céu.*ᵈ* ⁵²Eles ficaram prostrados diante dele,*ᵉ* e depois voltaram a Jerusalém com grande alegria, ⁵³e estavam continuamente no Templo, louvando a Deus.*ᶠ*

---

a) Lc, escrevendo para os gregos, que consideravam absurda a ideia da ressurreição, insiste na realidade física do corpo de Jesus ressuscitado (cf. v. 43).
b) Tudo parece acontecer no mesmo dia, o da ressurreição. At 1,1-8, ao contrário, supõe um período de quarenta dias.
c) Isto é, o Espírito Santo (cf. At 1,4s; 2,33.39; Gl 3,14.22; 4,6; Ef 1,13; Jo 1,33+).
d) Om: "e era elevado ao céu". Essa omissão evita mencionar uma ascensão no próprio dia da ressurreição, que parece contradizer At 1,3.9, que a situa quarenta dias mais tarde.
e) Om.: "se prostraram diante dele".
f) O evangelho de Lc termina no Templo onde começara, com a alegria e com o louvor divinos.

EVANGELHO SEGUNDO SÃO JOÃO

Introdução ao evangelho e às epístolas joaninas

Evangelho

O evangelho de João se apresenta como os evangelhos sinóticos: começa mostrando o testemunho do Batista sobre Jesus, em seguida apresenta certo número de episódios referentes à vida de Cristo, vários dos quais retomam os da tradição sinótica; termina pelos relatos da paixão e da ressurreição. Distingue-se contudo dos outros evangelhos por numerosos traços: milagres que eles ignoram, como o milagre da água transformada em vinho em Caná ou a ressurreição de Lázaro, longos discursos, como o que vem depois da multiplicação dos pães, cristologia muito mais evoluída, que insiste particularmente sobre a divindade de Cristo. O que pensar deste evangelho ao qual, durante muito tempo, a crítica independente teria desprovido de todo valor histórico mas que, por outro lado, fascinou tantas gerações cristãs?

Segundo Dt 18,15.18-19, Deus havia prometido a seu povo enviar-lhe um profeta semelhante a Moisés. Essa promessa se realizou em Jesus de Nazaré. Tal convicção subentende todo o evangelho de João e comanda todos os seus temas maiores. Jesus é, não um profeta ordinário, mas o profeta por excelência (Jo 6,14; 7,40.52), que alimenta o povo de Deus como o fizera Moisés durante o êxodo (6,5-13; cf. Ex 16). Não é João Batista que é o profeta por excelência (1,21b), mas Jesus, a respeito do qual Moisés tinha escrito na Lei (1,45; 5,46; cf. Dt 18,15.18). Para salientar isso o evangelista põe nos lábios de Jesus palavras que se referiam a Moisés no AT (12,48-50; 8,28-29; 7,16b-17; cf. Dt 18,18-19; Nm 16,28; Ex 3,12; 4,12). Na economia da Nova Aliança, Jesus substitui Moisés (1,17) e os judeus devem agora escolher entre o antigo e o novo Moisés (9,24-34). — O profeta é, por definição, o porta-voz de Deus. Assim era Moisés: ele somente repetia o que Deus lhe mandava dizer (Dt 18,18; Ex 4,12.15). Tal é também a característica de Jesus (12,49; 8,28). Ele não fala por si mesmo (7,16-18; 14,10.24), mas apenas transmite aos homens as palavras que Deus lhe deu para eles (17,8; 3,34). — Ora, qual é a mensagem que o novo Moisés veio nos transmitir da parte de Deus? Que nos amemos uns aos outros conforme o próprio Jesus nos amou (13,34-35; 15,12.17). É o mandamento que Cristo nos deixa como seu testamento e que resume toda a Lei antiga, as dez "palavras" que outrora Moisés nos havia transmitido da parte de Deus (Ex 20,1-17; Dt 5,5-22). Pois "Deus é Amor" (1Jo 4,7-16) e esse amor desce do Pai sobre Cristo e sobre nós, depois volta de nós para Cristo e para o Pai (17,23-26; 3,16.35; 10,17; 11,5; 13,1; 14,15.21-24.31; 15,9). O cristianismo é essencialmente uma religião de amor. Moisés já havia recebido e transmitido aos homens a revelação do Nome divino por excelência: "Eu sou" (Ex 3,13-15); da mesma forma Jesus revelou aos homens este outro nome divino (Jo 17,6.26) que implica amor indefectível: "Pai" (Jo 17,1.11.24-25). Tendo recebido essa revelação de amor, os homens não obedecem como escravos, mas como amigos (Jo 15,15; 8,34-36).

Quando prometia aos hebreus o envio de um profeta semelhante a Moisés, Deus lhes ordenava também: "Ouvi-o" (Dt 18,15). Quem não ouvisse as suas palavras seria condenado por Deus (Dt 18,19). É questão de vida e de morte: se o povo hebreu quiser viver, e não morrer, deverá obedecer aos mandamentos de Deus, ouvir sua voz (Dt 30,15-20). Da mesma forma os discípulos de Cristo. Aquele que ouve a palavra de Cristo tem a vida eterna, passou da morte à vida (5,24); aquele que observa essa palavra jamais verá a morte (8,51). Aquele que rejeita Cristo e não recebe suas palavras já está condenado (12,48; cf. Dt 18,19), pois o mandamento de Deus é vida eterna (12,50). Somente Cristo tem palavras que são vida eterna (6,63.68; cf. Dt 8,3). A Palavra de Deus é ao mesmo tempo luz e vida (1,4-5.9), luz que permite caminhar para a vida

(8,12; 9,5; cf. Sl 119,105), sem tropeçar nos obstáculos que se encontram no caminho (11,9-10; 12,35-36). Cristo partiu à nossa frente a fim de nos preparar um lugar na casa do Pai (cf. Dt 1,33), mas virá buscar-nos para que possamos nos reunir a ele onde ele está (Jo 14,2-3; 17,24; 12,26). Aquele que se coloca no seguimento de Jesus, como seu discípulo, chega finalmente lá onde está Jesus (1,37-39; opor 7,33-34; 8,21-22), na casa do Pai (14,2-3).

Moisés, como todos os profetas, fora "enviado" por Deus para salvar e guiar seu povo (Ex 3,10-12). Também Cristo foi "enviado" por Deus para dar a vida aos homens (3,17; 3,34; 6,29.57; 7,29; 10,36; 17, 18). É assim que Jesus, em vinte e seis passagens, refere-se a Deus como "aquele que me enviou" (4,34; 5,23-24.30 etc.). Todavia, como podemos crer que ele de fato é o enviado e não um impostor (17,8.21-25)? Moisés já fizera essa objeção a Deus (Ex 3,13; 4,1), e para responder a isso Deus concedera a Moisés realizar "sinais" que seriam a prova de sua missão divina (Ex 4,2-9). O mesmo acontece com Jesus. Durante sua vida terrestre, ele realiza seis milagres, dos quais os dois primeiros e o último são dados como "sinais" que provam sua missão (2,11; 4,54; 12,18; cf. 11,42). É por causa destes "sinais" que as multidões seguem Jesus e nele creem (2,23; 6,2.14; 7,31; 11, 47; 12,37; 20,30). Com efeito, apenas Deus pode subverter as leis da natureza; se, portanto, um homem realiza "sinais", é porque veio da parte de Deus e porque "Deus está com ele" (3,2; 9,32-33; cf. Ex 3,12). E o "sinal" por excelência, o sétimo, será a ressurreição (2,18-22), pois é o próprio Jesus que tem o poder de retomar sua vida (10,17-18). — Para crer em Jesus, todavia, não é preciso dar demasiada importância aos "sinais" (4,48; 20,25.29); é definitivamente a sua palavra, a mensagem que ele nos transmite da parte de Deus, que nos deve ligar a ele (4,40-42). Se, mesmo depois do "sinal" da multiplicação dos pães, apenas os Doze permanecem fiéis a Jesus, é porque compreenderam que ele tem as palavras da vida eterna (6,66-69). Suas palavras devem empenhar nossa fé no mesmo grau dos "sinais" que ele realiza (15,22.24; cf. Ex 4,15-17). Se de fato os "sinais" testemunham em favor da missão de Jesus (5,36; 10,25), podemos ser motivados também pelo testemunho do Batista (1,7-8.15; 5,31-35), pelo testemunho do Pai por ocasião do batismo de Cristo (5,37; cf. 1,32-34), pelo testemunho das Escrituras que anunciaram sua vinda (5,39.45-47; cf. Dt 18,15.18), enfim, pelo Espírito (15,26). Quanto ao discípulo que Jesus amava, ele pode testemunhar que Jesus está realmente morto (19,35), condição indispensável para que o "sinal" por excelência, a ressurreição, não possa ser contestado.

Ao tema de Jesus novo Moisés está estreitamente ligado o de Jesus rei messiânico. É porque o reconhecem como o profeta por excelência que os judeus querem se apossar dele para fazê-lo rei (6,14-15). A ligação entre os dois temas provém talvez das tradições samaritanas. Para os samaritanos, com efeito, duas personagens dominavam a história bíblica: Moisés, o profeta por excelência, e o patriarca José, a quem eles davam o título de "rei" (cf. Gn 41,41-43). Ora, no evangelho de João, depois de ter sido reconhecido como "Aquele de quem Moisés escreveu na Lei" (1,45; cf. Dt 18,15. 18), Jesus é proclamado "rei de Israel" por Natanael (1,49) e logo depois ele fornece vinho para aqueles que não o tinham, como o patriarca José havia fornecido trigo durante a fome do Egito (2,5 citando Gn 41,55). De qualquer modo, com esse título de "rei" dado a Jesus, chega-se às tradições judaicas segundo as quais Cristo, o rei messiânico, devia ser descendente de Davi (7,40-42). Aclamado pela multidão como "rei de Israel", Jesus fará sua entrada solene em Jerusalém (12,13). É como "rei dos judeus" que será condenado à morte e pregado à cruz (19,3.12-15.19-21). — Como explicar esta dramática inversão de situação? É que Satanás, o Diabo, já reina sobre o mundo. Ele é o "príncipe deste mundo" (12,31; 14,30; 16,11) e o mundo inteiro jaz em seu poder (1Jo 5,19). Por trás dos opositores de Jesus esconde-se e age o príncipe deste mundo decidido a acabar com ele (14,30; 13,2.27). Ele domina o mundo, e este mundo mau, ao qual pertencem os chefes do povo judeu (8,23) só pode odiar Jesus e todos aqueles que se tornaram seus discípulos (15,18-19; 17,14). O evangelho de João se apresenta então como um drama. A cada vez que Jesus sobe a Jerusalém, ele se choca com uma oposição cada vez mais violenta da parte dos chefes do povo judeu (5,16-18; 7,30-32.44; 8,59; 10,31.39) que, finalmente, reúnem o Sinédrio e decidem levá-lo à morte

(11,47-53). Contudo, situação paradoxal que Satanás não previa, no próprio momento em que Jesus é "elevado" sobre a cruz acontece o fim da dominação do príncipe deste mundo (12,31-32). A elevação de Jesus sobre a cruz é como o primeiro passo que marca seu retorno à glória divina na Hora marcada por Deus (12,23; 13,31-32; 17,1.5), a Hora de sua entronização régia. Jesus é rei, mas sua realeza não é deste mundo (18,36). O príncipe deste mundo, portanto, não tem nenhum poder sobre ele (14,30).

Jesus é o profeta, o novo Moisés anunciado por Dt 18,15.18, mas ele é mais que Moisés. Profeta é porta-voz de Deus. Para que ele o fosse, Deus punha suas palavras na boca de Moisés (Dt 18,18), ele estava com sua boca (Ex 4,12). De modo muito mais radical, é a própria Palavra de Deus, personificada, que veio se encarnar em Jesus (Jo 1,1-2.14). Como a Palavra de que fala Is 55,10-11, ela veio habitar entre os homens para dar àqueles que a recebem o poder de se tornar "filhos de Deus" (1,12-13), e depois ela voltou para o seio do Pai (1,18; 13,3; 16,27-28; 14,2-3). Em Jesus, é a Palavra de Deus que nos faz conhecer os mistérios divinos (1,18; 3,11-13). Ela não está mais escondida nos céus, mas veio viver entre nós (Dt 30,11-14; Br 3,29-31.38). — Enquanto Palavra de Deus encarnada, Cristo pode dizer: "Antes que Abraão existisse, Eu Sou" (8,58). Ele existia antes do mundo, que foi criado pela Palavra (1,3). Moisés, portanto, pôde ver sua glória (12,41) e quando Cristo retorna ao Pai, este lhe dá a glória que possuía antes que o mundo existisse (17,5). — Enquanto Palavra de Deus encarnada, Cristo não é somente "Filho de Deus", título que não implicava sentido transcendente, contrariamente àquilo de que os judeus o acusavam (10,33-36; 19,7); ele é o Unigênito (1,14.18; 3,16.18). Gerado de Deus (Pr 8,25), ele próprio é Deus (1,1; 20,29; 1Jo 5,20). Quando diz aos judeus: "Antes que Abraão existisse, Eu Sou" (8,58; cf. 8,24.28; 13,19; Is 43,10; 45,18; Dt 32,39), este último verbo evoca a revelação que Deus fez a Moisés por ocasião da teofania do Sinai: "Eu sou aquele que é. Assim dirás aos israelitas: 'Eu Sou' me enviou até vós" (Ex 3,14). Quando uma tropa armada vem prender Jesus, ele lhes diz "Eu (o) sou" e a evocação do Nome divino basta para lançá-los por terra (18,5-6). Uma vez que a Palavra é Deus (Jo 1,1), é Deus que, em Jesus, veio habitar entre nós (Jo 1,14).

Cristo novo Moisés, o Profeta por excelência, deixará este mundo para voltar ao Pai. Mas os discípulos serão beneficiados por ocasião da vinda do Espírito de verdade, do Paráclito (14,26 nota), que continuará junto deles a obra de Cristo. Como Cristo, ele procede do Pai (15,26; cf. 8,42; 16,27-30; 17,8). Como ele, será "enviado" a eles (pelo Pai a pedido de Cristo: 14,16; 15,26; pelo próprio Cristo: 15,26; 16,7) e permanecerá junto deles para sempre (14,16-17; cf. Mt 28,20). Sua missão será a de lhes ensinar tudo o que Cristo não tiver podido lhes dizer e, não mais que Cristo, não falará "por si mesmo", contentando-se de transmitir o que ele tiver ouvido junto do Pai (16,12-15). Desta forma, os discípulos compreenderão o sentido misterioso, ainda escondido, de certos acontecimentos que se referem a Cristo (2,22; 12,16; 13,7; 20,9). O Espírito poderá dar testemunho de Cristo (15,26), fazendo os discípulos compreenderem que, apesar da sua morte vergonhosa, era de fato o Enviado de Deus, aquele em quem era preciso crer para ser salvo, aquele que, apesar das aparências, vencerá definitivamente o príncipe deste mundo (16,8-11).

Para exprimir suas ideias cristológicas, o evangelista utiliza frequentemente o simbolismo dos números, processo muito corrente na época. Seu interesse pelos números se trai em certas minúcias. Em 4,16-18, Jesus reprova a samaritana por ter cinco maridos, e a palavra "marido" aparece cinco vezes. O mesmo acontece com as palavras "pães" e "peixes" em 6,9-13, "discípulos" em 1,35-37 e 21,1-14. Mais interessante é o emprego de números que têm valor simbólico bem conhecido na Antiguidade: "sete" simboliza a totalidade, a perfeição, e "seis" evoca a ideia de imperfeição. Jesus sanou o paralítico "inteiro" (7,23), e o adjetivo "curado" aparece sete vezes no relato primitivo (5,4.6.9.11.14.15; 7,23), assim como a expressão "abrir os olhos" no relato paralelo da cura do cego de nascença (9,10.14.17.21.26.30.32). O filho do funcionário real de Cafarnaum é curado na hora sétima (4,52-53). Em contrapartida, a fraqueza de Cristo-homem se manifesta na sexta hora (4,6; 19,14). Em 5,31-47, o evangelista enumera as testemunhas em favor da missão de Cristo, às quais ele opõe a recusa de crer dos judeus; ora, o verbo "testemunhar" aparece sete vezes nessa passagem (5,31.32.32.33.36.37.39) enquanto o verbo "crer", frequentemente em forma negativa, aí se lê seis vezes (5,38.44.46.46. 47.47). Desta forma, judaísmo e cristianismo se opõem. As talhas que servem para as purificações dos judeus são seis (2,6); esse sistema de purificação, imperfeito, está ultrapassado (opor 15,3; 13,8-10). As festas "dos judeus" são mencionadas seis vezes: a Páscoa (2,13; 6,4; 11,55), uma festa não denominada (5,1), as Tendas (7,2) e a Dedicação (10,22); mas a última Páscoa se tornará a Páscoa de Cristo, sua passagem deste mundo para o Pai (13,1), e é por isso que é nomeada sete vezes (11,55.55; 12,1; 13,1; 18,28.39; 19,14). Cristo é agora o verdadeiro Cordeiro pascal (19,36; cf. Ex 12,10.46; 1Cor 5,7). Todavia, se ele é morto, tem o poder de ressuscitar a si mesmo, o que constituirá o sétimo "sinal" que atesta a realidade de sua missão, o "sinal" por excelência (2,18-19; cf. 2,1s; 4,46s; 5,1s; 6,1s; 9,1s; 11,1s).

Todos esses textos foram redigidos na mesma época e pela mesma mão? Hoje há muitas dúvidas a esse respeito. Tal como o possuímos agora, o evangelho de João oferece com efeito numerosas dificuldades. É impossível conciliar textos como 13,36 e 16,5. A sequência normal de 14,31 se lê em 18,1. O pedido dos irmãos de Jesus em 7,3-4 supõe que ainda não realizou nenhum "sinal" em Jerusalém (opor sobretudo 2,23 e também 5,1-9). Fragmentos como 3,31-36 e sobretudo 12,44-50 estão fora de contexto. O fragmento que se lê em 7,19-24 deveria seguir imediatamente depois do relato da cura do paralítico em dia de sábado (5,1-16). Todo o capítulo 21 é curiosamente colocado depois de uma conclusão do evangelho (20,30-31) que será retomada em parte em 21,25. Além disso, as duplicatas são numerosas. Notemos em particular as dos capítulos 7-8: os textos de 7,33-36 e de 8,21-22 são apenas dois desenvolvimentos paralelos de um tema comum; e há muitas tentativas de prender Jesus no decurso de uma mesma festa (7,30.32.44; 8,20.59).

É provável que tais anomalias provenham do modo como o evangelho foi composto e editado: ele seria de fato o resultado de lenta elaboração, compreendendo elementos de épocas diferentes, de retoques, de adições, de redações diversas, de um mesmo ensinamento, visto que o todo teria sido publicado, não pelo próprio João, mas, depois de sua morte, por seus discípulos (21,14); assim, na trama primitiva do evangelho, estes teriam inserido fragmentos joaninos que não queriam deixar perder e cujo lugar não era rigorosamente determinado. — Para explicar as anomalias do evangelho em sua forma atual, outros autores admitiriam de preferência que o evangelista teria utilizado uma ou mais fontes. Bultmann distingue assim: uma "fonte dos sinais" que teria contido os milagres relatados no quarto evangelho, uma coletânea de "palavras" atribuídas a Jesus, um relato contando a paixão e a ressurreição de Cristo. O último redator teria dado certo número de retoques na obra do evangelista. Dessa reconstrução bultmanniana, apenas a hipótese de uma "fonte dos sinais" teve certo sucesso. Sucesso bem relativo, por outro lado, uma vez que para alguns (Fortna) não se poderia mais falar de uma "fonte dos sinais" mas de um evangelho completo que incluía a pregação do Batista e os relatos da paixão e da ressurreição. — Seja qual for o modo de abordar o problema, os comentadores se esforçam para reconstituir um "escrito fundamental" reutilizado pelo evangelista. É possível que esse "escrito fundamental" o tenha conhecido também Lucas, o que explicaria o parentesco, notado há tempo, entre "tradições joaninas" e "lucanas" (Evangelho e Atos), especialmente no que se refere aos relatos da paixão e da ressurreição.

Qual é o autor do quarto evangelho? Ou, antes, quais são os autores, uma vez que esse evangelho provavelmente se formou em etapas sucessivas? É difícil responder. O nome daquele que fez a última redação nos é desconhecido. É possível, todavia, determinar sua personalidade: era judeu-cristão que se esforçou para rejudaizar o evangelho por meio de retoques de amplitude menor. Estes se referem sobretudo à escatologia, conforme Bultmann bem destacou. No seu conjunto, o quarto evangelho desenvolve o princípio de uma escatologia já realizada, influenciada pelos modos de pensar gregos. O judaísmo distinguia o mundo presente e o mundo (escatológico) futuro; conforme Jo 8,23, os dois mundos coexistem: um é o "embaixo" (este mundo) e o outro é o "em cima", em Deus (13,1). A ressurreição não deve mais ser esperada para o instante em que for instaurado o "mundo futuro" (cf.

Dn 12,1-2), mas já está realizada em e por Cristo (11,23-26). Aquele que crê em Cristo já passou da morte para a vida (5,24; 1Jo 3,14), não mais verá a morte, isto é, a morte no sentido semítico do termo, esta quase--aniquilação no Xeol (8,50; 11,25). A morte é apenas aparência (cf. Sb 3,2). Nesse sentido, os que creem em Cristo não serão julgados, mas os que recusam crer já estão julgados (3,18-21.36). Tudo isso supõe antropologia de tipo grego, com distinção entre alma e corpo. Mas o último redator do quarto evangelho quis reintroduzir a escatologia judaica herdada de Daniel: é apenas "no último dia" que ressuscitará quem crer em Cristo (6,39.40.44.54; opor 11,23-26); é apenas "no último dia" que ele será julgado (11,48), quando, à voz de Cristo, todos os que estão nos túmulos daí sairão, uns para a ressurreição de vida, os outros para a ressurreição de julgamento (5,28-29; cf. Dn 12,2; opor 5,24). — Mais acima vimos que o autor do quarto evangelho afirma diversas vezes a divindade de Cristo, Palavra encarnada, dando-lhe até o título de "Deus" (1,1;20,28). O último redator, inserindo o v. 3 na grande oração de Cristo (17), reage, distinguindo "o único Deus verdadeiro" e aquele que Deus enviou, o Cristo (opor 1Jo 1,20). Afirmar que Cristo era Deus, não seria admitir que existiam dois deuses, o que deveria aparecer como blasfematório para um judeu-cristão antes que fosse elaborada uma teologia trinitária?

Mesmo abstraindo dos retoques feitos pelo último redator, pode-se manter um laço estreito entre o quarto evangelho e o apóstolo João? O autor mais antigo que afirma explicitamente isso é santo Ireneu de Lião: "Em seguida, João, o discípulo do Senhor, o mesmo que repousou sobre seu peito, publicou também o evangelho durante sua estada em Éfeso". Numerosos autores eclesiásticos antigos admitiram isso sem dificuldade. De fato, o evangelho se apresenta sob a garantia de um discípulo "que Jesus amava", testemunha ocular dos fatos que relata (21,20-24; cf. 13,23). Como João apóstolo, ele devia ser pescador na Galileia (21,2.7; cf. Mc 1,19-20). São Lucas confirmaria indiretamente essa identificação; com efeito, esse "discípulo que Jesus amava" aparece ligado por amizade com Pedro (13,23s; 18,15; 20,3-10; 21,20-23); ora, Lucas nos diz que era o caso de João apóstolo (Lc 22,8; At 3,1-4; 4,13; 8,14). — Tal identificação, porém, apresenta dificuldades. Até entre os católicos, autores como Raymond Brown e R. Schnackenburg, depois de a terem admitido, terminaram por abandoná-la. Certamente não o fizeram sem razões sérias. Seria verossímil que, ao escrever seu evangelho, João apóstolo omitisse o relato de certas cenas às quais havia assistido, cenas tão importantes como a ressurreição da filha de Jairo (Mc 5,37), a transfiguração (Mc 9,2), a instituição da Eucaristia (Mc 14,17s), a agonia de Jesus no Getsêmani (Mc 14,33)? Também foi objetado o fato de que, segundo certos testemunhos aos quais aludem muitos textos litúrgicos, João apóstolo teria morrido mártir relativamente cedo, e que, portanto, não teria podido escrever o evangelho que leva seu nome. Por fim, a identificação do "discípulo que Jesus amava" com o apóstolo João também apresenta dificuldades. Contrariamente aos dados de Jo 21, ele parecia morar de preferência nas vizinhanças de Jerusalém. Com efeito, só aparece no momento da última ceia em Jerusalém (13,23) e, identificado explicitamente a certo "outro discípulo" (20,2), era amigo do sumo sacerdote e bem conhecido da serva que guardava a porta de seu palácio (18,16). Compreendemos então que certos comentadores tenham proposto, entre numerosas hipóteses (mais de vinte!), a de Lázaro. Este discípulo habitava nas vizinhanças de Jerusalém, e nada impede que fosse conhecido do Sumo Sacerdote. Por outro lado, quando ele cai gravemente enfermo, suas irmãs mandam um mensageiro dizer a Jesus: "Aquele que amas está doente" (11,3; cf. 11,36). Na intenção das irmãs de Lázaro, nenhuma confusão era possível: Jesus tinha apenas um único amigo. Não seria ele então "o discípulo que Jesus amava" (mais que o homem rico do qual fala Mc 10,21)? Como vemos, a própria pessoa desse "discípulo que Jesus amava" permanece rodeada de mistério.

Em que data foi composto o quarto evangelho? Seu testemunho mais antigo é um fragmento de papiro (Rylands 457), escrito por volta de 125, que apresenta Jo 18,31-34.37-38 sob a forma que hoje conhecemos. O papiro Egerton 2, que lhe é muito pouco posterior, cita diversas passagens. Estes dois documentos foram encontrados no Egito. Devemos concluir a partir disso que o quarto evangelho teria sido publicado em Éfeso ou em Antioquia, no mais tardar pelos últimos anos do primeiro século. Por outro lado, se é fato que textos tais como Jo 9,22; 12,42; 16,2 aludem a uma decisão tomada pelas autoridades judaicas por ocasião do "concílio" de Jâmnia, a composição do quarto evangelho, sob sua forma quase definitiva, não poderia ser anterior aos anos 80. — Mas essa redação, que supõe evolução bastante complexa das tradições "joaninas", obriga a fazer remontar a composição do documento mais antigo a uma data muito anterior. Um texto como Jo 14,2-3, próximo de 1Ts 4,13s, supõe que ainda se esperava a volta de Cristo em futuro muito próximo. É possível então que o documento "joanino" mais antigo, de origem palestinense, possa ser datado ao redor do ano 50.

É claro então que a redação "joanina" mais antiga, conservada no evangelho sob sua forma atual, ecoa tradições independentes da tradição sinótica e que, como hoje se reconhece, são de interesse primordial para reconstituir a vida e o ensinamento de Cristo. A propósito da construção do Templo, o quarto evangelho contém um dos dados cronológicos mais precisos dos evangelhos (2,20; cf. Lc 3,1). A topografia "joanina" é igualmente muito mais rica que a dos sinóticos. Todo o evangelho é cheio de minúcias concretas que provam que o seu autor estava a par dos costumes religiosos judaicos, assim como da mentalidade rabínica ou da casuística em uso pelos doutores da Lei. No que se refere ao desenrolar da vida de Jesus, em muitos pontos o quarto evangelho precisa os dados sinóticos; o mesmo quanto à duração real do ministério de Jesus e da cronologia da paixão, mais exata, parece, que a dos sinóticos. Damos um exemplo. Conforme os sinóticos, antes de ser entregue a Pilatos, Jesus teria comparecido diante do Sinédrio que o teria condenado à morte por causa de blasfêmia (Mc 14,43-54 e paralelos). Muitos historiadores mostram a inverossimilhança desse procedimento, o que negaria completamente a verdade histórica dos sinóticos. Ora, Jo 18,31 supõe que, efetivamente, não houve processo diante do Sinédrio que tivesse terminado por uma condenação à morte. Segundo as tradições "joaninas", teria havido uma reunião do Sinédrio que teria decidido a morte de Jesus por razão de Estado, mas na ausência dele e bem antes da sua prisão. Por outro lado, a decisão de levar Jesus à morte seria a conclusão de longo conflito entre Jesus e os chefes do povo judeu, que ter-se-ia exacerbado por ocasião das diversas subidas de Jesus a Jerusalém (5,16-18; 7,30.44; 8,59; 10,31.39). Esta apresentação dos fatos é mais plausível que a da tradição sinótica, que, fazendo Jesus subir a Jerusalém apenas uma vez, teria esquematizado o drama compondo o relato do comparecimento de Jesus diante do Sinédrio na mesma noite em que foi preso. Dessa forma, os sinóticos não teriam contradito a verdade histórica, mas apenas esquematizado os elementos do drama. Vemos a inversão de situação: é o evangelho de João que permitiria salvaguardar a verdade histórica da tradição sinótica, verdade histórica tal como era compreendida na época.

Não nos enganemos, porém. A concepção da história que o quarto evangelho supõe difere profundamente da ideia que dela faz o historiador atual. O que importa antes de tudo ao evangelista é mostrar o sentido de uma história que é tanto divina quanto humana, história e também teologia, que se desenvolve no tempo porém mergulha na eternidade; ele quer contar fielmente e propor à fé dos homens o acontecimento espiritual que se realizou no mundo pela vinda de Jesus Cristo: a encarnação do Verbo para a salvação dos homens. Para isso, o evangelista fez uma escolha, e reteve especialmente os fatos que podiam apresentar a seus olhos um valor simbólico, dando-lhes profundidade e ressonâncias novas. Os milagres contados são "sinais" que revelam a glória de Cristo e simbolizam os dons que ele traz ao mundo (purificação nova, pão vivo, luz, vida). Além dos milagres, o autor tem o dom de tocar a significação espiritual dos fatos e neles descobrir mistérios divinos (cf. 2,19-21; 9,7; 11,51s; 13,30; 19,31-37 e as notas); vê os fatos materiais, históricos, em sua dimensão espiritual: Jesus é a luz que vem ao mundo, seu combate é o da luz contra as trevas; sua morte é o julgamento do mundo; toda a sua vida é definitivamente o cumprimento das grandes figuras messiânicas do Antigo Testamento: ele é o Cordeiro de Deus (1,29), o novo templo (2,21), a serpente salvífica elevada no deserto (3,14), o pão de vida que substitui o maná (6,35), o bom Pastor (10,11), a verdadeira vide (15,1) etc. Este retrato, ao mesmo tempo hierático e cheio de verdade humana, dá à figura histórica de Cristo toda a sua dimensão de Salvador do mundo. A propósito de João, não é preciso, portanto, opor simbolismo e história: o simbolismo é o dos próprios fatos, brota da história, nela se enraíza, exprime seu sentido e, para a testemunha privilegiada do Verbo feito carne, só tem valor com essa condição.

As epístolas

Além do evangelho, três epístolas nos foram conservadas pela tradição sob o nome de João. Elas oferecem com o evangelho sob a sua forma atual tal parentesco literário e doutrinal que é difícil não atribuí-las ao mesmo autor, provavelmente este "João o Ancião" do qual falava Pápias (cf. 2Jo 1; 3Jo 1). A terceira epístola é provavelmente a primeira na data; procura resolver um conflito de autoridade que surgira em uma das Igrejas sob a autoridade de João. A segunda epístola põe de sobreaviso uma outra Igreja particular contra a propaganda de falsos doutores que negam a realidade da encarnação. Quanto à primeira epístola, sem dúvida a mais importante, apresenta-se mais como uma carta encíclica destinada às comunidades da Ásia, ameaçadas pelos dilaceramentos das primeiras heresias.

João nela condensou o essencial de sua experiência religiosa; partindo de temas paralelos sucessivos (luz: 1,5s; justiça: 2,29s; amor: 4,7-8s; verdade: 5,6s), quer mostrar a ligação íntima que existe entre nosso estado de filhos de Deus e a retidão da nossa vida moral, considerada como fidelidade ao duplo mandamento da fé em Jesus e do amor fraterno (3,23-24). É um dos escritos do NT mais marcados pelo pensamento que se exprime nos escritos da seita de Qumrã: o duplo dualismo "luz-trevas" e "verdade-mentira" (1,5-7; 2,9-11; 2,21-22); o discernimento dos "espíritos" (4,1-6), que termina pela oposição entre "espírito de verdade e espírito de erro", como em Qumrã. No evangelho, tal influência qumraniana limita-se a raras passagens, especialmente Jo 3,19-21.

1Jo 2,18-21 alude a um cisma que se teria produzido nos meios "joaninos". Não seria a propósito da atribuição a Cristo do título de "Deus" (1Jo 5,20; cf. 2,22b-23) que devia ser difícil para o judeu-cristão? Vimos mais acima que o texto de Jo 17,3 reagia contra tal atribuição.

Terminemos dizendo que 1Jo 4,8.16 traz uma das afirmações mais assombrosas de toda a Bíblia: "Deus é Amor".

EVANGELHO SEGUNDO SÃO JOÃO

Prólogo

^{1Jo 1,1-2}

1 ¹No princípio era o Verbo^a
e o Verbo estava com Deus
e o Verbo era Deus.
²No princípio, ele estava com Deus.

^{Cl 1,15-20}
^{Hb 1,1-3}
^{1Cor 8,6}

³Tudo foi feito por meio dele
e sem ele nada foi feito.

^{3,35 +}
^{3,11 +}

⁴O que foi feito nele^b era a vida,^c
e a vida era a luz dos homens;

^{8,12 +}
^{1Jo 2,8}

⁵e a luz brilha nas trevas,
mas as trevas não a apreenderam.^d

⁶Houve um homem enviado por Deus.
Seu nome era João.^e

^{1,19-34}
^{5,31 +}
^{1,40 +}

⁷Este veio como testemunha,
para dar testemunho da luz,
a fim de que todos cressem por meio dele.
⁸Ele não era a luz,
mas veio para dar testemunho da luz.

^{Sb 7,26 +}
^{1Jo 1,5}

⁹Ele era a luz verdadeira
que ilumina todo homem;
ele vinha ao mundo.^f
¹⁰Ele estava no mundo
e o mundo foi feito por meio dele,
mas o mundo não o reconheceu.^g

---

a) Cf. Gn 1,1. Em 1,1-5, o evangelista retoma um hino mais antigo que reproduz o relato da criação em Gn 1,1-31, escandido pelos verbos: "Deus disse... e assim se fez": Deus criou o mundo por seu Verbo, isto é, por sua Palavra (Sl 33,6-9; Sb 9,1; Eclo 42,15), especialmente a luz oposta às trevas (Gn 1,18), os seres vivos (Gn 1,20-25), e o homem (Gn 1,26-27). É possível que os vv. lc-2, enquadrados pela retomada redacional "com Deus... com Deus" e que quebram o ritmo binário do trecho, tenham sido acrescentados pelo evangelista para afirmar a divindade de Cristo, Verbo encarnado (cf. 8,24+; 20,29; 1Jo 5,20). Em 1,9-18, o tema da Palavra criadora se desenvolve em harmonia com Is 55,10-11: enviado por Deus (1,9-11; 4,34+), no mundo (1,9+), para fecundá-lo (1,12+), revelando nele a "verdade" (8,32+), ela retorna a Deus após ter cumprido sua missão (1,18; 13,3; 16,28). Presença junto de Deus, papel na criação, envio ao povo para aí ensinar a humanidade, este conjunto de temas concernem tanto à Sabedoria quanto à Palavra (Pr 8,22-36+; Eclo 24,3-32; Sb 9,9-12). No NT, cabia a João, graças ao fato da Encarnação (1,14+), expor a natureza pessoal dessa Palavra (Sabedoria) subsistente e eterna.

b) Ou, talvez, melhor: "o que foi feito por ele".

c) No grego, a palavra vida, sem artigo, não pode ser o sujeito do verbo ser; não é preciso, portanto, ligar as palavras "o que foi feito" àquilo que precede. Mas a omissão do artigo era regular quando o substantivo, mesmo definido, era posto como atributo antes do verbo ser (cf. 1,49).

d) A luz (o Bem, o Verbo) escapa dos laços das Trevas (o Mal, os poderes do mal) (cf.8,12+). — Outros traduzem: "e as trevas não a compreenderam".

e) Primitivamente, os vv. 6-8 deviam preceder imediatamente os vv. 19s.

f) Este v. 9 se liga aos vv. 4-5: é o Verbo-luz (e não o Batista) que vinha ao mundo (3,19; 12,46; cf. 6,14; 9,39; 11,27; 18,37), porque ele aí foi enviado por Deus (10,36; 17,18). Alguns preferem traduzir: "...todo homem que vem ao mundo".

g) O "mundo" pode designar simplesmente o universo criado (17,5.24), mas de acordo com as tradições judaicas, tem frequentemente conotação pejorativa. Submetido ao poder de Satã (12,31; 14,30; 16,11; 1Jo 5,19), recusa crer na missão de Cristo (16,8-11), e com seu ódio persegue Jesus e seus discípulos (15-18-19; 17,14), cuja luz denuncia sua perversão (7,7; 3,19-21). Sua malícia é incurável (17,9), mas será vencido por Cristo (16,33). Cf. o sentido pejorativo de "terra" em Ap 6,15; 13,3.8; 14,3; 17,2.5.8. Conforme as tradições judaicas, a este mundo mau sucederá um dia "o mundo futuro"; para João, o mundo escatológico já está

¹¹ Veio para o que era seu
e os seus^a não o receberam.
¹² Mas a todos que o receberam
deu o poder
de se tornarem filhos de Deus:
aos que creem em seu nome,^b

1,18 +
1Jo 5,13

¹³ eles, que não foram
gerados nem do sangue,
nem de uma vontade da carne,
nem de uma vontade do homem,
mas de Deus.^c

1Jo 5,18

¹⁴ E o Verbo se fez carne,^d
e habitou entre nós;^e
e nós vimos a sua glória,^f
glória que ele tem junto ao Pai
como Filho único,
cheio de graça e de verdade.^g

1Jo 1,1-3
Jo 17,5 +;
Is 40,5

¹⁵ João dá testemunho dele e clama:
"Este é aquele de quem eu disse:
o que vem depois de mim
passou adiante de mim,
porque existia antes de mim".

= 1,30

3,22 +

¹⁶ Pois de sua plenitude
todos nós recebemos
graça por graça.^h

Cl 2,9-10

¹⁷ Porque a Lei foi dada
por meio de Moisés;

1,21 +

presente "no alto" (8,23), junto ao Pai (13,1), onde os discípulos de Cristo gozam da vida eterna (12,25). — Mas outros textos apresentam o mundo sob luz mais otimista. Ele pode crer em Cristo ao ver os sinais que este realiza (12,19). Deus o ama e enviou seu Filho para salvá-lo nele, dando a vida (3,16-17; 12,47; 6,33. 51). Porque ele tira seu pecado (1,29), Cristo é o salvador do mundo (4,42).
a) Provavelmente o povo judeu.
b) A palavra é semente divina (1Jo 3,9; Lc 8,11), que, quando a recebemos, faz de nós filhos de Deus (1Jo 3,1; 1Pd 1,23; Tg 1,18). Segundo Jo 3,5-6, nosso novo nascimento é o fruto do Espírito (cf. Rm 8,14).
c) A leitura no plural — "aqueles que não foram gerados" — é atestada pela maioria dos mss gregos. — Var.: "aquele que não foi gerado". No livro apócrifo de Enoc 15,4, reprova-se aos anjos que se uniram às mulheres segundo Gn 6,1-5: "No sangue das mulheres vós vos *poluístes* e no sangue da carne gerastes e no sangue dos homens cobiçastes". A leitura no singular, que conhece essa tradição judaica, quer mostrar que Jesus não foi concebido como os gigantes a partir de anjos decaídos, mas "de Deus" (cf. Lc 1,34-35).
d) Cf. 1Jo 4,2; 2Jo 7; Rm 1,3. — A "carne" designa a humanidade na sua condição de fraqueza e de mortalidade (Gn 6,3; Sl 56,5; Is 40,6-8; Jo 3,6; 17,2). Revestindo nossa humanidade, o Verbo de Deus assumiu todas as suas fraquezas, inclusive a morte (Fl 2,6-8).
e) Verbo grego *eskénosen,* (cf. *skené* "tenda"). Alusão à Tenda "mishkan" que, por ocasião do êxodo, simbolizava a presença de Deus (Ex 26,1+), presença tornada manifesta pela irrupção da glória de Deus nela, por ocasião de sua inauguração (Ex 40,34-35). O Verbo, Unigênito do Pai, em que reside o Nome terrível "Eu sou" (Ex 4,14-15; Jo 8,24+), resplandecente dessa glória que tem do Pai, realiza na aliança nova essa presença divina que deve assegurar a salvação do povo de Deus (Ex 34,9). Ele é verdadeiramente o Emanuel, "Deus-conosco", anunciado por Is 7,14; Mt 1,23.
f) A glória era a garantia da presença de Deus (Ex 24,16+). Era impossível vê-la em si mesma (Ex 33, 20+), mas se manifestava graças aos prodígios realizados por Deus em favor de seu povo (Ex 15,7; 16,7). O mesmo acontecerá com o Verbo encarnado, cujos "sinais" manifestam a glória (2,11+; 11,40), esperando o "sinal" por excelência da ressurreição (2,18-19; 17,5). Assim como a glória de Deus se refletia sobre o rosto de Moisés após a teofania do Sinai (Ex 34,29.35), também o rosto de Cristo resplandece por ocasião da transfiguração (análoga à teofania do Sinai; cf. Mt 17,1+), e seus discípulos puderam assim ver o reflexo de sua glória (Lc 9,32; 2Pd 1,16-18).
g) A fórmula corresponde à de Ex 34,6+: "rico em graça e em fidelidade", na definição que Deus dá de si mesmo a Moisés. Ao regime da Lei sucede o do amor indefectível de Deus, que se manifesta em Cristo (1,17).
h) Isto é, "uma graça correspondendo à graça (que está no Filho único)" ou: "uma graça (a da nova aliança) em lugar de uma (outra) graça (a da antiga aliança)". Outra tradução: "graça sobre graça".

JOÃO 1

_{Ex 33,20 +;}
_{Eclo 43,31}
_{Jo 6,46}
_{1Jo 4,12}
_{Jo 3,11 +;}
_{17,6 +}

a graça e a verdade
vieram por Jesus Cristo.
[18]Ninguém jamais viu a Deus:
o Filho unigênito,[a]
que está no seio do Pai,
este o deu a conhecer.

O ministério de Jesus

1. O ANÚNCIO DA NOVA ECONOMIA

A. A SEMANA INAUGURAL

_{1,7-8.15}
_{5,33}
_{At 13,25}
_{Lc 3,15}
_{Mt 17,10-13 +}
_{Mt 16,14 +}

O testemunho de João — [19]Este foi o testemunho de João, quando os judeus[b] enviaram de Jerusalém sacerdotes e levitas para o interrogar: "Quem és tu?" [20]Ele confessou e não negou; confessou: "Eu não sou o Cristo". [21]Perguntaram-lhe: "Quem és, então? És tu Elias?"[c] Ele disse: "Não o sou". — "És o profeta?"[d] Ele respondeu: "Não". [22]Disseram-lhe, então: "Quem és, para darmos uma resposta aos que nos enviaram? Que dizes de ti mesmo?" [23]Disse ele: "Eu sou

_{Is 40,3}
_{Mt 3,3 +}

a voz do que clama no deserto:
Endireitai o caminho do Senhor,

como disse o profeta Isaías". [24]Alguns dos enviados eram fariseus. [25]Perguntaram-lhe ainda: "E por que batizas, se não és o Cristo, nem Elias, nem o profeta?" [26]João lhes respondeu: "Eu batizo com água. No meio de vós, está alguém que não conheceis, [27]aquele que vem depois de mim, do qual não sou digno de desatar a correia da sandália". [28]Isso se passava em Bethabara,[e] do outro lado do Jordão, onde João batizava.

_{Mt 3,6 +}
_{7,27 +}
_{Mc 1,7p}

_{10,40}

_{Jo 3,5}
_{1Sm 9,17}

[29]No dia seguinte, ele vê Jesus aproximar-se dele e diz: "Eis o Cordeiro de Deus, que tira o pecado do mundo.[f] [30]Dele é que eu disse:

a) Na Bíblia, a expressão "filho de Deus" não tinha sentido transcendente, e podia designar: os membros do povo de Deus (Os 2,1), ou seu rei (Sl 2,7; 2Sm 7,14), ou o justo perseguido que espera o socorro de Deus (Sb 2,16-18; Mt 4,3+). João o admite também (10,32-36), e é por isso que ele adota a expressão "Unigênito" (1,14.18; 3,16.18; 1Jo 4,9), que não oferece nenhum equívoco (cf. Pr 8,24). — Var.: "um Deus Unigênito".
b) No evangelho de João, este termo tem muitas significações. Designa frequentemente os adeptos do judaísmo, cujos ritos são explicados aos leitores de origem pagã (cf. 2,6.13; 18,20 etc.); distinguem-se dos samaritanos e dos pagãos (cf. 4,9; 18,35). Contudo, na maioria das vezes, a palavra tem sentido técnico, designando as autoridades religiosas hostis a Jesus (8,37+), Sumos Sacerdotes e fariseus: comparar 18,3 com 18,12, e 18,24.28 com 18,31. Por vezes, finalmente, designa os fariseus contemporâneos da redação do evangelho, que representam então o judaísmo depois de 70 diante de seu rival, o cristianismo: comparar 9,22 com 12,42.
c) Sobre a volta de Elias, ver Ml 3,22-23 e Mt 17,10-13.
d) Apoiados em Dt 18,15 (ver a nota), os judeus esperavam o Messias como um novo Moisés (o Profeta por excelência, cf. Nm 12,7+), que renovaria, ao cêntuplo,

os prodígios do Êxodo (cf. Jo 3,14; 6,14.30-31.58; 7,40.52; 13,1+; At 3,22-23; 7,20-44; Hb 3,1-11; ver também Mt 16,14+).
e) Significa "lugar da passagem", relembrando a passagem do Jordão, no fim do Êxodo (Js 3). João batiza ainda "do outro lado do Jordão", mas esse batismo de penitência prepara o povo de Deus para passar à Terra Prometida. — Var. mais correntemente adotada: Betânia (11,1.18).
f) O "pecado" (no singular) por excelência, é recusar reconhecer Cristo como o enviado de Deus (15,22.24; 16,9; 8,21), que veio revelar-nos a "verdade" (8,32+); é ser "cego" a ponto de não saber qual é a vontade de Deus a respeito do homem (9,39-41; Mt 15,14; 23,16-26; Rm 2,17-24), rejeitando o novo Moisés (9,28-34). É essa ignorância concernente ao discernimento entre o bem e o mal (Gn 3,3-5), consequência da dominação de Satanás sobre o mundo (8,34+), que o Cordeiro deve tirar (1,29). Como o Servidor de Deus de que fala Is 42,1-4, e ao qual faz alusão Jo 1,34, ele tira o pecado graças ao ensinamento que nos dá. Alguns então pensaram que o termo "cordeiro" seria má tradução de original hebraico que significa também "servidor".
— A tradição joanina conhece talvez a interpretação targúmica da "atadura" de Isaac (Gn 22,2.6-9; cf. Rm

Depois de mim, vem um homem
que passou adiante de mim,
porque existia antes de mim.

³¹Eu não o conhecia, mas, para que ele fosse manifestado a Israel,ᵃ vim batizar com água". ³²E João deu testemunho, dizendo: "Vi o Espírito descer, como uma pomba vinda do céu, e permanecer sobre ele. ³³Eu não o conhecia, mas aquele que me enviou para batizar com água, disse-me: 'Aquele sobre quem vires o Espírito descer e permanecer é o que batiza com o Espírito Santo'.ᵇ ³⁴E eu vi e dou testemunho que ele é o Eleito de Deus".ᶜ

Os primeiros discípulos — ³⁵No dia seguinte, João se achava lá de novo, com dois de seus discípulos. ³⁶Ao ver Jesus que passava, disse: "Eis o Cordeiro de Deus".ᵈ ³⁷Os dois discípulos ouviram-no falar e seguiram Jesus.ᵉ ³⁸Jesus voltou-se e, vendo que eles o seguiam, disse-lhes: "Que procurais?" Disseram-lhe: "Rabi (que, traduzido, significa Mestre), onde moras?" ³⁹Disse-lhes: "Vinde e vede". Então eles foram e viram onde morava, e permaneceram com ele aquele dia. Era a hora décima, aproximadamente.ᶠ

⁴⁰André, o irmão de Simão Pedro, era um dos dois que ouviram as palavras de João e seguiram Jesus.ᵍ ⁴¹Encontra primeiramente seu próprio irmão Simão e lhe diz: "Encontramos o Messias (que quer dizer Cristo)". ⁴²Ele o conduziu a Jesus. Fitando-o, disse-lhe Jesus: "Tu és Simão, filho de João; chamar-te-ás Cefas" (que quer dizer Pedra).ʰ

⁴³No dia seguinte, Jesus resolveu partir para a Galileia e encontrou Filipe. Jesus lhe disse: "Segue-me". ⁴⁴Filipe era de Betsaida, a cidade de André e de Pedro.

⁴⁵Filipe encontra Natanel e lhe diz: "Encontramos aquele de quem escreveram Moisés, na Lei, e os profetas: Jesus, o filho de José, de Nazaré".

8,32), e vê em Isaac uma figura de Cristo (cf. Jo 3,16; 8,56). — Para João, Jesus é também o "Cordeiro" pascal (18,28+; 19,36), que, por sua morte, recebe domínio (por seu ensinamento) sobre os homens (12,31+; Ap 5,12), e, portanto tira o "pecado" do mundo. — A alusão a Is 53,7.11, aqui, é pouco provável.
a) Conforme as tradições judaicas, o Messias, que ninguém distinguia de outros homens, devia permanecer desconhecido até o dia em que seria manifestado como Messias, por Elias que havia voltado à terra (Ml 3,23-24; Jo 5,35+). É esse tema que é evocado em 1,26.31; cf. 7,27, vv. que se seguiam talvez numa redação mais antiga.
b) Porque o Espírito repousa sobre ele (Is 11,2; 42,1; 61,1), Cristo poderá comunicá-lo aos outros, realizando assim a profecia de Ez 36,26-27 (cf. a Aliança nova de Jr 31,31+). Mas essa efusão do Espírito só terá lugar quando Cristo for "glorificado" (7,39; cf. 20,22-23), ou "elevado" à direita de Deus (At 2,33), no dia do Pentecostes (At 1,5; 2,4).
c) Alusão a Is 42,1+ (cf. Lc 9,35; 23,35): Jesus é o Servidor sobre o qual Deus pôs o seu Espírito (cf. 1,29). João transpõe os dados do relato do batismo de Cristo (Mc 1,9-11): não é mais Jesus, mas o Batista quem vê o Espírito descer; não é mais a voz celeste que dá testemunho de Cristo, e sim o Batista (cf. 1,31+). — Var.: "o Filho de Deus", por harmonização com Mt 3,17.
d) Os vv. 35-36 e 33a formam duplicata com os vv. 29 e 31a. Provindo de duas tradições joaninas paralelas, foram fundidos pelo evangelista. É possível que o v. 15, duplicata do v. 30 e que se encontra fora de contexto no prólogo, fosse primitivamente lido após os vv. 35-36.
e) Cf. Mc 1,18. O relato joanino da vocação de Pedro e André só tem em comum com o de Mc 1,16-18 = Mt 4,18-20 (ignorado por Lc) a expressão "seguiram Jesus", característica do discípulo. A tradição joanina parece preferível. Em Mc e Mt, a vocação de Pedro e André é decalque da de Tiago e João, que oferece traços mais primitivos.
f) Pelas quatros horas da tarde. Todo o relato é estilizado para descrever a condição do discípulo de Cristo. Outrora, era preciso procurar Deus para encontrá-lo (Dt 4,29; Is 55,6), agora, aquele que "procura" Cristo, encontra-o (vv. 38.41, cf. Mt 7,7-8); e porque ele "segue" Jesus (vv. 37-38), o discípulo chega aonde mora (v. 39; cf. 12,26; 14,3; 17,24). Os judeus que recusam crer em Jesus são o oposto dos discípulos (7,34; 8,21; cf. Os 5,6; Pr 1,28).
g) Sem prova séria, frequentemente identificou-se o segundo discípulo com o apóstolo João. Porém, não seria antes Filipe, o companheiro habitual de André (6,7-9; 12,21-22), que reaparecerá a partir do v. 43? É o que supõe a var. textual do v. 41: "Este, o primeiro, encontra..." Segundo 1,7, todos crerão por causa do testemunho do Batista, inicialmente André e Filipe (1,35-37), depois, graças a eles, o mundo semita (1,41-42; 1,45-49; as duas cenas são construídas de modo análogo), depois o mundo pagão (12,21-22).
h) Em português à diferença entre Pedro e pedra não permite acentuar a força do original aramaico e grego, em que a mesma palavra designa a materialidade da rocha e o novo nome daquele que é o cabeça do Colégio apostólico (cf. Mt 16,18+).

⁴⁶Perguntou-lhe Natanel: "De Nazaré pode sair algo de bom?" Filipe lhe disse: "Vem e vê". ⁴⁷Jesus viu Natanel vindo até ele e disse a seu respeito: "Eis verdadeiramente um israelita em quem não há fraude". ⁴⁸Natanel lhe disse: "De onde me conheces?" Respondeu-lhe Jesus: "Antes que Filipe te chamasse, eu te vi quando estavas sob a figueira".ᵈ ⁴⁹Então Natanel exclamou: "Rabi, tu és o Filho de Deus,ᵇ tu és o Rei de Israel". ⁵⁰Jesus lhe respondeu: "Crês, só porque te disse: 'Eu te vi sob a figueira'? Verás coisas maiores do que essas". ⁵¹E lhe disse: "Em verdade, em verdade, vos digo: Vereis o céu aberto e os anjos de Deus subindo e descendo sobre o Filho do Homem".ᶜ

2 As núpcias de Caná

¹No terceiro dia,ᵈ houve um casamento em Caná da Galileia e a mãe de Jesus estava lá.ᵉ ²Jesus foi convidado para o casamento e os seus discípulos também. ³Ora, não havia mais vinho, pois o vinho do casamento havia acabado. Então a mãe de Jesus lhe disse: "Eles não têm mais vinho". ⁴Respondeu-lhe Jesus: "Que queres de mim,ᶠ mulher?ᵍ Minha horaʰ ainda não chegou". ⁵Sua mãe disse aos serventes: *"Fazei tudo o que ele vos disser."*

⁶Havia ali seis talhas de pedra para a purificação dos judeus, cada uma contendo de duas a três medidas. ⁷Jesus lhes disse: "Enchei as talhas de água". Eles as encheram até à borda. ⁸Então lhes disse: "Tirai agora e levai ao mestre-sala". Eles levaram. ⁹Quando o mestre-sala provou a água transformada em vinho — ele não sabia de onde vinha, mas o sabiam os serventes que haviam retirado a água — chamou o noivo ¹⁰e lhe disse: "Todo homem serve primeiro o vinho bom e, quando os convidados já estão embriagados serve o inferior. Tu guardaste o vinho bom até agora!" ¹¹Esse princípio dos sinais,ⁱ Jesus o fez em Caná da Galileia e manifestou a sua glória e os seus discípulos creram nele. ¹²Depois disso, desceram a Cafarnaum, ele, sua mãe, seus irmãos e seus discípulos, e ali ficaram apenas alguns dias.ʲ

---

a) O conhecimento das realidades escondidas é uma das características dos profetas (4,16-19; Lc 7,39). Natanael reconhece, então, que Jesus é o Profeta-rei (cf. 6,14-15), de quem lhe falou Filipe (1,45; cf. Dt 18,18). Sobre esse conhecimento sobrenatural de Cristo, ver ainda 2,24s; 6,61.64.71; 13,1.11.27.28; 16,19.30; 18,4; 21,17.

b) Aqui, simples título messiânico, como "Rei de Israel" (cf. Mt 4,3+).

c) Esse sonho de Jacó (Gn 28,10-17) se realizará quando o Filho do Homem for "elevado" (3,14+).

d) Três dias depois do encontro com Filipe e Natanael; o evangelho abre-se, desse modo, com uma semana completa, contada quase dia por dia, e conclui-se com a manifestação da glória de Jesus.

e) Maria está presente ao primeiro milagre, que revela a glória de Jesus e, novamente, na cruz (19,25-27). Por uma intenção manifesta, vários dados se correspondem nas duas cenas.

f) Lit.: "Que há entre mim e ti?", semitismo bem frequente no AT (Jz 11,12; 2Sm 16,10; 19,23; 1Rs 17,18 etc.) e no NT (Mt 8,29; Mc 1,24; 5,7; Lc 4,34; 8,28). É empregado para rejeitar uma intervenção que se julga inoportuna ou, então, para demonstrar a alguém que não se deseja relacionamento algum com ele. Somente o contexto poderá indicar a nuança exata. Aqui, Jesus objeta a sua mãe que "sua hora ainda não chegou".

g) Esse tratamento insólito de filho para com a mãe repetir-se-á em 19,26, onde o seu significado se esclarece como reminiscência de Gn 3,15.20: Maria é a nova Eva, "a mãe dos viventes".

h) A "hora" de Jesus é a hora de sua glorificação, de sua volta à direita do Pai. O evangelho anuncia sua proximidade (7,30; 8,20; 12,23.27; 13,1; 17,1). Fixada pelo Pai, ela não deveria ser antecipada. O milagre conseguido com a intervenção de Maria será, no entanto, seu anúncio simbólico.

i) Como Moisés (Ex 4,1-9.27-31), Jesus deve realizar "sinais" para provar que foi enviado por Deus, pois só Deus pode dominar as leis naturais (Jo 3,2; 9,31-33). Durante sua vida terrestre, realizará seis deles (2,1.11; 4,46.54; 5,2s; 6,5.14; 9,1.16; 11,1s; cf. 12,18), sendo o último a ressurreição de Lázaro, que prefigura sua própria ressurreição, o sinal por excelência (2,18-19; cf. 10,17-18). Esses sinais, e muitos outros que não são explicitamente descritos, devem provocar a fé na missão de Cristo (2,23; 4,45; 6,2; 7,31; 10,40-42; 20,30-31). Mas a primeira parte do evangelho encerra-se com uma nota inusitada (12,37). Em 4,48 (cf. 20,25.29), de redação provavelmente mais tardia, Jesus reprova seus interlocutores por terem necessidade de "sinais" para crer. Prescindindo deste texto, é o evangelista que emprega o termo "sinal" a respeito de Jesus; Jesus fala de "obras", as suas (5,36+) ou as de seus discípulos (14,12).

j) Essa descida a Cafarnaum, anunciada tão solenemente, parece sem objetivo. Numerosos autores admitem que, no documento primitivo retomado pelo evangelista, o relato de 4,46ss, constituía a sequência imediata (cf. 4,46a+). Esta solução aproximaria as fórmulas paralelas de 2,11 e 4,54.

B. A PRIMEIRA PÁSCOA

A purificação do Templo — ¹³Estando próxima a Páscoa dos judeus, Jesus subiu a Jerusalém. ¹⁴No Templo, encontrou os vendedores de bois, de ovelhas e de pombas e os cambistas sentados. ¹⁵Tendo feito um chicote de cordas, expulsou todos do Templo, com as ovelhas e com os bois; lançou ao chão o dinheiro dos cambistas e derrubou as mesas ¹⁶e disse aos que vendiam pombas: "Tirai tudo isto daqui; não façais da casa de meu Pai uma casa de comércio". ¹⁷Recordaram-se seus discípulos do que está escrito:

O zelo por tua casa me devorará.

¹⁸Os judeus interpelaram-no, então, dizendo: "Que sinal nos mostras para agires assim?" ¹⁹Respondeu-lhes Jesus: "Destruí este santuário, e em três dias eu o levantarei".*ᵃ* ²⁰Disseram-lhe, então, os judeus: "Quarenta e seis anos foram precisos para se construir este santuário,*ᵇ* e tu o levantarás em três dias?" ²¹Ele, porém, falava do santuário de seu corpo. ²²Assim, quando ele ressuscitou dos mortos seus discípulos lembraram-se de que dissera isso, e creram na Escritura e na palavra dita por Jesus.

Estada em Jerusalém — ²³Enquanto estava em Jerusalém, para a festa da Páscoa, vendo os sinais que fazia, muitos creram em seu nome. ²⁴Mas Jesus não tinha confiança neles, porque os conhecia a todos ²⁵e não necessitava que lhe dessem testemunho sobre o homem, porque ele conhecia o que havia no homem.

3 ***O encontro com Nicodemos*** — ¹Havia, entre os fariseus, um homem chamado Nicodemos, um notável entre os judeus. ²À noite ele veio encontrar Jesus e lhe disse: "Rabi, sabemos que vens da parte de Deus como mestre, pois ninguém pode fazer os sinais que fazes, se Deus não estiver com ele". ³Jesus lhe respondeu:

"Em verdade, em verdade, te digo:
quem não nascer de novo*ᶜ*
não pode ver o Reino de Deus".*ᵈ*

⁴Disse-lhe Nicodemos: "Como pode um homem nascer, sendo já velho? Poderá entrar segunda vez no seio de sua mãe e nascer?" ⁵Respondeu-lhe Jesus:

"Em verdade, em verdade, te digo:
quem não nascer da água e do Espírito*ᵉ*
não pode entrar no Reino de Deus.
⁶O que nasceu da carne é carne,
o que nasceu do Espírito é espírito.
⁷Não te admires de eu te haver dito:
vós deveis nascer de novo.

---

a) *O Cristo joanino* costuma usar palavras que, além do seu sentido natural (o único compreendido por seus interlocutores), são capazes de manifestar outro, sobrenatural ou figurado: cf. 2,21+ (Templo); 3,3 (renascimento); 4,15 (água viva); 4,32 (alimento); 6,34 (pão vivo); 7,35+ (partir); 8,33+ (escravidão); 11,11s (acordar); 12,34+ (elevar); 13,9+ (lavar); 13,36s (partir); 14,22+ (manifestar-se). Surge daí um mal-entendido, que dá a Cristo a oportunidade de desenvolver o seu ensinamento (cf. 3,11).

b) A reconstrução do Templo fora iniciada no ano 19 antes de nossa era, o que situa a cena na Páscoa do ano 28.

c) Jo emprega um termo grego, *ánothen*, que significa também "do alto" (cf. 3,7.31). Esse duplo sentido não existe na língua de Jesus e de Nicodemos.

d) Único caso, em Jo, com o v. 5, dessa expressão, frequente nos sinóticos (Mt 14,17+). Ao Reino corresponde, em Jo, a "vida" ou a "vida eterna".

e) Os vv. 6-8 mostram que a ênfase não está na água, mas no Espírito. Tanto nos profetas como em Qumrã, a água é símbolo frequente do Espírito (cf. Is 44,3; Ez 36,25+.27; Zc 12,10; 13,1; 14,8).

⁸O vento sopra onde quer
e ouves o seu ruído,
mas não sabes de onde vem
nem para onde vai.
Assim acontece com todo aquele
que nasceu do Espírito".

⁹Perguntou-lhe Nicodemos: "Como isso pode acontecer?" ¹⁰Respondeu-lhe Jesus: "És o mestre de Israel e ignoras essas coisas?
¹¹Em verdade, em verdade, te digo:
falamos do que sabemos
e damos testemunho do que vimos,*a*
porém não acolheis o nosso testemunho.
¹²Se não credes
quando vos falo das coisas da terra,
como crereis
quando vos falar das coisas do céu?
¹³Ninguém subiu ao céu,*b*
a não ser aquele que desceu do céu,
o Filho do Homem.
¹⁴Como Moisés levantou
a serpente no deserto,
assim é necessário que seja levantado
o Filho do Homem,*c*
¹⁵a fim de que todo aquele que crer
tenha nele vida eterna.
¹⁶Pois Deus amou tanto o mundo,*d*
que entregou o seu Filho único,
para que todo o que nele crê não pereça,
mas tenha vida eterna.
¹⁷Pois Deus não enviou o seu Filho
ao mundo para julgar o mundo,
mas para que o mundo seja salvo por ele.
¹⁸Quem nele crê não é julgado;
quem não crê, já está julgado,
porque não creu
no Nome do Filho único de Deus.

a) O que Cristo viu junto do Pai (8,38; cf. 3,31-32, que é duplicata de 3,11-13). Cristo pode exprimir-se assim porque é Verbo encarnado (1,14.18). A fórmula "ouvir do Pai" (8,26.40; 15,15.40), é menos forte e poderia ser dita de simples profeta.
b) Não se trata da ascensão (verbo no passado). Cristo faz alusão a textos como Dt 30,12; Br 3,29; Pr 30,4 (cf. Rm 10,6): vindo do céu, ele pode dar-nos a conhecer os mistérios da vontade divina (cf. Sb 9,16-17).
c) Em Dn 7,13-14+ o Filho do Homem sobe junto a Deus para aí receber a investidura real. Para João, o Filho do Homem deve ser "elevado" sobre a cruz (3,14; 8,28; 12,34), mas é o primeiro passo que deve levá-lo até junto a Deus (12,33+), na glória (12,23; 13,31; cf. 1,51+), onde reinará após ter *destronado o Príncipe deste mundo* (12,31-32). Subindo ao céu, o Filho do Homem não fará mais que retomar seu lugar próprio (6,62), reencontrar a glória que tinha antes da criação do cosmo (17,5; cf. 3,13; 1,14+). — É nessa linha de pensamento que se pode compreender o paralelo entre 3,14-15 e Nm 21,4-9. Os hebreus deviam olhar a serpente de bronze levantada por Moisés como "sinal" para que Deus lhes perdoasse o pecado (v. 7) e pudessem continuar vivos (v. 9). Assim, é graças à elevação do Filho do Homem sobre a cruz que se poderá reconhecer que podia pretender o Nome Divino: "Eu sou" (8,24+), e, portanto, evitar de morrer por causa dos pecados. Crer no Filho do Homem "elevado", é crer no nome do Filho, Unigênito de Deus (3,18), é portanto crer no amor do Pai, que deu seu próprio Filho para que sejamos salvos (3,16 e o paralelo de 1Jo 4,9-10; cf. Rm 8,32). Se não se crê que o Filho do Homem é o Unigênito, como reconhecer o amor do Pai por nós? O pior dos pecados é não mais crer no Amor.
d) A seção 3,16-21 tem seu paralelo em 12,46-50, mas parece de redação mais recente. Um mesmo tema joanino se desenvolveu em duas perspectivas diferentes. A presente seção desenvolve uma cristologia "alta" (cf. nota precedente); a segunda, que glosa Dt 18,15.18, simplesmente apresenta Cristo como o novo Moisés.

¹⁹ Este é o julgamento:
a luz veio ao mundo
mas os homens preferiram
as trevas à luz,
porque suas obras eram más.
²⁰ Pois quem faz o mal
odeia a luz e não vem para a luz,
para que suas obras não sejam demonstradas como culpáveis.
²¹ Mas quem pratica a verdade
vem para a luz,
para que se manifeste
que suas obras são feitas em Deus".

Ministério de Jesus na Judeia. Último testemunho de João — ²²Depois disso, Jesus veio com os discípulos para o território da Judeia e permaneceu ali com eles e batizava.ᵃ ²³João também batizava em Enom,ᵇ perto de Salim, pois lá as águas eram abundantes e muitos se apresentavam para serem batizados. ²⁴João ainda não fora encarcerado.
²⁵Originou-se uma discussão entre os discípulos de João e certo judeu a respeito da purificação;ᶜ ²⁶eles vieram encontrar João e lhe disseram: "Rabi, aquele que estava contigo do outro lado do Jordão, de quem deste testemunho, batiza e todos vão a ele". ²⁷João respondeu:

"Um homem nada pode receber
a não ser que lhe tenha sido dado do céu.
²⁸ Vós mesmos sois testemunhas
de que eu disse:
'Não sou eu o Cristo, mas sou enviado adiante dele'.
²⁹ Quem tem a esposa é o esposo;ᵈ
mas o amigo do esposo,
que está presente e o ouve,
é tomado de alegria à voz do esposo.
Essa é a minha alegria e ela é completa!
³⁰ É necessário que ele cresça
e eu diminua.
³¹ Aquele que vem do alto
está acima de todos;ᵉ
o que é da terra
é terrestre e fala como terrestre.
Aquele que vem do céuᶠ
³² dá testemunho do que viu e ouviu,
mas ninguém acolhe seu testemunho.
³³ Quem acolhe seu testemunho
certifica que Deus é verdadeiro.

---

a) Batismo idêntico ao de João Batista (At 19,1+), de quem Jesus foi provavelmente um dos discípulos, segundo 1,15.30 (o discípulo caminhava atrás do mestre) e 3,30 (o título "rabi" significa "meu grande"; João cede o título de "grande" a Jesus. Os sinóticos nada dizem dessa atividade de Cristo, contestada também na glosa de Jo 4,2.
b) Provalvelmente em Ain Farah, a nordeste da atual Nablus. A atividade do Batista, em plena Samaria, prepara a conversão dos samaritanos (4,36-38; cf. 4,1+). A tradição bizantina situará Enom no vale do Jordão, a alguns quilômetros ao sul de Citópolis.
c) Provavelmente acerca do batismo. — "certo judeu"; var.: "judeus". Texto talvez alterado. Possivelmente se lia: "Jesus" ou "os discípulos de Jesus".
d) A imagem nupcial é aplicada no AT às relações entre Deus e Israel (Os 1,2+). Jesus dela se apropriou (Mt 9,15p; 22,1s; 25,1s). Paulo a retomou (Ef 5,22s; 2Cor 11,2). As núpcias do Cordeiro (Ap 19,7; 21,2) já estão inauguradas na alegria messiânica (aqui, v. 29; cf. 2,1-11).
e) Ou também: "de tudo".
f) Ad.: "está acima de todos" (ou: "de tudo").

^{1,1+}
^{3,11+}
^{1,32} ³⁴Com efeito, aquele que Deus enviou
fala as palavras de Deus,
pois ele dá o Espírito sem medida.ª

^{5,20} ³⁵O Pai ama o Filho
e tudo entregou em sua mão.^b

^{Ef 5,6}
^{Mt 3,7+} ³⁶Quem crê no Filho tem a vida eterna.
Quem recusa crer no Filho não verá a vida.
Pelo contrário, a ira de Deus permanece sobre ele".

^{3,22} **4** **Jesus entre os samaritanos**^c — ¹Quando Jesus^d soube que os fariseus tinham ouvido dizer que ele fazia mais discípulos e batizava mais que João — ²ainda que, de fato, Jesus mesmo não batizasse, mas os seus discípulos
^{Lc 9,52-55} — ³deixou a Judeia e retornou à Galileia. ⁴Era preciso passar pela Samaria.
^{Gn 33,18-20;}
^{48,21-22+}
^{Js 24,32}
^{19,14} ⁵Chegou, então, a uma cidade da Samaria, chamada Sicar,^e perto da região que Jacó havia dado a seu filho José. ⁶Ali se achava a fonte de Jacó. Fatigado da caminhada, Jesus sentou-se junto à fonte. Era por volta da hora sexta.^f

^{19,28}
^{Lc 10,29-37;}
^{17,11-19} ⁷Uma mulher da Samaria chegou para tirar água. Jesus lhe disse: "Dá-me de beber!" ⁸Seus discípulos haviam ido à cidade comprar alimento. ⁹Diz-lhe, então, a samaritana: "Como, sendo judeu, tu me pedes de beber, a mim que sou samaritana?" (Os judeus, com efeito, não se dão com os samaritanos.)^g

^{3,16}
^{At 8,20+} ¹⁰Jesus lhe respondeu:

"Se conhecesses o dom de Deus
e quem é que te diz:
'Dá-me de beber',
tu é que lhe pedirias
e ele te daria água viva!"

^{6,31-32;}
^{8,53} ¹¹Ela lhe disse: "Senhor, nem sequer tens vasilha e o poço é profundo; de onde, pois, tiras essa água viva? ¹²És porventura maior que o nosso pai Jacó, que nos deu este poço, do qual ele mesmo bebeu, assim como seus filhos e seus animais?" ¹³Jesus lhe respondeu:

"Aquele que bebe desta água
terá sede novamente;
^{6,35;}
^{7,37-39}
^{Is 58,11} ¹⁴mas quem beber da água que lhe darei,
nunca mais terá sede.

---

a) Ou: "que lhe dá o Espírito sem medida".
b) Por vontade do Pai, tudo está "nas mãos", no poder do Filho (3,35; 10,28.29; 13,3; 17,2; cf. 6,37-39; Mt 11,27; 28,18); é esse o fundamento de sua realeza (12,13-15; 18,36-37), que ele inaugurará no dia de sua "exaltação" (12,32+; 19,19; At 2,33; Ef 4,8), ao passo que o reino do príncipe deste mundo terminará (12,31).
c) Para numerosos autores, um relato primitivo teria sido sobrecarregado de elementos adventícios (o que não quer dizer sem interesse), especialmente, a intervenção dos discípulos (vv. 8.27.31-38) e o ensinamento sobre o culto em espírito (vv. 20-24 ou mesmo 20-26). Alguns consideram igualmente secundário o diálogo sobre a água viva (vv. 10-15). A estrutura do relato primitivo aparece então claramente. Seu enquadramento é *constituído pelos vv. 5-7 e 28-30b.40, que se inspiram* literariamente em Gn 24,13-14 (cf. 24,43, e 24,28-32). O centro (4,16-18+), alude a 2Rs 17,24s e Os 2,18-19: origem da semi-idolatria dos samaritanos e anúncio de sua conversão. O encontro junto ao poço preludia a conclusão de um matrimônio (cf. também Gn 29,1s; Ex 2,15s); convertendo-se, a Samaria renovará o laço matrimonial que a unia a Deus (Os 1,2+). No relato joanino, Jesus desempenha o papel do servo enviado por Abraão a fim de procurar uma esposa para Isaac; a samaritana desempenha o papel de Rebeca; as pessoas de Sicar representam a família de Rebeca, e João Batista (cf. 3,23+), seria o anjo de Gn 24,7 que deveria preparar os caminhos do servo de Abraão, e, portanto, de Jesus. Neste relato, de acordo com a tradição bíblica, é portanto, Deus, e não Jesus (3,29-30), que é considerado como o esposo do seu povo.
d) Var.: "o Senhor".
e) A antiga Siquém (em aramaico Sícara) ou a atual aldeia de Askar, ao pé do monte Ebal, a uns mil metros do "poço de Jacó". Esse poço não é mencionado no Gn.
f) Meio-dia.
g) Om. do parêntese. Os judeus odiavam os samaritanos (Eclo 50,25-26; Jo 8,48; Lc 9,52-55; cf. Mt 10,5; Lc 10,33; 17,16) e explicavam a sua origem (2Rs 17,24-41) pela imigração forçada de cinco povoações pagãs que, em parte, permaneceram fiéis aos seus deuses, simbolizados pelos "cinco maridos" do v. 18.

Pois a água que eu lhe der
tornar-se-á nele fonte de água
jorrando para a vida eterna".[a]

[15] Disse-lhe a mulher: "Senhor, dá-me dessa água, para que eu não tenha mais sede, nem tenha de vir mais aqui para tirá-la!" [16] Jesus disse: "Vai, chama teu marido e volta aqui". [17] A mulher lhe respondeu: "Não tenho marido". Jesus lhe disse: "Falaste bem: 'não tenho marido', [18] pois tiveste cinco maridos e o que agora tens não é teu marido; nisso falaste a verdade".[b] [19] Disse-lhe a mulher: "Senhor, vejo que és profeta... [20] Nossos pais adoraram nesta montanha,[c] mas vós dizeis: é em Jerusalém que está o lugar onde é preciso adorar". [21] Jesus lhe disse:

"Acredita-me, mulher, vem a hora
em que nem nesta montanha nem em Jerusalém
adorareis o Pai.
[22] Vós adorais o que não conheceis;
nós adoramos o que conhecemos,
porque a salvação vem dos judeus.
[23] Mas vem a hora — e é agora —
em que os verdadeiros adoradores
adorarão o Pai em espírito e verdade,[d]
pois tais são os adoradores
que o Pai procura.
[24] Deus é espírito
e aqueles que o adoram
devem adorá-lo em espírito e verdade".

[25] A mulher lhe disse: "Sei que vem um Messias (que se chama Cristo). Quando ele vier, nos explicará tudo".[e] [26] Disse-lhe Jesus: "Sou eu, que falo contigo".

[27] Naquele instante, chegaram seus discípulos e admiravam-se de que falasse com uma mulher; nenhum deles, porém, lhe perguntou: "Que procuras?" ou: "Que falas com ela?" [28] A mulher, então, deixou seu cântaro e correu[f] à cidade, dizendo a todos: [29] "Vinde ver um homem que me disse tudo o que fiz. Não seria ele o Cristo?" [30] Eles saíram da cidade e foram ao seu encontro.

[31] Enquanto isso, os discípulos rogavam-lhe: "Rabi, come!" [32] Ele, porém, lhes disse: "Tenho para comer um alimento que não conheceis". [33] Os discípulos se perguntavam uns aos outros: "Por acaso alguém lhe teria trazido algo para comer?" [34] Jesus lhes disse:

---

a) Alusão a Pr 18,4 (Setenta): "Uma água profunda é a palavra no coração do homem, um rio que brota, uma fonte de vida" (cf. Is 58,11). A água que o Cristo dá é, portanto, sua palavra, seu ensinamento cheio de sabedoria divina (Eclo 15,3; 24,21; Is 55,1-3). Aquele que guarda essa palavra jamais verá a morte (Jo 8,51), mas viverá para sempre (12,50; Dt 30,15-20; Pr 13,14). Em 7,37-39, a água simboliza o Espírito.
b) Os cinco maridos simbolizam os deuses importados por cinco povoamentos pagãos, segundo 2Rs 17,24. O deus dos cananeus chamava-se Baal, mas esta palavra tornou-se nome comum para designar todos os falsos deuses. Ora, nas línguas semíticas, a palavra baal significa também "marido"; teríamos, portanto, aqui, um jogo de palavras não traduzido em grego, que seria retomado de Os 2,18-19, texto que anuncia a conversão da Samaria.
c) O monte Garizim, sobre o qual os samaritanos haviam construído um templo, rival do de Jerusalém. João Hircano o havia destruído em 129 a.C.
d) O Espírito (14,26+), princípio do novo nascimento (3,5), é também princípio do novo culto espiritual (cf. 2,20-21+ e Rm 1,9+). Esse culto é "em verdade", porque só ele responde à revelação que Deus faz por meio de Jesus.
e) Mais que "anunciará". Em linguagem apocalíptica, este verbo significa "desvelar", "explicar"; cf. Dn (Teodocião) 2,2.7.11; 5,12.15; 9,23; 10,21; 11,2. Cf. também Jo 16,13-15.
f) Cf. Gn 24,28. O relato toma toda a sua ênfase se ligamos os vv. 28-29 aos vv. 16-18; cf. 4,1+. — Var.: "foi", verbo mateano desconhecido de João.

"Meu alimento
é fazer a vontade daquele que me enviou*a*
e consumar a sua obra.
³⁵ Não dizeis vós:
'Ainda quatro meses e chegará a colheita'?
Pois bem, eu vos digo:
Erguei vossos olhos e vede os campos:
estão brancos para a colheita.*b*
Já ³⁶o ceifeiro recebe seu salário
e recolhe fruto para a vida eterna,
para que o semeador se alegre juntamente com o ceifeiro.
³⁷ Aqui, pois, se verifica o provérbio:
'Um é o que semeia, outro o que ceifa'.
³⁸Eu vos enviei a ceifar
onde não trabalhastes;
outros trabalharam
e vós entrastes no trabalho deles".

³⁹Muitos samaritanos daquela cidade creram nele, por causa da palavra da mulher que dava testemunho: "Ele me disse tudo o que fiz!" ⁴⁰Por isso, os samaritanos vieram até ele, pedindo-lhe que permanecesse com eles. E ele ficou ali dois dias. ⁴¹Bem mais numerosos foram os que creram por causa da palavra dele;*c* ⁴²e diziam à mulher: "Já não é por causa de teus dizeres que cremos. Nós próprios o ouvimos, e sabemos que esse é verdadeiramente o salvador do mundo".

Jesus na Galileia — ⁴³Depois daqueles dois dias, ele partiu de lá para a Galileia. ⁴⁴O próprio Jesus havia testemunhado que o profeta não é honrado em sua própria pátria.*d* ⁴⁵Quando, pois, ele chegou à Galileia, os galileus o receberam, tendo visto tudo o que ele fizera em Jerusalém, por ocasião da festa: pois também eles tinham ido à festa.

Segundo sinal em Caná: cura do filho de funcionário real*e* — ⁴⁶Ele voltou novamente a Caná da Galileia, onde transformara água em vinho. Havia um funcionário real, cujo filho se achava doente em Cafarnaum. ⁴⁷Ouvindo dizer que Jesus viera da Judeia para a Galileia, foi procurá-lo, e pedia-lhe que descesse e curasse seu filho, que estava à morte. ⁴⁸Disse-lhe Jesus: "Se não virdes sinais e prodígios, não crereis".*f* ⁴⁹O funcionário real lhe disse: "Senhor, desce, antes que meu filho morra!" ⁵⁰Disse-lhe Jesus: "Vai, teu filho vive". O homem creu na palavra que Jesus lhe havia dito e partiu. ⁵¹Ele já

a) Como Moisés (12,49+), como Jeremias (10,36+), Jesus foi enviado por Deus, que ele chama de "Aquele que me enviou" (4,34; 5,23.24.30.37 e *passim*). Sua vida toda é, portanto, direcionada a fazer a vontade daquele que o enviou (5,30; 6,38-40; cf. Sl 40,8-9; Hb 10,9), a levar a termo (= acabar) a obra de Deus; que é salvar a humanidade, dando-lhe a vida eterna (17,4). Essa obediência o levará até a morte (12,27; Lc 22,42; Rm 5,19), e a última palavra de Cristo morrendo sobre a cruz será reconhecer que "tudo está consumado" (19,28-30+).
b) A colheita espiritual, cujas primícias são os samaritanos que se aproximam (v. 30).
c) Não são necessários milagres para unir-se a Cristo e crer em sua missão (4,48); a palavra que ele nos transmite da parte de Deus (12,49+), deve bastar para nos convencer (6,66-69; 15,22).
d) Esta glosa, delimitada pela retomada redacional, antecipa acontecimentos que serão narrados em 6,60. 66.
e) Numerosos autores admitem que, primitivamente, este episódio seguia imediatamente ao das núpcias de Caná. Era milagre realizado "à distância", mas, como no relato paralelo de Mt 8,5-13, Jesus se encontrava em Cafarnaum (2,12+). O evangelista teria acrescentado os vv. 46a e 54b, e retocado um pouco o texto para adaptá-lo à nova situação que criava.
f) O v. 48 é provavelmente glosa do evangelista; ele acrescentou também o v. 49 que "retoma" o dado do v. 47 para reatar o fio do relato. Esta reprovação convém mal ao pai do filho doente, cuja aproximação de Jesus já prova a fé (v. 47); ela se dirige aos contemporâneos do evangelista.

descia, quando os seus servos vieram-lhe ao encontro, dizendo que seu filho vivia. ⁵²Perguntou, então, a que horas ele se sentira melhor. Eles lhe disseram: "Ontem, à hora sétima, a febre o deixou". ⁵³Então o pai reconheceu ser precisamente aquela a hora em que Jesus lhe dissera: "Teu filho vive"; e creu, ele e todos os da sua casa.ᵃ   At 18,8

⁵⁴Foi esse o segundo sinal que Jesus fez, ao voltar da Judeia para a Galileia.   2,11

2. SEGUNDA FESTA EM JERUSALÉM
(PRIMEIRA OPOSIÇÃO À REVELAÇÃO)

5 *Cura de enfermo na piscina de Betesda* — ¹Depois disso, por ocasião de uma festa dos judeus,ᵇ Jesus subiu a Jerusalém. ²Existe em Jerusalém, junto à Porta das Ovelhas, uma piscina que, em hebraico, se chama Bethzata,ᶜ com cinco pórticos.ᵈ ³Sob esses pórticos, deitados pelo chão, numerosos doentes, cegos, coxos e paralíticos ficavam esperando o borbulhar da água. ⁴Porque o Anjo do Senhor se lavava,ᵉ de vez em quando, na piscina e agitava a água; o primeiro, então, que aí entrasse, depois que a água fora agitada, ficava curado, qualquer que fosse a doença. ⁵Encontrava-se aí um homem, doente havia trinta e oito anos. ⁶Jesus, vendo-o deitado e sabendo que já estava assim havia muito tempo, perguntou-lhe: "Queres ficar curado?" ⁷Respondeu-lhe o enfermo: "Senhor, não tenho quem me jogue na piscina, quando a água é agitada; ao chegar, outro já desceu antes de mim". ⁸Disse-lhe Jesus: "Levanta-te, toma teu leito e anda!" ⁹Imediatamente o homem ficou curado. Tomou o leito e se pôs a andar.   Mt 1,20 +   Dt 2,14   Mt 9,6

Ora, esse dia era um sábado. ¹⁰Os judeus, por isso, disseram ao homem curado: "É sábado e não te é permitido carregar o leito". ¹¹Ele respondeu: "Aquele que me curou, disse: 'Toma teu leito e anda!'" ¹²Eles perguntaram: "Quem foi o homem que te disse: 'Toma o teu leito e anda'?" ¹³Mas o homem curado não sabia quem fora. Jesus havia desaparecido, pois havia uma multidão naquele lugar. ¹⁴Depois disso, Jesus o encontrou no Templo e lhe disse: "Eis que estás curado; não peques mais, para que não te suceda algo ainda pior!" ¹⁵O homem saiu e informou aos judeus que fora Jesus quem o havia curado. ¹⁶Por isso os judeus perseguiam Jesus: porque fazia tais coisas no sábado.ᶠ ¹⁷Mas Jesus lhes respondeu: "Meu Pai trabalha até agora e eu também   9,14   Ex 20,8 + Jr 17,21-27   Mt 9,2   7,23; 9,4

---

a) O final do relato primitivo é discutido. Existem no relato atual dois atos de fé do pai, o primeiro antes da constatação do milagre (v. 50), o segundo depois (v. 53). A solução mais corrente é manter os vv. 51-53 no relato primitivo, e fazer do v. 50 acréscimo do evangelista. Mas o inverso seria mais lógico: v. 50 está de fato na linha do v. 47, enquanto os vv. 51-53 poderiam ter sido acrescentados para justificar a reprovação feita por Jesus no v. 48.
b) Var.: "a festa". O evangelista não diz de qual festa se trata.
c) O texto seguido provém do Sinaítico e de Eusébio de Cesareia, sustentados por mss latinos. O grego "Probatiké" e o aramaico "Bethzata" perfazem duas referências às "ovelhas". Para a construção da frase, ver 19,17; cf. 19,13. O texto Alexandrino daria: "junto à (porta) Probática" (cf. Ne 3,1.32; 12,39), uma piscina que se diz em hebraico Betsaida (cf. 1,44). "Em hebraico": a palavra que segue não é do hebraico, mas do aramaico, a língua da Palestina do tempo de Jesus; o mesmo em 19,13.17; 20,16.
d) Esta descrição é apenas aproximativa. Um muro espesso cortava o quadrilátero em duas piscinas, mas as escavações não encontraram nenhum vestígio das colunas que constituíam um "pórtico" antigo. A leste das duas piscinas, com treze metros de profundidade, encontravam-se outras piscinas menores, que atestavam a presença de um santuário pagão de cura. Enquanto os deuses do paganismo só curavam o corpo (a realidade dessas curas não é posta em dúvida), Jesus pode curar "o homem inteiro" (7,23; cf. 5,14).
e) Ou ainda, segundo a leitura provavelmente primitiva: "um anjo se lavava". — O final do v. 3 e o v. 4 são omitidos pela tradição alexandrina; julgou-se muito estranha a ideia de um anjo "que se lava" numa piscina. Mas o v. 4 é necessário para atender o relato (v. 7). A menção do "anjo do Senhor" poderia ter como finalidade "judaizar" o santuário pagão.
f) O texto deslocado para 7,19-23 formava a conclusão primitiva deste episódio. A de 5,17-18 é, portanto, da redação posterior.

bém trabalho".[a] [18]Então os judeus, com mais empenho, procuravam matá-lo, pois, além de violar o sábado, ele dizia ser Deus seu próprio pai, fazendo-se, assim, igual a Deus.

Discurso sobre a obra do Filho — [19]Retomando a palavra, Jesus lhes disse:
"Em verdade, em verdade, vos digo:
o Filho, por si mesmo, nada pode fazer
mas só aquilo que vê o Pai fazer;
tudo o que este faz
o Filho o faz igualmente.
[20]Porque o Pai ama o Filho
e lhe mostra tudo o que faz;
e lhe mostrará obras maiores do que essas
para que vos admireis.
[21]Como o Pai ressuscita os mortos
e os faz viver,
também o Filho dá a vida a quem quer.
[22]Porque o Pai a ninguém julga,[b]
mas confiou ao Filho todo julgamento,[c]
[23]a fim de que todos honrem o Filho,
como honram o Pai.
Quem não honra o Filho,
não honra o Pai que o enviou.
[24]Em verdade, em verdade, vos digo:
quem escuta a minha palavra
e crê naquele que me enviou
tem vida eterna
e não vem a julgamento,
mas passou da morte à vida.
[25]Em verdade, em verdade, vos digo:
vem a hora — e é agora
em que os mortos[d] ouvirão a voz do Filho de Deus,
e os que o ouvirem, viverão.
[26]Assim como o Pai tem a vida em si mesmo,
também concedeu ao Filho ter a vida em si mesmo
[27]e lhe deu o poder de exercer o julgamento,
porque é Filho do Homem.
[28]Não vos admireis com isto:
vem a hora
em que todos os que repousam nos sepulcros
ouvirão sua voz
[29]e sairão;[e]
os que tiverem feito o bem,

---

a) Ao pensamento judaico repugnava conciliar o repouso de Deus após a criação, repouso do qual o sábado é a imagem (Gn 2,2s), com sua constante atividade no governo do mundo. Distinguia-se a atividade do Criador, que havia terminado, e a atividade do Juiz, que jamais cessa. Jesus identifica a sua *própria* atividade com a do soberano Juiz. Por causa disso a indignação dos judeus e o discurso pelo qual Jesus justifica sua pretensão (cf. Lc 6,5; e sobretudo Mt 12,1-8 etc.).
b) O poder sobre a vida e sobre a morte é também a expressão do supremo poder judiciário.

c) Este texto dificilmente se concilia com passagens como 3,17-18; 12,47-48: não é Cristo quem julga; o julgamento, ou separação entre os homens, já foi realizado (5,24), pelo próprio fato que aceitam ou rejeitam Cristo-luz (3,19-21). De fato, os textos sobre o "julgamento" pertencem a camadas redacionais diferentes: julgamento escatológico, no último dia (cf. 5,27-29), e julgamento já realizado.
d) Os mortos espirituais.
e) Os vv. 27-29, do último redator (cf. introd., reinterpretam os vv. 24-25 em função de Dn 12,2, lugar

para uma ressurreição de vida;
os que tiverem praticado o mal,
para uma ressurreição de julgamento.
³⁰ Por mim mesmo, nada posso fazer: ^{4,34;}
eu julgo segundo o que ouço,ᵃ ^{6,38}
e meu julgamento é justo,
porque não procuro a minha vontade,
mas a vontade daquele que me enviou.
³¹ Se eu der testemunho de mim mesmo, ^{8,13-14}
meu testemunho não será verdadeiro;ᵇ
³² outroᶜ é que dá testemunho de mim,
e sei que é verdadeiro
o testemunho que presta de mim.
³³ Vós enviastes emissários a João ^{1,19-28}
e ele deu testemunho da verdade. ^{Mt 11,7-11p}
³⁴ Eu, no entanto, não dependo do testemunho de homem; ^{Jo 8,18}
mas falo isso, para que sejais salvos.
³⁵ Ele era a lâmpada que ardeᵈ e ilumina ^{1,8;}
e vós quisestes vos alegrar, ^{Eclo 48,1}
por um momento, com sua luz. ^{2Pd 1,19}
³⁶ Eu, porém, tenho testemunho maior que o de João: ^{1,1 +}
as obrasᵉ que o Pai me encarregou de consumar.
Tais obras, eu as faço
e elas dão testemunhoᶠ de que o Pai me enviou.
³⁷ Também o Pai que me enviou ^{6,44-45}
dá testemunho de mim.
Jamais ouvistes a sua voz,
nem contemplastes a sua face,
³⁸ e sua palavra não permanece em vós ^{1Jo 2,14}
porque não credes ^{Jo 8,37}
naquele que ele enviou.
³⁹ Vós perscrutais as Escrituras
porque julgais ter nelas vida eterna;ᵍ
ora, são elas que dão testemunho de mim;ʰ
⁴⁰ Vós, porém, não quereis vir a mim
para ter vida.
⁴¹ Não recebo a glória que vem dos homens.

clássico que afirma a ressurreição dos mortos no final dos tempos.
a) Jesus ouve o Pai.
b) Opor 8,13-14.18. Esses textos provêm de tradições diferentes. — Todo profeta devia poder justificar a autenticidade de sua missão vinda de Deus (Ex 4,1-9; cf. Jo 6,30). Jesus reúne aqui as diversas "testemunhas" em seu favor, que provêm todas de Deus (v. 32): o testemunho do Batista (vv. 33-35), o dos milagres (v. 36), o do Pai (vv. 37-38) e o das Escrituras (v. 39). Malgrado esses testemunhos, os judeus recusam crer nele (vv. 40-44); eles serão acusados pelo próprio Moisés, em quem põem sua esperança (vv. 45-47). Uma vez que Cristo tenha subido ao seu Pai, será o Espírito que testemunhará (15,26; cf. 16,7-11), e a seu testemunho se associará o dos discípulos (15,26; 21,24; At 5,32).
c) Estando no presente o verbo que segue, trata-se do Pai (cf. 8,18), e não do Batista, como o quereria a var. "vós sabeis", em lugar de "eu sei".

d) Alusão a Eclo 48,1: o Batista desempenha o papel de Elias que voltou à terra para manifestar Jesus enquanto Cristo (1,31+. Cf. Lc 1,17, que cita Ml 3,1.23).
e) Quando faz alusão a seus milagres, Jesus não fala de "sinais" (2,11+), mas de "obras", em referência a Nm 16,28. Como Moisés, ele não as realiza "por si mesmo"; apenas imita o Pai (5,19), até dar de novo vida aos mortos (5,20-21). Tais obras testemunham, portanto, que é Deus quem age em e por Cristo (10,25.37-38; cf. 9,3-4). Não crer apesar das "obras" ou apesar das palavras de Cristo, constitui o pecado por antonomásia (15,22.24).
f) Aqui o perfeito do verbo se opõe ao presente do v. 32; alusão a um fato passado; o Pai deu testemunho de Cristo por ocasião de seu batismo (Mt 3,17).
g) As Escrituras são fonte de vida, porque nos transmitem a palavra de Deus (cf. Dt 4,1; 8,1.3; 30,15-20; 32,46s; Br 4,1; Sl 119 etc.).
h) Jesus é o centro e o fim das Escrituras (cf. 1,45; 2,22; 5,39.46; 12,16.41; 19,28.36; 20,9).

⁴²Mas eu vos conheço:
não tendes em vós o amor de Deus.
⁴³Vim em nome de meu Pai,
mas não me acolheis;
se alguém viesse em seu próprio nome,
vós o acolheríeis.
⁴⁴Como podeis crer,
vós que recebeis glória uns dos outros,
mas não procurais
a glória que vem do Deus único?ᵃ
⁴⁵Não penseis que vos acusarei diante do Pai;
Moisés é vosso acusador,
ele, em quem pusestes a vossa esperança.
⁴⁶Se crêsseis em Moisés,
haveríeis de crer também em mim,
porque foi a meu respeito que ele escreveu.
⁴⁷Mas se não credes em seus escritos,
como crereis em minhas palavras?"

3. A PÁSCOA DO PÃO DA VIDA
(NOVA OPOSIÇÃO À REVELAÇÃO)

6 *A multiplicação dos pães*ᵇ — ¹Depois disso, passou Jesus para a outra margem do mar da Galileia ou de Tiberíades. ²Uma grande multidão o seguia, porque tinha visto os sinais que ele realizava nos doentes. ³Subiu, então, Jesus à montanha e aí sentou com os discípulos. ⁴Estava próxima a Páscoa, a festa dos judeus.
⁵Levantando Jesus os olhos e vendo a grande multidão que a ele acorria, disse a Filipe: "Onde arranjaremos pão para eles comerem?" ⁶Ele falava assim para pô-lo à prova, porque sabia o que faria. ⁷Respondeu-lhe Filipe: "Duzentos denários de pão não seriam suficientes para que cada um recebesse um pedaço". ⁸Um de seus discípulos, André, o irmão de Simão Pedro, lhe disse: ⁹"Há aqui um menino, que tem cinco pães de cevada e dois peixinhos; mas que é isso para tantas pessoas?" ¹⁰Disse Jesus: "Fazei que se acomodem". Havia muita grama naquele lugar. Sentaram pois os homens, em número de cinco mil aproximadamente. ¹¹Tomou, então, Jesus os pães e, depois de dar graças, distribuiu-os aos presentes, assim como os peixinhos, tanto quanto queriam. ¹²Quando se saciaram, disse Jesus a seus discípulos: "Recolhei os pedaços que sobraram para que nada se perca". ¹³Eles os recolheram e encheram doze cestos com os pedaços dos cinco pães de cevada deixados de sobra pelos que se alimentaram. ¹⁴Vendo o sinal que ele fizera, aqueles homens exclamavam: "Esse é, verdadeiramente, o profeta que deve vir ao mundo!" ¹⁵Jesus, porém, sabendo que viriam buscá-lo para fazê-lo rei, refugiou-seᶜ de novo, sozinho, na montanha.

---

a) Var.: "do Único".
b) O relato da tradição sinótica, retomado por João, inspirava-se literariamente num relato análogo referente a Eliseu (2Rs 4,42-44). Desse relato primitivo, João guardou o pormenor que se tratava de pães de cevada (vv. 9.13). Mas acrescenta pormenores que evocam o episódio de Moisés alimentando o povo de Deus durante o êxodo (comparar 6,5 e Nm 11,13; 6,7 e Nm 11,22). Jesus age como novo Moisés; é aclamado portanto, como o Profeta por excelência (6,14; cf. 2,11+). Mas o pão que Jesus dá aqui é o símbolo da sabedoria que ele comunica à humanidade, como é explicado no discurso que segue (cf. Dt 8,3).
c) Var.: "retirou-se".

Jesus vem ao encontro de seus discípulos, caminhando sobre o mar — ¹⁶Ao entardecer, seus discípulos desceram ao mar ¹⁷e, subindo num barco, dirigiram-se a Cafarnaum, do outro lado do mar. Já estava escuro e Jesus ainda não viera encontrá-los. ¹⁸Além disso, soprava vento forte e o mar se encrespava. ¹⁹Tinham remado cerca de vinte e cinco ou trinta estádios, quando viram Jesus aproximar-se do barco, caminhando sobre o mar. Ficaram com medo. ²⁰Jesus, porém, lhes disse: "Sou eu. Não temais".ᵃ ²¹Quiseram, então, recolhê-lo no barco, mas ele imediatamente chegou à terra para onde iam.

Discurso na sinagoga de Cafarnaumᵇ — ²²No dia seguinte, a multidão que permanecera no outro lado do mar percebeu que aí havia um único barco e que Jesus não entrara nele com os seus discípulos; os discípulos haviam partido sozinhos. ²³Outros barcos chegaram de Tiberíades, perto do lugar onde haviam comido o pão.ᶜ ²⁴Quando a multidão viu que Jesus não estava ali, nem seus discípulos, subiu aos barcos e veio para Cafarnaum, à procura de Jesus. ²⁵Encontrando-o do outro lado do mar, disseram-lhe: "Rabi, quando chegaste aqui?" ²⁶Respondeu-lhes Jesus:

"Em verdade, em verdade, vos digo:
vós me procurais,
não porque vistes sinais,
mas porque comestes dos pães e vos saciastes.
²⁷Trabalhai, não pelo alimento que se perde,
mas pelo alimento que permanece até a vida eterna,
alimento que o Filho do Homem vos dará,ᵈ
pois Deus, o Pai, o marcou com seu selo".ᵉ

²⁸Disseram-lhe, então: "Que faremos para trabalhar nas obras de Deus?" ²⁹Respondeu-lhes Jesus: "A obra de Deusᶠ é que creiais naquele que ele enviou". ³⁰Então lhe perguntaram: "Que sinal realizas, para que vejamos e creiamos em ti? Que obra fazes? ³¹Nossos pais comeram o manáᵍ no deserto, como está escrito:

Deu-lhes pão do céu a comer".

³²Respondeu-lhes Jesus:

"Em verdade, em verdade, vos digo:
não foi Moisés quem vos deu o pão do céu,
mas é meu Pai que vos dá o verdadeiro pão do céu;
³³porque o pão de Deus
é aquele que desce do céu
e dá vida ao mundo".

³⁴Disseram-lhe: "Senhor, dá-nos sempre deste pão!" ³⁵Jesus lhes disse:

---

a) A fórmula "sou eu", lit. "Eu sou", evoca o Nome Divino (Ex 3,14-15), que reside em Jesus (8,24+). É em virtude desse Nome que Jesus é capaz de vencer os poderes do mal (18,5+), simbolizados pela tempestade no mar (Mt 14,22+).
b) Duas tradições joaninas são fundidas nos diálogos que vão a seguir. Segundo uma delas, é o Pai que dá o pão verdadeiro, isto é, Jesus-sabedoria ou Palavra de Deus (6,28-51a; 6,60s); segundo a outra, mais recente, é Jesus que dá esse pão, isto é, seu corpo (6,26-27.51b-59). As duas sequências têm a mesma estrutura. Notar também a duplicata formada pelos vv. 22 e 24.
c) Ad.: "depois de o Senhor ter dado graças".
d) Var.: "dá".
e) O selo, a marca do Espírito, recebido no batismo (Mt 3,16+; cf. Rm 4,11+), poder de Deus para realizar os "sinais" (cf. Mt 12,28; At 10,38; Ef 1,13; 4,30; 2Cor 1,22).
f) Às "obras" dos judeus, Jesus opõe a fé no enviado de Deus.
g) O maná de Ex 16,1+ era considerado o alimento do povo messiânico (Sl 78,23-24; 105,40; Sb 16, 20-22+).

"Eu sou[a] o pão da vida.
Quem vem a mim, nunca mais terá fome,
e o que crê em mim nunca mais terá sede.[b]
³⁶Eu, porém, vos disse:
vós me vedes, mas não credes.
³⁷Todo aquele que o Pai me der virá a mim,
e quem vem a mim[c]
eu não o rejeitarei,
³⁸pois desci do céu
não para fazer minha vontade,
mas a vontade daquele que me enviou.
³⁹E a vontade daquele que me enviou é esta:
que eu não perca
nada do que ele me deu,
mas o ressuscite no último dia.[d]
⁴⁰Sim, esta é a vontade de meu Pai:
quem vê o Filho[e] e nele crê
tem vida eterna,
e eu o ressuscitarei no último dia".

⁴¹Os judeus murmuravam,[f] então, contra ele, porque dissera: "Eu sou o pão descido do céu". ⁴²E diziam: "Esse não é Jesus, o filho de José, cujo pai e mãe conhecemos? Como diz agora: 'Eu desci do céu'!" ⁴³Jesus lhes respondeu:

"Não murmureis entre vós.
⁴⁴Ninguém pode vir a mim
se o Pai, que me enviou, não o atrair;
e eu o ressuscitarei no último dia.
⁴⁵Está escrito nos profetas:
E todos serão ensinados por Deus.
Quem escuta o ensinamento do Pai
e dele aprende
vem a mim.
⁴⁶Não que alguém tenha visto o Pai;
só aquele que vem de junto de Deus
viu o Pai.
⁴⁷Em verdade, em verdade, vos digo:
aquele que crê tem vida eterna.
⁴⁸Eu sou o pão da vida.
⁴⁹Vossos pais no deserto comeram o maná e morreram.
⁵⁰Este pão é o que desce do céu
para que não pereça quem dele comer.

---

a) Primeiro de sete (número que indica a totalidade) fórmulas pelas quais Jesus define a si mesmo. Ele é: o pão verdadeiro (6.35.48.51), a luz verdadeira (8,12), a porta (10,7.9), o bom pastor (10,11.14), a ressurreição (11,25), o caminho (14,6), a verdadeira vinha (15,1.5).
b) Como a Sabedoria (Pr 9,1s), Jesus convida os homens ao seu banquete. Para João, Jesus é esta *Sabedoria de Deus*, que a Revelação bíblica tendia a personificar (cf. 1,1+). Essa convicção apoia-se no ensinamento de Cristo, já perceptível nos sinóticos (Mt 11,19; Lc 11,31p), mas muito mais acentuado aqui: de origem misteriosa (Jo 7,27-29; 8,14.19; cf. Jó 28,20-28), somente Jesus conhece os mistérios de Deus e os revela aos homens (3,11-12.31-32; cf. Mt 11,25-27p; Sb 9,13-18; Br 3,29-38), pão vivo que sacia a fome (6,35; cf. Pr 9,1-6; Eclo 24,19-22; Mt 4,4p: cf. Dt 8,3).
c) "Vir a Jesus" equivale a crer.
d) Opor 11,24-26. O tema da ressurreição "no último dia" (vv. 39.40.44.54; cf. 12,48) foi provavelmente acrescentado pelo último redator, a fim de reintroduzir no evangelho a escatologia segundo Dn (cf. introd.).
e) "Ver" o Filho é discernir e reconhecer que ele é realmente o Filho enviado pelo Pai (cf. 12,45; 14,9; 17,6+).
f) Como os hebreus no deserto (cf. Ex 16,2s; 17,3; Nm 11,1; 14,27; 1Cor 10,10).

⁵¹ Eu sou o pão vivo descido do céu.
Quem comer deste pão viverá para sempre."*ᵃ*
O pão que eu darei
é a minha carne*ᵇ* para a vida do mundo".

Lc 22,19p
1Cor 11,24

⁵²Os judeus discutiam entre si, dizendo: "Como esse homem pode dar-nos a sua carne a comer?" ⁵³Então Jesus lhes respondeu:

"Em verdade, em verdade, vos digo:
se não comerdes a carne do Filho do Homem
e não beberdes seu sangue,
não tereis a vida em vós.

1,14 +
Mt 8,20 +

⁵⁴Quem come minha carne e bebe o meu sangue
tem vida eterna,
e eu o ressuscitarei no último dia.
⁵⁵Pois minha carne é verdadeiramente comida
e o meu sangue é verdadeiramente bebida.
⁵⁶Quem come minha carne e bebe meu sangue
permanece em mim,
e eu nele.*ᶜ*

15,4-5

⁵⁷Assim como o Pai, que vive, me enviou
e eu vivo pelo Pai,
também aquele que de mim se alimenta
viverá por mim.*ᵈ*

5,26

⁵⁸Este é o pão que desceu do céu.
Ele não é como o que os pais comeram
e pereceram;
quem come este pão viverá eternamente".

⁵⁹Assim falou ele, ensinando na sinagoga em Cafarnaum. ⁶⁰Muitos de seus discípulos, ouvindo-o,*ᵉ* disseram: "Essa palavra é dura! Quem pode escutá-la?" ⁶¹Compreendendo que seus discípulos murmuravam por causa disso, Jesus lhes disse: "Isto vos escandaliza? ⁶²E quando virdes o Filho do Homem subir aonde estava antes?...

3,11 +
1,48 +

Mt 8,20 +
Jo 12,32 +

⁶³O espírito é que vivifica,
a carne para nada serve.
As palavras que vos disse são espírito e vida.*ᶠ*

20,27+
1Cor 15,45
2Cor 3.6
Jo 3,11 +;
12,49-50

⁶⁴Alguns de vós, porém, não creem". Jesus sabia, com efeito, desde o princípio, quais os que não criam e quem era aquele que o entregaria. ⁶⁵E

1,48 +

a) Retoma Gn 3,22: "...não coma dele e viva para sempre". Por seu ensinamento, Cristo-sabedoria nos dá de novo acesso à árvore da vida, da qual Adão fora privado (Pr 3,18). Nós não seremos mais expulsos do paraíso (6,37; cf. Gn 3,23).
b) Subentendido: "dada" ou "entregue" (como muitos manuscritos precisam). Essa construção gramatical concisa lembra 1Cor 11,24: "Isso é meu corpo, que é para vós" (cf. Lc 22,19). Alusão à paixão. Mas João substitui a palavra "corpo" por "carne", que designava o homem em sua condição de fraqueza e mortalidade (1,14+). No judaísmo, a expressão mais complexa "a carne e o sangue" tinha a mesma significação (Mt 16,17; 1Cor 15,50; Ef 6,12). Comparar então os vv. 56 e 57.
c) "Estar em", mais ainda, "permanecer em" é, com grande diversidade de sujeitos e complementos, uma das expressões próprias da linguagem joanina. A relação de presença interior que assim se exprime é, evidentemente, determinada pela natureza das realidades ou das pessoas em questão: uma é sempre maior do que a outra, sobretudo quando se trata de uma pessoa divina. Isso deve ser tomado em particular consideração quando, como aqui, a relação é recíproca (10,38; 14,10.20; 15,4-7; 17,21-23.26; 1Jo 2,24; 3,24; 4,12-16).
d) A Eucaristia comunica aos fiéis a vida que o Filho recebe do Pai.
e) É aqui que recomeça o diálogo sobre Jesus-sabedoria, interrompido pela inserção da seção propriamente eucarística. O escândalo dos discípulos provém do fato que Jesus afirmou ter descido do céu (6,51a; cf. 6,41). Jesus responde anunciando sua ascensão, que provará sua verdadeira origem (v. 62).
f) As palavras de Jesus sobre o pão celeste revelam uma realidade divina que só o Espírito (cf. 1,33+) pode fazer compreender (cf. 14,26+) e que é fonte de vida para o homem.

⁶·⁴⁴ dizia: "Por isso vos afirmei que ninguém pode vir a mim, se isso não lhe for concedido pelo Pai".

⁶⁶A partir daí, muitos dos seus discípulos voltaram atrás e não andavam mais com ele.

‖ Mt 16,16p
At 7,38
Dt 8,3
At 3,14 +

A confissão de Pedro — ⁶⁷Então, disse Jesus aos Doze: "Não quereis também vós partir?" ⁶⁸Simão Pedro respondeu-lhe: "Senhor, a quem iremos? Tens palavras de vida eterna e ⁶⁹nós cremos e reconhecemos que és o Santo de Deus".ᵃ

13,18
13,2.27

⁷⁰Respondeu-lhes Jesus: "Não vos escolhi, eu, aos Doze? No entanto, um de vós é um diabo!" ⁷¹Falava de Judas, filho de Simão Iscariotes. Este, um dos Doze,ᵇ o haveria de entregar.

4. A FESTA DAS TENDAS
(A GRANDE REVELAÇÃO MESSIÂNICA, A GRANDE REJEIÇÃO)

Mc 9,30p

7 *Jesus sobe a Jerusalém para a festa e ensina* — ¹Depois disso, Jesus percorria a Galileia, não podendoᶜ circular pela Judeia, porque os judeus o queriam matar.

Ex 23,14 +
Zc 14,16-19

²Aproximava-seᵈ a festa judaica das Tendas. ³Disseram-lhe, então, seus irmãos: "Parte daqui e vai para a Judeia, para que teus discípulos também

5,36
Jo 2,11 +
14,22

vejam as obras que fazes, ⁴pois ninguém age às ocultas, quando quer ser publicamente conhecido. Já que fazes tais coisas, manifesta-te ao mundo!"

2,4 +;
Dn 7,22
1,10 +
3,19;

⁵Pois nem mesmo os irmãos criam nele. ⁶Disse-lhes Jesus: "Meu tempo ainda não chegou; o vosso, porém, sempre está preparado. ⁷O mundo não vos pode odiar, mas odeia-me, porque dou testemunho de que suas obras são más. ⁸Subi, vós, à festa. Eu não subo para essa festa, porque meu tempo ainda não se com-

8,20

pletou". ⁹Tendo dito isso, permaneceu na Galileia. ¹⁰Mas quando seus irmãos subiram para a festa, também ele subiu, não publicamente, mas às ocultas. ¹¹Os

Mt 27,63

judeus o procuravam na festa, dizendo: "Onde está ele?" ¹²Faziam-se muitos comentários a seu respeito na multidão. Uns diziam: "Ele é bom". Outros,

9,22;
12,42;
19,38
Mt 7,28;
13,54-57
At 4,13

porém, diziam: "Não. Ele engana o povo". ¹³Entretanto, ninguém falava dele abertamente, por medo dos judeus.

¹⁴Quando a festa estava pelo meio, Jesus subiu ao Templo e começou a ensinar.ᵉ ¹⁵Admiravam-se então os judeus, dizendo: "Como entende ele de letras sem ter estudado?" ¹⁶Jesus lhes respondeu:

3,11 +
14,24

"Minha doutrina não é minha,
    mas daquele que me enviou.

---

a) Isto é: o enviado e eleito de Deus, consagrado e unido a ele de modo eminente, o Messias (cf. 10,36; 17,19; Mc 1,24+). Var.: "Tu és o Cristo, o Filho de Deus", ou: "o Filho do Deus vivo" (cf. Mt 16,16).

b) Este anúncio antecipado da traição de Judas deve ser da mesma tradição joanina do diálogo eucarístico dos vv. 51b-59 (cf. Lc 22,14-23).

c) Var.: "não querendo".

d) A seção 7,2-9 está fora do contexto (cf. já Bultmann). Ela supõe que Jesus ainda não realizou nenhum milagre em Jerusalém, o que é contradito por 2,23 e sobretudo 5,1s. Ela dificilmente se concilia também com 7,10. Primitivamente, poderia ter-se situado depois do relato de 4,46s. As "obras" de Cristo o manifestam como Messias (5,36+).

e) 7,14-52 compõe-se de diferentes fragmentos, ligados por um tema comum: há um equívoco sobre a origem de Jesus. 1. Sua origem humana oculta sua origem divina: como pode saber, se não frequentou a escola dos rabinos? (vv. 14-18); conhece-se a sua infância — ele não pode ser o Cristo (vv. 25-30). 2. Crê-se que ele nasceu em Nazaré — não pode, então, ser o Cristo (vv. 40-52). O tema da "partida" de Jesus (vv. 33-36; cf. 8,21-23) liga-se ao de sua origem divina: o Cristo-homem parte para onde sempre esteve (por sua divindade cf. vv. 29 e 34). — Os vv. 19-23, conclusão de 5,1-16, estão fora de contexto.

¹⁷ Se alguém quer cumprir sua vontade,
reconhecerá se minha doutrina é de Deus
ou se falo por mim mesmo.
¹⁸ Quem fala por si mesmo
procura a própria glória.
Mas aquele que procura a glória de quem o enviou
é verdadeiro e nele não há impostura.
¹⁹ Moisés não vos deu a Lei?
No entanto, nenhum de vós pratica a Lei.
Por que procurais matar-me?"

²⁰A multidão respondeu: "Tens um demônio. Quem procura matar-te?" ²¹Jesus lhes respondeu: "Realizei só uma obra e todos vos admirais. ²²Moisés vos deu a circuncisão — não que ela venha de Moisés, mas dos patriarcas — e vós a praticais em dia de sábado. ²³Se um homem é circuncidado em dia de sábado para que não se transgrida a Lei de Moisés, por que vos irais contra mim, por ter curado um homem*ᵃ* todo no sábado? ²⁴*Não julgueis pela aparência*, mas julgai conforme a justiça".

Discussões do povo sobre a origem de Cristo — ²⁵Alguns de Jerusalém diziam: "Não é a esse que procuram matar? ²⁶Eis que fala publicamente e nada lhe dizem! Porventura as autoridades*ᵇ* reconheceram ser ele o Cristo? ²⁷Mas nós sabemos de onde esse é, ao passo que ninguém saberá de onde será o Cristo, quando ele vier".*ᶜ* ²⁸Então, em alta voz, Jesus ensinava no Templo, dizendo:

"Vós me conheceis
e sabeis de onde eu sou;
no entanto, não vim por própria vontade,
mas é verdadeiro aquele que me enviou
e que não conheceis.
²⁹ Eu, porém, o conheço,
porque venho de junto dele,
e foi ele quem me enviou".

³⁰Procuravam, então, prendê-lo, mas ninguém lhe pôs a mão, porque não chegara sua hora.

Jesus anuncia sua próxima partida — ³¹Muitos, porém, dentre o povo, creram nele e diziam: "Quando o Cristo vier, fará, porventura, mais sinais do que os que esse fez?" ³²Os fariseus perceberam que o povo murmurava tais coisas sobre Jesus, e eles e os chefes dos sacerdotes enviaram alguns guardas para prendê-lo. ³³Disse, então, Jesus:

"Por pouco tempo estou convosco
e vou para aquele que me enviou.
³⁴ Vós me procurareis e não me encontrareis;*ᵈ*
e onde eu estou vós não podeis vir".

---

a) Lit. "tornei são um homem inteiro". O adjetivo *hygiés* "são" encontra-se sete vezes em João (cf. 5,4.6.9. 11.14.15). Aqui, o sétimo e último emprego, é reforçado pelo adjetivo "inteiro", para destacar a perfeição da cura trazida por Jesus (cf. 5,2, nota). Jesus emprega raciocínio do tipo rabínico, *qal wahomer* ou *a fortiori*: se a circuncisão, considerada "curar" um membro particular, pode ser praticada durante o sábado, com muito maior razão a cura de um "homem inteiro".
b) Var.: "os chefes dos sacerdotes", ou: "os anciãos",
ou: "eles".
c) Sabia-se muito bem que deveria nascer em Belém (cf. v. 42; Mt 2,5s); mas era crença comum que permaneceria oculto em lugar desconhecido (cf. Mt 24,26; diziam alguns: no céu) até o dia de sua vinda. Por sua origem celeste, Jesus ratifica essa crença, mas sem que seus interlocutores o saibam. (Cf. 1,31 e nota).
d) Os fariseus incrédulos são o tipo do "antidiscípulo" (1,39+). As autoridades judaicas deixaram passar o tempo favorável, e são os gregos (= pagãos) que receberão a salvação (cf. v. 35; 12,20-21.35-36+).

³⁵Disseram entre si os judeus: "Para onde irá ele, que não o poderemos encontrar? Irá, por acaso, aos dispersos entre os gregos para ensinar aos gregos? ³⁶Que significa esta palavra que nos disse:

2,19+
'Vós me procurareis e não me encontrareis;
e onde eu estou
vós não podeis vir'?"

Pr 1,20
Is 55,1.3
Ap 21,6;
22,7

Promessa da água viva — ³⁷No último dia da festa,ᵃ o mais solene, Jesus, de pé, disse em alta voz:

"Se alguém tem sede, venha a mimᵇ

4,14+
1Cor 10,4+
Is 44,3

e beberá,ᶜ ³⁸aquele que crê em mim!"
Conforme a palavra da Escritura:
De seu seioᵈ jorrarão rios de água viva.ᵉ

1,33+
³⁹Ele falava do Espírito que deviam receber aqueles que haviam crido nele; pois não havia ainda Espíritoᶠ porque Jesus ainda não fora glorificado.

1,21+
Novas discussões sobre a origem de Cristo — ⁴⁰Alguns entre a multidão, ouvindo essas palavras, diziam: "Esse é, verdadeiramente, o profeta!" ⁴¹Diziam outros: "É esse o Cristo!" Mas alguns diziam: "Porventura pode o Cristo vir da Galileia? ⁴²A Escritura não diz que o Cristo será da descendência de Davi e virá de Belém,ᵍ a cidade de onde era Davi?" ⁴³Produziu-se uma cisão entre o povo por sua causa. ⁴⁴Alguns queriam prendê-lo, mas ninguém lhe pôs a mão.

2Sm 7,12+
Mt 9,27+
Rm 1,3
Mt 2,5s
7,30

Mt 13,54-56
⁴⁵Os guardas, então, voltaram aos chefes dos sacerdotes e aos fariseus e estes lhes perguntaram: "Por que não o trouxestes?" ⁴⁶Responderam os guardas: "Jamais um homem falou assim!" ⁴⁷Os fariseus replicaram: "Também fostes enganados? ⁴⁸Alguns dos chefes, ou alguém dos fariseus por acaso creram

3,1+
nele? ⁴⁹Mas este povo, que não conhece a Lei, são uns malditos!" ⁵⁰Nicodemos, um deles, o que anteriormente viera a Jesus, disse-lhes: ⁵¹"Acaso nossa Lei condena alguém sem primeiro ouvi-lo e saber o que fez?" ⁵²Responderam-lhe: "És também galileu? Estuda e verás que da Galileia não surge profeta".

Dt 1,16s;
17,4
At 5,35
Jo 5,39
1,46
Mt 16,14+

8

Lc 21,37-38

A mulher adúlteraʰ — ⁵³E cada um voltou para sua casa. ¹Jesus foi para o monte das Oliveiras.
²Antes do nascer do sol, já se achava outra vez no Templo. Todo o povo vinha

Lc 7,37-50
a ele e, sentando-se, os ensinava. ³Os escribas e os fariseus trazem, então,

---

a) O sétimo ou, talvez, o oitavo dia, o encerramento da festa.
b) Om.: "a mim". Jesus chama a si, como o faz a Sabedoria (cf. 6,35+).
c) Lit. "e beba". Jo parece usar um processo de sintaxe semítica: quando dois imperativos se seguem, o segundo pode ter sentido consecutivo, traduzido em português pelo futuro. Mesmo caso em 7,52, onde "Estuda e vê" é traduzido habitualmente por "Estuda (as Escrituras)! Verás..."
d) O enquadramento literário (discussões sobre a identidade e a origem de Jesus, cc. 7-8) e litúrgico (proclamação solene no "grande" dia da festa) convida a compreender que se trata do seio ("ventre", grego *koilia*) de Jesus (Is 55,1; cf. o paralelo em Ap 22,17). É assim que a tradição mais antiga compreende. Outra tradição liga *"aquele que crê em mim"* à sequência, e o interpreta como seio de que crê (cf. Is 58,11; Pr 18,4), mas ela é menos fundamentada aqui do que em Jo 4,14.
e) A liturgia da festa das Tendas comportava orações para a chuva (cf. Zc 14,17), uma comemoração ritual do milagre da água que simboliza o dom da Torá (Ex 17 e *passim*; cf. 1Cor 10,4), e leituras de profecias que anunciam a fonte que devia regenerar Sião (Is 12,3; Zc 14,8; Ez 47,1s). A frase citada não corresponde exatamente a nenhum versículo da Escritura, mas pode-se pensar em uma reunião de evocações: "de seu seio correrão rios" (cf. Ex 17,6; Sl 78,16.20, e os targums correspondentes); "de água viva", (cf. Zc 14,8: "naquele dia, águas vivas sairão de Jerusalém").
f) A água simboliza o Espírito, e não mais a Palavra (4,14+), como em Is 44,3-4 (cf. Ez 38,25-27). Mas, como a Sabedoria, é o Espírito que permite conhecer a vontade de Deus (Sb 9,17-18).
g) As multidões pensavam que Jesus fosse originário de Nazaré, na Galileia (1,46).
h) Esta perícope (7,53-8,11), omitida nos mais antigos documentos (mss, versões e Padres da igreja), colocada alhures por outros, deixa transparecer o estilo sinótico e não pode ser de são João. Poderia ser atribuída a são Lucas (cf. Lc 21,38+). Sua canonicidade, seu caráter inspirado e seu valor histórico, no entanto, não sofrem contestação.

uma mulher surpreendida em adultério e, colocando-a no meio, dizem-lhe: ⁴"Mestre, esta mulher foi surpreendida em flagrante delito de adultério. ⁵Na Lei, Moisés nos ordena apedrejar tais mulheres. Tu, pois, que dizes?" ⁶Eles assim diziam para pô-lo à prova, a fim de terem matéria para acusá-lo. Mas Jesus, inclinando-se, escrevia no chão com o dedo,*a* ⁷Como persistissem em interrogá-lo, ergueu-se e lhes disse: "Quem dentre vós estiver sem pecado, seja o primeiro a lhe atirar uma pedra!" ⁸Inclinando-se de novo, escrevia no chão. ⁹Eles, porém, ouvindo isso, saíram um após outro, a começar pelos mais velhos. Ele ficou sozinho e a mulher permanecia lá, no meio. ¹⁰Então, erguendo-se, Jesus lhe disse: "Mulher, onde estão eles? Ninguém te condenou?" ¹¹Disse ela: "Ninguém, Senhor". Disse, então, Jesus: "Nem eu te condeno. Vai, e de agora em diante não peques mais".

Jesus, luz do mundo^b — ¹²De novo, Jesus lhes falava:

"Eu sou a luz do mundo.
Quem me segue não andará nas trevas,
 mas terá a luz da vida".

Discussão sobre o testemunho que Jesus dá de si mesmo — ¹³Disseram-lhe os fariseus: "Tu dás testemunho de ti mesmo: teu testemunho não é válido". ¹⁴Jesus respondeu-lhes:

"Embora eu dê testemunho de mim mesmo,
 meu testemunho é válido,
porque sei de onde venho e para onde vou.
Vós, porém, não sabeis
 de onde venho nem para onde vou.*c*

¹⁵Vós julgais conforme a carne,*d*
 mas eu a ninguém julgo;*e*
¹⁶se eu julgo, porém,
 o meu julgamento é verdadeiro,
porque eu não estou só,
 mas comigo está o Pai que me enviou;

---

a) O significado desse gesto permanece obscuro.
b) No NT o tema da luz desenvolve-se através de três linhas principais, mais ou menos distintas. 1. Como o sol ilumina uma estrada, também é luz tudo o que ilumina o caminho para Deus: outrora, a Lei, a Sabedoria e a Palavra de Deus (Ecl 2,13; Pr 4,18-19; 6,23; Sl 119,105); agora, o Cristo (Jo 1,9; 9,1-39; 12,35; 1Jo 2,8-11; cf. Mt 17,2; 2Cor 4,6), comparável à Nuvem luminosa do Êxodo (Jo 8,12; cf. Ex 13,21s; Sb 18,3s); finalmente, todo cristão, que manifesta Deus aos olhos do mundo (Mt 5,14-16; Lc 8,16; Rm 2,19; Fl 2,15; Ap 21,24). 2. A luz é símbolo de vida, felicidade e alegria; as trevas, símbolo de morte, desgraça e lágrimas (Jó 30,26; Is 45,7; cf. Sl 17,15+); às trevas do cativeiro se opõe, portanto, a luz da libertação e da salvação messiânica (Is 8,22-9,1; Mt 4,16; Lc 1,79; Rm 13,11-12), atingindo até as nações pagãs (Lc 2,32; At 13,47), através do Cristo-Luz (Jo — cf. os textos citados acima; Ef 5,14), para se consumar no Reino dos Céus (Mt 8,12; 22,13; 25,30; Ap 22,5; cf. 21,3-4). 3. O dualismo luz-trevas vem caracterizar, por isso, os dois mundos opostos do Bem e do Mal (cf. os textos essênios de Qumrã). No NT, aparecem os dois sob os respectivos domínios de Cristo e de Satanás (2Cor 6,14-15; Cl 1,12-13; At 26,18; 1Pd 2,9), um pelejando para vencer o outro (Lc 22,53; Jo 13,27-30). Os homens se dividem em filhos da luz e filhos das trevas (Lc 16,8; 1Ts 5,4-5; Ef 5,7-8; Jo 12,36), conforme vivam sob o influxo da luz (Cristo) ou das trevas (Satanás) (Mt 6,23; 1Ts 5,4s; 1Jo 1,6-7; 2,9-10), e se fazem reconhecer por suas obras (Rm 13,12-14; Ef 5,8-11). Essa divisão (julgamento) entre os homens tornou-se manifesta com a vinda da Luz, obrigando cada um a se definir a favor ou contra ela (Jo 3,19-21; 7,7; 9,39; 12,46; cf. Ef 5,12-13). A perspectiva é otimista: as trevas, um dia, terão de ceder lugar à luz (Jo 1,5; 1Jo 2,8; Rm 13,12).
c) Fórmula bíblica (Gn 16,8; Jz 19,17), com a qual se perguntava a um estrangeiro a sua identidade, isto é, a qual tribo pertencia. Os fariseus ignoram a verdadeira identidade de Jesus; mas ele a conhece, sabe que é o Unigênito do Pai (1,18+).
d) Os fariseus (v. 14) julgam Jesus pela aparência, que é a de um homem comum: "na carne não veem resplandecer a glória do Filho de Deus" (santo Agostinho). A sequência do discurso de Jesus está no v. 18. Os vv. 15b-17 introduzem um tema diferente no qual o verbo "julgar" toma sentido jurídico que ele não tem no v. 15a.
e) Isto é, condena, de acordo com o uso semítico da palavra.

JOÃO 8

¹⁷e está escrito na vossa Lei
que o testemunho de duas pessoas é válido.
¹⁸Eu dou testemunho de mim mesmo
e também o Pai, que me enviou, dá testemunho de mim".

¹⁹Diziam-lhe, então: "Onde está teu Pai?" Jesus respondeu:

"Não conheceis nem a mim nem a meu Pai;
se me conhecêsseis, conheceríeis também meu Pai".

²⁰Essas palavras, ele as proferiu no Tesouro, ensinando no Templo. E ninguém o prendeu, porque sua hora ainda não havia chegado.

²¹Jesus disse-lhes ainda:

"Eu vou e vós me procurareis
e morrereis em vosso pecado.*^a*
Para onde eu vou
vós não podeis vir".

²²Diziam, então, os judeus: "Por acaso, irá ele matar-se? Pois diz: 'Para onde eu vou, vós não podeis vir'?" ²³Ele, porém, lhes dizia:

"Vós sois daqui de baixo
e eu sou do alto.
Vós sois deste mundo,
eu não sou deste mundo.
²⁴Disse-vos que morrereis em vossos pecados,
porque se não crerdes que Eu Sou,*^b*
morrereis em vossos pecados".

²⁵Diziam-lhe então: "Quem és tu?" Jesus lhes disse:

"O que vos digo, desde o começo.*^c*
²⁶Tenho muito que falar e julgar sobre vós;
mas aquele que me enviou é verdadeiro
e digo ao mundo tudo o que dele ouvi".

²⁷Eles não compreenderam que lhes falava do Pai. ²⁸Disse-lhes, então, Jesus:

"Quando tiverdes elevado o Filho do Homem,
então sabereis que Eu Sou*^d*
e que nada faço por mim mesmo,
mas falo como me ensinou o Pai.
²⁹E quem me enviou está comigo.
Não me deixou sozinho,
porque faço sempre o que lhe agrada".

³⁰Tendo ele assim falado, muitos creram nele.

---

a) Rejeitando Jesus, os judeus se perdem, sem esperança; pecam contra a verdade (vv. 40.45s). É o pecado contra o Espírito (Mt 12,31p; cf. Jo 7,34+).
b) Fórmula que voltará no v. 28 e em 13,19 (cf. 8,58; 6,20+; 18,6+); ela se inspira em Is 43,10s (cf. Is 45,18; Dt 32,39), texto que faz alusão ao Nome Divino revelado a Moisés segundo Ex 3,14; a elevação do Filho do Homem (sobre a cruz, depois na glória do Pai: 12,33+) revelará sua origem divina (8,28). O fato de não a reconhecer faz com que os judeus que recusarão crer morram em seus pecados, como outrora os hebreus no deserto (3,14+).
c) Texto muito difícil, traduzido de diversos modos: "Primeiramente, por que vos falo?"; "Por que vos falaria eu?"; "De início, o que vos digo"; "Absolutamente, o que vos digo". Nossa tradução conserva o matiz temporal, que prepara o segundo "então" do v. 28: os judeus, agora, têm oportunidade de conhecer Jesus por sua palavra; quando o conhecerem "elevado", será tarde demais. — A tradução da Vulg.: "(Eu sou) o Princípio, eu que vos falo" é, gramaticalmente, insustentável.
d) Para o sentido desta expressão, ver 8,24+. Na sequência do v. 28 e no v. 29 Jesus se apresenta como o novo Moisés, apropriando-se de expressões ditas em outros lugares de Moisés: Nm 16,28; Ex 4,12 e 3,12; cf. Ex 15,26.

Jesus e Abraão — ³¹Disse, então, Jesus aos judeus que nele haviam crido: 3,11+

"Se permanecerdes na minha palavra,
sereis verdadeiramente meus discípulos
³²e conhecereis a verdade,ᵃ
e a verdade vos libertará".

³³Responderam-lhe: "Somos a descendência de Abraão e jamais fomos escravos de alguém. Como podes dizer: 'Tornar-vos-eis livres'?" ³⁴Jesus lhes respondeu: Rm 6,17-19 Jo 2,19+

"Em verdade, em verdade, vos digo:
quem comete o pecado, é escravo.ᵇ
³⁵Ora, o escravo não permanece sempre na casa,
mas o filho aí permanece para sempre.ᶜ
³⁶Se, pois, o Filho vos libertar,
sereis, realmente, livres.
³⁷Seiᵈ que sois a descendência de Abraão,
mas procurais matar-me,
porque minha palavra não penetra em vós.
³⁸Eu falo o que vi junto de meu Pai;
e vós fazeis o que ouvistes de vosso pai".

Gn 21,10
Jr 2,14s
Jo 14,2-3
Gl 4,30s
Hb 3,5-6

Mt 21,33-46

5,38
3,11+

³⁹Responderam-lhe: "Nosso pai é Abraão". Disse-lhes Jesus:

"Se fôsseis filhos de Abraão,
praticaríeis as obras de Abraão.
⁴⁰Vós, porém, procurais matar-me,
a mim, que vos falei a verdade
que ouvi de Deus.
Isso, Abraão não o fez!
⁴¹Vós fazeis as obras de vosso pai!"

Gn 15,6;
17,1s

Disseram-lhe então: "Não nascemos da prostituição;ᵉ temos só um pai: Deus". ⁴²Disse-lhes Jesus:

Ex 4,22;
Dt 32,6

"Se Deus fosse vosso pai, vós me amaríeis,
porque saí de Deus e dele venho;
não venho por mim mesmo,
mas foi ele que me enviou.

1Jo 5,1
Mc 1,38+
1,1+

---

a) A verdade é a expressão da vontade de Deus a respeito do homem, tal qual nos foi transmitida por Cristo (8,40.45; 17,17). Nós a "conhecemos" no sentido (semítico) que ela habita em nós (2Jo 1-2), como um princípio de vida moral: "caminhamos" (= vivemos) segundo suas diretivas (3Jo 3-4; Sl 86,11), "fazemos a verdade" (3,21; 1Jo 1,6; cf. Tb 4,6), i.é, agimos em conformidade com aquilo que ela exige de nós. Ela se opõe portanto ao "mundo" (1,9+) como uma espécie de meio ético: aqueles que pertencem ao "mundo" só podem odiá-la (15,19; 17,14-16), aqueles que são "da verdade" obedecem à mensagem de amor que Cristo nos transmitiu da parte de Deus (18,37; 1Jo 3,18-19). Eles são santificados pela verdade como também pela palavra de Cristo (17,17; 15,3). Uma vez que essa verdade nos é dada por Cristo, este pode afirmar que ele é a Verdade que nos conduz ao Pai (14,6+), assim como, depois de sua volta para junto do Pai, é o Espírito que, conduzindo-nos em toda a verdade (16,13), será a Verdade (1Jo 5,6), ou o Espírito de verdade (14,17+).
b) Porque, sendo "do mundo", ele está a serviço do príncipe deste mundo (12,31+), que o domina (1Jo 5,19). Ele obedece às vontades do Diabo, o qual vive, não na verdade, mas na mentira (8,44). — Ad. "do pecado", por influência de Rm 6,16.20.
c) Alusão ao relato de Gn 21,10. Até os filhos de Abraão podem ser escravos e, por isso, privados da herança prometida por Deus (cf. Gl 4,30-31; Mt 3,9).
d) O violento requisitório que segue, até o fim do capítulo, dirige-se às autoridades judaicas, hostis a Jesus, e não "aos judeus que haviam crido" em Jesus (8,31; cf. 1,19+), como supõe o texto atual do evangelho. O laço artificial entre as duas sequências é constituído pelo tema dos judeus que saíram de Abraão (vv. 33 e 39). — A própria sequência não é homogênea: os vv. 37-39 formam duplicata com os vv. 40-42, comparar: vv. 37b e 40a; 38 e 40b-41a; 39a e 41b; 39b e 42a. Um mesmo tema se desenvolveu nas tradições joaninas em duas direções diferentes: uma vez que os judeus querem matar Jesus, eles não são da descendência de Abraão, não são da descendência de Deus.
e) Na linguagem dos profetas, a prostituição designa a infidelidade religiosa (cf. Os 1,2+). Os judeus, portanto, protestam sua fidelidade ao Deus da Aliança.

JOÃO 8

⁴³ Por que não reconheceis minha linguagem?
É porque não podeis escutar minha palavra.*ᵃ*

1Jo 3,8-15
Mt 4,1 +
Gn 2,17;
3,1s
Sb 1,13; 2,24
Rm 5,12

⁴⁴ Vós sois do diabo, vosso pai,
e quereis realizar
os desejos de vosso pai.
Ele foi homicida desde o princípio
e não permaneceu*ᵇ* na verdade,
porque nele não há verdade:
quando ele mente,
fala do que lhe é próprio,
porque é mentiroso e pai da mentira.*ᶜ*
⁴⁵ Mas, porque digo a verdade,
não credes em mim.

1Jo 3,5
1Pd 1,19
Hb 9,14-28

⁴⁶ Quem, dentre vós, me acusa de pecado?*ᵈ*
Se digo a verdade,
por que não credes em mim?

10,26 +
1Jo 4,6

⁴⁷ Quem é de Deus
ouve as palavras de Deus;
por isso não ouvis:
porque não sois de Deus".

4,9 +
7,20 +

⁴⁸ Os judeus lhe responderam: "Não dizíamos, com razão, que és samaritano e tens demônio?" ⁴⁹ Respondeu Jesus:

"Eu não tenho demônio,
mas honro meu Pai
e vós procurais me desonrar.

7,18

⁵⁰ Não procuro a minha glória;
há quem a procure e julgue.

3,11 +
11,25;
5,25-28

⁵¹ Em verdade, em verdade, vos digo:
se alguém guardar minha palavra
jamais verá a morte".

7,20 +

⁵² Disseram-lhe os judeus: "Agora sabemos que tens demônio. Abraão morreu, os profetas também, mas tu dizes:

'Se alguém guardar minha palavra,
jamais provará a morte'.

4,12

⁵³ És, porventura, maior que nosso pai Abraão, que morreu? Os profetas também morreram. Quem pretendes ser?" ⁵⁴ Jesus respondeu:

"Se glorifico a mim mesmo,
minha glória nada é;
quem me glorifica é meu Pai,
de quem dizeis: 'É o nosso Deus';

7,29

⁵⁵ e vós não o conheceis,
mas eu o conheço;
e se eu dissesse: 'Não o conheço',
seria mentiroso, como vós.
Mas eu o conheço e guardo sua palavra.

---

a) Estando sob a dependência do diabo, o inimigo da verdade (cf. 18,37).
b) Var.: "não estava estabelecido".
c) Ou: "pai do mentiroso". A mentira, contrário da palavra (1,1+) e da verdade (8,31+), está ligada ao nada e ao mal (cf. Rm 1,25; 2Ts 2,9-12 etc.). Os judeus que negam a verdade de Jesus (v. 40; cf. 1Pd 2,22) estão sujeitos ao chefe de todos os inimigos dessa verdade (cf. 12,31+; 13,2+; 1Jo 2,14).
d) Quer dizer, de infidelidade a Deus na missão dele recebida.

⁵⁶Abraão, vosso pai, exultou
por ver o meu Dia.ª
Ele o viu e encheu-se de alegria!"ᵇ

⁵⁷Disseram-lhe, então, os judeus: "Não tens ainda cinquenta anos e viste Abraão!" ⁵⁸Jesus lhes disse:

"Em verdade, em verdade, vos digo:
antes que Abraão existisse, Eu Sou".

⁵⁹Então apanharam pedras para atirarᶜ nele; Jesus, porém, ocultou-se e saiu do Templo.

9 Cura de cego de nascença —
¹Ao passar, ele viu um homem, cego de nascença. ²Seus discípulos lhe perguntaram: "Rabi, quem pecou, ele ou seus pais, para que nascesse cego?" ³Jesus respondeu: "Nem ele nem seus pais pecaram, mas é para que nele sejam manifestadas as obras de Deus.ᵈ
⁴Enquanto é dia,
temosᵉ de realizar as obras daquele que me enviou;
vem a noite,
quando ninguém pode trabalhar.ᶠ
⁵Enquanto estou no mundo,
sou a luz do mundo".ᵍ

⁶Tendo dito isso, cuspiu na terra, fez lama com a saliva, aplicou-a sobre os olhos do cego ⁷e lhe disse: "Vai lavar-te na piscina de Siloé"ʰ — que quer dizer "Enviado". O cego foi, lavou-se e voltou vendo claro.

⁸Os vizinhos, então, e os que estavam acostumados a vê-lo antes, porque era mendigo, diziam: "Não é esse que ficava sentado a mendigar?" ⁹Alguns diziam: "É ele". Diziam outros: "Não, mas alguém parecido com ele". Ele, porém, dizia: "Sou eu mesmo". ¹⁰Perguntaram-lhe, então: "Como se abriram teus olhos?" ¹¹Respondeu: "O homem chamado Jesus fez lama, aplicou-ma nos olhos e me disse: 'Vai a Siloé e lava-te'. Fui, lavei-me e recobrei a vista". ¹²Disseram-lhe: "Onde está ele?" Disse: "Não sei".

¹³Conduziram o que fora cego aos fariseus. ¹⁴Ora, era sábado o dia em que Jesus fizera lamaⁱ e lhe abrira os olhos. ¹⁵Os fariseus perguntaram-lhe novamente como tinha recobrado a vista. Respondeu-lhes: "Ele aplicou-me lama nos olhos, lavei-me e vejo". ¹⁶Diziam, então, alguns dos fariseus: "Esse homem não vem de Deus, porque não guarda o sábado". Outros diziam: "Como pode um homem pecador realizar tais sinais?" E havia cisão entre eles. ¹⁷De novo disseram ao cego: "Que dizes de quem te abriu os olhos?" Respondeu: "É profeta".

¹⁸Os judeus não creram que ele fora cego enquanto não chamaram os pais do que recuperara a vistaʲ ¹⁹e perguntaram-lhes: "Este é vosso filho, que dizeis ter nascido cego? Como é que agora ele vê?" ²⁰Seus pais então responderam:

---

a) A vinda de Jesus. Jesus aqui se atribui ainda uma expressão reservada a Deus no AT: o "Dia de Iahweh" (cf. Am 5,18+).
b) O "Dia" de Jesus (como Isaías "viu a sua glória", 12,41) "de longe" (cf. Hb 11,13; Nm 24,17), num acontecimento profético: o nascimento de Isaac, que provocou o "riso" de Abraão (Gn 17,17+). Jesus se apresenta como o verdadeiro objeto da promessa feita a Abraão, a verdadeira causa de sua alegria, o Isaac espiritual (cf. Gn 12,1+).
c) A pretensão de Jesus a um modo divino de existência é, aos olhos dos judeus, blasfêmia, passível de apedrejamento (Lv 24,16).

d) Os "sinais" (cf. 2,11+).
e) Var.: "devo".
f) A vida de Jesus é como um dia de trabalho (5,17), que termina com a noite de sua morte (cf. Lc 13,32).
g) Essa declaração dá, de antemão, o sentido do milagre (cf. 9,37).
h) Daí, durante a festa das Tendas, tirava-se a água, símbolo das bênçãos messiânicas. A partir de agora, as bênçãos vêm por Jesus. "Enviado": um dos títulos de Jesus, característicos de Jo (cf. 4,34+).
i) Trabalho proibido no dia de sábado.
j) Var.: "que este homem tivesse sido cego e tivesse recobrado a vista".

"Sabemos que este é nosso filho e que nasceu cego. ²¹Mas como agora ele vê não o sabemos; ou quem lhe abriu os olhos não o sabemos. Interrogai-o.ᵃ Ele tem idade. Ele mesmo se explicará". ²²Seus pais assim disseram por medo dos judeus, pois os judeus já tinham combinado que, se alguém reconhecesse Jesus como Cristo, seria expulso da sinagoga. ²³Por isso, seus pais disseram: "Ele já tem idade; interrogai-o".

²⁴Chamaram, então, a segunda vez, o homem que fora cego e lhe disseram: "Dá glória a Deus!ᵇ Sabemos que esse homem é pecador". ²⁵Respondeu ele: "Se é pecador, não sei. Uma coisa eu sei: é que eu era cego e agora vejo". ²⁶Disseram-lhe, então: "Que te fez ele? Como te abriu os olhos?" ²⁷Respondeu-lhes: "Já vos disse e não ouvistes. Por que quereis ouvir novamente? Por acaso quereis também tornar-vos seus discípulos?" ²⁸Injuriaram-no e disseram: "Tu, sim, és seu discípulo; nós somos discípulos de Moisés. ²⁹Sabemos que Deus falou a Moisés; mas esse, não sabemos de onde é". ³⁰Respondeu-lhes o homem: "Isso é espantoso: vós não sabeis de onde ele é e, no entanto, abriu-me os olhos! ³¹Sabemos que Deus não ouve os pecadores; mas, se alguém é religioso e faz a sua vontade, a este ele escuta. ³²Jamais se ouviu dizer que alguém tenha aberto os olhos de cego de nascença.ᶜ ³³Se esse homem não viesse de Deus, nada poderia fazer". ³⁴Responderam-lhe: "Tu nasceste todo em pecados e nos ensinas?" E o expulsaram.

³⁵Jesus ouviu dizer que o haviam expulsado. Encontrando-o, disse-lhe: "Crês no Filho do Homem?" ³⁶Respondeu ele: "Quem é, Senhor, para que eu nele creia?" ³⁷Jesus lhe disse: "Tu o vês, é quem fala contigo". ³⁸ᵈExclamou ele: "Creio, Senhor!" E prostrou-se diante dele.

³⁹Então disse Jesus:
"Para um discernimento
é que vim a este mundo:
para que os que não veem, vejam,
e os que veem,ᵉ tornem-se cegos".

⁴⁰Alguns fariseus, que se achavam com ele, ouviram isso e lhe disseram: "Acaso também nós somos cegos?" ⁴¹Respondeu-lhes Jesus:
"Se fôsseis cegos,
não teríeis pecado;
mas dizeis: 'Nós vemos!'
Vosso pecado permanece.

10 *O bom pastor* — ¹Em verdade, em verdade, vos digo: quem não entra pela porta no redil das ovelhas, mas sobe por outro lugar, é ladrão e assaltante; ²o que entra pela porta é o pastor das ovelhas. ³A este o porteiro abre: as ovelhas ouvem sua voz e ele chama suas ovelhas uma por umaᶠ e as conduz para fora. ⁴Tendo feito sair todas as que são suas, caminha à frente delas e as ovelhas o seguem, pois conhecem a sua voz. ⁵Elas não seguirão um estranho, mas fugirão dele, porque não conhecem a voz dos estranhos". ⁶Jesus lhesᵍ apresentou essa parábola. Eles, porém, não entenderam o sentido do que lhes dizia.

---

a) Om.: "interrogai-o".
b) Fórmula bíblica para adjurar alguém a falar a verdade e a reparar uma ofensa feita à majestade divina (cf. Js 7,19; 1Sm 6,5).
c) O milagre do cego de nascença é, provavelmente, para o evangelista, um símbolo do batismo, novo nascimento pela água e pelo Espírito (3,3-7). As analogias entre 3,1-21 e o cap. 9 são numerosas.

d) Om. todo o v. 38 e o começo do v. 39.
e) Os autossuficientes, que se fiam em suas próprias luzes (cf. vv. 24.29.34), em oposição aos humildes, dos quais o cego é o símbolo (cf. Dt 29,3; Is 6,9s; Jr 5,21; Ez 12,2).
f) Ou então: "cada uma por seu nome".
g) Aos fariseus cegos (9,40). Eles não compreendem que a parábola se refere a eles.

⁷ Disse-lhes novamente Jesus:
"Em verdade, em verdade, vos digo:
eu sou a porta das ovelhas."ᵃ
⁸ Todos os que vieram antes de mimᵇ
são ladrões e assaltantes;
mas as ovelhas não os ouviram.
⁹ Eu sou a porta.
Se alguém entrar por mim, será salvo;
entrará e sairá
e encontrará pastagem.
¹⁰ O ladrão vem só para roubar, matar e destruir.
Eu vim para que tenham vidaᶜ
e a tenham em abundância.
¹¹ Eu sou o bom pastor:ᵈ
o bom pastor dá a sua vida pelas suas ovelhas.
¹² O mercenário, que não é pastor,
a quem não pertencem as ovelhas,
vê o lobo aproximar-se,
abandona as ovelhas e foge,
e o lobo as arrebata e dispersa,
¹³ porque ele é mercenário
e não se importa com as ovelhas.
¹⁴ Eu sou o bom pastor;
conheço as minhas ovelhas
e as minhas ovelhas me conhecem,ᵉ
¹⁵ como o Pai me conhece
e eu conheço o Pai.
Eu dou minha vida pelas minhas ovelhas.
¹⁶ Tenho ainda outras ovelhas
que não são deste redil:
devo conduzi-las também;ᶠ
elas ouvirão minha voz;
então haverá um só rebanho,ᵍ
um só pastor.
¹⁷ Por isso o Pai me ama,
porque dou minha vida
para retomá-la.
¹⁸ Ninguém a tira de mim,
mas eu a dou livremente.ʰ
Tenho poder de entregá-la
e poder de retomá-la;
esse é o mandamento que recebi do meu Pai".

a) Que dá acesso às ovelhas. Para legitimamente apascentar o rebanho, é preciso passar por Jesus (21,15-17).
b) Om.: "antes de mim". — Trata-se, provavelmente, dos fariseus (cf. Mt 23,1-36; Lc 11,39-52 e Mt 9,36; Mc 6,34).
c) Jesus dá vida eterna (3,16.36; 5,40; 6,33.35.48. 51; 14,6; 20,31) com prodigalidade (cf. Ap 7,17; Mt 25,29; Lc 6,38).
d) Deus, pastor de seu povo, devia dar-lhe, nos tempos messiânicos, pastor de sua escolha (cf. Ez 34,1+). Declarando-se o bom pastor, Jesus faz uma reivindicação messiânica.
e) Na Bíblia (cf. Os 2,22+), o "conhecimento" não provém de uma operação puramente intelectual, mas da "experiência", de uma presença (comparar Jo 10,14-15 e 14,20; 17,21-22; cf. 14,17; 17,3; 2Jo 1-2); ele desabrocha, necessariamente, em amor (cf. Os 6,6+ e 1Jo 1,3+).
f) Não conduzi-las ao redil judaico, mas agregá-las ao rebanho que Jesus "conduz" à vida eterna.
g) Var.: "um redil".
h) Cristo tem em si mesmo a vida (3,35+) e ninguém lha pode tirar (7,30.44; 8,20; 10,39); ele a dá livremente (10,18; 14,30; 19,11); daí essa serena majestade, essa completa liberdade diante da morte (12,27; 13,1-3; 17,19; 18,4-6; 19,28).

¹⁹Houve novamente uma cisão entre os judeus, por causa dessas palavras. ²⁰Muitos diziam: "Ele tem um demônio! Está delirando! Por que o escutais?" ²¹Outros diziam: "Não são de endemoninhado essas palavras; porventura o demônio pode abrir os olhos de um cego?"

5. A FESTA DA DEDICAÇÃO
(A DECISÃO DE MATAR JESUS)

*A verdadeira identidade de Jesus*ᵃ — ²²Houve então a festa da Dedicação, em Jerusalém. Era inverno. ²³Jesus andava pelo Templo, sob o pórtico de Salomão. ²⁴Os judeus, então, o rodearam e lhe disseram: "Até quando nos manterás em suspenso? Se és o Cristo, dize-nos abertamente".ᵇ ²⁵Jesus lhes respondeu:

"Já vo-lo disse,ᶜ mas não acreditais.
As obras que faço em nome de meu Pai
dão testemunho de mim;
²⁶mas vós não credes
porque não sois das minhas ovelhas.ᵈ
²⁷As minhas ovelhas escutam a minha voz,
eu as conheço e elas me seguem;
²⁸eu lhes dou vida eterna
e elas jamais perecerão,
e ninguém as arrebatará de minha mão.
²⁹Meu Pai, que me deu tudo,
é maior que todosᵉ
e ninguém pode arrebatarᶠ da mão do Pai.
³⁰Eu e o Pai somos um".ᵍ

³¹Os judeus, outra vez, apanharam pedras para apedrejá-lo. ³²Jesus, então, lhes disse: "Eu vos mostrei inúmeras boas obras, vindo do Pai. Por qual delas quereis lapidar-me?" ³³Os judeus lhe responderam: "Não te lapidamos por causa de uma boa obra, mas por blasfêmia, porque, sendo apenas homem, tu te fazes Deus". ³⁴Jesus lhes respondeu:

"Não está escrito em vossa Lei:
Eu disse: Sois deuses?ʰ

---

a) Para João não houve processo diante do Sinédrio antes que Jesus fosse entregue a Pilatos (cf. 18,31). Ele transpõe seus dados aqui; comparar: 10,24b-25a e Lc 22,67; 10,36 e Lc 22,70; 10,33 e Mc 14,64. O Sinédrio se reunirá efetivamente e decidirá a morte de Jesus, mas bem antes da prisão deste e em sua ausência (11,47-53). Segundo Lc, o Sinédrio teria condenado Jesus à morte por ter blasfemado, dizendo-se "Filho de Deus" (Lc 22,70; cf. Mt 26,64-66; Mc 14,62-64). João critica tal acusação provando, pela Escritura, que essa afirmação não constituía de modo algum blasfêmia (10,33-36; cf. 1,18+).
b) E não mais na linguagem enigmática da parábola (cf. v. 6; 16,25.29). Mais insistentes que em 2,18; 5,16; 6,30; 8,25, os judeus interrogam Jesus sobre a sua messianidade, pergunta que, nos evangelhos sinóticos, o sumo sacerdote faz, antes da paixão (Mt 26,63p).
c) As declarações anteriores de Jesus já o apresentavam muito claramente como o enviado de Deus (4,34+).
d) Para crer em Jesus, é necessário aderir interiormente a ele, ser "do alto" (8,23), "de Deus" (8,47), "da verdade" (18,37), do número de suas ovelhas (10,14). A fé supõe a afinidade espiritual com a verdade (3,17-21; cf. At 13,48+: Rm 8,29s).
e) Var.: "Meu Pai, o que ele me deu é maior que tudo", ou: "Meu Pai, que as deu a mim, é maior que todos".
f) Var.: "arrebatá-las".
g) Pelo contexto, essa afirmação visa, em primeiro lugar, ao poder comum de Jesus e do Pai, mas, propositalmente indeterminada, ela deixa entrever um mistério de unidade mais vasto e mais profundo. Os judeus não se enganam, percebendo aí a pretensão de ser Deus (v. 33; cf. 1,1; 8,16.29; 10,38; 14,9-10; 17,11.21 e 2,11+).
h) Essa palavra dirige-se aos juízes, chamados "deuses" metaforicamente, por causa de seu ofício, pois "o julgamento cabe a Deus" (Dt 1,17; 19,17; Ex 21,6; Sl 58). Por um argumento *a fortiori*, de tipo rabínico, Jesus deduzirá daí que é estranho tachar de blasfêmia que o Santo e o Enviado de Deus se diga Filho de Deus.

³⁵ Se ela chama deuses
aqueles aos quais a palavra de Deus foi dirigida
— e a Escritura não pode ser anulada —
³⁶ àquele que o Pai consagrou
e enviou ao mundo
dizeis: 'Blasfemas!'
porque disse: 'Sou Filho de Deus!'
³⁷ Se não faço as obras de meu Pai,
não acrediteis em mim;
³⁸ mas se as faço,
mesmo que não acrediteis em mim,
crede nas obras,
a fim de reconhecer de uma vez
que o Pai está em mim e eu no Pai".

³⁹ Procuravam novamente[a] prendê-lo. Mas ele lhes escapou das mãos.[b]

Jesus se retira de novo para o outro lado do Jordão — ⁴⁰Ele partiu de novo para o outro lado do Jordão, para o lugar onde João havia anteriormente batizado, e aí permaneceu. ⁴¹Muitos vinham a ele e diziam: "João não fez sinal algum, mas tudo o que João disse sobre ele era verdade". ⁴²E muitos, aí, creram nele.

11 ***Ressurreição de Lázaro*** — ¹Havia um doente, Lázaro, de Betânia, povoado de Maria e de sua irmã Marta.[c] ²Maria era aquela que ungira o Senhor com bálsamo e lhe enxugara os pés com os cabelos.[d] Seu irmão Lázaro se achava doente. ³As duas irmãs mandaram, então, dizer a Jesus: "Senhor, aquele que amas está doente". ⁴A essa notícia, Jesus disse: "Essa doença não é mortal, mas para a glória de Deus, para que, por ela, seja glorificado o Filho de Deus".[e]

⁵Ora, Jesus amava Marta e sua irmã e Lázaro.

⁶Quando soube que este se achava doente, permaneceu ainda dois dias no lugar em que se encontrava; ⁷só depois, disse aos discípulos: "Vamos outra vez à Judeia!" ⁸Seus discípulos disseram-lhe: "Rabi, há pouco os judeus procuravam apedrejar-te e vais outra vez para lá?" ⁹Respondeu Jesus:

"Não são doze as horas do dia?
Se alguém caminha durante o dia, não tropeça,
porque vê a luz deste mundo;
¹⁰ mas se alguém caminha à noite, tropeça,
porque a luz não está nele".

¹¹Disse isso e depois acrescentou: "Nosso amigo Lázaro dorme, mas vou despertá-lo". ¹²Os discípulos responderam: "Senhor, se ele está dormindo, se salvará!" ¹³Jesus, porém, falara de sua morte e eles julgaram que falasse do repouso do sono. ¹⁴Então Jesus lhes falou claramente: "Lázaro morreu. ¹⁵Por

---

Por causa desse título "Filho de Deus" (v. 36 cf. 5,25; 11,4.27; 20,17.31) decidir-se-á agora a sorte de Jesus (cf. 19,7; ver Mt 4,3+).

a) Om.: "novamente".

b) No grego, a palavra "mão" está no singular: contraste irônico com os vv. 28-29.

c) Essas duas irmãs, que reencontraremos por ocasião de uma refeição dada a Jesus (12,1s), são provavelmente idênticas às de que se fala em Lc 10,38-42. Nos dois relatos, Marta é a dona da casa que providencia o serviço da refeição (Jo 12,2; Lc 10,40). Maria permanece sentada aos pés de Jesus (Jo 11,20; 12,3; Lc 10,39). Nota-se uma tensão interna no relato joanino: nos vv. 1 e sobretudo 45, Maria parece ser personagem principal. Mas no decorrer do relato, e especialmente no v. 5, é Marta que ocupa o primeiro lugar; no v. 32, Maria apenas repete as palavras pronunciadas por Marta no v. 21.

d) Com toda a probabilidade, não se trata da pecadora de Lc 7,37.

e) Expressão com duplo sentido: Jesus será glorificado pelo próprio milagre (cf. 1,14+); mas esse milagre provocará (11,46-54) sua própria morte, que também será sua glorificação (12,32+).

vossa causa, alegro-me de não ter estado lá, para que creiais.*a* Mas vamos para junto dele!" ¹⁶Tomé, chamado Dídimo, disse então aos condiscípulos:*b* "Vamos também nós, para morrermos com ele!"

¹⁷Ao chegar, Jesus encontrou Lázaro já sepultado havia quatro dias. ¹⁸Betânia ficava perto de Jerusalém, a uns quinze estádios. ¹⁹Muitos judeus vieram até Marta e Maria, para as consolar da perda do irmão. ²⁰Quando Marta soube que Jesus chegara, saiu ao seu encontro; Maria, porém, continuava sentada, em casa. ²¹Então, disse Marta a Jesus: "Senhor,*c* se estivesses aqui, meu irmão não teria morrido. ²²Mas ainda agora sei que tudo o que pedires a Deus, ele te concederá".*d* ²³Disse-lhe Jesus: "Teu irmão ressuscitará". ²⁴"Sei, disse Marta, que ressuscitará na ressurreição, no último dia!" ²⁵Disse-lhe Jesus:

"Eu sou a ressurreição.*e*
Quem crê em mim, ainda que morra, viverá.*f*
²⁶E quem vive e crê em mim
jamais morrerá.
Crês nisso?"

²⁷Disse ela: "Sim, Senhor, eu creio que tu és o Cristo, o Filho de Deus*g* que vem ao mundo".

²⁸Tendo dito isso, afastou-se e chamou sua irmã Maria, dizendo baixinho: "O Mestre está aí e te chama!" ²⁹Esta, ouvindo isso, ergueu-se logo e foi ao seu encontro. ³⁰Jesus não entrara ainda no povoado, mas estava no lugar em que Marta o fora encontrar. ³¹Quando os judeus, que estavam na casa com Maria, consolando-a, viram-na levantar-se rapidamente e sair, acompanharam-na, julgando que fosse ao sepulcro para aí chorar.

³²Chegando ao lugar onde Jesus estava, Maria, vendo-o, prostrou-se a seus pés e lhe disse: "Senhor, se estivesses aqui, meu irmão não teria morrido". ³³Quando Jesus a viu chorar e também os judeus que a acompanhavam, comoveu-se interiormente e ficou conturbado. ³⁴E perguntou: "Onde o colocastes?" Responderam-lhe: "Senhor, vem e vê!" ³⁵Jesus chorou.*h* ³⁶Diziam, então, os judeus: "Vede como ele o amava!" ³⁷Alguns deles disseram: "Esse, que abriu os olhos do cego, não poderia ter feito com que ele não morresse?" ³⁸Comoveu-se de novo Jesus e dirigiu-se ao sepulcro. Era uma gruta, com uma pedra sobreposta. ³⁹Disse Jesus: "Retirai a pedra!" Marta, a irmã do morto, disse-lhe: "Senhor, já cheira mal: é o quarto dia!"*i* ⁴⁰Disse-lhe Jesus: "Não

---

a) A morte de Lázaro é a ocasião do milagre que lhes fortalecerá a fé.

b) O texto contém aqui o termo grego *symmathetai*, em lugar do habitual *mathetai* "discípulos". É o único caso em toda a Bíblia.

c) Om.: "Senhor".

d) Marta tem fé em Jesus, mas hesita como diante de uma oração impossível.

e) Nos vv. 23-26, João utiliza um procedimento literário clássico (2,19+), para dar um ensinamento sobre a ressurreição. Marta compreende o verbo (v. 23) no sentido da escatologia judaica herdada de Dn 12,2: na morte, o homem desce ao Xeol (Nm 16,33+), como uma sombra privada de vida, mas ele ressuscitará no último dia. Jesus retifica essa ideia no sentido de uma escatologia já realizada: ele próprio é a ressurreição (v. 25). Aquele que nele crê jamais morrerá (v. 26; cf. 8,51), já passou da morte à vida (5,24; 1Jo 3,14), já ressuscitou com Cristo graças à vida nova que nele está (Rm 6,1-11; Cl 2,12-13; 3,1). A morte, tal como Daniel a concebia, é abolida. Essa visão nova supõe distinção entre a alma, que não morre, e o corpo, que se corrompe na terra. — Ad.: "e a vida".

f) Nos vv. 25-26 temos nova utilização da fórmula "eu sou" para introduzir a definição de Cristo (6,35+). Mas aqui, a resposta de Cristo parece demasiado complexa (opor 8,12, por exemplo), com a retomada redacional constituída pela expressão "crê em mim". O texto primitivo devia ter simplesmente: "Quem crê em mim (...) não morrerá jamais". Essa afirmação (cf. nota precedente) parece contradita pela experiência humana, de onde a glosa.

g) Como para Natanael (1,49), a expressão "Filho de Deus" é simples título messiânico (1,18+).

h) O evangelista emprega dois verbos diferentes: *klaiein* lamentar-se para Maria e os judeus (11,31.33), e *dakryein* "verter lágrimas" — único emprego no NT — aqui para Jesus. Alguns veem aqui uma alusão à agonia de Jesus (cf. Hb 5,7).

i) Esse detalhe é apresentado para provar a realidade da morte, e portanto a da ressurreição (cf. 19,35).

te disse que, se creres, verás a glória de Deus?" ⁴¹Retiraram, então, a pedra. Jesus ergueu os olhos para o alto e disse:

"Pai, dou-te graças porque me ouviste.
⁴²Eu sabia que sempre me ouves;
mas digo isso por causa da multidão
que me rodeia,
para que creiam que me enviaste".

⁴³Tendo dito isso, gritou em alta voz: "Lázaro, vem para fora!" ⁴⁴O morto saiu, com os pés e mãos enfaixados*ᵃ* e com o rosto recoberto com um sudário. Jesus lhes disse: "Desatai-o e deixai-o ir".

Os chefes judeus decidem a morte de Jesus — ⁴⁵Muitos dos judeus que tinham vindo à casa de Maria, tendo visto o que ele fizera, creram nele. ⁴⁶Mas alguns dirigiram-se aos fariseus e lhes disseram o que Jesus fizera. ⁴⁷Então, os chefes dos sacerdotes e os fariseus reuniram o Conselho e disseram: "Que faremos? Esse homem realiza muitos sinais. ⁴⁸Se o deixarmos assim, todos crerão nele e os romanos virão, destruindo o nosso lugar santo*ᵇ* e a nação". ⁴⁹Um deles, porém, Caifás, que era Sumo Sacerdote naquele ano, disse-lhes: "Vós nada entendeis. ⁵⁰Não compreendeis que é de vosso interesse que um só homem morra pelo povo e não pereça a nação toda?" ⁵¹Não dizia isso por si mesmo, mas sendo Sumo Sacerdote naquele ano, profetizou que Jesus morreria pela nação ⁵² — e não só pela nação, mas também para congregar na unidade todos os filhos de Deus dispersos.*ᶜ* ⁵³Então, a partir desse dia, resolveram matá-lo. ⁵⁴Jesus, por isso, não andava em público, entre os judeus, mas retirou-se para a região próxima do deserto, para a cidade chamada Efraim,*ᵈ* e aí permaneceu com seus discípulos.

6. FIM DO MINISTÉRIO PÚBLICO E PRELIMINARES DA ÚLTIMA PÁSCOA

A aproximação da Páscoa — ⁵⁵Ora, a Páscoa dos judeus estava próxima,*ᵉ* e muitos subiram do campo a Jerusalém, antes da Páscoa,*ᶠ* para se purificarem. ⁵⁶Eles procuravam Jesus e, estando no Templo, diziam entre si: "Que pensais? Virá ele à festa?" ⁵⁷Os chefes dos sacerdotes e os fariseus, porém, tinham ordenado: se alguém soubesse onde ele estava, o indicasse, para que o prendessem.

12 *A unção de Betânia* — ¹Seis dias antes da Páscoa,*ᵍ* Jesus foi a Betânia, onde estava Lázaro, que ele ressuscitara dos mortos. ²Ofereceram-lhe aí um jantar; Marta servia e Lázaro era um dos que estavam à mesa com ele. ³Então Maria, tendo tomado uma libra de um perfume de nardo puro, muito

---

a) Talvez seja vão perguntar se era costume judaico amarrar as mãos e os pés dos mortos quando eram sepultados. João quer indicar que Lázaro é libertado dos laços da morte: desatai-o! (Sl 116,3; cf. Sl 18,6; At 2,24).

b) Lit.: "nosso lugar". Tanto pode significar a cidade de Jerusalém, todo o país dos judeus, como ainda, e mais provavelmente, o Lugar santo por excelência, o Templo (Mt 24,15; cf. Is 60,13; 2Mc 1,29; 2,18; At 6,13).

c) Por sua elevação na cruz, Cristo atrairá todos os homens a si próprio, reconhecido como o verdadeiro enviado de Deus, seu ensinamento de "verdade" será aceito por todos (12,31+).

d) Efraim (2Sm 13,23), ou Ofra (Js 18,23), é a atual et-Taiyibé, a 25 km a PNE de Jerusalém, no limite do deserto da Judeia.

e) Jo não deixará de sublinhar a relação entre a morte de Jesus e a Páscoa (13,1; 18,28; 19,14.42).

f) Om.: "antes da Páscoa".

g) Última semana da vida pública de Jesus, tão cuidadosamente pormenorizada (12,12; 13,1; 18,28; 19,31) como a primeira (2,1+). Uma e outra terminam com a manifestação da glória de Jesus. Mas não se está mais, como em Caná, no tempo dos "sinais" (2,4.11); "é chegada a hora em que será glorificado o Filho do Homem" (12,23; 13,31s; 17,1.5).

caro, ungiu os pés de Jesus e os enxugou com os cabelos; e a casa inteira ficou cheia do perfume do bálsamo. ⁴Disse, então, Judas Iscariotes, um de seus discípulos, aquele que o entregaria: ⁵"Por que não se vendeu este perfume por trezentos denários para dá-los aos pobres?" ⁶Ele disse isso, não porque se preocupasse com os pobres, mas porque era ladrão e, tendo a bolsa comum, roubava o que aí era posto. ⁷Disse então Jesus: "Deixa-a; ela conservou esse perfume para o dia da minha sepultura!ᵃ ⁸Pois sempre tereis pobres convosco; mas a mim nem sempre tereis".

⁹Grande multidão de judeus, tendo sabido que ele estava ali, veio, não só por causa de Jesus, mas também para ver Lázaro, que ele ressuscitara dos mortos. ¹⁰Os chefes dos sacerdotes decidiram, então, matar também a Lázaro, ¹¹pois, por causa dele, muitos judeus se afastavam e criam em Jesus.

Entrada messiânica de Jesus em Jerusalém
— ¹²No dia seguinte, a grande multidão que viera para a festa, sabendo que Jesus vinha a Jerusalém, ¹³tomou ramos de palmeira e saiu ao seu encontro, clamando:

"*Hosana!*
Bendito o que vem em nome do Senhor e
o rei de Israel!"ᵇ

¹⁴Jesus, encontrando um jumentinho, montou nele, como está escrito:

¹⁵*Não temas, filha de Sião!*
Eis que vem o teu rei
montando num jumentinho!

¹⁶Os discípulos, a princípio, não compreenderam isso; mas quando Jesus foi glorificado, lembraram-se de que essas coisas estavam escritas a seu respeito e que tinham sido realizadas. ¹⁷A multidão, que estava com ele quando chamara Lázaro do sepulcro e o ressuscitara dos mortos, dava testemunho. ¹⁸E por isso, a multidão saiu ao seu encontro: soubera que ele havia feito esse sinal. ¹⁹Os fariseus então disseram uns aos outros: "Vede: nada conseguis. Todos vão atrás dele!"

Jesus anuncia sua glorificação através da morte
— ²⁰Havia alguns gregos, entre os que tinham subido para adorar, durante a festa.ᶜ ²¹Eles aproximaram-se de Filipe, que era de Betsaida da Galileia e lhe pediram: "Senhor, queremos ver Jesus!" ²²Filipe vem a André e lho diz; André e Filipe o dizem a Jesus. ²³Jesus lhes responde:

"É chegada a hora
em que será glorificado o Filho do Homem.
²⁴Em verdade, em verdade, vos digo:
se o grão de trigo que cai na terra não morrer,
permanecerá só;
mas se morrer,
produzirá muito fruto.
²⁵Quem ama sua vida a perde
e quem odeia sua vida neste mundo
guardá-la-á para a vida eterna.
²⁶Se alguém quer servir-me, siga-me;
e onde estou eu,ᵈ aí também estará o meu servo.
Se alguém me serve, meu Pai o honrará.

---

a) Jesus vê, neste gesto de Maria, a homenagem antecipada prestada ao seu cadáver. A esse gesto simbólico corresponderá (19,38) o sepultamento efetivo de Jesus.
b) O rei messiânico.
c) São os não judeus, que abraçaram o monoteísmo de Israel e, em certa medida, as observâncias mosaicas: os "tementes a Deus" de At 10,2+.
d) Na glória do Pai (cf. 14,3; 17,24).

²⁷Minha alma está agora conturbada.ᵃ
Que direi?
Pai, salva-me desta hora?
Mas foi precisamente para esta hora que eu vim.
²⁸Pai, glorifica o teu nome".ᵇ

Veio, então, uma voz do céu:
"Eu o glorifiquei e o glorificareiᶜ novamente!"
²⁹A multidão, que ali estava e ouvira, dizia ter sido um trovão. Outros diziam: "Um anjo falou-lhe". ³⁰Jesus respondeu: "Essa voz não ressoou para mim, mas para vós.ᵈ

³¹É agora o julgamento deste mundo,
agora o príncipe deste mundo será lançado abaixo;ᵉ
³²e, quando eu for elevado da terra,
atraireiᶠ todos a mim".

³³Assim falava para indicar de que morte deveria morrer.ᵍ
³⁴Respondeu-lhe a multidão: "Sabemos, pela Lei, que o Cristo permanecerá para sempre. Como dizes: 'É preciso que o Filho do Homem seja elevado'? Quem é esse Filho do Homem?"ʰ ³⁵Jesus lhes disse:

"Por pouco tempo a luz está entre vós.
Caminhaiⁱ enquanto tendes luz,
para que as trevas não vos apreendam:
quem caminha nas trevas não sabe para onde vai!
³⁶Enquanto tendes a luz, crede na luz,
para vos tornardes filhos da luz".

Após ter dito isso, Jesus retirou-se e se ocultou deles.ʲ

---

a) Cena que, em muitas minúcias, evoca o Getsêmani: angústia diante da Hora que se aproxima, apelo à compaixão do Pai, aceitação do sacrifício, reconforto vindo do céu (cf. Lc). Notar, porém, as diferenças: Cristo permanece de pé, seu apelo à compaixão reduz-se ao estado de luta interior (Jo); ele "se ajoelha" (Lc); "cai com o rosto por terra" (Mt, Mc; cf. Jo 18,4-6; 10,18+).
b) "o teu nome" (var.: "o teu Filho") designa a própria pessoa do Pai. Jesus se oferece à morte para realizar a obra que glorificará o Pai, manifestando o seu amor ao mundo (17,6+).
c) O Nome de Deus já foi glorificado graças aos "sinais" realizados por Jesus (11,4); ele será glorificado pela elevação de Cristo na glória, o "sinal" por excelência (2,11+).
d) O acontecimento é como um selo divino posto antecipadamente sobre a morte de Jesus.
e) Como em Lc 10,18 e Ap 12,9; sua queda entra em contraste com a elevação de Cristo, que deve ser compreendida em dois sentidos complementares: elevação sobre a cruz e elevação à direita do Pai. O reino de Satã sobre o mundo (14,30; 16,11; 1Jo 5,19), terminará por ceder o lugar ao reino de Cristo (Ap 12,9-10). Essa dupla realeza deve ser compreendida na perspectiva ética. O Diabo é mentiroso por natureza. Desde as origens, enganou a humanidade a respeito dos mandamentos divinos, o que lhe acarretou a morte; é portanto homicida (8,44b; Gn 3; Sb 2,24). As autoridades judaicas que querem matar Jesus fazem-no por instigação do Diabo (8,44a), como outrora Caim (1Jo 3,12). É o príncipe deste mundo que, por suas mentiras, é a causa de todas as desordens morais (cf. Ef 2,1-3; 6,10-17; 2Cor 4,4). Seu reino é o do Mal, e gera a morte. Cristo, ao contrário, foi enviado por Deus para nos dizer a verdade (8,45; oposto a 8,44), essa verdade que deve nos tornar livres da escravidão do Diabo (8,34+), porque ela nos faz claramente saber qual é a vontade de Deus a nosso respeito (8,32+). Ora, é pela elevação de Cristo que teremos o "sinal" por excelência que nos prova que foi de fato enviado por Deus (2,11+; 3,14+), e que ele nos transmite suas palavras. Cristo então atrairá toda a humanidade a si (12,32), no sentido de que todos virão a ele e receberão seu ensinamento (6,35.45; Is 55,1-3; Eclo 24,19-22), que é não de ódio, mas de amor mútuo (13,34-35; 1Jo 3,11-12). O reino de Cristo é o do amor, e gera a vida (12,49-50; 5,24; 8,51; 1Jo 3,14-15). — Var.: "lançado fora".
f) Var.: "todo homem"; ou: "tudo".
g) Se os próprios judeus tivessem executado Cristo, eles o teriam apedrejado depois de tê-lo "lançado abaixo" do alto de um lugar escarpado (Lc 4,29). Executado pelos romanos, foi "elevado" sobre a cruz, primeiro passo que devia levá-lo à direita do Pai. O modo como Cristo foi morto tinha, portanto, valor de símbolo (18,31-32).
h) É em 3,14 que Jesus pronuncia esta palavra. Alguns propõe portanto recolocar 12,34-36a depois de 3,14-15, ou de 3,14-18.
i) Jesus exorta os judeus a crer nele, antes que seja tarde (cf. 7,34+).
j) Como os judeus recusam crer em Jesus (12,37), ele "se oculta" para que eles não possam mais encontrá-lo (1,39+).

JOÃO 12

^{2,11 +}
^{Dt 29,1-3}
Conclusão: a incredulidade dos judeus — ³⁷Apesar de ter realizado tantos sinais diante deles, não creram nele, ³⁸a fim de se cumprir a palavra dita pelo profeta Isaías:

Is 53,1
Rm 10,16

Senhor, quem creu em nossa palavra?
E o braço do Senhor,
a quem foi revelado?

Mt 13,13 + ³⁹Não podiam crer, porque disse ainda Isaías:

Is 6,9s + ⁴⁰*Cegou-lhes os olhos*
e endureceu-lhes o coração,
para que seus olhos não vejam,
seu coração não compreenda
e não se convertam
e eu não os cure.

5,39 + ⁴¹Isaías disse essas palavras, porque contemplou a sua glória*ᵃ* e falou a respeito dele.
7,13
9,22
5,44
⁴²Contudo, muitos chefes creram nele, mas, por causa dos fariseus, não o confessavam, para não serem expulsos da sinagoga, ⁴³pois amaram mais a glória dos homens do que a de Deus. ⁴⁴Jesus clamou:*ᵇ*

13,20
"Quem crê em mim
não é em mim que crê,
mas em quem me enviou,
14,7-9 ⁴⁵e quem me vê
vê aquele que me enviou.
8,12 +;
1,1 + ⁴⁶Eu, a luz, vim ao mundo
para que aquele que crê em mim
não permaneça nas trevas.
3,11 +
Lc 8,21p;
11,28
Mt 13,18-23p
3,17
⁴⁷Se alguém ouvir minhas palavras
e não as guardar,
eu não o julgo,
pois não vim para julgar o mundo,
mas para salvar o mundo.
Lc 20,16
Dt 31,26-29
Jo 8,37.47
Hb 4,12s
⁴⁸Quem me rejeita e não acolhe
minhas palavras
tem seu juiz:
a palavra que proferi
é que o julgará no último dia;*ᶜ*
Dt 18,18-19
1,1 + ⁴⁹porque não falei por mim mesmo
mas o Pai, que me enviou,
3,11 + me prescreveu
o que dizer e o que falar
6,63 ⁵⁰e sei que seu mandamento é vida eterna.
O que digo, portanto, eu o digo
como o Pai me disse".

a) "porque contemplou"; var.: "quando contemplou". — Alusão à visão de Isaías no Templo (Is 6,1-4+), interpretada como uma visão profética da glória de Cristo (cf. 8,56+).
b) A seção 12,44-50 está fora de contexto, depois do jogo de cena de 12,36+. Ela desenvolve o mesmo tema de 3,16-19, mas com cristologia mais simples, centrada sobre o tema de Jesus, novo Moisés: os vv. 47-50 desdobram o texto de Dt 18,18-19 (com inversão dos temas), e o v. 49a fazendo também eco ao texto de Nm 16,28 (cf. Jo 8,28-29+).
c) A expressão "último dia" foi acrescentada, parece, pelo último redator (6,39+). O verbo que precede deve então ser traduzido pelo presente: "que o julga" (cf. 3,18).

A hora de Jesus
A Páscoa do Cordeiro de Deus

1. A ÚLTIMA CEIA DE JESUS COM SEUS DISCÍPULOS

13 *O lava-pés*[a] — ¹Antes da festa da Páscoa, sabendo Jesus que chegara a sua hora de passar deste mundo para o Pai,[b] tendo amado os seus[c] que estavam no mundo, amou-os até o fim.[d]
²Durante a ceia,[e] quando já o diabo pusera no coração[f] de Judas Iscariotes, filho de Simão, o projeto de entregá-lo, ³sabendo que o Pai tudo pusera em suas mãos e que ele viera de Deus e a Deus voltava, ⁴levanta-se da mesa, depõe o manto e, tomando uma toalha, cinge-se com ela. ⁵Depois põe água numa bacia e começa a lavar os pés dos discípulos[g] e a enxugá-los com a toalha com que estava cingido.
⁶Chega, então, a Simão Pedro, que lhe diz: "Senhor, tu, lavar-me os pés?!" ⁷Respondeu-lhe Jesus: "O que faço, não compreendes agora, mas o compreenderás mais tarde". ⁸Disse-lhe Pedro: "Jamais me lavarás os pés!" Jesus respondeu-lhe: "Se eu não te lavar, não terás parte comigo".[h] ⁹Simão Pedro lhe disse: "Senhor, não apenas meus pés, mas também as mãos e a cabeça". ¹⁰Jesus lhe disse: "Quem se banhou não tem necessidade de se lavar,[i] porque está inteiramente puro".[j] Vós também estais puros,[k] mas não todos". ¹¹Ele sabia, com efeito, quem o entregaria; por isso, disse: "Nem todos estais puros".
¹²Depois que lhes lavou os pés, retomou o manto, voltou à mesa e lhes disse: "Compreendeis o que vos fiz? ¹³Vós me chamais o Mestre e o Senhor e dizeis bem, pois eu o sou. ¹⁴Se, portanto, eu, o Mestre e o Senhor, vos lavei os pés, também deveis lavar-vos os pés uns aos outros. ¹⁵Dei-vos[l] o exemplo para que, como eu vos fiz, também vós o façais.
¹⁶Em verdade, em verdade, vos digo:[m]
   o servo não é maior do que o seu senhor,
   nem o enviado maior do que quem o enviou.

---

a) O relato do lava-pés não é homogêneo. Primitivamente lembrava um exemplo de humildade e de "serviço" ao próximo, dado por Cristo aos discípulos (vv. 4-5 e 12-15; cf. Lc 22,24-27). Este relato foi completado pelo acréscimo dos vv. 6-10 para lhe dar um porte sacramental (provavelmente o batismo). Nessa perspectiva nova, obtém-se a purificação pela participação no sacrifício de Cristo (v. 8; cf. 1Jo 1,7; 1Pd 1,2), e não pelo fato de obedecer à sua palavra (15,3; 17,17-19. – Cf. 6,22.60+). Os vv. 1-3 parecem sobrecarregados também; o v. 2 antecipa o que será dito no v. 27.
b) Uma tradição judaica interpretava a palavra "Páscoa" (cf. Ex 12,11+) no sentido de "Passagem", com referência à passagem do mar Vermelho (Ex 14). Cristo (e nós com ele) "passará" deste mundo, escravo do pecado, para o Pai, à Terra Prometida (cf. 1,21+; 11,55+). Será a Páscoa de Cristo; substituirá a Páscoa dos judeus.
c) Pela primeira vez, Jo põe explicitamente a vida e a morte de Jesus sob o signo do amor que ele tem aos seus. É como um segredo, cuja revelação plena está reservada para os últimos momentos (13,34; 15,9.13; 17,23; 1Jo 3,16; Rm 8,35; Gl 2,20; Ef 3,19; 5,2.25).
d) Até terminar a obra desejada pelo Pai: 4,34+; 19,30.
e) Não se trata da refeição pascal de que falam Mt 26,17s e par.; cf. 13,29.
f) Var.: "tendo o diabo já posto no (seu?) coração que Judas Iscariotes o entregaria", ou: "tendo colocado no coração...", ou: "tendo Satanás entrado no coração de Judas para que ele o entregasse". A paixão é um drama, em que o mundo invisível atua: por detrás dos homens, age o poder diabólico (cf. 6,70s; 8,44; 12,31; 13,27; 16,11; Ap 12,4.17; 13,2; Lc 22,3; 1Cor 2,8).
g) Traje função característicos de escravo (cf. 1Sm 25,41).
h) Semitismo: por não compreender o espírito de seu Mestre, Pedro exclui-se de toda comunhão com ele, de toda participação em sua obra e em sua glória.
i) Ad.: "senão os pés".
j) Pedro compreendeu a resposta de Jesus (v. 8) em sentido material, como se Jesus inaugurasse um rito de purificação. Jesus replica que essa purificação obtém-se graças ao seu sacrifício (cf. 15,2-3; 1Jo 1,7; Hb 10,22). Ele dará o sentido de seu gesto nos vv. 12-15.
k) Em grego, a palavra aqui usada tem duplo sentido: limpo e puro.
l) Cf. 1Jo 2,6; 3,16. Sobre esta prática na Igreja primitiva, cf. 1Tm 5,10.
m) Palavra de Cristo que se reencontrarão em 15,20, num contexto de perseguição como em Mt 10,24 (cf. Lc 6,40). Aqui separam indevidamente os vv. 15 e 17.

¹⁷Se compreenderdes isso e o praticardes, felizes sereis. ¹⁸Não falo de todos vós; eu conheço os que escolhi. Mas é preciso que se cumpra a Escritura:

*Aquele que come o meu pão
levantou contra mim o seu calcanhar!*ᵃ

¹⁹Digo-vos isso agora
antes que aconteça,
para que, quando acontecer,
creiais que Eu Sou.
²⁰Em verdade, em verdade, vos digo:
quem recebe aquele que eu enviar, a mim recebe
e quem me recebe, recebe aquele que me enviou".

O anúncio da traição de Judas — ²¹Tendo dito isso, Jesus perturbou-se em seu espírito e declarou:

"Em verdade, em verdade, vos digo:
um de vós me entregará".

²²Os discípulos entreolhavam-se, sem saber de quem falava. ²³Estava à mesa, ao lado de Jesus,ᵇ um de seus discípulos, aquele que Jesus amava. ²⁴Simão Pedro faz-lhe, então, sinal e diz-lhe: "Pergunta-lhe quem é aquele de quem fala". ²⁵Ele, então, reclinando-se sobre o peito de Jesus, diz-lhe: "Quem é, Senhor?" ²⁶Responde Jesus: "É aquele a quem eu der o pão que umedecerei no molho". Tendo umedecido o pão, ele o toma e dá a Judas, filho de Simão Iscariotes. ²⁷Depois do pão, entrou neleᶜ Satanás. Jesus lhe diz: "Faze depressa o que estás fazendo". ²⁸Nenhum dos que estavam à mesa compreendeu por que lhe dissera isso. ²⁹Como era Judas quem guardava a bolsa comum, alguns pensavam que Jesus lhe dissera: "Compra o necessário para a festa", ou que desse algo aos pobres. ³⁰Tomando, então, o pedaço de pão, Judas saiu imediatamente. Era noite.ᵈ

A despedida — ³¹Quando ele saiu, disse Jesus:

"Agoraᵉ o Filho do Homem foi glorificado
e Deus foi glorificado nele.
³²Se Deus foi nele glorificado,ᶠ
Deus também o glorificará em si mesmoᵍ
e o glorificará logo.
³³Filhinhos,
por pouco tempo ainda estou convosco.
Vós me procurareis
e, como eu havia dito aos judeus,ʰ
agora também vo-lo digo:

---

a) Este v. 18 anuncia a traição de Judas sob forma muito concisa e arcaica (cf. Mc 14,18). O relato dos vv. 21-30 desenvolverá o tema, aproximando-se do relato dos sinóticos. Quanto à palavra de Cristo no v. 20, ela supõe o mesmo contexto missionário (cf. Mt 10,40), da que foi inserida no v. 16.
b) Lit. "no seio de Jesus", *en to(i) kolpo(i)* (cf. 1,18), *eis ton kolpon*. O "discípulo que Jesus amava" aparece aqui pela primeira vez sob essa designação enigmática (cf. 19,26; 20,2; 21,7.20.24).
c) É Satã, o príncipe deste mundo, que dirige o combate contra Cristo (13,2; Lc 4,13), interpondo uma pessoa. Ele quer defender seu reino — que Cristo se apressa em lhe arrebatar — fazendo morrer Jesus; mas, ironia do plano divino, é subindo à cruz que Cristo o vencerá (12,31+).
d) João nota este pormenor porque vê nele realidade simbólica: Judas, no qual Satanás acaba de entrar, pertence agora ao mundo das trevas (Lc 22,53).
e) A paixão já começou, pois Judas, impelido por Satanás, acaba de sair; Jesus celebra já seu triunfo como realizado (cf. 16,33).
f) Om.: "Se Deus foi nele glorificado".
g) "em si mesmo" designa Deus, o Pai. Ele glorificará o Filho do Homem, acolhendo-o em sua glória (cf 17,5.22.24).
h) A glorificação de Jesus liga-se à sua partida. Para os judeus, a separação será definitiva (8,21); para os discípulos, momentânea (14,2-3).

Para onde vou
vós não podeis ir.ᵃ

³⁴ Dou-vos um mandamento novo:ᵇ
que vos ameis uns aos outros.
Como eu vos amei,
amai-vos também uns aos outros.

³⁵ Nisto reconhecerão todos
que sois meus discípulos
se tiverdes amor uns pelos outros".

³⁶Simão Pedro lhe diz: "Senhor, para onde vais?" Respondeu-lhe Jesus: "Não podes seguir-me agora aonde vou, mas me seguirás mais tarde".ᶜ ³⁷Pedro lhe diz:ᵈ "Por que não posso seguir-te agora? Darei a vida por ti". ³⁸Jesus lhe responde: "Darás a vida por mim? Em verdade, em verdade, te digo: o galo não cantará sem que me renegues três vezes.

14

¹Cesse de perturbar-se o vosso coração!ᵉ
Credes em Deus, crede também em mim.
² Na casa de meu Pai há muitas moradas.
Se não fosse assim, eu vos teria dito,ᶠ
pois vou preparar-vos um lugar,
³ e quando for
e vos tiver preparado o lugar,
vireiᵍ novamente e vos levarei comigo,
a fim de que, onde eu estiver,
estejais vós também.
⁴ E para onde vou, conheceis o caminho".

⁵Tomé lhe diz: "Senhor, não sabemos aonde vais. Como podemos conhecer o caminho?"

⁶Diz-lhe Jesus:

"Eu sou o Caminho, a Verdade e a Vida.ʰ
Ninguém vem ao Pai a não ser por mim.
⁷ Se me conheceis, também conhecereis meu Pai.ⁱ
Desde agora o conheceis e o vistes".

⁸Filipe lhe diz: "Senhor, mostra-nos o Pai e isso nos basta!"

⁹Diz-lhe Jesus: "Há tanto tempo estou convosco e tu não me conheces, Filipe?

---

a) A não ser pela morte (cf. v. 36; 21,19.22s).

b) Cf. Mt 25,31-46. À ideia da "partida" de Cristo (v. 33), que prepara o anúncio da negação de Pedro (vv. 36-38), o evangelista une o preceito do amor (vv. 34-35), testamento de Cristo. Esse preceito, já presente na Lei mosaica, é "novo" pela perfeição a que Jesus o faz atingir e porque constitui como que o distintivo dos tempos novos, inaugurados e revelados pela morte de Jesus.

c) Anúncio velado do martírio de Pedro.

d) Ad.: "Senhor".

e) Os vv. 1-2 demarcam o texto de Dt 1,19-33: no momento de "passar" para a Terra Prometida (13,1+), não se deve temer os inimigos (Dt 1,29); aqui, o mundo submetido a Satanás (13,27; 16,33), mas ter confiança em Deus (ao contrário dos hebreus, Dt 1,32), pois como Deus o fizera, Cristo parte à frente, a fim de "preparar" (Targum) um lugar para os discípulos (Dt 1,33; cf. Hb 6,19-20; 2Cor 5,1).

f) Outra tradução: "Se não, eu vos teria dito (que vou)..."

g) Toda a expectativa da Igreja apoia-se nessa promessa (cf. 1Ts 4,16s; 1Cor 4,5; 11,26; 16,22; Ap 22,17.20; 1Jo 2,28). Como no início do cristianismo, a volta de Cristo parece ser esperada num futuro relativamente próximo; os vv. 1-3 são portanto de redação muito arcaica (opor 14,18+; 16,7+; 16,16+).

h) Estes três títulos são ditos de Cristo em referência aos bens que obtemos graças a ele. Porque nos ensina a verdade concernente à nossa vida moral, é a Verdade (8,32+). Porque nos ensina como caminhar no caminho que leva ao Pai (8,12; 11,9-10; 12,35), dando-nos ele próprio o exemplo (1Jo 2,6; Jo 13,15), é o Caminho. Porque, seguindo esse Caminho, obteremos a Vida (12,50), ele é a Vida.

i) Var.: "Se me conhecêsseis, conheceríeis". É preciso saber que Jesus é o Unigênito, para reconhecer que Deus é "o Pai" que nos ama (3,14+).

Quem me vê, vê o Pai.
Como podes dizer: 'Mostra-nos o Pai!'?
¹⁰ Não crês^a
que estou no Pai e o Pai está em mim?
As palavras que vos digo, não as digo por mim mesmo,
mas o Pai, que permanece em mim, realiza suas obras.
¹¹ Crede-me:
eu estou no Pai e o Pai em mim.
Crede-o, ao menos, por causa dessas obras.
¹² Em verdade, em verdade, vos digo:
quem crê em mim fará as obras que faço
e fará até maiores do que elas,
porque vou para o Pai.^b
¹³ E o que pedirdes em meu nome,
eu o farei a fim de que o Pai seja glorificado no Filho.
¹⁴ Se me pedirdes algo em meu nome,
eu o farei.
¹⁵ Se me amais, observareis meus mandamentos,^c
¹⁶ e rogarei ao Pai
e ele vos dará outro Paráclito,^d
para que convosco permaneça para sempre,
¹⁷ o Espírito da Verdade,^e
que o mundo não pode acolher,
porque não o vê nem o conhece.
Vós o conheceis,
porque permanece convosco e em vós será.
¹⁸ Não vos deixarei órfãos.
Eu virei a vós.^f
¹⁹ Ainda um pouco e o mundo não mais me verá,
mas vós me vereis
porque eu vivo e vós vivereis.
²⁰ Nesse dia^g
compreendereis que estou em meu Pai
e vós em mim e eu em vós.^h

---

a) Somente a fé discerne a presença do Filho no Pai e do Pai no Filho. Filipe engana-se ao reclamar uma manifestação fulgurante do Pai.

b) O ministério de revelação e de salvação, do qual os milagres foram os sinais (2,11+), prolongar-se-á nas obras dos discípulos. O Espírito, fonte dos carismas que lhe serão dispensados, será enviado pelo Cristo glorificado à direita do Pai (7,39; 16,7).

c) Var.: "observai meus mandamentos". Jesus afirma, como Deus, seu direito de ser amado e obedecido.

d) Primeiro dos cinco textos relativos ao Espírito (Paráclito, Espírito de verdade, Espírito Santo) nos discursos depois da Ceia. Enviado pelo Pai (ou por Cristo) depois da partida de Jesus (16,7; 7,39; At 2,33), ele permanecerá para sempre junto dos discípulos (14,15-17), a fim de recordar e de completar o ensinamento de Cristo (14,25-26), conduzindo os discípulos nos caminhos da verdade (8,32+); explicando-lhes o sentido dos acontecimentos futuros (16,12-15; cf. 2,22; 12,16; 13,7; 20,9). Ele glorificará Cristo (16,14), no sentido que testemunhará (15,26-27; 1Jo 5,6-7), que sua missão vinha de Deus, e que o mundo, desviado por seu príncipe, o "pai da mentira" (8,44), errou por não crer nele (16,7-11). Em 1Jo 2,1-2, de acordo com as tradições judaicas, o Cristo-Paráclito (= Advogado) nos defendia no tribunal do Pai contra as acusações de Satanás, o Acusador (Zc 3,1+; Ap 12,10), graças ao seu sacrifício expiatório (Ap 12,9-11). No discurso depois da Ceia, o Espírito-Paráclito exerce mais a "paraclese", as exortações de que se fala nos Atos e nas cartas de Paulo (At 9,31; 13,5).

e) A expressão é conhecida em Qumrã, onde se opunha "espírito de verdade" e "espírito de erro" (cf. 1Jo 4,6+) para designar duas tendências inerentes ao homem. Aqui, o Espírito de verdade (8,32+), é personificado (opor 2Jo 1-2 texto que demarca Jo 14,17c).

f) Não se trata mais da volta de Cristo tal qual era concebida em 14,1-3+, mas de presença puramente espiritual de Cristo-Sabedoria (v. 21+) em companhia do Pai (v. 23).

g) Os profetas designavam assim a ocasião das grandes intervenções divinas (cf. Is 2,17; 4,1s etc.). O "dia" pode designar aqui todo o tempo que se seguirá à ressurreição de Jesus.

h) As relações entre Jesus e os seus discípulos são análogas às que o unem ao Pai (6,57; 10,14-15; 15,9 etc.).

²¹ Quem tem meus mandamentos e os observa
é que me ama;
e quem me ama será amado por meu Pai.
Eu o amarei e me manifestarei a ele".*ª*

²² Judas*ᵇ* — não o Iscariotes — lhe diz: "Senhor, por que te manifestarás a nós e não ao mundo?" ²³ Respondeu-lhe Jesus:

"Se alguém me ama,
guardará minha palavra*ᶜ*
e meu Pai o amará e a ele viremos
e nele estabeleceremos morada.
²⁴ Quem não me ama não guarda minhas palavras;
e minha palavra*ᵈ* não é minha,
mas do Pai que me enviou.
²⁵ Essas coisas vos disse
estando entre vós.
²⁶ Mas o Paráclito, o Espírito Santo
que o Pai enviará em meu nome,*ᵉ*
vos ensinará tudo
e vos recordará tudo o que vos disse.
²⁷ Deixo-vos a paz,*f*
minha paz vos dou;
não vo-la dou como o mundo a dá.
Não se perturbe nem se intimide vosso coração.
²⁸ Vós ouvistes o que vos disse:
Vou e retorno a vós.
Se me amásseis, ficaríeis alegres
por eu ir para o Pai,
porque o Pai é maior do que eu.*g*
²⁹ Eu vo-lo disse agora, antes que aconteça,
para que, quando acontecer, creiais.
³⁰ Já não conversarei muito convosco,
pois o príncipe deste mundo vem;
contra mim, ele nada pode,
³¹ mas é preciso que o mundo saiba que amo o Pai
e faço como o Pai me ordenou.
Levantai-vos! Saiamos daqui!*ʰ*

15 A *verdadeira videira* — ¹Eu sou a verdadeira videira*ⁱ*
e meu Pai é o agricultor.
² Todo ramo em mim que não produz fruto*ʲ*
ele o corta,

a) Neste versículo é Cristo-Sabedoria que fala (cf. Pr 8,17; Sb 6,12.18; 7,28; Eclo 2,15-16; 4,14).
b) Judas, irmão de Tiago, de Lc 6,16 e At 1,13; o Tadeu, de Mt 10,3 e Mc 3,18.
c) Não é o caso do mundo: 8,37.43.47.
d) Cf. 7,16. — Var.: "a palavra que ouvis".
e) Aqui e em 14,16+, o Paráclito é enviado pelo Pai a pedido de Cristo; em 15,26-27 e 16,7-11, ele será enviado pelo próprio Cristo.
f) Apesar das armadilhas do mundo (16,2) e de seu chefe, que não é preciso temer (16,33; 14,30).
g) Porque Cristo faz sempre a vontade do Pai que o enviou (14,31; cf. 4,34+; 5,30; 6,38; 8,28; 12,27+), e observa seus mandamentos (10,18; 12,49-50;

15,10). O enviado não é maior do que aquele que o envia (13,16).
h) Num estágio anterior do evangelho, a sequência do texto se lia em 18,1, ou talvez em 17,1.
i) Sobre a imagem da videira (cf. Jr 2,21; Is 5,1+). Nos sinóticos, Jesus a emprega como parábola do Reino dos Céus (Mt 20,1-8; 21,28-31.33-41 e p), e faz do "fruto da videira" a eucaristia da Nova Aliança (Mt 26,29p). Aqui, se proclama a verdadeira videira cujo fruto, o Israel verdadeiro, não decepcionará a expectativa divina.
j) O fruto é a santidade de uma vida fiel aos mandamentos, especialmente ao do amor (vv. 12-17; cf. Is 5,7; Jr 2,21).

e todo o que produz fruto
ele o poda,
para que produza mais fruto ainda.
³ Vós já estais puros,ᵃ
por causa da palavra que vos fiz ouvir.
⁴ Permanecei em mim, como eu em vós.
Como o ramo não pode dar fruto por si mesmo,
se não permanece na videira,
assim também vós, se não permanecerdes em mim.
⁵ Eu sou a videira
e vós os ramos.
Aquele que permanece em mim e eu nele
produz muito fruto;
porque, sem mim, nada podeis fazer.
⁶ Se alguém não permanece em mim
é lançado fora, como o ramo,
e seca;
tais ramos são recolhidos, lançados ao fogo
e se queimam.
⁷ Se permanecerdes em mim
e minhas palavras permanecerem em vós,
pedi o que quiserdes
e vós o tereis.
⁸ Meu Pai é glorificado
quando produzis muito fruto
e vos tornais meus discípulos.ᵇ
⁹ Assim como o Pai me amou
também eu vos amei.
Permanecei em meu amor.
¹⁰ Se observais meus mandamentos
permanecereis no meu amor,
como eu guardei os mandamentos de meu Pai
e permaneço no seu amor.
¹¹ Eu vos digo isso
para que a minha alegriaᶜ esteja em vós
e vossa alegria seja plena.
¹² Este é o meu mandamento:
amai-vos uns aos outros
como eu vos amei.
¹³ Ninguém tem maior amor
do que aquele que dá a vida por seus amigos.
¹⁴ Vós sois meus amigos
se praticais o que vos mando.
¹⁵ Já não vos chamo servos,
porque o servo não sabe
o que seu senhor faz;
mas vos chamo amigos,
porque tudo o que ouvi de meu Pai
vos dei a conhecer.
¹⁶ Não fostes vós que me escolhestes,
mas fui eu que vos escolhi

---

a) Ou: "podados". Em grego, a mesma raiz designa a poda e a pureza (cf. 13,10).
b) Var.: "e sereis então meus discípulos". — O Pai é, então, "glorificado em seu Filho" (14,13; cf. 21,19).
c) A grande alegria messiânica, a do Filho de Deus.

e vos designei
para irdes e produzirdes fruto
e para que vosso fruto permaneça,
a fim de que tudo o que pedirdes
ao Pai em meu nome
ele vos dê.
¹⁷Isto vos mando:
amai-vos uns aos outros.

Os discípulos e o mundoᵃ — ¹⁸Se o mundo vos odeia,
sabei que, primeiro, me odiou a mim.
¹⁹Se fôsseis do mundo,
o mundo amaria o que era seu;
mas, porque não sois do mundo
e minha escolha vos separou do mundo,
o mundo, por isso, vos odeia.
²⁰Lembrai-vos da palavra que vos disse:
O servo não é maior que seu senhor.
Se eles me perseguiram,
também vos perseguirão;
se guardaram minha palavra,
também guardarão a vossa.
²¹Mas tudo isso eles farão contra vós,
por causa do meu nome,
porque não conhecem quem me enviou.
²²Se eu não tivesse vindo
e não lhes houvesse falado,
não seriam culpados de pecado;
mas agora não têm desculpa para seu pecado.
²³Quem me odeia, odeia também meu Pai.
²⁴Se eu não tivesse feito entre eles as obras
que nenhum outro fez,
não seriam culpados de pecado;
mas eles viram e nos odeiam,
a mim e a meu Pai.
²⁵Mas é para que se cumpra
a palavra escrita na sua Lei:
Odiaram-me sem motivo.
²⁶Quando vier o Paráclito,
que vos enviarei de junto do Pai,ᵇ
o Espírito da verdade, que vem do Pai,
dará testemunho de mim.
²⁷E vós também dareis testemunho,
porque estais comigo desde o princípio.

16 ¹Digo-vos isto
para que não vos *escandalizeis*.ᶜ
²Expulsar-vos-ão das sinagogas.
Mais ainda: virá a hora

---

a) Ao amor mútuo dos discípulos, Jesus opõe o ódio que o mundo lhes terá. A sorte dos discípulos é idêntica à do Mestre e é o próprio Jesus que, neles, o mundo perseguirá (cf. At 9,5; Cl 1,24).
b) Trata-se da "missão" do Espírito no mundo, não da "processão" do Pai, no seio da Trindade.
c) No sentido literal da palavra: pedra que faz tropeçar (Mt 16,22+). Jesus previne os apóstolos sobre as provações que os esperam, para que não vacilem na fé (cf. 13,19).

em que aquele que vos matar
julgará realizar ato de culto a Deus.
³E isso farão
porque não reconheceram o Pai nem a mim.
⁴Mas vos digo tais coisas
para que, ao chegar a sua hora,
vos lembreis de que vo-las disse.

A vinda do Paráclito — Não vos disse isso desde o princípio
porque estava convosco.
⁵Agora, porém, vou para aquele que me enviou
e nenhum de vós me pergunta:
'Para onde vais?'*ᵃ*
⁶Mas porque vos disse isso,
a tristeza encheu vossos corações.
⁷No entanto, eu vos digo a verdade:
é de vosso interesse que eu parta,
pois, se não for,
o Paráclito não virá a vós.
Mas se for,
enviá-lo-ei a vós.*ᵇ*
⁸E quando ele vier,
estabelecerá a culpabilidade do mundo
a respeito do pecado,
da justiça
e do julgamento:
⁹do pecado,
porque não creem em mim;*ᶜ*
¹⁰da justiça,
porque vou para o Pai
e não mais me vereis;*ᵈ*
¹¹do julgamento,
porque o Príncipe deste mundo
está julgado.*ᵉ*
¹²Tenho ainda muito que vos dizer,
mas não podeis agora suportar.
¹³Quando vier o Espírito da verdade,
ele vos guiará na verdade plena,*ᶠ*
pois não falará de si mesmo,
mas dirá tudo o que tiver ouvido
e vos anunciará as coisas futuras.*ᵍ*

a) Não pertence ao mesmo nível de redação de 13,36.
b) Os vv. 6-7 retomam o tema de 14,1-3, mas o envio do Paráclito substitui o retorno escatológico de Cristo, que não se espera mais para um futuro próximo.
c) O mundo recusa crer que Cristo foi enviado por Deus, apesar da evidência das "obras" (15,24; 5,36+; 2,11+), e da excelência de seu ensinamento (15,22). É esta cegueira que constitui seu pecado (1,29+; 9,41; 12,40).
d) "Praticar a justiça", é amar e não odiar (1Jo 2,29; 3,7.10-11), como nos ensinou Cristo. Quando este voltar para o Pai, tal será a prova de que ele nos falava da parte de Deus (3,14+).
e) O Príncipe deste mundo só nos ensina o ódio (8,44; 1Jo 3,8.10-1). Mas a elevação de Cristo, na cruz e depois junto do Pai, marcou a condenação e a derrota do Diabo, e, portanto, o triunfo do amor sobre o ódio (12,31+). São esses três pontos que o Paráclito nos fará compreender (16,13+).
f) Cf. Sl 25,5. — Var.: "ele vos introduzirá na verdade inteira".
g) Ele vos desvelará, como em 4,25+ e na linha dos vv. 8-11. As "coisas futuras" são os acontecimentos que se encadearão até a morte de Cristo (18,4). O Espírito fará compreender que a elevação de Cristo na cruz será também sua elevação na glória. Neste sentido, ele "glorificará" Cristo (v. 14). João atribui ao Espírito o que Lucas diz de Cristo ressuscitado em 24,25-27.

¹⁴Ele me glorificará
porque receberá do que é meu
e vos anunciará.
¹⁵Tudo o que o Pai tem é meu.
Por isso vos disse:
ele receberá do que é meu
e vos anunciará.

Anúncio de pronto retorno — ¹⁶Um pouco de tempo e já não me vereis, mais um pouco de tempo ainda e me vereis".ᵃ
¹⁷Disseram entre si alguns de seus discípulos: "Que é isto que ele nos diz: 'Um pouco e não me vereis e novamente um pouco e me vereis'? E 'Vou para o Pai'?" ¹⁸Eles diziam: "Que é 'um pouco'?ᵇ Não sabemos de que fala".
¹⁹Compreendeu Jesus que queriam interrogá-lo e lhes disse: "Vós vos interrogais sobre o que eu disse:

'Um pouco de tempo e já não me vereis,
mais um pouco ainda e me vereis'?
²⁰Em verdade, em verdade, vos digo:
chorareis e vos lamentareis,
mas o mundo se alegrará.
Vós vos entristecereis,
mas a vossa tristeza se transformará em alegria.ᶜ
²¹Quando a mulher está para dar à luz, entristece-se
porque sua hora chegou;
quando, porém, dá à luz a criança
já não se lembra dos sofrimentos,ᵈ
pela alegria de ter vindo ao mundo um homem.
²²Também vós, agora, estais tristes;
mas vos verei de novo
e vosso coração se alegrará
e ninguém vos tirará vossa alegria.
²³Nesse dia,
nada me perguntareis.
Em verdade, em verdade, vos digo:
o que pedirdes ao Pai,
em meu nome ele vos dará.
²⁴Até agora, nada pedistes em meu nome;ᵉ
pedi e recebereis
para que a vossa alegria seja completa.
²⁵Disse-vos essas coisas por figuras.
Chega a hora em que já não vos falarei em figuras,
mas claramente vos falarei do Pai.ᶠ
²⁶Nesse dia,
pedireis em meu nome
e não vos digo que intervirei junto ao Pai por vós,ᵍ

---

a) Este segundo verbo, diferente em grego do primeiro, faz alusão às aparições de Cristo ressuscitado (20,18+; comparar 16,22 e 20,20). É o tema de 14,1-3 que é transposto; não é mais questão de esperar a volta escatológica iminente.
b) Ad.: "de que fala".
c) Tristeza da paixão, alegria de rever o Cristo ressuscitado (cf. 20,20).
d) Imagem bíblica tradicional para designar o doloroso nascimento do mundo novo, messiânico (cf. Mt 24,8+).

e) Porque Jesus ainda não fora glorificado (cf. 14,13s).
f) Com a ressurreição e a vinda do Espírito, terá começo a iniciação perfeita que se consumará na visão de Deus, "tal como ele é" (1Jo 3,2).
g) Var.: "e eu não rogarei ao Pai". — Jesus permanece o único mediador (cf. 10,9; 14,6; 15,5; Hb 8,6), mas os discípulos, sendo um com ele pela fé e pelo amor, serão amados pelo Pai: a mediação de Jesus terá atingido o seu efeito em plenitude.

JOÃO 16-17

^{14,23} ²⁷ pois o próprio Pai vos ama,
porque me amastes
e crestes que vim de Deus.
^{1,1+} ²⁸ Saí do Pai e vim ao mundo;
de novo deixo o mundo e vou ao Pai".
^{Mc 4,11; 8,32} ²⁹ Seus discípulos lhe dizem: "Eis que agora falas claramente, sem figuras!
^{1,48 +}
^{16,19} ³⁰ Agora vemos que sabes tudo e não tens necessidade de que alguém te inter-
rogue. Por isso cremos que saíste de Deus". ³¹ Jesus lhes responde:
"Credes agora?
^{Zc 13,7}
^{Mt 26,31p} ³² Eis que chega a hora
^{8,29} — e ela chegou —
em que vos dispersareis,
cada um para o seu lado,
e me deixareis sozinho.
Mas eu não estou só,
porque o Pai está comigo.
^{14,27 +}
^{1,10 +}
^{12,31; 14,30} ³³ Eu vos disse tais coisas
^{1Jo 2,14 +} para terdes paz em mim.
No mundo tereis tribulações,
mas tende coragem:
eu venci o mundo!"

^{11,41}
^{2,4 +} **17** *Oração de Jesus* — ¹ Assim falou Jesus, e, erguendo os olhos ao céu,
disse:
"Pai,*ᵃ* chegou a hora:
glorifica teu Filho,
para que teu Filho te glorifique,*ᵇ*
^{3,35 +} ² e que, pelo poder que lhe deste
sobre toda carne,*ᶜ*
ele dê vida eterna a todos os que lhe deste!
^{Sb 15,3}
^{Jr 24,7;}
^{31,31-34} ³ Ora, a vida eterna é esta:
^{Ez 36,25-28} que eles te conheçam*ᵈ*
^{Jo 14,7-9}
^{1Jo 5,20-21} a ti, o único Deus verdadeiro,
e aquele que enviaste, Jesus Cristo.*ᵉ*
^{1,1 +} ⁴ Eu te glorifiquei na terra,
^{4,34 +} concluí a obra
que me encarregaste de realizar.
^{Fl 2,6-11}
^{Jo 1,14 +;} ⁵ E agora, glorifica-me, Pai, junto de ti,
^{17,24} com a glória que eu tinha junto de ti*ᶠ*
antes que o mundo existisse.*ᵍ*
^{17,26}
^{Ex 3,13} ⁶ Manifestei o teu nome*ʰ* aos homens
^{3,35 +} que do mundo me deste.
^{3,11 +} Eram teus e os deste a mim
e eles guardaram tua palavra.

a) Cf. vv. 5.11.21.24 e 25; 11,41; sobretudo 12,27 e Mc 14,36.
b) Jesus pede a sua própria glorificação, mas, com isso, não procura a sua própria glória (cf. 7,18; 8,50); a sua glória e a do Pai são uma só (cf. 12,28; 13,31).
c) Todo homem (cf. 1,14+).
d) Conhecimento no sentido bíblico (cf. 10,14+).
e) Este texto, de redação posterior, retoma os termos de 1Jo 5,20. Na epístola, Jesus era "o Deus verdadeiro"; aqui, distingue-se dele. Reação de judeu-cristão, para quem dar a Cristo o título de "Deus" contradizia a fé no Deus único.
f) Var.: "a glória que existiu junto de ti"; ou: "a glória da qual eu existo"; ou: "a glória junto de ti".
g) A glória que Jesus possuía, em sua preexistência divina ou a que o Pai lhe reserva, desde toda a eternidade (1,14+).
h) Jesus, como Moisés (Ex 3,14-15), nos revelou o Nome de Deus que é o de "Pai" (17,1+), implicando amor indefectível (17,23.26; 3,14+).

⁷ Agora reconheceram
que tudo quanto me deste vem de ti,
⁸ porque as palavras que me deste
eu as dei a eles,
e eles as acolheram
e reconheceram*ᵃ* verdadeiramente
que saí de junto de ti
e creram que me enviaste.
⁹ Por eles eu rogo;
não rogo pelo mundo,
mas pelos que me deste,
porque são teus,
¹⁰ e tudo o que é meu é teu
e tudo o que é teu é meu,
e neles sou glorificado.
¹¹ Já não estou no mundo;
mas eles permanecem no mundo
e eu volto a ti.
Pai santo,
guarda-os em teu nome
que me deste,*ᵇ*
para que sejam um como nós.
¹² Quando eu estava com eles,
guardava-os em teu nome
que me deste;
guardei-os e nenhum deles se perdeu,
exceto o filho da perdição,
para cumprir-se a Escritura.
¹³ Agora, porém,
vou para junto de ti
e digo isso no mundo,
a fim de que tenham em si
minha plena alegria.
¹⁴ Eu lhes dei tua palavra,
mas o mundo os odiou,
porque não são do mundo,
como eu não sou do mundo.
¹⁵ Não peço que os tires do mundo,
mas que os guardes do Maligno.*ᶜ*
¹⁶ Eles não são do mundo
como eu não sou do mundo.
¹⁷ Santifica-os*ᵈ* na verdade;
tua palavra é verdade.
¹⁸ Como tu me enviaste ao mundo,
também eu os enviei ao mundo.
¹⁹ E, por eles,
a mim mesmo me santifico
para que sejam santificados na verdade.*ᵉ*

---

a) Outra tradução: "eles verdadeiramente as acolheram, porque saí de ti".
b) Var.: "guarda em teu nome os que me deste". Também no v. 12.
c) Ou: "que os preserves do mal" (cf. Mt 6,13).

d) O sentido literal do verbo é separar para Deus, votar (no sentido primário desse termo), consagrar a Deus (cf. At 9,13+).
e) Jesus se santifica apresentando-se diante do Pai para ser um com ele e, diante dos homens, como a

²⁰ Não rogo somente por eles,
mas pelos que, por meio de sua palavra,
crerão em mim:ᵃ
²¹ a fim de que todos sejam um.
Como tu, Pai, estás em mim e eu em ti,
que eles estejam em nós,
para que o mundo creia que tu me enviaste.
²² Eu lhes dei a glória que me deste
para que sejam um, como nós somos um;
²³ Eu neles e tu em mim,
para que sejam perfeitos na unidade
e para que o mundo reconheça que me enviaste
e os amasteᵇ como amaste a mim.
²⁴ Pai,
aqueles que me deste
quero que, onde eu estiver,
também eles estejam comigo,
para que contemplem minha glória,
que me deste,
porque me amaste
antes da fundação do mundo.
²⁵ Pai justo,
o mundo não te conheceu,
mas eu te conheci
e estes reconheceram
que tu me enviaste.
²⁶ Eu lhes dei a conhecer o teu nome
e lhes darei a conhecê-lo,
a fim de que o amor com que me amaste esteja neles
e eu neles".

2. A PAIXÃO

18 *A prisão de Jesus* — ¹Tendo dito isso, Jesus foi com seus discípulos para o outro lado da torrente do Cedron. Havia ali um jardim, onde Jesus entrou com seus discípulos. ²Ora, Judas, que o traía, conhecia também esse lugar porque, frequentemente, Jesus e seus discípulos aí se reuniam. ³Judas, então, levando a coorteᶜ e guardas destacados pelos chefes dos sacerdotes e pelos fariseus, aí chega, com lanternas, archotes e armas. ⁴Sabendo Jesus tudo o que lhe aconteceria, adiantou-se e lhes disse: "A quem procurais?" ⁵Responderam: "Jesus, o Nazareu". Disse-lhes: "Sou eu". Judas, que o traía, estava também com eles. ⁶Quando Jesus lhes disse "Sou eu",ᵈ recuaram e caíram por terra. ⁷Perguntou-lhes, então, novamente: "A quem procurais?" Disseram: "Jesus, o Nazareu". ⁸Jesus respondeu: "Eu vos disse que sou eu. Se, então, é a mim que procurais, deixai que estes se retirem", ⁹a fim de se realizar a palavra que diz:

Não perdi nenhum dos que me deste. ¹⁰Então, Simão Pedro, que trazia uma espada, tirou-a, feriu o servo do Sumo Sacerdote, a quem decepou a orelha

---

revelação perfeita. Ele pede que seus discípulos vivam na verdade de Deus, santificados pela fé no Pai que ele lhes revelou.
a) Jesus, por fim, ora (vv. 20-26) pela Igreja dos fiéis.
b) Var.: "que eu os amei".
c) Um destacamento da guarnição romana de Jerusalém.
d) Lit.: "Eu Sou". Alusão ao Nome Divino que Jesus leva consigo (8.24+), e cuja majestade aterroriza seus adversários. Se Jesus é preso, é, portanto, porque ele o quer (10,17-18; cf. Mt 26,53).

direita. O nome do servo era Malco. ¹¹Jesus disse a Pedro: "Embainha a tua espada. Deixarei eu de beber o cálice que o Pai me deu?"

Jesus diante de Anás e Caifás. Negações de Pedro — ¹²Então a coorte, o tribuno e os guardas dos judeus prenderam Jesus e o ataram. ¹³Conduziram--no primeiro a Anás, que era sogro de Caifás, o Sumo Sacerdote daquele ano. ¹⁴Caifás fora o que aconselhara aos judeus: "É melhor que um só homem morra pelo povo".

¹⁵Ora, Simão Pedro, junto a outro discípulo,ᵃ seguia Jesus. Esse discípulo era conhecido do Sumo Sacerdote e entrou com Jesus no pátio do Sumo Sacerdote. ¹⁶Pedro, entretanto, ficou junto à porta, de fora. Então, o outro discípulo, conhecido do Sumo Sacerdote, saiu, falou com a porteira e introduziu Pedro.

¹⁷A criada que guardava a porta diz então a Pedro: "Não és, tu também, um dos discípulos deste homem?" Respondeu ele: "Não sou". ¹⁸Os servos e os guardas fizeram uma fogueira, porque estava frio; em torno dela se aqueciam. Pedro também ficou com eles, aquecendo-se. ¹⁹O Sumo Sacerdote interrogou Jesus a respeito dos seus discípulos e acerca da sua doutrina. ²⁰Jesus lhe respondeu: "Falei abertamente ao mundo. Sempre ensinei na sinagoga e no Templo, onde se reúnem todos os judeus; nada falei às escondidas. ²¹Por que me interrogas? Pergunta aos que ouviram o que lhes ensinei; eles sabem o que eu disse". ²²A essas palavras, um dos guardas, que ali se achava, deu uma bofetada em Jesus, dizendo: "Assim respondes ao Sumo Sacerdote?" ²³Respondeu Jesus:

"Se falei mal, testemunha sobre o mal; mas, se falei bem, por que me bates?" ²⁴Anás, então, o enviou manietado a Caifás, o Sumo Sacerdote.ᵇ

²⁵Simão Pedro continuava lá, de pé, aquecendo-se. Disseram-lhe então: "Não és tu também um dos seus discípulos?" Ele negou e respondeu: "Não sou". ²⁶Um dos servos do Sumo Sacerdote, parente daquele a quem Pedro decepara a orelha, disse: "Não te vi no jardim com ele?" ²⁷Pedro negou novamente. E logo um galo cantou.

Jesus diante de Pilatos — ²⁸Então de Caifás conduziram Jesus ao pretório.ᶜ Era de manhã. Eles não entraram no pretório para não se contaminaremᵈ e poderem comer a Páscoa. ²⁹Pilatos, então, saiu para fora ao encontro deles e disse: "Que acusação trazeis contra este homem?" ³⁰Responderam-lhe: "Se não fosse malfeitor, não o entregaríamos a ti". ³¹Disse-lhes Pilatos: "Tomai-o vós mesmos, e julgai-o conforme vossa Lei". Disseram-lhe os judeus: "Não nos é permitido condenar ninguém à morte",ᵉ ³²a fim de se cumprir a palavra de Jesus, com a qual indicara de que morte deveria morrer.

³³Então Pilatos entrou novamente no pretório, chamou Jesus e lhe disse: "Tu és o rei dos judeus?" ³⁴Jesus lhe respondeu: "Falas assim por ti mesmo ou outros te disseram isso de mim?" ³⁵Respondeu Pilatos: "Sou, por acaso, judeu? Teu povo e os chefes dos sacerdotes entregaram-te a mim. Que fizeste?" ³⁶Jesus respondeu:

---

a) João nada menciona sobre o processo judaico, porque este se encontra de fato em todo o seu evangelho, desde o interrogatório de João (1,19), até a decisão de matar Jesus (11,49-53).

b) A respeito do silêncio de João em relação ao processo de Jesus diante do Sinédrio, cf. 10,22+.

c) Tribunal do procurador romano.

d) Entrar na casa de gentio constituía uma impureza legal, cf. At 11,2s. Segundo Jo, a Páscoa dos judeus ainda não havia chegado; Jesus será morto no momento em que se imolavam os cordeiros no Templo, na vigília da Páscoa (19,14; cf. 19,31.42): ele é o verdadeiro Cordeiro pascal (19,36+; 1Cor 5,7). Os sinóticos supõem cronologia diferente: Jesus teria sido morto no dia da Páscoa (cf. Mt 26,17ss).

e) Os romanos tinham cassado ao Sinédrio o direito de vida e de morte. Da parte dos judeus, Jesus teria sido apedrejado (cf. 8,59; 10,31) e não crucificado ("elevado").

"Meu reino não é deste mundo.
Se meu reino fosse deste mundo,
meus súditos teriam combatido
para que eu não fosse entregue aos judeus.
Mas meu reino não é daqui".

³⁷Pilatos lhe disse: "Então, tu és rei?" Respondeu Jesus: "Tu o dizes: eu sou rei.

Para isso nasci
e para isto vim ao mundo:
para dar testemunho da verdade.
Quem é da verdade escuta minha voz".

³⁸Disse-lhe Pilatos: "O que é verdade?" E tendo dito isso, saiu de novo e foi ao encontro dos judeus e lhes disse: "Não encontro nele nenhum motivo de condenação.*ᵃ* ³⁹É costume entre vós que eu vos solte um preso, na Páscoa. Quereis que vos solte o rei dos judeus?" ⁴⁰Então eles gritaram de novo, clamando: "Esse não, mas Barrabás!" Barrabás era bandido.

19 ¹Pilatos, então, tomou Jesus e o mandou flagelar. ²Os soldados, tecendo uma coroa de espinhos, puseram-lha na cabeça e jogaram sobre ele um manto de púrpura. ³Aproximando-se dele, diziam: "Salve, rei dos judeus!" E o esbofeteavam.

⁴Pilatos, de novo, saiu e lhes disse: "Vede: eu vo-lo trago aqui fora, para saberdes que não encontro nele motivo algum de condenação". ⁵Jesus, então, saiu, trazendo a coroa de espinhos e o manto de púrpura. E Pilatos lhes disse: "Eis o homem!" ⁶Quando os chefes dos sacerdotes e os guardas o viram, gritaram: "Crucifica-o! Crucifica-o!" Disse-lhes Pilatos: "Tomai-o vós e crucificai-o, porque eu não encontro nele motivo de condenação". ⁷Os judeus responderam-lhe: "Nós temos uma Lei e, conforme essa Lei, ele deve morrer, porque se fez Filho de Deus".

⁸Quando Pilatos ouviu essa palavra, ficou ainda mais aterrado. ⁹Tornando a entrar no pretório, disse a Jesus: "De onde és tu?"*ᵇ* Mas Jesus não lhe deu resposta. ¹⁰Disse-lhe, então, Pilatos: "Não me respondes? Não sabes que eu tenho poder para te libertar e poder para te crucificar?" ¹¹Respondeu-lhe Jesus: "Não terias poder algum sobre mim, se não te fosse dado do alto; por isso, quem a ti me entregou tem maior pecado".*ᶜ*

A condenação à morte — ¹²Daí em diante, Pilatos procurava libertá-lo. Mas os judeus gritavam: "Se o soltas, não és amigo de César! Todo aquele que se faz rei, opõe-se a César!" ¹³Ouvindo tais palavras, Pilatos levou Jesus para fora, fê-lo sentar-se no tribunal, no lugar chamado Pavimento, em hebraico Gábata.*ᵈ* ¹⁴Era o dia da preparação da Páscoa,*ᵉ* perto da sexta hora.*ᶠ* Disse Pilatos aos judeus: "Eis o vosso rei!" ¹⁵Eles gritavam:*ᵍ* "À morte! À morte! Crucifica-o!" Disse-lhes Pilatos: "Crucificarei o vosso rei?!" Os chefes dos sacerdotes responderam: "Não temos outro rei a não ser César!" ¹⁶Então Pilatos o entregou para ser crucificado.

---

a) Om.: "nele". Var.: "contra ele".
b) Essa pergunta não visa a saber "de que país és tu?", mas: "Qual é a tua misteriosa origem? Quem és tu?" Como os habitantes de Caná (2,9), a samaritana (4,11), os apóstolos, o povo (6,5), os chefes judeus (7,27s; 8,14; 9,29s), Pilatos acha-se em face do mistério de Jesus (16,28; 17,25), objeto de todo o evangelho (1,13).
c) Os chefes judeus e especialmente Caifás (11,51s; 18,14), mas também Judas, que o "entregou" a estes (6,71; 13,2.11.21; 18,2.5).
d) Parece que significa altura, eminência.
e) Durante esse dia, preparava-se a ceia pascal — que devia realizar-se depois do pôr-do-sol (cf. Ex 12,6+), e todo o necessário para passar a festa no repouso prescrito pela Lei.
f) Cerca do meio-dia, hora em que tudo o que era fermentado devia desaparecer das casas, dando lugar aos ázimos da Páscoa (cf. Ex 12,15s). Talvez o evangelista queira salientar essa coincidência (cf. 1Cor 5,7).
g) Var.: "diziam".

A crucifixão — Então eles tomaram a Jesus.*ᵃ* ¹⁷E ele saiu, carregando sua cruz, e chegou ao chamado "Lugar da Caveira" — em hebraico chamado Gólgota — ¹⁸onde o crucificaram: e, com ele, dois outros: um de cada lado e Jesus no meio. ¹⁹Pilatos redigiu também um letreiro e o fez colocar sobre a cruz; nele estava escrito: "Jesus Nazareu, o rei dos judeus". ²⁰Esse letreiro, muitos judeus o leram, porque o lugar onde Jesus fora crucificado era próximo da cidade; e estava escrito em hebraico, latim e grego. ²¹Disseram então a Pilatos os chefes dos sacerdotes dos judeus: "Não escrevas: 'O rei dos judeus', mas: 'Este homem disse: Eu sou o rei dos judeus' ". ²²Pilatos respondeu: "O que escrevi, escrevi".

A partilha das vestes — ²³Os soldados, quando crucificaram Jesus, tomaram suas roupas e repartiram em quatro partes, uma para cada soldado, e a túnica. Ora, a túnica era sem costura,*ᵇ* tecida como uma só peça, de alto a baixo. ²⁴Disseram entre si: "Não a rasguemos, mas tiremos a sorte, para ver com quem ficará". Isso a fim de se cumprir a Escritura que diz:

*Repartiram entre si minhas roupas
e sortearam minha veste.*

Foi o que fizeram os soldados.

Jesus e sua mãe — ²⁵Perto da cruz de Jesus, permaneciam de pé sua mãe,*ᶜ* a irmã de sua mãe,*ᵈ* Maria, mulher de Clopas, e Maria Madalena. ²⁶Jesus, então, vendo a mãe e, perto dela, o discípulo a quem amava, disse à mãe: "Mulher, eis teu filho!" ²⁷Depois disse ao discípulo: "Eis tua mãe!"*ᵉ* E a partir dessa hora, o discípulo a recebeu em sua casa.

A morte de Jesus — ²⁸Depois, sabendo Jesus que tudo estava consumado, disse, para que se cumprisse a Escritura até o fim:

"Tenho sede!"

²⁹Estava ali um vaso cheio de vinagre. Fixando, então, uma esponja embebida de vinagre num ramo de hissopo,*ᶠ* levaram-na à sua boca. ³⁰Quando Jesus tomou o vinagre, disse "Está consumado!"*ᵍ* E, inclinando a cabeça, entregou o espírito.*ʰ*

O golpe de lança — ³¹Como era a Preparação, os judeus, para que os corpos não ficassem na cruz durante o sábado — porque esse sábado era grande dia! — pediram a Pilatos que lhes quebrassem as pernas*ⁱ* e fossem retirados. ³²Vieram, então, os soldados e quebraram as pernas do primeiro e depois do outro, que fora crucificado com ele. ³³Chegando a Jesus e vendo-o*ʲ* já morto, não lhe quebraram as pernas, ³⁴mas um dos soldados traspassou-lhe o lado com a lança e imediatamente saiu sangue e água.*ᵏ* ³⁵Aquele que viu*ˡ* dá testemunho

---

a) Ad.: "e o levaram".
b) Possível alusão ao sacerdócio de Cristo na cruz: a túnica do sumo sacerdote devia ser sem costura.
c) Apenas Jo menciona a sua presença (cf. 2,1+).
d) Ou se trata de Salomé, mãe dos filhos de Zebedeu (cf. Mt 27,56p) ou, ligando essa denominação ao que segue, "Maria, mulher de Clopas".
e) O contexto escriturístico (vv. 24.28.36.37) e o caráter singular do apelativo "Mulher" parecem significar que o evangelista vê aqui um ato que transcende a simples piedade filial: a proclamação da maternidade espiritual de Maria, a nova Eva, sobre os fiéis, representados pelo discípulo amado (cf. 15,10-15).
f) Conj.: "num dardo".
g) A obra do Pai, como foi anunciada pela Escritura: a salvação do mundo pelo sacrifício de Cristo. Jo não relata o grito de desamparo de Mt 27,46 e Mc 15,34; ele quis guardar somente a serena majestade dessa morte (cf. Lc 23,46; Jo 12,27+).
h) O último suspiro de Jesus, prelúdio da efusão do Espírito (1,33+; 20,22).
i) Para acelerar a morte.
j) Var.: "eles o encontraram".
k) Var.: "água e sangue". O sentido desse acontecimento será elucidado por dois textos da Escritura (vv. 36s). O sangue (Lv 1,5+; Ex 24,8+) testemunha a realidade do sacrifício do cordeiro imolado para a salvação do mundo (6,51), e a água, símbolo do Espírito, sua fecundidade espiritual. Numerosos Padres, com fundamento, viram na água o símbolo do Batismo; no sangue, o da Eucaristia e, nesses dois sacramentos, o sinal da Igreja, nova Eva, que nasce do novo Adão (cf. Ef 5,23-32).
l) O discípulo do v. 26.

e seu testemunho é verdadeiro; e ele*a* sabe que diz a verdade, para que também vós creiais, ³⁶pois isso aconteceu para que se cumprisse a Escritura:

Ex 12,46
Sl 34,21
Zc 12,10

Nenhum osso lhe será quebrado.^b

³⁷E uma outra Escritura diz ainda:

Olharão para aquele que traspassaram.^c

Mt 27,57-60
Mc 15,42-46
Lc 23,50-54
7,13+

3,1;
7,50

11,44

O sepultamento — ³⁸Depois, José de Arimateia, que era discípulo de Jesus, mas secretamente, por medo dos judeus, pediu a Pilatos que lhe permitisse retirar o corpo de Jesus. Pilatos o permitiu. Vieram, então, e retiraram seu corpo.^d ³⁹Nicodemos, aquele que anteriormente procurara Jesus à noite, também veio, trazendo cerca de cem libras de uma mistura de mirra e aloés. ⁴⁰Eles tomaram então o corpo de Jesus e o envolveram em faixas de linho com os aromas, como os judeus costumam sepultar. ⁴¹Havia um jardim, no lugar onde ele fora crucificado e, no jardim, um sepulcro novo, no qual ninguém fora ainda colocado. ⁴²Ali, então, por causa da Preparação dos judeus e porque o sepulcro estava próximo, eles depuseram Jesus.

3. O DIA DA RESSURREIÇÃO

Mt 28,1-8
Mc 16,1-8
Lc 24,1-11
Mt 28,10+
18,15

Lc 24,12
Jo 11,44;
19,40

5,39+
14,26+
1Cor 15,4

20 **O sepulcro encontrado vazio** — ¹No primeiro dia da semana,^e Maria Madalena vai ao sepulcro, de madrugada, quando ainda estava escuro e vê que a pedra fora retirada do sepulcro. ²Corre, então, e vai a Simão Pedro e ao outro discípulo, que Jesus amava, e lhes diz: "Retiraram o Senhor do sepulcro e não sabemos onde o colocaram".

³Pedro saiu, então, com o outro discípulo e se dirigiram ao sepulcro. ⁴Os dois corriam juntos, mas o outro discípulo correu mais depressa que Pedro e chegou primeiro ao sepulcro. ⁵Inclinando-se, viu as faixas de linho por terra, mas não entrou.^f ⁶Então, chega também Simão Pedro, que o seguia, e entra no sepulcro; vê as faixas de linho por terra ⁷e o sudário que cobrira a cabeça de Jesus. O sudário não estava com os panos de linho no chão, mas enrolado em lugar à parte. ⁸Então entrou também o outro discípulo que chegara primeiro ao sepulcro: e viu e creu. ⁹Pois ainda não tinham compreendido que, conforme a Escritura,^g ele devia ressuscitar dos mortos. ¹⁰Os discípulos, então, voltaram para casa.

Mt 28,9-10
Mc 16,9-11

Ct 3,1-3

Lc 24,16+

Aparição a Maria Madalena — ¹¹Maria estava junto ao sepulcro, de fora, chorando. Enquanto chorava, inclinou-se para o interior do sepulcro ¹²e viu dois anjos, vestidos de branco, sentados no lugar onde o corpo de Jesus fora colocado, um à cabeceira e outro aos pés. ¹³Disseram-lhe então: "Mulher, por que choras?" Ela lhes diz: "Porque levaram meu Senhor e não sei onde o puseram!" ¹⁴Dizendo isso, voltou-se e viu Jesus de pé. Mas não sabia que era Jesus. ¹⁵Jesus lhe diz: "Mulher, por que choras? A quem procuras?" Pensando

---

a) Ou a testemunha, ou Deus (ou Cristo), para quem a testemunha apelaria.
b) Fusão de um v. do salmo, que descreve a proteção divina sobre o justo perseguido (cf. Sb 2,18-20) do qual o "Servo de Iahweh" de Is 53 é o tipo, e de uma prescrição ritual relativa ao cordeiro pascal (cf. 1,29+ e 1Cor 5,7).
c) "Olharão", no sentido joanino de "ver, compreender" (cf. 3,14+). Ultrapassando a pessoa do soldado romano, João anuncia a adesão dos gentios à fé (cf. 12,20-21.32 e as notas). Mesma ideia em Mt 27,54+ e de Mc 15,39+ (cf. ainda Lc 23,47.48; Mt 24,30; Ap 1,7).
d) Var.: "Ele veio... e retirou".
e) Esse dia tornou-se o "Dia do Senhor", o domingo cristão (cf. Ap 1,10).
f) O discípulo reconhece caber a Pedro certa preeminência (cf. 21,15-17).
g) O evangelista não cita texto algum. Quer relevar que os discípulos não se achavam preparados para a revelação pascal, apesar das Escrituras (cf. Lc 24,27.32.44-45).

ser o jardineiro, ela lhe diz: "Senhor, se foste tu que o levaste, dize-me onde o puseste e eu o irei buscar!" ¹⁶Diz-lhe Jesus: "Maria!" Voltando-se,*ᵃ* ela lhe diz em hebraico: "Rabbuni!",*ᵇ* que quer dizer: "Mestre". ¹⁷Jesus lhe diz: "Não me toques,*ᶜ* pois ainda não subi ao Pai. Vai, porém, a meus irmãos*ᵈ* e dize-lhes: Subo a meu Pai*ᵉ* e vosso Pai; a meu Deus e vosso Deus". ¹⁸Maria Madalena foi anunciar aos discípulos: "Vi*ᶠ* o Senhor", e as coisas que ele lhe disse.

Jo 10,3-4
Mc 10,51
Ct 3,4
1,1 +;
12,32 +
Sl 89,27

Aparições aos discípulos — ¹⁹À tarde desse mesmo dia, o primeiro da semana, estando fechadas as portas onde se achavam os discípulos, por medo dos judeus, Jesus veio e, pondo-se no meio deles, lhes disse: "A paz esteja convosco!"*ᵍ* ²⁰Tendo dito isso, mostrou-lhes as mãos e o lado. Os discípulos, então, ficaram cheios de alegria por verem o Senhor. ²¹Ele lhes disse de novo: "A paz esteja convosco!

Mt 16,14-18
Lc 24,36-49

14,27
Lc 24,16
15,11;
16,22

Como o Pai me enviou,
também eu vos envio".

17,18;
Mt 28,19
Mc 16,15

²²Dizendo isso, soprou sobre eles*ʰ* e lhes disse:
"Recebei o Espírito Santo.
²³Aqueles a quem perdoardes os pecados
ser-lhes-ão perdoados;
aqueles aos quais retiverdes
ser-lhes-ão retidos".

Lc 24,47s
At 1,8 +
Jo 1,33 +
Mt 16,19 +;
18,18 +

²⁴Um dos Doze,*ⁱ* Tomé, chamado Dídimo, não estava com eles, quando veio Jesus. ²⁵Os outros discípulos, então, lhe disseram: "Vimos o Senhor!" Mas ele lhes disse: "Se eu não vir em suas mãos o lugar dos cravos e se não puser meu dedo no lugar dos cravos e minha mão no seu lado, não crerei". ²⁶Oito dias depois, achavam-se os discípulos, de novo, dentro de casa, e Tomé com eles. Jesus veio, estando as portas fechadas, pôs-se no meio deles e disse: "A paz esteja convosco!" ²⁷Disse depois a Tomé: "Põe teu dedo aqui e vê minhas mãos! Estende tua mão e põe-na no meu lado*ʲ* e não sejas incrédulo, mas crê!" ²⁸Respondeu-lhe Tomé: "Meu Senhor e meu Deus!" ²⁹Jesus lhe disse:

11,16;
14,5

14,27
19,34 +

"Porque viste, creste.
Felizes os que não viram e creram!"*ᵏ*

Lc 1,45

a) Var.: "ela o reconheceu".
b) Tratamento mais solene do que Rabi e, muitas vezes, usado quando se dirige a Deus. Ela se aproxima, portanto, da profissão de fé de Tomé (v. 28).
c) Maria lançou-se aos pés de Jesus para abraçá-los (cf. Mt 28,9).
d) Var.: "aos irmãos".
e) Essa afirmação não contradiz a narrativa de At 1,3s. A "partida" de Jesus para o Pai e sua entrada corporal na glória (Jo 3,13; 6,62; Ef 4,10; 1Tm 3,16; Hb 4,14; 6,19s; 9,24; 1Pd 3,22; cf. At 2,33+.36+) realizam-se no mesmo dia da ressurreição (Jo 20,17; Lc 24,51). A cena da ascensão, *quarenta dias depois* (At 1,2s.9-11), significará que o período dos colóquios familiares com o Cristo cessou, que Jesus está agora "sentado" à direita de Deus e não mais voltará, até a Parusia.
f) Este verbo "ver", utilizado na forma ativa ou mais frequentemente na passiva, é regularmente empregado para falar das aparições de Cristo ressuscitado (20,18.25.29; Lc 24,34; At 9,17; 13,31; 1Cor 15,5-8). É o verbo usado para falar das aparições de Deus (Gn 12,7; 17,1; At 7,2), dos anjos (Ex 3,2; Lc 1,11; 22,43; At 7,30), e dos seres celestes (Mc 9,4; Lc 9,30). Cristo ressuscitado voltou ao mundo celeste (17,5+).

g) Saudação ordinária dos judeus (cf. Jz 19,20; 2Sm 18,28; Lc 10,5). — Esta saudação é repetida no v. 21, índice talvez de inserção mais tardia dos vv. 20-21a, sob a influência do relato paralelo de Lucas.
h) O sopro de Jesus simboliza o Espírito (em hebraico "sopro"), princípio de vida (6,63). Mesmo verbo raro como em Gn 2,7; cf. Sb 15,11: Cristo ressuscitado dá aos discípulos o Espírito que realiza uma espécie de re-criação da humanidade. Possuindo desde já este princípio de vida, o homem passou da morte à vida (5,24), não morrerá jamais (8,51). É o princípio de uma escatologia já realizada. Para Paulo (ao menos em suas primeiras epístolas), esta "re-criação" da humanidade só se produzirá por ocasião do retorno de Cristo (1Cor 15,45, que cita Gn 2,7).
i) Esta segunda aparição de Cristo aos discípulos é calcada literalmente sobre a primeira. Nela Cristo repreende Tomé por não ter crido no testemunho dos outros discípulos e lhe é exigido "ver" para crer (vv. 24 e 29). Como 4,48+ (cf. v. 25b), este relato dirige-se aos cristãos da segunda geração.
j) João, no fim do seu evangelho, faz o olhar do fiel, ainda uma vez, voltar-se para a chaga do lado (cf. 19,34+).
k) Sobre o testemunho dos apóstolos, cf. At 1,8+.

4. PRIMEIRA CONCLUSÃO

³⁰Jesus fez ainda, diante de seus discípulos, muitos outros sinais, que não se acham escritos neste livro. ³¹Esses, porém, foram escritos para crerdes que Jesus é o Cristo, o Filho de Deus, e para que, crendo, tenhais vida em seu nome.

EPÍLOGO

21 *Aparição à margem do lago de Tiberíades*[a] — ¹Depois disso, Jesus manifestou-se novamente aos discípulos, às margens do mar de Tiberíades. Manifestou-se assim: ²Estavam juntos Simão Pedro e Tomé, chamado Dídimo, Natanael, que era de Caná da Galileia, os filhos de Zebedeu e dois outros de seus discípulos. ³Simão Pedro lhes disse: "Vou pescar". Eles lhe disseram: "Vamos nós também contigo". Saíram e subiram ao barco e, naquela noite, nada apanharam.

⁴Já amanhecera. Jesus estava de pé, na praia, mas os discípulos não sabiam que era Jesus. ⁵Então Jesus lhes disse: "Jovens, acaso tendes algum peixe?" Responderam-lhe: "Não!" ⁶Disse-lhes: "Lançai a rede à direita do barco e achareis". Lançaram, então, e já não tinham força para puxá-la, por causa da quantidade de peixes.[b] ⁷Aquele discípulo que Jesus amava disse então a Pedro: "É o Senhor!" Simão Pedro, ouvindo dizer: "É o Senhor!", vestiu a roupa — porque estava nu — e atirou-se ao mar. ⁸Os outros discípulos, que não estavam longe da terra, mas cerca de duzentos côvados, vieram com o barco, arrastando a rede com os peixes.

⁹Quando saltaram em terra, viram brasas acesas, tendo por cima peixe e pão. ¹⁰Jesus lhes disse: "Trazei alguns dos peixes que apanhastes". ¹¹Simão Pedro subiu então ao barco e arrastou para a terra a rede, cheia de cento e cinquenta e três peixes grandes; e apesar de serem tantos, a rede não se rompeu.[c] ¹²Disse-lhes Jesus: "Vinde comer!" Nenhum dos discípulos ousava perguntar-lhe: "Quem és tu?", porque sabiam que era o Senhor. ¹³Jesus aproxima-se, toma o pão e o distribui entre eles; e faz o mesmo com o peixe. ¹⁴Foi esta a terceira vez que Jesus se manifestou aos discípulos, depois de ressuscitado dos mortos.

¹⁵Depois de comerem, Jesus disse a Simão Pedro: "Simão, filho de João, tu me amas mais do que estes?" Ele lhe respondeu: "Sim, Senhor, tu sabes que te amo". Jesus lhe disse: "Apascenta meus cordeiros". ¹⁶Segunda vez disse-lhe: "Simão, filho de João, tu me amas?" — "Sim, Senhor", disse ele, "tu sabes que te amo". Disse-lhe Jesus: "Apascenta minhas ovelhas". ¹⁷Pela terceira vez lhe disse: "Simão, filho de João, tu me amas?" Entristeceu-se[d] Pedro porque pela terceira vez lhe perguntara: "Tu me amas?" e lhe disse: "Senhor, tu sabes tudo; tu sabes que te amo".[e] Jesus lhe disse: "Apascenta minhas ovelhas".[f]

---

a) Este relato funde dois episódios primitivamente distintos: uma pesca miraculosa (cf. Lc 5,4-10), e uma refeição pós-pascal (cf. Lc 24,41-43), que o v. 10 se esforça em ligar. Nos vv. 1 e 14, o verbo "manifestar", dito de Cristo, é termo técnico herdado das tradições judaicas, para significar a manifestação de Cristo enquanto tal (1,31+); opor o verbo "ser visto" para as aparições de Cristo ressuscitado: 20,18+). Isso poderia ser indício de que, nas tradições joaninas, a pesca miraculosa estava na origem do acontecimento relativo ao início do ministério de Jesus, como em Lucas.
b) Superabundância que relembra Caná (2,6), e a multiplicação dos pães (6,11s).
c) Como Lc 5,10, João dá valor simbólico ao relato. Os peixes representam os futuros discípulos de Jesus. 153 é número triangular (gênero de cômputo bem conhecido na antiguidade) cuja base é 17, isto é, 10 + 7 que significam a multidão e a totalidade. A rede que não se rompe simboliza a Igreja da qual Pedro será o pastor (vv. 15-17).
d) Ele vê nisso uma lembrança de sua tríplice negação (13,38; 18,17.25-27).
e) "Amar" é expresso, no texto, por dois verbos diferentes, que correspondem, respectivamente, a amar e a ter amizade, gostar. Não é certo, porém, que essa alternância — como a alternância "cordeiros"/"ovelhas" — seja mais do que questão de estilo.
f) À tríplice profissão de amor de Pedro, Jesus responde por tríplice investidura. Ele confia a Pedro o encargo de, em seu nome, reger o rebanho (cf. Mt 16,18; Lc

¹⁸ Em verdade, em verdade, te digo:
quando eras jovem,
tu te cingias
e andavas por onde querias;
quando fores velho,
estenderás as mãos
e outro te cingirá
e te conduzirá aonde não queres".

¹⁹Disse isso para indicar com que espécie de morte*ᵃ* Pedro daria glória a Deus. Tendo falado assim, disse-lhe: "Segue-me".*ᵇ*
²⁰Pedro, voltando-se, viu que o seguia o discípulo que Jesus amava, aquele que, na Ceia, se reclinara sobre seu peito e perguntara: "Senhor, quem é que te vai entregar?" ²¹Pedro, vendo-o, disse a Jesus: "Senhor, e ele?" ²²Jesus lhe disse: "Se eu quero que ele permaneça até que eu venha,*ᶜ* que te importa? Quanto a ti, segue-me". ²³Divulgou-se, então, entre os irmãos, a notícia de que aquele discípulo não morreria. Jesus, porém, não disse que ele não morreria, mas: "Se quero que ele permaneça até que eu venha".*ᵈ*

Conclusão — ²⁴Este é o discípulo que dá testemunho dessas coisas e foi quem as escreveu: e sabemos*ᵉ* que o seu testemunho é verdadeiro.
²⁵Há, porém, muitas outras coisas que Jesus fez. Se fossem escritas uma por uma, creio que o mundo não poderia conter os livros que se escreveriam.

22,31s). Pode ser que a tríplice repetição seja sinal de compromisso, contrato em boa e devida forma, conforme o costume semítico (cf. Gn 23,7-23).
a) O martírio.
b) Fórmula pela qual Jesus convida alguém a se tornar seu discípulo (1,43; Mt 8,22; 9,9; 19,21). Como em Lc 5,10-11, o relato da pesca miraculosa termina com um convite a seguir Jesus. Mas aqui, Pedro é chamado a segui-lo até na morte (v. 18; cf. 13,36).
c) Isto é, até a Parusia (cf. 1Cor 11,26; 16,22; Ap 1,7; 22,7.12.17.20).
d) Om.: "que te importa?"
e) Talvez aqui fale um grupo de discípulos.

ATOS DOS APÓSTOLOS

Introdução

O terceiro evangelho e o livro dos Atos eram primitivamente as duas partes de uma só obra, à qual daríamos hoje o nome de "História das origens cristãs". Logo o segundo livro ficou conhecido com o título de "Atos dos apóstolos" ou "Atos de apóstolos", conforme o modo da literatura helenística que conhecia os "Atos" de Aníbal, os "Atos" de Alexandre etc.; no cânon do NT é separado do evangelho de Lucas pelo de João, que é interposto. A relação original desses dois livros do NT é indicada por seus Prólogos e por seu parentesco literário. O Prólogo dos Atos, que se dirige como o do terceiro evangelho (Lc 1,1-4) a certo Teófilo (At 1,1) remete a esse evangelho como a um "primeiro livro", de que ele resume o objeto e retoma os últimos acontecimentos (aparições do Ressuscitado e Ascensão) para encadeá-los à sequência do relato. A língua é outro laço que liga estreitamente os dois livros um ao outro. Não somente suas características (de vocabulário, de gramática e de estilo) se reencontram ao longo dos Atos, estabelecendo a unidade literária dessa obra, mas ainda elas se reconhecem no terceiro evangelho, o que não permite mais duvidar que um mesmo autor escreve, aqui e lá.

Esse autor, segundo a tradição da Igreja, é reconhecido como são Lucas. Nem na antiguidade nem em nossos dias pensou-se seriamente em outro nome. Já pelo ano 175 o conjunto das Igrejas julga assim, como o mostra o acordo do documento romano que se chama Cânon de Muratori, do Prólogo "antimarcionita", de santo Ireneu, dos Alexandrinos e de Tertuliano. De fato, esse julgamento é confirmado pelas semelhanças internas. Segundo seus escritos, o autor deve ser cristão da geração apostólica, judeu bem helenizado, ou melhor, grego de boa educação, conhecendo a fundo as realidades judaicas e a Bíblia grega. Ora, o que sabemos de Lucas a partir das epístolas paulinas, concorda bem com esses dados. Ele é apresentado pelo Apóstolo como companheiro querido que está a seu lado durante seu cativeiro (Cl 4,14; Fm 24; 2Tm 4,11). Segundo Cl 4,10-14, Lucas é de origem pagã (de Antioquia na Síria, segundo uma antiga tradição), e médico, o que implicaria certa cultura, mesmo se está longe de ser evidente que Lucas emprega em seus escritos vocabulário especificamente médico.

Para fixar a data em que escreve, não encontramos nada de firme na tradição antiga. O livro termina com o cativeiro romano de Paulo, provavelmente 61-63, e em todo caso sua composição deve ser posterior à do terceiro evangelho (antes de 70? ou por 80? mas nada impõe uma data posterior a 70). Antioquia e Roma são propostas como lugar de composição.

Quais são as fontes utilizadas por Lucas para compor seu relato? O autor dos Atos declara que se informou cuidadosamente de tudo desde as origens ao lado daqueles que tinham já empreendido compor um relato dos acontecimentos que se realizaram entre nós (Lc 1,1-4, que forma o prólogo geral de sua obra). Tais expressões fazem supor, de uma parte, que procurou informações precisas, de outra, que retomou relatos já existentes. O exame do livro confirma essa expectativa. A despeito de uma atividade literária sempre vigilante, que imprimiu em todo texto sua marca e assegura a unidade do livro, percebem-se facilmente algumas correntes principais nas tradições recolhidas por Lucas. Os doze primeiros capítulos do livro dos Atos contam a vida da primeira comunidade reunida ao redor de Pedro depois da Ascensão (1-5), e os inícios de sua expansão graças às iniciativas missionárias de Filipe (8,4-40), e dos "helenistas" (6,1-8,3; 11,19-30; 13,1-3), e enfim do próprio Pedro (9,32-11,18; 12). As tradições petrinas subjacentes seriam aparentadas ao "evangelho de Pedro", que é conhecido na literatura da Igreja antiga. Para a segunda parte dos Atos, o autor teria usado os relatos da conversão de Paulo, de suas viagens missionárias, e de sua viagem por mar para Roma como prisioneiro. Em todo caso, Lucas parece ter tido acesso às epístolas paulinas e podia se informar junto a Paulo, que ele conhecia ao menos no período de seu cativeiro. Outras pessoas (Silas ou Timóteo?) teriam podido fornecer-lhe informações circunstanciadas sobre tal ou tal episódio. Em três lugares do seu relato (16, 10-17; 20,5-21,18; 27,1-28,16; também já 11,28 no texto ocidental), Lucas emprega a primeira pessoa do plural. Seguindo santo Ireneu, alguns exegetas viram nas passagens dos Atos que são redigidas em estilo "nós" a prova de que Lucas acompanhou Paulo em suas segunda e terceira viagens missionárias e em sua viagem por mar a Roma. Entretanto, é notável que Lucas nunca é mencionado por Paulo como companheiro de sua obra de evangelização. Este "nós" parece mais o traço de um diário de viagem feito por um companheiro de Paulo (Silas?) e utilizado pelo autor de Atos. A viagem descrita pelo Diário pode estar associada à coleta feita pelas Igrejas da Macedônia e da Acaia para a Igreja de Jerusalém (ver At 24,17; 1Cor 16,1-4; 2Cor 8-9; Rm 15,25-29). Lucas habilmente organizou num todo essa rica matéria que reunira, seriando quando muito os diversos elementos e ligando-os entre si com o auxílio de refrães redacionais, p. e. 6,7; 9,31; 12,24 etc.

O valor histórico *dos Atos dos Apóstolos* não é igual. De uma parte, as fontes de que Lucas dispunha não eram homogêneas; de outra, para manejar suas fontes, Lucas gozava de liberdade muito grande segundo o espírito da historiografia antiga, subordinando seus dados históricos a seu desígnio literário e sobretudo a seus interesses teológicos. Os relatos das viagens de são Paulo refletem com mais ou menos exatidão e amplitude o mundo do Mediterrâneo oriental no primeiro século: administração romana, cidades gregas, cultos, rotas, geografia política e topografia local. Em contraste, na primeira parte do livro os relatos são em geral muito menos circunstanciados. Lucas faz certo paralelismo entre os milagres de Pedro e os de Paulo: comparar 3,1-10 e 15,8-10; 5,15 e 19,12; 5,19 ou 12,6-11.17 e 16,23-26.40; 8,15-17 e 19,2-7; 8,18-24 e 13,6-11; 9,36-42 e 20,7-12. Além disso, alguns desses relatos miraculosos têm seus paralelos nos evangelhos: comparar At 3,6-7 e Lc 4,39; Mc 1,31; comparar At 9,33-34 e Lc 5,24b-25; At 20,10.12 e Lc 8,52-55; é também evidente que as últimas palavras de Estêvão (At 7,59-60), lembram as de Jesus, (Lc 23,34.46). O discurso de Paulo em Antioquia da Pisídia (13,16-41), não é sem analogias com os de Pedro em Jerusalém (2,14-36; 3,12-26; 4,8-12; 5,29-32), de Estêvão (7,1-53), e ainda de Pedro em Cesareia (10,34-43). Portanto, é razoável supor que Lucas não recebeu esses discursos tais como são, mas que os compôs utilizando alguns temas essenciais da pregação primitiva apoiados com argumentos que se tornaram tradicionais e foram vertidos em fórmulas memorizadas: florilégios de textos escriturísticos para os judeus, reflexões de filosofia comum para os gregos, e para todos o anúncio essencial (kerygma) de Cristo morto e ressuscitado, com convite à conversão e ao batismo. Lucas terá conhecido, de início por tradição e depois por experiência, esses esquemas da primeira propaganda cristã, e é isso que lhe permitiu, com seu fino senso psicológico, colocar nesses discursos um ensinamento de valor autêntico e de importância capital. Frequentemente foram assinaladas discordâncias entre o livro dos Atos e as epístolas paulinas, que Lucas parece ter utilizado, mas sem minúcia. É notório que Lucas não se preocupou em harmonizar as cinco visitas de são Paulo a Jerusalém nos Atos com os dados de Gl 1,15-2, 10. Em outro plano, constata-se certo contraste entre o retrato de Paulo apresentado em Atos e o autorretrato que Paulo faz em sua correspondência. Paulo em Atenas se mostra claramente menos severo para com as religiões pagãs do que em sua epístola aos Romanos: comparar At 17,22-31 com Rm 1,18-32 (mas ver Sb 13,1-10, onde o autor desculpa aqueles que se enganam procurando Deus, ao mesmo tempo que condena a idolatria). Em geral Lucas atribui ao Apóstolo atitude mais conciliadora que a das epístolas: comparar At 21,20-26 com Gl 2,12s; At 16,3 com Gl 2,3; 5,1-12; mas os dois autores se inspiram em interesses muito diferentes. Paulo é pleiteante que sabe ser intransigente (mas ver também 1Cor 9,19-23), enquanto Lucas quer demonstrar a unidade profunda que ligava os primeiros discípulos entre si.

De fato, a objetividade do livro dos Atos foi atacada por outro lado, que põe a questão de sua finalidade. A escola de F. Ch. Baur quis ver nele um escrito de compromisso redigido no século II para conciliar as tendências adversas do petrinismo e do paulinismo. Este sistema tem o mérito de relevar a existência certa de oposições na Igreja primitiva; mas supõe uma data por demais tardia, e sob sua forma radical não tem hoje mais seguidores. Por outro lado, acontece ainda frequentemente que se denuncia nessa obra um advogado, com tudo o que isso pode comportar de deformação dos fatos. Lucas aí faria a apologia de Paulo destinada a convencer as autoridades romanas de que ele não era culpado de nenhum delito político. É incontestável que Lucas destaca o caráter puramente religioso do conflito que opõe os judeus a Paulo e a indiferença das autoridades romanas diante desse conflito. Mas isso parece corresponder à verdade histórica, é em todo caso é somente um aspecto do livro dos Atos. Este é uma coisa bem diferente de uma aprovação a ser apresentada ao tribunal de Roma. Visa tão-somente a contar, por si mesma, a história das origens cristãs.

Para se convencer disso, basta examinar seu plano. Aí se vê realizada a palavra inicial de Cristo: "Sereis minhas testemunhas em Jerusalém, em toda a Judeia e a Samaria, e até os confins da terra" (At 1,8). A fé se implanta de início solidamente em Jerusalém, onde a primeira comunidade cresce em graça e em número (1-5). Logo começa a expansão, preparada pela tendência universalista dos convertidos do judaísmo helenístico e por sua expulsão depois do martírio de Estêvão (6,1-8,3): a Samaria é alcançada (8,4-25), assim como a planície costeira até Cesareia, onde pela primeira vez pagãos entram na Igreja (8,26-40; 9,32-11,18), apesar da conversão de Paulo nos mostrar que já há cristãos em Damasco e pressagia a evangelização da Cilícia (9,1-30). Refrães como 9,31 (que acrescenta a Galileia) salientam bem a difusão da fé. Em seguida é Antioquia que recebe a mensagem de Jesus (11,19-26), e se tornará um centro de irradiação, não sem guardar com Jerusalém relações em que se concorda sobre os principais problemas missionários (11,27-30; 15,1-35). De fato, trata-se agora, para o Evangelho, de passar aos pagãos. Depois da conversão de Cornélio e o encarceramento em Jerusalém, Pedro parte para destinação desconhecida (12,17); e é Paulo que doravante, no relato de Lucas, ficará em evidência. Depois da primeira viagem com Barnabé em Chipre e na Ásia Menor antes do concílio de Jerusalém (13-14), duas outras viagens o levarão até a Macedônia e a Grécia (15,36-18,22), e a Éfeso (18,23-21,17). Sempre volta a Jerusalém, e sua prisão nessa cidade, depois seu cativeiro em Cesareia (21,18-26,32), lhe permitirão fazer-se conduzir, prisioneiro mas sempre missionário, até Roma onde, mesmo preso, anuncia Cristo (27-28). Vista de Jerusalém, esta capital do império representa bem "os confins da terra", e Lucas pode encerrar aí o seu livro.

Lamentaremos talvez que nada tenha sido dito sobre as atividades dos outros apóstolos, nem da fundação de certas Igrejas como a de Alexandria, ou até a de Roma, em que a fé cristã foi certamente implantada antes da chegada do Apóstolo (ver a epístola aos Romanos, sobretudo 15,22s). Também do apostolado de Pedro fora da Palestina ele nada diz, e é certo que a pessoa de Paulo ocupa em sua obra lugar preponderante, até encher sozinha toda a sua segunda metade. Mais que uma história materialmente completa, é exposição da força de expansão espiritual do cristianismo que ele quis dar; e o ensinamento teológico que soube tirar dos fatos de que dispunha possui valor universal e insubstituível, o que faz todo o valor de sua obra.

Tal contribuição doutrinal é múltipla e só é possível evocar os motivos principais. A fé em Cristo, base do kerygma apostólico, aí é exposta. Conhecemos, pelos discursos, os principais textos escriturísticos que serviram, sob a guia do Espírito, à formulação da cristologia e à argumentação junto aos judeus: notam-se particularmente os temas do Servidor (3,13.26; 4,27.30; 8,32-33), e de Jesus novo Moisés (3,22s; 7,20s), e novo Elias (1,9-11; 3,20-21). A ressurreição é provada pelo Sl 16,8-11 (At 2,24-32; 13,34-37). A história do povo eleito deve fazer com que os judeus estejam de sobreaviso contra a resistência à graça (7,2-53; 13,16-41). Para os pagãos, invocam-se os argumentos de uma teodiceia mais geral (14,15-17; 17,22-31). Mas os apóstolos são sobretudo "testemunhas" (1,8+), e Lucas nos resume seu "kerygma" (2,22+), assim como nos conta seus "sinais" taumatúrgicos. O problema crucial da Igreja nascente devia ser o acesso dos pagãos à salvação, e o livro dos Atos nos fornece luzes a respeito deste ponto, ainda que não nos revele toda a extensão das dificuldades e das controvérsias ocasionadas por essa questão na Igreja e mesmo entre seus dirigentes (ver Gl 2,11+): os irmãos de Jerusalém, agrupados ao redor de Tiago, permanecem fiéis à Lei judaica (15,1.5; 21,20s); mas os "helenistas", dos quais Estêvão é o porta-voz, sentem a necessidade de romper com o culto do Templo; e Pedro, depois sobretudo Paulo, fazem triunfar no concílio de Jerusalém o princípio da salvação pela fé em Cristo, que dispensa os pagãos da circuncisão e das observâncias mosaicas. Não é menos verdadeiro que Lucas nos mostre Paulo começando sempre por se dirigir aos judeus, para se voltar a seguir aos pagãos quando é rejeitado por seus irmãos de raça (13,5+). Sobre a vida das comunidades cristãs ele nos esboça um quadro que é sem dúvida idealizado, até mesmo utópico, mas que é inspirado nas lembranças dos primeiros anos, assim como nas realidades eclesiais de uma época mais tardia: vida de oração e partilha dos bens na jovem Igreja de Jerusalém; administração do batismo da água e do batismo do Espírito (1,5+); celebração da Eucaristia (2,42+); esboços de organização eclesiástica nos "profetas" e "doutores" (13,1+), ou ainda nos "presbíteros" que presidem a Igreja de Jerusalém (11,30+), e que Paulo estabelece nas Igrejas que ele funda (14,23). Tudo banhado, dirigido, arrebatado por um sopro invencível do Espírito Santo. Esse Espírito, sobre o qual Lucas já insistira em seu evangelho (Lc 4,1+), ele o mostra sem cessar em ação, na expansão da Igreja (At 1,8+), a ponto de se poder chamar os Atos de "o evangelho do Espírito Santo". É o que dá a essa obra esse perfume de alegria espiritual, de maravilhoso sobrenatural de que não se espantarão a não ser aqueles que não compreendem esse fenômeno único no mundo que foi o nascimento do cristianismo. Se acrescentamos a todas essas riquezas teológicas a preciosa contribuição de tantos pormenores concretos que de outra forma nos ficariam desconhecidos, se soubermos apreciar os retratos de uma fina psicologia em que Lucas sobressai — trechos picantes e hábeis como o discurso diante de Agripa (26), páginas emocionantes como o adeus aos anciãos de Éfeso (20,17-38), relatos vivos e realistas como o motim dos ourives (19,23-41) — conviremos que este livro é único em seu gênero no NT. Ele representa um tesouro cuja ausência teria empobrecido singularmente nosso conhecimento das origens cristãs.

O texto dos Atos, como o restante do NT, nos chegou com muitas variantes de minúcias. Porém, mais que em outros lugares, as que provêm do texto dito "ocidental" (Codex Bezae, versões latina, siríaca e copta, antigos escritores eclesiásticos) merecem reter a atenção. Elas fornecem um texto que frequentemente é mais conciso que o texto alexandrino, mas que contém também minúcias concretas e pitorescas que o outro ignora. De fato, estas duas tradições textuais parecem representar redações sucessivas do livro dos Atos. A tradução que segue é feita o mais frequentemente sobre o texto alexandrino, mas numerosas variantes do texto ocidental foram assinaladas em nota ou mesmo adotadas no texto traduzido.

ATOS DOS APÓSTOLOS

^{Lc 1,1-4}
^{At 1,22}
^{Mt 28,19-20}
^{Lc 24,49}
^{Lc 24,51}
^{1Tm 3,16}
^{At 10,40-41;}
^{13,31}
^{Mt 28,10}
^{Lc 24,42-43}
^{|| Lc 24,49}
^{At 2,23 +}
^{Gl 3,14}
^{Ef 1,13}
^{11,16}
^{Lc 3,16p}

1 *Prólogo* — ¹Fiz meu primeiro relato,[a] ó Teófilo, a respeito de todas as coisas que Jesus fez e ensinou desde o começo, ²até o dia em que foi arrebatado ao céu,[b] depois de ter dado instruções aos apóstolos que escolhera sob a ação do Espírito Santo.[c] ³Ainda a eles, apresentou-se vivo depois de sua paixão, com muitas provas incontestáveis: durante quarenta dias apareceu-lhes e lhes falou do que concerne ao Reino de Deus.[d] ⁴Então, no decurso de uma refeição com eles, ordenou-lhes que não se afastassem de Jerusalém,[e] mas que aguardassem a promessa do Pai, "a qual, disse ele, ouvistes de minha boca; ⁵pois João batizou com água, mas vós sereis batizados com o Espírito Santo[f] dentro de poucos dias".

^{Dn 2,21}
^{Mt 24,36p}
^{1Ts 5,1-2}
^{Is 32,15}
^{|| Lc 24,47-48}
^{Mt 28,19}

A Ascensão — ⁶Estando, pois, reunidos,[g] eles assim o interrogaram: "Senhor, é agora o tempo em que irás restaurar a realeza em Israel?"[h] ⁷E ele respondeu-lhes: "Não compete a vós conhecer os tempos e os momentos[i] que o Pai fixou com sua própria autoridade. ⁸Mas recebereis uma força, a do Espírito Santo que descerá sobre vós,[j] e sereis minhas testemunhas[k] em Jerusalém, em toda a Judeia e a Samaria, e até os confins da terra".[l]

a) O evangelho de Lucas.
b) O texto oc. não menciona a Ascensão aqui.
c) A ação do Espírito é acentuada nos inícios da missão dos apóstolos (vv. 5.8 e c. 2), como o fora nos inícios do ministério de Jesus (Mt 4,1+; Lc 4,1+).
d) O Reino de Deus (Mt 4,17+) continuará a ser o grande tema da pregação dos apóstolos (cf. 8,12; 19,8; 20,25; 28,23.31), como fora o da pregação de Jesus (cf. Mt 3,2+; Mc 1,1+).
e) Para Lucas, Jerusalém é o centro predestinado da obra da salvação (Lc 2,22+.38+), o ponto final da missão terrestre de Jesus (Lc 24,33s) e o ponto de partida da missão universal dos apóstolos (Lc 24,47; At 1,8.12; 6,7; 8,1; 11,19; 15,30.36 etc).
f) O batismo no Espírito (ou com o Espírito), já anunciado por João Batista (Mt 3,11p) e aqui prometido por Jesus, será inaugurado pela efusão de Pentecostes (2,1-4). A seguir, segundo o mandato de Cristo (Mt 28,19), os apóstolos continuarão a administrar o batismo com água (At 2,41; 8,12.38; 9,18; 10,48; 16,15.33; 18,8; 19,5) como rito de iniciação ao reino messiânico (cf. Mt 3,6+), mas conferindo-o "em nome de Jesus" (At 2,38+). Por isso, pela fé na obra realizada por Cristo (cf. Rm 6,4+), o batismo terá doravante o poder eficaz de perdoar os pecados e conceder o Espírito Santo (At 2,38). De outro lado vê-se aparecer, em conexão com esse batismo cristão com água, outro rito de imposição das mãos (1Tm 4,14+) destinado a uma comunicação visível e carismática do Espírito, análoga à de Pentecostes (8,16-19; 9,17-18; 19,5-6; mas cf. 10,44-48), rito que está na origem do sacramento da confirmação. Ao lado destes sacramentos cristãos, o batismo de João continuou a ser praticado durante certo tempo por alguns fiéis insuficientemente instruídos (19,3).
g) At 1,6 reata o fio da narrativa, interrompido em Lc 24,29.
h) O estabelecimento do reino messiânico ainda parece aos apóstolos uma restauração temporal da realeza davídica. Cf. Mt 4,17+.
i) Inserindo seu plano de salvação na história humana, Deus preparou, desde toda a eternidade (Rm 16,25+; 1Cor 2,7; Ef 1,4; 3,9.11; Cl 1,26; 2Tm 1,9; cf. Mt 25,34) os "tempos e momentos" (cf. Dn 2,21; 1Ts 5,1): 1°, de início, o tempo da preparação (Hb 1,2; 9,9; 1Pd 1,11) e da paciência (Rm 3,26; At 17,30); 2°, na "plenitude dos tempos" (Gl 4,4+), o momento escolhido para a vinda de Cristo, inaugurando a era da salvação (Rm 3,26+); 3°, o tempo que decorre até a Parusia (2Cor 6,2+); enfim, 4°, o tempo dos "últimos dias" (1Tm 4,1+), o "Dia" escatológico (1Cor 1,8+) e o Juízo final (Rm 2,6+).
j) O Espírito, tema especialmente caro a Lc (Lc 4,1+), aparece antes de tudo como um Poder (Lc 1,35; 24,49; At 1,8; 10,38; Rm 15,13.19; 1Cor 2,4-5; 1Ts 1,5; Hb 2,4), enviado de junto de Deus por Cristo (At 2,33) para a difusão da boa nova. O Espírito outorga os carismas (1Cor 12,4s) que autenticam a pregação: dons das línguas (At 2,4+), dos milagres (10,38), da profecia (11,27+; 20,23; 21,11), da sabedoria (6,3.5.10); dá a força de anunciar Jesus Cristo, apesar das perseguições (4,8.31; 5,32; 6,10; cf. Fl 1,19), e de dar testemunho dele (Mt 10,20p; Jo 15,26; At 1,8; 2Tm 1,7s; cf. nota seguinte); intervém, enfim, nas decisões capitais: admissão dos gentios na Igreja (8,29.39;10,19.44-47; 11,12-16; 15,8), abolição, para eles, das observâncias legais (15,28), missão de Paulo no mundo gentio (13,2s; 16,6-7; 19,1 [T. oc.]; cf. Mt 3,16+). Mas os Atos conhecem também o dom do Espírito recebido no batismo e outorgando a remissão dos pecados (2,38; cf. Rm 5,5+).
k) Os apóstolos têm por missão essencial dar testemunho da ressurreição de Jesus (Lc 24,48; At 2,32; 3,15; 4,33; 5,32; 13,31; 22,15), e mesmo de toda a sua vida pública (Lc 1,2; Jo 15,27; At 1,22; 10,39s). Cf. Rm 1,1+.
l) A missão dos apóstolos estende-se ao universo (Is 45,14+). As etapas aqui assinaladas traçam em linhas gerais o esquema geográfico dos Atos: Jerusalém, que era o ponto de chegada do evangelho, é agora o ponto de partida (cf. Lc 2,38+).

⁹Dito isto, foi elevado à vista deles, e uma nuvem*ᵃ* o ocultou a seus olhos. ¹⁰Estando a olhar atentamente para o céu, enquanto ele se ia, dois homens vestidos de branco encontraram-se junto deles ¹¹e lhes disseram: "Homens da Galileia, por que estais aí a olhar para o céu? Este Jesus, que foi arrebatado dentre vós para o céu, assim virá,*ᵇ* do mesmo modo como o vistes partir para o céu".

I. A Igreja de Jerusalém

O grupo dos apóstolos — ¹²Então, do monte chamado das Oliveiras, voltaram a Jerusalém. A distância é pequena: a de uma caminhada de sábado. ¹³Tendo entrado na cidade, subiram à sala de cima, onde costumavam ficar. Eram Pedro e João, Tiago e André, Filipe e Tomé, Bartolomeu e Mateus; Tiago, filho de Alfeu, e Simão, o Zelota; e Judas, filho de Tiago.*ᶜ* ¹⁴Todos estes, unânimes, perseveravam na oração*ᵈ* com algumas mulheres, entre as quais Maria, a mãe de Jesus, e com seus irmãos.*ᵉ*

Substituição de Judas — ¹⁵Naqueles dias, Pedro levantou-se no meio dos irmãos*ᶠ* — o número das pessoas reunidas era de mais ou menos cento e vinte — e disse: ¹⁶"Irmãos, era preciso que se cumprisse a Escritura em que, por boca de Davi, o Espírito Santo havia de antemão falado a respeito de Judas, que se tornou o guia daqueles que prenderam a Jesus. ¹⁷Ele era contado entre os nossos e recebera sua parte neste ministério. ¹⁸Ora, este homem adquiriu um terreno com o salário da iniquidade e, caindo de cabeça para baixo, arrebentou pelo meio, derramando-se todas as suas entranhas. ¹⁹O fato foi tão conhecido de todos os habitantes de Jerusalém que esse terreno foi denominado na língua deles, Hacéldama, isto é, 'Campo de Sangue'.*ᵍ* ²⁰Pois está escrito no livro dos Salmos:

a) A nuvem faz parte do quadro das teofanias do AT (Ex 13,22+) e do NT (Lc 9,34-35p). Ela caracteriza (Dn 7,13) a parusia do Filho do Homem (Mt 24,30+; aqui v. 11; cf. 1Ts 4,17; Ap 1,7; 14,14-16).
b) A vinda gloriosa da parusia (cf. Mt 16,27p; 24,30+; 25,31; 1Ts 4,16; 2Ts 1,7s).
c) Acrescentamos "filho" (de Alfeu, de Tiago). — O apóstolo Judas é distinto de Judas, irmão de Jesus (cf. Mt 13,55; Mc 6,3) e irmão de Tiago (Judas 1). Não se deve também, parece, identificar o apóstolo Tiago, filho de Alfeu, com Tiago, irmão do Senhor (At 12,17; 15,13 etc.).
d) Os Atos contêm numerosos exemplos de oração assídua, recomendada (Mt 6,5+) e praticada (Mt 14,23+) por Jesus. Oração comunitária presidida pelos apóstolos (4,24-30; 6,4) e centralizada na fração do pão (2,42.46; 20,7-11). Oração nas ocasiões importantes: eleições e ordenações para encargos na Igreja (1,24; 6,6; 13,3; 14,23), confirmação dos samaritanos (8,15), período de perseguições (4,24-31; 12,5.12). Notam-se também pessoas individuais em oração: Estêvão, orando por si mesmo e por seus algozes (7,59-60); Paulo, após a visão que teve de Cristo (9,11); Pedro e Paulo antes dos milagres (9,40; 28,8); Pedro, quando Deus o chama para ir ter com Cornélio (10,9; 11,5); o próprio Cornélio, homem de oração (10,2.4.30-31); Paulo e Silas na prisão (16,25); Paulo, ao deixar seus amigos em Mileto (20,36) e em Tiro (21,5). Oração de súplica na maioria destes casos, também (8,22-24) para obter o perdão; oração de louvor (16,25) e de ação de graças (28,15); enfim, testemunho de fé: "invocar o nome de Jesus Cristo" é a característica do cristão (2,21.38; 9,14.21; 22,16).
e) Cf. Mt 12,46+.
f) Ao lado do sentido estrito, a palavra "irmão" toma amiúde na Bíblia sentido mais lato, visando ao parente mais ou menos afastado (Gn 9,25; 13,8), ao compatriota (Gn 16,12; Ex 2,11; Dt 2,4; 15,2; Sl 22,23). Daí, passa para parentesco mais profundo pela comunhão na aliança. No NT designa muitas vezes os cristãos, discípulos de Cristo (Mt 28,10; Jo 20,17; At 6,3; 9,30; 11,1; 12,17; Rm 1,13 etc.), que fazem como ele a vontade do Pai (Mt 12,50p); filhos do mesmo Pai, do qual ele é o primogênito (Mt 25,40; Rm 8,29; Hb 2,11.17), e entre os quais reina o amor fraterno (Rm 12,10; 1Ts 4,9; 1Pd 1,22; 1Jo 3,14 etc.).
g) Esta apresentação da morte de Judas difere da apresentada por Mt 27,3-10. Ele também não morre enforcado como Aquitofel (2Sm 17,23) mas por uma queda(?), como os ímpios de Sb 4,19, e por derramamento das entranhas, como numerosos criminosos das lendas folclóricas. O "sangue do campo" não é mais o de Jesus, mas o de Judas. Através dessas divergências de tradições populares, pressente-se o fato real de morte súbita e vergonhosa do traidor, ligada bem ou mal a um lugar mal-afamado e conhecido de Jerusalém, o Hacéldama.

Sl 69,26 *Fique deserta a sua morada
e não haja quem nela habite.*

E ainda:

Sl 109,8 *Outro receba o seu encargo.*

1,8+ ²¹É necessário, pois, que, dentre estes homens que nos acompanharam todo o tempo em que o Senhor Jesus viveu em nosso meio, ²²a começar do batismo de João até o dia em que dentre nós foi arrebatado, um destes se torne conosco testemunha da sua ressurreição".

13,9+ ²³Apresentaram*ᵃ* então dois: José, chamado Barsabás e cognominado Justo,
15,8 e Matias. ²⁴E fizeram esta oração: "Tu, Senhor, que conheces o coração de
Lc 16,15
Jr 11,20+ todos, mostra-nos qual destes dois escolheste ²⁵a fim de ocupar, no ministério
Ap 2,23 do apostolado, o lugar que Judas abandonou, para dirigir-se ao lugar que era
Ex 33,7+ o seu". ²⁶Lançaram sortes sobre eles,*ᵇ* e a sorte veio a cair em Matias, que foi
1Sm 14,41+ então associado aos onze apóstolos.*ᶜ*

Ex 23,14+ **2** ***O Pentecostes*** — ¹Tendo-se completado o dia de Pentecostes,*ᵈ* estavam to-
4,31 dos reunidos no mesmo lugar.*ᵉ* ²De repente, veio do céu um ruído como
Jo 3,8+
Sl 104,30; o agitar-se de um vendaval impetuoso,*ᶠ* que encheu toda a casa onde se en-
33,6
Jo 20,22 contravam. ³Apareceram-lhes, então, línguas como de fogo,*ᵍ* que se repartiam
1,5+ e que pousaram sobre cada um deles. ⁴E todos ficaram repletos do Espírito
Lc 1,15+
1,8+ Santo e começaram a falar em outras línguas, conforme o Espírito lhes concedia se exprimirem.*ʰ*

Lc 24,47 ⁵Achavam-se então em Jerusalém judeus piedosos,*ⁱ* vindos de todas as
Mt 28,19
Cl 1,23 nações que há debaixo do céu. ⁶Com o ruído que se produziu, a multidão acorreu e ficou perplexa, pois cada qual os ouvia falar em seu próprio idioma.*ʲ*
Gn 11,1-9+ ⁷Estupefatos e surpresos, diziam: "Não são, acaso, galileus todos esses que falam? ⁸Como é, pois, que os ouvimos falar, cada um de nós, no próprio idioma em que nascemos? ⁹Partos, medos e elamitas; habitantes da Mesopotâmia, da Judeia e da Capadócia, do Ponto e da Ásia, ¹⁰da Frígia e da Panfília, do Egito e das regiões da Líbia próximas de Cirene; romanos que aqui residem; ¹¹tanto judeus como prosélitos,*ᵏ* cretenses e árabes,*ˡ* nós os ouvimos anunciar em nos-

a) Var.: "Apresentou dois deles" (v. 23) e "fez esta oração" (v. 24): para pôr em relevo o papel de Pedro.
b) Este modo arcaico de eleição (Ex 33,7+; 1Sm 14,41+; Lc 1,9) cederá lugar sem demora, na comunidade primitiva, a um procedimento menos mecânico (cf. 6,3-6; 13,2-3).
c) Texto oc.: "foi contado entre os doze apóstolos" (cf. Mc 3,14+).
d) Isto é, tendo terminado o período de cinquenta dias entre Páscoa e Pentecostes. Antes festa da colheita (Ex 23,14+), Pentecostes tornara-se também festa da renovação da Aliança (cf. 2Cr 15,10-13; Jubileus 6,20; Qumrã). Este novo valor litúrgico pôde inspirar a encenação de Lucas, que evoca o dom da Lei no Sinai.
e) Não a assembleia dos cento e vinte de 1,15-26, mas o grupo apostólico apresentado em 1,13-14.
f) Há afinidade entre o Espírito e o vento: a mesma palavra significa "espírito" e "sopro" (cf. Jo 3,8+).
g) A forma das chamas (Is 5,24; cf. Is 6,6-7) é relacionada aqui com o dom das línguas.
h) Segundo um de seus aspectos (vv. 4.11.13), o milagre de Pentecostes assemelha-se ao carisma da glossolalia, frequente nos primórdios da Igreja: ver 10,46; 11,15; 19,6; 1Cor 12-14; cf. Mc 16,17. Encontramos seus antecedentes no antigo profetismo israelita (cf. Nm 11,25-29; 1Sm 10,5-6.10-13; 19,20-24; 1Rs 22,10). Cf. Jl 3,1-5, citado por Pedro (vv. 17s).
i) "homens piedosos" (Sin.). Texto oc.: "Ora, os judeus residentes em Jerusalém eram homens vindos de todas as nações que há debaixo do céu". Os outros textos combinam "homens piedosos" e "judeus".
j) A glossolalia utilizava palavras em línguas estrangeiras para cantar os louvores de Deus (v. 11; cf. 1Cor 14,2+). Lucas vê neste falar em todas as línguas do mundo a restauração da unidade perdida em Babel (cf. Gn 11,1-9), símbolo e antecipação maravilhosa da missão universal dos apóstolos.
k) Os "prosélitos" são aqueles que, não sendo judeus de origem, abraçaram a religião judaica e aceitaram a circuncisão, tornando-se assim membros do povo eleito; ver ainda 6,5; 13,43; Mt 23,15. "Judeus" e "prosélitos" não são, pois, novas denominações de povos: apenas qualificam os que acabam de ser enumerados.
l) Esta enumeração dos povos do mundo mediterrâneo, que vai, de modo geral, do leste ao oeste e do norte ao sul, inspira-se, sem dúvida, num antigo calendário astrológico, conhecido por outras fontes, no qual os povos eram associados aos signos do Zodíaco e enumerados segundo sua ordem. Lucas tê-lo-ia adotado como uma descrição cômoda da *oikoumḗne*, i.é, do

sas próprias línguas as maravilhas de Deus!" ¹²Estavam todos estupefatos. E, atônitos, perguntavam uns aos outros: "Que vem a ser isto?" ¹³Outros, porém, zombavam: "Estão cheios de vinho doce!"

Discurso de Pedro à multidão — ¹⁴Pedro, então, de pé, junto com os Onze,ᵃ levantou a voz e assim lhes falou: "Homens da Judeia e todos vós, habitantes de Jerusalém, tomai conhecimento disto e prestai ouvidos às minhas palavras. ¹⁵Estes homens não estão embriagados, como pensais, pois esta é apenas a terceira hora do dia.ᵇ ¹⁶O que está acontecendo é o que foi dito por intermédio do profeta:ᶜ

¹⁷ *Sucederá* nos últimos dias,ᵈ *diz Deus,*
   que derramarei do meu Espírito sobre toda carne.
   Vossos filhos e vossas filhas profetizarão,
   vossos jovens terão visões
   e vossos velhos sonharão.
¹⁸ *Sim, sobre meus servos e minhas servas*
   derramarei do meu Espírito.
¹⁹ *E farei aparecer prodígios em cima, no céu,*
   e sinais embaixo, sobre a terra.
²⁰ *O sol se mudará em escuridão e a lua em sangue,*
   *antes que venha o Dia do Senhor, o grande Dia.*ᵉ
²¹ *E então, todo o que invocar o nome do Senhor, será salvo!*ᶠ

²²Homens de Israel, ouvi estas palavras!ᵍ Jesus, o Nazareu, foi por Deus aprovado diante de vós com milagres, prodígios e sinais, que Deus operou por meio dele entre vós, como bem o sabeis. ²³Este homem, entregue segundo o desígnio determinadoʰ e a presciência de Deus, vós o matastes, crucificando-o pela mão dos ímpios.ⁱ ²⁴Mas Deus o ressuscitou, libertando-o das angústias do Hades,ʲ pois não era possível que ele fosse retido em seu poder. ²⁵De fato, é a respeito dele que diz Davi:ᵏ

a) Pedro age como chefe do grupo apostólico e aparece em primeiro plano (cf. 1,15; 2,37; 3,4.6.12; 4,8.13; 5,3.8-9.15.29; 10-11. Ver Mt 16,19+; Lc 22,32+). João lhe é muitas vezes associado, mas um pouco à maneira de suplente (At 3,1.3.4.11; 4,13.19; 8,14; cf. Lc 22,8).
b) Cerca de nove horas da manhã.
c) Ad.: "Joel". — Quanto à citação dos vv. 17-21, texto oc.; o texto alexandrino tende a voltar à LXX.
d) Os tempos messiânicos.
e) O dia da vinda gloriosa do Senhor, o "Dia de Iahweh" (Am 5,18+). Na pregação evangélica, é o dia da volta de Jesus (Mt 24,1+; 1Cor 1,8+).
f) Os cristãos se designam a si mesmos como "aqueles *que invocam o nome do Senhor*" (9,14.21; 22,16; 1Cor 1,2; 2Tm 2,22); o nome de "Senhor" não se aplica mais a Iahweh, mas a Jesus (cf. Fl 2,11; At 3,16+). Aquele que invoca este nome — isto é, que reconhece Jesus como Senhor — será salvo: ver At 4,12 e Rm 10,9.
g) O conteúdo da pregação apostólica primitiva, i.é, o *querigma*, do qual temos aqui a primeira exposição, foi-nos esquematicamente transmitido num cinco discursos de Pedro (At 2,14-39; 3,12-26; 4,9-12; 5,29-32; 10,34-43) e em um de Paulo (13,16-41). No centro, um testemunho (1,8+); tendo por objeto a morte e a ressurreição de Cristo (2,24+) e sua exaltação (2,33+; 2,36+). Depois, pormenores sobre sua missão, anunciada por João Batista (10,37; 13,24), preparada por seu ensinamento e seus milagres (2,22; 10,38), concluída pelas aparições do Ressuscitado (10,40.41; 13,31), e a efusão do Espírito (2,33; 5,32). Enfim, perspectivas mais largas, mergulhando no passado pelas profecias do AT (2,23+; 2,25+) e olhando para o futuro: chegada dos tempos messiânicos e apelo à conversão dirigido a judeus e pagãos (2,38+), para apressar a Volta gloriosa de Cristo (3,20-21). É o esquema seguido pelos evangelhos, que desenvolveram a pregação primitiva.
h) As profecias do AT provam este desígnio de Deus (At 3,18; 4,28; 13,29; cf. 8,32-35; 9,22; 10,43; 17,2-3; 18,5.28; 26,22-23.27; 28,23; Lc 18,31+; 22,22; 24, 25-27.44).
i) Aqui, os romanos. A pregação primitiva (v. 22+) contém acusações análogas contra os judeus, aos quais se opõe a intervenção de Deus ressuscitando Jesus (2,32.36; 3,13-17; 4,10; 5,30-31; 7,52; 10,39-40; 13,27-30; 17,31; cf. Rm 1,4+; 1Ts 2,14+).
j) "do Hades", texto oc.; "da morte", texto recebido. Cf. vv. 27 e 31. — Nos LXX, o "Hades" corresponde ao *Xeol* (Nm 16,33+; Sb 2,1+; Mt 16,18+).
k) Citado conforme os LXX. O texto hebraico só exprima o desejo de escapar a morte ameaçadora: "Não deixarás o teu fiel ver a fossa". O argumento supõe o emprego da versão grega, que introduz outra ideia ao traduzir "fossa" (= túmulo) por "corrupção".

> *Eu via sem cessar o Senhor diante de mim:*
> *ele está à minha direita, para que eu não vacile.*
> ²⁶ *Por isso alegra-se o meu coração*
> *e minha língua exulta.*
> *Até minha carne repousará na esperança,*
> ²⁷ *porque não abandonarás minha alma no Hades*
> *nem permitirás que teu Santo veja a corrupção.*
> ²⁸ *Deste-me a conhecer os caminhos da vida:*
> *encher-me-ás de júbilo na tua presença.*

²⁹Irmãos, seja permitido dizer-vos com toda franqueza, a respeito do patriarca Davi: ele morreu e foi sepultado, e o seu túmulo encontra-se entre nós^a até o presente dia. ³⁰Sendo, pois, profeta, e sabendo que Deus *lhe havia assegurado* com juramento *que um descendente seu tomaria assento em seu trono*,³¹previu e anunciou a ressurreição de Cristo, o qual na verdade *não foi abandonado no Hades*, nem sua carne *viu a corrupção*. ³²A este Jesus, Deus o ressuscitou, e disto nós todos somos testemunhas. ³³Portanto, exaltado pela direita de Deus,^b ele recebeu do Pai o Espírito Santo prometido^c e o derramou, e é isto o que vedes e ouvis. ³⁴Pois Davi, que não subiu aos céus,^d afirma:

> *Disse o Senhor ao meu Senhor:*
> *Senta-te à minha direita,*
> ³⁵ *até que eu faça de teus inimigos*
> *um estrado para teus pés.*

³⁶Saiba, portanto, com certeza, toda a casa de Israel: Deus o constituiu Senhor e Cristo,^e este Jesus a quem vós crucificastes".

Primeiras conversões — ³⁷Ouvindo isto, eles sentiram o coração traspassado e perguntaram a Pedro e aos demais apóstolos: "Irmãos, que devemos fazer?" ³⁸Respondeu-lhes Pedro: "Arrependei-vos,^f e cada um de vós seja batizado em nome de Jesus Cristo^g para a remissão dos vossos pecados. Então recebereis o dom do Espírito Santo. ³⁹Pois para vós é a promessa,^h assim como para

---

a) Sobre a antiga colina de Sião, em nível mais baixo que o Templo (1Rs 2,10). Interpretação abusiva deste versículo deu origem à lenda do túmulo de Davi, venerado hoje no local tradicional do Cenáculo, na colina ocidental que, desde os primeiros séculos cristãos, recebeu o nome de Sião.
b) Palavras inspiradas no Sl 118 (v. 16, LXX: "A direita do Senhor me exaltou"), que a pregação apostólica utiliza, considerando-o messiânico: At 4,11; 1Pd 2,7; Mt 21,9p.42p; 23,39; Lc 13,35; Jo 12,13; Hb 13,6. — Mas poder-se-ia também traduzir "tendo sido exaltado à direita de Deus" e ver aí a introdução da citação (v. 34) do Sl 110,1, outro tema da pregação apostólica (Mt 22,44p; 26,64p; Mc 16,19; At 7,55.56; Rm 8,34; 1Cor 15,25; Ef 1,20; Cl 3,1; Hb 1,3.13; 8,1; 10,12; 12,2; 1Pd 3,22).
c) O dom do Espírito era anunciado pelos profetas para os tempos messiânicos (Ez 36,27+). É por este Espírito, "derramado", segundo o anúncio de Jl 3,1-2, por Cristo ressuscitado, que Pedro explica o milagre do qual os ouvintes são testemunhas.
d) O raciocínio parece ser o seguinte: Davi, posto no sepulcro, não subiu ao céu; o convite divino não se dirige, portanto, a ele, mas àquele que saiu do sepulcro. Uma var.: "ele mesmo diz, com efeito", em vez

de: "no entanto afirma", coincide com o raciocínio de Mt 22,43-45.
e) Conclusão da argumentação escriturística: É por sua ressurreição que Jesus foi constituído o "Senhor" do qual fala o Sl 110 e o "Cristo" (Messias) ao qual se refere o Sl 16. Argumentação análoga, tendo por base o Sl 2,7 (Filho de Deus), encontra-se em At 13,33+; Hb 1,5; 5,5; Rm 1,4+. Cf. também At 5,31 (Chefe e Salvador); 10,42+ e Rm 14,9 (Juiz e Senhor dos vivos e dos mortos); Fl 2,9-11 (Senhor na glória).
f) Cada um dos grandes discursos apostólicos termina com o apelo ao arrependimento (cf. Mt 3,2+), para obter o perdão dos pecados: At 3,19.26; 5,31; 10,43; 13,38; cf. 17,30; 26,20; Lc 1,77; 3,8; 5,32; 13,3.
g) O batismo é dado "em nome de Jesus Cristo" (cf. 1,5+) e é recebido "invocando-se o nome do Senhor Jesus" (cf. 2,21+; 3,16+; 8,16; 10,48; 19,5; 22,16; 1Cor 1,13.15; 6,11; 10,2; Gl 3,27; Rm 6,3; cf. Tg 2,7). Esta maneira de falar talvez não vise tanto à fórmula ritual do batismo (cf. Mt 28,19), quanto ao significado do próprio rito: profissão de fé em Cristo, tomada de posse, por Cristo, daqueles que doravante lhe são consagrados.
h) A promessa concerne primeiro aos judeus (3,25-26; 13,46; Rm 1,16+; 9,4+).

vossos filhos e *para* todos *aqueles que estão longe,ª* isto é, para *quantos o Senhor*, nosso Deus, *chamar"*. ⁴⁰Com muitas outras palavras conjurava-osᵇ e exortava-os, dizendo: "Salvai-vos desta geração perversa." ⁴¹Aqueles, pois, que acolheram sua palavra, fizeram-se batizar. E acrescentaram-se a eles, naquele dia, cerca de três mil pessoas.ᶜ

Lc 9,41
Dt 32,5
Mt 17,17
Fl 2,15
At 1,5+
At 6,1
Lc 9,41
Fl 2,15

*A primeira comunidade cristã*ᵈ — ⁴²Eles mostravam-se assíduos ao ensinamento dos apóstolos,ᵉ à comunhãoᶠ fraterna, à fração do pãoᵍ e às orações.ʰ

4,32-35;
5,12-16

⁴³Apossava-se de todos o temor, pois numerosos eram os prodígios e sinais que se realizavam por meio dos apóstolos.ⁱ

= 5,11-12a
Lc 1,12 +

⁴⁴Todos os que tinham abraçado a fé reuniam-se e punham tudo em comum: ⁴⁵vendiam suas propriedades e bens, e dividiam-nos entre todos, segundo as necessidades de cada um. ⁴⁶Dia após dia, unânimes, mostravam-se assíduos no Templo e partiam o pão pelas casas, tomando o alimento com alegriaʲ e simplicidade de coração. ⁴⁷Louvavam a Deusᵏ e gozavam da simpatia de todo o povo. E o Senhor acrescentava cada dia ao seu número os que seriam salvos.ˡ

= 5,32.34-35
6,1
Lc 24,53
At 5,12
2,41 +

3 *Cura de um aleijado* — ¹Pedro e João estavam subindo ao Templo para a oração da hora nona.ᵐ ²Trouxeram, então, um homem que era aleijado de nascença, e que todos os dias era deixado à porta do Templo, chamada Formosa,ⁿ para pedir esmola aos que entravam. ³Vendo Pedro e João que iam entrar no Templo, implorou que lhe dessem uma esmola. ⁴Pedro, porém, fitando nele os olhos, junto com João, disse-lhe: "Olha para nós!" ⁵Ele os olhava atentamente, esperando receber deles alguma coisa. ⁶Mas Pedro lhe disse: "Nem ouro nem prata possuo. O que tenho, porém, isto te dou: em nome de Jesus Cristo, o Nazoreu, anda!"ᵒ ⁷E, tomando-o pela mão direita, ergueu-o. No mesmo instante seus pés e calcanhares se firmaram; ⁸de um salto pôs-se em pé e começou a andar. E entrou com eles no Templo, andando, saltando e louvando a Deus. ⁹Todo o povo viu-o andar e louvar a Deus; ¹⁰reconheciam-no, pois era ele quem esmolava, assentado junto à Porta Formosa do Templo. E ficaram cheios de admiração e de assombro pelo que lhe sucedera.

14,8-10
Lc 8,51 +

2,14 +

3,16 +
Mt 2,23 +

9,41
Mt 8,15 +
Is 35,6
Lc 7,22p
2,47 +

Lc 1,12 +

---

a) Isto é, os pagãos, por alusão a Is 57,19, citado e explicado (Ef 2,13-17; cf. também At 22,21).
b) Ou: "dava seu testemunho" (cf. 8,25; 28,23).
c) Lucas tem o constante cuidado de assinalar o crescimento numérico da Igreja (v. 47; 4,4; 5,14; 6,1.7; 9,31; 11,21.24; 16,5; cf. 12,24; 13,48-49; 19,20).
d) Comparar com 4,32-35 e 5,12-16. Estes três "sumários", de redação compósita, descrevem em traços análogos a vida da primeira comunidade cristã.
e) Instruções para os neoconvertidos, nas quais as Escrituras eram explicadas à luz dos eventos cristãos, não mais como proclamação da Boa Nova a não cristãos. Cf. 15,35.
f) "Comunhão" (1Cor 1,9+) é empregada aqui sem complemento (cf. Gl 2,9). Faz-se mister entendê-la certamente como comunhão dos bens (v. 44; 4,32-35), que exprime e reforça a união dos corações (v. 46; 4,32), resultante da partilha do evangelho e de todos os bens recebidos de Deus por Jesus Cristo na comunidade apostólica. O sentido do termo não se limita a ajuda social, nem a ideologia comum, ou a sentimento de solidariedade.
g) Ver v. 46; 20,7.11; 27,35; Lc 24,30.35. A expressão, tomada em si mesma, evoca a refeição judaica na qual quem preside pronuncia uma bênção antes de repartir o pão. Mas, na linguagem cristã, visa ao rito eucarístico (1Cor 10,16; 11,24; Lc 22,19p; 24,35+). Este (v. 46) não era celebrado no Templo, mas numa casa; e não era separado de uma verdadeira refeição (cf. 1Cor 11,20-34).
h) As orações em comum, presididas pelos apóstolos (6,4). Um exemplo: 4,24-30. Cf. 1,14+.24; 12,5.
i) Ad.: "em Jerusalém, e grande temor pesava sobre todos".
j) A alegria que segue a fé (8,8.39; 13,48.52; 16,34; cf. 5,41; Lc 1,14+; Rm 15,13; Fl 1,4+).
k) Cf. 3,8.9; 4,21; 21,20; Lc 2,20+.
l) A salvação na hora do julgamento é assegurada para os membros da comunidade cristã (2,21+; cf. 13,48 e as epístolas paulinas). A Igreja se identifica assim com o "resto de Israel" (Is 4,3+. Cf. Rm 9,27).
m) Era a hora do sacrifício vespertino, cerca das três da tarde (cf. Ex 29,39-42; Lc 1,8-10+; Eclo 50,5-21; At 10,3.30).
n) Provavelmente a porta chamada "coríntia" que, a leste do santuário, do pátio exterior, ou átrio dos gentios, dava acesso ao primeiro pátio interior, ou átrio das mulheres.
o) Var.: "levanta-te e caminha" (cf. Lc 5,23-24 etc).

Discurso de Pedro ao povo — ¹¹Como ele não largasse Pedro e João, acorreu todo o povo, atônito, para junto deles, no pórtico chamado de Salomão.*ᵃ* ¹²À vista disso, Pedro dirigiu-se ao povo: "Homens de Israel, por que vos admirais assim? Ou por que fixais os olhos em nós, como se por nosso próprio poder ou piedade tivéssemos feito este homem andar? ¹³*O Deus de Abraão, de Isaac, de Jacó, o Deus de nossos pais glorificou seu servo*ᵇ Jesus, a quem vós entregastesᵉ e negastesᵈ diante de Pilatos, quando este já estava decidido a soltá-lo. ¹⁴Vós acusastesᵉ o Santoᶠ e o Justo,ᵍ e exigistes que fosse agraciado para vós um assassino, ¹⁵enquanto fazíeis morrer o *príncipe* da vida.ʰ Mas Deus o ressuscitou dentre os mortos, e disto nós somos testemunhas. ¹⁶Graças à fé em seu nome, este homem que contemplais e a quem conheceis, foi o Seu nome que o revigorou; e a fé que nos vem por Ele é que deu a este homem a sua perfeita saúde diante de todos vós.ⁱ

¹⁷Entretanto, irmãos, sei que agistes por ignorância,ʲ da mesma forma como vossos chefes. ¹⁸Assim, porém, Deus realizou o que antecipadamente anunciara pela boca de todos os profetas, a saber, que seu Cristo havia de padecer. ¹⁹Arrependei-vos, pois, e convertei-vos,ᵏ a fim de que sejam apagados os vossos pecados, ²⁰e deste modo venham da face do Senhor os tempos do refrigério.ˡ Então enviará ele o Cristo que vos foi destinado,ᵐ Jesus, ²¹a quem o céu deve acolher até os tempos da restauração de todas as coisas,ⁿ das quais Deus falou pela boca de seus santos profetas.ᵒ ²²Moisés, na verdade, falou: *O Senhor nosso Deus vos suscitará dentre os vossos irmãos um profeta semelhante a mim; vós o ouvireis em tudo o que ele vos disser.* ²³*E todo aquele que não escutar esse profeta, será exterminado do meio do povo.* ²⁴Também os outros profetas, desde Samuel e todos os que a seguir falaram, prenunciaram estes dias.ᵖ

a) Colunata que se estendia por todo o lado oriental da esplanada do Templo.
b) Os cristãos reconhecem em Jesus o misterioso "Servo" de Is 52,13-53,12, citado parcialmente em At 8,32-33 (cf. Is 42,1+). Ver abaixo v. 26; 4,27.30. A glorificação que Deus lhe concedeu é a sua ressurreição (v. 15). Cf. Jo 17,5+.
c) Cf. Is 53,12. Mesma alusão ao Cântico do Servo em Rm 4,25; 8,32; Gl 2,20; Ef 5,2.25; At 7,52.
d) Como Moisés (7,35), também ele figura de Cristo, rejeitado por seus compatriotas.
e) Var.: "vós negastes".
f) Comparar com At 4,27.30: Jesus é o "santo servo" de Deus. É igualmente o "Santo de Deus" e o "Santo" por excelência (At 2,27; Lc 1,35; 4,34; Mc 1,24+; Jo 6,69; Ap 3,7).
g) Cf. Is 53,11; At 7,52; 22,14; ver igualmente Mt 27,19; Lc 23,47; 1Pd 3,18; 1Jo 2,1.
h) O príncipe que conduz os seus à vida, que lhes comunica a própria vida. A sequência da missa da Páscoa retoma a expressão: *Dux vitae mortuus regnat vivus* — O mesmo título, de "chefe", é dado (7,27.35) a Moisés, figura de Cristo (cf. 5,31+; Hb 2,10).
i) Na concepção antiga, o nome é inseparável da pessoa e participa de suas prerrogativas (ver Ex 3,14+). Assim, a invocação do nome de Jesus (2,21+.38+) evoca o poder de Jesus: 3,6; 4,7.10.30; 10,43; 16,18; 19,13; Lc 9,49; 10,17; ver também Jo 14,13.14; 15,16; 16,24.26; 20,31. Mas, para ser eficaz, esta invocação requer a fé de quem a ele recorre (cf. 19,13-17; Mt 8,10+).
j) Parece aludir a Lc 23,34 (cf. At 7,60).
k) Pela "conversão", o homem "se volta" espiritualmente (cf. Mt 3,2+). Os pagãos devem voltar-se para Deus, abandonando os ídolos (ver 1Ts 1,9; Gl 4,9; 1Cor 10,7.14; At 14,15; 15,19; 26,18.20); os judeus devem voltar-se ao Senhor, reconhecendo Jesus como Senhor (cf. 2Cor 3,16; At 9,35). Os termos estão invertidos em Lc 1,16; At 11,21; cf. 1Pd 2,25. Ver igualmente Is 6,10 citado em At 28,27; Mt 13,15; Mc 4,12; cf. Jo 12,40.
l) Este tempo coincide com o da Vinda de Cristo e da restauração universal (cf. 1,7+; Rm 2,6+); no pensamento dos apóstolos era também o tempo da restauração da realeza em Israel (1,6-7). O arrependimento e a conversão apressam sua vinda (cf. 2Pd 3,12).
m) Ou: "Jesus, que foi constituído Cristo (Messias) para vós" (cf. 2,36+).
n) A volta dos israelitas cativos e dispersos foi anunciada pelos profetas como prelúdio da era messiânica (Jr 16,15; 23,8; Os 11,10-11 etc.), na qual reinarão paz e felicidade sem fim (Is 11,1-9+; 65,17-25; Os 2,20+; Mq 5,6-8). Igualmente, quando o tempo chegar, Deus enviará Jesus, instituído como rei messiânico desde sua ressurreição (2,36+): ela inaugura seu reino definitivo e a renovação de todas as coisas (cf. Rm 8,19+; 1Cor 15,24-25).
o) Ad.: "desde os tempos antigos".
p) A pregação primitiva gosta de mostrar como Jesus realizou as profecias do AT por causa de sua descendência davídica (2,30; 13,34), sua missão de "profeta", sucessor de Moisés (3,22s; cf. Mt 16,14+; Jo 1,21+), seus sofrimentos (2,23+), seu papel de pedra rejeitada pelos construtores, mas que se tornou pedra angular (4,11), sua ressurreição (2,25-31; 13,33-37), sua exaltação celeste à direita de Deus (2,34s).

²⁵Vós sois os filhos dos profetas e da aliança que Deus estabeleceu com os nossos pais, quando disse a Abraão: *Na tua descendência serão abençoadas todas as famílias da terra.* ²⁶Para vós em primeiro lugar Deus ressuscitou*a* seu Servo e o enviou para vos abençoar,*b* a partir do momento em que cada um de vós se afastar de suas maldades".*c*

4 Pedro e João diante do Sinédrio —
¹Falavam eles ao povo, quando sobrevieram os sacerdotes, o oficial do Templo e os saduceus,*d* ²contrariados por vê-los ensinar ao povo e anunciar, em Jesus, a ressurreição dos mortos. ³Lançaram as mãos neles e os recolheram ao cárcere até a manhã seguinte, pois já estava entardecendo. ⁴Entretanto, muitos dos que tinham ouvido a Palavra abraçaram a fé. E seu número, contando-se apenas os homens, chegou a cerca de cinco mil. ⁵No dia seguinte, reuniram-se em Jerusalém*e* seus chefes, anciãos e escribas. ⁶Estava presente o sumo sacerdote Anás, e também Caifás, Jônatas,*f* Alexandre e todos os que eram da linhagem do Sumo Sacerdote. ⁷Mandaram então comparecer os apóstolos e começaram a interrogá-los: "Com que poder ou por meio de que nome*g* fizestes isso?" ⁸Então Pedro, repleto do Espírito Santo, lhes disse: "Chefes do povo e anciãos! ⁹Uma vez que hoje somos interrogados judicialmente a respeito do benefício feito a um enfermo e de que maneira ele foi curado, ¹⁰seja manifesto a todos vós e a todo o povo de Israel: é em nome de Jesus Cristo, o Nazareu, aquele a quem vós crucificastes, mas a quem Deus ressuscitou dentre os mortos, é por seu nome e por nenhum outro que este homem se apresenta curado, diante de vós. ¹¹É ele *a pedra desprezada por vós, os construtores, mas que se tornou a pedra angular.* ¹²Pois não há, debaixo do céu, outro nome dado aos homens pelo qual devamos ser salvos".*h*

¹³Ao ver a intrepidez de Pedro e de João, e verificando que eram homens iletrados e sem posição social, ficaram admirados. Reconheceram-nos, é verdade, como os que estiveram com Jesus; ¹⁴mas, vendo com eles, de pé, o homem que fora curado, nada podiam dizer em contrário. ¹⁵Mandaram-nos, pois, sair do Sinédrio e puseram-se a deliberar, ¹⁶dizendo: "Que faremos com estes homens? Que por eles realizou-se um sinal notório é claramente manifesto a todos os habitantes de Jerusalém, e não podemos negá-lo. ¹⁷Mas, para que isto não se divulgue ainda mais entre o povo, proibamo-los, com ameaças, de tornarem a falar neste nome a quem quer que seja."

¹⁸Chamando-os, pois, ordenaram-lhes que absolutamente não falassem*i* nem ensinassem mais em nome de Jesus. ¹⁹No entanto, Pedro e João responderam: "Julgai se é justo, aos olhos de Deus, obedecer mais a vós do que a Deus. ²⁰Pois não podemos, nós, deixar de falar das coisas que vimos e ouvimos". ²¹Então, depois de novas ameaças, soltaram-nos, não encontrando nada em que puni-los, também por causa do povo: todos glorificavam a Deus pelo que acontecera. ²²Ora, tinha mais de quarenta anos o homem no qual se verificara o sinal desta cura.

---

a) Realizando assim a promessa relembrada no v. 22, pois o mesmo verbo grego significa simultaneamente "suscitar" e "ressuscitar". Pela ressurreição de Cristo, Deus cumpriu as promessas feitas aos patriarcas (13,32-34; 24,14-15; 26,6-8).
b) Cf. 26,23; 2Tm 1,10; Gl 3,14. Por sua ressurreição, Cristo trouxe ao mundo a bênção prometida a Abraão (v. 25).
c) Outra tradução: "contanto que cada qual se afaste de suas maldades".
d) O partido da aristocracia sacerdotal, oposto ao partido religioso e popular dos fariseus (ver Mt 3,7+). Os saduceus são constantemente apresentados como adversários da doutrina da ressurreição (At 23,6-8; Lc 20,27-38p). O antagonismo entre fariseus e saduceus mais de uma vez transformará os primeiros em aliados dos cristãos (cf. At 5,34; 23,8-9; 26,5-8; Lc 20,39).
e) O Grande Sinédrio de Jerusalém, tribunal supremo de Israel.
f) Var.: "João".
g) Nos vv. 10-12, seguimos o antigo texto oc.
h) O nome de Jesus significa "Deus salva" (Mt 1,21).
i) Proibição que parece ser advertência legal. Numa causa como esta, os infratores (exceto os rabinos) só podiam ser encarcerados por reincidência, o que se verificará no cap. seguinte (cf. 5,28).

Oração dos apóstolos na perseguição — ²³Uma vez soltos, foram para junto dos seus e referiram tudo o que lhes disseram os chefes dos sacerdotes e os anciãos. ²⁴Ouvindo isto, todos juntos elevaram a voz a Deus, dizendo: "Soberano Senhor, foste tu que fizeste o céu, a terra, o mar, e tudo o que neles existe; ²⁵foste tu que falaste pelo Espírito Santo, pela boca de nosso pai Davi, teu servo:ᵃ

> Por que esta arrogância entre as nações
> e estes vãos projetos entre os povos?
> ²⁶Os reis da terra apresentaram-se
> e os governantes se coligaram de comum acordo
> contra o Senhor e contra o seu Ungido.ᵇ

²⁷De fato, contra o teu santo servo Jesus, a quem ungiste,ᶜ verdadeiramente *coligaram-se* nesta cidade Herodes e Pôncio Pilatos,ᵈ com *as nações* pagãs e os *povos* de Israel, ²⁸para executarem tudo o que, em teu poder e sabedoria,ᵉ havias determinado de antemão. ²⁹Agora, pois, Senhor, considera suas ameaças e concede a teus servos que anunciem com toda a intrepidez tua palavra, ³⁰enquanto estendes a mão para que se realizem curas, sinais e prodígios, pelo nome do teu santo servo Jesus". ³¹Tendo eles assim orado, tremeu o lugar onde se achavam reunidos. E todos ficaram repletos do Espírito Santo, continuando a anunciar com intrepidez a palavra de Deus.ᶠ

***A primeira comunidade cristã*ᵍ** — ³²A multidão dos que haviam crido era um só coração e uma só alma. Ninguém considerava exclusivamente seu o que possuía, mas tudo entre eles era comum. ³³Com grande poderʰ os apóstolos davam o testemunho da ressurreição do Senhor, e todos tinham grande aceitação.ⁱ ³⁴Não havia entre eles necessitado algum. De fato, os que possuíam terrenos ou casas, vendendo-os, traziam os valores das vendas ³⁵e os depunham aos pés dos apóstolos. Distribuía-se então, a cada um, segundo sua necessidade.

A generosidade de Barnabé — ³⁶José, a quem os apóstolos deram o cognome de Barnabé, que quer dizer "filho da consolação",ʲ era levita originário de Chipre. ³⁷Sendo proprietário de um campo, vendeu-o e trouxe o dinheiro, depositando-o aos pés dos apóstolos.

5

A fraude de Ananias e de Safira — ¹Entretanto, certo homem, chamado Ananias, de acordo com sua mulher, Safira, vendeu uma propriedade. ²Mas, com a conivência da esposa, reteve parte do preço. Levando depois uma parte, depositou-a aos pés dos apóstolos. ³Disse-lhe então Pedro: "Ananias, por que encheu Satanás o teu coração para mentires ao Espírito Santo, retendo parte do preço do terreno? ⁴Porventura, mantendo-o não permaneceria teu e,

---

a) Texto alterado e tradução incerta. — O saltério é atribuído globalmente a Davi.
b) "Ungido": a palavra grega é "Cristo", explicada a seguir (v. 27) no seu sentido etimológico.
c) Pela unção que fez dele o Soberano messiânico, o "Cristo" (cf. Mt 3,16+).
d) Representando respectivamente os "reis" e os "magistrados" do salmo. Quanto a "Herodes", cf. Lc 23,6-16.
e) Lit.: "tua mão e teu conselho".
f) Um pequeno Pentecostes. Comparar com o primeiro (2,1s).
g) Sumário análogo ao de 2,42-47. O tema aqui é a comunhão dos bens; introduz os dois exemplos que seguem: Barnabé, Ananias e Safira. A insistência no despojamento efetivo das riquezas caracteriza a religião de Lucas (cf. 12,33+).
h) Poder que se traduzia em milagres: cf. 2,22; 3,12; 4,7; 6,8; 8,13; 10,38; 1Ts 1,5; 1Cor 2,4-5.
i) Da parte do povo: cf. 2,47; 4,21; 5,13.
j) A palavra grega quer dizer ao mesmo tempo "consolação" e "exortação", cf. 11,23. — "filho de", semitismo que tem aqui o sentido de "hábil para". — Quanto a Barnabé, ver 9,27; 11,22-30; 12,25; 13-15; 1Cor 9,6; Gl 2; Cl 4,10.

vendido, não disporias do dinheiro à vontade? Por que, pois, concebeste em teu coração este projeto? Não foi a homens que mentiste, mas a Deus". ⁵Ao ouvir estas palavras, Ananias caiu e expirou. E grande temor sobreveio a todos os que disto ouviram falar. ⁶Os jovens, acorrendo, envolveram o corpo e o retiraram, dando-lhe sepultura.
⁷Passou-se o intervalo de cerca de três horas. Sua esposa, nada sabendo do que sucedera, entrou. ⁸Pedro interpelou-a: "Dize-me, foi por tal preço que vendestes o terreno?" E ela respondeu: "Sim, por tal preço". ⁹Retrucou-lhe Pedro: "Por que vos pusestes de acordo para tentardes o Espírito do Senhor? Eis à porta os pés dos que sepultaram teu marido; eles levarão também a ti". ¹⁰No mesmo instante ela caiu a seus pés e expirou. Os jovens, que entravam de volta, encontraram-na morta; levaram-na e a enterraram junto de seu marido.ᵃ ¹¹Sobreveio então grande temor à Igrejaᵇ inteira e a todos os que tiveram notícia destes fatos.

*Quadro de conjunto*ᶜ — ¹²Pelas mãos dos apóstolos faziam-se numerosos sinais e prodígios no meio do povo... Costumavam estar, todos juntos,ᵈ de comum acordo, no pórtico de Salomão, ¹³e nenhum dos outros ousava juntar-se a eles, embora o povo os engrandecesse. ¹⁴Mais e mais aderiam ao Senhor,ᵉ pela fé, multidões de homens e de mulheres. ¹⁵...a ponto de levarem os doentes até para as ruas, colocando-os sobre leitos e em macas, para que, ao passar Pedro, ao menos sua sombra cobrisse algum deles. ¹⁶Também das cidades vizinhas de Jerusalém acorria a multidão, trazendo enfermos e atormentados por espíritos impuros, os quais eram todos curados.

Prisão e libertação miraculosa dos apóstolos — ¹⁷Interveio então o Sumo Sacerdoteᶠ com toda a sua gente, isto é, o partido dos saduceus. Tomados de inveja, ¹⁸lançaram as mãos sobre os apóstolos e os recolheram à prisão pública. ¹⁹O Anjo do Senhor, porém, durante a noite, abriu as portas do cárcere, e, depois de havê-los conduzido para fora, disse: ²⁰"Ide e, apresentando-vos no Templo, anunciai com ousadia ao povo tudo o que se refere àquela Vida!"ᵍ ²¹Tendo ouvido isto, entraram no Templo ao raiar do dia e começaram a ensinar.

Comparecimento diante do Sinédrio — Chegou então o Sumo Sacerdote com a sua gente. Convocaram o Sinédrio e todo o Senadoʰ dos israelitas, e mandaram buscar os apóstolos no cárcere. ²²Mas os servos, que lá foram, não os encontraram na prisão. Voltaram, portanto, dizendo: ²³"Encontramos o cárcere fechado com toda segurança e os guardas, junto às portas, de sentinela. Mas, abrindo, não achamos ninguém lá dentro". ²⁴Ouvindo estas palavras, o oficial do Templo

---

a) O pecado de Ananias e de Safira foi o de ter, por amor ao dinheiro, pretendido enganar os apóstolos e, por meio deles, o Espírito Santo, presente entre os irmãos, ao qual eles mentiram.
b) Este termo, retomado da antiga aliança (cf. At 7,38) para designar a comunidade messiânica (Mt 16,18+), adquiriu, com o desenvolvimento do cristianismo, uma extensão cada vez mais vasta: primeiro, a Igreja-mãe de Jerusalém (At 8,1; 11,22 etc.); depois, as igrejas particulares da Judeia (Gl 1,22; 1Ts 2,14; cf. At 9,31) e do paganismo (At 13,1; 14,23; 15,41; 16,5; Rm 16,1.4; 1Cor 1,2+ etc.; Tg 5,14; 3Jo 9; Ap 1,4; 2,1 etc.), suas "assembleias" (1Cor 11,18; 14,23.34 etc.; cf. At 19,32), e seus locais (Rm 16,5; Cl 4,15; Fm 2); enfim, a Igreja em sua unidade teológica (At 20,28; 1Cor 10,32; 12,28 etc.), em sua personalidade de Corpo e de Esposa de Cristo (Cl 1,18+; Ef 5,23-32), e em sua plenitude cósmica (Ef 1,23+).
c) Terceiro "sumário" que desenvolve o tema do poder miraculoso dos apóstolos (cf. 2,43; 4,33). Os vv. 12b-14 interrompem o desenvolvimento.
d) Já não se trata dos apóstolos, ao que parece, mas de todos os fiéis.
e) Preferível a: "cada vez mais numerosos se juntavam (à comunidade) os que criam no Senhor". Cf. 11,24.
f) Var.: "Anás, o Sumo Sacerdote" (cf. 4,6).
g) Lit.: "todas as palavras" (cf. v. 32; 10,37) desta tal "Vida". Trata-se, no mesmo sentido, da "mensagem desta salvação" (13,26). A pregação cristã tem por objetivo a "salvação" (cf. 4,12; 11,14; 15,11; 16,17.30-31) ou a "vida" (cf. 3,15; 11,18; 13,46.48), prometida "àqueles que invocam o nome do Senhor" (2,21.40.47; 4,12).
h) "Sinédrio" e "Senado" designam a mesma assembleia: o Grande Sinédrio de Jerusalém. Cf. Lc 22,66+.

e os chefes dos sacerdotes ficaram perplexos a respeito deles, pensando no que poderia isto significar. ²⁵Foi quando alguém chegou com a notícia: "Aqueles homens, que metestes na prisão, estão no Templo, ensinando o povo". ²⁶Partiu então o oficial do Templo com seus subalternos e trouxe os apóstolos, mas sem violência, porque temiam ser apedrejados pelo povo. ²⁷Tendo-os, pois, trazido, fizeram-nos comparecer perante o Sinédrio. O Sumo Sacerdote os interpelou: ²⁸"Expressamente vos ordenamos que não ensinásseis nesse nome.ᵃ No entanto, enchestes Jerusalém com a vossa doutrina, querendo fazer recair sobre nós o sangue desse homem!" ²⁹Pedro e os apóstolos porém, responderam: "É preciso obedecer antes a Deus do que aos homens. ³⁰O Deus de nossos pais ressuscitou Jesus, a quem vós matastes, suspendendo-o no madeiro.ᵇ ³¹Deus, porém, o exaltou com a sua direita, fazendo-o chefe e Salvador,ᶜ a fim de conceder a Israel o arrependimento e a remissão dos pecados. ³²Nós somos testemunhas destas coisas, nós e o Espírito Santo,ᵈ que Deus concedeu aos que lhe obedecem". ³³Ouvindo isto, eles tremiam de raiva e pretendiam matá-los.

Intervenção de Gamaliel — ³⁴Então levantou-se, no Sinédrio, certo fariseu, chamado Gamaliel. Era doutor da Lei, respeitado por todo o povo.ᵉ Ele mandou retirar os homens por um instante ³⁵e falou: "Varões de Israel, atentai bem no que fareis a estes homens. ³⁶Antes destes nossos dias surgiu Teudas, que pretendia ser alguém, e ao qual aderiram cerca de quatrocentos homens. Mas foi morto, e todos os que lhe deram crédito debandaram e foram reduzidos a nada. ³⁷Depois dele veio Judas, o Galileu, na época do recenseamento, atraindo o povo atrás de si. Pereceu ele também, e todos os que lhe obediciam foram dispersos.ᶠ ³⁸Agora, portanto, digo-vos, deixai de ocupar-vos com estes homens. Soltai-os. Pois, se o seu intento ou sua obra provém dos homens, destruir-se-á por si mesma; ³⁹se vem de Deus, porém, não podereis destruí-los. Não aconteça que vos encontreis movendo guerra a Deus".ᵍ Concordaram, então, com ele. ⁴⁰Chamaram de novo os apóstolos e açoitaram-nos com varas. E, depois de intimá-los a que não falassem mais no nome de Jesus, soltaram-nos. ⁴¹Quanto a eles, saíram do recinto do Sinédrio regozijando-se, por terem sido achados dignos de sofrer afrontas pelo Nome.ʰ ⁴²E cada dia, no Templo e pelas casas, não cessavam de ensinar e de anunciar a Boa Nova do Cristo Jesus.ⁱ

a) T. oc.: " 'Não vos proibimos expressamente de ensinardes nesse nome? E não obstante...' Pedro respondeu-lhe: 'A quem se deve obedecer: a Deus ou aos homens?' Ele disse: 'A Deus'. Então disse Pedro: 'O Deus de nossos pais...' "
b) Expressão retomada em 10,39 (cf. 13,29). Relembra Dt 21,23, citado em Gl 3,13 (cf. 1Pd 2,24).
c) A expressão corresponde a "Príncipe da vida" (3,15+); igualmente a "Chefe e Redentor", dito de Moisés, como figura de Cristo (7,35; cf. 7,25). Ver também Hb 2,10; 12,2. Há paralelismo latente entre Jesus e Moisés.
d) Cf. Mt 10,20; Lc 12,12; Jo 15,26-27; At 1,8.
e) Gamaliel I, mestre de são Paulo (22,3), era o herdeiro do pensamento de Hilel e o representante proeminente da tendência laxa e mais humana na interpretação da Lei. Sua intervenção corresponde à atitude geral do partido farisaico (cf. 4,1+).
f) As insurreições de Judas, o Galileu, e de Teudas são mencionadas por Josefo que as data respectivamente no tempo do recenseamento sob Quirino (6 d.C.; cf. Lc 2,2+) e do mandato do procurador Cúspio Fado (44-46).

g) Uma var. insiste na preocupação de pureza ritual: "...deixai-os e não mancheis vossas mãos. Porque se sua iniciativa... destruí-los, nem vós, nem os reis, nem os tiranos. Abstende-vos, pois, de tocar nessa gente, para que não suceda vos encontreis movendo guerra a Deus".
h) Este Nome, pelo qual os apóstolos sofrem (cf. 21,13; 1Pd 4,14; 3Jo 7), que eles pregam (4,10.12.17-18; 5,28.40; cf. 3,6.16; 8,12.16; 9,15.16.27.28), que os cristãos invocam (2,21; 4,12; 9,14.21; 22,16), é sempre o nome de Jesus, inseparável de sua pessoa (3,16+), nome que ele recebeu na ressurreição (2,36+), a saber, o "Nome acima de todo nome": o nome de "Senhor", até então reservado a Deus (Fl 2,9-11+).
i) A Boa Nova do Reino (Mc 1,1+), difundida pelos discípulos, isto é, a Palavra que eles "evangelizam" (8,4.25.40; 15,7.15.21; 16,10), ou o "evangelho" (15,7; 20,24), concretiza-se para o cristianismo primitivo na pessoa de Jesus (8,35), ressuscitado por Deus (13,32s; 17,18; cf. 2,23+; 9,20) e feito Filho de Deus com poder (cf. Rm 1,1+), Cristo (5,42; 8,12; cf. 9,22), e Senhor (10,36; 11,20; 15,35; cf. 2,36+).

II. As primeiras missões

6 **Instituição dos Sete** — ¹Naqueles dias, aumentando o número dos discípulos,^a surgiram murmurações dos helenistas contra os hebreus.^b Isto porque, diziam aqueles, suas viúvas eram esquecidas na distribuição diária. ²Os Doze convocaram então a multidão dos discípulos e disseram: "Não é conveniente que abandonemos a Palavra de Deus para servir às mesas. ³Procurai, antes,^c entre vós, irmãos, sete^d homens de boa reputação, repletos do Espírito e de sabedoria, e nós os encarregaremos dessa tarefa. ⁴Quanto a nós, permaneceremos assíduos à oração e ao ministério da Palavra".^e ⁵A proposta agradou a toda a multidão. E escolheram Estêvão, homem cheio de fé e do Espírito Santo, Filipe, Prócoro, Nicanor, Timon, Pármenas e Nicolau, prosélito de Antioquia.^f ⁶Apresentaram-nos aos apóstolos e, tendo orado, impuseram-lhes as mãos.^g

⁷E a palavra de Deus crescia.^h O número^i dos discípulos multiplicava-se enormemente em Jerusalém, e considerável grupo de sacerdotes obedecia à fé.

Prisão de Estêvão — ⁸Estêvão, cheio de graça e de poder, operava prodígios e grandes sinais entre o povo. ⁹Intervieram então alguns da sinagoga chamada dos Libertos,^j dos cireneus e alexandrinos, dos da Cilícia e da Ásia, e puseram-se a discutir com Estêvão. ¹⁰Mas não podiam resistir à sabedoria e ao Espírito com o qual ele falava. ¹¹Subornaram então alguns para dizerem: "Ouvimo-lo pronunciar palavras blasfemas contra Moisés e contra Deus". ¹²Amotinaram assim o povo, os anciãos e os escribas e, chegando de improviso, prenderam-no e o levaram à presença do Sinédrio. ¹³Lá apresentaram testemunhas falsas que depuseram: "Este homem não cessa de falar contra este lugar santo e contra a Lei. ¹⁴Pois ouvimo-lo dizer repetidamente que esse Jesus, o Nazareu, destruirá este Lugar e modificará os costumes que Moisés nos transmitiu".^k ¹⁵Todos os membros do Sinédrio, com os olhos fixos nele, tiveram a impressão de ver em seu rosto o rosto de um anjo.^l

---

a) "Os discípulos": nova maneira, em certas seções dos Atos (nem antes de 6,1, nem depois de 21,16: indício de fontes utilizadas por Lucas), de designar os cristãos, assimilados assim ao pequeno grupo de fiéis que aderiram a Jesus e que os evangelhos designam por esse nome.
b) Os "helenistas": judeus que haviam vivido fora da Palestina, haviam adotado certa cultura grega e dispunham em Jerusalém de sinagogas particulares, em que a Bíblia era lida em grego. Os "hebreus" eram os judeus autóctones; falavam o aramaico, mas liam a Bíblia em hebraico nas sinagogas. Esta divisão foi transposta para o seio da Igreja primitiva. A iniciativa das missões partirá do grupo helenista.
c) Var.: "Procuraremos, antes..."
d) Doze era o número das tribos de Israel (Mc 3,14+). Sete era o das nações pagãs que habitavam em Canaã (13,19).
e) A dupla função dos apóstolos nas reuniões litúrgicas da comunidade: pronunciar as orações e fazer a catequese.
f) Lucas não dá o nome de "diáconos" aos sete eleitos, mas é repetida a palavra "serviço", gr. diakonía (cf. Fl 1,1+; Tt 1,5+). — Todos os escolhidos têm nome grego; o último é prosélito (cf. 2,11+). Assim, o grupo dos cristãos helenistas recebe uma organização separada do grupo hebreu. É possível que por trás da diferença assinalada no v. 1 se esconda um desacordo mais profundo entre hebreus e helenistas, talvez a respeito da política missionária.
g) Seja a comunidade (cf. 13,1-3), sejam, antes (v. 3), os apóstolos.
h) Novo estribilho (ver 12,24; 19,20; cf. Lc 1,80+), acrescentado ao anterior (ver 2,41+).
i) As funções dos Sete se assemelham às dos Doze, uma vez que operam milagres (ver também 8,6-7), anunciam a palavra (8,4) e batizam (8,38).
j) Provavelmente os descendentes de judeus levados a Roma por Pompeu, em 63 a.C., vendidos como escravos e, depois, libertos.
k) Por ocasião do processo de Jesus, "falsas testemunhas" acusam-no igualmente de ter dito que "destruiria" o Templo. Também o resultado do processo de Estêvão (At 7,56-57) ecoa o processo de Jesus (Mt 26,62-66). — As acusações relativas aos costumes prescritos por Moisés serão aduzidas também contra Paulo (At 15,1.5; 21,21.28; 25,8; 28,17).
l) O aspecto de anjo provoca temor sagrado (cf. Jz 13,6). O semblante de Moisés, ao descer do Sinai, refletia o resplendor da glória de Deus e provocava o mesmo temor (Ex 34,29-35; 2Cor 3,7-18). Igualmente o rosto de Jesus transfigurado (Mt 17,2; Lc 9,29). Os

7 Discurso de Estêvão

— ¹O Sumo Sacerdote perguntou: "As coisas são mesmo assim?" ²E ele respondeu:*ª* "Irmãos e pais, ouvi. O Deus da glória apareceu a nosso pai Abraão, ainda na Mesopotâmia, antes que ele se estabelecesse em Harã,*b* ³e disse-lhe: '*Sai da tua terra e da tua parentela, e vai para a terra que eu te mostrarei*'. ⁴Saindo, pois, da terra dos caldeus, ele veio estabelecer-se em Harã. Dali, após a morte de seu pai, Deus o transferiu para esta terra, na qual vós agora habitais. ⁵Nela não lhe deu propriedade alguma, nem sequer onde pudesse descansar os pés. Mas prometeu que *lha daria como propriedade, a ele e à sua descendência depois dele*, embora não tivesse filho. ⁶E falou-lhe Deus que *a sua descendência seria peregrina em terra estrangeira, e a escravizariam e a maltratariam por quatrocentos anos*. ⁷*Mas a nação da qual serão escravos, eu a julgarei*, disse Deus. *Depois disto sairão de lá e me renderão culto neste Lugar*.*c* ⁸Deu-lhe em seguida a aliança da circuncisão. Por isso, tendo gerado Isaac, Abraão *circuncidou-o no oitavo dia*. E Isaac fez o mesmo a Jacó, e Jacó aos doze patriarcas. ⁹Os patriarcas, *invejosos de José, venderam-no para o Egito*. Mas *Deus estava com ele* ¹⁰e o livrou de todas as suas tribulações: *deu-lhe graça* e sabedoria diante do Faraó, rei do Egito, que *o nomeou superintendente do Egito e de toda a casa real*. ¹¹Sobreveio então *a fome sobre todo o Egito* e Canaã. A aflição era grande, e nossos pais não encontravam mantimentos. ¹²*Ao saber que no Egito havia trigo*, Jacó para lá enviou nossos pais a primeira vez. ¹³*Na segunda vez José deu-se a conhecer a seus irmãos*, e tornou-se conhecida do Faraó a sua origem. ¹⁴José mandou então buscar Jacó, seu pai, e toda a sua parentela, em número de *setenta e cinco pessoas*. ¹⁵*Desceu Jacó para o Egito e aí morreu*, ele e também nossos pais. ¹⁶Seus restos foram trasladados a Siquém e depostos no sepulcro que Abraão comprara a dinheiro aos filhos de Hemor, pai de Siquém.*d*

¹⁷Aproximava-se, porém, o tempo da promessa que Deus fizera solenemente a Abraão. O povo *foi crescendo e multiplicando-se* no Egito, ¹⁸até que *surgiu no Egito outro rei*, o qual não tinha mais conhecimento *de José*. ¹⁹E ele, *usando de astúcia* para com a nossa raça, atormentou nossos pais a ponto de obrigá-los a expor seus recém-nascidos, *para que não sobrevivessem*. ²⁰Nesse momento nasceu Moisés, que *era belo aos olhos de Deus*. *Por três meses* foi nutrido na casa paterna; ²¹e depois, tendo sido exposto, *recolheu-o a filha do Faraó e o criou como seu próprio filho*. ²²Assim foi Moisés iniciado em toda a sabedoria dos egípcios, e tornou-se poderoso em palavras e obras.

²³*Ao completar quarenta anos*,*e* veio-lhe ao coração o desejo de visitar *seus irmãos, os israelitas*. ²⁴*Ao ver um deles maltratado injustamente*, tomou-lhe a defesa e vingou o oprimido, *matando o egípcio*. ²⁵Julgava que seus irmãos compreenderiam que Deus queria salvá-los por meio dele. Mas não

---

membros do Sinédrio também assistem a uma transfiguração de Estêvão, que vê a glória de Deus (7,55-56). — Quanto às teofanias, cf. Ex 13,22; 19,16; 33,20; Mt 17,1; 24,26-31 e as notas.

a) O discurso resume primeiro a história de Abraão e de José (vv. 2-16); depois desenvolve bastante a história de Moisés (vv. 17-43, cf. a acusação lançada contra Estêvão: 6,11). Estêvão opõe à alta missão de salvação, da qual Deus encarregou Moisés, a atitude dos israelitas: rejeição, recusa de obediência, infidelidade. Os temas são tradicionais (cf. Dt), mas desenvolvidos aqui em função do fato cristão: ao falar de Moisés, Estêvão pensa em Cristo, do qual Moisés é a figura; a atitude dos israelitas para com Moisés é a mesma que a dos judeus para com Cristo. Na história de Israel, Estêvão sublinha o que vai contra o apego a uma nação particular (vv. 2-6), contra os sacrifícios (vv. 39-43), e contra a construção de um Templo material (vv. 44-50; cf. a acusação de 6,13). Percebe-se o espírito do judaísmo helenista da Diáspora. O discurso acaba por uma invectiva apaixonada (vv. 51-53), que retoma um tema primitivo da pregação cristã (cf. 2,23+).

b) Segundo Gn 11,31, esta aparição ocorreu em Harã. Estêvão depende aqui de tradição extrabíblica.

c) Ao monte Horeb, Estêvão substitui "este Lugar": o Templo de Jerusalém.

d) "Pai de Siquém": explicitado segundo Gn 33,19. — Var.: "aos filhos de Hemor, filhos de Siquém", "aos filhos de Emor, em Siquém", "aos filhos de Hemor, (habitantes) de Siquém". — O v. 16 segue uma tradição diferente da Bíblia; por isso há várias correções, tentadas por diversas variantes.

e) Segundo as tradições judaicas.

compreenderam. ²⁶No dia seguinte, apareceu quando alguns deles se batiam e tentou reconduzi-los à paz, dizendo: 'Meus amigos, sois irmãos: por que vos maltratais um ao outro?' ²⁷Então, *o que maltratava o companheiro* o repeliu, dizendo: *'Quem te constituiu chefe e juiz sobre nós?*ᵃ ²⁸*Pretenderias matar-me, da mesma forma como ontem mataste o egípcio?*' ²⁹A estas palavras,ᵇ Moisés fugiu e *foi viver como forasteiro na terra de Madiã*, onde gerou dois filhos.

³⁰Decorridos quarenta anos, *apareceu-lhe um anjo no deserto do monte Sinai, na chama de uma sarça* ardente. ³¹Ao percebê-lo, Moisés ficou admirado com o que via. E, *aproximando-se para ver melhor, fez-se ouvir a voz do Senhor:* ³²*'Eu sou o Deus de teus pais, o Deus de Abraão, de Isaac e de Jacó'*. Todo trêmulo, Moisés não ousava olhar. ³³E o Senhor lhe disse: *'Tira a sandália dos pés, pois o lugar em que estás é terra santa.* ³⁴*Eu vi, eu vi o sofrimento de meu povo no Egito, e ouvi seus gemidos. Por isso desci para livrá-los. Agora vem, eu vou enviar-te ao Egito'.*

³⁵Este Moisés, a quem tinham negadoᶜ com as palavras: *'Quem te constituiu chefe e juiz?'*, Deus o enviou como chefe e redentor, com a assistência do anjo que lhe apareceu na sarça. ³⁶Foi ele quem os fez sair, operando *prodígios e sinais na terra do Egito*, no mar Vermelho *e no deserto, durante quarenta anos*. ³⁷Foi ele, Moisés, quem disse aos israelitas: *'Deus vos suscitará, dentre vossos irmãos, um profeta como eu'*.ᵈ ³⁸Foi ele quem, *na assembleia*ᵉ do deserto, esteve com o Anjo que lhe falava no monte Sinai e também com nossos pais;ᶠ foi ele quem recebeu palavras de vidaᵍ para no-las transmitir. ³⁹Mas nossos pais não quiseram obedecer-lhe. Antes, repeliram-no e, nos seus corações, *voltaram para o Egito*,ʰ ⁴⁰ao dizerem a Aarão: *'Faze-nos deuses que caminhem à nossa frente. Pois a este Moisés, que nos fez sair da terra do Egito, não sabemos o que lhe aconteceu'*. ⁴¹E nesses dias fizeram um bezerro e ofereceram sacrifício ao ídolo, regozijando-se com as obras de suas mãos. ⁴²Deus então voltou-se contra eles e os entregou ao culto do exército do céu,ⁱ como está escrito no livro dos Profetas:

> *Acaso me oferecestes vítimas e sacrifícios*
> *durante quarenta anos no deserto, ó casa de Israel?*
> ⁴³*Entretanto, carregastes a tenda de Moloc*
> *e a estrela do deus Refã,*
> *figuras que havíeis feito para adorar;*
> *por isso eu vos deportarei para além da* Babilônia.

---

a) Deus, ressuscitando Jesus, o constituiu "Chefe" (cf. 5,31) e "Juiz" (cf. 10,42; 17,31).

b) De acordo com Ex 2,15, Moisés foge por medo do Faraó; aqui, porque é rejeitado pelos seus.

c) O AT não emprega este verbo a respeito de Moisés, mas o termo encontra-se em At 3,13-14 acerca de Jesus. Igualmente, o AT não dá o título de "redentor" a Moisés. A imagem de Cristo, do qual ele é figura, projeta-se assim sobre a de Moisés.

d) Texto messiânico já citado em 3,22. Outro — o Messias — devia, portanto, ter papel análogo ao de Moisés (Mt 16,14+; Jo 1,21+).

e) O termo grego *ekklésia* tornou-se nossa palavra "igreja" (cf. 5,11+; Mt 16,18+). Designava, em Dt 4,10+, a assembleia do povo santo no deserto. Cf. a "convocação santa" (Ex 12,16; Lv 23,3; Nm 29,1). A Igreja, novo povo dos santos (9,13+), é herdeira do povo antigo.

f) Moisés servia de mediador entre "o Anjo" e o povo. Nos textos antigos, "o Anjo de Iahweh" não é senão o próprio Iahweh, em ato de manifestar-se (Gn 16,7+; cf. Mt 1,20+). Em época mais recente, foi sublinhada a transcendência divina, distinguindo-se entre Iahweh e seu Anjo. Assim, Moisés não teria estado em relação imediata com Deus, mas com um ou vários anjos. Traços desta concepção em Gl 3,19; Hb 2,2.

g) A observância da Lei obtém a vida (Dt 4,1; 8,1.3; 30,15-16.19-20; 32,46-47; Lv 18,5, citado em Gl 3,12; Rm 10,5); falava-se, pois, da Lei como "preceitos de vida" (Ez 33,15; Br 3,9). Para os cristãos é a pregação evangélica que será a "palavra de vida" (Fl 2,16; cf. At 5,20), isto é a "palavra da salvação" (At 13,26). Fonte de vida, a própria palavra de Deus é por si mesma "viva" (cf. Hb 4,12; 1Pd 1,23). Enfim, Jesus Cristo, ele próprio, é a "Palavra de vida" (1Jo 1,1).

h) Cf. Nm 14,3 e Ex 16,3. Comparar com Ez 20,8-14.

i) Designação bíblica dos astros, muitas vezes divinizados (cf. Dt 4,19; 17,3; 2Rs 21,3-5; Jr 8,2; 19,13; Sf 1,5).

⁴⁴A Tenda do Testemunho esteve com nossos pais no deserto, segundo prescrevera aquele que falava a Moisés, determinando *que a fizesse conforme o modelo* que havia visto. ⁴⁵Tendo-a recebido, nossos pais, guiados por Josué, a introduziram no país conquistado das nações que Deus expulsou diante deles, até os dias de Davi. ⁴⁶Este encontrou graça diante de Deus e suplicou o favor de *providenciar morada para a casa*ª *de Jacó*. ⁴⁷Foi *Salomão*, porém, que *lhe construiu uma casa*. ⁴⁸Entretanto, o Altíssimo não habita em obras de mãos humanas, como diz o profeta:

⁴⁹ *O céu é o meu trono,*
e a terra, o estrado de meus pés.
Que casa me construireis, diz o Senhor,
ou qual será o lugar do meu repouso?
⁵⁰ *Não foi minha mão que fez tudo isto?*

⁵¹Homens de dura cerviz, incircuncisos de coração e de ouvidos, vós sempre resistis ao Espírito Santo!ᵇ Como foram vossos pais, assim também vós! ⁵²A qual dos profetas vossos pais não perseguiram? Mataram os que prediziam a vinda do Justo, de quem vós agora vos tornastes traidores e assassinos, ⁵³vós, que recebestes a Lei por intermédio de anjos, e não a guardastes!"
⁵⁴Ouvindo isto, tremiam de raiva em seus corações e rangiam os dentes contra ele.

Apedrejamento de Estêvão. Saulo perseguidor — ⁵⁵Estêvão, porém, repleto do Espírito Santo, fitou os olhos no céu e viu a glória de Deus, e Jesus, de pé, à direita de Deus. ⁵⁶E disse: "Eu vejo os céus abertos, e o Filho do Homem, de pé,ᶜ à direita de Deus".ᵈ ⁵⁷Eles, porém, dando grandes gritos, taparam os ouvidos e precipitaram-se à uma sobre ele. ⁵⁸E, arrastando-o para fora da cidade, começaram a apedrejá-lo.ᵉ As testemunhasᶠ depuseram seus mantos aos pés de um jovem chamado Saulo.ᵍ ⁵⁹E apedrejaram Estêvão, enquanto ele dizia esta invocação:ʰ "Senhor Jesus, recebe meu espírito". ⁶⁰Depois, caindo de joelhos, gritou em voz alta: "Senhor, não lhes leves em conta este pecado." E, dizendo isto, adormeceu.

8 ¹ⁱOra, Saulo estava de acordo com a sua execução. Naquele dia, desencadeou-se uma grande perseguição contra a Igreja de Jerusalém. Todos,ʲ com exceção dos apóstolos, dispersaram-se pelas regiões da Judeia e da Samaria.ᵏ

a) Var.; "para o Deus".
b) Que falava por Moisés e pelos profetas.
c) De pé e não sentado, como em Lc 22,69p; talvez na qualidade de testemunha do mártir.
d) A visão de Estêvão deve ligar-se à sua transfiguração (6,15+).
e) Em vez de um julgamento em regra, pronunciado pelo Sinédrio, assiste-se a um linchamento popular. Talvez seja esta a realidade histórica, apresentada por Lc como processo regular, para tornar a morte do primeiro mártir semelhante à de Jesus.
f) As falsas testemunhas já mencionadas (6,13-14). Competia às testemunhas da acusação serem os primeiros a executar a sentença (Dt 17,7).
g) O futuro apóstolo Paulo (13,9+).
h) Belo exemplo da "invocação do nome do Senhor" (2,21+). Lucas acentua por duas vezes (vv. 59-60) a semelhança entre Estêvão moribundo e Jesus em sua paixão.
i) Os vv. 1-4 constituem uma série de breves notícias: sepultamento de Estêvão (v. 2), conclusão natural do episódio precedente; atividade de Saulo, perseguidor (vv. 1a e 3), que liga com a narrativa da lapidação de Estêvão (cf. 7,58b) à da conversão de Saulo (9,1-30), que parece ser sua sequência; enfim, uma notícia sobre a perseguição e a dispersão da Igreja (vv. 1b-4), que introduz o relato das missões evangélicas de Filipe (8,5-40) e de Pedro (9,32-11,18); o v. 4 será repetido em 11,19. Encontram-se, pois, iniciados aqui, os diversos temas desenvolvidos até o cap. 12.
j) "Todos": simplificação literária. A perseguição parece visar diretamente aos helenistas (cf. 6,1.5); é o grupo deles que, dispersado pela perseguição, dá à Igreja os primeiros missionários (v. 4; 11,19-20).
k) Segunda etapa da expansão da Igreja (cf. 1,8). A terceira começará com a fundação da igreja de Antioquia (11,20).

²Entretanto, alguns homens piedosos sepultaram Estêvão, fazendo grandes lamentações por ele.
³Quanto a Saulo, devastava a Igreja: entrando pelas casas, arrancava homens e mulheres e metia-os na prisão.

Filipe na Samaria — ⁴Entretanto, os que haviam sido dispersos iam de lugar em lugar, anunciando a palavra da Boa Nova. ⁵Foi assim que Filipe, tendo descido a uma cidade da Samaria,ᵃ a eles proclamava o Cristo.ᵇ ⁶As multidões atendiam unânimes ao que Filipe dizia, pois ouviam falar dos sinais que operava ou viam-nos pessoalmente. ⁷De muitos possessos os espíritos impuros saíam, dando grandes gritos, e muitos paralíticos e coxos foram curados. ⁸E foi grande a alegria naquela cidade.

Simão, o mago — ⁹Ora, vivia há tempo, na cidade, um homem chamado Simão, o qual, praticando a magia, excitava a admiração do povo de Samaria e pretendia ser alguém importante. ¹⁰Todos, do menor ao maior, lhe davam atenção, dizendo: "Este homem é o Poder de Deus, que se chama o Grande".ᶜ ¹¹Davam-lhe atenção porque ele, por muito tempo, os fascinara com suas artes mágicas. ¹²Quando, porém, acreditaram em Filipe, que lhes anunciara a Boa Nova do Reino de Deus e do nome de Jesus Cristo, homens e mulheres faziam-se batizar. ¹³O próprio Simão, também, acreditou. E, tendo recebido o batismo, estava constantemente com Filipe, admirando-se ao observar os sinais e grandes atos de poder que se realizavam.
¹⁴Os apóstolos, que estavam em Jerusalém, tendo ouvido que a Samaria acolhera a palavra de Deus, enviaram-lhes Pedro e João. ¹⁵Estes, descendo até lá, oraram por eles, a fim de que recebessem o Espírito Santo. ¹⁶Pois não tinha descido ainda sobre nenhum deles, mas somente haviam sido batizados em nome do Senhor Jesus. ¹⁷Então começaram a impor-lhes as mãos, e eles recebiam o Espírito Santo.
¹⁸Quando Simão viu que o Espírito era dado pela imposição das mãos dos apóstolos, ofereceu-lhes dinheiro, ¹⁹dizendo: "Dai também a mim este poder, para que receba o Espírito Santo todo aquele a quem eu impuser as mãos". ²⁰Pedro, porém, replicou: "Pereça o teu dinheiro, e tu com ele, porque julgaste poder comprar com dinheiro o dom de Deus!ᵈ ²¹Não terás parte nem herança neste ministério, porque o teu coração não é reto diante de Deus. ²²Arrepende-te, pois, dessa tua maldade e ora ao Senhor, para que te possa ser perdoado este pensamento do teu coração; ²³pois eu te vejo na amargura do fel e nos laços da iniquidade".ᵉ ²⁴Simão respondeu: "Rogai vós por mim ao Senhor, para que não me sobrevenha nada do que acabais de dizer".ᶠ
²⁵Então, tendo dado testemunho e anunciado a palavra do Senhor, eles voltaram a Jerusalém, evangelizando muitos povoados dos samaritanos.

---

a) Var.: "a cidade de Samaria", "a cidade de Cesareia". — Não é, sem dúvida, a própria cidade de Samaria, transformada em cidade helenística (Sebaste). Trata-se aqui de evangelização dos "samaritanos", no sentido judaico da palavra: irmãos de raça e de religião, mas separados da comunidade de Israel e caídos na heresia (cf. Jo 4,9+; Mt 10,5-6+).
b) Isto é, o Messias, que também os samaritanos esperavam (cf. Jo 4,25).
c) Ou, menos bem: "o Poder de Deus, chamado *Megále*" (isto é, entendido em aramaico, "Revelador"). Supunha-se, portanto, que uma emanação do Deus supremo habitava em Simão, à qual ele deveria seus poderes sobrenaturais.
d) O Espírito Santo é, por excelência, o dom de Deus (cf. 2,38; 10,45; 11,17; Lc 11,9.13); tema retomado no hino *Veni Creator*.
e) Deste episódio se originou o termo "simonia", que designa o comércio das coisas santas.
f) Ad. oc.: "e não cessava de chorar copiosamente".

Filipe batiza um eunuco — ²⁶O Anjo*ᵃ* do Senhor disse a Filipe: "Levanta-te e vai, por volta do meio-dia,*ᵇ* pela estrada que desce de Jerusalém a Gaza. A estrada está deserta". ²⁷Ele se levantou e partiu. Ora, um etíope,*ᶜ* eunuco e alto funcionário de Candace, rainha da Etiópia, que era superintendente de todo o seu tesouro, viera a Jerusalém para adorar ²⁸e voltava. Sentado na sua carruagem, lia o profeta Isaías. ²⁹Disse então o Espírito a Filipe: "Adianta-te e aproxima-te da carruagem". ³⁰Filipe correu e ouviu que o eunuco lia o profeta Isaías. Então perguntou-lhe: "Entendes o que lês?" ³¹"Como o poderia, disse ele, se ninguém me explicar?" Convidou então Filipe a subir e sentar-se com ele. ³²Ora, a passagem da Escritura que lia era a seguinte:*ᵈ*

Como ovelha foi levado ao matadouro;
e como cordeiro, mudo ante aquele que o tosquia,
assim ele não abre a boca.
³³Na sua humilhação foi-lhe negada a justiça.
E a sua geração, quem é que a narrará?
Porque a sua vida foi eliminada da terra.

³⁴Dirigindo-se a Filipe, disse o eunuco: "Eu te pergunto, de quem diz isto o profeta? De si mesmo ou de outro?" ³⁵Abrindo então a boca, e partindo deste trecho da Escritura, Filipe anunciou-lhe a Boa Nova de Jesus.

³⁶Prosseguindo pelo caminho, chegaram aonde havia água. Disse então o eunuco: "Eis aqui a água. Que impede que eu seja batizado?"*ᵉ* ³⁸E mandou parar a carruagem. Desceram ambos à água, Filipe e o eunuco. E Filipe o batizou. ³⁹Quando subiram da água, o Espírito do Senhor arrebatou Filipe,*ᶠ* e o eunuco não mais o viu. Mas prosseguiu na sua jornada com alegria. ⁴⁰Quanto a Filipe, encontrou-se em Azoto. E, passando adiante, anunciava a Boa Nova em todas as cidades que atravessava, até que chegou a Cesareia.

9 ***Vocação de Saulo****ᵍ* — ¹Saulo, respirando ainda ameaças de morte contra os discípulos do Senhor, dirigiu-se ao Sumo Sacerdote. ²Foi pedir-lhe cartas para as sinagogas de Damasco, a fim de poder trazer para Jerusalém, presos, os que lá encontrasse pertencendo ao Caminho,*ʰ* quer homens, quer mulheres.

³Estando ele em viagem e aproximando-se de Damasco, subitamente uma luz vinda do céu o envolveu de claridade. ⁴Caindo por terra, ouviu uma voz que lhe dizia: "Saul, Saul,*ⁱ* por que me persegues?" ⁵Ele perguntou: "Quem és, Senhor?" E a resposta: "Eu sou Jesus, a quem tu persegues.*ʲ* ⁶Mas levanta-te, entra na cidade, e te dirão o que deves fazer".

---

a) Os anjos (cf. Tb 5,4+; Ef 1,21+), que os evangelhos apresentam a serviço de Jesus e de sua missão (Mt 4,11p+; 26,53; Jo 1,51 etc.), estão muitas vezes, nos Atos, a serviço da comunidade cristã (1,10; 5,19; 10,3; 12,7-10.23; 27,23). Aqui, a continuação da narrativa fala do "Espírito" (vv. 29 e 39).
b) Ou: "para o lado do sul".
c) Não a Etiópia atual, mas o antigo reino de Cuch, isto é, a Núbia, entre a primeira (ou apenas a segunda) catarata e o Sudão.
d) Citado segundo a LXX, tradução pouco nítida de texto hebraico obscuro e, sem dúvida, alterado. Quanto ao emprego de Is 53 na pregação cristã primitiva, ver 3,13+ e Lc 4,17-21p.
e) O v. 37 é glosa muito antiga, conservada no texto oc. e inspirada na liturgia batismal: "Filipe disse: 'Se crês de todo o coração, é possível'. E ele respondeu: 'Creio que Jesus Cristo é o Filho de Deus' ".
f) Var. oc.: "o Espírito Santo desceu sobre o eunuco e o Anjo do Senhor arrebatou Filipe".
g) Deste acontecimento capital para a história da Igreja, Lucas oferece nada menos que três relatos, cujas divergências nos pormenores se explicam pela diferença dos gêneros literários: os dois outros relatos fazem parte de discursos de Paulo. Ver também Gl 1,12-17. O evento se deu em 33 ou mais cedo.
h) O "Caminho" designa a conduta do homem ou, como aqui, da comunidade dos fiéis. O uso do AT (Sl 119,1+) adquire valor novo de conformidade com Cristo (Mt 7,13-14+; 22,16; 1Cor 4,17; 12,31; Hb 9,8; 10,19-22; 2Pd 2,2). Jesus chamou a si mesmo de Caminho (Jo 14,6+). O uso absoluto do termo é peculiar aos Atos: aqui e em 18,25.26; 19,9.23; Mt 7,13-14+; 22,4; 24,14.22.
i) Forma aramaica ("hebraica": 26,14) do nome de Saulo.
j) Tudo o que se faz aos discípulos por causa do nome de Jesus, é a Jesus que se faz (Mt 10,40+).

⁷Os homens que com ele viajavam detiveram-se, emudecidos de espanto, ouvindo a voz mas não vendo ninguém. ⁸Saulo ergueu-se do chão. Mas, embora tivesse os olhos abertos, não via nada. Conduzindo-o, então, pela mão, fizeram-no entrar em Damasco. ⁹Esteve três dias sem ver, e nada comeu nem bebeu.

¹⁰Ora, vivia em Damasco um discípulo, chamado Ananias. O Senhor lhe disse numa visão: "Ananias!" Ele respondeu: "Estou aqui, Senhor!" ¹¹E o Senhor prosseguiu: "Levanta-te, vai pela rua chamada Direita e procura, na casa de Judas, por alguém de nome Saulo, de Tarso. Ele ora ¹²e acaba de ver[a] um homem chamado Ananias entrar e lhe impor as mãos, para que recobre a vista". ¹³Ananias respondeu: "Senhor, ouvi de muitos, a respeito deste homem, quantos males fez a teus santos[b] em Jerusalém. ¹⁴E aqui está com autorização dos chefes dos sacerdotes para prender a todos os que invocam teu nome". ¹⁵Mas o Senhor insistiu: "Vai, porque este homem é para mim um instrumento de escol para levar o meu nome diante das nações pagãs, dos reis, e dos israelitas.[c] ¹⁶Eu mesmo lhe mostrarei quanto lhe é preciso sofrer em favor do meu nome". ¹⁷Ananias partiu. Entrou na casa, impôs sobre ele as mãos e disse: "Saul, meu irmão, o Senhor me enviou, Jesus, o mesmo que te apareceu no caminho por onde vinhas. É para que recuperes a vista e fiques repleto do Espírito Santo".[d] ¹⁸Logo caíram-lhe dos olhos umas como escamas, e recuperou a vista. Recebeu, então, o batismo ¹⁹e, tendo tomado alimento, sentiu-se reconfortado.

Pregação de Saulo em Damasco — Saulo esteve alguns dias com os discípulos em Damasco ²⁰e, imediatamente, nas sinagogas, começou a proclamar Jesus, afirmando que é o Filho de Deus.[e] ²¹Todos os que o ouviam ficavam estupefatos e diziam: "Mas não é este o que devastava em Jerusalém os que invocavam esse nome, e veio para cá expressamente com o fim de prendê-los e conduzi-los aos chefes dos sacerdotes?" ²²Saulo, porém, crescia mais e mais em poder e confundia os judeus que moravam em Damasco, demonstrando que Jesus é o Cristo.

²³Decorridos muitos dias,[f] os judeus deliberaram entre si como matá-lo. ²⁴Mas Saulo teve conhecimento dessa trama. Vigiavam até as portas da cidade,

---

a) Var.: "acaba de ver numa visão". Duas revelações paralelas, a Paulo e a Ananias; comp. 10,11s e 30s.
b) Sendo Deus o Santo por excelência (Is 6,3), os que se consagram a seu serviço são chamados "santos" (Lv 17,1+). Este termo, aplicado primeiro ao povo de Israel (Ex 19,6+), e particularmente à comunidade dos tempos messiânicos (Dn 7,18+), vale de modo eminente para os cristãos, novo "povo santo" (1Pd 2,5.9), chamados (Rm 1,7; 1Cor 1,2; Ef 1,4; 2Tm 1,9; Mt 3,1), pela consagração do batismo (Ef 5,26s), a uma vida pura (1Cor 7,34; Ef 1,4; 5,3; Cl 1,22), que *os torna santos como Deus* (1Pd 1,15s; cf. 1Jo 3,3) e como Jesus, o "Santo de Deus" (Mc 1,24+), pois a santidade é obra de Deus (1Ts 4,3+; 5,23). Assim, o termo chegou a ser, na primitiva comunidade cristã, a designação comum dos cristãos, primeiro na Palestina (At 9,13.32.41; Rm 15,26.31; 1Cor 16,1.15; 2Cor 8,4; 9,1.12), e logo depois em todas as igrejas (Rm 8,27; 12,13; 16,2.15; 1Cor 6,1s; 14,33; 2Cor 13,12; Ef 1,15; 3,18; 4,12; 6,18; Fl 4,21s; Cl 1,4; 1Tm 5,10; Fm 5.7; Hb 6,10; 13,24; Jd 3; e no início das epístolas: 2Cor 1,1 etc.). Em Ap 5,8; 8,3, o termo designa mais especialmente os mártires. Pode ser que, por vezes, se restrinja aos chefes, "apóstolos e profetas" (Ef 3,5 e Cl 1,26; Ef 3,8; 4,12; Ap 18,20). Enfim, como no AT (Jó 5,1+), o termo pode ser aplicado aos anjos (Mc 8,38; Lc 9,26; At 10,22; Jd 14; Ap 14,10), e é difícil saber se certos textos falam destes ou de homens que alcançaram a glória (Ef 1,18; Cl 1,12+; 1Ts 3,13; 2Ts 1,10).
c) Cf. Jr 1,10. Paulo é enviado a "todos os homens" (At 22,15), inclusive às nações gentílicas (26,17), o que corresponde ao que escreve o próprio Paulo em Gl 1,16; cf. Rm 1,5; 11,13; 15,16-18; Gl 2,2.8.9; Ef 3,8; Cl 1,27; 1Tm 2,7. Quanto aos "reis", cf. 26,2+.
d) Expressão típica de Lucas (Lc 1,15+.41.67; At 2,4; 4,8.31; 7,55; 13,9). Cf. Lc 4,1+.
e) "Filho de Deus" corresponde a "Cristo" do v. 22 (cf. Mt 4,3+). O título de "Filho de Deus" reaparece nos Atos apenas em 13,33. É característico da cristologia paulina (Gl 1,16; 2,20; 4,4.6; Rm 1,3-4.9; 1Ts 1,10; 1Tm 3,16; Rm 9,5+).
f) Gl 1,17-18 precisa: três anos; durante este tempo, esteve na Arábia. Lucas simplifica os fatos.

de dia e de noite, para o matarem. ²⁵Então os discípulos,ᵃ uma noite, fizeram-no descer pela muralha, oculto num cesto.

Gl 1,18-19

Visita de Saulo a Jerusalémᵇ — ²⁶Tendo chegado a Jerusalém, tentava associar-se aos discípulos; mas todos tinham medo dele, não acreditando que fosse, de fato, discípulo. ²⁷Então Barnabé tomou-o consigo, levou-o aos apóstolos e contou-lhes como, no caminho, Saulo vira o Senhor, o qual lhe dirigiu a palavra; e com que intrepidez, em Damasco, falara no nome de Jesus. ²⁸Daí por diante, ia e vinha entre eles, em Jerusalém, falando com intrepidez no nome do Senhor. ²⁹Dirigia-se também aos helenistasᶜ e discutia com eles, os quais, porém, projetavam tirar-lhe a vida. ³⁰Tendo-o sabido, os irmãos conduziram-no até Cesareia, de lá enviando-o para Tarso.ᵈ

4,36-37
13,46 +

5,41 +

|| 22,17-21

1Cor 8,1
At 2,41 +

Período de tranquilidade — ³¹Entretanto, as Igrejasᵉ gozavam de paz em toda a Judeia, Galileia e Samaria. Elas se edificavam e andavam no temor do Senhor, repletas da consolação do Espírito Santo.ᶠ

Pedro cura um paralítico em Lida — ³²Aconteceu que Pedro, que se deslocava por toda parte, desceu também para junto dos santos que moravam em Lida. ³³Encontrou ali um homem chamado Eneias, que há oito anos estava de cama: era paralítico. ³⁴Pedro então lhe disse: "Eneias, Jesus Cristo te cura! Levanta-te e arruma teu leito". Ele imediatamente levantou-se.ᵍ ³⁵Viram-no todos os habitantes de Lida e da planície de Saron e se converteram ao Senhor.

13,9 +
Lc 12,33 +

Pedro ressuscita uma mulher em Jope — ³⁶Ora, em Jope havia uma discípula, chamada Tabita, em grego Dorcas,ʰ notável pelas boas obras e esmolas que fazia. ³⁷Aconteceu que naqueles dias caiu doente e morreu. Depois de a lavarem, puseram-na na sala de cima. ³⁸Como Lida está perto de Jope, os discípulos, sabendo que Pedro lá se encontrava, enviaram-lhe dois homens com este pedido: "Não te demores em vir ter conosco". ³⁹Pedro atendeu e veio com eles. Assim que chegou, levaram-no à sala de cima, onde o cercaram todas as viúvas, chorando e mostrando as túnicas e os mantos, quantas coisas Dorcas lhes havia feito quando estava com elas. ⁴⁰Pedro, mandando que todas saíssem, pôs-se de joelhos e orou. Voltando-se então para o corpo, disse: "Tabita, levanta-te!" Ela abriu os olhos e, vendo Pedro, sentou-se. ⁴¹Este, dando-lhe a mão, fê-la erguer-se. E chamando os santos, especialmente as viúvas, apresentou-a viva. ⁴²Espalhou-se a notícia por toda Jope, e muitos creram no Senhor.

1Rs 17,19

Mc 5,40-41

Lc 7,15
At 3,7
9,13 +

⁴³Pedro ficou em Jope por mais tempo, em casa de certo Simão, que era curtidor.

---

a) Var.: "seus discípulos".
b) Paulo conta esta visita (Gl 1,18-19). Aí observa que, nesse momento, as igrejas da Judeia ainda não o conheciam pessoalmente, mas nada refere sobre a intervenção de Barnabé. Declara ter visto, dentre os apóstolos, somente Pedro, e também Tiago, irmão do Senhor. Os Atos esquematizam, falando dos apóstolos em geral.
c) Var.: "aos gregos" (isto é, aos gentios); mesma var. em 11,20. — Como, na Igreja, os helenistas (cf. 6,1+) são os que têm mais iniciativa, assim também, no judaísmo, são eles que reagem de modo mais violento contra a propaganda cristã (6,9s; 7,58; 9,1; 21,27; 24,19).
d) Onde Barnabé irá buscá-lo (11,25). Comparar com Gl 1,18-21 e At 22,17-21.
e) "as Igrejas", texto oc. e antioqueno; "a Igreja", texto alexandrino.
f) É a alegria da fé (2,46+). Outros traduzem: "Cresciam pela consolação (ou: pela assistência; ou graças aos encorajamentos) do Espírito Santo".
g) Milagres análogos: Lc 5,18-26p; 13,11-13; Jo 5,1-14; At 3,1-10 (e 4,22); 14,8-10.
h) Lit.: "que, traduzido, equivale a Dorcas", nome gr. que quer dizer "gazela".

10

Pedro vai à casa de um centurião romano[a] — ¹Vivia em Cesareia um homem chamado Cornélio, centurião da coorte itálica. ²Era piedoso e temente a Deus,[b] com toda a sua casa; dava muitas esmolas ao povo judeu e orava a Deus constantemente.

³Ele viu claramente, em visão, cerca da nona hora do dia, o Anjo do Senhor entrando em sua casa e chamando-o: "Cornélio!" ⁴Fixando os olhos nele e cheio de temor, perguntou-lhe: "Que há, Senhor?" E o Anjo lhe disse: "Tuas orações e tuas esmolas subiram até a presença de Deus e ele se lembrou de ti.[c] ⁵Agora, pois, envia alguns homens a Jope e manda chamar Simão, cognominado Pedro. ⁶Ele está hospedado na casa de certo Simão, curtidor, junto ao mar". ⁷Assim que se retirou o Anjo que lhe falara, Cornélio chamou dois de seus empregados, bem como um soldado piedoso, daqueles que estavam a seu serviço, ⁸explicou-lhes tudo e enviou-os a Jope.

⁹No dia seguinte, enquanto caminhavam e estando já perto da cidade, Pedro subiu ao terraço da casa, por volta da sexta hora, para orar. ¹⁰Sentindo fome, quis comer. Enquanto lhe preparavam alimento, sobreveio-lhe um êxtase. ¹¹Viu o céu aberto e um objeto que descia, semelhante a um grande lençol, baixado à terra pelas quatro pontas.[d] ¹²Dentro havia todos os quadrúpedes e répteis da terra, e aves do céu. ¹³Uma voz lhe falou: "Levanta-te, Pedro, imola e come!" ¹⁴Pedro, porém, replicou: "De modo nenhum, Senhor, pois jamais comi coisa alguma profana e impura!" ¹⁵De novo, pela segunda vez, a voz lhe falou: "Ao que Deus purificou, não chames tu de profano".[e] ¹⁶Sucedeu isto por três vezes, e logo o objeto foi recolhido ao céu.

¹⁷Enquanto Pedro, no seu íntimo, hesitava sobre o significado da visão que tivera, os homens enviados por Cornélio, tendo perguntado pela casa de Simão, pararam junto à porta. ¹⁸Chamaram e se informaram se era ali que se hospedava Simão, cognominado Pedro. ¹⁹Entretanto, meditando ainda Pedro sobre a visão, disse-lhe o Espírito:[f] "Alguns homens[g] estão aí, à tua procura. ²⁰Desce, pois, e vai com eles sem hesitação, porque fui eu que os enviei". ²¹Descendo então Pedro ao encontro desses homens, disse: "Aqui me tendes; sou eu a quem procurais. Qual o motivo da vossa vinda?" ²²E responderam: "O centurião Cornélio, homem justo e temente a Deus, de quem toda a nação judaica dá bom testemunho, recebeu de um santo anjo o aviso para chamar-te à sua casa, para ouvir as palavras que tens a dizer". ²³Convidando-os então a entrar, deu-lhes hospitalidade.

No dia seguinte, levantou-se e partiu com eles. Alguns dos irmãos que eram de Jope acompanharam-no. ²⁴Mais um dia, e entrou em Cesareia. Cornélio aguardava-os, e havia convidado seus parentes e amigos mais íntimos. ²⁵Quando Pedro estava para entrar, Cornélio saiu-lhe ao encon-

---

a) Aos olhos de Lucas, a conversão (cf. At 3,19+) de Cornélio não é simples caso individual. Seu alcance universal se deduz da própria narrativa e de sua insistência nas visões de Pedro e de Cornélio e, sobretudo, do nexo estabelecido pelo autor entre este acontecimento e as decisões do "Concílio de Jerusalém" (cf. 15,7-11.14). Duas lições distintas parecem destacar-se: 1° Deus mesmo mostrou que os gentios deviam ser recebidos na Igreja sem serem obrigados às prescrições da Lei (cf. 10,34-35.44-48a; 11,1.15-18; 15,7-11.14 e Gl 2,1-10); 2° Deus mesmo mostrou a Pedro que devia aceitar a hospitalidade de um incircunciso; sente-se aqui o problema do relacionamento entre cristãos provindos do judaísmo e cristãos oriundos da gentilidade (cf. 10,10-16.28-29; 11,2-14 e Gl 2,11-21).
b) As expressões "temente a Deus" (10,2.22.35; 13,16.26) e "adorador de Deus" (13,43.50; 17,4.14;

18,7), que equivalem a "piedoso" ou "religioso", podem ser aplicadas aos gentios que simpatizam com o judaísmo.
c) Lit.: "subiram em memorial diante de Deus". A expressão evoca o sacrifício do "memorial" (cf. Lv 2,2.9.16), ao qual Tb 12,12 compara a oração.
d) Seguimos o texto oc.
e) Pedro é convidado a libertar-se dos escrúpulos em tocante à pureza legal (11,9; cf. Mt 15,1-20p; Rm 14,14.17). A aplicação é feita em 15,9: pela fé, Deus purificou o coração dos gentios, embora o corpo deles, incircunciso, permaneça ritualmente impuro. Consequência prática: Pedro não deve mais recear a convivência com incircuncisos (10,27-28).
f) O papel do Espírito é paralelo ao do Anjo do Senhor (cf. 8,26.29).
g) Var.: "três homens" (cf. 11,11).

tro e prostrou-se a seus pés, adorando-o. ²⁶Mas Pedro ergueu-o, dizendo: "Levanta-te, pois eu também sou apenas homem". ²⁷E, falando amigavelmente com ele, entrou. Encontrando muitos ali reunidos, ²⁸assim lhes falou: "Bem sabeis que é ilícito ao judeu relacionar-se com um estrangeiro ou mesmo dirigir-se à sua casa. Mas Deus acaba de mostrar-me que a nenhum homem se deve chamar de profano ou impuro. ²⁹Por isso vim sem hesitar, logo que chamado. Pergunto, pois: Por que razão me chamastes?" ³⁰Cornélio respondeu: "Faz hoje três dias, por esta mesma hora, eu estava em oração pela hora nona*a* em minha casa, quando diante de mim postou-se um homem de vestes resplandecentes. ³¹E disse-me: 'Cornélio, tua oração foi ouvida e tuas esmolas foram lembradas diante de Deus.*b* ³²Manda, pois, alguém a Jope, chamar Simão, cognominado Pedro. Ele está hospedado em casa de Simão, o curtidor, à beira-mar'. ³³Imediatamente mandei chamar-te, e tiveste a bondade de vir. Aqui estamos, pois, todos nós, diante de ti, para ouvir tudo o que te foi ordenado por Deus".

Discurso de Pedro em casa de Cornélio — ³⁴Tomando então a palavra, Pedro falou: "Dou-me conta, em verdade, que Deus não faz acepção de pessoas, ³⁵mas que, em qualquer nação, quem o teme e pratica a justiça, lhe é agradável.*c* ³⁶Tal é a palavra que ele enviou aos israelitas, *dando-lhes a boa nova da paz* por Jesus Cristo, e o Senhor de todos.

³⁷Sabeis o que aconteceu por toda a Judeia:*d* Jesus de Nazaré, começando*e* pela Galileia, depois do batismo proclamado por João, ³⁸como *Deus o ungiu com o Espírito Santo* e com poder, e ele passou fazendo o bem e curando a todos os que estavam dominados pelo diabo, porque Deus estava com ele. ³⁹E nós somos testemunhas de tudo o que fez na região dos judeus e em Jerusalém, ele, a quem no entanto mataram, suspendendo-o ao madeiro. ⁴⁰Mas Deus o ressuscitou ao terceiro dia*f* e concedeu-lhe que se tornasse visível, ⁴¹não a todo o povo, mas às testemunhas anteriormente designadas por Deus, isto é, a nós, que comemos e bebemos com ele,*g* após sua ressurreição dentre os mortos. ⁴²E ordenou-nos que proclamássemos ao Povo*h* e déssemos testemunho de que ele é o juiz dos vivos e dos mortos,*i* como tal constituído por Deus. ⁴³Dele todos os profetas dão testemunho de que, por meio de seu nome, receberá a remissão dos pecados todo aquele que nele crer".

Batismo dos primeiros gentios — ⁴⁴Pedro estava ainda falando estas coisas, quando o Espírito Santo desceu*j* sobre todos os que ouviam a Palavra. ⁴⁵E os fiéis que eram da circuncisão, que vieram com Pedro, ficaram estupefa-

---

a) Var.: "estava eu jejuando e fazendo a oração".
b) Esta circunlocução impessoal é respeitosa para com a majestade divina, e evoca ao mesmo tempo o ministério dos anjos (cf. Mt 18,11.14; Ap 5,8; 8,3; Tb 12,12).
c) Terminologia cultual (cf. v. 4). É agradável a Deus um sacrifício irrepreensível ou aquele que a oferece (Lv 1,3; 19,5; 22,19-27). Isaías (56,7) anunciara que, no fim dos tempos, os sacrifícios dos gentios seriam agradáveis a Iahweh; ver Ml 1,10-11. Cf. Rm 15,16; Fl 4,18; 1Pd 2,5.
d) Os vv. 37-42 formam um resumo da história evangélica (cf. 1,21-22; 2,22+), sublinhando os pontos que o próprio Lucas põe em relevo em seu evangelho.
e) Var.: "o começo".
f) "ressuscitou ao terceiro dia": a fórmula clássica da pregação e da fé cristã. Aparece já no *Credo* embrionário de 1Cor 15,4, com a precisão: "segundo as Escrituras". A fórmula faz eco a Jn 2,1 (cf. Mt 12,40);

ver também Os 6,2. Reencontra-se em Mt 16,21; 17,23; 20,19; 27,64; Lc 9,22; 18,33; 24,7.46.
g) Ad. oc.: "e vivemos familiarmente em sua companhia durante quarenta dias após a sua ressurreição dentre os mortos".
h) O "povo" por excelência, isto é, o povo de Israel (10,2; 21,28).
i) Os vivos: aqueles que estarão em vida no momento da Parusia; os mortos: aqueles que, já mortos, ressuscitarão então para o julgamento. Ver 1Ts 4,13-5,10.
— Deus, ao ressuscitar Jesus, o estabeleceu em sua dignidade de soberano Juiz (At 17,31; Jo 5,22.27; 2Tm 4,1; 1Pd 4,5). Portanto, o anúncio da Ressurreição é para os homens ao mesmo tempo convite ao arrependimento (cf. 17,30-31).
j) Este é o "Pentecostes dos gentios", análogo ao primeiro, como Pedro mesmo o constata (v. 47; 11,15; 15,8).

tos ao ver que também sobre os gentios se derramara o dom do Espírito Santo, ⁴⁶pois ouviam-nos falar em línguas e engrandecer a Deus. Então disse Pedro: ⁴⁷"Poderia alguém recusar a água do batismo para estes, que receberam o Espírito Santo assim como nós?" ⁴⁸E determinou*ᵃ* que fossem batizados em nome de Jesus Cristo. Pediram-lhe então que permanecesse ali*ᵇ* por alguns dias.

11 *Em Jerusalém, Pedro justifica sua conduta* — ¹Entretanto, os apóstolos e os irmãos que estavam na Judeia souberam que também os gentios haviam recebido a palavra de Deus. ²Assim, quando Pedro subiu a Jerusalém, começaram a discutir com ele*ᶜ* os que eram da circuncisão, dizendo: ³"Entraste em casa de incircuncisos e comeste com eles!" ⁴Pedro, então, começou a expor-lhes a questão, ponto por ponto: ⁵"Eu estava na cidade de Jope, em oração, quando, em êxtase, tive uma visão: do céu descia um objeto, semelhante a um grande lençol que baixava, sustentado pelas quatro pontas, e chegava até mim. ⁶Olhando-o atentamente, eu refletia, quando nele vi os quadrúpedes da terra, as feras e os répteis, e as aves do céu. ⁷Ouvi então uma voz que me dizia: 'Levanta-te, Pedro, imola e come!' ⁸Eu respondi: 'De modo algum, Senhor! Pois nada de profano ou impuro jamais entrou em minha boca'. ⁹Tornou-me a falar a voz vinda do céu: 'Ao que Deus purificou não chames tu de profano'. ¹⁰Isto aconteceu por três vezes, e depois tudo foi novamente recolhido ao céu.
¹¹Logo a seguir, três homens apresentaram-se diante da casa onde estávamos, enviados de Cesareia para se encontrarem comigo. ¹²Disse-me então o Espírito que os acompanhasse sem hesitação. Foram comigo também estes seis irmãos e entramos na casa daquele homem. ¹³Por sua vez, ele nos contou como vira um Anjo apresentar-se em sua casa e dizer-lhe: 'Manda alguém a Jope, a chamar Simão, cognominado Pedro. ¹⁴Ele te dirá palavras mediante as quais serás salvo, tu e toda a tua casa'.
¹⁵Ora, apenas começara eu a falar, desceu o Espírito Santo sobre eles, assim como sobre nós no princípio. ¹⁶Lembrei-me, então, desta palavra do Senhor: '*João, na verdade, batizou com água, mas vós sereis batizados com o Espírito Santo*'. ¹⁷Portanto, se Deus*ᵈ* lhes concedeu o mesmo dom que a nós, que cremos no Senhor Jesus Cristo, quem seria eu para impedir a Deus de agir?"*ᵉ*
¹⁸Ouvindo isto, tranquilizaram-se e glorificaram a Deus, dizendo: "Logo, também aos gentios Deus concedeu o arrependimento que conduz à vida!"

Fundação da igreja de Antioquia — ¹⁹Aqueles*ᶠ* que haviam sido dispersos desde a tribulação que sobreviera por causa de Estêvão, espalharam-se até

---

a) Os apóstolos, em geral, não administravam pessoalmente o batismo (cf. 19,5; 1Cor 1,14.17).
b) Conforme 11,2-3 (cf. 10,28), foi esta permanência de Pedro em casa de incircuncisos, mais ainda que a *autorização para batizá-los, que pareceu estranha e ilegítima* aos "hebreus" de Jerusalém. O mesmo problema deu ocasião ao incidente de Antioquia (Gl 2,11s).
c) Texto oc.: "Pedro, então, após um período bastante longo, quis dirigir-se a Jerusalém. Depois de ter falado aos irmãos e tendo-os confirmado, partiu. Ia fazendo numerosos discursos pelos campos e instruindo o povo. Quando chegou às suas casas e anunciou-lhes a graça concedida por Deus, os irmãos que eram da circuncisão começaram a discutir com ele".
d) "Deus", omitido pelo texto oc. (é Cristo quem dá o Espírito).
e) Pedro dá explicação sobre o batismo administrado a gentio; mas não responde à censura de ter aceito a hospitalidade de incircunciso (cf. v. 3; ver 10,1+). De acordo com Lucas, Pedro foi o primeiro, ao menos idealmente, a afiliar gentios à Igreja, e isto seja qual for o alcance do batismo do eunuco etíope (8,26-39). Nada obsta também a cronologia da evangelização de Antioquia, cuja narrativa é reservada para logo a seguir (vv. 19s). Nesta perspectiva, o Concílio de Jerusalém (15,5-29) toma de certo modo o aspecto de continuação ou de retomada das deliberações de 11,1-18.
f) O v. 19, retomando 8,1 e 8,4, introduz o episódio da fundação da igreja de Antioquia como sequência direta do martírio de Estêvão, do qual foi separado pela inserção dos Atos de Filipe (8,5-40) e de Pedro (9,31-11,18). A narrativa supõe, contudo, a história da

a Fenícia, Chipre e Antioquia,*a* não anunciando a ninguém a Palavra, senão somente a judeus. ²⁰Havia entre eles, porém, alguns cipriotas e cireneus. Estes, chegando a Antioquia, falaram também aos gregos,*b* anunciando-lhes a Boa Nova do Senhor Jesus.*c* ²¹A mão do Senhor estava com eles e grande foi o número daqueles que abraçaram a fé e se converteram ao Senhor.

²²Ora, a notícia chegou aos ouvidos da Igreja que está em Jerusalém,*d* pelo que enviaram Barnabé a Antioquia. ²³Quando chegou, e viu a graça que vinha de Deus, alegrou-se. E exortava*e* a todos a permanecerem fiéis ao Senhor,*f* com prontidão de coração. ²⁴Pois era um homem bom, repleto do Espírito Santo e de fé. Assim, considerável multidão agregou-se ao Senhor.

²⁵Entretanto, partiu Barnabé para Tarso, à procura de Saulo. ²⁶De lá, encontrando-o, conduziu-o a Antioquia. Durante um ano inteiro conviveram naquela Igreja*g* e ensinaram numerosa multidão. E foi em Antioquia que os discípulos, pela primeira vez, receberam o nome de "cristãos".*h*

Barnabé e Saulo enviados a Jerusalém

²⁷Naqueles dias, alguns profetas*i* desceram de Jerusalém a Antioquia.*j* ²⁸Apresentou-se um deles, chamado Ágabo, o qual começou a anunciar, por meio do Espírito, que estava para vir uma grande fome sobre toda a terra. E ela de fato veio, no reinado de Cláudio.*k* ²⁹Decidiram então os discípulos, cada um segundo suas posses, enviar contribuições em ajuda aos irmãos que moravam na Judeia. ³⁰Eles de fato o fizeram, enviando-as aos anciãos*l* por intermédio de Barnabé e de Saulo.*m*

vocação de Saulo (9,1-30), ela também relacionada com o martírio de Estêvão.
a) Antioquia, à margem do Orontes, capital da província romana da Síria, terceira cidade do Império depois de Roma e Alexandria.
b) Var.: "helenistas" (cf. 9,29). — "gregos", em oposição a "judeus" (v. 19), designa os incircuncisos em geral.
c) De preferência ao título "Cristo", que respondia à expectativa particular dos judeus, a pregação aos gentios dá a Jesus o título de "Senhor" (cf. 25,26+). Jesus é "Senhor", isto é, tornou-se, por sua exaltação à direita de Deus, o Soberano do Reino do fim dos tempos (cf. 2,21.36; 7,59-60; 10,36; 1Ts 4,15-17; 2Ts 1,7-12; Rm 10,9-13).
d) Esta igreja usa de um direito de vigilância sobre as outras igrejas (cf. 8,14; 11,1 e ver Gl 2,2).
e) Jogo de palavras, parece, com o nome de Barnabé, "filho da exortação" ou "da consolação" (4,36).
f) Var.: "no Senhor".
g) Sentido incerto. Poder-se-ia entender: "agiram de acordo", juntos, ou: "foram ambos recebidos (pela igreja)", isto é, tornam-se hóspedes dessa igreja local.
h) Isto é, partidários ou sectários de Cristo (gr. *Christós*, forma popular *Chrestós*). Ao criarem esta alcunha, os gentios de Antioquia tomaram o título de "Cristo" (Ungido, Messias) por nome próprio.
i) Como os profetas do AT (Dt 18,18+; 2Pd 1,21; Mt 5,12), os do NT são carismáticos (1Cor 12,1+) que falam em nome de Deus sob a inspiração do seu Espírito. Na nova aliança há até efusão mais copiosa deste carisma (At 2,17-18); e todos os fiéis, em certos casos, *dele se beneficiam* (At 19,6; 1Cor 12,4-5; 14,26.29-33.37). Não obstante, certas pessoas são dele dotadas de modo especial, a ponto de merecerem o título habitual de "profetas" (At 11,27; 13,1; 15,32; 21,9-10). Na hierarquia dos carismas vêm normalmente em segundo lugar, depois dos "apóstolos" (1Cor 12,28-29; Ef 4,11; mas cf. 1Cor 12,10; Rm 12,6; Lc 11,49), porque são testemunhas autênticas do Espírito (Ap 1,3 e 2,7 etc; 1Ts 5,19-20), e transmitem suas "revelações" (1Cor 14,6.26.30; Ef 3,5; Ap 1,1); do mesmo modo que os "apóstolos" são testemunhas do Cristo ressuscitado (Rm 1,1+; At 1,8+), e proclamam o "querigma" (At 2,22+). Seu papel não se limita a predizer o futuro (At 11,28; 21,11), ou a ler nos corações (1Cor 14,24-25; cf. 1Tm 1,18; 4,14), e se eles "edificam, exortam, consolam" (1Cor 14,3; cf. At 4,36; 11,23-24), fazem-no por revelações pneumáticas que os aproximam dos glossólalos (At 2,4+; 19,6), mas os situam, no entanto, acima destes, porque sua palavra é inteligível (1Cor 14). A função principal deles devia ser a de explicar, à luz do Espírito, os oráculos das Escrituras, particularmente dos antigos profetas (1Pd 1,10-12), e descobrir assim o "mistério" do desígnio divino (1Cor 13,2; Ef 3,5; Rm 16,25+). Por isso são associados, como fundamento da Igreja, aos apóstolos (Ef 2,20+). O Apocalipse de são João representa um caso típico desta profecia do NT (Ap 1,3; 10,11; 19,10; 22,7-10.18-19). Por elevado que seja, o carisma da profecia dá apenas conhecimento imperfeito e provisório, em relação com a fé (Rm 12,6), que deverá desaparecer diante da visão beatífica (1Cor 13,8-12).
j) O texto oc. acrescenta: "e houve grande alegria. Enquanto estávamos reunidos, um deles..." Teríamos então aqui a primeira passagem na qual Lucas emprega o "nós" (cf. 16,10).
k) Durante o reinado de Cláudio (41-54), o império sofreu fome calamitosa, entre 49-50, primeiro na Grécia, depois em Roma. Josefo situa o acontecimento no tempo do procurador Tibério Alexandre (46-48). Falar de fome universal mostra a mesma tendência hiperbólica de Lc 2,1+.
l) Mencionados aqui pela primeira vez; cf. 15,4; 21,18.
m) Segundo os Atos (9,26; 11,29s; 15,2), Paulo teria feito três viagens a Jerusalém antes de visitar

12

Prisão de Pedro e sua libertação miraculosa[a] — ¹Nessa mesma ocasião o rei Herodes começou a tomar medidas visando a maltratar alguns membros da Igreja. ²Assim, mandou matar à espada Tiago, irmão de João. ³E, vendo que isto agradava aos judeus, mandou prender também Pedro. Era nos dias dos Pães sem fermento. ⁴Tendo-o, pois, feito deter, lançou-o na prisão, entregando-o à guarda de quatro piquetes, de quatro soldados cada um, tencionando apresentá-lo ao povo depois da Páscoa. ⁵Mas, enquanto Pedro era mantido na prisão, a Igreja fazia ardentemente oração a Deus, em favor dele.

⁶Quando se aproximava o momento de Herodes apresentá-lo, naquela mesma noite Pedro dormia entre dois soldados, preso a duas correntes,[b] enquanto sentinelas diante da porta vigiavam a prisão. ⁷De repente, sobreveio o Anjo do Senhor e uma luz brilhou no cubículo. Tocando o lado de Pedro, o Anjo fê-lo erguer-se, dizendo: "Levanta-te depressa!" E caíram-lhe as correntes das mãos. ⁸Disse-lhe ainda: "Cinge-te e calça as sandálias". E ele o fez. Disse-lhe mais: "Envolve-te no manto e segue-me". ⁹Pedro saiu e foi seguindo-o, mas não sabia se era verdade o que estava acontecendo por meio do Anjo: parecia-lhe antes uma visão. ¹⁰Passaram, assim, pelo primeiro posto da guarda, depois pelo segundo, e chegaram ao portão de ferro que dá para a cidade, o qual se abriu por si mesmo diante deles. Saindo,[c] enveredaram por uma rua, quando subitamente o Anjo apartou-se dele. ¹¹Então Pedro, voltando a si, disse: "Agora sei realmente que o Senhor enviou o seu Anjo, livrando-me das mãos de Herodes e de toda expectativa do povo judeu".

¹²Dando-se conta da situação, dirigiu-se à casa de Maria, a mãe de João, o que tem o cognome de Marcos.[d] Ali se encontravam muitos, reunidos em oração. ¹³Batendo ele ao postigo do portão, veio uma criada, chamada Rode, para ver quem era. ¹⁴Tendo reconhecido a voz de Pedro, ficou tão alegre que não lhe abriu. Ao invés, correndo para dentro, anunciou que Pedro estava ali, diante do portão. ¹⁵Então, disseram-lhe: "Estás louca!" Ela, porém, assegurava que era verdade. "Então é seu anjo!",[e] concluíram. ¹⁶Pedro, porém, continuava a bater. Afinal abriram e, vendo-o, ficaram estupefatos. ¹⁷Ele, fazendo sinal com a mão para que não falassem, narrou-lhes como o Senhor o livrara da prisão. E acrescentou: "Anunciai isto a Tiago[f] e aos irmãos". Depois saiu, e foi para outro lugar.

¹⁸Fazendo-se dia, houve não pequeno alvoroço entre os soldados, sobre o que teria acontecido a Pedro. ¹⁹Tendo mandado chamá-lo e não o encontrando, Herodes instaurou um inquérito sobre os guardas e ordenou que

---

por duas vezes a Galácia (16,6; 18,23); mas o próprio Paulo, em Gl 1,18; 2,1s (cf. 4,13), menciona apenas duas. A apresentação diferente dos Atos resulta talvez da maneira pela qual Lucas combina as suas fontes. Pode ser que esta viagem de 11,29 seja idêntica à de 15,2. As "contribuições", que são o seu objetivo, sem dúvida são distintas das que Paulo levará mais tarde (At 24,17), ao termo da grande coleta feita a pedido da igreja de Jerusalém (Gl 2,10; cf. 1Cor 16,1+; 2Cor 8,4; 9,1.12.13; Rm 15,31).

a) Agripa I, filho mais novo do rei Herodes Magno, foi condecorado com o título real por Calígula em 37, mas não foi realmente rei da Judeia a não ser em 41; morreu provavelmente em setembro ou outubro de 43, e em todo caso antes do fim de fevereiro de 44. — Literariamente, o relato se distingue do seu contexto atual e relembra a maneira de Marcos.

b) Aos dois soldados que estavam a seu lado.
c) Ad.: "desceram os sete degraus".
d) João Marcos reaparecerá em 12,25; 13,5.13; 15,37-39; era primo de Barnabé (Cl 4,10). Estará ao lado de Paulo durante o primeiro cativeiro romano (Cl 4,10; Fm 24), e Paulo reclamará ainda seus préstimos pouco antes de morrer (2Tm 4,11). Foi igualmente discípulo de Pedro (1Pd 5,13), e a tradição reconhece nele o autor do segundo evangelho.
e) Eles supõem que Rode tivesse visto uma aparição de Pedro voltando dos mortos; cf. 10,2+.
f) "Tiago", sem outra especificação, designa o "irmão do Senhor". Desde a época da primeira visita de Paulo a Jerusalém (Gl 1,19; talvez em 36; cf. At 9,1+), Tiago é o chefe do grupo "hebreu" dos cristãos de Jerusalém. Governará a igreja-mãe após a partida de Pedro. Ver At 15,13; 21,18; 1Cor 15,7. A epístola de Tiago apresenta-se como obra sua.

A morte do perseguidor[b] — ²⁰Ora, Herodes estava irritado contra os habitantes de Tiro e de Sidônia. Mas estes, de comum acordo, apresentaram-se diante dele e, depois de persuadir Blasto, camareiro real, começaram a pedir a paz. Com efeito, a região deles se abastecia no território do rei. ²¹No dia marcado, Herodes revestiu-se dos trajes reais e tomou lugar na tribuna. Começando a falar à multidão, ²²o povo pôs-se a aclamar: "É a voz de um deus e não de um homem!" ²³No mesmo instante, porém, feriu-o o Anjo do Senhor, pelo motivo de não haver dado glória a Deus. Assim, roído de vermes,[c] expirou.

Barnabé e Saulo voltam a Antioquia — ²⁴Entretanto, a palavra de Deus crescia e se multiplicava.
²⁵Quanto a Barnabé e Saulo, depois de se terem desempenhado do seu ministério em Jerusalém,[d] regressaram, levando consigo João, cognominado Marcos.

III. Missão de Barnabé e de Paulo. O Concílio de Jerusalém

13 **O envio em missão** — ¹Havia em Antioquia, na Igreja local, profetas e doutores:[e] Barnabé, Simeão cognominado Níger, Lúcio de Cirene, e ainda Manaém, companheiro de infância do tetrarca Herodes, e Saulo. ²Celebrando eles o culto[f] em honra do Senhor e jejuando, disse-lhes o Espírito Santo: "Separai para mim Barnabé e Saulo, para a obra à qual os destinei". ³Então, depois de terem jejuado e orado, impuseram-lhes as mãos[g] e despediram-nos.

Em Chipre. O mago Elimas — ⁴Enviados, pois, pelo Espírito Santo, eles desceram até Selêucia, de onde navegaram para Chipre.[h] ⁵Chegados a Salamina, puseram-se a anunciar a palavra de Deus nas sinagogas dos judeus.[i] Tinham também João como auxiliar.
⁶Tendo atravessado toda a ilha até Pafos, aí encontraram um mago, falso profeta, que era judeu e se chamava Bar-Jesus. ⁷Ele estava com o procônsul Sérgio Paulo, homem prudente, o qual mandara chamar Barnabé e Saulo, desejoso de ouvir a palavra de Deus. ⁸Elimas, porém, o mago — assim se traduz o seu nome — começou a opor-se a eles, procurando afastar o

---

a) Responsáveis pelos seus prisioneiros, os soldados deviam arrostar a mesma pena daqueles que tivessem deixado escapar (cf. 16,27; 27,42).
b) Josefo tem também uma notícia de apoteose e da morte de Agripa que completa a do livro dos Atos.
c) Var.: "Tendo descido, pois, da tribuna, tornou-se, ainda vivo, pasto dos vermes, e assim expirou".
d) Var.: "em Jerusalém". Esta leitura, melhor atestada, tem sentido se for referida ao verbo "desempenhar-se"; a var. "de Jerusalém" supõe que se ligue a expressão ao verbo "regressaram", mas parece ser uma correção a fim de facilitar texto difícil.
e) Quanto aos profetas, ver 11,27+. O carisma próprio do "doutor", ou didáscalo, habilita-o a dar a seus irmãos ensino moral e doutrinal, normalmente fundado na Escritura (cf. 1Cor 12-14+). — Os cinco profetas e doutores citados representam o governo da igreja de Antioquia; comp. a lista dos Doze (1,13) e a dos Sete (6,5). Como esses últimos, os Cinco de Antioquia parecem ser judeus helenistas.
f) O uso deste termo equipara as orações comuns dos cristãos ao culto sacrifical da antiga Lei (cf. Rm 1,9+).
g) Segundo 14,26 (cf. 15,40), este gesto da comunidade parece recomendar à graça de Deus os novos missionários, escolhidos (v. 2) e enviados (v. 4) pelo Espírito Santo. Por isso, o rito não tem absolutamente o mesmo alcance que em 6,6, onde os Sete recebem seu mandato dos apóstolos (cf. 1Tm 4,14+).
h) Pátria de Barnabé; cf. 4,36.
i) A tática habitual de Paulo (17,2) é dirigir-se primeiro aos judeus (cf. 13,14; 14,1; 16,13; 17,10.17; 18,4.19;

procônsul da fé. ⁹Então Saulo, que também se chamava Paulo,ᵃ repleto do Espírito Santo, fixando nele os olhos, ¹⁰disse: "Homem cheio de toda falsidade e de toda malícia, filho do diabo e inimigo de toda justiça, não cessarás de perverter os caminhos do Senhor, que são retos? ¹¹Pois agora, a mão do Senhor está sobre ti: ficarás cego, e por um tempo não verás mais o sol!" No mesmo instante, escuridão e trevas caíram sobre ele, de tal sorte que, andando à roda, procurava quem o levasse pela mão. ¹²Então, vendo o que acontecera, o procônsul abraçou a fé, maravilhado com a doutrina do Senhor.

8,20-23
Jo 8,44

Lc 4,32
Mt 22,33

Chegada a Antioquia da Pisídia — ¹³De Pafos, onde embarcaram, Paulo e seus companheiros alcançaram Perge, na Panfília. Quanto a João, separando-se deles, voltou para Jerusalém. ¹⁴Eles, porém, penetrando além de Perge, chegaram a Antioquia da Psídia. Lá, entrando na sinagoga em dia de sábado, sentaram-se. ¹⁵Depois da leitura da Lei e dos Profetas, mandaram dizer-lhes os chefes da sinagoga: "Irmãos, se tendes alguma palavra de exortação ao povo,ᵇ falai". ¹⁶Então, levantando-se, Paulo fez sinal com a mão,ᶜ e disse:

15,38

13,5 +

*Pregação de Paulo diante dos judeus*ᵈ — "Homens de Israel, e vós que temeis a Deus,ᵉ escutai! ¹⁷O Deus deste povo, o Deus de Israel,ᶠ escolheu nossos pais e fez crescer o povo em seu exílio na terra do Egito. Depois, erguendo seu braço, fê-los sair de lá ¹⁸e, durante quarenta anos aproximadamente, cercou-os de cuidadosᵍ no deserto. ¹⁹Depois, havendo exterminado sete nações na terra de Canaã, deu-lhes em herança essa terra. ²⁰Isto, durante cerca de quatrocentos e cinquenta anos.ʰ Depois concedeu-lhes juízes, até o profeta Samuel. ²¹A seguir pediram um rei, e Deus lhes concedeu Saul, filho de Cis, da tribo de Benjamim,ⁱ por quarenta anos. ²²Removido este, suscitou-lhes Davi como rei, e dele deu este testemunho: *Encontrei Davi, filho de Jessé, homem segundo o meu coração, que em tudo fará a minha vontade.* ²³Da sua descendência, conforme a promessa, Deus fez surgirʲ a Israel um Salvador, que é Jesus. ²⁴Antes da sua entrada, João proclamara com antecedência, a todo o povo de Israel, um batismo de arrependimento.

2,22 +;
10,2 +
Is 1,2;
Ex 1,7
Ex 3-15

Dt 1,31
Dt 7,1 +

Gn 15,13
Ex 12,40-41
1Sm 8-10

Sl 89,21
1Sm 13,14
Is 44,28

Ml 3,1-2
Lc 1,76

19,8; 28,17.23). Ela corresponde a um princípio: a prioridade cabe aos judeus (ver 3,26; 13,46; Rm 1,16; 2,9-10; Mc 7,27). Só depois da recusa deles é que se dirige aos gentios (cf. 13,46; 18,6; 28,28).

a) Os judeus, e os orientais em geral, adotavam também um cognome, de acordo com o costume do mundo greco-romano: João usava o cognome de Marcos (12,12); José Barsabás, o de Justo (1,23); Simeão, o de Níger (13,1); Tabita, o de Dorcas (9,36) etc. Pela primeira vez, Lucas dá aqui a Paulo o seu cognome romano, que será o único com que o designará doravante. Transfere também Paulo para o primeiro plano: não é mais o auxiliar de Barnabé, mas o verdadeiro chefe da missão (v. 13).

b) Trata-se de exortações que têm por ponto de partida a *Escritura* (cf. Rm 15,4). O costume das sinagogas, como vemos aqui, será retomado nas reuniões litúrgicas dos cristãos, nas quais estes discursos de exortação são proferidos pelos "profetas" ou doutores (cf. 1Cor 14,3.31; 1Tm 4,13; Hb 13,22; At 11,23; 14,22; 15,32; 16,40; 20,1.2).

c) Gesto habitual do orador antigo para chamar a atenção dos ouvintes: estendia a mão direita com os dois dedos menores dobrados e os outros três estendidos (cf. 19,33; 21,40; 26,1).

d) É o grande discurso inaugural de são Paulo, no qual Lucas quer apresentar a síntese da pregação do Apóstolo aos judeus. Duas partes: primeiro (vv. 16-25), resumo da história sagrada (comp. com o discurso de Estêvão, cap. 7), acrescido da alusão ao testemunho de João Batista; depois (vv. 26-39): Jesus, morto e ressuscitado, é mesmo o Messias esperado (pregação estreitamente aparentada com os discursos de Pedro, exceto a parte final que alude à doutrina paulina da justificação pela fé). O discurso termina (vv. 40- 41) com advertência grave, tirada da Escritura (cf. 28, 26-27).

e) Cf. 10,2+.

f) Lit.: "o Deus deste povo Israel".

g) Var.: "sustentou-os" (ou: "suportou-os").

h) Texto oc. (e antioqueno): "Durante quatrocentos e cinquenta anos, aproximadamente, deu-lhes juízes". O texto fica obscuro.

i) Do qual Paulo, também da tribo de Benjamim (Rm 11,1; Fl 3,5), trazia o nome.

j) Ou: "ressuscitar". O verbo grego é ambíguo e a argumentação explora essa ambiguidade como em 3,20-26: a "promessa" realizou-se pela ressurreição de Jesus (vv. 32-33; ver ainda 26,6-8); é também pela ressurreição que Jesus foi constituído Salvador (cf. 5,31; ver também 2,21; 4,12; Rm 5,9-10; Fl 3,20 etc.). Assim, o verbo que no v. 22 significa "suscitar", a partir do v. 30 significa, sem dúvida, "ressuscitar". No v. 23, serve de transição e é equívoco.

²⁵E, estando para terminar sua carreira, ele dizia: 'Quem*ᵃ* suspeitais que eu seja, não o sou! Mas aí vem, depois de mim, aquele de quem não sou digno de desatar a sandália'.

²⁶Irmãos, filhos da raça de Abraão, e vós aqui presentes, que temeis a Deus! A vós*ᵇ* foi enviada esta palavra de salvação. ²⁷Pois os habitantes de Jerusalém e seus chefes cumpriram, sem o saber, as palavras dos profetas, que a cada sábado são lidas.*ᶜ* ²⁸Sem encontrar nele motivo algum de morte,*ᵈ* condenaram-no e pediram a Pilatos que o mandasse matar.*ᵉ* ²⁹Quando, pois, cumpriram tudo que estava escrito a seu respeito, retiraram-no do madeiro e o depuseram num túmulo.*ᶠ* ³⁰Mas Deus o ressuscitou dentre os mortos, ³¹e por muitos dias apareceu aos que com ele tinham subido da Galileia para Jerusalém, os quais são agora suas testemunhas diante do povo.*ᵍ*

³²Quanto a nós, anunciamo-vos a Boa Nova: a promessa, feita a nossos pais, ³³Deus a realizou plenamente para nós, seus filhos,*ʰ* ressuscitando Jesus, como também está escrito nos Salmos:*ⁱ* *Tu és o meu filho, eu hoje te gerei.ʲ* ³⁴E que o tenha ressuscitado dentre os mortos e ele não deva tornar à corrupção, assim já o dissera: *Eu vos darei as coisas santas de Davi, aquelas que são dignas de fé.ᵏ* ³⁵Por isso diz, noutra passagem: *Não deixarás o teu Santo experimentar a corrupção.* ³⁶Ora, tendo a seu tempo servido aos desígnios de Deus, Davi morreu. E foi reunir-se a seus pais e *experimentou a corrupção.* ³⁷Aquele, porém, a quem Deus ressuscitou, não *experimentou a corrupção.* ³⁸Ficai sabendo, pois, irmãos: é por ele que vos é anunciada a remissão dos pecados. Com efeito, de todas as coisas das quais não pudestes obter a justificação pela lei de Moisés, ³⁹por ele é justificado todo aquele que crê. ⁴⁰Vede, pois, que não vos sobrevenha o que está dito no livro dos Profetas:

⁴¹*Olhai, desprezadores, maravilhai-vos e desaparecei!*
Porque eu vou fazer, ainda em vossos dias,
uma obra tal que não acreditaríeis, se alguém vo-la narrasse!"ˡ

⁴²À saída, convidaram-nos a falar*ᵐ* novamente sobre essas coisas no sábado seguinte. ⁴³Dissolvida a reunião da sinagoga, muitos dos judeus e dos prosélitos praticantes seguiram Paulo e Barnabé.*ⁿ* E estes, entretendo-se com eles, persuadiram-nos a que perseverassem na graça de Deus.*ᵒ*

Paulo e Barnabé dirigem-se aos gentios — ⁴⁴No sábado seguinte, quase toda a cidade reuniu-se para ouvir a palavra de Deus.*ᵖ* ⁴⁵Vendo as multidões, porém, os judeus encheram-se de inveja, e com blasfêmias contradiziam ao

---

a) Var.: "aquilo que".
b) Var.: "a nós".
c) Com o texto oc. Texto corrente: "Com efeito, os habitantes de Jerusalém o desconheceram, a ele, bem como as palavras dos profetas, que a cada sábado são lidas: mas cumpriram-nas, condenando-o".
d) Um dos temas da apologética cristã: Jesus inocente e injustamente condenado (cf. 3,13-14; Lc 23,14.22.47; Mt 27,3-10.19.23-24).
e) "Pediram a Pilatos que o mandasse matar": nalguns mss. "que (ele) o fizesse morrer"; noutros, "que (eles pudessem) fazê-lo morrer". Var.: "foi entregue a Pilatos para que fosse morto".
f) Texto oc.: "...escrito a seu respeito, pediram a Pilatos, depois de tê-lo crucificado, licença para tirá-lo do madeiro; e, obtida a autorização, desceram-no e o depositaram no sepulcro".
g) Este apelo ao testemunho dos apóstolos galileus surpreende um pouco nos lábios de Paulo, que não separa seu próprio testemunho do testemunho deles (1Cor 15,3-11).
h) Var.: "em favor de nossos filhos".
i) "nos Salmos"; var.: "no primeiro salmo", texto oc. (segundo o antigo uso de unir os Sl 1 e 2); outra var.: "no segundo salmo" (de acordo com o uso que acabou prevalecendo).
j) A ressurreição de Cristo foi sua entronização messiânica: sua humanidade entrou, então, no gozo dos privilégios do Filho de Deus (cf. Rm 1,4+).
k) Promessa da santidade como de dom reservado aos tempos messiânicos e que provirá do novo Davi, Cristo ressuscitado.
l) A incredulidade e a rejeição dos judeus (cf. Mt 21,33+; 22,1+) são tema típico de Lucas (cf. At 13,5+); reaparecerá na conclusão do livro dos Atos (28,26-27).
m) Var.: "À saída, julgaram conveniente".
n) Ad.: "julgando conveniente receberem o batismo".
o) Ad. oc.: "E assim a palavra de Deus se difundia em toda a cidade".
p) Var.: "a palavra do Senhor", ou: "Paulo, que discorreu longamente sobre o Senhor".

que Paulo falava. ⁴⁶Com toda a intrepidez,ᵃ porém, Paulo e Barnabé disseram: "Era preciso que a vós primeiro fosse dirigida a palavra de Deus. Uma vez, porém, que a rejeitais e julgais a vós mesmos indignos da vida eterna, nós nos voltamos para os gentios. ⁴⁷Pois assim nos ordenou o Senhor:

> *Eu te estabeleci como luz das nações,*
> *para que sejas portador de salvação até os confins da terra".*ᵇ

⁴⁸Ouvindo isto, os gentios se alegravam e glorificavam a palavra do Senhor,ᶜ e todos os que eram destinados à vida eternaᵈ abraçaram a fé. ⁴⁹Assim, a palavra do Senhor difundia-se por toda a região.

⁵⁰Mas os judeus instigaram as mulheres religiosas de mais prestígio, bem como os principais da cidade, e moveram perseguição contra Paulo e Barnabé, expulsando-os de seu território. ⁵¹Estes, porém, sacudindo a poeira dos pés contra eles, prosseguiram para Icônio. ⁵²Quanto aos discípulos, achavam-se repletos de alegria e do Espírito Santo.

14 Evangelização de Icônio

¹Em Icônio, eles também entraramᵉ na sinagoga dos judeus. E falaram de tal sorte que grande multidão de judeus e de gregos abraçaram a fé.ᶠ

²Mas os judeus que continuaram incrédulos incitaram e indispuseram os ânimos dos gentios contra os irmãos.ᵍ

³Quanto a Paulo e Barnabé, demoraram-se ali bastante tempo, cheios de intrepidez no Senhor, que dava testemunho à palavra da sua graça e concedia que se realizassem sinais e prodígios por meio de suas mãos.

⁴Dividiu-se, porém, a população da cidade:ʰ uns estavam com os judeus; outros, com os apóstolos. ⁵Então, formando-se uma conjuração de gentios e judeus, de acordo com os seus chefes, para ultrajá-los e apedrejá-los, ⁶eles, sabendo-o, foram refugiar-se em Listra e Derbe, cidades da Licaônia, e na região circunvizinha.ⁱ ⁷Lá também anunciavam a Boa Nova.

Cura de um aleijado

⁸Um homem aleijado dos pés estava lá sentado, coxo desde o seio de sua mãe, sem jamais ter andado. ⁹Ele ouvira Paulo falar. E Paulo, fixando nele os olhos e vendo que tinha fé para ser curado,ʲ ¹⁰disse-lhe com voz forte: "Levanta-te direito sobre teus pés!" Ele deu um salto e começou a andar.

¹¹Vendo o que Paulo fizera, as multidões levantaram a voz em língua licaônica, dizendo: "Deuses em forma humana desceram até nós!" ¹²E começaram a chamar Barnabé de Zeus, e Paulo, de Hermes, porque era este quem tinha a palavra.ᵏ ¹³Os sacerdotes de Zeus fora-dos-murosˡ levaram às portas touros

---

a) Esta ideia de "intrepidez" ou "confiança", já sublinhada a propósito dos apóstolos (4,13.29.31), volta de modo insistente, quando se trata de Paulo (9,27-28; 14,3; 19,8; 26,26; 28,31); mesma insistência nas cartas do próprio Paulo (1Ts 2,2; 2Cor 3,12; 7,4; Fl 1,20; Ef 3,12; 6,19-20).
b) Citação livre segundo os LXX. O texto pode ser entendido seja em referência ao próprio Paulo (cf. 26,17-18), apóstolo e doutor dos gentios (cf. Rm 11,13; 1Tm 2,7; Ef 3,8 etc.), seja enquanto concerne a Cristo ressuscitado (ver 26,23, que parece igualmente depender de Is 49,6 e Lc 2,32, tributário este também de Is 49,6.9); ele é a luz das nações, mas de fato o iluminará somente graças ao testemunho dos apóstolos (cf. At 1,8+). Assim, a profecia é também ordem para o Apóstolo que deve assegurar seu cumprimento.
c) Var.: "a palavra de Deus".
d) "A vida eterna" (cf. v. 46), isto é, a vida do século futuro (cf. 3,15+); a ela chegarão só aqueles cujos nomes "estão inscritos no céu" (Lc 10,20), no "livro da vida" (Fl 4,3; Ap 20,12+). "Destinados à vida do mundo futuro", expressão corrente entre os rabinos.
e) Ou: "entraram juntos".
f) O v. 1 continua no v. 3.
g) A recusa de crer degenera logo em oposição violenta (cf. 19,9; 28,24 e 9,23; 13,45.50; 14,19; 17,5-8.13; 18,6.13).
h) Continuação do v. 2.
i) Listra, colônia romana, pátria de Timóteo (cf. 16,1-2). Os acontecimentos dos vv. 8-19 dão-se em Listra. Paulo só chegará a Derbe a partir do v. 20.
j) Outra tradução: "para ser salvo". A fé é a condição para o milagre (cf. Mt 8,10+).
k) Lit.: "que era chefe da palavra". — Hermes (Mercúrio para os latinos, era o deus patrono dos oradores. Mais que do Zeus e do Hermes dos gregos, trata-se sem dúvida dos deuses de Licaônia assimilados aos deuses olímpicos.
l) Segundo o texto ocidental. — Este Zeus era o deus protetor da cidade.

adornados de guirlandas, pretendendo, de acordo com a multidão, oferecer um sacrifício. ¹⁴Ouvindo isto, os apóstolos Barnabé e Paulo rasgaram os mantos*ᵃ* e precipitaram-se em meio à multidão, clamando e repetindo: ¹⁵"Amigos, que estais fazendo? Nós também somos seres humanos, sujeitos aos mesmos sofrimentos que vós, mas vos anunciamos a Boa Nova da conversão para o Deus vivo,*ᵇ* deixando todos esses ídolos vãos. Foi ele que fez o céu, a terra, o mar e tudo o que aí se encontra.*ᶜ* ¹⁶Ele permitiu, nas gerações passadas, que todas as nações seguíssem os próprios caminhos. ¹⁷No entanto, não deixou de dar testemunho de si mesmo fazendo o bem, do céu enviando-vos chuvas e estações frutíferas, saciando de alimento e alegria os vossos corações". ¹⁸Mesmo dizendo estas palavras, a custo conseguiram impedir que a multidão lhes oferecesse um sacrifício.

Fim da missão — ¹⁹Entretanto, chegaram de Antioquia e Icônio alguns judeus, os quais conseguiram instigar as multidões. Apedrejaram, pois, a Paulo e o arrastaram para fora da cidade, dando-o por morto. ²⁰Mas, reunidos em torno dele os discípulos, Paulo ergueu-se e entrou na cidade. No dia seguinte, com Barnabé, partiu para Derbe.

²¹Depois de terem evangelizado essa cidade e conseguido fazer bom número de discípulos, regressaram para Listra, Icônio e Antioquia. ²²Confirmavam o coração dos discípulos,*ᵈ* exortando-os a permanecerem na fé e dizendo-lhes: "É preciso passar por muitas tribulações para entrar no Reino de Deus". ²³Em cada igreja designaram anciãos*ᵉ* e, depois de terem orado e jejuado, confiaram-nos ao Senhor, em quem tinham crido.

²⁴Atravessando então a Pisídia, chegaram à Panfília. ²⁵Após anunciarem a Palavra*ᶠ* em Perge, desceram para Atalia. ²⁶De lá, navegaram para Antioquia, de onde haviam sido entregues à graça de Deus para a obra que haviam realizado. ²⁷Ao chegar, reuniram a igreja e puseram-se a referir tudo o que Deus fizera com eles, especialmente abrindo aos gentios a porta da fé.*ᵍ* ²⁸Permaneceram depois não pouco tempo com os discípulos.

15*ʰ* **Controvérsia em Antioquia** — ¹Entretanto, haviam descido alguns da Judeia*ⁱ* e começaram a ensinar aos irmãos: "Se não vos circuncidardes segundo a norma de Moisés, não podereis salvar-vos". ²Surgin-

---

a) Em sinal de indignação (cf. Mt 26,65).
b) Pregação monoteísta, na qual tradicionalmente se opõe o Deus verdadeiro aos falsos deuses, o Deus vivo aos ídolos inertes, com apelo à conversão. Ver resumos da pregação de Paulo aos gentios em 1Ts 1,9-10 e Gl 4,9 (cf. At 15,19; 26,18.20).
c) O verdadeiro Deus revelou-se vivo criando o universo: formulação que se encontra nas confissões de fé do judaísmo (cf. Ex 20,11; Ne 9,6; Sl 146,6; At 4,24; 17,24; Ap 10,6; 14,7).
d) Cf. Rm 1,11; 1Ts 3,2.13; Lc 22,32.
e) Conforme o modelo das comunidades judaicas da Diáspora.
f) Ad.: "do Senhor" ou "de Deus".
g) Metáfora análoga nas cartas de Paulo (1Cor 16,9; 2Cor 2,12; Cl 4,3).
h) Os acontecimentos deste capítulo suscitam diversas dificuldades: 1° os vv. 5-7a retomam os vv. 1-2a como se o autor referisse duas origens diferentes da controvérsia, sem relacioná-las entre si; 2° no v. 6, tem-se a impressão de uma reunião separada dos dirigentes da comunidade, mas nos vv. 12.22 os debates se realizam diante de toda a assembleia cristã; 3° a assembleia traz e entrega a Paulo um decreto sobre as observâncias de pureza ritual impostas aos cristãos vindos da gentilidade (vv. 22s); mais tarde, porém, Tiago parece notificar este mesmo decreto ao Apóstolo, parecendo supor que ele não o conheça (21,25). O próprio Paulo não fala deste decreto nem em Gl 2,6 (em que fala da assembleia de Jerusalém), nem em 1Cor 8-10 e Rm 14 (em que trata de problemas análogos); 4° o decreto de At 15,29 foi levado às igrejas da Síria e da Cilícia (15,23); no entanto, Lucas não diz que Paulo o haja proclamado ao percorrer essas regiões (15,41), mas fala dele a propósito das cidades da Licaônia (16,4), e os termos de 15,19-21 e 21,25 parecem, de fato, dar ao decreto alcance universal. Essas dificuldades explicar-se-iam se admitíssemos que Lucas englobou numa só duas controvérsias distintas e as soluções diferentes que lhes foram dadas (Paulo distingue melhor em Gl 2): uma controvérsia, na qual tomaram parte Pedro e Paulo, sobre a obrigação da Lei judaica para os gentios convertidos (cf. Gl 2,1-10); e outra, posterior, suscitada pelo incidente de Antioquia (Gl 2,11-14), e na qual Tiago, na ausência de Pedro e de Paulo, desempenhou papel preponderante, acerca das relações sociais entre os cristãos vindos do judaísmo e os provenientes da gentilidade: todo contato com gentio acarretava para o judeu impureza legal (cf. 15,20+).
i) Gl 2,12 os designa como "certas pessoas do círculo de Tiago".

do*a* daí uma agitação e tornando-se veemente a discussão de Paulo e Barnabé com eles, decidiu-se que Paulo e Barnabé e alguns outros dos seus*b* subiriam a Jerusalém, aos apóstolos*c* e anciãos, para tratar da questão.
³Despedidos afavelmente pela igreja,*d* atravessaram a Fenícia e a Samaria, narrando a conversão dos gentios e causando grande alegria a todos os irmãos. ⁴Chegados a Jerusalém, foram acolhidos pela Igreja, pelos apóstolos e anciãos, e relataram tudo o que Deus fizera por meio deles.

20,38; 21,5

14,27+

Controvérsia em Jerusalém — ⁵Então, alguns dos que tinham sido da seita dos fariseus mas haviam abraçado a fé, intervieram:*e* diziam que era preciso circuncidar os gentios e prescrever-lhes que observassem a Lei de Moisés.*f* ⁶Reuniram-se, pois, os apóstolos e os anciãos*g* para examinarem o problema. ⁷Tornando-se acesa a discussão, levantou-se*h* Pedro e disse:

Gl 2,1-9

2,14+

Discurso de Pedro — "Irmãos, vós sabeis que, desde os primeiros dias, aprouve a Deus, entre vós, que por minha boca ouvissem os gentios a palavra da Boa Nova e abraçassem a fé. ⁸Ora, o conhecedor dos corações, que é Deus, deu testemunho em favor deles, concedendo-lhes o Espírito Santo assim como a nós. ⁹Não fez distinção alguma entre nós e eles, purificando seus corações pela fé.*i* ¹⁰Agora, pois, por que tentais a Deus,*j* impondo ao pescoço dos discípulos um jugo que nem nossos pais nem mesmo nós pudemos suportar? ¹¹Ao contrário, é pela graça do Senhor Jesus que nós cremos ser salvos, da mesma forma que eles".*k*
¹²Então, toda a assembleia silenciou.*l* E passaram a ouvir Barnabé e Paulo narrando quantos sinais e prodígios Deus operara entre os gentios por meio deles.

10,1-11,18+

1,24
10,44-47;
11,15-17

11,12+;
10,34+
Gl 5,1
Mt 23,4
Gl 3,10-12
Rm 7

14,27

Discurso de Tiago — ¹³Quando cessaram de falar, Tiago*m* tomou a palavra, dizendo: "Irmãos, escutai-me. ¹⁴Simeão*n* acaba de expor-nos como Deus se dignou, desde o início, escolher dentre os gentios um povo dedicado ao seu Nome. ¹⁵Com isto concordam as palavras dos profetas, segundo o que está escrito:*o*

12,17+
18,10
Rm 9,26
At 13,47
Rm 15,9-12;
16,26

---

a) Var.: "Depois de muita agitação e de uma discussão viva encetada com eles por Paulo e Barnabé — pois Paulo dizia, insistindo, que deviam permanecer como quando tinham crido — aqueles que tinham vindo de Jerusalém lhes ordenavam, assim como outros, que subissem a Jerusalém, para junto dos apóstolos e dos anciãos, para aí serem julgados diante deles a respeito desse litígio".
b) Gl 2,1-3 nomeia Tito, originário da gentilidade.
c) Os apóstolos, dos quais não se fala nem em 11,30 nem em 21,18, são aqui mencionados juntamente com o colégio dos anciãos; isto concorda com Gl 2,2-9, em que Pedro e João são citados como autoridades da igreja de Jerusalém ao lado de Tiago, "irmão do Senhor".
d) Outra tradução: "Depois de providos, pela igreja, do necessário para a viagem" (cf. 1Cor 16,11; Tt 3,13).
e) No texto corrente, os fariseus parecem intervir em Jerusalém independentemente dos acontecimentos de Antioquia. O texto oc. tenta fazer a ligação: "Mas aqueles que os haviam incumbido de subir junto dos anciãos se levantaram...".
f) Segundo Gl 2,3-5, estas exigências teriam visado mais diretamente a Tito, que havia acompanhado Paulo a Jerusalém.

g) Ad. oc.: "e a assembleia" (cf. v. 12).
h) Ad. oc.: "sob a inspiração do Espírito".
i) Interpretação da palavra celeste ouvida por Pedro (10,15; 11,9; cf. 10,28; Eclo 38,10). A intervenção de Pedro retoma a justificação que deu de sua conduta em Cesareia (11,4-17).
j) Tentar (cf. 1Cor 10,13+) a Deus é intimá-lo a dar provas, exigindo uma intervenção ou um sinal (5,9; Ex 17,2.7; Nm 14,22; Dt 6,16; Jt 8,12-17; Sl 95,9; Is 7,11-12; Mt 4,7p; At 5,8-10; 1Cor 10,9).
k) Resposta direta à afirmação do v. 1. A doutrina é a de Gl 2,15-21; 3,22-26; Rm 11,32; Ef 2,1-10 etc. Sob este aspecto, não há vantagem alguma para o judeu (cf. 13,38; Gl 5,6; 6,15).
l) Texto oc.: "Como os anciãos concordavam com o que Pedro dissera, toda a assembleia...".
m) Gl 2,9 atesta a importância do seu papel em toda esta questão, especialmente no debate sobre os problemas locais de relações sociais (cf. 15,1+ e 15, 20+).
n) Nome semítico de Simão Pedro (cf. 2Pd 1,1).
o) O texto é citado segundo a LXX, e a argumentação se apoia em variantes próprias da versão grega. Provém, sem dúvida, de ambientes helenistas, embora aqui esteja posta nos lábios do chefe do partido "hebraico".

¹⁶*Depois disto voltarei*
 e reedificarei a tenda arruinada de Davi,
 reconstruirei as suas ruínas e a reerguerei.
¹⁷*A fim de que o resto dos homens procurem o Senhor,*
 *assim como todas as nações dedicadas ao meu Nome,*ᵃ
 diz o Senhor que faz estas coisas ¹⁸conhecidas desde sempre.ᵇ

¹⁹Eis porque, pessoalmente,ᶜ julgo que não se devam molestar aqueles que, dentre os gentios, se convertem a Deus. ²⁰Mas se lhes escreva que se abstenham do que está contaminado pelos ídolos,ᵈ das uniões ilegítimas,ᵉ das carnes sufocadas e do sangue.ᶠ ²¹Com efeito, desde antigas gerações tem Moisés em cada cidade seus pregadores, que o leem nas sinagogas todos os sábados".

A carta apostólica — ²²Então pareceu bem aos apóstolos e anciãos, de acordo com toda a assembleia, escolher alguns dentre os seus e enviá-los a Antioquia, junto com Paulo e com Barnabé. Foram Judas, cognominado Barsabás,ᵍ e Silas,ʰ homens considerados entre os irmãos. ²³Por seu intermédio, assim escreveram:

"Os apóstolos e os anciãos, vossos irmãos, aos irmãos dentre os gentios que moram em Antioquia, na Síria e na Cilícia, saudações! ²⁴Tendo sabido que alguns dos nossos, sem mandato de nossa parte, saindo de nós, perturbaram-vos, transtornando vossas almas com suas palavras, ²⁵pareceu-nos bem, chegados a pleno acordo, escolher alguns representantes e enviá-los a vós junto com nossos diletos Barnabé e Paulo, ²⁶homens que expuseram suas vidas pelo nome de nosso Senhor, Jesus Cristo. ²⁷Nós vos enviamos, pois, Judas e Silas, eles também transmitindo, de viva voz, esta mesma mensagem. ²⁸De fato, pareceu bem ao Espírito Santo e a nós não vos impor nenhum outro peso além destas coisas necessárias: ²⁹que vos abstenhais das carnes imoladas aos ídolos, do sangue, das carnes sufocadas e das uniões ilegítimas. Fareis bem preservando-vosⁱ destas coisas. Passai bem".

A delegação a Antioquia — ³⁰Tendo-se despedido, os enviados desceram a Antioquia, onde reuniram a assembleia e entregaram a carta. ³¹Feita a sua leitura, alegraram-se pelo consolo que trazia. ³²Entretanto, Judas e Silas, que também eram profetas, falando longamente, exortaram e fortaleceram

a) Lit.: "sobre as quais meu Nome foi invocado (ou: pronunciado)". Invocar o nome de Iahweh sobre um povo (cf. 2Cr 7,14), ou sobre um lugar (cf. 2Cr 6,34), é consagrá-lo a Iahweh.
b) Var.: "diz o Senhor que faz estas coisas. Desde há séculos o Senhor conhece sua obra".
c) Tiago dirime o debate, e a carta apostólica apenas repetirá os termos de sua declaração. Gl 2,9 dá a mesma impressão: na igreja de Jerusalém, neste período, é Tiago quem ocupa o primeiro lugar (cf. At 12,17+). — Uma var. diminui sua importância: "Eis porque, no que depende de mim...".
d) A carne dos animais imolados nos sacrifícios gentílicos (cf. v. 29 e 21,25; ver 1Cor 8-10).
e) A palavra parece designar todas as uniões irregulares enumeradas em Lv 18.
f) O texto oc. suprime "carnes sufocadas" e acrescenta, no fim: "e não fazer aos outros o que não se quer que se faça a si mesmo" (assim também no v. 29). Outra om.: "impudicícia". — As reservas de Tiago mostram a natureza exata do litígio. Elas têm caráter estritamente ritual e respondem à interrogação feita em At 11,3 e Gl 2,12-14: o que é preciso exigir dos heleno-cristãos, para que os judeu-cristãos possam frequentá-los sem contrair impureza legal? De todas as leis de pureza, Tiago quis conservar apenas aquelas cujo significado religioso parece universal: comer carnes oferecidas aos ídolos comportava certa participação em culto sacrílego (cf. 1Cor 8-10). O sangue é expressão da vida, que só a Deus pertence, e a proibição da Lei a esse propósito (Lv 1,5+) era tão grave que explica bem a repugnância dos judeus em dispensar disto os gentios. O caso das carnes sufocadas é análogo ao do sangue. As uniões irregulares não figuram neste contexto por sua qualificação moral, mas enquanto princípio de impureza legal.
g) Nome desconhecido em outros lugares (cf. 1,23).
h) Silas, companheiro de missão de Paulo (15,40-18,5), é idêntico ao Silvano mencionado em 1Ts 1,1; 2Ts 1,1; 2Cor 1,19; 1Pd 5,12.
i) Ad. oc.: "sob a guia do Espírito Santo".

os irmãos. ³³Passando algum tempo, estes despediram-nos em paz, de volta aos que os tinham enviado.ᵃ [³⁴]. ³⁵Paulo e Barnabé, porém, continuaram em Antioquia, onde, com muitos outros, ensinavam e anunciavam a Boa Nova, a palavra do Senhor.

IV. As missões de Paulo

Paulo separa-se de Barnabé e escolhe Silas — ³⁶Depois de alguns dias, disse Paulo a Barnabé: "Voltemos agora a visitar os irmãos por todas as cidades onde anunciamos a palavra do Senhor, para ver como estão". ³⁷Mas Barnabé queria levar consigo também João, cognominado Marcos, ³⁸enquanto Paulo exigia que não se levasse aquele que os deixara desde a Panfília e não os acompanhara no trabalho. ³⁹ᵇA irritação tornou-se tal que eles se separaram um do outro. Barnabé, pois, tomando Marcos consigo, embarcou para Chipre. ⁴⁰Quanto a Paulo, escolheu Silas e partiu, recomendado à graça de Deusᶜ pelos irmãos.

Na Licaônia, Paulo escolhe Timóteo — ⁴¹Paulo atravessou a Síria e a Cilícia, confirmando as Igrejas.ᵈ

16 ¹Alcançou em seguida Derbe, depois Listra. Ora, havia lá um discípulo chamado Timóteo,ᵉ filho de mulher judia, que abraçara a fé, e de pai grego. ²Dele davam bom testemunho os irmãos de Listra e de Icônio. ³Querendo Paulo que ele partisse consigo, realizou a sua circuncisão, por causa dos judeus que havia naqueles lugares.ᶠ É que todos sabiam que seu pai era grego.
⁴Ao passarem pelas cidades, transmitiam-lhes, para que as observassem, as decisões sancionadas pelos apóstolos e anciãos de Jerusalém.ᵍ
⁵Assim as igrejas eram confirmadas na fé e cresciam em número, de dia para dia.

Travessia da Ásia Menor — ⁶Atravessaram depois a Frígia e a região da Galácia,ʰ impedidos que foram pelo Espírito Santo de anunciar a palavra na Ásia. ⁷Chegando aos confins da Mísia, tentaram penetrar na Bitínia, mas o Espírito de Jesusⁱ não o permitiu. ⁸Atravessaramʲ então a Mísia e desceram para Trôade.
⁹Ora, durante a noite, sobreveio a Paulo uma visão. Um macedônio, de pé diante dele, fazia-lhe este pedido: "Vem para a Macedônia, e ajuda-nos!"

---

a) O texto oc. acrescenta o v. 34: "Mas Silas decidiu ficar lá". Vários mss acrescentam ainda: "Judas partiu sozinho".
b) É possível que o fundo da separação de Paulo com Barnabé seja a desavença que se produziu entre eles em Antioquia a respeito das refeições comuns, e portanto a comunhão entre cristãos provindos do judaísmo e do paganismo (cf. Gl 2,11-13).
c) Var.: "a graça do Senhor".
d) O texto oc. acrescenta: "transmitindo as prescrições dos anciãos" (cf. 16,4).
e) Timóteo ficará doravante ligado a Paulo (cf. 17,14s; 18,5; 19,22; 20,4; 1Ts 3,2.6; 1Cor 4,17; 16,10; 2Cor 1,19; Rm 16,21) e será até o fim um de seus discípulos mais fiéis (ver 1Tm e 2Tm, que lhe são dirigidas).
f) Paulo se opunha a que cristãos vindos da gentilidade se fizessem circuncidar (Gl 2,3; 5,1-12). Mas Timóteo era filho de judia e, portanto, segundo o direito judaico, era israelita.
g) Esta anotação redacional resulta logicamente da apresentação do concílio de Jerusalém tal como foi feita no cap. 15, onde se supõe que o decreto foi promulgado na presença de Pedro e de Paulo (mas cf. 15,1+).
h) A Galácia propriamente dita (cf. a Introdução às epístolas de são Paulo). Assim, tendo partido de Icônio, Paulo pensava em dirigir-se para oeste, em direção a Éfeso. "Impedido pelo Espírito", sobe para o norte e chega à Frígia, e segue em linha oblíqua para o nordeste; atinge depois o "território gálata" onde foi retido por uma enfermidade (Gl 4,13-15). Paulo evangelizou essas regiões, aonde voltou mais tarde para visitar os discípulos (At 18,23).
i) Om.: "de Jesus".
j) Melhor do que: "Passaram ao lado da..."

¹⁰Logo após a visão, procuramos*a* partir para a Macedônia, persuadidos de que Deus nos chamava para anunciar-lhes a Boa Nova.

Chegada a Filipos — ¹¹De Trôade, partindo para o alto-mar, seguimos em linha reta para Samotrácia. De lá, no dia seguinte, para Neápolis, ¹²de onde partimos para Filipos, cidade principal daquela região da Macedônia, e também colônia romana.*b* Passamos nesta cidade alguns dias. ¹³Quando chegou o sábado, saímos fora da porta, junto à margem do rio, onde parecia-nos haver um lugar de oração.*c* Sentados, começamos a falar às mulheres que se tinham reunido. ¹⁴Uma delas, chamada Lídia, negociante de púrpura da cidade de Tiatira, e adoradora de Deus, escutava-nos. O Senhor lhe abrira o coração, para que ela atendesse ao que Paulo dizia. ¹⁵Tendo sido batizada, ela e os de sua casa,*d* fez-nos este pedido: "Se me considerais fiel ao Senhor, vinde hospedar-vos em minha casa". E forçou-nos a aceitar.*e*

Prisão de Paulo e Silas — ¹⁶Certo dia, quando íamos para o lugar de oração, veio ao nosso encontro uma jovem escrava que tinha um espírito de adivinhação;*f* ela obtinha para seus amos muito lucro, por seus oráculos. ¹⁷Começou a seguir-nos, a Paulo e a nós, clamando: "Estes homens são servos do Deus Altíssimo, que vos anunciam o caminho da salvação". ¹⁸Isto ela o fez por vários dias. Fatigado com aquilo, Paulo voltou-se para o espírito, dizendo: "Em nome de Jesus Cristo, eu te ordeno que te retires dela!" E na mesma hora o espírito saiu.

¹⁹Vendo seus amos que findara a esperança de seus lucros, agarraram Paulo e Silas e os arrastaram à ágora, à presença dos magistrados. ²⁰Apresentando-os aos estrategos, disseram: "Estes homens perturbam nossa cidade. São judeus, ²¹e propagam costumes que não nos é lícito acolher nem praticar, pois somos romanos".*g* ²²Amotinando-se a multidão contra eles, os estrategos, depois de mandarem arrancar-lhes as vestes, ordenaram que fossem batidos com varas. ²³Depois de lhes infligirem muitos golpes, lançaram-nos à prisão, recomendando ao carcereiro que os vigiasse com cuidado. ²⁴Recebida a ordem, este os lançou à parte mais interna da prisão e prendeu-lhes os pés no cepo.

Libertação maravilhosa dos missionários — ²⁵Pela meia-noite, Paulo e Silas, em oração, cantavam os louvores de Deus, enquanto os outros presos os ouviam. ²⁶De repente, sobreveio um terremoto de tal intensidade que se abalaram os alicerces do cárcere. Imediatamente abriram-se todas as portas, e os grilhões de todos soltaram-se. ²⁷Acordado, e vendo abertas as portas da prisão, o carcereiro puxou da espada e queria matar-se: pensava que os presos tivessem fugido. ²⁸Paulo, porém, com voz forte gritou: "Não te faças mal algum, pois estamos todos aqui".

a) A redação passa bruscamente para a primeira pessoa do plural: é a primeira seção "nós" dos Atos (mas ver 11,27+). Cf. a Introdução a este livro.
b) Var.: "cidade do primeiro distrito da Macedônia", descrição exata, pois a Macedônia se dividia em quatro distritos, dos quais o primeiro compreendia a cidade de Filipos; colônia romana, assim como outras cidades que Paulo visitou, com a administração calcada sobre a de Roma.
c) A mesma palavra grega pode significar "oração" ou "lugar de oração", e num contexto judaico este último sentido equivale a "sinagoga" (cf. também 16,16).
d) A conversão de Lídia acarreta de toda a sua família (cf. 10,44; 16,31.34; 18,8; 1Cor 1,16).

e) Contra a linha de conduta ordinária de Paulo (cf. 20,33-35; 1Ts 2,9; 2Ts 3,8; 1Cor 9). Também mais tarde os filipenses fá-lo-ão aceitar auxílios que jamais teria recebido de outros (cf. Fl 4,10-18). É o melhor reconhecimento à caridade de Lídia e dos outros cristãos de Filipos.
f) Lit.: "um espírito pitônico", assim denominado como lembrança da serpente Píton, do oráculo de Delfos.
g) Os "costumes" em questão são os dos judeus (cf. 6,14; 15,1; 21,21; 26,3; 28,17; Jo 19,40): os acusadores não fazem distinção entre cristãos e judeus. A acusação precisa é a de proselitismo. Se era permitido aos judeus praticar sua religião, não tinham o direito de aliciar os romanos. A propaganda cristã seria, portanto, ilegal.

²⁹Então o carcereiro pediu uma luz, entrou e, todo trêmulo,ᵃ caiu aos pés de Paulo e de Silas. ³⁰Conduzindo-os para fora, disse-lhes: "Senhores, que preciso fazer para ser salvo?" ³¹Eles responderam: "Crê no Senhor e serás salvo, tu e a tua casa". ³²E anunciaram-lhe a palavra do Senhor,ᵇ bem como a todos os que estavam em sua casa. ³³Levando-os consigo, naquela mesma hora da noite, lavou-lhes as feridas, e imediatamente foi batizado, ele e todos os seus. ³⁴Fê-los, então, subir à sua casa, pôs-lhes a mesa, e rejubilou-se com todos os seus por ter crido em Deus.

2,21 +
16,15 +
8,36.38;
1,5 +
2,46 +

³⁵Fazendo-se dia, os estrategos enviaram os litores ao carcereiro com a seguinte ordem: "Solta esses homens".ᶜ ³⁶O carcereiro transmitiu tais palavras a Paulo: "Os estrategos mandam dizer que sejais soltos. Agora, pois, saí e prossegui vosso caminho".ᵈ ³⁷Paulo, porém, replicou aos litores: "Vergastaram-nos em público sem julgamento, a nós que somos cidadãos romanos,ᵉ e lançaram-nos à prisão. Agora, é furtivamente que nos mandam sair? Não será assim: eles mesmos venham retirar-nos daqui".

22,25

³⁸Os litores transmitiram aos estrategos essas palavras. Ouvindo dizer que eram cidadãos romanos, ficaram com medo ³⁹e vieram pessoalmente insistir com eles para que se afastassem da cidade.ᶠ ⁴⁰Ao saírem da prisão, dirigiram-se à casa de Lídia e, vendo os irmãos, confortaram-nos. Depois, partiram.

22,29

17

Em Tessalônica. Dificuldades com os judeus — ¹Após terem atravessado Anfípolis e Apolônia, chegaram a Tessalônica, onde havia uma sinagoga dos judeus. ²Segundo seu costume, Paulo foi procurá-los. Por três sábados dialogou com eles, partindo das Escrituras. ³Explicou-lhes e demonstrou-lhes que era preciso que o Cristo sofresse e depois ressurgisse dentre os mortos. "E o Cristo, dizia ele, é este Jesus que eu vos anuncio". ⁴Alguns dentre elesᵍ se convenceram e se uniram a Paulo e Silas, assim como grande multidão de adoradores de Deus e gregos,ʰ bem como não poucas das mulheres da sociedade.

13,5 +
Lc 24,25-27.44-47
2,23 +;
18,5 +
10,2 +

⁵Mas os judeus, tomados de inveja, reuniram alguns indivíduos perversos dentre os que frequentavam a praça e, provocando aglomerações, tumultuaram a cidade. Foram então à casa de Jasão,ⁱ à procura dos dois, para fazê-los comparecer perante o povo. ⁶Não os tendo encontrado, arrastaram Jasão e alguns irmãos para diante dos politarcas, vociferando: "Estes são os que andaram revolucionando o mundo inteiro. Agora estão também aqui, ⁷e Jasão os recebe em sua casa. Ora, todos eles agem contra os decretos de César, afirmando que há outro rei,ʲ Jesus". ⁸Assim agitaram a multidão e os politarcas, que ouviam essas coisas. ⁹Estes, contudo, tendo exigido fiança por parte de Jasão e dos outros, deixaram-nos em liberdade.

13,45 +
1Ts 2,14 +

24,5

25,8;
Lc 23,2
Jo 19,12-15

---

a) Assustado, desta vez, porque percebe que tratou como malfeitores a enviados do céu.
b) Var.: "a palavra de Deus".
c) Var.: "Fazendo-se dia, os estrategos reuniram-se na ágora; lembravam-se, com medo, do terremoto que houvera e enviaram litores para lhe dizer: 'Solta esses homens que recebeste ontem' ".
d) Ad.: "em paz".
e) A *lex Porcia* proibia, sob severas penas, submeter um cidadão romano à flagelação.
f) Texto alex. (e antiqueno): "vieram apresentar-lhes escusas. E, depois de tê-los levado para fora, pediram-lhes que deixassem a cidade". Texto oc.: "E, tendo ido ao cárcere com numerosos amigos, pediam-lhes que saíssem, dizendo: 'Ignorávamos vossas questões e que sois homens justos'. E, após tê-los conduzido para fora, insistiram com eles nestes termos: 'Saí desta cidade, a fim de que os que andaram clamando atrás de vós não se reúnam de novo contra vós' ".
g) Entre os quais, sem dúvida, Aristarco, um dos mais fiéis companheiros de Paulo (cf. 20,4; Cl 4,10).
h) Var.: "gregos adoradores de Deus". — A leitura adotada supõe uma distinção entre os "adoradores de Deus" (cf. 10,2+) e os "gregos" até então não atingidos pela propaganda judaica. A cristandade de Tessalônica compor-se-á principalmente de gentios convertidos (cf. 1Ts 1,9-10 etc.).
i) Talvez o de Rm 16,21.
j) Na realidade, os cristãos evitavam dar a Cristo o título de *basileus* ("rei"), que pertencia ao Imperador, preferindo os de "Cristo" (Messias) e "Senhor".

Novas dificuldades em Bereia — ¹⁰Os irmãos fizeram logo Paulo e Silas partir de noite para Bereia.ᵃ Eles, tendo ali chegado, dirigiram-se à sinagoga dos judeus. ¹¹Ora, estes eram mais nobres que os de Tessalônica. Pois acolheram a Palavra com toda a prontidão, perscrutando cada dia as Escrituras para ver se as coisas eram mesmo assim. ¹²Por isso, muitos dentre eles abraçaram a fé, também dentre as mulheres gregas de alta posição, e não poucos homens.

¹³Quando, porém, os judeus de Tessalônica souberam que também em Bereia tinha sido anunciada por Paulo a palavra de Deus, para lá igualmente se dirigiram, para agitarem e perturbarem a multidão. ¹⁴Então, imediatamente, os irmãos fizeram Paulo partir, em direção do mar. Silas e Timóteo, porém, permaneceram. ¹⁵Os que acompanhavam Paulo conduziram-no a Atenas. E logo voltaram, trazendo ordem a Silas e a Timóteo de irem ter com ele o mais depressa possível.ᵇ

Paulo em Atenas — ¹⁶Enquanto os esperava em Atenas, seu espírito inflamava-se dentro dele, ao ver a cidade cheia de ídolos.ᶜ ¹⁷Disputava, por isso, na sinagoga, com os judeus e com os adoradores de Deus; e na ágora, a qualquer hora do dia, com os que a frequentavam.ᵈ ¹⁸Até mesmo alguns filósofos epicureus e estoicosᵉ o abordavam. E alguns diziam: "Que quer dizer este palrador?"ᶠ E outros: "Parece um pregador de divindades estrangeiras".ᵍ Isto, porque ele anunciava Jesus e a Ressurreição.ʰ

¹⁹Tomando-o então pela mão, conduziram-no ao Areópago,ⁱ dizendo: "Poderíamos saber qual é essa nova doutrina apresentada por ti? ²⁰Pois são coisas estranhas que nos trazes aos ouvidos. Queremos, pois, saber o que isto quer dizer". ²¹Todos os atenienses, com efeito, e também os estrangeiros aí residentes, não se entretinham noutra coisa senão em dizer, ou ouvir, as últimas novidades.

²²De pé, então, no meio do Areópago, Paulo falou:

Discurso de Paulo no Areópagoʲ — "Cidadãos atenienses! Vejo que, sob todos os aspectos, sois os mais religiosos dos homens. ²³Pois, percorrendo a vossa cidade e observando os vossos monumentos sagrados, encontrei até um altar com a inscrição: 'Ao Deus desconhecido'.ᵏ Ora bem, o que adorais sem conhecer, isto venho eu anunciar-vos.

---

a) Esta partida não fez cessar a perseguição em Tessalônica (cf. 1Ts 2,14).
b) Lucas abrevia e simplifica. Timóteo certamente acompanhou Paulo, uma vez que Paulo o enviará de Atenas a Tessalônica (1Ts 3,1s).
c) Atenas, centro espiritual do helenismo gentio, é aos olhos de Lucas um símbolo, como o manifesta o discurso de Paulo, único exemplo que os Atos nos conservaram de sua pregação aos gentios, e o único caso no qual vemos recorrer à sabedoria profana, para combater a gentilidade.
d) É o único caso explicitamente recordado, nos Atos, de uma pregação deste gênero (cf. no entanto 14,7s).
e) As duas principais escolas filosóficas da época.
f) O termo (da gíria ateniense) significa propriamente "recolhedor de grãos". Designava um pássaro bicador de grãos, talvez a gralha. Era aplicado ao mendigo que cata alimento onde quer que o encontre e ao falador que repete, "como papagaio", lugares comuns.
g) Os mesmos termos da acusação dirigida contra Sócrates.
h) Cf. v. 32. A palavra "Ressurreição" é tomada como nome de uma deusa (*Anástasis*), parceira de Jesus.
i) O nome designa uma colina situada ao sul da ágora. Designa também o supremo tribunal de Atenas, que outrora realizava lá as suas sessões. O texto pode ser entendido de duas maneiras: ou os filósofos conduziram Paulo "à colina do Areópago", a um lugar à parte, para ouvi-lo mais à vontade; ou então, melhor, conduziram-no "para diante (do tribunal) do Areópago".
j) Após um exórdio de circunstância (vv. 22-23), Paulo desenvolve o anúncio do verdadeiro Deus, opondo-o às concepções pagãs: 1° Deus criou o universo; não se pode, pois, supor que habite num templo ou que precise do culto que se lhe tributa (vv. 24-25); 2° Deus criou o homem e o cercou de seus benefícios; é absurdo equipará-lo a objetos materiais (as estátuas, vv. 26-29). O discurso termina com o apelo ao arrependimento, na perspectiva do julgamento (vv. 30-31). As duas partes do discurso têm acento antiidolátrico. Paulo se inspira nos esquemas habituais da propaganda monoteísta do judaísmo helenístico (cf. 14,15-17; Sb 13-14; Rm 1,19-25; Ef 4,17-19).
k) Até hoje não se tem outros exemplos de altares dedicados "Ao deus desconhecido"; é possível que Paulo transforme por sua própria conta uma dedicatória

²⁴O Deus que fez o mundo e tudo o que nele existe, o Senhor do céu e da terra, não habita em templos feitos por mãos humanas. ²⁵Também não é servido por mãos humanas, como se precisasse de alguma coisa,ᵃ ele que a todos dá vida, respiração e tudo o mais. ²⁶De um só*ᵇ* ele fez toda a raça humana para habitar sobre toda a face da terra, fixando os tempos anteriormente determinados e os limites do seu hábitat.ᶜ ²⁷Tudo isto para que procurassem a divindadeᵈ e, mesmo se às apalpadelas, se esforçassem por encontrá-la, embora não esteja longe de cada um de nós. ²⁸Pois nele vivemos, nos movemos e existimos, como alguns dos vossos,ᵉ aliás, já disseram:

'Porque somos também de sua raça'.ᶠ

²⁹Ora, se nós somos de raça divina, não podemos pensar que a divindade seja semelhante ao ouro, à prata, ou à pedra, a uma escultura da arte e engenho humanos.ᵍ

³⁰Por isso, não levando em conta os tempos da ignorância, Deus agora notifica aos homens que todos e em toda parte se arrependam, ³¹porque ele fixou um dia no qual julgará o mundo com justiçaʰ por meio do homem a quem designou, dando-lhe o crédito diante de todos, ao ressuscitá-lo dentre os mortos".ⁱ

³²Ao ouvirem falar da ressurreição dos mortos, alguns começaram a zombar, enquanto outros diziam: "A respeito disto te ouviremos outra vez".ʲ ³³Foi assim que Paulo retirou-se do meio deles. ³⁴Alguns homens, porém, aderiram a ele e abraçaram a fé. Entre esses achava-se Dionísio, o Areopagita,ᵏ bem como uma mulher, de nome Dâmaris, e ainda outros com eles.

18 Fundação da igreja de Corinto — ¹Depois disso, Paulo afastou-se de Atenas e foi para Corinto.ˡ ²Lá encontrou um judeu chamado Áquila, natural do Ponto, recém-chegado da Itália com Priscila,ᵐ sua mulher, em vista

— bem atestada em Atenas e outros lugares — "Aos deuses desconhecidos". Paulo dá outro sentido à dedicatória: o sentido bíblico da ignorância dos gentios que não conhecem a Deus (1Ts 4,5; 2Ts 1,8; Gl 4,8; 1Cor 15,34; Ef 4,17-19; 1Pd 1,14; Jr 10,25; Jó 18,21; Sb 13,1; 14,22). Justifica-se assim da acusação de pregar uma divindade estrangeira.
a) Ideia familiar ao pensamento grego e ao judaísmo helenístico, que corresponde, aliás, a um antigo tema bíblico (cf. 1Cr 29,10s; 2Mc 14,35; Sl 50,9-13; Am 5,21s etc.).
b) Var.: "do mesmo sangue", "de uma só nação", "de uma só raça".
c) Os "tempos determinados" evocam sobretudo as estações, cujo retorno regular assegura aos homens a subsistência (14,17; cf. Gn 1,14; Sb 7,18; Eclo 33,8); os "limites" do hábitat dos homens são provavelmente os que separam a terra habitável das águas do abismo (Gn 1,9-10; Sl 104,9; Jó 38,8-11; Pr 8,28-29; cf. Jr 5,22-24; Sl 74,17). Segundo outra explicação, tratar-se-ia dos tempos e das fronteiras que Deus distribuiu entre os diferentes povos (Gn 10; Dt 32,8s). Seja como for, há referência à ordem do universo, capaz de levar ao conhecimento de Deus.
d) Var.: "Deus" ou "o Senhor".
e) Var.: "dos vossos poetas" ou "dos vossos sábios".
f) Citação tirada dos *Fenômenos* de Arato, poeta originário da Cilícia (séc. III a.C.). Também o estoico Cleanto (da mesma época), no *Hino a Zeus*, 5, exprime-se quase nos mesmos termos. A pregação monoteísta judaica invocava aqui o fato de que o homem foi criado à imagem e semelhança de Deus (Gn 1,26-27; Sb 2,23; Eclo 17,1-8), para tornar manifesto o absurdo do culto aos ídolos.
g) Paulo se inspira em antigo tema de propaganda antiidolátrica (cf. Is 40,20+).
h) Cf. Sl 9,9; 96,13; 98,9. É na perspectiva do julgamento que os apóstolos convidavam ao arrependimento (cf. sobretudo 10,42-43; 1Ts 1,10).
i) A ressurreição de Cristo garante a fé em sua missão de Juiz e de Salvador no fim dos tempos (Rm 14,9; 2Tm 4,1; 1Pd 4,5).
j) No mundo grego, mesmo entre os cristãos, a doutrina da ressurreição superou com muita dificuldade as prevenções (cf. 1Cor 15,12s). Os membros do Sinédrio de Jerusalém condenavam e perseguiam a mensagem cristã; os do Areópago de Atenas contentam-se em rir-se dela. O fracasso de Paulo em Atenas foi quase completo. Daí por diante, sua pregação rejeitará os ornamentos da sabedoria grega (1Cor 2,1-5).
k) Os leitores de Lucas deviam conhecê-lo. A lenda o envolveu, sobretudo depois que um autor do séc. V (o "*Pseudo-Dionísio*") pôs seus escritos místicos sob seu nome. Foi também identificado com são Dionísio, primeiro bispo de Paris (séc. III).
l) Corinto, reconstruída por César, tornou-se a capital da província romana da Acaia. O elemento romano e latino nela predominava; mas o comércio atraía para ela uma população cosmopolita. Também a colônia judaica era importante. Corinto tinha péssima reputação devido à licenciosidade dos costumes.
m) Chamada também Prisca (Rm 16,3; 1Cor 16,19; 2Tm 4,19).

de Cláudio ter decretado que todos os judeus se afastassem de Roma.ᵃ Foi, pois, ter com eles. ³Como exercesse a mesma atividade artesanal, ficou ali hospedado e trabalhando:ᵇ eram, de profissão, fabricantes de tendas. ⁴Cada sábado, ele discorria na sinagoga, esforçando-se por persuadir judeus e gregos.

⁵Quando, porém, Silas e Timóteo chegaram da Macedônia,ᶜ Paulo começou a dedicar-se inteiramente à Palavra, atestando aos judeus que Jesus é o Cristo.ᵈ ⁶Contudo, diante da oposição e das blasfêmias deles, Paulo sacudiu suas vestesᵉ e disse-lhes: "Vosso sangue recaia sobre a vossa cabeça! Quanto a mim, estou puro, e de agora em diante dirijo-me aos gentios". ⁷Então, retirando-se dali, dirigiu-se à casa de certo Justo,ᶠ adorador de Deus, cuja casa era contígua à sinagoga. ⁸Mas Crispo, o chefe da sinagoga, creu no Senhor com toda a sua casa. Também muitos dos coríntios, ouvindo a Paulo, abraçaram a fé e eram batizados.ᵍ ⁹Uma noite, disse o Senhor a Paulo, em visão: "Não temas. Continua a falar e não te cales. ¹⁰Eu estou contigo, e ninguém porá a mão em ti para fazer-te mal, pois tenho um povo numeroso nesta cidade". ¹¹Assim, residiu ali um ano e seis meses, ensinando entre eles a palavra de Deus.

Paulo entregue à justiça pelos judeus — ¹²Sendo Galião procônsul da Acaia,ʰ os judeus levantaram-se unanimemente contra Paulo e conduziram-no ao tribunal, ¹³dizendo: "Este indivíduo procura persuadir os outros a adorar a Deus de maneira contrária à Lei".ⁱ ¹⁴Paulo ia abrir a boca, quando Galião retrucou aos judeus: "Se se tratasse de delito ou ato perverso, ó judeus, com razão eu vos atenderia. ¹⁵Mas se são questões de palavras, de nomes, e da vossa própria Lei, tratai vós mesmos disso! Juiz dessas coisas eu não quero ser". ¹⁶E despediu-os do tribunal. ¹⁷Todos então se apoderaram de Sóstenes,ʲ o chefe da sinagoga, e o espancaram diante do tribunal, sem que Galião absolutamente interviesse.

Volta a Antioquia e partida para a terceira viagem — ¹⁸Paulo, porém, permaneceu ali ainda muitos dias. Depois, despediu-se dos irmãos e embarcou para a Síria.ᵏ Priscila e Áquila o acompanhavam. Ele havia cortado os cabelos em Cencreia, por causa de uma promessa.ˡ ¹⁹Chegados a Éfeso, deixou os

---

a) Esta medida, conhecida por Suetônio, data de 41. Seus efeitos foram muito passageiros (cf. Rm 16,3; At 28,17).
b) Embora reconheça o direito dos missionários à sua subsistência (1Cor 9,6-14; Gl 6,6; 2Ts 3,9; cf. Lc 10,7), Paulo quis sempre trabalhar com as próprias mãos (1Cor 4,12), para não ser pesado a ninguém (1Ts 2,9; 2Ts 3,8; 2Cor 12,13s) e provar seu desinteresse (At 20,33s; 1Cor 9,15-18; 2Cor 11,7-12). Só aceitou auxílios dos filipenses (Fl 4,10-19; 2Cor 11,8s; cf. At 16,15+). Recomenda também aos fiéis que trabalhem para proverem as próprias necessidades (1Ts 4,11s; 2Ts 3,10-12) e às dos indigentes (At 20,35; Ef 4,28).
c) Paulo escreveu as duas cartas aos fiéis de Tessalônica somente depois do regresso deles (cf. 1Ts 1,1; 3,6; 2Ts 1,1). Chegando da Macedônia com auxílios (2Cor 11,8-9; Fl 4,15), assistiram Paulo na evangelização de Corinto (2Cor 1,19).
d) O caráter messiânico de Jesus era o objetivo específico da pregação aos judeus (cf. 2,36; 3,18.20; 5,42; 8,5.12; 9,22; 17,3; 18,28; 24,24; 26,23).
e) O gesto indica ruptura. As palavras que o seguem são bíblicas (cf. Lv 20,9-16; 2Sm 1,16) e dão a entender aos judeus que toda a responsabilidade de sua atitude e as consequências dela pesam sobre eles. Paulo está livre, está "puro" do sangue do castigo deles (cf. Ez 3,17-21).
f) Var.: "Tito Justo" ou "Tício Justo".
g) Ad. oc.: "crendo em Deus, pelo nome de nosso Senhor Jesus Cristo" (cf. 8,37). Os convertidos eram, portanto, gentios.
h) Uma inscrição de Delfos situa o proconsulado de Galião no ano 51-52. O comparecimento de Paulo perante Galião deve ter-se verificado pelos fins (v. 18) de sua permanência de dezoito meses (v. 11) em Corinto, talvez agosto/setembro de 51.
i) Termo ambíguo que designa tanto a lei romana (cf. 16,21; 17,7), quanto a lei judaica, igualmente reconhecida pela lei romana. Galião não quer ver nisto (v. 15) senão uma questão de interpretação da Lei judaica e declina qualquer competência.
j) Talvez o de 1Cor 1,1.
k) Para Antioquia, que permanece seu ponto de referência.
l) Texto obscuro. Parece ter sido Paulo quem fez a promessa, e não Áquila. Quem emitia voto, isto é, fazia promessa, tornava-se *nazir* (cf. Nm 6,1+) enquanto perdurava o tempo de seu voto (geralmente trinta dias): devia, entre outras obrigações, não cortar o cabelo durante esse tempo. Não se sabe se Paulo emitiu o

companheiros ali. Ele próprio dirigiu-se à sinagoga, onde se entreteve com os judeus. ²⁰Estes lhe pediram que prolongasse a sua estada, mas Paulo não concordou. ²¹Despedindo-se deles, porém, disse: "Virei ter convosco novamente, se Deus quiser!" E de Éfeso ganhou o alto-mar.

10,48
Tg 4,15

²²Tendo desembarcado em Cesareia, subiu para saudar a igreja*ᵃ* descendo depois para Antioquia.

²³Passado algum tempo, partiu de novo e percorreu sucessivamente a região da Galácia e da Frígia, confirmando todos os discípulos.

16,6 +
14,22 +

Apolo — ²⁴Um judeu, chamado Apolo,*ᵇ* natural de Alexandria, havia chegado a Éfeso. Era homem eloquente e versado nas Escrituras. ²⁵Fora instruído no caminho do Senhor e, no fervor do espírito, falava e ensinava com exatidão o que se refere a Jesus, embora só conhecesse o batismo de João. ²⁶Começou, pois, a falar com intrepidez na sinagoga. Tendo-o ouvido, Priscila e Áquila tomaram-no consigo e, com mais exatidão, expuseram-lhe o Caminho.*ᶜ*

19,1
9,2 +
19,3-5

13,46 +
9,2 +

²⁷Como ele quisesse partir para a Acaia, animaram-no os irmãos e escreveram aos discípulos para que o acolhessem.*ᵈ* Tendo lá chegado, muito ajudou, por efeito da graça, aos que haviam abraçado a fé. ²⁸Pois refutava vigorosamente os judeus em público, demonstrando pelas Escrituras que Jesus é o Cristo.

9,22
18,5 +

19 **Discípulos de Jesus em Éfeso**ᵉ — ¹Enquanto Apolo estava em Corinto,*ᶠ* Paulo, depois de ter atravessado o planalto, chegou a Éfeso.*ᵍ* Ali encontrou alguns discípulos ²e perguntou-lhes: "Recebestes o Espírito Santo quando abraçastes a fé?" Eles responderam: "Mas nem ouvimos dizer que haja um Espírito Santo".*ʰ* ³E ele: "Em que batismo fostes então batizados?" Responderam: "No batismo de João". ⁴Paulo então explicou: "João batizou com um batismo de arrependimento, dizendo ao povo que cresse naquele que viria após ele, a saber, em Jesus". ⁵Tendo ouvido isto, receberam o batismo em nome do Senhor Jesus. ⁶E quando Paulo lhes impôs as mãos, o Espírito Santo veio sobre eles: puseram-se então a falar em línguas e a profetizar. ⁷Eram, ao todo, cerca de doze homens.

8,15-17
Jo 7,39

Mt 3,6 +
At 13,24-25 +;
10,5 +;
2,38 +

8,15-17 +
1Tm 4,14 +
At 2,4 +;
11,27 +

Fundação da igreja de Éfesoⁱ — ⁸Paulo foi à sinagoga onde, durante três meses, falou com intrepidez, discutindo e tentando persuadir sobre o Reino de Deus. ⁹Alguns, porém, empedernidos e incrédulos, falavam mal do Caminho diante da assembleia. Afastou-se, então, deles e tomou à parte os discípulos, com os quais entretinha-se diariamente na escola de Tirano.*ʲ* ¹⁰Isto prolongou-

13,5 +
13,46 +
1,3 +
9,2 +

---

voto em Cencreia ou se lá o terminou (cf. At 21,23-27, onde Paulo realiza com quatro outros judeus os ritos finais de um voto).
a) Talvez a igreja de Jerusalém.
b) Dele se trata em 1Cor: sua passagem por Corinto suscitara entusiasmos, logo degenerados em partidos (cf. 1Cor 1,12; 3,4-11.22; ver também Tt 3,13). — A notícia sobre Apolo tem traços comuns com a notícia seguinte sobre os discípulos que Paulo encontra em Éfeso. O cristianismo incompleto de ambos talvez reflita o da igreja de Alexandria nessa época.
c) Ad.: "de Deus".
d) Quanto ao uso das cartas de recomendação entre as primeiras comunidades cristãs, cf. Rm 16,1; 2Cor 3,1s; Cl 4,10; 3Jo 9-10.12.
e) Trata-se de "discípulos" de Jesus que só haviam recebido o batismo de João — sem dúvida das mãos de Jesus (cf. Jo 3,22; 4,1-2).

f) Ligação redacional entre as duas notícias intercaladas no relato de viagem. — O texto oc. traz: "Quando, de acordo com seus projetos, Paulo queria partir para Jerusalém, o Espírito lhe disse que voltasse para a Ásia. Depois de ter, por isso, atravessado..."
g) Éfeso era então, com Alexandria, uma das mais belas cidades do império: centro religioso, político e comercial, com população de diferentes origens.
h) Eles deviam ignorar não a sua existência — se é que tinham conhecimento, embora mínimo, do Antigo Testamento — mas a sua efusão, em realização das promessas messiânicas (cf. 2,17-18.33).
i) A narrativa, interrompida pelas notícias sobre Apolo e sobre os discípulos que Paulo encontra em Éfeso, recomeça: 19,8 é sequência de 18,23 e 19,1.
j) O texto oc. precisa que ele ensinava ali entre a quinta e a décima hora, isto é, entre 11 e 16 horas.

-se pelo espaço de dois anos,ª de sorte que todos os habitantes da Ásia,ᵇ judeus e gregos, puderam ouvir a palavra do Senhor.

Os exorcistas judeus — ¹¹Entretanto, pelas mãos de Paulo, Deus operava milagres não comuns. ¹²Bastava, por exemplo, que sobre os enfermos se aplicassem lenços e aventais que houvessem tocado seu corpo: afastavam-se deles as doenças, e os espíritos maus saíam.

Lc 8,44-47p
At 5,15

¹³Então, alguns dos exorcistas judeusᶜ ambulantes começaram a pronunciar, eles também, o nome do Senhor Jesus, sobre os que tinham espíritos maus. E diziam: "Eu vos conjuro por Jesus, a quem Paulo proclama!" ¹⁴Quem fazia isto eram os sete filhos de certo Ceva, Sumo Sacerdote judeu. ¹⁵Mas o espírito mau replicou-lhes: "Jesus eu o conheço; e Paulo, sei quem é. Vós, porém, quem sois?" ¹⁶E investindo contra eles, o homem no qual estava o espírito mau dominou a uns e outros,ᵈ e de tal modo os maltratou que, desnudos e feridos, tiveram de fugir daquela casa. ¹⁷O fato chegou ao conhecimento de todos os judeus e gregos que moram em Éfeso. A todos sobreveio o temor, e o nome do Senhor Jesus era engrandecido.

Lc 9,49p
At 3,16 +

16,17

9,35.42
3,10
Lc 5,26

¹⁸Muitos dos que haviam abraçado a fé começaram a confessar e a declarar suas práticas.ᵉ ¹⁹E grande número dos que haviam exercido a magia traziam seus livros e os queimavam à vista de todos. Calculando-se o seu preço, acharam que seu valor chegava a cinquenta mil peças de prata.

6,7 +

²⁰Assim, a palavra do Senhor crescia e se firmava poderosamente.ᶠ

V. Fim das missões

O PRISIONEIRO DE CRISTO

1Cor 16,1-8
Rm 15,22-32
11,30 +

Projetos de Paulo — ²¹Quando se completaram essas coisas, Paulo tomou a resolução de dirigir-se a Jerusalém, passando antes pela Macedônia e a Acaia. E dizia: "Depois de lá chegar, é preciso igualmente que eu veja Roma". ²²Enviou, então, à Macedônia dois de seus auxiliares, Timóteo e Erasto, enquanto ele próprio permanecia ainda algum tempo na Ásia.

23,11
Rm 1,13
1Cor 4,17

9,2 +

Em Éfeso. O motim dos ourivesᵍ — ²³Por essa ocasião, houve um tumulto bastante grave a respeito do Caminho. ²⁴Certo Demétrio, que era ourives, era fabricante de nichos de Ártemis, em prata, proporcionando aos artesãos não pouco lucro. ²⁵Tendo-os reunido, bem como a outros que trabalhavam no mesmo ramo, disse: "Amigos, sabeis que é deste ganho que provém o nosso bem-estar. ²⁶Entretanto, vedes e ouvis que não somente em Éfeso, mas em quase toda a Ásia, este Paulo desencaminhou, com suas persuasões,

16,19

17,29 +

---

a) 20,31 diz três anos. Durante esta permanência, Paulo escreveu a primeira carta aos Coríntios, a carta aos Gálatas e, com certa probabilidade, a carta aos Filipenses.
b) Não toda a Ásia proconsular (parte ocidental da Ásia Menor), mas a região que tem Éfeso por centro, com as sete cidades de Ap 1,11. Paulo confiara a Epafras, colossense, a tarefa de evangelizar Colossas. Epafras estendera seu apostolado a Laodiceia e a Hierápolis (Cl 1,7; 4,12-13). Paulo era ajudado também por Timóteo e Erasto (At 19,22), Gaio e Aristarco (19,29), Tito, do qual os Atos jamais falam, e outros (cf. 2Cor 12,18). Lucas atribui a Paulo o trabalho de toda a equipe que ele dirigia (cf. Cl 4,10+).

c) Quanto à prática dos exorcismos entre os judeus, cf. Mt 12,27. O próprio Jesus e os apóstolos também (cf. At 5,16; 16,18) libertaram frequentemente pessoas endemoninhadas (cf. Mt 8,29+).
d) Ou: "todos".
e) Práticas mágicas, pelas quais Éfeso era famosa.
f) Texto alex.: "Assim, pelo poder do Senhor, a Palavra crescia e se firmava".
g) Este episódio, proveniente de uma fonte particular e que destoa do estilo habitual de Lucas, foi por ele unido artificialmente à sua narrativa da evangelização de Éfeso.

uma multidão considerável: pois diz que não são deuses os que são feitos por mãos humanas. ²⁷Isto não só traz o perigo de a nossa profissão cair em descrédito, mas também o próprio templo da grande deusa Ártemis perderá todo o seu prestígio, sendo logo despojada de sua majestade aquela que toda a Ásia e o mundo veneram". ²⁸Ouvindo isto, ficaram cheios de furor e puseram-se a gritar:[a] "Grande é a Ártemis dos efésios!" ²⁹A cidade foi tomada de confusão, e todos à uma se precipitaram para o teatro, arrastando consigo os macedônios Gaio e Aristarco,[b] companheiros de viagem de Paulo. ³⁰Este queria enfrentar o povo, mas os discípulos não lho permitiram. ³¹Também alguns dos asiarcas, seus amigos, mandaram rogar-lhe que não se expusesse, indo ao teatro.

³²Uns gritavam uma coisa, outros outra. A assembleia estava totalmente confusa, e a maior parte nem sabia por que motivo estavam reunidos. ³³Alguns da multidão persuadiram[c] Alexandre, e os judeus fizeram-no ir para a frente. De fato, fazendo sinal com a mão, Alexandre quis dar uma explicação ao povo. ³⁴Quando, porém, reconheceram que era judeu, todos puseram-se a gritar a uma só voz, durante quase duas horas: "É grande a Ártemis dos efésios!" ³⁵Acalmando, afinal, a multidão, o chanceler da cidade assim falou: "Cidadãos de Éfeso! Quem há, dentre os homens, que não saiba que a cidade de Éfeso é a guardiã do templo da grande Ártemis e de sua estátua caída do céu? ³⁶Sendo indubitáveis estas coisas, é preciso que vos porteis calmamente e nada façais de precipitado. ³⁷Trouxestes aqui estes homens: não são culpados de sacrilégio, nem de blasfêmia, contra a nossa deusa. ³⁸Se, pois, Demétrio e os artesãos que estão com ele, têm alguma coisa contra alguém, há audiências e há procônsules: que apresentem queixa! ³⁹E se tiverdes ainda outras questões além desta, serão resolvidas em uma assembleia legal. ⁴⁰De mais a mais, estamos correndo o risco de ser acusados de sedição pelo que hoje aconteceu, não havendo causa alguma que possamos alegar, para justificar esta aglomeração". Com estas palavras, pois, dissolveu a assembleia.

20 Paulo deixa Éfeso

— ¹Depois que cessou o tumulto,[d] Paulo convocou os discípulos, exortou-os e despediu-se, partindo em direção à Macedônia. ²Atravessando aquelas regiões,[e] proferiu muitas palavras de exortação, e assim chegou à Grécia. ³Tendo aí passado três meses,[f] houve uma conspiração dos judeus contra ele, pouco antes do seu embarque para a Síria.[g] Tomou então a decisão de voltar pela Macedônia. ⁴Foram seus companheiros de viagem:[h] Sópatro, filho de Pirro, de Bereia; Aristarco e Segundo, de Tessalônica; Gaio, de Doberes, e Timóteo; e ainda Tíquico e Trófimo,[i] da Ásia. ⁵Estes seguiram à frente, e nos[j] aguardaram em Trôade. ⁶Quanto a nós, deixamos Filipos por mar[k] após os dias dos Pães sem fermento.[l] Cinco dias depois, fomos encontrá-los em Trôade, onde permanecemos uma semana.[m]

---

a) Ad. oc.: "precipitando-se pela rua".
b) Aristarco, natural de Tessalônica (20,4), foi companheiro de Paulo durante seu cativeiro (27,2; Cl 4,10; Fm 24). Gaio é provavelmente o de At 20,4.
c) Outra tradução: "Então fizeram sair da multidão".
d) A narração retoma o assunto interrompido em 19,22.
e) De onde enviou sua segunda carta aos fiéis de Corinto.
f) Paulo pôde, finalmente, realizar os projetos de 1Cor 16,5-6. Durante esta permanência em Corinto escreveu a carta aos Romanos. — Texto oc.: "Depois de ter passado aí três meses e após a conspiração dos judeus contra ele, quis partir para a Síria, mas o Espírito lhe disse que voltasse pela Macedônia".
g) Para levar a Jerusalém o produto da coleta (cf. 19,21 e Rm 15,25+).
h) Ad.: "até a Ásia." — Sópatro é talvez o Sosípatro de Rm 16,21, que era judeu. — "de Doberes", var.: "de Derbe".
i) Trófimo, efésio (21,29; cf. 2Tm 4,20). Tíquico é nomeado diversas vezes nas cartas (Ef 6,21; Cl 4,7; 2Tm 4,12; Tt 3,12).
j) Narração na primeira pessoa do plural; em Filipos, Paulo reencontrou o autor do *Diário de viagem*, que o acompanhará daí em diante (cf. 16,10+).
k) Pelo porto de Neápolis (cf. 16,11).
l) As festas de Páscoa (cf. Ex 12,1+).
m) Quanto ao ministério anterior de Paulo nesta cidade (durante a sua viagem de Éfeso a Corinto: vv. 1-2), cf. 2Cor 2,12.

Em Trôade. Paulo ressuscita um morto —

²,⁴² + ⁷No primeiro dia da semana,ᵃ estando nós reunidos para a fração do pão, Paulo entretinha-se com eles. Estando para partir no dia seguinte, prolongou suas palavras até a meia-noite. ⁸Havia muitas lamparinas na sala de cima, onde estávamos reunidos. ⁹Um adolescente, chamado Êutico, que estava sentado no peitoril da janela, adormeceu profundamente enquanto Paulo alongava sua exposição. Vencido pelo sono, caiu do terceiro andar abaixo. Quando foram levantá-lo, estava morto. ¹⁰Paulo desceu, debruçou-se sobre ele, tomou-o nos braços e disse: "Não vos perturbeis: a sua alma está nele!" ¹¹Depois subiu novamente, partiu o pão e comeu; e discorreu por muito tempo ainda, até o amanhecer. Então partiu. ¹²Quanto ao rapaz, reconduziram-no vivo, o que os reconfortou sem medida.

1Rs 17,17-24
2Rs 4,30-37
At 9,36-42
Mc 5,39-42p

De Trôade a Mileto —

¹³Nós, porém, seguindo à frente, entramos em alto-mar num navio rumo a Assos, onde devíamos recolher Paulo. Assim havia ele determinado, devendo ele mesmo vir por terra. ¹⁴Quando nos alcançou em Assos, recolhemo-lo a bordo e prosseguimos para Mitilene. ¹⁵De lá zarpando no dia seguinte, chegamos à frente de Quio. Um dia depois, aportamos em Samos. Ainda um dia e, depois de nos termos detido em Trogílio, chegamos a Mileto. ¹⁶Efetivamente, Paulo decidira passar ao largo de Éfeso, para não lhe acontecer de prolongar demais sua estada na Ásia. Ele apressava-se a fim de passar o dia de Pentecostes em Jerusalém, se lhe fosse possível.

Adeus aos anciãos de Éfeso —

11,30 +
1Ts 1,5;
2,10-12

¹⁷De Mileto, mandou emissários a Éfeso para chamarem os anciãos daquela igreja. ¹⁸Quando chegaram, assim lhes falou:ᵇ "Vós bem sabeis como procedi para convosco no tempo, desde o primeiro dia em que cheguei à Ásia. ¹⁹Servi ao Senhor com toda a humildade, com lágrimas, e no meio das provações que me sobrevieram pelas ciladas dos judeus. ²⁰E nada do que vos pudesse ser útil eu negligenciei de anunciar-vos e ensinar-vos, em público e pelas casas, ²¹conjurando judeus e gregos ao arrependimento diante de Deus e à fé em Jesus, nosso Senhor.ᶜ

Fl 2,3;
3,18
2Cor 1,8-9;
11,23-31
20,27
2Tm 4,2
At 13,5 +

²²Agora, acorrentado pelo Espírito,ᵈ dirijo-me a Jerusalém, sem saber o que lá me sucederá. ²³Senão que, de cidade em cidade, o Espírito Santo me adverte dizendo que me aguardam cadeias e tribulações. ²⁴Mas de forma alguma considero minha vida preciosa a mim mesmo,ᵉ contanto que leve a bom termo a minha carreira e o ministério que recebi do Senhor Jesus: dar testemunho do Evangelho da graça de Deus.

1,8 +
21,4.11
2Tm 4,7
Fl 2,16
At 26,16-18

²⁵Agora, porém, estou certo de que não mais vereis minha face,ᶠ vós todos entre os quais passei proclamando o Reino. ²⁶Eis por que eu o atesto, hoje, diante de vós: estou puro do sangue de todos, ²⁷pois não me esquivei de vos anunciar todo o desígnio de Deus para vós.

1,3 +
18,6 +
20,20

---

a) O primeiro dia da semana judaica, que se tornou o dia de reunião dos cristãos (cf. Mt 28,1+; 1Cor 16,2), o "dia do Senhor" ("domingo", em Ap 1,10). A reunião dominical realizava-se no começo desse dia, mas contado à maneira judaica, portanto no sábado à noite.
b) O terceiro grande discurso de Paulo nos Atos. O primeiro apresentava sua pregação aos judeus (13); o segundo, sua pregação aos gentios (17); este constitui o seu testamento pastoral. Paulo dirige-se aos chefes da principal igreja fundada por ele. Os pontos de contato com suas cartas são numerosos; o espírito é o das cartas pastorais. Depois de ter lembrado seu ministério na Ásia (vv. 18-21), e feito prever uma separação definitiva, talvez a da morte (vv. 22-27), Paulo faz suas últimas recomendações aos anciãos de Éfeso (e por intermédio deles a todos os pastores das igrejas): vigilância (vv. 28-32), desinteresse e caridade (vv. 33-35). As palavras são autorizadas pelos próprios exemplos de Paulo, de quem este discurso nos dá assim retrato admirável.
c) Resumo da pregação paulina. Comparar com 17,30-31; 26,20; 1Ts 1,9-10; 1Cor 8,4-6. Fé e conversão devem andar juntas (cf. Mc 1,15).
d) Deixando-se conduzir pelo Espírito numa viagem que terminará em seu cativeiro, Paulo se considera prisioneiro do Espírito Santo. — Outra tradução: "preso em espírito", moralmente prisioneiro.
e) Cf. 15,26; 21,13; 1Ts 2,8; Fl 1,21-23. — Outra tradução: "Mas o que vale a vida, aos meus olhos, não vale a pena falar".
f) Cf. v. 38. De Jerusalém, Paulo pensava em partir para a Espanha (Rm 15,24-28).

²⁸Estai atentos a vós mesmos e a todo o rebanho: nele o Espírito Santo vos constituiu guardiães, para apascentar a Igreja de Deus,ᵃ que ele adquiriu para si pelo sangue do seu próprio Filho.ᵇ
²⁹Bem sei que, depois de minha partida, introduzir-se-ão entre vós lobos vorazes que não pouparão o rebanho. ³⁰Mesmo do meio de vós surgirão alguns falando coisas pervertidas, para arrastarem atrás de si os discípulos. ³¹Vigiai, portanto, lembrados de que, durante três anos, dia e noite, não cessei de admoestar com lágrimas a cada um de vós.
³²Agora, pois, recomendo-vos a Deus e à palavra de sua graça, que tem o poderᶜ de edificar e de vos dar a herança entre todos os santificados. ³³De resto, não cobicei prata, ouro, ou vestes de ninguém: ³⁴vós mesmos sabeis, que, às minhas precisões e às de meus companheiros, proveram estas mãos. ³⁵Em tudo vos mostrei que é afadigando-nos assim que devemos ajudar os fracos, tendo presentes as palavras do Senhor Jesus, que disse: 'Há mais felicidade em dar que em receber'".ᵈ
³⁶Após estas palavras, ajoelhou-se e orou com todos eles. ³⁷Todos, então, prorromperam num choro convulsivo. E, lançando-se ao pescoço de Paulo, beijavam-no, ³⁸veementemente aflitos, sobretudo pela palavra que dissera: que não mais haveriam de ver sua face. E acompanharam-no até ao navio.

21

Subida a Jerusalém — ¹Então, tendo-nos como que arrancado de seus braços, embarcamos e navegamos em linha reta à ilha de Cós. No dia seguinte chegamos a Rodes e, de lá, a Pátara.ᵉ ²Encontrando aí um navio que fazia a travessia para a Fenícia, embarcamos e nos fizemos ao mar. ³Chegando à vista de Chipre, deixamo-la à esquerda e continuamos a vogar rumo à Síria, aportando em Tiro: aí devia o navio descarregar. ⁴Encontrando os discípulos, ficamos lá sete dias. Movidos pelo Espírito,ᶠ eles diziam a Paulo que não subisse a Jerusalém. ⁵Completados os dias da nossa permanência, partimos. Todos quiseram acompanhar-nos, com suas mulheres e crianças, até fora da cidade. Na praia pusemo-nos de joelhos, para orar. ⁶Depois, despedimo-nos mutuamente e embarcamos. Eles voltaram para suas casas.

⁷Quanto a nós, concluindo nossa viagem, de Tiro chegamos a Ptolemaida. Ali, tendo saudado os irmãos, ficamos um dia com eles. ⁸Partindo no dia seguinte, dirigimo-nos a Cesareia. Lá dirigimo-nos à casa de Filipe, o Evangelista, que era um dos Sete, com quem nos hospedamos. ⁹Ele tinha quatro filhas virgens, que profetizavam. ¹⁰Enquanto passávamos aí vários dias, desceu da Judeia um profeta, chamado Ágabo. ¹¹Vindo ter conosco, ele tomou o cinto de Paulo e, amarrando-se de pés e mãos,ᵍ declarou: "Isto diz o Espírito Santo: Assim os judeus prenderão, em Jerusalém, o homem a quem pertence este cinto, e o entregarão às mãos dos gentios".ʰ ¹²Ao ouvirmos essas palavras, nós e os do lugar começamos a suplicar a Paulo que não subisse a Jerusalém.

---

a) Var.: "a Igreja do Senhor". — 1Pd 2,9-10 fala do Povo que Deus adquiriu para si (segundo Is 43,21; cf. At l5,14+); e que é constituído em "assembleia (= Igreja) de Deus" (5,11+), expressão típica de Paulo (cf. 1Cor 1,2; 10,32; 11,22 etc).
b) Lit.: "a qual ele adquiriu para si por seu próprio sangue". Não podendo isto ser dito de Deus, é preciso admitir que "próprio" é empregado substantivamente: "o sangue de seu próprio (Filho)", ou então, que o pensamento passa da ação do Pai à do Filho (cf. Rm 8,31-39). Quanto à ideia, cf. Ef 5,25-27; Hb 9,12-14; 13,12.
c) "a Deus"; var.: "ao Senhor". — "que tem o poder" poderia referir-se também a Deus (cf. Rm 16,25).
d) Sentença que os evangelhos não conservaram.
e) Ad.: "e Mira".
f) Estes profetas não transmitem a Paulo uma ordem do Espírito, mas, iluminados pelo Espírito sobre a sorte que o espera, queriam, em sua afeição, evitar-lhe esta sorte.
g) Profecia com mímica, à maneira dos antigos profetas (cf. Jr 18,1+).
h) Este anúncio (cf. 28,17) só corresponde de maneira muito aproximada à narração da prisão (cf. 21,31-33), mas assemelha-se ao anúncio da paixão de Jesus (Lc 18,31-34; cf. Cl 1,24; Fl 3,10 etc.).

¹³Mas ele respondeu: "Que fazeis, chorando e afligindo meu coração? Pois estou pronto, não somente a ser preso, mas até a morrer em Jerusalém, pelo nome do Senhor Jesus". ¹⁴Como não se deixasse persuadir, aquietamo-nos, dizendo: "Seja feita a vontade do Senhor!"

Chegada de Paulo a Jerusalém — ¹⁵Depois desses dias, tendo-nos preparado, começamos a subir a Jerusalém. ¹⁶Acompanharam-nos alguns dos discípulos de Cesareia, e nos levaram à casa*ᵃ* de certo Mnason, de Chipre, antigo discípulo, com quem nos deveríamos hospedar.

¹⁷Ao chegarmos a Jerusalém, receberam-nos os irmãos com alegria. ¹⁸No dia seguinte, Paulo foi conosco*ᵇ* à casa de Tiago, onde todos os anciãos se reuniram. ¹⁹Depois de havê-los saudado, começou a expor minuciosamente o que Deus fizera entre os gentios por seu ministério. ²⁰Eles, ouvindo-o, glorificavam a Deus. Mas depois disseram-lhe: "Tu vês, irmão, quantos milhares de judeus há que abraçaram a fé, e todos são zeladores da Lei.*ᶜ* ²¹Ora, foram informados, a teu respeito, que ensinas todos os judeus, que vivem no meio dos gentios, a apostatarem de Moisés,*ᵈ* dizendo-lhes que não circuncidem mais seus filhos*ᵉ* nem continuem a seguir suas tradições. ²²Que fazer? Certamente há de aglomerar-se a multidão, ao saberem que chegaste.*ᶠ* ²³Faze, pois, o que te vamos dizer. Estão aqui quatro homens que têm a sua promessa a cumprir. ²⁴Leva-os contigo, purifica-te com eles, e encarrega-te das despesas para que possam mandar cortar os cabelos.*ᵍ* Assim todos saberão que nada existe do que se propala a teu respeito, mas que andas firme, tu também, na observância da Lei. ²⁵Quanto aos gentios que abraçaram a fé, já lhes escrevemos sobre nossas decisões: que se abstenham das carnes imoladas aos ídolos, do sangue, das carnes sufocadas e das uniões ilegítimas".*ʰ*

²⁶Paulo, então, levou os homens consigo. No dia seguinte purificou-se com eles e entrou no Templo, comunicando o prazo em que, terminados os dias da purificação, devia ser oferecido o sacrifício na intenção de cada um deles.*ⁱ*

Prisão de Paulo — ²⁷Os sete dias estavam chegando ao fim, quando os judeus da Ásia, tendo-o percebido no Templo, amotinaram toda a multidão e o agarraram, ²⁸gritando: "Homens de Israel, socorro! Este é o indivíduo que fala a todos e por toda parte contra o nosso povo, a Lei e este Lugar!*ʲ* Além disso, trouxe gregos para dentro do Templo, assim profanando este santo Lugar". ²⁹De fato, viram antes a Trófimo, o efésio, com ele na cidade, e julgavam que Paulo o houvesse introduzido no Templo.

³⁰A cidade toda agitou-se e houve aglomeração do povo. Apoderaram-se de Paulo e arrastaram-no para fora do Templo, fechando-se imediatamente as portas. ³¹Já procuravam matá-lo, quando chegou ao tribuno da coorte*ᵏ* a notícia:

---

a) Talvez a meio caminho de Jerusalém, como o indica o texto oc.
b) Último "nós" antes de 27,1 (partida para Roma).
c) Em si mesmos e nos outros (cf. 11,2; 15,1.5; Gl 2,12; 5,1s).
d) Os princípios de Paulo levavam a esta conclusão, pois a Lei mosaica não conferia mais vantagem alguma ao judeu sobre o gentio, sendo a fé a fonte única de justificação (cf. Rm 1,6+; 3,22+). Mas, ao desenvolver esta doutrina, Paulo pensava mais em assegurar a liberdade dos convertidos da gentilidade, em relação às observâncias do judaísmo (cf. Gl 2,11s), do que em afastar delas os judeus piedosos.
e) Cf. Rm 2,25-29; 4,9-12; 1Cor 7,17-20.
f) Var.: "Que fazer? De qualquer modo, saberão da tua chegada".
g) Os sacrifícios rituais impostos para o término do nazireato (Nm 6,14-15) eram muito caros.
h) Texto oc.: "Quanto aos gentios que abraçaram a fé, nada temos a dizer-te. Nós, com efeito, já comunicamos nossas decisões; eles não têm mais nada a observar senão abster-se das carnes imoladas aos ídolos, do sangue e das uniões ilegítimas".
i) Texto obscuro. Parece supor, antes do sacrifício para o cumprimento da promessa, um prazo de sete dias, consagrados a certos ritos de purificação, prática da qual não se têm outras informações.
j) Cf. as acusações contra Estêvão (6,11-14) e contra Jesus (Mt 26,61; 27,40).
k) Na fortaleza Antônia, que do ângulo noroeste dominava os átrios do Templo, estava aquartelada uma guarnição romana, formada de uma coorte auxiliar.

"Toda Jerusalém está amotinada!" ³²Ele imediatamente destacou soldados e centuriões e arremeteu contra os manifestantes. Estes, à vista do tribuno e dos soldados, cessaram de bater em Paulo. ³³Aproximou-se então o tribuno, deteve--o e mandou que o prendessem com duas correntes; depois perguntou quem era e o que havia feito. ³⁴Uns gritavam uma coisa, outros outra, na multidão. Não podendo, pois, obter uma informação segura, por causa do tumulto, ordenou que o conduzissem para a fortaleza. ³⁵Quando chegou aos degraus, Paulo teve de ser carregado pelos soldados, por causa da violência da multidão. ³⁶Pois a massa do povo o seguia, gritando: "À morte com ele!"

³⁷Estando para ser recolhido à fortaleza, disse Paulo ao tribuno: "É-me permitido dizer-te uma palavra?" Replicou o tribuno: "Sabes o grego? ³⁸Não és tu, acaso, o egípcio que, dias atrás, sublevou e arrastou ao deserto quatro bandidos?"ᵃ ³⁹Respondeu-lhe Paulo: "Eu sou judeu, de Tarso, da Cilícia, cidadão de uma cidade insigne. Agora, porém, peço-te: permite-me falar ao povo." ⁴⁰Dando-lhe ele a permissão, Paulo, de pé sobre os degraus, fez sinal com a mão ao povo. Fazendo-se grande silêncio, dirigiu-lhes a palavra em língua hebraica.ᵇ

22 Discurso de Paulo aos judeus de Jerusalémᶜ — ¹"Irmãos e pais, escutai a minha defesa, que tenho agora a vos apresentar." ²Tendo ouvido que lhes dirigia a palavra em língua hebraica, fizeram mais silêncio ainda. Ele prosseguiu: ³"Eu sou judeu. Nasci em Tarso, da Cilícia, mas criei-me nesta cidade, educado aos pés de Gamaliel na observância exata da Lei de nossos pais, cheio de zelo por Deus, como vós todos no dia de hoje. ⁴Persegui de morte esse Caminho,ᵈ prendendo e lançando à prisão homens e mulheres, ⁵como o podem testemunhar o Sumo Sacerdote e todos os anciãos. Deles cheguei a receber cartas de recomendação para os irmãos em Damasco e para lá me dirigi, a fim de trazer algemados para Jerusalém os que lá estivessem, para serem aqui punidos.

⁶Aconteceu que, estando eu a caminho e aproximando-me de Damasco, de repente, por volta do meio-dia, uma grande luz vinda do céu brilhou ao redor de mim. ⁷Caí ao chão e ouvi uma voz que me dizia: 'Saul, Saul, por que me persegues?' ⁸Respondi: 'Quem és, Senhor?' Ele me disse: 'Eu sou Jesus, o Nazareno, a quem tu persegues'. ⁹Os que estavam comigo viram a luz, mas não escutaram a voz de quem falava comigo. ¹⁰Eu prossegui: 'Que devo fazer, Senhor?' E o Senhor me disse: 'Levanta-te e entra em Damasco: lá te dirão tudo o que te é ordenado fazer'. ¹¹Como eu não enxergasse mais por causa do fulgor daquela luz, cheguei a Damasco levado pela mão dos que estavam comigo.

¹²Certo Ananias, homem piedoso segundo a Lei, de quem davam bom testemunho todos os judeus da cidade,ᵉ ¹³veio ter comigo. De pé, diante de mim, disse-me: 'Saul, meu irmão, recobra a vista'. E eu, na mesma hora, pude vê-lo. ¹⁴Ele disse então: 'O Deus de nossos pais te predestinou para conheceres a sua vontade, veres o Justoᶠ e ouvires a voz saída de sua boca. ¹⁵Pois tu hás de ser sua testemunha, diante de todos os homens, do que viste e ouviste.ᵍ

---

a) Ou "quatro mil sicários", nome que designava precisamente os nacionalistas extremistas. Esta revolta é mencionada por Josefo.
b) Provavelmente em aramaico (cf. 26,14).
c) Após os três discursos representativos da pregação de Paulo (capítulos 13, 17 e 20), os Atos referem três defesas pessoais: diante dos judeus de Jerusalém (22), diante do procurador Félix (24) e diante do rei Agripa (26), cada uma delas habilmente adaptada aos ouvintes (cf. 9,1+). Diante da multidão, Paulo apresenta sua conduta como a de um judeu observante.
d) A Igreja (cf. 9,2+). Quanto a Paulo perseguidor, ver 7,58; 8,1.3; 9,1-2.21; 22,19-20; 26,10-11; 1Cor 15,9; Gl 1,13.23; Fl 3,6; 1Tm 1,13.
e) Paulo apresenta Ananias apenas como bom judeu, sem especificar que é cristão (9,10) nem mencionar sua visão (9,10-16).
f) Cristo (cf. 3,14; 7,52).
g) Cf. 9,15. Aqui, Ananias fala em nome do "Deus dos pais", como profeta do AT. Paulo deve ser testemunha "diante de todos os homens", sem especificar ainda "diante dos gentios" (v. 21).

¹⁶E agora, que esperas? Recebe o batismo e lava-te dos teus pecados, invocando o seu nome!'

⁹,²⁶
Gl 1,18
9,29-30
¹⁷Depois, tendo eu voltado a Jerusalém,ª e orando no Templo, sucedeu-me entrar em êxtase. ¹⁸E vi o Senhor, que me dizia: 'Apressa-te, sai logo de Jerusalém, porque não acolherão o teu testemunho a meu respeito'.ᵇ ¹⁹Retruquei então: 'Mas, Senhor, eles sabem que era eu quem andava prendendo e vergastando, de sinagoga em sinagoga, os que criam em ti. ²⁰E quando derramaram o sangue de Estêvão, tua testemunha,ᶜ eu próprio estava presente, apoiando aqueles que o matavam, e guardando suas vestes'. ²¹Ele, contudo, me disse: 'Vai, porque é para os gentios, para longe, que quero enviar-te' ".ᵈ

7,58;
8,1

2,39 +
9,15

21,36 + **Paulo, cidadão romano** — ²²Escutaram-no até este ponto. A estas palavras, porém, começaram a gritar: "Tira da terra este indivíduo! Não convém que ele viva!" ²³E vociferavam, arremessavam os mantos e atiravam poeira aos ares. ²⁴O tribuno mandou então recolhê-lo à fortaleza, ordenando também que o interrogassem sob os açoites, a fim de averiguar o motivo por que gritavam tanto contra ele.

16,37 + ²⁵Quando o amarraram com correias, Paulo observou ao centurião presente: "Ser-vos-á lícito açoitar um cidadão romano, ainda mais sem ter sido condenado?" ²⁶A estas palavras, o centurião foi ter com o tribuno para preveni-lo: "Que vais fazer? Este homem é cidadão romano!" ²⁷Vindo então o tribuno, perguntou a Paulo: "Dize-me: tu és cidadão romano?" "Sim", respondeu ele. ²⁸O tribuno retomou: "Precisei de vultoso capital para adquirir esta cidadania". ²⁹"Pois eu, disse Paulo, a tenho de nascença". Imediatamente se afastaram dele os que iam torturá-lo. O próprio tribuno teve receio, ao reconhecer que era cidadão romano, e que mesmo assim o havia acorrentado.ᵉ

16,37 +
21,33

Comparecimento diante do Sinédrioᶠ — ³⁰No dia seguinte, querendo saber com segurança por que motivo estava ele sendo acusado pelos judeus, o tribuno soltou-o e ordenou que se reunissem os chefes dos sacerdotes e todo o Sinédrio. Fez então descer Paulo e apresentou-o perante eles.

24,16 **23** ¹Fixando os olhos no Sinédrio, Paulo assim falou: "Irmãos, é inteiramente em boa consciênciaᵍ que me tenho conduzido perante Deus, até o dia de hoje". ²Foi quando o Sumo Sacerdote Ananiasʰ mandou a seus assistentes que lhe batessem na boca. ³Então lhe disse Paulo: "Deus vai ferir-te a ti, parede caiada! Tu te sentas para julgar-me segundo a Lei, e violando a Lei ordenas que me batam?" ⁴Os que estavam a seu lado observaram-lhe: "Tu insultas o Sumo Sacerdote de Deus?" ⁵Paulo respondeu. "Não sabia, irmãos, que este é o Sumo Sacerdote. Pois está escrito: *Não amaldiçoarás o chefe do teu povo*".

Jo 18,22

Mt 23,27
Ez 13,10-15

Ex 22,27

---

a) As perspectivas são redimensionadas: já se passaram três anos antes desta volta a Jerusalém (cf. 9,23+). O êxtase do qual Paulo fala aqui não é mencionado em outra parte; não pode ser confundido com o de 2Cor 12,1-4.
b) O grande tema de Lucas, quando descreve o apostolado de Paulo (cf. 13,46-48; 18,6; 28,25-28).
c) Em grego: teu "*mártyr*". A palavra não tem ainda seu sentido específico, mas já dele se aproxima: o testemunho supremo é o do sangue (cf. Ap 2,13; 6,9; 17,6).
d) "Apóstolo" quer dizer "enviado". Estas palavras de Cristo equivalem, pois, a constituir Paulo como apóstolo (cf. Gl 1,1; 1Cor 9,1; 2Cor 12,11-12) e especialmente apóstolo dos gentios (Gl 1,16; 2,7-8; Rm 1,5; 11,13; 15,16.18; Ef 3,6-8; Cl 1,25-29; 1Tm 2,7), embora os Atos (exceto 14,4.14) reservem habitualmente este título aos Doze.

e) Efetivamente, Paulo ficará, apesar de tudo, acorrentado (v. 30; 23,18; 24,27; 26,29). Talvez seja necessário distinguir duas espécies de cadeias: umas mais pesadas e que constituem já de per si uma punição, as quais são agora tiradas de Paulo; e as cadeias mais leves, necessárias para a devida guarda dos prisioneiros.
f) Segundo o anúncio de Jesus aos discípulos (Mt 10,17-18 = Mc 13,9-10; Lc 21,12), Paulo vai comparecer diante dos "sinedritas" (At 22,30-23,10), "dos governadores" (Félix, 24), e "dos reis" (Agripa, 25-26).
g) A "boa consciência" é característica da moral paulina (1Cor 4,2; 2Cor 1,12; 1Tm 1,5.19; 3,9; 2Tm 1,3, cf. Hb 13,18).
h) Ananias, filho de Nebedeu, nomeado Sumo Sacerdote cerca do ano 47; foi preso, enviado a Roma e provavelmente destituído em 51 ou 52, depois recuperando as boas graças; em 66, no começo da guerra judaica, foi assassinado.

⁶A seguir, tendo conhecimento de que uma parte dos presentes eram saduceus e a outra parte eram fariseus, exclamou no Sinédrio: "Irmãos, eu sou fariseu e filho de fariseus. É por nossa esperança, a ressurreição dos mortos, que estou sendo julgado". ⁷Apenas disse isto, formou-se um conflito entre fariseus e saduceus, e a assembleia se dividiu. ⁸Pois os saduceus dizem que não há ressurreição, nem anjo nem espírito,*a* enquanto os fariseus sustentam uma e outra coisa. ⁹Levantou-se um vozerio enorme. Então, alguns escribas do partido dos fariseus puseram-se a protestar, dizendo: "Nenhum mal encontramos neste homem. E se lhe tivesse falado um espírito, ou um anjo?"*b* ¹⁰Crescia em proporções o conflito. Receando o tribuno que Paulo viesse a ser estraçalhado por eles, ordenou que o destacamento descesse e o subtraísse ao meio deles, reconduzindo-o à fortaleza.

¹¹Na noite seguinte, aproximou-se dele o Senhor e lhe disse: "Tem confiança! Assim como deste testemunho de mim em Jerusalém, é preciso que testemunhes também em Roma!".

Conjuração dos judeus contra Paulo — ¹²Quando se fez dia, os judeus se reuniram e se comprometeram, sob anátema,*c* a não comer nem beber enquanto não matassem Paulo. ¹³Eram mais de quarenta os que fizeram esta conjuração. ¹⁴Foram então procurar os chefes dos sacerdotes e os anciãos e lhes disseram: "Acabamos de jurar solenemente, sob anátema, que não tomaremos alimento algum enquanto não matarmos Paulo. ¹⁵Agora, pois, vós com o Sinédrio, notificai ao tribuno que ele vo-lo traga, sob pretexto de examinar com mais exatidão a sua causa. Quanto a nós, estaremos prontos para matá-lo antes que chegue aqui". ¹⁶Mas o filho da irmã de Paulo, tendo sabido da trama, foi à fortaleza, entrou e preveniu Paulo. ¹⁷Então este, chamando um dos centuriões, disse-lhe: "Leva o rapaz ao tribuno, porque tem algo a lhe comunicar". ¹⁸O centurião o conduziu, pois, ao tribuno, e disse a este: "O prisioneiro Paulo chamou-me e pediu que te trouxesse este jovem, o qual tem algo a te dizer". ¹⁹Tomando-o pela mão, o tribuno o levou à parte e perguntou-lhe: "Que é que tens a comunicar-me?" ²⁰Ele respondeu: "Os judeus combinaram pedir-te que amanhã faças descer Paulo ao Sinédrio, a pretexto de mais acuradamente examinarem sua causa. ²¹Tu, porém, não lhes dês crédito. Mais de quarenta dentre eles estão de emboscada contra ele, depois de terem jurado, sob anátema, não comer nem beber enquanto não o matarem. E agora estão de prontidão, apenas esperando tua anuência". ²²O tribuno despediu então o rapaz, tendo antes recomendado: "Não digas a ninguém que me trouxeste estas informações".

Transferência de Paulo para Cesareia — ²³Chamou, depois, dois dos centuriões e ordenou-lhes: "Tende de prontidão, desde a terceira hora da noite, duzentos soldados, setenta cavaleiros e duzentos lanceiros, para irem até Cesareia. ²⁴E também montarias, para que Paulo possa viajar e ser conduzido são e salvo ao governador Félix".*d*

²⁵E escreveu uma carta do seguinte teor: ²⁶"Cláudio Lísias, ao excelentíssimo governador Félix, saudações! ²⁷Este homem, caído em poder dos judeus, estava prestes a ser morto por eles, quando acorri com a tropa e lho arranquei

---

a) Os fariseus acreditavam que o indivíduo teria parte na vida do mundo futuro medianamente, ou seja, um corpo glorificado, como um anjo (cf. 22,30p; At 12,15; 1Cor 15,42-44), ou então uma alma imortal ("espírito"; cf. Lc 24,39). Os saduceus, ao contrário, rejeitavam uma e outra crença, e, portanto, qualquer forma de ressurreição. Sobre este ponto Paulo encontra, nos fariseus, aliados (cf. At 4,1s+).

b) A hipótese parece querer explicar a aparição no caminho de Damasco: Paulo teria podido ver uma aparição de Jesus voltando dos mortos (cf. 12,15+; 23,8+).

c) Invocando sobre si mesmos a maldição divina, se faltassem a seu compromisso.

d) Antônio Félix, liberto, irmão de Palas, o favorito de Agripina, foi procurador da Judeia entre 52 e 59 ou 60.

das mãos, ao saber que era cidadão romano. ²⁸Querendo averiguar o motivo por que o acusavam, fi-lo conduzir ao Sinédrio deles. ²⁹Verifiquei que era incriminado por questões referentes à Lei que os rege,ᵃ nenhum crime havendo que justificasse morte ou prisão.ᵇ ³⁰Tendo-me sido denunciada uma emboscada contra a sua vida, tratei de enviá-lo prontamente a ti, comunicando, porém, a seus acusadores que exponham diante de ti o que haja contra ele".ᶜ

³¹Os soldados, conforme lhes fora ordenado, tomaram Paulo e o conduziram de noite até Antipátrida. ³²No dia seguinte, deixando os cavaleiros seguirem viagem com ele, voltaram para a fortaleza. ³³Chegando a Cesareia, os cavaleiros entregaram a carta ao governador e apresentaram-lhe Paulo. ³⁴Lida a carta, o governador quis saber da sua província de origem. Informado que era da Cilícia, disse-lhe: ³⁵"Ouvir-te-ei quando também teus acusadores tiverem chegado". E mandou que ficasse detido no pretório de Herodes.ᵈ

24

Processo diante de Félix — ¹Cinco dias depois, desceu o Sumo Sacerdote Ananias com alguns anciãos e um advogado, certo Tertulo, os quais, diante do governador, se constituíram acusadores de Paulo. ²Tendo sido este chamado, Tertulo iniciou a acusação nestes termos: "Gozando de paz profunda por teu intermédio, e tendo-se processado melhorias para este povo por tua providência, ³tudo isto reconhecemos, ó excelentíssimo Félix, sempre e em toda parte, com toda a gratidão. ⁴Mas, para que eu não te detenha por muito tempo, peço-te nos escutes por um instante, com a tua reconhecida benevolência. ⁵Verificamos que este homem é uma peste: ele suscita conflitos entre todos os judeus do mundo inteiro, e é um dos da linha-de-frente da seitaᵉ dos nazareus. ⁶Tentou mesmo profanar o Templo, e por isso o detivemos.ᶠ ⁸É de sua boca que poderás, tu mesmo, interrogando-o,ᵍ certificar-te de todas as coisas de que nós o acusamos. ⁹Apoiavam-no também os judeus, sustentando que as coisas eram mesmo assim.

¹⁰Então, tendo o governador feito sinal para que falasse, Paulo respondeu:ʰ

Discurso de Paulo perante o governador romano — "Ciente de que há muitos anos asseguras a justiça a esta nação, de bom ânimo passo a defender a minha causa. ¹¹Tu podes assegurar-te do seguinte: não há mais de doze dias que subi a Jerusalém em peregrinação.ⁱ ¹²Ora, nem no Templo, nem nas sinagogas, nem pela cidade, viu-me alguém discutindo com outrem ou provocando motins entre a multidão. ¹³Eles não podem provar-te aquilo de que agora me acusam.

¹⁴Isto, porém, confesso-te: é segundo o Caminho, a que chamam de seita, que eu sirvo ao Deus de meus pais, crendo em tudo o que está conforme a Lei e se encontra escrito nos Profetas.ʲ ¹⁵E tenho em Deus a esperança, que também

---

a) Texto oc.: "...referentes a pontos da Lei de Moisés e a certo Jesus".
b) Lucas acentua estas declarações para proclamar a inocência de Paulo (cf. v. 9; 25,18.25; 26,31; 28,18), como o fizera também a respeito de Jesus (cf. 3,13; 13,28; Lc 23,14-15.22).
c) Ad.: "Passar bem".
d) Palácio construído por Herodes Magno e transformado em residência oficial do procurador romano.
e) Os adversários do cristianismo viam-no apenas como uma "seita" (cf. 5,17) no seio do judaísmo (cf. v. 14; 28,22).
f) Os judeus reivindicam a própria competência (cf. 25,9; Jo 18,31+). — Numerosos mss acrescentam aqui: "Pretendíamos julgá-lo segundo a nossa Lei, ⁷mas o tribuno Lísias interveio, arrancou-o de nossas mãos com muita violência ⁸e ordenou a seus acusadores que comparecessem diante de ti".
g) Interrogando Paulo, segundo o texto breve aqui adotado; de acordo com o texto longo (ver nota anterior), pode tratar-se de interrogar Lísias.
h) Paulo rejeita a acusação de ter provocado desordem (cf. v. 5), vv. 11-13. Depois se explica acerca da sua qualidade de "nazareu" (cf. v. 5), que não o impede de modo algum ser fiel à religião judaica (vv. 14-16). Enfim, justifica-se a acusação de ter profanado o Templo (vv. 17-19). Concluindo, relembra que, por ocasião do seu comparecimento diante do Sinédrio, não foi possível provar que fosse culpado de delito algum (vv. 20-21).
i) Lit.: "para adorar" (cf. 8,27).
j) O cristianismo não é religião diversa do judaísmo. É o próprio judaísmo que alcança o que esperava há sécu-

eles acalentam,[a] de que há de acontecer a ressurreição, tanto de justos como de injustos. ¹⁶Eis por que também eu me esforço por manter uma consciência irrepreensível constantemente, diante de Deus e diante dos homens.

¹⁷Depois de muitos anos, vim trazer esmolas para o meu povo[b] e também apresentar ofertas.[c] ¹⁸Foi ao fazê-las que me encontraram no Templo, já purificado, sem ajuntamento e sem tumulto. ¹⁹Alguns judeus da Ásia, porém... são eles que deveriam apresentar-se a ti e acusar-me, caso tivessem algo contra mim. ²⁰Ou digam estes, que aqui estão, se encontraram algum delito em mim ao comparecer eu perante o Sinédrio. ²¹A não ser que se trate desta única palavra que bradei, de pé, no meio deles: 'É por causa da ressurreição dos mortos que estou sendo julgado, hoje, diante de vós!' "[d]

Detenção de Paulo em Cesareia — ²²Félix, que era muito bem informado no que concerne ao Caminho, reenviou-os para outra audiência, dizendo: "Quando o tribuno Lísias descer, julgarei a vossa questão". ²³E ordenou ao centurião que o mantivesse detido, mas lhe desse bom tratamento, e a nenhum dos seus impedisse de prestar-lhe assistência.[e]

²⁴Alguns dias depois, veio Félix com sua mulher Drusila, que era judia.[f] Mandou chamar Paulo e ouviu-o falar sobre a fé no Cristo Jesus. ²⁵Mas, como Paulo se pusesse a discorrer sobre a justiça, a continência e o julgamento futuro, Félix ficou amedrontado[g] e interrompeu: "Por agora, retira-te. Quando tiver mais tempo, mandarei chamar-te". ²⁶Ele esperava, além disso, que Paulo lhe desse dinheiro; por isso, mandava chamá-lo frequentemente e conversava com ele.

²⁷Passados dois anos, Félix teve como sucessor Pórcio Festo.[h] Entretanto, querendo agradar aos judeus, Félix mantivera Paulo encarcerado.[i]

25
Paulo apela para César — ¹Três dias depois de sua chegada à província,[j] Festo subiu de Cesareia a Jerusalém. ²Logo os chefes dos sacerdotes e os mais notáveis dentre os judeus se constituíram, diante dele, acusadores de Paulo.[k] E ao mesmo tempo solicitaram-lhe, ³pedindo como especial favor, mas em detrimento de Paulo, que o transferisse para Jerusalém: é que preparavam uma emboscada para o matarem durante o trajeto. ⁴Mas Festo respondeu que Paulo encontrava-se preso em Cesareia, e que ele mesmo partiria muito em breve para lá. ⁵E completou: "Aqueles dentre vós que detêm o poder desçam comigo. E se há algo de irregular nesse homem, apresentem acusação contra ele".

⁶Tendo, pois, passado entre eles não mais de oito ou dez dias, desceu a Cesareia. No dia seguinte, sentando-se no tribunal, mandou trazer Paulo. ⁷Quando este compareceu, os judeus que haviam descido de Jerusalém o rodearam, aduzindo muitas e graves acusações, as quais porém não podiam provar. ⁸Paulo, defendendo-se, dizia: "Não cometi falta alguma contra a Lei dos judeus, nem

---

los. Ao rejeitar Cristo, é sua própria tradição religiosa que os judeus renegam. Cf. o discurso perante Agripa (26), o argumento tradicional das profecias (2,23+; 3,24+) e as declarações de Paulo (Rm 1,2; 3,31; 10,4; 16,26; 1Cor 15,3-4; Gl 3 etc.).
a) Os fariseus (cf. 23,6+).
b) Única alusão dos Atos ao motivo real da viagem: a coleta feita pelas igrejas da gentilidade, que devia ser levada a Jerusalém (cf. Rm 15,25+).
c) Sacrifícios oferecidos a Deus (cf. 21,24.26).
d) Paulo procura habilmente unir a causa cristã à da teologia farisaica.
e) Regime de detenção bastante semelhante ao de que Paulo vai usufruir em Roma.

f) Filha caçula de Agripa I (cf. 12). Abandonara seu primeiro marido, o rei de Emessa, para casar com Félix.
g) Félix era libertino, brutal, dissoluto. — Comparar com a atitude de João Batista perante Herodes.
h) Nomeado provavelmente em 59 ou 60, falecido em 62.
i) "querendo agradar..."; var. oc.: "E ele deixou Paulo na prisão por causa de Drusila". O direito romano feria com sanções os denunciadores que não mantivessem suas acusações, mas em tal caso os acusados não seriam necessariamente liberados.
j) Ou: "depois de assumir sua função".
k) Mesmo procedimento jurídico que em 24,1 (cf. 25,15).

contra o Templo, nem contra César." ⁹Então Festo, querendo agradar aos judeus, dirigiu-se a Paulo: "Queres subir a Jerusalém, para lá, em minha presença, seres julgado a respeito destas coisas?" ¹⁰Paulo, porém, replicou: "Estou perante o tribunal de César, e é aqui que devo ser julgado. Nenhum crime pratiquei contra os judeus, como tu perfeitamente reconheces. ¹¹Mas, se de fato cometi injustiça, ou pratiquei algo que mereça a morte, não recuso morrer. Se, ao contrário, não há nada daquilo de que me acusam, ninguém pode entregar-me a eles. Apelo para César!"ᵃ ¹²Então Festo, depois de ter conferenciado com o seu conselho, respondeu: "Para César apelaste, perante César irás!"

Paulo comparece perante o rei Agripa — ¹³Passados alguns dias, o rei Agripa e Bereniceᵇ vieram a Cesareia e foram saudar Festo. ¹⁴Como se demorassem ali por mais tempo, Festo expôs ao rei o caso de Paulo: "Há um homem aqui, disse ele, a quem Félix deixou detido. ¹⁵Estando eu em Jerusalém, os chefes dos sacerdotes e anciãos dos judeus apresentaram queixas contra ele, pedindo a sua condenação. ¹⁶Respondi-lhes, porém, que não é costume dos romanos entregar um homem antes que ele, quando acusado, possa confrontar seus acusadores e tenha meios de defender-se da acusação. ¹⁷Vindo eles junto comigo para cá, já no dia seguinte sentei-me no tribunal, sem dilação alguma, e mandei trazer o homem. ¹⁸Comparecendo perante ele, seus acusadores não aduziram nenhuma acusação de crimes de que eu pudesse suspeitar. ¹⁹Tinham somente certas questões sobre sua própria religião e a respeito de certo Jesus, já morto, e que Paulo afirma estar vivo. ²⁰Estando eu perplexo quanto à investigação dessas coisas, perguntei-lhe se preferia ir a Jerusalém, para lá ser julgado. ²¹Mas Paulo interpôs apelação, para que sua causa fosse reservada ao juízo de Augusto.ᶜ Ordenei, pois, que ficasse detido, até que eu possa enviá-lo a César". ²²Disse então Agripa a Festo. "Eu também quisera ouvir esse homem".ᵈ E Festo: "Amanhã o ouvirás."

²³De fato, no dia seguinte, Agripa e Berenice vieram com grande pompa e foram à sala de audiências, junto com os tribunos e as personalidades importantes da cidade. A uma ordem de Festo, trouxeram Paulo. ²⁴Festo disse então: "Rei Agripa, e vós todos conosco aqui presentes, estais vendo este homem, por causa do qual toda a comunidade dos judeus recorreu a mim tanto em Jerusalém como aqui, clamando que ele não deve continuar a viver. ²⁵Eu, porém, averiguei que nada fez que mereça a morte. Contudo, como ele mesmo apelou para o Imperador Augusto, decidi enviá-lo. ²⁶Acontece que nada tenho de concreto, sobre ele, para escrever ao Soberano.ᵉ Por isso, faço-o comparecer diante de vós, sobretudo diante de ti, rei Agripa, a fim de que, feita a arguição, eu tenha o que escrever. ²⁷Pois me parece absurdo enviar um detido sem também notificar as acusações movidas contra ele".

26

¹Dirigindo-se a Paulo, disse Agripa: "Tens permissão de falar em teu favor". Então, estendendo a mão, começou Paulo a sua defesa:

Discurso de Paulo perante o rei Agripaᶠ — ²"Considero-me feliz, ó rei Agripa, por poder hoje, diante de ti, defender-me de todas as coisas de que

---

a) Paulo quer subtrair-se de uma jurisdição local que já tomou partido contra ele, reclamando audiência imparcial diante do tribunal imperial em Roma.
b) Agripa, Berenice e Drusila (cf. 24,24) eram três filhos de Agripa I (cf. 12,1+). Agripa II, o mais velho, nascera em 27. Sua irmã Berenice vivia então com ele, o que era causa de comentários; ela se encontrará mais tarde ao lado de Tito. Quanto aos territórios governados por Agripa II, ver o Quadro cronológico, no fim do volume (a partir do ano 48).
c) Como "César", "Augusto" (também no v. 25) era um título do imperador reinante (na ocasião, Nero: 54-68).
d) Como também seu tio-avô, Antipas, quisera ver Jesus (Lc 9,9; 23,8).
e) Lit. "o Senhor", designação do Imperador, considerado como o detentor de poder real absoluto e universal, e que gozava, assim, de prerrogativa mais ou menos divina.
f) Após exórdio lisonjeiro (vv. 2-3; cf. 24,2-3.10), Paulo proclama a perfeita conformidade da sua fé cristã com a crença farisaica na ressurreição (vv. 4-8; cf. 23,6+); narra,

pelos judeus sou acusado. ³Tanto mais porque* estás ao corrente de todos os costumes e controvérsias dos judeus, razão também pela qual te peço que me escutes com paciência.

⁴O que foi o meu modo de viver, desde a mocidade, como transcorreu desde o início, no meio do meu povo e em Jerusalém, sabem-no todos os judeus. ⁵Eles me conhecem de longa data e podem atestar, se quiserem, que tenho vivido segundo a seita mais severa de nossa religião, como fariseu. ⁶E agora, estou sendo aqui julgado por causa da esperança na promessa feita por Deus aos nossos pais, ⁷à qual esperam chegar as nossas doze tribos, que servem a Deus noite e dia, com todo ardor.*ᵇ* É por causa dessa esperança, ó rei, que pelos judeus sou acusado. ⁸Entretanto, por que se julga incrível, entre vós, que Deus ressuscite os mortos?*ᶜ*

⁹Quanto a mim, parecia-me necessário fazer muitas coisas contra o nome de Jesus, o Nazareno. ¹⁰Foi o que fiz em Jerusalém: a muitos dentre os santos eu mesmo encerrei nas prisões, recebida a autorização dos chefes dos sacerdotes; e, quando eram mortos, eu contribuía com o meu voto. ¹¹Muitas vezes, percorrendo todas as sinagogas, por meio de torturas quis forçá-los a blasfemar; e, no excesso do meu furor, cheguei a persegui-los até em cidades estrangeiras.

¹²Com este intuito encaminhei-me a Damasco, com a autoridade e a permissão dos chefes dos sacerdotes. ¹³No caminho, pelo meio-dia, eu vi, ó rei, vinda do céu e mais brilhante que o sol, uma luz que circundou a mim e aos que me acompanhavam. ¹⁴Caímos todos por terra, e ouvi uma voz que me falava em língua hebraica: 'Saul, Saul, por que me persegues? É duro para ti recalcitrar contra o aguilhão'.*ᵈ* ¹⁵Perguntei: 'Quem és, Senhor?' E o Senhor respondeu: 'Eu sou Jesus, a quem tu persegues. ¹⁶Mas levanta-te e fica firme em pé, pois, este é o motivo por que te apareci: para constituir-te servo e testemunha da visão na qual me viste e daquelas nas quais ainda te aparecerei. ¹⁷*Eu te livrarei* do povo e *das nações gentias, às quais te envio* ¹⁸*para lhes abrires os olhos* e assim se converterem *das trevas à luz,*ᵉ e da autoridade de Satanás para Deus. De tal modo receberão, pela fé em mim, a remissão dos pecados*ᶠ* e a herança entre os santificados'.

¹⁹Quanto a mim, rei Agripa, não me mostrei rebelde à visão celeste. ²⁰Ao contrário, primeiro aos habitantes de Damasco, aos de Jerusalém e em toda a região da Judeia, e depois aos gentios, anunciei o arrependimento e a conversão a Deus, com a prática de obras dignas desse arrependimento. ²¹É por causa disso que os judeus, tendo-se apoderado de mim no Templo, tentaram matar-me. ²²Tendo alcançado, porém, o auxílio que vem de Deus, até o presente dia continuo a dar o meu testemunho diante de pequenos e de grandes, nada mais dizendo senão o que os Profetas e Moisés disseram que havia de

---

em seguida, as circunstâncias de sua conversão (vv. 9-18; cf. 9,1-18; 22,3-16); termina com resumo de sua pregação, que anuncia o cristianismo apenas como cumprimento das *Escrituras* (vv. 19-23; cf. 13,15-47). Nas entrelinhas da disputa em ato, transparece toda a questão das relações entre judaísmo e cristianismo (cf. 24,14+).

a) Outra tradução: "E isto porque, mais do que ninguém".
b) A esperança messiânica se concretiza na crença na ressurreição dos justos, destinados a tomarem parte no Reino do fim dos tempos (cf. Dn 12,1-3; 2Mc 7,9+). Esta esperança passará a realizar-se com a ressurreição de Cristo, que se torna assim o fundamento da esperança cristã (1Cor 15,15-22; Cl 1,18).
c) Var.: dos vv. 7-8: "esta promessa, pela qual as nossas doze tribos prestam a Deus, dia e noite, um culto perseverante, com a esperança de ver a sua realização; é por ela que sou agora acusado pelos judeus, isto é, que Deus ressuscita os mortos".
d) Expressão proverbial entre os gregos para indicar resistência inútil, como a do boi que, recalcitrando contra o aguilhão, não consegue senão ferir-se.
e) A missão de Paulo é aqui descrita por meio de traços bíblicos que caracterizam as grandes missões proféticas: a de Jeremias e a do Servo de Iahweh.
f) Em 9,17-18, Paulo passa das trevas à luz, ao recobrar a vista. Em 22,16 (cf. 9,18), Paulo deve purificar-se de seus pecados, recebendo o batismo. Assim, o que ele experimentou, em si mesmo, torna-se símbolo de sua missão para com os outros.

At 13,47

acontecer: ²³que o Cristo devia sofrer e que, sendo o primeiro a ressuscitar dentre os mortos, anunciaria a luz ao povo e aos pagãos".

Reações do auditório — ²⁴Dizendo ele estas coisas em sua defesa, Festo o interrompeu em alta voz: "Estás louco, Paulo: teu enorme saber te levou à loucura".ᵃ ²⁵Paulo, porém, retrucou: "Não estou louco, excelentíssimo Festo, mas são palavras de verdade e de bom senso que profiro. ²⁶Pois destas coisas tem conhecimento o rei, ao qual me dirijo com toda a audácia, persuadido de que nada disto lhe é estranho. Aliás, não foi num recanto remoto que isto aconteceu.ᵇ ²⁷Crês nos profetas, rei Agripa? Eu sei que tu crês". ²⁸Agripa então retorquiu a Paulo: "Ainda um pouco e, por teus raciocínios, fazes de mim um cristão!"ᶜ ²⁹E Paulo: "Eu pediria a Deus que, por pouco ou por muito,ᵈ não só tu, mas todos os que me escutam hoje, vos tornásseis tais como eu sou, com exceção destas correntes!"

³⁰Levantou-se o rei, assim como o governador, Berenice, e os que estavam sentados com eles. ³¹Ao se retirarem, falavam entre si: "Um homem como este nada pode ter feito que mereça a morte ou a prisão". ³²E Agripa concluiu, dizendo a Festo: "Este homem bem poderia ser solto, se não tivesse apelado para César".

27

Partida para Roma — ¹Ao ser decidido o nossoᵉ embarque para a Itália, entregaram Paulo e alguns outros presos a um centurião chamado Júlio, da coorte Augusta. ²Subimos a bordo de um navio de Adramítio que ia partir para as costas da Ásia, e zarpamos. Estava conosco Aristarco, macedônio de Tessalônica. ³No dia seguinte, aportamos em Sidônia. Tratando Paulo com humanidade, Júlio permitiu-lhe ver os amigos e receber deles assistência. ⁴Partindo dali, navegamos rente à ilha de Chipre, por serem contrários os ventos. ⁵A seguir, tendo atravessado o mar ao longo da Cilícia e da Panfília, desembarcamos em Mira, na Lícia, ao fim de quinze dias.ᶠ ⁶Ali encontrou o centurião um navio alexandrino de partida para a Itália, e para ele nos transferiu.

⁷Durante vários dias navegamos lentamente, chegando com dificuldade à altura de Cnido. O vento, porém, não nos permitiu aportar. Velejamos rente a Creta, junto ao cabo Salmone ⁸e, costeando-a com dificuldade, chegamos a um lugar chamado Bons Portos, perto do qual está a cidade de Lasaia.

A tempestade e o naufrágio — ⁹Tendo transcorrido muito tempo, a navegação já se tornava perigosa, também porque já tinha passado o Jejum.ᵍ Paulo, então, tentou adverti-los: ¹⁰"Amigos, vejo que a viagem está em vias de consumar-se com muito dano e prejuízo, não só da carga e do navio, mas também de nossas vidas". ¹¹O centurião, porém, deu mais crédito ao piloto e ao armador do que ao que Paulo dizia. ¹²O porto, aliás, não era próprio para se invernar. A maioria, pois, foi de opinião que se devia zarpar dali, para ver se poderiam

---

a) Festo fica aturdido com a erudição bíblica de Paulo e também, sem dúvida, com a maneira judaica de argumentar. Agripa, por sua vez, cala-se, perceptivelmente abalado. Ver sua resposta evasiva no v. 28.
b) Trata-se dos fatos pelos quais se cumprem as Escrituras (v. 23): a paixão e a ressurreição de Jesus, e a extenção da pregação apostólica. Tudo isto é de notoriedade pública.
c) A palavra tem ainda valor de alcunha (cf. 11,26+). — Var.: "Ainda um pouco, e tu me persuades a fazer-me cristão!" ou: "Ainda um pouco, e tu te persuades de ter-me feito cristão!"
d) Jogo de palavras sobre o "ainda um pouco" de Agripa.
e) A exatidão da narrativa dá a impressão de minucioso diário de viagem.
f) "ao fim de quinze dias", texto oc.
g) Outro nome da festa da Expiação, único dia de jejum prescrito pela Lei (Lv 16,29-31). Celebrava-se em setembro, perto do equinócio do outono europeu. A estação aberta para a navegação mediterrânea durava do fim de maio até metade de setembro; da metade de setembro até a metade de novembro, a navegação era possível, mas perigosa.

chegar a Fênix. Este é um porto de Creta, ao abrigo dos ventos sudoeste e noroeste. Ali poderiam passar o inverno.

¹³Tendo soprado brandamente o vento sul, pensaram ter alcançado o que pretendiam: levantaram âncora e puseram-se a costear Creta mais de perto. ¹⁴Não muito depois, desencadeou-se do lado da ilha um vento em turbilhão, chamado Euroaquilão. ¹⁵O navio foi arrastado violentamente, incapaz de resistir ao vento: deixamo-nos, então, derivar. ¹⁶Passando rente a uma ilhota, chamada Cauda, com dificuldade conseguimos recolher o escaler. ¹⁷Após tê-lo içado, os tripulantes usaram de recursos de emergência, cingindo o navio com cabos. Contudo, temendo encalhar na Sirte, soltaram a âncora flutuante, e assim deixaram-se derivar. ¹⁸No dia seguinte, como fôssemos furiosamente batidos pela tempestade, começaram a alijar a carga. ¹⁹No terceiro dia, com as próprias mãos, lançaram ao mar até os apetrechos do navio. ²⁰Nem sol nem estrelas haviam aparecido por vários dias, e a tempestade mantinha sua violência não pequena: afinal, dissipava-se toda a esperança de nos salvarmos.

²¹Havia muito tempo não tomávamos alimento.*a* Então Paulo, de pé, no meio deles, assim falou: "Amigos, teria sido melhor terem-me escutado e não sair de Creta, para sermos poupados deste perigo e prejuízo. ²²Apesar de tudo, porém, exorto-vos a que tenhais ânimo: não haverá perda de vida alguma dentre vós, a não ser a perda do navio. ²³Pois esta noite apareceu-me um anjo do Deus ao qual pertenço e a quem adoro, ²⁴o qual me disse: 'Não temas, Paulo. Tu deves comparecer perante César,*b* e Deus te concede a vida de todos os que navegam contigo'. ²⁵Por isso, reanimai-vos, amigos! Confio em Deus que as coisas ocorrerão segundo me foi dito. ²⁶É preciso, porém, que sejamos arremessados a uma ilha".

²⁷Quando chegou a décima quarta noite, continuando nós a sermos batidos de um lado para outro no Adriático,*c* pela meia-noite os marinheiros perceberam que se aproximava alguma terra. ²⁸Lançaram então a sonda e deu vinte braças; avançando mais um pouco, lançaram novamente a sonda e deu quinze braças. ²⁹Receosos de que fôssemos dar em escolhos, soltaram da popa quatro âncoras, anelando que rompesse o dia. ³⁰Entretanto, os marinheiros tentaram fugir do navio: desceram, pois, o escaler ao mar, a pretexto de irem largar as âncoras da proa. ³¹Mas Paulo disse ao centurião e aos soldados: "Se eles não permanecerem a bordo, não podereis salvar-vos!" ³²Então os soldados cortaram as cordas do escaler e deixaram-no cair.

³³À espera de que o dia raiasse, Paulo insistia com todos para que tomassem alimento. E dizia: "Hoje é o décimo quarto dia em que, na expectativa, ficais em jejum, sem nada comer. ³⁴Por isso, peço que vos alimenteis, pois é necessário para a vossa saúde. Ora, não se perderá um só cabelo da cabeça de nenhum de vós!" ³⁵Tendo dito isto, tomou o pão, deu graças a Deus diante de todos, partiu-o e pôs-se a comer.*d* ³⁶Então, reanimando-se todos, também eles tomaram alimento. ³⁷Éramos no navio, ao todo, duzentas e setenta e seis pessoas. ³⁸Tendo-se alimentado fartamente, puseram-se a aliviar o navio, atirando o trigo ao mar.

³⁹Quando amanheceu, os tripulantes não reconheceram a terra. Divisando, porém, uma enseada com uma praia, consultaram entre si, a ver se poderiam impelir o navio para lá. ⁴⁰Desprenderam então as âncoras, abandonando-as ao mar. Ao mesmo tempo soltaram as amarras dos lemes e, içando ao vento

---

a) Só a segunda intervenção de Paulo (vv. 33s) responderá a esta observação. O teor da primeira (vv. 21.26) parece mal adaptado ao contexto e antecipa em parte a segunda.
b) Diante do tribunal imperial, não diante do próprio Nero.
c) Assim era designada toda a parte do Mediterrâneo situada entre a Grécia, a Itália e a África.
d) Ad. oc.: "dando-o também a nós". — Todo judeu, no momento de tomar uma refeição, pronunciava uma bênção. Mas os termos empregados por Lucas parecem evocar o rito eucarístico (cf. 2,42+).

a vela da proa, dirigiram o navio para a praia. ⁴¹Mas, tendo-se embatido num banco de areia, entre duas correntes de água, o navio encalhou. A proa, encravada, ficou imóvel, enquanto a popa começou a desconjuntar-se pela violência das ondas. ⁴²Veio, então, aos soldados o pensamento de matar os prisioneiros, para evitar que algum deles, a nado, escapasse. ⁴³Mas o centurião, querendo preservar Paulo, opôs-se a este desígnio. E mandou, aos que sabiam nadar, que saltassem primeiro e alcançassem terra. ⁴⁴Quanto aos outros, que os seguissem agarrados a pranchas, ou sobre quaisquer destroços do navio. Foi assim que todos chegaram, são e salvos, em terra.

28 Permanência em Malta —
¹Estando já a salvo, soubemos que a ilha se chamava Malta. ²Os nativos trataram-nos com extraordinária humanidade, acolhendo a todos nós junto a uma fogueira que tinham acendido. Isto, por causa da chuva que caía, e do frio. ³Tendo Paulo ajuntado uma braçada de gravetos e atirando-os à fogueira, uma víbora, fugindo ao calor, prendeu-se à sua mão. ⁴Quando os nativos viram o animal pendente de sua mão, disseram uns aos outros: "Certamente este homem é um assassino; pois acaba de escapar ao mar, mas a vingança divina*a* não o deixa viver". ⁵Ele, porém, sacudindo o animal ao fogo, não sofreu mal algum. ⁶Quanto a eles, esperavam que Paulo viesse a inchar, ou caísse morto de repente. Mas, depois de muito esperar, ao verem que não lhe acontecia nada de anormal, mudando de parecer puseram-se a dizer que ele era um deus.

⁷Nas vizinhanças daquele local estava a propriedade do Primeiro da ilha, chamado Públio. Este nos recebeu e nos hospedou benignamente durante três dias. ⁸Acontece que o pai de Públio estava acamado, ardendo em febre e com disenteria. Paulo foi vê-lo, orou e impôs-lhe as mãos, e o curou. ⁹Diante disso, também os outros doentes que se encontravam na ilha vieram ter com Paulo e foram curados. ¹⁰Cumularam-nos, então, com muitos sinais de estima; e, quando estávamos para partir, nos proveram de tudo o que nos era necessário.

De Malta a Roma — ¹¹Ao fim de três meses, embarcamos num navio que havia passado o inverno na ilha; era de Alexandria, e tinha como insígnia os Dióscuros. ¹²Tendo aportado em Siracusa, aí ficamos três dias. ¹³De lá, seguindo a costa, chegamos a Régio. No dia seguinte, soprou o vento do Sul, e em dois dias chegamos a Putéoli.*b* ¹⁴Encontrando ali alguns irmãos, tivemos o consolo de ficar com eles sete dias. E assim foi que chegamos a Roma.

¹⁵Os irmãos desta cidade, tendo ouvido falar a nosso respeito, vieram ao nosso encontro até o Foro de Ápio e Três Tabernas. Ao vê-los, Paulo deu graças a Deus e sentiu-se encorajado. ¹⁶Depois de chegarmos a Roma, foi permitido a Paulo morar em casa particular, junto com o soldado que o vigiava.*c*

Tomada de contato com os judeus de Roma*d* — ¹⁷Três dias após, convocou os principais dentre os judeus. Tendo eles comparecido, assim falou-lhes: "Meus irmãos, embora nada tenha feito contra nosso povo, nem contra os costumes dos nossos pais, desde Jerusalém vim preso e como tal fui entregue

---

a) Díkê, a justiça divina personificada.
b) Pozzuoli, no golfo de Nápoles. Neste importante porto já havia uma comunidade cristã.
c) Texto oc. (adotado pela recensão antioquena): "Quando entramos em Roma, o centurião entregou os prisioneiros ao prefeito do pretório. Paulo recebeu a permissão de se alojar fora do campo (pretoriano)". Estas informações complementares correspondem ao que, efetivamente, deve ter acontecido. É o regime especial da *custodia militaris*: o prisioneiro arranja um alojamento por conta própria, mas deve ter o braço direito sempre ligado, por uma corrente, ao braço esquerdo do soldado que o vigia.
d) Paulo quis regularizar a sua situação o mais depressa possível, diante dos judeus de Roma. Faz um resumo do seu processo e protesta pela última vez sua fidelidade ao judaísmo.

às mãos dos romanos. ¹⁸Tendo-me interrogado judicialmente, eles quiseram soltar-me, porque nada havia em mim que merecesse a morte. ¹⁹Como, porém, os judeus se opunham, fui constrangido a apelar para César, não porém como se tivesse algo de que acusar minha nação.ᵃ ²⁰Por esse motivo é que pedi para ver-vos e falar-vos, pois é por causa da esperança de Israel que carrego com esta corrente".

²¹Eles então disseram-lhe:ᵇ "Quanto a nós, não recebemos a teu respeito carta alguma da Judeia, e nenhum dos irmãos que aqui chegaram comunicou ou relatou algo de mal acerca de ti. ²²Desejamos, porém, ouvir de tua boca o que pensas; porque, relativamente a esta seita, é de nosso conhecimento que ela encontra em toda parte oposição".

Declaração de Paulo aos judeus de Romaᶜ — ²³Marcaram um dia, pois, com ele, e vieram em maior número encontrá-lo em seu alojamento. Ele lhes fez uma exposição, dando testemunho do Reino de Deus e procurando persuadi--los a respeito de Jesus, tanto pela Lei de Moisés quanto pelos Profetas. Isto, desde a manhã até a tarde. ²⁴Uns se deixaram persuadir pelo que ele dizia; outros, porém, recusavam-se a crer. ²⁵Estando assim discordantes entre si, eles se despediram, enquanto Paulo dizia uma só palavra:ᵈ "Bem falou o Espírito Santo a vossos pais, por meio do profeta Isaías, quando disse:

²⁶*Vai ter com este povo e dize-lhe:*
 em vão escutareis, pois não compreendereis;
 em vão olhareis, pois não vereis.
²⁷*É que o coração deste povo se endureceu:*
 eles taparam os ouvidos e vendaram os olhos,
 para não verem com os olhos,
 nem ouvirem com os ouvidos,
 nem entenderem com o coração,
 para que não se convertam,
 e eu não os cure!

²⁸Ficai, pois, cientes: aos gentios é enviada esta salvação de Deus. E eles a ouvirão".ᵉ

Epílogoᶠ — ³⁰Paulo ficou dois anosᵍ inteiros na moradia que havia alugado. Recebia todos aqueles que vinham visitá-lo, ³¹proclamando o Reino de Deus e ensinando o que se refere ao Senhor Jesus Cristo com toda a intrepidez e sem impedimento.ʰ

---

a) Ad. oc.: "mas somente com o desejo de escapar da morte".
b) Resposta bastante prudente e ponderada.
c) Em Roma ainda, Paulo dirige a mensagem evangélica primeiro aos judeus (cf. 13,5+). Compare-se o sumário de sua pregação aos judeus de Roma com o discurso inaugural de Antioquia da Pisídia (13,15-41).
d) Esta declaração, paralela à que segue o discurso de Antioquia (13,46-47), constitui a conclusão dos Atos e lhes dá o fio condutor (cf. 13,41+). Evoca também as perspectivas abertas no fim do discurso de Jesus em Nazaré (Lc 4,23-27) e pelas últimas palavras aos apóstolos (Lc 24,47). O texto de Is 6,9-10 (LXX) aparece igualmente em Mt 13,14-15 (cf. Mc 4,12p) e parcialmente em Jo 12,40. O tema e o texto são muito familiares ao cristianismo primitivo.

e) O texto oc. (seguido pela recensão antioquena) acrescenta o v. 29: "Tendo ele dito isto, os judeus foram-se, discutindo vivamente entre si".
f) Assim, a chegada de Paulo a Roma, que consuma um programa de evangelização (cf. Lc 24,47; At 1,8+), revela-se como o ponto de partida de uma nova expansão do cristianismo. Lucas terminará seu evangelho abrindo--o para a perspectiva da missão dos apóstolos; termina igualmente o livro dos Atos abrindo-o para o futuro.
g) O NT não indica de modo claro o que aconteceu depois deste período. É geralmente suposto que Paulo foi libertado, talvez devido a um dos atos de clemência aos quais Nero não era estranho. Neste caso ele teria podido realizar seu desejo de ir até a Espanha (cf. Rm 15,24). Uma boa tradição afirma que teve seu martírio em Roma sob Nero, em 64 ou 67.
h) Ad. oc.: "dizendo que ele, Jesus, é o Filho de Deus, pelo qual o mundo inteiro deve ser julgado" (cf. 17,31).

AS EPÍSTOLAS DE SÃO PAULO

Introdução

São Paulo nos é conhecido, melhor que qualquer outra personalidade do NT, por suas Epístolas e pelos Atos dos Apóstolos, duas fontes independentes que se confirmam e se completam, não obstante algumas divergências em pormenores. Além disso, alguns sincronismos com acontecimentos conhecidos através da história — sobretudo o proconsulado de Galião em Corinto (At 18,12) — permitem precisar certas datas e estabelecer assim uma cronologia relativamente correta da vida do Apóstolo.

Nascido em Tarso da Cilícia (At 9,11; 21,39; 22,3), pelo início de nossa era (Fm 9), de uma família judaica da tribo de Benjamim (Rm 11,1; Fl 3,5), mas ao mesmo tempo cidadão romano (At 16,37s; 22,25-28; 23,27), recebeu desde a infância, em Jerusalém, de Gamaliel, séria formação religiosa segundo a doutrina dos fariseus (At 22,3; 26,4s; Gl 1,14; Fl 3,5). No princípio, foi perseguidor implacável da jovem Igreja cristã (At 22,4s; 26,9-12; Gl 1,13; Fl 3,6); teve conversão súbita, no caminho de Damasco, devida à aparição de Jesus ressuscitado, que, ao lhe manifestar a verdade da fé cristã, indicou-lhe sua missão especial de Apóstolo dos gentios (At 9,3-19p; Gl 1,12.15s; Ef 3,2s). A partir deste momento (cerca do ano 33), consagrará toda a sua vida ao serviço de Cristo que o "conquistou" (Fl 3,12). Depois de uma temporada na Arábia e do regresso a Damasco (Gl 1,17), onde já prega (At 9,20), sobe a Jerusalém pelo ano 37 (Gl 1,18; At 9,26-29); depois retira-se para a Síria-Cilícia (Gl 1,21; At 9,30), de onde é reconduzido a Antioquia por Barnabé, com o qual ensina (At 11,25s; cf. 9,27). A primeira missão apostólica, no início dos anos 40, fá-lo anunciar o evangelho em Chipre, Panfília, Pisídia e Licaônia (At 13-14); foi então, segundo Lucas, que ele começou a usar seu nome romano Paulo, de preferência ao nome judaico Saulo (At 13,9), e é também então que suplanta seu companheiro Barnabé, em razão da sua preponderância na pregação (At 14,12). Sua segunda viagem missionária (At 15,36-18,22), de 47 a 51, levou-o à Europa. Encontrou Galião em Corinto durante o verão de 51, depois do que ele sobe a Jerusalém para participar do concílio apostólico, onde se admite, em parte por sua influência, que a Lei judaica não obriga os cristãos convertidos do paganismo (At 15; Gl 2,3-6). Ao mesmo tempo sua missão de Apóstolo dos pagãos é oficialmente reconhecida (Gl 2,7-9), e parte de novo para novas viagens apostólicas. A segunda (At 15,36-18,22) e a terceira (At 18,23-21,17), ocupam respectivamente os anos 50-52 e 53-58); falaremos disso mais adiante, para situar as diversas epístolas que as assinalam. Em 58, é preso em Jerusalém (At 21,27-23,22) e retido na prisão em Cesareia da Palestina até o ano 60 (At 23,23-26,32). No final de 60, o procurador Festo o envia escoltado a Roma (At 27,1-28,16), onde Paulo permanece dois anos (At 28,30), de 61 a 63. Aqui se limita nosso conhecimento certo da vida de Paulo. Tradições antigas, baseadas em parte sobre as epístolas pastorais (sobre cujo valor histórico veja abaixo), afirmam que depois de dois anos o processo foi anulado por falta de provas, e Paulo viajou de novo no Leste, ou talvez realizou seu projeto de visitar a Espanha (Rm 15,24.28). A tradição também sustenta que um subsequente aprisionamento em Roma terminou no martírio, entre 64 e 68 d.C.

As Epístolas e os Atos nos traçam também um retrato impressionante da personalidade do Apóstolo.

Paulo é apaixonado, alma de fogo que se consagra sem limites a um ideal. E este ideal é essencialmente religioso. Para ele, Deus é tudo e ele o serve com lealdade absoluta, primeiro perseguindo os que ele tem na conta de hereges (Gl 1,13; cf. At 24,5.14), depois pregando Cristo, após haver entendido por revelação que só nele está a salvação. Este zelo incondicional traduz-se pela vida de abnegação total ao serviço daquele que ele ama. Trabalhos, fadigas, sofrimentos, privações, perigos de morte (1Cor 4,9-13;

2Cor 4,8s; 6,4-10; 11,23-27), nada lhe importa, contanto que cumpra a missão pela qual se sente responsável (1Cor 9,16s). Nenhuma dessas coisas o poderá separar do amor de Deus e de Cristo (Rm 8,35-39); ou melhor, tudo isso é de inestimável valor, por conformá-lo à paixão e à cruz de seu Mestre (2Cor 4,10s; Fl 3,10s). O sentimento de sua eleição singular lhe inspira ambições imensas. Quando confessa sua solicitude por todas as igrejas (2Cor 11,28; cf. Cl 1,24), quando declara haver trabalhado mais que os outros (1Cor 15,10; cf. 2Cor 11,5), quando exorta seus fiéis a imitá-lo (1Cor 11,1+), não se trata de orgulho, é a altivez legítima e muito humilde de um santo: sabe-se o último de todos, ele, o perseguidor (1Cor 15,9; Ef 3,8), e atribui unicamente à graça de Deus as grandes coisas que se fazem por seu intermédio (1Cor 15,10; 2Cor 4,7; Fl 4,13; Cl 1,29; Ef 3,7).

O ardor do seu coração sensível se traduz bem nos sentimentos que demonstra por seus fiéis. Cheio de abandono confiante para com os de Filipos (Fl 1,7s; 4,10-20), inflama-se de indignação quando os da Galácia se dispõem a trair sua fé (Gl 1,6; 3,1-3), e sente doloroso embaraço diante da inconstância vaidosa dos de Corinto (2Cor 12,11-13,10). Para censurar os inconstantes, sabe manejar a ironia (1Cor 4,8; 2Cor 11,7; 12,13) ou até as duras reprimendas (Gl 3,1-3; 4,11; 1Cor 3,1-3; 5,1-2; 6,5; 11,17-22; 2Cor 11,3s). Mas é para o bem deles (2Cor 7,8-13). E logo modera suas repreensões com acentos de tocante ternura (2Cor 11,1-2; 12,14s): não é ele o único pai que eles têm (1Cor 4,14s; 2Cor 6,13; cf. 1Ts 2,11; Fm 10), a mãe deles (1Ts 2,7; Gl 4,19)? Que se restabeleçam, pois, as boas relações de antigamente (Gl 4,12-20; 2Cor 7,11-13)!

De fato, suas censuras visam menos a eles do que aos adversários que tentam seduzi-los: os cristãos judaizantes que queriam reconduzir seus convertidos para debaixo do jugo da Lei (Gl 1,7; 2,4; 6,12s). Para com eles não tem consideração (1Ts 2,15s; Gl 5,12; Fl 3,2). A suas pretensões orgulhosas e carnais opõe o autêntico poder espiritual que se manifesta em sua fraca pessoa (2Cor 10,1-12,12) e a sinceridade, comprovada pelo seu desinteresse (At 18,3+). Houve quem pensasse que seus rivais fossem os grandes apóstolos de Jerusalém. Nada o prova; trata-se, antes, de judeu-cristãos integristas que alegavam fidelidade a Pedro (1Cor 1,12) e Tiago (Gl 2,12) para minar a confiança em Paulo. Com efeito, ele respeita sempre a autoridade dos verdadeiros apóstolos (Gl 1,18; 2,2), embora reivindicando o título igual a ser testemunha de Cristo (Gl 1,11s; 1Cor 9,1; 15,8-11); e se lhe acontece resistir ao próprio Pedro numa determinada questão (Gl 2,11-14), sabe também mostrar-se compreensivo (At 21,18-26) e empenha-se com o maior carinho naquela coleta em favor dos pobres de Jerusalém (Gl 2,10), na qual vê o melhor penhor da união entre os cristãos da gentilidade e os da Igreja-mãe (2Cor 8,14; 9,12-13; Rm 15,26s).

Sua pregação é antes de tudo o "querigma" apostólico (At 2,22+), proclamação do Cristo crucificado e ressuscitado conforme as Escrituras (1Cor 2,2; 15,3-4; Gl 3,1). "Seu" evangelho (Rm 2,16; 16,25) não lhe é próprio; é o da fé comum (Gl 1,6-9; 2,2; Cl 1,5-7), apenas com uma aplicação especial à conversão dos gentios (Gl 1,16; 2,7-9), na linha universalista inaugurada em Antioquia. Paulo é solidário das tradições apostólicas, que cita ao se apresentar a ocasião (1Cor 11,23-25; 15,3-7), supõe por toda parte e às quais certamente deve muito. Parece que não conheceu Cristo durante sua vida (cf. 2Cor 5,16+), mas conhece seus ensinamentos (1Cor 7,10s; 9,14). Aliás, é também testemunha direta, e sua convicção irresistível se apoia sobre a experiência pessoal; pois "viu" Cristo (1Cor 9,1; 15,8). Foi favorecido com revelações e êxtases (2Cor 12,1-4). O que recebeu da tradição, pode também atribuir, com toda a verdade, às comunicações diretas do Senhor (Gl 1,12; 1Cor 11,23).

Houve quem apontasse como causa destes fenômenos místicos um temperamento exaltado e doentio. Nada é menos fundado. A doença que o deteve na Galácia (Gl 4,13-15), provavelmente, não foi mais que uma crise de paludismo; e "o espinho na carne" (2Cor 12,7) poderia bem ser a oposição dentro de suas comunidades. Ele nada tem do imaginativo, se julgarmos pelas imagens pouco numerosas e corriqueiras que emprega: o estádio (1Cor 9,24-27; Fl 3,12-14; 2Tm 4,7s), o mar (Ef 4,14), a agricultura (1Cor 3,6-8) e a construção (1Cor 3,10-17; Rm 15,20; Ef 2,20-22), dois temas que gosta de associar e misturar (1Cor 3,9; Cl 2,7; Ef

3,17; cf. Cl 2,19; Ef 4,16). Paulo é, antes, cerebral. Nele se une a um coração ardente a inteligência lúcida, lógica, exigente, preocupada em expor a fé segundo as necessidades dos ouvintes. É graças a isso que temos as admiráveis explanações teológicas com que envolve o querigma segundo as circunstâncias. Sem dúvida esta lógica não é a nossa. Paulo argumenta muitas vezes como rabino, segundo os métodos exegéticos que recebeu do seu meio e da sua educação (por exemplo, Gl 3,16; 4,21-31). Mas seu gênio sabe ultrapassar os limites desta herança tradicional, e é doutrina profunda que faz passar por canais que, para nós, são um tanto ultrapassados.

Além disso, esse semita tem também boa cultura grega, recebida talvez desde a infância em Tarso, enriquecida por repetidos contatos com o mundo greco-romano, e esta influência se reflete na sua maneira de pensar, bem como em sua linguagem e no estilo. Cita, dada a ocasião, autores clássicos (1Cor 15,33); e conhece certamente a filosofia popular baseada no estoicismo. Deve à "diatribe" cínico-estoica seu estilo de argumentação rigorosa, por meio de curtas perguntas e respostas (Rm 3,1-9.27-31), ou suas explanações por acumulação retórica (2Cor 6,4-10); e quando, ao contrário, usa frases longas e carregadas, nas quais as proposições se acumulam em vagas sucessivas (Ef 1,3-14; Cl 1,9-20), pode ainda encontrar seus modelos na literatura religiosa helenística. Fala correntemente o grego, com poucos semitismos. É o grego de seu tempo, naturalmente, o da "koiné" distinta, mas sem pretensões aticistas, pois despreza os artifícios da eloquência humana e não quer fazer depender sua força de persuasão senão do poder da Palavra da fé, confirmada pelos sinais do Espírito (1Ts 1,5; 1Cor 2,4s; 2Cor 11,6; Rm 15,18). Há casos até em que sua expressão é incorreta e inacabada (1Cor 9,15), de tão incapaz que é o molde da linguagem para conter o impulso de um pensamento por demais rico ou de emoções demasiado vivas. Com raras exceções (Fm 19), dita (Rm 16,22), como costumavam fazer os antigos, contentando-se com escrever a saudação final (2Ts 3,17; Gl 6,11; 1Cor 16,21; Cl 4,18); e, se mais de um trecho parece fruto de redação longamente meditada, muitos outros dão a impressão de primeiro impulso espontâneo e sem retoques. Apesar destas falhas, ou talvez por causa delas, este estilo fogoso é de densidade extraordinária. Pensamento tão elevado, expresso de maneira tão ardorosa, prepara ao leitor mais de uma dificuldade (2Pd 3,16); mas oferece-lhe ao mesmo tempo textos cujo vigor religioso e até literário permanecem talvez sem rival na história das cartas humanas.

As epístolas que Paulo nos deixou são escritos ocasionais, jamais devemos esquecê-lo. Não são tratados de teologia, mas respostas a situações concretas. Verdadeiras cartas que se inspiram no formulário então em uso (Rm 1,1+), não são nem "cartas" meramente particulares, nem "epístolas" puramente literárias, mas explanações que Paulo destina a leitores concretos e, para além deles, a todos os fiéis de Cristo. Não se deve, pois, buscar aí uma exposição sistemática e completa do pensamento do Apóstolo; sempre deve-se supor, por detrás delas, a palavra viva, de que são o comentário em pontos particulares. Com isso, não deixam de ser infinitamente preciosas, enquanto sua riqueza e variedade nos permitem encontrar de fato o essencial da mensagem paulina. Embora dirigidas em ocasiões e a auditórios diferentes, descobre-se nelas uma mesma doutrina fundamental, centrada em torno de Cristo morto e ressuscitado, mas que se adapta, se desenvolve e se enriquece no decurso desta vida consagrada totalmente a todos (1Cor 9,19-22). Alguns intérpretes atribuíram a Paulo um ecletismo que o teria feito adotar, segundo as circunstâncias, pontos de vista diferentes e até contraditórios, aos quais não daria nenhum valor absoluto, pois quereria somente que ganhassem os corações para Cristo. Outros opuseram a este modo de ver um "fixismo", segundo o qual o pensamento de Paulo, firmado desde o começo pela experiência de sua conversão, não teria conhecido em seguida nenhuma evolução. A verdade está entre esses extremos: a teologia de Paulo se desenvolveu conforme uma linha contínua, mas se desenvolveu realmente sob o impulso do Espírito que dirigia seu apostolado. Nós identificaremos as etapas desta evolução percorrendo suas diferentes epístolas em sua ordem cronológica, que não é a ordem do Cânon do NT, observada pela maioria das traduções, na qual foram colocadas conforme o tamanho, em ordem decrescente.

As primeiras em data são dirigidas aos Tessalonicenses, que Paulo evangelizou no decurso da segunda viagem (At 17,1-10) do final de 49 aos inícios de 50. Forçado, por causa dos ataques dos judeus, a partir para Bereia, de onde se dirigiu para Atenas e Corinto, foi sem dúvida desta última cidade, na metade de 50, que escreveu 1Ts. Silas e Timóteo estão a seu lado, e as boas notícias trazidas por este último de uma segunda visita a Tessalônica são para Paulo a ocasião para desafogar seu coração (1-3); seguem exortações práticas (4,1-12; 5,12-28), entre as quais se insere uma resposta sobre o destino dos falecidos e a parusia de Cristo (4,13-5,11). Escrita, sem dúvida, de Corinto alguns meses mais tarde (2Ts 2,15) 2Ts apresenta, juntamente com outras exortações práticas (1; 2,13-3,15), novas instruções sobre a data da parusia e os sinais que a devem preceder (2,1-12).

2Ts contém notáveis semelhanças literárias com 1Ts, a tal ponto que certos críticos a tomaram como obra de falsário que se teria inspirado em Paulo, imitando seu estilo. Mas não há meio de descobrir qual teria sido o motivo de tal falsificação, e é mais simples pensar que o próprio Apóstolo, a fim de corrigir malentendidos do seu ensinamento escatológico (1Ts 5,2.9), tenha escrito esta segunda carta, retomando expressões da primeira. Os dois escritos não se contradizem, mas se completam; e sua autenticidade é igualmente bem atestada pela antiga tradição da Igreja.

Além do seu interesse em apresentar já esboçados diversos temas que serão retomados pelas epístolas posteriores, estas são importantes sobretudo por sua doutrina sobre a escatologia. Nesta etapa primitiva de seu apostolado, o pensamento do Apóstolo apresenta-se todo concentrado na ressurreição de Cristo e na sua vinda na glória, que trará a salvação aos que tiverem acreditado nele, ainda que já tenham morrido (1Ts 4,13-18). Esta vinda gloriosa é descrita segundo as tradições da apocalíptica judaica e do cristianismo primitivo (discurso escatológico dos sinóticos, sobretudo de Mt). Em consonância com os ensinamentos de Jesus, ora insiste na iminência imprevisível desta vinda, que nos obriga à vigilância (1Ts 5,1-11), a ponto de dar a impressão de que tanto ele como seus leitores assistiriam a ela em vida (1Ts 4,17), ora acalma seus fiéis impressionados por esta perspectiva, lembrando-lhes que o Dia ainda não chegou e deve ser precedido de certos sinais (2Ts 2,1-12). Estes não são mais tão claros para nós como o deveriam ser para os leitores. Parece que Paulo imagina o Anticristo como um indivíduo que deve surgir no fim dos tempos. Quanto ao obstáculo "que por ora o retém" (2Ts 2,6), certos intérpretes viram nele o império romano, outros a pregação evangélica, e a questão permanece obscura.

Enquanto escrevia essas cartas, Paulo evangelizava Corinto durante mais de 18 meses (At 18,1-18), de março-junho de 50 a setembro de 51. Conforme seu costume de agir nos grandes centros, queria implantar a fé em Cristo naquele porto famoso e densamente habitado, de onde ela se irradiaria por toda a Acaia (2Cor 1,1; 9,2). De fato, conseguiu estabelecer lá, sobretudo nas camadas modestas da população (1Cor 1,26-28), uma comunidade florescente. Mas aquela grande cidade era centro de cultura grega, em que se defrontavam correntes de pensamento e de religião muito diversas. O contato da jovem fé cristã com esta capital do paganismo devia suscitar, para os neófitos, muitos problemas delicados. É na solução deles que o Apóstolo se empenha nas duas cartas que lhes escreveu.

A origem destas duas epístolas é bastante clara, não obstante alguns pontos duvidosos. A primeira carta "pré-canônica" (1Cor 5,9-13), de data incerta, não foi conservada. Mais tarde, durante a temporada de mais de 2 anos (52-54) que ele passou em Éfeso no decurso da terceira viagem (At 19,1-20,1), algumas questões trazidas por uma delegação de coríntios (1Cor 16,17), às quais se somavam informações recebidas por meio de Apolo (At 18,27s; 1Cor 16,12) e de "pessoas da casa de Cloé" (1Cor 1,11), levaram Paulo a escrever nova carta, que é nossa 1Cor, por volta da Páscoa de 54 (1Cor 5,7s; 16,5-9). Pouco depois, deve ter surgido em Corinto uma crise, provavelmente envolvendo Timóteo (1Cor 4,17; 16,10-11), que o obrigou a fazer lá uma rápida e amarga visita (2Cor 1,23-2,1), no decurso da qual prometeu regressar em breve (2Cor 1,15-16). De fato não voltou, e substituiu esta visita por uma carta severa, escrita "em meio a muitas lágrimas" (2Cor 2,3s.9), que produziu efeito salutar (2Cor 7,8-13). Foi na Macedônia, depois de haver partido de Éfeso em consequência de crises muito graves, pouco conhecidas por nós (1Cor 15,32; 2Cor 1,8-10; At 19,23-40), que Paulo soube, por meio de Tito, deste feliz resultado (2Cor 1,12s; 7,5-16); e foi então, entre abril e setembro de 55, que escreveu as duas partes de 2Cor. Depois, haveria de passar por Corinto (At 20,1s; cf. 2Cor 9,5; 12,14; 13,1.10), para de lá regressar a Jerusalém, onde seria preso.

Alguns consideram 2Cor como a compilação de cerca de cinco cartas enviadas por Paulo a Corinto em diferentes ocasiões. Outros se impressionam menos com as transições difíceis que tal hipótese procura explicar, mas concordam que os cc. 10-13 não podem ser a continuação dos cc. 1-9 — seria psicologicamente impossível que Paulo pudesse repentinamente mudar da celebração da reconciliação (cc. 1-9), à severa reprovação e à sarcástica autodefesa (cc. 10-13). Sugeriu-se que os cc. 10-13 poderiam ser identificados com a epístola escrita entre lágrimas por causa do seu tom áspero, mas isso não é recomendado pelo conteúdo. A carta escrita entre lágrimas foi ocasionada pelo comportamento de um indivíduo determinado (2Cor 2,5-8), do qual não se faz sequer alusão nos cc. 10-13, que se referem ao dano feito às comunidades por falsos apóstolos. É mais provável, portanto, que os cc. 10-13 foram ocasionados pela deterioração da situação em Corinto subsequente ao envio dos cc. 1-9.

Se estas epístolas nos trazem, a respeito da alma de Paulo e de suas relações com seus convertidos, luzes de notável interesse, não é menor sua importância doutrinal. Nelas encontramos, sobretudo em 1Cor, informações e decisões concernentes a diversos problemas cruciais do cristianismo primitivo, tanto em sua vida interior — pureza dos costumes (1Cor 5,1-13; 6,12-20), matrimônio e virgindade (7,1-40), ordem das assembleias religiosas e celebração da Eucaristia (11-12), uso dos carismas (12,1-14,40) — como em seu relacionamento com o mundo pagão: apelo aos tribunais (6,1-11), carnes oferecidas aos ídolos (8-10). Aquilo que poderia ser simples casos de consciência ou normas de liturgia, se torna, graças ao gênio de Paulo, ocasião de mensagens profundas sobre a verdadeira liberdade da vida cristã, a santificação do corpo, o primado da caridade, a união a Cristo. A defesa de seu apostolado (2Cor 10-13) inspira-lhe páginas esplêndidas sobre a grandeza do ministério apostólico (2Cor 2,12-6,10); e o tema concreto da coleta (2Cor 8-9) é iluminado pelo ideal da união entre as igrejas. O horizonte escatológico está sempre presente e fundamenta toda a exposição sobre a ressurreição da carne (1Cor 15). Mas as descrições apocalípticas de 1Ts e 2Ts cedem lugar a uma discussão mais racional, que justifica esta esperança difícil para espíritos gregos. Esta adaptação do Evangelho ao mundo novo em que ele penetra, manifesta-se sobretudo na oposição da loucura da cruz à sabedoria helênica. Aos coríntios que se dividem, opondo entre si seus diversos mestres e seus talentos humanos, Paulo recorda que não há senão um só mestre, Cristo, uma só mensagem, a salvação pela cruz, e que aí está a única e verdadeira Sabedoria (1Cor 1,10-4,13). Assim, por força das circunstâncias e sem contrariar as perspectivas escatológicas, ele é levado a insistir mais na vida cristã presente, como união a Cristo no verdadeiro conhecimento, que é o da fé. E ele vai aprofundar mais ainda esta vida dada pela fé, desta vez com relação ao judaísmo, em consequência da crise gálata.

As epístolas aos Gálatas e aos Romanos devem ser tratadas juntamente, pois tratam do mesmo problema, aquela como primeira reação provocada pela situação concreta, esta como exposição mais calma e mais completa, que põe em ordem as ideias suscitadas pela polêmica. Esse estreito parentesco das duas epístolas é uma das principais razões que desaconselham situar a composição de Gl nos primeiros anos de Paulo, antes mesmo do concílio de Jerusalém, como alguns propuseram, os quais opinam que a segunda visita de Paulo a Jerusalém, narrada em Gl 2,1-10, deve ser a segunda visita, mencionada pelos Atos (11,30; 12,25), não a terceira (At 15,2-30), que difere em diversos pontos da narração de Paulo. Uma vez que este, por outro lado, parece ignorar o Decreto de At 15,20.29 (cf. Gl 2,6), sua carta deve ser anterior ao concílio de Jerusalém, e bastaria para tanto admitir que os "gálatas" fossem os habitantes da Licaônia e da Pisídia evangelizados durante a primeira viagem missionária; a ida e volta de Paulo explicariam a dupla visita que Gl 4,13 parece supor. Mas tudo isso tem pouco fundamento. Se é verdade que a Licaônia e a Pisídia estavam politicamente ligadas à Galácia desde 36-25 a.C., não é menos certo que a linguagem corrente do séc. I da nossa era continuou a reservar esta última denominação à Galácia propriamente dita, que fica mais ao norte, e parece particularmente difícil que seus habitantes possam ter sido chamados de "gálatas" (Gl 3,1). Aliás, esta suposição difícil não é de modo algum necessária. A segunda visita de Gl 2,1-10 identifica-se muito bem com a terceira de At 15 — com a qual apresenta semelhanças muito marcantes — muito melhor do que com a segunda (At 11,30; 12,25), de importância tão pequena que Paulo pôde omiti-la na sua argumentação de Gl, a não ser que também ela não se tenha verificado e resulte simplesmente de uma duplicata literária de são Lucas (cf. Atos, Introdução e At 11,30+). Assim, a epístola aos Gálatas é bem posterior ao concílio de Jerusalém. Se nela Paulo não fala do Decreto, é talvez porque este é de época mais tardia (cf. At 15,1+), circunstância que explicaria também a atitude de Pedro, censurada em Gl 2,11-14. Os destinatários são realmente os habitantes da região "gálata", percorrida por Paulo na sua segunda e terceira viagens (At 16,6; 18,23). E a carta pode ter sido escrita de Éfeso, ou também da Macedônia, entre 54 e 55.

A epístola aos Romanos deve tê-la seguido de perto. Paulo está em Corinto (final de 55, início de 56), prestes a partir para Jerusalém, de onde espera dirigir-se a Roma e de lá à Espanha (Rm 15,22-32; cf. 1Cor 16,3-6; At 19,21; 20,3). Mas não foi ele quem fundou a igreja de Roma e não recebera mais que parcas informações sobre a situação local, talvez por meio de pessoas como Áquila (At 18,2); as raras alusões de sua epístola deixam apenas vislumbrar uma comunidade em que os convertidos do judaísmo e do paganismo correm o perigo de se desentenderem. Assim, para preparar sua chegada, acha útil enviar por sua patrona Febe (Rm 16,1) uma carta em que expõe sua solução do problema judaísmo-cristianismo, tal como acaba de amadurecer devido à crise gálata. Para isso, retoma as ideias de Gl, mas de modo mais ordenado e matizado. Se Gl representa um grito que parte do coração, no qual a apologia pessoal (1,11-2,21) se justapõe à argumentação doutrinal (3,1-4,31) e às advertências veementes (5,1-6,18), Rm oferece explanação continuada, em que algumas grandes seções se concatenam harmoniosamente com o auxílio de temas que primeiro se anunciam e depois são retomados.

A autenticidade da epístola aos Romanos, bem como a das epístolas aos Coríntios e aos Gálatas, não é seriamente posta em dúvida por ninguém. Apenas se tem perguntado se os caps. 15 e 16 não lhe teriam sido acrescentados posteriormente. Este último, sobretudo, com suas tão numerosas saudações, poderia ter sido primitivamente um bilhete destinado à igreja de Éfeso. Mas o cap. 15, não obstante certos manuscritos, não pode ser separado do resto da epístola; e os que nela mantêm também o cap. 16 observam que Paulo não dirige jamais saudações a indivíduos pertencentes às comunidades nas quais trabalhou. Isso teria provocado ciúmes se houvesse tratado diferentemente alguns, num grupo cujos membros lhe eram conhecidos. A lista de nomes do c. 16 indica que ele era dirigido a uma igreja que Paulo não havia fundado — o que exclui Éfeso como destinatária. Quanto à doxologia (16,25-27), as notas peculiares de seu estilo não constituem motivo suficiente para rejeitar sua autenticidade, mas podem sugerir uma data mais tardia.

Enquanto as epístolas aos Coríntios opunham o Cristo Sabedoria de Deus à vã sabedoria do mundo, as epístolas aos Gálatas e aos Romanos opõem o Cristo Justiça de Deus à justiça que os homens pretenderiam merecer por seus próprios esforços. Lá o perigo provinha do espírito grego, com sua confiança orgulhosa na razão; aqui ele vem do espírito judaico, com sua orgulhosa confiança na Lei. Certos judaizantes vieram dizer aos fiéis da Galácia que não podiam se salvar, a não ser que praticassem a circuncisão, pondo-se assim sob o jugo da Lei (Gl 5,2s). Paulo se opõe com toda a força a esta volta atrás, que tornaria vã a obra de Cristo (Gl 5,4). Sem negar o valor da economia antiga, assinala seus justos limites de etapa provisória no conjunto do plano de salvação (Gl 3,23-25). A Lei de Moisés, em si boa e santa (Rm 7,12), fez o homem conhecer a vontade de Deus, mas sem lhe dar a força interior de cumpri-la; assim, o que ela conseguiu foi apenas fazê-lo tomar consciência de seu pecado e da necessidade que tem do socorro de Deus (Gl 3,19-22; Rm 3,20; 7,7-13). Ora, este socorro inteiramente gratuito, prometido outrora a Abraão antes do dom da Lei (Gl 3,16-18; Rm 4), acaba de ser concedido em Jesus Cristo: sua morte e ressurreição operaram a destruição da humanidade antiga, viciada pelo pecado de Adão, e a recriação de uma humanidade nova, da qual ele é o protótipo (Rm 5,12-

21). Ligado a Cristo pela fé e animado de seu Espírito, o homem recebe doravante gratuitamente a verdadeira justiça e pode viver segundo a vontade divina (Rm 8,1-4). Certamente sua fé deve desabrochar em boas obras; mas estas obras, realizadas pela força do Espírito (Gl 5,22-25; Rm 8,5-13), não são mais aquelas obras da Lei nas quais o judeu orgulhosamente depositava sua confiança. Elas são acessíveis a todos os que creem, também aos que vieram do paganismo (Gl 3,6-9.14; Rm 4,11). A economia mosaica, que teve seu valor de etapa preparatória é, pois, doravante obsoleta. Os judeus que pretendem permanecer nela colocam-se fora da verdadeira salvação. Deus permitiu a cegueira deles para assegurar o acesso dos gentios. Contudo, eles não poderiam perder para sempre a sua primeira eleição, pois Deus é fiel: alguns dentre eles, o "pequeno resto" anunciado pelos profetas, abraçaram a fé; os outros se converterão um dia (Rm 9-11). Desde agora os fiéis de Cristo, quer de origem judaica quer pagã, devem formar um só todo na caridade e no apoio mútuo (Rm 12,1-15,13). São essas as grandes perspectivas que, esboçadas em Gl, são ampliadas em Rm e nos fornecem admiráveis explanações sobre o passado pecador de toda a humanidade (Rm 1,18-3,20) e a luta interior em cada homem (Rm 7,14-25), a gratuidade da salvação (Rm 3,24 e passim), a eficácia da morte e da ressurreição de Cristo (Rm 4,24s; 5,6-11), participadas mediante a fé e o batismo (Gl 3,26s; Rm 6,3-11), o chamado de todos os homens para se tornarem filhos de Deus (Gl 4,1-7; Rm 8,14-17) e o amor imensamente sábio do Deus justo e fiel, que dirige todo o desígnio de salvação em suas diferentes etapas (Rm 3,21-26; 8,31-39). As perspectivas escatológicas permanecem: estamos salvos em esperança (Rm 5,1-11; 8,24); mas, como nas epístolas aos Coríntios, frisa-se a realidade da salvação já começada: já possuímos a título de primícias o Espírito prometido (Rm 8,23); desde agora o cristão vive em Cristo (Rm 6,11) e Cristo vive nele (Gl 2,20).

Assim a epístola aos Romanos representa uma das mais belas sínteses da doutrina paulina. Todavia, não é síntese completa, nem é a doutrina toda. O interesse primordial que lhe valeu a controvérsia luterana seria prejudicial, se nos levasse a deixar de completá-la com as outras epístolas, integrando-a numa síntese mais vasta.

Filipos, importante cidade da Macedônia e colônia romana, tinha sido evangelizada por Paulo durante sua segunda viagem, entre setembro de 48 e junho de 49 (At 16,12-40). Ele tornou a passar por lá duas vezes, quando da sua terceira viagem, pelo fim de 54/início de 55 (At 20,1-2) e na Páscoa de 56 (At 20,3-6). Os fiéis que ele conquistou lá para Cristo testemunharam uma tocante afeição por seu Apóstolo, enviando-lhe socorros a Tessalônica (Fl 4,16) e depois a Corinto (2Cor 11,9). E quando Paulo lhes escreve, é precisamente para agradecer-lhes novos recursos que ele acaba de receber por intermédio do delegado deles, Epafrodito (Fl 4,10-20); aceitando sua oferta, ele, que ordinariamente receava parecer interesseiro (At 18,3+), dá provas de que confiava neles de modo todo especial.

Paulo está preso no momento em que lhes escreve (Fl 1,7.12-17), e por muito tempo se pensou que se tratasse de seu primeiro cativeiro romano. Contudo, os contatos frequentes e aparentemente muito fáceis que os filipenses têm com ele e com Epafrodito, que na época se achava em sua companhia (2,25-30), surpreendem se ele se encontra na longínqua Roma. Sobretudo não se compreende bem, se Paulo está em Roma (ou, rigorosamente falando, em Cesareia da Palestina, outro lugar de um cativeiro que nos é conhecido), que a remessa de dinheiro feita por eles por meio de Epafrodito seja a primeira ocasião que eles encontraram de ajudar o Apóstolo desde as contribuições que ofertaram na segunda viagem (4,10.16), pois ele passou duas vezes pela terra deles durante a terceira viagem. Tudo se explica melhor se Paulo escreve antes destas duas novas visitas, isto é, em Éfeso, entre 52 e 54. As alusões ao "Pretório" (Fl 1,13) e à "casa de César" (4,22) não levantam dificuldade, pois havia destacamentos de pretorianos nas grandes cidades, em particular em Éfeso, tanto como em Roma. O fato de ignorarmos um cativeiro de Paulo em Éfeso não é tampouco um obstáculo intransponível, pois Lucas nos disse bem poucas coisas sobre aquela estada de quase três anos, e Paulo dá a entender que encontrou lá dificuldades bem graves (1Cor 15,32; 2Cor 1,8-10).

Se se admite essa hipótese, é preciso dissociar Fl de Cl, Ef, Fm e aproximá-la das "grandes epístolas", em particular de 1Cor. Longe de se lhe opor, o estilo e a doutrina da epístola favorecem até esta aproximação. Este escrito é, porém, pouco doutrinal. É antes efusão do coração, uma troca de notícias, uma advertência contra os "maus operários" que destroem alhures os trabalhos do Apóstolo e bem poderiam atacar também os seus caros filipenses, enfim e sobretudo apelo à unidade na humildade, que nos oferece a admirável passagem sobre os sofrimentos de Cristo (2,6-11): quer seja da autoria do próprio Paulo, quer seja apenas citação feita por ele, de qualquer forma este hino ritmado apresenta um testemunho de primeira grandeza sobre a fé primitiva.

A autenticidade de Fl não é posta em dúvida, mas sua integridade foi seriamente questionada. Diversos pesquisadores argumentariam que é de fato uma coleção de três cartas. Talvez a divisão mais satisfatória seja: Carta A = 4,10-20; Carta B = 1,1-3,1 + 4,2-9.21-23; Carta C = 3,2-4,1. A carta A precede às outras duas, e foi enviada por ocasião da recepção do dom trazido por Epafrodito. A carta C é provavelmente a mais tardia. É uma fogosa polêmica contra missionários judeu-cristãos, e nenhum traço seu aparece na carta B, que é sereno apelo à unidade e à perseverança, e também ao testemunho resoluto da verdade.

As epístolas aos Efésios e aos Colossenses formam um grupo bem homogêneo: mesma missão de Tíquico em Cl 4,7s e Ef 6,21s; notáveis semelhanças de estilo e de doutrina entre Cl e Ef. Paulo está ainda na prisão (Fm 1.9s.13.23; Cl 4,3.10.18; Ef 3,1; 4,1; 6,20), e desta vez tudo sugere Roma como lugar de seu cativeiro (de 61 a 63), de preferência a Cesareia, onde seria difícil explicar a presença de Marcos ou de Onésimo, e a Éfeso, onde Lucas parece não ter estado ao lado de Paulo. Além disso, a mudança de estilo e o progresso da doutrina requerem certa distância entre Cl, Ef e as "grandes epístolas", Cor, Gl, Rm. Neste intervalo sobreveio uma crise, de Colossas, que não fora evangelizada por Paulo (1,4; 2,1); seu representante apostólico Epafras (1,7) veio trazer-lhe informações alarmantes. Logo que foi alertado, Paulo responde por meio da epístola aos Colossenses, que confia a Tíquico. Mas a reação suscitada em seu espírito pelo novo perigo levou-o a aprofundar seu pensamento e, como Rm lhe havia servido para pôr em ordem as ideias lançadas em Gl, escreve outra epístola, praticamente contemporânea de Cl, em que organiza sua doutrina em função do novo ponto de vista que a polêmica acaba de lhe impor. Esta admirável síntese é a nossa epístola "aos Efésios". Tal denominação, que nem sequer é garantida textualmente (cf. Ef 1,1), pode criar confusão. Na realidade, Paulo não se dirige aos fiéis de Éfeso, com os quais permaneceu três anos (Ef 1,15; 3,2-4), mas antes aos crentes em geral e mais particularmente às comunidades do vale do Lico, entre os quais faz circular sua carta (Cl 4,16).

A interpretação delineada respeita a tradição que atribui Cl e Ef a Paulo; ela goza de considerável probabilidade. Mas desde a metade do século XIX críticos contestaram a autenticidade destas duas cartas. O estilo pesado e repetitivo, dizem, não é o de Paulo; as ideias teológicas, principalmente as que se referem ao Corpo de Cristo, Cristo cabeça do Corpo, a Igreja universal, são diferentes das cartas anteriores, os erros combatidos são posteriores a Paulo e pertencem mais às ideias gnósticas do século II. Tais objeções merecem séria consideração. Elas são formuladas por numerosos estudiosos, até católicos. Todavia, elas não são incontestáveis. De fato, no tocante a Cl, a inclinação é agora em favor da autenticidade, e com boa justificação. Pois aí não se encontram as ideias fundamentais de Paulo, mas as novas ideias são satisfatoriamente explicadas pelas circunstâncias mencionadas acima. O mesmo pode ser verdade de Ef, embora a dúvida aí permaneça. Entre os argumentos a favor de Paulo, temos: 1) Ef não é o trabalho de um pensador derivado, mas de alguém com gênio para trabalho criador. 2) O estilo lento, rico e até pesado de Cl e Ef, que contrasta tanto com o estilo rápido e com os solavancos das discussões das cartas anteriores, pode provavelmente ser explicado por estes novos e mais largos horizontes que Paulo estava abrindo. 3) O estilo das cartas anteriores não é inteiramente consistente, e dois exemplos desse estilo tardio contemplativo e semilitúrgico podem-se encontrar já em Rm 3,23-26; 2Cor 9,8-14. A única dificuldade real provém das muitas passagens em que Ef parece tomar frases de Cl de maneira servil e até mesmo desajeitada; mas isso pode ser porque Paulo não tinha o hábito de compor cada palavra de suas cartas, e nessa ocasião pode ter permitido a um discípulo tomar uma parte maior do que a usual. Mas deve-se admitir que *os fenômenos notados neste segundo e terceiro pontos poderiam ser explicados mais facilmente com a hipótese de autor diferente de Paulo, se tal se pudesse encontrar, que fosse ao mesmo tempo pensador criativo de gênio semelhante ao de Paulo, e ainda assim se contentasse de tomar servilmente frases inteiras de outras cartas paulinas. A dificuldade de postular tal autor híbrido de Efésios é um dos principais fatores que levaram diversos estudiosos a supor que Colossenses também, da qual a grande maioria das frases são tomadas, emprestadas, não é paulina.*

Portanto, tendo conhecimento de que a genuína autoria paulina destas duas cartas é a mais forte mas não a única hipótese possível, podemos tentar reconstruir a gênese do pensamento de Paulo em Cl e Ef.

Os erros em Colossas que Paulo combate ainda não são os dos gnósticos do século II, mas antes ideias comuns entre os essênios judeus. O perigo em Colossas era o resultado de especulações judaicas (Cl 2,16) basicamente sobre os poderes celestes ou cósmicos. Pensava-se que estes controlavam o movimento do cosmo, e os colossenses tendiam a exagerar sua importância de tal modo a comprometer a supremacia de Cristo. O autor desta carta aceita os postulados da luta e não põe em dúvida a atividade desses poderes; até chega a assimilá-los aos anjos da tradição judaica (cf. 2,15). Mas é precisamente para recolocá-los no seu devido lugar no grande desígnio da salvação. Eles cumpriram sua missão de intermediários e administradores da Lei. Atualmente está terminada essa função. Instaurando a nova ordem, o Cristo Kyrios assumiu o governo do mundo. Sua exaltação celeste colocou-o acima dos poderes cósmicos, que ele despojou de suas antigas atribuições (2,15). Ele, que já os dominava em razão da primeira criação, na sua qualidade de Filho Imagem do Pai, agora domina-os definitivamente como seu chefe na nova criação, na qual assumiu em si todo o pleroma, isto é, toda a plenitude do Ser, de Deus e do mundo em Deus (1,13-20). Libertados desses "elementos do mundo" (2,8.20) por sua união ao Cristo-Cabeça e pela participação na sua plenitude (2,10), os cristãos não devem recolocar-se sob a tirania deles por meio de observâncias obsoletas e ineficazes (2,16-23). Unidos pelo batismo ao Cristo morto e ressuscitado (2,11-13), eles são os membros de seu *Corpo* e não recebem a vida nova senão dele como de sua *Cabeça* vivificante (2,19). Certamente é ainda esta salvação cristã o interesse primordial do autor, mas as necessidades da polêmica levaram-no a precisar a extensão cósmica da obra de Cristo, integrando nela, ao lado da humanidade salva, este vasto universo que é o seu cenário e que também se encontra situado, de maneira indireta, sob o domínio do único Senhor. Daí esta ampliação do tema do "Corpo de Cristo", já esboçado antes (1Cor 12,12+), com insistência nova no Cristo como Cabeça; daí esta dilatação cósmica da obra da salvação; daí este horizonte mais aberto em que Cristo é considerado mais no seu triunfo celestial, enquanto a Igreja em sua unidade coletiva constrói-se em direção a ele; daí, enfim, esta insistência mais forte na escatologia já realizada (cf. Ef 2,6+).

Essas perspectivas são retomadas na epístola aos Efésios. Mas o esforço polêmico para recolocar os poderes em seu lugar já produziu frutos (Ef 1,20-22) e o olhar se dirige mais para a Igreja, Corpo de Cristo ampliado segundo as dimensões do novo universo, "plenitude daquele que plenifica tudo em todos" (1,23). Nesta contemplação suprema, que é como que o ápice de sua obra, o autor retoma diversos temas antigos para ordená-los na síntese mais vasta à qual chegou. Repensa sobretudo os problemas da epístola aos Romanos, outro ápice que coroava a etapa anterior de seu pensamento. Da epístola aos Romanos evoca com algumas palavras não apenas as explanações sobre o passado pecador da humanidade e sobre a gratuidade da salvação por Cristo (2,1-10), mas ainda reconsidera o problema dos judeus e dos gentios, que outrora angustiava Paulo (Rm 9-11). E desta vez, é sob a luz tranquila da escatologia realizada no Cristo celeste: doravante os dois povos lhe aparecem unidos, reconciliados numa humanidade nova e caminhando juntos para o Pai (Ef 2,11-22). Este acesso dos gentios à salvação de Israel em Cristo é o grande "mistério" (1,9; 3,3-6.9; 6,19; Cl 1,27; 2,2; 4,3), cuja contemplação lhe inspira expressões inigualáveis: sobre a infinita sabedoria que aí vê manifestada (3,9s; Cl 2,3), sobre a caridade insondável de Cristo que aí se revela (Ef 3,18s), sobre a eleição inteiramente gratuita que escolheu Paulo para ser seu ministro (3,2-8). Este desígnio de salvação realizou-se por etapas, segundo os propósitos eternos de Deus (1,3-14), e seu termo são as núpcias de Cristo com a humanidade salva, que é a Igreja (5,22-32).

A autenticidade de Filêmon não é questionada. Ela é habitualmente agrupada com Cl e Ef, ambas porque Paulo é prisioneiro (1.9s.13.23; Cl 4,3.10; Ef 3,1; 4,1; 6,20) e porque os nomes de seus companheiros (Fm 12.23-24) aparecem em Cl 4,10-14. Consequentemente é datada dos anos 61-63. A pesquisa recente, contudo, recusa dar a estas indicações valor decisivo, e considera a prisão de Paulo em Éfeso (durante os anos 52-54) uma situação mais apropriada, particularmente por causa da proximidade entre Éfeso e Colossas, que é presumível como residência de Filêmon (Fm 22; cf. Cl 4,9).

Esta breve carta anuncia, a um cristão de Colossas, convertido por Paulo (v. 19), a volta do seu escravo fugitivo, Onésimo, também conquistado para Cristo pelo Apóstolo (v. 10). Esse bilhete autógrafo (v. 19) fornece dados preciosos sobre o coração delicado de Paulo; é interessante também por nos confirmar a sua solução do problema da escravidão (Rm 6,15+): também se eles conservarem suas relações sociais de antigamente, o senhor e o escravo cristãos devem viver doravante como dois irmãos ao serviço do mesmo Senhor (v. 16, cf. Cl 3,22-4,1).

As cartas a Timóteo e a Tito são dirigidas a dois dos mais fiéis discípulos de Paulo (At 16,14; 2Cor 2,13). Elas dão diretivas para a organização e conduta das comunidades confiadas a eles. É por isso que se tornou costumeiro, desde o século XVIII, chamá-las "pastorais". Essas cartas divergem de maneira significativa de outras cartas paulinas. Há considerável diferença de vocabulário. Muitas das palavras comuns em outras epístolas desapareceram, e há também uma proporção muito maior de palavras não usadas em outro lugar por Paulo. O estilo não é mais apaixonado e entusiasta, mas mitigado e burocrático. O modo de resolver problemas mudou. Paulo simplesmente condena os falsos ensinamentos em lugar de argumentar persuasivamente contra eles. Finalmente, é difícil situar essas cartas na vida de Paulo, assim como é conhecida dos Atos dos Apóstolos. É compreensível, portanto, que a autenticidade das pastorais seja disputada.

Muitos explicam as diferenças postulando um Paulo mais velho, que deve ter dado muito mais espaço a um secretário (possivelmente Lucas, 2Tm 4,11) e levando em conta que nada conhecemos da vida de Paulo subsequente à sua libertação da prisão em Roma. Igual número de estudiosos rejeitam tais argumentos como subjetivos demais, e sustentam que as pastorais foram compostas por um discípulo de Paulo no fim do século I para tratar de problemas de uma igreja muito diferente. Embora não impossível em si mesma, esta hipótese não é sustentada por qualquer evidência de que cartas pseudoepigráficas fossem comuns e aceitáveis. 2Ts 2,2 e Ap 22,18 mostram que os primeiros cristãos viam a necessidade de distinguir entre escritos autênticos e forjados. Posição intermediária entre esses dois extremos é defendida por uma minoria de críticos que acreditam que um leal seguidor de Paulo herdou três cartas que Timóteo e Tito conservaram até sua morte. Ele então expandiu essas cartas, acrescentando o que pensava que seria dito por Paulo diante das circunstâncias mudadas da igreja. As pastorais então não seriam do Apóstolo, mas conteriam fragmentos paulinos autênticos (p.e., 2Tm 1,15-18; 4,9-15; Tt 3,12-14). A falta de concordância sobre a extensão e número dos fragmentos é uma séria fraqueza dessa hipótese, que também falha em prover qualquer evidência contemporânea de tal prática editorial.

A natureza insatisfatória de todas as hipóteses correntes sugere que poderia ter sido um engano tratar as pastorais como um bloco unificado. Nessa aproximação, observações e afirmações são confusas. O que é visto como verdadeiro para uma carta é afirmado como válido para as outras duas. O exame minucioso, porém, revela que 1Tm e Tt são mais próximas uma da outra do que ambas em relação a 2Tm. Se a última é considerada separadamente, não há objeções convincentes contra a autoria paulina. Dirigidas a um indivíduo, sua divergência em relação a epístolas dirigidas a igrejas tem seu paralelo nas diferenças entre as cartas de Inácio à igreja de Esmirna e ao seu bispo, Policarpo. Uma vez que se reconheça que 2Tm 4,6 não é referência à morte próxima, 2Tm se coloca naturalmente dentro do último período da prisão de Paulo em Roma (At 28,16s), quando aguardava sua liberdade.

Se 2Tm é aceita como autêntica, o isolamento de 1Tm e Tt no corpus paulino torna-se cada vez mais marcante. Em particular elas desenvolvem uma visão do ministério que contrasta vivamente com o ethos missionário dinâmico de Paulo (1Ts 1,6-8; Fl 2,14-16. Predomina um conceito burguês de respeitabilidade e aceitação, 1Tm 2,1-2; 6,2; Tt 3,1-2), e as qualidades dos ministros são as requeridas de todos os burocratas (1Tm 3,1-13; Tt 1,5-9). Deste modo houve uma evolução definida nas igrejas paulinas. Uma igreja entusiástica radiante com o Espírito tornou-se um cômodo lar. Todavia, embora a liderança carismática tenha dado caminho à direção institucional, não há evidência do tipo do episcopado monárquico atestado por Inácio de Antioquia. A autoridade na igreja é colegial, e os "bispos" (1Tm 3,2-5), têm as mesmas funções que os "anciãos" (1Tm 5,17). Cada "ancião" precisa ter as qualidades de "bispo" (Tt 1,6-9). Assim, 1Tm e Tt não deveriam ser datadas muito tardiamente no primeiro século.

EPÍSTOLA AOS ROMANOS

1 *Endereço*[a] — ¹Paulo, servo de Cristo Jesus, chamado para ser apóstolo,[b] escolhido para anunciar o Evangelho de Deus,
² que ele já tinha prometido por meio dos seus profetas nas Sagradas Escrituras,
³ e que diz respeito a seu Filho, nascido da estirpe de Davi segundo a carne,
⁴ estabelecido[c] Filho de Deus com poder por sua ressurreição dos mortos,[d] segundo o Espírito de santidade,
Jesus Cristo nosso Senhor,
⁵ por quem recebemos a graça
e a missão de pregar,
para louvor do seu nome,
a obediência da fé[e]
entre todas as nações.[f]
⁶ das quais fazeis parte também vós,
chamados de Jesus Cristo,
⁷ a vós todos que estais em Roma,
amados de Deus
e chamados à santidade,
graça e paz
da parte de Deus nosso Pai
e do Senhor Jesus Cristo.

Ação de graças e oração — ⁸Em primeiro lugar, dou graças ao meu Deus mediante Jesus Cristo, por todos vós, porque vossa fé é celebrada em todo o

---

a) De acordo com formulário usado na época, Paulo inicia suas cartas com endereço (nome do remetente e dos destinatários, saudações em forma de votos), seguida por ação de graças e por oração. Mas ele dá a essas fórmulas tonalidade cristã que lhe é própria e as prolonga ajuntando-lhes um pensamento teológico que, na maioria das vezes, anuncia os temas maiores de cada carta. — Aqui temos os seguintes temas: a gratuidade da eleição divina, o papel da fé na justificação, a salvação pela morte e ressurreição de Cristo, a harmonia dos dois Testamentos.
b) Este título, de origem judaica, que significa "enviado" (cf. Jo 13,16; 2Cor 8,23; Fl 2,25), no NT é aplicado ora aos Doze discípulos escolhidos por Cristo (Mt 10,2; At 1,26; 2,37 etc.; 1Cor 15,7; Ap 21,14) para serem suas testemunhas (At 1,8+), ora, em sentido mais lato, aos missionários do Evangelho (Rm 16,7; 1Cor 12,28; Ef 2,20; 3,5; 4,11). Não obstante Paulo não tenha sido incorporado ao grupo dos Doze, é apóstolo singular porque Cristo ressuscitado o enviou aos pagãos (At 26,17; Rm 11,13; 1Cor 9,2; Gl 2,8; 1Tm 2,7; Rm 1,1; 1Cor 1,1 etc.), que em nada fica devendo aos Doze, pois como eles (At 10,40-41) também ele viu a Cristo ressuscitado (1Cor 9,1) e recebeu dele (Rm 1,5; Gl 1,16) a missão de ser sua testemunha (At 26,16). Embora reconhecendo-se o último dos apóstolos (1Cor 15,9), ele afirma claramente ser igual aos outros (1Cor 9,5; Gl 2,6-9), e não deve a eles seu Evangelho (Gl 1,1.17.19).
c) Vulg.: "predestinado".
d) Paulo atribui sempre a ressurreição de Cristo à ação de Deus (1Ts 1,10; 1Cor 6,14; 15,15; 2Cor 4,14; Gl 1,1; Rm 4,24; 10,9; At 2,24+; 1Pd 1,21), que nela manifestou seu "poder" (2Cor 13,4; Rm 6,4; Fl 3,10; Cl 2,12; Ef 1,19s; Hb 7,16). É pelo Espírito Santo que foi reconduzido à vida (Rm 8,11) e colocado no seu estado glorioso de Kyrios (Fl 2,9-11+; At 2,36+; Rm 14,9), no qual merece por novo título, messiânico, seu nome eterno de "Filho de Deus" (At 13,33; Hb 1,1-5; 5,5. Cf. Rm 8,11+; 9,5+).
e) Sem dúvida, menos a obediência devida à mensagem evangélica do que aquela que se identifica com a adesão de fé (cf. At 6,7; Rm 6,16-17; 10,16; 15,18; 16,19.26; 2Cor 10,5-6; 2Ts 1,8; 1Pd 1,22; Hb 5,9; 11,8).
f) O termo grego "ethne" pode ter conotação negativa (pagãos, aqueles que adoram os ídolos) ou conotação neutra; designa, portanto, povos diferentes do povo judaico, também ditos não-judeus. Em Rm, deve ser traduzido por "nações", e não por "pagãos", à medida que Paulo aplica o termo aos fiéis, certamente vindos do paganismo, mas que não são mais pagãos, adoradores de divindades pagãs; as únicas passagens em que o termo foi traduzido por "pagãos" são 2,14.24.

mundo. ⁹Deus é testemunha, a quem presto um culto*ᵃ* espiritual,*ᵇ* anunciando o Evangelho de seu Filho, de como me lembro de vós. ¹⁰E peço continuamente em minhas orações que, de algum modo, com o beneplácito de Deus, se me apresente uma oportunidade de ir ter convosco. ¹¹Realmente, desejo muito ver-vos, para vos comunicar algum dom espiritual, que vos possa confirmar, ¹²ou melhor, para nos confortar convosco pela fé que nos é comum a vós e a mim. ¹³E não escondo, irmãos, que muitas vezes me propus ir ter convosco — e fui impedido até agora — para colher algum fruto também entre vós, como entre as outras nações. ¹⁴Pois eu me sinto devedor a gregos*ᶜ* e a bárbaros, a sábios e a ignorantes. ¹⁵Daí meu propósito*ᵈ* de levar o Evangelho também a vós que estais em Roma.

A tese da epístola — ¹⁶Na verdade, eu não me envergonho do Evangelho: ele é força de Deus para a salvação de todo aquele que crê,*ᵉ* em primeiro lugar*ᶠ* do judeu, mas também do grego. ¹⁷Porque nele a justiça*ᵍ* de Deus se revela da fé para a fé,*ʰ* conforme está escrito: *O justo viverá da fé.*ⁱ

a) Lit. "presto um culto em meu espírito". O ministério apostólico é ato de culto prestado a Deus (cf. 15,16), assim como toda a vida cristã animada pela caridade (12,1; Fl 5,17+; 3,3; 4,18; At 13,2; 2Tm 1,3; 4,6; Hb 9,14; 12,28; 13,15; 1Pd 2,5).
b) Em Paulo, o espírito (*pneuma*) designa, por vezes, a parte superior do homem (Rm 1,9; 8,16; 1Cor 2,11; 16,18; 2Cor 2,13; 7,13; Gl 6,18; Fl 4,23; Fm 25; 2Tm 4,22; cf. Mt 5,3; 27,50; Mc 2,8; 8,12; Lc 1,47.80; 8,55; 23,46; Jo 4,23s; 11,33; 13,21; 19,30; At 7,59; 17,16; 18,25; 19,21), que se distingue da sua parte inferior: a carne (1Cor 5,5; 2Cor 7,1; Cl 2,5; cf. Mt 26,41p; 1Pd 4,6; Rm 7,5), o corpo (1Cor 5,3s; 7,34; cf. Tg 2,26; Rm 7,24), ou mesmo a psique (1Ts 5,23+; cf. Hb 4,12; Jd 19), e que, de certa forma, corresponde ao *noûs* (Rm 7,25+; Ef 4,23). Compare o sentido análogo de "disposição de espírito" (1Cor 4,21; 2Cor 12,18; Gl 6,1; Fl 1,27). Adotando esse termo, de preferência ao *noûs* da filosofia grega (cf. Gn 6,17+; Is 11,2+), a tradição bíblica deixa perceber a correspondência profunda entre o espírito do homem e o Espírito de Deus, que o suscita e o dirige (Rm 5,5+; At 1,8+). Esta correspondência é tal que em diversos textos citados e noutros mais (cf. Rm 12,11; 2Cor 6,6; Ef 4,3.23; 6,18; Fl 3,3 var.; Cl 1,8; Jd 19 etc.) é difícil dizer de que espírito se trata, se do natural ou do sobrenatural, do pessoal ou do participado.
c) A expressão "gregos", contraposta a "bárbaros", designa as pessoas cultas, inclusive os romanos (que tinham adotado a cultura grega); contraposta a "judeus", designa os gentios (1,16; 2,9-10; 3,9; 10,12; 1Cor 1,22-24 etc.).
d) Pode-se traduzir também: "por isso, enquanto depende de mim, estou pronto a".
e) A fé é o ato pelo qual o homem se entrega a Deus, que é ao mesmo tempo verdade e bondade, como a fonte única da salvação. Ela se apoia sobre sua verdade e sua fidelidade a suas promessas (Rm 3,3s; 1Ts 5,24; 2Tm 2,13; Hb 10,23; 11,11) e sobre seu poder para realizá-las (Rm 4,17-21; Hb 11,19). Após a longa preparação do AT (Hb 11), tendo Deus falado através do seu Filho (Hb 1,1), é em seu Filho que doravante é preciso crer (cf. Mt 8,10+; Jo 3,11+), e depois dele no "querigma" (Rm 10,8-17; 1Cor 1,21; 15,11.14; cf. At 2,22+) do Evangelho (Rm 1,16; 1Cor 15,1-2; Fl 1,27; Ef 1,13) anunciado pelos apóstolos (Rm 1,5; 1Cor 3,5; cf. Jo 17,20), segundo o qual Deus ressuscitou Jesus dos mortos e o fez *Kyrios* (Rm 4,24s; 10,9; At 17,31; 1Pd 1,21; cf. 1Cor 15,14.17), oferecendo por meio dele a vida a todos os que nele crerem (Rm 6,8-11; 2Cor 4,13s; Ef 1,19s; Cl 2,12; 1Ts 4,14). A fé no nome de Jesus (Rm 3,26; 10,13; cf. Jo 1,12; At 3,16; 1Jo 3,23), Cristo (Gl 2,16; cf. At 24,24; 1Jo 5,1), Senhor (Rm 10,9; 1Cor 12,3; Fl 2,11; cf. At 16,31) e Filho de Deus (Gl 2,20; cf. Jo 20,31; 1Jo 5,5; At 8,37; 9,20) é a condição indispensável da salvação (Rm 10,9-13; 1Cor 1,21; Gl 3,22; Is 7,9+; At 4,12; 16,31; Hb 11,6; Jo 3,15-18). A fé não é mera adesão intelectual, mas confiança e obediência (Rm 1,5; 6,17; 10,16; 16,26; cf. At 6,7) a uma verdade de vida (2Ts 2,12s) que engaja todo o ser na união com Cristo (2Cor 13,5; Gl 2,16.20; Ef 3,17) e lhe dá o Espírito (Gl 3,2.5.14; cf. Jo 7,38s; At 11,16-17) dos filhos de Deus (Gl 3,26; cf. Jo 1,12). Visto que a fé conta só com Deus, exclui toda autossuficiência (Rm 3,27; Ef 2,9) e se opõe ao regime da Lei (Rm 7,7+) e à sua busca vã (Rm 10,3; Fl 3,9) de uma justiça merecida pelas obras (Rm 3,20.28; 9,31s; Gl 2,16; 3,11s): a verdadeira justiça, que só ela obtém, é a justiça salvífica de Deus (Rm aqui; 3,21-26), recebida como dom gratuito (Rm 3,24; 4,16; 5,17; Ef 2,8; cf. At 15,11). Assim ela corresponde à promessa feita a Abraão (Rm 4; Gl 3,6-18) e abre a salvação a todos, também aos gentios (Rm 1,5.16; 3,29s; 9,30; 10,11s; 16,26; Gl 3,8). Ela é acompanhada pelo batismo (Rm 6,4+), exprime-se por uma profissão aberta (Rm 10,10; 1Tm 6,12) e frutifica pelo amor (Gl 5,6; cf. Tg 2,14+). Ainda obscura (2Cor 5,7; Hb 11,1; cf. Jo 20,29) e acompanhada pela esperança (Rm 5,2+), ela deve crescer (2Cor 10,15; 1Ts 3,10; 2Ts 1,3) na luta e nos sofrimentos (Fl 1,29; Ef 6,16; 1Ts 3,2-8; 2Ts 1,4; Hb 12,2; 1Pd 5,9), na firmeza (1Cor 16,13; Cl 1,23; 2,5.7) e na fidelidade (2Tm 4,7; cf. 1,14; 1Tm 6,20) até o dia da visão e da posse (1Cor 13,12; cf. 1Jo 3,2).
f) Os judeus são os primeiros na economia histórica da salvação (cf. Rm 2,9-10; Mt 10,5s; 15,24; Mc 7,27; At 13,5+; Jo 4,22).
g) Em Rm, Paulo não define o que entende por "justiça de Deus", mas os onze primeiros capítulos apresentam progressivamente as componentes: de retributiva (punição e recompensa conforme as obras, imparcialmente etc.), ela em seguida se manifesta como justificadora, isto é, que torna justo, transformando todo aquele que aceita crer.
h) A expressão obscura será determinada a partir de 3,21.
i) Os vv. 16-17 formam o que a retórica da época chamava de *Prothesis*, isto é, tese que a argumentação subsequente deve provar e explicar. Num primeiro tempo, Paulo

A salvação pela fé

1. COMO O HOMEM É JUSTIFICADO?

A. TODOS OS HOMENS SEM EXCEÇÃO SOB O JULGAMENTO DE DEUS[a]

O julgamento já realizado — [18]Manifesta-se, com efeito, a ira de Deus,[b] do alto do céu, contra toda impiedade e injustiça dos homens que mantêm a verdade prisioneira da injustiça. [19]Porque o que se pode conhecer de Deus é manifesto entre eles, pois Deus lho revelou. [20]Sua realidade invisível — seu eterno poder e sua divindade — tornou-se inteligível, desde a criação do mundo, através das criaturas, de sorte que não têm desculpa. [21]Pois, tendo conhecido a Deus,[c] não o honraram como Deus nem lhe renderam graças; pelo contrário, eles se perderam em vãos arrazoados, e seu coração insensato ficou nas trevas. [22]Jactando-se de possuir a sabedoria, tornaram-se tolos e [23]trocaram a glória do Deus incorruptível por imagens do homem corruptível, de aves, quadrúpedes e répteis.[d]

[24]Por isso Deus os entregou,[e] segundo o desejo dos seus corações, à impureza até que eles mesmos desonraram seus corpos. [25]Eles trocaram a verdade de Deus pela mentira e adoraram e serviram à criatura em lugar do Criador, que é bendito pelos séculos. Amém.[f]

[26]Por isso Deus os entregou a paixões aviltantes: suas mulheres mudaram as relações naturais por relações contra a natureza; [27]igualmente os homens, deixando a relação natural com a mulher, arderam em desejo uns para com os outros, praticando torpezas homens com homens e recebendo em si mesmos a paga da sua aberração.

[28]E como não julgaram bom ter o conhecimento de Deus, Deus os entregou à sua mente incapaz de julgar,[g] para fazerem o que não convém: [29]reple-

---

Mq 7,9
Sf 1,15
Sl 85,4-6;
69,25

Sb 13,1-9
Eclo 17,8
At 17,24-29
1Cor 1,21
Is 40,26-28
Ef 4,17-18

1Cor 1,19-20
Jr 2,5.11
Gn 1,26-27
Sl 106,20
Ex 32
Dt 4,16-18
Sb 11,15;
12,24;
13,10s
Ef 4,19
16,27 +

---

mostrará que a justiça de Deus opera unicamente pela fé para todos, sem exceção nem privilégio, judeus e não--judeus (1,18-4,25). Em seguida ele insiste sobre a graça superabundante concedida a todos aqueles que estão em Cristo (5-8), o que trará uma nova dificuldade: se ninguém (tanto judeu como não-judeu) está excluído da eleição e da filiação divina, por que Deus escolheu o povo de Israel e por que este último parece ter sido excluído das graças concedidas em Cristo (9-11)?

a) Podemos ficar espantados de que, após ter apresentado o Evangelho como força salvífica de Deus e manifestação última de sua justiça, Paulo, sem transição, fale da ira divina. Na realidade, esta seção da epístola é essencial para a demonstração, pois ela permite a Paulo começar com as categorias e esperanças dos judeus fiéis, que esperavam a manifestação final da justiça divina — castigo dos ímpios e libertação de Israel. Mas, em Rm 2, o Apóstolo progressivamente distancia-se das posições adquiridas, para mostrar que as diferenças entre circunciso e incircunciso, judeu e não-judeu, não estão onde se pensava. Toda a sua argumentação visa a nivelar os estatutos, para insistir sobre a situação igual, sem nenhum privilégio, na qual todos se encontram, incapazes de justiça e, portanto, objetos da ira divina.

b) Já no AT, diz-se que Deus reage pela ira contra a injustiça humana. Mesmo se esta ira seja explicitamente qualificada como justa, ela não é todavia oposta à justiça divina, e certos textos parecem indica• que ela é componente necessária; cf. Sl 7,7-12. Por "ira divina", os escritores sagrados designam a punição infligida para a injustiça grave. Tal reação não reflete a natureza divina irascível, mas uma incompatibilidade total entre Deus e a injustiça, que só pode terminar pela destruição do mal.

c) Conhecimento de um Deus único e pessoal, implicando a consciência de uma obrigação de oração e de adoração.

d) Este versículo, que retoma a crítica bíblica e judaica da idolatria, alude ao episódio do bezerro de ouro e à idolatria passada de Israel (Sl 106,20; cf. Ex 32); Paulo assim indica implicitamente que suas reflexões atingem não só os pagãos, mas uma tendência constante da humanidade.

e) Até o fim do cap. 1, Paulo apenas retoma as críticas que o judaísmo da época fazia dos pagãos e de seus costumes. Cf. Sb 11-12.

f) O termo hebraico "*Amém*", herdado do AT (cf. Sl 41,14+), passou para o uso da Igreja cristã (9,5; 11,36; 1Cor 14,16; Ap 1,6-7; 22,20-21 etc.). Usado também por Jesus (Mt 5,18+), tornou-se em seguida uma espécie de nome próprio, enquanto é testemunha verdadeira das promessas de Deus (2Cor 1,20; Ap 1,2.5+; 3,14).

g) Jogo de palavras: por não ter sido exercido como devia (não o apreciaram), o julgamento moral, incluído no conhecimento de Deus (v. 21), ficou ou abolido, ou falseado (v. 32).

tos[a] de toda sorte de injustiça, perversidade, avidez e malícia;[b] cheios de inveja, assassínios, rixas, fraudes e malvadezas; detratores, ³⁰caluniadores, inimigos de Deus,[c] insolentes, arrogantes, fanfarrões, engenhosos no mal, rebeldes para com os pais, ³¹insensatos, desleais, sem coração[d] nem piedade. ³²Apesar de conhecerem a sentença de Deus que declara dignos de morte os que praticam semelhantes ações, eles não só as fazem, mas ainda aprovam os que as praticam.[e]

2 A ira futura, para todos[f] —

¹Por isso és inescusável, ó homem, quem quer que sejas, que te arvoras em juiz. Porque, julgando a outrem, condenas a ti mesmo, pois praticas as mesmas coisas, tu que julgas. ²Sabemos que o julgamento de Deus se exerce segundo a verdade contra aqueles que praticam tais ações. ³Ou pensas tu, ó homem, que julgas os que tais ações praticam e tu mesmo as praticas, que escaparás ao julgamento de Deus? ⁴Ou desprezas a riqueza da sua bondade, paciência e longanimidade, desconhecendo que a benignidade de Deus te convida à conversão? ⁵Ora, com tua obstinação e com teu coração impenitente, acumulas contra ti um monte de ira, no dia da ira em que se revelará o justo julgamento de Deus, ⁶*que retribuirá a cada um segundo suas obras*:[g] ⁷a vida eterna para aqueles que pela constância no bem visam à glória, à honra e à incorruptibilidade; ⁸a ira e a indignação para os egoístas, rebeldes à verdade e submissos à injustiça. ⁹Tribulação e angústia para toda pessoa que pratica o mal, para o judeu em primeiro lugar, mas também para o grego; ¹⁰glória, honra e paz para todo aquele que pratica o bem, para o judeu em primeiro lugar e também para o grego. ¹¹*Porque Deus não faz acepção de pessoas*.

¹²Portanto, todos aqueles que pecaram sem Lei, sem Lei perecerão; e todos aqueles que pecaram com Lei, pela Lei serão julgados. ¹³Porque não são os que ouvem a Lei que são justos perante Deus, mas os que cumprem a Lei é que serão justificados. ¹⁴Quando então os pagãos, não tendo lei, fazem naturalmente o que é prescrito pela Lei, eles, não tendo lei, para si mesmos são Lei,[h] ¹⁵eles mostram a obra da lei gravada em seus corações, dando disto testemunho sua

---

a) Aqui, como frequentemente alhures, Paulo se inspira nas listas de vícios que circulavam na literatura contemporânea pagã e sobretudo judaica (13,13; 1Cor 5,10-11; 6,9-10; 2Cor 12,20; Gl 5,19-21; Ef 4,31; 5,3-5; Cl 3,5-8; 1Tm 1,9-10; 6,4; 2Tm 3,2-5; Tt 3,3; cf. também Mt 15,19p; 1Pd 4,3; Ap 21,8; 22,15).
b) Ad.: "e fornicação".
c) Outra tradução: "odiados por Deus", mas cf. 5,10; 8,7.
d) Ad. (Vulg.): "implacáveis" (cf. 2Tm 3,3).
e) A tradição latina interpretou: "conhecendo bem que Deus é justo, eles não compreenderam que os autores de semelhantes ações são dignos de morte; e não somente seus autores, mas também aqueles que os aprovam".
f) Paulo não descreve mais os efeitos já visíveis da ira divina. Dirige-se agora àqueles que se creem ao abrigo dela, porque criticam idólatras e desviados, embora se encontrem na mesma situação, estando em contradição com seus princípios: os censores, seja qual for sua origem, não são além disso poupados se praticaram o mal. Desvendando as contradições, Paulo não procura condenar, mas despertar e mostrar que os privilégios (Lei, circuncisão) não protegem contra a ira divina: a função de Rm 2 é de nivelar os estatutos do judeu e não-judeu. A argumentação se desenvolve em dois tempos, vv. 1-16 e 17-29.
g) O "Dia de Iahweh", anunciado pelos profetas como o dia de ira e de salvação (Am 5,18+), encontrará sua plena realização escatológica no "Dia do Senhor", quando da volta gloriosa de Cristo (1Cor 1,8+). Neste "Dia do Julgamento" (cf. Mt 10,15; 11,22.24; 12,36; 2Pd 2,9; 3,7; 1Jo 4,17), os mortos ressuscitarão (1Ts 4,13-18; 1Cor 15,12-23.51s), e todos os homens comparecerão perante o tribunal de Deus (Rm 14,10) e de Cristo (2Cor 5,10; cf. Mt 25,31s). Julgamento inevitável (Rm 2,3; Gl 5,10; 1Ts 5,3) e imparcial (v. 11; Cl 3,25; cf. 1Pd 1,17), que pertence só a Deus (Rm 12,19; 14,10; 1Cor 4,5; cf. Mt 7,1p). Deus, pelo seu Cristo (v. 16; 2Tm 4,1; cf. Jo 5,22; At 17,31), julgará os vivos e os mortos (2Tm 4,1; cf. At 10,42; 1Pd 4,5). Ele, que sonda os corações (v. 16; Jr 11,20+; 1Cor 4,5; cf. Ap 2,23) e prova pelo fogo (1Cor 3,13-15), retribuirá a cada um segundo suas obras (1Cor 3,8.13-15; 2Cor 5,10; 11,15; Ef 6,8; cf. Mt 16,27; 1Pd 1,17; Ap 2,23; 20,12; 22,12). O homem colherá o que tiver semeado (Gl 6,7-9; cf. Mt 13,39; Ap 14,15). Ira e perdição (Rm 9,22), para as potências do Mal (1Cor 15,24-26; 2Ts 2,8) e para os ímpios (1Ts 1,7-10; cf. Mt 13,41; Ef 5,6; 2Pd 3,7; Ap 6,17; 11,18). Para os eleitos, que terão praticado o bem, redenção (Ef 4,30; cf. Rm 8,23), descanso (At 3,20; cf. 2Ts 1,7; Hb 4,5-11), recompensa (cf. Mt 5,12; Ap 11,18), salvação (1Pd 1,5), exaltação (1Pd 5,6), louvor (1Cor 4,5) e glória (Rm 8,18s; 1Cor 15,43; Cl 3,4; cf. Mt 13,43).
h) Isto é, agem segundo sua consciência (1Cor 4,4+), sem o amparo de uma Lei positivamente revelada. A

consciência e seus pensamentos que alternadamente*a* se acusam ou defendem... ¹⁶no dia*b* em que Deus — segundo o meu Evangelho — julgará, por Cristo Jesus, as ações ocultas dos homens.

Apóstrofe ao judeu não observante — ¹⁷Ora, se tu te denominas judeu e descansas na Lei e te glorias em Deus, ¹⁸tu que conheces sua vontade e que, instruído pela Lei, sabes discernir o que é melhor, ¹⁹que estás convencido de ser o guia dos cegos, a luz dos que andam nas trevas, ²⁰educador dos ignorantes e mestre dos que não sabem, possuindo na Lei a expressão da ciência e da verdade... ²¹ora tu, que ensinas aos outros, não ensinas a ti mesmo! pregas que não se deve furtar, e furtas! ²²proíbes o adultério, e cometes adultério! abominas os ídolos, e despojas seus templos! ²³Tu, que te glorias na Lei, desonras a Deus pela transgressão da Lei, ²⁴pois, como está escrito: *por vossa causa o nome de Deus é blasfemado entre os pagãos*.

²⁵Certamente a circuncisão é útil, se observas a Lei; mas se és transgressor da Lei, tua circuncisão torna-se incircuncisão. ²⁶Se, portanto, o incircunciso guardar os preceitos da Lei, porventura sua incircuncisão não será considerada circuncisão? ²⁷E o fisicamente incircunciso, cumpridor da Lei, julgará a ti que, apesar da letra e da circuncisão, és transgressor da Lei. ²⁸Pois o verdadeiro judeu não é aquele que como tal aparece externamente, nem é verdadeira circuncisão a que é visível na carne; ²⁹mas é judeu aquele que o é no interior e a verdadeira circuncisão é a do coração, segundo o espírito e não segundo a letra: aí está quem recebe louvor, não dos homens, mas de Deus.

3 *Deus não é mais justo?* — ¹Que vantagem há então em ser judeu?*c* E qual a utilidade da circuncisão? ²Muita e de todos os pontos de vista. Em primeiro lugar, porque foi a eles que foram confiados os oráculos de Deus. ³E que acontece se alguns deles negaram a fé? A infidelidade deles não anulará a fidelidade de Deus? ⁴De modo algum! Confirma-se, pelo contrário, que Deus é veraz, enquanto *todo homem é mentiroso*, conforme a Escritura:

Para que sejas justificado nas tuas palavras e triunfes quando fores julgado.

⁵Mas então, se a nossa injustiça realça a justiça de Deus,*d* que diremos? Não cometeria Deus uma injustiça desencadeando sobre nós sua ira? — Falo como homem — ⁶De modo algum! Se assim fosse, como poderia Deus julgar o mundo? ⁷Mas*e* se por minha mentira resplandece mais a verdade de Deus, para sua glória, por que devo eu ser ainda julgado pecador? ⁸E por que — como aliás alguns afirmam caluniosamente que nós ensinamos*f* — não haveríamos nós de fazer o mal para que venha o bem? Desses tais a condenação é justa.

*Todos são passíveis de julgamento*g — ⁹E daí? Levamos vantagem?*h* De modo algum. Pois acabamos de provar que todos, tanto os judeus como os gregos, estão debaixo do pecado, ¹⁰conforme está escrito:

---

a) Ou: "em relação a seus atos".
b) Anacoluto: gramaticalmente, o v. 16 é continuação do v. 13. Outra tradução: "naquele tribunal em que Deus julga..." (cf. 1Cor 4,3).
c) O nivelamento radical a que Paulo chega salienta evidentemente a questão dos privilégios do judeu e das decisões divinas, de sua justiça. Mas para não complicar uma argumentação que chega ao seu ápice (todos pecadores e objetos da ira), Paulo responde brevemente a essas dificuldades, livre para voltar a isso em seguida sob outra forma (em Rm 9).

d) A argumentação repousa sobre o paralelismo: fidelidade, verdade (veracidade), justiça — infidelidade, mentira, injustiça.
e) Var.: "Com efeito".
f) Por uma interpretação abusiva de alguma sua afirmação, como em Gl 3,22; Rm 5,20 (cf. 6,1.15).
g) Notar que Paulo termina com o recurso à Escritura: não é ele que declara todo homem pecador, mas a Palavra por excelência, a de Deus, cuja autoridade não tolera nenhuma objeção (à diferença dos desenvolvimentos precedentes).
h) Tradução discutida. Essas expressões podem ser interpretadas ao menos de dois modos: 1.º Paulo imaginaria a reação de seu interlocutor judeu, seguro

> *Não há homem justo,
> não há um sequer,*
> ¹¹ *não há quem entenda,
> não há quem busque a Deus.*
> ¹² *Todos se transviaram,
> todos juntos se corromperam;
> não há quem faça o bem,
> não há um sequer.*
> ¹³ *Sua garganta é sepulcro aberto,
> sua língua profere enganos;
> há veneno de serpente
> debaixo de seus lábios,*
> ¹⁴ *sua boca está cheia de maldição
> e azedume.*
> ¹⁵ *Seus pés são velozes
> para derramar sangue;*
> ¹⁶ *há destruição e desgraça
> em seus caminhos.*
> ¹⁷ *Desconheceram o caminho da paz,*
> ¹⁸ *não há temor de Deus
> diante de seus olhos.*

Sl 5,10
Sl 140,4

Sl 10,7

Is 59,7-8

Sl 36,2

¹⁹Ora, sabemos que tudo o que a Lei diz, é para os que estão sob a Lei que o diz, a fim de que toda boca se cale e o mundo inteiro se reconheça réu em face de Deus, ²⁰porque *diante dele ninguém será justificado* pelas obras da Lei,ᵃ pois da Lei vem só o conhecimento do pecado.

Sl 143,2
Gl 2,16
7,7
Gl 3,22

B. A JUSTIÇA DE DEUS UNICAMENTE PELA FÉ

Revelação da justiça de Deusᵇ — ²¹Agora, porém, independentemente da Lei, se manifestou a justiça de Deus, testemunhada pela Lei e pelos Profetas, ²²justiça de Deus que opera pela fé em Jesus Cristo, em favor de todos os que creem — pois não há diferença, ²³visto que todos pecaram e todos estão privados da glória de Deusᶜ — ²⁴e são justificados gratuitamente, por sua graça, em virtude da redençãoᵈ realizada em Cristo Jesus: ²⁵Deus o

1,16 +
Gl 2,16;
3

1Jo 2,2;
4,10
At 17,30

de ter ainda uma precedência diante do julgamento e da retribuição e a recusaria a ele. É preciso então traduzir: "prevaleceremos? de modo nenhum" (ou "de forma alguma"). 2.º Paulo, porém, parece também falar de sua argumentação e das conclusões aberrantes às quais ela poderia levar (cf. o v. 8). Seria necessário considerar-se vencido? Ele responde com a negativa.

a) Segundo o Sl 143, jamais o homem será justificado se Deus o julgar segundo as suas obras; invoca-se assim outro princípio de justificação, a "fidelidade" de Deus às promessas de salvação feitas a seu povo (1Cor 1,9+), e, com outra palavra, a sua justiça. Paulo declarará que precisamente esta justiça, prometida para os tempos messiânicos, manifestou-se em Jesus Cristo (v. 22). A Lei, norma externa de conduta, tem por finalidade, no desígnio de Deus, revelar o pecado à consciência do homem, não apagá-lo (cf. 1,16+; 7,7+).

b) Os vv. 21-22 retomam, determinando-a, a tese de Rm 1,16-17. Se a seção precedente partir da justiça distributiva, tal como era vista pelo judaísmo, para mostrar que todos poderiam igualmente merecer a ira divina, ele volta agora sobre a situação inversa. Deus quis agraciar toda a humanidade, judeus e não-judeus, da mesma maneira: unicamente pela fé.

c) Glória, no sentido bíblico (Ex 24,16+), é a presença de Deus comunicando-se ao homem de modo cada vez mais íntimo, bem por excelência dos tempos messiânicos (cf. Sl 85,10; Is 40,5 etc.).

d) Iahweh havia "resgatado" Israel, libertando-o do cativeiro do Egito, para fazer dele um povo que lhe pertencesse como sua herança (Dt 7,6+). Anunciando a "redenção" do cativeiro da Babilônia (Is 41,14+), os profetas haviam deixado entrever uma libertação mais profunda e mais universal, através do perdão dos pecados (Is 44,22; cf. Sl 130,8; 49,8-9). Esta redenção messiânica realizou-se em Cristo (1Cor 1,30; cf. Lc 1,68; 2,38). Deus Pai, mediante Cristo — ou o próprio Cristo —, "libertou" o novo Israel da escravidão da Lei (Gl 3,13; 4,5) e do pecado (Cl 1,14; Ef 1,7; Hb 9,15), adquirindo-o para si (At 20,28), tornando-o seu (Tt 2,14), comprando-o (Gl 3,13; 4,5; 1Cor 6,20; 7,23; cf. 2Pd 2,1). O preço deste resgate

expôs[a] como instrumento de propiciação,[b] por seu próprio sangue, mediante a fé. Ele queria assim manifestar sua justiça, pelo fato de ter deixado sem punição os pecados[c] de outrora, ²⁶no tempo da paciência de Deus; ele queria manifestar sua justiça no tempo presente[d] para mostrar-se justo[e] e para justificar aquele que apela para a fé em Jesus.

Is 53,11

²⁷Onde está, então, o motivo de glória?[f] Fica excluído. Em força de que lei? A das obras? De modo algum, mas em força da lei da fé.[g] ²⁸Porquanto nós sustentamos que o homem é justificado pela fé, sem a prática da Lei. ²⁹Ou acaso ele é Deus só dos judeus? Não é também das nações? É certo que também das nações, ³⁰pois há um só Deus, que justificará os circuncisos pela fé e também os incircuncisos através da fé. ³¹Então eliminamos a Lei através da fé? De modo algum! Pelo contrário, a consolidamos.[h]

2,17;
4,2-3
5,2 +;
11,18
Gl 6,13-14
Ef 2,9

4 *Prova pela Escritura[i]* — ¹Que diremos, pois, de Abraão, nosso antepassado segundo a carne?[j] ²Ora, se Abraão foi justificado pelas obras, ele tem do que se gloriar.[k] Mas não perante Deus. ³Que diz, com efeito, a Escritura? *Abraão creu em Deus, e isto lhe foi levado em conta de justiça.[l]* ⁴Ora, a quem faz um trabalho, o salário não é considerado como gratificação, mas como um débito; ⁵a quem, ao invés, não trabalha, mas crê naquele que justi-

Gl 3,6-9
Tg 2,20-24.14 +
Gn 12,1 +;
15,6 +
3,27 +
Gn 15,6
Gl 3,6
Tg 2,23

e desta aquisição foi o sangue de Cristo (At 20,28; Ef 1,7; Hb 9,12; 1Pd 1,18s; Ap 1,5; 5,9). Inaugurada no Calvário e já garantida pelo sinal do Espírito (Ef 1,14; 4,30), esta redenção só se completará na Parusia (Lc 21,28), com a libertação da morte pela ressurreição dos corpos (Rm 8,23).
a) Outra tradução: "destinou-o a ser".
b) Lit.: "propiciatório" (cf. Ex 25,17+; cf. Hb 9,5). No grande Dia da Expiação (Lv 16,1+), o propiciatório era aspergido com sangue (Lv 16,15). O sangue de Cristo cumpriu na realidade a purificação do pecado que este rito só podia significar (cf. também o sangue da Aliança: Ex 24,8+; Mt 26,28+).
c) Este meio-perdão, uma espécie de não-imputação (*paresis*) somente tinha sentido em vista do perdão definitivo, da destruição total do pecado pela justificação do homem. — Outra trad.: "em vista de perdoar os pecados".
d) Este "tempo presente" é o tempo "fixado" por Deus no seu desígnio de salvação (At 1,7+) para a obra redentora de Cristo (Rm 5,6; 11,30; 1Tm 2,6; Tt 1,3), que se realiza na "plenitude dos tempos" (Gl 4,4+), uma vez por todas (Hb 7,27+), e inaugura a era escatológica (cf. Mt 4,17p; 16,3p; Lc 4,13; 19,44; 21,8; Jo 7,6.8).
e) Isto é, exercer a sua justiça (salvífica; cf. 1,17+), justificando o homem, conforme suas promessas.
f) A palavra define a atitude do homem que tira motivo de louvor das suas próprias obras, apoia-se nelas e pretende conseguir sua destinação sobrenatural por suas próprias forças. Atitude censurável, porque o homem não conquista a justiça, mas a recebe como dom. E o ato de fé, mais do que qualquer outro, exclui tal suficiência, porque por meio dele o homem atesta explicitamente sua insuficiência radical.
g) Isto é, por uma lei que consiste em crer. Paulo opõe a Lei, "escrita em tábuas" (2Cor 3,3), à fé (1,16+), lei interior gravada no coração (cf. Jr 31,33), "agindo pelo amor" (Gl 5,6), que é a "lei do Espírito" (8,2).
h) Lit.: "nós estabelecemos (a) Lei". Só a fé, que age pelo amor (Gl 5,6), permite à Lei atingir a finalidade que ela se propunha, isto é, a justiça e a santidade do homem (cf. 7,7+).

i) Paulo deve mostrar que a Escritura confirma seu Evangelho, particularmente à afirmação segundo a qual a fé é a única condição que Deus requer para justificar o homem. Abraão constitui um caso exemplar, que salienta exatamente a constância dos caminhos divinos.
j) A tradição manuscrita deste versículo é incerta. Com outros testemunhos, podemos ler: "que diríamos que Abraão, nosso antepassado segundo a carne, encontrou?"; a resposta seria: ele encontrou a justiça unicamente segundo a fé. É preciso excluir outra leitura manuscrita: "o que Abraão, nosso antepassado, encontrou segundo a carne?", pois ela ignora totalmente o que Paulo quer mostrar e está indicado em Rm 3,21-22.28: não se encontra justiça diante de Deus a não ser unicamente pela fé.
A argumentação comporta quatro etapas. Vv. 2-8: justificação unicamente pela fé, isto é, totalmente pela graça; vv. 9-12: como esta justificação advém a Abraão ainda incircunciso, ela o torna pai de todos os crentes, compreendendo também os não-circuncidados; vv. 13-17: a vinda da Lei nada mudou desse regime da justiça unicamente pela fé; vv. 18-22: descrição da fé que justifica. Os vv. 23-25 formam a conclusão.
k) Certos livros judaicos do tempo de Paulo fazem de Abraão cumpridor da lei mosaica, e por isso reconhecido justo por Deus. Para Paulo não é em nome de tal cumprimento fiel que ele foi reconhecido como justo, mas por ter acreditado na promessa divina, enquanto ainda era incircunciso, e portanto um sem-Lei, um ímpio (cf. o v. 5).
l) Gramaticalmente são possíveis diversas interpretações: em virtude da fé, Deus teve Abraão por justo, sem que o fosse na realidade; ou então: em virtude desta mesma fé, Deus conferiu gratuitamente a Abraão uma justiça que não tinha quando acreditava; ou, enfim, em face de Deus, e portanto na verdade, a fé se confunde concretamente com a justiça. Mas o conjunto da doutrina paulina exclui a primeira interpretação; parece excluir também a segunda e combina perfeitamente com a terceira.

fica o ímpio, é sua fé que é levada em conta de justiça, ⁶como, aliás, também Davi proclama a bem-aventurança do homem a quem Deus credita a justiça, independentemente das obras:

Sl 32,1-2
⁷*Bem-aventurados aqueles*
   cujas ofensas foram perdoadas
   e cujos pecados foram cobertos.
⁸*Bem-aventurado o homem*
   a quem o Senhor não imputa nenhum pecado.

⁹Ora, esta bem-aventurança é somente para os circuncisos, ou também para os incircuncisos? Dizemos, com efeito, que *para Abraão a fé foi levada em conta de justiça.* ¹⁰Mas como lhe foi levada em conta? Estando circuncidado ou quando ainda incircunciso? Não foi quando estava circuncidado, mas Gn 17,11 + quando ainda era incircunciso; ¹¹e recebeu o *sinal da circuncisão* como selo[a] Gl 3,7 da justiça da fé[b] que ele tinha quando incircunciso. Assim ele se tornou pai de todos aqueles que creem, sem serem circuncidados, para que a eles também seja atribuída a justiça, ¹²e pai dos circuncisos, que não só receberam a circuncisão, mas que também seguem a trilha da fé que teve Abraão, nosso pai, quando ainda incircunciso.

Gl 3,16-18
Gn 12,7 +
¹³De fato, não foi mediante a Lei que se fez a promessa a Abraão, ou à sua descendência, de ser o herdeiro do mundo, mas por meio da justiça da fé. ¹⁴Porque, se os herdeiros fossem os da Lei, a fé ficaria esvaziada Gl 3,10 e a promessa sem efeito. ¹⁵Mas o que a Lei produz é a ira, ao passo que[c] 5,13; onde não há lei, não há transgressão. ¹⁶Por conseguinte, a herança vem 7,7 + pela fé, para que seja gratuita e para que a promessa fique garantida a toda a descendência, não só à descendência segundo a Lei, mas também à Gn 17,5 descendência segundo a fé de Abraão, que é o pai de todos nós, ¹⁷confor-Dt 32,39 + me está escrito: *Eu te constituí pai de uma multidão de nações* — nosso Hb 11,19 Is 48,13 pai em face de Deus em quem creu, o qual faz viver os mortos e chama Gn 15,5 à existência as coisas que não existem.[d] ¹⁸Ele, esperando contra toda a esperança, creu e tornou-se assim *pai de muitos povos,* conforme lhe fora dito: *Tal será tua descendência.*

Gn 17,1.17
¹⁹E foi sem vacilar na fé que considerou seu corpo já morto[e] — ele tinha Hb 11,1s cerca de cem anos — e o seio de Sara também morto. ²⁰Ante a promessa de Mc 9,23 Deus, ele não se deixou abalar pela desconfiança, mas se fortaleceu na fé,[f] Jr 32,17 dando glória a Deus, ²¹convencido de que podia cumprir o que prometeu. ²²Eis Lc 1,37 por que *isto lhe foi levado em conta de justiça.*

1Cor 10,6 +
1Pd 1,21
1,4 +
Is 53,6.12
²³Não foi escrito só para ele: — *Foi-lhe levado em conta* — ²⁴mas também para nós. Para nós que cremos naquele que ressuscitou dos mortos Jesus, nosso Senhor, ²⁵o qual *foi entregue pelas nossas faltas* e ressuscitado para a nossa justificação.[g]

---

a) O mesmo termo *sphragis* serviu desde muito cedo para designar, por analogia, o batismo cristão, sacramento da fé (2Cor 1,22; Ef 1,13; 4,30; cf. Jo 6,27+; Ap 7,2-8; 9,4).
b) Isto é, "de uma justiça que consiste em crer" (de fé viva; cf. 1,17+; 3,27+). A herança não é dada para recompensar a fidelidade às cláusulas de um contrato (a uma lei), mas em cumprimento da promessa. Visto que as promessas foram oferecidas na fé (Gn 12,1+), sua realização só pode ser percebida e acolhida pela fé na pessoa e na obra de Jesus-Salvador (Jo 8,56; At 2,39; 13,23; Rm 9,4-8; 15,8; Gl 3,14-19; Ef 1,13-14; 2,12; 3,6; Hb 11,9-10.13 etc.).
c) Var.: "porque".

d) Como no dia do "fiat" criador. Os atributos mencionados, que são os mais característicos da onipotência divina, preparam a alusão à ressurreição de Cristo, do v. 24.
e) Texto recebido e Vulg.: "Ele não fraquejou na fé, nem levou em conta seu corpo já morto".
f) A fé é onipotente (Mc 9,23). Ela permite a Deus exercer em nós seu poder (cf. 2Cor 12,9-10).
g) A justiça é, com efeito, a primeira participação na vida do Cristo ressuscitado (6,4; 8,10 etc.); Paulo nunca separa a morte de Jesus da sua ressurreição. No AT, Deus justificava julgando (Sl 9,9+). No NT, ele será "juiz" no último dia (2,6); ele "justifica" por Cristo (3,24), isto é, confere o dom da justiça só em consideração da fé (1,17+), e não das obras da Lei (3,27+; 7,7+).

2. O HOMEM JUSTIFICADO A CAMINHO DA SALVAÇÃO

5 **A justificação, penhor de salvação**[a] — ¹Tendo sido, pois, justificados pela fé, estamos[b] em paz com Deus por nosso Senhor Jesus Cristo, ²por quem tivemos acesso, pela fé, a esta graça,[c] na qual estamos firmes e nos gloriamos na esperança[d] da glória de Deus. ³E não é só. Nós nos gloriamos também nas tribulações, sabendo que a tribulação produz a perseverança, ⁴a perseverança a virtude comprovada, a virtude comprovada a esperança. ⁵E a esperança não decepciona, porque o amor de Deus[e] foi derramado em nossos corações pelo Espírito Santo que nos foi dado.[f] ⁶Foi, com efeito, quando ainda éramos fracos, que Cristo, no tempo marcado, morreu pelos ímpios. — ⁷Dificilmente alguém dá a vida por um justo; por um homem de bem talvez haja alguém que se disponha a morrer. — ⁸Mas Deus demonstra

3,27 +
3,23 +

2Cor 12,9-10
Tg 1,2-4
1Pd 4,13-14
Ap 1,9
1Cor 13,13 +
8,4-16
Gl 4,4-6
3,26 +

1Pd 3,18

8,32
Jo 15,13
1Jo 4,10.19

a) Tema da segunda parte (5-8): o cristão justificado (cf. 1-4) encontra no amor de Deus e no dom do Espírito a garantia da salvação. Os vv. 1-11, introdução da seção Rm 5-8, estão voltados para o futuro, enquanto os vv. 12-21 voltam para o passado para destacar, em oposição à figura de Adão, o papel único de Cristo, por quem toda graça nos foi dada em plenitude.
b) Var.: "estejamos".
c) O favor de viver na amizade divina, o "estado de graça".
d) A esperança cristã é a expectativa dos bens escatológicos: a ressurreição do corpo (Rm 8,18-23; 1Ts 4,13s; cf. At 2,26; 23,6; 24,15; 26,6-8; 28,20), a herança dos santos (Ef 1,18; cf. Hb 6,11s; 1Pd 1,3s), a vida eterna (Tt 1,2; cf. 1Cor 15,19), a glória (Rm 5,2; 2Cor 3,7-12; Ef 1,18; Cl 1,27; Tt 2,13), a visão de Deus (1Jo 3,2s), numa palavra, a salvação (1Ts 5,8; cf. 1Pd 1,3-5) própria e dos outros (2Cor 1,6s; 1Ts 2,19). Designando em primeiro lugar a virtude que espera esses bens, ela pode, às vezes, designar estes mesmos bens celestes (Gl 5,5; Cl 1,5; Tt 2,13; Hb 6,18). Outrora depositada em Israel (Ef 1,11-12; cf. Jo 5,45; Rm 4,18), com exclusão dos gentios (Ef 2,12; cf. 1Ts 4,13), ela preparava uma esperança melhor (Hb 7,19), que hoje é oferecida também aos gentios (Ef 1,18; Cl 1,27; cf. Mt 12,21; Rm 15,12), no mistério de Cristo (Rm 16,25+). Ela se fundamenta em Deus (1Tm 5,5; 6,17; 1Pd 1,21; 3,5), em seu amor (2Ts 2,16), em seu apelo (1Pd 1,13-15; cf. Ef 1,18; 4,4), em seu poder (Rm 4,17-21), em sua veracidade (Tt 1,2; Hb 6,18) e na sua fidelidade (Hb 10,23) em manter as promessas consignadas nas Escrituras (Rm 15,4) e no Evangelho (Cl 1,23), e realizadas na pessoa de Cristo (1Tm 1,1; 1Pd 1,3.21). Ela não pode decepcionar (Rm 5,5). Voltada, por definição, para os bens invisíveis (Rm 8,24; Hb 11,1), ela se apoia na fé (Rm 4,18; 5,1s; 15,13; Gl 5,5; Hb 6,11s; 1Pd 1,21) e se nutre do amor (Rm 5,5; 1Cor 13,7), as duas outras virtudes teologais às quais está intimamente ligada (1Cor 13,13+). O Espírito Santo, o dom escatológico por excelência, já parcialmente possuído (Rm 5,5+; At 1,8+), é sua fonte privilegiada (Gl 5,5), que a ilumina (Ef 1,17s), a fortifica (Rm 15,13), a faz orar (Rm 8,25-27) e por ela realiza a unidade do corpo (Ef 4,4). Fundada na justificação pela fé em Cristo (Rm 5,1s; cf. Gl 5,5), ela é cheia de segurança (2Cor 3,12; Hb 3,6), de conforto (2Ts 2,16; Hb 6,18), de alegria (Rm 12,12; 15,13; 1Ts 2,19) e de santo orgulho (Rm 5,2; 1Ts 2,19; Hb 3,6); ela não se deixa abater pelos sofrimentos presentes, que não têm proporção com a glória prometida (Rm 8,18). Pelo contrário, ela os suporta com uma "constância" (Rm 8,25; 12,12; 15,4; 1Ts 1,3; cf. 1Cor 13,7) que a prova (Rm 5,4) e a fortalece (2Cor 1,7).
e) O amor com que Deus nos ama do qual o Espírito Santo é penhor e testemunha por sua presença ativa em nós (cf. 8,15 e Gl 4,6). Nele nos dirigimos a Deus como o filho a seu Pai; o amor é recíproco. Nele, igualmente, amamos nossos irmãos com o mesmo amor com que o Pai ama o Filho e com o qual ele nos ama (cf. Jo 17,26).
f) O Espírito Santo da promessa (Ef 1,13; cf. Gl 3,14; At 2,33+), que caracteriza a nova aliança em oposição à antiga (Rm 2,29; 7,6; 2Cor 3,6; cf. Gl 3,3; 4,29; Ez 36,27+), não é somente a manifestação exterior de poder taumatúrgico e carismático (At 1,8+); é também e sobretudo princípio interior de vida nova que Deus dá (1Ts 4,8 etc.; cf. Lc 11,13; Jo 3,34; 14,16s; At 1,5; 2,38 etc.; 1Jo 3,24), envia (Gl 4,6; cf. Lc 24,49; Jo 14,26; 1Pd 1,12), outorga (Gl 3,5; Fl 1,19), derrama (Rm 5,5; Tt 3,5s; cf. At 2,33+). Recebido pela fé (Gl 3,2.14; cf. Rm 7,38s; At 11,17) e pelo batismo (1Cor 6,11; Tt 3,5; cf. Jo 3,5; At 2,38; 19,2-6), ele habita no cristão (Rm 8,9; 1Cor 3,16; 2Tm 1,14; cf. Tg 4,5), no seu espírito (Rm 8,16; cf. Rm 1,9+) e mesmo em seu corpo (1Cor 6,19). Este Espírito, que é o Espírito de Cristo (Rm 8,9; Fl 1,19; Gl 4,6; cf. 2Cor 3,17; At 16,7; Jo 14,26; 15,26; 16,7.14), torna o cristão filho de Deus (Rm 8,14-16; Gl 4,6s) e faz habitar Cristo em seu coração (Ef 3,16). Ele é para o cristão (como para o próprio Cristo, Rm 1,4+) o princípio de ressurreição (Rm 8,11+), por dom escatológico que desde agora a marca como com selo (2Cor 1,22; Ef 1,13; 4,30) e que se encontra nele como penhor (2Cor 1,22; 5,5; Ef 1,14) e primícias (Rm 8,23). Substituindo o princípio mau da carne (Rm 7,5+), torna-se no homem princípio de fé (1Cor 12,3; 2Cor 4,13; cf. 1Jo 4,2s), de conhecimento sobrenatural (1Cor 2,10-16; 7,40; 12,8s; 14,2s; Ef 1,17; 3,16.18; Cl 1,9; cf. Jo 14,26+), de amor (Rm 5,5; 15,30; Cl 1,8), de santificação (Rm 15,16; 1Cor 6,11; 2Ts 2,13; cf. 1Pd 1,2), de conduta moral (Rm 8,4-9.13; Gl 5,16-25), de coragem apostólica (Fl 1,19; 2Tm 1,7s; cf. At 1,8+), de esperança (Rm 15,13; Gl 5,5; Ef 4,4) e de oração (Rm 8,26s; cf. Tg 4,3.5; Jd 20). Não se deve extingui-lo (1Ts 5,19) nem contristá-lo (Ef 4,30). Unindo a Cristo (1Cor 6,17), realiza a unidade do seu Corpo (1Cor 12,13; Ef 2,16.18; 4,4).

seu amor para conosco pelo fato de Cristo ter morrido por nós quando éramos ainda pecadores. ⁹Quanto mais, então, agora, justificados por seu sangue, seremos por ele salvos da ira. ¹⁰Pois se quando éramos inimigos fomos reconciliados com Deus pela morte do seu Filho, muito mais agora, uma vez reconciliados, seremos salvos por sua vida. ¹¹E não é só. Mas nós nos gloriamos em Deus por nosso Senhor Jesus Cristo, por quem desde agora recebemos a reconciliação.

Adão e Jesus Cristo[a] — ¹²Eis por que, como por meio de um só homem o pecado *entrou no mundo*[b] e, pelo pecado, a morte,[b] assim a morte passou a todos os homens, porque todos pecaram.[c] ¹³Pois até à Lei havia pecado no mundo; o pecado, porém, não é levado em conta quando não existe lei. ¹⁴Todavia, a morte imperou desde Adão até Moisés, mesmo sobre aqueles que não pecaram de modo semelhante à transgressão de Adão, que é figura[d] daquele que devia vir...

¹⁵Entretanto, não acontece com o dom o mesmo que com a falta. Se pela falta de um só a multidão[e] morreu, com quanto maior profusão a graça de Deus e o dom gratuito de um só homem, Jesus Cristo, se derramaram sobre a multidão. ¹⁶Também não acontece com o dom como aconteceu com o pecado de um só que pecou: porque o julgamento de um resultou em condenação, ao passo que a graça, a partir de numerosas faltas, resultou em justificação. ¹⁷Se, com efeito, pela falta de um só a morte imperou através deste único homem, muito mais os que recebem a abundância da graça e do dom da justiça reinarão na vida por meio de um só, Jesus Cristo.

¹⁸Por conseguinte, assim como pela falta de um só resultou a condenação de todos os homens, do mesmo modo, a obra de justiça de um só, resultou para todos os homens justificação que traz a vida. ¹⁹De modo que, como pela desobediência de um só homem, todos se tornaram pecadores, assim, pela obediência de um só, todos se tornarão[f] justos.

²⁰Ora, a Lei[g] interveio para que avultasse a falta; mas onde avultou o pecado, a graça superabundou, ²¹para que, como imperou o pecado na morte, assim também imperasse a graça por meio da justiça, para a vida eterna, através de Jesus Cristo, nosso Senhor.

A. A VIDA COM CRISTO

6 ¹Que diremos, então? Devemos permanecer no pecado a fim de que a graça se multiplique? ²De modo algum! Nós, que morremos para o pecado, como haveríamos de viver ainda nele? ³Ou não sabeis que todos os

---

a) O pecado habita o homem (Rm 7,14-24); ora, a morte, castigo do pecado, entrou no mundo a partir da falta de Adão (Sb 2,24); disso Paulo conclui que o próprio pecado entrou na humanidade por meio desta falta inicial; é a doutrina do pecado original. Ela interessa aqui ao Apóstolo pelo paralelo que oferece entre a obra nefasta do primeiro Adão e a reparação superabundante do "segundo Adão" (vv. 15-19; 1Cor 15,21s.25). É na qualidade de "novo Adão", imagem na qual Deus restaura sua criação (Rm 8,29+; 2Cor 5,17+), que Cristo salva a humanidade.

b) O pecado separa o homem de Deus. Esta separação é a "morte": morte espiritual e "eterna", da qual a morte física é sinal (cf. Sb 1,13+; 2,24; Hb 6,1+).

c) A proposição do v. 12d pode ser interpretada como relativa (em consequência de) ou como circunstancial causal (porque, do fato de que), na verdade consecutiva (de modo que). A tradução escolhida aqui dá conta da insistência com a qual Paulo descreve o processo (temporal) em ação desde o início: 1.º pecado de um só (vv. 12a.15a.17a), 2.º tendo como efeito a morte de todos (vv. 12b.13b.17a), 3.º a seguir, a situação pecadora (vv. 12d.19a), 4.º por fim, a vinda da lei mosaica e seu papel (vv. 13.20).

d) "Figura" (cf. 1Cor 10,6+), semelhante, mas imperfeita. Também a comparação, acenada no v. 12 e interrompida pelo longo parêntese dos vv. 13 e 14, se transforma num contraste, no v. 15.

e) Esta "multidão" inclui todos os homens (cf. v. 18; ver Mt 20,28+).

f) Não só no Juízo final (a justificação para Paulo é atual; cf. 5,1 etc.), mas à medida que os homens forem renascendo em Jesus Cristo.

g) Os vv. 20-21 constituem a tese (*Prothesis*) que Paulo pretende defender nesses capítulos. Ele a reformulará com expressões bem próximas em 6,1-15; 7,7; 8,1-2.

que fomos batizados em Cristo Jesus, é na sua morte que fomos batizados? ⁴Portanto,ᵃ pelo batismo nós fomos sepultados com ele na morte*ᵇ* para que, como Cristo foi ressuscitado dentre os mortos pela glória do Pai, assim também nós vivamos vida nova.

⁵Porque se nos tornamos uma coisa só com ele por morte semelhante à sua, seremos uma coisa só com ele também por ressurreição semelhante à sua, ⁶sabendo que nosso velho homem foi crucificado com ele para que fosse destruído este corpo de pecado, e assim não sirvamos mais ao pecado. ⁷Com efeito, quem morreu, ficou livre do pecado.*ᶜ*

⁸Mas*ᵈ* se morremos com Cristo, temos fé que também viveremos com ele, ⁹sabendo que Cristo, uma vez ressuscitado dentre os mortos, já não morre, a morte não tem mais domínio sobre ele. ¹⁰Porque, morrendo, ele morreu para o pecado*ᵉ* uma vez por todas; vivendo, ele vive para Deus. ¹¹Assim também vós considerai-vos mortos para o pecado e vivos para Deus em Cristo Jesus.*f* ¹²Portanto, que o pecado não impere mais em vosso corpo mortal,*ᵍ* sujeitando-vos às suas paixões; ¹³nem entregueis vossos membros, como armas de injustiça, ao pecado; pelo contrário, oferecei-vos a Deus como vivos provindos dos mortos e oferecei vossos membros como armas de justiça a serviço de Deus. ¹⁴E o pecado não vos dominará, porque não estais debaixo da Lei, mas sob a graça.

O crente a serviço da justiça — ¹⁵E daí? Pecamos, porque não estamos mais debaixo da Lei, mas sob a graça? De modo algum!*ʰ* ¹⁶Não sabeis que,

a) Var.: "porque".
b) O batismo não se opõe à fé, mas a acompanha (Gl 3,26s; Ef 4,5; Hb 10,22; cf. At 8,12s.37; 16,31-33; 18,8; 19,2-5) e a exprime no plano sensível pelo simbolismo eficaz de seu rito. Paulo atribui a ambos os mesmos efeitos (comp. Gl 2,16-20 com Rm 6,3-9). O "banho" por imersão na água (sentido etimológico de "batizar") sepulta o pecador na morte de Cristo (Cl 2,12; cf. Mc 10,38), de onde sai com ele pela ressurreição (Rm 8,11+), como "nova criatura" (2Cor 5,17+), "homem novo" (Ef 2,15+), membro do único Corpo animado pelo único Espírito (1Cor 12,13; Ef 4,4s). Esta ressurreição, que só será total e definitiva no final dos tempos (1Cor 15,12s+; mas cf. Ef 2,6+), se realiza desde agora por uma vida nova segundo o Espírito (vv. 8-11.13; 8,2s; Gl 5,16-24). — Além do simbolismo mais especificamente paulino de morte e ressurreição, este rito primordial da vida cristã (Hb 6,2) é também apresentado no NT como um banho que purifica (Ef 5,26; Hb 10,22; cf. 1Cor 6,11; Tt 3,5), como novo nascimento (Jo 3,5; Tt 3,5; cf. 1Pd 1,3; 2,2), como uma iluminação (Hb 6,4; 10,32; cf. Ef 5,14). Sobre o batismo de água e o batismo de Espírito, cf. At 1,5+: esses dois aspectos da consagração cristã parecem ser a "unção" e o "selo" de 2Cor 1,21s. Segundo 1Pd 3,21, a arca de Noé foi tipo do batismo.
c) O cristão, tendo perdido o próprio instrumento do pecado, seu "corpo de pecado" (v. 6), não estando mais "na carne" (8,9), está libertado definitivamente do pecado (cf. 1Pd 4,1). Por outro lado, ele está livre do pecado, em força do axioma jurídico: a morte do réu põe fim à ação judicial (cf. 7,1).
d) Var.: "Pois".
e) Sem ser pecador (2Cor 5,21), Cristo, por seu corpo de carne semelhante ao nosso (Rm 8,3), pertencia à esfera do pecado: feito "espiritual" (1Cor 15,45-46), ele só pertence à esfera divina. Também

o cristão, embora habite provisoriamente na carne, já vive do Espírito.
f) Texto recebido e Vulg.: "Cristo Jesus nosso Senhor" (cf. 14,7s; 1Cor 3,23+; 2Cor 5,15; Gl 2,20; 1Pd 2,24).
g) O batismo destruiu o pecado no homem, mas enquanto seu corpo não "revestir a imortalidade" (1Cor 15,54), o pecado pode encontrar neste corpo "mortal", sede da concupiscência, o meio de ainda reinar (cf. 7,14s).
h) Cristo libertou o homem do Mal para entregá-lo a Deus. Além do tema bíblico da "redenção" (3,24+) e daquele da libertação pela morte (7,1+), Paulo, para exprimir esta ideia, recorre de bom grado à imagem, tão expressiva de sua época, do escravo resgatado e libertado, que não pode mais ser reduzido à escravidão, mas deve servir fielmente seu novo senhor. Resgatando-nos com o preço de seu sangue (1Cor 6,20; 7,23; Gl 3,13; 4,5), Cristo nos libertou e nos chamou à liberdade (Gl 5,1.13). Doravante, libertado de seus antigos senhores, que são: o pecado (Rm 6,18-22), a Lei (Rm 6,14; 8,2; Gl 3,13; 4,5; cf. Rm 7,1+), com suas práticas materiais (Gl 2,4), os "elementos do mundo" (Gl 4,3.8; cf. Cl 2,20-22) e a corrupção (Rm 8,21-23), o cristão não deve mais recair na sua escravidão (Gl 2,4s; 4,9; 5,1). Ele é livre (1Cor 9,1), filho da mulher livre, a Jerusalém do alto (Gl 4,26.31). Esta liberdade, contudo, não significa libertinagem (Gl 5,13; cf. 1Pd 2,16; 2Pd 2,19). Ela deve ser um serviço ao novo senhor, Deus (Rm 6,22; cf. 1Ts 1,9; 1Pd 2,16), Cristo Kyrios (Rm 1,1 etc.; Tg 1,1; 2Pd 1,1; Jd 1; Rm 14,18; 16,18 etc.), ao qual, doravante, o fiel pertence (1Cor 6,19; 3,23) e para o qual ele vive e morre (Rm 7,1+); serviço que se presta na obediência da fé para a justiça e a santidade (Rm 6,16-19). Esta liberdade de filhos (Gl 4,7), libertados pela "lei do Espírito" (Rm 8,2; cf. 7,6; 8,14s; 2Cor 3,17, e comp. Tg 1,25; 2,12), pode mesmo ter de sacrificar seus legítimos direitos para

oferecendo-vos a alguém como escravos para obedecer, vos tornais escravos daquele a quem obedeceis, seja do pecado que leva à morte, seja da obediência que conduz à justiça? ¹⁷Mas, graças a Deus, vós, outrora escravos do pecado, vos submetestes de coração à forma de doutrina à qual fostes entregues ¹⁸e, assim, livres do pecado, vos tornastes servos da justiça. ¹⁹ — Emprego uma linguagem humana, em consideração de vossa fragilidade. Como outrora entregastes vossos membros à escravidão da impureza e da desordem para viver desregradamente, assim entregai agora vossos membros a serviço da justiça para a santificação.*ᵃ*

²⁰Quando éreis escravos do pecado, estáveis livres em relação à justiça. ²¹E que fruto colhestes então daquelas coisas de que agora vos envergonhais?*ᵇ* Pois seu desfecho é a morte. ²²Mas agora, libertos do pecado e postos a serviço de Deus, tendes vosso fruto para a santificação e, como desfecho, a vida eterna. ²³Porque o salário do pecado é a morte, e a graça de Deus é a vida eterna em Cristo Jesus, nosso Senhor.

7 ¹Ou não sabeis,*ᶜ* irmãos — falo a versados em lei — que a lei domina o homem só enquanto está vivo?*ᵈ* ²Assim, a mulher casada está ligada por lei ao marido enquanto ele vive; se o marido vier a falecer, ficará livre da lei do marido. ³Por isso, estando vivo o marido, ela será chamada adúltera se for viver com outro homem. Se, porém, o marido morrer, ficará livre da lei, de sorte que, passando a ser de outro homem, não será adúltera. ⁴De modo análogo também vós, meus irmãos, pelo corpo de Cristo*ᵉ* fostes mortos para a Lei, para pertencerdes a outro, àquele que ressuscitou dentre os mortos, a fim de produzirmos frutos para Deus. ⁵Quando estávamos na carne,*ᶠ* as paixões

---

tornar-se um serviço do próximo, se o amor (Gl 5,13, cf. 2Cor 4,5) e o respeito à consciência dos outros o exigirem (1Cor 10,23-33; Rm 14; cf. 1Cor 6,12-13; 1Cor 9,19). Quanto ao regime social da escravatura, se ainda pode ser tolerado neste mundo que passa (1Cor 7,20-24.31), não tem mais sentido na nova ordem instaurada por Cristo (1Cor 12,13; Gl 3,28; Cl 3,11): o escravo cristão é liberto do Senhor, ele e seu senhor são igualmente servos de Cristo (1Cor 7,22; cf. Ef 6,5-9; Cl 3,22-4,1; Fm 16).

a) A santidade própria de Deus (Lv 17,1+), que ele comunicava a seu povo (Ex 19,6+), ele a comunica também aos que creem em Cristo (At 9,13+; Cl 1,12+). Ela perde, entretanto, seu aspecto ritual para conservar sua interioridade: consiste em imitar a Cristo (2Ts 3,7+), Santo de Deus (Mc 1,24+). Aquele que é santo, porque justificado e porque, pertencendo ao povo santo, é habitado pelo Espírito Santo (5,5+), deve ainda pôr em ação esta santidade que lhe é dada e progredir na santificação (v. 22; 1Ts 4,3-7; 2Ts 2,13).

b) Ou: "Que fruto recolhíeis disso, então? Obras das quais hoje vos envergonhais".

c) Paulo aborda, finalmente, um tema desde muito presente em seu espírito (3,20; 4,15; 5,20; 6,14): a libertação do cristão em relação à Lei; isso o leva a expor o papel da Lei nos desígnios de Deus (cf. 7,7+).

d) A libertação do cristão, que Paulo expressa alhures pelo tema bíblico da "redenção" (3,24+), ou pelo tema grego da "emancipação" dos escravos (6,15+), nele aparece também muitas vezes, como libertação pela morte, pois a morte liberta da vida anterior e de suas servidões (6,7; 7,1-3). Unido pela fé (1,16+) e pelo batismo (6,4+) ao Cristo morto e ressuscitado (8,11+), o cristão está morto ao pecado (6,2.11; cf. 1Pd 4,1), à Lei (Rm 7,6; Gl 2,19+) e aos elementos do mundo (Cl 2,20), para viver sob o novo regime da graça e do Espírito (Rm 8,5-13). Da mesma forma que o liberto pertence a seu novo senhor (6,15+), assim também o cristão ressuscitado em Cristo não vive mais para si mesmo, mas para Cristo e para Deus (6,11.13; 14,7s; 2Cor 5,15; Gl 2,20).

e) O cristão está morto para a Lei, como para o pecado, pelo "corpo de Cristo", morto e ressuscitado (cf. 7,1+).

f) 1. Em seu primeiro sentido, "a carne" designa a matéria corporal (1Cor 15,39; cf. Lc 24,39; Ap 17,16; 19,18), que se opõe ao espírito (Rm 1,9+); o corpo, objeto de sensação (Cl 2,1.5) e, em particular, de união sexual (1Cor 6,16; 7,28; Ef 5,29.31; cf. Mt 19,5p; Jo 1,13; Jd 7), de onde resultam o parentesco e a herança (Rm 4,1; 9,3.5; 11,14; cf. Hb 12,9). A "carne" serve assim, segundo o uso bíblico de *basar*, para sublinhar o que há de fraco e perecível na condição humana (Rm 6,19; 2Cor 7,5; 12,7; Gl 4,13s; cf. Mt 26,41p) e para designar o homem em sua pequenez diante de Deus (Rm 3,20 e Gl 2,16; 1Cor 1,29; cf. Mt 24,22p; Lc 3,6; Jo 17,2; At 2,17; 1Pd 1,24). Daí, para opor a ordem da natureza à da graça, o uso das expressões "segundo a carne" (1Cor 1,26; 2Cor 1,17; Ef 6,5; Cl 3,22; cf. Fm 16; Jo 8,15), "a carne e o sangue" (1Cor 15,50; Gl 1,16; Ef 6,12; Hb 2,14; cf. Mt 16,17) e "carnal" (Rm 15,27; 1Cor 3,1.3; 9,11; 2Cor 1,12; 10,4). — 2. Sendo o Espírito o dom específico da era escatológica, a "carne" vem caracterizar a era antiga, em oposição à nova (Rm 9,8; Gl 3,3; 6,12s; Fl 3,3s; Ef 2,11; cf. Hb 9,10.13; Jo 3,6; 6,63); assim também, "segundo a carne" (1Cor 10,18; 2Cor 11,18; Gl 4,23.29; cf. Rm 1,3s; 2Cor 5,16, e "carnal" (Hb 7,16); mas cf. 1Cor

pecaminosas que através da Lei operavam em nossos membros produziram frutos de morte. ⁶Agora, porém, estamos livres da Lei, tendo morrido para o que nos mantinha cativos, e assim podermos servir em novidade de espírito e não na caducidade da letra.

B. O HOMEM SEM CRISTO SOB O PECADO

O papel passado da Lei[a] — ⁷Que diremos, então? Que a Lei é pecado? De modo algum! Entretanto, eu não conheci o pecado senão através da Lei, pois eu não teria conhecido a concupiscência se a Lei não tivesse dito: *Não cobiçarás*. ⁸Mas o pecado, aproveitando da situação, através do preceito gerou em mim toda espécie de concupiscência: pois, sem a Lei, o pecado está morto.

⁹Outrora eu vivia sem Lei;[b] mas, sobrevindo o preceito, o pecado reviveu ¹⁰e eu morri. Verificou-se assim que o preceito, dado para a vida, produziu a morte. ¹¹Pois o pecado aproveitou da ocasião, e, servindo-se do preceito, me *seduziu* e por meio dele me matou.

¹²De modo que a Lei é santa, e santo, justo e bom é o preceito. ¹³Portanto, uma coisa boa se transformou em morte para mim? De modo algum. Mas foi o pecado[c] que, para se revelar pecado, produziu em mim a morte através do

10,3s). — 3. Paulo insiste particularmente na "carne" como sede das paixões e do pecado (Rm 7,5.14.18.25; 13,14; 2Cor 7,1; Gl 5,13.19; Ef 2,3; Cl 2,13.18.23; cf. 1Pd 2,11; 2Pd 2,10.18; 1Jo 2,16; Jd 8.23), votada à corrupção (1Cor 15,50; Gl 6,8; cf. Tg 5,3; At 2,26.31) e à morte (Rm 8,6.13; 1Cor 5,5; 2Cor 4,11; cf. 1Pd 4,6), a ponto de personificá-la como uma força do Mal, inimiga de Deus (Rm 8,7s) e hostil ao Espírito (Rm 8,4-9.12s; Gl 5,16s). Cristo rompeu esta força assumindo a "carne de pecado" (Rm 8,3; cf. 1Tm 3,16; Jo 1,14; 1Jo 4,2; 2Jo 7) e aniquilando-a sobre a cruz (Rm 8,3; Ef 2,14-16; Cl 1,22; cf. Hb 5,7s; 10,20; 1Pd 3,18; 4,1). Unidos a ele (cf. Jo 6,51s), os cristãos não estão mais "na carne" (Rm 7,5; 8,9) que eles crucificaram (Gl 5,24; cf. 1Pd 4,1) e despojaram pelo batismo (Cl 2,11); ou, mais exatamente, se eles ainda estão "na carne" enquanto permanecem neste mundo antigo (Fl 1,22.24; cf. 1Pd 4,2), não estão mais sujeitos a ela (2Cor 10,3), mas a dominam por sua união com Cristo (cf. Gl 2,20; Cl 1,24).

a) Em si a Lei é boa e santa enquanto expressa a vontade de Deus (7,12-25; 1Tm 1,8); ela representa um apanágio glorioso de Israel (Rm 9,4; mas cf. 2,14s). Entretanto, ela parece representar uma desvantagem: os judeus não somente são pecadores como os outros, não obstante sua Lei (Rm 2,21-27; Gl 6,13; Ef 2,3), mas ainda buscam nela a confiança em suas obras (Rm 2,17-20; 3,27; 4,2.4; 9,31s; Fl 3,9; Ef 2,8), que os fecha à graça de Cristo (Gl 6,12; Fl 3,18; cf. At 15,1; 18,13; 21,21). Numa palavra, a Lei é incapaz de conferir a justiça (Gl 3,11.21s; Rm 3,20; cf. Hb 7,19). Com a dialética que recebe da polêmica caráter paradoxal, Paulo explica esta desvantagem aparente pela própria natureza da Lei e de seu papel na história da salvação. Luz que ilumina o espírito sem dar a força interior, a Lei (mosaica, mas também toda lei e já o "preceito" dado a Adão, cf. vv. 9-11) é incapaz de fazer evitar o pecado; antes, ela o favorece. Sem ser ela mesma fonte do pecado, torna-se no entanto seu instrumento excitando a concupiscência (Rm 7,7s); esclarecendo o espírito, agrava a falta, tornando-a "transgressão" (4,15; 5,13); enfim, não traz remédio, senão através de castigo, de ira (4,15), de maldição (Gl 3,10), de condenação (2Cor 3,9) e de morte (2Cor 3,6s), a ponto de poder ser designada a "Lei do pecado e da morte" (Rm 8,2; cf. 1Cor 15,56; Rm 7,13). Se Deus, apesar disto, quis esse sistema imperfeito, ele o quis apenas como regime transitório de pedagogo (Gl 3,24), para dar ao homem a consciência de seu pecado (Rm 3,19s; 5,20; Gl 3,19) e levá-lo a esperar sua justiça somente da graça de Deus (Gl 3,22; Rm 11,32). Por sua natureza transitória, esse regime deve desaparecer para dar lugar ao cumprimento da promessa feita anteriormente a Abraão e à sua descendência (Gl 3,6-22; Rm 4). Cristo pôs fim à Lei (Ef 2,15; cf. Rm 10,4) "cumprindo-a" (cf. Mt 3,15; 5,17), em tudo o que ela tem de positivo (Rm 3,31; 9,31), especialmente por sua morte, expressão máxima de seu amor (Rm 5,8; 8,35.39; Gl 2,20; Fl 2,5-8); com isso satisfazia igualmente as exigências com relação aos pecadores, dos quais quis tornar-se solidário (Gl 3,13+; Rm 8,3+; Cl 2,14). Libertou os filhos da tutela do pedagogo (Gl 3,25s). Com ele, eles estão mortos para a Lei (Gl 2,19; Rm 7,4-6; cf. Cl 2,20), da qual "ele os resgatou" (Gl 3,13), para fazer deles filhos adotivos (Gl 4,5). Pelo Espírito da promessa, ele dá ao homem novo (Ef 2,15+) a força interior para cumprir o bem que a Lei ordenava (Rm 8,4s). Este regime da graça, que substitui o regime da Lei antiga, pode ainda ser chamado lei, mas é a "lei da fé" (Rm 3,27), a "lei de Cristo" (Gl 6,2), a "lei do Espírito" (Rm 8,2), que se reduz toda ao amor (Gl 5,14; Rm 13,8-10; cf. Tg 2,8; Jo 13,34), participação no amor do Pai e do Filho (Gl 4,6; Rm 5,5+).

b) Colocando-se na perspectiva do desenvolvimento da história da salvação, Paulo fala aqui da humanidade anterior ao regime da Lei (cf. 5,13).

c) O pecado personificado (cf. 5,12) substitui a serpente de Gn 3,1 e o diabo de Sb 2,24.

que é bom. Para que o pecado, através do preceito, aparecesse em toda sua virulência.

O homem entregue ao pecado[a] — ¹⁴Sabemos que a Lei é espiritual; mas eu sou carnal, vendido como escravo ao pecado. ¹⁵Realmente não consigo entender o que faço; pois não pratico o que quero, mas faço o que detesto.[b] ¹⁶Ora, se faço o que não quero, reconheço que a Lei é boa. ¹⁷Na realidade, não sou mais eu que pratico a ação, mas o pecado que habita em mim. ¹⁸Eu sei que o bem não mora em mim, isto é, na minha carne. Pois o querer o bem está ao meu alcance, não porém o praticá-lo. ¹⁹Com efeito, não faço o bem que quero, mas pratico o mal que não quero. ²⁰Ora, se faço o que não quero, já não sou eu que ajo, e sim o pecado que habita em mim.[c]

²¹Verifico, pois, esta lei:[d] quando quero fazer o bem, é o mal que se me apresenta. ²²Comprazo-me na lei de Deus[e] segundo o homem interior;[f] ²³mas percebo outra lei em meus membros, que peleja contra a lei da minha razão e que me acorrenta à lei do pecado que existe em meus membros.

²⁴Infeliz de mim! Quem me libertará deste corpo de morte?[g] ²⁵Graças sejam dadas a Deus, por Jesus Cristo Senhor nosso.

Assim, pois, sou eu mesmo que pela razão[h] sirvo à lei de Deus e pela carne à lei do pecado.[i]

C. A VIDA DO CRENTE NO ESPÍRITO

8 *A vida do Espírito* — ¹Portanto, não existe mais condenação para aqueles que estão em Cristo Jesus. ²A Lei do Espírito da vida em Cristo Jesus te libertou[j] da lei do pecado e da morte.[k] ³De fato — coisa impossível à Lei,

---

a) Trata-se aqui do homem sob o domínio do pecado antes da justificação, enquanto no cap. 8 tratar-se-á do cristão justificado, na posse do Espírito. Mas este também, aqui na terra, experimenta a divisão interior (Gl 5,17s).
b) Paulo retoma aqui um lugar-comum da literatura da época e que encontrou sua primeira formulação em *Medeia* de Eurípedes (1074-1080).
c) Paulo não pretende negar a responsabilidade pessoal do homem na prática do mal, como, aliás, não a nega na prática do bem em Gl 2,20.
d) Uma lei atestada pela experiência do homem carnal.
e) Var.: "lei da razão", como no v. 23.
f) Este "homem interior" designa a parte racional do homem, em oposição ao "homem exterior" (2Cor 4,16a), que é seu corpo passível e mortal. Este tema de origem grega é distinto do tema do homem "velho" e "novo" (Cl 3,9-10+), que resulta da escatologia judaica. Paulo chega, entretanto, a falar do homem "interior" no sentido cristão de homem "novo" (2Cor 4,16b; Ef 3,16).
g) Lit.: "do corpo desta morte". — O corpo, com os membros que o compõem (Rm 12,4; 1Cor 12,12.14s), isto é, o homem na sua realidade sensível (1Cor 5,3; 2Cor 10,10) e sexual (Rm 4,19; 1Cor 6,16; 7,4; Ef 5,28), interessa a Paulo como instrumento da vida moral e religiosa. Para o AT, veja Gn 2,21+; Sb 9,15+. Submetido pela tirania da "carne" (Rm 7,5+) ao pecado (1,24; 6,12s; 7,23; 8,13; 1Cor 6,18) e à morte (Rm 6,12; 8,10), feito assim "corpo de carne" (Cl 2,11; cf. 1,22), "corpo de pecado" (Rm 6,6; cf. Sb 1,4; 9,15+) e "corpo de morte" (7,24), ele não é, entretanto, votado ao aniquilamento, como queria o pensamento grego, mas ao contrário, segundo a tradição bíblica (Ez 37,10+; 2Mc 7,9+), é chamado à vida (Rm 8,13; 2Cor 4,10) pela ressurreição (Rm 8,11+). O princípio desta renovação será o Espírito (5,5+), substituindo a *psyché* (1Cor 15,44+) e transformando o corpo do cristão à imagem do corpo ressuscitado de Cristo (Fl 3,21). Esperando esta libertação escatológica (Rm 8,23), o corpo do cristão, libertado, em princípio, da "carne" por sua união à morte de Cristo (6,6; 8,3s), é desde agora habitado pelo Espírito Santo (1Cor 6,19), que o forma para a vida nova de justiça e santidade (Rm 6,13.19; 12,1; 1Cor 7,34), meritória (2Cor 5,10) e que glorifica a Deus (1Cor 6,20; Fl 1,20).
h) O *noûs*, inteligência ou pensamento do homem, é noção grega bem distinta do *pneuma* no sentido de Espírito sobrenatural (5,5+), e mesmo do espírito no sentido bíblico de parte superior do homem (1,9+). É o princípio da inteligência (1Cor 14,14.15.19; Fl 4,7; 2Ts 2,2; cf. Lc 24,45; Ap 13,18; 17,9) e do critério moral (Rm 14,5; 1Cor 1,10). Embora normalmente reto (Rm 7,23.25), ele se encontra pervertido (1,28; Ef 4,17; 1Tm 6,5; 2Tm 3,8; Tt 1,15) pela "carne" (Cl 2,18; cf. Rm 7,5+), e deve ser renovado (Rm 12,2) no Espírito e pelo Espírito (Ef 4,23s; cf. Cl 3,10).
i) Esta frase parece ser adição (talvez do próprio Paulo) que estaria melhor antes do v. 24.
j) Var.: "me libertou", "nos libertou".
k) Ao regime do pecado e da morte, Paulo opõe o regime novo do Espírito (cf. 3,27+). A palavra "espírito" designa aqui, seja a própria pessoa do Espírito Santo (mais claramente no v. 9), seja o espírito do homem renovado por esta presença (cf. 5,5+ e 1,9+).

porque enfraquecida[a] pela carne — Deus, enviando o seu próprio Filho em carne semelhante à do pecado e em vista do pecado, condenou o pecado na carne, [4]a fim de que o preceito da Lei[b] se cumprisse em nós que não vivemos segundo a carne, mas segundo o espírito.

[5]Com efeito, os que vivem segundo a carne desejam as coisas da carne, e os que vivem segundo o espírito, as coisas que são do espírito. [6]De fato, o desejo da carne é a morte, ao passo que o desejo do espírito é a vida e a paz, [7]uma vez que o desejo da carne é inimigo de Deus: pois ele não se submete à lei de Deus, e nem o pode, [8]pois os que estão na carne não podem agradar a Deus. [9]Vós não estais na carne, mas no espírito, se é verdade que o Espírito de Deus habita em vós, pois quem não tem o Espírito de Cristo não pertence a ele. [10]Se, porém, Cristo está em vós, o corpo está morto, pelo pecado, mas o Espírito é vida, pela justiça.[c] [11]E se o Espírito daquele que ressuscitou Jesus dentre os mortos habita em vós, aquele que ressuscitou Cristo Jesus dentre os mortos dará vida também a vossos corpos mortais, mediante o seu Espírito que habita em vós.[d]

[12]Portanto, irmãos, somos devedores não à carne para vivermos segundo a carne. [13]Pois se viverdes segundo a carne, morrereis, mas se pelo Espírito fizerdes morrer as obras do corpo, vivereis.

Filhos de Deus graças ao Espírito — [14]Todos os que são conduzidos pelo Espírito de Deus são filhos de Deus.[e] [15]Com efeito, não recebestes um espírito de escravos, para recair no temor, mas recebestes um espírito de filhos adotivos, pelo qual clamamos: *Abba*! Pai![f] [16]O próprio Espírito se une ao nosso espírito para testemunhar[g] que somos filhos de Deus. [17]E se somos filhos, somos também herdeiros; herdeiros de Deus e co-herdeiros de Cristo, pois sofremos com ele para também com ele sermos glorificados.

Destinados à glória — [18]Penso, com efeito, que os sofrimentos do tempo presente não têm proporção com a glória que deverá revelar-se em nós. [19]Pois a criação em expectativa anseia pela revelação dos filhos de Deus.[h] [20]De fato, a criação foi submetida à vaidade — não por seu querer, mas por vontade daquele que a submeteu[i] — na esperança [21]de ela também ser libertada da escravidão da corrupção para entrar na liberdade da glória dos filhos de Deus.

a) A Lei mosaica, norma de conduta, não era princípio de salvação (7,7+). Só Cristo, destruindo a "carne" em sua pessoa, por sua morte, pôde destruir o pecado que nela reinava.
b) Este preceito da Lei, cujo cumprimento só é possível pela união com Cristo através da fé, resume-se no mandamento do amor (cf. 13,10; Gl 5,14 e já em Mt 22,40. Veja Rm 7,7+).
c) Em razão do pecado (5,12+), o corpo está destinado à morte física e é instrumento de morte espiritual, mas o Espírito é vida e poder de ressurreição (veja a nota seguinte).
d) A ressurreição dos cristãos está em estreita dependência de Cristo (1Ts 4,14; 1Cor 6,14; 15,20s; 2Cor 4,14; 13,4; Rm 6,5; Ef 2,6; Cl 1,18; 2,12s; 2Tm 2,11). É pelo mesmo poder e pelo mesmo dom do Espírito (cf. Rm 1,4+) que o Pai, por sua vez, os ressuscitará. Esta obra se prepara desde agora numa vida nova que os torna filhos (v. 14) à imagem do Filho (8,29+), incorporação ao Cristo ressuscitado, que se realiza pela fé (1,16+) e pelo batismo (6,4+).
e) Mais que simples "mestre interior", o Espírito é o princípio de vida propriamente divina em Cristo (cf. 5,5+; Gl 2,20).

f) A própria oração de Cristo no Getsêmani (Mc 14,36+).
g) Ou (Vulg.): "atesta ao nosso espírito".
h) O mundo material, criado para o homem, participa do seu destino. Amaldiçoado por causa do pecado do homem (Gn 3,17), ele se encontra atualmente em estado de tensão: "vaidade" (v. 20), qualidade de ordem moral ligada ao pecado do homem, "servidão da corrupção" (v. 21), qualidade de ordem física. Mas como o corpo do homem, destinado à glória, é também objeto de redenção (vv. 21.23) e participará da "liberdade" do estado glorioso (vv. 21.23). A filosofia grega queria libertar o espírito da matéria, considerada má; o cristianismo liberta a própria matéria. Mesma extensão da salvação ao mundo não humano (especialmente ao mundo angélico) em Cl 1,20; Ef 1,10; 2Pd 3,13; Ap 21,1-5. Com relação à nova criação, cf. 2Cor 5,17+.
i) Isto é, provavelmente o homem por seu pecado. Ou: Deus por sua autoridade vingadora; ou ainda: Deus como Criador.

²²Pois sabemos que a criação inteira geme e sofre as dores de parto até o presente. ²³E não somente ela. Mas também nós, que temos as primícias do Espírito, gememos interiormente, suspirando[a] pela redenção do nosso corpo. ²⁴Pois nossa salvação é objeto de esperança;[b] e ver o que se espera, não é esperar. Acaso alguém espera o que vê? ²⁵E se esperamos o que não vemos, é na perseverança que o aguardamos.

²⁶Assim também o Espírito socorre a nossa fraqueza. Pois não sabemos o que pedir como convém; mas o próprio Espírito intercede por nós com gemidos inefáveis, ²⁷e aquele que perscruta os corações sabe qual o desejo do Espírito; pois é segundo Deus que ele intercede pelos santos.[c]

O plano da salvação — ²⁸E nós sabemos que Deus coopera em tudo para o bem daqueles que o amam, daqueles que são chamados segundo o seu desígnio.[d] ²⁹Porque os que de antemão ele conheceu, esses também predestinou a serem conformes à imagem do seu Filho,[e] a fim de ser ele o primogênito entre muitos irmãos. ³⁰E os que predestinou, também os chamou; e os que chamou, também os justificou, e os que justificou, também os glorificou.[f]

Hino ao amor de Deus — ³¹Depois disto, que nos resta a dizer? Se Deus está conosco, quem estará contra nós? ³²Quem não poupou o seu próprio Filho e o entregou por todos nós, como não nos haverá de agraciar em tudo junto com ele? ³³Quem acusará os eleitos de Deus? É Deus quem justifica. ³⁴Quem condenará? Cristo Jesus, aquele que morreu, ou melhor, que ressuscitou, aquele que está à direita de Deus e que intercede por nós?

³⁵Quem nos separará do amor de Cristo? A tribulação, a angústia, a perseguição, a fome, a nudez, os perigos, a espada? ³⁶Segundo está escrito:

Por sua causa somos postos à morte o dia todo,
somos considerados como ovelhas destinadas ao matadouro.

---

a) Ad.: "pela adoção filial", que deveria assumir aqui sentido escatológico (veja, porém, v. 15).
b) Lit.: é esperando, a modo de esperança, que somos salvos. A salvação é escatológica (cf. 5,1-11).
c) O exemplo de Jesus (Mt 6,5+; 14,23+) e conforme o costume dos primeiros cristãos (At 2,42+), Paulo recomenda frequentemente orar sem cessar (Rm 12,12; Ef 6,18; Fl 4,6; Cl 4,2; 1Ts 5,17+; 1Tm 2,8; 5,5; cf. 1Cor 7,5). Ele mesmo reza sem descanso pelos seus fiéis (Ef 1,16; Fl 1,4; Cl 1,3,9; 1Ts 1,2; 3,10; 2Ts 1,11; Fm 4), como por sua vez lhes pede que rezem por ele (Rm 15,30; 2Cor 1,11; Ef 6,19; Fl 1,19; Cl 4,3; 1Ts 5,25; 2Ts 3,1; Fm 22; Hb 13,18) e uns pelos outros (2Cor 9,14; Ef 6,18); a respeito da oração pelos irmãos pecadores e doentes, cf. 1Jo 5,16; Tg 5,13-16. Além das graças de progresso espiritual, estas orações pedem o afastamento dos obstáculos exteriores (1Ts 2,18 e 3,10; Rm 1,10) e interiores (2Cor 12,8-9), assim como o bem da ordem social (1Tm 2,1-2). Paulo insiste muito na oração de ação de graças (2Cor 1,11+; Ef 5,4; Fl 4,6; Cl 2,7; 4,2; 1Ts 5,18; 1Tm 2,1), que deve acompanhar toda ação (Ef 5,20; Cl 3,17), em particular as refeições (Rm 14,6; 1Cor 10,31; 1Tm 4,3-5); ele mesmo inicia por ela todas as suas cartas (Rm 1,8 etc.) e quer que penetre as relações dos cristãos entre si (1Cor 14,17; 2Cor 1,11; 4,15; 9,11-12). A oração eucarística e de louvor é a alma das assembleias litúrgicas (1Cor 11-14), nas quais os irmãos se edificam mutuamente por cânticos inspirados (Ef 5,19; Cl 3,16). Porque a oração cristã tem sua fonte no Espírito Santo: em vez de ater-se aos temas sapienciais tradicionais sobre as condições e a eficácia da oração (cf. Tg 1,5-8; 4,2-3; 5,16-18; 1Jo 3,22; 5,14-16), Paulo lhe garante a eficácia pela presença do Espírito de Cristo no cristão, que o faz orar como filho (Rm 8,15.26-27; Gl 4,6; cf. Ef 6,18; Jd 20), enquanto o próprio Cristo, à direita de Deus, intercede por nós (Rm 8,34; cf. Hb 7,25; 1Jo 2,1). Também o Pai atende com superabundância (Ef 3,20). Os cristãos são os que invocam o nome de Jesus Cristo (1Cor 1,2; cf. Rm 10,9-13; 2Tm 2,22; Tg 2,7; At 2,21+; 9,14.21; 22,16). Com relação à atitude exterior na oração, cf. 1Cor 11,4-16; 1Tm 2,8.
d) Var. (Vulg.): "Sabemos que para os que amam a Deus, tudo concorre para o bem, para aqueles..."
e) Imagem de Deus na primeira criação (Cl 1,15+; cf. Hb 1,3), Cristo, pela nova criação (2Cor 5,17+), veio restituir à humanidade decaída o esplendor desta imagem divina que o pecado havia embaciado (Gn 1,26+; 3,22-24+; Rm 5,12+). Ele, imprimindo-lhe a imagem mais bela de Filho de Deus (aqui), que restabelece o "homem novo" na retidão do discernimento moral (Cl 3,10+), restitui-lhe o direito à glória que o pecado fizera perder (Rm 3,23+). Esta glória que Cristo possui como própria, sendo imagem de Deus (2Cor 4,4), penetra sempre mais no cristão (2Cor 3,18), até o dia em que o seu próprio corpo será dela revestido, à imagem do homem "celeste" (1Cor 15,49).
f) Deus tudo ordenou para a glória que ele destina a seus eleitos, glória para a qual são chamados à fé e justificados pelo batismo e da qual já estão como que revestidos por antecipação.

³⁷Mas em tudo isto somos mais que vencedores, graças àquele que nos amou. ³⁸Pois estou convencido de que nem a morte nem a vida, nem os anjos nem os principados, nem o presente nem o futuro, nem os poderes, ³⁹nem a altura, nem a profundeza,ᵃ nem qualquer outra criatura poderá nos separar do amor de Deus manifestado em Cristo Jesus, nosso Senhor.

*Situação e salvação de Israel*ᵇ

9 ¹Digo a verdade em Cristo, não minto, e disto me dá testemunho a minha consciência no Espírito Santo: ²tenho grande tristeza e dor incessante em meu coração. ³Quisera eu mesmo ser anátema,ᶜ separado de Cristo, em favor de meus irmãos, de meus parentes segundo a carne, ⁴que são os israelitas,ᵈ aos quais pertencem a adoção filial, a glória, as alianças, a legislação, o culto, as promessas, ⁵aos quais pertencem os patriarcas, e dos quais descende o Cristo, segundo a carne, que é, acima de tudo, Deus bendito pelos séculos!ᵉ Amém.

1. A PALAVRA DE DEUS NÃO FALHOUᶠ

⁶E não é que a palavra de Deus tenha falhado, pois nem todos os que descendem de Israel são Israel,ᵍ ⁷como nem todos os descendentes de Abraão são seus filhos, mas *de Isaac sairá uma descendência que terá teu nome*.

---

a) "poderes", "altura", "profundeza" designam sem dúvida as forças misteriosas do cosmo, mais ou menos hostis ao homem segundo a concepção dos antigos (cf. Ef 1,21; 3,18).
b) A afirmação da justificação pela fé levava Paulo a evocar a justiça de Abraão (cap. 4). Assim também a afirmação da salvação dada com o Espírito pelo amor de Deus o obriga a tratar (9-11) do caso de Israel, infiel, embora tenha recebido as promessas da salvação. Não se trata, pois, nesses capítulos, do problema da predestinação dos indivíduos à glória ou mesmo à fé, mas do problema referente ao papel histórico de Israel.
c) Isto é, objeto de maldição (cf. Js 6,17+ e Lv 27,28+).
d) Os verdadeiros descendentes de Jacó-Israel (Gn 32,29). Deste privilégio decorrem todos os outros: a adoção filial (Ex 4,22; cf. Dt 7,6+); a glória de Deus (Ex 24,16+), que habita no meio do povo (Ex 25,8+; Dt 4,7+; cf. Jo 1,14+); as alianças com Abraão (Gn 15,1+; 15,17+; 17,1+), com Jacó-Israel (Gn 32,29), com Moisés (Ex 24,7-8); o culto prestado ao único Deus verdadeiro; a Lei, expressão de sua vontade; as promessas messiânicas (2Sm 7,1+) e a pertença à raça de Cristo.
e) O contexto e o próprio movimento da frase supõem que a doxologia se refere a Cristo. Se raramente Paulo atribuiu a Jesus o título de "Deus" (cf. ainda Tt 2,13) e lhe dirige uma doxologia (cf. Hb 13,21), é porque ordinariamente reserva esse título ao Pai (cf. Rm 15,6 etc.) e encara as pessoas divinas menos no plano abstrato de sua natureza do que no plano concreto de suas funções na obra da salvação. Ademais, pensa sempre no Cristo histórico, na sua realidade concreta de Deus feito homem (cf. Fl 2,5+; Cl 1,15+). É por isso que o mostra subordinado ao Pai (1Cor 3,23; 11,3), tanto na obra da criação (1Cor 8,6), quanto na da restauração escatológica (1Cor 15,27s; cf. Rm 16,27 etc.). Entretanto, o título de *Kyrios*, que Cristo recebeu na ressurreição (Fl 2,9-11; cf. Ef 1,20-22; Hb 1,3s), não é nada menos que o título divino atribuído a Iahweh no AT (Rm 10,9 e 13; 1Cor 2,16). Para Paulo, Jesus é essencialmente o "Filho de Deus" (Rm 1,3s.9; 5,10; 8,29; 1Cor 1,9; 15,28; 2Cor 1,19; Gl 1,16; 2,20; 4,4.6; Ef 4,13; 1Ts 1,10; cf. Hb 4,14 etc.), seu "próprio Filho" (Rm 8,3.32), o "Filho de seu amor" (Cl 1,13), que pertence de direito ao mundo divino, de onde veio (1Cor 15,47), enviado por Deus (Rm 8,3; Gl 4,4). Se ele se revestiu de seu título de "Filho de Deus" de modo novo pela ressurreição (Rm 1,4+; cf. Hb 1,5; 5,5), não o recebeu neste momento, pois ele é preexistente, não só de modo escriturístico (1Cor 10,4), mas ontológico (Fl 2,6; cf. 2Cor 8,9). Ele é a Sabedoria (1Cor 1,24.30), a Imagem (2Cor 4,4) pela qual tudo foi criado (1Cor 8,6; Cl 1,15-17) e pela qual tudo é recriado (Rm 8,29; cf. Cl 3,10; 1,18-20), porque reuniu em sua pessoa a plenitude da divindade e do mundo (Cl 2,9+). É nele que Deus concebeu todo o seu plano de salvação (Ef 1,3s), e é o fim deste plano, do mesmo modo que o Pai (comp. com Rm 11,36; 1Cor 8,6; Cl 1,16.20). Se o Pai ressuscita os mortos e julga, Jesus também ressuscita (comp. com Rm 1,4+; 8,11+; Fl 3,21) e julga (comp. com Rm 2,16 e 1Cor 4,5; Rm 14,10 e 2Cor 5,10). Numa palavra, ele é uma das três Pessoas que aparecem associadas nas fórmulas trinitárias (2Cor 13,13+).
f) A seção é dividida em três partes: 1.º = 9,6-29; 2.º = 9,30-10,21 e 3.º = 11,1-32. Na parte 1, Paulo mostra que a situação de Israel não põe em questão o poder da justiça de Deus; é Israel (parte 2) que rejeitou a justiça divina anunciada pelo Evangelho de Jesus Cristo e se colocou nessa situação; mas (3) Deus o salvará, pois tal é seu desígnio misericordioso.
g) O "Israel de Deus" (Gl 6,16), herdeiro da Promessa, não se confunde com o "Israel segundo a carne" (1Cor 10,18).

⁸Isto é, não são os filhos da carne que são filhos de Deus, mas são os filhos da promessa que são tidos como descendentes. ⁹Pois os termos da promessa são estes: *Por esta época voltarei e Sara terá um filho*. ¹⁰E não é só. Também Rebeca, que concebera de um só, de Isaac nosso pai, ¹¹quando ainda não haviam nascido, e nada tinham feito de bem ou de mal —, a fim de que ficasse firme a liberdade da escolha de Deus, ¹²dependendo não das obras, mas daquele que chama — foi-lhe dito: *O maior servirá ao menor*, ¹³conforme está escrito: *Amei a Jacó e aborreci Esaú*.

Deus não é injusto — ¹⁴Que diremos então? Que há injustiça por parte de Deus? De modo algum. ¹⁵Pois ele diz a Moisés: *Farei misericórdia a quem fizer misericórdia e terei piedade de quem tiver piedade*. ¹⁶Não depende, portanto, daquele que quer, nem daquele que corre, mas de Deus, que faz misericórdia. ¹⁷Com efeito, a Escritura diz ao Faraó: *Eu te suscitei*ᵃ precisamente para mostrar em ti o meu poder e para que meu nome seja celebrado em toda a terra. ¹⁸De modo que ele faz misericórdia a quem quer e endurece a quem quer. ¹⁹Dir-me-ás então: por que ele ainda se queixa? Quem, com efeito, pode resistir à sua vontade?ᵇ ²⁰Mais exatamente, quem és tu, ó homem, para discutires com Deus? Acaso *a obra dirá ao artífice: Por que me fizeste assim?* ²¹O oleiro não pode formar da sua massa, seja um utensílio para uso nobre, seja outro para uso vil? ²²Ora,ᶜ se Deus, querendo manifestar sua ira e tornar conhecido seu poder, suportou com muita longanimidade os vasos de ira, prontos para a perdição, ²³a fim de que fosse conhecidaᵈ a riqueza da sua glória para com os vasos de misericórdia, preparados para a glória, ²⁴isto é, para conosco, que ele chamou não só dentre os judeus, mas também dentre as nações...ᵉ

A misericórdia de Deus — ²⁵Como também diz em Oseias:

Chamarei meu povo àquele
que não é meu povo
e amada àquela que não é amada.
²⁶*E acontecerá que no lugar*
onde lhes foi dito:
vós não sois meu povo,
lá serão chamados filhos do Deus vivo!

²⁷Isaías, por sua vez, proclama a respeito de Israel:ᵍ

Mesmo que o número dos filhos de Israel
fosse como a areia do mar,

---

a) Como o AT, Paulo atribui primeiramente à causalidade divina (acentuando até a expressão: "Eu te suscitei") as ações boas ou más dos homens (cf. 1,24s).

b) Assim, se a indocilidade do homem entra no desígnio de Deus, por que censurá-lo se ele não cumpre a vontade de Deus? Paulo já encontrara uma objeção análoga (3,7; 6,1.15) e a ela respondeu como aqui, desviando a questão. Deus é senhor de sua obra. Não tem sentido acusá-lo de injustiça (cf. Mt 20,15).

c) A todos os que eram considerados como indo para sua aniquilação, porque não escolhidos, Deus na realidade usa de misericórdia, por meio da fé. Nestes vv. 24-29, Paulo não sugere de modo nenhum que os israelitas que rejeitaram o Evangelho estão condenados à perdição, pois em Rm 9, o chamado ou o não chamado não estão ligados à resposta humana, positiva ou negativa (cf. os vv. 11s). Ele destaca ao contrário que os vasos destinados à ira, os pagãos idólatras, também foram objeto da misericórdia divina, a ponto de receber o estatuto de filhos e de filhas de Deus. Quanto aos vv. 27-29, insistem sobre o resto — para Paulo, são os judeus que acreditaram no Evangelho — cuja existência mostra que a palavra de Deus não falhou.

d) "a fim de que (fosse conhecida)"; var.: "e (tornou conhecida)".

e) A frase fica como que suspensa: "como falar neste caso de injustiça de Deus?" Com efeito, no fim tudo se ordena à salvação de uns e de outros (cf. 11,32).

f) Assim a história do próprio Israel, chamado por Deus apesar de suas infidelidades, torna-se o tipo do apelo das nações ao banquete messiânico, sem nenhum direito de sua parte.

g) Os textos escolhidos anunciam ao mesmo tempo a infidelidade de Israel e a volta de um "resto" (cf. Is 4,3+), depositário das promessas. Eles preparam assim o cap. 11.

o resto é que será salvo;
²⁸*porque, sem atrasos, sem demora,*
*o Senhor cumprirá sua palavra na terra.*ᵃ

²⁹E ainda como Isaías havia predito: ⟶ Is 1,9
Se o Senhor dos Exércitos
não nos tivesse preservado um germe,
teríamos ficado como Sodoma,
teríamos ficado como Gomorra.

2. AS RAZÕES DA SITUAÇÃO DE ISRAEL

³⁰Que diremos, então?ᵇ Que os gentios, sem procurar a justiça, alcançaram a justiça, isto é, a justiça da fé, ³¹ao passo que Israel, procurando uma lei de justiça, não conseguiu esta Lei.ᶜ ³²E por quê? Porque não a procurou pela fé, mas como se a conseguisse pelas obras. Esbarraram *na pedra de tropeço*, ³³conforme está escrito:
Eis que ponho em Sião uma pedra de tropeço,
uma rocha de escândalo;
mas quem nela crer não será confundido.

10,20; 11,7

Is 28,16; 8,14 1Pd 2,6-8 10,11

10 ¹Irmãos, o desejo do meu coração e a prece que faço a Deus em favor deles é que sejam salvos. ²Porque, lhes rendo testemunho de que têm zelo por Deus, mas não é zelo esclarecido.ᵈ ³Desconhecendo a justiça de Deus e procurando estabelecer a própria, não se sujeitaram à justiça de Deus. ⁴Porque a finalidade da Lei é Cristo para a justificação de todo o que crê. ⁵Moisés, com efeito, escreveu a respeito da justiça que provém da Lei: é *cumprindo-a que o homem vive por ela*; ⁶ao passo que a justiça que provém da féᵉ assim se exprime: *Não digas em teu coração: Quem subirá ao céu?* Isto é, para fazer descer Cristo, ⁷ou: *Quem descerá ao abismo?*ᶠ Isto é, para fazer Cristo levantar-se dentre os mortos. ⁸Mas o que diz ela? *Ao teu alcance está a palavra, em tua boca e em teu coração*; a saber, a palavra da fé que nós pregamos. ⁹Porque, se confessares com tua boca que Jesus é Senhor e creres em teu coração que Deus o ressuscitou dentre os mortos,ᵍ serás salvo. ¹⁰Pois quem crê de coração obtém a justiça, e quem confessa com a boca, a salvação. ¹¹Com efeito, a Escritura diz: *Quem nele crê não será confundido*. ¹²De sorte que não há distinção entre judeu e grego, pois ele é Senhor de todos, rico para todos os que o invocam. ¹³Porque *todo aquele que invocar o nome do Senhor será salvo*.

¹⁴Mas como poderiam invocar aquele em quem não creram?ʰ E como poderiam crer naquele que não ouviram? E como poderiam ouvir sem

Pr 19,2
Fl 3,9

Gl 3,24
9,30-31 +

3,21; 4
Lv 18,5 +
Gl 3,12 +
Dt 9,4;
30,12s
Sl 107,26
1Pd 3,19 +
Dt 30,14
Ecl 21,26
At 2,36 +
1Cor 12,3
1,4 +

Is 28,16
9,33;
1,16;
3,32-33
Jl 3,5
At 2,21 +

Hb 11,6
At 8,31

---

a) Uma var. (Vulg.) conforme a citação do texto dos LXX, *que Paulo resume.*
b) Esta conclusão introduz o assunto do cap. seguinte: as causas da infidelidade de Israel vistas não mais em Deus, mas no próprio Israel.
c) O que só o cristão pode fazer (3,31; 8,4; 10,4; cf. 7,7+; At 13,39); — "esta Lei"; var. (Vulg.): "a Lei de Justiça".
d) Como o de Paulo antes da conversão (At 22,3; Gl 1,14; Fl 3,6; cf. 1Tm 1,13).
e) O Dt resumia toda a Lei no preceito do amor, praticado pelo homem de "coração circunciso" (2,29; Dt 10,16; Jr 4,4; 9,25), uma circuncisão feita pelo próprio Deus (Dt 30,6), equivalente ao dom da lei "escrita no coração" (Jr 31,33). A "justiça da fé" assim estava anunciada: a "palavra da fé" está "no coração" (v. 8; Dt 30,14; cf. 3,27+; 8,2+), palavra ditada e realizada em nós pelo Espírito (8,4+).
f) Abismo do oceano em Dt 30,13; do Xeol, segundo a aplicação que Paulo faz desta passagem. Já o Targum evocava Moisés descendo do Sinai e Jonas subindo do abismo.
g) À adesão interior do "coração" corresponde a profissão de fé exterior, tal qual se realiza no batismo.
h) A argumentação, que se vale da Escritura, é clara: se Israel, no seu conjunto, de fato não invoca o nome

pregador? ¹⁵E como podem pregar se não forem enviados? Conforme está escrito: *Quão maravilhosos os pés dos que anunciam boas notícias.* ¹⁶Mas não obedeceram ao Evangelho. Diz, com efeito, Isaías: *Senhor, quem acreditou em nossa pregação?* ¹⁷Pois a fé vem da pregação e a pregação é pela palavra de Cristo.ᵃ ¹⁸Ora, eu digo: será que eles não ouviram? Entretanto, *pela terra inteira correu sua voz;*ᵇ *até os confins do mundo as suas palavras.* ¹⁹Mas, eu pergunto: Israel não teria entendido? Moisés já dizia: *Eu vos enciumarei de um povo que não é povo; contra um povo sem inteligência, excitarei vossa ira.*ᶜ ²⁰E Isaías ousa até dizer: *Fui encontrado por aqueles que não me procuram; tornei-me visível aos que não perguntam por mim.* ²¹E a Israel diz: *O dia todo estendi as mãos a um povo desobediente e rebelde.*ᵈ

3. DEUS NÃO REJEITOU SEU POVO E O SALVARÁ

11 *O resto de Israel já é uma prova* — ¹Pergunto, então:ᵉ *Não teria Deus, porventura, repudiado seu povo?* De modo algum! Pois eu também sou israelita, da descendência de Abraão, da tribo de Benjamim. ²Não repudiou Deus o seu povo que de antemão conhecera. Ou não sabeis o que diz a Escritura a propósito de Elias, como ele interpela a Deus contra Israel? ³*Senhor, eles mataram teus profetas, arrasaram teus altares; só fiquei eu e querem tirar-me a vida.* ⁴Mas que lhe responde o oráculo divino? *Reservei para mim sete mil homens que não dobraram o joelho a Baal.* ⁵Assim também no tempo atual constituiu-se um resto segundo a eleição da graça. ⁶E se é por graça, não é pelas obras; do contrário, a graça não é mais graça.

⁷Que concluir? Aquilo a que tanto aspira, Israel não conseguiu: conseguiram-no, porém, os escolhidos. E os demais ficaram endurecidos. ⁸Como está escrito:

Deu-lhes Deus um espírito de torpor,
olhos para não verem,
ouvidos para não ouvirem, até o dia de hoje.

⁹Diz também Davi:

Que sua mesaᶠ se transforme em cilada,
em armadilha, em motivo de tropeço e justa paga.
¹⁰*Que seus olhos fiquem escuros para não ver*
e faze que eles tenham sempre seu dorso encurvado.

¹¹Então, pergunto: teriam eles tropeçado para cair?ᵍ De modo algum! Mas da sua queda resultou a salvação dos gentios,ʰ para lhes excitar o ciúme. ¹²E se a sua queda reverte em riqueza para o mundo e o seu esvaziamento em riqueza para os gentios, quanto maior fruto não dará a sua totalidade!ⁱ

---

do Senhor, é porque se mostrou rebelde à luz que lhe foi proposta.
a) Var.: "palavra de Deus".
b) A voz dos pregadores do Evangelho.
c) A alusão ao ciúme de Israel prepara 11,11.14.
d) O texto original hebraico visa nos dois casos (vv. 20 e 21) ao povo judaico, mas no primeiro trata-se de Israel que "não invoca mais o nome Iahweh", e *por isso se encontra na mesma situação dos gentios.* A versão grega, que em Is 65,1 fala de uma "nação", não de um "povo" como em Is 65,2, torna mais fácil a aplicação aos gentios.
e) A mesma fórmula que acusava Israel (10,18.19) anuncia agora sua salvação (idem no v. 11). O povo infiel (10,21) não é rejeitado (11,2). O "resto" (Is 4,3+), que o representa temporariamente, é o penhor da restauração futura.
f) Paulo parece fazer alusão ao altar dos sacrifícios do Templo de Jerusalém.
g) Ou: "Será que tropeçaram de modo a cair (sem esperança de levantar-se)?"
h) A atual incredulidade dos judeus não é mais que um "passo em falso", permitido para a conversão dos gentios (9,22+; 11,12.19.25.30) e, por fim, para sua própria conversão: é para sua salvação que Deus os tornará "ciumentos" (10,19) em relação aos gentios.
i) O termo grego *héttema* conota ao mesmo tempo a diminuição (aspecto quantitativo) e a inferioridade,

¹³E a vós, nações,ᵃ eu digo: enquanto apóstolo das nações, eu honro o meu ministério, ¹⁴na esperança de provocar o ciúme dos de meu sangue e de salvar alguns deles. ¹⁵Pois se sua rejeiçãoᵇ resultou na reconciliação do mundo, o que será seu acolhimento senão a vida que vem dos mortos?ᶜ

A oliveira silvestre e a oliveira cultivada
¹⁶E se as primícias são santas, a massa também o será;ᵈ e se a raiz é santa, os ramos também o serão. ¹⁷E se alguns dos ramos foram cortados, e tu, oliveira silvestre,ᵉ foste enxertada entre eles,ᶠ para te beneficiares com elesᵍ da seiva da oliveira, ¹⁸não te vanglories contra os ramos; e se te vanglorias, saibas que não és tu que sustentas a raiz, mas a raiz sustenta a ti. ¹⁹Porém, dirás: Foram cortados os ramos para que eu fosse enxertada. ²⁰Muito bem! Eles foram cortados pela incredulidade e tu estás firme pela fé; não te ensoberbeças, mas teme, ²¹porque se Deus não poupou os ramos naturais, nem a ti poupará.ʰ ²²Vê então a bondade e a severidade de Deus: a severidade para com os que caíram, e a bondade de Deus para contigo, se perseverares na bondade; do contrário, também tu serás cortada. ²³E eles, se não permanecerem na incredulidade, serão enxertados, pois Deus é capaz de os enxertar novamente. ²⁴Com efeito, se tu foste cortado da oliveira silvestre por natureza e, contra a natureza, foste enxertado na oliveira cultivada, com maior razão os ramos naturais serão enxertados na oliveira a que pertencem.

Ef 2,11-22

3,27 +;
5,2 +
1Cor 1,31

Jr 49,12
Lc 23,31

A salvação de todo Israel
²⁵Não quero que ignoreis, irmãos, este mistério, para que não *vos tenhais na conta de sábios*: o endurecimento atingiu uma parte de Israel até que chegue a plenitude das nações,ⁱ ²⁶e assim todo Israel será salvo, conforme está escrito:ʲ

De Sião virá o libertador
e afastará as impiedades de Jacó,
²⁷*e esta será minha aliança com eles,*
quando eu tirar seus pecados.

16,25 +
Pr 3,7
11,11 +
Is 59,20-21

Is 27,9

o revés (aspecto qualitativo); o mesmo para *pléroma* (totalidade e plenitude). O contexto próximo mostra que Paulo joga com uma e outra conotação.
a) Isto é, os cristãos provindos das "nações", os gentios convertidos. Assim, mesmo como apóstolo dos pagãos, Paulo trabalha para a salvação de seus irmãos de sangue ("os de meu sangue", lit.: "minha carne").
b) O termo grego *apobolé* tem diversas nuanças: rejeição, posto de lado, defecção, perda. O primeiro sentido não convém, pois o primeiro versículo do capítulo diz que Deus não rejeitou seu povo. Alguns interpretam a expressão como se Israel fosse o seu sujeito (sua rejeição do *Evangelho*), mas o contexto não favorece esta solução. As outras nuanças convêm, à medida que *elas não estão em contradição com 11,1-2*. O importante é ver que Paulo não insiste sobre a rejeição como tal: ela é com efeito provisória e serve paradoxalmente ao desígnio salvífico de Deus pela humanidade inteira, Israel e as Nações.
c) Fórmula diversamente interpretada. Se a conversão dos gentios for comparada à primeira fase da obra redentora, a reconciliação do mundo, a de Israel constituirá tal benefício que não pode ser comparada a não ser com a segunda, a ressurreição final que Paulo teria então em vista. Todavia ele não disse que a conversão de Israel deva preceder imediatamente a ressurreição geral. — Outros traduzem: "uma vida que sai dos mortos". Fazer voltar da morte para a vida é prazer particularmente maravilhosa, reservada ao poder de Deus (cf. 4,17+; 2Cor 1,9).
d) A futura conversão de Israel claramente afirmada (vv. 11-15), antecipando as declarações ainda mais explícitas dos vv. 25-26, prova que a porção fiel realiza plenamente a noção de "resto", sinal indubitável de restauração para toda a nação; mas disto resulta também que a própria parte infiel permanece solidária à parte fiel e participa de algum modo da sua santidade, como uma massa que fica toda consagrada pela oferta das primícias (Nm 15,19-21).
e) O gentio tornado cristão.
f) Ou: "no lugar deles".
g) Ad.: "da raiz e".
h) "nem a ti pouparás"; var.: "toma cuidado, pois ele não te poupa".
i) Paulo visa sempre às coletividades: o bloco do mundo judaico e o conjunto do mundo gentílico.
j) O AT anunciava a completa purificação de Israel como consequência da vinda do Messias. Paulo ensina como um "mistério" (v. 25) que esta profecia, já cumprida parcialmente na conversão dos gentios, implica também a conversão do povo judeu.

⁲⁸Quanto ao Evangelho, eles são inimigos por vossa causa; mas quanto à Eleição,ᵃ eles são amados, por causa de seus pais. ²⁹Porque os dons e o chamado de Deus são sem arrependimento. ³⁰Com efeito, como vós outrora fostes desobedientes a Deus e agora obtivestes misericórdia, graças à desobediência deles, ³¹assim também eles agora são desobedientes graças à misericórdia exercida para convosco, a fim de que eles também obtenham misericórdia no tempo presente. ³²Deus encerrou todos na desobediência para a todos fazer misericórdia.

Conclusão hínica — ³³Ó abismo da riqueza, da sabedoria e da ciência de Deus! Como são insondáveis seus juízos e impenetráveis seus caminhos!
³⁴*Quem, com efeito, conheceu o pensamento do Senhor?*
Ou quem se tornou seu conselheiro?
³⁵*Ou quem primeiro lhe fez o dom*
para receber em troca?
³⁶Porque tudo é dele, por ele e para ele. A ele a glória pelos séculos! Amém.

A resposta dos crentes

12 *O culto espiritual*ᵇ — ¹Exorto-vos, portanto, irmãos, pela misericórdia de Deus, a que ofereçais vossos corpos como sacrifício vivo, santo e agradável a Deus: este é o vosso culto espiritual.ᶜ ²E não vos conformeis com este mundo, mas transformai-vos, renovando a vossa mente, a fim de poderdes discernir qual é a vontade de Deus, o que é bom, agradável e perfeito.

Humildade e caridade na comunidade — ³Em virtude da graça que me foi concedida, eu peço a todos e a cada um de vós que não tenha de si mesmo um conceito mais elevado do que convém, mas uma justa estima, ditada pela sabedoria, de acordo com a medida da féᵈ que Deus dispensou a cada um. ⁴Pois assim como num só corpo temos muitos membros, e os membros não têm todos a mesma função, ⁵de modo análogo, nós somos muitos e formamos um só corpo em Cristo, sendo membros uns dos outros.ᵉ ⁶Tendo, porém, dons diferentes, segundo a graça que nos foi dada, aquele que tem o dom da profecia, que o exerça segundo a proporção da nossa fé;ᶠ ⁷aquele que tem o dom do serviço, o exerça servindo; quem o do ensino, ensinando; ⁸quem o da exortação, exortando. Aquele que distribui seus bens, que o faça com simplicidade; aquele que preside, com diligência; aquele que exerce misericórdia, com alegria.

---

a) "Evangelho" e "Eleição" designam as duas grandes etapas da história da salvação: depois e antes de Cristo. Após Cristo, que eles recusaram, os judeus tornaram-se inimigos de Deus e isto Deus o permitiu para favorecer a conversão dos gentios (cf. 9,22+; 11,11+); mas eles continuam objeto da predileção especial que Deus manifestou a seus pais antes de Cristo, no tempo em que seu povo era o único depositário da eleição.
b) A comunidade cristã sucede ao Templo de Jerusalém (Sl 2,6+; 40,9+), e o Espírito que nela habita torna mais intensa a presença de Deus no meio do *povo santo* (1Cor 3,16-17; 2Cor 6,16; Ef 2,20-22). Ele inspira assim novo culto espiritual (Rm 1,9+; 12,1), pois os fiéis são os membros de Cristo (1Cor 6,15-20) que, em seu corpo crucificado e ressuscitado, tornou-se o lugar da presença nova de Deus e do culto novo (Mt 12,6-7; 26,61p+; 27,40p; Jo 2,19-22+; 4,20-21; At 6,13-14; 7,48; Hb 10,4-10+; Ap 21,22+).
c) O adjetivo *espiritual* traduz o grego *logikós*: "eloquente", "razoável", "lógico". Paulo indica ao mesmo tempo que a oferta de si é verdadeira e que responde adequadamente ao próprio dom de Deus descrito nos capítulos 1-11.
d) A fé é aqui considerada no florescimento dos dons espirituais distribuídos por Deus aos membros da comunidade cristã, para assegurar sua vida e seu desenvolvimento.
e) A fórmula empregada sublinha menos a identificação de todos os cristãos com Cristo (1Cor 12,27) do que a sua dependência mútua.
f) Ou: "segundo a norma de fé" (cf. 1Cor 12,3, onde a "confissão de fé" constitui o sinal da autenticidade dos carismas).

⁹Que vosso amor seja sem hipocrisia, detestando o mal e apegados ao bem; ¹⁰com amor fraterno, tendo carinho uns para com os outros, cada um considerando os outros como mais digno de estima.*ᵃ* ¹¹Sede diligentes, sem preguiça, fervorosos de espírito, servindo ao Senhor,*ᵇ* ¹²alegrando-vos na esperança, perseverando na tribulação, assíduos na oração, ¹³tomando parte nas necessidades dos santos, buscando proporcionar a hospitalidade.

Caridade para com todos os homens, mesmo para com os inimigosᶜ —
¹⁴Abençoai os que vos perseguem; abençoai e não amaldiçoeis. ¹⁵Alegrai-vos com os que se alegram, chorai com os que choram. ¹⁶Tende a mesma estima uns pelos outros, sem pretensões de grandeza, mas sentindo-vos solidários com os mais humildes: *não vos deis ares de sábios*. ¹⁷A ninguém pagueis o mal com o mal; *seja vossa preocupação fazer o que é bom para* todos *os homens*, ¹⁸procurando, se possível, viver em paz com todos, por quanto de vós depende. ¹⁹Não façais justiça por vossa conta, caríssimos, mas dai lugar à ira,*ᵈ* pois está escrito: *A mim pertence a vingança, eu é que retribuirei*, diz o Senhor. ²⁰Antes, *se o teu inimigo tiver fome, dá-lhe de comer, se tiver sede, dá-lhe de beber. Agindo desta forma estarás acumulando brasas sobre a cabeça dele.ᵉ* ²¹Não te deixes vencer pelo mal, mas vence o mal com o bem.

13 *Submissão aos poderes civisᶠ* —
¹Cada um se submeta às autoridades constituídas,*ᵍ* pois não há autoridade que não venha de Deus, e as que existem foram estabelecidas por Deus. ²De modo que aquele que se revolta contra a autoridade, opõe-se à ordem estabelecida por Deus. E os que se opõem atrairão sobre si a condenação. ³Os que governam incutem medo quando se pratica o mal, não quando se faz o bem. Queres então não ter medo da autoridade? Pratica o bem e dela receberás elogios, ⁴pois ela é instrumento de Deus para te conduzir ao bem. Se, porém, praticares o mal, teme, porque não é à toa que ela traz a espada: ela é instrumento de Deus para fazer justiça e punir*ʰ* quem pratica o mal. ⁵Por isso é necessário submeter-se não somente por temor do castigo, mas também por dever de consciência. ⁶É também por isso que pagais impostos, pois os que governam são servidores de Deus, que se desincumbem com zelo do seu ofício. ⁷Dai a cada um o que lhe é devido: o imposto a quem é devido; a taxa a quem é devida; a reverência a quem é devida; a honra a quem é devida.

A caridade, resumo da Lei — ⁸Não devais nada a ninguém, a não ser o amor mútuo, pois quem ama o outro cumpriu a Lei.*ⁱ* ⁹De fato, os preceitos: *Não cometerás adultério, não matarás, não furtarás,ʲ não cobiçarás*, e todos os outros se resumem nesta sentença: *Amarás o teu próximoᵏ como a ti mesmo*. ¹⁰A caridade não pratica o mal contra o próximo. Portanto, a caridade é a plenitude da Lei.

---

a) Ou: "antecipai-vos uns aos outros nas manifestações de apreço".
b) "servindo ao Senhor"; var.: "atentos à ocasião oportuna".
c) O horizonte alarga-se e estende-se a toda a humanidade, sobretudo a partir do v. 17.
d) Sem dúvida a ira divina que reserva para si a punição do pecado.
e) O cristão "se vinga" de seus inimigos fazendo-lhes o bem. A imagem das brasas, símbolo de dor pungente, designa o remorso que levará o pecador ao arrependimento.
f) Paulo afirma aqui o princípio da origem divina do poder, supondo-o naturalmente legítimo e exercido para o bem. Assim a religião cristã penetra, além da vida moral (12,1), a própria vida civil (13,1-7). Paulo não falará de maneira diversa após as primeiras perseguições (Tt 3,1; 1Tm 2,1-2).
g) Lit.: "que estão acima de nós".
h) Lit.: "para a ira".
i) Parece tratar-se da lei em geral e não somente da lei mosaica.
j) Ad. (Vulg.): "não levantarás falso testemunho".
k) O próximo não é mais, como no Lv, o membro do próprio povo, mas todo membro da família humana, unificada em Cristo (Gl 3,28; Mt 25,40).

O cristão é filho da luz — ⁱⁱTanto mais que sabeis em que tempo*ª* vivemos: já chegou a hora de acordar, pois nossa salvação está mais próxima agora do que quando abraçamos a fé. ¹²A noite avançou e o dia se aproxima. Portanto, deixemos*ᵇ* as obras das trevas e vistamos a armadura da luz. ¹³Como de dia, andemos decentemente; não em orgias e bebedeiras, nem em devassidão e libertinagem, nem em rixas e ciúmes. ¹⁴Mas vesti-vos do Senhor Jesus Cristo e não procureis satisfazer os desejos da carne.

14 **Caridade para com os "fracos"** — ¹Acolhei o fraco na fé*ᶜ* sem querer discutir suas opiniões. ²Um acha que pode comer de tudo, ao passo que o fraco só come verdura. ³Quem come não despreze aquele que não come; e aquele que não come não condene aquele que come; porque Deus o acolheu. ⁴Quem és tu que julgas o servo alheio? Que ele fique em pé ou caia, isso é com seu senhor; mas ele ficará em pé, porque o Senhor tem o poder de o sustentar. ⁵Há quem faça diferença entre dia e dia e há quem ache todos os dias iguais: cada qual siga sua convicção. ⁶Aquele que distingue os dias, é para o Senhor que os distingue, e aquele que come, é para o Senhor que o faz, porque ele dá graças a Deus. E aquele que não come, é para o Senhor que não come, e ele também dá graças a Deus. ⁷Pois ninguém de nós vive e ninguém morre para si mesmo, ⁸porque se vivemos é para o Senhor que vivemos, e se morrermos é para o Senhor que morremos. Portanto, quer vivamos, quer morramos, pertencemos ao Senhor. ⁹Com efeito, Cristo morreu e reviveu para ser o Senhor dos mortos e dos vivos. ¹⁰Por que julgas teu irmão? E tu, por que o desprezas? Pois todos nós compareceremos ao tribunal de Deus.*ᵈ* ¹¹Com efeito, está escrito:

Por minha vida, diz o Senhor,
todo joelho se dobrará diante de mim
e toda língua dará glória a Deus.

¹²Assim, cada um de nós prestará contas a Deus de si próprio.
¹³Deixemos, portanto, de nos julgar uns aos outros; cuidai antes de não colocar tropeço ou escândalo diante de vosso irmão. ¹⁴Eu sei e estou convencido no Senhor Jesus que nada é impuro em si. Alguma coisa só é impura para quem a considera impura. ¹⁵Entretanto,*ᵉ* se por causa de um alimento teu irmão fica contristado,*ᶠ* já não procedes com amor. Não faças perecer por causa do teu alimento alguém pelo qual Cristo morreu!

¹⁶Que o vosso bem*ᵍ* não se torne alvo de injúrias, ¹⁷porquanto o Reino de Deus não consiste em comida e bebida, mas é justiça, paz e alegria no Espírito Santo. ¹⁸Quem desta maneira serve a Cristo, torna-se agradável a Deus e apro-

---

a) Esta consideração é um dos fundamentos da moral paulina. O "tempo" (*kairós*), parece designar a era "escatológica", aquela que a Bíblia denominava "os últimos dias", inaugurada pela morte e ressurreição de Cristo e coextensiva ao tempo da Igreja militante, ao tempo da salvação (2Cor 6,2+; cf. At 1,7+); ela se opõe ao período precedente mais pela diferença de natureza do que pela simples sucessão temporal. O cristão, desde agora "filho da luz", liberto do mundo mau (Gl 1,4) e do império das trevas, toma parte no Reino de Deus e do seu Filho (Cl 1,13); ele já é cidadão dos céus (Fl 3,20). Esta "situação" nova dirige toda á moral (cf. 6,3s).
b) "deixemos"; lit.: "despojemos"; var.: "rejeitemos".
c) Trata-se de cristãos cuja fé, insuficientemente esclarecida, não lhes dá convicções bastante firmes para agir com consciência segura (vv. 2.5.22). Eles se julgavam obrigados, em certos dias (v. 5), talvez de modo permanente (v. 21), a abster-se de carne ou de vinho (vv. 2.21): práticas ascéticas conhecidas no mundo gentílico (pitagóricos) e no mundo judaico (essênios, João Batista). Paulo dá a mesma regra geral de conduta como no caso análogo de 1Cor 8; 10,14-33: cada qual deve agir "para o Senhor" segundo sua consciência (vv. 5-6), desde que não seja duvidosa (v. 23); mas, sobretudo, seja a caridade a dirigir a conduta dos "fortes" (vv. 1.15.19-21 e 15,1-13).
d) O único que conhece o segredo dos corações (cf. 2,16; 1Cor 4,3s).
e) "Entretanto"; var.: "Com efeito".
f) Sucumbindo ao escândalo, ou simplesmente vendo seu irmão cometer uma ação que ele reprova.
g) A expressão designa provavelmente a liberdade cristã (6,15+), da qual se valiam os fortes, mas que era interpretada de forma tendenciosa (cf. 3,8+).

vado pelos homens. ¹⁹Procuremos, portanto, o que favoreça a paz e a mútua edificação. ²⁰Não destruas a obra de Deus*ᵃ* por uma questão de comida. Tudo é puro, é verdade, mas faz mal o homem que se alimenta dando escândalo.*ᵇ* ²¹É bom se abster de carne, de vinho e de tudo o que seja causa de tropeço, de queda ou de enfraquecimento para teu irmão. ²²A fé esclarecida que tens, guarda-a*ᶜ* para ti diante de Deus.*ᵈ* Feliz aquele que não se condena na decisão que toma. ²³Mas quem duvida e assim mesmo toma o alimento é condenado, porque não procede de boa fé.*ᵉ* Pois tudo o que não procede da boa fé é pecado.

Tt 1,15
1Cor 8,13
1Cor 8,7

15

¹Nós, os fortes, devemos carregar as fragilidades dos fracos e não buscar a nossa própria satisfação. ²Cada um de nós procure agradar ao próximo, em vista do bem, para edificar. ³Pois também Cristo não buscou sua própria satisfação, mas, conforme está escrito: *Os insultos dos que te injuriaram caíram sobre mim.* ⁴Ora tudo o que se escreveu no passado é para nosso ensinamento que foi escrito, a fim de que, pela perseverança e pela consolação que nos proporcionam as Escrituras, tenhamos a esperança.

Gl 6,2
1Cor 9,22
1Cor 10,33
14,19
1Cor 8,1
1Cor 13,5
Sl 69,10
1Cor 10,6 +
2Tm 3,16
1Mc 12,9
2Mc 15,9

⁵O Deus da perseverança e da consolação vos conceda terdes os mesmos sentimentos*ᶠ* uns para com os outros, a exemplo de Cristo Jesus, ⁶a fim de que, de um só coração e de uma só voz, glorifiqueis o Deus e Pai de nosso Senhor Jesus Cristo.

Fl 2,2s

⁷Acolhei-vos, portanto, uns aos outros, como também Cristo vos acolheu, para a glória de Deus. ⁸Pois eu vos asseguro que Cristo se fez ministro dos circuncisos para honrar a fidelidade de Deus, no cumprimento das promessas feitas aos patriarcas; ⁹ao passo que as nações glorificam a Deus pondo em realce a sua misericórdia,*ᵍ* segundo está escrito:

Mt 15,24
At 3,25-26

Pelo quê eu te confessarei entre as nações
e salmodiarei o teu nome.

Ex 34,6
Sl 18,50

¹⁰Diz ainda:

Dt 32,43

Nações, exultai junto com seu povo.

¹¹E ainda:

Nações todas, louvai o Senhor,
e que todos os povos o celebrem.

Sl 117,1

¹²Isaías, por sua vez, acrescenta:
Surgirá o rebento de Jessé,
aquele que se levanta para reger as nações.
Nele as nações depositarão a sua esperança.

Is 11,10

¹³Que o Deus da esperança vos cumule de toda alegria e paz em vossa fé, a fim de que pela ação do Espírito Santo*ʰ* a vossa esperança transborde.

---

a) A própria pessoa do fraco (v. 15), ou a comunidade cristã (cf. 1Cor 3,9).
b) Lit.: "com escândalo", isto é, segundo o contexto (v. 21, que trata dos deveres do "forte"), provocando-o. — Outros interpretam: "suportando-o" (cf. v. 14).
c) Var.: "Tens uma convicção? Guarda-a".
d) Esta "fé" corresponde à verdade; ela vale diante de Deus. Mas a caridade é princípio superior.
e) "boa fé", lit.: "fé", mas aqui no sentido de retidão de consciência (cf. 14,1+). — Outras traduções: "porque ele não age por convicção", ou: "porque sua ação não se inspira numa convicção de fé".
f) De agradar a seu próximo. — Outras traduções:

"(vos conceda) viver em bom entendimento", "estar de acordo entre vós".
g) Acolhendo os gentios, Cristo buscou a glória de Deus, mas limitando-se durante a sua vida mortal à evangelização de Israel (cf. Mt 15,24), testemunhou sobretudo a fidelidade de Deus às suas promessas, deixando, por assim dizer, aos gentios convertidos serem testemunhas vivas da misericórdia divina. Que eles, por sua vez, sejam misericordiosos para com seus irmãos (cf. 12,1 e a nota).
h) Cláusula que retoma os temas centrais da parte dogmática da carta: a fé como fonte de justificação, e a esperança da salvação como fonte de paz e fruto do Espírito.

Epílogo

O ministério de Paulo — ¹⁴Pessoalmente estou convicto, irmãos, de que estais cheios de bondade e repletos de todo conhecimento e em grau de vos poder admoestar mutuamente. ¹⁵Contudo, vos escrevi,ᵃ e em parte com certa ousadia, mais no sentido de avivar a vossa memória, em virtude da graça que me foi concedida por Deus ¹⁶de ser ministro de Cristo Jesus junto às nações, a serviço do Evangelhoᵇ de Deus, a fim de que as nações se tornem oferta agradável, santificada pelo Espírito Santo.

¹⁷Tenho, portanto, de que me gloriar em Cristo Jesus, naquilo que se refere a Deus, ¹⁸pois não ousaria falar de coisas que Cristo não tivesse realizado por meio de mim para obter a obediência das nações, em palavra e ações, ¹⁹pela força de sinais e prodígios, na força do Espírito de Deus: como, desde Jerusalém e arredores até a Ilíria,ᶜ eu levei a termo o anúncio do Evangelho de Cristo, ²⁰fazendo questão de anunciar o Evangelho onde o nome de Cristo ainda não era conhecido, para não construir sobre alicerces lançados por outros, ²¹mas, conforme está escrito:

Vê-lo-ão aqueles a quem não foi anunciado,
e conhecê-lo-ão aqueles que dele não ouviram falar.

Projetos de viagem — ²²Foi justamente isto que sempreᵈ me impediu de chegar a vós. ²³Agora, porém, não tendo mais campo para meu trabalho nestas regiõesᵉ e desejando há muitos anos chegar a vós, ²⁴irei quando for para a Espanha. Espero ver-vos na minha passagem e ser por vós encaminhado para lá, depois de ter saboreado um pouco a alegria de vossa presença. ²⁵Mas agora vou a Jerusalém, a serviço dos santos. ²⁶A Macedônia e a Acaia houveram por bem participar de alguma forma das necessidades dos santos de Jerusalém que estão na pobreza. ²⁷Houveram por bem, é verdade, mas eles lhes eram devedores: porque se as nações participaram dos seus bens espirituais, devem, por sua vez, servi-los nas coisas temporais. ²⁸Quando, pois, tiver resolvido este encargo e tiver entregue oficialmenteᶠ o fruto da coleta, passarei por vós a caminho da Espanha. ²⁹Tenho certeza de que, indo a vós, irei com a plenitude da bênção de Cristo.

³⁰Contudo, peço-vos, irmãos, por nosso Senhor Jesus Cristo, e pelo amor do Espírito, que luteis comigo, nas orações que fazeis a Deus por mim,ᵍ ³¹a fim de que possa escapar das mãos dos incrédulos da Judeia, e para que o meu serviço em favor de Jerusalém seja bem aceito pelos santos. ³²Assim, se Deus quiser, poderei visitar-vos na alegria e repousar junto de vós. ³³Que o Deus da paz esteja com todos vós! Amém.

16ʰ **Recomendações e saudações** — ¹Recomendo-vos Febe, nossa irmã,ⁱ diaconisa da igreja de Cencreia, ²para que a recebais no Senhor de modo digno, como convém a santos, e a assistais em tudo o que ela de vós precisar, porque também ela ajudou a muitos, a mim inclusive.

---

a) Paulo se escusa mais uma vez por escrever a uma igreja que ele não fundou (cf. 1,5-6.13).
b) Lit.: "desempenhando função cultual". Com efeito, mais que simples vida cristã (12,1; cf. Fl 2,17), o apostolado é ainda liturgia (cf. 1,9+) em que o apóstolo — mais exatamente Cristo por meio dele (v. 18) — oferece os homens a Deus.
c) Os dois pontos extremos do apostolado de Paulo até esta data, visto que o segundo fica incluído ou excluído, de acordo com as interpretações.
d) "sempre"; var.: "muitas vezes".
e) Não quer dizer que todas as nações estejam convertidas; mas a tarefa de Paulo é colocar os fundamentos, deixando aos discípulos o cuidado de continuar a obra (cf. 1Cor 3,6.10; Cl 1,7 etc.).
f) Lit.: "selado".
g) Paulo pede frequentemente a seus fiéis que rezem por ele (cf. Rm 8,27+). A respeito da oração concebida como luta com Deus, veja os exemplos de Abraão (Gn 18,17s), de Jacó (Gn 32,29), de Moisés (Ex 32,11-14.30-32; Dt 9,18.25) e do Evangelho (Lc 11,1-8; Mc 7,24-30).
h) Discute-se se este capítulo pertence ou não à carta primitiva (cf., na Introdução às epístolas de são Paulo, a parte referente à epístola aos Romanos).
i) Certamente a portadora da carta.

³Saudai Prisca e Áquila, meus colaboradores em Cristo Jesus, ⁴que para salvar minha vida expuseram a cabeça.ᵃ Não somente eu lhes devo gratidão, mas também todas as igrejas da gentilidade. ⁵Saudai também a igreja que se reúne em sua casa.

Saudai meu amado Epêneto, primícias da Ásia para Cristo.ᵇ ⁶Saudai Maria, que muito fez por vós. ⁷Saudai Andrônico e Júnia, meus parentes e companheiros de prisão,ᶜ apóstolos exímios que me precederam na fé em Cristo. ⁸Saudai Amplíato, meu dileto amigo no Senhor. ⁹Saudai Urbano, nosso colaborador em Cristo, e meu amado Estáquis. ¹⁰Saudai Apeles, homem provado em Cristo. Saudai os da casa de Aristóbulo. ¹¹Saudai Herodião, meu parente. Saudai os da casa de Narciso no Senhor. ¹²Saudai Trifena e Trifosa, que se afadigaram no Senhor. Saudai a querida Pérside, que muito se afadigou no Senhor. ¹³Saudai Rufo,ᵈ esse eleito do Senhor, e sua mãe, que é também minha. ¹⁴Saudai Asíncrito, Flegonte, Hermes, Pátrobas, Hermas e os irmãos que estão com eles. ¹⁵Saudai Filólogo e Júlia, Nereu e sua irmã, e Olimpas, e todos os santos que estão com eles. ¹⁶Saudai-vos uns aos outros com o ósculo santo. Todas as igrejas de Cristo vos saúdam.ᵉ

Advertência. Primeiro pós-escrito — ¹⁷Rogo-vos, entretanto, irmãos, que estejais alerta contra os provocadores de dissensões e escândalos contrários ao ensinamento que recebestes.ᶠ Evitai-os. ¹⁸Porque esses tais não servem a Cristo, nosso Senhor, mas ao próprio ventre, e com palavras melífluas e lisonjeiras seduzem os corações simples. ¹⁹Vossa obediência tornou-se conhecida de todos e sois para mim motivo de alegria. Mas desejo que sejais sábios para o bem e sem malícia para o mal. ²⁰Pois o Deus da paz não tardará em esmagar Satanás debaixo de vossos pés. Que a graça de nosso Senhor Jesus Cristo esteja convosco!ᵍ

Últimas saudações. Segundo pós-escrito — ²¹Saúda-vos Timóteo, meu colaborador, e também Lúcio, Jasão e Sosípatro, meus parentes. ²²Eu, Tércio, que escrevi esta carta, saúdo-vos no Senhor. ²³Saúda-vos Gaio, que hospeda a mim e a toda a igreja. Saúda-vos Erastro, administrador da cidade, e o irmão Quarto.[²⁴]

Doxologiaʰ — ²⁵Àquele que tem o poder de vos confirmarⁱ
segundo o meu evangelho
e a mensagem de Jesus Cristo
— revelação de mistérioʲ

a) Sem dúvida, em Éfeso, seja durante o tumulto narrado em At 19,23s, seja quando da prisão a que o Apóstolo aí foi submetido (cf. v. 7); veja a Introdução.
b) Provavelmente o primeiro convertido da província da Ásia.
c) Paulo já havia sofrido várias prisões (cf. 2Cor 11,23). Andrônico e Júnia são apóstolos em sentido lato (Rm 1,1+).
d) Talvez o filho de Simão de Cirene (Mc 15,21).
e) A fórmula, insólita em são Paulo, demonstra a veneração que ele devota à igreja de Roma.
f) Esta brusca admoestação lembra Gl 6,12-17. Trata-se talvez dos pregadores judaizantes (cf. Gl 5,7-12 e sobretudo Fl 3,18-19).
g) Om.: "Que a graça...". Em alguns documentos (Vulg.) esta fórmula (ad.: "todos") vem após o v. 23 ou o v. 27.
h) A doxologia, colocada aqui pela maioria dos documentos, encontra-se, em alguns deles, no final do cap. 15 ou do cap. 14; outros a omitem. Desta forma solene (cf. Ef 3,20; Jd 24-25), Paulo retoma os temas essenciais da carta.
i) Na doutrina e na prática da vida cristã (cf. 1,11; 1Ts 3,2.13; 2Ts 2,17; 3,3; 1Cor 1,8; 2Cor 1,21; Cl 2,7).
j) Esta ideia de um "segredo" cheio de sabedoria (v. 27; 1Cor 2,7; Ef 3,9; Cl 2,2-3), há muito tempo escondido em Deus e hoje revelado (v. 25; 1Cor 2,7.10; Ef 3,5.9s; Cl 1,26), é tomada por Paulo da apocalíptica judaica (Dn 2,18-19+), mas ele a aprofunda aplicando-a ao plano da salvação na sua fase suprema: a salvação operada pela cruz de Cristo (1Cor 2,8), o apelo dos gentios a essa salvação (v. 26; Rm 11,25; Cl 1,26-27; Ef 3,6), objeto do Evangelho de Paulo (v. 25; Cl 1,23; 4,3; Ef 3,3-12; 6,19) e enfim na restauração do universo em Cristo, como seu único chefe (Ef 1,9-10). Veja ainda 1Cor 4,1; 13,2; 14,2; 15,51; Ef 5,32; 2Ts 2,7; 1Tm 3,9.16; 2Tm 1,9-10; Mt 13,11p+; Ap 1,20; 10,7; 17,5.7.

envolvido em silêncio
desde os séculos eternos,
1,5+ ²⁶agora, porém, manifestado
e, pelos escritos proféticos
e por disposição do Deus eterno,
dado a conhecer a todas as nações,
para levá-las à obediência da fé —
1,25 ²⁷a Deus, o único sábio,*ᵃ*
por meio de Jesus Cristo,
seja dada a glória,
pelos séculos dos séculos! Amém.*ᵇ*

---

a) Cf. 11,33-36; 1Cor 1,24; 2,7; Ef 3,10; Cl 2,3; Ap 7,12.
b) O NT adota as bênçãos e doxologias de Israel (Gn 14,19+; Sl 41,14+), chamando, porém, frequentemente a Deus de Pai e incluindo Jesus Cristo (9,5; 11,35-36;

1Cor 8,6; cf. Gl 1,5; Ef 3,21; Fl 4,20; 1Tm 1,17; 6,16; 2Tm 4,18; Hb 13,21; 1Pd 4,11; 2Pd 3,18; Jd 25; Ap 1,6+). As doxologias posteriores o mais das vezes nomearão as três "Pessoas" (cf. 2Cor 13,13+).

PRIMEIRA EPÍSTOLA AOS CORÍNTIOS

Preâmbulo

1 *Endereço e saudação. Ação de graças* — ¹Paulo, chamado a ser apóstolo de Cristo Jesus por vontade de Deus, e Sóstenes, o irmão, ²à igreja de Deus,ᵃ que está em Corinto, àqueles que foram santificados em Cristo Jesus, chamados a ser santos, com todos os que em qualquer lugar invocam o nome de nosso Senhor Jesus Cristo, Senhor deles e nosso.ᵇ ³Graça e paz a vós da parte de Deus nosso Pai e do Senhor Jesus Cristo!

⁴Dou incessantemente graças a Deus a vosso respeito, em vista da graça de Deus que vos foi dada em Cristo Jesus. ⁵Pois fostes nele cumulados de todas as riquezas, todas as da palavra e todas as do conhecimento. ⁶Na verdade, o testemunho de Cristo tornou-se firme em vós,ᶜ ⁷a tal ponto que nenhum dom vos falte, a vós que esperais a Revelaçãoᵈ de nosso Senhor Jesus Cristo. ⁸É ele também que vos fortalecerá até o fim, para que sejais irrepreensíveisᵉ no Diaᶠ de nosso Senhor Jesus Cristo. ⁹É fielᵍ o Deus que vos chamou à comunhãoʰ com o seu Filho Jesus Cristo, nosso Senhor.

I. Divisões e escândalos

1. OS PARTIDOS NA IGREJA DE CORINTO

As divisões entre fiéis — ¹⁰Eu vos exorto, irmãos, em nome de nosso Senhor Jesus Cristo: guardai a concórdia uns com os outros, de sorte que não haja divisões entre vós; sede estreitamente unidos no mesmo espírito e no mesmo

---

a) Expressão cara a Paulo (10,32; 11,16.22; 15,9; 2Cor 1,1; Gl 1,13; 1Ts 2,14; 2Ts 1,4; 1Tm 3,5.15; cf. também At 20,28+). Confrontar com "as igrejas de Cristo" (Rm 16,16; cf. Mt 16,18+; At 5,11+; 7,38+).
b) Outra tradução: "com todos os que em qualquer lugar — seja o deles, seja o nosso — invocam o nome de nosso Senhor Jesus Cristo".
c) Isto é, o testemunho dado a Cristo. — "em vós" ou "em meio a vós".
d) No momento supremo da revelação dos secretos desígnios de Deus (Rm 16,25+), Cristo se revelará em sua glória no fim dos tempos por ocasião da sua "Parusia" (1Cor 15,23+) e da sua "Aparição" (1Tm 6,14+; cf. Lc 17,30; Rm 2,5; 8,19; 2Ts 1,7; Hb 9,28; 1Pd 1,5.7.13; 4,13; Ap 1,1). Antes disso, ter-se-á "revelado" o Ímpio, que Cristo aniquilará (2Ts 2,3-8).
e) Cf. Fl 1,10; 2,15s; Ef 1,4; Cl 1,22; 1Ts 3,13; 5,23; Jd 24.
f) Esse "Dia do Senhor" (5,5; 2Cor 1,14; 1Ts 5,2; 2Ts 2,2; cf. 2Pd 3,10) é também chamado "o Dia de Cristo" (Fl 1,6.10; 2,16), ou simplesmente "o Dia" (1Cor 3,13; 1Ts 5,4; cf. Hb 10,25), "aquele dia" (2Ts 1,10; 2Tm 1,12.18; 4,8; cf. Mt 7,22; 24,36; Lc 10,12; 21,34), "o Dia do Filho do Homem" (Lc 17,24; cf. 26), "o Dia de Deus" (2Pd 3,12), "o Dia da visita" (1Pd 2,12), "o Grande Dia" (Jd 6; Ap 6,17; 16,14), "o último Dia" (Jo 6,39.40.44.54; 11,24; 12,48). É o cumprimento, na era escatológica inaugurada por Cristo, do "Dia de Iahweh" anunciado pelos profetas (Am 5,18+). Já, em parte, realizada pela primeira vinda de Cristo (Lc 17,20-24) e a punição de Jerusalém (Mt 24,1+), essa última etapa da história da salvação (cf. At 1,7+) será consumada pela volta gloriosa (1Cor 1,7+; 15,23+; 1Tm 6,14+) do Soberano Juiz (Rm 2,6+; Tg 5,8-9). Será acompanhada de reviravolta e renovação cósmicas (cf. Am 8,9+; Mt 24,29p+; Hb 12,26s; 2Pd 3,10-13; Ap 20,11; 21,1; cf. Mt 19,28; Rm 8,20-22). Esse dia de luz aproxima-se (Rm 13,12; Hb 10,25; Tg 5,8; 1Pd 4,7; cf. 1Ts 5,2-3). A data desse dia é incerta (1Ts 5,1+); é preciso preparar-se para ele durante o tempo que resta (2Cor 6,2+).
g) Cf. 10,13; 2Cor 1,18; 1Ts 5,24; 2Ts 3,3; 2Tm 2,13; Hb 10,23; 11,11.
h) A palavra "comunhão" (koinonia) guarda, através de seus múltiplos empregos, acepção fundamental. A comunhão tem sua fonte em realidades possuídas em comum por diversas pessoas, seja realidades espirituais, seja realidades materiais. Na verdade, entre cristãos, os bens materiais nunca ocorrem sem os bens espirituais (Rm 15,26-27; 2Cor 8,4; 9,13; Gl 6,6; Fl 4,15-17). Por vezes, existe participação em ações ou em sentimentos (2Cor 1,7; 6,14; 1Tm 5,22; 2Jo 11; Ap 1,9). A comunhão, da qual derivam todas as demais, dá participação em bens propriamente divinos (1Cor

modo de pensar. ¹¹Com efeito, meus irmãos, pessoas da casa de Cloé*ᵃ* me informaram de que existem rixas entre vós. ¹²Explico-me: cada um de vós diz: "Eu sou de Paulo!", ou "Eu sou de Apolo!", ou "Eu sou de Cefas!",*ᵇ* ou "Eu sou de Cristo!"*ᶜ* ¹³Cristo estaria assim dividido? Paulo teria sido crucificado em vosso favor? Ou fostes batizados em nome de Paulo? ¹⁴Dou graças a Deus por não ter batizado ninguém de vós a não ser Crispo e Caio. ¹⁵Assim ninguém pode dizer que foi batizado em meu nome. ¹⁶É verdade,*ᵈ* batizei também a família de Estéfanas; quanto ao mais, não me recordo de ter batizado algum outro de vós.

Sabedoria do mundo e sabedoria cristã — ¹⁷Pois não foi para batizar que Cristo me enviou, mas para anunciar o Evangelho, sem recorrer à sabedoria*ᵉ* da linguagem, a fim de que não se torne inútil*ᶠ* a cruz de Cristo. ¹⁸Com efeito, a linguagem da cruz é loucura*ᵍ* para aqueles que se perdem, mas para aqueles que se salvam, para nós, é poder de Deus. ¹⁹Pois está escrito:

*Destruirei a sabedoria dos sábios
e rejeitarei a inteligência dos inteligentes.*ʰ

²⁰Onde está o sábio? Onde está o homem culto?

Onde está o argumentador deste século? Deus não tornou louca a sabedoria*ⁱ* deste século? ²¹Com efeito, visto que o mundo por meio da sabedoria não reconheceu a Deus na sabedoria de Deus,*ʲ* aprouve a Deus pela loucura da pregação salvar aqueles que creem. ²²Os judeus pedem sinais, e os gregos andam em busca de sabedoria,*ᵏ* ²³nós, porém, anunciamos Cristo crucificado, que para os judeus, é escândalo, para os gentios é loucura, ²⁴mas para aqueles que são chamados, tanto judeus como gregos, é Cristo, poder de Deus e sabedoria de Deus.*ˡ* ²⁵Pois o que é loucura de Deus é mais sábio do que os homens, e o que é fraqueza de Deus é mais forte do que os homens.*ᵐ*

9,23; Fl 1,5; Fm 6). Ela nos une ao Pai e a seu Filho Jesus Cristo (1Cor 1,9; 1Jo 1,3+.7+), ao próprio Cristo (1Cor 10,16; Fl 3,10; 1Pd 4,13), ao Espírito (2Cor 13,13+; Fl 2,1). Faz-nos participar da glória futura (1Pd 5,1). A palavra *koinonia* tornou-se característica da comunidade cristã (At 2,42+).
a) Não se sabe ao certo quem era essa Cloé; tratava-se provavelmente de uma industrial ou de comerciante de Éfeso, que tinha um grupo de escravos, libertos e livres.
b) Ou porque Cefas (Pedro) possivelmente visitou a igreja de Corinto (cf. 9,5), ou porque alguns cristãos desta igreja, embora não tivessem visto Pedro, apelassem especialmente para a autoridade deste apóstolo, universalmente reconhecida.
c) Esses talvez apelassem para o fato de terem visto na terra Cristo e suas testemunhas diretas (cf. At 1,21s; 10,41), de preferência aos outros (cf. 1Cor 9,1; 2Cor 5,16+; 11,5.23; 12,11). Ou talvez pretendessem ligar-se a Cristo, sem intermediário humano. Também é possível que "Eu sou de Cristo!" seja simplesmente a resposta de Paulo aos que apelavam para tal ou tal mestre humano.
d) Estilo oral. Paulo dita cf. 16,21). Se não, teria corrigido, colocando o início do v. 16 antes do v. 15.
e) A essa "sabedoria" humana (ou seja, às especulações do pensamento e aos artifícios da retórica) há de se opor a sabedoria de Deus (v. 24 e 2,6s).
f) Lit.: "esvaziada" (do seu conteúdo). Paulo desenvolve este ponto em 2,1-5.
g) Em toda esta passagem, "loucura" é marcadamente pejorativa; não se trata da loucura do heroísmo, mas da loucura da tolice, da estupidez.

h) Em Is 29,14 encontra-se a mesma ideia: Deus anuncia ao povo, amendrontado pela ameaça assíria, que as invenções da sabedoria meramente humana não poderão salvar.
i) Em todo este contexto, Paulo não condena a autêntica sabedoria humana, que é dom de Deus e apta a fazer conhecer a Deus (v. 21+), mas a sabedoria orgulhosa e autossuficiente.
j) Isto é, através das obras de Deus, que manifestam a sua sabedoria (cf. Sb 13,1-9; Rm 1,19-20). Há outras interpretações: "por uma disposição da sabedoria de Deus"; ou: "no tempo da sabedoria de Deus", isto é, da antiga economia caracterizada pela harmonia das coisas e oposta à nova economia, em que Deus se manifesta de maneira paradoxal, aparentemente insensata.
k) Judeus e gregos estão à procura de seguranças humanas: milagres que garantam a veracidade da mensagem (cf. Jo 4,48); sabedoria ou doutrina satisfatória para a inteligência ávida de conhecer. Essa procura não é condenável em si mesma; paradoxalmente, a cruz de Cristo há de lhe responder (v. 24+). Caso, porém, o homem faça dessa procura a condição prévia e indispensável para dar sua adesão a Cristo, ela se torna inadmissível.
l) Humanamente, a cruz aparece como o contrário do que judeus e gregos esperavam: derrota, em vez de manifestação gloriosa; loucura, em vez de sabedoria. Mas, numa visão de fé, a cruz se apresenta como algo que preenche e ultrapassa as expectativas: poder e sabedoria de Deus.
m) Este caráter paradoxal da ação de Deus (1,18-25) verifica-se tanto no chamamento dos coríntios (1,26-30), como na pregação de Paulo (2,1-5).

²⁶Vede, pois, quem sois, irmãos, vós que recebestes o chamado de Deus; não há entre vós muitos sábios segundo a carne,*ᵃ* nem muitos poderosos, nem muitos de família prestigiosa. ²⁷Mas o que é loucura no mundo, Deus o escolheu para confundir os sábios; o que é fraqueza no mundo, Deus o escolheu para confundir o que é forte; ²⁸e, o que no mundo é vil e desprezado, o que não é, Deus escolheu para reduzir a nada o que é, ²⁹a fim de que nenhuma criatura possa vangloriar-se diante de Deus. ³⁰Ora, é por ele que vós sois*ᵇ* em Cristo Jesus, que se tornou para nós sabedoria proveniente de Deus,*ᶜ* justiça, santificação e redenção,*ᵈ* ³¹a fim de que, como diz a Escritura, *aquele que se gloria, glorie-se no Senhor.*

2 ¹Eu mesmo, quando fui ter convosco, irmãos, não me apresentei com o prestígio da palavra ou da sabedoria para vos anunciar o mistério de Deus.*ᵉ* ²Pois não quis saber outra coisa entre vós a não ser Jesus Cristo, e Jesus Cristo crucificado. ³Estive entre vós cheio de fraqueza, receio e tremor;*ᶠ* ⁴minha palavra e minha pregação nada tinham da persuasiva linguagem da sabedoria, mas eram uma demonstração de Espírito e poder,*ᵍ* ⁵a fim de que a vossa fé não se baseie na sabedoria dos homens, mas no poder de Deus.*ʰ*

⁶No entanto, é realmente de sabedoria que falamos entre os perfeitos;*ⁱ* sabedoria que não é deste mundo nem dos príncipes deste mundo,*ʲ* votados à destruição. ⁷Ensinamos a sabedoria de Deus, misteriosa*ᵏ* e oculta, que Deus, antes dos séculos, de antemão destinou para a nossa glória. ⁸Nenhum dos príncipes deste mundo a conheceu, pois, se a tivessem conhecido, não teriam crucificado o Senhor da Glória.*ˡ* ⁹Mas, como está escrito,*ᵐ*

o que os olhos não viram,
os ouvidos não ouviram
e o coração do homem não percebeu,
tudo o que Deus preparou para os que o amam.

¹⁰A nós, porém, Deus o revelou pelo Espírito. Pois o Espírito sonda todas as coisas, até mesmo as profundidades de Deus. ¹¹Quem, pois, dentre os homens conhece o que é do homem, senão o espírito do homem que nele está? Da mesma forma, o que está em Deus, ninguém o conhece senão o Espírito de

---

a) Isto é, de ponto de vista meramente humano.
b) A palavra tem sentido enfático: vós existis agora em Jesus Cristo, vós que outrora não existíeis (v. 28) aos olhos do mundo, ao passo que os que existem segundo o mundo estão reduzidos a nada (v. 28). É dessa existência nova em Jesus Cristo que vos deveis gloriar (v. 31) e somente dela (cf. v. 29).
c) Assim a sabedoria cristã não é o resultado de esforço humano "segundo a carne". Ela se encontra no ser humano que apareceu "na plenitude dos tempos" (Gl 4,4), Cristo, e que é preciso "ganhar" (Fl 3,8), para encontrar nele "todos os tesouros da sabedoria e da ciência" (Cl 2,3). E essa sabedoria implica uma salvação total: "justiça, santificação, redenção".
d) Estas três últimas palavras constituem os temas fundamentais da futura epístola aos Romanos, já a caminho de elaboração na mente de Paulo (cf. Rm 1,17; 6,19.22; 3,24).
e) Var.: "o testemunho de Deus".
f) Expressão bíblica estereotipada (2Cor 7,15; Ef 6,5; Fl 2,12; cf. Sl 2,11s).
g) Alusão aos milagres e às efusões do Espírito que acompanharam a pregação de Paulo (veja 1,5 e 2Cor 12,12).
h) Os discursos da sabedoria humana são persuasivos por si mesmos (v. 4). Suscitam nos ouvintes adesão meramente humana (v. 5). É o que Paulo rejeita. A palavra do Apóstolo é, sem dúvida, demonstração (v. 4), pois manifesta a ação do Espírito; mas pede adesão de outra índole: a do Espírito.
i) Não se trata de grupo esotérico de iniciados, mas daqueles que atingiram o pleno desenvolvimento da vida e do pensamento cristãos (14,20; Fl 3,15; Cl 4,12; Hb 5,14; Mt 19,21+). Identificam-se com os "espirituais", que Paulo põe em contraste com as "crianças em Cristo" (3,1).
j) Por "príncipes deste mundo" entendam-se: ou as autoridades humanas; ou, melhor, os poderes malignos, os demônios que reinam sobre o mundo (cf. 1Cor 15,24-25; Ef 6,12; também Lc 4,6; e Jo 12,31+); ou, em suma, uns e outros, sendo aquelas o instrumento destes.
k) Lit.: "em mistério". Não se trata de sabedoria enigmática, mas de sabedoria cujo objeto é o mistério, o segredo do desígnio de salvação realizado em Cristo (Rm 16,25+).
l) Em Corinto, alguns insistiam sobre a glória de Cristo a ponto de negligenciar seus sofrimentos.
m) Livre combinação de Is 64,3 e Jr 3,16, ou citação do apócrifo *Apocalipse de Elias*.

Deus. ¹²Quanto a nós, não recebemos o espírito do mundo, mas o Espírito que vem de Deus, a fim de que conheçamos os dons da graça de Deus. ¹³Desses dons não falamos segundo a linguagem ensinada pela sabedoria humana, mas segundo aquela que o Espírito ensina, exprimindo realidades espirituais em termos espirituais.*ᵃ* ¹⁴O homem psíquico*ᵇ* não aceita o que vem do Espírito de Deus. É loucura para ele; não pode compreender, pois isso deve ser julgado espiritualmente. ¹⁵O homem espiritual, ao contrário, julga a respeito de tudo e por ninguém é julgado.*ᶜ*

¹⁶Pois *quem conheceu o pensamento do Senhor
para poder instruí-lo?*

Nós, porém, temos o pensamento de Cristo.

3 ¹Quanto a mim, irmãos, não vos pude falar como a homens espirituais, mas somente como a homens carnais,*ᵈ* como a crianças em Cristo. ²Dei-vos a beber leite, não alimento sólido, pois não o podíeis suportar. Mas nem mesmo agora podeis, ³visto que ainda sois carnais. Com efeito, se há entre vós invejas e rixas,*ᵉ* não sois carnais e não vos comportais de maneira meramente humana? ⁴Quando alguém declara: "Eu sou de Paulo", e outro diz: "Eu sou de Apolo", não procedeis de maneira meramente humana?

A verdadeira função dos pregadores — ⁵Quem é, portanto, Apolo? Quem é Paulo? Servidores, pelos quais fostes levados à fé; cada um deles agiu segundo os dons que o Senhor lhe concedeu. ⁶Eu plantei; Apolo regou, mas é Deus quem fazia crescer. ⁷Assim, pois, aquele que planta, nada é; aquele que rega, nada é; mas importa somente Deus, que dá o crescimento. ⁸Aquele que planta e aquele que rega são iguais entre si; mas cada um receberá seu próprio salário, segundo a medida do seu trabalho. ⁹Nós somos cooperadores de Deus,*ᶠ* e vós sois a seara de Deus, o edifício de Deus.

¹⁰Segundo a graça que Deus me deu, como bom arquiteto, lancei o fundamento; outro constrói por cima. Mas cada um veja como constrói. ¹¹Quanto ao fundamento, ninguém pode pôr outro diverso do que foi posto: Jesus Cristo. ¹²Se alguém sobre esse fundamento constrói com ouro, prata, pedras preciosas, madeira, feno ou palha, ¹³a obra de cada um será posta em evidência. O Dia a tornará conhecida, pois ele se manifestará pelo fogo e o fogo provará o que vale a obra de cada um. ¹⁴Se a obra construída sobre o fundamento subsistir, o operário receberá uma recompensa. ¹⁵Aquele, porém, cuja obra for queimada perderá a recompensa. Ele mesmo, entretanto, será salvo, mas como que através do fogo.*ᵍ*

¹⁶Não sabeis que sois templo*ʰ* de Deus e que o Espírito de Deus habita em vós? ¹⁷Se alguém destrói o templo de Deus, Deus o destruirá.*ⁱ* Pois o templo de Deus é santo e esse templo sois vós.

---

a) Texto difícil. Também se pode compreender: "mostrando o acordo das coisas espirituais para homens espirituais"; "as coisas espirituais sendo assim proporcionadas aos espirituais"; "submetendo as realidades espirituais ao julgamento dos homens inspirados".
b) O homem deixado apenas com os recursos da sua natureza. Cf. o "corpo psíquico" (15,44).
c) O texto é, em parte, polêmico: por "ninguém", subentendido: "que não seja, ele mesmo, espiritual", o que é o caso dos coríntios "carnais" (3,1-3). Todavia no cap. 14, Paulo dará regras às quais se deverão submeter os "espirituais" (cf. também 12,10+ e 1Ts 5,19-22).
d) Quanto ao binômio "espírito-carne", cf. Rm 1,9+; 7,5+.
e) Ad.: "e dissensões".
f) Ou.: "os operários comuns de Deus".
g) Isto é, como alguém que escapa a um incêndio atravessando as chamas. Tal pessoa se salva rente.
h) A comunidade cristã, corpo de Cristo (12,12+), é o verdadeiro Templo da nova Aliança. O Espírito que nela habita realiza o que prefigurava o Templo, lugar onde habitava a glória de Deus (1Rs 8,10-13; cf. Jo 2,21+; Ap 21,22; e 1Cor 6,19; 2Cor 6,16).
i) Paulo distingue, pois, três categorias de pregadores: os que constroem obra sólida (v. 14); os que constroem com materiais que não resistem à prova (v. 15); e os que, em vez de construir, destroem (v. 17). Estes últimos cometem sacrilégio e serão punidos como tais.

Conclusões — ¹⁸Ninguém se iluda: se alguém dentre vós julga ser sábio aos olhos deste mundo, torne-se louco para ser sábio; ¹⁹pois a sabedoria deste mundo é loucura diante de Deus. Com efeito, está escrito:

Ele apanha os sábios em sua própria astúcia.

²⁰E ainda:

O senhor conhece os raciocínios dos sábios; sabe que são vãos.

²¹Por conseguinte, ninguém procure nos homens motivo de orgulho, pois tudo pertence a vós: ²²Paulo, Apolo, Cefas, o mundo, a vida, a morte, as coisas presentes e as futuras. Tudo é vosso; ²³mas vós sois de Cristo, e Cristo é de Deus.*ᵃ*

4 ¹Portanto, considerem-nos os homens como servidores de Cristo e administradores dos mistérios de Deus. ²Ora, o que se requer dos administradores é que cada um seja fiel. ³Quanto a mim, pouco me importa ser julgado por vós ou por um tribunal*ᵇ* humano. Eu também não julgo a mim mesmo. ⁴Verdade é que a minha consciência*ᶜ* de nada me acusa mas nem por isto estou justificado; meu juiz é o Senhor. ⁵Por conseguinte, não julgueis prematuramente, antes que venha o Senhor. Ele porá às claras o que está oculto nas trevas e manifestará os desígnios dos corações. Então cada um receberá de Deus o louvor que lhe for devido.

⁶Nisso tudo, irmãos, eu me tomei como exemplo juntamente com Apolo por causa de vós, a fim de que aprendais a nosso respeito a não ir além do que está escrito (o "não" está escrito acima do texto)*ᵈ* e ninguém se ensoberbeça, tomando o partido de um contra o outro. ⁷Pois quem te distingue? Que possuis que não tenhas recebido? E, se recebeste, por que haverias de te ensoberbecer como se não o tivesses recebido? ⁸Vós já estais saciados! Já estais ricos! Sem nós, vós vos tornastes reis!*ᵉ* Oxalá, de fato, vos tivésseis tornado reis, para que nós também pudéssemos reinar convosco.

⁹Julgo que Deus nos expôs, a nós, apóstolos, em último lugar, como condenados à morte: fomos dados em espetáculo*ᶠ* ao mundo, aos anjos e aos homens. ¹⁰Somos loucos por causa de Cristo, vós, porém, sois prudentes em Cristo; somos fracos, vós, porém, sois fortes; vós sois bem considerados, nós, porém, somos desprezados.*ᵍ* ¹¹Até o momento presente ainda sofremos fome, sede e nudez; somos maltratados, não temos morada certa ¹²e fatigamo-nos trabalhando com as próprias mãos. Somos amaldiçoados, e bendizemos; somos perseguidos, e suportamos; ¹³somos caluniados, e consolamos. Até o presente somos considerados como o lixo do mundo, a escória do universo.*ʰ*

---

a) Os vv. 21-23 voltam intencionalmente aos termos de 1,12: "Cada um de vós diz: 'Eu sou de Paulo!', ou 'Eu sou de Apolo!' ou 'Eu sou de Cefas!'" Dá-se exatamente o contrário, replica Paulo. Não pertenceis a estes homens; são eles que pertencem a vós, como servidores vossos. Estão a vosso serviço, como toda a criação, para que pertençais a Cristo que pertence, ele mesmo, a Deus Pai.
b) Lit.: "dia". Paulo usa de ironia. Alude ao Dia do Senhor (1,8+), que os homens imitariam abusivamente se quisessem pronunciar julgamentos que competem somente a Deus, no Juízo final.
c) A palavra *synéidesis* (cf. 1Sm 25,31; Sb 17,10+) exprime, nas cartas paulinas, valores propriamente cristãos. Quaisquer sejam as normas exteriores, o comportamento do homem depende apenas do julgamento dele (At 23,1; 24,16; Rm 2,14-15; 9,1; 13,5; 2Cor 1,12), mas esse julgamento está sujeito ao julgamento de Deus (cf. aqui; 8,7-12; 10,25-29; 2Cor 4,2 e 1Pd 2,19). A consciência é boa e pura se inspirada pela fé e pelo amor (1Tm 1,5.19 etc.; 1Pd 3,16.21) e purificada pelo sangue de Cristo (Hb 9,14; 10,22).
d) Texto difícil. A frase entre parênteses foi acrescentada por copista escrupuloso que indica que a negação foi acrescentada sobre o seu texto.
e) Sem nós, já estais instalados no Reino dos céus e usufruís até à saciedade, de todas as suas riquezas!
f) Como os condenados à morte, que eram entregues às feras diante de multidões de espectadores.
g) Concluindo a passagem (vv. 6-10), Paulo volta em tom irônico aos temas de 1-2: vós sois ou pretendeis ser prudentes, fortes, honrados, não segundo os critérios de Deus, mas segundo os critérios do mundo, desse mundo que nos considera loucos, fracos e desprezíveis e que, conseqüentemente, nos persegue (vv. 11-13). A realidade, aos olhos de Deus, é exatamente o contrário.
h) As palavras traduzidas por *lixo* e *escória* designam também os miseráveis que serviam de vítimas expia-

Admoestações — ¹⁴Não vos escrevo tais coisas para vos envergonhar, mas para vos admoestar como a filhos bem-amados. ¹⁵Com efeito, ainda que tivésseis dez mil pedagogos*ᵃ* em Cristo, não teríeis muitos pais, pois fui eu quem pelo Evangelho vos gerou em Cristo Jesus.*ᵇ* ¹⁶Exorto-vos, portanto: sede meus imitadores. ¹⁷Foi em vista disso que vos enviei Timóteo, meu filho amado e fiel no Senhor; ele vos recordará minhas normas de vida*ᶜ* em Cristo Jesus, tais como as ensino em toda parte, em todas as igrejas!

¹⁸Julgando que eu não voltaria a ter convosco, alguns se encheram de orgulho. ¹⁹Mas, se o Senhor o permitir, em breve irei ter convosco, e tomarei conhecimento não das palavras dos orgulhosos, mas do seu poder.*ᵈ* ²⁰Pois o Reino de Deus não consiste em palavras, mas em poder. ²¹Que preferis? Que eu vos visite com vara ou com amor e em espírito de mansidão?

2. O CASO DE INCESTO

5 ¹Só se ouve falar de imoralidade entre vós, e imoralidade tal que não se encontra nem mesmo entre os gentios: um dentre vós vive com a mulher do seu pai!*ᵉ* ²E vós estais cheios de orgulho! Nem mesmo vos mergulhastes na tristeza, a fim de que o autor desse mal fosse eliminado do meio de vós? ³Quanto a mim, ausente de corpo, mas presente em espírito, já julguei, como se estivesse presente, aquele que perpetrou tal ação em nome do Senhor Jesus.*ᶠ* ⁴É preciso que, estando vós e o meu espírito*ᵍ* reunidos em assembleia com o poder de nosso Senhor Jesus, ⁵entreguemos tal homem a Satanás para a perda da sua carne, a fim de que o espírito seja salvo no dia do Senhor.*ʰ*

⁶Não é digno e o vosso motivo de vanglória!*ⁱ* Não sabeis que um pouco de fermento leveda toda a massa? ⁷Purificai-vos do velho fermento para serdes nova massa, já que sois sem fermento.*ʲ* Pois nossa Páscoa, Cristo,

tórias nas calamidades públicas. — Frequentemente Paulo menciona os sofrimentos e as perseguições que padece em sua missão; mostra também como Deus lhe dá a graça de os superar (2Cor 4,7-12; 6,4-10; 11,23-33; 1Ts 3,4; 2Tm 3,10-11). Segundo Paulo, a fraqueza do apóstolo manifesta o poder daquele que o envia (2Cor 12,9-10; Fl 4,13), pois a grandeza da obra realizada não pode ser atribuída unicamente à eficiência do apóstolo (2Cor 4,7+).

a) O *pedagogo* era escravo que tinha por função levar aos mestres a criança, mais tarde o jovem, que devia vigiar e corrigir. O matiz é pejorativo.
b) Essa paternidade espiritual corresponde ao que Paulo diz em 3,6: "Eu plantei", isto é, "semeei em vós a vida nova do espírito que vos configura a Cristo" (cf. v. 17; Gl 4,19; Fm 10). Em outras passagens, é sua ternura para com os cristãos que Paulo compara à de pai ou de mãe (1Ts 2,7.11; cf. 2Cor 12,15+).
c) Lit.: "caminhos" (cf. Sl 119,1; Jo 14,6+; At 9,2+).
d) Trata-se das realizações devidas ao poder do Espírito (cf. 2,4; 1Ts 1,5) e, mais ainda, da conversão e da vida segundo o Espírito.
e) A madrasta. Proibida pelo AT (Lv 18,8) e pelo direito romano, essa união era tolerada pela maioria dos rabinos entre os gentios convertidos — fato este que talvez explique a indulgência da comunidade de Corinto, que não estava sujeita ao direito civil romano. O concílio de Jerusalém proibiu uniões desse tipo aos cristãos provenientes do gentilismo (At 15,20+).

f) O pecador tinha agido precisamente como cristão, mas havia compreendido mal a admoestação de Paulo, para o qual os fiéis deviam ser diferentes (Fl 2,14-16).
g) Paulo insiste sobre a sua presença espiritual a fim de que uma voz nas deliberações da comunidade que é única responsável pela qualidade de sua vida cristã.
h) Frequentemente, os comentadores veem aqui uma "excomunhão". Todavia esta palavra não ocorre na Bíblia (não corresponde exatamente a "anátema", Js 6,17+; 1Cor 16,22+). No AT, no judaísmo e em Qumrã estavam em uso penas de exclusão. O NT apresenta vários casos de penas, cujos motivos e cuja execução diferem entre si. Às vezes, o culpado era deixado, por certo tempo, separado da comunidade (1Cor 5,2.9-13; 2Ts 3,6-14; Tt 3,10; cf. 1Jo 5,16-17; 2Jo 10). Por vezes, era "entregue" (aqui; 1Tm 1,20) a Satanás, privado do apoio da igreja e dos santos e, consequentemente, exposto ao poder que Deus outorga ao seu Adversário (2Ts 2,4; cf. Jó 1,6+). Mesmo nesses casos extremos, o Apóstolo espera o arrependimento e a salvação final (2Ts 3,15 etc.). — Tal disciplina supõe certo poder da comunidade sobre os seus membros (cf. Mt 18,15-18+).
i) Lit.: "Não é bela a vossa ufania!"
j) O fermento aqui é símbolo de corrupção como em Gl 5,9; Mt 16,6p, e contrariamente a Mt 13,33p; o pão ázimo (sem fermento) é símbolo de pureza (v. 8). Temos aqui um exemplo típico da moral paulina:

foi imolado. ⁸Celebremos, portanto, a festa, não com velho fermento, nem com fermento de malícia e perversidade, mas com pães ázimos: na pureza e na verdade.ᵃ

⁹Eu vos escrevi em minha cartaᵇ que não tivésseis relações com devassos. ¹⁰Não me referia, de modo geral, aos devassos deste mundo ou aos avarentos ou aos ladrões ou aos devassos, pois então teríeis que sair deste mundo. ¹¹Não; escrevi-vos que não vos associeis com alguém que traga o nome de irmãoᶜ e, não obstante, seja devasso ou avarento ou idólatra ou injurioso ou beberrão ou ladrão. Com tal homem não deveis nem tomar refeição. ¹²Acaso compete a mim julgar os que estão fora?ᵈ Não são os de dentro que vós tendes de julgar? ¹³Os de fora, Deus os julgará. *Afastai o mau do meio de vós.*

2Cor 6,17
1Jo 5,19
Jo 17,15
Rm 1,29 +

Dt 13,6

3. A APELAÇÃO AOS TRIBUNAIS GENTIOSᵉ

6 ¹Quando alguém de vós tem rixa com outro, como ousa levá-la aos injustos,ᶠ para ser julgada, e não aos santos? ²Então não sabeis que os santos julgarão o mundo?ᵍ E se é por vós que o mundo será julgado, seríeis indignos de proferir julgamentos de menor importância? ³Não sabeis que julgaremos os anjos? Quanto mais então as coisas da vida cotidiana? ⁴Quando, pois, tendes processos desta vida para serem julgados, constituís como juízes aqueles que a Igreja despreza!ʰ ⁵Digo isto para confusão vossa. Não se encontra entre vós alguém suficientemente sábio para poder julgar entre seus irmãos? ⁶No entanto, acontece que um irmão entra em litígio contra seu irmão, e isto diante de infiéis! ⁷De qualquer modo, já é para vós uma falta a existência de litígios entre vós. Por que não preferis, antes, padecer uma injustiça? Por que não vos deixais, antes, defraudar? ⁸Entretanto, ao contrário, sois vós que cometeis injustiça e defraudais — e isto contra vossos irmãos!

At 9,13 +
Dn 7,22.26
Mt 19,28
Ap 20,4
Jd 5-6

Mt 5,38-42p
Rm 12,17-19
1Ts 5,15

⁹Então não sabeis que os injustos não herdarão o Reino de Deus? Não vos iludais! Nem os devassos, nem os idólatras, nem os adúlteros, nem os depravados, nem as pessoas de costumes infames, ¹⁰nem os ladrões, nem os avarentos, nem os bêbados, nem os injuriosos herdarão o Reino de Deus.ⁱ ¹¹Eis o que vós fostes, ao menos alguns. Mas vós vos lavastes, mas fostes santificados, mas fostes justificados em nome do Senhor Jesus Cristo e pelo Espírito de nosso Deus.ʲ

Rm 1,29 +

Gl 5,21

Ef 2,1-6
Tt 3,3-7
Jo 3,5
1Jo 2,12

---

tornai-vos o que sois. "Sois puros, purificai-vos". Realizai em vossa vida o que Cristo realizou em vós quando vos tornastes cristãos (cf. Rm 6,11-12; Cl 3,3-5).
a) Na Páscoa, segundo o ritual judaico, fazia-se desaparecer todo o pão fermentado que se encontrasse em casa (Ex 12,15), imolava-se o cordeiro pascal (Ex 12,6) e comiam-se pães sem fermento (Ex 12,18-20). Tais ritos preparavam simbolicamente o mistério cristão. — Por seu sacrifício, Cristo, o verdadeiro cordeiro pascal, destruiu o antigo fermento do pecado e tornou possível uma vida santa e pura, simbolizada pelo pão sem fermento. É possível que esta comparação tenha sido sugerida a Paulo pelo período do ano em que escrevia (1Cor 16,8).
b) A carta "pré-canônica"; ver a Introdução às Epístolas de são Paulo.
c) Isto é, membro da comunidade cristã (At 1,15+).
d) Os que não pertencem à comunidade (cf. Mc 4,11; Cl 4,5; 1Ts 4,12; 1Tm 3,7). A expressão vem do judaísmo (cf. Eclo prol. v. 5).
e) Em toda esta passagem, Paulo censura os coríntios por exporem as suas discórdias diante dos gentios, em vez de as resolverem pacificamente entre si e assim demonstrar o poder da graça.
f) Os magistrados não cristãos.
g) Com Cristo, soberano juiz do mundo.
h) Se os "espirituais" em Corinto olhassem com altivez os "psíquicos" da comunidade (2,14-15), certamente desprezariam todos aqueles que não fossem membros da Igreja.
i) Cf. 15,50; Gl 5,21; Ef 5,5; Ap 21,8; 22,15.
j) Note-se a formulação trinitária do pensamento (cf. 2Cor 13,13+).

4. A FORNICAÇÃO

¹²"Tudo me é permitido", mas nem tudo convém.*ᵃ* "Tudo me é permitido", mas não me deixarei escravizar por coisa alguma. ¹³"Os alimentos são para o ventre e o ventre para os alimentos, e Deus destruirá aqueles e este".*ᵇ* Mas o corpo não é para a fornicação*ᶜ* e, sim, para o Senhor, e o Senhor é para o corpo. ¹⁴Ora, Deus, que ressuscitou o Senhor, ressuscitará também a nós*ᵈ* pelo seu poder.

¹⁵Não sabeis que os vossos corpos são membros de Cristo? Tomarei então os membros de Cristo para fazê-los membros de uma prostituta? Por certo, não! ¹⁶Não sabeis que aquele que se une a uma prostituta constitui com ela um só corpo? Pois está dito: *Serão dois em uma só carne*. ¹⁷Ao contrário, aquele que se une ao Senhor, constitui com ele um só espírito.*ᵉ*

¹⁸Fugi da fornicação. Todo outro pecado que o homem cometa, é exterior ao seu corpo;*ᶠ* aquele, porém, que se entrega à fornicação, peca contra o próprio corpo!*ᵍ*

¹⁹Ou não sabeis que o vosso corpo é templo*ʰ* do Espírito Santo, que está em vós e que recebestes de Deus? ...e que, portanto, não pertenceis a vós mesmos? ²⁰Alguém pagou alto preço pelo vosso resgate;*ⁱ* glorificai, portanto, a Deus em vosso corpo.

II. Soluções para problemas diversos

1. CASAMENTO E VIRGINDADE*ʲ*

7 ¹Passemos aos pontos sobre os quais me escrevestes. "É bom ao homem não tocar em mulher".*ᵏ* ²Todavia, para evitar a fornicação, tenha cada homem a sua mulher e cada mulher o seu marido.*ˡ* ³O marido cumpra o dever conjugal para com a esposa; e a mulher faça o mesmo em relação ao marido. ⁴A mulher não dispõe do seu corpo; mas é o marido quem dispõe. Do mesmo modo, o marido não dispõe do seu corpo; mas é a mulher quem dispõe.*ᵐ* ⁵Não

---

a) Esta frase resume toda a moral paulina: já não se trata de saber o que é permitido e o que é proibido, mas de determinar o que favorece ou prejudica o crescimento do homem novo, regenerado em Cristo (cf. Rm 6,15+).
b) São os coríntios que falam.
c) Paulo combate a opinião segundo a qual não há diferença entre as necessidades da alimentação e as da vida sexual. Responde: aquelas estão ligadas ao mundo presente e desaparecerão com ele (v. 13); mas (cf. 10,31) a vida sexual afeta a pertença a Cristo e deve ser compatível com a dignidade de membro de Cristo (vv. 15-17; cf. Ef 5,21-33+).
d) A Ressurreição prova a importância do corpo, que não é negada pela morte.
e) Seria de esperar: "um só corpo". Todavia Paulo quer evitar que o realismo físico da união com Cristo (v. 15) seja entendido de modo grosseiro.
f) Para aqueles que, em Corinto, não atribuíam ao corpo nenhum valor permanente (6,13a), nenhuma ação corporal tinha incidência moral. O pecado só era possível em nível de motivação e de intenção espirituais.
g) A finalidade sexual do corpo é permitir que dois seres se tornem um (6,16b).
h) Cf. 3,16+; Jo 2,21+; Ap 21,22+.

i) Lit.: "Fostes resgatados por um preço" (cf. Rm 3,24+).
j) Paulo não trata do casamento e da virgindade em geral, mas responde, e certamente ponto por ponto, às questões que lhe foram apresentadas. Trata sucessivamente: das pessoas casadas (o casal cristão, vv. 1-11, o casamento entre cristãos e *gentios*, vv. 12-16) e das pessoas não casadas (as virgens, vv. 25-35; os noivos, vv. 36-38, as viúvas, vv. 39-40). O princípio geral de solução para os problemas abordados é desenvolvido nos vv. 17.20.24: permaneça cada um na condição em que se encontrava quando foi chamado. Mas o plano da exposição não é rigoroso: a virgindade é frequentemente mencionada a propósito do casamento e vice-versa. Paulo assim sugere a complementaridade desses dois estados, que não se podem compreender isoladamente.
k) Paulo cita uma frase da carta dos coríntios. A despeito do seu acordo com o princípio (v. 7), ele rejeita qualquer aplicação doutrinal.
l) Trata-se mais de convite dirigido às pessoas casadas para que usem do matrimônio, do que de conselho para quem não tenha a vocação do celibato.
m) Fica assim excluído o uso egoísta do matrimônio, e afirmada a exigência do dom de si. Em Ef 5,25, o Apóstolo propõe aos esposos o exemplo de Cristo em

vos recuseis um ao outro, a não ser de comum acordo e por algum tempo, para que vos entregueis à oração; depois disso, voltai a unir-vos, a fim de que Satanás não vos tente mediante a vossa incontinência. ⁶Digo isto como concessão[a] e não como ordem. ⁷Quisera que todos os homens fossem como sou; mas cada um recebe de Deus seu dom particular; um, deste modo; outro, daquele modo.[b]

⁸Contudo, digo aos celibatários[c] e às viúvas que é bom ficarem como eu. ⁹Mas, se não podem guardar a continência, casem-se, pois é melhor casar-se do que ficar abrasado.

¹⁰Quanto àqueles que estão casados, ordeno não eu, mas o Senhor: a mulher não se separe do marido — ¹¹se, porém, se separar não se case de novo, ou reconcilie-se com o marido — e o marido não repudie sua esposa.[d]

¹²Aos outros digo eu, não o Senhor: se algum irmão tem esposa não cristã e esta consente em habitar com ele, não a repudie. ¹³E, se alguma mulher tem marido não cristão e este consente em habitar com ela, não o repudie. ¹⁴Pois o marido não cristão é santificado pela esposa, e a esposa não cristã é santificada pelo marido cristão. Se não fosse assim, os vossos filhos seriam impuros, quando, na realidade, são santos.[e] ¹⁵Se o não cristão quer separar-se, separe-se.[f] O irmão ou a irmã não estão ligados em tal caso; foi para viver em paz que Deus vos[g] chamou. ¹⁶Na verdade, como podes ter certeza, ó mulher, de que salvarás o teu marido? E como podes saber, ó marido, que salvarás tua mulher?

¹⁷Ademais, viva cada um segundo a condição que o Senhor lhe assinalou em partilha e na qual ele se encontrava quando Deus o chamou. É a regra que estabeleço para todas as igrejas. ¹⁸Foi alguém chamado à fé quando circunciso? Não procure dissimular a sua circuncisão. Foi alguém incircunciso chamado à fé? Não se faça circuncidar. ¹⁹A circuncisão nada é, e a incircuncisão nada é. O que vale é a observância dos mandamentos de Deus. ²⁰Permaneça cada um na condição em que se encontrava quando foi chamado por Deus. ²¹Eras escravo quando foste chamado? Não te preocupes com isto. Ao contrário, ainda que te pudesses tornar livre, procura antes tirar proveito da tua condição de escravo.[h] ²²Pois aquele que era escravo quando chamado no Senhor, é liberto do Senhor. Da mesma forma, aquele que era livre quando foi chamado é escravo de Cristo. ²³Alguém pagou alto preço pelo vosso resgate; não vos torneis escravos dos homens.[i] ²⁴Irmãos, cada um permaneça diante de Deus na condição em que se encontrava quando foi chamado.

²⁵A propósito das pessoas virgens,[j] não tenho preceito do Senhor. Dou, porém, um conselho como homem que, pela misericórdia do Senhor, é digno de confiança. ²⁶Julgo que essa condição é boa, por causa das angústias presentes;[k] sim, é bom ao homem ficar assim. ²⁷Estás ligado a uma mulher? Não procures romper o vínculo. Não estás ligado a uma mulher?

---

seu sacrifício.
a) A concessão tem por objeto os momentos de abstinência no casamento.
b) Para Paulo, a virgindade não se distingue do casamento como se somente ela fosse dom de Deus, pois ambos são dons de Deus.
c) Lit.: "não casadas". Paulo insere nessa categoria todos aqueles que estão sem cônjuge, inclusive os esposos separados; cf. v. 11, onde ocorre o mesmo termo.
d) Paulo usa a diretiva do Senhor para rejeitar o novo matrimônio em um caso particular no qual os motivos de divórcio não fossem válidos.
e) Para Paulo, a santidade se revelava no comportamento. O cônjuge não cristão agia como cristão, em relação a Gn 2,24 e Mt 19,9. Os filhos não batizados imitavam o comportamento de seus pais cristãos.
f) Paulo autoriza aqui o divórcio no sentido pleno do termo, com o direito de se casar novamente.
g) Var.: "nos".
h) Lit.: "aproveita, antes". Alguns acrescentam: "dessa ocasião". Todavia, o contexto opõe-se a isto.
i) Escravos espiritualmente, do seu modo de ver e dos seus costumes.
j) De ambos os sexos.
k) Angústias que caracterizam o tempo intermediário entre a primeira e a segunda vindas de Cristo. Cf. 2Cor 6,2+.

Não procures mulher. ²⁸Todavia, se te casares, não pecarás; e se a virgem se casar, não pecará. Mas essas pessoas terão tribulações na carne;ᵃ eu vo-las desejaria poupar.

²⁹Eis o que vos digo, irmãos: o tempo se fez curto.ᵇ Resta, pois, que aqueles que têm esposa, sejam como se não a tivessem; ³⁰aqueles que choram, como se não chorassem; aqueles que se regozijam, como se não se regozijassem; aqueles que compram, como se não possuíssem; ³¹aqueles que usam deste mundo, como se de fato não usassem.ᶜ Pois passa a figura deste mundo.

³²Eu quisera que estivésseis isentos de preocupações. Quem não tem esposa cuida das coisas do Senhor e do modo de agradar ao Senhor. ³³Quem tem esposa cuida das coisas do mundo e do modo de agradar à esposa, ³⁴e fica dividido. Da mesma forma, a mulher não casada e a virgem cuidam das coisas do Senhor,ᵈ a fim de serem santas de corpo e de espírito. Mas a mulher casada cuida das coisas do mundo; procura como agradar ao marido.

³⁵Digo-vos isto em vosso próprio interesse, não para vos armar cilada, mas para que façais o que é digno e possais permanecer junto ao Senhor sem distração.

³⁶Se alguém julga agir de modo inconveniente para com a sua virgem, deixando-a passar da flor da idade, e que, portanto, deve casá-la, faça o que quiser; não peca. Que se realize o casamento! ³⁷Mas aquele que, no seu coração, tomou firme propósito, sem coação e no pleno uso da própria vontade, e em seu íntimo decidiu conservar a sua virgem, esse procede bem. ³⁸Portanto, procede bem aquele que casa sua virgem; e aquele que não a casa, procede melhor ainda.ᵉ

³⁹A mulher está ligada ao marido por tanto tempo quanto ele vive. Se o marido morrer, estará livre para esposar quem ela quiser, no Senhor apenas.ᶠ
⁴⁰Todavia será mais feliz, a meu ver, se ficar como está. Julgo que também eu possuo o Espírito de Deus.

2. AS CARNES SACRIFICADAS AOS ÍDOLOSᵍ

8 *O aspecto teórico* — ¹No tocante às carnes sacrificadas aos ídolos, entende-se que "todos temos a ciência". Mas a ciência incha; é a caridade que edifica. ²Se alguém julga saber alguma coisa, ainda não sabe como

---

a) Não se trata das tribulações oriundas das concupiscências (7,2.9), mas dos encargos da vida conjugal.
b) Termo técnico da navegação. Lit.: "o tempo dobrou suas velas". Qualquer seja o intervalo entre o momento presente e a Parusia, perde a importância, dado que, no Cristo ressuscitado, o mundo vindouro já está presente.
c) Estilo oratório, em que a ênfase global predomina sobre a precisão de cada termo. Paulo não propõe a indiferença em relação às realidades terrestres, mas quer evitar que o cristão se deixe por elas absorver e esqueça a índole *relativa* que lhes toca, em face de Cristo e do Reino vindouro.
d) Var.: "³³...do modo de agradar à esposa. ³⁴E há uma diferença entre a mulher casada e a virgem. A mulher não casada cuida das coisas do Senhor..."
e) "sua virgem", ou seja: "sua noiva". — A interpretação antiga deste texto via nisso o caso de consciência do pai que se pergunta se deve ou não casar sua filha. A tradução é, então, a seguinte: "³⁶Se alguém, cheio de ardor, julga que não poderá respeitar sua noiva e que as coisas devem seguir o seu curso, proceda segundo pensa. Não peque; casem-se! ³⁷Mas aquele que decidiu firmemente em seu coração, sem coação alguma, e que, no pleno uso de sua vontade, resolve em seu íntimo respeitar a sua noiva, faz muito bem. ³⁸Assim aquele que esposa a sua noiva faz bem, e aquele que não a esposa faz melhor ainda". Esta interpretação, contudo, choca-se com tais dificuldades que é abandonada cada vez mais. Trata-se, sem dúvida, não das jovens que punham sua virgindade sob a proteção de homem de confiança, com o qual elas vivessem numa intimidade perigosa, mas de *noivos*. Após ter falado dos esposos, das virgens, e antes de tratar do caso das viúvas, Paulo considera os que eram noivos no momento de sua conversão, estado ao qual não pode, é claro, aplicar-se o princípio três vezes repetido (vv. 17.20.24): "cada um permaneça na condição em que o chamado de Deus o encontrou". A solução de Paulo está conforme ao que é dito nos vv. 8-9.
f) Deve tomar um marido cristão.
g) Os idolotitos eram as carnes dos animais sacrificados aos ídolos, cujo excedente, não utilizado nos banquetes sagrados, era vendido no mercado (10,25),

deveria saber. ³Mas, se alguém ama a Deus, é conhecido por Deus.*ᵃ* ⁴Por conseguinte, a respeito do consumo das carnes imoladas aos ídolos, sabemos que "o ídolo nada é no mundo" e que "não há outro Deus a não ser o Deus único". ⁵Se bem que existam aqueles que são chamados deuses, quer no céu, quer na terra — e há, de fato, muitos deuses e muitos senhores*ᵇ* —, ⁶para nós, contudo, existe um só Deus, o Pai, de quem tudo procede e para o qual caminhamos, e um só Senhor, Jesus Cristo, por quem tudo existe e para quem caminhamos.*ᶜ*

O ponto de vista da caridade — ⁷Mas nem todos têm a ciência. Alguns, habituados, até há pouco, ao culto dos ídolos,*ᵈ* comem a carne dos sacrifícios como se fosse realmente oferecida aos ídolos, e sua consciência, que é fraca, mancha-se. ⁸Não é um alimento que nos fará comparecer para julgamento diante de Deus:*ᵉ* se deixamos de comer, nada perdemos; e, se comemos, nada lucramos. ⁹Tomai cuidado, porém, para que essa vossa liberdade não se torne ocasião de queda para os fracos. ¹⁰Se alguém te vê sentado à mesa em templo de ídolo, a ti que tens a consciência esclarecida, porventura a consciência dele, que é fraco, não será induzida a comer carnes imoladas aos ídolos? ¹¹E, assim, por causa da tua ciência perecerá o fraco, esse irmão pelo qual Cristo morreu! ¹²Pecando assim contra vossos irmãos e ferindo-lhes a consciência, que é fraca, é contra Cristo que pecais.*f* ¹³Eis por que, se um alimento é ocasião de queda para meu irmão, para sempre deixarei de comer carne, a fim de não causar a queda de meu irmão.

9

*O exemplo de Paulo*ᵍ — ¹Não sou, porventura, livre? Não sou apóstolo? Não vi Jesus, nosso Senhor? Não sois minha obra no Senhor? ²Ainda que para outros não seja apóstolo, para vós, ao menos, o sou; pois o selo do meu apostolado sois vós, no Senhor. ³Esta é minha resposta aos que me acusam: ⁴Não temos o direito de comer e beber?*ʰ* ⁵Não temos o direito de levar conosco, nas viagens, uma esposa cristã,*ⁱ* como os outros apóstolos e os irmãos do Senhor e Cefas? ⁶Ou somente eu e Barnabé não temos o direito de ser dispensados de trabalhar? ⁷Quem vai alguma vez à guerra com seus próprios recursos? Quem planta uma vinha e não come do seu fruto? Quem apascenta um rebanho e não se alimenta do leite do rebanho?

⁸Digo isto, baseado apenas em considerações humanas? Ou a Lei não diz também a mesma coisa? ⁹Com efeito, na Lei de Moisés está escrito: *Não amordaçarás o boi que tritura o grão*. Acaso Deus se preocupa com os bois? ¹⁰Não é, sem dúvida, por causa de nós que ele assim fala? Sim; por causa de nós é que isso foi escrito, pois aquele que trabalha deve trabalhar com esperança e aquele que pisa o grão deve ter a esperança de receber a sua parte.

---

ou consumido nas dependências do templo (8,10). Os coríntios estavam divididos a tal propósito: seria possível comer dessas carnes sem pactuar com a idolatria? Paulo cita para corrigir os argumentos dos fortes (vv. 1.4.8) e responde como em Rm 14-15: o cristão está livre, mas a caridade exige que respeite a opinião dos escrupulosos e evite escandalizá-los. Paulo não aplica o decreto de Jerusalém (At 15,20.29); parece mesmo ignorá-lo (At 15,1+).

a) No sentido bíblico, isto é: "amado por Deus" (cf. Os 2,22+).

b) Paulo verifica simplesmente um fato. Os "deuses" são os seres fictícios do Olimpo e os corpos siderais; os "senhores" são os homens divinizados.

c) Aclamação batismal. No texto grego, os verbos não são explicitados, mas as preposições são, em primeiro lugar, indicação de movimento. Completar pelo verbo *ser*, como na maioria das versões, é aqui petrificar o pensamento.

d) Var.: "Alguns, guiados pelas concepções que ainda têm do culto dos ídolos...".

e) As var. do grego permitem outras traduções menos prováveis.

f) Cristo aqui é a comunidade, como em 1Cor 1,13; 6,15; 12,12.

g) Na questão dos idolotitos, o amor deve primar sobre a liberdade de julgamento pessoal. Paulo vai mostrar como ele mesmo, por amor para com todos, renunciou a certos direitos que a sua missão lhe conferia.

h) ...às custas das comunidades.

i) Outra trad.: "uma irmã como mulher".

¹¹Se semeamos em vós os bens espirituais, será excessivo que colhamos os vossos bens materiais? ¹²Se outros exercem esse direito sobre vós, por que não o poderíamos nós com mais razão? Todavia, não usamos esse direito; ao contrário, tudo suportamos, para não criar obstáculo ao Evangelho de Cristo. ¹³Não sabeis que os que desempenham funções sagradas vivem dos rendimentos do templo, e os que servem ao altar têm parte no que é oferecido sobre o altar? ¹⁴Da mesma forma o Senhor ordenou aos que anunciam o Evangelho, que vivam do Evangelho.

¹⁵Da minha parte, porém, não me vali de nenhum desses direitos. Nem escrevo estas coisas no intuito de reclamá-los em meu favor. Antes morrer que... Não! Ninguém me arrebatará esse título de glória! ¹⁶Anunciar o Evangelho não é título de glória para mim; é, antes, necessidade que se me impõe. Ai de mim, se eu não anunciar o Evangelho! ¹⁷Se eu o fizesse por iniciativa própria, teria direito a um salário; mas, já que o faço por imposição, desempenho um encargo que me foi confiado. ¹⁸Qual é então o meu salário? É que, pregando o Evangelho, o prego gratuitamente, sem usar dos direitos que a pregação do Evangelho me confere.

¹⁹Ainda que livre em relação a todos, fiz-me o servo de todos, a fim de ganhar o maior número possível. ²⁰Para os judeus, fiz-me como judeu, a fim de ganhar os judeus. Para os que estão sujeitos à Lei, fiz-me como se estivesse sujeito à Lei — se bem que não esteja sujeito à Lei —, para ganhar aqueles que estão sujeitos à Lei. ²¹Para aqueles que vivem sem a Lei, fiz-me como se vivesse sem a Lei — ainda que não viva sem a lei de Deus, pois estou sob a lei de Cristo*ᵃ* —, para ganhar os que vivem sem a Lei. ²²Para os fracos, fiz-me fraco, a fim de ganhar os fracos. Tornei-me tudo para todos, a fim de salvar alguns a todo custo. ²³E, isto tudo, eu o faço por causa do Evangelho, para dele me tornar participante.

²⁴Não sabeis que aqueles que correm no estádio, correm todos, mas um só ganha o prêmio? Correi, portanto, de maneira a consegui-lo. ²⁵Os atletas se abstêm de tudo; eles, para ganharem uma coroa perecível; nós, porém, para ganharmos uma coroa imperecível. ²⁶Quanto a mim, é assim que corro, não ao incerto; é assim que pratico o pugilato, mas não como quem fere o ar. ²⁷Trato duramente o meu corpo e reduzo-o à servidão, a fim de que não aconteça que, tendo proclamado a mensagem aos outros, venha eu mesmo a ser reprovado.*ᵇ*

10

*O ponto de vista da prudência e as lições do passado de Israel*ᶜ — ¹Não quero que ignoreis, irmãos, que os nossos pais estiveram todos sob a nuvem, todos atravessaram o mar ²e, na nuvem e no mar, todos foram batizados em Moisés. ³Todos comeram o mesmo alimento espiritual, ⁴e todos beberam a mesma bebida espiritual,*ᵈ* pois bebiam de uma rocha espiritual*ᵉ* que os acompanhava, e essa rocha era Cristo. ⁵Apesar disso, a maioria deles não agradou a Deus, pois *caíram mortos no deserto*.

⁶Ora, esses fatos aconteceram para nos servir de exemplo,*ᶠ* a fim de que não cobicemos coisas más, como eles cobiçaram. ⁷Não vos torneis idólatras como

---

a) No sentido da lei do amor vivida por Cristo (Gl 6,2).
b) O contexto recorre ao vocabulário esportivo da época. Paulo exorta os "fortes" a imitá-lo sacrificando os seus direitos por amor, em vista da recompensa celeste, à semelhança dos atletas que se privam de tudo para ganhar o prêmio.
c) Esta seção comenta as últimas palavras da precedente: "ser reprovado". O perigo de ser rejeitado existe: demonstram-no os exemplos tirados da história de Israel. E as causas dessa rejeição foram o orgulho e a presunção. Que os "fortes" se acautelem contra tais vícios!
d) Paulo recorda a nuvem e a passagem do mar Vermelho (figuras do batismo), o maná e a água da rocha (figuras da Eucaristia), para exortar os coríntios à prudência e à humildade: os hebreus no deserto, de certo modo, beneficiaram-se dos mesmos dons que eles; não obstante, a maioria desagradou a Deus (v. 5).
e) Segundo uma tradição rabínica, a rocha de Nm 20,8 acompanhava Israel no deserto. Paulo emprega o passado, pois esta rocha não existe mais.
f) Lit.: "...servir como tipos", tipos que Deus suscitou para figurar de antemão as realidades espirituais da

alguns dentre eles, segundo está escrito: *O povo sentou-se para comer e beber; depois levantaram-se para se divertir.* ⁸Nem nos entreguemos à fornicação, como alguns deles se entregaram, de modo a perecerem num só dia vinte e três mil. ⁹Não tentemos o Senhor,[a] como alguns deles o tentaram, de modo a morrer pelas serpentes. ¹⁰Não murmureis, como alguns deles murmuraram, de modo que pereceram pelo Exterminador.

¹¹Estas coisas lhes aconteceram para servir de exemplo e foram escritas para a nossa instrução, nós que fomos atingidos pelo fim dos tempos. ¹²Assim, pois, aquele que julga estar em pé, tome cuidado para não cair. ¹³As tentações que vos acometeram tiveram medida humana. Deus é fiel; não permitirá que sejais tentados acima das vossas forças. Mas, com a tentação, ele vos dará os meios de sair dela e a força para a suportar.[b]

As refeições sagradas. Não pactuar com a idolatria — ¹⁴Eis por que, meus bem-amados, deveis fugir da idolatria. ¹⁵Falo a vós como as pessoas sensatas: julgai vós mesmos o que digo. ¹⁶O cálice de bênção que abençoamos,[c] não é comunhão com o sangue de Cristo? O pão que partimos, não é comunhão com o corpo de Cristo? ¹⁷Já que há um único pão, nós, embora muitos, somos um só corpo, visto que todos participamos desse único pão.[d] ¹⁸Considerai o Israel segundo a carne.[e] Aqueles que comem as vítimas sacrificadas, não estão em comunhão com o altar? ¹⁹Que quero dizer com isto? Que a carne sacrificada aos ídolos seja alguma coisa? Ou que os ídolos mesmos sejam alguma coisa? ²⁰Não! Mas, aquilo que os gentios imolam, *eles o imolam aos demônios, e não a Deus.* Ora, não quero que entreis em comunhão com os demônios. ²¹Não podeis beber o cálice do Senhor e o cálice dos demônios. Não podeis participar da mesa do Senhor e da mesa dos demônios.[f] ²²Ou queremos provocar o ciúme[g] do Senhor? Seríamos mais fortes do que ele?

As carnes sacrificadas aos ídolos. Soluções práticas — ²³"Tudo é permitido", mas nem tudo convém. "Tudo é permitido", mas nem tudo edifica. ²⁴Ninguém procure satisfazer aos seus próprios interesses, mas aos do próximo. ²⁵Tudo o que se vende no mercado, comei-o sem levantar dúvidas por motivo de

era messiânica ("antítipos", 1Pd 3,21, mas cf. Hb 9,24). Embora os autores sagrados não tivessem nítida consciência desse sentido "típico" (ou "alegórico", Gl 4,24) dos Livros Santos, tal sentido é realmente bíblico, porque intencionado por Deus, autor de toda a Escritura. Destinado à instrução dos cristãos, o sentido típico foi muitas vezes apontado pelos autores do NT. Paulo o incute repetidamente (vv. 11 e 9,9s; Rm 4,23s; 5,14; 15,4; cf. 2Tm 3,16). Estão fundados sobre a tipologia do AT escritos inteiros como o quarto Evangelho e a epístola aos Hebreus.
a) Var.: "Cristo".
b) Tentar é, antes do mais, experimentar, pôr à prova, reconhecer a realidade por detrás das aparências. Deus "*tenta*" *o homem, embora o conheça a fundo* (Jr 11,20+; 2Cor 32,31), para dar-lhe a ocasião de manifestar a atitude profunda do seu coração (Gn 22,1+; Ex 16,4; Dt 8,2.16; 13,4; Jt 8,25-27). Mas essa prova é muitas vezes provocada por circunstâncias exteriores, ou pelo Diabo, o "Tentador" (Jó 1,8-12; Mt 4,1p+; 1Cor 7,5; 1Ts 3,5; Ap 2,10), ou pela concupiscência (Tg 1,13-14; 1Tm 6,9). É o que dá à palavra o sentido de sedução, atrativo para o mal, de que o fiel pode triunfar com o auxílio de Deus (Eclo 44,20; Mt 6,13p; 26,41p; Lc 8,13; 1Pd 1,6-7). Jesus mesmo quis ser tentado para reforçar assim a sua submissão à vontade do Pai (Mt 4,1p+; 26,39-41p; Hb 2,18; 4,15). Quanto ao homem que "tenta" Deus, assume uma atitude blasfema (Ex 17,2.7; At 15,10+).
c) Isto é, o cálice sobre o qual pronunciamos a bênção, como Cristo por ocasião da última ceia.
d) Pela comunhão com o corpo de Cristo, os cristãos se unem a Cristo e entre si. A Eucaristia realiza a unidade da Igreja em Cristo (cf. 12,12+).
e) Isto é, o Israel da história (cf. Rm 7,5+). Os cristãos são "o Israel de Deus" (Gl 6,16), o verdadeiro Israel.
f) Nos vv. 16-18, a comunhão eucarística com Cristo é comparada às refeições sacrificais do AT, em que os fiéis entravam em comunhão com o altar. No v. 21, a mesa eucarística é confrontada com a das refeições sagradas que se seguiam aos sacrifícios gentílicos. Paulo assim coloca nitidamente a Eucaristia em uma perspectiva sacrifical.
g) O "ciúme" de Deus (Ex 20,5; Dt 4,24), que o AT associava ao tema nupcial (Os 2,21s+), reaparece muitas vezes no NT. Aqui a palavra toma o seu sentido pleno: a adoração do verdadeiro Deus exclui toda "comunhão" com a idolatria. Em outras passagens, o mesmo vocábulo significa fidelidade incondicional (2Cor 11,2) ou ardor a serviço da fé (At 22,3; Rm 10,2; Gl 1,13-14; Fl 3,6).

consciência, ²⁶pois *a terra e tudo o que ela contém pertencem ao Senhor*. ²⁷Se algum gentio vos convidar e aceitardes o convite, comei de tudo o que vos for oferecido, sem suscitar questões por motivos de consciência. ²⁸Mas, se alguém vos disser: "Isto foi imolado aos ídolos", não comais, em atenção a quem vos chamou a atenção e por respeito à consciência. ²⁹Digo: a consciência dele, não a vossa. Por que a minha liberdade haveria de ser julgada por outra consciência?ᵃ ³⁰Se tomo alimento dando graças, por que seria eu censurado por causa de alguma coisa pela qual dou graças?

Conclusão — ³¹Portanto, quer comais, quer bebais, quer façais qualquer outra coisa, fazei tudo para a glória de Deus. ³²Não vos torneis ocasião de escândalo, nem para os judeus, nem para os gregos, nem para a Igreja de Deus, ³³assim como eu mesmo me esforço por agradar a todos em todas as coisas, não procurando os meus interesses pessoais, mas os do maior número, a fim de que sejam salvos.

11 ¹Sede meus imitadores, como eu mesmo o sou de Cristo.

3. A BOA ORDEM NAS ASSEMBLEIAS

A conduta dos homens e das mulheres — ²Eu vos louvo por vos recordardes de mim em todas as ocasiões e por conservardes as tradições tais como vo-las transmiti. ³Quero, porém, que saibais: a origem*ᵇ* de todo homem é Cristo, a cabeça da mulher é o homem, e a cabeça de Cristo é Deus. ⁴Todo homem que ore ou profetize de cabelos longos,*ᶜ* desonra sua cabeça. ⁵Mas toda mulher que ore ou profetize*ᵈ* com a cabeça descoberta, desonra a sua cabeça; é o mesmo que ter a cabeça raspada. ⁶Se a mulher não se cobre, mande cortar os cabelos! Mas, se é vergonhoso para a mulher ter os cabelos cortados ou raspados, cubra a cabeça!*ᵉ*

⁷Quanto ao homem, não deve cobrir a cabeça,*f* porque ele é a imagem e a glória de Deus; mas a mulher é a glória do homem. ⁸Pois o homem não foi tirado da mulher, mas a mulher, do homem. ⁹E o homem não foi criado para a mulher, mas a mulher para o homem. ¹⁰É por isso que a mulher deve disciplinar seu cabelo,*ᵍ* por causa dos anjos.*ʰ* ¹¹Entretanto, diante do Senhor, a mulher não existe sem o homem e o homem não existe sem a mulher. ¹²Pois, se a mulher foi tirada do homem, o homem nasce pela mulher, e tudo vem de Deus.*ⁱ*

¹³Julgai por vós mesmos: será conveniente que a mulher ore a Deus sem estar coberta de véu? ¹⁴A natureza mesma não vos ensina que é desonroso para o homem trazer cabelos compridos, ¹⁵ao passo que, para a mulher, é glória ter longa cabeleira, porque a cabeleira lhe foi dada como véu?*ʲ*

---

a) O cristão deve agir para *respeitar* a consciência errônea do outro, não para se submeter ao errôneo julgamento do próximo.
b) Lit.: "cabeça", (*kephalé*), cf. 11,8.
c) Lit.: "com (alguma coisa que lhe penda) da cabeça". Os cabelos longos denotavam a homossexualidade masculina (cf. 11,15).
d) Isto implica um papel de primeiro plano, que não preocupou Paulo. Sobre a profecia, ver 1Cor 12,28; 14,15.
e) O cabelo curto denotava a homossexualidade feminina; cf. 11,15.
f) Trazendo cabelos longos.
g) Lit.: "ter autoridade sobre (ou controlar) sua cabeça" tendo um penteado que corresponda às exigências e aos costumes da época, a fim de não aparecer como mulher de má vida. Frequentemente o termo grego *exousia* ("autoridade") foi traduzido por "sinal de sujeição", mas o termo designa normalmente a autoridade exercida, o domínio sobre alguma coisa (cf. Rm 9,21), e não uma autoridade sob a qual alguém se encontra. O contexto desta passagem leva a compreender tudo isso de modo bem pragmático, como conselhos de boa conduta (dirigidos aos homens e às mulheres).
h) Mensageiros de outras comunidades (Mt 11,10; Lc 7,24; 9,52), que ficariam escandalizados com um penteado pouco feminino.
i) Paulo utiliza esta realidade biológica providencial para refutar o uso de Gn 2,21-23 como argumento a favor da subordinação da mulher.
j) Nessa época as mulheres se penteavam fazendo tranças que circundavam a cabeça como um boné. É o modo de cobrir a cabeça de que se fala nos vv. 3.13.

¹⁶Se, no entanto, alguém quiser contestar, não temos este costume, nem tampouco as Igrejas de Deus.

A *"Ceia do Senhor"* — ¹⁷Dito isto, não posso louvar-vos: vossas assembleias, longe de vos levar ao melhor, vos prejudicam. ¹⁸Em primeiro lugar, ouço dizer que, quando vos reunis em assembleia, há entre vós divisões, e, em parte, o creio. ¹⁹É preciso que haja até mesmo cisões entre vós, a fim de que se tornem manifestos entre vós aqueles que são comprovados. ²⁰Quando, pois, vos reunis, o que fazeis não é comer a Ceia do Senhor; ²¹cada um se apressa por comer a sua própria ceia;*ᵃ* e, enquanto um passa fome, o outro fica embriagado. ²²Não tendes casas para comer e beber? Ou desprezais a Igreja de Deus e quereis envergonhar aqueles que nada têm? Que vos direi? Hei de louvar-vos? Não, neste ponto não vos louvo.

²³Com efeito, eu mesmo recebi do Senhor*ᵇ* o que vos transmiti: na noite em que foi entregue, o Senhor Jesus tomou o pão ²⁴e, depois de dar graças, partiu-o e disse: "Isto é o meu corpo, que é para vós;*ᶜ* fazei isto em memória de mim." ²⁵Do mesmo modo, após a ceia, também tomou o cálice, dizendo: "Este cálice é a nova Aliança em meu sangue; todas as vezes que dele beberdes, fazei-o em memória de mim."*ᵈ* ²⁶Todas as vezes, pois, que comeis desse pão e bebeis desse cálice, anunciais a morte do Senhor até que ele venha. ²⁷Eis por que todo aquele que comer do pão ou beber do cálice do Senhor indignamente, será réu do corpo e do sangue do Senhor.*ᵉ*

²⁸Por conseguinte, que cada um examine a si mesmo antes de comer desse pão e beber desse cálice, ²⁹pois aquele que come e bebe sem discernir o Corpo,*ᶠ* come e bebe a própria condenação. ³⁰Eis por que há entre vós tantos débeis e enfermos e muitos morreram.*ᵍ* ³¹Se nós examinássemos a nós mesmos, não seríamos julgados. ³²Mas por seus julgamentos o Senhor nos corrige, para que não sejamos condenados com o mundo.*ʰ*

³³Portanto, meus irmãos, quando vos reunirdes para a Ceia, esperai uns aos outros. ³⁴Se alguém tem fome, coma em sua casa, a fim de que não vos reunais para a vossa condenação. Quanto ao mais eu o determinarei quando aí chegar.

12

Os dons do Espírito ou "carismas"ⁱ — ¹A propósito dos dons do Espírito, irmãos, não quero que estejais na ignorância. ²Sabeis que, quando éreis gentios, éreis irresistivelmente arrastados para os ídolos mudos.*ʲ* ³Por

---

a) A "ceia própria" de cada um é posta em contraste com a "Ceia do Senhor" do v. 20, que exige celebração comum no amor e repele as divisões inspiradas pelo egoísmo.
b) Não por revelação direta, mas pela tradição derivada do Senhor.
c) Var.: "partido para vós", "dado para vós".
d) O texto de Paulo é próximo ao de Lc 22,19-20.
e) Se aqueles que partilham a refeição eucarística não estão realmente unidos no amor (v. 26), põem-se na categoria daqueles que mataram Jesus (Dt 19,10; Hb 6,4-6; 10,29).
f) O critério nesse exame de si deve ser a qualidade de sua relação com os outros membros da comunidade.
g) Paulo interpreta uma epidemia como punição divina pela falta de amor que tornou impossível a Eucaristia (v. 20).
h) As provações enviadas pelo Senhor são "julgamentos", prelúdio do juízo final. Mas elas visam à conversão, que preserva da condenação final (v. 32). Tais punições poderiam ter sido evitadas, se os culpados se tivessem examinado e corrigido, principalmente por ocasião da comunhão com o corpo de Cristo (v. 31).
i) Os caps. 12-14 tratam do bom uso dos dons do Espírito (carismas), concedidos à comunidade como testemunho visível da presença do Espírito e para remediar a situação anormal de uma jovem comunidade cristã cuja fé ainda não transformara a mentalidade impregnada de paganismo. Os coríntios eram tentados a apreciar principalmente os dons mais vistosos e a utilizá-los em ambiente anárquico, semelhante ao de certas cerimônias pagãs. Paulo reage afirmando que os dons são concedidos para o bem da comunidade e, por conseguinte, não devem ocasionar rivalidade (c. 12). Depois, mostra que a caridade supera a todos (c. 13). Por último, explica que a hierarquia dos dons há de ser estabelecida de acordo com a contribuição que cada dom traz à edificação da comunidade (c. 14).
j) Alusão aos fenômenos violentos, desordenados, de certos cultos pagãos, que eram considerados como o sinal da sua autenticidade. Ao contrário, nas assembleias cristãs é o conteúdo do discurso, e não o seu estilo, que testemunha a verdade (v. 3).

isto, eu vos declaro que ninguém, falando com o Espírito de Deus, diz: "Anátema seja Jesus!", e ninguém pode dizer: "Jesus é Senhor" a não ser no Espírito Santo.

Diversidade e unidade dos carismas — ⁴Há diversidade de dons, mas o Espírito é o mesmo; ⁵diversidade de ministérios, mas o Senhor é o mesmo; ⁶diversos modos de ação, mas é o mesmo Deus que realiza tudo em todos.ᵃ ⁷Cada um recebe o dom de manifestar o Espírito para a utilidade de todos. ⁸A um, o Espírito dá a mensagem de sabedoria,ᵇ a outro, a palavra de ciênciaᶜ segundo o mesmo Espírito; ⁹a outro, o mesmo Espírito dá a fé;ᵈ a outro ainda, o único e mesmo Espírito concede o dom das curas; ¹⁰a outro, o poder de fazer milagres; a outro, a profecia; a outro, o discernimento dos espíritos;ᵉ a outro, o dom de falar em línguas,ᶠ a outro ainda, o dom de as interpretar. ¹¹Mas é o único e mesmo Espírito que isso tudo realiza, distribuindo a cada um os seus dons, conforme lhe apraz.

Comparação do corpoᵍ — ¹²Com efeito, o corpo é um e, não obstante, tem muitos membros, mas todos os membros do corpo, apesar de serem muitos, formam um só corpo. Assim também acontece com Cristo.ʰ ¹³Pois fomos todos batizados num só Espírito para ser um só corpo, judeus e gregos, escravos e livres, e todos bebemos de um só Espírito.

¹⁴O corpo não se compõe de um só membro, mas de muitos. ¹⁵Se o pé disser: "Mão eu não sou, logo não pertenço ao corpo", nem por isto deixará de fazer parte do corpo. ¹⁶E se a orelha disser: "Olho eu não sou, logo não pertenço ao corpo", nem por isto deixará de fazer parte do corpo. ¹⁷Se o corpo todo fosse olho, onde estaria a audição? Se fosse todo ouvido, onde estaria o olfato?

¹⁸Mas Deus dispôs cada um dos membros no corpo, segundo a sua vontade. ¹⁹Se o conjunto fosse um só membro, onde estaria o corpo? ²⁰Há, portanto, muitos membros, mas um só corpo. ²¹Não pode o olho dizer à mão: "Não preciso de ti"; nem tampouco pode a cabeça dizer aos pés: "Não preciso de vós."

²²Pelo contrário, os membros do corpo que parecem mais fracos, são os mais necessários, ²³e aqueles que parecem menos dignos de honra do corpo, são

---

a) Note-se a formulação trinitária do pensamento (cf. 2Cor 13,13+).
b) Sem dúvida, o dom de expor as mais altas verdades cristãs, as que dizem respeito à vida de Deus e à vida divina em nós: "O ensinamento perfeito" de Hb 6,1.
c) O dom de expor as verdades elementares do cristianismo: "o ensinamento elementar sobre Cristo" de Hb 6,1.
d) A fé em grau extraordinário (cf. 13,2).
e) O dom de determinar a origem dos fenômenos carismáticos: vem de Deus, da natureza, do Maligno?
f) O carisma das *línguas*, ou "glossolalia", é o dom de louvar a Deus, proferindo, sob a ação do Espírito Santo e em estado mais ou menos extático, sons ininteligíveis. É o que Paulo chama "falar em línguas" (1Cor 14,5.6.18.23.39) ou, "falar em língua" (1Cor 14,2.4.9.13.14.19.26.27). Esse carisma acompanhou a Igreja nascente, sendo o primeiro efeito sensível da comunicação do Espírito aos homens (ver At 2,3-4; 10,44-46 e 11,15; 19,6).
g) Embora utilize o clássico apólogo que compara a sociedade a um corpo unido nos seus diversos membros, não é a esse apólogo que Paulo deve a sua concepção de Corpo de Cristo. Ela, com efeito, vem de sua concepção do amor como fundamento da existência cristã (1Cor 13,2). Ele considerava assim os fiéis como elementos de uma unidade orgânica. O corpo humano fornece uma perfeita imagem de uma diversidade enraizada na unidade. Aqui ele dá a este homem novo (Gl 3,28) o nome de "Cristo". A Igreja que é seu corpo, é a presença física de Cristo no mundo, à medida que ela prolonga seu ministério. Esta doutrina se encontra nas epístolas do cativeiro e aí se desenvolve. É sempre no corpo de Cristo crucificado segundo a carne e vivificado pelo Espírito (Ef 2,14-18; Cl 1,22) que se opera a reconciliação dos homens, que são seus membros (Ef 5,30). Mas a unidade desse Corpo que reúne todos os cristãos no mesmo Espírito (Ef 4,4; Cl 3,15) e sua identificação com a Igreja (Ef 1,22s; 5,23; Cl 1,18.24) são mais acentuadas. Assim personalizado (Ef 4,12s; Cl 2,19), ele doravante tem Cristo como Cabeça (Ef 1,22; 4,15s; 5,23; Cl 1,18; 2,19: comparar com 1Cor 12,21), sem dúvida por influência da ideia de Cristo Cabeça das Potências (Cl 2,10). Enfim, ele chega a englobar de certo modo todo o Universo reunido sob a dominação do Kyrios (Ef 1,23+. Cf. Jo 2,21+).
h) Como o corpo humano une a pluralidade de seus membros na unidade, assim Cristo, princípio unificador da sua Igreja, constitui todos os cristãos na unidade do seu Corpo.

os que cercamos de maior honra, e nossos membros que são menos decentes, nós os tratamos com mais decência; ²⁴os que são decentes, não precisam de tais cuidados. Mas Deus dispôs o corpo de modo a conceder maior honra ao que é menos nobre, ²⁵a fim de que não haja divisão no corpo, mas os membros tenham igual solicitude uns com os outros. ²⁶Se um membro sofre, todos os membros compartilham o seu sofrimento; se um membro é honrado, todos os membros compartilham a sua alegria. Rm 12,15

²⁷Ora, vós sois o corpo de Cristo e sois os seus membros, cada um por sua parte. ²⁸E aqueles que Deus estabeleceu na Igreja são, em primeiro lugar, apóstolos; em segundo lugar, profetas; em terceiro lugar, doutores...ᵃ Vêm, a seguir, os dons dos milagres, das curas, da assistência,ᵇ do governoᶜ e o de falar diversas línguas. ²⁹Porventura, são todos apóstolos? Todos profetas? Todos doutores? Todos realizam milagres? ³⁰Todos têm o dom de curar? Todos falam línguas? Todos as interpretam? 12,7-11 Rm 12,6-8 Ef 4,11 Rm 1,1 + At 11,27 +

A hierarquia dos carismas. Hino à caridadeᵈ — ³¹Aspirai aos dons mais altos. Aliás, passo a indicar-vos um caminho que ultrapassa a todos.

13 ¹Ainda que eu falasse línguas,
as dos homens e as dos anjos,
se eu não tivesse a caridade,
seria como bronze que soa
ou como címbalo que tine.ᵉ

² Ainda que tivesse o dom da profecia,
o conhecimento de todos os mistérios
e de toda a ciência, Mt 7,22 Mt 17,20 Tg 2,14-17

---

a) Os *doutores* são os encarregados, em cada igreja, do ensinamento regular e ordinário (cf. At 13,1+).
b) O dom da dedicação às obras de amor fraterno.
c) O dom de administrar e dirigir as igrejas.
d) Três partes: a superioridade da caridade (vv. 1-3), suas obras (vv. 4-7) e sua perenidade (vv. 8-13). Trata-se do amor fraterno. O amor para com Deus não é diretamente considerado, mas está implicitamente presente, máxime no v. 13, em ligação com a fé e a esperança.
e) A diferença do amor passional e egoísta, a caridade (*agápe*) é um amor de dileção, que quer o bem do próximo. A sua fonte está em Deus, que amou primeiro (1Jo 4,19) e entregou seu Filho para reconciliar consigo os pecadores (Rm 5,8; 8,32-39; 2Cor 5,18-21; Ef 2,4-7; cf. Jo 3,16s; 1Jo 4,9-10), tornando-os seus eleitos (Ef 1,4) e seus filhos (1Jo 3,1). Atribuído primeiramente a Deus (o Pai, Rm 5,5; 8,39; 2Cor 13,11.13; Fl 2,1; 2Ts 2,16; cf. 1Jo 2,15), esse amor, que é a natureza mesma de Deus (1Jo 4,7s.16), encontra-se, ao mesmo título, no Filho (Rm 8,35.37.39; 2Cor 5,14; Ef 3,19; 1Tm 1,14; 2Tm 1,13), que ama o Pai como é amado pelo Pai (Ef 1,6; Cl 1,13; cf. Jo 3,35; 10,17; 14,31), compartilha o amor do Pai pelos homens (Jo 13,1.34; 14,21; 15,9), homens pelos quais ele se entregou (2Cor 5,14s; Gl 2,20; Ef 5,2.25; 1Tm 1,14s; cf. Jo 15,13; 1Jo 3,16; Ap 1,5). Ele é também o amor do Espírito Santo (Rm 15,30; Cl 1,8), que se derrama nos corações dos cristãos (Rm 5,5+; cf. Gl 5,22), dando-lhes cumprir (cf. Rm 8,3-4) o preceito essencial da Lei, que é o amor de Deus e do próximo (Mt 22,37-40p; Rm 13,8-10; Gl 5,14), pois o amor dos irmãos, e até dos inimigos (Mt 5,43-48p), é a consequência necessária e a genuína prova do amor a Deus (1Jo 3,17; 4,20s); é o mandamento novo que Jesus deixou (Jo 13,34s; 15,12.17; 1Jo 3,23 etc.) e que os seus discípulos não cessam de incutir (Rm 13,8; Gl 5,13s; Ef 1,15; Fl 2,2s; Cl 1,4; 1Ts 3,12; 2Ts 1,3; Fm 5.7; cf. Tg 2,8; 1Pd 1,22; 2,17; 4,8; 1Jo 2,10; 3,10s.14 etc.). — É com esse amor que Paulo ama os seus (2Cor 2,4; 12,15 etc.), e é por eles amado (Cl 1,8; 1Ts 3,6 etc.). Esse amor, baseado na sinceridade e na humildade, no esquecimento e no dom de si (Rm 12,9s; 1Cor 13,4-7; 2Cor 6,6; Fl 2,2s), no serviço (Gl 5,13; cf. Hb 6,10) e no mútuo sustento (Ef 4,2; cf. Rm 14,15; 2Cor 2,7s), deve-se provar por atos (2Cor 8,8-11.24; cf. 1Jo 3,18) e observar os mandamentos do Senhor (Jo 14,15; 1Jo 5,2s etc.), tornando a fé efetiva (Gl 5,6; cf. Hb 10,24). Tal amor é o vínculo da perfeição (Cl 3,14; cf. 2Pd 1,7) e "cobre os pecados" (1Pd 4,8; cf. Lc 7,47). Apoiando-se no amor de Deus, o *agápe* tudo tem (Rm 8,28-39; cf. 1Jo 4,17s). Exercendo-se na verdade (Ef 4,15; cf. 2Ts 2,10), ele dá o genuíno sentido moral (Fl 1,9s) e abre o homem ao conhecimento espiritual do mistério de Deus (Cl 2,2; cf. Jo 4,7) e do amor de Cristo, que ultrapassa todo entendimento (Ef 3,17-19; cf. 1Cor 8,1-3; 13,8-12). Fazendo habitar na pessoa Cristo (Ef 3,17) e toda a Trindade (2Cor 13,13+; cf. Jo 4,15-23; 1Jo 4,12), esse amor alimenta uma vida de virtudes teologais (cf. Rm 1,16+; 5,2+), das quais a caridade (*agápe*) é a rainha (1Cor 13,13), pois ela nunca passará (1Cor 13,8), mas se expandirá na visão (1Cor 13,12; cf. 1Jo 3,2), quando Deus concederá aos seus eleitos os bens que ele prometeu aos que o amam (1Cor 2,9; Rm 8,28; Ef 6,24; 2Tm 4,8; cf. Tg 1,12; 2,5).

ainda que tivesse toda a fé,
a ponto de transportar montanhas,
se não tivesse a caridade,
nada seria.ᵃ

^{Mt 6,2}
^{Dn 3,28 (hebr.)}
³ Ainda que distribuísse
todos os meus bens aos famintos,
ainda que entregasse
meu corpo às chamas,
se não tivesse a caridade,
isso nada me adiantaria.

^{Rm 12,9-10}
^{13,8-10}
^{1Ts 5,14-15}
⁴ A caridade é paciente,ᵇ
a caridade é prestativa,
não é invejosa, não se ostenta,
não se incha de orgulho.
⁵ Nada faz de inconveniente,
não procura o seu próprio interesse,
não se irrita, não guarda rancor.
⁶ Não se alegra com a injustiça,
mas se regozija com a verdade.

^{Pr 10,12}
⁷ Tudo desculpa, tudo crê,
tudo espera, tudo suporta.

^{13,13 +}
^{At 11,27 +}
^{At 2,4 +}
⁸ A caridade jamais passará.ᶜ
Quanto às profecias, desaparecerão.
Quanto às línguas, cessarão.
Quanto à ciência, também desaparecerá.
⁹ Pois o nosso conhecimento é limitado,
e limitada é a nossa profecia.
¹⁰ Mas, quando vier a perfeição,
o que é limitado desaparecerá.
¹¹ Quando era criança,
falava como criança,
pensava como criança,
raciocinava como criança.
Depois que me tornei homem,
fiz desaparecer o que era próprio da criança.

^{2Cor 5,7}
^{Nm 12,8}
^{1Jo 3,2}
^{Gl 4,9}
¹² Agora vemos em espelho
e de maneira confusa,
mas, depois, veremos face a face.
Agora meu conhecimento é limitado,
mas, depois, conhecerei como sou conhecido.
¹³ Agora, portanto, permanecem fé,
esperança, caridade,
essas três coisas,ᵈ
A maior delas, porém, é a caridade.

---

a) Neste v. "nada seria" quer dizer "ser inexistente"; opor 1Cor 1,30.
b) Nos vv. 4-7, a caridade é descrita por uma série de quinze *verbos*. É caracterizada não de maneira abstrata, mas pelo comportamento que ela suscita.
c) Paulo opõe o momento presente ("agora", v. 12), em que os coríntios, de modo pueril (cf. 3,1), dão uma importância exagerada aos carismas, e o futuro ("depois", v. 12), em que eles atribuem a preponderância às virtudes essenciais que são a fé, a esperança e a caridade.
d) A persistência da fé e da esperança mostram que Paulo não pensa aqui na vida depois da morte. O agrupamento das três virtudes teologais, que aparece em são Paulo desde 1Ts 1,3 e lhe é, sem dúvida, anterior, volta frequentemente nas epístolas do Apóstolo, com alterações na ordem (1Ts 5,8; 1Cor 13,7.13; Gl 5,5s; Rm 5,1-5; 12,6-12; Cl 1,4-5; Ef 1,15-18; 4,2-5; 1Tm 6,11; Tt 2,2; cf. Hb 6,10-12; 10,22-24; 1Pd 1,3-9.21s). Além disso, encontram-se juntos fé e amor (1Ts 3,6; 2Ts 1,3; Fm 5), constância e fé (2Ts 1,4), caridade e constância (2Ts 3,5; cf. 2Cor 13,13).

14 *Hierarquia dos carismas em vista do bem comum* — ¹Procurai a caridade. Entretanto, aspirai aos dons do Espírito, principalmente à profecia. ²Pois aquele que fala em línguas, não fala aos homens, mas a Deus. Ninguém o entende, pois ele, em espírito, enuncia coisas misteriosas. ³Mas aquele que profetiza fala aos homens: edifica, exorta, consola. ⁴Aquele que fala em línguas edifica a si mesmo, ao passo que aquele que profetiza edifica a assembleia. ⁵Desejo que todos faleis em línguas, mas prefiro que profetizeis. Aquele que profetiza é maior do que aquele que fala em línguas, a menos que este as interprete, para que a assembleia seja edificada.*ᵃ*

⁶Suponde agora, irmãos, que vá ter convosco, falando em línguas: como vos serei útil, se a minha palavra não vos levar nem revelação, nem ciência, nem profecia, nem ensinamento? ⁷O mesmo se dá com os instrumentos musicais, como a flauta ou a cítara: se não emitirem sons distintos, como reconhecer o que toca a flauta ou a cítara? ⁸E, se a trombeta emitir um som confuso, quem se preparará para a guerra? ⁹Assim também vós: se vossa linguagem não se exprime em palavras inteligíveis, como se há de compreender o que dizeis? Estareis falando ao vento. ¹⁰Existem no mundo não sei quantas espécies de linguagem, e nada carece de linguagem.*ᵇ* ¹¹Ora, se não conheço a força da linguagem, serei como um bárbaro*ᶜ* para aquele que fala, e aquele que fala será como um bárbaro para mim. ¹²Assim também vós: já que aspirais aos dons do Espírito, procurai tê-los em abundância, para a edificação da assembleia.

¹³É por isto que aquele que fala em línguas deve orar para poder interpretá-las. ¹⁴Se oro em línguas, meu espírito está em oração, mas a minha inteligência nenhum fruto colhe.*ᵈ* ¹⁵Que fazer, pois? Orarei com o meu espírito, mas hei de orar também com a minha inteligência. Cantarei com o meu espírito, mas cantarei também com a minha inteligência. ¹⁶Com efeito, se deres graças apenas com o teu espírito, como poderá o ouvinte não iniciado*ᵉ* dizer "Amém" à tua ação de graças, visto que não sabe o que dizes? ¹⁷Sem dúvida, tua ação de graças é valiosa, mas o outro não se edifica. ¹⁸Dou graças a Deus por falar em línguas mais do que todos vós. ¹⁹Mas, numa assembleia, prefiro dizer cinco palavras com minha inteligência, para instruir também os outros, a dizer dez mil palavras em línguas.

²⁰Irmãos, quanto ao modo de julgardes, não sejais como crianças; quanto à malícia, sim, sede crianças, mas, quanto ao modo de julgar, sede adultos. ²¹Está escrito na Lei:*ᶠ*

Falarei a esse povo por homens de outra língua
e por lábios estrangeiros,
e mesmo assim não me escutarão, diz o Senhor.*ᵍ*

²²Por conseguinte, as línguas são um sinal não para os que creem, mas para os que não creem. A profecia, ao contrário, não é para os incrédulos, mas para os que creem.*ʰ* ²³Se, por exemplo, a Igreja se reunir e todos falarem em línguas, os simples ouvintes e os incrédulos que entrarem não dirão que estais loucos? ²⁴Se, ao contrário, todos profetizarem, o incrédulo ou o simples ouvinte que entrar, há de se sentir arguido por todos, julgado por todos; ²⁵os segredos de seu coração serão desvendados; prostrar-se-á com o rosto por terra, adorará a Deus e proclamará que *Deus está realmente no meio de vós.*

---

a) Neste caso não há diferença entre prosolalia e profecia (cf. v. 13).
b) Ou: "nada é destituído de sentido".
c) O bárbaro é aquele que não compreende o grego.
d) Na oração de quem fala em línguas, perdido em "espírito", nada há que a inteligência possa assimilar.
e) Aquele que não é favorecido por dons semelhantes.
f) Texto citado muito livremente.
g) Como os israelitas não ouvem o profeta, este os ameaça de ter de ouvir línguas incompreensíveis de invasores estrangeiros.
h) No estilo da diatribe, Paulo põe na boca de um oponente imaginário uma conclusão tirada da citação. Se a prosolalia não tem utilidade na Igreja (diferentemente da profecia) deve ter finalidade apologética, servindo de sinal para os

Os carismas. Regras práticas — ²⁶Que fazer, pois, irmãos? Quando estais reunidos, cada um de vós pode cantar um cântico, proferir um ensinamento ou uma revelação, falar em línguas ou interpretá-las; mas que tudo se faça para a edificação! ²⁷Se há quem fale em línguas, falem dois ou, no máximo, três, um após o outro. E que alguém as interprete. ²⁸Se não há intérprete, cale-se o irmão na assembleia; fale a si mesmo e a Deus. ²⁹Quanto aos profetas, dois ou três tomem a palavra e os outros julguem. ³⁰Se alguém que esteja sentado recebe uma revelação, cale-se o primeiro. ³¹Vós todos podeis profetizar, mas cada um a seu turno, para que todos sejam instruídos e encorajados. ³²Os espíritos dos profetas estão submissos aos profetas.ᵃ ³³Pois Deus não é Deus de desordem, mas de paz.

Como acontece em todas as igrejas dos santos, ³⁴estejam caladas as mulheres nas assembleias, pois não lhes é permitido tomar a palavra.ᵇ Devem ficar submissas, como diz também a Lei. ³⁵Se desejam instruir-se sobre algum ponto, interroguem os maridos em casa; não é conveniente que a mulher fale nas assembleias. ³⁶Porventura, a palavra de Deus tem seu ponto de partida em vós? Ou fostes vós os únicos que a recebestes?ᶜ ³⁷Se alguém julga ser profeta ou inspirado pelo Espírito, reconheça, nas coisas que vos escrevo, um preceito do Senhor. ³⁸Todavia, se alguém não o reconhecer, é que também Deus não é reconhecido.ᵈ

³⁹Por conseguinte, irmãos, aspirai ao dom da profecia e não impeçais que alguém fale em línguas. ⁴⁰Mas tudo se faça com decoro e com ordem.

III. A ressurreição dos mortosᵉ

15 ***O fato da ressurreição*** — ¹Lembro-vos, irmãos, o Evangelho que vos anunciei, que recebestes, no qual permaneceis firmes, ²e pelo qual sois salvos, se o guardais como vo-lo anunciei; doutro modo, teríeis acreditado em vão. ³Transmiti-vos, em primeiro lugar, aquilo que eu mesmo recebi:ᶠ Cristo morreu por nossos pecados,ᵍ segundo as Escrituras. ⁴Foi sepultado, ressuscitou

---

que estão fora da Igreja. Paulo contradiz então isso nos vv. 23-24.

a) Em caso contrário, se o profeta parece ter perdido o controle do seu comportamento, é falso profeta.

b) Os vv. 34-35, que alguns mss colocam depois do v. 40, são uma interpolação pós-paulina. Além do fato de que se trata de apelo à obediência à Lei (talvez Gn 3,16) que não coaduna com Paulo, a exigência de que as mulheres fiquem em silêncio contradiz 1Cor 11,5. Esta injunção reflete a misoginia de 1Tm 2,11-14 e provavelmente tem a sua origem na mesma igreja.

c) Visto que a resposta é negativa, Paulo exorta os coríntios a aceitarem as normas vigentes nas outras igrejas. Naquilo que se refere à conduta dos profetas (vv. 29-33).

d) Ignorado por Deus, isto é, não reconhecido por Deus como fiel. — Var.: "Se alguém ignora a Deus, que ele o ignore!" (jogo de palavras de Paulo aborrecido). A respeito deste modo de encerrar uma discussão, cf. 11,16; Fl 3,15.

e) Alguns cristãos de Corinto rejeitavam a ressurreição dos mortos (15,12). Os gregos a consideravam como concepção grosseira (At 17,32+), ao passo que os judeus a tinham aos poucos pressentido (Sl 16,10+; Jó 19,25+; Ez 37,10+) e, mais tarde, explicitamente professado (Dn 12,2+.3+; 2Mc 7,9+). Para combater o erro dos coríntios, Paulo parte da afirmação fundamental da pregação evangélica — o mistério pascal de Cristo morto e ressuscitado (vv. 3-5; cf. Rm 1,4; Gl 1,2-4; 1Ts 1,10 etc.) —, que ele desenvolve enumerando as aparições do Ressuscitado (vv. 6-11; cf. At 1,8+). Consequentemente, Paulo mostra o absurdo da opinião que ele combate (vv. 12-34; cf. 15,13+). Cristo é as primícias e a causa eficiente da ressurreição dos mortos (vv. 20-28; cf. Rm 8,11+). Por último, Paulo responde às objeções sobre o modo da ressurreição dos mortos (vv. 35-53) e termina com um hino de ação de graças (vv. 54-57).

f) A palavra viva do Evangelho é *transmitida*, *recebida* e *guardada* — termos tirados do vocabulário técnico da tradição rabínica (cf. 11,23). Mas o Evangelho é principalmente anunciado (vv. 1.2), proclamado (v. 11, "querigma"; cf. Mt 4,23 etc.), objeto de fé (vv. 2.11; cf. Mc 1,15) e portador de salvação (v. 2; cf. At 11,14; 16,17).

g) Por conseguinte, o caráter salutar da *morte* de Cristo faz parte da proclamação evangélica anterior a Paulo (cf. Rm 6,3).

ao terceiro dia, segundo as Escrituras.*ᵃ* ⁵Apareceu a Cefas, e depois aos Doze. ⁶Em seguida, apareceu a mais de quinhentos irmãos de uma vez, a maioria dos quais ainda vive,*ᵇ* enquanto alguns já adormeceram.*ᶜ* ⁷Posteriormente, apareceu a Tiago, e, depois, a todos os apóstolos.*ᵈ* ⁸Em último lugar, apareceu também a mim como a um abortivo.*ᵉ*
⁹Pois sou o menor dos apóstolos, nem sou digno de ser chamado apóstolo, porque persegui a Igreja de Deus. ¹⁰Mas pela graça de Deus sou o que sou: e sua graça a mim dispensada não foi estéril. Ao contrário, trabalhei mais do que todos eles; não eu, mas a graça de Deus que está comigo.
¹¹Por conseguinte, tanto eu como eles, eis o que proclamamos. Eis também o que acreditastes. ¹²Ora, se se proclama que Cristo ressuscitou dos mortos, como podem alguns dentre vós dizer que não há ressurreição dos mortos? ¹³Se não há ressurreição dos mortos, também Cristo não ressuscitou.*ᶠ* ¹⁴E, se Cristo não ressuscitou, vazia é a nossa pregação, vazia também é a vossa fé.*ᵍ* ¹⁵Acontece mesmo que somos falsas testemunhas de Deus, pois atestamos contra Deus que ele ressuscitou a Cristo, quando de fato não ressuscitou, se é que os mortos não ressuscitam. ¹⁶Pois, se os mortos não ressuscitam, também Cristo não ressuscitou. ¹⁷E, se Cristo não ressuscitou, ilusória é a vossa fé; ainda estais nos vossos pecados.*ʰ* ¹⁸Por conseguinte, aqueles que adormeceram em Cristo estão perdidos. ¹⁹Se temos esperança em Cristo somente para esta vida, somos os mais dignos de compaixão de todos os homens.*ⁱ*
²⁰Mas não! Cristo ressuscitou dos mortos, primícias dos que adormeceram. ²¹Com efeito, visto que a morte veio por um homem, também por um homem vem a ressurreição dos mortos. ²²Pois, assim como todos morrem em Adão, em Cristo todos receberão a vida.*ʲ* ²³Cada um, porém, em sua ordem: como primícias, Cristo; depois, aqueles que pertencem a Cristo, por ocasião da sua Vinda.*ᵏ* ²⁴A seguir haverá o fim, quando ele entregar o reino a Deus Pai, depois de ter destruído todo Principado, toda Autoridade, todo Poder.*ˡ* ²⁵Pois é preciso que ele reine, *até que tenha posto todos os seus inimigos debaixo dos seus pés*. ²⁶O último inimigo a ser destruído será a Morte, ²⁷pois *ele tudo pôs debaixo dos pés dele*. Mas, quando ele disser:*ᵐ* "Tudo está submetido",

---

a) Estas expressões (vv. 3-4), já fixadas em sua formulação, constituem o germe das futuras profissões de fé (Credo).
b) Paulo subentende: podem ainda hoje testemunhar o que viram; vossa fé na ressurreição de Cristo repousa sobre um testemunho seguro.
c) Isto é, "morreram". Mesma expressão nos vv. 18.20.51 (cf. 1Ts 4,13+).
d) Os apóstolos assim entendidos constituem um grupo mais numeroso do que o dos Doze do v. 5.
e) Alusão ao caráter anormal, violento, "cirúrgico" da vocação de Paulo. — Ele não faz diferença alguma entre a aparição na estrada de Damasco e as aparições de Jesus desde a ressurreição até a ascensão.
f) Se alguém nega a ressurreição dos mortos, nega também tal caso particular que é a ressurreição de Cristo. Outra interpretação: a ressurreição de Cristo só tem sentido como primícias da nossa. Se esta for negada, a de Cristo já não tem sentido. Todavia, esta consideração só aparece no v. 20.
g) Todos os aspectos da mensagem cristã e da fé que lhe corresponde só têm sentido em relação com a realidade central: o Cristo ressuscitado. Sem esta, tudo desmorona.
h) Pois o que apaga o pecado é a vida nova, participação na vida de Cristo ressuscitado (cf. Rm 6,8-10; 8,2+).
i) Renunciar aos prazeres do tempo presente é um logro, se a morte põe fim a tudo. Paulo não considera a imortalidade da alma fora da perspectiva da ressurreição da carne.
j) A perspectiva não é somente física e biológica, mas envolve o homem inteiro: morte espiritual do pecado, vida ressuscitada na justiça e no amor. Note-se que Paulo não menciona a ressurreição dos pecadores, afirmada em Jo 5,29 e At 24,15 (cf. Dn 12,2).
k) Termo de origem helenística, recebido no cristianismo primitivo para designar a gloriosa Vinda de Cristo em seu "Dia" (1Cor 1,8+), no fim dos tempos (Mt 24,3+); cf. ainda 1Ts 2,19; 3,13; 4,15; 5,23; 2Ts 2,1; Tg 5,7.8; 2Pd 1,16; 3,4.12; 1Jo 2,28. Em 2Ts 2.8.9 o mesmo vocábulo designa a vinda do ímpio. Comparem-se os termos análogos: "Revelação" (1Cor 1,7+) e "Aparição" (1Tm 6,14+).
l) Todos os poderes hostis ao Reino de Deus (cf. 1Cor 2,6; Ef 1,21; Cl 1,16; 2,15; 1Pd 3,22).
m) Uma vez "tudo colocado debaixo dos pés dele", Jesus se apresentará ao Pai para prestar-lhe contas da missão cumprida. Erroneamente tem-se traduzido: "Mas, quando a Escritura diz que tudo lhe foi submetido..."

evidentemente excluir-se-á aquele que tudo lhe submeteu. ²⁸E, quando todas as coisas lhe tiverem sido submetidas, então o próprio Filho se submeterá àquele que tudo lhe submeteu, para que Deus seja tudo em todos.

²⁹Se não fosse assim, que proveito teriam "os que se esgotam pelos mortos"?*ª* Se os mortos realmente não ressuscitam, por que se esgotam por eles?*ᵇ* ³⁰E nós mesmos, por que a todo momento nos expomos ao perigo? ³¹Diariamente estou exposto à morte, tão certo, irmãos, quanto vós sois a minha glória em Jesus Cristo nosso Senhor. ³²De que me teria adiantado lutar contra os animais*ᶜ* em Éfeso, se tivesse apenas interesses humanos? Se os mortos não ressuscitam, *comamos e bebamos, pois amanhã morreremos.ᵈ* ³³Não vos deixeis iludir: "As más companhias corrompem os bons costumes".*ᵉ* ³⁴Tornai--vos sóbrios, como é necessário, e não pequeis! Pois alguns dentre vós tudo ignoram a respeito de Deus. Digo-o para a vossa vergonha.

O modo da ressurreição — ³⁵Mas, dirá alguém, como ressuscitam os mortos? Com que corpo voltam? ³⁶Insensato! O que semeias, não readquire vida a não ser que morra. ³⁷E o que semeias, não é o corpo da futura planta que deve nascer, mas um simples grão, de trigo ou de qualquer outra espécie. ³⁸A seguir, Deus lhe dá corpo como quer; a cada uma das sementes ele dá o corpo que lhe é próprio.*ᶠ*

³⁹Nenhuma carne é igual às outras, mas uma é a carne dos homens, outra a carne dos quadrúpedes, outra a dos pássaros, outra a dos peixes. ⁴⁰Há corpos celestes e há corpos terrestres. São, porém, diversos o brilho dos celestes e o brilho dos terrestres. ⁴¹Um é o brilho do sol, outro o brilho da lua, e outro o brilho das estrelas. E até de estrela para estrela há diferenças de brilho. ⁴²O mesmo se dá com a ressurreição dos mortos; semeado corruptível, o corpo ressuscita incorruptível; ⁴³semeado desprezível, ressuscita reluzente de glória; semeado na fraqueza, ressuscita cheio de força; ⁴⁴semeado corpo psíquico*ᵍ* ressuscita corpo espiritual.

---

a) Var.: "se não fosse assim, que proveito teriam aqueles que se fazem batizar pelos mortos". Alusão a uma prática cuja natureza nos escapa.

b) Alguns coríntios criticavam Paulo porque trabalhava tão duramente que se matava por aqueles que estavam "mortos" espiritualmente ou existencialmente (2Cor 2,16). Paulo transforma a objeção em argumento em favor da ressurreição. Continuaria ele a sofrer (2Cor 11,23+), caso não estivesse absolutamente convencido de que aqueles que estão fisicamente mortos se levantarão?

c) Sem dúvida, trata-se de metáfora (Sl 22,1; 1Mc 2,60; 2Tm 4,17). Esta tribulação de Paulo não nos é referida por outra fonte, mas cf. 2Cor 11,23-26.

d) Cf. Ecl 9,7-10. Há aí certo exagero oratório, pois alguém pode renunciar aos prazeres materiais por motivos meramente humanos. Paulo mesmo acaba de dizê-lo (9,25).

e) Verso do poeta Menandro, talvez transformado em máxima popular.

f) Na mentalidade popular, a germinação era processo que dependia da benevolência da divindade, não um fenômeno natural (cf. 2Mc 7,22-23). Ao descrever as relações entre o corpo atual e o corpo de glória, Paulo insiste muito mais nas diferenças do que na continuidade. Quer, por certo, responder (v. 35) àqueles que, a justo título, recusavam tomar ao pé da letra imagens como a de Ez 37,1-10+.

g) Para Paulo, como para a tradição bíblica, a *psyché* (hebr. *nefesh*; cf. Gn 2,7) é o princípio vital que anima o corpo humano (1Cor 15,45). É a "vida" do corpo (Rm 16,4; Fl 2,30; 1Ts 2,8; cf. Mt 2,20; Mc 3,4; Lc 12,20; Jo 10,11; At 20,10 etc.), a alma viva do corpo (2Cor 1,23). A mesma palavra pode designar o homem inteiro (Rm 2,9; 13,1; 2Cor 12,15; At 2,41.43 etc.). A *psyché*, porém, fica sendo princípio de vida natural (1Cor 2,14; cf. Jd 19), que deve apagar-se diante do *pneuma*, para que o homem encontre de novo a vida divina. Esta substituição, que se inicia já durante a vida mortal pelo dom do Espírito (Rm 5,5+; cf. 1,9+), atinge a sua plenitude após a morte. Ao passo que a filosofia grega só professava a sobrevivência imortal da alma superior (*nous*), liberta do corpo, o cristianismo concebe a imortalidade estritamente como restauração integral do homem, ou seja, como ressurreição dos corpos pelo Espírito, princípio divino que Deus retirou do homem em consequência do pecado (Gn 6,3) e que lhe devolve pela união ao Cristo ressuscitado (Rm 1,4+; 8,11+), homem celeste e Espírito vivificante (1Cor 15,45-49). De "psíquico" o corpo se tornará então "pneumático", incorruptível, imortal (1Cor 15,53), glorioso (1Cor 15,43; cf. Rm 8,18; 2Cor 4,17; Fl 3,21; Cl 3,4), liberto das leis da matéria terrestre (Jo 20,19.26) e das suas aparências (Lc 24,16). — Em sentido mais amplo, a *psyché* pode designar a alma, por oposição ao corpo (Mt 10,28), a sede da vida moral e dos sentimentos (Fl 1,27; Ef 6,6; Cl 3,23; cf. Mt 22,37p; 26,38p; Lc 1,46; Jo 12,27; At 4,32; 14,2; 1Pd 2,11 etc.), e até mesmo o ser espiritual e imortal (At 2,27; Tg 1,21; 5,20; 1Pd 1,9; Ap 6,9 etc.).

Se há um corpo psíquico, há também um corpo espiritual. ⁴⁵Assim está escrito: O primeiro *homem*, Adão, *foi feito alma vivente*;ᵃ o último Adão tornou-se espírito que dá a vida. ⁴⁶Primeiro foi feito não o que é espiritual, mas o que é psíquico; o que é espiritual vem depois. ⁴⁷O primeiro homem, tirado da terra, é terrestre. O segundo homem vem do céu. ⁴⁸Tal foi o homem terrestre, tais são também os terrestres. Tal foi o homem celeste, tais serão os celestes. ⁴⁹E, assim como trouxemos a imagem do homem terrestre, assim também traremosᵇ a imagem do homem celeste.

⁵⁰Digo-vos, irmãos: A carne e o sangue não podem herdar o Reino de Deus, nem a corrupção herdar a incorruptibilidade. ⁵¹Eis que vos dou a conhecer um mistério: nem todos morreremos, mas todos seremos transformados,ᶜ ⁵²num instante, num abrir e fechar de olhos, ao som da trombeta final;ᵈ sim, a trombeta tocará, e os mortos ressurgirão incorruptíveis, e nós seremos transformados. ⁵³Com efeito, é necessário que este ser corruptível revista a incorruptibilidade e que este ser mortal revista a imortalidade.

Hino triunfal e conclusão — ⁵⁴Quando, pois, este ser corruptível tiver revestido a incorruptibilidadeᵉ e este ser mortal tiver revestido a imortalidade, então cumprir-se-á a palavra da Escritura:ᶠ

A morte foi absorvida na vitória.
⁵⁵*Morte, onde está a tua vitória?*
Morte, onde está o teu aguilhão?

⁵⁶O aguilhão da morte é o pecado e a força do pecado é a Lei.ᵍ ⁵⁷Graças se rendam a Deus, que nos dá a vitória por nosso Senhor Jesus Cristo! ⁵⁸Assim, irmãos bem-amados, sede firmes, inabaláveis, fazei incessantes progressos na obra do Senhor, cientes de que a vossa fadiga não é vã no Senhor.ʰ

Conclusão

16 ***Recomendações, saudações, desejo final*** — ¹Quanto à coleta em favor dos santos,ⁱ segui também vós as normas que estabeleci para as Igrejas da Galácia. ²No primeiro dia da semana,ʲ cada um de vós ponha de lado o que conseguir poupar; deste modo, não se esperará a minha chegada para se fazerem as coletas. ³Quando aí chegar, mandarei, munidos de cartas, aqueles que tiverdes escolhido para levar vossas dádivas a Jerusalém; ⁴e, se valer a pena que eu mesmo vá, eles farão a viagem comigo.

⁵Irei ter convosco depois de passar pela Macedônia, pois hei de atravessar a Macedônia. ⁶É possível que eu me demore convosco ou mesmo passe o inverno entre vós, para que me deis os meios de prosseguir a viagem. ⁷Não

---

a) Isto é, um ser dotado por sua *psyché*, mas de vida puramente natural e submetido às leis do desgaste e da corrupção.
b) Var.: "possamos nós trazer".
c) Paulo esperava que a Parusia acontecesse antes de sua morte.
d) Desde o Sinai (Ex 19,16.19), a trombeta faz parte do simbolismo das manifestações divinas (Mt 24,31; 1Ts 4,16+). Ela assinala o ritmo das etapas do desígnio final de Deus (cf. as sete trombetas de Ap 8,6-11,19).
e) Om.: "Quando, pois, este ser corruptível tiver revestido a incorruptibilidade".
f) Citação livre.
g) Fórmula sintética, que anuncia a exposição de Rm 5-7.
h) Este v. liga a explanação antecedente ao v. 14, início da instrução. A certeza da vitória dá ao fiel a força para progredir. Para Paulo, não pode haver fé sem vida em progresso.
i) A respeito desta coleta, ver Rm 15,26-28; Gl 2,10; 2Cor 8-9; At 24,17. Os "santos" (cf. 2Cor 8,4) são os cristãos de Jerusalém que, desde os primeiros decênios, precisaram ser auxiliados (At 11,29-30). — Tal coleta tinha grande importância para Paulo, que nela via o sinal e o penhor da unidade entre as igrejas por ele fundadas e as dos judeu-cristãos.
j) Isto é, o "dia do Senhor" (cf. At 20,7; Ap 1,10; Mt 28,1), o domingo.

quero ver-vos apenas de passagem;*a* espero ficar algum tempo convosco, se o Senhor o permitir. ⁸Entrementes, permanecerei em Éfeso até Pentecostes, ⁹pois aqui se abriu uma porta larga,*b* cheia de perspectivas para mim, e os adversários são numerosos.

¹⁰Se Timóteo for ter convosco, cuidai de que esteja sem receios em meio a vós, pois trabalha na obra do Senhor, como eu. ¹¹Por conseguinte, que ninguém o menospreze! Dai-lhe os meios de voltar em paz para junto de mim, pois eu o espero com os irmãos. ¹²Quanto ao nosso irmão Apolo, roguei-lhe insistentemente que fosse visitar-vos com os irmãos; mas não quis em absoluto ir agora;*c* irá quando tiver oportunidade.

¹³Vigiai, permanecei firmes na fé, sede corajosos, sede fortes! ¹⁴Fazei tudo na caridade.

¹⁵Ainda uma recomendação, irmãos. Conheceis a família de Estéfanas, sabeis que são as primícias da Acaia e que se devotaram ao serviço dos santos. ¹⁶Tende, pois, deferência para com pessoas de tal valor e para com todos os que colaboram e se afadigam na mesma obra. ¹⁷Regozijo-me pela presença de Estéfanas, Fortunato e Acaico,*d* pois supriram a vossa ausência; ¹⁸tranquilizaram o meu espírito e o vosso. Sabei apreciar pessoas de tal valor.

¹⁹Saúdam-vos as igrejas da Ásia.*e* Enviam-vos efusivas saudações no Senhor Áquila e Priscila, com a igreja que se reúne na casa deles. ²⁰Saúdam-vos todos os irmãos. Saudai-vos uns aos outros com ósculo santo.

²¹A saudação é do meu próprio punho: Paulo.*f*
²²Se alguém não ama o Senhor, seja anátema!*g*

Maran atha.*h*

²³A graça do Senhor Jesus esteja convosco!
²⁴Com todos vós está o meu amor em Cristo Jesus.

---

a) Outra tradução: "Desta vez não quero ver-vos apenas de passagem" — o que suporia breve e recente visita, pouco provável, aliás.
b) Mesma imagem em 2Cor 2,12; Cl 4,3, para designar as oportunidades que se oferecem ao ministério de Paulo (cf. 3,8; At 14,27+).
c) Talvez para que o próprio Apolo não alimentasse, por sua presença, o partido que se formara em torno do seu nome (1,12; 3,4-6; 4,6).
d) Por certo, haviam levado a Paulo a carta de Corinto (7,1).
e) Isto é, da província romana da Ásia.
f) Como as cartas de Paulo eram escritas por secretários (Rm 16,22), elas deviam ser autenticadas com algumas palavras escritas por seu próprio punho (2Ts 2,2; 3,17; Gl 6,11; Fm 19; Cl 4,18).

g) A palavra "anátema" corresponde geralmente no AT ao hebraico *hérem* (Js 6,17+). No NT tem uma só vez o sentido preciso de oferenda ao Templo (Lc 21,5); na maioria dos casos, exprime uma maldição que se volta contra aquele mesmo que a profere, caso deixe de cumprir um compromisso sagrado (At 23,12-21; Rm 9,3), ou que se pode voltar contra outrem, condenado por uma falta muito grave, aqui (16,22; Gl 1,8-9; cf. 1Cor 12,3; Ap 22,3).
h) Palavras aramaicas que haviam passado para a linguagem litúrgica; exprimiam a esperança da Parusia (segunda vinda de Cristo) próxima. Significam: "O Senhor vem". Pode-se ler também *Marana tha*: "Senhor, vem!" (Ap 22,20; cf. Rm 13,12; Fl 4,5; Tg 5,8; 1Pd 4,7).

SEGUNDA EPÍSTOLA AOS CORÍNTIOS

Preâmbulo

1 *Endereço e saudação. Ação de graças* — ¹Paulo, apóstolo de Cristo Jesus pela vontade de Deus, e Timóteo, o irmão, à Igreja de Deus que está em Corinto, assim como a todos os santos que se encontram na Acaia inteira. ²A vós graça e paz da parte de Deus nosso Pai e do Senhor Jesus Cristo!
³Bendito seja o Deus e Pai de nosso Senhor Jesus Cristo, o Pai das misericórdias e Deus de toda consolação!ᵃ ⁴Ele nos consola em todas as nossas tribulações, para que possamos consolar os que estão em qualquer tribulação, mediante a consolação que nós mesmos recebemos de Deus. ⁵Na verdade, assim como os sofrimentos de Cristo são copiosos para nós, assim também por Cristo é copiosa a nossa consolação. ⁶Se somos atribulados, é para a vossa consolação e salvação que o somos. Se somos consolados, é para a vossa consolação, que vos faz suportar os mesmos sofrimentos que também nós padecemos. ⁷E a nossa esperança a vosso respeito é firme: sabemos que, compartilhando os nossos sofrimentos, compartilhareis também a nossa consolação!ᵇ
⁸Não queremos, irmãos, que o ignoreis: a tribulaçãoᶜ que padecemos na Ásia acabrunhou-nos ao extremo, além das nossas forças, a ponto de perdermos a esperança de sobreviver. ⁹Sim; recebêramos em nós mesmos a nossa sentença de morte, para que a nossa confiança já não se pudesse fundar em nós mesmos, mas em Deus, que ressuscita os mortos. ¹⁰Foi ele que nos libertou de tal morte e dela nos libertará;ᵈ nele depositamos a esperança de que ainda nos libertará da morte. ¹¹Vós colaborareis para tanto mediante a vossa prece; assim, a graça que obteremos pela intercessão de muitas pessoas suscitará a ação de graçasᵉ de muitos em nosso favor.ᶠ

---

a) A consolação é anunciada pelos profetas como característica da era messiânica (Is 40,1); devia ser trazida pelo Messias (Lc 2,25). Consiste essencialmente na cessação da provação e no início de uma era de paz e alegria (Is 40,1s; Mt 5,5). Mas no NT o mundo novo está presente em meio ao mundo antigo e o cristão unido a Cristo é consolado no âmbito mesmo do seu sofrimento (2Cor 1,4-7; 7,4; cf. Cl 1,24). Essa consolação não é recebida passivamente; é também reconforto, encorajamento, exortação (mesma palavra grega *paráklesis*). A sua fonte única é Deus (2Cor 1,3-4), por Cristo (2Cor 1,5) e pelo Espírito (At 9,31+); o cristão deve comunicá-la (2Cor 1,4.6; 1Ts 4,18). Entre as suas causas, o NT cita: o progresso da vida cristã (2Cor 7,4.6.7), a conversão (2Cor 7,13), as Escrituras (Rm 15,4). É fonte de esperança (Rm 15,4).
b) Em 2Cor, Paulo insiste constantemente na presença de realidades contrastantes, até contraditórias, em Cristo, no apóstolo e no cristão: sofrimento e consolação (1,3-7; 7,4); morte e vida (4,10-12; 6,9); pobreza e riqueza (6,10; 8,9); fraqueza e força (12,9-10). Tal é o mistério pascal, a presença do Cristo ressuscitado em meio ao mundo antigo de pecado e de morte (cf. 1Cor 1-2).
c) Uma das numerosas tribulações enunciadas em 11,23s.
d) Var.: "e a ela nos arranca".
e) A ação de graças ocupa lugar importante nas epístolas de são Paulo; veja-se o início das cartas em que o Apóstolo agradece a Deus a fé daqueles a quem escreve (Rm 1,8; 1Cor 1,4; 1Ts 1,2; 2Ts 1,3; Fl 1,3; Cl 1,3; Fm 4). Não se trata de fórmula vazia; sua falta em Gl é significativa (Gl 1,1+). A ação de graças deve animar todas as ações do cristão realizadas em nome de Cristo e por ele assumidas em sua ação de graças ao Pai (Cl 3,17; Ef 5,20). A gratidão é um dever correspondente à vontade de Deus, não somente para os cristãos (1Ts 5,18), mas também para os gentios (Rm 1,21). Pois a ação de graças "devolve", ainda que imperfeitamente, a graça de Deus (1Ts 3,9, trad. lit.). Ela é mesmo a meta final a que tendem o pedido de graça (2Cor 1,11; 4,15) e as manifestações do amor fraterno (2Cor 9,11-15). Daí a sua importância no culto (1Cor 14,16; Cl 3,16; Ef 5,19s) e na oração pessoal (1Ts 5,18; Fl 4,6).
f) Var.: "vosso".

I. Os incidentes passados

Por que Paulo modificou o plano de viagem — ¹²O nosso motivo de ufania é este testemunho da nossa consciência; comportamo-nos no mundo, e mais particularmente em relação a vós, com a simplicidade*ᵃ* e a pureza que vêm de Deus, não com sabedoria carnal, mas pela graça de Deus. ¹³Com efeito, nada há em nossas cartas a não ser o que nelas ledes e compreendeis. Espero que compreendereis plenamente, — ¹⁴assim como nos compreendestes em parte — que somos para vós motivo de glória, como sereis o nosso, no Dia do Senhor Jesus.

¹⁵Animado por esta certeza, tencionava primeiramente ir ter convosco, para que recebêsseis uma segunda graça;*ᵇ* ¹⁶a seguir, passaria para a Macedônia; por fim, da Macedônia voltaria a ter convosco, a fim de que me preparásseis a viagem para a Judeia.*ᶜ* ¹⁷Tomando este propósito, terei sido leviano? Ou meus planos seriam apenas inspirados pela carne, de modo que haja em mim simultaneamente o sim e o não? ¹⁸Deus é testemunha fiel*ᵈ* de que a nossa palavra a vós dirigida não é sim e não. ¹⁹Pois o Filho de Deus, o Cristo Jesus, que vos anunciamos, eu, Silvano*ᵉ* e Timóteo, não foi sim e não, mas unicamente sim. ²⁰Todas as promessas de Deus encontraram nele o seu sim;*ᶠ* por isto, é por ele que dizemos "Amém"*ᵍ* a Deus para a glória de Deus. ²¹Aquele que nos fortalece convosco em Cristo e nos dá a unção é Deus, ²²o qual nos marcou com um selo*ʰ* e pôs em nossos corações o penhor do Espírito.

²³Quanto a mim, invoco a Deus como testemunha da minha vida: foi para vos poupar que não voltei a Corinto. ²⁴Não tencionamos dominar a vossa fé, mas colaboramos para que tenhais alegria; é pela fé que estais firmes.

2 ¹Resolvi o seguinte: não voltarei a ter convosco na tristeza.*ⁱ* ²Pois, se vos causo tristeza, quem me proporcionará alegria senão aquele que eu tiver entristecido? ³A finalidade da minha carta*ʲ* era evitar que, ao chegar, eu experimentasse tristeza da parte daqueles que me deveriam proporcionar alegria. Estou convencido, no que vos diz respeito, de que a minha alegria é também a de todos vós. ⁴Por isto, foi em grande tribulação e com o coração angustiado que vos escrevi em meio a muitas lágrimas, não para vos entristecer, mas para que conheçais o amor transbordante que tenho para convosco.

⁵Se alguém causou tristeza, não foi a mim, mas em certa medida (não exageremos) a todos vós. ⁶Para tal homem,*ᵏ* basta a censura infligida pela maioria. ⁷Eis por que, muito ao contrário, perdoai-lhe e consolai-o, a fim de

---

a) Var.: "santidade".
b) Var.: "alegria".
c) Por conseguinte, Paulo modificou o itinerário que tinha traçado (1Cor 16,5-6).
d) A fidelidade de Deus é, antes do mais, a "solidez" de Deus. Ele é o rochedo de Israel (Dt 32,4); o homem pode apoiar-se nele com toda a segurança. Tal solidez explica a constância de Deus em seus desígnios, a fidelidade às suas promessas (Sl 89,1-9.25s) e, principalmente no NT, a fidelidade de Deus ao seu desígnio de misericórdia e salvação (1Cor 1,9+; 10,13; 1Ts 5,24; 2Ts 3,3).
e) Silvano é o discípulo que os Atos chamam Silas.
f) A fidelidade de Deus às suas promessas (1,18+) exprimiu-se plenamente em Jesus Cristo. Seria, pois, contraditório que Paulo, para quem anunciar Cristo é a única razão de ser, desmentisse a sua mensagem por uma atitude de duplicidade.

g) Amém significa: "Isso é sólido, digno de confiança". Tal é a resposta da fidelidade do homem à fidelidade de Deus em Jesus Cristo (cf. Rm 1,25+).
h) Este selo e esta unção designam o dom do Espírito concedido a todos os fiéis (talvez com alusão aos ritos da iniciação cristã, cf. Ef 1,13+; 4,30+; 1Jo 2,20+. 27+) ou a consagração ao ministério apostólico ("nós" opor-se-ia a "vós", v. 21) por um dom especial do Espírito que tornou o Apóstolo mensageiro fiel da fidelidade divina em Cristo (vv. 17-20). Note-se a formulação trinitária dos vv. 21-22.
i) Alusão à nota dolorosa que teve a visita que provavelmente Paulo fez a Corinto antes da 2Cor. Ver a Introdução às Epístolas de Paulo.
j) Alusão à "carta severa" (2,3.4.9; 7,8.12; ver a Introdução).
k) Aquele que ofendera Paulo ou o seu representante. (Ver a Introdução).

que não seja absorvido por tristeza excessiva. ⁸Sendo assim, exorto-vos a que deis provas de amor para com ele, ⁹pois, ao vos escrever, eu tinha em mira pôr à prova a vossa obediência e averiguar se era total. ¹⁰Àquele a quem perdoais eu perdoo! Se perdoei — à medida que tinha de perdoar —, fi-lo em vosso favor, na plena presença de Cristo, ¹¹a fim de que não sejamos iludidos por Satanás. Pois não ignoramos as intenções dele.

De Trôade à Macedônia. Digressão: o ministério apostólico — ¹²Cheguei então a Trôade para lá pregar o Evangelho de Cristo, e, embora o Senhor me tivesse aberto uma porta grande, ¹³não tive repouso de espírito, pois não encontrei Tito,*ᵃ* meu irmão. Por conseguinte, despedi-me deles e parti para a Macedônia.*ᵇ*
¹⁴Graças sejam dadas a Deus, que por Cristo nos carrega sempre em seu triunfo*ᶜ* e, por nós, expande em toda parte o perfume do seu conhecimento. ¹⁵Em verdade, somos para Deus o bom odor de Cristo, entre aqueles que se salvam e aqueles que se perdem; ¹⁶para uns, odor que da morte leva à morte; para outros, odor que da vida leva à vida.*ᵈ* E quem estaria à altura de tal missão? ¹⁷Não somos como aqueles muitos*ᵉ* que traficam a palavra de Deus; é, antes, com sinceridade, como enviados de Deus, que falamos, na presença de Deus, em Cristo.

3 ¹Começaremos de novo a nos recomendar? Ou será que, como alguns, precisamos de cartas de recomendação para vós ou da vossa parte?*ᶠ* ²Nossa carta sois vós, carta escrita em vossos corações,*ᵍ* reconhecida e lida por todos os homens. ³Evidentemente, sois uma carta de Cristo, entregue ao nosso ministério, escrita não com tinta, mas com o Espírito de Deus vivo, não em tábuas de pedra, mas em tábuas de carne, nos corações!*ʰ*
⁴Tal é a certeza que temos, graças a Cristo, diante de Deus. ⁵Não como se fôssemos dotados de capacidade que pudéssemos atribuir a nós mesmos, mas é de Deus que vem a nossa capacidade. ⁶Foi ele quem nos tornou aptos para sermos ministros de uma Aliança nova, não da letra, e sim do Espírito,*ⁱ* pois a letra mata,*ʲ* mas o Espírito comunica a vida. ⁷Ora, se o ministério da morte, gravado com letras sobre a pedra, foi tão assinalado pela glória que os israelitas não podiam fixar os olhos no semblante de Moisés, por causa do fulgor que nele

---

a) Cristão de origem pagã, talvez convertido por Paulo (Tt 1,4); acompanhou Paulo em sua segunda viagem a Jerusalém (Gl 2,1). Encarregado por Paulo de ir a Corinto para apaziguar a situação, conseguiu-o plenamente (2Cor 7,5-7). Paulo o enviaria pouco depois novamente a Corinto para lá continuar a organizar a coleta (2Cor 8,16.23).
b) A recordação dos acontecimentos é interrompida pela digressão sobre o ministério apostólico (2,14-7,4). Continuará em 7,5.
c) Na vitória do Cristo ressuscitado, Deus manifesta sua glória como um general romano vitorioso que volta a Roma como triunfador, de modo que sobre sua estrada se queimam perfumes (cf. vv. 15s). Os oficiais do vencedor eram associados ao triunfo (cf. v. 14), ao passo que os chefes vencidos eram condenados à morte (cf. v. 16).
d) Paulo utiliza os termos "vida" e "morte" em três sentidos: físico, existencial e escatológico. Os dois últimos sentidos são os que estão aqui em questão.
e) Var.: "como os outros".
f) Havia quem censurasse Paulo por tecer o seu próprio elogio (cf. 5,12), ao passo que os outros pregadores apresentavam cartas de recomendação das comunidades (cf. At 18,27+). Paulo responde que o fruto do seu apostolado, as comunidades que ele fundou, obras do Espírito, são recomendações vivas que tornam as cartas inúteis.
g) Var.: "em nossos corações".
h) Lit.: "em tábuas de corações de carne", alusão tanto ao dom da Lei em tábuas de pedra no Sinai (Ex 24,12), como às palavras de Ezequiel referentes ao coração de pedra e ao coração de carne (Ez 36,26). Esta alusão sugere que os adversários de Paulo sejam os judaizantes (cf. 11,22).
i) A importância que os judaizantes atribuíam à Lei tinha como consequência a ideia de uma nova aliança segundo a letra, que Paulo não podia aceitar. Como ele não podia rejeitar a ideia de uma nova aliança (1Cor 11,25), era forçado a fazer distinção entre a letra e o espírito para a nova aliança.
j) Cf. Rm 7,7+. Trata-se da "letra", lei escrita, exterior, do AT, comparada ao Espírito, lei interior do NT, e não da oposição entre "letra" e o "espírito" de determinado texto.

havia*ᵃ* — fulgor, aliás, passageiro —, ⁸como não será ainda mais glorioso o ministério do Espírito? ⁹Na verdade, se o ministério da condenação foi glorioso, muito mais glorioso será o ministério da justiça. ¹⁰Mesmo a glória que então se verificou já não pode ser considerada glória, em comparação com a glória atual, que lhe é muito superior. ¹¹Pois, se o que é passageiro foi assinalado pela glória, com mais razão o que permanece deve ser glorioso.

¹²Fortalecidos por tal esperança, temos plena confiança: ¹³não fazemos como Moisés, que colocava um véu sobre a sua face para que os israelitas não percebessem o fim do que era transitório...*ᵇ* ¹⁴Mas seus espíritos se obscureceram. Sim; até hoje, quando leem o Antigo Testamento, este mesmo véu permanece. Não é retirado, porque é em Cristo que ele desaparece.*ᶜ* ¹⁵Sim; até hoje, todas as vezes que leem Moisés, um véu está sobre seu coração. ¹⁶É somente pela conversão ao Senhor que o véu cai. ¹⁷Pois o Senhor é o Espírito,*ᵈ* e, onde se acha o Espírito do Senhor, aí está a liberdade. ¹⁸E nós todos que, com a face descoberta, contemplamos*ᵉ* como num espelho a glória do Senhor,*ᶠ* somos transfigurados nessa mesma imagem,*ᵍ* cada vez mais resplandecente, pela ação do Senhor, que é Espírito.*ʰ*

4 ¹Por isto, já que por misericórdia fomos revestidos de tal ministério, não perdemos a coragem. ²Dissemos "não" aos procedimentos secretos e vergonhosos;*ⁱ* procedemos sem astúcia e não falsificamos a palavra de Deus. Muito ao contrário, pela manifestação da verdade recomendamo-nos à consciência de cada homem diante de Deus. ³Por conseguinte, se o nosso Evangelho permanece velado, está velado para os que se perdem, ⁴para os incrédulos, dos quais o deus deste mundo*ʲ* obscureceu a inteligência, a fim de que não vejam brilhar a luz do Evangelho da glória de Cristo, que é a imagem de Deus. ⁵Não proclamamos a nós mesmos, mas a Cristo Jesus, Senhor. Quanto a nós mesmos, apresentamo-nos como vossos servos por causa de Jesus. ⁶Porquanto Deus, que disse: *Do meio das trevas brilhe a luz!*, foi ele mesmo quem reluziu em nossos corações, para fazer brilhar o conhecimento da glória de Deus, que resplandece na face de Cristo.

Tribulações e esperanças do ministério — ⁷Trazemos, porém, este tesouro em vasos de argila, para que esse incomparável poder seja de Deus e não de nós.*ᵏ* ⁸Somos atribulados por todos os lados, mas não esmagados; postos em extrema dificuldade, mas não vencidos pelos impasses; ⁹perseguidos, mas não abandonados; prostrados por terra, mas não aniquilados. ¹⁰Incessantemente e por toda parte trazemos em nosso corpo a agonia de Jesus, a fim de que a vida de Jesus*ˡ* seja também manifestada em nosso corpo. ¹¹Com efeito, nós,

---

a) Cf. Ex 34,30. A índole transitória do fulgor que iluminava o semblante de Moisés manifesta, segundo Paulo, o aspecto caduco da antiga aliança (v. 11).

b) Isto é, para que os israelitas não percebessem a índole transitória desse fulgor que transfigurava o semblante de Moisés. É esta uma possível interpretação do texto obscuro de Ex 34,33s.

c) Outra trad.: "Não lhes é revelado que essa aliança foi abolida por Cristo".

d) Paulo identifica Deus ao Espírito a fim de negar que ele ainda opere por meio da letra da Lei (3,6). Aqueles que são conduzidos pelo espírito não estão submetidos à Lei (Gl 5,18), e, portanto, estão livres.

e) Ou, menos provavelmente, "refletimos". Deus não é visto diretamente, mas refletido em Cristo.

f) A "glória do Senhor" é a de Jesus Cristo, pois "a glória de Deus resplandece na face de Cristo" (4,6).

g) Cf. Rm 8,29+. Última antítese com Moisés, cujo fulgor se atenuava e desaparecia à medida que ele o emitia (vv. 7.13). Dá-se ao contrário no cristão, transformado pelo Espírito em imagem cada vez mais perfeita de Deus em Cristo.

h) Outra trad.: "pelo Espírito do Senhor".

i) Trata-se, por certo, da covardia que levava a dissimular o que no Evangelho pode suscitar oposições ou perseguições (Mc 8,38; Rm 1,16; 2Tm 1,8; cf. At 20,27).

j) Lit.: "o deus deste mundo". O genitivo exprime o conteúdo; "seu deus é o seu ventre" (Fl 3,19).

k) Tema caro a Paulo (cf. vv. 7-12; 2,16; 3,5-6; 10,1.8; 12,5.9-10; 13,3-4; ef. 1Cor 1,26-2,5; 4,13+; Fl 4,13) e já presente no AT (Jz 7,2; 1Sm 14,6; 17,47; 1Mc 3,19 etc.).

l) Para Paulo, o nome de "Jesus" empregado sozinho evoca as humilhações de Cristo terrestre, e o termo

embora vivamos, somos sempre entregues à morte por causa de Jesus, a fim de que também a vida de Jesus seja manifestada em nossa carne mortal. ¹²Assim a morte trabalha em nós; a vida, porém, em vós.

¹³Por conseguinte, tendo o mesmo espírito de fé a respeito do qual está escrito: *Acreditei, por isso falei*, cremos também nós, e por isso falamos. ¹⁴Pois sabemos que aquele que ressuscitou o Senhor Jesus ressuscitará também a nós com Jesus e nos porá ao lado dele, juntamente convosco. ¹⁵E tudo isto se realiza em vosso favor, para que a graça, multiplicando-se entre muitos, faça transbordar a ação de graças para a glória de Deus.

¹⁶Por isto não nos deixamos abater. Pelo contrário, embora em nós, o homem exterior vá caminhando para a sua ruína, o homem interior se renova dia a dia. ¹⁷Pois nossas tribulações momentâneas são leves em relação ao peso eterno de glória que elas nos preparam até o excesso. ¹⁸Não olhamos para as coisas que se veem, mas para as que não se veem; pois o que se vê é transitório, mas o que não se vê é eterno.

5 ¹Sabemos, com efeito,[a] que, se a nossa morada terrestre, esta tenda, for destruída, teremos no céu um edifício, obra de Deus, morada eterna, não feita por mãos humanas. ²Tanto assim que gememos pelo desejo ardente de revestir por cima da nossa morada terrestre a nossa habitação celeste — ³o que será possível se formos encontrados vestidos, e não nus.[b] ⁴Pois nós, que estamos nesta tenda, gememos acabrunhados, porque não queremos ser despojados da nossa veste, mas revestir a outra por cima desta, a fim de que o que é mortal seja absorvido pela vida. ⁵E quem nos dispôs a isto foi Deus, que nos deu o penhor do Espírito.

⁶Por conseguinte, estamos sempre confiantes, sabendo que, enquanto habitamos neste corpo, estamos fora da nossa mansão, longe do Senhor, ⁷pois caminhamos pela fé e não pela visão...[c] ⁸Sim, estamos cheios de confiança, e preferimos deixar a mansão deste corpo para ir morar junto do Senhor.[d] ⁹Por isto também esforçamo-nos por agradar-lhe, quer permaneçamos em nossa mansão, quer a deixemos. ¹⁰Porquanto todos nós teremos de comparecer manifestamente perante o tribunal de Cristo, a fim de que cada um receba a retribuição do que tiver feito durante sua vida no corpo, seja para o bem, seja para o mal.

O exercício do ministério apostólico — ¹¹Compenetrados, pois, do temor do Senhor, procuramos convencer os homens. Quanto a Deus, somos-lhe plenamente manifestos; espero que sejamos também plenamente conhecidos por vós em vossas consciências. ¹²Não nos recomendamos de novo junto a vós,

---

"vida" (em seu sentido existencial) evoca a perfeição de sua humanidade. O comportamento de Paulo faz dele outro Jesus.
a) A seção 5,1-10 continua a de 4,16-18, que desenvolvia o contraste entre a ruína progressiva do homem exterior e a renovação do homem interior (v. 16; cf. Rm 7,22+). Esse homem interior, aqui, idêntico ao homem novo (Cl 3,10+), constitui a garantia do Espírito (5,5; cf. Rm 8,23), cuja plenitude será dada na ressurreição, quando o fiel for revestido da sua habitação celeste (5,2), que simboliza uma existência nova (Fl 3,20-21), mais que o corpo espiritual de 1Cor 15,44. Estas concepções explicam o ardente desejo (5,2) de tal plenitude, e o desejo não ser privado dela, ainda que temporariamente, pela morte antes da Parusia (5,4); justificam outrossim o desejo que Paulo tinha de estar vivo por ocasião da Vinda do Senhor.

Contudo, veja 5,8+.
b) Paulo espera ser digno da vida eterna. Assim como a nudez traz conotações de pecado e de castigo (Is 20,2-4; 47,3; Ez 16,35-39; 23,25-29; Ap 3,18), da mesma forma a veste simboliza a justiça (Mt 22,11; Gl 3,27).
c) Cf. 1Cor 13,12. A fé está para a visão clara como o imperfeito está para o perfeito. Texto importante, que põe em evidência o aspecto de *conhecimento* da fé.
d) Já desde Fl 1,23, Paulo conta com a união do cristão com Cristo imediatamente após a morte individual. Sem contradizer a doutrina bíblica da ressurreição final (Rm 2,6+; 1Cor 15,44+), essa expectativa de felicidade da alma separada do corpo deve-se a uma influência do pensamento grego, que, aliás, já era sensível no judaísmo contemporâneo (cf. Lc 16,22; 23,43; 1Pd 3,19+). Comparar com o êxtase da alma separada do corpo em 2Cor 12,2s (cf. Ap 1,10; 4,2; 17,3; 21,10).

mas desejamos dar-vos a ocasião de vos gloriardes a nosso respeito, a fim de que possais responder aos que se gloriam apenas pelas aparências, e não pelo que está nos corações. ¹³Se nos deixamos arrebatar como para fora do bom senso, foi por causa de Deus; se somos sensatos, é por causa de vós.[a] ¹⁴Pois a caridade de Cristo nos compele, quando consideramos que um só morreu por todos e que, por conseguinte, todos morreram.[b] ¹⁵Ora, ele morreu por todos a fim de que aqueles que vivem não vivam mais para si, mas para aquele que morreu e ressuscitou por eles.

¹⁶Por isto, doravante a ninguém conhecemos segundo a carne. Também se conhecemos Cristo segundo a carne,[c] agora já não o conhecemos assim. ¹⁷Se alguém está em Cristo, é nova criatura.[d] Passaram-se as coisas antigas; eis que se fez realidade nova.[e] ¹⁸Tudo isto vem de Deus, que nos reconciliou consigo por Cristo e nos confiou o ministério da reconciliação. ¹⁹Pois era Deus que em Cristo reconciliava o mundo consigo, não imputando aos homens suas faltas e pondo em nós a palavra da reconciliação. ²⁰Sendo assim, em nome de Cristo exercemos a função de embaixadores e por nosso intermédio é Deus mesmo que vos exorta. Em nome de Cristo suplicamo-vos: reconciliai-vos com Deus. ²¹Aquele que não conhecera o pecado, Deus o fez pecado[f] por causa de nós, a fim de que, por ele, nos tornemos justiça de Deus.

6 ¹Visto que somos colaboradores com ele, exortamo-vos ainda a que não recebais a graça de Deus em vão. ²Pois ele diz:

No tempo favorável, eu te ouvi.
E no dia da salvação vim em teu auxílio.

Eis agora o tempo favorável por excelência. Eis agora o dia da salvação.[g] ³Evitamos dar qualquer motivo de escândalo, a fim de que o nosso ministério não seja sujeito a censura. ⁴Ao contrário, em tudo recomendamo-nos como ministros de Deus: por grande perseverança nas tribulações, nas necessidades, nas angústias, ⁵nos açoites, nas prisões, nas desordens, nas fadigas, nas vigílias, nos jejuns, ⁶pela pureza, pela ciência, pela paciência, pela bondade, por um espírito santo, pelo amor sem fingimento, ⁷pela palavra da verdade, pelo poder

---

a) Respondendo a seus adversários que pretendiam haver tido visões e revelações (cf. 12,1), Paulo nota que o êxtase não é critério significativo, pois o ministério se refere aos homens, e não a Deus.

b) Cristo morreu por todos, isto é, em nome de todos, como Cabeça e representante de todo o gênero humano. Mas o que tem valor aos olhos de Deus nessa morte é a obediência de amor que ela manifesta, o sacrifício de uma vida inteiramente doada (Rm 5,19+; Fl 2,8; cf. Lc 22,42p; Jo 15,13; Hb 10,9-10). Os fiéis, tornados participantes dessa morte pelo batismo (Rm 6,3-6), devem confirmar essa oblação de Cristo pelo seu gênero de vida (5,15s e Rm 6,8-11).

c) Paulo opõe seu presente conhecimento de Cristo como salvador ao conhecimento que tinha quando perseguia a Igreja e considerava Cristo como mestre charlatão que extraviava os judeus.

d) O centro dessa "nova criação", aqui e em Gl 6,15 — que diz respeito a todo o universo (Cl 1,19s+; cf. 2Pd 3,13; Ap 21,1) — é o "homem novo", criado em Cristo (Ef 2,15+), para uma vida nova (Rm 6,4), de justiça e de santidade (Ef 2,10; 4,24+; Cl 3,10+). Comparar ao novo nascimento do batismo (Rm 6,4+).

e) Lit.: "As (coisas) antigas desapareceram, eis que (coisas) novas estão aí". Var.: "todas as (coisas) são novas".

f) Deus tornou Cristo solidário com o gênero humano pecador, a fim de tornar os homens solidários com a obediência e a justiça de Cristo (cf. 5,14+; Rm 5,19+). Talvez o termo "pecado" seja aqui entendido no sentido de "sacrifício/vítima pelo pecado", pois a mesma palavra hebraica *hatta't* pode ter estes dois significados (cf. Lv 4,1-5,13).

g) Entre a época da primeira vinda de Cristo (Rm 3,26+) e a do seu retorno (1Cor 1,8+) decorre um tempo intermediário (Rm 13,11+), que é o "dia da salvação". Tempo concedido em vista da conversão (At 3,20s), da salvação do "Resto" (Rm 11,5) e dos gentios (Rm 11,25; Ef 2,12s; cf. Ap 6,11; Lc 21,24). Embora tenha duração incerta (1Ts 5,1+), esse tempo de peregrinação (1Pd 1,17) deve ser considerado como breve (1Cor 7,26-31; cf. Ap 10,6; 12,12; 20,3), cheio de provações (Ef 5,16; 6,13) e de sofrimentos, que preparam a glória futura (Rm 8,11). O fim se aproxima (1Pd 4,7; cf. Ap 1,3+ e 1Cor 16,22; Fl 4,5; Tg 5,8), assim como o dia da plena luz (Rm 13,11s). Importa vigiar (1Ts 5,6; cf. Mc 13,33) e fazer sábio uso do tempo que resta (Cl 4,5; Ef 5,16), para que nos salvemos e salvemos os outros (Gl 6,10), deixando a Deus a tarefa de fazer a retribuição final (Rm 12,19; 1Cor 4,5).

de Deus, pelas armas ofensivas e defensivas da justiça, [8]na glória e no desprezo, na boa e na má fama; tidos como impostores e, não obstante, verídicos; [9]como desconhecidos e, não obstante, conhecidos; como moribundos e, não obstante, eis que vivemos; como punidos e, não obstante, livres da morte; [10]como tristes e, não obstante, sempre alegres; como indigentes e, não obstante, enriquecendo a muitos; como nada tendo, embora tudo possuamos!

Expansões e advertências — [11]Nós vos falamos com toda liberdade,[a] ó coríntios; o nosso coração se dilatou. [12]Não é estreito o lugar que ocupais em nós, mas é em vossos corações que estais na estreiteza. [13]Pagai-nos com igual retribuição; falo-vos como a filhos: dilatai também vossos corações!

[14][b]Não formeis parelha incoerente com os incrédulos. Que afinidade pode haver entre a justiça e a impiedade? Que comunhão pode haver entre a luz e as trevas? [15]Que acordo entre Cristo e Beliar? Que relação entre o fiel e o incrédulo? [16]Que há de comum entre o templo de Deus e os ídolos? Ora, nós é que somos[c] o templo do Deus vivo, como disse o próprio Deus:

> Em meio a eles habitarei e caminharei,
> serei o seu Deus, e eles serão o meu povo.

[17]Portanto, saí do meio de tal gente,
e afastai-vos, diz o Senhor.
Não toqueis o que seja impuro,
e eu vos acolherei.

[18]Serei para vós pai,
e sereis para mim filhos e filhas,
diz o Senhor Todo-poderoso.

7 [1]Caríssimos, de posse de tais promessas, purifiquemo-nos de toda mancha da carne e do espírito. E levemos a termo a nossa santificação no temor de Deus.

[2]Acolhei-nos em vossos corações.[d] A ninguém causamos injúria, a ninguém pervertemos, a ninguém exploramos. [3]Não é para vos condenar que o digo, pois já o afirmei: estais em nosso coração para a vida e para a morte. [4]Grande é a minha confiança em vós; de vós muito me ufano. Estou cheio de consolo, transbordo de alegria em toda a nossa tribulação.

Paulo na Macedônia e encontro com Tito — [5]Em verdade, quando chegamos à Macedônia, nossa carne[e] não teve repouso algum, mas sofremos toda espécie de tribulação: por fora, lutas; por dentro, temores. [6]Mas aquele que consola os humildes, Deus, consolou-nos pela chegada de Tito. [7]E não somente pela sua chegada, mas também pelo consolo que recebeu de vossa parte. Referiu-nos o vosso vivo desejo, a vossa desolação e o vosso zelo por mim, de tal modo que em mim a alegria prevaleceu.

[8]Sim; se vos entristeci pela minha carta,[f] não me arrependo. E, se a princípio me arrependi — vejo que essa carta vos entristeceu, ainda que por pouco tempo —, [9]alegro-me agora, não por vos ter contristado, mas porque a vossa tristeza vos levou ao arrependimento. Vós vos entristecestes segundo Deus, e assim não sofrestes dano algum da nossa parte. [10]Com efeito, a tristeza segundo

---

a) Lit.: "Nossa boca abriu-se para vós".
b) Alguns consideram 6,14-7,1 como interpolação estranha ao contexto. Todavia, este parágrafo está perfeitamente em seu lugar, se admitirmos que para Paulo os "infiéis" são aqueles que, em Corinto, traem sua fé por seu comportamento. Embora fiéis, estavam envolvidos com ídolos e demônios (1Cor 8,10; 10,20).
c) Var.: "vós é que sois" (cf. Rm 12,1+; 1Cor 3,16+).
d) A letra do texto grego diz apenas: "Dai-nos lugar". Outra tradução possível: "Compreendei-nos".
e) Isto é, a pessoa de Paulo considerada em seu aspecto de fraqueza (cf. Rm 7,5+).
f) A "carta severa" (cf. 2,3+ e a Introdução às Epístolas de são Paulo).

Deus produz arrependimento que leva à salvação e não volta atrás, ao passo que a tristeza segundo o mundo produz a morte. ¹¹Vede, antes, o que produziu em vós a tristeza segundo Deus: que solicitude! Que digo? Que desculpas! Que indignação! Que temor! Que ardente desejo! Que zelo! Que punição!*ᵃ* Demonstrastes de todos os modos que estáveis inocentes naquela questão. ¹²Numa palavra, se eu vos escrevi, não foi por causa daquele que injuriou, nem por causa daquele que sofreu a injúria,*ᵇ* mas para que se manifestasse entre vós, na presença de Deus, a solicitude que tendes para conosco. ¹³Foi por isto que nos sentimos consolados.

Mas a esta consolação pessoal sobreveio uma alegria maior ainda: a de vermos a alegria de Tito, cujo espírito foi tranquilizado por todos vós. ¹⁴Se diante dele eu me gloriei um pouco de vós, não tive que me envergonhar. Assim como sempre vos temos dito a verdade, do mesmo modo ficou comprovado como verídico o elogio que de vós fizemos a Tito. ¹⁵Ele sente por vós ainda maior afeição, ao lembrar-se da vossa obediência, e de como o acolhestes com temor e tremor. ¹⁶Regozijo-me por poder contar convosco em tudo.

II. *Organização da coleta*ᶜ

8 *Motivos de generosidade* — ¹Irmãos, nós vos damos a conhecer a graça que Deus concedeu às igrejas da Macedônia. ²Em meio às múltiplas tribulações que as puseram à prova, sua copiosa alegria e sua pobreza extrema*ᵈ* transbordaram em tesouros de liberalidade. ³Dou testemunho de que, segundo os seus meios e para além dos seus meios, com toda a espontaneidade ⁴e com viva insistência, nos rogaram a graça de tomar parte nesse serviço em proveito dos santos. ⁵Ultrapassando mesmo as nossas esperanças, deram-se primeiramente ao Senhor, depois a nós, pela vontade de Deus. ⁶Por isto, insistimos junto a Tito para que leve a bom termo entre vós essa obra de generosidade, como já a tinha começado.

⁷Visto que tudo tendes em abundância — fé, eloquência, ciência, toda espécie de zelo e a caridade que vos inspiramos*ᵉ* — procurai também distinguir-vos nesta obra de generosidade. ⁸Não digo isto para vos impor uma ordem; mas, citando-vos o zelo dos outros, dou-vos ocasião de provardes a sinceridade da vossa caridade. ⁹Com efeito, conheceis a generosidade*ᶠ* de nosso Senhor Jesus Cristo, que por causa de vós se fez pobre, embora fosse rico, para vos enriquecer com a sua pobreza.*ᵍ* ¹⁰A propósito, dou-vos um parecer: é o que convém a vós, já que fostes os primeiros, desde o ano passado, não somente a realizar, mas também a querer realizar essa obra. ¹¹Agora, portanto, levai-a a termo, de modo que à boa disposição da vossa vontade corresponda a realização segundo os vossos meios. ¹²Quando existe a boa vontade, somos bem

---

a) Sentimentos e conduta dos coríntios em relação a Paulo e ao culpado, em consequência da "carta severa" (cf. 2,5-8).

b) "o que sofreu a injúria" era provavelmente um enviado de Paulo. No tocante à pessoa desse emissário, à do ofensor (2,6+) e à índole da injúria, nada sabemos.

c) A respeito desta coleta, particularmente cara a Paulo, cf. 1Cor 16,1+.

d) Paulo exorta os coríntios à generosidade, explanando temas que lhe são caros: a pobreza, fonte de enriquecimento para os outros (7,2 e 6,10), o exemplo de Cristo (8,9+; cf. 1,7+), o dom de Deus (8,1), que suscita o dom dos cristãos (8,5; cf. 9,8s).

e) Var.: "caridade para conosco que nos une a vós".

f) Ou ainda: "a graça".

g) Cristo tornou-se "pobre" aceitando o empobrecimento radical de morte degradante na qual tudo lhe foi arrancado. Embora inocente, aceitou o castigo reservado aos pecadores (5,2). Suas "riquezas" são os favores divinos, a comunhão perfeita com o Pai. O mesmo contraste entre a vida de Jesus, tal como aconteceu e tal como poderia ter sido, aparece em Fl 2,6-7. — Notar a motivação dos comportamentos cristãos pelo exemplo de Cristo, característica da moral paulina (Rm 14,8; Ef 5,1.25; Fl 2,5 etc.; cf. 2Ts 3,7+).

aceitos com os recursos que temos; pouco importa o que não temos. ¹³Não desejamos que o alívio dos outros seja para vós causa de aflição, mas que haja igualdade. ¹⁴No presente momento, o que para vós sobeja*ᵃ* suprirá a carência deles, a fim de que o supérfluo*ᵇ* deles venha um dia a suprir a vossa carência. Assim haverá igualdade, ¹⁵como está escrito:

Rm 15,26-27

> Quem recolhera muito, não teve excesso;
> quem recolhera pouco, não sofreu penúria.

Ex 16,18

Apresentação elogiosa dos enviados — ¹⁶Graças sejam dadas a Deus, que pôs no coração de Tito o mesmo zelo por vós. ¹⁷Acolheu a minha solicitação e, mais apressado do que nunca, espontaneamente vai ter convosco. ¹⁸Mandamos com ele o irmão cujo louvor, por causa da pregação do Evangelho, se espalhou por todas as igrejas.*ᶜ* ¹⁹Mais ainda: foi designado pelas igrejas para ser nosso companheiro de viagem nesta obra de generosidade, serviço que empreendemos para a glória do Senhor e a realização das nossas boas intenções.*ᵈ* ²⁰Tomamos esta precaução para evitar qualquer crítica na administração da grande quantia de que estamos encarregados. ²¹Com efeito, *preocupamo-nos com o bem* não somente *aos olhos de Deus*, mas *também aos olhos dos homens*. ²²Com os delegados enviamos nosso irmão,*ᵉ* cujo zelo, de muitos modos e frequentemente, já experimentamos e que agora se mostra muito mais solícito, pois deposita em vós plena confiança. ²³Quanto a Tito, é meu companheiro e colaborador junto a vós, ao passo que os nossos irmãos são os enviados*ᶠ* das igrejas, a glória de Cristo. ²⁴Dai-lhes, portanto, diante das igrejas a prova da vossa caridade e fazei-lhes ver o justo motivo do nosso orgulho a vosso respeito.

Pr 3,4 LXX
Rm 12,17

9 ¹A propósito do serviço a ser prestado aos santos, é supérfluo que vos escreva. ²Conheço a vossa boa vontade e por causa dela me ufano de vós junto aos macedônios, dizendo-lhes: "A Acaia*ᵍ* está preparada desde o ano passado." E o vosso zelo tem servido de estímulo à maioria das igrejas. ³Entretanto mando-vos os irmãos, a fim de que o elogio que de vós fiz não seja desmentido neste ponto e para que, como dizia, estejais realmente preparados. ⁴Se alguns macedônios fossem comigo e não vos encontrassem preparados, essa plena confiança seria motivo de nos envergonharmos — para não dizer: de vos envergonhardes. ⁵Julguei, pois, necessário pedir aos irmãos que nos antecedessem junto a vós e organizassem as vossas ofertas já prometidas: estas, já preparadas, seriam um sinal de genuína liberalidade e não uma demonstração de avareza.

Benefícios que resultarão da coleta — ⁶Sabei que quem semeia com parcimônia, com parcimônia também colherá, e quem semeia com largueza, com largueza também colherá.

Pr 11,24-25

⁷Cada um dê como dispôs em seu coração, sem pena nem constrangimento, pois *Deus* ama *a quem dá com alegria*. ⁸Deus pode cumular-vos de toda espécie de graças, para que tenhais sempre e em tudo o necessário e vos fique algo de excedente para toda obra boa, ⁹conforme está escrito:

8,8
Fm 8.14
Pr 22,8 LXX

---

a) Paulo só pede aos coríntios o supérfluo, ao passo que os cristãos da Macedônia, em sua "pobreza extrema", haviam dado "além dos seus meios" (vv. 2-3; cf. Mc 12,41-44p). — Apresentando-lhes o exemplo de Cristo (v. 9), Paulo convida-os discretamente a imitar a generosidade de seus irmãos macedônicos.
b) Seja em bens materiais, dado que as situações se invertem, seja, antes, em bens espirituais, desde o momento presente (cf. 9,14; Rm 15,27).
c) Este irmão é desconhecido.

d) Outras traduções: "...da nossa própria satisfação", ou: "como prova da nossa boa vontade".
e) Esse irmão não nos é conhecido.
f) Grego: *apóstolos*, apóstolo (cf. Rm 1,1+). São a "glória de Cristo", pois a manifestam pela sua ação (v. 19), suscitando entre os cristãos um comportamento análogo ao seu (v. 9).
g) A menção inesperada da "Acaia" é provocada pela alusão à sua província - irmã da Macedônia (1Ts 1,7s). Paulo sempre tem em vista os coríntios.

Distribuiu, deu aos pobres.
A sua justiça permanece para sempre.

¹⁰Aquele que fornece semente ao *semeador* e *pão para o alimento* vos fornecerá também a semente e a multiplicará, e fará crescer *os frutos da vossa justiça*. ¹¹Sereis enriquecidos de todos os modos, para praticar toda espécie de obras de generosidade, que suscitarão a ação de graças a Deus por nosso intermédio. ¹²Pois o serviço desta coleta não deve apenas satisfazer às necessidades dos santos, mas há de ser ocasião de efusivas ações de graças a Deus. ¹³Vista a vossa comprovada virtude exercida nesse serviço, eles darão glória a Deus pela obediência que professais em relação ao Evangelho de Cristo, e pela generosidade com que a eles e a todos fazeis participar dos vossos bens. ¹⁴E, orando por vós, eles vos manifestarão a sua ternura,ᵃ por causa da extraordinária graça que Deus vos concedeu. ¹⁵Graças sejam tributadas a Deus por seu dom inefável!ᵇ

III. Apologia de Pauloᶜ

10 *Resposta à acusação de fraqueza* — ¹Eu mesmo, Paulo, vos exorto pela mansidão e pela bondade de Cristo — eu tão humilde quando estou entre vós face a face, mas tão ousado quando estou longe.ᵈ ²Rogo-vos, não me obrigueis, quando estiver presente, a mostrar-me ousado, recorrendo à audácia com que tenciono agir contra os que nos julgam como se nos comportássemos segundo critérios carnais. ³Embora vivamos na carne, não militamos segundo a carne. ⁴Na verdade, as armas com que combatemos não são carnais, mas têm, ao serviço de Deus,ᵉ o poder de destruir fortalezas. Destruímos os raciocínios presunçosos ⁵e todo poder altivo que se levanta contra o conhecimento de Deus. Tornamos cativo todo pensamento para levá-lo a obedecer a Cristo, ⁶e estamos prontos a punir toda desobediência desde que a vossa obediência seja perfeita. ⁷Olhai as coisas frente a frente.ᶠ Se alguém está convicto de pertencer a Cristo,ᵍ tome consciência uma vez por todas de que, assim como ele pertence a Cristo, nós também lhe pertencemos. ⁸E ainda que eu me gloriasse um pouco mais do poder que Deus nos deu para a vossa edificação, e não para a vossa destruição, eu não me envergonharia por isso. ⁹Não quero dar a impressão de incutir-vos medo por minhas cartas,ʰ ¹⁰"pois as cartas, dizem, são severas e enérgicas, mas ele, uma vez presente, é homem fraco e sua linguagem é desprezível". ¹¹Quem assim fala, tome consciência de que tais como somos pela linguagem e por cartas quando estamos ausentes, tais seremos por nossos atos quando estivermos presentes.

Resposta à acusação de ambição — ¹²Não temos a ousadia de nos igualar ou de nos comparar a alguns que recomendam a si mesmos. Medindo-se a

---

a) Paulo põe em prática o que ele ensina em 1Cor 13,5, pois alguns membros da comunidade de Jerusalém lhe haviam causado dificuldades (Gl 2,4s). Pela coleta, o Apóstolo quer desarmar essas hostilidades, mostrando a deferência e o sustento levados pelas igrejas de origem pagã à Igreja-mãe, que lhes comunicou seus bens espirituais (Rm 5,27).
b) A Redenção.
c) A brusca mudança de tema e de tom indica que temos aqui o início daquela que foi uma carta independente. Ver a introdução às Epístolas de são Paulo.
d) Alusão às críticas irônicas dos adversários (cf. v. 10).
e) Ou: "aos olhos de Deus".
f) Ou: "vós considerais as aparências".
g) Seja alguém do "partido de Cristo" de 1Cor 1,12+, seja, antes, alguns dos fiéis que reivindicavam o monopólio da fidelidade a Cristo.
h) Subentenda-se: "unicamente". Não julgassem os coríntios que a severidade de Paulo era meramente verbal (cf. v. 11).

si mesmos segundo a sua medida e comparando-se a si mesmos, tornam-se insensatos. ¹³Quanto a nós, não nos gloriaremos além da justa medida,ᵃ mas nos serviremos, como medida, da regra mesma que Deus nos assinalou: a de termos chegado até vós. ¹⁴Não nos estendemos indevidamente, como seria o caso se não tivéssemos chegado até vós, pois, na verdade fomos ter convosco anunciando-vos o Evangelho de Cristo.ᵇ ¹⁵Não nos gloriamos desmedidamente, apoiados em trabalhos alheios; e temos a esperança de que com o progresso da vossa fé, cresceremos mais e mais segundo a nossa regra,ᶜ ¹⁶levando mesmo o Evangelho para além dos limites de vossa região, sem, porém, entrar em campo alheio para nos gloriarmos de trabalhos lá realizados por outros.ᵈ ¹⁷Quem se gloria, glorie-se no Senhor. ¹⁸Pois não aquele que recomenda a si mesmo é aprovado, mas aquele que Deus recomenda.

11 Paulo constrangido a fazer seu próprio elogio —
¹Oxalá pudésseis suportar um pouco de loucura da minha parte! Mas, não há dúvida, vós me suportais.ᵉ ²Experimento por vós um ciúme semelhante ao de Deus. Desposei-vos a esposo único, a Cristo, a quem devo apresentar-vos como virgem pura.ᶠ ³Receio, porém, que, como a serpente seduziu Eva por sua astúcia, vossos pensamentos se corrompam, desviando-se da simplicidadeᵍ devida a Cristo. ⁴Com efeito, se vem alguém e vos proclama outro Jesus diferente daquele que vos proclamamos,ʰ ou se acolheis um espírito diverso do que recebestes ou um evangelho diverso daquele que abraçastes, vós o suportais de bom grado. ⁵Todavia, julgo não ser inferior, em coisa alguma, a esses "eminentes apóstolos"!ⁱ ⁶Ainda que seja imperito no falar, não o sou no saber. Em tudo e de todos os modos,ʲ vo-lo mostramos.

⁷Terá sido falta minha anunciar-vos gratuitamente o Evangelho de Deus, humilhando-me a mim mesmo para vos exaltar? ⁸Despojei outras igrejas, delas recebendo salário, a fim de vos servir. ⁹E, quando entre vós sofri necessidade, a ninguém fui pesado, pois os irmãos vindos da Macedônia supriram a minha penúria; em tudo evitei ser-vos pesado, e continuarei a evitá-lo. ¹⁰Pela verdade de Cristo que está em mim, declaro que este título de glória não me será arrebatado nas regiões da Acaia. ¹¹E por quê? Por que não vos amo? Deus o sabe!

¹²O que faço, continuarei a fazê-lo a fim de tirar todo pretexto àqueles que procuram algum para se gloriarem dos mesmos títulos que nós!ᵏ ¹³Esses tais são falsos apóstolos, operários enganadores, disfarçados de apóstolos de Cristo.

---

a) Var.: "Medindo-nos segundo a nossa medida e comparando-nos a nós mesmos, não nos glorificaremos além da justa medida".

b) Sentido dos vv. 12-14: meus adversários têm por único título de glória a elevada opinião que fazem de si mesmos (v. 12). Quanto a mim, posso gloriar-me de haver cumprido a missão que Deus me confiou: fundar a igreja em Corinto (vv. 13-14).

c) Pode-se também traduzir: "esperamos que, quando a vossa fé se tiver desenvolvido, cresçamos ainda em vossa estima e cada vez mais, segundo a regra que nos foi assinalada".

d) Paulo impõe como regra a si mesmo não construir sobre os fundamentos lançados por outrem (Rm 15,20s).

e) Ou talvez: "Pois bem! Suportai-me!" A respeito dessa loucura de Paulo, cf. 5,13; 11,17; 12,11.

f) Paulo, amigo do esposo, apresenta a este a sua noiva. Desde Os 2, o amor de Iahweh por seu povo era simbolizado pelo amor do esposo e da esposa (Jr 2,1-7; 3; 31,22; 51,5; Is 49,14-21; 50,1; 54,1-10; 62,4-5; Ez 16; 23). O NT retomou a imagem (Mt 22,2s; 25,1s; Jo 3,28-29; Ef 5,25-33; Ap 19,7; 21,2).

g) Ad.: "e da pureza".

h) O nome de "Jesus" empregado sozinho conota para Paulo a existência terrestre de Cristo, mas comporta também a nuança específica da humilhação e do sofrimento que culmina na cruz. Paulo o utiliza para opor-se à propaganda daqueles que o incômodo de Cristo crucificado havia levado a inventar "outro Jesus".

i) Termo que volta em 12,11. São "falsos apóstolos" (11,14). Certamente não se trata dos Doze, cuja autoridade Paulo reconhece (Gl 1,18; 2,9). Mas o círculo dos apóstolos é mais amplo do que o dos Doze (cf. 1Cor 15,7+), e pode ter havido outros Judas entre eles. A menos que se trate de pessoas que usurpassem tal título.

j) Ou: "em tudo e de toda maneira".

k) O desinteresse material que Paulo pratica é característico da missão de apóstolo, que os inimigos de Paulo nunca ousarão usurpar.

¹⁴E não é de estranhar! Pois o próprio Satanás se disfarça de anjo de luz. ¹⁵Por conseguinte, não é surpreendente que os seus ministros também se disfarcem de servidores da justiça. Mas o fim destes corresponderá às suas obras.

¹⁶Repito:*a* que ninguém me considere insensato! Ou então suportai-me como insensato a fim de que também eu me possa gloriar um pouco. ¹⁷O que direi, não o direi conforme o Senhor, mas como insensato, certo de ter motivo de me gloriar. ¹⁸Visto que muitos se gloriam de seus títulos humanos, também eu me gloriarei. ¹⁹De boa vontade suportais os insensatos, vós que sois tão sensatos! ²⁰Suportais que vos escravizem, que vos devorem, que vos despojem, que vos tratem com soberba, que vos esbofeteiem. ²¹Digo-o para vergonha vossa:*b* poder-se-ia crer que nós é que fomos fracos...

Aquilo que os outros ousam apresentar — falo como insensato — ouso-o também eu.*c* ²²São hebreus? Também eu. São israelitas? Também eu. São descendentes de Abraão? Também eu. ²³São ministros de Cristo? Como insensato, digo: muito mais eu. Muito mais, pelas fadigas; muito mais, pelas prisões; infinitamente mais, pelos açoites. Muitas vezes, vi-me em perigo de morte. ²⁴Dos judeus recebi cinco vezes os quarenta golpes menos um. ²⁵Três vezes fui flagelado. Uma vez, apedrejado. Três vezes naufraguei. Passei um dia e uma noite em alto-mar.*d* ²⁶Fiz numerosas viagens. Sofri perigos nos rios, perigos dos ladrões, perigos por parte dos meus irmãos de estirpe, perigos dos gentios, perigos na cidade, perigos no deserto, perigos no mar, perigos dos falsos irmãos. ²⁷Mais ainda: fadigas e duros trabalhos, numerosas vigílias, fome e sede, múltiplos jejuns, frio e nudez! ²⁸E isto sem contar o mais: a minha preocupação cotidiana, a solicitude que tenho por todas as igrejas! ²⁹Quem fraqueja, sem que eu também me sinta fraco? Quem tropeça, sem que eu também fique febril?

³⁰Se é preciso gloriar-se, de minha fraqueza é que me gloriarei. ³¹O Deus Pai do Senhor Jesus, que é bendito pelos séculos, sabe que não minto. ³²Em Damasco, o etnarca do rei Aretas guardava a cidade dos damascenos no intuito de me prender. ³³Mas por uma janela fizeram-me descer em um cesto ao longo da muralha, e escapei às suas mãos.

12

¹É preciso gloriar-se? Por certo, não convém. Todavia mencionarei as visões e revelações do Senhor. ²Conheço um homem em Cristo que, há quatorze anos, foi arrebatado ao terceiro céu*e* — se em seu corpo, não sei; se fora do corpo, não sei; Deus o sabe! ³E sei que esse homem — se no corpo ou fora do corpo não sei; Deus o sabe! — ⁴foi arrebatado até o paraíso e ouviu palavras inefáveis, que não é lícito ao homem repetir. ⁵No tocante a esse homem, eu me gloriarei; mas, no tocante a mim, só me gloriarei das minhas fraquezas. ⁶Se quisesse gloriar-me, não seria louco, pois só diria a verdade. Mas não o faço, a fim de que ninguém tenha a meu respeito conceito superior àquilo que vê em mim ou me ouve dizer.*f*

---

a) Paulo nunca o disse (cf., ao contrário, 11,1). Aqui vê-se bem como Paulo pouco se preocupa com exatidão formal nestas páginas candentes. A sua "loucura" (11,1.17.19.21.23; 12,11), que não é loucura (11,16; 12,6), consiste em se gloriar "segundo a carne" (11,18), isto é, em ufanar-se da sua raça (11,22), dos seus trabalhos e sofrimentos (11,23-26), das suas revelações (12,1-5). Paulo pode fazer isto sem ser insensato, pois diz a verdade (12,6). Se o faz, é para comparar-se aos adversários no próprio terreno deles (11,21-23) e também desarmar aqueles que o difamam (11,5-12; 12,11-15). Mas ele o faz a contragosto (12,11). O verdadeiro título de glória, Paulo o encontra na sua fraqueza (11,30; 12,5.9), pois é esta que mais claramente manifesta a força de Cristo (12,9), mostrando com evidência que o extraordinário poder que age pelo Apóstolo não vem deste, mas de Deus (4,7+).
b) Ou: "para vergonha nossa".
c) As necessidades da polêmica obrigaram muitas vezes são Paulo a voltar, como aqui, ao seu passado de judeu autêntico (Gl 1,13-14; Rm 11,1; Fl 3,4-6; cf. At 22,3s; 26,4-5).
d) São-nos, na maioria, desconhecidas as circunstâncias nas quais Paulo sofreu tais provações.
e) Isto é, ao mais alto dos céus.
f) Ou: "ouve dizer a meu respeito".

⁷Já que essas revelações eram extraordinárias, para eu não me encher de soberba, foi-me dado um aguilhão na carne*a* — um anjo de Satanás para me espancar — a fim de que não me encha de soberba.*b* ⁸A esse respeito três vezes pedi ao Senhor que o afastasse de mim. ⁹Respondeu-me, porém: "Basta-te a minha graça, pois é na fraqueza que a força manifesta todo o seu poder." Por conseguinte, com todo o ânimo prefiro gloriar-me das minhas fraquezas, para que pouse sobre mim a força de Cristo. ¹⁰Por isto, me comprazo nas fraquezas, nos opróbrios, nas necessidades, nas perseguições, nas angústias por causa de Cristo. Pois quando sou fraco, então é que sou forte.

¹¹Procedi como insensato! Vós me constrangestes a isto. A vós que tocava recomendar-me. Pois em nada fui inferior a esses "eminentes apóstolos", se bem que nada seja. ¹²Os sinais que distinguem o apóstolo realizaram-se entre vós: paciência a toda prova, sinais milagrosos, prodígios e atos portentosos. ¹³Que tivestes a menos do que as outras igrejas senão o fato de que não vos fui pesado? Perdoai-me essa injustiça!*e* ¹⁴Eis que estou pronto a ir ter convosco pela terceira vez, e não vos serei pesado; pois não procuro os vossos bens, mas a vós mesmos. Não são os filhos que devem acumular bens para os pais, mas sim os pais para os filhos. ¹⁵Quanto a mim, de bom grado despenderei, e me despenderei todo inteiro, em vosso favor. Será que, dedicando-vos mais amor,*d* serei, por isto, menos amado?*e*

¹⁶"Seja"! dirão. Não vos fui pesado. Mas, astuto como sou, conquistei-vos fraudulentamente! ¹⁷Porventura vos explorei por alguns daqueles que vos enviei? ¹⁸Pedi a Tito que fosse ter convosco e com ele enviei o irmão. Será que Tito vos explorou? Não caminhamos no mesmo espírito? Não seguimos os mesmos passos?

Apreensões e inquietudes de Paulo — ¹⁹Desde muito, julgais*f* que nós nos queremos justificar diante de vós. Não; é diante de Deus, em Cristo, que falamos. E tudo, caríssimos, para a vossa edificação. ²⁰Com efeito, receio que, quando aí chegar, não vos encontre tais como vos quero encontrar e que, por conseguinte, me encontrareis tal como não quereis. Tenho receio de que haja entre vós discórdia, inveja, animosidades, rivalidades, maledicências, falsas acusações, arrogância, desordens. ²¹Tenho receio de que, quando voltar a ter convosco, o meu Deus me humilhe em relação a vós e eu tenha de prantear muitos daqueles que pecaram anteriormente e não se terão convertido da impureza, da fornicação e da dissolução que cometeram.

13

¹Eis a terceira vez*g* que vou ter convosco. *Toda questão será decidida sobre a palavra de duas ou três testemunhas.*h ²Já o disse e, como por ocasião da minha segunda visita, torno a dizer hoje, estando ausente, àqueles

---

a) Talvez uma moléstia com acessos penosos e imprevisíveis. Talvez a resistência dos israelitas, os irmãos de Paulo segundo a carne, à fé cristã.
b) Om.: "a fim de que eu não me encha de soberba". — Pode-se também ligar o início do v. 7 ao v. 6: "...a fim de que ninguém tenha a meu respeito um conceito superior àquilo que vê em mim ou me ouve dizer, em vista mesmo da excelência dessas revelações. Eis por que, a fim de que eu não me enchesse de soberba..." A frase, porém, é pesada e baseia-se sobre texto que a crítica não pode garantir.
c) Notável exemplo de ironia paulina.
d) Paulo insiste frequentemente no amor profundo que ele tem para com os cristãos das comunidades às quais escreve (2,4; 6,12; 11,11; 12,15; 1Cor 16,24; 1Ts 2,8; Gl 4,19; Fl 1,8), amor muitas vezes comparado ao de mãe (Gl 4,19; 1Ts 2,8), de pai (1Cor 4,14s; 2Cor 6,13). Está pronto a dar a vida pelos fiéis (Fl 2,17). Pede aos cristãos que o amem reciprocamente (2Cor 6,13). Mas, em nome mesmo desse amor, o Apóstolo não hesita em corrigir e censurar os fiéis, ainda que essa atitude enfraqueça o amor dos mesmos (2Cor 7,8; 12,15; Gl 4,16).
e) Var.: "e me despenderei por vós, mesmo que, amando-vos mais, venha a ser menos amado".
f) Var.: "imaginais ainda".
g) A "terceira vez". A primeira deu-se por ocasião da fundação da igreja; a segunda quando da "visita penosa", evocada em 1,23; 2,1. Ver a Introdução às Epístolas de são Paulo.
h) A alusão não diz respeito às críticas contra Paulo (12,16). No judaísmo palestinense, Dt 19,15 era inter-

que pecaram anteriormente, e a todos os outros; se voltar, não usarei de meias medidas, ³pois procurais uma prova de que é Cristo que fala em mim; ele que não é fraco em relação a vós mostra, porém, o seu poder em vós. ⁴Por certo, foi crucificado em fraqueza, mas está vivo pelo poder de Deus. Também nós somos fracos nele, todavia com ele viveremos pelo poder de Deus em relação a vós.ᵃ

⁵Examinai-vos a vós mesmos, e vede se estais na fé; provai-vos. Ou não reconheceis que Jesus Cristo está em vós? A menos que não sejais aprovados no exame. ⁶Espero reconheçais que somos aprovados. ⁷Pedimos a Deus que não cometais mal algum. Nosso desejo não é aparecer como aprovados, mas, sim, que pratiqueis o bem, ainda que devamos passar por não aprovados.ᵇ ⁸Nada podemos contra a verdade, mas só temos poder em favor da verdade. ⁹Alegramo-nos todas as vezes que somos fracos, e vós fortes. E o que pedimos em nossas orações é o vosso aperfeiçoamento. ¹⁰Eu vos escrevo estas coisas, estando ausente, para que, quando aí chegar, não tenha que recorrer à severidade, conforme o poder que o Senhor me deu para construir, e não para destruir.ᶜ

Conclusão

Recomendações. Saudações. Voto final — ¹¹De resto, irmãos, alegrai-vos, procurai a perfeição, encorajai-vos. Permanecei em concórdia, vivei em paz, e o Deus de amor e de paz estará convosco.

¹²Saudai-vos mutuamente com o ósculo santo.ᵈ Saúdam-vos todos os santos.

¹³A graça do Senhor Jesus Cristo, o amor de Deus e a comunhão do Espírito Santo estejam com todos vós!ᵉ

---

a) Om.: "em relação a vós".
b) A prova de que trata o contexto será o comportamento de Paulo e dos coríntios por ocasião da visita anunciada em 13,1, em que Paulo mostrará que Cristo age por ele (13,3s). A prova redundará em detrimento dos coríntios (13,6), se não se converterem. Por suas sanções, Paulo triunfará (13,7). Mas, se os coríntios se converterem, Paulo não terá que usar do seu poder; parecerá fraco e os coríntios fortes (13,9); o Apóstolo parecerá derrotado na prova (13,7), pois os adversários poderão continuar a dizer que as ameaças de Paulo são meramente verbais (cf. 10,9s). Não obstante, Paulo aceita com alegria esta eventualidade, humilhante para ele, mas gloriosa para os seus fiéis.
c) Este sumário só pode ser aplicado aos caps. 10-11; de qualquer modo é incompatível com o conteúdo dos caps. 1-9. Isso confirma a divisão de 2Cor em duas cartas distintas.
d) É o ósculo litúrgico, símbolo da fraternidade cristã (Rm 16,16; 1Cor 16,20; 1Ts 5,26).
e) Essa fórmula trinitária, provavelmente de origem litúrgica (cf. também Mt 28,19), tem seu eco em numerosas passagens das epístolas, em que a ação respectiva das três Pessoas divinas é apresentada em função dos contextos diversos (Rm 1,4+; 15,16.30; 1Cor 2,10-16; 6,11.14.15.19; 12,4-6; 2Cor 1,21s; Gl 4,6; Fl 2,1; Ef 1,3-14; 2,18.22; 4,4-6; 2Ts 2,13; Tt 3,5s; Hb 9,14; 1Pd 1,2; 3,18; 1Jo 4,2; Jd 20.21; Ap 1,4s; 22,1; cf. At 10,38; 20,28; Jo 14,16.18.23). Observem-se em 1Cor 6,11; Ef 4,4-6 as formulações ternárias, que reforçam o pensamento trinitário. Comparar também com a tríade das virtudes teologais (1Cor 13, 13+).

EPÍSTOLA AOS GÁLATAS

1 ***Endereço**[a]* — ¹Paulo, apóstolo — não da parte dos homens nem por intermédio de um homem, mas por Jesus Cristo e Deus Pai que o ressuscitou dentre os mortos — ²e todos os irmãos que estão comigo, às igrejas da Galácia. ³Graça e paz a vós da parte de Deus nosso Pai e do Senhor Jesus Cristo, ⁴que se entregou a si mesmo pelos nossos pecados a fim de nos livrar do presente mundo[b] mau, segundo a vontade do nosso Deus e Pai, ⁵a quem seja dada a glória pelos séculos dos séculos! Amém.

***Admoestação**[c]* — ⁶Admiro-me de que tão depressa abandoneis aquele que vos chamou pela graça de Cristo, e passeis a outro evangelho.[d] ⁷Não que haja outro, mas há alguns que vos estão perturbando e querendo corromper o Evangelho de Cristo. ⁸Entretanto, se alguém — ainda que nós mesmos ou um anjo do céu — vos anunciar um evangelho diferente do que vos anunciamos, seja anátema.[e] ⁹Como já vo-lo dissemos, volto a dizê-lo agora: se alguém vos anunciar um evangelho diferente do que recebestes, seja anátema. ¹⁰E porventura o favor dos homens que agora eu busco, ou o favor de Deus?[f] Ou procuro agradar aos homens? Se eu quisesse ainda[g] agradar aos homens, não seria servo de Cristo.

I. Prova pelos fatos

***O apelo de Deus**[h]* — ¹¹Com efeito,[i] eu vos faço saber, irmãos, que o Evangelho por mim anunciado não é segundo o homem, ¹²pois eu não o recebi nem aprendi de algum homem, mas por revelação de Jesus Cristo.[j] ¹³Ouvistes

---

a) Esta introdução é de tom mais seco e duro que a das outras cartas (não faz nenhum elogio aos gálatas). Paulo anuncia (vv. 1 e 4) os temas principais da carta: defesa de sua missão de apóstolo (1-2), exposição do seu Evangelho da salvação pela fé em Jesus Cristo, fundamento da liberdade cristã (3-5).
b) Mundo presente em oposição ao mundo messiânico "que virá". Ele coincide com o reino do pecado e da Lei (Gl 3,19). Mas Cristo, por sua morte e ressurreição, nos livra de todos os tiranos desta terra e nos faz entrar no seu Reino e no Reino de Deus (Rm 14,17; Cl 1,13; Ef 5,5), enquanto esperamos a plena libertação da ressurreição corporal na Parusia (cf. Rm 5-8).
c) Uma admoestação substitui a habitual ação de graças do início das cartas paulinas (Rm 1,8; 1Cor 1,4; 2Cor 1,3; Fl 1,3; Cl 1,3; 1Ts 1,2; 2Ts 1,3; Fm 4).
d) Há um só evangelho (vv. 6-8; 2Cor 11,4), pregado por todos os apóstolos (1Cor 15,11), para cujo serviço Deus destacou o apóstolo Paulo (Rm 1,1; 1Cor 1,17; cf. Gl 1,15-16). Como nos Evangelhos (Mc 1,1+) e nos Atos (At 5,42+), trata-se de uma Boa Nova anunciada de viva voz e escutada. Seu conteúdo é a revelação do Filho Jesus Cristo (Rm 1,1-4), ressuscitado dentre os mortos (1Cor 15,1-5; 2Tm 1,10), após sua crucifixão (1Cor 2,2), o qual, em favor de todos os pecadores, quer judeus quer gentios (Rm 3,22-24), instaurou a economia da justiça (Rm 1,16+) e da salvação (Ef 1,13), anunciada pelos profetas (Rm 16,25-26; 1Pd 1,10). Frequentemente, a palavra "evangelho" exprime ao mesmo tempo a atividade do apóstolo e a mensagem que ele anuncia (2Cor 2,12; 8,18; Fl 1,5.12; 4,3.15; Fm 13; 1Ts 3,2). A eficácia desta proclamação é devida ao poder de Deus (1Ts 1,3; cf. 2,13): palavra da verdade que manifesta a graça de Deus (Cl 1,5-6; Ef 1,13; 2Cor 6,1; At 14,3; 20,24.32), ela produz a salvação em quem a acolhe pela fé (Rm 1,16-17+; 3,22; 10,14-15; Fl 1,28) e lhe obedece (Rm 1,5; 10,16; 2Ts 1,8); ela frutifica e se desenvolve (Cl 1,6) e por ela o ministério do apóstolo que a "realiza" (Rm 15,19) torna-se a fonte primeira de toda a esperança cristã (Cl 1,23).
e) Aqui: objeto de maldição (cf. Dt 7,26; 1Cor 5,5+).
f) Certamente os judaizantes acusavam Paulo de não obrigar os gentios à circuncisão para mais facilmente os conquistar; mas desta vez sua linguagem de modo algum pode ser tachada de oportunismo.
g) Como outrora, antes de sua conversão, quando Paulo pregava a circuncisão.
h) Os vv. 11-12 formam *prothesis*, proposição que Paulo procura provar até o fim do cap. 2, apoiando-se sobre uma série de acontecimentos que confirmam à sua maneira a origem não humana (menos divina) do Evangelho anunciado por Paulo.
i) "Com efeito": var.: "mas" ou "ora".
j) Revelação da qual Jesus Cristo foi ao mesmo tempo autor e objeto (v. 16). Isto não significa necessariamente que Paulo tenha aprendido tudo por

certamente da minha conduta de outrora no judaísmo, de como perseguia sobremaneira e devastava a Igreja de Deus ¹⁴e como progredia no judaísmo mais do que muitos compatriotas da minha idade, distinguindo-me no zelo pelas tradições paternas.

¹⁵Quando, porém, aquele que me separou *desde o seio materno* e me *chamou* por sua graça, houve por bem ¹⁶revelar em mim seu Filho, para que eu o evangelizasse entre os gentios,ᵃ não consultei carne nem sangue, ¹⁷nem subiᵇ a Jerusalém aos que eram apóstolos antes de mim, mas fui à Arábia,ᶜ e voltei novamente a Damasco. ¹⁸Em seguida, após três anos,ᵈ subi a Jerusalém para avistar-me com Cefas e fiquei com ele quinze dias.ᵉ ¹⁹Não vi nenhum apóstolo, mas somente Tiago, o irmão do Senhor.ᶠ ²⁰Isto vos escrevo e vos asseguro diante de Deus que não minto. ²¹Em seguida, fui às regiões da Síria e da Cilícia. ²²De modo que, pessoalmente, eu era desconhecido às igrejas da Judeia que estão em Cristo. ²³Apenas ouviam dizer: quem outrora nos perseguia agora evangeliza a fé que antes devastava, ²⁴e por minha causa glorificavam a Deus.

2 *Assembleia de Jerusalém* — ¹Em seguida, quatorze anos mais tarde,ᵍ subi novamente a Jerusalém com Barnabé, tendo tomado comigo também Tito. ²Subi em virtude de uma revelação e expus-lhes — em forma reservada aos notáveis — o Evangelho que proclamo entre os gentios, a fim de não correr, nem ter corrido em vão.ʰ ³ Ora, nem Tito, que estava comigo, e que era grego, foi obrigado a circuncidar-se.ⁱ ⁴Mas por causa dos intrusos, esses falsos irmãos que se infiltraram para espiar a liberdade que temos em Cristo Jesus, a fim de nos reduzir à escravidão, ⁵aos quais não cedemos sequer um instante, por deferência,ʲ para que a verdade do Evangelho permanecesse entre vós... ⁶E por parte dos que eram tidos por notáveis — o que na realidade eles fossem não me interessa; *Deus não faz acepção de pessoas* — de qualquer forma, os notáveis nada me acrescentaram.ᵏ ⁷Pelo contrário, vendo que a mim fora confiado o evangelho dos incircuncisos como a Pedro o dos circuncisos — ⁸pois aquele que operava em Pedro para a missão dos circuncisos operou também em mim em favor dos gentios — ⁹e conhecendo a graça em mim concedida, Tiago, Cefas e João,ˡ os notáveis tidos como colunas, estenderam-nos a mão, a mim e a Barnabé, em sinal de comunhão: nós pregaríamos aos gentios e

---

revelação direta, muito menos tudo de uma vez, no caminho de Damasco. Aqui ele se refere à doutrina da salvação pela fé, sem as obras da Lei, que era o único ponto de litígio.
a) Outra tradução: "revelar-me o seu Filho". Sem negar o caráter objetivo da visão (1Cor 9,1; 15,8, cf. At 9,17; 22,14; 26,16), Paulo sublinha aqui seu aspecto de revelação interior e a ela liga sua vocação de Apóstolo dos gentios (2,8-9; Rm 1,1+; Ef 3,2-3; 1Tm 2,7).
b) "subi, var.: "parti" ou "fui".
c) Sem dúvida o reino dos nabateus (1Mc 5,25+), no sul de Damasco.
d) Passados em Damasco após sua volta da Arábia, quando os nabateus conseguiram o controle de Damasco, provavelmente no fim de 37, Paulo foi forçado a fugir (2Cor 11,32-33).
e) Tendo pregado por pelo menos sete anos, as memórias de Pedro sobre Jesus teriam adquirido a estrutura de um evangelho (1Cor 7,10-11; 9,14). É provável que nessa ocasião Paulo tenha aprendido o credo citado em 1Cor 15,3-5.
f) Outros traduzem: "a não ser Tiago", supondo que Tiago faça parte dos Doze e se identifique com o filho de Alfeu (Mt 10,3p), ou tomando "apóstolo" em sentido lato (cf. Rm 1,1+).
g) Contando a partir do último encontro com Pedro. Os intervalos de 3 e de 14 anos (1,18 e 2,1) na realidade podem não passar de um ano e meio e de 12 anos e meio, visto que os antigos contavam como um ano inteiro o primeiro e o último, mesmo que estes fossem incompletos.
h) Paulo não tem dúvidas quanto à verdade do seu Evangelho; mas a fundação das igrejas exigia que não fosse rompido o vínculo com a igreja-mãe, aqui representada pelos três "notáveis", as "colunas" do v. 9: daí a importância que ele dava à coleta pelos "pobres" de Jerusalém (cf. 1Cor 16,1+; veja o v. 10).
i) Em relação a Timóteo, aliás nascido de mãe judia, Paulo mostrou-se menos intransigente (At 16,3; cf. 1Cor 9,20).
j) O verbo "permanecer, continuar" implica que Paulo pregou na Galácia *antes* da assembleia de Jerusalém, e não depois, como Lucas afirma (At 16,6).
k) Lit.: "eles nada me expuseram a mais" (cf. v. 2).
l) "Tiago, Cefas e João"; var.: "Tiago, Pedro e João", ou: "Pedro, Tiago e João", ou: "Tiago e João".

eles aos da Circuncisão.[a] ¹⁰Nós só nos devíamos lembrar dos pobres, o que, aliás, tenho procurado fazer com solicitude.

Pedro e Paulo em Antioquia — ¹¹Mas quando Cefas veio a Antioquia, eu o enfrentei abertamente, porque ele se tornara digno de censura,[b] ¹²Com efeito, antes de chegarem alguns vindos da parte de Tiago, ele comia com os gentios,[c] mas, quando chegaram, ele se subtraía e andava retraído, com medo dos circuncisos. ¹³Os outros judeus começaram também a fingir junto com ele, a tal ponto que até Barnabé se deixou levar pela sua hipocrisia.

¹⁴Mas quando vi que não andavam retamente segundo a verdade do Evangelho, eu disse a Pedro diante de todos: se tu, sendo judeu, vives à maneira dos gentios e não dos judeus, por que forças os gentios a viverem como judeus?

O Evangelho de Paulo[d] — ¹⁵Nós somos judeus de nascimento e não pecadores da gentilidade;[e] ¹⁶sabendo, entretanto, que o homem não se justifica pelas obras da Lei, mas pela fé em Jesus Cristo, nós também cremos em Cristo Jesus para sermos justificados pela fé em Cristo e não pelas obras da Lei, porque pelas obras da Lei *ninguém será justificado*. ¹⁷E se, procurando ser justificados em Cristo, nós também nos revelamos pecadores, não seria então Cristo ministro do pecado? De modo algum! ¹⁸Se volto a edificar o que destruí, então sim eu me demonstro transgressor. ¹⁹De fato, pela Lei morri para a Lei,[f] a fim de viver para Deus. Fui crucificado junto com Cristo. ²⁰Já não sou eu que vivo, mas é Cristo que vive em mim.[g] Minha vida presente na carne,[h] vivo-a pela fé no Filho de Deus,[i] que me amou e se entregou a si mesmo por mim. ²¹Não invalido a graça de Deus;[j] porque, se é pela Lei que vem a justiça, então Cristo morreu em vão.

II. Argumentação doutrinal

3 **A experiência cristã** — ¹Ó gálatas insensatos, quem vos fascinou, a vós ante cujos olhos foram delineados os traços de Jesus Cristo crucificado?[k] ²Só isto quero saber de vós: foi pelas obras da Lei que recebestes o Espírito ou pela adesão à fé? ³Sois tão insensatos que, tendo começado com o espírito,

---

a) Divisão mais de ordem geográfica do que étnica: "a Circuncisão" designa principalmente os judeus da Palestina, e Paulo sempre se dirigiu em primeiro lugar aos judeus da Diáspora (At 13,5+).
b) Em si, a atitude de Pedro podia justificar-se; em outras circunstâncias, Paulo agirá da mesma forma (At 16,3; 21,26; 1Cor 8,13; Rm 14,21; 1Cor 9,20). Mas nestas, ela dava a entender que só os judeus convertidos praticantes da Lei eram verdadeiros cristãos, e levava assim a constituir duas comunidades *estranhas uma à outra*, mesmo na celebração da ceia eucarística. Ela "dissimulava" (v. 13) os verdadeiros sentimentos de Pedro, justamente, quando precisava torná-los públicos.
c) Trata-se dos gentios convertidos, como também no v. 14; do mesmo modo os "circuncisos" do v. 12 e os judeus do v. 13 são os judeus convertidos.
d) Mais que a Pedro, Paulo dirige-se aqui aos judaizantes de Antioquia e sobretudo aos da Galácia.
e) A expressão não está isenta de ironia. Paulo, porém, nunca negou os privilégios de Israel (Rm 1,16+; 3,1; 9,4-5+), mesmo se temporariamente infiel (Rm 11,12-15).

f) Fórmula obscura por excessiva concisão e diversamente interpretada. Crucificado com Cristo, o cristão está morto com ele e nele para a Lei mosaica (cf. Rm 7,1s), em virtude desta mesma Lei (Gl 3,13), para participar da vida de ressuscitado de Cristo (Rm 6,4-10; 7,4-6 e as notas). Outros entendem que o cristão renunciou à Lei para obedecer ao AT (Gl 3,19.24; Rm 10,4), ou que ele morreu para a Lei mosaica em força de outra lei, a da fé ou do Espírito (Rm 8,2).
g) Pela fé (Rm 1,16) Cristo torna-se de certo modo o sujeito de todas as ações vitais do cristão (Rm 8,2.10-11+; Fl 1,21; cf. Cl 3,3+).
h) Embora ainda "na carne" (Rm 7,5+), a vida do cristão já é espiritualizada pela fé (cf. Ef 3,17). A respeito desta condição paradoxal, cf. Rm 8,18-27.
i) Var.: "pela fé em Deus e em Cristo".
j) Voltando à Lei (cf. 3,17).
k) A doutrina da redenção pela morte e ressurreição de Cristo constitui a base da catequese paulina (cf. 1,1-4; 6,14; 1Cor 1,17-25; 2,2; 15,1-4+; 1Ts 1,9-10; At 13,26-39).

agora acabais na carne?ª ⁴Foi em vão que experimentastes tão grandes coisas?ᵇ Se é que foi em vão! ⁵Aquele que vos concede o Espírito e opera milagres entre vós o faz pelas obras da Lei ou pela adesão à fé?

*A tese de Paulo*ᶜ — ⁶Foi assim que Abraão *creu em Deus e isto lhe foi levado em conta de justiça*. ⁷Sabei, portanto, que os que são pela fé são filhos de Abraão.

Prova pela Escritura — ⁸Prevendo que Deus justificaria os gentios pela fé, a Escritura preanunciou a Abraão esta boa nova: *Em ti serão abençoadas todas as nações*. ⁹De modo que os que são pela fé são abençoados juntamente com Abraão, que teve fé.

¹⁰E os que são pelas obras da Lei, esses estão debaixo de maldição, pois está escrito: *Maldito todo aquele que não se atém a todas as prescrições que estão no livro da Lei para serem praticadas*. ¹¹E que pela Lei ninguém se justifica diante de Deus é evidente, pois o *justo viverá pela fé*. ¹²Ora, a Lei não é pela fé,ᵈ mas: *quem pratica essas coisas por elas viverá*. ¹³Cristo nos resgatou da maldição da Lei tornando-se maldição por nós,ᵉ porque está escrito: *Maldito todo aquele que é suspenso ao madeiro*, ¹⁴a fim de que a bênção de Abraão em Cristo Jesus se estenda aos gentios, e para que, pela fé recebamos o Espírito prometido.ᶠ

A Lei não invalidou a promessa — ¹⁵Irmãos, falo como homem: mesmo um testamento humano, legitimamente feito, ninguém o pode invalidar nem modificar. ¹⁶Ora, as promessas foram asseguradas a Abraão e à *sua descendência*. Não diz: "e aos descendentes", como referindo-se a muitos,ᵍ mas como a um só: *e à tua descendência*, que é Cristo. ¹⁷Ora, eu digo: uma Lei vinda quatrocentos e trinta anos depois não invalida um testamento anterior, legitimamente feito por Deus, de modo a tornar nula a promessa.ʰ ¹⁸Porque se a herança vem pela Lei, já não é pela promessa. Ora, é pela promessa que Deus agraciou a Abraão.

Papel da Lei — ¹⁹Por que, então, a Lei? Foi acrescentada para que se manifestassem as transgressõesⁱ — até que viesse a descendência,ʲ a quem fora feita a promessa — promulgada por anjos,ᵏ pela mão de um mediador. ²⁰Ora, não existe mediador quando se trata de um só, e Deus é um só.ˡ ²¹Então a Lei é

---

a) Alusão à circuncisão que os pregadores judaizantes enalteciam.

b) Outra tradução: "Sofrestes tanto em vão?"

c) Depois de ter mostrado pelos *fatos* a origem divina de seu Evangelho, Paulo se lança agora em uma discussão *teórica* em que mostra o fundamento de suas posições. A tese defendida encontra-se em 3,6-7 (é unicamente pela fé que o homem é justificado e se torna filho de Abraão). Para isso, mostra que a filiação abraâmica não existe pelo fato de alguém ser judeu, submetido à Lei, pois a Lei é incapaz, por seu papel e natureza, de garantir tal filiação.

d) A Lei, com efeito, supõe uma prática, uma prática total (v. 10 e 5,3; cf. Tg 2,10), que ela, por si mesma, não é capaz de assegurar (cf. At 15,10; Rm 7,7+).

e) Para libertar os homens da maldição divina que a violação da Lei fazia pesar sobre eles, Cristo se fez solidário desta mesma maldição (cf. Rm 8,3+; 2Cor 5,21+; Cl 2,14+). A analogia bastante distante entre Cristo crucificado e o condenado do Dt 21,23 não passa de uma ilustração desta doutrina. Ele aceitou passar como tal aos olhos dos judeus, como o "Servo" de Is 53.

f) Var.: "a bênção do Espírito".

g) O emprego, pela Escritura, de termo coletivo que pode designar um só indivíduo, oferece a Paulo a possibilidade de ilustrar ulteriormente sua argumentação, pela concordância com o AT.

h) A promessa incondicional feita por Deus aos pais (Gn 12,1+; 15,1+; Rm 4,13+; Hb 11,8) é considerada aqui como testamento (cf. Hb 9,16-17). Deus se contradiria se a Lei não deixasse intacta a gratuidade da promessa.

i) Sobre o sentido desta afirmação abrupta veja a nota precedente e Rm 7,7+.

j) Var.: "Então, por que a Lei das obras? Ela foi acrescentada até à vinda da descendência".

k) As tradições judaicas mencionavam a presença de anjos no Sinai, quando foi dada a Lei. O "mediador" é Moisés (cf. At 7,38+).

l) A intervenção de mediador caracteriza a Lei, ao passo que a promessa emana só de Deus.

contra as promessas de Deus? De modo algum! Se tivesse sido dada uma lei capaz de comunicar a vida, então sim, realmente a justiça viria da Lei. ²²Mas a Escritura encerrou tudo debaixo do pecado, a fim de que a promessa, pela fé em Jesus Cristo, fosse concedida aos que creem.*ᵃ*

Advento da fé — ²³Antes que chegasse a fé, nós éramos guardados sob a tutela da Lei para a fé que haveria de se revelar. ²⁴Assim a Lei se tornou nosso pedagogo*ᵇ* até Cristo, para que fôssemos justificados pela fé. ²⁵Chegada, porém, a fé, não estamos mais sob pedagogo; ²⁶vós todos*ᶜ* sois filhos de Deus pela fé em Cristo Jesus, ²⁷pois todos vós, que fostes batizados em Cristo,*ᵈ* vos vestistes de Cristo. ²⁸Não há judeu nem grego, não há escravo nem livre, não há homem nem mulher; pois todos vós sois um só em Cristo Jesus.*ᵉ* ²⁹E se vós sois de Cristo, então sois descendência de Abraão, herdeiros segundo a promessa.*ᶠ*

4 ***Filiação divina*** — ¹Ora, eu digo:*ᵍ* enquanto o herdeiro é menor, embora dono de tudo, em nada difere de escravo. ²Ele fica debaixo de tutores e curadores até a data estabelecida pelo pai. ³Assim também nós quando éramos menores estávamos reduzidos à condição de escravos, debaixo dos elementos do mundo.*ʰ* ⁴Quando, porém, chegou a plenitude do tempo,*ⁱ* enviou Deus o seu Filho, nascido de mulher, nascido sob a Lei, ⁵para resgatar os que estavam sob a Lei, a fim de que recebêssemos a adoção filial.*ʲ* ⁶E porque sois filhos, enviou Deus aos nossos corações o Espírito do seu Filho, que clama: *Abba*, Pai! ⁷De modo que já não és escravo, mas filho. E se és filho, és também herdeiro, graças a Deus.

⁸Outrora, é verdade, não conhecendo Deus, servistes a deuses, que na realidade não o são. ⁹Mas agora, conhecendo a Deus, ou melhor, sendo conhecidos*ᵏ* por Deus, como é possível voltardes novamente a esses fracos e miseráveis elementos aos quais vos quereis escravizar outra vez? ¹⁰Observais cuidadosamente dias, meses, estações, anos! ¹¹Receio ter-me afadigado em vão por vós.

Por que os gálatas mudaram?*ˡ* — ¹²Suplico-vos, irmãos, que vos torneis como eu, pois eu também me tornei como vós.*ᵐ* Em nada me ofendestes.

---

a) Para acolher a justiça como dom gratuito, é necessário, antes de mais nada, renunciar à pretensão de obtê-la como algo devido. A Escritura (v. 8.16) é expressão e instrumento do desígnio de Deus (Rm 11,32).
b) A partir do momento em que o pedagogo conduziu os filhos "até" o mestre, seu papel chegou ao fim. Tal era o papel preparatório, essencialmente temporário, da Lei, que agora já chegou à sua complementação pela fé em Cristo e pela graça (Rm 6,14-15+; cf. Mt 5,17+).
c) Todos, não somente "nós", judeus, mas também "vós", gentios.
d) Fé e batismo, longe de se oporem, incluem-se reciprocamente (cf. Rm 6,4+).
e) Var.: "pois todos vós sois de Cristo Jesus".
f) Paulo volta à descendência de Abraão (vv. 6-9), doravante constituída pelos filhos de Deus, que creem em Cristo Jesus e lhe pertencem, não mais por uma posteridade segundo a carne (cf. Fl 3,3).
g) Nova comparação, tirada das normas jurídicas. Malgrado sua eleição, o judeu, herdeiro presumido, sob o regime da Lei não passava de escravo (v. 3) e, para o cristão, querer assumir o jugo da Lei é voltar ao estado de infância (cf. v. 2).
h) O sentido desta frase é muito disputado (v. 9; Cl 2,8.20), mas visto que esses "elementos" parecem ser considerados como seres pessoais (vv. 2.8), é provável que sejam os espíritos celestes que, por meio da Lei (Gl 3,19+; Cl 2,15+), pretendiam manter o mundo sob sua tutela (Cl 2,18+).
i) Esta expressão designa a chegada dos tempos messiânicos, ou escatológicos, que levam a termo a longa espera dos séculos, como medida finalmente plena (cf. Mc 1,15; At 1,7+; Rm 13,11+; 1Cor 10,11; 2Cor 6,2+; Ef 1,10; Hb 1,2; 9,26; 1Pd 1,20).
j) Os dois aspectos, negativo e positivo, da redenção: tornando-se filho, o escravo adquire a liberdade. O escravo libertado é adotado como filho não só pelo acesso legal à herança (v. 7; cf. 3,29), mas pelo dom real do Espírito.
k) A conversão dos gálatas foi obra de Deus que os "conheceu" por primeiro (cf. 1Cor 8,2-3; 13,12).
l) Tendo mostrado que alguém se torna filho de Abraão e de Deus unicamente pela fé, Paulo recorda aos fiéis da Galácia que outrora eles acolheram com ardor o apóstolo e o Evangelho. Sua mudança permanece um enigma.
m) Certamente aqui abandonando as observâncias legais (1Cor 9,21), mas o princípio tem aplicação muito mais larga (1Cor 4,16s; 11,1; Fl 3,17; 4,9).

¹³Bem o sabeis, foi por causa de uma doença*ᵃ* que eu vos evangelizei pela primeira vez.*ᵇ* ¹⁴E vós não mostrastes desprezo nem desgosto, em face da vossa provação na minha carne; pelo contrário, me recebestes como anjo de Deus, como Cristo Jesus. ¹⁵Onde estão agora as vossas felicitações? Pois vos testemunho que, se vos fosse possível, teríeis arrancado os olhos para dá-los a mim. ¹⁶Então, dizendo-vos a verdade, tornei-me vosso inimigo? ¹⁷Não é para o bem que eles vos cortejam. O que querem é separar-vos de mim para que vós os cortejeis a eles. ¹⁸É bom ser cortejado para o bem*ᶜ* sempre, e não só quando estou presente entre vós, ¹⁹meus filhos, por quem sofro de novo as dores do parto, até que Cristo seja formado em vós. ²⁰Quisera estar no meio de vós agora e mudar o tom da voz, pois não sei que atitude tomar a vosso respeito.

As duas alianças: Agar e Saraᵈ — ²¹Dizei-me, vós que quereis estar debaixo da Lei, não ouvis vós a Lei?*ᵉ* ²²Pois está escrito que Abraão teve dois filhos, um da serva e outro da livre. ²³Mas o da serva nasceu segundo a carne;*ᶠ* o da livre, em virtude da promessa. ²⁴Isto foi dito em alegoria. Elas, com efeito, são as duas alianças; uma, a do monte Sinai, gerando para a escravidão: é Agar ²⁵(porque o Sinai está na Arábia*ᵍ*), e ela corresponde à Jerusalém de agora,*ʰ* que de fato é escrava com seus filhos. ²⁶Mas a Jerusalém do alto é livre e esta é a nossa mãe, ²⁷segundo está escrito:

> *Alegra-te, estéril, que não davas à luz.*
> *Põe-te a gritar de alegria,*
> *tu que não conheceste as dores do parto,*
> *porque mais numerosos são os filhos da abandonada*
> *do que os daquela que tem marido.*

²⁸Ora, vós, irmãos, como Isaac, sois filhos da promessa. ²⁹Mas como então o nascido segundo a carne perseguia o nascido segundo o espírito, assim também agora.*ⁱ* ³⁰Mas, que diz a Escritura? *Expulsa a serva e o filho dela, pois o filho da serva não herdará com o filho da livre*. ³¹Portanto, irmãos, não somos filhos de serva, mas de livre.

5 **Conclusão: a liberdade cristã** — ¹É para a liberdade que Cristo nos libertou. Permanecei firmes, portanto, e não vos deixeis prender de novo ao jugo da escravidão.*ʲ* ²Atenção! Eu, Paulo, vos digo: se vos fizerdes circun-

---

a) Que, parece, obrigou o Apóstolo a prolongar sua permanência na Galácia. Ele aproveitou para anunciar-lhes o Evangelho.
b) Paulo esteve na Galácia em sua viagem a Corinto (At 16,6), e novamente em sua viagem a Éfeso (At 19), quando pregou a coleta para os pobres de Jerusalém (1Cor 16,1).
c) Var.: "Apegai-vos ao bem".
d) O Apóstolo retoma bruscamente a questão da filiação, com argumentação escriturística alegórica, para indicar ainda que a Lei não outorga a liberdade própria dos filhos.
e) Testemunho da Escritura (cf. Rm 3,19+). Para herdar a promessa não é suficiente ser filho de Abraão (cf. Mt 3,9): é preciso sê-lo não como Ismael, mas como Isaac, isto é, em virtude da promessa (v. 23) de descendência que tem mais que ver com o espírito do que com a carne (v. 29) e, por esta característica, prefigura a descendência dos cristãos (v. 28; cf. Rm 9,6s). Este argumento básico é ilustrado por outras correspondências bíblicas, porém mais artificiais.

f) Segundo as leis ordinárias da natureza (cf. Rm 7,5+), sem intervenção especial de Deus em vista da realização da sua promessa.
g) "Porque o Sinai está na Arábia"; var.: "Agar representa o Sinai na Arábia" (Ou: "em língua árabe").
h) A do tempo presente, sujeita à Lei, em oposição à Jerusalém messiânica (cf. Is 2,2), fecunda, após longa esterilidade (v. 27; cf. Is 54,1-6; Ap 21,1+).
i) Uma vez estabelecido o paralelo entre Ismael e os judeus de um lado, Isaac e os cristãos do outro, Paulo faz duas novas aplicações. Segundo certas tradições judaicas, Ismael "perseguia" Isaac. De qualquer maneira, segundo a Bíblia, Sara, vendo em Ismael um rival do seu filho, exigiu a expulsão de Agar (Gn 21,9).
j) Se alguém voltasse à circuncisão renunciaria à liberdade dada pela fé em Cristo (cf. Rm 6,15+). Nisto a Lei e a fé não se podem conciliar (vv. 2-6). — Algumas testemunhas do texto (Vulg.) unem as primeiras palavras ao versículo precedente: "da liberdade para a qual Cristo nos libertou".

cidar, Cristo de nada vos servirá. ³Declaro de novo a todo homem que se faz circuncidar: ele é obrigado a observar toda a Lei. ⁴Rompestes com Cristo, vós que buscais a justiça na Lei; caístes fora da graça. ⁵Nós, com efeito, aguardamos, no Espírito, a esperança da justiça[a] que vem da fé. ⁶Pois, em Cristo Jesus, nem a circuncisão tem valor, nem a incircuncisão, mas apenas a fé agindo pela caridade.[b] ⁷Corríeis bem;[c] quem vos pôs obstáculos para não obedecerdes à verdade? ⁸Esta sugestão não vem daquele que vos chama. ⁹Um pouco de fermento leveda toda a massa. ¹⁰Confio que, unidos no Senhor,[d] não tereis outro sentimento. Aquele, porém, que vos perturba sofrerá a condenação, seja quem for. ¹¹Quanto a mim, irmãos, se ainda prego a circuncisão,[e] por que sou ainda perseguido? Pois estaria eliminado o escândalo da cruz! ¹²Que se façam mutilar[f] de uma vez os que vos inquietam!

III. Exortações éticas.
A verdadeira liberdade dos fiéis

Liberdade e caridade[g] — ¹³Vós fostes chamados à liberdade, irmãos. Entretanto, que a liberdade não sirva de pretexto para a carne, mas, pela caridade, colocai-vos a serviço uns dos outros. ¹⁴Pois toda a Lei está contida numa só palavra: *Amarás a teu próximo*[h] *como a ti mesmo*. ¹⁵Mas se vos mordeis e vos devorais reciprocamente, cuidado, não aconteça que vos elimineis uns aos outros.

¹⁶Ora, eu vos digo, conduzi-vos pelo Espírito e não satisfareis os desejos da carne.[i] ¹⁷Pois a carne tem aspirações contrárias ao Espírito e o Espírito contrárias à carne. Eles se opõem reciprocamente, de sorte que não fazeis o que quereis. ¹⁸Mas se vos deixais guiar pelo Espírito, não estais debaixo da Lei. ¹⁹Ora, as obras da carne são manifestas: fornicação, impureza, libertinagem, ²⁰idolatria, feitiçaria, ódio, rixas, ciúmes,[j] ira, discussões, discórdia, divisões, ²¹invejas, bebedeiras, orgias e coisas semelhantes a estas, a respeito das quais eu vos previno, como já vos preveni: os que praticam tais coisas não herdarão o Reino de Deus. ²²Mas o fruto do Espírito é amor, alegria, paz, longanimidade, benignidade, bondade, fidelidade, ²³mansidão, autodomínio.[k] Contra estas coisas não existe Lei.[l] ²⁴Pois os que são de Cristo Jesus crucificaram a carne com suas paixões e seus desejos.

---

a) Ou: "a justiça esperada."
b) A fé é o princípio da vida nova (4,5; 5,5), mas está ligada, pela ação do Espírito, à esperança (v. 5) e à caridade (vv. 6.13-14; cf. Rm 5,5+; 1Cor 13,13+). É o exercício da caridade que manifesta que a fé é viva (cf. 1Jo 3,23-24).
c) Comparação típica de Paulo (cf. 2,2; 1Cor 9,24-26; Fl 2,16; 3,12-14; 2Tm 4,7; Hb 12,1).
d) Ou: "Tenho no Senhor esta confiança a vosso respeito".
e) Como, sem dúvida, pretendiam os adversários de Paulo (cf. 1,10; 2,3+; At 26,3).
f) Possível alusão à castração ritual praticada no culto a Cibele. Sarcasmo análogo em Fl 3,2.
g) A vida nova dos fiéis se realiza no amor (5,6; Rm 13,8; 1Cor 13,1+), que é uma "Lei" nova (cf. Rm 7,7+) e produz o fruto do Espírito (v. 22; cf. Rm 5,5+; Fl 1,11), e não as obras da carne (v. 19; 6,8; cf. Rm 13,12).

h) Não mais "o membro do mesmo povo", como no Levítico, mas todo membro da família humana (cf. Lc 10,29-37), doravante identificado com Cristo em pessoa (Mt 25,40.45). Assim, para Paulo, o segundo mandamento inclui necessariamente o primeiro.
i) Essa passagem mostra claramente como se opõem os dois princípios de ação, a carne e o Espírito (cf. Rm 5,5+; 7,5+). Conduzido pelo Espírito (vv. 18.25; Rm 8,14), o cristão vive espontaneamente segundo o Espírito (vv. 22-23) e se afasta das obras para as quais o levam os "desejos" da carne (vv. 16.24), mas de modo algum estas obras são assim denominadas por se radicarem no "corpo".
j) Ad. (Vulg.): "homicídios" (cf. Rm 1,29).
k) Ad.: "castidade".
l) O fiel unido a Cristo não tem mais Lei que lhe dite a conduta externa. Ele cumpre a Lei do Espírito (vv. 18.23.25; 6,2; Rm 6,15; 8,2-4; Fl 1,9-10; cf. Tg 1,25; 2,8).

²⁵Se vivemos pelo Espírito, pelo Espírito pautemos também nossa conduta. ²⁶Não sejamos cobiçosos de vanglória, provocando-nos uns aos outros e invejando-nos uns aos outros.

6 *Preceitos vários sobre a caridade e o zelo* — ¹Irmãos, caso alguém seja apanhado em falta, vós, os espirituais, corrigi esse tal com espírito de mansidão, cuidando de ti mesmo, para que também tu não sejas tentado. ²Carregai o peso uns dos outros e assim cumprireis a Lei de Cristo.ᵃ ³Se alguém pensa ser alguma coisa, não sendo nada, engana a si mesmo. ⁴Cada um examine sua própria conduta, e então terá o de que se gloriar por si só e não por referência ao outro. ⁵Pois cada qual carregará o seu próprio fardo.

⁶Quem é instruído na palavra torne participante em toda sorte de bens aquele que o instrui.

⁷Não vos iludais; de Deus não se zomba. O que o homem semear, isso colherá: ⁸quem semear na sua carne, da carne colherá corrupção; quem semear no espírito, do espírito colherá a vida eterna. ⁹Não desanimemos na prática do bem, pois, se não desfalecermos, a seu tempo colheremos. ¹⁰Por conseguinte, enquanto temos tempo,ᵇ pratiquemosᶜ o bem para com todos,ᵈ mas sobretudo para com os irmãos na fé.

Epílogo — ¹¹Vede com que letras grandes vos escrevo, de próprio punho.ᵉ ¹²Os que querem fazer boa figura na carne são os que vos forçam a vos circuncidardes, só para não sofrerem perseguição por causa da cruz de Cristo. ¹³Pois nem mesmo os que se fazem circuncidar observam a Lei. Mas eles querem que vos circuncideis para se gloriarem na vossa carne. ¹⁴Quanto a mim, não aconteça gloriar-me senão na cruz de nosso Senhor Jesus Cristo, por quem o mundo está crucificado para mim e eu para o mundo.ᶠ ¹⁵Ademais,ᵍ nem a circuncisão é alguma coisa, nem a incircuncisão, mas a nova criatura. ¹⁶E a todos os que pautam sua conduta por esta norma, paz e misericórdia sobre eles e sobre o Israel de Deus.ʰ

¹⁷Doravante ninguém mais me moleste. Pois trago em meu corpo as marcas de Jesus.ⁱ ¹⁸Irmãos, que a graça de nosso Senhor Jesus Cristo esteja com vosso espírito! Amém.

---

a) Não uma lista de preceitos como era a Lei de Moisés, mas o ideal da vida humana como foi encarnado na pessoa de Cristo, (1Cor 9,21).
b) Possível alusão ao tempo que precede a Parusia (cf. Rm 13,11+; 2Cor 6,2+).
c) Var.: "praticamos".
d) Na realidade, toda boa ação do cristão, pela qual, em última análise, se exprime seu amor (5,14), diz respeito ao outro: o cristão se exerce em primeiro lugar *no interior da comunidade* (Rm 14,15; 1Ts 4,9-10; 2Ts 1,3 etc.), mas constitui testemunho para todos os homens (Rm 12,17) e deve abrir-se a todos (1Ts 5,15; Rm 12,18s), também contra os inimigos (Rm 12,20).
e) Segundo o costume, Paulo acrescenta algumas palavras escritas de próprio punho (cf. 2Ts 3,17; 1Cor 16,21-24; Cl 4,18 e talvez também Rm 16,17-20). Escrever em letras grandes era a maneira de sublinhar.
f) "cruz" (cf. 3,1); "crucificado" (para o mundo, cf. 2,19); o mundo da carne e do pecado (cf. 1,4+; 4,3+; 1Cor 1,20; 2Cor 4,4; Ef 2,2 etc.; Jo 1,10+).
g) Ad.: "em Cristo Jesus".
h) O povo cristão, herdeiro das promessas (cf. 3,6-9.29; 4,21-31; Rm 9,6-8), por oposição a Israel segundo a carne (1Cor 10,18).
i) As cicatrizes dos maus tratos suportados por Cristo (cf. 2Cor 4,10; 6,4-5; 11,23-28; Cl 1,24). Para Paulo, estas marcas são mais gloriosas do que qualquer outro sinal na carne (vv. 13-14; cf. 2Cor 11,18; Fl 3,7).

EPÍSTOLA AOS EFÉSIOS

1

Endereço — ¹Paulo, apóstolo de Cristo Jesus, pela vontade de Deus, aos santos[a] e fiéis em Cristo Jesus: ²graça e paz a vós da parte de Deus, nosso Pai, e do Senhor Jesus Cristo.

Rm 1,1 +
At 9,13 +

I. O mistério da salvação e da Igreja

O plano divino da salvação —
³ Bendito seja o Deus e Pai
de nosso Senhor Jesus Cristo,
que nos abençoou com toda a sorte
de bênçãos espirituais,
nos céus, em Cristo.[b]

Tb 13,1
2Cor 1,3
1Pd 1,3
Gl 3,14

⁴ Nele nos escolheu
antes da fundação do mundo,
para sermos santos e irrepreensíveis
diante dele no amor.[c]

Jo 17,24
1Pd 1,20
At 1,7 +
5,27
Cl 1,22

⁵ Ele nos predestinou para sermos
seus filhos adotivos por Jesus Cristo,[d]
conforme o beneplácito da sua vontade,

1Jo 3,1
Rm 8,29
Jo 1,12

⁶ para louvor e glória da sua graça[e]
com a qual ele nos agraciou no Amado.[f]

Mt 3,17 +

⁷ E é pelo sangue deste que temos a redenção,
a remissão dos pecados,[g]
segundo a riqueza da sua graça,

|| Cl 1,13-14
Rm 3,24 +
2,7

⁸ que ele[h] derramou profusamente sobre nós,
infundindo-nos toda sabedoria e inteligência,
⁹ dando-nos a conhecer
o mistério da sua vontade,[i]
conforme decisão prévia que lhe aprouve tomar

Rm 16,25 +

---

a) Ad.: "que estão em Éfeso". As palavras "em Éfeso" faltavam, sem dúvida, no texto primitivo. A expressão "que estão" pode pertencer a uma adição muito antiga; alguns críticos as consideram autênticas. Seriam seguidas por um espaço em branco, destinado ao nome desta ou daquela igreja à qual seria enviada a carta.

b) **Paulo,** desde o início, se eleva ao plano celeste, no qual se manterá toda a epístola (1,20; 2,6; 3, 10; 6,12). É do céu que, desde toda eternidade, partiram e é lá que se realizam, no fim dos tempos, as "bênçãos espirituais", que serão expostas nos vv. seguintes.

c) 1ª bênção: o chamado dos eleitos à vida santa, aliás já iniciada de maneira mística pela união dos que creem no Cristo glorioso. O "amor" designa primeiro o amor de Deus por nós, que inspira a sua "eleição" e o seu chamado para a "santidade" (cf. Cl 3,12; 1Ts 1,4; 2Ts 2,13; Rm 11,28), mas dele não se poderia excluir o nosso amor a Deus, que dele deriva e a ele responde (cf. Rm 5,5).

d) 2ª bênção: o modo escolhido para essa santidade, isto é, o de filiação divina, cuja fonte e cujo modelo é Jesus Cristo, o Filho Único (cf. Rm 8,29).

e) O termo grego *cháris* designa aqui o favor divino em sua gratuidade, noção que inclui e, até, ultrapassa a "graça" em seu sentido de dom santificante e intrínseco ao homem. Manifesta a própria "glória" de Deus (cf. Ex 24,16+). Aqui temos os dois refrães que escandem toda a exposição das bênçãos divinas: não têm outra fonte que a liberdade de Deus, outro fim que a exaltação da sua glória pelas criaturas. Tudo vem dele e a ele tudo deve conduzir.

f) Var. (Vulg.): "seu Filho bem-amado".

g) 3ª bênção: a obra histórica da redenção pela cruz de Cristo.

h) Isto é, Deus Pai.

i) 4ª bênção: a revelação do "mistério" (Rm 16,25+).

¹⁰ para levar o tempo à sua plenitude:*a*
a de em Cristo encabeçar todas as coisas,
as que estão nos céus e as que estão na terra.*b*

¹¹ Nele,*c* predestinados pelo propósito
daquele que tudo opera
segundo o conselho da sua vontade,
fomos feitos sua herança,*d*
¹² a fim de servirmos para o seu louvor e glória,
nós, os que já antes de vós esperamos em Cristo.

¹³ Nele também vós,*e*
tendo ouvido a Palavra da verdade
— o Evangelho da vossa salvação —
e nela tendo crido,
fostes selados pelo Espírito da promessa,
o Espírito Santo,*f*
¹⁴ que é o penhor da nossa herança,
para a redenção do povo que ele adquiriu*g*
para o seu louvor e glória.

Triunfo e supremacia de Cristo — ¹⁵Por isso também eu, ao ouvir a respeito da vossa fé no Senhor Jesus e do vosso amor*h* para com todos os santos, ¹⁶não cesso de dar graças a Deus a vosso respeito e de fazer menção de vós nas minhas orações, ¹⁷para que o Deus de nosso Senhor Jesus Cristo, o Pai da glória, vos dê o espírito*i* de sabedoria e de revelação, para poderdes realmente conhecê-lo. ¹⁸Que ele ilumine os olhos dos vossos corações,*j* para saberdes qual é a esperança que o seu chamado encerra, qual é a riqueza da glória da sua herança entre os santos ¹⁹e qual é a extraordinária grandeza do seu poder para nós, os que cremos, conforme a ação do seu poder eficaz,

²⁰que ele fez operar em Cristo,
ressuscitando-o de entre os mortos
e fazendo-o assentar à sua direita nos céus,
²¹muito acima de qualquer Principado
e Autoridade e Poder e Soberania*k*

---

a) Lit.: "para a dispensação da plenitude dos tempos" (cf. Gl 4,4+).

b) Toda a epístola desenvolverá esta ideia de Cristo regenerando e reunindo sob a sua autoridade, para reconduzi-lo a Deus, o mundo criado, que o pecado havia corrompido e dissociado: o mundo dos homens, em que judeus e gentios são reunidos numa mesma salvação, e até o mundo dos anjos (cf. 4,10+).

c) Em Cristo.

d) 5ª bênção: a eleição de Israel, que se torna "a herança" de Deus e sua testemunha na expectativa messiânica. Paulo pertencia a esse povo; por isso ele usa o verbo na 1ª pessoa do plural.

e) 6ª bênção: o chamado dos gentios a partilharem a salvação antes reservada a Israel. A certeza disso eles a tiveram ao receberem o Espírito prometido.

f) O dom do Espírito coroa a execução do desígnio divino e a sua exposição em forma trinitária. Iniciado a partir de agora, de maneira misteriosa, enquanto o mundo antigo dura ainda, atingirá a plenitude quando o Reino de Deus se estabelecer de maneira gloriosa e definitiva, na Parusia de Cristo (cf. Lc 24,49+; Jo 1,33+; 14,26+).

g) Lit. "do Povo da propriedade", que Deus assegurou para si com o preço do sangue de seu Filho: o Povo dos eleitos. Paulo retoma aqui depois dos termos "bênção", "santos", "eleição", "adoção", "redenção", "herança", "promessa", outra noção do Antigo Testamento, que alarga e aperfeiçoa, aplicando-a ao novo Israel, a Igreja, comunidade dos que foram salvos.

h) Om.: "e do vosso amor".

i) Este "espírito" designa o que hoje entendemos por "graça" (atual).

j) As acepções morais e espirituais de "coração" no AT (Gn 8,21+) continuam vivas no NT. Deus conhece o coração (Lc 16,15; At 1,24; Rm 8,27). O homem amará a Deus de todo o seu coração (Mc 12,29-30p). Deus pôs no coração do homem o dom do seu Espírito (Rm 5,5+; 2Cor 1,22; Gl 4,6). Cristo, também, nele habita (Ef 3,17). Os corações simples (At 2,46; 2Cor 11,3; Ef 6,5; Cl 3,22), corações retos (At 8,21), corações puros (Mt 5,8; Tg 4,8), estão abertos sem reticências à presença e à ação de Deus. E os fiéis têm um só coração e um só espírito (At 4,32).

k) Nomes de poderes cósmicos, atestados na literatura judaica apócrifa. Sem discutir a existência dessas criaturas celestes, Paulo procura colocá-las sob a dominação de Cristo (Cl 1,16; 2,10). Associando-as aos anjos da tradição bíblica e ao dom da Lei (Gl 3,19+), ele as integra na história da salvação, com a qualificação

e de todo nome que se pode nomear
não só neste século, mas também no vindouro.
²² Tudo ele pôs debaixo dos seus pés,
e o pôs, acima de tudo, como Cabeça da Igreja,
²³ que é o seu Corpo: a plenitude daquele
que plenifica tudo em tudo.*ª*

2 Salvação gratuita em Cristo

— ¹Vós estáveis mortos em vossos delitos e pecados. ²Neles vivíeis outrora, conforme a índole deste mundo, conforme o Príncipe do poder do ar,*ᵇ* o espírito que agora opera nos filhos da desobediência. ³Com eles, nós*ᶜ* também andávamos outrora nos desejos de nossa carne, satisfazendo as vontades da carne e os seus impulsos, e éramos por natureza como os demais, filhos da ira. ⁴Mas Deus, que é rico em misericórdia, pelo grande amor com que nos amou, ⁵quando estávamos*ᵈ* mortos em nossos delitos, nos vivificou juntamente com Cristo — pela graça*ᵉ* fostes salvos! — ⁶e com ele nos ressuscitou e nos fez assentar nos céus, em Cristo Jesus,*ᶠ* ⁷a fim de mostrar nos tempos vindouros a extraordinária riqueza da sua graça, pela sua bondade para conosco, em Cristo Jesus. ⁸Pela graça fostes salvos, por meio da fé, e isso não vem de vós, é o dom de Deus; ⁹não vem das obras, para que ninguém se encha de orgulho. ¹⁰Pois somos criaturas dele, criados em Cristo Jesus para as boas obras que Deus já antes preparara para que nelas andássemos.

A reconciliação dos judeus e dos gentios entre si e com Deus — ¹¹Por isso vós, que antes*ᵍ* éreis gentios na carne e éreis chamados "incircuncisos" pelos que se chamam "circuncidados"... em virtude de operação manual na sua carne, ¹²lembrai-vos de que naquele tempo estáveis sem Cristo,*ʰ* excluídos da cidadania em Israel e estranhos às alianças da Promessa,*ⁱ* sem esperança*ʲ* e sem Deus no mundo!*ᵏ* ¹³Mas agora, em Cristo Jesus, vós, que outrora estáveis longe, fostes trazidos para perto, pelo sangue de Cristo.*ˡ*

¹⁴Ele é nossa paz:
de ambos os povos fez um só,*ᵐ*
tendo derrubado o muro de separação
e suprimido em sua carne a inimizade*ⁿ* —

---

moral cada vez mais pejorativa (Gl 4,3+; Cl 2,15+), que acaba por fazer delas poderes demoníacos (Ef 2,2+; 6,12+; cf. 1Cor 15,24+).

a) A Igreja, Corpo de Cristo (1Cor 12,12+), pode ser chamada "a Plenitude" (cf. ainda 3,19; 4,13), à medida que abrange todo o mundo novo que, no âmbito da humanidade, participa da regeneração universal sob a autoridade de Cristo, Senhor e Cabeça (cf. Cl 1,15-20+). A expressão adverbial — "tudo em tudo" — visa a sugerir amplitude sem limites (cf. 1Cor 12,6; 15,28; Cl 3,11).

b) O ar era para os antigos o habitat dos espíritos demoníacos. O príncipe desse império é Satanás.

c) "nós", os cristãos.

d) Nós, isto é, ao mesmo tempo, os gentios (vv. 1-2) e os judeus (v. 3). Aqui continua o pensamento interrompido pela digressão do v. 3.

e) "com Cristo"; var.: "em Cristo". — "pela graça fostes..."; var. (Vulg.): "por cuja graça fostes..."

f) Aqui e em Cl 2,12; 3,1-4, Paulo encara já como realidade (verbos no passado) a ressurreição e o triunfo celestial dos cristãos, que Rm 6,3-11; 8,11.17s considerava antes como coisas futuras (verbos no futuro).

Essa escatologia realizada é traço característico das epístolas do cativeiro.

g) Esse passado que Paulo descreverá não é tanto o dos seus leitores, mas o de todo o mundo gentio.

h) Sem Messias.

i) As alianças sucessivas que Deus concluiu com Abraão, Isaac, Jacó, Moisés, Davi e outros (cf. Gn 12,1+; 15,1+; Ex 19,1+; Lv 26,42.45; Eclo 44-45; Sb 18,22; 2Mc 8,15; Rm 9,4) e que continham a promessa da salvação messiânica.

j) Isto é, sem a esperança messiânica, antes reservada a Israel (1,12).

k) Os gentios tinham muitos deuses, mas não o Deus único e verdadeiro (1Cor 8,5s).

l) Foi a cruz de Jesus Cristo que operou essa aproximação: primeiro, dos gentios e dos judeus (vv. 14-15) e, depois, de todos com o Pai (vv. 16-18).

m) O autor fala, de modo abstrato, da fusão dos judeus e dos gentios realizada por Cristo.

n) A inimizade recíproca dos judeus e dos gentios é simbolizada pela barreira que, no Templo de Jerusalém, excluía os gentios das partes especificamente religiosas, autorizando para eles apenas os pátios exteriores.

^{Cl 2,14 +} ¹⁵a Lei dos mandamentos expressa em preceitos —,
a fim de criar em si mesmo
um só Homem Novo,*ᵃ*
estabelecendo a paz,
^{Cl 3,14-15} ¹⁶e de reconciliar a ambos com Deus
em um só Corpo,*ᵇ*
por meio da cruz,
na qual ele matou a inimizade.
^{Zc 9,10}
^{Is 57,19} ¹⁷Assim, ele veio*ᶜ* e anunciou paz
a vós que estáveis longe
e paz aos que estavam perto,
^{2Cor 13,13 +}
^{Ef 4,4; 3,12 +} ¹⁸pois, por meio dele, nós, judeus e gentios,
num só Espírito,*ᵈ* temos acesso ao Pai.

^{Ex 12,48 +}
^{At 9,13 +}
^{1Cor 3,10s}
^{2Cor 6,16}
^{Rm 15,20}
^{4,11-12}
^{Ap 21,14}
^{Is 28,16}
^{1Cor 3,16 +}
^{1Pd 2,5}
¹⁹Portanto,*ᵉ* já não sois estrangeiros e adventícios, mas concidadãos dos santos e membros da família de Deus. ²⁰Estais edificados sobre o fundamento dos apóstolos e dos profetas,*ᶠ* do qual é Cristo Jesus a pedra angular. ²¹Nele bem articulado, todo o*ᵍ* edifício se ergue como santuário santo, no Senhor, ²²e vós, também, nele sois coedificados para serdes habitação de Deus, no Espírito.

^{|| Cl 1,24-29}
^{4,1;}
^{Fl 1,13.17}
^{Cl 4,18}
^{2Tm 2,9}
^{Rm 16,25 +}

^{1Cor 7,40}
^{2Cor 11,5s}
^{1Pd 1,12}
^{4,11}
^{Jo 14,26 +}

^{2,12-19}

^{2Cor 3,6}
^{Cl 1,23}
^{1Ts 2,4}
^{1Cor 15,8s}
^{Cl 1,29}
^{Fl 4,13}
^{Gl 2,8}
^{Rm 16,25 +}
^{1Cor 2,7-9 +}
^{1Pd 1,12}
^{1,4}

3 *Paulo, ministro do mistério de Cristo* — ¹Por essa razão, eu, Paulo, o prisioneiro de Cristo por amor de vós, os gentios... ²Certamente sabeis da dispensação da graça*ʰ* de Deus que me foi dada a vosso respeito. ³Por revelação*ⁱ* me foi dado a conhecer o mistério, como atrás vos expus sumariamente: ⁴lendo-me, podeis compreender a percepção que tenho do Mistério de Cristo. ⁵Às gerações e aos homens do passado este Mistério não foi dado a conhecer, como foi agora revelado aos seus santos apóstolos e profetas,*ʲ* no Espírito: ⁶os gentios são co-herdeiros,*ᵏ* membros do mesmo Corpo e coparticipantes da Promessa em Cristo Jesus, por meio do Evangelho. ⁷Desse Evangelho me tornei ministro, pelo dom da graça de Deus que me foi concedida pela operação do seu poder. ⁸A mim, o menor de todos os santos, me foi dada esta graça de anunciar aos gentios a insondável riqueza de Cristo ⁹e de pôr em luz*ˡ* a dispensação do Mistério oculto desde os séculos em Deus, criador de todas as coisas, ¹⁰para dar agora a conhecer*ᵐ* aos Principados e às Auto-

---

a) Esse "Homem Novo" é o protótipo da nova humanidade que Deus recriou (cf. 2Cor 5,17+) na pessoa do Cristo ressuscitado, como em "segundo Adão" (1Cor 15,45), depois de nele ter aniquilado, sobre a cruz, a raça do primeiro Adão, corrompida pelo pecado (cf. Rm 5,12s; 8,3; 1Cor 15,21). Criado "na justiça e santidade da verdade" (4,24), ele é "único", pois nele desaparecem todas as divisões entre os homens (Cl 3,10s; Gl 3,27s).
b) Esse Corpo único é primeiro o corpo individual e físico de Cristo, sacrificado sobre a cruz (Cl 1,22+), mas é também o seu Corpo "místico" no qual se reúnem todos os membros enfim reconciliados (1Cor 12,12+).
c) Por seus apóstolos, que pregaram em seu nome o Evangelho da salvação e da paz.
d) Esse Espírito único, que anima o Corpo único de Cristo unido à sua Igreja, é o *Espírito Santo*, que transformou o seu corpo ressuscitado e dele se derrama sobre seus membros. A estrutura trinitária é repetida no v. 22.
e) Depois de ter descrito a obra da aproximação operada por Cristo (vv. 14-18), Paulo faz corresponder ao quadro dos vv. 11-13 um quadro antitético (vv. 19-22), o do novo estado dos gentios.
f) Aqui se trata antes dos profetas do Novo Testamento do que dos do Antigo (3,5; 4,11; At 11,27+). Constituem, com os apóstolos, a geração das primeiras testemunhas que receberam a revelação do desígnio divino (3,5) e que pregaram o Evangelho (cf. Lc 11,49; Mt 23,34; 10,41). São, pois, o fundamento sobre o qual se edifica a Igreja. Esse papel de fundamento é também atribuído ao próprio Cristo (1Cor 3,10s).
g) "todo o"; var.: "todo".
h) A graça do apostolado junto aos gentios (cf. 3,7s; Rm 1,5; 15,15s; 1Tm 2,7; Gl 2,9; Fl 1,7; At 9,15+).
i) Cf. 2Cor 12,1.7. Deve-se pensar aqui sobretudo na revelação do caminho de Damasco (cf. Gl 1,16; At 9,15; 22,21; 26,16-18).
j) Os profetas do NT (cf. 2,20+). Os do AT não tiveram mais que uma percepção ainda obscura e imperfeita do Mistério de Cristo (cf. 1Pd 1,10-12; Mt 13,17).
k) Como os judeus cristãos (cf. 2,19).
l) Var. (Vulg.): "mostrar claramente a todos".
m) Os próprios Espíritos celestes ignoraram o desígnio de salvação de Deus; por isso, levaram os homens a

...ridades nas regiões celestes, por meio da Igreja, a multiforme sabedoria de Deus, ¹¹segundo o desígnio preestabelecido desde a eternidade e realizado em Cristo Jesus nosso Senhor, ¹²por quem ousamos nos aproximar com toda confiança pelo caminho da fé em Cristo. ¹³Por isso vos peço que não vos deixeis abater[a] por causa das minhas tribulações por vós, o que para vós deve ser motivo de glória.[b]

A oração de Paulo — ¹⁴Por essa razão dobro os joelhos diante do Pai[c] — ¹⁵de quem toma o nome toda família[d] no céu e na terra —, ¹⁶para pedir-lhe que conceda, segundo a riqueza da sua glória, que vós sejais fortalecidos em poder pelo seu Espírito no homem interior; ¹⁷que Cristo habite pela fé em vossos corações e que sejais arraigados e fundados no amor. ¹⁸Assim tereis condições para compreender com todos os santos qual é a largura e o comprimento e a altura e a profundidade,[e] ¹⁹e conhecer o amor de Cristo[f] que excede todo conhecimento,[g] para que sejais plenificados com toda a plenitude de Deus.[h]

²⁰Àquele, cujo poder, agindo em nós, é capaz
de fazer muito além,[i]
infinitamente além de tudo o que nós podemos pedir ou conceber,
²¹a ele seja a glória na Igreja e em Cristo Jesus,
por todas as gerações dos séculos dos séculos! Amém.

II. Exortação

4 *Apelo à unidade*[j] — ¹Exorto-vos, pois, eu, o prisioneiro no Senhor, a andardes de modo digno da vocação a que fostes chamados; ²com toda humildade e mansidão, com longanimidade, suportando-vos uns aos outros com amor, ³procurando conservar a unidade do Espírito pelo vínculo da paz. ⁴Há um só Corpo e um só Espírito, assim como é uma só a esperança da vocação a que fostes chamados; ⁵há um só Senhor, uma só fé, um só batismo; ⁶há um só Deus e Pai de todos, que está acima de todos, por meio de todos e em todos.[k]

---

crucificar o Cristo (1Cor 2,8); hoje, contemplando a Igreja, o compreendem (cf. 1Pd 1,12).
a) Outra tradução possível, menos provável: "eu oro para não me deixar abater".
b) Var.: "nossa glória".
c) Ad. (Vulg.): "de nosso Senhor Jesus Cristo".
d) O termo grego aqui traduzido por "família" é *patriá* e designa qualquer grupo social que deve sua existência e a sua unidade a um mesmo antepassado. Ora, a origem de todo agrupamento humano, ou até angélico, remonta a Deus, o Pai supremo.
e) Paulo usa esses termos, que designavam na filosofia estoica a totalidade do universo, para evocar o papel universal de Cristo na regeneração do mundo. Ver também as dimensões escatológicas do Templo e da Terra Prometida em Ez 40-45; Ap 21,9s. Se se desejar precisar, as dimensões podem ser as do "mistério" da salvação, ou, melhor ainda, as do "amor" de Cristo, que dele é a fonte (v. seguinte). Como para a sabedoria, essas dimensões vão além de qualquer medida humana (Jó 11,8-9; cf. 1,17-19.23; 2,7; 3,8; Cl 2,2s).
f) O amor que Cristo nos testemunhou entregando-se (5,2.25; Gl 2,20), amor idêntico ao do Pai (2,4.7; 2Cor 5,14.18-19; Rm 8,35.37.39; cf. 1Cor 13,1+).
g) Muito mais que de "compreender" (v. 18, termo grego de origem filosófica), trata-se "conhecer" com conhecimento religioso, místico, penetrado de amor (cf. 1,17s; 3,3s; ver Os 2,22+; Jo 10,14+), que vai mais longe que qualquer conhecimento intelectual (cf. 1Cor 13). Mais ainda: trata-se menos de conhecer do que de ser amado e sabê-lo (cf. Gl 4,9), ainda que seja impossível penetrar na profundeza desse amor.
h) Lit.: "a fim de que sejais cheios em toda a plenitude de Deus" (var.: "a fim de que se atinja toda a plenitude de Deus"). — Pela plenitude de vida divina que o cristão recebe de Cristo, em quem ela habita (Cl 2,9s), entra por sua vez na plenitude do Cristo total: a Igreja e ulteriormente o novo universo, para cuja construção ele contribui (1,23; 2,22; 4,12-13; Cl 2,10+).
i) Var. (Vulg.): "fazer tudo".
j) Paulo encara sucessivamente três perigos que ameaçam a unidade da Igreja: a discórdia entre os cristãos (vv. 1-3), a necessária divisão dos ministérios (vv. 7-11) e as doutrinas heréticas (vv. 14-15), e a eles opõe os princípios e o programa da unidade em Cristo (vv. 4-6.12-13.16).
k) Var. (Vulg.): "em todos nós".

EFÉSIOS 4

⁷Mas a cada um de nós foi dada a graça*a* pela medida do dom de Cristo, ⁸por isso é que se diz:

Tendo subido às alturas, levou cativo o cativeiro,
*concedeu dons aos homens.*ᵇ

⁹Que significa "subiu", senão que ele também desceu*c* às profundezas da terra?*d* ¹⁰O que desceu é também o que subiu acima de todos os céus, a fim de plenificar todas as coisas.*e* ¹¹E ele é que "concedeu" a uns ser apóstolos, a outros profetas, a outros evangelistas, a outros pastores e doutores,*f* ¹²para aperfeiçoar os santos*g* em vista do ministério, para a edificação do Corpo de Cristo, ¹³até que alcancemos todos nós a unidade da fé e do pleno conhecimento do Filho de Deus, o estado de Homem Perfeito, a medida da estatura da plenitude de Cristo.*h*

¹⁴Assim, não seremos mais crianças, joguetes das ondas, agitados por todo vento de doutrina, presos pela artimanha dos homens e da sua astúcia que nos induz ao erro. ¹⁵Mas, seguindo a verdade em amor, cresceremos em tudo em direção àquele que é a Cabeça, Cristo, ¹⁶cujo Corpo, em sua inteireza, bem ajustado e unido por meio de toda junta e ligadura, com a operação harmoniosa de cada uma das suas partes,*i* realiza o seu crescimento para sua própria edificação no amor.

A vida nova em Cristo — ¹⁷Isto, portanto, digo e no Senhor testifico. Não andeis mais como andam os demais gentios, na futilidade dos seus pensamentos, ¹⁸com entendimento entenebrecido, alienados da vida de Deus pela sua ignorância e pela dureza dos seus corações. ¹⁹Tendo-se tornado insensíveis,*j* entregaram-se à dissolução para praticarem avidamente toda sorte de impureza.*k* ²⁰Vós, porém, não aprendestes assim a Cristo, ²¹se realmente o ouvistes e, como é a verdade em Jesus,*l* nele fostes ensinados ²²a remover o vosso modo de vida anterior — o homem velho, que se corrompe ao sabor das concupiscências enganosas — ²³e a renovar-vos pela transformação espiritual da vossa mente, ²⁴e revestir-vos do Homem Novo, criado segundo Deus, na justiça e santidade da verdade.*m*

²⁵Por isso abandonai a mentira e *falai a verdade cada um ao seu próximo*, porque somos membros uns dos outros. ²⁶*Irai-vos, mas não pequeis*: não se ponha o sol sobre a vossa ira, ²⁷nem deis lugar ao diabo. ²⁸O que furtava não mais furte, mas trabalhe com as próprias mãos, realizando o que é bom,*n* para

a) Trata-se aqui das graças particulares destinadas ao serviço da Igreja, isto é, dos "carismas" (cf. 1Cor 12,1+).
b) Segundo os métodos rabínicos, Paulo evoca esse texto apenas para encarecer dois termos — ele "subiu" (vv. 9-10) e ele "concedeu" (v. 11) — nos quais encontra anunciadas a ascensão de Jesus e a efusão do Espírito.
c) Ad. (Vulg.): "primeiro".
d) As regiões subterrâneas, onde se situa o reino dos mortos (cf. Nm 16,33+) e aonde desceu Cristo antes de ressuscitar e de subir "acima de todos os céus" (cf. 1Pd 3,19+). — Ou, segundo outros, as regiões terrestres, qualificadas de "inferiores" em relação com os céus.
e) Percorrendo assim todo o universo, Cristo dele tomou posse como também do "Pleroma" que "encabeça" (1,10+) e encerra inteiramente sob o seu poder de *"Senhor"* (cf. 1,20-23; Cl 1,19; Fl 2,8-11).
f) Paulo cita aqui apenas carismas de ensino, que são os únicos que importam nesse contexto (vv. 13-15).
g) Os "santos" parecem ser aqui mais especialmente os missionários e outros que ensinam (cf. 3,5), mas talvez também todos os fiéis, à medida que concorrem para edificar a Igreja (cf. At 9,13+).
h) Não simplesmente o cristão chegado ao estado de "perfeito" (1Cor 2,6+), mas o Homem Perfeito num sentido coletivo; ou o próprio Cristo, "o Homem Novo", arquétipo de todos os regenerados (2,15+), ou, melhor ainda, o Cristo total, Cabeça (v. 15; 1,22; Cl 1,18) e membros (v. 16; 5,30) constituindo o seu corpo (1Cor 12,12+).
i) Var. (Vulg.): "membro".
j) Var. (Vulg.): "tendo perdido toda esperança".
k) "avidamente toda sorte de impureza"; ou: "toda sorte de impureza e de avareza".
l) Como em Cl 2,6, o verdadeiro Cristo é o Jesus histórico, que morreu e ressuscitou para em si nos recriar.
m) Cada homem deve revestir-se do "Homem Novo" (Ef 2,15+), para ser recriado nele (cf. Gl 3,27; Rm 13,14). Noutro lugar, Paulo fala neste sentido em "nova criatura" (2Cor 5,17+).
n) "com as suas (próprias) mãos" e "o que é bom", ou faltam ou mudam de lugar, conforme os documentos.

que tenha o que partilhar com o que tiver necessidade. ²⁹Não saia dos vossos lábios nenhuma palavra inconveniente, mas, na hora oportuna,ᵃ a que for boa para edificação, que comunique graça aos que a ouvirem. ³⁰E não entristeçais o Espírito Santo de Deus, pelo qual fostes selados para o dia da redenção.ᵇ ³¹Toda amargura e exaltação e cólera, e toda palavra pesada e injuriosa, assim como toda malícia, sejam afastadas de entre vós. ³²Sede bondosos e compassivos uns com os outros, perdoando-vos mutuamente, como Deus vosᶜ perdoou em Cristo.

5 ¹Tornai-vos, pois, imitadores de Deus, como filhos amados, ²e andai em amor, assim como Cristo também vos amou e se entregou por nós *a Deus, como oferta e sacrifício de odor suave*. ³Fornicação e qualquer impureza ou avareza nem sequer se nomeiem entre vós, como convém a santos. ⁴Nem ditos indecentes, picantes ou maliciosos, que não convêm, mas antes ações de graças. ⁵Pois é bom que saibais que nenhum fornicário ou impuro ou avarento — que é idólatraᵈ — têm herança no Reino de Cristo e de Deus. ⁶Ninguém vos engane com palavras vãs, porque por essas coisas vem a ira de Deus sobre aqueles que a ele resistem. ⁷Não vos torneis, pois, coparticipantes das suas ações. ⁸Outrora éreis treva, mas agora sois luz no Senhor: andai como filhos da luz, ⁹pois o fruto da luz consiste em toda bondade e justiça e verdade. ¹⁰Procurai discernir o que é agradável ao Senhor ¹¹e não sejais participantes das obras infrutuosas das trevas, antes denunciai-as, ¹²pois o que eles fazem em oculto até o dizê-lo é vergonhoso. ¹³Mas tudo o que é condenável é manifesto pela luz, ¹⁴pois é luz tudo o que é manifesto.ᵉ É por isso que se diz:ᶠ

Ó tu, que dormes, desperta
e levanta-te de entre os mortos,
que Cristo te iluminará.ᵍ

¹⁵Vede, pois, cuidadosamente como andais: não como tolos, mas como sábios, ¹⁶tirando bom proveito do período presente,ʰ porque os dias são maus. ¹⁷Por isso não sejais insensatos, mas procurai conhecer a vontade do Senhor. ¹⁸E *não vos embriagueis com vinho*, que é porta para a devassidão, mas buscai a plenitude do Espírito. ¹⁹Falai uns aos outros com salmos, hinos e cânticos espirituais, cantando e louvando ao Senhor em vosso coração, ²⁰sempre e por tudo dando graças a Deus, o Pai, em nome de nosso Senhor Jesus Cristo.

Moral doméstica — ²¹Sede submissos uns aos outros no temor de Cristo. ²²As mulheres o sejam a seus maridos, como ao Senhor, ²³porqueⁱ o homem é cabeça da mulher, como Cristo é cabeça da Igreja e o salvador do Corpo.

---

a) "na hora oportuna"; var. (Vulg.): "a fé".
b) O Espírito Santo, laço único do Corpo único de Cristo (4,4; 1Cor 12,13) é, pois, "entristecido" por tudo o que prejudica a unidade desse Corpo.
c) "vos"; var.: "nos". Assim também em 5,2.
d) As cobiças imoderadas prestam a criaturas, particularmente ao dinheiro, culto que só é devido a Deus e as transformam como que em ídolos.
e) Falar complacentemente dessas torpezas, deixando-as em sua obscuridade suspeita, seria uma coisa má (v. 3); mas fazê-lo para corrigi-las, pondo-as bem às claras, torna-se uma boa obra; a luz expulsará assim as trevas, porque ela será a luz de Cristo (fim do v.).
f) Essa citação parece tomada de algum hino cristão primitivo; outro exemplo em 1Tm 3,16. Sobre a fé batismal concebida como iluminação, cf. Hb 6,4; 10,32; cf. Rm 6,4+.
g) Var. "e tocarás o Cristo".
h) Lit. "remindo o tempo".
i) Os vv. 23-32 estabelecem entre o casamento e a união de Cristo com a Igreja um paralelo em que os dois termos comparados se esclarecem mutuamente; pode-se dizer que Cristo é esposo da Igreja, porque é seu chefe e a ama como a seu próprio corpo, assim como acontece entre marido e mulher; essa comparação, uma vez admitida, fornece, por seu lado, um modelo ideal para o casamento humano. O simbolismo dessa imagem tem suas raízes profundas

EFÉSIOS 5-6

²⁴Como a Igreja está sujeita a Cristo, estejam as mulheres em tudo sujeitas aos maridos.

²⁵E vós, maridos, amai vossas mulheres, como Cristo amou a Igreja e se entregou por ela, ²⁶a fim de purificá-la com o banho da água e santificá-la pela Palavra,*a* ²⁷para apresentar a si mesmo a Igreja, gloriosa, sem mancha nem ruga, ou coisa semelhante, mas santa e irrepreensível.*b* ²⁸Assim também os maridos devem amar suas próprias mulheres, como a seus próprios corpos. Quem ama sua mulher ama-se a si mesmo, ²⁹pois ninguém jamais quis mal à sua própria carne, antes alimenta-a e dela cuida, como também faz Cristo com a Igreja, ³⁰porque somos membros do seu Corpo.*c* ³¹*Por isso deixará o homem seu pai e sua mãe e se ligará à sua mulher, e serão ambos uma só carne.* ³²É grande este mistério: refiro-me à relação entre Cristo e sua Igreja.*d* ³³Em resumo, cada um de vós ame a sua mulher como a si mesmo e a mulher respeite o seu marido.

6 ¹Filhos, obedecei aos vossos pais, no Senhor,*e* pois isso é justo. ²*Honra a teu pai e a tua mãe* — é o primeiro mandamento com promessa — ³*para seres feliz e teres longa vida sobre a terra.* ⁴E vós, pais, não deis a vossos filhos motivo de revolta contra vós, mas educai-os com correções e advertências que se inspiram no Senhor.

⁵Servos, obedecei, com temor e tremor, em simplicidade de coração, a vossos senhores nesta vida, como a Cristo; ⁶servindo-os, não quando vigiados, para agradar a homens, mas como servos de Cristo, que põem a alma em atender à vontade de Deus. ⁷Tende boa vontade em servi-los, como ao Senhor e não como a homens, ⁸sabendo que todo aquele que fizer o bem receberá o bem do Senhor, seja servo, seja livre. ⁹E vós, senhores, fazei o mesmo para com eles, sem ameaças, sabendo que o Senhor deles e vosso está nos céus e que ele não faz acepção de pessoas.

O combate espiritual — ¹⁰Finalmente, fortalecei-vos no Senhor e na força do seu poder. ¹¹Revesti a armadura de Deus,*f* para poderdes resistir às insídias do diabo. ¹²Pois o nosso*g* combate não é contra o sangue nem contra a carne, mas contra os Principados, contra as Autoridades, contra os Dominadores deste mundo de trevas, contra os Espíritos do Mal, que povoam as regiões celestiais.*h* ¹³Por isso deveis vestir a armadura de Deus, para poderdes resistir no dia mau e sair firmes de todo o combate.

¹⁴Portanto, ponde-vos de pé e *cingi os rins com a verdade e revesti-vos da couraça da justiça* ¹⁵e calçai os pés com o zelo para propagar *o Evangelho da paz*, ¹⁶empunhando sempre o escudo da fé, com o qual podereis extinguir os

---

no AT, que representa muitas vezes Israel como a esposa de Iahweh (Os 1,2+).
a) O batismo só vale se acompanhado da proclamação da Palavra, expressa pela evangelização do ministro e pela profissão de fé do batizado (1,13; cf. Mc 16,15s; At 2,38+; Rm 6,4+; 1Pd 1,23+).
b) Segundo os costumes do antigo Oriente, a noiva era banhada e enfeitada, depois os "filhos das bodas" (= os amigos do noivo) iam apresentá-la ao noivo. No caso místico da Igreja, foi Cristo que lavou sua noiva de toda mancha pelo banho do batismo (notar menção expressa de uma fórmula batismal), para apresentá-la *a si mesmo* (cf. 2Cor 11,2).
c) Ad. (Vulg.): "tirados da sua carne e dos seus ossos".
d) No texto do Gênesis, Paulo descobre uma prefiguração profética da união de Cristo e da Igreja, "mistério" que ficou escondido por muito tempo e foi agora revelado, assim como o "mistério" da salvação das nações (cf. 1,9s; 3,3s).
e) Om.: "no Senhor".
f) O AT mostrava Deus armando-se contra seus inimigos (cf. Is 11,4-5; 59,16-18; Sb 5,17-23). Paulo empresta essas armas divinas ao próprio cristão (cf. 1Ts 5,8).
g) Var.: "vosso".
h) Trata-se dos espíritos que, na opinião dos antigos, governavam os astros, e, por eles, todo o universo. Residiam "nos céus" (1,20s; 3,10; Fl 2,10) ou "no ar" (2,2), entre a terra e a morada de Deus, e coincidiam em parte com o que Paulo chama, noutro lugar, de "elementos do mundo" (Gl 4,3). Foram infiéis a Deus e quiseram escravizar a si e os homens no pecado (2,2); mas Cristo veio libertar-nos da sua escravidão (1,21; Cl 1,13; 2,15.20); armados com a sua força, os cristãos podem agora lutar contra eles.

dardos inflamados do Maligno. ¹⁷E tomai o *capacete da salvação* e a espada do Espírito, que é a Palavra de Deus.

¹⁸Com orações e súplicas de toda a sorte, orai em todo tempo, no Espírito, e para isso vigiai com toda perseverança e súplica por todos os santos. ¹⁹Orai também por mim, para que, quando abrir os lábios,*ᵃ* me seja dada a palavra para anunciar com ousadia o mistério do Evangelho,*ᵇ* ²⁰do qual sou o embaixador em cadeias: que fale ousadamente, como importa que fale.

Notícias pessoais e saudação final — ²¹Para saberdes o que se passa comigo e o que faço, envio a vós Tíquico, irmão amado e fiel ministro no Senhor. ²²Ele vos dirá tudo o que se passa entre nós e leva minha exortação aos vossos corações.

²³Aos irmãos, paz, amor e fé da parte de Deus, o Pai, e do Senhor Jesus Cristo. ²⁴A graça esteja com todos os que amam a nosso Senhor Jesus Cristo com amor perene!*ᶜ*

---

a) Expressão e ideia bíblicas (cf. Ez 3,27; 29,21; Sl 51,17; cf. Cl 4,3).
b) Om.: "do Evangelho".
c) Ad. (Vulg.): "Amém" (cf. Fl 4,23).

EPÍSTOLA AOS FILIPENSES

_{At 16,1 +}
_{Rm 1,1 +}
_{At 9,13 +}

1 ***Endereço*** — ¹Paulo e Timóteo, servos de Cristo Jesus, a todos os santos em Cristo Jesus que estão em Filipos, com os seus epíscopos e diáconos:ᵃ ²a vós graça e paz da parte de Deus nosso Pai e do Senhor Jesus Cristo!

Ação de graças e oração — ³Dou graças ao meu Deus todas as vezes que me lembro de vós, ⁴e sempre em todas as minhas súplicas oro por todos vós com alegria,ᵇ ⁵pela vossa participação no Evangelhoᶜ desde o primeiro diaᵈ _{1,10; 2,16} até agora, ⁶e tenho plena certeza de que aquele que começou em vós a boa _{1Cor 1,8 +} obra há de levá-la à perfeição até o dia de Cristo Jesus. ⁷E é justo que assim pense de todos vós, porque vos tenho no meu coração, a todos vós que, nas _{Ef 3,2} minhas prisões e na defesa e afirmação do Evangelho, comigo vos tornastes _{Rm 1,9} participantes da graça. ⁸Deus me é testemunha de que vos amo a todos com _{Cl 1,9-10} a ternura de Cristo Jesus. ⁹E é isto o que peço; que vosso amor cresça cada _{Hb 5,14} vez mais, em conhecimento e em sensibilidade, ¹⁰a fim de poderdes discernir _{Rm 12,2 +} o que é importante,ᵉ para que sejais puros e irrepreensíveis no dia de Cristo, _{3,9 +;} ¹¹na plena maturidade do fruto da justiça que nos vem por Jesus Cristo para _{Hb 12,11} _{Tg 3,18;} a glória e o louvor de Deus.
_{Jo 15,8}

Situação pessoal de Paulo — ¹²Quero que saibais, irmãos, que o que me acon-
_{Ef 3,1 +} teceu,ᶠ redundou em progresso do Evangelho: ¹³minhas prisões se tornaram conhecidas em Cristo por todo o Pretórioᵍ e por toda parte, ¹⁴e a maioria dos irmãos, encorajados no Senhor pelas minhas prisões, proclamam a Palavraʰ com mais ousadia e sem temor. ¹⁵É verdade que alguns proclamam Cristo por inveja e porfia, e outros por boa vontade: ¹⁶estes por amor proclamam a Cristo, sabendo que fui posto para defesa do Evangelho, ¹⁷e aqueles por rivalidade, _{Ef 3,1 +} não sinceramente, julgando com isso acrescentar sofrimento às minhas prisões. _{1,4 +} ¹⁸Mas que importa? De qualquer maneira — ou com segundas intenções ou sinceramente — Cristo é proclamado, e com isso me regozijo. Mas me regozijo _{Jó 13,16 LXX} ¹⁹porque sei que *isso me redundará em salvação* pelas vossas orações e pelo _{1Cor 6,20} socorro do Espírito de Jesus Cristo. ²⁰Minha expectativa e esperança é de que em nada serei confundido, mas com toda a ousadia, agora como sempre, Cristo _{Gl 2,20} será engrandecido no meu corpo, pela vida ou pela morte.ⁱ ²¹Pois para mim _{Cl 3,3p} o viver é Cristo e o morrer é lucro. ²²Mas, se o viver na carne me dá ocasião _{2Cor 5,6-9} de trabalho frutífero, não sei bem que escolher. ²³Sinto-me num dilema: meu desejo é partir e ir estar com Cristo,ʲ pois isso me é muito melhor, ²⁴mas o permanecer na carne é mais necessário por vossa causa. ²⁵Convencido disso,

---

a) Os "epíscopos" não são ainda "bispos", mas presbíteros ou "anciãos", encarregados de dirigir a comunidade ou de lhe dar assistência (cf. Tt 1,5+). Os "diáconos" são seus assistentes (1Tm 3,8-13; cf. At 6,1-6).

b) A alegria é uma das notas características desta epístola (ver 1,18.25; 2,2.17.18.28.29; 3,1; 4,1.4.10).

c) Não só por socorros pecuniários (4,15-16), mas ainda pela sua contribuição para o seu testemunho apostólico (1,7; cf. 2,15-16), quando eles sofreram com ele pelo Evangelho (1,29-30).

d) O dia da conversão deles (cf. At 16,12-40).

e) O amor é a fonte do dicernimento moral. Em Rm 2,18 Paulo repudia a visão de que a Lei fornece conhecimento "do que é importante."

f) A prisão de Paulo e o processo que veio em seguida.

g) Se Paulo escreve de Roma, trata-se da guarda pretoriana, que acampava perto dos muros da cidade; se de Éfeso ou de Cesareia, é de pensar no pessoal do Pretório, ou residência do governador, que se encontrava em cada uma dessas cidades.

h) Ad.: "de Deus" (Vulg.); ou: "do Senhor".

i) Paulo aqui argumenta sobre a base de uma decisão moral, pesando o que é teoricamente melhor, estar com Cristo, vv. 21.23, contra o que é necessário para o bem da comunidade, v. 24.

j) A morte, assim como a vida, é maneira de estar "com" Cristo (cf. 1Ts 5,10; Rm 14,8; Cl 3,3 etc.). Paulo não explica como concebe esse "lucro" (v. 21), essa solução que é "muito melhor" (v. 23), numa existência com Cristo, que sucede diretamente à morte, sem esperar a ressurreição de todos (cf. 2Cor 5,8+).

sei que ficarei e continuarei com todos vós,^a para proveito vosso e para alegria de vossa fé, ²⁶a fim de que, por mim — pela minha volta entre vós — aumente a vossa glória em Cristo Jesus.

Lutar pela fé — ²⁷Somente vivei vida^b digna do Evangelho de Cristo, para que eu, indo ver-vos ou estando longe, ouça dizer de vós que estais firmes num só espírito, lutando juntos com uma só alma, pela fé do Evangelho, ²⁸e que em nada vos deixais atemorizar pelos vossos adversários, o que para eles é sinal de ruína, mas, para vós, de salvação, e isso da parte de Deus. ²⁹Pois vos foi concedida, em relação a Cristo, a graça não só de crer nele, mas também de por ele sofrer, ³⁰empenhados no mesmo combate em que me vistes empenhado^c e em que, como sabeis, me empenho ainda agora.

2 **Manter a unidade na humildade** — ¹Portanto, pelo conforto^d que há em Cristo, pela consolação que há no amor, pela comunhão no Espírito, por toda ternura e compaixão, ²levai à plenitude minha alegria, pondo-vos acordes no mesmo sentimento,^e no mesmo amor, numa só alma, num só pensamento, ³nada fazendo por competição e vanglória, mas com humildade, julgando cada um os outros superiores a si mesmo, ⁴nem cuidando cada um só do que é seu, mas também do que é dos outros. ⁵Tende em vós o mesmo sentimento de Cristo Jesus:^f

⁶Ele, estando na forma de Deus^g
  não usou de seu direito de ser tratado como um deus^h
⁷mas se despojou,ⁱ
  tomando a forma de escravo.^j
  Tornando-se semelhante aos homens^k
  e reconhecido em seu aspecto como um homem^l

---

a) Esse pressentimento, que ainda não é, aliás, uma certeza (cf. 2,17), realizou-se (ver At 20,1-6 e as Epístolas pastorais) diferentemente daquele que Paulo exprimiu em Mileto (At 20,25).
b) O termo grego significa, em seu sentido primeiro, "levar vida de cidadão", segundo as leis de uma cidade. A Cidade nova do Reino de Deus tem Cristo como rei, o Evangelho como lei e o cristão como cidadão (cf. 3,20; Ef 2,19).
c) Alusão às perseguições que Paulo sofreu em Filipos (At 16,19s; 1Ts 2,2). O combate que ele ainda sustenta é o da sua prisão e do seu processo.
d) Lit.: "se há algum apelo insistente etc."; uma espécie de adjuração afetuosa pelo que há de mais sagrado.
e) Essa insistente exortação à unidade deixa entrever que divisões intestinas ameaçavam a paz da comunidade de Filipos. Ver 1,15-17.27; 2,14; 4,2 e notar a insistência de Paulo em interpelar a "todos" juntos (1,1.4.7.8.25; 2,17.26; 4,21).
f) Os vv. 6-11 são provavelmente um hino cristão antigo, semelhante a Cl 1,15-20; 1Tm 3,16; 2Tm 2,11-13, que Paulo cita. Tradicionalmente foi interpretado em função de esquema divino descendente-ascendente da divindade (Gn 11,5; 17,22; 28,12; Is 55,10-11), segundo o qual a *kenose* de Cristo era a entrega de sua glória divina a fim de viver a vida humana e consequentemente sofrer. Sua estrutura, contudo, é manifestamente baseada no esquema bíblico da humilhação (vv. 6-8) seguida pela exaltação (vv. 9-11), segundo o qual a pessoa justa que sofre é recompensada por Deus (Sl 49,15-16; Eclo 49,14; Ez 21,31; Lc 14,11; 18,14; Mt 23,12; Tg 4,10). É mais provável, por isso, que Jesus como o segundo ou último Adão (1Cor 15,45), seja implicitamente contrastado ao primeiro Adão (Gn 3,4-5).
g) Uma vez que "forma" é usada intercambiavelmente com "imagem" na LXX, "forma de Deus" é sinônimo para "imagem de Deus", que é predicado de Adão (Gn 1,27; 1Cor 11,7), e de Cristo (2Cor 4,4).
h) Como não-pecador (2Cor 5,21; Jo 8,46; 1Jo 3,5; Hb 4,15; 1Pd 2,22), Cristo não teria de morrer, porque a morte é punição pelo pecado (Gn 3,3; Is 54,16; Sb 1,12-14; 2,23-24; encontra-se a mesma ideia em certos apócrifos como Henoc, 4 Esdras e 2 Baruc). Ele, portanto, tem o direito de viver eternamente, o que é característica divina (Gn 3,4-5). Outras traduções menos prováveis: "não considerou o estado de igualdade com Deus como presa a agarrar", "não reteve ciumentamente a condição que o igualava a Deus".
i) A fórmula é tirada de Is 53,12. O pronome reflexivo que também aparece no v. 7 (e cf. Gl 2,20), enfatiza que é questão de decisão de Cristo. Ele escolheu morrer.
j) Este modo de ser, à luz da alusão a Is 53,12, pode ser somente o do Servo de Iahweh humilhado e sofredor, que morreu por outros (Is 53,3.5.7). Notar o contraste com "Senhor", do v. 11.
k) Não há intenção de atenuar a humanidade de Jesus (Gl 4,4; Rm 1,3; 9,5; Hb 2,17). A menos que fosse diferente, contudo, não poderia ter-nos salvo. Ele que era "vivo" (2Cor 4,10-11), levantou aqueles que estavam "mortos" (Rm 6,4; Cl 2,13). Não necessitou ser reconciliado com Deus (2Cor 8,9), enquanto todos os outros o foram (2Cor 5,18-19).
l) Embora diferente em seu modo de ser, Cristo participou da natureza humana comum a todos.

FILIPENSES 2

⁸ abaixou-se,
    tornando-se obediente até a morte,ᵃ
    à morte sobre uma cruz.ᵇ
⁹ Por isso Deus soberanamente o elevouᶜ
    e lhe conferiu o nome que está acima de todo nome,ᵈ
¹⁰ a fim de que ao nome de Jesus todo joelho se dobreᵉ
    nos céus, sobre a terra e sob a terra,ᶠ
¹¹ e que toda língua proclame que o Senhor é Jesus Cristo
    para a glória de Deus Pai.ᵍ

Operar a salvação — ¹²Portanto, meus amados, como sempre tendes obedecido, não só na minha presença, mas também particularmente agora na minha ausência, operai a vossa salvação com temor e tremor, ¹³pois é Deus quem opera em vós o querer e o operar, segundo a sua vontade. ¹⁴Fazei tudo sem murmurações nem reclamações, ¹⁵para vos tornardes irrepreensíveis e puros, *filhos de Deus, sem defeito, no meio de uma geração má e pervertida*, no seio da qual brilhais como astros no mundo, ¹⁶mensageiros da Palavra de vida. Assim, no Dia de Cristo eu terei a glória de não ter corrido nem ter-me esforçado em vão. ¹⁷Mas, se o meu sangue for derramado em libação, em sacrifício e serviço da vossa fé,ʰ alegro-me e me regozijo com todos vós; ¹⁸e vós também alegrai-vos e regozijai-vos comigo.

Missão de Timóteo e de Epafrodito — ¹⁹Espero, no Senhor Jesus, enviar-vos logo Timóteo, para que eu tenha também a alegria de receber notícias vossas. ²⁰Não tenho ninguém de igual sentimento que tão sinceramente como ele se preocupe com o que vos diz respeito; ²¹pois procuram atender os seus próprios interesses e não os de Jesus Cristo. ²²Quanto a ele, vós sabeis que prova deu: como filho ao lado do pai, ele serviu comigo à causa do Evangelho. ²³Espero, pois, enviá-lo, logo que puder ver como vão as coisas comigo. ²⁴Tenho fé no Senhor de que eu mesmo possa logo ir aí.

²⁵Entretanto, julguei necessário enviar-vos Epafrodito, meu irmão e colaborador e companheiro de lutas e vosso mensageiro, para atender às minhas necessidades. ²⁶Pois ele estava com saudades de todos vós e muito preocupado porque ficastes sabendo que esteve doente. ²⁷De fato esteve doente, às portas da morte, mas Deus se apiedou dele, e não só dele, mas também de mim, para que não tivesse tristeza sobre tristeza. ²⁸Por isso apressei-me a enviá-lo: assim podeis revê-lo e com isso vos alegrareis, e eu mesmo fico menos triste.

---

a) Correspondendo ao envio de Deus de seu Filho para salvar a humanidade (Rm 8,3.29-30; 2Cor 5,21), é a obediência de Cristo (Rm 5,19; 1Cor 15,27-28; Hb 5,8).
b) Enquanto a tradição primitiva salientava apenas o efeito salvífico da morte de Cristo (Rm 1,3-4; 4,25; 8,34; 10,8-9; 1Cor 15,3; Gl 1,3-4; 1Ts 1,10), Paulo enfatiza de forma consistente que a modalidade de sua morte foi a cruel punição da crucifixão (1Cor 1,23; 2,2.8; 2Cor 13,4; Gl 3,1; 5,11; 6,12.14; Fl 3,18; Cl 1,20).
c) Lit.: "sobreexaltou". Pela ressurreição (Rm 1,4+). O prefixo comparativo é justificado pelo fato de que enquanto todos os justos serão exaltados (Is 52,13; Sb 3,8), Cristo é superior a todos.
d) O nome é o de "Senhor", como aparece no v. 11. É termo puramente funcional que nada diz sobre a natureza de Cristo; é título merecido (Rm 14,9). Apesar do uso corrente e da frequente aplicação a Cristo em todas as partes do NT, é descrito como "acima de todo nome" porque o NT o usa para Deus.
e) A humanidade reconhece a nova dignidade de Jesus da mesma maneira que era preanunciado que as nações reconheceriam Iahweh (Is 45,23; Rm 14,11). "Jesus" é usado somente de forma deliberada, contrastando com o v. 11, para evocar a figura humilhada e sofredora dos vv. 6-8.
f) Estas frases, que perturbam a estrutura cuidadosa, foram provavelmente acrescentadas por Paulo para enfatizar tanto o escopo ilimitado da autoridade de Cristo (Cl 1,16), como sua dependência em relação ao Pai (1Cor 15,27-28).
g) É a profissão de fé essencial do cristianismo (Rm 10,9; 1Cor 12,3; Cl 2,6).
h) Paulo faz do uso (grego e judaico) das libações derramadas sobre as vítimas nos sacrifícios, uma aplicação metafórica ao culto espiritual dos novos tempos; o sangue derramado na sua condenação à morte viria juntar-se ao sacrifício que entre os cristãos é constituído pelo serviço da fé (cf. 3,3; 4,18; Rm 1,9+).

²⁹Recebei-o, pois, no Senhor com toda a alegria e tende em grande estima pessoas como ele, ³⁰pois pela obra de Cristo*ᵃ* ele quase morreu, arriscando a vida para atender por vós às minhas necessidades.

3 O verdadeiro caminho da salvação cristã

— ¹Finalmente, irmãos, regozijai-vos no Senhor.*ᵇ* Escrever-vos as mesmas coisas não me é penoso e é seguro para vós. ²Cuidado com os cães,*ᶜ* cuidado com os maus operários, cuidado com os falsos circuncidados!*ᵈ* ³Os circuncidados somos nós, que prestamos culto pelo Espírito de Deus*ᵉ* e nos gloriamos em Cristo Jesus e não confiamos na carne.*ᶠ* ⁴Aliás, eu poderia, até, confiar na carne. Se algum outro pensa que pode confiar na carne, eu ainda mais: ⁵circuncidado ao oitavo dia, da raça de Israel, da tribo de Benjamim, hebreu filho de hebreus;*ᵍ* quanto à Lei, fariseu; ⁶quanto ao zelo, perseguidor da Igreja; quanto à justiça que há na Lei, irrepreensível. ⁷Mas o que era para mim lucro tive-o como perda, por amor de Cristo. ⁸Mais ainda: tudo considero perda, pela excelência do conhecimento de Cristo Jesus, meu Senhor. Por ele, perdi tudo e tudo tenho como esterco, para ganhar a Cristo ⁹e ser achado nele, não tendo como minha justiça aquela que vem da Lei, mas aquela pela fé em Cristo, aquela que vem de Deus e se apoia na fé,*ʰ* ¹⁰para conhecê-lo, conhecer o poder da sua ressurreição e a participação nos seus sofrimentos, conformando-me com ele na sua morte, ¹¹para ver se alcanço a ressurreição de entre os mortos.*ⁱ* ¹²Não que eu já o tenha alcançado ou que já seja perfeito, mas prossigo para ver se o alcanço, pois que também já fui alcançado por Cristo Jesus.*ʲ* ¹³Irmãos, não julgo que eu mesmo o tenha alcançado, mas uma coisa faço: esquecendo-me do que fica para trás e avançando para o que está diante, ¹⁴prossigo para o alvo, para o prêmio da vocação do alto, que vem de Deus em Cristo Jesus. ¹⁵Portanto, todos nós que somos "perfeitos",*ᵏ* tenhamos este sentimento,*ˡ* e, se em alguma coisa pensais diferentemente, Deus vos esclarecerá. ¹⁶Entretanto, qualquer seja o ponto a que chegamos, conservemos o rumo.

¹⁷Sede meus imitadores, irmãos, e observai os que andam segundo o modelo que tendes em nós.*ᵐ* ¹⁸Pois há muitos*ⁿ* dos quais muitas vezes vos disse e agora repito, chorando, que são inimigos da cruz de Cristo: ¹⁹seu fim é a destruição, seu deus é o ventre,*ᵒ* sua glória está no que é vergonhoso,*ᵖ* e seus pensamentos no que está sobre a terra. ²⁰Mas a nossa cidade está nos

---

a) Var.: "pela obra do Senhor"; ou: "pela obra".
b) Ao concluir sua carta, Paulo retoma novo desenvolvimento. Essa retomada leva alguns a crer que a passagem 3,2-4,1 foi um bilhete independente. Ver Introdução às Epístolas de são Paulo.
c) Epíteto que os judeus davam aos gentios (cf. Mt 15,26, e talvez 7,6) e que Paulo lhes aplica ironicamente.
d) Lit.: "a incisão". Por um jogo de palavras, em tom de desprezo, Paulo assimila a "circuncisão" carnal dos judeus às "incisões" que jorravam sangue, dos cultos gentílicos (ver 1Rs 18,28; cf. Gl 5,12).
e) Var. (Vulg.): "que servimos a Deus em espírito".
f) A "carne" designa aqui todo o regime da velha Lei, com suas observâncias "carnais", de que a circuncisão é caso típico (cf. Rm 7,5+). Paulo lembrou várias vezes seu passado judaico (2Cor 11,21+), mas nunca com tantos pormenores quanto aqui.
g) De origem palestinense (At 23,6) e falando a língua dos antigos (At 21,40), diferentemente dos "helenistas" (At 6,1+).
h) A oposição dessas duas justiças é todo o assunto das epístolas aos Gálatas e aos Romanos.
i) Paulo não pode estar falando aqui da ressurreição (geral) que se imporá a todos os homens, bons ou maus, e não salvará estes últimos de uma morte eterna (Jo 5,29). Pensa antes na verdadeira "ressurreição", a dos justos, que os faz sair "de entre os mortos" para viverem com Cristo (Lc 20,35+).
j) No caminho de Damasco.
k) Caçoada paulina; cf. v. 11.
l) Var.: "que pensamos".
m) Paulo espera que os indivíduos dentro da comunidade mostrem iniciativa e responsabilidade, e os recomenda como líderes (1Ts 5,12s; 1Cor 16,15s).
n) Paulo visa provavelmente aos "judaizantes", já visados no v. 2.
o) Alusão às observâncias alimentares que ocupavam lugar importante na religião judaica (Lv 11; cf. Rm 14; 16,18; Gl 2,12; Cl 2,16.20s; Mt 15,10-20p; 23,23-26; At 15,20).
p) Alusão provável ao membro que recebe a circuncisão.

céus, de onde também esperamos ansiosamente como Salvador o Senhor Jesus Cristo, ²¹que transfigurará nosso corpo humilhado, conformando-o ao seu corpo glorioso, pela força que lhe dá poder de submeter a si todas as coisas.

4 ¹Assim, irmãos amados e queridos, minha alegria e coroa, permanecei firmes no Senhor, ó amados.

*Últimos conselhos*ᵃ — ²Exorto Evódia e Síntique a serem unânimes no Senhor. ³Rogo também a ti, Sízigo, fiel "companheiro",ᵇ que lhes prestes auxílio, porque me ajudaram na luta pelo Evangelho, em companhia de Clemente e dos demais auxiliares meus, cujos nomes estão no livro da vida.

⁴Alegrai-vos sempre no Senhor! Repito: alegrai-vos! ⁵Que a vossa moderação se torne conhecida de todos os homens. O Senhor está próximo! ⁶Não vos inquieteis com nada; mas apresentai a Deus todas as vossas necessidades pela oração e pela súplica, em ação de graças. ⁷Então a paz de Deus, que excede toda a compreensão, guardará os vossos corações e pensamentos,ᶜ em Cristo Jesus.

⁸Finalmente, irmãos, ocupai-vosᵈ com tudo o que é verdadeiro, nobre, justo, puro, amável, honroso, virtuoso ou que de qualquer modo mereça louvor.ᵉ ⁹O que aprendestes e herdastes, o que ouvistes e observastes em mim, isso praticai. Então o Deus da paz estará convosco.

*Agradecimentos pelos auxílios enviados*ᶠ — ¹⁰Foi grande a minha alegria no Senhor, porque, finalmente, vi florescer vosso interesse por mim; verdade é que estava sempre alerta; mas não tínheis oportunidade. ¹¹Falo assim não por causa das privações, pois aprendi a adaptar-me às necessidades; ¹²sei viver modestamente, e sei também como haver-me na abundância; estou acostumado com toda e qualquer situação: viver saciado e passar fome; ter abundância e sofrer necessidade. ¹³Tudo posso naqueleᵍ que me fortalece. ¹⁴Entretanto, fizestes bem em participar da minha aflição.

¹⁵Vós mesmos bem sabeis, filipenses, que no início da pregação do Evangelho, quando parti da Macedônia, nenhuma igreja teve contato comigo em relação de dar e receber,ʰ senão vós somente; ¹⁶já em Tessalônica mais uma vez vós me enviastes com que suprir às minhas necessidades. ¹⁷Não que eu busque presentes; o que busco é o fruto que se credite em vossa conta. ¹⁸Agora tenho tudo em abundância; tenho de sobra, depois de ter recebido de Epafrodito o que veio de vós, perfume de suave odor, sacrifício aceito e agradável a Deus. ¹⁹O meu Deus proveráⁱ magnificamente todas as vossas necessidades, segundo a sua riqueza, em Cristo Jesus. ²⁰E ao nosso Deus e Pai seja a glória pelos séculos dos séculos! Amém.

---

a) 4,2-9.é a continuação de 3,1; ver Introdução.
b) O nome de Sízigo significa "colega", "companheiro". Jogo de palavras sobre um nome, como Onésimo (Fm 10-11).
c) Var.: "vossos corpos".
d) Paulo recomenda (v. 8) um ideal de conduta, do qual todos os termos eram correntes entre os moralistas *gregos do seu tempo* (é aí a única vez que ele emprega o termo "virtude"; cf. Sb 4,1; 5,13), mas convida (v. 9) a pô-lo em prática segundo os ensinamentos e, sobretudo, segundo o exemplo que ele lhes deu (3,17; cf. 2Ts 3,7+).
e) Ad.: "da ciência", ou: "da disciplina" (Vulg.).
f) Nesta seção Paulo agradece aos filipenses por tê-lo ajudado financeiramente. Mostra-se tão profundamente reconhecedor que esperar-se-ia ver tal sentimento já manifestado mais cedo na carta. Ora, acha-se que duas alusões (1,5 e 2,30), deixam supor que os doadores já foram agradecidos. Por essa razão 4,10-20 é considerada a primeira carta de Paulo aos filipenses.
g) Var.: "em Cristo".
h) Paulo aceitou ajuda financeira de uma comunidade apenas depois que ele tinha partido (1Cor 9,1-18).
i) Var. (Vulg.): "Assim meu Deus proveja".

Saudações e voto final — ²¹Saudai a todos os santos em Cristo Jesus. Os irmãos que estão comigo vos saúdam. ²²Todos os santos*ᵃ* vos saúdam, especialmente os da casa do Imperador.*ᵇ* ²³A graça do Senhor Jesus Cristo esteja com o vosso espírito!*ᶜ*

At 9,13+

---

a) Todos os cristãos da cidade de onde Paulo escreve.
b) A expressão tem um sentido muito amplo; pode designar todo o pessoal empregado no serviço do imperador, tanto em Roma como nas grandes cidades do império.
c) Ad.: "Amém".

EPÍSTOLA AOS COLOSSENSES

Preâmbulo

<small>Rm 1,1 +
At 16,1 +
At 9,13 +</small>

1 **Endereço** — ¹Paulo, apóstolo de Cristo Jesus pela vontade de Deus, e o irmão Timóteo, ²aos santos que estão em Colossas, e irmãos fiéis em Cristo: a vós graça e paz da parte de Deus, nosso Pai!*ᵃ*

<small>|| Ef 1,15-16
|| Fm 4-5
1Cor 13,13 +
|| Ef 1,13

Gl 1,6 +
Rm 1,16
1Ts 2,13
At 14,3;
20,24.32
2Cor 6,1
1Cor 13,1 +

|| Ef 1,15
3,10 +
Rm 12,2 +

Ef 2,10

Ef 1,11-13
1Pd 2,9
At 26,18

Gl 1,4
Jo 8,12 +
|| Ef 1,6-7
Rm 3,24 +</small>

Ação de graças e oração — ³Damos graças ao Deus e Pai de nosso Senhor Jesus Cristo, sempre orando por vós, ⁴depois que ouvimos acerca da vossa fé em Cristo Jesus e do amor que tendes a todos os santos, ⁵pela esperança que vos está reservada nos céus. Dela já ouvistes o anúncio da Palavra da Verdade, o Evangelho, ⁶que chegou até vós, e que em todo o mundo produz frutos e crescendo, como também entre vós, desde o dia em que ouvistes e compreendestes em sua verdade a graça de Deus, ⁷Nela fostes instruídos por Epafras, nosso querido companheiro de serviço, que nos presta ajuda,*ᵇ* como fiel ministro de Cristo, ⁸e é quem nos deu a conhecer vosso amor no Espírito.

⁹Por isso, também nós, desde o dia em que o ouvimos, não cessamos de orar por vós e de pedir que sejais levados ao pleno conhecimento da vontade de Deus, com toda a sabedoria e discernimento espiritual. ¹⁰Assim andareis de maneira digna do Senhor, fazendo tudo o que é do seu agrado, dando frutos em boas obras e crescendo no conhecimento de Deus, ¹¹animados de eficaz energia segundo o poder da sua glória, para toda constância e longanimidade, com alegria ¹²dando graças ao Pai, que vos fez capazes de participar da herança dos santos*ᶜ* na luz.

¹³Ele nos arrancou do poder das trevas e nos transportou para o Reino do seu Filho amado, ¹⁴no qual temos a redenção*ᵈ* — a remissão dos pecados.

I. Parte dogmática

<small>Sb 7,26

1,18 +
Rm 8,29
Hb 1,3;

Jo 1,3
Ef 1,10
Ef 1,21 +
1Cor 8,6 +</small>

Primado de Cristo*ᵉ*

¹⁵Ele é a Imagem do Deus invisível,
  o Primogênito de toda criatura,
¹⁶porque nele foram criadas todas as coisas,
  nos céus e na terra,
  as visíveis e as invisíveis:
  Tronos, Soberanias, Principados, Autoridades,
  tudo foi criado por ele e para ele.

---

a) Ad. (Vulg.): "e o Senhor Jesus Cristo".
b) Var. (Vulg.): "ele vos serve".
c) "vos (var.: "nos") fez capazes de"; var.: "vos (ou "nos") chamou a". A "herança dos *santos*" é a *salvação antes reservada a Israel*, para a qual são agora chamados os gentios (cf. Ef 1,11-13). Os "santos" designam ou os cristãos chamados desde este mundo a viver na luz da salvação (Rm 6,19+; 13,11-12+), ou os anjos que vivem com Deus na luz escatológica (cf. At 9,13+).

d) Ad. (Vulg.): "por seu sangue" (cf. Ef 1,7).
e) Paulo cita aqui um hino cristão primitivo (3,16), composto de duas estrofes (vv. 15.16ac e vv. 18bc. 19.20a), que celebrava o papel de Cristo na primeira criação e na nova criação (2Cor 5,17). Ele explica o significado de "todas as coisas" (vv. 16bcd.20b) em reação à proeminência que os colossenses dão aos anjos (2,18).

¹⁷É antes de tudo e tudo nele subsiste.
¹⁸É a Cabeça da Igreja,ᵃ
que é o seu Corpo.
É o Princípio,
o primogênito dos mortos,
tendo em tudo a primazia,
¹⁹pois nele aprouve a Deus
fazer habitar toda a Plenitude*ᵇ*
²⁰e reconciliar por eleᶜ e para ele todos os seres,
os da terra e os dos céus,ᵈ
realizando a paz pelo sangue da sua cruz.

Participação dos colossenses na salvação — ²¹Vós éreis outrora estrangeiros e inimigos,ᵉ pelo pensamento e pelas obras más, ²²mas agora, pela morte, ele vos reconciliou no seu corpo de carne,ᶠ entregando-o à morte para diante dele vos apresentar santos, imaculados e irrepreensíveis, ²³contanto que permaneçais alicerçados e firmes na fé e sem vos afastar da esperança do Evangelho que recebestes e que foi anunciado a toda criatura que vive debaixo do céu,ᵍ e do qual eu, Paulo, fui feito ministro.

Lutas de Paulo a serviço dos gentios — ²⁴Agora regozijo-me nos meus sofrimentos por vós, e completo o que falta às tribulações de Cristo em minha carneʰ pelo seu Corpo, que é a Igreja. ²⁵Dela me tornei ministro, por encargo divino a mim confiado a vosso respeito, para levar a bom termo o anúncio da Palavra de Deus, ²⁶o mistério escondido desde os séculos e desde as gerações, mas agora manifestado aos seus santos. ²⁷A estes quis Deus tornar conhecida qual é entre os gentios a riqueza da glória deste mistério, que é Cristo em vós, a esperança da glória!ⁱ ²⁸Esse Cristo nós o anunciamos, advertindo os homens e instruindo-os em toda sabedoria, a fim de apresentá-los todos, perfeitos em

---

a) Sobre a Igreja, Corpo de Cristo (cf. 1Cor 12,12+). Cristo é a Cabeça, por sua prioridade no tempo (v. 18; ele é o primeiro ressuscitado), como também por ser "Princípio" na ordem da salvação (v. 20).
b) Termo de interpretação difícil, no qual muitos veem a plenitude da divindade, como em 2,9. Mas aqui pode-se pensar antes na ideia bem bíblica do universo "repleto" da presença criadora de Deus (cf. Is 6,3; Jr 23,24; Sl 24,1; 50,12; 72,19; Sb 1,7; Eclo 43,27 etc.), ideia, aliás, muito difundida no mundo greco-romano pelo panteísmo estoico. Para Paulo, a encarnação, coroada pela ressurreição, pôs a natureza humana de Cristo à frente não só de todo o gênero humano, mas também de todo o universo criado, interessado na salvação, como fora na culpa (cf. Rm 8,19-22; 1Cor 3,22s; 15,20-28; Ef 1,10; 4,10; Fl 2,10s; 3,21; Hb 2,5-8; cf. 2,9+).
c) Por Cristo e para Cristo, em paralelismo com o fim do v. 16. Outra interpretação relaciona esse segundo "ele" com o Pai e assim traduz: "para reconciliar por ele consigo" (cf. Rm 5,10; 2Cor 5,18s).
d) Essa reconciliação universal engloba todos os espíritos celestiais, assim como todos os homens. Não se trata da salvação individual de todos, mas da salvação coletiva do mundo por seu retorno à ordem e à paz na submissão perfeita a Deus. Os indivíduos que não tiverem entrado nessa ordem pela graça, entrarão pela força (cf. 2,15; 1Cor 15,24-25 [os espíritos celestes] e 2Ts 1,8-9; 1Cor 6,9-10; Gl 5,21; Rm 2,8; Ef 5,5 [os homens]).

e) Estrangeiros a Deus e seus inimigos, como o sugerem o contexto e o paralelo Ef 4,18s, e não estrangeiros a Israel, como esclarecerá Ef 2,12.
f) "seu", isto é, de seu Filho. O corpo individual (de carne) de Cristo é o lugar no qual se opera a reconciliação, porque em si reúne virtualmente o gênero humano (cf. Ef 2,14-16), cujo pecado tomou sobre si (2Cor 5,21); a "carne" é o estado do corpo submetido ao pecado (cf. Rm 8,3; 7,5+; Hb 4,15).
g) Isto é, "a todos os homens".
h) Colossenses não diz que Cristo não cumpriu tudo o que tinha a cumprir (1,19-20.22; 2,9-10.13-14; 3,1) nem que não sofreu o bastante, para que o Apóstolo deva levar ao cumprimento os sofrimentos redentores pela Igreja: pois então a mediação de Cristo não seria perfeita, e a epístola não cessa de dizer o contrário. O que Paulo deve levar a termo é seu próprio itinerário apostólico, que chama de "tribulações de Cristo em minha carne", e que reproduz o de Cristo, em sua maneira de viver e de sofrer por causa e pelo anúncio do Evangelho e pela Igreja.
i) Antes, os gentios estavam como que excluídos da salvação, então reservada a Israel: estavam "sem Cristo" e "sem esperança" (Ef 2,12). O propósito enfim revelado do desígnio divino, seu "mistério", é chamá-los, a eles também, para a salvação e para a glória celestial pela união com Cristo (cf. Ef 2,13-22; 3,3-6).

Cristo. ²⁹Para isso me esforço e luto, sustentado pela sua poderosa energia que opera em mim.

2 *Cuidado de Paulo pela fé dos colossenses* — ¹E quero que saibais como é grande a luta em que me empenho por vós e pelos de Laodiceia, e por todos quantos não me conhecem pessoalmente, ²para que sejam confortados os seus corações, unidos no amor, e para que eles cheguem à riqueza da plenitude do entendimento e à compreensão do mistério de Deus,ᵃ ³no qualᵇ se acham escondidos todos os tesouros da sabedoria e do conhecimento!

⁴Digo isto para que ninguém vos engane com argumentos capciosos,ᶜ ⁵pois, embora esteja ausente no corpo, no espírito estou convosco, alegrando-me ao ver a vossa boa ordem e a firmeza da vossa fé em Cristo.

II. Advertência contra os erros

Viver a verdadeira fé em Cristo não segundo vãs doutrinas — ⁶Portanto, assim como recebestes Cristo Jesus o Senhor, assim nele andai, ⁷arraigados nele, nele edificados, e apoiados na fé, como aprendestes, e transbordando em ação de graças.

⁸Tomai cuidado para que ninguém vos escraviseᵈ por vãs e enganosas especulações da "filosofia", segundo a tradição dos homens, segundo os elementos do mundo, e não segundo Cristo.

Só Cristo é o verdadeiro Chefe dos homens e dos anjos — ⁹Pois nele habita corporalmente toda a plenitude da divindadeᵉ ¹⁰e nele fostes levados à plenitude. Ele é a Cabeça de todo Principado e de toda Autoridade.ᶠ

¹¹Nele fostes circuncidados, por circuncisão não feita por mão de homem, mas pelo desvestimento da vossa natureza carnal:ᵍ essa é a circuncisão de Cristo.ʰ ¹²Fostes sepultados com ele no batismo, também com ele ressuscitastes, pela fé no poder de Deus, que o ressuscitou dos mortos. ¹³Vós estáveis mortos pelas vossas faltas e pela incircuncisão da vossa carne e eleⁱ vosʲ vivificou juntamente com Cristo. Ele nosᵏ perdoou todas a nossas faltas: ¹⁴apagou, em detrimento das ordens legais, o título de dívida que existia contra nós; e o suprimiu, pregando-o na cruz,ˡ ¹⁵na qual despojou os Principados e as

---

a) Var.: "de Cristo" (cf. 4,3; Ef 3,4), ou: "de Deus, de Cristo", "de Deus Pai de Cristo", "de Deus Pai e de Cristo" etc.
b) O relativo parece bem referir-se ao "mistério": é ele que traz "escondida" uma infinita "sabedoria" de Deus (cf. Rm 16,25+; 1Tm 3,16+). É verdade que o objeto do mistério é Cristo (1,27), ele mesmo Sabedoria de Deus (1Cor 1,24.30), misteriosa (1Cor 2,7) e difícil de conhecer (Ef 3,8.19).
c) Primeira ocorrência do assunto que Paulo desenvolverá a partir do v. 8.
d) Uma vez libertos do império das trevas e libertados por Cristo (1,13s), renegar Cristo para voltar aos erros antigos seria recair na escravidão (cf. Gl 4,8s; 5,1).
e) O sentido da palavra "plenitude" (1,19+) é precisado aqui pelo advérbio "corporalmente" e *pelo adjunto adnominal* "da divindade". No Cristo ressuscitado se reúne todo o mundo divino — ao qual pertence, pelo seu ser preexistente e glorificado — e todo o mundo criado — que ele assumiu diretamente (a humanidade) e indiretamente (o cosmo) pela sua encarnação e ressurreição, em suma, toda a plenitude do ser.
f) O cristão participa da plenitude de Cristo, como membro do seu corpo, do seu "pléroma" (ver 1,19; Ef 1,23; 3,19; 4,12-13, e as notas). Associado assim àquele que é a Cabeça dos poderes celestes, ele lhes é superior, a partir de agora. — Os vv. seguintes desenvolverão essas duas ideias: participação do cristão no triunfo de Cristo (vv. 11-13); submissão dos poderes celestes a este triunfo (vv. 14-15).
g) A circuncisão física retirava apenas um pedaço do tecido.
h) Isto é, a circuncisão espiritual instituída por Cristo, a qual é o batismo.
i) Deus Pai (cf. 1,22).
j) "vos"; var.: "nos".
k) "nos"; var. (Vulg.): "vos".
l) O regime da Lei, proibindo o pecado, levava apenas a uma sentença de morte lavrada contra o homem transgressor (cf. Rm 7,7+). Foi essa sentença que Deus suprimiu, executando-a na pessoa do seu Filho: depois

Autoridades, expondo-os em espetáculo em face do mundo, levando-os em cortejo triunfal.*a*

Contra a falsa ascese, segundo "os elementos do mundo" — [16]Portanto, ninguém vos julgue por questões de comida e de bebida, ou a respeito de festas anuais ou de lua nova ou de sábados, [17]que são apenas sombra de coisas que haviam de vir, mas a realidade é o corpo de Cristo.*b* [18]Ninguém vos prive do prêmio, com engodo*c* de humildade, de culto dos anjos*d* indagando de coisas que viu,*e* inchado de vão orgulho em sua mente carnal, [19]ignorando a Cabeça,*f* pela qual todo o Corpo, alimentado e coeso pelas juntas e ligamentos, realiza seu crescimento em Deus.

[20]Se morrestes com Cristo para os elementos do mundo, por que vos sujeitais, como se ainda estivésseis no mundo, a proibições como [21]"não pegues, não proves, não toques"?! [22]Tudo isso está fadado ao desaparecimento por desgaste como *preceitos e ensinamentos dos homens*. [23]Têm na verdade aparência de sabedoria pela religiosidade afetada, pela humildade e mortificação do corpo, mas não têm valor algum senão para satisfação da carne.*g*

3 ***A união com o Cristo celeste é o princípio da vida nova*** — [1]Se, pois, ressuscitastes com Cristo, procurai as coisas do alto, onde Cristo está sentado à direita de Deus. [2]Pensai nas coisas do alto, e não nas da terra, [3]pois morrestes e a vossa vida está escondida com Cristo em Deus; [4]quando Cristo, que é a vossa*h* vida, se manifestar, então vós também com ele sereis manifestados em glória.*i*

III. Exortação

Preceitos gerais de vida cristã — [5]Mortificai, pois, vossos membros terrenos:*j* fornicação, impureza, paixão, desejos maus, e a cupidez, que é idolatria. [6]Essas coisas provocam a ira de Deus sobre os desobedientes.*k* [7]Assim também andastes vós quando vivíeis entre eles. [8]Mas agora abandonai tudo isto: ira, exaltação, maldade, blasfêmia, conversa indecente. [9]Não mintais uns aos outros. Vós vos desvestistes do homem velho com as suas práticas [10]e vos

a) de o ter "feito pecado" (2Cor 5,21), "nascido sob a Lei" (Gl 4,4) e "maldito" por ela (Gl 3,13), Deus o entregou à morte na cruz, pregando-o no madeiro e destruindo em sua pessoa o documento que trazia a nossa dívida e nos condenava.

a) Atrás da Lei judaica, Paulo percebe, de acordo com uma velha tradição, os poderes angélicos (cf. Gl 3,19+). Eles usurparam, no espírito dos homens (cf. v. 18), a autoridade do Criador. Suprimindo pela cruz do seu Filho o regime da Lei, Deus retirou a esses poderes o instrumento da sua dominação; aparecem, doravante, submetidos a Cristo.

b) Lit.: "mas o corpo é (o) de Cristo". Paulo explora o duplo sentido do grego *soma*: "corpo", que se opõe à sombra, e o corpo físico do Cristo ressuscitado, que é a realidade escatológica essencial, o germe do novo universo.

c) Ou: "Ninguém se dê o prazer de pronunciar contra vós".

d) O culto celeste oferecido pelos anjos, mais do que o culto dirigido aos anjos.

e) Var. (Vulg.): "que não viu". — Paulo censura os doutores de Colossas por confiarem em suas "visões",

ou simplesmente por construírem toda a sua religião sobre as coisas visíveis.

f) Cristo (Ef 4,15).

g) Para reprimir a insolência da carne. Outros entendem: "não têm nenhum valor e redundam apenas em satisfação da carne".

h) Var.: "a nossa".

i) Unido a Cristo pelo batismo (2,12), o cristão participa já realmente da sua vida celeste (cf. Ef 2,6+), mas essa vida continua espiritual e escondida; será manifesta e gloriosa apenas na Parusia.

j) A obra de morte e ressurreição, operada pelo batismo de maneira instantânea e absoluta no plano místico da união com o Cristo celeste (cf. 2,12s.20; 3,1-4; Rm 6,4+), deve realizar-se de modo lento e progressivo no plano terrestre do velho mundo em que o cristão permanece mergulhado. Já morto em princípio, deve morrer de fato, "mortificando" dia a dia o "homem velho" do pecado que nele vive.

k) As palavras "sobre os desobedientes", omitidas por alguns testemunhos antigos e por diversas edições modernas, são necessárias para explicar, a partir dessa passagem, a gênese literária de Ef 2,2-3 e 5,6.

revestistes do novo, que se renova para o conhecimento segundo a imagem do seu Criador.ᵃ ¹¹Aí não há mais grego e judeu, circunciso e incircunciso, bárbaro, cita, escravo, livre mas Cristo é tudo em todos.ᵇ
¹²Portanto, como eleitos de Deus, santos e amados, revesti-vos de sentimentos de compaixão, de bondade, humildade, mansidão, longanimidade, ¹³suportando uns aos outros, e perdoando-vos mutuamente, se alguém tem motivo de queixa contra o outro; como o Senhor vos perdoou, assim também fazei vós. ¹⁴Mas sobre tudo isso, revesti-vos da caridade, que é o vínculo da perfeição. ¹⁵E reine nos vossos corações a paz de Cristo, à qual fostes chamados em um só corpo. E sede agradecidos.
¹⁶A Palavra de Cristoᶜ habite em vós ricamente: com toda sabedoria ensinai e admoestai-vos uns aos outros e, em ação de graças a Deus, entoem vossos corações salmos, hinos e cânticos espirituais.ᵈ ¹⁷E tudo o que fizerdes de palavra ou ação, fazei-o em nome do Senhor Jesus, por ele dando graças a Deus, o Pai.

Preceitos particulares de moral domésticaᵉ — ¹⁸Vós, mulheres, submetei-vos aos maridos como convém no Senhor. ¹⁹Maridos, amai as vossas mulheres e não as trateis com mau humor. ²⁰Filhos, obedecei aos vossos pais em tudo, pois isso é agradável ao Senhor. ²¹Pais, não irriteis vossos filhos, para que eles não desanimem.
²²Servos, obedecei em tudo aos senhores desta vida, não quando vigiados, para agradar a homens, mas em simplicidade de coração, no temor do Senhor.ᶠ ²³Em tudo o que fizerdes ponde a vossa alma, como para o Senhor e não para homens, ²⁴sabendo que o Senhor vos recompensará como a seus herdeiros:ᵍ é Cristo o Senhor a quem servis. ²⁵Quem faz injustiça receberá de volta a injustiça, e nisso não há acepção de pessoas.

4 ¹Senhores, dai aos vossos servos o justo e equitativo, sabendo que vós tendes um Senhor no céu.

Espírito apostólico — ²Perseverai na oração, vigilantes, com ação de graças, ³orando por nós também ao mesmo tempo, para que Deus nos abra uma porta à Palavra, para falarmos do mistério de Cristo,ʰ pelo qual estou prisioneiro, ⁴a fim de que eu dele fale como devo.
⁵Tratai com sabedoria os de fora; sabei tirar proveito do tempo presente. ⁶A vossa palavra seja sempre agradável, temperada com sal,ⁱ de modo que saibais como convém responder a cada um.

Notícias pessoais — ⁷Quanto a mim, Tíquico, irmão amado e fiel ministro e companheiro de serviço no Senhor, vos dará todas as informações. ⁸Eu vo-lo

---

a) O homem, criado "à imagem de Deus" (Gn 1,26s+), perdeu-se, procurando o conhecimento do bem e do mal fora da vontade divina (Gn 2,17+). De agora em diante, escravo do pecado e das suas concupiscências (Rm 5,12+), tornou-se o "homem velho", que deve morrer (Rm 6,6; Ef 4,22). O "homem novo", recriado em Cristo (Ef 2,15+), que é a imagem de Deus (Rm 8,29+), reencontra a retidão primeira e atinge o verdadeiro conhecimento moral (1,9; Hb 5,14).
b) Na nova ordem desaparecem as distinções de raça, religião, cultura e classe social, que dividiam o *gênero humano* desde a queda. Refaz-se a unidade "em Cristo".
c) Var.: "do Senhor" ou "de Deus". O texto primitivo trazia, talvez, simplesmente: "A Palavra" (comparar Fl 1,14 e 2,30).
d) Trata-se indubitavelmente de improvisações "carismáticas" sugeridas pelo Espírito durante as assembleias litúrgicas (cf. 1Cor 12,7s; 14,26).
e) Preceitos muito simples da moral comum, que Paulo cristianiza pela simples fórmula "no Senhor", que aqui equivale a "segundo a vida cristã". Em Ef 5,21s, a elaboração cristã é mais desenvolvida.
f) Cristo, o único e verdadeiro "Senhor" (o mesmo termo em grego) dos patrões assim como dos servos.
g) Que o servo se torne herdeiro (cf. Mt 21,35-38; Lc 15,19; Gl 4,1-2) é sinal extraordinário da nova ordem "em Cristo" (cf. Rm 8,15-17; Gl 4,3-7; Fm 16).
h) Var.: "de Deus" (cf. 2,2).
i) "temperada com sal" (trad. lit.), isto é, oportuna; imagem frequente entre os antigos (cf. Mc 9,50).

envio especialmente para vos informar de tudo o que aqui se passa*a* e para confortar os vossos corações. ⁹Vai com Onésimo, irmão fiel e amado, vosso conterrâneo; eles vos darão todas as notícias nossas. <small>Fm 10+</small>

***Saudações e voto final**b* — ¹⁰Saúdam-vos Aristarco, meu companheiro de prisão, e Marcos, primo de Barnabé, a respeito de quem já vos dei instruções: se ele aparecer por aí, recebei-o. ¹¹Também vos saúda Jesus, chamado Justo. Dos que vieram da Circuncisão, são estes os únicos colaboradores meus no Reino de Deus e me têm sido de alívio. ¹²Saúda-vos Epafras, vosso conterrâneo, servo de Cristo Jesus, que luta sem tréguas por vós nas suas orações, para que continueis perfeitos em plena observância da vontade de Deus. ¹³Dou-vos testemunho de que ele se empenha muito por vós e pelos de Laodiceia e de Hierápolis. ¹⁴Saúdam-vos Lucas, o médico amado, e Demas. <small>Fm 23s
At 19,29 +
At 12,12 +</small>

<small>Rm 15,30</small>

¹⁵Saudai os irmãos de Laodiceia e Ninfas, bem como a igreja que se reúne em sua casa. ¹⁶Depois que esta carta tiver sido lida entre vós, fazei-a ler também na igreja de Laodiceia. Lede vós também a que escrevi aos de Laodiceia.*c* ¹⁷E dizei a Arquipo: "Atende ao ministério que recebeste do Senhor, cumprindo-o bem". <small>Rm 16,5 +
1Ts 5,27
1Tm 4,13</small>

<small>Fm 2</small>

¹⁸A saudação eu, Paulo, a faço de meu próprio punho. Lembrai-vos das minhas prisões! A graça esteja convosco!*d* <small>2Ts 3,17
1Cor 16,21
Gl 6,11
Ef 3,1 +</small>

---

a) Ele levou a carta.
b) Sobre Aristarco, cf. At 19,29+. Sobre Marcos, ver At 12,12+. "Jesus, chamado Justo" não é mencionado noutro lugar: seu sobrenome era comum entre judeus e prosélitos (cf. At 1,23; 18,7). O colossense Epafras, distinto de Epafrodito de Filipos (Fl 2,25; 4,18), é o discípulo ao qual Paulo confiara a evangelização de Colossas (Cl 1,7; cf. At 19,10+). Lucas é o autor do terceiro Evangelho e dos Atos dos Apóstolos. Companheiro de Paulo durante a parte final da terceira viagem (At 20,5s) e até Roma (At 27,1s), está, portanto, ainda ao lado do Apóstolo prisioneiro (cf. Fm 24) e ao seu lado continuará durante a sua segunda prisão (2Tm 4,11). Sobre Demas, cf. Fm 24 e 2Tm 4,10. Ninfas é desconhecido (talvez seja nome de mulher; nesse caso, Ninfa). Arquipo (v. 17) é sem dúvida o filho de Filêmon (Fm 2); não se sabe qual é o seu ministério.
c) As cartas de Paulo deviam ser lidas diante de todos os irmãos (1Ts 5,27) e depois comunicadas às regiões vizinhas (cf. 2Cor 1,1). A que os colossenses receberão de Laodiceia é sem dúvida a que chamamos epístola aos Efésios.
d) Ad. (Vulg.); "Amém" (cf. Fl 4,23).

PRIMEIRA EPÍSTOLA AOS TESSALONICENSES

1 *Endereço* — ¹Paulo, Silvano e Timóteo à igreja de Tessalônica, em Deus Pai e no Senhor Jesus Cristo. A vós graça e paz!*a*

Ação de graças e felicitações — ²Damos graças a Deus por todos vós, sempre que fazemos menção de vós em nossas orações. ³E que recordamos sem cessar, aos olhos de Deus, nosso Pai, a atividade de vossa fé, o esforço da vossa caridade e a perseverança da vossa esperança em nosso Senhor Jesus Cristo.*b* ⁴Sabemos, irmãos amados de Deus, que sois do número dos eleitos ⁵ — porque o nosso Evangelho*c* vos foi pregado não somente com palavras, mas com grande eficácia no Espírito Santo e com toda a convicção. Assim, sabeis como temos andado no meio de vós para o vosso bem. ⁶Vós vos tornastes imitadores nossos e do Senhor, acolhendo a Palavra com a alegria do Espírito Santo, apesar das numerosas tribulações; ⁷de sorte que vos tornastes modelo para todos os fiéis da Macedônia e da Acaia. ⁸Porque, partindo de vós, se divulgou a Palavra do Senhor, não apenas pela Macedônia e Acaia, mas propagou-se por toda parte a fé que tendes em Deus. Não é necessário falarmos disso,*d* ⁹pois eles mesmos contam qual acolhimento da vossa parte tivemos, e como vos convertestes dos ídolos a Deus, para servirdes ao Deus vivo e verdadeiro, ¹⁰e esperardes dos céus a seu Filho, a quem ele ressuscitou dentre os mortos: Jesus que nos livra da ira futura.*e*

2 *A atitude de Paulo durante sua estada em Tessalônica* — ¹Bem sabeis, irmãos, que não foi inútil a nossa estada entre vós. ²Sabeis que sofremos e fomos insultados em Filipos. Decidimos, contudo, confiados em nosso Deus, anunciar-vos o Evangelho de Deus, no meio de grandes lutas. ³Pois a nossa exortação nada tem de intenções enganosas, de motivos espúrios, nem de astúcias. ⁴Uma vez que Deus nos achou dignos de confiar-nos o Evangelho, falamos não para agradar aos homens, mas, sim, a Deus, que *perscruta o nosso coração.* ⁵Eu não me apresentei com adulações, como sabeis; nem com secreta ganância, Deus é testemunha! ⁶Tampouco procuramos o elogio dos homens, quer vosso quer de outrem, ⁷ainda que nós, na qualidade de apóstolo de Cristo, pudéssemos fazer valer a nossa autoridade.*f* Pelo contrário, apresentamo-nos no meio de vós cheios de bondade,*g* como uma mãe que acaricia os filhinhos. ⁸Tanto bem vos queríamos que desejávamos dar-vos não somente o Evangelho de Deus, mas até a própria vida, de tanto amor que vos tínhamos. ⁹Ainda vos lembrais, meus irmãos, dos nossos

---

a) Ad.: "da parte de Deus nosso Pai e do Senhor Jesus Cristo" (cf. 2Ts 1,2).
b) Paulo considera estas três disposições cristãs (1Cor 13,13+) agindo na vida da Igreja e salienta em cada uma delas uma qualidade apropriada para as condições difíceis.
c) Var.: "o Evangelho de Deus", ou "de nosso Deus". O "Evangelho" não é somente a pregação, é toda a nova economia da salvação (Gl 1,7+), cuja eficácia é assegurada pelo Espírito.
d) Mesmo levando em conta o exagero, entende-se que a vida cristã, conforme o Evangelho, assegura por si mesma a difusão da fé: ela é a forma da Palavra de Deus.
e) Os vv. 9-10 parecem retomar, num resumo muito denso, palavras repetidas na pregação. Dois pontos centrais estruturam o Evangelho pregado por Paulo: uma afirmação vigorosa do monoteísmo (Mc 12,29+; 1Cor 8,4-6; 10,7.14; Gl 4,8-9 etc.) e uma cristologia que insistia sobre a Vinda do Senhor ressuscitado (cf. 1Cor 1,7; 15,23+). — Notar o título "seu Filho" dado a Jesus desde a primeira epístola de Paulo.
f) "fazer pesar sobre" (lit.) tem aqui duplo sentido: moral (apresentar-se como importante, atribuir-se prestígio) e material (ficar a cargo de; cf. 2,9; 2Ts 3,8; 2Cor 11,9).
g) "cheios de bondade"; var.: "pequeninos".

trabalhos e fadigas. Trabalhamos de noite e de dia, para não sermos pesados a nenhum de vós. Foi assim que pregamos o Evangelho de Deus. ¹⁰Vós sois testemunhas e Deus também o é, de quão puro, justo e irrepreensível tem sido o nosso modo de proceder para convosco, os fiéis. ¹¹Bem sabeis que exortamos a cada um de vós como um pai aos filhos; ¹²nós vos exortávamos, vos encorajávamos e vos conjurávamos a viver de maneira digna de Deus, que vos chama*ᵃ* ao seu Reino e à sua glória.*ᵇ*

Rm 1,9

1Cor 4,15 +
5,24;
2Ts 1,11
1Pd 5,10
Mt 4,17 +

A fé e a paciência dos tessalonicenses — ¹³Por esta razão é que sem cessar agradecemos a Deus*ᶜ* por terdes acolhido sua Palavra,*ᵈ* que vos pregamos não como palavra humana, mas como na verdade é, a Palavra de Deus que produz efeito em vós,*ᵉ* os fiéis. ¹⁴Irmãos, vós fostes imitadores das Igrejas de Deus que estão na Judeia, em Cristo Jesus; pois que da parte dos vossos conterrâneos tivestes de sofrer o mesmo que aquelas Igrejas sofreram da parte dos judeus.*ᶠ* ¹⁵Eles mataram o Senhor Jesus*ᵍ* e os profetas, e perseguiram a nós. Desagradam a Deus e são inimigos de toda gente. ¹⁶Querem impedir-nos de pregar aos gentios para que se salvem; e com isto *enchem a medida dos seus pecados*, até que a ira*ʰ* acabe por cair sobre eles.

1,2-10
1Cor 11,2 +
Rm 1,16;
Hb 4,12

At 8,1s; 9,1s;
12,1s; 17,5.13
Rm 16,31
2Mc 6,14
Dn 8,23
Rm 1,18 +

A preocupação do Apóstolo — ¹⁷Nós, porém, irmãos, privados por um momento de vossa companhia, não de coração mas só de vista, desejamos muito rever-vos. ¹⁸Quisemos ir visitar-vos — eu mesmo, Paulo, quis fazê-lo muitas vezes —, mas Satanás me impediu. ¹⁹Pois, quem é, senão vós, a nossa esperança, a nossa alegria, *a coroa de glória*, diante do Senhor Jesus no dia da sua Vinda? Sim, sois vós a nossa glória e a alegria nossa!

Cl 2,1.5
Rm 1,10-11

2Ts 2,9 +
Ez 16,12;
23,42
Pr 16,31
Fl 2,16;
4,1

3 *O envio de Timóteo a Tessalônica* — ¹Por isso, não podendo mais suportar, resolvemos ficar sozinhos em Atenas, ²e enviamos Timóteo, nosso irmão e ministro de Deus*ⁱ* na pregação do Evangelho de Cristo, com o fim de vos fortificar e exortar na fé, ³para que ninguém desfaleça nestas tribulações. Pois bem sabeis que para isso é que fomos destinados. ⁴Quando estávamos convosco já dizíamos que haveríamos de passar tribulações; foi o que aconteceu, como sabeis. ⁵Por isso, não podendo mais suportar, mandei colher informações a respeito de vossa fé, temendo que o Tentador*ʲ* vos tivesse seduzido, inutilizando o nosso trabalho.

1Cor 9,25 +
Fl 2,16;
4,1
1Ts 1,10 +
1Cor 15,23 +
2Cor 1,14 +
At 17,14-16 +
1Cor 3,9;
2Cor 6,1
1,6
Mt 16,24p
At 14,22
2Tm 3,12
Hb 10,32
1Cor 10,13
1Pd 5,9
1Cor 3,8
Gl 4,11
Fl 2,16

---

a) Var.: "chamou".
b) O Reino de Deus (2Ts 1,5; At 19,8; Ef 5,5 etc.; Mt 4,17+) e sua glória são bens propriamente divinos para os quais Deus chama (4,7; 5,24) e conduz os seus eleitos (1,4).
c) Esta segunda ação de graças, 1,2-10, foi vista como o início de carta originalmente independente terminando em 4,2, porque 3,11-4,2, tem as características de fim, e faz duplo emprego com 5,23-28. Alguns estudiosos consideram os vv. 13-16 como interpolação; as razões não são convincentes.
d) Descrição concentrada da tradição apostólica. A Palavra é, primeiramente, "recebida" (4,1; 2Ts 3,6; 1Cor 11,23; 15,1.3; Gl 1,9; Fl 4,9; Cl 2,6), isto é, ouvida (Rm 10,17+; Ef 1,13; At 15,7 etc.). Depois, penetrando no coração (cf. Rm 10,8-10), é "acolhida" (1,6; 2Ts 2,10; 2Cor 11,4; At 8,14 etc.; Mc 4,20); isso quer dizer que o ouvinte reconhece que Deus fala por meio de seu enviado (4,1s; 2Cor 3,5; 13,3).
e) Ou talvez "tornou-se ativa", pois Deus age por meio de sua Palavra naqueles que creem (cf. 1,8; 2Ts 3,1; Hb 4,12).
f) A severidade dos vv. 15-16 (que estabelecem a ligação entre o Jesus da história e o Jesus da fé) reflete as polêmicas primitivas de Jerusalém (Mt 5,12; 21,33-46; 23,29-37; At 2,23+); é motivada pela teimosia da Sinagoga em emperrar a pregação de Paulo entre os gentios (v. 16; cf. Fl 3,2-3; At 13,5+). Paulo visa, no entanto, somente aos adversários diretos de sua missão. Entretanto, Paulo relembrará sempre as grandezas do povo eleito e complementará, em outros contextos, o quadro presente (cf. Rm 9-11; Gl 4,21-31). E não poupará esforços para afirmar a unidade entre os cristãos oriundos do paganismo e os procedentes de Israel (cf. 1Cor 16,1+; Ef 2,11-22).
g) Este é o único lugar em que Paulo nomeia os responsáveis pela morte de Jesus.
h) Ad.: "de Deus".
i) Om.: "ministro de Deus" e var.: "servo de Deus", "servo de Deus e nosso colaborador".
j) O "Tentador" é "Satanás" de 2,18 (cf. 1Cor 7,5; Mc 1,13); para "Tentador", "Satanás", "diabo", cf. Jó 1,6+; Ap 12,9+.

Ação de graças pelas notícias recebidas

— ⁶Agora, porém, Timóteo voltou para perto de nós, da visita que vos fez, trazendo-nos boas notícias a respeito da vossa fé e caridade, afirmando que guardais sempre afetuosa lembrança nossa e que desejais ver-nos, assim como nós também a vós. ⁷Meus irmãos, a vossa fé nos consolou, em meio a muita angústia e tribulação. ⁸Agora estamos reanimados, porque estais firmes no Senhor. ⁹Como poderíamos agradecer a Deus por vós, pela alegria que nos destes diante de nosso Deus? ¹⁰Noite e dia rogamos com instância poder rever-vos, a fim de completarmos o que ainda falta*ᵃ* à vossa fé.

¹¹Deus, nosso Pai, e nosso Senhor Jesus aplainem o nosso caminho até vós. ¹²A vós, porém, o Senhor faça crescer e ser ricos em amor mútuo*ᵇ* e para com todos os homens, a exemplo do amor que nós vos temos. ¹³Queira ele confirmar vossos corações numa santidade irrepreensível, aos olhos de Deus, nosso Pai, por ocasião da Vinda de nosso Senhor Jesus com *todos os santos*.*ᶜ*

4
Recomendações: santidade de vida e amor
— ¹Finalmente, meus irmãos, vos pedimos e exortamos no Senhor Jesus*ᵈ* que, tendo ouvido de nós como deveis viver para agradar a Deus, e assim já viveis:*ᵉ* todavia, deveis ainda progredir. ²Pois conheceis as instruções que vos demos da parte do Senhor Jesus.

³Porquanto, é esta a vontade de Deus: a vossa santificação,*ᶠ* que vos aparteis da luxúria, ⁴que cada qual saiba tratar a própria esposa*ᵍ* com santidade e respeito, ⁵sem se deixar levar pelas paixões, como os *gentios, que não conhecem a Deus*. ⁶Nessa matéria ninguém fira ou lese a seu irmão, porque de tudo isso *se vinga o Senhor*, como já vos dissemos e asseguramos. ⁷Pois Deus não nos chamou para a impureza, mas sim, para a santidade. ⁸Portanto, quem desprezar estas instruções não despreza um homem, mas Deus, *que vos infundiu o seu Espírito Santo*.*ʰ*

⁹Não precisamos vos escrever sobre o amor fraterno; pois aprendestes pessoalmente de Deus a amar-vos mutuamente; ¹⁰e é o que fazeis muito bem para com todos os irmãos em toda a Macedônia. Nós, porém, vos exortamos, irmãos, a progredir cada vez mais. ¹¹Empenhai a vossa honra em levar vida tranquila, ocupar-vos dos vossos negócios e trabalhar com vossas mãos, conforme as nossas diretrizes. ¹²Assim levareis vida honrada aos olhos dos de fora,*ⁱ* e não tereis necessidade de ninguém.

---

a) As lacunas da fé dizem respeito tanto à instrução a ser completada, quanto à "obra" (1,3) da vida inteira que deve ser sempre retificada e aprofundada (cf. Rm 14,1; 2Cor 10,15; Fl 1,25).
b) A caridade deve se exercer primeiramente no interior da comunidade, mas deve também se estender a todos os homens (Gl 6,10+).
c) Ad.: "Amém". — A santidade (4,3+), fruto da caridade fraterna, chegará à plenitude na Vinda do Senhor; os "santos" podem ser aqui ou os eleitos, os que se salvam, ou os anjos (cf. At 9,13+).
d) Paulo fala "em" (v. 1) ou "por" (v. 2) Cristo, ou ainda em nome de Cristo (cf. 4,15; 2Ts 3,6.12). Seu ensinamento moral, o mesmo da primeira catequese cristã, dá à moral profana valor novo, pondo-a sob o signo de Cristo (Cl 3,18+; Fl 4,8-9).
e) A pregação oral de Paulo não era apenas doutrinal, 1Cor 2,2, mas continha também diretivas morais, v. 11.
f) A vontade de Deus (cf. Mt 6,10) é realizadora da santidade (vv. 3.7; 2Ts 2,13; Ef 1,4). É Deus que santifica (5,23; 1Cor 6,11; cf. Jo 17,17; At 20,32); Cristo se fez nossa santificação (1Cor 1,30), para a qual também o Espírito Santo colabora (v. 8; 2Ts 2,13; 1Cor 6,11). Os cristãos devem pô-la em prática (Rm 6,19+). Eles, habitualmente, são chamados "santos" (At 9,13+).
g) Pode-se entender este texto como se referindo ao corpo de cada um (5,23; cf. Rm 12,1; 1Cor 6,19), ou ao corpo da esposa, como se vê nos textos rabínicos e em 1Pd 3,7.
h) Ezequiel (36,27; 37,14) anunciava o dom do Espírito ao povo messiânico; essa alusão reforça a continuidade entre a igreja de Tessalônica e a comunidade primitiva que recebeu este dom (At 2,16s.33.38 etc.). A respeito do dom interior do Espírito dado a todo cristão, cf. Rm 5,5+.
i) A vida da comunidade era proclamação existencial do Evangelho, 1Ts 1,6-8; 1Cor 14,23.25.40; Fl 2,14-16; Cl 4,5; 1Tm 3,7.

Os mortos e os vivos na Vinda do Senhor[a]

¹³ Irmãos, não queremos que ignoreis
o que se refere aos mortos,[b]
para não ficardes tristes como os outros
que não têm esperança.
¹⁴ Se cremos que Jesus morreu e ressuscitou,
assim também os que morreram em Jesus,
Deus há de levá-los em sua companhia.
¹⁵ Pois isto vos declaramos,
segundo a palavra do Senhor:[c]
que os vivos, os que ainda estivermos aqui[d]
para a Vinda do Senhor,
não passaremos à frente dos que morreram.
¹⁶ Quando o Senhor, ao sinal dado,
à voz do arcanjo e ao som
da trombeta divina,[e]
descer do céu, então os mortos em Cristo
ressuscitarão primeiro;
¹⁷ em seguida nós, os vivos que estivermos lá,[f]
seremos arrebatados com eles nas nuvens
para o encontro com o Senhor, nos ares.
E assim, estaremos para sempre com o Senhor.[g]
¹⁸ Consolai-vos, pois, uns aos outros com estas palavras.

5 A vigilância aguardando a vinda do Senhor[h]

¹ No tocante ao tempo e ao prazo,[i] meus irmãos,
é escusado escrever-vos,
² porque vós sabeis, perfeitamente,
que o Dia do Senhor virá como ladrão noturno.[j]

---

a) Respondendo às preocupações ou às dúvidas de alguns convertidos, que acreditavam que os defuntos seriam desfavorecidos porque ausentes quando da Vinda do Senhor, Paulo reafirma o ensinamento fundamental sobre a ressurreição dos mortos, a fim de robustecer a fé e a esperança de todos.
b) Lit.: "àqueles que jazem adormecidos". O eufemismo, muito natural, é frequente no AT e também no NT, bem como entre os gregos. Do mesmo modo a ressurreição é "despertar" (cf. 5,10). Outra tradução possível do final do v. 14: "aqueles que adormeceram; por Jesus, Deus os levará com ele".
c) É difícil dizer qual seja esta palavra (cf. talvez Mt 24, comparando com os vv. 15-17). Talvez haja aqui apenas a lembrança da autoridade do Senhor (cf. Dn 7,1.13.16).
d) Aqueles que ainda estivermos vivos no dia da Vinda, entre os quais Paulo se coloca aqui, por hipótese, exprimindo a esperança e não a certeza (cf. 5,1+).
e) A voz, a trombeta, as nuvens (características das teofanias; cf. Ex 13,22+; 19,16+) são traços específicos da literatura apocalíptica (cf. Mt 24,30s+; 2Ts 1,8+).
f) Om.: "que estivermos lá".
g) Os mortos serão os primeiros a responder ao sinal, ressuscitando. Serão seguidos pelos sobreviventes e todos juntos serão levados ao encontro do Senhor e depois o escoltarão no julgamento que inaugura o seu Reino sem fim. O essencial é o trecho final: viver sempre com ele (cf. 4,14; 5,10; 2Ts 2,1). Isso é a salvação, a glória, o Reino que Jesus concede aos que escolheu (2,12).
h) Retomando as afirmações do Senhor sobre a incerteza da data de sua última Vinda (Mt 24,36p; At 1,7) e que é necessário esperar vigiando (Mt 24,42p.50; 25,13), Paulo afirma não conhecer esse dia. O Dia do Senhor (1Cor 1,8+) virá como ladrão (cf. Mt 24,43p); é preciso vigiar (v. 6; cf. Rm 13,11; 1Cor 16,13; Cl 4,2; 1Pd 1,13; 5,8; Ap 3,2s; 16,15); o tempo é breve (2Cor 6,2+). Se bem que Paulo se coloque primeiramente, por hipótese, entre aqueles que verão esse Dia (1Ts 4,17; cf. 1Cor 15,51), agora passa a considerar que deverá morrer antes disso (2Cor 5,3; Fl 1,23), e chama a atenção daqueles que pensam que esse Dia é iminente (2Ts 2,1s). — As ideias sobre a conversão dos gentios (Rm 11,25) levam mesmo a pensar que a espera poderá ser longa (cf. Mt 25,19; Lc 20,9; 2Pd 3,4.8-10).
i) Expressão consagrada (cf. At 1,7+), que mostra o domínio de Deus sobre o tempo e alude às suas diversas iniciativas que assinalam as divisões deste tempo (cf. At 17,26).
j) Houvesse aqui uma cessação da perseguição, 2,14; 3,3-5, isso poderia ter sido interpretado como significando que a Parusia teria já se realizado secretamente. 2Ts 2,1-2 corrige essa falsa interpretação.

³ Quando as pessoas disserem: paz e segurança!,
então, lhes sobrevirá repentina destruição,
como as dores sobre a mulher grávida;
e não poderão escapar.
⁴ Vós, porém, meus irmãos,
não andais em trevas,
de modo que esse Dia*ᵃ* vos surpreenda
como ladrão;
⁵ pois todos vós sois filhos da luz, filhos do dia.
Não somos da noite, nem das trevas.
⁶ Portanto, não durmamos,
a exemplo dos outros;
mas vigiemos e sejamos sóbrios.
⁷ Quem dorme, dorme de noite;
quem se embriaga, embriaga-se de noite.
⁸ Nós, pelo contrário, que somos do dia, sejamos sóbrios,
revestidos da *couraça da fé e da caridade*,
e do *capacete da esperança da salvação*.
⁹ Portanto, não nos destinou Deus para a ira,
mas sim para alcançarmos a salvação,*ᵇ*
por nosso Senhor Jesus Cristo,
¹⁰ que morreu por nós,
a fim de que nós, na vigília ou no sono,
vivamos em união com ele.*ᶜ*
¹¹ Consolai-vos, pois,
e edificai-vos mutuamente como já fazeis.

Algumas exigências da vida comunitária — ¹²Nós vos rogamos, irmãos, que tenhais consideração por aqueles que se afadigam no meio de vós, e velam por vós*ᵈ* no Senhor. ¹³Tende para com eles amor especial, por causa do seu trabalho. Vivei em paz uns com os outros.

¹⁴Exortamo-vos, irmãos: admoestai os indisciplinados; reconfortai os pusilânimes, sustentai os fracos; sede pacientes para com todos. ¹⁵Vede que ninguém retribua o mal com o mal; procurai sempre o bem uns dos outros e de todos.

¹⁶Alegrai-vos sempre, ¹⁷orai sem cessar.*ᵉ* ¹⁸Por tudo dai graças, pois esta é a vontade de Deus a vosso respeito, em Cristo Jesus.

¹⁹Não extingais o Espírito;*ᶠ* ²⁰não desprezeis as profecias. ²¹Discerni tudo e ficai com o que é bom. ²²Guardai-vos de toda espécie de mal.

Última oração e despedida — ²³O Deus da paz vos conceda santidade perfeita; e que o vosso ser inteiro, o espírito, a alma e o corpo*ᵍ* sejam guardados

---

a) A menção do Dia (explicitamente, 1Cor 1,8+) facilita a fluência do sentido. A luz e o dia, o estado de vigília, opõem-se às trevas e à noite, ao sono (que não é mais a morte, como em 4,13s). Do mesmo modo os "filhos da luz", os cristãos, opõem-se aos "filhos das trevas" (cf. Jo 8,12+; Fl 2,15).

b) De novo isso poderia ser seriamente mal interpretado. Compreendendo o v. 10 à luz do v. 6, os leitores poderiam afirmar a partir do v. 9 que os crentes eram predestinados à salvação, e assim poderiam fazer o que lhes aprouvesse com impunidade. 2Ts 2,13-3,15 corrige essa falsa interpretação.

c) Nova lembrança, muito resumida, da pregação de Paulo: Deus nos salva por Jesus Cristo, que morreu por nós. "Na vigília ou no sono" significa novamente "vivos ou mortos", como em 4,14-17: todos os fiéis participarão da salvação final.

d) Não sabemos muita coisa a respeito destes superiores: sua abnegação, exercida em nome de Cristo, lhes merece estima e caridade (precisão acrescentada em 3,12).

e) Este breve conselho para orar "sem cessar" exerceu grande influência na espiritualidade cristã (cf. 1,2; 2,13; Lc 18,1+; Rm 1,10; 12,12; Ef 6,18; Fl 1,3-4; 4,6; Cl 1,3; 4,2; 2Ts 1,11; 1Tm 2,8; 5,5; 2Tm 1,3 etc.).

f) O dom do Espírito (4,8) é a característica do tempo messiânico, mas o discernimento do que o inspira é um de seus dons (1Cor 12,10; 14,29; 1Jo 4,1; cf. 2Ts 2,2. Ver 1Cor 12,1+).

g) Esta divisão tripartida do homem (espírito, alma e corpo) só aparece aqui, nas cartas de Paulo. Aliás, Paulo

de modo irrepreensível para o dia da Vinda de nosso Senhor Jesus Cristo. ²⁴Quem vos chamou é fiel, e é ele que agirá. ²⁵Orai por nós, irmãos. ²⁶Saudai a todos os irmãos com ósculo santo. ²⁷Conjuro-vos, no Senhor, que esta carta seja lida a todos os irmãos.ᵃ

²⁸A graça de nosso Senhor Jesus Cristo esteja convosco!ᵇ

2Ts 3,3;
1Cor 1,9 +
2Ts 3,1;
Rm 15,30 +
2Cor 13,12 +
Cl 4,16

---

não tem "antropologia" sistemática e perfeitamente coerente. Além do corpo (Rm 7,24+) e da alma (1Cor 15,44+), vemos aparecer aqui o espírito, que pode ser o princípio divino da vida nova em Cristo (Rm 5,5+), ou a parte mais elevada do ser humano aberta à influência do Espírito (Rm 1,9+). A ênfase recai na totalidade dos efeitos da ação santificadora de Deus (3,13; 4,3+), efeito da sua fidelidade.

a) Ad. (Vulg.): "santos". Primeira alusão à leitura pública de uma carta do Apóstolo, provavelmente durante as assembleias litúrgicas; Cl 4,16 pede também que as cartas sejam remetidas a outras igrejas. Pouco a pouco as igrejas juntarão os escritos apostólicos aos Evangelhos e às Escrituras (2Pd 3,15-16+; cf. 1Mc 12,9+; 1Tm 5,18-19+).
b) Ad. (Vulg.): "Amém".

SEGUNDA EPÍSTOLA AOS TESSALONICENSES

^{1Ts 1,1}
^{At 15,22 +;}
^{16,1 +}

1 ***Endereço*** — ¹Paulo, Silvano e Timóteo à igreja de Tessalônica, em Deus, nosso Pai, e no Senhor Jesus Cristo. ²A vós graça e paz da parte de Deus Pai e do Senhor Jesus Cristo!

^{1Ts 1,2}
^{1Ts 3,6-12}
^{1Ts 4,9-10}

Ação de graças e encorajamento. A última retribuição — ³Irmãos, por vossa causa sentimo-nos obrigados a dar continuamente graças a Deus, pois a vossa fé cresce muito, e a caridade que tendes uns pelos outros aumenta em cada um de vós, ^{1Ts 2,19-20} ^{1Ts 1,7-8} ^{1Cor 1,2 +} ⁴a tal ponto que sois o nosso orgulho entre as igrejas de Deus, por causa da vossa perseverança e da vossa fé em todas as perseguições e tribulações que suportais. ^{Mt 4,17 +} ^{1Ts 2,14;} ^{3,4 +} ⁵Elas são o sinal do justo julgamento de Deus: é para vos tornardes dignos do Reino de Deus, pelo qual sofreis.

^{Fl 1,28}
^{Ap 14,13}
^{1Cor 1,7 +}

⁶Justo é que Deus pague com tribulação aos que vos oprimem, ⁷e que a vós, os oprimidos, vos dê o repouso juntamente conosco,ᵃ para quando se revelar o Senhor Jesus, vindo do céu, com os anjos do seu poder, ^{Ex 3,2;} ^{Is 66,15} ^{Jr 10,25;} ^{Is 66,15} ^{Jr 10,25;} ⁸*no meio de uma chama ardente,*ᵇ *para vingar-se daqueles que não conhecem a Deus,* e que não obedecem ao Evangelho de nosso Senhor Jesus.ᶜ ^{Is 66,4} ^{Rm 1,5 +} ^{Is 2,10} ^{Is 49,3;} ^{66,5} ^{Sl 89,8 LXX;} ^{68,35 LXX} ^{Is 2,11-17} ⁹O castigo deles será a ruína eterna, *longe da face do Senhor* e do esplendor de sua majestade, ¹⁰*quando ele vier, naquele Dia, para ser glorificado na pessoa dos seus santos, e para ser admirado* na pessoa de todos os que creramᵈ — e vós acreditastes em nosso testemunho!ᵉ

^{1Ts 2,12 +}
^{Fl 2,13;}
^{4,13}

¹¹Por isso não cessamos de orar por vós, para que o nosso Deus vos torne dignos de sua vocação; e que por seu poder faça realizar todo o bem desejado,ᶠ e torne ativa a vossa fé. ^{Is 66,5;} ^{24,15} ^{Jo 17,10.24} ¹²Assim, será glorificado em vós o nome de nosso Senhor Jesus, e vós nele, pela graça de nosso Deus e do Senhor Jesus Cristo.

^{1Cor 15,23}
^{1Ts 4,15-17}
^{Mt 24,31 +}
^{3,17}
^{1Cor 1,8 +}

2 ***A vinda do Senhor e o que a precederᵍ*** — ¹Quanto à Vinda de nosso Senhor Jesus Cristo, e à nossa reunião com ele, rogamo-vos, irmãos, ²que não percais tão depressa a serenidade de espírito, e não vos perturbeis nem por palavra profética, nem por carta que se diga vir de nós, como se o Dia do Senhor já estivesse próximo. ³Não vos deixeis seduzir de modo algum por pessoa alguma;ʰ porque deve vir primeiro a apostasia,ⁱ e aparecer o homem ímpio, o filho da perdição, ⁴o adversário,ʲ *que se levanta contra tudo* que se ^{Ap 13,1-8} ^{Dn 11,36} ^{Ez 28,2} ^{Is 14,13} chama *Deus*, ou recebe culto, chegando a sentar-se pessoalmente no templo de *Deus*, e querendo passar por Deus. ⁵Não vos lembrais de que vos dizia isto quando estava convosco?

---

a) Paulo se compraz em salientar que a sua sorte está unida à de suas igrejas (cf. 1Ts 2-3; 1Cor 4,8; Fl 1,30 etc.).

b) O céu (cf. 1Ts 4,16), os anjos (cf. Mt 13,39.41.49; 16,27p; 24,31; 25,31; Lc 12,8s), provavelmente os "santos" de 1Ts 3,13, o fogo das teofanias (cf. Ex 13,22+; 19,16+) são traços do gênero literário apocalíptico judaico (cf. 1Ts 4,16+).

c) Isto é, os pagãos (1Ts 4,5) e os judeus (Rm 10,16).

d) Parece que aqui o Apóstolo pensa nos anjos (os "santos"; cf. At 9,13+) e nos cristãos ("aqueles que creram").

e) A condenação dos que rejeitam o Evangelho é descrita em contraste muito forte com a glorificação dos fiéis, em termos bastante duros, explicáveis, talvez, pela perseguição sem tréguas. — Depois do parêntese dos vv. 6-10, o pensamento retoma a continuação do v. 5.

f) Outra tradução: "que ele realize eficazmente toda a sua vontade de bem".

g) A descrição de 1Ts 4,13-5,11 não previa a data exata da Vinda. Respondendo, certamente, a novas questões, baseadas numa má compreensão de 1Ts 5,2, Paulo retoma a questão do destino dos vivos e dos mortos. Limita-se a precisar que a Vinda não é iminente e será precedida por sinais reconhecíveis.

h) O perigo de engano neste assunto é tema maior da apocalíptica do NT. Mc 13,5s; Lc 21,8s; Ap 13,13s; 20,7.

i) A apostasia é apresentada como já sendo algo conhecido. Além do conteúdo geral do termo (separação, deserção), é preciso dar-lhe sentido religioso (At 5,37; 21,21; Hb 3,12). Àqueles que nunca pertenceram a Cristo talvez se juntarão os que abandonaram a fé (cf. 1Tm 4,1; 2Tm 3,1; 4,3s etc.).

j) A apostasia será causada por personagem que

⁶Agora também sabeis que é que ainda o retém,ᵃ para aparecer só a seu tempo. ⁷Pois o mistério da impiedade já age,ᵇ só é necessário que seja afastado aquele que ainda o retém! ⁸Então, aparecerá o ímpio,ᶜ aquele que o Senhorᵈ *destruirá com o sopro de sua boca*, e o suprimirá pela manifestação de sua Vinda.

⁹Ora, a vinda do ímpio será assinalada pela atividade de Satanás,ᵉ com toda a sorte de portentos, milagres e prodígios mentirosos, ¹⁰e por todas as seduções da injustiça, para aqueles que se perdem, porque não acolheram o amor da verdade, a fim de serem salvos. ¹¹É por isso que Deus lhes manda o poder da sedução, para acreditarem na mentira ¹²e serem condenados, todos os que não creram na verdade, mas antes consentiram na injustiça.ᶠ

Is 11,4
Sl 33,6
Ap 19,11-21

Ef 2,2
Ap 13,13-17
Jo 8,44
Mt 24,12
1Rs 22,22
Is 6,10
Jo 3,19;
9,39

Exortação à perseverançaᵍ — ¹³Nós, porém, sempre agradecemos a Deus por vós, irmãos queridos do Senhor, porque Deus vos escolheu desde o princípioʰ para serdes salvos mediante a santificação do Espírito e a fé na verdade, ¹⁴e por meio do nosso Evangelho vos chamou a tomar parte na glória de nosso Senhor Jesus Cristo. ¹⁵Portanto, irmãos, ficai firmes; guardai as tradições que vos ensinamos oralmente ou por escrito.ⁱ ¹⁶Nosso Senhor Jesus Cristo e Deus, nosso Pai, que nos amou e nos deu a eterna consolação e a boa esperança pela graça, ¹⁷animem os vossos corações e vos confirmem em tudo o que fazeis e dizeis em vista do bem.

Ef 1,4

Rm 8,29s
1Ts 1,4-5;
4,8; 4,3 +
1Pd 1,1-2
1Ts 3,8
3,6
1Cor 11,2 +
1Ts 3,11-13
Rm 5,2 +

3 ¹Quanto ao mais, irmãos, orai por nós, para que a palavra do Senhor continue o seu caminho, e seja glorificada,ʲ como aconteceu entre vós, ²e para que sejamos livres de homens ímpios e perversos; pois nem todos têm fé. ³Mas o Senhor é fiel, e vos fortalecerá e guardará do Maligno.ᵏ ⁴Temos confiança em vós, no Senhor, de que vos deixeis guiar agora pelas nossas diretrizes e de que o fareis também no futuro. ⁵Que o Senhor conduza os vossos corações para o amor a Deus e a perseverança de Cristo.

1Ts 5,25
Cl 4,3;
Ef 6,19s
Sl 147,15

Rm 10,16
1Ts 5,24
Mt 6,13
1Jo 2,14 +
2Cor 7,16
1Cor 13,13 +

apresenta três nomes e se mostra, até o v. 5a, como o grande inimigo de Deus. É o ímpio por antonomásia. — Lit.: "o homem da impiedade" (var.: "o homem do pecado"); o ser destinado à perdição (lit.: "o filho da perdição": v. 10; Jo 17,12; cf. 1Ts 5,5); o adversário de Deus, descrito aqui com termos inspirados em Dn 11,36 (texto que se refere a Antíoco Epífanes. Na tradição cristã influenciada por Daniel, esse adversário recebe o nome de anticristo (cf. 1Jo 2,18; 4,3; 2Jo 7). Apresenta-se como um ser pessoal, que se manifestará no fim dos tempos (ao passo que Satanás, de quem é o instrumento, age desde já no "mistério", v. 7), exercendo contra os fiéis poder perseguidor e sedutor (cf. Mt 24,24; Ap 13,1-8) para a grande provação, à qual porá termo a Vinda do Senhor.
a) Paulo atribui o atraso da Vinda a alguma coisa (v. 6), ou *alguém* (v. 7) que "retém", força ou pessoa que impede a manifestação do anticristo (a qual deve preceder a Vinda). — A alusão devia ser compreensível aos destinatários da carta, para nós, no entanto, é enigma, apesar das numerosas explicações propostas.
b) Até o momento de sua "revelação" final, a impiedade trabalha misteriosamente, e é desta atividade secreta que resultará a apostasia. Uma vez que o obstáculo seja afastado, o ímpio agirá publicamente.
c) O ímpio se manifesta (vv. 6.8) diante da "revelação" do Senhor (1,7; 1Cor 1,7) e de sua Vinda (v. 9), assim como a sua vinda se contrapõe à Vinda do Senhor (v. 8). O antideus torna-se anticristo. Mas o Senhor vencerá o seu rival.
d) Ad.: "Jesus".
e) O ímpio serve de instrumento para a ação de Satanás (cf. 1Ts 2,18), que lhe comunica o seu poder sobre-humano, um pouco como o Espírito de Cristo se comunica aos cristãos (cf. o Dragão e a Besta, Ap 13,2.4).
f) Continua o contraste entre os fiéis e os rebeldes. Verdade e mentira não têm aqui sentido puramente intelectual, mas sentido religioso que compromete a vida e os atos (cf. Jo 8,32+.44+; 1Jo 3,19+).
g) Este tópico (2,13-3,5) liga-se, de maneira precisa, à descrição da Vinda. Depois de afastar as ideias errôneas, o Apóstolo mostra as consequências positivas de sua concepção. A passagem é muito rica: o pensamento é "trinitário" (2Cor 13,13+; cf. 1Ts 4,6-8).
h) Var.: "como primícias".
i) As tradições ensinadas por Paulo durante a sua estada, ou por escrito, depois de sua partida (2,2.5; 3,6; 1Ts 3,4; 4,2.6; 5,27), contêm a mensagem evangélica (cf. 1Ts 4,1; 1Cor 11,2.23-25).
j) As orações dos fiéis (1Ts 5,25 etc.) ajudarão a missão do Apóstolo. A Palavra "continua o seu caminho", graças ao impulso divino e, uma vez recebida e vivida (cf. 1Ts 2,13+), será glorificada por Deus que a enviou (Sl 107,20; 147,15).
k) Ou, talvez, "do mal". Os cristãos serão tentados; contudo, não o serão além de suas forças (1Cor 10,13).

Advertência contra a desordem — ⁶Nós vos ordenamos, irmãos, em nome do Senhor Jesus Cristo, que vos afasteis de todo irmão que leve vida desordenada e contrária à tradição que de nós recebestes.

⁷Bem sabeis como deveis imitar-nos.ᵃ Não vivemos de maneira desordenada em vosso meio, ⁸nem recebemos de graça o pão que comemos; antes, no esforço e na fadiga, de noite e de dia, trabalhamos para não sermos pesados a nenhum de vós. ⁹Não porque não tivéssemos direito a isso; mas foi para vos dar exemplo a ser imitado.

¹⁰Quando estávamos entre vós, já vos demos esta regra: quem não quer trabalhar também não há de comer.ᵇ ¹¹Ora, ouvimos dizer que alguns dentre vós levam vida à-toa, muito atarefados sem nada fazer. ¹²A estas pessoas ordenamos e exortamos, no Senhor Jesus Cristo, que trabalhem na tranquilidade, para ganhar o pão com o próprio esforço.

¹³Quanto a vós, irmãos, não vos canseis de fazer o bem. ¹⁴Se alguém desobedecer ao que dizemos nesta carta, notai-o, e não tenhais nenhuma comunicação com ele, para que fique envergonhado. ¹⁵Não o considereis, todavia, como inimigo, mas procurai corrigi-lo como irmão.

Oração e despedida — ¹⁶O Senhor da paz vos conceda a paz, em todo tempo e lugar.ᶜ O senhor esteja com todos vós. ¹⁷A saudação é de meu próprio punho, Paulo. É este o sinal que distingue minhas cartas. Aí está a minha letra! ¹⁸A graça de nosso Senhor Jesus Cristo esteja com todos vós!ᵈ

---

a) Imitando Paulo (1Cor 4,16; Gl 4,12; Fl 3,17), os fiéis imitarão a Cristo (1Ts 1,6; Fl 2,5; cf. Mt 16,24; Jo 13,15; 1Pd 2,21; 1Jo 2,6), que o próprio Paulo imita (1Cor 11,1). Finalmente, *devem imitar a Deus* (Ef 5,1; cf. Mt 5,48) e imitar uns aos outros (1Ts 1,7; 2,14; Hb 6,12). Na base desta comunidade de vida, existe o "modelo" da doutrina (Rm 6,17) recebido pela "tradição" (v. 6; 1Cor 11,2+; 1Ts 2,13+). Os chefes responsáveis que a transmitem devem ser, por sua vez, "exemplos" (v. 9; Fl 3,17; 4,8-9; 1Tm 1,16; 4,12; Tt 2,7; 1Pd 5,3), dos quais se devem imitar a fé e a vida (Hb 13,7).
b) Esta regra, que visa apenas à recusa de trabalhar, provém talvez de uma palavra de Jesus, ou simplesmente de máxima popular. É a "regra de ouro do trabalho cristão".
c) Var.: "de todo modo".
d) Ad.: "Amém" (cf. 1Ts 3,13; 5,28).

PRIMEIRA EPÍSTOLA A TIMÓTEO

1 *Endereço* — ¹Paulo, apóstolo de Cristo Jesus, por ordem[a] de Deus, nosso Salvador,[b] e de Cristo Jesus, nossa esperança, ²a Timóteo, meu verdadeiro filho na fé: graça, misericórdia e paz da parte de Deus Pai e de Cristo Jesus, nosso Senhor.

A ameaça dos falsos doutores — ³Se eu te recomendei permanecer em Éfeso, quando estava de viagem para a Macedônia, foi para admoestares alguns a não ensinarem outra doutrina, ⁴nem se ocuparem com fábulas e genealogias sem fim,[c] as quais favorecem mais as discussões do que o desígnio[d] de Deus, que se realiza na fé. ⁵A finalidade desta admoestação é a caridade, que procede de coração puro, de boa consciência e de fé sem hipocrisia. ⁶Desviando-se alguns desta linha, perderam-se em palavreado frívolo, ⁷pretendendo passar por doutores da Lei, quando não sabem nem o que dizem e nem o que afirmam tão fortemente.

O verdadeiro papel da Lei — ⁸Sabemos, com efeito, que a Lei[e] é boa, conquanto seja usada segundo as regras,[f] ⁹sabendo que ela não é destinada ao justo,[g] mas aos iníquos e rebeldes, ímpios e pecadores, sacrílegos e profanadores, parricidas e matricidas, homicidas, ¹⁰impudicos, pederastas, mercadores de escravos, mentirosos, perjuros e para tudo o que se oponha à sã doutrina,[h] ¹¹segundo o Evangelho da glória do Deus bendito, que me foi confiado.

Paulo e sua vocação — ¹²Sou agradecido para com aquele que me deu força, Cristo Jesus, nosso Senhor, que me julgou fiel, tomando-me para o seu serviço, ¹³a mim que outrora era blasfemo, perseguidor e insolente. Mas obtive misericórdia, porque agi por ignorância, na incredulidade. ¹⁴Superabundou, porém, para mim, a graça de nosso Senhor, com a fé e o amor que há em Cristo Jesus. ¹⁵Fiel é esta palavra[i] e digna de toda aceitação: Cristo Jesus veio ao mundo para salvar os pecadores, dos quais eu sou o primeiro. ¹⁶Se me foi feita misericórdia, foi para que em mim primeiro, Cristo Jesus demonstrasse toda a sua longanimidade, como exemplo para quantos nele hão de crer para a vida eterna.

¹⁷ Ao Rei dos séculos,
    ao Deus incorruptível, invisível e único,
    honra e glória
    pelos séculos dos séculos. Amém![j]

---

a) Var.: "promessa".
b) O título de Salvador, raro nas epístolas paulinas (Ef 5,23; Fl 3,20), é atribuído pelas pastorais tanto ao Pai (1Tm 2,3; 4,10; Tt 1,3; 2,10; 3,4), quanto a Cristo (2Tm 1,10; Tt 1,4; 2,13; 3,6). A obra de Cristo Salvador realizava a vontade do Pai.
c) Especulações judaicas relativas à história dos patriarcas e dos heróis do Antigo Testamento, a modo do que se pode ler no *Livro dos Jubileus*.
d) Var. (Vulg.): "a edificação".
e) A Lei mosaica.
f) Sem lhe pedir mais do que ela pode dar (lit.: "se for usada como uma lei").
g) A Lei, aqui, não é boa porque faz conhecer o pecado (Rm 7,7+.12-14), ou porque prepara a vinda de Cristo (Gl 3,24-25), mas porque é necessária para corrigir os pecadores.
h) As Epístolas pastorais retomam sempre o tema da "sã" doutrina etc. (6,3; 2Tm 1,13; 4,3; Tt 1,9.13; 2,1.8). É a pregação apostólica com todas as qualidades da saúde e em relação com a conduta moral (cf. Rm 12,1-2; Fl 4,8-9).
i) Esta fórmula é característica das pastorais (3,1; 4,9; 2Tm 2,11; Tt 3,8). É a maneira de chamar a atenção, talvez de sublinhar uma alusão ou uma citação que os leitores reconhecem.
j) "incorruptível"; var. (Vulg.): "imortal". — Esta doxologia solene é, provavelmente, de origem litúrgica. Nas epístolas de Paulo as doxologias são frequentes (Rm 16,27+).

Timóteo diante de suas responsabilidades — ¹⁸Esta é a instrução que te confio, Timóteo, meu filho, segundo as profecias pronunciadas outrora sobre ti:*ᵃ* combate, firmado nelas, o bom combate, ¹⁹com fé e boa consciência; pois alguns, rejeitando a boa consciência, naufragaram na fé. ²⁰Dentre esses se encontram Himeneu e Alexandre, os quais entreguei a Satanás,*ᵇ* a fim de que aprendam a não mais blasfemar.

2 *A oração litúrgica* — ¹Recomendo,*ᶜ* pois, antes de tudo, que se façam pedidos, orações, súplicas e ações de graças, por todos os homens, ²pelos reis e todos os que detêm a autoridade,*ᵈ* a fim de que levemos uma vida calma e serena, com toda piedade e dignidade. ³Eis o que é bom e aceitável diante de Deus, nosso Salvador, ⁴que quer que todos os homens sejam salvos*ᵉ* e cheguem ao conhecimento da verdade.*ᶠ* ⁵Pois

há um só Deus,
e um só mediador
entre Deus e os homens,
um homem, Cristo Jesus,*ᵍ*

⁶que se deu em resgate por todos.

Este é o testemunho*ʰ* dado nos tempos estabelecidos ⁷e para o qual fui designado pregador e apóstolo — digo a verdade, não minto — doutor das nações na fé e na verdade. ⁸Quero, portanto, que os homens orem em todo lugar, erguendo mãos santas, sem ira e sem animosidade.

Comportamento das mulheres — ⁹Quanto às mulheres, que elas tenham roupas decentes, se enfeitem com pudor e modéstia; nem tranças, nem objetos de ouro, pérolas ou vestuário suntuoso; ¹⁰mas que se ornem, ao contrário, com boas obras, como convém a mulheres que se professam piedosas. ¹¹Durante a instrução a mulher conserve o silêncio, com toda submissão. ¹²Não permito que a mulher ensine, ou domine o homem. Que conserve, pois, o silêncio. ¹³Porque primeiro foi formado Adão, depois Eva. ¹⁴E não foi Adão que foi seduzido, mas a mulher que, seduzida, caiu em transgressão. ¹⁵Entretanto, ela será salva pela sua maternidade,*ⁱ* desde que, com modéstia, permaneça na fé, no amor e na santidade.

3 *O epíscopo* — ¹Fiel é esta palavra: se alguém aspira ao episcopado,*ʲ* boa obra deseja. ²É preciso,*ᵏ* porém, que o epíscopo seja irrepreensível, esposo de uma única mulher, sóbrio, cheio de bom senso, simples no vestir,

---

a) Como em 4,14, Paulo lembra a Timóteo a intervenção dos "profetas" no momento de sua investidura apostólica (At 13,1-3; 11,27+).

b) Pena de exclusão, que deveria permitir ao culpado emendar-se (cf. 1Cor 5,5+).

c) "Recomendo"; var.: "Recomenda".

d) Sobre a lealdade de são Paulo, cf. Rm 13,1-7. O fim do versículo reflete talvez os temores do Apóstolo quanto ao futuro.

e) Esta afirmação (cf. 4,10), de grande dimensão teológica, ajuda a interpretar corretamente certas passagens da Epístola aos romanos (cf. 9,18.21 etc.). Ela é motivada (v. 5) pela evocação da unicidade de Deus (cf. Mc 12,29+; Rm 3,29-30; Ef 4,6). Paulo recebeu do Senhor (v. 7) a missão de pregar a salvação oferecida *a todos (Rm 1,1+; At 9,15+)*.

f) A salvação é conhecimento da verdade (4,3; 2Tm 2,25; 3,7; Tt 1,1). Mas esse conhecimento comporta o empenho de toda a vida (cf. Os 2,22+; Jo 8,32+; 10,14+; 2Ts 2,12 etc.).

g) Jesus é mediador em sua qualidade de homem, que lhe permite ser salvador de todos (v. 4), com sua morte em resgate por eles (v. 6; cf. Hb 2,14-17+).

h) Cf. 6,13. Aceitando morrer por todos os homens, Cristo tornou manifesto aos olhos do mundo o desígnio divino de salvar a todos. Testemunha do Pai por sua vida, ele o foi em suprema instância pela sua morte ("testemunha" e "mártir" traduzirão, mais tarde, a mesma palavra grega; cf. Jo 3,11+; Ap 1,5; 3,14).

i) Talvez aqui se ache uma crítica contra os falsos doutores que proscreviam o casamento (4,3).

j) O "bispo" e os "presbíteros" não são mencionados. Ver Tt 1,5+.

k) Esta lista de qualidades, como a seguinte (vv. 8-12), nada tem de específico; elas se inspiram em listas clássicas de qualidades requeridas para aqueles que exercem cargo na Igreja.

hospitaleiro, competente no ensino, ³nem dado ao vinho, nem briguento, mas indulgente, pacífico, desinteresseiro. ⁴Que ele saiba governar bem a própria casa, mantendo os filhos na submissão, com toda dignidade. ⁵Pois se alguém não sabe governar bem a própria casa, como cuidará da Igreja de Deus? ⁶Que não seja recém-convertido, a fim de que não se ensoberbeça e incorra na condenação que cabe ao diabo. ⁷Além disso, é preciso que os de fora lhe deem bom testemunho, para não cair no descrédito e nos laços do diabo.

Os diáconos — ⁸Os diáconos igualmente devem ser respeitáveis, de uma só palavra, não inclinados ao vinho, sem cobiçar lucros vergonhosos, ⁹conservando o mistério da fé com consciência limpa. ¹⁰Também estes sejam primeiramente experimentados e, em seguida, se forem irrepreensíveis, sejam admitidos na função de diáconos. ¹¹Também as mulheres*ᵃ* devem ser respeitáveis, não maldizentes, sóbrias, fiéis em todas as coisas. ¹²Que os diáconos sejam esposos de uma única mulher, governando bem os filhos e a própria casa. ¹³Pois aqueles que exercem bem o diaconato conquistam para si mesmos posto de honra, bem como muita intrepidez fundada na fé em Cristo Jesus.

A Igreja e o mistério da piedade — ¹⁴Escrevo-te estas coisas esperando encontrar-te dentro em breve. ¹⁵Todavia, se eu tardar, saberás como proceder na casa de Deus, que é a Igreja do Deus vivo: coluna e sustentáculo da verdade.*ᵇ* ¹⁶Seguramente, grande é o mistério da piedade:

Ele*ᶜ* foi manifestado na carne,
justificado no Espírito,
aparecido aos anjos,
proclamado às nações,
crido no mundo,
exaltado na glória.*ᵈ*

4 *Os falsos doutores* — ¹O Espírito diz expressamente que nos últimos tempos*ᵉ* alguns renegarão a fé, dando atenção a espíritos sedutores e a doutrinas demoníacas, ²por causa da hipocrisia dos mentirosos, que têm a própria consciência como que marcada por ferro quente;*ᶠ* ³eles proíbem o casamento, exigem a abstinência de certos alimentos,*ᵍ* quando Deus os criou para serem recebidos, com ação de graças, pelos que têm fé e conhecem a verdade. ⁴Pois tudo o que Deus criou é bom, e nada é desprezível, se tomado com ação de graças, ⁵porque é santificado pela Palavra de Deus e pela oração. ⁶Expondo estas coisas aos irmãos, serás bom servidor de Cristo Jesus, nutrido com as palavras da fé e da boa doutrina que tens seguido. ⁷Rejeita, porém, as

---

a) Provavelmente as mulheres que desempenhavam a função de diaconisas (cf. Rm 16,1) e não as esposas de diáconos.

b) A Igreja do Deus vivo (Dt 5,26+; 2Cor 6,16) é sua casa, isto é, sua habitação e sua família (Nm 12,7; Hb 3,6; 10,21; 1Pd 4,17), onde é solidamente conservado o Evangelho que salva (v. 16).

c) No masculino: Cristo. — O que segue, depois de solene introdução, é fragmento de hino ou de profissão de fé litúrgica, 6,15-16; 2Tm 2,11-13; Ef 1,3-14; Fl 2,6-11; Cl 1,15-20.

d) Cristo encarnou a graça divina, Tt 2,11; 2Tm 1,10, e o amor, Tt 3,4, e manifestou por sua vida sua posse do Espírito, Tt 3,5s; 1Cor 6,11. Após sua ressurreição apareceu a mensageiros, Mt 11,10; Lc 7,24; 9,52, que pregam e conquistam a resposta de fé no mundo. O caminho terrestre de Jesus findou com a ascensão, Lc 24,51.

e) Sobre este período de crise que deve marcar os últimos dias, ver ainda 2Ts 2,3-12; 2Tm 3,1; 4,3-1; 2Pd 3,3; Jd 18; cf. Mt 24,6s; At 20,29-30. — Mas como a era escatológica já teve início (2,6; Mc 1,15+; Rm 3,26+), esses tempos de provação podem ser considerados como já atuais (cf. 1Cor 7,26; Ef 5,16; 6,13; Tg 5,3; 1Jo 2,18; 4,1.3; 2Jo 7).

f) Como o escravo fugitivo o era na carne.

g) A condenação do casamento será uma das características do gnosticismo. As interdições alimentares são mais nitidamente judaizantes (cf. Cl 2,16-23).

fábulas ímpias, coisas de pessoas caducas. Exercita-te na piedade.*ᵃ* ⁸A pouco serve o exercício corporal, ao passo que a piedade é proveitosa a tudo, pois contém a promessa da vida presente e futura. ⁹Fiel é esta palavra, digna de toda aceitação. ¹⁰Pois se nós trabalhamos e lutamos,*ᵇ* é porque pomos a nossa esperança no Deus vivo, Salvador de todos os homens, sobretudo dos que têm fé. ¹¹Eis o que deves prescrever e ensinar.

¹²Que ninguém despreze tua jovem idade. Quanto a ti, sê para os fiéis modelo na palavra, na conduta, na caridade, na fé, na pureza. ¹³Esperando a minha chegada, aplica-te à leitura, à exortação, à instrução. ¹⁴Não descuides do dom da graça que há em ti, que te foi conferido mediante profecia, junto com a imposição das mãos do colégio de presbíteros.*ᶜ* ¹⁵Desvela-te por estas coisas, nelas persevera, a fim de que a todos seja manifesto o teu progresso. ¹⁶Vigia a ti mesmo e a doutrina. Persevera nestas disposições porque, assim fazendo, salvarás a ti mesmo e aos teus ouvintes.

5 **Os fiéis em geral** — ¹Não repreendas duramente o ancião, mas admoesta-o como a um pai; aos jovens, como a irmãos; ²às senhoras, como a mães; às moças, como a irmãs, com toda pureza.

As viúvas — ³Honra as viúvas, aquelas que são verdadeiramente viúvas.*ᵈ* ⁴Se, porém, alguma viúva tiver filhos ou netos, estes aprendam*ᵉ* primeiramente a exercer a piedade para com a própria família e a recompensar os seus progenitores; pois isto é agradável diante de Deus. ⁵Aquela que é verdadeiramente viúva, que permaneceu sozinha, põe sua confiança em Deus e persevera em súplicas e orações dia e noite. ⁶Mas a viúva que só busca prazer, mesmo se vive, já está morta. ⁷Prescreve, pois, tudo isso, a fim de que sejam irrepreensíveis. ⁸Se alguém não cuida dos seus, e sobretudo dos da própria casa, renegou a fé e é pior do que um incrédulo.

⁹Uma mulher só será inscrita no grupo das viúvas com não menos de sessenta anos, se tiver sido esposa de um só marido, ¹⁰se tiver em seu favor o testemunho de suas belas obras,*ᶠ* criou filhos, foi hospitaleira, lavado os pés dos santos,*ᵍ* socorreu os atribulados, aplicou-se a toda boa obra. ¹¹Rejeita as viúvas mais jovens; quando seus desejos se afastam do Cristo, querem casar-se, ¹²tornando-se censuráveis por terem rompido o seu primeiro compromisso.*ʰ* ¹³Além disso, aprendem a viver ociosas, correndo de casa em casa; não somente elas são desocupadas, mas também bisbilhoteiras, indiscretas, falando o que não devem. ¹⁴Desejo, pois, que

---

a) A palavra piedade aparece dez vezes nas Epístolas pastorais (2,2; 3,16; 4,7.8; 6,3.5.6.11; 2Tm 3,5; Tt 1,1; cf. 5,4; 2Tm 3,12; Tt 2,12). Resume toda a atitude religiosa dos cristãos, ligada ao conhecimento da fé, cerne de sua vida comum em Cristo Jesus.
b) Var. (Vulg.): "Somos ultrajados".
c) Alguns traduzem: "a imposição das mãos em vista do presbiterato". A imposição das mãos, rito de transmissão de graça ou carisma (Hb 6,2), pode ser gesto de simples bênção (Mt 19,15), o meio de operar uma cura (Mt 9,18p; Mc 6,5; 7,32; 8,23-25; 16,18; Lc 4,40; 13,13; At 9,12.17; 28,8), de comunicar aos batizados a plenitude do Espírito Santo (At 1,5+), enfim, o rito que consagra um homem em vista de função pública particular (At 6,6; 13,3). É neste último sentido que é preciso entender este v. e 5,22+; 2Tm 1,6. Desde o dia ao qual alude Paulo, Timóteo possui em si de modo permanente um "carisma" (1Cor 12,1+) que o consagra para o ministério. Para a menção da intervenção profética, cf. 1Tm 1,18.
d) Podemos distinguir aqui três categorias de viúvas: as que a Igreja não tem necessidade de assistir, porque possuem família (v. 4); as que a Igreja deve assistir, porque são "verdadeiras viúvas" sozinhas no mundo (vv. 3.5 e 16); enfim, as que, assistidas ou não pela Igreja, ela as chama para realizar certas funções oficiais, sob a condição de satisfazerem a sérias exigências (vv. 9-15).
e) Var. (Vulg.): "aprenda".
f) A beleza é nota distintiva da espiritualidade dos cristãos e o segredo do seu apostolado. Uma vez que a redenção teve como fim constituir um povo dado às "belas obras" (Tt 2,14; 3,7; Ef 2,10), o que Deus espera dos seus é a sua transfiguração progressiva para obter beleza sempre mais resplandecente (1Tm 5,10; 6,18). Todas as idades e todas as condições, até mesmo os escravos (Tt 2,10), têm, em todas as circunstâncias (Tt 3,1), excelência e nobreza espirituais que irradiam como o brilho da verdadeira beleza.
g) Rito da hospitalidade antiga.
h) Sua determinação de se consagrar a Deus.

as jovens viúvas se casem,*a* criem filhos, dirijam sua casa e não deem ao adversário*b* nenhuma ocasião de maledicência. ¹⁵Porque já existem algumas que se desviaram, seguindo a Satanás. ¹⁶Se uma fiel tem viúvas em sua família, socorra-as; não se onere a Igreja, a fim de que ela possa ajudar as que são verdadeiramente viúvas.

Os presbíteros — ¹⁷Os presbíteros que exercem bem a presidência são dignos de dupla remuneração,*c* sobretudo os que trabalham no ministério da palavra e na instrução. ¹⁸Com efeito, diz a Escritura: *Não amordaçarás o boi que debulha*. E ainda: *O operário é digno do seu salário*.*d* ¹⁹Não aceites denúncia contra um presbítero senão *sob o depoimento de duas ou três testemunhas*. ²⁰Repreende os que pecam, diante de todos a fim de que os demais temam. ²¹Conjuro-te, diante de Deus e de Cristo Jesus, e dos anjos eleitos, que observes estas regras sem preconceito, nada fazendo por favoritismo. ²²A ninguém imponhas apressadamente as mãos,*e* não participes dos pecados de outrem. A ti mesmo, conserva-te puro. ²³Não continues a beber somente água; toma um pouco de vinho por causa de teu estômago e de tuas frequentes fraquezas. ²⁴Existem homens cujos pecados são evidentes, antes mesmo do julgamento; ao passo que os de outros só são descobertos depois. ²⁵Do mesmo modo as belas obras são evidentes; e as outras, não se podem manter ocultas.

6 *Os escravos* — ¹Todos os que estão sob o jugo da escravidão devem considerar os próprios senhores como dignos de todo respeito; para que o nome de Deus e a doutrina não sejam blasfemados. ²Os que têm senhores fiéis não os desrespeitem, por serem irmãos; ao contrário, sirvam-nos ainda melhor, porque são fiéis e amigos de Deus,*f* que se beneficiam de seus bons serviços.

Retrato do verdadeiro e do falso doutor — Eis o que deves ensinar e recomendar. ³Se alguém ensinar outra doutrina e não concorda com as sãs palavras de nosso Senhor Jesus Cristo e com a doutrina conforme a piedade, ⁴é porque é cego, nada entende, é doente à procura de controvérsias*g* e discussões de palavras. Daí nascem inveja, brigas, blasfêmias, más suposições, ⁵altercações intermináveis entre homens de espírito corrupto e desprovidos de verdade, supondo que a piedade é fonte de lucro. ⁶A piedade é de fato grande fonte de lucro, mas para quem sabe se contentar. ⁷Pois nós nada trouxemos para o mundo, nem coisa alguma dele podemos levar. ⁸Se, pois, temos alimento e vestuário, contentemo-nos com isso. ⁹Ora, os que querem se enriquecer caem em tentação e cilada, e em muitos desejos insensatos*h* e perniciosos, que mergulham os homens na ruína e na perdição. ¹⁰Porque a raiz de todos os males é o amor ao dinheiro,*i* por cujo desenfreado desejo alguns se afastaram da fé, e a si mesmos se afligem com múltiplos tormentos.

---

a) Feita a experiência, Paulo não considera mais prudente propor às jovens viúvas o ideal que expusera em 1Cor 7,8.40.
b) Ao homem malévolo, hostil aos cristãos ou, menos provavelmente, a Satanás.
c) Ou: "dupla honra".
d) Var.: "sua nutrição" (cf. Mt 10,10). À citação do Dt juntou-se uma palavra de Cristo que não conhecemos senão por Lucas (Lc 10,7) ou não supõe necessariamente o evangelho de Lucas inteiramente composto e aceito como "Escritura" (cf. 2Tm 3,15+).
e) Para lhe conferir uma função na Igreja (cf. 4,14+). Outros veem aqui um gesto de absolvição dos pecados.
f) Ou: "irmãos amados".
g) À procura de Deus, que no AT resumia toda a atitude do fiel de Iahweh (Dt 4,29; Sl 27,8+; Jr 29,13-14 etc.) e que guardou seu valor no NT (Mt 6,33; 7,7-8; At 17,27 etc.), o Apóstolo opõe aqui (cf. 1,4; 2Tm 2,16.23; Tt 3,9) as buscas sutis e sem objetivo, ilimitadas porque indiscretas, "doença" fatal à "sã" doutrina (v. 3; 1,10+) por uma curiosidade que pretende ir além do mistério da fé (cf. 2Jo 9).
h) "e cilada"; ad. (Vulg.): "do diabo". — "insensatos"; Vulg.: "inúteis".
i) Provérbio corrente na literatura profana da época.

Solene admoestação a Timóteo — ¹¹Tu, porém, ó homem de Deus, foge destas coisas. Segue a justiça, a piedade, a fé, o amor, a perseverança, a mansidão. ¹²Combate o bom combate da fé, conquista a vida eterna, para a qual foste chamado, como o reconheceste numa bela profissão de fé diante de muitas testemunhas.ª ¹³Eu te ordeno, diante de Deus, que dá a vida a todas as coisas, e de Cristo Jesus, que deu testemunho diante de Pôncio Pilatos numa bela profissão de fé:*b* ¹⁴guarda o mandamento imaculado, irrepreensível, até à Aparição*c* de nosso Senhor Jesus Cristo, ¹⁵que mostrará nos tempos estabelecidos

    o Bendito e único Soberano,
    o Rei dos reis e Senhor dos senhores,
¹⁶o único que possui a imortalidade,
    que habita uma luz inacessível,
    que nenhum homem viu, nem pode ver.
    A ele, honra e poder eterno! Amém!*d*

Retrato do cristão rico — ¹⁷Aos ricos deste mundo, exorta-os que não sejam orgulhosos, nem ponham a esperança na instabilidade da riqueza, mas em Deus,*e* que nos prové tudo com abundância para que nos alegremos. ¹⁸Que façam o bem, se enriqueçam com belas obras, sejam pródigos, capazes de partilhar. ¹⁹Estarão assim acumulando para si mesmos um belo tesouro para o futuro, a fim de obterem a verdadeira vida.

Admoestação final e saudação — ²⁰Timóteo, guarda o depósito,*f* evita o palavreado vão e ímpio, e as contradições de uma falsa ciência,*g* ²¹pois alguns, professando-a, se desviaram da fé. A graça esteja convosco!*h*

---

a) Não se sabe exatamente a que circunstância da vida de Timóteo Paulo alude aqui (batismo? consagração para o ministério?).
b) Proclamação de sua realeza messiânica e de sua missão de revelador da verdade (Jo 18,36-37). A menção de Pôncio Pilatos reforça o tom "oficial" deste testemunho, tipo da profissão de fé do cristão, no batismo ou diante dos perseguidores.
c) Este termo (usado em 2Ts 2,8 a propósito do ímpio) é adotado pelas pastorais, de preferência a "Vinda" (1Cor 15,23+) e *"Revelação" (1Cor 1,7+)*, para designar a manifestação de Cristo, seja no seu triunfo escatológico (aqui e em 2Tm 4,1.8; Tt 2,13; Hb 9,28), seja na sua obra redentora (2Tm 1,10; cf. Tt 2,11; 3,4).
d) Esta bela doxologia é sem dúvida inspirada em um hino litúrgico (cf. 1,17); talvez seja uma parte desse hino. Compreende sete fórmulas de inspiração bíblica, transpostas em linguagem helenística, contra todo culto prestado a homens e toda pretensão de compreender o mistério de Deus.
e) Var. (Vulg.): "no Deus vivo".
f) O "depósito" é ideia importante das pastorais (2Tm 1,12.14). Seu conteúdo é o da fé (1Tm 4,6; 2Tm 1,13; Tt 1,9) ou da tradição (2Ts 2,15+; 3,6); mas a noção é de origem jurídica e acentua, no depositário, o dever de conservar e em seguida de entregar ou transmitir intacto o depósito que lhe foi confiado. Cf. "guarda o que tens" (Ap 2,25; 3,11).
g) Esta falsa ciência, "pretensa gnose", será mais tarde refutada também por Ireneu.
h) Var. (Vulg.): "contigo". Ad. (Vulg.): "Amém".

SEGUNDA EPÍSTOLA A TIMÓTEO

1 *Endereço e ação de graças* — ¹Paulo, apóstolo de Cristo Jesus, por vontade de Deus, segundo a promessa da vida que está em Cristo Jesus, ²a Timóteo, meu filho amado: graça, misericórdia e paz da parte de Deus Pai e de Cristo Jesus, nosso Senhor.
³Dou graças a Deus, a quem sirvo em continuidade com meus antepassados, com consciência pura, quando sem cessar, noite e dia, me recordo de ti em minhas orações. ⁴Lembrado de tuas lágrimas, desejo ardentemente rever-te, para transbordar de alegria. ⁵Evoco a lembrança da fé sem hipocrisia que há em ti, a mesma que habitou primeiramente em tua avó Lóide e em tua mãe Eunice e que, estou convencido, reside também em ti.[a]

As graças recebidas por Timóteo — ⁶Por este motivo, exorto-te a reavivar o dom[b] espiritual que Deus depositou em ti pela imposição das minhas mãos. ⁷Pois Deus não nos deu espírito de medo, mas um espírito de força, de amor e de sobriedade. ⁸Não te envergonhes, pois, de dar testemunho de nosso Senhor, nem de mim, seu prisioneiro; pelo contrário, participa do meu sofrimento pelo Evangelho, confiando no poder de Deus, ⁹que nos salvou e nos chamou com vocação santa,[c] não em virtude de nossas obras, mas em virtude do seu próprio desígnio e graça. Essa graça, que nos foi dada em Cristo Jesus, antes dos tempos eternos, ¹⁰foi manifestada agora pela Aparição[d] de nosso Salvador, o Cristo Jesus. Ele não só destruiu a morte, mas também fez brilhar a vida e a imortalidade pelo Evangelho, ¹¹para o qual fui constituído pregador, apóstolo e doutor.[e]
¹²Eis por que sofro estas coisas.[f] Todavia não me envergonho, porque eu sei em quem depositei a minha fé, e estou certo de que ele tem poder para guardar o meu depósito,[g] até aquele Dia.
¹³Toma por modelo as sãs palavras que de mim ouviste, com fé e com o amor que está em Cristo Jesus. ¹⁴Guarda o bom depósito, por meio do Espírito Santo que habita em nós.
¹⁵Tu sabes que todos os da Ásia me abandonaram, dentre eles Fígelo e Hermógenes. ¹⁶Que o Senhor conceda misericórdia à família de Onesíforo, porque ele muitas vezes me confortou e não se envergonhou de minhas cadeias; ¹⁷ao contrário, quando chegou a Roma, me procurou solicitamente até me encontrar. ¹⁸Que o Senhor lhe conceda achar misericórdia junto ao Senhor[h] naquele Dia. Tu sabes, melhor do que eu, de todos os serviços que me prestou em Éfeso.

2 *O sentido dos sofrimentos do apóstolo cristão* — ¹Tu, pois, meu filho, fortifica-te na graça que está em Cristo Jesus. ²O que de mim ouviste na presença de muitas testemunhas, confia-o a homens fiéis, que sejam idôneos para ensiná-lo a outros.[i]

---

a) Este versículo completa muito bem At 16,1. Não temos no NT muitos testemunhos sobre os benefícios da educação da fé no seio de família cristã (cf. 3,14-15).
b) Recebido o "carisma" (1Tm 4,14+), Timóteo deve reavivá-lo graças ao auxílio do Espírito.
c) A palavra designa primeiramente o chamamento dos cristãos à salvação (cf. Rm 1,6-7; 8,28; 1Cor 1,2.24; Cl 3,15; Ef 1,18; 4,4; Fl 3,14 etc.) e em seguida, por metonímia, o estado (vocação) ao qual os cristãos são chamados. Ambos os sentidos são igualmente possíveis aqui.
d) Esta palavra (cf. 1Tm 6,14+) designa aqui o ministério de Jesus.
e) Ad. (Vulg.): "dos gentios".
f) Ele está na prisão, v. 8, em Roma, v. 17.
g) O contexto faz pensar mais na doutrina cristã conservada intacta (1Tm 6,20+) do que nas boas obras de Paulo (4,7-8; 1Tm 6,19).
h) Nas duas vezes em que aparece, "Senhor" pode ser entendido seja do Pai, seja do Filho.
i) Tocamos aqui ao vivo na "tradição", transmissão do "depósito" (1Tm 6,20+), com quatro elos sucessivos.

³Assume a tua parte de sofrimento como bom soldado de Cristo Jesus. ⁴Ninguém, engajando-se no exército,ᵃ se deixa envolver pelas questões da vida civil, se quer dar satisfação àquele que o arregimentou. ⁵Do mesmo modo o atleta não recebe a coroa se não lutou segundo as regras. ⁶O agricultor que trabalha deve ser o primeiro a participar dos frutos. ⁷Entende o que eu digo; e o Senhor te dará compreensão em todas as coisas.

⁸Lembra-te de Jesus Cristo,
ressuscitado dentre os mortos,
da descendência de Davi,

segundo o meu Evangelho, ⁹pelo qual sofro, até às cadeias, como malfeitor. Mas a palavra de Deus não está algemada! ¹⁰É por isso que tudo suporto, por causa dos eleitos, a fim de que também eles obtenham a salvação que está em Cristo Jesus, com a glória eterna.

¹¹Fiel é esta palavra:ᵇ
Se com ele morremos,
com ele viveremos.
¹²Se com ele sofremos,
com ele reinaremos.
Se nós o renegamos,
também ele nos renegará.
¹³Se lhe somos infiéis,
ele permanece fiel,
pois não pode renegar-se a si mesmo.

Luta contra o perigo atual dos falsos doutores — ¹⁴Recorda todas estas coisas, atestando diante de Deusᶜ que é preciso evitar as discussões de palavras: elas não servem para nada, a não ser para a perdição dos que as ouvem. ¹⁵Procura apresentar-te a Deus como homem provado, trabalhador que não tem de que se envergonhar, que dispensa com retidão a palavra da verdade. ¹⁶Evita o palavreado vão e ímpio, já que os que o praticam progredirão na impiedade; ¹⁷a palavra deles é como gangrena que corrói, entre os quais se acham Himeneu e Fileto. ¹⁸Eles se desviaram da verdade, dizendo que a ressurreição já se realizou;ᵈ pervertem a fé de vários.

¹⁹Não obstante, o sólido fundamento colocado por Deus permanece, marcado pelo selo desta palavra:ᵉ *O Senhor conhece os que lhe pertencem*. E ainda: *Aparte-se da injustiça todo aquele que pronuncia o nome do Senhor*.

²⁰Numa grande casa não há somente vasos de ouro e de prata; há também de madeira e de barro; alguns para uso nobre, outros para uso vulgar. ²¹Aquele, pois, que se purificar destes erros será vaso nobre, santificado, útil ao seu possuidor, preparado para toda boa obra.

²²Foge das paixões da mocidade. Segue a justiça, a fé, a caridade, a paz com aqueles que, de coração puro, invocam o Senhor. ²³Repele as questões insensatas e não educativas. Tu sabes que elas geram brigas. ²⁴Ora, o servo do

---

a) Os vv. 4-6 dão três comparações proverbiais: o soldado, o atleta, o agricultor.
b) Como em 1Tm 1,17; 3,16+; 6,15-16, parece que temos aqui um fragmento de hino cristão com uma interpelação na última linha.
c) Var. (Vulg.): "do Senhor".
d) O dogma da ressurreição era particularmente difícil de ser aceito pelos espíritos gregos (At 17,32; 1Cor 15,12). Himeneu e Fileto talvez o interpretassem de modo puramente espiritual, da ressurreição interior operada pelo batismo (Rm 6,4+; Ef 2,6+), ou de certa ascensão mística para Deus. Paulo alertara os coríntios contra uma concepção muito material (1Cor 15, 35-53+).
e) As duas inscrições estão gravadas na pedra ou documento fundamental. Sendo a Igreja o edifício, as fundações aqui podem ser Cristo (1Cor 3,11), ou os apóstolos (Ef 2,20; cf. Ap 21,14), ou ainda a fé apoiada sobre a palavra do Deus fiel (2Tm 2,13). Os dois textos bíblicos se completam; Deus guarda os que ele ama (Nm 16,5) e eles devem viver na justiça (Nm 16,26; Is 26,13; 52,11; Sl 6,9).

Senhor não deve brigar; deve ser manso para com todos, competente no ensino, paciente na tribulação. ²⁵É com suavidade que deve educar os opositores, na expectativa de que Deus lhes dará não só a conversão para o conhecimento da verdade, ²⁶mas também o retorno à sensatez, libertando-os do laço do diabo, que os tinha cativos de sua vontade.

Gl 6,1
1Cor 5,5
1Jo 2,14+

3 *Advertência contra os perigos dos últimos tempos* — ¹Sabe, porém, o seguinte: nos últimos dias sobrevirão momentos difíceis. ²Os homens serão egoístas, gananciosos, jactanciosos, soberbos, blasfemos, rebeldes com os pais, ingratos, iníquos, ³sem afeto, implacáveis, mentirosos, incontinentes, cruéis, inimigos do bem, ⁴traidores, atrevidos, enfatuados, mais amigos dos prazeres do que de Deus; ⁵guardarão as aparências da piedade,ᵃ negando-lhe, entretanto, o poder. Afasta-te também destes. ⁶Entre estes se encontram os que se introduzem nas casas e conseguem cativar mulherzinhas carregadas de pecados, possuídas de toda sorte de desejos, ⁷sempre aprendendo, mas sem jamais poder atingir o conhecimento da verdade. ⁸Do mesmo modo como Janes e Jambres se opuseram a Moisés,ᵇ assim também estes se opõem à verdade; são homens de espírito corrupto, de fé inconsistente. ⁹Mas eles não irão muito adiante, pois a sua loucura será manifesta a todos, como o foi a daqueles. ¹⁰Tu, porém, me tens seguido de perto no ensino, na conduta, nos projetos, na fé, na longanimidade, na caridade, na perseverança, ¹¹nas perseguições, nos sofrimentos que conheci em Antioquia, em Icônio, em Listra. Que perseguições eu sofri! E de todas me livrou o Senhor! ¹²Aliás, todos os que quiserem viver com piedade em Cristo Jesus serão perseguidos. ¹³Quanto aos homens maus e impostores, progredirão no mal, enganando e sendo enganados.

¹⁴Tu, porém, permanece firme naquilo que aprendeste e aceitaste como certo; tu sabes de quemᶜ o aprendeste. ¹⁵Desde a infância conheces as Sagradas Letras;ᵈ elas têm o poder de comunicar-te a sabedoria que conduz à salvação pela fé em Cristo Jesus. ¹⁶Toda Escritura é inspirada por Deus e útilᵉ para instruir, para refutar, para corrigir, para educar na justiça, ¹⁷a fim de que o homem de Deus seja perfeito, qualificado para toda boa obra.

1Tm 4,1+
Rm 1,29+

Mt 7,15; 24,4s.24
Cl 2,23
Rm 2,19s
At 17,21

1Tm 2,4
Jo 8,32

1Cor 13,13+
At 13,44-14,22
2Cor 11,23s

Sl 34,20
2Cor 1,10
Fl 3,10
1Ts 3,4-5
At 14,22+

2,2
1,5
2Cor 3,14-18

Rm 15,4
1Cor 10,6+
2Pd 1,20-21

4 *Solene admoestaçãoᶠ* — ¹Eu te conjuro, diante de Deus e de Cristo Jesus, que há de vir julgar os vivos e os mortos,ᵍ pela sua Aparição e por seu Reino: ²proclama a palavra, insiste, no tempo oportuno e no inoportuno, refuta, ameaça, exorta com toda paciência e doutrina. ³Pois virá tempo em que

1Tm 6,11s
At 10,42+
Rm 14,9
1Pd 4,5
1Tm 6,14+

1Tm 4,1+
1Tm 1,10+

---

a) Semelhantes aos falsos profetas anunciados (Mt 7,15; 24,4-5.24). Esta recrudescência da impiedade é característica dos "últimos tempos" (cf. 1Tm 4, 1+).
b) Os mágicos do Egito não são nomeados em Ex 7,11-13.22 etc. Nos escritos judaicos, Janes e Jambres (var.: "Mambres"), supostos discípulos ou mesmo filhos de Balaão (Nm 22,2+), são os chefes do grupo. Os que resistem à verdade (1Tm 2,4+) tornam-se incapazes de conhecê-la.
c) Var. (Vulg.): "de que mestres". Esses mestres são Lóide, Eunice (1,5) e sobretudo Paulo.
d) Assim eram correntemente nomeados, entre os judeus de língua grega, os livros da Bíblia (cf. 1Mc 12,9+). O NT cita frequentemente "as Escrituras", ou "a Escritura", ou este ou aquele "livro". Rm 1,2: "as santas Escrituras"; 2Cor 3,14+: a "antiga Aliança" (mas o sentido não se restringe aos Livros; cf. 1Ts 5,27+; 2Pd 3,16).

e) Ou, menos preferível: "Toda Escritura, inspirada por Deus, é útil" (Vulg.). Esta importante afirmação do caráter inspirado dos Livros santos, doutrina clássica no judaísmo (cf. 2Pd 1,21). É na leitura assídua da Escritura que o homem de Deus nutre sua fé e seu zelo apostólico (vv. 15-17).
f) Este apelo a um discípulo querido, no fim da última das epístolas, pode-se comparar, numa tonalidade diferente, ao discurso de Mileto (At 20,18-36). Paulo admoesta Timóteo a seguir seu exemplo, vv. 7-8, e prosseguir sem desfalecimento a missão que ele lhe transmite.
g) Cristo será o juiz de todos os homens, dos que ainda estiverem vivos no momento de sua vinda e dos que ressuscitarão (cf. Mt 25,31+; Jo 5,26-29; 1Ts 4,15-17). Esta afirmação pertence certamente ao "querigma" primitivo (At 10,42; 1Pd 4,5) e entrou no Símbolo.

alguns não suportarão a sã doutrina; pelo contrário, segundo os seus próprios desejos, como que sentindo comichão nos ouvidos, se rodearão de mestres. ⁴Desviarão os ouvidos da verdade, orientando-os para as fábulas. ⁵Tu, porém, sê sóbrio em tudo, suporta o sofrimento, faze o trabalho de evangelista, realiza plenamente teu ministério. — ⁶Quanto a mim, já fui oferecido em libação,[a] e chegou o tempo de minha partida.[b] ⁷Combati o bom combate, terminei a minha carreira, guardei a fé. ⁸Desde já me está reservada a coroa da justiça, que me dará o Senhor, justo Juiz, naquele Dia; e não somente a mim, mas a todos os que tiverem esperado com amor sua Aparição.[c]

Últimas recomendações — ⁹Procura vir me encontrar o mais depressa possível. ¹⁰Pois Demas me abandonou por amor do mundo presente. Ele partiu para Tessalônica, Crescente para a Galácia,[d] Tito para a Dalmácia. ¹¹Somente Lucas[e] está comigo. Toma contigo Marcos,[f] e traze-o, pois me é útil no ministério. ¹²Enviei Tíquico a Éfeso. ¹³Traze-me, quando vieres, o manto que deixei em Trôade, na casa de Carpo, e também os livros, especialmente os pergaminhos. ¹⁴Alexandre, o fundidor, deu provas de muita maldade para comigo.[g] *O Senhor lhe retribuirá segundo suas obras.* ¹⁵Tu, guarda-te também dele, porque se opôs fortemente às nossas palavras.

¹⁶Na primeira vez em que apresentei a minha defesa[h] ninguém me assistiu, todos me abandonaram. Que isto não lhes seja imputado. ¹⁷Mas o Senhor me assistiu e me revestiu de forças, a fim de que por mim a mensagem fosse plenamente proclamada e ouvida por todas as nações. E eu fui *libertado da boca do leão.* ¹⁸O Senhor me libertará de toda obra maligna e me guardará[i] para o seu Reino celeste. A ele a glória pelos séculos dos séculos! Amém![j]

Saudações e voto final — ¹⁹Saúda Prisca e Áquila, e a família de Onesíforo. ²⁰Erasto ficou em Corinto. Deixei Trófimo doente em Mileto. ²¹Procura vir antes do inverno.

Enviam-te saudações: Êubulo, Pudente, Lino, Cláudia e todos os irmãos. ²²O Senhor[k] esteja com o teu espírito! A graça esteja com todos vós!

---

a) Nos sacrifícios judaicos e pagãos, libações de vinho, de água ou de óleo eram derramadas sobre as vítimas (cf. Ex 29,40; Nm 28,7).
b) "partida", em oposição a Fl 1,23, não pode ser referência à morte próxima, 1Cor 15,29; 2Cor 4,10. Trata-se apenas de libertação da prisão, 1,8, compatível com os planos otimistas dos vv. 9-18, que tomariam tempo considerável para serem realizados.
c) Lit.: "amado sua Aparição". Paulo está convicto de ter cumprido o seu dever. Com ele serão coroados todos os que tiverem acolhido o Evangelho (Fl 4,1; 2Ts 1,7.10).
d) Var.: "Gália". "Galácia" podia designar então, seja a província deste nome, na Ásia, seja a Gália.
e) Lucas, o evangelista (cf. Cl 4,14).

f) Marcos, o evangelista (At 12,12+). A divergência que outrora o opôs a Paulo (At 15,37-39) parece esquecida.
g) Ele deve ter denunciado Paulo às autoridades da Ásia Menor e talvez o seguiu até Roma como acusador ou testemunha de acusação.
h) No momento de recente comparecimento diante do tribunal, que deu ao Apóstolo, totalmente só, uma ocasião de proclamar sua fé (v. 17; At 9,15+).
i) Ou: "me tomará por".
j) É a Cristo salvador e libertador que desta vez é dirigida a doxologia semelhante à de Gl 1,5 (cf. Rm 16,25+).
k) A Vulg. acrescenta: "Jesus Cristo", e, no fim: "Amém".

EPÍSTOLA A TITO

1

Endereço e saudação[a] — ¹Paulo, servo de Deus, apóstolo de Jesus Cristo para levar os eleitos de Deus à fé e ao conhecimento da verdade conforme a piedade, ²na esperança da vida eterna prometida antes dos tempos eternos pelo Deus que não mente, ³e que, no tempo próprio, manifestou sua palavra por meio da proclamação de que fui encarregado por ordem de Deus, nosso Salvador, ⁴a Tito, meu verdadeiro filho na fé comum, graça e paz da parte de Deus Pai e de Cristo Jesus, nosso Salvador.

Instituição dos presbíteros — ⁵Eu te deixei em Creta para cuidares da organização[b] e ao mesmo tempo para que constituas presbíteros[c] em cada cidade, ⁶cada qual devendo ser, como te prescrevi, homem irrepreensível, esposo de uma única mulher, cujos filhos tenham fé e não possam ser acusados de dissolução nem de insubordinação. ⁷Porque é preciso que, sendo ecônomo das coisas de Deus, o epíscopo seja irrepreensível, não presunçoso, nem irascível, nem beberrão ou violento, nem ávido de lucro desonesto, ⁸mas seja hospitaleiro, bondoso, ponderado, justo, piedoso, disciplinado, ⁹de tal modo fiel na exposição da palavra que seja capaz de ensinar a sã doutrina como também de refutar os que a contradizem.

Luta contra os falsos doutores — ¹⁰Com efeito, há muitos insubmissos, verbosos e enganadores, especialmente no partido da circuncisão, ¹¹aos quais é preciso calar, pois pervertem famílias inteiras, e, com objetivo de lucro ilícito, ensinam o que não têm direito de ensinar. ¹²Um dos seus próprios profetas[d] disse: "Os cretenses são sempre mentirosos, animais ferozes, comilões vadios." ¹³Este testemunho é verdadeiro; repreende-os, portanto, severamente, para que sejam sãos na fé, ¹⁴e não fiquem dando ouvidos a fábulas judaicas ou a mandamentos de homens desviados da verdade. ¹⁵Para os puros, todas as coisas são puras;[e] mas para os impuros e descrentes, nada é puro: tanto a mente como a consciência deles estão corrompidas. ¹⁶Afirmam conhecer a Deus, mas negam-no com os seus atos, pois são abomináveis, desobedientes e incapazes para qualquer boa obra.

---

a) Os primeiros três versículos desta carta condensam toda a teologia da salvação e do apostolado.
b) Paulo, como tinha por hábito, lança as bases da evangelização, deixando a outros o cuidado de a complementar (cf. 1Cor 1,17; 3,6.10; Cl 1,7+; Rm 15,23+).
c) Segundo um costume do antigo Israel (Ex 18,13s; Nm 11,16; Js 8,10; 1Sm 16,4; Is 9,14; Ez 8,1.11 etc.) e do judaísmo (Esd 5,5; 10,14; Jt 6,16; Lc 7,3; 22,66; At 4,5 etc.; Josefo, Fílon e outros), as primeiras comunidades cristãs, tanto em Jerusalém (At 11,30; 15,2s; 21,18) como na Diáspora (At 14,23; 20,17; Tt 1,5; 1Pd 5,1), tinham à sua frente um corpo de "presbíteros" (anciãos, segundo o sentido etimológico) ou notáveis. Os "epíscopos" (etim.: "supervisores", cf. At 20,28), que não são ainda "bispos" e aparecem em relação particular com os "diáconos" (Fl 1,1; 1Tm 3,1-13; Padres apostólicos), parecem, em certos textos (Tt 1,5.7; At 20,17.28), praticamente idênticos aos "presbíteros". Contudo, este título, que se encontra no mundo grego, mas pode ser também de origem semítica (cf. o *Mebaqqer* dos essênios; cf. Nm 4,16; 31,14; Jz 9,28; 2Rs 11,15.18; 12,11 etc.), designa, em primeiro lugar, uma função, um ofício, ao passo que o título de "presbítero" assinala um estado, uma dignidade. É possível que os epíscopos fossem designados, eventualmente, no colégio dos presbíteros, para assumirem a responsabilidade de certos encargos executivos (cf. 1Tm 5,17). De qualquer modo, os presbíteros e epíscopos cristãos não são apenas encarregados da administração temporal, mas também do ensino (1Tm 3,2; 5,17; Tt 1,9) e do governo (1Tm 3,5; Tt 1,7). Instituídos pelos apóstolos (At 14,23), ou por seus representantes (Tt 1,5), pela imposição das mãos (1Tm 5,22; cf. 1Tm 4,14+; 2Tm 1,6).
d) Citação, pelo menos da primeira parte, do poeta cretense Epimênides de Cnossos (séc. VI a.C.).
e) Provérbio corrente na época, o qual adquire matiz cristão (Mt 15,10-20p; Rm 14,14-23; cf. Jo 13,10+; Hb 9,10 etc.).

TITO 2-3

2 ***Deveres particulares de certos fiéis*** — ¹Quanto a ti, fala do que pertence à sã doutrina. ²Que os velhos sejam sóbrios, respeitáveis, sensatos, fortes na fé, na caridade e na perseverança. ³As mulheres idosas, igualmente, devem proceder como convém a pessoas santas: não sejam caluniadoras, nem escravas da bebida excessiva; ⁴mas sejam capazes de bons conselhos, de sorte que as recém-casadas aprendam com elas a amar os maridos e filhos, ⁵a ser ajuizadas, fiéis e submissas a seus esposos, boas donas de casa, amáveis, a fim de que a palavra de Deus não seja difamada. ⁶Exorta igualmente os jovens, para que em tudo*ᵃ* sejam criteriosos.*ᵇ* ⁷Sê tu mesmo modelo de belas obras, íntegro e grave na exposição da verdade, ⁸exprimindo-te numa linguagem digna e irrepreensível, para que o adversário, nada tendo que dizer contra nós, fique envergonhado. ⁹Os servos devem ser em tudo obedientes aos seus senhores, dando-lhes motivo de alegria; não sendo teimosos, ¹⁰jamais furtando, ao contrário, dando prova de inteira fidelidade, honrando, assim, em tudo a doutrina de Deus, nosso Salvador.

Fundamento dogmático dessas recomendações — ¹¹Com efeito, a graça de Deus se manifestou*ᶜ* para a salvação de todos os homens. ¹²Ela nos ensina a abandonar a impiedade e as paixões mundanas, e a viver neste mundo com autodomínio, justiça e piedade, ¹³aguardando a nossa bendita esperança, a manifestação da glória do nosso grande Deus e Salvador,*ᵈ* Cristo Jesus, ¹⁴o qual se entregou a si mesmo por nós, *para remir-nos de toda iniquidade*, e para *purificar um povo que lhe pertence*, zeloso pelas belas obras.

¹⁵Dize-lhes todas estas coisas. Exorta-os e repreende-os com toda autoridade. Ninguém te despreze.

3 ***Deveres gerais dos fiéis*** — ¹Lembra-lhes que devem ser submissos aos magistrados e às autoridades, que devem ser obedientes e estar sempre prontos para qualquer trabalho honesto, ²que não devem difamar a ninguém, nem andar brigando, mas sejam cavalheiros e delicados para com todos. ³Porque também nós antigamente éramos insensatos, desobedientes, extraviados, escravos de toda sorte de paixões e de prazeres, vivendo em malícias e inveja, odiosos e odiando-nos uns aos outros. ⁴Mas, quando a bondade e o amor de Deus, nosso Salvador, se manifestaram, ele salvou-nos, ⁵não por causa dos atos justos que houvéssemos praticado, mas porque, por sua misericórdia, fomos lavados pelo poder regenerador e renovador do Espírito Santo, ⁶que ele ricamente derramou sobre nós, por meio de Jesus Cristo, nosso Salvador, ⁷a fim de que fôssemos justificados pela sua graça, e nos tornássemos herdeiros da esperança da vida eterna.*ᵉ*

Conselhos especiais a Tito — ⁸Esta é mensagem fiel. Desejo, pois, que insistas nestes pontos, de sorte que aqueles que creem em Deus sejam solícitos na prática das belas obras. Estas coisas são excelentes e proveitosas aos homens.

⁹Evita controvérsias insensatas, genealogias, dissensões e debates sobre a Lei, porque para nada adiantam, e são fúteis. ¹⁰Depois da primeira e da

---

a) "em tudo" pode também referir-se ao começo do v. 7: "Em tudo oferecendo".
b) Este conselho de moderação, que visa aqui aos jovens, é, noutros lugares do NT, dirigido a todos (vv. 5.12; 1Tm 2,9.15; 3,2).
c) A graça, eficaz misericórdia de Deus (Os 2,2+; 1Cor 1,4+), e sua bondade, seu amor pelos homens (3,4), "manifestaram-se" prenunciando aquela "manifestação" a que se referem o v. 13 e 1Tm 6,14+. Novamente (cf. 1,1-3; aqui vv. 11-14 e 3,4-7) dá-nos Paulo duas exposições bastante sintéticas da obra da salvação, dos seus efeitos e exigências. A liturgia do Natal utiliza estas duas passagens.
d) Clara afirmação da divindade de Cristo (cf. Rm 9,5+): o "Salvador" é cognominado também de "grande Deus" (cf. 1Tm 1,1+).
e) Os efeitos do batismo: novo nascimento, justificação pela graça de Cristo, comunicação do Espírito Santo (cf. Rm 5,5+), direito à herança da vida eterna, de que é penhor o dom do Espírito Santo (cf. 2Cor 1,22).

segunda admoestação, nada mais tens a fazer com um homem faccioso,*a* ¹¹pois é sabido que o homem assim se perverteu e se entregou ao pecado, condenando-se a si mesmo.

Recomendações práticas. Saudações e voto final — ¹²Mandarei ao teu encontro Ártemas ou Tíquico. Quando tiver chegado aí, faze o possível para vir ter comigo em Nicópolis, onde resolvi passar o inverno. ¹³Esforça-te por ajudar Zenas, o jurista, e Apolo, de modo que nada lhes falte. ¹⁴Todos os da nossa gente precisam aprender a praticar belas obras, de sorte que se tornem aptos a atender às necessidades urgentes*b* e, assim, não fiquem infrutíferos.

¹⁵Todos os que estão comigo te saúdam. Saúda a todos os que nos amam na fé. A graça*c* esteja com todos vós!

---

a) Lit.: "um homem herético" e etim.: "aquele que faz uma escolha". O termo não aparece na Bíblia senão neste único lugar. Foi tomado da terminologia das escolas filosóficas do tempo. Na linguagem cristã, a "heresia" (cf. 1Cor 11,19; Gl 5,20) é opção que se realiza entre as verdades da fé, e que gera separatismo e divisões. Quanto ao modo de proceder, prescrito por Paulo, ver 1Cor 5,5+.
b) Ou: "necessidade desta vida".
c) Ad. (T. oc.): "do Senhor", ou (Vulg.): "de Deus". A Vulg. acrescenta ao final: "Amém".

EPÍSTOLA A FILÊMON

Endereço — ¹Paulo, prisioneiro de Cristo Jesus, e o irmão Timóteo, a Filêmon, nosso muito amado colaborador, ²à nossa irmã[a] Ápia, ao nosso companheiro de armas Arquipo, e à igreja que se reúne na tua casa. ³Graça e paz a vós, da parte de Deus nosso Pai e do Senhor Jesus Cristo.

Ação de graças e oração — ⁴Dou sempre graças ao meu Deus, lembrando-me de ti em minhas orações, ⁵porque ouço falar do teu amor e da fé que te anima em relação ao Senhor Jesus e para com todos os santos.

⁶Possa a tua generosidade, inspirada pela fé[b] tornar-se eficaz pelo conhecimento de todo bem que nos é dado realizar por Cristo. ⁷De fato, tive grande alegria e consolação por causa do teu amor, pois, graças a ti, irmão, foram reconfortados os corações dos santos.

Pedido em favor de Onésimo — ⁸Por isso, tendo embora toda liberdade em Cristo de te ordenar o que convém, ⁹prefiro fazer um pedido invocando a caridade. É na qualidade de Paulo, velho[c] e agora também prisioneiro de Cristo Jesus, ¹⁰que venho suplicar-te em favor do meu filho Onésimo, que gerei na prisão.[d] ¹¹Outrora ele te foi inútil, mas doravante será muito útil a ti, como se tornou para mim.[e] ¹²Mando-o de volta a ti; ele é como se fosse meu próprio coração.[f] ¹³Eu queria segurá-lo comigo para que, em teu nome, ele me servisse nesta prisão que me valeu a pregação do Evangelho. ¹⁴Entretanto, nada quis fazer sem teu consentimento, para que tua boa ação não fosse como que forçada, mas espontânea.

¹⁵Talvez ele tenha sido retirado[g] de ti por um pouco de tempo, a fim de que o recuperasses para sempre, ¹⁶não mais como escravo, mas bem melhor do que como escravo, como irmão amado: muitíssimo para mim e tanto mais para ti, segundo a carne e segundo o Senhor.[h] ¹⁷Portanto, se me consideras teu amigo, recebe-o como se fosse a mim mesmo. ¹⁸E se ele te deu algum prejuízo ou te deve alguma coisa,[i] põe isso na minha conta. ¹⁹Eu, Paulo, escrevo de meu punho, eu pagarei... para não dizer que também tu és devedor de ti mesmo[j] a mim! ²⁰Sim, irmão, eu quisera mesmo abusar da tua bondade no Senhor! Dá este conforto a meu coração em Cristo.

²¹Eu te escrevo certo da tua obediência[k] e sabendo que farás ainda mais do que te peço.

Recomendações. Saudações — ²²Ao mesmo tempo, prepara-me também um alojamento, porque, graças às vossas orações, espero que vos serei restituído.

²³Saudações de Epafras, meu companheiro de prisão em Cristo Jesus, ²⁴de Marcos, Aristarco, Demas e Lucas, meus colaboradores. ²⁵A graça do Senhor Jesus Cristo esteja com o vosso espírito.[l]

---

a) Var.: "nossa-amada" ou: "nossa irmã bem-amada".
b) Isto é, o sentido da comunhão com Cristo e com os irmãos em Cristo (cf. 1Cor 1,9+) que a fé instaura no coração do fiel. Desta fé repleta de amor (v. 5; cf. Gl 5,6+) Paulo espera uma orientação prática da vida moral e fraterna.
c) O termo usado poria a idade de Paulo entre 50 e 60 anos.
d) Convertendo-o à fé (cf. 1Cor 4,15; Gl 4,19).
e) Jogo de palavras com o nome de Onésimo, que significa "útil" (cf. Fl 4,3).
f) "ele é como"; var. (Vulg.): "mas tu recebe-o como meu próprio coração" (cf. v. 17).
g) Retirado por Deus, que permitiu a fuga de Onésimo, para o bem final de todos.

h) Aos laços naturais "na carne" (sentido literal do grego, cf. Rm 7,5+) entre o escravo e seu senhor, foram acrescentados os laços "no Senhor". Sem deixar de ser escravo (cf. 1Cor 7,20-24), embora Paulo sugira a Filêmon que o liberte (vv. 14-16.21), Onésimo doravante será irmão para Filêmon. Diante do único Senhor dos céus (Ef 6,9) não há mais senhor nem escravo (1Cor 12,13; Cl 3,22-25).
i) Parece que o escravo fugitivo tinha também furtado alguma coisa na casa do seu senhor.
j) Também Filêmon havia sido convertido por Paulo.
k) Obediência, não a Paulo, v. 8, porém, num sentido mais profundo, às exigências da fé.
l) Ad.: "Amém" (cf. Fl 4,23).

EPÍSTOLA AOS HEBREUS

Introdução

Ao contrário de todas as precedentes, a epístola aos Hebreus teve sua autenticidade posta em dúvida desde a antiguidade. Raramente se contestou sua canonicidade, mas a Igreja do Ocidente, até o fim do séc. IV, recusou-se a atribuí-la a são Paulo; e se a do Oriente aceitou esta atribuição, não foi sem fazer às vezes certas reservas no tocante à sua forma literária (Clemente de Alexandria, Orígenes). É que, com efeito, a linguagem e o estilo deste escrito são de uma pureza elegante, que não pertence a são Paulo. A maneira de citar e de utilizar o AT não é a sua. Faltam aí o endereço e o preâmbulo, com os quais ele costuma iniciar suas cartas.

Pode-se todavia reconhecer ressonâncias do pensamento paulino onde se desenvolve o tema da fé: a Lei antiga foi dada por intermédio dos anjos (2,2; cf. Gl 3,19+), a falha da geração que saiu do Egito e que desapareceu durante a travessia do deserto constitui uma advertência para os crentes (3,7-4,2; cf. 1Cor 10,1-13), os destinatários são como crianças que têm necessidade do leite maternal (5,12; cf. 1Cor 3,1-3; 1Pd 2,2), Abraão é o exemplo da fé (6,12-15; 11,19; cf. Rm 4,17-21), a Aliança do Sinai se opõe à Jerusalém nova (12,18-24; cf. Gl 4,24-26) etc. Um "bilhete" final cita Timóteo, e a linguagem desse escrito relembra frequentemente as epístolas pastorais e as do cativeiro.

Essas considerações levaram muitos críticos católicos e protestantes a admitir um redator que se inscreve na ambiência paulina, mas não há acordo quando se trata de identificar o autor anônimo. Todo tipo de nomes foram propostos, tais como Barnabé, Aristião, Silas, Apolo, Priscila e outros. Parece mais simples tentar traçar seu retrato: trata-se de judeu de cultura helenística, familiar na arte oratória, atento a uma interpretação pontual das passagens veterotestamentárias que utiliza, frequentemente segundo a versão dos LXX, para apoiar seus argumentos.

O lugar e a data de composição, assim como os destinatários, também não são seguros. Parece que o escrito foi enviado da Itália (13,24+, mas a expressão não é clara) e redigido antes da destruição de Jerusalém. Contudo, se ele fala efetivamente da liturgia veterotestamentária como de realidade ainda atual (8,4s; 13,10), ele nunca alude ao Templo destruído por Tito em 70 d.C. e se refere sempre à Tenda do deserto e aos textos que a descrevem, ainda em vigor além das vicissitudes históricas concernentes ao santuário. Até a ressonância de certas passagens de Hb 1,1-13 na Prima Clementis — quer se aceite, quer não, a hipótese de um fundo comum de referências bíblicas — não é muito útil, levando-se em conta as dificuldades de datação do escrito clementino. Hb faz em seguida alusão a uma perseguição já terminada (10,32-34) ou em vias de cessar (13,3), mas esses dados são demasiado exíguos para nos ajudar a decidir sobre uma data. O que é seguro, por outro lado, é certa distância no tempo em relação à pregação apostólica (2,3-4) e ao primeiro anúncio recebido pelos próprios destinatários e feito pelos "chefes" que não são mais bem identificados (13,7+; cf. 10,32). Hb reserva unicamente a Cristo o título de "apóstolo" (3,1+).

Dado que a preocupação principal do escritor parece a de estar atento contra o perigo da apostasia (6,4-8; 10,19-39) e de confortar aqueles que parecem lamentar o esplendor do culto mosaico e o lado tranquilizador — inclusive do ponto de vista psicológico — de uma religião oficial que as jovens comunidades cristãs não estavam à altura de garantir (9,9b-10), pode-se pensar que os destinatários eram judeus convertidos em meio helenístico ou então gentios fascinados pela cultura hebraica, à imagem dos leitores aos quais se dirige Fílon de Alexandria. O que é seguro é que deviam estar familiarizados — através da catequese ou da exegese judaica contemporânea — com certo jargão técnico saído da leitura dos

LXX (cf. 5,10+; 7,11) como também com certas interpretações tradicionais (7,1-3+; 11,17-19+). Não se pode dizer o mesmo em relação ao Templo: as descrições de lugares e de ritos são abundantes mas nem sempre precisas (cf. 9,1-4+; 10,11+; 13,21).

Há também discussão a propósito do gênero literário ao qual pertenceria Hb: carta, discurso, tratado sob forma epistolar? A língua tem, com efeito, a espontaneidade da linguagem falada (p. ex.: 2,5; 7,4; 9,5; 11,32), ao mesmo tempo o conjunto apresenta desligamentos súbitos (3,1; 8,1; 10,1; 13,1), repetições (2,1-4 e 12,25; 2,17-18 e 4,14-16; 6,4-8 e 10,26-31) e sobretudo retomadas do tema principal depois de longos intervalos que se encaixam mal no contexto (4,4-16; 5,9-10; 6,20; 8,1-2; 9,11; 10,19-23). Isso tudo não relembra o gênero da homilia, que deve manter a atenção do auditório do começo ao fim. Além disso, a disposição quase concêntrica dos temas coaduna-se menos ainda com o gênero do discurso: aparentemente fala-se do sacerdócio e do sacrifício de Cristo numa passagem central (7,1-10,8); da perseverança na fé, em duas passagens simétricas (3,1-4,14 e 10,19-12,13) enquadradas por dois discursos, um sobre os anjos (1,5-2,18) e o outro como parênese de feições apocalípticas (12,14-13,19). Não haveria ouvinte que não se perdesse por aí!

Ainda é possível reconhecer dois cursos de argumentos. O primeiro toma seu impulso na exegese cristológica do Sl 8 em 2,5-18, prolonga-se em 5,1-10 e atinge seu pleno desenvolvimento em 7,1-28; 10,1-18 é enriquecido com uma parênese (10,26-36 e 12,14-17) e chega à sua conclusão em 13,20-21. Este primeiro curso é especificamente consagrado ao sacerdócio de Cristo. O segundo curso desenvolve o tema da fé, seguindo o exemplo do povo do êxodo, e é reconhecível sobretudo em 1,1-3; 2,1-4; 3,1-4,13; 10,36-12,3; 12,18-25. É bem no interior desse tema que estão concentrados os traços mais marcados de inspiração paulina. A inserção (cf. 13,1+) dos capítulos 8 e 9, que rompe a continuidade entre 7,28 e 10,1+ (que apresenta duplicatas com 10,1-18 e que constitui o tema ao qual se apela mais frequentemente nas retomadas do assunto, acima citados), pode ser considerada como desenvolvimento complementar do primeiro curso de argumentos.

É provável que duas homilias, escritas para serem pronunciadas, foram fundidas na fase redacional de modo a reagrupar as parêneses no fim do texto. É a esta fase que se poderia atribuir a inserção de 8-9, as retomadas e a recapitulação de 13,9b-15. Certamente, qualquer subdivisão tem seu lado arbitrário; seguirei esta na apresentação da tradução do texto.

O primeiro autor concebe a revelação bíblica como um "continuum" (1,1-2) em quatro tempos: o tempo dos patriarcas e das promessas (6,13-18); o tempo da Lei, "sombra" (8,5; 10,1) e realização "carnal" (7,16); a reedição das promessas através de Davi e dos profetas (4,7; 7,28; 8,7-13; a "imagem" de 10,1); e, enfim, a era escatológica, o "hoje" (4,7) que nos engloba (11,39-40), inaugurado por Cristo. O autor esboça traços desse tempo a partir da concepção do universo constituído em dois planos, os "éons": o universo imanente que não vemos ainda submetido a Cristo (2,8) e o universo divino, fundamento da realidade segundo a mentalidade helenística e segundo certas correntes da apocalíptica judaica, no qual Jesus entrou como rei (1,6) e como sacerdote depois de ser libertado do poder da morte (5,7; 13,20). Uma reedição posterior (cc. 8-9), apresenta a ação sacerdotal eterna que ele exerce, em continuidade com a oferta de si mesmo realizada durante sua vida. Isso permite ao fiel aproximar-se de Deus com plena confiança, sem mediação humana.

Com efeito, a vida do fiel deve ser considerada como um êxodo contínuo para uma pátria prometida (4,1-6) que não pode ser identificada com um lugar terrestre, seja ele qual for (4,8; 11,13; 13,14).

Esta afirmação, que está longe de ser banal para hebreus — mesmo helenizados — vivendo entre duas revoltas judaicas (64-135 d.C.), deve ser integrada à ideia de que a existência terrestre, vivida na obediência a Cristo (5,9) precursor e guia da salvação (6,20; 2,10), é ela própria uma liturgia (13,15-16).

EPÍSTOLA AOS HEBREUS

Prólogo

1 *A grandeza do Filho de Deus encarnado* — ¹Muitas vezes e de modos diversos falou Deus, outrora, aos Pais pelos profetas; ²agora, nestes dias que são os últimos,*ᵃ* falou-nos por meio do Filho,*ᵇ* a quem constituiu herdeiro de todas as coisas,*ᶜ* e pelo qual fez os séculos.*ᵈ* ³É ele o resplendor de sua glória e a expressão de sua substância;*ᵉ* sustenta o universo com o poder de sua palavra; e depois de ter realizado a purificação dos pecados, sentou-se nas alturas à direita da Majestade, ⁴tão superior aos anjos quanto o nome que herdou excede o deles.

Gl 4,4 +
1Tm 4,1 +
Jo 1,18 +
Jo 10,34 +
Mt 4,3 +
Sb 7,22 +
Cl 1,15 +.17
Ef 1,7;
Cl 1,14
At 2,33 +
Fl 2,9-11 +

O Filho

⁵De fato, a qual dos anjos disse Deus: *Tu és o meu Filho, eu hoje te gerei*? Ou ainda: *Eu lhe serei pai, e ele me será filho*? ⁶E ao introduzir o Primogênito no mundo,*ᶠ* diz novamente: *Adorem-no todos os anjos de Deus*. ⁷A respeito dos anjos, porém, ele declara: *Torna em ventos os seus anjos, e em chama de fogoᵍ os seus ministros*. ⁸Ao Filho, porém, diz: *Ó teu trono, ó Deus, é para os séculos dos séculos; o cetro da retidão é o cetro de sua realeza*.*ʰ* E: ⁹*Amaste a justiça e odiaste a iniquidade, por isso, ó Deus, te ungiu o teu Deus com o óleo da alegria como a nenhum dos teus companheiros*.*ⁱ* ¹⁰Diz ainda: *És tu, Senhor, que nas origens fundaste a terra; e os céus são obras de tuas mãos*. ¹¹*Eles perecerão; tu, porém, permanecerás; todos hão de envelhecer como um vestido*; ¹²*e a tua enrolarás como um manto, e serão mudados como vestimenta. Tu, porém, és sempre o mesmo, e os teus anos jamais terão fim*. ¹³A qual dos anjos disse ele jamais: *Senta-te à minha direita, até que reduza teus inimigos a escabelo dos teus pés*? ¹⁴Porventura, não são todos eles espíritos servidores, enviados ao serviço dos que devem herdar a salvação?*ʲ*

Sl 2,7
At 13,33 +
2Sm 7,14 +
Cl 1,15 +
Dt 32,43;
Sl 97,7
Sl 104,4

Sl 45,7-8

Sl 102,26-28

Sl 110,1
At 2,33-35 +
Tb 5,4 +
Mt 4,11;
18,10; 26,53
Lc 1,26

---

a) Lit. "no extremo destes dias, no fim do presente *éon*". Na plenitude dos tempos (Mc 1,15+; Gl 4,4+) abrem-se os últimos tempos ou os últimos dias (At 2,17; Jl 3,1; 1Pd 1,20; cf. 2Tm 3,1; 2Pd 3,3; 1Jo 2,18; Jd 18).
b) Depois dos profetas, Deus envia um mensageiro que não é mais um porta-voz como os outros: é o "Filho" (cf. Mc 12,2-6; Rm 1,4).
c) A filiação comporta o direito à herança (cf. Mt 21,38; Gl 4,7). Aqui, porém, a tomada de posse de todas as coisas é atribuída à iniciativa de Deus, no momento da glorificação, conforme a imagem dinástica (1Rs 1,20).
d) Expressão hebraica para designar o mundo, mas também as duas épocas ou dimensões do universo, o *éon* presente, e a caracterizada pela eternidade, o *éon* futuro para nós, mas existente no "espaço" de Deus (cf. 5,6; 6,20; 7,17.21.28 onde se preferiu conservar o termo grego).
e) Estas duas metáforas, tomadas da teologia alexandrina da Sabedoria e do Logos (Sb 7,25-26), exprimem a identidade de natureza entre o Pai e o Filho e também a distinção das pessoas. O Filho é o "resplendor" ou o reflexo da glória luminosa (cf. Ex 24,16+) do Pai, *Lumen de Lumine*. E ele é a "expressão", "efígie" (cf.Cl 1,15+) de sua substância, como a marca exata deixada por um carimbo (cf. Jo 14,9).
f) Trata-se da *oikoumene* eterna (2,5; 12,22), e não do *kosmos* presente (10,5). Deus teria pronunciado estas palavras por ocasião da entronização na glória (cf. v. 3; 2,5; Ef 1,20-21; Fl 2,9-10). "Primogênito" é um título de honra (Cl 1,15.18; Ap 1,5).
g) Seguindo a LXX, o autor vê neste texto uma descrição da natureza dos anjos, sutil, móvel e, portanto, inferior à do Filho sobre o seu trono imutável.
h) Var.: "tua realeza" (cf. Sl 45, LXX).
i) A divindade que o Sl atribui por hipérbole ao rei é atribuída aqui de maneira própria e eminente a Jesus-Messias (v. 3). O Cristo-Deus possui um reino eterno.
j) Por oposição ao Filho, os anjos são apenas servidores (v. 7), empregados em vista da salvação dos homens.

HEBREUS 2

2 *Exortação* — ¹Pelo quê,ª importa observemos tanto mais cuidadosamente os ensinamentos que ouvimos para que não nos transviemos. ²Pois, se a palavra promulgada por anjos^b entrou em vigor, e qualquer transgressão ou desobediência recebeu justa retribuição, ³como escaparemos nós, se negligenciarmos tão grande salvação? Esta começou a ser anunciada pelo Senhor. Depois, foi-nos fielmente transmitida pelos que a ouviram, ⁴testemunhando Deus juntamente com eles, por meio de sinais, de prodígios e de vários milagres e por dons do Espírito Santo, distribuídos segundo a sua vontade.

O sacerdócio de Cristo

Base escriturística: exegese do Sl 8 — ⁵Não foi a anjos que ele sujeitou o mundo futuro, de que falamos. ⁶A esse respeito, porém, houve quem afirmasse: *Que é o homem, para que dele te lembres? Ou o filho do homem, para que o visites?* ⁷*Fizeste-o, por um pouco, menor que os anjos, de glória e de honra*^c *o coroaste*, ⁸*e todas as coisas puseste* debaixo dos seus pés. Se Deus lhe *submeteu todas as coisas*, nada deixou que lhe ficasse insubmisso. Agora, porém, ainda não vemos que *tudo lhe esteja submisso*.^d ⁹Vemos, todavia, Jesus, que foi *feito, por um pouco, menor que os anjos*, por causa dos *sofrimentos da morte*,^e *coroado de honra e de glória*. É que pela graça de Deus^f provou a morte em favor de todos os homens.

¹⁰Convinha, de fato, que aquele por quem e para quem todas as coisas existem, querendo conduzir muitos filhos à glória, levasse à perfeição, por meio de sofrimentos, o Iniciador da salvação deles.^g ¹¹Pois tanto o Santificador quanto os santificados, todos, descendem de um só;^h razão por que não se envergonha de os chamar *irmãos*, ¹²dizendo: *Anunciarei o teu nome a meus irmãos; em plena assembleia te louvarei*; ¹³e mais: *Porei nele a minha confiança*; e ainda: *Eis-me aqui com os filhos que Deus me deu*.

¹⁴Uma vez que os *filhos* têm em comum carne e sangue, por isso também ele participou da mesma condição, a fim de destruir pela morte o dominador da morte, isto é, o diabo;ⁱ ¹⁵e libertar^j os que passaram toda a vida em estado de

---

a) Se Deus fala aos homens por um Filho que os salva e que os anjos servem, como não levar a sério tal economia?
b) A Lei mosaica, transmitida por intermédio dos anjos (cf. Gl 3,19+), sancionada por penalidades severas.
c) O termo "filho do homem" que se lê no Sl 8,5 permite a aplicação em três tempos do salmo a Jesus: ele foi "por pouco (tempo)" inferior aos anjos, mas, depois da morte foi "coroado", e no fim dos tempos dominará sobre tudo.
d) Os primeiros cristãos, desprezados e perseguidos, esperam ainda o advento do reino de Deus sobre a terra (2Pd 3,4). Cristo, no entanto, já entrou na glória, se bem que o seu reino militante seja progressivo; ele deve vencer todos os seus inimigos (1,13) antes da sua consumação plena e triunfal (1Cor 15,25; Ef 1,21-22; Fl 3,20-21).
e) A coroação "de glória e de honra" implica tanto a proclamação régia como a consagração sacerdotal (5,4-5).
f) "pela graça de Deus"; var. pouco atestada: "exceto Deus". Trata-se, certamente, de uma glosa que pretende salientar a impassibilidade da divindade de Cristo: foi somente como homem que Jesus sofreu, ou então é alusão ao grito de Jesus sobre a cruz (Mt 27,46). Finalmente, pode sugerir que Cristo sofreu por todos, à exceção de Deus (cf. 1Cor 15,27).
g) Os sofrimentos e a morte de Cristo, realização da vontade da Providência, tornam Cristo perfeito enquanto salvador, encarregado de introduzir os homens na glória de Deus (2,17-18; 4,15; 5,2-3). O verbo "levar à perfeição" volta várias vezes na epístola para evocar os diversos efeitos da obra de Cristo na relação do homem com Deus (11,40+); mas evoca também o rito da consagração dos sacerdotes, a "ação de encher as mãos (com as vítimas)"; Ex 29; Lv 8, que LXX traduz por "realização". Tal rito tornaria o sacerdote apto a comparecer diante da presença de Deus no santuário.
h) Poder-se-ia traduzir também: santificador e santificados formam um só todo. Os vv. seguintes insistem sobre esta comunhão na carne e no sangue (v. 14), que o Filho de Deus quis assumir, e assim introduzem o tema essencial da carta, o de Cristo Sumo Sacerdote (v. 17; 5,7+).
i) Pecado e morte são correlativos, um e outro provêm de Satanás, cujo reino se opõe ao de Cristo.
j) Por sua vitória sobre a morte, penhor da do fiel (13,20+; Rm 8,11+).

servidão, pelo temor da morte. ¹⁶Pois não veio ele *ocupar-se* com anjos, mas, sim, com *a descendência de Abraão*. ¹⁷Convinha, por isso, que em tudo se tornasse semelhante aos *irmãos*, para ser, em relação a Deus, Sumo Sacerdote *misericordioso e fiel*, para expiar assim os pecados do povo. ¹⁸Pois, tendo ele mesmo passado pela prova, é capaz de socorrer os que são provados.

A fé: caminho para o repouso divino

3 *Cristo é superior a Moisés* — ¹Assim, meus santos irmãos e companheiros da vocação celeste, considerai atentamente Jesus, o apóstolo e Sumo Sacerdote*ᵃ* da nossa profissão de fé. ²É *fielᵇ* a quem o constituiu, como também o foi *Moisés em toda a sua casa*. ³Ele foi, de fato, considerado digno de maior honra do que Moisés. Pois o arquiteto tem maior honra do que a própria casa. ⁴Toda casa, com efeito, tem o seu arquiteto; mas o arquiteto de tudo é Deus. ⁵Ora, Moisés era fiel *em toda a sua casa, como servo*, para ser testemunha das coisas que deveriam ser ditas. ⁶Cristo, porém, na qualidade de filho, está acima de sua casa. Esta casa somos nós, se mantivermos a confiança e o motivo altaneiro da esperança.*ᶜ*

A fé introduz no repouso de Deus — ⁷Eis por que assim declara o Espírito Santo: *Hoje, se lhe ouvirdes a voz,* ⁸*não endureçais vossos corações, como aconteceu na Provocação: no dia da Tentação, no deserto,* ⁹*onde vossos pais me tentaram, pondo-me à prova,* ¹⁰*embora vissem minhas obras, durante quarenta anos. Pelo que me indignei contra essa geração, e afirmei: sempre se enganam no coração, e desconhecem meus caminhos*. ¹¹*Assim, jurei em minha ira: não entrarão no meu repouso.* ¹²Vede, irmãos, que não haja entre vós quem tenha coração mau e infiel que se afaste do Deus vivo. ¹³Exortai-vos, antes, uns aos outros, dia após dia, enquanto ainda se disser *"hoje"*, para que ninguém de vós *se endureça*, seduzido pelo pecado. ¹⁴Pois nos tornamos companheiros de Cristo, contanto que mantenhamos firme até o fim nossa confiança inicial. ¹⁵Quando se diz: *Hoje, se lhe ouvirdes a voz, não endureçais vossos corações, como aconteceu na Provocação,...* ¹⁶Quais foram os que *ouviram, e fizeram a provocação*? Não foram todos os que saíram do Egito, graças a Moisés? ¹⁷E contra quem *se indignou ele durante quarenta anos*? Não foi acaso contra os que pecaram, *e cujos cadáveres caíram no deserto*? ¹⁸E a quem, senão aos rebeldes, jurou ele que não entrariam no seu repouso? ¹⁹Vemos, pois, que foi por causa da sua infidelidade que não puderam entrar.

4 ¹Ora, sendo que ainda continua a promessa *de entrar no seu repouso...*, tenhamos o cuidado de não encontrar entre vós quem chegue atrasado.*ᵈ* ²Pois também nós, como eles, recebemos uma boa nova. A palavra que ouviram, contudo, de nada lhes aproveitou, por não se unirem pela fé àqueles que

---

a) Cristo é apóstolo, isto é, "enviado" por Deus aos homens (cf. Jo 3,17+.34; 5,36; 9,7; Rm 1,1+; 8,3; Gl 4,4+) e Sumo Sacerdote, que representa os homens junto a Deus (cf. 2,17; 4,14+; 5,5.10; 6,20; 7,26; 8,1; 9,11; 10,21).
b) No contexto, apesar da construção com o dativo, "fiel" significa "digno de fé" (cf. 1Cr 17,14 LXX).
c) Ad.: "firme até o fim"; cf. v. 14, que é talvez duplicata redacional, para retomar o discurso depois da citação do Sl 95,7-11, atraída pelo "incipit" no v. 15.
d) Conforme um lugar comum da pregação primitiva (1Cor 10,1-10; 2Pd 1,12; Jd 5), Hb descreve o revés da geração que saíra do Egito, comparando o Sl 95 e Nm 14. Não apenas a geração do êxodo, descrente diante da palavra de Deus, não entrou na Terra Prometida, mas isso se refere também àqueles que entraram em Canaã com Josué (4,8), uma vez que Davi, bastante tempo depois (v. 7), deve repetir a promessa (Sl 95). É o esquema de interpretação do AT típico de Hb (cf. 7,28; 8,7): se os profetas e o salmista devem atualizar as promessas antigas, isso se deve ao fato de que a primeira aliança contida na Lei mostrou-se ineficaz.

a tinham ouvido.*a* ³Nós, porém, que abraçamos a fé, entraremos no repouso,*b* conforme o que foi dito: *Assim, jurei em minha ira: não entrarão no meu repouso.* Claro está que as obras de Deus estão terminadas desde a criação do mundo; ⁴pois, nalgum lugar, se diz sobre o sétimo dia: *No sétimo dia repousou Deus de todas as suas obras.* ⁵E ainda nesta passagem: *Não entrarão no meu repouso.* ⁶Sendo assim, outros entrarão nele, visto que aqueles que primeiro receberam a boa nova não entraram, devido a sua desobediência. ⁷Tornou Deus a fixar outro dia, um *hoje, quando há muito disse em Davi*, conforme dissemos acima: *Hoje, se lhe ouvirdes a voz, não endureçais vossos corações...* ⁸Pois bem, se Josué lhes tivesse assegurado este repouso, não se falaria mais de outro dia. ⁹Por isso, ainda fica em perspectiva para o povo de Deus um repouso de sábado. ¹⁰Pois *aquele que entrou no seu repouso, descansou das suas obras*, assim como Deus descansa das suas. ¹¹Empenhemo-nos, portanto, por *entrar nesse repouso*, para que este mesmo exemplo de desobediência não leve ninguém a cair.

¹²Pois a Palavra de Deus*c* é viva, eficaz e mais penetrante do que qualquer espada de dois gumes; penetra até dividir alma e espírito, junturas e medulas. Ela julga as disposições e as intenções do coração. ¹³E não há criatura oculta à sua presença. Tudo está nu e descoberto aos olhos daquele a quem devemos prestar contas.

Retomada do tema sacerdotal — ¹⁴Tendo, portanto, um Sumo Sacerdote eminente, que atravessou os céus:*d* Jesus, o Filho de Deus, permaneçamos firmes na profissão de fé. ¹⁵Com efeito, não temos Sumo Sacerdote incapaz de se compadecer das nossas fraquezas, pois ele mesmo foi provado em tudo como nós, com exceção do pecado. ¹⁶Aproximemo-nos, então, com segurança do trono da graça para conseguirmos misericórdia e alcançarmos graça, como ajuda oportuna.

O sacerdócio de Cristo (continuação)

5 *Sacrifício terrestre: no dia de sua carne* — ¹Porquanto todo Sumo Sacerdote, tirado do meio dos homens é constituído em favor dos homens em suas relações com Deus. Sua função é oferecer dons e sacrifícios pelos pecados.*e* ²É capaz de ter compreensão por aqueles que ignoram e erram, porque ele mesmo está cercado de fraqueza. ³Pelo que deve oferecer sacrifícios tanto pelos pecados do povo quanto pelos seus próprios. ⁴Ninguém, pois, se atribua esta honra, senão o que foi chamado por Deus, como Aarão!

a) Por exemplo, Josué e Caleb (cf. Nm 13-14). — Var.: "a palavra que ouviram... não estando misturada com a fé nas coisas que haviam ouvido".
b) Comparando o Sl 95,11 "meu repouso", a Gn 2,2, onde a palavra "repouso" serve para descrever a condição de Deus ao terminar a obra da criação, o autor deduz que a promessa do salmo se refere à entrada no "espaço" divino, inaugurado por Cristo (10,20).
c) A Palavra de Deus transmitida pelos profetas, e depois pelo Filho, cuja expressão acaba-se de compreender no Sl 95,7-11, é viva e operante nos fiéis (1Ts 2,13+). É esta Palavra que julga (cf. Jo 12,48; Ap 19,13) os movimentos e intenções secretas do coração do homem — ..."articulações medulas", outra tradução: "Até as articulações, até as medulas".
d) Primeira alusão aos céus, limite do espaço, onde se desenvolve, segundo a epístola, o ofício sacerdotal de Cristo. Assentado à direita de Deus (1,3; 8,1), ele pertence, juntamente com Deus, às realidades imutáveis e definitivas: o seu sacrifício, realizado uma vez por todas (7,26-27+), possui valor perfeito e eterno (8,1-4+; 9,11-12+.23-24). O objeto da esperança cristã é a realização dessa salvação na cidade celeste (9,28; 12,22-24). Os vv. 14-16 retomam, depois da inserção da homilia sobre o êxodo (3,1-4,13), os termos de 2,17-18 e serão retomados em 10,19s. Estas duas retomadas podem ser utilizadas para lembrar o tema, ou ter origem redacional.
e) Esta atividade do sacerdote como sacrificador (cf. Lv 1; 4; 9), relacionada a Aarão e não a Moisés, será objeto de longa explicação. O sacrifício, estando em relação com o pecado, mostra o sacerdote solidário com os homens na presença de Deus.

⁵Deste modo, também Cristo não se atribui a glória de tornar-se Sumo Sacerdote. Ele, porém, a recebeu daquele que lhe disse: *Tu és meu Filho, hoje te gerei*... ⁶Conforme diz ainda, em outra passagem: *Tu és sacerdote para o éon,ᵃ segundo a ordem de Melquisedec*. ⁷É ele que, nos dias de sua vida terrestre,ᵇ apresentou pedidos e súplicas, com veemente clamor e lágrimas, àquele que o podia salvar da morte; e foi atendidoᶜ por causa da sua submissão.ᵈ ⁸E embora fosse Filho, aprendeu, contudo, a obediência pelo sofrimento; ⁹e, levado à perfeição,ᵉ se tornou para todos os que lhe obedecem princípio de salvação eterna, ¹⁰tendo recebido de Deus o título de Sumo Sacerdote, *segundo a ordem de Melquisedec*.ᶠ

Sl 2,7
Sl 110,4
Rm 7,5 +
Mt 26,36sp
Fl 2,8
2,10 +;
7,28
Rm 1,5 +;
Jo 17,19

Chamada de atenção

Vida cristã e teologia — ¹¹Muitas coisas teríamos a dizer sobre isso, e a sua explicação é difícil, porque vos tornastes lentos à compreensão. ¹²Pois, uma vez que com o tempo vós deveríeis ter-vos tornado mestres, necessitais novamente que se vos ensinem os primeiros rudimentos dos oráculos de Deus, e precisais de leite, e não de alimento sólido. ¹³De fato, aquele que ainda se amamenta não pode degustar a doutrina da justiça,ᵍ pois é criancinha! ¹⁴Os adultos, porém, que pelo hábito possuem o senso moral exercitado para discernir o bem e o mal, recebem o alimento sólido.

1Cor 3,1-3
1Pd 2,2

1Cor 2,6 +
Fl 1,10 +
Cl 3,10 +

6 **O autor expõe sua intenção** — ¹Por isso,ʰ deixando de lado o ensinamento elementar a respeito de Cristo, elevemo-nos à perfeição adulta, sem ter que voltar aos artigos fundamentais: o arrependimento das obras mortasⁱ e a fé em Deus, ²a doutrina sobre os batismosʲ e a imposição das mãos, a ressurreição dos mortos e o julgamento eterno. ³É isto o que faremos, se a tanto Deus nos ajudar!
⁴De fato, é impossível que, para aqueles que foram iluminados — que saborearam o dom celeste, receberam o Espírito Santo, ⁵experimentaram a beleza da palavra de Deus e as forças do mundo que há de vir — ⁶e, não obstante,

9,14;
Mt 3,2 +
Rm 1,16 +;
At 2,38 +
1Tm 4,14 +
Rm 2,6 +
10,32 +
2Cor 4,4-6
Ef 5,14
Rm 5,5 +
10,26-31;
12,17
1Jo 5,16

a) A exegese que atribui a *eis ton aiôna* o sentido de "em vista do *éon*" (divino), onde Cristo entrou depois de sua morte (v. 7), apoia-se sobre o artigo definido.
b) Neste tópico, toda a atenção se volta para a humanidade do sacerdote. Para representar os homens, deve ser um deles; para ter compaixão das suas misérias, deve tê-las compartilhado (cf. 2,17-18; 4,15). Ora, esta humanidade de "carne" (Rm 7,5+) é atestada em Jesus, através de toda a sua vida terrestre, por sua fraqueza (v. 2), sobretudo pela sua agonia e morte. — ...A diferença maior entre o Sumo Sacerdote aaronita reside no fato de que o primeiro, isolado por uma série de separações (Lv 21,10-23), é solidário com seu povo unicamente no pecado (v. 3), enquanto Cristo é, ao contrário, plenamente "leigo", mas sem pecado (4,15).
c) Não que tenha sido subtraído à morte física, mas ele foi arrancado ao seu poder (At 2,24s) e Deus transformou esta morte em exaltação gloriosa (Jo 12,27s; 13,31s; 17,5; Fl 2,9-11; Hb 2,9).
d) O termo implica respeito e submissão. A oração de Cristo em agonia era inspirada pela obediência total à vontade do Pai (cf. Mt 26,39-42). — ...Os vv. 7-8, particularmente cuidados, apoiam-se sobre a identidade de raiz de *hyp-akouein*, "escutar a partir de baixo, obedecer", *ep-akouein*, "escutar a partir do alto, atender", e sobre o lugar clássico da educação antiga (12,4-11; Pr 3,11-12 LXX), *pathein-mathein*, sofrer-aprender.
e) Consumado em seu ofício de Sacerdote e Vítima.
f) Depois da chamada de atenção, o discurso é retomado em 7,1.
g) A contradição entre 5,11-12 e 6,1-11 mostra o caráter compósito de 5,11-6,19. Toda a perícope nos parece estar em seu lugar, pois em 2,5-18 e 5,1-10, os temas que serão desenvolvidos na continuação, e que, por sua vez, não constituem "o ensinamento elementar a respeito de Cristo" (6,1), já foram desenvolvidos.
h) A "doutrina da justiça" poderia designar, como os "oráculos de Deus", a Sagrada Escritura (cf. 2Tm 3,16), ou toda a doutrina.
i) As obras realizadas sem a fé e a vida divina são "mortas", porque provêm do pecado (Rm 1,18-3,20), que leva à morte (Rm 5,12.21; 6,23; 7,5+; 1Cor 15,56; Ef 2,1; Cl 2,13; cf. Tg 1,15; Jo 5,24; 1Jo 3,14).
j) Não somente o sacramento da regeneração cristã (cf. At 1,5+; Rm 6,4+), mas todas as abluções e ritos de purificação em uso na época, entre outros, o batismo de João (At 18,25; 19,1-5).

HEBREUS 6-7

decaíram,ᵃ [é impossível] que renovem a conversão a segunda vez, porque da sua parte crucificam novamente o Filho de Deus e o expõem às injúrias. ⁷Pois, a terra que bebe a chuva que lhe vem abundante e produz vegetação útil aos cultivadores, receberá a bênção de Deus. ⁸Mas, se produzir *espinhos e abrolhos*, é rejeitada, e está perto da *maldição*: acabará sendo queimada.

Palavras de esperança e de encorajamento — ⁹Mesmo falando assim, estamos convencidos de que vós, caríssimos, estais do lado bom, o da salvação. ¹⁰Pois Deus não é injusto. Não pode esquecer a vossa conduta e o amor que manifestastes por seu nome, vós que servistes e ainda servis os santos.ᵇ ¹¹Desejamos somente que cada um de vós demonstre o mesmo ardor em levar até o fim o pleno desenvolvimento da esperança, ¹²para não serdes lentos à compreensão, e sim imitadores daqueles que pela fé e pela perseverança recebem a herança das promessas.
¹³Com efeito, quando Deus fez a promessa a Abraão, não havendo um maior por quem jurasse, *jurou por si mesmo*, ¹⁴dizendo: *Eu te cumularei de bênçãos e te multiplicarei grandemente*. ¹⁵Abraão foi perseverante e viu a promessa realizar-se. ¹⁶Os homens juram por alguém mais importante, e para impedir qualquer contestação recorrem à garantia do juramento. ¹⁷Por isso, Deus mostrou com insistência aos herdeiros da promessa o caráter irrevogável da sua decisão, e interveio com juramento, ¹⁸a fim de que por dois atos irrevogáveis,ᶜ nos quais não pode haver mentira por parte de Deus, nos comuniquem encorajamento seguro, a nós que tudo deixamos para conseguir a esperança proposta.

Retomada do tema sacerdotal — ¹⁹A esperança, com efeito, é para nós qual âncora da alma,ᵈ segura e firme, *penetrando para além do véu*, ²⁰onde Jesus entrou por nós, como precursor, feito *Sumo Sacerdote para o éon, segundo a ordem de Melquisedec*.

O sacerdócio de Cristo (continuação)

7 *Melquisedec*ᵉ — ¹Este *Melquisedec é de fato, rei de Salém, sacerdote de Deus Altíssimo. Ele saiu ao encontro de Abraão quando este regressava do combate contra os reis, e o abençoou*. ²Foi a ele que *Abraão entregou o dízimo de tudo*. E seu nome significa, em primeiro lugar, "Rei de Justiça"; e, depois, "Rei de Salém", o que quer dizer "Rei da Paz". ³Sem pai, sem mãe, sem genealogia, nem princípio de dias nem fim de vida! É assim que se assemelha ao Filho de Deus, e permanece sacerdote eternamente.

---

a) Trata-se da apostasia, catástrofe irreparável, pois por definição a apostasia rejeita Cristo e não crê na virtude do seu sacrifício, os únicos meios de salvação.
b) Mesmas expressões em Rm 15,25.31; 2Cor 8,4; 9,1.12 a respeito da coleta para a igreja de Jerusalém. Neste caso trata-se provavelmente de irmãos da mesma comunidade que se encontram em dificuldade (cf. 13,3 e a utilização do presente ["e servis"]). Os "santos" são os cristãos, especialmente os membros da Igreja-mãe e. sobretudo, os apóstolos (cf. At 9,13+).
c) A promessa de Deus e o juramento por ele fez (cf. Gn 12,1+; Rm 4,11+), porque Deus não mente (Tt 1,2; 2Tm 2,13; Hb 10,23; 11,11).
d) Símbolo clássico da estabilidade, a âncora tornar-se-á, na iconografia cristã, durante o séc. II, a imagem privilegiada da esperança. A imagem é complicada pela referência a 5,10, provavelmente redacional depois da perícope formada por 5,11-6,19.
e) Melquisedec, rei-sacerdote, é figura profética de Cristo. O silêncio insólito da Escritura (Gn 14) a respeito dos seus antepassados e dos seus descendentes sugere que o sacerdócio que ele representa é eterno e livre de considerações dinásticas (vv. 1-3; cf. vv. 15-17 e Sl 110,4+). A interpretação de Gn 14 segundo a qual foi Abraão e não Melquisedec quem pagou o dízimo (cf. Gn 14,21-24) era tradicional. Se recebeu o dízimo de Abraão (Gn 14,20), é porque lhe é superior, e mais ainda aos seus descendentes, os sacerdotes filhos de Levi (vv. 4s).

***Melquisedec recebeu o dízimo de Abraão**[a]* — ⁴Vede, pois, a grandeza deste homem, a quem Abraão, o patriarca, *entregou o dízimo* da melhor parte dos despojos. ⁵Ora, os filhos de Levi, chamados ao sacerdócio, devem, segundo a Lei, cobrar o dízimo do povo, isto é, de seus irmãos, embora sejam, também eles, descendentes de Abraão. ⁶Aquele, porém, embora não figure em suas genealogias, submeteu Abraão ao dízimo, e abençoou o portador das promessas! ⁷Ora, é fora de dúvida que o inferior é abençoado pelo superior. ⁸Além do mais, os que aqui recebem o dízimo são mortais,[b] ao passo que ali se trata de alguém do qual se diz que possui a vida. ⁹E por assim dizer, na pessoa de Abraão submeteu ao dízimo até mesmo Levi, que recebe o dízimo. ¹⁰Pois ele ainda estava nos rins do seu antepassado quando se deu *o encontro com Melquisedec*.

Gn 14,20
Dt 14,22 +
Gn 14,27

***Do sacerdócio levítico ao de Melquisedec**[c]* — ¹¹Portanto, se a perfeição fora atingida pelo sacerdócio levítico — pois é nele que se apoia a Lei dada ao povo[d] — que necessidade haveria de outro sacerdote, *segundo a ordem de Melquisedec*, e não "segundo a ordem de Aarão"? ¹²Mudado o sacerdócio, necessariamente se muda também a Lei. ¹³Ora, aquele a quem o texto citado se refere pertencia a outra tribo, da qual membro algum se ocupou com o serviço do altar. ¹⁴É bem conhecido, de fato, que nosso Senhor surgiu de Judá, tribo a respeito da qual Moisés nada diz quando se trata dos sacerdotes.

Sl 110,4
8,6s
8,4
Gn 49,10
Mt 1,1s; 2,6
Rm 1,3;
Ap 5,5

A ab-rogação de prescrição anterior — ¹⁵Mais claro ainda se torna isto quando se constitui outro sacerdote, semelhante a Melquisedec, ¹⁶não segundo a regra de prescrição carnal,[e] mas de acordo com o poder de vida imperecível. ¹⁷Pois diz o testemunho: *Tu és sacerdote para sempre, segundo a ordem de Melquisedec*... ¹⁸Assim sendo, está ab-rogada a prescrição anterior, porque era fraca e sem proveito. ¹⁹De fato, a Lei nada levou à perfeição; e está introduzida uma esperança melhor, pela qual nos aproximamos de Deus.

Rm 1,4 +
Sl 110,4
Rm 7,7 +
11,40
10,19 +

Imutabilidade do sacerdócio de Cristo — ²⁰Isto não se realiza sem juramento. No entanto, não houve juramento para o sacerdócio dos outros. ²¹Para ele, porém, houve o juramento daquele que disse a seu respeito: *O Senhor jurou e não se arrependerá: Tu és sacerdote para sempre*... ²²Neste sentido é que Jesus se tornou a garantia de uma aliança melhor. ²³E além do mais, os outros tornaram-se sacerdotes em grande número, porque a morte os impedia de permanecer. ²⁴Ele, porém, visto que permanece *para a eternidade*, possui sacerdócio imutável.[f] ²⁵Por isso é capaz de salvar totalmente aqueles que,

Sl 110,4
8,6-13
10,19 +;
Ap 1,18
9,24;

a) O dízimo pago aos sacerdotes levíticos (Nm 18,25-32; cf. Dt 14,22+) era ao mesmo tempo o salário de seu serviço cultual e a homenagem prestada à eminente dignidade do sacerdócio deles. Portanto, se o próprio Levi, em Abraão, pagou o dízimo a Melquisedec, é porque este figurava um sacerdócio mais elevado.
b) Lit.: *que morrem*. O autor parece interpretar neste sentido profético e escatológico a frase de Nm 18,32: "e não morrereis". A respeito de Melquisedec, o salmo diz que o sacerdócio dele permanece para *o éon* (futuro); é, portanto, ele que realiza a promessa (cf. v. 23).
c) A argumentação apoia-se principalmente no Sl 110,4. Esse texto, atribuindo ao Rei-Messias, que não é de linhagem levítica, o sacerdócio eterno, "segundo a ordem de Melquisedec", anuncia para os tempos messiânicos a substituição deste sacerdócio eterno no lugar do antigo, julgado por isso inferior.
d) Outra tradução: "a este respeito o povo recebeu uma lei". Esta inserção — o v. 12 e o parênteses do v. 19a — poderia ter uma origem redacional: as três frases falam da Lei e não de um mandamento específico.
e) Aquele que reserva o sacerdócio de Levi exclusivamente à sua descendência carnal (cf. Nm 1,47s; 3,5s; Dt 10,8s; 18,1s; 33,8s).
f) Ou "intransmissível". O que se realiza no *éon*, fora das leis do tempo, não exige repetição de atos rituais nem dinastias que garantam sua continuidade. Assim como a lei que se refere ao dízimo (7,8), a lei sobre a consagração garantia aos sacerdotes levitas "e não morrereis" (cf. v. 16; Lv 8,35).

por meio dele, se aproximam de Deus, visto que ele vive para sempre para interceder por eles.ᵃ

Perfeição do Sumo Sacerdote celeste — ²⁶Tal é precisamente o Sumo Sacerdote que nos convinha: santo, inocente, imaculado, separado dos pecadores, elevado mais alto do que os céus. ²⁷Ele não precisa, como os Sumos Sacerdotes, oferecer sacrifícios a cada dia, primeiramente por seus pecados, e depois pelos do povo. Ele já o fez uma vez por todas,ᵇ oferecendo-se a si mesmo. ²⁸A Lei, com efeito, estabeleceu sumos Sacerdotes Sujeitos à fraqueza. A palavra do juramento, porém, posterior à Lei, estabeleceu o Filho, tornado perfeito *para sempre*.ᶜ

Excurso: A superioridade do culto, do santuário e da mediação de Cristo sacerdote

8 *O novo sacerdócio e o novo santuário* — ¹O tema mais importante da nossa exposição é este:ᵈ temos tal sacerdote que *se assentou* à direita do trono da Majestade nos céus. ²Ele é ministro do Santuário e *da Tenda*, a verdadeira, *armada pelo Senhor*,ᵉ e não por homem. ³Todo Sumo Sacerdote, com efeito, é constituído para oferecer dádivas e sacrifícios; pelo que é necessário ter ele mesmo algo a oferecer. ⁴Na verdade, contudo, se Jesus estivesse na terra, não seria nem mesmo sacerdote. Pois já existem os que oferecem dádivas, de acordo com a Lei. ⁵Estes realizam um culto que é cópia e sombra das realidades celestes, de acordo com a instituição divina recebida por Moisés a fim de construir a Tenda. Foi-lhe dito, com efeito: *Vê que faças tudo segundo o modelo que te foi mostrado na montanha*.

Cristo mediador de aliança melhor — ⁶Agora, porém, Cristo possui um ministério superior. Pois é ele o mediadorᶠ de aliança bem melhor, cuja constituição se baseia em melhores promessas. ⁷De fato, se a primeira aliança fora sem defeito, não se trataria de substituí-la pela segunda. ⁸Ele faz, com efeito, uma repreensão:

*Dias virão, diz o Senhor,
nos quais realizareiᵍ com a casa de Israel*

---

a) Cristo, sacerdote eterno, exerce no céu sua função de mediador e de intercessor (cf. Rm 8,34; 1Jo 2,1). Sua intercessão é análoga à do Espírito Santo que intervém junto a Deus em favor dos santos (Rm 8,27).
b) A eficácia absoluta e definitiva do sacrifício de Cristo é particularmente salientada por Hb: realizado "uma só vez", isto é, inteiramente de uma vez e de uma vez por todas (7,27; 9,12.26.28; 10,10; cf. Rm 6,10; 1Pd 3,18), este sacrifício único (10,12.14), opõe-se aos sacrifícios da antiga aliança, indefinidamente repetidos porque impotentes para levar à salvação. O essencial no sacrifício não é a morte da vítima ou o fato de que ela seja consumada, mas a aceitação por parte de Deus (Gn 4,4); Cristo, oferecendo-se a si mesmo, é acolhido no *éon* divino, onde cada ato assume valor eterno.
c) O comentário sobre a relação entre a fé como sombra, ligada ao Sl 110,4 como imagem verdadeira, e a realidade continua em 10,1.
d) Outra tradução: "Um capítulo a acrescentar a este discurso".

e) Já ficou estabelecido que Cristo, sacerdote eterno e perfeito, é superior em sua própria pessoa aos sacerdotes levíticos, pecadores e mortais (7); demonstra-se agora que esta superioridade é também de seu ministério; oficia num santuário mais excelente, no céu (8,1-5; cf. 9,11s), do qual o antigo era apenas cópia terrestre, de acordo com Ex 25,40; é mediador (8,6+) de uma aliança melhor (vv. 6-13+; cf. 9,15s).
f) O termo assim atribuído a Cristo tem valor quase técnico (9,15; 12,24; 13,20). Plenamente homem (2,14-18; cf. Rm 5,15; 1Cor 15,21; 1Tm 2,5), possuindo todavia a plenitude da divindade (Cl 2,9; Rm 9,5+), Jesus é o intermediário único (Rm 5,15-19; 1Tm 2,5; cf. 1Cor 3,22-23; 11,3) entre Deus e a humanidade, que ele une e reconcilia (2Cor 5,14-20). É o intermediário da graça (Jo 1,1-2). No céu, continua a interceder por seus fiéis (7,25+).
g) Uma ligeira variante em relação a Jr 31,31, *concluirei*, mostra bem o caráter definitivo que Hb atribui à segunda aliança. A citação de Jr 31,33-34 encontra-se

e com a casa de Judá
uma nova aliança.
⁹ *Não como a aliança que fiz com os pais deles,*
no dia que os conduzi pela mão,
para fazê-los sair da terra do Egito.
Pois eles mesmos
não mantiveram a minha aliança;
por isso não me interessei por eles,
diz o Senhor.
¹⁰ *Eis a aliança pela qual ficarei unido ao povo de Israel,*   10,16-17
depois daqueles dias, diz o Senhor:
Porei minhas leis na sua mente,
e as inscreverei no seu coração;
e eu serei seu Deus,
e eles serão meu povo.
¹¹ *Ninguém mais ensinará o seu próximo,*
e nem o seu irmão, afirmando:
"Conhece o Senhor!"
Porque todos me conhecerão,
do menor até o maior.
¹² *Porque terei misericórdia das suas faltas,*
e não me lembrarei mais dos seus pecados.

¹³Assim sendo, ao falar de *nova aliança*, tornou velha a primeira. Ora, o que se torna antigo e envelhece está prestes a desaparecer.   2Cor 5,17 / Ap 21,4-5

9 Cristo entra no santuário celeste

— ¹Também a primeira aliança tinha, com efeito, ritual para o culto e santuário terrestre. ²Pois instalou-se uma tenda — a primeira tenda —, chamada Santo, onde se encontravam o candelabro, a mesa e os pães da proposição.ᵃ ³Por detrás do segundo véu havia outra tenda, chamada Santo dos Santos, ⁴com o altar de ouroᵇ para os perfumes, e a arca da aliança toda recoberta de ouro e, nesta, o vaso de ouro com o maná, o bastão de Aarão que florescera e as tábuas da aliança; ⁵por cima da arca, os querubins da glória cobriam com sua sombra o propiciatório. Todavia, não é o momento de falar disso nos pormenores.

⁶Estando as coisas assim dispostas, os sacerdotes entram a qualquer momento na primeira tenda, para realizar o serviço cultual. ⁷Na segunda, porém, entra apenas o Sumo Sacerdote, e somente uma vez por ano; e isso não acontece sem antes oferecer sangue por suas faltas e pelas do povo. ⁸O Espírito Santo quis mostrar, com isso, que o caminho do santuário não está aberto enquanto existir a primeira tenda.ᶜ ⁹Há nisso um símbolo para o tempo de agora.ᵈ Pois, naquele regime, apresentam-se oferendas e sacrifícios sem eficácia para aperfeiçoar a consciência de quem presta o culto. ¹⁰Tudo são

Ex 25-26 +
Ex 30,1 +
Ex 25,10 +
Ex 16,1 +;
Nm 17,25
Ex 24,12 +
Ex 25,18 +.17 +
Ex 30,30
Lv 16,2-29
7,27 +
10,20
1Cor 10,6 +
11,40 +
Cl 2,16-17

em 10,16-17, inteiramente comentada; aqui apenas o primeiro versículo é explicado.
a) Na Tenda do deserto (Ex 25-26; cf. o Templo de Salomão, 1Rs 6), um véu separava o Santo e o Santo dos Santos (Ex 26,33). Somente o Sumo Sacerdote entra no Santo dos Santos, e uma só vez em cada ano, no dia das Expiações (cf. Lv 16,1+).
b) Ex 30,6; 40,26 coloca o altar dos perfumes (Ex 30,1+) no Santo. Hb segue uma tradição litúrgica diferente.
c) A primeira tenda, o Santo, em sentido espacial representa o obstáculo para o acesso ao santuário e, portanto,

de modo simbólico, à presença de Deus; em sentido temporal a tenda representa todo o regime cultual do Antigo Testamento e o Templo em seu conjunto.
d) Este cerimonial tem uma significação espiritual: na antiga aliança, o povo não tem acesso a Deus. Na nova aliança, porém, Cristo será o caminho para ir ao Pai... Se compararmos esta breve nota sobre o tempo atual no fim do v. 10, que fala do "tempo da reforma" como futuro, podemos pensar que o redator final quer nos apresentar este texto como uma profecia. Portanto, escreve depois da destruição do Templo em 70, enquanto o autor principal escrevia antes de 70.

ritos carnais referentes apenas aos alimentos, às bebidas, às abluções diversas e impostos somente até o tempo da correção. ¹¹Cristo, porém, veio*ᵃ* como Sumo Sacerdote dos bens vindouros.*ᵇ* Ele atravessou uma tenda maior e mais perfeita, que não é obra de mãos humanas, isto é, que não pertence a esta criação. ¹²Entrou uma vez por todas no Santuário,*ᶜ* não com o sangue de bodes e de novilhos, mas com o próprio sangue, obtendo redenção eterna. ¹³De fato, se o sangue de bodes e de novilhos, e se a cinza da novilha, espalhada sobre os seres ritualmente impuros, os santifica*ᵈ* purificando seus corpos, ¹⁴quanto mais o sangue de Cristo que, pelo Espírito eterno,*ᵉ* se ofereceu a si mesmo a Deus como vítima sem mancha, há de purificar a nossa consciência das obras mortas para que prestemos culto ao Deus vivo.

*Cristo sela a nova aliança pelo seu sangue*ᶠ — ¹⁵Eis por que ele é mediador de nova aliança. Sua morte aconteceu para o resgate das transgressões cometidas no regime da primeira aliança; e, por isso, aqueles que são chamados recebem a herança eterna que foi prometida. ¹⁶Com efeito, onde existe testamento, é necessário que se constate a morte do testador. ¹⁷O testamento, de fato, só tem valor no caso de morte. Nada vale enquanto o testador estiver vivo. ¹⁸Ora, nem mesmo a primeira aliança foi inaugurada sem efusão de sangue. ¹⁹De fato, depois que Moisés proclamou a todo o povo cada mandamento da Lei, ele tomou o sangue de novilhos e de bodes, juntamente com a água, a lã escarlate e o hissopo, e aspergiu o próprio livro e todo o povo, ²⁰anunciando: *Este é o sangue da aliança que Deus vos ordenou.* ²¹Em seguida ele aspergiu com o sangue a Tenda e todos os utensílios do culto. ²²Segundo a Lei, quase todas as coisas se purificam*ᵍ* com sangue; e sem efusão de sangue não há remissão. ²³Portanto, se as cópias das realidades celestes são purificadas com tais ritos, é preciso que as próprias realidades celestes sejam purificadas*ʰ* com sacrifícios bem melhores que estes! ²⁴Cristo não entrou num santuário feito por mão humana, réplica do verdadeiro, e sim no próprio céu, a fim de comparecer, agora, diante da face de Deus a nosso favor. ²⁵E não foi para oferecer-se a si mesmo muitas vezes, como o Sumo Sacerdote que entra no Santuário cada ano com sangue de outrem.*ⁱ* ²⁶Pois, se assim fosse, deveria ter sofrido muitas vezes desde a fundação do mundo. Mas foi uma vez por todas, agora, no fim dos tempos, que ele se manifestou para abolir o pecado por meio do seu próprio sacrifício. ²⁷E

---

a) O cerimonial israelita da expiação (v. 7; Lv 16) é substituído pela única oferenda (7,27+) do sangue de Cristo (v. 14; Rm 3,24+), que reabre para os homens o acesso a Deus (10,1.19; cf. Jo 14,6+; Ef 2,18)... A significação profunda da aspersão do sangue sacrifical dentro do Santo dos Santos reside no simbolismo bíblico do sangue como sede da vida: trata-se de renovar a união vital entre Deus e seu povo, a aliança (cf. v. 20; Is 24,6-8+) e de reafirmar sua soberania sobre Israel.
b) Var.: "bens realizados".
c) Por sua ascensão, Cristo ressuscitado atravessou os céus (4,14+), o "Santo" da Tenda celeste (v. 11), e chegou à presença de Deus no "Santo dos Santos" (v.12).
d) Tornando-os aptos para o culto.
e) Var.: "pelo Espírito Santo" (cf. Rm 1,4+).
f) Esta seção, paralela a 8,6-13, demonstra a necessidade da morte de Cristo para sua mediação. O termo grego *diathéke* traduzia na Bíblia grega a palavra *berit*, "aliança", quando o seu sentido corrente era "testamento" (cf. Gl 3,17). Todo este tópico supõe este duplo sentido do vocábulo. A "aliança" (vv. 15.18-20) exige a morte do "testador" (vv. 16-17). Além do mais, a conclusão de uma aliança exige uma efusão de sangue (Ex 24,6-8). Portanto, Cristo devia morrer para fundar a nova aliança (cf. 7,22; 8,6-10; 12,24; Mt 26,28+).
g) Assim ao altar (Lv 8,15; 16,19), os sacerdotes (Lv 8,24.30), os levitas (Nm 8,15), o povo pecador (Lv 9,15-18), a mãe (Lv 12,7-8) etc.
h) A purificação do santuário, terrestre ou celeste, não supõe necessariamente que esteja maculado. É rito de consagração e de inauguração.
i) No topo de uma pirâmide de separações previstas para garantir a santidade do culto, havia um animal vicário. Superando os profetas que exigiam a pureza do coração no culto (Is 1,11-13; Jr 6,20; 11,15; Os 6,6; Am 5,21+), a epístola declara que os sacrifícios antigos não tinham nenhuma eficácia (cf. 9,13-14). Apenas o sacrifício plenamente espiritual de Cristo pode santificar os homens (Hb 10,12-14).

como é fato que os homens devem morrer uma só vez, depois do que vem um julgamento, ²⁸do mesmo modo, Cristo foi oferecido uma vez por todas *para tirar os pecados da multidão*. Ele aparecerá a segunda vez, com exclusão do pecado, àqueles que o esperam para lhes dar a salvação.ᵃ

O sacerdócio de Cristo (final)

10 *Ineficácia dos sacrifícios antigos* — ¹Possuindo apenas a sombra dos bens futuros, e não a expressão própria das realidades,ᵇ a Lei é totalmente incapaz, apesar dos mesmos sacrifícios sempre repetidos, oferecidos sem fim a cada ano, de levar à perfeição aqueles que se aproximam de Deus. ²Se não fosse assim, não se teria deixado de oferecê-los, se os que prestam culto, uma vez por todas purificados, já não tivessem nenhuma consciência dos pecados? ³Mas, ao contrário, é por meio destes sacrifícios que, anualmente, se renova a lembrança dos pecados. ⁴Além do mais, é impossível que o sangue de touros e bodes elimine os pecados. ⁵Por isso, ao entrar no mundo, ele afirmou:

*Tu não quiseste sacrifício e oferenda.
Tu, porém, formaste-me um corpo.*ᶜ
⁶*Holocaustos e sacrifícios pelo pecado
não foram do teu agrado.*
⁷*Por isso eu digo:
Eis-me aqui, — no rolo do livro
está escrito a meu respeito —
eu vim, ó Deus, para fazer tua vontade.*

⁸Assim, ele declara, primeiramente: *Sacrifícios, oferendas, holocaustos, sacrifícios pelo pecado, tu não os quiseste, e não te agradaram*. Trata-se, notemo-lo bem, de oferendas prescritas pela Lei! ⁹Depois, ele assegura: *Eis que eu vim para fazer tua vontade*. Portanto, ele ab-roga o primeiro regime para estabelecer o segundo. ¹⁰E graças a esta *vontade* é que somos santificados pela *oferenda do corpo* de Jesus Cristo, realizada uma vez por todas.

A eficácia do sacrifício de Cristo — ¹¹Todo sacerdote se apresenta, a cada dia,ᵈ para realizar suas funções e oferecer com frequência os mesmos sacrifícios, que são incapazes de eliminar os pecados. ¹²Ele, ao contrário, depois de ter oferecido um sacrifício único pelos pecados, *sentou-se para sempre à direita de Deus*. ¹³E então espera que *seus inimigos venham a lhe servir de escabelo para os pés*. ¹⁴De fato, com esta única oferenda, levou à perfeição, e para sempre, os que ele santifica. ¹⁵É isto o que também nos atesta o Espírito Santo, porque, depois de ter dito:

---

a) A vinda de Cristo na carne o pusera em relação direta com o pecado (Rm 8,3; 2Cor 5,21). Uma vez realizada a redenção, a nova e última manifestação do Salvador não terá mais nenhuma relação com o pecado. Os cristãos esperam esta volta gloriosa que será acompanhada pelo Julgamento (1Cor 1,8+; Rm 2,6+).
b) Parece que é retomado o discurso interrompido em 7,27-28: O culto descrito pela lei faz entrever como sombra a realidade que o Sl 110,4, referindo-se ao *éon* futuro, representa com precisão. Outros traduzem *eikon* por *substância*.

c) O texto massorético apresenta outra tradução: "tu me abriste os ouvidos". Convém notar que, tanto aqui como em 5,1-10, o sacrifício de Cristo se realiza neste mundo, em seu corpo, ao passo que nos caps. 8 e 9 o sacrifício se realiza em seu sangue, no céu, conforme o imaginário de *Kippur*.
d) Compreendemos mal a ligação, feita aqui, entre o sacrifício *tamid*, diário e não obrigatório para o Sumo Sacerdote, e o sacrifício anual de expiação (cf. 9,4+). Talvez, como em 7,27, se trate de alusão aos sacrifícios de inauguração do sacerdócio, que duravam 7 dias (cf. Lv 9,33-34; 9+).

⁶Eis a aliança que realizarei com eles,
   depois daqueles dias,
    o Senhor declara:
   Pondo as minhas leis nos seus corações
   e inscrevendo-as na sua mente,
¹⁷ não me lembrarei mais dos seus pecados,
   nem das suas iniquidades.

¹⁸Ora, onde existe a remissão dos pecados, já não se faz a oferenda por eles.

Transição — ¹⁹Sendo assim, irmãos, temos toda a liberdade de entrar no Santuário,ᵃ pelo sangue de Jesus. ²⁰Nele temos um caminho novo e vivo, que ele mesmo inaugurou através do véu, quer dizer: através da sua humanidade. ²¹Temos um *sacerdote eminente* constituído sobre *a casa de Deus*. ²²Aproximemo-nos, então, de coração reto e cheios de fé, tendo o coração purificado de toda má consciência e o corpo lavado com água pura. ²³Sem esmorecer, continuemos a afirmar a nossa esperança, porque é fiel quem fez a promessa. ²⁴Velemos uns pelos outros para nos estimularmos à caridade e às boas obras. ²⁵Não deixemos nossas assembleias, como alguns costumam fazer. Procuremos, antes, animar-nos sempre mais, à medida que vedes o Diaᵇ se aproximar.

Perigo da apostasia — ²⁶Pois, se pecarmos voluntariamente e com pleno conhecimento da verdade, já não há sacrifícios pelos pecados.ᶜ ²⁷Aguarda-nos apenas um julgamento tremendo e *o ardor de um fogo que consumirá os rebeldes*. ²⁸Quem transgride a Lei de Moisés *é condenado à morte*, sem piedade, *com base em duas ou três testemunhas*. ²⁹Podeis, então, imaginar que castigo mais severo ainda merecerá aquele que calcou aos pés o Filho de Deus, e profanou *o sangue da aliança* no qual foi santificado, e ultrajou o Espírito da graça? ³⁰Nós conhecemos, com efeito, quem é que diz: *A mim pertence a vingança, eu é que retribuirei*! E ainda: *O Senhor julgará o seu povo*. ³¹Quão terrível é cair nas mãos do Deus vivo!

Motivos de perseverança — ³²Lembrai-vos, contudo, dos vossos primórdios: apenas havíeis sido iluminados,ᵈ suportastes um combate doloroso. ³³Éreis às vezes apresentados como espetáculo, debaixo de injúrias e tribulações, outras vezes vos tornáveis solidários daqueles que tais coisas sofriam. ³⁴Vós participastes, com efeito, do sofrimento dos prisioneirosᵉ e aceitastes com alegria a espoliação dos vossos bens, certos de possuir uma fortuna melhor e mais durável. ³⁵Não percais, pois, a vossa segurança que tamanha recompensa merece.

A fé perseverante

A espera escatológica — ³⁶De fato, é de perseverança que tendes necessidade, para cumprirdes a vontade de Deus e alcançardes o que ele prometeu.
³⁷ Porque ainda *um pouco, muito pouco tempo,
   e aquele que vem, chegará e ele não tardará*.

---

a) Somente o Sumo Sacerdote, uma vez por ano, tinha acesso ao Santo dos Santos. De agora em diante, todos os que creem têm acesso a Deus, por meio de Cristo (cf. 4,14-16; 7,19.25; 9,11; 10,9; Rm 5,2; Ef 1,4; 2,18; 3,12; Cl 1,22).
b) O Dia do Senhor (1Ts 5,2; 1Cor 1,8+). Este v. (cf. 32-36) parece supor perturbações e lutas como prelúdios da Vinda do Senhor (cf. 2Ts 2,1+).
c) Trata-se da apostasia, revolta deliberada contra Deus (cf. 6,6+). O fogo (v. 27) é o instrumento das vinganças divinas (Is 26,11; Mt 3,11-12; Mc 9,48-49+; Ap 11,5).
d) A "iluminação" designa o batismo, no NT (6,4; Ef 5,14; cf. Rm 6,4+) e nos Padres da Igreja.
e) Var.: "de minhas cadeias", alusão ao cativeiro de Paulo (Fl 1,7; Cl 4,18).

38 *O meu justo viverá pela fé,* _{Hab 2,3-4 LXX}
mas se esmorecer, _{Rm 1,17}
nele não encontrarei mais nenhuma satisfação.

39 Nós não somos desertores, para a perdição. Somos homens da fé, para a conservação da nossa vida. _{1Pd 1,9}

11

A fé exemplar dos antepassados — **1** A fé é a garantia dos bens que se esperam, a prova das realidades que não se veem.*ᵃ* **2** Foi ela que valeu aos antigos seu belo testemunho. _{Rm 1,16 +}

3 É pela fé que compreendemos que os mundos foram organizados por uma palavra de Deus. Por isso é que o mundo visível não tem sua origem em coisas manifestas.*ᵇ* _{Gn 1; Rm 1,20}

4 Foi pela fé que Abel ofereceu a Deus sacrifício melhor que o de Caim. Graças a ela foi declarado justo, e *Deus* apresentou o testemunho dos *seus dons*. Graças a ela, mesmo depois de morto, ainda fala! _{Gn 4,4; Gn 4,10; Mt 23,35; Jó 16,18 +}

5 Foi pela fé que Henoc foi arrebatado, a fim de escapar da morte; e *não o encontraram, porque Deus o arrebatou.* Antes de ser arrebatado, porém, recebeu o testemunho de que foi agradável a Deus. **6** Ora, sem a fé é impossível ser-lhe agradável. Pois aquele que se aproxima de Deus deve crer que ele existe e que recompensa os que o procuram.*ᶜ* _{Gn 5,22-24; Ex 3,14 +; Jr 29,12-14}

7 Foi pela fé que Noé, avisado divinamente daquilo que ainda não se via, levou a sério o oráculo e construiu uma arca para salvar sua família. Pela fé, condenou o mundo,*ᵈ* tornando-se o herdeiro da justiça que se obtém pela fé. _{Gn 6,8-22; Mt 24,37-39; 1Pd 3,20; 2Pd 2,5; Rm 1,16 +}

8 Foi pela fé que Abraão,*ᵉ* respondendo ao chamado, obedeceu e *partiu* para uma terra que devia receber como herança, e *partiu* sem saber para onde ia. **9** Foi pela fé que *residiu* como estrangeiro na terra prometida, morando em tendas com Isaac e Jacó, os co-herdeiros da mesma promessa. **10** Pois esperava a cidade que tem fundamentos, cujo arquiteto e construtor é o próprio Deus. _{Rm 1,5 +; Gn 12,1-4 +; Gn 23,4; 26,3; 35,12; Ap 21,10-20}

11 Foi pela fé que também Sara, apesar da idade avançada, se tornou capaz de ter descendência, porque considerou fiel o autor da promessa. **12** É por isso também que de um só homem, já marcado pela morte, nasceu a multidão *comparável à dos astros do céu e inumerável como a areia da praia.* _{Gn 17,19; 21,2; Rm 4,19-21; 10,23; Dn 3,36 LXX; Gn 22,17; Ex 32,13}

13 Na fé, todos estes morreram, sem ter obtido a realização da promessa, depois de tê-la visto e saudado de longe, e depois de se reconhecerem *estrangeiros e peregrinos nesta terra.* **14** Pois aqueles que assim falam demonstram claramente que estão à procura de uma pátria. **15** E se lembrassem a que deixaram, teriam tempo de voltar para lá. **16** Eles aspiram, com efeito, a uma pátria _{Jo 8,56; Gn 23,4; Sl 39,13; 119,19; 13,14; Fl 3,20; Ap 21,2}

---

a) Var.: "A fé, segurança das coisas esperadas (o céu), convicção das coisas não desejadas (o inferno)". — Aos cristãos, desanimados pelas perseguições, o autor explica que a fé é totalmente orientada para o futuro e liga-se somente ao invisível. Este v. tornou-se uma espécie de definição teológica da fé, posse antecipada e conhecimento seguro das realidades celestes (cf. 6,5; Rm 5,2; Ef 1,13s). Os exemplos da hagiografia do AT (cf. Eclo 44-50) mostrarão de que perseverança e de que força é fonte: dezessete vezes seguidas a expressão "Foi pela fé..." marca o início de cada frase.
b) A fé na criação é caso sublime da inteligência do invisível; antes da sua criação, as realidades existiam em Deus, de quem tudo procede.
c) A fé necessária para a salvação tem duplo objeto: a existência do único Deus pessoal (Sb 13,1), invisível por natureza (Jo 1,18; Rm 1,20; Cl 1,15; 1Tm 1,17; 6,16; cf. Jo 20,29; 2Cor 5,7) e sua Providência remuneradora, fundamento da felicidade esperada, porque Deus deve dar recompensa justa aos esforços empenhados na sua procura (cf. Mt 5,12p; 6,4.6.18; 10,41sp; 16,27; 20,1-16; 25,31-46; Lc 6,35; 14,14; Rm 2,6; 1Cor 3,8.14; 2Cor 5,10; Ef 6,8; 2Tm 4,8.14; 1Pd 1,17; 2Jo 8; Ap 2,23; 11,18; 14,13; 20,12-13; 22,12+. Ver também o Sl 62,13+). A ausência de qualquer menção de Cristo explica-se pelo fato de que Henoc é anterior a toda a economia das alianças (cf. Jo 17,3; 20,31 etc.).
d) A confiança de Noé na palavra de Deus condena os seus contemporâneos incrédulos e revoltados, no sentido de que o justo condena o ímpio (cf. Sb 4,16; Mt 12,41).
e) No caso de Abraão, a fé motivou uma partida para o desconhecido, a esperança do nascimento de Isaac, o sacrifício deste filho único. O fato de que os patriarcas viviam em Canaã como estrangeiros (vv. 9-10), demonstra que a Terra Prometida era unicamente um sinal da verdadeira pátria.

melhor, isto é, a uma pátria celeste. É por isso que Deus não se envergonha de ser chamado o seu Deus. Pois, de fato, preparou-lhes uma cidade...

[17]Foi pela fé que *Abraão, tendo sido provado, ofereceu Isaac*; ofereceu *o filho único*, ele que recebera as promessas, [18]ele, a quem fora dito: *É por Isaac que uma descendência te será assegurada.* [19]Mas ele dizia: Deus é capaz também de ressuscitar os mortos. Por isso, recuperou seu filho, como um símbolo.[a]

[20]Foi pela fé, ainda, que Isaac abençoou Jacó e Esaú, em vista do futuro. [21]Foi pela fé que Jacó, à beira da morte, abençoou cada um dos filhos de José, e *se prostrou apoiado na ponta do seu bastão*. [22]Foi pela fé que José, aproximando-se do fim, evocou o êxodo dos filhos de Israel e deu ordens a respeito dos seus restos mortais.

[23]Foi pela fé que Moisés, depois do seu nascimento, *foi escondido durante três meses pelos seus pais, que viram a sua beleza e não tiveram medo do decreto do rei.*[b] [24]Foi pela fé que *Moisés, na idade adulta*, renunciou a ser chamado filho de uma filha do Faraó. [25]Preferiu ser maltratado com o povo de Deus a gozar por um tempo do pecado. [26]Ele considerou a *humilhação de Cristo*[c] uma riqueza maior do que os tesouros do Egito, por ter os olhos fixos na recompensa.

[27]Foi pela fé que deixou o Egito, sem temer o furor do rei, e resistiu, como se visse o Invisível. [28]Foi pela fé que celebrou a Páscoa, e fez a aspersão do sangue, para que o Exterminador não ferisse os primogênitos de Israel.[d] [29]Foi pela fé que atravessaram o mar Vermelho como se fosse terra enxuta, ao passo que os egípcios, tentando-o também, foram engolidos.

[30]Foi pela fé que as muralhas de Jericó caíram, depois de cerco de sete dias. [31]Foi pela fé que Raab, a prostituta, não pereceu com os indóceis, porque recebera pacificamente os espiões.

[32]Que mais devo dizer? Não teria tempo de falar com pormenores de Gedeão, Barac, Sansão, Jefté, Davi, Samuel e os profetas. [33]Estes, pela fé, conquistaram reinos, exerceram a justiça, viram se realizar as promessas, amordaçaram a boca de leões, [34]extinguiram o poder do fogo, escaparam do fio da espada, recobraram saúde na doença, mostraram-se valentes na guerra, repeliram os exércitos estrangeiros. [35]Algumas mulheres reencontram seus mortos pela ressurreição. Outros foram torturados, recusaram o resgate para chegar a uma ressurreição melhor. [36]Outros ainda sofreram a provação dos escárnios, experimentaram o açoite, as correntes e as prisões. [37]Foram lapidados, foram serrados[e] e morreram assassinados com golpes de espada. Levaram vida errante, vestidos com peles de carneiro ou pelos de cabras; oprimidos e maltratados, sofreram privações. [38]Eles, de quem o mundo não era digno, vagavam pelos desertos e pelas montanhas, pelas grutas e cavernas da terra. [39]E não obstante, todos eles, se bem que pela fé tenham recebido um bom testemunho, apesar disso não se beneficiaram da realização da promessa. [40]Pois Deus previa para nós algo de melhor, para que sem nós não chegassem à plena realização.[f]

---

a) Lit.: "uma parábola". A salvação de Isaac figura a ressurreição geral e mesmo, segundo uma constante tradição exegética, a paixão e ressurreição de Cristo.
b) Algumas testemunhas inserem aqui a narração do assassínio do egípcio (cf. Ex 2,11-12; At 7,24).
c) No Sl, "cristo" é tomado no sentido comum de "ungido". A "humilhação de cristo" é a do povo de Deus (v. 25) consagrado a Iahweh (Ex 19,6+). No entanto, o autor de Hb reconhece neste ungido o Messias Jesus, por causa de quem, "pela fé", Moisés já sofrera (cf. 2,10+; 10,33; 13,13).
d) A imprecisão da expressão, que contrasta com o conjunto do cap. em que todas as personagens são nomeadas, poderia indicar que no primeiro estágio de redação o cap. 11 estava diretamente ligado à homilia sobre o êxodo dos caps. 3 e 4. Neste caso era inútil nomear a personagem principal de toda a homilia.
e) Este suplício teria sido infligido ao profeta Isaías pelo rei Manassés, segundo certos apócrifos. — Ad.: "tentados".
f) A era escatológica da "perfeição" foi inaugurada por Cristo (2,10; 5,9; 7,28; 10,14) e o acesso à vida

12 O exemplo de Jesus Cristo

¹Portanto, também nós, com tal nuvem de testemunhas ao nosso redor, rejeitando todo fardo e o pecado que nos envolve, corramos com perseverança para o certame que nos é proposto, ²com os olhos fixos naquele que é o iniciador e consumador da fé, Jesus, que, em vez da alegria que lhe foi proposta, sofreu a cruz, desprezando a vergonha, e *se assentou à direita* do trono de Deus. ³Considerai, pois, aquele que suportou tal contradição[a] por parte dos pecadores, para não vos deixardes fatigar pelo desânimo. ⁴Vós ainda não resististes até o sangue em vosso combate contra o pecado!

A educação paterna de Deus

⁵Vós esquecestes a exortação que vos foi dirigida como a filhos: *Meu filho, não desprezes a correção do Senhor, não desanimes quando ele te repreende;* ⁶*pois o Senhor educa a quem ama, e castiga a quem acolhe como filho.* ⁷É para a vossa correção que sofreis,[b] Deus vos trata como filhos. Qual é, com efeito, o filho cujo pai não corrige? ⁸Se estais privados da correção da qual todos participam, então sois bastardos e não filhos. ⁹Nós tivemos nossos pais segundo a carne para nos corrigir, e os respeitávamos. Não haveremos de ser muito mais submissos ao Pai dos espíritos, a fim de vivermos? ¹⁰Pois eles nos corrigiram por pouco tempo, segundo o que lhes parecia bem. Deus, porém, nos educa para nosso bem, a fim de nos comunicar sua santidade. ¹¹Toda correção, com efeito, no momento não parece motivo de alegria, mas de tristeza. Depois, no entanto, produz naqueles que assim foram exercitados um fruto de paz e de justiça. ¹²Por isso, *rerguei as mãos enfraquecidas e os joelhos trôpegos;* ¹³*endireitai os caminhos para os vossos pés,* a fim de que o que é manco, não se extravie, mas antes seja curado.

Castigo da infidelidade

¹⁴*Procurai a paz* com todos, e a santificação, sem a qual ninguém verá o Senhor, ¹⁵vigiando atentamente para que ninguém seja faltoso, separando-se da graça de Deus. *Nem haja raiz alguma da amargura* que, brotando, vos perturbe e, por meio dela, muitos sejam contaminados. ¹⁶Nem haja impuro algum, ou profano, como foi Esaú,[c] o qual, por uma só refeição, *vendeu o seu direito de primogenitura.* ¹⁷Sabeis ainda que, em seguida, querendo herdar a bênção, foi rejeitado, pois não achou lugar para o arrependimento, embora com lágrimas o tivesse procurado!

As duas alianças[d]

¹⁸Vós não vos aproximastes de realidade palpável:[e] *o fogo ardente, a escuridão, as trevas, a tempestade,* ¹⁹*o som da trombeta e o clamor das palavras* cujos ouvintes suplicaram não se lhes falasse mais. ²⁰Pois já não suportavam o que lhes era ordenado: *Até um animal, se tocar a montanha, será apedrejado.* ²¹Na verdade, de tal modo era terrível o espetáculo, que Moisés disse: *Sinto-me aterrado* e trêmulo!

---

celeste só foi aberto por ele (9,11s; 10,19s). Os justos do AT, que a Lei não pôde "levar à perfeição" (7,19; 9,9; 10,1), tiveram, portanto, de esperar a ressurreição dele para entrar na vida perfeita do céu (12,23; cf. Mt 27,52s; 1Pd 3,19+).
a) "contradição"; lit.: "contradição contra ele mesmo"; var.: "contradição contra eles mesmos".
b) Aos olhos da fé, as provações desta vida fazem parte da pedagogia paterna de Deus em relação aos seus filhos. A argumentação repousa sobre a noção bíblica de educação (*mûsar, paideia*), que significa "instrução pela correção" (cf. Jo 5,17; 33,19; Sl 94,12; Eclo 1,27; 4,17; 23,2+). A provação é aqui vista como correção que supõe e portanto manifesta a paternidade de Deus.
c) Esaú cometeu uma profanação ao renunciar ao seu direito de primogenitura, que o constituía herdeiro das promessas messiânicas. Como acontece com a idolatria para os profetas, sua preferência por um bem material e imediato pode ser considerada como prostituição.
d) A "aproximação" de Deus (4,16; 10,22) não se realiza mais (v. 18) em teofania ameaçadora como no Sinai, mas (v. 22) em cidade construída por Deus, aquela à qual aspiram os Pais (11,10.16) e que, portanto, já é celeste (4,14; Ap 21,1+). Com os anjos estão reunidos em torno do Mediador triunfante todos os cristãos (cf. Lc 10,20; Tg 1,18) que ele santificou e levou à perfeição (v. 14; 10,14; 11,40+).
e) Var.: "montanha" (cf. v. 22).

²²Mas vós vos aproximastes do monte Sião e da Cidade do Deus vivo, a Jerusalém celeste, e de milhões de anjos reunidos em festa, ²³e da assembleia dos primogênitos cujos nomes estão inscritos nos céus, e de Deus, o Juiz de todos, e dos espíritos dos justos que chegaram à perfeição, ²⁴e de Jesus, mediador de nova aliança, e do sangue da aspersão mais eloquente que o de Abel.

²⁵Prestai atenção para não deixar de ouvir aquele que vos fala! Porque se não escaparam do castigo quando recusaram ouvir aquele que os advertia sobre a terra, com maior razão ainda não escaparemos nós, se nos afastarmos de quem nos fala do alto dos céus.*ª* ²⁶Ele, cuja voz um dia abalou a terra, agora proclama: *Ainda uma vez abalarei não apenas a terra, mas também o céu.* ²⁷As palavras *ainda uma vez* anunciam o desaparecimento de tudo o que participa da instabilidade do mundo criado,*b* a fim de que subsista o que é inabalável. ²⁸Visto que recebemos um reino inabalável, guardemos bem esta graça. Por ela, sirvamos a Deus de modo que lhe seja agradável, com submissão e temor.*c* ²⁹Pois o nosso *Deus* é um *fogo abrasador!*

Apêndice

13 *Últimas recomendações*^d — ¹O amor fraterno permaneça. ²Não vos esqueçais da hospitalidade, porque graças a ela alguns, sem saber, acolheram anjos. ³Lembrai-vos dos prisioneiros, como se vós fôsseis prisioneiros com eles, e dos que são maltratados, pois também vós tendes um corpo!

⁴O matrimônio seja honrado por todos, e o leito conjugal, sem mancha;*e* porque Deus julgará os fornicadores e os adúlteros. ⁵Que o amor ao dinheiro não inspire a vossa conduta. Contentai-vos com o que tendes, porque ele próprio disse: *Eu nunca te deixarei, jamais te abandonarei.* ⁶De modo que podemos dizer com ousadia: *O Senhor é meu auxílio, jamais temerei; que poderá fazer-me o homem?*

Sobre a fidelidade — ⁷Lembrai-vos dos vossos dirigentes, que vos anunciaram a palavra de Deus. Considerai como terminou a vida deles, e imitai-lhes a fé. ⁸Jesus Cristo é o mesmo, ontem e hoje; ele o será para sempre!*f* ⁹Não vos deixeis extraviar por doutrinas ecléticas e estranhas.

Recapitulação — É bom que o coração seja fortificado pela graça e não por alimentos, os quais nunca foram de proveito para aqueles que disso fazem uma

---

a) Mais do que entre Moisés e Jesus Cristo, o contraste é acentuado entre os beneficiários das duas alianças: a antiga regulamentava a vida sobre a terra, esboço da vida celeste onde a nova introduz. Afastar-se desta última seria, portanto, merecer castigo mais severo.

b) Os transtornos cósmicos são as metáforas apocalípticas da intervenção divina e da introdução de novo regime (cf. Am 8,9+; 1Cor 1,8+; Mt 24,1+), mas também o sinal da imanência e da fugacidade do mundo visível.

c) Este "reino inabalável" (vv. 22-24) é a Cidade do céu, na qual o Filho reina com Deus (1,8), no meio dos *anjos e dos santos*. Desde agora, os cristãos aí vivem, e sua vida é liturgia de ação de graças, no fogo purificador da santidade divina (v. 29). Este v. poderia ser a conclusão do discurso, ainda que pereça 13,20-21, melhor servir de epílogo.

d) O cap. 13 parece compósito: Os vv. 22-25 têm o aspecto de bilhete de envio da epístola, como os vv. 17-18. Estes últimos, com efeito, retomam o termo "dirigentes" que designa outros responsáveis, diferentes dos citados no v. 7, que parecem pertencer ao passado da comunidade. Nota-se também certa distácia entre o escritor e os leitores. A intenção de transformar um discurso em carta ou de conservar vestígio de escrito paulino pode explicar bem estes fenômenos.

e) O v. poderia se referir tanto aos que profanam a santidade do matrimônio como aos que não o consideram digno da espera cristã (cf. 1Cor 7,1+).

f) Esta declaração, evocada pela menção da palavra de Deus e da fé (v. 7), salienta a verdade central que pregam os chefes. Se estes mudam ou desaparecem, Cristo permanece e é a ele que é preciso ligar-se.

questão de observância. ¹⁰Temos um altar*a* do qual não podem se alimentar os que servem à Tenda. ¹¹Porque os corpos dos animais, cujo *sangue o Sumo Sacerdote carrega no Santuário para a expiação do pecado, são queimados fora do acampamento*. ¹²Foi por isso que Jesus, para santificar o povo por seu próprio sangue, sofreu do lado de fora da porta.*b* ¹³Saiamos, portanto, ao seu encontro *fora do acampamento*, carregando a sua humilhação. ¹⁴Porque não temos aqui cidade permanente, mas estamos à procura da cidade que está para vir. ¹⁵Por meio dele *ofereçamos* continuamente *um sacrifício de louvor a Deus*, isto é, *o fruto dos lábios* que confessam o seu nome. ¹⁶*c*Não vos esqueçais da beneficência e da comunhão, porque são estes os sacrifícios que agradam a Deus.

Obediência aos guias espirituais — ¹⁷Obedecei aos vossos dirigentes, e sede-lhes dóceis; porque velam pessoalmente sobre as vossas almas, e disso prestarão contas. Assim poderão fazê-lo com alegria e não gemendo, o que não vos seria vantajoso. ¹⁸Orai por nós, porque estamos convictos de possuir uma consciência boa, com a vontade de nos comportar bem em toda ocasião. ¹⁹Fazei-o, vos peço com insistência, para que eu vos seja restituído o mais breve possível.

Bênção final e doxologia — ²⁰O Deus da paz, que *reconduziu* dentre os mortos*d* aquele que se tornou, pelo sangue de uma aliança eterna, o grande *Pastor das ovelhas*, nosso Senhor Jesus, ²¹vos torne aptos a todo bem para fazer a sua vontade; que ele realize em nós o que lhe é agradável, por Jesus Cristo, ao qual seja dada a glória pelos séculos dos séculos! Amém.

Bilhete de envio — ²²Irmãos, eu vos peço que acolhais esta palavra de exortação. Aliás, eu vos envio apenas algumas palavras. ²³Sabei que o nosso irmão Timóteo foi libertado.*e* Se vier logo, irei ver-vos juntamente com ele. ²⁴Saudai todos os vossos dirigentes e todos os santos.

Os da Itália vos saúdam.*f*
²⁵A graça esteja com todos vós!

---

a) Não a mesa eucarística, mas a cruz, sobre a qual Cristo foi imolado (vv. 11-12), ou talvez o próprio Cristo, pelo qual oferecemos as nossas orações a Deus. Os sacerdotes judeus, que persistem no serviço da "Tenda", não podem participar nem de uma, nem do outro.
b) No dia da festa das Expiações, o Sumo Sacerdote entrava no Santo dos Santos, que ele aspergia com o sangue das vítimas; mas os corpos dos animais sacrificados eram queimados fora do acampamento (Lv 16,27). Jesus, vítima de expiação, realizou esta prefiguração, tendo sido crucificado fora dos muros da cidade (Mt 27,32p).
c) No início, ad.: "Portanto".
d) Lit.: "que fez subir". Hb nunca fala explicitamente da ressurreição de Jesus, e sim do fato de que ele foi subtraído do poder da morte (2,14; 5,7+), e glorificado no Reino de Deus. Dessa forma, os fiéis (*as ovelhas*), antes mesmo da morte e da ressurreição final, são colocados em contato com Deus por meio de Cristo glorioso (7,25+; 10,19+).
e) O verbo grego *apolyo* pode significar tanto "destacar para, enviar" (cf. At 13,3; 15,30-33; 16,35 e 1Cor 4,17; Fl 2,19), como "libertar", mas não temos outras informações a respeito de um cativeiro de Timóteo. No primeiro caso, o bilhete poderia ser recomendação da obra deste.
f) A expressão é ambígua: pode significar que a carta foi enviada da Itália, ou que se associam às saudações dos habitantes da Itália, atualmente no estrangeiro.

AS EPÍSTOLAS CATÓLICAS

Introdução

Sete epístolas do NT que não são de são Paulo foram reunidas bem cedo numa mesma coleção, não obstante suas origens diversas; são: uma de são Tiago, uma de são Judas, duas de são Pedro, três de são João. Seu título, muito antigo, de "católicas", deriva, sem dúvida, do fato de a maioria delas não ser dirigida a comunidades ou pessoas particulares, mas visar aos cristãos em geral.

A epístola de Tiago não foi aceita senão progressivamente na Igreja. Se sua canonicidade não parece ter criado problemas no Egito, onde Orígenes a cita como Escritura inspirada, Eusébio de Cesareia, no começo do séc. IV, reconhece que ela ainda é contestada por alguns. Nas Igrejas de língua siríaca, foi apenas no decurso do séc. IV que foi introduzida no cânon do NT. Na África, Tertuliano e Cipriano a desconhecem e o catálogo de Mommsen (cerca do ano 360) ainda não a contém. Em Roma, ela não figura no cânon de Muratori, atribuído a santo Hipólito (pelo ano 200) e é muito duvidoso que tenha sido citada por são Clemente de Roma, e pelo autor do Pastor de Hermas (cf. mais adiante). Portanto, só se impõe ao conjunto das Igrejas do Oriente e do Ocidente pelo fim do séc. IV.

Quando as Igrejas aceitaram a canonicidade desta epístola, identificaram comumente como seu autor Tiago "irmão do Senhor" (Mc 6,3; Mt 13,55p; cf. 12,46+), cuja função tão marcante na primeira comunidade de Jerusalém (At 12,17+; 15,13-21; 21,18-26; 1Cor 15,7; Gl 1,19; 2,9.12) foi coroada pelo martírio por mãos dos judeus, no ano 62 aproximadamente (Josefo, Hegesipo). Evidentemente ele não se identifica com o apóstolo Tiago, filho de Zebedeu (Mt 10,2p), que Herodes mandou matar em 44 (At 12,2), mas poder-se-ia pensar em identificá-lo com o outro apóstolo do mesmo nome, o filho de Alfeu (Mt 10,3p). Já os antigos hesitavam neste ponto e os modernos ainda o discutem, inclinando-se pela negativa. As palavras de Paulo em Gl 1,19 foram interpretadas em ambos os sentidos.

Ademais, o verdadeiro problema situa-se noutra parte e mais profundamente. Consiste na própria atribuição da epístola a Tiago, "irmão do Senhor". Esta atribuição, efetivamente, não está isenta de dificuldades. Se de fato a carta tivesse sido escrita por ele, personagem de primeira grandeza, não se compreenderia bem a dificuldade que ela teve para se impor na Igreja como Escritura canônica. Além disso, foi escrita diretamente em grego, com elegância, riqueza de vocabulário, e senso da retórica (diatribe) que surpreendem bastante em um galileu; sem dúvida, Tiago poderia ter sido ajudado por um discípulo de boa cultura helênica, mas esta é conjetura que não se consegue provar. Enfim, e sobretudo, a epístola apresenta afinidade muito notável com escritos que foram compostos no fim do séc. I ou começo do séc. II, especialmente com a primeira carta de Clemente de Roma e o Pastor de Hermas. Muitas vezes se afirmou que estas duas obras utilizaram amplamente a epístola de Tiago; hoje se reconhece cada vez mais que tais afinidades se explicam pela utilização de fontes comuns e pelo fato de os autores destas diferentes obras terem encontrado dificuldades análogas. Por isso, numerosos autores, atualmente, situam a composição da epístola de Tiago no fim do séc. I, ou mesmo no começo do séc. II. O caráter arcaico de sua cristologia se explicaria não pela antiguidade de sua redação, mas pelo fato de ela provir de ambientes judaico-cristãos, herdeiros do pensamento de Tiago, irmão do Senhor, e alheios à evolução da teologia cristã-primitiva.

Entretanto, caso se julgue necessário manter a autenticidade da epístola, sua composição deverá ser datada antes de 62, ano da morte de Tiago. Então, duas hipóteses são possíveis, conforme a posição que se adota no tocante às relações entre Tg e Gl/Rm a respeito do problema da justificação pela fé (cf. mais adiante).

Para certos autores, é Tiago que entra em polêmica contra Paulo, ou melhor, contra os cristãos que deformavam o ensinamento de Paulo; nesse caso, ele teria escrito a sua epístola pouco tempo antes de morrer. Para outros, que são cada vez menos numerosos, foi Paulo que quis combater as ideias de Tiago, cuja epístola teria sido composta então entre 45 e 50, data esta que explicaria o caráter arcaico de sua cristologia. O que acima dissemos dá a entender que é pouco verossímil uma data tão antiga.

Seja qual for a sua origem, este escrito é dirigido às "doze tribos da Diáspora" (1,1), que são certamente os cristãos de origem judaica, dispersos no mundo greco-romano, sobretudo nas regiões próximas à Palestina, como a Síria ou o Egito. Que esses destinatários sejam convertidos do judaísmo é o que confirma o corpo da carta. O uso constante que o autor nela faz da Bíblia, supõe que esta lhe é familiar, tanto mais que ele procede, nas suas argumentações, menos pelo modo de argumentação a partir de citações explícitas (como, por exemplo, Paulo, ou o autor da epístola aos Hebreus) do que por reminiscências espontâneas e alusões subjacentes por toda parte. Ele se inspira particularmente na literatura sapiencial, para extrair dela lições de moral prática. Mas depende também profundamente dos ensinamentos do Evangelho, e seu escrito não é puramente judaico, como algumas vezes se tem afirmado. Ao contrário, aí se encontram continuamente o pensamento e as expressões prediletas de Jesus, e também desta vez, menos na forma de citações expressas tiradas da tradição escrita, do que mediante a utilização de tradição oral viva. Em suma, trata-se de um sábio judeu-cristão que repensa, de maneira original, as máximas da sabedoria judaica em função do cumprimento que elas encontraram na boca do Mestre. Vemos seu ponto de vista cristão sobretudo no enquadramento apocalíptico em que situa seus ensinamentos morais. Esses ensinamentos mostram também sua afinidade com os do Evangelho de Mateus, mais judaico-cristão.

Seu escrito não se enquadra facilmente nos moldes convencionais do estilo epistolar. Constitui antes homilia, amostra daquela catequese que devia estar em uso nas assembleias judaico-cristãs de seu tempo. Nele se encontra uma série de exortações morais que se seguem com pouco nexo, ora agrupando sentenças que tratam do mesmo tema, ora unindo as frases por meio de assonâncias verbais. São avisos a respeito da paciência nas provações (1,1-12; 5,7-11), a origem da tentação (1,13-18), o domínio da língua (1,26; 3,1-12), a importância do bom relacionamento e da misericórdia (2,8.13; 3,13-4,2; 4,11s), a eficácia da oração (1,5-8; 4,2s; 5,13-18 etc.). O sacramento da unção dos enfermos tem seu lugar teológico em 5,14s (concílio de Trento).

Dois temas principais orientam toda essa parênese. O primeiro exalta os pobres e adverte severamente os ricos (1,9-11; 1,27-2,9; 4,13-5,6): esta atenção para com os humildes, os favoritos de Deus, prende-se a antiga tradição bíblica e de modo todo especial às bem-aventuranças do Evangelho (Mt 5,3+). O segundo insiste na execução das boas obras e acautela contra a fé estéril (1,22-27; 2,10-26). Sobre este último ponto encontra-se até uma discussão polêmica (2,14-26), que muitos intérpretes julgam dirigida contra Paulo. Com efeito, é forçoso reconhecer que existem contatos bastante notáveis entre Tg e Gl/Rm, sobretudo na interpretação diversa de textos bíblicos idênticos referentes a Abraão. A presença de tal conflito entre os livros do NT é índice da riqueza do ensinamento divino, e não tanto causa de escândalo. Podemos destacar duas coisas: de início, que para além de uma oposição exigida por preocupações pastorais diferentes, Paulo e Tiago estão de acordo a respeito da questão de fundo das coisas (cf. 2,6; 2,14+), uma vez que Paulo jamais está contra a moral (ver, por exemplo, Rm 12; 13), mas contra a imposição de preceitos cerimoniais aos convertidos do paganismo, como a circuncisão; Tiago, por sua vez jamais se refere a esses preceitos, e sim à moral. Por outro lado, este tema da fé e das obras, tão naturalmente exigido pelos dados da religião judaica, pode bem ter sido uma questão tradicional de discussão que eles trataram de modo independente. A Igreja antiga aceitou finalmente a epístola de Tiago para conservar o equilíbrio dialético entre a fé e as obras, entre Paulo e Tiago.

Judas, que se chama "irmão de Tiago" (v. 1), parece apresentar-se, também, como um dos "irmãos do Senhor" (Mt 13,55p). Nada nos obriga a identificá-lo com o apóstolo que tem o mesmo nome (Lc 6,16;

At 1,13; cf. Jo 14,22); ele mesmo também se distingue do grupo apostólico (v. 17). A medíocre importância da personagem torna difícil a hipótese do pseudônimo, mas a data tardia da epístola torna este fato possível e até provável. O autor mostra notável conhecimento das fontes judaicas, sinal de que representa uma igreja culta, provida de livros.

Na realidade, esta epístola foi aceita desde o ano 200 pela maioria das Igrejas como Escritura canônica. O uso que faz de fontes apócrifas (Henoc nos vv. 7.14s; Assunção de Moisés no v. 9) suscitou de fato algumas dúvidas desde a antiguidade, mas não deveria admirar, pois este recurso legítimo a escritos judaicos, então em voga, de modo algum equivale a reconhecer-lhes caráter inspirado.

A intenção de Judas é unicamente estigmatizar os falsos doutores que põem em perigo a fé cristã. Ameaça-os com um castigo divino ilustrado com precedentes da tradição judaica (vv. 5-7) e a descrição que dá de seus erros parece também influenciada por essas lembranças do passado (v. 11). Ela é, aliás, bastante vaga e certamente não autoriza a identificá-los com o gnosticismo do séc. II. A impiedade e a licenciosidade moral que lhes censura, particularmente suas blasfêmias contra o Cristo Senhor e os anjos (vv. 4.8-10), podem ter existido no seio do cristianismo desde o séc. I, sob o influxo das tendências sincretistas combatidas pela epístola aos Colossenses, as Pastorais e o Apocalipse.

Certos dados convidam, porém, a não remontar demais pelo séc. I adentro. As pregações dos apóstolos já pertencem ao passado (vv. 17s). A fé é concebida como dado objetivo "transmitido de uma vez por todas" (v. 3). Parece que são utilizadas as epístolas de Paulo. É verdade que a segunda epístola de Pedro, por sua vez, utiliza a de Judas, mas como diremos adiante, ela pode ser posterior à morte de são Pedro. Enfim, deve-se supor como data os últimos tempos da era apostólica.

Duas epístolas católicas se apresentam como escritas por são Pedro. A primeira, que traz no endereço o nome do príncipe dos apóstolos (1,1), foi recebida sem contestação desde os primórdios da Igreja; citada provavelmente por Clemente de Roma e certamente por Policarpo, é atribuída explicitamente a são Pedro a partir de Ireneu. O apóstolo escreve de Roma (Babilônia 5,13), onde se encontra em companhia de Marcos, que chama de "seu filho". Embora sejam muito poucas as informações que temos a respeito do fim de sua vida, uma tradição muito segura afirma, com efeito, que se transferiu para a capital do império, onde morreu mártir no tempo de Nero (em 64 ou 67?). Escreve aos cristãos "da Diáspora", especificando os nomes de cinco províncias (1,1), que representam praticamente o conjunto da Ásia Menor. O que diz do passado deles (1,14.18; 2,9s; 4,3) sugere que são convertidos do paganismo, embora não se exclua a presença de judeu-cristãos entre eles. É por isso que lhes escreve em grego; e, se este grego, simples, mas correto e harmonioso, parece de qualidade boa demais para o pescador galileu, conhecemos o nome do discípulo secretário que pode tê-lo assistido na redação: Silvano (5,12), comumente identificado com o antigo companheiro de são Paulo (At 15,22+).

A finalidade desta epístola é sustentar a fé dos seus destinatários em meio às provações que os assaltam. Houve quem procurasse identificá-las com perseguições oficiais, tais como as de Domiciano ou mesmo de Trajano, o que suporia época bem posterior a são Pedro. Mas as alusões da epístola não exigem nada disso. Trata-se, antes, de prepotências, injúrias e calúnias que os convertidos sofrem, por causa de sua pureza de vida, da parte daqueles cujos desregramentos eles abandonaram (2,12; 3,16; 4,4.12-16).

Outra dificuldade levantada contra a autenticidade da epístola é o uso considerável que parece fazer de outros escritos do NT, sobretudo de Tg, Rm e Ef; fato tanto mais surpreendente, porque o Evangelho parece pouco utilizado. Mas as reminiscências evangélicas são numerosas, apesar de permanecerem discretas; se fossem mais destacadas, não faltaria quem dissesse que algum pseudônimo tentou desta forma fazer-se passar por Pedro. Quanto aos contatos com Tiago e Paulo, não se deve exagerar. Não aparece na epístola nenhum dos temas especificamente paulinos (valor transitório da Lei judaica, Corpo de Cristo etc.). E muitos dos que são considerados também como "paulinos", porque nos são conhecidos sobretudo através das epístolas de Paulo, de fato são apenas patrimônio comum da primeira teologia cristã (valor redentor da morte de Cristo, fé e batismo etc.). Os trabalhos da crítica reconhecem sempre mais a existência de formulários de catequeses primitivas, de florilégios de textos do AT, que podem ter sido utilizados paralelamente pelos diversos escritos em questão, sem que tenha havido entre eles dependência direta. Se apesar disso resta certo número de casos nos quais 1Pd parece de fato ter-se inspirado em Rm ou Ef, podemos admiti-lo sem rejeitar a autenticidade; são Pedro não possuía a envergadura teológica de são Paulo e pode muito bem ter recorrido aos escritos deste último, sobretudo ao dirigir-se, como neste caso, a círculos de influência paulina. Além disso, não se deve esquecer que seu secretário Silvano era discípulo de ambos os apóstolos. Enfim, é justo assinalar, ao lado destas afinidades com os escritos paulinos, as semelhanças que certos intérpretes julgam ter descoberto entre 1Pd e outros escritos de cunho petrino, tais como o segundo evangelho ou os discursos de Pedro nos Atos.

A carta deve ser anterior à morte de Pedro (64 ou 67), mas talvez só alguns anos mais tarde é que Silvano a deu por terminada, segundo as diretrizes de Pedro e sob a sua autoridade. Isto seria até mesmo provável, se se constatasse que a epístola é compósita, combinando fragmentos diversos, entre os quais uma homilia de origem batismal (1,13-4,11). Mas essas distinções não conseguem ultrapassar o nível da conjetura.

De caráter essencialmente prático, este escrito não deixa de possuir também uma apreciável riqueza de doutrina. Nele se encontra um maravilhoso resumo da teologia em voga na época apostólica, teologia de comovente ardor na sua simplicidade. Uma das ideias mestras é a corajosa perseverança nas tribulações, tendo Cristo como modelo (2,21-25; 3,18; 4,1): como ele, os cristãos devem sofrer com paciência, felizes se as suas tribulações provêm de sua fé e de sua santa conduta (2,19s; 3,14; 4,12-19; 5,9), respondendo ao mal apenas com o bem, a caridade, a obediência aos poderes públicos (2,13-17) e a mansidão para com todos (3,8-17; 4,7-11.19). Há uma passagem difícil e compreendida pelos exegetas de modo diverso (3,19s; cf. 4,6), conforme interpretam a "pregação" de Cristo como anúncio de salvação ou de castigo, e conforme reconheceram nos "espíritos encarcerados" ou os ímpios mortos no tempo do dilúvio, ou os anjos decaídos de que fala a tradição bíblica e apocalíptica. Seja como for, este ato do Senhor está bem situado no momento de sua morte, e temos aí um dos principais lugares teológicos do dogma da descida à mansão dos mortos.

Não há dúvida de que também a segunda epístola se apresenta como sendo de são Pedro. Não apenas no endereço (1,1) o apóstolo põe seu nome, mas ainda alude ao anúncio de Jesus a respeito de sua morte (1,14) e afirma ter sido testemunha da transfiguração (1,16-18). Enfim, faz alusão a uma primeira carta (3,1), que deve ser 1Pd.

Se escreve segunda vez aos mesmos leitores, é com dupla finalidade: pô-los de sobreaviso contra os falsos doutores (2) e responder à inquietação causada pela demora da Parusia (3). Rigorosamente falando, podemos imaginar estes falsos doutores e esta inquietação desde o fim da vida de são Pedro. Mas há outras considerações que põem em dúvida a autenticidade e sugerem data mais tardia. A linguagem apresenta notáveis diferenças em relação a 1Pd. Todo o cap. 2 é uma retomada, livre mas patente, da epístola de Judas. A coleção das epístolas de Paulo parece já formada (3,15s). O grupo apostólico é posto em paralelo com o grupo profético e o autor fala como se não fizesse parte deles (3,2). Estas dificuldades autorizam certas dúvidas que surgiram desde a antiguidade. Não apenas o uso da epístola não é atestado com certeza antes do séc. III, mas também alguns a rejeitavam, como o testemunham Orígenes, Eusébio e Jerônimo. Além disso, muitos críticos modernos recusam-se, por sua vez, a atribuí-la a são Pedro, e é difícil não lhes dar razão. Mas se um discípulo posterior se valeu da autoridade de Pedro, pode ser que tivesse algum direito de o fazer, talvez porque pertencesse aos círculos que dependiam do apóstolo, ou então porque utilizasse escrito proveniente dele e o adaptasse e completasse com o auxílio de Jd. Isso não equivale necessariamente a cometer falsificação, pois os antigos tinham ideias diferentes das nossas sobre a propriedade literária e a legitimidade da pseudonímia.

Aliás, para nossa fé basta que a epístola tenha sido seguramente aceita pela

Igreja como canônica e represente, por conseguinte, herança autêntica da época apostólica. Com isto, está garantida sua doutrina e merecem destaque particularmente a vocação cristã de "participação na natureza divina" (1,4), a definição do caráter inspirado das Escrituras (1,20s), a certeza da Parusia vindoura, não obstante a demora e a incerteza do seu dia, e o anúncio, após a destruição do mundo pelo fogo, de um mundo novo em que habitará a justiça (3,3-13).

O problema central a que a epístola se refere é a teodiceia, isto é, o julgamento justo de Deus, contra aqueles que dizem não existir providência nem julgamento em Deus, nem vida no além, nem recompensa ou punição depois da morte — visões espalhadas por epicuristas gentios e judeus, refutadas também por apologistas filósofos (por exemplo, Plutarco) e rabinos. O problema do atraso da Parusia é compreendido em tal contexto pelo autor inspirado. A epístola é dirigida a leitores de cultura mista, ao mesmo tempo bíblica e greco-romana e, portanto, proveniente, sem dúvida, de uma igreja urbana. O conhecimento de sua própria cadeia de autoridades, o sagrado de suas próprias tradições — evangélicas, paulinas e apostólicas (Judas) —, a preocupação de estabelecer uma harmonia coerente e uma interpretação normativa dessas tradições recebidas (1,12-15) são também indícios de que a epístola data da metade do século II d.C. A carta, portanto, permanece um exemplo interessante da fidelidade radical, em situação transformada, à mensagem central de Jesus, a vinda próxima do Reino de Deus (Mc 1,15+).

As três epístolas de são João *foram já apresentadas juntamente com o quarto evangelho.*

EPÍSTOLA DE SÃO TIAGO

1 *Endereço e saudação* — ¹Tiago, servo de Deus e do Senhor Jesus Cristo, às doze tribos da Dispersão:*ᵃ* saudações!*ᵇ*

O benefício das provações — ²Meus irmãos, tende por motivo de grande alegria o serdes submetidos a múltiplas provações, ³pois sabeis que a vossa fé, bem provada, leva à perseverança; ⁴mas é preciso que a perseverança produza obra perfeita,*ᶜ* a fim de serdes perfeitos e íntegros sem nenhuma deficiência.

A súplica confiante — ⁵Se alguém dentre vós tem falta de sabedoria, peça-a a Deus, que a concede generosamente*ᵈ* a todos, sem recriminações, e ela ser-lhe-á dada, ⁶contanto que peça com fé, sem duvidar, porque aquele que duvida é semelhante às ondas do mar, impelidas e agitadas pelo vento. ⁷Não pense tal pessoa que receberá alguma coisa do Senhor, ⁸dúbio e inconstante como é em tudo o que faz.*ᵉ*

O destino do rico — ⁹Glorie-se o irmão de humilde condição na sua exaltação,*ᶠ* ¹⁰e o rico na sua humilhação, porque passará *como a flor da erva*. ¹¹Com efeito, basta que surja o sol com seu calor:*ᵍ* logo *seca a erva e sua flor cai*, e desaparece a beleza do seu viço! Eis como acabará por perecer o rico no meio dos seus negócios!

A provação — ¹²Bem-aventurado o homem *que suporta com paciência* a provação! Porque, uma vez provado, receberá a coroa da vida, que o Senhor*ʰ* prometeu aos que o amam.*ⁱ*

¹³Ninguém, ao ser provado,*ʲ* deve dizer: "É Deus que me prova", pois Deus não pode ser provado pelo mal e a ninguém prova. ¹⁴Antes, cada qual é provado pela própria concupiscência, que o arrasta e seduz. ¹⁵Em seguida a concupiscência, tendo concebido, dá à luz o pecado, e o pecado, atingindo o termo, gera a morte.

Receber a Palavra e pô-la em prática — ¹⁶Meus amados irmãos, não vos enganeis: ¹⁷todo dom precioso e toda dádiva perfeita vêm do alto e desce*ᵏ* do Pai das luzes,*ˡ* no qual não há mudança nem sombra de variação. ¹⁸Por vontade

---

a) Na antiguidade Israelita, o termo "dispersão" (grego *diáspora*) designava os judeus emigrados da Palestina (cf. Sl 147,2; Jt 5,19; cf. Jo 7,35). Aqui trata-se de cristãos de origem judaica dispersos no mundo greco-romano (cf. At 2,5-11). As doze tribos representam a totalidade do novo povo (At 26,7; Ap 7,4+; Mt 19,28).
b) Fórmula de saudação corrente no mundo grego, lit.: "alegrai-vos". O v. 2 faz trocadilho com estas palavras.
c) Para Tiago, como para o judaísmo, a fé deve resultar em obra que torna o homem perfeito (2,14+; cf. 1Ts 1,3). Já aqui pode pressentir-se a explicação central de 2,14-26.
d) Ou ainda: "simplesmente", "sem condição".
e) Lit.: "de alma dupla" (4,8), essa divisão interior supõe a psicologia rabínica, em que dois impulsos ou tendências, um mau e outro bom, disputam sem cessar (fundada sobre Gn 8,21+; Gn 6,5; Eclo 15,14+; Rm 7). Opõe-se à "simplicidade" do coração e à firmeza de atitude que dela resulta.
f) Os ricos não participam da exaltação dos pequeninos (1Sm 2,7-8; Sl 72,4.12; 113,7-9; Lc 1,52 etc.; cf. Sf 2,3+), a não ser que se humilhem com eles.
g) Ou: "o sol surja com vento causticante".
h) Om: "o Senhor". A Vulg. tem: "Deus".
i) Ao sair da provação (vv. 2-4), aquele que ama a Deus receberá sua justa recompensa (1Cor 9,25+; 1Pd 5,4; Ap 2,10).
j) A provação, aqui, é a tentação (cf. 1Cor 10,13+). Aquele que se deixa arrastar para o mal não deve pôr a culpa em Deus, que não pode querer o mal. O pecado procede do interior do homem (Rm 7,8) e se consuma, por si, em estado inteiramente oposto à coroa da vida (v.12; Rm 6,23).
k) Om. (Vet. Lat.): "vem do alto e".
l) Deus, criador dos luminares celestes (Gn 1,14-18) e fonte de toda a luz espiritual (Jo 1,4+; 8,12+; 1Jo 1,5; cf. 1Pd 2,9). As imagens que seguem são sugeridas pelo movimento dos astros. — Var.: "no qual não existe nenhuma mudança proveniente do movimento da sombra".

própria ele nos gerou pela palavra de verdade,*a* a fim de sermos como que as primícias dentre suas criaturas.*b*

¹⁹Isso podeis saber com certeza, meus amados irmãos. Que cada um esteja *pronto para ouvir*, mas *lento* para falar e *lento* para encolerizar-se; ²⁰pois a cólera do homem não é capaz de cumprir a justiça de Deus. ²¹Por essa razão, renunciando a toda imundície e a todos os vestígios de maldade, recebei com docilidade a Palavra que foi plantada em vossos corações e é capaz de salvar as vossas vidas.

²²Tornai-vos praticantes da Palavra e não simples ouvintes, enganando-vos a vós mesmos! ²³Com efeito, aquele que ouve a Palavra e não a pratica, assemelha-se ao homem que, observando seu rosto no espelho, ²⁴se limita a observar-se e vai-se embora, esquecendo-se logo da sua aparência. ²⁵Mas aquele que considera atentamente a Lei perfeita de liberdade*c* e nela persevera não sendo ouvinte esquecido, antes, praticando o que ela ordena, esse é bem--aventurado no que faz.

²⁶Se alguém pensa ser religioso, mas não refreia a língua, antes se engana a si mesmo, saiba que sua religião é vã. ²⁷Com efeito, a religião pura e sem mácula diante de Deus, nosso Pai,*d* consiste nisto: visitar os órfãos e as viúvas em suas tribulações e guardar-se livre da corrupção do mundo.

2 O respeito devido aos pobres

— ¹Meus irmãos, vossa fé em nosso Senhor Jesus Cristo glorificado*e* não deve admitir acepção de pessoas. ²Assim, pois, se entrarem em vossa assembleia*f* duas pessoas, uma trazendo anel de ouro, ricamente vestida, e a outra pobre, com suas roupas sujas, ³e derdes atenção ao que se traja ricamente e lhe disserdes: "Senta-te aqui neste lugar confortável", enquanto dizeis ao pobre: "Tu, fica em pé aí", ou então: "Senta-te aí abaixo do estrado dos meus pés", ⁴não estais fazendo em vós mesmos discriminação? Não vos tornais juízes com raciocínios perversos?

⁵Atentai para isto, meus amados irmãos: Não escolheu Deus os pobres em bens deste mundo para serem ricos na fé*g* e herdeiros do Reino que prometeu aos que o amam? ⁶E, no entanto, vós desprezais o pobre! Ora, não são os ricos que vos oprimem, os que vos arrastam aos tribunais? ⁷Não são eles os que blasfemam contra o nome sublime que foi invocado sobre vós?*h* ⁸Assim, se cumpris a Lei régia segundo a Escritura: "*Amarás teu próximo como a ti mesmo*", agis bem. ⁹Mas se fazeis acepção de pessoas, cometeis pecado e incorreis na condenação da Lei como transgressores.

---

a) Esta "palavra de verdade" é o conjunto da revelação de Deus aos homens, também chamada "Lei de liberdade", "Lei régia" (cf. 1,21-25; 2,8).
b) Tiago não fala da "graça", exceto em 4,6. Aqui menciona o seu equivalente neste novo nascimento, devido à palavra de Deus (Jo 1,12+; 3,3; 1Pd 1,23) e que constitui o povo de Deus pelos seus primogênitos (cf. Dt 18,4; 1Cor 15,20; Rm 8,23; 16,5). Esta palavra é plantada nos corações (lit.: "inata") pela pregação do Evangelho que salva (v.21) e pela fé, que é a aceitação deste anúncio (cf. 1Ts 2,13+). São traços da catequese batismal.
c) Como a palavra de verdade (v. 18), esta Lei é a revelação cristã recebida e posta em prática (cf. Mt 5,17-19+; 7,24-27; Jo 13,17). Ela liberta o homem (2,12) pela observância dos mandamentos. Paulo verá na liberdade do cristão uma prerrogativa da Nova Lei, a da fé (Rm 3,27; 6,15+; 7,1; Gl 4,21ss).
d) Cf. Mt 6,9; 1Cor 15,24; Ef 5,20. A expressão já era usada no AT (Dt 32,6; cf. Is 63,16; Eclo 23,1.4; Sb 2,16). O culto espiritual agradável a Deus toma forma concreta no comportamento reto e no serviço aos fracos (cf. Dt 27,19; Is 11,17; Jr 5,28 etc.).
e) Lit.: "de glória" (cf. 1Cor 2,8+).
f) Lit.: "sinagoga". É a única passagem do NT em que a reunião dos cristãos é assim chamada (cf. 5,14). Alguns querem ver aí um indício de que Tiago se dirigia a judeus convertidos ao cristianismo (Gl 1,22).
g) Os pobres (1,9-10+) possuem a riqueza verdadeira (cf. 1Cor 1,17-29).
h) No AT, o nome de Iahweh pronunciado sobre uma pessoa atraía sobre ela a proteção divina (Am 9,12; Is 43,7; Jr 14,9). No NT é o nome de Jesus que, invocado, por exemplo, no batismo, constitui o único meio de salvação (At 2,21+). — Outra tradução: "o sublime nome que trazeis".

¹⁰Com efeito, aquele que guarda toda a Lei, mas desobedece a um só ponto, torna-se culpado da transgressão da Lei inteira, ¹¹pois aquele que disse: *"Não cometerás adultério"*, também disse: *"Não matarás."* Portanto, se não cometes adultério, mas praticas um homicídio, tornas-te transgressor da Lei. ¹²Falai, pois, e agi como os que hão de ser julgados pela Lei de Liberdade, ¹³porque o julgamento será sem misericórdia para quem não pratica a misericórdia. A misericórdia desdenha o julgamento.*ᵃ*

*A fé e as obras*ᵇ — ¹⁴Meus irmãos, se alguém disser que tem fé, mas não tem obras, que lhe aproveitará isso? Acaso a fé poderá salvá-lo? ¹⁵Se um irmão ou uma irmã não tiverem o que vestir e lhes faltar o necessário para a subsistência de cada dia, ¹⁶e alguém dentre vós lhes disser: "Ide em paz, aquecei-vos e saciai-vos", e não lhes der o necessário para a sua manutenção, que proveito haverá nisso? ¹⁷Assim também a fé, se não tiver obras, está completamente morta.ᶜ

¹⁸De fato, alguém poderá objetar:ᵈ "Tu tens a fé e eu tenho as obras". Mostra-me a tua fé sem as obras e eu te mostrarei a fé pelas minhas obras. ¹⁹Tu crês que há um só Deus? Ótimo! Lembra-te, porém, que também os demônios creem, mas estremecem.ᵉ ²⁰Queres, porém, ó homem insensato, a prova de que a fé sem as obras é estéril?ᶠ ²¹Não foi pelas obras que o nosso pai Abraãoᵍ foi justificado *ao oferecer o filho Isaac sobre o altar*? ²²Já vês que a fé concorreu para as suas obras e que pelas obras é que a fé se realizou plenamente.ʰ ²³E assim se cumpriu a Escritura que diz: *Abraão creu em Deus e isto lhe foi imputado como justiça* e ele foi chamado amigo de Deus. ²⁴Vês que o homem é justificado pelas obras e não simplesmente pela fé. ²⁵Da mesma maneira também Raab, a prostituta, não foi justificada pelas obras, quando acolheu os mensageirosⁱ e os fez voltar por outro caminho? ²⁶Com efeito, como o corpo sem o sopro da vida é morto, assim também é morta a fé sem as obras.ʲ

3 *Contra a intemperança na linguagem* — ¹Irmãos, não queirais todos ser mestres,ᵏ pois sabeis que estamosˡ sujeitos a mais severo julgamento, ²porque todos tropeçamos frequentemente.

---

a) "julgamento", aqui no sentido de condenação. O julgamento pertence somente a Deus, autor da Lei (4,11-12; 5,9; cf. Sl 9,9+). Ele sancionará a prática da Lei (1,25; 2,8), condensada na misericórdia.
b) As considerações precedentes serão esclarecidas pela exposição de um princípio: o de que o ouvinte da palavra deve praticá-la (1,22-25; cf. 4,11). O ponto de vista de Tiago não é inconciliável com o que Paulo defende (Rm 3,20-31; 9,31; Gl 2,16; 3,2.5.11s; Fl 3,9). O que Paulo rejeita é o valor das obras humanas que visam a merecer a salvação sem a fé em Cristo. Essa confiança no esforço do homem para tornar-se justo ignora o fato de que é essencialmente pecador (Rm 1,18-3,20; Gl 3,22) e torna vã a fé em Cristo (Gl 2,21; cf. Rm 1,16+). Mas também Paulo admite que, recebida a justificação pela graça somente, a fé deve ser ativa pela caridade (1Cor 13,2; Gl 5,6; cf. 1Ts 1,3; 2Ts 1,11; Fm 6) e cumprir, afinal, verdadeiramente a lei (Rm 8,4), que é a lei de Cristo e do Espírito (Gl 6,2; Rm 8,2), a lei do amor (Rm 13,8-10; Gl 5,14). Todo homem será julgado segundo suas obras (Rm 2,6+). O pensamento de Tg, inclusive sobre a história de Abraão (vv. 22-23), está, entretanto, mais perto do judaísmo do que o de Paulo.
c) Lit.: "está morta em si mesma".
d) Isto é, ao interlocutor dos vv. 14 e 16, que Tiago passa a refutar.
e) A insubmissão dos demônios ao Deus verdadeiro, que eles reconhecem (cf. Mc 1,24.34 etc.), não os impede de temer a sua ira vindoura.
f) Var. (Vulg.): "morta" (cf. vv.17.26).
g) A tradição judaica considerava Abraão como o justo fiel a Deus (Eclo 44,19-21+), amigo de Deus (2Cr 20,7; Is 41,8) e pai dos que creem (cf. Mt 3,8; Jo 8,39). Neste ponto, Tg concorda com Paulo (Rm 4,1.16).
h) Tg, como Paulo tampouco, não considera a fé do patriarca Abraão como uma obra (Gn 15,6, citado no v. 23; Rm 4,3; Gl 3,6), mas insiste mais do que ele nas obras que nascem da fé, da lei perfeita (1,25; 2,8).
i) "mensageiros"; var.: "espiões" (cf. Hb 11,31). O tema era popular no seio do judaísmo.
j) Os vv. 17.20.24 têm a sua conclusão na comparação com um corpo privado do sopro da vida.
k) Aqueles que por ambição procuram alcançar este cargo apreciado (Mt 23,8; At 13,1; 1Cor 12,28+), devem pesar bem a responsabilidade que lhes caberá. De fato, todo o capítulo 3 parece ter em mira essas pessoas.
l) Var. (Vulg.): "estais".

Aquele que não peca no falar é realmente homem perfeito, capaz de refrear todo o corpo.*a* ³Quando*b* pomos freio na boca dos cavalos, a fim de que nos obedeçam, conseguimos dirigir todo seu corpo. ⁴Notai que também os navios, por maiores que sejam, e impelidos por ventos impetuosos, são, entretanto, conduzidos por um pequeno leme para onde quer que a vontade do timoneiro os dirija. ⁵Assim também a língua, embora seja pequeno membro do corpo, se jacta de grandes feitos! Notai como pequeno fogo incendeia floresta imensa. ⁶Ora, também a língua é fogo. Como o mundo do mal,*c* a língua é posta entre os nossos membros maculando o corpo inteiro e pondo em chamas o ciclo da criação,*d* inflamada como é pela geena. ⁷Com efeito, toda espécie de feras, de aves, de répteis e de animais marinhos é domada e tem sido domada pela espécie humana. ⁸Mas a língua, ninguém consegue domá-la: é mal irrequieto e está cheia de veneno mortífero. ⁹Com ela bendizemos ao Senhor,*e* nosso Pai, e com ela maldizemos aos homens feitos à semelhança de Deus. ¹⁰Da mesma boca provêm bênção e maldição.*f* Ora, tal não deve acontecer, meus irmãos. ¹¹Porventura uma fonte jorra, pelo mesmo olheiro, água doce e água salobra? ¹²Porventura, meus irmãos, pode a figueira produzir azeitonas ou a videira produzir figos? Assim, a fonte de água salgada não pode produzir água doce.

A verdadeira e a falsa sabedoria — ¹³Quem dentre vós*g* é sábio e entendido? Mostre pelo bom comportamento suas obras repassadas de docilidade e sabedoria. ¹⁴Mas, se tendes inveja amarga e preocupações egoístas no vosso coração, não vos orgulheis nem mintais contra a verdade, ¹⁵porque esta sabedoria não vem do alto; antes, é terrena, animal e demoníaca. ¹⁶Com efeito, onde há inveja e preocupação egoística, aí estão as desordens e toda sorte de más ações. ¹⁷Por outra parte, a sabedoria que vem do alto é, antes de tudo, pura, depois pacífica, indulgente, conciliadora,*h* cheia de misericórdia e de bons frutos, isenta de parcialidade e de hipocrisia. ¹⁸Um fruto de justiça é semeado pacificamente para aqueles que promovem a paz.

4

Contra as discórdias — ¹De onde vêm as guerras? De onde vêm as lutas entre vós? Não vêm daqui: dos prazeres que guerreiam nos vossos membros? ²Cobiçais e não tendes? Então matais. Buscais com avidez, mas nada conseguis obter? Então vos entregais à luta e à guerra.*i* Não possuís porque não pedis. ³Pedis, mas não recebeis, porque pedis mal, com o fim de gastardes nos vossos prazeres.

⁴Adúlteros,*j* não sabeis que a amizade com o mundo é inimizade com Deus? Assim, todo aquele que quer ser amigo do mundo torna-se inimigo de Deus. ⁵Ou julgais que é em vão que a Escritura diz: Ele reclama com ciúme

---

a) Várias comparações levarão a compreender como o domínio da língua revela domínio total de si mesmo. O tema era clássico, tanto nos moralistas gregos, como nos livros sapienciais.
b) "Quando"; var.: "Vede" (cf. v. 4).
c) Ou: "um adorno do mal". — Outra pontuação: "Também a língua é fogo, mundo do mal".
d) Expressão que deve provir dos mistérios órficos gregos, e que designa o mundo criado. — Var. (Vulg.): "o ciclo da nossa existência".
e) "o Senhor"; var. (Vulg.): "a Deus".
f) A fórmula antitética "bendizer-maldizer" é frequente no AT (Gn 12,3; 27,29; Nm 23,11; 24,9; Js 8,34). Mas o cristão é incapaz de maldizer (cf. Lc 6,28; Rm 12,14; 1Pd 3,9).

g) Tratando-se da comunidade, a questão diz respeito, sobretudo, aos que ensinam (3,1). A sabedoria se conhece pelos seus frutos (cf. 1,22-25; 2,14-26).
h) Vulg. acrescenta: "aprovando o que é bom".
i) Outra tradução (corr.): "Desejais e não tendes; cobiçais e invejais, e não conseguis alcançar; combateis e fazeis guerra." — "guerra" não designa aqui as lutas interiores de cada pessoa (cf. Rm 7,23; 1Pd 2,11), mas as dissensões ou rancores entre fiéis, talvez verdadeiros conflitos, em que os cristãos estariam tomando parte ativa.
j) No texto grego, o termo está no feminino. Ele sugere a imagem tradicional de Israel, a esposa infiel de Iahweh (Os 1,2+; cf. Mt 12,39; Mc 8,38; 2Cor 11,2).

o espírito que pôs dentro de nós?[a] ⁶Mas ele nos dá uma graça maior, conforme diz a Escritura: *Deus resiste aos soberbos, mas dá graça aos humildes.* ⁷Sujeitai-vos, pois, a Deus; resisti ao diabo e ele fugirá de vós. ⁸Chegai-vos a Deus e ele se chegará a vós. Purificai vossas mãos, pecadores, e santificai vossos corações, homens dúbios. ⁹Entristecei-vos, cobri-vos de luto e chorai. Transforme-se vosso riso em luto e vossa alegria em desalento.[b] ¹⁰Humilhai-vos diante do Senhor e ele vos exaltará.

¹¹Não faleis mal uns dos outros, irmãos. Aquele que fala mal de um irmão ou julga o seu irmão, fala mal da Lei e julga a Lei. Ora, se julgas a Lei, já não praticas a Lei, mas te fazes juiz da Lei. ¹²Só há um legislador[c] e juiz, a saber, aquele que pode salvar ou destruir. Tu, porém, quem és para julgares o teu próximo?[d]

Admoestação aos ricos — ¹³E agora, vós os que dizeis: "Hoje ou amanhã iremos a tal cidade, passaremos ali um ano, negociando e obtendo bons lucros." ¹⁴E, no entanto, não sabeis nem mesmo o que será da vossa vida amanhã! Com efeito, não passais de vapor que se vê por alguns instantes e depois logo se desfaz.[e] ¹⁵Em vez de dizer: "Se o Senhor quiser, estaremos vivos e faremos isto ou aquilo", ¹⁶vós vos jactais de vossas fanfarronadas! Ora, toda jactância desse gênero é má. ¹⁷Assim, aquele que sabe fazer o bem e não o faz, comete pecado.

5 ¹Pois bem, agora vós, ricos, chorai e gemei por causa das desgraças que estão para vos sobrevir. ²Vossa riqueza apodreceu e as vossas vestes estão carcomidas pelas traças. ³Vosso ouro e vossa prata estão enferrujados e a ferrugem testemunhará contra vós e devorará vossas carnes. Entesourastes como que um fogo nos tempos do fim![f] ⁴Lembrai-vos de que o salário, do qual privastes os trabalhadores que ceifaram os vossos campos, clama, e os gritos dos ceifeiros chegaram aos ouvidos do Senhor dos exércitos. ⁵Vivestes faustosamente na terra e vos regalastes; saciastes-vos no dia da matança.[g] ⁶Condenastes o justo e o pusestes à morte: ele não vos resiste.

A Vinda do Senhor — ⁷Sede, pois, pacientes, irmãos, até a Vinda do Senhor. Vede como o lavrador espera o precioso fruto da terra, aguardando por ele pacientemente até que venham as chuvas[h] temporãs e as serôdias. ⁸Assim, também vós, esperai com paciência e fortalecei os vossos corações, porque a Vinda do Senhor está próxima.[i] ⁹Irmãos, não murmureis uns contra os outros, para que não sejais julgados. Lembrai-vos de que o Juiz está às portas. ¹⁰Irmãos, tomai como exemplo de vida de sofrimento e de paciência os profetas que falaram em nome do Senhor. ¹¹Notai que temos por bem-aventurados os que perseveraram pacientemente. Ouvistes

---

a) Var. (Vulg.): "que habita em nós". — É difícil identificar a citação. Sobre o ciúme de Deus, ver Dt 4,24+. Trata-se provavelmente de reminiscências que se prendem, por exemplo, a Gn 2,7; 6,3 ou a Ez 36,27 (cf. 1Ts 4,8). A mesma fonte de inspiração ocorre em Rm 8,26-27: Deus pôs em nós algo do seu Espírito, o qual nos leva a desejar aquilo que Deus deseja; eis como as nossas petições são atendidas (cf. Mt 18,19-20; Jo 14,13+).
b) Cf. Is 32,11s; Mq 2,4; Zc 11,2s.
c) Var.: "É o legislador."
d) O julgamento pertence a Deus somente (1,12; 2,4; 5,7-8; Mt 7,1p+; Rm 2,1; cf. Sl 5,11+; 9,9+). Aquele que julga seu próximo desafia a lei régia do amor (2,8) e se substitui indevidamente à justiça divina.

e) Temos aqui o tema sapiencial da fragilidade humana (Sl 39,6-7.12; 102,4; Sb 2,4; 5,9-14), que obriga o homem a pôr a sua confiança em Deus e a submeter-se a ele.
f) A perspectiva é escatológica: as calamidades que atingem os ricos situam-se na perspectiva do julgamento (5,7-9; cf. Mt 6,19; Is 5,8-10; Am 2,6-7; 8,4-8 etc.). Mas já estamos "nos tempos do fim" (Cf. 2Cor 6,2+).
g) Alusão, talvez, às violências com que os ricos oprimiram os justos (v. 6; cf. Sl 44,23; Sb 2,10-20; Jr 12,1-3).
h) Var.: "os frutos".
i) A espera da Vinda (*parusia*, 1Cor 15,23+) é o motivo decisivo da paciência cristã (1,2-4.12; 1Ts 3,13; 1Pd 4,7; 5,10). A comparação com o lavrador (v. 7), leva a pensar em Mc 4,26-29.

falar da paciência de Jó e sabeis qual o fim que Deus lhe deu. Com efeito, *o Senhor é misericordioso e compassivo*.

Exortações finais — ¹²Muito especialmente, meus irmãos, não jureis, nem pelo céu, nem pela terra, nem por outra coisa qualquer. Antes, seja o vosso sim, sim, e o vosso não, não, a fim de não incorrerdes em julgamento.

¹³Sofre alguém dentre vós um contratempo? Recorra à oração.ᵃ Está alguém alegre? Cante. ¹⁴Alguém dentre vós está doente? Mande chamar os presbíteros da Igreja para que orem sobre ele, ungindo-o com óleo em nome do Senhor.ᵇ ¹⁵A oração da fé salvará o doente e o Senhor o porá de pé; e se tiver cometido pecados, estes lhe serão perdoados. ¹⁶Confessai, pois, uns aos outros, vossos pecados e orai uns pelos outros, para que sejais curados.ᶜ

A oração fervorosaᵈ do justo tem grande poder. ¹⁷Assim, Eliasᵉ que era homem semelhante a nós, orou com insistência para que não chovesse, e não houve chuva na terra durante três anos e seis meses. ¹⁸Em seguida, tornou a orar e o céu deu sua chuva e a terra voltou a produzir seu fruto.

¹⁹Meus irmãos, se alguém dentre vós se desviar da verdade e outro o reconduzir, ²⁰saibaᶠ que aquele que reconduz o pecador desencaminhado salvará sua alma da morte e *cobrirá uma multidão de pecados*.

---

a) O traço comum aos vv. 13-18 é a oração, com ênfase especial nos casos do doente e do pecador e, depois (vv. 16b-18), no poder daquele que ora de modo correto.
b) Om.: "do Senhor". — Tiago supõe conhecida a prática de que fala. Nesta unção feita em nome do Senhor, acompanhada de orações pronunciadas pelos "anciãos" (At 11,30+), tendo por fim a melhora do doente e a remissão dos pecados, a Igreja viu uma forma *inicial* do sacramento da unção dos enfermos. Essa identificação tradicional foi definida pelo Concílio de Trento.
c) A confissão das faltas, associada aqui à oração, devia ser recomendada ao doente (v. 15); requer-se também de todo cristão, especialmente no contexto da liturgia. Não há aqui nenhuma precisão a respeito da confissão sacramental.
d) Vulg.: "assídua".
e) A figura de Elias, muito popular na tradição judaica, também o foi entre os cristãos. Tiago insiste que esse homem de oração, cuja intercessão era tão poderosa, era semelhante a nós.
f) Var.: "sabei". — O amor fraterno e o perdão podem reconduzir os desviados (cf. Mt 18,15.21-22+; 1Ts 5,14), mas, por ocasião do julgamento, serão proveitosos também para aquele que os exerce (1Pd 4,8; cf. Dn 12,3; Ez 3,19; 33,9). A epístola termina assim, sem nenhuma saudação usual.

PRIMEIRA EPÍSTOLA DE SÃO PEDRO

1 ***Endereço e saudação*** — ¹Pedro, apóstolo de Jesus Cristo, aos estrangeiros[a] da Dispersão:[b] do Ponto, da Galácia, da Capadócia, da Ásia e da Bitínia, eleitos ²segundo a presciência de Deus Pai, pela santificação do Espírito, para obedecer a Jesus Cristo[c] e participar da bênção da aspersão do seu sangue. Graça e paz vos sejam concedidas abundantemente!

Tg 1,1 +
Jo 7,35
Ef 1,4
Rm 8,29
2Ts 2,13
Mt 26,28 +
Ex 24,6-8

Introdução. A herança concedida pelo Pai — ³Bendito seja[d] o Deus e Pai de nosso Senhor Jesus Cristo, que, em sua grande misericórdia, nos gerou de novo, pela ressurreição de Jesus Cristo dentre os mortos, para a esperança viva, ⁴para a herança incorruptível, imaculada e imarcescível, reservada nos céus para vós, ⁵os que, mediante a fé, fostes guardados pelo poder de Deus para a salvação prestes a revelar-se no tempo do fim.[e]

2Cor 1,3
Ef 1,3
1,23
Jo 3,5
1Jo 2,29; 3,9
Rm 1,4 +
Cl 1,5.12; 3,3-4
Mt 6,19-20p
Ef 1,19s
1Jo 3,2

Amor e fidelidade para com Cristo — ⁶Nisso deveis alegrar-vos, ainda que agora, por algum tempo, sejais contristados por diversas provações, ⁷a fim de que a autenticidade comprovada da vossa fé, mais preciosa do que o ouro que perece, cuja genuinidade é provada pelo fogo, alcance louvor, glória e honra por ocasião da Revelação de Jesus Cristo. ⁸A ele, embora não o tenhais visto, amais; nele, apesar de não o terdes visto, mas crendo, vos rejubilais com alegria inefável e gloriosa, ⁹pois que alcançais o fim da vossa fé, a saber, a salvação das vossas almas.[f]

Jo 16,20
Tg 1,2-3
Hb 12,11
Ml 3,2-3
1Cor 3,13
Rm 2,7

1Jo 4,20

A revelação profética do Espírito — ¹⁰A respeito dessa salvação investigaram e pesquisaram os profetas que profetizavam a respeito da graça que vos era destinada, ¹¹procurando saber a que tempo e a que circunstâncias se referia o Espírito de Cristo,[g] que estava neles, ao prenunciar os sofrimentos que haviam de sobrevir a Cristo e as glórias que viriam após. ¹²A eles foi revelado que não para si mesmos, mas para vós, administravam essa mensagem, que agora vos anunciam aqueles que vos pregam o Evangelho, no Espírito Santo enviado do céu, e ao qual os anjos desejam ardentemente perscrutar.

At 11,27 +

At 1,7 +;
2,23 +
Lc 18,31 +
Is 52,13-53,12
Mt 13,16-17p
Rm 16,25 +
Ef 3,10 +

Requisitos da vida nova. Santidade do neófito — ¹³Por isso, com prontidão de espírito, sede sóbrios e ponde toda a vossa esperança na graça que vos será

Lc 12,35-40

---

a) A terra pertence a Deus (Sl 24,1); o homem vive nela como estrangeiro (Lv 25,23), como quem está "de passagem", pois deve deixá-la na morte (Sl 39,13s; 119,19; 1Cr 29,10-15). Após a revelação da ressurreição dos mortos (2Mc 7,9+), o tema se completa: a verdadeira pátria do homem está no céu (Fl 3,20; Cl 3,1-4; Hb 11,8-16; 13,14); ele vive na terra "como no exílio" (*paroikia*, de onde vem "paróquia", 1Pd 1,17; 2Cor 5,1-8), no meio de um mundo pagão, cujos vícios é preciso evitar (1Pd 2,11; 4,2-4), como viviam os judeus da Dispersão.
b) Os judeus convertidos (Tg 1,1+) ou simplesmente os cristãos que vivem no meio dos gentios (5,9).
c) O pensamento é trinitário (cf. 2Cor 13,13+). O trecho seguinte voltará ao tema do Pai (vv. 3-5), do Filho (vv. 6-9) e do Espírito (vv. 10-12). — O v. 2 faz alusão à cena da conclusão da aliança, narrada em Ex 24,6-8. O povo promete obedecer aos mandamentos de Deus (v. 7), e Moisés, para selar a aliança, asperge o povo com o sangue das vítimas (v. 8). Quanto à utilização cristã desse texto, em referência ao sangue de Cristo (cf. Hb 9,18s e Mt 26,28).
d) A fórmula de bênção herdada do AT (Gn 14,20+; Lc 1,68; Rm 1,25; 2Cor 11,31) tornou-se cristã (Rm 9,5; 2Cor 1,3; Ef 1,3): os benefícios pelos quais louvamos a Deus estão ligados à pessoa de Cristo, e, sobretudo, à sua ressurreição (Rm 1,4-5+ etc.).
e) O período final da história, inaugurado por Jesus (1,20) e que se concluirá com a Revelação (vv. 7.13; 4,13; 5,1; 1Cor 1,7-8+) ou Parusia (Tg 5,8+; cf. Mc 1,15+).
f) No meio das angústias (v. 6; 2,12.19; 3,13-17; 4,12-19), os cristãos tiram de sua fé em Cristo e de seu amor por ele a certeza jubilosa de que Deus lhes reserva a salvação (das almas, isto é, das suas pessoas; 1,22; 2,11; cf. 1Cor 15,44+).
g) O papel dos profetas era anunciar o mistério de Cristo (v. 10). A sua inspiração é atribuída ao Espírito de Cristo (cf. 1Cor 10,1-11+; Lc 24,27.44), assim como a pregação dos apóstolos (v. 12). Dessa maneira, se deixa clara a unidade das duas alianças.

trazida por ocasião da Revelação de Jesus Cristo. ¹⁴Como filhos obedientes, não consintais em modelar vossa vida de acordo com as paixões de outrora, do tempo da vossa ignorância.ᵃ ¹⁵Antes, como é santo aquele que vos chamou, tornai-vos também vós santos em todo o vosso comportamento,ᵇ ¹⁶porque está escrito: *Sede santos, porque eu sou santo.*

¹⁷E se chamais Pai aquele que com imparcialidade julga a cada um de acordo com suas obras, comportai-vos com temor durante o tempo do vosso exílio. ¹⁸Pois sabeis que não foi com coisas perecíveis, isto é, com *prata* ou com *ouro*, que fostes *resgatados* da vida fútil que herdastes dos vossos pais, ¹⁹mas por sangue precioso, como de cordeiro sem defeitos e sem mácula, Cristo,ᶜ ²⁰conhecido antes da fundação do mundo, mas manifestado, no fim dos tempos, por causa de vós. ²¹Por ele, vós crestes em Deus, que o ressuscitou dos mortos e lhe deu a glória, de modo que a vossa fé e a vossa esperançaᵈ estivessem postas em Deus.

A regeneração pela Palavra — ²²Pela obediência à verdade purificastes as vossas almas para praticardes um amor fraternal sem hipocrisia. Amai-vos uns aos outros ardorosamente e com coração puro.ᵉ ²³Fostes regenerados, não de uma semente corruptível, mas incorruptível, mediante a Palavra viva de Deus, a qual permanece para sempre.ᶠ ²⁴Com efeito,

toda a carne é como erva
e toda a sua glória como a flor da erva.
Secou a erva e sua flor caiu;
²⁵*mas a Palavra do Senhor permanece para sempre.*

Ora, é esta a Palavra cuja Boa Nova vos foi levada.

2 ¹Portanto, rejeitando toda maldade, toda mentira, todas as formas de hipocrisia e de inveja e toda maledicência, ²desejai, como crianças recém-nascidas, o leite não adulterado da palavra, a fim de que por ele cresçais para a salvação,ᵍ ³já que *provastes que o Senhor é bondoso.*

O novo sacerdócio — ⁴ʰChegai-vos a ele, a pedra viva, rejeitada, é verdade, pelos homens, mas diante de Deus eleita e preciosa. ⁵Do mesmo modo, também

---

a) Eles passaram da ignorância para o conhecimento de Deus (Sl 78,6; Jr 10,25; 1Ts 4,5 etc.) e com isso o seu comportamento se transformou inteiramente (1,18; Ef 4,17-19).

b) O homem deve imitar a santidade de Deus (Lv 19,2). Ora, é amando os outros (cf. Lv 19,15), como esclarece Jesus, que o cristão imita a Deus, distinguindo-se dos gentios e tornando-se filho de Deus (Mt 5,43-48p). Mas, de onde tirar a força necessária para isso? A tradição apostólica, invertendo os dados do problema, entende que é por sermos filhos de Deus (1Pd 1,23+) que somos capazes de imitar a Deus (1Pd 1,14-16; 1Jo 3,2-10; Ef 5,1s), porque o Deus-amor (1Jo 4,8) se torna o princípio da nosso agir. Paulo vê nesta imitação de Deus a restauração da obra criadora (Cl 3,10-13; Ef 4,24).

c) Ou: "pelo sangue precioso de Cristo, esse cordeiro sem defeito".

d) O resgate (Rm 3,25+), pelo sangue de Cristo (Mt 26,28+; Ap 1,5; 5,9), bem como a sua ressurreição resultam do desígnio eterno do Pai (v. 20), que consagra assim o seu novo povo de "fiéis" (cf 1Ts 1,7; 2,10.13 etc.). Nesta seção (vv. 13-21), podem-se notar os ecos de uma catequese ou mesmo de uma liturgia batismal.

e) Var.: "de todo o coração".

f) Ou: "a Palavra do Deus vivo e eterno". — Germe de vida, a Palavra de Deus constitui o ponto de partida do nosso renascimento divino e nos dá a possibilidade de agir de acordo com a vontade de Deus (1,22-25; Tg 1,18+; Jo 1,12s; 1Jo 3,9; cf. 2,13s; 5,18), porque ela é dotada de poder (1Cor 1,18; 1Ts 2,13; Hb 4,12). Para Tg, a Palavra é ainda a Lei mosaica (1,25); para 1Pd, é a pregação evangélica (1,25; cf. Mt 13,18-23p); para Jo, é o Filho de Deus em pessoa (1,1+). Paulo vê no Espírito o princípio que nos transforma em filhos de Deus (Rm 6,4+), mas o Espírito é o dinamismo da Palavra.

g) O nascimento (1,23) é seguido de crescimento, também ele devido à Palavra, da qual os cristãos se nutrem com avidez.

h) O trecho seguinte (vv. 4-10) está impregnado de reminiscências de Ex 19. O novo povo santo de outrora constituiu-se junto do Sinai, mas não podia aproximar-se dele. O novo povo de Deus constituiu-se junto de outra rocha, a pedra, de que podemos aproximar-nos (v. 4). Da mesma maneira, aos sacrifícios que tinham selado a aliança antiga (Ex 24,5-8) sobrepõem-se os sacrifícios espirituais dos cristãos (v. 5). — Por outra parte, a imagem do crescimento cede lugar à da construção. O próprio Jesus (Mt 21,42p) se tinha comparado

vós, como pedras vivas, prestai-vos à construção de um edifício espiritual, para um sacerdócio santo, a fim de oferecerdes sacrifícios espirituais aceitáveis a Deus por Jesus Cristo. ⁶Com efeito, nas Escrituras se lê: *Eis que ponho em Sião uma pedra angular, escolhida e preciosa; quem nela crê não será confundido.*

⁷Isto é, para vós que credes ela será um tesouro precioso, mas para os que não creem, *a pedra que os edificadores rejeitaram, essa tornou-se a pedra angular,* ⁸*uma pedra de tropeço e uma rocha que faz cair.* Eles tropeçam porque não creem na Palavra, para o que também foram destinados.ᵃ

⁹Mas vósᵇ sois uma *raça eleita, um sacerdócio real, uma nação santa,* o *povo de sua particular propriedade*, a fim de que proclameis as excelências daquele que vos chamou das trevas para sua luz maravilhosa, ¹⁰vós que outrora não éreis *povo*, mas agora sois o Povo de Deus, *que não tínheis alcançado misericórdia*, mas agora *alcançastes misericórdia*.

Deveres dos cristãos: entre os gentios — ¹¹Amados, exorto-vos, como a *estrangeiros e viajantes*ᶜ neste mundo, a que vos abstenhais dos desejos carnais que promovem guerra contra a alma. ¹²Seja bom o vosso comportamentoᵈ entre os gentios, para que, mesmo que falem mal de vós, como se fôsseis malfeitores, vendo as vossas boas obras glorifiquem a Deus, no dia da sua Visita.

Para com as autoridades — ¹³Sujeitai-vos a toda instituição humanaᵉ por causa do Senhor, seja ao rei, como soberano, ¹⁴seja aos governadores, como enviados seus para a punição dos malfeitores e para o louvor dos que fazem o bem, ¹⁵pois esta é a vontade de Deus que, fazendo o bem, tapeis a boca à ignorância dos insensatos. ¹⁶Comportai-vos como homens livres, não usando a liberdade como cobertura para o mal, mas como servos de Deus. ¹⁷Honrai a todos, amai os irmãos, temei a Deus, tributai honra ao rei.

Para com os senhores exigentes — ¹⁸Vós, criados, sujeitai-vos, com todo o respeito, aos vossos senhores, não só aos bons e razoáveis, mas também aos perversos. ¹⁹É louvávelᶠ que alguém suporte aflições, sofrendo injustamente por amor de Deus. ²⁰Mas, que glória há em suportar com paciência, se sois esbofeteados por terdes errado? Ao contrário, se, fazendo o bem, sois pacientes no sofrimento, isto sim constitui ação louvável diante de Deus. ²¹Com efeito, para isto é que fostes chamados, pois que

também Cristo sofreuᵍ por vós,
deixando-vos o exemplo,
a fim de que sigais seus passos.ʰ

à pedra rejeitada (Sl 118,22), depois escolhida por Deus (Is 28,16). Os cristãos, pedras vivas (v. 5) como ele (v. 4), "constroem-se" em edifício espiritual (1Cor 3,16-17; 2Cor 6,16; Ef 2,20-22), no qual, por meio de Cristo, tributam a Deus um culto digno dele (Jo 2,21+; Rm 1,9+; Hb 7,27+).
a) Lit.: "é para isto que foram estabelecidos". Rejeitando o Evangelho, os judeus perderam as suas prerrogativas, agora transferidas para os cristãos (3,9; At 28,26-28; cf. Jo 12,40). É preciso completar essa afirmação com Rm 11,32; 1Tm 2,4 etc. e não julgar de antemão a respeito de uma rejeição escatológica.
b) Uma nova série de referências bíblicas atribui à Igreja os títulos do povo eleito, a fim de sublinhar a sua relação com Deus e a sua responsabilidade no mundo (cf. Ap 1,6; 5,10; 20,6). Esta "raça" usufruía, pelo fato de pertencer a Cristo, uma unidade que estava acima de toda classificação (cf. Gl 3,28; Ap 5,9 etc.).

c) A citação do Sl 39,13 reaparece em Hb 11,13; ela devia pertencer à catequese primitiva, que considerava a vida cristã uma vida no exílio (cf. 1Pd 1,1.17; Cl 3,1-4; Fl 3,20).
d) O fato de pertencer a outra cidade (1,1+) não isenta os cristãos de todas as obrigações aqui na terra. A sua condição de filhos de Deus e cidadãos do céu lhes impõe numerosos deveres, que servirão para conquistar-lhes a estima dos seus detratores (vv. 12.15).
e) Ou: "toda criatura humana". Tanto numa como noutra versão, sente-se a oposição à ideia do soberano divinizado. Todo o trecho seguinte (2,13-3,12) dirige-se às diversas categorias sociais, como em Ef 5,22-6,9; Cl 3,18-4,1; Tt 2,1-10.
f) Ad.: "diante de Deus" (cf. v. 20).
g) Var.: "morreu" (cf. 3,18).
h) A "graça" de suportar a injustiça (vv. 19-20) apoia-se no exemplo de Cristo (cf. Jo 13,15; 1Cor 11,1; Fl 2,5;

²²Ele não cometeu nenhum pecado;
  mentira nenhuma foi achada em sua boca.
²³Quando injuriado, não revidava;
  ao sofrer, não ameaçava,
  antes, punha a sua causa nas mãos daquele
  que julga com justiça.
²⁴Sobre o madeiro, *levou os nossos pecados*
  em seu próprio corpo,
  a fim de que, mortos para os nossos pecados,
  vivêssemos para a justiça.
  Por suas feridas fostes curados,
²⁵pois estáveis *desgarrados como ovelhas*,ᵃ
  mas agora retornastes ao Pastor
  e guarda de vossas almas.

3 *No matrimônio* — ¹Da mesma maneira, vós, mulheres, sujeitai-vos aos vossos maridos, para que, ainda quando alguns não creiam na Palavra, sejam conquistados sem palavras, pelo comportamento de suas mulheres, ²ao observarem o vosso comportamento casto e respeitoso. ³Não consista o vosso adorno em exterioridades, como no trançado dos cabelos, no uso de joias de ouro, nem no trajar vestes finas, ⁴mas nas qualidades pessoais internas,ᵇ isto é, na incorruptibilidade de espírito manso e tranquilo, que é coisa preciosa diante de Deus. ⁵Com efeito, era assim que as santas mulheres de outrora, que punham sua esperança em Deus, se adornavam, estando sujeitas aos seus próprios maridos. ⁶É o que vemos em Sara, que foi obediente a Abraão, chamando-lhe senhor. Dela vos tornareis filhas, se praticardes o bem e não vos deixardes dominar pelo medo.

⁷Do mesmo modo vós, maridos, sede compreensivos em vossa vida conjugal, tributando às vossas esposas a honra devida a companheiras de constituição mais delicada, co-herdeiras da graça da Vida,ᶜ para evitar que vossas orações fiquem sem resposta.

Entre irmãos — ⁸Finalmente, sede todosᵈ unânimes, compassivos, cheios de amor fraterno, misericordiosos e humildes de espírito.ᵉ ⁹Não pagueis mal por mal, nem injúria por injúria; ao contrário, bendizei, porque para isto fostes chamados, isto é, para serdes herdeiros da bênção. ¹⁰Com efeito,

  aquele que ama a vida e deseja ver dias felizes,
  guarde sua língua do mal
  e seus lábios de proferir mentiras;
¹¹*afaste-se do mal e pratique o bem,*
  busque a paz e siga-a;
¹²*porque os olhos do Senhor estão sobre os justos*
  e seus ouvidos estão atentos à sua prece,
  mas o rosto do Senhor se volta contra os que praticam o mal.

2Ts 3,7+). Os vv. 21-25, com as suas reminiscências de Is 53, podem provir de um hino. Os cristãos, ao serem maltratados, devem lembrar-se de Jesus crucificado pelos nossos pecados (3,18; At 2,23 etc.), inocente e paciente (Lc 23,41; Jo 8,46; 2Cor 5,21; Hb 4,15).

a) Var.: "éreis como ovelhas desgarradas". Essas ovelhas constituem agora o rebanho do qual Jesus é o pastor (5,2-4; Jo 10) e o "epíscopo", o inspetor ou supervisor (cf. Tt 1,5+).

b) Lit.: "mas o homem oculto no íntimo do coração".

c) "co-herdeiras"; var.: "co-herdeiros". — "da graça da Vida"; var.: "de uma graça variada de vida" (cf. 4,10). Ambos os cônjuges recebem o dom da graça, que lhes prescreve a norma do respeito e da devoção inspirada no amor (cf. Ef 5,33; Cl 3,19) e torna possível e eficaz a oração em comum.

d) Esta exortação resume todas as precedentes: fraternidade (2,17); harmonia dos corações (cf. Rm 12,9-13 etc.); perdão aos inimigos (Mt 5,44p; 1Ts 5,15; Rm 12,14.17-21).

e) Lit. "(em) o espírito de humildade"; Vulg.: "modestos, humildes".

Na perseguição — ¹³E quem vos há de fazer mal, se sois zelosos do bem? ¹⁴Mas se sofreis por causa da justiça, bem-aventurados sois! *Não tenhais medo nenhum deles, nem fiqueis conturbados*;*ᵃ* ¹⁵antes, *santificai* a Cristo, *o Senhor*, em vossos corações, estando sempre prontos a dar razão da vossa esperança*ᵇ* a todo aquele que vo-la pede; ¹⁶fazei-o, porém, com mansidão e respeito, conservando a vossa boa consciência, para que, se em alguma coisa sois difamados, sejam confundidos aqueles que ultrajam o vosso bom comportamento em Cristo, ¹⁷pois será melhor que sofrais — se esta é a vontade de Deus — por praticardes o bem do que praticando o mal.

A ressurreição e a descida à mansão dos mortosᶜ — ¹⁸Com efeito, também Cristo morreu uma vez pelos pecados, o justo pelos injustos, a fim de vos conduzir a Deus.*ᵈ* Morto na carne, foi vivificado no espírito, ¹⁹no qual foi também pregar aos espíritos em prisão,*ᵉ* ²⁰a saber, aos que foram incrédulos outrora, nos dias de Noé, quando Deus, em sua longanimidade, contemporizava com eles, enquanto Noé construía a arca, na qual poucas pessoas, isto é, oito, foram salvas por meio da água. ²¹Aquilo que lhe corresponde*ᶠ* é o batismo que agora vos salva, não aquele que consiste na remoção da imundície do corpo,*ᵍ* mas no compromisso solene*ʰ* da boa consciência para com Deus pela ressurreição de Jesus Cristo, ²²que, tendo subido ao céu, está à direita de Deus,*ⁱ* estando-lhe sujeitos os anjos, as Dominações e as Potestades.*ʲ*

4 ***Rompimento com o pecado*** — ¹Pois que Cristo sofreu na carne, deveis também vós munir-vos desta convicção: aquele que sofreu na carne rompeu com o pecado, ²a fim de viver o resto dos seus dias na carne, não mais de acordo com as paixões humanas, mas segundo a vontade de Deus. ³Já é muito que no tempo passado tenhais realizado a vontade dos gentios, levando uma vida de dissoluções, de cobiças, de embriaguez, de glutonarias, de bebedeiras e

---

a) Om.: "nem fiqueis conturbados".
b) "o Senhor"; var.: "Deus"; — "esperança"; ad.: "e a fé". — Os cristãos dão testemunho de que pertencem a Cristo (cf. Lc 12,11-12; 1Tm 6,12-15; 2Tm 4,17) diante dos pagãos que ignoram toda a esperança (Ef 2,12; 1Ts 4,13). Eles têm oportunidade para isto por ocasião das perseguições locais.
c) Todo este trecho (3,18-4,6) contém os elementos de uma antiga profissão de fé: a morte de Cristo (3,18), a descida à mansão dos mortos (3,19), a ressurreição (3,21d), o sentar-se à direita de Deus (3,22), o julgamento dos vivos e dos mortos (4,5).
d) "os pecados"; Vulg.: "os nossos pecados". — Om.: "a Deus".
e) Alusão provável à descida de Cristo ao Hades (cf. Mt 16,18+), entre a sua morte e a sua ressurreição (Mt 12,40; At 2,24.31; Rm 10,7; Ef 4,9; Hb 13,20), ao qual foi "em espírito" (cf. Lc 23,46), ou, antes, segundo o espírito (Rm 1,4+), enquanto a sua "carne" estava morta na cruz (Rm 8,3s). Os "espíritos em prisão" aos quais ele "pregou" (ou "anunciou") a salvação são, segundo alguns, os demônios acorrentados de que fala o livro de *Henoc* (alguns, corrigindo o texto, atribuem esta pregação a Henoc e não a Cristo): nesta ocasião eles foram então submetidos ao seu domínio de *Kyrios* (v. 22; cf. Ef 1,21s; Fl 2,8-10), enquanto aguardavam sua sujeição definitiva (1Cor 15,24s). Outros querem ver neles os espíritos dos mortos que, embora punidos no dilúvio, são, entretanto, chamados para a vida pela "paciência de Deus" (cf. 4,6). Mt 27,52s contém uma alusão semelhante a uma libertação dos "santos", operada por Cristo, entre a sua morte e a sua ressurreição. Esses "santos" eram justos que esperavam a sua vinda (cf. Hb 11,39s; 12,23), para entrarem com ele na "santa cidade" escatológica. Essa descida de Cristo à mansão dos mortos constitui um dos artigos do Símbolo dos apóstolos.
f) Lit.: "o antítipo", realidade prefigurada pelo "tipo" (cf. 1Cor 10,6+). Aqui o tipo está na passagem pela água, por meio da arca.
g) A água do dilúvio, que permitiu a algumas pessoas que se salvassem, simboliza a economia da Lei antiga, cujas prescrições rituais em geral se limitavam a assegurar uma purificação simplesmente exterior e "carnal". No caso do batismo, ao contrário, não há nenhuma limitação à sua eficácia na regeneração da alma.
h) Formulado pelo neófito por ocasião do seu batismo. Traduz-se também: "petição".
i) Ad. (Vulg.): "aceitando a morte a fim de que nos tornássemos herdeiros da vida eterna".
j) As "Dominações e as Potestades" designavam funcionários do poder civil (Lc 20,20; 12,11; Tt 3,1). Compara-se assim a corte divina a uma corte humana (Cl 2,10.15; Ef 3,10). Essas "dominações" eram encarregadas especialmente de funções judiciárias, o que explica o papel de acusador que tinha Satanás junto de Deus (Jó 1; Zc 3,1-5; Ap 12,7-12). Por outra parte, Jesus pode ser chamado o nosso "advogado" junto de Deus (1Jo 2,1-2).

de idolatrias abomináveis. ⁴Agora estranham que não vos entregueis à mesma torrente de perdição,ᵃ e vos cobrem de injúrias, ⁵mas disto hão de dar contas àquele que está prestes a julgar os vivos e os mortos. ⁶Eis por que a Boa Novaᵇ foi pregada também aos mortos, a fim de que sejam julgados como os homens na carne, mas vivam no espírito, segundo Deus.

À espera da Parusia — ⁷O fim de todas as coisas está próximo.ᶜ Levai, pois, vida de autodomínio e de sobriedade, dedicada à oração. ⁸Acima de tudo, cultivai, com todo o ardor, o amor mútuo, porque o *amor cobre uma multidão de pecados*. ⁹Sede hospitaleiros uns para com os outros, sem murmurar. ¹⁰Todos vós, conforme o dom que cada um recebeu, consagrai-vos ao serviço uns dos outros, como bons dispenseiros da multiforme graça de Deus.ᵈ ¹¹Se alguém fala, faça-o como se pronunciasse palavras de Deus.ᵉ Alguém presta um serviço?ᶠ Faça-o com a capacidade que Deus lhe concedeu, a fim de que em tudo seja Deus glorificado por Jesus Cristo, a quem pertencem a glória e o poder pelos séculos dos séculos. Amém.ᵍ

Felizes aqueles que sofrem com Cristo — ¹²Amados, não vos alarmeis com o incêndio que lavra entre vós, para a vossa provação, como se algo de estranho vos acontecesse; ¹³antes, à medida que participais dos sofrimentos de Cristo, alegrai-vos, para que também na revelação da sua glória possais ter alegria transbordante.ʰ ¹⁴Bem-aventurados sois, se sofreis injúrias por causa do nome de Cristo, porque o Espírito de glória,ⁱ o *Espírito de Deus repousa sobre vós*. ¹⁵Mas ninguém dentre vós queira sofrer como assassino ou ladrão, ou malfeitor ou como delator, ¹⁶mas, se sofre como cristão, não se envergonhe, antes glorifique a Deus por esse nome. ¹⁷Com efeito, é tempo de começar o julgamento pela casa de Deus. Ora, se ele começa por nós, qual será o fim dos que se recusam a crer na Boa Nova de Deus?

¹⁸ *Se o justo com dificuldade consegue salvar-se,
em que situação ficará o ímpio e pecador?*

¹⁹Assim, aqueles que sofrem segundo a vontade de Deus confiam suas almas ao fiel Criador, dedicando-se à prática do bem.ʲ

5 *Admoestações: aos anciãos* — ¹Aos anciãosᵏ que estão entre vós, exorto eu, que sou ancião como eles e testemunha dos sofrimentos de Cristoˡ e participante da glória que há de ser revelada.ᵐ ²Apascentai o rebanho de Deus que vos foi confiado, cuidando dele, não como por coação, mas de

---

a) Lit.: "a esse transbordar sem esperança de salvação", que se opõe à água benfazeja do dilúvio (cf. 3,20). Outra tradução: "a esse transbordar de devassidão".
b) Sobre essa Boa Nova levada aos mortos, cf. 3,19+. Segundo alguns, tratar-se-ia de mortos "espirituais", tais como os infiéis que perseguem os leitores da epístola.
c) A proximidade da Parusia é estímulo para o cristão (1,5-7; 4,17; 5,10; Mt 24,42+; 1Cor 16,22+; Tg 5,8+).
d) Todos os dons (lit.: "carismas") estão a serviço da Igreja em sua unidade e totalidade (1Cor 12,1-11+; cf. 1Cor 4,1-2; 1Pd 3,7).
e) São os improvisos inspirados da profecia e da glossolalia (cf. 1Cor 14,2-19; At 11,27+; e At 2,4+), como também as funções de ensino e de exortação (Rm 12,7-8) e também a transmissão ou a defesa do Evangelho.
f) Certamente as diversas formas da ajuda mútua (Rm 12,7) e, em particular, o serviço litúrgico.
g) Esta doxologia (Rm 16,27+) é a única do NT que se dirige a Deus por Jesus, e depois ao próprio Jesus.
h) Aqueles que o batismo tornou participantes dos sofrimentos de Cristo (2Cor 1,5.7; Fl 3,10) têm assegurada também a participação em sua glória (1, 11; 5,1; Rm 8,17; 2Cor 4,17; Fl 3,11).
i) Ad.: "e de poder". — Ad. ao fim do v.: "segundo eles, ele é ultrajado, mas segundo vós, ele é honrado" — Nova fórmula trinitária (1,2+).
j) Aqui Deus é fiel (1Cor 1,9+) como Criador (Gn 1,1+), o que implica sua onipotência e seu domínio sobre os acontecimentos. Os cristãos perseguidos podem apoiar neste motivo (cf. Sl 31,6; Lc 23,46) sua esperança inabalável.
k) São os "presbíteros" (cf. Tt 1,5+). Entretanto, Pedro emprega o termo em sua significação etimológica de "anciãos" em oposição ao termo "jovens" de 5,5.
l) Seja porque, como apóstolo (1,1), tenha assistido à paixão de Cristo, seja porque, pelos seus próprios sofrimentos, deu testemunho de Cristo.
m) No dia da Parusia (cf. 1,5.13; 4,7.17; 5,10).

livre vontade, como Deus o quer,[a] nem por torpe ganância, mas por devoção, ³nem como senhores daqueles que vos couberam por sorte, mas, antes, como modelos do rebanho.[b] ⁴Assim, quando aparecer o supremo pastor,[c] recebereis a coroa imarcescível da glória.

Aos fiéis — ⁵Do mesmo modo, vós, jovens,[d] sujeitai-vos aos anciãos. Revesti-vos todos de humildade em vossas relações mútuas,

porque Deus resiste aos soberbos,
mas dá sua graça aos humildes.

⁶Humilhai-vos sob a poderosa mão de Deus, para que na ocasião própria[e] vos exalte; ⁷lançai nele toda a vossa preocupação, porque é ele que cuida de vós. ⁸Sede sóbrios e vigilantes! Eis que o vosso adversário, o diabo,[f] vos rodeia como leão a rugir, procurando a quem devorar. ⁹Resisti-lhe, firmes na fé, sabendo que a mesma espécie de sofrimento atinge os vossos irmãos espalhados pelo mundo. ¹⁰Depois de terdes sofrido um pouco, o Deus de toda a graça, aquele que vos chamou para sua glória eterna em Cristo, vos restaurará, vos firmará, vos fortalecerá e vos tornará inabaláveis.[g] ¹¹A ele seja[h] todo o poder pelos séculos dos séculos! Amém.

Último aviso. Saudações — ¹²Por Silvano, que considero irmão fiel, vos escrevi em poucas palavras, exortando-vos e testificando que esta é a verdadeira graça de Deus, na qual deveis permanecer firmes.
¹³A que está em Babilônia,[i] eleita como vós, vos saúda, como também Marcos, meu filho.
¹⁴Saudai-vos uns aos outros com o ósculo da caridade.[j] A paz esteja com todos vós que estais em Cristo![k]

---

a) Om.: "cuidando dele" e "como Deus o quer".
b) Om.: "daqueles que vos couberam por sorte". — Ad. (Vulg.): "de bom coração". — Jesus já tinha prevenido os seus discípulos contra o instinto de dominação (Mt 20,25-28p; 23,8; cf. 2Cor 1,24; 4,5; 1Ts 2,7).
c) Jesus é descrito, muitas vezes, como pastor (2,25; Jo 10,11+; Hb 13,20), mas o título de supremo pastor, ou chefe dos pastores, só aparece aqui, em contexto de "serviço".
d) Pode tratar-se dos jovens que, em oposição aos adultos, são muitas vezes turbulentos, sobretudo quando reunidos em grupos (cf. Ef 6,1-4; Cl 3,20-21; 1Tm 4,12; 5,1), ou também dos neófitos, ou ainda de todos os fiéis que não são "anciãos" (5,1).
e) Vulg. acrescenta: "de sua visita" (cf. 2,12).
f) Ou: "o acusador", segundo a etimologia que corresponde ao papel de "parte adversa", desempenhada aqui pelo diabo (cf. 3,22+; Mt 4,5+; cf. também a nota a Mt 24,42+).
g) "vos chamou"; var. (Vulg.): "nos chamou". — "em Cristo"; ad. (Vulg.): "Jesus". — Om. (Vulg.): "vos fortalecerá".
h) Ad.: "a glória é".
i) Var. (Vulg.): "A Igreja que está em Babilônia". Trata-se da Igreja de Roma (cf. Ap 14,8; 16,19; 17,5), com alusão possível ao exílio temporário (1,1+). O título de "eleita"; (cf. 2Jo 1.13) designa a Igreja dos eleitos (1,1-2; 2,9).
j) Var. (Vulg.): "o ósculo santo" (cf. Rm 16,16; 1Cor 16,20).
k) Ad. (Vulg.): "Jesus. Amém".

SEGUNDA EPÍSTOLA DE SÃO PEDRO

_{At 15,14 +}
_{Rm 1,17}
_{‖ Jd 2}
_{Cl 2,6}
_{Fl 3,8-10}

1 *Endereço* — ¹Simão Pedro, servo e apóstolo de Jesus Cristo, aos que receberam, pela justiça de nosso Deus e Salvador Jesus Cristo[a] uma fé de valor igual à nossa, ²graça e paz vos sejam abundantemente concedidas pelo conhecimento de nosso Senhor![b]

_{Ef 3,16-19}
_{Jo 1,14 +}

A liberalidade de Deus — ³Pois que o seu divino poder nos deu todas as condições necessárias para a vida e para a piedade, mediante o conhecimento daquele que nos chamou pela sua própria glória e virtude.[c]

_{Jo 1,12}
_{At 17,28}
_{2Cor 3,18}
_{Jo 1,10 +}
_{1Jo 2,15s;}
_{5,19}

⁴Por elas[d] nos foram dadas as preciosas e grandíssimas promessas,[e] a fim de que assim vos tornásseis participantes da natureza divina,[f] depois de vos libertardes da corrupção que prevalece no mundo como resultado da concupiscência.[g]

_{Gl 5,22 +}

⁵Por isso mesmo,[h] aplicai toda a diligência em juntar à vossa fé a virtude, à virtude o conhecimento, ⁶ao conhecimento o autodomínio, ao autodomínio a perseverança, à perseverança a piedade, ⁷à piedade o amor fraterno e ao amor

_{1,2}

fraterno a caridade. ⁸Com efeito, se possuirdes essas virtudes em abundância, elas não permitirão que sejais inúteis nem infrutíferos no conhecimento de nosso Senhor Jesus Cristo. ⁹Mas aquele que não as possui é um cego, um míope: está esquecido da purificação dos seus pecados de outrora. ¹⁰Por isto

_{2Ts 1,11}
_{1Jo 3,6 +}
_{Lc 1,33}

mesmo, irmãos, procurai com mais diligência consolidar a vossa vocação e eleição,[j] pois, agindo desse modo, não tropeçareis jamais; ¹¹antes, assim é que vos será outorgada generosa entrada no Reino eterno[k] de nosso Senhor e Salvador Jesus Cristo.

_{‖ Jd 5}

O testemunho apostólico — ¹²Eis por que vos trarei sempre à memória estas coisas, embora já as saibais e estejais firmes na verdade

_{1Jo 2,21}
_{Is 38,12}
_{Sb 9,15}
_{2Cor 5,1}
_{Jo 21,18-19}
_{Sb 9,15 +}

que alcançastes.[l] ¹³Entendo que é justo despertar-vos com as minhas admoestações, enquanto estou nesta tenda terrena, ¹⁴sabendo que em breve hei de despojar-me dela, como, aliás, nosso Senhor Jesus Cristo me revelou. ¹⁵Assim farei tudo para que, depois da minha partida, vos lembreis sempre delas.

---

a) Ou: "de nosso Deus e do Salvador Jesus Cristo".
b) Var.: "pelo conhecimento de Deus e de Jesus (ou: Jesus Cristo), nosso Senhor". — Em toda a epístola, Cristo é o objeto do conhecimento dos fiéis (1,3.8; 2,20; 3,18; cf. Os 2,22+; Jo 17,3; Fl 3,10 etc.). Esse conhecimento inclui o discernimento moral e a prática das virtudes (vv. 5-6.8).
c) A "glória" consiste nos sinais que Jesus deu de sua divindade (cf. Jo 1,14+ e Mc 16,17; Hb 2,4), sobretudo na transfiguração (2Pd 1,16-18). A "virtude" é o poder natural ou miraculoso. Estes dois atributos divinos a serviço dos que foram chamados proporcionam tudo o que é necessário para uma vida inspirada pela piedade (1Tm 4,7+).
d) A "glória" e a "virtude" de Cristo, pelas quais são entrelaçados o convite já atendido e o futuro que ele prometeu (cf. 1Tm 4,8). — Var. (Vulg.): "pelo qual".
e) "nos"; var.: "vos". — Essas promessas dizem respeito ao "Dia do Senhor" (cf. 3,4.9-10.12-13).
f) Expressão de origem grega, única na Bíblia e que causa surpresa pelo seu tom impessoal. O apóstolo a empregou aqui para exprimir a plenitude da vida nova em Cristo, isto é, a comunicação que Deus faz da vida que só a ele pertence. Sobre a ideia geral aqui apresentada, ver, por exemplo, Jo 1,12; Jo 10,34 = Sl 82,6; Jo 14,20; 15,4-5; Rm 6,5; 1Cor 1,9+; 1Jo 1,3+. Está aqui um dos pontos de apoio da doutrina da "deificação" dos Padres gregos.
g) Var. (Vulg.): "fugindo da corrupção da concupiscência que existe no mundo".
h) Var. (Vulg.): "Mas vós".
i) Aqui, como nas cartas joaninas (cf. 1Jo 1,8+), há exortação para precaver-se contra os gnósticos, que pretendiam conhecer a Deus sem observar os mandamentos.
j) Ad. (Vulg.): "com as boas obras".
k) Como em 1,4; 3,4.9-10, abre-se aqui a perspectiva da Parusia. O Reino de Cristo é certamente o do Pai (Ef 5,5; 2Tm 4,1; Ap 11,15).
l) Cf. 1Pd 1,10-12. A admoestação refere-se aos fundamentos da fé cristã e da espera da Parusia: Cristo e os apóstolos (vv. 14-18), depois os profetas (vv. 19-21).

¹⁶Com efeito, não foi seguindo fábulas sutis,ᵃ mas por termos sido testemunhas oculares da sua majestade,ᵇ que vos demos a conhecer o poder e a Vinda de nosso Senhor Jesus Cristo. ¹⁷Pois ele recebeu de Deus Pai honra e glória, quando uma voz vinda da sua Glória lhe disse:ᶜ "Este é o meu Filho amado, em quem me comprazo." ¹⁸Esta voz, nós a ouvimos quando lhe foi dirigida do céu, ao estarmos com ele no monte santo.ᵈ

A palavra profética — ¹⁹Temos, também, por mais firme a palavra dos profetas,ᵉ à qual fazeis bem em recorrer como a uma luz que brilha em lugar escuro, até que raie o dia e surja a estrela d'alva em nossos corações. ²⁰Antes de mais nada, sabei isto: que nenhuma profecia da Escritura resulta de interpretação particular, ²¹pois que a profecia jamais veio por vontade humana, mas os homens impelidos pelo Espírito Santo falaram da parte de Deus.ᶠ

2

*Os falsos doutores*ᵍ — ¹Houve, contudo, também falsos profetas no seio do povo, como haverá entre vós falsos mestres, os quais trarão heresias perniciosas, negando o Senhor que os resgatou e trazendo sobre si repentina destruição. ²Muitos seguirão suas doutrinas dissolutas e, por causa deles, o caminho da verdade cairá em descrédito. ³Por avareza, procurarão, com discursos fingidos, fazer de vós objeto de negócios; mas seu julgamentoʰ há muito está em ação e a sua destruição não tarda.

As lições do passado — ⁴Com efeito, se Deus não poupou os anjos que pecaram, mas lançou-os nos abismos tenebrosos do Tártaro, onde estão guardados à espera do Julgamento, ⁵nem poupou o mundo antigo,ⁱ mas, ao trazer o dilúvio sobre o mundo dos ímpios, preservou apenas oito pessoas, entre as quais Noé, o arauto da justiça, ⁶e se, como exemplo do que havia de sobrevir aos ímpios, condenou à destruiçãoʲ as cidades de Sodoma e de Gomorra, reduzindo-as a cinzas, ⁷enquanto livrou o justo Ló, deprimido com o comportamento dissoluto daqueles perversos — ⁸porque esse justo, que morava entre eles, afligia diariamente a sua alma justa com as obras iníquas que via e ouvia —, ⁹é certamente porque o Senhor sabe libertar os piedosos da provação e reservar os injustos sob castigo à espera do dia do Julgamento, ¹⁰sobretudo aqueles que seguem a carne, entregando-se a paixões imundas, e que desprezam a autoridade do Senhor.ᵏ

O castigo vindouro — Atrevidos, presunçosos, não hesitam em blasfemar contra as Glórias,ˡ ¹¹ao passo que os anjos, embora superiores em força e poder, não pronunciam contra elas julgamento blasfemo na presença do Senhor.ᵐ ¹²Estes, porém, como animais irracionais, destinados por nature-

---

a) Os gnósticos arquitetavam especulações gratuitas em apoio dos seus erros sobre a Parusia (3,4-5; cf. 1Tm 1,4; 6,20 etc.). Quanto a Pedro e aos apóstolos, transmitem os fatos de que foram testemunhas oculares (Lc 1,2; At 1,8+; 1Jo 1,1-3) e o próprio Pai atestou.
b) Por ocasião da transfiguração.
c) "da sua Glória lhe disse"; var.: "do seio da glória... lhe veio".
d) A expressão "monte santo" pode evocar o monte Sião (Sl 2,6; Is 11,9 etc.). Ou também o Sinai, como "tipo" do monte da transfiguração.
e) As Escrituras já anunciavam a glória do Messias. A manifestação gloriosa de Cristo, por ocasião da transfiguração, já permitiu ver a sua realização.
f) A maneira como aqui se invoca a inspiração das Escrituras pelo Espírito (2Tm 3,15-16+) sugere que sua leitura também supõe a direção do Espírito e a tradição apostólica. O autor, porém, não tem a intenção de desencorajar a leitura privada pessoal, devota, da Bíblia.
g) Todo o trecho que segue (2,1-3,3) reflete a epístola de Judas, embora as duas apresentações divirjam em muitos pormenores.
h) Isto é, a condenação já pronunciada contra os falsos doutores (cf. Jd 4).
i) Aquele que precedeu o dilúvio.
j) Om.: "à destruição".
k) Todos esses acontecimentos mostram, em Deus, uma constância na justiça, que será idêntica no juízo escatológico (vv. 10-22).
l) Isto é, os anjos. Esses falsos doutores arrogavam a si o direito de julgá-los, coisa que só a Deus pertence (Rm 12,19; 1Pd 2,23 etc.).
m) Om. (Vulg.): "na presença do Senhor".

za à prisão e à morte, injuriando aquilo que ignoram, perecerão da mesma morte, ¹³sofrendo injustiça como salário da sua injustiça. Eles julgam uma delícia o prazer do dia;*a* homens impuros e pervertidos, deleitam-se na sua volúpia, quando se banqueteiam convosco. ¹⁴Têm os olhos cheios de adultério*b* e insaciáveis de pecado, procurando seduzir as almas vacilantes; o seu coração está treinado para a ambição. São seres malditos! ¹⁵Deixando o caminho reto, desviaram-se e seguiram o caminho de Balaão, filho de Bosor,*c* o qual se deixou levar pela recompensa injusta, ¹⁶mas foi repreendido por sua maldade. De fato, uma besta muda, falando com voz humana, conteve a loucura do profeta.

¹⁷Esses homens são como fontes sem água e nuvens levadas pelo vento tempestuoso; a eles está reservada a escuridão das trevas. ¹⁸Falando jactanciosamente de coisas fúteis, procuram seduzir com as concupiscências da carne e dissoluções aquelas que apenas*d* conseguiram fugir da companhia dos que vivem desgarrados, ¹⁹prometendo-lhes a liberdade,*e* quando eles mesmos são escravos da corrupção, pois cada um é escravo daquele que o domina. ²⁰Com efeito, se, depois de fugir às imundícies do mundo pelo conhecimento de nosso Senhor Jesus Cristo, e de novo seduzidos*f* se deixam vencer por elas, o último estado se torna pior do que o primeiro. ²¹Assim, melhor lhes fora não terem conhecido o caminho da justiça do que, após tê-lo conhecido, desviarem-se do santo mandamento que lhes foi confiado.*g* ²²Cumpriu-se neles a verdade do provérbio: *O cão voltou ao seu próprio vômito*, e: "A porca lavada tornou a revolver-se na lama."

3 O Dia do Senhor: os profetas e os apóstolos

¹Amados, esta já é a segunda carta que vos escrevo,*h* procurando em ambas despertar o vosso pensamento sadio com algumas admoestações, ²a fim de vos trazer à memória as palavras preditas pelos santos profetas e o mandamento dos vossos apóstolos, a eles confiado pelo Senhor e Salvador.

Os falsos doutores — ³Antes de mais nada, deveis saber*i* que nos últimos dias,*j* virão escarnecedores com os seus escárnios e levando vida desenfreada, de acordo com as suas próprias concupiscências. ⁴Seu tema será: "Em que ficou a promessa da sua vinda? De fato, desde que os pais morreram,*k* tudo continua como desde o princípio da criação!" ⁵Mas eles fingem não perceber que existiram outrora céus e terra, esta tirada da água, e estabelecida no meio da água pela Palavra de Deus,*l* ⁶e que por essas mesmas causas o mundo de então pereceu, submergido pela água. ⁷Ora, os céus e a terra de agora estão reservados pela mesma Palavra ao fogo, aguardando o dia do Julgamento e da destruição dos homens ímpios.

---

a) Var.: "Eles têm prazer em entregar-se à devassidão em pleno dia".
b) Var. (Vulg.): "da mulher adúltera".
c) Var.: "Beor" (cf. Nm 22,5).
d) Trata-se das "almas vacilantes" (2,14), tidas como libertadas do seu desgarramento (2,20), mas que em grande número seguiam os falsos doutores (2,2).
e) A fé em Cristo gera o comportamento reto e a liberdade verdadeira (Rm 6,15+; Tg 1,25+; 1Pd 2,16). Os hereges, ao contrário, sob o pretexto de liberdade, *se subtraem à lei moral* (cf. Jd 4). Mas o pecado é escravidão (cf. Jo 8,34; Rm 6,16-17).
f) Não os falsos doutores, mas os cristãos que aqueles seduziram.

g) Melhor lhes fora ignorarem a fé (Jd 3), com todas as suas exigências, do que abandoná-la.
h) Referência provável a 1Pd.
i) A predição se prende mais naturalmente ao ensinamento apostólico (At 20,29; 2Tm 3,1-5) do que às predições do AT. Em Jd 18 ela vem em contexto mais apropriado.
j) Assim, a própria existência dos hereges é prova da proximidade dos últimos dias (Mt 24,24; At 20,29-31; 2Ts 2,3-4.9; 1Tm 4,1 etc.).
k) Os fiéis da primeira geração cristã.
l) Deus criou o mundo pela Palavra (Gn 1). A Palavra desempenhará papel análogo na catástrofe final. Deus não é obrigado a submeter-se à pretensa imutabilidade das leis do universo.

⁸Há, contudo, uma coisa, amados, que não deveis ignorar: É que para o Senhor um dia é como mil anos e *mil anos como um dia*. ⁹O Senhor não tarda a cumprir sua promessa, como pensam alguns, entendendo que há demora; o que ele está, é usando de paciência convosco, porque não quer que ninguém se perca, mas que todos venham a converter-se.*a* ¹⁰O Dia do Senhor chegará como ladrão e então os céus se desfarão com estrondo, os elementos, devorados pelas chamas, se dissolverão e a terra, juntamente com suas obras, será consumida.*b*

Novo apelo à santidade. Doxologia — ¹¹Se todo este mundo está fadado a desfazer-se assim, qual não deve ser a santidade do vosso viver e da vossa piedade, ¹²enquanto esperais e apressais a vinda do Dia de Deus, no qual os céus, ardendo em chamas, se dissolverão e os elementos, consumidos pelo fogo, se fundirão? ¹³O que nós esperamos, conforme sua promessa, são novos céus e nova terra, onde habitará a justiça.

¹⁴Assim, visto que tendes esta esperança, esforçai-vos ardorosamente para que ele vos encontre em paz, vivendo vida sem mácula e irrepreensível. ¹⁵Considerai a longanimidade de nosso Senhor como a nossa salvação, conforme também o nosso amado irmão Paulo vos escreveu, segundo a sabedoria que lhe foi dada. ¹⁶Isto mesmo faz ele em todas as cartas, ao falar nelas desse tema. É verdade que em suas cartas se encontram alguns pontos difíceis de entender,*c* que os ignorantes e vacilantes torcem, como fazem com as demais Escrituras,*d* para a própria perdição.

¹⁷Vós, portanto, amados, sabendo-o de antemão, precavei-vos, para não suceder que, levados pelo engano desses ímpios, venhais a cair da vossa firmeza. ¹⁸Crescei na graça e no conhecimento de nosso Senhor e Salvador Jesus Cristo. A ele seja a glória agora e até o dia da eternidade! Amém.

---

a) Outra explicação dos pretendidos atrasos da Parusia: a misericórdia divina (cf. Sb 11,23s; 12,8+).
b) "consumida" (corr.); "descoberta" (grego). — Destruição do mundo pelo fogo era um dos temas correntes entre os filósofos da época greco-romana, como nos apocalipses judaicos e nos documentos de Qumrã (cf. Dn 7,9s; 1Cor 3,15; 2Ts 1,7s).
c) Quais são esses pontos difíceis? Certamente, entre outros, a Vinda do Senhor, da qual aqui se trata. Mas outros assuntos eram debatidos nas igrejas em que as cartas de Paulo eram conhecidas.
d) Lit.: "o resto das Escrituras", com o que se compara a compilação feita e conhecida dessas cartas. Temos aqui um dos primeiros indícios de equivalência entre os escritos cristãos e os livros do AT (cf. 1Mc 12,9+; 1Ts 5,27+).

PRIMEIRA EPÍSTOLA DE SÃO JOÃO

Introdução

<small>Jo 1,1-5
2,13
Jo 20,20.
25.27;
Lc 24,39
Jo 1,1+;
3,11+</small>

1 ***O Verbo encarnado e a comunhão com o Pai e o Filho*** — ¹O que era desde o princípio,
o que ouvimos,
o que vimos com nossos olhos,
o que contemplamos,
e o que nossas mãos apalparam
do Verbo da vida*ᵃ*

<small>Jo 1,14+;
15,27
5,20</small>

² — porque a Vida manifestou-se:
nós a vimos e dela vos damos testemunho
e vos anunciamos esta Vida eterna,
que estava voltada para o Pai e que nos apareceu —

<small>At 4,20;
26,16
At 2,42s
1Cor 1,9</small>

³ o que vimos e ouvimos vo-lo anunciamos
para que estejais também em comunhão*ᵇ* conosco.
E a nossa comunhão
é com o Pai
e com o seu Filho Jesus Cristo.

<small>Jo 15,11;
16,22-24
2Jo 12</small>

⁴ E isto vos escrevemos
para que a nossa alegria*ᶜ* seja completa.

I. Caminhar na luz

<small>3,11
Dn 2,22;
Tg 1,17
1Tm 6,16
Jo 8,12+</small>

⁵ Esta é a mensagem que ouvimos dele
e vos anunciamos:
 Deus é Luz e nele não há treva alguma.
⁶ Se dissermos que estamos em comunhão com ele

<small>Jo 3,21</small>

e andamos nas trevas,
mentimos e não praticamos a verdade.

<small>Mt 26,28p
Rm 3,24-25+
Ap 1,5</small>

⁷ Mas se caminhamos na luz
como ele está na luz,
estamos em comunhão uns com os outros,*ᵈ*
e o sangue de Jesus, seu Filho,
nos purifica de todo pecado.

---

a) A Palavra de Deus era fonte de vida (Dt 4,1; 32,47 etc.; Mt 4,4; 5,20; Fl 2,16). Aqui o nome de Palavra é dado ao Filho de Deus, com quem conviveram os apóstolos, e o complemento lembra o que é desejado em 1,3; 5,11-13 (cf. Jo 1,1+.14+).
b) Este termo (cf. 1Cor 1,9+; 2Pd 1,4) exprime um dos principais temas da mística joanina (Jo 14,20; 15,1-6; 17,11.20-26): *a unidade da comunidade cristã*, fundada sobre a unidade de cada fiel com Deus, em Cristo. Esta unidade é expressa por essas diferentes formas: o cristão "permanece em Deus e Deus permanece nele" (1Jo 2,5-6.24.27; 3,6.24; 4,12-13.15-16; cf. Jo 6,56+), ele é nascido de Deus (2,29; 3,9; 4,7; 5,1.18), é de Deus (2,16; 3,10; 4,4.6; 5,19), conhece a Deus (2,3.13-14; 3,6; 4,7-8; sobre conhecimento e presença, ver ainda: Jo 14,17; 2Jo 1-2). Esta união com Deus se manifesta pela fé e pelo amor fraterno (cf. 1,7+; Jo 13,34+). O testemunho apostólico é o instrumento desta comunhão (v. 5; 2,7.24-25; 4,6; Jo 4,38; 17,20+; cf. At 1,8+.21-22 etc.).
c) "nossa alegria"; var. (Vulg.): "vossa alegria".
d) A união a Deus (1,3+), que é Luz (1,5) e Amor (4,8.16), se reconhece pela fé e pelo amor fraterno (2,10-11; 3,10.17.23; 4,8.16).

Primeira condição: romper com o pecado

⁸ Se dissermos: "Não temos pecado", enganamo-nos
e a verdade não está em nós.

⁹ Se confessarmos nossos pecados,
ele, que é fiel e justo,
perdoará nossos pecados
e nos purificará de toda injustiça.

¹⁰ Se dissermos: "Não pecamos",
fazemos dele um mentiroso,
e sua palavra não está em nós.ᵃ

2 ¹Meus filhinhos,
isto vos escrevo para que não pequeis;
mas, se alguém pecar,
temos como advogado, junto do Pai,
Jesus Cristo, o Justo.

² Ele é a vítima de expiação
pelos nossos pecados.
E não somente pelos nossos,
mas também pelos de todo o mundo.

Segunda condição: observar os mandamentos, principalmente o da caridade

— ³E sabemos que o conhecemosᵇ por isto:
se guardamos os seus mandamentos.

⁴ Aquele que diz: "Eu o conheço",
mas não guarda os seus mandamentos, é mentiroso,
e a verdadeᶜ não está nele.

⁵ Mas o que guarda a sua palavra,
nesse, verdadeiramente, o amor de Deus está realizado.ᵈ
Nisto reconhecemos que estamos nele.

⁶ Aquele que diz que permanece neleᵉ
deve também andar como eleᶠ andou.

⁷ Amados,
não vos escrevo um mandamento novo,
mas um mandamento antigo,
que recebestes desde o início;
este mandamento antigo é a palavra que ouvistes.

⁸ E, no entanto, é um mandamento novoᵍ que vos escrevo
— o que é verdadeiro nele e em vós —,
pois que as trevas passam
e já brilha a luz verdadeira.

⁹ Aquele que diz que está na luz,
mas odeia o seu irmão,
está nas trevas até agora.

---

a) Provável alusão aos que se diziam espirituais (*pneumáticos*) e se diferenciavam dos outros, considerados inferiores (*psíquicos*; cf. 1Cor 15,44+; Jd 19, ou *hílicos*). João se refere aqui a falhas passageiras, uma vez que a comunhão com Deus, que suprimiu o pecado (2,2; 3,5), exige, por si mesma, vida santa e sem pecado (3,3.6.9; 5,18).
b) Este conhecimento (Os 2,22+) é a fé (Jo 3,12+), que empenha todo o modo de agir (3,23; 5,1), de tal sorte que a conduta é o critério para reconhecer a vida em Cristo (v. 5; 3,10; 4,13; 5,2).
c) Ad.: "de Deus".
d) Trata-se antes do amor de Deus a nós do que do nosso amor a Deus.
e) "Estar em", "permanecer em" são expressões joaninas (ver Jo 6,56+).
f) Jesus, designado da mesma maneira em 3,3.5.7.16; 4,17 (cf. Jo 19,35).
g) Ainda que tenha sido preparado pela antiga Lei (Lv 19,18+) e conhecido pelos cristãos desde a primeira iniciação (v. 7; 3,11), este mandamento recebeu a marca de Jesus Cristo (Jo 13,34+).

1 JOÃO 2

^{Jo 12,35-36}
^{Pr 4,19}
¹⁰ O que ama o seu irmão permanece na luz,
e nele não há ocasião de queda.

^{Mt 15,14p}
¹¹ Mas o que odeia o seu irmão está nas trevas;
caminha nas trevas,
e não sabe aonde vai,
porque as trevas cegaram os seus olhos.

1,7;
2,2
1Cor 6,11
At 3,16+

Terceira condição: preservar-se do mundo — ¹²Eu vos escrevo, filhinhos,
porque vossos pecados foram perdoados
por meio do seu nome.

^{Jo 1,1}
^{1,1}
^{Ef 6,16}
¹³ Eu vos escrevo, pais,
porque conheceis aquele
que é desde o princípio.
Eu vos escrevo, jovens,
porque vencestes o Maligno.[a]

^{Jo 3,11+;}
^{5,38}
¹⁴ Eu vos escrevi,[b] filhinhos,
porque conheceis o Pai.
Eu vos escrevi, pais,
porque conheceis aquele
que é desde o princípio.
Eu vos escrevi, jovens,
porque sois fortes,
porque a Palavra de Deus permanece em vós,
e porque vencestes o Maligno.

^{Jo 1,10+}
^{Tg 4,4}
^{Jo 5,42+}
¹⁵ Não ameis o mundo
nem o que há no mundo.
Se alguém ama o mundo,
não está nele o amor do Pai.

^{Pr 27,20}
^{Mt 6,24p}
^{Tg 4,16}
¹⁶ Porque tudo o que há no mundo
— a concupiscência da carne,
a concupiscência dos olhos e
o orgulho da riqueza[c] —
não vem do Pai,
mas do mundo.

^{1Cor 7,31}
^{1Pd 4,2}
^{Mt 7,21}
^{Is 40,8}
^{Pr 10,25}
¹⁷ Ora, o mundo passa
com a sua concupiscência;
mas o que faz a vontade de Deus
permanece eternamente.

^{1Tm 4,1+}
^{2Ts 2,4+}
^{2Jo 7}
Quarta condição: preservar-se dos anticristos — ¹⁸Filhinhos,
é chegada a última hora.
Ouvistes dizer que o Anticristo deve vir;
e já vieram muitos anticristos:[d]
daí reconhecemos que é chegada a última hora.

---

a) O demônio permanece sempre o Tentador (Gn 3,1-6; Jó 1,6+; Mt 4,1+), que induz os homens ao mal (1Jo 3,8+). Mas nós "conhecemos" o Filho (2,3), que permanece em nós (1,3+.7+), nos preserva do mal (3,6-9; 5,18; Jo 17,15) e nos faz vencedores do "mundo" (4,4; 5,4-5; Jo 16,33; Mt 6,13; cf. Jo 1,9+; Tg 4,4; Gl 6,14).
b) Var. (Vulg.): "Eu vos escrevo". A segunda advertência: "Eu vos escrevi, pais..." é omitida pela Vulg.
c) "concupiscência"; ou: "cobiça"; — "a riqueza"; Vulg.: "a vida". — Os motivos que guiam o "mundo":
a sensualidade, a sedução das aparências, o orgulho resultante da posse dos bens terrenos. As verdadeiras realidades são totalmente outras (cf. 2Cor 4,18; Hb 11,1.3.27 etc.).
d) "o Anticristo"; var.: "um anticristo". — Sobre este Adversário dos últimos tempos, de quem João fala aqui no plural, ver 2Ts 2,3-4+. Ele se enfurece, antes de tudo, contra a verdadeira fé em Cristo Filho de Deus (v. 22; 4,2-3; cf. 5,5; Jo 1,18+).

¹⁹ Eles saíram do nosso meio,
mas não eram dos nossos.ᵃ
Se tivessem sido dos nossos,
teriam permanecido conosco.
Mas era preciso que se manifestasse
que nem todos eram dos nossos.
²⁰ Vós, porém, tendes recebido a unçãoᵇ
que vem do Santo,
e todos vós possuís a ciência.ᶜ
²¹ Eu vos escrevi
não porque ignorais a verdade,
mas porque a conheceis
e porque nenhuma mentira
procede da verdade.ᵈ
²² Quem é o mentiroso
senão o que nega que Jesus é o Cristo?
Eis o Anticristo,
o que nega o Pai e o Filho.ᵉ
²³ Todo aquele que nega o Filho
também não possui o Pai.
O que confessa o Filho
também possui o Pai.
²⁴ Mas vós,
procurai que permaneça em vós
o que ouvistes desde o início.ᶠ
Se em vós permanece
o que ouvistes desde o início,
vós também permanecereis no Filho e no Pai.
²⁵ Esta é a promessa que ele mesmo vos fez:
a vida eterna.
²⁶ Isto vos escrevi
a respeito dos que procuram vos desencaminhar.
²⁷ Quanto a vós,
a unção que recebestes dele
permanece em vós,
e não tendes necessidade
de que alguém vos ensine;ᵍ
mas como sua unção vos ensina tudo,
e ela é verdadeira e não mentirosa,
assim como ela vos ensinou,
permanecei nele.
²⁸ Agora, pois, filhinhos, permanecei nele,
para que, quando ele se manifestar,

---

a) Embora pertencendo exteriormente à comunidade, eles não mais possuíam o espírito de Cristo.
b) É o Espírito dado ao Messias (Is 11,2+; 61,1), e por ele aos fiéis (3,24; 4,13; cf. 2Cor 1,21), que os instrui sobre tudo (v. 27; Jo 16,13+; cf. 1Cor 2,10.15), e graças ao qual as palavras de Jesus são "espírito e vida" (Jo 6,63).
c) "todos vós possuís a ciência"; var.: "vós conheceis todas as coisas".
d) Ou: "e vós sabeis que nenhuma mentira pode vir da verdade".
e) Seria difícil dizer com certeza quais os hereges aqui visados (possivelmente Cerinto, cujo erro encontrar-se-á diluído na gnose). O título de Cristo não é aqui apenas tradução de "Messias"; ele significa a plenitude da fé dos "cristãos" naquele que "veio na carne" (2Jo 7).
f) A catequese apostólica a respeito do mistério de Cristo.
g) Os cristãos são instruídos pelos apóstolos (v. 24; 1,3+), mas a pregação exterior somente atinge as pessoas pela graça do Espírito (cf. 2,20+).

tenhamos plena confiança
e não sejamos confundidos,
por estarmos longe dele,
na sua Vinda.

II. Viver como filhos de Deus

^{1,7+} ^{1,3+} ²⁹ Se sabeis que ele é justo,
reconhecei que todo aquele
que pratica a justiça
nasceu dele.

^{Rm 8,14-17.37-39} ^{Jo 1,12;} ^{Ef 1,5} ^{Jo 15,21;} ^{16.3;} ^{17,25} **3** ¹Vede que manifestação de amor nos deu o Pai:
sermos chamados filhos de Deus.
E nós o somos!ª
Se o mundo não nos conhece,
é porque não o conheceu.

^{Cl 3,4;} ^{Fl 3,21} ^{Rm 8,29} ^{1Cor 15,1} ² Amados,
desde já somos filhos de Deus,
mas o que nós seremos
ainda não se manifestou.
Sabemos que por ocasião desta manifestação
seremos semelhantes a ele,
porque o veremos tal como ele é.

^{Mt 5,48+} ^{2,6} ***Primeira condição: romper com o pecado*** — ³Todo o que nele tem esta esperança, purifica-se a si mesmo
como também ele^b é puro.
⁴Todo o que comete pecado
comete também a iniquidade,
porque o pecado é a iniquidade.

^{Hb 9,26} ^{Jo 1,29+} ^{Jo 8,46;} ^{Hb 7,26} ⁵Mas sabeis que ele se manifestou
para tirar os pecados^c
e nele não há pecado.

^{1,3+;} ^{2,14;} ^{Mt 7,18} ⁶Todo aquele que permanece nele não peca.^d
Todo aquele que peca
não o viu nem o conheceu.
⁷Filhinhos,
que ninguém vos desencaminhe.
O que pratica a justiça é justo,
assim como ele é justo.

^{3,12} ^{Jo 8,44;} ^{Gn 3,15} ^{3,5} ^{Jo 12,31-32} ⁸Aquele que comete o pecado é do diabo,^e
porque o diabo é pecador desde o princípio.

---

a) Om.: "E nós o somos"; var. (Vulg.): "E que nós o sejamos".
b) Jesus.
c) "os pecados"; var.: "nossos pecados".
d) João apresenta imagens estilizadas. Da esperança da visão (v. 2) e da santidade consumada (v. 3) decorre, desde já, pela ação de Jesus Cristo (v. 5; 2,2), a abstenção de todo mal, como convém aos filhos de Deus (v. 9; 5,18; Gl 5,16), que foram "justificados" (v. 7; 2,29; cf. Rm 3,24-25+). De fato, isto não exclui a possibilidade concreta do pecado (1,8-10+) que, precisamente, rompe a comunhão (cf. 2,3-5).
e) Às expressões ser de Deus, da verdade, filhos de Deus, significando que o cristão vive sob a influência de Deus, que nele permanece, se opõem as expressões: ser do diabo (3,8), do Maligno (3,12), do mundo (2,16; 4,5), filhos do diabo (3,10), para designar todos aqueles que vivem sob a influência perversa de Satanás e se deixam "iludir" por ele.

Para isto é que o Filho de Deus se manifestou:
para destruir as obras do diabo.
⁹ Todo aquele que nasceu de Deus não comete pecado,
porque sua semente*ª* permanece nele;
ele não pode pecar
porque nasceu de Deus.
¹⁰ Nisto são reconhecíveis
os filhos de Deus e os filhos do diabo:
todo o que não pratica a justiça
não é de Deus,
nem aquele que não ama o seu irmão.

Segunda condição: observar os mandamentos especialmente o da caridade
¹¹ Porque esta é a mensagem
que ouvistes desde o início:
que nos amemos uns aos outros,
¹² não como Caim,
que, sendo do Maligno, matou o seu irmão.
E por que o matou?
Porque suas obras eram más,
ao passo que as do seu irmão eram justas.*ᵇ*
¹³ Não vos admireis, irmãos,
se o mundo vos odeia.
¹⁴ Nós sabemos que passamos da morte para a vida,
porque amamos os irmãos.
Aquele que não ama permanece na morte.
¹⁵ Todo aquele que odeia seu irmão é homicida;
e sabeis que nenhum homicida
tem vida eterna permanecendo nele.
¹⁶ Nisto conhecemos o Amor:
ele deu sua vida por nós.
E nós também devemos dar nossa vida pelos irmãos.
¹⁷ Se alguém, possuindo os bens deste mundo,
vê seu irmão na necessidade
e lhe fecha as entranhas,
como permaneceria nele o amor de Deus?
¹⁸ Filhinhos,
não amemos com palavras nem com a língua,
mas com ações e em verdade.
¹⁹ Nisto saberemos*ᶜ* que somos da verdade,*ᵈ*
e diante dele tranquilizaremos o nosso coração,
²⁰ se o nosso coração vier a nos condenar,
porque Deus é maior que o nosso coração
e conhece todas as coisas.*ᵉ*

---

a) Talvez Cristo (cf. Gl 3,16; 1Jo 5,18). Mas seria, antes, o Espírito (cf. 2,20.27), ou a semente de vida, que é a Palavra recebida (2,7.24) e que produz frutos mediante o Espírito (2,20.27).
b) Continua até 4,6 a antítese entre os filhos de Deus, que vivem na verdade e no amor, e o mundo, onde reinam o pecado e o ódio.
c) Var. (Vulg.): "Nós sabemos".
d) João dá à "verdade" (2,4) um sentido muito amplo, que engloba fé e amor (3,23; 5,1). São "da verdade" aqueles que creem (2,21-22), que amam (3,18-19; cf. 2Jo 4-6; 3Jo 3-8; Jo 3,21; 8,31+; 18,37).
e) O homem que ouve as censuras do "seu coração", de sua consciência (cf. 1Cor 4,4+; Ef 1,18+), sabe que Deus tudo conhece (cf. Jo 16,30) e que ele é Amor (3,1; 4,8+), que ele é, pois, mais perspicaz e mais indulgente do que a nossa consciência. Mas está pressuposta a prática do amor e dos mandamentos (vv. 23-24). — Outra tradução: "e diante dele nós convenceremos o nosso coração, se ele chegasse a nos condenar, de que

²¹ Amados,
se nosso coração não nos condena,
temos confiança diante de Deus;
²² e tudo o que lhe pedimos
recebemos dele,
porque guardamos seus mandamentos
e fazemos o que lhe é agradável.
²³ Este é o seu mandamento:
crer no nome do seu Filho Jesus Cristo
e amar-nos uns aos outros
conforme o mandamento que ele nos deu.
²⁴ Aquele que guarda seus mandamentos
permanece em Deus e Deus nele;
e nisto reconhecemos
que ele permanece em nós,
pelo Espírito que nos deu.

4 Terceira condição: preservar-se dos anticristos e do mundo

¹ Amados,
não acrediteis em qualquer espírito,
mas examinai os espíritos
para ver se são de Deus,
pois muitos falsos profetas vieram ao mundo.[a]
² Nisto reconheceis o espírito de Deus:
todo espírito que confessa
que Jesus Cristo veio na carne é de Deus;
³ e todo espírito que não confessa Jesus[b]
não é de Deus;
é este o espírito do Anticristo.
Dele ouvistes dizer que ele virá;
e agora ele já está no mundo.
⁴ Vós, filhinhos, sois de Deus
e vós os vencestes.
Porque o que está em vós
é maior do que aquele que está no mundo.
⁵ Eles são do mundo;
por isso falam segundo o mundo
e o mundo os ouve.
⁶ Nós[c] somos de Deus.
Quem conhece a Deus nos ouve,
quem não é de Deus não nos ouve.
Nisto reconhecemos
o espírito da verdade e o espírito do erro.[d]

Deus é maior que o nosso coração e conhece todas as coisas".

a) É preciso certificar-se se aqueles que dizem ser do Espírito de Deus não são, na realidade, conduzidos pelo espírito do mundo. Eles serão reconhecidos pelos seus frutos (Mt 7,15-20), por suas afinidades (cf. 2,3-6.13-14 etc.), sobretudo pelo que dizem de Cristo (vv. 2-3). Os apóstolos possuem as qualidades para este discernimento (v. 6).

b) Var. (Vulg.) bastante autorizada: "que separa (ou quebra) Jesus".

c) "Nós": os pregadores oficiais, em primeiro lugar os apóstolos.

d) O tema dos dois espíritos é conhecido no judaísmo (por exemplo, em Qumrã), bem como o dos dois caminhos (Dt 11,26-28; Mt 7,13-14+). O homem está colocado entre dois mundos, ele "é" de um ou de outro, enquanto participa de seu espírito (3,8.19). É certa a vitória final dos fiéis (v. 4; 2,13-14; 5,4-5).

III. Às fontes da caridade e da fé

À fonte da caridade — ⁷Amados,
amemo-nos uns aos outros,
pois o amor vem de Deus
e todo aquele que ama
nasceu de Deus e conhece a Deus.*ª*

⁸ Aquele que não ama
não conheceu a Deus,
porque Deus é Amor.*ᵇ*

⁹ Nisto se manifestou o amor de Deus por nós:
Deus enviou o seu Filho único ao mundo
para que vivamos por ele.

¹⁰ Nisto consiste o amor:
não fomos nós que amamos a Deus,
mas foi ele quem nos amou
e enviou-nos seu Filho
como vítima de expiação pelos nossos pecados.

¹¹ Amados,
se Deus assim nos amou,
devemos, nós também, amar-nos uns aos outros.

¹² Ninguém jamais contemplou a Deus.*ᶜ*
Se nos amarmos uns aos outros,
Deus permanece em nós,
e o seu Amor em nós é realizado.

¹³ Nisto reconhecemos
que permanecemos nele e ele em nós:
ele nos deu seu Espírito.*ᵈ*

¹⁴ E nós contemplamos
e testemunhamos
que o Pai enviou seu Filho
como Salvador do mundo.

¹⁵ Aquele que confessa
que Jesus é o Filho de Deus,
Deus permanece nele e ele em Deus.

¹⁶ E nós temos reconhecido
o amor de Deus por nós,
e nele cremos.

Deus é Amor:
aquele que permanece no amor
permanece em Deus e Deus permanece nele.

¹⁷ Nisto consiste a perfeição do amor em nós:
que tenhamos plena confiança

---

a) Amar é característica dos filhos de Deus, pois é próprio de Deus (v. 16).
b) Deus amava Israel (Is 54,8+). A missão do Filho único como Salvador do mundo (v. 9; Jo 3,16; 4,42; cf. Rm 3,24-25+; 5,8 etc.), manifesta que o amor vem de Deus (v. 7), porque o próprio Deus é Amor (v. 16; 3,16), e faz participar do amor (vv. 10,19) aquele que crê e que é filho de Deus (1,3+).
c) Expressão polêmica contra os "espirituais", que se gabavam de conhecer a Deus por intuição direta (cf. Jo 1,18; 3,13; 5,37; 6,46). A comunhão (1,3+) e a visão (3,2) estão unidas à caridade.
d) Este dom do Espírito, anunciado para os últimos tempos (At 2,17-21.33), foi infundido nos corações (cf. Rm 5,5+; 1Ts 4,8) e aí faz brotar a certeza íntima daquilo que os apóstolos anunciam exteriormente (5,6-7; cf. At 5,32). Trata-se aqui do estado de filho de Deus (Rm 8,15-16; Gl 4,6).

1 JOÃO 4-5

^{2,6 +;}
^{3,2-3}
^{2Ts 3,7 +}
    no dia do Julgamento,
    porque tal como ele é
    também somos nós neste mundo.
¹⁸ Não há temor no amor,
    ao contrário: o perfeito amor lança fora o temor,
    porque o temor implica castigo,
^{2Tm 1,7}
    e o que teme
    não chegou à perfeição do amor.[a]

^{4,9-10} ¹⁹ Quanto a nós, amamos,
    porque ele nos amou primeiro.
^{1Pd 1,8} ²⁰ Se alguém disser:
    "Amo a Deus",
    mas odeia o seu irmão,
    é um mentiroso:
    pois quem não ama seu irmão, a quem vê,
    a Deus, a quem não vê, não poderá amar.
^{Mt 22,36-40}
^{Jo 14,15,21;}
^{15,17}
²¹ E este é o mandamento que dele recebemos:
    aquele que ama a Deus,
    ame também seu irmão.

5

^{1,3 +}
¹ Todo o que crê que Jesus é o Cristo
    nasceu de Deus,
    e todo o que ama ao que gerou
    ama também o que dele nasceu.[b]
^{Rm 13,9} ² Nisto reconhecemos
    que amamos os filhos de Deus:
    quando amamos a Deus
    e guardamos os seus mandamentos.
^{2Jo 6;}
^{Gl 5,14}
^{3,23}
^{Dt 30,11;}
^{Mt 11,30}
³ Pois este é o amor de Deus:
    observar os seus mandamentos.
    E os seus mandamentos não são pesados,
^{Jo 16,33}
^{2,14 +}
⁴ pois todo o que nasceu de Deus
    vence o mundo.
    E esta é a vitória que venceu o mundo:
    a nossa fé.

À fonte da fé — ⁵ Quem é o vencedor do mundo,
    senão aquele que crê que Jesus
    é o Filho de Deus?[c]
^{Jo 19,34}
^{Jo 4,1 +}
^{Jo 1,33 +;}
^{14,26 +}
^{2,20.27}
⁶ Este é o que veio
    pela água e pelo sangue:[d] Jesus Cristo,
    não com a água somente,
    mas com a água e o sangue.
    E é o Espírito que testemunha,
    porque o Espírito é a Verdade.
⁷ Porque três são os que testemunham:[e]

---

a) O amor assume o elemento filial do temor religioso (Dt 6,2+; Pr 1,7+), mas exclui o temor servil, o medo de ser condenado por Deus (3,20), que deu, em seu Filho, tão grandes provas de amor (cf. v. 8+).

b) Quem ama a Deus ama também os filhos de Deus. *O amor de Deus se realiza pelo amor ao próximo*, critério da sinceridade desse amor (3,14.17-19; 4,20) e o primeiro dos mandamentos, com os quais nos achamos comprometidos pelo amor de Deus (vv. 2-3; cf. 2,3-5; 3,22-24; Jo 13,34+; 15,10-14; Mt 22,36-40p; Rm 13,9; Gl 5,14). Portanto, é a fé que julga o amor, a fé pela qual o homem nasce de Deus (3,1; Jo 1,12+).

c) Cf. Rm 1,4+. Esta conclusão procede de dois princípios: todo o que crê nasceu de Deus (v. 1); o que nasceu de Deus venceu o mundo (v. 4).

d) A água e o sangue que jorraram do lado de Jesus, quando foi aberto pela lança.

e) O texto dos vv. 7-8 é acrescido na Vulg. de um inciso (aqui abaixo entre parênteses) ausente dos antigos mss gregos, das antigas versões e dos melhores

⁸ o Espírito, a água e o sangue,
e os três tendem ao mesmo fim.ᵃ
⁹ Se aceitamos o testemunho dos homens,   Jo 5,32.37
o testemunho de Deus é maior.
Pois este é o testemunho de Deus:
testemunho que deu de seu Filho.
¹⁰ Aquele que crê no Filho de Deus   Jo 3,33; Jo 3,11+
tem este testemunho em si mesmo.
Aquele que não crê em Deus
faz dele mentiroso,
porque não crê no testemunho
que Deus deu em favor de seu Filho.
¹¹ E o testemunho é este: Jo 1,4; 5,21.26; 1,2; 5,20
Deus nos deu vida eterna
e esta vida está em seu Filho.
¹² Quem tem o Filho tem a vida;
quem não tem o Filho não tem a vida.
¹³ Eu vos escrevi tudo isto   Jo 1,12; 20,31
a vós que credes no nome do Filho de Deus,
para saberdes que tendes a vida eterna.

Complementosᵇ

A oração pelos pecadores — ¹⁴Esta é a confiança que temos em Deus: Mt 7,7p; Jo 14,13-14; 3,22
se lhe pedimos alguma coisa
segundo sua vontade,
ele nos ouve.
¹⁵ E, se sabemos que ele nos ouve
em tudo o que lhe pedimos,
sabemos que possuímos
o que havíamos pedido.
¹⁶ Se alguém vê seu irmão   Tg 5,19; Jo 15,22-24
cometer um pecado que não conduz à morte,
que ele ore
e Deus dará a vida a este irmão,
se, de fato, o pecado cometido
não conduz à morte.
Existe um pecado que conduz à morte,ᶜ
mas não é a respeito deste
que digo que se ore.
¹⁷ Toda iniquidade é pecado,
mas há um pecado
que não conduz à morte.ᵈ

mss da Vulg., o qual parece ser uma glosa marginal introduzida posteriormente no texto: "Porque há três que testemunham (no céu: o Pai, o Verbo e o Espírito Santo, e esses três são um só; e há três que testemunham na terra): o Espírito, a água e o sangue, e esses três são um só". *a)* Os três testemunhos convergem. O sangue e a água se unem ao Espírito (2,20+.27; Jo 3,5; 4,1+) para testemunhar (cf. Jo 3,11+) em favor da missão do Filho, que dá a vida (v. 11; Jo 3,15+).

b) Como no evangelho (cf. Jo 21), à conclusão, que deveria terminar o texto, segue uma nota adicional.
c) Sobre este pecado de excepcional gravidade, os destinatários da epístola deveriam estar bem informados. Poderia ser o pecado contra o Espírito, contra a verdade (cf. Mt 12,31+) ou a apostasia dos anticristos (Hb 6,4-8 etc.).
d) "que não conduz à morte"; var. (Vulg.): "que conduz à morte".

Resumo da epístola[a] — ¹⁸Nós sabemos que todo aquele
que nasceu de Deus não peca;
o Gerado[b] por Deus o guarda
e o Maligno não o pode atingir.
¹⁹Nós sabemos que somos de Deus
e que o mundo inteiro está sob o poder do Maligno.
²⁰Nós sabemos que veio o Filho de Deus
e nos deu a inteligência
para conhecermos o Verdadeiro.[c]
E nós estamos no Verdadeiro,
no seu Filho Jesus Cristo.
Este é o Deus verdadeiro
e a Vida eterna.
²¹Filhinhos,
guardai-vos dos ídolos...[d]

---

a) As três frases começando por "Nós sabemos" recapitulam as grandes certezas e esperanças cristãs desenvolvidas na epístola.
b) Jesus (cf. Jo 1,13.18) — Var. (Vulg.): "a geração".
c) Deus, o único verdadeiro (Jo 17,3+; cf. 8,31; 1Ts 1,9; Ap 3,14) e o único verdadeiramente conhecido pelo que ele é: Vida e Amor.
d) Última advertência, causada pela lembrança do único Verdadeiro. Os ídolos, sem dúvida, no sentido metafórico, podem designar o paganismo, ou, então, os "ídolos do coração" (Qumrã) que afastam o homem da fé e do amor. — Vulg. acrescenta: "Amém".

SEGUNDA EPÍSTOLA DE SÃO JOÃO

Saudação — ¹O Ancião[a] à Senhora eleita[b] e a seus filhos, que amo na verdade — não apenas eu, mas todos os que conheceram a Verdade — ²por causa da verdade que permanece em nós e estará conosco para sempre. ³Conosco estarão a graça, a misericórdia[c] e a paz, da parte de Deus Pai e de Jesus Cristo, o Filho do Pai, na verdade e no amor.

O mandamento da caridade — ⁴Muito me alegrei por ter encontrado alguns dos teus filhos que vivem na verdade,[d] segundo o mandamento que recebemos do Pai. ⁵E agora, Senhora, te peço, não como escrevendo-te novo mandamento, mas o que temos desde o princípio: amemo-nos uns aos outros. ⁶Nisto consiste o amor: em viver conforme seus mandamentos. E o primeiro mandamento, como aprendestes desde o início,[e] é que vivais no amor.

Os anticristos — ⁷Porque muitos sedutores que não confessam a Jesus Cristo encarnado espalharam-se pelo mundo. Este é o Sedutor, o Anticristo. ⁸Acautelai-vos, para não perderdes o fruto de nossos trabalhos,[f] mas, ao contrário, receber plena recompensa. ⁹Todo aquele que avança[g] e não permanece na doutrina de Cristo[h] não possui a Deus. Quem permanece na doutrina é que possui o Pai e o Filho. ¹⁰Se alguém vem a vós sem ser portador desta doutrina, não o recebais em vossa casa, nem o saudeis. ¹¹Aquele que o saúda participa de suas obras más.

Conclusão — ¹²Embora tenha muitas coisas a vos escrever, não quis fazê-lo com papel e tinta. Mas espero estar convosco e vos falar de viva voz, para que a nossa alegria[i] seja perfeita.
¹³Os filhos de tua irmã Eleita[j] te saúdam.

---

a) Título reservado para os chefes das comunidades (cf. Tt 1,5+). No presente caso, trata-se do apóstolo João, chefe eminente das comunidades da Ásia Menor.
b) A "Senhora eleita" ou "Senhora soberana": metáfora poética que designa comunidade particular, desconhecida de nós, posta sob a jurisdição do Ancião e ameaçada pela propaganda dos falsos doutores.
c) A "misericórdia" não aparece em nenhum outro escrito joanino.
d) Lit.: "caminham na verdade", porque observam os mandamentos com amor.
e) Ou: "Este mandamento, deveis observá-lo tal como aprendestes no início".
f) Var. (Vulg.): "vossos trabalhos".
g) Os hereges julgavam-se "avançados", pretendendo ultrapassar os limites do ensinamento apostólico (1Jo 2,18.23); para isto entregavam-se ao jogo de meras especulações (cf. 1Tm 6,4+; 2Tm 2,16; Tt 3,9 etc.).
h) Pode tratar-se tanto da doutrina ensinada por Cristo como da doutrina a seu respeito.
i) Var. (Vulg.): "vossa alegria".
j) Provavelmente, a Igreja de Éfeso, onde se encontrava o apóstolo, na ocasião em que escrevia.

TERCEIRA EPÍSTOLA DE SÃO JOÃO

Saudação — ¹O Ancião ao caríssimo Gaio,ª a quem amo na verdade. ²Caríssimo, desejo que em tudo prosperes e que tua saúde corporal seja tão boa como a da tua alma.

Elogio de Gaio — ³Muito me alegrei com a chegada dos irmãos e com o testemunho que deram da tua verdade, isto é, de como vives na verdade. ⁴Não há alegria maior*b* para mim do que saber que meus filhos vivem na verdade.
⁵Caríssimo, procedes fielmente agindo assim com teus irmãos, ainda que estrangeiros.*c* ⁶Eles deram testemunho da tua caridade diante da Igreja. Farás bem provendo-os do necessário para a viagem, de modo digno de Deus. ⁷É pelo Nome*d* que eles se puseram a caminho, sem nada receber dos gentios. ⁸Devemos, pois, acolher esses homens, para que sejamos cooperadores da Verdade.

Conduta de Diótrefes*e* — ⁹Escrevi algumas palavras à Igreja.*f* Mas Diótrefes, que ambiciona o primeiro lugar, não nos recebe.*g* ¹⁰Por isso, se eu for aí, repreenderei a sua conduta, pois ele propaga palavras más contra nós. Não satisfeito com isso, se recusa a receber os irmãos e impede aqueles que o desejam fazer, expulsando-os da Igreja. ¹¹Caríssimo, não imites o mal, mas o bem. O que faz o bem é de Deus. Quem faz o mal não viu a Deus.

Elogio de Demétrio — ¹²Quanto a Demétrio,*h* todos dão testemunho dele, inclusive a própria Verdade. Nós também testemunhamos a seu favor, e tu sabes que o nosso testemunho é verdadeiro.

Epílogo — ¹³Teria muitas coisas a te dizer, mas não quero fazê-lo com tinta e pena. ¹⁴Espero ver-te em breve e então falaremos face a face. ¹⁵Que a paz esteja contigo! Teus amigos te saúdam. Saúda os nossos, cada um por seu nome.*i*

---

a) Nome muito frequente. Aquele que é assim chamado é discípulo fiel, a quem o Ancião (2Jo 1) julga conveniente dirigir a sua carta.
b) Var. (Vulg.): "maior graça".
c) Provavelmente, trata-se de pregadores itinerantes, *enviados pelo apóstolo* às comunidades da Ásia Menor.
d) O Nome do Senhor (cf. At 5,41+), que exprime o mistério da sua divindade (cf. 1Jo 3,23; 5,13; Fl 2,9; Tg 2,7).
e) Ao contrário de Gaio, este chefe da comunidade visada pela epístola falta com a submissão ao Ancião sem que a fé, porém, esteja ameaçada. Este propõe-se intervir por ocasião de visita próxima (vv. 10.14).
f) Talvez a segunda epístola.
g) Na pessoa dos enviados do apóstolo.
h) Talvez um membro importante da comunidade, ou um dos missionários recomendados à caridade de Gaio (talvez, portador da epístola?).
i) Aqueles que resistem a Diótrefes porque reconhecem a autoridade do Ancião.

EPÍSTOLA DE SÃO JUDAS

Endereço — ¹Judas, servo de Jesus Cristo, irmão de Tiago, aos que foram chamados, amados[a] por Deus Pai e guardados em Jesus Cristo, ²misericórdia, paz e caridade vos sejam concedidas em abundância.

Ocasião — ³Amados, enquanto estava todo empenhado em escrever-vos a respeito da nossa salvação[b] comum, tive de fazê-lo por uma razão especial, para exortar-vos a combaterdes pela fé, uma vez por todas[c] confiada aos santos. ⁴De fato, infiltraram-se entre vós alguns homens já há muito marcados para esta sentença,[d] uns ímpios, que convertem a graça do nosso Deus num pretexto para licenciosidade e negam Jesus Cristo, nosso único mestre e Senhor.[e]

Os falsos doutores. O castigo que os ameaça — ⁵Quero trazer-vos à memória, embora já saibais tudo de uma vez por todas, que o Senhor,[f] depois de ter libertado seu povo da terra do Egito, destruiu os incrédulos. ⁶E, quanto aos anjos que não conservaram sua primazia, mas abandonaram sua morada,[g] guardou-os presos em cadeias eternas, sob as trevas, para o julgamento do grande Dia. ⁷De modo semelhante, Sodoma, Gomorra e as cidades vizinhas, por se terem prostituído, procurando unir-se a seres de natureza diferente,[h] foram postas como exemplo, ficando sujeitas ao castigo de fogo eterno.

Suas blasfêmias — ⁸Ora, estes[i] agem do mesmo modo: na sua alucinação conspurcam a carne, desprezam a Autoridade[j] e injuriam as Glórias. ⁹E, no entanto, o arcanjo Miguel, quando disputava com o diabo, discutindo a respeito do corpo de Moisés,[k] não se atreveu a pronunciar uma sentença injuriosa contra ele, mas limitou-se a dizer: *"O Senhor te repreenda!"* ¹⁰Mas estes injuriam o que não conhecem; por outra parte, as coisas que conhecem fisicamente,[l] como os animais irracionais, só servem para perdê-los.

Sua perversidade — ¹¹Ai deles, porque trilharam o caminho de Caim; seduzidos por um salário, entregaram-se aos desvarios de Balaão e pereceram na revolta de Coré. ¹²São eles que constituem escolhos nos vossos ágapes,[m] regalando-se irreverentemente, apascentando-se a si mesmos: são nuvens sem

---

a) "aos que foram chamados", var.: "às nações que foram chamadas" — "amados", var.: "santificados".
b) "nossa salvação"; Vulg.: "vossa salvação".
c) Na tradição da fé apostólica (v. 17), fundamento da vida cristã (v. 20), não há nada que mudar (v. 5); cf. 1Cor 11,2; 2Ts 2,15+; 1Tm 6,20+.
d) "esta sentença"; var.: "este pecado".
e) Var.: "e negam a Deus, o único Mestre, e a nosso Senhor Jesus Cristo". *Henoc* 48,10.
f) Deus Pai (cf. 2Pd 2,4). Var. (Vulg.): "Jesus", que designaria Cristo em sua preexistência divina (cf. 1Cor 10,4).
g) Por se terem deixado seduzir pelas filhas dos homens (Gn 6,1-2): tema desenvolvido pelo *Livro de Henoc*. *Henoc* 12,4; 10,6.
h) Lit.: "uma carne diferente"; uma carne que não era humana, pois que o seu pecado consistia em quererem abusar de "anjos" (Gn 19,1-11). Como Jd 6-7, o apócrifo *Testamento dos doze patriarcas* menciona juntos o pecado dos anjos e o de Sodoma.

i) Isto é, os hereges contemporâneos de Jd, que nem o castigo imposto aos anjos sedutores (vv. 6.7) conseguia deter.
j) Var.: "as autoridades" (os anjos, cf. Ef 1,21; Cl 1,16).
k) Jd parece depender, aqui, do livro apócrifo *Assunção de Moisés*, no qual Miguel (Dn 10,13+) tem uma altercação com o diabo que, depois da morte de Moisés, reclamava seu corpo.
l) Ignoram-no, porque não têm o Espírito (Rm 1,9+), e só conhecem de acordo com sua natureza de seres "psíquicos" (v. 19; cf. 1Cor 15,44+), homens que os gnósticos desprezavam.
m) "escolhos"; Vulg.: "manchas". — "ágapes"; var.: "enganos" (cf. 2Pd 2,13). — Portanto os hereges ainda participavam da vida da Igreja; os seus ardis acabavam apenas de ser desmascarados. Quer se trate da Eucaristia, quer simplesmente do "ágape" que a precedia, a sua atitude lembra 1Cor 11,17-22.

água, levadas pelo vento, árvores que no fim do outono não dão fruto, duas vezes mortas, arrancadas pela raiz, ¹³ondas bravias do mar a espumarem a sua própria impudência, astros errantes,*ᵃ* aos quais está reservada a escuridão das trevas para a eternidade. ¹⁴A respeito deles profetizou Henoc, o sétimo dos patriarcas a contar de Adão, quando disse: "Eis que o Senhor veio com as suas santas milícias ¹⁵exercer o julgamento sobre todos os homens e arguir todos os ímpios de todas as obras de impiedade que praticaram e de todas as palavras duras que proferiram contra ele os pecadores ímpios".*ᵇ* ¹⁶São uns murmuradores, revoltados contra o destino, que procedem de acordo com suas concupiscências;*ᶜ sua boca profere palavras arrogantes*, mas estão sempre prontos a bajular, quando o seu interesse está em jogo.

Exortações aos fiéis. O ensinamento dos apóstolos — ¹⁷Vós, porém, amados, lembrai-vos das palavras de antemão preditas pelos apóstolos de nosso Senhor Jesus Cristo,*ᵈ* ¹⁸pois vos diziam: "No fim do tempo surgirão escarnecedores, que levarão vida de acordo com as próprias concupiscências ímpias".*ᵉ* ¹⁹São estes os que causam divisões, estes seres "psíquicos", que não têm o Espírito.*ᶠ*

Os deveres da caridade — ²⁰*ᵍ*Mas vós, amados, edificando-vos a vós mesmos na vossa santíssima fé e orando no Espírito Santo, ²¹guardai-vos no amor de Deus, pondo a vossa esperança na misericórdia de nosso Senhor Jesus Cristo para a vida eterna. ²²Procurai convencer os hesitantes; ²³a outros procurai salvar, arrancando-os ao fogo; de outros ainda tende misericórdia, mas com temor, aborrecendo a própria veste manchada pela carne.*ʰ*

Doxologia — ²⁴Àquele que pode guardar-vos da queda e apresentar-vos perante sua glória irrepreensíveis e jubilosos,*ⁱ* ²⁵ao único Deus, nosso Salvador, mediante Jesus Cristo nosso Senhor, glória, majestade, poder e domínio, antes de todos os séculos, agora e por todos os séculos! Amém.*ʲ*

---

a) Nos apócrifos judaicos, os anjos são frequentemente simbolizados por estrelas (cf. o *Livro de Henoc. Henoc* 18,15s; 21,5s).
b) Citação (certamente de memória) de Henoc (1,9).
c) Reminiscências de Henoc (5,5).
d) O ensinamento apostólico recebido por tradição (v. 3).
e) Esta sentença não se encontra textualmente em parte alguma, mas tem equivalentes (At 20,29-31; 1Tm 4,1; 2Tm 3,1-5; 4,3; e já em Mt 24,24; Mc 13,22).
f) "que causam divisões"; Vulg.: "que se separam" (da Igreja). Os hereges são como "animais irracionais" (v. 10).
g) Os vv. 20-21 mencionam as três Pessoas (cf. 2Cor 13,13) em relação com a fé, com a oração, com o amor e com a esperança (cf. 1Cor 13,13+).
h) A caridade deve tratar de maneira diferente os hereges, segundo sejam mais ou menos contaminados pela heresia. — Var.: "Tende piedade dos que hesitam, *salvai-os*, arrancai-os ao fogo; quanto aos outros, tende deles misericórdia cheia de temor etc.".
i) Vulg. acrescenta: "na Vinda de nosso Senhor Jesus Cristo".
j) A doxologia solene (cf. Rm 16,25-27+; Ef 3,20; Ap 1,6+) provém, possivelmente, da liturgia.

APOCALIPSE

Introdução

O termo "apocalipse" é a transcrição duma palavra grega que significa revelação; todo apocalipse supõe, pois, uma revelação que Deus fez aos homens, revelação de coisas ocultas e só por ele conhecidas, especialmente de coisas referentes ao futuro. É difícil definir exatamente a fronteira que separa o gênero apocalíptico do profético, do qual, de certa forma, ele não é mais que prolongamento; mas enquanto os antigos profetas ouviam as revelações divinas e as transmitiam oralmente, o autor de um apocalipse recebia suas revelações em forma de visões, que consignava em livro. Por outro lado, tais visões não têm valor por si mesmas, mas pelo simbolismo que encerram, pois em apocalipse tudo ou quase tudo tem valor simbólico: os números, as coisas, as partes do corpo e até as personagens que entram em cena. Ao descrever a visão, o vidente traduz em símbolos as ideias que Deus lhe sugere, procedendo então por acumulação de coisas, cores, números simbólicos, sem se preocupar com a incoerência dos efeitos obtidos. Para entendê-lo, devemos, por isso, apreender a sua técnica e retraduzir em ideias os símbolos que ele propõe, sob pena de falsificar o sentido de sua mensagem.

Os apocalipses tiveram grande êxito em certos ambientes judaicos (inclusive entre os essênios de Qumrã) nos dois séculos que precederam a vinda de Cristo. Preparado já pelas visões de profetas como Ezequiel ou Zacarias, o gênero apocalíptico desenvolveu-se no livro de Daniel e em numerosas obras apócrifas escritas em torno da era cristã. O Novo Testamento guardou em seu cânon apenas um apocalipse, cujo autor menciona seu próprio nome: João (1,9), que o escreveu exilado na ilha de Patmos, por causa de sua fé em Cristo. Uma tradição, representada já por são Justino e amplamente difundida no fim do séc. II (santo Ireneu, Clemente de Alexandria, Tertuliano, o Cânon de Muratori), identifica-o com o apóstolo João, autor do quarto evangelho. Mas até o séc. V as Igrejas da Síria, Capadócia e mesmo da Palestina não parecem ter incluído o Apocalipse no cânon das Escrituras, prova de que não o consideravam obra de um apóstolo; certo Caio, sacerdote romano do começo do séc. III, chegou a atribuí-lo ao herege Cerinto, mas talvez por razões polêmicas. Por outro lado, se o Apocalipse de João apresenta parentesco inegável com os outros escritos joaninos, também se distingue claramente deles por sua linguagem, seu estilo e por certos pontos de vista teológicos (referentes sobretudo à Parusia de Cristo), a tal ponto que se torna difícil afirmar que procede imediatamente do mesmo autor. Não obstante tudo isso, sua inspiração é joanina, e foi escrito por alguém do círculo de discípulos imediatos do apóstolo e está impregnado de seu ensinamento. Não se pode duvidar de sua canonicidade. Quanto à data de composição, admite-se bastante comumente que tenha sido composto durante o reinado de Domiciano, pelo ano 95; outros, e não sem alguma probabilidade, creem que pelo menos algumas partes já estariam redigidas desde o tempo de Nero, pouco antes de 70.

Seja que optemos pelo tempo de Domiciano, seja pelo de Nero, é indispensável, para bem compreender o Apocalipse, reinseri-lo no ambiente histórico que lhe deu origem: um período de perturbações e de violentas perseguições contra a Igreja nascente. Pois, do mesmo modo que os apocalipses que o precederam (especialmente o de Daniel) e nos quais manifestamente se inspira, é escrito de circunstância, destinado a reerguer e a robustecer o ânimo dos cristãos, escandalizados, sem dúvida, pelo fato de que perseguição tão violenta se tenha desencadeado contra a Igreja daquele que afirmara: "Não temais, eu venci o mundo" (Jo 16,33). Para levar a efeito seu plano, João retoma os grandes temas proféticos tradicionais, especialmente o do "Grande Dia" de Iahweh (cf. Am 5,18+): ao povo santo, escravizado sob o jugo dos assírios, dos caldeus e dos gregos, dispersado e quase destruído pela perseguição, os profetas anunciavam o dia da salvação, que estava próximo e no qual Deus viria libertar o seu povo das mãos dos opressores, devolvendo-lhes não apenas a liberdade, mas também poderio e domínio sobre seus inimigos, que seriam por sua vez castigados e quase destruídos. No momento em que João escreve, a Igreja, o novo povo eleito, acaba de ser dizimada por sangrenta perseguição (6,10-11; 13; 16,6; 17,6), desencadeada por Roma e pelo império romano (a Besta), mas por instigação de Satanás (12; 13,2-4), o Adversário por excelência de Cristo e do seu povo. A visão inaugural descreve a majestade de Deus que reina no céu, senhor absoluto dos destinos humanos (4) e que entrega ao Cordeiro o livro que contém o decreto de extermínio dos perseguidores (5); a visão prossegue com o anúncio da invasão de povos bárbaros (os partos), com seu tradicional cortejo de males: guerra, fome e peste (6). Os fiéis de Deus, porém, serão preservados (7,1-8; cf. 14,1-5), à espera de gozarem no céu, de seu triunfo (7,9-17; cf. 15,1-5). Entretanto, Deus, que quer a salvação dos pecadores, não os destruirá imediatamente, mas lhes enviará uma série de pragas para adverti-los, como fizera contra o Faraó e os egípcios (8-9; cf. 16). Esforço inútil: por causa de seu endurecimento, Deus destruirá os ímpios perseguidores (17), que procuravam corromper a terra, induzindo-a a adorar Satanás (alusão ao culto dos imperadores da Roma gentílica); seguem-se uma lamentação sobre Babilônia (Roma) destruída (18) e cantos de triunfo no céu (19,1-10). Nova visão retoma o tema da destruição da Besta (a Roma perseguidora), realizada desta vez por Cristo glorioso (19,11-21). Então inicia-se um período de prosperidade para a Igreja (20,1-6), que terminará com novo assalto de Satanás contra ela (20,7s), o aniquilamento do Inimigo, a ressurreição dos mortos e seu julgamento (20,11-15) e finalmente o estabelecimento definitivo do Reino celeste, na alegria perfeita, depois de aniquilar a morte (21,1-8). Uma visão retrospectiva descreve o estado de perfeição da nova Jerusalém durante seu reinado sobre a terra (21,9s).

Esta é a interpretação histórica do Apocalipse, seu sentido primeiro e fundamental. Mas o alcance do livro não se detém aí, pois trata de valores eternos, sobre os quais se pode apoiar a fé dos fiéis de todos os tempos. Já no Antigo Testamento a confiança do povo santo baseava-se na promessa de Deus de permanecer "com o seu povo" (cf. Ex 25,8+), presença que significava proteção contra os inimigos para realizar a salvação. Também agora, e de modo muito mais perfeito, Deus está com seu novo povo, que uniu consigo na pessoa do seu Filho, o Emanuel (Deus conosco); e a Igreja vive desta promessa de Cristo ressuscitado: "Eis que estou convosco todos os dias, até o fim do mundo" (Mt 28,20). Sendo assim, os fiéis nada têm a temer; ainda que tenham de sofrer momentaneamente pelo nome de Cristo, obterão a vitória definitiva contra Satanás e todas as suas maquinações.

Em seu estado atual, o texto do Apocalipse apresenta certo número de duplicatas, de cortes na sequência das visões e de passagens aparentemente fora do contexto. Os comentadores tentaram explicar essas anomalias de múltiplas maneiras: compilação de fontes diferentes, deslocamento acidental de certas passagens ou capítulos etc. Entre as explicações possíveis, propomos a seguinte hipótese.

A parte propriamente apocalíptica (Ap 4-22) parece ser composta de dois apocalipses distintos, escritos pelo mesmo autor em datas diferentes, e depois unidos num só texto por outra mão. Os dois textos primitivos abarcariam as seções seguintes:

	Texto I	Texto II
Prólogo: o livrinho devorado		10,1-2a.3-4.8-11
Satanás contra a Igreja		12,7-12
A Besta contra a Igreja	12,1-6.13-17	13
Anúncio e preâmbulos do Grande Dia da ira	4-9; 10,1.2b.5-7; 11,14-18	14-16

O Grande Dia da Ira:
Apresentação de Babilônia	17,1-9.15-18	17,10.12-14
Queda de Babilônia	18,1-3	(cf. 14,8)
Os eleitos preservados		18,4-8
Lamentação sobre Babilônia	18,9-13.15-19.21.24	18,14.22-23
Cantos de triunfo	19,1-10	18,20
		(cf. 16,5-7)
O reino messiânico	20,1-6	
O combate escatológico	20,7-10	19,11-21
O Julgamento	20,13-15	20,11-12
A Jerusalém futura	21,9-22,2	21,1-4; 22,3-5
	e 22,6-15	21,5-8
Apêndice: As duas testemunhas		11,1-13.19

Quanto às cartas às sete Igrejas (1-3), embora destinadas a serem lidas junto com os outros dois textos, devem ter existido primeiro na condição de texto separado.

Tal suposição não consegue levar-nos à evidência. Ela inspirou as grandes divisões inseridas abaixo, no texto do livro, mas não o pormenor da anotação, de modo que o leitor pode dedicar-se à leitura seguida do Apocalipse, sem se preocupar com os dois textos primitivos, deixando-se cativar pela profusão, complicada mas possante, de imagens com que o autor apresenta sua mensagem de certeza e de esperança. O sacrifício do Cordeiro conquistou a vitória decisiva, e, sejam quais forem os males que sofre a Igreja de Cristo, ela não pode duvidar da fidelidade de Deus até a hora em que o Senhor virá, "em breve" (1,1; 22,20). O Apocalipse é a grande epopeia da esperança cristã, o canto de triunfo da Igreja perseguida.

APOCALIPSE

^{Dn 2,28}
^{22,6s.16}
^{19,10 +}

1 **Prólogo** — ¹Revelação de Jesus Cristo:ᵃ Deus lha concedeu para que mostrasse aos seus servosᵇ *as coisas que devem acontecer* muito em breve. Eleᶜ a manifestou com sinais por meio de seu Anjo, enviadoᵈ ao seu servo João, ²o qual atestou tudo quanto viu como sendo a Palavra de Deus e o Testemunho de Jesus Cristo.ᵉ ³Felizᶠ o leitor e os ouvintes das palavras desta profecia, se observarem o que nela está escrito, pois o Tempoᵍ está próximo.

^{22,7}
^{2Cor 6,2 +}

I. As cartas às Igrejas da Ásia

^{Ex 3,14 +}

Endereçoʰ — ⁴João, às sete Igrejas que estão na Ásia: a vós graça e paz da parte d'"Aquele-que-é, Aquele-que-era e Aquele-que-vem",ⁱ da parte dos sete Espíritos que estão diante do seu trono, ⁵e da parte de Jesus Cristo, *a Testemunha fiel, o Primogênito* dos mortos, *o Príncipe dos reis da terra*.ʲ Aquele que nos ama, e que nos lavouᵏ de nossos pecados com seu sangue, ⁶e fez de nós *uma Realeza de Sacerdotes*ˡ para Deus, seu Pai, a ele pertence a glória e o domínio pelos séculos dos séculos. Amém.ᵐ

^{Sl 89,38;}
^{Is 55,4}
^{Sl 89,28}
^{Ex 19,6;}
^{1Pd 2,9}
^{Rm 16,27 +}

⁷Eis que *ele vem com as nuvens*,
e todos os olhos o verão,
até mesmo os que o transpassaram,
e todas as tribos da terra
baterão no peito por causa dele.
Sim! Amém!

^{Dn 7,13}
^{Zc 12,10.14}
^{Jo 19,37}
^{Mt 24,30 +}

⁸Eu sou o Alfa e o Ômega,ⁿ diz o Senhor Deus, "Aquele-que-é, Aquele-que-era e Aquele-que-vem", o Todo-poderoso.

---

a) Apocalipse quer dizer revelação (cf. 1Cor 1,7+). É Jesus Cristo que a faz e se refere a ele mesmo.
b) Os profetas da Igreja primitiva (cf. 10,7; 11,18; 22,6; At 11,27+; e já Am 3,7); mas os cristãos são também chamados servidores de Deus (2,20; 7,3; 19,2.5; 22,3.6).
c) Deus. O Anjo mensageiro (22,16; cf. Gn 16,7+; Ez 40,3+) representa provavelmente o próprio Cristo (segundo 14,14.15 e 1,13).
d) Lit.: "manifestou com sinais, enviando por meio de seu Anjo...".
e) Também se pode traduzir: "a Palavra de Deus atestada por Jesus Cristo".
f) Primeira das sete bem-aventuranças do Apocalipse (cf. 14,13; 16,15; 19,9; 20,6; 22,7.14).
g) A Vinda de Cristo (cf. 3,11; 22,10.12.20 e 1,7) e tudo o que deverá acontecer "muito em breve" (v. 1; cf. 22,6).
h) Este endereço é formado de reminiscências bíblicas que evocam o acontecimento glorioso e a entronização solene do Rei-Messias, que reinará com o povo de Deus, em virtude da promessa feita outrora a Davi: é o tema mais importante de todo o Apocalipse.
i) Expressão estereotipada (1,8; 4,8; 11,17; 16,5), análoga a outras da literatura judaica, que desenvolvem o nome revelado a Moisés, interpretado como "Aquele que é" (Ex 3,14+).

j) Cristo é a "Testemunha", em sua pessoa e em sua obra, da promessa feita outrora a Davi (2Sm 7,1+; Sl 89; Is 55,3-4; Zc 12,8) e que se realizou nele; ele é a Palavra eficaz, o "Sim" de Deus (v. 2; 3,14; 19,11.13; 2Cor 1,20). Herdeiro de Davi (Ap 5,5; 22,16), por sua ressurreição, ele foi constituído "Primogênito" (Cl 1,18; cf. Rm 1,4+) e, depois da destruição dos seus inimigos, receberá a dominação universal (Dn 7,14; 1Cor 15,28; Ap 19,16).
k) Var.: "nos libertou".
l) Os fiéis de Cristo, uma vez convertidos e lavados de seus pecados (vv. 5 e 7), formarão "uma Realeza de Sacerdotes" (Ex 19,6+); como reis, reinarão sobre todos os povos (Dn 7,22.27; Is 45,11-17; Zc 12,1-3; cf. Ap 2,26-27; 5,10; 20,6; 22,5); como sacerdotes, unidos ao Cristo sacerdote, oferecerão a Deus o universo inteiro, como sacrifício de louvor.
m) As doxologias (Rm 16,27+) são frequentes no Ap. Nos seus acentos de triunfo percebem-se ecos de antigas liturgias. Elas contêm preciosos dados cristológicos, nos quais o Cordeiro (5,6+) é de vários modos associado a Deus Pai. Elas implicam também um protesto contra o culto imperial.
n) A primeira e a última letra do alfabeto grego (21,6; 22,13), transposição para Cristo de uma qualidade de Deus, princípio e fim de todas as coisas (Is 41,4; 44,6; cf. 1,17; 2,8).

Visão preparatória — ⁹Eu, João, vosso irmão e companheiro na tribulação, na realeza e na perseverança em Jesus, encontrava-me na ilha de Patmos,*ª* por causa da Palavra de Deus e do Testemunho de Jesus. ¹⁰No dia do Senhor fui movido pelo Espírito, e ouvi atrás de mim uma voz forte, como de trombeta, ordenando: ¹¹"Escreve o que vês num livro e envia-o às sete Igrejas: a Éfeso, Esmirna, Pérgamo, Tiatira, Sardes, Filadélfia e Laodiceia." ¹²Voltei-me para ver a voz que me falava; ao voltar-me, vi sete candelabros de ouro ¹³e, no meio dos candelabros, *alguém semelhante a um Filho de Homem,*ᵇ vestido com uma túnica longa e cingido à altura do peito com um *cinto de ouro.* ¹⁴*Os cabelos de sua cabeça eram brancos como lã branca, como neve; e seus olhos pareciam* uma chama *de fogo.* ¹⁵*Os pés tinham o aspecto do bronze* quando está incandescente no forno, *e sua voz era como o estrondo de águas torrenciais.* ¹⁶Na mão direita ele tinha sete estrelas, e de sua boca saía uma espada afiada, com dois gumes. Sua face era como o sol, quando brilha com todo seu esplendor.

¹⁷Ao vê-lo, caí como morto a seus pés. Ele, porém, colocou a mão direita sobre mim, assegurando: "Não temas! Eu sou o *Primeiro e o Último,* ¹⁸o Vivente;ᶜ estive morto, mas eis que estou vivo pelos séculos dos séculos, e tenho as chaves da Morte e do Hades.ᵈ ¹⁹Escreve, pois, o que viste: tanto as coisas presentes como *as que deverão acontecer depois destas.*ᵉ ²⁰Quanto ao mistério das sete estrelas que viste em minha mão direita e aos sete candelabros de ouro: as sete estrelas são os Anjos*ᶠ* das sete Igrejas, e os sete candelabros, as sete Igrejas.

2 ***I. Éfeso***ᵍ — ¹Ao Anjo da Igreja em Éfeso,ʰ escreve: Assim diz aquele que segura as sete estrelas em sua mão direita, o que anda em meio aos sete candelabros de ouro. ²Conheço tua conduta, tua fadiga e tua perseverança: sei que não podes suportar os malvados: puseste à prova os que se diziam apóstolosⁱ — e não são — e os descobriste mentirosos. ³És perseverante, pois sofreste por causa do meu nome,ʲ mas não esmoreceste. ⁴Devo reprovar-te, contudo, por teres abandonado teu primeiro amor. ⁵Recorda-te, pois, de onde caíste, converte-te e retoma a conduta de outrora. Do contrário, virei a ti e, caso não te convertas, removerei teu candelabro de sua posição.ᵏ ⁶Tens de bom,

---

a) Exilado como cristão.
b) O Messias aparece com suas funções de Juiz escatológico, como em Dn 7,13-14 (cf. Dn 10,5-6). Seus atributos são apresentados por meio de símbolos: *sacerdócio* (representado pela túnica longa; cf. Ex 28,24; 29,5; Zc 3,4); *realeza* (cinto de ouro; cf. 1Mc 10,89; 11,58); *eternidade* (cabelos brancos; cf. Dn 7,9); *ciência divina* (olhos chamejantes, para "sondar os rins e os corações"; cf. 2,23); *estabilidade* (pés de bronze; cf. Dn 2,31-45). Sua majestade é terrificante (brilho das pernas, do rosto, potência da voz). Ele retém as sete Igrejas (as estrelas; cf. v. 20) em seu poder (mão direita) e sua boca está pronta para lançar seus decretos mortais (espada afiada) contra os cristãos infiéis (cf. 19,15+; 2,16; e Is 49,2; Ef 6,17; Hb 4,12). No início de cada uma das sete cartas encontra-se um ou outro destes atributos do Juiz, adaptados à situação particular das Igrejas.
c) Que possui a vida como coisa própria (cf. Jo 1,4; 3,15+; 5,21.26 etc.). Aqui o acento recai sobre a vida presente do Ressuscitado.
d) O Hades é o lugar onde residiam os mortos (cf. Nm 16,33+). Cristo tem poder de fazer sair do Hades (cf. Jo 5,26-28).
e) As coisas presentes são as cartas dos capítulos 2 e 3. As coisas que deverão acontecer depois destas são as revelações dos capítulos 4-22. A profecia toma aqui a forma de visões.
f) Conforme as ideias judaicas, não somente o mundo material era regido pelos anjos (cf. Ap 7,1; 14,18; 16,5), mas também as pessoas e as comunidades (cf. Ex 23,20+). Considera-se, pois, que cada Igreja é governada por um anjo responsável, e a cada anjo será enviada uma carta. As Igrejas, todavia, estão na mão de Cristo, sob seu poder e sua proteção.
g) As sete cartas têm todas a mesma estrutura. Às constatações sobre o estado das Igrejas ("conheço") seguem-se promessas ou ameaças, expressas numa perspectiva escatológica. São muito ricas em doutrina, especialmente a respeito de Jesus Cristo, que se considera falar em primeira pessoa do começo ao fim. Deste modo, elas nos fornecem também um quadro da vida cristã na Ásia por volta do ano 90.
h) Metrópole política e comercial da província da Ásia, à qual pertenciam as outras seis cidades visadas pelas cartas seguintes. Havia aí numerosos cultos pagãos, entre os quais o de Ártemis (At 19,24-40).
i) Provavelmente os nicolaítas do v. 6 (ver 2,15+). Sobre os falsos apóstolos, ver 2Cor 11,5.13.
j) Alusão a perseguição passada.
k) Éfeso poderá perder sua posição de metrópole religiosa.

contudo, o detestares a conduta dos nicolaítas, que também eu detesto. ⁷Quem tem ouvidos, ouça o que o Espírito diz às Igrejas:ᵃ ao vencedor, conceder-lhe-ei comer *da árvore da vida que está no paraíso de* Deus.ᵇ

II. Esmirna — ⁸Ao Anjo da Igreja em Esmirna, escreve: Assim diz *o Primeiro e o Último, aquele que esteve morto mas voltou à vida.* ⁹Conheço tua tribulação, tua indigência — és rico, porém!ᶜ — e as blasfêmias de alguns dos que se afirmam judeusᵈ mas não são — pelo contrário, são uma sinagoga de Satanás! ¹⁰Não tenhas medo do que irás sofrer. Eis que o Diabo vai lançar alguns dentre vós na prisão, *para serdes postos à prova*. Tereis uma tribulação de *dez dias*.ᵉ Mostra-te fiel até à morte, e eu te darei a coroa da vida. ¹¹Quem tem ouvidos, ouça o que o Espírito diz às Igrejas: o vencedor de modo algum será lesado pela segunda morte.

III. Pérgamo — ¹²Ao Anjo da Igreja em Pérgamo, escreve: Assim diz aquele que tem a espada afiada, de dois gumes. ¹³Sei onde moras: é onde está o trono de Satanás. Tu, porém, seguras firmemente o meu nome, pois não renegaste a minha fé, nem mesmo nos dias de Antipas, minha testemunha fiel, que foi morto junto a vós, onde Satanás habita.ᶠ ¹⁴Tenho, contudo, algumas reprovações a fazer: tens aí pessoas que seguem a doutrina de Balaão, o qual ensinava Balac a lançar uma pedra de tropeço aos filhos de Israel,ᵍ para que comessem das carnes sacrificadas aos ídolos e se prostituíssem.ʰ ¹⁵Do mesmo modo tens, também tu, pessoas que seguem a doutrina dos nicolaítas.ⁱ ¹⁶Converte-te, pois! Do contrário, virei logo contra ti, para combatê-los com a espada da minha boca. ¹⁷Quem tem ouvidos, ouça o que o Espírito diz às Igrejas: ao vencedor darei do maná escondido, e lhe darei também uma pedrinha branca, uma pedrinha na qual está escrito *um nome novo*, que ninguém conhece, exceto aquele que o recebe.ʲ

IV. Tiatira — ¹⁸Ao Anjo da Igreja em Tiatira, escreve: Assim diz o Filho de Deus, cujos olhos parecem chamas de fogo e cujos pés são semelhantes ao bronze. ¹⁹Conheço tua conduta: o amor, a fé, a dedicação, a perseverança e as tuas obras mais recentes, ainda mais numerosas que as primeiras. ²⁰Reprovo-te, contudo, pois deixas em paz Jezabel,ᵏ esta mulher que se afirma profetisa: ela ensina e seduz meus servos a se prostituírem, comendo das carnes sacrificadas aos ídolos. ²¹Dei-lhe um prazo para que se converta; ela, porém, não quer se converter da sua prostituição. ²²Eis que a lançarei num leito, e os que com ela cometem adultério, numa grande tribulação, a menos que se convertam de sua conduta.ˡ ²³Farei também com que seus filhosᵐ

---

a) Com esta fórmula terminará cada uma das sete cartas. Ela sublinha o papel do Espírito nas relações entre Cristo e sua Igreja.

b) Var. (Vulg.): "de meu Deus".

c) A riqueza espiritual de Esmirna opõe-se à sua pobreza material.

d) Doravante, a Igreja de Cristo é o verdadeiro Israel (cf. Gl 6,16; Rm 9,8).

e) De curta duração.

f) O culto imperial, vivo em Pérgamo como o paganismo sob todas as suas formas, é constantemente visado pelo Ap como a antítese da fé em Cristo.

g) Conforme uma tradição judaica (cf. Nm 31,16), foi Balaão quem sugeriu a Balac atrair os israelitas à idolatria com o auxílio das filhas de Moab (Nm 25,1-3).

h) Imagem corrente nos Profetas para designar a infidelidade da idolatria (cf. Ap 17; Os 1,2+).

i) Doutrina semelhante aos erros já combatidos por são Paulo nas cartas do cativeiro (sobretudo Cl) e que prenuncia as especulações gnósticas do séc. II. Ela tolerava também alguns compromissos com os cultos pagãos, como a participação nos banquetes sagrados (cf. v. 14).

j) O maná (escondido por Jeremias com a arca, 2Mc 2,4-8; cf. Hb 9,4) é o alimento do Reino celeste (Jo 6,31.49; cf. 15,8+). A pedrinha branca (cor da vitória e da alegria) é o sinal da admissão neste Reino; o nome novo (3,12+; 19,12) exprime a renovação interior que torna digno dele (cf. Is 1,26+).

k) "Jezabel"; var.: "tua mulher Jezabel". — Pseudoprofetisa da seita dos nicolaítas, de nome simbólico (cf. 2Rs 9,22).

l) Var.: "da conduta dela".

m) Aqueles que seguiram sua doutrina.

morram, para que todas as Igrejas saibam que sou eu *quem sonda os rins e o coração*; e a cada um de vós *retribuirei segundo a vossa conduta*. ²⁴Quanto a vós, porém, os outros de Tiatira que não seguem esta doutrina, os que não conhecem "as profundezas de Satanás"ᵃ — como dizem —, declaro que não vos imponho outro peso; ²⁵o que tendes,ᵇ todavia, segurai-o firmemente até que eu venha.

²⁶ Ao vencedor, ao que observar a minha conduta até o fim,
  conceder-lhe-ei autoridade sobre as *nações*;
²⁷ *com cetro de ferro as apascentará,*
  como se quebram os vasos de argila —

²⁸conforme também eu recebi de meu Pai. Dar-lhe-ei ainda a Estrela da manhã.ᶜ ²⁹Quem tem ouvidos, ouça o que o Espírito diz às Igrejas.

3 ***V. Sardes*** — ¹Ao Anjo da Igreja em Sardes, escreve: Assim diz aquele que tem os sete Espíritos de Deusᵈ e as sete estrelas. Conheço tua conduta: tens fama de estar vivo, mas estás morto. ²Torna-te vigilante e consolida o resto que estava para morrer, pois não achei perfeita a tua conduta diante do meu Deus. ³Lembra-te, portanto, de como recebeste e ouviste, observa-o, e converte-te! Caso não vigies, virei como ladrão, sem que saibas em que hora venho te surpreender. ⁴Em Sardes, contudo, há algumas pessoas que não sujaram as vestes; elas andarão comigo vestidas de branco,ᵉ pois são dignas. ⁵O vencedor se trajará com vestes brancas e eu jamais apagarei seu nome do livro da vida. Proclamarei seu nome diante de meu Pai e dos seus Anjos. ⁶Quem tem ouvidos, ouça o que o Espírito diz às Igrejas.

VI. Filadélfia — ⁷Ao Anjo da Igreja em Filadélfia, escreve:

Assim diz o Santo, o Verdadeiro,
aquele *que tem a chave de Davi,*
o que abre e ninguém mais fecha,
e fechando, ninguém mais abre.

⁸Conheço tua conduta: eis que pus à tua frente uma porta abertaᶠ que ninguém poderá fechar, pois tens pouca força, mas guardaste minha palavra e não renegaste meu nome. ⁹Forçarei os da sinagoga de Satanás, que se afirmam judeus mas não são, pois mentem; forçarei que venham prostrar-se a teus pés e reconheçam que te amo. ¹⁰Visto que guardaste minha palavra de perseverança, também eu te guardarei da hora da provação que virá sobre o mundo inteiro, para submeter à prova os habitantes da terra.ᵍ ¹¹Venho logo! Segura com firmeza o que tens, para que ninguém tome a tua coroa. ¹²Quanto ao vencedor, farei dele uma coluna no templo do meu Deus, e daí nunca mais sairá. Escreverei nele o nome do meu Deusʰ e o nome da Cidade do meu Deus — a nova Jerusalém, que desce do céu, de junto do meu Deus — e o meu novo nome.ⁱ ¹³Quem tem ouvidos, ouça o que o Espírito diz às Igrejas.

---

a) A carta critica as vãs pretensões de penetrar o que é Deus, que produziam desvios para o laxismo moral.
b) A fé no nome de Jesus Cristo.
c) À autoridade (Nm 24,17; Is 14,12) ajunta-se, no simbolismo da estrela, a glorificação do cristão pelo Senhor Jesus (22,16; cf. 1,5+; At 2,36+; Rm 1,4+). O tema permaneceu no *Exultet* da vigília pascal.
d) Os sete Espíritos de Deus são aqui sete anjos (cf. 4,5).
e) A cor branca simboliza a pureza, mas também a alegria e o poder (2,17). A imagem da veste significa comumente a realidade profunda dos seres (Is 51,9; 52,1 etc.; Rm 13,14; 1Cor 15,53-54; Cl 3,9-12 etc.).
f) Dei-te campo livre para teu apostolado (cf. At 14,27+).
g) No Ap a terra é sempre o mundo gentílico, assim como o "mundo" inimigo em Jo 1,10; 17,9 etc. Os servos de Deus não são contados entre seus habitantes, pois serão preservados (7,1ss) das pragas descritas nos caps. 8-9; 16 (cf. 18,4).
h) Cf. 2,17; 14,1; 19,12-13; e Is 56,5; 62,2; 65,15; cf. Is 1,26+.
i) Seja nome que só será conhecido na Parusia, seja o nome de "Verbo" (cf. 19,13).

VII. Laodiceia — ¹⁴Ao Anjo da Igreja em Laodiceia, escreve: Assim fala o Amém,*ᵃ* a Testemunha fiel e verdadeira, o Princípio da criação de Deus.*ᵇ* ¹⁵Conheço tua conduta: não és frio nem quente. Oxalá fosses frio ou quente! ¹⁶Assim, porque és morno, nem frio nem quente, estou para te vomitar de minha boca. ¹⁷Pois dizes: sou rico, enriqueci-me e de nada mais preciso. Não sabes, porém, que és tu o infeliz: miserável, pobre, cego e nu!*ᶜ* ¹⁸Aconselho-te a comprares de mim*ᵈ* ouro purificado no fogo para que enriqueças, vestes brancas para que te cubras e não apareça a vergonha da tua nudez, e colírio para que unjas os olhos e possas enxergar.*ᵉ* ¹⁹Quanto a mim, *repreendo e corrijo todos os que amo*. Recobra, pois, o fervor e converte-te! ²⁰Eis que estou à porta e bato: se alguém ouvir minha voz e abrir a porta, entrarei em sua casa e cearei com ele, e ele comigo.*ᶠ* ²¹Ao vencedor concederei sentar-se comigo no meu trono, assim como eu também venci e estou sentado com meu Pai em seu trono. ²²Quem tem ouvidos, ouça o que o Espírito diz às Igrejas."

II. As visões proféticas

1. OS PRELÚDIOS DO "GRANDE DIA" DE DEUS

4 ***Deus entrega o destino do mundo ao Cordeiro*ᵍ** — ¹Depois disso, tive uma visão: havia uma porta aberta no céu, e a primeira voz, que ouvira falar-me como trombeta, disse: Sobe até aqui, para que te mostre *as coisas que devem acontecer* depois destas. ²Fui imediatamente movido pelo Espírito: eis que havia um trono no céu, e *no trono, Alguém sentado*...*ʰ* ³O que estava sentado tinha o aspecto de uma pedra de jaspe e cornalina, e um arco-íris envolvia o trono com reflexos de esmeralda. ⁴Ao redor desse trono estavam dispostos vinte e quatro tronos, e neles assentavam-se vinte e quatro Anciãos, vestidos de branco e com coroas de ouro na cabeça.*ⁱ* ⁵Do trono saíam relâmpagos, vozes e trovões;*ʲ* e diante do trono ardiam sete lâmpadas de fogo: são os sete Espíritos de Deus.*ᵏ* ⁶À frente do trono, havia como que um mar*ˡ* vítreo, semelhante ao cristal. No meio do trono*ᵐ* e ao seu redor estavam *quatro Viventes, cheios de olhos* pela frente e por trás.*ⁿ*

a) Lembrança de Is 65,16, onde "Amém" aparece já como nome divino (cf. Ap 1,5+).
b) Cristo é identificado aqui com a Sabedoria e com a Palavra criadora (cf. Pr 8,22; Sb 9,1s; Jo 1,3; Cl 1,15-17; Hb 1,2).
c) A nudez espiritual de Laodiceia está em contraste com sua prosperidade e suficiência. O contrário acontecido em Esmirna (2,9).
d) As verdadeiras riquezas da vida espiritual.
e) Alusão às "especialidades" de Laodiceia: aí se fabricavam vestes, como também um pó especial para curar os olhos.
f) A intimidade com Jesus, prelúdio do festim messiânico (cf. Mt 8,11+). Muito provavelmente trata-se de uma alusão litúrgica.
g) Sentado em seu trono, Deus é glorificado por sua corte celeste (cap. 4), depois o horizonte se estende ao universo, cujos destinos são entregues ao Cordeiro redentor na forma de livro selado (5). Seguir-se-ão amplas visões simbólicas preludiando o "Grande Dia" em que a ira de Deus cairá sobre os gentios perseguidores (17-19).
h) João evita descrever Deus sob forma humana e nem sequer o denomina: limita-se a sugeri-lo através de visão de luz. A cena toda se inspira em Ez 1 e 10 (cf. também Is 6).
i) Estes Anciãos exercem papel sacerdotal e real: louvam e adoram a Deus (4,10; 5,9; 11,16-17; 19,4), oferecem-lhe as orações dos fiéis (5,8), assistem-no no governo do mundo (tronos) e participam de seu poder real (coroas). Seu número corresponde talvez ao das 24 ordens sacerdotais de 1Cr 24,1-19.
j) Elemento frequente nas teofanias (cf. Ex 19,16+; Ez 1,4.13).
k) Mais que o Espírito Santo (1,4), que se tornará na tradição cristã, relacionada também com Is 11,2+, o Espírito "septiforme", trata-se aqui dos "anjos da face" (cf. 3,1; 8,2; Tb 12,15), que são os enviados de Deus (cf. Zc 4,10; Ap 5,6; Tb 12,14; Lc 1,26 e *passim*).
l) Trata-se das "águas superiores" de Gn 1,7; Sl 104,3, ou do "mar" de 1Rs 7,23-26.
m) A disposição é difícil de imaginar. "No meio do trono" pode ser uma glosa provinda de Ez 1,5.
n) Simbolismo inspirado em Ez 1,5-21. Estes viventes são os quatro anjos que presidem ao governo do mundo físico (cf. 1,20): quatro é número cósmico (os pontos cardeais, os ventos; cf. 7,1). Seus numerosos olhos simbolizam a ciência universal e a providência

⁷*O primeiro* Vivente é semelhante a *um leão*; *o segundo* Vivente, a *um touro*; *o terceiro* tem a *face* como *de homem*; *o quarto* Vivente é semelhante a *uma águia* em voo. ⁸Os quatro Viventes têm *cada um seis asas* e são *cheios de olhos ao redor* e por dentro. E, dia e noite sem parar, proclamam:

"Santo, Santo, Santo,
Senhor, Deus Todo-poderoso,
'Aquele-que-era, Aquele-que-é e Aquele-que-vem'."ᵃ

⁹E, a cada vez que os Viventes dão glória, honra e ação de graças Àquele que está sentado no trono e *que vive pelos séculos dos séculos*, ¹⁰*os vinte e quatro Anciãos se prostram diante Daquele que está sentado no trono para adorar Aquele que vive pelos séculos dos séculos*, depondo suas coroas diante do trono[b] e proclamando:

¹¹"Digno és tu, Senhor e Deus nosso,
de receber a glória, a honra e o poder,
pois foste tu que criaste o universo;
por tua vontade, ele não era e foi criado."

5 ¹Vi depois, na mão direita Daquele que estava sentado no trono, um *livro*[c] *escrito por dentro e por fora* e selado com sete selos. ²Vi então um Anjo poderoso, proclamando em alta voz: "Quem é digno[d] de abrir o livro, rompendo seus selos?" ³Mas ninguém no céu, nem na terra ou sob a terra[e] era capaz de abrir nem de ler o livro. ⁴Eu chorava muito, porque ninguém foi considerado digno de abrir nem de ler o livro. ⁵Um dos Anciãos, porém, consolou-me: "Não chores! Eis que o *Leão* da tribo *de Judá, o Rebento* de Davi, venceu[f] para poder abrir o livro e seus sete selos."

⁶Com efeito, entre o trono com os quatro Viventes e os Anciãos, vi um Cordeiro de pé, como que imolado.[g] Tinha sete chifres e *sete olhos*,[h] que são os sete Espíritos de Deus *enviados por toda a terra*. ⁷Ele veio então receber o livro da mão direita daquele que está sentado no trono. ⁸Ao receber o livro, os quatro Viventes e os vinte e quatro Anciãos prostraram-se diante do Cordeiro, cada um com uma cítara e taças de ouro cheias de incenso, que são as orações dos santos, ⁹cantando um cântico novo:

"Digno és tu de receber o livro
e de abrir seus selos,
pois foste imolado e, por teu sangue,

de Deus. Eles adoram a Deus e lhe tributam glória por sua obra criadora. Suas formas (leão, touro, homem, águia) representam o que há de mais nobre, de mais forte, de mais sábio, de mais ágil na criação. Desde santo Ireneu a tradição cristã viu neles o símbolo dos quatro evangelistas.
a) A doxologia de Isaías já estava em uso no culto sinagogal e mais tarde foi retomada pelas liturgias cristãs. A liturgia da terra é participação no culto eterno ("dia e noite") do céu.
b) Os Anciãos dão glória a Deus pelo poder que ele lhes concedeu, coisa que os reis da terra recusarão fazer (17,2 etc.). — "ele não era" (v. 11); segundo alguns manuscritos, texto duvidoso. Pode-se também compreender: "ele existiu".
c) São os decretos divinos concernentes aos acontecimentos dos últimos tempos. Nos capítulos 6-7 os selos serão rompidos um por um e os segredos serão desvelados. A apresentação do Cordeiro, junto do trono de Deus (5), é acontecimento que intervém na liturgia eterna do cap. 4.
d) Será "digno" somente o que pela prova se mostrou capaz disso por seus atos (5,9.12).
e) No Hades (1,18+).
f) Venceu Satanás e o mundo (cf. Jo 3,35+; 1Jo 2,14+).
g) Após os títulos messiânicos do v. 5, o título de Cordeiro aparece aqui e será dado a Cristo umas trinta vezes no Ap. É o Cordeiro que foi imolado para a salvação do povo eleito (cf. Jo 1,29+; Is 53,7). Ele traz as marcas de seu suplício, mas está de pé, triunfante (cf. At 7,55), vencedor da morte (1,18) e por esta razão associado a Deus como Senhor de toda a humanidade (v. 13 etc.; cf. 21-22; Rm 1,4+ etc.). "O Messias, Leão para vencer, tornou-se Cordeiro para sofrer" (Vitorino de Pettau).
h) Símbolo do poder (chifres) e do conhecimento (olhos) que Cristo possui em plenitude (número 7).

resgataste para Deus^a
homens de toda tribo, língua, povo e nação.^b
¹⁰Deles fizeste, para nosso Deus,
uma Realeza de Sacerdotes;
e eles reinarão^c sobre a terra."

¹¹Em minha visão ouvi ainda o clamor de uma multidão de anjos que circundavam o trono, os Viventes e os Anciãos — seu número era de milhões de milhões e milhares de milhares — ¹²proclamando, em alta voz:

"Digno é o Cordeiro imolado
de receber o poder, a riqueza,^d a sabedoria,
a força, a honra, a glória e o louvor."

¹³E ouvi toda criatura no céu, na terra, sob a terra, no mar, e todos os seres que neles vivem, proclamarem:

"Àquele que está sentado no trono e ao Cordeiro
pertencem o louvor, a honra, a glória e o domínio
pelos séculos dos séculos!"

¹⁴Os quatro Viventes diziam: "Amém!"; e os Anciãos se prostraram e adoraram.

6 *O Cordeiro rompe os sete selos*^e

¹Vi quando o Cordeiro abriu o primeiro dos sete selos, e ouvi o primeiro dos quatro Viventes dizer como o estrondo dum trovão: "Vem!" ²Vi então aparecer *um cavalo branco*, cujo montador tinha *um arco*. Deram-lhe uma coroa e ele partiu, vencedor e para vencer ainda.^f

³Quando abriu o segundo selo ouvi o segundo Vivente dizer: "Vem!" ⁴Apareceu então outro cavalo, vermelho, e ao seu montador foi concedido o poder de tirar a paz da terra, para que os homens *se matassem entre si*. Entregaram-lhe também *uma grande espada*.^g

⁵Quando abriu o terceiro selo ouvi o terceiro Vivente dizer: "Vem!" Eis que apareceu um cavalo preto, cujo montador tinha na mão uma balança.^h ⁶Ouvi então uma voz, vinda do meio dos quatro viventes, que dizia: "Um litro de trigo por um denário e três litros de cevada por um denário! Quanto *ao óleo e ao vinho*, não causes prejuízo."

⁷Quando abriu o quarto selo, ouvi a voz do quarto Vivente que dizia: "Vem!" ⁸Vi aparecer um cavalo esverdeado. Seu montador chamava-se "a Morte"^i e o Hades o acompanhava.^j Foi-lhe dado poder sobre a quarta parte da terra, *para que exterminasse pela espada, pela fome, pela peste e pelas feras da terra*.

---

a) Var.: "tu nos resgataste", "tu nos resgataste para Deus". A leitura "nos" supõe que os Anciãos são homens, talvez os patriarcas do AT.
b) Expressão estereotipada da universalidade (cf. Dn 3,4.7.96; 6,26).
c) Vulg.: "Fizeste de nós... nós reinaremos..."
d) Vulg.: "divindade".
e) Os capítulos 6-9 formam um todo. À medida que o Cordeiro tira os selos do livro (6,1-8,1) e que ressoam as trombetas (8,2-9), desenvolve-se a visão dos acontecimentos que anunciam e preparam a derrota do Império Romano, protótipo dos inimigos de Deus (cf. Mt 24p). — Os quatro cavaleiros desta primeira visão são inspirados em Zc 1,8-10 e 6,1-3; contudo, simbolizam também as quatro pragas com que os profetas ameaçavam Israel infiel: feras, guerra, fome, peste (cf. Lv 26,21-26; Dt 32,24; Ez 5,17; 14,13-21; e também: Ez 6,11-12; 7,14-15; 12,16; 33,27).
f) O cavaleiro no cavalo branco faz pensar nos partos (cuja arma característica era o arco), terror do mundo romano no século I, "feras da terra" (v. 8; cf. Dt 7,22; Jr 15,2-4; 50,17; Ez 34,28, e a invasão descrita em 9,13-21). Uma corrente inteira da tradição cristã viu neste cavaleiro vencedor o próprio Verbo de Deus (19,11-16), ou a expansão do Evangelho.
g) Símbolo das guerras sangrentas provocadas pelo *primeiro cavaleiro*.
h) Símbolo da fome. Fornecimentos racionados e preços exorbitantes.
i) "Esverdeado" é a cor do cadáver que se decompõe, especialmente pelo efeito da peste.
j) Para engolir as vítimas.

⁹Quando abriu o quinto selo, vi sob o altar*a* as almas dos que tinham sido imolados por causa da Palavra de Deus e do testemunho que dela tinham prestado. ¹⁰E eles clamaram em alta voz:

"Até quando, ó Senhor santo e verdadeiro,
tardarás a fazer justiça,
vingando nosso sangue
contra os habitantes da terra?"

Lc 18,7
Zc 1,12-13
Dt 32,43;
Sl 5,11 +
Jó 16,18 +

¹¹A cada um deles foi dada, então, uma veste branca*b* e foi-lhes dito, também, que repousassem por mais um pouco de tempo, até que se completasse o número dos seus companheiros e irmãos, que seriam mortos como eles.

3,10 +

¹²Vi quando ele abriu o sexto selo: houve*c* um grande terremoto; o sol tornou-se preto como um saco de crina, e a lua inteira como sangue; ¹³*as estrelas do céu se precipitaram* sobre a terra, *como a figueira* que deixa cair seus frutos ainda verdes ao ser agitada por um vento forte; ¹⁴*o céu afastou-se, como um livro que é enrolado*; as montanhas todas e as ilhas foram removidas de seu lugar; ¹⁵os reis da terra, os magnatas, os capitães, os ricos e os poderosos, todos os escravos e os homens livres, *esconderam-se nas cavernas e pelos rochedos* das montanhas, ¹⁶*dizendo aos montes* e às pedras: "*Desmoronai sobre nós* e escondei-nos da face daquele que está sentado no trono, e da ira do Cordeiro, ¹⁷*pois chegou o Grande Dia da sua ira,d e quem poderá ficar de pé?*"

Mt 24,29
Is 34,4
16,20
Is 2,10.19
Os 10,8;
Lc 23,30
1 Cor 1,8 +
Jl 2,11;
3,4
Rm 1,18

7 Os que servem a Deus serão preservados — ¹Depois disso, vi quatro Anjos, postados nos *quatro cantos da terra*, segurando os quatro ventos da terra, para que o vento não soprasse sobre a terra, sobre o mar ou sobre alguma árvore. ²Vi também outro Anjo que subia do Oriente com o selo do Deus vivo. Ele gritou em alta voz aos quatro Anjos que haviam sido encarregados de fazer mal à terra e ao mar: ³"Não danifiqueis a terra, o mar e as árvores, até que tenhamos *marcado a fronte* dos servos do nosso Deus." ⁴Ouvi então o número dos que tinham sido marcados: cento e quarenta e quatro mil,*e* de todas as tribos dos filhos de Israel. ⁵Da tribo de Judá, doze mil foram marcados; da tribo de Rúben, doze mil; da tribo de Gad, doze mil; ⁶da tribo de Aser, doze mil; da tribo de Neftali, doze mil; da tribo de Manassés, doze mil; ⁷da tribo de Simeão, doze mil; da tribo de Levi, doze mil; da tribo de Issacar, doze mil; ⁸da tribo de Zabulon, doze mil; da tribo de José, doze mil; da tribo de Benjamim, doze mil foram marcados.

Ez 7,2
Zc 6,5;
Jr 49,36

Ez 9,4;
Is 44,5 +
3,12;
22,4
Ex 12,7-14
= 14,1
Nm 1,20-43

O triunfo dos eleitos no céu — ⁹Depois disso, eis que vi uma grande multidão, que ninguém podia contar, de todas as nações, tribos, povos e línguas.*f* Estavam de pé diante do trono e diante do Cordeiro, trajados com vestes brancas e com palmas na mão.*g* ¹⁰E, em alta voz, proclamavam:

= 15,2-5
Gn 15,5
5,9 +

"A salvação pertence ao nosso Deus,
que está sentado no trono, e ao Cordeiro!"

---

a) O altar (8,3; 9,13; 14,18; 16,7) corresponde nesta liturgia celeste ao altar dos holocaustos (1Rs 8,64+). Os mártires, testemunhas da Palavra, são associados à imolação de seu Mestre (cf. Fl 2,17+).
b) Símbolo da alegria triunfante (3,5+; 7,9.13-14; 19,8).
c) Todos estes sinais cósmicos (vv. 12-14) acompanham nos escritos proféticos o Dia de Iahweh (Am 8,9+). Simbolizam o desencadeamento da ira de Deus (cf. Mt 24,1+).
d) Var.: "da ira deles".

e) Quadrado de doze (número sagrado), multiplicado por mil: a multidão dos fiéis de Cristo, povo de Deus, novo Israel (Gl 6,16; cf. Tg 1,1; Ap 11,1; 20,9). Marcados com o selo divino (Rm 4,11+), eles escaparão às pragas (cf. Ex 12,7-14).
f) Desta vez, é a multidão dos mártires cristãos já em posse da felicidade celeste (v. 14; 15,2-4).
g) As palmas do triunfo evocam a alegre festa das Tendas (Lv 23,33-34 etc.; no v. 15 a tenda de Deus tornar-se-á sua moradia).

¹¹E todos os Anjos que estavam ao redor do trono, dos Anciãos e dos quatro viventes se prostraram diante do trono, com a face por terra, para adorar a Deus. ¹²E diziam:

"Amém! O louvor, a glória, a sabedoria,
a ação de graças, a honra, o poder e a força
pertencem ao nosso Deus pelos séculos dos séculos. Amém!"

¹³Um dos Anciãos tomou a palavra e disse-me: "Estes que estão trajados com vestes brancas, quem são e de onde vieram?" ¹⁴Eu lhe respondi: "Meu senhor, és tu quem o sabe!" Ele, então me explicou:*a* "Estes são os que vêm da grande tribulação:*b* lavaram suas vestes e alvejaram-nas no sangue do Cordeiro.*c*

¹⁵É por isso que estão diante do trono de Deus,
servindo-o dia e noite em seu templo.
Aquele que está sentado no trono
estenderá sua tenda sobre eles:
¹⁶*nunca mais terão fome, nem sede*,
o sol nunca mais os afligirá,
nem qualquer calor ardente;
¹⁷pois o Cordeiro que está no meio do trono
os apascentará, conduzindo-os até às fontes
de água da vida.
E Deus *enxugará toda lágrima de seus olhos*".*d*

8 **O sétimo selo** — ¹Quando o Cordeiro abriu o sétimo selo, houve no céu um silêncio durante cerca de meia hora..."*e*

As orações dos santos apressam a vinda do Grande Dia — ²Vi então os sete Anjos que estão diante de Deus: deram-lhes sete trombetas. ³Outro Anjo veio postar-se junto ao altar,*f* com um turíbulo de ouro.*g* Deram-lhe grande quantidade de incenso para que o oferecesse com as orações de todos os santos, sobre o altar de ouro que está diante do trono. ⁴E, da mão do Anjo, a fumaça do incenso com as orações dos santos subiu diante de Deus. ⁵O Anjo tomou depois o turíbulo, *encheu-o com o fogo* do altar e *o atirou* à terra; seguiram-se trovões, clamores, relâmpagos e um terremoto.

As quatro primeiras trombetas — ⁶Os sete Anjos munidos com as sete trombetas se prepararam então para tocar.*h* ⁷E o primeiro tocou... Caiu então sobre a terra granizo e fogo, misturados com sangue: uma terça parte da terra se queimou, um terço das árvores se queimou e toda vegetação verde se queimou. ⁸E o segundo Anjo tocou... Algo como uma grande montanha incandescente foi lançado no mar: uma terça parte do mar se transformou em sangue, ⁹pereceu um terço das criaturas que viviam no mar e um terço dos navios foi destruído. ¹⁰E o terceiro Anjo tocou... Caiu do céu uma grande estrela, ardendo como uma tocha. E caiu sobre a terça parte dos rios e sobre as fontes. ¹¹O nome da

---

a) Para o jogo de cena cf. Zc 6,4-5, e também 4,4-13.
b) As perseguições, das quais a de Nero era o protótipo.
c) O sangue simbolizava a eficácia da morte de Jesus (Rm 3,25+; 1Cor 11,25; Ef 1,7 etc.). Este dom é aceito aqui por aqueles que recebem seus efeitos.
d) Estas imagens, correntes na tradição profética para simbolizar a felicidade escatológica (cf. Os 2,20+; Is 11,6+), serão retomadas em 21,4.
e) Como na tradição profética, um silêncio solene precede e anuncia a "vinda" de Iahweh. A execução dos decretos contidos no livro aberto começa a desenvolver-se agora, segundo nova liturgia celeste marcada pelos sete toques de trombeta (8-9; 11,15-18).
f) O altar dos perfumes (cf. Ex 30,1; 1Rs 6,20-21).
g) É o *turíbulo* de ouro que servia para transportar as brasas acesas do altar dos holocaustos para o altar dos perfumes.
h) Sobre o caráter simbólico destas pragas, cf. 6,1+. Aqui parecem ser a recordação das pragas do Egito (Ex 7-10; Sb 11,5-12,2; cf. 15,5ss).

estrela é "Absinto". A terça parte da água se converteu em absinto, e muitos homens morreram por causa da água, que se tornou amarga. ¹²E o quarto Anjo tocou... Um terço do sol, um terço da lua e um terço das estrelas foram atingidos, de modo que a terça parte deles se ofuscou: o dia perdeu um terço de sua luz, bem como a noite.

¹³Então vi e ouvi uma Águia que voava no meio do céu, gritando em alta voz: "Ai, ai, ai dos que habitam a terra, por causa dos restantes toques da trombeta dos três Anjos que estão para tocar!"

9 A quinta trombeta — ¹E o quinto Anjo tocou... Vi então uma estrela*a* que havia caído do céu sobre a terra: foi-lhe entregue a chave do poço do Abismo.*b* ²Ela abriu o poço do Abismo, e dali subiu *uma fumaça, como a fumaça de uma* grande *fornalha*, de modo que o sol e o ar ficaram escuros por causa da fumaça do poço. ³E da fumaça saíram gafanhotos pela terra, dotados de poder semelhante ao dos escorpiões da terra.*c* ⁴Disseram-lhes, porém, que não danificassem a vegetação da terra, nem o que estivesse verde e as árvores,*d* mas somente os homens que não tivessem o selo de Deus sobre a fronte. ⁵Foi-lhes dada a permissão, não de matá-los, mas de atormentá-los durante cinco meses com tormento semelhante ao do escorpião, quando fere um homem. ⁶Naqueles dias, os homens *procurarão a morte, mas não a encontrarão*; desejarão morrer, mas a morte fugirá deles.

⁷O aspecto dos gafanhotos *era semelhante ao de cavalos* preparados para uma batalha: sobre sua cabeça parecia haver coroas de ouro e suas faces eram como faces humanas; ⁸tinham cabelos semelhantes ao cabelo das mulheres *e dentes como os do leão*; ⁹tinham couraças como que de ferro, e o ruído de suas asas era como *o ruído de carros* com muitos cavalos, *correndo para um combate*; ¹⁰eram ainda providos de caudas semelhantes à dos escorpiões, com ferrões: nas caudas estava o poder de atormentar os homens durante cinco meses. ¹¹Como rei tinham sobre si o Anjo do Abismo, cujo nome em hebraico é "Abaddon" e, em grego, "Apollyon".*e*

¹²O primeiro "Ai" passou. Eis que depois destas coisas vêm ainda dois "ais"...

A sexta trombeta — ¹³E o sexto Anjo tocou... Ouvi então uma voz que provinha dos quatro chifres do altar de ouro,*f* colocado diante de Deus, ¹⁴e dizia ao sexto Anjo, que estava com a trombeta: "Liberta os quatro Anjos que estão presos sobre o grande rio Eufrates."*g* ¹⁵Os quatro Anjos, que estavam prontos para a hora, o dia, o mês e o ano, foram então libertos para matar a terça parte dos homens. ¹⁶O número de cavaleiros do exército era de duzentos milhões: ouvi bem seu número. ¹⁷Na minha visão, os cavalos e os cavaleiros tinham este aspecto: vestiam couraças de fogo, de jacinto e enxofre; a cabeça dos cavalos era como de leão e de sua boca saía fogo, fumaça e enxofre. ¹⁸A terça parte dos homens foi morta por causa destes três flagelos: o fogo, a fumaça e o enxofre que saíam da boca dos cavalos. ¹⁹O poder dos cavalos, com efeito,

---

a) Um dos anjos decaídos, talvez o próprio Satanás (cf. v. 11 e Lc 10,18).

b) Um anjo abre o lugar onde os anjos decaídos ficam presos, esperando pela condenação final (cf. 11,7; 17,8 etc.).

c) A invasão de gafanhotos inspira-se em Jl 1-2, que os judeus já interpretavam historicamente (segundo são Jerônimo): os quatro grupos de gafanhotos representam quatro invasores sucessivos: assírios, persas, gregos e romanos (cf. Jr 51,27). Aqui os gafanhotos evocam provavelmente os partos. Como os gafanhotos atormentam os homens sem fazê-los morrer, viu-se frequentemente nesta invasão os tormentos espirituais causados pelos demônios.

d) Que simbolizam talvez os fiéis de Cristo preservados (cf. 7,1s).

e) Os dois nomes significam: Destruição e Destruidor.

f) Para mostrar que o castigo dos pagãos segue-se à oração dos mártires descrita em 6,9-10 (cf. 8,2s).

g) A região situada a leste do Eufrates era ocupada pelos partos cuja cavalaria intervém na sexta praga (6,2+).

está em sua boca e nas caudas; de fato, suas caudas parecem serpentes: têm cabeças com as quais causam dano. ²⁰Os outros homens, que não foram mortos por estes flagelos, não renunciaram sequer às *obras de suas mãos*, para não mais adorar os demônios, os *ídolos de ouro, de prata, de bronze, de pedra e de madeira*, que não podem ver, nem ouvir ou andar. ²¹Não se converteram também de seus homicídios, magias, fornicações e roubos.

Am 4,6 +
Is 17,8
Dn 5,4
Sl 135,15-17

10 *A iminência do castigo final* — ¹Vi depois outro Anjo, forte, descendo do céu: trajava-se com uma nuvem e sobre a cabeça estava o arco-íris; seu rosto era como o sol, as pernas pareciam colunas de fogo, ²e na mão segurava um livrinho aberto.ᵃ Pousou o pé direito sobre o mar, o esquerdo sobre a terra, ³e emitiu um forte grito, *como um leão quando ruge*. Ao gritar, os sete trovões ribombaram suas vozes.ᵇ ⁴Quando os sete trovões ribombaram, eu estava para escrever, mas ouvi do céu uma voz que me dizia: "Guarda em segredo o que os sete trovões falaram, e não o escrevas."ᶜ ⁵Nisto, o Anjo que eu vira de pé sobre o mar e a terra *levantou a mão direita para o céuᵈ ⁶e jurou por aquele que vive pelos séculos dos séculos — que criou o céu e tudo o que nele existe, a terra* e tudo o que nela existe, *o mar* e tudo o que nele existe —: "Não haverá mais tempo! ⁷Pelo contrário, nos dias em que se ouvir o sétimo Anjo, quando tocar a trombeta, então o mistério de Deusᵉ estará consumado, conforme anunciou *aos seus servos, os profetas*."

Am 3,8;
1,2 +
Sl 29,3-9
Dn 8,26;
12,4,9
22,10

Dn 12,7
Dt 32,40
Ne 9,6;
Ex 20,11
Rm 16,25 +
Am 3,7

O livrinho engolidoᶠ — ⁸A voz do céu que eu ouvira tornou então a falar-me: "Vai, toma o livrinho aberto da mão do Anjo que está em pé sobre o mar e sobre a terra." ⁹Fui, pois, ao Anjo e lhe pedi que me entregasse o livrinho. Então ele me disse: "Toma-o e devora-o; ele te amargará o estômago, mas em tua boca será doce como mel." ¹⁰Tomei o livrinho da mão do Anjo e *o devorei: na boca era doce como mel*; quando o engoli, porém, meu estômago se tornou amargo.ᵍ ¹¹Disseram-me então: "É necessário que continues ainda a profetizar contra muitos povos, nações, línguas e reis."

Ez 3,3

11 *As duas testemunhas* — ¹Deram-me depois uma caniço, semelhante a uma vara, dizendo:ʰ "Levanta-te e mede o Templo de Deus,ⁱ o altar e os que nele adoram. ²Quanto ao átrio externo do Templo, deixa-o de lado e não meças, pois ele foi entregue às nações que durante quarenta e dois meses,ʲ calcarão aos pés a Cidade Santa. ³As minhas duas testemunhas, porém, permitirei que profetizem, vestidas de saco, durante mil, duzentos e sessenta dias." ⁴Estas são *as duas oliveiras* e os dois candelabros *que estão diante do Senhor da terra*.ᵏ ⁵Caso alguém queira prejudicá-las, sai de sua boca fogo

Ez 40,3 +
Zc 2,5-9

Lc 21,24

Dn 7,25 +

Zc 4,3.14
2Rs 1,10
Jr 5,14

---

a) Diferente do livro selado entregue ao Cordeiro (5,2); o livro oferecido aqui a João é pequeno e aberto.
b) Os trovões são a voz de Deus (Sl 29,3-9).
c) Guardar o segredo (cf. Dn 12,4; 2Cor 12,4), porque o tempo do cumprimento (v. 7) ainda não chegou. Em sentido diverso, cf. 1,11.19 etc.; 22,10.
d) O anjo jurará (Dn 12,7) pelo Criador das três partes do universo (cf. Gn 14,22; Ex 20,11; Dt 32,40; Ne 9,6 etc.).
e) O estabelecimento definitivo do Reino que pressupõe a derrota definitiva dos inimigos de Deus, (17-18; 20,7-10). Sobre o mistério de Deus, cf. Rm 11,25; 16,25+; Ef 1,9; cf. 2Ts 2,6-7.
f) O episódio inspira-se na vocação profética de Ezequiel (Ez 2,8-3,3; cf. Jr 15,16). Ele renova a missão de João, tornando-a mais precisa (cf. 1,1-2.9-20).
g) Doce, a mensagem anuncia o triunfo da Igreja; amargo, porque profetiza também seus sofrimentos (11,1-13).
h) Var.: "e o Anjo se pôs de pé, dizendo".
i) O Templo, coração de Jerusalém, Cidade Santa (v. 2), representa a Igreja (1Cor 3,16-17+; Ap 20,9; 21,1+). Será "medido" (cf. Jr 31,39; Ez 40,1-6; Zc 2,5-9), cercados pelos pagãos (v. 2), os fiéis de Cristo serão preservados (cf. 7,4; 14,1-5), como o Resto de Israel (cf. Is 4,3+).
j) Cf. 13,5. A partir de Daniel (7,25+) este tempo (três anos e meio) tornou-se a duração-tipo de qualquer perseguição (cf. Lc 4,25; Tg 5,17). Aqui trata-se imediatamente da perseguição de Roma (a Besta de 13; 17,10-14).
k) Em Zc as duas oliveiras simbolizam Josué e Zorobabel, os dois chefes, civil e religioso, da comunidade pós-exílica, restauradores do Templo de Jerusalém

que devora seus inimigos; sim, se alguém pretendesse prejudicá-las, é deste modo que deveria morrer. ⁶Elas têm o poder de fechar o céu para que não caia nenhuma chuva durante os dias de sua missão profética. Têm ainda, o poder de transformar as águas em sangue e de ferir a terra com todo tipo de flagelos, quantas vezes o quiserem. ⁷Quando terminarem seu testemunho, a Besta que sobe do Abismoᵃ *combaterá contra elas, vencê-las-á* e as matará. ⁸Seus cadáveres ficarão expostos na praça da Grande Cidadeᵇ que se chama simbolicamente Sodoma e Egito, onde também o Senhor delas foi crucificado. ⁹E homens de todos os povos, raças, línguas e nações veem seus cadáveres durante três dias e meio, impedindo que sejam postos numa sepultura. ¹⁰Os habitantes da terra se rejubilam com isso, alegram-se e trocarão presentes, pois estes dois profetas haviam atormentado os habitantes da terra. ¹¹Contudo, depois dos três dias e meio, *um sopro de vida, vindo de Deus, penetrou-os, e eles se puseram em pé*. E grande medo se apoderou dos que os contemplavam. ¹²Ouviᶜ então uma voz forte do céu, que lhes dizia: "Subi para aqui!" E subiram para o céu na nuvem, e seus inimigos os contemplaram. ¹³Naquela mesma hora houve um grande terremoto; a décima parte da cidade caiu e sete mil pessoas morreram na catástrofe.ᵈ Os sobreviventes ficaram apavorados e deram glória ao Deus do céu.

A sétima trombeta — ¹⁴O segundo "Ai" passou. Eis que chega rapidamente o terceiro "Ai".ᵉ ¹⁵E o sétimo Anjo tocou... Houve então fortes vozes no céu, clamando:

"A realeza do mundo
passou agora para nosso Senhor e seu Cristo,
e ele reinará pelos séculos dos séculos."

¹⁶Os vinte e quatro Anciãos que estão sentados em seus tronos diante de Deus prostraram-se e adoraram a Deus, dizendo:

¹⁷"Nós te damos graças, Senhor Deus Todo-poderoso,
'Aquele-que-é e Aquele-que-era',ᶠ
porque assumiste o teu grande poder
e passaste a reinar.
¹⁸*As nações tinham-se enfurecido,*
mas a tua ira chegou,
como também o tempo de julgar os mortos,
de dar a recompensa aos *teus servos, os profetas,*
aos santos e *aos que temem o teu nome,*
pequenos e grandes,
e de exterminar os que exterminam a terra."

¹⁹O templo de Deus que está no céuᵍ se abriu, e apareceu no templo a arca da sua aliança. Houve relâmpagos, vozes, trovões, terremotos e uma grande tempestade de granizo.

---

depois do exílio. No Ap simbolizam provavelmente as duas personagens encarregadas de edificar o novo Templo, a Igreja de Cristo: são descritos (vv. 5-6.11-12) com os traços de Moisés e Elias (cf. Mt 17,3p+). Já não é possível identificá-los. Pensou-se frequentemente em Pedro e Paulo, martirizados em Roma sob Nero (vv. 7-8).
a) O imperador Nero (cf. 13,1.18; 17,8 e as notas), tipo do Anticristo.
b) A Grande Cidade de Babilônia é Roma (14,8; 16,19; 17,5.18; 18.2.10-21). Ela é chamada Sodoma e Egito por causa de seus dois grandes crimes: impudicícia e opressão dos fiéis de Cristo (cf. 17,4-6); aqui é identificada com Jerusalém, que não é somente Cidade Santa (11,1), pois ela "matou os profetas" (Mt 23,37).
c) Var.: "Eles ouviram".
d) Número simbólico: pessoas de todas as categorias (7), em grande número (1000).
e) Prossegue a descrição interrompida em 9,21. O segundo "Ai" foi descrito em 9,15-19. O terceiro será a queda de Babilônia (Roma), descrita no capítulo 17.
f) Ad. (Vulg.): "e Aquele-que-vem".
g) O templo do céu não é mais o de Jerusalém (11,1-2). Ele contém a arca (Ex 25) da nova aliança, habitação

12 Visão da Mulher e do Dragão[a]

¹Um sinal grandioso apareceu no céu: uma Mulher[b] vestida com o sol, tendo a lua sob os pés e sobre a cabeça uma coroa de doze estrelas; ²estava grávida e gritava, entre as dores do parto, atormentada para dar à luz. ³Apareceu então outro sinal no céu: um grande Dragão, cor de fogo, com sete cabeças e dez chifres e sobre as cabeças sete diademas;[c] ⁴sua cauda arrastava um terço *das estrelas do céu, lançando-as para a terra*.[d] O Dragão postou-se diante da Mulher que estava para dar à luz, a fim de lhe devorar o filho, tão logo nascesse. ⁵*Ela deu à luz* um filho, *um varão*,[e] que *regerá* todas *as nações com cetro de ferro*. Seu filho, porém, foi arrebatado para junto de Deus e de seu trono;[f] ⁶e a Mulher fugiu para o deserto,[g] onde Deus lhe havia preparado um lugar em que fosse alimentada por mil, duzentos e sessenta dias.

⁷Houve então uma batalha no céu: *Miguel*[h] e seus Anjos guerrearam contra o Dragão. O Dragão batalhou, juntamente com seus Anjos, ⁸mas foi derrotado, e não se encontrou mais um lugar para eles no céu. ⁹Foi expulso o grande Dragão, a antiga Serpente, o chamado Diabo ou Satanás, sedutor de toda a terra habitada — foi expulso para a terra, e seus Anjos foram expulsos com ele. ¹⁰Ouvi então uma voz forte no céu, proclamando:

"Agora realizou-se a salvação, o poder
e a realeza do nosso Deus,
e a autoridade do seu Cristo:
porque foi expulso o acusador dos nossos irmãos,
aquele que os acusava dia e noite diante do nosso Deus.
¹¹Eles, porém, o venceram
graças ao sangue do Cordeiro
e pela palavra do seu testemunho,
pois desprezaram a própria vida até à morte.
¹²Por isso, alegrai-vos, ó céu,
e vós que o habitais!
Ai da terra e do mar,
porque o Diabo desceu para junto de vós cheio de grande furor,
sabendo que lhe resta pouco tempo."

¹³Ao ver que fora expulso para a terra, o Dragão pôs-se a perseguir a Mulher que dera à luz o filho varão. ¹⁴Ela, porém, recebeu as duas asas da grande águia para voar ao deserto, para o lugar em que, longe da Serpente, é alimentada

---

definitiva de Deus no meio do seu povo (cf. 2Mc 2,5-8; Sb 9,8+).

a) Os capítulos 12-14 continuam as descrições dos prelúdios do fim do mundo, apresentando a luta atual do Dragão e do Cordeiro sob outras formas. — O capítulo 12 combina os elementos de duas visões distintas: o combate do Dragão contra a Mulher e sua descendência (vv. 1-6 e 13-17); o combate de Miguel contra o Dragão (vv. 7-12).

b) A cena corresponde a Gn 3,15-16. A mulher dá à luz na dor (v. 2) aquele que será o Messias (v. 5). Ela é tentada por Satanás (v. 9; cf. 20,2), que a persegue, bem como a sua descendência (vv. 6.13.17). Ela representa o povo santo dos tempos messiânicos (Is 54; 60; 66,7; Mq 4,9-10) e portanto a Igreja em luta. É possível que João pense também em Maria, a nova Eva, a filha de Sião, que deu nascimento ao Messias (cf. Jo 19,25+).

c) É "Satanás" (cf. v. 9 e 20,2), que os LXX traduzem por "Diabo"; a palavra hebraica significa propriamente "Acusador" (cf. v.10 e Zc 3,1-2 e também Jó 1,6+). Na tradição judaica a Serpente ou o Dragão simbolizava o poder do mal, hostil a Deus e a seu povo, e que Deus devia destruir no fim dos tempos (cf. Jó 3,8+ e 7,12+).

d) Alusão à queda dos anjos maus, arrastados por Satanás.

e) É o Messias, considerado primeiro em sua realidade pessoal, e depois como cabeça ou chefe do novo Israel (cf. o "Filho do Homem" de Dn 7,13, ou o "Servo de Iahweh" de Is 42,1+).

f) Alusão à ascensão e ao triunfo de Cristo, que provocará a queda do Dragão. O triunfo da Criança é evocado aqui logo após seu nascimento.

g) Refúgio tradicional dos perseguidos no AT (cf. Ex 2,15; 1Rs 19,3; 1Mc 2,29-30). A Igreja deve fugir para longe do mundo e se alimentar da vida divina (cf. Ex 16; 1Rs 17,4.6; 19,5-8; Mt 4,3-4; 14,13-21). Ela permanecerá aí por três anos e meio (v.14; 11,2-3+).

h) Segundo a tradição judaica (Dn 10,12-21;12,1) é o combatente de Deus. Seu nome quer dizer "Quem (é) como Deus?"

por um *tempo, tempos e metade de um tempo*.ª ¹⁵A Serpente, então, vomitou água como um rio atrás da Mulher, a fim de submergi-la.ᵇ ¹⁶A terra, porém, veio em socorro da Mulher: a terra abriu a boca e engoliu o rio que o Dragão vomitara. ¹⁷Enfurecido por causa da Mulher, o Dragão foi então guerrear contra o resto dos seus descendentes, os que observam os mandamentos de Deus e mantêm o Testemunho de Jesus.ᶜ

*O Dragão transmite seu poder à Besta*ᵈ — ¹⁸Coloquei-me depoisᵉ na praia do mar.

13 ¹Vi então *uma Besta que subia do mar*. Tinha dez chifres e sete cabeças; sobre os chifres havia dez diademas, e sobre as cabeças um nome blasfemo. ²A Besta que vi parecia *uma pantera*: os pés, contudo, eram como os de urso e sua boca como a mandíbula de *leão*. E o Dragão lhe entregou seu poder, seu trono, e grande autoridade.ᶠ ³Uma de suas cabeças parecia mortalmente ferida, mas a ferida mortal foi curada.ᵍ Cheia de admiração, a terra inteira seguiu a Besta ⁴e adorou o Dragão por ter entregue a autoridade à Besta. E adorou a Besta, dizendo: "Quem é comparável à Bestaʰ e quem pode lutar contra ela?" ⁵Foi-lhe dada uma boca *para proferir palavras insolentes* e blasfêmias, e também poder para agir durante quarenta e dois meses. ⁶Ela abriu então a boca em blasfêmias contra Deus, blasfemando contra seu nome, sua tenda e os que habitam no céu. ⁷Deram-lhe permissão *para guerrear contra os santos e vencê-los; e foi-lhe dada autoridade* sobre toda tribo, povo, língua e nação. ⁸Adoraram-na, então, todos os habitantes da terra cujo nome não está escrito desde a fundação do mundo no livro da vida do Cordeiro imolado. ⁹Se alguém tem ouvidos, ouça:

¹⁰"*Se alguém está destinado à prisão,
 irá para a prisão;
 se alguém deve morrer pela espada,*ⁱ
 pela espada terá de morrer."ʲ

Nisto se firma a perseverança e a fé dos santos.

O falso profeta a serviço da Besta — ¹¹Vi depois outra Besta sair da terra: tinha dois chifres como um Cordeiro, mas falava como um dragão.ᵏ ¹²Toda a autoridade da primeira Besta, ela a exerce diante desta. E faz com que a terra e seus habitantes adorem a primeira Besta, cuja ferida mortal fora curada. ¹³Ela opera grandes maravilhas: até mesmo a de fazer descer fogo do céu sobre a terra, à vista dos homens. ¹⁴Graças às maravilhas que lhe foi concedido realizar em presença da Besta, ela seduz os habitantes da terra, incitando-os a fazerem uma imagem em honra da Besta que tinha sido ferida pela espada,

---

a) Três anos e meio (cf. 11,3+).
b) Satanás lançará o Império Romano, como um rio (cf. Is 8,7-8), para engolir a Igreja (cf. Ap 13).
c) Duplo sinal distintivo dos fiéis (14,1; cf. 14,12; 20,4 e já 1,1.9 e Rm 8,29).
d) A visão que segue inspira-se em Dn 7 (perseguição de Antíoco Epífanes). Segundo Ap 17,10.12-14, a Besta do mar (Mediterrâneo) é o Império Romano, que representa todas as forças dirigidas contra Cristo e a Igreja, arrogando-se poderes divinos (seus títulos, v. 1; cf. Dn 11,36; 2Ts 2,4). Encontram-se as sete cabeças e os dez chifres em 17,3.7-12.
e) Var.: "Ele se colocou", que ligaria o v. 18 à passagem precedente.
f) É de Satanás (12,3+) que ela recebe toda sua autoridade (cf. Mt 4,8-9p; Jo 12,31+; 2Ts 2,9).
g) Alusão a alguma restauração do Império momentaneamente abalado (morte de César? Confusões que sucederam à morte de Nero?). A Besta ferida e curada é paródia de Cristo morto e ressuscitado.
h) Comparar com o nome de Miguel (12,7).
i) Var.: "quem mata pela espada deve perecer..."
j) A frase é difícil. Pode significar que a Igreja deve manter-se firme, sem resistir, custe o que custar, aos seus perseguidores, ou que o castigo destes por Deus será inexorável (cf. 14,11-12; Sl 5,11+; Jr 15,2; Mt 26,52).
k) Ela será designada, a seguir, pelo nome de "falso profeta" (16,13;19,20; 20,10). Antes de descrever a vinda do Filho do Homem (14,14-20; cf. 19,11s e Mt 24,30), João mostra a atuação dos falsos cristos (primeira Besta) e dos falsos profetas (segunda Besta), anunciados por Cristo (Mt 24,24; cf. 2Ts 2,9).

mas voltou à vida.ª ¹⁵Foi-lhe dado até mesmo infundir espírito à imagem da Besta, de modo que a imagem pudesse falar e fazer com que morressem *todos os que não adorassem a imagem da Besta*. ¹⁶Faz também com que todos, pequenos e grandes, ricos e pobres, livres e escravos recebam uma marca na mão direita ou na fronte, ¹⁷para que ninguém possa comprar ou vender se não tiver a marca, o nome da Besta ou o número do seu nome.

¹⁸Aqui é preciso discernimento! Quem é inteligente calcule o número da Besta, pois é um número de homem: seu número é 666!*ᵇ*

14 **Os companheiros do Cordeiro**ᶜ — ¹Tive depois esta visão: eis que o Cordeiro*ᵈ* estava de pé sobre o monte Sião com os cento e quarenta e quatro mil que traziam escrito na fronte o nome dele e o nome de seu Pai. ²E ouvi uma voz que vinha do céu, semelhante a um fragor de águas e ao ribombo de um forte trovão; a voz que eu ouvi era como o som de citaristas tocando suas cítaras. ³Cantavam um cântico novo*ᵉ* diante do trono, dos quatro Viventes e dos Anciãos. Ninguém podia aprender o cântico, exceto os cento e quarenta e quatro mil que foram resgatados da terra. ⁴Estes são os que não se contaminaram com mulheres: são virgens.*ᶠ* Estes seguem o Cordeiro, onde quer que ele vá.*ᵍ* Estes foram resgatados dentre os homens, como *primícias* para Deus e para o Cordeiro. ⁵*Na sua boca jamais foi encontrada mentira*: são íntegros.*ʰ*

Os Anjos anunciam a hora do julgamentoⁱ — ⁶Vi depois outro Anjo que voava no meio do céu, com um evangelho eterno para anunciar aos habitantes da terra, a toda nação, tribo, língua e povo. ⁷Ele dizia em alta voz:

"Temei a Deus e tributai-lhe glória,
pois chegou a hora do seu julgamento;
adorai *Aquele que fez*
o céu e a terra,
o mar e as fontes."

⁸Outro Anjo, o segundo, continuou:

"*Caiu, caiu*ʲ
Babilônia, a Grande,
a que embebedou todas as nações
com o vinho do furor."*ᵏ*

---

a) Era o Espírito que realizava prodígios na Igreja a fim de provocar a fé em Cristo; a segunda Besta é uma imitação do Espírito, assim como o Dragão e a primeira Besta eram imitação do Pai e do Filho (13,3). O Dragão, a primeira e a segunda Besta são caricatura da Trindade.
b) Em grego e em hebraico cada letra tinha um valor numérico segundo o lugar no alfabeto. O número de um nome é o total de suas letras. Aqui "666" seria César-Neron (em letras hebraicas); "616" (var.), César-Deus (em letras gregas).
c) Aos sectários da Besta, marcados com o número do seu nome (13,16-17), João opõe os fiéis do Cordeiro (5,6+), marcados com seu nome e com o nome de seu Pai (7,4; 12,17+). É o "resto" (11,1+), fiel através das perseguições, ao redor do qual será restaurado o Reino depois da vitória. O monte Sião é o trono de Deus (cf. 21,1+).
d) Var.: "um Cordeiro".
e) Moisés havia cantado a libertação do Egito (Ex 15,1-21; cf. Ap 15,3-4); o cântico novo celebra a nova libertação do povo de Deus e a nova ordem instaurada pelo Cordeiro imolado.
f) Em sentido metafórico, a luxúria designa tradicionalmente a idolatria (cf. Os 1,2+), aqui o culto da Besta (17,1 etc.). Os cento e quarenta e quatro mil foram resgatados (5,9), são íntegros e fiéis (v. 5), rejeitaram a idolatria e podem ser noivos do Cordeiro (cf. 19,9; 21,2; 2Cor 11,2).
g) Assim como Israel seguia a Iahweh, no tempo do êxodo, o novo povo dos resgatados segue o Cordeiro até ao deserto (cf. Jr 2,2-3), onde se realizarão novos esponsais (Os 2,16-25).
h) Vocabulário sacrifical. As primícias representam toda a messe (Dt 26,2), os primogênitos representam toda a família (Nm 3,12 etc.). As vítimas oferecidas ao Deus verdadeiro deviam ser sem defeito (Ex 12,5; 1Pd 1,19).
i) Três anjos convidam os ímpios perseguidores a se converterem, mas os ímpios se obstinarão (16,2. 9.11.21; cf. 15,5+).
j) Perfeitos proféticos.
k) "com o vinho do furor", corr.; "com o vinho do furor da sua prostituição", grego, como em 18,3. — O "vinho do furor" é imagem, corrente nos profetas (Is 51,17+), do furor divino prometido aos idólatras.

⁹Outro Anjo, ainda, o terceiro, seguiu-os, em alta voz: "Se alguém adora a Besta e sua imagem, e recebe a marca na fronte ou na mão, ¹⁰esse também beberá o vinho do furor de Deus, derramado sem mistura na taça da sua ira; será atormentado *com fogo e enxofre*ᵃ diante dos santos Anjos e diante do Cordeiro. ¹¹*A fumaça* do seu tormento *sobe pelos séculos* dos séculos: os que adoram a Besta e a sua imagem, e quem quer que receba a marca do seu nome nunca têm descanso, dia e noite... ¹²Nisto se firma a perseverança dos santos, os que guardam os mandamentos de Deus e a fé em Jesus."

¹³Ouvi então uma voz do céu, dizendo: "Escreve: felizes os mortos, os que desde agora morrem no Senhor. Sim, diz o Espírito, que descansem de suas fadigas, pois suas obras os acompanham."ᵇ

*A ceifa e a vindima das nações*ᶜ — ¹⁴Depois disso, olhei: *havia uma nuvem branca, e sobre a nuvem alguém* sentado, *semelhante a um Filho de Homem*, com uma coroa de ouro na cabeça e nas mãos uma foice afiada. ¹⁵Nisto outro Anjo saiu do templo, gritando em alta voz ao que estava sentado sobre a nuvem: "*Lança tua foice* e ceifa. Chegou a hora da ceifa, pois *a seara* da terra *está madura*." ¹⁶O que estava sentado na nuvem lançou então sua foice sobre a terra, e a terra foi ceifada.

¹⁷Nisto saiu do templo que está no céu outro Anjo, também ele com uma foice afiada. ¹⁸E outro Anjo, que tem poder sobre o fogo, saiu do altarᵈ e gritou em alta voz ao que segurava a foice afiada: "Lança a foice afiada e vindima os cachos da videira da terra, pois suas uvas amadureceram." ¹⁹O Anjo lançou então a foice afiada na terra e vindimou a videira da terra, lançando-a depois no grande lagar do furor de Deus. ²⁰O lagar foi pisado fora da cidadeᵉ e dele saiu sangue até chegar aos freios dos cavalos, numa extensão de mil e seiscentos estádios.

15 *O cântico de Moisés e do Cordeiro*ᶠ

— ¹Vi ainda outro sinal grande e maravilhoso no céu: sete Anjos com sete pragas, as últimas, pois com estas o furor de Deus estará consumado. ²Vi também como que um mar de vidro misturado com fogo, e os que venceram a Besta, sua imagem e o número do seu nome: estavam de pé sobre o mar de vidro e seguravam as cítaras de Deus, ³cantando o cântico de Moisés,ᵍ o servo de Deus, e o cântico do Cordeiro:

"Grandes e maravilhosas são as tuas obras,
ó Senhor Deus, Todo-poderoso;
teus caminhos são justos e verdadeiros,
ó Rei das nações.
⁴*Quem não temeria*, ó Senhor,
e não glorificaria o teu nome?
Sim! Só tu és santo!
Todas as nações virão prostrar-se diante de ti,
pois tuas justas decisões se tornaram manifestas."

---

a) O lago ardente de fogo e enxofre é o lugar de punição dos ímpios (cf. 19,20; 20,10; 21,8).
b) Contraste acentuado entre o castigo dos ímpios e o descanso feliz que espera os fiéis (v. 12), depois da sua morte (cf. 6,9-11).
c) A ceifa e a vindima são duas imagens do julgamento divino; este será descrito em 19,11-20.
d) Do altar sobe o sangue dos mártires (6,9; 11,1) e a oração dos santos (8,3-5; 9,13), que o Anjo leva até Deus para pedir justiça.
e) O extermínio das nações gentílicas deve ser efetuado fora de Jerusalém (segundo Zc 14,2s.12s; Ez 38-39; cf. Lv 4,12+; Hb 13,11-12).
f) A visão das sete taças retoma a das sete trombetas (8,2ss). Entre os vv. 1 e 5 intercala-se o cântico entoado pelos eleitos em louvor daquele que os salva.
g) Assim como o cântico de Moisés (Ex 15), este é também um cântico de libertação (14,1). Ele é tecido de reminiscências bíblicas. Não evoca tanto o rigor dos castigos, como o triunfo do Senhor e dos seus.

As sete pragas das sete taças[a] — ⁵Depois disto, vi abrir-se o templo da tenda do Testemunho que está no céu, ⁶e dele saíram os sete Anjos com as sete pragas. Estavam vestidos de linho puro, resplandecente, e cingidos à altura do peito com cintos de ouro. ⁷Um dos quatro Viventes entregou aos sete Anjos sete taças de ouro, cheias do furor do Deus que vive pelos séculos dos séculos. ⁸*O templo se encheu de fumaça por causa da glória de Deus* e do seu poder, *de modo que ninguém podia entrar*[b] *no templo*, até que estivessem consumadas as sete pragas dos sete Anjos.

16 ¹Ouvi depois uma voz forte que vinha do templo, dizendo aos sete Anjos: "Ide e derramai pela terra as sete taças do furor de Deus." ²O primeiro saiu e derramou a taça pela terra. E uma úlcera maligna e dolorosa atingiu as pessoas que traziam a marca da Besta e as que adoravam sua imagem. ³O segundo derramou a taça pelo mar... E este se transformou em sangue, como de um morto, de modo que todos os seres que viviam no mar morreram. ⁴O terceiro derramou a taça pelos rios e pelas fontes... E transformaram-se em sangue. ⁵Ouvi então o Anjo das águas dizer:

"Justo és 'Aquele-que-é e Aquele-que-era', ó Santo,
porque julgaste estas coisas;
⁶pois estes derramaram sangue de santos e profetas,
e tu lhes deste sangue para beber.
Eles o merecem!"

⁷Ouvi então que o altar dizia:
"Sim, Senhor, Deus Todo-poderoso,
teus julgamentos são verdadeiros e justos."

⁸O quarto derramou a taça sobre o sol... E a este foi permitido abrasar os homens com fogo. ⁹Os homens, então, abrasados por calor intenso, puseram-se a blasfemar contra o nome do Deus, que tem poder sobre tais pragas. Mas não se arrependeram para lhe tributar glória... ¹⁰O quinto derramou a taça sobre o trono da Besta...[c] E o seu reino ficou em trevas: os homens mordiam a língua de dor, ¹¹e blasfemaram contra o Deus do céu por causa de suas dores e úlceras. Mas não se converteram de sua conduta... ¹²O sexto derramou a taça sobre o grande rio Eufrates... E a água do rio secou, abrindo caminho aos reis do Oriente.[d] ¹³Nisto vi que da boca do Dragão, da boca da Besta e da boca do falso profeta saíram três espíritos impuros, como sapos. ¹⁴São, com efeito, espíritos de demônios: fazem maravilhas e vão até aos reis de toda a terra, a fim de reuni-los para a guerra do Grande Dia do Deus Todo-poderoso.[e] ¹⁵(Eis que eu venho como um ladrão: feliz aquele que vigia e conserva suas vestes, para não andar nu e deixar que vejam a sua vergonha.) ¹⁶Eles os reuniram então no lugar que, em hebraico, se chama "Harmagedôn".[f]

¹⁷O sétimo, finalmente, espalhou sua taça pelo ar... Nisto saiu uma forte voz do templo,[g] dizendo: "Está realizado!" ¹⁸Houve então relâmpagos, vozes,

---

a) Volta-se às pragas (v. 1) que cairão sobre Babilônia, isto é, Roma (16,18-19). Do mesmo modo que em 8-9, elas recordam as pragas do Egito. Os anjos que são encarregados delas saem da tenda, que é o verdadeiro templo do céu (11,19). Num quadro de teofania eles cumprem a liturgia da justiça.
b) A evocação da glória (Ex 24,16+) presente no templo é o sinal da presença de Deus no meio de seu povo durante os tempos messiânicos (cf. 2Mc 2,4-8; Ex 40,34-35; 1Rs 8,10; Ap 21,3).
c) Roma, tipo da cidade terrestre hostil a Deus.
d) Se o Eufrates seca, os romanos perdem toda proteção com relação aos guerreiros partos (9,14).
e) É a reunião de todas as nações gentílicas para serem exterminadas por Cristo.
f) É a montanha de Meguido, cidade da planície que costeia a cadeia do Carmelo, lugar em que o rei Josias foi derrotado (2Rs 23,29s). Este lugar tornou-se símbolo de desastre para os exércitos que nele se reúnem (cf. Zc 12,11).
g) Ad.: "(vindo) do trono", ou: "(vindo) de Deus".

trovões, e forte terremoto; terremoto tão violento *como nunca houve desde que o homem apareceu na terra*. ¹⁹A Grande Cidade se dividiu em três partes, e as cidades das nações caíram. Deus se lembrou então de Babilônia, a Grande, para lhe dar o cálice do vinho do furor da sua ira. ²⁰As ilhas todas fugiram e os montes desapareceram;ᵃ ²¹*do céu caiu sobre os homens um granizo pesado, como chuva de talentos*.ᵇ E os homens blasfemaram contra Deus por causa da praga do granizo, pois o seu flagelo é muito grande.ᶜ

2. O CASTIGO DE BABILÔNIA

17 *A Prostituta famosa*ᵈ — ¹Um dos sete Anjos das sete taças veio dizer-me: "Vem! Vou mostrar-te o julgamento da grande Prostitutaᵉ que *está sentada à beira de águas copiosas*:ᶠ ²os reis da terraᵍ se prostituíram com ela, e com o vinho da sua prostituição embriagaram-se os habitantes da terra." ³Ele me transportou então, em espírito, ao deserto,ʰ onde vi uma mulher sentada sobre uma Besta escarlate cheia de títulos blasfemos, com sete cabeças e dez chifres.ⁱ ⁴A mulher estava vestida com púrpura e escarlate, adornada de ouro, pedras preciosas e pérolas; e tinha na mão um cálice de ouro cheio de abominações; são as impurezas da sua prostituição. ⁵Sobre a fronte estava escrito um nome, um mistério: "Babilônia, a Grande, a mãe das prostitutas e das abominações da terra." ⁶Vi então que a mulher estava embriagada com o sangue dos santos e com o sangue das testemunhas de Jesus.ʲ E vendo-a, fiquei profundamente admirado. ⁷O Anjo, porém, me disse: "Por que estás admirado? Explicar-te-ei o mistério da mulher e da Besta com sete cabeças e dez chifres que a carrega.

*O simbolismo da Besta e da Prostituta*ᵏ — ⁸A Besta que viste existia, mas não existe mais; está para subir do Abismo, mas caminha para a perdição. Os habitantes da terra, cujos nomes não estão escritos no livro da vida desde a fundação do mundo, ficarão admirados ao ver a Besta, pois ela existia, não existe mais, mas reaparecerá. ⁹Aqui é necessária a inteligência que tem discernimento: as sete cabeças são sete montes sobre os quais a mulher está sentada.

São também sete reis,ˡ ¹⁰dos quais cinco já caíram, um existe e o outro ainda não veio, mas quando vier deverá permanecer por pouco tempo. ¹¹A Besta que existia e não existe mais é ela própria o oitavo e também um dos sete, mas caminha para a perdição. ¹²*Os dez chifres que viste são dez reis* que ainda não receberam um reino. Estes, porém, receberão autoridade como reis por uma hora apenas, juntamente com a Besta. ¹³Tais reis têm um só desígnio:

---

a) Estes fenômenos cósmicos simbolizam as potências terrestres surpresas pelo sopro da cólera divina.
b) Lit.: "quase de um talento": cerca de 40 quilos.
c) Estes flagelos todos não exterminam a humanidade, mas provocam novas blasfêmias (vv. 9.11; cf. 11,14+).
d) Este capítulo é difícil nas minúcias (v. 9).
e) Como Jerusalém (21,9), Babilônia é personificada por mulher (cf. 12,1; Dn 4,27+). É a Roma idólatra (2,14+; 18,3; Os 1,2+; cf. 14,4), que, após a aparição brilhante (vv. 3-7), verá realizar-se a condenação anunciada e preparada pelas visões precedentes.
f) A imagem é interpretada no v. 15.
g) As nações gentílicas e seus reis, que adotaram o culto imperial.
h) Habitação de animais impuros (cf. Lv 16,8+; 17,7+).
i) As sete cabeças são as sete colinas de Roma (v. 9), e os dez chifres são reis vassalos (v. 12), que se revoltam contra o jugo do império (v. 16). A Besta (vv. 3.7-8) representa o imperador, sem dúvida, Nero que, segundo crença popular, recobraria a vida e o poder antes da vinda do Cordeiro (cf. 2Ts 2,8-9). O início do v. 8 é paródia dos títulos de Deus (1,4+) e de Cristo (1,18).
j) As perseguições romanas implicam frequentemente a idolatria (v. 4) e o assassínio (v.6). Ez 16,36-38; 23,37-45 dirigia as mesmas acusações contra Jerusalém.
k) No simbolismo da Besta pode-se distinguir dois sentidos diferentes (vv. 8-9.15-18, e vv. 10.12-14). A mulher que a cavalga se julga poderosa, mas corre para a perdição.
l) Sete imperadores romanos, o sexto dos quais reina atualmente. Sete é número simbólico de totalidade: João não se pronuncia sobre o número e a cronologia dos imperadores.

entregar seu poder e autoridade à Besta. ¹⁴Farão guerra contra o Cordeiro, mas o Cordeiro os vencerá, porque ele é *Senhor dos senhores* e *Rei do reis*, e com ele vencerão também os chamados, os escolhidos, *os fiéis*."ᵃ

¹⁵E continuou: "As águas que viste onde a Prostituta está sentada são povos e multidões, nações e línguas. ¹⁶Os dez chifres que viste e a Besta, contudo, odiarão a Prostituta e *a despojarão, deixando-a nua*: comerão suas carnes e a entregarão às chamas, ¹⁷pois Deus lhes pôs no coração realizar seu desígnio: entregar sua realeza à Besta, até que as palavras de Deus estejam cumpridas. ¹⁸A mulher que viste, enfim, é a Grande Cidade que reina sobre os reis da terra."

18 Um Anjo anuncia a queda de Babilôniaᵇ — ¹Depois disso, vi outro Anjo descendo do céu; tinha grande poder *e a terra ficou iluminada com a sua glória*. ²Ele então gritou com voz poderosa:

"*Caiu! Caiu Babilônia*, A Grande!
Tornou-se *moradia de demônios*,
abrigo de todo tipo de espíritos impuros,
abrigo de todo tipo de aves impuras e repelentes,
³ porque com o vinho de suas prostituições
foram embriagadasᶜ todas as nações
e os reis da terra fornicaram com ela,
e os mercadores da terra se enriqueceram
graças ao seu luxo desenfreado."

O povo de Deus deve fugir — ⁴Ouvi então outra voz do céu que dizia:

"Saí dela, ó meu povo,
para que não sejais cúmplices dos seus pecados
e atingidos pelas suas pragas;
⁵ porque seus pecados *se amontoaram até ao céu*,
e Deus se lembrou das suas iniquidades.
⁶ *Devolvei-lhe o mesmo que ela pagou*,
pagai-lhe o dobro, conforme suas obras;
no cálice em que ela misturou
misturai para ela o dobro.
⁷ O tanto que ela se concedia em glória e luxo
devolvei-lhe em tormento e luto,
porque, em seu coração, dizia:
Estou sentada como rainha, não sou viúva
e nunca experimentarei luto...
⁸ Por isso suas pragas virão *num só dia*:
morte, luto e fome,
e pelo fogo será devorada,
porque o Senhor Deus que a julgou é forte."

Lamentações sobre Babilôniaᵈ — ⁹Então os reis da terra, que se prostituíam com ela e compartilhavam seu luxo, chorarão e baterão no peito, ao ver a fumaça do seu incêndio. ¹⁰Postados à distância, por medo do seu tormento, dirão:

---

a) Recordação de 14,4 e anúncio de 19,11-21.
b) O castigo anunciado (17) agora é iminente (vv. 1-3). Realizar-se-á depois que os fiéis estiverem separados dos pecadores (v. 4; cf. 3,10+).
c) "suas prostituições"; var.: "o furor de sua prostituição", cf. 14,8. — "foram embriagadas"; var.: "caíram" ou "ela embriagou".
d) Tríplice lamentação dos reis da terra (vv. 9-10), dos mercadores da terra (vv.11-17a), dos navegadores (vv. 17b-19). Inspira-se em Jr 50-51 e sobretudo em Ez 26-28.

"Ai, ai, ó grande cidade,
ó Babilônia, cidade poderosa,
uma hora apenas bastou para o teu julgamento!"

¹¹Os mercadores da terra também choram e se enlutam por sua causa, porque ninguém mais compra suas mercadorias: ¹²carregamentos de ouro e de prata, pedras preciosas e pérolas, linho e púrpura, seda e escarlate, todo tipo de madeira perfumada, de objetos de marfim, de madeira preciosa,[a] de bronze, de ferro, de mármore, ¹³canela e cinamomo, perfumes, mirra e incenso; vinho e óleo, flor de farinha e trigo, bois e ovelhas, cavalos e carros, escravos e vidas humanas...

¹⁴Os frutos pelos quais tua alma anelava
afastaram-se para longe de ti;
tudo o que é luxo e esplendor
está perdido para ti,
e nunca, nunca mais será encontrado!

Mq 7,1

¹⁵Os mercadores destes produtos, que se enriqueceram graças a ela, postar-se-ão à distância, por medo do seu tormento; e chorando e enlutando-se, ¹⁶dirão:

17,4

"Ai, ai, ó grande cidade,
vestias linho puro,
púrpura e escarlate,
e te adornavas com ouro,
pedras preciosas e pérolas:
¹⁷numa só hora tanta riqueza foi reduzida a nada!"

Ez 27,27-29

Todos os pilotos e navegadores,[b] marinheiros e quantos trabalhavam no mar se mantiveram à distância, ¹⁸e, vendo a fumaça do seu incêndio, gritavam: "Quem era semelhante à grande cidade?" ¹⁹E atirando pó sobre a cabeça, chorando e se enlutando, gritavam:

13,4

"Ai, ai, ó grande cidade,
com tua opulência se enriqueceram
todos os que tinham navios no mar:
numa hora apenas foi arruinada!

²⁰Exultai por sua causa, ó céu,
e vós, santos, apóstolos e profetas,
pois, julgando-a, Deus vos fez justiça."[c]

= 19,1-2
Dt 32,43
Is 44,23

²¹Nisto, um Anjo poderoso levantou uma pedra, como uma grande mó, e atirou-a ao mar, dizendo:

Jr 51,63-64

"Com tal ímpeto será lançada
Babilônia, a grande cidade,
e nunca mais será encontrada;[d]
²²e o canto de harpistas e músicos,
de flautistas e tocadores de trombeta,
em ti não mais se ouvirá;
e nenhum artífice de qualquer arte
jamais em ti se encontrará;
e o canto do moinho
em ti não mais se ouvirá;

Is 24,8
Ez 26,13

Jr 25,10

---

a) Vulg.: "pedra preciosa".
b) Vulg.: "navegam no mar".
c) Em contraste, o céu exulta (cf. 16,5; 18,20; 19,1-10).

d) Gesto simbólico de um Anjo, depois do quê é retomada a lamentação (vv. 22-23). A sequência do v. 21 está no v. 24. Esta cena completa 18,1-3: Babilônia será destruída por causa de sua idolatria (cf. 17,4), e por suas perseguições contra os cristãos (18,24).

²³ *e a luz da lâmpada*
   nunca mais em ti brilhará;
   e a voz do esposo e da esposa
   em ti não mais se ouvirá,
   porque teus mercadores eram os magnatas da terra,
   e com tua magia as nações todas foram seduzidas:
²⁴ e nela foi encontrado sangue de profetas e santos,
   e de todos os que foram imolados sobre a terra."

19 Cantos de triunfo no céu[a] —
¹Depois disso, ouvi como que um forte rumor de numerosa multidão no céu, aclamando:

"Aleluia![b]
A salvação, a glória e o poder são do nosso Deus,
²porque seus julgamentos são verdadeiros e justos.
Sim! Ele julgou a grande Prostituta,
que corrompeu a terra com sua prostituição,
e nela vingou o sangue dos seus servos!"

³E acrescentaram:

"Aleluia!
Dela sobe a fumaça pelos séculos dos séculos!"

⁴Os vinte e quatro Anciãos e os quatro Viventes se prostraram então diante do Deus que está sentado no trono, dizendo:

"Amém, Aleluia!"

⁵Nisto, saiu do trono uma voz, convidando:

"Dai louvores ao nosso Deus,
vós todos, seus servos,
e *vós que o temeis*,
os pequenos e os grandes!"

⁶Ouvi depois como que o rumor de uma grande multidão, semelhante ao fragor de águas torrenciais e ao ribombar de fortes trovões, aclamando:

"Aleluia!
Porque o Senhor,
o Deus Todo-poderoso
passou a reinar!
⁷Alegremo-nos e exultemos,
demos glória a Deus,
porque estão para realizar-se as núpcias do Cordeiro,[c]
e sua esposa já está pronta:
⁸concederam-lhe vestir-se
com linho puro, resplandecente" —

pois o linho representa a conduta justa dos santos.

⁹A seguir, disse-me: "Escreve: felizes aqueles que foram convidados para o banquete das núpcias do Cordeiro." E acrescentou: "Estas são as verdadeiras palavras de Deus." ¹⁰Caí então a seus pés para adorá-lo, mas ele me

---

a) Cantos de júbilo ligados a 18,20 e em vivo contraste com as lamentações de 18. Eles acompanham a queda de Babilônia. O primeiro canto (vv. 1-4) vem do céu; é seguido por segundo (vv. 5-9), ao qual se associam os santos de toda a Igreja, convidada para as núpcias do Cordeiro.

b) Únicos empregos no NT (19,1.3.4.6) da aclamação litúrgica ("Louvai a Deus") usada no culto israelita (Sl 111,1; 113,1+ etc.).

c) As núpcias do Cordeiro simbolizam o estabelecimento do Reino celeste que será descrito em 21,9s (ver Os 1,2+ e Ef 5,22-23+).

disse: "Não! Não o faças! Sou servo como tu e como teus irmãos que têm o testemunho de Jesus. É a Deus que deves adorar!" Com efeito, o espírito da profecia é o testemunho de Jesus.[a]

3. O EXTERMÍNIO DAS NAÇÕES GENTÍLICAS

O primeiro combate escatológico[b] — [11]Vi então o céu aberto: eis que apareceu um cavalo branco, cujo montador se chama "Fiel" e "Verdadeiro"; *ele julga e combate com justiça.* [12]Seus olhos são chama de fogo; sobre sua cabeça há muitos diademas,[c] e traz escrito um nome que ninguém conhece, exceto ele; [13]veste um *manto embebido de sangue,*[d] e o nome com que é chamado é Verbo de Deus.[e] [14]Os exércitos do céu[f] acompanham-no em cavalos brancos, vestidos com linho de brancura resplandecente. [15]Da sua boca sai uma espada afiada[g] para com ela ferir as nações. Ele é quem *as apascentará com um cetro de ferro.* Ele é quem pisa o lagar do vinho do furor da ira de Deus,[h] o Todo--poderoso. [16]Um nome está escrito sobre seu manto e sobre sua coxa:[i] *Rei dos reis e Senhor dos senhores.*

[17]Vi depois um Anjo que, de pé no sol, *gritou* em alta voz a todas *as aves que voavam* no meio do céu: "Vinde, *reuni-vos* para o grande *banquete* de Deus, [18]*para comer carnes* de reis, carnes de capitães, carnes de poderosos, carnes de cavalos e cavaleiros, carnes de todos os homens, livres e escravos, pequenos e grandes."

[19]Vi então a Besta reunida com os reis da terra e seus exércitos para guerrear contra o Cavaleiro e seu exército. [20]A Besta, porém, foi capturada juntamente com o falso profeta, o qual, em presença da Besta, tinha realizado sinais com que seduzira os que haviam recebido a marca da Besta e adorado a sua imagem;[j] ambos foram lançados vivos no lago de fogo, que arde com enxofre. [21]Os outros foram mortos pela espada que saía da boca do Cavaleiro. *E as aves todas se fartaram com suas carnes.*

20 ***O reino de mil anos*** — [1]Vi então um Anjo descer do céu, trazendo na mão a chave do Abismo e uma grande corrente. [2]Ele agarrou o Dragão,[k] a antiga Serpente — que é o Diabo, Satanás — acorrentou-o por mil anos[l] [3]e

a) João tenta prostrar-se, mas o Anjo lhe recorda que também ele está a serviço de Deus (1,1; 22,8-9), provável advertência contra o culto das potências celestiais (Cl 2,18; Hb 1,14; 2,5). O "testemunho de Jesus" é a Palavra de Deus, atestada por Jesus, que todo cristão possui (cf. 1,2; 6,9; 12,17; 20,4) e que inspira os profetas.
b) Eis-nos no fim dos tempos. Depois da queda de Babilônia, profetizada (14,8.14-15) e realizada (16,19-20; 17,12-14), Cristo fiel (3,14+) cumpre o Dia de Iahweh (Am 5,18+), exterminando os inimigos da Igreja. Sua figura (vv. 11-16) inspira-se, como as descrições precedentes (12,5; 14,6-20; 17,14), em diversas profecias.
c) Pois ele é o Rei dos reis (v. 16; cf. 5,3.13).
d) Alusão (ver v. 15) a Is 63,1. Símbolo da vitória sangrenta que ele conquistará sobre os inimigos de seu povo (cf. Ap 5,5).
e) Os nomes do cavaleiro vitorioso (vv. 12.13.16) exprimem, sob diversos aspectos, o que ele é. Ao nome divino transcendente (v. 12) acrescenta-se aqui o de Verbo, que o designa como revelação eficaz de Deus (cf. Jo 1,1.14), e mais precisamente como executor de seus julgamentos (20,11-12; 22,12; cf. Sb 18,14-18).

f) Os exércitos angélicos (cf. Mt 26,53) ou o exército dos mártires (segundo 14,4 e 17,14), vestidos de branco (cf. 19,8; 3,5.18; 6,11; 16,15 e também Mt 22,11s).
g) A espada é a arma da Palavra exterminadora (cf. 1,16; Is 11,4; 49,2; Os 6,5; Sb 18,15; 2Ts 2,8; Hb 4,12).
h) A imagem do lagar era comum ao profetismo para simbolizar o extermínio, feito por Deus, dos inimigos de seu povo, no Grande Dia da sua ira (cf. Gn 49,9-12; Jr 25,30; Is 63,1-6; Jl 4,13; Sf 1,15). Sobre o "vinho do furor", cf. 14,8+.19-20; Is 51,17+.
i) Título senhorial (cf. 17,14; Fl 2,9-11), que ultrapassa infinitamente os títulos blasfematórios da Besta (13,1; 17,3).
j) Este longo parêntesis recorda os acontecimentos descritos no capítulo 13.
k) Depois das duas Bestas e seus exércitos, é o seu chefe, o Dragão, que é aniquilado.
l) O castigo efetua-se em duas fases: Satanás é reduzido à impotência durante mil anos, nos quais reinam os mártires (cf. 12,7-12). Depois (vv. 7-10) revoltar-se-á de novo antes da destruição definitiva de suas forças armadas.

o atirou dentro do Abismo, fechando-o e lacrando-o com um selo para que não seduzisse mais as nações até que os mil anos estivessem terminados. Depois disso, ele deverá ser solto por pouco tempo. ⁴Vi então tronos, e aos que neles se sentaram*ᵃ foi dado poder de julgar*. Vi também as almas daqueles que foram decapitados por causa do Testemunho de Jesus e da Palavra de Deus, e dos que não tinham adorado a Besta, nem sua imagem, e nem recebido a marca sobre a fronte ou na mão: eles voltaram à vida e reinaram com Cristo durante mil anos.ᵇ ⁵Os outros mortos, contudo, não voltaram à vida até o término dos mil anos. Esta é a primeira ressurreição. ⁶Feliz e santo aquele que participa da primeira ressurreição! Sobre estes a segunda morteᶜ não tem poder; eles serão sacerdotes de Deus e de Cristo, e com ele reinarão durante mil anos.ᵈ

O segundo combate escatológico

— ⁷Quando se completarem os mil anos, Satanás será solto de sua prisão ⁸e sairá para seduzir as nações dos quatro cantos da terra, *Gog* e *Magog,*ᵉ reunindo-as para o combate; seu número é como a areia do mar... ⁹Subiram sobre a superfície da terra e cercaram o acampamento dos santos, a Cidade amada;ᶠ *mas um fogo desceu do céu* e os devorou. ¹⁰O Diabo que os seduzira foi então lançado no lago de fogo e de enxofre, onde já se achavam a Besta e o falso profeta. E serão atormentados dia e noite, pelos séculos dos séculos.

O julgamento das nações

— ¹¹Vi depois um grande trono branco e aquele que nele se assenta.ᵍ O céu e a terra fugiram de sua presença, sem deixar vestígios. ¹²Vi então os mortos, grandes e pequenos, em pé diante do trono, e *abriram-se livros*. Também foi aberto outro livro, o da vida. Os mortos foram então julgados conforme sua conduta, a partir do que estava escrito nos livros.ʰ

¹³O mar devolveu os mortos que nele jaziam, a Morte e o Hades entregaram os mortos que neles estavam, e cada um foi julgado conforme sua conduta. ¹⁴A Morte e o Hades foram então lançados no lago de fogo.ⁱ Esta é a segunda morte: o lago de fogo. ¹⁵E quem não se achava inscrito no livro da vida foi também lançado no lago de fogo.

---

a) Este versículo difícil é um dos lugares em que se acredita encontrar as etapas e retoques na redação do livro; 20,1-6 é duplicata de 19,11-21? (cf. Mt 19,28; 1Cor 6,2-3).
b) Esta "ressurreição" dos mártires (cf. Is 26,19; Ez 37) é simbólica: é a renovação da Igreja depois do término da perseguição romana, com a mesma duração que o cativeiro do Dragão. Os mártires que esperam sob o altar (6,9-11) estão desde agora felizes com Cristo. O "reino de mil anos" é, portanto, a fase terrestre do Reino de Deus, desde a queda de Roma até à vinda de Cristo (20,11ss). — Para santo Agostinho e muitos outros, os "mil anos" se iniciam com a ressurreição de Cristo; a "primeira ressurreição" seria então o batismo (cf. Rm 6,1-11; Jo 5,25-28). — Desde a Igreja antiga, uma corrente da Tradição interpretou literalmente *este versículo: após uma primeira ressurreição real*, a dos mártires, Cristo voltaria sobre a terra para um reino feliz de mil anos, em companhia de seus fiéis. Este milenarismo literal nunca foi favorecido na Igreja.
c) A morte eterna, oposta à morte corporal.

d) Este reino fora anunciado em 5,9-10. Ele ainda será descrito sob o símbolo da Jerusalém futura em 21,9-22,2 e 22,6-15, embora esta passagem venha depois da evocação do julgamento final (20,13-15).
e) Em Ez 38,39 trata-se de "Gog, rei de Magog". Aqui os dois nomes simbolizam as nações gentílicas ligadas contra a Igreja no fim dos tempos.
f) Uma nova terra prometida, de que Jerusalém é a capital (21,2+), resiste a esta última invasão (cf. Lc 21,24). Mas esta localização é uma figura de toda a Igreja.
g) Após a ressurreição de todos intervém o Juiz (2,23; 3,5; cf. 19,13+; Dn 7,10). A criação presente desaparecerá diante de outra, completamente nova (Ap 21,1+).
h) Os primeiros livros abertos contêm as ações boas ou más dos homens; o livro da vida (3,5) contém o nome dos predestinados (3,5; 17,8; 20,12.15; 21,27; cf. Fl 4,3; Dn 7,10+; 12,1+; At 13,48+).
i) Depois do julgamento final, a própria morte será reduzida à impotência (cf. 20,10; 21,4 e 20,6).

4. A JERUSALÉM FUTURA

21 *A Jerusalém celeste*[a] — ¹Vi então *um céu novo e uma nova terra*[b] — pois o primeiro céu e a primeira terra se foram, e o mar já não existe.[c] ²Vi também descer do céu, de junto de Deus, a Cidade Santa, uma Jerusalém nova, pronta como uma esposa que se enfeitou para seu marido.[d] ³Nisto ouvi uma voz forte que, do trono, dizia:

"Eis a tenda de Deus com os homens.
Ele habitará com eles;
eles serão o seu povo,
e ele, *Deus-com-eles*, será o seu Deus.[e]

⁴ *Ele enxugará toda lágrima dos seus olhos*,
pois nunca mais haverá morte,
nem luto, nem clamor, e nem dor haverá mais.
Sim! As coisas antigas se foram!"

⁵O que está sentado no trono declarou então: "Eis que eu faço novas todas as coisas." E continuou: "Escreve, porque estas palavras são fiéis e verdadeiras". ⁶Disse-me ainda:

"Elas se realizaram!
Eu sou o Alfa e o Ômega,
o Princípio e o Fim;
e a quem tem sede eu darei gratuitamente
da fonte de água viva.[f]

⁷ O vencedor receberá esta herança,
e eu serei seu Deus e ele será meu filho.[g]

⁸Quanto aos covardes, porém, e aos infiéis, aos corruptos, aos assassinos, aos impudicos, aos magos, aos idólatras e a todos os mentirosos, a sua porção se encontra no lago ardente de fogo e enxofre, que é a segunda morte."[h]

A Jerusalém messiânica[i] — ⁹Depois, um dos sete Anjos das sete taças cheias com as sete últimas pragas veio até mim e disse-me: "Vem! Vou mostrar-te a

---

a) A cidade dos eleitos em total contraste com Babilônia (17), é dom de Deus. A perspectiva é puramente celeste, como em 7,15-17. O início é inspirado em Isaías (sobretudo 51 e 65). Jerusalém, cidade de Davi, capital e centro religioso de Israel (2Sm 5,9+; 24,25; 1Rs 6,2; Sl 122), cidade de Deus (Sl 46,5), cidade santa (Is 52,1; Dn 9,24; Mt 4,5 etc.), cujo coração era a montanha (Sl 2,6+), onde o Templo fora construído (Dt 12,2-3+), era tida em Israel como a futura metrópole do povo messiânico (Is 2,1-5; 54,11+; 60; Jr 3,17+; Sl 87,1+; 122; Lc 2,38+). Foi lá que o Espírito Santo fundou a Igreja cristã (At 1,4.8+; 2; 8,1.4 etc.). Aqui foi transportada para o céu onde se cumpre o desígnio salvífico de Deus (3,12; 11,1; 20,9; 22,19; cf. Gl 4,26; Fl 3,20; At 2,22-24+), quando são celebradas suas núpcias com o Cordeiro (19,7-8+; cf. Is 61,10; 62,4-5; Os 1,2+; 2,16 etc.).
b) Em Isaías (65,17; 66,22), a expressão era apenas o símbolo da renovação da era messiânica. Em consonância com Cristo (cf. Mt 19,28; 2Pd 3,13), são Paulo abre perspectivas mais realistas: toda a criação será um dia renovada, libertada da servidão da corrupção, transformada pela glória de Deus (Rm 8,19+).
c) O mar, moradia do Dragão e símbolo do mal (cf. Jó 7,12+), desaparecerá como nos dias do êxodo, mas desta vez para sempre, diante da marcha vitoriosa do novo Israel (cf. Is 51,9-10; Sl 74,13-14; Jó 26,12-13; Is 27,1).
d) São as novas núpcias de Jerusalém com seu Deus, na alegria e no júbilo (19,7; cf. Is 65,18; 61,10; 62,4-6), e o ideal do êxodo enfim atingido (cf. Os 2,16+).
e) "e ele, Deus-com-eles, será seu Deus", Vulg.; var.: "e o próprio Deus será o seu Deus"; ou: "e o próprio Deus estará com eles". Fórmula clássica da Aliança (Gn 17,8; Lv 26,11-12+; Jr 31,33; Ez 37,27; cf. 2Cor 6,16). A presença e a intimidade caracterizam a Aliança de Deus com seu povo (cf. Ex 25,8+ e Jo 1,14+). Ela será consumada no fim dos tempos (cf. Jl 4,17.21; Zc 2,14; Sf 3,15-17; Is 12,6).
f) No AT a água, símbolo de vida, era característica dos tempos messiânicos. No NT ela se torna o símbolo do Espírito (cf. 7,17; Jo 4,1+).
g) O título de "Filho de Deus" devia ser conferido ao Rei Messias, sucessor de Davi, no dia de sua entronização (2Sm 7,14+); Cristo foi declarado "Filho de Deus" em virtude de sua ressurreição (At 2,36+; Rm 1,4+; Hb 1,5). Ele estendeu este título aos que nele creem (Jo 1,12+).
h) A morte eterna (20,6.14). O fogo que devora se opõe à água (v. 6); um e outro são simbólicos.
i) É a Jerusalém messiânica, uma vez que as nações pagãs ainda existem (21,24) e podem se converter

Esposa, a mulher do Cordeiro!" ¹⁰Ele então me arrebatou em espírito sobre um grande e alto monte, e mostrou-me a Cidade Santa, Jerusalém, que descia do céu, de junto de Deus,*ᵃ* ¹¹*com a glória de Deus*. Seu esplendor é como o de uma pedra preciosíssima, uma pedra de jaspe cristalino. ¹²Ela está cercada por muralha grossa e alta, com doze portas. Sobre as portas há doze Anjos e nomes inscritos, *os nomes das doze tribos de Israel*: ¹³*três portas para o lado do oriente*; *três portas para o norte; três portas para o sul, e três portas para o ocidente*. ¹⁴A muralha da cidade tem doze alicerces, sobre os quais estão os nomes dos doze Apóstolos do Cordeiro.*ᵇ*

¹⁵Aquele que comigo falava tinha como medida uma cana de ouro, para medir a cidade, seus portões e sua muralha. ¹⁶A cidade é quadrada:*ᶜ* seu comprimento é igual à largura. Mediu então a cidade com a cana: doze mil estádios.*ᵈ* O comprimento, a largura e a altura são iguais. ¹⁷Mediu também a muralha: cento e quarenta e quatro côvados. — O Anjo media com medida humana. — ¹⁸O material de sua muralha é jaspe, e a cidade é de ouro puro, semelhante a um vidro límpido. ¹⁹Os alicerces da muralha da cidade são recamados com todo tipo de pedras preciosas:*ᵉ* o primeiro alicerce é de jaspe, o segundo de safira, o terceiro de calcedônia, o quarto de esmeralda, ²⁰o quinto de sardônica, o sexto de cornalina, o sétimo de crisólito, o oitavo de berilo, o nono de topázio, o décimo de crisópraso, o décimo primeiro de jacinto, o décimo segundo de ametista. ²¹As doze portas são doze pérolas: cada uma das portas era feita de uma só pérola. A praça da cidade é de ouro puro como cristal transparente. ²²Não vi nenhum templo nela,*ᶠ* pois o seu templo é o Senhor, o Deus Todo-poderoso, e o Cordeiro. ²³A cidade não precisa do sol ou da lua para a iluminar, pois a glória de Deus a ilumina, e sua lâmpada é o Cordeiro.

²⁴*As nações caminharão à sua luz*,
   e os reis da terra trarão a ela sua glória;
²⁵*suas portas nunca se fecharão de dia*
   — pois ali já não haverá noite*ᵍ* —
²⁶*e lhe trarão a glória* e o tesouro *das nações*.
²⁷Nela jamais entrará algo de imundo,
   e nem os que praticam abominação e mentira.
Entrarão somente os que estão inscritos
no livro da vida do Cordeiro.

22

¹Mostrou-me depois um rio de água da vida, límpido como cristal, que saía do trono de Deus e do Cordeiro.*ʰ* ²No meio da praça, *de um lado e do outro do rio*,*ⁱ* há árvores da vida que frutificam doze vezes, dando fruto a cada mês; e suas folhas servem para curar as nações.

ao Deus verdadeiro (22,2); mas ela já é a Jerusalém celeste e espera apenas a sua manifestação eterna. Os traços desta descrição são tornados sobretudo de Ez 40-48.
a) A salvação messiânica e eterna é dom de Deus (21,2).
b) A perfeição, na totalidade do novo povo, sucede à do antigo. As doze tribos de Israel (7,4-8) correspondem os doze Apóstolos (cf. Mt 19,28p; Mc 3,14; Ef 2,20). Todos os números múltiplos de 12, nesta descrição, exprimem a mesma ideia de perfeição.
c) Sinal de perfeição.
d) 12 (o número do novo Israel) multiplicado por 1000 (multidão).
e) Estas pedrarias e suas cores deixam impressão global de solidez e esplendor, reflexo da glória divina (cf.

2Cor 3,18). Ver Is 54,11-12; Ez 28,13, e a descrição do peitoral do Sumo Sacerdote (Ex 28,17-21; 39,10-14).
f) O Templo em que Deus residia, no coração da Jerusalém terrestre (11,19; 14,15-17; 15,5-16,1), agora desapareceu. O lugar do novo culto espiritual é o corpo de Cristo imolado e ressuscitado (cf. Jo 2,19-22+; 4,23-24; Rm 12,1+).
g) Do mesmo modo, é o Ressuscitado que, de Jerusalém, espalha sua luz sem sombra e sua santidade (v. 27) sobre todas as nações reunidas (22,5; cf. Jo 8,12+; 2Cor 4,6).
h) As águas vivas e vivificantes simbolizam o Espírito (cf. Jo 4,1+; 7,37-39). Nesta passagem, João entrevê a Trindade.
i) Outros preferem dividir assim: "...que saía... no meio da praça. E de um lado e do outro..."

³Nunca mais haverá maldições.ᵃ
Nela estará o trono de Deus e do Cordeiro,
e seus servos lhe prestarão culto;
⁴verão sua face,
e seu nome estará sobre suas frontes.
⁵Já não haverá noite:
ninguém mais precisará da luz da lâmpada,
nem da luz do sol,
porque o Senhor Deus brilhará sobre eles,
e eles reinarão pelos séculos dos séculos.ᵇ

⁶Disse-me então:ᶜ "Estas palavras são fiéis e verdadeiras, pois o Senhor Deus, que inspira os profetas, enviou o seu Anjo para mostrar aos seus servos *o que deve acontecer muito em breve*. ⁷Eis que eu venho em breve! Feliz aquele que observa as palavras da profecia deste livro". ⁸Eu, João, fui o ouvinte e a testemunha ocular destas coisas. Tendo-as ouvido e visto, prostrei-me para adorar o Anjo que me havia mostrado tais coisas. ⁹Ele, porém, me impediu: "Não! Não o faças! Sou servo como tu e como teus irmãos, os profetas, e como aqueles que observam as palavras deste livro. É a Deus que deves adorar!"

¹⁰E acrescentou: "Não retenhas em segredo as palavras da profecia deste livro, pois o Tempo está próximo. ¹¹Que o injusto cometa ainda a injustiçaᵈ e o sujo continue a sujar-se; que o justo pratique ainda a justiça e que o santo continue a santificar-se. ¹²*Eis que eu venho em breve, e trago comigo o salário para retribuir a cada um conforme o seu trabalho*. ¹³Eu sou o Alfa e o Ômega, o *Primeiro e o Último*, o Princípio e o Fim. ¹⁴Felizes os que lavam suas vestes para terem poder sobre a árvore da Vida e para entrarem na Cidade pelas portas.ᵉ ¹⁵Ficarão de fora os cães, os mágicos, os impudicos, os homicidas, os idólatras e todos os que amam ou praticam a mentira."

Epílogo

¹⁶Eu, Jesus, enviei meu Anjo para vos atestar estas coisas a respeito das Igrejas. Eu sou o rebento da estirpe de Davi, a brilhante Estrela da manhã.

¹⁷O Espírito e a Esposaᶠ dizem: "Vem!" Que aquele que ouve diga também: "Vem!"ᵍ Que *o sedento venha*, e quem o deseja, *receba gratuitamente água da vida*.

¹⁸A todo o que ouve as palavras da profecia deste livro, eu declaro:ʰ "Se alguém lhes fizer algum acréscimo, Deus lhe acrescentará as pragas descritas neste livro. ¹⁹E se alguém tirar algo das palavras do livro desta profecia, Deus

---

a) Os vv. 3-5 ("texto II") devem ser inseridos depois de 21,4 (cf. a Introdução ao Apocalipse).

b) Os vv. 3-5 estão no futuro, promessa firme do reino e da visão sem fim (cf. 1Cor 13,12; 1Jo 3,2) dos servidores de Deus e do Cordeiro (3,12; 7,3; 14,1).

c) A sequência toda tem o aspecto de epílogo. É uma espécie de diálogo entre o Anjo (ou Jesus) e o Vidente, comentando as visões contidas no livro e o uso que se deve fazer dele. A maioria das expressões já se acha disseminada no livro. O fim (vv. 16-20) é claramente atribuído a Jesus.

d) O plano divino se cumprirá, seja qual for a conduta do homem.

e) Jerusalém, descrita em 21,9s.

f) É o Espírito presente na Igreja, esposa de Cristo (21,2.9-10), que lhe inspira este apelo que corresponde à mensagem do livro.

g) Esta súplica se dirige ao Senhor Jesus (v. 20): é o *Marana tha* que se repetia no decorrer das reuniões litúrgicas (1Cor 16,22), para exprimir a espera impaciente da Parusia (ver 1Ts 5,1+).

h) Este esquema é muito antigo (Dt 4,2; 13,1; Pr 30,6; conforme Ecl 3,14) e constitui um modo

lhe tirará também a sua parte da árvore da Vida e da Cidade Santa, que estão descritas neste livro!"

At 3,20-21
1Cor 15,23 +

²⁰Aquele que atesta estas coisas, diz: "Sim, venho muito em breve!" Amém! Vem, Senhor Jesus!*ᵃ*

²¹A graça do Senhor Jesus esteja com todos!*ᵇ* Amém.

---

de proteger um escrito sagrado contra qualquer falsificação.
a) Jesus confirma que sua vinda é próxima (vv.7.12; e já 1,3.7 etc.); seu sim responde ao apelo da Igreja e dos fiéis; e o Amém destes (Rm 1,25+) exprime sua fé alegre e seu desejo.
b) Var.: "com os santos"; ou: "com todos os santos".

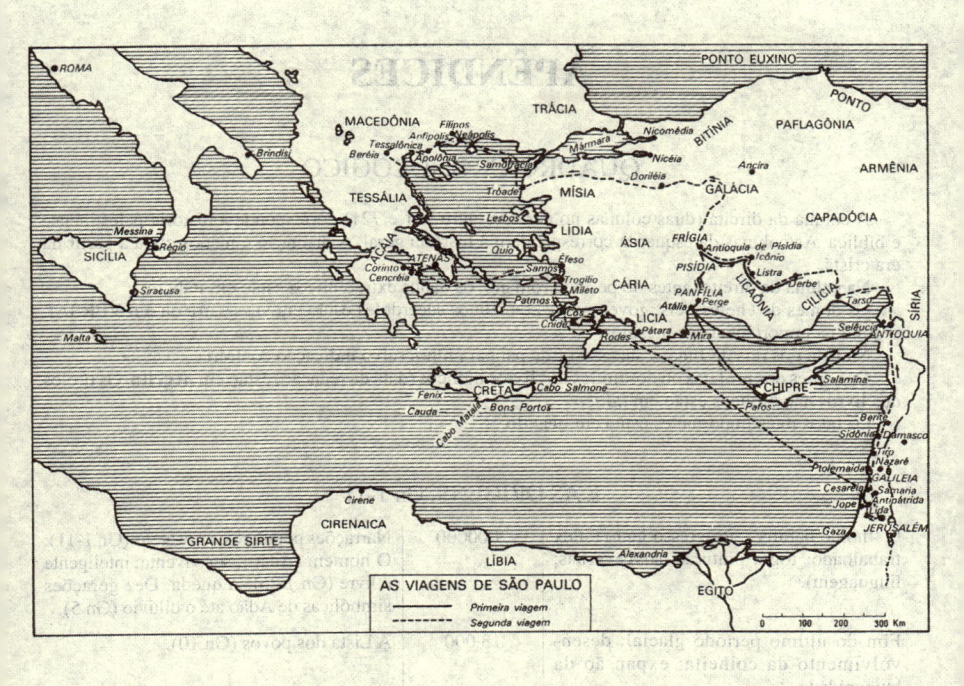

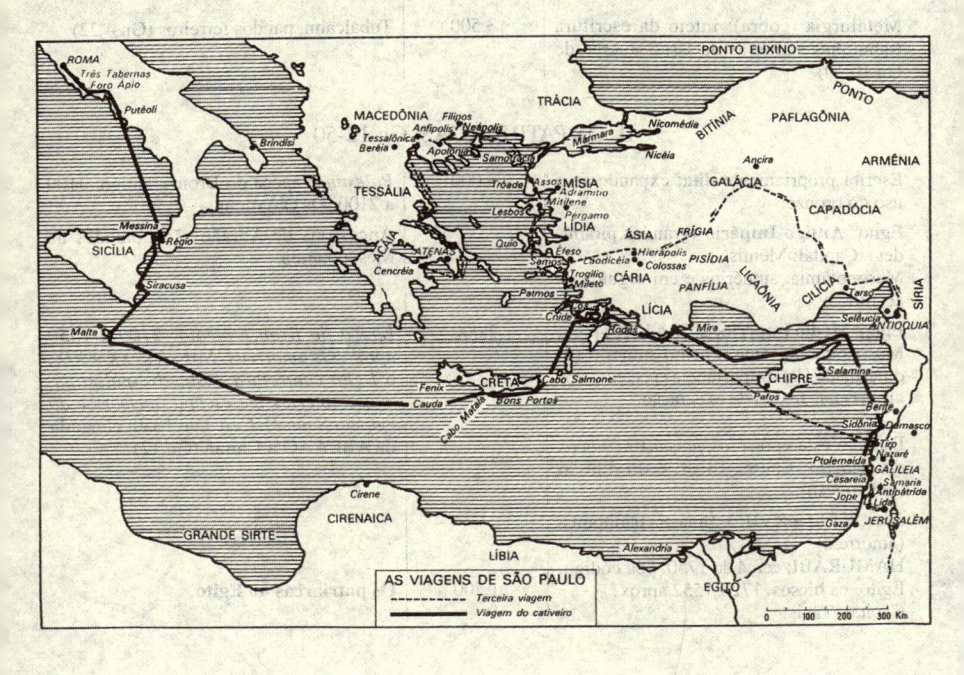

AS VIAGENS DE SÃO PAULO
— Primeira viagem
--- Segunda viagem

AS VIAGENS DE SÃO PAULO
--- Terceira viagem
— Viagem do cativeiro

APÊNDICES

QUADRO CRONOLÓGICO

A coluna da direita (duas colunas no período entre 931 e 721) corresponde à história palestinense e bíblica. As colunas da esquerda correspondem à história geral. A distinção é menos clara a partir da era cristã.

Na coluna da direita, antes do período romano, os dados extrabíblicos estão em itálico.

Os nomes de chefes, reis, governadores ou sumos sacerdotes estão em VERSALETE ou em VERSAL segundo a importância dos mesmos.

Na lista dos reis de Judá, a sucessão é de pai para filho, salvo indicação contrária.

Os nomes dos profetas ou dos títulos dos livros bíblicos (data da redação) estão em **negrito**. Os títulos dos livros não bíblicos estão em *itálico*.

Os fatos mais importantes estão em **negrito**.

I. AS ORIGENS. Gn 1-11

O "homo habilis". Progresso lento (sílex trabalhado; fogo; pinturas nas cavernas; linguagem).	2000000	Narrações populares: as origens (Gn 1-11): O homem (Adão), ser vivente, inteligente e livre (Gn 1,26). A queda. Dez gerações simbólicas de Adão até o dilúvio (Gn 5).
Fim do último período glacial; desenvolvimento da colheita; expansão da humanidade.	13.000	A Lista dos povos (Gn 10).
Criação de animais e agricultura; aldeias.	9.000	Abel e Caim (Gn 4,2; Henoc 4,17).
Cerâmica pintada.	5.000	
Metalurgia (cobre); início da escritura (tabuinhas sumérias de Uruc = Arac de Gn 10,10).	3.500	Tubalcaim, pai dos ferreiros (Gn 4,22).

II. OS PATRIARCAS. Gn 12-50

Escrita propriamente dita; expande-se o uso do bronze. Egito: **Antigo Império** (grandes pirâmides). Capital: Mênfis. Mesopotâmia: sumérios e em seguida os acádios.	3.000	*Palestina: época do Bronze antigo: 3100 a 2100*. **Os cananeus.** Ancestrais de Abraão são nômades na Mesopotâmia.
Egito: **Médio Império:** 2030 a 1720 aprox. Mesopotâmia: renascimento sumério (3ª dinastia de Ur). Importância crescente dos **amorreus**. Textos de execração. Durante esta época, *os poemas acádicos da criação* (Enuma Elish) *e do dilúvio* (Gilgamesh). Sécs. XVIII e XVII: 1ª dinastia babilônica (amorreia). HAMURÁBI: cerca de 1750. Seu código. Egito: os **hicsos**, 1720-1552 aprox. Capital: Tânis.	2.000	*Época do Bronze médio: 2100 a 1550 aprox. Os amorreus. Nos sécs. XX e XIX, o Egito controla a costa siro-palestina, mas o interior lhe escapa (memórias do egípcio Sinuhe)*. Cerca de 1850: **chegada de ABRAÃO a Canaã** (Gn 12).
	1.700	**Os patriarcas no Egito.**

III. MOISÉS E JOSUÉ. Ex/Nm/Dt/Js

Egito: **Novo Império** (da 18ª à 20ª dinastia): 1552-1070. Capital: Tebas.	1.500	*Época do Bronze recente:* 1550 a 1200 aprox. Horreus na Palestina.
TUTMOSIS III: 1468-1436 (campanhas na Palestina e na Síria).	1.400	Cartas de el-Amarna (os *Hapiri; Abdiepa*, *rei de Jerusalém*).
AKHENATON (= Amenófis IV): 1374-1347. Culto exclusivo ao deus Aton. O grande hino a Aton. Capital em Tel el-Amarna.		
TUTANCAMON: 1347-1338.	1.350	Tabuinhas alfabéticas de Ugarit (sécs. XIV e XIII).
Na Ásia Menor e Síria do Norte, os **hititas** (= heteus). SHUPPILULIUMASH: 1370-1336.		
Egito: 19ª dinastia: 1304-1184.		
SETI I: 1304-1290.		
RAMSÉS II: 1290-1224. Residência em Pi-Ramsés. Luta e aliança com os hititas.	1.300	Estelas de Seti I e de Ramsés II em Betsã (Beisã). Os hebreus são submetidos à corveia para construir Pi-Ramsés (Ex 1,11). Cerca de 1250: **o Êxodo**. MOISÉS; **a Lei no Sinai**.
MERNEPTÁ: 1224-1204. Ano 5: estela mencionando uma vitória sobre o "povo de Israel".	1.250	
Mesopotâmia: nos sécs. XIII e XII, preponderância assíria.		Entre 1220 e 1200 aprox., Josué invade a Palestina. *Nos lugares de escavações (p. ex., Hasor, Js 11,10), nível arqueológico correspondente marcado por camada de ruínas e depauperamento do habitat e de utensílios.*

IV. DOS JUÍZES ATÉ SALOMÃO (1200-931). Jz/1-2Sm/1Rs 1-11/1Cr/2Cr 1-9

Egito: 20ª dinastia: 1184-1070. RAMSÉS III: cerca de 1175, vitória sobre os "**Povos do mar**" que querem forçar a entrada no Egito.	1.200	*Época do Ferro I:* 1200 a 900 aprox. **Os filisteus**, rechaçados por Ramsés III, se instalam na costa palestinense. O uso do ferro se expande lentamente.
Mesopotâmia: cerca de 1100, hegemonia assíria com TEGLAT-FALASAR I. Em seguida, enfraquecimento da Assíria e surgimento dos reinos arameus (Damasco, Soba, Emat, temporariamente Babilônia etc.).	1.100	Os JUÍZES: 1200 a 1025 aprox. Cerca de 1125: Débora e Barac triunfam sobre os cananeus em Tanac.
	1.050	Cerca de 1050: vitória dos filisteus em Afec e morte de Eli (sacerdote de Silo).
Egito: 21ª dinastia: 1070-945. Capital: Tânis. Viagem de Uenamon a Biblos.		SAMUEL: 1040 aprox. Santuário de Silo.
		SAUL: 1030 a 1010 aprox. Reside em Gabaá. Vitórias sobre os amonitas e filisteus. Derrota em Gelboé e morte de Saul.
SIAMON: 975-955.	1.000	DAVI: 1010 a 970 aprox. Cerca de 1000: **Tomada de Jerusalém**. Vitórias sobre os filisteus, sobre os moabitas, sobre o rei de Soba, sobre os arameus de Damasco, sobre os amonitas, amalecitas e edomitas; aliança com Emat (2Sm 8).
RAZON, rei de Damasco (1Rs 11,23s). PSUENES II: 955-950.	950	SALOMÃO: 970 aprox. a 931. Casa-se com a filha do Faraó. Ano 4: **construção do Templo** (1Rs 6,1). Comércio com a Fenícia e a Arábia. Atividade literária: provérbios, historiografia (2Sm 9-1Rs 2).

V. JUDÁ E ISRAEL (931-721). 1Rs 12-22/2Rs 1-17/2Cr 10-28/Am/Os/Is/Mq

Egito: 22ª dinastia: (Líbia) 945 a 725 aprox.
Capital: Bubastis.

SHESHONQ I: 945-925.
Campanha de Sheshonq na Palestina (Lista de Karnak).

OSORKON I: 925-889 aprox.

TABREMON, filho de Hezion, rei de Damasco (1Rs 15,18).

BEN-ADAD I, filho de Tabremon (1Rs 15,18).

Reaparecimento da **Assíria**:

ASSURNASIRPAL II: 883-859.
Impotência do Egito no séc. IX e durante a 1ª metade do séc. VIII.
BEN-ADAD II, rei de Damasco.

SALMANASSAR III, rei da Assíria: 858-824. Em 853, em **Carcar**, sobre o Orontes, vence doze reis, entre os quais Adadezer (=Ben-Adad) e Acab.

MESHA (= MESA), rei de Moab. 840: estela de Mesha (opressão de Amri e de Acab e depois derrota de Israel).

HAZAEL, rei de Damasco. Vencido por Salmanassar III.

841: Salmanassar III vence Hazael, alcança o mar e recebe tributo de Jeú e dos reis de Tiro e Sidônia.

Época do Ferro II: 900 a 600 aprox.

Assembleia de Siquém e **cisma**: por volta de 931 (1Rs 12).

ISRAEL

JEROBOÃO I: 931-910. Residência em Tersa. Cultos em Betel e Dã.

NADAB: 910-909.
BAASA: 909-886. Massacre da casa de Jeroboão.

ELA: 886-885.
ZAMBRI: 7 dias.
OMRI: 885-874. Funda **Samaria**. Controla o país de Moab.

ACAB: 874-853. Casa-se com Jezabel, filha de Etbaal, rei de Tiro e Sidônia. Templo a Baal. Aumenta seu palácio. *Marfim de Samaria* (cf. 1Rs 22,39). **Elias** e a reação javista (1Rs 17-19; 21; 2Rs 1).
Guerras contra Ben-Adad II (1Rs 20 e 22). Batalhas de Afec e Ramot.

OCOZIAS: 853-852.
JORÃO: 852-841, irmão de Ocozias. Campanha contra Mesha junto com o rei de Judá. **Eliseu** (2Rs 2-13). Jorão defende Ramot de Galaad junto com Ocozias de **Judá** contra Hazael. É morto por Jeú com toda a sua família.

JEÚ: 841-814. Reação javista. Hazael apodera-se de Galaad.

JUDÁ

ROBOÃO: 931-913. Ano 5: Templo saqueado por Sheshonq (= Sesac, 1Rs 14,25s). *Estela de Sheshonq em Meguido*.

ABIAM: 913-911.
ASA: 911-870. Luta contra a idolatria. Aliança com Ben-Adad contra Baasa.

JOSAFÁ: 870-848. Luta contra a idolatria. Aliado de Acab. Controla Edom.

JORÃO: 848-841. Casa-se com Atalia, filha de Amri. Culto a Baal. Edom se liberta.

OCOZIAS: 841. Morto por ordem de Jeú.

ATALIA: 841-835. Massacre dos filhos do rei; só Joás esca-

900

850

BEN-ADAD III, rei de Damasco. Derrotado por Salmanassar III.

ADADNIRARI III: 810-783. Em 805 recebe tributo de Ben-Adad III e do rei de Israel.

800

JOACAZ: 814-798. Filho de Jeú. Perseguido por Ben-Adad III (2Rs 13,3; cf. 2Rs 6,24 +).

pa. Complô de Joiada e morte de Atalia.
JOÁS: 835-796. Filho de Ocozias. Restaura o Templo. Ha-zael toma Gat.

JOÁS: 798-783. Morte de Eliseu. Joás retoma de Ben-Adad III as cidades perdidas (2Rs 13,25). Vitória sobre Amasias em Bet-Sames. *Ós-traco de Samaria*.

AMASIAS: 796-781. Vitória sobre Edom. Derrota para Joás de Israel. Morto em Laquis.

ZAKIR, rei de Emat.
Entre 783 e 745: enfraquecimento da Assíria.

750

JEROBOÃO II: 783-743. Restabelece os limites de Israel. Cerca de 750: **Amós** e pouco depois **Oseias**.

OZIAS: 781-740 (= Azarias). Restabelece a sua autoridade até Elat. Desenvolve a agricultura.

Egito: rivalidade entre a 22ª dinastia (Bubastis) e a 23ª (Tebas).
TEGLAT-FALASAR III: 745-727 (= Pul) na Babilônia. **Países conquistados são reduzidos a províncias; trocas de populações**.

ZACARIAS: 743.

SELUM: 743.

740: vocação de **Isaías** (Is 6,1).

RASON, rei de Damasco.

MANAÉM: 743-738. Paga tributo a Pul (2Rs 15,19).

JOATÃO: 740-736. Início da pregação de **Miqueias**.

Cerca de 738: Teglat-Falasar III recebe tributo de Rason, de Manaém e dos príncipes do oeste.

FACEIAS: 738-737. Morto por Faceia que o sucede.

ACAZ: 736-716.

Cerca de 734: Teglat-Falasar III se apodera de uma parte da Galileia. Tributo de Acaz.

FACEIA: 737-732. Perde a Galileia e Galaad (2Rs 15,29). Morto por Oseias que o sucede.

Rason e Faceia sitiam Jerusalém. **Orá-culo de Isaías sobre o Emanuel**. Apelo a Teglat-Falasar, que toma Damasco e mata Rason (2Rs 16,9).

Cerca de 732: Campanha contra Rason. **Fim** da independência **de Damasco**. Coloca Oseias no lugar de Faceia.
SALMANASAR V: 726-722.
SARGON II: 721-705. Toma Samaria ou atribui a si a vitória de seu pai. Funda a província assíria de Samerina. Põe fim ao reinado de Emat (720).

OSEIAS: 732-724. Faz aliança com o Egito.

Cerco de Samaria. 722 ou 721: **queda de Samaria**. Deportações. Instalação de estrangeiros e sincretismo religioso (2Rs 17,5s).

VI. FIM DO REINO DE JUDÁ (721-587). 2Rs 18-25/2Cr 29-36/Sf/Na/Hab/Jr/Ez

EGITO

JUDÁ

Sargon II derrota o egípcio Sibé em Ráfia.

24ª dinastia: Capital Sais.

EZEQUIAS: 716-687. O exército de Sargon se apodera de Azoto (Is 20,1). Embaixada

QUADRO CRONOLÓGICO

Seu palácio de Corsabad junto a Nínive.			de Merodac-Baladã (2Rs 20,12s).
Em 711: toma Azoto.	Bócoris: 715-709. 25ª dinastia (núbia).		Ministério de **Isaías**.
De 721 a 711 e em 703, o caldeu Marduk-apal-iddina (Merodac-Baladã), rei da Babilônia.	Shabaka: 710-696.		
SENAQUERIB: 704-681.			Trabalhos de Ezequias em Jerusalém. *Inscrição do canal de Siloé*. Senaquerib invade a Judeia e recebe tributo de Ezequias (2Rs 18,13-16).
Em 701: Vitória em Eltece sobre os acaronitas ajudados pelos egípcios e etíopes (núbios). Toma 46 cidades de Ezequias e lhe impõe um tributo.		700	
Cerca de 690: campanha na Arábia até Duma. Na volta, tomada de Laquis (relevo de Nínive não datado).	Shabatoka: 696-685 TIRHAQA, seu irmão, nascido em 710 aprox. Coregente em 690. Rei: de 685 a 664.		Atividade literária (Pr 25,1). Segunda (?) campanha de Senaquerib na Palestina. Tomada de Laquis. Ameaça de Tirhaqa (= Taraca). Recuo de Senaquerib (cf. 2Rs 18,17-19,37).
ASARADON: 680-669. Cerca de 671: toma de Tirhaqa o Baixo Egito. Recebe tributos dos reis do oeste, entre os quais Manassés.			Manassés: 687-642. Cultos pagãos no Templo. Cativeiro na Babilônia segundo 2Cr 33,11.
ASSURBANIPAL: 669-630? 668: tributo de **Manassés**. Campanha do Egito: Tirhaqa rechaçado para além de Tebas.	Tanutamon: 664-656. 26ª dinastia: 663-625. Capital: Sais. PSAMÉTICO I: 663-609.		
Cerca de 663: segunda campanha no Egito contra Tanutamon. Saque de Tebas.			
Biblioteca de Assurbanipal em Nínive.	Cerca de 650: expulsa os assírios do Egito.	650	Amon: 642-640.
			JOSIAS: 640-609.
			Cerca de 630: **Sofonias**.
			627: vocação de **Jeremias** (Jr 25,3).
Assuretilliani: 630-623.	Cerca de 625: impede **a invasão cita.**		
Babilônia: **a dinastia neobabilônica**: 626-539.			622: descoberta do "**livro da Lei**" (2Rs 23,25). **Reforma religiosa** que se estende à Samaria. Elaboração dos documentos históricos segundo o espírito do Dt: primeira redação dos livros de **Josué, Juízes, Samuel, Reis**.
NABOPOLASSAR: 626-605.			
Sinsariscun: 627-612, rei da Assíria.			
612: CIÁXARES, rei dos medos, e Nabopolassar tomam Nínive.			Cerca de 612: **Naum**.

Assurbalit II: 612-609. Reina em Harã. Em 609 é rechaçado da Mesopotâmia.		
609: O rei Nabopolassar rechaça o exército de Necao vindo em ajuda da Assíria. **606: derruba o império assírio.**	Necao: 609-594.	609: Josias é morto quando se opunha ao avanço de Necao. Joacaz: 609. Depois de três meses, Necao o substitui, colocando em seu lugar o seu irmão. Joaquim: 609-597.
605: O príncipe herdeiro Nabucodonosor vence o exército de Necao em Carquemis e se apodera da Síria. NABUCODONOSOR: set. 605-562.		605: Nabucodonosor vence Necao em **Carquemis** (Jr 46,2). **Profecia dos setenta anos de exílio** (Jr 25,1.11).
605-604: segunda campanha na Síria. 604-603: terceira campanha e tomada de Ascalon (dez. de 604).	Carta aramaica do rei filisteu Adon ao Faraó (Necao).	Invasão da Filisteia (Jr 47,1-7). Joaquim vassalo por três anos (2Rs 24,1; 2Cr 36,6; Dn 1,1).
Fim de 601: Nabucodonosor é derrotado no Egito.	600	Cerca de 600: Revolta de Joaquim.
599-598: incursões contra os árabes.		Incursões de bandos caldeus e arameus (2Rs 24,2). O profeta **Habacuc** (?).
Início de 597: Nabucodonosor sitia a capital da Judeia e a toma em 16 de março de 597. Aprisiona o rei e o substitui por outro.		Joaquin: 598-597. Cerco de Jerusalém. Joaquin se rende a Nabucodonosor depois de três meses de reinado. **Deportação para a Babilônia.** Joaquin é substituído por seu tio.
Tabuinhas mencionando Joaquin e seu filho entre os comensais da corte de Nabucodonosor.	Psamético II: 594-589.	Sedecias (filho de Josias): 597-587 (586). Jeremias e os falsos profetas. **Ezequiel** prediz a ruína de Jerusalém (Ez 1-23).
	Hofra (Apriés): 589-566.	589/588: revolta de Sedecias. Em dez. ou jan., início do cerco de Jerusalém.
587: cerco de Tiro que se prolonga por 13 anos.		Início de 587: estratégia de Hofra. Cerco de Tiro (Ez 26-27).
Naduzeridinam é nomeado no início de uma lista de funcionários reais.		Jun./jul. 587 ou 586: **queda de Jerusalém**. Captura de Sedecias. Um mês depois, Nabuzardã destrói o Templo e a cidade. Nova deportação. Godolias governador é assassinado em set./out. Jeremias é levado para o Egito (Jr 42-43). 582/581: nova deportação (Jr 52,30). 573: visão do Templo futuro (Ez 40). Jr 46,13.
568/567: campanha contra Amasis.	569: Amasis, corregente. 566-526 (?): rei.	

QUADRO CRONOLÓGICO

AVIL-MARDUK: (Evil-Merodac) 562-560.

NERIGLISAR: 560-556.

LABASHIMARDUK: 556.

NABÔNIDES: 556-539. Durante a sua estada de 10 anos em Teima, é substituído pelo príncipe herdeiro BELSHAZAR.

555: CIRO, rei dos **persas**, se revolta contra seu suzerano Astíages, rei dos medos.

549: CIRO, rei dos medos e persas.

546: CIRO toma Sardes (Creso): morto no verão de 530.

525: PSAMÉTICO III.

561: Evil-Merodac agracia Joaquin.

550

Isaías 40-55 (Livro da Consolação).

VII. A RESTAURAÇÃO DURANTE O PERÍODO PERSA (538-333). Esd/Ne/Ag/Zc/Ml

Out. 539: O exército de Ciro entra em Babilônia. Ciro devolve às cidades os ídolos levados para a Babilônia.

O palácio de Passárgada.

CAMBISES: 530-522. Filho de Ciro. Conquista o Egito que permanecerá sob o império persa até o ano 400 (27ª dinastia).

DARIO I: 521-486. Organiza o império persa: a Síria e a Palestina formam a 5ª satrapia e o Egito, a 6ª.

O palácio de Persépolis.

490: Batalha de Maratona.

XERXES I: 486-465 (= Assuero).

480: Toma Atenas mas é derrotado em Sa-lamina.

ARTAXERXES I LONGÍMANO: 465-423.

Revoltas no Egito e na Síria.

Em Atenas: Péricles.

ARSHAM, sátrapa do Egito: 455/4-403.

500

450

538: **Edito de Ciro**. Retorno do exílio.

SASABASSAR, alto comissário (Esd 5,14).

Outono de 538: restauração do altar dos holocaustos (Esd 3,3).

Março-junho de 537: **fundação do segundo Templo** (Esd 3,8; 5,16).

520-515: **construção do segundo Templo** (Esd 6,15; Ag 2,15). O alto comissário ZOROBABEL e o Sumo Sacerdote JOSUÉ. Os profetas **Ageu** e **Zacarias**.

498 a 399: *papiros da colônia judaica de Elefantina*. O profeta **Abdias**.

Oposição dos samaritanos à reconstrução das muralhas de Jerusalém (Esd 4,6-7).

(458: missão de Esdras, se Esd 7,7 se refere a Artaxerxes I).

445-443: primeira missão de NEEMIAS (Ne 2,1; 5,14). Restauração das muralhas. Oposição de Sanabalat (*governador de Samaria segundo uma carta de Elefantina*), do amonita Tobias e do árabe Gosem.

Sob Xerxes e Artaxerxes I: o profeta **Malaquias**.

Possivelmente: **Jó, Provérbios, Cântico, Rute** e muitos **Salmos**.

(428: missão de Esdras, se se lê 37º ano ao invés de 7º em Esd 7,7-8).

(XERXES II: 423). DARIO II NOTOS: 423-404.		Antes da morte de Artaxerxes: segunda missão de Neemias e reformas inspiradas no Deuteronômio (Ne 13,6s). 419: *rescrito de Dario sobre a Páscoa conforme papiro de Elefantina.* Cerca de 410: *o caso do templo de Yaho em Elefantina.* *Prosperidade dos judeus da Babilônia conforme arquivos da família de Murashu.*
ARTAXERXES II MNEMON: 404-359/8. 401: revolta de Ciro, o Jovem, e expedição dos Dez Mil. Cerca de 400: O Egito se liberta (28ª à 30ª dinastia: 400-342).	400	(398: missão de ESDRAS, se se trata de Artaxerxes II em Esd 7,7). A legislação do Pentateuco, unificada por Esdras, é sancionada por Artaxerxes (Esd 7,26).
Platão. ARTAXERXES III OCOS: 359/8-338/7.	350	A Judeia forma um estado teocrático com moeda própria (*dracmas trazendo a inscrição YHD* = Judeia).
342: Reconquista do Egito (31ª dinastia: 342-332). FILIPE DE MACEDÔNIA. Aristóteles.		Antes de Alexandre: o profeta **Joel** e talvez a obra do Cronista: os livros das **Crônicas** e de **Esdras-Neemias**.
ARSES: 338/7-336/5. DARIO III CODOMANO: 336/5-330. ALEXANDRE MAGNO: 336-323. 333: Conquista da Síria. 332: conquista de Tiro e Gaza. Entrada no Egito. 331: fundação de **Alexandria**. 331: destruição do império persa na batalha de **Arbelas**. 330-326: conquista das satrapias orientais e da Índia. 323: morte em Babilônia.		No tempo de Alexandre: **Zc 9-14**. No fim da época persa ou início da época helenística: **Jonas** e **Tobias**.

VIII. ÉPOCA HELENÍSTICA (333-63). 1Mc/2Mc/Dn 11

Os diádocos disputam entre si o império de Alexandre (319-287).

No Egito: os LÁGIDAS.	Na Síria e Babilônia: os SE-LÊUCIDAS.		A Judeia sob o domínio dos Lágidas até o ano 200.
PTOLOMEU I SOTER: 323-285. Funda o "Museu" em Alexandria. Em Atenas, pouco antes do 300: fundação das escolas epicureia e estoica.	SELEUCO I NICÁTOR: 305/4-281. Em 300, funda **Antioquia** no Orontes.	300	Ptolomeu I instala judeus no Egito e Seleuco I em Antioquia (Josefo).
PTOLOMEU II FILADELFO: 285-246.	ANTÍOCO I SOTER: 281-261. Derrota os gálatas vindos da Ásia Menor.		Ptolomeu II manda traduzir para o grego a Lei pelos **Setenta** (*carta apócrifa de Aristeas*).

QUADRO CRONOLÓGICO

276-273: guerra com a Síria, que se perpetuará até o advento dos romanos.	ANTÍOCO II TEOS: 261-246.	Tobias, governador da Amanítida (suas construções em Araq el-Emir).
Cerca de 253: Ptolomeu II concede a mão de sua filha Berenice a Antíoco II, que repudia Laodice (cf. Dn 11,6).	247: início da era arsácida (os partos).	250 — Arquivos de Zenão. Ativa helenização na Palestina. Provavelmente os livros do **Eclesiastes** e de **Ester**.
	246: Laodice manda matar Berenice e seu filho (cf. Dn 11,6).	
PTOLOMEU III EVERGETES: 246-221.	Seleuco II Calínicos: 246-226.	
Supremacia do Egito (cf. Dn 11,7).	Seleuco III Cerauno: 226-223.	Ptolomeu III e Ptolomeu IV vitoriosos oferecem sacrifícios em Jerusalém (Josefo e 3Mc).
Ptolomeu IV Filopátor: 221-205.	ANTÍOCO III MAGNO: 223-187.	
217: Vitória em Ráfia sobre Antíoco (Dn 11,11).	Numerosas campanhas de Antíoco III, quase sempre vitoriosas (cf. Dn 11,10).	
Ptolomeu V Epífanes: 204-180.	202-200: Antíoco III reconquista a Palestina. Cerco e tomada de Gaza (cf. Dn 11,15?).	
199-198: Retorno ofensivo de Escopas, general de Ptolomeu.		
Cercado em Sidônia, Escopas acaba rendendo-se (cf. Dn 11,15).	200: Antíoco derrota Escopas em Panion.	200

O Egito, depois de Panion, perdeu a hegemonia.	**A Judeia sob o domínio dos Selêucidas:** 200-142 (cf. 1Mc 13,41).
197: em Cinocéfalo, Flamínio vence Filipe V da Macedônia (cf. 1Mc 8,5).	A carta de Antíoco III confirma o estatuto teocrático dos judeus (cf. 2Mc 4,11).
193: Antíoco III concede a mão de sua filha Cleópatra a Ptolomeu V (cf. Dn 11,17).	
189: Em Magnésia, Antíoco III é derrotado pelos Cipiões (cf. Dn 11,18). Seu filho Antíoco (IV) é refém em Roma (cf. 1Mc 8,6-7). A paz onerosa de Apameia (188).	
187: Antíoco III é morto em Elimaida (cf. Dn 11,19).	Simão II o Justo, Sumo Sacerdote. Obras em Jerusalém (Eclo 50). Jesus ben Sirá compõe o **Eclesiástico** (Sirácida). ONIAS III, Sumo Sacerdote. Episódio de Heliodoro (Dn 11,20; 2Mc 3.
Seleuco IV Filopátor; seu filho: 187-175. Assassinado pelo seu ministro Heliodoro.	
Ptolomeu VI Filométor: 180-145.	
ANTÍOCO IV EPÍFANES, irmão de Seleuco. Demétrio (I), refém em Roma.	
175/4: Filométor esposa sua irmã Cleópatra II (2Mc 4,21?).	175 — 175/4: Jasão, irmão de Onias III, Sumo Sacerdote. Jerusalém cidade grega sob o nome de Antioquia (2Mc 4,9).
170: co-regência de Filométor, Cleópatra II e seu irmão Ptolomeu VIII Fiscon.	172: Menelau, Sumo Sacerdote. Manda matar Onias III entre junho e setembro de 170 (Dn 9,25-26; 11,22; 2Mc 4,30-31).

169: 1ª campanha de Antíoco no Egito. No retorno, saqueia o Templo (Políbio).
168: 2ª campanha no Egito. Em Pidna, Paulo Emílio vence Perseu, rei da Macedônia (junho); cf. 1Mc 8,5. Junto a Alexandria, Caio Popílio Lenas obriga Antíoco a deixar o Egito (cf. Dn 11,29-30).

MITRÍADES I ARSACES VI, rei dos partas: 171-138.

165: Expedição de Antíoco IV na Armênia e no Irã.
Cerca de nov. de 164: Fim de Antíoco IV em Tabas (Políbio).

ANTÍOCO V EUPÁTOR: 164-162. O poder é exercido por Lísias.

DEMÉTRIO I SOTER, filho de Seleuco IV: 161-150. Manda matar Antíoco V e Lísias.

152-150: Alexandre Balas (filho de Antíoco IV?) disputa o poder com Demétrio I, que morre no combate.

Cerca de 150: Mitrídates I, senhor de quase todo o Irã.

ALEXANDRE BALAS: 150-145. Casa-se com Cleópatra Teia, filha de Ptolomeu VI.

148: A Macedônia se torna província romana.
146: Destruição de Cartago e Corinto.
147-145: Demétrio II, filho de Demétrio I, disputa a Síria com Alexandre Balas e casa-se com Cleópatra Teia. Batalha de

1ª campanha do Egito (Dn 11,24s; 1Mc 1,16s). Saque do Templo (2Mc 5,15ss).
2ª campanha do Egito (Dn 11,29; 2Mc 5,1).
167-164: **a grande perseguição**. Construção da Cidadela - **Acra** - (1Mc 1,33). 25 Casleu 145 / dez. 167: sacrifícios a **Zeus Olímpico no Templo** (1Mc 1,59; 2Mc 10,5; 6,2; cf. Dn 11,31 +).

Revolta do sacerdote MATATIAS. Os assideus se juntam a ele (1Mc 2,42; cf. Dn 11,32).

JUDAS MACABEU sucede a Matatias, seu pai: 166-160.

Início de 164: 1ª campanha de Lísias (1Mc 4,28s; 2Mc 11, menos vv. 22-26).

Livro de Daniel; o livro dos Sonhos (Henoc 83-90).

Fim de Antíoco IV (1Mc 6,1ss; 2Mc 9).
Advento de Antíoco V (1Mc 6,17; 2Mc 10,11). Dez 164 (25 Casleu): **Purificação do Templo** e dedicação (1Mc 4,36s; 2Mc 1,10s; 10,11s; cf. Dn 7,25a).

163: 2ª campanha de Lísias. Antíoco V concede liberdade religiosa aos judeus (1Mc 6,31s; 2Mc 13; 2Mc 11,22-26).

O Sumo Sacerdote ALCIMO pede a Demétrio para intervir contra Judas.
Aliança de Judas com Roma (1Mc 8).
Março de 160: Nicanor é derrotado e morto em **Adasa** (13 Adar); cf. 1Mc 7 e 2Mc 15.
Jasão de Cirene escreve sua obra (2Mc 2,19s) que será adaptada em 124 aprox. (2Mc 1,9s). **Segundo livro dos Macabeus**.
Abril-maio 160: Judas é morto em Berzet.
JÔNATAS sucede a seu irmão Judas: 160-143. Opressão de Báquides.
157-152: Jônatas "julga" em Macmas (1Mc 9,73).

Entre setembro e dezembro de 152: JÔNATAS é nomeado Sumo Sacerdote por Alexandre Balas. Onias, filho de Onias III, constrói um templo em Leontópolis (Ant. Jud. XIII, 62s; Guerra VII, 420s).
Criação da **comunidade essênia de Qumrã**? (cf. Ant. Jud. XIII, 171s; Regra da Comunidade).

Jônatas em Ptolemaida no casamento de Cleóprata Teia e de Alexandre Balas, que o nomeia estratego e meridarca (1Mc 10,65).

Jônatas triunfa sobre Apolônio, governador da Celessíria em lugar do jovem Demétrio, e se apodera das cidades costeiras (1Mc 10,67s).

QUADRO CRONOLÓGICO

Oinoparos perto de Antioquia: Ptolomeu VI é mortalmente ferido. Alexandre Balas é morto logo depois.

DEMÉTRIO II: 145-140 e 129-125.

PTOLOMEU VIII FISON: 145-116.

ANTÍOCO VI, filho de Alexandre Balas: 144-142. Entronizado em Antioquia por Diódoto (Trifão).

TRIFÃO rei: 142-138. Mata Antíoco VI em 142 ou 138.

141: Selêucia do Tigre e a Babilônia tomadas por Mitrídates.

140/139: contraofensiva de Demétrio II no Irã. É capturado pelos partos.

ANTÍOCO VII SIDETES, irmão de Demétrio II: 139/8-129. Trifão é vencido e se suicida (138).

133: ATÁLIO III, rei de Pérgamo, lega seus estados a Roma, que organiza a província da Ásia em 129.

129-64: lutas fratricidas entre os sucessores de Sidetes que perdem o controle da Palestina.

DEMÉTRIO III: 95-88 (em Damasco). Cerca de 84: Aretas III, rei da Nabateia, ocupa a Celessíria.

70: TIGRANO, rei da Armênia, senhor de toda a Síria.
67: a província romana de Creta-Cirenaica.

66-62: POMPEU no Oriente. O Ponto e a Bitínia se tornam províncias romanas.
64: em Antioquia, Pompeu declara deposto Filipe II, o último selêucida, e converte a **Síria** em **província romana**.

145: carta de Demétrio II confirmando Jônatas na Judeia e na Samaria meridional (1Mc 11,30s).

144: Antíoco VI confirma Jônatas nos seus cargos. Renovação das alianças com Roma e Esparta (1Mc 11,54s).

143: Jônatas capturado e depois morto por Trifão. SIMÃO, seu irmão, lhe sucede: 143-134.

142: Simão se coliga com Demétrio II, que confirma a carta de 145.

Junho de 141: **a Cidadela se rende a Simão**. Fim da ocupação selêucida (1Mc 13,51).
Renovação das alianças com Roma e Esparta (1Mc 14,16s e 15,15s).

Fevereiro de 134: Simão é morto por seu genro Ptolomeu. Seu filho Hircano escapa dos assassinos. Término do **primeiro livro dos Macabeus.**

JOÃO HIRCANO (I): 134-104.

João Hircano conquista Moab e a Samaria. Destruição do templo de Garizim.

ARISTÓBULO I: 104-103. Usa o título de rei.

ALEXANDRE JANEU: 103-76. Novas conquistas. Luta contra os fariseus.

ALEXANDRA: 76-67. Seu filho Hircano II é Sumo Sacerdote: 76-67 e 63-40. Em 67, Hircano sucede a sua mãe como rei, mas logo é desapossado pelo irmão caçula.

ARISTÓBULO II: 67-63. Rei e Sumo Sacerdote.

Páscoa de 65: Hircano II e Aretas III cercam Jerusalém, mas com a chegada de Pompeu eles têm que se retirar. Em seguida são vencidos por Aristóbulo II.
Entre 100 e 50: o livro de **Judite**.

IX. A PALESTINA ROMANA ATÉ ADRIANO (63 a.C.—135 d.C.)

63: Pompeu em Damasco. Arrogância de Aristóbulo e incapacidade de Hircano.

100

Entre junho e dezembro de 63: **Pompeu conquista Jerusalém**. Nomeia Hircano Sumo Sacerdote e leva para Roma Aristóbulo e seu filho Antígono.
O idumeu ANTÍPATER, ministro de Hircano, governa de fato a Judeia. Revoltas dos últimos Asmoneus.

53: Crasso derrotado pelos partos e depois assassinado.		54: Crasso saqueia o Templo.
CLEÓPATRA VII rainha do Egito (51-30).	50	Por volta de 50, em Alexandria: **A Sabedoria**. *Os Salmos de Salomão*.
48: CÉSAR derrota Pompeu em Farsália. Pompeu morto no Egito.		47: César nomeia HIRCANO etnarca (47-41). Herodes, filho de Antípater, estratego da Galileia: sufoca a revolta de Ezequias.
44: César assassinado. 41-30: ANTÔNIO no Oriente.		43: Antípater morre envenenado. 41: Antônio nomeia tetrarcas Herodes e seu irmão Fasael.
40: Os **partos** na Síria e na Palestina. Fim de 40: O Senado nomeia Herodes rei.		40: Os partos nomeiam ANTÍGONO rei e Sumo Sacerdote. Herodes foge para Roma, Hircano é mutilado.
38: Os partos expulsos da Síria e da Palestina. SÓSIO governador da Síria (38-37).		39-37: Luta entre Herodes e Antígono. Começo de 37: Herodes casa-se com MARIANA I, neta de Aristóbulo II e de Hircano II. Junho (?) de 37: **Tomada de Jerusalém por Sósio e Herodes.**
31: OTAVIANO vence a Antônio na batalha naval de **Áccio**. 30: Suicídio de Antônio e de Cleópatra. O Egito província romana.		HERODES MAGNO rei efetivo (37-4 a.C.). Em 30, executa Hircano II, e em 29, Mariana I.
29: Otaviano imperador vitalício e, em 27, AUGUSTO. A Síria província imperial com um legado de Augusto. Herodes, "rei aliado". 25: A Galácia província romana. 23: Herodes recebe a Traconítide, a Bataneia e a Auranítide, e, em 20, Paneias.		Constrói a Antônia, e em 23, o Palácio da Cidade Alta. Funda ou reconstrói Antipátrida, Fasélida, Samaria (Sebaste), o Herodion e **Cesareia**. Várias esposas: em 23, Mariana II, filha do Sumo Sacerdote Simão, filho de Boetos. Fim de 20 início de 19: Começo da **reconstrução do Templo**. Os fariseus Hillel e Shammai e suas escolas rivais.
12-6: SULPÍCIO QUIRINO submete os Homonadenses do Tauro: como legado da Síria? Diversos indícios de um recenseamento do Império.		O **recenseamento** de Lc 2,1s? Cf. *Inscrição de Veneza*, não datada, atestando um recenseamento em Apameia (Síria) por ordem do Quirino, "legado da Síria" (cf. Lc 2,2 +).
9: ARETAS IV sucede a seu pai Óbodas II, como rei da Nabateia, e reina até 39. SÊNCIO SATURNINO legado da Síria (9-6).		9-8. Herodes penetra em território nabateu para capturar os bandidos da Traconítide, acolhidos pelo ministro SILEU. Este se queixa a Augusto: desgraça temporária de Herodes. Pelo ano 7: Herodes manda estrangular seus dois filhos Alexandre e Aristóbulo, que tivera de Mariana I. Mais de 6.000 fariseus negam o juramento a Augusto: por ocasião de um recenseamento (?) (que continuava o de Quirino?). **Nascimento de** JESUS, por volta de 7-6 (?).
Conforme Tertuliano, é Saturnino que faz o recenseamento da Judeia. QUINTÍLIO VARO legado da Síria (6-4).		Março do ano 4: Questão da águia de ouro do Templo. Execução de Antípater, filho mais velho de Herodes, e testamento em favor dos filhos de Maltace, a samaritana (Arquelau e Herodes Antipas), e do filho de Cleópatra (Filipe).

QUADRO CRONOLÓGICO

SABINO procurador dos bens de Augusto na Síria.

Fim do ano 4: Augusto confirma o testamento de Herodes, mas sem o título de rei, para Arquelau.

ARQUELAU etnarca da Judeia e Samaria (4 a.C. até 6 d.C.).

HERODES ANTIPAS tetrarca da Galileia e da Pereia (4 a.C. até 39 d.C.).

FILIPE tetrarca de Gaulanítide, Bataneia, Traconítide e Auranítide, bem como do distrito de Paneias (Itureia) (4 a.C. até 34 d.C.).

3-2: O sucessor de Varo não é conhecido. Alguns colocam aqui uma legação de Qui-rino.

De 1/2 d.C. até 4, Quirino é conselheiro do jovem GAIO CÉSAR, neto de Augusto, em missão no Oriente.

VOLÚSIO SATURNINO legado da Síria (4-5).

6: Augusto depõe Arquelau e o desterra para Viena (Gália).

A Judeia província procuratoriana, tendo Cesareia como capital (6 a 41).

COPÔNIO procurador (6-9).

6: Conforme Josefo, QUIRINO legado da Síria (?).

MARCUS AMBÍBULUS, procurador: 9-12.

ANNIUS RUFUS, procurador: 12-15.

19 de agosto de 14: Morte de Augusto. TIBÉRIO imperador (14-37).

VALÉRIO GRATO procurador (15-26).

17-19: GERMÂNICO, filho adotivo de Tibério, no Oriente.

18: A Capadócia província romana.

PÔNCIO PILATOS procurador ou prefeito (26-36).

O ano 15 de Tibério (Lc 3,1) deve ser situado de 19 de agosto de 28 até 18 de agosto de 29, ou, à maneira síria: de set/out. de 27 a set/out. de 28.

Fim de março-começo de abril: **Morte de Herodes** em Jericó. Arquelau traslada seu corpo para o Herodion.

Páscoa do ano 4 (11 de abril): Arquelau reprime uma sedição em Jerusalém, depois vai a Roma receber a investidura de Augusto. Sabino vem a Jerusalém para fazer o inventário dos recursos do reino de Herodes: viva oposição e distúrbios em todo o país. Aqui se situa, talvez, a revolta de Judas, o Galileu (cf. At 5,37), e do fariseu Sadoc, que pregavam a recusa da obediência e do imposto a Roma (origem dos **zelotas**, cf. Mt 22,17). Sabino recorre a Varo, que persegue por toda parte os rebeldes; dois mil são crucificados.

A Assunção de Moisés (apócrifo).

Se Quirino foi legado de 3 a 2, pôde prosseguir o recenseamento começado por Sabino e ordenar o de Apameia (inscrição não datada de Veneza).

Filipe, o tetrarca, constrói Júlias (Betsaida). Depois embeleza Paneias (Panion), a que dá o nome de Cesareia, em honra de Augusto.

Entre 1 e 5: Nascimento de Paulo em Tarso. Aluno de Gamaliel, o Velho (At 22,3; cf. 5,34).

6: Conforme Josefo, Quirino vem à Judeia para inventariar os bens de Arquelau, o que teria provocado a agitação de Judas e de Sadoc.

ANÁS, filho de Set, Sumo Sacerdote (6[?]-15).

15: Valério Grato depõe Anás. Três sumos sacerdotes, depois JOSÉ chamado CAIFÁS (18-36).

Entre 17 e 20: Fundação de Tiberíades por Antipas. Sob Tibério, LISÂNIAS tetrarca de Abilene (Lc 3,1 e *inscrições*).

Antes de 23: Herodes Antipas, casado com a filha de Aretas, casa-se com Herodíades, mulher de Herodes, seu irmão (filho de Mariana II).

27-28: Conforme Lc 3,1-3, início da pregação de JOÃO BATISTA, porém, mais provavelmente, data de sua morte.

Páscoa de 28: Jesus em Jerusalém (Jo 2,13). Os 46 anos de Jo 2,20 começam em 20/19 a.C.

"(O) Cristo foi condenado ao suplício por Pôncio Pilatos, sob o imperador Tibério" (Tácito, Anais).

33-34: Filipe morre sem herdeiro e Tibério anexa sua tetrarquia à província da Síria.

L. VITÉLIO, legado da Síria: 35-39. É o pai do imperador Vitélio. Recebe plenos poderes para o Oriente.

MARCELO procurador: 36-37.
Março de 37: Morte de Tibério.
CALÍGULA imperador (37-41).
MARÍLIO (?) procurador: 37-41

37: Calígula dá a AGRIPA I, filho de Aristóbulo, as tetrarquias de Filipe e de Lisínias, com o título de rei (37-44).

Guarnição nabateana em Damasco.

38: Perseguição dos judeus de Alexandria.

39: Embaixada do filósofo judeu Fílon a Roma (Morre após 41).
P. PETRÔNIO legado da Síria (39-42).
39: Calígula desterra Antipas (provavelmente para St.-Bertrand-de-Comminges, nos Pirineus) e dá, no começo de 40, sua tetrarquia a Agripa I.

CLÁUDIO imperador (41-54). Agripa I, então em Roma, contribui para sua subida ao poder: Cláudio lhe outorga a Judeia e a Samaria. Seu irmão HERODES torna-se rei de Cálcis (41-48) e casa-se com BERENICE (filha de Agripa).

Páscoa de 30: Na véspera, portanto dia 14 de NISÃ, uma sexta-feira, **morte de Jesus** (Jo 19,31s). A Páscoa caiu num sábado, dia 8 de abril de 30 e dia 4 de abril de 33; a segunda data é tardia demais (cf. Jo 2,20; Mt 26,17a).
Pentecostes de 30: Efusão do Espírito sobre a Igreja (At 2). A primeira comunidade (At 2,42 etc.).

Dificuldades de Pilatos com os judeus: a questão das insígnias e a dos escudos (Fílon). O aqueduto de Pilatos.
Cerca de 33: **Martírio de Estêvão, dispersão** da comunidade, conversão de Paulo (pelo ano 36, se Gl 2,1 fala da conversão); Paulo na Arábia.
34-37: Paulo em Damasco (Gl 1,17-18).

Por volta de 35: Pôncio Pilatos manda massacrar samaritanos no Garizim.
Páscoa de 36: Vitélio em Jerusalém. Substitui Caifás por JÔNATAS, filho de Anás.

Outono de 36: Partida de Pôncio Pilatos, enviado a Roma por Vitélio para se justificar; morre de morte violenta.

Páscoa de 37: Vitélio, em viagem para Petra, sobe a Jerusalém. Substitui Jônatas por seu irmão TEÓFILO, Sumo Sacerdote de 37 a 41.
Por volta de 37: Fundação da Igreja de Antioquia (At 11,19s).
Pelo fim de 37: Paulo foge de Damasco (2Cor 11,32s) e faz uma visita a Jerusalém (Gl 1,18s; At 9,25s).

39: Calígula dá ordem de erigir sua estátua no Templo. Graças a Petrônio e a Agripa I, o assunto é protelado até o assassínio de Calígula.

Entre 34 e 45: PEDRO na Samaria (Simão, o Mago), na planície marítima (o centurião Cornélio), e em Jerusalém (At 8,1-11.18).

Reconstituído o reino de Herodes Magno. Agripa constrói o 3º muro de Jerusalém, mas Cláudio manda parar as obras. Numerosas construções, sobretudo em Berito (Beirute).

Por volta de 40: 1ª missão de Paulo: Antioquia, Chipre, Antioquia da Pisídia, Listra... Antioquia (At 13,1s).

41: Cláudio expulsa os missionários judeu-cristãos de Roma e fecha uma sinagoga.

Víbio Márcio, legado da Síria (42-44).

Abril-junho de 44: Morrendo Herodes Agripa I, a Judeia volta a ser **província procuratoriana** (44-66).
Cúspio Fado procurador (44-66).

Cássio Longino, o jurisconsulto, legado da Síria (45-50).

Tibério Alexandre procurador (46-48). Sobrinho de Fílon, mas apóstata. Por esta época, diversas fomes no Império.

Ventílico Cumano procurador (48-52).

AGRIPA II, filho de Agripa I, rei de Cálcis de 48 a 53. Em 49 é nomeado inspetor do Templo, com direito de designar o Sumo Sacerdote.

Umídio Quadrato, legado da Síria (50-60).

51-52: (melhor que 51): Galião, irmão de Sêneca, procônsul da Acaia.

Agripa II favorecido por Roma: Cláudio desterra Cumano.

Antônio Félix procurador (52-60). Irmão do liberto Palas. Casa-se com Drusila, irmã de Agripa II, já casada com Aziz, rei de Emesa (cf. At 24,24).

53: Cláudio dá a Agripa II, em troca de Cálcis, as tetrarquias de Filipe e de Lisânias (53-95), *e a eparquia de Varo (norte do Líbano).*

Antes da Páscoa de 44: Agripa I manda decapitar Tiago, Irmão de João (Tiago Maior); durante a festa, manda prender Pedro (At 12).

28 de junho de 45: Um rescrito de Cláudio confere aos judeus a custódia das vestes sacerdotais. Herodes de Cálcis é nomeado inspetor do Templo, com direito de escolher os Sumos Sacerdotes. Em 47, ele designará Ananias, filho de Nebedeu (47 a 52 ou 59; cf. At 23,2s).

Fado e o falso profeta Teúdas (cf. At 5,36).

Cerca de 48: fome na Judeia, agravada pelo ano sabático 47/48. Visita a Jerusalém de Helena, rainha de Adiabena, convertida ao judaísmo; seus auxílios à população. Paulo e Barnabé levam as esmolas da comunidade de Antioquia à de Jerusalém.

50

Por volta de 50, consignação por escrito do evangelho oral: o Mateus aramaico e a coleção complementar.

47-51: 2ª missão de Paulo: Listra (Timóteo), Frígia, Galácia, Filipos, Tessalônica, Atenas (discurso no Areópago).

Abril-junho de 50 a setembro de 51, em Co-rinto: em 50, as **Epístolas aos Tessaloni-censes**; e, setembro de 51, comparecimento perante Galião.

Outubro-novembro de 51: Paulo se dirige a Jerusalém (At 18.22). O **concílio de Jerusalém**: os convertidos do paganismo isentos da Lei (At 15,5s; Gl 2,1s). Volta de Paulo a Antioquia).

Os judeus, em luta com os samaritanos apoiados por Cumano, que é enviado a Roma por Quadrato, o qual visita Jerusalém na Páscoa de 52.

Félix reprime o banditismo.

52-59: Jônatas Sumo Sacerdote.

52-57: 3ª missão de Paulo; APOLO em Éfeso, depois em Corinto.

Outubro de 52 – Junho de 54: Depois de atravessar a Galácia e a Frígia, Paulo se detém 2 anos e 3 meses em Éfeso. Desde 53 **Epístola aos Filipenses** e a **Filêmon**.

NERO imperador (54-68).

55: Nero acrescenta ao reino de Agripa uma parte da Galileia e da Pereia.

Por volta do Pentecostes de 54: **Primeira Epístola aos Coríntios**, depois visita rápida a Corinto (2Cor 12,14). Volta para Éfeso (e **Epístola aos Gálatas**?).

Dez.54-mar.55: Paulo com Tito na Macedônia.
Março-junho de 55: 2Cor 1-9. Missão na Ilíria (Rm 15,9).
Junho-set. de 55 ou 56: 2Cor 10-13.
Dez.55-março de 56 (ou 56-57): Em Corinto; a **Epístola aos Romanos**.

Pentecostes de 58: testemunho de Paulo no Templo e comparecimento diante de Ananias e do Sinédrio. Levado a Cesareia, comparece diante de Félix.

58-60: Paulo cativo em Cesareia, teatro de grandes problemas entre judeus e sírios.

Por volta de 58: Em Jerusalém, TIAGO, O IRMÃO DO SENHOR, à frente da comunidade judeu-cristã. Sua **Epístola aos judeus da Dispersão** (ou já antes de 49).

Pelo ano 58: Félix dispersa no monte das Oliveiras os sequazes do falso profeta egípcio (cf. At 21,38).
59: Manda apunhalar o Sumo Sacerdote Jônatas, embora devesse a ele o seu cargo.

De 59 a 67, Agripa II nomeia seis sumos sacerdotes, entre os quais ANÃ, FILHO DE ANÁS (62).

CORBULON legado da Síria (60-63).

PÓRCIO FESTO procurador (60-62).

60: Paulo comparece perante Festo e apela a César. Defende sua causa em presença de Agripa e de sua irmã Berenice.

Set.-dez. de 60: Viagem de Paulo para Roma, a tempestade, o inverno em Malta.

61-63: Paulo em Roma sob custódia militar. Seu apostolado, suas **Epístolas aos Colossenses, aos Efésios** e a **Timóteo** (2Tm).

LUCÉIO ALBINO procurador (62-64).

62: O Sumo Sacerdote Anã **manda apedrejar Tiago**, irmão do Senhor (depois da morte de Festo e antes da chegada de Albino). SIMEÃO, filho de Cléofas e de Maria (cunhada da mãe de Jesus), sucede a Tiago na direção da Igreja de Jerusalém (Eusébio). A **Epístola de Tiago** (?)

Anã destituído por Agripa II.

CÉSTIO GALO, legado da Síria (63-66).

Julho de 64: Incêndio de Roma e perseguição dos cristãos (64-68).

GÉSSIO FLORO procurador (64-66). Nomeado graças a Popeia, a esposa judia de Nero.

63: Libertação de Paulo e talvez viagem à Espanha (Rm 15,24s).

Por volta de 64: **Primeira Epístola de Pedro** (?), **o Evangelho de Marcos** (?).

64 (ou 67): **Martírio de Pedro e de Paulo em Roma.**

QUADRO CRONOLÓGICO

66: Rebelião dos judeus de Alexandria. Tibério Alexandre, então prefeito do Egito, massacra diversos milhares deles.

66-67: Giro teatral de Nero pela Grécia; designa VESPASIANO e seu filho TITO para restabelecer a ordem na Palestina.

MUCIANO, legado da Síria (67-69).

Março de 68: Nas Gálias, revolta do legado VINDEX.

Abril de 68: GALBA, imperador.

Junho de 68: Suicídio de Nero.

Janeiro de 69: OTÔNIO, proclamado imperador pelos pretorianos e VITÉLIO, pelas legiões da Germânia.

Julho de 69: Tibério Alexandre se declara a favor de Vespasiano. Todo o Oriente o segue.

VESPASIANO, imperador (69-79). Confia a Tito o cerco de Jerusalém.

Fim de 69: Vespasiano, único senhor do Império.

O **Evangelho grego de Mateus**, o **Evangelho de Lucas** e os **Atos dos Apóstolos** (antes de 70? ou por volta de 80?).

Verão de 66: Em Jerusalém, Floro manda crucificar alguns judeus, mas uma rebelião obriga-o a abandonar a cidade. Distúrbios em Cesareia e em todo o país.

Set. de 66: Ataque a Jerusalém por Céstio Galo. Retira-se com pesadas perdas. O governo dos rebeldes.

Êxodo de nobres e sem dúvida dos cristãos (cf. Lc 21,20s), que se refugiam em **Pela** (Eusébio).

67: Vespasiano, à frente de 60.000 homens, reconquista a Galileia (JOSEFO, o governador rebelde, é feito prisioneiro).

Pelo ano 67: A **Epístola aos Hebreus** (?).

67-68: Os zelotas de JOÃO DE GÍSCALA, fugitivo da Galileia, e os idumeus senhores de Jerusalém. Anã e os nobres massacrados.

68: Vespasiano ocupa a planície marítima e o vale do Jordão (destruição de Qumrã). Tendo morrido Nero, Vespasiano adia o cerco de Jerusalém.

69: SIMÃO BARGIORA e os sicários em Jerusalém. Vespasiano submete o resto da Judeia; os sicários se mantêm em Jerusalém, e também no Herodion, em Massada e em Maqueronte.

Páscoa de 70: Numerosos peregrinos em Jerusalém. Pouco depois, **Tito ataca a cidade** com 4 legiões. Tibério Alexandre, segundo chefe.

Tomada da 3ª e depois da 2ª muralha; o cerco e a fome. Tomada da Antônia.

Começo de agosto: Cessação dos sacrifícios.

29 de agosto de 70: Tomada do átrio interior e **incêndio do Templo** (dia 10 de Loos, isto é, dia 10 do 5º mês, dia em que Nabu-zardã incendiou o primeiro Templo, Jr 52, 12 e Josefo).

Diante do Templo, sacrifício às insígnias romanas (cf. Mt 24,15). Tito saudado "imperator".

Fins de 70: A Judeia, província imperial, confiada ao legado da 10ª legião, aquartelada em Jerusalém. Cesareia colônia romana.

71-72: LUCÍLIO BASSO, legado da Judeia.

72: Fundação de **Flávia Neápolis** (Nablus).

74: FLÁVIO SILVA, legado da Judeia.

Uma parte dos sicários se refugiam no Egito, mas são entregues aos romanos. É fechado o templo de Onias em Leontópolis.

TITO imperador (79-81).

DOMICIANO imperador (81-96). Irmão de Tito.

95: Manda executar, por ser cristão, seu primo FLÁVIO CLEMENTE, e desterra sua mulher, Flávia Domitila, para Pandataria.

NERVA, imperador (96-98).

TRAJANO, imperador (98-117).

CORNÉLIO PALMA, legado da Síria, ocupa o reino nabateu: a **província da Arábia**, capital Bostra (Bosra) (106).

CLÁUDIO ÁTICO HERODES, governador da Judeia em 107.

111-113: PLÍNIO, O JOVEM, legado da Bitínia. Sua carta sobre a perseguição dos cristãos e o **rescrito de Trajano**.

114-116: Anexação da Armênia, da Assíria e da Mesopotâmia. **Apogeu do Império Romano**.

100

Setembro de 70: Conquista da Cidade Alta e do palácio de Herodes. Os habitantes mortos, vendidos ou condenados a trabalhos públicos.

Tito na Síria: numerosos judeus mortos nos jogos de gladiadores.

Junho-set. de 71: Em Roma, triunfo de Vespasiano e de Tito (com os despojos do Templo); execução de Simão Bargiora. O arco de Tito.

A didracma do Templo paga doravante a Júpiter Capitolino.

Conquista do Herodion e de Maqueronte por L. Basso.

Cerco de **Massada** por F. Silva: Eleazar (descendente de Judas, o Galileu) e seus sicários preferem degolar-se uns aos outros a se renderem (Páscoa de 74).

Retorno a Jerusalém de uma parte dos **judeu-cristãos** (Epifânio). Rabi Eleazar reabre a sinagoga dos alexandrinos.

Rabi Iohanan ben-Zakai funda a **academia de Iabne** (Jâmnia), herdeira do Sinédrio. GAMALIEL II lhe sucede: origens da Mishná.

Entre 70 e 80 (?), a **Epístola de Judas**, e depois a **segunda de Pedro**. O *4° livro de Esdras* (apócrifo). Pelo ano 78: a *Guerra Judaica* de Josefo.

Cerca de 93: As *Antiguidades Judaicas* de Josefo.

Por volta de 95: João exilado para Patmos. Edição definitiva do **Apocalipse**. A Carta de são Clemente, bispo de Roma, aos Coríntios.

Evangelho de João, depois sua **primeira Epístola** (a **terceira** e talvez a **segunda** são anteriores). Combate Cerinto e seu docetismo.

A *Didaqué* (fim do séc. I?).

No começo do reinado de Trajano: **Morte de João em Éfeso**.

107: **Martírio de Simeão**, 2° bispo de Jerusalém. Até a Segunda Revolta, 13 outros bispos, igualmente judeu-cristãos.

Pelo ano 110: As sete Cartas de INÁCIO, bispo de Antioquia, e seu martírio em Roma.

Pouco depois, *Carta aos filipenses*, de POLICARPO, bispo de Esmirna e discípulo de João (morto em 156).

As *Odes de Salomão* (apócrifo).

QUADRO CRONOLÓGICO

117: Rebelião judaica em todo o Oriente e revolta das novas províncias, que são recuperadas pelo mouro LÚSIO QUIETO, que é nomeado legado da Judeia.

ADRIANO, imperador (117-138). Repõe a fronteira do Império no Eufrates.

A segunda grande viagem de Adriano (128-134). Termina em Atenas o templo de Zeus Olímpico, para cuja construção havia contribuído Antíoco Epífanes. Faz-se chamar Olímpico ou Capitolino.

TINÉIO RUFO, legado da Judeia e PUBLÍCIO MARCELO, legado da Síria.

A província da Judeia torna-se a **província da Síria-Palestina**. Jerusalém colônia romana, sob o nome de Aelia Capitolina, é interditada para os judeus.

Quieto ergue a estátua de Trajano diante do altar do Templo (Hipólito). É deposto e em seguida morto por Adriano.

Pelo ano 130, a *Carta* (apócrifa) *de Barnabé*. Em Hierápolis, na Frígia, o bispo PAPIAS. Em Alexandria, o gnóstico BASÍLIDES.

130: Adriano em Jerusalém: decide a reconstrução da cidade (Aelia Capitolina).

131-135: **Segunda Revolta judaica**.

SIMEÃO BEN KOSEBA (*Cartas de Murabaat*) apodera-se de Jerusalém; Eleazar Sumo Sacerdote. Ben Koseba reconhecido por RABI AQIBA como Messias e como a estrela de Nm 24,17, daí seu apelido de Bar-Kókeba (Filho da Estrela). Persegue os cristãos porque se recusam a aderir à rebelião.
Apesar dos reforços de Marcelo, Rufo é suplantado pela guerrilha. Adriano lhe envia o legado da Bretanha, JÚLIO SEVERO, e chega em pessoa.

Começo de 134: **Tomada de Jerusalém**.

Depois de haver conquistado umas 50 cidadelas, Severo se apodera de **Beter**, onde morre Bar-Kókeba (agosto de 135).

Os cativos vendidos em Mambre e em Gaza.

135: Rufo reconstrói Aelia (o templo de Júpiter, Juno e Minerva) no local do Calvário e do túmulo de Cristo.

Templo de Zeus Hypsistos, no Garizim; bosque sagrado de Adônis, em torno da gruta de Belém.

O bispo MARCOS (por volta de 135 até 155) e a nova comunidade cristã. Os judeu-cristãos, dispersos na Transjordânia e na Síria, formam logo a seita dos **ebionitas** (os "pobres"), com o *Evangelho dos Hebreus*: não aceitam a divindade do Messias e rejeitam as epístolas de Paulo.

AS DINASTIAS ASMONÉIA E HERODIANA

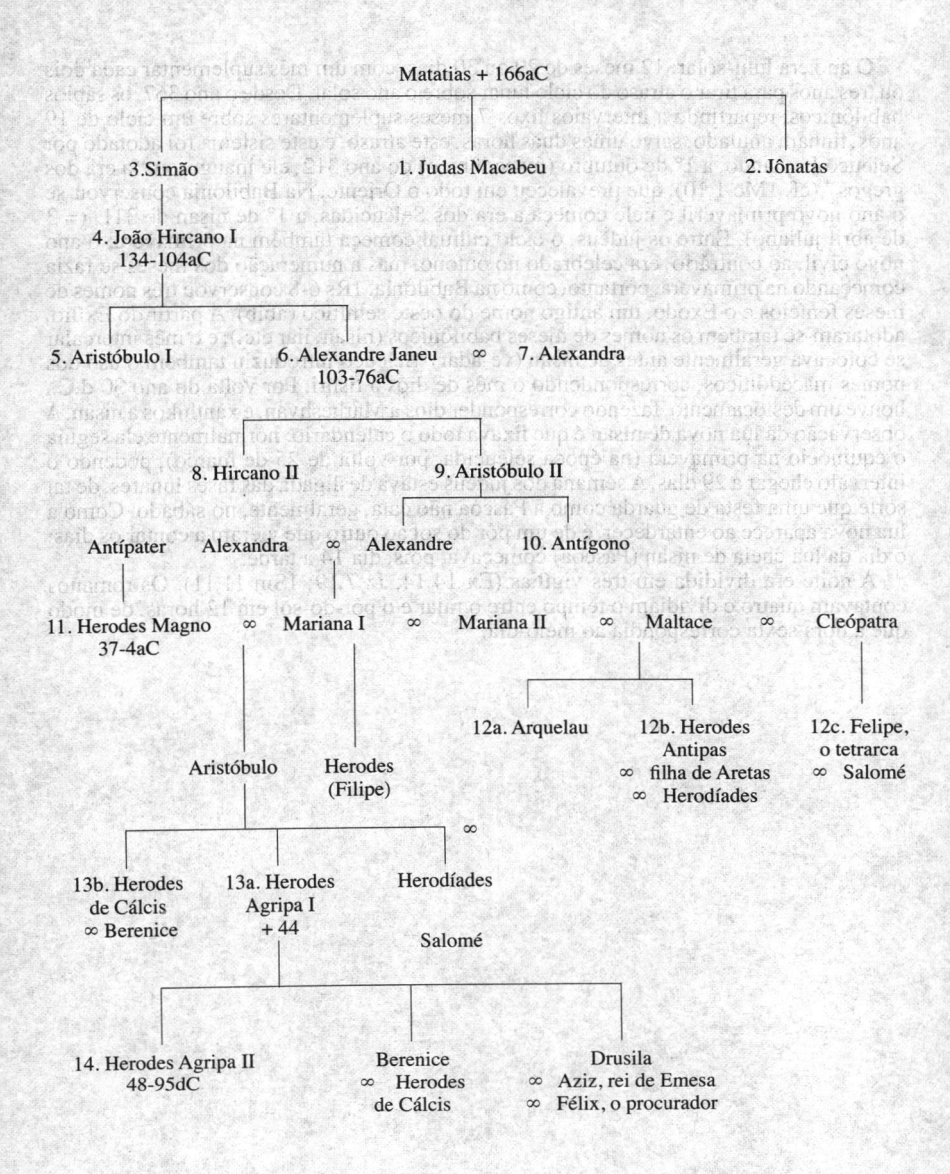

Matatias + 166aC

- 3. Simão
- 1. Judas Macabeu
- 2. Jônatas

4. João Hircano I
134-104aC

- 5. Aristóbulo I
- 6. Alexandre Janeu ∞ 7. Alexandra
103-76aC

- 8. Hircano II
- 9. Aristóbulo II

Antípater — Alexandra ∞ Alexandre — 10. Antígono

11. Herodes Magno ∞ Mariana I ∞ Mariana II ∞ Maltace ∞ Cleópatra
37-4aC

- 12a. Arquelau
- 12b. Herodes Antipas
  ∞ filha de Aretas
  ∞ Herodíades
- 12c. Felipe, o tetrarca
  ∞ Salomé

Aristóbulo — Herodes (Filipe) ∞ Herodíades

Salomé

- 13b. Herodes de Cálcis
  ∞ Berenice
- 13a. Herodes Agripa I
  + 44

- 14. Herodes Agripa II
48-95dC
- Berenice
  ∞ Herodes de Cálcis
- Drusila
  ∞ Aziz, rei de Emesa
  ∞ Félix, o procurador

N.B.: O sinal ∞ indica as uniões matrimoniais.

CALENDÁRIO

O ano era luni-solar: 12 meses de 29 ou 30 dias, com um mês suplementar cada dois ou três anos para tirar o atraso do ciclo lunar sobre o ano solar. Desde o ano 367, os sábios babilônicos, repartindo a intervalos fixos 7 meses suplementares sobre um ciclo de 19 anos, tinham anulado, salvo umas duas horas, este atraso, e este sistema foi adotado por Seleuco I, quando, a 1° de outubro (macedônico) do ano 312, ele inaugurou "a era dos gregos" (cf. 1Mc 1,10), que prevaleceu em todo o Oriente. Na Babilônia conservou-se o ano novo primaveril e nele começa a era dos Selêucidas, a 1° de nisan de 311 (= 3 de abril juliano). Entre os judeus, o ciclo cultual começa também na primavera; o ano novo civil, ao contrário, era celebrado no outono, mas a numeração dos meses se fazia começando na primavera, portanto, como na Babilônia. 1Rs 6-8 conservou três nomes de meses fenícios e o Êxodo, um antigo nome do oeste semítico (abib). A partir do Exílio, adotaram-se também os nomes de meses babilônicos (nisan, iiar etc.), e o mês intercalar se colocava geralmente antes de nisan (ve-adar). Seleuco introduziu também o uso dos nomes macedônicos, correspondendo o mês de dios a tishri. Por volta do ano 30 d.C., houve um deslocamento, fazendo corresponder dios a Marheshvan, e xanthikos a nisan. A observação da lua nova de nisan é que fixava todo o calendário: normalmente ela seguia o equinócio na primavera (na época selêucida, por volta de 25 de março), podendo o intervalo chegar a 29 dias. A semana dos judeus estava desligada das fases lunares, de tal sorte que uma festa de guarda como a Páscoa não caía, geralmente, no sábado. Como a lua nova aparece ao entardecer, é de um pôr do sol ao outro que vieram a contar os dias: o dia da lua cheia de nisan (Páscoa) começava, pois, dia 14 à tarde.

A noite era dividida em três vigílias (Ex 14,14; Jz 7,19; 1Sm 11,11). Os romanos contavam quatro e dividiam o tempo entre o raiar e o pôr-do-sol em 12 horas, de modo que a hora sexta correspondia ao meio-dia.

AT	NOMES BABI-LÔNICOS	MESES SOLARES	NOMES MACE-DÔNICOS	FESTAS ANUAIS MENCIONADAS NA BÍBLIA (cf. Ex 23,14 +)
1°	*nisan* (nisã) = abib (Ex 13,4 etc.)	março/abril	*artemisios*	Dias 14/15: Páscoa (Ex 12s; 23,15; 34,18; Dt 16,1s; Lv 23,5s; Nm 28,16). Ázimos durante 7 dias. Oferta do primeiro feixe de espigas "no dia seguinte ao sábado" (Lv 23,11)
2°	*iiar* = ziv (1Rs 6,1)	abril/maio	*daisios*	
3°	*sivan* (sivã)	maio/junho	*panemos*	7 semanas após a oferta do primeiro feixe de espigas: Festa das Semanas, da Colheita, das Primícias, Pentecostes (Ex 23,16; 34,22; Dt 16,9s; Lv 23,15s; Nm 28,26s; At 2,11).
4°	*tamuz*	junho/julho	*loos*	
5°	*ab*	julho/ag.	*gorpaios*	
6°	*elul*	ag./set.	*yjperberetaios*	
7°	*tishri* = etanim (1Rs 8,2)	set./out.	*dios*	Neomênia. Dia das Aclamações. (Lv 23s; Nm 29,1s): *Rosh hashaná* ou Ano Novo do judaísmo. Dia 10: *Yom hakippurim*. Dia das Expiações (Lv 16; 23,26s; Nm 29,7s). Jejum (cf. At 27,9). Do dia 15 a 23: Festa das Tendas (Tabernáculos) ou Cenopégia (Dt 16,13s; Lv 23,33s; Nm 29,12s; Jo 7,2). É "a Festa da Colheita no fim do ano" (Ex 23,16), "na passagem do ano" (34,22), portanto, festa do Ano Novo outonal, como em Canaã.
8°	*marheshvan* = bul	out./nov.	*apellaios*	
9°	(1Rs 6,38) *kisleu* (casleu)	nov./dez.	*audunaios*	Dia 25: Encênias, com oitava (1Mc 4,52; 2Mc 10,5; Jo 10,22), isto é, a Dedicação, *Hanukka* em hebraico. Festa das Luzes (Josefo).
10°	*tebet*	dez./jan.	*peritios*	
11°	*shebat* (sabat)	jan./fev.	*dystros* (distros)	Dia 13: Dia de Nicanor (1Mc 7,49; 2Mc 15,36).
12°	*adar*	fev./março	*xanthikos* (xântico)	Dias 14/15: Festa dos Purim ou Sortes (Est 9,21s), ou Dia de Mardoqueu (2Mc 15,36).

LISTA DAS MEDIDAS[a] E DAS MOEDAS

I. MEDIDAS DE COMPRIMENTO

côvado	*amma*	45 cm	1
palmo	*zeret*	22,5 cm	1/2
mão	*tofah*	7,5 cm	1/6
dedo	*eçba*	1,8 cm	1/24

O côvado antigo de Ez tem 7 mãos (52,5 cm) e o palmo de Ez 40,5, a metade. Sua vara tem 6 côvados dos antigos (315 cm). O Novo Testamento, além do côvado, conhece a braça (1,85 m) e o estádio (185 m). A milha romana tinha 1.479 m (oito estádios). A "légua" (esqueno) de 2Mc 11,5, equivale a 30 estádios.

II. MEDIDAS DE CAPACIDADE

MATÉRIAS SÓLIDAS

coro	*homer* e *kor*	450 litros		10
	letek (Os 3,2+)	225 l		5
almude	*efá*	45 l		1
alqueire	*seah*	15 l		1/3
				1/6
décima	*issarôn*	4,5 l		1/10
				1/18
				1/72

MATÉRIAS LÍQUIDAS

450 l	*kor*	coro	
45 l	*bat*	metreta	
7,5 l	*hin*	sextário	
2,5 l	*qab*	(2Rs 6,25)	
0,6 l	*log*	quartilho	

O quadro acima dá o valor real (aproximado) das medidas judaicas, relacionadas com nomes de antigas medidas brasileiras da mesma ordem de grandeza.

Todavia, em Ez 45,10-11.13-14 e Mq 6,10, onde *homer* e *kor*, *efá* e *bat* estão justapostos, *efá* poderia ser relacionado com "alqueire" e *kor* com "tonel". Em Zc 5,5-11, o contexto sugeriria que se relacionasse *efá* com "alqueire".

A artaba de Dn 14,3 é uma medida persa, de aproximadamente 56 litros.

Novo Testamento: a *metreta* ou medida, de 39,4 litros, era considerada como equivalente ao *bat*; o sextário (*sextarius*, *xestés*), de 0,46 l, como o equivalente do *log*; o *modius*, que valia 8,75 l, como 2/3 do *seah*. O cônice de Ap 6,6 era de 1,10 l. O Novo Testamento usa também os termos *seah*, *kor* e *bat*, mas helenizados.

III. PESOS

talento	*kikkar*	34,272 kg	3000	
mina	*mané*	571 g	50	
siclo	*sheqel*	11,4 g	1	
meio-siclo	*beqa*	5,7 g	1/2	
	gera	0,6 g	1/20	

Mina de Ez 45,12: 60 siclos (685 g).

Novo Testamento: a libra romana (lat. *libra* = grego *litra*) é de 326 g aproximadamente.

---

a) Números aproximados.

IV. MOEDAS

1. ANTES DE DARIO I. A moeda aparece no séc. VII, na Anatólia, e depois na Grécia. Anteriormente o metal era simplesmente pesado. As dracmas de ouro de Ne 7,69s (= Esd 2,69) são sem dúvida semi-estáteres áticos (veja abaixo, "estatere"). A mina de prata, mencionada no mesmo lugar, não é senão uma moeda corrente, talvez a mina babilônica de 505 g aproximadamente.

2. DARIO, pouco depois de 515, criou o darico de ouro, equivalente ao siclo babilônico de 8,41 g (Esd 8,27), e um siclo de prata de valor vinte vezes menor, portanto, de 5,60 g (pois o ouro valia então 13,3 vezes mais que a prata). É este siclo que aparece em Ne 5,15, ao passo que em 10,33 trata-se, com certeza, de siclo-peso. A fabricação de moedas de prata parece ter sido livre no Império persa, e na Palestina acharam-se exemplares de prata com a inscrição YHD, Judeia.

3. ÉPOCA HELENÍSTICA E ROMANA. Alexandre estende o sistema ático ao seu Império, com uma relação de ouro para a prata de 10 para 1, e da prata para o cobre, de 50 para 1. Os romanos trazem depois sua moeda; calculavam as grandes somas em sestércios (veja o quadro). Os gêneros eram também pesados em talentos e em minas áticas (aprox. 26 kg e 436 g), isto é, por seis mil e por cem dracmas. Os siclos de 1Mc 10,40 são didracmas (cf. o uso dos LXX).

Emissões de moedas de prata na Palestina, em sinal de independência:

PRIMEIRA REVOLTA: 66-70

Tetradracmas	aprox. 14 g	inscrição "siclo de Israel"
didracmas	7 g	inscrição "meio-siclo"
dracmas	3,35 g	inscrição "quarto de siclo"

SEGUNDA REVOLTA: 132-135

tetradracmas	aprox. 14 g
denários	recunhados

MEDIDAS E MOEDAS

MOEDAS GREGAS	g	RELAÇÃO		g	MOEDAS ROMANAS
estatere ático, padrão ouro	8,60	20[a]	25	7,80	*aureus* sob Augusto.
tetradracma ática. Prata. *tetradracma*[b] de Tiro (de 126 a.C. a 195 d.C.). Chamada às vezes estatere (Mt 17,27; 26,15 (D), cf. Zc 11,12).	17,40 14,40	4 3			
didracma ática. Prata. Sob o Império, Mt 17,24:	8,60 7 aprox.	2 1,5			
dracma ática, padrão prata.	4,36	1		4,55	*denário*, prata, aparece em 269 a.C.; de bom quilate até o séc. III.
2Mc 12,43:			1	3,85	De 216 a.C. até Nero.
No tempo do Império:	3,50	3/4		3,41	A partir de Nero.
			1/4	25,40	*sestércio* (cobre), no tempo de Augusto; 4 asses (peso de uma onça).
óbolo ático. Prata.	0,72	1/6	1/8	15,50	*dipôndio* (latão), sob Augusto: 2 asses (Lc 12 e Vulg.).
			1/16	10	*asse* ou *assário*, padrão bronze, primitivamente uma libra, isto é, 327 g (= 12 onças). sob Augusto.
calco ático. Bronze. Sob Antíoco IV:	8,60 aprox. 6	1/48	1/32	4,50	*semis*, sob Augusto. Bronze.
lepto ático. Bronze. Um sétimo do calco; às vezes sinônimo de óbolo, de calco, etc. (Mc 12,42; Lc 21,2; Lc 12,59 = Mt 5,26).		1/336	1/64	3,10	*quadrante*, sob Augusto. Bronze. No Oriente, a moeda de valor inferior era fornecida por emissões locais (Asmoneus, dinastia herodiana, procuradores, cidades etc.), mais ou menos conformes à série do *calco* e do *asse*.

Emissões de moedas de prata na Palestina, como sinal de independência.

PRIMEIRA REVOLTA: 66-70.
tetradracmas ca. 14g   trazendo "siclo de Israel".
didracmas   7g   trazendo "meio-siclo".
dracmas   3,35g   trazendo "quarto de siclo"

SEGUNDA REVOLTA: 132-135.
tetradracmas   ca. 14g
últimas cunhagens

a) Antes de Alexandre.
b) Esta tetradracma ou siclo fenício representa uma unidade da mesma ordem de grandeza que o antigo siclo-peso israelita. A didracma anual para o Templo correspondia assim ao meio-siclo de Ex 30,13 e à terça parte do siclo de Ne 10,33. Os rabinos precisavam que devia ser segundo o câmbio de Tiro, cujos estateres (tetradracmas) gozavam de reputação.

LISTA ALFABÉTICA DAS NOTAS MAIS IMPORTANTES

1. Nesta lista alfabética constam os principais nomes de pessoas e lugares e as principais noções bíblicas sobre as quais existem "notas-chaves" (ou notas que citam um certo número de referências).
2. Os nomes próprios de pessoas e lugares (ABIATAR, ABILENE) são impressos em versalete.

Os termos hebraicos, aramaicos e gregos (*Nefesh*, *Noûs*) ou os termos que em português são calcados no grego (*Querigma*) são impressos em itálico. As outras palavras (Aliança) são impressas em normal.

3. As citações de passagens bíblicas indicam as notas às quais estão ligadas.

O número das páginas citadas indica onde podem ser encontradas as explicações gerais nas Introduções sobre o assunto.

4. Poucas citações ou mesmo uma só não significa que o termo em questão seja menos importante. Cf., p. ex., Divindade de Jesus Cristo: Rm 9,5.

A

Abba: Mt 23,9; Mc 14,36.
ABIATAR: Mc 2,26. Ver EBIATAR.
ABILENE: Lc 3,1.
Abominação da desolação: Dn 9,27; Mt 24,15; Lc 21,20.
ABRAÃO: — O crente: Gn 12,1; 15,6; 22,1; Jo 8,56; Hb 11,8.
   Nome de Abraão: Gn 17,10.
   Seio de —: Lc 16,22.
   Riso de —: Gn 17,17.
   Jesus, filho de —: Mt 1,1.
   Os crentes, filhos de —: Lc 19,9; Rm 4,1.11; Tg 2,21.
ABSALÃO: 2Sm 13.
ACAD: Gn 10,10.
Ação de graças: Tg 1,27.
Acepção de pessoas: Dt 1,17; 10,17; Pr 24,23.
Aclamações (*Teru*): Nm 10,5; Sl 33,3.
Ações proféticas: Jr 18,1; cf. p. 1230.
ADÃO: Sb 10,1.
   O novo —: Rm 5,12; 1Cor 15,22.
   Ver Criação.
Adoção filial: Gn 48,12; Gl 4,5.
Adultério: Pr 2,16; 5,15.
   A mulher adúltera: Jo 7,53.
   — = infidelidade religiosa: Os 1,2.
Adversário: 2Ts 2,4.
   Ver Satã.
Adivinhos, adivinhação: Is 2,6; At 16,16.
Ágape: 1Cor 13,1.
   Ver Amor.
AGRIPA: Ver HERODES.
Água: — lustral: Nm 19,1.
   —, imagem de perigo: Sl 18,5.
   — viva: Jo 4,1; 7,38.
AICAR: Tb 1,21.
Alegria: Lc 1,14; Jo 8,56; At 2,46; Fl 1,4.
Aleluia: Ap 19,1.
Alfabético (Poema): Pr 31,10.
Alfa e Ômega: Ap 1,8.

Aliança: Antiga —: Gn 6,18; 9,9; 15,1; 17,1s; Ex 19,1; 20,22; Eclo 45,17.
   — com Noé: Is 24,4.
   — com Abraão: Gn 12,1.
   — de sal: Lv 2,13.
Antigo rito da —: Gn 15,17.
   — nova e eterna: Jr 31,31; Is 53,3; Ez 36,27; Zc 8,1; Mt 26,28; Hb 9,15; Ap 21,3.
   Ver: Código, Promessa, Lei, Arca, Fidelidade.
Alma: Gn 2,7; Sl 6,5; Sb 3,4; Mt 16,25; 1Cor 15,44.
   — e corpo: Sb 9,15; 16,13.
   — separada do corpo: 2Cor 5,8.
   —, corpo e espírito: 1Ts 5,23.
   Ver Espírito.
Altar: — dos holocaustos: 1Rs 8,64.
   — do incenso (ou dos perfumes): Ex 30,1.
   Chifres do —: Ex 27,2.
Altíssimo: Gn 14,18.
AMALEC: Ex 17,8.
Amigos do rei: 1Mc 2,18; 10,65.
AMON: Dt 2,19.
Amor: — de Deus para com seu povo: Is 54,8; cf. Ex 34,6; Sl 100,5.
   — a Deus: Dt 6,5; 1Jo 4,18.
   — = *Hésed*: Os 2,21; Jr 2,2.
   — revelação de Deus: Jo 17,6.
   — de Cristo: Jo 13,1.
   — ao próximo: Lv 19,18; Mt 22,39; Jo 13,24.
   Ver Caridade.
AMORREUS: Dt 7,1.
ANÁS E CAIFÁS: Lc 3,2.
Anátema: Js 6,17; Lv 27,28; 1Sm 15,9; 1Cor 16,22.
Anawim: Ver Pobres.
Anciãos: Tt 1,5; 2Jo 1.
   — do povo: Lc 22,66.
Animais divididos (Rito dos): Gn 15,17.
Anjo: Gn 19,1; Jó 5,1; Tb 5,4; 12,15; Ef 1,21; Hb 1,14.
   — de Iahweh: Gn 16,7; At 7,38.
   — do Senhor: Mt 1,20.

— da face: Ap 4,5; cf. Tb 12,15.
— exterminador: Ex 12,23.
— guardião e protetor: Ex 23,20; Dt 32,8; Tb 5,4; Dn 10,13.
— intérprete e mediador: Jó 33,23; Ez 40,3; Gl 3,19.
— = Filho de Deus: Jó 1,6; — Santos Jó 5,1.
Ano sabático e jubilar: Lv 25,1.
Anticristo: 2Ts 2,4.
Antropologia: Ver Espírito, Alma, Corpo.
Aparição (= Vinda) de Cristo: 1Tm 6,14.
Aparições: Gn 18,1.
— de Cristo ressuscitado: Mt 28,10.
Apocalipse: Ez 38,1. Cf. pp. 1245 e 2139.
Apolo: At 18,24.
Apostasia: Dn 1,8; 2Ts 2,3-4; Hb 10,26.
Apóstolos: Jo 4,34; 17,20; At 18,26.22,21; Rm 1,1; Hb 3,1.
Coragem dos —: At 13,46.
Fraqueza dos —: 1Cor 4,13.
Incompreensão dos —: Mc 4,13.
Dúvidas dos —: Mt 28,17.
Doze —: Mt 10,2-3.
Apresentação (Gesto de): Ex 29,24.
Aquior: Jt 5,5.
Arabá: 2Sm 8,13; Jr 39,4.
Arca da Aliança: Ex 25,10; 1Sm 4,3; 2Sm 6,7.
Areópago: At 17,19.
Arrependimento: — de Deus: Gn 6,6.
— do homem: Mt 3,2; At 2,38.
Artaxerxes (Rescrito de): Esd 7,11.
Árvore da vida: Gn 3,22.
Ver Vida.
Ascensão: Lc 9,51.
Aserá: Ver Poste sagrado.
Asilo (Direito de): Ex 21,12; 27,2.
Asmodeu: Tb 3,8.
Assembleia: At 7,38; Js 9,15.
Assideus (*Hasidim*): 1Mc 2,42.
Ver *Hésed*.
"Assunção" de Jesus: Lc 9,51.
Astarte: Jz 2,13.
Azazel: Lv 16,8.
Ázimos: Ex 12,1; Js 5,12.

B

Baal: Jz 2,13.
Babilônia: Dn 4,27; Ap 11,8.
Balaão: Nm 22,2.
Basã: Am 4,1.
Batismo: — conferido por João: Mt 3,6.
— de Jesus: Mt 3,15.
— cristão: At 1,5; Rm 6,4; Mt 28,19.
— com o Espírito e com fogo: Mt 3,11.
— = *imagem da Paixão*: Mc 10,38.
Beelzebu: Mt 12,24.
Beemot: Jó 40,14.
Belém — Éfrata: Mq 5,1.
Belial: Dt 13,14.

Bem-aventuranças: Eclo 14,1; Mt 5,1; Lc 6,20; Ap 1,3.
Bênçãos e maldições: Gn 9,25; 12,3; 14,19; 27,1.33; 48,18; 1Pd 1,3.
Bendito (Deus = o): Mc 14,61.
"Besta": Ap 13,11-17.
Betel: Gn 28,18.
Bezerro de ouro: Ex 32,1.4; 1Rs 12,28.
Bispos: Ver Epíscopos.
Boa Nova: Mt 4,23; Mc 1,1.
Ver Evangelho.
Bodas: — de Iahweh com o seu povo: Sl 45,1; Os 1,2.
— de Cristo e da Igreja: Ap 21,1.

C

Caçula preferido ao mais velho: Gn 4,5.
Cadmoneus: Nm 24,21.
Caifás: Lc 3,2.
Caim: Gn 4,1; Nm 24,21.
Caleb: Js 14,6.
Caminho: Sl 119,1; Mt 7,13; Jo 14,6; At 9,2.
Cananeus: Dt 7,1.
Cânon hebraico dos livros sagrados: 1Mc 12,9.
Cânticos: Lc 1,46.67; 2,29.
Ver Hinos.
Cantores: 1Cr 25,1.
Carismas (= dons espirituais): 1Cor 12,1.
Caridade (Hino à): 1Cor 13,1.
Ver Amor.
Carne: Gn 2,21; Sb 9,15.
— e sangue: Mt 16,17; Jo 1,14.
Toda —: Gn 2,21.
Carnes imoladas aos ídolos: At 15,20; 1Cor 8,1.
Casamento: — dentro do clã: Tb 6,12.
— misto: Esd 9,1.
— de cristão com não crente: 1Cor 7,14.
— indissolúvel: Mt 19,9.
— e virgindade: 1Cor 7,1.
— = imagem da aliança Iahweh-Israel: Os 1,2.
— = imagem da união Cristo-Igreja: Ef 5,23.
Ver Bodas.
Casamento de judeus: Mt 1,18.
Caução: Jó 17,3; Pr 6,1.
Cefas: Ver Pedro.
Ceia: Mt 26,17; Lc 22,17; At 2,42; 1Cor 11,21.
Cenezeus: Nm 24,21.
Cereteus: 1Sm 30,14.
Cetim: Nm 24,24; Jr 2,10; Dn 11,30.
Céu: Criação do —: Gn 1,1.
— = morada de Deus: Sl 8,3; 93,2; Sb 9,8; Hb 4,14; 12,18.
Cristão = cidadão do —: Cl 3,4; 1Pd 1,1.
— = Deus: 1Mc 3,18; Mt 3,2.
Chaves (Poder das): Mt 16,19.
Chifre, símbolo de poder: Sl 75,5; 7,7.
— do altar: Ex 27,2.
Cidade santa: Ne 11,1; 2Sm 6,1.
Ver Jerusalém.

Cidades de refúgio: Ex 21,13.
Circuncisão: Gn 17,10; Ex 4,24; Lv 19,23.
— do coração: Jr 4,4.
CIRO: Is 41,1.
Ciúme: 1Cor 10,22.
　　Deus ciumento: Dt 4,24.
Código: — eloísta da aliança: Ex 20,22.
　　— javista da aliança: Ex 34,10.
　　— deuteronômico: cf. p. 25.
Cólera: Ver Ira.
Coleta para a Igreja de Jerusalém: 1Cor 16,1.
Colunas da terra: Jó 9,6.
Companheiros de Paulo: At 19,10; Cl 4,10.
Comunhão: 1Cor 1,9; 10,17; 12,22.
　　Sacrifício de —: Lv 3,1.
　　— com Deus: 1Jo 1,1.
Concílio de Jerusalém: At 15,1.
Confissão dos pecados: Sl 106,1; Pr 28,13; Eclo 4,26; Tg 5,16.
Confissões de Jeremias: Jr 15,10.
Conhecer a Deus: Jr 9,23; Os 2,22; Jo 10,14.
Conhecimento: Rm 1,1; 1Tm 6,20.
　　— do bem e do mal: Gn 2,17.
　　— que Deus, Cristo têm dos homens, dos acontecimentos: Jo 1,48; 1Jo 3,20.
Conquista da Palestina: Js 10,1; 11,20; Jz 1,1.
　　Lentidão da —: Dt 7,22; Jz 2,6.
Consagrado: Ver Santidade.
　　Nação consagrada: Ex 19,6.
Consciência: 1Cor 4,4.
　　Ver Coração, Pecado.
Consultar a Iahweh: Ex 33,7; 1Sm 14,41.
　　Ver Procurar a Deus.
Conversão (*metánoia*): Ez 18,21; Jl 1,14; Mt 3,2; At 3,19.
Coração: Gn 8,21; Ef 1,18.
　　Ver Rins.
Corbã: Mc 7,11.
Cordeiro: Is 16,1.
　　Jesus —: Jo 1,29 (cf. Is 53,7); Ap 5,6.
Corpo: Rm 7,24.
　　— e alma: 1Cor 15,44.
　　—, alma e espírito: 1Ts 5,23.
　　— de Cristo ressuscitado: Lc 24,16.
　　— de Cristo = Templo: Jo 2,21.
　　— de Cristo = Igreja: 1Cor 12,12.
　　— do cristão: Fl 1,20.
　　Ver Carne.
Criação: Gn 1,1. Ver Mundo.
　　Nova —: 2Cor 5,17; cf. Is 11,6; Rm 8,19.
Criar: Sl 51,12.
Criador: Sb 13,1; Is 42,8; Jr 10,1.
Cristãos: At 11,26.
Cristo: Lc 2,26.
　　Ver Messias, Ungido.
　　"Vós sois de Cristo": 1Cor 3,23.
Cruz de Jesus: Jo 12,32; Cl 1,24; Hb 7,27.
　　Ver Sacrifício, Sangue, Ceia.
CUCH: Jr 46,9.

Culto: Lei e —: Eclo 35,1. Ver Sacrifícios.
　　— interior: Am 5,21; cf. 1Sm 15,22.
　　— espiritual: Sl 40,9; Mt 9,13; Jo 2,21; Rm 1,9; 12,1.
　　Ver Templo, Festa.
Cumprimento: Ver Realização.

D

DÃ: Js 19,40.
DADÃ: 1Rs 10,1.
DAGON: Jz 16,23.
Debir: (= Santo dos santos): 1Rs 6,2.
Decálogo: Ex 20,1.
　　Ver Lei.
DECÁPOLE: Mt 4,25.
Dedicação: 1Mc 4,59.
Dedo de Deus: Lc 11,20.
Defensor: Ver *Go'el*.
Demônios: Sl 72,9.
　　Habitação dos —: Mt 12,43; Lc 8,31; ver Deserto.
　　Poder dos —: Mt 8,29; Lc 4,6; Jo 13,2; 1Cor 2,6 Ef 3,10; 6,12; 1Jo 3,8.
　　Ver SATÃ.
Depósito: 1Tm 6,20.
Desapego: Lc 12,33.
Descida de Jesus aos infernos: Mt 27,53; 1Pd 3,19.
Deserto: Sl 72,9.
　　—, habitação dos demônios: Lv 16,8; 17,7.
　　— = ideal perdido: Os 2,16.
Deus: Ver Monoteísmo, Nomes divinos, Onisciência.
　　— do céu: Dn 2,18.
Dia: — do julgamento: Rm 2,6.
　　— da salvação: 2Cor 6,2.
　　— do Filho do Homem: Lc 17,22.
　　— do Senhor (= domingo): Mt 28,1; ver Domingo.
　　Últimos dias: 1Tm 4,1.
　　Ver Tempo.
Dia de Iahweh:
　　Características do —: Am 5,18.
　　Sinais cósmicos do —: Am 8,9; Mt 24,1; Ap 6,12.
Dia escatológico (ou: de Cristo): 1Cor 1,8; Jo 14,20.
Diabo: Mt 4,1.
　　Ver Demônios, Satã.
Diáconos: At 6,5.
Diáspora: Tg 1,1; 1Pd 1,1.
Dilúvio: Gn 6,5.
DIONÍSIO: At 17,34.
Discernimento dos espíritos: 1Ts 5,19.
Discípulos: — = cristãos: At 6,1.
　　Os setenta e dois —: Lc 10,1.
　　Ver Apóstolos.
Dispersão: Ver *Diáspora*.
Divindade de Jesus Cristo: Rm 9,5.
Divórcio: Mt 19,9.
Dízimo: Dt 14,22; Mt 23,23; Hb 7,4.
"Doados" (Natineus): Esd 2,43; Js 9,23.

LISTA ALFABÉTICA DAS NOTAS MAIS IMPORTANTES

Doenças (Jesus e nossas): Mt 8,17; 9,2.
Domingo: Mt 28,1; At 20,7.
Dons espirituais: Is 11,2; 1Cor 12,1.
Dores do parto: Mt 24,8.
Doutores: At 13,1.
Doxologias: Sl 41,14; Rm 16,27; 2Cor 13,13; 1Tm 6,16.
 Ver Bênção.
Dragão: Ap 12,3.
 Ver Serpente, Satã.
Dúvida dos Apóstolos: Mt 28,17.

E

EBAL: Js 8,33.
EBIATAR: 2Sm 8,17.
ÉDEN: Gn 2,8.
EDOM: Nm 20,22; Dt 2,1.
Efod: — = tanga (peça do vestuário dos ministros do culto): 1Sm 2,18.
 — = vestimenta do sumo sacerdote: Ex 28,6.
 — = instrumento de consulta a Iahweh: Ex 33,7; 1Sm 2,28; 14,41.
 — = ídolo: 1Sm 21,10; Jz 8,27.
ÉFRATA: Mq 5,1.
Ekklesia: Ver Igreja.
Eleição de Israel: Dt 7,6; Am 3,2.
Elementos do mundo: Gl 4,3.
ELIAS: Ml 3,24; Mt 17,3.10; Lc 1,17; 9,30.
ELYÔN: (= Altíssimo): Gn 14,18.
EMANUEL: Is 7,14.
EMAT (Entrada de): Jz 20,1.
EMIM: Gn 14,6; Dt 1,28.
ENACIM: Dt 1,28.
Encarnação do Filho de Deus: Jo 1,14; Hb 2,11.
Endereçamento nas cartas de são Paulo: Rm 1,1.
Endurecimento: — de Israel: Is 6,10; 48,4; Am 4,6; Rm 9,22.
 — do coração: Mt 13,13.
Enigma: Hab 2,6.
Enviado: Ver Missão.
Epíscopos: Tt 1,5.
ESAÚ: Gn 25,26.
 Ver EDOM.
Escândalo: Mt 16,23; 18,8; 26,31; Jo 16,1.
Escatologia: Ver Dia, Tempo.
 Discurso escatológico: Mt 24,1; Mc 13,1.
Escravos: Lv 25,1.41; Eclo 33,25.
 Ver Liberdade do cristão.
Escriba: Sabedoria do —: Eclo 39,1.
Esdras, o —: Esd 7,6.
 Os — do tempo de Jesus: Mt 2,4.
Escrituras: 1Ts 5,25; 2Tm 3,15-16.
 Cânon das —: 1Mc 12,9.
 Sentido das —: Ver Tipologia.
 Jesus, centro e fim das —: Jo 5,39.
 As — na pregação apostólica: At 2,33.36; 3,24.
Consolação das —: 1Mc 12,9.
 As —, fonte de vida: Jo 5,39.
 Ver Realização.

Esmola: Lc 12,33.
Esperança: Rm 5,2.
Espírito: — de Iahweh: Sb 7,22; Is 11,2; Ez 36,27.
 — mau, provindo de Iahweh: 1Sm 16,14.
 — Santo, em Lucas: Lc 4,1.
 — enviado pelo Messias: Jo 1,33.
 — Paráclito: Jo 14,16.
 — iluminador: Jo 14,26.
 — de poder: At 1,8.
 —, dom interior: Rm 5,5.
 Carismas do —: 1Cor 12,1.
 —, alma e corpo: 1Ts 5,23.
 — = parte superior do homem (pneuma): Rm 1,9.
 — = razão do homem: Rm 7,25.
Espíritos: sete —: Ap 4,5.
 — celestes: Ef 6,12.
Esposa: Israel = — de Iahweh: Ez 16,1; Os 1,2.
 Igreja = — de Cristo: Jo 3,29.
Estelas (maççebot): Ex 23,24.
Estrangeiro (ger) e cidadão: Ex 12,48.
 — na terra: 1Pd 1,1.
Estrela da manhã: Ap 2,28; cf. Nm 24,17; Is 14,12.
ETIÓPIA: At 8,27.
Etnarca: 1Mc 14,47.
Eucaristia: Mt 26,17; Jo 6,22; At 2,42; 1Cor 10,16-17.
 Ver Ceia.
 "EU SOU": Jo 8,24.
 Ver IAHWEH.
Evangelho: Mt 4,23; Mc 1,1; At 5,42; Gl 1,6s.
 Espírito do —: Mt 5,1.
Excomunhão: Mt 16,19; 18,17; 24,51.
 Ver Comunhão, Anátema.
Exércitos (Iahweh dos): 1Sm 1,3.
Êxodo: Ex 13,17.
 Novo —: Is 40,3; 52,12.
 —: ideal perdido: Os 2,16.
Exorcismos: Mt 8,29; At 19,13.
Expiações: Dia das —: Lv 16,1.
 Sacrifício das —: Lv 1,4.
Expiatório (Sofrimento): Jó 42,8.
 Ver Servo de Iahweh.
Exterminador: Ver Anjo.

F

Face: Sl 27,8.
 Anjo da —: Tb 12,15; Ap 4,5.
 Procurar a —: Am 5,4.
 Contemplar a —: Sl 11,7.
 Cf. Ver a Deus.
 Luz da —: Sl 4,7.
 Minha — eu: Sl 6,5.
Fariseus: 1Mc 2,42; Mt 3,7; 6,2; At 4,1; 5,34.
Fé: — de Abraão: Gn 12,1; 15,6; 22,1; Eclo 44,20; Rm 4,3.
 — segundo os profetas: Is 7,9.
 — no NT: Mt 8,10; Jo 3,12; 10,26; Rm 1,5.16; Hb 1,1.6.
 —, esperança e caridade: 1Cor 13,13.
 Porta da —: At 14,27.

Obediência da —: Rm 1,5.
— e sinais: Jo 2,11.
— e obras: Rm 1,16; 3,20; Hb 6,1; Tg 2,14.22.
Felicidade: Sb 4,7; Ct 1,7.
— messiânica: Os 2,20; Is 11,6.
Ver Paz.
Festas de Israel: Ex 23,14.
Festim messiânico: Mt 8,11.
Parábola do — nupcial: Mt 22,1.
Fidelidade: — de Deus: Os 2,21-22; Rm 3,20.
— conjugal: Pr 5,15.
Filactérios: Nm 15,38; Mt 23,5.
Filho: — de Abraão: Lc 19,9.
— de Davi: 2Sm 7,1; Mt 9,27.
Os cristãos, — de Abraão: Rm 4,11.
Jesus, — de Abraão: Mt 1,1.
— do orgulho: Jó 41,26.
— do Oriente: Nm 24,21.
Ver Adoção, Mais velho, Primogênito.
Filho(s) de Deus: 2Sm 7,14; Mt 4,3; Jo 10,34.
Cristo = —: Jo 1,18; Rm 1,4; 9,5.
Israel = —: Dt 7,6.
Anjos = —: Dt 32,8; Jó 1,6.
— e filhas dos homens: Gn 6,1.
Filho do Homem: Dn 7,13; Mt 8,20; 24,30; Jo 3,14; Ez 2,1.
Filisteus: Js 13,2.
Fogo: — perpétuo: Lv 6,2.
Iahweh é um — devorador: Ex 13,22; Dt 4,24.
— destruidor e purificador: Is 6,7; Mt 3,11.
— da geena: Mt 3,12.
— trazido por Jesus: Lc 12,49.
— que salga: Mc 9,49.
Ver Teofania, Ciúme, Batismo.
Fornicação (no sentido figurado): Os 1,2.
Fração do pão: Lc 24,35; At 2,42.
Franjas das vestes: Ver Filactérios.

G

Gabaonitas: Js 9,3.
Galácia: At 16,6.
Garizim: Js 8,33; Jo 4,20.
Geena: Mt 3,12; 18,9 (cf. Lv 18,21); Mt 27,8.
Genealogia: Gn 10,1; 1Cr 1,1.
— de Davi: Rt 4,18.
— de Jesus: Mt 1,1.
Especulações sobre as —: 1Tm 1,4.
Gentios: Ver Pagãos.
Ger (= estrangeiro): Ex 12,48.
Gergeseus: Dt 7,1.
Germe: Jr 23,5; Zc 6,12; cf. Is 4,2.
Gestos proféticos: Jr 18,1.
Gigantes (nefilim): Gn 6,1; Dt 1,28.
Glória: — de Iahweh: Ex 24,16; Nm 14,21.
— de Deus: Jo 1,14; At 6,15.
— de Cristo: 1Cor 2,8; Jo 17,5.
Dar — a Deus: Jo 9,24.
Minha — = eu: Sl 6,5.

Glossolalia: At 2,4.6.
Gnose: Ver Conhecimento.
Go'el (= vingador do sangue, redentor): Nm 35,19; Rt 2,20; Jó 19,25; Sl 19,15; Is 41,14.
Gomorra: Ver Sodoma.
Gratuidade da escolha divina: 1Sm 13,7; cf. Gn 4,5.
Gregos: Rm 1,14.
Guilgal: Js 4,19; 2Rs 2,1; Os 9,15.

H

Habitação de Deus: Ex 25,8.10.17; Dt 4,7; Sb 9,8.
— do Verbo entre os homens: Jo 1,14.
— do cristão junto a Cristo: 2Cor 5,8.
Habitantes da terra: Ap 3,10.
Hades: Mt 16,18; Ap 1,18.
Hai: Js 7,2.
Hallel: Sl 113,1; Mt 26,30.
Ver Aleluia.
Hanukká (dedicação): 1Mc 4,59.
Hapax (uma vez por todas): Hb 7,27.
Hasidim: Ver Assideus, Hésed.
Hebron: Js 15,13; 2Sm 2,1.
Hekal (= Santo): 1Rs 6,2.
Helenização: 1Mc 1,15.44; 2,1.
Helenistas: At 6,1; 8,1; 9,29.
Herodes: Lc 3,11; 13,31; Mt 2,1.
— Agripa I: At 12,1.
— Agripa II: At 25,13.
Herodianos: Mt 22,16.
Hésed: Jr 2,2; Os 2,21.
Heteus: Dt 7,1.
Hinos: Fl 2,5; 1Tm 3,16.
Hipócritas: Mt 6,2.
História da salvação: At 1,7.
Holocaustos: Lv 1,1.
Homem: — interior e exterior: Rm 7,22.
— Novo: Ef 2,15; Cl 3,10.
Ver Espírito, Alma, Corpo.
Hora: — de Jesus: Jo 2,4; 12,1.
Ver Tempo.
Horeb: Ver Sinai.
Horreus: Gn 14,6; 36,2.20; Dt 2,12.
Hosana: Mt 21,9.
Humildes: Ver Pobres.

I

Iahweh: Ex 3,13s; 6,2s; cf. Is 42,8; Jo 8,24; Ap 1,4.
— dos Exércitos: 1Sm 1,3.
Ídolos: — domésticos: Gn 31,19; 1Sm 15,22.
— e verdadeiro Deus: Ver Monoteísmo, Fabricação de —: Is 40,20;
Carnes imoladas aos —: 1Cor 8,1.
Culto de —, idolatria: Sb 13,1.
Igreja: At 7,38.
Sentido do termo —: Mt 16,18; At 5,11.
— = corpo de Cristo: 1Cor 12,12.
— = esposa de Cristo: Jo 3,29.
— de Deus: 1Cor 1,2.
Crescimento da —: At 2,41.

LISTA ALFABÉTICA DAS NOTAS MAIS IMPORTANTES

Imagem de Deus: Homem = —: Gn 1,26; cf. Cl 3,10.
Imitação de Cristo, de Paulo, dos irmãos: 2Ts 3,7.
   — de Cristo: Rm 8,29.
Imigrante: Ver Estrangeiro.
Imortalidade: Sb 3,4; 1Cor 15,53-54.
   Ver Ressurreição.
Imparcialidade: Ver Acepção de pessoas.
Imposição das mãos: At 13,3; 1Tm 4,14.
Imprecação, juramento imprecatório: Rt 1,17; 1Rs 8,31.
   Salmo —: Sl 5,11; 35,1.
Infernos: Jó 26,6; Eclo 21,10.
   Descida aos —: 1Pd 3,19; 4,6.
   Ver *Xeol*, *Hades*.
Inteligência (*Noûs*): Rm 7,25.
Intercessão: — de Abraão: Gn 18,24.
   — de Moisés: Ex 32,11.
   — de Jó: Jó 42,8.
   — de Jeremias: 2Mc 15,14.
   — dos anjos: Jó 5,1; 33,23.
Interior (Homem): Rm 7,22.
Ira: Iahweh, lento na —: Sl 103,8.
   Taça da —: Is 51,17.
   Dia da —: Am 5,18.
   — de Deus: Nm 11,1; Mt 3,7; Rm 1,18.
Irmãos (= cristãos): At 1,15.
Irmãos de Jesus: Mt 12,46; At 1,14.
Irmãos profetas: 1Sm 10,5; 2Rs 2,3.
Isaac: Gn 17,17:
   Sacrifício de —: Gn 22,1.
Israel: = Jacó: Gn 32,23.29.
   — = povo eleito: Dt 7,6; Rm 9,4.
   — = nação consagrada: Ex 19,3.
   —, povo de dura cerviz: Dt 9,13.
   — na época dos Juízes: Jz 6,1.
   — = esposa de Iahweh: Os 1,2.
   — = Servo de Iahweh: Is 41,8.
   Verdadeiro —: Jr 4,4; Gl 6,16.

J

Jacó: Gn 25,26; 29,31; 32,23.29.
Jebuseus: Dt 7,1.
Jeremias: Confissões de —: Jr 15,10.
   Intercessão de —: 2Mc 15,14.
   — e a tradição judaica: 2Mc 2,1.
Jerusalém: 2Sm 5,9; At 1,4.8.
   Muralhas de —: 2Rs 14,13.
   Sistema de águas em —: 2Rs 20,20.
   Reconstrução das muralhas de: Ne 1,3.
   Dedicação da muralha de —: Ne 12,27.
   Repovoamento de —: Ne 7,4.
   —, centro da obra da salvação: Lc 2,38.
   Ruína de —: Lc 19,44.
   — = cidade messiânica e celeste: Ap 21,1.
Jesus: — Cristo, Messias, Ungido: Ex 30,22; Sl 20,7; Lc 2,26.
   — imagem de Deus: Rm 8,29; Hb 1,3.
   — Filho de Deus: Mt 4,3.
   — Deus: Rm 9,5.
   — profeta: Mt 16,14; Jo 1,21.
   — Sabedoria: Jo 6,35.
   — Santo de Deus: Mc 1,24; Jo 6,69.
   — Senhor: At 2,21.36; 11,20; Fl 2,11.
   — Salvador: 1Tm 1,1.
   — Servo: Mt 3,17; Fl 2,7; At 3,13.
   — luz: Jo 8,12.
   — testemunha: Jo 3,11; 1Tm 2,6; Ap 1,5.
   — sinal de contradição: Mt 10,34.
   — dono de sua vida: Jo 10,18.
   — mediador: Jo 16,26; Hb 8,6.
   — sumo sacerdote: Hb 3,1.
   — juiz escatológico: Ap 1,13.
   — autor da vida: At 3,15.
   — rei: Jo 3,35; Ap 1,5.
   — nossa páscoa: 1Cor 5,8.
   — se humilhando pela Encarnação: Fl 2,6-7.
   — de origem misteriosa: Jo 7,14.27; 8,14; 19,9.
   — admirado pelas multidões: Lc 4,15.
   — "consumado": Lc 13,32.
   — exaltado pelo Pai: Jo 3,14; 12,32.
   — anunciado pelos profetas: Lc 18,31; At 2,33.36; 3,24.
   — manifestado: 1Tm 6,14.
   — centro e fim das Escrituras: Jo 5,39.
João Batista: Mt 11,11.14.
   Ver Elias.
João Marcos: Ver Marcos.
Josafá (Vale de): Jl 4,2.
Josué: Js 1,1; 3,1.
Jubileu: Lv 25,1.
Judas: Lc 6,16; At 1,13.
Judeus e cristãos: Jo 1,19; 8,39; At 24,14; 13,5.41; Rm 1,16; 2,1.
Juiz: Jz 3,7.
Julgamento: Sl 75,1; Is 5,16; Jo 5,22.
   — de Deus (= ordálio): Nm 5,11.
   — final: Rm 2,6; 2Tm 4,1.
   Ver Dia, Jesus juiz.
Juramento imprecatório: Rt 1,17; 1Rs 8,31.
Justiça: Mq 6,5; Is 41,2; 45,8.
   — e santidade: Is 1,26; 5,16.
   — de Deus: Is 5,16.
   — do homem: Lv 19,15.
   — e fé: Rm 1,16-17.
Justificação: Rm 4,25.

K

Kénosis: Fl 2,6.7.
Kyrios: Eclo 1,1; Fl 2,11; At 2,36; 11,20.

L

Lei: Dt 4,5; Mq 3,11.
   — e vida: Ver Palavra; Dt 8,3; At 7,38.
   — de Moisés: 2Cr 23,18.
   — e culto: Eclo 35,1.
   — e templo: 1Mc 4,36.
   Antiga e nova —: Mt 5,11.
   — de liberdade, nova —: Tg 1,25.

Fardo da —: Mt 11,28.
Valor da —: Rm 7,7; Gl 3,24.
O cristão morreu para a —: Gl 2,19.
Leite e mel: Ex 3,8; Is 7,22.
Lepra: Lv 13,1.
Letra e espírito: 2Cor 3,6.
Levi = Mateus: Mt 9,9.
Leviatã: Jó 3,8; 40,25.
Levirato: Gn 38,8; Dt 25,5.
Levitas: Nm 3,11; 1Cr 23,6; Ez 44,15.
Liberdade: — do cristão: Rm 6,15; 1Cor 6,12; Gl 5,1.
— e escravidão: Fm 16.
Línguas (Milagre das): At 2,4.6.
Lista: — dos povos: Gn 10,1.
Livros: — celestes: Ap 20,12.
— do julgamento: Dn 7,10.
— da vida: Dn 12,1; Ap 20,12.
Livros sagrados: Ver Escrituras.
Logos: Ver Palavra.
Loucura e sabedoria: Pr 9,13; 1Cor 1,18.
Lúcifer: Is 14,12; Ez 28,2.11.
Lugares altos: 1Sm 9,12.
Lugares santos: Ex 19,12; 25,8.
— = o Templo: Jo 11,48.
Luz: Sb 7,26.
— da face: Sl 4,7.
— e trevas: Mt 6,23; Lc 11,36; Jo 8,12.

M

Maççebôt: Ver Estelas.
Madiã: Ex 2,15.
Magnificat: Lc 1,46.
Magos: Mt 2,1.11.
Mais velho: Gn 4,5; Ex 13,11.
Mal: Ver Sofrimento, Provação, Pecado, Julgamento.
Maldição: Ver Bênção.
Maná: Ex 16,1.15; Sb 16,20; Jo 6,31.
Mandamentos: Ver Lei, Decálogo, Amor.
Manhã: — hora dos favores divinos: Sl 17,15.
— = hora da justiça divina: Sl 101,8.
Manifestação: Mc 13,34.
— de Cristo: 1Tm 6,14.
Ver Apocalipse, Revelação, Teofania.
Manjares queimados: Lv 1,9; Dt 18,1.
Mar: Jó 7,12; Sl 24,2; 46,4; Ap 21,1.
Maran atha: 1Cor 16,22.
Marcos: At 12,12.
Final de —: Mc 16,9.
Maria: — mãe de Jesus: Is 7,14; Mq 5,2.
— e a Sabedoria: Pr 8,22.
— e a Igreja: Ap 12,1.
Mártir: At 7,58; 22,20; 1Tm 2,6.
Ver Testemunho.
Mashal: Eclo 39,2; Hab 2,6; Mc 7,17. Cf. p. 877.
Matrimônio: Ver Casamento.
Mediação: — dos anjos: Gl 3,19.
— de Jesus: Jo 14,6; 1Tm 2,5; Hb 8,6.
Mediador: Jo 16,26; At 7,38; Hb 8,6.

Médico: Eclo 38,1s.
Melquisedec: Gn 14,18; Hb 7,1.
Mentira: Gn 12,10; Jo 8,44.
Mês (Primeiro dia do): Lv 23,24.
Messias: — = Ungido, Cristo: Ex 30,22; 2Sm 7,1; Sl 20,7; Lc 2,26.
Primeiro anúncio do — ou Protoevangelho: Gn 3,15.
— sucessor de Davi: 2Sm 7,1; Is 7,14; Mq 4,14; Ag 2,23.
— segundo os Profetas: cf. p. 1235.
— nos Salmos: cf. p. 860.
Felicidade e paz messiânicas: Os 2,20; Is 11,6; Mt 8,11.
— e Espírito: Mt 3,16.
Segredo messiânico: Mt 26,64; Mc 1,34.
Metánoia (= penitência, conversão): Mt 3,2; At 2,38; 3,19.
Midrash: Sb 16,1.
Miguel: Dn 10,13; Ap 12,7.
Milagres: — do Cristo: Mt 8,3.17; 9,2.
— dos apóstolos: At 4,33; 9,34.
Mil anos (Reino de): Ap 20,4.
Misericórdia: Ver Amor, *Hésed.*
Missão: Mt 28,18; Jo 4,34; At 1,8; 22,21; Rm 1,1.
Ver Apóstolos, Enviado, Pedro, Paulo, Pagãos, Judeus e cristãos.
Mistério: Sl 25,14; Dn 2,18; Mt 11,25; Ef 3,5; Cl 2,3.
— de Cristo: Rm 16,25.
Moab: Nm 22,36.
Moisés: Mt 17,1; Lc 9,30; At 7,2.38.
— amigo de Deus: Ex 33,20; Nm 12,7; Dt 34,10.
— intercessor: Ex 32,11.
— profeta: Nm 12,7; Dt 18,18.
— pecador: Nm 20,12.
—, Elias e Jesus: Jo 1,21; Mt 17,3.
Moloc: Lv 18,21.
Monoteísmo: Is 40,18; 41,21; 42,8. Cf. pp. 1246s.
Montanha: — de Deus: Sl 36,7.
— santa (Jerusalém): Sl 2,6.
Morada: Ver Habitação.
Moralismo dos profetas: cf. p. 1234. Am 2,6.7, cf. Am 5,21.
Moriá: Gn 22,2.
Morte: 2Cor 5,8; Fl 1,20.23.
Deus não fez a —: Sb 1,13.
— e pecado: Sb 2,24; Rm 5,12.
— e redenção: Rm 7,1.
A segunda —: Ap 20,6.
Ver Ressurreição.
Mortos: culto dos —: Dt 14,1.
Sacrifício para os —: 2Mc 12,38.
Mansão dos —: Nm 16,33; ver *Xeol.*
Mulher: — símbolo do povo de Deus: Ap 12,1.
Mundo: Jo 1,10; Gl 1,4.
— habitado: Mt 24,14.
— resgatado: Rm 8,19.
Murmurações do povo: Ex 15,24.

LISTA ALFABÉTICA DAS NOTAS MAIS IMPORTANTES

N

Nabateus: 1Mc 5,25.
Natã (Profecia de): 2Sm 7,1.
Natanael: Jo 1,45.
Natineus: Ver "Doados".
Nazir: Nm 6,1; At 18,18.
Nazoreu, Nazareno: Mt 2,23.
Necromancia: 1Sm 28,3.
Nefesh: Gn 2,7; Sl 6,5.
    Ver Alma.
Nefilim: Ver Gigantes.
Negueb: 1Sm 27,10.
Neomênia: Lv 23,24.
Nome: Fl 2,9; Ap 2,17; 3,12.
Nomes divinos: *Shaddai*: Gn 17,1.
    Elyôn: Gn 14,18.
    Iahweh: Gn 4,26; Ex 3,14; cf. Jo 8,24; Ap 1,4.
    Deus do céu: Esd 1,2.
    Céu: 1Mc 2,21; Mt 3,2.
    O Bendito: Mc 14,61.
    O Poderoso: Mt 26,64.
    Ver Senhor.
    O Nome (= Iahweh): 1Rs 8,16.
Nome de Jesus: 3Jo 7.
    Invocação do nome de Jesus: At 3,16; 5,41.
Nomes proféticos: Is 1,26.
Noûs: Ver Inteligência.
Novo e antigo: Ver Aliança, Criação, Homem, Novo e velho, Nome.
Novo e velho: Mt 9,17.
Novos céus: Ap 21,1.
Nuvem: Ex 13,22; 19,16; Mt 24,30; At 1,9; cf. Lc 1,35.
    Ver Presença de Deus, Teofania.

O

Obediência: Sb 6,18; Eclo 2,15.16.
    — da fé: Rm 1,5.
    — ao poder civil, às autoridades: Esd 6,10; Rm 13,1; 1Pd 2,13.
    Ver Lei.
Oblação: Lv 2,1.
    Pães da —: Ex 25,23.
Obras: Fé e —: Tg 2,14.
    Boas —: Mt 25,36; 26,10.
Oikoumene: Ver Mundo.
Oleiro: Is 29,16; 45,9.
Onisciência e onipresença de Deus: Sb 1,7.
Oração: — de Jesus: Mt 14,23.
    — dos cristãos: Mt 6,5; At 2,42; Rm 8,27; Tg 1,5; 5,13.
Ordálio: Nm 5,11.
Ovelha: Ver Pastor.

P

Pagãos: At 22,21.
    — instrumentos de Iahweh: Hab 1,5.
    Conversão dos —: At 10,1.15; 11,17.
    Ver Universalismo.
    Paulo, apóstolo dos —: Rm 1,1.
"Pai nosso": Mt 6,9.
Palavra: Eclo 42,15; Jo 1,1; 3,11; 1Ts 2,13.
    —, fonte de vida: Dt 8,3; Jo 5,39; At 5,20; 7,38.
Pão: — da oblação ou da proposição: Ex 25,23.
    — da vida: Jo 6,22.
    Multiplicação dos —: Mt 14,13.
Paráclito: Jo 14,26.
    Ver Espírito.
Paraíso terrestre: Gn 2,8.
Parasceve (Preparação do sábado): Mt 27,62.
Parcialidade: Ver Acepção de pessoas.
Parentes do rei: 1Mc 10,89.
Páresis: Rm 3,25.
Parusia: Mt 24,3; 1Cor 15,23; 1Ts 5,1; Ap 22,17.
    Ver Dia.
Páscoa: Ex 12,1.11.
    —, passagem do Cristo para o Pai: Jo 13,1; 12,1; 1Cor 5,7.8.
Pastor: Zc 13,7.
    Bom —: Ez 34,1; Jo 10,11; 1Pd 2,25.
Paulo: At 13,9.
    — apóstolo: At 22,21.
    — perseguidor: At 22,4.
    — Vocação de —: At 9,1.
    — trabalha com suas mãos: At 18,3.
    Companheiros de —: At 19,10; Cl 4,10.
Paz: Sl 12,2; Jr 6,14; Mt 10,12.
    — messiânica: Os 2,20; Is 11,6.
Pecado: Nm 22,34; 2Sm 12,14; Ecl 5,5.
    Sacrifício pelo —: Lv 4,1.
    — original: Gn 3,16; Jó 9,30; 14,4; Sl 51,7; Rm 5,12.
    — do mundo: Jo 8,21; 16,9.
    — contra o Espírito: Mt 12,32.
    — e morte: Hb 2,14.
    Confissão dos —: Ver Confissão.
Pedagogia divina: Dt 8,5; Jz 2,11; Am 4,6; Hb 12,7.
Pedro: — apóstolo: Mt 16,18.
    — e João: Lc 8,51.
    Primado de —: Mt 16,19.
    Vocação de —: Lc 5,3.
    Profissão de fé de —: Lc 9,18.
    Negação de —: Mc 14,68.
    — nas origens da Igreja: At 2,14.
Penitência (Conversão): Mt 3,2.
Pentateuco: 2Cor 23,18. Cf. pp. 21-31.
Pentecostes: — da antiga lei: Ex 23,14.
    — do NT: At 2,4.6.
Perdão: — dos pecados: Sl 65,4.
    — e amor: Lc 7,47.
    — de Jesus: Lc 23,34.
    — cristão: Mt 18,21.
    Ver: Redenção, Conversão, Sacrifício.
Perdição: Jó 26,6.
Perfeição: Mt 19,21; 1Cor 2,6.
    Ver: Realização, Amor.
Perfume de agradável odor: Gn 8,21; Ex 29,18.

Perseguição: Ap 10,10; 12,18.
Piedade: 1Tm 4,7.
PILATOS: 1Tm 6,13.
Plenitude: — dos tempos: Mc 1,15; Gl 4,4.
— do Corpo de Cristo: Cl 1,19; 2,9.
Pobres: Sf 2,3; Mt 5,3; Lc 12,33; At 4,32.
Poços: Gn 26,19; Jo 4,1.
Poder: Espírito de —: At 1,8.
O Poderoso (nome divino): Mt 26,64.
— hostis ao Reino de Deus: 1Cor 15,24.
— civil (Obediência ao): Esd 6,10; Rm 13,1.
— de Cristo: Mt 28,18; Jo 3,35.
— das chaves: Mt 16,19; 18,18.
Poste sagrado (*Aserá*): Ex 34,13; Jz 2,13.
Povo do país: Esd 3,3.
Pragas do Egito: Ex 7,8.
Pregação apostólica: At 2,22.23.
Presbíteros: Tt 1,5.
Ver Anciãos.
Presença de Deus: Ex 13,22; 1Rs 8,10; 19,12; Jo 1,14; 6,58.
Ver Habitação.
Pretório: Mt 27,27.
Primado: — de Cristo: Cl 1,15.
— de Pedro: Mt 16,19; At 2,14.
Primícias: Dt 26,1.
Primogênitos: Gn 22,1; Ex 13,1.11; Lc 2,7.
Príncipe(s) deste mundo: Jo 12,31; 1Cor 2,6.
Procurar (e encontrar) Deus: Sl 27,8; Am 5,4; Jo 7,34.
Procurar a face de Deus: Sl 27,8; Am 5,4.
Profetas: cf. p. 1230; Nm 12,7; Gn 20,7; Dt 18,18; 1Sm 10,5; Jo 1,21.
Verdadeiros e falsos —: Dt 18,21; Ap 13,11.
Gratificações aos —: 1Sm 9,7.
— do NT: At 11,27.
Jesus —: Mt 16,14.
Irmãos —: 2Rs 2,3; cf. 1Sm 10,5.
Profético (Gesto ou ação): Jr 18,1.
Promessa: — de Deus: Gn 12,1; Rm 4,11; Hb 6,18.
Ver Aliança, Fidelidade.
"Proposição" (Pães da): Ver Oblação (Pães da).
Propiciatório: Ex 25,17; Rm 3,25.
Prosélitos: Mt 23,15; At 2,11.
Prostituição: — = infidelidade a Iahweh: Ex 34,15; Pr 2,16; cf. Os 1,2.
— sagrada: Dt 23,19.
Protoevangelho: Gn 3,15.
Provação: Hb 12,7.
Ver Tentação, Sofrimento.
Provérbios numéricos: Pr 30,15; Am 1,3.
Providência de Deus: Sb 14,3; Hb 11,6.
Próximo: Pr 3,28.
Psyché: Mt 16,25; 1Cor 15,44.
Ver Alma.
Publicanos: Mt 5,46.
Purgatório: 2Mc 12,38; 1Cor 3,15.
Purim: Est 3,7; 9,18.

Puro e impuro: Lv 11,1; Mt 15,10; Jo 13,10; At 10,15; 15,20.
O homem é impuro: Jó 14,4.

Q

QUENITAS: Nm 24,21.
Querigma: — = pregação apostólica primitiva: At 2,22.23.
— = argumentação escriturística: At 2,33.36; 3,24.
— = apelo ao arrependimento: At 2,38.
Querubins: Ex 25,18; Ez 1,10.

R

RAAB: a prostituta: Js 2,11.
—, monstro mítico: Jó 7,12; 9,13; Sl 89,11.
Rafaim: Gn 14,6; Dt 1,28.
Realeza: — em Israel: 1Sm 8,1.
— de Cristo: Jo 3,35; Ap 1,6.
Realização: — do AT no NT: Mc 1,15; At 24,14.
— das Escrituras: Mt 1,22.
— da Lei: Mt 5,17.
Ver Plenitude dos tempos. Perfeição.
Recapitulação em Cristo: Ef 1,10.
Reconciliação em Cristo: Cl 1,20.
Redenção: Mt 20,28; 26,28; Rm 3,24.
Redentor *(Go'el)*: Is 41,14.
Refeição: — pascal: Mt 26,17; Lc 22,17.
— do Senhor: 1Cor 11,21.
Ver Ceia, Fração do Pão.
Refúgio (Cidades de): Ex 21,13.
"Regra de ouro": Mt 7,12.
Reino: Dn 2,28.
— de Deus ou dos céus: Mt 3,2; 4,17.
— de sacerdotes: Ex 19,3.6; Ap 1,6.
Reino de Deus: Is 52,7; ver Reino.
— de mil anos: Ap 20,4.
Salmos régios —: cf. p. 860.
Renovação: Mt 19,28.
Repouso: Gn 2,3.
Ver Sábado.
Resgate: Ver *Go'el*, Redenção.
Responsabilidade: — individual e coletiva: Gn 18,24; Dt 7,10; Sl 62,13.
— (somente) pessoal: Jr 31,29; Ez 14,12.
Ressurreição: — da carne: Sl 16,10; 49,16; Jó 19,25; Ez 37,10; 2Mc 7,9; 2Tm 2,18.
— dos mortos: Mt 25,32; 27,53; At 2,36; 4,1; 10,42; 17,31; Rm 8,11; 2Cor 5,8; Fl 3,11; Ap 20,4.
— de Cristo: Mt 28,10; At 10,40; Rm 1,4; 1Cor 15,1.
Restauração: Os 2,20; At 3,21.
Resto de Israel: Esd 1,4; Ne 1,2; Is 4,3.
Retorno de Cristo: Ver Vinda.
Retribuição: Ecl 7,8; Ml 2,17.
— pessoal: Sl 62,13; Jr 31,29; Ez 14,12.
— temporal: cf. p. 801; Sl 37,1; Gn 18,24; Jr 12,1.5.
— após a morte: Sl 49,16; Eclo 7,36.

LISTA ALFABÉTICA DAS NOTAS MAIS IMPORTANTES

Reunião de Judá e Israel: Jr 3,18.
Revelação de Cristo: 1Cor 1,7.
Rins e coração: Sb 1,6.
Riqueza: Ecl 2,26; 5,9; Lc 12,33.
Rocha: Deus = —: Sl 18,3; 95,1.
    Cristo = —: 1Cor 10,4.
    Pedro = —: Mt 16,18.

S

SABÁ: 1Rs 10,1.
Sábado: Gn 2,3; Ex 20,8; Mt 12,8; Mc 2,27; Lc 6,5.
    Ver Ano sabático.
Sabedoria: — do Oriente: cf. p. 800; Jó 2,11.
    — de Salomão: 1Rs 5,13.
    — do artesão: Ex 31,3; Eclo 38,31.
    — carismática: Jó 4,12; 32,8.
    — personificada, criadora: cf. p. 798, 1104; Pr 8,22; Sb 7,22.
    — inacessível ao homem: Jó 28,1.
    — de Deus: Rm 16,27.
    Jesus, sabedoria de Deus: Jo 6,35.
    Ver Espírito.
Sacerdotes: Ez 44,15.
    Investidura dos —: Ex 28,41; Lv 8,1.
    Ascendência dos sumos —: 1Cr 5,27.
    Realeza dos —: Ex 19,6; Ap 1,6.
    Cristo, sumo —: Hb 3,1.
Sacrifícios: — da antiga Lei: Lv 1,1.
    — de holocausto: Lv 1,1.
    — de comunhão: Lv 3,1; Ez 44,3.
    — de ação de graças: Lv 7,11.
    — pelos pecados: Lv 4,1.
    — de reparação: Lv 5,14.
    — de expiação: Lv 1,4.
    — cotidiano: Lv 6,2.
    — de crianças: Lv 18,21; Gn 22,1.
    — da Nova Aliança: Hb 7,27.
SADOC: 2Sm 8,17; Ez 44,15.
"Sã doutrina": 1Tm 1,10.
Saduceus: Mt 3,7; 22,23; At 4,1; 23,8.
Sal: Lv 2,13.
Salgar pelo fogo: Mc 9,49.
Salvação: História da —: At 1,7; Rm 3,26; Hb 7,27.
    Dia da —: 2Cor 6,2.
    Ver Tempo.
Salvador: 1Tm 1,1.
SAMARITANOS: Js 8,33; 2Rs 17,24; Zc 11,14; Lc 9,53; 10,33; Jo 4,9; At 8,5.
Sangue: — = princípio vital: Gn 9,6; Lv 1,5.
    — que grita para Deus: Gn 37,26; Jó 16,18.
    — que cai sobre: Mt 27,25.
    — da Aliança: Ex 24,8.
    — de Jesus: Mt 26,28; Jo 19,34; Rm 3,25; Hb 9,11.
    — de propiciação: Rm 3,25.
Santidade: Lei de —: Lv 17,1.
    — de Deus: Ex 33,20; Lv 17,1; Is 6,3.
    — de Jesus: Mc 1,24; Jo 6,69.
    — do povo: Ex 19,6.

    — do cristão: 1Cor 1,8.
    — da Arca: 2Sm 6,7.
    — das coisas: Lv 2,3.
    — dos lugares: Ex 19,12; 25,8.
Santificação: Rm 6,19; 1Ts 4,3.
Santo: Ver *Hekal*.
Santo dos Santos: 2Cr 3,8.
    Ver *Debir*.
Santos: — = anjos: Jó 5,1.
    — cristãos: At 9,13; Cl 1,12; cf. Ex 19,3.6.
Sarx: Ver Carne.
SAULO: At 13,19.
    Ver Paulo.
SATÃ: Jó 1,6; Jo 12,31; 13,2; 1Jo 2,13; Ap 12,3.
    Entregar a —: 1Cor 5,5.
    Ver Adversário, Demônios, Serpente.
Sátiros: Lv 17,7.
Segredo: Ver Mistério.
    — messiânico: Ver Messias.
Seio de Abraão: Lc 16,22.
Selo do Espírito: Jo 6,27; Rm 4,11.
Semelhança de Deus: Ver Imagem.
Senhor (Jesus): At 2,21.36; Fl 2,11.
Serafim: Nm 21,6.
Serpente: Gn 3,1; Ap 12,3.
    Ver Satã, Dragão.
Servo de Iahweh: Js 24,29.
    Israel —: Is 41,8.
    Poemas do —: Is 42,1.
    Jesus —: Mt 3,17; At 3,13; Fl 2,7.
Setenta anos (Profecia dos): Jr 25,11.
Sfragis: Ver Selo.
SHADDAI: Gn 17,1.
Shekiná: Ver Presença, Habitação de Deus.
Shemá: Dt 6,4.
SIÃO: Sl 48,1; 87,1.
    Cânticos de —; cf. p. 858.
    Ver Jerusalém.
SICAR: Jo 4,5.
Siclo do santuário: Lv 5,15.
Silêncio: Sb 8,12.
SILO: Js 18,1; 1Sm 1,3.
SILOÉ: Jo 9,7.
Simbólicos (Ações ou gestos): Ver Ações proféticas.
SINAI = HOREB: Ex 19,1.2.
Sinal: Vinda —: 1Sm 14,10.
    — = milagre: Mt 12,38; Lc 1,18.
    — = garantia de uma promessa: Lc 1,18.
    — cósmico do Dia de Iahweh: Am 8,9; Mt 24,1; 2Ts 2,1; Ap 6,12.
    — dos tempos: Lc 12,54.
    — do Filho do Homem: Mt 24,30.
SIQUÉM: Gn 48,22; Js 24,1.
SÍRIA: Mt 4,24.
Sobriedade: Mt 24,42.
SODOMA: Gn 13,13.
    — e GOMORRA: Gn 19,1.25.
Sofrimento: — do justo: cf. p. 801.
    — expiatório: Jó 42,8.

— do Cristo e do cristão: Cl 1,24.
  Ver Servo de Iahweh.
Sol de justiça: Sl 19,1; Ml 3,20.
Sôma: Ver Carne, Corpo.
Sonhos: Gn 37,5; Eclo 34,1; Dn 2,1; Mt 1,20.
Sopro: Ver Espírito.
Sortes sagradas: Ex 33,7; At 1,26.
Submissão: Ver Obediência.
Suicídio: 2Sm 17,23.
Sumo Sacerdote: Ver Sacerdotes.

T

Tabernáculos: Ver Tendas.
Tábuas da Lei: Ex 31,18.
Taça (Parte da): Sl 11,6.
  — da ira: Is 51,17.
Talião: Ex 21,25.
Társis: País de —: 1Rs 10,22.
  Navios de —: Sl 48,8.
Temor: Ex 20,20; Dt 6,2; 1Jo 4,18.
  — religioso: Ex 33,20; Lc 1,12; At 6,15.
  — de Deus: Pr 1,7; Eclo 1,11.
Temente a Iahweh: Sl 15,4.
Temente a Deus: Jo 12,20; At 2,11; 10,2.
Templo: Sl 46,1; Ap 11,1.
  — de Salomão: 1Rs 6,2.
  — de Ezequiel: Ez 40,48.
  — do céu: Ap 11,19.
  — não é inviolável: Jr 7,1.
  Reconstrução do —: Esd 5,2; Jo 2,20.
  Zelo pelo —: 1Mc 4,36.
  Jesus e o —: Lc 2,22.
  — = Corpo de Jesus: Jo 2,21.
Tempo: — da vinda de Cristo: Rm 3,26.
  — intermediário até à Parusia: 2Cor 6,2.
  — e momentos: At 1,7.
  — dos pagãos: Lc 21,24.
  Plenitude dos —: Gl 4,4.
  Ver Dia, Hora.
Tenda da Reunião: Ex 33,7.
Tendas (Festa das): Ex 23,14; Ne 8,14.
Tentar, tentação: 1Cor 10,13.
  — a Deus: At 15,10.
Teofanias: Ex 13,22; 19,16; 33,20; Mt 17,1; 24,30; At 1,9; Ap 4,5.
  Ver Dia de Iahweh.
Teologais (Virtudes): 1Cor 13,13.
Terafim: Gn 31,19; 1Sm 15,22.
Terra Santa (Limites da): Jz 20,1; 2Sm 24,5.
Teruá: Ver Aclamação.
Testemunho: — na justiça: Dt 19,15.
  — de Cristo: Jo 3,11; Ap 1,5.
  — dos apóstolos: At 1,8.
  Ver Mártir.
Tiago: — filho de Alfeu e — irmão de Jesus: At 1,13; 12,17; 15,19; Gl 1,19.
  — filho de Zebedeu: Mt 20,23.
Tiamat: Jó 7,12.
Timóteo: At 16,1.

Tipologia: 1Cor 10,6.
  Ver Escrituras.
Tito: 2Cor 2,13.
Torá: Ver Lei.
Trabalho manual: At 18,3; 2Ts 3,10.
Tradição: Eclo 8,8-9; Mt 15,2; 1Ts 2,13; 2Ts 2,15; 2Tm 2,2.
  Ver Escrituras, Evangelho, Depósito.
Transfiguração: Mt 17,1.
Trevas: Ver Luz.
Tribos de Israel: Gn 49; Dt 33.
Trindade: 2Ts 2,13.
  Ver Doxologia.
Trinitárias (Fórmulas): 2Cor 13,13.
Triunfo de Cristo: Cl 2,10.
  Ver Glória.
Trombetas: Is 27,13; Jl 2,1.

U

Ulam (= Vestíbulo): 1Rs 6,2.
Últimos dias: Rm 13,11; 1Tm 4,1.
  Ver Dia, Tempo.
Ungido, unção: Sl 20,7; Is 45,1; Ex 30,22; 1Sm 9,26.
  Ver Messias, Cristo.
Unidade: — do santuário: Dt 12,2; Js 22,9.
  — dos dois reinos nos tempos messiânicos: Jr 3,18.
  — de Cristo com o Pai: Jo 10,30.
  — de Cristo e dos cristãos: Cl 1,20; Fl 1,20.
  — dos cristãos entre si e com Deus: 1Jo 1,3.
Universalismo da salvação: Nm 22,2; Sl 67,4; Is 24,5; 45,14; Zc 2,15; Mt 10,6; 24,14; 28,18; Mc 11,17; Jo 4,42; 7,34; At 1,9; 8,5; 9,15; 10,1; 13,5; 1Ts 2,14.
Urim e Tummim: 1Sm 14,41.
  Ver *Efod.*

V

Vaca vermelha: Nm 19,1.
Vaidade: Ecl 1,2.
Ver a Deus: Ex 33,20; cf. Sl 11,7.
Verbo: Jo 1,1.
  Ver Palavra.
Verdade: Jo 8,32; 1Jo 3,19.
Véu do Templo: Mt 27,51; cf. Ex 26,23.
Vícios (Lista de): Rm 1,29.
Vida: Jo 14,6; At 3,15.
  — eterna: At 13,48; cf. Jo 5,39.
  Árvore da —: Gn 3,22.
  Palavra de —: At 7,38.
  Deus, princípio de —: Sl 36,10.
  Deus vivo: Dt 5,26.
Viver para Deus: Rm 6,11.
Vigilância: Mt 25,1.
Vigilante (= anjo): Dn 4,10.
Vigiar: Mt 24,42.
Vinda: 1Cor 15,23; Hb 2,8. Ver Parusia.
  Segunda — do Filho do Homem: Mt 24,30; 1Tm 6,14.

LISTA ALFABÉTICA DAS NOTAS MAIS IMPORTANTES

Vingador de sangue: Nm 35,19.
 Ver *Go'el*.
Vingança divina (Apelo à): Sl 5,11.
Vinha: *Parábola da —*: Is 5,1.
 Trabalhadores da —: Mt 20,1.
 Jesus, verdadeira vide: Jo 15,1.
Virtudes: Fl 4,8.
 — cardeais: Sb 8,7.
 — teologais: 1Cor 13,13.

Visitas de Iahweh: Ex 3,16; Lc 1,68; 19,44.
Vitória ("Justiça"): Is 41,2.
 — sobre Satã: 1Jo 2,13.
Viúvas: 1Tm 5,3.14.
Votos: Lv 27,1.
Voz de Iahweh: Ex 9,23.

X

Xeol: Nm 16,33; Sl 6,6; Jó 7,9.
 Ver Infernos, *Hades*.

ISBN 978-85-349-1977-7

ENCADERNADA

ISBN 978-85-349-2000-1

ZÍPER

ISBN 978-85-349-4282-9

CRISTAL

PALESTINA DO NOVO TESTAMENTO

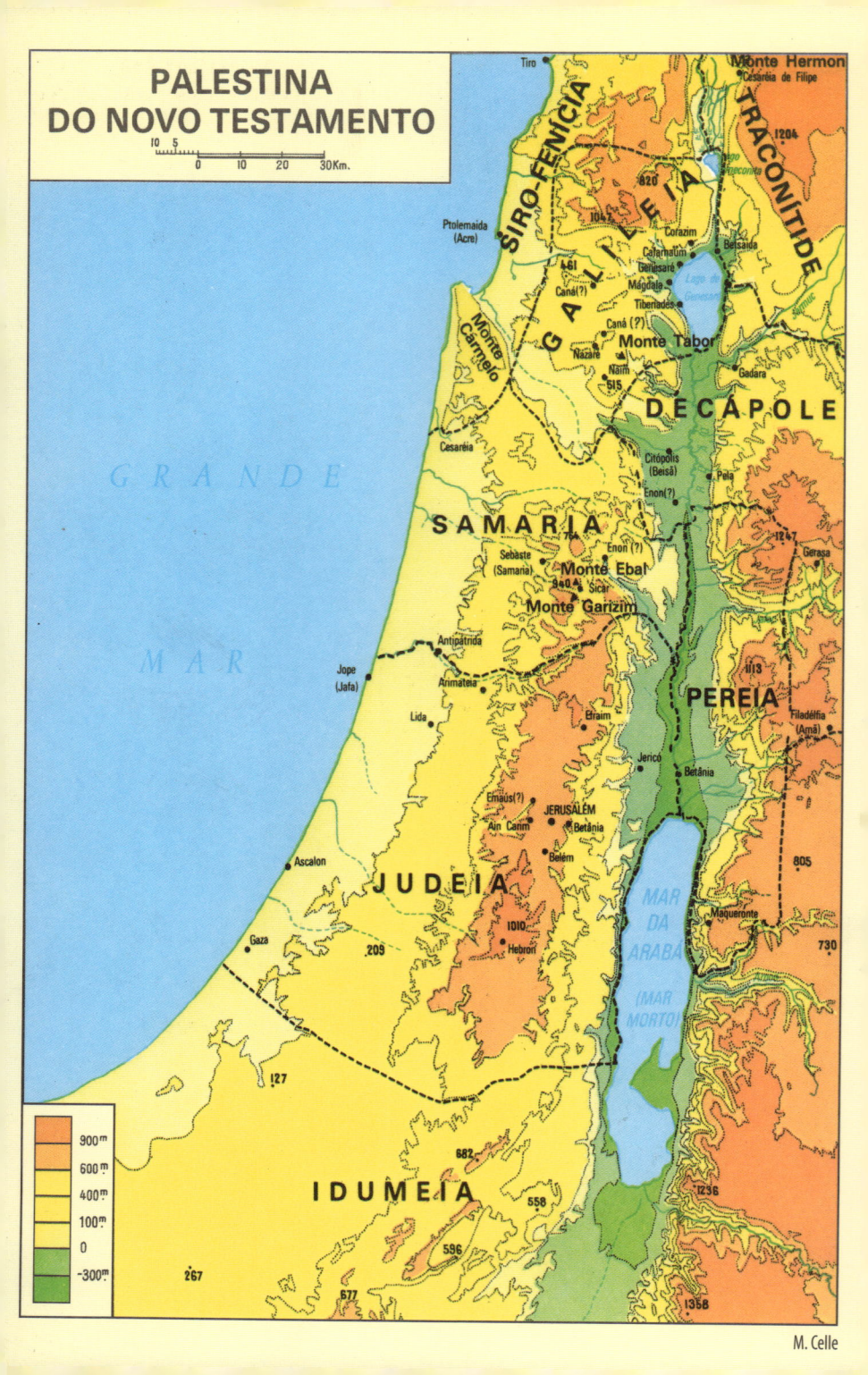